UNITED STATES OF AMERICA – ADMINISTRATIVE DIVIS
ÉTATS-UNIS D'AMÉRIQUE – DIVISIO

CW01665219

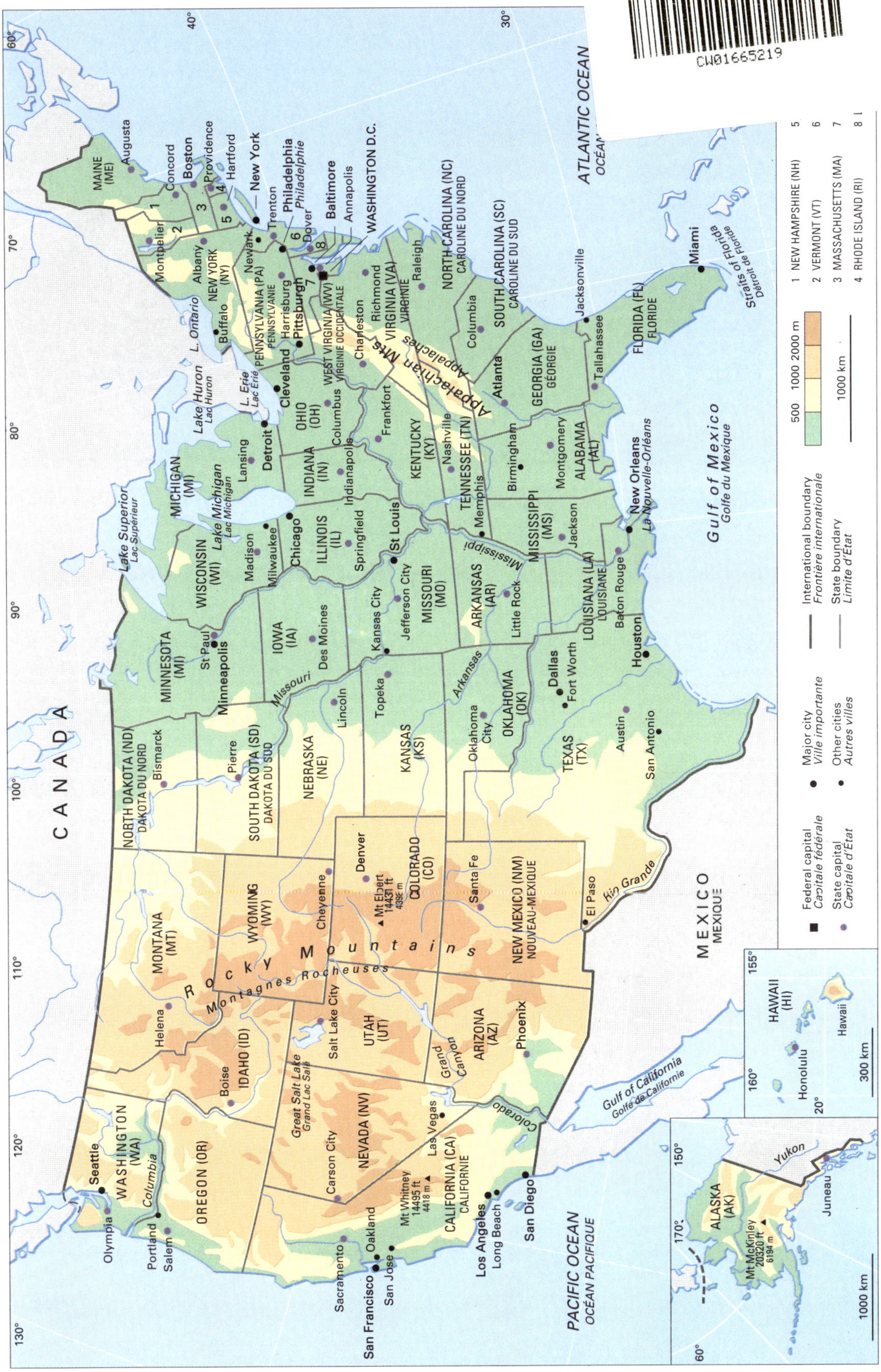

DICTIONNAIRE

ANGLAIS-FRANÇAIS / FRANÇAIS-ANGLAIS

ENGLISH-FRENCH / FRENCH-ENGLISH

DICTIONARY

GRAND DICTIONNAIRE

ANGLAIS-FRANÇAIS
FRANÇAIS-ANGLAIS

LAROUSSE

LAROUSSE - 17, RUE DU MONTPARNASSE - 75298 PARIS CEDEX 06

© Larousse, 1995

© Toute représentation ou reproduction intégrale ou partielle, par quelque procédé que ce soit,
du texte et/ou de la nomenclature contenus dans le présent ouvrage,
et qui sont la propriété de l'Éditeur, est strictement interdite.
All rights reserved. No part of this publication may be reproduced or transmitted in any form or by any means,
or stored in a retrieval system, without the prior written permission of Larousse.

ISBN 2-03-401501-0
Larousse, Paris
Distributeur exclusif au Canada : Les Éditions Françaises Inc., Boucherville, Québec

Printed in France

ENGLISH-FRENCH
FRENCH-ENGLISH
DICTIONARY

Unabridged edition

LAROUSSE

LAROUSSE - 17, RUE DU MONTPARNASSE - 75298 PARIS CEDEX 06

Réalisé par/Produced by
LAROUSSE

Direction de la rédaction/General Editor
FAYE CARNEY

Coordination éditoriale/Coordinating Editor
CLAUDE NIMMO

Rédaction/Editors
VALÉRIE KATZAROS
ROSE ROCIOLA
CLAUDE LE GUYADER
LAURENCE LARROCHE
MARTYN BACK
MICHAEL MAYOR
MARTIN CROWLEY
RUTH BLACKMORE

avec/with
CÉCILE VANWALLEGHEM
ANNE LECROART
SOPHIE MARIN
BERNARD GIRAUD
ANNE LANDELLE
CAROLE COEN
CARINE LIPSKI
CATHERINE JULIA
SABINE CITRON
ISABELLE ROSSELIN
MARIE-PAULE PONCELET
DAVID HALLWORTH
KAREN LAWSON
JANE ROGOYSKA
MARGARET JULL COSTA
STEPHEN CURTIS
CLAIRE EVANS
JANE GOLDIE
PATRICK WHITE
STEVE GARNER
PETER CROSS
PAUL DUFFY
EDWIN CARPENTER

Comité de lecture/Advisory Panel
JACQUES VAN ROEY
JEAN-FRANÇOIS ALLAIN
GEOFFREY BREMNER
TREVOR PEACH

Suivi de la réalisation/Administration
SOPHIE JAQUET

Secrétariat d'édition/Copy Preparation
MARIE-NOËLLE TILLIETTE
EMMANUELLE DESRAMÉ
ALEXANDRA DALBIN
SANDRINE AVRIL

Correction sous la direction de/Proofreading coordinated by
ANNICK VALADE

Informatique éditoriale/Data Management
JOCELYNE REBENA
GABINO ALONSO
MARION PÉPIN
CLAUDE NIMMO

Composition/Typesetting
MICHEL VIZET

Maquette/Design
FRÉDÉRIQUE LONGUÉPÉE

Cartographie/Cartography
DOMINIQUE CORMIER
KRYSTYNA MAZOYER
CATHERINE ZACHAROPOULOU

Remerciements:
Nous tenons aussi à remercier tous ceux qui ont apporté leur collaboration à la phase initiale de la rédaction de cet ouvrage, en particulier David Jones, John Scullard, Hélène Houssemaine-Florent et Marie-Noëlle Lamy.

Acknowledgments:
We would like to thank all those who contributed to the early stages of this book, especially David Jones, John Scullard, Hélène Houssemaine-Florent and Marie-Noëlle Lamy.

Au Lecteur

Le Grand Dictionnaire Larousse de l'anglais est un ouvrage de référence essentiel pour l'angliciste, qu'il soit traducteur, universitaire, enseignant ou étudiant, journaliste ou tout simplement passionné d'anglais. Cet ajout à la grande gamme des ouvrages Larousse est le résultat d'une entreprise de longue haleine, menée par une équipe internationale de lexicographes travaillant à Londres, à Édimbourg et à Paris, avec le concours de spécialistes de plusieurs pays.

Cet ouvrage est conçu pour répondre au mieux aux trois critères principaux qui déterminent la qualité d'un dictionnaire: la richesse de la nomenclature et son adaptation aux besoins de l'usager, la convivialité de l'accès à l'information et la fiabilité de cette dernière.

Termes, sens, expressions et locutions ont été choisis pour répondre aux besoins des anglicistes d'aujourd'hui. La sélection de néologismes, d'abréviations, de sigles, d'acronymes et de noms propres a fait l'objet d'un soin tout particulier. Les domaines de l'informatique et du «business» ont également été privilégiés. Essentiel aujourd'hui, l'américain se voit accorder une place de choix: de nombreux ouvrages et publications ont été dépouillés systématiquement à cet effet; en outre, canadianismes, helvétismes et belgicismes contribuent à faire de cet ouvrage une référence véritablement internationale.

L'agencement des articles du dictionnaire ainsi que sa typographie ont reçu une attention particulière; ainsi, locutions et mots composés sont mis en relief et, dans certains cas, présentés comme entrées à part entière, afin d'aérer les articles les plus touffus. Nuances de sens et niveaux de langue sont clairement indiqués afin de faciliter l'accès à la traduction appropriée, elle-même recevant le cas échéant toute information, syntaxique ou autre, susceptible d'éclairer son emploi.

De nombreux exemples viennent illustrer l'usage et permettent d'introduire des traductions préférables dans tel ou tel contexte; le plus grand soin a été apporté à en assurer l'authenticité, ainsi qu'à fournir des traductions pertinentes et actuelles.

Mais un dictionnaire est aussi un pont entre les cultures et les sociétés, et nous avons voulu privilégier cette dimension afin de faciliter la compréhension de la langue et de la culture étrangères: de nombreuses gloses et notules s'efforcent d'expliquer lorsque traduire n'est pas possible, lorsqu'il faut aller au-delà du lexique.

Le Grand Dictionnaire Larousse de l'anglais s'inscrit dans un ambitieux programme éditorial dans le domaine bilingue. Cet outil de communication idéal entre le français et l'anglais, il faudra le faire vivre avec son temps, dans un souci d'innovation et d'amélioration constant; un dictionnaire est par définition perfectible: nous nous adressons à vous, lecteur, pour vous engager à participer à cette entreprise qui n'est jamais vraiment terminée, en nous faisant part de vos observations, de vos critiques, de vos suggestions.

L'Éditeur

To Our Readers

The Larousse Unabridged English-French French-English Dictionary is a major new reference work aimed at professional, academic, specialist and non-specialist users of French. Prepared over a period of several years by an international team of lexicographers based in London, Edinburgh and Paris, with contributions from consultants in several countries, this is the latest addition to a long standing Larousse tradition of excellence in dictionary publishing.

Our aim throughout has been to meet the three basic criteria that make for quality in dictionaries: relevance and comprehensiveness of coverage, ease of use, and reliability.

Lexical items have been selected to reflect the particular needs of professional linguists and advanced students in today's world. Special attention has been paid to the coverage of new words and proper nouns, abbreviations and acronyms, and to essential fields such as business and computing. The text also reflects the international dimension of both languages: numerous Swiss, Belgian and Canadian French terms are included, and users of American English will find that American vocabulary and usage are particularly well represented.

The layout and typography of entries have been given much thought, with the aim of making set phrases and compounds easier to identify, both visually and linguistically. Nuances of meaning and register are clearly signposted, so that access to the appropriate translation is as straightforward as possible.

Every effort has been made to ensure that example sentences reflect authentic usage and that translations are accurate and up-to-date. Detailed glosses are provided wherever it is necessary to clarify usage or avoid confusion.

All of the above features are considered essential components of today's larger bilingual dictionaries. However the Larousse Unabridged French Dictionary goes one step further in recognizing that problems of communication and comprehension stem not only from the lexicon but also from cultural differences. Hence it places a unique emphasis on explaining 'culture-bound' vocabulary and historical references, using glosses and notes to help non-native speakers understand their implications and relevance.

Language evolves and so does lexicography, and any good dictionary strives to keep in step with the changing needs of its users. The Larousse Unabridged French Dictionary is part of an ambitious publishing programme which recognizes that the task of innovating and updating is continuous and long-term. No dictionary is ever perfect or complete, and so we invite you, as users, to take part in this venture by sending us your comments and criticisms. With your help we hope to set new standards in language reference.

The Publisher

Abbreviations used in this Dictionary
Abréviations utilisées dans ce Dictionnaire

abbreviation	*abbr/abrév*	abréviation
absolute	*abs*	absolu
– 'en usage abs' indicates a transitive verb used without a direct object: *il boit beaucoup*		– 'en usage abs' signale un verbe transitif employé sans complément d'objet: *il boit beaucoup*
adjective	*adj*	adjectif
phrase functioning as adjective	*adj phr*	locution ayant valeur d'adjectif
adverb	*adv*	adverbe
phrase functioning as adverb	*adv phr*	locution ayant valeur d'adverbe
African French	*Afr*	africanisme
American English	*Am*	américanisme
archaic	*arch*	archaïque
crime slang	*arg crime*	argot du milieu
drugs slang	*arg drogue*	argot de la drogue
military slang	*arg mil*	argot militaire
school slang	*arg scol*	argot scolaire
university slang	*arg univ*	argot universitaire
article	*art*	article
Australian English	*Austr*	anglais australien
auxiliary	*aux*	auxiliaire
before noun	*avant n*	avant le nom
– indicates that an adjective is used attributively, i.e. directly before the noun which it modifies		– souligne les cas où un adjectif est nécessairement antéposé
Belgian French	*Belg*	belgicisme
British English	*Br*	anglais britannique
countable noun	*C*	substantif comptable
– i.e. a noun which can exist in the plural and be used with 'a'		– désigne un substantif anglais qui peut être employé au pluriel et avec 'a'
Canadian English/French	*Can*	canadianisme
cardinal	*card*	cardinal
compound-forming noun	*comp*	substantif formant des composés
– shows noun headword used as a noun modifier, e.g. *computer* in *computer course, law* in *law degree*		– s'applique à un substantif employé en apposition: *computer* dans *computer course, law* dans *law degree*
comparative	*compar*	comparatif
conjunction	*conj*	conjonction
phrase functioning as conjunction	*conj phr*	locution ayant valeur de conjonction
continuous	*cont*	progressif
compounds	*cpds*	composés
crime slang	*crime sl*	argot du milieu
definite	*def/déf*	défini
demonstrative	*dem/dém*	démonstratif
determiner	*det*	déterminant
phrase functioning as determiner	*det phr*	locution ayant valeur de déterminant
dialect	*dial*	dialecte
diminutive	*dimin*	diminutif
direct	*dir*	direct
drugs slang	*drugs sl*	argot de la drogue
especially	*esp*	particulièrement
euphemism	*euph*	euphémisme
exclamation	*excl*	interjection
feminine	*f*	féminin
informal	*fam*	familier
figurative	*fig*	figuré
formal	*fml*	soutenu
generally, in most cases	*gen/gén*	généralement
Swiss French	*Helv*	helvétisme
humorous	*hum*	humoristique
impersonal	*impers*	impersonnel
indefinite	*indef/indéf*	indéfini
indicative	*indic*	indicatif

indirect	*indir*	indirect
informal	*inf*	familier
infinitive	*infin*	infinitif
offensive	*injur*	injurieux
inseparable	*insep/insép*	inséparable
– shows that the object of a phrasal verb cannot come between the verb and the particle, e.g. *I looked after him* **BUT NOT** *I looked him after*		– indique qu'un verbe anglais à particule ('phrasal verb') ne peut pas être séparé de sa particule, c'est-à-dire qu'un complément d'objet ne peut être inséré entre les deux, par exemple *I looked after him* **ET NON** *I looked him after*
exclamation	*interj*	interjection
interrogative	*interr*	interrogatif
invariable	*inv*	invariable
– applied to a noun, indicates that the plural and singular forms are the same, e.g. **garde-boue** (*des garde-boue*); **sheep** (*four sheep*). Applied to an adjective, indicates that feminine, masculine and plural forms are the same, e.g. **vieux jeu** (*ils sont/elle est vieux jeu*)		– avec un nom, signifie que la forme du pluriel est identique à la forme du singulier: **garde-boue** (*des garde-boue*); **sheep** (*four sheep*). Avec un adjectif, signifie que la forme du féminin et celle du pluriel sont identiques à la forme du masculin: **vieux jeu** (*ils sont/elle est vieux jeu*)
Irish English	*Ir*	anglais irlandais
ironic	*iro/iron*	ironique
literary	*lit/litt*	littéraire
phrase(s)	*loc*	locution(s)
phrase functioning as adjective	*loc adj*	locution ayant valeur d'adjectif
phrase functioning as adverb	*loc adv*	locution ayant valeur d'adverbe
phrase functioning as conjunction	*loc conj*	locution ayant valeur de conjonction
phrase functioning as correlative conjunction	*loc corrél*	locution ayant valeur de conjonction corrélative
phrase functioning as determiner	*loc dét*	locution ayant valeur de déterminant
phrase functioning as exclamation	*loc interj*	locution ayant valeur d'interjection
phrase functioning as preposition	*loc prép*	locution ayant valeur de préposition
phrase functioning as pronoun	*loc pron*	locution ayant valeur de pronom
masculine	*m*	masculin
military slang	*mil sl*	argot militaire
noun modifier	*modif*	substantif ayant valeur d'adjectif et devant obligatoirement être antéposé
– a noun functioning as an adjective and which can only be used attributively, i.e. before the noun it modifies		
noun	*n*	nom
negative	*neg/nég*	négatif
feminine noun	*nf*	nom féminin
feminine noun used in the plural	*nfpl*	nom féminin pluriel
masculine noun	*nm*	nom masculin
masculine or feminine noun	*nmf*	nom masculin ou féminin
– shows that a noun may be either masculine or feminine: *un architecte/une architecte*		– indique qu'un nom peut être masculin ou féminin: *un architecte/une architecte*
masculine and feminine forms	*nm,f*	formes féminine et masculine
– indicates a noun with a different form in the masculine and the feminine, e.g. *inspecteur/inspectrice*		– s'applique à un substantif ayant une forme différente au masculin et au féminin, par exemple *inspecteur/inspectrice*
masculine noun used in the plural	*nmpl*	nom masculin pluriel
proper noun	*npr*	nom propre
plural proper noun	*npr pl*	nom propre pluriel
plural noun	*npl*	nom pluriel
numeral	*num*	numéral
New Zealand English	*NZ*	anglais néo-zélandais
object	*obj*	objet
officially recognized term	*offic*	terme officiellement recommandé par l'Académie
– some terms (especially borrowings from English) are considered substandard by the Académie française; terms marked 'offic' are recognized as acceptable alternatives for these, but are unlikely to be as widely used		
onomatopoeia	*onomat*	onomatopée
ordinal	*ord*	ordinal
oneself	*o.s.*	
pejorative	*pej/péj*	péjoratif
personal/person	*pers*	personnel/personne

phrase(s)	*phr*	locution(s)
plural	*pl*	pluriel
plural proper noun	*pl pr n*	nom propre pluriel
possessive	*poss*	possessif
past participle	*pp*	participe passé
literal	*pr*	sens propre
predeterminer	*predet*	mot placé avant un déterminant et exprimant un degré ou une quantité
phrase functioning as predeterminer	*predet phr*	locution ayant valeur de 'predeterminer' (*voir* ci-dessus)
prefix	*pref/préf*	préfixe
preposition	*prep/prép*	préposition
phrase functioning as preposition	*prep phr*	locution ayant valeur de préposition
present	*pres/prés*	présent
proper noun	*pr n*	nom propre
pronoun	*pron*	pronom
phrase functioning as pronoun	*pron phr*	locution ayant valeur de pronom
proverb	*prov*	proverbe
past tense	*pt*	passé
	qqch	quelque chose
	qqn	quelqu'un
relative	*rel*	relatif
South African English	*SAfr*	anglais d'Afrique du Sud
someone, somebody	*sb*	
school slang	*school sl*	argot scolaire
Scottish English	*Scot*	anglais écossais
separable – shows that the object of a phrasal verb can come between the verb and the particle, e.g. *I let her in, he helped me out*	*sep/sép*	séparable – indique qu'un verbe anglais à particule ('phrasal verb') peut être séparé de sa particule, c'est-à-dire qu'un complément d'objet peut être inséré entre les deux: *I let her in, he helped me out*
takes singular verb	*sg*	employé avec un verbe au singulier
singular	*sing*	singulier
slang	*sl*	argot
formal	*sout*	soutenu
specialized term or usage	*spec/spéc*	terme ou sens spécialisé
something	*sthg*	
subjunctive	*subj*	subjonctif
subject	*subj/suj*	sujet
superlative	*superl*	superlatif
	tjrs	toujours
uncountable noun – i.e. an English noun which is never used in the plural or with 'a'; used when the French equivalent is or can be a plural, e.g. **applause** *n* (*U*) applaudissements *mpl*; **battement** *nm* beating (*U*)	*U*	substantif non comptable – désigne les substantifs anglais qui ne sont jamais utilisés au pluriel, lorsque l'équivalent français est un pluriel ou peut être mis au pluriel: **applause** *n* (*U*) applaudissements *mpl*; **battement** *nm* beating (*U*)
usually	*usu*	
link verb followed by a predicative adjective or noun – e.g. *tomber malade, être professeur*	*v attr*	verbe suivi d'un attribut – par exemple: *tomber malade, être professeur*
verb	*vb/v*	verbe
intransitive verb	*vi*	verbe intransitif
impersonal verb	*v impers*	verbe impersonnel
pronominal verb	*vp*	verbe pronominal
intransitive pronominal verb	*vpi*	verbe pronominal intransitif
transitive pronominal verb	*vpt*	verbe pronominal transitif
transitive verb	*vt*	verbe transitif

Symbols

❑ Separates expressions which are not set (given before the symbol) from more fixed expressions.

Sépare les emplois non figés (présentés avant le symbole) des expressions figées.

|| Indicates a shift of meaning within a sense category.

Indique un glissement de sens à l'intérieur d'une division sémantique.

≃ Indicates that the translation given is an approximate cultural equivalent.

Indique que la traduction est une équivalence culturelle approximative.

® Indicates that the item is a registered trademark.

Indique que le terme est une marque déposée.

▽ Warns the user that a lexical item or particular meaning is very colloquial, and thus should be used with caution by non-native speakers.

Avertit l'usager qu'un terme ou un sens est très familier et qu'il devra être employé avec prudence par le locuteur étranger.

▼ Warns the user that a lexical item or particular meaning is either vulgar or racist.

Avertit l'usager qu'un terme ou un sens est vulgaire ou raciste.

◇ Introduces a new part of speech within an entry.

Introduit une nouvelle catégorie grammaticale dans une entrée.

◆ Introduces a sub-entry, such as a plural form with its own specific meaning or a set phrase containing the headword (e.g. a phrasal verb or adverbial phrase).

Introduit une sous-entrée, par exemple une forme plurielle ayant un sens propre, ou une locution (locution adverbiale, verbe pronominal, etc.).

Trademarks

Words considered to be trademarks have been designated in this dictionary by the symbol ®. However, neither the presence nor the absence of this symbol should be regarded as affecting the legal status of any trademark.

Noms de marque

Les noms de marque sont désignés dans ce dictionnaire par le symbole ®. Néanmoins, ni ce symbole ni son absence éventuelle ne peuvent être considérés comme susceptibles d'avoir une incidence quelconque sur le statut légal d'une marque.

A Note on English Compounds

As in most modern dictionaries, we give lexicalized compounds (i.e. nouns consisting of more than one word) the same prominence as simplex headwords. This means that compounds that are considered as independent units of meaning appear as entries in their own right.

Les Mots Composés Anglais

À l'instar de la plupart des dictionnaires actuels, nous accordons aux mots composés lexicalisés (c'est-à-dire aux substantifs composés de plus d'un mot) la même importance qu'aux mots simples. Ainsi, les composés anglais considérés comme des unités de sens autonomes font l'objet d'une entrée à part entière.

French Verbs

French verbs have a number (from [1] to [116]) which refers to the conjugation table given at the back of the dictionary. This number is not repeated for reflexive verbs when these appear as sub-entries.

Les Verbes Français

Les verbes français sont suivis d'une numérotation (de [1] à [116]) qui renvoie aux tableaux de conjugaison présentés à la fin de l'ouvrage. Ce chiffre n'est pas répété après les verbes pronominaux lorsque ceux-ci sont présentés en sous-entrées.

FIELD LABELS		DOMAINES
acoustics	ACOUST	acoustique
administration	ADMIN	administration
aeronautics	AERON/AÉRON	aéronautique
agriculture	AGR	agriculture
anatomy	ANAT	anatomie
anthropology	ANTHR	anthropologie
antiquity	ANTIQ	antiquité
archeology	ARCHEOL/ARCHÉOL	archéologie
architecture	ARCHIT	architecture
arms	ARM	armement
astrology	ASTROL	astrologie
astronomy	ASTRON	astronomie
astronautics	ASTRONAUT	astronautique
cars	AUT	automobile
biology	BIOL	biologie
botany	BOT	botanique
chemistry	CHEM/CHIM	chimie
cinema	CIN	cinéma
civil engineering	CIV ENG	travaux publics
commerce	COMM	commerce
accounting	COMPTA	comptabilité
computing	COMPUT	informatique
construction	CONSTR	construction
sewing	COUT	couture
cooking	CULIN	cuisine
dentistry	DENT	dentisterie
ecology	ECOL/ÉCOL	écologie
economics	ECON/ÉCON	économie
electricity	ELECTR/ÉLECTR	électricité
electronics	ELECTRON/ÉLECTRON	électronique
teaching	ENS	enseignement
entomology	ENTOM	entomologie
horseriding	EQUIT/ÉQUIT	équitation
ethnology	ETHN	ethnologie
finance	FIN	finance
football	FTBL	football
geography	GEOG/GÉOG	géographie
geology	GEOL/GÉOL	géologie
geometry	GEOM/GÉOM	géométrie
grammar	GRAMM	grammaire
heraldry	HERALD/HÉRALD	héraldique
history	HIST	histoire
horticulture	HORT	horticulture
hunting	HUNT	chasse
printing	IMPR	imprimerie
industry	INDUST	industrie
computing	INF	informatique
jewellery	JOAILL	joaillerie
law	JUR	juridique
linguistics, language	LING	linguistique, langues
literature	LITERAT/LITTÉRAT	littérature
mathematics	MATH	mathématiques
mechanics	MECH/MÉCAN	mécanique
medicine	MED/MÉD	médecine
carpentry	MENUIS	menuiserie
metallurgy	METALL/MÉTALL	métallurgie

meteorology	METEOR/MÉTÉO	météorologie
military	MIL	militaire
mining	MIN	mines
mineralogy	MINER/MINÉR	minéralogie
music	MUS	musique
mythology	MYTH	mythologie
nautical	NAUT	nautique
nuclear physics	NUCL	physique nucléaire
wines and wine-tasting	ŒNOL	œnologie
optics	OPT	optique
ornithology	ORNITH	ornithologie
petroleum industry	PETR/PÉTR	industrie du pétrole
pharmaceuticals	PHARM	pharmaceutique
philosophy	PHILOS	philosophie
phonetics	PHON	phonétique
photography	PHOT	photographie
physics	PHYS	physique
physiology	PHYSIOL	physiologie
poetry	POET	poésie
politics	POL	politique
printing	PRINT	imprimerie
psychology	PSYCH	psychologie
radio	RAD	radio
religion	RELIG	religion
school	SCH	scolaire
science	SCI/SC	science
sewing	SEW	couture
sociology	SOCIOL	sociologie
stock exchange	ST. EX	bourse
technology	TECH	technologie
telecommunications	TELEC/TÉLÉC	télécommunications
textiles	TEX/TEXT	textiles
theatre	THEAT/THÉÂT	théâtre
transport	TRANSP	transports
civil engineering	TRAV PUBL	travaux publics
television	TV	télévision
typography	TYPO	typographie
clothing	VÊT	vêtements
veterinary science	VETER/VÉTÉR	médecine vétérinaire
viniculture	VINIC	viniculture
zoology	ZOOL	zoologie

Phonetic Transcription

French vowels

[i] fille, île
[e] pays, année
[ɛ] bec, aime
[a] lac, papillon
[o] drôle, aube
[ɔ] hotte, automne
[u] outil, goût
[y] usage, lune
[ø] aveu, jeu
[œ] peuple, bœuf
[ə] le, je

Nasal vowels

[ɛ̃] limbe, main
[ɑ̃] champ, ennui
[ɔ̃] ongle, mon
[œ̃] parfum, brun

Semi-vowels

[j] yeux, lieu
[w] ouest, oui
[ɥ] lui, nuit

Consonants

[p] prendre, grippe
[b] bateau, rosbif
[t] théâtre, temps
[d] dalle, ronde
[k] coq, quatre
[g] garder, épilogue
[f] physique, fort
[v] voir, rive
[s] cela, savant
[z] fraise, zéro
[ʃ] charrue, schéma
[ʒ] rouge, jabot
[m] mât, drame
[n] nager, trône
[ɲ] agneau, peigner
[ŋ] dancing, smoking
[l] halle, lit
[r] arracher, sabre

Notes on Phonetic Transcription

French-English

1. The symbol ['] has been used to represent the French 'h aspiré', e.g. **hachis** ['aʃi].
2. We have followed the modern tendency not to distinguish between the 'a' in **pâte** and the 'a' in **patte**. Both are represented in the text by the phonetic symbol [a].
3. Internal schwa
   In cases where the schwa [ə] is likely to be ignored in connected speech but retained in the citation form, the [ə] has been shown in brackets, e.g. **cheval** [ʃ(ə)val].

English-French

1. **Primary and secondary stress**
   The symbol [ˈ] indicates that the following syllable carries primary stress and the symbol [ˌ] that the following syllable carries secondary stress.
2. **Pronunciation of final 'r'**
   The symbol [ʳ] in English phonetics indicates that the final 'r' is pronounced only when followed by a word beginning with a vowel. Note that it is nearly always pronounced in American English.
3. **British and American English**
   Differences between British and American pronunciation have not been shown where the pronunciation can be predicted by a standard set of rules, for example where the 'o' in **dog** is lengthened in American English. However, phonetics have been shown at the more unpredictable cases of **schedule**, **clerk**, **cliché**, etc.
4. **Alternative pronunciations**
   Our approach being primarily functional rather than descriptive, we have avoided giving variant pronunciations unless both variants are met with equal frequency, e.g. **kilometre** ['kɪləmiːtəʳ, kɪ'lɒmɪtəʳ].
5. **Strong and weak forms**
   The pronunciation of certain monosyllabic words varies according to their prominence in a sentence, e.g. **the** when stressed is pronounced [ðiː]; when unstressed, [ðə] and before a vowel [ðɪ]. This information is presented in the text as follows: **the** [*weak form* [ðə], *before vowel* [ðɪ], *strong form* [ðiː]].

TRANSCRIPTION PHONÉTIQUE

Voyelles anglaises

[ɪ] p**i**t, b**i**g, r**i**d
[e] p**e**t, t**e**nd
[æ] p**a**t, b**a**g, m**a**d
[ʌ] p**u**tt, c**u**t
[ɒ] p**o**t, l**o**g
[ʊ] p**u**t, f**u**ll
[ə] moth**er**, s**u**ppose
[i:] b**ea**n, w**ee**d
[ɑ:] b**ar**n, c**ar**, l**au**gh
[ɔ:] b**or**n, l**aw**n
[u:] l**oo**p, l**oo**se
[ɜ:] b**ur**n, l**ear**n, b**ir**d

Diphtongues

[eɪ] b**ay**, l**a**te, gr**ea**t
[aɪ] b**uy**, l**igh**t, **ais**le
[ɔɪ] b**oy**, f**oi**l
[əʊ] n**o**, r**oa**d, bl**ow**
[aʊ] n**ow**, sh**ou**t, t**ow**n
[ɪə] p**ee**r, f**ie**rce, id**ea**
[eə] p**ai**r, b**ea**r, sh**are**
[ʊə] p**oo**r, s**u**re, t**ou**r

Semi-voyelles

[j] **y**ou, span**ie**l
[w] **w**et, **wh**y, t**w**in

Consonnes

[p] **p**o**p**, **p**eo**p**le
[b] **b**ottle, **b**i**b**
[t] **t**rain, **t**ip
[d] **d**og, **d**i**d**
[k] **c**ome, **k**itchen
[g] **g**a**g**, **g**reat
[tʃ] **ch**ain, wre**tch**ed
[dʒ] **j**ig, fri**dge**
[f] **f**ib, **ph**ysical
[v] **v**ine, li**v**id
[θ] **th**ink, fif**th**
[ð] **th**is, wi**th**
[s] **s**eal, pea**ce**
[z] **z**ip, hi**s**
[ʃ] **sh**eep, ma**ch**ine
[ʒ] u**s**ual, mea**s**ure
[h] **h**ow, per**h**aps
[m] **m**etal, co**mb**
[n] **n**ight, di**nn**er
[ŋ] su**ng**, park**ing**
[l] litt**le**, he**l**p
[r] **r**ight, ca**rr**y

NOTES SUR LA TRANSCRIPTION PHONÉTIQUE

ANGLAIS-FRANÇAIS

1. Accents primaire et secondaire
   Les symboles [ˈ] et [ˌ] indiquent respectivement un accent primaire et un accent secondaire sur la syllabe suivante.
2. Prononciation du ‘r’ final
   Le symbole [ʳ] indique que le ‘r’ final d’un mot anglais ne se prononce que lorsqu’il forme une liaison avec la voyelle du mot suivant; le ‘r’ final est presque toujours prononcé en anglais américain.
3. Anglais britannique et américain
   Les différences de prononciation entre l’anglais britannique et l’anglais américain ne sont signalées que lorsqu’elles sortent du cadre de règles générales préétablies. Le ‘o’ de **dog**, par exemple, est généralement plus allongé en anglais américain, et ne bénéficie pas d’une seconde transcription phonétique. En revanche, des mots comme **schedule**, **clerk**, **cliché**, etc, dont la prononciation est moins évidente, font l’objet de deux transcriptions phonétiques.
4. Mots ayant deux prononciations
   Nous avons choisi de ne donner que la prononciation la plus courante du mot, sauf dans les cas où une variante est particulièrement fréquente, comme par exemple le mot **kilometre** [ˈkɪləmi:təʳ, kɪˈlɒmɪtəʳ].
5. Les formes accentuées et atones
   La prononciation de certains mots monosyllabiques anglais varie selon le degré d’emphase qu’ils ont dans la phrase; **the**, par exemple, se prononce [ði:] en position accentuée, [ðə] en position atone, et [ðɪ] devant une voyelle. Ces informations sont présentées de la manière suivante dans le dictionnaire: **the** [*weak form* [ðə], *before vowel* [ðɪ], *strong form* [ði:]].

FRANÇAIS-ANGLAIS

1. Le symbole [ʼ] représente le ‘h aspiré’ français, par exemple **hachis** [ʼaʃi].
2. Comme le veut la tendance actuelle, nous ne faisons pas de distinction entre le ‘a’ de **pâte** et celui de **patte**, tous deux transcrits [a].
3. Prononciation du ‘e’ muet
   Lorsque le ‘e’ peut ne pas être prononcé dans le discours continu, il a été mis entre parenthèses, comme par exemple pour le mot **cheval** [ʃ(ə)val].

ENGLISH-FRENCH
ANGLAIS-FRANÇAIS

A

a (*pl* a's OR as), **A** (*pl* A's OR As) [eɪ] ◇ *n* -**1.** [letter] a *m*, A *m*; 45 a [house, page number] 45 bis; A5 *Br* TRANSP ≃ route *f* nationale 5, RN *f* 5; from A to Z de A à Z; from A to B de A à B; from point A to point B d'un point A à un point B. -**2.** [in list]: I'm not going because a) I've no money and b) I've no time je n'y vais pas parce que primo je n'ai pas d'argent et secundo je n'ai pas le temps. -**3.** SCH: to get an A in French ≃ obtenir plus de 15 sur 20 en français. -**4.** MUS la *m*. -**5.** (*abbr of* **ampere**) A *m*.
◇ *adj* -**1.** MUS [string] de la. -**2.** *Br* TRANSP: A road route *f* nationale *(en Grande-Bretagne)*.

a [*weak form* ə, *strong form* eɪ] (*before vowel* **an** [*weak form* ən, *strong form* æn]) *det* -**1.** [before countable nouns] un, une; **a book** un livre; **a car** une voiture; **I can't see a thing** je ne vois rien; **he has a broken leg** il a une jambe cassée; **a cup and saucer** une tasse et sa soucoupe; **would you like a coffee?** voulez-vous un café?; **an expensive German wine** un vin allemand très cher ‖ [before professions]: **she's a doctor** elle est médecin; **have you seen a doctor?** as-tu vu un médecin? -**2.** [before numbers]: **a thousand dollars** mille dollars; **a dozen eggs** une douzaine d'œufs; **a third/fifth** un tiers/cinquième; **a twentieth of a second** un vingtième de seconde; **an hour and a half** une heure et demie ‖ [per]: **£2 a dozen/a hundred** deux livres la douzaine/les cent grammes; **three times a year** trois fois par an. -**3.** [before terms of quantity, amount]: **a few weeks/months** quelques semaines/mois; **a lot of money** beaucoup d'argent; **a great many visitors** de très nombreux visiteurs; **have a little more wine** reprenez donc un peu de vin; **he raised a number of interesting points** il a soulevé un certain nombre de questions intéressantes. -**4.** [before periods of time] un, une; **I'm going for a week/month/year** je pars (pour) une semaine/un mois/un an; **we talked for a while** nous avons parlé un moment. -**5.** [before days, months, festivals] un, une; **the meeting was on a Tuesday** la réunion a eu lieu un mardi; **it was an exceptionally cold March** ce fut un mois de mars particulièrement froid; **we had an unforgettable Christmas** nous avons passé un Noël inoubliable. -**6.** [in generalizations]: **a triangle has three sides** le triangle a trois côtés; **a cheetah can outrun a lion** le guépard court plus vite que le lion. -**7.** [before uncountable nouns]: **a wide knowledge of the subject** une connaissance approfondie du sujet; **he felt a joy he could not conceal** il éprouvait une joie qu'il ne pouvait dissimuler. -**8.** [before verbal nouns]: **there's been a general falling off in sales** il y a eu une chute des ventes. -**9.** [before personal names]: **a Miss Jones was asking for you** une certaine Miss Jones vous a demandé; **he's been described as a new James Dean** on le donne pour le nouveau James Dean; **her mother was a Sinclair** sa mère était une Sinclair ‖ [before names of artists]: **it's a genuine Matisse** c'est un Matisse authentique; **there's a new Stephen King/Spielberg out next month** il y a un nouveau Stephen King/Spielberg qui sort le mois prochain. -**10.** [after half, rather, such, what]: **half a glass of wine** un demi-verre de vin; **she's such/rather an interesting person** c'est quelqu'un de vraiment/d'assez intéressant; **what a lovely dress!** quelle jolie robe! -**11.** [after as, how, so, too + adj]: **that's too big a slice for me** cette tranche est trop grosse pour moi; **how big a bit do you want?** combien en veux-tu?; **she's as nice a girl as you could wish to meet** c'est la fille la plus gentille du monde.

a. *written abbr of* **acre**.

A-1 *adj* -**1.** [first-class, perfect]: **everything's ~** tout est parfait. -**2.** [in health]: **to be ~** être en pleine santé OR forme. -**3.** NAUT en excellent état.

A4 ◇ *n* [paper size] format *m* A4.
◇ *adj*: **~ paper** papier *m* (format) A4.

AA [*n sense 2 pronounced* ˈdʌblˌeɪ] ◇ *adj abbr of* **anti-aircraft**.
◇ *pr n* -**1.** (*abbr of* **Automobile Association**) *automobile club britannique et compagnie d'assurances, qui garantit le dépannage de ses adhérents et propose des services touristiques et juridiques*, ≃ ACF *m*, ≃ TCF *m*. -**2.** (*abbr of* **Alcoholics Anonymous**) Alcooliques Anonymes *mpl*.
◇ *n* -**1.** *Am abbr of* **Associate in Arts**. -**2.** *Br dated* & CIN *film interdit aux moins de 14 ans (maintenant remplacé par «PG»)*.

AAA [*sense 1 pronounced* ˌθriːˈeɪz] *pr n* -**1.** (*abbr of* **Amateur Athletics Association**) *ancien nom de la fédération britannique d'athlétisme (remplacé en octobre 1991 par la British Athletics Federation)*. -**2.** (*abbr of* **American Automobile Association**) *automobile club américain*, ≃ ACF *m*, ≃ TCF *m*.

Aachen [ˈɑːkən] *pr n* Aix-la-Chapelle.

aardvark [ˈɑːdvɑːk] *n* oryctérope *m*.

Aargau [ˈɑːgaʊ] *pr n* Argovie *f*; **in ~** en Argovie.

Aaron [ˈeərən] *pr n* Aaron.

AAUP (*abbr of* **American Association of University Professors**) *pr n syndicat américain des professeurs d'université*.

AB ◇ *n* -**1.** *Am* UNIV (*abbr of* **Bachelor of Arts**) *(titulaire d'une) licence de lettres*. -**2.** *Br* NAUT *abbr of* **able/able-bodied seaman**.
◇ *written abbr of* **Alberta**.

aback [əˈbæk] *adv*: **to be taken ~** être pris au dépourvu, être interloqué ‖ NAUT être pris bout au vent.

abacus [ˈæbəkəs] (*pl* **abacuses** OR **abaci** [ˈæbəsaɪ]) *n* boulier *m*.

abaft [əˈbɑːft] NAUT ◇ *adv* à l'arrière.
◇ *prep* en arrière de.

abalone [ˌæbəˈləʊnɪ] *n* oreille-de-mer *f*, ormeau *m*.

abandon [əˈbændən] ◇ *vt* -**1.** [leave - person] abandonner; [- post, place] déserter, quitter; **to ~ ship** abandonner OR quitter le navire; **we had to ~ the car in the snow** nous avons dû abandonner la voiture dans la neige; **they were ~ed to their fate** on les abandonna à leur sort; **to ~ o.s. to despair** *fig* se laisser aller OR s'abandonner au désespoir. -**2.** [give up - search] abandonner, renoncer à; [- studies] renoncer à; [- idea, cause] laisser tomber; **we ~ed the struggle** nous avons renoncé à lutter; **several runners ~ed the race** plusieurs coureurs ont abandonné; **the match was ~ed because of bad weather** on a interrompu le match en raison du mauvais temps ❑ **Abandon Hope, All Ye Who Enter Here** laissez tout espoir vous qui entrez *(phrase tirée de l'Enfer de Dante, parfois utilisée ironiquement pour signaler un lieu prétendu dangereux)*. -**3.** [for insurance]: **they ~ed the car to the insurance company** ils ont cédé la voiture à la compagnie d'assurances.
◇ *n* -**1.** [neglect] abandon *m*; **in a state of ~** laissé à l'abandon. -**2.** [lack of inhibition] désinvolture *f*, laisser-aller *m*; **they leapt about with wild** OR **gay ~** ils sautaient de joie sans aucune retenue.

abandoned [əˈbændənd] *adj* -**1.** [person] abandonné, délaissé; [house] abandonné. -**2.** [dissolute - behaviour, person] débauché; [- life] de débauche. -**3.** [unrestrained laughter, gaiety] sans retenue.

abandonment [əˈbændənmənt] *n* -**1.** [of place, project] abandon *m*. -**2.** [of right] cession *f*.

abase [əˈbeɪs] *vt*: **to ~ o.s.** s'humilier, s'abaisser.

abasement [əˈbeɪsmənt] *n* humiliation *f*.

abashed [əˈbæʃt] *adj* penaud; **to be** OR **to feel ~** avoir honte.

abate [əˈbeɪt] ◇ *vi* [storm] s'apaiser; [pain] diminuer; [noise] s'atténuer.
◇ *vt* [tax] baisser, réduire.

abatement [əˈbeɪtmənt] *n* [of tax, rent] réduction *f*, abattement *m*; [of noise, strength] diminution *f*, réduction *f*.

abattoir [ˈæbətwɑːʳ] *n* abattoirs *mpl*.

abaxial [æbˈæksɪəl] *adj* BIOL désaxé.

abbess [ˈæbes] *n* abbesse *f*.

Abbevillian [ˌæbˈvɪlɪən] ◇ *adj* abbevillien.
◇ *n* abbevillien *m*.

abbey [ˈæbɪ] ◇ *n* abbaye *f*; **the Abbey, Westminster Abbey** l'abbaye de Westminster.
◇ *comp* [grounds] de l'abbaye.

abbot [ˈæbət] *n* abbé *m (dans un monastère)*.

abbr, abbrev -**1.** *written abbr of* **abbreviation**. -**2.** *written abbr of* **abbreviated**.

abbreviate [əˈbriːvɪeɪt] *vt* [text, title] abréger; **"for example" is often ~d to "e.g."** «par exemple» est souvent abrégé en «p. ex.».

abbreviation [əˌbriːvɪˈeɪʃn] *n* [of expression, title, word] abréviation *f*; **Dr is an ~ for "doctor"** Dr est l'abréviation de «docteur».

ABC ◇ *n* -**1.** [rudiments] rudiments *mpl*, B.A. Ba *m*; **the ~ of woodwork** le B.A. Ba de la menuiserie. -**2.** [alphabet] alphabet *m*; **it's as easy as ~** c'est simple comme bonjour.
◇ *pr n* -**1.** (*abbr of* **American Broadcasting Company**) *chaîne de télévision américaine.* -**2.** (*abbr of* **Australian Broadcasting Corporation**) *chaîne de télévision australienne.*
◆ **ABCs** *npl Am* = **ABC** *n*.

ABD (*abbr of* **all but dissertation**) *n Am* UNIV *personne qui n'a plus qu'à rédiger sa thèse pour obtenir son doctorat.*

abdicate [ˈæbdɪkeɪt] ◇ *vt* -**1.** [right] renoncer à; [responsibility] abandonner. -**2.** [monarch]: **to ~ the throne** abdiquer.
◇ *vi* abdiquer.

abdication [ˌæbdɪˈkeɪʃn] *n* -**1.** [of throne] abdication *f*. -**2.** [of right] renonciation *f*; [of responsibility] abandon *m*; **the Abdication** *Br* HIST *abdication d'Édouard VIII d'Angleterre en 1936 devant l'opposition de l'Église anglicane à son mariage avec Wallis Warfield Simpson, Américaine deux fois divorcée.*

abdomen [ˈæbdəmen] *n* abdomen *m*.

abdominal [æbˈdɒmɪnl] *adj* abdominal.

abduct [əbˈdʌkt] *vt* enlever, kidnapper.

abduction [æbˈdʌkʃn] *n* rapt *m*, enlèvement *m*; **'The Abduction from the Seraglio'** *Mozart* 'l'Enlèvement au sérail'.

abductor [əbˈdʌktəʳ] *n* -**1.** [of person] ravisseur *m*, -euse *f*. -**2.** PHYSIOL (muscle *m*) abducteur *m*.

abed [əˈbed] *adj* & *adv lit* dans son lit, au lit.

Abel [ˈeɪbl] *pr n* Abel.

Aberdeen Angus [ˈæbəˌdiːnˈæŋgəs] *n* [breed] aberdeen-angus *m*.

Aberdonian [ˌæbəˈdəʊnjən] ◇ *n* habitant *m*, -e *f* d'Aberdeen.
◇ *adj* d'Aberdeen.

aberrant [æˈberənt] *adj* [gen & BIOL] aberrant.

aberration [ˌæbəˈreɪʃn] *n* -**1.** [act, idea] aberration *f*; **a mental ~** une aberration mentale; **it's an ~** c'est aberrant. -**2.** ASTRON & OPT aberration *f*.

abet [əˈbet] (*pt* & *pp* **abetted**, *cont* **abetting**) *vt* [aid] aider; [encourage] encourager.

abeyance [əˈbeɪəns] *n fml* -**1.** [disuse] désuétude *f*; **to fall into ~** tomber en désuétude; **the law is in temporary ~** la loi a momentanément cessé d'être appliquée. -**2.** [suspense] suspens *m*; **the question was left in ~** la question a été laissée en suspens; **the final decision on the project is still in ~** la décision finale concernant le projet reste en suspens.

abhor [əbˈhɔːʳ] (*pt* & *pp* **abhorred**, *cont* **abhorring**) *vt* détester, avoir en horreur.

abhorrence [əbˈhɒrəns] *n fml* aversion *f*, horreur *f*; **to have an ~ of sthg** avoir horreur de qqch OR une aversion pour qqch, avoir qqch en horreur.

abhorrent [əbˈhɒrənt] *adj fml* -**1.** [detestable - practice, attitude] odieux, exécrable; **I find their attitude ~, their attitude is ~ to me** je trouve leur attitude détestable. -**2.** [contrary] contraire; [incompatible] incompatible; **such economic considerations are ~ to socialism** des considérations économiques de ce genre sont contraires au OR incompatibles avec le socialisme.

abide [əˈbaɪd] (*pt* & *pp* **abode** [əˈbəʊd] OR **abided**) ◇ *vi lit* -**1.** [live] demeurer, habiter; **~ with me** RELIG restez avec moi. -**2.** [endure] continuer, durer.
◇ *vt* supporter; **she can't ~ him** elle ne peut pas le souffrir OR supporter; **I can't ~ people smoking in restaurants** je ne peux pas supporter les gens qui fument au restaurant.
◆ **abide by** *vt insep* [decision, law, promise] se conformer à, respecter; [result] supporter, assumer; **will he ~ by the new regulations?** respectera-t-il le nouveau règlement?

abiding [əˈbaɪdɪŋ] *adj* constant, permanent.

Abidjan [æbɪˈdʒɑːn] *pr n* Abidjan.

ability [əˈbɪlətɪ] (*pl* **abilities**) *n* [mental or physical] capacité *f*, capacités *fpl*, aptitude *f*; **he has great ~** il a beaucoup de capacités, il est très capable; **to lack ~** manquer de capacités; **do you feel you have the necessary ~ to run the project?** croyez-vous avoir les capacités nécessaires pour gérer le projet?; **children at different levels of ~/of different abilities** des enfants de niveaux intellectuels différents/aux compétences diverses; **I'll do it to the best of my ~** je le ferai du mieux que je peux, je ferai de mon mieux.
◆ **abilities** *npl* [special talents] capacités *fpl*, aptitude *f*; [artistic or musical] dons *mpl*, capacités *fpl*; **her acting abilities remained unrecognized** ses talents d'actrice sont restés méconnus.

abiotic [ˌeɪbaɪˈɒtɪk] *adj* abiotique.

abject [ˈæbdʒekt] *adj* [person, deed] abject, vil; [apology, flattery] servile; **they live in ~ poverty** ils vivent dans une misère noire.

abjectly [ˈæbdʒektlɪ] *adv* [act, refuse] de manière abjecte; [apologize] avec servilité, servilement.

abjure [əbˈdʒʊəʳ] *vt* [belief] renier; [religion] abjurer; [right] renoncer à; [alliance] refuser, renier.

ablation [æbˈleɪʃn] *n* ablation *f*.

ablative [ˈæblətɪv] ◇ *adj* ablatif.
◇ *n* ablatif *m*.

ablaut [ˈæblaʊt] *n* alternance *f* vocalique, ablaut *m*.

ablaze [əˈbleɪz] ◇ *adj* -**1.** [on fire] en flammes; **the factory was already ~ when the firemen arrived** l'usine était déjà en flammes lorsque les pompiers sont arrivés. -**2.** [luminous]: **~ with light** brillant de lumière; **the offices were ~ with light** toutes les lumières brillaient dans les bureaux. -**3.** [face] brillant; [eyes] enflammé, pétillant; **her eyes were ~ with anger** ses yeux étaient enflammés de colère.
◇ *adv*: **to set sthg ~** embraser qqch.

able [ˈeɪbl] (*compar* **abler**, *superl* **ablest**) *adj* -**1.** to **be ~ to** [to be capable of]: **to be ~ to do sthg** pouvoir faire qqch; **I won't be ~ to come** je ne pourrai pas venir; **I wasn't ~ to see** je ne voyais pas; **she wasn't ~ to explain** elle était incapable d'expliquer; **I'll be ~ to visit you more often now** je pourrai te rendre visite plus souvent désormais; **I haven't been ~ to find out very much** je n'ai pas pu savoir grand-chose; **I'm not ~ to tell you** je ne suis pas en mesure de vous le dire; **she's better** OR **more ~ to explain than I am** elle est mieux à même de vous expliquer que moi. -**2.** [competent] capable. -**3.** [talented] talentueux, de talent.

able-bodied *adj* robuste, solide.

able-bodied seaman, able seaman *n* NAUT matelot *m* breveté.

ablutions [əˈbluːʃnz] *npl* -**1.** *fml* [washing]: **to do** OR **to perform one's ~** faire ses ablutions. -**2.** *mil sl* [building] lavabos *mpl*.

ably [ˈeɪblɪ] *adv* d'une façon compétente.

ABM (*abbr of* **anti-ballistic missile**) *n* ABM *m*.

abnegate [ˈæbnɪgeɪt] *vt* renoncer à.

abnegation [æbnɪˈgeɪʃn] *n* abnégation *f*.

abnormal [æbˈnɔːml] *adj* anormal; **~ psychology** psychopathologie *f*.

abnormality [ˌæbnɔːˈmælətɪ] (*pl* **abnormalities**) *n* -**1.** [quality] anormalité *f*, caractère *m* anormal. -**2.** [feature] anomalie *f*.

abnormally [æbˈnɔːməlɪ] *adv* anormalement.

abo▼ [ˈæbəʊ] (*pl* **abos**) *Austr n terme raciste désignant un aborigène.*

aboard [əˈbɔːd] ◇ *adv* à bord; **to go ~** monter à bord; **life ~** la vie à bord; **all ~!** NAUT tout le monde à bord!; RAIL en voiture!
◇ *prep* à bord de; **~ ship** à bord du bateau.

abode [əˈbəʊd] ◇ *pt* & *pp* → **abide**.
◇ *n fml* demeure *f*; **he took up his ~ in Tunisia** il s'est installé en Tunisie; **one's place of ~** JUR son domicile; **to have the right of ~ in a country** avoir le droit de séjour dans un pays.

abolish [əˈbɒlɪʃ] *vt* [privilege, slavery] abolir; [right] supprimer; [law] supprimer, abroger.

abolition [ˌæbəˈlɪʃn] *n* [of privilege, slavery] abolition *f*; [of law] suppression *f*, abrogation *f*.

abolitionism [ˌæbəˈlɪʃənɪzm] *n* abolitionnisme *m (dans un contexte américain, ce mot fait le plus souvent référence à l'abolition de l'esclavage aux États-Unis).*

abolitionist [ˌæbəˈlɪʃənɪst] ◇ *adj* abolitionniste.
◇ *n* abolitionniste *mf*.

A-bomb (*abbr of* **atom bomb**) *n* bombe A *f*.

abominable [əˈbɒmɪnəbl] *adj* -**1.** [very bad] abominable, lamentable, affreux; **her handwriting is ~** son écriture est abominable. -**2.** [odious] abominable, odieux.

abominable snowman *n* abominable homme *m* des neiges.

abominably [əˈbɒmɪnəblɪ] *adv* -**1.** [write, spell] lamentablement, affreusement. -**2.** [as intensifier] extrêmement, abominablement; **it's ~ difficult** c'est abominablement difficile. -**3.** [act, behave] abominablement, odieusement.

abominate [əˈbɒmɪneɪt] *vt fml* détester, exécrer.

abomination [əˌbɒmɪˈneɪʃn] *n* -**1.** *fml* [loathing] abomination *f*; **we hold such behaviour in ~** ce genre de comportement nous fait horreur OR nous horrifie. -**2.** *fml* [detestable act] abomination *f*, acte *m* abominable. -**3.** [awful thing] abomination *f*, chose *f* abominable; **the building is an ~** l'immeuble est une abomination.

aboriginal [ˌæbəˈrɪdʒənl] ◇ *n* = **aborigine**.
◇ *adj* -**1.** [culture, legend] aborigène, des aborigènes. -**2.** BOT & ZOOL aborigène.

aborigine [ˌæbəˈrɪdʒənɪ] ◇ *n* -**1.** [original inhabitant] aborigène *mf*. -**2.** [in Australia] aborigène *mf* (d'Australie). -**3.** [language] langue *f* aborigène.
◇ *adj* aborigène, des aborigènes.
◆ **aborigines** *npl* BOT & ZOOL flore *f* et faune *f* aborigènes.

abort [əˈbɔːt] ◇ *vi* -**1.** [mission, plans] avorter, échouer; [flight] avorter; **the controller gave the order to ~** l'aiguilleur du ciel a donné l'ordre d'abandonner OR de suspendre le vol. -**2.** MED avorter.
◇ *vt* -**1.** [mission, flight] interrompre, mettre un terme à; [plan] faire échouer. -**2.** MED avorter.
◇ *n* -**1.** [of mission, spacecraft] interruption *f*. -**2.** COMPUT abandon *m*.

abortifacient [əˌbɔːtɪˈfeɪʃnt] ◇ *adj* abortif.
◇ *n* abortif *m*.

abortion [əˈbɔːʃn] *n* -**1.** MED avortement *m*, interruption *f* (volontaire) de grossesse; **to have an ~** se faire avorter. -**2.** [of plans, mission] avortement *m*.

abortionist [əˈbɔːʃənɪst] *n* -**1.** [practitioner] avorteur *m*, -euse *f*. -**2.** [advocate] partisan *m* de l'avortement (légal).

abortive [əˈbɔːtɪv] *adj* -**1.** [attempt] raté, infructueux. -**2.** [agent, organism, process] abortif.

aboulia [əˈbuːlɪə] = **abulia**.

abound [əˈbaʊnd] *vi* [fish, resources] abonder; [explanations, ideas] abonder, foisonner; **the area ~s in** OR **with natural resources** la région abonde en OR regorge de ressources naturelles; **the city ~s with tourists at this time of year** la ville grouille OR pullule de touristes à cette époque de l'année.

about [əˈbaʊt] ◇ *prep* -**1.** [concerning, on the subject of] à propos de, au sujet de; **she's had a letter ~ the loan** elle a reçu une lettre concernant le prêt; **I'm worried ~ her** je suis inquiet à son sujet; **I'm not happy ~ her going** ça ne me plaît pas qu'elle y aille; **there's no doubt ~ it** cela ne fait aucun doute, il n'y a aucun doute là-dessus; **now, ~ your request for a salary increase...** bon, en ce qui concerne votre demande d'augmentation...; **what's the book ~?** c'est un livre sur quoi?; **it's a book ~ the**

life of Mozart c'est un livre sur la vie de Mozart; I don't know what all the fuss is ~ je ne sais pas ce que c'est que toute cette histoire; what do you want to see me ~? vous voulez me voir à quel sujet?; that's what life's all ~ c'est ça la vie; he asked us ~ the war il nous a posé des questions sur la guerre; she asked me ~ my mother elle m'a demandé des nouvelles de ma mère; you should do something ~ your headaches vous devriez faire quelque chose pour vos maux de tête; I can't do anything ~ it je n'y peux rien; what do YOU know ~ it? qu'est-ce que vous en savez, vous?; I don't know much ~ Egyptian art je ne m'y connais pas beaucoup en art égyptien; I didn't know ~ your accident je ne savais pas que vous aviez eu un accident; she talked to them ~ her holidays elle leur a parlé de ses vacances; tell me ~ your holidays parle-moi de tes vacances; what do you think ~ modern art? que pensez-vous de l'art moderne?; I was thinking ~ my mother je pensais à ma mère; I'd like you to think ~ my offer j'aimerais que vous réfléchissiez à ma proposition; I warned them ~ the political situation je les ai mis en garde en ce qui concerne la situation politique. -**2.** [in the character of]: what I like ~ her is her generosity ce que j'aime en OR chez elle, c'est sa générosité; what I don't like ~ the house is all the stairs ce qui me déplaît dans cette maison, ce sont tous les escaliers; there's something ~ the house that I don't like il y a quelque chose que je n'aime pas dans cette maison; there's something ~ the place that reminds me of Rome cet endroit me fait penser à Rome; there's something strange ~ her il y a quelque chose de bizarre chez elle. -**3.** [busy with]: while I'm ~ it pendant que j'y suis; be quick ~ it! faites vite!, dépêchez-vous! -**4.** [in phrasal verbs] partout; there were clothes lying all ~ the room des vêtements traînaient partout dans la pièce; you mustn't leave money lying ~ the house il ne faut pas laisser de l'argent traîner dans la maison; the children were running ~ the garden les enfants couraient dans le jardin. -**5.** *lit* [surrounding] autour de; there is a high wall ~ the castle un rempart entoure le château. -**6.** *fml* [on one's person]: he had a dangerous weapon ~ his person il portait une arme dangereuse.

◇ *adv* -**1.** [more or less] environ, à peu près; ~ a year environ OR à peu près un an; ~ £50 50 livres environ; ~ five o'clock vers cinq heures; that looks ~ right ça a l'air d'être à peu près ça; I've just ~ finished j'ai presque fini; I've had just ~ enough! j'en ai vraiment assez!; it's ~ time you started il serait grand temps que vous commenciez; that's ~ it for now c'est à peu près tout pour l'instant. -**2.** [somewhere, near] dans les parages, par ici; is there anyone ~? il y a quelqu'un?; there was no one ~ when I left the building il n'y avait personne dans les parages quand j'ai quitté l'immeuble; my keys must be ~ somewhere mes clés doivent être quelque part par ici. -**3.** [in all directions, places]: there's a lot of flu ~ beaucoup de gens ont la grippe en ce moment; watch out, there are pickpockets ~ méfie-toi, il y a beaucoup de pickpockets qui traînent; have you seen many of the new coins ~? tu as vu beaucoup de nouvelles pièces en circulation? || [in phrasal verbs]: there are some terrible rumours going ~ il court des rumeurs terribles; to run ~ courir dans tous les sens; don't leave your money ~ ne laissez pas traîner votre argent; they've been sitting ~ all afternoon ils ont passé tout l'après-midi assis à ne rien faire; stop fooling ~! *inf* arrête de faire l'imbécile!; she was waving her arms ~ elle agitait les bras dans tous les sens. -**4.** [in opposite direction]: to turn ~ se retourner.

◇ *adj* -**1.** [expressing imminent action]: to be ~ to do sthg être sur le point de faire qqch; I was just ~ to leave j'allais partir, j'étais sur le point de partir. -**2.** [expressing reluctance]: I'm not ~ to answer that kind of question je ne suis pas prêt à répondre à ce genre de question.

about-turn *Br*, **about-face** *Am* ◇ *interj*: ~! MIL [to right] demi-tour droite!; [to left] demi-tour gauche!

◇ *vi* -**1.** MIL faire un demi-tour. -**2.** faire volte-face.

◇ *n* -**1.** MIL demi-tour *m*; to do an ~ faire un demi-tour. -**2.** volte-face *f inv*; to do an ~ faire volte-face.

above [ə'bʌv] ◇ *prep* -**1.** [in a higher place or position than] au-dessus de; ~ our heads au-dessus de nos têtes; in the sky ~ us dans le ciel au-dessus de nous; smoke rose ~ the town de la fumée s'élevait au-dessus de la ville; ~ the equator au-dessus de l'équateur; ~ ground en surface; skirts are ~ the knee this year les jupes se portent au-dessus du genou cette année; they live ~ the shop ils vivent au-dessus du magasin; a village on the river ~ Oxford un village (situé) en amont d'Oxford; his name appeared three lines ~ mine son nom était trois lignes au-dessus du mien. -**2.** [greater in degree or quantity than] au-dessus de; ~ 40 kilos au-dessus de 40 kilos; it's ~ my price limit c'est au-dessus du prix OR ça dépasse le prix maximum que je me suis fixé; ~ average au-dessus de la moyenne. -**3.** [in preference to] plus que; he values friendship ~ success il accorde plus d'importance à l'amitié qu'à la réussite; he respected her ~ all others il la respectait plus que quiconque. -**4.** [beyond] au-delà de; the discussion was all rather ~ me la discussion me dépassait complètement; ~ and beyond the call of duty bien au-delà du strict devoir. -**5.** [morally or intellectually superior to]: she's ~ that sort of thing elle est au-dessus de ça; ~ suspicion/reproach au-dessus de tout soupçon/reproche; he's not ~ cheating il irait jusqu'à tricher; I'm not ~ asking for favours je ne répugne pas à demander des faveurs. -**6.** [superior in rank, quality to] au-dessus de; to marry ~ one's station se marier au-dessus de son rang; she's ranked ~ the other athletes elle se classe devant les autres athlètes ❑ to get ~ o.s. se monter la tête. -**7.** [in volume, sound] par-dessus; it's difficult to make oneself heard ~ all this noise il est difficile de se faire entendre avec tout ce bruit; a scream rose ~ the noise of the engines un cri se fit entendre par-dessus le bruit des moteurs. -**8.** MUS [in pitch] au-dessus de.

◇ *adj fml* ci-dessus, précité ADMIN; the ~ facts les faits cités plus haut; the names on the ~ list les noms qui figurent sur la liste ci-dessus.

◇ *adv* -**1.** [in a higher place or position] au-dessus; the stars ~ les étoiles là-haut; the people in the flat ~ les gens de l'appartement du dessus OR au-dessus; to fall from ~ tomber d'en haut; two lines ~ deux lignes plus haut. -**2.** [greater in degree or quantity]: aged 20 and ~ âgé de 20 ans et plus; £5 and ~ 5 livres ou plus. -**3.** [a higher rank or authority] en haut; we've had orders from ~ nous avons reçu des ordres d'en haut. -**4.** [in a previous place] plus haut; mentioned ~ cité plus haut OR ci-dessus. -**5.** [in heaven] là-haut, au ciel; the angels ~ les anges là-haut. -**6.** MUS [in pitch]: the note ~ un ton plus haut OR au-dessus.

◇ *n fml*: the ~ [fact, item] ce qui se trouve ci-dessus; [person] le susnommé *m*, la susnommée *f*; [persons] les susnommés; can you explain the ~? pouvez-vous expliquer ce qui précède?

◆ **above all** *adv phr* avant tout, surtout.

aboveboard [ə,bʌv'bɔːd] ◇ *adj* -**1.** [person] honnête, régulier. -**2.** [action, behaviour] franc, honnête.

◇ *adv* -**1.** [openly] ouvert, au grand jour. -**2.** [honestly] honnêtement, de façon régulière. -**3.** [frankly] franchement, cartes sur table.

above-mentioned [-'menʃnd] *fml* ◇ *adj* cité plus haut, susmentionné.

◇ *n*: the ~ [person] le susmentionné, la susmentionnée; [book] le livre mentionné plus haut.

above-named *fml* ◇ *adj* susnommé.

◇ *n*: the ~ le susnommé *m*, -e *f*.

abracadabra [,æbrəkə'dæbrə] ◇ *interj*: ~! abracadabra!

◇ *n* -**1.** [magical word] formule *f* magique. -**2.** [gibberish] charabia *m*.

abrade [ə'breɪd] *vt* -**1.** TECH user par abrasion OR par frottement. -**2.** [skin] érafler. -**3.** GEOL éroder.

Abraham ['eɪbrəhæm] *pr n* Abraham.

abrasion [ə'breɪʒn] *n* -**1.** TECH abrasion *f*. -**2.** [graze - on skin] éraflure *f*, écorchure *f*.

abrasive [ə'breɪsɪv] ◇ *adj* -**1.** TECH abrasif. -**2.** [character] rêche; [criticism, wit] corrosif; [voice] caustique.

◇ *n* TECH abrasif *m*.

abreact [,æbrɪ'ækt] ◇ *vt* PSYCH libérer par abréaction.

◇ *vi* abréagir.

abreaction [,æbrɪ'ækʃn] *n* abréaction *f*.

abreast [ə'brest] *adv* -**1.** [march, ride] côte à côte, de front; the children were riding three ~ les enfants faisaient du vélo à trois de front. -**2.** [alongside] à la hauteur, au même niveau; their ship came OR drew ~ of ours leur navire est arrivé à la hauteur du nôtre. -**3.** [in touch]: to be ~ of sthg être au courant de qqch; to keep ~ of recent research rester informé OR au courant des recherches récentes; she likes to keep herself ~ of current affairs/the latest fashions elle aime se tenir au courant de l'actualité/de la dernière mode.

abridge [ə'brɪdʒ] *vt* [book] abréger; [article, play, speech] écourter, abréger; the ~d version of King Lear la version courte du Roi Lear.

abridg(e)ment [ə'brɪdʒmənt] *n* -**1.** [of book, speech] résumé *m*, abrégé *m*. -**2.** [act of abridging] réduction *f*, raccourcissement *m*.

abroad [ə'brɔːd] *adv* -**1.** [overseas] à l'étranger; to go ~ aller à l'étranger; to live/to study ~ vivre/faire ses études à l'étranger. -**2.** [over wide area] au loin; [in all directions] de tous côtés, partout; there are rumours ~ about possible redundancies le bruit court qu'il va y avoir des licenciements. -**3.** *lit* [out of doors] (au) dehors.

abrogate ['æbrəgeɪt] *vt fml* abroger, abolir.

abrogation [,æbrə'geɪʃn] *n fml* abrogation *f*.

abrupt [ə'brʌpt] *adj* -**1.** [sudden - change, drop, movement] brusque, soudain; [- laugh, question] brusque; [- departure] brusque, précipité. -**2.** [behaviour, person] brusque, bourru. -**3.** [style] haché, décousu. -**4.** [slope] abrupt, raide.

abruptly [ə'brʌptlɪ] *adv* -**1.** [change, move] brusquement, tout à coup; [ask, laugh] abruptement; [depart] brusquement, précipitamment. -**2.** [behave, speak] avec brusquerie, brusquement. -**3.** [fall, rise] en pente raide, à pic.

abruptness [ə'brʌptnɪs] *n* -**1.** [of change, movement] soudaineté *f*; [of departure] précipitation *f*. -**2.** [of behaviour, person] brusquerie *f*, rudesse *f*. -**3.** [of style] décousu *m*. -**4.** [of slope] raideur *f*.

Abruzzi [ə'brʊtsiː] *pl pr n*: the ~ les Abruzzes *fpl*.

ABS (*abbr of* Antiblockiersystem) *n* ABS *m*.

Absalom ['æbsələm] *pr n* Absalon.

abscess ['æbsɪs] *n* abcès *m*.

abscissa [æb'sɪsə] (*pl* abscissas OR abscissae [-siː]) *n* abscisse *f*.

abscond [əb'skɒnd] *vi fml* s'enfuir, prendre la fuite; to ~ from prison s'échapper de prison, s'évader; he ~ed with our money il s'est enfui avec notre argent.

absconder [əb'skɒndəʳ] *n fml* [gen] fugitif *m*, -ive *f*; [from prison] évadé *m*, -e *f*.

abseil ['æbseɪl] ◇ *vi* descendre en rappel.

◇ *n* (descente *f* en) rappel *m*.

absence ['æbsəns] *n* -**1.** [state of being away] absence *f*; in OR during my ~ pendant mon absence ❑ ~ makes the heart grow fonder *prov* l'éloignement renforce l'affection. -**2.** [instance of being away] absence *f*; unexcused ~s from school absences injustifiées. -3. [lack] manque *m*, défaut *m*; in the ~ of adequate information en l'absence d'informations satisfaisantes, faute de renseignements. -4. JUR non-comparution *f*, défaut *m*; he was tried in his ~ il fut jugé par contumace.

absent [*adj* 'æbsənt, *vb* æb'sent] ◇ *adj* -1. [not present] absent; to be ~ from sthg être absent ❑ ~ friends *formule utilisée pour porter un toast aux absents*; to be OR to go ~ without leave MIL être absent sans permission, être porté manquant. -2. [lacking] absent; all signs of warmth were ~ from her voice il n'y avait aucune chaleur dans sa voix. -3. [inattentive - person] distrait; [- manner] absent, distrait.
◇ *vt*: to ~ o.s. (from sthg) s'absenter (de qqch).

absentee [,æbsən'tiː] ◇ *n* [someone not present] absent *m*, -e *f*; [habitually] absentéiste *mf*.
◇ *adj* absentéiste; ~ ballot vote *m* par correspondance; to vote by ~ ballot voter par correspondance; ~ landlord propriétaire *m* absentéiste; ~ rate taux *m* d'absentéisme; ~ voter électeur *m*, -trice *f* votant par correspondance.

absenteeism [,æbsən'tiːɪzm] *n* absentéisme *m*.

absently ['æbsəntlɪ] *adv* distraitement.

absent-minded [,æbsənt'maɪndɪd] *adj* [person] distrait; [manner] absent, distrait.

absent-mindedly [,æbsənt'maɪndɪdlɪ] *adv* distraitement, d'un air distrait.

absent-mindedness [,æbsənt'maɪndɪdnɪs] *n* distraction *f*, absence *f*.

absinth(e) ['æbsɪnθ] *n* absinthe *f*.

absolute ['æbsəluːt] ◇ *adj* -1. [as intensifier] absolu, total; what ~ nonsense! quelles bêtises, vraiment!; he's an ~ idiot c'est un parfait crétin OR imbécile; the whole thing is an ~ mess c'est un véritable gâchis OR un vrai fatras. -2. [entire - secrecy, truth] absolu. -3. [unlimited - power] absolu, souverain; [- ruler] absolu. -4. [definite, unconditional - decision, refusal] absolu, formel; [- fact] indiscutable; [- proof] formel, irréfutable; ~ veto véto *m* formel. -5. [independent, not relative] absolu; in ~ terms en valeurs absolues. -6. CHEM [alcohol] absolu, anhydre. -7. GRAMM [adjective] substantivé; [verb] absolu. -8. JUR [of court order, decree] définitif; the decree was made ~ le décret a été prononcé.
◇ *n* absolu *m*.

absolutely ['æbsəluːtlɪ] *adv* -1. [with adjective] vraiment; she's ~ adorable! elle est vraiment adorable! -2. [in expressing opinions] absolument, tout à fait; I ~ agree je suis tout à fait d'accord; it's ~ nothing to do with you cela ne vous regarde absolument pas; but he's an excellent teacher – oh, ~! mais c'est un excellent professeur – oh, absolument OR mais certainement!; do you agree? – ~ not! êtes-vous d'accord? – absolument pas! -3. [deny, refuse] absolument, formellement.

absolute majority *n* majorité *f* absolue.

absolute pitch *n* oreille *f* absolue.

absolute zero *n* zéro *m* absolu.

absolution [,æbsə'luːʃn] *n* [forgiveness] absolution *f*; RELIG absolution *f*, remise *f* des péchés; to grant sb ~ promettre à qqn l'absolution || [in liturgy]: the Absolution l'absoute *f*.

absolutism ['æbsəluːtɪzm] *n* POL absolutisme *m*; RELIG forme *f* intransigeante de prédestination.

absolve [əb'zɒlv] *vt* -1. [from blame, sin etc] absoudre; [from obligation] décharger, délier; to ~ sb from OR of all blame décharger qqn de toute responsabilité. -2. JUR acquitter; to ~ sb of sthg acquitter qqn de qqch.

absorb [əb'sɔːb] *vt* -1. *literal* & *fig* [changes, cost, light, liquid] absorber; [surplus] absorber, résorber; [idea, information] absorber, assimiler; black ~s heat le noir absorbe la chaleur; work on the book ~ed all my time j'ai été entièrement absorbée par ce livre sur lequel je travaillais; it's too much to ~ all in one day cela en fait trop à absorber pour une seule journée. -2. [shock, sound] amortir. -3. [incorporate - company] absorber, incorporer; [- group, people] absorber, assimiler; the newcomers were quickly ~ed into the community les nouveaux venus ont été rapidement intégrés OR assimilés à la communauté. -4. (*usu pass*) [engross] absorber; to be ~ed in sthg être absorbé par qqch; she was ~ed in what she was doing elle était absorbée par ce qu'elle faisait; he was utterly ~ed in the project/in his reading il était entièrement absorbé par son projet/sa lecture; the task completely ~ed our attention ce travail a complètement accaparé notre attention.

absorbency [əb'sɔːbənsɪ] *n* [gen] pouvoir *m* absorbant; CHEM & PHYS absorptivité *f*.

absorbent [əb'sɔːbənt] ◇ *adj* absorbant.
◇ *n* absorbant *m*.

absorbent cotton *n Am* coton *m* hydrophile.

absorbing [əb'sɔːbɪŋ] *adj* [activity, book] fascinant, passionnant; [work] absorbant, passionnant.

absorption [əb'sɔːpʃn] *n* -1. [of light, liquid, smell] absorption *f*; [of surplus] résorption *f*. -2. [of shock, sound] amortissement *m*. -3. [of company] absorption *f*, incorporation *f*; [of group, people] absorption, assimilation *f*. -4. [fascination] passion *f*, fascination *f*; [concentration] concentration *f* (d'esprit).

abstain [əb'steɪn] *vi* -1. [refrain] s'abstenir; to ~ from alcohol s'abstenir de boire de l'alcool. -2. [not vote] s'abstenir; ten members voted for the proposal and three ~ed dix députés ont voté pour le projet et trois se sont abstenus.

abstainer [əb'steɪnəʳ] *n* -1. [teetotaller] abstinent *m*, -e *f*. -2. [person not voting] abstentionniste *mf*.

abstemious [æb'stiːmjəs] *adj* [person] sobre, abstinent; [diet, meal] frugal.

abstemiousness [æb'stiːmjəsnɪs] *n* [of person] sobriété *f*, frugalité *f*; [of diet, meal] frugalité.

abstention [əb'stenʃn] *n* -1. [from action] abstention *f*; [from drink, food] abstinence *f*. -2. [in vote] abstention *f*.

abstinence ['æbstɪnəns] *n* abstinence *f*.

abstinent ['æbstɪnənt] *adj lit* [temperate] sobre, frugal; RELIG abstinent.

abstract [*adj* & *n* 'æbstrækt, *vb* æb'strækt] ◇ *adj* abstrait; ~ artist artiste *m* abstrait.
◇ *n* -1. [idea, term] abstrait *m*; in the ~ dans l'abstrait. -2. [summary] résumé *m*, abrégé *m*; an ~ of accounts FIN un extrait de comptes. -3. ART [painting, sculpture] œuvre *f* abstraite.
◇ *vt* -1. [remove] extraire. -2. *euph* [steal] soustraire, dérober. -3. [regard theoretically] abstraire. -4. [summarize] résumer.
◇ *vi* -1. [theorize] abstraire. -2. [summarize] résumer.

abstracted [æb'stræktɪd] *adj* -1. [preoccupied] préoccupé, absorbé; [absent-minded] distrait. -2. [extracted] extrait.

abstractedly [æb'stræktɪdlɪ] *adv* distraitement, d'un air distrait.

abstract expressionism *n* expressionnisme *m* abstrait.

abstraction [æb'strækʃn] *n* -1. [concept] idée *f* abstraite, abstraction *f*. -2. PHILOS abstraction *f*. -3. [act of removing] extraction *f*. -4. [preoccupation] préoccupation *f*; [absent-mindedness] distraction *f*; she wore her customary look of ~ elle avait son air distrait habituel. -5. ART [work of art] œuvre *f* abstraite.

abstractor [æb'stræktəʳ] *n* abstracteur *m*.

abstruse [æb'struːs] *adj* abstrus.

abstruseness [æb'struːsnɪs] *n* caractère *m* abstrus.

absurd [əb'sɜːd] ◇ *adj* [unreasonable] absurde, insensé; [ludicrous] absurde, ridicule; don't be ~! ne sois pas ridicule!; the idea is utterly ~ c'est une idée complètement ridicule OR idiote; I feel/I look ~ in this get-up je me sens/j'ai l'air ridicule dans cet accoutrement.
◇ *n* absurde *m*; he has a nice sense of the ~ il a un bon sens de l'absurde ❑ the theatre of the ~ le théâtre de l'absurde.

absurdity [əb'sɜːdətɪ] (*pl* absurdities) *n* absurdité *f*.

absurdly [əb'sɜːdlɪ] *adv* [behave, dress] de manière insensée; [as intensifier] ridiculement.

ABTA ['æbtə] (*abbr of* Association of British Travel Agents) *pr n association des agences de voyage britanniques.*

Abu Dhabi [,æbuː'dɑːbɪ] *pr n* Abou Dhabi.

abulia [ə'buːlɪə] *n* aboulie *f*.

abundance [ə'bʌndəns] *n* abondance *f*, profusion *f*; there was food in ~ il y avait à manger à profusion; she has an ~ of talent elle est bourrée de talent.

abundant [ə'bʌndənt] *adj* [plentiful] abondant; he gave ~ proof of his devotion il a largement fait la preuve de son dévouement; there's an ~ supply of food il y a des provisions (de nourriture) en quantité.

abundantly [ə'bʌndəntlɪ] *adv* -1. [profusely] abondamment; [eat, serve] abondamment, copieusement; [grow] à foison. -2. [as intensifier] extrêmement; it became ~ clear that we had been mistaken il devint tout à fait clair que nous nous étions trompés; she made it ~ obvious that I was not welcome elle me fit comprendre très clairement que j'étais indésirable.

abuse [*n* ə'bjuːs, *vb* ə'bjuːz] ◇ *n* -1. [misuse] abus *m*; such positions are open to ~ de telles situations incitent aux abus ❑ drug ~ usage *m* de la drogue. -2. (*U*) [insults] injures *fpl*, insultes *fpl*; to heap ~ on sb accabler qqn d'injures. -3. (*U*) [cruel treatment] mauvais traitements *mpl*; child ~ mauvais traitements à enfant; sexual ~ violences *fpl* sexuelles. -4. [unjust practice] abus *m*.
◇ *vt* -1. [authority, position] abuser de. -2. [insult] injurier, insulter. -3. [treat cruelly] maltraiter, malmener. -4. [masturbate]: to ~ o.s. *fml* se masturber.

abuser [ə'bjuːzəʳ] *n* -1. [gen]: ~s of the system ceux qui profitent du système. -2. [of child] *personne qui a maltraité un enfant physiquement ou psychologiquement.* -3. [of drugs]: (drug) ~ drogué *m*, -e *f*.

Abu Simbel [,æbuː'sɪmbl] *pr n* Abou-Simbel.

abusive [ə'bjuːsɪv] *adj* -1. [language] offensant, grossier; [person] grossier; to be ~ to sb être grossier envers qqn; an ~ phone call un coup de fil obscène. -2. [behaviour, treatment] brutal. -3. [incorrectly used] abusif, mauvais.

abusively [ə'bjuːsɪvlɪ] *adv* -1. [speak, write] de façon offensante, grossièrement. -2. [behave, treat] brutalement. -3. [use] abusivement.

abut [ə'bʌt] (*pt* & *pp* abutted, *cont* abutting) *vi fml*: to ~ on (to) sthg s'appuyer contre qqch.

abutment [ə'bʌtmənt], **abuttal** [ə'bʌtl] *n* -1. [point of junction] jointure *f*, point *m* de jonction. -2. ARCHIT [support] contrefort *m*; [on bridge] butée *f*.

abuzz [ə'bʌz] *adj* bourdonnant; ~ with activity en effervescence; ~ with conversation résonnant du bruit des conversations.

abysmal [ə'bɪzml] *adj* -1. [immeasurable] infini, abyssal; ~ ignorance une ignorance crasse. -2. *inf* [very bad] épouvantable, exécrable.

abysmally [ə'bɪzməlɪ] *adv* atrocement; we failed ~ nous avons échoué lamentablement.

abyss [ə'bɪs] *n* [chasm] abîme *m*, gouffre *m*; [in sea] abysse *m*; a great ~ seemed to open up between us *fig* il y avait comme un abîme entre nous.

abyssal [ə'bɪsəl] *adj* abyssal.

Abyssinia [,æbɪ'sɪnjə] *pr n* Abyssinie *f*; in ~ en Abyssinie.

Abyssinian [,æbɪ'sɪnjən] ◇ *adj* abyssinien, abyssin; ~ cat chat *m* abyssin; the ~ Empire l'empire *m* d'Éthiopie.
◇ *n* Abyssinien *m*, -enne *f*.

a/c (*written abbr of* account (current)) *Br* cc.

AC *n* -**1.** *Br abbr of* **athletics club.** -**2.** *abbr of* **alternating current.**

acacia [əˈkeɪʃə] *n* acacia *m.*

academe [ˈækədiːm] *n fml & lit* institution *f* universitaire.

academia [ˌækəˈdiːmɪə] *n* monde *m* universitaire.

academic [ˌækəˈdemɪk] ◇ *adj* -**1.** [related to formal study - book, institution, job] universitaire, scolaire; [- failure, system] scolaire; ~ **advisor** *Am* directeur *m,* -trice *f* d'études; ~ **dress** toge *f* d'étudiant; ~ **freedom** liberté *f* d'enseignement; ~ **rank** *Am* grade *m*; ~ **year** année *f* universitaire. -**2.** [intellectual - standard, style, work] intellectuel; [- person] studieux, intellectuel. -**3.** [theoretical] théorique, spéculatif; [not practical] sans intérêt pratique, théorique; **their speculations were purely** ~ leurs spéculations étaient purement théoriques; **out of** ~ **interest** par simple curiosité; **whether he comes or not is all** ~ qu'il vienne ou pas, cela n'a pas d'importance. -**4.** [conventional] académique; **an** ~ **painter** un peintre académique.
◇ *n* universitaire *mf.*

academically [ˌækəˈdemɪklɪ] *adv* [advanced, competent, talented] sur le plan intellectuel; [sound] intellectuellement; **to be** ~ **qualified** posséder les diplômes requis.

academicals [ˌækəˈdemɪklz] *npl* toge *f* et accessoires *mpl* d'universitaire.

academician [əˌkædəˈmɪʃn] *n* académicien *m,* -enne *f.*

academicism [ˌækəˈdemɪsɪzm], **academism** [əˈkædəmɪzm] *n* académisme *m.*

academy [əˈkædəmɪ] (*pl* **academies**) *n* -**1.** [society] académie *f,* société *f.* -**2.** [school] école *f*; [private high school] école *f* privée, collège *m*; **an** ~ **of music** un conservatoire de musique; **military** ~ école *f* militaire ; **riding** ~ académie *f* d'équitation.

Academy Award *n* oscar *m.*

Acadia [əˈkeɪdjə] *pr n* Acadie *f*; **in** ~ en Acadie.

Acadian [əˈkeɪdjən] ◇ *n* Acadien *m,* -enne *f.*
◇ *adj* acadien.

acanthus [əˈkænθəs] (*pl* **acanthuses** OR **acanthi** [-θaɪ]) *n* acanthe *f.*

a cappella [ˌɑːkəˈpelə] ◇ *adj* a cappella; ~ **singing** chant *m* a cappella.
◇ *adv* a cappella.

acariasis [ˌækəˈraɪəsɪs] *n* acariose *f.*

acarid [ˈækərɪd] *n* acarien *m.*

ACAS [ˈeɪkæs] (*abbr of* **Advisory, Conciliation and Arbitration Service**) *pr n* *organisme britannique de conciliation et d'arbitrage des conflits du travail,* ≃ conseil *m* de prud'hommes.

accede [ækˈsiːd] *vi fml* -**1.** [agree] agréer, accepter; **to** ~ **to sthg** [demand, request] donner suite OR accéder à qqch; [plan, suggestion] accepter OR agréer qqch. -**2.** [attain] accéder; **to** ~ **to the throne** monter sur le trône; **to** ~ **to office** entrer en possession d'une charge; **to** ~ **to the directorship** accéder à la direction. -**3.** JUR: **to** ~ **to a treaty** adhérer à un traité.

accelerate [əkˈseləreɪt] ◇ *vt* [pace, process, rhythm] accélérer; [decline, event] précipiter, accélérer; [work] activer; ~**d classes** SCH & UNIV cours *mpl* OR niveaux *mpl* accélérés.
◇ *vi* -**1.** [move faster] s'accélérer. -**2.** AUT accélérer.

acceleration [əkˌseləˈreɪʃn] *n* [gen & AUT] accélération *f.*

accelerator [əkˈseləreɪtəʳ] *n* -**1.** AUT accélérateur *m*; **step on the** ~! appuie sur l'accélérateur! -**2.** PHYS accélérateur *m.*

accelerometer [ækˌseləˈrɒmɪtəʳ] *n* accéléromètre *m.*

accent [*n* ˈæksent, *vb* ækˈsent] ◇ *n* -**1.** [way of speaking] accent *m*; **she has** OR **she speaks with a Spanish** ~ elle a l'accent espagnol; **she speaks French without an** ~ elle parle français sans accent; **he has a strange** ~ il a un drôle d'accent. -**2.** GRAMM & MUS [stress] accent *m.* -**3.** *fig*: **the** ~ **here is on team work** ici on met l'accent sur le travail d'équipe. -**4.** [written mark] accent *m.* -**5.** [contrasting detail] accent *m*; **the room is painted white with green** ~**s** la pièce est peinte en blanc avec des touches de vert.
◇ *vt* -**1.** [stress - syllable] accentuer, appuyer sur; [- word] accentuer, mettre l'accent sur. -**2.** [mark with accent] mettre un accent sur.

accentuate [ækˈsentjʊeɪt] *vt* -**1.** [word] accentuer, mettre l'accent sur. -**2.** [feature, importance] souligner, accentuer; **the thin dress only** ~**d her frailness** la robe légère ne faisait qu'accentuer OR que souligner son air fragile.

accentuation [ækˌsentjʊˈeɪʃn] *n* accentuation *f.*

accept [əkˈsept] *vt* -**1.** [agree to receive - apology, gift, invitation] accepter; [- advice, suggestion] accepter, écouter; COMM [- bill] accepter; [- goods] prendre livraison de; **he proposed and she** ~**ed (him)** il la demanda en mariage et elle accepta; **the machine only** ~**s coins** la machine n'accepte que les pièces. -**2.** [believe as right, true] accepter, admettre; **I can't** ~ **what he says** je ne peux accepter OR admettre ce qu'il dit; **I refuse to** ~ **that he's guilty** je me refuse à le croire coupable, je refuse de croire qu'il soit coupable; **it is generally** ~**ed that too much salt is bad for the heart** tout le monde sait que le sel en trop grande quantité est mauvais pour le cœur. -**3.** [face up to - danger] faire face à, affronter; [- challenge] accepter, relever; [- one's fate] se résigner à; **she hasn't really** ~**ed his death** elle n'a pas vraiment accepté sa mort; **you have to** ~ **the inevitable** il vous faut accepter l'inévitable; **we have to** ~ **the fact that war is imminent** nous devons accepter le fait que la guerre est imminente; **they refused to** ~ **the appalling working conditions** ils ont refusé de travailler dans des conditions aussi épouvantables. -**4.** [take on - blame, responsibility] accepter, prendre; [- job, task] se charger de, accepter. -**5.** [admit - to job, school] accepter, prendre; [- to club] accepter; **they** ~**ed her into the club** ils l'ont admise au club; **she's been** ~**ed at** OR *Am* **to Harvard** elle a été admise à Harvard.

acceptable [əkˈseptəbl] *adj* -**1.** [satisfactory] acceptable, convenable; [tolerable] acceptable, admissible; **her behaviour just isn't socially** ~ son attitude est tout simplement intolérable en société; **they found her work** ~ ils ont trouvé son travail convenable; **are these conditions** ~ **to you?** ces conditions vous conviennent-elles? -**2.** [welcome] bienvenu, opportun; **flowers always make an** ~ **gift** les fleurs sont toujours une bonne idée de cadeau OR font toujours plaisir.

acceptably [əkˈseptəblɪ] *adv* [suitably] convenablement; [tolerably] passablement; **he works** ~ **well** il ne travaille pas mal (du tout); **inflation has remained** ~ **low** l'inflation est restée assez faible.

acceptance [əkˈseptəns] *n* -**1.** [of gift, invitation] acceptation *f*; ~ **speech** discours *m* de réception. -**2.** [assent - to proposal, suggestion] consentement *m*; **his** ~ **of his fate** sa résignation devant son sort. -**3.** [to club, school, group] admission *f.* -**4.** [approval, favour] approbation *f,* réception *f* favorable; **his suggestion met with everyone's** ~ tout le monde approuva sa suggestion; **the idea is gaining** ~ l'idée fait son chemin. -**5.** [belief]: **there is general** ~ **now that smoking causes cancer** il est généralement reconnu maintenant que le tabac provoque le cancer. -**6.** COMM & FIN [of goods] réception *f*; [of bill of exchange] acceptation *f*; [bill of exchange] traite *f*; ~ **house** banque *f* d'escompte (d'effets étrangers) OR d'acceptation.

acceptation [ˌæksepˈteɪʃn] *n* [of term, word] acception *f,* signification *f.*

accepted [əkˈseptɪd] *adj*: ~ **ideas** les idées généralement répandues OR admises; **contrary to** ~ **belief** contrairement à la croyance établie; **it's an** ~ **fact that too much sun ages the skin** tout le monde sait que le soleil à haute dose accélère le vieillissement de la peau.

acceptor [əkˈseptəʳ] *n* accepteur *m.*

access [ˈækses] ◇ *n* -**1.** [means of entry] entrée *f,* ouverture *f*; [means of approach] accès *m,* abord *m*; JUR droit *m* de passage; **the kitchen gives** ~ **to the garage** la cuisine donne accès au garage; **how did the thieves gain** ~? comment les voleurs se sont-ils introduits?; '~ **only**' 'sauf riverains (et livreurs)' ❑ ~ **code** code *m* d'accès. -**2.** [right to contact, use] accès *m*; **I have** ~ **to confidential files** j'ai accès à des dossiers confidentiels; **he has direct** ~ **to the minister** il a ses entrées auprès du ministre; **the father has** ~ **to the children at weekends** JUR le père a droit de visite le week-end pour voir ses enfants ❑ ~ **rights** [to child] droits *mpl* de visite. -**3.** *Br lit* [bout - of illness] accès *m,* attaque *f*; [- of fever, anger] accès *m*; **in an** ~ **of despair** dans un accès de désespoir.
◇ *vt* accéder à.
◇ *comp* [port, route] d'accès; ~ **channel** TV canal *m* d'accès.

Access® [ˈækses] *pr n* *carte de crédit britannique*; **to put sthg on** ~ payer qqch avec la carte Access.

accessary [əkˈsesərɪ] (*pl* **accessaries**) JUR = **accessory 2.**

accessibility [əkˌsesəˈbɪlətɪ] *n* accessibilité *f.*

accessible [əkˈsesəbl] *adj* -**1.** [place] accessible, d'accès facile; [person] accessible, abordable; **the teacher's very** ~ ce professeur est facile à aborder OR d'un abord facile ‖ [available] accessible; **computers are now** ~ **to everyone** maintenant les ordinateurs sont accessibles à tous. -**2.** [easily understandable] à la portée de tous, accessible. -**3.** [open to, susceptible to] ouvert, accessible.

accession [ækˈseʃn] ◇ *n* -**1.** [to office, position] accession *f*; [to fortune] accession *f,* entrée *f* en possession; **Queen Victoria's** ~ **(to the throne)** l'accession au trône OR l'avènement de la reine Victoria; ~ **to an inheritance** entrée en possession d'un héritage. -**2.** [addition to collection] nouvelle acquisition *f.* -**3.** [increase] augmentation *f,* accroissement *m*; JUR [to property] accession *f.* -**4.** *fml* [consent] assentiment *m,* accord *m*; [of treaty] adhésion *f.*
◇ *vt* enregistrer.

accession number *n* numéro *m* de catalogue.

accessorize, -ise [əkˈsesəraɪz] *vt* accessoiriser.

accessory [əkˈsesərɪ] (*pl* **accessories**) ◇ *n* -**1.** (*usu pl*) [supplementary article] accessoire *m*; **car accessories** accessoires automobiles; **a suit with matching accessories** un ensemble avec (ses) accessoires coordonnés. -**2.** JUR complice *mf*; **an** ~ **after/before the fact** un complice par assistance/par instigation.
◇ *adj* -**1.** [supplementary] accessoire. -**2.** JUR complice.

accessory shoe *n* PHOT fiche *f* pour accessoires.

access road *n* [gen] route *f* d'accès; [to motorway] bretelle *f* d'accès OR de raccordement.

access time *n* temps *m* d'accès.

accidence [ˈæksɪdəns] *n* morphologie *f* flexionnelle.

accident [ˈæksɪdənt] ◇ *n* -**1.** [mishap] accident *m,* malheur *m*; [unforeseen event] événement *m* fortuit, accident *m*; **her son had a car** ~ son fils a eu un accident de voiture; **she was killed in an** ~ elle s'est tuée dans un accident; ~**s in the home** accidents domestiques. -**2.** [chance] hasard *m,* chance *f*; **it was purely by** ~ **that we met** nous nous sommes rencontrés tout à fait par accident; **any success we had was more by** ~ **than by design** notre réussite a été plus accidentelle qu'autre chose. -**3.** PHILOS accident *m.*
◇ *comp* [figures, rate] des accidents; ~ **insurance** assurance *f* (contre les) accidents; ~ **prevention** AUT la prévention des accidents, la prévention routière.

accidental [ˌæksɪˈdentl] ◇ *adj* -**1.** [occurring by chance - death, poisoning] accidentel; [- meeting] fortuit. -**2.** *fml* [nonessential] accessoire, extrinsèque; PHILOS accidentel. -**3.** MUS accidentel.
◇ *n* [gen & MUS] accident *m.*

accidentally [ˌæksɪ'dentəlɪ] *adv* [break, drop] accidentellement; [meet] par hasard; she ~ tore the page elle a déchiré la page sans le vouloir; he did it ~ on purpose *hum* il l'a fait «exprès sans le vouloir».

accident-prone *adj*: to be ~ être prédisposé aux accidents.

acclaim [ə'kleɪm] ◇ *vt* -**1.** [praise] acclamer, faire l'éloge de; [applaud] acclamer, applaudir. -**2.** [proclaim] proclamer.
◇ *n* acclamation *f*, acclamations *fpl*; his play met with great critical ~ sa pièce a été très applaudie par la critique.

acclamation [ˌæklə'meɪʃn] *n* acclamation *f*, acclamations *fpl*; to be elected by ~ être plébiscité; to win by ~ gagner par acclamation.

acclimate [æ'klɪmeɪt] *Am* = **acclimatize**.

acclimation [ˌæklɪ'meɪʃn] *Am* = **acclimatization**.

acclimatization [əˌklaɪmətaɪ'zeɪʃn] *n* [to climate] acclimatation *f*; [to conditions, customs] accoutumance *f*, acclimatement *m*.

acclimatize, -ise [ə'klaɪmətaɪz] ◇ *vt* [animal, plant] acclimater; to ~ sb to [climate] acclimater qqn à; [conditions, customs] habituer OR accoutumer qqn à.
◇ *vi* [to climate] s'acclimater; [to conditions, customs] s'habituer, s'accoutumer.

acclivity [ə'klɪvətɪ] *n* montée *f*.

accolade ['ækəleɪd] *n* -**1.** [praise] acclamation *f*, acclamations *fpl*; [approval] marque *f* d'approbation; [honour] accolade *f*; the prize is the highest ~ a writer can receive ce prix est le plus grand honneur qu'un écrivain puisse recevoir. -**2.** [in conferring knighthood] accolade *f*. -**3.** ARCHIT accolade *f*.

accommodate [ə'kɒmədeɪt] ◇ *vt* -**1.** [furnish lodging for] loger; [furnish with something needed] équiper, pourvoir; [furnish with loan] prêter de l'argent à; can you ~ me until the cheque comes through? pouvez-vous me prêter de l'argent OR me dépanner en attendant que je reçoive mon chèque? -**2.** [have room for - subj: car] contenir; [- subj: house, room] contenir, recevoir; the restaurant can ~ 150 people le restaurant peut recevoir 150 personnes; the cottage ~s up to six people dans la villa, on peut loger jusqu'à six (personnes). -**3.** [oblige] répondre aux besoins de; the management refused to ~ the union la direction a refusé de prendre en compte les exigences du syndicat; the bill is designed to ~ special interest groups cette loi vise à prendre en compte les besoins de groupes d'intérêts particuliers. -**4.** [adapt] accommoder, adapter; she soon ~d herself to the new working conditions elle s'est vite adaptée aux nouvelles conditions de travail.
◇ *vi*: to ~ to sthg s'accommoder OR s'habituer à qqch.

accommodating [ə'kɒmədeɪtɪŋ] *adj* [willing to help] obligeant; [easy to please] accommodant, complaisant.

accommodation [əˌkɒmə'deɪʃn] *n* -**1.** [lodging] logement *m*; [lodging and services] prestations *fpl*; the hotel has no ~ available l'hôtel est complet ❑ furnished ~ chambre *f* meublée, (logement *m*) meublé *m*; the high cost of rented ~ le prix élevé des locations; office ~ bureaux *mpl* à louer. -**2.** [facility] équipement *m*; sleeping ~ chambres *fpl*. -**3.** [settlement of disagreement] accord *m*, accommodement *m*; [compromise] compromis *m*. -**4.** *fml* [willingness to help] obligeance *f*; [willingness to please] complaisance *f*. -**5.** ANAT & PSYCH accommodation *f*. -**6.** COMM & FIN [loan] prêt *m* de complaisance.
◆ **accommodations** *npl Am* -**1.** [lodging, food and services] hébergement *m*. -**2.** [on boat, train] place *f*.

accommodation address *n Br* adresse *f* *(utilisée uniquement pour la correspondance)*.

accommodation agency *n* agence *f* de logement.

accommodation bill *n* effet *m* de complaisance.

accommodation bureau = **accommodation agency**.

accommodation ladder *n* échelle *f* de coupée.

accommodation road *n* route *f* de desserte.

accompaniment [ə'kʌmpənɪmənt] *n* -**1.** [gen] accompagnement *m*; he entered to the ~ of wild applause il entra sous un tonnerre d'applaudissements. -**2.** CULIN accompagnement *m*, garniture *f*. -**3.** MUS accompagnement *m*; guitar/piano ~ accompagnement *m* à la guitare/au piano.

accompanist [ə'kʌmpənɪst] *n* accompagnateur *m*, -trice *f*.

accompany [ə'kʌmpənɪ] (*pt* & *pp* accompanied) *vt* -**1.** [escort] accompagner, escorter; she was accompanied by her brother elle était accompagnée de son frère. -**2.** [supplement] accompagner; CULIN accompagner, garnir; she accompanied her advice with a warning ses conseils s'accompagnaient d'une mise en garde; her photos ~ the text ses photos accompagnent le texte. -**3.** MUS accompagner; he accompanies her on the piano il l'accompagne au piano.

accompanyist [ə'kʌmpənɪɪst] *Am* = **accompanist**.

accomplice [ə'kʌmplɪs] *n* complice *mf*; to be an ~ to OR in sthg être complice de qqch.

accomplish [ə'kʌmplɪʃ] *vt* -**1.** [manage to do - task, work] accomplir, exécuter; [- desire, dream] réaliser; [- distance, trip] effectuer; the talks ~ed nothing les pourparlers n'ont pas abouti; we hope to ~ a great deal during our discussions nous espérons obtenir des résultats durant ces débats. -**2.** [finish successfully] venir à bout de, mener à bonne fin.

accomplished [ə'kʌmplɪʃt] *adj* -**1.** [cook, singer] accompli, doué; [performance] accompli. -**2.** [successfully completed] accompli; an ~ fact un fait accompli.

accomplishment [ə'kʌmplɪʃmənt] *n* -**1.** [skill] talent *m*; speaking fluent French is just one of her many ~s elle parle français couramment, entre autres talents. -**2.** [feat] exploit *m*, œuvre *f* (accomplie). -**3.** [completion - of task, trip] accomplissement *m*; [- of dream] réalisation *f*.

accord [ə'kɔːd] ◇ *n* -**1.** [consent] accord *m*, consentement *m*; I'm in complete ~ with you je suis totalement d'accord avec vous; of one's own ~ de son plein gré; he left of his own ~ il est parti de son propre chef OR de son plein gré. -**2.** [conformity] accord *m*, conformité *f*; to be in ~ with sthg être en accord OR en conformité avec qqch. -**3.** [harmony] accord *m*, harmonie *f*. -**4.** *fml* [agreement] accord *m*; [treaty] traité *m*.
◇ *vt* accorder; to ~ sb permission accorder une autorisation OR une permission à qqn; he ~ed her a warm welcome il lui a réservé un accueil chaleureux.
◇ *vi* s'accorder, concorder; what he said did not ~ with our instructions ce qu'il a dit n'était pas conforme à nos instructions.
◆ **with one accord** *adv phr* d'un commun accord.

accordance [ə'kɔːdəns] *n* -**1.** [conformity] accord *m*, conformité *f*. -**2.** *fml* [granting] octroi *m*.
◆ **in accordance with** *prep phr*: in ~ with the law aux termes de OR conformément à la loi; her statement is not in ~ with company policy sa déclaration n'est pas dans la ligne de l'entreprise.

accordant [ə'kɔːdənt] *adj*: ~ with *fml* conformément à.

according [ə'kɔːdɪŋ]
◆ **according as** *conj phr fml* selon que, suivant que; ~ as they pass or fail the exam suivant OR selon qu'ils ont réussi ou échoué à l'examen.
◆ **according to** *prep phr* -**1.** [on the evidence of] selon, d'après; ~ to John, it's too late selon OR pour John, il est trop tard; ~ to what you say d'après ce que vous dites; ~ to the figures d'après les chiffres. -**2.** [in relation to]: arranged ~ to height placés OR disposés par ordre de taille; prices vary ~ to how long the job will take le prix varie selon le temps qu'il faut pour effectuer le travail. -**3.** [in accordance with] suivant, conformément à; ~ to instructions conformément aux OR suivant les instructions; everything went ~ to plan tout s'est passé comme prévu.

accordingly [ə'kɔːdɪŋlɪ] *adv* -**1.** [appropriately] en conséquence. -**2.** [consequently] par conséquent.

accordion [ə'kɔːdjən] *n* accordéon *m*.

accordionist [ə'kɔːdjənɪst] *n* accordéoniste *mf*.

accordion pleat *n* pli *m* (en) accordéon.

accost [ə'kɒst] *vt* [gen] accoster, aborder; [subj: prostitute] racoler.

account [ə'kaʊnt] ◇ *n* -**1.** [report] récit *m*, compte rendu *m*; her ~ differs from her husband's sa version diffère de celle de son mari, son récit diffère de celui de son mari; he gave his ~ of the accident il a donné sa version de l'accident; by his own ~ he had had too much to drink à l'en croire, il avait trop bu. -**2.** [explanation] compte rendu *m*, explication *f*; to bring OR to call sb to ~ demander des comptes à qqn; you will be held to ~ for all damages il vous faudra rendre des comptes pour tous les dommages causés. -**3.** [consideration] importance *f*, valeur *f*; a town of little ~ une ville de peu d'importance OR insignifiante; what you think is of no ~ to me ce que vous pensez ne m'intéresse pas; to take sthg into ~, to take ~ of sthg tenir compte de qqch; he took little ~ of her feelings il ne tenait pas compte OR faisait peu de cas de ses sentiments; does this estimate take all the costs into ~? est-ce que cette estimation prend en compte toutes ces dépenses?; the rising cost of living must also be taken into ~ il faut aussi prendre en compte l'augmentation du coût de la vie. -**4.** [advantage, profit] profit *m*; to put OR to turn one's skills to good ~ tirer parti de ses compétences; I started working on my own ~ j'ai commencé à travailler à mon compte. -**5.** [rendition] interprétation *f*, version *f*; the pianist gave a sensitive ~ of the concerto le pianiste a donné du concerto une interprétation d'une grande sensibilité; she gave a good ~ of herself in the interview elle a réussi à bien se définir au cours de cette entrevue. -**6.** COMM [in bank, with shop] compte *m*; to close/to open an ~ fermer/ouvrir un compte; we have an ~ at the garage nous avons un compte chez le garagiste; put it on OR charge it to my ~ mettez cela sur mon compte; I'd like to settle my ~ je voudrais régler ma note, to settle OR to square ~s with sb *fig* régler ses comptes avec qqn; to ~ rendered COMM suivant compte remis ❑ ~s payable comptes *mpl* fournisseurs; ~s receivable comptes *mpl* clients. -**7.** [detailed record of money] compte *m*; his wife keeps the ~s c'est sa femme qui tient les comptes. -**8.** [business, patronage] appui *m*; we were pleased to get their ~ nous étions contents d'avoir leur appui ‖ [in advertising] budget *m*; the agency secured the Brook ~ l'agence s'est assuré le budget Brook.
◇ *vt fml* estimer, considérer; she ~s herself my friend elle se considère mon amie.
◆ **by all accounts** *adv phr* aux dires de tout le monde, d'après ce que tout le monde dit.
◆ **on account** *adv phr* à crédit; we bought the car on ~ nous avons acheté la voiture à crédit; payment on ~ paiement à compte OR à crédit; I paid £100 on ~ j'ai versé un acompte de 100 livres.
◆ **on account of** *prep phr* à cause de; on ~ of the weather à cause du temps; don't leave on ~ of me OR on my ~ ne partez pas à cause de moi; we didn't go on ~ of there being a storm nous n'y sommes pas allés à cause de la tempête.
◆ **on no account** *adv phr* en aucun cas, sous aucun prétexte.

◆ **account for** *vt insep* -**1.** [explain] expliquer, rendre compte de; **there's no ~ing for his recent odd behaviour** il n'y a aucune explication à son comportement bizarre des derniers temps; **there's no ~ing for taste** les goûts et les couleurs, ça ne se discute pas. -**2.** [answer for] rendre compte de; **he has to ~ for every penny he spends** il doit rendre compte de chaque franc qu'il dépense; **all the children are ~ed for** aucun des enfants n'a été oublié; **two hostages have not yet been ~ed for** deux otages n'ont toujours pas été retrouvés. -**3.** [make up] représenter; **wine ~s for 5 % of all exports** le vin représente 5 % des exportations totales; **the North Sea ~s for a large proportion of our petrol** la mer du Nord produit une grande partie de notre pétrole. -**4.** *fml* [shoot, kill] abattre, tuer; [catch] attraper.

accountability [əˌkaʊntəˈbɪlətɪ] *n*: **the public wants more police ~** le public souhaite que la police réponde davantage de ses actes.

accountable [əˈkaʊntəbl] *adj* -**1.** [responsible] responsable; **she is not ~ for her actions** elle n'est pas responsable de ses actes; **I'm ~ to your mother for you** je suis responsable de toi devant ta mère; **they cannot be held ~ for the accident** on ne peut les tenir responsables de l'accident. -**2.** [explainable] explicable.

accountancy [əˈkaʊntənsɪ] *n* [subject, work] comptabilité *f*; [profession] profession *f* de comptable; **a degree in ~** un diplôme de comptabilité.

accountant [əˈkaʊntənt] *n* comptable *mf*.

account book *n* livre *m* de comptes.

account day *n* ST. EX jour *m* de liquidation.

account executive *n* responsable *mf* du budget.

accounting [əˈkaʊntɪŋ] *n* comptabilité *f*; **she does the ~** [for business] elle fait OR tient la comptabilité; [for the family] elle tient les comptes; **~ period** exercice *m*.

accoutre *Br*, **accouter** *Am* [əˈkuːtəʳ] *vt fml* équiper; **to be ~d with sthg** être équipé de qqch.

accoutrement [əˈkuːtrəmənt] *Br*, **accouterment** [əˈkuːtərmənt] *Am n* [equipment] attirail *m*; MIL équipement *m*.

Accra [əˈkrɑː] *pr n* Accra.

accredit [əˈkredɪt] *vt* -**1.** [credit] accréditer; **they ~ed the discovery to him** on lui a attribué cette découverte; **she is ~ed with having discovered radium** on lui attribue la découverte du radium. -**2.** [provide with credentials] accréditer; **ambassador ~ed to Morocco** ambassadeur accrédité au Maroc. -**3.** [recognize as bona fide] agréer.

accreditation [əˌkredɪˈteɪʃn] *n*: **to seek ~** chercher à se faire accréditer OR reconnaître.

accredited [əˈkredɪtɪd] *adj* -**1.** [idea, rumour] admis, accepté. -**2.** [official, person] accrédité, autorisé; **the ~ representative to the United Nations** le représentant accrédité aux Nations unies. -**3.** [recognized as bona fide] agréé; **~ dairy herds** troupeaux *mpl* tuberculinés; **~ schools** SCH & UNIV *établissements délivrant des diplômes reconnus par l'État*.

accretion [æˈkriːʃn] *n* -**1.** [growth - in size] accroissement *m*; [- of dirt, wealth] accroissement *m*, accumulation *f*. -**2.** [addition] addition *f*; **~ of property** JUR accumulation de biens. -**3.** GEOL concrétion *f*. -**4.** MED [adhesion] accrétion *f*; [deposit] concrétion *f*.

accrual [əˈkruːəl] *n fml* accumulation *f*; **~s** FIN compte *m* de régularisation (du passif).

accrue [əˈkruː] *fml* ◇ *vi* -**1.** [increase] s'accroître, s'accumuler; [interest] courir; **~d interest** intérêt *m* couru; **~d income** recettes *fpl* échues; **~d expenses** frais *mpl* à payer. -**2.** [benefit, gain]: **to ~ to** revenir à; **advantages accruing to property owners** les avantages revenant aux propriétaires fonciers.
◇ *vt* accumuler.

accumulate [əˈkjuːmjʊleɪt] ◇ *vt* accumuler.
◇ *vi* s'accumuler.

accumulation [əˌkjuːmjʊˈleɪʃn] *n* -**1.** [process] accumulation *f*. -**2.** [things collected] amas *m*, tas *m*. -**3.** FIN [of capital] accroissement *m*; [of interest] accumulation *f*.

accumulative [əˈkjuːmjʊlətɪv] *adj* cumulatif, qui s'accumule; FIN cumulatif.

accumulator [əˈkjuːmjʊleɪtəʳ] *n* -**1.** [battery] accumulateur *m*. -**2.** *Br* [bet] *pari dont les gains sont placés sur la course suivante*.

accuracy [ˈækjʊrəsɪ] (*pl* **accuracies**) *n* [of aim, description, report, weapon] précision *f*; [of figures, watch] exactitude *f*; [of memory, translation] fidélité *f*, exactitude *f*; [of judgment, prediction] justesse *f*.

accurate [ˈækjʊrət] *adj* [description, report] précis, juste; [instrument, weapon] précis; [figures, watch] exact; [estimate] juste; [memory, translation] fidèle; **the report was ~ in every detail** le compte rendu était fidèle jusque dans les moindres détails; **to be more ~, there were 15 of them** pour être plus précis, ils étaient 15; **she's very ~ in her calculations** elle est très précise dans ses calculs.

accurately [ˈækjʊrətlɪ] *adv* [count, draw] avec précision; [tell] exactement; [judge, estimate] avec justesse; [remember, translate] fidèlement.

accursed [əˈkɜːsɪd] *adj* [cursed] maudit; [hateful] maudit, exécrable.

accusal [əˈkjuːzl] *n* accusation *f*.

accusation [ˌækjuːˈzeɪʃn] *n* -**1.** [gen] accusation *f*; **to make an ~ against sb** porter une accusation contre qqn; **there was a note of ~ in her voice** sa voix prenait des accents un tant soit peu accusateurs; **she had no answer to the ~ that her fiscal policies had failed** elle n'avait rien à répondre aux accusations selon lesquelles sa politique fiscale avait échoué. -**2.** JUR accusation *f*, plainte *f*; **they brought an ~ of theft against him** ils ont porté plainte contre lui pour vol.

accusative [əˈkjuːzətɪv] ◇ *adj* -**1.** GRAMM accusatif. -**2.** = **accusatorial**.
◇ *n* accusatif *m*; **in the ~** à l'accusatif.

accusatorial [əˌkjuːzəˈtɔːrɪəl], **accusatory** [əˈkjuːzətrɪ] *adj* -**1.** [look, tone] accusateur. -**2.** JUR [system] accusatoire.

accuse [əˈkjuːz] *vt* accuser; **to ~ sb of (doing) sthg** accuser qqn de (faire) qqch; **he is OR he stands ~d of tax fraud** il est accusé de fraude fiscale.

accused [əˈkjuːzd] (*pl inv*) *n*: **the ~** l'accusé *m*, -e *f*, l'inculpé *m*, -e *f*.

accuser [əˈkjuːzəʳ] *n* accusateur *m*, -trice *f*.

accusing [əˈkjuːzɪŋ] *adj* accusateur.

accusingly [əˈkjuːzɪŋlɪ] *adv* de façon accusatrice.

accustom [əˈkʌstəm] *vt* habituer, accoutumer; **she's gradually ~ing herself to her new way of life** elle s'habitue peu à peu à son nouveau style de vie.

accustomed [əˈkʌstəmd] *adj* -**1.** [familiar] habitué, accoutumé; **to get OR to grow ~ to sthg** s'habituer OR s'accoutumer à qqch; **I'm not ~ to getting up so early** je n'ai pas l'habitude de me lever si tôt; **she's not ~ to being interrupted** elle n'a pas l'habitude qu'on l'interrompe. -**2.** [regular] habituel, coutumier.

AC/DC ◇ *written abbr of* alternating current/direct current.
◇ *adj inf* [bisexual]: **to be ~** marcher à voile et à vapeur.

ace [eɪs] ◇ *n* -**1.** GAMES [on card, dice, dominoes] as *m*; **the ~ of spades** l'as de pique ☐ **to have an ~ up one's sleeve, to have an ~ in the hole** avoir un atout en réserve; **to hold all the ~s** avoir tous les atouts dans son jeu; **to play one's ~** *literal* & *fig* jouer sa meilleure carte; **to come within an ~ of doing sthg** être à deux doigts de faire qqch. -**2.** [expert] as *m*; **she's an ~ at chess** c'est un as aux échecs. -**3.** [in tennis] ace *m*; **to serve an ~** servir un ace. -**4.** [pilot] as *m*.
◇ *adj inf* super, formidable; **she's an ~ skier, she's ~ at skiing** c'est une skieuse formidable; **the film was really ~!** le film était vraiment super!
◇ *vt* -**1.** **he ~d his opponent** [in tennis] il a servi un ace contre son adversaire; *fig* il n'a pas laissé une chance à son adversaire. -**2.** [in golf]: **to ~ a hole** faire un trou en un.

Ace bandage® [eɪs-] *n Am* bande *f* Velpeau®.

acellular [ˌeɪˈseljʊləʳ] *adj* acellulaire.

acephalous [ˌeɪˈsefələs] *adj* acéphale.

acerbic [əˈsɜːbɪk] *adj* [taste] acerbe; [person, tone] acerbe, caustique.

acerbity [əˈsɜːbətɪ] *n* [of taste] caractère *m* acerbe; [of person] aigreur *f*; [of tone] mordant *m*.

acetaldehyde [ˌæsɪˈtældɪhaɪd] *n* alcool *m* éthylique, éthanol *m*.

acetate [ˈæsɪteɪt] *n* acétate *m*.

acetic [əˈsiːtɪk] *adj* acétique.

acetic acid *n* acide *m* acétique.

acetone [ˈæsɪtəʊn] *n* acétone *f*.

acetylene [əˈsetɪliːn] ◇ *n* acétylène *m*.
◇ *comp* [burner, lamp, torch] à acétylène; **~ welding** soudure *f* acétylène.

ACGB *pr n abbr of* Arts Council of Great Britain.

ache [eɪk] ◇ *vi* -**1.** [feel pain] faire mal, être douloureux; **I ~ all over** j'ai mal partout; **my head/tooth ~s** j'ai mal à la tête/aux dents; **her heart ~d to see them so unhappy** *fig* elle souffrait de les voir si malheureux. -**2.** [feel desire] avoir très envie; **she was aching for them to leave** elle mourait d'envie de les voir partir.
◇ *n* [physical] douleur *f*; [emotional] peine *f*; **a dull ~** une douleur sourde; **~s and pains** douleurs, maux *mpl*.

achieve [əˈtʃiːv] *vt* [gen] accomplir, faire; [desire, dream, increase] réaliser; [level, objective] arriver à, atteindre; [independence, success] obtenir; **she ~d the impossible** elle a accompli l'impossible; **he'll never ~ anything in life** il n'arrivera jamais à rien dans sa vie; **we really ~d something today** on a vraiment bien avancé aujourd'hui; **the demonstration ~d nothing** la manifestation n'a servi à rien; **the plan ~d its objectives** le plan a atteint ses objectifs.

achievement [əˈtʃiːvmənt] *n* -**1.** [deed] exploit *m*, réussite *f*; **convincing her to come was quite an ~** c'est un véritable exploit d'avoir réussi à la convaincre de venir. -**2.** [successful completion] accomplissement *m*, réalisation *f*; **I felt a real sense of ~** j'ai vraiment eu le sentiment d'avoir accompli quelque chose. -**3.** SCH [performance]: **~ tests** tests *mpl* de niveau.

achiever [əˈtʃiːvəʳ] *n* fonceur *m*, -euse *f*.

Achilles [əˈkɪliːz] *pr n* Achille.

Achilles' heel *n* talon *m* d'Achille.

Achilles' tendon *n* tendon *m* d'Achille.

aching [ˈeɪkɪŋ] *adj* douloureux, endolori; **oh, my ~ head!** oh, ma pauvre tête!

achromatic [ˌækrəʊˈmætɪk] *adj* achromatique.

achy [ˈeɪkɪ] (*compar* **achier**, *superl* **achiest**) *adj* douloureux, endolori; **I feel ~ all over** je me sens toute endolorie.

acid [ˈæsɪd] ◇ *n* -**1.** [gen & CHEM] acide *m*. -**2.** *inf* [LSD] acide *m*.
◇ *adj* -**1.** [drink, taste] acide. -**2.** [remark, tone, wit] mordant, acide; [person] revêche, caustique. -**3.** CHEM acide.

acid drop *n* bonbon *m* acidulé.

acidhead▽ [ˈæsɪdhed] *n* drogué *m*, -e *f* au LSD.

acid house *n* MUS house *f*.

acidic [əˈsɪdɪk] *adj* acide.

acidify [əˈsɪdɪfaɪ] (*pt* & *pp* **acidified**) ◇ *vt* acidifier.
◇ *vi* s'acidifier.

acidity [əˈsɪdətɪ] *n* CHEM & *fig* acidité *f*.

acidosis [ˌæsɪˈdəʊsɪs] *n* acidose *f*.

acid-proof *adj* CHEM résistant aux acides.

acid rain *n* pluie *f* acide.

acid rock = **acid house**.

acid test *n* épreuve *f* décisive.

acidulous [əˈsɪdjʊləs] *adj* acidulé.

ack-ack [ˌæk'æk] *Br* ◇ *n* défense *f* contre avions, DCA *f*.
◇ *comp* de DCA, antiaérien; ~ **weapons** armes *fpl* de DCA; ~ **fire** tir *m* de DCA.

ackemma [ˌæk'emə] *adv dated* au matin.

acknowledge [ək'nɒlɪdʒ] *vt* -**1.** [admit truth of] reconnaître, admettre; [defeat, mistake] reconnaître, avouer; **we** ~ **(the fact) that we were wrong** nous admettons notre erreur; **she** ~**d her guilt** elle a avoué OR reconnu sa culpabilité; **the candidate** ~**d himself defeated** le candidat a reconnu OR admis sa défaite. -**2.** [show recognition of - person]: **he didn't even** ~ **my presence** il a fait comme si je n'étais pas là; **she** ~**d him with a nod** elle lui a adressé un signe de la tête; **they** ~**d him as their leader** ils l'ont reconnu comme leur chef; **he** ~**d her child (as his)** JUR il a reconnu l'enfant (comme étant le sien). -**3.** [confirm receipt of - greeting, message] répondre à; ADMIN [- letter, package] accuser réception de; **sign here to** ~ **receipt** signez ici pour accuser réception. -**4.** [express gratitude for] remercier (qqn) de OR pour, se montrer reconnaissant (envers qqn) de OR pour; **he** ~**d the cheers of the crowd** il a salué en réponse aux applaudissements de la foule; **I'd like to** ~ **the help and advice given me by my family** j'aimerais remercier ma famille pour l'aide et les conseils qu'elle m'a apportés.

acknowledged [ək'nɒlɪdʒd] *adj* [expert, authority] reconnu.

acknowledg(e)ment [ək'nɒlɪdʒmənt] *n* -**1.** [admission] reconnaissance *f*; [of mistake] reconnaissance *f*, aveu *m*. -**2.** [indicating confirmation of receipt] réponse *f*; **in** ~ **of your letter** en réponse à votre lettre; ~ **of receipt** accusé *m* de réception. -**3.** [indicating gratitude] remerciements *mpl*; **he received a watch in** ~ **of his work** il a reçu une montre en reconnaissance OR remerciement de son travail. -**4.** [letter, receipt] accusé *m* de réception; [for payment] quittance *f*, reçu *m*.
◆ **acknowledg(e)ments** *npl* [in article, book] remerciements *mpl*.

ACLU (*abbr of* American Civil Liberties Union) *pr n ligue américaine des droits du citoyen.*

acme ['ækmɪ] *n* apogée *m*, point *m* culminant.

acne ['æknɪ] *n* acné *f*.

acolyte ['ækəlaɪt] *n* [gen & RELIG] acolyte *m*.

aconite ['ækənaɪt] *n* [plant] aconit *m*; [drug] aconitine *f*.

acorn ['eɪkɔːn] *n* gland *m*; ~ **cup** cupule *f*.

acoustic [ə'kuːstɪk] *adj* acoustique; ~ **engineer** ingénieur *m* acoustique.

acoustically [ə'kuːstɪklɪ] *adv* du point de vue acoustique.

acoustic coupler [-'kʌplər] *n* coupleur *m* acoustique.

acoustic feature *n* trait *m* OR caractéristique *f* acoustique.

acoustic nerve *n* nerf *m* acoustique.

acoustic phonetics *n* phonétique *f* acoustique.

acoustics [ə'kuːstɪks] ◇ *n (U)* [subject] acoustique *f*.
◇ *npl* [of room, theatre] acoustique *f*; **to have bad/good** ~ avoir une mauvaise/bonne acoustique.

acoustic tile *n* carreau *m* acoustique.

acquaint [ə'kweɪnt] *vt* -**1.** [inform] aviser, renseigner; **I'll** ~ **you with the facts** je vais vous mettre au courant des faits; **let me** ~ **you with the situation** laissez-moi vous mettre au fait de la situation; **she** ~**ed herself with their customs** elle s'est familiarisée avec leurs habitudes. -**2.** [familiarize]: **to be** ~**ed with** [person, place, subject] connaître; [fact, situation] être au courant de; **she is well** ~**ed with the mayor** elle connaît très bien le maire; **we were just getting** ~**ed** on venait juste de faire connaissance; **I'm fully** ~**ed with the facts** je suis tout à fait au courant des faits.

acquaintance [ə'kweɪntəns] *n* -**1.** [person] connaissance *f*, relation *f*; **she's an** ~ **of ours** c'est une de nos relations; **he has a wide circle of** ~**s** il a des relations très étendues. -**2.** [knowledge] connaissance *f*; **pleased to make your** ~ enchanté de faire votre connaissance; **on closer** OR **further** ~ **she seems quite intelligent** quand on la connaît un peu mieux, elle semble assez intelligente; **to have a nodding** OR **passing** ~ **with sb/sthg** connaître vaguement qqn/qqch.

acquaintanceship [ə'kweɪntənʃɪp] *n* -**1.** [relationship] relations *fpl*. -**2.** [people] relations *fpl*, cercle *m* de connaissances; **he has a wide** ~ il a de nombreuses relations.

acquiesce [ˌækwɪ'es] *vi* acquiescer, consentir; **she finally** ~**d** elle a finalement acquiescé; **they** ~**d to our demands** ils ont consenti à nos exigences; **he** ~**d in the terms we had drawn up** il a consenti aux conditions que nous avions établies.

acquiescence [ˌækwɪ'esns] *n* acquiescement *m*, consentement *m*.

acquiescent [ˌækwɪ'esnt] *adj* consentant.

acquire [ə'kwaɪər] *vt* -**1.** [advantage, experience, possession, success] acquérir; [reputation] se faire; **they have recently** ~**d the house next door** ils ont récemment acquis OR se sont récemment rendus acquéreurs de la maison d'à côté. -**2.** [information, knowledge, language] apprendre; **it took her years to** ~ **fluency in German** ça lui a pris des années pour apprendre couramment l'allemand. -**3.** [habit] prendre, contracter; **I've** ~**d a taste for champagne** j'ai pris goût au champagne.

acquired [ə'kwaɪəd] *adj* acquis; **an** ~ **taste** un goût acquis.

acquired characteristic *n* caractère *m* acquis.

acquired immune deficiency syndrome = **AIDS**.

acquirement [ə'kwaɪəmənt] *n* acquisition *f*.

acquisition [ˌækwɪ'zɪʃn] *n* acquisition *f*; **the** ~ **of knowledge** l'acquisition de connaissances; **she's the team's latest** ~ elle est la dernière acquisition de l'équipe.

acquisitive [ə'kwɪzɪtɪv] *adj* [for money] âpre au gain; [greedy] avide; **he's a very** ~ **person** c'est une personne très avide.

acquit [ə'kwɪt] (*pt & pp* **acquitted**, *cont* **acquitting**) *vt* -**1.** [release - from duty, responsibility] acquitter, décharger; JUR acquitter, relaxer; **to** ~ **sb of sthg** acquitter qqn de qqch. -**2.** [behave]: **to** ~ **o.s.** se conduire; **he acquitted himself well during the trial** il s'est bien conduit pendant le procès. -**3.** [debt, duty] s'acquitter de.

acquittal [ə'kwɪtl] *n* -**1.** [of duty] accomplissement *m*. -**2.** JUR acquittement *m*. -**3.** [of debt, obligation] acquittement *m*.

acre ['eɪkər] *n* ≃ demi-hectare *m*, acre *f*; **they have** ~**s of room** *fig* ils ont des kilomètres de place; **forty** ~**s and a mule** *'quarante acres de terre et une mule', minimum garanti par l'État américain aux esclaves affranchis au lendemain de la guerre de Sécession.*

acreage ['eɪkərɪdʒ] *n* aire *f*, superficie *f*; **how much** ~ **do you have here?** combien avez-vous d'hectares ici?

acrid ['ækrɪd] *adj* -**1.** [smell, taste] âcre. -**2.** [language, remark] acerbe, mordant.

Acrilan® ['ækrɪlæn] *n* Acrilan® *m*.

acrimonious [ˌækrɪ'məʊnjəs] *adj* [person, remark] acrimonieux, hargneux; [attack, dispute] virulent.

acrimoniously [ˌækrɪ'məʊnjəslɪ] *adv* avec amertume; **the meeting ended** ~ la réunion s'est terminée dans l'amertume.

acrimony ['ækrɪmənɪ] *n* acrimonie *f*, hargne *f*.

acrobat ['ækrəbæt] *n* acrobate *mf*.

acrobatic [ˌækrə'bætɪk] *adj* acrobatique.

acrobatics [ˌækrə'bætɪks] *npl* acrobatie *f*; **to do** OR **to perform** ~ faire des acrobaties OR de l'acrobatie.

acronym ['ækrənɪm] *n* acronyme *m*.

acrophobia [ˌækrə'fəʊbjə] *n* acrophobie *f*.

Acropolis [ə'krɒpəlɪs] *pr n* Acropole *f*.

across [ə'krɒs] ◇ *prep* -**1.** [from one side to the other of] d'un côté à l'autre de; **to walk** ~ **sthg** traverser qqch; **she swam** ~ **the lake** elle a traversé le lac à la nage; **I ran** ~ **the street** j'ai traversé la rue en courant; **they built a bridge** ~ **the lake** ils ont construit un pont sur le lac; **he lay** ~ **the bed** il était couché OR allongé en travers du lit; **she had a pain** ~ **her chest** une douleur lui a traversé la poitrine; **he's very broad** ~ **the shoulders** il est très large d'épaules. -**2.** [on or to the other side of] de l'autre côté de; **the house** ~ **the street** la maison d'en face; **we live** ~ **the street from them** nous habitons en face de chez eux; **he sat** ~ **the table from me** il s'assit en face de moi; **can you help me** ~ **the road?** pouvez-vous m'aider à traverser la rue?; **she glanced** ~ **the room at us** elle nous lança un regard de l'autre bout de la pièce. -**3.** [so as to cover]: **he leaned** ~ **my desk** il s'est penché par-dessus mon bureau; **a smile spread** ~ **her face** un sourire a éclairé son visage. -**4.** [so as to cross] en travers de, à travers; **the study of literature** ~ **different cultures** l'étude de la littérature à travers différentes cultures; **the lines cut** ~ **each other** les lignes se coupent. -**5.** [throughout]: **he gave speeches all** ~ **Europe** il a fait des discours dans toute l'Europe. -**6.** [on]: **he hit me** ~ **the face** il m'a frappé au visage.
◇ *adv* -**1.** [from one side to the other] d'un côté à l'autre; **the room is 3 metres** ~ la pièce fait 3 mètres de large; **I helped him** ~ je l'ai aidé à traverser. -**2.** [on or to the other side] de l'autre côté; **he reached** ~ **and picked the pen up** il a tendu le bras et a pris le stylo; **she walked** ~ **to Mary** elle s'est dirigée vers Mary; **I looked** ~ **at my mother** j'ai regardé ma mère. -**3.** [in crosswords] horizontalement; **what's 23** ~**?** [clue] quelle est la définition du 23 horizontal(ement)?; [solution] qu'est-ce qu'il y a comme OR en 23 horizontal(ement)?
◆ **across from** *prep phr* en face de; **the man sitting** ~ **from me** l'homme qui était assis en face de moi; **the house** ~ **from ours** la maison située en face de la nôtre.

across-the-board ◇ *adj* général, systématique; **an** ~ **salary rise** une augmentation de salaire générale.
◇ *adv* systématiquement; **stock prices have fallen** ~ le prix des actions a baissé de façon systématique.

acrostic [ə'krɒstɪk] *n* acrostiche *m*.

acrylic [ə'krɪlɪk] ◇ *adj* acrylique.
◇ *n* acrylique *m*.

act [ækt] ◇ *vi* -**1.** [take action] agir; **we must** ~ **quickly to stop her** nous devons agir rapidement pour l'arrêter; **they** ~**ed for the best** ils ont agi pour le mieux; **she has a good lawyer** ~**ing for her** elle est représentée par un bon avocat; **to** ~ **on behalf of sb, to** ~ **on sb's behalf** agir au nom de qqn. -**2.** [serve]: **to** ~ **as** servir de, faire office de; **she** ~**ed as my interpreter** elle m'a servi d'interprète; **the trees** ~ **as a windbreak** les arbres servent de barrière contre le vent. -**3.** [behave] agir, se comporter; **they** ~**ed very sensibly/responsibly** ils ont agi de façon très raisonnable/responsable; **she just** ~**s dumb** elle fait l'innocente; **you** ~**ed like a fool** vous vous êtes conduit comme un imbécile; **he** ~**s as though he were bored** il agit comme s'il s'ennuyait; **she's just** ~**ing like she's angry** elle joue à OR fait celle qui est en colère. -**4.** [perform a part] jouer; **he's been** ~**ing since he was a child** il joue depuis son enfance. -**5.** [produce an effect, work] agir.
◇ *vt* [part] jouer, tenir; [play] jouer; **he's** ~**ing (the part of) King Lear** il joue le rôle du Roi Lear || *fig*: **he tries to** ~ **the dutiful husband** il essaie de jouer les maris parfaits; **stop** ~**ing the fool!** arrête de faire l'imbécile!; ~ **your age!** sois raisonnable!
◇ *n* -**1.** [action, deed] acte *m*; **the Acts of the Apostles** les Actes des Apôtres; **an** ~ **of God**

un acte divin; an ~ of war un acte de guerre; to be caught in the ~ être pris sur le fait; to get in on the ~ être dans le coup. -2. [pretence] comédie *f*, numéro *m*; to put on an ~ jouer la comédie; it's all an ~ ce n'est que de la comédie; I'm not fooled by your worried mother ~! ton numéro de mère anxieuse ne prendra pas avec moi! -3. [in circus, show] numéro *m*; a comedy ~ un numéro de comédie ❑ to get one's ~ together *inf* se reprendre. -4. THEAT [part of play] acte *m*. -5. [law] loi *f*; an ~ of Congress/Parliament une loi du Congrès/Parlement; the Act of Supremacy l'Acte de suprématie; the Act of Union l'Acte d'union.

◆ **act on** *vt insep* -1. [advice, suggestion] suivre; [order] exécuter; she ~ed on the information we gave her elle a suivi les OR s'est conformée aux indications que nous lui avons données; ~ing on your instructions, we have cancelled your account selon vos instructions, nous avons fermé votre compte. -2. [chemical, drug] agir sur.

◆ **act out** *vt sep* [fantasy] vivre; [emotions] exprimer (par mime); [event, story] mimer.

◆ **act up** *inf vi insep* [person] faire l'idiot, déconner; [engine, machine] déconner.

◆ **act upon** = **act on**.

ACT (*abbr of* American College Test) *n examen de fin d'études secondaires aux États-Unis.*

Actaeon ['æktɪən] *pr n* Actéon.

acting ['æktɪŋ] ◇ *n* -1. [profession] profession *f* d'acteur, profession *f* d'actrice; I've done a bit of ~ [theatre] j'ai fait un peu de théâtre; [cinema] j'ai fait un peu de cinéma. -2. [performance] interprétation *f*, jeu *m*; the ~ was superb l'interprétation était superbe.
◇ *adj* -1. [temporary] provisoire, par intérim; ~ director/president directeur/président par intérim. -2. [lessons, school] de comédien.

actinic [æk'tɪnɪk] *adj* actinique.

actinide ['æktɪnaɪd] *n* actinide *m*.

actinium [æk'tɪnɪəm] *n* actinium *m*.

action ['ækʃn] ◇ *n* -1. [process] action *f*; it's time for ~ il est temps d'agir, passons aux actes; to go into ~ entrer en action; to take ~ prendre des mesures; we must take ~ to stop them nous devons agir pour les arrêter; to put sthg into ~ [idea, policy] mettre qqch en pratique; [plan] mettre qqch à exécution; [machine] mettre qqch en marche; she's an excellent dancer, you should see her in ~ c'est une excellente danseuse, vous devriez la voir en action; the car is out of ~ *Br* la voiture est en panne; the storm put the telephone out of ~ le téléphone est en dérangement à cause de l'orage; her accident will put her out of ~ for four months son accident va la mettre hors de combat pour quatre mois; freedom of ~ liberté d'action. -2. [deed] acte *m*, geste *m*, action *f*; she defended her ~ in dismissing him elle a défendu son geste en le congédiant; he's not responsible for his ~s il n'est pas responsable de ses actes; don't judge her by her ~s alone ne la jugez pas seulement sur ses actes ❑ ~s speak louder than words les actes en disent plus long que les mots. -3. [of chemical, drug, force] effet *m*, action *f*. -4. [activity, events] activité *f*; he wants to be where the ~ is *inf* il veut être au cœur de l'action; a man of ~ un homme d'action; ~! CIN silence, on tourne!; we all want a piece of the ~ *inf* nous voulons tous être dans le coup. -5. [of book, film, play] intrigue *f*, action *f*; the ~ takes place in a barber's shop l'action se situe OR se passe chez un coiffeur. -6. [movement - of person] gestes *mpl*; [- of animal] allure *f*; [- of heart] fonctionnement *m*. -7. [operating mechanism - of clock] mécanique *f*, mécanisme *m*; [- of gun] mécanisme *m*; [- of piano] action *f*, mécanique *f*. -8. JUR procès *m*, action *f* en justice; to bring an ~ against sb intenter une action contre qqn. -9. MIL [fighting] combat *m*, action *f*; to go into ~ engager le combat; he saw a lot of ~ il a vu de nombreux combats; killed in ~ tué au combat.
◇ *vt* [idea, suggestion] mettre en action OR en pratique; [plan] mettre à exécution.
◇ *comp* [film, photography] d'action.

actionable ['ækʃnəbl] *adj* [allegations, deed, person] passible de poursuites; [claim] recevable.

action-packed *adj* [film] bourré d'action; [holiday] rempli d'activités, bien rempli.

action painting *n* peinture *f* gestuelle.

action replay *n Br* TV *répétition immédiate d'une séquence.*

action stations ◇ *n* MIL postes *mpl* de combat.
◇ *interj*: ~! à vos postes!

activate ['æktɪveɪt] *vt* -1. [gen, CHEM & TECH] activer. -2. PHYS rendre radioactif.

activation [,æktɪ'veɪʃn] *n* activation *f*.

active ['æktɪv] ◇ *adj* -1. [lively - person] actif, dynamique; [- imagination] vif, actif. -2. [busy, involved - person] actif, énergique; [- life, stock market] actif; to be ~ in sthg, to take an ~ part in sthg prendre une part active à qqch; how much of the population is in ~ employment? quel pourcentage de la population a un emploi?; ~ minority minorité *f* agissante. -3. [keen - encouragement, interest] vif; the proposal is under ~ discussion la proposition fait l'objet d'une vive discussion; they took his suggestion into ~ consideration ils ont soumis sa proposition à une étude attentive; you have our ~ support vous avez notre soutien total. -4. [in operation - account] actif; [- case, file] en cours; [- law, regulation] en vigueur; [- volcano] en activité. -5. [chemical, ingredient] actif. -6. GRAMM actif; the ~ voice la voix active, l'actif *m*; in the ~ voice à l'actif. -7. MIL actif; to be on ~ service *Br* OR duty *Am* être en service actif; he saw ~ service in the Far East il a servi en Extrême-Orient; to be on the ~ list faire partie de l'armée active. -8. PHYS actif, radioactif.
◇ *n* GRAMM [voice] actif *m*; [verb] verbe *m* actif; a verb in the ~ un verbe à l'actif.

actively ['æktɪvlɪ] *adv* -1. [involve, participate] activement. -2. [disagree, discourage] vivement, activement.

activism ['æktɪvɪzm] *n* activisme *m*.

activist ['æktɪvɪst] *n* militant *m*, -e *f*, activiste *mf*.

activity [æk'tɪvətɪ] (*pl* activities) *n* -1. [of brain, person] activité *f*; [of place] mouvement *m*; economic/political ~ activité économique/politique. -2. [occupation] activité *f*; leisure activities des activités de loisir.

activity holiday *n Br* vacances *fpl* actives.

actor ['æktəʳ] *n* acteur *m*, comédien *m*; I'm a terrible ~ je suis un piètre comédien.

actress ['æktrɪs] *n* actrice *f*, comédienne *f*; she's a good ~ c'est une bonne comédienne.

actressy ['æktrɪsɪ] *adj pej* théâtral, cabotin *pej*.

ACTT (*abbr of* Association of Cinematographic, Television and Allied Technicians) *pr n ancien syndicat britannique des techniciens du cinéma et de l'audiovisuel, aujourd'hui remplacé par BECTU.*

actual ['æktʃʊəl] *adj* -1. [genuine] réel, véritable; [existing as a real fact] concret, positif; what were her ~ words? quels étaient ses mots exacts?; to take an ~ example prendre un exemple concret; the ~ result was quite different le résultat véritable était plutôt différent; the ~ cost was £1,000 le coût exact était de 1 000 livres; what's the ~ cash value of the car? quelle est la valeur réelle de la voiture? -2. [emphatic use] même; the ~ ceremony doesn't start until 10.30 la cérémonie même ne commence pas avant 10 h 30.

◆ **in actual fact** *adv phr* en fait.

actuality [,æktʃʊ'ælətɪ] (*pl* actualities) *n* -1. [reality] réalité *f*; in ~ en réalité. -2. [fact] conditions *fpl* réelles OR actuelles; the actualities of the situation les conditions réelles de la situation.

actually ['æktʃʊəlɪ] *adv* -1. [establishing a fact] vraiment; I haven't ~ read the book à vrai dire, je n'ai pas lu le livre; what did he ~ say? qu'est-ce qu'il a dit vraiment? -2. [emphatic use] vraiment; did you ~ say that? vous avez vraiment dit cela?; you mean she ~ speaks Latin! tu veux dire qu'elle parle vraiment le latin! -3. [contradicting or qualifying] en fait; she's ~ older than she looks en fait, elle est plus âgée qu'elle n'en a l'air; I don't agree, ~ en fait, je ne suis pas d'accord; ~, it's a bit more complicated than that en fait, c'est un peu plus compliqué que cela; I suppose you've never been there — I have, ~ je suppose que vous n'y êtes jamais allé — si, en fait. -4. [in requests, advice etc] en fait; ~, you could set the table en fait tu pourrais mettre la table.

actuarial [,æktjʊ'eərɪəl] *adj* actuariel.

actuary ['æktjʊərɪ] (*pl* actuaries) *n* actuaire *mf*.

actuate ['æktjʊeɪt] *vt* -1. [machine, system] mettre en marche, faire marcher. -2. *fml* [person] faire agir, inciter.

acuity [ə'kjuːətɪ] *n* [of hearing, sight] acuité *f*; [of person, thought] perspicacité *f*.

acumen ['ækjʊmen] *n* perspicacité *f*, flair *m*; business ~ sens *m* des affaires.

acupuncture ['ækjʊpʌŋktʃəʳ] ◇ *n* acupuncture *f*, acuponcture *f*.
◇ *comp* [needle, treatment] d'acupuncture.

acupuncturist ['ækjʊpʌŋktʃərɪst] *n* acupuncteur *m*, -trice *f*, acuponcteur *m*, -trice *f*.

acute [ə'kjuːt] ◇ *adj* -1. [hearing, sense] fin; [sight] pénétrant, perçant; an ~ sense of hearing l'ouïe fine; an ~ sense of smell l'odorat subtil OR développé. -2. [perceptive - mind, person] perspicace, pénétrant; [- intelligence] fin, vif; [- analysis] fin. -3. [severe - pain] aigu, vif; [- anxiety, distress] vif; [- shortage] critique, grave. -4. MED [attack, illness] aigu; ~ appendicitis appendicite *f* aiguë. -5. [angle] aigu. -6. GRAMM [accent] aigu; it's spelled with an "e" ~ ça s'écrit avec un «e» accent aigu.
◇ *n* accent *m* aigu.

acutely [ə'kjuːtlɪ] *adv* -1. [intensely - be aware, feel] vivement; [- suffer] intensément. -2. [extremely - embarrassing, unhappy] très, profondément. -3. [shrewdly] avec perspicacité.

acuteness [ə'kjuːtnɪs] *n* -1. [of hearing, sense] finesse *f*. -2. [of mind, person] perspicacité *f*, pénétration *f*; [of analysis, observation] finesse *f*. -3. [of anxiety, pain] violence *f*, intensité *f*; [of shortage] sévérité *f*, gravité *f*. -4. MED [of illness] violence *f*. -5. [of angle] caractère *m* aigu.

ad *inf* [æd] (*abbr of* **advertisement**) *n* [in newspaper] petite annonce *f*; [on TV] pub *f*; to put an ~ in the newspaper passer une annonce dans le journal.

AD ◇ *adv* (*abbr of* Anno Domini) apr. J.-C.; in 3 ~ en l'an 3 (après Jésus-Christ OR de notre ère).
◇ *n abbr of* active duty.

adage ['ædɪdʒ] *n* adage *m*.

Adam ['ædəm] ◇ *pr n* Adam; I don't know him from ~ je ne le connais ni d'Ève ni d'Adam.
◇ *adj* dans le style Adam *(style architectural créé par les Écossais Robert et James Adam au XVIII*e *siècle).*

adamant ['ædəmənt] *adj* résolu, inflexible.

adamantly ['ædəməntlɪ] *adv* résolument.

Adam's ale *n Br hum* flotte *f*, château-la-pompe *m hum*.

Adam's apple *n* pomme *f* d'Adam.

adamsite ['ædəmzaɪt] *n* diphénylaminechlorarsine *f*.

adapt [ə'dæpt] ◇ *vt* -1. [adjust] adapter, ajuster. -2. [book, play] adapter; the play was ~ed for television la pièce a été adaptée pour la télévision; ~ed from Shakespeare adapté de Shakespeare.
◇ *vi* s'adapter; she ~ed well to the change elle s'est bien adaptée au changement; children ~ easily les enfants s'adaptent facilement.

adaptability [ə,dæptə'bɪlətɪ] *n* [of person] faculté *f* d'adaptation, adaptabilité *f*.

adaptable [ə'dæptəbl] *adj* adaptable.

adaptation [ˌædæpˈteɪʃn] *n* [of person, work] adaptation *f*; **to make an ~ of a play for radio** faire l'adaptation d'une pièce pour la radio.

adapter, adaptor [əˈdæptəʳ] *n* **-1.** [person] adaptateur *m*, -trice *f*. **-2.** [device] adaptateur *m*; [multiple plug] prise *f* multiple.

ADC *n* **-1.** *abbr of* **aide-de-camp**. **-2.** *Am* (*abbr of* **Aid to Dependent Children**) *aide pour enfants assistés*. **-3.** (*abbr of* **analogue-digital converter**) CAN *m*.

add [æd] *vt* **-1.** [put together] ajouter; **~ her name to the list** ajoute son nom à la liste ❑ **to ~ fuel to the fire** jeter de l'huile sur le feu; **to ~ insult to injury** dépasser les bornes, aller trop loin. **-2.** [say] ajouter; **I have nothing to ~** je n'ai rien à ajouter. **-3.** MATH [figures] additionner; [column of figures] totaliser; **~ 4 and** OR **to 9** additionnez 4 et 9; **it will ~ (on) another £100 to the cost** cela augmentera le coût de 100 livres; **they added (on) 10% for service** ils ont ajouté 10 % pour le service.

◆ **add on** *vt sep* = **add 3**.

◆ **add to** *vt sep* ajouter à, accroître; **inflation only ~ed to our worries** l'inflation ne faisait qu'ajouter à nos soucis.

◆ **add up** ◇ *vt sep* [find the sum of - figures] additionner; [- bill, column of figures] totaliser; **we ~ed up the advantages and disadvantages** nous avons fait le total des avantages et des inconvénients.

◇ *vi insep* [figures, results] se recouper; **these figures don't ~ up** ces chiffres ne font pas le compte; **the bill doesn't ~ up** la note n'est pas juste; **it just doesn't ~ up** *fig* il y a quelque chose qui cloche OR qui ne marche pas.

◆ **add up to** *vt insep* **-1.** [subj: figures] s'élever à, se monter à. **-2.** *fig* [subj: results, situation] signifier, se résumer à; **it all ~s up to our having to leave** autrement dit, nous devons partir; **his qualifications ~ up to an impressive CV** ses qualifications constituent un CV impressionnant; **what evidence we've got doesn't ~ up to much really** les preuves dont nous disposons ne constituent pas vraiment grand-chose.

added [ˈædɪd] *adj* supplémentaire; **the tax is just an ~ financial burden** l'impôt constitue simplement un fardeau financier supplémentaire.

addend [əˈdend] *n* nombre *m* OR nombres *mpl* à ajouter.

addendum [əˈdendəm] (*pl* **addenda** [-də]) *n* addendum *m*, addenda *mpl*.

adder [ˈædəʳ] *n* **-1.** [snake] vipère *f*. **-2.** [machine] additionneur *m*.

addict [ˈædɪkt] *n* **-1.** MED intoxiqué *m*, -e *f*. **-2.** *fig* fanatique *mf*, fana *mf*; **she's a film ~** c'est une fana OR mordue de cinéma.

addicted [əˈdɪktɪd] *adj* **-1.** MED adonné. **-2.** *fig*: **to be ~ to sthg** s'adonner à qqch, se passionner pour qqch; **she's ~ to exercise/hard work** c'est une mordue d'exercice/de travail.

addiction [əˈdɪkʃn] *n* MED dépendance *f*; *fig* penchant *m* fort, forte inclination *f*.

addictive [əˈdɪktɪv] *adj* MED qui crée une dépendance; **those chocolates are positively ~** *inf* ces chocolats ont manifestement un goût de revenez-y.

adding machine [ˈædɪŋ-] *n* calculatrice *f*, machine *f* à calculer.

Addis Ababa [ˈædɪsˈæbəbə] *pr n* Addis-Ababa, Addis-Abeba.

Addison's disease [ˈædɪsnz-] *n* maladie *f* bronzée d'Addison.

addition [əˈdɪʃn] *n* **-1.** [gen & MATH] addition *f*. **-2.** [something added] addition *f*, ajout *m*; **an ~ to the family: they're going to have an ~ to the family** leur famille va s'agrandir; **she's a welcome new ~ to our staff** nous sommes heureux de la compter au sein du personnel; **a last-minute ~ to the programme** un ajout de dernière minute au programme. **-3.** *Am* [to house] annexe *f*.

◆ **in addition** *adv phr* de plus, de surcroît.

◆ **in addition to** *prep phr* en plus de.

additional [əˈdɪʃənl] *adj* additionnel; [supplementary] supplémentaire; **~ advantages** des avantages supplémentaires; **~ postage** tarif postal supplémentaire; **there is an ~ charge on certain trains** il y a un supplément à payer pour certains trains.

additionally [əˈdɪʃənəlɪ] *adv* **-1.** [further, more] davantage, plus. **-2.** [moreover] en outre, de plus.

additive [ˈædɪtɪv] ◇ *adj* additif.
◇ *n* additif *m*.

addle [ˈædl] ◇ *vt* embrouiller.
◇ *vi* **-1.** [person] s'embrouiller. **-2.** [egg] pourrir.

addled [ˈædld] *adj* **-1.** [person] aux idées confuses, brouillon; [brain] fumeux, brouillon; [ideas] confus. **-2.** [egg] pourri.

add-on *n* ajout *m*; COMPUT périphérique *m*.

address [əˈdres] ◇ *vt* **-1.** [envelope, letter, package] adresser, mettre l'adresse sur; **the letter is ~ed to you** cette lettre vous est adressée. **-2.** [direct] adresser; **~ all complaints to the manager** adressez vos doléances au directeur; **his remarks were ~ed to you** ses remarques vous étaient adressées. **-3.** [speak to] s'adresser à; [write to] écrire à; **she stood up and ~ed the audience** elle s'est levée et a pris la parole devant l'assistance; **a judge should be ~ed as "your honour"** on devrait s'adresser à un juge en disant «votre honneur»; **to ~ the chair** s'adresser au président. **-4.** [deal with - subject, theme] traiter, examiner; [- issue, problem] aborder; **to ~ o.s. to a problem** aborder un problème; **to ~ o.s. to a task** s'attaquer OR se mettre à une tâche. **-5.** [take position facing] faire face à.

◇ *n* **-1.** [of building, person] adresse *f*; **we've changed our ~** nous avons changé d'adresse; **have you notified him of any change of ~?** lui avez-vous fait part d'éventuels changements d'adresse?; **they left no (forwarding) ~** ils n'ont pas laissé d'adresse. **-2.** [speech] discours *m*, allocution *f*. **-3.** COMPUT adresse *f*. **-4.** *Br* POL [message to sovereign] adresse *f*. **-5.** *arch* [way of speaking] conversation *f*; [way of behaving] abord *m*. **-6.** *arch* (*usu pl*) [expression of affection]: **~es** galanteries *fpl*; **to pay one's ~es to sb** faire la cour à qqn.

address book *n* carnet *m* d'adresses.

addressee [ˌædreˈsiː] *n* destinataire *mf*.

Addressograph® [əˈdresəgrɑːf] *n* Adressographe® *m*.

adduce [əˈdjuːs] *vt* [explanation, proof, reason] fournir, apporter; [expert] invoquer, citer.

Adelaide [ˈædəleɪd] *pr n* Adélaïde.

Adélie Land [ˈædəlɪ] *pr n* terre Adélie *f*, in en terre Adélie.

Aden [ˈeɪdn] *pr n* Aden.

adenoidal [ˌædɪˈnɔɪdl] *adj* adénoïde.

adenoids [ˈædɪnɔɪdz] *npl* végétations *fpl* (adénoïdes).

adept [ˈædept] ◇ *adj* habile, adroit; **to be ~ at doing sthg** être adroit à faire qqch; **she's ~ in mathematics** elle est douée en mathématiques.
◇ *n* expert *m*.

adequacy [ˈædɪkwəsɪ] *n* **-1.** [of amount, payment, sum] fait *m* d'être suffisant. **-2.** [of person] compétence *f*, compétences *fpl*, capacité *f*, capacités *fpl*; [of description, expression] justesse *f*.

adequate [ˈædɪkwət] *adj* **-1.** [in amount, quantity] suffisant, adéquat; **~ supplies** des réserves suffisantes. **-2.** [appropriate] qui convient, adapté; **he proved ~ to the task** il s'est révélé être à la hauteur de la tâche; **this flat is hardly ~ for a family of six** cet appartement ne convient guère à une famille de six personnes; **this one is quite ~** celui-ci fera très bien l'affaire. **-3.** [just satisfactory] acceptable, satisfaisant.

adequately [ˈædɪkwətlɪ] *adv* **-1.** [sufficiently] suffisamment. **-2.** [satisfactorily] convenablement.

adhere [ədˈhɪəʳ] *vi* **-1.** [stick] coller, adhérer; **to ~ to sthg** coller à qqch. **-2.** [join] adhérer, s'inscrire; **to ~ to a political party** s'inscrire à un parti politique. **-3.** [remain loyal]: **to ~ to** [party] adhérer à; [rule] obéir à; [plan] se conformer à; [belief, idea] adhérer à, souscrire à; **they undertook to ~ to the agreement** ils décidèrent de se conformer OR d'agir conformément à l'accord.

adherence [ədˈhɪərəns] *n* adhésion *f*; **~ to a treaty/to a political party** adhésion à un traité/un parti politique.

adherent [ədˈhɪərənt] ◇ *adj* adhérent.
◇ *n* [to party] adhérent *m*, -e *f*, partisan *m*, -e *f*; [to agreement] adhérent *m*, -e *f*; [to belief, religion] adepte *mf*.

adhesion [ədˈhiːʒn] *n* [attachment] adhérence *f*; PHYS adhésion *f*; MED adhérence *f*.

adhesive [ədˈhiːsɪv] ◇ *adj* adhésif, collant; **~ tape** [gen] ruban *m* adhésif, Scotch® *m*; MED sparadrap *m*.
◇ *n* adhésif *m*.

ad hoc [ˌædˈhɒk] ◇ *adj* [committee] ad hoc (*inv*); [decision, solution] adapté aux circonstances, ponctuel; **the board meets on an ~ basis** le conseil se réunit de façon ad hoc.
◇ *adv* à l'improviste.

adieu [əˈdjuː] (*pl* **adieus** OR **adieux** [əˈdjuːz]) *n* adieu *m*; **I bid you ~** *arch* je vous fais mes adieux.

ad infinitum [ˌædɪnfɪˈnaɪtəm] *adv* à l'infini.

ad interim [ˌædˈɪntərɪm] ◇ *adv* par intérim.
◇ *adj* [measures] provisoire.

adipose [ˈædɪpəʊs] *adj* adipeux; **~ tissue** tissu *m* adipeux.

adjacent [əˈdʒeɪsənt] *adj* **-1.** [sharing common boundary - house, room] contigu, voisin; [- building] qui jouxte, mitoyen; [- country, territory] limitrophe; **their house is ~ to the police station** leur maison jouxte le commissariat de police. **-2.** [nearby - street] adjacent; [- town] proche, avoisinant. **-3.** MATH adjacent.

adjectival [ˌædʒekˈtaɪvl] *adj* adjectif, adjectival.

adjective [ˈædʒɪktɪv] *n* adjectif *m*.

adjoin [əˈdʒɔɪn] ◇ *vt* [house, land, room]: **they had rooms ~ing mine** leurs chambres étaient contiguës à la mienne.
◇ *vi* être contigu; **the two buildings ~** les deux bâtiments sont contigus.

adjoining [əˈdʒɔɪnɪŋ] *adj* contigu, attenant; **~ rooms** des pièces contiguës; **at the ~ table** à la table voisine.

adjourn [əˈdʒɜːn] ◇ *vi* **-1.** [committee, court - break off] suspendre la séance; [- end] lever la séance. **-2.** [move elsewhere] se retirer, passer; **shall we ~ to the living room for coffee?** passerons-nous au salon pour prendre le café?
◇ *vt* **-1.** [break off] suspendre. **-2.** [defer] ajourner, remettre, reporter; **let's ~ this discussion until tomorrow** reportons cette discussion à demain; **the president ~ed the meeting** le président a levé la séance.

adjournment [əˈdʒɜːnmənt] *n* [of discussion, meeting] suspension *f*, ajournement *m*; JUR [of trial] remise *f*, renvoi *m*; **to call for an ~** demander un renvoi; **to move the ~** demander la clôture.

adjt (*written abbr of* **adjutant**) adjt.

adjudge [əˈdʒʌdʒ] *vt fml* **-1.** [pronounce] déclarer. **-2.** JUR [judge] prononcer, déclarer; [award] adjuger, accorder; **he was ~d guilty of the murder** il a été déclaré coupable du meurtre; **the court ~d damages in favour of the defendant** le tribunal a accordé des dommages et intérêts au défendeur.

adjudicate [əˈdʒuːdɪkeɪt] ◇ *vi* **-1.** [give a decision] se prononcer. **-2.** [serve as judge] arbitrer.
◇ *vt* [claim] décider; [competition] juger.

adjudication [əˌdʒuːdɪˈkeɪʃn] *n* **-1.** [process] jugement *m*, arbitration *f*; **the matter is up for ~** l'affaire est en jugement. **-2.** [decision] jugement *m*, décision *f*; JUR arrêt *m*; **~ of bankruptcy** JUR déclaration *f* de faillite.

adjudicator [əˈdʒuːdɪkeɪtəʳ] *n* [of competition] juge *m*, arbitre *m*; [of dispute] arbitre *m*.

adjunct ['ædʒʌŋkt] *n* -**1.** [addition] accessoire *m*. -**2.** [subordinate person] adjoint *m*, -e *f*, auxiliaire *mf*. -**3.** GRAMM adjuvant *m*.

adjure [ə'dʒʊəʳ] *vt fml* [appeal to] supplier; **to ~ sb to do sthg** supplier qqn de faire qqch.

adjust [ə'dʒʌst] ◇ *vt* -**1.** [regulate - heat, height, speed] ajuster, régler; [- knob, loudness] ajuster; [- brakes, machine, television] régler, mettre au point; [- clock] régler. -**2.** [alter - plan, programme] ajuster, mettre au point; [- length, size] ajuster; [- salary, wage] rajuster; **the government has ~ed prices downwards/upwards** le gouvernement a relevé/baissé les prix. -**3.** [correct] rectifier; **figures ~ed for inflation** chiffres en monnaie constante. -**4.** [position of clothing, hat] rajuster; **'please ~ your dress before leaving'** rajustez vos vêtements avant de sortir, SVP. -**5.** [adapt] ajuster, adapter. -**6.** [insurance]: **to ~ a claim** ajuster une demande d'indemnité.
◇ *vi* -**1.** [adapt] s'adapter; **the children ~ed well to their new school** les enfants se sont bien adaptés à leur nouvelle école. -**2.** [chair, machine] se régler, s'ajuster; **the cover ~s to fit all sizes** le couvercle se règle pour s'adapter à toutes les tailles.

adjustable [ə'dʒʌstəbl] *adj* [chair, height, speed] ajustable, réglable; [shape, size] ajustable, adaptable; [hours, rate] flexible; **~ spanner** clé *f* à molette OR anglaise.

adjusted [ə'dʒʌstɪd] *adj* équilibré.

adjustment [ə'dʒʌstmənt] *n* -**1.** [to heat, height, speed] ajustement *m*, réglage *m*; [to knob, loudness] ajustement *m*; [to brakes, machine, television] réglage *m*, mise *f* au point; [to clock] réglage *m*. -**2.** [to plan, programme] ajustement *m*, mise *f* au point; [to length, size] ajustement *m*; [to salary, wage] rajustement *m*. -**3.** [correction] rectification *f*. -**4.** [adaptation - of person] adaptation *f*; **a period of ~** une période OR un temps d'adaptation.

adjutant ['ædʒʊtənt] *n* [assistant] assistant *m*, -e *f*, auxiliaire *mf*; MIL adjudant-major *m*.

adjutant bird *n* marabout *m*.

ad-lib [,æd'lɪb] (*pt* & *pp* **ad-libbed**, *cont* **ad-libbing**) ◇ *vi* & *vt* improviser.
◇ *adj* improvisé, impromptu.
◆ **ad lib** ◇ *n* [improvised performance] improvisation *f*, improvisations *fpl*; [witticism] mot *m* d'esprit.
◇ *adv* -**1.** [without preparation] à l'improviste. -**2.** [without limit] à volonté. -**3.** MUS ad libitum.

adman *inf* ['ædmæn] (*pl* **admen** [-men]) *n* publicitaire *m*.

admass ['ædmæs] ◇ *n Br* grand public *m*.
◇ *comp Br* [culture, society] de grande consommation.

admin *inf* ['ædmɪn] (*abbr of* **administration**) *n* travail *m* administratif.

administer [əd'mɪnɪstəʳ] ◇ *vt* -**1.** [manage - business, institution] diriger, administrer, gérer; [- finances, fund] gérer; [- country, public institution] administrer; [- estate] régir. -**2.** *fml* [dispense - blow, medicine, punishment, test] administrer; [- law] appliquer; [- justice] rendre, dispenser; **to ~ the last rites to sb** administrer les derniers sacrements à qqn; **to ~ an oath (to sb)** faire prêter serment (à qqn).
◇ *vi fml*: **to ~ to sb** subvenir aux besoins de qqn.

administrate [əd'mɪnɪstreɪt] = **administer** *vt* **1**.

administration [əd,mɪnɪ'streɪʃn] *n* -**1.** [process - of business, institution] direction *f*, administration *f*, gestion *f*; [- of finances, fund] gestion *f*; [- of country, public institution] administration *f*; [- of estate] curatelle *f*; **you will need some experience of ~** vous devrez avoir une certaine expérience de l'administration. -**2.** [people - of business, institution] direction *f*, administration *f*; [- of country, public institution] administration *f*. -**3.** POL gouvernement *m*; **under the last ~** sous le dernier gouvernement. -**4.** [of help, justice, medicine, punishment] administration *f*. -**5.** [of oath] prestation *f*.

administrative [əd'mɪnɪstrətɪv] *adj* administratif; **the ~ body** le corps administratif; **~ law** loi *f* administrative.

administrator [əd'mɪnɪstreɪtəʳ] *n* [of business, institution] directeur *m*, -trice *f*, administrateur *m*, -trice *f*; [of area, public institution] administrateur, -trice; [of estate] curateur *m*, -trice *f*.

admirable ['ædmərəbl] *adj* admirable, excellent.

admirably ['ædmərəblɪ] *adv* admirablement; **she coped ~** elle s'en est tiré admirablement bien.

admiral ['ædmərəl] *n* -**1.** NAUT amiral *m*; **~ of the fleet, fleet ~** ≃ amiral de France; **the Admiral's Cup** l'Admiral's Cup *f* (*course de voiliers en Angleterre*). -**2.** [butterfly] vanesse *f*.

admiralty ['ædmərəltɪ] (*pl* **admiralties**) *n* amirauté *f*; **the Admiralty (Board)** *Br* ≃ le ministère de la Marine; **~ court/law** tribunal *m*/droit *m* maritime.

THE ADMIRALTY:
Ce nom désignait autrefois la Direction de la marine nationale britannique au ministère de la Défense. Aujourd'hui il désigne les bâtiments abritant le siège de la Fonction publique à Londres.

---

admiration [,ædmə'reɪʃn] *n* -**1.** [feeling] admiration *f*. -**2.** [person, thing]: **she was the ~ of the entire class** elle faisait l'admiration de la classe entière.

admire [əd'maɪəʳ] *vt* admirer; **he ~d (her for) the way she dealt with the press** il admirait la façon dont elle savait s'y prendre avec la presse; **to ~ o.s. in the mirror** s'admirer dans le miroir; **you have to ~ his persistence!** on ne peut qu'admirer sa persévérance!

admirer [əd'maɪərəʳ] *n* admirateur *m*, -trice *f*; **he's one of her many ~s** il est un de ses nombreux admirateurs.

admiring [əd'maɪərɪŋ] *adj* admiratif.

admiringly [əd'maɪərɪŋlɪ] *adv* avec admiration.

admissibility [əd,mɪsə'bɪlətɪ] *n* [of behaviour, plan] admissibilité *f*; JUR recevabilité *f*.

admissible [əd'mɪsəbl] *adj* [behaviour, plan] admissible; [document] valable; JUR [claim, evidence] recevable.

admission [əd'mɪʃn] *n* -**1.** [entry] admission *f*, entrée *f*; **the ~ of Portugal to the EC** l'entrée du Portugal dans la CEE; **~ is free** l'entrée est gratuite; **'~ £1.50'** entrée £1.50; **'no ~ to minors'** 'entrée interdite aux mineurs'; **to gain ~ to a club** être admis dans un club; **he gained ~ to the minister's office** il a été admis dans le bureau du ministre; **they granted women ~ to the club** ils ont admis les femmes dans le club || SCH & UNIV: **~s office** service *m* des inscriptions; **~s form** dossier *m* d'inscription. -**2.** [fee] droit *m* d'entrée. -**3.** [person admitted - to theatre] entrée *f*; [- to school] candidat *m* accepté; [- to club] membre *m* accepté. -**4.** [statement] déclaration *f*; [confession] aveu *m*; **an ~ of guilt** un aveu; **by OR on one's own ~** de son propre aveu. -**5.** JUR [of evidence] acceptation *f*, admission *f*.

admit [əd'mɪt] (*pt* & *pp* **admitted**, *cont* **admitting**) *vt* -**1.** [acknowledge] admettre, reconnaître, avouer; **I ~ I was wrong** je reconnais que j'ai eu tort; **I must ~ it's more difficult than I thought** je dois admettre que c'est plus difficile que je ne pensais; **he admitted (that) he had failed** il a reconnu qu'il avait échoué; **she refused to ~ defeat** elle a refusé de reconnaître sa défaite; **no one would ~ doing it** personne ne voulait admettre l'avoir fait; **we had to ~ the validity of his reasoning** nous avons dû admettre la validité de son raisonnement; **it is generally admitted that women live longer than men** il est généralement admis que les femmes vivent plus longtemps que les hommes. -**2.** [confess] avouer; **he admitted taking bribes** il a reconnu avoir accepté des pots-de-vin. -**3.** [permit to enter - person] laisser entrer, faire entrer; [- air, light] laisser passer, laisser entrer; **'~ two'** [on ticket] 'valable pour deux personnes'; **he was admitted to (the) hospital** il a été admis à l'hôpital; **to be admitted to a university** être admis à l'université; **admitting office** *Am* [in hospital] service *m* des admissions. -**4.** [accommodate] (pouvoir) contenir OR recevoir. -**5.** *fml* [allow] admettre, permettre; **the facts ~ no other explanation** d'après les faits, il n'y a pas d'autre explication possible. -**6.** JUR [claim] faire droit à; [evidence] admettre comme valable.
◆ **admit of** *vt insep Br fml* admettre, permettre; **her behaviour ~s of no excuse** son attitude est inexcusable; **the text ~s of only one interpretation** le texte ne permet qu'une seule interprétation.
◆ **admit to** *vt insep* [acknowledge] admettre, reconnaître; [confess] avouer; **he ~s to having opened the letter** il a avoué avoir ouvert la lettre; **she did ~ to a feeling of loss** elle a effectivement avoué ressentir un sentiment de perte.

admittance [əd'mɪtəns] *n* admission *f*, entrée *f*; **'no ~'** 'accès interdit au public'; **his supporters gained ~ to the courtroom/to the president** ses supporters ont réussi à entrer dans le tribunal/à s'approcher du président; **she was denied ~ to the club** on lui a refusé l'entrée au club.

admittedly [əd'mɪtɪdlɪ] *adv*: **~, he's weak on economics, but he's an excellent manager** d'accord, l'économie n'est pas son point fort, mais il fait un excellent directeur; **our members, although ~ few in number, are very keen** nos membres, peu nombreux il faut le reconnaître, sont très enthousiastes.

admixture [æd'mɪkstʃəʳ] *n fml* -**1.** [mixture] mélange *m*. -**2.** [ingredient] ingrédient *m*; **it's mainly comedy with an ~ of satire** *fig* c'est principalement de la comédie avec un élément de satire.

admonish [əd'mɒnɪʃ] *vt* -**1.** [rebuke] réprimander, admonester; **he was ~ed for not having acted more promptly** il a été réprimandé pour ne pas avoir agi plus rapidement. -**2.** [warn] avertir, prévenir; JUR admonester.

admonition [,ædmə'nɪʃn] *n* -**1.** [rebuke] réprimande *f*, remontrance *f*, admonestation *f*. -**2.** [warning] avertissement *m*; JUR admonition *f*.

ad nauseam [,æd'nɔːzɪæm] *adv literal* jusqu'à la nausée; *fig* à satiété; **she went on about her holiday ~** elle nous a raconté ses vacances à n'en plus finir.

adnominal [æd'nɒmɪnəl] ◇ *adj* adnominal.
◇ *n* adnominal *m*.

ado [ə'duː] *n*: **without more OR further ~** sans plus de cérémonie OR de manières ❑ **'Much Ado About Nothing'** *Shakespeare* 'Beaucoup de bruit pour rien'.

adobe [ə'dəʊbɪ] ◇ *n* adobe *m*.
◇ *comp* [house, wall] d'adobe.

adolescence [,ædə'lesns] *n* adolescence *f*.

adolescent [,ædə'lesnt] ◇ *n* adolescent *m*, -e *f*.
◇ *adj* [boy, girl] adolescent; *pej* [childish] enfantin, puéril *pej*.

Adonis [ə'dəʊnɪs] *pr n* MYTH Adonis; **a young ~** *fig* un jeune Apollon.

adopt [ə'dɒpt] *vt* -**1.** [child] adopter. -**2.** [choose - plan, technique] adopter, suivre, choisir; [- country, name] adopter, choisir; [- career] choisir, embrasser; POL [- candidate] choisir; **he ~ed the suggestion as his own** il a repris la proposition à son compte. -**3.** [assume - position] prendre; [- accent, tone] adopter, prendre. -**4.** *fml* [approve - minutes, report] approuver; [- motion] adopter.

adopted [ə'dɒptɪd] *adj* [child] adoptif; [country] d'adoption, adoptif.

adoption [ə'dɒpʃn] *n* -**1.** [of child, country, custom] adoption *f*; **she's an American by ~** elle est américaine d'adoption. -**2.** [of candidate, career, plan] choix *m*. -**3.** *fml* [of bill, motion] adoption *f*.

adoptive [ə'dɒptɪv] *adj* [child] adoptif; [country] d'adoption, adoptif.

adorable [ə'dɔːrəbl] *adj* adorable.

adoration [ˌædə'reɪʃn] *n* adoration *f*; in ~ en adoration ❑ 'The Adoration of the Magi' 'l'Adoration des Mages'.

adore [ə'dɔːʳ] *vt* -**1.** RELIG adorer. -**2.** *inf* [like]: I ~ walking in the rain j'adore marcher sous la pluie.

adoring [ə'dɔːrɪŋ] *adj* [look] d'adoration; [smile] rempli d'adoration; a letter signed "your ~ daughter" une lettre signée «ta fille qui t'adore».

adoringly [ə'dɔːrɪŋlɪ] *adv* avec adoration.

adorn [ə'dɔːn] *vt fml* OR *lit* -**1.** [decorate - dress, hair] orner, parer; [- room, table] orner; ~ed with flowers orné de fleurs; she ~ed herself with jewels elle s'est parée de bijoux. -**2.** [story] embellir.

adornment [ə'dɔːnmənt] *n* -**1.** [act, art] décoration *f*. -**2.** [of dress, hair] parure *f*; [of room, table] ornement *m*.

ADP *n abbr of* automatic data processing.

adrenal [ə'driːnl] ◇ *n* surrénale *f*.
◇ *adj* surrénal.

adrenal gland *n* surrénale *f*.

adrenalin(e) [ə'drenəlɪn] *n* adrénaline *f*; it really gets the ~ flowing ça donne un bon coup d'adrénaline.

Adriatic [ˌeɪdrɪ'ætɪk] *pr n*: the ~ (Sea) l'Adriatique *f*, la mer Adriatique.

adrift [ə'drɪft] ◇ *adv* -**1.** NAUT à la dérive; their boat had been cut ~ leur bateau avait été détaché; his parents turned him ~ *fig* ses parents l'ont laissé se débrouiller tout seul. -**2.** *Br* [undone]: to come OR to go ~ se détacher, se défaire; the hem on my skirt has come ~ l'ourlet de ma jupe s'est défait; our holiday plans seem to have gone ~ il semble que nos projets de vacances soient tombés à l'eau.
◇ *adj* [boat] à la dérive; *fig* abandonné; she was (all) ~ elle divaguait complètement.

adroit [ə'drɔɪt] *adj* adroit, habile.

adroitly [ə'drɔɪtlɪ] *adv* adroitement, habilement.

ADT (*abbr of* Atlantic Daylight Time) *n heure d'été des Provinces Maritimes du Canada et d'une partie des Caraïbes.*

adulation [ˌædjʊ'leɪʃn] *n* flagornerie *f*.

adulatory ['ædjʊleɪtərɪ] *adj* adulateur.

adult ['ædʌlt] ◇ *n* adulte *mf*; 'for ~s only' 'interdit aux moins de 18 ans'.
◇ *adj* -**1.** [fully grown] adulte. -**2.** [mature] adulte; she's very ~ for her age elle est très sérieuse OR elle a beaucoup de maturité pour son âge; try and be a little more ~ about this essaie de faire preuve d'un peu plus de maturité. -**3.** [book, film, subject] pour adultes.

adult education *n* enseignement *m* pour adultes.

adulterate [ə'dʌltəreɪt] ◇ *vt* frelater; they ~d the wine with water ils ont coupé le vin (avec de l'eau).
◇ *adj fml* frelaté.

adulteration [əˌdʌltə'reɪʃn] *n* frelatage *m*.

adulterer [ə'dʌltərəʳ] *n* adultère *m (personne)*.

adulteress [ə'dʌltərɪs] *n* adultère *f*.

adulterous [ə'dʌltərəs] *adj* adultère.

adultery [ə'dʌltərɪ] *n* adultère *m (acte)*.

adulthood ['ædʌlthʊd] *n* âge *m* adulte.

adumbrate ['ædʌmbreɪt] *vt fml* -**1.** [outline] ébaucher, esquisser. -**2.** [foreshadow] faire pressentir. -**3.** [obscure] obscurcir, voiler.

advance [əd'vɑːns] ◇ *vt* -**1.** [date, object] avancer; the date of the meeting was ~d by one week la réunion a été avancée d'une semaine. -**2.** [further - project, work] avancer; [- interest, cause] promouvoir. -**3.** [suggest - idea, proposition] avancer, mettre en avant; [- opinion] avancer, émettre; [- explanation] avancer. -**4.** [money] avancer, faire une avance de; we ~d her £100 on her salary nous lui avons avancé 100 livres sur son salaire. -**5.** *fml* [increase] augmenter, hausser.
◇ *vi* -**1.** [go forward] avancer, s'avancer; to ~ on OR towards sthg avancer OR s'avancer vers qqch; the army ~d on Paris l'armée avançait OR marchait sur Paris. -**2.** [make progress] avancer, progresser, faire des progrès. -**3.** [time] avancer, s'écouler; [evening, winter] avancer. -**4.** *fml* [price, rent] monter, augmenter. -**5.** [be promoted] avancer, obtenir de l'avancement; MIL monter en grade.
◇ *n* -**1.** [forward movement] avance *f*, marche *f* en avant; MIL avance *f*, progression *f*; the enemy planned their ~ on the city l'ennemi a organisé son avance OR sa marche sur la ville; the ~ of old age *fig* le vieillissement. -**2.** [progress] progrès *m*; the great ~ in medicine le progrès OR les progrès en médecine. -**3.** [money] avance *f*; an ~ on his salary une avance sur son salaire; an ~ on royalties une avance sur droits d'auteur. -**4.** *fml* [in price, rent] hausse *f*, augmentation *f*.
◇ *comp* -**1.** [prior] préalable; ~ booking is advisable il est recommandé de réserver à l'avance; ~ booking office guichet *m* de location; ~ notice préavis *m*, avertissement *m*; ~ payment paiement *m* anticipé; ~ warning avertissement *m*. -**2.** [preceding]: ~ copy [of book] exemplaire *m* de lancement; [of speech] texte *m* distribué à l'avance; ~ group OR party [gen] groupe *m* de reconnaissance; MIL pointe *f* d'avant-garde; ~ man *Am* POL organisateur *m* de la publicité *(pour une campagne politique)*; ~ post MIL poste avancé.
◆ **advances** *npl* avances *fpl*; to make ~s to sb faire des avances à qqn.
◆ **in advance** *adv phr* [beforehand - pay, thank] à l'avance, d'avance; [- prepare, reserve, write] à l'avance; we had to pay two weeks in ~ il a fallu qu'on paie deux semaines d'avance; the agency asked for £50 in ~ l'agence a demandé 50 livres d'avance; he sent the messenger on in ~ [ahead] il a envoyé le messager devant; they arrived in ~ of their guests ils sont arrivés en avance sur OR avant leurs invités; their computer technology is far in ~ of anything we have ils sont très en avance sur nous en matière d'informatique.

advanced [əd'vɑːnst] *adj* -**1.** [highly developed - course, education] supérieur; [- child, country, pupil] avancé; [- research, work] poussé; [- equipment, technique, technology] avancé, de pointe; the system is very ~ technologically le système est très en avance au niveau technologique; he's ~ for his age il est avancé OR très en avance pour son âge ❑ ~ mathematics mathématiques *fpl* supérieures. -**2.** [afternoon, season] avancé; a woman of ~ years, a woman ~ in years une femme d'un âge avancé; the evening was already far ~ il était déjà tard dans la soirée.

Advanced level *Br* = **A level**.

advance guard *n* avant-garde *f*.

advancement [əd'vɑːnsmənt] *n* -**1.** [promotion] avancement *m*, promotion *f*. -**2.** [improvement] progrès *m*, avancement *m*.

advancing [əd'vɑːnsɪŋ] *adj* qui approche, qui avance; the ~ army l'armée en marche OR qui avance; the ~ tide la marée qui monte.

advantage [əd'vɑːntɪdʒ] ◇ *n* -**1.** [benefit] avantage *m*; her experience gives her an ~ over the other candidates son expérience lui donne un avantage sur les autres candidats; they have an ~ over us OR the ~ of us ils ont un avantage sur nous; the plan has the ~ of being extremely cheap le plan présente l'avantage d'être extrêmement bon marché; it's to your ~ to learn another language c'est (dans) ton intérêt d'apprendre une autre langue; that would be to their ~ cela leur serait avantageux, ils y auraient intérêt; she turned the situation to her ~ elle a tiré parti de la situation, elle a tourné la situation à son avantage; we took ~ of the holiday weekend to do some gardening nous avons profité du long week-end pour faire du jardinage; to take ~ of sb [make use of] profiter de qqn; [exploit] exploiter qqn; [abuse sexually] abuser de qqn; she uses her charm to great ~ elle sait user de son charme; that colour shows her eyes off to great ~ cette couleur met ses yeux en valeur; this lighting shows the pictures to their best ~ cet éclairage met les tableaux en valeur ❑ you have the ~ of me *Br* à qui ai-je l'honneur? -**2.** TENNIS avantage *m*. -**3.** [in team sports]: to play the ~ rule laisser jouer la règle de l'avantage.
◇ *vt* avantager.

advantaged [əd'vɑːntɪdʒd] *adj* favorisé, aisé.

advantageous [ˌædvən'teɪdʒəs] *adj* avantageux; to be ~ to sb être avantageux pour qqn, avantager qqn.

advantageously [ˌædvən'teɪdʒəslɪ] *adv* de façon avantageuse.

advent ['ædvənt] *n fml* OR *lit* [coming] venue *f*, avènement *m*.
◆ **Advent** *n* RELIG l'Avent *m*; Advent Sunday le premier dimanche de l'Avent.

Advent calendar *n* calendrier *m* de l'Avent.

adventitious [ˌædven'tɪʃəs] *adj* -**1.** *fml* [chance] fortuit. -**2.** BOT adventice.

adventure [əd'ventʃəʳ] ◇ *n* -**1.** [experience] aventure *f*; to have an ~ avoir une aventure; after many ~s après bien des péripéties. -**2.** [excitement] aventure *f*; he has no spirit of ~ il n'a pas le goût du risque; to look for ~ chercher l'aventure. -**3.** [financial operation] spéculation *f* hasardeuse.
◇ *vt & vi* = **venture**.
◇ *comp* [film, novel] d'aventures.

adventure playground *n Br sorte d'aire de jeux.*

adventurer [əd'ventʃərəʳ] *n* aventurier *m*; *pej* aventurier *m*, intrigant *m*.

adventuresome [əd'ventʃəsəm] *adj Am* aventureux, téméraire.

adventuress [əd'ventʃərɪs] *n* aventurière *f*; *pej* aventurière *f*, intrigante *f*.

adventurous [əd'ventʃərəs] *adj* [person, spirit] aventureux, audacieux; [life, project] aventureux, hasardeux.

adventurously [əd'ventʃərəslɪ] *adv* aventureusement, audacieusement.

adverb ['ædvɜːb] *n* adverbe *m*.

adverbial [əd'vɜːbjəl] *adj* adverbial.

adversarial [ˌædvə'seərɪəl] *adj* antagoniste, hostile.

adversary ['ædvəsərɪ] (*pl* **adversaries**) *n* adversaire *mf*.

adverse ['ædvɜːs] *adj* [comment, criticism, opinion] défavorable, hostile; [circumstances, report] défavorable; [effect] opposé, contraire; [wind] contraire, debout; the match was cancelled due to ~ weather conditions le match a été annulé à cause du mauvais temps.

adversely ['ædvɜːslɪ] *adv*: ~ affected: the harvest was ~ affected by late frosts la récolte a été très touchée par les gelées tardives.

adversity [əd'vɜːsətɪ] (*pl* **adversities**) *n* -**1.** [distress] adversité *f*; in the face of ~ dans l'adversité. -**2.** [incident] malheur *m*; they met with many adversities ils ont eu bien des malheurs.

advert[1] *inf* ['ædvɜːt] *n Br* [advertisement] (petite) annonce *f*; COMM annonce *f* publicitaire, pub *f*; the ~s TV la pub.

advert[2] [əd'vɜːt] *vi fml* se rapporter, se référer; he ~ed to the incident in his report il a fait allusion à l'incident dans son rapport.

advertise ['ædvətaɪz] ◇ *vt* -**1.** COMM faire de la publicité pour; I heard his new record ~d on the radio j'ai entendu la publicité pour son nouveau disque à la radio; I saw it ~d in a magazine j'ai vu une annonce là-dessus OR pour ça dans une revue. -**2.** [subj: individual, group] mettre une (petite) annonce pour; they ~d the job in all the nationals ils ont mis OR inséré une annonce pour le poste dans toute la presse; we ~d our house in the local paper nous avons mis OR passé une annonce pour vendre notre

maison dans le journal local. -**3.** [make known] afficher; **don't go advertising the fact that we're thinking of leaving** ne va pas crier sur les toits que nous pensons partir.
◇ *vi* -**1.** COMM faire de la publicité; **to ~ in the press/on radio/on TV** faire de la publicité dans la presse/à la radio/à la télévision; **it pays to ~** la publicité paie. -**2.** [announce] mettre une (petite) annonce OR des annonces. -**3.** [make request] chercher par voie d'annonce; **we ~d for a cook** nous avons mis OR fait paraître une annonce pour trouver une cuisinière.

advertisement [əd'vɜːtɪsmənt] *n* -**1.** COMM [in all media] annonce *f* publicitaire, publicité *f*; TV spot *m* publicitaire; **are the ~s effective?** la publicité est-elle efficace?; **she made a cup of tea while the ~s were on** elle est allée se faire une tasse de thé pendant la publicité. -**2.** [for event, house, sale] (petite) annonce *f*; **to put an ~ in the paper** passer une annonce dans le journal; **I got the job through an ~** j'ai eu le poste grâce à une annonce. -**3.** *fig* [example]: **this company is a poor ~ for public ownership** la situation de cette société OR entreprise ne plaide pas en faveur de la nationalisation.

advertiser ['ædvətaɪzəʳ] *n* annonceur *m* (publicitaire).

advertising ['ædvətaɪzɪŋ] ◇ *n* -**1.** [promotion] publicité *f*. -**2.** [advertisements] publicité *f*. -**3.** [business] publicité *f*; **he works in ~** il travaille dans la publicité.
◇ *comp* [campaign, rates, revenues] publicitaire; **~ agency** agence *f* de publicité; **~ jingle** jingle *m*, sonal *m offic*; **~ medium** média *m* OR support *m* publicitaire; **Advertising Standards Authority** *Br* ≃ Bureau *m* de vérification de la publicité.

advice [əd'vaɪs] *n* -**1.** *(U)* [counsel] conseil *m*; **a piece of ~** un conseil; **he asked his father's ~, he asked his father for ~** il a demandé conseil à OR a consulté son père; **let me give you some ~** permettez que je vous donne un conseil OR que je vous conseille; **acting on your ~, I called him, I took** OR **followed your ~ and called him** suivant votre conseil, je l'ai appelé; **to take legal/medical ~** consulter un avocat/un médecin. -**2.** [notification] avis *m*; **~ of delivery/payment** avis de livraison/de paiement; **as per ~** suivant avis ❑ **~ note, letter of ~** avis.

advisability [əd,vaɪzə'bɪlətɪ] *n* opportunité *f*, bien-fondé *m*; **they discussed the ~ of performing another operation** ils ont discuté de l'opportunité d'une nouvelle opération; **I question the ~ of contacting the police** je doute qu'il soit opportun de faire appel à la police.

advisable [əd'vaɪzəbl] *adj* conseillé, recommandé; **it would be ~ to lock the door** il serait prudent OR préférable que vous fermiez la porte à clé; **I don't think it ~ that you go out** je ne vous conseille pas de sortir; **it would perhaps be ~ to warn them** peut-être conviendrait-il de les prévenir; **she thought it ~ to call him** elle a cru bien faire en l'appelant.

advise [əd'vaɪz] *vt* -**1.** [give advice to] conseiller, donner des conseils à; [recommend] recommander; **we ~d them to wait** nous leur avons conseillé d'attendre; **she ~d caution** elle a recommandé la prudence; **I ~d him against signing the contract** je lui ai conseillé de ne pas signer le contrat; **he ~d them against taking legal action** il leur a déconseillé d'intenter une action en justice. -**2.** [act as counsel to] conseiller; **she ~s the government on education** elle conseille le gouvernement en matière d'éducation. -**3.** *fml* [inform] aviser, informer; **we ~d them of our arrival** nous les avons prévenus de notre arrivée, nous leur avons fait part de notre arrivée; **keep me ~d of your progress** tenez-moi au courant de vos progrès; **she ~d him of the cost** elle l'a informé du coût.

advised [əd'vaɪzd] *adj* [thought-out] réfléchi, délibéré; [judicious] judicieux.

advisedly [əd'vaɪzɪdlɪ] *adv* délibérément, en connaissance de cause.

advisement [əd'vaɪzmənt] *n Am*: **the matter is still under ~** aucune décision n'a encore été prise.

adviser *Br*, **advisor** *Am* [əd'vaɪzəʳ] *n* conseiller *m*, -ère *f*; SCH & UNIV conseiller *m*, -ère *f* pédagogique.

advisory [əd'vaɪzərɪ] *adj* -**1.** [role, work] consultatif, de conseil; **he's employed in an ~ capacity** il est employé à titre consultatif ❑ **~ board** OR **body** organe *m* consultatif; **~ opinion** *Am* JUR avis *m* consultatif de la cour. -**2.** [informative]: **~ bulletin** bulletin *m* de renseignements.

advocaat ['ædvəkɑː] *n* advocaat *m*.

advocacy ['ædvəkəsɪ] *n* soutien *m* appuyé, plaidoyer *m*; **she speaks in ~ of educational reform** elle prône OR préconise une réforme scolaire.

advocate [*vb* 'ædvəkeɪt, *n* 'ædvəkət] ◇ *vt* prôner, préconiser; **he ~s reducing** OR **a reduction in defence spending** il préconise une réduction des dépenses militaires.
◇ *n* -**1.** [supporter] défenseur *m*, avocat *m*, -e *f*; **a strong ~ of free enterprise** un fervent partisan de la libre entreprise; **they are ~s of civil rights** ils défendent les droits civiques. -**2.** [barrister] avocat *m* (plaidant), avocate *f* (plaidante).

advt *written abbr of* **advertisement**.

adze *Br*, **adz** *Am* [ædz] *n* herminette *f*.

AEA (*abbr of* **Atomic Energy Authority**) *pr n Br* ≃ CEA *f*.

AEC (*abbr of* **Atomic Energy Commission**) *pr n Am* ≃ CEA *f*.

AEEU (*abbr of* **Amalgamated Engineering and Electrical Union**) *pr n syndicat britannique de l'industrie mécanique*.

Aegean [iː'dʒiːən] ◇ *pr n*: **the ~** la mer Égée.
◇ *adj* égéen; **the ~ Sea** la mer Égée; **the ~ Islands** les îles *fpl* de la mer Égée.

Aegina [iː'dʒaɪnə] *pr n* Égine.

aegis ['iːdʒɪs] *n fig* & MYTH égide *f*; **under the ~ of the European Parliament** sous l'égide du Parlement européen.

aegrotat ['iːgrəʊtæt] *n Br* UNIV *équivalence d'un diplôme accordée à un bon étudiant qui était malade lors des examens*.

Aeneas [ɪ'niːəs] *pr n* Énée.

Aeneid [ɪ'niːɪd] *pr n*: **'The ~'** *Virgil* 'l'Énéide'.

aeolian [iː'əʊljən] *adj* éolien.

aeolian harp *n* harpe *f* éolienne.

Aeolian Islands *pl pr n*: **the ~** les îles *fpl* Éoliennes.

aeon ['iːən] *n* -**1.** [age] période *f* incommensurable; GEOL ère *f*; **I haven't seen him in ~s** *inf* je ne l'ai pas vu depuis une éternité. -**2.** PHILOS éon *m*.

aerate ['eɪəreɪt] *vt* -**1.** [liquid] gazéifier; [blood] oxygéner. -**2.** [soil] retourner.

aerial ['eərɪəl] ◇ *adj* -**1.** [in the air] aérien; **~ cable car, ~ railway** téléphérique *m*; **~ combat** combat *m* aérien; **~ photograph** photographie *f* aérienne. -**2.** *lit* [imaginary] imaginaire. -**3.** *lit* [delicate] aérien, éthéré.
◇ *n* RADIO & TV antenne *f*.

aerialist ['eərɪəlɪst] *n Am* [tightrope walker] funambule *mf*; [trapeze artist] trapéziste *mf*.

aerial ladder *n Am* échelle *f* pivotante.

aerie ['eərɪ] *n Am* aire *f (d'aigle)*.

aerobatics [,eərəʊ'bætɪks] *n (U)* acrobatie *f* aérienne, acrobaties *fpl* aériennes.

aerobe ['eərəʊb] *n* aérobie *m*.

aerobic [eə'rəʊbɪk] *adj* aérobie.

aerobics [eə'rəʊbɪks] ◇ *n (U)* aérobic *m*; **to do ~** faire de l'aérobic.
◇ *comp* [class, teacher] d'aérobic.

aerodrome ['eərədrəʊm] *n* aérodrome *m*.

aerodynamic [,eərəʊdaɪ'næmɪk] *adj* aérodynamique.

aerodynamics [,eərəʊdaɪ'næmɪks] *n (U)* aérodynamique *f*.

aero-engine ['eərəʊ-] *n* aéromoteur *m*.

aerogram ['eərəgræm] *n* -**1.** [letter] aérogramme *m*. -**2.** [radiotelegram] radiotélégramme *m*.

aerolite ['eərəʊlaɪt] *n* aérolithe *m*.

aeromodelling ['eərəʊ,mɒdlɪŋ] *n* aéromodélisme *m*.

aeronaut ['eərənɔːt] *n* aéronaute *mf*.

aeronautic(al) [,eərə'nɔːtɪk(l)] *adj* aéronautique.

aeronautics [,eərə'nɔːtɪks] *n (U)* aéronautique *f*.

aerophysics [,eərə'fɪsɪks] *n (U)* aérophysique *f*.

aeroplane ['eərəpleɪn] *n Br* avion *m*.

aerosol ['eərəsɒl] ◇ *n* -**1.** [suspension system] aérosol *m*. -**2.** [container] bombe *f*, aérosol *m*.
◇ *comp* [container, spray] aérosol; [hairspray, paint] en aérosol, en bombe.

aerospace ['eərəʊspeɪs] ◇ *n* aérospatiale *f*.
◇ *comp* [industry, research] aérospatial.

aerostat ['eərəʊstæt] *n* aérostat *m*.

aerostatics [,eərəʊ'stætɪks] *n (U)* aérostatique *f*.

Aertex® ['eəteks] *n* Aertex® *m (tissu synthétique)*.

Aesop ['iːsɒp] *pr n* Ésope; **'~'s Fables'** 'les Fables d'Ésope'.

aesthete ['iːsθiːt] *n* esthète *mf*.

aesthetic(al) [iːs'θetɪk(l)] *adj* esthétique.

aesthetically [iːs'θetɪklɪ] *adv* esthétiquement.

aestheticism [iːs'θetɪsɪzm] *n* esthétisme *m*.

aesthetics [iːs'θetɪks] *n (U)* esthétique *f*.

aestivate ['iːstɪveɪt] *vi* estiver.

aestivation [,iːstɪ'veɪʃn] *n* estivation *f*.

aetiology [,iːtɪ'ɒlədʒɪ] (*pl* **aetiologies**) *n* étiologie *f*.

afar [ə'fɑːʳ] *adv lit* au loin, à (grande) distance.
◆ **from afar** *adv phr* de loin.

AFB *n abbr of* **air force base**.

AFC *n* -**1.** (*abbr of* **automatic flight control**) commande *f* automatique de vol. -**2.** (*abbr of* **automatic frequency control**) correcteur *m* automatique de fréquence.

AFDC (*abbr of* **Aid to Families with Dependent Children**) *n type d'allocations familiales, destiné tout particulièrement aux familles monoparentales*.

afear(e)d [ə'fɪəd] *adj arch*: **to be ~** avoir peur.

affability [,æfə'bɪlətɪ] *n* affabilité *f*, amabilité *f*.

affable ['æfəbl] *adj* [person] affable, aimable; [conversation, interview] chaleureux.

affably ['æfəblɪ] *adv* affablement, avec affabilité.

affair [ə'feəʳ] *n* -**1.** [event] affaire *f*; **the meeting was a noisy ~** la réunion était bruyante; **it was a sorry ~** c'était une histoire lamentable ❑ **the Dreyfus ~** l'affaire Dreyfus. -**2.** [business, matter] affaire *f*. -**3.** [concern] affaire *f*; **whether I go or not is my ~** que j'y aille ou non ne regarde que moi; **it's no ~ of his** ça ne le regarde OR ne le concerne pas, ça n'est pas son affaire; **don't meddle in my ~s** ne vous mêlez pas de mes affaires, mêlez-vous de vos affaires. -**4.** [sexual] liaison *f*, aventure *f*; **to have an ~ with sb** avoir une liaison OR aventure avec qqn. -**5.** *inf* [thing] truc *m*; **he was driving one of those sporty ~s** il conduisait une de ces voitures genre sport.
◆ **affairs** *npl* [business, matter] affaires *fpl*; **her financial ~s** ses finances; **I'm not interested in your private ~s** je ne m'intéresse pas à votre vie privée; **to put one's ~s in order** [business] mettre de l'ordre dans ses affaires; **given the current state of ~s** étant donné la situation actuelle, les choses étant ce qu'elles sont; **it's an embarrassing state of ~s** la situation est gênante; **this is a fine state of ~s!** *iron* c'est du propre!; **~s of state** affaires d'État.

affect [ə'fekt] ◇ *vt* -**1.** [have effect on – person, life] avoir un effet sur, affecter; [influence – decision, outcome] influer sur, avoir une incidence sur; **how will these changes ~ you?** en quoi serez-vous affecté OR concerné par ces changements?; **I don't see how your decision ~s her** je ne vois pas ce que votre décision change pour elle; **she doesn't seem to be particularly ~ed by the noise** elle ne semble

pas être particulièrement dérangée par le bruit; **these plants were badly ~ed by a late frost** ces plantes ont beaucoup souffert des gelées tardives; **the bad weather has ~ed sporting events this weekend** le mauvais temps a eu des répercussions sur les événements sportifs du week-end; **high interest rates are ~ing the housing market** le niveau élevé des taux d'intérêts affecte (le marché de) l'immobilier; **one of the factors that will ~ the outcome of the next election** l'un des facteurs qui influera sur le résultat des prochaines élections; **to what extent does price ~ your choice?** dans quelle mesure OR jusqu'à quel point le prix influence-t-il votre choix? -**2.** [concern, involve] toucher, concerner; **this new law ~s everyone** cette nouvelle loi concerne OR touche tout le monde; **they are directly ~ed** ce sont eux les premiers intéressés, ils sont directement concernés. -**3.** [emotionally] affecter, émouvoir, toucher; **he was deeply ~ed by her death** il a été très affecté OR touché par sa mort; **don't let it ~ you** ne vous laissez pas abattre par cela. -**4.** MED [subj: illness, epidemic] atteindre; [subj: drug] agir sur; **it has been proved that smoking ~s your health** il est prouvé que le tabac est nocif pour la santé; **thousands of people are ~ed by this incurable disease** des milliers de gens sont touchés OR concernés par cette maladie incurable; **it's a condition that particularly ~s young children** c'est une maladie qui affecte OR touche particulièrement les jeunes enfants; **a disease that ~s the kidneys** une maladie qui affecte les reins; **she has had a stroke, but her speech is not ~ed** elle a eu une attaque, mais les fonctions du langage ne sont pas atteintes. -**5.** *fml* [pretend, feign - indifference, surprise] affecter, feindre; [- illness] feindre, simuler; **he ~ed a strong foreign accent** il affectait un fort accent étranger; **she ~ed not to see him** elle fit semblant de ne pas l'avoir vu. -**6.** *arch* OR *lit* [be fond of] affectionner, avoir un penchant pour. -**7.** BOT & ZOOL [climate, habitat] être un habitué OR des habitués de, affecter.
◇ *n* PSYCH affect *m*.

affectation [ˌæfek'teɪʃn] *n* -**1.** [in behaviour, manners] affectation *f*, manque *m* de naturel; [in language, style] manque *m* de naturel; **without ~** simple, sans manières. -**2.** [mannerism] pose *f*. -**3.** [pretence] semblant *m*, simulacre *m*; **with an ~ of interest/boredom** en simulant l'intérêt/l'ennui.

affected [ə'fektɪd] *adj* [person, behaviour] affecté, maniéré; [accent, dress, language] affecté, recherché.

-affected *in cpds* affecté par; **famine/drought~** affecté par la famine/sécheresse.

affectedly [ə'fektɪdlɪ] *adv* avec affectation, d'une manière affectée.

affecting [ə'fektɪŋ] *adj* touchant, émouvant.

affection [ə'fekʃn] *n* -**1.** [liking] affection *f*, tendresse *f*; **she has (a) deep ~ for him** elle a une profonde affection pour lui, elle l'aime profondément. -**2.** *(usu pl)* affection *f*; **to gain** OR **to win (a place in) sb's ~s** gagner l'affection OR le cœur de qqn; **she transferred her ~s to another man** elle a reporté son affection sur un autre homme. -**3.** MED affection *f*, maladie *f*.

affectionate [ə'fekʃnət] *adj* affectueux, tendre; **your ~ niece** [in letter] votre nièce affectionnée.

affectionately [ə'fekʃnətlɪ] *adv* affectueusement; **yours ~** [in letter] (bien) affectueusement.

affective [ə'fektɪv] *adj* [gen, LING & PSYCH] affectif.

affiance [ə'faɪəns] *vt lit*: **to become ~d to sb** se fiancer à OR avec qqn; **to be ~d** être fiancé.

affidavit [ˌæfɪ'deɪvɪt] *n* déclaration *f* sous serment *(écrite)*; **a sworn ~** une déclaration faite sous serment.

affiliate [*vb* ə'fɪlɪeɪt, *n* & *comp* ə'fɪlɪət]
◇ *vt* affilier; **the local group decided not to ~ (itself) to the national organization** la section locale a décidé de ne pas s'affilier au mouvement national.
◇ *n* [person] affilié *m*, -e *f*; [organization] groupe *m* affilié.
◇ *comp* [member, organization] affilié.

affiliated [ə'fɪlɪeɪtɪd] *adj* [member, organization] affilié; **an ~ company** une filiale.

affiliation [əˌfɪlɪ'eɪʃn] *n* -**1.** ADMIN & COMM affiliation *f*. -**2.** JUR attribution *f* de paternité; **~ order** jugement *m* en reconnaissance de paternité. -**3.** [connection] attache *f*; **his political ~s** ses attaches politiques.

affinity [ə'fɪnətɪ] (*pl* **affinities**) *n* -**1.** [connection, link] lien *m*, affinité *f*; BIOL affinité *f*, parenté *f*; CHEM affinité *f*; **the affinities between the English and German languages** la ressemblance OR la parenté entre l'anglais et l'allemand; **the artist's work shows a clear ~ to** OR **with that of his former teacher** on voit clairement le lien entre l'œuvre de cet artiste et celle de son maître. -**2.** [attraction] affinité *f*, attraction *f*; **he has little ~ for** OR **with modern art** il est peu attiré par l'art moderne; **she feels a strong sense of ~ with** OR **for him** elle se sent beaucoup d'affinités avec lui; **there is a strong ~ between them** ils ont beaucoup de choses en commun OR d'affinités. -**3.** JUR [relation] affinité *f*.

affirm [ə'fɜːm] *vt* -**1.** [state] affirmer, soutenir; **she ~s that it's the truth** elle affirme OR soutient que c'est la vérité; **"I will be there" he ~ed** «j'y serai» assura-t-il. -**2.** [profess - belief] professer, proclamer; **she ~ed her intention to sell** elle proclamait son intention de vendre.

affirmation [ˌæfə'meɪʃn] *n* affirmation *f*, assertion *f*; **to make a solemn ~** faire une déclaration solennelle.

affirmative [ə'fɜːmətɪv] ◇ *n* -**1.** GRAMM affirmatif *m*; **in the ~** à l'affirmatif, à la forme affirmative. -**2.** [in reply]: **the answer is in the ~** la réponse est affirmative; **to answer in the ~** répondre affirmativement OR par l'affirmative.
◇ *adj* affirmatif; **to give an ~ answer** répondre affirmativement.
◇ *interj*: **~!** affirmatif!

affirmative action *n Am (U)* mesures *fpl* d'embauche antidiscriminatoires *(en faveur des minorités)*.

affirmatively [ə'fɜːmətɪvlɪ] *adv* affirmativement.

affix [*vb* ə'fɪks, *n* 'æfɪks] ◇ *vt* [seal, signature] apposer; [stamp] coller; [poster] afficher, poser.
◇ *n* LING affixe *m*.

afflict [ə'flɪkt] *vt* affecter; **to be ~ed with a disease** souffrir d'une maladie.

affliction [ə'flɪkʃn] *n* -**1.** [suffering] affliction *f*; [distress] détresse *f*; **people in ~** les gens dans la détresse OR dans l'affliction. -**2.** [misfortune] affliction *f*, souffrance *f*; **blindness is a terrible ~** la cécité est une grande infirmité.

affluence ['æflʊəns] *n* -**1.** [wealth] richesse *f*; **to live in ~** vivre dans l'aisance; **in times of ~** en période de prospérité. -**2.** *lit* [abundance] abondance *f*.

affluent ['æflʊənt] ◇ *adj* -**1.** [wealthy] aisé, riche; **to be ~** vivre dans l'aisance; **the ~ society** la société d'abondance. -**2.** *lit* [abundant] abondant.
◇ *n* GEOG affluent *m*.

afflux ['æflʌks] *n* -**1.** *fml* [of visitors, traffic] affluence *f*, afflux *m*. -**2.** MED afflux *m*.

afford [ə'fɔːd] *vt* -**1.** [have enough money for] avoir les moyens de payer; **I can't ~ a holiday** je n'ai pas les moyens de prendre des vacances; **she couldn't ~ to buy a car** elle n'avait pas les moyens d'acheter OR elle ne pouvait pas se permettre d'acheter une voiture; **can you ~ it?** en avez-vous les moyens?, pouvez-vous vous le permettre?; **how much can you ~?** combien pouvez-vous mettre?, jusqu'à combien pouvez-vous aller?; **I can't ~ £50!** je ne peux pas mettre 50 livres! -**2.** [time, energy]: **the doctor can only ~ (to spend) a few minutes with each patient** le médecin ne peut pas se permettre de passer plus de quelques minutes avec chaque patient; **I'd love to come, but I can't ~ the time** j'aimerais beaucoup venir mais je ne peux absolument pas me libérer. -**3.** [allow o.s.]: **I can't ~ to take any risks** je ne peux pas me permettre de prendre des risques; **we can't ~ another delay** nous ne pouvons pas nous permettre encore un retard. -**4.** *lit* [provide] fournir, offrir; **this ~s me great pleasure** ceci me procure un grand plaisir; **the bell tower ~ed a panoramic view of the city** le clocher offrait une vue panoramique de la ville.

affordable [ə'fɔːdəbl] *adj* [commodity] (dont le prix est) abordable; **at an ~ price** à un prix abordable.

afforest [æ'fɒrɪst] *vt* boiser, reboiser.

afforestation [æˌfɒrɪ'steɪʃn] *n* boisement *m*.

affranchise [ə'fræntʃaɪz] *vt* affranchir.

affray [ə'freɪ] *n* échauffourée *f*.

affricate ['æfrɪkət] *n* affriquée *f*.

affright [ə'fraɪt] *arch* ◇ *vt* effrayer, terrifier.
◇ *n* effroi *m*, terreur *f*.

affront [ə'frʌnt] ◇ *n* affront *m*, insulte *f*; **to suffer an ~** essuyer un affront; **it was an ~ to her dignity** c'était un affront à sa dignité.
◇ *vt* [offend] faire un affront à, insulter, offenser; **to feel ~ed** se sentir offensé.

Afghan ['æfgæn] ◇ *n* -**1.** [person] Afghan *m*, -e *f*. -**2.** LING afghan *m*. -**3.** [dog] lévrier *m* afghan. -**4.** [coat] afghan *m*; *Am* [blanket] couverture *f* en lainage.
◇ *adj* afghan; **~ hound** lévrier *m* afghan.

Afghani [æf'gænɪ] GEOG & LING = **Afghan**.

Afghanistan [æf'gænɪstæn] *pr n* Afghanistan *m*; **in ~** en Afghanistan.

aficionado [əˌfɪsjə'nɑːdəʊ] (*pl* **aficionados**) *n*: **theatre ~s, ~s of the theatre** les aficionados OR les amoureux du théâtre; **a tennis ~** un mordu de tennis.

afield [ə'fɪəld] *adv*: **to go far ~** aller loin; **people came from as far ~ as Australia** les gens venaient même d'Australie; **don't go too far ~** n'allez pas trop loin; **we didn't need to look very far ~** nous n'avions pas besoin de chercher très loin; **they travelled further ~ for their holidays this year** ils sont allés bien plus loin cette année pour leurs vacances; **this remark carried them even farther ~ from the subject under debate** *fig* cette remarque les fit s'éloigner encore plus du sujet.

afire [ə'faɪəʳ] *lit* ◇ *adj* -**1.** [burning] en feu, embrasé. -**2.** *fig* [with emotion] enflammé; **she was ~ with passion** elle était enflammée par la passion.
◇ *adv*: **to set sthg ~** *literal* mettre le feu à qqch; *fig* embraser qqch.

aflame [ə'fleɪm] *lit* ◇ *adj* -**1.** [burning] en flammes, en feu. -**2.** [emotionally] enflammé; **to be ~ with desire/anger** être enflammé de désir/colère; **her cheeks were ~ with excitement** elle avait les joues rouges d'excitation, l'excitation lui enflammait les joues. -**3.** [in colour]: **the sky was ~ with colour** le ciel flamboyait de couleurs vives; **the countryside was ~ with autumn reds and yellows** la campagne était embrasée de rouges et de jaunes d'automne.
◇ *adv*: **to set ~** *literal* mettre le feu à; *fig* exciter, enflammer; **he set her heart ~** il a fait battre son cœur.

aflatoxin [ˌæflə'tɒksɪn] *n* aflatoxine *f*.

AFL-CIO (*abbr of* American Federation of Labor and Congress of Industrial Organizations) *pr n la plus grande confédération syndicale américaine.*

afloat [ə'fləʊt] ◇ *adj* -**1.** [swimmer] qui surnage; [boat] à flot; [cork, oil] flottant; *fig* [business] à flot. -**2.** [flooded] inondé; **the bottom of the boat was ~ with water** le fond du bateau était inondé.
◇ *adv* -**1.** [floating] à flot, sur l'eau; **we managed to get** OR **to set the raft ~** nous avons réussi à mettre le radeau à flot; **to stay ~** [swimmer] garder la tête hors de l'eau, surnager; [boat] rester à flot; **to keep ~** rester à flot; **to keep sthg/sb ~** maintenir qqch/qqn à flot || *fig*: **to get a business ~** [from start] mettre une entreprise à flot; [from financial difficulties] ren-

flouer une entreprise; **small businesses struggling to stay ~** des petites entreprises qui luttent pour se maintenir à flot; **to get** OR **to set a scheme ~** lancer un projet. -**2.** [on boat]: **holiday spent ~** [on barge] vacances en péniche; [at sea] vacances en mer.

aflutter [əˈflʌtəʳ] ◇ *adj*: **to be (all) ~ with excitement** tressaillir d'excitation; **my heart was all ~** j'avais le cœur qui battait la chamade.
◇ *adv*: **she set my heart ~** elle fit battre mon cœur.

afoot [əˈfʊt] ◇ *adj* -**1.** [in preparation]: **there is something ~** il se prépare OR il se trame quelque chose; **there is a scheme ~ to build a new motorway** on a formé le projet OR on envisage de construire une nouvelle autoroute; **there is mischief ~** il va y avoir du vilain. -**2.** *lit* & *arch* [on foot] à pied.
◇ *adv lit* & *arch* à pied.

aforementioned [əˈfɔːˌmenʃənd] *adj fml* susmentionné, précité; **the ~ persons** lesdites personnes.

aforenamed [əˈfɔːneɪmd] *adj fml* susnommé, précité.

aforesaid [əˈfɔːsed] *adj fml* susdit, précité.

aforethought [əˈfɔːθɔːt] *adj fml* prémédité.

afoul [əˈfaʊl] *adv lit*: **to run ~ of sb** se mettre qqn à dos, s'attirer le mécontentement de qqn; **to run ~ of the law** avoir des démêlés avec la justice.

afraid [əˈfreɪd] *adj* -**1.** [frightened]: **to be ~** avoir peur; **don't be ~** n'ayez pas peur, ne craignez rien; **to make sb ~** faire peur à qqn; **she is ~ of the dark** elle a peur du noir; **there's nothing to be ~ of** il n'y a rien à craindre; **she was ~ (that) the dog would** OR **might bite her** elle avait peur OR elle craignait que le chien (ne) la morde; **he is ~ for his life** il craint pour sa vie; **she was ~ for her daughter** elle avait peur pour sa fille ❑ **'Who's Afraid of Virginia Woolf ?'** *Albee* 'Qui a peur de Virginia Woolf ?'. -**2.** [indicating reluctance, hesitation]: **he isn't ~ of work** le travail ne lui fait pas peur; **don't be ~ to speak** OR **of speaking your mind** n'ayez pas peur de dire ce que vous pensez; **I'm ~ (that) I'll say the wrong thing** je crains OR j'ai peur de ne pas dire ce qu'il faut. -**3.** [indicating regret]: **I'm ~ I won't be able to come** je regrette OR je suis désolé de ne pouvoir venir; **I'm ~ I can't help you** je regrette OR je suis désolé, mais je ne peux pas vous aider; **I'm ~ I cannot grant your request** je regrette de ne pas pouvoir accéder à votre requête; **I'm ~ to say...** j'ai le regret de dire...; **I'm ~ so** j'ai bien peur que oui, j'en ai bien peur; **I'm ~ not** j'ai bien peur que non, j'en ai bien peur.

afresh [əˈfreʃ] *adv* de nouveau; **we'll have to start ~** il va falloir recommencer OR reprendre à zéro.

Africa [ˈæfrɪkə] *pr n* Afrique *f*; **in ~** en Afrique ❑ **'Out of ~'** *Blixen* 'la Ferme africaine'.

African [ˈæfrɪkən] ◇ *n* Africain *m*, -e *f*.
◇ *adj* africain.

African American *n* Noir *m* américain, Noire *f* américaine.

Africanism [ˈæfrɪkənɪzm] *n* africanisme *m*.

Africanize, -ise [ˈæfrɪkənaɪz] *vt* africaniser.

African violet *n* saintpaulia *m*.

Afrikaans [ˌæfrɪˈkɑːns] *n* afrikaans *m*.

Afrikaner [ˌæfrɪˈkɑːnəʳ] *n* Afrikaner *mf*.

Afro [ˈæfrəʊ] (*pl* Afros) ◇ *adj* [hairstyle] afro.
◇ *n* coiffure *f* afro.

Afro-American ◇ *n* Afro-Américain *m*, -e *f*.
◇ *adj* afro-américain.

Afro-Asian ◇ *n* Afro-Asiatique *mf*.
◇ *adj* afro-asiatique.

Afro-Caribbean ◇ *n* Afro-antillais *m*, -e *f*.
◇ *adj* afro-antillais.

aft [ɑːft] ◇ *adv* NAUT & AERON à OR vers l'arrière; **to go ~** aller à OR vers l'arrière.
◇ *adj* [deck] arrière.

AFT (*abbr of* American Federation of Teachers) *pr n syndicat américain d'enseignants.*

after [ˈɑːftəʳ] ◇ *prep* -**1.** [in time - gen] après; [- period] après, au bout de; **~ breakfast** après le petit déjeuner; **~ dark** après la tombée de la nuit; **~ which she left** après quoi elle est partie; **it is ~ six o'clock already** il est déjà six heures passées OR plus de six heures; **shortly ~ midday/three** peu après midi/trois heures; **it's twenty ~ eight** *Am* il est huit heures vingt; **the day ~ tomorrow** après-demain *m*; **~ this date** ADMIN passé OR après cette date. -**2.** [in space] après; **the shopping centre is just ~ the church** le centre commercial est juste après l'église; **there ought to be a comma ~ "however"** il devrait y avoir une virgule après «however» ‖ [in series, priority etc] après; **Rothman comes ~ Richardson** Rothman vient après Richardson; **I would put Racine ~ Molière** pour moi Racine passe après Molière; **~ you** [politely] après vous (je vous en prie); **~ you with the paper** vous pouvez me passer le journal quand vous aurez fini. -**3.** [following consecutively]: **day ~ day** jour après jour; **time ~ time** maintes (et maintes) fois; **(for) mile ~ mile** sur des kilomètres et des kilomètres; **he's made mistake ~ mistake** il a fait erreur sur erreur; **generation ~ generation of farmers** des générations entières de fermiers; **it's been one crisis ~ another ever since she arrived** on va de crise en crise depuis son arrivée. -**4.** [behind] après, derrière; **close the door ~ you** fermez la porte derrière vous; **he locked up ~ them** il a tout fermé après leur départ OR après qu'ils soient partis; **don't expect me to clean up ~ you** ne croyez pas que je vais nettoyer derrière vous. -**5.** [in view of] après; **I'll never speak to him again, ~ what he said to me** je ne lui parlerai plus jamais après ce qu'il m'a dit; **~ the way I've been treated** après la façon dont on m'a traité; **~ what you told me** après ce que vous m'avez dit; **and ~ all I've done for them!** et après tout ce que j'ai fait pour eux! -**6.** [in spite of]: **~ all the trouble I took, no-one came** après OR malgré tout le mal que je me suis donné, personne n'est venu. -**7.** [in the manner of]: **~ Rubens** d'après Rubens. -**8.** [in search of]: **to be ~ sb/sthg** chercher qqn/qqch; **she's ~ you** elle te cherche; [angry with] elle t'en veut; [attracted to] tu l'intéresses; **the police are ~ him** la police est à ses trousses, il est recherché par la police; **their mother always seems to be ~ them** leur mère a l'air de ne jamais les laisser tranquilles; **he's ~ her money** il en veut à son argent; **what's he ~ ?** [want] qu'est-ce qu'il veut?; [looking for] qu'est-ce qu'il cherche?; [intend] qu'est-ce qu'il a derrière la tête?; **I know what she's ~** je sais où elle veut en venir. -**9.** [as verb complement]: **to ask** OR **to inquire ~ sb** demander des nouvelles de qqn; **to name a child ~ sb** donner à un enfant le nom de qqn; **to run ~ sb** courir après qqn; **they ran ~ him** ils lui ont couru après.
◇ *adv* après, ensuite; **the day ~** le lendemain, le jour suivant; **two days ~** deux jours après OR plus tard; **the week ~** la semaine d'après OR suivante; **for months ~** pendant des mois après; **soon ~** peu après; **to follow (on) ~** suivre.
◇ *conj* après que; **come and see me ~ you have spoken to him** venez me voir quand vous lui aurez parlé; **I came ~ he had left** je suis arrivé après qu'il soit parti; **~ saying goodnight to the children** après avoir dit bonsoir aux enfants; **was that before or ~ you'd signed the contract?** était-ce avant ou après que vous ayez signé le contrat?
◇ *adj* -**1.** [later]: **in ~ life** OR **years** plus tard dans la vie. -**2.** NAUT [cabin, mast] arrière.
◆ **afters** *inf npl Br* dessert *m*; **what's for ~s?** qu'est-ce qu'il y a pour le dessert OR comme dessert?
◆ **after all** *adv phr* -**1.** [when all's said and done] après tout; **~ all, she is very young** après tout, elle est très jeune; **that, ~ all, is why we came** après tout, c'est pour ça qu'on est venus; **it only costs £5 ~ all** ça ne coûte que cinq livres après tout. -**2.** [against expectation] après OR malgré tout; **so she was right ~ all** alors elle avait raison en fait.
◆ **one after another, one after the other** *adv phr* l'un après l'autre; **one ~ another they got up and left the room** l'un après l'autre, ils se levèrent et quittèrent la pièce; **he made several mistakes one ~ the other** il a fait plusieurs fautes d'affilée OR à la file.

afterbirth [ˈɑːftəbɜːθ] *n* placenta *m*.

afterburner [ˈɑːftəbɜːnəʳ] *n* chambre *f* de postcombustion.

afterburning [ˈɑːftəbɜːnɪŋ] *n* postcombustion *f*, réchauffe *f*.

aftercare [ˈɑːftəkeəʳ] *n* -**1.** MED postcure *f*. -**2.** [of prisoner] assistance *f (aux anciens détenus).*

after-dinner *adj* [speaker, speech] de fin de dîner OR banquet; **an ~ drink** ≃ un digestif.

aftereffect [ˈɑːftərɪˌfekt] *n* [gen] suites *fpl*; MED séquelle *f*, séquelles *fpl*; **the ~s of war** les séquelles OR les répercussions de la guerre.

afterglow [ˈɑːftəgləʊ] *n* [of sunset] dernières lueurs *fpl*, derniers reflets *mpl*; *fig* [of pleasure] sensation *f* de bien-être *(après coup).*

afterheat [ˈɑːftəhiːt] *n* chaleur *f* résiduelle.

after-hours ◇ *adv* [after closing time] après la fermeture; [after work] après le travail.
◇ *adj* [after closing time] qui suit la fermeture; [after work] qui suit le travail.

afterimage [ˈɑːftərˌɪmɪdʒ] *n* OPT image *f* récurrente OR consécutive; TV rémanence *f* à l'extinction.

afterlife [ˈɑːftəlaɪf] *n* vie *f* après la mort.

after-lunch *adj* qui suit le déjeuner; **to have an ~ nap** faire la sieste.

aftermath [ˈɑːftəmæθ] *n* -**1.** [of event] séquelles *fpl*, suites *fpl*; **in the ~ of the military coup** à la suite du coup d'État militaire; **in the immediate ~** tout de suite après, dans la foulée. -**2.** AGR regain *m*.

afternoon [ˌɑːftəˈnuːn] ◇ *n* après-midi *m inv or f inv*; **this ~** cet après-midi; **every ~** tous les après-midi; **all ~** tout l'après-midi; **tomorrow/yesterday ~** demain/hier après-midi; **in the ~** [in general] l'après-midi; [of particular day] (dans) l'après-midi; **on Friday ~s** le vendredi après-midi; **on Friday ~** [in general] le vendredi après-midi; [of particular day] vendredi après-midi; **in the early ~** tôt dans l'après-midi; **at 2 o'clock in the ~** à 2 h de l'après-midi; **on the ~ of May 16th** (dans) l'après-midi du 16 mai; **on a summer ~** par un après-midi d'été; **good ~** [hello] bonjour; [goodbye] au revoir; **have a nice ~!** bon après-midi!
◇ *comp* [class, train] de l'après-midi; [walk] qui a lieu dans l'après-midi; **~ performance** CIN & THEAT matinée *f*.
◆ **afternoons** *adv esp Am* (dans) l'après-midi.

afternoon tea *n thé pris avec une légère collation dans le cours de l'après-midi*; **to have ~** prendre le thé *(dans le cours de l'après-midi).*

afterpains [ˈɑːftəpeɪnz] *npl* tranchées *fpl* utérines.

after-sales *adj* après-vente *(inv)*; **~ service** service *m* après-vente.

after-school *adj* [activities] extrascolaire.

aftershave [ˈɑːftəʃeɪv] *n*: **~ (lotion)** (lotion *f*) après-rasage *m*.

aftershock [ˈɑːftəʃɒk] *n* réplique *f* (d'un séisme).

aftertaste [ˈɑːftəteɪst] *n literal* & *fig* arrière-goût *m*.

after-tax *adj* [profits] après impôts, net d'impôt; [salary] net d'impôt.

afterthought [ˈɑːftəθɔːt] *n* pensée *f* après coup; **I had an ~** j'ai pensé après coup; **I only mentioned it as an ~** j'en ai seulement parlé après coup, quand l'idée m'est venue; **the west wing was added as an ~** l'aile ouest a été ajoutée après coup.

afterwards [ˈɑːftəwədz] *Br*, **afterward** [ˈæftərwərd] *Am adv* après, ensuite; **a long time ~** longtemps après; **I only realized ~** je n'ai compris qu'après coup OR que plus tard.

afterword [ˈɑːftəwɜːd] *n* [postscript] postface *f*; [epilogue] épilogue *m*.

afterworld ['ɑːftəwɜːld] *n* vie *f* après la mort.

again [ə'gen] *adv* -**1.** [once more] encore une fois, de nouveau; **it's me ~!** c'est encore moi!, me revoici!; **here we are back home ~!** nous revoilà chez nous!; **you'll soon be well ~** vous serez bientôt remis; (the) **same ~ — please!** [in bar] remettez-nous ça OR la même chose s'il vous plaît!; **yet ~** encore une fois ‖ [with negative] ne... plus; **I didn't see them ~** je ne les ai plus revus; **not ~!** encore?; **not you ~!** encore vous? ❑ **~ and ~** maintes et maintes fois, à maintes reprises; **she read the passage through over and over ~** elle a lu et relu le passage. -**2.** [with verbs] : **to begin ~** recommencer; **to come ~** revenir; **to do ~** refaire; **if I had to do it ~** si c'était à refaire; **can you say it ~?** pouvez-vous répéter?; **don't make me have to tell you ~!** et que je n'aie pas à vous le répéter! -**3.** [indicating forgetfulness] déjà; **what's her name ~?** comment s'appelle-t-elle déjà?; **what did he say ~?** qu'est-ce qu'il a dit déjà? -**4.** [in quantity]: **as much** OR **many ~** encore autant; **half as much ~** encore la moitié de ça; **half as many pages ~** la moitié plus de pages; **it's as long/wide/far ~ as that** ça fait encore la même longueur/largeur/distance que ça. -**5.** [furthermore] d'ailleurs, qui plus est.

against [ə'genst] ⟡ *prep* -**1.** [indicating position] contre; **he leant his bike (up) ~ the wall** il appuya son vélo contre le mur; **she had her nose pressed ~ the window** elle avait le nez écrasé au carreau; **put the chairs (back) ~ the wall** remettez les chaises contre le mur; **he was standing with his back ~ the wall** il était adossé contre le mur OR au mur ‖ [indicating impact] contre; **I banged my knee ~ the chair** je me suis cogné le genou contre la chaise; **the shutter was banging ~ the window** le volet claquait contre la fenêtre. -**2.** [in the opposite direction to - current, stream, grain] contre; [contrary to - rules, principles] à l'encontre de; **to go ~ a trend** s'opposer à une OR aller à l'encontre d'une tendance; **it's ~ the law to steal** le vol est interdit par la loi; **they sold the farm ~ my advice/wishes** ils ont vendu la ferme sans tenir compte de mes conseils/de ce que je souhaitais. -**3.** [indicating opposition to - person, proposal, government]: **the fight ~ inflation/crime** la lutte contre l'inflation/la criminalité; **to decide ~ sthg** décider de ne pas faire qqch; **to vote ~ sthg** voter contre qqch; **you're either for us or ~ us** tu dois être avec nous ou contre nous; **she's ~ telling him** elle trouve qu'on ne devrait pas le lui dire; **I advised her ~ going** je lui ai déconseillé d'y aller ❑ **what have you got ~ him/the idea?** qu'est-ce que vous avez contre lui/l'idée?; **what have you got ~ going?** pourquoi vous n'avez pas envie d'y aller?; **I've nothing ~ it** je n'ai rien contre. -**4.** [unfavourable to] contre; **conditions were ~ them** les conditions leur étaient défavorables; **his appearance is ~ him** son physique ne joue pas en sa faveur. -**5.** [in competition with] contre; **United ~ Everton** SPORT United contre Everton; **to run ~ sb** SPORT courir contre qqn; POL se présenter contre qqn; **a race ~ time** OR **the clock** une course contre la montre. -**6.** [indicating defence, protection, precaution etc] contre; **an injection ~ measles** une injection contre la rougeole; **to insure ~ accidents** [insurer] assurer contre les accidents; [client] s'assurer contre les accidents ‖ *fml* [in preparation for] en vue de, en prévision de; **to save money ~ one's retirement** faire des économies en prévision de OR pour la retraite. -**7.** [in contrast to] contre, sur; **to stand ~ the light** être à contre-jour; **the tall chimneys stood out ~ the sky** les hautes cheminées se détachaient sur le ciel; **yellow flowers ~ a green background** des fleurs jaunes sur un fond vert; **these events took place ~ a background of political violence** *fig* ces événements ont eu lieu dans un climat de violence politique. -**8.** [in comparison to, in relation to] en comparaison de, par rapport à; **they cost £10 here (as) ~ only £7 at the supermarket** ils coûtent 10 livres ici contre OR au lieu de 7 livres au supermarché; **the dollar fell ~ the yen** FIN le dollars a baissé par rapport au yen; **to plot the number of passengers ~ distance travelled** [in graph] relever le nombre de voyageurs par rapport à la distance parcourue. -**9.** [in exchange for] contre, en échange de; **cash is available ~ presentation of the voucher** ce bon peut être échangé contre de l'argent.
⟡ *adv* contre; **are you for or ~?** êtes-vous pour ou contre?; **the odds are 10 to 1 ~** [gen] il y a une chance sur dix; [in horse racing] la cote est à 10 contre 1.

Agamemnon [ˌægə'memnən] *pr n* Agamemnon.

agape [ə'geɪp] *adj* bouche bée *(inv)*.

agar(-agar) ['eɪgəʳ, ˌeɪgə'eɪgəʳ] *n* agar-agar *m*, gélose *f*.

agaric ['ægərɪk] *n* agaric *m*.

agate ['ægət] *n* agate *f*.

agave [ə'geɪvɪ] *n* agave *m*.

age [eɪdʒ] ⟡ *n* -**1.** [of person, animal, tree, building] âge *m*; **what ~ is he?** quel âge a-t-il?; **he is 25 years of ~** il est âgé de 25 ans; **at the ~ of 25** à l'âge de 25 ans; **when I was your ~** quand j'avais votre âge; **his wife is only half his ~** sa femme n'a que la moitié de son âge; **she's twice my ~** elle a le double de mon âge; **I have a son your ~** j'ai un fils de votre âge; **he lived to a ripe old ~** il a vécu jusqu'à un bel âge OR très vieux; **she doesn't look her ~** elle ne fait pas son âge; **I'm beginning to feel my ~** je commence à me sentir vieux; **act** OR **be your ~!** [be reasonable] sois raisonnable!; [don't be silly] ne sois pas stupide!; **he is of an ~ when he should consider settling down** il est à un âge où il devrait penser à se ranger; **the two of them were of an ~** ils étaient tous les deux à peu près du même âge; **to be of ~** JUR être majeur; **to be under ~** JUR être mineur ❑ **the ~ of consent** JUR *âge où les rapports sexuels sont autorisés par la loi britannique (16 ans pour les rapports hétérosexuels et 21 ans pour les rapports homosexuels)*; **they are below the ~ of consent** ils tombent sous le coup de la loi sur la protection des mineurs; **the ~ of discretion** *âge auquel une personne est jugée apte à prendre ses responsabilités*; **to come of ~** atteindre sa majorité, devenir majeur; **this way of thinking has at last come of ~** *fig* c'est un point de vue qui a fait son chemin. -**2.** [old age - of person] âge *m*, vieillesse *f*; [- of wood, paper, liquor] âge *m*; **bent with ~** courbé par l'âge; **to mellow with ~** [person] s'adoucir en vieillissant; [cheese] s'améliorer en vieillissant; **yellow** OR **yellowed with ~** jauni par l'âge ❑ **Age Concern** *association caritative britannique d'aide aux personnes âgées*. -**3.** [period - esp historical] époque *f*, âge *m*; GEOL âge *m*; **through the ~s** à travers les âges. -**4.** *(usu pl)* [long time] éternité *f*; **she was an ~ getting dressed, it took her an ~ to get dressed** elle a mis un temps fou à s'habiller; **I haven't seen you for** OR **in ~s!** cela fait une éternité que je ne vous ai (pas) vu!; **it took him ~s to do the work** il a mis très longtemps à faire le travail.
⟡ *vi* vieillir, prendre de l'âge; **he's beginning to ~** il commence à se faire vieux; **to ~ well** [person] vieillir bien; [wine, cheese] s'améliorer en vieillissant; **he has ~d a lot** il a beaucoup vieilli.
⟡ *vt* -**1.** [person] vieillir; **illness has ~d her** la maladie l'a vieillie. -**2.** [wine, cheese] laisser vieillir OR mûrir; **~d in the wood** vieilli en fût.

age bracket = **age group**.

aged [*adj sense 1* eɪdʒd, *adj sense 2* & *n* 'eɪdʒɪd]
⟡ *adj* -**1.** [of the age of] : **a man ~ 50** un homme (âgé) de 50 ans. -**2.** [old] âgé, vieux; **my ~ aunt** ma vieille tante.
⟡ *npl*: **the ~** les personnes *fpl* âgées, les vieux *mpl*.

age group *n* tranche *f* d'âge; **the 20 to 30 ~** la tranche d'âge des 20 à 30 ans; **the younger ~** les jeunes *mpl*.

ageing ['eɪdʒɪŋ] ⟡ *adj* -**1.** [person] vieillissant, qui se fait vieux; [society] de vieux; [machinery, car] (qui se fait) vieux; **the ~ process** le processus du vieillissement. -**2.** [clothes, hairstyle] qui vieillit.
⟡ *n* [of society, population] vieillissement *m*.

ageism ['eɪdʒɪzm] *n* âgisme *m*.

ageist ['eɪdʒɪst] ⟡ *adj* [action, policy] qui relève de l'âgisme.
⟡ *n personne qui fait preuve d'âgisme.*

ageless ['eɪdʒlɪs] *adj* [person] sans âge, qui n'a pas d'âge; [work of art] intemporel; [beauty] toujours jeune.

age limit *n* limite *f* d'âge.

agency ['eɪdʒənsɪ] (*pl* **agencies**) *n* -**1.** COMM [for employment] agence *f*, bureau *m*; [for travel, accommodation] agence *f*; **advertising ~** agence de publicité; **dating ~** club *m* de rencontres. -**2.** ADMIN service *m*, bureau *m*; **international aid agencies** des organisations d'aide internationale; **a government ~** une agence gouvernementale. -**3.** [intermediary - of person] intermédiaire *m*, entremise *f*; [- of fate] jeu *m*; **through her ~** par son entremise, grâce à elle; **by the ~ of direct sunlight** par l'action directe des rayons du soleil.

agenda [ə'dʒendə] *n* [for meeting] ordre *m* du jour; [for activities] programme *m*; **what's on today's ~, what's on the ~ (for) today?** [for meeting] quel est l'ordre du jour?; [for activities] qu'est-ce qu'il y a au programme pour aujourd'hui?; **it was top of the ~** *fig* c'était prioritaire ❑ **to set the ~** avoir l'initiative.

agent ['eɪdʒənt] *n* -**1.** COMM agent *m*, représentant *m*, -e *f*; [for travel, insurance] agent *m*; [for firm] concessionnaire *mf*; [for brand] dépositaire *mf*; **he acted as my local ~** il agissait en tant qu'agent local; **the firm are sole ~s for Pitkins** la société est agent exclusif de Pitkins; **where's the nearest Jaguar ~?** où est le concessionnaire Jaguar le plus proche? ❑ **election ~** agent *m* électoral; **I'm a free ~** je ne dépends de personne. -**2.** [for actor, sportsman, writer] agent *m*. -**3.** [spy] agent *m*. -**4.** [means] agent *m*, moyen *m*; **by the working of some outside ~** par l'opération de quelque agent extérieur; **her forceful nature turned out to be the ~ of her downfall** son naturel énergique fut aussi la cause OR à l'origine de sa chute. -**5.** CHEM & LING agent *m*.

agentive ['eɪdʒəntɪv] *n* agentif *m*.

Agent Orange *n* agent *m* orange *(défoliant utilisé par les Américains pendant la guerre du Viêtnam)*.

age-old *adj* séculaire, antique.

agglomerate [*vb* ə'glɒməreɪt, *n* & *adj* ə'glɒmərət] ⟡ *vt* agglomérer.
⟡ *vi* s'agglomérer.
⟡ *n* agglomérat *m*.
⟡ *adj* aggloméré.

agglomeration [əˌglɒmə'reɪʃn] *n* agglomération *f*.

agglutinate [*vb* ə'gluːtɪneɪt, *adj* ə'gluːtɪnət]
⟡ *vt* agglutiner.
⟡ *vi* s'agglutiner.
⟡ *adj* agglutiné.

agglutination [əˌgluːtɪ'neɪʃn] *n* agglutination *f*.

agglutinative [ə'gluːtɪnətɪv] *adj* agglutinant.

aggrandizement [ə'grændɪzmənt] *n pej* agrandissement *m*; **personal ~** volonté *f* de se pousser en avant.

aggravate ['ægrəveɪt] *vt* -**1.** [worsen - illness, conditions] aggraver; [- situation, problem] aggraver, envenimer; [- quarrel] envenimer; JUR: **~d assault** coups *mpl* et blessures *fpl*; **~d burglary** cambriolage *m* aggravé de coups et blessures. -**2.** [irritate - person] agacer, ennuyer.

aggravating ['ægrəveɪtɪŋ] *adj* -**1.** [worsening - situation, illness, conditions] aggravant. -**2.** [irritating - person, problem] agaçant, exaspérant.

aggravation [ˌægrə'veɪʃn] *n* -**1.** [deterioration - of situation, illness, conditions] aggravation *f*; [- of dispute] enveniment *m*. -**2.** [irritation] agacement *m*, exaspération *f*.

aggregate [*n* & *adj* 'ægrɪgət, *vb* 'ægrɪgeɪt]
⟡ *n* -**1.** [total] ensemble *m*, total *m*; **in the ~, on ~** dans l'ensemble, globalement; **to win on**

~ SPORT gagner au total des points. -**2.** CONSTR & GEOL agrégat *m*.
◇ *adj* global, total; ~ **income** revenus *mpl* globaux.
◇ *vt* -**1.** [bring together] rassembler. -**2.** [add up to] s'élever à, se monter à.

aggression [ə'greʃn] *n* agression *f*.

aggressive [ə'gresɪv] *adj* -**1.** [gen & PSYCH - person, behaviour] agressif. -**2.** MIL [action, weapon] offensif. -**3.** COMM [businessman] combatif, dynamique; [campaign] énergique.

aggressively [ə'gresɪvlɪ] *adv* [behave] agressivement, avec agressivité; [campaign] avec dynamisme.

aggressiveness [ə'gresɪvnɪs] *n* [gen] agressivité *f*; [of businessman] combativité *f*; [of campaign] dynamisme *m*, fougue *f*.

aggressor [ə'gresəʳ] *n* agresseur *m*.

aggrieved [ə'griːvd] *adj* -**1.** [gen] affligé, chagriné; **to feel ~ at** OR **about sthg** être chagriné de OR par qqch. -**2.** JUR lésé.

aggro *inf* ['ægrəʊ] *n Br (U)* -**1.** [violence, fighting] grabuge *m*, bagarre *f*; **there was a bit of ~ at the pub last night** il y a eu du grabuge OR ça a chauffé au pub hier soir. -**2.** [fuss, bother] histoires *fpl*; **people don't complain, because they don't want any ~** les gens ne se plaignent pas parce qu'ils ne veulent pas d'histoires; **there has been a lot of ~ at work recently** il y a eu pas mal d'histoires au boulot dernièrement.

aghast [ə'gɑːst] *adj* [astounded] interloqué, pantois; [horrified] frappé d'horreur, atterré; **she was ~ at the news** elle était atterrée par la nouvelle; **I stared at him ~** je l'ai regardé, atterrée.

agile [*Br* 'ædʒaɪl, *Am* 'ædʒəl] *adj* -**1.** [person, animal] agile, leste. -**2.** [brain, mind] vif.

agility [ə'dʒɪlətɪ] *n* -**1.** [physical] agilité *f*, souplesse *f*; **to move with great ~** se déplacer avec une grande agilité. -**2.** [mental] vivacité *f*.

Agincourt ['ædʒɪnkɔːt] *pr n* Azincourt.

aging *etc* ['eɪdʒɪŋ] = **ageing**.

agio ['ædʒɪəʊ] (*pl* **agios**) *n* agio *m*.

agiotage ['ædʒətɪdʒ] *n* agiotage *m*.

agitate ['ædʒɪteɪt] ◇ *vi* POL: **to ~ for/against sthg** faire campagne en faveur de/contre qqch; **they are agitating for better working conditions** ils réclament de meilleures conditions de travail.
◇ *vt* -**1.** [liquid] agiter, remuer. -**2.** [emotionally] agiter, troubler.

agitated ['ædʒɪteɪtɪd] *adj* agité, troublé; **she was very ~** elle était très agitée OR dans tous ses états; **to become** OR **to get ~** se mettre dans tous ses états.

agitation [,ædʒɪ'teɪʃn] *n* **1.** [emotional] agitation *f*, émoi *m*, trouble *m*; **to be in a state of ~** être dans tous ses états. -**2.** [unrest] agitation *f*, troubles *mpl*; [campaign] campagne *f* mouvementée; **there was a lot of ~ in favour of nuclear disarmament** il y avait un fort mouvement de contestation pour réclamer le désarmement nucléaire. -**3.** [of sea] agitation *f*.

agitator ['ædʒɪteɪtəʳ] *n* -**1.** POL [person] agitateur *m*, -trice *f*. -**2.** [machine] agitateur *m*.

agitprop ['ædʒɪtprop] ◇ *n* agit-prop *f inv*.
◇ *comp* [art, theatre] de l'agit-prop.

aglow [ə'gləʊ] *adj* [fire] rougeoyant; [sky] embrasé; **to be ~ with colour** briller de couleurs vives; **his face was ~ with excitement/health** *fig* son visage rayonnait d'émotion/de santé.

AGM (*abbr of* **annual general meeting**) *n Br* AGA *f*.

agnate ['ægneɪt] ◇ *n* agnat *m*, -e *f*.
◇ *adj* apparenté par les hommes de la famille.

agnostic [æg'nɒstɪk] ◇ *n* agnostique *mf*.
◇ *adj* agnostique.

agnosticism [æg'nɒstɪsɪzm] *n* agnosticisme *m*.

ago [ə'gəʊ] *adv*: **they moved here ten years ~** ils ont emménagé ici il y a dix ans; **how long ~ did this happen?** cela c'est produit il y a combien de temps?, il y a combien de temps que cela s'est produit?; **a long time ~, long ~** il y a longtemps; **as long ~ as 1900** en 1900 déjà, dès 1900.

agog *inf* [ə'gɒg] *adj* en émoi; **the children were all ~ (with excitement)** les enfants étaient tout excités; **I was ~ to discover what had happened** je brûlais d'impatience de savoir ce qui s'était passé; **the scandal set the whole town ~** le scandale a mis la ville entière en émoi.

agonize, -ise ['ægənaɪz] *vi* se tourmenter; **to ~ over** OR **about a decision** hésiter longuement avant de prendre une décision; **don't ~ over it!** n'y passe pas trop de temps!; **to ~ over how to do sthg** se ronger les sangs OR se tracasser pour savoir comment faire qqch.

agonized ['ægənaɪzd] *adj* [behaviour, reaction] angoissé, d'angoisse; [cry] déchirant.

agonizing ['ægənaɪzɪŋ] *adj* [situation] angoissant; [decision] déchirant, angoissant; [pain] atroce; **we had an ~ half-hour** nous avons connu une demi-heure d'angoisse.

agonizingly ['ægənaɪzɪŋlɪ] *adv* atrocement; **an ~ difficult decision** une décision atrocement difficile.

agony ['ægənɪ] (*pl* **agonies**) *n* -**1.** [physical - pain] douleur *f* atroce; [- suffering] souffrance *f* atroce, souffrances *fpl* atroces; **to be in ~** souffrir le martyre; **to cry out in ~** crier de douleur; **it was ~ to stand up** je souffrais le martyre pour me lever ❑ **death ~** agonie *f* (de la mort). -**2.** [emotional, mental] supplice *m*, angoisse *f*; **to be in an ~ of doubt/remorse** être torturé par le doute/le remords; **it was ~ just listening to him** le seul fait de l'écouter était un vrai supplice.

agony aunt *n Br* responsable du courrier du cœur.

agony column *n* courrier *m* du cœur.

agoraphobia [,ægərə'fəʊbjə] *n* agoraphobie *f*.

agoraphobic [,ægərə'fəʊbɪk] ◇ *adj* qui souffre d'agoraphobie.
◇ *n* personne *f* souffrant d'agoraphobie.

agouti [ə'guːtɪ] (*pl inv* OR **agoutis**) *n* agouti *m*.

AGR (*abbr of* **advanced gas-cooled reactor**) *n* AGR *m*.

agrarian [ə'greərɪən] ◇ *adj* agraire.
◇ *n* agrarien *m*, -enne *f*.

agree [ə'griː] ◇ *vi* -**1.** [share same opinion] être d'accord; **I quite ~** je suis tout à fait d'accord (avec vous); **don't you ~?** n'êtes-vous pas d'accord?; **to ~ about sthg** être d'accord sur qqch; **I ~ about going on a holiday** je suis d'accord pour partir en vacances; **I think we ~ on** OR **about the basic facts** je pense que nous sommes d'accord sur l'essentiel; **to ~ with sb** être d'accord avec OR être du même avis que qqn; **I ~ with you about the decor** je suis d'accord avec vous pour ce qui est du décor; **they ~ with me that it's a disgrace** ils trouvent comme moi que c'est une honte; **I ~ with you entirely** je suis parfaitement d'accord OR en plein accord avec vous; **I couldn't ~ with you more** je partage entièrement votre avis. -**2.** [be in favour] être d'accord; **I don't ~ with censorship** je suis contre OR je n'admets pas la censure; **I don't ~ with people smoking in public places** je ne suis pas d'accord pour que les gens fument dans les lieux publics. -**3.** [assent] consentir, donner son adhésion; **to ~ to a proposal** donner son adhésion à OR accepter une proposition; **to ~ to sb's request** consentir à la requête de qqn; **her parents have ~d to her going abroad** ses parents ont consenti à ce qu'elle aille OR sont d'accord pour qu'elle aille à l'étranger; **they ~d to share the cost** ils se sont mis d'accord pour partager les frais; **they ~d to take a taxi** ils ont décidé d'un commun accord de prendre un taxi. -**4.** [reach agreement] se mettre d'accord; **the doctors couldn't ~ about the best treatment** les médecins n'arrivaient pas à se mettre d'accord sur le traitement à suivre; **to ~ on** OR **upon a date** convenir d'une date; **they ~d on Italy for the honeymoon** ils se sont mis d'accord sur l'Italie pour la lune de miel; **that was the price we ~d (on)** c'était le prix dont nous avions convenu OR sur lequel nous nous étions mis d'accord. -**5.** [correspond - account, estimate] concorder; **your statement doesn't ~ with hers** ta version OR ta déclaration ne correspond pas à la sienne, vos deux versions ne concordent pas. -**6.** [be suitable]: **the climate here ~s with me** le climat d'ici me réussit OR me convient très bien; **rich food doesn't ~ with me** la nourriture riche ne me réussit pas. -**7.** GRAMM s'accorder; **the verb ~s with the subject** le verbe s'accorde avec le sujet.
◇ *vt* -**1.** [share opinion]: **to ~ that** être d'accord avec le fait que; **we all ~ that he's innocent** nous sommes tous d'accord pour dire qu'il est innocent, nous sommes tous d'avis qu'il est innocent; **everyone ~s that the party was a success** tout le monde s'accorde à reconnaître que OR de l'avis de tous la fête était un succès; **I don't ~ that the police should be armed** je ne suis pas d'accord pour que la police soit armée. -**2.** [consent]: **to ~ to do sthg** accepter de OR consentir à faire qqch. -**3.** [admit] admettre, reconnaître; **they ~d that they had made a mistake** ils ont reconnu OR convenu qu'ils avaient fait une faute. -**4.** [reach agreement on] convenir de; **to ~ a date** convenir d'une date; **it was ~d to continue the next day** il a été convenu que l'on poursuivrait le lendemain; **we ~d to differ** nous sommes restés chacun sur notre position; **it was ~d that the money should be invested** il a été convenu que l'argent serait investi; **to ~ a price** se mettre d'accord sur un prix; **the budget has been ~d** le budget a été adopté; **unless otherwise ~d** JUR sauf accord contraire. -**5.** [accept - statement, plan] accepter.

agreeable [ə'grɪəbl] *adj* -**1.** [pleasant - situation] plaisant, agréable; [- person] agréable. -**2.** [willing] consentant; **to be ~ to doing sthg** accepter de OR bien vouloir faire qqch; **I am quite ~ to his** OR **him going** je veux bien OR je suis d'accord pour qu'il y aille; **are you ~ to the proposal?** consentez-vous à la proposition?, êtes-vous d'accord avec la proposition?; **if you are ~** si cela vous convient, si vous êtes d'accord. -**3.** [acceptable] acceptable, satisfaisant; **I hope the terms are ~ to you** j'espère que les conditions vous conviennent.

agreeably [ə'grɪəblɪ] *adv* agréablement; **I was ~ surprised** je fus agréablement surpris.

agreed [ə'griːd] ◇ *adj* **1.** [in agreement] d'accord; **is everyone ~?** est-ce que tout le monde est d'accord?; **it's ~ that we leave on Friday** il est entendu OR convenu que nous partons vendredi; **we are ~ on** OR **about the conditions** nous sommes d'accord sur les conditions. -**2.** [fixed -time, place, price] convenu; **as ~** comme convenu; **at the ~ time** à l'heure convenue.
◇ *interj*: ~! (c'est) d'accord OR entendu!

agreement [ə'griːmənt] *n* -**1.** accord *m*; **to be in ~ with sb about sthg** être d'accord avec qqn sur qqch OR au sujet de qqch; **we are both in ~ on this point** nous sommes tous les deux d'accord OR du même avis à ce sujet; **to reach ~** parvenir à un accord; **by ~ with the management** en accord avec la direction. -**2.** COMM & POL accord *m*; **under the (terms of the) ~** selon les termes de l'accord; **to come to an ~** tomber d'accord, parvenir à un accord; **to break an ~** rompre un accord. -**3.** GRAMM accord *m*.

agribusiness ['ægrɪ,bɪznɪs] *n (U)* agro-industries *fpl*.

agricultural [,ægrɪ'kʌltʃərəl] *adj* [produce, machinery, land, society] agricole; [expert] agronome; [college] d'agriculture, agricole.

agricultural engineer *n* ingénieur *m* agronome.

agriculturalist [,ægrɪ'kʌltʃərəlɪst] *n* [specialist] agronome *mf*; [farmer] agriculteur *m*, -trice *f*.

agricultural show *n* [national] salon *m* de l'agriculture; [local] foire *f* agricole.

agriculture ['ægrɪkʌltʃəʳ] *n* agriculture *f*.

Agrigento [,ægrɪ'dʒentəʊ] *pr n* Agrigente.

Agrippa [ə'grɪpə] *pr n* Agrippa.

Agrippina [,ægrɪ'piːnə] *pr n* Agrippine.

agronomist [ə'grɒnəmɪst] *n* agronome *mf*.

agronomy [əˈgrɒnəmɪ] *n* agronomie *f*.

aground [əˈgraʊnd] ◇ *adj* NAUT échoué; to be ~ toucher le fond, échouer.
◇ *adv*: to run OR to go ~ s'échouer.

ague [ˈeɪgjuː] *n arch* fièvre *f*.

ah [ɑː] *interj*: ~! ah!

aha [ɑːˈhɑː] *interj*: ~! ah, ah!, tiens!

ahead [əˈhed] *adv* -**1.** [in space] en avant, devant; the road ~ la route devant nous/eux *etc*; there's a crossroads about half a mile ~ il y a un croisement à environ 800 m (d'ici); go/drive on ~ and I'll catch you up vas-y OR pars en avant, je te rattraperai; to push OR press ~ with a project poursuivre un projet. -**2.** [in time] à l'avance; the years ~ les années à venir; what lies ~? qu'est-ce qui nous attend?; looking ~ to the future en pensant à l'avenir; to plan ~ faire des projets; we must think ~ nous devons prévoir. -**3.** [in competition, race] en avance; three lengths/five points ~ trois longueurs/cinq points d'avance; it's better to quit while you're ~ *fig* mieux vaut te retirer du jeu pendant que tu as l'avantage.
◆ **ahead of** *prep phr* -**1.** [in front of] devant; there were ten people ~ of us in the queue il y avait dix personnes devant nous dans la queue. -**2.** [in time]: he arrived 10 minutes ~ of me il est arrivé 10 minutes avant moi; to finish ~ of schedule terminer plus tôt que prévu OR en avance; the rest of the team are two months ~ of us les autres membres de l'équipe ont deux mois d'avance sur nous; French time is one hour ~ of British time la France a une heure d'avance sur la Grande-Bretagne; to arrive ~ of time arriver en avance OR avant l'heure; to be ~ of one's time *fig* être en avance sur son époque. -**3.** [in competition, race]: he is five points ~ of his nearest rival il a cinq points d'avance sur son rival le plus proche, il devance son rival le plus proche de cinq points.

ahem [əˈhem] *interj*: ~! hum!

ahoy [əˈhɔɪ] *interj*: ~! ohé!, holà!; ship ~! ohé du navire!

AI ◇ *pr n* (*abbr of* Amnesty International) AI.
◇ *n* -**1.** (*abbr of* artificial intelligence) IA *f*. -**2.** *abbr of* artificial insemination.

AIB (*abbr of* Accident Investigation Bureau) *pr n commission d'enquête sur les accidents en Grande-Bretagne.*

aid [eɪd] ◇ *n* -**1.** [help, assistance] aide *f*; with the ~ of half a dozen helpers avec l'aide d'une demi-douzaine d'assistants; I managed to open the tin with the ~ of a screwdriver à l'aide d'un tournevis, j'ai réussi à ouvrir la boîte; to come to sb's ~ venir à l'aide de qqn; to go to the ~ of sb se porter au secours de OR porter secours à qqn. -**2.** POL aide *f*; food ~ aide alimentaire; overseas ~ aide au tiers-monde; the government gives ~ to depressed areas le gouvernement octroie des aides aux régions en déclin. -**3.** [helpful equipment] aide *f*, support *m*; teaching ~s supports OR aides pédagogiques; visual ~s supports visuels. -**4.** [assistant] aide *mf*, assistant *m*, -e *f*. -**5.** [for climber] piton *m*.
◇ *vt* -**1.** [help - person] aider, venir en aide à; [- financially] aider, secourir; to ~ sb with sthg aider qqn pour qqch; I refuse to ~ you in any illegal enterprise je refuse de vous aider dans une quelconque entreprise illicite; they ~ed one another ils se sont entraidés, ils se sont aidés les uns les autres. -**2.** [give support to - region, industry] aider, soutenir. -**3.** [encourage - development, understanding] contribuer à. -**4.** JUR: to ~ and abet sb être (le) complice de qqn; ~ed and abetted by her sister *fig* avec la complicité de sa sœur.
◆ **in aid of** *prep phr*: a collection in ~ of the homeless une collecte au profit des sans-abri; what are all these levers in ~ of? *inf Br fig* à quoi servent tous ces leviers?; what are the cakes in ~ of? les gâteaux sont en l'honneur de quoi?

AID ◇ *n* (*abbr of* artificial insemination by donor) IAD *f*.
◇ *pr n* (*abbr of* Agency for International Development) AID *f*.

aid climbing *n* escalade *f* artificielle.

aide [eɪd] *n* aide *mf*, assistant *m*, -e *f*.

-aided [eɪdɪd] *in cpds* -**1.** COMPUT assisté par; computer~ design conception *f* assistée par ordinateur, CAO *f*. -**2.** [financially]: grant~ [student] boursier; [industry] subventionné; [school] qui reçoit une subvention.

aide-de-camp [eɪddəˈkɑ̃ː] (*pl* aides-de-camp [ˌeɪdz-]) *n* aide *m* de camp.

aide-mémoire [ˌeɪdmemˈwɑː] (*pl* aides-mémoire [ˈeɪdz-]) *n* aide-mémoire *m inv*.

Aids, AIDS [eɪdz] (*abbr of* acquired immune deficiency syndrome) ◇ *n* sida *m*, SIDA *m*, Sida *m*.
◇ *comp* [sufferer] du sida; [clinic] pour sidéens *offic*; ~ research recherche sur le sida; ~ specialist sidologue *mf*; ~ patient sidéen *m*, -enne *f*; the ~ virus le virus du sida.

AIH (*abbr of* artificial insemination by husband) *n* IAC *f*.

aikido [aɪˈkiːdəʊ] *n* aïkido *m*.

ail [eɪl] ◇ *vt dial* OR *lit*: what ~s you? qu'avez-vous?, quelle mouche vous a piqué?
◇ *vi* être souffrant.

aileron [ˈeɪlərɒn] *n* aileron *m*.

ailing [ˈeɪlɪŋ] *adj* [person] souffrant, en mauvaise santé; [economy, industry] malade.

ailment [ˈeɪlmənt] *n* mal *m*, affection *f*; she has all kinds of ~s elle souffre de toutes sortes de maux.

aim [eɪm] ◇ *n* -**1.** [intention, purpose] but *m*, dessein *m*, objectif *m*; she came to the meeting with the ~ of causing trouble elle est venue à la réunion dans le but de faire des histoires; his ~ is to get rich quickly il a pour but OR il s'est donné comme but de s'enrichir rapidement; her ultimate ~ is to beat the world record son but final est de battre le record du monde; her ~ in going to London was to find a job elle était allée à Londres dans le but de trouver du travail; you need an ~ in life il faut un but dans la vie. -**2.** [with weapon]: to take ~ viser; to take ~ at sthg/sb viser qqch/qqn; to have a good ~ bien viser; your ~ isn't very good vous ne visez pas très bien; to miss one's ~ manquer la cible OR son but.
◇ *vt* -**1.** [gun] braquer; [missile] pointer; [stone] lancer; [blow] allonger, décocher; [kick] donner; he ~ed his gun at the man's head il a braqué son pistolet sur la tête de l'homme; he was ~ing stones at the tree il lançait des cailloux sur l'arbre; there are missiles ~ed at all the major cities des missiles ennemis sont pointés sur toutes les grandes villes; the man ~ed a kick at the dog l'homme donna un coup de pied au chien. -**2.** *fig* [criticism, product, programme] destiner; was that remark ~ed at me? est-ce que cette remarque m'était destinée?; the programme is ~ed at a teenage audience l'émission est destinée à un public d'adolescents.
◇ *vi* -**1.** [take aim]: to ~ at OR for sthg viser qqch; he ~ed at the target il visait la cible; she ~ed at OR for the post, but missed elle a visé le poteau, mais elle l'a manqué. -**2.** [have as goal]: she's ~ing to become a millionaire by the age of 30 son but, c'est d'être millionnaire à 30 ans; we ~ to arrive before midnight nous avons l'intention OR nous nous sommes fixés d'arriver avant minuit; he's ~ing at quick promotion il vise une promotion rapide; we're ~ing for Rouen before stopping nous nous sommes fixé Rouen comme but avant de nous arrêter; to ~ high viser haut.

aimless [ˈeɪmlɪs] *adj* [person] sans but, désœuvré; [life] sans but; [occupation, task] sans objet, futile.

aimlessly [ˈeɪmlɪslɪ] *adv* [walk around] sans but; [stand around] sans trop savoir quoi faire; he wandered ~ through the streets il errait dans les rues.

ain't *inf* [eɪnt] = **am not, is not, are not, has not, have not.**

Aintree [ˈeɪntrɪ] *pr n champ de courses en Grande-Bretagne.*

air [eəʳ] ◇ *n* -**1.** [gen & PHYS] air *m*; sea ~ air de la mer, air marin; I need some fresh ~ j'ai besoin de prendre l'air; I went out for a breath of (fresh) ~ je suis sorti prendre l'air; to take the ~ *lit* prendre le frais; the divers came up for ~ les plongeurs sont remontés à la surface pour respirer; I need a change of ~ *fig* j'ai besoin de changer d'air ❑ Air Quality Index indice *m* de pollution de l'air. -**2.** [sky] air *m*, ciel *m*; the smoke rose into the ~ la fumée s'éleva vers le ciel; to throw sthg up into the ~ lancer qqch en l'air; seen from the ~, the fields looked like a chessboard vus d'avion, les champs ressemblaient à un échiquier; to take to the ~ [bird] s'envoler; [plane] décoller. -**3.** AERON: to travel by ~ voyager par avion; mail that is sent by ~ le courrier (envoyé) par avion. -**4.** RADIO & TV: to be on (the) ~ [person] avoir OR être à l'antenne; [programme] être à l'antenne; [station] émettre; to go on the ~ [person] passer à l'antenne; [programme] passer à l'antenne, être diffusé; you're on the ~ vous avez l'antenne; to go off the ~ [person] rendre l'antenne; [programme] se terminer; [station] cesser d'émettre. -**5.** [manner, atmosphere] air *m*; there is an ~ of mystery about her elle a un air mystérieux; she showed him the letter with a triumphant ~ elle lui montra la lettre d'un air triomphant; she smiled with a knowing ~ elle sourit d'un air entendu. -**6.** MUS air *m*.
◇ *vt* -**1.** [linen, bed, room] aérer. -**2.** [express - opinion, grievance] exprimer, faire connaître; [- suggestion, idea] exprimer, avancer. -**3.** *Am* RADIO & TV diffuser.
◇ *comp* [piracy] aérien; [travel, traveller] par avion.
◆ **airs** *npl*: to put on OR to give o.s. ~s se donner de grands airs; ~s and graces *Br* minauderies *fpl*.
◆ **in the air** *adv phr*: there's a rumour in the ~ that they're going to sell le bruit court qu'ils vont vendre; there's something in the ~ il se trame quelque chose; our holiday plans are still (up) in the ~ nos projets de vacances sont encore assez vagues; the project is still very much (up) in the ~ le projet n'est encore qu'à l'état d'ébauche OR est encore vague.

air alert *n* alerte *f* aérienne.

air bag *n* AUT air-bag *m*.

airbase [ˈeəbeɪs] *n* base *f* aérienne.

airbed [ˈeəbed] *n* matelas *m* pneumatique.

airborne [ˈeəbɔːn] *adj* -**1.** [plane] en vol; to become ~ décoller. -**2.** [troops, division, regiment] aéroporté.

airbrake [ˈeəbreɪk] *n* AUT frein *m* à air comprimé; AERON aérofrein *m*, frein *m* aérodynamique.

air brick *n* brique *f* creuse.

airbrush [ˈeəbrʌʃ] ◇ *n* pistolet *m (pour peindre)*.
◇ *vt* peindre au pistolet.

air bubble *n* [in wallpaper, liquid] bulle *f* d'air; [in plastic, metal] soufflure *f*.

Airbus® [ˈeəbʌs] *n* Airbus® *m*.

air chamber *n* chambre *f* à air.

air chief marshal *n Br* général *m* de corps aérien.

air commodore *n Br* colonel *m* de l'armée de l'air.

air-conditioned *adj* [room, train] climatisé; fully ~ entièrement climatisé.

air-conditioner *n* climatiseur *m*.

air-conditioning *n* climatisation *f*.

air-cooled [-kuːld] *adj* -**1.** [engine] à refroidissement par air. -**2.** *Am* [room] climatisé.

air corridor *n* couloir *m* aérien.

air cover *n* couverture *f* aérienne.

aircraft [ˈeəkrɑːft] (*pl inv*) *n* avion *m*.

aircraft carrier *n* porte-avions *m inv*.

aircraft(s)man [ˈeəkrɑːft(s)mən] (*pl* aircraft(s)men [-mən]) *n Br* MIL soldat *m* de deuxième classe *(dans l'armée de l'air)*.
aircraft(s)woman [ˈeəkrɑːft(s),wʊmən] (*pl* aircraft(s)women [-,wɪmɪn]) *n Br* MIL femme *f* soldat de deuxième classe *(dans l'armée de l'air)*.
aircrew [ˈeəkruː] *n* équipage *m (d'avion)*.
air current *n* courant *m* atmosphérique.
air curtain *n* store *m* d'air *(chaud ou froid)*.
air cushion *n* [gen] coussin *m* pneumatique; TECH coussin *m* OR matelas *m* d'air.
air cylinder *n* cylindre *m* à air comprimé.
airdrome [ˈeədrəʊm] *Am* = **aerodrome**.
airdrop [ˈeədrɒp] (*pt* & *pp* airdropped, *cont* airdropping) ◇ *n* parachutage *m*.
◇ *vt* parachuter.
air-dry *vt* sécher à l'air.
Airedale [ˈeədeɪl] *n*: ~ (terrier) airedale *m*, airedale-terrier *m*.
airfare [ˈeəfeəʳ] *n* prix *m* du billet (d'avion), tarif *m* aérien.
air ferry *n* avion *m* transbordeur.
airfield [ˈeəfiːld] *n* terrain *m* d'aviation, (petit) aérodrome *m*.
airfoil [ˈeəfɔɪl] *n Am* surface *f* portante, plan *m* de sustentation.
air force *n* armée *f* de l'air; ~ base base *f* aérienne.
airframe [ˈeəfreɪm] *n* cellule *f* (d'avion).
airfreight [ˈeəfreɪt] *n* [cargo] fret *m* aérien; [transport] transport *m* aérien; to send sthg by ~ expédier qqch par voie aérienne OR par avion.
airgun [ˈeəgʌn] *n* [rifle] carabine *f* OR fusil *m* à air comprimé; [pistol] pistolet *m* à air comprimé.
airhead *inf* [ˈeəhed] *n* taré *m*, -e *f*.
airhole [ˈeəhəʊl] *n* trou *m* d'aération.
airhostess [ˈeə,həʊstɪs] *n* hôtesse *f* de l'air.
airily [ˈeərəlɪ] *adv* avec désinvolture.
airiness [ˈeərɪnɪs] *n* -**1.** [of room] aération *f*, (bonne) ventilation *f*. -**2.** [of tone, manner] désinvolture *f*.
airing [ˈeərɪŋ] *n* -**1.** [of linen, room] aération *f*; this room needs an ~ cette chambre a besoin d'être aérée; give the sheets a good ~ secouez bien les draps. -**2.** *fig*: to give an idea an ~ agiter une idée, mettre une idée sur le tapis.
airing cupboard *n placard chauffé faisant office de sèche-linge.*
airlane [ˈeəleɪn] *n* couloir *m* aérien OR de navigation aérienne.
airless [ˈeəlɪs] *adj* -**1.** [room] qui manque d'air, qui sent le renfermé. -**2.** [weather] lourd.
air letter *n* aérogramme *m*.
airlift [ˈeəlɪft] ◇ *n* pont *m* aérien.
◇ *vt* [passengers, troops - out] évacuer par pont aérien; [- in] faire entrer par pont aérien; [supplies, cargo] transporter par pont aérien.
airline [ˈeəlaɪn] *n* -**1.** AERON ligne *f* aérienne. -**2.** [for compressed air] tuyau *m* d'air.
airliner [ˈeəlaɪnəʳ] *n* avion *m* de ligne.
airlock [ˈeəlɒk] *n* -**1.** [in spacecraft, submarine] sas *m*. -**2.** [in pipe] poche *f* OR bulle *f* d'air.
airmail [ˈeəmeɪl] ◇ *n* poste *f* aérienne; 'by ~' [on envelope] 'par avion'.
◇ *comp* [letter, parcel] par avion; ~ paper papier *m* pelure.
◇ *vt* expédier par avion.
airman [ˈeəmən] (*pl* airmen [-mən]) *n* -**1.** [gen] aviateur *m*. -**2.** *Am* MIL soldat *m* de première classe.
air marshal *n* général *m* de l'armée de l'air.
air mass *n* masse *f* d'air.
air mattress *n* matelas *m* pneumatique.
airmobile [ˈeəmə,biːl] *adj Am* aéroporté.
air pistol *n* pistolet *m* à air comprimé.
airplane [ˈeərpleɪn] *Am* = **aeroplane**.
airplay [ˈeəpleɪ] *n*: that record is getting a lot of ~ ce disque passe souvent OR on entend souvent ce disque à la radio.
air pocket *n* [affecting plane] trou *m* d'air; [in pipe] poche *f* d'air.
airport [ˈeəpɔːt] *n* aéroport *m*.
air pressure *n* pression *f* atmosphérique.
air pump *n* compresseur *m*, pompe *f* à air.
air raid *n* attaque *f* aérienne, raid *m* aérien.
air-raid shelter *n* abri *m* antiaérien.
air-raid warden *n* préposé *m*, -e *f* à la défense passive.
air-raid warning *n* alerte *f* antiaérienne.
air rifle *n* carabine *f* à air comprimé.
airscrew [ˈeəskruː] *n Br* hélice *f* (d'avion).
air-sea rescue *n* sauvetage *m* en mer *(par hélicoptère)*.
airship [ˈeəʃɪp] *n* dirigeable *m*.
air show *n* -**1.** COMM [exhibition] salon *m* de l'aéronautique. -**2.** [display] meeting *m* aérien.
airsick [ˈeəsɪk] *adj*: to be OR to get ~ avoir le mal de l'air.
airsickness [ˈeə,sɪknɪs] *n* mal *m* de l'air.
airsock [ˈeəsɒk] *n* manche *f* à air.
airspace [ˈeəspeɪs] *n* espace *m* aérien.
airstream [ˈeəstriːm] *n* courant *m* atmosphérique.
airstrike [ˈeəstraɪk] *n* raid *m* aérien, attaque *f* aérienne.
airstrip [ˈeəstrɪp] *n* terrain *m* OR piste *f* d'atterrissage.
air taxi *n* avion-taxi *m*.
air terminal *n* aérogare *f*.
airtight [ˈeətaɪt] *adj* hermétique, étanche (à l'air); I don't think his argument is completely ~ *fig* je ne crois pas que son argument soit totalement irréfutable.
airtime [ˈeətaɪm] *n* RADIO & TV: that record is getting a lot of ~ on entend souvent ce disque à la radio; the subject didn't get much ~ on n'a pas consacré beaucoup de temps au sujet pendant l'émission.
air-to-air *adj* MIL air-air *(inv)*, avion-avion *(inv)*.
air-to-surface *adj* MIL air-sol *(inv)*.
air-traffic control *n* contrôle *m* du trafic aérien.
air-traffic controller *n* contrôleur *m*, -euse *f* du trafic aérien, aiguilleur *m* du ciel.
air valve *n* soupape *f*.
airvent [ˈeəvent] *n* prise *f* d'air.
air vice-marshal *n Br* général *m* de brigade aérienne.
airwaves [ˈeəweɪvz] *npl* ondes *fpl* (hertziennes); on the ~ sur les ondes, à la radio.
airway [ˈeəweɪ] *n* -**1.** AERON [route] voie *f* aérienne; [company] ligne *f* aérienne. -**2.** MED voies *fpl* respiratoires; make sure the ~s aren't blocked assurez-vous que les voies respiratoires ne sont pas obstruées. -**3.** [shaft] conduit *m* d'air.
airwoman [ˈeə,wʊmən] (*pl* airwomen [-,wɪmɪn]) *n* -**1.** [gen] aviatrice *f*. -**2.** MIL (femme *f*) auxiliaire *f (de l'armée de l'air)*.
airworthy [ˈeə,wɜːðɪ] *adj* en état de navigation.
airy [ˈeərɪ] (*compar* airier, *superl* airiest) *adj* -**1.** [room] bien aéré, clair. -**2.** *fig* [casual - manner] insouciant, désinvolte; [- ideas, plans, promises] en l'air.
airy-fairy *inf adj Br* [person, notion] farfelu.
aisle [aɪl] *n* -**1.** [in church] bas-côté *m*, nef *f* latérale; her father led her up the ~ c'est son père qui l'a menée à l'autel; to walk up OR down the ~ [before ceremony] entrer dans l'église; [after ceremony] sortir de l'église. -**2.** [in cinema, supermarket] allée *f*; [on train, aeroplane] couloir *m* (central).
aitch [eɪtʃ] *n* H *m inv*, h *m inv*; he drops his ~es il ne prononce pas les h.
aitchbone [ˈeɪtʃbəʊn] *n* culotte *f (de bœuf)*.
ajar [əˈdʒɑːʳ] ◇ *adj* [door, window] entrouvert, entrebâillé.
◇ *adv*: the door stood ~ la porte est restée entrouverte.
Ajax [ˈeɪdʒæks] *pr n* Ajax.
AK *written abbr of* Alaska.
aka (*abbr of* also known as) *adv* alias, dit.
akimbo [əˈkɪmbəʊ] *adv*: with arms ~ les mains OR poings sur les hanches.
akin [əˈkɪn] *adj*: ~ to [like] qui ressemble à, qui tient de; [related to] apparenté à.
AL *written abbr of* Alabama.
Alabama [,æləˈbæmə] *pr n* Alabama *m*; in ~ dans l'Alabama.
alabaster [,æləˈbɑːstəʳ] ◇ *n* albâtre *m*.
◇ *comp* d'albâtre.
alack [əˈlæk] *interj arch*: ~! hélas!
alacrity [əˈlækrətɪ] *n fml* empressement *m*; with great ~ avec grand empressement.
Aladdin [əˈlædɪn] *pr n* Aladin; '~, or the Wonderful Lamp' 'Aladin, ou la lampe merveilleuse'.
alalia [æˈleɪlɪə] *n* aphasie *f*.
Alamo [ˈæləməʊ] *pr n*: the ~ [fort] Fort Alamo; [battle] la bataille de Fort Alamo.

THE ALAMO:
Fort situé dans le Texas où, en 1836, pendant la guerre d'Indépendance de cet État contre le Mexique, une poignée d'Américains, parmi lesquels Davy Crockett, résistèrent jusqu'à la mort à l'assaut d'une troupe mexicaine. «Remember the Alamo» devint le cri de ralliement des Texans au moment de l'indépendance de leur État.

à la mode [ɑːlɑːˈməʊd] *adj Am* [with ice cream] (servi) avec de la crème glacée.
alarm [əˈlɑːm] ◇ *n* -**1.** [warning] alarme *f*, alerte *f*; to sound OR to raise the ~ donner l'alarme OR l'alerte OR l'éveil. -**2.** [for fire, burglary] sonnette *f* OR sonnerie *f* d'alarme. -**3.** [anxiety] inquiétude *f*, alarme *f*; the news caused them some ~ la nouvelle leur a causé une certaine inquiétude; there is no cause for ~ il n'y a aucune raison de s'alarmer; the government viewed events with increasing ~ le gouvernement s'est montré de plus en plus inquiet face à ces événements. -**4.** = **alarm clock**.
◇ *comp* [signal] d'alarme; ~ bell sonnerie *f* d'alarme; to set (the) ~ bells ringing *fig* donner l'alerte; ~ call [to wake sleeper] réveil *m* téléphonique.
◇ *vt* -**1.** [frighten, worry - person] alarmer, faire peur à; [- animal] effaroucher, faire peur à; I don't want to ~ you unduly je ne veux pas vous alarmer sans raison. -**2.** [warn] alerter.
alarm clock *n* réveil *m*, réveille-matin *m inv*; he set the ~ for eight o'clock il a mis le réveil à sonner à 8 h OR pour 8 h.
alarmed [əˈlɑːmd] *adj* -**1.** [anxious] inquiet. -**2.** [vehicle, building] équipé d'une alarme; don't be ~ ne vous alarmez OR effrayez pas; to become ~ [person] s'alarmer; [animal] s'effaroucher, prendre peur.
alarming [əˈlɑːmɪŋ] *adj* alarmant.
alarmingly [əˈlɑːmɪŋlɪ] *adv* d'une manière alarmante.
alarmist [əˈlɑːmɪst] ◇ *adj* alarmiste.
◇ *n* alarmiste *mf*.
alas [əˈlæs] *interj*: ~! hélas!
Alaska [əˈlæskə] *pr n* Alaska *m*; in ~ en Alaska; the ~ Highway la route de l'Alaska.
Alaskan [əˈlæskən] ◇ *n* habitant *m*, -e *f* de l'Alaska.
◇ *adj* de l'Alaska.
Alaskan pipeline *n*: the ~ *oléoduc traversant l'Alaska.*
Alaska Range *pr n*: the ~ la chaîne de l'Alaska.
alb [ælb] *n* aube *f (d'un prêtre)*.
Albania [ælˈbeɪnjə] *pr n* Albanie *f*; in ~ en Albanie.
Albanian [ælˈbeɪnjən] ◇ *n* -**1.** [person] Albanais *m*, -e *f*. -**2.** LING albanais *m*.
◇ *adj* albanais.
albatross [ˈælbətrɒs] *n* -**1.** ZOOL & SPORT albatros *m*. -**2.** *fig* [handicap] boulet *m*; their past was an ~ round their necks ils traînaient leur passé comme un boulet.

albeit [ɔːl'biːɪt] *conj* bien que, encore que, quoique; **an impressive, ~ flawed work of art** une œuvre impressionnante bien qu'imparfaite OR quoiqu'imparfaite; **we managed, ~ with great difficulty** nous y sommes arrivés, quoiqu'avec grande difficulté.

Albert ['ælbət] *pr n*: **the ~ Hall** *salle de concert à Londres*; **the ~ Memorial** *monument à Londres érigé en l'honneur du prince Albert.*

THE ALBERT HALL:
Grande salle londonienne accueillant concerts et manifestations diverses, y compris sportives; elle a été nommée ainsi en l'honneur du prince Albert, époux de la reine Victoria.

Alberta [æl'bɜːtə] *pr n* Alberta *m*; **in ~** dans l'Alberta.

Albigensian [ˌælbɪ'dʒensɪən] ◇ *n* Albigeois *m*, -e *f*.
◇ *adj* albigeois; **the ~ crusade** la croisade des Albigeois.

albinism ['ælbɪnɪzm] *n* albinisme *m*.

albino [æl'biːnəʊ] *n* albinos *mf*.

Albion ['ælbjən] *pr n* Albion.

album ['ælbəm] *n* [book, LP] album *m*; **photograph ~** album photo.

albumen ['ælbjʊmɪn] *n* -**1.** [egg white] albumen *m*, blanc *m* de l'œuf. -**2.** = **albumin**.

albumin ['ælbjʊmɪn] *n* albumine *f*.

albuminous [æl'bjuːmɪnəs] *adj* albumineux.

alchemist ['ælkəmɪst] *n* alchimiste *m*.

alchemy ['ælkəmɪ] *n* alchimie *f*.

Alcibiades [ˌælsɪ'baɪədiːz] *pr n* Alcibiade.

alcohol ['ælkəhɒl] *n* alcool *m*.

alcoholic [ˌælkə'hɒlɪk] ◇ *adj* [drink] alcoolisé; [person] alcoolique.
◇ *n* alcoolique *mf*.

Alcoholics Anonymous *pr n* Alcooliques *mpl* anonymes, ligue *f* antialcoolique.

alcoholism ['ælkəhɒlɪzm] *n* alcoolisme *m*.

alcove ['ælkəʊv] *n* [in room] alcôve *f*; [in wall] niche *f*; [in garden] tonnelle *f*.

aldehyde ['ældɪhaɪd] *n* aldéhyde *m*.

al dente [æl'dentɪ] *adj* al dente *(inv)*.

alder ['ɔːldə^r] *n* aulne *m*, aune *m*.

alderman ['ɔːldəmən] (*pl* **aldermen** [-mən]) *n* -**1.** ADMIN alderman *m*, conseiller *m* municipal. -**2.** HIST ≃ échevin *m*.

ALDERMAN:
Ce mot désigne un haut magistrat de la City à Londres; jusqu'en 1974, il désignait également un conseiller municipal (sens qu'il a conservé aux États-Unis et au Canada).

Aldermaston ['ɔːldəˌmɑːstən] *pr n* *village dans le Berkshire où se trouve l'agence de recherche sur l'armement nucléaire; il a été le siège de nombreuses manifestations antinucléaires (les 'Aldermaston marches').*

Alderney ['ɔːldənɪ] *pr n* Aurigny; **~ (cow)** vache *f* d'Aurigny.

ale [eɪl] *n* bière *f (anglaise)*, ale *f*.

aleatoric [ˌælɪə'tɒrɪk] *adj* aléatoire.

aleatory ['eɪlɪətrɪ] *adj* aléatoire.

alehouse ['eɪlhaʊs, *pl* -haʊzɪz] *n arch* taverne *f*.

Aleppo [ə'lepəʊ] *pr n* Alep.

alert [ə'lɜːt] ◇ *n* alerte *f*; **to give the ~** donner l'alerte; **to be on the ~** [gen] être sur le qui-vive; MIL être en état d'alerte; **the sentries were told to be on the ~ for an attack** les sentinelles avaient ordre de se tenir prêtes en cas d'attaque.
◇ *adj* -**1.** [vigilant] vigilant, sur le qui-vive; **you should be ~ to the possible dangers** soyez vigilants quant aux éventuels dangers. -**2.** [lively - child, mind] vif, éveillé.
◇ *vt* alerter, donner l'alerte à; **the public should be ~ed to these dangers** on devrait attirer l'attention du public sur ces dangers, on devrait sensibiliser l'opinion publique à ces dangers.

alertness [ə'lɜːtnɪs] *n* -**1.** [vigilance] vigilance *f*. -**2.** [liveliness] vivacité *f*, esprit *m* éveillé.

Aleutian Islands [ə'luːʃjən-] *pl pr n*: **the ~** les îles *fpl* Aléoutiennes ; **in the ~** aux îles Aléoutiennes.

A level (*abbr of* **advanced level**) *n Br* SCH: **~s, ~ exams** ≃ baccalauréat *m*; **he teaches ~ physics** ≃ il est professeur de physique en terminale; **to take one's ~s** ≃ passer son bac.

A LEVEL:
Cet examen, qui ouvre l'accès aux études supérieures en Grande-Bretagne, est beaucoup plus spécialisé que le baccalauréat français; il ne comprend que deux ou trois matières (exceptionnellement quatre). D'autre part, les mentions sont très importantes pour pouvoir choisir l'université où l'on souhaite faire ses études.

Alexander [ˌælɪg'zɑːndə^r] *pr n*: **~ the Great** Alexandre le Grand.

Alexandra Palace [ˌælɪg'zɑːndrə-] *pr n salle d'exposition et de concert de Londres.*

ALEXANDRA PALACE:
Cet édifice de style victorien, situé à Alexandra Park au nord de Londres, abritait autrefois les studios de télévision de la BBC. C'est maintenant un centre d'expositions et de loisirs.

Alexandria [ˌælɪg'zɑːndrɪə] *pr n* Alexandrie.

alexandrine [ˌælɪg'zændraɪn] ◇ *adj* alexandrin.
◇ *n* alexandrin *m*.

alexia [ə'leksɪə] *n* alexie *f*, cécité *f* verbale.

alfalfa [æl'fælfə] *n* luzerne *f*.

Alf Garnett [ˌælf'gɑːnɪt] *pr n personnage comique d'une série télévisée anglaise, stéréotype de l'ouvrier réactionnaire, raciste et sexiste.*

Alfred ['ælfrɪd] *pr n* Alfred; **~ the Great** Alfred le Grand.

alfresco [æl'freskəʊ] *adj* & *adv* en plein air.

algae ['ældʒiː] *npl* algues *fpl*.

Algarve [æl'gɑːv] *pr n*: **the ~** l'Algarve *f*.

algebra ['ældʒɪbrə] *n* algèbre *f*.

algebraic [ˌældʒɪ'breɪɪk] *adj* algébrique.

Algeria [æl'dʒɪərɪə] *pr n* Algérie *f*; **in ~** en Algérie.

Algerian [æl'dʒɪərɪən] ◇ *n* Algérien *m*, -enne *f*.
◇ *adj* algérien.

Algiers [æl'dʒɪəz] *pr n* Alger.

ALGOL ['ælgɒl] (*abbr of* **algorithmic oriented language**) *n* ALGOL *m*.

Algonkin [æl'gɒŋkɪn] (*pl inv* OR **Algonkins**), **Algonquin** [æl'gɒŋkwɪn] (*pl inv* OR **Algonquins**) ◇ *n* -**1.** [person] Algonkin *npr m*, Algonquin *npr m*. -**2.** LING algonkin *m*, algonquin *m*.
◇ *adj* algonquin.

algorithm ['ælgərɪðm] *n* algorithme *m*.

algorithmic [ˌælgə'rɪðmɪk] *adj* algorithmique.

Alhambra [æl'hæmbrə] *pr n* Alhambra *f*.

alias ['eɪlɪəs] ◇ *adv* alias; **Burke, ~ Brown** Burke, alias Brown.
◇ *n* nom *m* d'emprunt, faux nom *m*; [of author] nom *m* de plume, pseudonyme *m*; **he has several ~es** il a plusieurs pseudonymes.

alibi ['ælɪbaɪ] ◇ *n* JUR alibi *m*; *fig* alibi *m*, excuse *f*.
◇ *vt inf Am* [person, action] trouver des excuses à.

Alice ['ælɪs] *pr n*: **'~ in Wonderland'** *Carroll* 'Alice au pays des merveilles'.

Alice band *n* bandeau *m (pour les cheveux)*.

alien ['eɪljən] ◇ *n* -**1.** ADMIN [foreigner] étranger *m*, -ère *f*. -**2.** [in science fiction] extraterrestre *mf*.
◇ *adj* -**1.** [foreign - customs, environment] étranger. -**2.** [contrary]: **~ to sthg** contraire OR opposé à qqch; **violence is completely ~ to his nature** la violence n'est absolument pas dans sa nature. -**3.** [in science fiction] extraterrestre; **~ life forms** d'autres formes de vie.

alienate ['eɪljəneɪt] *vt* [gen & JUR] aliéner; **he has ~d all his former friends** il s'est aliéné tous ses anciens amis; **this tax will ~ the people** avec cet impôt, ils vont s'aliéner la population; **no government wishes to ~ votes** aucun gouvernement ne souhaite perdre des voix.

alienated ['eɪljəneɪtɪd] *adj*: **many young people feel ~ and alone** beaucoup de jeunes se sentent seuls et rejetés.

alienation [ˌeɪljə'neɪʃn] *n* -**1.** [of support, friends] fait *m* de décourager OR d'éloigner. -**2.** JUR & PSYCH aliénation *f*.

alienist ['eɪljənɪst] *n Am* aliéniste *mf*, psychiatre *mf*.

alight [ə'laɪt] ◇ *vi* [bird] se poser; [person - from bus, train] descendre; [- from bike, horse] descendre, mettre pied à terre.
◇ *adj* [fire] allumé; [house] en feu; **his face was ~ with happiness** *fig* son visage rayonnait de joie.
◇ *adv*: **to set sthg ~** mettre le feu à qqch; **to catch ~** prendre feu.
◆ **alight on** *vt insep fml* [idea] avoir soudain; [information] apprendre par hasard; [lost object] trouver par hasard.

align [ə'laɪn] ◇ *vt* -**1.** [place in line - points, objects] aligner, mettre en ligne. -**2.** FIN & POL aligner; **to ~ o.s. with sb** s'aligner sur qqn. -**3.** TECH dégauchir; AUT régler le parallélisme de.
◇ *vi* [points, objects] être aligné; [persons, countries] s'aligner.

alignment [ə'laɪnmənt] *n* -**1.** [gen & POL] alignement *m*; **to be in/out of ~** être/ne pas être dans l'alignement, être aligné/désaligné. -**2.** AUT parallélisme *m*; **in/out of ~** [wheels] dont le parallélisme est bien/mal réglé; **steering ~** parallélisme des roues avant.

alike [ə'laɪk] ◇ *adj* semblable; **the two brothers are very ~** les deux frères se ressemblent beaucoup OR sont très semblables; **no two are ~** il n'y en a pas deux pareils.
◇ *adv* [act, speak, dress] de la même façon OR manière; **they look ~** ils se ressemblent; **she treats them all ~** elle les traite tous de la même manière; **two different words that sound ~** deux mots différents qui se ressemblent phonétiquement; **this affects Peter and his brother ~** cela touche Peter aussi bien que son frère.

alimentary [ˌælɪ'mentərɪ] *adj* alimentaire.

alimentary canal *n* tube *m* digestif.

alimentation [ˌælɪmen'teɪʃn] *n fml* alimentation *f*.

alimony ['ælɪmənɪ] *n* pension *f* alimentaire.

A-line *adj* [skirt, dress] trapèze *(inv)*.

aliquot ['ælɪkwɒt] *adj* aliquote.

alive [ə'laɪv] *adj* -**1.** [living] vivant, en vie; **he is still ~** il est toujours vivant OR en vie; **while he was ~** de son vivant; **to be burnt ~** être brûlé vif; **to bury sb ~** enterrer qqn vivant; **to keep ~** [person] maintenir en vie; [hope] garder; [tradition] préserver; **they kept her memory ~** ils sont restés fidèles à sa mémoire; **those ideas are still ~ and well amongst people in the country** ces idées sont encore très vivaces OR répandues parmi la population rurale; **to stay ~** rester en vie; **he felt that he was the luckiest man ~** il se sentit l'homme le plus heureux du monde; **no man ~ could endure such pain** personne au monde ne pourrait endurer de telles souffrances; **it's good to be ~** il fait bon vivre ❑ **~ and kicking: he's still ~ and kicking** [not dead] il est toujours bien en vie; [lively] il est toujours d'attaque OR plein de vie. -**2.** [lively, full of life] plein de vie, vif, actif; **she always comes ~ in the evening** elle se réveille toujours le soir ❑ **look ~!** *inf* grouille-toi!, remue-toi! -**3.** [alert, aware] conscient, sensible; **to be ~ to the dangers of sthg** être conscient des OR sensible aux dangers de qqch; **he was fully ~ to the risk he was taking** il était pleinement conscient OR avait pleinement conscience du risque qu'il encourait. -**4.** [full, crowded]: **the evening air was ~ with insects** il y avait des nuées d'insectes dans l'air ce soir-là; **the streets were ~ with people** les rues fourmillaient OR grouillaient de monde.

alkali ['ælkəlaɪ] *n* alcali *m*.

alkaline ['ælkəlaɪn] *adj* alcalin.

alkalinity [ˌælkə'lɪnətɪ] *n* alcalinité *f*.

alkaloid ['ælkəlɔɪd] *n* alcaloïde *m*.

alkie, alky *inf* [ælkɪ] (*pl* alkies) *n* poivrot *m*, -e *f*; ~ cooking *Am* fabrication clandestine d'alcool.

all [ɔːl] ◇ *det* -**1.** [the whole of] tout *m*, toute *f*, tous *mpl*, toutes *fpl*; ~ the butter tout le beurre; ~ the beer toute la bière; ~ my life toute ma vie; ~ night toute la nuit; ~ day and ~ night toute la journée et toute la nuit; ~ five tous/toutes les cinq; ~ five women les cinq femmes; ~ six of us want to go nous voulons y aller tous/toutes les six || [every one of a particular type]: ~ kinds of people toutes sortes de gens; for children of ~ ages pour les enfants de tous les âges. -**2.** [the utmost]: with ~ speed à toute vitesse; in ~ fairness (to sb) pour être juste (avec qqn).

◇ *pron* -**1.** [everything] tout; I gave ~ I had j'ai donné tout ce que j'avais; take it ~ prenez tout; ~ I want is to rest tout ce que je veux c'est du repos; that's ~ I have to say c'est tout ce que j'ai à dire; ~ will be well tout ira bien; will that be ~? ce sera tout?; it was ~ I could do not to laugh j'ai eu du mal à m'empêcher de rire; you men are ~ the same! vous les hommes, vous êtes tous pareils OR tous les mêmes! ❑ ~ or nothing tout ou rien; ~ in good time chaque chose en son temps. -**2.** [everyone] tous; good evening, ~! bonsoir à tous!, bonsoir, tout le monde!; don't ~ speak at once! ne parlez pas tous en même temps!; we ~ came nous sommes tous venus; they ~ made the same mistake ils ont tous fait la même erreur; the children were ~ hoping to go les enfants espéraient tous y aller; ~ who knew her loved her tous ceux qui la connaissaient l'aimaient. -**3.** SPORT: the score is 5 ~ le score est de 5 partout; 30 ~ [in tennis] 30 partout. -**4.** [as quantifier]: ~ of tout; ~ of the butter/the cakes tout le beurre, tous les gâteaux; ~ of London Londres tout entier; ~ of it was sold (le) tout a été vendu; how much wine did they drink? — ~ of it combien de vin ont-ils bu? — tout ce qu'il y avait; ~ of you can come vous pouvez tous venir; listen, ~ of you écoutez-moi tous; she knows ~ of their names elle connaît tous leurs noms ❑ the book cost me ~ of £10 le livre m'a coûté rien moins que 10 livres; it's ~ of five minutes walk away! *hum* c'est AU MOINS à cinq minutes à pied! *hum*.

◇ *adv* -**1.** [as intensifier] tout, tout à fait; she was ~ alone elle était toute seule; she was ~ dressed OR she was dressed ~ in black elle était habillée tout en noir; ~ along the road tout le long de la route; ~ around the edge tout le long du bord; the soup went ~ down my dress la soupe s'est répandue partout sur ma robe; the jacket's split ~ up the sleeve la veste a craqué tout le long de la manche; don't get your hands ~ dirty *inf* ne va pas te salir les mains!; the motor's ~ rusty inside *inf* le moteur est tout rouillé à l'intérieur ❑ ~ at one go (tout) d'un seul coup; ~ in one piece [furniture] tout d'une pièce; *fig* [person] sain et sauf; I'm ~ for it moi, je suis tout à fait pour!; she's ~ for giving children their freedom elle est tout à fait convaincue qu'il faut donner aux enfants leur liberté; it's ~ up with him *inf* il est fichu. -**2.** [with comparative adjectives]: ~ the better! tant mieux!; you will feel ~ the better for a rest un peu de repos vous fera le plus grand bien; it's ~ the more unfair since OR as he promised not to put up the rent c'est d'autant plus injuste qu'il a promis de ne pas augmenter le loyer; ~ the sooner d'autant plus vite.

◇ *n* tout; I would give my ~ to be there je donnerais tout ce que j'ai pour y être; the team gave their ~ l'équipe a donné son maximum; to stake one's ~ tout miser.

◆ **all along** *adv phr* depuis le début; that's what I've been saying ~ along c'est ce que je dis depuis le début.

◆ **all at once** *adv phr* -**1.** [suddenly] tout d'un coup. -**2.** [all at the same time] à la fois, en même temps.

◆ **all but** *adv phr* presque; ~ but finished presque OR pratiquement fini; I ~ but missed it j'ai bien failli le rater, c'est tout juste si je ne l'ai pas raté.

◆ **all in** *inf* ◇ *adj phr* [exhausted]: I'm ~ in je suis mort.

◇ *adv phr* [everything included] tout compris; the rent is £250 a month ~ in le loyer est de 250 livres par mois tout compris.

◆ **all in all** *adv phr* tout compte fait.

◆ **all over** ◇ *adj phr* [finished] fini; that's ~ over and done with now tout ça c'est bien terminé maintenant; it's ~ over between them tout est fini entre eux.

◇ *prep phr* [everywhere in] partout; there were toys scattered ~ over the floor il y avait des jouets éparpillés partout sur le sol; you've got ink ~ over you! tu t'es mis de l'encre partout!; ~ over the world dans le monde entier; we have agencies ~ over Europe nous avons des agences dans toute l'Europe OR partout en Europe; it'll be ~ over town tomorrow morning! demain matin, toute la ville sera au courant! ❑ ~ over the place [everywhere] partout, dans tous les coins; [very erratic, inaccurate] pas au point *hum*; their filing system's ~ over the place leur système de classement n'est pas du tout au point; he was ~ over her il ne l'a pas laissée tranquille un instant; he was ~ over us when he heard we were from the BBC il ne nous a plus laissés tranquilles quand il a appris que nous étions de la BBC.

◇ *adv phr* [everywhere] partout; painted green ~ over peint tout en vert; covered ~ over in blossoms tout en fleur OR en fleurs ❑ it was like being a child ~ over again c'était comme retomber en enfance; that's him ~ over! *inf* ça c'est lui tout craché!

◆ **all that** *adv phr*: it isn't ~ that difficult OR as difficult as ~ that ce n'est pas si difficile que ça.

◆ **all the more** ◇ *det phr*: ~ the more reason for doing it again raison de plus pour recommencer.

◇ *adv phr* encore plus; it makes her ~ the more interesting ça la rend encore plus intéressante.

◆ **all the same** ◇ *adv phr* [nevertheless] tout de même, quand même; he paid up ~ the same il a payé quand même.

◇ *adj phr*: it's ~ the same to me ça m'est complètement égal, peu m'importe; if it's ~ the same to you si cela ne vous gêne pas.

◆ **all told** *adv phr* tout compris.

◆ **all too** *adv phr*: ~ too soon bien trop vite; the holidays went ~ too quickly les vacances ne sont passées que trop vite; it's ~ too easy to forget that c'est tellement facile de l'oublier.

all- *in cpds* entièrement; ~male/female entièrement masculin/féminin; the first ~French baseball team la première équipe de baseball entièrement française; an ~singing, ~dancing spectacular une grande comédie musicale.

Allah ['ælə] *pr n* Allah.

all-American *adj* cent pour cent américain; the ~ boy le jeune américain type.

all-around *Am* = **all-round**.

allay [ə'leɪ] *vt* [fear] apaiser; [doubt, suspicion] dissiper; [pain, grief] soulager, apaiser.

All Black *n*: the ~s les All Blacks *mpl (l'équipe nationale de rugby de la Nouvelle-Zélande)*.

all clear ◇ *n* (signal *m* de) fin *f* d'alerte; to sound the ~ sonner la fin de l'alerte; he received OR was given the ~ on the project *fig* on lui a donné le feu vert pour le projet.

◇ *interj*: ~! fin *f* d'alerte!

all comers *npl*: the British ~ 100 m record le record britannique de l'épreuve du 100 m ouverte à tous.

all-day *adj* qui dure toute la journée.

allegation [,ælɪ'geɪʃn] *n* allégation *f*.

allege [ə'ledʒ] *vt* alléguer, prétendre; he ~s that he was beaten up il prétend avoir été roué de coups; are you alleging police brutality? est-ce que vous prétendez avoir été victime de violences policières?; the incident is ~d to have taken place the night before l'incident aurait eu lieu OR on prétend que l'incident a eu lieu la veille au soir.

alleged [ə'ledʒd] *adj* [motive, incident, reason] allégué, prétendu; [thief] présumé.

allegedly [ə'ledʒɪdlɪ] *adv* prétendument, paraît-il; they ~ broke in and stole £300 ils seraient entrés par effraction et auraient volé 300 livres.

allegiance [ə'liːdʒəns] *n* allégeance *f*; political ~ allégeance politique; to swear ~ faire serment d'allégeance; to switch ~ changer de bord.

allegoric(al) [,ælɪ'gɒrɪk(l)] *adj* allégorique.

allegorically [,ælɪ'gɒrɪklɪ] *adv* sous forme d'allégorie, allégoriquement.

allegory ['ælɪgərɪ] (*pl* allegories) *n* allégorie *f*.

alleluia [,ælɪ'luːjə] *interj*: ~! alléluia!

all-embracing [-ɪm'breɪsɪŋ] *adj* exhaustif, complet.

Allen key ['ælən-] *n* clé *f* (à vis) à six pans creux.

allergen ['ælədʒen] *n* allergène *m*.

allergic [ə'lɜːdʒɪk] *adj* [reaction, person] allergique; I'm ~ to cats je suis allergique aux chats; he's ~ to hard work *hum* il est allergique au travail.

allergist ['ælədʒɪst] *n* allergologiste *mf*, allergologue *mf*.

allergy ['ælədʒɪ] (*pl* allergies) *n* allergie *f*.

alleviate [ə'liːvɪeɪt] *vt* [pain, suffering] alléger, apaiser, soulager; [problem, difficulties] limiter, réduire; [effect] alléger, atténuer.

alleviation [ə,liːvɪ'eɪʃn] *n* apaisement *m*, soulagement *m*.

alley ['ælɪ] *n* -**1.** [street] ruelle *f*, passage *m*; [in park, garden] allée *f*; that's right up my ~ c'est tout à fait mon rayon. -**2.** *Am* [on tennis court] couloir *m*. -**3.** [for tenpin bowling, skittles] bowling *m*, prise *f* de jeu. -**4.** [marble] (grosse) bille *f*, calot *m*.

alley cat *n* chat *m* de gouttière.

alleyway ['ælɪweɪ] *n* ruelle *f*, passage *m*.

all-fired▽ *Am* ◇ *adj* infernal.

◇ *adv* vachement, super.

All Fools' Day *n* le premier avril.

all fours

◆ **on all fours** *adv phr* à quatre pattes; to get OR to go down on ~ se mettre à quatre pattes.

Allhallows [,ɔːl'hæləʊz] *n* Toussaint *f*; ~ Eve la veille de la Toussaint.

alliance [ə'laɪəns] *n* alliance *f*; to enter into OR to form an ~ with sb s'allier OR faire alliance avec qqn.

allied ['ælaɪd] *adj* -**1.** POL [force, nations] allié. -**2.** [related – subjects] connexe, du même ordre; ECON & FIN [product, industry] assimilé; BIOL de la même famille. -**3.** [connected] allié; his natural talent, ~ with his good looks, made him a star son talent naturel allié à un physique agréable ont fait de lui une star.

◆ **Allied** *adj*: the Allied forces in the Second World War les forces alliées pendant la Seconde Guerre mondiale.

alligator ['ælɪgeɪtə^r] ◇ *n* alligator *m*.

◇ *comp* [bag, shoes] en (peau d')alligator; [skin] d'alligator.

all-important *adj* de la plus haute importance, d'une importance primordiale OR capitale; she found the ~ key elle a trouvé la clé essentielle; it is ~ that we get this contract il est capital que nous obtenions ce contrat.

all-in ◇ *adj* -**1.** [price, tariff] net, tout compris, forfaitaire; [insurance policy] tous risques. -**2.** *inf* [exhausted] vanné, crevé; I'm ~! je n'en peux plus!, je ne tiens plus debout!

◇ *adv* tout compris; the rent is £60 a week ~ le loyer est de 60 livres par semaine tout compris OR net.

all-in-one *adj* tout-en-un *(inv)*.

all-in wrestling *n* lutte *f* libre, catch *m*.

alliteration [ə,lɪtə'reɪʃn] *n* allitération *f*.

alliterative [ə'lɪtərətɪv] *adj* allitératif.

all-night *adj* [party] qui dure toute la nuit; [shop, restaurant] de nuit, ouvert la nuit; an ~ sitting of Parliament une session parlementaire de nuit ❑ ~ pass MIL permission *f* de (la) nuit; ~

showing CIN projection ininterrompue durant toute la nuit.

allocate ['æləkeɪt] *vt* -**1.** [assign - money, duties] allouer, assigner, attribuer; **funds ~d to research** des crédits affectés à la recherche. -**2.** [share out] répartir, distribuer. -**3.** JUR & FIN ventiler.

allocation [,ælə'keɪʃn] *n* -**1.** [assignment - of money, duties] allocation *f*, affectation *f*; [- of role, part] attribution *f*. -**2.** [sharing out] répartition *f*. -**3.** [share - of money] part *f*; [- of space] portion *f*. -**4.** JUR & FIN ventilation *f*.

allomorph ['æləmɔːf] *n* allomorphe *m*.

allopathy [ə'lɒpəθɪ] *n* allopathie *f*.

allophone ['æləfəʊn] *n* allophone *m*.

allot [ə'lɒt] (*pt* & *pp* **allotted**, *cont* **allotting**) *vt* -**1.** [assign - money, duties, time] allouer, assigner, attribuer; **in the allotted time** dans le délai imparti; **the farmers were allotted a few acres each** on a attribué aux fermiers quelques hectares chacun. -**2.** [share out] répartir, distribuer.

allotment [ə'lɒtmənt] *n* -**1.** [of money, duties, time] allocation *f*, attribution *f*. -**2.** *Br* [land] jardin *m* ouvrier OR familial.

allotrope ['ælətrəʊp] *n* variété *f* allotropique.

allotropy [æ'lɒtrəpɪ] *n* allotropie *f*.

all out *adv*: **to go ~ to do sthg** se donner à fond pour faire qqch.

◆ **all-out** *adj* [strike, war] total; [effort] maximum.

allover ['ɔːl,əʊvəʳ] *adj* qui s'étend sur toute la surface; **an ~ tan** un bronzage intégral.

allow [ə'laʊ] *vt* -**1.** [permit] permettre, autoriser; **to ~ sb to do sthg** permettre à qqn de faire qqch, autoriser qqn à faire qqch; **he wasn't ~ed to see her** il n'a pas été autorisé à la voir, il n'a pas eu le droit de la voir; **he was ~ed a final cigarette** on lui a permis (de fumer) une dernière cigarette; **we weren't ~ed in** on ne nous a pas permis d'entrer; **the dog is not ~ed in the house** on ne laisse pas le chien entrer dans la maison, l'accès de la maison est interdit au chien; **'smoking is not ~ed'** 'défense de fumer'; **she ~ed herself to be manipulated** elle s'est laissée manipuler; **he decided to ~ events to take their course** il a décidé de laisser les événements suivre leur cours; **I won't ~ such behaviour!** je ne tolérerai pas une telle conduite!; **~ me to make a suggestion** *fml* permettez-moi de faire une suggestion; **if I may be ~ed to make a point** si je peux me permettre (de faire) une remarque; **~ me!** vous permettez? -**2.** [enable] permettre; **the ramp ~s people in wheelchairs to enter the building** la rampe permet l'accès de l'immeuble aux personnes en fauteuil roulant. -**3.** [grant - money, time] accorder, allouer; [- opportunity] donner; [- claim] admettre; **three hours are ~ed for the exam** trois heures sont accordées pour l'examen; **he is ~ed £5 pocket money** on lui accorde OR donne 5 livres d'argent de poche; **she ~ed herself a cream cake as a special treat** comme petit plaisir, elle s'est offert un gâteau à la crème. -**4.** [take into account] prévoir, compter; **~ a week for delivery** il faut prévoir OR compter une semaine pour la livraison; **you need to ~ a few extra inches for the hem** il faut laisser OR prévoir quelques centimètres de plus pour l'ourlet. -**5.** *lit* [admit] admettre, convenir; **you must ~ that she is gifted** vous devez admettre OR reconnaître qu'elle est douée.

◆ **allow for** *vt insep* -**1.** [take account of] tenir compte de; **~ing for the bad weather** compte tenu du mauvais temps; **we ~ed for every possibility in our calculations** nous avons tenu compte de OR paré à toute éventualité dans nos calculs; **we must ~ for the fact that she has been ill** il faut tenir compte du fait qu'elle a été malade. -**2.** [make allowance or provision for]: **remember to ~ for the time difference** n'oublie pas de compter le décalage horaire; **we hadn't ~ed for these extra costs** nous n'avions pas prévu ces frais supplémentaires; **after ~ing for travel expenses** déduction faite des frais de voyage.

◆ **allow of** *vt insep fml* admettre, souffrir, autoriser; **the evidence ~s of no other conclusion** les éléments dont nous disposons n'autorisent aucune autre conclusion.

allowable [ə'laʊəbl] *adj* admissible, permis; **expenses ~ against tax** dépenses *fpl* fiscalement déductibles.

allowance [ə'laʊəns] *n* -**1.** ADMIN [grant] allocation *f*; [for housing, travel, food] indemnité *f*; [alimony] pension *f* alimentaire; [for student - from state] bourse *f*; [- from parents] pension *f* alimentaire; [pension] pension *f*; [income, salary] revenu *m*, appointements *mpl*; **his parents give him a monthly ~ of £100** ses parents lui versent une mensualité de 100 livres; **he gets a monthly ~ of £300** il touche 300 livres par mois; **she makes an ~ of £1,000 a year to her nephew** elle verse une rente OR une pension de 1 000 livres par an à son neveu ❑ **cost-of-living ~** indemnité de vie chère; **rent ~** allocation (de) logement. -**2.** [discount] rabais *m*, réduction *f*; **tax ~** [deduction] dégrèvement *m* fiscal; [tax-free part] revenu *m* non imposable; **trade-in ~** (valeur *f* de) reprise *f*. -**3.** *Am* [pocket money] argent *m* de poche. -**4.** *phr*: **to make ~ OR ~s for sthg** tenir compte de qqch, prendre qqch en considération; **we must make ~ OR ~s for the children's age** il faut tenir compte de OR il ne faut pas oublier l'âge des enfants; **you have to make ~s for inflation** il faut faire la part de l'inflation.

alloy [*n* 'ælɔɪ, *vb* ə'lɔɪ] ◇ *n* alliage *m*.

◇ *comp*: **~ steel** acier *m* allié OR spécial; **~ wheels** AUT roues *fpl* en alliage léger.

◇ *vt* -**1.** [metal] allier, faire un alliage de. -**2.** *fig* dévaloriser, souiller.

all-powerful *adj* tout-puissant.

all-purpose *adj* [gen] qui répond à tous les besoins, passe-partout *(inv)*; [tool, vehicle] polyvalent; **~ cleaning fluid** détachant *m* tous usages.

all right ◇ *adj* -**1.** [adequate] (assez) bien, pas mal; **the film was ~** le film n'était pas mal; **the money is ~, but it could be better** le salaire est correct, mais ça pourrait être mieux. -**2.** [in good health] en bonne santé; [safe] sain et sauf; **are you ~?** [not hurt] ça va?; **she's had an accident, but she's ~** elle a eu un accident mais ça va; **he was quite ill, but he's ~ now** il a été assez malade, mais ça va OR il est rétabli maintenant; **do you think the car will be ~?** tu crois que ça ira avec la voiture? ❑ **I'm ~ Jack** moi, ça va bien (et vous, je m'en fiche). -**3.** [okay]: **I hope they'll be ~ on their own** j'espère qu'ils sauront se débrouiller tout seuls; **is it ~ if they come too?** ça va s'ils viennent aussi?; **it's ~** [no problem] ça va; [no matter] ça ne fait rien, peu importe; **I've come to see if everything is ~** je suis venu voir si tout va bien; **it's ~ by me** moi, ça me va. -**4.** [pleasant] bien, agréable; [nice-looking] chouette; **the boss is ~** le patron est bien OR n'est pas trop mal; **she's ~** *inf* elle est plutôt sympa. -**5.** [financially] à l'aise, tranquille; **I'll see that you're ~** je veillerai à ce que vous ne manquiez de rien.

◇ *adv* -**1.** [well, adequately] bien; **the radio works ~** la radio marche bien; **they're doing ~** [progressing well] ça va (pour eux); [succeeding in career, life] ils se débrouillent bien; **everything went off ~** tout a bien marché. -**2.** [without doubt]: **it's rabies ~** pour être la rage, c'est la rage; **he was listening ~** ça, pour écouter, il écoutait.

◇ *interj*: **~!** [indicating agreement, understanding] entendu!, d'accord!; [indicating approval] c'est ça!, ça va!; [indicating impatience] ça va!, ça suffit!; [indicating change or continuation of activity] bon!

◆ **all-right** *inf adj esp Am*: **he's an ~ guy** c'est un type réglo; **it was an ~ film** le film n'était pas mal.

all-round *adj* -**1.** [versatile - athlete, player] complet; [- ability] complet, polyvalent. -**2.** [comprehensive - improvement] général, sur toute la ligne.

all round *adv*: **taken ~** à tout prendre.

all-rounder [-'raʊndəʳ] *n Br*: **he's a good ~** [gen] il est doué dans tous les domaines, il est bon en tout; SPORT c'est un sportif complet.

All Saints' Day *n* (le jour de) la Toussaint.

all-singing all-dancing *adj* dernier cri.

All Souls' Day *n* le jour OR la Fête des Morts.

allspice ['ɔːlspaɪs] *n* poivre *m* de la Jamaïque, tout épice *m*.

all square *adj* -**1.** [financially]: **we're ~ now** nous ne sommes plus en compte maintenant. -**2.** SPORT [level] à égalité.

all-star *adj* [show, performance] avec beaucoup de vedettes, à vedettes; **with an ~ cast** avec un plateau de vedettes.

all-time *adj* sans précédent, inouï; **sales have reached an ~ high/low** les ventes ont connu le niveau le plus élevé jamais atteint/sont tombées au niveau le plus bas jamais atteint; **this film is one of the ~ greats** ce film est un des meilleurs de tous les temps; **an ~ record** un record sans précédent; **an ~ best-seller** un best-seller jamais égalé.

all told *adv* en tout; **there were six of us ~** nous étions six en tout.

allude [ə'luːd] *vi*: **to ~ to sb/sthg** faire allusion à qqn/qqch.

allure [ə'ljʊəʳ] ◇ *vt* attirer, séduire.

◇ *n* attrait *m*, charme *m*.

alluring [ə'ljʊərɪŋ] *adj* séduisant, attrayant.

allusion [ə'luːʒn] *n* allusion *f*; **to make an ~ to sthg** faire allusion à qqch.

allusive [ə'luːsɪv] *adj* allusif, qui contient une allusion OR des allusions.

allusively [ə'luːsɪvlɪ] *adv* par allusion.

alluvial [ə'luːvjəl] *adj* [ground] alluvial; **~ deposits** alluvions *fpl*, dépôts *mpl* alluvionnaires.

alluvium [ə'luːvjəm] (*pl* **alluviums** OR **alluvia** [-vɪə]) *n* alluvion *f*.

all-weather *adj* [surface] de toute saison, tous temps; **~ court** [tennis] (terrain *m* en) quick *m*; **~ pitch** FTBL terrain *m* tous temps.

ally [*vb* ə'laɪ, *n* 'ælaɪ] (*pl* **allies**) ◇ *vt* allier, unir; **to ~ o.s. with sb** s'allier avec qqn; **Italy was allied with Germany** l'Italie était alliée avec OR à l'Allemagne.

◇ *n* [gen & POL] allié *m*, -e *f*; **the two countries were allies** les deux pays étaient alliés; **the Allies** HIST les Alliés.

Ally Pally *inf* [,ælɪ'pælɪ] *pr n* *surnom du 'Alexandra Palace'.*

Alma Mater, alma mater [,ælmə'mɑːtəʳ] *n* [school] *école ou université où l'on a fait ses études*; *Am* [anthem] *hymne d'une école ou d'une université.*

almanac ['ɔːlmənæk] *n* almanach *m*, agenda *m*.

almighty [ɔːl'maɪtɪ] ◇ *adj* -**1.** [omnipotent] tout-puissant, omnipotent. -**2.** *inf* [as intensifier - row, racket] formidable, sacré; **an ~ din** un vacarme de tous les diables, un formidable vacarme.

◇ *adv* *inf* extrêmement, énormément.

◆ **Almighty** RELIG ◇ *n*: **the Almighty** le Tout-Puissant.

◇ *adj*: **Almighty God, God Almighty** Dieu Tout-Puissant.

almond ['ɑːmənd] ◇ *n* -**1.** [nut] amande. -**2.** **~ (tree)** amandier *m*.

◇ *comp* [icing] d'amandes; [cake] aux amandes.

almond paste *n* pâte *f* d'amande.

almoner ['ɑːmənəʳ] *n* -**1.** HIST aumônier *m*. -**2.** *Br arch* [social worker] assistante *f* sociale *(dans un hôpital)*.

almost ['ɔːlməʊst] *adv* presque; **~ all the people** presque tous les gens, la quasi-totalité des gens; **it's ~ cooked/finished** c'est presque cuit/terminé; **he is ~ 30** il a presque 30 ans; **I can ~ reach it** j'arrive presque à l'atteindre; **I ~ cried** j'ai failli pleurer; **he was ~ crying with frustration** il pleurait presque de rage; **I ~ believed him** j'ai bien failli le croire, j'étais près de le croire.

alms [ɑːmz] *npl* aumône *f*; **to give ~ to sb** faire l'aumône OR la charité à qqn.

almshouse ['ɑːmzhaʊs, *pl* -haʊzɪz] *n Br résidence pour personnes âgées ou défavorisées, gérée par l'Église ou par une association caritative.*

aloe ['æləʊ] *n* aloès *m.*

aloft [ə'lɒft] *adv*: **(up)** ~ [gen] en haut, en l'air; AERON en l'air; NAUT dans la mâture.

alone [ə'ləʊn] ◇ *adj* -**1.** [on one's own] seul; **to be** ~ être seul; **I'm not** ~ **in thinking that it's unfair** je ne suis pas le seul à penser que c'est injuste. -**2.** [only] seul; **she** ~ **knows the truth** elle seule connaît la vérité; **time** ~ **will tell** qui vivra verra; **with the deep understanding of the situation that is his** ~ avec cette faculté de saisir rapidement les situations qui le caractérise, avec cette fine perception des situations qui n'appartient qu'à lui; **the frame** ~ **is worth £50** le cadre seul vaut 50 livres. -**3.** [lonely] seul; **she felt very** ~ elle se sentait très seule.
◇ *adv* -**1.** [on one's own] seul; **he came** ~ il est venu seul; **she managed to open the box** ~ elle a réussi à ouvrir la boîte toute seule; **I'd like to speak to you** ~ j'aimerais vous parler seul; **to stand** ~ [person] rester seul; [house] être situé à l'écart; **she stands** ~ **as the most successful politician this century** *fig* elle est la seule depuis le début du siècle à avoir aussi bien réussi politiquement OR en politique ❑ **to go it** ~ faire cavalier seul. -**2.** [undisturbed]: **to leave** OR **to let** ~ laisser tranquille; **leave me** ~ [on my own] laissez-moi seul; [in peace] laissez-moi tranquille, laissez-moi en paix; **leave the bag** ~**!** laissez le sac tranquille!, ne touchez pas au sac!; **if I were you I would let well** ~ si j'étais vous, je ne m'en mêlerais pas.
◆ **let alone** *conj phr* sans parler de; **he's never been to London, let** ~ **Paris** il n'a jamais été à Londres, sans parler de Paris; **she can't even walk, let** ~ **run** elle ne peut même pas marcher, alors encore moins courir.

along [ə'lɒŋ] ◇ *prep* [the length of] le long de; **we walked** ~ **the road** nous avons marché le long de la route; **there were trees all** ~ **the road** il y avait des arbres tout le long de la route, des arbres bordaient la route; **the railway runs** ~ **the coast** la voie ferrée longe la côte ‖ [at or to a certain point in]: **could you move further** ~ **the row** pourriez-vous vous déplacer vers le bout du rang?; **her office is** ~ **here somewhere** son bureau est quelque part par ici; **the toilets are just** ~ **the corridor** les toilettes sont juste un peu plus loin dans le couloir.
◇ *adv* -**1.** [in phrasal verbs]: **I was driving/strolling** ~ **on a sunny afternoon, when...** je roulais/me baladais par un après-midi ensoleillé, quand...; **she was pulling a trolley** ~ elle tirait OR traînait un chariot derrière elle; **just then** ~ **came a policeman** c'est alors qu'un policier est arrivé. -**2.** [indicating progress]: **how far** ~ **is the project?** où en est le projet?; **we're further** ~ **than expected** nous en sommes plus loin que prévu; **things are going** OR **coming** ~ **nicely, thank you** les choses ne se présentent pas trop mal, merci. -**3.** [indicating imminent arrival]: **I'll be** ~ **in a minute** j'arrive tout de suite; **she'll be** ~ **later** elle viendra plus tard; **there'll be another bus** ~ **shortly** un autre bus va passer bientôt.
◆ **along by** *prep phr* en passant par.
◆ **along with** *prep phr* avec; ~ **with hundreds of others** avec des centaines d'autres; **I put the coat away** ~ **with the rest of my winter clothes** j'ai rangé le manteau avec mes autres vêtements d'hiver.

alongshore [əˌlɒŋ'ʃɔːʳ] ◇ *adv* le long de la côte.
◇ *adj* [current, tide] côtier.

alongside [əˌlɒŋ'saɪd] ◇ *prep* -**1.** [along] le long de; **to come** OR **to draw** ~ **the quay** accoster le quai; **the railway runs** ~ **the road** la ligne de chemin de fer longe la route. -**2.** [beside] à côté de; **the car drew up** ~ **me** la voiture s'est arrêtée à côté de moi.
◇ *adv* -**1.** NAUT: **to come** ~ [two ships] naviguer à couple; [at quayside] accoster. -**2.** [gen - at side]: **they're going to build a patio with a flower bed** ~ ils vont construire un patio bordé d'un parterre de fleurs.

aloof [ə'luːf] *adj* distant; **she is very** ~ elle est très distante, elle est d'un abord difficile; **to keep** OR **to remain** ~ se tenir à distance; **he keeps** OR **remains** ~ **from his colleagues** il se tient à distance de ses collègues; **I try to keep** ~ **from such matters** j'essaie de ne pas me mêler à ces histoires.

aloofness [ə'luːfnɪs] *n* attitude *f* distante, réserve *f.*

alopecia [ˌælə'piːʃə] *n* alopécie *f.*

aloud [ə'laʊd] *adv* [read] à haute voix, à voix haute, tout haut; [think] tout haut.

alp [ælp] *n* [mountain] montagne *f*; [pasture] alpage *m*, alpe *f.*

alpaca [æl'pækə] *n* alpaga *m.*

alpenhorn ['ælpənhɔːn] *n* cor *m* des Alpes.

alpenstock ['ælpənstɒk] *n* alpenstock *m.*

alpha ['ælfə] *n* -**1.** [Greek letter] alpha *m*; ~ **and omega** *fig* l'alpha et l'oméga, le commencement et la fin. -**2.** *Br* SCH ≃ mention *f* bien; ~ **plus** ≃ mention *f* très bien.

alphabet ['ælfəbet] *n* alphabet *m.*

alphabetic(al) [ˌælfə'betɪk(l)] *adj* alphabétique; **in** ~ **order** par ordre OR dans l'ordre alphabétique.

alphabetically [ˌælfə'betɪklɪ] *adv* alphabétiquement, par ordre alphabétique.

alphabetize, -ise ['ælfəbətaɪz] *vt* classer par ordre alphabétique.

alphameric [ˌælfə'merɪk], **alphanumeric** [ˌælfənjuː'merɪk] *adj* alphanumérique.

alpha particle *n* particule *f* alpha.

alpha ray *n* rayon *m* alpha.

alpha wave *n* rythme *m* alpha.

alpine ['ælpaɪn] ◇ *adj* -**1.** GEOG des Alpes. -**2.** [climate, landscape] alpestre; [club, skiing, troops] alpin; ~ **plants** [at low altitude] plantes *fpl* alpestres; [at high altitude] plantes *fpl* alpines.
◇ *n* [plant - at low altitude] plante *f* alpestre; [- at high altitude] plante *f* alpine.

alpinist ['ælpɪnɪst] *n* alpiniste *mf.*

Alps [ælps] *pl pr n*: **the** ~ les Alpes *fpl*; **in the** ~ dans les Alpes; **the Southern** ~ les Alpes du Sud.

already [ɔːl'redɪ] *adv* déjà.

alright [ˌɔːl'raɪt] = **all right**.

Alsace [æl'sæs] *pr n* Alsace *f*; **in** ~ en Alsace.

Alsatian [æl'seɪʃn] ◇ *n* -**1.** [person] Alsacien *m*, -enne *f.* -**2.** LING alsacien *m.* -**3.** [dog] berger *m* allemand.
◇ *adj* [person] d'Alsace, alsacien; [wine] d'Alsace; ~ **dog** berger *m* allemand.

also ['ɔːlsəʊ] *adv* -**1.** [as well] aussi, également; **she** ~ **speaks Italian** elle parle aussi OR également l'italien; **the other two books are** ~ **out of print** les deux autres livres sont aussi OR également épuisés; **he's lazy and** ~ **stupid** il est paresseux et en plus il est bête. -**2.** [furthermore] en outre, de plus, également; ~, **it must be pointed out that...** en outre OR de plus, il faut signaler que..., il faut également signaler que...

also-ran *n* -**1.** SPORT [gen] concurrent *m* non classé; [in horse-race] cheval *m* non classé. -**2.** *fig* [person] perdant *m*, -e *f.*

Alta. *written abbr of* Alberta.

altar ['ɔːltəʳ] *n* autel *m*; **to lead sb to the** ~ *fig* conduire OR mener qqn à l'autel; **to be sacrificed on the** ~ **of success** *fig* être sacrifié sur l'autel du succès ❑ ~ **cloth** nappe *f* d'autel; ~ **rail** balustre *m (devant l'autel)*; **at the** ~ **rail** devant l'autel; **the high** ~ le maître-autel.

altar boy *n* enfant *m* de chœur.

altarpiece ['ɔːltəpiːs] *n* retable *m.*

alter ['ɔːltəʳ] ◇ *vt* -**1.** [change - appearance, plan] changer, modifier; **this doesn't** ~ **the fact that you should have known** cela ne change pas le fait que vous auriez dû être au courant; **this** ~**s matters considerably** cela change vraiment tout; **to** ~ **course** NAUT & AERON changer de cap OR de route. -**2.** SEW faire une retouche OR des retouches à, retoucher; **the dress needs to be** ~**ed at the neck** la robe a besoin d'être retouchée au col. -**3.** [falsify - evidence, facts, text] falsifier, fausser. -**4.** *Am euph* [castrate] châtrer.
◇ *vi* changer, se modifier; **the town has** ~**ed a lot in the past few years** la ville a beaucoup changé ces dernières années; **to** ~ **for the better** [situation] s'améliorer; [person] changer en mieux; **to** ~ **for the worse** [situation] s'aggraver, empirer; [person] changer en mal.

alteration [ˌɔːltə'reɪʃn] *n* -**1.** [changing] changement *m*, modification *f*; [touching up] retouche *f.* -**2.** [change] changement *m*, modification *f*; [reorganization] remaniement *m*; [transformation] transformation *f*; **to make an** ~ **to sthg** modifier qqch, apporter une modification à qqch. -**3.** SEW retouche *f*; **to make** ~**s to a dress** faire des retouches à une robe. -**4.** [falsification - of figures, document] falsification *f.* -**5.** CONSTR aménagement *m*, transformation *f*; **to have** ~**s done** faire faire des aménagements; **they've made major** ~**s to their house** ils ont fait des transformations importantes dans leur maison.

altercation [ˌɔːltə'keɪʃn] *n fml* altercation *f*; **to have an** ~ **with sb** se disputer OR avoir une altercation avec qqn.

alter ego *n* alter ego *m.*

alternate [*adj* & *n Br* ɔːl'tɜːnət, *Am* 'ɔːltərnət, *vb* 'ɔːltərneɪt] ◇ *adj* -**1.** [by turns] alterné; ~ **spells of good and bad weather** des périodes alternées de beau et de mauvais temps; **we visit her on** ~ **weekends** nous lui rendons visite un week-end sur deux. -**2.** [every other] tous les deux; **on** ~ **days** un jour sur deux, tous les deux jours. -**3.** BOT alterne. -**4.** GEOM alterne. -**5.** *Am* [alternative] alternatif.
◇ *vi* -**1.** [happen by turns] alterner; **wet days** ~**d with fine days** les jours pluvieux alternaient avec les beaux jours, les jours pluvieux et les beaux jours se succédaient. -**2.** [take turns] se relayer; **two actors** ~**d in the leading role** deux acteurs jouaient le rôle principal en alternance OR à tour de rôle. -**3.** [vary] alterner; **she** ~**s between despair and elation** elle est tour à tour désespérée ou enthousiaste, elle passe du désespoir à l'enthousiasme; **an economy that** ~**s between periods of growth and disastrous slumps** une économie où alternent la prospérité et le marasme le plus profond. -**4.** ELEC changer périodiquement de sens.
◇ *vt* (faire) alterner, employer alternativement OR tour à tour; AGR [crops] alterner.
◇ *n Am* remplaçant *m*, -e *f*, suppléant *m*, -e *f.*

alternately [ɔːl'tɜːnətlɪ] *adv* alternativement, en alternance, tour à tour.

alternating ['ɔːltəneɪtɪŋ] *adj* [gen] alternant, en alternance; ELEC & TECH alternatif; MATH alterné.

alternating current *n* courant *m* alternatif.

alternation [ˌɔːltə'neɪʃn] *n* alternance *f.*

alternative [ɔːl'tɜːnətɪv] ◇ *n* -**1.** [choice] solution *f*, choix *m*; **you have no other** ~ vous n'avez pas d'autre solution OR choix; **he had no** ~ **but to accept** il n'avait pas d'autre solution que d'accepter; **you leave me with no** ~ vous ne me laissez pas le choix; **what's the** ~**?** quelle est l'autre solution?; **there are several** ~**s** il y a plusieurs possibilités; **the country has chosen the democratic** ~ le pays a choisi la solution démocratique. -**2.** PHILOS terme *m* d'une alternative.
◇ *adj* -**1.** [different, other - solution, government] autre, de rechange; **you'll have to find an** ~ **solution** il faudra trouver une autre solution; **an** ~ **proposal** une contre-proposition; **an** ~ **route** AUT un itinéraire bis OR de délestage. -**2.** [not traditional - lifestyle] peu conventionnel, hors normes; [- press, theatre] parallèle; ~ **energy** énergies *fpl* de substitution; ~ **medicine** médecine *f* douce; **the** ~ **society** la société alternative; ~ **technology** technologies *fpl* douces. -**3.** PHILOS alternatif.

alternatively [ɔːl'tɜːnətɪvlɪ] *adv* comme alternative, sinon; **you could travel by train or** ~ **by bus** vous pourriez voyager en train ou bien en autobus.

alternator ['ɔːltəneɪtəʳ] *n* alternateur *m.*

although [ɔːl'ðəʊ] *conj* -**1.** [despite the fact that] bien que, quoique; ~ (he is) old, he is still active bien qu'il soit vieux il est toujours actif; ~ **I have never liked him, I do respect him** bien que OR quoique je ne l'aie jamais aimé je le respecte, je ne l'ai jamais aimé, néanmoins je le respecte. -**2.** [but, however] mais; **I don't think it will work, ~ it's worth a try** je ne crois pas que ça va marcher, mais ça vaut la peine d'essayer; **the scar will become less visible, ~ it will never completely disappear** la cicatrice va s'estomper, mais elle ne disparaîtra jamais complètement.

altimeter ['æltɪmiːtə^r] *n* altimètre *m*.

altitude ['æltɪtjuːd] ◇ *n* [gen & AERON] altitude *f*; [in mountains] altitude *f*, hauteur *f*; **to fly at an ~ of 8,000 metres** voler à une altitude de 8 000 mètres; **at high ~** OR **~s** en altitude, en hauteur; **at these ~s** à cette altitude, à ces hauteurs.

◇ *comp*: ~ **sickness** mal *m* d'altitude.

alt key [ælt-] *n* touche *f* alt.

alto ['æltəʊ] (*pl* **altos**) ◇ *adj* [voice - female] de contralto; [- male] de haute-contre; [instrument] alto (*inv*); ~ **clef** clef *f* d'ut; ~ **saxophone/recorder** saxophone *m*/flûte *f* alto.

◇ *n* -**1.** [voice - female] contralto *m*; [- male] haute-contre *f*. -**2.** [instrument] alto *m*.

altogether [,ɔːltə'geðə^r] ◇ *adv* -**1.** [entirely] tout à fait, entièrement; **I don't ~ agree with you** je ne suis pas tout à fait OR entièrement d'accord avec vous; **he isn't ~ reliable** on ne peut pas toujours compter sur lui; **it's ~ out of the question** il n'en est absolument pas question; **that's a different matter ~** c'est un tout autre problème. -**2.** [as a whole] en tout; **I owe him £100 ~** je lui dois 100 livres en tout; **taken ~** à tout prendre. -**3.** [in general] somme toute, tout compte fait; ~, **it was an enjoyable evening** somme toute, c'était une soirée agréable.

◇ *n phr*: **in the ~** *inf Br hum* tout nu, à poil.

altruism ['æltrʊɪzm] *n* altruisme *m*.

altruist ['æltrʊɪst] *n* altruiste *mf*.

altruistic [,æltrʊ'ɪstɪk] *adj* altruiste.

ALU (*abbr of* **arithmetic and logic unit**) *n* UAL *f*.

alum ['æləm] *n* alun *m*.

aluminium [,æljʊ'mɪnɪəm] *Br*, **aluminum** [ə'luːmɪnəm] *Am* ◇ *n* aluminium *m*.

◇ *comp* [utensil] en aluminium.

alumna [ə'lʌmnə] (*pl* **alumnae** [-niː]) *n Am* SCH ancienne élève *f*; UNIV ancienne étudiante *f*.

alumnus [ə'lʌmnəs] (*pl* **alumni** [-naɪ]) *n Am* SCH ancien élève *m*; UNIV ancien étudiant *m*.

alveolar [æl'vɪələ^r] *adj* ANAT & LING alvéolaire; ~ **ridge** alvéoles *fpl* (dentaires).

alveolus [æl'vɪələs] (*pl* **alveoli** [-laɪ]) *n* alvéole *f*.

always ['ɔːlweɪz] *adv* toujours; **she ~ comes on Mondays** elle vient toujours le lundi; **has she ~ worn glasses?** a-t-elle toujours porté des lunettes?; **you can ~ try phoning** vous pouvez toujours essayer de téléphoner; **she's ~ complaining** elle est toujours en train de se plaindre.

alyssum ['ælɪsəm] *n* (*U*) alysse *f*.

Alzheimer's disease ['ælts,haɪməz-] *n* maladie *f* d'Alzheimer.

am [æm] → **be**.

a.m. (*abbr of* **ante meridiem**) *adv* du matin; **at 2 ~** à 2 h du matin.

AM *n* -**1.** *Am abbr of* **Master of Arts**. -**2.** (*abbr of* **amplitude modulation**) AM.

AMA (*abbr of* **American Medical Association**) *pr n ordre américain des médecins.*

amalgam [ə'mælgəm] *n* -**1.** [gen & METALL] amalgame *m*; **it is an ~ of several ideas** c'est un amalgame d'idées. -**2.** DENT amalgame *m*.

amalgamate [ə'mælgəmeɪt] ◇ *vt* -**1.** [firms, businesses] fusionner, unir. -**2.** [ideas, metals] amalgamer; **their findings were ~d with ours to produce the final report** leurs conclusions et les nôtres ont été réunies pour constituer le rapport final.

◇ *vi* -**1.** [firms] fusionner. -**2.** [races] se mélanger; [metals] s'amalgamer.

amalgamation [ə,mælgə'meɪʃn] *n* -**1.** COMM & ECON fusion *f*. -**2.** [of races] mélange *m*; [of metals] amalgamation *f*.

amanuensis [ə,mænjʊ'ensɪs] (*pl* **amanuenses** [-siːz]) *n fml* [secretary] secrétaire *mf*, sténographe *mf*; [transcriber, copyist] copiste *mf*.

amaranth ['æmərænθ] *n* amarante *f*.

amaryllis [,æmə'rɪlɪs] *n* amaryllis *f*.

amass [ə'mæs] *vt* [fortune, objects, information] amasser, accumuler.

amateur ['æmətə^r] ◇ *n* [gen & SPORT] amateur *m*; **he's a keen ~** c'est un amateur enthousiaste.

◇ *adj* -**1.** [football, photographer] amateur; [painting, psychology] d'amateur; ~ **dramatics** théâtre *m* amateur; ~ **championship** championnat *m* amateur; **he has an ~ interest in psychology** il s'intéresse à la psychologie en amateur. -**2.** *pej* = **amateurish**.

amateurish [,æmə'tɜːrɪʃ] *adj pej* d'amateur, de dilettante.

amateurism ['æmətərɪzəm] *n* -**1.** SPORT amateurisme *m*. -**2.** *pej* [lack of professionalism] amateurisme *m*, dilettantisme *m*.

amatory ['æmətərɪ] *adj lit* [letter, verse] d'amour, galant *fml*; [feelings] amoureux.

amaze [ə'meɪz] *vt* stupéfier, ahurir; **you ~ me!** pas possible!; **I was ~d at** OR **by his courage** son courage m'a ahuri, j'ai été ahuri par son courage.

amazed [ə'meɪzd] *adj* [expression, look] de stupéfaction, ahuri, éberlué; [person] stupéfait, ahuri; **he was ~ to see her there** il était stupéfait de la trouver là.

amazement [ə'meɪzmənt] *n* stupéfaction *f*, stupeur *f*; **to our ~** à notre stupéfaction; **I watched in ~** j'ai regardé, complètement stupéfait.

amazing [ə'meɪzɪŋ] *adj* -**1.** [astonishing] stupéfiant, ahurissant; **it's ~ how fast they work** je ne reviens pas de la vitesse à laquelle ils travaillent; **that's ~!** je n'en reviens pas!; '~ **offer'** COMM 'offre exceptionnelle'. -**2.** [brilliant, very good] extraordinaire, sensationnel.

amazingly [ə'meɪzɪŋlɪ] *adv* incroyablement, extraordinairement; **he's ~ patient** il est d'une patience extraordinaire OR étonnante; **he was ~ good as Cyrano** il était absolument extraordinaire dans le rôle de Cyrano; ~ **enough, she believed him** aussi étonnant que ça puisse paraître, elle l'a cru.

Amazon ['æməzn] *pr n* -**1.** [river]: **the ~** l'Amazone *f*. -**2.** [region]: **the ~ (Basin)** l'Amazonie *f*; **in the ~** en Amazonie; **the ~ rain forest** la forêt (tropicale) amazonienne. -**3.** MYTH Amazone *f*.

◆ **amazon** *n*: **she's a bit of an ~** *fig* [strong] c'est une grande bonne femme; [athletic] c'est une vraie athlète; [aggressive] c'est une vraie virago.

Amazonian [,æmə'zəʊnjən] *adj* amazonien.

ambassador [æm'bæsədə^r] *n* POL & *fig* ambassadeur *m*; **the Spanish ~ to Morocco** l'ambassadeur d'Espagne au Maroc; **the ~'s wife** l'ambassadrice *f* ❑ **~-at-large** *Am* ambassadeur extraordinaire, chargé *m* de mission; 'The Ambassadors' *James* 'les Ambassadeurs'.

ambassadorial [æm,bæsə'dɔːrɪəl] *adj* d'ambassadeur.

ambassadorship [æm'bæsədəʃɪp] *n* fonction *f* d'ambassadeur.

ambassadress [æm'bæsədrɪs] *n* ambassadrice *f*.

amber ['æmbə^r] ◇ *n* [colour, resin] ambre *m*.

◇ *adj* -**1.** [necklace, ring] d'ambre. -**2.** [dress, eyes] ambré; ~ **(-coloured)** ambré; **the (traffic) lights turned ~** *Br* le feu est passé à l'orange.

ambergris ['æmbəgriːs] *n* ambre gris *m*.

ambiance ['æmbɪəns] = **ambience**.

ambidextrous [,æmbɪ'dekstrəs] *adj* ambidextre.

ambience ['æmbɪəns] *n* ambiance *f*.

ambient ['æmbɪənt] *adj* ambiant.

ambiguity [,æmbɪ'gjuːətɪ] (*pl* **ambiguities**) *n* -**1.** [uncertainty] ambiguïté *f*, équivoque *f*; [of expression, word] ambiguïté *f*; **to avoid any ~** pour éviter tout malentendu. -**2.** [phrase] expression *f* ambiguë.

ambiguous [æm'bɪgjʊəs] *adj* ambigu, équivoque.

ambiguously [æm'bɪgjʊəslɪ] *adv* de façon ambiguë.

ambit ['æmbɪt] *n fml* [of regulation] étendue *f*, portée *f*; [of study] champ *m*; [of person] compétences *fpl*, capacités *fpl*.

ambition [æm'bɪʃn] *n* ambition *f*; **her ~ was to become a physicist** elle avait l'ambition OR son ambition était de devenir physicienne; **he has political ~s** il a des ambitions politiques; **to lack ~** manquer d'ambition.

ambitious [æm'bɪʃəs] *adj* ambitieux; **she's very ~ for her children** elle a beaucoup d'ambition pour ses enfants; **an ~ film** un film ambitieux; **as usual our holidays were nothing more ~ than a fortnight in Brighton** comme d'habitude, nos ambitions de vacances se sont bornées à aller passer quinze jours à Brighton.

ambitiously [æm'bɪʃəslɪ] *adv* ambitieusement.

ambivalence [æm'bɪvələns] *n* ambivalence *f*.

ambivalent [æm'bɪvələnt] *adj* ambivalent; **to be** OR **to feel ~ about sthg** être OR se sentir indécis à propos de qqch; **I have rather ~ feelings about him** j'éprouve des sentiments partagés à son égard.

amble ['æmbl] ◇ *vi* [person] marcher OR aller d'un pas tranquille; [horse] aller l'amble; **he ~d through the park** il a traversé le parc d'un pas tranquille; **we ~d home** nous sommes rentrés lentement OR sans nous presser; **she whistled as she ~d along** elle baguenaudait en sifflant.

◇ *n* [of person] pas *m* tranquille; [of horse] amble *m*; **to walk at an ~** marcher sans se presser.

ambrosia [æm'brəʊzjə] *n* ambroisie *f*.

ambulance ['æmbjʊləns] ◇ *n* ambulance *f*.

◇ *comp*: ~ **driver** ambulancier *m*, -ère *f*; ~ **man** [driver] ambulancier; [nurse] infirmier *m* d'ambulance; [stretcher carrier] brancardier *m*; ~ **nurse** infirmier *m*, -ère *f* d'ambulance.

ambulance chaser *inf n Am pej avocat qui encourage les victimes d'accident à le consulter.*

ambulatory ['æmbjʊlətrɪ] (*pl* **ambulatories**) ◇ *adj* ambulatoire; ~ **medical care** traitement ambulatoire.

◇ *n* ARCHIT déambulatoire *m*.

ambush ['æmbʊʃ] ◇ *vt* -**1.** [lie in wait for] tendre une embuscade à. -**2.** [attack] attirer dans une embuscade; **they were ~ed** ils sont tombés OR ils ont donné dans une embuscade.

◇ *n* embuscade *f*, guet-apens *m*; **the battalion was caught in an ~** le bataillon est tombé OR a donné dans un guet-apens.

ameba *etc* [ə'miːbə] (*pl* **amebae** [-biː] OR **amebas**) *Am* = **amoeba**.

ameliorate [ə'miːljəreɪt] *fml* ◇ *vt* améliorer.

◇ *vi* s'améliorer.

amelioration [ə,miːljə'reɪʃn] *n fml* amélioration *f*.

amen [,ɑː'men] ◇ *n* amen *m inv*.

◇ *interj* RELIG: ~! amen!; ~ **to that!** *inf fig* bien dit!; **to say ~ to sthg** dire amen à qqch.

amenable [ə'miːnəbl] *adj* -**1.** [cooperative] accommodant, souple; **to be ~ to sthg** être disposé à qqch; **the boss is ~ to reason** le patron est raisonnable OR disposé à entendre raison; **the disease is ~ to treatment** la maladie peut être traitée; ~ **to kindness** sensible à la bonté. -**2.** [accountable] responsable; **she is ~ for her actions to the committee** elle est responsable de ses actes devant le comité; **citizens ~ to the law** citoyens responsables devant la loi. -**3.** [able to be tested] vérifiable; **data ~ to analysis** données susceptibles d'être vérifiées par analyse.

amend [ə'mend] *vt* -**1.** [rectify - mistake, text] rectifier, corriger; [- behaviour, habits] réformer, amender *fml*. -**2.** [law, rule] amender, modifier; [constitution] amender.

amendment [ə'mendmənt] *n* -**1.** [correction] rectification *f*, correction *f*; [modification] modification *f*, révision *f*. -**2.** [to bill, constitution, law] amendement *m*; [to contract] avenant *m*; **an ~ to the law** une révision de la loi.

amends [ə'mendz] *npl* réparation *f*, compensation *f*; **to make ~ for sthg** [compensate] faire amende honorable, se racheter; [apologize] se faire pardonner; **we'll try and make ~** nous allons essayer de réparer nos torts; **I'd like to make ~ for my rudeness to you** j'aimerais réparer mon impolitesse envers vous.

amenity [ə'mi:nətɪ] (*pl* **amenities**) *n* [pleasantness] charme *m*, agrément *m*.
◆ **amenities** *npl* -**1.** [features] agréments *mpl*; [facilities] équipements *mpl*; **urban amenities** des équipements collectifs. -**2.** [social courtesy] civilités *fpl*, politesses *fpl*.

amenity bed *n Br dans un hôpital, catégorie de lits réservés aux malades qui paient pour avoir plus de confort et d'intimité.*

America [ə'merɪkə] *pr n* Amérique *f*; **in ~** en Amérique.
◆ **Americas** *pl pr n*: **the ~s** les Amériques.

American [ə'merɪkn] ◇ *n* Américain *m*, -e *f*.
◇ *adj* américain; **the ~ embassy** l'ambassade *f* des États-Unis ❑ **the ~ Dream** le rêve américain; **~ English** (anglais *m*) américain *m*.

Americana [ə,merɪ'kɑ:nə] *npl objets ou documents faisant partie de l'héritage culturel américain.*

American eagle *n* aigle *m* d'Amérique.

American football *n Br* football *m* américain.

American Indian *n* Indien *m*, -enne *f* d'Amérique, Amérindien *m*, -enne *f*.

Americanism [ə'merɪkənɪzm] *n* américanisme *m*.

americanization [ə,merɪkənaɪ'zeɪʃn] *n* américanisation *f*.

americanize, -ise [ə'merɪkənaɪz] *vt* américaniser.

American League *pr n l'une des deux ligues professionnelles de base-ball aux États-Unis.*

American plan *n Am* pension *f* complète.

American Samoa *pr n* Samoa américaines *fpl*.

americium [,æmə'rɪsɪəm] *n* américium *m*.

Amerind ['æmərɪnd], **Amerindian** [,æmər'ɪndjən] ◇ *n* Indien *m*, -enne *f* d'Amérique, Améridien *m*, -enne *f*.
◇ *adj* amérindien.

amethyst ['æmɪθɪst] ◇ *n* -**1.** [stone] améthyste *f*. -**2.** [colour] violet *m* d'améthyste.
◇ *adj* -**1.** [necklace, ring] d'améthyste. -**2.** [colour] violet d'améthyste (*inv*).

Amex ['æmeks] *pr n* (*abbr of* American Stock Exchange) *deuxième place boursière des États-Unis.*

amiability [,eɪmjə'bɪlətɪ] *n* amabilité *f*.

amiable ['eɪmjəbl] *adj* aimable, gentil.

amiably ['eɪmjəblɪ] *adv* avec amabilité OR gentillesse, aimablement.

amicable ['æmɪkəbl] *adj* [feeling, relationship] amical, d'amitié; [agreement, end] à l'amiable; **to settle a dispute in an ~ way** régler un différend à l'amiable.

amicably ['æmɪkəblɪ] *adv* amicalement; **they welcomed me very ~** ils m'ont reçu très amicalement, leur accueil fut très amical; **let's try and settle this ~** essayons de régler ce problème à l'amiable.

amid [ə'mɪd] *prep* au milieu de, parmi; **~ all the noise and confusion, she escaped** dans la confusion générale, elle s'est échappée; **share prices fell ~ rumours of a change of government** le prix des actions a baissé face aux rumeurs selon lesquelles il allait y avoir un changement de gouvernement.

amidships [ə'mɪdʃɪps] *adj* & *adv* au milieu OR par le milieu du navire.

amidst [ə'mɪdst] = **amid**.

amino acid [ə'mi:nəʊ-] *n* acide *m* aminé, aminoacide *m*.

Amish ['ɑ:mɪʃ] ◇ *adj* amish.
◇ *npl*: **the ~** les Amish *mpl (communauté mennonite vivant en Pennsylvanie, austère et fidèle aux traditions).*

amiss [ə'mɪs] ◇ *adv* -**1.** [incorrectly] de travers, mal; **to take sthg ~** mal prendre qqch; **don't take this criticism ~** ne prenez pas cette critique en mauvaise part. -**2.** [out of place] mal à propos; **a few words of explanation may not come ~ here** il conviendrait ici de donner une petite explication; **a little tact and diplomacy wouldn't go ~** un peu de tact et de diplomatie seraient les bienvenus OR ne feraient pas de mal.
◇ *adj* -**1.** [wrong]: **something seems to be ~ with the engine** on dirait qu'il y a quelque chose qui ne va pas dans le moteur; **there's something ~ with our calculations** il y a quelque chose qui ne va pas dans nos calculs. -**2.** [out of place] déplacé; **have I said something ~?** ai-je dit quelque chose qu'il ne fallait pas?; **would it be ~ to send her some flowers?** est-ce qu'il serait malvenu OR déplacé de lui offrir des fleurs?

amity ['æmətɪ] (*pl* **amities**) *n fml* [friendship] amitié *f*; [good relations] bonnes relations *fpl*, bons rapports *mpl*; **to live in ~ with one's fellow man** vivre en paix OR en bonne intelligence avec ses semblables *fml*.

Amman [ə'mɑ:n] *pr n* Amman.

ammeter ['æmɪtə^r] *n* ampèremètre *m*.

ammo *inf* ['æməʊ] *n (U)* munitions *fpl*.

ammonia [ə'məʊnjə] *n* [gas] ammoniac *m*; [liquid] ammoniaque *f*.

ammoniac [ə'məʊnɪæk] ◇ *adj* ammoniacal.
◇ *n* ammoniac *m*, gomme-ammoniaque *f*.

ammonite ['æmənaɪt] *n* -**1.** [mollusc] ammonite *f*. -**2.** [explosive] ammonal *m*.

Ammonite ['æmənaɪt] *n* Ammonite *mf*.

ammunition [,æmjʊ'nɪʃn] *n (U)* munitions *fpl*; **the letter could be used as ~ against them** *fig* la lettre pourrait être tournée contre eux.

ammunition belt *n* ceinturon *m*.

ammunition dump *n* dépôt *m* de munitions.

amnesia [æm'ni:zjə] *n* amnésie *f*; **to have** OR **to suffer (from) ~** être atteint d'amnésie, être amnésique.

amnesiac [æm'ni:zɪæk], **amnesic** [æm'ni:zɪk]
◇ *adj* amnésique.
◇ *n* amnésique *mf*.

amnesty ['æmnəstɪ] (*pl* **amnesties**) ◇ *n* amnistie *f*; **to declare an ~** déclarer une amnistie; **under an ~** en vertu d'une amnistie.
◇ *vt* amnistier.

Amnesty International *pr n* Amnesty International.

amniocentesis [,æmnɪəʊsen'ti:sɪs] (*pl* **amniocenteses** [-si:z]) *n* amniocentèse *f*.

amnioscope [,æmnɪəʊ'skəʊp] *n* amnioscopie *f*.

amniotic [,æmnɪ'ɒtɪk] *adj* amniotique; **~ fluid** liquide *m* amniotique.

amoeba [ə'mi:bə] (*pl* **amoebae** [-bi:] OR **amoebas**) *n* amibe *f*.

amoebic [ə'mi:bɪk] *adj* amibien.

amoebic dysentery *n* dysenterie *f* amibienne.

amok [ə'mɒk] *adv*: **to run ~** *literal* être pris d'une crise de folie meurtrière OR furieuse; *fig* devenir fou furieux, se déchaîner; **the football fans ran ~** les supporters de foot se sont déchaînés; **defence spending has run ~** les dépenses militaires ont dérapé.

among(st) [ə'mʌŋ(st)] *prep* -**1.** [in the midst of] au milieu de, parmi; **I moved ~ the spectators** je circulais parmi les spectateurs; **she was lost ~ the crowd** elle était perdue dans la foule; **it was found ~ the rubble** on l'a trouvé parmi les gravats; **to be ~ friends** être entre amis; **murmurings of discontent arose ~ the students/the crowd** des murmures de mécontentement s'élevèrent parmi les étudiants/dans la foule. -**2.** [forming part of] parmi; **~ those who left was her brother** parmi ceux qui sont partis, il y avait son frère; **several members abstained, myself ~ them** plusieurs membres se sont abstenus, dont moi; **it is ~ her most important plays** c'est une de ses pièces les plus importantes; **that is only one ~ many possible options** ce n'est qu'une option parmi bien d'autres; **~ other things** entre autres (choses). -**3.** [within a specified group] parmi, entre; **it's a current expression ~ teenagers** c'est une expression courante chez les jeunes; **we discussed it ~ ourselves** nous en avons discuté entre nous; **I count her ~ my friends** je la compte parmi OR au nombre de mes amis. -**4.** [to each of] parmi, entre; **share out the sweets ~ the children** partagez les bonbons entre les enfants; **share the books ~ you** partagez les livres entre vous, partagez-vous les livres.

amontillado [ə,mɒntɪ'lɑ:dəʊ] *n* amontillado *m*.

amoral [,eɪ'mɒrəl] *adj* amoral.

amorality [,eɪmɒ'rælətɪ] *n* amoralisme *m*, amoralité *f*.

amorous ['æmərəs] *adj* [person] amoureux, porté à l'amour; [glance] amoureux, ardent; [letter] d'amour; **~ advances** des avances.

amorously ['æmərəslɪ] *adv* amoureusement.

amorphous [ə'mɔ:fəs] *adj* CHEM amorphe; [shapeless] amorphe; *fig* [personality] amorphe, mou; [ideas] informe, sans forme; [plans] vague.

amortization [ə,mɔ:tɪ'zeɪʃn] *n* amortissement *m*.

amortize, -ise [ə'mɔ:taɪz] *vt* amortir.

amortizement [ə'mɔ:taɪzmənt] = **amortization**.

Amos ['eɪmɒs] *pr n* Amos.

amount [ə'maʊnt] *n* -**1.** [quantity] quantité *f*; **great** OR **large ~s of money** beaucoup d'argent; **in small/large ~s** en petites/grandes quantités; **no ~ of talking can bring him back** on peut lui parler tant qu'on veut, ça ne le fera pas revenir; **I have a certain ~ of respect for them** j'ai un certain respect pour eux; **a modest ~** une quantité modeste; **any ~ of** des quantités de, énormément de; **that shop has any ~ of books** il y a des masses de livres dans ce magasin; **you'll have any ~ of time for reading on holiday** tu auras tout ton temps pour lire pendant les vacances. -**2.** [sum, total] montant *m*, total *m*; [of money] somme *f*; **do you have the exact ~?** avez-vous le compte (exact)?; **she billed us for the ~ of £50** elle nous a présenté une facture d'un montant de OR qui se montait à 50 livres; **you're in credit to the ~ of £100** vous avez un crédit de 100 livres; **please find enclosed a cheque to the ~ of $100** veuillez trouver ci-joint un chèque (d'un montant) de 100 dollars.
◆ **amount to** *vt insep* -**1.** [total] se monter à, s'élever à; **he left debts ~ing to over £1,800** il a laissé des dettes qui s'élèvent OR se montent à plus de 1 800 livres; **profits last year ~ed to several million dollars** les bénéfices pour l'année dernière se chiffrent à plusieurs millions de dollars; **after tax it doesn't ~ to much** après impôts ça ne représente pas grand-chose; **he'll never ~ to much** il ne fera jamais grand-chose. -**2.** [be equivalent to]: **it ~s to something not far short of stealing** c'est pratiquement du vol; **it ~s to the same thing** cela revient au même; **what his speech ~s to is an attack on democracy** en fait, avec ce discours, il attaque la démocratie.

amour [ə'mʊə^r] *n lit* OR *hum* aventure *f* amoureuse, liaison *f*.

amp [æmp] *n* -**1.** = **ampere**. -**2.** *inf* [amplifier] ampli *m*.

ampere ['æmpeə^r] *n* ampère *m*.

ampersand ['æmpəsænd] *n* esperluette *f*.

amphetamine [æm'fetəmi:n] *n* amphétamine *f*.

amphibia [æm'fɪbɪə] *npl* batraciens *mpl*, amphibiens *mpl*.

amphibian [æm'fɪbɪən] ◇ *n* -**1.** ZOOL amphibie *m*. -**2.** [plane] avion *m* amphibie; [car] voiture *f* amphibie; [tank] char *m* amphibie.
◇ *adj* amphibie.

amphibious [æm'fɪbɪəs] *adj* amphibie.

amphitheatre *Br*, **amphitheater** *Am* ['æmfɪ,θɪətəʳ] *n* amphithéâtre *m*.

amphora ['æmfərə] (*pl* **amphorae** [-riː] OR **amphoras**) *n* amphore *f*.

ample ['æmpl] *adj* -**1.** [large - clothing] ample; [- garden, lawn] grand, vaste; [- helping, stomach] grand; **a woman of ~ proportions** une femme forte. -**2.** [more than enough - supplies] bien OR largement assez de; [- proof, reason] solide; [- fortune, means] gros; **he was given ~ opportunity to refuse** il a eu largement l'occasion OR il a eu de nombreuses occasions de refuser; **we have ~ reason to suspect foul play** nous avons de solides OR de bonnes raisons de soupçonner quelque chose de louche; **you'll have ~ time to finish** vous aurez largement le temps de finir.

amplification [,æmplɪfɪ'keɪʃn] *n* -**1.** [of power, sound] amplification *f*. -**2.** [further explanation] explication *f*, développement *m*; **the facts require no ~** les faits ne demandent pas plus d'explications.

amplifier ['æmplɪfaɪəʳ] *n* amplificateur *m*.

amplify ['æmplɪfaɪ] *vt* -**1.** [power, sound] amplifier. -**2.** [facts, idea, speech] développer.
◆ **amplify on** *vt insep* développer.

amplitude ['æmplɪtjuːd] *n* [breadth, scope] ampleur *f*, envergure *f*; ASTRON & PHYS amplitude *f*.

amplitude modulation *n* modulation *f* d'amplitude.

amply ['æmplɪ] *adv* amplement, largement; [person]: **~ built** bien bâti; **~ rewarded** largement récompensé; **as has been ~ shown** comme il a été amplement démontré.

ampoule *Br*, **ampule** *Am* ['æmpuːl] *n* ampoule *f* *(de médicament)*.

amputate ['æmpjʊteɪt] *vt* amputer; **they had to ~ her arm** ils ont dû l'amputer du bras; **her right arm was ~d** elle a été amputée du bras droit.

amputation [,æmpjʊ'teɪʃn] *n* amputation *f*.

amputee [,æmpjʊ'tiː] *n* amputé *m*, -e *f*.

Amsterdam [,æmstə'dæm] *pr n* Amsterdam.

amt *written abbr of* **amount**.

Amtrak® ['æmtræk] *pr n* *société nationale de chemins de fer aux États-Unis.*

amuck [ə'mʌk] = **amok**.

amulet ['æmjʊlɪt] *n* amulette *f*, fétiche *m*.

Amur [ə'mʊə] *pr n*: **the (River) ~** l'Amour *m*.

amuse [ə'mjuːz] *vt* -**1.** [occupy] divertir, amuser, distraire; **he [illegible]d himself (by) building sand castles** il s'est amusé à faire des châteaux de sable; **you'll have to ~ yourself this afternoon** il va falloir trouver de quoi t'occuper cet après-midi. -**2.** [make laugh] amuser, faire rire; **he ~s me** il me fait rire; **does the idea ~ you?** l'idée vous amuse-t-elle?

amused [ə'mjuːzd] *adj* -**1.** [occupied] occupé, diverti; **to keep o.s. ~** s'occuper, se distraire; **the game kept them ~ for hours** le jeu les a occupés pendant des heures. -**2.** [delighted, entertained] amusé; **they were greatly ~ at** OR **by the cat's behaviour** le comportement du chat les a bien fait rire; **I was greatly ~ to hear about his adventures** cela m'a beaucoup amusé d'entendre parler de ses aventures; **she was not (at all) ~** elle n'a pas trouvé ça drôle (du tout); **an ~ look/smile** un regard/sourire amusé; **she looked at him, ~** elle l'a regardé d'un air amusé ❑ **we are not ~** très drôle! *iron (expression faisant allusion à une réflexion qu'aurait faite la reine Victoria pour exprimer sa désapprobation).*

amusement [ə'mjuːzmənt] *n* -**1.** [enjoyment] amusement *m*, divertissement *m*; **she smiled in ~** elle a eu un sourire amusé; **I listened in ~** amusé, j'ai écouté; **we've arranged a party for your ~** nous avons prévu une soirée pour vous divertir OR vous distraire; **much to everyone's ~** au grand amusement de tous; **there was much ~ at her untimely entrance** son entrée intempestive a fait rire tout le monde. -**2.** [pastime] distraction *f*, amusement *m*; **there are few ~s in small towns** les petites villes offrent peu de distractions; **what ~s do you have for the children?** qu'est-ce que vous avez pour distraire les enfants? -**3.** [at a funfair] attraction *f*; **to go on the ~s** monter sur les manèges.

amusement arcade *n* galerie *f* de jeux.

amusement park *n* parc *m* d'attractions.

amusing [ə'mjuːzɪŋ] *adj* amusant, drôle.

amusingly [ə'mjuːzɪŋlɪ] *adv* d'une façon amusante.

amyl ['æmɪl] *n* amyle *m*.

an [*stressed* æn, *unstressed* ən] ◇ *indef art* → **a**.
◇ *conj arch* si.

ANA *pr n* -**1.** (*abbr of* American Newspaper Association) *syndicat américain de la presse écrite.* -**2.** (*abbr of* American Nurses Association) *syndicat américain d'infirmiers.*

Anabaptism [,ænə'bæptɪzəm] *n* anabaptisme *m*.

Anabaptist [,ænə'bæptɪst] ◇ *adj* anabaptiste.
◇ *n* anabaptiste *mf*.

anabolic [,ænə'bɒlɪk] *adj* anabolisant.

anabolic steroid *n* stéroïde *m* anabolisant.

anachronism [ə'nækrənɪzm] *n* anachronisme *m*.

anachronistic [ə,nækrə'nɪstɪk] *adj* anachronique.

anaconda [,ænə'kɒndə] *n* anaconda *m*.

anaemia *Br*, **anemia** *Am* [ə'niːmjə] *n* MED & *fig* anémie *f*; **to suffer from ~** être anémique.

anaemic *Br*, **anemic** *Am* [ə'niːmɪk] *adj* -**1.** MED & *fig* anémique; **to become ~** s'anémier. -**2.** [pale] anémique, blême.

anaerobe [æ'neərəʊb] *n* anaérobie *m*.

anaerobic [,ænə'rəʊbɪk] *adj* anaérobie; **~ exercise** exercice *m* d'anaérobie.

anaesthesia *Br*, **anesthesia** *Am* [,ænɪs'θiːzjə] *n* anesthésie *f*; **general/local ~** anesthésie générale/locale.

anaesthetic *Br*, **anesthetic** *Am* [,ænɪs'θetɪk] ◇ *n* anesthésique *m*, anesthésiant *m*; **under ~** sous anesthésie; **to give sb an ~** anesthésier qqn; **local/general ~** anesthésie *f* locale/générale.
◇ *adj* anesthésique, anesthésiant.

anaesthetist *Br*, **anesthetist** *Am* [æ'niːsθətɪst] *n* anesthésiste *mf*.

anaesthetize, -ise *Br*, **anesthetize** *Am* [æ'niːsθətaɪz] *vt* MED anesthésier; *fig* anesthésier, insensibiliser.

anagram ['ænəgræm] *n* anagramme *f*.

anal ['eɪnl] *adj* -**1.** ANAT anal; **~ intercourse** OR **sex** sodomie *f*. -**2.** PSYCH anal; **he's so ~** *inf* il est vraiment coincé.

analgesia [,ænæl'dʒiːzjə] *n* analgésie *f*.

analgesic [,ænæl'dʒiːsɪk] ◇ *adj* analgésique.
◇ *n* analgésique *m*.

analog *Am* = **analogue**.

analogic(al) [,ænə'lɒdʒɪk(l)] *adj* analogique.

analogous [ə'næləgəs] *adj* analogue; **to be ~ to** OR **with sthg** être analogue à qqch.

analogue *Br*, **analog** *Am* ['ænəlɒg] ◇ *n* analogue *m*.
◇ *comp* [clock, watch] analogique; **~ device** appareil analogique; **~ computer** calculateur *m* analogique.

analogy [ə'nælədʒɪ] (*pl* **analogies**) *n* analogie *f*; **the author draws an ~ between a fear of falling and the fear of death** l'auteur établit une analogie entre la peur de tomber et la peur de mourir; **by ~ with sthg** par analogie avec qqch; **reasoning from ~** raisonnement par analogie.

analysable *Br*, **analyzable** *Am* ['ænəlaɪzəbl] *adj* analysable.

analysand [ə'nælɪsænd] *n* patient *m* en analyse.

analyse *Br*, **analyze** *Am* ['ænəlaɪz] *vt* -**1.** [examine] analyser, faire l'analyse de; [sentence] analyser, faire l'analyse logique de. -**2.** PSYCH psychanalyser.

analysis [ə'næləsɪs] (*pl* **analyses** [-siːz]) *n* -**1.** [examination] analyse *f*; [of sentence] analyse *f* logique; **in the final** OR **last** OR **ultimate ~** en dernière analyse, en fin de compte. -**2.** PSYCH psychanalyse *f*, analyse *f*; **to be in ~** être en analyse, suivre une analyse.

analyst ['ænəlɪst] *n* -**1.** [specialist] analyste *mf*. -**2.** PSYCH analyste *mf*, psychanalyste *mf*.

analytic(al) [,ænə'lɪtɪk(l)] *adj* analytique; **~ language** langue *f* analytique.

analytical geometry *n* géométrie *f* analytique.

analytical psychology *n* psychologie *f* analytique OR des profondeurs.

analytics [,ænə'lɪtɪks] *n (U)* analytique *f*.

analyze *etc Am* = **analyse**.

anamorphic [,ænə'mɔːfɪk] *adj* anamorphosique.

anamorphosis [,ænə'mɔːfəsɪs] *n* anamorphose *f*.

anaphora [ə'næfərə] *n* LING anaphorique *m*; [in rhetoric] anaphore *f*.

anaphoric [,ænə'fɒrɪk] *adj* anaphorique.

anarchic(al) [æ'nɑːkɪk(l)] *adj* anarchique.

anarchism ['ænəkɪzm] *n* anarchisme *m*.

anarchist ['ænəkɪst] *n* anarchiste *mf*.

anarchistic [,ænə'kɪstɪk] *adj* anarchiste.

anarchy ['ænəkɪ] *n* anarchie *f*.

anastigmatic [,ænəstɪg'mætɪk] *adj* anastigmate.

anathema [ə'næθəmə] *n* -**1.** *fml* [detested thing] abomination *f*; **such ideas are ~ to the general public** le grand public a horreur de ces idées; **his books are ~ to her** ses livres lui sont insupportables. -**2.** RELIG & *fig* anathème *m*.

anathematize, -ise [ə'næθəmətaɪz] *vt* RELIG anathématiser, frapper d'anathème; *fig* jeter l'anathème sur.

Anatolia [,ænə'təʊljə] *pr n* Anatolie *f*; **in ~** en Anatolie.

Anatolian [,ænə'təʊljən] ◇ *n* Anatolien *m*, -enne *f*.
◇ *adj* anatolien.

anatomical [,ænə'tɒmɪkl] *adj* anatomique.

anatomically [,ænə'tɒmɪklɪ] *adv* anatomiquement; **~ correct** [doll, model] réaliste du point de vue anatomique.

anatomist [ə'nætəmɪst] *n* anatomiste *mf*.

anatomize, -ise [ə'nætəmaɪz] *vt* MED & *fig* disséquer.

anatomy [ə'nætəmɪ] *n* -**1.** BIOL [of animal, person] anatomie *f*; *fig* [of situation, society] structure *f*. -**2.** *fig* [analysis] analyse *f*. -**3.** *hum* [body] corps *m*, anatomie *f hum*; **every part of his ~ hurt** il était plein de courbatures, il avait mal partout.

ANC (*abbr of* African National Congress) *pr n* ANC *m*.

ancestor ['ænsestəʳ] *n* [forefather] ancêtre *m*, aïeul *m*; *fig* [of computer, system] ancêtre *m*.

ancestral [æn'sestrəl] *adj* ancestral.

ancestress ['ænsestrɪs] *n* aïeule *f*.

ancestry ['ænsestrɪ] (*pl* **ancestries**) *n* -**1.** [lineage] ascendance *f*. -**2.** [ancestors] ancêtres *mpl*, aïeux *mpl*.

anchor ['æŋkəʳ] ◇ *n* -**1.** [for boat] ancre *f*; **to lie** OR **to ride at ~** être à l'ancre; **to cast** OR **to come to** OR **to drop ~** jeter l'ancre, mouiller; **up** OR **weigh ~!** levez l'ancre! -**2.** [fastener] attache *f*. -**3.** *fig* [mainstay] soutien *m*, point *m* d'ancrage; **religion is her ~ in life** la religion est son soutien dans la vie; **many people need the ~ of family life** beaucoup de gens ont besoin de la vie de famille comme point d'ancrage. -**4.** TV présentateur *m*, -trice *f*. -**5.** SPORT pilier *m*, pivot *m*.
◇ *vi* -**1.** [boat] jeter l'ancre, mouiller. -**2.** [fasten] s'ancrer, se fixer. -**3.** [settle] se fixer, s'installer; **they remain firmly ~ed in tradition** ils restent fermement ancrés dans la tradition.
◇ *vt* -**1.** [boat] ancrer. -**2.** [fasten] ancrer, fixer. -**3.** TV [programme] présenter.

anchorage ['æŋkərɪdʒ] *n* -**1.** NAUT [place] mouillage *m*, ancrage *m*; [fee] droits *mpl* de mouillage OR d'ancrage. -**2.** [fastening] ancrage *m*, attache *f*. -**3.** *fig* [mainstay] soutien *m*, point *m* d'ancrage.

anchorite ['æŋkəraɪt] *n* ermite *m*, solitaire *m*; RELIG anachorète *m*.

anchorman ['æŋkəmæn] (*pl* **anchormen** [-men]) *n* -**1.** TV présentateur *m*. -**2.** SPORT pilier *m*, pivot *m*.

anchorwoman ['æŋkə,wʊmən] (*pl* **anchorwomen** [-,wɪmɪn]) *n* TV présentatrice *f*.

anchovy [*Br* 'æntʃəvɪ, *Am* 'æntʃəʊvɪ] (*pl inv* OR **anchovies**) *n* anchois *m*; ~ **paste** pâte *f* d'anchois; ~ **sauce** sauce *f* aux anchois.

ancient ['eɪnʃənt] ◇ *adj* -**1.** [custom, ruins] ancien; [civilization, world] antique; [relic] historique; ~ **Greece** la Grèce antique ❑ ~ **history** histoire *f* ancienne; **their affair is** ~ **history now** *fig* leur liaison fait maintenant partie du passé OR est maintenant de l'histoire ancienne; ~ **monument** monument *m* historique OR classé; ~ **times** les temps *mpl* anciens, l'antiquité *f*; '**The Rime of the Ancient Mariner**' *Coleridge* 'la Chanson du vieux marin'. -**2.** *hum* [very old -person] très vieux; [- thing] antique, antédiluvien; **she drives an** ~ **Volkswagen** elle conduit une Volkswagen qui a fait la guerre; **her husband's absolutely** ~ son mari est vraiment très vieux.
◇ *n* -**1.** HIST: **the** ~**s** les anciens *mpl*. -**2.** *arch* OR *hum* [old person] vieillard *m*, vieille *f*.

ancillary [æn'sɪlərɪ] (*pl* **ancillaries**)
◇ *adj* -**1.** [supplementary] auxiliaire; **local services are** ~ **to the national programme** les services locaux apportent leur aide OR contribution au programme national; ~ **staff** [gen] personnel *m* auxiliaire; [in hospital] personnel *m* des services auxiliaires, agents *mpl* des hôpitaux; [in school] personnel *m* auxiliaire, auxiliaires *mfpl*. -**2.** [subsidiary - reason] subsidiaire; [- advantage, cost] accessoire.
◇ *n* -**1.** [helper] auxiliaire *mf*; **hospital ancillaries** personnel *m* des services auxiliaires, agents *mpl* des hôpitaux. -**2.** [of firm] filiale *f*.

Ancona [æŋ'kəʊnə] *pr n* Ancône.

and [ænd] ◇ *conj* -**1.** [in addition to] et; **brother** ~ **sister** frère et sœur; **get your hat** ~ **coat** va chercher ton manteau et ton chapeau; **he went out without his shoes** ~ **socks on** il est sorti sans mettre ses chaussures ni ses chaussettes; **he goes fishing winter** ~ **summer (alike)** il va à la pêche en hiver comme en été; **I have to interview** ~ **assess people as part of my job** mon travail consiste en partie à m'occuper des entretiens et à évaluer les capacités des gens; **you can't work for us** AND **work for our competitors** vous ne pouvez pas travailler ET pour nous ET pour nos concurrents; ~**/or** et/ou; **I'm Richard Rogers** – ~**?** je suis Richard Rogers – (et) alors? ❑ **there are books** ~ **books** il y a livres et livres; **there are champions** ~ **(there are) great champions** il y a les champions et (il y a) les grands champions. -**2.** [then]: **he opened the door** ~ **went out** il a ouvert la porte et est sorti; **I fell** ~ **cut my knee** je me suis ouvert le genou en tombant. -**3.** [with infinitive]: **go** ~ **look for it** va le chercher; **try** ~ **understand** essayez de comprendre. -**4.** [but] mais; **I want to go** ~ **he doesn't** je veux y aller, mais lui ne veut pas. -**5.** [in numbers]: **one hundred** ~ **three** cent trois; **five pounds** ~ **ten pence** cinq livres (et) dix (pence); **two hours** ~ **ten minutes** deux heures dix (minutes); **three** ~ **a half years** trois ans et demi; **four** ~ **two thirds** quatre deux tiers. -**6.** [indicating continuity, repetition]: **he cried** ~ **cried** il n'arrêtait pas de pleurer; **for hours** ~ **hours** pendant des heures (et des heures); **he goes on** ~ **on about politics** quand il commence à parler politique il n'y a plus moyen de l'arrêter|| [with comparative adjectives]: **fainter** ~ **fainter** de plus en plus faible; **louder** ~ **louder** de plus en plus fort. -**7.** [as intensifier]: **her room was nice** ~ **sunny** sa chambre était bien ensoleillée; **the soup is good** ~ **hot** la soupe est bien chaude; **he's good** ~ **mad** *inf* il est fou furieux. -**8.** [with implied conditional]: **one move** ~ **you're dead** un geste et vous êtes mort. -**9.** [introducing questions] et; ~ **how's your family?** et comment va la famille?; **I went to New York** – ~ **how did you like it?** je suis allé à New York – et alors, ça vous a plu? -**10.** [introducing statement]: ~ **now it's time for "Kaleidoscope"** et maintenant, voici l'heure de «Kaléidoscope»; ~ **another thing...!** ah! autre chose OR j'oubliais|| [what's more]: ~ **you still owe me money!** et tu me dois encore de l'argent!; ~ **that's not all...** et ce n'est pas tout...
◇ *n*: **I want no ifs,** ~**s or buts** je ne veux pas de discussion.
◆ **and all** *adv phr* -**1.** [and everything] et tout (ce qui s'ensuit); **the whole lot went flying, plates, cups, teapot** ~ **all** tout a volé, les assiettes, les tasses, la théière et tout. -**2.** ▽ *Br* [as well] aussi; **you can wipe that grin off your face** ~ **all** tu peux aussi arrêter de sourire comme ça.
◆ **and so on (and so forth)** *adv phr* et ainsi de suite.

Andalusia [,ændə'luːzjə] *pr n* Andalousie *f*; **in** ~ en Andalousie.

Andalusian [,ændə'luːzjən] ◇ *n* Andalou *m*, -se *f*.
◇ *adj* andalou.

andalusite [,ændə'luːsaɪt] *n* andalousite *f*.

Andean [æn'diːən] *adj* des Andes, andin.

Andes ['ændiːz] *pl pr n*: **the** ~ les Andes *fpl*; **in the** ~ dans les Andes.

andesite ['ændɪzaɪt] *n* andésite *f*.

andiron ['ændaɪən] *n* chenet *m*.

Andorra [æn'dɔːrə] *pr n* Andorre *f*; **in** ~ en Andorre; **the principality of** ~ la principauté d'Andorre.

Andorran [æn'dɔːrən] ◇ *n* Andorran *m*, -e *f*.
◇ *adj* andorran.

andradite ['ændrədaɪt] *n* andradite *f*.

Andrew ['ændruː] *pr n*: **Saint** ~ saint André; **Saint** ~**'s Day** la Saint-André; **Prince** ~ le prince Andrew.

androcentric [,ændrəʊ'sentrɪk] *adj* androcentrique.

Androcles ['ændrə,kliːz] *pr n* Androclès.

androgen ['ændrədʒən] *n* androgène *m*.

androgynous [æn'drɒdʒɪnəs] *adj* BIOL & BOT androgyne.

android ['ændrɔɪd] ◇ *adj* androïde.
◇ *n* androïde *m*.

Andromache [æn'drɒməkɪ] *pr n* Andromaque.

Andromeda [æn'drɒmɪdə] *pr n* Andromède.

androsterone [æn'drɒstərəʊn] *n* androstérone *f*.

Andy Capp [,ændɪ'kæp] *pr n personnage de bande dessinée incarnant, sous une forme caricaturale, un ouvrier machiste, paresseux et irrévérencieux.*

anecdotal [,ænek'dəʊtl] *adj* anecdotique; ~ **evidence** preuve *f* OR témoignage *m* anecdotique.

anecdote ['ænɪkdəʊt] *n* anecdote *f*.

anecdotist ['ænɪkdəʊtɪst] *n* anecdotier *m*, -ère *f*.

anemia *etc Am* = **anaemia**.

anemometer [,ænɪ'mɒmɪtə^r] *n* anémomètre *m*.

anemone [ə'nemənɪ] *n* anémone *f*.

anencephalic [,ænenke'fælɪk] *adj* anencéphale.

aneroid ['ænərɔɪd] *adj* anéroïde; ~ **barometer** baromètre *m* anéroïde.

anesthesia *etc Am* = **anaesthesia**.

anesthesiologist [ænɪs,θiːzɪ'ɒlədʒɪst] *n Am* anesthésiste *mf*.

anestrus *Am* = **anoestrus**.

aneurism ['ænjʊərɪzm] *n* anévrisme *m*, anévrysme *m*.

anew [ə'njuː] *adv lit* -**1.** [again] de nouveau, encore; **the fighting began** ~ le combat reprit. -**2.** [in a new way] à nouveau; **to start life** ~ repartir à zéro.

Anfield ['ænfiːld] *pr n stade de football à Liverpool.*

angel ['eɪndʒəl] *n* -**1.** RELIG ange *m*; **an** ~ **of mercy** un ange de miséricorde ❑ **the Angel of Darkness** l'ange des ténèbres; **to be on the side of the** ~**s** être du bon côté; **to go where** ~**s fear to tread** s'aventurer en terrain dangereux. -**2.** [person] ange *m*, amour *m*; **be an** ~ **and fetch me a glass of water** sois gentil, va me chercher un verre d'eau. -**3.** *inf* THEAT [investor] commanditaire *mf*.

angel cake *n* ≃ gâteau *m* de Savoie.

Angeleno [,ændʒə'liːnəʊ] *n habitant de Los Angeles.*

angelfish ['eɪndʒəlfɪʃ] (*pl inv* OR **angelfishes**) *n* [fish] scalaire *m*; [shark] ange *m*.

angelic(al) [æn'dʒelɪk(l)] *adj* angélique; **she looks absolutely** ~ elle a vraiment l'air d'un ange OR angélique.

angelica [æn'dʒelɪkə] *n* angélique *f*.

angelus ['ændʒələs] *n* [bell, prayer] angélus *m*.

anger ['æŋgə^r] ◇ *n* colère *f*, fureur *f*; **she felt intense** ~ elle était très en colère; **in a fit** OR **a moment of** ~ dans un accès OR un mouvement de colère; **he later regretted words spoken in** ~ il regretta ensuite les mots prononcés sous l'empire de la colère; **his family reacted with** ~ **and disbelief at the verdict** sa famille a réagi avec colère et incrédulité à l'annonce du verdict; **she spoke with barely suppressed** ~ elle parla avec une colère à peine dissimulée OR en réprimant mal sa colère; **his remarks moved them to** ~ ses observations les ont mis en colère.
◇ *vt* mettre en colère, énerver; **he's easily** ~**ed** il se met facilement en colère, il s'emporte facilement, il est irascible.

angina [æn'dʒaɪnə] *n* angine *f*.

angina pectoris [-'pektərɪs] *n* angine *f* de poitrine.

Angkor ['æŋkɔː^r] *pr n* Angkor.

angle ['æŋgl] ◇ *n* -**1.** [gen & GEOM] angle *m*; **the roads intersect at an** ~ **of 90°** les routes se croisent à angle droit; **the car hit us at an** ~ la voiture nous a heurtés de biais; **she wore her hat at an** ~ elle portait son chapeau penché; **cut at an** ~ coupé en biseau; **the shop stands at an** ~ **to the street** le magasin est à l'angle de la rue. -**2.** [corner] angle *m*, coin *m*. -**3.** *fig* [point of view] angle *m*, aspect *m*; **seen from this** ~ vu sous cet angle; **he examined the issue from all** ~**s** il a étudié la question sous tous les angles; **from an economic** ~ d'un point de vue économique; **what's your** ~ **on the situation?** comment voyez-vous la situation?; **we need a new** ~ il nous faut un éclairage OR un point de vue nouveau. -**4.** *inf* [trick]: **she knows all the** ~**s** elle en connaît un bout OR un rayon. -**5.** *inf* [motive] raison *f*, motif *m*; **what's his** ~ **in all this?** qu'est-ce qu'il espère y gagner?
◇ *vt* -**1.** [move] orienter; **I** ~**d the light towards the workbench** j'ai orienté OR dirigé la lumière sur l'établi. -**2.** *fig* [slant] présenter sous un certain angle; **the article was deliberately** ~**d to provoke a certain response** l'article était rédigé de façon à provoquer une réaction bien précise.
◇ *vi* -**1.** [slant] s'orienter; **the road** ~**d (off) to the right** la route tournait à droite. -**2.** FISHING pêcher à la ligne; **to go angling** aller à la pêche (à la ligne)|| *fig*: **to** ~ **for sthg** chercher (à avoir) qqch; **stop angling for compliments!** arrête de chercher des compliments!; **he's always angling for an invitation/a job** il est toujours en train de chercher à se faire inviter/à se faire embaucher.

Angle ['æŋgl] *n* Angle *mf*.

angle bracket *n* crochet *m*.

angle plate *n* CONSTR cornière *f*, équerre *f*.

Anglepoise® ['æŋglpɔɪz] *n* lampe *f* architecte.

angler ['æŋglə^r] *n* -**1.** FISHING pêcheur *m*, -euse *f* (à la ligne). -**2.** [fish] lotte *f* de mer, baudroie *f*.

Anglican ['æŋglɪkən] ◇ *adj* anglican; the ~ **Communion** la communion OR communauté anglicane.
◇ *n* anglican *m*, -e *f*.

Anglicanism ['æŋglɪkənɪzm] *n* anglicanisme *m*.

anglicism ['æŋglɪsɪzm] *n* anglicisme *m*.

Anglicist ['æŋglɪsɪst] *n* angliciste *mf*.

anglicize, -ise ['æŋglɪsaɪz] *vt* angliciser.

angling ['æŋglɪŋ] *n* pêche *f* à la ligne.

Anglo ['æŋgləʊ] (*pl* **Anglos**) *n* -**1.** *Am* Américain blanc *m*, Américaine blanche *f*. -**2.** *Can* Canadien *m*, -enne *f* anglophone.

Anglo- *in cpds* anglo-.

Anglo-American ◇ *adj* anglo-américain.
◇ *n* Américain *m*, -e *f* d'origine anglaise.

Anglo-Catholic *n anglican acceptant les préceptes de l'Église catholique sans pour autant se convertir.*

Anglo-French *adj* anglo-français, franco-anglais, franco-britannique.

Anglo-Indian ◇ *adj* anglo-indien.
◇ *n* -**1.** [person of mixed British and Indian descent] métis *m*, -isse *f* d'origine anglaise et indienne. -**2.** [English person living in India] Anglais *m*, -e *f* des Indes.

Anglo-Irish ◇ *adj* anglo-irlandais; the ~ **Agreement** *accord conclu en 1985 entre le Royaume-Uni et la république d'Irlande pour garantir la paix et la stabilité en Irlande du Nord.*
◇ *n* LING anglais *m* parlé en Irlande.
◇ *npl*: the ~ les Irlandais *mpl* d'origine anglaise.

Anglo-Norman ◇ *adj* anglo-normand.
◇ *n* HIST -**1.** [person] Anglais *m*, -e *f* d'origine normande. -**2.** LING anglo-normand *m*.

anglophile ['æŋgləʊfaɪl] *adj* anglophile.
◆ **Anglophile** *n* anglophile *mf*.

anglophobe ['æŋgləʊfəʊb] *adj* anglophobe.
◆ **Anglophobe** *n* anglophobe *mf*.

Anglo-Saxon ◇ *n* -**1.** [person] Anglo-Saxon *m*, -onne *f*. -**2.** LING anglo-saxon *m*.
◇ *adj* anglo-saxon.

Angola [æŋ'gəʊlə] *pr n* Angola *m*; in ~ en Angola.

Angolan [æŋ'gəʊlən] ◇ *n* Angolais *m*, -e *f*.
◇ *adj* angolais.

angora [æŋ'gɔːrə] ◇ *n* -**1.** [animal] angora *m*; ~ (**cat/goat/rabbit**) (chat *m*/chèvre *f*/lapin *m*) angora. -**2.** [cloth, yarn] laine *f* angora, angora *m*.
◇ *adj* -**1.** [cat, rabbit] angora (*inv*). -**2.** [coat, sweater] en angora.

Angostura bitters® [ˌæŋgə'stjʊərə-] *npl* bitter *m* à base d'angusture.

angrily ['æŋgrəlɪ] *adv* [deny, speak] avec colère OR emportement; [leave, stand up] en colère.

angry ['æŋgrɪ] (*compar* **angrier**, *superl* **angriest**) *adj* -**1.** [person - cross] en colère, fâché; [- furious] furieux; **to be ~ at** OR **with sb** être fâché OR en colère contre qqn; **she's ~ about** OR **at not having been invited** elle est en colère parce qu'elle n'a pas été invitée, elle est furieuse de ne pas avoir été invitée; **they're ~ at the price increase** ils sont très mécontents de l'augmentation des prix; **I'm ~ with myself for having forgotten** je m'en veux d'avoir oublié; **to get ~** se mettre en colère, se fâcher; **her remarks made me ~** ses observations m'ont mis en colère; **his insolence made her very ~** son insolence l'a mise hors d'elle ❑ ~ **young man** jeune rebelle *m*; **the Angry Young Men** *Br jeunes écrivains britanniques protestataires des années 50.* -**2.** [look, tone] irrité, furieux; [outburst, words] violent; **in an ~ voice** d'un ton irrité OR furieux; **he wrote her an ~ letter** il lui a écrit une lettre dans laquelle il exprimait sa colère. -**3.** *fig* [sky] menaçant; [sea] mauvais, démonté. -**4.** [inflamed] enflammé, irrité; [painful] douloureux; **she has an ~-looking scar on her cheek** elle a une vilaine cicatrice sur la joue.

angst [æŋst] *n* angoisse *f*.

angstrom ['æŋstrəm] *n* angström *m*, angstroem *m*.

anguish ['æŋgwɪʃ] ◇ *n* [mental] angoisse *f*; [physical] supplice *m*; **to be in ~** [worried] être angoissé OR dans l'angoisse; [in pain] souffrir le martyre, être au supplice; **her indifference caused him great ~** son indifférence l'angoissait beaucoup.
◇ *vt* angoisser, inquiéter énormément.

anguished ['æŋgwɪʃt] *adj* angoissé; **an ~ cry** un cri d'angoisse OR angoissé.

angular ['æŋgjʊlə^r] *adj* -**1.** [features, room] anguleux; [face] anguleux, osseux; [body] anguleux, décharné. -**2.** [movement] saccadé, haché. -**3.** TECH [distance, speed] angulaire.

anhydride [æn'haɪdraɪd] *n* anhydride *m*.

anhydrite [æn'haɪdraɪt] *n* anhydrite *f*.

anhydrous [æn'haɪdrəs] *adj* anhydre.

aniline ['ænɪliːn] *n* aniline *f*; ~ **dye** colorant *m* à base d'aniline.

animadvert [ˌænɪmæd'vɜːt] *vi lit* critiquer, blâmer; **to ~ on** OR **upon sthg** critiquer OR censurer *lit* qqch.

animal ['ænɪml] ◇ *n* -**1.** ZOOL animal *m*; [excluding humans] animal *m*, bête *f*; **man is a social ~** l'homme est un animal sociable; **she's not a political ~** elle n'a pas la politique dans le sang. -**2.** *pej* [brute] brute *f*; **he's like an ~ when he gets drunk** c'est une brute lorsqu'il est ivre. -**3.** [thing] chose *f*; **French socialism is a very different ~** le socialisme à la française est complètement différent; **there's no such ~** ça n'existe pas.
◇ *adj* -**1.** [products] animal; ~ **lover** ami *m*, -e *f* des animaux OR des bêtes; ~ **rights** droits *mpl* des animaux ❑ **'Animal Farm'** *Orwell* 'la Ferme des animaux'. -**2.** [desire, needs] animal, bestial; [courage, instinct] animal; ~ **high spirits** vivacité *f*, entrain *m*.

animal husbandry *n* élevage *m*.

animalism ['ænɪməlɪzm] *n* -**1.** [animal trait] animalité *f*. -**2.** [sensuality] animalité *f*, sensualité *f*. -**3.** [theory] animalisme *m*.

animal kingdom *n*: **the ~** le règne animal.

animal magnetism *n* magnétisme *m*, charme *m*.

animate [*vt* 'ænɪmeɪt, *adj* 'ænɪmət] ◇ *vt* -**1.** [give life to] animer. -**2.** *fig* [enliven - face, look, party] animer, égayer; [- discussion] animer, stimuler. -**3.** [move to action] motiver, inciter. -**4.** CIN & TV animer.
◇ *adj* vivant, animé.

animated ['ænɪmeɪtɪd] *adj* animé; **to become ~** s'animer.

animated cartoon *n* dessin *m* animé.

animatedly ['ænɪmeɪtɪdlɪ] *adv* [behave, participate] avec vivacité OR entrain; [talk] d'un ton animé, avec animation.

animation [ˌænɪ'meɪʃn] *n* -**1.** [of discussion, party] animation *f*; [of place, street] activité *f*, animation *f*; [of person] vivacité *f*, entrain *m*; [of face, look] animation *f*. -**2.** CIN & TV animation *f*.

animator ['ænɪmeɪtə^r] *n* animateur *m*, -trice *f*.

animism ['ænɪmɪzm] *n* animisme *m*.

animist ['ænɪmɪst] ◇ *adj* animiste.
◇ *n* animiste *mf*.

animosity [ˌænɪ'mɒsətɪ] (*pl* **animosities**) *n* animosité *f*, antipathie *f*; **she felt great ~ towards politicians** elle avait une grande animosité contre OR une antipathie profonde pour les hommes politiques; **I sensed the ~ between them** je sentais de l'antipathie entre eux.

animus ['ænɪməs] *n* -**1.** [hostility] = **animosity**. -**2.** [motive] animus *m*. -**3.** PSYCH animus *m*.

anion ['ænaɪən] *n* anion *m*.

anise ['ænɪs] *n* anis *m*.

aniseed ['ænɪsiːd] ◇ *n* graine *f* d'anis.
◇ *comp* à l'anis; ~ **ball** bonbon *m* à l'anis.

anisette [ˌænɪ'zet] *n* anisette *f*.

Ankara ['æŋkərə] *pr n* Ankara.

ankle ['æŋkl] ◇ *n* cheville *f*.
◇ *comp*: ~ **boot** bottine *f*; ~ **sock** socquette *f*; ~ **strap** bride *f*.

anklebone ['æŋkəlbəʊn] *n* astragale *m*.

ankle-deep *adj*: **she was ~ in mud** elle était dans la boue jusqu'aux chevilles; **the water is only ~** l'eau monte OR vient seulement jusqu'à la cheville.

ankle-length *adj* qui descend jusqu'à la cheville.

anklet ['æŋklɪt] *n* -**1.** [chain] bracelet *m* de cheville. -**2.** *Am* [ankle sock] socquette *f*.

ankylosis [æŋkɪ'ləʊsɪs] *n* ankylose *f*.

Anna ['ænə] *pr n*: '~ **Karenina'** *Tolstoy* 'Anna Karénine'; '~ **of the Five Towns'** *Bennett* 'Anna des cinq villes'.

annalist ['ænəlɪst] *n* annaliste *mf*.

annals ['ænlz] *npl* annales *fpl*.

Annam [æn'æm] *pr n* Annam *m*.

Annamese [ˌænə'miːz] ◇ *adj* annamite.
◇ *n* Annamite *mf*.

Annapurna [ˌænə'pɜːnə] *pr n* l'Annapurna *m*.

Anne [æn] *pr n*: Saint ~ sainte Anne; ~ **of Austria** Anne d'Autriche; ~ **Boleyn** Anne Boleyn; ~ **of Cleves** Anne de Clèves.

anneal [ə'niːl] *vt* [glass] recuire; [metal] tremper, recuire.

annelid ['ænəlɪd] ◇ *adj*: ~ **worm** annélide *f*.
◇ *n* annélide *f*.

annex [*n* 'æneks, *vb* æ'neks] ◇ *n Am* = **annexe**.
◇ *vt* annexer.

annexation [ˌænek'seɪʃn] *n* [act] annexion *f*; [country] pays *m* annexé; [document] document *m* annexe, annexe *f*.

annexe *Br*, **annex** *Am* ['æneks] *n* [building, document] annexe *f*.

annihilate [ə'naɪəleɪt] *vt* -**1.** [destroy - enemy, race] anéantir, détruire; [- argument, effort] anéantir, annihiler. -**2.** *inf* [defeat] écraser.

annihilation [əˌnaɪə'leɪʃn] *n* -**1.** [destruction - of argument, enemy, effort] anéantissement *m*. -**2.** *inf* [defeat] défaite *f* (totale), pâtée *f*.

anniversary [ˌænɪ'vɜːsərɪ] (*pl* **anniversaries**) ◇ *n* anniversaire *m* (*d'un événement*), commémoration *f*.
◇ *comp* [celebration, dinner] anniversaire, commémoratif.

Anno Domini [ˌænəʊ'dɒmɪnaɪ] *adv fml* après Jésus-Christ.

annotate ['ænəteɪt] *vt* annoter.

annotation [ˌænə'teɪʃn] *n* [action] annotation *f*; [note] annotation *f*, note *f*.

announce [ə'naʊns] ◇ *vt* annoncer; **to ~ sthg to sb** annoncer qqch à qqn; **we are pleased to ~ the birth/marriage of our son** nous sommes heureux de vous faire part de la naissance/du mariage de notre fils; **a whistle ~d the arrival of the train** un coup de sifflet annonça l'arrivée du train; **management have ~d a cut in pay** l'administration a annoncé une réduction des salaires.
◇ *vi Am*: **to ~ for the presidency** se déclarer candidat à la présidence.

announcement [ə'naʊnsmənt] *n* [public statement] annonce *f*; ADMIN avis *m*; [notice of birth, marriage] faire-part *m*.

announcer [ə'naʊnsə^r] *n* [gen] annonceur *m*, -euse *f*; RADIO & TV [newscaster] journaliste *mf*; [introducing programme] speaker *m*, speakerine *f*, annonceur *m*, -euse *f*.

annoy [ə'nɔɪ] *vt* ennuyer, agacer; **is this man ~ing you?** cet homme vous ennuie-t-il OR vous importune-t-il? *fml*; **it's his constant boasting that ~s me** ce sont ses fanfaronnades perpétuelles qui m'agacent; **he only did it to ~ you** il l'a fait uniquement pour vous ennuyer OR contrarier.

annoyance [ə'nɔɪəns] *n* -**1.** [displeasure] contrariété *f*, mécontentement *m*; **with a look of ~** d'un air contrarié OR ennuyé; **"no, I won't", she said with some ~** «non, je ne le ferai pas», déclara-t-elle d'un ton agacé; **to my great ~** à mon grand mécontentement OR déplaisir. -**2.** [source of irritation] ennui *m*, désagrément *m*.

annoyed [ə'nɔɪd] *adj*: **to be/to get ~ with sb** être/se mettre en colère contre qqn; **I felt really ~ with him** j'étais vraiment en colère contre lui; **she was very ~** elle était très mécontente.

annoying [ə'nɔɪɪŋ] *adj* [bothersome] gênant, ennuyeux; [very irritating] énervant, agaçant, fâcheux; **the ~ thing is...** ce qui est énervant dans l'histoire, c'est...

annoyingly [ə'nɔɪɪŋlɪ] *adv* de manière gênante OR agaçante; **she remained ~ vague** elle est restée si vague que c'en était agaçant.

annual ['ænjʊəl] ◇ *adj* annuel; **what's your ~ income?** combien gagnez-vous par an?
◇ *n* **-1.** [publication] publication *f* annuelle; [of association, firm] annuaire *m*; [for children] album *m* (de bandes dessinées). **-2.** BOT plante *f* annuelle.

annual general meeting *n* assemblée *f* générale annuelle.

annualize, -ise ['ænjʊə,laɪz] *vt* annualiser; **~d percentage rate** taux *m* effectif global.

annually ['ænjʊəlɪ] *adv* annuellement, tous les ans; **he earns £20,000 ~** il gagne 20 000 livres par an.

annual report *n* FIN rapport *m* annuel.

annuity [ə'nju:ɪtɪ] (*pl* **annuities**) *n* [regular income] rente *f*; [for life] viager *m*, rente *f* viagère; [investment] viager *m*, rente *f* viagère; **to purchase an ~** placer de l'argent en viager.

annul [ə'nʌl] (*pt* & *pp* **annulled**, *cont* **annulling**) *vt* [law] abroger, abolir; [agreement, contract] résilier; [marriage] annuler; [judgment] casser, annuler.

annular ['ænjʊlə^r] *adj* annulaire.

annulment [ə'nʌlmənt] *n* [of law] abrogation *f*, abolition *f*; [of agreement, contract] résiliation *f*; [of marriage] annulation *f*; [of judgment] cassation *f*, annulation *f*.

Annunciation [ə,nʌnsɪ'eɪʃn] *n*: **the ~** l'Annonciation *f*.

anode ['ænəʊd] *n* anode *f*.

anodyne ['ænədaɪn] ◇ *n* MED analgésique *m*, calmant *m*; *fig* baume *m*.
◇ *adj* **-1.** MED analgésique, antalgique; *fig* apaisant. **-2.** [inoffensive] anodin.

anoestrus *Br*, **anestrus** *Am* [æn'i:strəs] *n* interoestrus *m*.

anoint [ə'nɔɪnt] *vt* [gen] mettre un onguent sur; [in religious ceremony] oindre, consacrer par l'onction; **to ~ sb with oil** oindre qqn d'huile; **they ~ed him king** ils l'ont sacré roi; **the ~ed King** le roi consacré.

anointing [ə'nɔɪntɪŋ] *n* onction *f*.

anointment [ə'nɔɪntmənt] *n* **-1.** [action] onction *f*. **-2.** [ointment] onguent *m*, pommade *f*.

anomalous [ə'nɒmələs] *adj* [effect, growth, result] anormal, irrégulier; GRAMM anormal.

anomaly [ə'nɒməlɪ] (*pl* **anomalies**) *n* anomalie *f*.

anon [ə'nɒn] *adv arch* OR *lit* [soon] bientôt, sous peu; **see you ~** *hum* à bientôt.

anon. (*written abbr of* **anonymous**) anon.

anonymity [,ænə'nɪmətɪ] *n* **-1.** [namelessness] anonymat *m*. **-2.** [unexceptional quality] banalité *f*.

anonymous [ə'nɒnɪməs] *adj* anonyme; **to remain ~** garder l'anonymat.

anonymously [ə'nɒnɪməslɪ] *adv* [act, donate] anonymement, en gardant l'anonymat; [published] anonymement, sans nom d'auteur.

anopheles [ə'nɒfɪli:z] (*pl inv*) *n* anophèle *m*.

anorak ['ænəræk] *n* anorak *m*.

anorexia [,ænə'reksɪə] *n* anorexie *f*.

anorexia nervosa [-nɜ:'vəʊsə] *n* anorexie *f* mentale.

anorexic [,ænə'reksɪk] ◇ *adj* anorexique.
◇ *n* anorexique *mf*.

another [ə'nʌðə^r] ◇ *det* **-1.** [additional] un... de plus, une... de plus, encore un, encore une; **have ~ chocolate** prenez un autre OR reprenez un chocolat; **~ cup of tea?** vous reprendrez bien une tasse de thé?; **~ 5 miles** encore 5 miles; **can you wait ~ 10 minutes?** peux-tu attendre encore 10 minutes?; **~ 5 minutes and we'd have missed the train** 5 minutes de plus et on ratait le train; **in ~ 3 weeks** dans 3 semaines; **without ~ word** sans un mot de plus, sans ajouter un mot; **and for ~ thing, he's ill** et de plus il est malade. **-2.** [second] un autre, une autre, un second, une seconde; **it could be ~ Vietnam** ça pourrait être un second OR nouveau Viêt-nam. **-3.** [different] un autre, une autre; **can't we do that ~ time?** on ne peut pas remettre ça à plus tard OR à une autre fois?; **let's do it ~ way** faisons-le autrement; **that's ~ matter entirely!** ça, c'est une tout autre histoire!
◇ *pron* **-1.** [a similar one] un autre, une autre, encore un, encore une; **a glass of milk and ~ of water** un verre de lait et un verre d'eau; **she finished one cigarette and lit ~** elle finit une cigarette et en alluma une autre; **many ~** *lit* bien d'autres, beaucoup d'autres. **-2.** [a different one]: **~ of the girls** une autre des filles; **bring a dessert of one sort or ~** apportez un dessert (, n'importe lequel). **-3.** [somebody else] *arch* OR *lit* un autre, une autre; **she loves ~** elle en aime un autre.

A. N. Other [,eɪ,ən'ʌðə^r] *n Br* monsieur X, madame X.

anoxia [æn'ɒksɪə] *n* anoxie *f*.

Ansaphone® ['ænsəfəʊn] *n* répondeur *m* (téléphonique).

ANSI (*abbr of* **American National Standards Institute**) *pr n* ≃ AFNOR *f*.

answer ['ɑ:nsə^r] ◇ *vt* **-1.** [letter, person, telephone] répondre à; [door] aller OR venir ouvrir; **I ~ed an advertisement for the job** j'ai répondu à une annonce pour le poste; **he ~ed not a word** *lit* il n'a pas répondu, il n'a pas soufflé mot; **she ~ed with a shy grin** pour toute réponse elle a souri timidement; **I phoned earlier but nobody ~ed** j'ai téléphoné tout à l'heure mais ça ne répondait pas; **the maid ~ed the bell** la bonne a répondu au coup de sonnette; **to ~ a prayer** exaucer une prière. **-2.** [respond correctly to]: **he could only ~ two of the questions** il n'a su répondre qu'à deux des questions; **few of the students ~ed this question well** peu d'élèves ont bien traité cette question. **-3.** [fulfil] répondre à, satisfaire; **the computer ~s a number of requirements** l'ordinateur répond à plusieurs fonctions. **-4.** [description] répondre à, correspondre à; **a man ~ing this description was seen in the area** un homme répondant OR correspondant à ce signalement a été aperçu dans la région. **-5.** JUR: **the defendant ~ed the charge** l'accusé a répondu à OR a réfuté l'accusation.
◇ *vi* répondre, donner une réponse.
◇ *n* **-1.** [reply - to letter, person, request] réponse *f*; [- to criticism, objection] réponse *f*, réfutation *f*; **she made no ~** elle n'a pas répondu; **he couldn't think of an ~** il n'a rien trouvé à répondre; **in ~ to her question he simply grinned** pour toute réponse à sa question, il a eu un large sourire; **did you get an ~ to your letter?** as-tu obtenu une réponse à ta lettre?; **I rang the bell but there was no ~** j'ai sonné mais personne n'a répondu OR n'a ouvert; **I phoned but there was no ~** j'ai téléphoné mais ça ne répondait pas; **she won't take "no" for an ~** elle n'acceptera pas de refus; **he has an ~ for everything** il a réponse à tout; **he's the ~ to our prayers** il est notre sauveur; **it's the ~ to all my prayers** OR **dreams!** c'est ce dont j'ai toujours rêvé!; **~ to the charge** JUR réponse à l'accusation. **-2.** [solution] solution *f*; **the (right) ~** la bonne réponse; **there's no easy ~** *literal* & *fig* il n'y a pas de solution facile. **-3.** [to exam question] réponse *f*; **write your ~s on a separate sheet of paper** notez vos réponses sur une feuille séparée. **-4.** [equivalent]: **she's England's ~ to Edith Piaf** elle est OR c'est l'Édith Piaf anglaise; **it's the poor man's ~ to lobster** c'est le homard des pauvres.
◆ **answer back** ◇ *vi insep* répondre (avec insolence), répliquer.
◇ *vt sep* répondre (avec insolence) à, répliquer à; **don't ~ (your father) back!** ne réponds pas (à ton père)!
◆ **answer for** *vt insep* **-1.** [be responsible for] répondre de, être responsable de; **she'll ~ to me for his safety** elle se portera garante envers moi de sa sécurité; **this government has a lot to ~ for** ce gouvernement a bien des comptes à rendre; **you'll ~ for that!** vous me le paierez! **-2.** [vouch for] garantir; **I can't ~ for the quality of her work** je ne peux pas garantir la qualité de son travail.
◆ **answer to** *vt insep* **-1.** [respond to]: **the cat ~s to (the name of) Frankie** le chat répond au nom de Frankie, le chat s'appelle Frankie. **-2.** [correspond to] répondre à, correspondre à; **to ~ to a description** répondre à une description.

answerable ['ɑ:nsərəbl] *adj* **-1.** [person] responsable, comptable; **to be ~ to sb for sthg** être responsable de qqch devant qqn, être garant de qqch envers qqn; **politicians are ~ to their constituents for their actions** les hommes politiques sont responsables de leurs actions devant leurs électeurs; **you're ~ to the company for any damages** vous êtes garant envers la société de toute avarie OR de tout dégât; **he's ~ only to the president** il ne relève que du président; **I'm ~ to no one** je n'ai de comptes à rendre à personne. **-2.** [question] susceptible de réponse, qui admet une réponse; [accusation, argument] réfutable.

answering machine ['ɑ:nsərɪŋ-] *n* répondeur *m* (automatique OR téléphonique).

answering service *n* permanence *f* téléphonique.

ant [ænt] *n* fourmi *f*; **to have ~s in one's pants** *inf* avoir la bougeotte.

ANTA *pr n abbr of* American National Theater and Academy.

antacid [,ænt'æsɪd] ◇ *n* (médicament *m*) alcalin *m*, antiacide *m*.
◇ *adj* alcalin, antiacide.

antagonism [æn'tægənɪzm] *n* antagonisme *m*, hostilité *f*; **there is considerable ~ towards the new tax** il y a une opposition considérable au nouvel impôt.

antagonist [æn'tægənɪst] *n* antagoniste *mf*, adversaire *mf*.

antagonistic [æn,tægə'nɪstɪk] *adj* [person] opposé, hostile; [feelings, ideas] antagoniste, antagonique; **he's openly ~ to the policy** il est ouvertement opposé OR hostile à la politique.

antagonize, -ise [æn'tægənaɪz] *vt* rendre hostile; **we can't afford to ~ the voters** nous ne pouvons pas nous permettre de nous aliéner les électeurs; **you'd best not ~ the boss** tu ferais mieux de ne pas contrarier le patron OR de ne pas te mettre le patron à dos.

Antalya [ɑ:n'tɑ:ljə] *pr n* Antalya.

Antananarivo ['æntə,nænə'ri:vəʊ] *pr n* Antananarivo.

Antarctic [ænt'ɑ:ktɪk] ◇ *pr n*: **the ~ (Ocean)** l'Antarctique *m*, l'océan *m* Antarctique; **in the ~** dans l'Antarctique.
◇ *adj* antarctique.

Antarctica [ænt'ɑ:ktɪkə] *pr n* Antarctique *f*, le continent *m* antarctique.

Antarctic Circle *pr n*: **the ~** le cercle polaire antarctique.

Antarctic Peninsula *pr n*: **the ~** la péninsule antarctique.

ante ['æntɪ] ◇ *n* **-1.** CARDS mise *f*; **a £3 ~** une mise de 3 livres; **to up the ~** *inf* augmenter la mise. **-2.** *inf* [price] part *f*.
◇ *vi* CARDS faire une mise.
◆ **ante up**▽ *vt sep* & *vi insep Am* casquer; **come on, ~ up!** allez, allonge!

anteater ['ænt,i:tə^r] *n* fourmilier *m*.

antebellum [,æntɪ'beləm] *adj* d'avant la guerre; *Am* d'avant la guerre de Sécession.

antecede [,æntɪ'si:d] *vt* précéder.

antecedence [,æntɪ'si:dəns] *n* priorité *f*.

antecedent [,æntɪ'si:dənt] ◇ *n* GRAMM, LOGIC & MATH antécédent.
◇ *adj* antérieur, précédent; **~ to sthg** antérieur à qqch.
◆ **antecedents** *npl fml* [family] ancêtres *mpl*; [history] passé *m*, antécédents *mpl*.

antechamber ['æntɪˌtʃeɪmbəʳ] *n* antichambre *f.*
antedate [ˌæntɪ'deɪt] *vt* -**1.** [precede in time] précéder, dater d'avant. -**2.** [give earlier date to] antidater. -**3.** [set an earlier date for] avancer.
antediluvian [ˌæntɪdɪ'luːvjən] *adj lit* OR *hum* antédiluvien.
antelope ['æntɪləʊp] (*pl inv* OR **antelopes**) *n* antilope *f.*
ante meridiem [-mə'rɪdɪəm] *adj fml* du matin.
antenatal [ˌæntɪ'neɪtl] *Br* ◇ *adj* prénatal; ~ **care** soins *mpl* prénatals; ~ **clinic** service *m* de consultation prénatale.
◇ *n inf* consultation *f* prénatale.
antenna [æn'tenə] (*pl* **antennae** [-niː] OR **antennas**) *n* antenne *f.*
antepenult [ˌæntɪpɪ'nʌlt] *n* antépénultième *f.*
antepenultimate [ˌæntɪpɪ'nʌltɪmət] ◇ *adj* antépénultième.
◇ *n* antépénultième *f.*
anterior [æn'tɪərɪəʳ] *adj fml* antérieur; ~ **to this was the Pliocene (age)** le pliocène était antérieur à ça, avant ça il y eut le pliocène.
anteroom ['æntɪrʊm] *n* antichambre *f*, vestibule *m.*
anthem ['ænθəm] *n* [song] chant *m*; RELIG motet *m.*
anther ['ænθəʳ] *n* anthère *f.*
anthill ['ænthɪl] *n* fourmilière *f.*
anthologist [æn'θɒlədʒɪst] *n* anthologiste *mf.*
anthology [æn'θɒlədʒɪ] (*pl* **anthologies**) *n* anthologie *f.*
Anthony ['æntənɪ] *pr n*: **Saint** ~ saint Antoine; ~ **of Padua** Antoine de Padoue.
anthracite ['ænθrəsaɪt] ◇ *n* anthracite *m.*
◇ *adj*: ~ **(grey)** (gris *m*) anthracite *(inv)*.
anthrax ['ænθræks] *n* [disease] charbon *m*; [sore] anthrax *m.*
anthropocentric [ˌænθrəpə'sentrɪk] *adj* anthropocentrique.
anthropoid ['ænθrəpɔɪd] ◇ *adj* anthropoïde.
◇ *n* anthropoïde *m.*
anthropological [ˌænθrəpə'lɒdʒɪkl] *adj* anthropologique.
anthropologist [ˌænθrə'pɒlədʒɪst] *n* anthropologue *mf.*
anthropology [ˌænθrə'pɒlədʒɪ] *n* anthropologie *f.*
anthropomorphic [ˌænθrəpə'mɔːfɪk] *adj* anthropomorphique.
anthropomorphism [ˌænθrəpə'mɔːfɪzm] *n* anthropomorphisme *m.*
anthropomorphize, -ise [ˌænθrəpə'mɔːfaɪz] *vt* anthropomorphiser.
anthropomorphous [ˌænθrəpə'mɔːfəs] *adj* anthropomorphe.
anthropophagi [ˌænθrə'pɒfəgaɪ] (*sg* **anthropophagus** [-gəs]) *npl* anthropophages *mpl.*
anthropophagous [ˌænθrə'pɒfəgəs] *adj* anthropophage.
anthropophagy [ˌænθrə'pɒfədʒɪ] *n* anthropophagie *f.*
anti *inf* ['æntɪ] *adj*: **she's rather** ~ elle est plutôt contre; **he's a bit** ~ **all that kind of thing** il est un peu contre tout cela OR toutes ces choses.
anti- *in cpds* anti-; ~**American** antiaméricain; ~**British** antibritannique.
antiabortion [ˌæntɪə'bɔːʃn] *adj*: **the** ~ **movement** le mouvement contre l'avortement.
antiabortionist [ˌæntɪə'bɔːʃnɪst] *n* adversaire *mf* de l'avortement.
antiaircraft [ˌæntɪ'eəkrɑːft] *adj* [system, weapon] antiaérien; ~ **defence** défense *f* contre avions, DCA *f.*
antiapartheid [ˌæntɪə'pɑːtheɪt] *adj* antiapartheid.
antibacterial [ˌæntɪbæk'tiːrɪəl] *adj* antibactérien.
antibiotic [ˌæntɪbaɪ'ɒtɪk] ◇ *adj* antibiotique.
◇ *n* antibiotique *m.*
antibody ['æntɪˌbɒdɪ] (*pl* **antibodies**) *n* anticorps *m.*
anticathode [ˌæntɪ'kæθəʊd] *n* anticathode *f.*
Antichrist ['æntɪˌkraɪst] *n*: **the** ~ l'Antéchrist *m.*
anticipate [æn'tɪsɪpeɪt] ◇ *vt* -**1.** [think likely] prévoir, s'attendre à; **they** ~ **meeting some opposition, they** ~ **that they will meet some opposition** ils s'attendent à rencontrer une certaine opposition; **we had** ~**d a price increase** nous nous attendions à OR nous avions prévu une hausse des prix; **I didn't** ~ **leaving so early** je ne m'attendais pas à ce qu'on parte si tôt; **do you** ~ **visiting her?** pensez-vous lui rendre visite?; **faster than** ~**d** plus vite que prévu; as ~**d** comme prévu. -**2.** [be prepared for - attack, decision, event] anticiper, anticiper sur; [- needs, wishes] devancer, prévenir, aller au devant de; **we** ~**d our competitors by launching our product first** nous avons devancé la concurrence en lançant notre produit les premiers; **he** ~**d the fall in price and sold early** il a anticipé la baisse des prix et a vendu avant. -**3.** [act on prematurely - effect, success] escompter; [- profit, salary] anticiper sur; [- happiness] anticiper, savourer d'avance; [- pain] anticiper, éprouver d'avance. -**4.** [pay in advance - bill] anticiper. -**5.** [mention prematurely] anticiper, anticiper sur; **don't** ~ **the end of the story** n'anticipez pas la fin de l'histoire.
◇ *vi* anticiper; **just wait and see, don't** ~ attends de voir, n'anticipe pas; **do you think you'll get married? — I think you're anticipating a bit** penses-tu que tu vas te marier? — je crois que tu vas un peu vite.
anticipation [ænˌtɪsɪ'peɪʃn] *n* -**1.** [expectation] attente *f*; **I was all kitted out in waterproofs in** ~ **of rain** pensant qu'il allait pleuvoir, je m'étais équipée d'un tas d'imperméables; **they raised their prices in** ~ **of increased inflation** ils ont augmenté leurs prix en prévision d'une hausse de l'inflation. -**2.** *fml* [readiness] anticipation *f*; **in** ~ **of your wishes, I've had the fire made up** pour aller au devant de OR pour devancer vos désirs, j'ai demandé qu'on fasse du feu; **thanking you in** ~ en vous remerciant d'avance, avec mes remerciements anticipés. -**3.** [eagerness] impatience *f*, empressement *m*; **fans jostled at the gates in eager** ~ les fans, ne tenant plus d'impatience, se bousculaient aux grilles d'entrée. -**4.** [premature experiencing - of inheritance, profits, success] anticipation *f*, attente *f*; [- of fear, pain] appréhension *f.*
anticipatory [ænˌtɪsɪ'peɪtərɪ] *adj* d'anticipation.
anticlerical [ˌæntɪ'klerɪkl] ◇ *adj* anticlérical.
◇ *n* anticlérical *m*, -e *f.*
anticlericalism [ˌæntɪ'klerɪkəlɪsm] *n* anticléricalisme *m.*
anticlimactic [ˌæntɪklaɪ'mæktɪk] *adj* décevant.
anticlimax [æntɪ'klaɪmæks] *n* -**1.** [disappointment] déception *f*; **the opening ceremony was a bit of an** ~ la cérémonie d'ouverture a été quelque peu décevante; **what an** ~**!** quelle douche froide! -**2.** LITERAT chute *f* dans le trivial.
anticline ['æntɪklaɪn] *n* anticlinal *m.*
anticlockwise [ˌæntɪ'klɒkwaɪz] *Br* ◇ *adv* en sens inverse des aiguilles d'une montre.
◇ *adj*: **turn it in an** ~ **direction** tournez-le dans le sens inverse des aiguilles d'une montre.
anticoagulant [ˌæntɪkəʊ'ægjʊlənt] ◇ *adj* anticoagulant.
◇ *n* anticoagulant *m.*
anticonstitutional ['æntɪˌkɒnstɪ'tjuːʃənl] *adj* anticonstitutionnel.
anticonvulsant [ˌæntɪkən'vʌlsənt] ◇ *adj* antispasmodique.
◇ *n* antispasmodique *m.*
anticorrosive [ˌæntɪkə'rəʊsɪv] ◇ *adj* anticorrosif.
◇ *n* anticorrosif *m.*
antics ['æntɪks] *npl* [absurd behaviour] cabrioles *fpl*, gambades *fpl*; [jokes] bouffonnerie *f*, pitrerie *f*; **I'm fed up with her silly** ~ j'en ai assez de son cirque ridicule; **they're up to their (old)** ~ **again** les voilà repartis avec leurs pitreries.
anticyclone [ˌæntɪ'saɪkləʊn] *n* anticyclone *m.*
anti-dazzle *adj Br*: ~ **headlights** phares *mpl* antiéblouissants.
antidemocratic ['æntɪˌdemə'krætɪk] *adj* antidémocratique.
antidepressant [ˌæntɪdə'presnt] ◇ *adj* antidépresseur.
◇ *n* antidépresseur *m.*
antidote ['æntɪdəʊt] *n* antidote *m*; **work is an** ~ **to** OR **for unhappiness** le travail est un antidote à OR contre la tristesse.
anti-Establishment *adj* anticonformiste.
antifreeze ['æntɪfriːz] *n* antigel *m.*
antifriction [ˌæntɪ'frɪkʃn] *n* antifriction *m.*
anti-G *adj* anti-g *(inv)*.
antigen ['æntɪdʒən] *n* antigène *m.*
antiglare ['æntɪgleəʳ] *adj*: ~ **headlights** phares *mpl* antiéblouissants.
Antigone [æn'tɪgənɪ] *pr n* Antigone.
Antigua [æn'tiːgə] *pr n* Antigua; **in** ~ à Antigua; ~ **and Barbuda** Antigua et Barbuda.
Antiguan [æn'tiːgən] ◇ *n habitant d'Antigua.*
◇ *adj* d'Antigua.
antihero ['æntɪˌhɪərəʊ] (*pl* **antiheroes**) *n* antihéros *m.*
antihistamine [ˌæntɪ'hɪstəmɪn] *n* antihistaminique *m.*
anti-imperialism *n* anti-impérialisme *m.*
anti-imperialist ◇ *adj* anti-impérialiste.
◇ *n* anti-impérialiste *mf.*
anti-inflammatory *adj* anti-inflammatoire.
anti-inflationary *adj* anti-inflationniste.
antiknock [ˌæntɪ'nɒk] *n* antidétonant *m.*
Antilles [æn'tɪliːz] *pl pr n* Antilles *fpl*; **in the** ~ aux Antilles; **the Greater/Lesser** ~ les Grandes/Petites Antilles.
antilog ['æntɪlɒg], **antilogarithm** [ˌæntɪ'lɒgərɪðm] *n* antilogarithme *m.*
antimacassar [ˌæntɪmə'kæsəʳ] *n* têtière *f.*
antimagnetic [ˌæntɪmæg'netɪk] *adj* antimagnétique.
antimatter ['æntɪˌmætəʳ] *n* antimatière *f.*
antimilitarism [ˌæntɪ'mɪlɪtərɪzm] *n* antimilitarisme *m.*
antimissile [ˌæntɪ'mɪsaɪl] ◇ *adj* antimissile *(inv)*.
◇ *n* missile *m* antimissile.
antimony ['æntɪmənɪ] *n* antimoine *m.*
anti-novel *n* nouveau roman *m.*
antinuclear [ˌæntɪ'njuːklɪəʳ] *adj* antinucléaire.
Antioch ['æntɪˌɒk] *pr n* Antioche.
antiparticle ['æntɪˌpɑːtɪkl] *n* antiparticule *f.*
antipathetic [ˌæntɪpə'θetɪk] *adj* antipathique; **he remains** ~ **to the cause** il reste hostile à la cause.
antipathy [æn'tɪpəθɪ] (*pl* **antipathies**) *n* antipathie *f*; **to feel** ~ **towards sb/sthg** avoir OR éprouver de l'antipathie pour qqn/qqch.
antipersonnel ['æntɪˌpɜːsə'nel] *adj euph* antipersonnel *(inv)*.
antiperspirant [ˌæntɪ'pɜːspərənt] ◇ *adj* déodorant.
◇ *n* déodorant *m.*
antiphon ['æntɪfən] *n* antienne *f.*
antiphony [æn'tɪfənɪ] (*pl* **antiphonies**) *n* chant *m* en contre-chant.
antiphrasis [æn'tɪfrəsɪs] (*pl* **antiphrases** [-siːz]) *n* antiphrase *f.*
antipodal [æn'tɪpədl] *adj* des antipodes.
antipodean [ænˌtɪpə'dɪən] *adj* des antipodes.
antipodes [æn'tɪpədiːz] *npl* antipodes *mpl.*
◆ **Antipodes** *pl pr n*: **the Antipodes** l'Australie *f* et la Nouvelle Zélande.
antipope ['æntɪpəʊp] *n* antipape *m.*
antiproton ['æntɪˌprəʊtɒn] *n* antiproton *m.*
antipsychiatry [ˌæntɪsaɪ'kaɪətrɪ] *n* antipsychiatrie *f.*
antipyretic [ˌæntɪpaɪ'retɪk] ◇ *adj* antipyrétique.
◇ *n* antipyrétique *m.*

antiquarian [ˌæntɪ'kweərɪən] ◇ *adj* [collection, shop] d'antiquités; [bookseller, bookshop] spécialisé dans les livres anciens.
◇ *n* [collector] collectionneur *m*, -euse *f* d'antiquités; [researcher] archéologue *mf*; [merchant] antiquaire *mf*.

antiquary ['æntɪkwərɪ] (*pl* **antiquaries**) = **antiquarian** *n*.

antiquated ['æntɪkweɪtɪd] *adj* -**1.** [outmoded - machine, method] vieillot, obsolète; [- building, installation] vétuste; [- idea, manners] vieillot, suranné; [- person] vieux jeu *(inv)*; **you have such ~ ideas** tu es tellement vieux jeu. -**2.** [ancient] très vieux.

antique [æn'tiːk] ◇ *adj* -**1.** [very old] ancien; [dating from Greek or Roman times] antique; **an ~ clock** une pendule ancienne OR d'époque. -**2.** *inf* = **antiquated**.
◇ *n* [furniture] meuble *m* ancien OR d'époque; [vase] vase *m* ancien OR d'époque; [work of art] objet *m* d'art ancien.
◇ *comp* [lover, shop] d'antiquités; **~ dealer** antiquaire *mf*.

antiquity [æn'tɪkwətɪ] (*pl* **antiquities**) *n* -**1.** [ancient times] Antiquité *f*. -**2.** [building, ruin] monument *m* ancien, antiquité *f*; [coin, statue] objet *m* ancien; [work of art] objet d'art *m* ancien, antiquité *f*. -**3.** [oldness] antiquité *f*.

antiracial [ˌæntɪ'reɪʃl] *adj* antiraciste.

antiriot [ˌæntɪ'raɪət] *adj* antiémeutes.

anti-roll bar *n* barre *f* antiroulis.

antirrhinum [ˌæntɪ'raɪnəm] *n* muflier *m*, gueule-de-loup *f*.

antirust [ˌæntɪ'rʌst] *adj* antirouille *(inv)*.

anti-Semite *n* antisémite *mf*.

anti-Semitic *adj* antisémite.

anti-Semitism *n* antisémitisme *m*.

antisepsis [ˌæntɪ'sepsɪs] *n* antisepsie *f*.

antiseptic [ˌæntɪ'septɪk] ◇ *adj* antiseptique.
◇ *n* antiseptique *m*.

antiserum [ˌæntɪ'sɪərəm] *n* antisérum *m*.

antiskid [ˌæntɪ'skɪd] *adj* antidérapant.

antislavery [ˌæntɪ'sleɪvərɪ] *adj* antiesclavagiste.

antislip [ˌæntɪ'slɪp] *adj* antidérapant.

antisocial [ˌæntɪ'səʊʃl] *adj* -**1.** [behaviour, measure] antisocial. -**2.** [unsociable] sauvage; **don't be so ~** ne sois pas si sauvage.

antistatic [ˌæntɪ'stætɪk] *adj* antistatique.

antitank [ˌæntɪ'tæŋk] *adj* antichar; **~ grenades** grenades *fpl* antichars.

antitheft [ˌæntɪ'θeft] *adj* antivol; **an ~ device** un antivol, un dispositif contre le vol OR antivol.

antithesis [æn'tɪθɪsɪs] (*pl* **antitheses** [-siːz]) *n* -**1.** [exact opposite] contraire *m*, opposé *m*; **he is the ~ of a forceful young manager** c'est tout le contraire du jeune cadre dynamique. -**2.** [contrast, opposition] antithèse *f*, contraste *m*, opposition *f*. -**3.** LITERAT antithèse *f*.

antithetic(al) [ˌæntɪ'θetɪk(l)] *adj* antithétique.

antithetically [ˌæntɪ'θetɪklɪ] *adv* par antithèse.

antitoxin [ˌæntɪ'tɒksɪn] *n* antitoxine *f*.

antitrust [ˌæntɪ'trʌst] *adj Am* antitrust *(inv)*; **the Sherman Antitrust Act** *Am* HIST la loi antitrust Sherman.

THE SHERMAN ANTITRUST ACT:
Loi fédérale de 1890 interdisant la formation de monopoles aux États-Unis et provoquant le démembrement de sociétés telles que la «Standard Oil Company» et l'«American Tobacco Company».

---

antivivisectionist [ˈæntɪˌvɪvɪ'sekʃnɪst] *n* adversaire *mf* de la vivisection.

antiworld ['æntɪwɜːld] *n* monde *m* composé d'antimatière.

antler ['æntlə^r] *n* corne *f*; **the ~s** les bois *mpl*, la ramure.

antlike ['æntlaɪk] *adj* [movement] de fourmi; [activity] fourmillant.

ant lion *n* fourmi-lion *m*, fourmilion *m*.

antonomasia [ˌæntənə'meɪzɪə] *n* antonomase *f*.

Antony ['æntənɪ] *pr n*: (Mark) ~ (Marc) Antoine; '**~ and Cleopatra**' *Shakespeare* 'Antoine et Cléopatre'.

antonym ['æntənɪm] *n* antonyme *m*.

antonymous [æn'tɒnɪməs] *adj* antonymique.

antsy *inf* ['æntsɪ] *adj Am* agité, nerveux; **I'm feeling ~** j'ai la bougeotte.

Antwerp ['æntwɜːp] *pr n* Anvers.

anus ['eɪnəs] *n* anus *m*.

anvil ['ænvɪl] *n* enclume *f*.

anxiety [æŋ'zaɪətɪ] (*pl* **anxieties**) *n* -**1.** [feeling of worry] anxiété *f*, appréhension *f*; **rising interest rates have caused ~** la hausse des taux d'intérêt a suscité une vive anxiété; **I talked openly about my anxieties** j'ai évoqué franchement mes appréhensions; **a source of deep ~** une source d'angoisse profonde. -**2.** [source of worry] souci *m*; **her son is a great ~ to her** son fils lui donne énormément de soucis OR l'inquiète énormément. -**3.** [intense eagerness] grand désir *m*, désir *m* ardent; **in his ~ to please her, he forgot everything else** il tenait tellement à lui faire plaisir qu'il en oubliait tout le reste. -**4.** PSYCH anxiété *f*; **~ neurosis** anxiété névrotique.

anxious ['æŋkʃəs] *adj* -**1.** [worried] anxieux, angoissé, inquiet; **she's ~ about losing her job** elle a peur de perdre son travail; **an ~ smile** un sourire anxieux OR inquiet; **I'm ~ for their safety** je suis inquiète OR je crains pour leur sécurité; **she's a very ~ person** c'est une grande angoissée; **~ friends and relatives waited for news** amis et parents attendaient des nouvelles dans l'angoisse. -**2.** [worrying] inquiétant, angoissant; **these are ~ times** nous vivons une sombre époque; **we had one or two ~ moments** nous avons connu quelques moments d'anxiété OR d'inquiétude. -**3.** [eager] anxieux, impatient; **they're ~ to start** ils sont impatients OR pressés de commencer; **he was ~ for them to go** il attendait impatiemment qu'ils partent OR leur départ; **he was very ~ that we shouldn't be seen together** il tenait beaucoup à ce que l'on ne nous voie pas ensemble; **he's not exactly ~ to tell her** il n'a pas réellement envie de lui dire; **she's very ~ to please** elle est très désireuse OR anxieuse de plaire.

anxiously ['æŋkʃəslɪ] *adv* -**1.** [nervously] avec inquiétude, anxieusement. -**2.** [eagerly] impatiemment, avec impatience.

anxiousness ['æŋkʃəsnɪs] = **anxiety**.

any ['enɪ] ◇ *det* -**1.** [some - in questions]: **have you ~ money?** avez-vous de l'argent?; **did you see ~ lions?** avez-vous vu des lions?; **do they have ~ others?** en ont-ils d'autres?; **have ~ guests arrived?** des invités sont-ils arrivés?; **were you in ~ danger?** étiez-vous en danger?; **~ letters for me?** *inf* il y a du courrier pour moi?; **~ news about the application?** *inf* il y a du neuf pour la candidature? ‖ [in conditional clauses]: **if there's ~ cake left, can I have some?** s'il reste du gâteau, est-ce que je peux en avoir?; **if you find ~ children's books, let me know** si jamais vous trouvez des livres pour enfants, dites-le moi; **if you have ~ free time, call me** si vous avez un moment, appelez-moi; **~ nonsense from you and you'll be out!** *inf* tu n'as qu'à bien te tenir, sinon, c'est la porte! -**2.** [in negative phrases]: **he hasn't ~ change/money/cigarettes** il n'a pas de monnaie/d'argent/de cigarettes; **you haven't ~ reason to complain** vous n'avez aucune raison de vous plaindre; **he can't stand ~ noise** il ne supporte pas le moindre bruit, il ne supporte aucun bruit; **it's impossible to say with ~ degree of certainty** on ne peut l'affirmer avec aucune certitude; **without ~ warning/fuss** sans le moindre avertissement/problème; **she's forbidden to do ~ work** tout travail lui est interdit; **hardly** OR **barely** OR **scarcely ~** très peu de. -**3.** [no matter which] n'importe quel, n'importe quelle; **ask ~ woman** demandez à n'importe quelle femme; **choose ~ colour you like** choisissez la couleur que vous voulez, choisissez n'importe quelle couleur; **at ~ time of day** à n'importe quel moment OR à tout moment de la journée; **~ one of these paintings is worth a fortune** chacun de ces tableaux vaut une fortune; **answer ~ two of the questions in section C** répondez à deux des questions de la section C ❑ **~ old cup will do** n'importe quelle vieille tasse fera l'affaire; **just give him ~ old thing** donnez-lui n'importe quel vieux truc; **she's not just ~ (old) pianist!** ce n'est pas n'importe quelle pianiste! -**4.** [all, every] tout; **give me ~ money you've got** donne-moi tout l'argent que tu as; **I'll accept ~ help I can get** j'accepterai toute l'aide qui me sera offerte; **~ latecomers should report to the office** tous les retardataires doivent se présenter au bureau; **~ public-spirited citizen would have done the same** tout citoyen ayant le souci du bien public aurait fait la même chose. -**5.** [unlimited]: **there are ~ number of ways of winning** il y a mille façons de gagner; **she has ~ amount** OR **number of friends to help her** elle a (une) quantité d'amis qui peuvent l'aider.
◇ *adv* -**1.** [with comparative - in questions, conditional statements]: **can you walk ~ faster?** peux-tu marcher un peu plus vite?; **can't you walk ~ faster than that?** tu ne peux pas marcher plus vite que ça?; **is she ~ better today?** va-t-elle un peu mieux aujourd'hui?; **if she isn't ~ better by tomorrow, call the doctor** si elle ne va pas mieux demain, appelez le médecin; **if the wind gets ~ stronger, we shan't be able to set sail** si le vent se renforce, nous ne pourrons pas partir; [- in negative statements]: **he won't be ~ (the) happier** il n'en sera pas plus heureux; **we can't go ~ further** nous ne pouvons aller plus loin; **it's not getting ~ easier to find good staff** c'est toujours aussi difficile de trouver de bons employés; **I can't get this floor ~ cleaner** je n'arrive pas à nettoyer le sol mieux que ça; **I can't put it ~ more plainly than that, can I?** je ne pourrais pas le dire plus simplement que ça, si? -**2.** [at all]: **you're not helping me ~** tu ne m'aides pas du tout; **has the situation improved ~?** la situation s'est-elle arrangée un tant soit peu?; **she wasn't ~ too pleased with the press coverage she got** elle n'était pas ravie de la publicité que lui ont faite les médias.
◇ *pron* -**1.** [in questions, conditional statements - some, someone]: **did you see ~?** en avez-vous vu?; **did ~ of them go?** est-ce que certains d'entre eux y sont allés?; **if ~ of you want to help, please phone** s'il y en a parmi vous qui veulent apporter leur aide, ils n'ont qu'à téléphoner; **if ~ of you wants them, do take them** si quelqu'un parmi vous OR si l'un d'entre vous les veut, il n'a qu'à les prendre; **few, if ~, of his supporters remained loyal** aucun ou presque aucun de ses supporters ne lui est resté fidèle. -**2.** [in negative statements - even one]: **he couldn't see ~ of them** il ne voyait aucun d'entre eux; **he won't vote for ~ of the candidates** il ne votera pour aucun des candidats; **there was hardly ~ of it left** il n'en restait que très peu; **she's learned two foreign languages, I haven't learned ~** elle a étudié deux langues étrangères, je n'en ai étudié aucune; **I have absolutely no money and don't expect to get ~** je n'ai pas un sou et je ne m'attends pas à en avoir; **if you don't eat supper now, you'll go to bed without ~** si tu ne manges pas immédiatement, tu iras au lit sans dîner ❑ **he's not having ~ (of it)** *inf* il ne marche pas. -**3.** [no matter which one] n'importe lequel, n'importe laquelle; **which chocolate shall I have? – take ~, they're all the same** quel chocolat est-ce que je vais prendre? – prends n'importe lequel, ils sont tous pareils; **which dress should I wear? – ~ but that one** quelle robe est-ce que je mets? – n'importe laquelle sauf celle-là; **study ~ of her works and you will discover...** étudie n'importe laquelle de ses œuvres et tu découvriras... ‖ [every one, all] tout; **~ of the suspects would fit that description** cette description s'applique

à tous les suspects; this applies to ~ of you who are married ceci s'applique à tous ceux d'entre vous qui sont mariés.

anybody ['enɪ,bɒdɪ] *pron* -**1.** *(in questions, conditional statements)* [someone] quelqu'un; has ~ lost their glasses? est-ce que quelqu'un a perdu ses lunettes?; if ~ asks, say I've gone abroad si quelqu'un pose la question, dis que je suis à l'étranger; (is) ~ home? il y a quelqu'un?; is ~ there? [in seance] esprit, es-tu là?; ~ for more tea? *inf* quelqu'un reveut du thé?; she'll persuade them, if ~ can si quelqu'un peut les convaincre, c'est bien elle. -**2.** *(in negative statements)* [someone] personne; she's not accusing ~ elle n'accuse personne; there was hardly ~ there il n'y avait presque personne; she left without speaking to ~ elle est partie sans parler à personne. -**3.** [no matter who, everyone]: ~ who wants can join us tous ceux qui veulent peuvent se joindre à nous; invite ~ you want invitez qui vous voulez; it could happen to ~ ça pourrait arriver à tout le monde OR n'importe qui; I don't care what ~ thinks je me fiche de ce que pensent les gens; she's cleverer than ~ I know c'est la personne la plus intelligente que je connaisse; ~ who saw the accident should come forward ceux qui ont été témoins de l'accident sont priés de se faire connaître; ~ with any sense OR in their right mind would have... toute personne un peu sensée aurait...; please, ~ but him! je t'en prie, pas lui!; ~ but him would have... n'importe qui d'autre que lui OR tout autre que lui aurait...; ~ will do n'importe qui OR le premier venu fera l'affaire; ~ would think you'd just lost your best friend on croirait que tu viens de perdre ton meilleur ami ❑ he's not just ~, he's my brother! ce n'est pas n'importe qui, c'est mon frère!; a couple of gin and tonics and you're ~'s *hum* deux ou trois gin-tonics et on fait tout ce qu'on veut de toi. -**4.** [important person] quelqu'un (d'important OR de connu); ~ who's ~ will be there tout le gratin sera là; if you want to be ~, you've got to work si tu veux devenir quelqu'un tu dois travailler.

anyhow ['enɪhaʊ] ◇ *adv* -**1.** = **anyway 1.** -**2.** [in any manner, by any means]: you can do it ~, but just get it done! tu peux le faire n'importe comment, mais fais-le!; I had to persuade her somehow, ~ il fallait que je trouve un moyen de la convaincre, n'importe lequel. -**3.** *inf* [haphazardly] n'importe comment; she threw her things down just ~ elle a jeté ses affaires en désordre par terre OR par terre n'importe comment.
◇ *adj*: he left the room all ~ il a laissé la pièce oono doouuo doooouo.

any more *Br*, **anymore** *Am* [,enɪ'mɔː^r] *adv*: they don't live here ~ ils n'habitent plus ici; I won't do it ~ je ne le ferai plus (jamais).

anyone ['enɪwʌn] = **anybody**.

anyplace *inf* ['enɪpleɪs] *Am* = **anywhere**.

anyroad ['enɪrəʊd] *Br dial* = **anyway**.

anything ['enɪθɪŋ] *pron* -**1.** [something - in questions] quelque chose; did you hear ~? avez-vous entendu quelque chose?; is there ~ to eat? est-ce qu'il y a quelque chose à manger?; can we do ~? est-ce qu'on peut faire quelque chose?; can't we do ~? est-ce qu'il n'y a rien à faire?; are you doing ~ this weekend? avez-vous quelque chose de prévu pour ce week-end?; is there ~ in OR to what she says? est-ce qu'il y a du vrai dans ce qu'elle dit?; can we get ~ out of it? peut-on en tirer quelque chose?; have you heard ~ from them? avez-vous eu de leurs nouvelles?; did you notice ~ unusual? avez-vous remarqué quelque chose de bizarre?; is there ~ more annoying than just missing a train? y a-t-il quelque chose OR rien de plus agaçant que de rater un train?; ~ good on TV tonight? *inf* est-ce qu'il y a quelque chose de bien à la télé ce soir?; ~ the matter? *inf* quelque chose ne va pas?; [- in conditional statements]: if ~ should happen, take care of John for me s'il m'arrivait quelque chose OR quoi que ce soit, occupez-vous de John; if you should learn ~, let me know si jamais vous apprenez quelque chose OR quoi que ce soit, dites-le moi; [- in negative statements] rien; I didn't say ~ je n'ai rien dit; you can't believe ~ he says on ne peut rien croire de ce qu'il dit; don't do ~ stupid! ne fais pas de bêtise!; I don't know ~ about computers je ne m'y connais pas du tout OR je n'y connais rien en informatique; I didn't know ~ about their divorce je ne savais pas qu'ils avaient divorcé; there's hardly ~ left il ne reste presque rien; she hasn't written ~ very much since last year elle n'a pas écrit grand-chose depuis l'année dernière; without saying ~ sans rien dire ❑ she's not angry or ~ elle n'est pas fâchée ni rien; do you want a book or ~? voulez-vous un livre ou autre chose?; if she feels sick or ~, call the doctor si elle se sent mal OR si ça ne va pas, appelez le médecin. -**2.** [no matter what]: just tell him ~ racontez-lui n'importe quoi; ~ you like tout ce que vous voudrez; ~ will do n'importe quoi fera l'affaire; I'd give ~ to know the truth je donnerais n'importe quoi pour savoir la vérité; he won't read just ~ il ne lit pas n'importe quoi ❑ ~ goes! tout est permis! -**3.** [all, everything] tout; her son eats ~ son fils mange de tout; I like ~ with chocolate in it j'aime tout ce qui est au chocolat; ~ above 75/below 25 is a very good score tout ce qui est au-dessus de 75/au-dessous de 25 est un très bon score; she must earn ~ between £30,000 and £40,000 elle doit gagner dans les 30 000 à 40 000 livres; you can use it to flavour ~ from jam to soup vous pouvez l'utiliser pour parfumer n'importe quoi, de la confiture à la soupe. -**4.** [in intensifying phrases]: he isn't ~ like his father il ne ressemble en rien à son père; it doesn't taste ~ like a tomato ça n'a pas du tout le goût de tomate; it isn't ~ like as good as his last film c'est loin d'être aussi bon que son dernier film; they aren't producing the goods ~ like fast enough ils ne produisent pas la marchandise assez vite, loin de là; I wouldn't miss it for ~ je ne le manquerais pour rien au monde; it's as easy as ~ c'est facile comme tout; to run like ~ courir comme un dératé; he worked like ~ il a travaillé comme un fou; they shouted like ~ ils ont crié comme des forcenés; it rained like ~ il pleuvait des cordes.
◆ **anything but** *adv phr* tout sauf; that music is ~ but relaxing cette musique est tout sauf reposante; is he crazy? — ~ but! est-ce qu'il est fou? — bien au contraire! OR il est tout sauf ça!

anyway ['enɪweɪ] *adv* -**1.** [in any case - reinforcing] de toute façon; it's too late now ~ de toute façon, il est trop tard maintenant; what's to stop them ~? de toute façon, qu'est-ce qui peut les en empêcher?; [- summarizing, concluding] en tout cas; ~, that's what I think en tout cas, c'est mon avis OR ce que je pense; ~, in the end she left toujours est-il qu'elle OR en tout cas, elle a fini par partir; ~, I have to go [I'll be late] bon, il faut que j'y aille; [I don't have any choice] enfin, il faut que j'y aille. -**2.** [nevertheless, notwithstanding] quand même; thanks ~ merci quand même; we can invite them ~ on peut toujours OR quand même les inviter; I don't care what you say, I'm going ~ tu peux dire ce que tu veux, j'y vais quand même. -**3.** [qualifying] en tout cas; that's what we all think, well, most of us ~ c'est ce qu'on pense tous, ou presque tous en tout cas; and that's the situation, to the best of my knowledge ~ et voilà où on en est, autant que je sache en tout cas. -**4.** [returning to topic] bref; ~, as I was saying... bref, comme je disais...

anyways ['enɪweɪz] *Am* = **anyway**.

anywhere ['enɪweə^r] ◇ *adv* -**1.** [in questions] quelque part; have you seen my keys ~? avez-vous vu mes clés (quelque part)?; are you going ~ at Easter? vous partez à Pâques?; are you going ~ this evening? est-ce que vous sortez ce soir? -**2.** [in positive statements - no matter where] n'importe où; just put it down ~ posez-le n'importe où; sit ~ you like asseyez-vous où vous voulez; the book could be ~ le livre pourrait être n'importe où; ~ you go it's the same story où que vous alliez, c'est toujours pareil OR toujours la même chose; I'd know her ~ je la reconnaîtrais entre mille ‖ [everywhere] partout; you can find that magazine ~ on trouve cette revue partout. -**3.** [in negative statements - any place] nulle part; I haven't been ~ else today je ne suis allé nulle part ailleurs aujourd'hui; I can't find my keys ~ je ne trouve mes clés nulle part; we didn't go ~ nous ne sommes allés nulle part; look, this isn't getting us ~ écoute, tout ça ne nous mène à rien; crying won't get you ~ pleurer ne te servira à rien. -**4.** [any number within a range]: we might receive ~ between 60 and 600 applications on peut recevoir entre 60 et 600 demandes; the rate could be ~ from 10 to 20% le taux peut aller de 10 à 20 %. -**5.** *phr*: he isn't ~ near as quick as you are il est loin d'être aussi rapide que toi; are they ~ near completion? ont-ils bientôt fini?
◇ *pron* [any place]: do they need ~ to stay? ont-ils besoin d'un endroit où loger?; she's looking for a flat, but hasn't found ~ yet elle cherche un appartement mais elle n'a encore rien trouvé; they live miles from ~ ils habitent en pleine brousse.

anywheres *inf* ['enɪweəz] *Am* = **anywhere**.

anywise ['enɪwaɪz] *adv Am* [at all] en aucune façon, aucunement.

Anzac ['ænzæk] (*abbr of* Australia-New Zealand Army Corps) *n soldat néo-zélandais ou australien.*

ANZUS ['ænzəs] (*abbr of* Australia, New Zealand, United States) *pr n alliance entre l'Australie, la Nouvelle-Zélande et les États-Unis.*

aob, AOB (*written abbr of* any other business) *divers.*

A-OK *inf Am* ◇ *adj* excellent; everything's ~ tout baigne; he's ~ c'est un type bien.
◇ *adv* parfaitement.

aorist ['eərɪst] *n* aoriste *m.*

aorta [eɪ'ɔːtə] (*pl* aortas OR aortae [-tiː]) *n* aorte *f.*

Aosta [ɑː'ɒstə] *pr n* Aoste.

AP *n abbr of* American Plan.

apace [ə'peɪs] *adv lit* rapidement, vite.

Apache [ə'pætʃɪ] (*pl inv* OR Apaches) ◇ *n* -**1.** [person] Apache *mf.* -**2.** LING apache *m.*
◇ *adj* apache.

apart [ə'pɑːt] ◇ *adv* -**1.** [separated - in space]: a couple of metres ~ à (une distance de) deux ou trois mètres l'un de l'autre; the houses were about 10 kilometres ~ les maisons étaient à environ 10 kilomètres l'une de l'autre; plant the seeds fairly far ~ plantez les graines assez loin les unes des autres; cities as far ~ as Johannesburg and Hong Kong des villes aussi éloignées l'une de l'autre que Johannesburg et Hong Kong; he stood with his legs wide ~ il se tenait (debout) les jambes bien écartées; they can't bear to be ~ ils ne supportent pas d'être loin l'un de l'autre OR séparés ‖ [in time]: the twins were born 3 minutes ~ les jumeaux sont nés à 3 minutes d'intervalle ‖ *fig*: we're miles ~ when it comes to politics nous avons des points de vue politiques très différents; how do you tell the two boys ~? comment distinguez-vous les deux garçons l'un de l'autre? -**2.** [in pieces] en pièces, en morceaux; to break ~ s'émietter. -**3.** [with verbs of motion]: to push ~ éloigner (en poussant); they sprang ~ when I entered the room ils se sont écartés vivement l'un de l'autre quand je suis entré dans la pièce; to grow ~ from sb s'éloigner de qqn. -**4.** [isolated] à l'écart; she stood ~ from the others elle se tenait à l'écart des autres. -**5.** [aside] à part; joking ~ trêve de plaisanterie; that ~, did you enjoy yourselves? à part ça, vous vous êtes amusés?
◇ *adj (after n)* [distinct and special] à part; they regard it as a thing ~ ils considèrent que c'est quelque chose de complètement différent.
◆ **apart from** *prep phr* -**1.** [except for] à part; ~ from my salary, we have nothing en dehors de

OR à part mon salaire, nous n'avons rien; it's fine, ~ from a few minor mistakes à part OR sauf quelques fautes sans importance, c'est très bien; but ~ from that, everything's fine! mais à part ça, tout va très bien! -2. [as well as] en plus de; she has many interests ~ from golf elle s'intéresse à beaucoup de choses à part le OR en plus du golf; quite ~ from the fact that it's too big, I don't like the colour outre (le fait) que c'est trop grand, je n'aime pas la couleur.

apartheid [ə'pɑːtheɪt] *n* apartheid *m*.

apartment [ə'pɑːtmənt] *n* -1. *Br (usu pl)* [room] pièce *f*; [bedroom] chambre *f*; the Royal ~s la résidence royale. -2. *Am* [flat] appartement *m*, logement *m*; a one-bedroom OR one-bedroomed ~ un deux-pièces.

apartment building *n Am* immeuble *m* *(d'habitation)*.

apartment house *n Am* immeuble *m* *(d'habitation)*.

apathetic [ˌæpə'θetɪk] *adj* apathique, indifférent.

apathetically [ˌæpə'θetɪklɪ] *adv* avec apathie OR indifférence.

apathy ['æpəθɪ] *n* apathie *f*, indifférence *f*.

APB (*abbr of* all points bulletin) *n Am message radio diffusé par la police concernant une personne recherchée*.

ape [eɪp] ◇ *n* -1. [monkey] grand singe *m*, anthropoïde *m spec*. -2. *pej* [person] brute *f*. -3. *inf Am*: to go ~ devenir fou; she went ~ over his new painting elle s'est emballée pour son nouveau tableau.
◇ *vt* singer.

ape-man (*pl* ape-men) *n* homme-singe *m*.

Apennines ['æpɪnaɪnz] *pl pr n*: the ~ l'Apennin *m*, les Apennins *mpl*.

aperient [ə'pɪərɪənt] MED ◇ *adj* laxatif.
◇ *n* laxatif *m*.

aperiodic [ˌeɪpɪərɪ'ɒdɪk] *adj* apériodique.

aperitif [əperə'tiːf] *n* apéritif *m*.

aperture ['æpəˌtjʊə'] *n* -1. [opening] ouverture *f*, orifice *m*; [gap] brèche *f*, trouée *f*. -2. PHOT ouverture *f* (du diaphragme).

apex ['eɪpeks] (*pl* apexes OR apices ['eɪpɪsiːz]) *n* [of triangle] sommet *m*, apex *m*; to reach the ~ of one's career *fig* atteindre le point culminant OR le sommet de sa carrière.

APEX ['eɪpeks] *n Br* (*abbr of* advance purchase excursion): ~ fare tarif *m* apex.

aphasia [ə'feɪzjə] *n* aphasie *f*.

aphelion [æ'fiːljən] (*pl* aphelia [-ljə]) *n* aphélie *m*.

aphesis ['æfɪsɪs] (*pl* apheses [-siːz]) *n* aphérèse *f*.

aphid ['eɪfɪd] *n* puceron *m*.

aphis ['eɪfɪs] (*pl* aphides ['eɪfɪdiːz]) *n* aphididé *m*.

aphonic [eɪ'fɒnɪk] *adj* aphone.

aphorism ['æfərɪzm] *n* aphorisme *m*.

aphrodisiac [ˌæfrə'dɪzɪæk] ◇ *adj* aphrodisiaque.
◇ *n* aphrodisiaque *m*.

Aphrodite [ˌæfrə'daɪtɪ] *pr n* Aphrodite.

API (*abbr of* American Press Institute) *pr n association de journalistes américains*.

apiarist ['eɪpjərɪst] *n* apiculteur *m*, -trice *f*.

apiary ['eɪpjərɪ] (*pl* apiaries) *n* rucher *m*.

apical ['æpɪkl] *adj* apical; ~ consonant LING apicale *f*.

apices ['eɪpɪsiːz] *pl* → **apex**.

apiculture ['eɪpɪkʌltʃə'] *n* apiculture *f*.

apiece [ə'piːs] *adv* -1. [for each item] chacun *m*, -e *f*, (la) pièce; the plants are £3 ~ les plantes coûtent 3 livres pièce OR chacune. -2. [for each person] chacun *m*, -e *f*, par personne; we had two shirts ~ nous avions deux chemises chacun.

aplenty [ə'plentɪ] *adj lit*: she's always had money ~ elle a toujours eu beaucoup OR énormément d'argent.

aplomb [ə'plɒm] *n* sang-froid *m*, aplomb *m usu pej*.

apnoea *Br*, **apnea** *Am* [æp'nɪə] *n* apnée *f*.

APO (*abbr of* Army Post Office) *n service postal de l'armée*.

Apocalypse [ə'pɒkəlɪps] *n* Apocalypse *f*.

apocalyptic [əˌpɒkə'lɪptɪk] *adj* apocalyptique.

apocopate [*adj* ə'pɒkəʊpɪt, *vb* ə'pɒkəʊpeɪt] ◇ *adj* apocopé.
◇ *vt* abréger par apocope.

apocope [ə'pɒkəʊpɪ] *n* apocope *f*.

Apocrypha [ə'pɒkrɪfə] *npl*: the ~ les Apocryphes *mpl*.

apocryphal [ə'pɒkrɪfl] *adj* apocryphe.

apodosis [ə'pɒdəsɪs] (*pl* apodoses [-siːz]) *n* apodose *f*.

apogee ['æpədʒiː] *n* ASTRON & *fig* apogée *m*: to reach the ~ of one's career atteindre le sommet OR le point culminant de sa carrière.

apolitical [ˌeɪpə'lɪtɪkəl] *adj* apolitique.

Apollo [ə'pɒləʊ] *pr n* -1. MYTH Apollon. -2. [spacecraft] Apollo *m*; the ~ program le programme Apollo.

Apollonian [ˌæpə'ləʊnjən] *adj* apollinien.

Apollonius [ˌæpə'ləʊnjəs] *pr n* Apollonios.

apologetic [əˌpɒlə'dʒetɪk] *adj* -1. [person]: she was very ~ for being late elle s'est excusée plusieurs fois d'être arrivée en retard; he was most ~ il s'est confondu en excuses. -2. [letter, look, note, smile] d'excuse.

apologetically [əˌpɒlə'dʒetɪklɪ] *adv* [say] en s'excusant, pour s'excuser; [smile] pour s'excuser.

apologetics [əˌpɒlə'dʒetɪks] *n (U)* apologétique *f*.

apologia [ˌæpə'ləʊdʒɪə] *n* apologie *f*.

apologist [ə'pɒlədʒɪst] *n* apologiste *mf*.

apologize, -ise [ə'pɒlədʒaɪz] *vi* s'excuser; I ~d profusely je me suis confondu en excuses; there's no need to ~ inutile de vous excuser; he ~d to them for the delay il leur a demandé de l'excuser pour son retard; ~ to the lady demande pardon à la dame.

apology [ə'pɒlədʒɪ] (*pl* apologies) *n* -1. [expression of regret] excuses *fpl*; they were full of apologies ils se sont confondus en excuses; to make one's apologies to sb s'excuser auprès de qqn; I owe him an ~ je lui dois des excuses; we demand an ~ nous exigeons des excuses; please accept my sincere ~ je vous présente mes plus sincères excuses; the director sends his apologies le directeur vous prie de l'excuser; a letter of ~ une lettre d'excuses. -2. [defence] apologie *f*. -3. *Br pej* [poor example]: he's a mere ~ for a man c'est un nul.

apolune ['æpəluːn] *n* apolune *f*.

apoplectic [ˌæpə'plektɪk] ◇ *adj* apoplectique; to have an ~ fit avoir OR faire une attaque d'apoplexie.
◇ *n* apoplectique *mf*.

apoplexy ['æpəpleksɪ] *n* apoplexie *f*.

apostasy [ə'pɒstəsɪ] (*pl* apostasies) *n* apostasie *f*.

apostate [ə'pɒsteɪt] ◇ *adj* apostat.
◇ *n* apostat *m*, -e *f*.

apostatize, -ise [ə'pɒstətaɪz] *vi* apostasier.

apostle [ə'pɒsl] *n* RELIG OR *fig* apôtre *m*; the Apostles' Creed le Symbole des Apôtres.

apostolic [ˌæpə'stɒlɪk] *adj* apostolique.

apostrophe [ə'pɒstrəfɪ] *n* apostrophe *f*.

apostrophize, -ise [ə'pɒstrəfaɪz] *vt* apostropher.

apothecary [ə'pɒθəkərɪ] (*pl* apothecaries) *n* pharmacien *m*, -enne *f*, apothicaire *m arch*.

apothem ['æpəθem] *n* apothème *m*.

apotheosis [əˌpɒθɪ'əʊsɪs] (*pl* apotheoses [-siːz]) *n* apothéose *f*.

appal *Br*, **appall** *Am* [ə'pɔːl] (*pt* & *pp* appalled, *cont* appalling) *vt* [scandalize] choquer, scandaliser; [horrify] écœurer; she was appalled at OR by the very thought l'idée même l'écœurait.

Appalachia [ˌæpə'leɪtʃjə] *pr n* région *f* des Appalaches.

Appalachian [ˌæpə'leɪtʃjən] ◇ *pr n*: the ~s, the ~ Mountains les (monts *mpl*) Appalaches *mpl*.
◇ *adj* appalachien.

appall *Am* = **appal**.

appalled [ə'pɔːld] *adj* écœuré.

appalling [ə'pɔːlɪŋ] *adj* écœurant, infect.

appallingly [ə'pɔːlɪŋlɪ] *adv* -1. [badly] de façon écœurante. -2. [as intensifier] effroyablement; an ~ bad film un film effroyablement mauvais.

apparatchik [ˌæpə'rætʃɪk] *n* apparatchik *m*.

apparatus [ˌæpə'reɪtəs] (*pl inv* OR apparatuses) *n* -1. *(U)* [equipment] équipement *m*; [set of instruments] instruments *mpl*; ~ criticus, critical ~ LITERAT appareil *m* OR apparat *m* critique. -2. *(U)* [in gymnasium] agrès *mpl*; exercises on the ~, ~ work exercices *mpl* aux agrès. -3. [machine] appareil *m*; heating ~ appareil de chauffage. -4. ANAT appareil *m*; the digestive ~ l'appareil digestif. -5. [organization]: the ~ of government la machine administrative, l'administration *f*.

apparel [ə'pærəl] (*Br pt* & *pp* apparelled, *cont* apparelling, *Am pt* & *pp* appareled, *cont* appareling) ◇ *n* -1. *lit* OR *arch* [garb] costume *m*, mise *f*. -2. *Am* [clothes] habillement *m*, vêtements *mpl*; [industry] confection *f*.
◇ *vt lit* OR *arch* [dress] vêtir, habiller; [adorn] orner; he was apparelled in the robes of state il avait revêtu son costume d'apparat.

apparent [ə'pærənt] *adj* -1. [obvious] évident, apparent; the tension between them had become ~ to us all nous sentions tous désormais la tension qui existait entre eux; the need for better education facilities is becoming increasingly ~ il est de plus en plus évident qu'il faut améliorer le système éducatif; for no ~ reason sans raison apparente. -2. [seeming] apparent, supposé; I admire the ~ ease with which she does the work j'admire l'apparente facilité avec laquelle elle exécute le travail.

apparently [ə'pærəntlɪ] *adv* -1. [seemingly] apparemment, en apparence; she was ~ quite calm and collected elle paraissait assez calme et sereine. -2. [according to rumour] à ce qu'il paraît; he ~ quit his job il paraît qu'il a démissionné; is she leaving? — ~ not elle part? — on dirait que non; that's ~ the reason il paraît que c'est pour ça; ~, they had a huge row il paraît qu'ils se sont violemment disputés.

apparition [ˌæpə'rɪʃn] *n* apparition *f*.

appeal [ə'piːl] ◇ *n* -1. [request] appel *m*; she made an ~ on behalf of the victims elle a lancé un appel au profit des victimes; we made an ~ for money to help the refugees nous avons fait un appel de fonds pour aider les réfugiés; an ~ for help un appel au secours; an ~ for funds COMM & FIN un appel de fonds. -2. JUR appel *m*, pourvoi *m*; to enter OR to lodge an ~ interjeter appel, se pourvoir en appel; on ~ en seconde instance; notice of ~ infirmation *f*; right of ~ droit *m* d'appel; with no right of ~ sans appel. -3. [attraction] attrait *m*, charme *m*; travelling has lost its ~ for me je n'aime plus voyager, les voyages ne m'intéressent plus; the idea does have a certain ~ l'idée est bien séduisante.
◇ *vi* -1. [make request] faire un appel; [publicly] lancer un appel; [plead] supplier, implorer; she ~ed to me to be patient elle m'a prié d'être patient; they're ~ing for help for the victims ils lancent un appel au profit des victimes; to ~ for funds COMM & FIN faire un appel de fonds. -2. to ~ to sthg [invoke] faire appel à qqch; she ~ed to his sense of justice elle a fait appel à son sens de la justice. -3. [apply] faire appel; he ~ed to them for help il leur a demandé du secours; they ~ed to the management for better working conditions ils ont fait appel à la direction pour obtenir de meilleures conditions de travail; he ~ed against the decision il a fait appel contre cette décision. -4. JUR interjeter appel, se pourvoir en appel; to ~ against a sentence appeler d'un jugement. -5. [please] plaire; the programmes ~ most to children

ces émissions plaisent particulièrement aux enfants; **the book ~s to the reader's imagination** ce livre parle à l'imagination du lecteur; **the idea ~ed to me** l'idée m'a séduit; **it doesn't really ~ to me** ça ne m'attire pas vraiment, ça ne me dit pas grand-chose.

appeal court *n* cour *f* d'appel.

appealing [ə'piːlɪŋ] *adj* -**1.** [attractive - dress, person] joli; [- idea, plan] intéressant. -**2.** [moving] émouvant, attendrissant; [imploring] suppliant, implorant; **he had sad, ~ eyes** il avait un regard triste et implorant.

appealingly [ə'piːlɪŋlɪ] *adv* -**1.** [charmingly] de façon attrayante. -**2.** [beseechingly] d'un air suppliant OR implorant.

appear [ə'pɪəʳ] *vi* -**1.** [come into view - person, ghost, stars] apparaître; **he suddenly ~ed round the corner** il a soudain surgi au coin de la rue; **the sun ~ed from behind a cloud** le soleil est sorti de derrière un nuage; **she ~ed to him in a vision** elle lui est apparue dans une vision; **she finally ~ed at about 8 o'clock** elle est arrivée finalement vers 20 h. -**2.** [come into being] apparaître; [new product] apparaître, être mis sur le marché; [publication] paraître, sortir, être publié. -**3.** [feature] paraître, figurer; **the father figure often ~s in his films** le personnage du père figure souvent dans ses films. -**4.** [be present officially] se présenter, paraître; [in court] comparaître; **to ~ before the court** OR **the judge** comparaître devant le tribunal; **he ~ed on a charge of murder** il a été jugé pour meurtre; **they ~ed as witnesses for the defence** ils ont témoigné pour la défense; **he ~ed for the accused** il a plaidé pour l'accusé. -**5.** [actor] jouer; **she ~ed as Antigone** elle a joué Antigone; **to ~ in a play** jouer dans une pièce; **to ~ on TV** passer à la télévision. -**6.** [seem] paraître, sembler; **she ~ed nervous** elle avait l'air nerveux OR nerveuse; **the baby ~ed quite content** le bébé semblait plutôt satisfait; **how does the situation ~ to you?** comment voyez-vous la situation?; **there ~s to have been a mistake** il semble qu'il y ait eu erreur; **it ~s she never received the letter** il semble qu'elle n'ait jamais reçu la lettre; **it ~s not** il semble que non; **so it ~s, so it would ~** c'est ce qu'il semble, on dirait bien; **is she ill? – it ~s so** est-elle malade? – il paraît (que oui); **it would ~ that he was already known to the police** il semble qu'il était déjà connu des services de police; **it ~ed later that he had killed his wife** il est ensuite apparu qu'il avait assassiné sa femme; **there ~s to be a mistake in the bill** on dirait qu'il y a une erreur dans la facture; **it ~s the driver was drunk** il semble que le conducteur avait bu; **it ~s to me that he lied** il me semble qu'il a menti.

appearance [ə'pɪərəns] *n* -**1.** [act of appearing] apparition *f*; **the antibiotics help guard against the ~ of further infections** les antibiotiques contribuent à éviter l'apparition de nouvelles infections; **she made a brief ~ at the party** elle a fait une brève apparition à la fête; **the president made a personal ~** le président est apparu en personne; **to put in an ~** faire acte de présence. -**2.** [advent] avènement *m*; [of new product] mise *f* sur le marché; [of publication] parution *f*. -**3.** [in court] comparution *f*; **to make an ~ before a court** OR **a judge** comparaître devant un tribunal. -**4.** [performance]: **this was her first ~ on the stage** c'était sa première apparition sur scène; **she's made a number of television ~s** elle est passée plusieurs fois à la télévision; **offers have flooded in since her television ~** les propositions ont afflué depuis son passage à la télévision; **in order of ~** par ordre d'entrée en scène. -**5.** [outward aspect] apparence *f*, aspect *m*; **to have a good ~** [person] présenter bien; **I tried to give the ~ that I cared** j'ai essayé de donner l'impression que ça ne m'était pas indifférent; **it has all the ~s of being a first-class show** si l'on en juge par les apparences, ce devrait être un spectacle de premier ordre; **to** OR **by all ~s he doesn't work very hard** selon toute apparence, il ne travaille pas beaucoup; **contrary to all ~s, against all ~s** contrairement à toute apparence; **~s can be deceptive** les apparences sont parfois trompeuses; **don't judge by ~s** ne vous fiez pas aux apparences, il ne faut pas se fier aux apparences; **his parents tried hard to keep up ~s** ses parents ont tout fait pour sauver les apparences; **for ~s' sake** pour la forme.

appease [ə'piːz] *vt* apaiser, calmer.

appeasement [ə'piːzmənt] *n* apaisement *m*; *pej* & POL conciliation *f*.

appellant [ə'pelənt] ◇ *adj* appelant.
◇ *n* partie *f* appelante, appelant *m*, -e *f*.

appellate [ə'pelət] *adj*: **~ court** cour *f* d'appel.

appellation [ˌæpə'leɪʃn] *n* appellation *f*.

appellative [ə'pelətɪv] ◇ *adj* appellatif.
◇ *n* appellatif *m*.

append [ə'pend] *vt fml* [document, note] joindre; [signature] apposer.

appendage [ə'pendɪdʒ] *n* [gen & ZOOL] appendice *m*.

appendectomy [ˌæpen'dektəmɪ] (*pl* **appendectomies**) *n* appendicectomie *f*.

appendicectomy [əˌpendɪ'sektəmɪ] (*pl* **appendicectomies**) = **appendectomy**.

appendices [ə'pendɪsiːz] *pl* → **appendix**.

appendicitis [əˌpendɪ'saɪtɪs] *n* appendicite *f*; **have you had ~?** avez-vous eu l'appendicite?

appendix [ə'pendɪks] (*pl* **appendixes** OR **appendices** [-dɪsiːz]) *n* -**1.** ANAT appendice *m*; **to have one's ~ out** se faire opérer de l'appendicite. -**2.** [to book] appendice *m*; [to report] annexe *f*.

appertain [ˌæpə'teɪn] *vi fml* [belong]: **to ~ to** appartenir à; **land ~ing to the Crown** des terres appartenant à la Couronne; **those islands ~ to the United States** ces îles font partie des États-Unis || [relate]: **to ~ to** relever de; **the responsibilities ~ing to adulthood** les responsabilités de l'âge adulte; **duties ~ing to his position** des devoirs qui incombent à ses fonctions.

appetite ['æpɪtaɪt] *n* appétit *m*; **she has a good ~** elle a bon appétit; **I've got no ~** je n'ai pas d'appétit; **I've lost my ~** j'ai perdu l'appétit; **don't have too many sweets, you'll spoil your ~** ne mange pas trop de bonbons, ça va te couper l'appétit; **they've gone for a swim to work up an ~** ils sont allés se baigner pour s'ouvrir l'appétit OR se mettre en appétit; **I have no ~ for that kind of thing** *fig* je n'ai pas de goût pour ce genre de chose; **he has an insatiable ~ for work** *fig* c'est un boulimique du travail.

appetizer, -iser ['æpɪtaɪzəʳ] *n* [food] hors-d'œuvre *m inv*, amuse-gueule *m*; [drink] apéritif *m*.

appetizing, -ising ['æpɪtaɪzɪŋ] *adj* appétissant.

Appian ['æpɪən] *adj*: **the ~ Way** la voie Appienne.

applaud [ə'plɔːd] ◇ *vi* applaudir.
◇ *vt* applaudir, approuver; **his efforts are to be ~ed** il faut applaudir ses efforts.

applause [ə'plɔːz] *n* (*U*) applaudissements *mpl*, acclamations *fpl*; **his performance won enthusiastic ~ from the audience** son interprétation a été chaleureusement applaudie par le public; **she left the stage to thunderous ~** elle quitta la scène sous un tonnerre d'applaudissements.

apple ['æpl] *n* [fruit] pomme *f*; [tree] pommier *m*; **~ blossom** fleur *f* de pommier; **~ core** trognon *m* de pomme; **~ tree** pommier *m*; **the ~ of discord** *lit* & *fig* la pomme de discorde; **he's a rotten ~** c'est un mauvais sujet; **she's the ~ of his eye** il tient à elle comme à la prunelle de ses yeux; **don't upset the ~ cart** *inf* ne fiche pas tout par terre; **an ~ a day keeps the doctor away** *prov* chaque jour une pomme conserve son homme *prov*.

applejack ['æpldʒæk] *n* eau-de-vie *f* de pommes.

apple pie *n* [covered] tourte *f* aux pommes; [open] tarte *f* aux pommes.

◆ **apple-pie** *inf adj* impeccable; **in apple-pie order** en ordre parfait ❑ **apple-pie bed** *Br* lit *m* en portefeuille.

apple sauce *n* -**1.** CULIN compote *f* de pommes. -**2.** *inf fig Am* & *Can* boniments *mpl*.

appliance [ə'plaɪəns] *n* -**1.** appareil *m*; [small] dispositif *m*, instrument *m*; **domestic** OR **household ~s** appareils électroménagers; **electrical ~s** appareils électriques. -**2.** [fire engine] autopompe *f*.

applicable ['æplɪkəbl] *adj* applicable.

applicant ['æplɪkənt] *n* -**1.** [gen, for patent] demandeur *m*, -euse *f*; [for a position] candidat *m*, -e *f*, postulant *m*, -e *f*; **a job ~** un candidat à un poste, un postulant. -**2.** JUR requérant *m*, -e *f*.

application [ˌæplɪ'keɪʃn] *n* -**1.** [use] application *f*; **the ~ of free market economics to communist systems** l'application de l'économie de marché aux régimes communistes; **the practical ~s of the research** les applications pratiques de la recherche || [of lotion, paint] application *f*; **'for external ~ only'** MED 'réservé à l'usage externe'. -**2.** [request] demande *f*; **a job ~** [spontaneous] une demande d'emploi; [in answer to advertisement] une candidature à un poste; **I submitted my ~ for a scholarship** j'ai fait ma demande de bourse; **further information is available upon ~** des renseignements complémentaires sont disponibles sur simple demande; **he made an ~ to the committee for a hearing** il s'est adressé au comité pour obtenir une audition; **we made an ~ for citizenship** nous avons fait une demande de naturalisation. -**3.** [diligence] assiduité *f*; **this student lacks ~** cet étudiant manque d'assiduité. -**4.** [relevance] pertinence *f*.

application form *n* formulaire *m*; [detailed] dossier *m* de candidature; UNIV dossier *m* d'inscription.

application program *n* programme *m* d'application.

applicator ['æplɪkeɪtəʳ] *n* applicateur *m*.

applied [ə'plaɪd] *adj* [gen, LING, MATH & SCI] appliqué; **~ arts** arts *mpl* décoratifs.

appliqué [æ'pliːkeɪ] ◇ *n* [decoration] application *f*; [decorative work] travail *m* d'application.
◇ *vt* coudre en application.

apply [ə'plaɪ] (*pt* & *pp* **applied**) ◇ *vt* -**1.** [use] appliquer, mettre en pratique OR en application; [rule, law] appliquer; **we ~ the same rule to all students** nous appliquons la même règle à OR pour tous les étudiants. -**2.** [pressure]: **to ~ pressure to sthg** exercer une pression OR appuyer sur qqch; **she applied the brakes** elle a appuyé sur le frein; **the authorities applied pressure on the company to change its policy** *fig* les autorités ont fait pression sur la société pour qu'elle change de politique. -**3.** [paint, lotion etc] appliquer, mettre; **~ antiseptic to the wound** désinfectez la plaie; **~ the paint using a roller** appliquez la peinture à l'aide d'un rouleau; **to ~ heat to sthg** exposer qqch à la chaleur; **the doctor applied heat to her back** le médecin lui a traité le dos par la thermothérapie. -**4.** [devote]: **to ~ one's mind to sthg** s'appliquer à qqch; **she applied herself to her work** elle s'est lancée dans son travail; **he must learn to ~ himself** il faut qu'il apprenne à s'appliquer.
◇ *vi* -**1.** [make an application] s'adresser, avoir recours; **~ to the personnel office** adressez-vous au service du personnel; **'~ within'** 's'adresser à l'intérieur OR ici'; **to ~ for a job/scholarship** faire une demande d'emploi/de bourse; **he applied to the Research Council for an award** il s'est adressé au conseil de la recherche pour obtenir une bourse; **she has decided to ~ for the job** elle a décidé de poser sa candidature pour cet emploi; **we applied for a patent** nous avons déposé une demande de brevet; **the right to ~ to the courts** JUR le droit au recours juridictionnel. -**2.** [be relevant] s'appliquer; **and that applies to you too!** et ça s'applique aussi à toi!; **this law applies to all citizens** cette loi s'applique à tous

les citoyens; **this doesn't ~ to us** nous ne sommes pas concernés; **his criticism applies to all journalists** ses critiques s'appliquent à tous les journalistes.

appoint [əˈpɔɪnt] *vt* -**1.** [assign] nommer, désigner; **she was ~ed to the post of director** elle a été nommée directrice; **the members ~ed him president** les adhérents l'ont nommé président; **the president ~ed a committee** le président a constitué un comité ‖ [hire]: **we have ~ed a new cook** nous avons engagé un nouveau cuisinier. -**2.** [date, place] fixer, désigner; **we met on the ~ed day** nous nous sommes rencontrés au jour dit OR convenu; **let's ~ a time for the meeting** fixons une heure pour la réunion; **his ~ed agent** son agent attitré. -**3.** *Br fml* [furnish] aménager, installer; **a well-~ed house** une maison bien aménagée. -**4.** *arch* OR JUR [prescribe, ordain] ordonner, prescrire.

appointee [əpɔɪnˈtiː] *n* candidat *m* retenu, candidate *f* retenue, titulaire *mf*.

appointment [əˈpɔɪntmənt] *n* -**1.** [arrangement] rendez-vous *m*; **to make an ~ with sb** prendre rendez-vous avec qqn; **I made an ~ with the dentist** j'ai pris rendez-vous chez le dentiste; **they made an ~ to have lunch together** ils se sont donné rendez-vous pour déjeuner; **he has a 4 o'clock ~** il a un rendez-vous à 16 heures; **she only sees people by ~** elle ne reçoit que sur rendez-vous; **do you have an ~?** avez-vous (pris) rendez-vous?; **he had to cancel his ~s** il a dû annuler ses rendez-vous; **she has an important ~ to keep** elle doit aller à un rendez-vous important; **we have an ~ with the president** nous avons rendez-vous avec le président. -**2.** [nomination] nomination *f*, désignation *f*; [office filled] poste *m*; [posting] affectation *f*; **his ~ to the office of Lord Chancellor** sa nomination au poste de grand chancelier; **there are still some ~s to be made** il y a encore quelques postes à pourvoir; **by ~ to Her Majesty the Queen** COMM fournisseur *m* de S.M. la Reine ‖ [in newspaper]: '**~s**' 'offres *fpl* d'emploi'.

apportion [əˈpɔːʃn] *vt* [blame] répartir; [money] répartir, partager.

apposite [ˈæpəzɪt] *adj* juste, pertinent; **an ~ remark** une remarque très à propos.

apposition [ˌæpəˈzɪʃn] *n* apposition *f*; **a noun/phrase in ~** un nom/une expression en apposition.

appositive [əˈpɒzətɪv] *adj* en apposition.

appraisal [əˈpreɪzl] *n* appréciation *f*, évaluation *f*; **an official ~** une expertise □ **performance ~** [in company] évaluation.

appraise [əˈpreɪz] *vt* [object] estimer, évaluer (la valeur de); [importance, quality] évaluer, apprécier; **they ~d the damage after the fire** ils évaluèrent les dégâts après l'incendie.

appraising [əˈpreɪzɪŋ] *adj*: **she shot him an ~ glance** elle lui a lancé un coup d'œil pour le jauger.

appreciable [əˈpriːʃəbl] *adj* sensible, appréciable.

appreciably [əˈpriːʃəblɪ] *adv* sensiblement, de manière appréciable.

appreciate [əˈpriːʃɪeɪt] ◇ *vt* -**1.** [value] apprécier; [art] apprécier, goûter; [person] apprécier (à sa juste valeur); **they ~ good food** ils apprécient la bonne nourriture. -**2.** [be grateful for] être reconnaissant de, être sensible à; **I ~ your help** je vous suis reconnaissant de votre aide; **I would ~ a prompt reply to this letter** je vous serais obligé de bien vouloir me répondre dans les plus brefs délais; **I would ~ it if you didn't smoke in the car** je vous serais reconnaissant OR je vous saurais gré de ne pas fumer dans la voiture; **he greatly ~s this honour** il est très sensible à cet honneur. -**3.** [realize, understand] se rendre compte de, être conscient de; **he never ~d its true worth** il ne l'a jamais estimé à sa juste valeur; **I do ~ your concern but...** votre sollicitude me touche beaucoup mais...; **do you ~ how hard I try?** est-ce que tu te rends compte des efforts que je fais?; **we fully ~ the situation** nous nous rendons parfaitement compte de la situation. -**4.** [increase in value] accroître la valeur de.

◇ *vi* [increase in value - currency] monter; [- goods, property] prendre de la valeur.

appreciation [əˌpriːʃɪˈeɪʃn] *n* -**1.** [gratitude] reconnaissance *f*; **let me show my ~ for your help** laissez-moi vous témoigner ma reconnaissance; **she smiled her ~** son sourire témoignait de sa reconnaissance; **in ~ of what you have done** en remerciement OR pour vous remercier de ce que vous avez fait. -**2.** [assessment, understanding] évaluation *f*, estimation *f*; [of art, literature] critique *f*; **she wrote** OR **gave an ~ of the play** elle a fait une critique de la pièce; **he has a thorough ~ of the situation** il comprend très bien la situation. -**3.** [increase in value] hausse *f*, augmentation *f*.

appreciative [əˈpriːʃjətɪv] *adj* -**1.** [admiring] admiratif; **after a few ~ comments** après quelques remarques élogieuses; **an ~ look** un regard admiratif. -**2.** [grateful] reconnaissant; **I am very ~ of your help/concern** je te suis très reconnaissant de ton aide/ta sollicitude.

appreciatively [əˈpriːʃjətɪvlɪ] *adv* [with enjoyment] joyeusement; **he smiled ~** [gratefully] il eut un sourire reconnaissant; [admiringly] il eut un sourire appréciatif.

apprehend [ˌæprɪˈhend] *vt fml* -**1.** [arrest] arrêter, appréhender. -**2.** [understand] comprendre, saisir. -**3.** [fear, dread] redouter, appréhender.

apprehension [ˌæprɪˈhenʃn] *n* -**1.** [fear] inquiétude *f*, appréhension *f*; **there is no cause for ~** il n'y a pas de raison d'être inquiet. -**2.** *fml* [arrest] arrestation *f*. -**3.** *fml* [understanding] compréhension *f*.

apprehensive [ˌæprɪˈhensɪv] *adj* inquiet, craintif; **he is ~ about the interview** il appréhende l'entrevue; **I am ~ for your safety** je crains OR je suis inquiet pour votre sécurité.

apprehensively [ˌæprɪˈhensɪvlɪ] *adv* avec appréhension OR inquiétude.

apprentice [əˈprentɪs] ◇ *n* apprenti *m*, -e *f*; [in arts and crafts] élève *mf*; **she's an electrician's ~** elle est apprentie électricienne.

◇ *comp*: **an ~ toolmaker/butcher** un apprenti outilleur/boucher; **an ~ draughtsman** un élève dessinateur □ **the Apprentice Boys' Parade** *manifestation annuelle de jeunes protestants en Irlande du Nord.*

◇ *vt*: **to ~ sb to sb** mettre qqn en apprentissage OR placer qqn comme apprenti chez qqn; **he is ~d to a sculptor** il suit une formation chez un sculpteur; **she is ~d to a violin-maker** elle est en apprentissage chez un luthier.

apprenticeship [əˈprentɪʃɪp] *n* apprentissage *m*; **a two-year ~** un apprentissage de deux ans.

apprise [əˈpraɪz] *vt fml* informer, prévenir; **he was ~d of the danger** on l'a averti du danger.

appro *inf* [ˈæprəʊ] (*abbr of* approval) *n Br*: **on ~** à OR sous condition, à l'essai.

approach [əˈprəʊtʃ] ◇ *vt* -**1.** *literal* [person, place] s'approcher de, s'avancer vers; **as we ~ed Boston** comme nous approchions de Boston ‖ *fig* [state, time, quality] approcher de; **she is ~ing fifty** elle approche de la cinquantaine; **we are ~ing a time when...** le jour approche où...; **we have nothing ~ing that colour** nous n'avons rien qui se rapproche de cette couleur; **speeds ~ing the speed of light** des vitesses proches de celle de la lumière; **it was ~ing Christmas** Noël approchait; **a feeling ~ing hatred** un sentiment proche de la haine. -**2.** [consider] aborder; **let's ~ the problem from another angle** abordons le problème d'une autre façon; **that's not the way to ~ it** ce n'est pas comme cela qu'il faut s'y prendre. -**3.** [speak to] parler à; **to be easy/difficult to ~** être d'un abord facile/difficile; **a salesman ~ed me** un vendeur m'a abordé; **I ~ed him about the job** je lui ai parlé du poste; **they ~ed him about doing a deal** ils sont entrés en contact avec lui pour conclure un marché.

◇ *vi* [person, vehicle] s'approcher; [time, event] approcher, être proche.

◇ *n* -**1.** [of person, vehicle] approche *f*, arrivée *f*; **she heard his ~** elle l'a entendu venir; **the pilot began his ~ to Heathrow** le pilote commença sa descente sur OR vers Heathrow ‖ [of time, death] approche *f*, approches *fpl*; **the ~ of spring** la venue du printemps. -**2.** [way of tackling] façon *f*, approche *f*; **another ~ to the problem** une autre façon d'aborder le problème; **his ~ is all wrong** il s'y prend mal; **a new ~ to dealing with unemployment** une nouvelle conception de la lutte contre le chômage; **let's try the direct ~** allons-y sans détours; **this book adopts a non-scientific ~ to the subject** ce livre aborde le sujet d'une manière non scientifique. -**3.** [proposal] proposition *f*; **the shopkeeper made an ~ to his suppliers** le commerçant a fait une proposition à ses fournisseurs. -**4.** [access] voie *f* d'accès; **the ~es to the town** les approches *fpl* OR les abords *mpl* de la ville; **the ~ to the house/hotel is very impressive** les abords de la maison/l'hôtel sont très imposants; **the ~es to the beach** les chemins qui mènent à la plage; **the soldiers blocked all ~es to the camp** les soldats bloquèrent toutes les voies d'accès au camp; **the ~ to the summit** le chemin qui mène au sommet. -**5.** *fml* [approximation] ressemblance *f*, apparence *f*.

approachable [əˈprəʊtʃəbl] *adj* [place] accessible, approchable; [person] abordable, approchable.

approaching [əˈprəʊtʃɪŋ] *adj* [event] prochain, qui est proche; [vehicle] qui vient en sens inverse.

approach road *n Br* route *f* d'accès; [to motorway] voie *f* de raccordement, bretelle *f*.

approach shot *n* [in golf] approche *f*.

approbation [ˌæprəˈbeɪʃn] *n* approbation *f*, consentement *m*; **a nod/smile of ~** un signe de tête/un sourire approbateur.

appropriate [*adj* əˈprəʊprɪət, *vb* əˈprəʊprɪeɪt] ◇ *adj* [moment, decision] opportun; [word] bien venu, juste; [name] bien choisi; [authority] compétent; **the level of contribution ~ for** OR **to each country** la contribution appropriée à chaque pays; **music/remarks ~ to the occasion** de la musique/des propos de circonstance; **take the ~ action** prenez les mesures appropriées; **it wouldn't be ~ if she went** il ne serait pas convenable qu'elle y aille; **I am not the ~ person to ask** ce n'est pas à moi qu'il faut poser la question.

◇ *vt* -**1.** [take for o.s.] s'approprier, s'emparer de. -**2.** [set aside] affecter; **the funds ~d for** OR **to the school** l'argent affecté à l'école.

appropriately [əˈprəʊprɪətlɪ] *adv* convenablement; [speak] avec à-propos, pertinemment; [decide] à juste titre; **~ dressed** habillé comme il faut OR pour la circonstance; **the restaurant is ~ named** le restaurant porte bien son nom.

appropriateness [əˈprəʊprɪətnɪs] *n* [of moment, decision] opportunité *f*; [of remark] justesse *f*.

appropriation [əˌprəʊprɪˈeɪʃn] *n* -**1.** [taking for o.s.] appropriation *f*. -**2.** [allocation of money] dotation *f*; *Am* POL crédit *m* budgétaire; **allotment of ~s** répartition *f* des budgets □ **~s bill** projet *m* de loi de finances; **Appropriations Committee** *commission des finances de la Chambre des Représentants qui examine les dépenses.*

approval [əˈpruːvl] *n* -**1.** [favourable opinion] approbation *f*, accord *m*; **a gesture of ~** un signe approbateur; **the plan has your seal of ~, then?** alors tu donnes ton approbation pour le projet?; **to meet with sb's ~** obtenir OR recevoir l'approbation de qqn; **does the report meet with your ~?** êtes-vous satisfait du rapport? -**2.** [sanction] approbation *f*, autorisation *f*; **submit the proposal for his ~** soumettez la proposition à son approbation. -**3.** COMM: **to buy sthg on ~** acheter qqch à OR sous condition; **articles sent on ~** marchandises envoyées à titre d'essai.

approve [ə'pruːv] *vt* [plan, proposal etc] approuver; [agreement, treaty] ratifier, homologuer; **the plan must be ~d by the committee** il faut que le projet reçoive l'approbation du comité; **an appliance ~d by the authorities** un appareil agréé par les autorités.
◆ **approve of** *vt insep* approuver; [person] avoir une bonne opinion de; **I don't ~ of his ideas** je n'approuve pas OR je désapprouve ses idées; **they don't ~ of her going out with that man** ils n'apprécient pas du tout qu'elle sorte avec cet homme; **do you ~ of the proposal?** êtes-vous d'accord avec la proposition?; **she doesn't ~ of her son's friends** les amis de son fils ne lui plaisent pas.

approved [ə'pruːvd] *adj* -**1.** [method, practice] reconnu, admis. -**2.** [authorized] autorisé, admis.

approved school *n nom anciennement donné en Grande-Bretagne à un centre d'éducation surveillée (aujourd'hui appelé «community home»).*

approving [ə'pruːvɪŋ] *adj* approbateur, approbatif.

approvingly [ə'pruːvɪŋlɪ] *adv* d'une façon approbatrice; **she looked at him ~** elle l'a regardé d'un air approbateur; **he spoke ~** il a parlé d'un ton approbateur.

approx. (*written abbr of* **approximately**) approx., env.

approximate [*adj* ə'prɒksɪmət, *vb* ə'prɒksɪmeɪt]
◇ *adj* approximatif; **the ~ distance to town is 5 miles** il y a à peu près 5 miles d'ici à la ville; **he told the ~ truth** il ne disait qu'une partie de la vérité; **figures ~ to the nearest whole number** des chiffres arrondis au nombre entier le plus proche.
◇ *vi*: **to ~ to sthg** se rapprocher de qqch; **his answer ~d to a refusal** sa réponse était presque un refus.

approximately [ə'prɒksɪmətlɪ] *adj* à peu près, environ.

approximation [əˌprɒksɪ'meɪʃn] *n* approximation *f*.

appurtenance [ə'pɜːtɪnəns] *n* (*usu pl*) *fml* accessoire *m*; **the property and its ~s** [buildings, gardens etc] la propriété et ses dépendances; [legal rights & privileges] la propriété et ses circonstances et dépendances.

Apr. (*written abbr of* **April**) avr.

APR *n* -**1.** (*abbr of* **annualized percentage rate**) TEG *m*. -**2.** (*abbr of* **annual purchase rate**) taux *m* annuel.

après-ski [ˌæpreɪ'skiː] ◇ *n* après-ski *m*.
◇ *comp* [clothing, outfit] d'après-ski.

apricot ['eɪprɪkɒt] ◇ *n* -**1.** [fruit] abricot *m*; [tree] abricotier *m*. -**2.** [colour] abricot *(inv)*.
◇ *comp* -**1.** [jam] d'abricots; [pie, tart] aux abricots. -**2.** [colour, paint, wallpaper] abricot *(inv)*.

apricot tree *n* abricotier *m*.

April ['eɪprəl] *n* avril *m*; **~ Fools' Day** le premier avril; **an ~ fool** [person] *personne à qui l'on a fait un poisson d'avril*; [trick] un poisson d'avril; **~ fool!** poisson d'avril!; **~ showers** giboulées *fpl* de mars; **~ showers bring forth May flowers** *prov* les giboulées de mars apportent les fleurs du printemps *prov*.

APRIL FOOLS' DAY:
En Grande-Bretagne, le premier avril est l'occasion de farces en tous genres; en revanche, la tradition du poisson en papier n'existe pas.

---

a priori [ˌeɪpraɪ'ɔːraɪ] *adj* a priori.

apriorism [eɪ'praɪərɪzm] *n* apriorisme *m*.

apron ['eɪprən] *n* -**1.** [gen & TECH] tablier *m*; **he is tied to his mother's ~ strings** il est pendu aux jupes de sa mère. -**2.** AERON aire *f* de stationnement. -**3.** THEAT = **apron stage**.

apron stage *n* avant-scène *f*.

apropos ['æprəpəʊ] ◇ *adj* opportun, à propos.
◇ *adv* à propos, opportunément.
◆ **apropos of** *prep phr* à propos de.

apse [æps] *n* [in church] abside *f*; ASTRON apside *f*.

apt [æpt] *adj* -**1.** [person]: **to be ~ to do sthg** faire qqch facilement, être porté à faire qqch; **I am ~ to forget** j'oublie facilement; **people are ~ to believe the worst** les gens croient facilement le pire ‖ [things]: **to be ~ to do sthg** être susceptible de faire qqch; **it's the little things that are ~ to get forgotten** ce sont les petites choses sans importance que l'on oublie facilement; **buttons are ~ to get lost** les boutons se perdent facilement. -**2.** [suitable] convenable, approprié; [remark] juste, qui convient; **an ~ expression** une expression heureuse. -**3.** [clever] doué, intelligent.

apt. (*written abbr of* **apartment**) appt.

APT (*abbr of* **advanced passenger train**) *n Br train à grande vitesse*, ≃ TGV *m*.

aptitude ['æptɪtjuːd] *n* aptitude *f*, disposition *f*; **to have an ~ for sthg** avoir une aptitude à OR disposition pour qqch; **he has an ~ for languages** il a des dispositions OR un talent pour les langues; **she shows great ~** elle promet.

aptitude test *n* test *m* d'aptitude.

aptly ['æptlɪ] *adv* à OR avec propos, avec justesse; **the dog, Spot, was ~ named** le chien, Spot, portait OR méritait bien son nom; **as you so ~ pointed out...** comme tu l'as si bien fait remarquer...

aptness ['æptnɪs] *n* -**1.** [appropriateness] à-propos *m*, justesse *f*. -**2.** [tendency] tendance *f*. -**3.** [talent] aptitude *f*, disposition *f*.

Apulia [ə'pjuːljə] *pr n* Pouille *f*, Pouilles *fpl*; **in ~** dans les Pouilles.

AQ (*abbr of* **achievement quotient**) *n quotient d'aptitude obtenu en divisant l'âge d'aptitude par l'âge réel du sujet.*

aqualung ['ækwəlʌŋ] *n* scaphandre *m* autonome.

aquamarine [ˌækwəmə'riːn] ◇ *n* [stone] aigue-marine *f*; [colour] bleu vert *m inv*.
◇ *adj* bleu vert *(inv)*.

aquanaut ['ækwənɔːt] *n* plongeur *m*, scaphandrier *m*.

aquaplane ['ækwəpleɪn] ◇ *n* aquaplane *m*.
◇ *vi* -**1.** SPORT faire de l'aquaplane. -**2.** *Br* [car] faire de l'aquaplanage *m*.

aquarium [ə'kweərɪəm] (*pl* **aquariums** OR **aquaria** [-rɪə]) *n* aquarium *m*.

Aquarius [ə'kweərɪəs] ◇ *pr n* ASTROL & ASTRON Verseau *m*; **it's the age of ~** ≃ c'est l'ère du Verseau.
◇ *n*: **he's (an) ~** il est (du signe du) Verseau.

aquatic [ə'kwætɪk] *adj* aquatique; [sport] nautique.

aquatics [ə'kwætɪks] *npl* sports *mpl* aquatiques.

aquatint ['ækwətɪnt] *n* aquatinte *f*.

aquavit ['ækwəvɪt] *n* aquavit *m*, akvavit *m*.

aqueduct ['ækwɪdʌkt] *n* aqueduc *m*.

aqueous ['eɪkwɪəs] *adj* aqueux.

aqueous humour *n* humeur *f* aqueuse.

aquifer ['ækwɪfəʳ] *n* nappe *f* aquifère.

aquilegia [ˌækwɪ'liːdʒjə] *n* BOT ancolie *f*.

aquiline ['ækwɪlaɪn] *adj* aquilin; [nose] aquilin, en bec d'aigle.

Aquinas [ə'kwaɪnæs] *pr n*: **Saint Thomas ~** saint Thomas d'Aquin.

Aquitaine [ˌækwɪ'teɪn] *pr n* Aquitaine *f*; **in ~** en Aquitaine; **the ~ Basin** le bassin d'Aquitaine.

AR *written abbr of* **Arkansas**.

ARA (*abbr of* **Associate of the Royal Academy**) *n membre associé de la RA.*

Arab ['ærəb] ◇ *n* -**1.** [person] Arabe *mf*. -**2.** [horse] cheval *m* arabe.
◇ *adj*: **the ~-Israeli Wars** le conflit israélo-arabe; **the ~ League** la Ligue arabe; **the United ~ Emirates** les Émirats *mpl* arabes unis.

ARAB:
En anglais le mot «Arab» désigne l'ensemble des ressortissants des pays de culture arabe, et surtout de l'Arabie Saoudite. Il n'a pas le sens restreint de «Maghrébin» que l'on rencontre souvent en français: «the firm was bought by a wealthy Arab family».

---

arabesque [ˌærə'besk] *n* arabesque *f*.

Arabia [ə'reɪbjə] *pr n* Arabie *f*.

Arabian [ə'reɪbjən] ◇ *adj* arabe, d'Arabie; **the ~ Desert** le désert d'Arabie; **'the ~ Nights ('Entertainment)'** 'les Mille et Une Nuits'; **the ~ Peninsula** la péninsule d'Arabie; **the ~ Sea** la mer d'Arabie.
◇ *n* Arabe *mf*.

Arabic ['ærəbɪk] ◇ *n* arabe *m*; **written ~** l'arabe littéral.
◇ *adj* arabe; **~ numerals** les chiffres *mpl* arabes.

Arabist ['ærəbɪst] *n* [scholar] arabisant *m*, -e *f*; [politician] pro-Arabe *mf*.

arable ['ærəbl] *adj* arable, cultivable; [crops] cultivable; [farm] agricole; [farmer] qui cultive la terre; **~ farming** culture *f*.

Arachne [ə'ræknɪ] *pr n* Arachné.

arachnid [ə'ræknɪd] *n* arachnide *m*.

Aragon ['ærəgən] *pr n* Aragon *m*; **in ~** en Aragon.

arak ['ærək] = **arrack**.

Aral Sea ['ɑːrəl-] *pr n*: **the ~** la mer d'Aral.

ARAM (*abbr of* **Associate of the Royal Academy of Music**) *n membre associé de la RAM.*

Aramaean, Aramean [ˌærə'miːən] *adj* araméen.

Aramaic [ˌærə'meɪɪk] ◇ *n* araméen *m*.
◇ *adj* araméen.

Aran ['ærən] *adj* -**1.** **the ~ Islands** les îles *fpl* Aran. -**2.** [sweater] Aran *(de grosse laine naturelle)*.

arbiter ['ɑːbɪtəʳ] *n* arbitre *m*, médiateur *m*, -trice *f*; **magazines act as ~s of modern taste** *fig* les magazines se font les juges OR les arbitres des goûts de notre société.

arbitrage [ˌɑːbɪ'trɑːʒ] *n* arbitrage *m*.

arbitrageur [ˌɑːbɪtrɑː'ʒɜːʳ] *n* arbitragiste *mf*.

arbitrarily [*Br* 'ɑːbɪtrərəlɪ, *Am* ˌɑːrbə'trerəlɪ] *adv* arbitrairement.

arbitrariness ['ɑːbɪtrərɪnɪs] *n* [of decision, choice] côté *m* arbitraire.

arbitrary ['ɑːbɪtrərɪ] *adj* arbitraire.

arbitrate ['ɑːbɪtreɪt] ◇ *vt* arbitrer, juger.
◆ *vi* décider en qualité d'arbitre, arbitrer.

arbitration [ˌɑːbɪ'treɪʃn] *n* [gen & INDUST] arbitrage *m*; **both parties have gone to ~** les deux parties ont recouru à l'arbitrage; **they referred the dispute to ~** ils ont soumis le conflit à l'arbitrage; **settlement by ~** règlement *m* par arbitrage ❑ **~ court** OR **tribunal** instance *f* chargée d'arbitrer les conflits sociaux, tribunal *m* arbitral; **~ clause** clause *f* compromissoire.

arbitrator ['ɑːbɪtreɪtəʳ] *n* arbitre *m*, médiateur *m*, -trice *f*; **the dispute has been referred to the ~** le litige a été soumis à l'arbitrage.

arbor ['ɑːbəʳ] *n* -**1.** *Am* = **arbour**. -**2.** TECH arbre *m*, mandrin *m*.

arboreal [ɑː'bɔːrɪəl] *adj* [form] arborescent; [animal, technique] arboricole.

arboretum [ˌɑːbə'riːtəm] (*pl* **arboretums** OR **arboreta** [-tə]) *n* arboretum *m*.

arbour *Br*, **arbor** *Am* ['ɑːbəʳ] *n* tonnelle *f*, charmille *f arch*.

arbutus [ɑː'bjuːtəs] *n* arbousier *m*.

arc [ɑːk] ◇ *n* arc *m*.
◇ *vi* -**1.** [gen] décrire un arc; **the ball ~ed up into the air** la balle décrivit un arc de cercle dans les airs. -**2.** ELEC projeter OR cracher des étincelles.

ARC [ɑːk] (*abbr of* **AIDS-related complex**) *n* ARC *m*.

arcade [ɑːˈkeɪd] *n* [set of arches] arcade *f*, galerie *f*; [shopping] galerie *f* marchande.

Arcadia [ɑːˈkeɪdjə] *pr n* Arcadie *f*; in ~ en Arcadie.

Arcadian [ɑːˈkeɪdjən] ◇ *n* Arcadien *m*, -enne *f*.
◇ *adj* arcadien, d'Arcadie.

Arcady [ˈɑːkədɪ] = **Arcadia**.

arcane [ɑːˈkeɪn] *adj* mystérieux, ésotérique.

arch [ɑːtʃ] ◇ *n* -**1.** ARCHIT arc *m*; [in church] arc *m*, voûte *f*. -**2.** [of eyebrows] courbe *f*; [of foot] cambrure *f*, voûte *f* plantaire; to have fallen ~es MED avoir les pieds plats OR *spec* un affaissement de la voûte plantaire.
◇ *vt* arquer, cambrer; he ~ed his back il a cambré le dos; the cat ~ed its back le chat fit le gros dos.
◇ *vi* former voûte, s'arquer.
◇ *adj* -**1.** [leading] grand, par excellence; my ~ rival mon principal adversaire; he is an ~ traitor c'est le traître par excellence; the ~ villain in the play le principal scélérat de la pièce. -**2.** [mischievous] coquin, espiègle; [look, smile, tone] malin, espiègle.

archaeology *etc Br* = **archeology**.

archaeopteryx [ˌɑːkɪˈɒptərɪks] *n* archéoptéryx *m*.

archaic [ɑːˈkeɪɪk] *adj* archaïque.

archaism [ˈɑːkeɪɪzm] *n* archaïsme *m*.

archangel [ˈɑːkˌeɪndʒəl] *n* archange *m*; the Archangel Gabriel l'archange Gabriel, saint Gabriel archange.

archbishop [ˌɑːtʃˈbɪʃəp] *n* archevêque *m*; the Archbishop of Canterbury l'archevêque de Cantorbéry; the Archbishop of York l'archevêque de York.

ARCHBISHOP:
L'archevêque de Cantorbéry est le chef spirituel de l'Église anglicane; l'archevêque de Westminster est le chef spirituel de l'Église catholique de Grande-Bretagne.

---

archbishopric [ˌɑːtʃˈbɪʃəprɪk] *n* archevêché *m*.

archdeacon [ˌɑːtʃˈdiːkən] *n* archidiacre *m*.

archdiocese [ˌɑːtʃˈdaɪəsɪs] *n* archidiocèse *m*.

archduchess [ˌɑːtʃˈdʌtʃɪs] *n* archiduchesse *f*.

archduchy [ˌɑːtʃˈdʌtʃɪ] (*pl* **archduchies**) *n* archiduché *m*.

archduke [ˌɑːtʃˈdjuːk] *n* archiduc *m*.

arched [ɑːtʃt] *adj* -**1.** [roof, window] cintré. -**2.** [back, foot] cambré; [eyebrows] arqué.

archenemy [ˌɑːtʃˈenɪmɪ] (*pl* **archenemies**) *n* pire ennemi *m*; the Archenemy RELIG Satan.

archeological [ˌɑːkɪəˈlɒdʒɪkl] *adj* archéologique.

archeologist [ˌɑːkɪˈɒlədʒɪst] *n* archéologue *mf*.

archeology [ˌɑːkɪˈɒlədʒɪ] *n* archéologie *f*.

archer [ˈɑːtʃəʳ] *n* archer *m*; the Archer ASTROL le Sagittaire.

archery [ˈɑːtʃərɪ] *n* tir *m* à l'arc.

archetypal [ˌɑːkɪˈtaɪpl] *adj* archétype, archétypique, archétypal.

archetype [ˈɑːkɪtaɪp] *n* archétype *m*.

archetypical [ˌɑːkɪˈtɪpɪkl] = **archetypal**.

Archimedes [ˌɑːkɪˈmiːdiːz] *pr n* Archimède; ~' principle le principe d'Archimède; ~' screw vis *f* d'Archimède.

archipelago [ˌɑːkɪˈpelɪgəʊ] (*pl* **archipelagoes** OR **archipelagos**) *n* archipel *m*.

archiphoneme [ˈɑːkɪˌfəʊniːm] *n* archiphonème *m*.

architect [ˈɑːkɪtekt] *n* architecte *mf*; *fig* artisan *m*, créateur *m*, -trice *f*.

architectonic [ˌɑːkɪtekˈtɒnɪk] *adj* architectonique.

architectonics [ˌɑːkɪtekˈtɒnɪks] *n* (*U*) architectonique *f*.

architectural [ˌɑːkɪˈtektʃərəl] *adj* architectural.

architecturally [ˌɑːkɪˈtektʃərəlɪ] *adv* au OR du point de vue architectural.

architecture [ˈɑːkɪtektʃəʳ] *n* [gen & COMPUT] architecture *f*.

architrave [ˈɑːkɪtreɪv] *n* architrave *f*.

archive [ˈɑːkaɪv] ◇ *n*: the ~s les archives *fpl* ‖ [repository] archives *fpl*, dépôt *m*; a national ~ of photographs des archives nationales de photographies.
◇ *comp* des archives; the book uses a lot of ~ photographs le livre contient beaucoup de photos d'archives.
◇ *vt* archiver.

archivist [ˈɑːkɪvɪst] *n* archiviste *mf*.

archly [ˈɑːtʃlɪ] *adv* d'un air espiègle OR malicieux.

archpriest [ˌɑːtʃˈpriːst] *n* archiprêtre *m*.

archway [ˈɑːtʃweɪ] *n* porche *m*; [long] galerie *f*, arcades *fpl*.

arc lamp, arc light *n* lampe *f* à arc; CIN & TV sunlight *m*.

ARCM (*abbr of* Associate of the Royal College of Music) *n membre associé du RCM.*

arctic [ˈɑːktɪk] ◇ *adj* -**1.** arctique. -**2.** *fig* [cold] glacial.
◇ *n Am* [overshoe] couvre-chaussure *m*.
◆ **Arctic** [ˈɑːktɪk] ◇ *pr n*: the Arctic (Ocean) l'(océan *m*) Arctique *m*; in the Arctic dans l'Arctique.
◇ *adj* arctique.

Arctic Circle *pr n*: the ~ le cercle polaire arctique.

arctic skua *n* labbe *m* parasite.

arctic tern *n* sterne *f* arctique.

arc weld *n* soudure *f* à l'arc voltaïque.
◆ **arc-weld** *vt* souder à l'arc voltaïque.

arc-welding *n* soudure *f* à l'arc voltaïque.

ardent [ˈɑːdənt] *adj* [keen] ardent, passionné; an ~ admirer un fervent admirateur.

ardently [ˈɑːdəntlɪ] *adv* ardemment, passionnément.

ardour *Br*, **ardor** *Am* [ˈɑːdəʳ] *n* ardeur *f*, passion *f*.

arduous [ˈɑːdjʊəs] *adj* ardu, difficile; [work, task] laborieux, pénible; [path] ardu, raide; [hill] raide, escarpé.

arduously [ˈɑːdjʊəslɪ] *adv* péniblement, laborieusement.

arduousness [ˈɑːdjʊəsnɪs] *n* difficulté *f*.

are [*vb weak form* əʳ, *strong form* ɑːʳ, *n* ɑːʳ] ◇ → **be**.
◇ *n* are *m*.

area [ˈeərɪə] ◇ *n* -**1.** [surface size] superficie *f*, aire *f*; the garden is 500 m^2 in ~, the garden has OR covers an ~ of 500 m^2 le jardin a une superficie de 500 m^2. -**2.** [region] région *f*; MIL territoire *m*; [small] secteur *m*, zone *f*; we're staying in the New York ~ nous restons dans OR nous ne quittons pas la région de New York; the Greater London ~ l'agglomération *f* de Londres; a residential/shopping ~ un quartier résidentiel/commercial; in the whole ~ [neighbourhood] dans tout le quartier; [political region] dans toute la région ❑ a conservation ~ un site classé; a protected wildlife ~ une réserve naturelle; ~ of outstanding natural beauty *zone naturelle protégée*; a disaster ~ *literal* une région sinistrée; *fig* un champ de bataille; your sister's a walking disaster ~! ta sœur est une vraie catastrophe ambulante! -**3.** [part, section] partie *f*; [of room] coin *m*; living/eating ~ coin salon/salle à manger; a large kitchen ~ une grande cuisine. -**4.** [of study, investigation, experience] domaine *m*, champ *m*; in the foreign policy ~ dans le domaine de la politique étrangère.
◇ *comp* [manager, office] régional.

area code *n Br* code *m* postal; *Am* TELEC indicatif *m* de zone.

areaway [ˈeərɪəweɪ] *n* courette *f* en contre-bas.

areca [ˈærɪkə] *n* BOT: ~ (tree) aréquier *m*; ~ nut noix *f* d'arec.

arena [əˈriːnə] *n* arène *f*; the challenger entered the ~ le challenger est descendu dans l'arène; when he entered the electoral ~ *fig* quand il est entré en lice pour les élections; the political ~ *fig* l'arène politique.

aren't [ɑːnt] = **are not**.

Arethusa [ˌærɪˈθjuːzə] *pr n* Aréthuse.

Argentina [ˌɑːdʒənˈtiːnə] *pr n* Argentine *f*; in ~ en Argentine.

Argentine [ˈɑːdʒəntaɪn] ◇ *n* Argentin *m*, -e *f*.
◇ *adj* argentin.

Argentinian [ˌɑːdʒənˈtɪnɪən] ◇ *n* Argentin *m*, -e *f*.
◇ *adj* argentin; the ~ embassy l'ambassade *f* d'Argentine.

argie-bargie *inf* [ˌɑːdʒɪˈbɑːdʒɪ] = **argy-bargy**.

argon [ˈɑːgɒn] *n* argon *m*.

Argonaut [ˈɑːgənɔːt] *n*: the ~s les Argonautes *mpl*.

argosy [ˈɑːgəsɪ] (*pl* **argosies**) *n lit* OR *arch* -**1.** [ship] galion *m* de commerce. -**2.** [fleet] flotte *f* de galions.

argot [ˈɑːgəʊ] *n* argot *m*.

arguable [ˈɑːgjʊəbl] *adj* -**1.** [questionable] discutable, contestable. -**2.** [plausible] défendable; it is ~ that... on peut soutenir que...

arguably [ˈɑːgjʊəblɪ] *adv* possiblement; the Beatles are ~ the most popular group of all time on pourrait dire OR on peut soutenir que les Beatles sont le groupe le plus populaire de tous les temps.

argue [ˈɑːgjuː] ◇ *vi* -**1.** [quarrel] se disputer; they're always arguing about money ils se disputent tout le temps à propos d'argent; don't let's ~ ne nous disputons pas; stop arguing! arrêtez de vous disputer!; she ~s with her sister almost constantly elle se dispute presque constamment avec sa sœur. -**2.** [reason] argumenter; she ~d for/against raising taxes elle a soutenu qu'il fallait/ne fallait pas augmenter les impôts; we ~d (about it) all day nous (en) avons discuté toute la journée; he ~d from the historical aspect ses arguments étaient de nature historique; the facts ~ for the evolutionary theory les faits plaident en faveur de la théorie évolutionniste ‖ JUR témoigner; everything ~s in her favour tout témoigne en sa faveur; the evidence ~s against him les preuves sont contre lui.
◇ *vt* -**1.** [debate] discuter, débattre; a well-~d case une cause bien présentée OR défendue; why do you always have to ~ the toss *inf* OR point? pourquoi faut-il toujours que tu ergotes OR chicanes? -**2.** [person] convaincre; he ~d me into/out of staying il m'a persuadé/dissuadé de rester; they ~d her into continuing her studies ils l'ont convaincue OR persuadée de continuer ses études. -**3.** [maintain] soutenir, affirmer; she ~s that war is always pointless elle affirme OR soutient que la guerre ne sert jamais à rien. -**4.** *fml* [indicate] indiquer; their attitude ~s a certain ignorance leur attitude indique une certaine ignorance.
◆ **argue out** *vt sep* régler; we'll have to ~ it out! il va falloir nous mettre d'accord!

argument [ˈɑːgjʊmənt] *n* -**1.** [quarrel] dispute *f*; they had another ~ about politics ils se sont encore disputés à propos de politique; he had an ~ with a lamppost *hum* il a rencontré un réverbère. -**2.** [debate] discussion *f*, débat *m*; for the sake of ~ à titre d'exemple; it is open to ~ whether... on peut s'interroger pour savoir si...; you should listen to both sides of the ~ vous devriez écouter les deux versions de l'histoire; she got the better of the ~ elle l'a emporté dans la discussion. -**3.** [reasoning] argument *m*; I didn't follow his (line of) ~ je n'ai pas suivi son raisonnement; their ~ was that the plan was too expensive ils soutenaient que le projet était trop cher; there is a strong ~ in favour of the proposal il y a de bonnes raisons pour soutenir OR appuyer cette proposition. -**4.** [of book, play] argument *m*, sommaire *m*.

argumentation [ˌɑːgjʊmenˈteɪʃn] *n* argumentation *f*.

argumentative [ˌɑːgjʊˈmentətɪv] *adj* ergoteur, chicaneur; she is extremely ~ elle a l'esprit de contradiction.

Argus [ˈɑːgəs] *pr n* Argos, Argus.

argy-bargy *inf* [ˌɑːdʒɪˈbɑːdʒɪ] (*pl* argy-bargies) *n (U) Br* chamailleries *fpl*; there was a bit of ~ over who should do it il y a eu des histoires pour savoir qui devait le faire.

argyle [ɑːˈgaɪl] ◇ *adj* à motifs de losanges.
◇ *n* chaussette *f* avec des losanges.

aria [ˈɑːrɪə] *n* aria *f*.

Ariadne [ˌærɪˈædnɪ] *pr n* Ariane.

Arian [ˈeərɪən] ◇ *n* Arien *m*, -enne *f*.
◇ *adj* arien.

Arianism [ˈeərɪənɪzm] *n* arianisme *m*.

ARIBA (*abbr of* Associate of the Royal Institute of British Architects) *n membre associé du RIBA*.

arid [ˈærɪd] *adj* -1. *literal* sec, desséché. -2. *fig* [of no interest] aride, ingrat; [fruitless] stérile.

aridity [æˈrɪdətɪ] *n literal & fig* aridité *f*, stérilité *f*.

Aries [ˈeəriːz] ◇ *pr n* ASTROL & ASTRON Bélier *m*.
◇ *n*: I'm an ~ je suis (du signe du) Bélier.

aright [əˈraɪt] *adv* bien, correctement; to set things ~ arranger les choses; his explanation set matters ~ son explication a arrangé la situation OR l'affaire.

arise [əˈraɪz] (*pt* arose [əˈrəʊz], *pp* arisen [əˈrɪzn]) *vi* -1. [appear, happen] survenir, se présenter; there arose a great cheer *lit* des acclamations se firent entendre; if complications should ~ si des complications survenaient; a doubt arose in his mind un doute est apparu dans son esprit; if the need ~s en cas de besoin; if the occasion ~s si l'occasion se présente. -2. [result] résulter; a problem that ~s from this decision un problème qui résulte OR découle de cette décision; matters arising from the last meeting des questions soulevées lors de la dernière réunion. -3. *lit* [person] se lever; [sun] se lever, paraître.

Aristides [ˌærɪˈstaɪdiːz] *pr n* Aristide.

aristocracy [ˌærɪˈstɒkrəsɪ] (*pl* aristocracies) *n* aristocratie *f*.

aristocrat [*Br* ˈærɪstəkræt, *Am* əˈrɪstəkræt] *n* aristocrate *mf*.

aristocratic [*Br* ˌærɪstəˈkrætɪk, *Am* əˌrɪstəˈkrætɪk] *adj* aristocratique.

Aristophanes [ˌærɪˈstɒfəniːz] *pr n* Aristophane.

Aristotelian [ˌærɪstɒˈtiːljən] ◇ *adj* aristotélicien.
◇ *n* Aristotélicien *m*, -enne *f*.

Aristotle [ˈærɪstɒtl] *pr n* Aristote.

arithmetic [*n* əˈrɪθmətɪk, *adj* ˌærɪθˈmetɪk] ◇ *n* arithmétique *f*; mental ~ calcul *m* mental.
◇ *adj* arithmétique.

arithmetical [ˌærɪθˈmetɪkl] *adj* arithmétique.

arithmetician [əˌrɪθməˈtɪʃn] *n* arithméticien *m*, -enne *f*.

arithmetic progression *n* progression *f* arithmétique.

Arizona [ˌærɪˈzəʊnə] *pr n* Arizona *m*; in ~ dans l'Arizona.

ark [ɑːk] *n* arche *f*; this machine must have come out of the ~ *hum* cet appareil doit remonter au déluge OR est vieux comme Hérode ❑ the Ark of the Covenant l'arche d'alliance; Noah's Ark l'arche de Noé.

Arkansas [ˈɑːkənsɔː] *pr n* Arkansas *m*; in ~ dans l'Arkansas.

arm [ɑːm] ◇ *n* -1. ANAT bras *m*; he carried a book under his ~ il portait un livre sous le bras; to hold sthg in one's ~s tenir qqch dans ses bras; to hold sb in one's ~s étreindre OR tenir qqn dans ses bras; with his wife on his ~ avec sa femme à son bras; he offered her his ~ il lui a offert son bras; she flung her ~s around my neck elle s'est jetée à mon cou; he put his ~ round her il a passé son bras autour d'elle; she put her ~ round my shoulders elle a passé son bras autour de mes épaules; he took her in his ~s il l'a prise dans ses bras; with ~s folded les bras croisés; he stood with his ~s wide apart il se tenait les bras écartés; to welcome sb/sthg with open ~s accueillir qqn/qqch à bras ouverts; within ~'s reach à portée de la main; at ~'s length à bout de bras; we kept him at ~'s length nous l'avons tenu à bout de bras ❑ a list as long as your ~ *fig* une liste qui n'en finit pas OR interminable; the long ~ of the law le bras de la justice; I'd give my right ~ for that job je donnerais cher OR n'importe quoi pour obtenir cet emploi; the house cost them an ~ and a leg *inf* la maison leur a coûté les yeux de la tête. -2. [of sea, machinery] bras *m*; [of clothing] manche *f*; [of spectacle frames] branche *f*; [of furniture] bras *m*, accoudoir *m*; [of record player] bras *m*. -3. [section] section *f*, branche *f*; Sinn Fein is the political ~ of the IRA Sinn Fein est la section politique de l'IRA.
◇ *vt* -1. [person, country] armer; ~ed with an umbrella *fig* muni OR armé d'un parapluie; to ~ o.s. with the facts/evidence *fig* s'armer de faits/preuves. -2. [missile] munir d'une (tête d') ogive; [bomb, fuse] armer.
◇ *vi* s'armer, prendre les armes.
◆ **arm in arm** *adv phr* bras dessus bras dessous; they walked along the street ~ in ~ ils marchaient dans la rue bras dessus bras dessous.

armada [ɑːˈmɑːdə] *n* armada *f*; the Armada l'Armada *f*.

armadillo [ˌɑːməˈdɪləʊ] (*pl* armadillos) *n* tatou *m*.

Armageddon [ˌɑːməˈgedn] *n* Apocalypse *f*; *fig* apocalypse *f*.

Armalite® [ˈɑːməlaɪt] *n* Armalite® *m*.

armament [ˈɑːməmənt] *n* -1. [fighting force] force *f* de frappe. -2. [weaponry] armement *m*, matériel *m* de guerre. -3. [preparation for war] armement *m*.
◆ **armaments** *npl* armement *m*.

armature [ˈɑːməˌtjʊəʳ] *n* [gen] armature *f*; [of magnet] armature *f*; [of motor] induit *m*; ZOOL carapace *f*.

armband [ˈɑːmbænd] *n* brassard *m*; [mourning] brassard *m* de deuil, crêpe *m*.

armchair [ˈɑːmtʃeəʳ] ◇ *n* fauteuil *m*.
◇ *adj* en chambre; an ~ gardener/traveller un jardinier/voyageur en chambre.

armed [ɑːmd] *adj* -1. [with weapons] armé; they were ~ with knives ils étaient armés de couteaux; the minister arrived at the press conference ~ with pages of statistics *fig* le ministre est arrivé à la conférence de presse armé OR muni de pages entières de statistiques ❑ ~ conflict conflit *m* armé; ~ robbery JUR vol *m* OR attaque *f* à main armée; ~ to the teeth armé jusqu'aux dents. -2. [missile] muni d'une (tête d') ogive; [bomb, fuse] armé.

-armed *in cpds* aux bras...; long~ aux bras longs; one~ à un seul bras.

armed forces *npl* forces *fpl* armées; to be in the ~ être dans les forces armées.

Armenia [ɑːˈmiːnjə] *pr n* Arménie *f*; in ~ en Arménie.

Armenian [ɑːˈmiːnjən] ◇ *n* -1. [person] Arménien *m*, -enne *f*. -2. LING arménien *m*.
◇ *adj* arménien.

armful [ˈɑːmfʊl] *n* brassée *f*; she had an ~ of flowers elle portait une brassée de fleurs; in ~s, by the ~ par pleines brassées, par brassées entières.

armhole [ˈɑːmhəʊl] *n* emmanchure *f*.

armistice [ˈɑːmɪstɪs] *n* armistice *m*.

Armistice Day *n* l'Armistice *m*.

ARMISTICE DAY:
La fête de l'armistice de la première guerre mondiale est maintenant célébrée le dimanche le plus proche du 11 novembre, qu'on appelle «Remembrance Sunday».

---

armlet [ˈɑːmlɪt] *n* [armband] brassard *m*; [bracelet] bracelet *m*.

armor *etc Am* = **armour**.

armorial [ɑːˈmɔːrɪəl] ◇ *adj* armorial; ~ bearings armoiries *fpl*.
◇ *n* armorial *m*.

Armorica [ɑːˈmɒrɪkə] *pr n* Armorique *f*.

Armorican [ɑːˈmɒrɪkən] ◇ *n* Armoricain *m*, -e *f*.
◇ *adj* armoricain.

armour *Br*, **armor** *Am* [ˈɑːməʳ] *n* -1. HIST armure *f*; in full ~ armé de pied en cap. -2. *(U)* MIL [plating] blindage *m*; [vehicles] blindés *mpl*; [forces] forces *fpl* blindées. -3. [of animal] carapace *f*.

armour-clad *Br*, **armor-clad** *Am adj* blindé; [ship] blindé, cuirassé.

armoured *Br*, **armored** *Am* [ˈɑːməd] *adj* -1. MIL blindé. -2. [animal] cuirassé, à carapace.

armoured car *n* voiture *f* blindée.

armourer *Br*, **armorer** *Am* [ˈɑːmərəʳ] *n* armurier *m*.

armour-piercing *adj* [mine, gun] antichar; [shell, bullet] perforant.

armour plate *n* blindage *m*; [on ship] cuirasse *f*.
◆ **armour-plate** *vt* blinder; an armour-plated vehicle un véhicule blindé.

armour plating = **armour plate**.

armoury *Br*, **armory** *Am* [ˈɑːmərɪ] (*Br pl* armouries, *Am pl* armories) *n* arsenal *m*, dépôt *m* d'armes; *fig* [resources] arsenal *m*; *Am* [arms factory] armurerie *f*, fabrique *f* d'armes.

armpit [ˈɑːmpɪt] *n* aisselle *f*.

armrest [ˈɑːmrəst] *n* accoudoir *m*.

arms [ɑːmz] *npl* -1. [weapons] arme *f*; to ~! aux armes!; to bear ~ porter les armes; lay down your ~! déposez vos armes!; to take up ~ against sb/sthg s'insurger contre qqn/qqch ❑ to be up in ~: the villagers are up in ~ over the planned motorway la proposition de construction d'une autoroute a provoqué une levée de boucliers parmi les villageois; the unions are up in ~ over the new legislation les syndicats s'élèvent OR partent en guerre contre la nouvelle législation; 'Arms and the Man' *Shaw* 'le Héros et le soldat'. -2. HERALD armes *fpl*, armoiries *fpl*.
comp: ~ control contrôle *m* des armements; ~ dealer armurier *m*; ~ manufacturer fabricant *m* d'armes, armurier *m*.

arm's-length *adj* -1. [not intimate] distant, froid; they have an ~ relationship ils gardent leurs distances. -2. COMM: ~ price *prix fixé dans les conditions normales de la concurrence*.

arms race *n* course *f* aux armements.

arm-twisting *inf* [-ˈtwɪstɪŋ] *n (U)* pressions *fpl*.

arm-wrestle *vi*: to ~ with sb faire une partie de bras de fer avec qqn.

arm wrestling *n* bras *m* de fer.

army [ˈɑːmɪ] (*pl* armies) ◇ *n* -1. MIL armée *f* (de terre); to go into OR to join the ~ s'engager; he was drafted into the ~ il a été appelé sous les drapeaux; she is going into the ~ elle s'engage; is he in the ~? est-ce qu'il est militaire OR dans l'armée?; an ~ of occupation une armée d'occupation. -2. *fig* [multitude] foule *f*, multitude *f*; an ~ of tourists descend on the town every summer une armée de touristes envahit la ville tous les étés.
◇ *comp* [life, nurse, truck, uniform] militaire; [family] de militaires; ~ brat *inf Am* gosse *mf* de militaire OR de militaires; ~ corps corps *m* d'armée; ~ officer officier *m* de l'armée de terre.

army ant *n* doryline *f*, fourmi *f* légionnaire.

Army List *n Br* annuaire *m* militaire OR des officiers de carrière *(de l'armée de terre)*.

A-road *n route nationale britannique*.

aroma [əˈrəʊmə] *n* arôme *m*; an ~ of coffee un arôme de café.

aromatherapy [əˌrəʊməˈθerəpɪ] *n* aromathérapie *f*.

aromatic [ˌærəˈmætɪk] ◇ *adj* aromatique.
◇ *n* aromate *m*.

aromatize, -ise [əˈrəʊmətaɪz] *vt* aromatiser.

arose [əˈrəʊz] *pt* → **arise**.

around [əˈraʊnd] ◇ *adv* -1. [in all directions] autour; the fields all ~ les champs tout autour; for 5 miles ~ sur OR dans un rayon de 5 miles. -2. [nearby] pas loin; stay OR stick ~ restez dans les parages; he's ~ somewhere il n'est pas loin, il est dans le coin; will you be ~ this afternoon? tu seras là cet après-midi?; see you ~! à un de ces jours! -3. [in existence]: that firm has been ~ for years cette société existe depuis des années; he's one of the most promising actors ~ at the moment c'est un des acteurs les plus prometteurs que l'on puisse voir en ce moment; there wasn't much money ~ in those days les gens n'avaient pas beaucoup d'argent à l'époque; he won't be ~ long! il ne fera pas de vieux os! -4. [here and there] ici et là; to travel ~ voyager; to wander ~ faire un tour ❑ I don't know my way ~ yet je suis encore un peu perdu; he's been ~ *inf* [has travelled widely] il a pas mal roulé sa bosse; [is experienced] il n'est pas né d'hier. -5. = **round**.

◇ *prep* -1. [encircling] autour de; seated ~ a table assis autour d'une table; the people ~ us les gens qui nous entourent OR autour de nous; the area ~ Berlin les alentours *mpl* OR les environs *mpl* de Berlin; ~ the world in 80 days le tour du monde en 80 jours; the tree measures two metres ~ the trunk l'arbre mesure deux mètres de circonférence || *fig*: find a way (to get) ~ the problem trouvez un moyen de contourner le problème; my keys are somewhere ~ here mes clés sont quelque part par ici. -2. [through]: they travelled ~ Europe ils ont voyagé à travers l'Europe; we strolled ~ town nous nous sommes promenés en ville. -3. [approximately] autour de; ~ midnight autour de OR vers minuit; ~ 5 o'clock vers 5 h; ~ 1920 vers OR aux alentours de 1920; he's ~ your age il a environ OR à peu près votre âge.

around-the-clock *adj*: ~ protection/surveillance protection *f*/surveillance *f* 24 heures sur 24.

arousal [ə'raʊzl] *n* excitation *f*, stimulation *f*.

arouse [ə'raʊz] *vt* -1. [stimulate] stimuler, provoquer; the sound ~d their curiosity/suspicions le bruit a éveillé leur curiosité/leurs soupçons; his pleading ~d their contempt ses implorations n'ont suscité que leur mépris; sexually ~d excité (sexuellement). -2. [awaken] réveiller, éveiller; she ~d him from a deep sleep elle l'a tiré d'un profond sommeil.

arpeggio [ɑː'pedʒɪəʊ] *n* arpège *m*.

arrack ['ærək] *n* arak *m*, arac *m*, arack *m*.

arraign [ə'reɪn] *vt* traduire en justice; *fig* accuser, mettre en cause.

arraignment [ə'reɪnmənt] *n* ≃ lecture *f* de l'acte d'accusation.

arrange [ə'reɪndʒ] ◇ *vt* -1. [put in order] ranger, mettre en ordre; [clothing, room] arranger; [flowers] arranger, disposer; ~ the books in alphabetical order rangez les livres par ordre alphabétique; the room was ~d as an office la pièce a été aménagée en bureau. -2. [organize, plan] organiser, arranger; I can ~ a loan je peux m'arranger pour obtenir un prêt; I'll ~ a table for 8 o'clock je vais réserver une table pour 20 h; it has been ~d for us to travel by train il a été décidé OR convenu que nous voyagerions en train; let's ~ a time to meet fixons (une heure pour) un rendez-vous; the meeting is ~d for noon tomorrow la réunion est prévue pour demain midi; he has something ~d OR has ~d something for the weekend il a quelque chose de prévu pour le week-end; here is the first instalment, as ~d [money] voici le premier versement, comme convenu; don't worry, I'll ~ it ne vous en faites pas, je vais m'en occuper; everything is ~d tout est déjà arrangé; to ~ a marriage arranger un mariage; their marriage was ~d c'était un mariage arrangé. -3. [dispute] régler, arranger. -4. MUS & THEAT adapter; he ~d the concerto for guitar il a adapté le concerto pour la guitare.

◇ *vi* prendre des dispositions, s'arranger; I've ~d with the boss to leave early tomorrow je me suis arrangé avec le patron pour partir de bonne heure demain; he's ~d for the car to be repaired il a fait le nécessaire pour faire réparer la voiture.

arrangement [ə'reɪndʒmənt] *n* -1. *(usu pl)* [plan] disposition *f*, arrangement *m*; what are the travel ~s? comment le voyage est-il organisé?; I haven't made any ~s for the journey yet je n'ai pas encore fait de OR mes préparatifs pour le voyage; she made all the necessary ~s elle a pris toutes les dispositions utiles OR nécessaires; could you make ~s to change the meeting? pouvez-vous faire le nécessaire pour changer la date de la réunion?; he made ~s to leave work early il s'est arrangé pour quitter son travail de bonne heure; an ~ whereby you pay monthly un arrangement selon lequel vous effectuez des paiements mensuels. -2. [understanding, agreement] arrangement *m*; we can come to an OR some ~ on the price pour le prix, nous pouvons nous arranger; he came to an ~ with the bank il est parvenu à un accord avec la banque; a private ~ un accord à l'amiable. -3. [layout] arrangement *m*, disposition *f*; [of room] aménagement *m*; [of clothing, hair] arrangement *m*. -4. MUS & THEAT adaptation *f*, arrangement *m*.

◆ **by arrangement** *adv phr*: price by ~ prix à débattre; special designs by ~ autres modèles sur demande; by prior ~ we didn't tell her nous nous étions entendus pour ne rien lui dire; by ~ with the town hall avec l'autorisation de la mairie; he sold the stock by ~ with the company il s'est arrangé OR entendu avec la société pour vendre les actions; viewing by ~ with the owner pour visiter, prenez rendez-vous avec OR contactez le propriétaire.

arranger [ə'reɪndʒəʳ] *n* MUS arrangeur *m*, -euse *f*.

arrant ['ærənt] *adj* fini, parfait.

array [ə'reɪ] ◇ *n* -1. [collection] ensemble *m* impressionnant, collection *f*; a distinguished ~ of people une assemblée de gens distingués; there was a fine ~ of cakes in the window il y avait une belle sélection de gâteaux en vitrine || JUR, COMPUT & MATH tableau *m*; an ~ of data un tableau de données. -2. MIL rang *m*, ordre *m*; in battle ~ en ordre de bataille; in close ~ en rangs serrés. -3. [fine clothes] parure *f*, atours *mpl*; [ceremonial dress] habit *m* d'apparat.

◇ *vt* -1. [arrange] disposer, étaler; MIL [troops] déployer, disposer. -2. *lit* [adorn] habiller, revêtir; she was ~ed in silks elle était vêtue de soie.

arrears [ə'rɪəz] *npl* arriéré *m*; taxes in ~ arriéré d'impôts; I'm worried about getting into ~ j'ai peur de m'endetter; we're 6 months in ~ on the loan payments nous devons 6 mois de traites; your ~ now amount to over £2,000 vos arriérés s'élèvent maintenant à plus de 2 000 livres; ~ of work du travail en retard; to be paid a month in ~ être payé un mois après; she's in ~ with her correspondence elle a du retard dans sa correspondance.

arrest [ə'rest] ◇ *vt* -1. [police] arrêter, appréhender. -2. *fml* [growth, development] arrêter; [slow down] entraver, retarder; in an effort to ~ unemployment/inflation pour essayer d'enrayer le chômage/l'inflation; ~ed development MED [physical] arrêt *m* de croissance; [mental] atrophie *f* de la personnalité; to ~ judgment JUR surseoir à un jugement, suspendre l'exécution d'un jugement. -3. *fml* [attention] attirer, retenir.

◇ *n* -1. [detention] arrestation *f*; you're under ~! vous êtes en état d'arrestation!; he was put under ~ il a été arrêté; they made several ~s ils ont procédé à plusieurs arrestations || MIL: to be under ~ être aux arrêts; they put him under ~ ils l'ont mis aux arrêts ❑ open/close ~ arrêts *mpl* simples/de rigueur. -2. [sudden stopping] arrêt *m*, suspension *f*.

arrestable [ə'restəbl] *adj* [person] qui risque d'être appréhendé; [offence] répréhensible.

arrester [ə'restəʳ] AERON: ~ gear [on aircraft carrier] dispositif *m* d'appontage.

arresting [ə'restɪŋ] *adj* saisissant, frappant.

arrestingly [ə'restɪŋlɪ] *adv*: ~ beautiful d'une beauté frappante.

arresting officer *n policier qui a procédé à l'arrestation.*

arrival [ə'raɪvl] *n* -1. [of person, train, aeroplane etc] arrivée *f*; on OR upon ~ à l'arrivée; ~s and departures les arrivées et les départs *mpl*; the ~s board le tableau des arrivées; the ~s lounge le salon des arrivées. -2. [newcomer]: late ~s should report to reception les retardataires doivent se présenter à la réception; he's a new ~ c'est un nouveau venu; the new OR latest ~ in their family leur dernier-né OR dernière-née. -3. COMM [of goods] arrivage *m*. -4. [advent] avènement *m*; the ~ of the motor car l'apparition *f* OR l'avènement de l'automobile.

arrive [ə'raɪv] *vi* -1. [person, train, aeroplane etc] arriver; I've just ~d j'arrive à l'instant; as soon as you ~ dès votre arrivée, dès que vous arriverez; he ~d in the nick of time il est arrivé juste à temps; the first post ~s at 8 o'clock le premier courrier est à 8 h; the baby ~d three weeks early le bébé est arrivé OR né avec trois semaines d'avance; to ~ on the scene survenir; the time has ~d for us to take action, the time for action has ~d le moment est venu pour nous d'agir. -2. [achieve success] réussir, arriver; she finally ~d after years of singing in backstreet bars elle connut enfin le succès après avoir chanté pendant des années dans des bars miteux.

◆ **arrive at** *vt insep* [decision] arriver OR parvenir à; [perfection] atteindre; we finally ~d at the conclusion that... nous en sommes finalement arrivés à la conclusion que... || [price] fixer un prix; they finally ~d at a price ils se sont finalement mis d'accord sur un prix.

arrogance ['ærəgəns] *n* arrogance *f*, morgue *f*.

arrogant ['ærəgənt] *adj* arrogant, insolent.

arrogantly ['ærəgəntlɪ] *adv* de manière arrogante, avec arrogance.

arrogate ['ærəgeɪt] *vt fml* -1. [claim unjustly] revendiquer à tort, s'arroger; [victory] s'attribuer. -2. [assign unjustly] attribuer injustement.

arrogation [,ærə'geɪʃn] *n* [claim] prétention *f* mal fondée; [act] usurpation *f*; ~ of the fortune usurpation de la fortune.

arrow ['ærəʊ] ◇ *n* flèche *f*; to loose OR to shoot OR to let fly an ~ décocher une flèche; the ball flew as straight as an ~ into the net la balle alla voler tout droit dans le filet.

◇ *vt* -1. [indicate – on list] cocher; [– on road sign] flécher. -2. [in editing] indiquer au moyen d'une flèche; to ~ a correction in indiquer l'emplacement d'une correction (au moyen d'une flèche).

arrowhead ['ærəʊhed] *n* fer *m*, pointe *f* de flèche.

arrowroot ['ærəʊruːt] *n* BOT marante *f*; CULIN arrow-root *m*.

arse▼ [ɑːs] *n Br* cul *m*; move OR shift your ~ pousse ton cul; you'd better get off your ~ tu ferais bien de te magner le cul; he's a pain in the ~ c'est un emmerdeur; it's a pain in the ~ c'est emmerdant; he fell OR went ~ over tit il est tombé cul par-dessus tête.

◆ **arse about**▽, **arse around**▽ *vi insep Br* déconner.

arsehole▼ ['ɑːshəʊl] *n Br* trou *m* du cul; don't be such an ~ ne sois pas si con.

arse-licker▼ [-,lɪkəʳ] *n Br* lèche-cul *m inv*.

arse-licking▼ *Br* ◇ *n*: too much ~ goes on in this office! il y a un peu trop de lèche-culs dans ce bureau!

◇ *adj*: he's an ~ little bastard! c'est un salaud de lèche-cul!

arsenal ['ɑːsənl] *n* arsenal *m*.

arsenic ['ɑːsnɪk] ◇ *n* arsenic *m*; 'Arsenic and Old Lace' *Capra* 'Arsenic et vieilles dentelles'.

◇ *comp*: ~ poisoning empoisonnement *m* à l'arsenic.

arson ['ɑːsn] *n* incendie *m* criminel OR volontaire; to commit ~ provoquer (volontairement) un incendie.

arsonist ['ɑːsənɪst] *n* incendiaire *mf*; [maniac] pyromane *mf*.

art [ɑːt] ◇ *arch* → **be**.
◇ *n* -**1.** art *m*; to study ~ étudier les beaux-arts; **she studies** ~ elle fait les beaux-arts; ~ **for** ~**'s sake** l'art pour l'art; **African** ~ l'art africain; **the** ~ **of ballet** l'art du ballet; **I'd love to go to** ~ **classes** j'aimerais beaucoup suivre des cours de dessin; **he was never any good at** ~ **at school** [school subject] à l'école il n'a jamais été très doué en dessin; **a work of** ~ une œuvre d'art ❑ ~**s and crafts** artisanat *m* (d'art). -**2.** [skill] art *m*, habileté *f*; **the** ~ **of survival** l'art de survivre; **she has got cooking down to a real** OR **fine** ~ la cuisine chez elle, c'est du grand art. -**3.** [cunning] ruse *f*, artifice *m*; [trick] artifice *m*, stratagème *m*; **they used every** ~ **to persuade him** ils ont usé de tous les stratagèmes pour le convaincre.
◇ *comp* [collection, critic, exhibition] d'art; ~ **student** étudiant *m*, -e *f* en beaux-arts ❑ ~ **gallery** [museum] musée *m* d'art; [shop] galerie *f* d'art; ~ **school** ≃ école *f* des beaux-arts.
◆ **arts** ◇ *npl* UNIV lettres *fpl*; **Faculty of Arts (and Letters)** faculté *f* des lettres (et sciences humaines); **the Arts Council (of Great Britain)** *organisme public britannique de promotion des arts.*
◇ *comp* UNIV: ~**s student** étudiant *m*, -e *f* de OR en lettres (et sciences humaines); **I have an** ~**s degree** j'ai une licence de lettres; ~**s centre** ≃ musée *m* d'art.

Art Deco [-'dekəʊ] *n* Art *m* déco.

artefact ['ɑːtɪfækt] = **artifact**.

Artemis ['ɑːtəmɪs] *pr n* Artémis.

arterial [ɑː'tɪərɪəl] *adj* artériel; ~ **road** *Br* route *f* OR voie *f* à grande circulation; ~ **line** *Br* RAIL grande ligne *f*.

arteriole [ɑː'tɪərɪəʊl] *n* artériole *f*.

arteriosclerosis [ɑːˌtɪərɪəʊsklɪə'rəʊsɪs] *n* artériosclérose *f*.

artery ['ɑːtərɪ] (*pl* **arteries**) *n* artère *f*; [road] artère *f*, route *f* OR voie *f* à grande circulation.

artesian well [ɑː'tiːzjən-] *n* puits *m* artésien.

art form *n* moyen *m* d'expression artistique.

artful ['ɑːtfʊl] *adj* astucieux, habile; [crafty] rusé, malin; ~ **dodger** rusé *m*, -e *f*.

artfully ['ɑːtfʊlɪ] *adv* [skilfully] habilement, avec finesse; [craftily] astucieusement, avec astuce.

artfulness ['ɑːtfʊlnɪs] *n* [skill] habileté *f*, finesse *f*; [cunning] astuce *f*, ruse *f*.

arthritic [ɑː'θrɪtɪk] ◇ *adj* arthritique.
◇ *n* arthritique *mf*.

arthritis [ɑː'θraɪtɪs] *n* arthrite *f*.

arthropod ['ɑːθrəpɒd] *n* arthropode *m*.

Arthur ['ɑːθəʳ] *pr n* [king] Arthur.

Arthurian [ɑː'θjʊərɪən] *adj* du roi Arthur; **the** ~ **legend** la légende du roi Arthur.

artic *inf* [ɑː'tɪk] *n Br abbr of* **articulated lorry**.

artichoke ['ɑːtɪtʃəʊk] *n* artichaut *m*; ~ **hearts** cœurs *mpl* d'artichauts.

article ['ɑːtɪkl] ◇ *n* -**1.** [object] objet *m*; **an** ~ **of clothing** un vêtement; ~**s of value** des objets de valeur ❑ **it's the genuine** ~**!** *inf* c'est du vrai de vrai! -**2.** [in press] article *m*. -**3.** JUR [clause, provision] article *m*; **the** ~**s of a contract** les stipulations d'un contrat ❑ ~ **of faith** article de foi; **the Thirty-Nine Articles** RELIG *les trente-neuf articles de foi de l'Église anglicane;* ~**s of war** *Am* code *m* de justice militaire. -**4.** GRAMM article *m*. -**5.** COMM article *m*, marchandise *f*.
◇ *vt Br* [to trade] mettre en apprentissage; [to profession] mettre en stage; **to** ~ **sb to a tradesman** mettre qqn en apprentissage chez un commerçant.
◆ **articles** *npl Br* -**1.** COMM: ~**s of association** statuts *mpl (d'une société à responsabilité limitée)*. -**2.** JUR: ~**s of apprenticeship** contrat *m* d'apprentissage; **to do** OR **to serve one's** ~**s** faire son apprentissage.

articled clerk ['ɑːtɪkld-] *n Br* clerc *m* d'avoué *(lié par un contrat d'apprentissage)*.

articular [ɑː'tɪkjʊləʳ] *adj* articulaire.

articulate [*adj* ɑː'tɪkjʊlət, *vb* ɑː'tɪkjʊleɪt]
◇ *adj* -**1.** [person] qui s'exprime bien; [thought, sentence] clair, net. -**2.** [manner of speech] bien articulé, distinct. -**3.** ANAT & BOT articulé.
◇ *vt* -**1.** [words, syllables] articuler. -**2.** *fig* [wishes, thoughts] exprimer clairement. -**3.** ANAT & BOT articuler.
◇ *vi* articuler.

articulated lorry [ɑː'tɪkjʊleɪtɪd-] *n Br* semi-remorque *m*.

articulately [ɑː'tɪkjʊlətlɪ] *adv* [speak] distinctement; [explain] clairement.

articulation [ɑːˌtɪkjʊ'leɪʃn] *n* ANAT, BOT & LING articulation *f*.

articulator [ɑː'tɪkjʊleɪtəʳ] *n* organe *m* articulatoire.

articulatory [ɑː'tɪkjʊlətrɪ] *adj* articulatoire; ~ **phonetics** phonétique *f* articulatoire.

artifact ['ɑːtɪfækt] *n* objet *m (fabriqué)*.

artifice ['ɑːtɪfɪs] *n* -**1.** [trick] artifice *m*, ruse *f*; [scheme] stratagème *m*. -**2.** [cleverness] art *m*, adresse *f*.

artificer [ɑː'tɪfɪsəʳ] *n* artilleur *m*.

artificial [ˌɑːtɪ'fɪʃl] *adj* -**1.** [man-made] artificiel; COMM synthétique, artificiel; ~ **fertilizer** engrais *m* chimique; ~ **flavouring** parfum *m* artificiel OR synthétique; ~ **flowers** fleurs *fpl* artificielles; **a wig made from** ~ **hair** une perruque en cheveux artificiels; **an** ~ **heart** un cœur artificiel; **an** ~ **leg** une jambe artificielle; ~ **light** la lumière artificielle; ~ **limb** prothèse *f*, membre *m* artificiel; **the current situation is an** ~ **one** *fig* la situation actuelle n'est pas naturelle OR est artificielle. -**2.** [affected - person] factice, étudié; **an** ~ **smile** un sourire forcé; ~ **tears** larmes *fpl* de crocodile. -**3.** JUR: ~ **person** personne *f* morale OR civique OR juridique.

artificial insemination *n* insémination *f* artificielle.

artificial intelligence *n* intelligence *f* artificielle.

artificiality [ˌɑːtɪfɪʃɪ'ælətɪ] (*pl* **artificialities**) *n* manque *m* de naturel.

artificial kidney *n* rein *m* artificiel.

artificially [ˌɑːtɪ'fɪʃəlɪ] *adv* artificiellement; **the exchange rate is** ~ **high at the moment** le taux de change est artificiellement élevé en ce moment.

artificial respiration *n* respiration *f* artificielle.

artillery [ɑː'tɪlərɪ] (*pl* **artilleries**) *n* artillerie *f*.

artilleryman [ɑː'tɪlərɪmən] (*pl* **artillerymen** [-mən]) *n* artilleur *m*.

artisan [ˌɑːtɪ'zæn] *n* artisan *m*; **the** ~**s of Spain** les artisans espagnols.

artist ['ɑːtɪst] *n* [gen & ART] artiste *mf*; *fig* spécialiste *mf*.

artiste [ɑː'tiːst] *n* artiste *mf*.

artistic [ɑː'tɪstɪk] *adj* artistique; [design, product] de bon goût, décoratif; [style, temperament] artiste; **she is an** ~ **child** cette enfant a des dons artistiques.

artistically [ɑː'tɪstɪklɪ] *adv* avec art, artistiquement.

artistry ['ɑːtɪstrɪ] *n* art *m*, talent *m* artistique.

artless ['ɑːtlɪs] *adj* -**1.** [without deceit] naturel, ingénu; ~ **beauty** beauté *f* naturelle; **with an** ~ **smile** avec un sourire candide. -**2.** [without skill] grossier.

artlessly ['ɑːtlɪslɪ] *adv* ingénument, innocemment.

artlessness ['ɑːtlɪsnɪs] *n* ingénuité *f*, naturel *m*.

Art Nouveau [ɑːnuː'vəʊ] *n* Art *m* nouveau, Modern Style *m*.

arts [ɑːts] → **art**.

artsy *inf* ['ɑːtzɪ] (*compar* **artsier**, *superl* **artsiest**) = **arty**.

artsy-craftsy *inf* [ˌɑːtzɪ'krɑːftzɪ] = **arty-crafty**.

artwork ['ɑːtwɜːk] *n* -**1.** [illustration] iconographie *f*, illustration *f*. -**2.** TYPO documents *mpl*.

arty *inf* ['ɑːtɪ] (*compar* **artier**, *superl* **artiest**) *adj pej* [person] qui se veut artiste OR bohème; [clothing] de style bohème; [object, film, style] prétentieux.

arty-crafty *inf* [ˌɑːtɪ'krɑːftɪ] *adj pej* [person] qui se veut artiste OR bohème; [object, style] bohème, qui se veut artisanal.

arty-farty *inf* [ˌɑːtɪ'fɑːtɪ] *adj pej* [person] prétentieux, poseur; [play, film] prétentieux.

arum ['eərəm] *n* arum *m*; ~ **lily** calla *f*.

ARV (*abbr of* **American Revised Version**) *n traduction américaine de la Bible.*

Aryan ['eərɪən] ◇ *n* Aryen *m*, -enne *f*.
◇ *adj* aryen.

Aryanize, -ise ['eərɪənaɪz] *vt* germaniser.

as [əz] ◇ *conj* -**1.** [while] alors que; **the phone rang as I was coming in** le téléphone s'est mis à sonner alors que OR au moment où j'entrais; **I listened as she explained the plan to them** je l'ai écoutée leur expliquer le projet; **as a student, he worked part-time** lorsqu'il était étudiant, il travaillait à mi-temps; **as he advanced, I retreated** (au fur et) à mesure qu'il avançait, je reculais || [when]: **take two aspirins as needed** prenez deux aspirines en cas de douleur. -**2.** [like] comme, ainsi que; **A as in Able** a comme Anatole; **as usual** comme d'habitude; **as shown by the unemployment rate** comme OR ainsi que le montre le taux de chômage; **as is often the case** comme c'est souvent le cas; **she is a doctor, as is her sister** elle est médecin comme sa sœur; **as I told you** comme je vous l'ai dit; **as you know, the inflation rate is up** comme vous le savez, le taux d'inflation a monté; **act as you see fit** faites comme bon vous semble; **leave it as it is** laissez-le tel qu'il est OR tel quel ❑ **to buy sthg as is** acheter qqch en l'état; **as you were!** MIL repos!; **my mistake! as you were!** c'est moi qui me trompe! faites comme si je n'avais rien dit! -**3.** [since] puisque; **let her drive, as it's her car** laissez-la conduire, puisque c'est sa voiture; **as you're the one in charge, you'd better be there** étant donné que c'est vous le responsable, il faut que vous soyez là. -**4.** [concessive use] *fml*: **old as I am, I can still keep up with them** malgré mon âge, j'arrive à les suivre; **try as they might, they couldn't persuade her** malgré tous leurs efforts, ils n'ont pu la convaincre; **powerful as the president is, he cannot stop his country's disintegration** quelque pouvoir qu'ait le président, il ne peut empêcher la ruine de son pays. -**5.** [with 'the same', 'such']: **I had the same problems as you did** j'ai eu les mêmes problèmes que toi; **at the same time as last week** à la même heure que la semaine dernière; **such a problem as only an expert can solve** un problème que seul un expert peut résoudre.
◇ *prep* en tant que, comme; **as her husband, he cannot testify** étant son mari, il ne peut pas témoigner; **he was dressed as a clown** il était habillé en clown; **I advised him as his friend, not as his teacher** je l'ai conseillé en tant qu'ami, pas en tant que professeur; **with Vivien Leigh as Scarlett O'Hara** avec Vivien Leigh dans le rôle de Scarlett O'Hara.
◇ *adv* [in comparisons]: **it's twice as big** c'est deux fois plus grand; **it costs half as much again** ça coûte la moitié plus; **as... as** aussi... que; **he's as intelligent as his brother** il est aussi intelligent que son frère; **he isn't as talented as you (are)** il n'est pas aussi doué que vous; **as often as possible** aussi souvent que possible; **not as often as I would like** pas aussi souvent que je voudrais; **they aren't as innocent as they look** ils ne sont pas aussi innocents qu'ils en ont l'air; **I worked as much for you as for me** j'ai travaillé autant pour toi que pour moi.
◆ **as against** *prep phr* contre; **he received 39 votes as against the 17 for his rival** il a obtenu 39 votes contre 17 pour son adversaire.
◆ **as and when** ◇ *conj phr*: **we'll buy new equipment as and when it's required** nous achèterons du nouveau matériel en temps voulu OR quand ce sera nécessaire.
◇ *adv phr inf* en temps voulu; **you'll be sent the money as and when** on vous enverra l'argent en temps voulu.
◆ **as for** *prep phr* quant à; **as for me, I don't intend to go** pour ma part OR quant à moi, je n'ai pas l'intention d'y aller; **as for your**

threats, they don't scare me in the least pour ce qui est de OR quant à vos menaces, elles ne me font pas peur du tout.

◆ **as from** *prep phr* = **as of**.

◆ **as if** *conj phr* comme si; **he carried on as if nothing had happened** il a continué comme si de rien n'était OR comme s'il ne s'était rien passé; **as if aware of my look, she turned** comme si elle avait senti mon regard, elle s'est retournée; **he moved as if to strike him** il a fait un mouvement comme pour le frapper; **it's not as if she were my sister** ce n'est quand même pas comme si c'était ma sœur; **as if it mattered!** comme si ça avait aucune importance!

◆ **as it is** *adv phr* -**1.** [in present circumstances] les choses étant ce qu'elles sont; **she's hoping for promotion, but as it is there's little chance of that** elle espère obtenir une promotion, mais dans la situation actuelle OR les choses étant ce qu'elles sont, il est peu probable que cela arrive. -**2.** [already] déjà; **you've got enough work as it is** vous avez déjà assez de travail, vous avez assez de travail comme ça; **as it is I'm an hour late** j'ai déjà une heure de retard.

◆ **as it were** *adv phr* pour ainsi dire.

◆ **as of** *prep phr* à partir de; **as of yesterday** depuis hier; **as of tomorrow** à partir de demain; **as of next week I'll be unemployed** je serai au chômage à partir de la semaine prochaine.

◆ **as such** *adv phr* -**1.** [properly speaking] véritablement, à proprement parler; **it's not a contract as such, more a gentleman's agreement** ce n'est pas un véritable contrat OR pas un contrat à proprement parler OR pas véritablement un contrat, mais plutôt un accord entre hommes de parole. -**2.** [in itself] même, en soi; **the place as such isn't great** l'endroit même OR en soi n'est pas terrible. -**3.** [in that capacity] à ce titre, en tant que tel; **I'm his father and as such, I insist on knowing** je suis son père et à ce titre j'insiste pour qu'on me mette au courant.

◆ **as though** *conj phr* = **as if**.

◆ **as to** *prep phr* -**1.** [regarding]: **I'm still uncertain as to the nature of the problem** j'hésite encore sur la nature du problème. -**2.** = **as for**.

◆ **as well** *adv phr* -**1.** [in addition] en plus, par-dessus le marché; [also] aussi; **I'd like one as well** j'en voudrais un aussi; **he bought the house and the land as well** il a acheté la maison et la propriété aussi; **and then the car broke down as well!** et par-dessus le marché la voiture est tombée en panne! -**2.** [with modal verbs]: **you may as well tell me the truth** autant me dire OR tu ferais aussi bien de me dire la vérité; **now that we're here, we might as well stay** puisque nous sommes là, autant rester, **shall we go to the cinema? — we might as well** et si on allait au cinéma? — pourquoi pas?; **she was angry, as well she might be** elle était furieuse, et ça n'est pas surprenant; **he has a few doubts about the job, as well he might** il a quelques doutes sur cet emploi, ce qui n'est guère surprenant; **he apologized profusely — as well he should!** il s'est confondu en excuses — j'espère bien!; **perhaps I'd better leave — that might be as well** peut-être vaudrait-il mieux que je m'en aille — je crois que ça vaut mieux; **it would be as well not to break it** ce serait mieux si on pouvait éviter de le casser; **I decided not to write back — just as well really** j'ai décidé de ne pas répondre — c'est mieux comme ça; **it would be just as well if you were present** il vaudrait mieux que vous soyez là; **it's just as well he missed his flight** c'est une bonne chose qu'il ait manqué l'avion.

◆ **as well as** *conj phr* [in addition to] en plus de; **so she's a liar as well as a thief** alors comme ça, c'est une menteuse en plus d'être une voleuse; **Jim looks after the children as well as helping around the house** Jim s'occupe des enfants en plus de participer au ménage.

◆ **as yet** *adv phr* encore; **I don't have the answer as yet** je n'ai pas encore la réponse; **an as yet undisclosed sum** une somme qui n'a pas encore été révélée.

AS ◇ *n abbr of* Associate in Science.
◇ *written abbr of* American Samoa.

ASA *pr n* -**1.** *Br* (*abbr of* Advertising Standards Agency) ≃ BVP *m*. -**2.** (*abbr of* American Standards Association) ASA *f*; **~/DIN exposure index** PHOT graduations *fpl* ASA/DIN; **an ~ 100 film, a 100 ~ film** une pellicule 100 ASA.

asap (*abbr of* as soon as possible) *adv* aussitôt OR dès que possible.

asbestos [æs'bestəs] ◇ *n* amiante *f*, asbeste *f*.
◇ *comp* [board, cord] d'amiante; **~ matting** plaque *f* d'amiante.

asbestosis [ˌæsbes'təʊsɪs] *n* asbestose *f*.

ascend [ə'send] ◇ *vi* monter; **she reached the bottom of the steps and started to ~ slowly** elle arriva en bas des escaliers et commença à monter lentement || [in time] remonter; **to ~ (back) to sthg** remonter à qqch.
◇ *vt* [stairs] monter; [ladder] monter à; [mountain] gravir, faire l'ascension de; [river] remonter; **when Queen Elizabeth ~ed the throne** quand la Reine Elizabeth est montée sur le trône.

ascendancy, ascendency [ə'sendənsɪ] *n* -**1.** [position of power] ascendant *m*, empire *m*; **Japan has gained ~ over its competitors in the electronics market** le Japon domine ses concurrents sur le marché de l'électronique. -**2.** [rise] montée *f*; **their ~ to power** leur ascension jusqu'au pouvoir.

ascendant, ascendent [ə'sendənt] ◇ *adj* dominant, puissant; ASTROL ascendant.
◇ *n* ascendant *m*; **his star is in the ~** ASTROL son étoile est à l'ascendant; **his business is in the ~** *fig* ses affaires prospèrent.

ascender [ə'sendə^r] *n* -**1.** [in mountaineering] ascendeur *m*, autobloqueur *m*. -**2.** TYPO hampe *f* montante.

ascending [ə'sendɪŋ] *adj* -**1.** [rising] ascendant. -**2.** [increasing]: **in ~ order** en ordre croissant. -**3.** BOT montant.

ascension [ə'senʃn] *n* ascension *f*; **the Ascension** RELIG l'Ascension *f*.

Ascension Day *n* jour *m* OR fête *f* de l'Ascension.

Ascension (Island) *pr n* île *f* de l'Ascension; **on ~** à l'île de l'Ascension.

Ascensiontide [ə'senʃntaɪd] *n période entre l'Ascension et le dimanche de Pentecôte.*

ascent [ə'sent] *n* -**1.** [of mountain] ascension *f*. -**2.** [incline] montée *f*. -**3.** [in time] retour *m*; **the line of ~** l'ascendance *f*. -**4.** [in rank] montée *f*, avancement *m*.

ascertain [ˌæsə'teɪn] *vt fml* établir, constater; **the police ~ed their names and addresses** la police a vérifié leurs nom et adresse; **to ~ that sthg is the case** vérifier OR s'assurer que qqch est vrai; **he ~ed that it was safe to continue** il s'est assuré qu'on pouvait continuer sans danger.

ascertainable [ˌæsə'teɪnəbl] *adj fml* vérifiable.

ascetic [ə'setɪk] ◇ *adj* ascétique.
◇ *n* ascète *mf*.

ascetically [ə'setɪklɪ] *adv* [live] comme un/une ascète.

asceticism [ə'setɪsɪzm] *n* ascétisme *m*.

ASCII ['æskɪ] (*abbr of* American Standard Code for Information) *n* ASCII *m*; **in ~** en ASCII ❑ **~ file** fichier ASCII.

ascorbic acid [ə'skɔːbɪk-] *n* vitamine *f* C, acide *m* ascorbique *spec*.

Ascot ['æskət] *pr n champ de courses près de Windsor.*

◆ **ascot** *n Am* foulard *m (pour hommes).*

> ASCOT:
> «Royal Ascot» est un événement hippique annuel qui entre dans le calendrier mondain de la haute société anglaise.

ascribable [ə'skraɪbəbl] *adj* attribuable, imputable; **his downfall is ~ to greed** sa chute est imputable à sa cupidité.

ascribe [ə'skraɪb] *vt* attribuer; [fault, blame] imputer; **heart attacks are often ~d to stress** les crises cardiaques sont souvent attribuées OR imputées au stress; **this painting is sometimes ~d to Millet** on attribue parfois ce tableau à Millet.

ascription [ə'skrɪpʃn] *n* attribution *f*, imputation *f*.

ASCU (*abbr of* Association of State Colleges and Universities) *pr n association des établissements universitaires d'État aux États-Unis.*

ASE (*abbr of* American Stock Exchange) *pr n deuxième place boursière des États-Unis.*

aseismic [ˌeɪ'saɪzmɪk] *adj* aséismique.

asepsis [ˌeɪ'sepsɪs] *n* asepsie *f*.

aseptic [ˌeɪ'septɪk] *adj* aseptique.

asexual [ˌeɪ'sekʃʊəl] *adj* asexué.

ash [æʃ] *n* -**1.** [from fire, cigarette] cendre *f*; **he dropped cigarette ~ on the carpet** il a laissé tomber de la cendre de cigarette sur le tapis; **the fire reduced the house to ~es** l'incendie a réduit la maison en cendres; **~es to ~es, dust to dust** RELIG tu es poussière et tu redeviendras poussière ❑ **~ bin** [for ashes] cendrier *m*; [for rubbish] poubelle *f*, boîte *f* à ordures. -**2.** [tree, wood] frêne *m*.

◆ **Ashes** *npl* [in cricket] *trophée fictif que se disputent l'Angleterre et l'Australie.*

ASH [æʃ] (*abbr of* Action on Smoking and Health) *pr n ligue antitabac britannique.*

ashamed [ə'ʃeɪmd] *adj* confus, honteux; **to be ~ (of oneself)** avoir honte; **he's ~ of his behaviour/of having cried** il a honte de sa conduite/d'avoir pleuré; **I'm ~ of you** j'ai honte de toi, tu me fais honte; **I'm ~ to say that...** j'avoue à ma grande honte que...; **you ought to be ~ of yourself** tu devrais avoir honte; **there is nothing to be ~ of** il n'y a pas de quoi avoir honte.

ashamedly [ə'ʃeɪmɪdlɪ] *adv* de façon honteuse.

ash blond ◇ *adj* blond cendré *(inv)*.
◇ *n* blond *m* cendré.

ash can *n Am* poubelle *f*.

ashen ['æʃn] *adj* -**1.** [ash-coloured] cendré, couleur de cendres; [face] blême, livide. -**2.** [for ashwood] en (bois de) frêne.

Ashkenazi [ˌæʃkə'nɑːzɪ] (*pl* **Ashkenazim** [-zɪm]) *n* Ashkénase *mf*.

ashlar ['æʃlə^r] *n* pierre *f* de taille.

ashore [ə'ʃɔː^r] ◇ *adv* à terre; **he swam ~** il a nagé jusqu'à la rive; **debris from the wreck was washed ~** des morceaux de l'épave ont été rejetés sur la côte; **to go ~** débarquer; **the ship put the passengers ~ at Plymouth** le navire a débarqué les passagers à Plymouth.
◇ *adj* à terre.

ashplant ['æʃplɑːnt] *n* canne *f* en bois de frêne.

ashram ['æʃrəm] *n* ashram *m*.

ashtray ['æʃtreɪ] *n* cendrier *m*.

Ash Wednesday *n* mercredi *m* des Cendres.

ashy ['æʃɪ] (*compar* ashier, *superl* ashiest) *adj* -**1.** [ash-coloured] cendré, couleur de cendre; [pale] blême, livide. -**2.** [covered with ashes] couvert de cendres.

Asia [*Br* 'eɪʃə, *Am* 'eɪʒə] *pr n* Asie *f*; **in ~** en Asie.

Asia Minor *pr n* Asie *f* Mineure.

Asian [*Br* 'eɪʃn, *Am* 'eɪʒn] ◇ *n* Asiatique *mf*.
◇ *adj* asiatique.

> ASIAN:
> Pour les Britanniques, «Asian» désigne le plus souvent les habitants de l'Inde et des pays limitrophes: ainsi, l'expression «the Asian community in Birmingham» fait référence aux personnes d'origine indienne, pakistanaise et bangladaise qui habitent Birmingham.
> Pour traduire «Asiatique», il est souvent préférable de choisir l'expression désignant l'habitant du pays en question: a Chinese person, a Japanese person etc.

Asian American ◇ *adj* américain d'origine asiatique.
◇ *n* Américain *m*, -e *f* d'origine asiatique.

Asian flu *n* grippe *f* asiatique.

Asiatic [*Br* ˌeɪʃɪ'ætɪk, *Am* ˌeɪʒɪ'ætɪk] ◇ *adj* asiatique.
◇ *n* Asiatique *mf.*

aside [ə'saɪd] ◇ *adv* de côté, à part; **these problems ~, we have been very successful** à part ces problèmes, ce fut un véritable succès; **she held ~ the curtains** elle écarta les rideaux; **I stepped ~ to let her pass** je me suis écarté pour la laisser passer; **he took her ~** il l'a prise à part; **we've been putting money ~ for the trip** nous avons mis de l'argent de côté pour le voyage; **would you put this dress ~ for me?** pourriez-vous me mettre cette robe de côté OR me réserver cette robe?; **the court set ~ the verdict** JUR la cour a cassé le jugement.
◇ *n* aparté *m*; **he said something to her in an ~** il lui a dit quelque chose en aparté.
◆ **aside from** *prep phr* -**1.** [except for] sauf. -**2.** *Am* [as well as] en plus de.

A-side *n* face *f* A *(d'un disque).*

asinine ['æsɪnaɪn] *adj* [person, behaviour] stupide, sot; **that was an ~ thing to do!** là, tu as vraiment fait une bêtise!

ask [ɑːsk] ◇ *vt* -**1.** [for opinion, information]: **to ~ sb sthg** demander qqch à qqn; **I ~ed her the time** je lui ai demandé l'heure; **she ~ed him about his job** elle lui a posé des questions sur son travail; **may I ~ you a question?** puis-je vous poser une question?; **~ your mother!** demande à ta mère!; **if you ~ me** si vous voulez mon avis; **but how? I ~ you!** *inf* mais comment? je vous le demande!; **don't ~ me!** *inf* est-ce que je sais, moi?; **no one ~ed you!** *inf* on ne t'a rien demandé! -**2.** [request] demander, solliciter; **he ~ed them a favour** il leur a demandé un service; **he ~ed her hand in marriage** il l'a demandée en mariage; **to ~ sb to do sthg** demander à qqn de faire qqch; **I ~ed them to be quiet** je leur ai demandé de ne pas faire de bruit; **she ~ed to have the bags brought up** elle a demandé que les bagages soient montés; **he ~ed to be admitted** il a demandé à être admis; **she was ~ed to wait outside** on lui a demandé d'attendre dehors; **that's ~ing too much of me** c'est trop m'en demander ‖ COMM: **to ~ a price** demander un prix; **what are you ~ing for it?** combien en voulez-vous OR demandez-vous? -**3.** [invite] inviter; **they ~ed her to join them** ils l'ont invitée à se joindre à eux; **he ~ed her to the pictures** il l'a invitée au cinéma; **she ~ed us up** elle nous a invités à monter.
◇ *vi* demander; **he was ~ing about the job** il s'informait on se renseignait sur le poste; **it's there for the ~ing** il suffit de demander; **I was only ~ing!** je ne faisais que demander!
◆ **ask after** *vt insep*: **she ~ed after you** elle a demandé de vos nouvelles; **I ~ed after her health** je me suis informé de sa santé.
◆ **ask along** *vt sep* inviter; **we ~ed them along (with us)** nous leur avons proposé de venir avec nous.
◆ **ask around** *vi insep* se renseigner; **I ~ed around about rents** je me suis renseigné sur les loyers.
◆ **ask back** *vt sep* [invite again] réinviter; [for reciprocal visit] inviter; **she ~ed us back for dinner** elle nous a rendu l'invitation à dîner.
◆ **ask for** *vt insep* demander; **they ~ed for some water** ils ont demandé de l'eau; **you're ~ing for the moon** vous demandez la lune; **she ~ed for her book back** elle a demandé qu'on lui rende son livre; **you're just ~ing for trouble!** tu cherches des ennuis! ▫ **he was ~ing for it!** il l'a cherché!; **she left him – he had ~ed for it** elle l'a quitté – il l'a voulu, il l'a eu!
◆ **ask in** *vt sep* inviter à entrer; **he ~ed us in for a drink** il nous a invités à (entrer) prendre un verre.
◆ **ask out** *vt sep* inviter à sortir; **they ~ed us out for dinner/to the theatre** ils nous ont invités au restaurant/au théâtre.
◆ **ask round** *vt sep* inviter (à venir); **we must ~ him round soon** nous devrions l'inviter un de ces jours.

askance [ə'skæns] *adv* du coin de l'œil; **he looked ~ at her** il l'a regardée d'un air méfiant.

askew [ə'skjuː] ◇ *adv* obliquement, de travers.
◇ *adj Am*: **something's ~ here** il y a quelque chose qui cloche.

asking price ['ɑːskɪŋ-] *n* prix *m* de départ OR demandé.

aslant [ə'slɑːnt] ◇ *prep* en travers de.
◇ *adv* de travers, de OR en biais.

asleep [ə'sliːp] *adj* endormi; **she's ~** elle dort OR est endormie; **to be fast** OR **sound ~** dormir profondément OR à poings fermés; **to fall ~** s'endormir; **you're half ~** tu dors à moitié, tu es à moitié endormi; **he's ~ on his feet** il dort debout.

ASLEF ['æzlef] (*abbr of* **Associated Society of Locomotive Engineers and Firemen**) *pr n syndicat des cheminots en Grande-Bretagne.*

A/S-level *n examen facultatif complétant les A-levels.*

ASM (*abbr of* **air-to-surface missile**) *n* ASM *m.*

asocial [ˌeɪ'səʊʃl] *adj* asocial.

asp [æsp] *n* -**1.** ZOOL aspic *m.* -**2.** BOT & *arch* tremble *m.*

asparagus [ə'spærəgəs] *n (U)* asperge *f*; **to eat ~** manger des asperges ▫ **~ fern** asparagus *m*; **~ tips** pointes *fpl* d'asperges.

aspartame [*Br* ə'spɑːteɪm, *Am* 'æspərteɪm] *n* aspartame *m.*

ASPCA (*abbr of* **American Society for the Prevention of Cruelty to Animals**) *pr n société protectrice des animaux aux États-Unis.*

aspect ['æspekt] *n* -**1.** [facet] aspect *m*, côté *m*; **we should examine all ~s of the problem** nous devrions étudier le problème sous tous ses aspects. -**2.** *lit* [appearance] air *m*, aspect *m*; **a young man of (a) serious ~** un jeune homme à la mine sérieuse. -**3.** [outlook] orientation *f*, exposition *f*; **a house with a northern/southern ~** une maison exposée au nord/sud. -**4.** GRAMM aspect *m.*

aspectual [æ'spektjʊəl] *adj* aspectuel.

aspen ['æspən] *n* tremble *m.*

asperity [æ'sperətɪ] (*pl* **asperities**) *n fml* -**1.** [of manner, voice] aspérité *f*; **"certainly not", she said with some ~** «certainement pas», dit-elle d'un ton sec. -**2.** [of person] rudesse *f.* -**3.** [hardship] rigueur *f.*

aspersion [ə'spɜːʃn] *n* médisance *f*; [untruthful] calomnie *f*; **to cast ~s on sb** dénigrer qqn; **he cast ~s on her honour** il a porté atteinte à son honneur.

aspersorium [ˌæspə'sɔːrɪəm] (*pl* **aspersoria** [-rɪə]) *n* [basin] bénitier *m*; [sprinkler] aspersoir *m.*

asphalt ['æsfælt] ◇ *n* asphalte *m.*
◇ *comp* [road, roof] asphalté.
◇ *vt* asphalter.

asphalt jungle *n* jungle *f* de la ville; 'The Asphalt Jungle' *Huston* 'Quand la ville dort'.

asphodel ['æsfədel] *n* asphodèle *m.*

asphyxia [əs'fɪksɪə] *n* asphyxie *f.*

asphyxiant [əs'fɪksɪənt] ◇ *adj* asphyxiant.
◇ *n* agent *m* asphyxiant.

asphyxiate [əs'fɪksɪeɪt] ◇ *vi* s'asphyxier.
◇ *vt* asphyxier.

asphyxiating [əs'fɪksɪeɪtɪŋ] *adj* asphyxiant; **~ gases** gaz *mpl* asphyxiants.

asphyxiation [əsˌfɪksɪ'eɪʃn] *n* asphyxie *f*; **to die by** OR **of ~** mourir d'asphyxie.

aspic ['æspɪk] *n* gelée *f*; **eggs in ~** œufs *mpl* en aspic; **salmon in ~** aspic *m* de saumon.

aspidistra [ˌæspɪ'dɪstrə] *n* aspidistra *m.*

aspirant ['æspɪrənt] ◇ *n* ambitieux *m*, -euse *f.*
◇ *adj* ambitieux.

aspirate [*vb* 'æspəreɪt, *adj* & *n* 'æspərət]
◇ *vt* aspirer.
◇ *adj* aspiré; **an ~ h** un h aspiré.
◇ *n* aspirée *f.*

aspiration [ˌæspə'reɪʃn] *n* -**1.** [ambition] aspiration *f*; **young people with political ~s** des jeunes qui ont des aspirations politiques. -**2.** LING aspiration *f.*

aspirator ['æspəreɪtə^r^] *n* aspirateur *m.*

aspire [ə'spaɪə^r^] *vi* -**1.** aspirer; **he ~s to political power** il aspire au pouvoir politique; **she ~s to** OR **after higher things** elle vise plus haut, ses ambitions vont plus loin; **to ~ to fame** briguer la célébrité. -**2.** *arch* OR *lit* [rise] monter, s'élever.

aspirin ['æspərɪn] *n* aspirine *f*; [tablet] (comprimé *m* d') aspirine *f.*

aspiring [ə'spaɪərɪŋ] *adj* ambitieux; *pej* arriviste.

ass [æs] *n* -**1.** [donkey] âne *m*; **she-~** ânesse *f*; **an ~'s foal** un ânon. -**2.** *inf* [idiot] imbécile *mf*; **she's such an ~** elle est bête comme ses pieds; **he made a complete ~ of himself last night** il s'est conduit en parfait imbécile OR s'est parfaitement ridiculisé hier soir; **don't be such an ~** ne fais pas l'imbécile. -**3.** ▼*Am* [behind] cul *m*; **my ~!** mon cul!; **you can bet your ~ I'll do it!** tu peux être sûr que je le ferai!; **to be on sb's ~** être sur le dos de qqn; **get your ~ out of here!** casse-toi!; **get your ~ over here!** amène-toi!; **to break one's ~** se crever le cul; **there's no need to bust your ~ to get it finished** pas la peine de te casser le cul pour le finir; **this weather is a pain in the ~** ce temps me fait vraiment chier; **they want your ~** ils veulent ta peau; **to be out on one's ~** ne pas avoir de pot. -**4.** ▼ *Am*: **a piece of ~** [sex] une baise; [woman] une fille baisable.

assail [ə'seɪl] *vt* attaquer, assaillir; *fig*: **he ~ed her with questions** il l'a harcelée de questions; **~ed by doubt** assailli par le doute.

assailant [ə'seɪlənt] *n* agresseur *m*, assaillant *m*, -e *f.*

Assam [æ'sæm] *pr n* Assam *m*; **in ~** en Assam.

Assamese [ˌæsə'miːz] (*pl inv*) ◇ *n* -**1.** [person] Assamais *m*, -e *f.* -**2.** LING assamais *m.*
◇ *adj* assamais.

assassin [ə'sæsɪn] *n* assassin *m.*

assassinate [ə'sæsɪneɪt] *vt* assassiner.

assassination [əˌsæsɪ'neɪʃn] *n* assassinat *m.*

assault [ə'sɔːlt] ◇ *n* -**1.** [attack] agression *f*; **he is accused of ~** il est accusé de voie de fait ‖ *fig*: **the music is an ~ on listeners' ears** cette musique est une agression pour les oreilles des auditeurs; **a brave ~ on widely held beliefs** une attaque courageuse contre des croyances très répandues ▫ **common ~** voie *f* de fait simple; **~ and battery** JUR coups *mpl* et blessures *fpl.* -**2.** MIL assaut *m*; **to lead an ~** se lancer à l'assaut; **they opened the ~ on enemy positions** ils ont donné l'assaut aux positions ennemies; **they made** OR **carried out an ~ on the camp** ils sont montés à l'assaut du camp. -**3.** [climbing] assaut *m.*
◇ *vt* -**1.** [gen] agresser; [sexually] violenter; **his rough language ~ed their sensibilities** *fig* son langage grossier blessait leur sensibilité. -**2.** JUR se livrer à des voies de fait sur; [sexually] se livrer à des violences sexuelles sur.

assault course *n* parcours *m* du combattant.

assay [ə'seɪ] ◇ *vt* -**1.** [analyse - metal] essayer. -**2.** *arch* [attempt] essayer, tenter.
◇ *n* essai *m*; **~ office** laboratoire *m* d'essais.

ass-backwards▽ *adv Am* à l'envers.

assegai ['æsəgaɪ] *n* sagaie *f.*

assemblage [ə'semblɪdʒ] *n* -**1.** [collection] collection *f*, groupe *m*; [of people] assemblée *f.* -**2.** [process] montage *m*, assemblage *m.*

assemble [ə'sembl] ◇ *vt* -**1.** assembler, amasser; [people] rassembler, réunir; [troops] rassembler. -**2.** [put together] monter, assembler; **factory ~d** monté en usine.
◇ *vi* se rassembler, se réunir.

assembler [ə'semblə^r^] *n* assembleur *m.*

assembly [ə'semblɪ] (*pl* **assemblies**) *n* -**1.** [meeting - gen] réunion *f*, assemblée *f*; **a place of ~** un lieu de réunion; **the right of ~** la liberté de réunion. -**2.** POL assemblée *f*; **National Assembly** l'Assemblée *f* nationale. -**3.** SCH *réunion de tous les élèves de l'établissement*; **~ hall** SCH *hall où* *les enfants se réunissent le matin avant d'entrer en classe.* -**4.** MIL rassemblement *m.* -**5.** [building - process] montage *m*, assemblage *m*; [- end product] assemblage *m*; **the engine ~** le bloc moteur. -**6.** COMPUT assemblage *m*.

assembly language *n* langage *m* d'assemblage.

assembly line *n* chaîne *f* de montage; **to work on an ~** travailler à la chaîne.

assemblyman [ə'semblɪmən] (*pl* **assemblymen** [-mən]) *n Am homme qui siège à une assemblée législative.*

assembly point *n* point *m* de rassemblement.

assembly room *n* -**1.** [gen] salle *f* de réunion; [at town hall] salle *f* des fêtes. -**2.** [industrial] atelier *m* de montage.

assemblywoman [ə'semblɪ,wʊmən] (*pl* **assemblywomen** [-,wɪmɪn]) *n Am femme qui siège à une assemblée législative.*

assent [ə'sent] ◇ *vi* consentir, acquiescer; **they finally ~ed to the proposition** ils ont fini par donner leur assentiment à la proposition.
◇ *n* consentement *m*, assentiment *m*; **to give one's ~ to sthg** donner son assentiment à qqch.

assentor [ə'sentəʳ] *n Br* POL *signataire à l'appui d'un candidat aux élections gouvernementales.*

assert [ə'sɜːt] *vt* -**1.** [proclaim] affirmer, maintenir; **she continues to ~ her innocence/good faith** elle ne cesse de protester de son innocence/de sa bonne foi. -**2.** [insist on] défendre, revendiquer; **we must ~ our right to speak** nous devons faire valoir notre droit à la parole ‖ [impose]: **to ~ o.s.** se faire respecter, s'imposer; **I had to ~ my authority** il a fallu que j'affirme mon autorité OR que je m'impose.

assertion [ə'sɜːʃn] *n* affirmation *f*, assertion *f*; [of rights] revendication *f*.

assertive [ə'sɜːtɪv] *adj* assuré, autoritaire; *pej* péremptoire.

assertively [ə'sɜːtɪvlɪ] *adv* fermement; *pej* de façon péremptoire.

assertiveness [ə'sɜːtɪvnɪs] *n* manière *f* assurée; *pej* arrogance *f*.

assertiveness training *n* stage *m* d'affirmation de soi.

assess [ə'ses] *vt* -**1.** [judge] estimer, évaluer; **I had to ~ the quality of their work** j'ai dû juger de la qualité de leur travail; **it is important to ~ public opinion on the subject** il est important de savoir ce qu'en pense l'opinion publique. -**2.** [value] fixer OR déterminer la valeur de; **to ~ a property for taxation** évaluer OR calculer la valeur imposable d'une propriété; **the court ~ed the damages at £200** la cour a fixé les dommages et intérêts à 200 livres. -**3.** [taxes] évaluer; **~ed income** revenu *m* imposable.

assessable [ə'sesəbl] *adj* imposable; **~ income** OR **profits** FIN assiette *f* de l'impôt.

assessment [ə'sesmənt] *n* -**1.** [judgment] estimation *f*, évaluation *f*; **I don't accept his ~ of our work** je ne suis pas d'accord avec son évaluation de notre travail; **what's your ~ of the situation?** comment voyez-vous OR jugez-vous la situation? -**2.** *Br* SCH contrôle *m* des connaissances; [on report card] appréciation *f* des professeurs; **methods of ~** méthodes *fpl* d'évaluation. -**3.** [valuation - of amount due] détermination *f*, évaluation *f*; [- of tax] calcul *m* (de la valeur imposable).

assessor [ə'sesəʳ] *n* -**1.** expert *m*; **~ of taxes** *Am* inspecteur *m* des contributions directes. -**2.** JUR (juge *m*) assesseur *m*.

asset ['æset] *n* avantage *m*, atout *m*; **she's a great ~ to our team** elle est un excellent atout pour notre équipe.
◆ **assets** *npl* [possession] avoir *m*, capital *m*; COMM, FIN & JUR actif *m*; **our total ~s** tous nos biens; **~s and liabilities** l'actif *m* et le passif; **the ~s amount to £5 million** l'actif s'élève à cinq millions de livres.

asset-stripper *n* dépeceur *m* d'entreprise.

asset-stripping [-,strɪpɪŋ] *n achat d'entreprises pour revente des actifs.*

asseverate [ə'sevəreɪt] *vt fml* déclarer; **he ~d his innocence** il a juré de son innocence.

asseveration [ə,sevə'reɪʃn] *n fml* déclaration *f*; [of good faith, innocence] protestation *f*.

asshole▼ ['æshəʊl] *Am* = **arsehole**.

assibilate [ə'sɪbɪleɪt] ◇ *vt* assibiler.
◇ *vi* s'assibiler.

assiduity [,æsɪ'djuːətɪ] (*pl* **assiduities**) *n* assiduité *f*, zèle *m*.

assiduous [ə'sɪdjʊəs] *adj* assidu.

assiduously [ə'sɪdjʊəslɪ] *adv* assidûment.

assign [ə'saɪn] ◇ *vt* -**1.** [allot] assigner, attribuer; **the room was ~ed to study groups** la salle fut affectée OR réservée aux groupes d'étude; **a date and place were ~ed for the exam** la date et le lieu de l'examen ont été fixés; **to ~ a duty/task to sb** assigner une responsabilité/tâche à qqn; **I ~ed her the task of writing the report** je l'ai chargée de la rédaction du rapport. -**2.** [appoint] nommer, désigner; **he's been ~ed to Moscow** il a été affecté à Moscou. -**3.** [ascribe]: **to ~ a reason for sthg** donner la raison de qqch; **we ~ a value to X** nous attribuons OR assignons une valeur à X; **the aqueduct has been ~ed to the Roman period** l'aqueduc a été attribué à l'époque romaine. -**4.** JUR céder, transférer; **the property was ~ed to his daughter** la propriété fut transférée au nom de sa fille; **she ~ed the copyright to the school** elle a fait cession du droit d'auteur à l'école.
◇ *n* cessionnaire *mf*.

assignation [,æsɪg'neɪʃn] *n* -**1.** [meeting] rendez-vous *m* clandestin; **to have an ~ with sb** *fml* OR *hum* avoir un rendez-vous secret avec qqn. -**2.** [assignment] attribution *f*; [of money] allocation *f*; [of person] affectation *f*. -**3.** JUR cession *f*, transfert *m*.

assignee [,æsaɪ'niː] *n* cessionnaire *mf*.

assignment [ə'saɪnmənt] *n* -**1.** tâche *f*; [official] mission *f*; SCH devoir *m*. -**2.** [appointment] attribution *f*; [of money] allocation *f*; [of person] affectation *f*. -**3.** JUR cession *f*, transfert *m*; **~ of a patent** cession d'un brevet; **~ of contract** *cession des droits et obligations découlant d'un contrat.*

assignor [ə'saɪnəʳ] *n* cédant *m*, -e *f*.

assimilate [ə'sɪmɪleɪt] ◇ *vt* -**1.** [food, information] assimiler. -**2.** [immigrants] intégrer; **they try very hard to ~ newcomers** ils font tout leur possible pour intégrer les nouveaux arrivants.
◇ *vi* s'assimiler, s'intégrer; **foreigners find it difficult to ~ into a new culture** les étrangers ont du mal à s'adapter OR s'intégrer à une autre culture.

assimilation [ə,sɪmɪ'leɪʃn] *n* [gen & LING] assimilation *f*.

assist [ə'sɪst] ◇ *vt* -**1.** [help] aider, assister; **he ~ed her up/down the stairs** il l'a aidée à monter/descendre l'escalier; **how may I ~ you?** comment puis-je vous être utile?; **the two groups ~ed each other with their research** les deux groupes se sont entraidés dans leur recherche; **a man is ~ing police with their enquiries** un homme aide la police dans ses investigations. -**2.** [with money]: **~ed by the town hall** avec le concours de la mairie; **~ed passage** billet *m* subventionné.
◇ *vi* -**1.** [help] aider, prêter secours; **she ~ed at the operation** elle a apporté son assistance pendant l'opération. -**2.** *arch* [attend] assister; **we ~ed at his funeral** nous avons assisté à ses obsèques.
◇ *n* SPORT *action qui permet à un coéquipier de marquer un point.*

assistance [ə'sɪstəns] *n* aide *f*, secours *m*; **may I be of ~ to you?** puis-je vous être utile?; **to come to sb's ~** venir au secours de qqn; **could you give me some ~ with these calculations?** pourriez-vous me venir en aide dans ces calculs?; **with the financial ~ of the university** avec le concours financier de l'université.

assistant [ə'sɪstənt] ◇ *n* assistant *m*, -e *f*, aide *mf*; **foreign language ~** SCH assistant *m*, -e *f* (en langue étrangère); UNIV lecteur *m*, -trice *f* (en langue étrangère); **non-teaching ~** SCH auxiliaire *mf*.
◇ *comp* [director, judge, librarian, secretary] adjoint; **~ manager** sous-directeur *m*, directeur *m* adjoint; **~ manageress** *Br* sous-directrice *f*, directrice *f* adjointe; **~ master, ~ mistress** professeur *m (qui n'est pas responsable d'une section)*; **~ professor** *Am* ≃ maître-assistant *m*; **~ teacher** [primary] instituteur *m*, -trice *f*; [secondary] professeur *m (qui ne dirige pas de section).*

assize [ə'saɪz] *n* réunion *f*; JUR assises *fpl*; **~ court, court of ~s** cour *f* d'assises.

assoc -**1.** *written abbr of* **association.** -**2.** *written abbr of* **associated.**

associate [*vb* ə'səʊʃɪeɪt, *n & adj* ə'səʊʃɪət] ◇ *vt* associer; **the problems ~d with nuclear power** les problèmes relatifs à l'énergie nucléaire; **I don't ~ you with that kind of activity** je ne t'imagine pas dans ce genre d'activité; **that kind of behaviour is often ~d with an unhappy childhood** ce type de comportement est souvent lié à une enfance malheureuse; **I don't want to be ~d with that scandal** je ne veux pas que mon nom soit mêlé à ce scandale; **he's ~d in the public's mind with that book** dans l'esprit du public, il est associé à ce livre-là.
◇ *vi*: **to ~ with sb** fréquenter qqn.
◇ *n* -**1.** [partner] associé *m*, -e *f*; JUR complice *mf*. -**2.** [of club] membre *m*, associé *m*, -e *f*; **an ~ of an institution** un membre d'une fondation ❑ **Associate in Arts (degree)** *(titulaire d'un) diplôme universitaire américain de lettres*; **Associate in Science (degree)** *(titulaire d'un) diplôme universitaire américain de sciences.*
◇ *adj* associé, allié; **I'm only an ~ member of the organisation** je suis seulement membre associé de l'organisation ❑ **~ judge** juge *m* assesseur; **Associate Justice** *Am* juge *m* de la Cour Suprême.

associated [ə'səʊʃɪeɪtɪd] *adj* associé.

associate professor *n Am* ≃ maître *m* de conférences.

association [ə,səʊsɪ'eɪʃn] *n* -**1.** [grouping] association *f*, société *f*; **the teachers have formed an ~** les enseignants ont constitué une association. -**2.** [involvement] association *f*, fréquentation *f*; **through long ~ with the medical profession** à force de fréquenter la profession médicale; **the police knew about his ~ with the underworld** la police savait qu'il fréquentait le milieu; **this programme was made in ~ with Belgian television** ce programme a été fait en collaboration avec la télévision belge. -**3.** [of ideas] association *f*; **by ~ of ideas** par association d'idées; **that trip has many unhappy ~s for me** ce voyage me rappelle bien des choses pénibles.

Association football *n Br* football *m* association.

associative [ə'səʊʃjətɪv] *adj* [gen & COMPUT] associatif; **~ storage** mémoire *f* associative.

assonance ['æsənəns] *n* assonance *f*.

assort [ə'sɔːt] ◇ *vt* classer, ranger.
◇ *vi* s'assortir; **to ~ with sthg** s'assortir à qqch.

assorted [ə'sɔːtɪd] *adj* -**1.** [various] varié, divers; **in ~ sizes** en différentes tailles. -**2.** [matched] assorti; **well-/ill-~** bien/mal assorti.

assortment [ə'sɔːtmənt] *n* assortiment *m*, collection *f*; [of people] mélange *m*; **there was a good ~ of cakes** il y avait un grand choix OR une bonne sélection de gâteaux; **she certainly has an odd ~ of friends!** ses amis forment un curieux mélange!

asst *written abbr of* **assistant.**

assuage [ə'sweɪdʒ] *vt fml* [grief, pain] soulager, apaiser; [hunger, thirst] assouvir; [person] apaiser, calmer.

assume [ə'sjuːm] *vt* -**1.** [presume] supposer, présumer; **let's ~ that to be the case** mettons OR supposons que ce soit le cas; **he's married, I ~** il est marié, je suppose OR présume; **he's ~d to**

be rich on le suppose riche; you ~ a lot! tu fais bien des suppositions! -**2.** [undertake] assumer, endosser; **he ~d management of the firm** il a pris la direction de l'entreprise. -**3.** [usurp - power] prendre; [- right, title] s'approprier, s'arroger. -**4.** [adopt] assumer, prendre; **she ~d a look of indifference** elle affectait un air d'indifférence; **he ~d the role of mediator** il a assumé le rôle de médiateur; **unemployment is assuming frightening proportions** le chômage commence à prendre d'inquiétantes proportions.

assumed [ə'sjuːmd] *adj* feint, faux; **with ~ indifference** avec une indifférence feinte; **~ name** nom *m* d'emprunt; **he travels under an ~ name** il se sert d'un nom d'emprunt pour voyager.

assuming [ə'sjuːmɪŋ] *conj* en admettant OR supposant que; **~ he is alive** en admettant OR supposant qu'il soit toujours en vie.

assumption [ə'sʌmpʃn] *n* -**1.** [supposition] supposition *f*, hypothèse *f*; **our cultural ~s** nos présupposés; **on the ~ that he agrees, we can go ahead** en supposant OR admettant qu'il soit d'accord, nous pouvons aller de l'avant; **we're working on the ~ that what she says is true** nous partons du principe qu'elle dit la vérité. -**2.** [of power] appropriation *f*; **~ of office** entrée *f* en fonctions. -**3.** [of attitude] affectation *f*.

◆ **Assumption** *n* RELIG: **the Assumption** l'Assomption *f*.

Assumption Day [ə'sʌmpʃn-] *n* jour *m* OR fête *f* de l'Assomption.

assurance [ə'ʃʊərəns] *n* -**1.** [assertion] affirmation *f*, assurance *f*; [pledge] promesse *f*, assurance *f*; **she gave repeated ~s that she would not try to escape** elle a promis à plusieurs reprises qu'elle n'essaierait pas de s'enfuir; **he gave her a ring as an ~ of his love** il lui a donné une bague comme gage de son amour. -**2.** [confidence] assurance *f*, confiance *f* en soi; [overconfidence] arrogance *f*; **to lack ~** manquer de confiance en soi; **she said it with such ~, I believed her** elle l'a dit avec une telle assurance que je l'ai crue; **they set out with absolute ~ of their success** ils partirent, sûrs de leur réussite. -**3.** *Br* [insurance] assurance *f*.

assure [ə'ʃʊəʳ] *vt* -**1.** [affirm] affirmer, assurer; [convince] convaincre, assurer; [guarantee] assurer, certifier; **he ~d them of his sincerity** il les a assurés de sa sincérité; **they ~d her it was true** ils lui ont certifié que c'était vrai; **I can ~ you that your work was not in vain** je peux vous assurer que votre travail n'a pas été inutile; **we've never had anyone like that here, I can ~ you** je peux vous assurer que nous n'avons jamais eu quelqu'un comme ça ici; **she ~d herself (of) a good pension** elle s'est assuré une bonne retraite. -**2.** *Br* [insure] assurer.

assured [ə'ʃʊəd] ◇ *adj* -**1.** [certain] assuré, certain; **I am ~ of her loyalty** je suis convaincu OR certain de sa loyauté; **our success appeared ~** notre succès semblait assuré OR certain. -**2.** [self-confident] assuré, sûr de soi; [overconfident] arrogant, effronté. -**3.** *Br* [insured] assuré.
◇ *n* assuré *m*, -e *f*.

assuredly [ə'ʃʊərɪdlɪ] *adv* assurément, sûrement, sans aucun doute.

Assyria [ə'sɪrɪə] *pr n* Assyrie *f*; **in ~** en Assyrie.

Assyrian [ə'sɪrɪən] ◇ *n* Assyrien *m*, -enne *f*.
◇ *adj* assyrien.

AST (*abbr of* **Atlantic Standard Time**) *n heure d'hiver des Provinces Maritimes du Canada et d'une partie des Caraïbes.*

astable [ˌeɪ'steɪbl] *adj* instable.

astatic [ˌeɪ'stætɪk] *adj* [unstable] instable; PHYS astatique.

astatine ['æstətiːn] *n* astate *m*.

aster ['æstəʳ] *n* aster *m*.

asterisk ['æstərɪsk] ◇ *n* astérisque *m*.
◇ *vt* marquer d'un astérisque.

asterism ['æstərɪzm] *n* -**1.** TYPO *trois astérisques en triangle.* -**2.** ASTRON & MINER astérisme *m*.

astern [ə'stɜːn] ◇ *adv* à OR sur l'arrière, en poupe; **to go ~** [person] aller à l'arrière OR en poupe; [boat] faire machine arrière, battre en arrière, culer; **full speed ~!** en arrière toutes!
◇ *adj* à OR sur l'arrière.

asteroid ['æstərɔɪd] *n* astéroïde *m*.

asthenia [æs'θiːnjə] *n* asthénie *f*.

asthenosphere [əs'θiːnəˌsfɪəʳ] *n* asthénosphère *f*.

asthma ['æsmə] ◇ *n* asthme *m*; **she has ~** elle est asthmatique.
◇ *comp*: **~ attack** crise *f* d'asthme; **~ sufferer** asthmatique *mf*.

asthmatic [æs'mætɪk] ◇ *adj* asthmatique; **an ~ attack** une crise d'asthme.
◇ *n* asthmatique *mf*.

astigmatic [ˌæstɪg'mætɪk] ◇ *adj* astigmate.
◇ *n* astigmate *mf*.

astigmatism [æ'stɪgmətɪzm] *n* astigmatisme *m*.

astir [ə'stɜːʳ] *adj lit* -**1.** [out of bed] debout *(inv)*, levé. -**2.** [in motion] animé.

ASTMS ['æstiːmz, eɪestiːemes] (*abbr of* **Association of Scientific, Technical and Managerial Staffs**) *pr n ancien syndicat britannique des personnels scientifiques, techniques et administratifs.*

astonish [ə'stɒnɪʃ] *vt* [surprise] étonner; [amaze] stupéfier, ahurir; **we were ~ed that she had come** nous étions stupéfaits qu'elle soit venue; **she was ~ed to hear from him** OR **at hearing from him** elle était stupéfaite d'avoir de ses nouvelles; **no! you ~ me!** non! ce n'est pas vrai!

astonished [ə'stɒnɪʃt] *adj* surpris.

astonishing [ə'stɒnɪʃɪŋ] *adj* [surprising] étonnant; [amazing] stupéfiant, ahurissant; **it's ~ how he's changed** c'est stupéfiant comme il a changé; **with ~ speed** à une vitesse incroyable OR étonnante.

astonishingly [ə'stɒnɪʃɪŋlɪ] *adv* incroyablement; **she was ~ good at the piano** elle jouait incroyablement bien du piano; **~, they both decided to leave** aussi étonnant que cela paraisse, ils ont tous les deux décidé de partir.

astonishment [ə'stɒnɪʃmənt] *n* [surprise] étonnement *m*; [amazement] stupéfaction *f*, ahurissement *m*; **they stared in ~** ils avaient l'air stupéfait; **a look of ~** un regard stupéfait OR ahuri; **to our ~** à notre grand étonnement, à notre stupéfaction.

astound [ə'staʊnd] *vt* stupéfier, abasourdir; **we were ~ed to hear the news** la nouvelle nous a stupéfaits; **I was ~ed when she left like that** j'étais stupéfait qu'elle parte comme ça.

astounded [ə'staʊndɪd] *adj* stupéfait.

astounding [ə'staʊndɪŋ] *adj* stupéfiant, ahurissant.

astoundingly [ə'staʊndɪŋlɪ] *adv* incroyablement; **~ beautiful** d'une beauté incroyable; **~ enough, they'd already met** chose extraordinaire, ils s'étaient déjà rencontrés.

Astrakhan [ˌæstrə'kæn] *pr n* Astrakan, Astrakhan.

◆ **astrakhan** ◇ *n* astrakan *m*.
◇ *comp* [hat, jacket] d'astrakan.

astral ['æstrəl] *adj* astral.

astray [ə'streɪ] *adv* -**1.** [lost]: **to go ~** s'égarer; **the letter went ~** la lettre s'est perdue. -**2.** *phr*: **to lead sb ~** [mislead] détourner qqn du droit chemin; [corrupt] dévoyer qqn; **don't be led ~ by their so-called expertise** ne vous laissez pas tromper OR abuser par leur soi-disant compétence; **he's easily led ~** il se laisse facilement entraîner hors du droit chemin.

astride [ə'straɪd] *prep* à califourchon OR à cheval sur; **he sat ~ the fence** il était assis à califourchon sur la barrière.

astringent [ə'strɪndʒənt] ◇ *adj* -**1.** [remark] acerbe, caustique; [criticism] dur, sévère. -**2.** [lotion] astringent.
◇ *n* astringent *m*.

astrolabe ['æstrəleɪb] *n* astrolabe *m*.

astrologer [ə'strɒlədʒəʳ] *n* astrologue *mf*.

astrological [ˌæstrə'lɒdʒɪkl] *adj* astrologique.

astrologist [ə'strɒlədʒɪst] *n* astrologue *mf*.

astrology [ə'strɒlədʒɪ] *n* astrologie *f*.

astronaut ['æstrənɔːt] *n* astronaute *mf*.

astronautic(al) [ˌæstrə'nɔːtɪk(l)] *adj* astronautique.

astronautics [ˌæstrə'nɔːtɪks] *n (U)* astronautique *f*.

astronomer [ə'strɒnəməʳ] *n* astronome *mf*.

astronomic(al) [ˌæstrə'nɒmɪk(l)] *adj* ASTRON & *fig* astronomique.

astronomically [ˌæstrə'nɒmɪklɪ] *adv* astronomiquement.

astronomy [ə'strɒnəmɪ] *n* astronomie *f*.

astrophysicist [ˌæstrəʊ'fɪzɪsɪst] *n* astrophysicien *m*, -enne *f*.

astrophysics [ˌæstrəʊ'fɪzɪks] *n (U)* astrophysique *f*.

Asturias [æ'stʊərɪæs] *pr n* Asturies *fpl*; **the prince of ~** le prince des Asturies.

astute [ə'stjuːt] *adj* [person - shrewd] astucieux, fin, perspicace; [- crafty] malin, rusé; [investment, management] astucieux; **how ~ of you!** vous êtes malin!

astutely [ə'stjuːtlɪ] *adv* astucieusement, avec finesse OR perspicacité.

astuteness [ə'stjuːtnɪs] *n* finesse *f*, perspicacité *f*.

Asuncion [əˌsʊnsɪ'ɒn] *pr n* Asuncion.

asunder [ə'sʌndəʳ] *adj* & *adv lit* [apart] écartés, éloignés (l'un de l'autre); [in pieces] en morceaux; **to be torn ~** être mis en pièces.

ASV (*abbr of* **American Standard Version**) *n traduction américaine de la Bible.*

Aswan [æs'wɑːn] *pr n* Assouan; **the ~ (High) Dam** le barrage d'Assouan.

asylum [ə'saɪləm] *n* -**1.** [refuge] asile *m*, refuge *m*; **to give ~ to sb** donner asile à qqn; **to grant sb political ~** accorder l'asile politique à qqn. -**2.** [mental hospital] asile *m* (d'aliénés).

asymmetric(al) [ˌeɪsɪ'metrɪk(l)] *adj* asymétrique.

asymmetry [ˌeɪ'sɪmətrɪ] *n* asymétrie *f*.

asymptomatic ['eɪˌsɪmptə'mætɪk] *adj* sans symptômes.

asynchronous [ˌeɪ'sɪŋkrənəs] *adj* asynchrone.

asyndetic [ˌæsɪn'detɪk] *adj* asyndétique.

at [*weak form* ət, *strong form* æt] *prep* -**1.** [indicating point in space] à; **at the door/the bus stop** à la porte/l'arrêt de bus; **at my house/the dentist's** chez moi/le dentiste; **I'm at the airport** je suis à l'aéroport; **we're at the Savoy (Hotel)** [staying at] nous sommes au Savoy; **she's at a wedding/committee meeting** [attending] elle est à un mariage/en réunion avec le comité; **she was standing at the window** elle se tenait debout à la fenêtre; **turn left at the traffic lights/the Town Hall** tournez à gauche au feu/à la mairie; **change at Reading** RAIL prenez la correspondance à Reading; **where are you at with that report?** *Am* où en êtes-vous avec ce rapport? ❑ **this club is where it's at** *inf* ce club est très chic OR dans le vent; **that's not where it's at** *inf* [not fashionable] ça n'est pas dans le vent; *Am* [not the important thing] là n'est pas la question; **that's not where I'm at** c'est pas mon truc. -**2.** [indicating point in time] à; **at noon/6 o'clock** à midi/6 h; **I work at night** je travaille de nuit; **I like to work at night** j'aime travailler la nuit; **I'm busy at the moment** je suis occupé en ce moment; **at a time when...** à un moment où... || [indicating age]: **he started working at 15** il a commencé à travailler à (l'âge de) 15 ans. -**3.** [indicating direction] vers, dans la direction de; **look at this!** regarde ça!; **he shot at the rabbit** il a tiré sur le lapin; **she grabbed at the purse** elle a essayé de s'emparer du porte-monnaie; **don't shout at me!** ne me crie pas dessus! -**4.** [indicating activity] en train de, occupé à; **my parents are at work** mes parents sont au travail; **he was at lunch** il était allé déjeuner ❑ **get me some coffee while you're at it** *inf* prenez-moi du café pendant que vous y êtes; **she's at it again!** *inf* la voilà qui recommence!; **don't let me catch you at it again!** *inf* que je ne t'y reprenne pas! -**5.** [indicating level, rate] à, de; **the temperature stands at 30°** la température est de 30°; **at 50 mph** à 80 km/h; **he drove at 50 mph** il faisait du 80 (à l'heure); **the rise worked out at £1 an hour** l'augmentation correspondait à 1 livre de l'heure. -**6.** [indicating price] à; **it's a bargain at £5** à 5 livres, c'est une bonne affaire; **we sell it at (a price of) £1 a kilo** nous le vendons 1 livre le kilo. -**7.** [with superlative] à; **the water level was at its highest/lowest** le niveau d'eau était au plus haut/au plus bas; **she's at her most/least effective in such situations** c'est là qu'elle est le plus/le moins efficace. -**8.** [as adjective complement] en; **he's brilliant/hopeless at maths** il est excellent/nul en maths. -**9.** *phr*: **to be (on) at sb** harceler qqn; **he's always (on) at his secretary to arrive earlier** il n'arrête pas de harceler sa secrétaire pour qu'elle vienne plus tôt le matin; **his mother's always (on) at him to tidy his room** sa mère est toujours après lui OR le harcèle toujours pour qu'il range sa chambre.

◆ **at all** *adv phr*: **he's not at all patient** il n'est pas du tout patient; **thank you for your help — not at all** merci de votre aide — je vous en prie OR il n'y a pas de quoi; **nothing at all** rien du tout; **he comes rarely if at all** il vient très rarement, quand il vient; **if you had any feelings at all** si vous aviez le moindre sentiment; **if we had any money at all** si nous avions le moindre argent OR ne serait-ce qu'un peu d'argent; **if you do any travelling at all, you'll know what I mean** si vous voyagez un tant soit peu, vous comprendrez ce que je veux dire.

◆ **at once** *adv phr* -**1.** [immediately] tout de suite, immédiatement. -**2.** [simultaneously] en même temps; **they all came at once** ils sont tous arrivés en même temps; **don't all talk at once** ne parlez pas tous en même temps.

atavism ['ætəvɪzm] *n* atavisme *m*.

atavistic [,ætə'vɪstɪk] *adj* atavique.

ataxia [ə'tæksɪə] *n* ataxie *f*.

ataxic [ə'tæksɪk] *adj* ataxique.

ATC ◇ *n abbr of* air traffic control.

◇ *pr n* (*abbr of* Air Training Corps) *unité de formation de l'armée de l'air britannique.*

ate [*Br* et, *Am* eɪt] *pt* → **eat**.

atelier [æ'telɪeɪ] *n* atelier *m*.

a tempo [ɑː'tempəʊ] *adj & adv* a tempo.

Athanasian Creed [,æθə'neɪʃn-] *n*: **the ~** le symbole de saint Athanase.

atheism ['eɪθɪɪzm] *n* athéisme *m*.

atheist ['eɪθɪɪst] ◇ *adj* athée.

◇ *n* athée *mf*.

atheistic(al) [,eɪθɪ'ɪstɪk(l)] *adj* athée.

Athena [ə'θiːnə], **Athene** [ə'θiːniː] *pr n* Athéna *f*.

Athenian [ə'θiːnjən] ◇ *n* Athénien *m*, -enne *f*.

◇ *adj* athénien.

Athens ['æθɪnz] *pr n* Athènes; '**Timon of ~**' *Shakespeare* 'Timon d'Athènes'.

athirst [ə'θɜːst] *adj lit* assoiffé; **~ for revenge** assoiffé de vengeance.

athlete ['æθliːt] *n* [gen] sportif *m*, -ive *f*; [track & field competitor] athlète *mf*.

athlete's foot *n (U)* mycose *f*; **to have ~** avoir une mycose.

athletic [æθ'letɪk] *adj* [sporty] sportif; [muscular] athlétique; **she's very ~** elle est très sportive.

athletics [æθ'letɪks] ◇ *n (U)* athlétisme *m*.

◇ *comp* [club, meeting] d'athlétisme; [activity - track & field] athlétique; [- other sport] sportif; **~ coach** *Am* SCH & UNIV entraîneur *m* (sportif).

athletic support(er) *n* suspensoir *m*.

at-home *inf n réception chez soi.*

athwart [ə'θwɔːt] *lit* ◇ *prep* -**1.** [across the path of] en travers de; NAUT par le travers de. -**2.** [in opposition to] contre, en opposition à.

◇ *adv* en travers; NAUT par le travers.

atishoo [ə'tɪʃuː] *onomat* atchoum.

Atlanta [ət'læntə] *pr n* Atlanta.

Atlantic [ət'læntɪk] ◇ *adj* [coast, community] atlantique; [wind] de l'Atlantique; **the ~ Ocean** l'Atlantique *m*, l'océan *m* Atlantique; **the ~ Charter** le Pacte atlantique; **~ liner** transatlantique *m*; **the ~ Provinces** [in Canada] les Provinces *fpl* atlantiques.

◇ *pr n*: **the ~** l'Atlantique *m*, l'océan *m* Atlantique.

Atlantis [ət'læntɪs] *pr n* Atlantide *f*.

atlas ['ætləs] *n* atlas *m*.

Atlas ['ætləs] *pr n* -**1.** GEOG: **the ~ Mountains** l'Atlas *m*; **the High ~** le Haut OR Grand Atlas; **the Middle ~** le Moyen Atlas. -**2.** MYTH Atlas.

atm. (*written abbr of* atmosphere) atm.

ATM (*abbr of* **automatic telling machine**) *n Am* GAB *m*.

atmosphere ['ætmə,sfɪəʳ] *n* -**1.** [air] atmosphère *f*; **the smoky ~ bothered her** l'atmosphère enfumée la gênait. -**2.** [feeling, mood] ambiance *f*, atmosphère *f*; **there was an ~ of elation in the room** il régnait une joyeuse ambiance dans la pièce; **the place has no ~** l'endroit est impersonnel; **there's a really bad ~ at the office just now** il y a une très mauvaise ambiance au bureau en ce moment.

atmospheric [,ætməs'ferɪk] *adj* -**1.** [pollution, pressure] atmosphérique. -**2.** [full of atmosphere]: **the film was very ~** il y avait beaucoup d'atmosphère dans ce film.

atmospherics [,ætməs'ferɪks] *npl* parasites *mpl*.

atoll ['ætɒl] *n* atoll *m*.

atom ['ætəm] *n* -**1.** SCI atome *m*. -**2.** *fig*: **there's not an ~ of truth in what you say** il n'y a pas une once OR un brin de vérité dans ce que tu dis; **they haven't one ~ of common sense** ils n'ont pas le moindre bon sens.

atom bomb *n* bombe *f* atomique.

atomic [ə'tɒmɪk] *adj* [bomb, theory] atomique; **~-powered** (fonctionnant à l'énergie) nucléaire OR atomique ❑ **~ age** ère *f* atomique; **~ power station** centrale *f* nucléaire; **~ warfare** guerre *f* nucléaire OR atomique.

atomic clock *n* horloge *f* atomique.

atomic cocktail *n mélange radioactif utilisé dans le traitement du cancer.*

atomic energy *n* énergie *f* nucléaire OR atomique.

Atomic Energy Authority *pr n commissariat à l'énergie nucléaire en Grande-Bretagne.*

Atomic Energy Commission *pr n commissariat à l'énergie nucléaire aux État-Unis.*

atomic heat *n* chaleur *f* atomique.

atomic mass *n* masse *f* OR poids *m* atomique.

atomic number *n* nombre *m* OR numéro *m* atomique.

atomic pile *n* pile *f* atomique, réacteur *m* nucléaire.

atomic power *n* énergie *f* atomique, réacteur *m* nucléaire.

atomic reactor *n* réacteur *m* nucléaire.

atomic structure *n* structure *f* atomique.

atomic volume *n* volume *m* atomique.

atomic weight *n* masse *f* OR poids *m* atomique.

atomize, -ise ['ætəmaɪz] *vt* -**1.** [liquid] pulvériser, atomiser, vaporiser; [solid] atomiser. -**2.** [bomb] atomiser.

atomizer ['ætəmaɪzəʳ] *n* atomiseur *m*.

atonal [eɪ'təʊnl] *adj* atonal.

atonality [,eɪtəʊ'nælətɪ] *n* atonalité *f*.

atone [ə'təʊn] ◇ *vi*: **to ~ for**: **to ~ for one's sins** expier ses péchés; **how can I ~ for my past unkindness?** comment me faire pardonner ma méchanceté passée?; **to ~ for a mistake** réparer OR racheter une faute.

◇ *vt* [guilt, sin] expier.

atonement [ə'təʊnmənt] *n* [of crime, sin] expiation *f*; [of mistake] réparation *f*; **to make ~ for one's sins** expier ses péchés; **they made ~ for their past mistakes** ils ont racheté leurs erreurs passées ❑ **Day of Atonement** (fête *f* du) Grand Pardon *m*.

atonic [eɪ'tɒnɪk] *adj* -**1.** LING atone. -**2.** [muscle] atonique.

atony ['ætənɪ] *n* atonie *f*.

atop [ə'tɒp] *lit* ◇ *adv* en haut.

◇ *prep* en haut de, sur.

ATP (*abbr of* Association of Tennis Professionals) *pr n* ATP *f*.

Atreus ['eɪtrɪəs] *pr n* Atrée.

atrium ['eɪtrɪəm] (*pl* **atria** [-trɪə] OR **atriums**) *n* -**1.** [court] cour *f*; ANTIQ atrium *m*. -**2.** ANAT orifice *m* de l'oreillette.

atrocious [ə'trəʊʃəs] *adj* -**1.** [cruel, evil] atroce, horrible. -**2.** *inf* [very bad] affreux, atroce.

atrociously [ə'trəʊʃəslɪ] *adv* -**1.** [cruelly] atrocement, horriblement. -**2.** *inf* [badly] affreusement, atrocement.

atrocity [ə'trɒsətɪ] (*pl* **atrocities**) *n* atrocité *f*.

atrophy ['ætrəfɪ] (*pt & pp* **atrophied**) ◇ *n* atrophie *f*.

◇ *vi* s'atrophier.

◇ *vt* atrophier.

attaboy *inf* ['ætəbɔɪ] *interj Am*: **~!** bravo! vas-y mon petit!

attach [ə'tætʃ] ◇ *vt* -**1.** [connect - handle, label] attacher, fixer; [- appendix, document] joindre; **the ~ed letter** la lettre ci-jointe. -**2.** [associate with]: **he ~ed himself to a group of walkers** il s'est joint à un groupe de randonneurs. -**3.** [be part of]: **the research centre is ~ed to the science department** le centre de recherche dépend du OR est rattaché au département des sciences. -**4.** [attribute] attacher, attribuer; **don't ~ too much importance to this survey** n'accordez pas trop d'importance à cette enquête. -**5.** [place on temporary duty] affecter; **she's ~ed to NATO** elle est attachée à l'OTAN. -**6.** JUR [person] arrêter, appréhender; [property, salary] saisir.

◇ *vi fml* être attribué, être imputé; **the benefits that ~ to this position are considerable** les avantages attachés à ce poste sont énormes; **no blame ~es to you for what happened** la responsabilité de ce qui s'est produit ne repose nullement sur vous.

attaché [ə'tæʃeɪ] *n* attaché *m*, -e *f*.

attaché case *n* mallette *f*, attaché-case *m*.

attached [ə'tætʃt] *adj* attaché; **he's very ~ to his family** il est très attaché OR il tient beaucoup à sa famille; **she's (already) ~** elle a déjà quelqu'un dans sa vie; **I was very ~ to that car** j'étais très attaché à cette voiture.

attachment [ə'tætʃmənt] *n* -**1.** [fastening] fixation *f*. -**2.** [accessory, part] accessoire *m*. -**3.** [affection] attachement *m*, affection *f*; [loyalty] attachement *m*; **she has a strong ~ to her grandfather** elle est très attachée à son grand-père. -**4.** [temporary duty] détachement *m*; **he's on ~ to the hospital** il est en détachement à l'hôpital. -**5.** JUR [of person] arrestation *f*; [of property] saisie *f*; **~ of earnings** *saisie-arrêt du salaire, des biens ou des bienfaits d'un débiteur par un créancier.*

attack [ə'tæk] ◇ *vt* -**1.** [assault - physically] attaquer; [- verbally] attaquer, s'attaquer à; MIL attaquer, assaillir. -**2.** [tackle] s'attaquer à; **a campaign to ~ racism** une campagne pour combattre le racisme; **she ~ed the problem with enthusiasm** elle s'est attaquée au problème avec enthousiasme. -**3.** [damage] attaquer, ronger; **the disease mainly ~s the very young** la maladie atteint essentiellement les très jeunes enfants; **this apathy ~s the very roots of democracy** cette apathie menace les racines mêmes de la démocratie.

◇ *n* -**1.** [gen & SPORT] attaque *f*; MIL attaque *f*, assaut *m*; **~s on old people are on the increase** les agressions contre les personnes âgées sont de plus en plus nombreuses; **to launch an ~ on the enemy** donner l'assaut à l'ennemi; **yesterday the police launched an ~ on petty theft in the area** hier la police a lancé une opération contre les larcins dans le secteur; **the newspa-**

per launched an ~ on government policy le journal s'est attaqué à la politique gouvernementale; we made a new ~ on the problem nous avons abordé le problème d'une autre façon; the ~ on her life failed l'attentat contre elle a échoué; the ~ on drugs le combat contre la drogue; to return to the ~ revenir à la charge; to go on the ~ passer à l'attaque; the infantry was under ~ l'infanterie subissait un assaut OR était attaquée; to come under ~ être en butte aux attaques; she felt as though she were under ~ *fig* elle s'est sentie agressée; to leave o.s. wide open to ~ prêter le flanc à la critique. -**2.** [of illness] crise *f*; an ~ of malaria/nerves une crise de paludisme/de nerfs; an ~ of fever un accès de fièvre. -**3.** MUS attaque *f*.

attacker [ə'tækəʳ] *n* [gen] agresseur *m*, attaquant *m*, -e *f*; SPORT attaquant *m*.

attain [ə'teɪn] *vt* -**1.** [achieve - ambition, hopes, objectives] réaliser; [- happiness] atteindre à; [- independence, success] obtenir; [- knowledge] acquérir. -**2.** [arrive at, reach] atteindre, arriver à.

◆ **attain to** *vt insep*: to ~ to power arriver au pouvoir.

attainable [ə'teɪnəbl] *adj* [level, objective, profits] réalisable; [position] accessible; a growth rate ~ by industrialized countries un taux de croissance à la portée des OR accessible aux pays industrialisés.

attainment [ə'teɪnmənt] *n* -**1.** [of ambition, hopes, objectives] réalisation *f*; [of independence, success] obtention *f*; [of happiness] conquête *f*; [of knowledge] acquisition *f*. -**2.** [accomplishment] résultat *m* (obtenu); [knowledge, skill] connaissance *f*.

attempt [ə'tempt] ◇ *n* -**1.** [effort, try] tentative *f*, essai *m*, effort *m*; what do you think of my latest ~? que pensez-vous de mon dernier essai?; to make an ~ at doing sthg OR to do sthg essayer de faire qqch; she made an ~ at gardening elle a essayé le jardinage, elle s'est essayée au jardinage; we made our first ~ in January nous avons fait notre coup d'essai OR nous avons essayé pour la première fois en janvier; she made every ~ to put him at ease elle a tout fait pour le mettre à l'aise; he made no ~ to help il n'a rien fait pour (nous) aider; we made another ~ nous avons renouvelé nos tentatives, nous sommes revenus à la charge; no ~ will be made to stop you on n'essaiera pas de vous arrêter, on ne fera rien pour vous arrêter; he made an ~ on the record il a essayé de battre le record; he made a feeble ~ at a joke il a essayé de plaisanter sans y parvenir; he made it at the first ~ il a réussi du premier coup; I passed the test at my third ~ j'ai réussi l'examen la troisième fois; he was shot in an ~ to escape il fut tué lors d'une tentative d'évasion OR en essayant de s'évader; she gave up her ~ to convince him elle a renoncé à le convaincre; he went out without any ~ to conceal himself il est sorti sans chercher à se dissimuler. -**2.** [attack] attentat *m*; he survived the ~ on his life il a survécu à l'attentat perpétré contre lui.

◇ *vt* -**1.** [try] tenter, essayer; [undertake - job, task] entreprendre, s'attaquer à; he ~ed to cross the street, he ~ed crossing the street il a essayé de traverser la rue; she plans to ~ the record again in June elle a l'intention de s'attaquer de nouveau au record en juin; to ~ the impossible tenter l'impossible; he has already ~ed suicide once il a déjà fait une tentative de suicide. -**2.** [in mountaineering - ascent, climb] entreprendre; [- mountain] entreprendre l'escalade de.

attempted [ə'temptɪd] *adj* tenté; ~ murder/suicide tentative *f* de meurtre/de suicide.

attend [ə'tend] ◇ *vt* -**1.** [go to - conference, meeting] assister à; [- church, school] aller à; will you be ~ing the meeting? assisterez-vous à la réunion?; she ~s the same course as me elle suit les mêmes cours que moi; I ~ed a private school j'ai fait mes études dans une école privée; the concert was well ~ed il y avait beaucoup de monde au concert. -**2.** [look after, care for] servir, être au service de; he was always ~ed by a manservant un valet de chambre l'accompagnait partout; a doctor ~ed the children un médecin a soigné les enfants. -**3.** *fml* [accompany] accompagner; serious consequences ~ such an action de telles actions entraînent de graves conséquences; the mission was ~ed by great difficulties la mission comportait de grandes difficultés.

◇ *vi* [be present] être présent; let us know if you are unable to ~ prévenez-nous si vous ne pouvez pas venir.

◆ **attend on** *vt insep* -**1.** [maid] servir, être au service de; [bodyguard] accompagner; [doctor] soigner; she ~ed upon her guests elle s'est occupée de ses invités. -**2.** *fml* [be consequence of] résulter de.

◆ **attend to** *vt insep* -**1.** [pay attention to] faire OR prêter attention à; she ~ed closely to the instructions elle a suivi les instructions attentivement. -**2.** [deal with - business, problem] s'occuper de; [- studies] s'appliquer à; [- customer] s'occuper de, servir; you'd better ~ to that wound vous feriez bien de (faire) soigner cette blessure; are you being ~ed to? [in shop] est-ce qu'on vous sert?, est-ce qu'on s'occupe de vous?

◆ **attend upon** = **attend on**.

attendance [ə'tendəns] ◇ *n* -**1.** [number of people present] assistance *f*; there was a record ~ of over 500 people il y avait plus de 500 personnes, ce qui est un record; a heavy OR large ~ une nombreuse assistance. -**2.** [presence] présence *f*; ~ at classes is obligatory la présence aux cours est obligatoire; his poor ~ made a bad impression ses nombreuses absences ont fait mauvaise impression; your ~ is requested vous êtes prié d'y assister; regular ~ assiduité *f*; will you be in ~? *fml* serez-vous là?, y assisterez-vous?; MED êtes-vous de service? -**3.** [service] service *m*; several servants were in ~ on her plusieurs domestiques l'escortaient OR l'accompagnaient.

◇ *comp* [record] d'appel; ~ sheet feuille *f* de présence.

attendance allowance *n Br allocation pour les handicapés.*

attendance centre *n Br maison de redressement où des délinquants assistent régulièrement à des réunions.*

attendant [ə'tendənt] ◇ *n* [in museum, park] gardien *m*, -enne *f*; [in petrol station] pompiste *mf*; [servant] domestique *mf*, serviteur *m arch*; the king and his ~s le roi et sa suite.

◇ *adj fml* -**1.** [person - accompanying] qui accompagne; [- on duty] en service; the salesman ~ on us was a Mr Jones le vendeur qui nous servait OR s'occupait de nous était un certain M. Jones. -**2.** [related]: there are some disadvantages ~ on working at home le travail à domicile comporte certains inconvénients; he talked about marriage and its ~ problems il parla du mariage et des problèmes qui l'accompagnent.

attention [ə'tenʃn] ◇ *n* -**1.** [concentration, thought] attention *f*; he wouldn't start until he had their full ~ il refusait de commencer tant qu'il n'avait pas toute leur attention; may I have your ~ for a moment? pourriez-vous m'accorder votre attention un instant?; we listened to him with close ~ nous l'avons écouté très attentivement; she knows how to hold an audience's ~ elle sait retenir l'attention d'un auditoire; they were all ~ ils étaient (tout yeux et) tout oreilles OR tout ouïe; to pay ~ prêter attention; he paid careful ~ to everything she said il a prêté une extrême attention à tout ce qu'elle disait; I paid little ~ to what she said j'ai accordé peu d'attention à OR j'ai fait peu de cas de ce qu'elle a dit; we paid no ~ to the survey nous n'avons tenu aucun compte de l'enquête; ~ to detail précision *f*, minutie *f*; she switched her ~ back to her book elle est retournée à son livre ❑ ~ span capacité *f* d'attention; children have a very short ~ span les enfants ne peuvent pas se concentrer longtemps. -**2.** [notice] attention *f*; he waved to attract OR catch our ~ il a fait un geste de la main pour attirer notre attention; the news came to his ~ il a appris la nouvelle; let me bring OR direct OR draw your ~ to the matter of punctuality permettez que j'attire votre attention sur le problème de la ponctualité; he drew ~ to the rise in unemployment il a attiré l'attention sur la montée du chômage; let us now turn our ~ to the population problem considérons maintenant le problème démographique; for the ~ of Mr Smith à l'attention de M. Smith; ~-seeking behaviour conduite dictée par le désir de se faire remarquer. -**3.** [care]: they need medical ~ ils ont besoin de soins médicaux; the furnace requires constant ~ la chaudière demande un entretien régulier. -**4.** MIL garde-à-vous *m inv*; to stand at/to come to ~ se tenir/se mettre au garde-à-vous.

◇ *interj*: ~! garde-à-vous!

◆ **attentions** *npl* attentions *fpl*, égards *mpl*; she felt irritated by his unwanted ~s elle était agacée par les attentions dont il l'entourait.

attentive [ə'tentɪv] *adj* -**1.** [paying attention] attentif; ~ to detail méticuleux. -**2.** [considerate] attentionné, prévenant; to be ~ to sb être prévenant envers qqn; she was ~ to our every need elle était attentive à tous nos besoins.

attentively [ə'tentɪvlɪ] *adv* -**1.** [listen, read] attentivement, avec attention. -**2.** [solicitously] avec beaucoup d'égards.

attentiveness [ə'tentɪvnɪs] *n* -**1.** [concentration] attention *f*. -**2.** [consideration] égards *mpl*, prévenance *f*.

attenuate [*vb* ə'tenjʊeɪt, *adj* ə'tenjʊɪt]

◇ *vt* -**1.** [attack, remark] atténuer, modérer; [pain] apaiser; attenuating circumstances des circonstances atténuantes. -**2.** [form, line] amincir, affiner. -**3.** [gas] raréfier.

◇ *vi* s'atténuer, diminuer.

◇ *adj* BOT atténué.

attenuation [əˌtenjʊ'eɪʃn] *n* -**1.** [of attack, remark] atténuation *f*, modération *f*; [of pain] atténuation *f*, apaisement *m*. -**2.** [of form] amincissement *m*.

attest [ə'test] *fml* ◇ *vt* -**1.** [affirm] attester, certifier; [under oath] affirmer sous serment. -**2.** [be proof of] démontrer, témoigner de. -**3.** [bear witness to] témoigner; to ~ a signature légaliser une signature. -**4.** [put oath to] faire prêter serment à.

◇ *vi* témoigner, prêter serment; she ~ed to the truth of the report elle a témoigné de la véracité du rapport; to ~ to the honesty of sb se porter garant (de l'honnêteté) de qqn.

attestation [ˌæte'steɪʃn] *n fml* -**1.** [statement] attestation *f*; [in court] attestation *f*, témoignage *m*. -**2.** [proof] attestation *f*, preuve *f*. -**3.** [of signature] légalisation *f*. -**4.** [taking of oath] assermentation *f*, prestation *f* de serment.

attested milk [ə'testɪd-] *n Br lait venant d'un cheptel certifié (comme ayant été tuberculinisé).*

attic ['ætɪk] *n* [space] grenier *m*; [room] mansarde *f*.

Attic ['ætɪk] ◇ *adj* attique.

◇ *n* LING attique *m*, dialecte *m* attique.

Attica ['ætɪkə] *pr n* Attique *f*; in ~ en Attique.

Attila ['ætɪlə] *pr n*: ~ the Hun Attila *m* roi des Huns.

attire [ə'taɪəʳ] *fml* ◇ *n (U)* habits *mpl*, vêtements *mpl*; [formal] tenue *f*.

◇ *vt* vêtir, habiller, parer; she ~d herself in silk elle se vêtit de soie.

attitude ['ætɪtjuːd] *n* -**1.** [way of thinking] attitude *f*, disposition *f*; what's your ~ to OR towards him? que pensez-vous de lui?; she took the ~ that... elle est partie du principe que...; an ~ of mind un état d'esprit; he has a very positive ~ of mind il a une attitude extrêmement positive; ~s towards homosexuality are changing les comportements à l'égard de l'homosexualité sont en train de changer. -**2.** [behaviour, manner] attitude *f*, manière *f*; I don't like your ~, young man je n'aime pas vos manières, jeune homme; **well, if that's your ~ you can go** eh bien, si c'est comme ça que tu le prends, tu peux t'en aller; **he's got an ~ problem** il a des problèmes relationnels. -**3.** *fml* [posture] attitude *f*, position *f*; **to strike an ~ poser**, prendre une pose affectée. -**4.** *inf* [self-confidence] cran *m*.

attitudinize, -ise [,ætɪ'tju:dɪnaɪz] *vi pej* prendre des attitudes, poser.

attn (*written abbr of* for the attention of) attn, à l'attention de.

attorney [ə'tɜ:nɪ] (*pl* attorneys) *n* -**1.** [representative] mandataire *mf*, représentant *m*, -e *f*. -**2.** *Am* [solicitor - for documents, sales] notaire *m*; [- for court cases] avocat *m*, -e *f*; [barrister] avocat *m*, -e *f*.

attorney-at-law *n Am* avocat *m*, -e *f*.

Attorney General (*pl* Attorneys General OR Attorney Generals) *n* [in England, Wales and Northern Ireland] *principal avocat de la couronne*; [in US] ≃ ministre *m* de la Justice.

attract [ə'trækt] ◇ *vt* -**1.** [draw, cause to come near] attirer; **the proposal ~ed a lot of attention/interest** la proposition a attiré l'attention/a éveillé l'intérêt de beaucoup de gens; **to ~ criticism** s'attirer des critiques; **we hope to ~ more young people to the church** nous espérons attirer davantage de jeunes à l'église. -**2.** [be attractive to] attirer, séduire, plaire; **she's ~ed to men with beards** elle est attirée par les barbus; **what is it that ~s you about skiing?** qu'est-ce qui vous plaît OR séduit dans le ski?
◇ *vi* s'attirer; **opposites ~** les contraires s'attirent.

attraction [ə'trækʃn] *n* -**1.** PHYS [pull] attraction *f*; *fig* attraction *f*, attirance *f*; **I don't understand your ~ for OR to her** je ne comprends pas ce qui te plaît chez OR en elle; **the idea holds no ~ for me** cette idée ne me dit rien. -**2.** [appeal - of place, plan] attrait *m*, fascination *f*; [- of person] charme *m*, charmes *mpl*; **it's the city's chief ~** c'est l'attrait principal de la ville; **the ~s of living in the country** les charmes de la vie à la campagne; **the main ~ of our show** le clou OR la grande attraction de notre spectacle; **a tourist ~** un site touristique.

attractive [ə'træktɪv] *adj* -**1.** [pretty - person, smile] séduisant; [- dress, picture] attrayant, beau. -**2.** [interesting - idea, price] intéressant; [- offer, opportunity] intéressant, attrayant. -**3.** PHYS [force] attractif.

attractively [ə'træktɪvlɪ] *adv* de manière attrayante; **to dress ~** s'habiller de façon séduisante; **the meal was very ~ presented** le repas était très agréablement présenté.

attractiveness [ə'træktɪvnɪs] *n* -**1.** [of person, smile] beauté *f*, charme *m*; [of dress, picture] beauté *f*. -**2.** [of idea, opportunity, price] intérêt *m*, attrait *m*. -**3.** PHYS attraction *f*.

attributable [ə'trɪbjʊtəbl] *adj* attribuable, imputable, dû; **the rise in price is entirely ~ to inflation** l'augmentation des prix est entièrement attribuable OR due à l'inflation.

attribute [*vb* ə'trɪbju:t, *n* 'ætrɪbju:t] ◇ *vt* [ascribe -accident, failure] attribuer, imputer; [- invention, painting, quotation] prêter, attribuer; [- success] attribuer; **to what do you ~ your success?** à quoi attribuez-vous votre réussite?
◇ *n* -**1.** [feature, quality] attribut *m*; [object] attribut *m*, emblème *m*. -**2.** LING & LOGIC attribut *m*.

attribution [,ætrɪ'bju:ʃn] *n* attribution *f*.

attributive [ə'trɪbjʊtɪv] ◇ *n* attribut *m*.
◇ *adj* [gen & GRAMM] attributif.

attributively [ə'trɪbjʊtɪvlɪ] *adv* LING comme épithète.

attrition [ə'trɪʃn] *n* [wearing down] usure *f* (par friction); INDUST & RELIG attrition *f*.

attune [ə'tju:n] *vt* MUS accorder; *fig* accorder, habituer; **her ideas are closely ~d to his** ses idées sont en parfait accord avec les siennes; **my ears are not really ~d to this modern music** mes oreilles ne sont pas vraiment habituées à cette musique moderne.

Atty. Gen. *written abbr of* Attorney General.

ATV *n* (*abbr of* **all terrain vehicle**) véhicule *m* tout terrain.

atypical [,eɪ'tɪpɪkl] *adj* atypique.

aubergine ['əʊbəʒi:n] *n Br* aubergine *f*.

aubretia [ɔ:'bri:ʃə] *n* aubriétia *m*.

auburn ['ɔ:bən] ◇ *adj* auburn *(inv)*.
◇ *n* (couleur *f*) auburn *m*.

auction ['ɔ:kʃn] ◇ *n* (vente *f* aux) enchères *fpl*; **sold at OR by ~** vendu aux enchères; **to put sthg up for ~** mettre qqch en vente aux enchères; **they put the house up for ~** ils ont mis la maison en vente aux enchères.
◇ *vt*: **to ~ sthg (off)** vendre qqch aux enchères.

auction bridge *n* bridge *m* aux enchères.

auctioneer [,ɔ:kʃə'nɪəʳ] *n* commissaire-priseur *m*.

auction room *n* salle *f* des ventes.

audacious [ɔ:'deɪʃəs] *adj* -**1.** [daring] audacieux, intrépide. -**2.** [impudent] effronté, impudent.

audaciously [ɔ:'deɪʃəslɪ] *adv* -**1.** [boldly] audacieusement, avec audace. -**2.** [impudently] effrontément, impudemment.

audacity [ɔ:'dæsətɪ] *n* -**1.** [daring] audace *f*, intrépidité *f*. -**2.** [impudence] effronterie *f*, impudence *f*; **he had the ~ to ask for a pay rise** il a eu l'audace de demander une augmentation (de salaire).

audibility [,ɔ:dɪ'bɪlətɪ] *n* audibilité *f*.

audible ['ɔ:dəbl] *adj* [sound] audible, perceptible; [words] intelligible, distinct; **the music was barely ~** on entendait à peine la musique.

audibly ['ɔ:dəblɪ] *adv* distinctement.

audience ['ɔ:djəns] ◇ *n* -**1.** [at film, match, play] spectateurs *mpl*, public *m*; [at concert, lecture] auditoire *m*, public *m*; [of author] lecteurs *mpl*; [of artist] public *m*; **someone in the ~ laughed** il y eut un rire dans la salle; **the ~ gave him a standing ovation** le public s'est levé pour l'ovationner; **was there a large ~ at the play?** y avait-il beaucoup de monde au théâtre?; **his books reach a wide ~** ses livres sont lus par beaucoup de gens. -**2.** RADIO auditeurs *mpl*, audience *f*; TV téléspectateurs *mpl*, audience *f*. -**3.** *fml* [meeting] audience *f*; **to grant sb an ~** accorder audience à qqn.
◇ *comp* [figures] de l'assistance, du public; **~ participation** participation *f* de l'assistance (à ce qui se passe sur la scène); **~ rating** indice *m* d'écoute; **~ research** études *fpl* d'audience.

audio ['ɔ:dɪəʊ] ◇ *n* son *m*, acoustique *f*; **the ~ has gone** le son ne marche plus.
◇ *comp*: **~ cassette** cassette *f* audio; **~ equipment** équipement *m* acoustique; **~ recording** enregistrement *m* sonore; **~ system** système *m* audio.

audio frequency *n* audiofréquence *f*.

audiology [,ɔ:dɪ'ɒlədʒɪ] *n* audiologie *f*.

audiometer [,ɔ:dɪ'ɒmɪtəʳ] *n* audiomètre *m*.

audiophile ['ɔ:dɪəʊfaɪl] *n* audiophile *mf*.

audio response *n* réponse *f* acoustique.

audiotyping ['ɔ:dɪəʊ,taɪpɪŋ] *n* audiotypie *f*.

audiotypist ['ɔ:dɪəʊ,taɪpɪst] *n* audiotypiste *mf*.

audiovisual [,ɔ:dɪəʊ'vɪzjʊəl] *adj* audiovisuel; **~ aids** supports *mpl* audiovisuels; **she teaches French using ~ methods** elle utilise l'audiovisuel OR des méthodes audiovisuelles pour enseigner le français.

audit ['ɔ:dɪt] ◇ *n* vérification *f* des comptes, audit *m*.
◇ *vt* -**1.** [accounts] vérifier, apurer. -**2.** *Am* UNIV: **he ~s several courses** il assiste à plusieurs cours en tant qu'auditeur libre.

audition [ɔ:'dɪʃn] ◇ *n* -**1.** THEAT audition *f*; CIN & TV (séance *f* d') essai *m*; **the director gave her an ~** THEAT le metteur en scène l'a auditionnée; CIN & TV le metteur en scène lui a fait faire un essai; **to hold ~s** THEAT organiser des auditions; CIN & TV organiser des essais; **to do an ~** passer une audition. -**2.** [hearing] ouïe *f*, audition *f*.
◇ *vt* THEAT auditionner; CIN & TV faire faire un essai à.
◇ *vi* THEAT [director] auditionner; [actor] passer une audition; CIN & TV faire un essai; **I ~ed for "Woyzeck"** THEAT j'ai passé une audition pour un rôle dans «Woyzeck»; CIN & TV j'ai fait un essai pour un rôle dans «Woyzeck».

auditor ['ɔ:dɪtəʳ] *n* -**1.** [accountant] commissaire *m* aux comptes, auditeur *m*, -trice *f*, audit *m*. -**2.** *fml* [listener] auditeur *m*, -trice *f*. -**3.** *Am* [student] auditeur *m*, -trice *f* libre.

auditorium [,ɔ:dɪ'tɔ:rɪəm] (*pl* auditoriums OR auditoria [-rɪə]) *n* -**1.** [of concert hall, theatre] salle *f*. -**2.** [large meeting room] amphithéâtre *m*.

auditory ['ɔ:dɪtrɪ] *adj* auditif; **~ phonetics** phonétique *f* auditoire.

audit trail *n* COMPUT protocole *m* de vérification OR de contrôle.

AUEW (*abbr of* Amalgamated Union of Engineering Workers) *pr n ancien syndicat britannique de l'industrie mécanique, aujourd'hui remplacée par l'AEEU.*

au fait [,əʊ'feɪ] *adj*: **to be ~ with sthg** être au courant de qqch.

Aug. *written abbr of* August.

Augean [ɔ:'dʒi:ən] *adj* [filthy] crasseux, dégoûtant; [corrupt] corrompu; **the ~ stables** les écuries *fpl* d'Augias.

auger ['ɔ:gəʳ] *n* [hand tool] vrille *f*; TECH foreuse *f*.

aught [ɔ:t] *arch* OR *lit* ◇ *pron* ce que; **for ~ I know** (pour) autant que je sache; **for ~ I care** pour ce que cela me fait.
◇ *n* zéro *m*.

augment [ɔ:g'ment] ◇ *vt* -**1.** [increase] augmenter, accroître; **her salary is ~ed by OR with gratuities** à son salaire s'ajoutent les pourboires. -**2.** MUS augmenter.
◇ *vi* augmenter, s'accroître.

augmentation [,ɔ:gmen'teɪʃn] *n* -**1.** [increase] augmentation *f*, accroissement *m*. -**2.** MUS augmentation *f*.

augmentative [ɔ:g'mentətɪv] *adj* augmentatif.

augmented [ɔ:g'mentɪd] *adj* augmenté.

augur ['ɔ:gəʳ] ◇ *vi*: **this weather ~s ill/well for our holiday** ce temps est de mauvais/bon augure pour nos vacances.
◇ *vt* [predict] prédire, prévoir; [be omen of] présager; **the situation ~s nothing good** la situation ne présage rien de bon.
◇ *n* augure *m*.

augury ['ɔ:gjʊrɪ] (*pl* auguries) *n* -**1.** [art] art *m* augural; [rite] rite *m* augural. -**2.** [omen] augure *m*, présage *m*; [prediction] prédiction *f*.

august [ɔ:'gʌst] *adj lit* [dignified] auguste, vénérable; [noble] noble.

August ['ɔ:gəst] *n* août *m*; **~ Bank Holiday** *jour férié tombant le dernier lundi d'août en Angleterre et au pays de Galles, le premier lundi d'août en Écosse.*

Augustan [ɔ:'gʌstən] *adj* d'Auguste; **the ~ Period** LITERAT [Roman] l'époque *f* d'Auguste; [modern] l'époque néoclassique.

Augustine [ɔ:'gʌstɪn] *pr n*: **Saint ~** saint Augustin.

Augustinian [,ɔ:gə'stɪnɪən] ◇ *adj* augustinien, de saint Augustin.
◇ *n* [follower] augustinien *m*; [monk] augustin *m*.

Augustus [ɔ:'gʌstəs] *pr n* Auguste.

auk [ɔ:k] *n* pingouin *m*.

Auld Lang Syne [,ɔ:ldlæŋ'saɪn] *pr n chanson sur l'air de «ce n'est qu'un au revoir» que l'on chante à minuit le soir du 31 décembre en Grande-Bretagne.*

aunt [ɑ:nt] *n* tante *f*.

auntie *inf* ['ɑ:ntɪ] *n Br* tantine *f*, tata *f*, tatie *f*; **~ Susan** tante Susan.
◆ **Auntie** *inf pr n Br surnom affectueux de la BBC, perçue comme une vieille tante détentrice des valeurs morales.*

Aunt Sally [-'sælɪ] (*pl* Aunt Sallies) *n Br* [at fairground] ≃ jeu *m* de massacre; *fig* [person] tête *f* de Turc.

aunty ['ɑːntɪ] (*pl* aunties) = **auntie**.

au pair [ˌəʊ'peəʳ] (*pl* au pairs) ◇ *n* (jeune fille *f*) au pair *f*.
◇ *adj* au pair.
◇ *adv*: to work ~ travailler au pair.
◇ *vi* travailler au pair.

aura ['ɔːrə] (*pl* auras OR aurae ['ɔːriː]) *n* -**1.** [of person] aura *f*, émanation *f*; [of place] atmosphère *f*, ambiance *f*; **there's an ~ of mystery about her** il y a quelque chose de mystérieux chez elle. -**2.** MED aura *f*.

aural ['ɔːrəl] *adj* -**1.** [relating to hearing] auditif, sonore; **~ comprehension** compréhension *f* orale; **~ skills** aptitudes *fpl* à la compréhension orale. -**2.** [relating to the ear] auriculaire.

aureole ['ɔːrɪəʊl] *n* auréole *f*.

auricle ['ɔːrɪkl] *n* -**1.** [of ear] pavillon *m* auriculaire. -**2.** [of heart] oreillette *f*.

auricular [ɔː'rɪkjʊləʳ] *adj* auriculaire.

aurochs ['ɔːrɒks] (*pl inv*) *n* aurochs *m*.

aurora [ɔː'rɔːrə] (*pl* auroras OR aurorae [-riː]) *n* aurore *f*.
◆ **Aurora** *pr n* MYTH Aurore.

aurora australis [-ɒ'streɪlɪs] *n* aurore *f* australe.

aurora borealis [-ˌbɔːrɪ'eɪlɪs] *n* aurore *f* boréale.

auscultation [ˌɔːskəl'teɪʃn] *n* auscultation *f*.

auspices ['ɔːspɪsɪz] *npl*: **under the ~ of the UN** sous les auspices de l'ONU.

auspicious [ɔː'spɪʃəs] *adj* [event, start, occasion] propice, favorable; [sign] de bon augure; **we made an ~ beginning** nous avons pris un bon départ.

auspiciously [ɔː'spɪʃəslɪ] *adv* favorablement, sous d'heureux auspices; **the meeting began ~** la réunion a bien commencé.

Aussie *inf* ['ɒzɪ] ◇ *n* Australien *m*, -enne *f*.
◇ *adj* australien.

austere [ɒ'stɪəʳ] *adj* -**1.** [person] austère, sévère; [life] austère, sobre, ascétique. -**2.** [design, interior] austère, sobre.

austerely [ɒ'stɪəlɪ] *adv* -**1.** [live] austèrement, avec austérité, comme un ascète. -**2.** [dress, furnish] austèrement, avec austérité, sobrement.

austerity [ɒ'sterətɪ] (*pl* austerities) ◇ *n* -**1.** [simplicity] austérité *f*, sobriété *f*. -**2.** [hardship] austérité *f*; **a period of ~** une période d'austérité, des temps difficiles. -**3.** (*usu pl*) [practice] austérité *f*, pratique *f* austère.
◇ *comp* [budget, measure] d'austérité.

Australasia [ˌɒstrə'leɪʒjə] *pr n* Australasie *f*; **in ~** en Australasie.

Australasian [ˌɒstrə'leɪʒn] ◇ *n* natif *m*, -ive *f* de l'Australasie.
◇ *adj* d'Australasie.

Australia [ɒ'streɪljə] *pr n* Australie *f*; **in ~** en Australie; **South ~** Australie-Méridionale *f*; **Western ~** Australie-Occidentale *f*; **the Commonwealth of ~** l'Australie.

Australia Day *n premier lundi suivant le 26 janvier (commémorant l'arrivée des Britanniques en Australie en 1788).*

Australian [ɒ'streɪljən] ◇ *n* -**1.** [person] Australien *m*, -enne *f*. -**2.** LING australien *m*.
◇ *adj* australien; **the ~ Alps** les Alpes *fpl* australiennes.

Australian Antarctic Territory *pr n* Antarctique *f* australienne.

Australian Capital Territory *pr n* Territoire *m* fédéral de Canberra.

Australianize, -ise [ɒ'streɪljənaɪz] *vt* donner un caractère australien à.

Australian Rules (football) *n jeu ressemblant au rugby.*

Austral Islands ['ɔːstrəl-] *pl pr n*: **the ~** les îles *fpl* Australes; **in the ~** aux îles Australes.

Australoid ['ɒstrəlɔɪd] ◇ *adj* australoïde.
◇ *n* australoïde *mf*.

Austria ['ɒstrɪə] *pr n* Autriche *f*; **in ~** en Autriche.

Austria-Hungary *pr n* Autriche-Hongrie *f*.

Austrian ['ɒstrɪən] ◇ *n* Autrichien *m*, -enne *f*.
◇ *adj* autrichien.

Austro-Hungarian [ˌɒstrəʊ-] *adj* austro-hongrois.

AUT (*abbr of* **Association of University Teachers**) *pr n syndicat d'enseignants universitaires.*

autarchy ['ɔːtɑːkɪ] (*pl* autarchies) *n* -**1.** = **autocracy**. -**2.** [self-rule] autocratie *f*.

autarky ['ɔːtɑːkɪ] (*pl* autarkies) *n* -**1.** [system] autarcie *f*. -**2.** [country] pays *m* en autarcie.

authentic [ɔː'θentɪk] *adj* [genuine] authentique; [accurate, reliable] authentique, véridique; **each document being ~** JUR chaque texte faisant foi.

authentically [ɔː'θentɪklɪ] *adv* de façon authentique.

authenticate [ɔː'θentɪkeɪt] *vt* [painting] établir l'authenticité de; [signature] légaliser.

authentication [ɔːˌθentɪ'keɪʃn] *n* authentification *f*, certification *f*.

authenticity [ˌɔːθen'tɪsətɪ] *n* authenticité *f*.

author ['ɔːθəʳ] ◇ *n* -**1.** [writer] auteur *m*, écrivain *m*; **have you ever read this ~?** avez-vous déjà lu des livres de cet auteur? -**2.** [of idea, plan] auteur *m*; [of painting, sculpture] auteur *m*, créateur *m*.
◇ *vt* être l'auteur de.

authoress ['ɔːθərɪs] *n* -**1.** [writer] *femme auteur d'ouvrages s'adressant au grand public.* -**2.** [of idea, plan] auteur *m*; [of painting, sculpture] auteur *m*, créatrice *f*.

authoritarian [ɔːˌθɒrɪ'teərɪən] ◇ *adj* autoritaire.
◇ *n* personne *f* autoritaire; **the boss is a strict ~** le patron est très autoritaire OR croit ferme à l'autorité.

authoritative [ɔː'θɒrɪtətɪv] *adj* -**1.** [manner, person] autoritaire. -**2.** [article, report] qui fait autorité. -**3.** [official] autorisé, officiel.

authoritatively [ɔː'θɒrɪtətɪvlɪ] *adv* avec autorité, de manière autoritaire *pej*.

authority [ɔː'θɒrətɪ] (*pl* authorities) *n* -**1.** [power] autorité *f*, pouvoir *m*; **who's in ~ here?** où est le patron?; **she has ~ OR she is in ~ over all the staff** elle a autorité sur tout le personnel; **he made his ~ felt** il faisait sentir son autorité; **those in ~ in Haiti** ceux qui gouvernent Haïti. -**2.** [forcefulness] autorité *f*, assurance *f*; **"no!" he said with ~** «non!» dit-il avec autorité; **her conviction gave ~ to her argument** sa conviction a donné du poids à son raisonnement; **his opinions carry a lot of ~** ses opinions font autorité. -**3.** [permission] autorisation *f*, droit *m*; **who gave him (the) ~ to enter?** qui lui a donné l'autorisation d'entrer?, qui l'a autorisé à entrer?; **they had no ~ to answer** ils n'étaient pas habilités à répondre; **I decided on my own ~** j'ai décidé de ma propre autorité OR de mon propre chef; **on his ~** avec son autorisation; **without ~** sans autorisation. -**4.** (*usu pl*) [people in command] autorité *f*; **the authorities** les autorités, l'administration *f*; **the proper authorities** qui de droit, les autorités compétentes; **the education/housing ~** *services chargés de l'éducation/du logement*; **we'll go to the highest ~ in the land** nous nous adresserons aux plus hautes instances du pays. -**5.** [expert] autorité *f*, expert *m*; [article, book] autorité *f*; **he's an ~ on China** c'est un grand spécialiste de la Chine. -**6.** [testimony]: **I have it on his ~ that she was there** il m'a certifié qu'elle était présente; **we have it on good ~ that...** nous tenons de source sûre OR de bonne source que.. -**7.** [permit] autorisation *f*.

authorization [ˌɔːθəraɪ'zeɪʃn] *n* [act, permission] autorisation *f*; [official sanction] pouvoir *m*, mandat *m*; **he has ~ to leave the country** il est autorisé à quitter le pays; **you can't do anything without ~ from the management** vous ne pouvez rien faire sans l'autorisation de la direction.

authorize, -ise ['ɔːθəraɪz] *vt* -**1.** [empower] autoriser; **she is ~d to act for her father** elle a pouvoir de représenter son père, elle est autorisée à représenter son père. -**2.** [sanction] autoriser, sanctionner; **to ~ a loan** consentir un prêt; **to ~ a drug for the market** JUR homologuer un médicament.

authorized ['ɔːθəraɪzd] *adj* autorisé; **~ dealer** COMM distributeur *m* agréé; **~ capital** FIN capital *m* social OR nominal; **duly ~ officer** FIN & JUR représentant *m* dûment habilité.

Authorized Version *n*: **the ~** *la version anglaise de la Bible de 1611 «autorisée» par le roi Jacques Ier d'Angleterre.*

authorship ['ɔːθəʃɪp] *n* -**1.** [of book] auteur *m*, paternité *f*; **a work of unknown ~** un ouvrage OR une œuvre anonyme; **they have established the ~ of the book** ils ont identifié l'auteur du livre; **he claimed ~ of the invention** il a revendiqué la paternité de l'invention. -**2.** [profession] profession *f* d'auteur OR d'écrivain.

autism ['ɔːtɪzm] *n* autisme *m*.

autistic [ɔː'tɪstɪk] *adj* autiste.

auto *inf* ['ɔːtəʊ] *Am* ◇ *n* voiture *f*, auto *f*.
◇ *comp* d'auto, automobile; **~ accident** accident *m* de voiture; **~ industry** industrie *f* automobile; **~ parts** pièces *fpl* détachées (pour voiture).

autobank ['ɔːtəʊˌbæŋk] *n* distributeur *m* automatique de billets (de banque).

autobiographic(al) ['ɔːtəˌbaɪə'græfɪk(l)] *adj* autobiographique.

autobiography [ˌɔːtəbaɪ'ɒgrəfɪ] *n* autobiographie *f*.

autocade ['ɔːtəʊkeɪd] *n Am* cortège *m* d'automobiles.

autoclave ['ɔːtəʊkleɪv] *n* autoclave *m*.

autocracy [ɔː'tɒkrəsɪ] (*pl* autocracies) *n* autocratie *f*.

autocrat ['ɔːtəkræt] *n* autocrate *m*.

autocratic [ˌɔːtə'krætɪk] *adj* autocratique.

autocross ['ɔːtəʊkrɒs] *n* autocross *m*.

Autocue® ['ɔːtəʊkjuː] *n Br* téléprompteur *m*.

auto-da-fé [ˌɔːtəʊdɑː'feɪ] (*pl* **autos-da-fé** [ˌɔːtəʊz-]) *n* autodafé *m*.

autodestruct [ˌɔːtəʊdɪ'strʌkt] ◇ *vi* s'autodétruire.
◇ *adj* qui s'autodétruit.

autodidact ['ɔːtəʊdɪdækt] *n* autodidacte *mf*.

autoeroticism [ˌɔːtəʊɪ'rɒtɪsɪzm], **autoerotism** [ˌɔːtəʊ'erətɪzm] *n* autoérotisme *m*.

autogamous [ɔː'tɒgəməs] *adj* autogame.

autogenous [ɔː'tɒdʒənəs] *adj* autogène; **~ training** training *m* autogène, autorelaxation *f*.

autogiro [ˌɔːtəʊ'dʒaɪərəʊ] *n* autogire *m*.

autograph ['ɔːtəgrɑːf] ◇ *n* autographe *m*.
◇ *vt* [book, picture, record] dédicacer; [letter, object] signer.
◇ *comp* [letter] autographe; **~ album** album *m* OR livre *m* d'autographes; **~ hunter** *Br* OR **hound** *Am* collectionneur *m*, -euse *f* d'autographes.

autohypnosis [ˌɔːtəʊhɪp'nəʊsɪs] *n* autohypnose *f*.

autoimmune [ˌɔːtəʊɪ'mjuːn] *adj* auto-immun; **~ disease** maladie *f* auto-immune.

autoimmunity [ˌɔːtəʊɪ'mjuːnətɪ] *n* autoimmunisation *f*.

autoinfection [ˌɔːtəʊɪn'fekʃn] *n* autoinfection *f*.

automat ['ɔːtəmæt] *n* [machine] distributeur *m* automatique; *Am* [room] cafétéria *f* équipée de distributeurs automatiques.

automata [ɔː'tɒmətə] *pl* → **automaton**.

automate ['ɔːtəmeɪt] *vt* automatiser.

automated ['ɔːtəmeɪtɪd] *adj* automatisé; **~ telling machine, ~ teller** distributeur *m* automatique (de billets).

automatic [ˌɔːtə'mætɪk] ◇ *adj* [machine] automatique; [answer, smile] automatique, machinal; **~ data processing** COMPUT traitement *m* automatique des données; **~ pistol** pistolet *m* automatique, automatique *m*.
◇ *n* -**1.** [weapon] automatique *m*. -**2.** AUT voiture *f* à boîte OR à transmission automatique; **a Volkswagen ~** une Volkswagen à boîte OR à transmission automatique.

automatically [ˌɔːtəˈmætɪklɪ] *adv literal* automatiquement; *fig* automatiquement, machinalement; **teachers are ~ retired at age 65** les enseignants sont mis à la retraite d'office à l'âge de 65 ans; **~ void** JUR nul de plein droit; **I just ~ assumed he was right** j'ai automatiquement supposé qu'il avait raison.

automatic pilot *n* pilote *m* automatique; **on ~** en pilotage automatique; **I just went on to ~** *fig* j'ai poursuivi machinalement.

automation [ˌɔːtəˈmeɪʃn] *n* [process of making automatic] automatisation *f*; [state of being automatic] automation *f*; **factory** OR **industrial ~** productique *f*.

automatism [ɔːˈtɒmətɪzm] *n* automatisme *m*.

automatize, -ise [ɔːˈtɒmətaɪz] *vt* automatiser.

automaton [ɔːˈtɒmətən] (*pl* **automatons** OR **automata** [-tə]) *n* automate *m*.

automobile [ˈɔːtəməbiːl] *n Am* automobile *f*, voiture *f*.

automotive [ˌɔːtəˈməʊtɪv] *adj* -**1.** AUT [engineering, industry] (de l') automobile. -**2.** [self-propelled] automoteur.

autonomic [ˌɔːtəˈnɒmɪk] *adj* autonome.

autonomous [ɔːˈtɒnəməs] *adj* autonome.

autonomy [ɔːˈtɒnəmɪ] (*pl* **autonomies**) *n* -**1.** [self-government] autonomie *f*. -**2.** [country] pays *m* autonome.

autopilot [ˌɔːtəʊˈpaɪlət] = **automatic pilot**.

autopsy [ˈɔːtɒpsɪ] (*pl* **autopsies**) *n* autopsie *f*.

autosuggestion [ˌɔːtəʊsəˈdʒestʃn] *n* autosuggestion *f*.

autotimer [ˈɔːtəʊˌtaɪməʳ] *n* programmateur *m*.

autowinder [ˈɔːtəʊˌwaɪndəʳ] *n* avance *f* automatique du film.

autumn [ˈɔːtəm] ◇ *n* automne *m*; **in (the) ~** en automne.
◇ *comp* [colours, flowers, weather] d'automne, automnal; **~ leaves** [on tree] feuilles *fpl* d'automne; [dead] feuilles *fpl* mortes.

autumnal [ɔːˈtʌmnəl] *adj* automnal, d'automne.

Auvergne [əʊˈveən] *pr n* Auvergne *f*; **in ~** en Auvergne.

auxiliary [ɔːgˈzɪljərɪ] (*pl* **auxiliaries**) ◇ *adj* auxiliaire, supplémentaire; **~ staff** [gen] le personnel auxiliaire, les auxiliaires *mpl*; *Br* SCH personnel *m* auxiliaire non enseignant.
◇ *n* -**1.** [assistant, subordinate] auxiliaire *mf*; **nursing ~** infirmier *m*, -ère *f* auxiliaire, aide-soignant *m*, -e *f*. -**2.** MIL: **auxiliaries** auxiliaires *mpl*. -**3.** GRAMM (verbe *m*) auxiliaire *m*.

auxiliary verb *n* (verbe *m*) auxiliaire *m*.

Av. (*written abbr of* **avenue**) av.

AV *n abbr of* **Authorized Version**.

avail [əˈveɪl] ◇ *n*: **of no ~**: **it is of no ~ to complain** il est inutile de se plaindre; **his efforts were of no ~** ses efforts n'ont eu aucun effet; **to no ~** sans effet; **they argued with her to no ~** ils ont essayé en vain de la convaincre; **to little ~** sans grand effet; **we tried but it was to little ~** nous avons essayé mais cela n'a pas servi à grand-chose.
◇ *vt*: **to ~ o.s. of sthg** se servir OR profiter de qqch; **I ~ed myself of the opportunity to thank her** j'ai profité de l'occasion pour OR j'ai saisi cette occasion de la remercier.
◇ *vi lit* servir; **nothing could ~ against the storm** rien ne s'avéra efficace contre l'orage.

availability [əˌveɪləˈbɪlətɪ] (*pl* **availabilities**) *n* -**1.** [accessibility] disponibilité *f*. -**2.** *Am pej* & POL [of candidate] caractère *m* valable.

available [əˈveɪləbl] *adj* -**1.** [accessible, to hand] disponible; **they made the data ~ to us** ils ont mis les données à notre disposition; **we tried every ~ means** nous avons essayé (par) tous les moyens possibles; **they're ~ in three sizes** ils sont disponibles en trois tailles. -**2.** [free] libre, disponible; **the minister in charge was not ~ for comment** le ministre responsable s'est refusé à toute déclaration; **were there any ~ men at the party?** est-ce qu'il y avait des hommes disponibles OR libres à la soirée? -**3.** *Am pej* & POL [candidate] valable *(à cause de son caractère inoffensif)*.

avalanche [ˈævəlɑːnʃ] ◇ *n literal* & *fig* avalanche *f*.
◇ *vi* tomber en avalanche.

avant-garde [ˌævɒŋˈgɑːd] ◇ *n* avant-garde *f*.
◇ *adj* d'avant-garde, avant-gardiste.

avarice [ˈævərɪs] *n* avarice *f*, pingrerie *f*.

avaricious [ˌævəˈrɪʃəs] *adj* avare, pingre.

avatar [ˌævəˈtɑːʳ] *n* RELIG avatar *m*; *fig* manifestation *f*.

avdp. *written abbr of* **avoirdupoids**.

Ave. (*written abbr of* **avenue**) av.

Ave (Maria) [ˈɑːvɪ(məˈrɪə)] *n* Ave *m* (Maria) *(inv)*.

avenge [əˈvendʒ] *vt* venger; **he ~d his brother's death** il a vengé la mort de son frère; **he intends to ~ himself on his enemy** il a l'intention de se venger de OR de prendre sa revanche sur son ennemi.

avenger [əˈvendʒəʳ] *n* vengeur *m*, -eresse *f*; **'The Avengers'** [TV series] 'Chapeau melon et bottes de cuir'.

avenging [əˈvendʒɪŋ] *adj* vengeur; **an ~ angel** un ange exterminateur.

Aventine Hill [ˈævənˌtaɪn-] *pr n*: **the ~** le mont Aventin.

avenue [ˈævənjuː] *n* -**1.** [public] avenue *f*, boulevard *m*; [private] avenue *f*, allée *f (bordée d'arbres)*. -**2.** *fig* possibilité *f*; **we must explore every ~** il faut explorer toutes les possibilités.

aver [əˈvɜːʳ] (*pt* & *pp* **averred**, *cont* **averring**) *vi fml* affirmer, déclarer.

average [ˈævərɪdʒ] ◇ *n* -**1.** [standard amount, quality] moyenne *f*; **an ~ of 4 to 6 years** une moyenne de 4 à 6 ans; **above/below ~** au-dessus/au-dessous de la moyenne; **on (an** OR **the) ~** en moyenne; **we travelled an ~ of 100 miles a day** nous avons fait une moyenne de 100 miles par jour OR 100 miles par jour en moyenne; **the law of ~s** la loi de la probabilité. -**2.** MATH moyenne *f*.
◇ *adj* moyen; **of ~ intelligence/size** d'intelligence/de taille moyenne; **ask the ~ man in the street** demandez à l'homme de la rue; **the film was just ~** le film était moyen.
◇ *vt* -**1.** MATH établir OR faire la moyenne de. -**2.** [perform typical number of] atteindre la moyenne de; **the factory ~s 10 machines a day** l'usine produit en moyenne 10 machines par jour; **we ~ two letters a day** nous recevons en moyenne deux lettres par jour; **he ~d 100 km/h** AUT il a fait du 100 km/h de moyenne. -**3.** [divide up] partager; **the company ~s the profits among the staff** la firme distribue OR répartit les bénéfices entre le personnel.
◆ **average out** ◇ *vi insep*: **profits ~ out at 10%** les bénéfices s'élèvent en moyenne à 10 %; **factory production ~s out at 120 cars a day** l'usine produit en moyenne 120 voitures par jour.
◇ *vt sep* faire la moyenne de.

averse [əˈvɜːs] *adj*: **she's not ~ to the occasional glass of wine** elle boit volontiers un verre de vin de temps à autre; **he's not ~ to making money out of the crisis** ça ne le gêne pas de profiter de la crise pour se faire de l'argent.

aversion [əˈvɜːʃn] *n* -**1.** [dislike] aversion *f*; **to have an ~ to** avoir une aversion pour OR contre; **she has an ~ to smoking** elle a horreur du tabac; **I have an ~ to his brother** je ne supporte pas son frère, son frère m'est insupportable; **he has a strong ~ to travelling** il déteste voyager. -**2.** [object of dislike] objet *m* d'aversion; **my pet ~ is housework** *Br* ma bête noire OR ce que je déteste le plus, c'est le ménage.

aversion therapy *n* thérapie *f* d'aversion.

avert [əˈvɜːt] *vt* -**1.** [prevent] prévenir, éviter. -**2.** [turn aside - eyes, thoughts] détourner; [- blow] détourner, parer; [- suspicion] écarter; **I ~ed my gaze** j'ai détourné les yeux.

aviary [ˈeɪvjərɪ] (*pl* **aviaries**) *n* volière *f*.

aviation [ˌeɪvɪˈeɪʃn] ◇ *n* aviation *f*.
◇ *comp* [design, studio] d'aviation; **the ~ industry** l'aéronautique *f*; **~ fuel** kérosène *m*.

aviator [ˈeɪvɪeɪtəʳ] ◇ *n* aviateur *m*, -trice *f*, pilote *m*.
◇ *comp*: **~ glasses** lunettes *fpl* de sport.

aviculture [ˈeɪvɪˌkʌltʃə] *n* aviculture *f*.

avid [ˈævɪd] *adj* avide; **~ for revenge** avide de revanche; **~ to learn** avide d'apprendre.

avidity [əˈvɪdətɪ] *n* avidité *f*.

avidly [ˈævɪdlɪ] *adv* avidement, avec avidité.

avionics [ˌeɪvɪˈɒnɪks] ◇ *n (U)* [science] avionique *f*.
◇ *npl* [instruments] avionique *f*.

avocado [ˌævəˈkɑːdəʊ] (*pl* **avocados** OR **avocadoes**) *n* [fruit]: **~ (pear)** avocat *m*; [tree] avocatier *m*.

avocation [ˌævəˈkeɪʃən] *n Am* activité *f* de loisir.

avocet [ˈævəˌset] *n* avocette *f*.

avoid [əˈvɔɪd] *vt* -**1.** [object, person] éviter; [danger, task] éviter, échapper à; **she ~ed my eyes** elle évita mon regard; **we can't ~ inviting them** nous ne pouvons pas faire autrement que de les inviter; **they couldn't ~ hitting the car** ils n'ont pas pu éviter la voiture; **~ giving them too much information** évitez de leur donner trop d'informations; **don't ~ the issue** n'essaie pas d'éviter OR d'éluder la question; **to ~ (paying) taxes** [legally] se soustraire à l'impôt; [illegally] frauder le fisc ❑ **I ~ him like the plague** je le fuis comme la peste. -**2.** JUR [void] annuler, rendre nul.

avoidable [əˈvɔɪdəbl] *adj* évitable.

avoidance [əˈvɔɪdəns] *n*: **~ of work** le soin que l'on met à éviter le travail; **~ of duty** manquements *mpl* au devoir ❑ **tax ~** évasion *f* fiscale.

avoirdupois [ˌævədəˈpɔɪz] ◇ *n* -**1.** [system] avoirdupoids *m*. -**2.** *Am* [of person] embonpoint *m*.
◇ *comp* [ounce, pound] *conforme aux poids et mesures officiellement établis*; **~ ounce** once *f (28,35 grammes)*; **~ weight** avoirdupoids *m*.

avow [əˈvaʊ] *vt fml* [state] affirmer, déclarer; [admit] admettre, reconnaître, confesser; **he openly ~ed himself a communist** il a ouvertement reconnu qu'il était communiste.

avowal [əˈvaʊəl] *n* aveu *m*.

avowed [əˈvaʊd] *adj* déclaré; **she's an ~ feminist** elle avoue OR reconnaît être féministe.

avowedly [əˈvaʊɪdlɪ] *adv* de son propre aveu.

AVP (*abbr of* **assistant vice-president**) *n vice-président adjoint*.

avuncular [əˈvʌŋkjʊləʳ] *adj* avunculaire.

aw [ɔː] *interj Am*: **~!** oh!

AWACS [ˈeɪwæks] (*abbr of* **airborne warning and control system**) *n* AWACS *m*.

await [əˈweɪt] *vt* -**1.** [wait for] attendre; **a long-~ed holiday** des vacances qui se sont fait attendre; **mail ~ing delivery** courrier *m* en souffrance; **she's ~ing trial** elle est dans l'attente de son procès. -**2.** [be in store for] attendre, être réservé à; **a warm welcome ~ed them** un accueil chaleureux leur fut réservé; **who knows what may ~ us** qui sait ce qui nous attend OR est réservé.

awake [əˈweɪk] (*pt* **awoke** [əˈwəʊk], *pp* **awoken** [əˈwəʊkn]) ◇ *adj* -**1.** [not sleeping] éveillé, réveillé; **to be ~** être réveillé, ne pas dormir; **are you still ~?** tu ne dors pas encore?; tu n'es pas encore endormi?; **the noise kept me ~** le bruit m'a empêché de dormir; **I lay ~ all night** je n'ai pas fermé l'œil de la nuit; **his mother stayed ~ all night** sa mère a veillé toute la nuit; **he was wide ~** il était bien éveillé. -**2.** [aware] attentif, vigilant; **we're all ~ to the dangers of our situation** nous sommes tous conscients des dangers de notre situation; **is the minister ~ to the dangers inherent to the system?** le ministre a-t-il conscience OR se rend-il compte des dangers inhérents au système?
◇ *vi* -**1.** [emerge from sleep] se réveiller, s'éveiller; **I awoke from a deep sleep** je suis sorti OR je me suis réveillé d'un sommeil profond. -**2.** [become aware] prendre conscience, se ren-

dre compte; he finally awoke from his illusions il est enfin revenu de ses illusions.
◇ *vt* -**1.** [person] réveiller, éveiller. -**2.** *fig* [curiosity, suspicions] éveiller; [memories] réveiller, faire renaître; [hope] éveiller, faire naître.

awaken [əˈweɪkən] ◇ *vt* éveiller.
◇ *vi* s'éveiller.

awakening [əˈweɪknɪŋ] ◇ *n* -**1.** *literal* & *fig* [arousal] réveil *m*; **it was a rude ~** c'était un réveil brutal OR pénible ❑ **'Spring Awakening'** *Wedekind* 'l'Éveil du printemps'. -**2.** [beginning] début *m*, commencement *m*.
◇ *adj* naissant.

award [əˈwɔːd] ◇ *n* -**1.** [prize] prix *m*; [medal] médaille *f*; **~ for bravery** décoration *f*, médaille *f*. -**2.** [scholarship] bourse *f*. -**3.** JUR [damages] dommages-intérêts *mpl* accordés par le juge; [decision] décision *f*, sentence *f* (arbitrale). -**4.** *Austr* & *NZ* [minimum wage]: **~ (wage)** ≃ salaire *m* minimum interprofessionnel de croissance, SMIC *m*.
◇ *vt* [give - mark] accorder; [- medal, prize] décerner, attribuer; [- scholarship] attribuer, allouer; JUR [- damages] accorder.

award-winning *adj* qui a reçu un prix; **he gave an ~ performance in...** il a reçu un prix pour son rôle dans...

aware [əˈweəʳ] *adj* -**1.** [cognizant, conscious] conscient; [informed] au courant, informé; **to be ~ of sthg** être conscient de qqch; **are you ~ of the problems?** êtes-vous conscient des problèmes?; **I am quite ~ of his feelings** je connais OR je n'ignore pas ses sentiments; **he's well ~ of the risks** il sait très bien quels sont les risques; **to become ~ of sthg** se rendre compte OR prendre conscience de qqch; **she made us ~ of the problem** elle nous a fait prendre conscience du problème; **as far as I am ~** autant que je sache; **not that I am ~ of** pas que je sache; **without being ~ of it** sans s'en rendre compte; **politically ~** politisé; **socially ~** au courant des problèmes sociaux. -**2.** [sensitive] sensible.

awareness [əˈweənɪs] *n* conscience *f*; **a heightened ~ of colour** une sensibilité plus aiguë à la couleur; **political ~** politisation *f*.

awash [əˈwɒʃ] *adj* -**1.** *literal* & *fig* [flooded] inondé; **~ with oil** inondé de pétrole. -**2.** NAUT à fleur d'eau, qui affleure.

away [əˈweɪ] ◇ *adv* -**1.** [indicating movement]: **he drove ~** il s'est éloigné (en voiture); **he walked ~** il s'est éloigné (à pied); **they're ~!** [at start of race] ils sont partis! ‖ [indicating position]: **the village is 10 miles ~** le village est à 10 miles; **~ in the distance** au loin, dans le lointain; **~ over there beyond the mountains** là-bas, bien loin au-delà des montagnes ‖ [in time]: **the holidays are only three weeks ~** les vacances sont dans trois semaines seulement; **~ back in the 20s** il y a bien longtemps dans les années 20; **~ back in 1970** il y a longtemps déjà, en 1970. -**2.** [absent] absent; **he feeds the cat whenever we're ~** il donne à manger au chat quand nous ne sommes pas là OR quand nous sommes absents; **the boss is ~ this week** [ill, on leave] le patron n'est pas là OR est absent cette semaine; [on business] le patron est en déplacement cette semaine; **they're ~ on holiday/in Madrid** ils sont (partis) en vacances/à Madrid. -**3.** [indicating disappearance, decline etc]: **the water had boiled ~** l'eau s'était évaporée (à force de bouillir); **we danced the night ~** nous avons passé toute la nuit à danser; **government support gradually fell ~** le soutien de l'État a disparu petit à petit. -**4.** [continuously]: **he was singing ~ to himself** il fredonnait; **she's working ~ on her novel** elle travaille d'arrache-pied à son roman. -**5.** SPORT: **the team is (playing) ~ this Saturday** l'équipe joue à l'extérieur OR en déplacement samedi. -**6.** *phr*: **~ with** *fml* assez de; **~ with petty restrictions!** assez de restrictions mesquines!
◇ *adj* SPORT à l'extérieur; **an ~ match** un match à l'extérieur; **the ~ team** l'équipe (qui est) en déplacement.
◆ **away from** *prep phr* [indicating precise distance] à... de; **two metres ~ from us** à deux mètres de nous ‖ [not at, not in] loin de; **somewhere well ~ from the city** quelque part très loin de la ville; **when we're ~ from home** quand nous partons, quand nous ne sommes pas chez nous.

awe [ɔː] ◇ *n* effroi *m* mêlé d'admiration et de respect; **to be** OR **to stand in ~ of** être impressionné OR intimidé par; **I stared at her in ~** je l'ai regardée avec la plus grande admiration.
◇ *vt*: **the music ~d them into silence** impressionnés par la musique, ils se sont tus; **she spoke in an ~d whisper** elle chuchotait d'une voix respectueuse et intimidée.

awe-inspiring *adj* [impressive] impressionnant, imposant; [amazing] stupéfiant; [frightening] terrifiant.

awesome [ˈɔːsəm] *adj* -**1.** = **awe-inspiring**. -**2.** *inf* [great] génial.

awe-stricken, awe-struck *adj* [intimidated] intimidé, impressionné; [amazed] stupéfait; [frightened] frappé de terreur.

awful [ˈɔːfʊl] ◇ *adj* -**1.** [bad] affreux, atroce; **she was simply ~ to him** elle a été absolument infecte avec lui; **I feel ~** je me sens très mal; **she looks ~** [ill] elle a l'air malade; [badly dressed] elle est affreusement mal habillée; **what an ~ bore!** [person] ce qu'il peut être assommant!; [task] quelle corvée!; **you're ~!** tu es impossible!; **what ~ weather!** quel temps affreux OR de chien! -**2.** [horrific] épouvantable, effroyable. -**3.** *inf* [as intensifier]: **I have an ~ lot of work** j'ai énormément de travail; **they took an ~ chance** ils ont pris un risque énorme OR considérable.
◇ *adv inf Am* = **awfully**.

awfully [ˈɔːflɪ] *adv* [very] très, terriblement; **~ funny/nice** extrêmement drôle/gentil; **he's an ~ good writer** il écrit merveilleusement bien; **I'm ~ sorry** je suis vraiment OR sincèrement désolé; **thanks ~** merci infiniment OR mille fois.

awfulness [ˈɔːfʊlnɪs] *n* -**1.** [of behaviour, treatment] atrocité *f*. -**2.** [of accident, crime] horreur *f*.

awhile [əˈwaɪl] *adv lit* (pendant) un instant OR un moment; **let's think about it ~** réfléchissons-y un peu; **not yet ~** pas encore, pas de sitôt.

awkward [ˈɔːkwəd] *adj* -**1.** [clumsy - person] maladroit, gauche; [- gesture] maladroit, peu élégant; [- style] lourd, gauche; **he's ~ with his hands** il n'est pas très habile de ses mains; **the ~ age** l'âge ingrat. -**2.** [embarrassed - person] gêné, ennuyé; [- silence] gêné, embarrassé; **she felt ~ about going** cela la gênait d'y aller. -**3.** [difficult - problem, situation] délicat, fâcheux; [- task] délicat; [- question] gênant, embarrassant; [- person] peu commode, difficile; **it would be ~ if he met her** cela serait fâcheux OR gênant s'il la rencontrait; **it's an ~ time for me to leave** cela me serait difficile de partir en ce moment; **you've come at an ~ time** vous êtes arrivé au mauvais moment; **an ~ moment** un moment inopportun; **they could make things ~ for her** ils pourraient lui mettre des bâtons dans les roues; **he's an ~ customer** *inf* il faut se le farcir; **it's ~ to use** ça n'est pas facile à utiliser; **the table is at an ~ angle** la table est mal placée ‖ [uncooperative] peu coopératif; **he's just being ~** il essaie seulement de compliquer les choses.

awkwardly [ˈɔːkwədlɪ] *adv* -**1.** [clumsily - dance, move] maladroitement, peu élégamment; [- handle, speak] maladroitement, gauchement; **an ~ phrased sentence** une phrase lourde OR mal formulée; **it's very ~ designed** c'est très mal conçu. -**2.** [with embarrassment - behave] d'une façon gênée OR embarrassée; [- reply, speak] d'un ton embarrassé OR gêné, avec gêne; **she grinned ~** elle a souri d'un air gêné.

awkwardness [ˈɔːkwədnɪs] *n* -**1.** [clumsiness - of movement, person] maladresse *f*, gaucherie *f*; [- of style] lourdeur *f*, inélégance *f*. -**2.** [unease] embarras *m*, gêne *f*; **the ~ of the situation** le côté gênant OR embarrassant de la situation.

awl [ɔːl] *n* alène *f*, poinçon *m*.

awning [ˈɔːnɪŋ] *n* -**1.** [over window] store *m*; [on shop display] banne *f*, store *m*; [at door] marquise *f*, auvent *m*; NAUT taud *m*, taude *f*. -**2.** [tent] auvent *m*.

awoke [əˈwəʊk] *pt* → **awake**.

awoken [əˈwəʊkn] *pp* → **awake**.

AWOL [ˈeɪwɒl] (*abbr of* **Absent Without Leave**) *adj*: **to be/to go ~** *literal* & *fig* être absent/s'absenter sans permission.

awry [əˈraɪ] ◇ *adj* de travers, de guingois.
◇ *adv* de travers; **to go ~** mal tourner, aller de travers.

axe *Br*, **ax** *Am* [æks] (*pl* **axes**) ◇ *n* [tool] hache *f*; **to have an ~ to grind** [ulterior motive] prêcher pour sa paroisse, être intéressé; [complaint] avoir un compte à régler; **to get the ~** [person] être licencié OR viré; [programme, plan etc] être annulé OR supprimé; **when the ~ falls** quand le couperet tombe.
◇ *vt* -**1.** *literal* [wood] couper, hacher TECH. -**2.** *fig* [person] licencier, virer; [project] annuler, abandonner; [job, position] supprimer; **many educational grants have been ~d** un grand nombre de bourses d'études ont été supprimées.

axes [ˈæksiːz] *pl* → **axis**.

axial [ˈæksɪəl] *adj* axial.

axil [ˈæksɪl] *n* aisselle *f* BOT.

axiom [ˈæksɪəm] *n* axiome *m*.

axiomatic [ˌæksɪəˈmætɪk] *adj* axiomatique.

axis [ˈæksɪs] (*pl* **axes** [-iːz]) *n* [gen, ANAT, BOT & GEOM] axe *m*.
◆ **Axis** *n* HIST: **the Axis** l'Axe *m*.

axle [ˈæksl] *n* [gen] axe *m*; AUT essieu *m*; **front/rear ~** essieu avant/arrière.

axle-box *n* boîte *f* d'essieu.

axle-pin *n* esse *f*, clavette *f* d'essieu.

axletree [ˈæksltriː] *n* essieu *m*.

ay [aɪ] = **aye** *interj* & *n*.

ayatollah [ˌaɪəˈtɒlə] *n* ayatollah *m*.

aye [*adv* eɪ, *interj* & *n* aɪ] ◇ *adv arch* OR *lit* toujours.
◇ *interj arch* OR *dial*: **~!** oui; **~, ~ sir!** NAUT oui, mon commandant!
◇ *n* oui *m (inv)*; **25 ~s and 3 noes** 25 oui et 3 non, 25 pour et 3 contre; **the ~s have it** les oui l'emportent.

aye-aye [ˈaɪˌaɪ] *interj Br*: **~!** tiens donc!

AYH (*abbr of* **American Youth Hostels**) *pr n association américaine des auberges de jeunesse.*

AZ *written abbr of* **Arizona**.

azalea [əˈzeɪljə] *n* azalée *f*.

Azerbaijan [ˌæzəbaɪˈdʒɑːn] *pr n* Azerbaïdjan *m*; **in ~** en Azerbaïdjan.

Azerbaijani [ˌæzəbaɪˈdʒɑːnɪ] ◇ *n* Azerbaïdjanais *m*, -e *f*.
◇ *adj* azerbaïdjanais.

Azeri [əˈzerɪ] ◇ *n* Azeri *mf*.
◇ *adj* azeri.

azimuth [ˈæzɪməθ] *n* azimut *m*.

Azores [əˈzɔːz] *pl pr n*: **the ~** les Açores *fpl*; **in the ~** aux Açores.

AZT (*abbr of* **azidothymidine**) *n* AZT *f*.

Aztec [ˈæztek] ◇ *n* Aztèque *mf*.
◇ *adj* aztèque.

azure [ˈæʒəʳ] *lit* ◇ *adj* azuré, d'azur.
◇ *n* azur *m*.

B

b (*pl* **b's** OR **bs**), **B** (*pl* **B's** OR **Bs**) [biː] *n* [letter] b *m*, B *m*; **B for Bob** B comme Bob; **6B Racine Street** 6ter, rue Racine.

b -**1.** *written abbr of* billion. -**2.** *written abbr of* born.

B -**1.** [indicating secondary importance]: **the B-side of a record** la deuxième face d'un disque; **we took the B-road** *Br* AUT nous avons pris la départementale; **B-movie, B-film, B-picture** film *m* de série B; **grade B meat** COMM viande de deuxième catégorie; **the B-team** SPORT l'équipe secondaire. -**2.** SCH & UNIV [mark] bien *(= 12 à 14 sur 20)*; **I got two Bs and an A** j'ai eu deux Bien et un Très Bien. -**3.** MUS [note] si *m*.

BA ◇ *n* (*abbr of* Bachelor of Arts) *(titulaire d'une) licence de lettres.*
◇ *pr n* -**1.** *abbr of* British Academy. -**2.** (*abbr of* British Airways) *compagnie aérienne britannique.*

baa [bɑː] ◇ *n* bêlement *m*; **~!** bêê!; **Baa, Baa, Black Sheep** *comptine enfantine anglaise.*
◇ *vi* bêler.

BAA (*abbr of* British Airports Authority) *pr n organisme autonome responsable des aéroports en Grande-Bretagne.*

baa-lamb *n baby talk* petit agneau *m*.

baba ['bɑːbɑː] *n* baba *m*; **rum ~** baba au rhum.

Babbitt ['bæbɪt] *n Am pej* bourgeois *m* borné.

babble ['bæbl] ◇ *vi* -**1.** [baby] gazouiller, babiller; [person - quickly] bredouiller; [- foolishly] bavarder, babiller. -**2.** [stream] jaser, gazouiller.
◇ *vt* [say quickly] bredouiller; [say foolishly] bavarder, babiller.
◇ *n* **1.** [of voices] rumeur *f*; [of baby] babillage *m*, babil *m*; [of stream] gazouillement *m*, babil *m*. -**2.** [chatter] bavardage *m*.
◆ **babble away, babble on** *vi insep* -**1.** [baby] gazouiller, babiller; [person] jaser, jacasser. -**2.** [stream] jaser, gazouiller.

babbler ['bæblə^{r}] *n* bavard *m*, -e *f*.

babbling ['bæblɪŋ] ◇ *n* -**1.** [of voices] rumeur *f*; [of baby] babillage *m*, babil *m*; [of stream] gazouillement *m*, babil *m*. -**2.** [chatter] bavardage *m*.
◇ *adj* babillard.

babe [beɪb] *n* -**1.** *literal* [baby] bébé *m*; *fig* [naive person] innocent *m*, -e *f*, naïf *m*, -ïve *f*; **~ in arms** *literal* enfant *m* au berceau; **she's a ~ in arms** *fig* elle est comme l'enfant qui vient de naître; **~s in the wood** de jeunes innocents OR naïfs. -**2.** *inf Am* [young woman] belle gosse *f*, minette *f*; **hey ~!** salut ma belle! -**3.** *inf Am* [term of endearment] chéri *m*, -e *f*.

babel ['beɪbl] *n* brouhaha *m*.
◆ **Babel** *n*: **the tower of Babel** la tour de Babel.

baboon [bə'buːn] *n* babouin *m*.

babu ['bɑːbuː] *n Br* -**1.** [Indian term of address] monsieur *m*. -**2.** *pej* [clerk] employé *m* de bureau *(en Inde).*

babushka [bə'buːʃkə] *n* foulard *m (porté par les paysannes russes).*

baby ['beɪbɪ] (*pl* **babies**, *pt* & *pp* **babied**) ◇ *n* -**1.** [infant] bébé *m*; **we've known her since she was a ~** nous l'avons connue toute petite OR bébé; **he's the ~ of the family** il est le plus jeune OR le benjamin de la famille; **don't be such a ~!** ne fais pas l'enfant! ❑ **~'s bottle** *Br* biberon *m*; **they left him holding the ~** il lui ont laissé payer les pots cassés, ils lui ont tout fait retomber dessus; **to throw the ~ out with the bathwater** jeter le bébé avec l'eau du bain, pécher par excès de zèle. -**2.** *inf Am* [young woman] belle gosse *f*, minette *f*; **hey ~!** salut ma belle! -**3.** *inf Am* [term of endearment] chéri *m*, -e *f*. -**4.** *inf* [project]: **the new library is the mayor's ~** la nouvelle bibliothèque est l'œuvre du maire; **that's his ~** c'est son bébé. -**5.** *inf Am* [machine] merveille *f*; **this ~ drives like a dream** cette voiture est une pure merveille à conduire.
◇ *vt* dorloter, bichonner.
◇ *adj* [animal] bébé, petit; [mushroom, tomato] petit; **~ cat** chaton *m*, petit chat *m*; **~ elephant** éléphanteau *m*, bébé *m* éléphant; **~ girl** petite fille *f*.
◇ *comp* [clothes, food] de bébé; **~ batterer** bourreau *m* d'enfants; **~ battering** *violences commises sur un bébé*; **~ changing area** relais-bébé *m*; **~ bottle** *Am* biberon *m*; **~ linen** layette *f*; **~ scales** pèse-bébé *m*; **~ seat** siège *m* pour bébés.

baby-blue ◇ *adj* bleu clair *(inv)*; **~ eyes** des yeux bleus OR bleu clair.
◇ *n* bleu clair *m*.

baby boom *n* baby boom *m*.

baby boomer [-ˌbuːmə^{r}] *n* enfant *m* du baby boom.

Baby-bouncer® *n* trotteur *m*, youpala *m*.

baby buggy *n* -**1.** *Am* = **baby carriage**. -**2.** *Br* [pushchair]: Baby buggy® poussette *f*.

baby carriage *n Am* voiture *f* d'enfant, landau *m*.

baby doll *n* poupée *f*.
◆ **baby-doll** *adj*: **baby-doll pyjamas, baby-doll nightdress** baby-doll *m*.

baby face *n* visage *m* de bébé.
◆ **baby-face** *adj* au visage de bébé.

baby grand *n* (piano *m*) demi-queue *m*.

babyhood ['beɪbɪhʊd] *n* petite OR première enfance *f*.

babyish ['beɪbɪɪʃ] *adj pej* [features, voice] puéril, enfantin; [behaviour] puéril, enfantin, infantile.

Babylon ['bæbɪlən] *pr n* Babylone.

Babylonia [ˌbæbɪ'ləʊnjə] *pr n* Babylonie *f*; **in ~** en Babylonie.

Babylonian [ˌbæbɪ'ləʊnjən] ◇ *n* -**1.** [person] Babylonien *m*, -enne *f*. -**2.** LING babylonien *m*.
◇ *adj* babylonien.

baby-minder *n* nourrice *f*.

baby-sit *vi* garder des enfants, faire du baby-sitting; **she ~s for them** elle garde leurs enfants.

baby-sitter *n* baby-sitter *mf*.

baby-sitting *n* garde *f* d'enfants, baby-sitting *m*.

baby sling *n* porte-bébé *m*, kangourou® *m*.

baby-snatcher *n* ravisseur *m*, -euse *f* de bébés.

baby-snatching [-ˌsnætʃɪŋ] *n* rapt *m* OR enlèvement *m* de bébés.

baby talk *n* langage *m* enfantin OR de bébé.

baby tooth *n* dent *f* de lait.

baby-walker *n* trotteur *m*.

babywipe ['beɪbɪwaɪp] *n* lingette *f*.

baccalaureate [ˌbækə'lɔːrɪət] *n* UNIV ≃ licence *f*.

baccarat ['bækərɑː] *n* baccara *m*.

Bacchae ['bækiː] *pl pr n*: **the ~** les Bacchantes.

bacchanal ['bækənl] ◇ *adj* bachique.
◇ *n* -**1.** [worshipper] adorateur *m*, -trice *f* de Bacchus; ANTIQ [priestess] bacchante *f*. -**2.** [reveller] noceur *m*, -euse *f*; [party] bacchanale *f*.

bacchanalia [ˌbækə'neɪljə] *npl* [rite] bacchanales *fpl*; [party] bacchanale *f*.

bacchanalian [ˌbækə'neɪljən] *adj* bachique.

Bacchic ['bækɪk] *adj* bachique.

Bacchus ['bækəs] *pr n* Bacchus.

baccy▽ ['bækɪ] *n Br* tabac *m*.

bachelor ['bætʃələ^{r}] ◇ *n* -**1.** [man] célibataire *m*; **confirmed ~** célibataire endurci; **he's a very eligible ~** c'est un beau OR bon parti. -**2.** UNIV ≃ licencié *m*, -e *f*; **~'s degree** ≃ licence *f*; **Bachelor of Arts/Science** [degree] ≃ licence *f* de lettres/de sciences; [person] ≃ licencié *m*, -e *f* ès lettres/ès sciences; **Bachelor of Education** [degree] ≃ licence *f* d'enseignement; [person] ≃ licencié *m*, -e *f* d'enseignement.
◇ *adj* [brother, uncle] célibataire; [life] de célibataire.

bachelordom ['bætʃələdəm] = **bachelorhood**.

bachelor flat *n* garçonnière *f*.

bachelor girl *n* célibataire *f*.

bachelorhood ['bætʃələhʊd] *n* [gen] célibat *m*; [of men] vie *f* de garçon.

bacillary [bə'sɪlərɪ] *adj* [disease] bacillaire; [shape] bacilliforme.

bacillus [bə'sɪləs] (*pl* **bacilli** [-laɪ]) *n* bacille *m*.

back [bæk] ◇ *adv* -**1.** [towards the rear] vers l'arrière, en arrière; **he stepped ~** il a reculé d'un pas, il a fait un pas en arrière; **I pushed ~ my chair** j'ai reculé ma chaise; **she tied her hair ~** elle a attaché ses cheveux; **he glanced ~** il a regardé derrière lui; **their house sits ~ from the road** leur maison est en retrait par rapport à la route. -**2.** [into or in previous place]: **we went ~ home** nous sommes rentrés (à la maison); **my headache's ~** j'ai de nouveau mal à la tête, mon mal de tête a recommencé; **they'll be ~**

on Monday ils rentrent OR ils seront de retour lundi; **I'll be right ~** je reviens tout de suite; **we expect him ~ tomorrow** il doit rentrer demain; **as soon as you get ~** dès votre retour; **is he ~ at work?** a-t-il repris le travail?; **he's just ~ from Moscow** il arrive OR rentre de Moscou; **we went to town and ~** nous avons fait un saut en ville; **he went to his aunt's and ~** il a fait l'aller et retour chez sa tante; **the trip to Madrid and ~ takes three hours** il faut trois heures pour aller à Madrid et revenir; **meanwhile, ~ in Washington** entre-temps, à Washington; **~ home there's no school on Saturdays** chez moi OR nous, il n'y a pas d'école le samedi ❑ **the ~-to-school sales** les soldes de la rentrée. -**3.** [indicating return to previous state]: **she wants her children ~** elle veut qu'on lui rende ses enfants; **he went ~ to sleep** il s'est rendormi; **business soon got ~ to normal** les affaires ont vite repris leur cours normal; **miniskirts are coming ~ (in fashion)** les minijupes reviennent à la mode. -**4.** [earlier]: **six pages ~** six pages plus haut; **~ in the 17th century** au 17e siècle; **as far ~ as I can remember** d'aussi loin que je m'en souvienne; **~ in November** déjà au mois de novembre; **ten years ~** *inf* il y a dix ans. -**5.** [in reply, in return]: **you should ask for your money ~** vous devriez demander un remboursement OR qu'on vous rembourse; **I hit him ~** je lui ai rendu son coup; **she smiled ~ at him** elle lui a répondu par un sourire; **to write ~** répondre (par écrit).

◇ *adj* -**1.** [rear - door, garden] de derrière; [- wheel] arrière *(inv)*; [- seat] arrière *(inv)*, de derrière; **the ~ legs of a horse** les pattes arrière d'un cheval; **the ~ room is the quietest** la pièce qui donne sur l'arrière est la plus calme; **the ~ page of the newspaper** la dernière page du journal; **the ~ nine** GOLF les neuf derniers trous ❑ **to put sthg on the ~ burner** mettre qqch en attente; **he got in through the ~ door** [by having influence etc] il est entré par la petite porte; **to take a ~ seat** passer au second plan; **she refused to take a ~ seat to her boss** elle a refusé de céder le pas à son patron. -**2.** [quiet - lane, road] écarté, isolé; **~ street** petite rue *f*; **I grew up in the ~ streets of Chicago** j'ai été élevé dans les mauvais quartiers de Chicago. -**3.** [not current] vieux; **~ issues** OR **copies of "Match"** de vieux numéros de «Match». -**4.** [overdue] arriéré; **~ rent/taxes** arriéré *m* de loyer/d'impôts; **~ pay** rappel *m* (de salaire); **~ orders** COMM commandes *fpl* en souffrance. -**5.** LING [vowel] postérieur.

◇ *n* -**1.** ANAT [of animal, person] dos *m*; **she carried her baby on her ~** elle portait son bébé sur son dos; **I fell flat on my ~** je suis tombé à la renverse OR sur le dos; **we lay on our ~s** nous étions allongés sur le dos; **my ~ aches** j'ai mal au dos; **the cat arched its ~** le chat a fait le gros dos; **I only saw them from the ~** je ne les ai vus que de dos; **she sat with her ~ to the window** elle était assise le dos tourné à la fenêtre; **you had your ~ to me** tu me tournais le dos ❑ **they have the police at their ~s** [in support] ils ont la police avec eux; [in pursuit] ils ont la police à leurs trousses; **the decision was taken behind my ~** la décision a été prise derrière mon dos; **he went behind my ~ to the boss** il est allé voir le patron derrière mon dos OR à mon insu; **to be flat on one's ~** [bedridden] être alité OR cloué au lit; **get off my ~!** *inf* fiche-moi la paix!; **to have one's ~ to the wall** être au pied du mur; **the rich live off the ~s of the poor** les riches vivent sur le dos des pauvres; **to put sb's ~ up** énerver qqn; **to put one's ~ into something** faire un gros effort; **that's it, put your ~ into it!** *inf* allez-y, un peu de nerf!; **to put one's ~ out** se faire mal au dos; **I'll be glad to see the ~ of her** je serai content de la voir partir OR d'être débarrassé d'elle. -**2.** [part opposite the front - gen] dos *m*, derrière *m*; [- of coat, shirt, door] dos *m*; [- of vehicle, building, head] arrière *m*; [- of train] queue *f*; **at the ~ of the book** à la fin du livre; **we climbed in the ~ of the car** nous sommes montés à l'arrière de la voiture; **the garden is out** OR **round the ~** le jardin se trouve derrière la maison ❑ **she's got a face like the ~ of a bus** *inf* c'est un boudin. -**3.** [other side - of hand, spoon, envelope, cheque] dos *m*; [- of carpet, coin, medal] revers *m*; [- of page] verso *m*; **I know this town like the ~ of my hand** je connais cette ville comme ma poche. -**4.** [farthest from the front - of cupboard, room, stage] fond *m*; **we'd like a table at the** OR **in the very ~** nous voudrions une table tout au fond ❑ **in the ~ of beyond** en pleine brousse, au diable vauvert; **I've had it** OR **it's been at the ~ of my mind for ages** j'y pense depuis longtemps, ça fait longtemps que ça me travaille. -**5.** [binding] dos *m*. -**6.** [of chair] dos *m*, dossier *m*. -**7.** SPORT arrière *m*.

◇ *vt* -**1.** [move backwards - bicycle, car] reculer; [- horse] faire reculer; [- train] refouler; **I ~ed the car into the garage** j'ai mis la voiture dans le garage en marche arrière; **she ~ed him into the next room** elle l'a fait reculer dans la pièce d'à côté. -**2.** [support financially - company, venture] financer, commanditer; [- loan] garantir; [encourage - efforts, person, venture] encourager, appuyer, soutenir; [- candidate] soutenir; **we ~ed her in her fight against racism** nous l'avons soutenue dans sa lutte contre le racisme; **the Democrats ~ed the bill** les Démocrates ont soutenu le projet de loi; **to ~ a bill** FIN avaliser OR endosser un effet. -**3.** [bet on] parier sur, miser sur ❑ **to ~ a winner** SPORT [horse, team] parier sur un gagnant; FIN [company, stock] bien placer son argent; *fig* jouer la bonne carte; **to ~ the wrong horse** *literal & fig* miser sur le mauvais cheval. -**4.** [strengthen, provide backing for - curtain, material] doubler; [- picture, paper] renforcer. -**5.** MUS [accompany] accompagner. -**6.** NAUT [sail] masquer.

◇ *vi* -**1.** [go in reverse - car, train] faire marche arrière; [- horse, person] reculer; **the car ~ed into the driveway** la voiture est entrée en marche arrière dans l'allée; **I ~ed into a corner** je me suis retiré dans un coin. -**2.** [wind] tourner en sens inverse des aiguilles d'une montre.

◆ **back and forth** *adv phr*: **to go ~ and forth** [person] faire des allées et venues; [machine, piston] faire un mouvement de va-et-vient; **his eyes darted ~ and forth** il regardait de droite à gauche.

◆ **back to back** *adv phr literal & fig* dos à dos; **they're showing both films ~ to ~** ils montrent deux films l'un après l'autre.

◆ **back to front** *adv phr* devant derrière; **you've got your pullover on ~ to front** tu as mis ton pull devant derrière.

◆ **in back of** *prep phr Am* derrière.

◆ **back away** *vi insep* -**1.** [car] faire marche arrière. -**2.** [person] (se) reculer; **she ~ed away from him** elle a reculé devant lui; **they have ~ed away from making a final decision** *fig* ils se sont abstenus de prendre une décision définitive.

◆ **back down** *vi insep* [accept defeat] céder; **he finally ~ed down on the issue of membership** il a fini par céder sur la question de l'adhésion.

◆ **back off** *vi insep* -**1.** [withdraw] reculer; **~ off, will you!** *inf* fiche-moi la paix!, lâche-moi les baskets! -**2.** *Am* = **back down**.

◆ **back onto** *vt insep* [have back facing towards] donner sur (à l'arrière); **the house ~s onto the river** l'arrière de la maison donne sur la rivière.

◆ **back out** *vi insep* -**1.** [car] sortir en marche arrière; [person] sortir à reculons. -**2.** *fig* [withdraw] se dérober, tirer son épingle du jeu; **don't ~ out now!** ne faites pas marche arrière maintenant!; **they ~ed out of the deal** ils se sont retirés de l'affaire; **to ~ out of a contract** se rétracter OR se retirer d'un contrat.

◆ **back up** ◇ *vi insep* -**1.** [car] faire marche arrière. -**2.** [drain] se boucher; [water] refouler.

◇ *vt sep* -**1.** [car, horse] faire reculer; [train] refouler. -**2.** [support - claim, story] appuyer, soutenir; [- person] soutenir, épauler, seconder; **her story is ~ed up by eye witnesses** sa version des faits est confirmée par des témoins oculaires; **he ~ed this up with a few facts** il a étayé ça avec quelques faits. -**3.** COMPUT sauvegarder. -**4.** TRANSP: **traffic is ~ed up for 5 miles** il y a un embouteillage sur 8 km.

backache ['bækeɪk] *n* mal *m* de dos.

backbench ['bækbentʃ] ◇ *n banc des membres du Parlement britannique qui n'ont pas de portefeuille.*

◇ *comp* [opinion, support] des «backbenchers».

backbencher [,bæk'bentʃəʳ] *n parlementaire sans fonction ministérielle.*

BACKBENCHER:

Les «backbenchers» sont assis aux derniers rangs de la Chambre des communes, tandis que les rangs de devant sont réservés aux ministres et aux membres du gouvernement fantôme.

---

backbend ['bækbend] *n* pont *m (en gymnastique).*

backbiting ['bækbaɪtɪŋ] *n* médisance *f*.

backboard ['bækbɔːd] *n* [board] planche *f*, panneau *m*; [in basketball] panneau *m*.

backbone ['bækbəʊn] *n* -**1.** ANAT colonne *f* vertébrale; ZOOL épine *f* dorsale. -**2.** [of country, organization] pivot *m*, épine *f* dorsale; **the working classes are the ~ of the economy** la classe ouvrière est le pivot de l'économie. -**3.** *fig* [strength of character] fermeté *f*, caractère *m*; **you haven't the ~ to do it** tu n'as pas le courage de le faire; **he has no ~** il n'a rien dans le ventre.

backbreaking ['bæk,breɪkɪŋ] *adj* éreintant; **~ work** un travail à vous casser les reins.

backchat *inf* ['bæktʃæt] *n Br* impertinence *f*, insolence *f*; **and I want none of your ~** et épargnez-moi votre insolence.

backcloth ['bækklɒθ] *n* THEAT toile *f* de fond; *fig* toile *f* de fond, fond *m*.

backcomb ['bækkəʊm] *vt* crêper.

back country *n Austr & NZ* campagne *f*, arrière-pays *m inv*.

backcourt ['bækkɔːt] *n* [in basketball] arrière *m* du terrain; [in tennis] fond *m* du court.

backdate [,bæk'deɪt] *vt* [cheque, document] antidater; **the pay rise is ~d to March** l'augmentation de salaire a un effet rétroactif à compter de mars.

back door *n* porte *f* arrière; **to get in through** OR **by the ~** *fig* entrer par la petite porte.

◆ **backdoor** *adj* louche, suspect.

backdrop ['bækdrɒp] = **backcloth**.

-backed [bækt] *comb form* -**1.** [chair] à dos, à dossier; **a high~ chair** une chaise à dos OR dossier haut; **silk~** à dos OR dossier en soie; **a broad~ man** un homme qui a le dos large. -**2.** [supported by]: **US~ rebels** des rebelles soutenus par les États-Unis.

back end *n* -**1.** [of car, bus] arrière *m*; [of train] queue *f*. -**2.** *Br dial* [autumn] arrière-saison *f*, automne *m*; **the ~ of the year** l'arrière-saison.

backer ['bækəʳ] *n* -**1.** [supporter] partisan *m*, -e *f*; [financial supporter] commanditaire *mf*, bailleur *m* de fonds. -**2.** SPORT [punter] parieur *m*, -euse *f*.

backfill ['bækfɪl] *vt* remplir.

backfire [,bæk'faɪəʳ] ◇ *vi* -**1.** [car] pétarader. -**2.** [plan] avoir un effet inattendu; **the plan ~d on him** le projet s'est retourné contre lui OR lui est retombé sur le nez.

◇ *n* -**1.** [noise] pétarade *f*; [explosion] retour *m* d'allumage. -**2.** [controlled fire] contre-feu *m*.

backflip ['bækflɪp] *n* [in gymnastics] culbute *f* à l'envers.

back formation *n* LING dérivation *f* régressive.

backgammon ['bæk,gæmən] *n* backgammon *m*.

background ['bækgraʊnd] ◇ *n* -**1.** [scene, view] fond *m*, arrière-plan *m*; [sound] fond *m* sonore; THEAT fond *m*, toile *f* de fond; **yellow flowers on a green ~** des fleurs jaunes sur fond vert; **in the ~** dans le fond, à l'arrière-plan; **his wife remains very much in the ~** *fig* sa femme est très effacée OR reste à l'écart. -**2.** [of person -

history] antécédents *mpl*; [- family] milieu *m* socioculturel; [- experience] formation *f*, acquis *m*; [- education] formation *f*, bagage *m*; **people from a working-class ~** gens *mpl* de milieu ouvrier; **she has a good ~ in history** elle a une bonne formation en histoire; **what is the candidate's ~?** [social] à quel milieu social appartient le candidat?; [professional] quelle est la formation du candidat? -**3.** [of event, situation] contexte *m*, climat *m*; **the economic ~ to the crisis** les raisons économiques de la crise; **the talks are taking place against a ~ of political tensions** les débats ont lieu dans un climat de tensions politiques; **the report looks at the ~ to the unrest** le rapport examine l'historique de l'agitation.
◇ *adj* -**1.** [unobtrusive - music, noise] de fond. -**2.** [facts, material] de base, de fond; **~ information** éléments de référence OR de base; **~ reading** bibliographie *f*. -**3.** COMPUT: **~ processing** traitement *m* des données non prioritaires. -**4.** PHYS: **~ radiation** rayonnement *m* naturel.

backhand ['bækhænd] ◇ *n* revers *m*; **he has a wicked ~** il a un sacré revers; **keep serving to his ~** continue de servir sur son revers.
◇ *adj* [stroke] en revers; [volley] de revers.
◇ *adv* en revers.

backhanded ['bækhændɪd] *adj* -**1.** [blow, slap] donné avec le revers de la main; **~ stroke** SPORT revers *m*. -**2.** [compliment, remark] équivoque.

backhander ['bækhændəʳ] *n* -**1.** [blow, stroke] coup *m* du revers de la main; SPORT revers *m*. -**2.** [comment] remarque *f* équivoque. -**3.** *inf Br* [bribe] pot-de-vin *m*, dessous-de-table *m inv*.

backing ['bækɪŋ] *n* -**1.** [support] soutien *m*, appui *m*; [financial support] soutien *m* financier. -**2.** [material] renforcement *m*, support *m*. -**3.** MUS [accompaniment] accompagnement *m*.

backing group *n Br musiciens qui accompagnent un chanteur.*

back issue *n* vieux numéro *m*.

backlash ['bæklæʃ] *n* contrecoup *m*; **a ~ of violence** une réaction de violence.

backless ['bæklɪs] *adj* [dress] (très) décolleté dans le dos; [chair] sans dos, sans dossier.

backlog ['bæklɒg] *n* accumulation *f*, arriéré *m*; **a ~ of work** une accumulation de travail (en retard), un arriéré de travail; **a ~ of orders** COMM des commandes inexécutées OR en souffrance.

back number *n* vieux numéro *m*.

backpack ['bækpæk] ◇ *n* sac *m* à dos.
◇ *vi* faire de la randonnée; **to go ~ing** faire de la randonnée.
◇ *vt* transporter dans un sac à dos.

backpacker ['bækpækəʳ] *n* randonneur *m*, -euse *f*.

back passage *n* -**1.** [rectum] rectum *m*. -**2.** [alley] ruelle *f*.

backpedal [,bæk'pedl] (*Br pt & pp* **backpedalled**, *cont* **backpedalling**, *Am pt & pp* **backpedaled**, *cont* **backpedaling**) *vi* -**1.** [on bicycle] rétropédaler. -**2.** [change mind] faire marche arrière *fig*.

backrest ['bækrest] *n* dossier *m*.

back room *n* -**1.** [in house] pièce *f* de derrière; [in shop] arrière-boutique *f*. -**2.** [for research] laboratoire *m* de recherche secret.
◆ **backroom** *adj* [research, work] secret; **~ boys** [gen] ceux qui restent dans l'ombre OR dans les coulisses; [researchers] chercheurs *mpl* qui travaillent dans l'anonymat.

back-scratcher *n* [implement] gratte-dos *m inv*.

back seat *n* siège *m* arrière; **to take a ~** *fig* se tenir en retrait.

back-seat driver *n* [in car] *personne qui donne toujours des conseils au conducteur*; [interfering person] donneur *m*, -euse *f* de leçons.

backside *inf* [,bæk'saɪd] *n* derrière *m*; **he just sits around on his ~ all day** il reste assis toute la journée à ne rien faire.

backsight ['bæksaɪt] *n* [on rifle] cran *m* de mire; [in surveying] rétrovisée *f*.

back slang *n* ≃ verlan *m*.

backslapping ['bæk,slæpɪŋ] ◇ *n* [heartiness] (excessive) jovialité *f*; [congratulations] encensement *m*.
◇ *adj* jovial.

backslash ['bækslæʃ] *n* barre *f* oblique inversée.

backslide [,bæk'slaɪd] (*pt* **backslid** [-'slɪd], *pp* **backslid** [-'slɪd] OR **backslidden** [-'slɪdn]) *vi* retomber, récidiver; **no backsliding!** pas question de récidiver!

backslider [,bæk'slaɪdəʳ] *n* récidiviste *mf*.

backspace ['bækspeɪs] ◇ *vi* faire un retour arrière.
◇ *vt* rappeler.
◇ *n* espacement *m* OR retour *m* arrière.

backspin ['bækspɪn] *n* effet *m* contraire; **to put ~ on a ball** donner un effet contraire à une balle.

backstage [,bæk'steɪdʒ] THEAT & *fig* ◇ *n* coulisse *f*, coulisses *fpl*.
◇ *adv* dans la coulisse OR les coulisses, derrière la scène; **to go ~** aller dans les coulisses; **negotiations took place ~** *fig* les négociations ont eu lieu en coulisses OR en secret.
◇ *adj* secret, furtif.

backstairs [,bæk'steəz] ◇ *npl* [secondary] escalier *m* de service; [secret] escalier *m* secret OR dérobé.
◇ *adj* [secret] secret, furtif; [unfair] déloyal; **~ gossip** bruits *mpl* de couloirs.

backstitch ['bækstɪtʃ] ◇ *n* point *m* arrière.
◇ *vi & vt* coudre en point arrière.

backstop ['bækstɒp] *n* SPORT -**1.** [screen] panneau *m*. -**2.** [in baseball] attrapeur *m*.

back straight *n* ligne *f* (droite) d'en face.

backstreet ['bækstriːt] *adj* [secret] secret, furtif; [underhanded] louche; **~ abortionist** faiseuse *f* d'anges.

backstroke ['bækstrəʊk] *n* [in swimming] dos *m* crawlé; **to do (the) ~** nager en dos crawlé.

backswept ['bækswept] *adj* rejeté en arrière.

backswing ['bækswɪŋ] *n* swing *m* (en arrière).

back talk *n Am* impertinence *f*.

back-to-back ◇ *adj literal & fig* dos à dos.
◇ *n*: **~s** [houses] *rangée de maisons construites dos à dos et séparées par un passage étroit, typique des régions industrielles du nord de l'Angleterre.*

backtrack ['bæktræk] *vi literal* revenir sur ses pas, rebrousser chemin; *fig* faire marche arrière; **he's already ~ing from OR on his agreement** il est déjà en train de revenir sur son accord.

backup ['bækʌp] ◇ *n* -**1.** [support] soutien *m*, appui *m*. -**2.** [reserve] réserve *f*; [substitute] remplaçant *m*. -**3.** COMPUT sauvegarde *f*. -**4.** *Am* MUS = **backing group**.
◇ *adj* -**1.** [furnace] de secours, de réserve; [plan] de secours; [supplies] supplémentaire, de réserve; [team] remplaçant; **~ troops** MIL réserves *fpl*. -**2.** COMPUT: **~ disk** sauvegarde *f*; **~ storage** mémoire *f* auxiliaire. -**3.** *Am* AUT: **~ light** phare *m* arrière.

backward ['bækwəd] ◇ *adj* -**1.** [directed towards the rear] en arrière, rétrograde; **without a ~ look** sans jeter un regard en arrière. -**2.** [late in development - country, society, child] arriéré. -**3.** [reluctant] hésitant, peu disposé; **he's not ~ about giving his opinion** il n'hésite pas à donner son avis; **she's not exactly ~ at coming forward** *hum* elle n'hésite pas à se mettre en avant.
◇ *adv Am* = **backwards**.

backward-looking *adj* [ideas] rétrograde.

backwardness ['bækwədnɪs] *n* -**1.** [of development - country] sous-développement *m*; [- person] retard *m* mental; [- of economy] retard *m*. -**2.** [reluctance] hésitation *f*, lenteur *f*.

backwards ['bækwədz] *adv* -**1.** [towards the rear] en arrière; **a step ~** *literal & fig* un pas en arrière; **I fell ~** je suis tombé en arrière OR à la renverse ❑ **to bend OR to lean over ~ to please sb** se mettre en quatre pour faire plaisir à qqn. -**2.** [towards the past] en arrière, vers le passé; **looking ~ in time** en remontant dans le temps. -**3.** [with the back foremost]: **to walk ~** marcher à reculons; **you've got your sweater on ~** tu as mis ton pull à l'envers OR devant derrière. -**4.** [in reverse] à l'envers; **now say it ~** dis-le à l'envers maintenant. -**5.** [thoroughly] à fond, sur le bout des doigts; **she knows her subject ~** elle connaît son sujet sur le bout des doigts.
◆ **backwards and forwards** *adv phr*: **to go ~ and forwards** [person] aller et venir; [machine, piston] faire un mouvement de va-et-vient; [pendulum] osciller; **we walked ~ and forwards along the beach** nous avons marché de long en large sur la plage; **she goes ~ and forwards between London and Paris** elle fait la navette entre Londres et Paris.

backwash ['bækwɒʃ] *n* sillage *m*, remous *mpl*; **caught in the ~ of war** *fig* pris dans les remous de la guerre.

backwater ['bæk,wɔːtəʳ] *n* [of river] bras *m* mort; *fig* [remote spot] coin *m* tranquille; *pej* coin *m* perdu; **a cultural ~** un désert culturel.

backwoods ['bækwʊdz] ◇ *npl* [forest] région *f* forestière *(peu peuplée)*; *fig* [remote spot] coin *m* tranquille.
◇ *adj* [remote] isolé; [backward] peu avancé.

backwoodsman ['bækwʊdzmən] (*pl* **backwoodsmen** [-mən]) *n literal* habitant *m* de la forêt; *pej* [uncouth person] rustre *m*.

back yard *n Br* [courtyard] cour *f* de derrière, arrière-cour *f*; *Am* [garden] jardin *m* de derrière; **in one's own ~** chez soi.

bacon ['beɪkən] *n* lard *m* (maigre), bacon *m*; **a slice OR rasher of ~** une tranche de lard; **~ and eggs** œufs *mpl* au bacon OR au lard; **~ slicer** coupe-jambon *m inv*; **to bring home the ~** *inf* [be the breadwinner] faire bouillir la marmite; [succeed] décrocher la timbale OR le gros lot.

bacteria [bæk'tɪərɪə] *npl* bactéries *fpl*.

bacterial [bæk'tɪərɪəl] *adj* bactérien.

bactericide [bæk'tɪərɪsaɪd] *n* (produit *m*) bactéricide *m*.

bacteriological [bæk,tɪərɪə'lɒdʒɪkl] *adj* bactériologique.

bacteriologist [bæk,tɪərɪ'ɒlədʒɪst] *n* bactériologiste *mf*.

bacteriology [bæk,tɪərɪ'ɒlədʒɪ] *n* bactériologie *f*.

bacterium [bæk'tɪərɪəm] (*pl* **bacteria** [-rɪə]) *n* bactérie *f*.

bad [bæd] (*compar* **worse** [wɜːs], *superl* **worst** [wɜːst]) ◇ *adj* -**1.** [unpleasant - breath, news, terms, weather] mauvais; [- smell, taste] mauvais, désagréable; **that's too ~!** [regrettable] c'est OR quel dommage!; [hard luck] tant pis pour toi!; **it's too ~ he had to leave** quel dommage qu'il ait été obligé de partir; **there was a ~ smell in the house** il y avait une odeur désagréable OR une mauvaise odeur dans la maison; **I have a ~ feeling about this** j'ai le pressentiment que cela va mal tourner; **I feel ~ about leaving you alone** cela m'ennuie de te laisser tout seul; **he felt ~ about the way he'd treated her** il s'en voulait de l'avoir traitée ainsi; **he's in a ~ mood OR ~ temper** il est de mauvaise humeur; **she has a ~ temper** elle a un sale caractère, elle a un caractère de chien OR de cochon; **I'm on ~ terms with her** je suis brouillé avec elle; **to come to a ~ end** mal finir; **it's a ~ business** [unpleasant] c'est une sale affaire; [unhappy] c'est une triste affaire; **things went from ~ to worse** les choses se sont gâtées OR sont allées de mal en pis ❑ **it left a ~ taste in my mouth** *literal* cela m'a laissé un goût désagréable dans la bouche; *fig* j'en ai gardé un souvenir désagréable; **'Bad Day at Black Rock'** *Sturges* 'Un homme est passé'. -**2.** [unfavourable - effect, result] mauvais, malheureux; [- omen, report] mauvais, défavorable; [- opinion] mauvais *(before n)*; **things look ~** la situation n'est pas brillante; **it happened at the worst possible time** ça ne pouvait pas tomber plus mal; **he's in a ~ way** [ill, unhappy] il va mal, il est dans un piteux état; [in trouble] il est dans de mauvais draps. -**3.** [severe - accident, mistake] grave; [- pain] violent, aigu; [- headache] violent; [- climate, winter] rude, dur; **I have a ~ cold** j'ai un gros rhume; **she has a ~ case of flu** elle a une mauvaise grippe. -**4.** [evil, wicked - person] méchant, mauvais; [- behaviour, habit] mauvais, odieux; **they're a ~ lot** ils ne sont pas recommandables; **to call sb ~ names** traiter qqn de tous les noms, injurier qqn; **you've been a ~ girl!** tu as fait la vilaine OR la méchante!; **~ boy!** vilain! ❑ **~ language** gros mots *mpl*, grossièretés *fpl*. -**5.** [harmful] mauvais, néfaste; **smoking is ~ for your health** le tabac est mauvais pour la santé; **eating all these sweets is ~ for him** c'est mauvais pour lui OR ça ne lui vaut rien de manger autant de sucreries. -**6.** [unhealthy - leg, arm, person] malade; [- tooth] malade, carié; **your grandmother is ~ today** ta grand-mère ne va pas OR ne se sent pas bien aujourd'hui; **how are you? – not so ~** comment allez-vous? – on fait aller OR pas trop mal; **he was taken ~ at the office** *inf* il a eu un malaise au bureau; **to have a ~ heart** être cardiaque. -**7.** [poor - light, work] mauvais, de mauvaise qualité; [- actor, pay, performance, road] mauvais; **that's not ~ for a beginner** ce n'est pas mal pour un débutant; **your painting isn't half ~** *inf* ton tableau n'est pas mal du tout; **the salary isn't ~** le salaire est convenable; **he speaks rather ~ Spanish** il parle plutôt mal espagnol OR un espagnol plutôt mauvais; **it would be ~ form** OR **manners to refuse** ce serait impoli de refuser; **I've always been ~ at maths** je n'ai jamais été doué pour les maths, j'ai toujours été mauvais en maths; **she's ~ about paying bills on time** elle ne paie jamais ses factures à temps; **~ debt** créance *f* douteuse OR irrécouvrable. -**8.** [food] mauvais, pourri; **to go ~** [milk] tourner; [meat] pourrir, se gâter. -**9.** ▽ [very good] terrible; **man, you're looking ~!** mon vieux, tu as l'air super bien OR en super forme!

◇ *n* mauvais *m*; **you have to take the ~ with the good** il faut prendre les choses comme elles viennent, bonnes ou mauvaises; **he's gone to the ~** il a mal tourné; **we're £100 to the ~** nous sommes débiteurs OR nous avons un découvert de 100 livres; **she got in ~ with her boss** elle n'a pas la cote avec son patron.

◇ *npl* [people]: **the ~** les mauvais *mpl*; **'The Bad and the Beautiful'** *Minnelli* 'les Ensorcelés'.

◇ *adv* *inf*: **he wants it ~** il en meurt d'envie; **she's got it ~ for him** elle l'a dans la peau; **he was beaten ~** *Am* il s'est fait méchamment tabasser.

baddie *inf*, **baddy** *inf* ['bædɪ] *n* méchant *m*; **he's the ~** c'est lui le méchant.

bade [bæd] *pt* → **bid**.

badge [bædʒ] *n* -**1.** [gen] insigne *m*; [of scout] badge *m*; MIL insigne *m*; **a ~ of office** un insigne de fonction. -**2.** *fig* signe *m*, marque *f*.

badger ['bædʒəʳ] ◇ *n* blaireau *m*; **the Badger State** *Am* le Wisconsin.

◇ *vt* harceler, persécuter; **stop ~ing your mother with questions** arrête de harceler ta mère de questions; **she ~ed us into going** elle nous a harcelés jusqu'à ce que nous y allions.

badlands ['bædlændz] *npl* bad-lands *fpl*; *fig* mauvais quartiers *mpl*.

badly ['bædlɪ] (*compar* **worse** [wɜːs], *superl* **worst** [wɜːst]) *adv* -**1.** [poorly] mal; **~ made/organized** mal fait/organisé; **~ lit** mal éclairé; **things aren't going too ~** ça ne va pas trop mal; **the candidate did** OR **came off ~ in the exams** le candidat n'a pas bien marché à ses examens; **we came off worst in the deal** c'est nous qui nous en sommes le plus mal sortis dans l'affaire; **his business is doing ~** ses affaires marchent OR vont mal, il fait de mauvaises affaires; **I feel ~ about it** [sorry] je le regrette beaucoup; [embarrassed] cela me gêne beaucoup; **don't think ~ of him for what he did** ne lui en voulez pas de ce qu'il a fait; **she took the news ~** elle a mal pris la nouvelle; **to be ~ off** être dans la misère; **we're ~ off for supplies** nous manquons de provisions. -**2.** [behave - improperly] mal; [- cruelly] méchamment, avec cruauté. -**3.** [severely - burn, damage] gravement, sérieusement; [- hurt] gravement, grièvement; **the town was ~ affected by the storm** la ville a été sérieusement touchée par l'orage; **she had been ~ beaten** elle avait reçu des coups violents; **the army was ~ defeated** l'armée a subi une sévère défaite. -**4.** [very much] énormément; **he ~ needs** OR **he's ~ in need of a holiday** il a grand OR sérieusement besoin de (prendre des) vacances; **we ~ want to see her** nous avons très envie de la voir.

badman ['bædmæn] (*pl* **badmen** [-men]) *n* [crook] bandit *m*; [in movie] méchant *m*.

bad-mannered *adj* mal élevé.

badminton ['bædmɪntən] *n* badminton *m*.

Badminton Horse Trials *pr n* *prestigieux concours hippique en Angleterre.*

badmouth *inf* ['bædmaʊθ] *vt Am* médire de, dénigrer.

badness ['bædnɪs] *n* -**1.** [wickedness] méchanceté *f*; [cruelty] cruauté *f*. -**2.** [inferior quality] mauvaise qualité *f*, mauvais état *m*.

bad-tempered *adj* [as character trait] qui a mauvais caractère; [temporarily] de mauvaise humeur.

Baedeker ['beɪdekəʳ] *n* guide *m* *(livre)*.

Baffin Island ['bæfɪn-] *pr n* terre *f* de Baffin; **in ~** en terre de Baffin.

baffle ['bæfl] ◇ *vt* -**1.** [puzzle] déconcerter, dérouter; **the police are ~d** les policiers sont déroutés. -**2.** [frustrate - effort, plans] faire échouer, déjouer; [- expectations, hopes] décevoir, tromper.

◇ *n* [deflector] déflecteur *m*; [acoustic] baffle *m*, écran *m*.

baffle board, **baffle plate** = **baffle** *n*.

bafflement ['bæflmənt] *n* confusion *f*.

baffling ['bæflɪŋ] *adj* déconcertant, déroutant; **a ~ problem** un casse-tête.

bag [bæg] (*pt* & *pp* **bagged**, *cont* **bagging**) ◇ *n* -**1.** [container] sac *m*; **paper/plastic ~** sac en papier/en plastique; **a ~ of sweets/groceries** un sac de bonbons/d'épicerie ❑ **tea ~** sachet *m* de thé; **he's nothing but a ~ of bones** c'est un vrai sac d'os, il n'a que la peau sur les os; **he was left holding the ~** *inf Am* tout lui est retombé dessus; **her promotion is in the ~** *inf* son avancement, c'est dans la poche OR dans le sac OR du tout cuit; **to pull sthg out of the ~** sortir qqch du chapeau; **the whole ~ of tricks** *inf* tout le tralala. -**2.** [handbag] sac *m* (à main); [suitcase] valise *f*; **~s** valises, bagages *mpl*; **it's time to pack our ~s** *fig* c'est le moment de plier bagage; **they threw her out ~ and baggage** *inf* ils l'ont mise à la porte avec toutes ses affaires. -**3.** [of cloth, skin] poche *f*; **to have ~s under one's eyes** avoir des poches sous les yeux. -**4.** HUNT prise *f*; **did you get a good ~?** avez-vous fait bonne chasse? -**5.** *inf pej* [woman]: **old ~** vieille peau; **stupid ~!** espèce d'idiote! -**6.** ▽ [interest]: **it's not my ~** ce n'est pas mon truc.

◇ *vt* -**1.** [books, groceries] mettre dans un sac. -**2.** *inf* [seize] mettre le grappin sur, s'emparer de; [steal] piquer, faucher; **I ~s the cookies!** *Br* les gâteaux sont à moi!; **he bagged the best seat for himself** il s'est réservé la meilleure place. -**3.** HUNT tuer.

◇ *vi* goder, faire des poches; **his trousers ~ at the knees** ses pantalons font des poches aux genoux.

◆ **bags** *inf* ◇ *npl Br* -**1.** [trousers] pantalon *m*, fute *m*. -**2.** [lots]: **there are ~s of things to do** il y a plein de choses à faire; **we have ~s of time** nous avons tout notre temps.

◇ *interj Br*: **~s I go!** c'est à moi!; **~s I get the biggest one!** le plus gros est pour moi!

bagasse [bə'gæs] *n* bagasse *f*.

bagatelle [,bægə'tel] *n* -**1.** [trinket] bagatelle *f*, babiole *f*; **a mere ~** une simple bagatelle. -**2.** GAMES [board game] (sorte *f* de) flipper *m*; [billiards] billard *m* anglais. -**3.** MUS bagatelle *f*.

bagel ['beɪgəl] *n* petit pain *m* en couronne *(de la cuisine juive)*.

bagful ['bægfʊl] *n* sac *m* plein, plein sac *m*; **a ~ of sweets** un sac plein de bonbons; **he ate a whole ~ of apples** il a mangé un plein sac de pommes.

baggage ['bægɪdʒ] *n* -**1.** [luggage] valises *fpl*, bagages *mpl*; **~ car** *Am* fourgon *m (d'un train)*; **~ room** OR **checkroom** *Am* consigne *f*; **~ handler** bagagiste *m*; **~ tag** *Am* bulletin *m* de consigne. -**2.** MIL équipement *m* (portatif). -**3.** *inf dated* [saucy girl] coquine *f arch*; [prostitute] prostituée *f*, traînée *f*.

Baggie® ['bægɪ] *n Am petit sachet hermétique en plastique.*

baggy ['bægɪ] (*compar* **baggier**, *superl* **baggiest**) *adj* [clothing - too big] trop ample OR grand; [- loose-fitting] ample; **~ trousers** un pantalon bouffant.

Baghdad [bæg'dæd] *pr n* Bagdad.

bag lady *n* clocharde *f*.

bagman ['bægmən] (*pl* **bagmen** [-mən]) *n* -**1.** *inf Br* [salesman] VRP *m*, voyageur *m* OR représentant *m* de commerce. -**2.** ▽ *Am* [racketeer] racketteur *m*.

bagpiper ['bægpaɪpəʳ] *n* joueur *m*, -euse *f* de cornemuse.

bagpipes ['bægpaɪps] *npl* cornemuse *f*.

bag-snatching [-,snætʃɪŋ] *n* vol *m* à l'arraché.

bah [bɑː] *interj*: **~!** bah!

Baha'i [bə'hɑːɪ] ◇ *n* adepte *mf* de la religion Bahaï.

◇ *adj* bahaï.

Bahaism [bə'hɑːɪzm] *n* bahaïsme *(religion)*.

Bahamas [bə'hɑːməz] *pl pr n* Bahamas *fpl*; **in the ~** aux Bahamas.

Bahamian [bə'heɪmɪən] ◇ *n* habitant *m*, -e *f* des Bahamas.

◇ *adj* des Bahamas.

Bahrain [bɑː'reɪn] *pr n* Bahreïn, Bahrayn; **in ~** à Bahreïn; **the ~ Islands** les îles *fpl* Bahreïn.

Bahraini [bɑː'reɪnɪ] ◇ *n* Bahreïni *m*, -e *f*.

◇ *adj* bahreïni.

Bahrein [bɑː'reɪn] = **Bahrain**.

Bahreini [bɑː'reɪnɪ] = **Bahraini**.

bail [beɪl] ◇ *n* -**1.** JUR [money] caution *f*; [guarantor] caution *f*, répondant *m*, -e *f*; [release] mise *f* en liberté provisoire sous caution; **on ~** sous caution; **the judge granted/refused ~** le juge a accordé/refusé la mise en liberté provisoire sous caution; **she was released on £2,000 ~** elle a été mise en liberté provisoire après avoir payé une caution de 2 000 livres; **to stand** OR **to go ~ for sb** se porter garant de qqn; **who put up ~?** qui a payé la caution?; **the prisoner jumped** OR **forfeited ~** le prisonnier s'est soustrait à la justice *(à la faveur d'une mise en liberté provisoire)*. -**2.** [in cricket] bâtonnet *m*.

◇ *vt* -**1.** JUR [subj: guarantor] payer la caution pour, se porter garant de; [subj: judge] mettre en liberté provisoire sous caution. -**2.** [water] vider.

◆ **bail out** ◇ *vt sep* -**1.** JUR = **bail** *vt* **1**. -**2.** [help] tirer OR sortir d'affaire; **his parents usually ~ him out** la plupart du temps, ses parents le tirent d'affaire OR le renflouent. -**3.** [boat] écoper; [cellar, water] vider.

◇ *vi insep* [parachute] sauter en parachute.

bail bond *n* JUR cautionnement *m*.

bailey ['beɪlɪ] *n* [wall] mur *m* d'enceinte; [courtyard] cour *f (à l'intérieur de l'enceinte)*.

bailiff ['beɪlɪf] *n* -**1.** JUR huissier *m*. -**2.** *Br* [on estate, farm] régisseur *m*, intendant *m*. -**3.** [official - in former times] bailli *m*.

bailiwick ['beɪlɪwɪk] *n* -**1.** JUR juridiction *f*, circonscription *f*. -**2.** *fig* [interest] domaine *m*.

bairn [beən] *n Br dial* enfant *mf*.

bait [beɪt] ◇ *n* FISHING & HUNT appât *m*, amorce *f*; *fig* appât *m*, leurre *m*; **to rise to** OR **to take the ~** *literal* & *fig* mordre (à l'hameçon).

◇ *vt* -**1.** [hook, trap] amorcer. -**2.** [tease] harceler, tourmenter. -**3.** [badger, bear] lâcher les chiens sur. -**4.** [entice] tenter.

baize [beɪz] ◇ *n* [fabric] feutre *m*; [on billiard table] tapis *m*.

◇ *adj* [cloth, lining] de feutre; **~-covered** feutré.

Bajan *inf* [ˈbeɪdʒən] ◇ *n* habitant *m*, -e *f* de la Barbade.
◇ *adj* de la Barbade.

bake [beɪk] ◇ *vt* -**1.** CULIN faire cuire au four; **she's baking a cake for me** elle me fait un gâteau; **~d potatoes** pommes *fpl* de terre au four. -**2.** [dry, harden] cuire; **the land was ~d dry** la terre était desséchée.
◇ *vi* -**1.** [person - cook]: **she got busy baking** [bread] elle s'est mise à faire du pain; [cake] elle s'est mise à faire de la pâtisserie. -**2.** [cake, pottery] cuire (au four); **the ground was baking in the sun** le sol se desséchait au soleil. -**3.** *inf* [be hot]: **it's baking in here!** il fait une de ces chaleurs ici!; **I'm baking!** j'étouffe!, je crève de chaleur!
◇ *n* -**1.** [batch of food] fournée *f*. -**2.** *Scot* [biscuit] (sorte *f* de) biscuit *m*. -**3.** *Am fête où l'on sert un repas cuit au four.*

baked Alaska *n* omelette *f* norvégienne.

baked beans *npl* haricots *mpl* blancs à la sauce tomate.

bakehouse [ˈbeɪkhaʊs, *pl* -haʊzɪz] *n* boulangerie *f*.

Bakelite® [ˈbeɪkəlaɪt] ◇ *n* Bakélite® *f*.
◇ *adj* en Bakélite®.

baker [ˈbeɪkəʳ] *n* boulanger *m*, -ère *f*; **I'm going to the ~'s (shop)** je vais à la boulangerie; **a ~'s dozen** treize à la douzaine.

bakery [ˈbeɪkərɪ] (*pl* **bakeries**) *n* boulangerie *f*.

baking [ˈbeɪkɪŋ] ◇ *n* -**1.** [process] cuisson *f* (au four). -**2.** [bread] pain *m*; [pastry] pâtisserie *f*, pâtisseries *fpl*.
◇ *adj* -**1.** [for cooking]: **~ potatoes** pommes *fpl* de terre à cuire au four; **~ dish** plat *m* allant au four; **~ tin** [for cake, pie] moule *m*; **~ tray** plaque *f* de four. -**2.** [hot - pavement, sun] brûlant; [- day, weather] torride.
◇ *adv*: **a ~ hot afternoon** un après-midi torride.

baking powder *n* levure *f* (chimique).

baking soda *n* bicarbonate *m* de soude.

baklava [ˈbɑːkləvɑː] *n* baklava *m*.

baksheesh [ˌbækˈʃiːʃ] *n dated* bakchich *m*.

Baku [bæˈku] *pr n* Bakou.

Balaam [ˈbeɪlæm] *pr n* Balaam.

balaclava (helmet) [bæləˈklɑːvə-] *n* passe-montagne *m*.

Balaclava [ˌbæləˈklɑːvə] *pr n* Balaklava.

balalaika [ˌbæləˈlaɪkə] *n* balalaïka *f*.

balance [ˈbæləns] ◇ *n* -**1.** [of person - physical] équilibre *m*, aplomb *m*; [- mental] calme *m*, équilibre *m*; **she tried to keep her ~** elle a essayé de garder l'équilibre OR son équilibre; **I lost my ~** j'ai perdu l'équilibre OR mon équilibre; **off ~** [physically, mentally] déséquilibré; **he threw me off ~** *literal* il m'a fait perdre l'équilibre; *fig* il m'a pris par surprise. -**2.** [of situation] équilibre *m*; [of painting, sculpture] harmonie *f*; **she tried to strike a ~ between the practical and the idealistic** elle a essayé de trouver un juste milieu entre la réalité et l'idéal; **~ of nature** l'équilibre de la nature; **~ of power** [in government] balance OR équilibre des pouvoirs; [between states] balance OR équilibre des forces; **he holds the ~ of power** il peut faire pencher la balance, tout dépend de lui. -**3.** [scales] balance *f*; **everything is still (hanging) in the ~** rien n'est encore certain; **our future hangs** OR **lies in the ~** notre avenir est en jeu; **his remark tipped the ~ in his favour** sa remarque a fait pencher la balance en sa faveur. -**4.** [weight, force] poids *m*, contrepoids *m*; **the ~ of evidence is against him** la plupart des preuves lui sont défavorables; **she acts as a ~ to his impulsiveness** elle sert de contrepoids à OR elle contrebalance son impulsivité. -**5.** [remainder] solde *m*, reste *m*; COMM & FIN solde *m*; **~ due** solde débiteur; **I'd like to pay the ~ of my account** j'aimerais solder mon compte ❑ **bank ~** solde (d'un compte); **a healthy (bank) ~** un compte sain; **~ of payments** balance *f* des paiements; **~ of trade** balance *f* commerciale.
◇ *vt* -**1.** [put in stable position] mettre en équilibre; [hold in stable position] tenir en équilibre; **she ~d the book on her head** elle a mis OR posé le livre en équilibre sur sa tête; **to ~ the wheels** AUT équilibrer les roues. -**2.** [act as counterbalance, offset] équilibrer, contrebalancer; **we have to ~ the right to privacy against the public's right to know** nous devons trouver le juste milieu entre le respect de la vie privée et le droit du public à être informé. -**3.** [weigh] peser; *fig* mettre en balance, comparer; **you have to ~ its usefulness against the actual cost** vous devez mettre en balance OR comparer son utilité et le coût réel. -**4.** [equation, finances] équilibrer; **to ~ the budget** équilibrer le budget; **to ~ the books** dresser le bilan, arrêter les comptes; **to ~ one's chequebook** faire ses comptes. -**5.** [settle, pay] régler, solder; **to ~ an account** solder un compte.
◇ *vi* -**1.** [remain in stable position] se maintenir en équilibre; [be in stable position] être en équilibre. -**2.** [act as counterbalance]: **the weights ~** les poids s'équilibrent. -**3.** [budget, finances] s'équilibrer, être équilibré.
◆ **on balance** *adv phr* à tout prendre, tout bien considéré.
◆ **balance out** *vi insep*: **the advantages and disadvantages ~ out** les avantages contrebalancent OR compensent les inconvénients; **the debits and credits should ~ out** les débits et les crédits devraient s'équilibrer.

balance bridge *n* pont *m* basculant.

balanced [ˈbælənst] *adj* -**1.** [diet, scales, person] équilibré; **the two teams were pretty well ~** les deux équipes étaient de force à peu près égale; **a ~ view** une vue impartiale OR objective. -**2.** [programme, report] impartial, objectif.

balance sheet *n* bilan *m*.

balance weight *n* contrepoids *m*.

balance wheel *n* balancier *m*.

balancing [ˈbælənsɪŋ] *adj* -**1.** [physical effort] stabilisation *f*; **a ~ act** un numéro d'équilibriste; **it was a real ~ act keeping everyone happy** *fig* il fallait jongler pour pouvoir satisfaire tout le monde. -**2.** FIN [account, books -equalizing] balance *f*; [- settlement] règlement *m*, solde *m*.

balcony [ˈbælkənɪ] (*pl* **balconies**) *n* -**1.** [of flat, house] balcon *m*. -**2.** THEAT balcon *m*.

bald [bɔːld] *adj* -**1.** [having no hair] chauve; **he's going ~** il devient chauve, il perd ses cheveux; **a ~ patch** [on person] une calvitie; [on animal] un endroit sans poils ❑ **as ~ as a coot** *inf* OR **as an egg** chauve comme un œuf OR comme une boule de billard. -**2.** [carpet] usé; [mountain top] pelé; [tyre] lisse. -**3.** [unadorned] brutal; **the ~ truth** la pure vérité; **a ~ statement** une simple exposition des faits.

baldachin, baldaquin [ˈbɔːldəkɪn] *n* baldaquin *m*.

bald eagle *n* aigle *m* d'Amérique.

BALD EAGLE:
Cet oiseau est le symbole des États-Unis et figure sur le sceau officiel.

---

balderdash [ˈbɔːldədæʃ] *n (U) dated* âneries *fpl*, bêtises *fpl*.

bald-faced *adj Am* [liar, thief] effronté; [lie] flagrant.

bald-headed *adj* chauve.

balding [ˈbɔːldɪŋ] *adj* qui devient chauve.

baldly [ˈbɔːldlɪ] *adv* brutalement; **to put it ~** pour parler franchement.

baldness [ˈbɔːldnɪs] *n* -**1.** [of person] calvitie *f*; [of animal] absence *f* de poils. -**2.** [of mountain top] aspect *m* pelé; [of tyre] usure *f*. -**3.** [of statement] brutalité *f*.

bale [beɪl] ◇ *n* -**1.** [of cloth, hay] balle *f*. -**2.** *arch* [evil] mal *m*.
◇ *vt* -**1.** [hay] mettre en balles; [cotton, merchandise] emballer, empaqueter. -**2.** = **bail** *vt* **2.**

Balearic Islands [ˌbælɪˈærɪk-] *pl pr n*: **the ~** les Baléares *fpl*; **in the ~** aux Baléares.

baleful [ˈbeɪlfʊl] *adj* -**1.** [menacing] menaçant; [wicked] sinistre, méchant; **he looked at us with a ~ eye** il nous a regardés d'un sale œil. -**2.** [gloomy] lugubre.

balefully [ˈbeɪlfʊlɪ] *adv* -**1.** [menacingly - look] d'un sale œil; [- say] d'un ton menaçant. -**2.** [gloomily] d'une façon lugubre.

baler [ˈbeɪləʳ] *n* ramasseuse-presse *f*.

Bali [ˈbɑːlɪ] *pr n* Bali; **in ~** à Bali.

Balinese [ˌbɑːlɪˈniːz] (*pl inv*) ◇ *n* -**1.** [person] Balinais *m*, -e *f*. -**2.** LING balinais *m*.
◇ *adj* balinais, de Bali.

balk [bɔːk] ◇ *vi*: **to ~ at sthg**: **the horse ~ed at the fence** le cheval a refusé la barrière; **he ~ed at the idea of murder** il a reculé devant l'idée du meurtre.
◇ *vt* -**1.** [thwart] contrecarrer, contrarier. -**2.** [avoid] éviter.
◇ *n* -**1.** [beam] bille *f*; [of roof] solive *f*. -**2.** AGR billon *m*. -**3.** [hindrance] obstacle *m*. -**4.** [in baseball] feinte *f* irrégulière d'un lanceur.

Balkan [ˈbɔːlkən] *adj* balkanique; **~ States** États *mpl* balkaniques, Balkans *mpl*; **~ Peninsula** péninsule *f* balkanique, Balkans *mpl*.

balkanize, -ise [ˈbɔːlkənaɪz] *vt* balkaniser.

Balkans [ˈbɔːlkənz] *pl pr n* Balkans *mpl*; **in the ~** dans les Balkans.

ball [bɔːl] ◇ *n* -**1.** [sphere] boule *f*; **he rolled up the jersey into a ~** il a roulé le pullover en boule; **the hedgehog was curled up in a ~** le hérisson était roulé en boule; **a ~ of wool** une pelote de laine; **roll up the wool into a ~** mets la laine en pelote. -**2.** SPORT [small] balle *f*; [large] ballon *m*; [in snooker] bille *f*, boule *f*; [in croquet] boule *f*; **the children were playing ~** les enfants jouaient au ballon; **tennis/golf ~** balle de tennis/de golf; **rugby ~** ballon de rugby. -**3.** [shot - in golf & tennis] coup *m*; [- in football & hockey] tir *m*; **that was a difficult ~** c'était un tir difficile; **a long ~** un coup qui est allé trop loin; **it was a good ~** c'était bien joué. -**4.** ANAT: **the ~ of the foot** la plante du pied; **the ~ of the thumb** la partie charnue du pouce. -**5.** [dance] bal *m*; **to have** OR **to hold** OR **to organize a ~** donner un bal ‖ *fig*: **to have a ~** *inf* se marrer comme des fous; **I'm having a ~** je me marre comme un fou, je m'éclate. -**6.** *phr*: **the ~ is in his court now** c'est à lui de jouer maintenant, la balle est dans son camp; **to be on the ~** [capable] être à la hauteur de la situation; [alert] être sur le qui-vive; **to keep the ~ rolling** [maintain interest] maintenir l'intérêt; [maintain activity] assurer la continuité; [maintain conversation] alimenter la conversation; **to start** OR **to set the ~ rolling** [in conversation] lancer la conversation; [in deal] faire démarrer l'affaire; **that's the way the ~ bounces!** *inf Am* c'est la vie!
◇ *vi* -**1.** [wool] boulocher. -**2.** ▼ *Am* [have sex] baiser.
◇ *vt* -**1.** [wool] mettre en pelote; [fists] serrer. -**2.** ▼ *Am* [have sex with] baiser.
◆ **balls**▼ ◇ *npl* -**1.** [testicles] couilles *fpl*; **they've got you by the ~s** *fig* t'es bien baisé. -**2.** [courage]: **to have ~s** avoir des couilles au cul, en avoir; **he lost his ~s** il s'est dégonflé. -**3.** [rubbish]: **what a load of ~s!** c'est des conneries, tout ça!
◇ *interj*: **~s!** quelles conneries!
◆ **balls up**▽ *Br*, **ball up**▽ *Am vt sep* foutre la merde dans; **he completely ~ed** OR **~sed up the job** il a complètement salopé le boulot; **we're really ~sed up now** on est dans la merde jusqu'au cou.

ballad [ˈbæləd] *n* [song - narrative] ballade *f*; [- popular, sentimental] romance *f*; [musical piece] ballade *f*; **'The Ballad of Reading Gaol'** *Wilde* 'Ballade de la geôle de Reading'.

ball-and-socket *adj* à rotule; **a ~ joint** un joint à rotule.

ballast [ˈbæləst] ◇ *n (U)* -**1.** [in balloon, ship] lest *m*; **to drop ~** jeter du lest. -**2.** [in road] pierraille *f*; RAIL ballast *m*.
◇ *vt* -**1.** [balloon, ship] lester. -**2.** [road] empierrer, caillouter; [railway] ballaster.

ball bearing *n* bille *f* de roulement; **~s** roulement *m* à billes.

ball boy *n* ramasseur *m* de balles.

ballbreaker▽ ['bɔːl,breɪkəʳ] *n* -**1.** [task] boulot *m* très difficile. -**2.** *pej* [woman] chieuse *f*.

ballcock ['bɔːlkɒk] *n* robinet *m* à flotteur.

ballerina [,bæləˈriːnə] *n* ballerine *f (danseuse)*.

ballet ['bæleɪ] *n* ballet *m*; **~ shoe** chausson *m* de danse.

ballet dancer *n* danseur *m*, -euse *f* de ballet.

ballet dress *n* robe *f* de ballet; [skirt] tutu *m*.

ball game *n* -**1.** SPORT [with small ball] jeu *m* de balle; [with large ball] jeu *m* de ballon; [baseball] match *m* de base-ball. -**2.** *inf fig* [activity]: **it's a whole new ~, it's a different ~ altogether** ce n'est pas du tout la même histoire; **we're talking about a different ~** ça n'a rien à voir avec notre sujet.

ball girl *n* ramasseuse *f* de balles.

ballistic [bəˈlɪstɪk] *adj* balistique.

ballistic missile *n* missile *m* balistique.

ballistics [bəˈlɪstɪks] *n (U)* balistique *f*.

ball joint *n* joint *m* à rotule.

ballocks ['bɒləks] = **bollocks**.

balloon [bəˈluːn] ◇ *n* -**1.** [toy] ballon *m*. -**2.** AERON ballon *m*, aérostat *m*; **to go up in a ~** monter en ballon; **hot-air ~** montgolfière *f*; **when the ~ goes up** *inf* quand ça démarre; **the ~ went up** *inf* l'affaire a éclaté. -**3.** [in comic strip] bulle *f*. -**4.** CHEM [flask] ballon *m*. -**5.** [brandy glass] (verre *m*) ballon *m*. -**6.** *Br* [shot - in tennis] lob *m*; [- in football] chandelle *f*.
◇ *vi* -**1.** AERON: **to go ~ing** faire une ascension OR des ascensions en ballon. -**2.** [billow - sail, trousers] gonfler. -**3.** *fig* [grow dramatically] augmenter démesurément; **unemployment has ~ed in recent months** le chômage a considérablement augmenté ces derniers mois.
◇ *vt Br* SPORT [ball] projeter très haut en l'air.

balloon glass *n* verre *m* ballon.

balloonist [bəˈluːnɪst] *n* aéronaute *mf*.

balloon sail *n* spinnaker *m*.

balloon sleeve *n* manche *f* ballon.

balloon tyre *n* pneu *m* ballon.

ballot ['bælət] (*pt & pp* **ballotted**, *cont* **ballotting**) ◇ *n* -**1.** [secret vote] scrutin *m*; **to vote by ~** voter à bulletin secret; **in the second ~** au deuxième tour de scrutin; **to take a ~** procéder à un scrutin OR à un vote. -**2.** [voting paper] bulletin *m* de vote.
◇ *vt* sonder au moyen d'un vote.

ballot box *n* -**1.** [for ballot papers] urne *f*; **~ stuffing** *Am* fraude *f* électorale. -**2.** *fig* système *m* électoral OR démocratique; **change cannot be achieved by the ~ alone** le système électoral à lui seul ne suffit pas à faire bouger les choses.

ballot paper *n* bulletin *m* de vote.

ball park *n* -**1.** [stadium] stade *m* de base-ball. -**2.** *inf* [approximate range] ordre *m* de grandeur; **his guess was in the right ~** il avait plutôt bien deviné.
◆ **ball-park** *comp inf*: **a ~ figure** un chiffre approximatif.

ballpoint ['bɔːlpɔɪnt] ◇ *adj* à bille; **~ pen** stylo *m* (à) bille.
◇ *n* stylo *m* (à) bille, Bic® *m*.

ballroom ['bɔːlrʊm] *n* salle *f* de bal.

ballroom dancing *n* danse *f* de salon.

balls [bɔːlz] → **ball**.

balls-up▽ *Br*, **ball-up**▽ *Am n* bordel *m*; **I made a real ~ of the interview** j'ai complètement merdé l'interview; **the trip was a complete ~** l'excursion a complètement foiré.

ball valve *n* robinet *m* à tournant sphérique.

bally *inf* ['bælɪ] *adj Br dated* sacré *(before n)*, satané *(before n)*; **~ fool!** espèce de crétin!

ballyhoo *inf* [,bælɪˈhuː] *n* [commotion] tapage *m*; [publicity] battage *m*.

balm [bɑːm] *n* -**1.** *literal & fig* baume *m*. -**2.** BOT mélisse *f* officinale; **lemon ~** citronnelle *f*.

Balmoral [bælˈmɒrəl] *pr n*: **~ (Castle)** *château situé dans le nord-est de l'Écosse et appartenant à la famille royale britannique.*

balmy ['bɑːmɪ] *adj* -**1.** [weather] doux. -**2.** [scented] embaumé, parfumé; BOT balsamique.

balneology [,bælnɪˈɒlədʒɪ] *n* science *f* de la balnéothérapie.

baloney *inf* [bəˈləʊnɪ] *n (U)* idioties *fpl*, balivernes *fpl*; **~, you don't know what you're talking about!** n'importe quoi, tu ne sais pas de quoi tu parles!

BALPA ['bælpə] (*abbr of* **British Airline Pilots' Association**) *pr n syndicat britannique des pilotes de ligne.*

balsa ['bɒlsə] *n* balsa *m*.

balsam ['bɔːlsəm] *n* -**1.** [balm] baume *m*. -**2.** [plant] balsamine *f*. -**3.** [turpentine] oléorésine *f*.

balsam fir *n* sapin *m* baumier.

balsam poplar *n* peuplier *m* baumier.

balsam spruce *n* épicéa *m* du Colorado, sapin *m* bleu.

balsawood ['bɒlsəwʊd] *n* balsa *m*.

Balt [bɔːlt] *n* [person] Balte *mf*.

Balthazar [bælˈθæzəʳ] ◇ *pr n* BIBLE Balthazar.
◇ *n* [bottle] balthazar *m*.

Baltic ['bɔːltɪk] ◇ *pr n*: **the ~ (Sea)** la Baltique.
◇ *adj* [port, coast] de la Baltique; **the ~ Republics** les républiques *fpl* baltes; **the ~ States** les pays *mpl* baltes.

Baltic Exchange *pr n*: **the ~** *bourse du commerce à Londres.*

Baluchi [bəˈluːtʃɪ] (*pl inv* OR **Baluchis**) *n* -**1.** [person] Baloutchi *mf*. -**2.** LING baloutchi *m*.

Baluchistan [bəˈluːtʃɪstɑːn] *pr n* Baloutchistan *m*, Béloutchistan *m*; **in ~** au Baloutchistan.

baluster ['bæləstəʳ] ◇ *n* balustre *m*; **the ~s** la rampe *(d'un escalier)*.
◇ *adj* [post, stem of glass] en forme de balustre.

balustrade [,bæləsˈtreɪd] *n* balustrade *f*.

Bamako [,bæməˈkəʊ] *pr n* Bamako.

bamboo [bæmˈbuː] ◇ *n* bambou *m*.
◇ *comp* [screen, table] de OR en bambou; **~ shoots** pousses *fpl* de bambou.

bamboo curtain *n* rideau *m* de bambou.

bamboozle *inf* [bæmˈbuːzl] *vt* -**1.** [cheat] avoir, embobiner; **they were ~d into signing the contract** on a fait pression sur eux pour qu'ils signent le contrat. -**2.** [confuse] déboussoler; **the game had him completely ~d** le jeu l'avait complètement déboussolé.

ban [bæn] (*pt & pp* **banned**, *cont* **banning**) ◇ *n* -**1.** [prohibition] interdiction *f*, interdit *m*; **they've put a ~ on smoking in the office** ils ont interdit de fumer dans le bureau; **the nuclear test ~** l'interdiction des essais nucléaires. -**2.** COMM [embargo] embargo *m*; [sanction] sanctions *fpl* économiques.
◇ *vt* interdire; **he was banned from going into town** on lui a interdit d'aller en ville; **they are banned from the club** ils sont exclus du club; **he was banned from driving for twelve months** il a eu une suspension de permis de conduire d'un an; **the Ban the Bomb movement** le mouvement contre la bombe atomique.

banal [bəˈnɑːl] *adj* banal.

banality [bəˈnælətɪ] *n* banalité *f*.

banana [bəˈnɑːnə] ◇ *n* [fruit] banane *f*; [plant] bananier *m*; **a bunch of ~s** un régime de bananes.
◇ *comp* de banane; **~ plantation** bananeraie *f*.
◆ **bananas** *inf adj* maboul, dingue; **she's completely ~s!** elle est complètement maboule!; **to go ~s** [crazy] devenir dingue; [angry] piquer une crise.

banana belt *inf n Can* région *f* chaude.

banana boat *n* bananier *m (bateau)*.

banana oil *n* nitrate *m* de cellulose.

banana republic *n pej* république *f* bananière.

banana skin *n* peau *f* de banane; **he slipped on a ~** *fig* il a fait une gaffe.

banana split *n* banana split *m*.

banco ['bæŋkəʊ] *interj*: **~!** banco!

band [bænd] ◇ *n* -**1.** [group of musicians - folk, rock] groupe *m*; [- brass, military] fanfare *f*; **drinks were free to members of the ~** les boissons étaient gratuites pour les musiciens. -**2.** [group] bande *f*, troupe *f*; **a ~ of dedicated reformers** une bande de réformateurs convaincus. -**3.** [strip - of cloth, metal] bande *f*; [- on hat] ruban *m*; [- of leather] lanière *f*. -**4.** [stripe - of colour] bande *f*; [- of sunlight] rai *m*; [- small] bandelette *f*. -**5.** [as binding - around wheel] bandage *m*; [- around books] sangle *f*; [- on cigar] bague *f*; [- on barrel] cercle *m*; **elastic** OR **rubber ~** élastique *m*. -**6.** MECH [drive belt] courroie *f* de transmission. -**7.** RADIO [range of frequency] bande *f*; OPTICS [in spectrum] bande *f*; COMPUT bande *f* magnétique. -**8.** *Br* [range - in age, price] tranche *f*; **people in this age ~** les gens dans OR de cette tranche d'âge. -**9.** [ring] anneau *m*; **wedding ~** alliance *f*.
◇ *vt (usu pass)* [stripe]: **a red wall ~ed with yellow** un mur rouge rayé de jaune.
◆ **band together** *vi insep* [unite] se grouper; [gang together] former une bande.

bandage ['bændɪdʒ] ◇ *n* -**1.** [strip of cloth] bande *f*, bandage *m*; **he wrapped the ~ around her hand** il a enroulé le bandage autour de sa main. -**2.** [prepared dressing] pansement *m*.
◇ *vt* [head, limb] bander; [wound] mettre un bandage sur; [with prepared dressing] panser.
◆ **bandage up** *vt sep* = **bandage** *vt*.

Band-Aid® ['bændeɪd] *n* sparadrap *m*.

bandan(n)a [bænˈdænə] *n* bandana *m*.

b and b, B and B (*abbr of* **bed and breakfast**) *n Br* chambres *fpl* d'hôte *(avec petit déjeuner)*; **we stayed in a ~ in Brighton** à Brighton, nous avons séjourné dans un bed and breakfast.

bandbox ['bændbɒks] *n* [for hats] carton *m* à chapeaux; [gen] boîte *f* cylindrique.

bandeau ['bændəʊ] (*pl* **bandeaux** [-dəʊz]) *n* bandeau *m (pour retenir les cheveux)*.

banderol(e) ['bændərəʊl] *n* [on ship] banderole *f*; ARCHIT & HERALD banderole *f*; [at funeral] drapeau *m*.

bandicoot ['bændɪkuːt] *n* péramèle *m*.

bandicoot rat *n* bandicoot *m*.

banding ['bændɪŋ] *n Br* SCH *répartition en groupes de niveau dans le primaire.*

bandit ['bændɪt] *n literal & fig* bandit *m*.

banditry ['bændɪtrɪ] *n* banditisme *m*.

bandleader ['bænd,liːdəʳ] *n* chef *m* d'orchestre; MIL chef *m* de fanfare; [of pop group] leader *m*.

bandmaster ['bænd,mɑːstəʳ] *n* chef *m* d'orchestre.

bandoleer, bandolier [,bændəˈlɪəʳ] *n* cartouchière *f*.

band saw *n* scie *f* à ruban.

bandsman ['bændzmən] (*pl* **bandsmen** [-mən]) *n* membre *m* d'un orchestre; MIL membre *m* d'une fanfare.

band spectrum *n* spectre *m* de bandes.

bandstand ['bændstænd] *n* kiosque *m* à musique.

bandwagon ['bændwægən] *n*: **to jump** OR **to climb on the ~** prendre le train en marche; *pej* suivre le mouvement.

bandwidth ['bændwɪdθ] *n* -**1.** RADIO largeur *f* de bande. -**2.** ACOUST bande *f* passante.

bandy ['bændɪ] (*pt & pp* **bandied**, *comp* **bandier**, *superl* **bandiest**) ◇ *vt* -**1.** [blows] échanger. -**2.** [ideas, witticisms, insults] échanger; **don't ~ words with me** ne discute pas avec moi.
◇ *adj* [person] aux jambes arquées; [leg - of animal, person] arqué.
◆ **bandy about** *Br*, **bandy around** *vt insep* [expression, story] faire circuler; **his name is often bandied about** on parle souvent de lui; **this is just one of the explanations being bandied around** c'est une des nombreuses explications qui circulent.

bandy-legged *adj*: **to be ~** avoir les jambes arquées.

bane [beɪn] *n* -**1.** [scourge, trial] fléau *m*; **it's/he's the ~ of my life** ça/il m'empoisonne la vie; **the tax has become the ~ of local government** l'impôt est devenu la bête noire des collectivités locales. -**2.** *lit* [poison] poison *m*.

banefully ['beɪnfulɪ] *adv lit* [influence] funestement.

bang [bæŋ] ◇ *n* -**1.** [loud noise - explosion] détonation *f*; [- clatter] fracas *m*; [- slam] claquement *m*; [- supersonic] bang *m*; **she shut the door with a ~** elle a claqué la porte; **there was a big ~** il y a eu une forte détonation OR une explosion ❑ **to go over** OR **out with a ~** *Am*, **to go with a ~** *inf* avoir un succès fou; **the show went (off) with a ~** *inf* le spectacle a eu un succès fou. -**2.** [bump] coup *m* violent; **he got a nasty ~ on the head** il s'est cogné la tête assez violemment.
◇ *adv* -**1. to go ~** [explode] éclater ‖ *fig*: **~ go my chances of winning!** *inf* envolées, mes chances de gagner!; **~ goes another £10!** et pan, encore 10 livres de parties! -**2.** [right] en plein; **~ in the middle** au beau milieu, en plein milieu; **the missile was ~ on target** le missile a atteint sa cible en plein dans le mille; **I walked ~ into him** je suis tombé en plein sur lui; **my desk is ~ against the wall** mon bureau est contre le mur; **his flat is ~ in the middle of town** son appartement est en plein centre-ville.
◇ *onomat* [gun] pan!; [blow, slam] vlan!; [explosion] boum!
◇ *vt* -**1.** [hit - table, window] frapper violemment; **he ~ed his fist on the table** il a frappé la table du poing; **I ~ed my head on the ceiling** je me suis cogné la tête contre le OR au plafond; **we're ~ing our heads against a brick wall** *fig* nous perdons notre temps. -**2.** [slam - door, window] claquer; **she ~ed the door shut** elle a claqué la porte. -**3.** ▼ [have sex with] baiser.
◇ *vi* -**1.** [slam] claquer. -**2.** [detonate - gun] détoner.
◆ **bangs** *npl Am* frange *f*.
◆ **bang about** *inf Br*, **bang around** *inf*
◇ *vi insep* faire du bruit, faire du pétard.
◇ *vt sep* [books, crockery] cogner les uns contre les autres; [person] tabasser, cogner.
◆ **bang away** *vi insep* -**1.** [detonate - guns] tonner. -**2.** [keep firing - soldier] tirer sans arrêt; [keep hammering - workmen] faire du vacarme; *fig* [keep working] continuer à travailler; **he was ~ing away on his typewriter** il tapait sans arrêt sur sa machine à écrire.
◆ **bang down** *vt sep* [books] jeter violemment; [dish] poser brutalement; **he ~ed the receiver down** il a raccroché brutalement; **she ~ed down the lid** elle a violemment rabattu le couvercle.
◆ **bang into** *vt insep* [collide with] se cogner contre, heurter.
◆ **bang on** *inf vi insep Br*: **he's always ~ing on about his personal problems** il n'arrête pas de casser les pieds à tout le monde avec ses problèmes personnels.
◆ **bang out** *inf vt sep* [tune] jouer fort et mal; [article, book] pondre.
◆ **bang together** *vt sep* cogner l'un contre l'autre; **I could have ~ed their heads together!** j'aurais pu prendre l'un pour taper sur l'autre!
◆ **bang up**▽ *vt sep* [prisoner] boucler pour la nuit.

banger *inf* ['bæŋəʳ] *n Br* -**1.** [sausage] saucisse *f*; **~s and mash** *inf* saucisses-purée. -**2.** [car] tacot *m*, vieux clou *m*. -**3.** [firework] pétard *m*.

Bangkok [ˌbæŋ'kɒk] *pr n* Bangkok.

Bangladesh [ˌbæŋglə'deʃ] *pr n* Bangladesh *m*; **in ~** au Bangladesh.

Bangladeshi [ˌbæŋglə'deʃɪ] ◇ *n* Bangladais *m*, -e *f*, Bangladeshi *mf*.
◇ *adj* bangladais, bangladeshi.

bangle ['bæŋgl] *n* bracelet *m*.

bang-on *inf* ◇ *adv Br* -**1.** [exactly] pile; **to hit sthg ~** frapper qqch en plein dans le mille. -**2.** [punctually] à l'heure.
◇ *adj*: **his answers were ~** ses réponses étaient percutantes.

bang-up▽ *adj Am* formidable, génial.

banish ['bænɪʃ] *vt* [person] exiler; [thought] bannir, chasser; **he was ~ed from Rome** il a été exilé de Rome; **~ all worries from your mind** chassez tout souci de votre esprit.

banishment ['bænɪʃmənt] *n* [of thoughts] bannissement *m*; [of person] exil *m*, bannissement *m*; **after his ~ from the party** après son exclusion du parti.

banister ['bænɪstəʳ] *n* rampe *f* (de l'escalier).

banjax▽ ['bændʒæks] *vt* -**1.** *Ir* [break] bousiller. -**2.** [hit - person] sonner.

banjo ['bændʒəʊ] (*Br pl* **banjoes**, *Am pl* **banjos**) *n* banjo *m*.

bank [bæŋk] ◇ *n* -**1.** FIN banque *f*; **I asked the ~ for a loan** j'ai demandé un crédit à ma banque; **she has £10,000 in the ~** elle a 10 000 livres à la banque; **what's the address of your ~?** quelle est l'adresse de votre banque?; **the ~ of issue** la banque d'émission. -**2.** GAMES banque *f*; [in casino] *argent qui appartient à la maison de jeu*; **to break the ~** faire sauter la banque; **£10 isn't going to break the ~** 10 livres, ce n'est pas la fin du monde. -**3.** [reserve - of blood, data] banque *f*. -**4.** [of lake, river] bord *m*, rive *f*; [above water] berge *f*; [of canal] bord *m*, berge *f*; **we ran along the ~** nous avons couru le long de la berge; **the ~s of Lake Como** les rives du lac de Côme; **the Left Bank** [in Paris] la rive gauche. -**5.** [embankment, mound - of earth, snow] talus *m*; [- on railway] remblai *m*; [hill] pente *f*; **he ran up the ~ on to the road** il a grimpé la pente en courant jusqu'à la route. -**6.** [ridge - on racetrack, road] bord *m* relevé; [- of sand] banc *m*; [- by sea] digue *f*. -**7.** EQUIT banquette *f* irlandaise. -**8.** [mass - of flowers, shrubs] massif *m*; [- of cloud, coal] amoncellement *m*; **a ~ of fog lay ahead** nous avions devant nous une épaisse couche de brouillard. -**9.** MIN [pithead] carreau *m*; [face of coal, ore] front *m* de taille. -**10.** AERON virage *m* incliné OR sur l'aile. -**11.** [row - of levers, switches] rangée *f*.
◇ *vt* -**1.** [enclose - railway, road] relever *(dans un virage)*; [- river] endiguer. -**2.** [heap up - earth, stone] amonceler; **did you ~ the fire?** as-tu couvert le feu? -**3.** AERON: **to ~ an aeroplane** faire faire à un avion un virage sur l'aile. -**4.** [cheque, money] déposer à la banque.
◇ *vi*: **he ~s with the National Bank** il a un compte à la Banque Nationale; **where do you ~?, who do you ~ with?** quelle est votre banque?
◆ **bank on, bank upon** *vt insep* [count on] compter sur; **I'm ~ing on it** je compte là-dessus; **he's ~ing on us** il compte sur nous.
◆ **bank up** ◇ *vt sep* -**1.** [road] relever *(dans un virage)*; [river] endiguer. -**2.** [fire] couvrir; [earth] amonceler.
◇ *vi insep* [cloud] s'amonceler.

bankable ['bæŋkəbl] *adj* bancable, escomptable; **to be ~** *fig* être une valeur sûre.

bank acceptance *n* acceptation *f* bancaire.

bank account *n* compte *m* bancaire.

bank balance *n* solde *m* bancaire.

bankbook ['bæŋkbʊk] *n* livret *m* OR carnet *m* de banque.

bank card *n* carte *f* d'identité bancaire.

bank charges *npl* frais *mpl* bancaires.

bank clerk *n* employé *m*, -e *f* de banque.

bank discount *n* escompte *m* bancaire.

bank draft *n* traite *f* bancaire.

banker ['bæŋkəʳ] *n* -**1.** FIN banquier *m*; **~'s draft** traite *f* bancaire; **~'s reference** références *fpl* bancaires. -**2.** [in betting] banquier *m*.

banker's card *n* carte *f* d'identité bancaire.

banker's order *n Br* prélèvement *m* automatique.

bank holiday *n* -**1.** [in UK] jour *m* férié. -**2.** [in US] jour *m* de fermeture des banques.

banking ['bæŋkɪŋ] *n* *(U)* -**1.** FIN [profession] profession *f* de banquier, la banque; [activity] opérations *fpl* bancaires; **international ~** opérations bancaires internationales. -**2.** [embankment - on river] berge *f*; [- on racetrack] bords *mpl* relevés. -**3.** AERON virage *m* sur l'aile.

banking hours *npl* heures *fpl* d'ouverture des banques.

banking house *n* établissement *m* bancaire.

bank manager *n* [head of bank] directeur *m*, -trice *f* d'agence; **my** OR **the ~** [head of bank] le directeur de l'agence où j'ai mon compte; [in charge of account] le responsable de mon compte; **I'll have to speak to my ~** *hum* il faudra que j'en parle à mon banquier.

bank note *n* billet *m* de banque.

bank rate *n taux officiel de l'escompte*.

bank robber *n* cambrioleur *m*, -euse *f* de banque.

bankroll *inf* ['bæŋkrəʊl] *Am* ◇ *n* fonds *mpl*, finances *fpl*.
◇ *vt* financer.

bankrupt ['bæŋkrʌpt] ◇ *n* JUR failli *m*, -e *f*; **~'s estate** actif *m* de la faillite; **~'s certificate** concordat *m*.
◇ *adj* JUR [insolvent] failli; *fig* [person] ruiné; **to go ~** faire faillite; **to be ~** être en faillite; **the firm was declared ~** la firme a été déclarée OR mise en faillite ‖ *fig*: **he is completely ~ of ideas** il est complètement à court d'idées; **morally ~** sans moralité.
◇ *vt* [company, person] mettre en faillite; *fig* [person] ruiner.

bankruptcy ['bæŋkrəptsɪ] *n* JUR faillite *f*; *fig* [destitution] ruine *f*; **~ proceedings** procédure *f* de faillite; **moral ~** *fig* ruine morale.

bankruptcy court *n Br* ≃ tribunal *m* de commerce.

bank statement *n* relevé *m* de compte.

banner ['bænəʳ] *n* [flag] étendard *m*; [placard] bannière *f*; *fig*: **to march/to campaign under sb's ~** se ranger/faire campagne sous la bannière de qqn; **she carried the ~ of women's rights** elle brandissait l'étendard des droits des femmes.

banner headline *n* gros titre *m*; **in ~s** en gros titres.

bannister ['bænɪstəʳ] = **banister**.

banns [bænz] *npl* bans *mpl*; **to publish the ~ (of marriage)** publier les bans (de mariage).

banquet ['bæŋkwɪt] ◇ *n* [formal dinner] banquet *m*; [big meal] festin *m*.
◇ *vi* [dine formally] faire un banquet; [dine lavishly] faire un festin.
◇ *vt* [dignitary] offrir un banquet à; [treat lavishly] offrir un festin à.

banquette [bæŋ'ket] *n* -**1.** [seat] banquette *f* *(siège)*. -**2.** [footbridge] berme *f*.

bans [bænz] = **banns**.

banshee [bæn'ʃiː] *n personnage mythique féminin dont les cris présagent la mort*; **the child was wailing like a ~** l'enfant hurlait comme un putois.

bantam ['bæntəm] *n* [hen] poule *f* naine; [cock] coq *m* nain; *fig* [small person] nain *m*, naine *f*.

bantamweight ['bæntəmweɪt] ◇ *n* [boxer] poids coq *m inv*.
◇ *adj* [boxer] poids coq *(inv)*.

banter ['bæntəʳ] ◇ *n* badinage *m*, plaisanterie *f*.
◇ *vi* badiner; **to ~ with sb** badiner avec qqn.

bantering ['bæntərɪŋ] *adj* [tone] de plaisanterie, badin.

Bantu [ˌbæn'tuː] (*pl sense 1 inv* OR **Bantus**) ◇ *n* -**1.** [person] Bantou *m*, -e *f*. -**2.** LING bantou *m*.
◇ *adj* bantou; **~ languages** langues *fpl* bantoues.

banyan ['bænɪən] *n* banian *m*.

baobab ['beɪəʊbæb] *n* baobab *m*.

BAOR (*abbr of* **British Army of the Rhine**) *pr n forces britanniques en Allemagne*.

bap [bæp] *n Br pain rond que l'on utilise pour faire un sandwich*.

baptism ['bæptɪzm] *n* baptême *m*; **~ of fire** *fig* baptême du feu.

baptismal [bæp'tɪzml] *adj* baptismal, de baptême; **~ font** fonts *mpl* baptismaux; **~ name** nom *m* de baptême.

Baptist ['bæptɪst] ◇ *n* -**1.** [member of sect] baptiste *mf*. -**2.** BIBLE: **St John the ~** saint Jean-Baptiste.
◇ *adj* [sect]: **the ~ Church** l'église *f* baptiste.

baptist(e)ry ['bæptɪstrɪ] (*pl* **baptistries** OR **baptisteries**) *n* baptistère *m*; [font in Baptist church] fonts *mpl* baptismaux.

baptize, -ise [*Br* bæp'taɪz, *Am* 'bæptaɪz] *vt* RELIG & *fig* baptiser.

bar [bɑː] (*pt* & *pp* **barred**, *cont* **barring**) ◇ *n* -**1.** [pub] bar *m*, café *m*; [in hotel, club] bar *m*; [in station] café *m*, bar *m*; [counter] bar *m*; **we sat at the ~ all night drinking** on est restés à boire au bar toute la nuit. -**2.** [small shop - for coffee, tea] buvette *f*; [- for sandwiches] snack *m*; **heel ~** talon-minute *m*. -**3.** [long piece of metal] barre *f*; [on grating] barreau *m*; [on door] bâcle *f*; ELEC [element] barre *f*; **an iron ~** une barre de fer; **behind the ~s** of the cage derrière les barreaux de la cage; **'push ~ to open'** [on exit doors] appuyer sur la barre pour sortir ❑ **to be behind ~s** être sous les verrous OR derrière les barreaux; **they put him behind ~s** ils l'ont mis sous les verrous. -**4.** [ban] interdiction *f*; **there is no ~ on foreign athletes** les athlètes étrangers sont autorisés à participer aux compétitions. -**5.** [bank - in lake, river] banc *m*; *Am* [alluvial deposit] barre *f*; **sand ~** banc de sable. -**6.** [slab - of chocolate] tablette *f*; [- of gold] lingot *m*; **a ~ of soap** une savonnette, un pain de savon. -**7.** [stripe] raie *f*; **a ~ of sunlight** un rayon de soleil. -**8.** [in court] barre *f*; **the accused stood at the ~** l'accusé était à la barre; **the prisoner at the ~** l'accusé *m*, -e *f*. -**9.** [authority, tribunal] tribunal *m*. -**10.** *Br* POL *endroit au Parlement où le public peut venir s'adresser aux députés ou aux Lords*. -**11.** MUS mesure *f*; **the opening/closing ~s** les premières/dernières mesures. -**12.** MIL *Br* barrette *f* *(portée sur le ruban d'une médaille)*; *Am* galon *m*. -**13.** HERALD burelle *f*; [dividing shield] barre *f*. -**14.** [in jaw of horse] barre *f*. -**15.** [unit of pressure] bar *m*.

◇ *vt* -**1.** [put bars on - window] munir de barreaux; **~ the door** mettez la barre OR la bâcle à la porte; **they barred the door against intruders** *fig* ils ont barré la porte aux intrus. -**2.** [obstruct] barrer; **he barred her way** OR **her path** il lui barra le passage; **high interest rates are barring our way out of the recession** *fig* le niveau élevé des taux d'intérêt empêche la reprise (économique). -**3.** [ban - person] exclure; [- activity] interdire; **members of the sect were barred from entering the country** l'entrée du pays était interdite aux membres de la secte; **he was barred from the club** il a été exclu du club. -**4.** [stripe] rayer.

◇ *prep* excepté, sauf; **~ accidents** sauf accident, sauf imprévu; **~ none** sans exception; **~ one** sauf un, sauf une ❑ **it's all over ~ the shouting** l'affaire est dans le sac.

♦ **Bar** *n* JUR **the Bar** *Br* le barreau, *Am* les avocats; **to call sb to the Bar** *Br*, **to admit sb to the Bar** *Am* inscrire qqn au barreau; **she was called** *Br* OR **admitted** *Am* **to the Bar** elle s'est inscrite au barreau.

-bar [bɑː] *in cpds*: **a three~ gate** une barrière à trois barreaux; **a two~ electric fire** un radiateur électrique à deux résistances.

Barabbas [bə'ræbəs] *pr n* Barabbas.

barb [bɑːb] *n* -**1.** [on fishhook] ardillon *m*; [on barbed wire] barbe *f*, pointe *f*; [on arrow] barbelure *f*; [feather] barbe *f*. -**2.** [dig, gibe] trait *m*, pointe *f*; **that was a cruel ~** c'était un trait cruel. -**3.** [horse] cheval *m* barbe, barbe *m*.

Barbadian [bɑː'beɪdɪən] ◇ *n habitant de la Barbade*.

◇ *adj* de la Barbade.

Barbados [bɑː'beɪdɒs] *pr n* Barbade *f*; **in ~** à la Barbade.

barbarian [bɑː'beərɪən] *n* [boor, savage] barbare *mf*.

barbaric [bɑː'bærɪk] *adj literal* & *fig* barbare.

barbarism ['bɑːbərɪzm] *n* -**1.** [state] barbarie *f*. -**2.** [in language] barbarisme *m*.

barbarity [bɑː'bærətɪ] *n* -**1.** [brutality] barbarie *f*, inhumanité *f*. -**2.** [atrocity] atrocité *f*; **the barbarities committed by the enemy** les atrocités commises par l'ennemi.

Barbarossa [,bɑːbə'rɒsə] *pr n* Barberousse.

barbarous ['bɑːbərəs] *adj* [language, manners, tribe] barbare.

barbarously ['bɑːbərəslɪ] *adv* [brutally] cruellement, inhumainement; [primitively] d'une façon barbare.

Barbary ['bɑːbərɪ] *pr n* Barbarie *f*, États *mpl* barbaresques; **in ~** en Barbarie.

Barbary ape *n* singe *m* de Barbarie.

Barbary coast *pr n*: **the ~** les côtes *fpl* de Barbarie.

barbecue ['bɑːbɪkjuː] (*pt* & *pp* **barbecued**, *cont* **barbecuing**) ◇ *n* [grill, meal, party] barbecue *m*; **to have a ~** faire un barbecue; **~ sauce** sauce *f* barbecue.

◇ *vt* [steak] griller au charbon de bois; [pig, sheep] rôtir tout entier.

barbed [bɑːbd] *adj* [arrow, hook] barbelé; [comment] acéré.

barbed wire *n* (fil *m* de fer) barbelé *m*; **a ~ fence** une haie de barbelés.

barbel ['bɑːbl] *n* [fish] barbeau *m*; [smaller] barbillon *m*; [spine on fish] barbillon *m*.

barbell ['bɑːbel] *n* barre *f* à disques.

barber ['bɑːbə^r] *n* coiffeur *m* (pour hommes); **to go to the ~'s** aller chez le coiffeur (pour hommes) ❑ **'The Barber of Seville'** *Beaumarchais, Rossini* 'le Barbier de Séville'.

barbershop ['bɑːbəʃɒp] ◇ *n Am* salon *m* de coiffure (pour hommes).

◇ *adj* MUS [songs] *chanté en harmonie étroite*; **~ quartet** *quatuor d'hommes chantant en harmonie étroite*.

barber's pole *n* enseigne *f* de coiffeur.

barbican ['bɑːbɪkən] *n* barbacane *f*.

♦ **Barbican** *pr n*: **the Barbican (Centre)** *centre culturel londonien*.

BARBICAN:

Le Barbican Centre réunit une salle de concert, un théâtre, un cinéma, un musée, une bibliothèque et des salles d'exposition.

Barbie doll® ['bɑːbiː-] *n* (poupée *f*) Barbie® *f*.

bar billiards *n Br version du jeu de billard, couramment pratiquée dans les pubs*.

barbitone ['bɑːbɪtəʊn] *n* véronal *m*.

barbiturate [bɑː'bɪtjʊrət] *n* barbiturique *m*; **~ poisoning** barbiturisme *m*.

barbituric [bɑːbɪ'tjʊrɪk] *adj* barbiturique.

Barbour jacket® ['bɑːbə^r-] *n veste en toile cirée à col de velours souvent associée à un style de vie BCBG en Grande-Bretagne*.

barcarol(l)e [,bɑːkə'rəʊl] *n* barcarolle *f*.

Barcelona [,bɑːsɪ'ləʊnə] *pr n* Barcelone.

bar chart *n* histogramme *m*.

Barclaycard® ['bɑːklɪkɑːd] *n carte de crédit britannique*; **to put sthg on ~** acheter qqch avec la Barclaycard®.

bar code ◇ *n* code-barres *m*; **~ reader** lecteur *m* de code-barres.

◇ *vt* mettre un code-barres sur; **~d items** des articles avec code-barres.

bard [bɑːd] ◇ *n* -**1.** [Celtic] barde *m*; [Greek] aède *m*; *lit* [poet] poète *m*; **the Bard of Avon** le Barde de l'Avon *(surnom de William Shakespeare)*. -**2.** CULIN barde *f* (de lard).

◇ *vt* barder.

bar diagram *n* histogramme *m*.

bardic ['bɑːdɪk] *adj* [poetry, privileges] du barde, des bardes.

bare [beə^r] (*compar* **barer**, *superl* **barest**) ◇ *adj* -**1.** [naked - body, feet] nu; **they were ~ to the waist** ils étaient nus jusqu'à la taille; **he killed a tiger with his ~ hands** il a tué un tigre à mains nues; **to fight with ~ hands** SPORT boxer à main nue. -**2.** [unadorned, uncovered] nu; ELEC [wire] dénudé; **we had to sleep on ~ floorboards** nous avons dû coucher à même le plancher; **his head was ~** il était nu-tête; **~ wood** bois *m* naturel; **the tree was ~ of leaves** l'arbre était dépouillé OR dénudé; **the lawn was just a ~ patch of grass** la pelouse consistait en un maigre carré d'herbe; **a wall of ~ rock** une paroi de roche nue; **to lay ~ one's heart** mettre son cœur à nu; **to lay ~ a plot** révéler un complot. -**3.** [empty] vide; **the cupboard was ~** le garde-manger était vide. -**4.** [basic, plain] simple, dépouillé; **I just told him the barest details** je lui ai donné le minimum de détails; **the ~ facts** les faits bruts; **the ~ bones of the story** *fig* le squelette de l'histoire. -**5.** [absolute] absolu, strict; **the house was stripped to the ~ essentials** la maison ne contenait que le strict nécessaire; **the ~ necessities of life** le minimum vital; **I took the barest minimum of cash** j'ai pris le minimum d'argent. -**6.** [meagre]: **a ~ 20% of the population is literate** à peine 20 % de la population est alphabétisée; **he earned a ~ £200** il a gagné tout juste 200 livres; **they won by a ~ majority** ils ont gagné de justesse; **they manage to scrape a ~ living from the land** ils arrivent tout juste à vivoter en travaillant la terre.

◇ *vt* -**1.** [part of body] découvrir; ELEC [wire] dénuder; [teeth] montrer; **to ~ one's head** se découvrir la tête; **to ~ one's soul** mettre son âme à nu. -**2.** [unsheath - dagger, sword] dégainer, tirer du fourreau.

bareback ['beəbæk] ◇ *adj* [rider] qui monte à cru.

◇ *adv* [ride] à nu, à cru.

barefaced ['beəfeɪst] *adj* [liar] effronté, éhonté; [lie] impudent.

barefoot ['beəfʊt] *adj* aux pieds nus.

barefoot doctor *n* aide-soignant *m*, -e *f*.

barefooted [,beə'fʊtɪd] ◇ *adj* aux pieds nus.

◇ *adv* nu-pieds, (les) pieds nus.

bare-handed ◇ *adv* [fight] à mains nues.

◇ *adj* aux mains nues.

bareheaded [,beə'hedɪd] ◇ *adv* nu-tête, (la) tête nue.

◇ *adj* nu-tête *(inv)*.

barelegged [,beə'legd] ◇ *adv* nu-jambes, (les) jambes nues.

◇ *adj* aux jambes nues.

barely ['beəlɪ] *adv* -**1.** [only just] à peine, tout juste; **there was ~ enough to go around** il y en avait à peine assez pour tout le monde; **I had ~ arrived when I heard the news** j'étais à peine arrivé que j'ai entendu la nouvelle. -**2.** [sparsely] très peu; [poorly] pauvrement.

bareness ['beənɪs] *n* -**1.** [nakedness - of person] nudité *f*. -**2.** [sparseness - of style] sécheresse *f*, dépouillement *m*; [- of furnishings] pauvreté *f*; [- of room] dénuement *m*. -**3.** [simplicity] dépouillement *m*.

Barents Sea ['bærənts-] *pr n*: **the ~** la mer de Barents.

barf▽ [bɑːf] *vi Am* dégueuler.

barfly *inf* ['bɑːflaɪ] *n Am* pilier *m* de bistrot.

bargain ['bɑːgɪn] ◇ *n* -**1.** [deal] marché *m*, affaire *f*; **you keep your end of the ~ and I'll keep mine** vous respectez vos engagements et je respecterai les miens; **we had a drink to seal the ~** nous avons pris un verre pour conclure le marché; **it was a bad ~** c'était une mauvaise affaire; **to strike** OR **to make a ~ with sb** conclure un marché avec qqn; **to drive a hard ~** marchander d'une façon acharnée. -**2.** [good buy] occasion *f*; **it's a real ~!** c'est une bonne affaire!, c'est une occasion!

◇ *comp*: **~ offer** promotion *f*, offre *f* exceptionnelle; **~ price** prix *m* avantageux; **~ sale** soldes *mpl* exceptionnels.

◇ *vi* -**1.** [haggle] marchander; **she ~ed with me over the price of the shoes** elle a marchandé avec moi au sujet du prix des chaussures. -**2.** [negotiate] négocier; **the unions are ~ing with management for an 8% pay-rise** les syndicats négocient une hausse de salaire de 8 % avec la direction; **I won't ~ with you** je ne parlementerai pas avec vous.

♦ **into the bargain** *adv phr* par-dessus le marché.

♦ **bargain away** *vt sep* [rights] renoncer à, vendre.

♦ **bargain for** *vt insep* [anticipate] s'attendre à; **I hadn't ~ed for this** je ne m'étais pas attendu à ça; **they got more than they ~ed for** ils ne s'attendaient pas à un coup pareil; **things happened more quickly than he had ~ed for** les choses sont allées plus vite qu'il n'avait pensé.

◆ **bargain on** *vt insep* [depend on] compter sur; **I'm ~ing on it** je compte là-dessus; **I hadn't ~ed on this happening!** je ne m'attendais pas à cela!

bargain basement *n* -**1.** [in shop] *dans certains grands magasins, sous-sol où sont regroupés les articles en solde et autres bonnes affaires.* -**2.** [in newspaper] *dans certains journaux, rubrique des petites annonces consacrée aux articles d'occasion.*

bargain-hunter *n* chercheur *m*, -euse *f* d'occasions.

bargaining ['bɑːɡɪnɪŋ] *n* [haggling] marchandage *m*; [negotiating] négociations *fpl*; **they have considerable ~ power** ils ont beaucoup de poids dans les négociations.

bar game *n jeu pratiqué dans un pub.*

barge [bɑːdʒ] ◇ *n* -**1.** [on canal] chaland *m*; [larger - on river] péniche *f*; **motor ~** chaland automoteur, péniche automotrice. -**2.** [ceremonial boat] barque *f*; **the queen's ~** la barque de cérémonie de la reine; **the admiral's ~** la vedette de l'amiral.

◇ *vi*: **they ~ about as if they owned the place** ils vont et viennent comme si l'endroit leur appartenait; **he ~d into the room** il fit irruption dans la pièce; **she ~d past me** elle m'a bousculé en passant; **he ~d through the crowd** il bousculait les gens dans la foule pour passer; **she ~d across the room** elle a traversé la pièce en trombe.

◇ *vt*: **to ~ one's way into a room** faire irruption dans une pièce; **to ~ one's way through the crowd** foncer à travers la foule.

◆ **barge in** *vi insep* [enter] faire irruption; **I'm sorry for barging in like this** excusez-moi de faire ainsi irruption ‖ [meddle]: **he keeps barging in on our conversation** il n'arrête pas de nous interrompre dans notre conversation.

◆ **barge into** *vt insep* [bump into - person] rentrer dans; [- piece of furniture] rentrer dans, se cogner contre.

bargee [bɑː'dʒiː] *n Br* batelier *m*, marinier *m*.

bargeman ['bɑːdʒmən] (*pl* **bargemen** [-mən]) *Am* = **bargee**.

barge pole *n* gaffe *f*; **I wouldn't touch it with a ~** *Br* [disgusting object] je n'y toucherais pas avec des pincettes; [risky business] je ne m'en mêlerais pour rien au monde.

bar girl *n Am* [hostess] *inf* entraîneuse *f* de bar; *Br* [barmaid] serveuse *f* (de bar).

bar graph *n* histogramme *m*.

baric ['beərɪk] *adj* -**1.** CHEM [salt] barytique; [mineral, ore] barytifère; **~ oxide** OR **hydroxide** baryte *f*. -**2.** METEOR de bars.

barite ['beəraɪt] *Am* = **barytes**.

baritone ['bærɪtəʊn] ◇ *n* [singer, voice] baryton *m*.

◇ *adj* [part, voice] de baryton.

barium ['beərɪəm] *n* baryum *m*.

barium meal *n* MED bouillie *f* de sulfate de baryum.

barium sulphate *n* barytine *f*, barytite *f*.

bark [bɑːk] ◇ *n* -**1.** [of dog] aboiement *m*; [of fox] glapissement *m*; *fig* [cough] toux *f* sèche; **to give** OR **to let out a ~** [dog] aboyer, pousser un aboiement; [fox] pousser un glapissement; **his ~ is worse than his bite** il fait plus de bruit que de mal. -**2.** [of tree] écorce *f*; **to take the ~ off a tree** écorcer un arbre. -**3.** *Am* = **barque**.

◇ *vi* [dog] aboyer; [fox] glapir; *fig* [cough] tousser; [speak harshly] crier, aboyer; **the dog ~ed at the postman** le chien a aboyé après le facteur ❑ **to be ~ing up the wrong tree** se tromper de cible.

◇ *vt* -**1.** [order] aboyer. -**2.** [tree] écorcer; [skin] écorcher; **to ~ one's shins** s'écorcher les jambes.

◆ **bark out** *vt sep* [order] aboyer.

bark beetle *n* scolyte *m*.

barkeep *inf* ['bɑːkiːp] *n Am* barman *m*.

barker ['bɑːkəʳ] *n* [in fairground] bonimenteur *m*.

barley ['bɑːlɪ] *n* -**1.** AGR [crop, grain] orge *f*. -**2.** [in cooking, distilling] orge *m*; [in soup] orge *m* perlé; [for whisky] orge *m* mondé.

barleycorn ['bɑːlɪkɔːn] *n* -**1.** [grain] grain *m* d'orge. -**2.** [barley] orge *f*.

barley sugar *n* sucre *m* d'orge.

barley water *n Br boisson à base d'orge.*

barley wine *n Br bière très forte en alcool.*

barm [bɑːm] *n* levure *f* (de bière).

barmaid ['bɑːmeɪd] *n* barmaid *f*, serveuse *f* (de bar).

barman ['bɑːmən] (*pl* **barmen** [-mən]) *n* barman *m*, serveur *m* (de bar).

bar mitzvah [,bɑː'mɪtsvə] *n* [ceremony] bar-mitsva *f inv*; [boy] garçon *m* qui fait sa bar-mitsva.

barmy *inf* ['bɑːmɪ] (*compar* **barmier**, *superl* **barmiest**) *adj Br* maboul, dingue.

barn [bɑːn] *n* -**1.** [for hay] grange *f*; [for horses] écurie *f*; [for cows] étable *f*; **their house is a great ~ of a place** *fig* leur maison est une énorme bâtisse. -**2.** [for railroad trucks] dépôt *m*.

Barnabas ['bɑːnəbəs] *pr n* Barnabé.

barnacle ['bɑːnəkl] *n* bernache *f (crustacé)*.

barnacle goose *n* ORNITH bernache *f*, bernacle *f*.

Barnardos [bə'nɑːdəʊz] *pr n association caritative britannique.*

BARNARDOS:

L'association, fondée par le docteur Barnado, gère des écoles et des centres pour orphelins et enfants défavorisés, notamment handicapés.

---

barn dance *n* [party] soirée *f* de danses paysannes; [dance] quadrille *m (des États-Unis)*.

barn door *n fig*: **it's as big as a ~** c'est gros comme une maison.

barney *inf* ['bɑːnɪ] *n Br* engueulade *f*; **to have a ~** avoir une engueulade OR une prise de bec.

barn owl *n* chouette-effraie *f*.

barnstorm ['bɑːn,stɔːm] *vi* -**1.** SPORT faire une tournée à la campagne; THEAT jouer sur les tréteaux. -**2.** *Am* POL *faire une tournée électorale (dans les circonscriptions rurales).*

barnstormer ['bɑːn,stɔːməʳ] *n* -**1.** [actor] acteur *m* ambulant, actrice *f* ambulante; [acrobat] acrobate *m* ambulant, acrobate *f* ambulante. -**2.** *Am* [politician] orateur *m* électoral.

barnyard ['bɑːnjɑːd] ◇ *n* cour *f* de ferme.

◇ *adj* [animals] de basse-cour; *fig* [humour] rustre; **~ fowls** volaille *f*.

barogram ['bærəɡræm] *n* barogramme *m*.

barograph ['bærəʊɡrɑːf] *n* barographe *m*.

barometer [bə'rɒmɪtəʳ] *n* baromètre *m*, **the ~ is showing fair** le baromètre est au beau; **the poll is a clear ~ of public reaction** *fig* le sondage est un parfait baromètre des réactions du public.

barometric [,bærə'metrɪk] *adj* barométrique; **~ pressure** pression *f* atmosphérique.

baron ['bærən] *n* -**1.** [noble] baron *m*. -**2.** [magnate] magnat *m*; **a press ~** un magnat de la presse. -**3.** CULIN: **a ~ of beef** un double aloyau de bœuf.

baroness ['bærənɪs] *n* baronne *f*.

baronet ['bærənɪt] *n* baronnet *m*.

baronetcy ['bærənɪtsɪ] *n* [patent] titre *m* de baronnet; [position] rang *m* de baronnet.

baronial [bə'rəʊnjəl] *adj* de baron; **~ hall** demeure *f* seigneuriale.

barony ['bærənɪ] *n* baronnie *f (terre)*.

baroque [bə'rɒk] ◇ *adj* baroque.

◇ *n* baroque *m*.

barostat ['bærəstæt] *n* barostat *m*.

barperson ['bɑː,pɜːsən] *n* serveur *m* de bar, serveuse *f* de bar.

barque [bɑːk] *n lit* barque *f*; NAUT [3 masts] trois-mâts *m inv*; [4 masts] quatre-mâts *m inv*.

barrack ['bærək] *vt* -**1.** [soldiers] caserner. -**2.** *Br* [heckle] chahuter.

◆ **barracks** *n* caserne *f*; **infantry ~s** quartier *m* d'infanterie; **in ~s** à la caserne; **the school is a great ~s of a place** *fig* l'école est une vraie caserne.

barracking ['bærəkɪŋ] *n* chahut *m*; **he got** OR **they gave him a terrible ~** on l'a chahuté violemment.

barrack-room *adj* [humour, joke] de caserne.

barrack square *n* cour *f* de caserne.

barracuda [,bærə'kuːdə] *n* barracuda *m*.

barrage ['bærɑːʒ] *n* -**1.** MIL tir *m* de barrage. -**2.** *fig* [of punches, questions] pluie *f*, déluge *m*; [of insults, words] déluge *m*, flot *m*. -**3.** [dam] barrage *m*.

barrage balloon *n* ballon *m* de barrage.

barratry ['bærətrɪ] *n* -**1.** *Scot* JUR *délit commis par un juge qui se laisse suborner.* -**2.** JUR & NAUT baraterie *f*.

barred [bɑːd] *adj* [window, opening] à barreaux.

barrel ['bærəl] (*Br pt & pp* **barrelled**, *cont* **barrelling**, *Am pt & pp* **barreled**, *cont* **barreling**) ◇ *n* -**1.** [cask, unit of capacity - of wine] tonneau *m*, fût *m*; [- of cider] fût *m*; [- of beer] tonneau *m*; [- of oil, tar] baril *m*; [- of fish] caque *f*; **they have a production capacity of 2 million ~s a day** leur capacité de production est de 2 millions de barils par jour ❑ **to have sb over a ~** *inf* tenir qqn à sa merci. -**2.** [hollow cylinder - of gun, key] canon *m*; [- of clock, lock] barillet *m*; [- of pen] corps *m*; **to give sb both ~s** *inf* passer un savon à qqn. -**3.** *inf* [lot]: **we had a ~ of fun** OR **a ~ of laughs** on s'est vachement amusés; **he's a ~ of fun** il est vraiment marrant.

◇ *vt* [beer] mettre en tonneau; [oil] mettre en baril.

◇ *vi inf Am*: **to ~ (along)** foncer, aller à toute pompe.

barrel-chested [-'tʃestɪd] *adj*: **he is ~** il a le torse bombé.

barrelhouse ['bærəlhaʊs, *pl* -haʊzɪz] *n Am* bistrot *m*; **~ jazz** jazz *m* de bastringue.

barrel organ *n* orgue *m* de Barbarie.

barrel roll ◇ *vi* AERON *exécuter une spirale dans la direction du vol.*

◇ *n* tonneau *m*.

barrel vault *n* voûte *f* en berceau.

barren ['bærən] ◇ *adj* -**1.** [land - infertile] stérile, improductif; [- bare] désertique; [- dry] aride; **the Barren Lands** OR **Grounds** la toundra canadienne. -**2.** [sterile - plant, woman] stérile. -**3.** [dull - film, play] aride; [- discussion] stérile; [- writing] aride, sec.

◇ *n* lande *f*; **the pine ~s of Frankonia** les landes de la Franconie.

barrette [bə'ret] *n Am* barrette *f (pour cheveux)*.

barricade [,bærɪ'keɪd] ◇ *n* barricade *f*.

◇ *vt* [door, street] barricader; **they ~d themselves in** ils se sont barricadés.

barrier ['bærɪəʳ] *n* -**1.** [fence, gate] barrière *f*; [at railway station] portillon *m*. -**2.** [obstacle] obstacle *m*; **lack of investment is a ~ to economic growth** le manque d'investissement est un obstacle à la croissance économique; **the language ~** le barrage de la langue; **~ method** barrière *f* contraceptive.

barrier cream *n* crème *f* protectrice.

barrier reef *n* barrière *f* de corail.

barring ['bɑːrɪŋ] *prep* excepté, sauf; **~ rain the concert will take place tomorrow** à moins qu'il ne pleuve, le concert aura lieu demain; **~ accidents** sauf accident, sauf imprévu.

barrio ['bærɪəʊ] *n Am* quartier *m* latino-américain.

barrister ['bærɪstəʳ] *n Br* ≃ avocat *m*, -e *f*.

barrister-at-law = **barrister**.

barroom ['bɑːrʊm] *n Am* bar *m (pièce ou bâtiment où l'on vend des boissons alcoolisées)*.

barrow ['bærəʊ] *n* -**1.** [wheelbarrow] brouette *f*; [fruitseller's] voiture *f* des quatre saisons; [for luggage] diable *m*; MIN wagonnet *m*; **I wheeled** OR **carried the bricks in a ~** j'ai brouetté les briques. -**2.** [mound] tumulus *m*.

barrow boy *n Br* marchand *m* ambulant.

barrowload ['bærəʊləʊd] *n* brouettée *f*.

bar sinister = **bend sinister**.

bar snack *n repas léger pris dans un pub.*

Bart. *written abbr of* **baronet**.

bartend ['bɑːtend] *vi Am* être barman OR serveur (de bar), être barmaid OR serveuse (de bar).

bartender ['bɑːtendəʳ] *n Am* barman *m*, barmaid *f*, serveur *m* (de bar), serveuse *f* (de bar).

barter ['bɑːtəʳ] ◇ *n (U)* échange *m*, troc *m*; **a system of ~, a ~ system** une économie de troc.

◇ *vt* échanger, troquer; **they ~ed animals for cloth** ils ont échangé des animaux contre du tissu; **he ~ed his freedom for money** *fig* il a vendu sa liberté pour de l'argent.

◇ *vi* [exchange] faire un échange OR un troc; [haggle] marchander.

◆ **barter away** *vt sep* [rights] vendre; **he's ~ed away his honour** il s'est vendu.

Bartholomew [bɑː'θɒləmjuː] *pr n*: **Saint ~** saint Barthélemy.

Bart's [bɑːts] *pr n surnom du Saint Bartholomew's Hospital à Londres.*

barycentre *Br*, **barycenter** *Am* ['bærɪ,sentəʳ] *n* barycentre *m*.

baryon ['bærɪɒn] *n* baryon *m*.

barysphere ['bærɪ,sfɪəʳ] *n* barysphère *f*.

barytes [bə'raɪtiːz] *n* barytine *f*.

barytone ['bærɪtəʊn] = **baritone**.

basal ['beɪsl] *adj* PHYSIOL basal; [gen] fondamental.

basalt ['bæsɔːlt] *n* basalte *m*.

bascule ['bæskjuːl] *n* bascule *f*.

bascule bridge *n* pont *m* à bascule.

base [beɪs] (*compar* baser, *superl* basest) ◇ *n* -**1.** [bottom - gen] partie *f* inférieure, base *f*; [- of tree, column] pied *m*; [- of bowl, glass] fond *m*; [- of triangle] base *f*; **the bud grows at the ~ of the branch** le bourgeon pousse à la base de la branche; **the ~ came away from the rest** la base OR la partie inférieure s'est détachée du reste. -**2.** [support] appui *m*, soutien *m*; **she used the box as a ~ for her sculpture** elle s'est servie de la boîte comme socle pour sa sculpture. -**3.** [of food, paint] base *f*; **the stock forms the ~ of your sauce** le fond constitue la base de votre sauce. -**4.** [basis - of knowledge] base *f*; [- of experience] réserve *f*. -**5.** ECON & POL base *f*; **an industrial ~** une zone industrielle. -**6.** [centre of activities] point *m* de départ; MIL base *f*; **the explorers returned to ~** les explorateurs sont retournés au camp de base; **the visitors made central London their ~** les visiteurs ont pris le centre de Londres comme point de départ. -**7.** CHEM, COMPUT, GEOM & MATH base *f*. -**8.** [in baseball & rounders] base *f*; **he's way off ~** *inf Am fig* il n'y est pas du tout; **first ~** *Am* SPORT première base; **to get to first ~** réussir la première étape; **we didn't even get to first ~** on n'a pas fait le moindre progrès; **to touch ~: I just thought I'd touch ~** je voulais juste garder le contact.

◇ *vt* -**1.** [found - opinion, project] baser, fonder; **the project is ~d on cooperation from all regions** le projet est fondé sur la coopération de toutes les régions. -**2.** [locate] baser; **where are you ~d?** où êtes-vous installé?; **the job is ~d in Tokyo** le poste est basé à Tokyo.

◇ *adj* [motive, thoughts, conduct] bas, indigne; [origins] bas; [ingratitude, outlook] mesquin; [coinage] faux.

baseball ['beɪsbɔːl] *n* base-ball *m*.

baseboard ['beɪsbɔːd] *n Am* CONSTR plinthe *f*.

base burner *n Am poêle où le charbon alimente le feu automatiquement.*

base component *n* LING composant *m* de base.

-based [beɪst] *in cpds* -**1.** [located]: **the company is Tokyo~** le centre d'opérations de la firme est à Tokyo; **a land~ missile** MIL un missile terrestre. -**2.** [centred]: **a science~ curriculum** un programme basé sur les sciences; **an oil~ economy** une économie fondée sur le pétrole; **an interview~ study** une étude basée sur des entretiens. -**3.** [composed]: **a water~ paint** une peinture à l'eau.

Basel ['bɑːzl], **Basle** [bɑːl] *pr n* Bâle.

base lending rate *n taux de base du crédit bancaire.*

baseless ['beɪslɪs] *adj* [gossip] sans fondement; [suspicion] injustifié; [fear, superstition] déraisonnable.

baseline ['beɪslaɪn] *n* -**1.** [in tennis] ligne *f* de fond; [in baseball] ligne *f* des bases. -**2.** [in surveying] base *f*; [in diagram] ligne *f* zéro; ART ligne *f* de fuite. -**3.** [standard] point *m* de comparaison; **~ costs** FIN coûts *mpl* de base.

base load *n* charge *f* minimum.

basely ['beɪslɪ] *adv* bassement, vilement.

basement ['beɪsmənt] *n* sous-sol *m*; **in the ~** au sous-sol; **a ~ kitchen** une cuisine en sous-sol.

base metal *n* métal *m* vil.

baseness ['beɪsnɪs] *n* [of motives, outlook] bassesse *f*; [of conduct] ignominie *f*.

base rate *n* FIN taux *m* de base *(utilisé par les banques pour déterminer leur taux de prêt).*

bash *inf* [bæʃ] ◇ *n* -**1.** [blow] coup *m*; [with fist] coup *m* de poing; **he gave me a ~ on the nose** il m'a donné un coup de poing sur le nez. -**2.** [dent - in wood] entaille *f*; [- in metal] bosse *f*, bosselure *f*; **my car door got a ~** la porte de mon auto a été cabossée. -**3.** *inf* [party] fête *f*; **we're having a bit of a ~ to celebrate** nous organisons une petite fête pour fêter ça. -**4.** *inf* [attempt]: **to have a ~ at sthg, to give sthg a ~** tenter le coup; **go on, have a ~!** vas-y, essaie!; **I'm willing to give it a ~** je veux bien essayer.

◇ *vt* -**1.** [person, one's head] frapper, cogner; **she ~ed him on the head** elle l'a assommé. -**2.** [dent - wooden box, table] entailler; [- car] cabosser, bosseler; **it's part of their campaign to ~ the unions** *fig* leur campagne a en partie pour but d'enfoncer les syndicats.

◆ **bash about** *inf Br*, **bash around** *inf vt sep* -**1.** [hit - person] flanquer des coups à; [punch] flanquer des coups de poing à. -**2.** [ill-treat - person] maltraiter, rudoyer; [- car] maltraiter; **the package has been bashed about** OR **around** le paquet a souffert.

◆ **bash in** *inf vt sep* [door] enfoncer; [lid] défoncer; [car, hat] cabosser.

◆ **bash on** *inf vi insep Br* [with journey, task] continuer (tant bien que mal).

◆ **bash up** *inf vt sep* [car] bousiller; [person] tabasser.

-basher *inf* ['bæʃəʳ] *in cpds*: **a union~** un anti-syndicaliste, une anti-syndicaliste; **a bible~** un évangéliste à tous crins.

bashful ['bæʃfʊl] *adj* [shy] timide; [modest] pudique.

bashfully ['bæʃfʊlɪ] *adv* [shyly] timidement; [modestly] avec pudeur.

bashfulness ['bæʃfʊlnɪs] *n* [shyness] timidité *f*; [modesty] pudeur *f*.

-bashing *inf* ['bæʃɪŋ] *in cpds*: **media~** dénigration *f* systématique des médias; **they accused the government of union~** ils ont accusé le gouvernement d'anti-syndicalisme primaire.

basic ['beɪsɪk] *adj* -**1.** [fundamental - problem, theme] fondamental; [- aim, belief] principal; **these things are ~ to a good marriage** ces choses sont fondamentales OR vitales pour un mariage heureux. -**2.** [elementary - rule, skill] élémentaire; **~ English** anglais *m* de base; **a ~ knowledge of Greek** une connaissance de base du grec; **~ vocabulary** vocabulaire *m* de base; **the four ~ operations** MATH les quatre opérations *fpl* fondamentales. -**3.** [essential] essentiel; **~ foodstuffs** denrées *fpl* de base; **the ~ necessities of life** les besoins *mpl* vitaux; **~ precautions** précautions *fpl* élémentaires OR essentielles. -**4.** [primitive] rudimentaire; **their flat is really ~** leur appartement est très rudimentaire. -**5.** [as a starting point - hours, salary] de base; **this is the ~ model of the car** voici la voiture dans son modèle de base. -**6.** CHEM basique; **~ salt** sel *m* basique; **~ slag** scorie *f* de déphosphoration.

◆ **basics** *npl*: **the ~s** l'essentiel *m*; **let's get down to ~s** venons-en à l'essentiel; **I learned the ~s of computing** j'ai acquis les notions de base en informatique; **they learned to cook with just the ~s** ils ont appris à faire la cuisine avec un minimum.

BASIC ['beɪsɪk] (*abbr of* **beginner's all-purpose symbolic instruction code**) *n* COMPUT basic *m*.

basically ['beɪsɪklɪ] *adv* au fond; **they are both ~ the same** au fond, ils sont tous les deux identiques; **~ I agree with you** dans l'ensemble OR en gros je suis d'accord avec vous; **she's ~ a very shy person, she's ~ shy** c'est une personne foncièrement timide; **~, I think this war is wrong** cette guerre me paraît fondamentalement injuste; **~, she doesn't know what to think** dans le fond, elle ne sait pas quoi penser; **~, he only has to do two things** en gros, il n'a que deux choses à faire.

basicity [beɪ'sɪsətɪ] *n* CHEM basicité *f*.

basic rate *n Br* taux *m* de base; **most people are ~ taxpayers** la plupart des gens sont imposés au taux de base.

basil ['bæzl] *n* BOT basilic *m*.

basilica [bə'zɪlɪkə] *n* basilique *f*.

basilisk ['bæzɪlɪsk] *n* MYTH & ZOOL basilic *m*.

basin ['beɪsn] *n* -**1.** CULIN bol *m*; [for cream] jatte *f*. -**2.** [for washing] cuvette *f*; [plumbed in] lavabo *m*. -**3.** GEOGR [of river] bassin *m*; [of valley] cuvette *f*. -**4.** [for fountain] vasque *f*; [in harbour] bassin *m*.

basinful ['beɪsnfʊl] *n* [of milk] bol *m*; [of cream] jatte *f*; [of water] pleine cuvette *f*; **to have had a ~** *inf* en avoir ras le bol.

basis ['beɪsɪs] (*pl* bases [-siːz]) *n* -**1.** [foundation] base *f*; **he can't survive on that ~** il ne peut pas survivre dans ces conditions-là; **on the ~ of what I was told** d'après ce qu'on m'a dit; **the ~ for assessing income tax** l'assiette de l'impôt sur le revenu. -**2.** [reason] raison *f*; [grounds] motif *m*; **he did it on the ~ that he'd nothing to lose** il l'a fait en partant du principe qu'il n'avait rien à perdre; **there was no rational ~ for his decision** sa décision n'avait aucun fondement rationnel. -**3.** [system]: **on a worldwide ~** à l'échelle mondiale; **employed on a part-time ~** employé à mi-temps; **paid on a weekly ~** payé à la semaine; **the centre is organized on a voluntary ~** le centre fonctionne sur la base du bénévolat.

bask [bɑːsk] *vi* -**1.** [lie]: **a cat ~ing in the sunshine** un chat se chauffant au soleil. -**2.** [revel] se réjouir, se délecter; **he ~ed in all the unexpected publicity** il se réjouissait de toute cette publicité imprévue.

basket ['bɑːskɪt] *n* -**1.** [container] corbeille *f*; [- for wastepaper] corbeille *f* à papier; [- for shopping] panier *m*; [- for linen] corbeille *f* OR panier *m* à linge; [- for baby] couffin *m*; [- on donkey] panier *m*; [- on someone's back] hotte *f*. -**2.** [quantity] panier *m*; **a ~ of apples** un panier de pommes. -**3.** [group] assortiment *m*; **a ~ of European currencies** un panier de devises européennes. -**4.** [in basketball - net, point] panier *m*; **to score a ~** marquer un panier. -**5.** [on ski stick] rondelle *f* de ski.

basketball ['bɑːskɪtbɔːl] *n* basket-ball *m*, basket *m*; **~ player** basketteur *m*, -euse *f*.

basket case ▽ *n Am* -**1.** [invalid] grand invalide *m*, grande invalide *f*. -**2.** [nervous wreck] paquet *m* de nerfs.

basket chair *n* chaise *f* en osier.

basket clause *n* clause *f* fourre-tout.

basketful ['bɑːskɪtfʊl] *n* plein panier *m*.

basket maker *n* vannier *m*.

basketry ['bɑːskɪtrɪ] *n* vannerie *f*.

basket weave *n* TEX armure *f* nattée.

basketwork ['bɑːskɪtwɜːk] *n (U)* [objects] objets *mpl* en osier; [skill] vannerie *f*.

basking shark ['bɑːskɪŋ-] *n* requin *m* pèlerin, pèlerin *m*.

Basle [bɑːl] = **Basel**.

Basque [bɑːsk] ◇ *n* -**1.** [person] Basque *mf.* -**2.** LING basque *m.*
◇ *adj* basque.

Basque Country *pr n*: the ~ le Pays basque; in the ~ au Pays basque.

Basra, Basrah ['bæzrə] *pr n* Bassora.

bas-relief [ˌbæsrɪ'liːf] *n* bas-relief *m.*

bass¹ [beɪs] ◇ *n* -**1.** [part, singer] basse *f.* -**2.** [bass guitar] basse *f*; [double bass] contrebasse *f.* -**3.** ACOUST [on stereo] basses *fpl*, graves *mpl*; [knob] bouton *m* de réglage des graves.
◇ *adj* grave, bas; **a part for a ~ voice** une partie pour une voix de basse; **a singer with a ~ voice** un chanteur à la voix de basse, une basse.

bass² [bæs] *n* [freshwater fish] perche *f*; [sea fish] bar *m*, loup *m.*

bass clarinet [beɪs-] *n* clarinette *f* basse.

bass clef [beɪs-] *n* clef *f* de fa.

bass drum [beɪs-] *n* grosse caisse *f.*

basset ['bæsɪt] = **basset hound**.

basset hound *n* basset *m (chien).*

bass guitar [beɪs-] *n* guitare *f* basse.

bassinet [ˌbæsɪ'net] *n* [crib] berceau *m.*

bassist ['beɪsɪst] *n* joueur *m*, -euse *f* de basse.

bassoon [bə'suːn] *n* basson *m.*

bass viol [beɪs-] *n* viole *f* de gambe.

bastard ['bɑːstəd] ◇ *n* -**1.** *lit* OR *pej* [child] bâtard *m*, -e *f*, enfant naturel *m*, enfant naturelle *f.* -**2.** ∇ *pej* [nasty person] salaud *m.* -**3.** ∇ [affectionate use]: **you lucky ~!** sacré veinard!; **poor ~!** pauvre type!; **he's a silly ~!** c'est un pauvre con! -**4.** ∇ [difficult case, job]: **it's a ~ of a book to translate** ce livre est vachement dur à traduire; **this job's a real ~** ce boulot est une vraie vacherie.
◇ *adj* -**1.** *lit* OR *pej* [child] naturel, bâtard. -**2.** [language] corrompu. -**3.** TYPO [character] d'un autre œil.

bastardize, -ise ['bɑːstədaɪz] *vt* -**1.** [language, style] corrompre. -**2.** [child] déclarer illégitime OR naturel.

bastardy ['bɑːstədɪ] *n* bâtardise *f.*

baste [beɪst] *vt* -**1.** CULIN arroser. -**2.** SEW bâtir, faufiler. -**3.** [beat] rouer de coups, rosser.

basting ['beɪstɪŋ] *n* -**1.** CULIN arrosage *m.* -**2.** SEW bâtissage *m.* -**3.** [beating] raclée *f*, correction *f.*

bastion ['bæstɪən] *n literal* & *fig* bastion *m*; **the last ~ of Stalinism** le dernier bastion du stalinisme.

BASW (*abbr of* British Association of Social Workers) *pr n syndicat britannique des travailleurs sociaux.*

bat [bæt] (*pt* & *pp* **batted**, *cont* **batting**)
◇ *n* -**1.** [in baseball & cricket] batte *f*; [in table tennis] raquette *f*; **he's a good ~** il manie bien la batte ❑ **right off the ~** *inf Am* sur-le-champ; **to do sthg off one's own ~** *Br* faire qqch de sa propre initiative. -**2.** [shot, blow] coup *m.* -**3.** ZOOL chauve-souris *f*; **she's an old ~** *inf fig* & *pej* c'est une vieille bique OR chouette; **to have ~s in the** OR **one's belfry** *inf* avoir une araignée au plafond; **to run/to drive like a ~ out of hell** *inf* courir/conduire comme si l'on avait le diable à ses trousses. -**4.** ∇ *Am* [spree] fête *f*, bringue *f*; **to go off on a ~** aller faire la bringue.
◇ *vi* [baseball player, cricketer - play] manier la batte; [- take one's turn at playing] être à la batte; **he batted for Pakistan** il était à la batte pour l'équipe pakistanaise; **to go in to ~** aller à la batte; **to go to ~ for sb** *inf Am* intervenir en faveur de qqn.
◇ *vt* -**1.** [hit] donner un coup à. -**2.** [blink]: **she batted her eyelids at him** elle battit des paupières en le regardant; **he didn't ~ an eyelid** *fig* il n'a pas sourcillé OR bronché; **she did it without batting an eyelid** *fig* elle l'a fait sans broncher.
◆ **bat around** *inf vt sep Am*: **to ~ sthg around** parler de qqch à bâtons rompus.

batch [bætʃ] ◇ *n* [of letters] paquet *m*, liasse *f*; [of people] groupe *m*; [of refugees] convoi *m*; [of bread] fournée *f*; [of recruits] contingent *m*; COMM lot *m.*
◇ *vt* grouper.

batch processing *n* COMPUT traitement *m* par lots.

bate [beɪt] ◇ *vi lit* [abate] diminuer.
◇ *n Br dated* [temper] accès *m* de colère, crise *f.*

bated ['beɪtɪd] *adj*: **we waited with ~ breath** nous avons attendu en retenant notre souffle.

bath [bɑːθ] (*pl* **baths** [bɑːðz], *pt* & *pp* **bathed**)
◇ *n* -**1.** [wash] bain *m*; [tub] baignoire *f*; **to give sb a ~** donner un bain à qqn; **to take** OR **to have** *Br* **a ~** prendre un bain; **she's in the ~** elle prend son bain, elle est dans son bain; **to run** OR *fml* **to draw a ~** se faire couler un bain; **a room with ~** une chambre avec salle de bains. -**2.** [for chemicals, dye] bain *m*; PHOT cuvette *f.*
◇ *vt* [baby, person] baigner, donner un bain à.
◇ *vi Br* prendre un bain.
◆ **baths** *npl* [swimming pool] piscine *f*; [public baths] bains-douches *mpl*; [at spa] thermes *mpl.*

bath bun *n petit pain rond aux raisins secs servi chaud et beurré.*

bath chair *n* fauteuil *m* roulant.

bath cube *n* cube *m* de sels de bain.

bathe [beɪð] (*pt* & *pp* **bathed**) ◇ *vi* -**1.** *Br* [swim] se baigner; **we ~d in the sea/the river** nous avons pris un bain de mer/dans la rivière. -**2.** *Am* [bath] prendre un bain.
◇ *vt* -**1.** [wound] laver; [eyes, feet] baigner; **he ~d his eyes** il s'est baigné les yeux. -**2.** [covered]: **I was ~d in sweat** j'étais en nage, je ruisselais de sueur; **the hills were ~d in light** les collines étaient éclairées d'une lumière douce; **her face was ~d in tears** son visage était baigné de larmes. -**3.** *Am* [bath] baigner, donner un bain à.
◇ *n* bain *m (dans la mer, dans une rivière)*; **to have a ~** se baigner; **we went for a ~** nous sommes allés nous baigner.

bather ['beɪðəʳ] *n* [swimmer] baigneur *m*, -euse *f.*
◆ **bathers** *npl Austr* [costume] maillot *m* de bain.

bathhouse ['bɑːθhaʊs, *pl* -haʊzɪz] *n* bains-douches *mpl (bâtiment).*

bathing ['beɪðɪŋ] *n (U)* -**1.** *Br* [swimming] baignade *f*; **'not safe for ~'** 'baignade interdite'. -**2.** [washing] bain *m.*

bathing beauty *n* belle *f* baigneuse.

bathing cap *n* bonnet *m* de bain.

bathing costume *n* maillot *m* de bain.

bathing hut *n* cabine *f* de bains.

bathing machine *n* cabine *f* de bains roulante.

bathing suit = **bathing costume**.

bathing trunks *npl Br* maillot *m* de bain.

bath mat *n* tapis *m* de bain.

bath oil *n* huile *f* de bain.

bathos ['beɪθɒs] *n (U)* LITERAT chute *f* du sublime au ridicule.

bathrobe ['bɑːθrəʊb] *n* -**1.** [for bathroom, swimming pool] peignoir *m* de bain. -**2.** *Am* [dressing gown] robe *f* de chambre.

bathroom ['bɑːθrʊm] *n* salle *f* de bains; **to use** OR **to go to the ~** *euph* aller aux toilettes.

bath salts *npl* sels *mpl* de bain.

Bathsheba [bæθ'ʃiːbə] *pr n* Bethsabée.

bath towel *n* serviette *f* de bain.

bathtub ['bɑːθtʌb] *n* baignoire *f.*

bathwater ['bɑːθˌwɔːtəʳ] *n* eau *f* du bain.

bathyscaphe ['bæθɪskæf] *n* bathyscaphe *m.*

bathysphere ['bæθɪˌsfɪəʳ] *n* bathysphère *f.*

batik [bə'tiːk] *n* [cloth, technique] batik *m.*

batiste [bæ'tiːst] *n* batiste *f.*

batman ['bætmən] (*pl* **batmen** [-mən]) *n Br* MIL ordonnance *m* OR *f.*

baton ['bætən] *n* -**1.** [conductor's] baguette *f.* -**2.** [policeman's - in traffic] bâton *m*; [- in riots] matraque *f.* -**3.** SPORT témoin *m.*

baton charge *n* charge *f* à la matraque.

baton gun *n* fusil *m* à balles en plastique.

baton round *n* balle *f* en plastique.

bats *inf* [bæts] *adj* timbré, cinglé.

batsman ['bætsmən] (*pl* **batsmen** [-mən]) *n* SPORT batteur *m.*

battalion [bə'tæljən] *n* MIL & *fig* bataillon *m.*

battels ['bætlz] *npl* UNIV *compte d'un étudiant à Oxford.*

batten ['bætn] ◇ *n* [board] latte *f*; [in roof] volige *f*; [in floor] latte *f*, lame *f* de parquet; NAUT latte *f* de voile; THEAT herse *f.*
◇ *vt* CONSTR latter; [floor] planchéier; [roof] voliger.
◆ **batten down** *vt sep*: **to ~ down the hatches** *literal* fermer les écoutilles, condamner les panneaux; *fig* dresser ses batteries.
◆ **batten on, batten upon** *vt insep Br*: **she immediately ~ed on me for help** elle s'est immédiatement accrochée à moi comme une sangsue pour que je l'aide.

batten plate *n* CONSTR traverse *f* de liaison.

batter ['bætəʳ] ◇ *vt* -**1.** [beat - person] battre, maltraiter. -**2.** [hammer - door, wall] frapper sur. -**3.** [buffet]: **the ship was ~ed by the waves** le vaisseau était battu par les vagues; **he felt ~ed by the experience** *fig* il se sentait ravagé par l'expérience.
◇ *vi* [hammer]: **to ~ at** OR **on the door/wall** frapper à la porte/au mur à coups redoublés.
◇ *n* -**1.** TYPO [plate] cliché *m* endommagé; [print] tirage *m* défectueux. -**2.** CULIN pâte *f* à crêpes. -**3.** [in baseball] batteur *m.*
◆ **batter about** *vt sep* -**1.** [person] maltraiter, rouer de coups. -**2.** [ship] battre.
◆ **batter down** *vt sep* [vegetation] fouler; [wall] démolir; [tree] abattre.
◆ **batter in** *vt sep* [skull] défoncer; [door] enfoncer; [nail] enfoncer à grands coups.

battered ['bætəd] *adj* [building] délabré; [car, hat] cabossé, bosselé; [briefcase, suitcase] cabossé; [face - beaten] meurtri; [- ravaged] buriné; **a ~ child** un enfant martyr; **a refuge for ~ wives** un refuge pour femmes battues.

battering ['bætərɪŋ] *n* -**1.** [beating]: **he got a bad ~** on l'a rossé sévèrement. -**2.** [hammering]: **the building/city took a ~ in the war** le bâtiment a été durement éprouvé/la ville a été durement éprouvée pendant la guerre; **the team took a bad ~** l'équipe a été battue à plate couture.

battering ram *n* bélier *m.*

Battersea Dog's Home ['bætəsɪ-] *pr n centre d'accueil des chats et chiens abandonnés situé à Battersea, un quartier de Londres.*

battery ['bætərɪ] (*pl* **batteries**) *n* -**1.** ELEC [in clock, radio] pile *f*; [in car] batterie *f*, accumulateurs *mpl.* -**2.** [of guns, missiles] batterie *f.* -**3.** [barrage] tir *m* de barrage; **a ~ of insults** une pluie d'insultes. -**4.** JUR → **assault**. -**5.** AGR batterie *f.*

battery charger *n* chargeur *m.*

battery farming *n* élevage *m* intensif OR en batterie.

battery hen *n* poule *f* de batterie.

batting ['bætɪŋ] *n* -**1.** [wadding] bourre *f (pour matelas, couettes).* -**2.** SPORT maniement *m* de la batte; **he has a high ~ average** il a un score élevé à la batte.

battle ['bætl] ◇ *n* -**1.** [fight] bataille *f*; **he was killed in ~** il a été tué au combat; **to do** OR **to give** OR **to join ~** livrer bataille ‖ *fig*: **a ~ between the two companies** une lutte entre les deux entreprises; **a ~ for control of the government** un combat pour obtenir le contrôle du gouvernement; **the ~ between** OR **of the sexes** la lutte des sexes; **a ~ of wits** une joute d'esprit ❑ **the Battle of Britain** la bataille d'Angleterre; **Battle of Britain Day** *jour commémoratif de la bataille d'Angleterre*; **the Battle of the Boyne** la bataille de la Boyne *(bataille qui mit fin au rôle politique des Stuart en Irlande (1690))*; **the Battle of the Bulge** la bataille des Ardennes. -**2.** [struggle] lutte *f*; **the ~ for freedom** la lutte pour la liberté; **the ~ against poverty** la lutte contre la pauvreté; **the ~ of the bulge** *hum* la lutte contre les kilos; **life is one long ~** at the moment de nos jours la vie est un long combat; **to do ~ for** lutter pour; **to do ~ against** OR **with** lutter contre; **we're fighting the same ~**

nous nous battons pour la même cause; **don't fight his ~s for him** ne te bats pas à sa place ❑ **it's half the ~** c'est presque gagné.
◇ *comp* [dress, zone] de combat; **in ~ order** en bataille.
◇ *vi* se battre, lutter; **she ~d to save his life** elle s'est battue pour lui sauver la vie; **he's battling against the system** il se bat contre le système; **they ~d between themselves** ils se battirent entre eux.
◇ *vt Am* combattre.

battleaxe *Br*, **battleax** *Am* ['bætəlæks] *n* -**1.** [weapon] hache *f* d'armes. -**2.** *inf pej* [woman] virago *f*.

battle cruiser *n* croiseur *m* cuirassé.

battle cry *n* cri *m* de guerre.

battledore ['bætldɔːʳ] *n* [racket] raquette *f*; [game]: **~ (and shuttlecock)** jeu *m* de volant.

battledress ['bætldres] *n* tenue *f* de combat.

battle fatigue *n* psychose *f* traumatique.

battlefield ['bætlfiːld], **battleground** ['bætlgraʊnd] *n* MIL & *fig* champ *m* de bataille.

battlement ['bætlmənt] *n* [crenellation] créneau *m*.
◆ **battlements** *npl* [wall] remparts *mpl*; **on the ~s** sur les remparts.

battle royal *n fml* OR *lit* -**1.** [fight] bagarre *f*. -**2.** [argument] querelle *f*.

battle-scarred *adj* [army, landscape] marqué par les combats; [person] marqué par la vie; *hum* [car, table] abîmé.

battleship ['bætlʃɪp] *n* cuirassé *m*; **'The Battleship Potemkin'** *Eisenstein* 'le Cuirassé Potemkine'.

batty *inf* ['bætɪ] (*compar* **battier**, *superl* **battiest**) *adj* [crazy] cinglé, dingue; [eccentric] bizarre.

batwing sleeve ['bætwɪŋ-] *n* manche *f* chauve-souris.

bauble ['bɔːbl] *n* [trinket] babiole *f*, colifichet *m*; [jester's] marotte *f*.

baud [bɔːd] *n* COMPUT & ELEC baud *m*.

baulk [bɔːk] ◇ *n* -**1.** [in snooker] *espace entre la bande et la ligne.* -**2.** = **balk**.
◇ *vi* & *vt* = **balk**.

baulk line *n* [in snooker] ligne *f* de départ; [in croquet] position *f* de départ.

bauxite ['bɔːksaɪt] *n* bauxite *f*.

Bavaria [bə'veərɪə] *pr n* Bavière *f*; **in ~** en Bavière.

Bavarian [bə'veərɪən] ◇ *n* Bavarois *m*, -e *f*.
◇ *adj* bavarois; **~ cream** CULIN bavaroise *f*.

bawbee [,bɔː'biː] *n Scot* sou *m*.

bawd [bɔːd] *n arch* [prostitute] catin *f*.

bawdiness ['bɔːdɪnɪs] *n* paillardise *f*.

bawdy ['bɔːdɪ] *adj* paillard.

bawdy house *n arch* maison *f* close.

bawl [bɔːl] ◇ *vi* -**1.** [yell] brailler; **to ~ at sb** crier après qqn. -**2.** [cry] brailler; **the baby was ~ing** le bébé braillait.
◇ *vt* [slogan, word] brailler, hurler.
◆ **bawl out** *vt sep* -**1.** [yell] = **bawl** *vt*. -**2.** *inf* [reprimand] passer un savon à; **she really ~ed him out** elle lui a passé un bon savon. -**3.** *phr*: **the child was ~ing his eyes out** *inf* l'enfant braillait à pleins poumons.

bay [beɪ] ◇ *n* -**1.** [on shoreline] baie *f*; [smaller] anse *f*; **the Bay State** *Am* le Massachussetts; **the Bay of Biscay** le golfe de Gascogne. -**2.** [recess] ARCHIT travée *f*; [window] baie *f*; RAIL voie *f* d'arrêt; **loading ~** aire *f* de chargement; **sick ~** infirmerie *f*. -**3.** BOT & CULIN laurier *m*. -**4.** HUNT & *fig*: **to be at ~** être aux abois; **to bring an animal to ~** amener un animal aux abois; **to keep** OR **to hold sb at ~** tenir qqn à distance; **to keep** OR **to hold hunger at ~** tromper la faim. -**5.** [horse] cheval *m* bai.
◇ *vi* [bark] aboyer, donner de la voix.
◇ *adj* [colour] bai.

bay leaf *n* feuille *f* de laurier.

Bay of Pigs *pr n*: **the ~** la baie des Cochons.

THE BAY OF PIGS:
Tentative de coup d'État contre Fidel Castro par des Cubains exilés aux États-Unis, en 1961. Équipés et entraînés par la CIA, ils débarquèrent dans cette baie de La Havane, mais l'opération tourna au désastre.

bayonet ['beɪənɪt] (*pt* & *pp* **bayoneted** OR **bayonetted**, *cont* **bayoneting** OR **bayonetting**)
◇ *n* baïonnette *f*.
◇ *vt* passer à la baïonnette.

bayonet charge *n* charge *f* à la baïonnette.

bayonet joint *n* joint *m* à baïonnette.

bayonet point *n*: **at ~** à la pointe de la baïonnette.

bayonet socket *n* douille *f* à baïonnette.

bayou ['baɪuː] *n Am* bayou *m*, marécages *mpl*.

bay rum *n sorte de lotion capillaire.*

bay tree *n* laurier *m*.

bay window *n* fenêtre *f* en saillie; *Am inf* [stomach] gros bide *m*.

bazaar [bə'zɑːʳ] *n* [in East] bazar *m*; [sale for charity] vente *f* de charité; [shop] bazar *m*.

bazooka [bə'zuːkə] *n* bazooka *m*.

BB ◇ *pr n abbr of* **Boys' Brigade**.
◇ *n* (*abbr of* **double black**) *sur un crayon à papier, indique une mine grasse.*

BBB (*abbr of* **Better Business Bureau**) *pr n organisme dont la vocation est de faire respecter la déontologie professionnelle dans le secteur tertiaire.*

BBC (*abbr of* **British Broadcasting Corporation**) *pr n office national britannique de radiodiffusion*; **the ~** la BBC; **~1** *chaîne généraliste (sans publicité) de la BBC*; **~2** *chaîne à vocation culturelle de la BBC*; **~ World Service** *émissions radiophoniques de la BBC diffusées dans le monde entier*; **~ English** *l'anglais tel qu'il était parlé sur la BBC et qui servait de référence pour la «bonne» prononciation.*

BC ◇ *adv* (*abbr of* **before Christ**) av. J.-C; **in the year 25 ~** en l'an 25 avant Jésus-Christ.
◇ *written abbr of* **British Columbia**.

BCD (*abbr of* **binary-coded decimal**) *n* DCB *m*.

BCG (*abbr of* **bacille Calmette-Guérin**) *n* BCG *m*; **~ vaccination** vaccin *m* BCG.

B chromosome *n* chromosome *m* B.

BD (*abbr of* **Bachelor of Divinity**) *n (titulaire d'une) licence de théologie.*

BDS (*abbr of* **Bachelor of Dental Science**) *n (titulaire d'une) licence de chirurgie dentaire.*

be [biː] (*pres 1st sing* **am** [*weak form* əm, *strong form* æm], *pres 2nd sing* **are** [*weak form* ə, *strong form* ɑː], *pres 3rd sing* **is** [ɪz], *pres pl* **are** [*weak form* ə, *strong form* ɑː], *pt 1st sing* **was** [*weak form* wəz, *strong form* wɒz], *pt 2nd sing* **were** [*weak form* wə, *strong form* wɜː], *pt 3rd sing* **was** [*weak form* wəz, *strong form* wɒz], *pt pl* **were** [*weak form* wə, *strong form* wɜː], *pp* **been** [biːn], *cont* **being** ['biːɪŋ])
◇ *vi* -**1.** [exist, live] être, exister; **I think, therefore I am** je pense, donc je suis; **to be or not to be** être ou ne pas être; **God is** Dieu existe; **once upon a time there was a prince** il était une fois un prince; **the greatest scientist that ever was** le plus grand savant qui ait jamais existé OR de tous les temps; **there are no such things as ghosts** les fantômes n'existent pas; **she's a genius if ever there was one** c'est OR voilà un génie si jamais il en fut; **as happy as can be** heureux comme un roi; **that may be, but...** cela se peut, mais..., peut-être, mais... -**2.** [used to identify, describe] être; **she is my sister** c'est ma sœur; **I'm Bill** je suis OR je m'appelle Bill; **she's a doctor/engineer** elle est médecin/ingénieur; **the glasses were crystal** les verres étaient en cristal; **he is American** il est américain, c'est un Américain; **be careful!** soyez prudent!; **to be frank...** pour être franc..., franchement...; **being the boy's mother, I have a right to know** étant la mère de l'enfant, j'ai le droit de savoir; **the situation being what** OR **as it is...** la situation étant ce qu'elle est...; **the problem is knowing** OR **is to know when to stop** le problème, c'est de savoir quand s'arrêter; **the rule is: when in doubt don't do it** la règle c'est: dans le doute abstiens-toi; **seeing is believing** voir, c'est croire ❑ **just be yourself** soyez vous-même, soyez naturel. -**3.** [indicating temporary state or condition]: **he was angry/tired** il était fâché/fatigué; **I am hungry/thirsty/afraid** j'ai faim/soif/peur; **my feet/hands are frozen** j'ai les pieds gelés/mains gelées. -**4.** [indicating health] aller, se porter; **how are you?** comment allez-vous?, comment ça va?; **I am fine** ça va; **he is not well** il est malade, il ne va pas bien. -**5.** [indicating age] avoir; **how old are you?** quel âge avez-vous?; **it's different when you're 50** ce n'est pas pareil quand on a 50 ans; **you'll see when you're 50 (years old)** tu verras quand tu auras 50 ans. -**6.** [indicating location] être; **the cake was on the table** le gâteau était sur la table; **the hotel is next to the river** l'hôtel se trouve OR est près de la rivière; **be there at 9 o'clock** soyez-y à 9 h; **where was I?** *literal* où étais-je?; *fig* [in book, speech] où en étais-je? -**7.** [indicating measurement]: **the table is one metre long** la table fait un mètre de long; **how tall is he?** combien mesure-t-il?; **he is two metres tall** il mesure OR fait deux mètres; **the school is two kilometres from here** l'école est à deux kilomètres d'ici. -**8.** [indicating time, date] être; **it's 5 o'clock** il est 5 h; **yesterday was Monday** hier on était OR c'était lundi; **today is Tuesday** nous sommes OR c'est mardi aujourd'hui; **what date is it today?** le combien sommes-nous aujourd'hui?; **it's the 16th of December** nous sommes OR c'est le 16 décembre. -**9.** [happen, occur] être, avoir lieu; **the concert is on Saturday night** le concert est OR a lieu samedi soir; **when is your birthday?** quand est OR c'est quand ton anniversaire?; **the spring holidays are in March this year** les vacances de printemps tombent en mars cette année; **how is it that you arrived so quickly?** comment se fait-il que vous soyez arrivé si vite? -**10.** [indicating cost] coûter; **how much is this table?** combien coûte OR vaut cette table?; **it is expensive** ça coûte OR c'est cher || [add up to]: **the phone bill is £25** la facture de téléphone est de 25 livres. -**11.** [with 'there']: **there is, there are** il y a, il est *lit*; **there is** OR **has been no snow** il n'y a pas de neige; **there are six of them** ils sont OR il y en a six; **what is there to do?** qu'est-ce qu'il y a à faire?; **there will be swimming** on nagera; **there is nothing funny about it** il n'y a rien d'amusant là-dedans, ce n'est pas drôle; **there's no telling what she'll do** il est impossible de prévoir ce qu'elle va faire. -**12.** [calling attention to]: **this is my friend John** voici mon ami John; **here are the reports you wanted** voici les rapports que vous vouliez; **there is our car** voilà notre voiture; **there are the others** voilà les autres; **there you are!** [I've found you] ah, te voilà!; [take this] tiens/tenez, voilà!; **now there's an idea!** voilà une bonne idée! -**13.** [with 'it']: **who is it? — it's us!** qui est-ce? — c'est nous!; **it was your mother who decided** c'est ta mère qui a décidé; **it is I who am to blame** *fml* c'est moi le responsable. -**14.** [indicating weather] faire; **it is cold/hot/grey** il fait froid/chaud/gris; **it is windy** il y a du vent. -**15.** [go] aller, être; **she's been to visit her mother** elle a été OR est allée rendre visite à sa mère; **I have never been to China** je ne suis jamais allé OR je n'ai jamais été en Chine; **have you been home since Christmas?** est-ce que tu es rentré (chez toi) depuis Noël?; **has the plumber been?** le plombier est-il (déjà) passé?; **wait for us, we'll be there in 10 minutes** attends-nous, nous serons là dans 10 minutes; **there's no need to rush, we'll be there in 10 minutes** inutile de se presser, nous y serons dans 10 minutes; **he was into/out of the house in a flash** il est entré dans/sorti de la maison en coup de vent; **I know, I've been there** *literal* je sais, j'y suis allé; *fig* je sais, j'ai connu ça || [come] être, venir; **she is from Egypt** elle vient d'Égypte; **your brother has been and gone** votre frère est venu et reparti; **someone had been there in her absence** quelqu'un est venu pendant son absence ❑ **he's only been and wrecked the car!** *inf* il est allé casser la

voiture!; **now you've been (and gone) and done it!** *inf* et voilà, c'est réussi! *iron.* -**16.** [indicating hypothesis, supposition]: **if I were you** si j'étais vous OR à votre place; **if we were younger, were we younger** *fml* si nous étions plus jeunes; **were it not for my sister** *fml* sans ma sœur; **were it not for their contribution, the school would close** *fml* sans leur assistance, l'école serait obligée de fermer. -**17.** MATH faire; **1 and 1 are 2** 1 et 1 font 2; **what is 5 less 3?** combien fait 5 moins 3?

◇ *v aux* -**1.** [forming continuous tenses] être en train de; **he is having breakfast** il prend OR il est en train de prendre son petit déjeuner; **they are always giggling** ils sont toujours en train de glousser; **where are you going?** où allez-vous?; **a problem which is getting worse and worse** un problème qui s'aggrave; **I have just been thinking about you** je pensais justement à toi; **we've been waiting hours for you** ça fait des heures que nous t'attendons; **when will she ~ leaving?** à quelle heure est-ce qu'elle part OR va-t-elle partir?; **what are you going to do about it?** qu'est-ce que vous allez OR comptez en faire?; **why aren't you working? — but I am working!** pourquoi ne travaillez-vous pas? — mais je travaille! -**2.** [forming passive voice]: **she is known as a good negotiator** elle est connue pour ses talents de négociatrice; **the car was found** la voiture a été retrouvée; **plans are being made** on fait des projets; **what is left to do?** qu'est-ce qui reste à faire?; **smoking is not permitted** il est interdit OR défendu de fumer; **socks are sold by the pair** les chaussettes se vendent par deux; **it is said/thought/assumed that...** on dit/pense/suppose que...; **to be continued...** à suivre...; **not to be confused with** à ne pas confondre avec. -**3.** *(+ infinitive)* [indicating future event]: **the next meeting is to take place on Wednesday** la prochaine réunion aura lieu mercredi; **he's to be the new headmaster** c'est lui qui sera le nouveau directeur; **she was to become a famous pianist** elle allait devenir une pianiste renommée; **we were never to see him again** nous ne devions jamais le revoir || [indicating expected event]: **they were to have been married in June** ils devaient se marier en juin. -**4.** *(+ infinitive)* [indicating obligation]: **I'm to be home by 10 o'clock** il faut que je rentre avant 10 h; **you are not to speak to strangers** il ne faut pas parler aux inconnus || [expressing opinion]: **you are to be congratulated** on doit vous féliciter; **they are to be pitied** ils sont à plaindre || [requesting information]: **are we then to assume that taxes will decrease?** faut-il OR doit-on en conclure que les impôts vont diminuer?; **what am I to say to them?** qu'est-ce que je vais leur dire? -**5.** *(+ passive infinitive)* [indicating possibility]: **bargains are to be found even in the West End** on peut faire de bonnes affaires même dans le West End; **she was not to be dissuaded** rien ne devait OR il fut impossible de lui faire changer d'avis. -**6.** *(+ infinitive)* [indicating hypothesis]: **if he were OR were he to die** *fml* s'il venait à mourir, à supposer qu'il meurt. -**7.** [in tag questions]: **he's always causing trouble, isn't he? — yes, he is** il est toujours en train de créer des problèmes, n'est-ce pas? — oui, toujours; **you're back, are you?** vous êtes revenu alors?; **you're not leaving already, are you?** vous ne partez pas déjà, j'espère? -**8.** [in ellipsis]: **is she satisfied? — she is** est-elle satisfaite? — oui(, elle l'est); **you're angry — no I'm not — oh yes you are!** tu es fâché — non — mais si!; **it's a touching scene — not for me, it isn't** c'est une scène émouvante — je ne trouve pas OR pas pour moi; **I was pleased to see him but the children weren't** (moi,) j'étais content de le voir mais pas les enfants. -**9.** [forming perfect tenses]: **we're finished** nous avons terminé; **Christ is risen** (le) Christ est ressucité; **when I looked again, they were gone** quand j'ai regardé de nouveau, ils étaient partis. -**10.** [as suffix]: **the husband-to-be** le futur mari; **the father-to-be** le futur père.

◆ **be that as it may** *adv phr* quoi qu'il en soit.

B/E *written abbr of* **bill of exchange.**

beach [biːtʃ] ◇ *n* [seaside] plage *f*; [shore - sand, shingle] grève *f*; [at lake] rivage *m*.
◇ *vt* -**1.** [boat] échouer. -**2.** [whale] *(usu pass)* échouer.
◇ *comp* [ball, towel, hut] de plage.

beach buggy *n* buggy *m*.

beach bum▽ *n* fana *mf* de la plage.

beachchair ['biːtʃˌtʃeə] *n Am* chaise *f* longue, transat *m*.

beachcomber ['biːtʃˌkəʊməʳ] *n* [collector] *personne qui ramasse des objets sur les plages*; [wave] vague *f* déferlante.

beachcombing ['biːtʃˌkəʊmɪŋ] *n ramassage d'objets sur les plages*; **to go ~** aller ramasser des choses sur la plage.

beachhead ['biːtʃhed] *n* tête *f* de pont; **to establish** OR **to secure a ~** mettre en place une tête de pont sur la plage.

beach umbrella *n* parasol *m*.

beachwear ['biːtʃweəʳ] *n (U)* [one outfit] tenue *f* de plage; [several outfits] articles *mpl* de plage.

beacon ['biːkən] *n* -**1.** [warning signal] phare *m*, signal *m* lumineux; [lantern] fanal *m*; AERON & NAUT balise *f*. -**2.** [bonfire on hill] feu *m* d'alarme. -**3.** [in place names] colline *f*.

bead [biːd] ◇ *n* -**1.** [of glass, wood] perle *f*; [for rosary] grain *m*; [necklace]: **where are my ~s?** où est mon collier? -**2.** [drop - of sweat] goutte *f*; [- of water, dew] perle *f*; [bubble] bulle *f*; **~s of sweat stood out on her forehead** la sueur perlait sur son front. -**3.** [on gun] guidon *m*; **to draw a ~ on sb** *Br* viser qqn.
◇ *vi* [form drops] perler.
◇ *vt* [decorate] décorer de perles.

beaded ['biːdɪd] *adj* -**1.** [decorated] couvert OR orné de perles; **a ~ evening bag** un sac (à main) de soirée brodé de perles. -**2.** [with moisture] couvert de gouttelettes d'eau; **~ with sweat** couvert de gouttes de sueur.

beading ['biːdɪŋ] *n* -**1.** ARCHIT astragale *m*; [in carpentry] baguette *f*. -**2.** SEW [trim] garniture *f* de perles; [over cloth] broderie *f* perlée.

beadle ['biːdl] *n* -**1.** RELIG bedeau *m*. -**2.** *Br* UNIV appariteur *m*.

beady ['biːdɪ] (*compar* **beadier**, *superl* **beadiest**) *adj* [eyes, gaze] perçant; **a little old man with ~ eyes** un petit vieux aux yeux perçants; **I had to keep a ~ eye on the sweets** il fallait que je surveille les bonbons de près; **his ~ eyes never left the money** il ne détacha pas ses yeux de fouine de l'argent.

beagle ['biːgl] ◇ *n* beagle *m*.
◇ *vi* chasser avec des beagles.

beagling ['biːglɪŋ] *n*: **to go ~** aller à la chasse avec des beagles.

beak [biːk] *n* -**1.** [of bird] bec *m*. -**2.** *inf* [nose] nez *m* crochu. -**3.** ▽ *Br dated* [judge] juge *m*.

beaked [biːkt] *adj* [nose] crochu.

beaker ['biːkəʳ] *n* gobelet *m*; CHEM vase *m* à bec.

be-all *n*: **the ~ and end-all** la raison d'être.

beam [biːm] ◇ *n* -**1.** [bar of wood - in house] poutre *f*; [- big] madrier *m*; [- small] poutrelle *f*; [- in gymnastics] poutre *f*. -**2.** NAUT [cross member] barrot *m*; [breadth] largeur *f*; **on the ~** par le travers; **on the port ~** à bâbord; **on the starboard ~** à tribord. -**3.** [of scales] fléau *m*; [of engine] balancier *m*; [of loom] ensouple *f*, rouleau *m*; [of plough] age *m*. -**4.** [ray - of sunlight] rayon *m*; [- of searchlight, headlamp] faisceau *m* lumineux; PHYS faisceau *m*; AERON & NAUT chenal *m* de radioguidage; **to be off/on (the) ~** AERON ne pas être/être dans le chenal de radioguidage; **to be on (the) ~** *inf Br* être sur la bonne voie; **to be off (the) ~** *inf Br* dérailler; **he's way off ~** *inf Br* il déraille complètement. -**5.** [smile] sourire *m* radieux; **he greeted her with a ~** il l'accueillit avec un sourire radieux.
◇ *vi* -**1.** [smile]: **faces ~ing with pleasure** des visages rayonnants de plaisir; **he ~ed when he saw us** il eut un sourire radieux en nous apercevant. -**2.** [shine - sun] briller, darder ses rayons.
◇ *vt* RADIO & TV [message] transmettre par émission dirigée; **the pictures were ~ed all over the world** les images ont été diffusées dans le monde entier.

beam aerial *Br*, **beam antenna** *Am n* antenne *f* directive.

beam balance *n* balance *f* à fléau.

beam compass *n* compas *m* à verge.

beam-ends *inf npl*: **on her ~** NAUT couché sur le flanc; **to be on one's ~** *Br* tirer le diable par la queue.

beaming ['biːmɪŋ] *adj* radieux, resplendissant.

bean [biːn] ◇ *n* -**1.** BOT & CULIN haricot *m*; **green ~s** haricots verts; **coffee ~s** grains *mpl* de café. -**2.** *inf Am* [head] tête *f*, pomme *f*; [brains] cervelle *f*. -**3.** *inf phr*: **to be full of ~s** péter le feu; **I haven't got a ~** je n'ai pas un rond; **hello, old ~!** *Br dated* OR *hum* salut, mon vieux!; **that car isn't worth a ~** cette voiture-là ne vaut rien; **he doesn't know ~s about it** *Am* il n'y connaît rien.
◇ *vt Am*: **to ~ sb** frapper qqn (sur la tête).

beanbag ['biːnbæg] *n* [in game] balle *f* lestée; [seat] sacco *m*.

bean curd *n* pâte *f* de soja.

beanery *inf* ['biːnərɪ] (*pl* **beaneries**) *n Am* gargote *f*.

beanfeast *inf* ['biːnfiːst] *n Br* gueuleton *m*.

beanie ['biːnɪ] *n* [skullcap] calotte *f*.

beano *inf* ['biːnəʊ] *n Br* [meal] gueuleton *m*; [spree] bombe *f*; **to have** OR **to go on a ~** faire la bombe.

◆ **Beano** *pr n magazine britannique de bandes dessinées pour enfants.*

beanpole ['biːnpəʊl] *n literal* rame *f*; *fig* (grande) perche *f*.

beanshoot ['biːnʃuːt], **beansprout** ['biːnspraʊt] *n* germe *m* de soja.

beanstalk ['biːnstɔːk] *n* tige *f* de haricot.

bear [beəʳ] (*pt* **bore** [bɔːʳ], *pp* **borne** [bɔːn])
◇ *vt* -**1.** [carry - goods, burden] porter; [- gift, message] apporter; [- sound] porter, transporter; **a convoy of lorries bore the refugees away** un convoi de camions emmena les réfugiés; **they bore him aloft on their shoulders** ils le portèrent en triomphe; **they arrived ~ing fruit** ils sont arrivés, chargés de fruits; **the wind bore the ship west** le vent poussait le navire vers l'ouest; **to be borne along by the crowd** être emporté par la foule. -**2.** [sustain - weight] supporter; **the ice couldn't ~ his weight** la glace ne pouvait pas supporter son poids; **the system can only ~ a certain amount of pressure** *fig* le système ne peut supporter qu'une certaine pression. -**3.** [endure] tolérer, supporter; **the news was more than she could ~** elle n'a pas pu supporter la nouvelle; **she can't ~ the sight of blood** elle ne supporte pas la vue du sang; **I can't ~ to see you go** je ne supporte pas que tu t'en ailles; **I can't ~ that man** je ne supporte pas cet homme; **I can't ~ the suspense** ce suspense est insupportable; **she bore the pain with great fortitude** elle a supporté la douleur avec beaucoup de courage. -**4.** [accept - responsibility, blame] assumer; **they agreed to ~ the costs** ils acceptèrent de supporter les frais. -**5.** [allow - examination] soutenir, supporter; **his theory doesn't really ~ close analysis** sa théorie ne supporte pas une analyse approfondie; **his work ~s comparison with Hemingway and Steinbeck** son œuvre soutient la comparaison avec Hemingway et Steinbeck; **it doesn't ~ thinking about** je n'ose pas OR je préfère ne pas y penser. -**6.** [show - mark, name, sign etc] porter; **the glass bore the letters "TR"** le verre portait les lettres «TR»; **the letter bore the signatures of several eminent writers** la lettre portait la signature de plusieurs écrivains célèbres; **I still ~ the scars** j'en porte encore les cicatrices; **the crime bore all the signs of a professional job** le crime avait tout du travail d'un professionnel; **he ~s no resem-**

blance to his father il ne ressemble pas du tout à son père; his statement bore no relation to the facts sa déclaration n'avait aucun rapport avec les faits; to ~ witness to sthg [person] attester qqch; [thing, quality] témoigner de qqch. -7. [give birth to] donner naissance à; she bore a child elle a donné naissance à un enfant; she bore him two sons elle lui donna deux fils. -8. [produce] porter, produire; the cherry tree ~s beautiful blossom in spring le cerisier donne de belles fleurs au printemps; all my efforts have borne fruit *fig* mes efforts ont porté leurs fruits; his investment bore 8% interest FIN ses investissements lui ont rapporté 8 % d'intérêt. -9. [feel] porter, avoir en soi; to ~ love/hatred for sb éprouver de l'amour/de la haine pour qqn; I ~ you no ill will je ne t'en veux pas; to ~ a grudge against sb en vouloir OR garder rancune à qqn; to ~ sthg in mind ne pas oublier qqch; thanks for the suggestion, I'll ~ it in mind merci de ta suggestion, j'en tiendrai compte. -10. [comport]: he bore himself like a man il s'est comporté en homme; she ~s her head high elle porte la tête haute. -11. ST. EX [market, security] chercher à faire baisser.

◇ *vi* -1. [move] diriger; ~ to your left prenez sur la gauche OR à gauche; we bore due west nous fîmes route vers l'ouest; they bore straight across the field ils traversèrent le champ en ligne droite ❑ '~ left ahead' *Am* 'tournez à gauche', 'filez à gauche'. -2. [tree - fruit] produire, donner; [- flower] fleurir. -3. [be oppressive] peser; grief bore heavily on her le chagrin l'accablait. -4. ST. EX jouer à la baisse. -5. *phr*: to bring to ~ braquer; to bring a gun to ~ on a target pointer un canon sur un objectif; to bring pressure to ~ on sb faire pression sur qqn; to bring one's mind to ~ on sthg s'appliquer à qqch.

◇ *n* -1. [animal] ours *m*, -e *f*; ~ cub ourson *m*; the Great/Little Bear ASTRON la Grande/Petite Ourse; he's like a ~ with a sore head *inf Br* il est d'une humeur de dogue. -2. *pej* [person] ours *m*. -3. ST. EX [person] baissier *m*, -ère *f*; ~ market marché *m* en baisse. -4. [toy] ours *m* (en peluche).

◆ **bear down** *vi insep* -1. [approach]: to ~ down on OR upon [ship] venir sur; [person] foncer sur; a lorry was ~ing down on me un camion fonçait sur moi. -2. [press] appuyer.

◆ **bear on** *vt insep* [be relevant to] se rapporter à, être relatif à; [concern] intéresser, concerner.

◆ **bear out** *vt sep Br* confirmer, corroborer; to ~ sb out, to ~ out what sb says corroborer ce que qqn dit; the results don't ~ out the hypothesis les résultats ne confirment pas l'hypothèse; he will ~ me out on this matter il sera d'accord avec moi sur ce sujet.

◆ **bear up** *vi insep Br* tenir le coup, garder le moral; she's ~ing up under the pressure elle ne se laisse pas décourager par le stress; ~ up! courage!

◆ **bear upon** = **bear on**.

◆ **bear with** *vt insep* [be patient with] supporter patiemment; if you'll just ~ with me a minute je vais vous demander une petite minute.

bearable ['beərəbl] *adj* supportable, tolérable.

bearbaiting ['beəˌbeɪtɪŋ] *n* combat *m* d'ours et de chiens.

beard [bɪəd] ◇ *n* -1. [on person] barbe *f*; [goatee] barbiche *f*; to have a ~ avoir la barbe; a man with a ~ un (homme) barbu; to grow a ~ se laisser pousser la barbe; he wears a full ~ il porte la barbe; a two-day ~ une barbe de deux jours. -2. [on goat] barbiche *f*; [on fish, oyster] barbe *f*; [on plant] arête *f*, barbe *f*. -3. TYPO talus *m*.

◇ *vt lit* [confront] affronter, braver; to ~ the lion in his den aller braver le lion dans sa tanière.

bearded ['bɪədɪd] *adj* barbu; ~ lady femme *f* à barbe.

beardless ['bɪədlɪs] *adj* imberbe, sans barbe; a ~ youth *lit* un jeunet.

bearer ['beərəʳ] ◇ *n* -1. [of news, letter] porteur *m*, -euse *f*; [of coffin] porteur *m*; [servant] serviteur *m*; I hate to be the ~ of bad tidings j'ai horreur d'annoncer les mauvaises nouvelles. -2. [of cheque, title] porteur *m*, -euse *f*; [of passport] titulaire *mf*. -3. CONSTR support *m*.

◇ *comp* FIN [bond, cheque] au porteur.

bear garden *n* pétaudière *f*; the place was like a ~ *Br* l'endroit était une véritable pétaudière, on se serait cru à la cour du roi Pétaud.

bear hug *n*: to give sb a ~ serrer qqn très fort dans ses bras.

bearing ['beərɪŋ] *n* -1. [relevance] rapport *m*, relation *f*; his comments have some OR a ~ on the present situation ses remarques ont un certain rapport avec la situation actuelle; the event had no ~ on the outcome of the war l'événement n'eut aucune incidence sur l'issue de la guerre. -2. [deportment] maintien *m*, port *m*; a man of distinguished ~ un homme à l'allure distinguée; her queenly ~ son port de reine. -3. [toleration]: it's beyond OR past all ~ c'est absolument insupportable. -4. [direction] position *f*; to take a (compass) ~ (on sthg) relever la position (de qqch) au compas; to take a ship's ~ NAUT faire le point; to get OR to find one's ~s *fig* se repérer, s'orienter; to lose one's ~s *fig* perdre le nord. -5. MECH palier *m*.

◆ **bearings** *npl* HERALD armoiries *fpl*.

-bearing *in cpds*: rain~ clouds des nuages chargés de pluie; oxygen~ water de l'eau riche en oxygène.

bearish ['beərɪʃ] *adj* -1. [person] *pej* comme un ours. -2. ST. EX [market] en baisse; [tendency] baissier.

bear pit *n* fosse *f* aux ours.

bearskin ['beəskɪn] *n* -1. [piece of fur] peau *f* d'ours. -2. MIL [hat] bonnet *m* à poil.

beast [biːst] *n* -1. [animal] bête *f*, animal *m*; the king of the ~s le roi des animaux; the Beast BIBLE l'Antéchrist, la bête de l'Apocalypse; he bears the mark of the Beast on his forehead il porte le signe de l'Antéchrist sur son front ❑ ~ of burden bête de somme; ~ of prey bête de proie. -2. [savage nature]: the ~ in man la bête en l'homme. -3. *pej* [person - unpleasant] cochon *m*; [- cruel] brute *f*; you ~! vous êtes dégoûtant! -4. [difficult task]: a ~ of a job un sale boulot.

beastie ['biːstɪ] *n* -1. *Scot* petit animal *m*. -2. *inf* [insect] bestiole *f*.

beastliness ['biːstlɪnɪs] *n* [of person] méchanceté *f*; [of act] bestialité *f*; [of language] obscénité *f*.

beastly *inf* ['biːstlɪ] *Br* ◇ *adj* [person, behaviour] bestial, brutal; [language] obscène; [sight, job] dégoûtant; what a ~ day! quelle journée infecte!; he's a ~ child c'est un enfant insupportable; he was ~ to her il a été infect avec elle.

◇ *adv* vachement; it's ~ cold! il fait vachement froid!

beat [biːt] (*pt* beat, *pp* beaten ['biːtn])

◇ *vt* -1. [hit - dog, person] frapper, battre; [- carpet, metal] battre; CULIN [eggs] battre, fouetter; to ~ sb with a stick donner des coups de bâton à qqn; to ~ sthg flat aplatir qqch *(en tapant dessus)*; to ~ sb black and blue battre qqn comme plâtre; he ~ the water with his hands il battit l'eau de ses mains; she ~ her breast *lit* elle se frappa la poitrine. -2. MUS: she ~ time to the music with her foot elle marquait le rythme de la musique avec son pied; to ~ a drum battre du tambour ❑ to ~ a drum for sthg *inf* faire du battage autour de qqch. -3. [move - wing] battre; the bird was ~ing its wings l'oiseau battait des ailes; the pigeon was ~ing the air with its wings le pigeon battait l'air de ses ailes. -4. [defeat] battre, vaincre; she ~ him at poker elle l'a battu au poker; Liverpool were beaten Liverpool a perdu; we ~ them to the railway station nous sommes arrivés à la gare avant eux; ~ the rush hour, travel early évitez l'heure de pointe, voyagez plus tôt; to ~ the system trouver le joint *fig*; we've got to ~ racism il faut en finir avec le racisme; to ~ the world record battre le record mondial; nothing ~s a cup of tea rien ne vaut une tasse de thé; she just ~ me to it elle m'a devancé de peu; you can't ~ the Chinese for inventiveness on ne peut pas trouver plus inventifs que les Chinois; the problem has me beaten OR ~ *inf* le problème me dépasse complètement ❑ to ~ the charge *inf Am* JUR échapper à l'accusation; to ~ the rap *inf Am* échapper à la tôle; if you can't ~ them, join them si on ne peut pas les battre, alors il faut faire comme eux OR entrer dans leur jeu; to ~ sb hollow *inf* OR hands down *inf Br*, to ~ the pants off sb *inf* battre qqn à plate couture; (it) ~s me *inf* cela me dépasse; it ~s me OR what ~s me is how he gets away with it *inf* je ne comprends pas OR ça me dépasse qu'il s'en tire à chaque fois; can you ~ it! *inf* tu as déjà vu ça, toi!; ~ that! *inf literal* voyons si tu peux faire mieux!; *fig* pas mal, hein?; that ~s the lot! *inf*, that takes some ~ing! *inf* ça, c'est le bouquet!; his answer takes some ~ing! *inf* [critically] c'est le comble!; [admiringly] on n'aurait pas pu mieux dire! -5. [path] se frayer; to ~ a way through the undergrowth se frayer un chemin à travers la végétation; the new doctor soon had people ~ing a path to his door *fig* très vite, les gens se pressèrent chez le nouveau docteur. -6. [retreat]: to ~ the retreat MIL battre la retraite; they ~ a hasty retreat when they saw the police arrive *fig* ils ont décampé en vitesse quand ils ont vu arriver la police. -7. HUNT: to ~ the woods/the moors battre les bois/les landes. -8. *phr*: ~ it! *inf* dégage!

◇ *vi* -1. [rain] battre; [sun] taper; [wind] souffler en rafales; to ~ on OR at the door cogner à la porte; the waves ~ against the sea wall les vagues venaient battre la digue; the rain was ~ing against the roof la pluie battait contre le toit ❑ he doesn't ~ about *Br* OR around *Am* the bush il n'y va pas par quatre chemins; so, not to ~ about *Br* OR around *Am* the bush, I've lost my job enfin bref, j'ai perdu mon emploi. -2. [heart, pulse, wing] battre; with ~ing heart le cœur battant; his heart was ~ing with terror son cœur palpitait de terreur; I heard the drums ~ing j'entendis le roulement des tambours. -3. NAUT: to ~ to windward louvoyer au plus près.

◇ *n* -1. [of heart, pulse, wing] battement *m*, pulsation *f*; [of drums] battement *m*; ACOUST battement *m*; to march to the ~ of the drum marcher au son du tambour. -2. MUS [time] temps *m*; a strong/weak ~ un temps fort/faible|| [in jazz and pop] rythme *m*; a funky ~ un rythme funky. -3. [of policeman] ronde *f*, secteur *m*; [of sentry] ronde *f*; we need more policemen on the ~ il faudrait qu'il y ait plus de policiers à faire des rondes; he saw the robbery when he was on his ~ il a été témoin du vol pendant qu'il effectuait sa ronde. -4. HUNT battue *f*. -5. ▽ [beatnik] beatnik *mf*.

◇ *adj* -1. *inf* [exhausted] crevé, vidé. -2. ▽ beatnik; a ~ poet un poète beatnik.

◆ **beat back** *vt sep* [enemy, flames] repousser.

◆ **beat down** ◇ *vt sep* -1. [grass]: the wind had beaten the grass down le vent avait couché les herbes; the horses had beaten down the crops les chevaux avaient foulé les récoltes. -2. *Br* [seller] faire baisser; I ~ him down to £20 je lui ai fait baisser son prix à 20 livres.

◇ *vi insep* [sun] taper; [rain] tomber à verse OR à torrents; the rain was ~ing down il pleuvait à torrents.

◆ **beat in** *vt sep* [door] défoncer; I'll ~ his head in je lui défoncerai le crâne.

◆ **beat off** ◇ *vt sep* [enemy, attack] repousser.

◇ *vi insep* ▼ *Am* se branler.

◆ **beat out** *vt sep* -1. [flames] étouffer. -2. [metal] étaler au marteau; to ~ one's brains out *inf fig* se creuser la cervelle; to ~ sb's brains out défoncer le crâne à qqn. -3. [rhythm] marquer; she ~ the rhythm out on a drum elle marquait le rythme OR elle battait la mesure sur un tambour.

◆ **beat up** *vt sep* -**1.** *inf* [person] tabasser, passer à tabac. -**2.** [eggwhite] faire monter; [cream, egg] fouetter, battre. -**3.** [drum up - help, volunteers] racoler, recruter.

beaten ['bi:tn] ◇ *pp* → **beat**.
◇ *adj* -**1.** [gold] battu, martelé; [earth, path] battu; CULIN [eggs, cream etc] battu, fouetté; a ~ track *literal* un chemin OR sentier battu; off the ~ track *fig* hors des sentiers battus. -**2.** [defeated] vaincu, battu. -**3.** [exhausted] éreinté, épuisé.

beaten-up *adj* cabossé; a ~ old bus un vieux bus tout cabossé.

beater ['bi:tə^r] *n* -**1.** [manual] fouet *m*; [electric] batteur *m*. -**2.** TEXT peigne *m*; [for carpet] tapette *f*. -**3.** HUNT rabatteur *m*.

Beat generation *n*: the ~ *mouvement littéraire et culturel américain des années 50-60 dont les adeptes (les 'beatniks') refusaient les conventions de la société moderne.*

beatific [bi:ə'tɪfɪk] *adj* béat; a ~ smile un sourire béat.

beatifically [,bi:ə'tɪfɪkəlɪ] *adv* avec béatitude.

beatification [bi:,ætɪfɪ'keɪʃn] *n* béatification *f*.

beatify [bi:'ætɪfaɪ] *vt* béatifier.

beating ['bi:tɪŋ] *n* -**1.** [thrashing] correction *f*; to give sb a ~ donner une correction à qqn; to get a ~ recevoir une correction. -**2.** [defeat] défaite *f*; to take a ~ [gen & SPORT] se faire battre à plate couture. -**3.** [of wings, heart] battement *m*. -**4.** *(U)* [of metal] batte *f*; [of drums] battement *m*, roulement *m*; [of carpet] battage *m*. -**5.** HUNT battue *f*.

beating-up *inf n* passage *m* à tabac, raclée *f*.

beatitude [bi:'ætɪtju:d] *n* béatitude *f*.
◆ **Beatitudes** *npl*: the Beatitudes les béatitudes.

beatnik ['bi:tnɪk] ◇ *n* beatnik *mf*.
◇ *adj* beatnik.

beat-up *inf adj* [car] bousillé, déglingué; *Am* [person] amoché.

beau [bəʊ] (*pl* beaux [bəʊz]) *n* [dandy] dandy *m*; [suitor] galant *m*.

Beaufort scale ['bəʊfət] *n* échelle *f* de Beaufort.

beaut *inf* [bju:t] *n*: that's a ~ c'est super, c'est génial; (what a) ~! super!

beauteous ['bju:tjəs] *lit* = **beautiful** *adj*.

beautician [bju:'tɪʃn] *n* esthéticien *m*, -enne *f*.

beautiful ['bju:tɪfʊl] ◇ *adj* -**1.** [song, person, dress] beau; a ~ woman une belle femme; a ~ baby/man un beau bébé/bel homme; what a ~ photo! quelle belle photo! -**2.** [splendid - weather, meal] magnifique, superbe; what a ~ shot! bien joué!, joli!
◇ *n*: fashions designed for the ~ and the rich des modes destinées aux gens beaux et riches ❑ 'The Beautiful and the Damned' *Fitzgerald* 'les Heureux et les Damnés'.

beautifully ['bju:təflɪ] *adv* -**1.** [sing, dress] admirablement, à la perfection. -**2.** [splendidly] : it was a ~ played shot c'était bien joué, c'était une belle balle; that will do ~ cela convient parfaitement. -**3.** [as intensifier - peaceful, light] merveilleusement.

beautify ['bju:tɪfaɪ] (*pt* & *pp* beautified) *vt* embellir, orner; to ~ o.s. se faire une beauté.

beauty ['bju:tɪ] (*pl* beauties) ◇ *n* -**1.** [loveliness] beauté *f*; a thing of ~ un objet d'une rare beauté; to spoil the ~ of sthg déparer qqch ❑ ~ is in the eye of the beholder *prov* il n'y a pas de laides amours *prov*; ~ is only skin-deep *prov* la beauté n'est pas tout *prov*. -**2.** [beautiful person or thing] beauté *f*; she's a/she's no ~ c'est une/ce n'est pas une beauté; this new bike's a real ~ *inf* cette nouvelle bicyclette est une vraie merveille; the beauties of nature les merveilles de la nature ❑ 'Beauty and the Beast' 'la Belle et la Bête'. -**3.** [attraction] : the ~ of the system is its simplicity ce qui est bien dans ce système, c'est sa simplicité; that's the ~ of it c'est ça qui est formidable.
◇ *comp* [cream, product, treatment] de beauté; ~ specialist esthéticien *m*, -enne *f*.

beauty competition, beauty contest *n* concours *m* de beauté.

beauty parlour *n* institut *m* de beauté.

beauty queen *n* reine *f* de beauté.

beauty salon = **beauty parlour**.

beauty shop *n Am* institut *m* de beauté.

beauty sleep *n*: I need my ~ *hum* j'ai besoin de mon compte de sommeil pour être frais le matin.

beauty spot *n* -**1.** [on skin] grain *m* de beauté; [artificial] mouche *f*. -**2.** [scenic place] site *m* touristique.

beaver ['bi:və^r] ◇ *n* [animal] castor *m*; [coat] fourrure *f* de castor, castor *m*; [hat] chapeau *m* de castor, castor *m*.
◇ *comp* [coat, hat] de castor.
◆ **beaver away** *inf vi insep Br*: to ~ away at sthg travailler d'arrache-pied à qqch.

Beaverboard® ['bi:və,bɔ:d] *n* panneau *m* d'aggloméré.

bebop ['bi:bɒp] *n* [music, dance] be-bop *m*.

becalm [bɪ'kɑ:m] *vt (usu pass)*: to be ~ed être encalminé.

became [bɪ'keɪm] *pt* → **become**.

because [bɪ'kɒz] *conj* parce que; he came ~ it was his duty il est venu parce que c'était son devoir; if she won it was ~ she deserved to si elle a gagné, c'est qu'elle le méritait; it was all the more difficult ~ he was sick c'était d'autant plus difficile qu'il était malade; not ~ he was sad but ~ he was angry pas parce qu'il était triste mais parce qu'il était fâché; they only won ~ they cheated ils n'ont gagné que parce qu'ils ont triché; just ~ you're my sister, it doesn't mean you can boss me about ce n'est pas parce que tu es ma sœur que tu peux me donner des ordres; why can't I go? — ~ (you can't)! pourquoi est-ce que je ne peux pas y aller? — parce que (c'est comme ça)!
◆ **because of** *prep phr* à cause de; we couldn't move ~ of the snow nous étions bloqués par la neige; I couldn't go to work ~ of the tube strike je n'ai pas pu aller au travail à cause de la grève de métro; it was all ~ of a silly misunderstanding tout ça à cause d'un OR tout provenait d'un petit malentendu; he's ineligible ~ of his age il ne peut être élu à cause de son âge.

beck [bek] *n* -**1.** [stream] ruisseau *m*, ru *m lit*. -**2.** *phr*: to be at sb's ~ and call être constamment à la disposition de qqn; she has him at her ~ and call elle le fait marcher à la baguette, il lui obéit au doigt et à l'œil.

beckon ['bekən] ◇ *vi* faire signe; a glittering career ~ed for the young singer la jeune chanteuse avait devant elle une brillante carrière.
◇ *vt* -**1.** [motion] faire signe à; I ~ed them over to me je leur ai fait signe d'approcher; he ~ed me to follow him il m'a fait signe de le suivre. -**2.** [attract, call] attirer; the bright lights ~ed me to the city j'ai été attiré par les lumières de la ville.

become [bɪ'kʌm] (*pt* became [-'keɪm], *pp* become) ◇ *vi* -**1.** [grow] devenir, se faire; the noise became louder and louder le bruit est devenu de plus en plus fort OR a continué à augmenter; to ~ old vieillir; to ~ fat grossir; to ~ weak s'affaiblir; it became clear that we were wrong il s'est avéré que nous nous trompions; we became friends nous sommes devenus amis; she's becoming a dreadful nuisance elle est en train de devenir vraiment gênante. -**2.** [acquire post of] devenir; to ~ president devenir président; she's ~ an accountant elle est devenue comptable.
◇ *vt fml* -**1.** [suit - subj: hat, dress] aller à; that hat really ~s you ce chapeau vous va vraiment bien. -**2.** [befit] convenir à, être digne de; such behaviour doesn't ~ him une telle conduite n'est pas digne de lui.
◆ **become of** *vt insep (only following 'what', 'whatever')*: whatever will ~ of us? qu'allons-nous devenir?; what became of your black hat? où est passé ton chapeau noir?; I wonder what became of that young man je me demande ce qu'est devenu ce jeune homme.

becoming [bɪ'kʌmɪŋ] *adj fml* -**1.** [fetching] qui va bien, seyant; that's a very ~ hat ce chapeau vous va très bien. -**2.** [suitable] convenable, bienséant; such language is hardly ~ for a young lady! un tel langage n'est guère convenable pour une jeune fille!

becquerel [,bekə'rel] *n* becquerel *m*.

BECTU ['bektu:] (*abbr of* Broadcasting, Entertainment, Cinematograph and Theatre Union) *pr n syndicat britannique des techniciens du cinéma, du théâtre et de l'audiovisuel.*

bed [bed] (*pt* & *pp* bedded, *cont* bedding)
◇ *n* -**1.** [furniture] lit *m*; we asked for a room with two ~s nous avons demandé une chambre à deux lits; they sleep in separate ~s ils font lit à part; it's time to go to OR time for ~ il est l'heure d'aller au lit OR de se coucher; to get out of ~ se lever; did I get you out of ~? est-ce que je vous ai tiré du lit?; she got OR put the children to ~ elle a couché les enfants OR mis les enfants au lit; he took a walk before ~ il a fait une promenade avant de se coucher; to make the ~ faire le lit; they made me up a ~ ils m'ont préparé un lit; he was in ~ by midnight il était couché OR au lit avant minuit; he's in ~ with the flu il est au lit avec la grippe; she took to (her) ~ with pneumonia elle a dû s'aliter à cause d'une pneumonie; we gave them ~ and board nous les avons logés et nourris; she was brought to ~ of twins *arch* elle accoucha de jumeaux; to go to ~ with sb coucher avec qqn ❑ double ~ lit à deux places; single ~ lit à une place; ~ and board pension *f* complète; ~ and breakfast chambre *f* d'hôte OR chez l'habitant; they stayed in ~ and breakfasts ils ont pris des chambres chez des particuliers; '~ and breakfast' chambres avec petit déjeuner; to get out on the wrong side of (the) ~ se lever du pied gauche OR du mauvais pied; you've made your ~, now you must lie in it *prov* comme on fait son lit, on se couche *prov*. -**2.** [plot - of flowers] parterre *m*, plate-bande *f*; [- of vegetables] planche *f*; [- of coral, oysters] banc *m*; her life isn't a ~ of roses elle n'a pas la vie rose. -**3.** [bottom - of river] lit *m*; [- of lake, sea] fond *m*. -**4.** [layer - of clay, rock] couche *f*, lit *m*; [- of ore] gisement *m*; [- of ashes] lit *m*; CONSTR [- of mortar] bain *m*; ~ of nails lit à clous. -**5.** TECH [of machine] base *f*, bâti *m*; [of lorry] plateau *m*; TYPO [of printing press] marbre *m*, plateau *m*; to put a newspaper to ~ *Br* boucler un journal; the magazine has gone to ~ *Br* la revue est bouclée OR sur le marbre.
◇ *vt* -**1.** [embed] fixer, enfoncer; CONSTR asseoir. -**2.** HORT repiquer. -**3.** *lit* [have sex with] prendre *(sexuellement)*.
◇ *comp* [linen] de lit; ~ board planche *f* à mettre sous le matelas; ~ frame châlit *m*; the doctor recommended complete ~ rest le médecin lui a conseillé de garder le lit.
◆ **bed down** ◇ *vi insep* [go to bed] se coucher; [spend the night] coucher.
◇ *vt sep* -**1.** [children] mettre au lit, coucher; [animal] installer pour la nuit. -**2.** [embed] fixer, enfoncer; CONSTR asseoir.
◆ **bed out** *vt sep* repiquer.

BEd [,bi:'ed] (*abbr of* Bachelor of Education) *n (titulaire d'une) licence de sciences de l'éducation.*

bedaub [bɪ'dɔ:b] *vt fml* [smear] enduire; [dirty] barbouiller; ~ed with mud barbouillé de boue.

bedazzle [bɪ'dæzl] *vt* [dazzle] éblouir, aveugler; [fascinate] éblouir.

bed bath *n* toilette *f (d'un malade)*.

bedbug ['bedbʌg] *n* punaise *f* des lits.

bedchamber ['bed,tʃeɪmbə^r] *n arch* chambre *f*.

bedclothes ['bedkləʊðz] *npl* draps *mpl* et couvertures *fpl*.

bedcover ['bed,kʌvə^r] *n* dessus *m* de lit, couvre-lit *m*.

-bedded [ˌbedɪd] *in cpds*: **single~ room** chambre *f* à un lit.

bedder [ˈbedəʳ] *n* **-1.** *Br* UNIV femme *f* de ménage *(qui fait les chambres à l'université de Cambridge)*. **-2.** HORT plante *f* à repiquer.

bedding [ˈbedɪŋ] ◇ *n* **-1.** [bedclothes] draps *mpl* et couvertures *fpl*; [including mattress] literie *f*; MIL matériel *m* de couchage. **-2.** [for animals] litière *f*.
◇ *adj*: **~ plant** plante *f* à repiquer.

beddy-byes [ˈbedɪˌbaɪz] *n baby talk*: **to go ~** (aller) se coucher.

Bede [biːd] *pr n*: **the Venerable ~** Bède le Vénérable.

bedeck [bɪˈdek] *vt lit* orner, parer; **a balcony ~ed with flowers** un balcon orné de fleurs OR fleuri.

bedevil [bɪˈdevl] (*Br pt & pp* **bedevilled**, *cont* **bedevilling**, *Am pt & pp* **bedeviled**, *cont* **bedeviling**) *vt* **-1.** [plague - plans, project] déranger, gêner; [- person] harceler, tourmenter; **bedevilled by** OR **with problems** assailli par les problèmes; **to be bedevilled by doubts** être rongé par le doute. **-2.** [confuse] embrouiller. **-3.** [bewitch] ensorceler.

bedfellow [ˈbedˌfeləʊ] *n* **-1.** [bedmate]: **he was my ~ when we were children** nous avons partagé le même lit dans notre enfance. **-2.** [associate] associé *m*, -e *f*, collègue *mf*; **they make strange ~s** ils forment une drôle d'association OR de paire.

bedhead [ˈbedhed] *n Br* tête *f* de lit.

bed jacket *n Br* liseuse *f*.

bedlam [ˈbedləm] *n* chahut *m*, vacarme *m*; **utter ~ broke out after her speech** un véritable tumulte éclata après son discours; **it's absolute ~ in town today!** quelle anarchie aujourd'hui en ville!

bedmate [ˈbedmeɪt] *n* partenaire *mf*.

Bedouin [ˈbedʊɪn] (*pl inv* OR **Bedouins**)
◇ *n* Bédouin *m*, -e *f*.
◇ *adj* bédouin.

bedpan [ˈbedpæn] *n* bassin *m* (hygiénique).

bedpost [ˈbedpəʊst] *n* colonne *f* de lit; **(just) between you, me and the ~** entre nous.

bedraggled [bɪˈdrægld] *adj* [clothing, person] débraillé; [hair] ébouriffé, échevelé.

bedridden [ˈbedˌrɪdn] *adj* alité, cloué au lit.

bedrock [ˈbedrɒk] *n* GEOL soubassement *m*, substratum *m*; *fig* base *f*, fondation *f*; **to get down to ~** *Br* considérer l'essentiel.

bedroll [ˈbedrəʊl] *n* matériel *m* de couchage *(enroulé)*.

bedroom [ˈbedrʊm] ◇ *n* chambre *f* (à coucher).
◇ *comp* [scene] d'amour; **~ comedy** THEAT comédie *f* de boulevard; **~ community** *Am* cité-dortoir *f*; **~ eyes** regard *m* sexy.

-bedroomed [ˌbedrʊmd] *in cpds*: **two~ flat** trois pièces *m*.

Beds *written abbr of* Bedfordshire.

bedsettee [ˌbedseˈtiː] *n Br* canapé-lit *m*.

bedside [ˈbedsaɪd] ◇ *adj* de chevet; **~ lamp/table** lampe *f*/table *f* de chevet; **~ manner** comportement *m* envers les malades; **the doctor has a good ~ manner** le médecin sait rassurer les malades.
◇ *n* chevet *m*; **at** OR **by your ~** à votre chevet; **to rush to sb's ~** courir au chevet de qqn.

bedsit [ˈbedˌsɪt], **bedsitter** [ˈbedˌsɪtəʳ], **bed-sitting room** [ˌbedˈsɪtɪŋ-] *n Br* chambre *f* meublée.

bedsocks [ˈbedsɒks] *npl* chaussettes *fpl* (de lit).

bedsore [ˈbedsɔːʳ] *n* escarre *f*.

bedspread [ˈbedspred] *n* dessus-de-lit *m inv*, couvre-lit *m*.

bedsprings [ˈbedsprɪŋz] *npl* [springs] ressorts *mpl* de sommier; [frame] sommier *m* à ressorts.

bedstead [ˈbedsted] *n* châlit *m*.

bedtime [ˈbedtaɪm] ◇ *n* heure *f* du coucher; **what's his ~?** à quelle heure se couche-t-il?; **it's your ~** il est l'heure d'aller te coucher; **it's long past your ~** il y a longtemps que tu devrais être au lit; **her mother reads to her at ~** sa mère lui lit une histoire avant qu'elle s'endorme.
◇ *comp*: **~ story** histoire *f (qu'on lit à l'heure du coucher)*; **I'll read you a ~ story** je vais te lire une histoire avant que tu t'endormes.

Beduin [ˈbedʊɪn] (*pl inv* OR **Beduins**) = **Bedouin**.

bedwarmer [ˈbedˌwɔːməʳ] *n* bassinoire *f*.

bed-wetting [-ˌwetɪŋ] *n* incontinence *f* nocturne.

bee [biː] *n* **-1.** [insect] abeille *f*; **he is a busy little ~** *inf* [energetic] il déborde d'énergie; [has a lot of work] il a énormément de choses à faire; **to have a ~ in one's bonnet (about sthg)** être obsédé (par qqch); **it's the ~'s knees!** *inf* c'est formidable OR super!; **he thinks he's the ~'s knees** *inf* il ne se prend pas pour n'importe qui. **-2.** *Am* [social event] réunion *f (de voisins ou d'amis pour des travaux en commun)*; **quilting ~** atelier *m* de patchwork; **spelling ~** concours *m* d'orthographe.

Beeb *inf* [biːb] *pr n Br*: **the ~** *hum surnom courant de la BBC*.

beech [biːtʃ] (*pl inv* OR **beeches**) ◇ *n* [tree] hêtre *m*; [wood] (bois *m* de) hêtre *m*.
◇ *comp* [chair, table] de hêtre; **~ grove** hêtraie *f*; **~ nut** faine *f*; **~ tree** hêtre *m*.

beech mast *n (U)* faines *fpl (tombées par terre)*.

beechwood [ˈbiːtʃwʊd] *n* [substance] (bois *m* de) hêtre *m*; [forest] bois *m* de hêtres.

beef [biːf] (*Br pl sense 2* **beeves** [biːvz], *pl sense 3* **beefs**, *Am pl* **beefs**) ◇ *n* **-1.** [meat] bœuf *m*; **joint of ~** rôti *m* (de bœuf), rosbif *m*; **roast ~** du rôti (de bœuf), du rosbif. **-2.** [animal] bœuf *m*. **-3.** *inf* [complaint] grief *m*; **what's your ~?** tu as un problème?; **their main ~ is high taxation** ils râlent surtout parce qu'ils trouvent les impôts élevés; **to have a ~ with sb/sthg** *Am* avoir des ennuis avec qqn/qqch. **-4.** *inf* [muscle]: **put some ~ into it!** allez, un peu de nerf!
◇ *comp* [sausage, stew] de bœuf; **~ cattle** bœufs *mpl* de boucherie.
◇ *vi inf* râler; **to ~ about sthg** râler contre qqch.
◆ **beef up** *vt sep* [army, campaign] renforcer; [report, story] étoffer.

beefburger [ˈbiːfˌbɜːgəʳ] *n* hamburger *m*.

beefcake *inf* [ˈbiːfkeɪk] *n (U) hum* beau mâle *m*, beaux mâles *mpl*.

Beefeater [ˈbiːfˌiːtəʳ] *n surnom des gardiens de la Tour de Londres*.

beefsteak [ˈbiːfˌsteɪk] *n* bifteck *m*, steak *m*.

beef tea *n* bouillon *m* de bœuf.

beefy [ˈbiːfɪ] (*compar* **beefier**, *superl* **beefiest**) *adj* **-1.** [consistency, taste] de viande, de bœuf. **-2.** *inf* [brawny] costaud; [fat] grassouillet.

beehive [ˈbiːhaɪv] *n* **-1.** [for bees] ruche *f*; **the Beehive State** *Am* l'Utah *m*. **-2.** [hairstyle] *coiffure très haute maintenue avec de la laque*.

beekeeper [ˈbiːˌkiːpəʳ] *n* apiculteur *m*, -trice *f*.

beekeeping [ˈbiːˌkiːpɪŋ] *n* apiculture *f*.

beeline [ˈbiːlaɪn] *n* ligne *f* droite; **he made a ~ for the kitchen** [headed straight to] il s'est dirigé tout droit vers la cuisine; [rushed to] il s'est précipité OR a filé tout droit à la cuisine.

Beelzebub [biːˈelzɪbʌb] *pr n* Belzébuth.

been [biːn] *pp* → **be**.

beep [biːp] ◇ *n* [of car horn] coup *m* de Klaxon®; [of alarm, timer] signal *m* sonore, bip *m*.
◇ *vi* [car horn] klaxonner; [alarm, timer] sonner, faire bip.
◇ *vt*: **to ~ one's horn** klaxonner.

beer [bɪəʳ] ◇ *n* bière *f*; **his life is not all ~ and skittles** *Br* sa vie n'est pas toujours rose.
◇ *comp*: **~ barrel** tonneau *m* à bière; **~ bottle** canette *f*; **~ can** boîte *f* de bière; **~ cellar**, **~ garden** *jardin d'un pub où l'on peut prendre ses consommations*; **~ glass** verre *m* à bière, bock *m*; **~ gut**▽, **~ belly** *inf* brioche *f*, bide *m*; **~ tent** *grande tente abritant la buvette lors des manifestations sportives de plein air en Grande-Bretagne*.

beery [ˈbɪərɪ] (*compar* **beerier**, *superl* **beeriest**) *adj* [atmosphere, smell, taste] qui sent la bière; [party] où l'on boit beaucoup de bière; [person] qui a bu beaucoup de bière.

beeswax [ˈbiːzwæks] ◇ *n* cire *f* d'abeille.
◇ *vt* cirer *(avec de la cire d'abeille)*.

beet [biːt] *n* betterave *f* (potagère); **red ~** *Am* betterave *f* (rouge).

Beethoven [ˈbeɪtˌhəʊvn] *pr n*: **Ludwig Van ~** Ludwig van Beethoven.

beetle [ˈbiːtl] ◇ *n* **-1.** [insect] scarabée *m*, coléoptère *m*. **-2.** GAMES *jeu de dés où l'on essaye de dessiner un scarabée*. **-3.** [hammer] mailloche *f*; [machine] mouton *m*.
◇ *vi inf Br* courir précipitamment; **he ~d in/out of the house** il est entré dans/sorti de la maison à toute vitesse; **to ~ off** filer; **to ~ along** filer à toute vitesse.
◆ **Beetle**® *n*: (Volkswagen) **~** AUT Coccinelle® *f*.

beetle-browed [-braʊd] *adj Br* [with bushy eyebrows] aux sourcils broussailleux; [scowling] renfrogné.

beetle drive *n Br fête où l'on joue au «beetle»*.

beetling [ˈbiːtlɪŋ] *adj* [cliff, crag] qui surplombe, surplombant; [brow] proéminent; [eyebrows] broussailleux.

beetroot [ˈbiːtruːt] *n* betterave *f* (potagère OR rouge); **to go (as red as a) ~** devenir rouge comme une tomate.

beet sugar *n* sucre *m* de betterave.

beezer *inf* [ˈbiːzəʳ] *n* **-1.** *Br dated* [person] type *m*. **-2.** *Br dated* [nose] pif *m*. **-3.** *Scot* [extreme example] comble *m*.

befall [bɪˈfɔːl] (*pt* **befell** [-ˈfel], *pp* **befallen** [-ˈfɔːlən]) *fml* OR *lit* ◇ *vt* arriver à, survenir à; **no harm will ~ her** il ne lui sera fait aucun mal.
◇ *vi* **-1.** [happen] arriver, se passer. **-2.** [be due] échoir.

befit [bɪˈfɪt] (*pt & pp* **befitted**, *cont* **befitting**) *vt fml* convenir à, seoir à *fml*; **as ~s a woman of her eminence** comme il sied à une femme de son rang.

befitting [bɪˈfɪtɪŋ] *adj fml* convenable, seyant; **in a manner ~ a statesman** d'une façon qui sied à un homme d'État; **with ~ modesty** avec la modestie qui sied.

befog [bɪˈfɒg] (*pt & pp* **befogged**, *cont* **befogging**) *vt literal* envelopper de brouillard; *fig* [confuse - person] brouiller l'esprit OR les idées de, embrouiller; [- issue] obscurcir; **his mind was befogged by whisky** le whisky lui avait brouillé l'esprit.

before [bɪˈfɔːʳ] ◇ *adv* **-1.** [at a previous time] avant; **you should have thought of that ~** tu aurais dû y penser avant; **haven't we met ~?** est-ce que nous ne nous sommes pas OR ne nous sommes-nous pas déjà rencontrés?; **I have never seen this film ~** c'est la première fois que je vois ce film; **I have/had seen it ~** je l'ai/l'avais déjà vu; **he's made mistakes ~** ce n'est pas la première fois qu'il se trompe; **such things have happened ~** c'est déjà arrivé; **she carries on driving as ~** elle continue de conduire comme auparavant OR avant. **-2.** *lit* [ahead] en avant, devant.
◇ *prep* **-1.** [preceding - in time] avant; **~ the holidays** avant les vacances; **the day ~ the meeting** la veille de la réunion; **two days ~ your birthday** deux jours avant OR l'avant-veille de votre anniversaire; **the day ~ yesterday** avant-hier; **they arrived ~ us** ils sont arrivés avant nous; **the couch won't be delivered ~ next Tuesday** le divan ne sera pas livré avant mardi prochain; **it should have been done ~ now** ça devrait déjà être fait ❑ **that was ~ your time** [you had not been born] vous n'étiez pas encore né; [you had not arrived, joined etc] vous n'étiez pas encore là. **-2.** [preceding - in order, preference] avant; **her name was** OR **came ~ mine in the list** son nom était avant le mien sur la liste; **ladies ~ gentlemen** les dames avant les messieurs; **they put quality ~ quantity** ils font passer la qualité avant la quantité; **the welfare of the people comes ~ private con-**

cerns le bien-être du peuple passe avant tout intérêt privé; ~ **anything else, I would like to thank you** avant tout, je voudrais vous remercier. -**3.** [in front of] devant; **on the table ~ them** *fml* sur la table devant eux; **fields stretched away ~ us** *fml* des champs s'étendaient devant nous; **we have a difficult task ~ us** *fig* nous avons une tâche difficile devant nous; ~ **my very eyes** sous mes propres yeux; **to sail ~ the wind** NAUT avoir le vent arrière OR en poupe; **the troops fled ~ the enemy** les troupes se sont enfuies devant l'ennemi. -**4.** [in the presence of] devant, en présence de; **he said it ~ witnesses** il l'a dit devant OR en présence de témoins; **to appear ~ the court/judge** comparaître devant le tribunal/juge; **she appeared ~ the committee** elle s'est présentée devant le comité. -**5.** [for the consideration of] devant; **the problem ~ us** la question qui nous occupe; **the case ~ the court** l'affaire portée devant le tribunal; **to bring a case ~ the court** saisir le tribunal d'une affaire; **the matter went ~ the council** l'affaire est passée devant le conseil.

◇ *conj* -**1.** [in time] avant de, avant que; **she hesitated ~ answering** elle a hésité avant de répondre; **may I see you ~ you leave?** puis-je vous voir avant que vous ne partiez OR avant votre départ?; **get out ~ I call the police!** fichez le camp avant que je n'appelle la police OR sinon j'appelle la police!; **it'll be a long time ~ he tries that again** il ne recommencera pas de sitôt, il n'est pas près de recommencer; **we should be able to finish ~ the boss gets back** nous devrions pouvoir terminer avant le retour du patron; **it'll be summer ~ she plants the garden** elle ne plantera pas le jardin avant l'été; **it'll be two years ~ the school is built** l'école ne sera pas construite avant deux ans; **it was almost an hour ~ the ambulance arrived** il a fallu presque une heure avant que l'ambulance n'arrive ❑ ~ **you know it,** ~ **you can say Jack Robinson** *inf* avant qu'on ait le temps de dire «ouf». -**2.** [rather than] plutôt que de; **I'll die ~ I let him marry my daughter** je mourrai plutôt que de le laisser épouser ma fille.

◇ *adj* d'avant, précédent; **the day ~** la veille; **the night ~** la veille au soir; **the week ~** la semaine d'avant OR précédente; **this summer and the one ~** cet été et celui d'avant OR le précédent.

beforehand [bɪˈfɔːhænd] ◇ *adv* auparavant, à l'avance; **she had prepared her speech ~** elle avait préparé son discours au préalable OR à l'avance; **if you're coming let me know ~** prévenez-moi si vous décidez de venir.
◇ *adj* [early]: **you were a bit ~ with the congratulations!** *hum* tu t'y es pris un peu tôt pour les félicitations!

before-tax *adj* brut, avant impôts; ~ **income** revenus *mpl* bruts.

befoul [bɪˈfaʊl] *vt lit* souiller, salir.

befriend [bɪˈfrend] *vt* [make friends with] donner son amitié à; [assist] venir en aide à, aider.

befuddle [bɪˈfʌdl] *vt* -**1.** [confuse - person] brouiller l'esprit OR les idées de, embrouiller; [- mind] embrouiller. -**2.** [muddle with alcohol] griser, enivrer; **his mind was ~d with drink** il était étourdi par l'alcool.

beg [beg] (*pt* & *pp* **begged**, *cont* **begging**) ◇ *vi* -**1.** [solicit charity] mendier; **to ~ for food** mendier de la nourriture; **children begging (for money) in the subway** des enfants qui mendient dans le métro; **they live by begging** ils vivent de charité OR d'aumône. -**2.** [ask, plead] supplier; **to ~ for forgiveness/mercy** demander pardon/grâce. -**3.** [dog] faire le beau. -**4.** *Br phr*: **going begging**: **I'll have that last sandwich if it's going begging** je prendrai bien ce dernier sandwich si personne d'autre ne le veut.
◇ *vt* -**1.** [solicit as charity] mendier; **to ~ food** mendier de la nourriture; **she begged money from the passers-by** elle mendiait auprès des passants. -**2.** [ask] demander, solliciter; [plead for] supplier; **I begged the doctor not to say anything** j'ai supplié le médecin de ne rien dire; **she begged a favour of her sister** elle a demandé à sa sœur de lui rendre un service; **to ~ sb's forgiveness** OR **pardon** demander pardon à qqn; **I ~ your pardon** [excuse me] je vous demande pardon; [I didn't hear you] pardon?; [indignantly] de grâce!, je vous en supplie! -**3.** *fml* [ask permission]: **I ~ to differ** je me permets de OR permettez-moi de ne pas être de votre avis; **I ~ to inform you that...** je tiens à OR j'ai l'honneur de vous informer que... -**4.** *Br phr*: **to ~ the question** [evade the issue] éluder la question; [assume something proved] considérer que la question est résolue.
◆ **beg off** *vi insep Br* se soustraire; **our best player begged off pleading illness** notre meilleur joueur s'est fait excuser pour cause de maladie.

began [bɪˈgæn] *pt* → **begin**.

beget [bɪˈget] (*pt* **begot** [-ˈgɒt] OR **begat** [-ˈgæt], *pp* **begotten** [-ˈgɒtn], *cont* **begetting**) *vt literal* [sire] engendrer; *fig* [cause] engendrer, causer.

beggar [ˈbegəʳ] ◇ *n* -**1.** [mendicant] mendiant *m*, -e *f*; [pauper] indigent *m*, -e *f*; **~s can't be choosers** *prov* nécessité fait loi *prov*; 'The Beggar's Opera' *Gay* 'l'Opéra du gueux'. -**2.** *inf Br* [so-and-so] type *m*; **you lucky ~!** sacré veinard!; **poor ~!** pauvre diable!; **you naughty little ~!** petit coquin!; **jammy ~!** veinard!
◇ *vt* -**1.** *fml* [impoverish] réduire à la mendicité, appauvrir. -**2.** *phr*: **to ~ (all) description** défier toute description.

beggarly [ˈbegəlɪ] *adj* [conditions, life] misérable, malheureux; [meal] maigre, piètre; [salary, sum] misérable, dérisoire.

beggar-my-neighbour *Br* ◇ *n* [card game] bataille *f*.
◇ *adj* protectionniste; ~ **policies** politique *f* protectionniste OR du chacun pour soi.

beggary [ˈbegərɪ] *n* misère *f*, mendicité *f*; **they were reduced to ~** ils étaient réduits à la mendicité.

begging [ˈbegɪŋ] ◇ *n* mendicité *f*.
◇ *adj*: ~ **letter** lettre *f* de requête *(demandant de l'argent)*.

begging bowl *n* sébile *f (de mendiant)*.

begin [bɪˈgɪn] (*pt* **began** [-ˈgæn], *pp* **begun** [-ˈgʌn], *cont* **beginning**) ◇ *vt* -**1.** [start] commencer; [career, term] commencer, débuter; [task] entreprendre, s'attaquer à; [work] commencer, se mettre à; **to ~ to do** OR **doing sthg** commencer à faire qqch, se mettre à faire qqch; **I had begun to believe he was lying** j'avais commencé à croire qu'il mentait; **she began the essay** [reading] elle commença à lire l'essai; [writing] elle commença à écrire son essai; **the quotation beginning this chapter** la citation qui ouvre ce chapitre; **she began life as a waitress** elle a débuté comme serveuse; **he soon began to complain** il n'a pas tardé à se plaindre; **I began the day all wrong** j'ai mal commencé la journée; **the film doesn't ~ to compare with the book** le film est loin de valoir le livre; **he can't ~ to compete with her** il ne lui arrive pas à la cheville; **I can't ~ to explain** c'est trop difficile à expliquer. -**2.** [start to say] commencer; **"this is unforgivable", she began** «c'est impardonnable», commença-t-elle. -**3.** [found - club, institution] fonder, inaugurer; [initiate - business, fashion] lancer; [- argument, fight, war] déclencher, faire naître; [- conversation] engager, amorcer; [- discussion, speech] commencer, ouvrir.
◇ *vi* -**1.** [start - person, career, concert, project, speech] commencer; **work should ~ in the spring** les travaux devraient commencer au printemps; **the day began badly/well** la journée s'annonçait mal/bien; **to ~ again** OR **afresh** recommencer (à zéro); ~ **at the beginning** commencez par le commencement; **the night shift ~s at midnight** l'équipe de nuit commence (le travail) à minuit; **when does school ~?** quand est la rentrée?; **after the film ~s** après le début du film; **her career began in Hollywood** sa carrière a débuté à Hollywood; **he began in politics** il s'est lancé dans la politique; **let me ~ by thanking our host** permettez-moi tout d'abord de remercier notre hôte; **let's ~ with a song** commençons par une chanson; **her name ~s with B** son nom commence par un B; **the play ~s with a murder** la pièce débute par un meurtre; **I began with the idea of buying a flat** au départ OR au début je voulais acheter un appartement ❑ **well begun is half done** *Br prov* ce qui commence bien est à moitié fait. -**2.** [originate - club, country, institution] être fondé; [- fire, epidemic] commencer; [- war] éclater, commencer; [- river] prendre sa source; [- fashion] commencer, débuter; **the magazine began as a neighbourhood sheet** la revue a débuté comme journal de quartier; **the motorway ~s at Dijon** l'autoroute commence à Dijon; **that's when our troubles ~** c'est là que nos ennuis commencent.
◆ **to begin with** *adv phr* d'abord; **to ~ with, it's too cold** d'abord, il fait trop froid; **to ~ with, the statistics are wrong** pour commencer OR d'abord, les chiffres sont faux; **everything went well to ~ with** tout s'est bien passé au début OR au départ; **the plate was cracked to ~ with** l'assiette était déjà fêlée au départ.

beginner [bɪˈgɪnəʳ] *n* débutant *m*, -e *f*; **I'm just a ~ at golf** je ne suis qu'un débutant au golf; **not bad for a ~** pas si mal pour un débutant; **it's ~'s luck!** on a toujours de la chance au début!; **French for ~s** français pour débutants.

beginning [bɪˈgɪnɪŋ] *n* -**1.** [start - of book, career, project] commencement *m*, début *m*; **in** OR **at the ~** au début, au commencement; **this is just the ~ of our troubles** nos ennuis ne font que commencer; **begin at the ~** commencez par le commencement; **let's start again from the ~** reprenons depuis le début; **at the ~ of the academic year** au début de l'année universitaire; **from ~ to end** du début à la fin, d'un bout à l'autre; **it's the ~ of the end** c'est le début de la fin. -**2.** [early part, stage - of book, career, war] commencement *m*, début *m*; [- of negotiations] début *m*, ouverture *f*; **the day had a good ~** la journée avait bien commencé; **the ~ of the world** l'origine OR le commencement du monde; **since the ~ of time** depuis la nuit des temps. -**3.** [origin - of event] origine *f*, commencement *m*; **Protestantism had its ~s in Germany** le protestantisme a pris naissance en Allemagne; **his assassination signalled the ~ of the war** son assassinat a marqué le déclenchement de la guerre.

begone [bɪˈgɒn] *vi lit*: ~! hors d'ici!

begonia [bɪˈgəʊnjə] *n* bégonia *m*.

begorrah [bɪˈgɒrə] *interj expression stéréotypée, souvent employée pour caricaturer la manière de parler des Irlandais.*

begot [bɪˈgɒt] *pt* → **beget**.

begotten [bɪˈgɒtn] *pp* → **beget**.

begrudge [bɪˈgrʌdʒ] *vt* -**1.** [envy] envier; **she ~s him his success** elle lui en veut de sa réussite. -**2.** [give grudgingly] donner OR accorder à regret; **he ~s every minute spent away from his family** il rechigne à passer une seule minute loin de sa famille; **I ~ spending so much on rent** ça me fait mal au cœur de payer un loyer aussi cher.

beguile [bɪˈgaɪl] *vt* -**1.** [charm] envoûter, séduire. -**2.** [delude] enjôler, tromper; **to ~ sb into doing sthg** amener qqn à faire qqch; **to ~ sb out of sthg** obtenir qqch de qqn par la séduction. -**3.** [pass pleasantly]: **to ~ (away) the hours** faire passer le temps *(agréablement)*.

beguiling [bɪˈgaɪlɪŋ] *adj* charmant, séduisant.

beguine [bɪˈgiːn] *n musique ou danse ressemblant au boléro.*

begum [ˈbeɪgəm] *n* bégum *f*.

begun [bɪˈgʌn] *pp* → **begin**.

behalf [bɪˈhɑːf] *n*
◆ **on behalf of** *Br*, **in behalf of** *Am prep phr*: **on ~ of sb** [as their representative] de la part de OR au nom de qqn; [in their interest] dans l'intérêt de OR pour qqn; **on ~ of everyone here, I thank you** au nom de tous ceux qui sont ici présents, je vous remercie; **I came on ~ of the**

president je viens de la part du président; she acted on his ~ when he was ill c'est elle qui l'a représenté quand il était malade; your lawyer acts on your ~ votre avocat agit en votre nom; the commission a décidé on their ~ la commission a décidé en leur nom; don't worry on my ~ ne vous inquiétez pas à mon sujet.

behave [bɪ'heɪv] ◇ *vi* -1. [act] se comporter, se conduire; why are you behaving this way? pourquoi agis-tu de cette façon?; to ~ badly/well mal/bien se comporter; he ~d badly towards her il s'est mal conduit envers elle; she's behaving very strangely elle se comporte de façon bizarre; she was sorry for the way she'd ~d towards him elle regrettait la façon dont elle l'avait traité. -2. [act properly] se tenir bien; will you ~! sois sage!, tiens-toi bien! -3. [function] fonctionner, marcher; she studies how matter ~s in extremes of cold and heat elle étudie le comportement de la matière dans des conditions de froid ou de chaleur extrêmes; the car ~s well on curves la voiture tient bien la route dans les virages.
◇ *vt* se tenir bien; ~ yourself! sois sage!, tiens-toi bien!

behaviour *Br*, **behavior** *Am* [bɪ'heɪvjəʳ] ◇ *n* -1. [of person] comportement *m*, conduite *f*; [of animal] comportement *m*; her ~ towards her mother was unforgivable la façon dont elle s'est comportée avec sa mère était impardonnable; to be on one's best ~ se tenir OR se conduire de son mieux; the child was on his best ~ l'enfant était d'une sagesse exemplaire. -2. [of atom, chemical, light] comportement *m*; [of machine] fonctionnement *m*.
◇ *comp* [modification, problem] du comportement; [pattern] de comportement.

behavioural *Br*, **behavioral** *Am* [bɪ'heɪvjərəl] *adj* de comportement, comportemental.

behavioural science *n* science *f* du comportement, behaviorisme *m*, comportementalisme *m*.

behaviourism *Br*, **behaviorism** *Am* [bɪ'heɪvjərɪzm] *n* behaviorisme *m*.

behaviourist *Br*, **behaviorist** *Am* [bɪ'heɪvjərɪst] ◇ *adj* behavioriste.
◇ *n* behavioriste *mf*.

behaviour therapy *n* thérapie *f* comportementale.

behead [bɪ'hed] *vt* décapiter.

beheld [bɪ'held] *pt* & *pp* → **behold**.

behemoth [bɪ'hiːmɒθ] *n* [monster] monstre *m*.

behest [bɪ'hest] *n fml* commandement *m*, ordre *m*; at the ~ of the Queen sur ordre de la reine.

behind [bɪ'haɪnd] ◇ *prep* -1. [at the back of] derrière; ~ the house derrière la maison; she came out from ~ the bushes elle est sortie de derrière les buissons; I sat down right ~ him je me suis assis juste derrière lui; lock the door ~ you fermez la porte à clé (derrière vous); his wife was ~ the bar that night sa femme était derrière le bar OR au bar ce soir-là. -2. [indicating past time] derrière; he has ten years' experience ~ him il a dix ans d'expérience derrière lui; your troubles are ~ you now vos ennuis sont terminés maintenant; you have to put the incident ~ you il faut que tu oublies cet incident. -3. [indicating deficiency, delay] en retard sur, derrière; she is ~ the other pupils elle est en retard sur les autres élèves; we're three points ~ the other team nous sommes à trois points derrière l'autre équipe; the trains are running ~ schedule OR ~ time les trains ont du retard (sur l'horaire). -4. [responsible for] derrière; who was ~ the plot? qui était derrière le complot OR à l'origine du complot?; what's ~ all this? qu'est-ce que ça cache? -5. [supporting]: we're right ~ you on this vous avez tout notre soutien dans cette affaire; the country is right ~ the new policies la population soutient tout à fait les nouvelles mesures.
◇ *adv* -1. [at, in the back] derrière, en arrière; look ~ regardez derrière; he attacked them from ~ il les a attaqués par derrière; they followed ~ ils arrivaient derrière, ils suivaient; disaster was not far ~ la catastrophe était imminente. -2. [late] en retard; I'm ~ in OR with my rent je suis en retard sur mon loyer; I'm ~ in OR with my work j'ai du retard dans mon travail; she's too far ~ to catch up with the others elle a pris trop de retard pour pouvoir rattraper les autres; our team is three points ~ notre équipe a trois points de moins; I'm all ~ today *inf* je suis en retard (dans mon travail) aujourd'hui.
◇ *n euph* derrière *m*, postérieur *m*.

behindhand [bɪ'haɪndhænd] *adv* en retard; we're ~ with the rent nous sommes en retard sur le loyer; I'm getting ~ with my work je suis en train de prendre du retard dans mon travail.

behind-the-scenes *adj* secret; a ~ look at politics un regard en coulisse sur la politique.

behold [bɪ'həʊld] (*pt* & *pp* beheld [-'held]) *vt arch* OR *lit* [see] regarder, voir; [notice] apercevoir; a sight to ~ un spectacle à voir; ~ your king voici votre roi; and ~, she actually agreed et chose étonnante, elle a accepté.

beholden [bɪ'həʊldən] *adj* redevable; I am deeply ~ to him je lui suis infiniment redevable.

behove *Br* [bɪ'həʊv], **behoove** *Am* [bɪ'huːv] *vt arch* OR *lit*: it ~s them to be prudent il leur appartient d'être prudents.

beige [beɪʒ] ◇ *adj* beige.
◇ *n* beige *m*.

Beijing [,beɪ'dʒɪŋ] *pr n* Beijing.

being ['biːɪŋ] ◇ *pres p* → **be**.
◇ *n* -1. [creature] être *m*, créature *f*; a human ~ un être humain; a ~ from another planet une créature (venue) d'une autre planète. -2. [essential nature] être *m*; her whole ~ rebelled tout son être se révoltait. -3. [existence] existence *f*; already in ~ déjà existant, qui existe déjà; to bring OR to call sthg into ~ faire naître qqch, susciter qqch; they brought a new social policy into ~ ils ont établi une nouvelle politique sociale; the movement came into ~ in the 1920s le mouvement est apparu OR fut créé dans les années 20 ❑ 'Being and Nothingness' *Sartre* 'L'Être et le néant'; 'Being and Time' *Heidegger* 'Être et temps'.

Beirut [,beɪ'ruːt] *pr n* Beyrouth; East ~ Beyrouth-Est; West ~ Beyrouth-Ouest.

bejewelled *Br*, **bejeweled** *Am* [bɪ'dʒuːəld] *adj* [person] paré OR couvert de bijoux; [box, purse] incrusté de bijoux.

bel [bel] *n* bel *m*.

belabour *Br*, **belabor** *Am* [bɪ'leɪbəʳ] *vt* [beat] rouer de coups; [criticize] injurier, invectiver.

Belarus [,belə'ruːs] *pr n*: the Republic of ~ la république de Bélarus.

belated [bɪ'leɪtɪd] *adj* tardif.

belatedly [bɪ'leɪtɪdlɪ] *adv* tardivement.

belay [bɪ'leɪ] ◇ *vt* & *vi* -1. NAUT amarrer. -2. CLIMBING assurer.
◇ *n* assurance *f*.

belaying pin [bɪ'leɪɪŋ] *n* cabillot *m*.

belch [beltʃ] ◇ *n* renvoi *m*, rot *m*; to give a ~ éructer, roter.
◇ *vi* éructer, roter.
◇ *vt* [expel] cracher, vomir.

beleaguer [bɪ'liːgəʳ] *vt* -1. [harass] harceler, assaillir; reporters ~ed him with questions les journalistes le harcelèrent de questions; ~ed bureaucrats des bureaucrates assaillis OR harcelés. -2. [besiege - city] assiéger; [- army, group] encercler, cerner.

beleaguered [bɪ'liːgəd] *adj* -1. *literal* assiégé. -2. *fig* en difficulté.

belfry ['belfrɪ] (*pl* belfries) *n* [of church] beffroi *m*, clocher *m*; [of tower] beffroi *m*.

Belgian ['beldʒən] ◇ *n* Belge *mf*.
◇ *adj* belge.

Belgium ['beldʒəm] *pr n* Belgique *f*; in ~ en Belgique.

Belgrade [,bel'greɪd] *pr n* Belgrade.

Belgravia [bel'greɪvjə] *pr n quartier chic de Londres.*

belie [bɪ'laɪ] (*pt* & *pp* belied, *cont* belying) *vt fml* [misrepresent] donner une fausse idée OR impression de; [contradict - hope, impression] démentir, tromper; [- promise] démentir, donner le démenti à; her youthful figure ~d her age la jeunesse de sa silhouette démentait son âge.

belief [bɪ'liːf] *n* -1. [feeling of certainty] croyance *f*; ~ in God croyance en Dieu; I've lost any ~ I had in human kindness je ne crois plus du tout en la bonté humaine; contrary to popular ~ contrairement à ce qu'on croit; beyond ~ incroyable; he's lazy beyond ~ il est incroyablement paresseux. -2. [conviction, opinion] conviction *f*, certitude *f*; it's my ~ he's lying je suis certain OR convaincu qu'il ment; in the ~ that he would help them certains OR persuadés qu'il allait les aider; in the mistaken ~ that... persuadé à tort que...; to the best of my ~ autant que je sache. -3. [religious faith] foi *f*, croyance *f*; [political faith] dogme *m*, doctrine *f*. -4. [confidence, trust] confiance *f*, foi *f*.

believable [bɪ'liːvəbl] *adj* croyable.

believe [bɪ'liːv] ◇ *vi* -1. [be convinced of existence or truth of] croire; to ~ in miracles/in God croire aux miracles/en Dieu; seeing is believing voir c'est croire. -2. [be convinced of value of] croire; I ~ in free enterprise je suis partisan de la libre entreprise; they ~ in their president ils ont confiance en OR font confiance à leur président; he ~s in giving the public greater access to information il est d'avis qu'il faut donner au public un plus grand accès à l'information. -3. [have religious faith] être croyant, avoir la foi.
◇ *vt* -1. [consider as real or true] croire, donner foi à; don't ~ a word she says ne croyez pas un mot de ce qu'elle dit; I don't ~ a word of it je n'en crois rien OR pas un mot; don't you ~ it! détrompe-toi!; he's getting married! — I don't ~ it! il va se marier! — c'est pas vrai!; she's fifty, would you ~ it! elle a cinquante ans, figure-toi!; he couldn't ~ his ears/his eyes il n'en croyait pas ses oreilles/ses yeux; and, ~ it or not, she left et, crois-le si tu veux, elle est partie. -2. [accept statement or opinion of] croire; if she is to be ~d, she was born a duchess à l'en croire, elle est duchesse; and ~ (you) me, I know what I'm talking about! et croyez-moi, je sais de quoi je parle! -3. [hold as opinion, suppose] croire, supposer; I ~ he left je crois qu'il est parti; I don't ~ he left je ne crois pas qu'il soit parti; I ~ I've taken a wrong turning je crois que je me suis trompé de route OR que j'ai pris la mauvaise route; the jury ~s him guilty le jury le croit coupable; I don't know what to ~ je ne sais que croire, je ne sais pas à quoi m'en tenir; it's ~d that the prisoners have been killed on pense que les prisonniers ont été tués; she is, I ~, our greatest novelist elle est, je crois OR à mon avis, notre meilleure romancière; we have every reason to ~ he's telling the truth nous avons tout lieu de croire qu'il dit la vérité; he'd have her ~ it's an antique il voudrait lui faire croire que c'est un objet d'époque; I ~ not je crois que non, je ne crois pas; I ~ so je crois que oui, je crois; I wouldn't have ~d it of him je n'aurais pas cru cela de lui.

believer [bɪ'liːvəʳ] *n* -1. [supporter] partisan *m*, adepte *mf*; a ~ in socialism un partisan du socialisme; he's a great ~ in taking regular exercise il est convaincu qu'il faut faire régulièrement de l'exercice. -2. RELIG croyant *m*, -e *f*; are you a ~? êtes-vous croyant?

Belisha beacon [bɪ'liːʃə-] *n Br globe orange clignotant marquant un passage clouté.*

belittle [bɪ'lɪtl] *vt* rabaisser, dénigrer; he's always belittling her work il dénigre toujours son travail.

Belize [be'liːz] *pr n* Belize *m*; in ~ au Belize.

Belizean [be'liːzɪən] ◇ *n* Bélizien *m*, -enne *f*.
◇ *adj* bélizien.

bell [bel] ◇ *n* -**1.** [in church] cloche *f*; [handheld] clochette *f*; [on bicycle] sonnette *f*; [for cows] cloche *f*, clarine *f*; [on boots, toys] grelot *m*; [sound] coup *m* (de cloche); **there goes the dinner ~** c'est la cloche qui annonce le dîner; **has the first ~ for vespers gone?** a-t-on sonné le premier coup des vêpres?; **to sound ~s** NAUT piquer la cloche OR l'heure; **it sounded four/eight ~s** NAUT cela a piqué quatre/huit coups (de cloche) ❑ **saved by the ~!** sauvé par le gong!; **~, book and candle** instruments *mpl* du culte; **'For Whom the Bell Tolls'** *Hemingway* 'Pour qui sonne le glas'. -**2.** [electrical device - on door] sonnette *f*; **there's the ~** il y a quelqu'un à la porte, on sonne (à la porte). -**3.** *inf Br* [telephone call]: **I'll give you a ~** je te passe un coup de fil. -**4.** [of flower] calice *m*, clochette *f*; [of oboe, trumpet] pavillon *m*. -**5.** [of stag] bramement *m*; [of hound] aboiement *m*.
◇ *vi* -**1.** [stag] bramer; [hound] aboyer. -**2.** [bloat, distend] ballonner.

belladonna [ˌbelə'dɒnə] *n* belladone *f*.

bell-bottomed [-ˌbɒtəmd] *adj* à pattes d'éléphant.

bell-bottoms *npl* pantalon *m* à pattes d'éléphant.

bellboy ['belbɔɪ] *n* chasseur *m*, porteur *m*.

bell buoy *n* bouée *f* à cloche.

belle [bel] *n* belle *f*, beauté *f*; **the ~ of the ball** la reine du bal.

belletrist [bel'letrɪst] *n* écrivain *m* des belles-lettres.

bellflower ['belˌflaʊəʳ] *n* campanule *f*.

bell glass *n* cloche *f* de verre.

bell heather *n* bruyère *f* cendrée.

bellhop ['belhɒp] *Am* = **bellboy**.

bellicose ['belɪkəʊs] *adj* belliqueux.

bellicosity [ˌbelɪ'kɒsətɪ] *n* bellicisme *m*.

belligerence [bɪ'lɪdʒərəns], **belligerency** [bɪ'lɪdʒərənsɪ] *n* belligérance *f*.

belligerent [bɪ'lɪdʒərənt] ◇ *adj* belligérant.
◇ *n* belligérant *m*, -e *f*.

bell jar *n* cloche *f* de verre; **'The Bell Jar'** *Plath* 'la Cloche de verre'.

bellow ['beləʊ] ◇ *vi* [bull] beugler, meugler; [elephant] barrir; [person] brailler; **he ~ed with pain** il a hurlé de douleur; **the crowd ~ed with laughter** la foule hurlait de rire.
◇ *vt*: **to ~ (out) sthg** brailler qqch.
◇ *n* [of bull] beuglement *m*, meuglement *m*; [of elephant] barrissement *m*; [of person] braillement *m*.

bellows ['beləʊz] *n pl* -**1.** [for fire] soufflet *m*; **a pair of ~** un soufflet. -**2.** [for accordion, organ] soufflerie *f*.

bellpull ['belpʊl] *n* [for servant] cordon *m* de sonnette; [on door] poignée *f* de sonnette.

bell push *n* bouton *m* de sonnette.

bell-ringer *n* sonneur *m*, carillonneur *m*.

bell-ringing *n* carillonnement *m*.

bell rope *n* [to call servant] cordon *m* de sonnette; [in belfry] corde *f* de cloche.

bell tent *n* tente *f* conique.

bell tower *n* clocher *m*.

bellwether ['belˌweðəʳ] *n* [sheep] sonnailler *m*; *fig* [person] meneur *m*, -euse *f*, chef *m*.

belly ['belɪ] (*pl* **bellies**, *pt* & *pp* **bellied**)
◇ *n* -**1.** [stomach] ventre *m*; **a big ~** un gros ventre; **he only thinks of his ~** il ne pense qu'à son estomac. -**2.** [of plane, ship] ventre *m*; [of sail] creux *m*. -**3.** [of cello, guitar] table *f* d'harmonie. -**4.** CULIN: **pork ~** lard *m*. -**5.** *arch* [womb] ventre *m*.
◇ *vi*: **to ~ (out)** s'enfler, se gonfler.
◇ *vt* enfler, gonfler.

bellyache *inf* ['belɪeɪk] ◇ *n* -**1.** [pain] mal *m* au OR de ventre; **I've got (a) ~** j'ai mal au ventre. -**2.** [complaint] rogne *f*, rouspétance *f*.
◇ *vi* râler; **stop bellyaching!** arrête de râler!

bellyaching *inf* ['belɪˌeɪkɪŋ] *n (U)* ronchonnements *mpl*, rouspétances *fpl*.

belly button *inf n* nombril *m*.

belly dance ◇ *n* danse *f* du ventre.
◇ *vi* danser OR faire la danse du ventre.

belly dancer *n* danseuse *f* du ventre OR orientale.

belly flop *n*: **to do a ~** faire un plat.

bellyful *inf* ['belɪfʊl] *n* [of food] ventre *m* plein; *fig*: **I've had a ~** j'en ai jusque-là; **I've had a ~ of your complaints** j'en ai ras le bol de tes rouspétances.

belly-land *inf vi* & *vt* atterrir sur le ventre.

belly-landing *inf n* atterrissage *m* sur le ventre; **the plane made a ~** l'avion a atterri OR s'est posé sur le ventre.

belly laugh *inf n* gros rire *m*.

belong [bɪ'lɒŋ] *vi* -**1.** [be property]: **to ~ to sb** appartenir à OR être à qqn; **the dictionary ~s to her** le dictionnaire lui appartient OR est à elle; **the company ~s to a large conglomerate** l'entreprise appartient à un important conglomérat. -**2.** [be member]: **he ~s to a trade union** il fait partie OR il est membre d'un syndicat, il est syndiqué. -**3.** [be part] appartenir; **the field ~s to that house** le champ dépend de cette maison; **this key ~s to the car** cette clé est pour la voiture; **this jacket ~s with those trousers** cette veste va avec ce pantalon; **which species do they ~ to?** à quelle espèce appartiennent-ils?; **she ~s in another era** elle est d'une autre époque. -**4.** [have proper place] être à sa place; **the dishes ~ in that cupboard** les assiettes vont dans ce placard; **put the books back where they ~** remettez les livres à leur place; **the two of them ~ together** ces deux-là sont faits pour être ensemble; **these gloves ~ together** ces gants appartiennent à la même paire; **I don't ~ here** je ne suis pas à ma place ici; **go back home where you ~** rentrez chez vous; **she doesn't feel she ~s** elle ne se sent pas chez elle ici; **he ~s in teaching** sa place est dans l'enseignement; **these issues ~ in a court of law** ces questions relèvent d'un tribunal.

belonging [bɪ'lɒŋɪŋ] *n*: **a sense of ~** un sentiment d'appartenance.
◆ **belongings** *npl* affaires *fpl*, possessions *fpl*; **she packed the few ~s she had** elle a emballé le peu (de choses OR d'affaires) qu'elle avait; **personal ~s** objets *mpl* OR effets *mpl* personnels.

Belorussia *etc* [ˌbeləʊ'rʌʃə] = **Byelorussia**.

beloved [bɪ'lʌvd] ◇ *adj* chéri, bien-aimé; **he was ~ by** OR **of all his friends** il était cher à tous ses amis; **my ~ father** mon très cher père.
◇ *n* bien-aimé *m*, -e *f*, amour *m*; **dearly ~, we are gathered here today...** mes très chers amis, nous sommes ici aujourd'hui...

below [bɪ'ləʊ] ◇ *prep* -**1.** [at, to a lower position than] au-dessous de, en dessous de; [under] sous; **the flat ~ ours** l'appartement au-dessous OR en dessous du nôtre; **her skirt came to ~ her knees** sa jupe lui descendait au-dessous du genou; **~ the surface** sous la surface; **~ (the) ground** sous (la) terre. -**2.** [inferior to] au-dessous de, inférieur à; **temperatures ~ zero** des températures au-dessous de OR inférieures à zéro; **his grades are ~ average** ses notes sont au-dessous de OR inférieures à la moyenne; **~ the poverty line** en dessous du seuil de pauvreté; **children ~ the age of five** des enfants de moins de cinq ans; **the rank is just ~ that of general** le rang est juste au-dessous de celui d'un général. -**3.** [downstream of] en aval de. -**4.** [south of] au sud de.
◇ *adv* -**1.** [in lower place, on lower level] en dessous, plus bas; **we looked down onto the town ~** nous contemplions la ville à nos pieds; **down ~ in the valley** en bas dans la vallée; **the flat ~** l'appartement d'en dessous OR du dessous; **he could hear two men talking ~** il entendait deux hommes parler en bas; **seen from ~** vu d'en bas; **the title came first with her name immediately ~** le titre apparaissait en premier avec son nom juste en dessous ❑ **here ~** *arch* OR *lit* [on earth] ici-bas. -**2.** [with numbers, quantities] moins; **it was twenty ~** *inf* il faisait moins vingt; **children of five and ~** les enfants de cinq ans et moins. -**3.** [in text] plus bas, ci-dessous; **see ~** voir plus bas OR ci-dessous; **the address given ~** l'adresse mentionnée ci-dessous. -**4.** NAUT en bas; **to go ~** descendre dans l'entrepont; **she went ~ to her cabin** elle est descendue à sa cabine.

belt [belt] ◇ *n* -**1.** [gen & SPORT] ceinture *f*; MIL ceinturon *m*, ceinture *f*; **a leather ~** une ceinture en cuir; **he had a gun at his ~** il portait un revolver à la ceinture; **to give sb the ~** donner une correction à qqn; **a black/brown ~** SPORT une ceinture noire/marron ❑ **she now has a doctoral degree under her ~** elle a maintenant un doctorat en poche; **no hitting below the ~** *literal* il est interdit de porter des coups bas; *fig* pas de coups bas!; **that was a bit below the ~** c'était un peu déloyal comme procédé; **to pull in** OR **to tighten one's ~** se serrer la ceinture. -**2.** [of machine] courroie *f*. -**3.** [area, zone] région *f*; **~s of high unemployment** des régions à fort taux de chômage; **corn/cotton ~** région *f* de culture du maïs/du coton. -**4.** *inf* [sharp blow] coup *m*. -**5.** *inf* [of whisky] gorgée *f*.
◇ *vt* -**1.** [dress, trousers] ceinturer, mettre une ceinture à; **he had a gun ~ed to his waist** il avait un revolver à la ceinture; **a ~ed raincoat** un imperméable à ceinture. -**2.** [hit with belt] donner des coups de ceinture à; [as punishment] administrer une correction à. -**3.** *inf* [hit] donner OR flanquer un coup à; **I ~ed him (one) in the eye** je lui en ai collé un dans l'œil; **she ~ed the ball** elle a donné un grand coup dans la balle.
◇ *vi* *inf Br* filer; **they went ~ing along** ils fonçaient; **he ~ed into/out of the room** il est entré dans/sorti de la pièce à toute berzingue; **~ing down the motorway** fonçant sur l'autoroute.
◆ **belt down** *inf vt sep Br* [food] engloutir, enfourner; [drink] avaler, descendre.
◆ **belt out** *inf vt sep*: **she ~ed out the national anthem** elle a chanté l'hymne national à pleins poumons; **he ~ed out a song on the piano** il a joué un air entraînant au piano.
◆ **belt up** *vi insep* -**1.** [in car, plane] attacher sa ceinture; **~ up!** attachez votre ceinture! -**2.** *inf Br* [be quiet] la fermer, la boucler; **~ up!** boucle-la!

belt-driven *adj* actionné par courroie.

belting ['beltɪŋ] *n*: **to give sb a ~** [as punishment] donner des coups de ceinture OR administrer une correction à qqn; [in fight] rouer qqn de coups.

beltway ['beltˌweɪ] *n Am* (boulevard *m*) périphérique *m*.

belvedere ['belvɪˌdɪəʳ] *n* belvédère *m*.

bemoan [bɪ'məʊn] *vt* pleurer, se lamenter sur; **he ~ed the loss of this freedom** il pleura la perte de sa liberté; **to ~ one's fate** pleurer sur son sort.

bemused [bɪ'mjuːzd] *adj* déconcerté, dérouté; **she seemed ~** elle semblait déconcertée; **he gave a ~ smile** il sourit d'un air OR il eut un sourire déconcerté.

ben [ben] *n Ir* & *Scot* sommet *m*, mont *m*.

Benares [bɪ'nɑːrɪz] *pr n* Bénarès.

bench [bentʃ] ◇ *n* -**1.** [seat] banc *m*; [caned, padded] banquette *f*; [in auditorium] gradin *m*; **park ~** banc public; **on the ~** SPORT en réserve. -**2.** *Br* [in Parliament] banc *m*; **the government ~es** les bancs du gouvernement. -**3.** [work table] établi *m*, plan *m* de travail. -**4.** JUR [seat] banc *m*; **the ~** [judge] la cour, le juge; **address your remarks to the ~** adressez-vous à la cour ‖ [judges as group]: **the ~** les juges, les magistrats; **she has been raised to the ~** elle a été nommée juge; **he serves** OR **sits on the ~** [permanent office] il est juge; [for particular case] il siège au tribunal; **what does the ~ feel about this?** qu'en pense la cour?
◇ *comp*: **~ lathe** tour *m* d'établi; **~ vice** étau *m* d'établi.
◇ *vt Am* SPORT retirer du jeu.

bencher ['bentʃəʳ] *n Br* JUR ≃ membre *m* de l'ordre des avocats.

benchmark ['bentʃmɑːk] *n literal* repère *m*; [in surveying] repère *m* de nivellement; *fig* repère *m*, point *m* de référence; a ~ decision une décision de base OR de référence.

bench press ◇ *n banc sur lequel on s'allonge pour soulever des haltères.*
◇ *vt*: to ~ 50 kg soulever 50 kg *(allongé)*.

bench warrant *n Br* JUR mandat *m* d'arrêt.

bend [bend] (*pt* & *pp* bent [bent]) ◇ *vt* -1. [arm, finger] plier; [knee, leg] plier, fléchir; [back, body] courber; [head] pencher, baisser; they bent their heads over their books ils se penchèrent sur leurs livres; to ~ one's head in prayer baisser la tête pour prier; on ~ed knee à genoux; he went down on ~ed knee il se mit à genoux, il s'agenouilla; to ~ sb to one's will plier qqn à sa volonté ❑ he likes to ~ the elbow *inf Br* il sait lever le coude, il aime bien boire; to ~ sb's ear casser les oreilles à qqn. -2. [pipe, wire] tordre, courber; [branch, tree] courber, faire ployer; [bow] bander, arquer; to ~ sthg at right angles plier qqch à angle droit; she bent the stem slightly elle a courbé un peu la tige; he bent the rod out of shape il a tordu la barre ❑ to ~ the rules faire une entorse au règlement. -3. [deflect - light, ray] réfracter; [- stream] dériver, détourner. -4. *lit* [direct, turn] diriger; they bent their steps towards home ils se dirigèrent OR ils dirigèrent leurs pas vers la maison; he bent his attention OR his mind to solving the problem il s'appliqua à résoudre le problème; we bent all our efforts to fighting racism nous avons mis tous nos efforts dans la lutte contre le racisme; they bent themselves to the task ils se sont attelés à la tâche; all eyes were bent on the demonstration tous les yeux OR regards étaient fixés sur la démonstration. -5. NAUT [fasten - cable, rope] étalinguer; [- sail] enverguer.
◇ *vi* -1. [arm, knee, leg] plier; [person] se courber, se pencher; [head] se pencher; [rod, wire] plier, se courber; [branch, tree] ployer, plier; to ~ under the burden/the weight ployer sous le fardeau/le poids; she bent over the counter elle s'est penchée par-dessus le comptoir; he bent backwards/forwards il s'est penché en arrière/en avant. -2. [river, road] faire un coude, tourner; the road ~s to the left la route tourne à gauche. -3. [submit] céder; the people refused to ~ to the colonial forces le peuple a refusé de se soumettre aux forces coloniales; the government bent to pressure from the unions l'administration a cédé à la pression des syndicats.
◇ *n* -1. [in road] coude *m*, virage *m*; [in river] méandre *m*, coude *m*; [in pipe, rod] coude *m*; after I rounded the first ~ in the road après (avoir pris) le premier virage; the road makes a ~ to the right la route fait un coude vers la droite; '~s for 7 miles' 'virages sur 10 km' ❑ to drive sb round the ~ *inf* rendre qqn fou; he's completely round the ~ *inf* il est complètement cinglé. -2. [in arm] pli *m*, saignée *f*; [in knee] pli *m*, flexion *f*; she did a couple of forward ~s elle s'est penchée plusieurs fois en avant. -3. NAUT [knot] nœud *m* (de jonction).
◆ **bends** *npl* maladie *f* des caissons; to get the ~s être atteint par la maladie des caissons.
◆ **bend back** ◇ *vi insep* -1. [person] se pencher en arrière. -2. [blade, tube] se recourber.
◇ *vt sep* replier, recourber.
◆ **bend down** ◇ *vi insep* -1. [person] se courber, se baisser. -2. [branch, tree] plier, ployer.
◇ *vt sep* [branch, tree] faire ployer; [blade, tube] replier, recourber.
◆ **bend over** ◇ *vi insep* se pencher; to ~ over backwards to please (sb) se donner beaucoup de mal pour faire plaisir (à qqn).
◇ *vt sep* replier, recourber.

bender *inf* ['bendəʳ] *n* beuverie *f*; to go on a ~ faire la noce.

bend sinister *n* HERALD barre *f* de bâtardise.

bendy ['bendɪ] (*compar* bendier, *superl* bendiest) *adj* -1. [road] sinueux. -2. [flexible] souple, flexible.

beneath [bɪ'niːθ] ◇ *prep* -1. [under] sous; the ground ~ my feet le sol sous mes pieds; buried ~ tons of rubble enfoui sous des tonnes de gravats; the ship sank ~ the waves le navire a sombré sous les vagues. -2. [below]: the valley was spread out ~ us la vallée s'étalait sous nos pieds. -3. [unworthy of] indigne de; she thinks the work is ~ her elle estime que le travail est indigne d'elle. -4. [socially inferior to] inférieur *(socialement)*; he married ~ him il a fait une mésalliance *fml*, il n'a pas fait un bon mariage.
◇ *adv* [underneath] en bas; from ~ d'en dessous.

Benedict ['benɪdɪkt] *pr n*: Saint ~ saint Benoît.

Benedictine [*n sense 1* & *adj* ˌbenɪ'dɪktɪn, *n sense 2* ˌbenɪ'dɪktiːn] ◇ *n* -1. RELIG bénédictin *m*, -e *f*. -2. [liqueur] Bénédictine® *f*.
◇ *adj* bénédictin.

benediction [ˌbenɪ'dɪkʃn] *n* -1. RELIG & *fig* [blessing] bénédiction *f*. -2. [service] salut *m*.

benefaction [ˌbenɪ'fækʃn] *n* -1. [good deed] acte *m* de bienfaisance. -2. [donation] don *m*, donation *f*.

benefactor ['benɪfæktəʳ] *n* bienfaiteur *m*.

benefactress ['benɪfæktrɪs] *n* bienfaitrice *f*.

benefice ['benɪfɪs] *n* bénéfice *m*.

beneficence [bɪ'nefɪsns] *n* -1. [kindness] bienveillance *f*, bienfaisance *f*. -2. [good deed] acte *m* de bienfaisance, bienfait *m*.

beneficent [bɪ'nefɪsnt] *adj* [person, regime] bienfaisant, généreux; [change, effect] bienfaisant, salutaire.

beneficial [ˌbenɪ'fɪʃl] *adj* -1. [good, useful] avantageux, profitable; legislation ~ to the self-employed des lois favorables aux travailleurs non-salariés; the holiday proved highly ~ les vacances ont été extrêmement bénéfiques; vitamins are ~ to health les vitamines sont bonnes pour la santé; ~ effects des effets salutaires. -2. JUR: ~ owner usufruitier *m*, -ère *f*; ~ legacy usufruit *m*.

beneficiary [ˌbenɪ'fɪʃərɪ] (*pl* beneficiaries) *n* -1. [of insurance policy, trust] bénéficiaire *mf*; [of will] bénéficiaire *mf*, légataire *mf*. -2. RELIG bénéficier *m*.

benefit ['benɪfɪt] (*Br pt* & *pp* benefited, *cont* benefiting, *Am pt* & *pp* benefitted, *cont* benefitting) ◇ *n* -1. [advantage] avantage *m*; the ~s of a good education les avantages OR les bienfaits d'une bonne éducation; she is starting to feel the ~s of the treatment elle commence à ressentir les bienfaits du traitement; she did it for the ~ of the whole family elle a agi pour le bien-être de toute la famille; I'm saying this for your ~ je dis cela pour toi OR pour ton bien; for the ~ of those who arrived late pour les retardataires OR ceux qui sont arrivés en retard; the speech she made was all for his ~ le discours qu'elle a prononcé ne s'adressait qu'à lui; the holiday wasn't of much ~ to him les vacances ne lui ont pas fait tellement de bien; our discussion was of no ~ to me notre discussion ne m'a rien apporté; it's to your ~ to watch your diet il est dans votre intérêt de surveiller ce que vous mangez; this law is to the ~ of the wealthy cette loi favorise les gens aisés; with the ~ of hindsight, I now see I was wrong avec le recul OR rétrospectivement, je m'aperçois que j'avais tort; to give sb the ~ of the doubt laisser OR accorder à qqn le bénéfice du doute. -2. [payment] allocation *f*, prestation *f*; social security ~s prestations sociales; tax ~ *Am* dégrèvement *m*, allègement *m* fiscal. -3. [performance] spectacle *m (au profit d'une association caritative)*; ~ concert concert *m (au profit d'une association caritative)*; ~ match match *m (au profit d'une association caritative)*; ~ performance représentation *f* de bienfaisance.
◇ *vt* [do good to] faire du bien à; [bring financial profit to] profiter à.
◇ *vi*: he will ~ from the experience l'expérience lui sera bénéfique; no-one is likely to ~ by OR from the closures personne n'a de chance de tirer avantage des fermetures; the novel would ~ greatly from judicious editing le roman gagnerait beaucoup à être révisé de façon judicieuse; you would ~ from some time in the country un séjour à la campagne vous ferait du bien.

benefit society *n Am* société *f* de prévoyance, mutuelle *f*.

Benelux ['benɪlʌks] *pr n* Bénélux *m*; the ~ countries les pays du Bénélux; in the ~ countries au Bénélux.

benevolence [bɪ'nevələns] *n* -1. [kindness] bienveillance *f*, bienfaisance *f*. -2. [good deed] acte *m* de bienfaisance, bienfait *m*.

benevolent [bɪ'nevələnt] *adj* -1. [kindly] bienveillant, plein de bonté; his ~ attitude to OR towards children son attitude bienveillante envers les enfants. -2. [organization] de bienfaisance; ~ fund fonds *m* de prévoyance.

benevolently [bɪ'nevələntlɪ] *adv* avec bienveillance.

BEng [ˌbiː'eŋ] (*abbr of* Bachelor of Engineering) *n (titulaire d'une) licence d'ingénierie.*

Bengal [ˌbeŋ'gɔːl] *pr n* Bengale *m*; in ~ au Bengale; Bay of ~ golfe *m* du Bengale.

Bengali [beŋ'gɔːlɪ] ◇ *n* -1. [person] Bengali *mf*. -2. LING bengali *m*.
◇ *adj* bengali.

Bengal light *n Br* feu *m* de Bengale.

Bengal tiger *n* tigre *m* du Bengale.

benighted [bɪ'naɪtɪd] *adj lit* [ignorant - person] plongé dans (les ténèbres de) l'ignorance; [- mind] étroit; [- policy] aveugle.

benign [bɪ'naɪn] *adj* -1. [kind - person] affable, aimable; [- smile] affable, chaleureux; [- power, system] bienfaisant, salutaire. -2. [harmless] bénin; ~ illness maladie *f* bénigne; ~ tumour tumeur *f* bénigne. -3. [temperate - climate] doux, clément.

Benin [be'nɪn] *pr n* Bénin *m*; in ~ au Bénin.

Beninese [ˌbenɪ'niːz] ◇ *n* Béninois *m*, -e *f*.
◇ *adj* béninois.

Benjamin ['bendʒəmɪn] *pr n* Benjamin.

Bennism ['benɪzm] *n politique de nationalisation de l'industrie en Grande-Bretagne (d'après Tony Benn, ministre travailliste en 1974).*

benny ['benɪ] (*pl* bennies) *n drugs sl* (comprimé *m* de) Benzédrine® *f*.

bent [bent] ◇ *pt* & *pp* → **bend**.
◇ *adj* -1. [curved - tree, tube, wire] tordu, courbé; [- branch] courbé; [- back] voûté; [- person] voûté, tassé. -2. [dented] cabossé, bosselé. -3. [determined]: to be ~ on (doing) sthg: he's ~ on becoming an actor il est décidé à OR veut absolument devenir acteur; she's ~ on winning elle est décidée à gagner; to be ~ on self-destruction être porté à l'autodestruction. -4. *inf Br* [dishonest] véreux. -5. ▽ *Br pej* [homosexual] homo, gay.
◇ *n* -1. [liking] penchant *m*, goût *m*; [aptitude] aptitudes *fpl*, dispositions *fpl*; they're of an artistic ~ ils sont tournés vers les arts; she has a natural ~ for music [liking] elle a un goût naturel pour la musique; [talent] elle a des dispositions naturelles pour la musique; he followed his (natural) ~ il a suivi son penchant OR son inclination. -2. *Br* [endurance] endurance *f*; to the top of one's ~ au meilleur de sa forme.

benthos ['benθɒs] *n* benthos *m*.

bentonite ['bentənaɪt] *n* bentonite *f*.

bentwood ['bentwʊd] *n* bois *m* courbé; a ~ chair une chaise en bois courbé.

benumb [bɪ'nʌm] *vt lit* engourdir, endormir; ~ed by the OR with cold [person] transi de froid; [fingers, toes] engourdi par le froid; her mind was ~ed with fear elle était transie de OR paralysée par la peur.

Benzedrine® ['benzədriːn] *n* Benzédrine® *f*.

benzene ['benziːn] *n* benzène *m*.

benzene ring *n* noyau *m* benzénique.

benzine ['benziːn] *n* benzine *f*.

benzoic [ben'zəʊɪk] *adj* benzoïque.

benzoin ['benzəʊɪn] *n* -1. [resin] benjoin *m*. -2. [tree] styrax *m* benjoin.

bequeath [bɪ'kwiːð] *vt* [pass on] transmettre, léguer; JUR [in will] léguer; **her father ~ed her his fortune** son père lui a légué sa fortune; **they've ~ed nothing to us but a ruined economy** ils ne nous ont légué qu'une économie en ruine.

bequest [bɪ'kwest] *n* legs *m*.

berate [bɪ'reɪt] *vt* réprimander; **he ~d them for being late** il leur a reproché d'être en retard.

Berber ['bɜːbəʳ] ◇ *n* -**1.** [person] Berbère *mf*. -**2.** LING berbère *m*.
◇ *adj* berbère.

bereave [bɪ'riːv] (*pt* & *pp* **bereaved** OR **bereft** [-'reft]) *vt* priver, déposséder; **the war ~d them of their two sons** la guerre leur a pris leurs deux fils, ils ont perdu leurs deux fils à la guerre.

bereaved [bɪ'riːvd] ◇ *adj* affligé, endeuillé; **a ~ mother** une mère qui vient de perdre son enfant; **he's recently ~** il a perdu quelqu'un récemment.
◇ *npl*: **the ~** ceux qui viennent de perdre un être cher.

bereavement [bɪ'riːvmənt] ◇ *n* [loss] perte *f*; [grief] deuil *m*; **she can't get over her recent ~** [husband's death] elle n'arrive pas à accepter la mort de son mari; **in his ~** dans son deuil.
◇ *comp*: **~ counselling** *service d'aide psychologique aux personnes frappées par un deuil*.

bereft [bɪ'reft] ◇ *pt* & *pp* → **bereave**.
◇ *adj* privé; **~ of all hope** complètement désespéré; **to be ~ of reason** avoir perdu la raison; **I feel utterly ~** je me sens totalement seul.

beret ['bereɪ] *n* béret *m*.

berg [bɜːg] *n* [iceberg] iceberg *m*.

Bergamo ['bɜːgəməʊ] *pr n* Bergame.

bergamot ['bɜːgəmɒt] *n* bergamote *f*.

Bergen ['bɜːgən] *pr n* Bergen.

beriberi [,berɪ'berɪ] *n* béribéri *m*.

Bering Sea ['berɪŋ-] *pr n*: **the ~** la mer de Béring.

Bering Strait *pr n*: **the ~** le détroit de Béring.

berk *inf* [bɜːk] *n Br* espèce *f* d'idiot *m*, -e *f*.

berkelium [bɜː'kiːlɪəm] *n* berkélium *m*.

Berks *written abbr of* Berkshire.

berlin [bə'lɪn] *n* -**1.** **~ (wool)** laine *f* à broder. -**2.** [carriage] berline *f*.

Berlin [bɜː'lɪn] *pr n* Berlin; **East ~** Berlin-Est; **West ~** Berlin-Ouest; **the ~ Wall** le mur de Berlin; **the ~ airlift** le pont aérien de Berlin.

Berliner [bɜː'lɪnəʳ] *n* Berlinois *m*, -e *f*.

berm(e) [bɜːm] *n* berme *f*.

Bermuda [bə'mjuːdə] *pr n* Bermudes *fpl*; **in ~** aux Bermudes; **the ~ Triangle** le triangle des Bermudes.

Bermudan [bə'mjuːdən], **Bermudian** [bə'muːdjən] ◇ *n habitant des Bermudes*.
◇ *adj* des Bermudes.

Bermudas [bə'mjuːdəz], **Bermuda shorts** *npl* bermuda *m*.

Bern [bɜːn] *pr n* Berne.

Bernese [,bɜː'niːz] ◇ *n* Bernois *m*, -e *f*.
◇ *adj* bernois.

berry ['berɪ] (*pl* **berries**, *pt* & *pp* **berried**)
◇ *n* baie *f*.
◇ *vi* -**1.** [bush] produire des baies. -**2.** [person] cueillir des baies; **to go ~ing** aller cueillir des baies.

berserk [bə'zɜːk] ◇ *adj* fou furieux.
◇ *adv* fou furieux; **to go ~** [person] devenir fou furieux; [crowd] se déchaîner.

berth [bɜːθ] ◇ *n* -**1.** [bunk] couchette *f*. -**2.** NAUT [in harbour] mouillage *m*, poste *m* d'amarrage; [distance] distance *f*. -**3.** *phr*: **to give sb a wide ~** *Br* éviter qqn (à tout prix); **I'd give him a wide ~ if I were you** je l'éviterais (à tout prix) OR je me tiendrais à distance si j'étais vous.
◇ *vi* [at dock] venir à quai, accoster; [at anchor] mouiller.
◇ *vt* [dock] amarrer, faire accoster; [assign place] donner un poste d'amarrage à.

beryl ['berəl] *n* béryl *m*.

beryllium [be'rɪljəm] *n* béryllium *m*.

beseech [bɪ'siːtʃ] (*pt* & *pp* **beseeched** OR **besought** [-'sɔːt]) *vt fml* OR *lit* -**1.** [ask for] solliciter, implorer. -**2.** [entreat] implorer, supplier; **he ~ed them to save him** il les a suppliés OR implorés de le sauver; **please, I ~ you** s'il vous plaît, je vous en supplie OR conjure.

beseeching [bɪ'siːtʃɪŋ] ◇ *adj* suppliant, implorant.
◇ *n* supplications *fpl*.

beseechingly [bɪ'siːtʃɪŋlɪ] *adv* d'un air OR ton suppliant.

beset [bɪ'set] (*pt* & *pp* **beset**, *cont* **besetting**) *(usu pass) vt* -**1.** [attack] assaillir, harceler; **I was ~ by** OR **with doubt** j'étais assailli par le doute; **the whole project is ~ with financial difficulties** le projet pose énormément de problèmes sur le plan financier; **they are ~ with problems** ils sont assaillis de problèmes. -**2.** [surround] encercler; **~ by the enemy** cerné par l'ennemi.

besetting [bɪ'setɪŋ] *adj*: **his ~ sin was greed** la cupidité était son plus grand défaut.

beside [bɪ'saɪd] *prep* -**1.** [next to] à côté de, auprès de; **walk ~ me** marchez à côté de moi; **he wanted to keep his family ~ him** il voulait garder sa famille auprès de lui; **a plate with a glass ~ it** une assiette avec un verre à côté; **a house ~ the sea** une maison au bord de la mer. -**2.** [as compared with] à côté de, par rapport à; **the results don't look very brilliant ~ last year's** les résultats n'ont pas l'air brillants à côté de OR par rapport à ceux de l'année dernière. -**3.** [in addition to] en plus que, outre; [apart from] à part, excepté. -**4.** *phr*: **to be ~ o.s. with rage/excitement/joy** être hors de soi/surexcité/fou de joie.

besides [bɪ'saɪdz] ◇ *prep* -**1.** [in addition to] en plus de, outre; **there are three (other) candidates ~ yourself** il y a trois (autres) candidats à part vous; **what other skills do you have ~ languages?** quelles compétences avez-vous à part OR outre les langues?; **that's ~ what you already owe me** c'est en plus de ce que tu me dois déjà; **~ being old, she's also extremely deaf** non seulement elle est vieille, mais elle est également très sourde; **~ which that book is out of print** sans compter que ce livre est épuisé. -**2.** [apart from] *(with negatives)* hormis, excepté; **nobody ~ me** personne à part moi; **she said nothing ~ what we knew already** elle n'a rien dit que nous ne sachions déjà.
◇ *adv* -**1.** [in addition] en plus, en outre; **and more ~** et d'autres encore; **he owns two flats and a country house ~** il est propriétaire de deux appartements ainsi que d'une maison à la campagne; **he knows the rudiments but little else ~** il connaît les rudiments mais pas grand-chose d'autre OR de plus. -**2.** [furthermore] en plus; **it's an excellent play and, ~, the tickets aren't expensive** la pièce est excellente et en plus, les billets ne coûtent pas cher; **~, I don't even like funfairs** d'ailleurs OR en plus, je n'aime pas les foires.

besiege [bɪ'siːdʒ] *vt* -**1.** [surround - town] assiéger; *fig* [- person, office] assaillir; **the tourists were ~d by beggars** les touristes étaient assaillis par des mendiants. -**2.** [harass] assaillir, harceler; **~d by doubt** rongé OR assailli par le doute; **we've been ~d by requests for help** nous avons été assaillis de demandes d'aide.

besieger [bɪ'siːdʒəʳ] *n* assiégeant *m*.

besmear [bɪ'smɪəʳ] *vt lit* [smear] barbouiller, salir; *fig* [tarnish] souiller; **to ~ sb's reputation** souiller OR ternir la réputation de qqn.

besmirch [bɪ'smɜːtʃ] *vt lit* [make dirty] salir, souiller *lit*; *fig* [tarnish] souiller; **~ed with mud** barbouillé de boue; **to ~ sb's name** souiller OR ternir le nom de qqn.

besom ['biːzəm] *n* [broom] balai *m*.

besotted [bɪ'sɒtɪd] *adj* -**1.** [infatuated] fou, épris; **to be ~ with sb** être fou OR follement épris de qqn. -**2.** [foolish] idiot; **~ with drink** abruti (par l'alcool), soûl.

besought [bɪ'sɔːt] *pt* & *pp* → **beseech**.

bespangle [bɪ'spæŋgl] *vt lit* pailleter; **~d with diamonds** pailleté OR parsemé de diamants.

bespatter [bɪ'spætəʳ] *vt lit* [splash] éclabousser; *fig* [tarnish] souiller, éclabousser.

bespeak [bɪ'spiːk] (*pt* **bespoke** [-'spəʊk], *pp* **bespoke** OR **bespoken** [-'spəʊkən]) *vt lit* -**1.** [be sign of] démontrer, témoigner de; **her action ~s kindness** son geste témoigne de sa bonté; **their hesitation ~s moral weakness** leur hésitation révèle une faiblesse morale. -**2.** [reserve - room, table] réserver, retenir; [- book, product] commander.

bespectacled [bɪ'spektəkld] *adj* qui porte des lunettes, à lunettes.

bespoke [bɪ'spəʊk] ◇ *pt* & *pp* → **bespeak**.
◇ *adj* [shoemaker, tailor] à façon; [shoes, suit] fait sur mesure.

bespoken [bɪ'spəʊkən] *pp* → **bespeak**.

besprinkle [bɪ'sprɪŋkl] *vt lit* [with sugar, talc] saupoudrer; [with liquid] asperger, arroser; **the grass was ~d with dew** l'herbe était couverte de rosée; **fields ~d with poppies** des champs parsemés de coquelicots.

Bessemer converter ['besɪməʳ-] *n* convertisseur *m* Bessemer.

Bessemer process *n* procédé *m* Bessemer.

best [best] (*pl inv*) ◇ *adj* -**1.** (*superl of* **good**) meilleur; **some of our ~ scientists will be there** certains de nos meilleurs chercheurs seront présents; **it's one of the ~ films I've ever seen** c'est un des meilleurs films que j'aie jamais vus; **she's my ~ friend** c'est ma meilleure amie; **may the ~ man win** que le meilleur gagne; **she gave him the ~ years of her life** elle lui a sacrifié les plus belles années de sa vie; **I'm doing what is ~ for the family** je fais ce qu'il y a de mieux pour la famille; **she knows what's ~ for her** elle sait ce qui lui va OR convient le mieux; **do as you think ~** faites pour le mieux; **they think it ~ not to answer** ils croient qu'il vaut mieux ne pas répondre; **it's ~ not to smoke at all** il est préférable de ne pas fumer du tout; **what's the ~ thing to do?** quelle est la meilleure chose à faire?; **the ~ thing (to do) is to keep quiet** le mieux, c'est de ne rien dire; **the ~ thing about it is that it's free/is that she didn't even realize** le mieux, c'est que c'est gratuit/c'est qu'elle ne s'en est même pas rendu compte; **~ of all** le meilleur de tout; **'~ before 1995'** COMM 'à consommer de préférence avant 1995' ❑ **it's the ~ thing since sliced bread** c'est génial. -**2.** [reserved for special occasions] plus beau; **she put out her ~ dishes** *Br* elle a sorti sa plus belle vaisselle; *Am* elle a sorti ses plus belles assiettes; **she was dressed in her ~ clothes** elle portait ses plus beaux vêtements. -**3.** *phr*: **the ~ part of sthg** la plus grande partie de qqch; **she spent the ~ part of the day working** elle a passé le plus clair de la journée à travailler; **I waited for the ~ part of an hour** j'ai attendu près d'une heure OR presque une heure.
◇ *adv* (*superl of* **well**) mieux; **he does it ~** c'est lui qui le fait le mieux; **Tuesday would suit me ~** le mieux pour moi serait mardi; **the ~-kept garden in the village** le jardin le mieux entretenu du village; **the ~-preserved Renaissance theatre in Italy** le théâtre Renaissance le mieux conservé d'Italie; **which film did you like ~?** quel est le film que vous avez préféré?; **I liked the Fellini ~** c'est le Fellini que j'ai préféré; **I comforted her as ~ I could** je l'ai consolée de mon mieux OR du mieux que j'ai pu ❑ **you had ~ apologize to her** vous feriez mieux de lui présenter vos excuses.
◇ *n* -**1.** [most outstanding person, thing, part etc] le meilleur *m*, la meilleure *f*, les meilleurs *mpl*, les meilleures *fpl*; **it/she is the ~ there is** c'est le meilleur/la meilleure qui soit; **he wants her to have the ~** il veut qu'elle ait ce qu'il y a de mieux, il veut ce qu'il y a de mieux pour elle; **the ~ of it is the paid holidays** le mieux OR ce qu'il y a de vraiment bien, ce sont les congés payés; **the ~ you can say about him is that...** le mieux qu'on puisse dire à son sujet c'est

que...; she can stand comparison with the ~ of them on peut la comparer avec les meilleurs d'entre eux/les meilleures d'entre elles; **even the ~ of us can make mistakes** tout le monde peut se tromper; **to get** OR **to have the ~ of the bargain** avoir la part belle ❑ **she wants the ~ of both worlds** elle veut tout avoir. -**2.** [greatest, highest degree] le mieux, le meilleur; **they're the ~ of friends** ce sont les meilleurs amis du monde; **to the ~ of my knowledge/recollection** autant que je sache/je me souvienne; **the ~ of luck!** bonne chance!; **even at the ~ of times** même dans les meilleurs moments; **she's not the calmest of people, even at the ~ of times** ce n'est pas quelqu'un de très calme de toute façon; **it was the ~ we could do** nous ne pouvions pas faire mieux; **it's journalism at its ~** c'est du journalisme de haut niveau; **the garden is at its ~ in spring** c'est au printemps que le jardin est le plus beau; **he was at his ~ last night** il était en pleine forme hier soir; **I'm not at my ~ in the morning** je ne suis pas en forme le matin; **this is Shakespeare at his ~** voilà du meilleur Shakespeare; **to do one's ~** faire de son mieux OR tout son possible; **do your ~!** faites de votre mieux!, faites pour le mieux!; **do your ~ to finish on time** faites de votre mieux pour finir à temps; **to get the ~ out of sb/sthg** tirer un maximum de qqn/qqch; **to look one's ~** [gen] être resplendissant; **she looks her ~ with short hair** les cheveux courts l'avantagent; **we'll have to make the ~ of the situation** il faudra nous accommoder de la situation (du mieux que nous pouvons); **to make the ~ of a bad bargain** OR **job** faire contre mauvaise fortune bon cœur. -**3.** [nicest clothes]: **they were in their (Sunday) ~** ils étaient endimanchés OR portaient leurs habits du dimanche. -**4.** [good wishes]: **(I wish you) all the ~** (je vous souhaite) bonne chance; **give your wife my ~** mes amitiés à votre femme. -**5.** [winning majority]: **we played the ~ of three games** le jeu consistait à gagner OR il fallait gagner deux parties sur trois.

◇ *vt arch* [get advantage over] l'emporter sur; [defeat] vaincre.

◆ **at best** *adv phr* au mieux; **this is, at ~, a temporary solution** c'est, au mieux, une solution temporaire; **his performance has been at ~ mediocre** ses résultats ont été, au mieux, médiocres.

◆ **for the best** *adv phr* pour le mieux; **it's all for the ~** c'est pour le mieux; **he meant it for the ~** il avait les meilleures intentions du monde.

best-case *adj* → **scenario**.

bestial ['bestjəl] *adj* bestial.

bestiality [,bestɪ'ælətɪ] (*pl* **bestialities**) *n* -**1.** [of behaviour, character] bestialité *f*. -**2.** [act] acte *m* bestial. -**3.** [sexual practice] bestialité *f*.

bestiary ['bestɪərɪ] (*pl* **bestiaries**) *n* bestiaire *m* *(recueil)*.

bestir [bɪ'stɜːʳ] (*pt* & *pp* **bestirred**, *cont* **bestirring**) *vt*: **to ~ o.s.** s'activer.

best man *n* garçon *m* d'honneur.

BEST MAN:

Dans les pays anglo-saxons, le garçon d'honneur présente l'alliance au marié et prononce un discours lors de la réception de mariage.

---

bestow [bɪ'stəʊ] *vt fml* [favour, gift, praise] accorder; [award, honour] conférer, accorder; **to ~ sthg on sb** accorder OR conférer qqch à qqn.

bestowal [bɪ'stəʊəl] *n fml* [of favour, honour, title] octroi *m*.

bestrew [bɪ'struː] (*pt* **bestrewed**, *pp* **bestrewed** OR **bestrewn** [-'struːn]) *vt lit* joncher; **the floor was ~ed with flowers** le plancher était jonché de fleurs.

bestride [bɪ'straɪd] (*pt* **bestrode** [-'strəʊd], *pp* **bestridden** [-'strɪdn]) *vt lit* -**1.** [straddle - bicycle, horse] enfourcher; [- chair] se mettre à califourchon OR à cheval sur. -**2.** [span - river] enjamber, franchir; [- obstacle] enjamber.

best-seller *n* -**1.** [book] best-seller *m*, succès *m* de librairie; [hi-fi, record] article *m* qui se vend bien. -**2.** [author] auteur *m* à succès.

best-selling *adj* [book, product] à fort tirage; **a ~ author** un auteur à succès.

bet [bet] (*pt* & *pp* **bet** OR **betted**, *cont* **betting**)

◇ *n* pari *m*; **do you want to make a ~?** tu veux parier?; **we accepted** OR **took the ~** nous avons accepté le pari; **to win/to lose a ~** gagner/perdre un pari; **he lay** OR **put** OR **placed a ~ on the race** il a parié OR il a fait un pari sur la course; **place your ~s!** faites vos jeux!; **they're taking ~s** ils prennent des paris; **it's a good** OR **safe ~ that they'll win** *fig* ils vont gagner à coup sûr; **your best ~ is to take a taxi** *inf fig* tu ferais mieux de prendre un taxi; **she's a bad/good ~ as a prospective leader** *fig* elle ferait un mauvais/bon leader.

◇ *vt* parier; **how much did you ~ on the race?** combien as-tu parié OR misé sur la course?; **I ~ her £5 he wouldn't come** j'ai parié 5 livres avec elle qu'il ne viendrait pas; **I'll ~ you anything you want** je te parie tout ce que tu veux; **I'm willing to ~ she's lying** *inf* je suis prête à parier qu'elle ment; **I ~ you won't do it!** *inf* (t'es pas) chiche! ❑ **I'll ~ my bottom dollar** OR **my boots he loses** *inf* il va perdre, j'en mettrais ma main au feu; **are you going to the party? – you ~!** *inf* tu vas à la soirée? – et comment! OR qu'est-ce que tu crois?; **I'll tell him off – I'll ~!** *inf* [you will] je vais lui dire ses quatre vérités – j'en doute pas!; [you won't] je vais lui dire ses quatre vérités – mon œil!

◇ *vi* parier; **to ~ against/on sthg** parier contre/sur qqch; **he ~s on the races** il parie OR joue aux courses; **which horse did you ~ on?** quel cheval as-tu joué?, sur quel cheval as-tu misé?; **to ~ 5 to 1** parier OR miser à 5 contre 1; **he said he'd phone me – well, I wouldn't ~ on it!** *inf* il a dit qu'il me téléphonerait – à ta place, je ne me ferais pas trop d'illusions!; **I wouldn't ~ on getting your money back** *inf* à mon avis, tu n'es pas près de revoir ton argent.

beta ['biːtə] *n* bêta *m inv*.

beta-blocker [-,blɒkəʳ] *n* bêtabloquant *m*.

betake [bɪ'teɪk] (*pt* **betook** [-'tʊk], *pp* **betaken** [-'teɪkn]) *vt lit*: **to ~ o.s. to** se rendre à; **they betook themselves to the fair** ils se rendirent à la foire.

beta wave *n* rayons *mpl* bêta.

betel ['biːtl] *n* bétel *m*.

betel nut *n* noix *f* d'arec.

betel palm *n* aréquier *m*, arec *m*.

bethel, Bethel ['beθl] *n lieu de recueillement pour les marins*.

Bethel ['beθl] *pr n* GEOG & BIBLE Béthel.

bethink [bɪ'θɪŋk] (*pt* & *pp* **bethought** [-'θɔːt]) *vt lit*: **to ~ o.s. of sthg** [consider] considérer qqch, songer à qqch; [remember] se rappeler qqch, se souvenir de qqch.

Bethlehem ['beθlɪhem] *pr n* Bethléem.

bethought [bɪ'θɔːt] *pt* & *pp* → **bethink**.

betide [bɪ'taɪd] *vi lit* advenir; **woe ~ you if you are late!** *hum* malheur à toi si tu es en retard!

betimes [bɪ'taɪmz] *adv arch* [early] de bonne heure, tôt; [in good time] à temps; [soon] bientôt.

betoken [bɪ'təʊkn] *vt fml* [indicate] être l'indice de, révéler; [augur] présager, annoncer.

betony ['betənɪ] (*pl* **betonies**) *n* bétoine *f*.

betook [bɪ'tʊk] *pt* → **betake**.

betray [bɪ'treɪ] *vt* -**1.** [be disloyal to - friend, principle] trahir; [- husband, wife] tromper, trahir; [- country] trahir, être traître à; **my face ~ed me** *fig* mon visage m'a trahi. -**2.** [denounce] trahir, dénoncer; [hand over] trahir, livrer; **he ~ed the rebels to the police** il a livré les rebelles à la police. -**3.** [confidence, hope] trahir, tromper; **you've ~ed our trust** vous avez trahi notre confiance. -**4.** [disclose - secret, truth] trahir, divulguer; [- grief, happiness] trahir, laisser voir; **her voice ~ed her nervousness** sa voix laissait deviner son inquiétude.

betrayal [bɪ'treɪəl] *n* -**1.** [of country, person, principle] trahison *f*. -**2.** [act] (acte *m* de) trahison *f*; **it's a ~ of one's country** c'est une trahison envers son pays. -**3.** [of confidence, trust] abus *m*, trahison *f*. -**4.** [of secret, truth] trahison *f*, divulgation *f*.

betrayer [bɪ'treɪəʳ] *n* traître *m*, -esse *f*.

betroth [bɪ'trəʊð] *vt arch* promettre en mariage.

betrothal [bɪ'trəʊðl] *n arch* fiançailles *fpl*; **her ~ to the prince** ses fiançailles avec le prince.

betrothed [bɪ'trəʊðd] *arch* ◇ *adj* fiancé, promis; **she is ~ to our son** elle est fiancée à OR avec notre fils.

◇ *n* fiancé *m*, -e *f*, promis *m*, -e *f*.

better ['betəʳ] ◇ *adj* -**1.** *compar of* **good** [superior] meilleur; **the marks are ~ than I expected** les notes sont meilleures que je ne m'y attendais; **it's ~ than nothing** c'est mieux que rien; **that's ~!** voilà qui est mieux!; **I'm ~ at languages than he is** je suis meilleur OR plus fort en langues que lui; **he's a ~ cook than you are** il cuisine mieux que toi; **she's a ~ painter than she is a sculptor** elle peint mieux qu'elle ne sculpte; **I had hoped for ~ things** j'avais espéré mieux; **business is (getting) ~** les affaires vont mieux; **things are (getting) ~ and ~!** ça va de mieux en mieux!; **it couldn't** OR **nothing could be ~!** c'est on ne peut mieux!; **he looks ~ without his glasses** il est mieux sans lunettes; **you get a ~ view from here** on voit mieux d'ici; **it's ~ if I don't see them** il vaut mieux OR il est préférable que je ne les voie pas; **it would have been ~ to have waited a little** il aurait mieux valu attendre un peu; **you're far ~ leaving now** il vaut beaucoup mieux que tu partes maintenant ❑ **to be all the ~ for having done sthg** se trouver mieux d'avoir fait qqch; **you'll be all the ~ for a holiday** des vacances vous feront le plus grand bien; **~ off mieux; they're ~ off than we are** [richer] ils ont plus d'argent que nous; [in a more advantageous position] ils sont dans une meilleure position que nous; **she'd be ~ off in hospital** elle serait mieux à l'hôpital; **he'd have been ~ off staying where he was** il aurait mieux fait de rester où il était. -**2.** *compar of* **well** [improved in health]: **to get ~** commencer à aller mieux; **now that he's ~** maintenant qu'il va mieux; **my cold is much ~** mon rhume va beaucoup mieux; **I'm feeling much ~** je me sens beaucoup mieux. -**3.** [morally]: **she's a ~ person for it** ça lui a fait beaucoup de bien; **you're a ~ man than I am!** *hum* mieux vaut toi que moi!; **you're no ~ than a liar!** tu n'es qu'un menteur! ❑ **she's no ~ than she should be** *euph & dated* elle n'est pas d'une vertu farouche. -**4.** *phr*: **the ~ part of sthg** la plus grande partie de qqch; **I waited for the ~ part of an hour** j'ai attendu presque une heure; **we haven't seen them for the ~ part of a month** ça fait presque un mois OR près d'un mois que nous ne les avons pas vus.

◇ *adv* -**1.** *compar of* **well** [more proficiently, aptly etc] mieux; **he swims ~ than I do** il nage mieux que moi; **she paints ~ than she sculpts** elle peint mieux qu'elle ne sculpte; **they speak French ~ than they used to** ils parlent mieux le français qu'avant; **the town would be ~ described as a backwater** la ville est plutôt un coin perdu; **he held it up to the light, the ~ to see the colours** il l'a mis dans la lumière afin de mieux voir les couleurs; **all the ~ to hear you with** c'est pour mieux t'entendre ❑ **to go one ~ (than sb)** renchérir (sur qqn). -**2.** [indicating preference]: **I liked his last book ~** j'ai préféré son dernier livre; **so much the ~** tant mieux; **or ~ still** ou mieux encore; **the less he knows the ~** moins il en saura, mieux ça vaudra ❑ **~ late than never** *prov* mieux vaut tard que jamais *prov*. -**3.** [with adj] mieux, plus; **~ looking** plus beau; **~ paid/prepared** mieux payé/préparé; **she's one of Canada's ~-known authors** c'est un des auteurs canadiens les plus OR mieux connus. -**4.** *phr*: **you had ~ begin at the beginning** tu ferais bien de commencer par le commencement; **we'd ~ be going** [must go] il

faut que nous partions; [would be preferable] il vaut mieux que nous partions; **I'd ~ not wake him** il vaut mieux que je ne le réveille pas; **it'll be ready tomorrow — it'd ~ be!** ce sera prêt demain – il vaudrait mieux!
◇ *n* -**1.** [superior of two] le meilleur *m*, la meilleure *f*; **which is the ~ of the two?** lequel des deux est le meilleur?; **what do you think of this wine? — I've tasted ~** comment trouvez-vous ce vin? – j'en ai bu de meilleurs; **there's been a change for the ~ in his health** son état de santé s'est amélioré; **the situation has taken a turn for the ~** la situation a pris une meilleure tournure ❑ **for ~ or worse** pour le meilleur ou pour le pire. -**2.** *(usu pl)* [person] supérieur *m*, -e *f*. -**3.** *phr*: **to get the ~ of sb: curiosity got the ~ of me** ma curiosité l'a emporté; **we got the ~ of them in the deal** nous l'avons emporté sur eux dans l'affaire. -**4.** [gambler] parieur *m*, -euse *f*.
◇ *vt* [position, status, situation] améliorer; [achievement, sales figure] dépasser; **she's eager to ~ herself** elle a vraiment envie d'améliorer sa situation.

betterment ['betəmənt] *n* amélioration *f*; JUR [of property] plus-value *f*.

better-off ◇ *adj* aisé, riche.
◇ *npl*: **the ~** les riches *mpl*.

betting ['betɪŋ] ◇ *n* -**1.** [bets] pari *m*, paris *mpl*; **the ~ was heavy** les paris allaient bon train; **what's the ~ they refuse to go?** je suis prêt à parier qu'ils ne voudront pas y aller. -**2.** [odds] cote *f*; **the ~ is 5 to 1 on Blackie** (la cote de) Blackie est à 5 contre 1, la cote est à 5 contre 1 sur Blackie.
◇ *adj*: **I'm not a ~ man** je n'aime pas parier; **~ slip** *Br* bulletin *m* de pari individuel.

betting office *n* ≃ (bureau *m* de) PMU *m*.

betting shop *n* bureau *m* de paris *(appartenant à un bookmaker)*.

bettor ['betəʳ] *Am* = **better** *n* **4**.

between [bɪ'twiːn] ◇ *prep* -**1.** [in space or time] entre; **the crowd stood ~ him and the door** la foule le séparait de la porte; **the distance ~ the two towns** la distance entre OR qui sépare les deux villes; **it happened ~ 3 and 4 a.m.** cela s'est passé entre 3 h et 4 h (du matin); **~ now and this evening** d'ici ce soir; **I'm ~ jobs at the moment** je suis entre deux emplois en ce moment; **you'll have an hour ~ trains** vous aurez une heure entre les deux trains; **you shouldn't eat ~ meals** tu ne devrais pas manger entre les repas OR en dehors des repas. -**2.** [in the range that separates] entre; **it will cost ~ 5 and 10 million** ça coûtera entre 5 et 10 millions; **children ~ the ages of 5 and 10** les enfants de 5 à 10 ans; **somewhere ~ a half and a third** (quelque chose) entre une moitié et un tiers; **something ~ a laugh and a groan** quelque chose entre un rire et un grognement. -**3.** [indicating connection, relation] entre; **a bus runs ~ the airport and the hotel** un bus fait la navette entre l'aéroport et l'hôtel; **it's a half-hour drive ~ home and the office** il y a une demi-heure de route entre la maison et le bureau ‖ *fig*: **a treaty ~ the two nations** un traité entre les deux États; **an argument ~ two experts** une dispute entre deux experts; **a contest ~ two heavyweight boxers** un combat entre deux poids lourds; **the difference/distinction ~ A and B** la différence/distinction entre A et B; **he drew a comparison ~ the two systems** il a établi une comparaison entre les deux systèmes; **he felt things weren't right ~ them** il sentait que ça n'allait pas entre eux ❑ **~ you and me, ~ ourselves** entre nous; **~ you, me and the gatepost** OR **bedpost** *hum* entre nous. -**4.** [indicating alternatives] entre; **I had to choose ~ going with them and staying at home** il fallait que je choisisse entre les accompagner et rester à la maison. -**5.** [added together]: **~ us we saved enough money for the trip** à nous tous nous avons économisé assez d'argent pour le voyage; **they have 7 children ~ them** à eux deux ils ont 7 enfants; **the 5 groups collected £1,000 ~ them** les 5 groupes ont recueilli 1 000 livres en tout; **(in) ~ painting, writing and looking after the children, she was kept very busy** entre la peinture, l'écriture et les enfants, elle était très occupée. -**6.** [indicating division] entre; **he divided it ~ his children** il l'a partagé entre ses enfants; **they shared the cake ~ them** ils se sont partagé le gâteau.
◇ *adv* = **in between**.
♦ **in between** ◇ *adv phr* -**1.** [in intermediate position]: **a row of bushes with little clumps of flowers in ~** une rangée d'arbustes intercallés de petits bouquets de fleurs; **he's neither right nor left but somewhere in ~** il n'est ni de droite ni de gauche mais quelque part entre les deux; **she either plays very well or very badly, never in ~** elle joue très bien ou très mal, jamais entre les deux. -**2.** [in time] entretemps, dans l'intervalle.
◇ *prep phr* entre.

betweentimes [bɪ'twiːntaɪmz] *adv* dans l'intervalle, entre-temps.

betwixt [bɪ'twɪkst] *arch* ◇ *prep* = **between**.
◇ *adv*: **something ~ and between** quelque chose entre les deux.

BeV *(written abbr of* **billion electron volts**) GeV.

bevel ['bevl] (*Br pt & pp* **bevelled**, *cont* **bevelling**, *Am pt & pp* **beveled**, *cont* **beveling**) ◇ *vt* biseauter, tailler en biseau OR de biais.
◇ *n* -**1.** [surface] surface *f* oblique; [angle] angle *m* oblique; **~ (edge)** biseau *m*. -**2.** = **bevel square**.

beveled *Am* = **bevelled**.

bevel gear *n* engrenage *m* conique.

bevelled *Br*, **beveled** *Am* ['bevld] *adj* biseauté.

bevel square *n* fausse équerre *f*.

beverage ['bevərɪdʒ] *n* boisson *f*.

bevvy ['bevɪ] (*pl* **bevvies**, *pt & pp* **bevvied**) *Br*
◇ *n dial* [drink] boisson *f* (alcoolisée); [drinking bout] beuverie *f*.
◇ *vi* boire de l'alcool.
◇ *vt*: **to get bevvied**▽ se soûler la gueule.

bevy ['bevɪ] (*pl* **bevies**) *n* [of people] bande *f*, troupeau *m pej*; [of quails] volée *f*; [of roe deer] harde *f*; **a ~ of reports** un tas de rapports.

bewail [bɪ'weɪl] *vt lit* pleurer; **to ~ one's fate** se lamenter sur son sort.

beware [bɪ'weəʳ] *(infinitive and imperative only)*
◇ *vi* prendre garde; **~ of getting lost** prenez garde de ne pas vous perdre; **~ of married men** méfiez-vous des hommes mariés; **~ of making hasty decisions** gardez-vous de prendre des décisions hâtives; **'~ of the dog!'** 'chien méchant!'.
◇ *vt* prendre garde; **~ what you say to her** prenez garde OR faites attention à ce que vous lui dites.

bewhiskered [bɪ'wɪskəd] *adj lit* [with side whiskers] qui a des favoris; [bearded] barbu.

bewilder [bɪ'wɪldəʳ] *vt* rendre perplexe, dérouter.

bewildered [bɪ'wɪldəd] *adj* perplexe; **a ~ look** un regard perplexe.

bewildering [bɪ'wɪldərɪŋ] *adj* déconcertant, déroutant.

bewilderingly [bɪ'wɪldərɪŋlɪ] *adv* de manière déconcertante OR déroutante.

bewilderment [bɪ'wɪldəmənt] *n* confusion *f*, perplexité *f*; **"why?", she asked in ~** «pourquoi?», demanda-t-elle avec perplexité; **to my complete ~ he refused** à mon grand étonnement, il a refusé.

bewitch [bɪ'wɪtʃ] *vt* -**1.** [cast spell over] ensorceler, enchanter. -**2.** [fascinate] enchanter, charmer.

bewitching [bɪ'wɪtʃɪŋ] *adj* [smile] enchanteur, charmeur; [beauty, person] charmant, séduisant.

bewitchingly [bɪ'wɪtʃɪŋlɪ] *adv* d'une façon séduisante; **she smiled at him ~** elle lui a adressé un sourire charmeur; **~ beautiful** beau à ravir.

bey [beɪ] *n* bey *m*.

beyond [bɪ'jɒnd] ◇ *prep* -**1.** [on the further side of] au-delà de, de l'autre côté de; **the museum is a few yards ~ the church** le musée se trouve à quelques mètres après l'église; **~ the mountains lies China** au-delà des montagnes se trouve la Chine; **the countries ~ the sea** les pays d'outre-mer OR au-delà des mers. -**2.** [outside the range of] au-delà, au-dessus de; **do your duties extend ~ teaching?** est-ce que vos fonctions s'étendent au-delà de l'enseignement?; **~ one's ability** au-dessus de ses capacités; **~ belief** incroyable; **due to circumstances ~ our control** dû à des circonstances indépendantes de notre volonté; **his guilt has been established ~ (all reasonable) doubt** sa culpabilité a été établie sans aucun OR sans le moindre doute; **it's (gone) ~ a joke** cela dépasse les bornes; **~ one's means** au-dessus de ses moyens ❑ **to be ~ sb: economics is completely ~ me** je ne comprends rien à l'économie; **why he wants to go there is ~ me** je ne comprends pas pourquoi il veut y aller. -**3.** [later than] au-delà de, plus de; **the deadline has been extended to ~ 1992** l'échéance a été repoussée au-delà de 1992; **~ 1995 that law will no longer be valid** après OR à partir de 1995, cette loi ne sera plus applicable; **don't stay out ~ midnight!** rentre avant minuit! -**4.** [apart from, other than] sauf, excepté; **I know nothing ~ what I've already told you** je ne sais rien de plus que ce que je vous ai déjà dit.
◇ *adv* -**1.** [on the other side] au-delà, plus loin; **the room ~ was smaller** la pièce suivante était plus petite; **they crossed the mountains and the valleys ~** ils ont traversé les montagnes et les vallées au-delà. -**2.** [after] au-delà; **major changes are foreseen for 1992 and ~** des changements importants sont prévus pour 1992 et au-delà.
◇ *n* au-delà *m*; **the (great) ~** l'au-delà.

Beyrouth [,beɪ'ruːt] = **Beirut**.

bezel ['bezl] (*Br pt & pp* **bezelled**, *cont* **bezelling**, *Am pt & pp* **bezeled**, *cont* **bezeling**)
◇ *n* -**1.** [face - of tool] biseau *m*; [- of gem] facette *f*. -**2.** [rim - for gem] chaton *m*; [- for watch crystal] portée *f*.
◇ *vt* biseauter, tailler en biseau.

bezique [bɪ'ziːk] *n* bésigue *m*.

bf ◇ *n inf (abbr of* **bloody fool**) *Br* crétin *m*, -e *f*.
◇ *(written abbr of* **boldface**) TYPO caractères *mpl* gras.

b/f *written abbr of* **brought forward**.

bhang [bæŋ] *n* cannabis *m*.

bhangra ['bæŋgrə] *n* MUS *sorte de musique pop indienne qui est une combinaison de musique traditionnelle du Pendjab et de musique pop occidentale.*

Bhopal [bəʊ'pɑːl] *pr n* Bhopal.

bhp *n abbr of* **brake horsepower**.

Bhutan [,buː'tɑːn] *pr n* Bhoutan *m*.

bi▽ [baɪ] ◇ *adj* bi *(inv)*.
◇ *n* bisexuel *m*, -elle *f*.

Biafra [bɪ'æfrə] *pr n* Biafra; **in ~** au Biafra.

Biafran [bɪ'æfrən] ◇ *n* Biafrais *m*, -e *f*.
◇ *adj* biafrais.

biannual [baɪ'ænjʊəl] *adj* semestriel.

bias ['baɪəs] (*pt & pp* **biased** OR **biassed**)
◇ *n* -**1.** [prejudice] préjugé *m*; **there is still considerable ~ against women candidates** les femmes qui se présentent sont encore victimes d'un fort préjugé; **they are quite without ~** ils sont sans préjugés. -**2.** [tendency] tendance *f*, penchant *m*; **the school has a scientific ~** l'école favorise les sciences. -**3.** SEW biais *m*; **cut on the ~** taillé dans le biais. -**4.** [in bowls - weight] *poids ou renflement d'une boule qui l'empêche d'aller droit*; [- curved course] déviation *f*. -**5.** MATH biais *m*.
◇ *vt* [influence] influencer; [prejudice] prévenir; **his experience ~ed him against/towards them** son expérience l'a prévenu contre eux/en leur faveur; **the course is ~ed towards the arts** l'enseignement est plutôt orienté sur les lettres.
◇ *adj* en biais.
◇ *adv* en biais, de biais.

bias binding *n* biais *m (ruban)*.

biased, biassed ['baɪəst] *adj* -**1.** [partial] partial. -**2.** [ball] décentré.

biathlon [baɪ'æθlɒn] *n* biathlon *m*.

bib [bɪb] *n* -**1.** [for child] bavoir *m*, bavette *f*. -**2.** [of apron, dungarees] bavette *f*; **in one's best**

~ and tucker *inf Br* sur son trente et un. -**3.** [of feathers, fur] tache *f*, touche *f*.

bibcock ['bɪbkɒk] *n* robinet *m* à bec courbe.

Bible ['baɪbl] ◇ *n* Bible *f*.

◇ *comp*: the ~ **Belt** *états du sud des États-Unis où l'évangélisme est très répandu*; ~ **class** [in school] classe *f* d'instruction religieuse; [Catholic church] catéchisme *m*; ~ **school** cours *m* d'instruction religieuse; ~ **study** étude *f* de la Bible.

◆ **bible** *n fig* [manual] bible *f*, évangile *m*; the fisherman's bible l'évangile des pêcheurs.

bible-basher *inf* = **bible-thumper**.

Bible paper *n* papier *m* bible.

bible-thumper *inf* [-,θʌmpəʳ] *n pej* évangéliste *m* de carrefour.

biblical, **Biblical** ['bɪblɪkl] *adj* biblique.

bibliographer [,bɪblɪ'ɒgrəfəʳ] *n* bibliographe *mf*.

bibliographic(al) [,bɪblɪə'græfɪk(l)] *adj* bibliographique.

bibliography [,bɪblɪ'ɒgrəfɪ] (*pl* **bibliographies**) *n* bibliographie *f*.

bibliophile ['bɪblɪəʊfaɪl] *n* bibliophile *mf*.

bibulous ['bɪbjʊləs] *adj lit* [person] adonné à la boisson.

bicameral [,baɪ'kæmərəl] *adj* bicaméral.

bicameralism [,baɪ'kæmərəlɪsm] *n* bicaméralisme *m*, bicamérisme *m*.

bicarb *inf* [baɪ'kɑːb] *n* bicarbonate *m* (de soude).

bicarbonate [baɪ'kɑːbənət] *n* bicarbonate *m*; ~ of soda bicarbonate *m* de soude.

bicentenary [,baɪsen'tiːnərɪ] (*pl* **bicentenaries**) *Br* ◇ *adj* bicentenaire.

◇ *n* bicentenaire *m*.

bicentennial [,baɪsen'tenjəl] ◇ *adj* bicentenaire.

◇ *n Am* bicentenaire *m*.

bicephalous [,baɪ'sefələs] *adj* bicéphale.

biceps ['baɪseps] (*pl inv*) *n* biceps *m*.

bichloride [,baɪ'klɔːraɪd] *n* bichlorure *m*.

bichromate [,baɪ'krəʊmeɪt] *n* bichromate *m*.

bicker ['bɪkəʳ] *vi* se chamailler; to ~ **about** OR **over sthg** se chamailler à propos de qqch.

bickering ['bɪkərɪŋ] ◇ *n* chamailleries *fpl*; **stop your** ~! arrêtez de vous chamailler!

◇ *adj* chamailleur.

bickie *inf* ['bɪkɪ] *n Br* [biscuit] petit gâteau *m*.

bicolour *Br*, **bicolor** *Am* ['baɪ,kʌləʳ] *adj* bicolore.

biconcave [,baɪ'kɒŋkeɪv] *adj* biconcave.

biconvex [,baɪ'kɒnveks] *adj* biconvexe.

bicultural [,baɪ'kʌltʃərəl] *adj* biculturel.

biculturalism [,baɪ'kʌltʃərəlɪzm] *n* biculturalisme *m*.

bicuspid [,baɪ'kʌspɪd] ◇ *adj* bicuspide.

◇ *n* prémolaire *f*.

bicycle ['baɪsɪkl] ◇ *n* vélo *m*, bicyclette *f*; **I go to work by** ~ je vais travailler à bicyclette OR à vélo; **do you know how to ride a** ~? sais-tu faire du vélo OR de la bicyclette?; **he went for a ride on his** ~ il est allé faire un tour à vélo.

◇ *vi* faire du vélo OR de la bicyclette; **she** ~**s to work** elle va travailler à bicyclette OR à vélo.

◇ *comp* [bell, chain, lamp] de vélo, de bicyclette.

bicycle clip *n* pince *f* de cycliste.

bicycle pump *n* pompe *f* à bicyclette OR à vélo.

bicycle rack *n* [for parking] ratelier *m* à bicyclettes OR à vélos; [on car roof] porte-vélos *m inv*.

bid [bɪd] (*pt & pp vi all senses and vt senses 1 and 2* **bid**, *pt vt senses 3, 4 and 5* **bade** [bæd], *pp vt senses 3, 4 and 5* **bidden** ['bɪdn], *cont vi and vt all senses* **bidding**) ◇ *vi* -**1.** [offer to pay] faire une offre, offrir; **to** ~ **for sthg** faire une offre pour qqch; **they** ~ **against us** ils ont surenchéri sur notre offre. -**2.** COMM [tender] faire une soumission, répondre à un appel d'offres; **several firms** ~ **on the project** plusieurs entreprises ont soumissionné pour le projet. -**3.** [make attempt]: **he's bidding for the presidency** il vise la présidence. -**4.** *phr*: **to** ~ **fair to do sthg** promettre de faire qqch; **the negotiations** ~ **fair to succeed** les négociations s'annoncent bien OR sont en bonne voie.

◇ *vt* -**1.** [offer to pay] faire une offre de, offrir; [at auction] faire une enchère de; **what am I** ~ **for this table?** combien m'offre-t-on pour cette table?; **we** ~ **£300 for the statue** nous avons fait une enchère de 300 livres pour la statue. -**2.** CARDS demander, annoncer. -**3.** *lit* [say] dire; **he bade them good day** il leur souhaita le bonjour; **they bade him farewell** ils lui firent leurs adieux; **she bade them welcome** elle leur souhaita la bienvenue. -**4.** *lit* [order, tell] ordonner, enjoindre; **he bade them enter** il les pria d'entrer; **do as you are bidden** faites ce qu'on vous dit. -**5.** *arch* [invite] inviter, convier.

◇ *n* -**1.** [offer to pay] offre *f*; [at auction] enchère *f*; **I made a** ~ **of £100** [gen] j'ai fait une offre de 100 livres; [at auction] j'ai fait une enchère de 100 livres; **a higher** ~ une surenchère; **they made a higher** ~ ils ont surenchéri. -**2.** COMM [tender] soumission *f*; **the firm made** OR **put in a** ~ **for the contract** l'entreprise a fait une soumission OR a soumissionné pour le contrat; **the State invited** ~**s for** OR **on the project** l'État a mis le projet en adjudication. -**3.** CARDS demande *f*, annonce *f*; **it's your** ~ c'est à vous d'annoncer; **to make a** ~ **of two hearts** demander OR annoncer deux cœurs; **I make no** ~ je passe (parole); "**no** ~" «passe», «parole»; **he raised the** ~ il a monté OR enchéri. -**4.** [attempt] tentative *f*; **they made a** ~ **to gain control of the movement** ils ont tenté de prendre la tête du mouvement; **the prisoners made a** ~ **for freedom** les prisonniers ont fait une tentative d'évasion; **a rescue** ~ une tentative de sauvetage; **Birmingham fails in** ~ **for next Olympics** [in headlines] Birmingham n'est pas sélectionné pour recevoir les prochains jeux Olympiques.

◆ **bid in** *vi insep* enchérir OR surenchérir sur toute offre.

◆ **bid up** *vt sep* enchérir OR surenchérir sur.

biddable ['bɪdəbl] *adj* -**1.** CARDS demandable. -**2.** *Br* [docile] docile, obéissant.

bidden ['bɪdn] *pp* → **bid**.

bidder ['bɪdəʳ] *n* -**1.** [at auction] enchérisseur *m*, -euse *f*; **there were no** ~**s** il n'y a pas eu de preneurs, personne n'a fait d'offre; **sold to the highest** ~ vendu au plus offrant; **the lowest** ~ le moins offrant. -**2.** COMM soumissionnaire *mf*; **the highest/lowest** ~ le soumissionnaire le plus/le moins offrant.

bidding ['bɪdɪŋ] *n* -**1.** [at auction] enchères *fpl*; **the** ~ **went against me** on avait enchéri sur mon offre; **to raise the** ~ faire monter les enchères; ~ **was brisk** les enchères étaient vives; **the** ~ **is closed** l'enchère est faite, c'est adjugé. -**2.** COMM [tenders] soumissions *fpl*. -**3.** CARDS enchères *fpl*. -**4.** *lit* [request] demande *f*; [order] ordre *m*, ordres *mpl*; **he did his mother's** ~ il respecta les volontés de sa mère; **at her brother's** ~ sur la requête de son frère.

biddy ['bɪdɪ] (*pl* **biddies**) *n* -**1.** *Br dial* [chicken] poulet *m*; [hen] poule *f*. -**2.** *inf pej* [old woman] vieille bonne femme *f*; [gossip] commère *f pej*.

bide [baɪd] (*pt* **bided** OR **bode** [bəʊd], *pp* **bided**) *vt*: **to** ~ **one's time** attendre son heure OR le bon moment.

bidet ['biːdeɪ] *n* bidet *m*.

bid price *n prix auquel un acheteur accepte d'acheter des actions*.

Biel [biːl] *pr n* Bienne.

biennial [baɪ'enɪəl] ◇ *adj* -**1.** [every two years] biennal, bisannuel. -**2.** [lasting two years] biennal.

◇ *n* -**1.** [event] biennale *f*. -**2.** [plant] plante *f* bisannuelle.

bier [bɪəʳ] *n* [for corpse] bière *f*; [for coffin] brancards *mpl*.

biff *inf* [bɪf] ◇ *vt* flanquer un coup de poing à.

◇ *n* coup *m* de poing, gnon *m*; **she gave him a** ~ **on the nose** elle lui a flanqué son poing dans OR sur la figure.

bifid ['baɪfɪd] *adj* bifide.

bifocal [,baɪ'fəʊkl] *adj* bifocal.

◆ **bifocals** *npl* lunettes *fpl* bifocales OR à double foyer.

bifunctional [,baɪ'fʌŋkʃnəl] *adj* bifonctionnel.

bifurcate ['baɪfəkeɪt] ◇ *vi* bifurquer.

◇ *adj* à deux branches.

bifurcation [,baɪfə'keɪʃn] *n* bifurcation *f*.

big [bɪg] (*compar* **bigger**, *superl* **biggest**) ◇ *adj* -**1.** [in size - car, hat, majority] grand, gros; [- crowd, field, room] grand; [- person] grand, fort; **the crowd got bigger** la foule a grossi; **to earn** ~ **money** gagner gros; **advertising is where the** ~ **money is** la publicité rapporte gros; **he has a** ~ **head** *fig* il a la grosse tête; **we're not** ~ **eaters** nous ne sommes pas de gros mangeurs; **he has a** ~ **mouth** *inf fig* il faut toujours qu'il l'ouvre; **why did you have to open your** ~ **mouth?** *inf* tu ne pouvais pas la fermer, non?; **to be** ~ **with child** BIBLE & *lit* être enceinte, attendre un enfant ❑ **she's too** ~ **for her boots** OR **her breeches** *inf* elle ne se prend pas pour n'importe qui; **the Big Three** *les trois principaux constructeurs automobiles américains (General Motors, Ford, Chrysler)*; **'The Big Heat'** *Lang* 'Règlement de comptes'; **'The Big Sleep'** *Chandler, Hawks* 'le Grand Sommeil'. -**2.** [in height] grand; **to get** OR **to grow bigger** grandir; **you're a** ~ **boy now** tu es un grand garçon maintenant. -**3.** [older] aîné, plus grand; **my** ~ **sister** ma grande sœur. -**4.** *(as intensifier)* grand, énorme; **he's just a** ~ **bully** ce n'est qu'une grosse brute. -**5.** [important, significant - decision, problem] grand, important; [- drop, increase] fort, important; **the** ~ **day** le grand jour; **he's** ~ **in publishing, he's a** ~ **man in publishing** c'est quelqu'un d'important dans l'édition; **we're onto something** ~! nous sommes sur une piste intéressante! -**6.** [grandiose] grand; **he has very** ~ **ideas about the future** il a de grands projets d'avenir; **he went into politics in a** ~ **way** il est entré dans la politique par la grande porte; **they entertain in a** ~ **way** ils font les choses en grand quand ils reçoivent; ~ **words!** ce sont de bien grands mots! -**7.** [generous] grand, généreux; **he has a** ~ **heart** il a du cœur OR bon cœur; **he's a** ~ **spender** c'est un grand dépensier; **that's** ~ **of you!** *iron* quelle générosité! -**8.** *inf* [popular] à la mode; **Japanese food is really** ~ **just now** la cuisine japonaise est vraiment à la mode en ce moment. -**9.** *inf* [enthusiastic]: **to be** ~ **on sthg** adorer OR être fana de qqch; **the company is** ~ **on research** l'entreprise investit beaucoup dans la recherche.

◇ *adv* -**1.** [grandly]: **he talks** ~ il se vante, il fanfaronne; **to think** ~ voir grand. -**2.** *inf* [well]: **their music goes over** ~ **with teenagers** les adolescents adorent leur musique; **they made it** ~ **in the pop world** ce sont maintenant des stars de la musique pop.

bigamist ['bɪgəmɪst] *n* bigame *mf*.

bigamous ['bɪgəməs] *adj* bigame.

bigamy ['bɪgəmɪ] *n* bigamie *f*.

Big Apple *inf pr n*: **the** ~ New York *(la ville)*.

big band *n* big band *m (grand orchestre de jazz typique des années 40-50)*.

big bang *n*: **the** ~ le big-bang, le big bang.

big bang theory *n* la théorie du big-bang OR big bang.

Big Ben [-ben] *pr n* Big Ben.

BIG BEN:
Nom de la cloche de la Tour de l'horloge à Westminster, souvent donné à tort à la tour elle-même.

big-boned *adj* fortement charpenté.

Big Brother *pr n* Big Brother; ~ **is watching you** Big Brother vous regarde.

big business *n (U)* les grandes entreprises *fpl*.

big cat *n* fauve *m*, grand félin *m*; **the** ~**s** les fauves, les grands félins.

big cheese *inf n* gros bonnet *m*.

big deal *inf* ◇ *interj*: ~! tu parles!

◇ *n*: **it's no** ~ il n'y a pas de quoi en faire un plat!

Big Dipper *pr n Am* [constellation]: **the** ~ la Grande Ourse.

◆ **big dipper** *n* [in fairground]: the ~ les montagnes *fpl* russes.

big end *n Br* tête *f* de bielle.

big game ◇ *n* gros gibier *m*.
◇ *comp*: ~ **hunter** chasseur *m* de gros gibier; ~ **hunting** chasse *f* au gros gibier.

biggie *inf* ['bɪgɪ] *n* [success - song] tube *m*; [- film, record] succès *m*; **his next book/film should be a** ~ son prochain livre/film devrait faire un malheur.

big gun *inf n* gros bonnet *m*.

bighead *inf* ['bɪghed] *n* crâneur *m*, -euse *f*.

bigheaded *inf* [,bɪg'hedɪd] *adj* crâneur; **to be** ~ avoir la grosse tête.

bighearted [,bɪg'hɑːtɪd] *adj* au grand cœur; **to be** ~ avoir le cœur sur la main, avoir bon OR du cœur.

bighorn ['bɪghɔːn] (*pl inv* OR **bighorns**) *n* mouflon *m*.

bight [baɪt] *n* -**1.** [of shoreline] baie *f*. -**2.** [in rope - slack] mou *m*; [- coil] boucle *f*.

bigmouth *inf* ['bɪgmaʊθ, *pl* -maʊðz] *n* grande gueule *f*; **she's such a** ~ elle ne sait pas la fermer; **shut up,** ~! la ferme!

big name *n* grand nom *m*.

big noise *inf n Br* gros bonnet *m*.

bigot ['bɪgət] *n* [gen] sectaire *mf*, intolérant *m*, -e *f*; RELIG bigot *m*, -e *f*, sectaire *mf*.

bigoted ['bɪgətɪd] *adj* [gen - person] sectaire, intolérant; [- attitude, opinion] fanatique; RELIG bigot.

bigotry ['bɪgətrɪ] *n* [gen] sectarisme *m*, intolérance *f*; RELIG bigoterie *f*.

big shot *inf n* gros bonnet *m*.

big smoke *inf n Br*: the ~ [gen] la grande ville; [London] Londres.

big stick *n*: the ~ le bâton, la force.

big time *inf n*: **to hit** OR **to make** OR **to reach the** ~ arriver, réussir.
◆ **big-time** *adj* [actor, singer] à succès; [businessman, politician] de haut vol; [project] ambitieux, de grande échelle.

big-timer *inf n* gros bonnet *m*.

big toe *n* gros orteil *m*.

big top *n* [tent] grand chapiteau *m*; [circus] cirque *m*.

big wheel *inf*, **bigwig** *inf* ['bɪgwɪg] *n* gros bonnet *m*.

bijou ['biːʒuː] *adj Br pej* OR *hum* chic.

bike *inf* [baɪk] ◇ *n* [bicycle] vélo *m*, bicyclette *f*; [motorcycle] moto *f*; **to ride a** ~ [bicycle] faire du vélo OR de la bicyclette; [motorcycle] faire de la moto ❑ **on your** ~! *inf Br* [go away] dégage!; [don't be ridiculous] mais oui, c'est ça!
◇ *vi* [bicycle] faire du vélo; [motorcycle] faire de la moto.

biker *inf* ['baɪkəʳ] *n* motard *m*, motocycliste *mf*.

bikini [bɪ'kiːnɪ] *n* bikini *m*.

bikini line *n*: **to have one's** ~ **done** se faire épiler le maillot.

bilabial [,baɪ'leɪbjəl] ◇ *adj* bilabial.
◇ *n* bilabiale *f*.

bilateral [,baɪ'lætərəl] *adj* bilatéral.

bilaterally [,baɪ'lætrəlɪ] *adv* bilatéralement.

bilberry ['bɪlbərɪ] (*pl* **bilberries**) *n* myrtille *f*.

bile [baɪl] *n* -**1.** ANAT bile *f*. -**2.** *lit* [irritability] mauvaise humeur *f*, irascibilité *f*.

bilge [bɪldʒ] *n* -**1.** NAUT [hull] bouchain *m*, renflement *m*; [hold] fond *m* de cale, sentine *f*; [water] eau *f* de cale OR de sentine. -**2.** *inf fig* [nonsense] âneries *fpl*, idioties *fpl*; **he talks a load of** ~ il raconte un tas de bêtises.

bilge keel *n* quille *f* de bouchain.

bilge water *n* -**1.** NAUT eau *f* de cale OR de sentine. -**2.** *inf fig* [nonsense] âneries *fpl*, idioties *fpl*.

bilharzia [bɪl'hɑːtsɪə] *n* bilharzie *f*, bilharzia *f*.

bilharziasis [,bɪlhɑː'tsaɪəsɪs], **bilharziosis** [bɪl,hɑːtsɪ'əʊsɪs] *n* bilharziose *f*.

biliary ['bɪljərɪ] *adj* biliaire.

bilinear [baɪ'lɪnɪəʳ] *adj* bilinéaire.

bilingual [baɪ'lɪŋgwəl] *adj* bilingue; **to be** ~ **in French and English** être bilingue français-anglais.

bilingualism [baɪ'lɪŋgwəlɪzm] *n* bilinguisme *m*.

bilious ['bɪljəs] *adj* -**1.** MED bilieux; ~ **attack** crise *f* de foie; ~ **disorder** affection *f* hépatique. -**2.** [colour] écœurant. -**3.** [irritable] bilieux, irascible.

biliousness ['bɪljəsnɪs] *n* -**1.** MED affection *f* hépatique. -**2.** [of colour] aspect *m* écœurant. -**3.** [irritability] mauvaise humeur *f*, irascibilité *f*.

bilk [bɪlk] *vt Br*. -**1.** [thwart - person] contrecarrer, contrarier les projets de; [- plan] contrecarrer, contrarier. -**2.** [cheat] escroquer; **they** ~**ed her of her fortune** ils lui ont escroqué sa fortune.

bill [bɪl] ◇ *n* -**1.** [for gas, telephone] facture *f*, note *f*; [for product] facture *f*; [in restaurant] addition *f*, note *f*; [in hotel] note *f*; **may I have the** ~ **please?** l'addition, s'il vous plaît; **have you paid the telephone** ~? as-tu payé le téléphone?; **put it on my** ~ mettez-le sur ma note. -**2.** [draft of law] projet *m* de loi; **to introduce a** ~ **in Parliament** présenter un projet de loi au Parlement; **to vote on a** ~ mettre un projet de loi au vote. -**3.** [poster] affiche *f*, placard *m*. -**4.** THEAT affiche *f*; **to head** OR **to top the** ~ être en tête d'affiche OR en vedette. -**5.** [list, statement] liste *f*; ~ **of fare** carte *f* (du jour); ~ **of health** NAUT patente *f* (de santé); **the doctor gave him a clean** ~ **of health** *inf* le médecin l'a trouvé en parfaite santé; ~ **of lading** COMM connaissement *m*; **to sell sb a** ~ **of goods** *inf Am* rouler OR avoir qqn. -**6.** COMM & FIN [promissory note] effet *m*, traite *f*; ~**s payable** effets à payer; ~**s receivable** effets à recevoir ❑ ~ **of exchange** lettre *f* OR effet de change. -**7.** *Am* [banknote] billet *m* (de banque); **a ten-dollar** ~ un billet de dix dollars. -**8.** JUR: ~ **of attainder** décret *m* de mort civile; ~ **of indictment** acte *m* d'accusation; ~ **of sale** acte *m* OR contrat *m* de vente. -**9.** [beak] bec *m*. -**10.** GEOG promontoire *m*, bec *m*. -**11.** [weapon] hallebarde *f*. -**12.** = **billhook**.
◇ *vt* -**1.** [invoice] facturer; **he** ~**s his company for his travel expenses** il se fait rembourser ses frais de voyage par son entreprise; ~ **me for the newspaper at the end of the month** envoyez-moi la facture pour le journal à la fin du mois. -**2.** [advertise] annoncer; **they're** ~**ed as the best band in the world** on les présente comme le meilleur groupe du monde. -**3.** THEAT mettre à l'affiche, annoncer; **he is** ~**ed to appear as Cyrano** il est à l'affiche dans le rôle de Cyrano.
◇ *vi*: **to** ~ **and coo** [birds] se becqueter; [people] roucouler.

billabong ['bɪləbɒŋ] *n Austr* [pool] mare *f*; [of river] bras *m* mort.

billboard ['bɪlbɔːd] *n* panneau *m* (d'affichage).

bill broker *n* agent *m* OR courtier *m* de change.

billet ['bɪlɪt] ◇ *n* -**1.** [accommodation] cantonnement *m* (chez l'habitant); [document] billet *m* de logement. -**2.** ARCHIT billette *f*.
◇ *vt* [gen] loger; MIL cantonner, loger; **the captain** ~**ed his men on the mayor/on the town** le capitaine a cantonné ses hommes chez le maire/dans la ville.

billfold ['bɪlfəʊld] *n Am* portefeuille *m*.

billhook ['bɪlhʊk] *n* serpe *f*, serpette *f*.

billiard ['bɪljəd] *comp* de billard; ~ **ball/cue** boule *f*/queue *f* de billard; ~ **table/hall** (table *f*/salle *f* de) billard *m*.
◆ **billiards** *n (U)* (jeu *m* de) billard *m*; **to play (a game of)** ~ jouer au billard.

billing ['bɪlɪŋ] *n* -**1.** THEAT: **to get** OR **to have top/second** ~ être en tête d'affiche/en deuxième place à l'affiche. -**2.** *Am* [advertising]: **to give sthg advance** ~ annoncer qqch. -**3.** *literal* & *fig* [sound]: ~ **and cooing** roucoulements *mpl*.

billion ['bɪljən] (*pl inv* OR **billions**) *n* [trillion] billion *m*; *Br dated* [thousand million] milliard *m*.

billionaire [,bɪljə'neəʳ] *n* milliardaire *mf*.

Bill of Rights ◇ *n* déclaration *f* des droits de l'homme.
◇ *pr n*: **the** ~ *les dix premiers amendements à la Constitution américaine garantissant, entre autres droits, la liberté d'expression, de religion et de réunion.*

billow ['bɪləʊ] ◇ *vi* [cloth, flag] onduler; [sail] se gonfler; [cloud, smoke] tourbillonner, tournoyer.
◇ *n* -**1.** [of smoke] tourbillon *m*, volute *f*. -**2.** [wave] grosse vague *f*; **the** ~**s** *lit* les flots *mpl*.
◆ **billow out** *vi insep* [sail, cloth] se gonfler.

billowy ['bɪləʊɪ] *adj* [sea] houleux, agité; [wave] gros; [sail] gonflé; [skirt] tourbillonnant; ~ **clouds of smoke** de gros nuages de fumée.

billposter ['bɪl,pəʊstəʳ], **billsticker** ['bɪl,stɪkəʳ] *n* afficheur *m*, -euse *f*, colleur *m*, -euse *f* d'affiches.

billy ['bɪlɪ] (*pl* **billies**) *n* -**1.** *Am* [weapon]: ~ **(club)** matraque *f*. -**2.** *Br* & *Austr* [pan] gamelle *f*. -**3.** *inf* [goat] bouc *m*.

Billy Bunter [,bɪlɪ'bʌntəʳ] *pr n gros garçon gourmand (personnage d'une série de livres pour enfants en Grande-Bretagne).*

billycan ['bɪlɪkæn] *n Br* & *Austr* gamelle *f*.

billy-o(h) *inf* ['bɪlɪəʊ] *n Br*: **he ran like** ~ il a couru comme un dératé.

biltong ['bɪltɒŋ] *n SAfr* morceaux *mpl* de viande séchée.

bimbo *inf* ['bɪmbəʊ] (*pl* **bimbos** OR **bimboes**) *n pej jeune femme sexy et un peu bête.*

bimetallic [,baɪmɪ'tælɪk] *adj* bimétallique; **a** ~ **strip** un bilame.

bimetallism [,baɪ'metəlɪzm] *n* bimétallisme *m*.

bimonthly [,baɪ'mʌnθlɪ] (*pl* **bimonthlies**)
◇ *adj* [every two months] bimestriel; [twice monthly] bimensuel.
◇ *adv* [every two months] tous les deux mois; [twice monthly] deux fois par mois.
◇ *n* bimestriel *m*.

bimorph ['baɪmɔːf] *n* cristal *m* bimorphe.

bin [bɪn] (*pt* & *pp* **binned**, *cont* **binning**)
◇ *n* -**1.** *Br* [for rubbish] poubelle *f*, boîte *f* à ordures. -**2.** [for coal, grain] coffre *m*; [for bread] huche *f*. -**3.** *Br* [for wine] casier *m* (à bouteilles).
◇ *vt* -**1.** [coal, grain] mettre dans un coffre; *Br* [wine] mettre à vieillir. -**2.** *inf Br* [discard] flanquer à la poubelle.

binal ['baɪnəl] *adj* double.

binary ['baɪnərɪ] *adj* binaire; ~ **number/system** nombre *m*/système *m* binaire.

binary star *n* binaire *f*.

binaural [,baɪn'ɔːrəl] *adj* biaural, binaural.

bind [baɪnd] (*pt* & *pp* **bound** [baʊnd])
◇ *vt* -**1.** [tie] attacher, lier; ~ **him to his chair** attachez-le à sa chaise; **to** ~ **sb hand and foot** ligoter qqn; **he was bound hand and foot** il avait les pieds et les poings liés. -**2.** [encircle] entourer, ceindre; **to** ~ **a wound** bander OR panser une blessure. -**3.** [provide with border] border. -**4.** [book] relier; **the book is bound in leather** le livre est relié en cuir. -**5.** [stick together] lier, agglutiner; **add eggs to** ~ **the sauce** CULIN ajouter des œufs pour lier la sauce. -**6.** *fig* [bond, unite] lier, attacher; **they are bound by friendship** c'est l'amitié qui les unit; **the two companies are bound by commercial interests** des intérêts commerciaux lient les deux sociétés. -**7.** [oblige] obliger, contraindre; **we are bound to tell the truth** nous sommes obligés OR tenus de dire la vérité; **she bound me to my promise** elle m'a obligé à tenir ma promesse; **they bound him to secrecy** ils lui ont fait jurer le secret; **to be bound by oath** être lié par serment. -**8.** [apprentice] mettre en apprentissage.
◇ *vi* -**1.** [agreement, promise] engager; [rule] être obligatoire. -**2.** [sauce] se lier; [cement] durcir, prendre. -**3.** [mechanism] se gripper.
◇ *n* -**1.** [bond] lien *m*, liens *mpl*. -**2.** MUS liaison *f*. -**3.** *inf* [annoying situation] corvée *f*; **working at weekends is a real** ~! quelle corvée de devoir travailler le week-end!; **we're in a bit of a** ~ nous sommes plutôt dans le pétrin.
◆ **bind down** *vt sep* [tie, truss] lier, attacher.

◆ **bind over** *vt sep* -**1.** [apprentice] mettre en apprentissage. -**2.** *Br* JUR [order] sommer; **they were bound over to keep the peace** ils ont été sommés de ne pas troubler l'ordre public.
◆ **bind together** *vt sep literal* attacher, lier; *fig* lier, unir.
◆ **bind up** *vt sep* [tie - gen] attacher, lier; [- wound] bander, panser.

binder [ˈbaɪndəʳ] *n* -**1.** [folder] classeur *m*. -**2.** [bookbinder] relieur *m*, -euse *f*. -**3.** [glue] colle *f*; TECH liant *m*, agglomérant *m*. -**4.** AGR [machine] lieuse *f*.
bindery [ˈbaɪndərɪ] (*pl* **binderies**) *n* atelier *m* de reliure.
binding [ˈbaɪndɪŋ] ◇ *n* -**1.** [for book] reliure *f*. -**2.** [folder] classeur *m*. -**3.** [for sewing] extra-fort *m*. -**4.** [on skis] fixation *f*.
◇ *adj* -**1.** [law] obligatoire; [contract, promise] qui engage OR lie; **the agreement is ~ on all parties** l'accord engage chaque partie; **it is ~ on the buyer to make immediate payment** l'acheteur est tenu de payer immédiatement. -**2.** [food] constipant.
bindweed [ˈbaɪndwiːd] *n* liseron *m*.
bin-end *n* fin *f* de série *(de vin)*.
binge *inf* [bɪndʒ] ◇ *n* -**1.** [spree]: **to go on a ~** faire la bringue; **they went on a shopping ~** ils sont allés dépenser du fric dans les magasins; **an eating ~** une grosse bouffe. -**2.** [drinking bout] beuverie *f*, bringue *f*.
◇ *vi* -**1.** [overindulge] faire des folies. -**2.** [overeat] faire des excès *(de nourriture)*.
bingo [ˈbɪŋgəʊ] ◇ *n* ≃ loto *m*.
◇ *interj*: **~!** ça y est!

BINGO:
Ce jeu d'argent très populaire en Grande-Bretagne consiste à cocher des chiffres sur une carte jusqu'à ce qu'elle soit remplie; il est souvent pratiqué dans d'anciens cinémas ou des salles municipales.

binman [ˈbɪnmæn] (*pl* **binmen** [-men]) *n Br* éboueur *m*.
binnacle [ˈbɪnəkl] *n* habitacle *m*.
binocular [bɪˈnɒkjʊləʳ] *adj* binoculaire.
◆ **binoculars** *npl* jumelles *fpl*.
binomial [ˌbaɪˈnəʊmjəl] ◇ *adj* binomial.
◇ *n* binôme *m*.
bint▽ [bɪnt] *n Br pej* nana *f*.
binuclear [ˌbaɪˈnjuːklɪəʳ] *adj* binucléaire.
bio *inf* [ˈbaɪəʊ] (*pl* **bios**) *n* biographie *f*.
bioactive [ˌbaɪəʊˈæktɪv] *adj* bioactif.
bioassay [ˌbaɪəʊəˈseɪ] *n* essai *m* OR titrage *m* biologique.
biochemical [ˌbaɪəʊˈkemɪkl] ◇ *adj* biochimique.
◇ *n* produit *m* biochimique.
biochemist [ˌbaɪəʊˈkemɪst] *n* biochimiste *mf*.
biochemistry [ˌbaɪəʊˈkemɪstrɪ] *n* biochimie *f*.
biocide [ˈbaɪəsaɪd] *n* biocide *m*.
bioconversion [ˌbaɪəʊkənˈvɜːʃn] *n* bioconversion *f*.
biodegradable [ˌbaɪəʊdɪˈgreɪdəbl] *adj* biodégradable.
biodegrade [ˌbaɪəʊdɪˈgreɪd] *vi* biodégrader.
biodiversity [ˌbaɪəʊdaɪˈvɜːsətɪ] *n* biodiversité *f*.
bioengineering [ˈbaɪəʊˌendʒɪˈnɪərɪŋ] *n* bioingénierie *f*.
bioethics [ˌbaɪəʊˈeθɪks] *n (U)* bioéthique *f*.
biofeedback [ˌbaɪəʊˈfiːdbæk] *n* biofeedback *m*.
biogas [ˈbaɪəʊgæs] *n* biogaz *m*.
biogen [ˈbaɪədʒən] *n* protéine *f* biogène.
biogenesis [ˌbaɪəʊˈdʒenɪsɪs] *n* biogenèse *f*.
biographer [baɪˈɒgrəfəʳ] *n* biographe *mf*.
biographical [ˌbaɪəˈgræfɪkl] *adj* biographique.
biography [baɪˈɒgrəfɪ] *n* biographie *f*.
biological [ˌbaɪəˈlɒdʒɪkl] *adj* biologique; **~ warfare** guerre *f* bactériologique.
biological clock *n* horloge *f* interne biologique.
biologist [baɪˈɒlədʒɪst] *n* biologiste *mf*.
biology [baɪˈɒlədʒɪ] *n* biologie *f*.
bioluminescence [ˈbaɪəʊˌluːmɪˈnesəns] *n* bioluminescence *f*.
biomass [ˈbaɪəʊmæs] *n* biomasse *f*.
biome [ˈbaɪəʊm] *n* biome *m*.
biomechanics [ˌbaɪəʊmɪˈkænɪks] *n (U)* biomécanique *f*.
biomedicine [ˌbaɪəʊˈmedɪsɪn] *n* biomédecine *f*.
biometrics [ˌbaɪəʊˈmetrɪks] *n (U)* biométrie *f*.
biometry [baɪˈɒmɪtrɪ] *n* biométrie *f*.
bionic [baɪˈɒnɪk] *adj* bionique.
bionics [baɪˈɒnɪks] *n (U)* bionique *f*.
biophysicist [ˌbaɪəʊˈfɪzɪsɪst] *n* biophysicien *m*, -enne *f*.
biophysics [ˌbaɪəʊˈfɪzɪks] *n (U)* biophysique *f*.
biopic *inf* [ˈbaɪəʊpɪk] *n* film *m* biographique.
biopsy [ˈbaɪɒpsɪ] (*pl* **biopsies**) *n* biopsie *f*.
biorhythm [ˈbaɪəʊˌrɪðm] *n* biorythme *m*.
bioscience [ˈbaɪəʊˌsaɪəns] *n* biologie *f*.
biosphere [ˈbaɪəʊˌsfɪəʳ] *n* biosphère *f*.
biosynthesis [ˌbaɪəʊˈsɪnθəsɪs] *n* biosynthèse *f*.
biotechnology [ˌbaɪəʊtekˈnɒlədʒɪ] *n* biotechnologie *f*.
biotic [baɪˈɒtɪk] *adj* biotique.
biotin [ˈbaɪətɪn] *n* biotine *f*.
biotope [ˈbaɪətəʊp] *n* biotope *m*.
biotype [ˈbaɪətaɪp] *n* biotype *m*.
biowarfare [ˌbaɪəʊˈwɔːfeəʳ] *n* guerre *f* biologique.
bipartisan [ˌbaɪpɑːtɪˈzæn] *adj* biparti, bipartite.
bipartite [ˌbaɪˈpɑːtaɪt] *adj* BIOL & POL biparti, bipartite.
biped [ˈbaɪped] ◇ *adj* bipède.
◇ *n* bipède *m*.
biplane [ˈbaɪpleɪn] *n* biplan *m*.
bipod [ˈbaɪpɒd] *n* bipied *m*.
bipolar [ˌbaɪˈpəʊləʳ] *adj* bipolaire.
biracial [baɪˈreɪʃl] *adj* biracial.
birch [bɜːtʃ] ◇ *n* -**1.** [tree] bouleau *m*; [wood] (bois *m* de) bouleau. -**2.** *Br* [rod for whipping] verge *f*; **to give sb the ~** fouetter qqn.
◇ *vt* fouetter.
◇ *comp* [forest, furniture, wood] de bouleau; **~ plantation** boulaie *f*, plantation *f* de bouleaux.
Bircher [ˈbɜːtʃəʳ] *n* POL *membre de la John Birch Society*.
birching [ˈbɜːtʃɪŋ] *n Br* correction *f*; **to give sb a ~** fouetter qqn, donner une correction à qqn.
Birchism [ˈbɜːtʃɪzm] *n philosophie de la John Birch Society*.
bird [bɜːd] *n* -**1.** [gen] oiseau *m*; CULIN volaille *f*; **she eats like a ~** elle a un appétit d'oiseau ❑ **~ of paradise** [bird, flower] oiseau de paradis; **~ of passage** *literal & fig* oiseau de passage; **~ of prey** oiseau de proie, rapace *m*; **a little ~ told me** mon petit doigt me l'a dit; **strictly for the ~s** bon pour les imbéciles; **the ~s and the bees** *inf euph* OR *hum* les choses de la vie; **the ~ has flown** l'oiseau s'est envolé; **to give sb the ~** *inf Br* [gen] envoyer paître qqn; THEAT siffler qqn; **~s of a feather flock together** *prov* qui se ressemble s'assemble *prov*; **a ~ in the hand is worth two in the bush** *prov* un tiens vaut mieux que deux tu l'auras *prov*; 'The Birds' *Du Maurier, Hitchcock* 'les Oiseaux'. -**2.** *inf Br* [chap] type *m*; **he's a strange ~** c'est un drôle d'oiseau. -**3.** *inf Br* [woman] nana *f*. -**4.** *Br crime sl*: **to do ~** faire de la taule.
birdbath [ˈbɜːdbɑːθ, *pl* -bɑːðz] *n* vasque *f (pour les oiseaux)*.
bird brain *inf n pej* tête *f* de linotte, écervelé *m*, -e *f*.
bird-brained *inf* [-breɪnd] *adj* [person] écervelé, qui a une cervelle d'oiseau; [idea] insensé.
birdcage [ˈbɜːdkeɪdʒ] *n* [small] cage *f* à oiseaux; [large] volière *f*.
birdcall [ˈbɜːdkɔːl] *n* cri *m* d'oiseau.
bird dog *n* chien *m* d'arrêt *(pour le gibier à plumes)*.
bird fancier *n Br* [interested in birds] ornithologue *mf* amateur; [breeder] aviculteur *m*, -trice *f*.
birdhouse [ˈbɜːdhaʊs, *pl* -haʊzɪz] *n Am* volière *f*.
birdie *inf* [ˈbɜːdɪ] *n* -**1.** *inf* [small bird] petit oiseau *m*, oisillon *m*; **watch the ~!** PHOT le petit oiseau va sortir! -**2.** [in golf] birdie *m*.
birdlime [ˈbɜːdlaɪm] *n* glu *f*.
birdman [ˈbɜːdmæn] (*pl* **birdmen** [-men]) *n* [interested in birds] ornithologue *m* amateur; [breeder] aviculteur *m*.
bird-nesting *n*: **to go ~** aller dénicher des oiseaux.
bird sanctuary *n* réserve *f* OR refuge *m* d'oiseaux.
birdseed [ˈbɜːdsiːd] *n* graine *f* pour les oiseaux.
bird's-eye ◇ *adj*: **a ~ view of the coastline** une vue panoramique de la côte; **a ~ view of the situation** *fig* une vue d'ensemble de la situation.
◇ *n* -**1.** BOT [primrose] primevère *f* farineuse; **~ speedwell** véronique *f*. -**2.** [cloth] œil-de-perdrix *m*.
bird's-foot *n* BOT pied-d'oiseau *m*.
bird's-nesting = **bird-nesting**.
bird's-nest soup *n* soupe *f* aux nids d'hirondelles.
birdsong [ˈbɜːdsɒŋ] *n* chant *m* d'oiseau.
birdstrike [ˈbɜːdstraɪk] *n collision entre un avion et un oiseau*.
birdtable [ˈbɜːdˌteɪbl] *n* mangeoire *f (pour oiseaux)*.
bird-watcher *n* ornithologue *mf* amateur.
bird-watching *n* ornithologie *f*; **to go ~** aller observer les oiseaux.
bireme [ˈbaɪriːm] *n* birème *f*.
biretta [bɪˈretə] *n* barrette *f (d'un ecclésiastique)*.
biriani [ˌbɪrɪˈɑːnɪ] *n*: **chicken ~** poulet *m* biriani.
Birmingham [ˈbɜːmɪŋəm] *pr n* Birmingham.
Biro® [ˈbaɪərəʊ] (*pl* **biros**) *n Br* stylo *m* (à) bille, ≃ Bic® *m*.
birth [bɜːθ] *n* -**1.** [nativity] naissance *f*; **deaf from ~** sourd de naissance; **~ parent** parent *m* naturel; 'The Birth of Venus' *Botticelli* 'la Naissance de Vénus'. -**2.** [of child] accouchement *m*, couches *fpl*; [of animal] mise *f* bas; **to give ~** [woman] accoucher; [animal] mettre bas; **she gave ~ to a boy** elle a accouché d'un garçon; **a difficult ~** un accouchement difficile ❑ **~ pangs** douleurs *fpl* de l'accouchement; **the ~ pangs of democracy** *fig* la naissance difficile de la démocratie. -**3.** *fig* [origin - of movement, nation] naissance *f*, origine *f*; [- of era, industry] naissance *f*, commencement *m*; [- of product, radio] apparition *f*; 'The Birth of a Nation' *Griffith* 'Naissance d'une nation'. -**4.** [ancestry, lineage] naissance *f*, ascendance *f*; **he's Chinese by ~** il est chinois de naissance; **of high ~** de bonne famille, bien né; **of low ~** de basse extraction.
birth certificate *n* acte *m* OR extrait *m* de naissance.
birth control *n* -**1.** [contraception] contraception *f*; **to practise ~** utiliser un contraceptif OR un moyen de contraception. -**2.** [family planning] contrôle *m* des naissances.
birthday [ˈbɜːθdeɪ] ◇ *n* anniversaire *m*; **her 21st ~** ses 21 ans.
◇ *comp* [cake, card, present] d'anniversaire; **they're giving him a ~ party** ils organisent une fête pour son anniversaire; 'The Birthday Party' *Pinter* 'l'Anniversaire'.
Birthday Honours *npl*: **the ~** *titres honorifiques et autres distinctions décernés chaque année le jour de l'anniversaire officiel du souverain britannique*.
birthday suit *inf n hum* [of man] costume *m* d'Adam; [of woman] costume *m* d'Ève.
birthmark [ˈbɜːθmɑːk] *n* tache *f* de vin.
birthplace [ˈbɜːθpleɪs] *n* [town] lieu *m* de naissance; [house] maison *f* natale; **the ~ of democracy** *fig* le berceau de la démocratie.

birthrate [ˈbɜːθreɪt] *n* (taux *m* de) natalité *f*.

birthright [ˈbɜːθraɪt] *n* droit *m* (acquis à la naissance); freedom of speech is every citizen's ~ la liberté d'expression constitue un droit pour chaque citoyen.

birthstone [ˈbɜːθstəʊn] *n* pierre *f* porte-bonheur *(selon la date de naissance)*.

Biscay [ˈbɪskeɪ] *pr n* Biscaye; the Bay of ~ le golfe de Gascogne.

biscuit [ˈbɪskɪt] ◇ *n* -**1.** *Br* CULIN biscuit *m*, petit gâteau *m*; that really takes the ~! *inf* ça, c'est vraiment le bouquet!; you really take the ~! *inf* vous êtes marrant, vous! *iron.* -**2.** *Am* CULIN *petit gâteau que l'on mange avec de la confiture ou avec un plat salé*, ≃ scone *m*. -**3.** [colour] beige *m*. -**4.** [ceramics] biscuit *m*.
◇ *adj* (de couleur) beige.

bisect [baɪˈsekt] *vt* [gen] couper en deux; MATH diviser en deux parties égales.

bisection [ˌbaɪˈsekʃn] *n* [action] division *f* en deux; MATH bissection *f*.

bisector [ˌbaɪˈsektəʳ] *n* bissectrice *f*.

bisexual [ˌbaɪˈsekʃʊəl] ◇ *adj* -**1.** [person, tendency] bisexuel. -**2.** BIOL & ZOOL bisexué, hermaphrodite.
◇ *n* -**1.** [person] bisexuel *m*, -elle *f*. -**2.** BIOL & ZOOL hermaphrodite *m*.

bisexuality [baɪˌseksjʊˈælɪtɪ] *n* bisexualité *f*.

bishop [ˈbɪʃəp] *n* -**1.** RELIG évêque *m*. -**2.** [in chess] fou *m*.

bishopric [ˈbɪʃəprɪk] *n* [position] épiscopat *m*; [diocese] évêché *m*.

Bismarck [ˈbɪzmɑːk] *pr n* Bismarck.

bismuth [ˈbɪzməθ] *n* bismuth *m*.

bison [ˈbaɪsn] *n* bison *m*.

bisque [bɪsk] *n* -**1.** [colour] beige-rosé *m*. -**2.** [ceramics] biscuit *m*. -**3.** [soup] bisque *f*.

bissextile [bɪˈsekstaɪl] ◇ *adj* bissextile.
◇ *n* année *f* bissextile.

bister *Am* = **bistre**.

bistoury [ˈbɪstʊrɪ] (*pl* **bistouries**) *n* bistouri *m*.

bistre *Br*, **bister** *Am* [ˈbɪstəʳ] ◇ *n* bistre *m*.
◇ *adj* bistré.

bit¹ [bɪt] *n* -**1.** [piece - of cake, puzzle, wood, land, string] bout *m*; [- of book] passage *m*; [- of film] séquence *f*; you missed out the best ~s [of story, joke] tu as manqué le meilleur; I liked the ~ where they were in the cave [in book] j'aime le passage où ils sont dans la caverne; [in film] j'aime la séquence où ils sont dans la caverne; ~s and pieces of sthg des morceaux de qqch; she picked up her ~s and pieces elle a ramassé ses affaires; in ~s en morceaux; to take sthg to ~s démonter qqch; the dog tore the paper to ~s le chien a complètement déchiré le journal; to fall to ~s [book, clothes] tomber en lambeaux; the wall was falling to ~s le mur tombait en morceaux OR en ruine ❑ to be thrilled to ~s être aux anges. -**2.** [unspecified (small) quantity]: a ~ of dirt une petite saleté; a ~ of advice un (petit) conseil; a ~ of money/time un peu d'argent/de temps; a little ~ of tact/patience un tout petit peu de tact/de patience; there's been a ~ of trouble at home il y a eu quelques problèmes à la maison; it's a ~ of a problem cela pose un problème; he's a ~ of a crook il est un peu escroc sur les bords; I've been a ~ of a fool j'ai été un peu bête ❑ to do one's ~ y mettre du sien, faire un effort; everyone did their ~ tout le monde y a mis du sien OR a fait un effort; we did our ~ to help the children nous avons fait ce qu'il fallait pour aider les enfants; they ate up every ~ ils ont tout mangé jusqu'au dernier morceau; she's every ~ as competent as he is elle est tout aussi compétente que lui; to have a ~ on the side *inf* avoir un amant/une maîtresse; this is a ~ of all right!▽ *Br* ça c'est chouette!; he's/she's a ~ of all right!▽ *Br* il/elle est chouette! -**3.** *inf* [role] numéro *m*; he's doing his perfect father ~ il nous fait son numéro du père parfait. -**4.** *inf* [small coin] pièce *f*; a threepenny ~ une pièce de trois pence.
◆ **a bit** *adv phr* -**1.** [some time] quelque temps; let's sit down for a ~ asseyons-nous un instant OR un peu; we waited a good/little ~ nous avons attendu un bon/un petit moment; he's away quite a ~ il est souvent absent; after a ~ we left au bout de quelque temps nous sommes partis. -**2.** [slightly] un peu; I'm a ~ late je suis un peu en retard; she's a good/little ~ older than he is elle est beaucoup/un peu plus âgée que lui; it's a (little) ~ more expensive c'est un (tout petit) peu plus cher ‖ [at all]: they haven't changed a ~ ils n'ont pas du tout changé; are we bothering you? — not a ~! on vous dérange? — pas du tout!; not a ~ of it! pas le moins du monde! ❑ it's asking a ~ much to expect her to apologize il ne faut pas s'attendre à des excuses, c'est trop lui demander; that's a ~ much OR a ~ steep ça c'est un peu fort!
◆ **bit by bit** *adv phr* petit à petit.

bit² [bɪt] *pt* → **bite**.

bitch [bɪtʃ] ◇ *n* -**1.** [female canine - gen] femelle *f*; [dog] chienne *f*; [fox] renarde *f*; [wolf] louve *f*; a collie ~ un colley femelle. -**2.** ▽ *pej* [woman] garce *f*; she's such a ~ c'est une vraie garce; you ~! espèce de garce! -**3.** *inf* [thing] saloperie *f*; it's been a ~ of a day quelle foutue journée alors!; a ~ of a job une saloperie de boulot; this problem's a real ~ c'est un vrai casse-tête! -**4.** *inf* [complaint] motif *m* de râler; what's their latest ~? qu'est-ce qui les fait râler maintenant?
◇ *vi inf* râler, rouspéter; to ~ about sb/sthg râler OR rouspéter contre qqn/qqch.
◆ **bitch out**▽ *vt sep* engueuler.

bitchy *inf* [ˈbɪtʃɪ] (*compar* **bitchier**, *superl* **bitchiest**) *adj* vache; a ~ remark une vacherie; he's in a ~ mood il est dans une sale humeur; she was very ~ to the new girl elle a été très vache avec la nouvelle; don't be ~ about it! ne sois pas vache!

bite [baɪt] (*pt* **bit** [bɪt], *pp* **bitten** [ˈbɪtn]) ◇ *vt* -**1.** [subj: animal, person] mordre; [subj: insect, snake] piquer, mordre; I bit a piece out of the pear j'ai mordu dans la poire; the dog bit him on the leg le chien l'a mordu à la jambe; the dog bit the rope in two le chien a coupé la corde en deux avec ses dents; to ~ one's nails se ronger les ongles; he bit his lip il s'est mordu la lèvre; they've been bitten by the photography bug *fig* ils sont devenus des mordus de photographie ❑ to ~ one's tongue *literal* se mordre la langue; *fig* se retenir de dire qqch; to ~ the bullet serrer les dents; to ~ the dust mordre la poussière; theirs is the latest plan to bite the dust leur projet est le dernier à être tombé à l'eau; to ~ the hand that feeds one montrer de l'ingratitude envers qqn qui vous veut du bien; once bitten, twice shy *prov* chat échaudé craint l'eau froide *prov*. -**2.** *inf fig* [bother] agacer, contrarier; what's biting him? quelle mouche l'a piqué?
◇ *vi* -**1.** [animal, person] mordre; [insect, snake] piquer, mordre; [fish] mordre (à l'hameçon); I bit into the apple j'ai mordu dans la pomme; does the dog ~? il mord, votre chien?; he bit through the cord il coupa la ficelle avec ses dents. -**2.** [mustard, spice] piquer. -**3.** [air, wind] mordre, cingler. -**4.** [clutch, screw] mordre; [tyre] adhérer (à la route); the acid bit into the metal l'acide a attaqué le métal; the rope bit into his wrists la corde mordait dans la chair de ses poignets. -**5.** [take effet]: the law is beginning to ~ les effets de la loi commencent à se faire sentir.
◇ *n* -**1.** [of animal, person] morsure *f*; [of insect, snake] piqûre *f*, morsure *f*; mosquito ~s piqûres de moustiques ❑ to put the ~ on sb *inf Am* taper du fric à qqn. -**2.** [piece] bouchée *f*; chew each ~ 30 times mâchez chaque bouchée 30 fois; he swallowed the steak in three ~s il a avalé le bifteck en trois bouchées; to take a ~ of sthg [bite into] mordre dans qqch; [taste] goûter (à) qqch; do you want a ~? tu veux (y) goûter? ❑ to have OR to get another OR a second ~ at the cherry *Br* s'y reprendre à deux fois. -**3.** *inf* [something to eat]: we stopped for a ~ (to eat) nous nous sommes arrêtés pour manger un morceau; I haven't had a ~ all day je n'ai rien mangé de la journée. -**4.** FISHING touche *f*; did you get a ~? ça a mordu? -**5.** [sharpness - of mustard, spice] piquant *m*; [- of speech, wit] mordant *m*; [- of air, wind] caractère *m* cinglant OR mordant. -**6.** DENT articulé *m* dentaire.
◆ **bite back** *vt sep*: to ~ sthg back se retenir de dire qqch.
◆ **bite off** *vt sep* arracher d'un coup de dents; she bit off a piece of toast elle a mordu dans la tartine ❑ to ~ off more than one can chew avoir les yeux plus grands OR gros que le ventre; to ~ sb's head off *inf* enguirlander qqn.

biter [ˈbaɪtəʳ] *n*: it's a case of the ~ bit *Br* c'est l'arroseur arrosé, tel est pris qui croyait prendre *prov*.

bite-sized [-ˌsaɪzd] *adj*: cut the meat into ~ pieces coupez la viande en petits dés.

biting [ˈbaɪtɪŋ] *adj* -**1.** [insect] piqueur, vorace. -**2.** *fig* [remark, wit] mordant, cinglant; [wind] cinglant, mordant; [cold] mordant, perçant.

bitingly [ˈbaɪtɪŋlɪ] *adj* d'un ton mordant OR cinglant; [as intensifier]: a ~ cold wind un vent glacial.

bit part *n* THEAT petit rôle *m*.

bitten [ˈbɪtn] *pp* → **bite**.

bitter [ˈbɪtəʳ] ◇ *adj* -**1.** [taste] amer, âpre; ~ almonds amandes *fpl* amères ❑ it's a ~ pill (to swallow) c'est difficile à avaler. -**2.** [resentful - person] amer; [- look, tone] amer, plein d'amertume; [- reproach, tears] amer; he was very ~ about the divorce il était très amer OR plein d'amertume au sujet du divorce. -**3.** [unpleasant - disappointment, experience] amer, cruel; [- argument, struggle] violent; [- blow] dur; the ~ truth l'amère vérité; we fought to the ~ end nous avons lutté jusqu'au bout. -**4.** [extreme - enemy] acharné; [- opposition] violent, acharné; [- remorse] cuisant. -**5.** [cold - wind] cinglant, glacial; [- weather] glacial; [- winter] rude, dur.
◇ *n* [beer] *bière pression relativement amère, à forte teneur en houblon*.
◆ **bitters** *npl* bitter *m*, amer *m*; PHARM amer *m*; whisky and ~s *cocktail au whisky et au bitter*.

bitter aloes *n* aloès *m* (médicinal).

bitter lemon *n* Schweppes® *m* au citron.

bitterly [ˈbɪtəlɪ] *adv* -**1.** [speak] amèrement, avec amertume; [criticize] âprement; [weep] amèrement. -**2.** [intensely - ashamed, unhappy] profondément; [- disappointed] cruellement; it was a ~ cold day il faisait un froid de loup.

bittern [ˈbɪtən] *n* butor *m (oiseau)*.

bitterness [ˈbɪtənɪs] *n* -**1.** [of disappointment, person, taste] amertume *f*; [of criticism, remark] âpreté *f*. -**2.** [of opposition] violence *f*.

bitter orange *n* orange *f* amère.

bittersweet [ˈbɪtəswiːt] ◇ *adj* [memory, taste] aigre-doux.
◇ *n* BOT douce-amère *f*.

bitty *inf* [ˈbɪtɪ] (*compar* **bittier**, *superl* **bittiest**) *adj Br* décousu.

bitumen [ˈbɪtjʊmɪn] *n* bitume *m*.

bituminize, -ise [bɪˈtjuːmɪnaɪz] *vt* bitumer.

bituminous [bɪˈtjuːmɪnəs] *adj* bitumineux.

bivalent [ˈbaɪˌveɪlənt] *adj* bivalent.

bivalve [ˈbaɪvælv] ◇ *adj* bivalve.
◇ *n* bivalve *m*.

bivouac [ˈbɪvʊæk] (*pt & pp* **bivouacked**, *cont* **bivouacking**) ◇ *n* bivouac *m*.
◇ *vi* bivouaquer.

bivvy [ˈbɪvɪ] (*pl* **bivvies**) *n mil sl* bivouac *m*.

biweekly [ˌbaɪˈwiːklɪ] (*pl* **biweeklies**) ◇ *adj* [every two weeks] bimensuel; [twice weekly] bihebdomadaire.
◇ *adv* [every two weeks] tous les quinze jours; [twice weekly] deux fois par semaine.
◇ *n* bimensuel *m*.

biyearly [ˌbaɪˈjɪəlɪ] (*pl* **biyearlies**) ◇ *adj* [every two years] biennal; [twice yearly] semestriel.

◇ *adv* [every two years] tous les deux ans; [twice yearly] deux fois par an.
◇ *n* biennale *f*.

biz *inf* [bɪz] *n* commerce *m*.

bizarre [bɪ'zɑː^r] *adj* bizarre.

bizarrely [bɪ'zɑːlɪ] *adv* bizarrement.

bk -**1.** *written abbr of* bank. -**2.** *written abbr of* book.

bl *written abbr of* bill of lading.

BL *n* -**1.** (*abbr of* Bachelor of Law(s)) *(titulaire d'une) licence de droit.* -**2.** (*abbr of* Bachelor of Letters) *(titulaire d'une) licence de lettres.* -**3.** *Am* (*abbr of* Bachelor of Literature) *(titulaire d'une) licence de littérature.*

blab *inf* [blæb] (*pt* & *pp* blabbed, *cont* blabbing)
◇ *vi* -**1.** [tell secret] vendre la mèche. -**2.** [prattle] jaser, babiller; **she blabbed on about her holiday** elle n'en finissait pas de nous raconter ses vacances.
◇ *vt* laisser échapper, divulguer.

blabber *inf* ['blæbə^r] ◇ *vi* jaser, babiller; **to ~ on about sthg** parler de qqch à n'en plus finir.
◇ *n* -**1.** [person] moulin *m* à paroles. -**2.** [prattle] bavardage *m*, papotage *m*.

blabbermouth *inf* ['blæbə,maʊθ, *pl* -,maʊðz] *n* pipelette *f*; **he's such a ~!** c'est une vraie pipelette!

black [blæk] ◇ *adj* -**1.** [colour] noir; **as ~ as ink** noir comme du jais OR de l'encre; **the Black Prince** le Prince Noir. -**2.** [race] noir; **the ~ area of New York** le quartier noir de New York; **he won the ~ vote** il a gagné les voix de l'électorat noir ❑ **~ man** Noir *m*; **~ woman** Noire *f*; **~ Africa** l'Afrique *f* noire; **~ American** Afro-Américain *m*, -e *f*; **~ consciousness** négritude *f*; **Black Nationalism** *mouvement nationaliste noir américain*; **Black Studies** UNIV *études afro-américaines.* -**3.** [coffee] noir; [tea] nature *(inv).* -**4.** [dark] noir, sans lumière; **the room was as ~ as pitch** *Br* OR **as ~ as tar** *Am* dans la pièce il faisait noir comme dans un four. -**5.** [gloomy - future, mood, thoughts] noir; [- despair] sombre; **they painted a ~ picture of our prospects** ils ont peint un sombre tableau de notre avenir; **the situation is not as ~ as it looks** la situation n'est pas aussi désespérée qu'on pourrait le croire; **the situation looks ~** les choses se présentent très mal; **in a fit of ~ despair** dans un moment d'extrême désespoir; **it's a ~ day for the UN** c'est un jour noir pour l'ONU ❑ **~ comedy** comédie *f* noire; **~ humour** humour *m* noir. -**6.** [angry] furieux, menaçant; **he gave her a ~ look** il lui a jeté OR lancé un regard noir. -**7.** [wicked] noir, mauvais; **a ~ deed** un crime, un forfait; **he's not as ~ as he's painted** il n'est pas aussi mauvais qu'on le dit ❑ **the ~ art** OR **arts** la magie noire. -**8.** [dirty] noir, sale; **her hands were ~ with ink** elle avait les mains pleines d'encre. -**9.** *Br* INDUST [cargo, factory, goods] boycotté; **~ economy** économie *f* noire.
◇ *n* -**1.** [colour] noir *m*; **to be dressed in ~** [gen] être habillé de OR en noir; [in mourning] porter le deuil; **he'd swear ~ is white** il refuse d'admettre l'évidence. -**2.** [darkness] obscurité *f*, noir *m*. -**3.** *phr*: **to be in the ~** être créditeur.
◇ *vt* -**1.** [make black] noircir; [shoes] cirer *(avec du cirage noir)*; **he ~ed his attacker's eye** il a poché l'œil de son agresseur; **the actors ~ed their faces** les acteurs se sont noirci le visage. -**2.** *Br* INDUST boycotter.
◆ **Black** *n* [person] Noir *m*, -e *f*.
◆ **black out** ◇ *vt sep* -**1.** [extinguish lights] plonger dans l'obscurité; [in wartime] faire le black-out dans. -**2.** RADIO & TV [programme] interdire la diffusion de. -**3.** [memory] effacer (de son esprit), oublier.
◇ *vi* s'évanouir.

blackamoor ['blækə,mʊə^r] *n arch* Noir *m*, -e *f*.

black and blue *adj* couvert de bleus; **they beat him ~** ils l'ont roué de coups.

black and white ◇ *adj* -**1.** [photograph, television] noir et blanc; **a black-and-white film** un film en noir et blanc. -**2.** *fig* [clearcut] précis, net; **there's no black-and-white solution** le problème n'est pas simple; **he has very black-and-white views on the war** il a des idées très arrêtées sur la guerre; **things aren't that ~** les choses ne sont pas si simples.
◇ *n* -**1.** [drawing, print] dessin *m* en noir et blanc; [photograph] photographie *f* en noir et blanc. -**2.** [written down]: **I want the agreement in ~** je veux voir l'accord écrit noir sur blanc; **to put sthg down in ~** écrire qqch noir sur blanc.

blackball ['blækbɔːl] ◇ *vt* blackbouler.
◇ *n* vote *m* contre.

black beetle *n* cafard *m*, blatte *f*.

black belt *n* ceinture *f* noire; **she's a ~ in judo** elle est ceinture noire de judo.

blackberry ['blækbərɪ] (*pl* blackberries)
◇ *n* mûre *f*.
◇ *vi* cueillir des mûres; **to go ~ing** aller ramasser OR cueillir des mûres.

blackbird ['blækbɜːd] *n* merle *m*.

blackboard ['blækbɔːd] *n* tableau *m* (noir).

black box *n* boîte *f* noire.

black cab *n* taxi *m* londonien.

blackcap ['blækkæp] *n* -**1.** ORNITH fauvette *f* à tête noire. -**2.** *Br* [of judge] bonnet *m* noir.

blackcock ['blækkɒk] *n* coq *m* de bruyère.

Black Country *pr n*: **the ~** le Pays noir.

THE BLACK COUNTRY:
Le Pays noir désigne, en Grande-Bretagne, la région des West Midlands, riche en aciéries et en mines de charbon.

---

blackcurrant [,blæk'kʌrənt] *n* [bush, fruit] cassis *m*.

Black Death *n* peste *f* noire.

blacken ['blækn] ◇ *vt* -**1.** [make black - house, wall] noircir; [- shoes] cirer *(avec du cirage noir)*; **he ~ed his face** il s'est noirci le visage. -**2.** [make dirty] noircir, salir; **fingers ~ed with ink** des doigts couverts OR pleins d'encre; **smoke-~ed buildings** des bâtiments noircis par la fumée. -**3.** *fig* [name, reputation] noircir, ternir.
◇ *vi* [cloud, sky] s'assombrir, (se) noircir; [colour, fruit] (se) noircir, devenir noir.

black eye *n* œil *m* poché OR au beurre noir; **I'll give him a ~!** je vais lui faire un œil au beurre noir!

black-eyed pea *n* dolique *m*, dolic *m*, niébé *m*.

blackface ['blækfeɪs] *n* -**1.** *dated* [person] *acteur blanc maquillé pour jouer un noir.* -**2.** TYPO caractère *m* gras; **in ~** en (caractères) gras.

blackfly ['blækflaɪ] (*pl inv* OR blackflies) *n* puceron *m* noir.

Blackfoot ['blækfʊt] (*pl inv* OR Blackfeet [-fiːt]) *n* Blackfoot *mf*; **the ~** les Blackfoot *mpl*.

black gold *n* or *m* noir.

black grouse *n* tétras-lyre *m*, petit coq *m* de bruyère.

blackguard ['blægɑːd] *n dated* OR *hum* canaille *f*.

blackhead ['blækhed] *n* point *m* noir.

black-hearted *adj* méchant, malfaisant.

black hole *n* trou *m* noir; **the Black Hole of Calcutta** *célèbre prison à Calcutta au XVIIIe siècle*; **it's like the Black Hole of Calcutta in there!** il fait horriblement sombre et chaud là-dedans!

black ice *n* verglas *m*.

blacking ['blækɪŋ] *n* [for shoes] cirage *m* noir; [for stove] pâte *f* à noircir.

blackish ['blækɪʃ] *adj* noirâtre, tirant sur le noir.

blackjack ['blækdʒæk] ◇ *n* -**1.** [card game] vingt-et-un *m*. -**2.** *Am* [truncheon] matraque *f*.
◇ *vt Am* [beat] matraquer; [compel] contraindre (sous la menace); **they ~ed him into paying** ils l'ont forcé à payer.

black lead [-led] *n* graphite *m*.

blackleg ['blækleg] (*pt* & *pp* blacklegged, *cont* blacklegging) ◇ *n Br pej* jaune *m pej*, briseur *m* de grève.
◇ *vi* briser la grève.

blacklist ['blæklɪst] ◇ *n* liste *f* noire.
◇ *vt* mettre sur la liste noire.

black magic *n* magie *f* noire.

blackmail ['blækmeɪl] ◇ *vt* faire chanter; **he ~ed them into meeting his demands** il les a contraints par le chantage à satisfaire ses exigences.
◇ *n* chantage *m*.

blackmailer ['blækmeɪlə^r] *n* maître chanteur *m*.

Black Maria *inf* [-mə'raɪə] *n* panier *m* à salade *(fourgon)*.

black mark *n* mauvais point *m*; **it's a ~ against her** ça joue contre elle.

black market *n* marché *m* noir; **on the ~** au marché noir.

black marketeer *n* vendeur *m*, -euse *f* au marché noir.

Black Muslim *n* Black Muslim *mf (membre d'un mouvement séparatiste noir se réclamant de l'Islam).*

blackness ['blæknɪs] *n* -**1.** [of colour] noir *m*, couleur *f* noire; *fig* [of deed] atrocité *f*, noirceur *f*. -**2.** [of night, room] obscurité *f*, noir *m*. -**3.** [dirtiness] saleté *f*, crasse *f*.

blackout ['blækaʊt] *n* -**1.** [in wartime] black-out *m inv*; [power failure] panne *f* d'électricité. -**2.** [loss of consciousness] évanouissement *m*, étourdissement *m*; [amnesia] trou *m* de mémoire; **I must have had a ~** j'ai dû m'évanouir. -**3.** RADIO & TV black-out *m inv*, censure *f*; **the army imposed a news ~ on the war** l'armée a fait le black-out sur la guerre.

Black Panther *n* HIST Panthère *f* noire.

black pepper *n* poivre *m* gris.

Black Power *n* POL Black Power *m (mouvement séparatiste noir né dans les années 60 aux États-Unis).*

black pudding *n* boudin *m*.

Black Rod *n* [in Parliament] *huissier chargé par la Chambre des lords britannique de convoquer les Communes.*

Black Sea *pr n*: **the ~** la mer Noire.

black sheep *n* brebis *f* galeuse.

Blackshirt ['blækʃɜːt] *n* POL Chemise *f* noire.

blacksmith ['blæksmɪθ] *n* [for horses] maréchal-ferrant *m*; [for tools] forgeron *m*.

black spot *n Br fig* & AUT point *m* noir.

blackthorn ['blækθɔːn] *n* prunelier *m*, épine *f* noire.

black tie *n nœud papillon noir porté avec une tenue de soirée*; 'black tie' [on invitation card] 'tenue de soirée exigée'.
◆ **black-tie** *adj*: **black-tie dinner** dîner *m* en smoking; **it's black-tie** il faut être en smoking.

black velvet *n* -**1.** *literal* velours *m* noir. -**2.** [cocktail] *cocktail de champagne et de stout.*

blackwater fever ['blæk,wɔːtə^r-] *n* fièvre *f* bilieuse hémoglobinurique.

black widow *n* latrodecte *m*, veuve *f* noire.

bladder ['blædə^r] ◇ *n* -**1.** ANAT vessie *f*. -**2.** [of leather, skin] vessie *f*. -**3.** BOT vésicule *f*.
◇ *comp*: **~ infection** cystite *f*.

bladderwort ['blædəwɜːt] *n* utriculaire *f*.

bladderwrack ['blædəræk] *n* fucus *m* vésiculeux.

blade [bleɪd] *n* -**1.** [cutting edge - of knife, razor, tool] lame *f*; [- of guillotine] couperet *m*. -**2.** [of fan] pale *f*; [of propeller] pale *f*, aile *f*; [of helicopter] hélice *f*; [of turbine motor] aube *f*; [of plough] soc *m* (tranchant); [of ice skates] lame *f*; [of oar, paddle] plat *m*, pale *f*. -**3.** [of grass] brin *m*; [of wheat] pousse *f*; [of leaf] limbe *m*; **wheat in the ~** blé *m* en herbe. -**4.** *lit* [sword] lame *f*. -**5.** *arch* [young man] gaillard *m*. -**6.** [of tongue] dos *m*. -**7.** [of shoulder] omoplate *f*.

-bladed [bleɪdɪd] *in cpds* -**1.** [knife, razor] à lame...; **sharp~ knife** couteau *m* aiguisé. -**2.** [fan, propeller] à pale...; **a five~ fan** un ventilateur à cinq pales. -**3.** [plant] à limbe...; **broad~ leaf** feuille *f* à limbe large.

blaeberry ['bleɪbərɪ] (*pl* blaeberries) *n Br* myrtille *f*.

blah *inf* [blɑː] ◇ *n* -**1.** [talk] baratin *m*, bla-bla-bla *m inv*. -**2.** *Am* [blues]: **to have the ~s** avoir le cafard.

◇ *adj Am* **-1.** [uninteresting] insipide, ennuyeux. **-2.** [blue]: to feel ~ avoir le cafard.

blamable ['bleɪməbl] *adj* blâmable.

blame [bleɪm] ◇ *n* **-1.** [responsibility] responsabilité *f*, faute *f*; **they laid** OR **put the ~ for the incident on the secretary** ils ont rejeté la responsabilité de l'incident sur la secrétaire; **we had to bear** OR **to take the ~** nous avons dû endosser la responsabilité. **-2.** [reproof] blâme *m*, réprimande *f*; **her conduct has been without ~** sa conduite a été irréprochable.
◇ *vt* **-1.** [consider as responsible] rejeter la responsabilité sur; **they ~ inflation on the government** OR **the government for inflation** ils accusent le gouvernement d'être responsable de l'inflation; **he is not to ~** ce n'est pas de sa faute; **don't ~ me for it!** ne rejetez pas la responsabilité sur moi!; **you have only yourself to ~** tu ne peux t'en prendre qu'à toi-même, tu l'as voulu OR cherché. **-2.** [reproach] critiquer, reprocher; **I ~ myself for having left her alone** je m'en veux de l'avoir laissée seule; **you have nothing to ~ yourself for** tu n'as rien à te reprocher; **you can't ~ her for wanting a divorce** tu ne peux pas lui reprocher OR lui en vouloir de vouloir divorcer.

blamed [bleɪmd] *adj Am* damné, maudit.

blameless ['bleɪmlɪs] *adj* irréprochable, sans reproche.

blamelessly ['bleɪmlɪslɪ] *adv* d'une façon irréprochable.

blameworthy ['bleɪm,wɜːðɪ] *adj* [person] fautif, coupable; [action] répréhensible.

blanch [blɑːntʃ] ◇ *vt* [gen] décolorer, blanchir; AGR & CULIN blanchir; **~ed almonds** amandes *fpl* mondées OR épluchées.
◇ *vi* blêmir.

blancmange [blə'mɒndʒ] *n entremets généralement préparé à partir d'une poudre et servi à l'occasion de goûters d'anniversaire*, ≃ flan *m* instantané.

bland [blænd] *adj* **-1.** [flavour, food] fade, insipide; [diet] fade. **-2.** [person - dull] insipide, ennuyeux; [- ingratiating] mielleux, doucereux. **-3.** [weather] doux.

blandishment ['blændɪʃmənt] *n (usu pl)* [coaxing] cajoleries *fpl*; [flattery] flatterie *f*.

blandly ['blændlɪ] *adv* [say - dully] affablement, avec affabilité; [- ingratiatingly] d'un ton mielleux.

blank [blæŋk] ◇ *adj* **-1.** [paper - with no writing] vierge, blanc; [- unruled] blanc; **fill in the ~ spaces** remplissez les blancs OR les (espaces) vides; **leave this line ~** n'écrivez rien sur cette ligne; **I need a ~ form** il me faut un formulaire (vierge OR à remplir). **-2.** [empty - screen, wall] vide; [- cassette] vierge; **a ~ cartridge** une cartouche à blanc; **to go ~** [screen] s'éteindre; [face] se vider de toute expression; **my mind went ~** j'ai eu un trou. **-3.** [face, look - expressionless] vide, sans expression; [- confused] déconcerté, dérouté; **she looked ~** [expressionless] elle avait le regard vide; [confused] elle avait l'air déconcerté. **-4.** [absolute - protest, refusal] absolu, net; [- dismay] absolu, profond.
◇ *n* **-1.** [empty space, void] blanc *m*, (espace *m*) vide *m*; **fill in the ~s** remplissez les blancs OR les (espaces) vides; **she filled in the ~s of her education** elle a comblé les lacunes de son éducation; **the rest of his life is a ~** on ne sait rien du reste de sa vie; **my mind was a total ~** j'ai eu un passage à vide complet ❑ **to draw a ~** un trou OR un passage à vide; **she searched everywhere for him but drew a ~** elle l'a cherché partout mais sans succès. **-2.** [form] formulaire *m* (vierge OR à remplir), imprimé *m*. **-3.** [cartridge] cartouche *f* à blanc. **-4.** [in dominoes] blanc *m*.
◆ **blank out** *vt sep* [writing] rayer, effacer; [memory] oublier, effacer de son esprit.

blank cheque *n* chèque *m* en blanc; **to write sb a ~** *fig* donner carte blanche à qqn.

blanket ['blæŋkɪt] ◇ *n* **-1.** [for bed] couverture *f*; **to be born on the wrong side of the ~** *Br* être un enfant naturel, être (de naissance) illégitime. **-2.** *fig* [of clouds, snow] couche *f*; [of fog] manteau *m*, nappe *f*; [of smoke] voile *m*, nuage *m*; [of despair, sadness] manteau *m*.
◇ *vt* **-1.** [subj: snow] recouvrir; [subj: fog, smoke] envelopper, voiler; **~ed with snow** recouvert de neige. **-2.** [noise] étouffer, assourdir.
◇ *adj* général, global; **a ~ rule for all employees** un règlement qui s'applique à tout le personnel; **our insurance policy guarantees ~ coverage** notre police d'assurance couvre tous les risques.
◆ **blanket out** *vt sep* noyer.

blanket bath *n* grande toilette *f (d'un malade alité)*.

blanket stitch *n* point *m* de feston.
◆ **blanket-stitch** *vt*: to blanket-stitch sthg border qqch au point de feston.

blankety-blank *inf* [,blæŋkətɪ-] ◇ *adj euph* fichu.
◇ *n euph* [man] sale type *m*; [woman] sale bonne femme *f*.
◇ *interj*: **what the ~ are you doing here?** que diable fais-tu ici?

blankly ['blæŋklɪ] *adv* **-1.** [look - without expression] avec le regard vide; [- with confusion] d'un air ahuri OR interdit. **-2.** [answer, state] carrément; [deny, refuse] tout net, sans ambages.

blank verse *n* vers *mpl* blancs OR sans rime.

blare [bleəʳ] ◇ *vi* [siren, music] beugler; [voice] brailler.
◇ *n* [gen] vacarme *m*; [of car horn, siren] bruit *m* strident; [of radio, television] beuglement *m*; [of trumpet] sonnerie *f*.
◆ **blare out** ◇ *vi insep* [radio, television] beugler, brailler; [person, voice] brailler, hurler.
◇ *vt sep* [subj: radio, television] beugler, brailler; [subj: person] brailler, hurler.

blarney *inf* ['blɑːnɪ] ◇ *n* [smooth talk] baratin *m*; [flattery] flatterie *f*.
◇ *vt* [smooth talk] baratiner; [wheedle] embobiner; [flatter] flatter.

Blarney Stone *pr n au château de Blarney, en Irlande, pierre censée donner des dons d'éloquence à ceux qui l'embrassent*; **he's kissed the ~** il a la langue bien pendue.

blasé [*Br* 'blɑːzeɪ, *Am* ,blɑː'zeɪ] *adj* blasé.

blaspheme [blæs'fiːm] ◇ *vi* blasphémer; **don't ~ against God** ne blasphémez pas contre Dieu.
◇ *vt* blasphémer.

blasphemer [blæs'fiːməʳ] *n* blasphémateur *m*, -trice *f*.

blasphemous ['blæsfəməs] *adj* [poem, talk] blasphématoire; [person] blasphémateur.

blasphemously ['blæsfəməslɪ] *adv* de façon impie, avec impiété.

blasphemy ['blæsfəmɪ] (*pl* **blasphemies**) *n* blasphème *m*; **what you're saying is ~** c'est blasphémer ce que vous dites là.

blast [blɑːst] ◇ *n* **-1.** [explosion] explosion *f*; [shock wave] souffle *m*; **the house was destroyed by the ~** la maison a été soufflée par l'explosion. **-2.** [of air] bouffée *f*; [of steam] jet *m*; **a ~ (of wind)** un coup de vent, une rafale. **-3.** [sound - of car horn, whistle] coup *m* strident; [- of trumpet] sonnerie *f*; [- of explosion] détonation *f*; [- of rocket] rugissement *m*; **a whistle ~** un coup de sifflet; **he blew a couple of ~s on his whistle** il a donné plusieurs coups de sifflet. **-4.** *inf Am* [fun]: **we had a ~** on s'est vraiment marrés; **he gets a ~ out of teasing her** cela l'amuse de la taquiner; **it was a ~** c'était génial. **-5.** *phr*: **at full ~**: **she had the radio on (at) full ~** elle faisait marcher la radio à fond; **the machine was going at full ~** la machine avançait à toute allure; **we worked at full ~** nous travaillions comme des brutes.
◇ *vt* **-1.** [with explosives] faire sauter; **they ~ed a tunnel through the mountain** ils ont creusé un tunnel à travers la montagne avec des explosifs. **-2.** [with gun] tirer sur; **the thieves ~ed their way through the roadblock** les voleurs ont forcé le barrage routier en tirant des coups de feu. **-3.** [subj: radio, television] beugler. **-4.** BOT [blight] flétrir. **-5.** [criticize] attaquer OR critiquer violemment. **-6.** [plan] détruire; [hope] briser, anéantir.
◇ *vi* [radio, television] beugler; [music] retentir; **the radio was ~ing away** la radio marchait à fond.
◇ *interj inf*: **~!** zut!; **~ that car!** il y en a marre de cette voiture!; **~ her!** ce qu'elle peut être embêtante!
◆ **blast off** *vi insep* [rocket] décoller.
◆ **blast out** ◇ *vt sep* [music] beugler.
◇ *vi insep* [radio, television] beugler; [music] retentir.

blasted ['blɑːstɪd] *adj* **-1.** [plant] flétri; **a ~ oak** un chêne foudroyé. **-2.** *inf* [as expletive] fichu, sacré; **you ~ fool!** espèce d'imbécile!; **it's a ~ nuisance!** c'est vraiment casse-pieds!

blastema [blæ'stiːmə] (*pl* **blastemas** OR **blastemata** [-mətə]) *n* blastème *m*.

blast furnace *n* haut-fourneau *m*.

blasting ['blɑːstɪŋ] *n* **-1.** [explosions] travail *m* aux explosifs, explosions *fpl*; TECH minage *m*; **'beware ~ in progress!'** 'attention, tirs de mines!'. **-2.** *inf Br* [verbal attack] attaque *f*; **he got a ~ from the boss** le patron lui a passé un sacré savon.

blastoderm ['blæstəʊdɜːm] *n* blastoderme *m*.

blast-off *n* lancement *m*, mise *f* à feu *(d'une fusée spatiale)*; **ten seconds to ~** dix secondes avant la mise à feu.

blastula ['blæstjʊlə] (*pl* **blastulas** OR **blastulae** [-liː]) *n* blastula *f*.

blat [blæt] (*pt* & *pp* **blatted**, *cont* **blatting**) *vi* & *vt Am* bêler.

blatancy ['bleɪtənsɪ] *n* [obviousness] évidence *f*, caractère *m* flagrant.

blatant ['bleɪtənt] *adj* [discrimination, injustice] évident, flagrant; **a ~ lie** un mensonge manifeste.

blatantly ['bleɪtəntlɪ] *adv* [discriminate, disregard] de façon flagrante; [cheat, lie] de façon éhontée.

blather ['blæðəʳ] *Am* ◇ *n (U)* âneries *fpl*, bêtises *fpl*.
◇ *vi* raconter des bêtises OR des âneries.

blaze [bleɪz] ◇ *n* **-1.** [flame] flamme *f*, flammes *fpl*, feu *m*; [large fire] incendie *m*; **five die in ~** [in headline] un incendie a fait cinq morts. **-2.** [burst - of colour] éclat *m*, flamboiement *m*; [- of light] éclat *m*; [- of eloquence, enthusiasm] élan *m*, transport *m*; **a ~ of sunlight** un torrent de soleil; **a ~ of gunfire** des coups de feu, une fusillade; **in a sudden ~ of anger** sous le coup de la colère; **she married in a ~ of publicity** elle s'est mariée sous les feux des projecteurs; **he finished in a ~ of glory** il a terminé en beauté. **-3.** [of gems] éclat *m*, brillance *f*. **-4.** [mark - on tree] marque *f*, encoche *f*; [- on animal, horse] étoile *f*. **-5.** *inf Br phr*: **what the ~s are you doing here?** qu'est-ce que tu fabriques ici?; **how the ~s would I know?** comment veux-tu que je le sache?; **we ran like ~s** nous avons couru à toutes jambes; **go to ~s!** *inf* va te faire voir!
◇ *vi* **-1.** [fire] flamber; **he suddenly ~d with anger/with indignation** il s'est enflammé de colère/d'indignation. **-2.** [colour, light, sun] flamboyer; [gem] resplendir, briller; **the fields ~d with colour** les champs resplendissaient de mille couleurs. **-3.** [gun] tirer, faire feu.
◇ *vt* **-1.** [proclaim] proclamer, claironner; [publish] publier; **the news was ~d across the front page** la nouvelle faisait la une du journal; **it's not the kind of thing you want ~d abroad** ce n'est pas le genre de chose qu'on veut crier sur les toits. **-2.** *phr*: **to ~ a trail** frayer un chemin; **they're blazing a trail in biotechnology** ils font un travail de pionniers dans le domaine de la biotechnologie.
◆ **blaze away** *vi insep* **-1.** [fire] (continuer de) flamber. **-2.** *Br* [gun] faire feu; **the gangsters ~d away at the police** les gangsters maintenaient un feu nourri contre la police; **I ~d away at the target** je tirais sans cesse sur la cible.

◆ **blaze down** *vi insep* [sun] flamboyer, darder ses rayons.

◆ **blaze up** *vi insep* -**1.** [fire] prendre immédiatement OR rapidement. -**2.** [person] s'enflammer de colère, s'emporter; [anger, resentment] éclater.

blazer ['bleɪzəʳ] *n* blazer *m*.

blazing ['bleɪzɪŋ] *adj* -**1.** [building, town] en flammes, embrasé; **to sit in front of a ~ fire** s'installer devant une bonne flambée. -**2.** [sun] brûlant, ardent; [heat] torride; **a ~ hot day** une journée de chaleur torride. -**3.** [light] éclatant; [colour] très vif; [gem] brillant, étincelant; [eyes] qui jette des éclairs. -**4.** [argument] violent. -**5.** [angry] furieux.

blazon ['bleɪzn] ◇ *n* blason *m*.
◇ *vt* -**1.** [proclaim] proclamer, claironner; **to ~ sthg abroad** proclamer qqch, crier qqch sur les toits. -**2.** [mark] marquer; HERALD blasonner.

bleach [bliːtʃ] ◇ *n* [gen] décolorant *m*; **household ~** eau *f* de Javel.
◇ *vt* -**1.** [gen] blanchir; **~ing agent** produit *m* à blanchir, décolorant *m*; **~ing powder** chlorure *m* de chaux. -**2.** [hair - chemically] décolorer, oxygéner; [- with sun] éclaircir; **to ~ one's hair** se décolorer les cheveux; **a ~ed blonde** une fausse blonde, une blonde décolorée.
◇ *vi* blanchir.

◆ **bleach out** *vt sep* [stain] enlever à l'aide d'un décolorant OR d'un blanchissant.

bleachers ['bliːtʃəz] *npl Am dans un stade, places les moins chères car non abritées.*

bleak [bliːk] ◇ *adj* -**1.** [place, room] froid, austère; [landscape] morne, désolé; **'Bleak House'** *Dickens* 'Bleak House'. -**2.** [weather] morne, maussade; [winter] rude, rigoureux. -**3.** [situation] sombre, morne; [life] morne, monotone; **the ~ facts** la vérité toute nue OR sans fard; **the future looks ~** l'avenir se présente plutôt mal. -**4.** [mood, person] lugubre, morne; [smile] pâle; [tone, voice] monocorde, morne.
◇ *n* [fish] ablette *f*.

bleakly ['bliːklɪ] *adv* [speak] d'un ton morne OR monocorde; [stare] d'un air triste, lugubrement.

bleakness ['bliːknɪs] *n* -**1.** [of furnishings, room] austérité *f*; [of landscape] caractère *m* morne OR désolé. -**2.** [of weather] caractère *m* morne OR maussade; [of winter] rigueurs *fpl*. -**3.** [of situation] caractère *m* sombre OR peu prometteur; [of life] monotonie *f*. -**4.** [of mood, person] tristesse *f*; [of voice] ton *m* monocorde OR morne.

bleary ['blɪərɪ] (*compar* **blearier**, *superl* **bleariest**) *adj* -**1.** [eyes - from fatigue] trouble, voilé; [- watery] larmoyant; [vision] trouble. -**2.** [indistinct] indécis, vague.

bleary-eyed *adj* [from sleep] aux yeux troubles; [watery-eyed] aux yeux larmoyants.

bleat [bliːt] ◇ *vi* -**1.** [sheep] bêler; [goat] bêler, chevroter. -**2.** [person - speak] bêler, chevroter; [- whine] geindre, bêler.
◇ *vt* [say] dire d'un ton bêlant; [whine] geindre, bêler.
◇ *n* -**1.** [of sheep] bêlement *m*; [of goat] bêlement, chevrotement *m*. -**2.** [of person - voice] bêlement *m*; [- complaint] gémissement *m*.

bled [bled] *pt* & *pp* → **bleed**.

bleed [bliːd] (*pt* & *pp* **bled** [bled]) ◇ *vi* -**1.** [lose blood] saigner, perdre du sang; **to ~ to death** saigner à mort; **my nose is ~ing** je saigne du nez; **my heart ~s for you!** *fig* & *iron* tu me fends le cœur! -**2.** [plant] pleurer, perdre sa sève. -**3.** [cloth, colour] déteindre.
◇ *vt* -**1.** [person] saigner. -**2.** *fig* [extort money from] saigner; **to ~ sb dry** OR **white** saigner qqn à blanc. -**3.** [brake, radiator] purger.
◇ *n* TYPO fond *m* perdu, plein papier *m*.

bleeder *inf* ['bliːdəʳ] *n Br* [person - gen] type *m*; [- disagreeable] salaud *m*; **the poor ~** le pauvre gars; **cheeky ~** petit effronté; **lucky ~** sacré veinard.

bleeding ['bliːdɪŋ] ◇ *n* -**1.** [loss of blood] saignement *m*; [haemorrhage] hémorragie *f*; [taking of blood] saignée *f*; **they stopped the ~** ils ont arrêté l'hémorragie; **~ from the nose** saignement de nez. -**2.** [of plant] écoulement *m* de sève.
◇ *adj* -**1.** [wound] saignant, qui saigne; [person] qui saigne. -**2.** ▽ *Br* [as intensifier] fichu, sacré; **~ idiot!** espèce d'imbécile!
◇ *adv* ▽ vachement.

bleeding heart *n pej* [gen & POL] sentimental *m*.

bleed valve *n* soupape *f* de purge.

bleep [bliːp] ◇ *n* bip *m*, bip-bip *m*.
◇ *vi* émettre un bip OR un bip-bip.
◇ *vt* -**1.** [doctor] appeler (au moyen d'un bip OR d'un bip-bip). -**2.** RADIO & TV: **to ~ words (out)** masquer des paroles (par un bip).

bleeper ['bliːpəʳ] *n* bip *m*, bip-bip *m*.

blemish ['blemɪʃ] ◇ *n* -**1.** [flaw] défaut *m*, imperfection *f*. -**2.** [on face - pimple] bouton *m*. -**3.** [on fruit] tache *f*. -**4.** *fig* [on name, reputation] tache *f*, souillure *f lit*; **her reputation is without ~** sa réputation est sans tache.
◇ *vt* -**1.** [beauty, landscape] gâter; [fruit] tacher. -**2.** *fig* [reputation] tacher, souiller *lit*.

blench [blentʃ] *vi* [recoil in fear] reculer; [turn pale] blêmir; **she ~ed at the idea** à cette pensée, elle pâlit OR blêmit; **without ~ing** sans broncher OR sourciller.

blend [blend] ◇ *vt* -**1.** [mix together - gen] mélanger, mêler; [- cultures, races] fusionner; [- feelings, qualities] joindre, unir; **~ the butter and sugar (together), ~ the sugar into the butter** mélangez le beurre au OR avec le sucre; **to ~ two coffees** mélanger deux cafés, faire un mélange de deux cafés; **to ~ old traditions with modern methods** faire un mélange de traditions anciennes et de méthodes modernes; **~ed whisky** blend *m* (*whisky obtenu par mélange de whiskies de grain industriels et de whiskies pur malt*). -**2.** [colours - mix together] mêler, mélanger; [- put together] marier; **to ~ white and black** mélanger du blanc avec du noir.
◇ *vi* -**1.** [mix together - gen] se mélanger, se mêler; [- cultures, races] fusionner; [- feelings, sounds] se confondre, se mêler; [- perfumes] se marier; **their voices ~ed into one** leurs voix se confondaient; **the new student ~ed in well** le nouvel étudiant s'est bien intégré. -**2.** [colours - form one shade] se fondre; [- go well together] aller ensemble.
◇ *n* -**1.** [mixture] mélange *m*; **'house ~'** 'mélange (spécial de la) maison'. -**2.** *fig* [of feelings, qualities] alliance *f*, mélange *m*; **his speech was a ~ of caution and encouragement** son discours était un mélange de prudence et d'encouragement.

blender ['blendəʳ] *n* CULIN mixer *m*; TECH malaxeur *m*.

bless [bles] (*pt* & *pp* **blessed** OR **blest** [blest]) *vt* -**1.** [subj: God, priest] bénir; **God ~ (you)!, ~ you!** *literal* que Dieu vous bénisse!; **~ you!** [after sneeze] à vos/tes souhaits!; [in thanks] merci mille fois!; **he remembered her birthday, ~ his heart!** et il n'a pas oublié son anniversaire, le petit chéri!; **~ your heart!** que tu es gentil!; **~ my soul!, ~ me!** *dated* Seigneur!, mon Dieu!; **~ me if I didn't forget her name!** figurez-vous que j'avais oublié son nom!; **I'm ~ed if I know!** *inf* que le diable m'emporte si je sais!; **God ~ America** *phrase traditionnellement prononcée par le président des États-Unis pour terminer une allocution.* -**2.** (*usu pass*) *fml* [endow, grant] douer, doter; **she is ~ed with excellent health** elle a le bonheur d'avoir une excellente santé; **Nature has ~ed him with an extraordinary memory** la nature l'a doué d'une mémoire extraordinaire.

blessed [*adj* 'blesɪd, *npl* blest] ◇ *pt* & *pp* → **bless**.
◇ *adj* -**1.** [holy] béni, sacré; **the Blessed Virgin** la Sainte Vierge; **the Blessed Trinity** la Sainte Trinité. -**2.** [favoured by God] bienheureux, heureux. -**3.** [wonderful - day, freedom, rain] béni. -**4.** *inf* [as intensifier] sacré, fichu; **every ~ day** chaque jour que le bon Dieu fait; **the whole ~ day** toute la sainte journée.
◇ *npl*: **the ~** les bienheureux *mpl*.

blessing ['blesɪŋ] *n* -**1.** [God's favour] grâce *f*, faveur *f*; **the ~ of the Lord be upon you** que Dieu vous bénisse. -**2.** [prayer] bénédiction *f*; [before meal] bénédicité *m*; **the priest said the ~** le prêtre a donné la bénédiction. -**3.** *fig* [approval] bénédiction *f*, approbation *f*; **with the ~ of his parents** avec la bénédiction de ses parents; **does the project have the boss's ~?** est-ce que le patron a donné sa bénédiction au projet? -**4.** [advantage] bienfait *m*, avantage *m*; [godsend] aubaine *f*, bénédiction *f*; **it was a ~ that no one was hurt** c'était une chance que personne ne soit blessé; **the rain was a ~ for the farmers** la pluie était un don du ciel OR une bénédiction pour les agriculteurs; **what a ~!** quelle chance!; **it was a ~ in disguise** c'était une bonne chose, en fin de compte.

blest [blest] *arch* OR *lit* = **blessed**.

blether ['bleðəʳ] ◇ *n* âneries *fpl*, bêtises *fpl*.
◇ *vi* dire des âneries OR des bêtises.

blew [bluː] *pt* → **blow**.

blight [blaɪt] ◇ *n* -**1.** BOT [of flowering plants] rouille *f*; [of fruit trees] cloque *f*; [of cereals] rouille, nielle *f*; [of potato plants] mildiou *m*. -**2.** [curse] malheur *m*, fléau *m*; **the accident cast a ~ on our holiday** l'accident a gâché nos vacances; **her illness was a ~ on their happiness** sa maladie a terni leur bonheur; **air pollution is a real ~** la pollution de l'air est un vrai fléau. -**3.** [condition of decay]: **inner-city ~** la dégradation des quartiers pauvres.
◇ *vt* -**1.** BOT [plants - gen] rouiller; [cereals] nieller, rouiller. -**2.** [spoil - happiness, holiday] gâcher; [- career, life] gâcher, briser; [- hopes] anéantir, détruire; [- plans] déjouer.

blighter *inf* ['blaɪtəʳ] *n Br* type *m*; **you lucky ~!** sacré veinard!; **silly ~s!** les imbéciles!

blighty *inf*, **Blighty** *inf* ['blaɪtɪ] *n Br dated* l'Angleterre *f*.

blimey *inf* ['blaɪmɪ] *interj Br*: **~!** ça alors!, mon Dieu!

blimp [blɪmp] *n* [airship] dirigeable *m*.

◆ **Blimp** *inf n* vieux réac *m*.

blimpish *inf*, **Blimpish** *inf* ['blɪmpɪʃ] *adj Br* réactionnaire.

blind [blaɪnd] ◇ *adj* -**1.** [sightless] aveugle, non voyant; **to go ~** devenir aveugle; **his sister is ~** sa sœur est aveugle; **he's ~ in one eye** il est aveugle d'un œil OR borgne ❑ **as ~ as a bat** myope comme une taupe; **~ man's buff** colin-maillard *m*; **to turn a ~ eye to sthg** fermer les yeux sur qqch. -**2.** [unthinking] aveugle; **~ loyalty/trust** loyauté/confiance aveugle; **he flew into a ~ rage** il s'est mis dans une colère noire; **~ with anger** aveuglé par la colère; **they were ~ to the danger** le danger leur échappait; **she was ~ to the consequences** elle ignorait les conséquences, elle ne voyait pas les conséquences; **love is ~** l'amour est aveugle. -**3.** [hidden from sight - corner, turning] sans visibilité; **~ side** AUT angle *m* mort; **on my ~ side** dans mon angle mort. -**4.** AERON [landing, take-off] aux appareils. -**5.** [as intensifier]: **he was ~ drunk** il était ivre mort; **he didn't take a ~ bit of notice of what I said** *inf* il n'a pas fait la moindre attention à ce que j'ai dit; **it doesn't make a ~ bit of difference to me** *inf* cela m'est complètement égal.
◇ *vt* -**1.** [deprive of sight] aveugler, rendre aveugle; [subj: flash of light] aveugler, éblouir; **we were ~ed by the smoke** on était aveuglé par la fumée. -**2.** [deprive of judgment, reason] aveugler; **vanity ~ed him to her real motives** sa vanité l'empêchait de discerner ses véritables intentions; **to ~ sb with science** *hum* éblouir qqn par sa science.
◇ *n* -**1.** [for window] store *m*, jalousie *f*. -**2.** *inf Br* [trick] prétexte *m*, feinte *f*; **the trip was just a ~ for his smuggling activities** le voyage a servi à masquer OR dissimuler ses activités de contrebande. -**3.** *Am* [hiding place] cachette *f*; HUNT affût *m*.
◇ *npl*: **the ~** les aveugles *mpl*, les non-voyants *mpl*; **it's a case of the ~ leading the ~** c'est l'aveugle qui conduit l'aveugle.

◇ *adv* -**1.** [drive, fly - without visibility] sans visibilité; [- using only instruments] aux instruments. -**2.** [purchase] sans avoir vu; [decide] à l'aveuglette. -**3.** [as intensifier] : **I would swear ~ he was there** j'aurais donné ma tête à couper OR j'aurais juré qu'il était là.

blind alley *n Br* impasse *f*, cul-de-sac *m*; **the government's new idea is just another ~** *fig* encore une nouvelle idée du gouvernement qui n'aboutira à rien OR ne mènera nulle part.

blind date *n* rendez-vous *m* OR rencontre *f* arrangée *(avec quelqu'un qu'on ne connaît pas)*.

blinder ['blaɪndəʳ] *n (usu pl) Am* œillère *f*.

blindfold ['blaɪndfəʊld] ◇ *n* bandeau *m*.
◇ *vt* bander les yeux à OR de.
◇ *adv* les yeux bandés; **I could do the job ~** je pourrais faire ce travail les yeux bandés OR fermés.
◇ *adj*: **~** OR **~ed prisoners** prisonniers aux yeux bandés.

blinding ['blaɪndɪŋ] ◇ *adj* [light] aveuglant, éblouissant; *fig* [speed] éblouissant.
◇ *n* -**1.** [of person, animal] aveuglement *m*. -**2.** CONSTR [on road] couche *f* de sable.

blindingly ['blaɪndɪŋlɪ] *adv* de façon aveuglante; **it was ~ obvious** ça sautait aux yeux.

blindly ['blaɪndlɪ] *adv* [unseeingly] en aveugle, à l'aveuglette; [without thinking] à l'aveuglette, aveuglément.

blindness ['blaɪndnɪs] *n* [disability] cécité *f*; **the government's ~ to social problems** l'aveuglement du gouvernement face aux problèmes sociaux.

blind side *n* AUT angle *m* mort; **on my ~** dans mon angle mort.

blind spot *n* -**1.** AUT [in mirror] angle *m* mort; [in road] endroit *m* sans visibilité. -**2.** MED point *m* aveugle. -**3.** *fig* [weak area] côté *m* faible, faiblesse *f*; **his daughter is his ~** quand il s'agit de sa fille, il refuse de voir la vérité en face; **I have a ~ about mathematics** je ne comprends rien aux mathématiques.

blindworm ['blaɪndwɜːm] *n* orvet *m*.

blink [blɪŋk] ◇ *vi* -**1.** [person] cligner OR clignoter des yeux; [eyes] cligner, clignoter; **she didn't even ~ at the news** *fig* elle n'a même pas sourcillé en apprenant la nouvelle; **they ~ at his heavy drinking** *fig* ils ferment les yeux sur le fait qu'il boit beaucoup. -**2.** [light] clignoter, vaciller.
◇ *vt* -**1.** **to ~ one's eyes** cligner les OR des yeux; **to ~ away** OR **to ~ back one's tears** refouler ses larmes *(en clignant des yeux)*. -**2.** *Am*: **to ~ one's lights** faire un appel de phares.
◇ *n* -**1.** [of eyelid] clignotement *m* (des yeux), battement *m* de paupières; **in the ~ of an eye** OR **eyelid** en un clin d'œil, en un rien de temps. -**2.** [glimpse] coup *m* d'œil. -**3.** [of light] lueur *f*; [of sunlight] rayon *m*. -**4.** *inf phr*: **on the ~** en panne.

blinker ['blɪŋkəʳ] ◇ *n* -**1.** [for eyes] œillère *f*; **when it comes to her family she wears ~s** elle a des œillères quand il s'agit de sa famille. -**2.** AUT: **~ (light)** [turn signal] clignotant *m*; [warning light] feu *m* de détresse.
◇ *vt* mettre des œillères à.

blinkered ['blɪŋkəd] *adj* -**1.** [horse] qui porte des œillères. -**2.** [opinion, view] borné.

blinking *inf* ['blɪnkɪŋ] ◇ *adj Br euph* sacré, fichu; **~ idiot!** espèce d'idiot!
◇ *adv* sacrément, fichtrement.

blintz(e) [blɪnts] *n* crêpe *f* fourrée.

blip [blɪp] ◇ *n* -**1.** [sound] bip *m*, bip-bip *m*; [spot of light] spot *m*; [on graph, screen etc] sommet *m*. -**2.** [temporary problem] mauvais moment *m* (à passer).
◇ *vi* faire bip OR bip-bip.

bliss [blɪs] *n* -**1.** [happiness] bonheur *m* (complet OR absolu), contentement *m*, félicité *f lit*; **what ~ to have a lie-in!** quel bonheur de pouvoir faire la grasse matinée!; **our holiday was absolute ~!** on a passé des vacances absolument merveilleuses OR divines!; **married ~** le bonheur conjugal. -**2.** RELIG béatitude *f*.

blissful ['blɪsfʊl] *adj* -**1.** [happy] bienheureux; [peaceful] serein; **three ~ years** trois années de bonheur complet; **she remained in ~ ignorance** elle était heureuse dans son ignorance. -**2.** RELIG bienheureux.

blissfully ['blɪsfʊlɪ] *adv* [agree, smile] d'un air heureux; [peaceful, quiet] merveilleusement; **they were ~ happy** ils étaient comblés de bonheur; **we were ~ unaware of the danger** nous étions dans l'ignorance la plus totale du danger.

blister ['blɪstəʳ] ◇ *n* -**1.** [on skin] ampoule *f*, cloque *f*. -**2.** [on painted surface] boursouflure *f*; [in glass] soufflure *f*, bulle *f*; [in metal] soufflure *f*.
◇ *vi* -**1.** [foot, skin] se couvrir d'ampoules. -**2.** [paint] se boursoufler; [glass] former des soufflures OR des bulles; [metal] former des soufflures.
◇ *vt* -**1.** [foot, skin] donner des ampoules à. -**2.** [paint] boursoufler; [glass] former des soufflures OR des bulles dans; [metal] former des soufflures dans. -**3.** [attack verbally] critiquer sévèrement.

blistering ['blɪstərɪŋ] *adj* -**1.** [sun] brûlant, de plomb; [heat] torride. -**2.** [attack, criticism] cinglant, virulent; [remark] caustique, cinglant.

blister pack *n Br* [for light bulb, pens] emballage *m* bulle, blister *m*; [for pills] plaquette *f*.

BLit [ˌbiːˈlɪt] (*abbr of* **Bachelor of Literature**) *n (titulaire d'une) licence de littérature*.

blithe [blaɪð] *adj* [cheerful] gai, joyeux; [carefree] insouciant; **~ indifference** indifférence insouciante ❑ **'Blithe Spirit'** *Coward* 'l'Esprit s'amuse'.

blithely ['blaɪðlɪ] *adv* [cheerfully] gaiement, joyeusement; [carelessly] avec insouciance.

blithering *inf* ['blɪðərɪŋ] *adj* sacré; **it's a ~ nuisance!** c'est la barbe!; **he's a ~ idiot** c'est un crétin fini; **you ~ fool!** espèce d'imbécile!

BLitt [ˌbiːˈlɪt] (*abbr of* **Bachelor of Letters**) *n Br (titulaire d'une) licence de littérature*.

blitz [blɪts] ◇ *n* [attack] attaque *f* éclair; [bombing] bombardement *m*; **an advertising ~** une campagne publicitaire de choc; **let's have a ~ and get this work done** attaquons-nous à ce travail pour en finir.
◇ *vt* [attack] attaquer en éclair; [bomb] bombarder.
◆ **Blitz** *n* HIST: **the Blitz** le Blitz.

blizzard ['blɪzəd] *n* tempête *f* de neige, blizzard *m*.

BLM (*abbr of* **Bureau of Land Management**) *pr n services de l'aménagement du territoire aux États-Unis*.

bloated ['bləʊtɪd] *adj* [gen] gonflé, boursouflé; [stomach] gonflé, ballonné; **to feel ~** se sentir ballonné; **~ with self-importance** imbu de soi-même, pénétré de son importance.

bloater ['bləʊtəʳ] *n* hareng *m* saur OR fumé.

blob [blɒb] *n* [drop] goutte *f*; [stain] tache *f*; **a ~ on the horizon** une forme indistincte à l'horizon.

bloc [blɒk] *n* bloc *m*.

block [blɒk] ◇ *n* -**1.** [of ice, stone, wood] bloc *m*; [for butcher, executioner] billot *m*; **the painting was on the (auctioneer's) ~** *Am* le tableau était mis aux enchères ❑ **to put** OR **to lay one's head on the ~** prendre des risques. -**2.** [toy]: **(building) ~s** jeu *m* de construction, (jeu de) cubes *mpl*. -**3.** [of seats] groupe *m*; [of shares] tranche *f*; [of tickets] série *f*; COMPUT bloc *m*. -**4.** [area of land] pâté *m* de maisons; **we walked round the ~** nous avons fait le tour du pâté de maisons; **the school is five ~s away** *Am* l'école est cinq rues plus loin. -**5.** *esp Br* [building] immeuble *m*; [of barracks, prison] quartier *m*; [of hospital] pavillon *m*; **~ of flats** immeuble (d'habitation); **office ~** immeuble de bureaux. -**6.** [obstruction - in pipe, tube] obstruction *f*; [- in traffic] embouteillage *m*; MED & PSYCH blocage *m*; **to have a (mental) ~ about sthg** faire un blocage à propos de qqch, avoir un trou de mémoire au sujet de qqch; **I have a (mental) ~ about mathematics** j'ai la hantise des mathématiques, c'est plus fort que moi ❑ **he's suffering from writer's ~** il n'arrive pas à écrire, c'est le vide OR le blocage total. -**7.** SPORT obstruction *f*. -**8.** *inf* [head] caboche *f*; **I'll knock your ~ off!** je vais te démolir le portrait! -**9.** [of paper] bloc *m*. -**10.** TECH: **~ (and tackle)** palan *m*, moufles *mpl*.
◇ *vt* -**1.** [obstruct - pipe, tube] boucher, bloquer; [- road] bloquer, barrer; [- view] boucher, cacher; MED [- artery] obstruer; **don't ~ the door!** dégagez la porte!; **to ~ sb's way** barrer le chemin à qqn; **that building ~s the sun** ce bâtiment empêche le soleil d'entrer. -**2.** [hinder - traffic] bloquer, gêner; [- progress] gêner, enrayer; [- credit, deal, funds] bloquer; MED [pain] anesthésier; SPORT [opponent] faire obstruction à. -**3.** [hat, knitting] mettre en forme.
◇ *vi* SPORT faire de l'obstruction.
◇ *comp* [booking, vote] groupé; **~ grant** *Br* ADMIN dotation *f (aux collectivités locales)*.
◆ **block in** *vt sep* -**1.** [car] bloquer; **I've been ~ed in** ma voiture est bloquée. -**2.** [drawing, figure] colorer; *fig* [plan, scheme] ébaucher.
◆ **block off** *vt sep* [road] bloquer, barrer; [door, part of road, window] condamner; [view] boucher, cacher; [sun] cacher.
◆ **block out** *vt sep* -**1.** [light, sun] empêcher d'entrer; [view] cacher, boucher. -**2.** [ideas] empêcher; [information] interdire, censurer. -**3.** [outline] ébaucher.
◆ **block up** *vt sep* -**1.** [pipe, tube] boucher, bloquer; [sink] boucher. -**2.** [door, window] condamner.

blockade [blɒˈkeɪd] ◇ *n* -**1.** MIL blocus *m*; **to lift** OR **to raise a ~** lever un blocus; **to be under ~** être en état de blocus. -**2.** *fig* [obstacle] obstacle *m*.
◇ *vt* -**1.** MIL faire le blocus de. -**2.** *fig* [obstruct] bloquer, obstruer.

blockage ['blɒkɪdʒ] *n* [gen] obstruction *f*; [in pipe] obstruction *f*, bouchon *m*; MED [in heart] blocage *m*, obstruction *f*; [in intestine] occlusion *f*; PSYCH blocage *m*.

blockboard ['blɒkbɔːd] *n* panneau *m* latté, latté *m*.

blockbuster *inf* ['blɒkbʌstəʳ] *n* -**1.** [success - book] best-seller *m*, livre *m* à succès; [- film] superproduction *f*. -**2.** [bomb] bombe *f* de gros calibre.

blockbusting *inf* ['blɒkbʌstɪŋ] *adj* à sensation.

block capital *n* (caractère *m*) majuscule *f*; **in ~s** en majuscules.

block diagram *n* COMPUT & GEOG bloc-diagramme *m*; ELECTRON schéma *m* (de principe).

blockhead *inf* ['blɒkhed] *n* imbécile *mf*, idiot *m*, -e *f*.

blockhouse ['blɒkhaʊs, *pl* -haʊzɪz] *n* blockhaus *m*, casemate *f*.

block letter *n* (caractère *m*) majuscule *f*; **in ~s** en majuscules (d'imprimerie).

block release *n Br* INDUST *système de stages de formation qui alternent avec une activité professionnelle*.

block vote *n mode de scrutin utilisé par les syndicats britanniques*.

BLOCK VOTE:
Le «block vote» donne au vote d'un délégué la valeur non pas de sa seule voix, mais de toutes les voix de la section qu'il représente.

---

bloke *inf* [bləʊk] *n Br* type *m*; **he's a good ~** c'est un brave type.

blond [blɒnd] ◇ *adj* blond.
◇ *n* blond *m*.

blonde [blɒnd] ◇ *adj* blond.
◇ *n* blond *m*, blonde *f*.

blood [blʌd] ◇ *n* -**1.** [fluid] sang *m*; **to donate** OR **to give ~** donner son sang; **to spill ~** verser OR faire couler du sang; **she bit him and drew ~** elle l'a mordu (jusqu') au sang; **the ~ rushed to his head** le sang lui est monté à la tête; **he has ~ on his hands** *fig* il a du sang sur les mains ❑ **the mafia are after his ~** *inf* la mafia veut sa peau; **there is bad ~ between the two families** le torchon brûle entre les deux familles; **the argument made for bad ~ between them** la dispute les a brouillés; **his attitude makes my ~ boil** son attitude me met hors de moi; **it's like getting ~ out of a stone** ce n'est pas une mince affaire; **her ~ froze** OR **ran cold at the thought** rien qu'à y penser son sang s'est figé dans ses veines; **the film made my ~ run cold** le film m'a donné des frissons; **the town's ~ is up over these new taxes** la ville s'élève OR part en guerre contre les nouveaux impôts; **to do sthg in cold ~** faire qqch de sang-froid; **travelling is** OR **runs in her ~** elle a le voyage dans le sang OR dans la peau; **what we need is new** OR **fresh** OR **young ~** nous avons besoin d'un OR de sang nouveau; **they're out for ~** ils cherchent à se venger; **~ is thicker than water** *prov* la voix du sang est la plus forte; **'In Cold Blood'** *Capote* 'De sang-froid'. -**2.** [breeding, kinship]: **of noble/Italian ~** de sang noble/italien; **a prince of the ~** un prince du sang OR de sang royal. -**3.** *arch* [young man]: **a young ~** un élégant OR roué *arch*.

◇ *vt* -**1.** HUNT [hound] acharner, donner le goût du sang à; [person] donner le goût du sang à. -**2.** *fig* [beginner, soldier] donner le baptême du feu à.

blood-and-thunder *adj* [adventure] à sensation; [melodramatic] mélodramatique.

blood bank *n* banque *f* du sang.

bloodbath ['blʌdbɑːθ, *pl* -bɑːðz] *n* massacre *m*, bain *m* de sang.

blood blister *n* pinçon *m*.

blood brother *n* frère *m* de sang.

blood cell *n* cellule *f* sanguine, globule *m* (du sang).

blood count *n* numération *f* globulaire.

bloodcurdling ['blʌd,kɜːdlɪŋ] *adj* terrifiant; **a ~ scream** un cri à vous glacer OR figer le sang.

blood donor *n* donneur *m*, -euse *f* de sang.

-blooded [,blʌdɪd] *in cpds* de sang...; **blue~** de sang noble, aristocratique; **warm~** ZOOL à sang chaud.

blood feud *n* vendetta *f*.

blood group *n* groupe *m* sanguin.

blood heat *n* température *f* du sang.

bloodhound ['blʌdhaʊnd] *n* -**1.** [dog] limier *m*. -**2.** *inf* [detective] limier *m*, détective *m*.

bloodiness ['blʌdɪnɪs] *n* état *m* sanglant; **the ~ of war** les carnages de la guerre.

bloodless ['blʌdlɪs] *adj* -**1.** [without blood] exsangue. -**2.** [battle, victory] sans effusion de sang; **the Bloodless Revolution** HIST la Seconde Révolution d'Angleterre OR la Glorieuse Révolution *(1688-1689)*. -**3.** [cheeks, face] pâle.

bloodletting ['blʌd,letɪŋ] *n* -**1.** [bloodshed] carnage *m*, massacre *m*. -**2.** MED saignée *f*.

blood lust *n* soif *f* de sang.

blood money *n* prix *m* du sang.

blood orange *n* (orange *f*) sanguine *f*.

blood plasma *n* plasma *m* sanguin.

blood poisoning *n* septicémie *f*.

blood pressure *n* tension *f* (artérielle); **the doctor took my ~** le médecin m'a pris la tension; **to have high/low ~** faire de l'hypertension/de l'hypotension; **the patient's ~ is down/up** la tension du malade a baissé/monté; **her ~ goes up every time she talks politics** *fig* elle se met en colère chaque fois qu'elle parle politique; **watch your ~!** *hum* calmez-vous!

blood pudding *n* boudin *m* (noir).

blood red *adj* rouge sang *(inv)*.

blood relation *n* parent *m*, -e *f* par le sang.

blood sausage *n* boudin *m* (noir).

blood serum *n* sérum *m* sanguin.

bloodshed ['blʌdʃed] *n* carnage *m*, massacre *m*; **without ~** sans effusion *f* de sang.

bloodshot ['blʌdʃɒt] *adj* injecté (de sang); **her eyes became ~** ses yeux se sont injectés (de sang).

blood sister *n* sœur *f* de sang.

blood sport *n Br* sport *m* sanguinaire.

bloodstain ['blʌdsteɪn] *n* tache *f* de sang.

bloodstained ['blʌdsteɪnd] *adj* taché de sang.

bloodstock ['blʌdstɒk] *n* chevaux *mpl* de race OR de sang.

bloodstone ['blʌdstəʊn] *n* héliotrope *m* *(pierre)*.

bloodstream ['blʌdstriːm] *n* sang *m*, système *m* sanguin.

bloodsucker ['blʌd,sʌkəʳ] *n* ZOOL OR *fig* sangsue *f*.

blood sugar *n* glycémie *f*; **to have low ~** avoir une glycémie faible; **blood-sugar level** taux *m* de glycémie.

blood test *n* analyse *f* de sang.

bloodthirsty ['blʌd,θɜːstɪ] (*compar* **bloodthirstier**, *superl* **bloodthirstiest**) *adj* [animal, person] assoiffé OR avide de sang, sanguinaire *lit*; [film] violent, sanguinaire *lit*.

blood transfusion *n* transfusion *f* sanguine OR de sang.

blood type *n* groupe *m* sanguin.

blood vessel *n* vaisseau *m* sanguin.

bloody ['blʌdɪ] (*compar* **bloodier**, *superl* **bloodiest**) ◇ *adj* -**1.** [wound] sanglant, saignant; [bandage, clothing, hand] taché OR couvert de sang; **a ~ nose** un nez en sang. -**2.** [battle, fight] sanglant, meurtrier. -**3.** [blood-coloured] rouge, rouge sang *(inv)*. -**4.** ▽ *Br* [as intensifier] foutu; **you ~ fool!** espèce *f* de crétin!; **~ hell!** et merde!; **I can't get the ~ car to start** je n'arrive pas à faire démarrer cette foutue bagnole; **it's a ~ shame she didn't come** c'est vachement dommage qu'elle n'ait pas pu venir. -**5.** *inf* [unpleasant] affreux, désagréable; **he's been perfectly ~ with me** il a été affreux avec moi.

◇ *adv* ▽ *Br* vachement; **you can ~ well do it yourself!** tu n'as qu'à te démerder (tout seul)!; **are you coming? — not ~ likely!** est-ce que tu viens? — pas question!

◇ *vt* ensanglanter, couvrir de sang; **they came out of it bloodied but unbowed** ils s'en sont sortis meurtris mais avec la tête haute.

Bloody Mary ◇ *pr n* [queen] *surnom de la reine Marie Tudor, donné par les protestants qu'elle persécuta.*

◇ *n* [cocktail] bloody mary *m inv*.

bloody-minded *inf adj Br* [person] vache; [attitude, behaviour] buté, têtu; **he's just being ~!** il le fait rien que pour emmerder le monde!

bloody-mindedness *inf* [-'maɪndɪdnɪs] *n Br* caractère *m* difficile; **his ~ didn't help things** son caractère de chien n'a pas arrangé les choses; **it's sheer ~ on your part** tu le fais uniquement pour emmerder le monde.

bloom [bluːm] ◇ *n* -**1.** [flower] fleur *f*. -**2.** [state]: **the roses are just coming into ~** les roses commencent tout juste à fleurir OR à s'épanouir; **to be in ~** [lily, rose] être éclos; [bush, garden, tree] être en floraison OR en fleurs; **to be in full ~** [lily, rose] être épanoui; [bush, garden, tree] être en pleine floraison. -**3.** [of cheeks, face] éclat *m*; **in the ~ of youth** dans la fleur de l'âge, en pleine jeunesse. -**4.** [on fruit] velouté *m*.

◇ *vi* -**1.** [flower] éclore; [bush, tree] fleurir; [garden] se couvrir de fleurs. -**2.** *fig* [person] être en pleine forme; [arts, industry] prospérer.

bloomer ['bluːməʳ] *n* -**1.** [plant] plante *f* fleurie; **a night ~** une plante qui fleurit la nuit. -**2.** *inf Br* [blunder] gaffe *f*, faux pas *m*; **I made a terrible ~** j'ai fait une gaffe terrible.

bloomers ['bluːməz] *npl*: **(a pair of) ~** une culotte bouffante.

blooming ['bluːmɪŋ] ◇ *adj* -**1.** [flower] éclos; [bush, garden, tree] en fleur, fleuri. -**2.** [glowing - with health] resplendissant, florissant; [- with happiness] épanoui, rayonnant; **~ with health** resplendissant de santé. -**3.** *inf Br* [as intensifier] sacré, fichu; **you ~ idiot!** espèce d'imbécile!; **he's a ~ nuisance** il est casse-pieds.

◇ *adv* *inf Br* sacrément, vachement; **you can ~ well do it yourself!** tu n'as qu'à te débrouiller tout seul!

Bloomsbury Group ['bluːmzbrɪ-] *pr n*: **the ~** *groupe d'écrivains, d'artistes et d'intellectuels anglais du début du XXe siècle.*

BLOOMSBURY GROUP:

Les membres du «Bloomsbury Group» habitaient le quartier du même nom à Londres; ce groupe comprenait notamment l'économiste John Maynard Keynes et l'écrivain Virginia Woolf.

---

blooper *inf* ['bluːpəʳ] *n Am* gaffe *f*, faux pas *m*; **what a ~ he made!** la gaffe qu'il a faite!

blossom ['blɒsəm] ◇ *n* -**1.** [flower] fleur *f*. -**2.** [state]: **the cherry trees are just coming into ~** les cerisiers commencent tout juste à fleurir; **to be in ~** être en fleurs; **the chestnut trees are in full ~** les marronniers sont en pleine floraison.

◇ *vi* -**1.** [flower] éclore; [bush, tree] fleurir. -**2.** *fig* [person] s'épanouir; [arts, industry] prospérer; **she ~ed into a talented writer** elle est devenue un écrivain doué.

blot [blɒt] (*pt* & *pp* **blotted**, *cont* **blotting**) ◇ *n* -**1.** [spot - gen] tache *f*; [- of ink] tache *f*, pâté *m*. -**2.** *fig* [on character, name] tache *f*, souillure *f*; [on civilization, system] tare *f*; **it's a ~ on the landscape** ça gâche le paysage.

◇ *vt* -**1.** [dry] sécher. -**2.** [spot] tacher; [with ink] tacher, faire des pâtés sur; **to ~ one's copybook** salir sa réputation.

◆ **blot out** *vt sep* [obscure - light, sun] cacher, masquer; [- memory, thought] effacer; [- act, event] éclipser.

◆ **blot up** *vt sep* [subj: person] éponger, essuyer; [subj: blotting paper, sponge] boire.

blotch [blɒtʃ] ◇ *n* [spot - of colour, ink] tache *f*; [- on skin] tache *f*, marbrure *f*.

◇ *vi* -**1.** [skin] se couvrir de taches OR de marbrures. -**2.** [pen] faire des pâtés.

◇ *vt* -**1.** [clothing, paper] tacher, faire des taches sur. -**2.** [skin] marbrer.

blotchy ['blɒtʃɪ] (*compar* **blotchier**, *superl* **blotchiest**) *adj* [complexion, skin] marbré, couvert de taches OR de marbrures; [cloth, paper, report] couvert de taches.

blotter ['blɒtəʳ] *n* -**1.** [paper] buvard *m*; [desk pad] sous-main *m inv*; **hand ~** tampon *m* buvard. -**2.** *Am* [register] registre *m (provisoire)*.

blotting pad ['blɒtɪŋ-] *n* (bloc *m*) buvard *m*.

blotting paper *n* (papier *m*) buvard *m*.

blotto *inf* ['blɒtəʊ] *adj* parti.

blouse [blaʊz] ◇ *n* [for woman] chemisier *m*, corsage *m*; [for farmer, worker] blouse *f*.

◇ *vt* faire blouser; **a ~d top** un haut blousant.

blow [bləʊ] (*pt* **blew** [bluː], *pp* **blown** [bləʊn]) ◇ *n* -**1.** [hit] coup *m*; [with fist] coup *m* de poing; **to come to ~s** en venir aux mains; **without striking a ~** sans coup férir; **to strike a ~ for freedom** *fig* rompre une lance pour la liberté. -**2.** [setback] coup *m*, malheur *m*; [shock] coup *m*, choc *m*; **her death came as a terrible ~ (to them)** sa mort a été (pour eux) un choc terrible; **to soften** OR **to cushion the ~** amortir le choc; **to deal sb/sthg a (serious) ~** porter un coup (terrible) à qqn/qqch; **it was a big ~ to her pride** son orgueil en a pris un coup. -**3.** [blast of wind] coup *m* de vent; [stronger] bourrasque *f*; **we went for a ~ on the prom** *fig* nous sommes sortis prendre l'air sur le front de mer. -**4.** [puff] souffle *m*; [through nose]: **have a good ~** mouche-toi bien. -**5.** *drugs sl Br* [marijuana] herbe *f*; *Am* [cocaine] cocaïne *f*. -**6.** [bloom] inflorescence *f*; **lilacs in full ~** des lilas en pleine floraison.

◇ *vi* -**1.** [wind] souffler; **the wind was ~ing hard** le vent soufflait fort; **the wind is ~ing from the north** le vent souffle du nord; **it's ~ing a gale out there** le vent souffle en tempête là-bas; **let's wait and see which way the wind ~s** *fig* attendons de voir de quel côté OR d'où souffle le vent. -**2.** [person] souffler; **she blew on her hands** elle a soufflé dans ses mains; **~ on your coffee** souffle sur ton café ❑ **he ~s hot and cold** il souffle le chaud et le froid. -**3.** [move with wind]: **the trees were ~ing**

in the wind le vent soufflait dans les arbres; **papers blew all over the yard** des papiers se sont envolés à travers la cour; **the window blew open/shut** un coup de vent a ouvert/fermé la fenêtre. -**4.** [wind instrument] sonner; [whistle] siffler. -**5.** [explode - tyre] éclater. -**6.** [whale] souffler; **there she ~s!** la voilà! -**7.** *inf* [leave] filer. -**8.** *Am & Austr* [brag] se vanter. -**9.** [bloom] fleurir; [open out] s'épanouir. -**10.** ▽ *Am* [be disgusting]: **this coffee really ~s!** il est vraiment dégueulasse, ce café!
◇ *vt* -**1.** [wind] faire bouger; [leaves] chasser, faire envoler; **the wind blew the door open/shut** un coup de vent a ouvert/fermé la porte; **a gust of wind blew the papers off the table** un coup de vent a fait s'envoler les papiers de la table; **the wind was ~ing the ship southward** le vent poussait le navire vers le sud; **the hurricane blew the ship off course** l'ouragan a fait dévier OR a dérouté le navire. -**2.** [subj: person] souffler; **~ your nose!** mouche-toi!; **he blew the dust off the book** il a soufflé sur le livre pour enlever la poussière; **to ~ sb a kiss** envoyer un baiser à qqn. -**3.** [bubbles, glass]: **to ~ bubbles/smoke rings** faire des bulles/ronds de fumée; **to ~ glass** souffler le verre. -**4.** [wind instrument] jouer de; [whistle] faire retentir; **the policeman blew his whistle** le policier a sifflé OR a donné un coup de sifflet; **the referee blew his whistle for time** l'arbitre a sifflé la fin du match ❑ **to ~ the gaff** *inf* vendre la mèche; **to ~ one's own trumpet** se vanter; **to ~ the whistle on sthg** dévoiler qqch. -**5.** [tyre] faire éclater; [fuse, safe] faire sauter; **the house was blown to pieces** la maison a été entièrement détruite par l'explosion; **the blast almost blew his hand off** l'explosion lui a presque emporté la main; **their plans were blown sky-high** *fig* leurs projets sont tombés à l'eau ❑ **he blew a fuse** OR **a gasket** *Br* **when he found out** quand il l'a appris, il a piqué une crise. -**6.** *inf* [squander - money] claquer; **he blew all his savings on a new car** il a claqué toutes ses économies pour s'acheter une nouvelle voiture. -**7.** [spoil - chance] gâcher; **I blew it!** j'ai tout gâché! -**8.** *inf* [reveal, expose] révéler; **to ~ sb's cover** griller qqn; **her article blew the whole thing wide open** son article a exposé toute l'affaire au grand jour ❑ **to ~ the lid off sthg** *inf* faire des révélations sur qqch, découvrir le pot aux roses. -**9.** *inf Am* [leave] quitter; **they blew town yesterday** ils ont fichu le camp hier. -**10.** *inf Br* [disregard]: **let's go anyway, and ~ what he thinks** allons-y quand même, je me moque de ce qu'il pense OR il peut penser ce qu'il veut; **~ the expense, we're going out to dinner** au diable l'avarice, on sort dîner ce soir. -**11.** *drugs sl Am* [drugs] prendre. -**12.** *inf phr*: **the idea blew his mind** l'idée l'a fait flipper; **oh, ~ (it)!** *Br* la barbe!, mince!; **~ it out your ear!** *Am* arrête tes conneries et fiche-moi le camp!; **to ~ one's lid** OR **stack** OR **top** exploser de rage; **our team blew them out of the water** notre équipe les a complètement écrasés; **don't ~ your cool** ne t'emballe pas; **well, I'll be ~ed!** *Br*, **~ me down!** ça par exemple!; **I'll be** OR **I'm ~ed if I'm going to apologize!** *Br* pas question que je fasse des excuses!, il peut toujours courir pour que je lui fasse des excuses!
◆ **blow away** *vt sep* -**1.** [subj: wind] chasser, disperser; **let's take a walk to ~ away the cobwebs** *Br* allons nous promener pour nous changer les idées. -**2.** *inf* [astound] sidérer; **the film just blew me away** ce film m'a complètement retourné. -**3.** *inf* [kill] abattre. -**4.** *inf Am* [defeat completely] écraser, battre à plate couture.
◆ **blow down** ◇ *vi insep* être abattu par le vent, tomber.
◇ *vt sep* [subj: wind] faire tomber, renverser; [subj: person] faire tomber OR abattre (en soufflant).
◆ **blow in** ◇ *vi insep inf* débarquer à l'improviste, s'amener.
◇ *vt sep* [door, window] enfoncer.
◆ **blow off** ◇ *vi insep* -**1.** [hat, roof] s'envoler. -**2.** *inf Br* [break wind] péter.
◇ *vt sep* -**1.** [subj: wind] emporter. -**2.** [release] laisser échapper, lâcher; **she needed to ~ off steam about the boss** *inf* elle avait besoin de dire tout ce qu'elle avait sur le cœur à propos de son patron.
◆ **blow out** ◇ *vt sep* -**1.** [extinguish - candle] souffler; [- fuse] faire sauter; **to ~ one's brains out** se faire sauter OR se brûler la cervelle. -**2.** [subj: storm]: **the hurricane eventually blew itself out** l'ouragan s'est finalement calmé. -**3.** [cheeks] gonfler.
◇ *vi insep* [fuse] sauter; [candle] s'éteindre; [tyre] éclater.
◆ **blow over** ◇ *vi insep* -**1.** [storm] se calmer, passer; *fig*: **the scandal soon blew over** le scandale fut vite oublié. -**2.** [tree] s'abattre, se renverser.
◇ *vt sep* [tree] abattre, renverser.
◆ **blow up** ◇ *vt sep* -**1.** [explode - bomb] faire exploser OR sauter; [- building] faire sauter. -**2.** [inflate] gonfler. -**3.** [enlarge] agrandir; [exaggerate] exagérer; **the whole issue was blown up out of all proportion** la question a été exagérée hors de (toute) proportion.
◇ *vi insep* -**1.** [explode] exploser, sauter; **the plan blew up in their faces** *fig* le projet leur a claqué dans les doigts. -**2.** [begin - wind] se lever; [- storm] se préparer; [- crisis] se déclencher. -**3.** *inf* [lose one's temper] exploser, se mettre en boule; **to ~ up at sb** engueuler qqn.

blowback ['bləʊbæk] *n* retour *m* de souffle.

blow-by-blow *adj* détaillé; **she gave me a ~ account** elle m'a tout raconté en détail.

blow-dry ◇ *vt* faire un brushing à.
◇ *n* brushing *m*.

blower ['bləʊəʳ] *n* -**1.** [device] soufflante *f*. -**2.** [grate] tablier *m* OR rideau *m* de cheminée. -**3.** MIN jet *m* de grisou. -**4.** *inf* [whale] baleine *f*. -**5.** *inf Br* [telephone] bigophone *m*.

blowfly ['bləʊflaɪ] (*pl* **blowflies**) *n* mouche *f* à viande.

blowgun ['bləʊgʌn] *n Am* sarbacane *f*.

blowhard *inf* ['bləʊhɑːd] *n Am* vantard *m*, -e *f*, fanfaron *m*, -onne *f*.

blowhole ['bləʊhəʊl] *n* -**1.** [of whale] évent *m*. -**2.** TECH bouche *f* d'aération, évent *m*.
◆ **blowholes** *npl* METALL soufflures *fpl*.

blow job▼ *n*: **to give sb a ~** tailler une pipe à qqn.

blowlamp ['bləʊlæmp] *n Br* lampe *f* à souder, chalumeau *m*.

blown [bləʊn] *pp* → **blow**.

blow-off *n* [discharge] vidange *f*; [device] bouchon *m* de vidange.

blowout ['bləʊaʊt] *n* -**1.** [of fuse]: **there's been a ~** les plombs ont sauté. -**2.** [of tyre] éclatement *m*; **I had a ~** j'ai un pneu qui a éclaté. -**3.** [of gas] éruption *f*. -**4.** *inf Br* [meal] gueuleton *m*; **let's have a ~** faisons un gueuleton OR une grande bouffe.

blowpipe ['bləʊpaɪp] *n* -**1.** *Br* [weapon] sarbacane *f*. -**2.** CHEM & INDUST [tube] chalumeau *m*; [glassmaking] canne *f* de souffleur, fêle *f*.

blowsy ['blaʊzɪ] (*compar* **blowsier**, *superl* **blowsiest**) = **blowzy**.

blowtorch ['bləʊtɔːtʃ] *n* lampe *f* à souder, chalumeau *m*.

blow-up *n* -**1.** [explosion] explosion *f*. -**2.** *inf* [argument] engueulade *f*. -**3.** PHOT agrandissement *m*.

blow wave ◇ *n* brushing *m*.
◇ *vt* faire un brushing à.

blowy ['bləʊɪ] (*compar* **blowier**, *superl* **blowiest**) *adj* venté, venteux.

blowzy ['blaʊzɪ] (*compar* **blowzier**, *superl* **blowziest**) *adj Br* -**1.** *pej* [untidy] débraillé; [sluttish] sale, de souillon. -**2.** [ruddy] rubicond.

BLS (*abbr of* **Bureau of Labor Statistics**) *pr n* *institut de statistiques du travail aux États-Unis.*

blub *inf* [blʌb] (*pt & pp* **blubbed**, *cont* **blubbing**) *vi Br* pleurer comme un veau OR une Madeleine.

blubber ['blʌbəʳ] ◇ *n* [of whale] blanc *m* de baleine; *pej* [of person] *inf* graisse *f*.
◇ *vi* pleurer comme un veau OR une madeleine.
◇ *adj* plein de graisse.

blubbery ['blʌbərɪ] *adj* plein de graisse.

bludgeon ['blʌdʒən] ◇ *n* gourdin *m*, matraque *f*.
◇ *vt* -**1.** [beat] matraquer. -**2.** [force] contraindre, forcer; **they ~ed him into selling the house** ils lui ont forcé la main pour qu'il vende la maison.

blue [bluː] (*cont* **blueing** OR **bluing**) ◇ *n* -**1.** [colour] bleu *m*, azur *m*; **dressed in ~** habillé en bleu. -**2.** **the ~** [sky] le ciel, l'azur *m lit*; **they set off into the ~** ils sont partis à l'aventure. -**3.** POL *membre du parti conservateur britannique.* -**4.** *Br* UNIV: **Oxford ~** *étudiant sélectionné dans l'équipe de l'Université d'Oxford*; **the Dark/Light Blues** l'équipe *f* universitaire d'Oxford/de Cambridge; **he got a ~ for cricket** il a représenté son université au cricket. -**5.** *inf Am* [police officer] policier *m*, flic *m*. -**6.** [for laundry] bleu *m*.
◇ *adj* -**1.** [colour] bleu; **to be ~ with cold** être bleu de froid ❑ **you can argue until you're ~ in the face but she still won't give in** vous pouvez vous tuer à discuter, elle ne s'avouera pas vaincue pour autant. -**2.** *inf* [depressed] triste, cafardeux; **to feel ~** avoir le cafard. -**3.** [obscene - language] obscène, cochon; [- book, movie] porno; **his jokes turn the air ~** *Br* ses plaisanteries sont affreusement cochonnes. -**4.** *inf phr*: **to have a ~ fit** *Br* piquer une crise; **to scream** OR **to shout ~ murder** crier comme un putois; **he talks a ~ streak** *Br* il n'arrête pas de jacasser.
◇ *vt* -**1.** *inf Br* [squander - money] claquer; **he ~d his inheritance on the horses** il a claqué son héritage en jouant aux courses. -**2.** [laundry] passer au bleu.
◆ **blues** *npl* -**1.** *inf* **the ~s** [depression] le cafard; **to get** OR **to have the ~s** avoir le cafard. -**2.** MUS: **the ~s** le blues; **to sing the ~s** chanter le blues.
◆ **Blues** *pl pr n*: **the Blues and Royals** section de la Cavalerie de la Maison du Souverain britannique.
◆ **out of the blue** *adv phr* sans prévenir; **the job offer came out of the ~** la proposition de travail est tombée du ciel.

BLUE:
Sur la scène politique britannique, la couleur bleue représente le parti conservateur. Dans le milieu des sports universitaires, le bleu foncé est porté par les joueurs d'Oxford, le bleu clair par ceux de Cambridge.

blue baby *n* enfant *m* bleu, enfant *f* bleue.

Bluebeard ['bluːˌbɪəd] *pr n* Barbe-bleue.

bluebeat ['bluːbiːt] *n genre musical antillais des années 60, précurseur du reggae.*

bluebell ['bluːbel] *n* jacinthe *f* des bois.

blueberry ['bluːbərɪ] (*pl* **blueberries**) *n* myrtille *f*; *Can* bleuet *m*; **~ pie** tarte *f* aux myrtilles.

bluebird ['bluːbɜːd] *n* oiseau *m* bleu.

blue-black *adj* bleu tirant sur le noir, bleu-noir.

blue blood *n* sang *m* bleu OR noble.

blue-blooded *adj* aristocratique, de sang noble.

blue book *n Br* POL livre *m* bleu; *Am* UNIV cahier *m* d'examen.

bluebottle ['bluːˌbɒtl] *n* -**1.** [fly] mouche *f* bleue OR de la viande. -**2.** BOT bleuet *m*. -**3.** *Br dated* [police officer] flic *m*.

blue cheese *n* (fromage *m*) bleu *m*.

blue chip *n* [stock] valeur *f* de premier ordre; [property] placement *m* de bon rapport.
◆ **blue-chip** *comp* [securities, stock] de premier ordre.

blue-collar *adj* ouvrier; **~ worker** col *m* bleu; **~ union** syndicat *m* ouvrier.

blue-eyed *adj* aux yeux bleus; **the ~ boy** *inf Br* le chouchou.

blue funk *inf n Br* sacrée frousse *f*, peur *f* bleue; **she left in a ~** elle est partie complètement terrorisée.

bluegrass ['bluːgrɑːs] *n* [grass] pâturin *m* des champs; [music] musique *f* bluegrass; **the Bluegrass State** *Am* le Kentucky.

blue-green algae *npl* cyanophycées *fpl spec*, algues *fpl* bleues.

blue jeans *npl Am* jean *m*.

blue laws *inf npl Am lois qui, au nom de la morale, limitent certaines activités telles que l'ouverture des commerces le dimanche, la vente d'alcool etc.*

bluenose *inf* ['bluːnəʊz] *n* -**1.** [of Nova Scotia] néo-écossais *m*, -e *f*. -**2.** *Am* [prig] prude *f*.

blue note *n tierce ou septième diminuée, très utilisée dans le blues.*

blue-pencil *vt* [edit] corriger; [censor] censurer.

blue peter *n* pavillon *m* de partance.

◆ **Blue Peter** *pr n émission télévisée britannique pour enfants, à vocation pédagogique.*

blueprint ['bluːprɪnt] ◇ *n* -**1.** [photographic] bleu *m*. -**2.** *fig* [programme] plan *m*, projet *m*; [prototype] prototype *m*; **the ~ for democratic government** le modèle démocratique.

◇ *vt* tirer des bleus.

blue rib(b)and, blue ribbon ◇ *n premier prix d'une compétition.*

◇ *adj* de première classe.

blue rinse *n* rinçage *m* bleu.

◆ **blue-rinse** *adj Br*: **a blue-rinse lady** *une dame (d'un certain âge) bien de sa personne.*

blue shark *n* requin *m* bleu.

blue-sky *comp*: **~ research** recherches *fpl* sans applications immédiates; **~ law** *loi américaine qui protège le public contre les titres boursiers douteux.*

bluestocking ['bluːˌstɒkɪŋ] *n Br* bas-bleu *m*.

bluetit ['bluːtɪt] *n* mésange *f* bleue.

blue whale *n* baleine *f* bleue.

bluff [blʌf] ◇ *n* -**1.** [deception] bluff *m*. -**2.** [cliff] falaise *f*, promontoire *m*.

◇ *adj* [person] direct, franc; [landscape] escarpé, à pic.

◇ *vi* bluffer.

◇ *vt* bluffer; **don't try to ~ me** n'essayez pas de m'en conter; **to ~ one's way through things** marcher au bluff.

bluffer ['blʌfəʳ] *n* bluffeur *m*, -euse *f*.

bluish ['bluːɪʃ] *adj* qui tire sur le bleu; *pej* bleuâtre.

blunder ['blʌndəʳ] ◇ *n* [mistake] bourde *f*; [remark] gaffe *f*, impair *m*; **I made a terrible ~** j'ai fait une gaffe OR une bévue épouvantable.

◇ *vi* -**1.** [make a mistake] faire une gaffe OR un impair. -**2.** [move clumsily] avancer à l'aveuglette, tâtonner; **he was ~ing about in the dark** il avançait à l'aveuglette OR à tâtons dans le noir; **she ~ed against** OR **into the bookshelf** elle s'est heurtée OR cognée à la bibliothèque; **he ~ed through the interview** il s'embrouillait au cours de l'entretien.

blunderbuss ['blʌndəbʌs] *n* tromblon *m*.

blunderer ['blʌndərəʳ] *n* gaffeur *m*, -euse *f*.

blundering ['blʌndərɪŋ] ◇ *adj* [person] maladroit, gaffeur; [action, remark] maladroit, malavisé.

◇ *n* maladresse *f*, gaucherie *f*.

blunt [blʌnt] ◇ *adj* -**1.** [blade] peu tranchant, émoussé; [point] émoussé, épointé; [pencil] mal taillé, épointé; **killed with a ~ instrument** JUR assassiné avec un instrument contondant. -**2.** [frank] brusque, direct; **let me be ~** permettez que je parle franchement.

◇ *vt* [blade] émousser; [pencil, point] épointer; *fig* [feelings, senses] blaser, lasser.

bluntly ['blʌntlɪ] *adv* carrément, franchement; **he answered ~** il a répondu sans ménagement OR sans mâcher ses mots.

bluntness ['blʌntnɪs] *n* -**1.** [of blade] manque *m* de tranchant, état *m* émoussé. -**2.** [frankness] franchise *f*, brusquerie *f*.

blur [blɜːʳ] (*pt* & *pp* **blurred**, *cont* **blurring**) ◇ *n* -**1.** [vague shape] masse *f* confuse, tache *f* floue; **my childhood is all a ~ to me now** maintenant mon enfance n'est plus qu'un vague souvenir. -**2.** [smudge] tache *f*; [of ink] pâté *m*, bavure *f*.

◇ *vt* -**1.** [writing] estomper, effacer; [outline] estomper. -**2.** [judgment, memory, sight] troubler, brouiller; **tears blurred my eyes** mes yeux étaient voilés de larmes.

◇ *vi* [inscription, outline] s'estomper; [judgment, memory, sight] se troubler, se brouiller.

blurb [blɜːb] *n* notice *f* publicitaire, argumentaire *m*; [on book] (texte *m* de) présentation *f*.

blurred [blɜːd], **blurry** ['blɜːrɪ] *adj* flou, indistinct.

blurt [blɜːt] *vt* lâcher, jeter.

◆ **blurt out** *vt sep* [secret] laisser échapper; **she ~ed out his name** elle a laissé échapper son nom.

blush [blʌʃ] ◇ *vi* [turn red - gen] rougir, devenir rouge; [- with embarrassment] rougir; **she ~ed deeply** elle est devenue toute rouge; **he ~ed to the roots of his hair** il a rougi jusqu'aux oreilles; **I ~ to think of it now** maintenant quand j'y pense, j'en rougis; **I ~ for her** j'ai honte pour elle; **the ~ing bride** l'heureuse élue.

◇ *n* rougeur *f*; **the ~ of a peach** la couleur rosée de la pêche; **"thank you", she said with a ~** «merci», dit-elle en rougissant; **please, spare our ~es** *hum* ne nous faites pas rougir, s'il vous plaît; **the first ~ of dawn** les premières rougeurs de l'aube; **she was in the first ~ of youth** elle était dans la prime fleur de l'âge ❑ **at first ~** *Br* de prime abord, à première vue.

blusher ['blʌʃəʳ] *n* fard *m* à joues.

bluster ['blʌstəʳ] ◇ *vi* -**1.** [wind] faire rage, souffler en rafales; [storm] faire rage, se déchaîner. -**2.** [speak angrily] fulminer, tempêter. -**3.** [boast] se vanter, fanfaronner.

◇ *vt* [person] intimider; **he tried to ~ his way out of doing it** il a essayé de se défiler avec de grandes phrases.

◇ *n* -**1.** [boasting] fanfaronnade *f*, fanfaronnades *fpl*, vantardise *f*. -**2.** [wind] rafale *f*.

blustering ['blʌstərɪŋ] ◇ *n* fanfaronnade *f*, fanfaronnades *fpl*.

◇ *adj* fanfaron.

blustery ['blʌstərɪ] *adj* [weather] venteux, à bourrasques; [wind] qui souffle en rafales, de tempête.

Blvd (*written abbr of* **boulevard**) bd, boul.

BM ◇ *n* (*abbr of* Bachelor of Medicine) *(titulaire d'une) licence de médecine.*

◇ *pr n abbr of* British Museum.

BMA (*abbr of* British Medical Association) *pr n ordre britannique des médecins.*

BMJ (*abbr of* British Medical Journal) *pr n organe de la BMA.*

B-movie *n* film *m* de série B.

BMus ['biːˈmʌz] (*abbr of* Bachelor of Music) *n (titulaire d'une) licence de musique.*

BMX (*abbr of* **bicycle motorcross**) *n* -**1.** [bicycle] VTT *m*. -**2.** SPORT cyclo-cross *m inv*.

bn *written abbr of* **billion**.

BO *n* -**1.** (*abbr of* **body odour**) *odeur corporelle*; **he's got ~** il sent mauvais. -**2.** *abbr of* **box office**.

boa ['bəʊə] *n* -**1.** (feather) **~** boa *m*. -**2.** **~ constrictor** boa constricteur *m*, constrictor *m*.

boar [bɔːʳ] *n* [male pig] verrat *m*; [wild pig] sanglier *m*; **young (wild) ~** marcassin *m*.

board [bɔːd] ◇ *n* -**1.** [plank] planche *f*; **the ~s** THEAT la scène, les planches ❑ **to tread the ~s** THEAT faire du théâtre; **the policy applies to everybody in the company across the ~** cette politique concerne tous les employés de l'entreprise quelle que soit leur position. -**2.** [cardboard] carton *m*; [for games] tableau *m*; **to sweep the ~** *Br* remporter tous les prix. -**3.** [notice board] tableau *m*. -**4.** ADMIN conseil *m*, commission *f*; **~ of directors** conseil d'administration; **who's on the ~?** qui siège au conseil d'administration?; **~ of inquiry** commission d'enquête; **the ~ of health** *Am* le service municipal d'hygiène; MIL le conseil de révision; **medical ~** commission médicale. -**5.** SCH & UNIV: **~ of education** *Am* ≃ conseil *m* d'administration *(d'un établissement scolaire)*; **~ of examiners** jury *m* d'examen; **~ of governors** *Br* ≃ conseil *m* d'administration *(d'un lycée ou d'un collège)*; **~ of regents** *Am* ≃ conseil *m* d'université. -**6.** [meals provided] pension *f*; *arch* [table] table *f*; **~ and lodging** (chambre *f* et) pension; **full ~** pension complète. -**7.** AERON & NAUT bord *m*; **to go on ~** monter à bord de; **we're on ~** nous sommes à bord; **they took provisions on ~** ils ont embarqué des provisions ❑ **to go by the ~** *Br* être abandonné OR oublié; **in the excitement the normal routine went by the ~** dans l'agitation la routine habituelle a été abandonnée; **his principles went by the ~** il a dû abandonner ses principes; **to take sthg on ~** tenir compte de qqch.

◇ *comp* [decision, meeting] du conseil d'administration.

◇ *vt* -**1.** [plane, ship] monter à bord de; [bus, train] monter dans; NAUT [in attack] monter OR prendre à l'abordage; **the flight is now ~ing at gate 3** embarquement immédiat du vol porte 3. -**2.** [cover with planks] couvrir de planches. -**3.** [provide meals, lodging] prendre en pension.

◇ *vi* [lodge] être en pension; **to ~ with sb** être pensionnaire chez qqn.

◆ **board out** *vt sep*: **she ~s the children out with us** elle met les enfants en pension chez nous.

◆ **board up** *vt sep* couvrir de planches; [door, window] boucher, obturer.

boarder ['bɔːdəʳ] *n* pensionnaire *mf*; SCH interne *mf*, pensionnaire *mf*; **she takes in ~s** elle prend des pensionnaires.

board game *n* jeu *m* de société.

boarding ['bɔːdɪŋ] *n* -**1.** *(U)* [gen & fence] planches *fpl*; [floor] planchéiage *m*. -**2.** [embarking] embarquement *m*; NAUT [in attack] abordage *m*.

boarding card *n* carte *f* d'embarquement.

boarding house *n* pension *f*; SCH internat *m*.

boarding school *n* internat *m*, pensionnat *m*; **to go to ~** être interne; **they sent their children to ~** ils ont mis leurs enfants en internat.

Board of Trade *pr n*: **the ~** *Br* le ministère du Commerce; *Am* la chambre de commerce.

boardroom ['bɔːdrʊm] ◇ *n* salle *f* de conférence; *fig* [management] administration *f*.

◇ *comp*: **the decision was taken at ~ level** la décision a été prise au niveau de la direction.

boardsail ['bɔːdseɪl] *vi* faire de la planche à voile.

boardsailing ['bɔːdseɪlɪŋ] *n* planche *f* à voile SPORT.

boardwalk ['bɔːdwɔːk] *n Am* passage *m* en bois; [on beach] promenade *f* (en planches).

boast [bəʊst] ◇ *n* -**1.** fanfaronnade *f*, fanfaronnades *fpl*; **it's his proud ~ that he has never lost a game** il se vante de n'avoir jamais perdu un jeu. -**2.** [in squash] bosse *f*.

◇ *vi* se vanter, fanfaronner; **failing the exam is nothing to ~ about** il n'y a pas de quoi se vanter d'avoir raté l'examen; **without ~ing** OR **wanting to ~** sans vouloir me vanter.

◇ *vt* -**1.** [brag] se vanter de. -**2.** [possess] être fier d'avoir; **the town ~s an excellent symphonic orchestra** la ville se glorifie d'avoir un excellent orchestre symphonique.

boaster ['bəʊstəʳ] *n* fanfaron *m*, -onne *f*.

boastful ['bəʊstfʊl] *adj* fanfaron, vantard.

boastfully ['bəʊstfʊlɪ] *adv* en se vantant.

boasting ['bəʊstɪŋ] *n* *(U)* vantardise *f*, fanfaronnade *f*, fanfaronnades *fpl*.

boat [bəʊt] ◇ *n* [gen] bateau *m*; [for rowing] barque *f*, canot *m*; [for sailing] voilier *m*; [ship] navire *m*, paquebot *m*; **we're travelling by ~** nous voyageons en bateau; **I caught the ~ at Singapore** j'ai embarqué OR pris le bateau à Singapour; **to go by ~** prendre le bateau; **they crossed the Atlantic by ~** ils ont traversé l'Atlantique en bateau; **to take to the ~s** monter dans les canots de sauvetage ❑ **we're all in the same ~** nous sommes tous logés à la même enseigne.

◇ *vi* voyager en bateau; **to go ~ing** aller se

promener en bateau; he ~ed up/down the river il a remonté/descendu le fleuve en bateau.

boatbuilder ['bəʊt,bɪldəʳ] *n* constructeur *m* naval.

boat deck *n* pont *m* des embarcations.

boater ['bəʊtəʳ] *n* canotier *m*.

boathook ['bəʊthʊk] *n* gaffe *f*.

boathouse ['bəʊthaʊs, *pl* -haʊzɪz] *n* abri *m* OR hangar *m* à bateaux.

boating ['bəʊtɪŋ] ◇ *n* canotage *m*.
◇ *comp* [accident, enthusiast, trip] de canotage.

boatload ['bəʊtləʊd] *n* [merchandise] cargaison *f*; [people] plein bateau *m*.

boatman ['bəʊtmən] (*pl* boatmen [-mən]) *n* [rower] passeur *m*; [renter of boats] loueur *m* de canots.

boat people *npl* boat people *mpl*.

boat race *n* ROWING course *f* d'avirons; SAILING régates *fpl*; the Boat Race *course universitaire annuelle d'avirons entre les universités d'Oxford et de Cambridge.*

boatswain ['bəʊsn] *n* maître *m* d'équipage; ~'s chair sellette *f*; ~'s mate second maître *m*.

boat train *n train qui assure la correspondance avec un bateau.*

boatyard ['bəʊtjɑːd] *n* chantier *m* de construction navale.

bob [bɒb] (*pt & pp* bobbed, *cont* bobbing, *pl sense 7 inv*) ◇ *vi* -**1.** [cork, buoy]: to ~ up and down danser sur l'eau; I could see his head bobbing up and down behind the wall je voyais par moments sa tête surgir de derrière le mur. -**2.** [curtsy] faire une petite révérence. -**3.** [move quickly]: to ~ in/out entrer/sortir rapidement. -**4.** [bobsleigh] faire du bobsleigh. -**5.** *phr*: to ~ for apples GAMES: they were bobbing for apples ils essayaient d'attraper avec les dents des pommes flottant sur l'eau.
◇ *vt* -**1.** [move up and down] faire monter et descendre; she bobbed a curtsy elle a fait une petite révérence. -**2.** [hair] couper court. -**3.** [horse's tail] écourter.
◇ *n* -**1.** [abrupt movement] petit coup *m*, petite secousse *f*; [of head] hochement *m* OR salut *m* de tête; [curtsy] petite révérence *f*. -**2.** [hairstyle] (coupe *f* au) carré *m*; she wears her hair in a short ~ elle est coiffée à la Jeanne d'Arc. -**3.** [horse's tail] queue *f* écourtée. -**4.** [fishing float] flotteur *m*, bouchon *m*; [weight] plomb *m*. -**5.** *inf phr*: all my bits and ~s toutes mes petites affaires; we'll deal with the bits and ~s later nous nous occuperons des détails plus tard. -**6.** [bobsleigh] bobsleigh *m*, bob *m*; [runner] patin *m*. -**7.** *inf Br dated* [shilling] shilling *m*.
◆ **bob down** *vi insep* se baisser subitement; [duck] baisser la tête; the children bobbed down out of sight les enfants se baissèrent subitement hors de notre vue.
◆ **bob up** *vi insep* remonter tout d'un coup.

Bob [bɒb] *pr n*: ~'s your uncle! et voilà le travail!

bobbin ['bɒbɪn] *n* [gen] bobine *f*; [for lace] fuseau *m*; ~ lace dentelle *f* aux fuseaux.

bobble ['bɒbl] ◇ *n* -**1.** [bobbing movement] secousse *f*, saccade *f*. -**2.** [pompom] pompon *m*; ~ hat chapeau *m* à pompon. -**3.** *inf Am* [mistake] boulette *f*.
◇ *vt inf Am*: he ~d the ball il n'arriva pas à bloquer la balle.
◇ *vi*: the ball ~d and the player mishit his shot il y a eu un faux rebond et le joueur a raté son tir.

bobby *inf* ['bɒbɪ] (*pl* bobbies) *n Br dated* flic *m*.

bobby-dazzler [-,dæzləʳ] *n Br dial*: she's a right ~! c'est un beau brin de fille!

bobby pin *n Am* pince *f* à cheveux.
◆ **bobby-pin** *vt Am* attacher *(avec une pince à cheveux)*.

bobby socks, bobby sox *npl Am* socquettes *fpl (de fille)*.

bobby-soxer *inf* [-'sɒksəʳ] *n Am* adolescente *f*, fille *f*, minette *f*.

bobcat ['bɒbkæt] *n* lynx *m*.

bobfloat ['bɒbfləʊt] *n* flotteur *m*, bouchon *m*.

bobskate ['bɒbskeɪt] *n Am* patin *m* à double lame.

bobsled ['bɒbsled], **bobsleigh** ['bɒbsleɪ]
◇ *n* bobsleigh *m*, bob *m*.
◇ *vi* faire du bobsleigh.

bobtail ['bɒbteɪl] *n* [tail] queue *f* écourtée; a ~ cat/dog un chat/chien écourté.

bobtailed ['bɒbteɪld] *adj* à (la) queue écourtée, écourté.

Boccaccio [bɒ'kɑːtʃɪəʊ] *pr n* Boccace.

Boche▽ [bɒʃ] *dated & offensive* ◇ *n* Boche *mf*.
◇ *adj* boche.

bock [bɒk] *n* -**1.** [beer] bière *f* bock. -**2.** [glass] bock *m*.

bod *inf* [bɒd] *n* -**1.** *Br* [person] type *m*; he's a bit of an odd ~ c'est plutôt un drôle d'oiseau. -**2.** [body] physique *m*, corps *m*.

bode [bəʊd] ◇ *pt* → **bide**.
◇ *vi* [presage] augurer; it ~s well for him cela est de bon augure pour lui; that ~s ill OR no good for us cela ne présage rien de bon pour nous.
◇ *vt arch* [predict] présager, annoncer.

bodge *inf* [bɒdʒ] *vt Br* -**1.** [spoil] saboter, bousiller. -**2.** [mend clumsily] rafistoler.

bodice ['bɒdɪs] *n* [of dress] corsage *m*; [corset] corset *m*.

bodice ripper *n hum roman grivois à trame historique.*

-bodied [,bɒdɪd] *in cpds*: an able~ man un homme robuste OR solide; a short~ aircraft un avion au fuselage court.

bodily ['bɒdɪlɪ] ◇ *adj* matériel; ~ functions fonctions *fpl* corporelles; to cause sb ~ harm blesser qqn.
◇ *adv* -**1.** [carry, seize] à bras-le-corps. -**2.** [entirely] entièrement; she threw herself ~ into her work elle s'est jetée à corps perdu dans son travail.

bodkin ['bɒdkɪn] *n* -**1.** [needle] grosse aiguille *f*; [for tape] passe-lacet *m*. -**2.** *arch* [dagger] poignard *m*; [hairpin] épingle *f* à cheveux.

Bodleian Library ['bɒdlɪən-] *pr n*: the ~ la bibliothèque Bodléienne *(à Oxford)*.

body ['bɒdɪ] (*pl* bodies) *n* -**1.** [human, animal] corps *m*; we belong together ~ and soul nous sommes faits l'un pour l'autre; he gave himself to her ~ and soul il s'est donné à elle corps et âme ❑ to keep ~ and soul together subsister, survivre. -**2.** [corpse] cadavre *m*, corps *m*; over my dead ~! *inf* il faudra me passer sur le corps! -**3.** [group] ensemble *m*, corps *m*; [organization] organisme *m*; the main ~ of voters le gros des électeurs; a large ~ of people une foule énorme; they came in one ~ ils sont venus en masse, taken as a ~ dans leur ensemble, pris ensemble; legislative ~ corps *m* législatif ❑ ~ corporate personne *f* morale; ~ politic corps *m* politique. -**4.** [mass] masse *f*; a ~ of water un plan d'eau; a growing ~ of evidence une accumulation de preuves; the ~ of public opinion la majorité de l'opinion publique. -**5.** [largest part - of document, speech] fond *m*, corps *m*. -**6.** [of car] carrosserie *f*; [of plane] fuselage *m*; [of ship] coque *f*; [of camera] boîtier *m*; [of dress] corsage *m*; [of building] corps *m*. -**7.** [fullness] corps *m*; a wine with (a lot of) ~ un vin qui a du corps; a shampoo that gives your hair ~ un shampooing qui donne du volume à vos cheveux. -**8.** *inf* [man] bonhomme *m*; [woman] bonne femme *f*; she's a funny little ~ c'est une drôle de petite bonne femme. -**9.** [garment] body *m*. -**10.** PHYS corps *m*.

body bag *n* sac *m* mortuaire.

body blow *n* coup *m* dur.

body builder *n* [person] culturiste *mf*; [machine] extenseur *m*; [food] aliment *m* énergétique.

body building *n* culturisme *m*.

body clock *n* horloge *f* biologique.

bodyguard ['bɒdɪgɑːd] *n* garde *m* du corps.

body language *n* langage *m* du corps.

body odour *n* odeur *f* corporelle.

body paint *n* peinture *f* pour le corps.

body shop *n* -**1.** atelier *m* de carrosserie. -**2.** *inf Am* [gym] club *m* de gym.

body snatcher *n* déterreur *m*, -euse *f* de cadavres.

body stocking *n* body *m*.

body warmer [-,wɔːməʳ] *n* gilet *m* matelassé.

bodywork ['bɒdɪwɜːk] *n* carrosserie *f*.

Boer [bɔː] ◇ *n* Boer *mf*.
◇ *adj* boer; the ~ War HIST la guerre des Boers.

THE BOER WAR:
Conflit qui opposa, à la fin du XIXᵉ siècle, les Britanniques aux républiques sud-africaines, qui défendaient leur indépendance face aux ambitions de la «British South Africa Company» et à la suzeraineté britannique. Il s'acheva par une victoire britannique en 1902.

boffin *inf* ['bɒfɪn] *n Br* chercheur *m* scientifique OR technique.

bog [bɒg] (*pt & pp* bogged, *cont* bogging) *n* -**1.** [area] marécage *m*, marais *m*; [peat] tourbière *f*. -**2.** ▽ *Br* [lavatory] chiottes *fpl*.
◆ **bog down** *vt sep* empêcher, entraver; [vehicle] embourber, enliser; I got bogged down in paperwork *fig* je me suis laissé déborder par la paperasserie.

bogey ['bəʊgɪ] *n* -**1.** [monster] démon *m*, fantôme *m*; [pet worry] bête *f* noire. -**2.** GOLF bogey *m*, bogée *m*. -**3.** *inf* [in nose] crotte *f* de nez. -**4.** = **bogie**.

bogeyman ['bəʊgɪmæn] (*pl* bogeymen [-men]) *n* croque-mitaine *m*, père *m* fouettard; the ~ will get you le croque-mitaine va t'attraper.

boggle ['bɒgl] *vi* -**1.** [be amazed] être abasourdi; the mind ~s! ça laisse perplexe!; the mind OR imagination ~s at the thought ça laisse perplexe. -**2.** [hesitate] hésiter; she ~s at the idea of marriage elle n'est pas sûre de vouloir se marier.

boggy ['bɒgɪ] (*compar* boggier, *superl* boggiest) *adj* [swampy] marécageux; [peaty] tourbeux.

bogie ['bəʊgɪ] *n* RAIL bogie *m*; [trolley] diable *m*.

bog oak *n* chêne *m* des marais.

Bogota [,bɒgə'tɑː] *pr n* Bogota.

bogroll▽ ['bɒgrəʊl] *n* PQ *m*.

bogus ['bəʊgəs] *adj* faux.

bogy ['bəʊgɪ] (*pl* bogies) = **bogie**.

Bohemia [bəʊ'hiːmjə] *pr n* Bohême *f*; in ~ en Bohême.

bohemian [bəʊhiːmjən] ◇ *n* bohème *mf*.
◇ *adj* bohème.

Bohemian [bəʊ'hiːmjən] ◇ *n* [from Bohemia] Bohémien *m*, -enne *f*; [gypsy] bohémien *m*, -enne *f*.
◇ *adj* [of Bohemia] bohémien; [gypsy] bohémien.

bohunk▼ ['bəʊhʌŋk] *n Am terme injurieux désignant un travailleur migrant d'Europe centrale.*

boil [bɔɪl] ◇ *n* -**1.** [on face, body] furoncle *m*. -**2.** [boiling point]: bring the sauce to the ~ amenez la sauce à ébullition; the water was just coming to the ~ l'eau venait juste de se mettre à bouillir; the water's on the ~ *Br* l'eau bout OR est bouillante; the pan has gone off the ~ *Br* l'eau de la casserole ne bout plus; the project has gone off the ~ *Br fig* le projet a été mis en attente.
◇ *vt* -**1.** [liquid] faire bouillir, amener à ébullition. -**2.** [laundry] faire bouillir; a ~ed shirt *inf* une chemise empesée. -**3.** [food] cuire à l'eau, faire bouillir; don't ~ the kettle dry *Br* ne laissez pas s'évaporer l'eau dans la bouilloire; I can't even ~ an egg! je ne sais même pas faire cuire un œuf!
◇ *vi* -**1.** [liquid] bouillir; the kettle's ~ing l'eau bout (dans la bouilloire); don't let the soup ~ ne laisse pas bouillir la soupe; the pot ~ed dry *Br* toute l'eau de la casserole s'est évaporée. -**2.** [seethe - ocean] bouillonner; [- person] bouillir; I was ~ing with anger je bouillais de rage.
◆ **boil away** *vi insep* [continue boiling] bouillir très fort; [evaporate] s'évaporer.

◆ **boil down** *vt sep* CULIN faire réduire; *fig* réduire à l'essentiel; **he ~ed the speech down to the basics** il a réduit son discours à l'essentiel.

◆ **boil down to** *vt insep*: **it all ~s down to money** tout cela revient à une question d'argent; **she didn't actually insult me, but it ~s down to the same thing** elle ne m'a pas vraiment insulté mais c'est tout comme.

◆ **boil over** *vi insep* **-1.** [overflow] déborder; [milk] se sauver, déborder. **-2.** *fig* [with anger] bouillir; **he ~ed over with rage** il bouillait de rage; **her resentment ~ed over into outright anger** son ressentiment s'est transformé en véritable colère; **the unrest ~ed over into violence** l'agitation a débouché sur la violence.

◆ **boil up** ◇ *vi insep* [milk] monter; **frustration ~ed up in her** *fig* elle commençait à s'énerver sérieusement.
◇ *vt sep* [milk, water] monter.

boiled ['bɔɪld] *adj*: **~ beef** [alone] bœuf *m* bouilli; [dish] pot-au-feu *m inv*; **~ egg** œuf *m* à la coque; **~ ham** jambon *m* cuit (à l'eau); **~ potatoes** pommes de terre *fpl* à l'eau OR bouillies; **~ sweets** *Br* bonbons *mpl* à sucer.

boiler ['bɔɪləʳ] *n* **-1.** [furnace] chaudière *f*; [domestic] chaudière *f*; *Br* [washing machine] lessiveuse *f*; [pot] casserole *f*. **-2.** [chicken] poule *f* à faire au pot.

boilerhouse ['bɔɪləhaʊs, *pl* -haʊzɪz] *n* bâtiment *m* des chaudières.

boilermaker ['bɔɪlə,meɪkəʳ] *n* **-1.** [workman] chaudronnier *m*. **-2.** [drink] *Br* bière *f* fortifiée; *Am* (verre *m* de) whisky *m* suivi d'une bière.

boilermaking ['bɔɪlə,meɪkɪŋ] *n* grosse chaudronnerie *f*.

boilerman ['bɔɪlə,mæn] (*pl* **boilermen** [-,men]) *n* chauffeur *m*.

boilerplate ['bɔɪləpleɪt] *n* **-1.** INDUST tôle *f* à chaudière. **-2.** [form of words] paragraphe *m* standard *(que l'on peut insérer dans un document)*.

boiler room *n* salle *f* des chaudières, chaufferie *f*; NAUT chaufferie *f*, chambre *f* de chauffe.

boiler suit *n Br* [for work] bleu *m* OR bleus *mpl* (de travail); [fashion garment] salopette *f*.

boiling ['bɔɪlɪŋ] ◇ *adj* [very hot] bouillant; **the weather here is ~** il fait une chaleur infernale ici; **I'm ~** *inf* je crève de chaleur.
◇ *adv*: **~ hot** tout bouillant; **a ~ hot cup of tea** une tasse de thé bouillant; **it's ~ hot today** *inf* il fait une chaleur à crever aujourd'hui.
◇ *n* [action] ébullition *f*; [bubbling] bouillonnement *m*.

boiling point *n* point *m* d'ébullition; **at ~** à ébullition; **to reach ~** *literal* arriver à ébullition, *fig* être en ébullition.

boil-in-the-bag *adj* en sachet-cuisson.

boisterous ['bɔɪstərəs] *adj* **-1.** [exuberant] tapageur, plein d'entrain; **a ~ meeting** une réunion houleuse. **-2.** [sea] tumultueux, turbulent; [wind] violent, furieux.

boisterously ['bɔɪstərəslɪ] *adv* bruyamment, tumultueusement.

bold [bəʊld] ◇ *adj* **-1.** [courageous] intrépide, hardi; **a ~ plan** un projet audacieux OR osé; **a ~ stroke** un coup d'audace; **he grew ~er in his efforts** il s'est enhardi dans ses tentatives. **-2.** [not shy] assuré; [brazen] effronté; **he was** OR **made so ~ as to disagree** il a eu l'audace d'exprimer son désaccord; **may I be so ~ as to ask your name?** puis-je me permettre de vous demander qui vous êtes?; **he put a ~ face on it, he put on a ~ front** face à cela il a fait OR gardé bonne contenance ❑ **as ~ as brass** *Br* culotté. **-3.** ART & LITERAT [vigorous] puissant, hardi; **with ~ strokes of the brush** avec des coups de brosse vigoureux OR puissants; **a ~ style of writing** un style (d'écriture) hardi; **in ~ relief** en puissant relief. **-4.** [colours] vif, éclatant; **~ stripes** des rayures éclatantes. **-5.** TYPO: **in ~** en gras.
◇ *n* caractères *mpl* gras, gras *m*.

boldface ['bəʊldfeɪs] *n* caractères *mpl* gras, gras *m*; **in ~** en gras.

boldfaced ['bəʊldfeɪst] *adj* impudent; **a ~ lie** un mensonge éhonté.

boldly ['bəʊldlɪ] *adv* **-1.** [bravely] intrépidement, audacieusement. **-2.** [impudently] avec impudence, effrontément. **-3.** [forcefully] avec vigueur, vigoureusement.

boldness ['bəʊldnɪs] *n* **-1.** [courage] intrépidité *f*, audace *f*. **-2.** [impudence] impudence *f*, effronterie *f*. **-3.** [force] vigueur *f*, hardiesse *f*.

bole [bəʊl] *n* fût *m*, tronc *m (d'arbre)*.

bolero [bə'leərəʊ] (*pl* **boleros**) *n* boléro *m*; 'Bolero' *Ravel* 'Boléro'.

boletus [bə'liːtəs] (*pl* **boletuses** OR **boleti** [-taɪ]) *n* bolet *m*.

bolide ['bəʊlaɪd] *n* bolide *m*.

Bolivia [bə'lɪvɪə] *pr n* Bolivie *f*; **in ~** en Bolivie.

Bolivian [bə'lɪvɪən] ◇ *n* Bolivien *m*, -enne *f*.
◇ *adj* bolivien.

boll [bəʊl] *n* graine *f (du cotonnier, du lin)*.

bollard ['bɒlɑːd] *n* [on wharf] bollard *m*; *Br* [on road] borne *f*.

bollocking▽ ['bɒləkɪŋ] *n Br* engueulade *f*; **he got/she gave him a right ~** il a reçu/elle lui a passé un sacré savon.

bollocks▼ ['bɒləks] ◇ *npl Br* [testicles] couilles *fpl*.
◇ *n (U)* [rubbish] conneries *fpl*, couillonnades *fpl*.
◇ *interj*: **~!** quelles conneries!; **oh, ~, I've got no money on me!** quelle merde OR quelle connerie, je n'ai pas d'argent sur moi!

◆ **bollocks up**▼ *vt sep Br* semer la pagaïe dans, foutre le bordel dans.

boll weevil *n* anthonome *m (du cotonnier)*.

Bologna [bə'ləʊnjə] *pr n* Bologne.

Bolognese [,bɒlə'neɪz] (*pl inv*) ◇ *n* Bolonais *m*, -e *f*.
◇ *adj* bolonais; **spaghetti ~** spaghetti (à la) bolognaise.

boloney [bə'ləʊnɪ] *n* **-1.** *Am* [sausage] *sorte de saucisson*. **-2.** = **baloney**.

Bolshevik ['bɒlʃɪvɪk] ◇ *n* bolchevik *mf*.
◇ *adj* bolchevique.

Bolshevism ['bɒlʃɪvɪzm] *n* bolchevisme *m*.

bolshie *inf*, **bolshy** *inf* ['bɒlʃɪ] ◇ *n Br* rouge *mf*.
◇ *adj* **-1.** [intractable] ronchon. **-2.** POL rouge.

bolster ['bəʊlstəʳ] ◇ *vt* **-1.** [strengthen] soutenir; **he ~ed my morale** il m'a remonté le moral; **these laws simply ~ up the system** ces lois ne font que renforcer le système. **-2.** [pad] rembourrer.
◇ *n* **-1.** [cushion] traversin *m*. **-2.** ARCHIT racinal *m*, sous-poutre *f*.

bolt [bəʊlt] ◇ *vi* **-1.** [move quickly] se précipiter; **a rabbit ~ed across the lawn** un lapin a traversé la pelouse à toute allure. **-2.** [escape] déguerpir; [horse] s'emballer. **-3.** [plants] monter en graine.
◇ *vt* **-1.** [lock] fermer à clé, verrouiller; **did you ~ the door?** avez-vous poussé OR mis les verrous? **-2.** [food] engloutir. **-3.** *Am* [break away from] abandonner, laisser tomber. **-4.** TECH [fasten] boulonner. **-5.** [sift] tamiser, passer au tamis; *fig* [examine] passer au crible OR tamis.
◇ *n* **-1.** [sliding bar to door, window] verrou *m*; [in lock] pêne *m*. **-2.** [screw] boulon *m*. **-3.** [dash]: **we made a ~ for the door** nous nous sommes rués sur la porte; **she made a ~ for it** elle s'est sauvée à toutes jambes. **-4.** [lightning] éclair *m*; **the news came like a ~ from the blue** *Br* la nouvelle est arrivée comme un coup de tonnerre. **-5.** [of cloth] rouleau *m*. **-6.** SPORT [of crossbow] carreau *m*; [of firearm] culasse *f* mobile; **(expansion) ~** [for climbing] piton *m* (à expansion).
◇ *adv*: **~ upright** droit comme un i; **he was standing ~ upright** il était debout, raide comme la justice OR droit comme un i.

◆ **bolt down** *vt sep* [food, meal] avaler à toute vitesse.

◆ **bolt in** *vt sep* enfermer au verrou.

◆ **bolt on** *vt sep* boulonner.

◆ **bolt out** *vi insep* sortir en coup de vent.

bolt hole *n* abri *m*, refuge *m*; **he used the cottage as a ~** il s'est servi du cottage comme refuge.

bolus ['bəʊləs] (*pl* **boluses**) *n* bol *m*.

bomb [bɒm] ◇ *n* **-1.** [explosive] bombe *f*; **the ~** la bombe atomique ❑ **letter ~** lettre *f* piégée; **parcel ~** colis *m* piégé; **they're sitting on a time ~** ils dansent sur un volcan. **-2.** *inf Br* [large sum of money] fortune *f*; **the repairs cost a ~** les réparations ont coûté les yeux de la tête. **-3.** *inf Am* [failure] fiasco *m*, bide *m*. **-4.** *inf phr*: **like a ~: this car goes like a ~** elle fonce, cette voiture; **the show went like a ~** *inf Br* le spectacle a eu un succès du tonnerre.
◇ *comp*: **~ bay** soute *f* à bombes; **~ scare** alerte *f* à la bombe; **~ shelter** abri *m*.
◇ *vt* bombarder.
◇ *vi inf* **-1.** [go quickly] filer à toute vitesse; **we ~ed down the motorway** on filait à toute allure sur l'autoroute. **-2.** *Am* [fail] être un fiasco OR bide.

◆ **bomb out** ◇ *vt sep* détruire par bombardement; **we were ~ed out (of our house)** nous avons perdu notre maison dans le bombardement.
◇ *vi insep inf Am* [fail] foirer.

bombard [bɒm'bɑːd] *vt* bombarder; **to ~ sb with questions** bombarder OR assaillir qqn de questions.

bombardier [,bɒmbə'dɪəʳ] *n* [in Air Force] bombardier *m (aviateur)*; *Br* [in Royal Artillery] caporal *m* d'artillerie.

bombardment [bɒm'bɑːdmənt] *n* bombardement *m*.

bombast ['bɒmbæst] *n* grandiloquence *f*, boursouflure *f*.

bombastic [bɒm'bæstɪk] *adj* [style] ampoulé, grandiloquent; [person] grandiloquent, pompeux.

bombastically [bɒm'bæstɪklɪ] *adv* [speak] avec grandiloquence; [write] dans un style ampoulé.

Bombay [,bɒm'beɪ] *pr n* Bombay.

Bombay duck *n petit poisson séché utilisé comme accompagnement dans la cuisine indienne.*

bombazine ['bɒmbəziːn] *n* bombasin *m*.

bomb disposal *n* déminage *m*; **~ expert** démineur *m*; **~ squad** OR **team** équipe *f* de déminage.

bombed *inf* [bɒmd] *adj* [drunk] beurré; **they were ~ out of their minds** ils étaient complètement bourrés.

bomber ['bɒməʳ] *n* **-1.** [aircraft] bombardier *m*; **~ pilot** pilote *m* de bombardier. **-2.** [terrorist] plastiqueur *m*, -euse *f*.

bomber command *n* aviation *f* de bombardement.

bomber jacket *n* blouson *m* d'aviateur.

bombing ['bɒmɪŋ] ◇ *n* [by aircraft] bombardement *m*; [by terrorist] attentat *m* à la bombe.
◇ *comp* [mission, raid] de bombardement.

bombproof ['bɒmpruːf] *adj* blindé.

bombshell ['bɒmʃel] *n* **-1.** [explosive] obus *m*. **-2.** *fig* [shock]: **her death came as a real ~** sa mort nous a fait un grand choc OR nous a atterrés; **their wedding announcement came as a complete ~** l'annonce de leur mariage a fait l'effet d'une bombe. **-3.** *inf* [woman]: **a blonde ~** une blonde incendiaire.

bombsight ['bɒmsaɪt] *n* viseur *m* de bombardement.

bombsite ['bɒmsaɪt] *n* lieu *m* bombardé.

bona fide [,bəʊnə'faɪdɪ] *adj* [genuine] véritable, authentique; [agreement] sérieux.

bona fides [,bəʊnə'faɪdiːz] *n* JUR bonne foi *f*.

bonanza [bə'nænzə] ◇ *n* aubaine *f*, filon *m*; *Am* MIN riche filon *m*; **she had a real ~ at the sales** elle a fait de véritables affaires pendant les soldes.
◇ *comp* exceptionnel; **1987 was a ~ year for them** ils ont connu une année exceptionnelle en 1987; **the Bonanza State** *Am* le Montana.

Bonaparte ['bəʊnəpɑːt] *pr n* Bonaparte.

Bonapartism ['bəʊnəpɑːtɪzm] *n* bonapartisme *m*.

bonce *inf* [bɒns] *n Br* caboche *f*.

bond [bɒnd] ◇ *n* -**1.** [link] lien *m*, liens *mpl*, attachement *m*; **marriage ~s** liens conjugaux. -**2.** [agreement] engagement *m*, contrat *m*; **we entered into a ~ to buy the land** nous nous sommes engagés à acheter la terre; **my word is my ~** je n'ai qu'une parole. -**3.** JUR caution *f* financière. -**4.** FIN [certificate] bon *m*, titre *m*. -**5.** [adhesion] adhérence *f*. -**6.** [paper] papier *m* à lettres (de luxe). -**7.** CHEM liaison *f*. -**8.** CONSTR appareil *m*. -**9.** COMM: **in ~** en entrepôt; **he put the merchandise in ~** il a entreposé les marchandises en douane.
◇ *vt* -**1.** [hold together] lier, unir. -**2.** COMM [goods] entreposer. -**3.** JUR [place under bond] placer sous caution; [put up bond for] se porter caution pour. -**4.** FIN lier (par garantie financière). -**5.** CONSTR liaisonner.
◇ *vi* -**1.** [with adhesive]: **the surfaces have ~ed** les surfaces ont adhéré l'une à l'autre. -**2.** PSYCH former des liens affectifs.
◆ **bonds** *npl* [fetters] chaînes *fpl*, fers *mpl*; *fig* liens *mpl*, contraintes *fpl*.

bondage ['bɒndɪdʒ] *n* -**1.** *literal* esclavage *m*; *fig* esclavage *m*, servitude *f*; **the serfs were in ~ to the lord** HIST les serfs étaient asservis au seigneur. -**2.** [sexual] asservissement *m* sexuel.

bonded ['bɒndɪd] *adj* FIN titré; COMM en entrepôt; **~ warehouse** entrepôt *m* des douanes.

bondholder ['bɒnd,həʊldəʳ] *n* porteur *m* d'obligations OR de bons.

bonding ['bɒndɪŋ] *n* -**1.** PSYCH liens *mpl* affectifs. -**2.** [of two objects] collage *m*. -**3.** ELEC système *m* OR circuit *m* régulateur de tension. -**4.** CONSTR liaison *f*.

bondmaid ['bɒndmeɪd] *n* serve *f* OR esclave *f* célibataire.

bondman ['bɒndmən] (*pl* **bondmen** [-mən]) *n* serf *m*, esclave *m*.

bondsman ['bɒndzmən] (*pl* **bondsmen** [-mən]) *n* garant *m*, caution *f*.

Bond Street [bɒnd-] *pr n grande rue commerçante de Londres.*

BOND STREET:
Cette artère commerciale de Londres est surtout célèbre pour ses magasins de mode, ses bijouteries et ses galeries de peinture.

---

bone [bəʊn] ◇ *n* -**1.** os *m*; [of fish] arête *f*; **she's got good ~ structure** elle a une bonne ossature; **her finger was cut to the ~** elle s'est coupé le doigt jusqu'à l'os ❑ **~ marrow** moelle *f*; **a ~ of contention** un sujet de tension; **chilled** OR **frozen to the ~** glacé jusqu'à la moelle (des os); **his comments were a bit close to** OR **near the ~** ses commentaires frôlaient l'indécence; **I have a ~ to pick with you** j'ai un compte à régler avec toi; **there's trouble ahead, I can feel it in my ~s** quelque chose me dit qu'il va y avoir du grabuge; **to make no ~s about sthg** ne pas y aller de main morte OR avec le dos de la cuillère; **he'll never make old ~s** il ne fera sûrement pas de vieux os; **he's nothing but skin and ~** OR **~s, he's nothing but a bag of ~s** il est maigre comme un clou. -**2.** [substance] os *m*; [in corset] baleine *f*. -**3.** [essential] essentiel *m*; **the bare ~s of sthg** l'essentiel de qqch; **to cut spending down to the ~** réduire les dépenses au strict minimum.
◇ *vt* -**1.** [meat] désosser; [fish] ôter les arêtes de. -**2.** *inf Br dated* [steal] piquer, faucher.
◆ **bones** ◇ *npl* ossements *mpl*, os *mpl*; **to lay sb's ~s to rest** enterrer qqn.
◇ *n inf* [doctor]: **the ~s** le toubib.
◆ **bone up on** *inf vt insep Br*: **he has to ~ up on his history** il faut qu'il bûche son histoire.

bone china *n* porcelaine *f* tendre.

boned [bəʊnd] *adj* -**1.** CULIN [meat, poultry] désossé. -**2.** [corset] baleiné.

-boned *in cpds*: **big~** bien charpenté; **fine~** aux attaches fines.

bone-dry *adj* absolument sec.

bonehead *inf* ['bəʊnhed] *n* crétin *m*, -e *f*, imbécile *mf*.

boneheaded ['bəʊn,hedɪd] *adj* [stupid] idiot; [stubborn] têtu.

bone-idle *adj Br* paresseux comme une couleuvre.

boneless ['bəʊnlɪs] *adj* [meat] désossé, sans os; [fish] sans arêtes.

bone meal *n* engrais *m* (de cendres d'os).

boner ['bəʊnəʳ] *n Am* gaffe *f*, bourde *f*; **to pull a ~** faire une gaffe.

bonesetter *inf* ['bəʊn,setəʳ] *n* rebouteux *m*, -euse *f*.

boneshaker ['bəʊn,ʃeɪkəʳ] *n inf* [car] tacot *m*; HIST [bicycle] vélocipède *m*.

Boney ['bəʊnɪ] *pr n surnom de Napoléon Bonaparte.*

bonfire ['bɒn,faɪəʳ] *n* (grand) feu *m*.

Bonfire Night *n Br* le 5 novembre *(commémoration de la tentative de Guy Fawkes de faire sauter le Parlement en 1605).*

bong [bɒŋ] ◇ *n* bourdon *m*.
◇ *vi* bourdonner.

bongo ['bɒŋgəʊ] (*pl* **bongos** OR **bongoes**) *n* bongo *m*.

bonhomie ['bɒnəmiː] *n* bonhomie *f*.

Boniface ['bɒnɪ,feɪs] *pr n* Boniface.

bonito [bə'niːtəʊ] (*pl* **bonitos**) *n* bonite *f*.

bonk▽ [bɒŋk] *hum* ◇ *vi* s'envoyer en l'air.
◇ *vt* s'envoyer en l'air avec.
◇ *n* partie *f* de jambes en l'air.

bonkers *inf* ['bɒŋkəz] *adj Br* fou, cinglé; **to go ~** devenir fou.

Bonn [bɒn] *pr n* Bonn.

bonnet ['bɒnɪt] *n* -**1.** [hat - woman's] bonnet *m*, chapeau *m* à brides; [- child's] béguin *m*, bonnet *m*; *Scot* [- man's] béret *m*, bonnet *m*. -**2.** AUT *Br* capot *m*. -**3.** ARCHIT [awning] auvent *m*; [of chimney] capuchon *m*. -**4.** NAUT bonnette *f*.

Bonnie Prince Charlie [,bɒnɪprɪns'tʃɑːlɪ] *pr n surnom donné à Charles Édouard Stuart, le Jeune Prétendant.*

bonny ['bɒnɪ] (*compar* **bonnier**, *superl* **bonniest**) *adj Br dial* [pretty] joli, beau.

bonsai ['bɒnsaɪ] *n* bonsaï *m*.

bonus ['bəʊnəs] *n* -**1.** [gen & COMM] prime *f*; **a Christmas ~ of £200** 200 livres de prime de fin d'année; **the holiday was an added ~** *fig* les vacances étaient en prime. -**2.** *Br* FIN [dividend] dividende *m* exceptionnel.

bonus issue *n Br* émission *f* d'actions gratuites.

bony ['bəʊnɪ] (*compar* **bonier**, *superl* **boniest**) *adj* -**1.** ANAT osseux; [knees, person] anguleux, décharné. -**2.** [fish] plein d'arêtes; [meat] plein d'os.

boo [buː] ◇ *vt* huer, siffler; **the audience ~ed him off the stage** il a quitté la scène sous les huées OR les sifflets du public.
◇ *vi* pousser des huées, siffler; **to ~ at sb** huer OR siffler qqn.
◇ *n* huée *f*.
◇ *interj* hou; **he wouldn't say ~ to a goose** *inf Br* c'est un grand timide.

boob *inf* [buːb] ◇ *n* -**1.** [idiot] ballot *m*. -**2.** [mistake] gaffe *f*. -**3.** [breast] sein *m*.
◇ *vi* gaffer.

boo-boo *inf* ['buːbuː] (*pl* **boo-boos**) *n* gaffe *f*, bourde *f*.

boob tube *inf n* -**1.** *Am* [television set] télé *f*. -**2.** [strapless top] bustier *m* moulant.

booby ['buːbɪ] (*pl* **boobies**) *n* -**1.** *inf* [idiot] nigaud *m*, -e *f*, ballot *m*. -**2.** ORNITH fou *m* (de Bassan).

booby hatch *n* -**1.** NAUT écoutillon *m*. -**2.** *inf Am* [mental hospital] asile *m* de dingues.

booby prize *n* prix *m* de consolation *(attribué par plaisanterie au dernier)*; **to win** OR **to get the ~** gagner OR recevoir le prix de consolation.

booby trap (*pt & pp* **booby-trapped**, *cont* **booby-trapping**) *n* MIL objet *m* piégé; [practical joke] farce *f*.
◆ **booby-trap** *vt* piéger.

boodle *inf* ['buːdl] *n* -**1.** *Am* [money] pognon *m*, fric *m*. -**2.** [bribe] pot-de-vin *m*. -**3.** *Am*: **the whole ~** tout le bazar.

boogie *inf* ['buːgɪ] ◇ *vi* [dance] danser; [party] faire la fête.
◇ *n* boogie *m*.

boogie-woogie [-,wuːgɪ] *n* boogie-woogie *m*.

boohoo *inf* [,buː'huː] ◇ *vi* pleurer à chaudes larmes, chialer.
◇ *n* pleurs *mpl*.

booing ['buːɪŋ] *n* huées *fpl*.

book [bʊk] ◇ *n* -**1.** *literal* livre *m*; **~ lover** bibliophile *mf*; **his little black ~** *hum* son carnet d'adresses ‖ *fig*: **her face is an open ~** toutes ses émotions se voient sur son visage; **his life is an open ~** il n'a rien à cacher; **mathematics is a closed ~ to me** je ne comprends rien aux mathématiques ❑ **to bring sb to ~** *Br* obliger qqn à rendre des comptes; **to do things** OR **to go by the ~** faire qqch selon les règles; **the Good Book** la Bible; **the Book of Common Prayer** *premier livre officiel de liturgie anglicane*; **to be in sb's good ~s** être dans les petits papiers de qqn; **to be in sb's bad ~s** être mal vu de qqn; **in my ~** *inf* à mon avis; **he can read her like a ~** pour lui elle est transparente; **that's one for the ~** OR **~s!** il faudra marquer ça d'une pierre blanche!; **that provision is already on the ~s** cette disposition figure déjà dans les textes; **that law went on the ~s in 1979** cette loi est entrée en vigueur en 1979; **that suits my ~** *Br* cela me va tout à fait; **to throw the ~ at sb** donner le maximum à qqn. -**2.** [section of work] livre *m*; [of poem] chant *m*; **the ~ of Kings** BIBLE le livre des Rois. -**3.** [of stamps, tickets] carnet *m*; **a ~ of matches** une pochette d'allumettes. -**4.** COMM: **a ~ of samples, a sample ~** un jeu OR un album d'échantillons. -**5.** [betting] pari *m*; **to make/to start/to keep a ~ on sthg** inscrire/engager/tenir un pari sur qqch. -**6.** [script, libretto] livret *m*. -**7.** CARDS contrat *m*.
◇ *vt* -**1.** [reserve] réserver, retenir; *Br* [tickets] prendre; **I've ~ed her (a seat) through to New York** je lui ai réservé une place jusqu'à New York; **have you already ~ed your trip?** avez-vous déjà fait les réservations pour votre voyage?; **the tour is fully ~ed** l'excursion est complète; **the performance is ~ed up** OR **fully ~ed** on joue à bureaux OR guichets fermés; **the restaurant is fully ~ed** le restaurant est complet. -**2.** [engage] embaucher, engager; **he's ~ed solid until next week** il est complètement pris jusqu'à la semaine prochaine. -**3.** [subj: police]: **he was ~ed for speeding** il a attrapé une contravention pour excès de vitesse. -**4.** SPORT prendre le nom de. -**5.** COMM [order] enregistrer.
◇ *vi* réserver.
◆ **books** *npl* -**1.** COMM & FIN [accounts] livre *m* de comptes; **to keep the ~s** tenir les comptes OR la comptabilité; **to close the ~s** clore OR arrêter les comptes ❑ **the ~s and records** la comptabilité; **to cook the ~s** *inf* trafiquer les comptes. -**2.** [of club] registre *m*; **she's on the association's ~s** elle est membre de l'association; **I had myself taken off the ~s** j'ai donné ma démission.
◆ **book in** ◇ *vi insep Br* se faire enregistrer; [at hotel] prendre une chambre.
◇ *vt sep* inscrire; [at hotel] réserver une chambre pour.
◆ **book out** ◇ *vi insep* quitter une chambre, partir.
◇ *vt sep Br* [library book] emprunter.
◆ **book up** ◇ *vt sep* réserver, retenir; **the restaurant is ~ed up** le restaurant est complet; **she's ~ed up (all) next week** elle est prise (toute) la semaine prochaine.
◇ *vi insep* réserver.

THE BOOK OF COMMON PRAYER:
Édité en 1549 avec l'assentiment du Parlement, ce livre de prières introduisit une réforme du culte public, alliant la solennité des cérémonies traditionnelles à un office simplifié en anglais.

bookable ['bʊkəbl] *adj* **-1.** *Br* [seat] qui peut être réservé d'avance. **-2.** [offence] passible d'une contravention.

bookbinder ['bʊk,baɪndəʳ] *n* relieur *m*, -euse *f*.

bookbinding ['bʊk,baɪndɪŋ] *n* reliure *f*.

bookcase ['bʊkkeɪs] *n* bibliothèque *f (meuble)*.

book club *n* club *m* du livre, cercle *m* de lecture.

bookend ['bʊkend] *n* serre-livres *m inv*.

Booker Prize ['bʊkə-] *pr n*: the ~ *prix littéraire britannique*.

BOOKER PRIZE:
Le Booker Prize est accordé chaque année au meilleur roman d'expression anglaise publié pour la première fois par un éditeur britannique.

bookie *inf* ['bʊkɪ] *n* bookmaker *m*.

booking ['bʊkɪŋ] *n* **-1.** [reservation] réservation *f*; who made the ~? qui a fait la réservation? **-2.** [of actor, singer] engagement *m*.

booking office *n* bureau *m* de location.

bookish ['bʊkɪʃ] *adj* [person] qui aime la lecture, studieux; [style] livresque.

bookkeeper ['bʊk,kiːpəʳ] *n* comptable *mf*.

bookkeeping ['bʊk,kiːpɪŋ] *n* comptabilité *f*.

book-learning *n (U)* connaissances *fpl* livresques.

booklet ['bʊklɪt] *n* petit livre *m*, brochure *f*, plaquette *f*.

bookmaker ['bʊk,meɪkəʳ] *n* bookmaker *m*.

bookmark ['bʊkmɑːk] *n* signet *m*, marque *f*.

bookmobile ['bʊkməbiːl] *n Am* bibliobus *m*.

book number *n* numéro *m* ISBN, numéro *m* de dépôt légal.

bookplate ['bʊkpleɪt] *n* ex-libris *m*.

bookrest ['bʊkrest] *n* lutrin *m*, support *m* à livres.

bookseller ['bʊk,seləʳ] *n* libraire *mf*.

bookshelf ['bʊkʃelf] (*pl* **bookshelves** [-ʃelvz]) *n* étagère *f* à livres, rayon *m* (de bibliothèque).

bookshop ['bʊkʃɒp] *n Br* librairie *f*.

book society *n* club *m* du livre, cercle *m* de lecture.

bookstall ['bʊkstɔːl] *n* étalage *m* de bouquiniste; *Br* [in station] kiosque *m* à journaux.

bookstand ['bʊkstænd] *n Am* [furniture] bibliothèque *f*; [small shop] étalage *m* de bouquiniste; [in station] kiosque *m* à journaux.

bookstore ['bʊkstɔːʳ] *n Am* librairie *f*.

book token *n Br bon d'achat de livres, valable dans les librairies*.

bookworm ['bʊkwɜːm] *n* **-1.** *literal* ver *m* du papier. **-2.** *fig* rat *m* de bibliothèque.

Boolean algebra ['buːlɪən-] *n* algèbre *f* de Boole.

boom [buːm] ◇ *vi* **-1.** [resonate - gen] retentir, résonner; [- guns, thunder] tonner, gronder; [- waves] gronder, mugir; [- organ] ronfler; [- voice] tonner, tonitruer. **-2.** [prosper] prospérer, réussir; **business was ~ing** les affaires étaient en plein essor; **car sales are ~ing** les ventes de voitures connaissent une forte progression.
◇ *vt* **-1.** [say loudly] tonner; **"nonsense!"**, she **~ed** «quelles idioties!», dit-elle d'une voix tonitruante. **-2.** *Am* [develop] développer; [publicize] promouvoir.
◇ *n* **-1.** [sound - gen] retentissement *m*; [- of guns, thunder] grondement *m*; [- of waves] grondement *m*, mugissement *m*; [- of organ] ronflement *m*; [- of voice] rugissement *m*, grondement *m*; **sonic ~** bang *m*. **-2.** [period of expansion] (vague *f* de) prospérité *f*, boom *m*; [of trade] forte hausse *f* OR progression *f*; [of prices, sales] brusque OR très forte hausse, montée *f* en flèche; [of product] popularité *f*, vogue *f*. **-3.** NAUT [spar] gui *m*. **-4.** [for camera, microphone] perche *f*, girafe *f*; [for crane] flèche *f*. **-5.** TECH [of derrick] bras *m*. **-6.** [barrier] barrage *m* (de radeaux OR de chaînes), estacade *f*.
◆ **boom out** ◇ *vi insep* [guns, thunder] gronder, tonner; [organ] ronfler; [voice] tonner, tonitruer.
◇ *vt sep* tonner; **"of course!"**, he **~ed out** «bien sûr!», dit-il d'une voix tonitruante.

boom box *inf n Am* radiocassette *f*.

boomerang ['buːməræŋ] ◇ *n* boomerang *m*.
◇ *vi* faire boomerang; **his tricks will ~ on him one day** un jour ses tours lui retomberont sur le nez.

booming ['buːmɪŋ] ◇ *adj* **-1.** [sound] retentissant. **-2.** [business] prospère, en plein essor.
◇ *n* [gen] retentissement *m*; [of guns, thunder] grondement *m*; [of waves] grondement *m*, mugissement *m*; [of organ] ronflement *m*; [of voice] rugissement *m*, grondement *m*.

boom town *n* ville *f* en plein essor, ville-champignon *f*.

boon [buːn] *n* **-1.** [blessing] aubaine *f*, bénédiction *f*; **the new industrial estate is a ~ to the area** la nouvelle zone industrielle est une aubaine pour la région; **her help is a real ~ to me** son aide m'est tout à fait précieuse. **-2.** *arch* [favour] faveur *f*.

boon companion *n* bon compère *m*.

boondocks *inf* ['buːndɒks], **boonies** *inf* ['buːnɪz] *npl Am*: the ~ le bled, la cambrousse; **in the ~** à perpète (-les-oies).

boor [bʊəʳ] *n* [rough] rustre *m*; [uncouth] goujat *m*, malotru *m*, -e *f*.

boorish ['bʊərɪʃ] *adj* grossier, rustre.

boorishly ['bʊərɪʃlɪ] *adv* grossièrement; **he behaved ~** il s'est comporté en rustre.

boorishness ['bʊərɪʃnɪs] *n* [roughness] rudesse *f*, manque *m* d'éducation OR de savoir-vivre; [uncouthness] goujaterie *f*.

boost [buːst] ◇ *vt* **-1.** [sales] faire monter, augmenter; [productivity] développer, accroître; [morale, confidence] renforcer; **a policy designed to ~ the economy** des mesures destinées à relancer l'économie. **-2.** ELEC survolter; AUT suralimenter. **-3.** [promote] faire de la réclame OR de la publicité pour.
◇ *n* **-1.** [increase] augmentation *f*, croissance *f*; [improvement] amélioration *f*; **a ~ in sales** une brusque augmentation des ventes; **the announcement gave the pound a ~ on the foreign exchanges** la nouvelle a fait grimper la livre sur le marché des changes; **the success gave her morale a much-needed ~** le succès lui a remonté le moral, ce dont elle avait bien besoin. **-2.** [promotion]: **the review gave his play a ~** la critique a fait de la publicité pour OR du battage autour de sa pièce.

booster ['buːstəʳ] *n* **-1.** AERON: ~ **(rocket)** fusée *f* de lancement, moteur *m* auxiliaire. **-2.** RADIO amplificateur *m*. **-3.** ELEC [device] survolteur *m*; [charge] charge *f* d'appoint. **-4.** *inf Am* [supporter] supporter *m*. **-5.** = **booster shot**.

booster shot *n* piqûre *f* de rappel.

boot [buːt] ◇ *n* **-1.** botte *f*; [ankle-length] bottillon *m*; [for babies, women] bottine *f*; [of soldier, workman] brodequin *m*; **the ~'s on the other foot** *Br* les rôles sont renversés; **to give sb the ~** *inf* flanquer qqn à la porte; **she got the ~** *inf* elle a été flanquée à la porte OR virée; **they put the ~ in** *inf Br literal* ils lui ont balancé des coups de pied; *fig* ils ont enfoncé méchamment le clou. **-2.** *Br* AUT coffre *m*, malle *f*. **-3.** *inf* [kick] coup *m* de pied; **he gave the door a ~** il flanqua un coup de pied dans la porte. **-4.** [instrument of torture] brodequin *m*.
◇ *vt* **-1.** [kick] donner des coups de pied à. **-2.** [equip with boots] botter. **-3.** COMPUT: **to ~ (up) the system** initialiser le système.
◆ **to boot** *adv phr* en plus, par-dessus le marché; **she's beautiful and intelligent to ~** elle est belle, et intelligente par-dessus le marché.
◆ **boot out** *inf vt sep* flanquer à la porte.
◆ **boot up** *vt sep* COMPUT = **boot** *vt* **3**.

bootblack ['buːtblæk] *n* cireur *m* de chaussures.

boot camp *inf n Am* MIL camp *m* d'entraînement pour nouvelles recrues; **to go into ~** ≃ faire ses classes.

booted ['buːtɪd] *adj* botté.

bootee ['buːtiː] *n* [for babies] petit chausson *m*, bottine *f*; [for women] bottine *f*, bottillon *m*.

booth [buːð] *n* **-1.** [at fair] baraque *f*, stand *m*. **-2.** [cubicle - for telephone, language laboratory] cabine *f*; [- for voting] isoloir *m*. **-3.** *Am* [in restaurant] box *m*.

bootjack ['buːtdʒæk] *n* tire-botte *m*.

bootlace ['buːtleɪs] *n* lacet *m* (de chaussure).

bootleg ['buːt,leg] (*pt* & *pp* **bootlegged**, *cont* **bootlegging**) ◇ *vi* faire de la contrebande de boissons alcoolisées.
◇ *vt* [make] fabriquer illicitement; [sell] vendre en contrebande.
◇ *n* [gen] marchandise *f* illicite; [liquor] alcool *m* fabriqué OR vendu illicitement; [record, cassette] pirate *m*.
◇ *adj* de contrebande; **~ cassette/record** cassette *f*/disque *m* pirate.

bootlegger ['buːt,legəʳ] *n* bootlegger *m*.

bootless ['buːtlɪs] *adj* **-1.** [without boots] sans bottes. **-2.** *lit* [fruitless] vain, infructueux.

bootlick *inf* ['buːtlɪk] *vi*: **he's always ~ing** c'est un vrai lèche-bottes.

bootlicker *inf* ['buːt,lɪkəʳ] *n* lèche-bottes *mf inv*.

bootmaker ['buːt,meɪkəʳ] *n* bottier *m*.

boot polish *n* cirage *m*.

boots ['buːts] (*pl inv*) *n Br garçon d'hôtel qui cire les chaussures*.

boot sale *n Br sorte de marché aux puces où des particuliers vendent des objets contenus dans le coffre de leur voiture*.

boot scraper *n* décrottoir *m*.

bootstrap ['buːtstræp] ◇ *n* **-1.** [on boot] tirant *m* de botte; **she pulled herself up by her own ~s** *fig* elle a réussi par ses propres moyens. **-2.** COMPUT programme *m* amorce, amorce *f*.
◇ *adj* autonome; **~ program** COMPUT programme *m* amorce.

booty ['buːtɪ] *n* butin *m*.

booze *inf* [buːz] ◇ *n (U)* alcool *m*, boissons *fpl* alcoolisées; **bring your own ~** apportez à boire; **to go on the ~** picoler; **he is on the ~** il picole; **she's off the ~** elle a arrêté de picoler.
◇ *vi* picoler.

boozed *inf* [buːzd] *adj* bourré.

boozer *inf* ['buːzəʳ] *n* **-1.** [drunkard] poivrot *m*, -e *f*. **-2.** *Br* [pub] bistro *m*.

booze up *inf n Br* beuverie *f*, soûlerie *f*; **to have a ~** prendre une cuite.

boozy *inf* ['buːzɪ] (*compar* **boozier**, *superl* **booziest**) *adj* [person] soûlard; [party, evening] de soûlographie.

bop [bɒp] (*pt* & *pp* **bopped**, *cont* **bopping**) ◇ *n* **-1.** [music] bop *m*. **-2.** *inf* [dance] danse *f*; **shall we have a ~?** on danse? **-3.** *inf* [punch] coup *m* de poing.
◇ *vt* *inf* [hit] cogner; **he bopped me on the nose!** il m'a allongé un marron sur le nez!
◇ *vi* *inf* [dance] danser le bop; **we bopped (away) all night** on a dansé toute la nuit.

bo-peep [bəʊ-] *n* cache-cache *m inv*.
◆ **Bo-Peep** *pr n*: **Little Bo-Peep** la petite bergère *(comptine)*.

Bora Bora [,bɔːrə'bɔːrə] *pr n* Bora Bora; **on ~** à Bora Bora.

borage ['bɒrɪdʒ] *n* bourrache *f*.

borax ['bɔːræks] *n* borax *m*.

Bordeaux [bɔː'dəʊ] ◇ *pr n* [region] le Bordelais; **an inhabitant of ~** un Bordelais, une Bordelaise.
◇ *n* [wine] bordeaux *m*.

bordello [bɔː'deləʊ] *n* lupanar *m*.

border ['bɔːdəʳ] ◇ *n* **-1.** [boundary] frontière *f*; **on the ~ between Norway and Sweden** à la frontière entre la Norvège et la Suède; **they live near the Scottish ~** ils habitent près de la frontière écossaise; **to cross the ~** passer la

frontière; they tried to escape over the ~ ils ont tenté de s'enfuir en passant la frontière. -**2.** [outer edge - of lake] bord *m*, rive *f*; [- of field] bordure *f*, limite *f*; [- of forest] lisière *f*, limite *f*. -**3.** [edging - of dress, handkerchief] bord *m*, bordure *f*; [- of plate, notepaper] liséré *m*. -**4.** [in garden] bordure *f*, plate-bande *f*.
◇ *comp* [state, post, guard] frontière *(inv)*; [town, zone] frontière *(inv)*, frontalier; [search] à la frontière; ~ **dispute** différend *m* frontalier; ~ **incident** incident *m* de frontière; ~ **patrol** patrouille *f* frontalière; ~ **police** police *f* des frontières.
◇ *vt* -**1.** [line edges of] border; [encircle] entourer, encadrer. -**2.** [be adjacent to] toucher; **Mexico ~s Texas** le Mexique touche OR a une frontière commune avec le Texas; **their garden is ~ed on two sides by open fields** sur deux côtés, leur jardin est entouré de champs à perte de vue.
◆ **Borders** *pl pr n Br*: the Borders *région frontalière du sud-est de l'Écosse.*
◆ **border on, border upon** *vt insep* -**1.** [be adjacent to] toucher, avoisiner; **my property ~s on his** ma propriété touche la sienne; **Italy and Austria ~ on each other** l'Italie et l'Autriche ont une frontière commune OR sont limitrophes. -**2.** [verge on] frôler, approcher de; **his remark ~s on slander** sa remarque frise la calomnie; **hysteria ~ing upon madness** une crise de nerfs proche de OR qui frôle la folie.

Border collie *n* colley *m* berger.

borderer ['bɔːdərəʳ] *n* frontalier *m*, -ère *f*; *Br* [in Scotland] Écossais *m* frontalier, Écossaise *f* frontalière; [in England] Anglais *m* frontalier, Anglaise *f* frontalière.

borderland ['bɔːdəlænd] *n* [country] pays *m* frontière; *literal & fig* [area] région *f* limitrophe; the ~ **between fantasy and reality** la frontière entre l'imagination et la réalité.

borderline ['bɔːdəlaɪn] ◇ *n* limite *f*, ligne *f* de démarcation; **to be on the ~** être à la limite; **the ~ between acceptable and unacceptable behaviour** ce qui sépare un comportement acceptable d'un comportement inacceptable.
◇ *adj* limite; **a ~ case** un cas limite; **he is a ~ candidate** il est à la limite.

Border terrier *n* terrier *m*.

bore [bɔːʳ] ◇ *pt* → **bear**.
◇ *vt* -**1.** [tire] ennuyer; **housework ~s me stiff** *inf* OR **to tears** *inf* OR **to death** *inf* faire le ménage m'ennuie à mourir; **he ~s the pants off me** *inf* il me barbe profondément. -**2.** [drill - hole] percer; [- well] forer, creuser; [- tunnel] creuser.
◇ *vi* forer, sonder; **they're boring for coal** ils forent pour extraire du charbon, ils recherchent du charbon par forage; **I felt his eyes boring into me** *fig* je sentais son regard me transpercer.
◇ *n* -**1.** [person] raseur *m*, -euse *f*; [event, thing] ennui *m*, corvée *f*; **what a ~ she is!** ce qu'elle peut être lassante OR fatigante!; **visiting them is such a ~!** quelle barbe de leur rendre visite!; **homework is a real ~!** quelle corvée, les devoirs! -**2.** [from drilling] trou *m* de sonde; MECH alésage *m*. -**3.** [diameter of gun, tube] calibre *m*; **a twelve-~ shotgun** un fusil de calibre douze. -**4.** [tidal flood] mascaret *m*.

bored [bɔːd] *adj* [person] qui s'ennuie; [expression] d'ennui; **to be ~ with doing sthg** s'ennuyer à faire qqch; **I'm ~ with my job** j'en ai assez de mon travail; **to be ~ stiff** *inf* OR **to tears** *inf* OR **to death** *inf* s'ennuyer ferme OR à mourir.

boredom ['bɔːdəm] *n* ennui *m*; **her ~ with city life** l'ennui que lui inspirait la vie citadine.

borehole ['bɔːhəʊl] *n* trou *m* de sonde.

borer ['bɔːrəʳ] *n* -**1.** [person] foreur *m*, perceur *m*; TECH [for wood] vrille *f*, foret *m*; [for metal] alésoir *m*; [for mine, well] foret, sonde *f*. -**2.** [insect] insecte *m* térébrant.

boric ['bɔːrɪk] *adj* borique.

boride ['bɔːraɪd] *n* borure *m*.

boring ['bɔːrɪŋ] ◇ *adj* -**1.** [tiresome] ennuyeux; [uninteresting] sans intérêt; **the meeting was so ~** cette réunion était assommante; **the street was an endless succession of ~ shops** la rue n'était qu'une longue succession de magasins sans intérêt. -**2.** TECH [for wood]: ~ **machine** perceuse *f*; [for metal] alésoir *m*.
◇ *n* TECH [in wood] perforation *f*, forage *m*; [in metal] alésage *m*; [in ground] forage *m*, sondage *m*.

boringly ['bɔːrɪŋlɪ] *adv* de manière ennuyeuse.

born [bɔːn] *adj* -**1.** *literal* né; **to be ~** naître; **she was ~ blind** elle est née aveugle; **the town where I was ~** la ville où je suis né, ma ville natale; **Victor Hugo was ~ in 1802** Victor Hugo est né en 1802; **two children were ~ to her** elle a mis au monde deux enfants; ~ **of an American father** né d'un père américain; **a child ~ into this world** un enfant qui vient au monde; ~ **and bred** né et élevé; **she was ~ and bred in Boston** c'est une Bostonienne de souche; **they were ~ to riches** ils sont nés riches; **she was ~ Elizabeth Hughes, but writes under the name E.R. Johnson** elle est née Elisabeth Hughes mais écrit sous le nom d'E.R. Johnson || *fig*: **the place where communism was ~** le lieu où est né le communisme; **anger ~ of frustration** une colère née de OR due à la frustration ❑ **in all my ~ days** *inf* de toute ma vie; **I wasn't ~ yesterday!** *inf* je ne suis pas né d'hier OR de la dernière pluie!; **she was ~ with a silver spoon in her mouth** OR ~ **lucky** elle est née coiffée; **there's one ~ every minute!** *inf* il y en a toujours un qui tombe dans le panneau! -**2.** [as intensifier]: **he's a ~ musician** il est né musicien, c'est un musicien né; **you're a ~ fool** tu es un parfait idiot; **she's a ~ worrier** elle s'inquiète à tout propos; **he's a ~ loser** il est né sous une mauvaise étoile.

-born *in cpds* originaire de; **he's New York~** il est né à New York, il est originaire de New York; **she's English~** elle est d'origine anglaise.

born-again *adj* RELIG & *fig* rené; ~ **Christian** chrétien *m* rené.

borne [bɔːn] *pp* → **bear**.

-borne *in cpds* transporté par; **water~ organisms** organismes *mpl* véhiculés par l'eau.

Bornean ['bɔːnɪən] ◇ *n habitant de Bornéo.*
◇ *adj* de Bornéo.

Borneo ['bɔːnɪəʊ] *pr n* Bornéo; **in ~** à Bornéo.

Borodin ['bɒrədɪn] *pr n* Borodine.

boron ['bɔːrɒn] *n* bore *m*.

borough ['bʌrə] *n* -**1.** [British town] *ville représentée à la Chambre des communes par un ou plusieurs députés.* -**2.** [in London] *une des 32 subdivisions administratives de Londres.* -**3.** [in New York] *une des 5 subdivisions administratives de New York.*

borough council *n conseil municipal d'un «borough».*

borrow ['bɒrəʊ] *vt* -**1.** [gen & FIN] emprunter; **to ~ sthg from sb** emprunter qqch à qqn; **she ~ed money from him** elle lui a emprunté de l'argent; **an artist who ~s his ideas from nature** un artiste qui trouve ses idées dans la nature; **we often ~ books from the library** nous empruntons souvent des livres à la bibliothèque; **a word ~ed from Russian** un mot emprunté du russe ❑ **to live on ~ed time** avoir peu de temps à vivre. -**2.** *Br* MATH [in subtraction]: **I ~ one** je retiens un.

borrower ['bɒrəʊəʳ] *n* emprunteur *m*, -euse *f*; **neither a ~ nor a lender be** *prov* il ne faut ni emprunter ni prêter d'argent.

borrowing ['bɒrəʊɪŋ] *n* FIN & LING emprunt *m*; **the ~ rate** le taux d'intérêt des emprunts.

borsch [bɔːʃ], **borscht** [bɔːʃt] *n* bortsch *m*, borchtch *m*.

borstal ['bɔːstl] *n Br ancien nom d'une institution pour jeunes délinquants, aujourd'hui appelée «young offenders' institution».*

borzoi ['bɔːzɔɪ] *n* (lévrier *m*) barzoï *m*.

Bosch [bɒʃ] *pr n*: **Hieronymus ~** Jérôme Bosch.

bosh *inf* [bɒʃ] *n (U) Br* bêtises *fpl*, âneries *fpl*.

bosk [bɒsk] *n lit* [wooded area] bosquet *m*; [thicket] fourré *m*.

Bosnia ['bɒznɪə] *pr n* Bosnie *f*; **in ~** en Bosnie.

Bosnia-Herzegovina [-ˌheətsəgə'viːnə] *pr n* Bosnie-Herzégovine *f*.

Bosnian ['bɒznɪən] ◇ *n* Bosnien *m*, -enne *f*, Bosniaque *mf*.
◇ *adj* bosnien, bosniaque.

bosom ['bʊzəm] *n* -**1.** [of person] poitrine *f*; [of woman] seins *mpl*; *fig & lit*: **she took the child to her ~** elle prit l'enfant sous son aile; **he harboured in his ~ feelings of deep insecurity** il nourrissait en son sein un sentiment de profonde insécurité; **a ~ friend** un ami intime. -**2.** [of dress] corsage *m*. -**3.** *fig* [centre] sein *m*, fond *m*; **in the ~ of the community** au sein de la communauté.

-bosomed ['bʊzəmd] *in cpds*: **big/small~** qui a des gros/petits seins.

bosomy *inf* ['bʊzəmɪ] *adj* [woman] qui a une forte poitrine.

Bosporus ['bɒspərəs], **Bosphorus** ['bɒsfərəs] *pr n* Bosphore *m*; **in the ~** dans le Bosphore.

bosquet ['bɒskɪt] *n* fourré *m*.

boss [bɒs] ◇ *n* -**1.** *inf* [person in charge] patron *m*, -onne *f*, chef *m*; **who's the ~ around here?** qui est-ce qui commande ici?; **I'll show you who's ~!** je vais te montrer qui est le chef!; **she's the ~** c'est elle qui porte la culotte; **he enjoys being his own ~** il aime être son propre patron. -**2.** *inf* [of gang] caïd *m*; *Am* [politician] manitou *m* (du parti). -**3.** [knob] bossage *m*; [on shield] ombon *m*. -**4.** ARCHIT bossage *m*. -**5.** BIOL bosse *f*. -**6.** TECH mamelon *m*, bossage *m*; [of propeller] moyeu *m*.
◇ *vt inf* [person] commander, donner des ordres à; [organization] diriger, faire marcher.
◇ *adj inf Am dated* excellent, formidable; **the party was ~!** la soirée était sensass!
◆ **boss about** *inf Br*, **boss around** *inf vt sep* mener à la baguette; **stop ~ing me around!** j'en ai assez que vous me donniez des ordres!

boss-eyed *inf adj Br* qui louche; **she is ~** elle louche.

bossily *inf* ['bɒsɪlɪ] *adv* d'une manière autoritaire.

bossiness *inf* ['bɒsɪnɪs] *n* comportement *m* autoritaire.

bossy *inf* ['bɒsɪ] (*compar* **bossier**, *superl* **bossiest**) *adj* autoritaire, dictatorial; **he's too ~** il veut mener tout le monde à la baguette.

Boston ['bɒstn] *pr n* Boston.
◆ **boston** *n* -**1.** [card game] boston *m*. -**2.** [dance]: **to do the boston (two-step)** danser le boston, bostonner.

Bostonian [bɒ'stəʊnjən] ◇ *n* Bostonien *m*, -enne *f*.
◇ *adj* bostonien.

Boston Tea Party *pr n*: **the ~** la «Boston Tea Party».

BOSTON TEA PARTY:
Insurrection en 1773 pendant laquelle les Bostoniens jetèrent des cargaisons de thé à la mer pour protester contre les droits de douane imposés par l'Angleterre; elle marque le point de départ de la guerre d'Indépendance des États-Unis.

---

bosun ['bəʊsn] = **boatswain**.

Bosworth Field ['bɒzwɜːθ-] *pr n*: **the Battle of ~** *bataille finale de la guerre des Deux-Roses, en 1485, à l'issue de laquelle Henry Tudor devint Henry VII d'Angleterre.*

botanic(al) [bə'tænɪk(l)] *adj* botanique; ~ **garden** jardin *m* botanique.

botanist ['bɒtənɪst] *n* botaniste *mf*.

botanize, -ise ['bɒtənaɪz] *vi* herboriser.

botany ['bɒtənɪ] *n* botanique *f*.

botany wool *n* laine *f* mérinos.

botch *inf* [bɒtʃ] ◇ *vt* [spoil] saboter, bâcler; [repair clumsily] rafistoler; **to make a ~ed job of sthg** *Br* bousiller qqch.
◇ *n*: **those workmen made a real ~** OR **~-up of the job** ces ouvriers ont fait un travail de cochon OR ont tout salopé.

botchy *inf* [ˌbɒtʃɪ] (*compar* **botchier**, *superl* **botchiest**) *adj* bâclé.

both [bəʊθ] ◇ *predet* les deux, l'un OR l'une et l'autre; ~ **dresses are pretty** les deux robes sont jolies; **on ~ sides of the road** des deux côtés de la route; **hold it in ~ hands** tenez-le à OR des deux mains ❑ **you can't have it ~ ways!** il faut te décider!
◇ *pron* tous (les) deux *mpl*, toutes (les) deux *fpl*; ~ **(of them) are coming** ils viennent tous les deux; ~ **are to blame** c'est leur faute à tous les deux; **why not do ~?** pourquoi ne pas faire les deux?; **from ~ of us** de notre part à tous les deux; **we ~ said yes** nous avons dit oui tous les deux; **you're ~ alike** vous êtes pareils tous les deux; ~ **you and I like to travel** nous aimons tous les deux voyager; **Claire and I ~ went** Claire et moi y sommes allés tous les deux.
◆ **both... and** *conj phr*: **her job is ~ interesting and well-paid** son travail est à la fois intéressant et bien payé; **I ~ read and write Spanish** je sais lire et écrire l'espagnol; ~ **the rich and the poor voted for him** les riches et les pauvres ont voté pour lui.

bother ['bɒðəʳ] ◇ *vi* prendre la peine; **don't ~ to answer the phone** ce n'est pas la peine de répondre au téléphone; **please don't ~ getting up!** ne vous donnez pas la peine de vous lever!; **don't ~ about me** ne vous en faites pas OR ne vous inquiétez pas pour moi; **let's not ~ with the housework** laissons tomber le ménage.
◇ *vt* -**1.** [irritate] ennuyer, embêter; [pester] harceler; **I'm sorry to ~ you** excusez-moi de vous déranger; **would it ~ you if I opened the window?** cela vous dérange OR ennuie si j'ouvre la fenêtre?; **don't ~ him when he's resting** laisse-le tranquille quand il se repose. -**2.** [worry] tracasser; **don't ~ yourself** OR **your head about it** ne vous tracassez pas à ce sujet; **it doesn't ~ me whether they come or not** cela m'est bien égal qu'ils viennent ou pas. -**3.** [hurt] faire souffrir; **his leg is ~ing him again** sa jambe le fait de nouveau souffrir.
◇ *n* -**1.** [trouble] ennui *m*; **to be in** OR **to have a spot of ~ (with sb)** *Br* avoir des ennuis (avec qqn); **he doesn't give her any ~** il ne la dérange pas; **the trip isn't worth the ~** le voyage ne vaut pas la peine; **I didn't go to the ~ of cooking a meal** je n'ai pas pris la peine de cuisiner un repas; **thanks for babysitting — it's no ~!** merci pour le babysitting – ça ne m'ennuie pas le moins du monde! -**2.** [nuisance] ennui *m*; **homework is such a ~!** quelle corvée, les devoirs!; **sorry to be a ~** excusez-moi de vous déranger.
◇ *interj inf Br* flûte, mince; ~ **the lot of them!** qu'ils aillent au diable!, qu'ils aillent se faire pendre ailleurs!

botheration *inf* [ˌbɒðə'reɪʃn] *interj dated* flûte, mince.

bothered ['bɒðəd] *adj*: **to be ~ about sb/sthg** s'inquiéter de qqn/qqch; **I can't be ~ to write letters tonight** je n'ai pas le courage d'écrire des lettres ce soir; **he can't be ~ to do his own laundry** il a la flemme de laver son linge lui-même; **are you going out tonight? — no, I can't be ~** tu sors ce soir? – non, ça ne me dit rien; **I'm not ~** ça m'est égal.

bothersome ['bɒðəsəm] *adj* ennuyeux, gênant.

Bothnia ['bɒθnɪə] *pr n* → **gulf**.

Botswana [bɒ'tswɑːnə] *pr n* Botswana *m*; **in ~** au Botswana.

bottle ['bɒtl] ◇ *n* -**1.** [container, contents] bouteille *f*; [of perfume] flacon *m*; [of medicine] flacon *m*, fiole *f*; [jar] bocal *m*; [made of stone] cruche *f*, cruchon *m*; **a wine ~** une bouteille à vin; **we ordered a ~ of wine** nous avons commandé une bouteille de vin; **he drank (straight) from the ~** il a bu au goulot ‖ *fig*: **he was too fond of the ~** *inf* il levait bien le coude, il aimait la bouteille; **to hit the ~** *inf* picoler dur; **to take to the ~** *inf* se mettre à picoler; **they're on the ~** *inf* ils lèvent bien le coude; **to be off the ~** *inf* s'abstenir OR s'arrêter de boire. -**2.** [for baby] biberon *m*; **her baby is on the ~** son bébé est nourri au biberon. -**3.** *inf Br* [nerve]: **he lost his ~** il s'est dégonflé; **she's got a lot of ~** elle a un sacré cran.
◇ *vt* [wine] mettre en bouteille; [fruit] mettre en bocal OR conserve, conserver.
◆ **bottle out**▽ *vi insep Br* se dégonfler.
◆ **bottle up** *vt sep* -**1.** [emotions] refouler, ravaler. -**2.** [army] embouteiller, contenir.

bottle bank *n* *conteneur pour la collecte du verre usagé.*

bottlebrush ['bɒtlbrʌʃ] *n* rince-bouteilles *m inv*, goupillon *m*.

bottled ['bɒtld] *adj* en bouteille OR bouteilles; ~ **beer** bière *f* en bouteille OR bouteilles; ~ **gas** gaz *m* en bouteille OR bouteilles.

bottle-fed *adj* élevé OR allaité au biberon.

bottle-feed *vt* allaiter OR nourrir au biberon.

bottle glass *n* verre *m* à bouteilles, verre *m* vert.

bottle green *n* vert *m* bouteille.
◆ **bottle-green** *adj* vert bouteille *(inv)*.

bottleneck ['bɒtlnek] ◇ *n* [in road] rétrécissement *m* de la chaussée, étranglement *m*; [of traffic] embouteillage *m*, bouchon *m*; [in industry] goulet *m* OR goulot *m* d'étranglement.
◇ *vt Am*: **strikes have ~ed production** les grèves ont ralenti la production.

bottle opener *n* ouvre-bouteilles *m inv*, décapsuleur *m*.

bottle party *n Br* *soirée où chacun des invités apporte à boire.*

bottle rack *n* casier *m* à bouteilles.

bottom ['bɒtəm] ◇ *n* -**1.** [lowest part - of garment, heap] bas *m*; [- of water] fond *m*; [- of hill, stairs] bas *m*, pied *m*; [- of outside of container] bas *m*; [- of inside of container] fond *m*; [- of chair] siège *m*, fond *m*; [- of ship] carène *f*; **at the ~ of the staircase** au pied OR bas de l'escalier; **at the ~ of page one** au bas de la OR en bas de page un; **the ship sunk to the ~** le navire a coulé; **the ship touched (the) ~** le navire a touché le fond ‖ *fig*: **I believe, at the ~ of my heart, that...** je crois, au fond de moi-même, que...; **he thanked them from the ~ of his heart** il les a remerciés du fond du cœur; **my reasoning knocked the ~ out of his argument** mon raisonnement a démoli son argument; **the ~ fell out of the grain market** FIN le marché des grains s'est effondré; **the ~ dropped out of her world when he died** lorsqu'il est mort, pour elle le monde s'est effondré ❑ **~s up!** *inf* cul sec! -**2.** [last place]: **he's (at the) ~ of his class** il est le dernier de sa classe; **you're at the ~ of the list** vous êtes en queue de liste; **you have to start at the ~ and work your way up** vous devez commencer au plus bas et monter dans la hiérarchie à la force du poignet. -**3.** [far end] fond *m*, bas *m*; **at the ~ of the street/garden** au bout de la rue/du jardin. -**4.** *fig* [origin, source] base *f*, origine *f*; **I'm sure she's at the ~ of all this** je suis sûr que c'est elle qui est à l'origine de cette histoire; **I intend to get to the ~ of this affair** j'entends aller au fin fond de cette affaire OR découvrir le pot aux roses. -**5.** [buttocks] derrière *m*, fesses *fpl*. -**6.** [of two-piece garment] bas *m*; **pyjama ~s** bas de pyjama; **bikini ~** bas de maillot de bain.
◇ *adj* du bas, inférieur; **the ~ half of the chart** la partie inférieure du tableau; **the ~ half of the class/list** la deuxième moitié de la classe/liste; **the ~ floor** le rez-de-chaussée; **the ~ stair** [going up] la marche du bas, la première marche; [going down] la dernière marche; **the ~ end of the table** le bas de la table; ~ **gear** *Br* AUT première *f* (vitesse *f*) ❑ ~ **land** OR **lands** *Am* terre *f* OR plaine *f* alluviale; ~ **round** *Am* CULIN gîte *m* à la noix.
◇ *vi* [ship] toucher le fond.
◆ **at bottom** *adv phr* au fond; **at ~, their motives are purely mercenary** au fond, leurs intentions sont purement intéressées.
◆ **bottom out** *vi insep* [prices] atteindre son niveau plancher; [recession] atteindre son plus bas niveau.

bottom drawer *n Br* armoire *f* à trousseau; **she's collecting things for her ~** elle réunit des choses pour son trousseau.

bottomless ['bɒtəmlɪs] *adj* sans fond, insondable; [unlimited - funds, supply] inépuisable.

bottom line *n* FIN résultat *m* financier; *fig*: **the ~** l'essentiel.

bottommost ['bɒtəmməʊst] *adj* le plus bas.

botulism ['bɒtjʊlɪzm] *n* botulisme *m*.

boudoir ['buːdwɑːʳ] *n* boudoir *m*.

bouffant ['buːfɔːŋ] *adj* [hairstyle] gonflant; [sleeve] bouffant.

Bougainville ['buːgənvɪl] *pr n* Bougainville.

bougainvill(a)ea [ˌbuːgən'vɪlɪə] *n* bougainvillée *f*, bougainvillier *m*.

bough [baʊ] *n lit* branche *f*.

bought [bɔːt] *pt* & *pp* → **buy**.

bouillon cube ['buːjɒn] *n* tablette *f* pour bouillon.

boulder ['bəʊldəʳ] *n* bloc *m* de roche, boulder *m spec*; [smaller] gros galet *m*.

boulder clay *n* argile *f* à blocaux.

boulevard ['buːləvɑːd] *n* boulevard *m*.

bounce [baʊns] ◇ *n* -**1.** [rebound] bond *m*, rebond *m*; **he caught the ball on the ~** il a pris la balle au bond. -**2.** [spring]: **there isn't much ~ in this ball** cette balle ne rebondit pas beaucoup; **I'd like to put some ~ in my hair** je voudrais donner du volume à mes cheveux; **he's still full of ~ at seventy** *fig* à soixante-dix ans il est encore plein d'énergie. -**3.** *inf Am* [dismissal]: **to give sb the ~** virer qqn; **he got the ~** il s'est fait virer.
◇ *vi* -**1.** [object] rebondir; **the ball ~d down the steps** la balle a rebondi de marche en marche; **the knapsack ~d up and down on his back** le sac à dos tressautait sur ses épaules; **the bicycle ~d along the bumpy path** le vélo faisait des bonds sur le chemin cahoteux. -**2.** [person] bondir, sauter; **we ~d up and down on the bed** nous faisions des bonds sur le lit; **she came bouncing into/out of the room** elle est entrée dans/sortie de la pièce d'un bond. -**3.** *inf* [cheque] être refusé pour non-provision; **I hope this cheque doesn't ~** j'espère que ce chèque n'est pas sans provision.
◇ *vt* -**1.** [cause to spring] faire rebondir; **she ~d the ball against** OR **off the wall** elle fit rebondir la balle sur le mur; **he ~d the baby on his knee** il a fait sauter l'enfant sur son genou; **signals are ~d off a satellite** les signaux sont renvoyés OR retransmis par satellite; **they ~d ideas off each other** *fig* leur échange de vues créait une émulation réciproque. -**2.** *inf* [cheque]: **the bank ~d my cheque** la banque a refusé mon chèque. -**3.** *inf* [throw out] flanquer à la porte, vider.
◆ **bounce back** *vi insep* se remettre rapidement; **she ~d right back after her illness** elle s'est vite rétablie après sa maladie.

bouncer *inf* ['baʊnsəʳ] *n* videur *m*.

bouncing ['baʊnsɪŋ] *adj* -**1.** [healthy] qui respire la santé; **a ~ baby** un bébé en pleine santé. -**2.** [ball] qui rebondit.

bouncy ['baʊnsɪ] (*compar* **bouncier**, *superl* **bounciest**) *adj* -**1.** [ball, bed] élastique; [hair] souple, qui a du volume. -**2.** [person] plein d'entrain, dynamique.

bound [baʊnd] ◇ *pt* & *pp* → **bind**.
◇ *adj* -**1.** [certain] sûr, certain; **it was ~ to happen** c'était à prévoir; **but he's ~ to say that** mais il est certain que c'est cela qu'il va dire; **he's ~ to apologize** il ne va pas manquer de s'excuser ❑ **she's up to no good, I'll be ~** je parie qu'elle ne mijote rien de bon. -**2.** [compelled] obligé; **they are ~ by the treaty to take action** l'accord les oblige à prendre des mesures; **the teacher felt ~ to report them** l'enseignant s'est cru obligé de les dénoncer ❑ **I'm ~ to say I disagree** je dois dire que je ne suis pas d'accord. -**3.** [connected]: ~ **up** lié; **his frustration is ~ up with his work** sa frustration est directement liée à son travail. -**4.** [heading towards] en route pour; **to be homeward ~** être sur le chemin du retour; **I'm ~ for Chicago** je

suis en route pour Chicago; **all shipments ~ for Madrid** toutes cargaisons à destination de Madrid; **the train is ~ for Rome** le train est à destination OR en direction de Rome; **on a plane ~ for Tokyo** dans un avion à destination de OR en route pour Tokyo. -**5.** [tied] lié; LING lié; **~ hand and foot** pieds et poings liés. -**6.** [book] relié; **~ in boards** cartonné.
◇ *n* -**1.** [leap] saut *m*, bond *m*; **in a single ~** d'un seul bond OR saut. -**2.** MATH: **lower ~** minorant *m*; **upper ~** majorant *m*.
◇ *vi* [person] sauter, bondir; [animal] faire un bond OR des bonds, bondir; **the children ~ed into/out of the classroom** les enfants sont entrés dans/sortis de la salle de classe en faisant des bonds; **the dog ~ed down the hill** le chien dévala la colline en bondissant.
◇ *vt* borner, limiter; **a country ~ed on two sides by the sea** un pays limité par la mer de deux côtés.
◆ **bounds** *npl* limite *f*, borne *f*; **the situation has gone beyond the ~s of all reason** la situation est devenue complètement aberrante OR insensée; **her rage knew no ~s** sa colère était sans bornes; **within the ~s of possibility** dans la limite du possible; **to keep within ~s** *fig* rester dans la juste mesure, pratiquer la modération ❑ **out of ~s** [gen] dont l'accès est interdit; SPORT hors du jeu; **the castle gardens are out of ~s to visitors** les jardins du château sont interdits au public.

-bound *in cpds* -**1.** [restricted] confiné; **house~** confiné à la maison; **snow~ road** route *f* complètement enneigée; **fog~ ship** navire *m* bloqué par le brouillard. -**2.** [heading towards]: **a south~ train** un train en partance pour le Sud; **city~ traffic** circulation *f* en direction du centre-ville.

boundary ['baʊndərɪ] (*pl* **boundaries**) *n* limite *f*, frontière *f*; **~ (line)** ligne *f* frontière; SPORT limites *fpl* du terrain; [in basketball] ligne *f* de touche; **to hit** OR **to score a ~** [in cricket] envoyer la balle jusqu'aux limites du terrain.

Boundary Commission *pr n* commission *f* de délimitation des frontières *(en Grande-Bretagne)*.

boundary stone *n* borne *f*, pierre *f* de bornage.

bounden ['baʊndən] *adj fml*: **~ duty** devoir *m* impérieux.

bounder *inf* ['baʊndəʳ] *n Br dated* goujat *m*, malotru *m*.

boundless ['baʊndlɪs] *adj* [energy, wealth] illimité; [ambition, gratitude] sans bornes; [space] infini.

bounteous ['baʊntɪəs], **bountiful** ['baʊntɪfʊl] *adj lit* [person] généreux, libéral; [supply] abondant; [rain] bienfaisant.

bounty ['baʊntɪ] (*pl* **bounties**) *n* -**1.** *lit* [generosity] munificence *f*. -**2.** [gift] don *m*. -**3.** [reward] prime *f*.

bounty hunter *n* chasseur *m* de primes.

bouquet [bʊ'keɪ] *n* bouquet *m*; **to throw ~s at sb** *fig* faire des compliments à qqn.

bouquet garni [-gɑː'niː] *n* bouquet *m* garni.

bourbon ['bɜːbən] *n* [whisky] bourbon *m*.

Bourbon ['bʊəbən] ◇ *adj* Bourbon.
◇ *n* Bourbon *mf*.

bourbon biscuit ['bʊəbən-] *n Br biscuit au chocolat fourré de crème au chocolat.*

bourgeois ['bɔːʒwɑː] ◇ *n* bourgeois *m*, -e *f*.
◇ *adj* bourgeois.

bourgeoisie [,bɔːʒwɑː'ziː] *n* bourgeoisie *f*.

bourn [bɔːn] *n Br dial* ruisseau *m*.

bout [baʊt] *n* -**1.** [period] période *f*; **a ~ of drinking** une soûlerie, une beuverie. -**2.** [of illness] attaque *f*; [of fever] accès *m*; **a ~ of rheumatism** une crise de rhumatisme; **a ~ of bronchitis** une bronchite; **a ~ of flu** une grippe; **she's prone to frequent ~s of illness** elle est souvent malade. -**3.** [boxing, wrestling] combat *m*; [fencing] assaut *m*.

boutique [buː'tiːk] *n* [shop] boutique *f*; [in department store] rayon *m*.

bouzouki [bʊ'zuːkɪ] *n* bouzouki *m*.

bovid ['bəʊvɪd] *adj* de la famille des bovidés.

bovine ['bəʊvaɪn] ◇ *adj literal* & *fig* bovin.
◇ *n* bovin *m*.

bovver *inf* ['bɒvəʳ] *n (U) Br dated* [fighting] bagarre *f*.

bovver boots *inf npl Br dated* brodequins *mpl*, rangers *mpl*.

bovver boy *inf n Br dated* loubard *m*.

bow[1] [baʊ] ◇ *vi* -**1.** [in greeting] incliner la tête, saluer; **I ~ed to him** je l'ai salué de la tête ❑ **he refuses to ~ and scrape to anyone** il refuse de faire des courbettes OR des salamalecs à qui que ce soit. -**2.** [bend] se courber; [under load] ployer. -**3.** *fig* [yield] s'incliner; **to ~ to the inevitable** s'incliner devant l'inévitable; **the government is ~ing under** OR **to pressure from the unions** l'administration s'incline sous la pression des syndicats; **I'll ~ to your greater knowledge** je m'incline devant tant de savoir OR de science.
◇ *vt* [bend] incliner, courber; [knee] fléchir; **to ~ one's head in shame** baisser la tête de honte; **to ~ one's head in prayer** incliner la tête pour prier; **his head was ~ed in contemplation** il méditait, la tête penchée.
◇ *n* -**1.** [gen] salut *m*; **he made her a deep** OR **low ~** il l'a saluée profondément OR bien bas; **to take a ~** saluer. -**2.** [of ship] avant *m*, proue *f*; **on the port/starboard ~** par bâbord/tribord avant. -**3.** [oarsman] nageur *m* de l'avant.
◆ **bow down** ◇ *vi insep* s'incliner; **he ~ed down to her** il s'est incliné devant elle.
◇ *vt sep* faire plier; *fig* écraser, briser.
◆ **bow out** *vi insep fig* tirer sa révérence.

bow[2] [bəʊ] ◇ *n* -**1.** [curve] arc *m*. -**2.** [for arrows] arc *m*; **he drew the ~** il a tiré à l'arc. -**3.** MUS [stick] archet *m*; [stroke] coup *m* d'archet. -**4.** [in ribbon] nœud *m*, boucle *f*; **tie it in a ~** faites un nœud.
◇ *vi* MUS manier l'archet.

Bow Bells [bəʊ-] *pl pr n cloches de l'église Saint-Mary-Le-Bow à Londres.*

BOW BELLS:
Selon la tradition, un «vrai Londonien» (un Cockney) doit être né à portée du son des cloches de l'église de Saint-Mary-Le-Bow.

bowdlerize, -ise ['baʊdləraɪz] *vt* expurger.

bowed [baʊd] *adj* -**1.** [legs] arqué. -**2.** [back] courbé; [head] baissé.

bowel ['baʊəl] *n (usu pl)* -**1.** ANAT [human] intestin *m*, intestins *mpl*; [animal] boyau *m*, boyaux *mpl*, intestins *mpl*; **a ~ disorder** troubles *mpl* intestinaux. -**2.** *fig*: **the ~s of the earth** les entrailles *fpl* de la terre.

bowel movement *n* selles *fpl*; **to have a ~** aller à la selle.

bower ['baʊəʳ] *n* -**1.** [arbour] berceau *m* de verdure, charmille *f*. -**2.** *lit* [cottage] chaumière *f*; [boudoir] boudoir *m*.

Bow Group [baʊ-] *pr n*: **the ~** *société influente de jeunes conservateurs britanniques.*

bowie knife ['bəʊɪ-] *n* couteau *m* de chasse.

bowing[1] ['baʊɪŋ] *n (U)* [greeting] saluts *mpl*; **~ and scraping** salamalecs *mpl*, courbettes *fpl*.

bowing[2] ['bəʊɪŋ] *n* MUS technique *f* d'archet; **his ~ is perfect** il a un coup d'archet parfait.

bowl [bəʊl] ◇ *n* -**1.** [receptacle] bol *m*; [larger] bassin *m*, cuvette *f*; [shallow] jatte *f*; [made of glass] coupe *f*; [for washing-up] cuvette *f*; [of beggar] sébile *f*; **a ~ of rice** un bol de riz || [contents] bolée *f*; **the cat drank a ~ of milk** le chat a bu tout un bol de lait. -**2.** [rounded part - of spoon] creux *m*; [- of pipe] fourneau *m*; [- of wine glass] coupe *f*; [- of sink, toilet] cuvette *f*. -**3.** GEOG bassin *m*, cuvette *f*. -**4.** *Am* SPORT [arena] amphithéâtre *m*; [championship] championnat *m*, coupe *f*; [trophy] coupe *f*. -**5.** [ball] boule *f*; **(game of) ~s** *Br* (jeu *m* de) boules *fpl*; **let's play (a game of) ~s!** et si on jouait aux boules!
◇ *vi* -**1.** [play bowls] jouer aux boules; [play tenpin bowling] jouer au bowling; [in cricket] lancer (la balle); **he ~s for England** [cricket] il sert pour l'Angleterre; [bowls] il joue pour l'Angleterre. -**2.** [move quickly] filer, aller bon train; **the kids came ~ing down the street** les enfants descendaient la rue à toute allure; **the bus ~ed along the country lanes** l'autocar roulait à toute vitesse sur les petites routes de campagne.
◇ *vt* -**1.** [ball, bowl] lancer, faire rouler; [hoop] faire rouler. -**2.** SPORT [score]: **I ~ed 160** j'ai marqué 160 points || [in cricket]: **to ~ the ball** servir; **he ~ed (out) the batsman** il a mis le batteur hors jeu.
◆ **bowl down** *inf vt sep* renverser.
◆ **bowl out** *vt sep* [in cricket] mettre hors jeu.
◆ **bowl over** *vt sep* -**1.** [knock down] renverser, faire tomber. -**2.** *inf fig* [amaze] stupéfier, sidérer; **I was ~ed over by the news** la nouvelle m'a abasourdi; **our success really ~ed them over** notre réussite les a renversés.

bow-legged [bəʊ-] *adj* à jambes arquées.

bow legs [bəʊ-] *npl* jambes *fpl* arquées.

bowler ['bəʊləʳ] *n* SPORT [in bowls] joueur *m*, -euse *f* de boules OR pétanque, bouliste *mf*; [in tenpin bowling] joueur *m*, -euse *f* de bowling; [in cricket] lanceur *m*, -euse *f*.

bowler (hat) *n Br* (chapeau *m*) melon *m*.

bowlful ['bəʊlfʊl] *n* bolée *f*; **a ~ of water** une cuvette d'eau.

bowline ['bəʊlɪn] *n* [rope] bouline *f*; [knot] nœud *m* de chaise.

bowling ['bəʊlɪŋ] *n* [bowls] jeu *m* de boules, pétanque *f*; [tenpin] bowling *m*; [in cricket] service *m*; **to go ~** [bowls] (aller) jouer à la pétanque; [tenpin bowling] (aller) faire du bowling.

bowling alley *n* bowling *m*.

bowling green *n* terrain *m* de boules *(sur gazon)*.

bowman[1] ['bəʊmən] (*pl* **bowmen** [-mən]) *n lit* [archer] archer *m*.

bowman[2] ['baʊmən] (*pl* **bowmen** [-mən]) *n* NAUT nageur *m* de l'avant.

bowsprit ['bəʊsprɪt] *n* beaupré *m*.

bowstring ['bəʊstrɪŋ] *n* corde *f*.

bow tie [bəʊ-] *n* nœud *m* papillon.

bow window [bəʊ-] *n Br* fenêtre *f* en saillie, oriel *m*, bow-window *m*.

bow-wow [,baʊ'waʊ] ◇ *n* toutou *m*.
◇ *onomat* ouâ ouâ.

box [bɒks] (*pl* **boxes**) ◇ *n* -**1.** [container, contents] boîte *f*; [with lock] coffret *m*; [crate] caisse *f*; [for money] caisse *f*; [collecting box] tronc *m*; **~ of chocolates** boîte *f* de chocolats; **how can people live in these little ~es?** *fig* comment les gens font-ils pour vivre dans ces trous de souris? ❑ **(cardboard) ~** (boîte en) carton *m*. -**2.** [compartment] compartiment *m*; THEAT loge *f*, baignoire *f*; JUR [for jury, reporters] banc *m*; [for witness] barre *f*; [in stable] box *m*; [of coachman] siège *m* (de cocher); **the Royal ~** *loge réservée aux membres de la famille royale.* -**3.** [designated area - on form] case *f*; [- in newspaper] encadré *m*; [- on road, sportsfield] zone *f* quadrillée. -**4.** AUT & TECH [casing] boîte *f*, carter *m*. -**5.** *inf* [television] téléviseur *m*; **what's on the ~?** qu'y a-t-il à la télé? -**6.** [postal address] boîte *f* postale. -**7.** [blow]: **a ~ on the ears** une gifle, une claque. -**8.** SPORT [protector] coquille *f*. -**9.** BOT buis *m*.
◇ *comp* [border, hedge] de OR en buis.
◇ *vi* [fight] faire de la boxe, boxer.
◇ *vt* -**1.** [fight] boxer avec, boxer. -**2.** *phr*: **to ~ sb's ears** gifler qqn; **she ~ed his ears** elle l'a giflé. -**3.** [put in box] mettre en boîte OR caisse. -**4.** NAUT: **to ~ the compass** réciter les aires du vent.
◆ **box in** *vt sep* [enclose] enfermer, confiner; [pipes] encastrer; **the car was ~ed in between two vans** la voiture était coincée entre deux camionnettes; **to feel ~ed in** se sentir à l'étroit; **don't ~ me in!** de l'air!
◆ **box off** *vt sep* compartimenter, cloisonner.
◆ **box up** *vt sep* mettre en boîte OR caisse; *fig* enfermer.

boxboard ['bɒksbɔːd] *n* carton *m* compact.

box calf *n* box *m*, box-calf *m*.
box camera *n* appareil *m* photographique rudimentaire.
boxcar ['bɒkskɑːr] *n Am* wagon *m* de marchandises (couvert).
boxed [bɒkst] *adj* COMM en boîte; a ~ set un coffret.
box end wrench *n Am* clef *f* polygonale.
boxer ['bɒksər] *n* [fighter] boxeur *m*; [dog] boxer *m*.
boxer shorts *npl* boxer-short *m*.
box girder *n* poutre-caisson *f*.
boxing ['bɒksɪŋ] *n* boxe *f*.
Boxing Day *n Br le 26 décembre*.
boxing glove *n* gant *m* de boxe.
boxing ring *n* ring *m*.
box junction *n Br* carrefour *m (matérialisé sur la chaussée par des bandes croisées)*.
box kite *n* cerf-volant *m* cellulaire.
box number *n* [in newspaper] numéro *m* d'annonce; [at post office] numéro *m* de boîte à lettres.
box office *n* [office] bureau *m* de location; [window] guichet *m* (de location); **the play was a big success at the ~** la pièce a fait recette.
◆ **box-office** *comp*: **to be a box-office success** être en tête du box-office.
box pleat *n* pli *m* creux.
boxroom ['bɒksrʊm] *n Br* débarras *m*, capharnaüm *m*.
box spanner *n* clef *f* OR clé *f* en douille.
box spring *n* sommier *m* à ressorts.
box stall *n Am* box *m*.
boxwood ['bɒkswʊd] *n* buis *m*.
boy [bɔɪ] ◇ *n* -**1.** [male child] garçon *m*, enfant *m*; **a little ~** un petit garçon, un garçonnet; **when I was a ~** quand j'étais petit OR jeune; **be a good ~!** sois sage!; **you bad ~!** vilain!; **an Italian ~** un petit OR jeune Italien; **the Smiths' ~** le petit Smith; **sit down, my ~** assieds-toi, mon petit OR mon grand; **I've known them since they were ~s** je les connais depuis leur enfance OR depuis qu'ils sont petits; **~s will be ~s** un garçon, c'est un garçon; **he's just a ~ when it comes to women** *fig* ce n'est encore qu'un gamin quand il s'agit des femmes ‖ [son] garçon *m*, fils *m*; **he's a mother's ~** c'est le petit garçon à sa maman. -**2.** *Br* SCH [student] élève *m*; **day ~** externe *m*. -**3.** *inf* [term of address]: **that's my ~!** je te reconnais bien là!; **my dear ~** mon cher ami; **how are you, old ~?** *Br* ça va mon vieux?; **he likes to think he's one of the ~s** il aime à croire qu'il fait partie de la bande; **a local ~** un gars du coin; **come on, ~s!** allons-y les gars!, **a night out with the ~s** une virée entre copains ❑ **the ~s in blue** *inf* les flics *mpl*; **the backroom ~s** ceux qui restent dans les coulisses. -**4.** *offensive* [native servant] boy *m*. -**5.** [to dog, horse etc] mon beau *m*; **down, ~!** couché, mon beau!
◇ *interj*: **(oh) ~!** dis donc!
boycott ['bɔɪkɒt] ◇ *n* boycottage *m*, boycott *m*.
◇ *vt* boycotter.
boyfriend ['bɔɪfrend] *n* petit ami *m*.
boyhood ['bɔɪhʊd] *n* enfance *f*.
boyish ['bɔɪɪʃ] *adj* -**1.** [youthful] d'enfant, de garçon; [childish] enfantin, puéril. -**2.** [tomboyish - girl] garçonnier; [- behaviour] garçonnier, de garçon.
boy-meets-girl *adj*: **a ~ story** une histoire d'amour conventionnelle.
Boys' Brigade *pr n organisation protestante de scoutisme pour garçons*.
boy scout *n* scout *m*.
bozo *inf* ['bəʊzəʊ] *n pej* type *m*.
Bp (*written abbr of* bishop) Mgr.
bpi (*written abbr of* **bits per inch**) bits par pouce.
bps (*written abbr of* **bits per second**) bits par seconde.
Br -**1.** *written abbr of* British. -**2.** [preceding name of monk] (*written abbr of* brother) F.
BR (*abbr of* British Rail) *pr n société des chemins de fer britanniques*.
bra [brɑː] *n* soutien-gorge *m*; **half-cup ~** Balconnet® *m*; **underwired ~** soutien-gorge avec armature.
Brabant [brə'bænt] *pr n* Brabant *m*; **in ~** dans le Brabant.
brace [breɪs] (*pl senses 1, 2, 3, 4 and 6* **braces**, *pl sense 5 inv*) ◇ *vt* -**1.** [strengthen] renforcer, consolider; [support] soutenir; CONSTR entretoiser; [beam] armer; **to ~ a beam with sthg** armer une poutre de qqch. -**2.** [steady, prepare]: **he ~d his body/himself for the impact** il raidit son corps/s'arc-bouta en préparation du choc; **he ~d himself to try again** il a rassemblé ses forces pour une nouvelle tentative; **the family ~d itself for the funeral** la famille s'est armée de courage pour les funérailles; **~ yourself for some bad news** préparez-vous à de mauvaises nouvelles. -**3.** [subj: weather] fortifier, tonifier.
◇ *n* -**1.** [supporting or fastening device] attache *f*, agrafe *f*. -**2.** MED appareil *m* orthopédique; [for teeth] appareil *m* dentaire OR orthodontique. -**3.** CONSTR entretoise *f*. -**4.** TECH [drill]: **~ (and bit)** vilebrequin *m* à main. -**5.** [of game birds, pistols] paire *f*. -**6.** MUS & TYPO [bracket] accolade *f*.
◆ **braces** *npl* -**1.** *Br* [for trousers] bretelles *fpl*. -**2.** MED [for teeth] = **brace 2**.
bracelet ['breɪslɪt] *n* bracelet *m*.
◆ **bracelets** *inf npl crime sl* [handcuffs] menottes *fpl*, bracelets *mpl arg crime*.
bracer *inf* ['breɪsər] *n* remontant *m*.
brachiosaurus [,breɪkɪə'sɔːrəs] (*pl* **brachiosauruses** OR **brachiosauri** [-raɪ]) *n* brachiosaure *m*.
brachylogy [bræ'kɪlədʒɪ] (*pl* **brachylogies**) *n* brachylogie *f*.
bracing ['breɪsɪŋ] ◇ *adj* fortifiant, tonifiant; **a ~ wind** un vent vivifiant.
◇ *n* CONSTR entretoisement *m*.
bracken ['brækn] *n* fougère *f*.
bracket ['brækɪt] ◇ *n* -**1.** [L-shaped support] équerre *f*, support *m*; [for shelf] équerre *f*, tasseau *m*; [lamp fixture] fixation *f*; ARCHIT console *f*, corbeau *m*. -**2.** [category] groupe *m*, classe *f*; **the 20-25 age ~** le groupe des 20-25 ans; **the high/low income ~** la tranche des gros/petits revenus; **my rise put me in the £20,000 a year ~** mon augmentation de salaire m'a placé dans la tranche (de revenus) des 20 000 livres annuelles. -**3.** MATH & TYPO [parenthesis] parenthèse *f*; [square] crochet *m*; **in** OR **between ~s** entre parenthèses; **(brace) ~** MUS & TYPO accolade *f*.
◇ *vt* -**1.** [put in parentheses] mettre entre parenthèses; [put in square brackets] mettre entre crochets. -**2.** [link by brackets] réunir par une accolade. -**3.** *fig* [categorize] associer, mettre dans la même catégorie; **he is often ~ed with the Surrealists** on le range souvent parmi les surréalistes; **why ~ together two such different companies?** pourquoi mettre deux entreprises aussi différentes dans la même catégorie?
brackish ['brækɪʃ] *adj* saumâtre.
bract [brækt] *n* BOT bractée *f*.
brad [bræd] *n* semence *f*, clou *m* de tapissier.
bradawl ['brædɔːl] *n* poinçon *m*.
brae [breɪ] *n Scot* [hillside] colline *f*; [slope] pente *f*, côte *f*.
brag [bræg] (*pt* & *pp* **bragged**, *cont* **bragging**) ◇ *vi* & *vt* se vanter; **he's always bragging about his salary** il faut toujours qu'il se vante de son salaire; **it's nothing to ~ about** il n'y a pas là de quoi se vanter.
◇ *n* -**1.** [boasting] vantardise *f*, fanfaronnades *fpl*. -**2.** [person] = **braggart**. -**3.** [card game] *jeu de cartes qui ressemble au poker*.
braggart ['brægət] *n* vantard *m*, -e *f*, fanfaron *m*, -onne *f*.
Brahma ['brɑːmə] *pr n* Brahma.
Brahman ['brɑːmən] *n* [person] brahmane *m*.
Brahmanism ['brɑːmənɪzm] *n* brahmanisme *m*.
Brahmaputra [,brɑːmə'puːtrə] *pr n*: **the ~** le Brahmapoutre.
Brahmin ['brɑːmɪn] (*pl inv* OR **Brahmins**) *n* -**1.** = **Brahman**. -**2.** *inf Am* intellectuel *m*, -elle *f*; **she's a Boston ~** elle est d'une vieille famille bostonienne.
Brahminism ['brɑːmɪnɪzm] = **Brahmanism**.
braid [breɪd] ◇ *n* -**1.** [trimming] ganse *f*, soutache *f*; [on uniform] galon *m*. -**2.** [of hair] tresse *f*, natte *f*.
◇ *vt* -**1.** [plait] tresser, natter. -**2.** [decorate with] soutacher, galonner.
braided ['breɪdɪd] *adj* [clothing] passementé; [hair] tressé.
braille, Braille [breɪl] ◇ *adj* braille.
◇ *n* braille *m*.
brailled [breɪld] *adj* [switches, instructions] en braille.
brain [breɪn] ◇ *n* -**1.** ANAT cerveau *m*; [mind] cerveau *m*, tête *f*; CULIN cervelle. -**2.** *inf fig*: **we're going to beat his ~s out** on va lui casser la figure; **to blow one's ~s out** se faire sauter la cervelle ❑ **you've got money on the ~** tu es obsédé par l'argent; **she's got it on the ~** elle ne pense qu'à ça, ça la tient. -**3.** [intelligence] intelligence *f*; **he's got ~s** il est intelligent; **you need a good ~ to solve this puzzle** il faut être intelligent pour résoudre ce problème ❑ **to pick sb's ~s: can I pick your ~s for a minute?** j'ai besoin de tes lumières; **Brain of Britain** *jeu radiophonique britannique portant sur des questions de culture générale*. -**4.** *inf* [clever person] = **brains**.
◇ *comp* [damage, disease, surgery, tumour] cérébral; **~ surgeon** chirurgien *m* du cerveau.
◇ *vt inf* [hit] assommer.
◆ **brains** *inf n* [clever person]: **the ~s** le cerveau; **she's the ~s of the family** c'est elle le cerveau de la famille; **who's the ~s behind the scheme?** [master planner] qui est le cerveau de l'affaire?
brainbox *inf* ['breɪnbɒks] *n* [skull] crâne *m*; [person] cerveau *m*.
brainchild *inf* ['breɪn,tʃaɪld] (*pl* **brainchildren** [-,tʃɪldrən]) *n* idée *f* personnelle; **the scheme is his ~** le projet est son invention personnelle.
brain dead *adj* dans un coma dépassé **he's ~** *inf pej* il n'a rien dans le cerveau.
brain death *n* mort *f* cérébrale.
brain drain *n* fuite *f* OR exode *m* des cerveaux.
brainless ['breɪnlɪs] *adj* [person] écervelé, stupide; [idea] stupide.
brainpower ['breɪn,paʊər] *n* intelligence *f*.
brainstorm ['breɪnstɔːm] ◇ *n* -**1.** MED congestion *f* cérébrale. -**2.** *inf Br fig* [mental aberration] idée *f* insensée OR loufoque. -**3.** *inf Am fig* [brilliant idea] idée *f* géniale.
◇ *vi* faire du brainstorming.
◇ *vt* plancher sur.
brainstorming ['breɪn,stɔːmɪŋ] *n* brainstorming *m*, remue-méninges *m inv*.
brains trust *n Br* [panel of experts] groupe *m* d'experts.
brainteaser *inf* ['breɪn,tiːzər] *n* problème *m* difficile, colle *f*.
brain trust *n Am* [advisory panel] brain-trust *m*.
brainwash ['breɪnwɒʃ] *vt* faire un lavage de cerveau à; **advertisements can ~ people into believing anything** la publicité peut faire croire n'importe quoi aux gens.
brainwashing ['breɪnwɒʃɪŋ] *n* lavage *m* de cerveau.
brainwave ['breɪnweɪv] *n* -**1.** MED onde *f* cérébrale. -**2.** *inf* [brilliant idea] inspiration *f*, idée *f* OR trait *m* de génie; **I've had a ~!** j'ai eu un éclair de génie!
brainy *inf* ['breɪnɪ] (*compar* **brainier**, *superl* **brainiest**) *adj* intelligent, futé.
braise [breɪz] *vt* braiser.
braising beef ['breɪzɪŋ-] *n* bœuf *m* à braiser.
brake [breɪk] ◇ *n* -**1.** [gen & AUT] frein *m*; **to put on** OR **to apply the ~s** freiner; **release the ~** desserrez le frein ‖ *fig*: **bad weather has put a ~ on construction work** le mauvais temps a mis un frein à la construction; **high interest rates acted as a ~ on borrowing** des taux d'intérêt élevés ont freiné les emprunts. -**2.** [carriage] break *m*. -**3.** [bracken] fougère *f*; [thicket] fourré *m*.

◇ *vi* freiner, mettre le frein.
◇ *comp* [cable, pedal] de frein.
brake block *n* sabot *m* OR patin *m* de frein.
brake drum *n* tambour *m* de frein.
brake fluid *n* liquide *m* de freins, Lockheed® *m*.
brake horsepower *n* puissance *f* au frein.
brake lever *n* frein *m* à main.
brake light *n* feu *m* de stop.
brake lining *n* garniture *f* de frein.
brakeman ['breɪkmən] (*pl* **brakemen** [-mən]) *n Am* RAIL garde-frein *m*.
brake parachute *n* parachute *m* de freinage.
brake shoe *n* mâchoire *f* de frein.
brakesman ['breɪksmən] (*pl* **brakesmen** [-mən]) *n* machiniste *m* OR mécanicien *m* d'extraction.
brake van *n Br* RAIL fourgon *m* à frein.
braking ['breɪkɪŋ] *n* freinage *m*; ~ **distance** distance *f* de freinage.
bramble ['bræmbl] *n* -**1.** [prickly shrub] roncier *m*, roncière *f*. -**2.** [blackberry bush] ronce *f* des haies, mûrier *m* sauvage; **I fell among the ~s** je suis tombé dans les ronces ‖ [berry] mûre *f* sauvage.
brambly ['bræmblɪ] *adj* couvert de ronces.
bran [bræn] *n* son *m* (de blé), bran *m*.
branch [brɑːntʃ] ◇ *n* -**1.** [of tree] branche *f*. -**2.** [secondary part - of road] embranchement *m*; [- of river] branche *f*, bras *m*; [- of railway] bifurcation *f*, raccordement *m*; [- of pipe] branchement *m*. -**3.** [division - gen] division *f*, section *f*; [- of family] ramification *f*, branche *f*; [- of science] branche *f*; [- of police force] antenne *f*; [- of government, civil service] service *m*; LING rameau *m*. -**4.** COMM [of company] succursale *f*, filiale *f*; [of bank] agence *f*, succursale *f*; ~ **manager** [of bank] directeur *m*, -trice *f* d'agence. -**5.** COMPUT branchement *m*. -**6.** *Am* [stream] ruisseau *m*; ~ **water** *inf* eau *f* plate.
◇ *vi* -**1.** [tree] se ramifier. -**2.** [road, river] bifurquer.
◆ **branch off** *vi insep* -**1.** [road] bifurquer; **a smaller path ~es off to the left** un chemin plus petit bifurque vers la gauche. -**2.** [digress]: **I'd like to ~ off from my main topic for a moment** j'aimerais m'écarter un instant du sujet qui m'occupe.
◆ **branch out** *vi insep* étendre ses activités; **they're ~ing out into the restaurant business** ils étendent leurs activités à OR se lancent dans la restauration.
branch line *n* ligne *f* secondaire.
branch office *n* [of company] succursale *f*; [of bank] agence *f*, succursale *f*.
brand [brænd] ◇ *n* -**1.** COMM [trademark] marque *f* (de fabrique); **he always buys the same ~ of cigars** il achète toujours la même marque de cigares; **he has his own ~ of humour** *fig* il a un sens de l'humour particulier. -**2.** [identifying mark - on cattle] marque *f*; [- on prisoners] flétrissure *f*. -**3.** [branding iron] fer *m* à marquer. -**4.** [burning wood] tison *m*, brandon *m*; *lit* [torch] flambeau *m*.
◇ *vt* -**1.** [cattle] marquer (au fer rouge). -**2.** *fig* [label] étiqueter, stigmatiser; **she was ~ed (as) a thief** on lui a collé une étiquette de voleuse. -**3.** [impress indelibly]: **the experience was ~ed on his memory for life** l'expérience resta à jamais gravée dans sa mémoire.
branded ['brændɪd] *adj*: ~ **goods** produits *mpl* de marque.
Brandenburg ['brændənbɜːg] *pr n* Brandebourg; **'The ~ Concertos'** *Bach* 'les Concertos brandebourgeois'.
Brandenburg Gate *pr n*: **the ~** la Porte de Brandebourg.
brand image *n* image *f* de marque.
branding iron ['brændɪŋ-] *n* fer *m* à marquer.
brandish ['brændɪʃ] ◇ *vt* brandir.
◇ *n* brandissement *m*.
brand name *n* marque *f* (de fabrique).
brand-new *adj* tout OR flambant neuf.
Brand's Hatch *pr n circuit de courses automobiles en Angleterre.*
brandy ['brændɪ] (*pl* **brandies**) *n* [made from grapes] ≃ cognac *m*; ~ **and soda** brandy and soda *m* ‖ [made of fruit] eau-de-vie *f*; **cherry ~** cherry *m*.
brandy butter *n Br beurre mélangé avec du sucre et parfumé au cognac.*
brandy snap *n Br* galette *f* au gingembre.
bran loaf (*pl* **loaves**) *n* pain *m* au son.
bran mash *n Br* son *m* OR bran *m* mouillé.
bran tub *n Br* pêche *f* miraculeuse *(jeu)*.
brash [bræʃ] *adj* -**1.** [showy] impétueux, casse-cou *(inv)*; [impudent] effronté, impertinent. -**2.** [colour] criard.
Brasilia [brə'zɪljə] *pr n* Brasilia.
brass [brɑːs] ◇ *n* -**1.** [metal] cuivre *m* (jaune), laiton *m*; **the ~ is cleaned** OR **done once a week** les cuivres sont faits OR astiqués une fois par semaine; ~ **foundry** fonderie *f* de cuivre. -**2.** *Br* [memorial] plaque *f* mortuaire (en cuivre). -**3.** MUS: **the ~** les cuivres *mpl*. -**4.** *inf Br* [nerve] toupet *m*, culot *m*; **he had the ~ to accuse me of cheating** il a eu le toupet de m'accuser de tricher. -**5.** *inf Br dial* [money] pognon *m*.
◇ *comp* [object, ornament] de OR en cuivre; **I don't know how you have the ~ neck to say that!** *Br* je ne sais pas comment tu peux avoir le culot de dire une chose pareille!; **to get down to ~ tacks** en venir au fait OR aux choses sérieuses.
brass band *n* fanfare *f*, orchestre *m* de cuivres.
brass-collar *adj Am* POL qui soutient sans faille la ligne du parti, inconditionnel.
brassed off *inf* [brɑːst-] *adj Br*: **I'm ~ with waiting** j'en ai marre d'attendre; **I'm ~ with their complaints** j'en ai plein le dos de leurs récriminations.
brasserie ['bræsərɪ] *n* brasserie *f*.
brass farthing *n Br*: **it's not worth a ~** *inf* ça ne vaut pas un clou.
brass hat *inf n Br* gros bonnet *m*.
brassie ['brɑːsɪ] *n* brassie *m*.
brassiere [*Br* 'bræsɪəʳ, *Am* brə'zɪr] *n* soutien-gorge *m*.
brass knuckles *npl Am* coup-de-poing *m* américain.
brass-monkey▽ *adj Br*: **it's ~ weather** on se les gèle, on se les caille.
brass rubbing *n* [picture] décalque *m*; [action] décalquage *m* par frottement.
brassware ['brɑːsweəʳ] *n* [utensils] chaudronnerie *f* d'art.
brasswork ['brɑːswɜːk] *n* dinanderie *f*.
brassy ['brɑːsɪ] (*compar* **brassier**, *superl* **brassiest**, *pl* **brassies**) ◇ *adj* -**1.** [colour] cuivré; [sound] cuivré, claironnant. -**2.** *inf* [brazen] effronté, impertinent.
◇ *n* = **brassie**.
brat [bræt] *n pej* gosse *mf*, galopin *m*; **that kid is a real ~** un vrai morveux, ce gamin; **she brought her ~s** elle a amené sa marmaille.
bravado [brə'vɑːdəʊ] *n* bravade *f*.
brave [breɪv] ◇ *adj* -**1.** [courageous] courageux, brave; **be ~!** sois courageux!, du courage!; **you'll have to be ~ and tell him** tu vas devoir prendre ton courage à deux mains et le lui dire; **to put on a ~ face, to put a ~ face on it** faire bonne contenance. -**2.** *lit* [splendid] beau, excellent; **a ~ new world** une utopie, un monde OR une société utopique ❑ **'Brave New World'** *Huxley* 'le Meilleur des mondes'.
◇ *vt* [person] braver, défier; [danger, bad weather] braver, affronter.
◇ *npl* [people]: **the ~** les courageux *mpl*; **the bravest of the ~** les plus braves d'entre les braves.
◇ *n* [Indian warrior] brave *m*, guerrier *m* indien.
◆ **brave out** *vt sep* faire face à; **we'll just have to ~ it out!** nous devrons tout simplement faire face à la situation!
bravely ['breɪvlɪ] *adv* courageusement, bravement.
bravery ['breɪvərɪ] *n* courage *m*, vaillance *f*.
bravo [,brɑː'vəʊ] (*pl* **bravos**) ◇ *interj* bravo.
◇ *n* bravo *m*.
bravura [brə'vʊərə] *n* [gen & MUS] bravoure *f*.
brawl [brɔːl] ◇ *n* -**1.** [fight] bagarre *f*, rixe *f*; **a drunken ~** une querelle d'ivrognes. -**2.** *inf Am* [party] java *f*.
◇ *vi* se bagarrer.
brawn [brɔːn] *n* *(U)* -**1.** [muscle] muscles *mpl*; [strength] muscle *m*; **all ~ and no brains** tout dans les bras et rien dans la tête. -**2.** *Br* CULIN fromage *m* de tête.
brawny ['brɔːnɪ] (*compar* **brawnier**, *superl* **brawniest**) *adj* [arm] musculeux; [person] musclé.
bray [breɪ] ◇ *vi* [donkey] braire; *pej* [person] brailler; [trumpet] beugler, retentir.
◇ *n* [of donkey] braiement *m*; *pej* [of person] braillement *m*; [of trumpet] beuglement *m*, bruit *m* strident.
braze [breɪz] *vt* braser, souder (au laiton).
brazen ['breɪzn] *adj* -**1.** [bold] effronté, impudent; **a ~ lie** un mensonge audacieux OR effronté. -**2.** [brass] de cuivre (jaune), de laiton; [sound] cuivré.
◆ **brazen out** *vt sep*: **you always have to ~ it out** il faut toujours que tu t'en tires par des fanfaronnades.
brazen-faced *adj* effronté, impudent.
brazenly ['breɪznlɪ] *adv* effrontément, impudemment.
brazier ['breɪzjəʳ] *n* -**1.** [for fire] brasero *m*. -**2.** [brass worker] chaudronnier *m*.
brazil [brə'zɪl] *n*: ~ **(nut)** noix *f* du Brézil.
Brazil [brə'zɪl] *pr n* Brésil *m*; **in ~** au Brésil.
Brazilian [brə'zɪljən] ◇ *n* Brésilien *m*, -enne *f*.
◇ *adj* brésilien.
breach [briːtʃ] ◇ *n* -**1.** [gap] brèche *f*, trou *m*; **our troops made a ~ in the enemy lines** nos troupes ont percé les lignes ennemies; **she stepped into the ~ when I fell ill** *fig* elle m'a remplacé au pied levé quand je suis tombé malade. -**2.** [violation - of law] violation *f*; [- of discipline, order, rules] infraction *f*; [- of etiquette, friendship] manquement *m*; **a ~ of confidence** un abus de confiance; **a ~ of discipline** une infraction OR un manquement à la discipline; **a ~ of faith** [gen] un manque de foi; JUR un acte de déloyauté; ~ **of privilege** POL atteinte *f* aux privilèges parlementaires; ~ **of professional secrecy** violation du secret professionnel; ~ **of contract** rupture *f* de contrat; ~ **of the peace** JUR atteinte *f* à l'ordre public; ~ **of promise** [gen] manque de parole; [of marriage] violation *f* de promesse de mariage; ~ **of trust** abus *m* de confiance. -**3.** [rift] brouille *f*, désaccord *m*. -**4.** [of whale] saut *m*.
◇ *vt* -**1.** [make gap in] ouvrir une brèche dans, faire un trou dans; **we ~ed the enemy lines** nous avons percé les lignes ennemies. -**2.** [agreement] violer, rompre; [promise] manquer à.
◇ *vi* [whale] sauter hors de l'eau.
bread [bred] *n* *(U)* -**1.** [food] pain *m*; **a loaf of ~** un pain, une miche; **freshly baked ~** du pain frais; ~ **and butter** du pain beurré; **a slice of ~ and butter** une tartine (beurrée); **they put the prisoner on ~ and water** ils ont mis le prisonnier au pain sec et à l'eau ❑ **the ~ and wine** RELIG les espèces *fpl*; **to earn one's daily ~** gagner sa vie OR sa croûte; **translation is her ~ and butter** la traduction est son gagne-pain; **to take the ~ out of sb's mouth** ôter le pain de la bouche à qqn; **I know which side my ~ is buttered** je sais où est mon intérêt. -**2.** *inf* [money] pognon *m*, fric *m*.
bread-and-butter *inf adj* -**1.** [basic]: **a ~ job** un travail qui assure le nécessaire; **the ~ issues** les questions les plus terre-à-terre. -**2.** [reliable - person] sur qui l'on peut compter. -**3.** [expressing gratitude]: **a ~ letter** une lettre de remerciements.
breadbasket ['bred,bɑːskɪt] *n* -**1.** [basket] corbeille *f* à pain. -**2.** GEOG région *f* céréalière. -**3.** *inf dated* [stomach] estomac *m*.
bread bin *n Br* [small] boîte *f* à pain; [larger] huche *f* à pain.

breadboard ['bredbɔːd] *n* planche *f* à pain.

bread box *Am* = **bread bin**.

breadcrumb ['bredkrʌm] *n* miette *f* de pain.
◆ **breadcrumbs** *npl* CULIN chapelure *f*, panure *f*; **fish fried in ~s** du poisson pané.

breaded ['bredɪd] *adj* enrobé de chapelure.

breadfruit ['bredfruːt] *n* [tree] arbre *m* à pain; [fruit] fruit *m* à pain.

breadknife ['brednaɪf] (*pl* **breadknives** [-naɪvz]) *n* couteau *m* à pain.

breadline ['bredlaɪn] *n* *file d'attente pour recevoir des vivres gratuits*; **to live** OR **to be on the ~** *fig* être sans le sou OR indigent.

bread sauce *n* *Br* sauce *f* à la mie de pain.

breadstick ['bredstɪk] *n* gressin *m*.

breadth [bredθ] *n* -**1.** [width] largeur *f*; [of cloth] lé *m*; **the stage is 60 metres in ~** la scène a 60 mètres de large. -**2.** [scope - of mind, thought] largeur *f*; [- of style] ampleur *f*; ART largeur *f* d'exécution; MUS jeu *m* large.

breadwinner ['bred,wɪnəʳ] *n* soutien *m* de famille.

break [breɪk] (*pt* **broke** [brəʊk], *pp* **broken** ['brəʊkn]) ◇ *vt* -**1.** [split into pieces - glass, furniture] casser, briser; [- branch, lace, string] casser; **~ the stick in two** cassez le bâton en deux; **to ~ a safe** forcer un coffre-fort; **to ~ bread** RELIG [priest] administrer la communion; [congregation] recevoir la communion; **to ~ sb's heart** *fig* briser le cœur à qqn; **George broke her heart** Georges lui a brisé le cœur; **it ~s my heart to see her unhappy** ça me brise le cœur de la voir malheureuse □ **to ~ the ice** rompre OR briser la glace. -**2.** [fracture] casser, fracturer; **to ~ one's leg** se casser OR se fracturer la jambe; **to ~ one's neck** se casser OR se rompre le cou; **the fall broke his back** la chute lui a brisé les reins || *fig*: **to ~ one's back** *inf* s'échiner; **they broke their backs trying to get the job done** ils se sont éreintés à finir le travail; **we've broken the back of the job** nous avons fait le plus gros du travail; **I'll ~ his neck if I catch him doing it again!** *inf* je lui tords le cou si je le reprends à faire ça! □ **~ a leg!** *inf* merde! *(pour souhaiter bonne chance)*. -**3.** [render inoperable - appliance, machine] casser; **you've broken the TV** tu as cassé la télé. -**4.** [cut surface of - ground] entamer; [- skin] écorcher; **the seal on the coffee jar was broken** le pot de café avait été ouvert; **the skin isn't broken** la peau n'est pas écorchée □ **to ~ new** OR **fresh ground** innover, faire œuvre de pionnier; **scientists are ~ing new** OR **fresh ground in cancer research** les savants font une percée dans la recherche contre le cancer. -**5.** [force a way through] enfoncer; **the river broke its banks** la rivière est sortie de son lit; **to ~ the sound barrier** franchir le mur du son; **to ~ surface** [diver, whale] remonter à la surface; [submarine] faire surface. -**6.** [violate - law, rule] violer, enfreindre; [- agreement, treaty] violer; [- contract] rompre; [- promise] manquer à; RELIG [- commandment] désobéir à; [- sabbath] ne pas respecter; **she broke her appointment with them** elle a annulé son rendez-vous avec eux; **to ~ the speed limit** dépasser la limitation de vitesse; **he broke his word to her** *lit* il a manqué à la parole qu'il lui avait donnée; **to ~ parole** JUR *commettre un délit qui entraîne la révocation de la mise en liberté conditionnelle*; **to ~ bounds** MIL violer la consigne. -**7.** [escape from, leave suddenly]: **to ~ jail** s'évader (de prison); **to ~ camp** lever le camp; **to ~ cover** [animal] être débusqué; [person] sortir à découvert. -**8.** [interrupt - fast, monotony, spell] rompre; **we broke our journey at Brussels** nous avons fait une étape à Bruxelles; **a cry broke the silence** un cri a déchiré OR percé le silence; **the plain was broken only by an occasional small settlement** la plaine n'était interrompue que par de rares petits hameaux; **to ~ step** rompre le pas; **to ~ sb's service** [in tennis] prendre le service de qqn || ELEC [circuit, current] couper. -**9.** [put an end to - strike] briser; [- uprising] mater; **the new offer broke the deadlock** la nouvelle proposition a permis de sortir de l'impasse; **he's tried to stop smoking but he can't ~ the habit** il a essayé d'arrêter de fumer mais il n'arrive pas à se débarrasser OR se défaire de l'habitude. -**10.** [wear down, destroy - enemy] détruire; [- person, will, courage, resistance] briser; [- witness] réfuter; [- health] abîmer; **torture did not ~ him** OR **his spirit** il a résisté à la torture; **this scandal could ~ them** ce scandale pourrait signer leur perte; **the experience will either make or ~ him** l'expérience lui sera ou salutaire ou fatale. -**11.** [bankrupt] ruiner; **her new business will either make or ~ her** sa nouvelle affaire la rendra riche ou la ruinera □ **to ~ the bank** [exhaust funds] faire sauter la banque; **buying a book won't ~ the bank!** *hum* acheter un livre ne nous ruinera pas! -**12.** [soften - fall] amortir, adoucir; **we planted a row of trees to ~ the wind** nous avons planté une rangée d'arbres pour couper le vent. -**13.** [reveal, tell] annoncer, révéler; **~ it to her gently** annonce-le lui avec ménagement. -**14.** [beat, improve on] battre; **to ~ a record** battre un record; **the golfer broke 90** le golfeur a dépassé le score de 90. -**15.** [solve - code] déchiffrer. -**16.** [divide into parts - collection] dépareiller; [- bank note] entamer; **can you ~ a £10 note?** pouvez-vous faire de la monnaie sur un billet de 10 livres? -**17.** [horse] dresser. -**18.** MIL [demote] casser. -**19.** NAUT [flag] déferler. -**20.** *euph*: **to ~ wind** lâcher un vent.

◇ *vi* -**1.** [split into pieces - glass, furniture] se casser, se briser; [- branch, stick] se casser, se rompre; [- lace, string] se casser; **to ~ apart** se casser OR se briser (en morceaux); **the plate broke in two** l'assiette s'est cassée en deux; **her heart broke** *fig* elle a eu le cœur brisé. -**2.** [fracture - bone, limb] se fracturer; **is the bone broken?** y a-t-il une fracture?; **any bones broken?** *hum* rien de cassé? -**3.** [become inoperable - lock, tool] casser; [- machine] tomber en panne; **the dishwasher broke last week** le lave-vaisselle est tombé en panne la semaine dernière. -**4.** [disperse - clouds] se disperser, se dissiper; [- troops] rompre les rangs; [- ranks] se rompre. -**5.** [escape]: **to ~ free** se libérer; **the ship broke loose from its moorings** le bateau a rompu ses amarres. -**6.** [fail - health, person, spirit] se détériorer; **the witness broke under questioning** le témoin a craqué au cours de l'interrogatoire; **she** OR **her spirit did not ~** elle ne s'est pas laissée abattre; **their courage finally broke** leur courage a fini par les abandonner. -**7.** [take a break] faire une pause; **let's ~ for coffee** faisons une pause-café, arrêtons-nous pour prendre un café. -**8.** [arise suddenly - day] se lever, poindre; [- dawn] poindre; [- news] être annoncé; [- scandal, war] éclater. -**9.** [move suddenly] se précipiter, foncer. -**10.** [weather] changer; [storm] éclater. -**11.** [voice - of boy] muer; [- with emotion] se briser; **she was so upset that her voice kept ~ing** elle était tellement bouleversée que sa voix se brisait. -**12.** [wave] déferler. -**13.** MED: **her waters have broken** elle a perdu les eaux. -**14.** *phr*: **to ~ even** [gen] s'y retrouver; FIN rentrer dans ses frais. -**15.** *inf Am* [happen] se passer, arriver; **to ~ right/badly** bien/mal se passer. -**16.** LING [vowel] se diphtonguer. -**17.** [boxers] se dégager. -**18.** [ball] dévier. -**19.** [in billiards] donner l'acquit.

◇ *n* -**1.** [in china, glass] cassure *f*, brisure *f*; [in wood] cassure *f*, rupture *f*; [in bone, limb] fracture *f*; **a clean ~** [in object] une cassure nette; [in bone] une fracture simple || *fig* [with friend, group] rupture *f*; [in marriage] séparation *f*; **the ~ with her husband was a painful experience** ça a été très pénible pour elle quand elle s'est séparée de son mari; **her ~ with the party in 1968** sa rupture avec le parti en 1968; **to make a clean ~ with the past** rompre avec le passé. -**2.** [crack] fissure *f*, fente *f*. -**3.** [gap - in hedge, wall] trouée *f*, ouverture *f*; [- in rock] faille *f*; [- in line] interruption *f*, rupture *f*; **a ~ in the clouds** une éclaircie. -**4.** [interruption - in conversation] interruption *f*, pause *f*; [- in payment] interruption *f*, suspension *f*; [- in trip] arrêt *m*; **a ~ in production** une suspension OR rupture de production; **a ~ for commercials, a (commercial) ~** RADIO un intermède de publicité; TV un écran publicitaire, une page de publicité; **a ~ in transmission** une interruption des programmes (due à un incident technique) || LITERAT & MUS pause *f*; [in jazz] break *m*; ELEC: **a ~ in the circuit** une coupure de courant. -**5.** [rest] pause *f*; [holiday] vacances *fpl*; *Br* SCH récréation *f*; **let's take a ~** on fait une pause?; **we worked all morning without a ~** nous avons travaillé toute la matinée sans nous arrêter; **he drove for three hours without a ~** il a conduit trois heures de suite; **you need a ~** [short rest] tu as besoin de faire une pause; [holiday] tu as besoin de vacances □ **coffee ~** pause-café *f*; **lunch ~** pause *f* de midi; **do you get a lunch ~?** tu as une pause à midi?; **give me a ~!** *inf* laisse-moi respirer! -**6.** [escape] évasion *f*, fuite *f*; **jail ~** évasion (de prison); **she made a ~ for the woods** elle s'est élancée vers le bois □ **to make a ~ for it** prendre la fuite. -**7.** *inf* [opportunity] chance *f*; [luck] (coup *m* de) veine *f*; **you get all the ~s!** tu en as du pot!; **to have a lucky ~** avoir de la veine; **to have a bad ~** manquer de veine. -**8.** [change] changement *m*; **a ~ in the weather** un changement de temps; **the decision signalled a ~ with tradition** la décision marquait une rupture avec la tradition. -**9.** [carriage] break *m*. -**10.** *lit*: **at ~ of day** au point du jour, à l'aube. -**11.** SPORT: **to have a service ~** OR **a ~ (of serve)** [in tennis] avoir une rupture de service *(de l'adversaire)*; **he made a 70 ~** [in snooker] il a fait une série de 70.

◆ **break away** ◇ *vi insep* -**1.** [move away] se détacher; **I broke away from the crowd** je me suis éloigné de la foule; **he broke away from her grasp** il s'est dégagé de son étreinte. -**2.** [end association with] rompre; **a group of MPs broke away from the party** un groupe de députés a quitté le parti; **as a band they have broken away from traditional jazz** leur groupe a (complètement) rompu avec le jazz traditionnel. -**3.** SPORT [in racing, cycling] s'échapper, se détacher du peloton.
◇ *vt sep* détacher; **they broke all the fittings away from the walls** ils ont décroché toutes les appliques des murs.

◆ **break down** ◇ *vi insep* -**1.** [vehicle, machine] tomber en panne; **the car has broken down** la voiture est en panne. -**2.** [fail - health] se détériorer; [- authority] disparaître; [- argument, system] s'effondrer; [- negotiations, relations] échouer; **radio communications broke down** le contact radio a été coupé; **the plan broke down due to poor organization** le projet a échoué à cause d'une mauvaise organisation. -**3.** [lose one's composure] s'effondrer; **to ~ down in tears** fondre en larmes. -**4.** [divide] se diviser; **the report ~s down into three parts** le rapport comprend OR est composé de trois parties. -**5.** CHEM se décomposer; **to ~ down into** se décomposer en.
◇ *vt sep* -**1.** [destroy - barrier] démolir, abattre; [- door] enfoncer; *fig* [- resistance] briser; **we must ~ down old prejudices** il faut mettre fin aux vieux préjugés. -**2.** [analyse - idea] analyser; [- reasons] décomposer; [- accounts] analyser, détailler; COMM [- costs, figures] ventiler; CHEM [- substance] décomposer.

◆ **break forth** *vi insep lit* [light] jaillir; [storm, buds] éclater; [blossom] s'épanouir subitement.

◆ **break in** ◇ *vt sep* -**1.** [train - person] former; [- horse] dresser; **a month should be enough to ~ you in to the job** un mois devrait suffire pour vous faire OR vous habituer au métier. -**2.** [clothing] porter *(pour user)*; **I want to ~ these shoes in** je veux que ces chaussures se fassent. -**3.** [knock down - door] enfoncer.
◇ *vi insep* -**1.** [burglar] entrer; JUR entrer par effraction. -**2.** [speaker] interrompre; **to ~ in on sb/sthg** interrompre qqn/qqch.

◆ **break into** *vt insep* -**1.** [house, car] entrer dans; JUR entrer par effraction dans; **I broke into the drawer** j'ai forcé le tiroir; **they broke into the safe** ils ont fracturé OR forcé le coffre-fort. -**2.** [begin suddenly]: **the audience broke** into applause le public s'est mis à applaudir; **the horse broke into a gallop** le cheval a pris le galop. -**3.** [conversation] interrompre. -**4.** [start to spend - savings] entamer; **I don't want to ~ into a £20 note** je ne veux pas entamer un billet de 20 livres. -**5.** COMM percer sur; **the firm has broken into the Japanese market** l'entreprise a percé sur le marché japonais.

◆ **break off** ◇ *vi insep* -**1.** [become separated] se détacher, se casser; **a branch has broken off** une branche s'est détachée (de l'arbre). -**2.** [stop abruptly] s'arrêter brusquement; **he broke off in mid-sentence** il s'est arrêté au milieu d'une phrase; **they broke off from work** [for rest] ils ont fait une pause; [for day] ils ont cessé le travail. -**3.** [end relationship] rompre; **she's broken off with him** elle a rompu avec lui.

◇ *vt sep* -**1.** [separate] détacher, casser; **to ~ sthg off sthg** casser OR détacher qqch de qqch. -**2.** [end - agreement, relationship] rompre; **they've broken off their engagement** ils ont rompu leurs fiançailles; **Italy had broken off diplomatic relations with Libya** l'Italie avait rompu ses relations diplomatiques avec la Libye.

◆ **break out** ◇ *vi insep* -**1.** [begin abruptly - argument, war, storm] éclater; [- disease] se déclarer. -**2.** [become covered]: **to ~ out in spots** OR **in a rash** avoir une éruption de boutons; **to ~ out in a sweat** se mettre à transpirer; **she broke out in a cold sweat** elle s'est mise à avoir des sueurs froides. -**3.** [escape] s'échapper; **to ~ out from** OR **of prison** s'évader (de prison); **we have to ~ out of this vicious circle** il faut que nous sortions de ce cercle vicieux.

◇ *vt sep* [bottle, champagne] ouvrir.

◆ **break through** ◇ *vt insep* percer; **the sun broke through the clouds** le soleil a percé les nuages; **I broke through the crowd** je me suis frayé un chemin à travers la foule; **the troops broke through enemy lines** les troupes ont enfoncé les lignes ennemies; **she eventually broke through his reserve** elle a fini par le faire sortir de sa réserve.

◇ *vi insep literal* percer; *fig* & MIL faire une percée; **his hidden feelings tend to ~ through in his writing** *fig* ses sentiments cachés tendent à transparaître OR percer dans ses écrits.

◆ **break up** ◇ *vt sep* -**1.** [divide up - rocks] briser, morceler; [- property] morceler; [- soil] ameublir; **she broke the loaf up into four pieces** elle a rompu OR partagé la miche en quatre; **illustrations ~ up the text** le texte est aéré par des illustrations. -**2.** [destroy - house] démolir; [- road] défoncer. -**3.** [bring to an end - fight, party] mettre fin à, arrêter; [- coalition] briser, rompre; [- organization] dissoudre; [- empire] démembrer; [- family] séparer; **his drinking broke up their marriage** le fait qu'il buvait a brisé OR détruit leur mariage. -**4.** [disperse - crowd] disperser; **~ it up!** [people fighting or arguing] arrêtez!; [said by policeman] circulez! -**5.** *inf* [distress] bouleverser, retourner; **the news really broke her up** la nouvelle l'a complètement bouleversée. -**6.** *inf Am* [amuse]: **her stories really ~ me up!** ses histoires me font bien marrer!

◇ *vi insep* -**1.** [split into pieces - road, system] se désagréger; [- ice] craquer, se fissurer; **the ship broke up on the rocks** le navire s'est disloqué sur les rochers. -**2.** [come to an end - meeting, party] se terminer, prendre fin; [- partnership] cesser, prendre fin; **when the meeting broke up** à l'issue OR à la fin de la réunion; **their marriage broke up** leur mariage n'a pas marché. -**3.** [boyfriend, girlfriend] rompre; **she broke up with her boyfriend** elle a rompu avec son petit ami; **they've broken up** ils se sont séparés. -**4.** [disperse - clouds] se disperser; [- group] se disperser; [- friends] se quitter, se séparer. -**5.** *Br* SCH être en vacances; **we ~ up for Christmas on the 22nd** les vacances de Noël commencent le 22. -**6.** [lose one's composure] s'effondrer. -**7.** *inf Am* [laugh] se tordre de rire.

◆ **break with** *vt insep* -**1.** [end association with - person, organization] rompre avec; **the defeat caused many people to ~ with the party** la défaite a poussé beaucoup de gens à rompre avec le parti. -**2.** [depart from - belief, values] rompre avec; **she broke with tradition by getting married away from her village** elle a rompu avec la tradition en ne se mariant pas dans son village.

breakable ['breɪkəbl] *adj* fragile, cassable.

◆ **breakables** *npl*: **put away all ~s** rangez tout objet fragile.

breakage ['breɪkɪdʒ] *n* -**1.** [of metal] rupture *f*; [of glass] casse *f*, bris *m*. -**2.** [damages] casse *f*; **the insurance pays for all ~** OR **~s** l'assurance paye toute la casse.

breakaway ['breɪkəweɪ] ◇ *n* -**1.** [of people] séparation *f*; [of group] rupture *f*; SPORT [in cycling] échappée *f*; [in boxing] dégagement *m*. -**2.** CIN accessoire *m* cassable.

◇ *adj* séparatiste, dissident; **a ~ group** un groupe dissident.

breakdance ['breɪkdɑːns] *n* smurf *m*.

◆ **break-dance** *vi* danser le smurf.

break dancer *n* smurfer *m*.

break dancing *n* smurf *m*.

breakdown ['breɪkdaʊn] *n* -**1.** [mechanical] panne *f*; **to have a ~** tomber en panne. -**2.** [of communications, negotiations] rupture *f*; [of railway system] arrêt *m* complet; [of tradition, state of affairs] détérioration *f*, dégradation *f*. -**3.** MED [nervous] dépression *f* nerveuse; **to have a ~** faire une dépression (nerveuse) || [physical] effondrement *m*. -**4.** [analysis] analyse *f*; [into parts] décomposition *f*; COMM [of costs, figures] ventilation *f*; **a ~ of the population by age** une répartition de la population par âge; **give me a ~ of the annual report** faites-moi l'analyse du rapport annuel.

breakdown lorry, **breakdown truck** *n Br* dépanneuse *f*.

breaker ['breɪkəʳ] *n* -**1.** [scrap merchant]: **the ship was sent to the ~'s** le navire a été envoyé à la démolition. -**2.** [wave] brisant *m*. -**3.** ELECTRON = **circuit breaker**. -**4.** [machine] concasseur *m*, broyeur *m*. -**5.** [CB operator] cibiste *mf*.

break-even *adj*: **~ point** seuil *m* de rentabilité, point mort *m*; **~ price** prix *m* d'équilibre.

breakfast ['brekfəst] ◇ *n* petit déjeuner *m*; **to have ~** prendre le petit déjeuner; **what do you want for ~?** que veux-tu pour ton petit déjeuner? ❑ **'Breakfast at Tiffany's'** *Capote* 'Petit Déjeuner chez Tiffany'; *Edwards* 'Diamants sur canapé'.

◇ *comp* [service, set] à petit déjeuner; [tea, time] du petit déjeuner; **~ cup** déjeuner *m*; **~ cereal** céréales *fpl*; **~ table** table *f* pour le petit déjeuner.

◇ *vi* prendre le petit déjeuner, déjeuner.

breakfast room *n* salle *f* du petit déjeuner.

breakfast television *n* télévision *f* du matin.

break-in *n* cambriolage *m*.

breaking ['breɪkɪŋ] *n* -**1.** [shattering] bris *m*; [of bone] fracture *f*; JUR [of seal] bris *m*; **~ and entering** effraction *f*. -**2.** [violation - of treaty, rule, law] violation *f*; **~ of a promise** manquement à une promesse; **~ of a commandment** désobéissance à un commandement. -**3.** [interruption - of journey] interruption *f*; [- of silence] rupture *f*. -**4.** LING fracture *f*.

breaking point *n literal* point *m* de rupture; *fig*: **I've reached ~** je suis à bout, je n'en peux plus; **you're trying my patience to ~** tu pousses à bout ma patience; **the situation has reached ~** la situation est devenue critique.

breakneck ['breɪknek] *adj*: **at ~ speed** à une allure folle, à tombeau ouvert.

breakout ['breɪkaʊt] *n* [from prison] évasion *f* (de prison).

breakpoint ['breɪkpɔɪnt] *n* -**1.** [in tennis] point *m* d'avantage. -**2.** COMPUT point *m* de rupture.

breakthrough ['breɪkθruː] *n* -**1.** [advance, discovery] découverte *f* capitale, percée *f* (technologique). -**2.** [in enemy lines] percée *f*.

breakup ['breɪkʌp] *n* -**1.** [disintegration - of association] démembrement *m*, dissolution *f*; [- of relationship] rupture *f*; **before our ~** avant que nous ne rompions. -**2.** [end - of meeting, activity] fin *f*. -**3.** [of ship] dislocation *f*. -**4.** [of ice] débâcle *f*.

breakwater ['breɪkˌwɔːtəʳ] *n* digue *f*, brise-lames *m inv*.

bream [briːm] (*pl inv* OR **breams**) *n* brème *f*.

breast [brest] ◇ *n* -**1.** [chest] poitrine *f*; [of animal] poitrine, poitrail *m*; CULIN [of chicken] blanc *m*; **he held her to his ~** il la tint serrée contre sa poitrine ❑ **to make a clean ~ of it** *inf* tout avouer. -**2.** [bosom - of woman] sein *m*, poitrine *f*; *arch* [- of man] sein *m*; **she put the baby to her ~** elle porta le bébé à son sein; **a child at the ~** un enfant au sein. -**3.** MIN front *m* de taille.

◇ *vt* -**1.** [face - waves, storm] affronter, faire front à. -**2.** [reach summit of] atteindre le sommet de; **the runner ~ed the tape** SPORT le coureur a franchi la ligne d'arrivée (en vainqueur).

breast-beating *n* (*U*) jérémiades *fpl*.

breastbone ['brestbəʊn] *n* ANAT sternum *m*; [of bird] bréchet *m*.

breast-fed *adj* nourri au sein.

breast-feed ◇ *vt* allaiter, donner le sein à.

◇ *vi* allaiter, nourrir au sein.

breast-feeding *n* allaitement *m* au sein.

breastplate ['brestpleɪt] *n* [armour] plastron *m* (de cuirasse); [of priest] pectoral *m*.

breast pocket *n* poche *f* de poitrine.

breaststroke ['breststrəʊk] *n* brasse *f*; **to swim (the) ~** nager la brasse.

breastwork ['brestwɜːk] *n* MIL parapet *m*; NAUT rambarde *f*.

breath [breθ] *n* -**1.** [of human, animal] haleine *f*, souffle *m*; **to have bad ~** avoir mauvaise haleine; **take a ~** respirez; **he took a deep ~** il a respiré à fond; **I took a deep ~ and started to explain** je respirai profondément et commençai d'expliquer; **let me get my ~ back** laissez-moi retrouver mon souffle OR reprendre haleine; **she stopped for ~** elle s'est arrêtée pour reprendre haleine; **to be out of ~** être essoufflé OR à bout de souffle; **to be short of ~** avoir le souffle court; **he said it all in one ~** il l'a dit d'un trait; **they are not to be mentioned in the same ~** on ne saurait les comparer; **under one's ~** à voix basse, tout bas; **she laughed under her ~** elle a ri sous cape; **with her dying ~** en mourant; **he drew his last ~** il a rendu l'âme OR le dernier soupir; **music is the ~ of life to him** la musique est toute sa vie; **to hold one's ~** retenir son souffle; **don't hold your ~ waiting for the money** si c'est l'argent que tu attends, ne compte pas dessus OR tu perds ton temps, **save your ~!** inutile de gaspiller ta salive!; **the sight took his ~ away** la vue OR le spectacle lui a coupé le souffle; **it takes my ~ away** je n'en reviens pas. -**2.** [gust] souffle *m*; **there isn't a ~ of air** il n'y a pas un souffle d'air; **we went out for a ~ of fresh air** nous sommes sortis prendre l'air. -**3.** [hint] trace *f*; **the first ~ of spring** les premiers effluves du printemps; **the faintest ~ of scandal** le plus petit soupçon de scandale.

breathable ['briːðəbl] *adj* respirable.

breathalyse *Br*, **breathalyze** *Am* ['breθəlaɪz] *vt* faire passer l'Alcootest® à.

Breathalyser®, **Breathalyzer**® ['breθəlaɪzəʳ] *n* Alcootest® *m*.

breathe [briːð] ◇ *vi* -**1.** respirer; **to ~ heavily** OR **deeply** [after exertion] souffler OR respirer bruyamment; [during illness] il respirait péniblement; **is he still breathing?** est-il toujours en vie?, vit-il encore?; **I ~d more easily** OR **again after the exam** *fig* après l'examen j'ai enfin pu respirer; **how can I work with you breathing down my neck?** *fig* comment veux-tu que je travaille si tu es toujours derrière moi? -**2.** [wine] respirer.

◇ *vt* -**1.** PHYSIOL respirer; **she ~d a sigh of relief** elle poussa un soupir de soulagement; **to ~ one's last** rendre le dernier soupir OR l'âme;

she ~d new life into the project elle a insufflé de nouvelles forces au projet; she'll be breathing fire when she finds out! elle va se mettre dans une colère noire quand elle saura! -2. [whisper] murmurer; don't ~ a word! ne soufflez pas mot!; they didn't ~ a word about it ils n'en ont pas soufflé mot. -3. LING aspirer.
◆ **breathe in** *vi insep* & *vt sep* inspirer.
◆ **breathe out** *vi insep* & *vt sep* expirer.

breather *inf* ['bri:ðəʳ] *n* moment *m* de repos OR de répit; let's take a ~ prenons le temps de souffler un peu; I went out for a ~ je suis sorti prendre l'air ❑ heavy ~ auteur *m* de coups de fil obscènes.

breathing ['bri:ðɪŋ] *n* -1. [gen] respiration *f*, souffle *m*; [of musician] respiration *f*; heavy ~ respiration bruyante. -2. LING aspiration *f*; rough/smooth ~ [in ancient Greek] esprit *m* rude/doux.

breathing space *n* moment *m* de répit.

breathless ['breθlɪs] *adj* -1. [from exertion] essoufflé, hors d'haleine; [from illness] oppressé, qui a du mal à respirer. -2. [from emotion]: his kiss left her ~ son baiser lui a coupé le souffle; we waited in ~ excitement nous attendions le souffle coupé par l'émotion OR en retenant notre haleine; the film held us ~ le film nous a tenus en haleine ❑ 'Breathless' *Godard* 'À bout de souffle'. -3. [atmosphere] étouffant.

breathlessly ['breθlɪslɪ] *adv* [gasping] en haletant; *fig* [hurriedly] en toute hâte.

breathtaking ['breθ,teɪkɪŋ] *adj* impressionnant; a ~ view une vue à (vous) couper le souffle.

breathtakingly ['breθ,teɪkɪŋlɪ] *adv* de manière impressionnante.

breath test *n* Alcootest® *m*.

breathy ['breθɪ] (*compar* breathier, *superl* breathiest) *adj* qui respire bruyamment; MUS qui manque d'attaque; she has a ~ voice elle respire bruyamment en parlant.

Brechtian ['brektɪən] ◇ *adj* brechtien.
◇ *n* brechtien *m*, -enne *f*.

bred [bred] ◇ *pt* & *pp* → **breed**.
◇ *adj* élevé.

-bred *in cpds* élevé; ill/well~ mal/bien élevé.

breech [bri:tʃ] ◇ *n* -1. [of gun] culasse *f*. -2. [of person] derrière *m*.
◇ *vt* [gun] munir d'une culasse.

breech birth *n* accouchement *m* par le siège *m*.

breechblock ['bri:tʃblɒk] *n* bloc *m* de culasse.

breechcloth ['bri:tʃklɒθ] *n Am* pagne *m*.

breech delivery = **breech birth**.

breeches ['brɪtʃɪz] *npl* pantalon *m*; [knee-length] haut-de-chausses *m*; [for riding] culotte *f*.

breeches buoy ['bri:tʃɪz-] *n* bouée-culotte *f*.

breechloader ['bri:tʃ,ləʊdəʳ] *n* arme *f* qui se charge par la culasse.

breech-loading *adj* qui se charge par la culasse.

breed [bri:d] (*pt* & *pp* bred [bred]) ◇ *n* -1. ZOOL [race] race *f*, espèce *f*; [within race] type *m*; BOT [of plant] espèce *f*. -2. *fig* [kind] sorte *f*, espèce *f*; he's one of a dying ~ il fait partie d'une espèce en voie de disparition.
◇ *vt* -1. [raise - animals] élever, faire l'élevage de; [- plants] cultiver; [- children] *lit* OR *hum* élever; to ~ in/out a characteristic faire acquérir/éliminer une caractéristique (par la sélection); he was bred for the sea on l'a élevé pour en faire un marin plus tard. -2. *fig* [cause] engendrer, faire naître.
◇ *vi* se reproduire, se multiplier; to ~ like rabbits se multiplier comme des lapins.

breeder ['bri:dəʳ] *n* [person] éleveur *m*, -euse *f*; [animal] reproducteur *m*, -trice *f*.

breeder reactor *n* surgénérateur *m*, surrégénérateur *m*.

breeding ['bri:dɪŋ] *n* -1. AGR [raising - of animals] élevage *m*; [- of plants] culture *f*. -2. [reproduction] reproduction *f*, procréation *f*; the ~ season [for animals] la saison des amours; [for birds] la saison des nids. -3. [upbringing] éducation *f*; he lacks ~ il manque de savoir-vivre. -4. PHYS surgénération *f*, surrégénération *f*.

breeding-ground *n* -1. [for wild animals, birds] lieu *m* de prédilection pour l'accouplement OR la ponte. -2. *fig*: a ~ for terrorists une pépinière de terroristes.

breeks [bri:ks] *npl Scot* pantalon *m*.

breeze [bri:z] ◇ *n* -1. [wind] brise *f*; a gentle OR light ~ une petite OR légère brise; a stiff ~ un vent frais; there's quite a ~ ça souffle ❑ to shoot the ~ *inf Am* bavarder. -2. *inf Am*: that's a ~ c'est l'enfance de l'art, c'est du gâteau. -3. [charcoal] cendres *fpl* (de charbon).
◇ *vi* -1. [move quickly] aller vite; the car ~d along the country lanes la voiture roulait à vive allure sur les routes de campagne. -2. [do easily]: I ~d through the exam *inf* j'ai passé l'examen les doigts dans le nez.
◆ **breeze in** *vi insep*: she ~d in [quickly] elle est entrée en coup de vent; [casually] elle est entrée d'un air désinvolte.
◆ **breeze out** *vi insep*: he ~d out [quickly] il est sorti en coup de vent; [casually] il est sorti d'un air désinvolte.

breezeblock ['bri:zblɒk] *n Br* parpaing *m*.

breezily ['bri:zɪlɪ] *adv* [casually] avec désinvolture; [cheerfully] joyeusement, jovialement.

breezy ['bri:zɪ] (*compar* breezier, *superl* breeziest) *adj* -1. [weather, day] venteux; [place, spot] éventé. -2. [person - casual] désinvolte; [- cheerful] jovial, enjoué.

Bremen ['breɪmən] *pr n* Brême.

Bren gun [bren-] *n* fusil *m* mitrailleur.

brethren ['breðrən] *npl fml* [fellow members] camarades *mpl*; RELIG frères *mpl*.

Breton ['bretn] ◇ *n* -1. [person] Breton *m*, -onne *f*. -2. LING breton *m*.
◇ *adj* breton.

breve [bri:v] *n* MUS & TYPO brève *f*.

breviary ['bri:vjərɪ] (*pl* breviaries) *n* bréviaire *m*.

brevity ['brevɪtɪ] *n* -1. [shortness] brièveté *f*. -2. [succinctness] concision *f*; [terseness] laconisme *m*; ~ is the soul of wit *prov* la concision est le secret d'un bon mot d'esprit.

brew [bru:] ◇ *n* -1. [infusion] infusion *f*; [herbal] tisane *f*; a witch's ~ un brouet de sorcière. -2. [beer] brassage *m*; [amount made] brassin *m*.
◇ *vt* -1. [prepare - tea] préparer, faire infuser; [- beer] brasser. -2. *fig* [scheme] tramer, mijoter.
◇ *vi* -1. [tea] infuser; [beer] fermenter. -2. [make beer] brasser, faire de la bière. -3. *fig* [storm] couver, se préparer; [scheme] se tramer, mijoter; I could tell by her face there was a storm ~ing j'ai vu sur son visage qu'il y avait de l'orage dans l'air; there's trouble ~ing il y a de l'orage dans l'air.
◆ **brew up** *vi insep* -1. [storm] couver, se préparer; [trouble] se préparer, se tramer. -2. *inf Br* [make tea] préparer OR faire du thé.

brewer ['bru:əʳ] *n* brasseur *m*.

brewer's yeast *n* levure *f* de bière.

brewery ['brʊərɪ] (*pl* breweries) *n* brasserie *f* (*fabrique*).

brew-up *inf n Br*: we stopped work for a ~ nous avons fait une pause pour prendre un thé.

briar ['braɪəʳ] = **brier**.

briar (pipe) *n* pipe *f* de bruyère.

bribe [braɪb] ◇ *vt* soudoyer, acheter; [witness] suborner; we ~d the guard to tell us nous avons soudoyé le garde pour qu'il nous le dise; I ~d him with sweets je l'ai acheté avec des bonbons.
◇ *n* pot-de-vin *m*; to take ~s se laisser corrompre; I offered him a ~ j'ai tenté de le corrompre, je lui ai offert un pot-de-vin.

bribery ['braɪbərɪ] *n* corruption *f*; [of witness] subornation *f*; open to ~ corruptible; not open to ~ incorruptible ❑ ~ and corruption JUR corruption.

bric-à-brac ['brɪkəbræk] ◇ *n* bric-à-brac *m*.
◇ *comp*: a ~ shop/stall une boutique/un éventaire de brocanteur.

brick [brɪk] ◇ *n* -1. [for building] brique *f*; a house made of ~ une maison en brique ❑ to come down on sb like a ton of ~s *inf* passer un savon à qqn; you can't make ~s without straw *prov* à l'impossible nul n'est tenu *prov*. -2. [of ice cream] pavé *m* (de glace). -3. *Br* [toy] cube *m* (de construction); a box of ~s un jeu de construction. -4. *inf Br dated* chic type *m*, chic fille *f*; you're a ~! tu es vraiment OR super sympa!
◇ *comp* [building, wall] en brique OR briques; it's like talking to a ~ wall autant (vaut) parler à un mur OR un sourd.
◆ **brick in** = **brick up**.
◆ **brick off** *vt sep* murer.
◆ **brick up** *vt sep* murer.

brickbat ['brɪkbæt] *n* [weapon] morceau *m* de brique; *fig* [criticism] critique *f*.

brickie *inf* ['brɪkɪ] *n Br* maçon *m*, ouvrier-maçon *m*.

brick-kiln *n* four *m* à briques.

bricklayer ['brɪk,leɪəʳ] *n* maçon *m*, ouvrier-maçon *m*.

brick red *n* rouge *m* brique.
◆ **brick-red** *adj* rouge brique (*inv*).

brickwork ['brɪkwɜ:k] *n* [structure] briquetage *m*, brique *f*.

brickworks ['brɪkwɜ:ks] (*pl inv*), **brickyard** ['brɪkjɑ:d] *n* briqueterie *f*.

bridal ['braɪdl] *adj* [gown, veil] de mariée; [chamber, procession] nuptial; [feast] de noce; the ~ suite l'appartement *m* réservé aux jeunes mariés.

bride [braɪd] *n* [before wedding] (future) mariée *f*; [after wedding] (jeune) mariée *f*; the ~ and groom les (jeunes) mariés *mpl* ❑ the ~ of Christ RELIG l'épouse *f* du Christ; 'The Bartered Bride' *Smetana* 'la Fiancée vendue'.

bridegroom ['braɪdgrʊm] *n* [before wedding] (futur) marié *m*; [after wedding] (jeune) marié *m*.

bridesmaid ['braɪdzmeɪd] *n* demoiselle *f* d'honneur.

bride-to-be *n* future mariée *f*.

bridge [brɪdʒ] ◇ *n* -1. [structure] pont *m*; the engineers built OR put a ~ across the river le génie a construit OR jeté un pont sur le fleuve ❑ 'The Bridge on the River Kwai' *Lean* 'le Pont de la rivière Kwaï'; 'A Bridge Too Far' *Attenborough* 'Un pont trop loin'. -2. *fig* [link] rapprochement *m*; building ~s between East and West efforts de rapprochement entre l'Est et l'Ouest. -3. [of ship] passerelle *f* (de commandement). -4. [of nose] arête *f*; [of glasses] arcade *f*. -5. [of stringed instrument] chevalet *m*. -6. [dentures] bridge *m*. -7. [card game] bridge *m*; what about a game of ~? et si on faisait un bridge?; do you play ~? jouez-vous au bridge?; they're playing ~ ils bridgent.
◇ *comp* [party, tournament] de bridge; ~ player bridgeur *m*, -euse *f*.
◇ *vt* [river] construire OR jeter un pont sur; *fig*: a composer whose work ~d two centuries un compositeur dont l'œuvre est à cheval sur deux siècles; they tried to ~ the generation gap ils ont essayé de combler le fossé entre les générations; in order to ~ the gap in our knowledge/in our resources pour combler la lacune dans notre savoir/le trou dans nos ressources.

bridgehead ['brɪdʒhed] *n* tête *f* de pont.

bridge loan *Am* = **bridging loan**.

bridgework ['brɪdʒwɜ:k] *n* (*U*) [in dentistry]: to have ~ done se faire faire un bridge.

bridging ['brɪdʒɪŋ] *n* -1. [in climbing] opposition *f*. -2. CONSTR entretoisement *m*.

bridging loan *n Br* prêt-relais *m*.

bridle ['braɪdl] ◇ *n* [harness] bride *f*; *fig* [constraint] frein *m*, contrainte *f*.
◇ *vt* [horse] brider; *fig* [emotions] refréner; you should try to ~ your tongue tu devrais essayer de tenir ta langue.
◇ *vi* [in anger] se rebiffer, prendre la mouche; [in indignation] redresser la tête.

bridle path, **bridleway** ['braɪdlweɪ] *n* piste *f* cavalière.

brief [bri:f] ◇ *adj* -1. [short in duration] bref, court; a ~ interval un court intervalle. -2. [succinct] concis, bref; to be ~, I think you're right

en bref, je crois que tu as raison; a ~ account un exposé sommaire. -3. [terse - person, reply] laconique; [abrupt] brusque.
◇ *vt* -1. [bring up to date] mettre au courant; **the boss ~ed me on the latest developments** le patron m'a mis au courant des derniers développements || [give orders to] donner des instructions à; **the soldiers were ~ed on their mission** les soldats ont reçu leurs ordres pour la mission. -2. JUR [lawyer] confier une cause à; [case] établir le dossier de.
◇ *n* -1. JUR dossier *m*, affaire *f*; **he took our ~** il a accepté de plaider notre cause ❑ **to hold a watching ~ for sb/sthg** veiller (en justice) aux intérêts de qqn/qqch; **to hold no ~ for sb/sthg** ne pas se faire l'avocat de qqn/qqch; **he holds no ~ for those who take drugs** il ne prend pas la défense de ceux qui se droguent. -2. [instructions] briefing *m*; **my ~ was to develop sales** la tâche OR la mission qui m'a été confiée était de développer les ventes.
◆ **briefs** *npl* [underwear] slip *m*.
◆ **in brief** *adv phr* en résumé.

briefcase ['bri:fkeɪs] *n* serviette *f*, mallette *f*.

briefing ['bri:fɪŋ] *n* MIL [meeting] briefing *m*, instructions *fpl*.

briefly ['bri:flɪ] *adv* -1. [for a short time] un court instant; **I visited my grandmother ~ on the way home** au retour, j'ai rendu visite à ma grand-mère en coup de vent. -2. [succinctly] brièvement; [tersely] laconiquement; **she told them ~ what had happened** elle leur a résumé ce qui s'était passé; **put ~, the situation is a mess** en bref, la situation est très embrouillée.

briefness ['bri:fnɪs] *n* -1. [of time] brièveté *f*, courte durée *f*. -2. [succinctness] concision *f*; [terseness] laconisme *m*; [abruptness] brusquerie *f*.

brier ['braɪəʳ] *n* -1. [thorny plant] ronces *fpl*; [thorn] épine *f*. -2. [heather] bruyère *f*; [wood] (racine *f* de) bruyère *f*.

brier rose *n* églantine *f*.

brig [brɪg] *n* -1. [ship] brick *m*. -2. *Am* [prison - on ship] prison *f* *(à bord d'un navire)*; **they threw him in the ~** *inf fig* ils l'ont mis au trou.

Brig. (*written abbr of* **brigadier**) *n*: ~ **Smith** le général de brigade Smith.

brigade [brɪ'geɪd] *n* [gen & MIL] brigade *f*; **one of the old ~** *fig* un vieux de la vieille.

brigadier [,brɪgə'dɪəʳ] *n Br* général *m* de brigade.

brigadier general *n Am* [in army] général *m* de brigade; [in air force] général *m* de brigade aérienne.

brigand ['brɪgənd] *n* brigand *m*, bandit *m*.

brigantine ['brɪgənti:n] *n* brigantin *m*.

bright [braɪt] ◇ *adj* -1. [weather, day] clair, radieux; [sunshine] éclatant; **the weather will get ~er later** le temps s'améliorera en cours de journée; **cloudy with ~ intervals** nuageux avec des éclaircies; **the outlook for tomorrow is ~er** METEOR on prévoit une amélioration du temps pour demain; **~ and early** *fig* tôt le matin, de bon OR grand matin || [room] clair; [fire, light] vif; [colour] vif, éclatant. -2. [shining - diamond, star] brillant; [- metal] poli, luisant; [- eyes] brillant, vif; *fig* [- moment] agréable, bon; **it was one of the few ~ spots of our visit** ce fut l'un des rares bons moments de notre visite ❑ **she likes the ~ lights** elle aime la grande ville; **the ~ lights of London** les attractions de Londres. -3. [clever] intelligent; [child] éveillé, vif; **a ~ idea** une idée géniale OR lumineuse. -4. [cheerful] gai, joyeux; [lively] animé, vif; **you're very ~ this morning!** tu es bien gaie ce matin!; **to be ~ and breezy** avoir l'air en pleine forme. -5. [promising] brillant; **there are ~er days ahead** des jours meilleurs nous attendent; **to have a ~ future** avoir un brillant avenir; **the future's looking ~** l'avenir est plein de promesses OR s'annonce bien ❑ **to look on the ~ side** prendre les choses du bon côté, être optimiste.
◇ *adv lit* [burn, shine] avec éclat, brillamment.
◆ **brights** *npl Am* [headlights]: **to put the ~s on** se mettre en pleins phares.

brighten ['braɪtn] ◇ *vi* -1. [weather] s'améliorer. -2. [person] s'animer; [face] s'éclairer; [eyes] s'allumer, s'éclairer. -3. [prospects, situation] s'améliorer.
◇ *vt* -1. [decorate - place, person] égayer; [enliven - conversation] animer, égayer. -2. [prospects, situation] améliorer, faire paraître sous un meilleur jour. -3. [polish - metal] astiquer, faire reluire. -4. [colour] aviver.
◆ **brighten up** *vi insep & vt sep* = **brighten**.

bright-eyed *adj literal* aux yeux brillants; *fig* [eager] enthousiaste; ~ **and bushy-tailed** *hum* frais comme la rosée.

brightly ['braɪtlɪ] *adv* -1. [shine] avec éclat; **the stars were shining ~** les étoiles scintillaient; **the fire burned ~** le feu flambait; **~ polished** reluisant. -2. [cheerfully] gaiement, joyeusement; **to smile ~** sourire d'un air radieux; **to answer ~** répondre gaiement.

brightness ['braɪtnɪs] *n* -1. [of sun] éclat *m*; [of light] intensité *f*; [of room] clarté *f*, luminosité *f*; [of colour] éclat *m*. -2. [cheerfulness] gaieté *f*, joie *f*; [liveliness] vivacité *f*; **the ~ of her smile** l'éclat de son sourire. -3. [cleverness] intelligence *f*.

Bright's disease [braɪts-] *n* mal *m* de Bright, néphrite *f* chronique *spec*.

bright spark *inf n Br* [clever person] lumière *f*; **you're a ~!** *iron* gros malin!

brill [brɪl] (*pl inv*) ◇ *n* [fish] barbue *f*.
◇ *adj inf Br* [terrific] super, sensass.

brilliance ['brɪljəns], **brilliancy** ['brɪljənsɪ] *n* -1. [of light, smile, career] éclat *m*, brillant *m*. -2. [cleverness] intelligence *f*; **no one doubts the ~ of her mind** il ne fait pas de doute que c'est un esprit brillant OR qu'elle est d'une intelligence supérieure.

brilliant ['brɪljənt] ◇ *adj* -1. [light, sunshine] éclatant, intense; [smile] éclatant, rayonnant; [colour] vif, éclatant. -2. [outstanding - mind, musician, writer] brillant, exceptionnel; [- film, novel, piece of work] brillant, exceptionnel; **a ~ career** une brillante carrière; **a ~ success** un succès éclatant. -3. *inf* [terrific] sensationnel, super. -4. [intelligent] brillant; **that's a ~ idea** c'est une idée lumineuse OR de génie.
◇ *n* brillant *m*.

brilliantine ['brɪljənti:n] *n* brillantine *f*.

brilliantly ['brɪljəntlɪ] *adv* -1. [shine] avec éclat; **~ coloured** d'une couleur vive. -2. [perform, talk] brillamment.

Brillo pad® ['brɪləʊ-] *n* ≃ tampon *m* Jex®.

brim [brɪm] (*pp & pt* **brimmed**, *cont* **brimming**)
◇ *n* [of hat] bord *m*; [of bowl, cup] bord *m*; **full to the ~** plein à ras bord.
◇ *vi* déborder; **eyes brimming with tears** des yeux pleins OR noyés de larmes; **the newcomers were brimming with ideas** *fig* les nouveaux venus avaient des idées à revendre.
◆ **brim over** *vi insep* déborder; **to be brimming over with enthusiasm** *fig* déborder d'enthousiasme.

brimful [,brɪm'fʊl] *adj Br* [cup] plein à déborder OR jusqu'au bord; *fig* débordant; **~ of confidence** très OR excessivement confiant.

brimless ['brɪmlɪs] *adj* [hat] sans bord OR bords.

brimstone ['brɪmstəʊn] *n* -1. [sulphur] soufre *m*. -2. [butterfly] citron *m*.

brindled ['brɪndld] *adj* moucheté, tavelé.

brine [braɪn] *n* -1. [salty water] eau *f* salée; CULIN saumure *f*. -2. *lit* [sea] mer *f*; [sea water] eau *f* de mer; **mussels in ~** moules saumurées.

bring [brɪŋ] (*pt & pp* **brought** [brɔ:t]) *vt* -1. [take - animal, person, vehicle] amener; **I'll ~ the books (across) tomorrow** j'apporterai les livres demain; **her father's ~ing her home today** son père la ramène à la maison aujourd'hui; **what ~s you here?** qu'est-ce qui vous amène?; **can you ~ me a beer, please?** vous pouvez m'apporter une bière, s'il vous plaît?; **that ~s the total to £350** cela fait 350 livres en tout || [fashion, idea, product] introduire, lancer; **black musicians brought jazz to Europe** les musiciens noirs ont introduit le jazz en Europe; **this programme is brought to you by the BBC** ce programme est diffusé par la BBC. -2. [into specified state] entraîner, amener; **to ~ sthg into play** faire jouer qqch; **to ~ sthg into question** mettre OR remettre qqch en question; **to ~ sb to his/her senses** ramener qqn à la raison; **to ~ sthg to an end** OR **a close** OR **a halt** mettre fin à qqch; **to ~ sthg to sb's attention** OR **knowledge** OR **notice** attirer l'attention de qqn sur qqch; **to ~ a child into the world** mettre un enfant au monde; **to ~ sthg to light** mettre qqch en lumière, révéler qqch. -3. [produce] provoquer, causer; **her performance brought wild applause** son interprétation a provoqué un tonnerre d'applaudissements; **to ~ sthg upon sb** attirer qqch sur qqn; **her foolhardiness brought misfortune upon the family** son imprudence a attiré le malheur sur la famille; **you ~ credit to the firm** vous faites honneur à la société; **they say it ~s bad/good luck** on dit que ça porte malheur/bonheur; **he brought a sense of urgency to the project** il a fait accélérer le projet; **the story brought tears to my eyes** l'histoire m'a fait venir les larmes aux yeux; **his speech brought jeers from the audience** son discours lui a valu les huées de l'assistance; **money does not always ~ happiness** l'argent ne fait pas toujours le bonheur; **the winter brought more wind and rain** l'hiver a amené encore plus de vent et de pluie; **tourism has brought prosperity to the area** le tourisme a enrichi la région; **who knows what the future will ~?** qui sait ce que l'avenir nous/lui *etc* réserve? -4. [force] amener; **she can't ~ herself to speak about it** elle n'arrive pas à en parler; **her performance brought the audience to its feet** les spectateurs se sont levés pour l'applaudir. -5. [lead] mener, amener; **the path ~s you straight (out) into the village** ce chemin vous mène (tout) droit au village; **the shock brought him to the verge of a breakdown** le choc l'a mené au bord de la dépression nerveuse; **to ~ sb into a conversation/discussion** faire participer qqn à une conversation/discussion; **that ~s us to the next question** cela nous amène à la question suivante. -6. JUR: **to ~ an action** OR **a suit against sb** intenter un procès à OR contre qqn; **to ~ a charge against sb** porter une accusation contre qqn; **the case was brought before the court** l'affaire a été déférée au tribunal; **he was brought before the court** il a comparu devant le tribunal; **the murderer must be brought to justice** l'assassin doit être traduit en justice; **to ~ evidence** avancer OR présenter des preuves. -7. [financially] rapporter; **her painting only ~s her a few thousand pounds a year** ses peintures ne lui rapportent que quelques milliers de livres par an.
◆ **bring about** *vt sep* -1. [cause - changes, war] provoquer, amener, entraîner; **what exactly brought about his dismissal?** pourquoi a-t-il été renvoyé exactement?, quel est le motif exact de son renvoi? -2. NAUT faire virer de bord.
◆ **bring along** *vt sep* [person] amener; [thing] apporter.
◆ **bring around** = **bring round**.
◆ **bring back** *vt sep* -1. [fetch - person] ramener; [- thing] rapporter; **no amount of crying will ~ him back** pleurer ne le ramènera pas à la vie. -2. [restore] restaurer; **the news brought a smile back to her face** la nouvelle lui a rendu le sourire; **they're ~ing back miniskirts** ils relancent la minijupe. -3. [evoke - memory] rappeler (à la mémoire); **that ~s it all back to me** ça réveille tous mes souvenirs.
◆ **bring down** *vt sep* -1. [fetch - person] amener; [- thing] descendre, apporter. -2. [reduce - prices, temperature] faire baisser; [- swelling] réduire. -3. [cause to land - kite] ramener (au sol); [- plane] faire atterrir. -4. [cause to fall - prey] descendre; [- plane, enemy, tree] abattre. -5. [overthrow] faire tomber, renverser. -6. MATH [carry] abaisser. -7. *inf* [depress] déprimer, don-

ner le cafard à. -**8.** *lit* [provoke - anger] attirer; to ~ **down the wrath of God on sb** attirer la colère de Dieu sur qqn.

◆ **bring forth** *vt sep fml* -**1.** [produce - fruit] produire; [- child] mettre au monde; [- animal] mettre bas. -**2.** [elicit] provoquer.

◆ **bring forward** *vt sep* -**1.** [present - person] faire avancer; [- witness] produire; [- evidence] avancer, présenter. -**2.** [move - date, meeting] avancer. -**3.** [in accounting] reporter.

◆ **bring in** *vt sep* -**1.** [fetch in - person] faire entrer; [- thing] rentrer; **they want to ~ a new person in** ils veulent prendre quelqu'un d'autre; **we will have to ~ in the police** il faudra faire intervenir la OR faire appel à la police. -**2.** [introduce - laws, system] introduire, présenter; [- fashion] lancer; **the government has brought in a new tax bill** le gouvernement a présenté OR déposé un nouveau projet de loi fiscale; **can I just ~ in a new point?** est-ce que je peux faire une autre remarque? -**3.** [yield, produce] rapporter; **to ~ in interest** rapporter des intérêts; **tourism ~s in millions of dollars each year** le tourisme rapporte des millions de dollars tous les ans; **her work doesn't ~ in much money** son travail ne lui rapporte pas grand-chose. -**4.** JUR [verdict] rendre; **they brought in a verdict of guilty** ils l'ont déclaré coupable.

◆ **bring off** *inf vt sep Br* [trick] réussir; [plan] réaliser; [deal] conclure, mener à bien; **did you manage to ~ it off?** avez-vous réussi votre coup?

◆ **bring on** *vt sep* -**1.** [induce] provoquer, causer; **the shock brought on a heart attack** le choc a provoqué une crise cardiaque. -**2.** [encourage] encourager; **the warm weather has really brought on the flowers** la chaleur a bien fait pousser les fleurs; **the idea is to ~ on new tennis players** il s'agit d'encourager de nouveaux tennismen. -**3.** THEAT [person] amener sur scène; [thing] apporter sur scène.

◆ **bring out** *vt sep* -**1.** [take out - person] faire sortir; [- thing] sortir. -**2.** [commercially - product, style] lancer; [- record] sortir; [- book] publier. -**3.** [accentuate] souligner; **that colour ~s out the green in her eyes** cette couleur met en valeur le vert de ses yeux; **her performance brought out the character's comic side** son interprétation a fait ressortir le côté comique du personnage; **to ~ out the best/worst in sb** faire apparaître qqn sous son meilleur/plus mauvais jour; **it ~s out the beast in me** *hum* cela réveille l'animal qui est en moi. -**4.** *Br* [in rash, spots]: **strawberries ~ me out in spots** les fraises me donnent des boutons. -**5.** [encourage - person] encourager; **he's very good at ~ing people out (of themselves)** il sait très bien s'y prendre pour mettre les gens à l'aise. -**6.** [workers] appeler à la grève; **they're threatening to ~ everyone out (on strike)** ils menacent d'appeler tout le monde à faire grève.

◆ **bring over** *vt sep* [take - person] amener; [- thing] apporter.

◆ **bring round** *vt sep* -**1.** [take - person] amener; [- thing] apporter; **I brought the conversation round to marriage** *fig* j'ai amené la conversation sur le mariage. -**2.** [revive] ranimer. -**3.** [persuade] convaincre, convertir; **to ~ sb round to a point of view** convertir OR amener qqn à un point de vue.

◆ **bring through** *vt sep*: **he brought the country through the depression** il a réussi à faire sortir le pays de la dépression; **the doctors brought me through my illness** grâce aux médecins, j'ai survécu à ma maladie.

◆ **bring to** *vt sep* -**1.** [revive] ranimer. -**2.** NAUT mettre en panne.

◆ **bring together** *vt sep* -**1.** [people] réunir; [facts] rassembler. -**2.** [introduce] mettre en contact, faire rencontrer; **her brother brought them together** son frère les a fait se rencontrer. -**3.** [reconcile] réconcilier; **an arbitrator is trying to ~ the two sides together** un médiateur essaie de réconcilier les deux parties.

◆ **bring up** *vt sep* -**1.** [take - person] amener; [- thing] monter. -**2.** [child] élever; **to be well/badly brought up** être bien/mal élevé. -**3.** [mention - fact, problem] signaler, mentionner; [- question] soulever; **don't ~ that up again** ne remettez pas cela sur le tapis; **we won't ~ it up again** nous n'en reparlerons plus. -**4.** [vomit] vomir, rendre. -**5.** JUR: **to ~ sb up before a judge** citer OR faire comparaître qqn devant un juge.

bring-and-buy *n Br*: ~ **(sale)** *brocante de particuliers en Grande-Bretagne.*

BRING-AND-BUY SALE:
Ces brocantes sont en général destinées à réunir des fonds pour une œuvre de charité. On y vend des articles d'occasion et des produits faits maison.

brink [brɪŋk] *n* bord *m*; **to be on the ~ of tears** être au bord des larmes; **the country is on the ~ of war/of a recession** le pays est au bord OR à la veille de la guerre/d'une récession; **to be on the ~ of doing sthg** être sur le point de faire qqch.

brink(s)manship ['brɪŋk(s)mənʃɪp] *n* stratégie *f* du bord de l'abîme.

briny ['braɪnɪ] (*compar* **brinier**, *superl* **briniest**)
◇ *adj* saumâtre, salé.
◇ *n lit*: **the ~** la mer.

briquet(te) [brɪ'ket] *n* [of coal] briquette *f*, aggloméré *m*; [of ice cream] pavé *m*.

brisk [brɪsk] *adj* -**1.** [person] vif, alerte; [manner] brusque. -**2.** [quick] rapide, vif; **to go for a ~ walk** se promener d'un bon pas; **to go for a ~ swim** nager vigoureusement; **at a ~ pace** à vive allure. -**3.** COMM florissant; **business is ~** les affaires marchent bien; **bidding at the auction was ~** les enchères étaient animées; ~ **trading** ST. EX marché actif. -**4.** [weather] vivifiant, frais; [day, wind] frais.

brisket ['brɪskɪt] *n* [of animal] poitrine *f*; CULIN poitrine *f* de bœuf.

briskly ['brɪsklɪ] *adv* -**1.** [move] vivement; [walk] d'un bon pas; [speak] brusquement; [act] sans délai OR tarder. -**2.** COMM: **cold drinks were selling ~** les boissons fraîches se vendaient très bien OR comme des petits pains.

briskness ['brɪsknɪs] *n* -**1.** [of person] vivacité *f*; [of manner] brusquerie *f*; [of action] rapidité *f*. -**2.** COMM activité *f*. -**3.** [of weather] fraîcheur *f*.

brisling ['brɪzlɪŋ] *n* sprat *m*.

bristle ['brɪsl] ◇ *vi* -**1.** [hair] se redresser, se hérisser. -**2.** *fig* [show anger] s'irriter, se hérisser; **they ~d at any suggestion of incompetence** ils se hérissèrent lorsqu'on osa insinuer qu'ils étaient incompétents.
◇ *n* [of beard, brush] poil *m*; [of boar, pig] soie *f*; [of plant] poil *m*, soie *f*; **a brush with nylon/natural ~s** une brosse en nylon/soie.
◇ *comp* [hairbrush, paintbrush]: **a pure ~ brush** une brosse pur sanglier.

◆ **bristle with** *vt insep Br* grouiller de; **the whole subject ~s with difficulties** toute la question est hérissée de difficultés; **the town centre was bristling with police** le centre-ville grouillait de policiers.

bristling ['brɪslɪŋ] *adj* hérissé, en bataille.

bristly ['brɪslɪ] (*compar* **bristlier**, *superl* **bristliest**) *adj* [beard - in appearance] aux poils raides; [- to touch] qui pique; [chin] piquant; **his face was all ~** il avait une barbe de trois jours.

Bristol ['brɪstl] *pr n* [city] Bristol; ~ **fashion** bien rangé, impeccable.

◆ **bristols**▽ *npl Br* roberts *mpl*, nichons *mpl*.

Bristol board *n* bristol *m*.

Bristol Channel *pr n*: **the ~** le canal de Bristol.

Brit [brɪt] ◇ *n inf* Britannique *mf*.
◇ *written abbr of* British.

Britain ['brɪtn] *pr n*: **(Great) ~** Grande-Bretagne *f*; **in ~** en Grande-Bretagne; **the Battle of ~** la bataille d'Angleterre.

THE BATTLE OF BRITAIN:
Lutte aérienne opposant, d'août à octobre 1940, la Luftwaffe à la RAF, l'objectif allemand étant de neutraliser l'espace aérien britannique en vue d'un débarquement. La résistance des forces aériennes britanniques contraignit Hitler à y renoncer.

Britannia [brɪ'tænjə] *pr n* -**1.** [figure] *femme assise portant un casque et tenant un trident, qui personnifie la Grande-Bretagne sur certaines pièces de monnaie.* -**2.** **(the Royal Yacht) ~** *yacht de la famille royale britannique.*

Britannia metal *n* métal *m* anglais.

Britannia silver *n* argent *m* fin.

Britannic [brɪ'tænɪk] *adj fml*: **His** OR **Her ~ Majesty** Sa Majesté Britannique.

Britannicus [brɪ'tænɪkəs] *pr n* Britannicus.

britches ['brɪtʃɪz] *Am* = **breeches**.

briticism ['brɪtɪsɪzm] *n* anglicisme *m*.

British ['brɪtɪʃ] ◇ *adj* britannique, anglais; ~ **goods** produits anglais; ~ **English** anglais *m* britannique; **the ~ Embassy** l'ambassade *f* de Grande-Bretagne; **the ~ Empire** l'Empire *m* britannique; ~ **Technology Group** *organisme privé britannique commercialisant des innovations technologiques élaborées par des universités ou des inventeurs.*
◇ *npl*: **the ~** les Britanniques *mpl*, les Anglais *mpl*.

British Academy *pr n*: **the ~** *organisme public d'aide à la recherche dans le domaine des lettres.*

British Antarctic Territory *pr n* territoire *m* de l'Antarctique britannique.

British Broadcasting Corporation *pr n*: **the ~** la BBC.

British Columbia *pr n* Colombie-Britannique *f*; **in ~** en Colombie-Britannique.

British Columbian ◇ *n habitant ou natif de la Colombie-Britannique.*
◇ *adj* de la Colombie-Britannique.

British Commonwealth *pr n*: **the ~** le Commonwealth.

British Council *pr n*: **the ~** *organisme culturel public.*

BRITISH COUNCIL:
Le British Council est chargé de promouvoir la langue et la culture anglaises, et de renforcer les liens culturels avec les autres pays.

British East India Company *pr n*: **the ~** la Compagnie britannique des Indes orientales.

THE BRITISH EAST INDIA COMPANY:
Fondée en 1600 pour contrôler le commerce dans les colonies, la Compagnie joua, à partir du XVIIIe siècle, un rôle de plus en plus politique en Inde, pour finalement devenir l'agent de l'impérialisme britannique; elle disparut dans les années 1870.

Britisher ['brɪtɪʃə^r] *n Am* Anglais *m*, -e *f*, Britannique *mf*.

British Honduras *pr n*: **(former) ~** (l'ex) Honduras *m* britannique; **in ~** au Honduras britannique.

British Isles *pl pr n*: **the ~** les îles *fpl* Britanniques; **in the ~** aux îles Britanniques.

British Lions *pl pr n*: **the ~** *équipe de rugby à quinze constituée des joueurs sélectionnés dans les quatre équipes nationales (Angleterre, pays de Galles, Écosse et Irlande).*

British Museum *pr n grand musée et bibliothèque londoniens.*

British Summer Time *n heure d'été britannique.*

British Telecom [-'telɪkɒm] *pr n société britannique de télécommunications.*

BRITISH TELECOM:
Les Télécoms britanniques, qui gèrent notamment les services téléphoniques, ont été privatisés en 1984.

Briton ['brɪtn] *n* Britannique *mf*, Anglais *m*, -e *f*; HIST Breton *m*, -onne *f* (d'Angleterre).

Brittany ['brɪtənɪ] *pr n* Bretagne *f*; **in ~** en Bretagne.

brittle ['brɪtl] *adj* -**1.** [breakable] cassant, fragile. -**2.** [person] froid, indifférent; [humour] mordant, caustique; **a ~ reply** une réponse sèche; **a ~ tone of voice** un ton sec OR cassant. -**3.** [sound] strident, aigu.

brittleness ['brɪtlnɪs] *n* -**1.** [fragility] fragilité *f*. -**2.** [of person] froideur *f*, insensibilité *f*; [of humour] causticité *f*, mordant *m*. -**3.** [of sound] son *m* aigu.

bro *inf* [brəʊ] (*abbr of* **brother**) *n*: **my ~** mon frangin.

broach [brəʊtʃ] ◇ *vt* -**1.** [subject] aborder, entamer. -**2.** [barrel] percer, mettre en perce; [supplies] entamer.
◇ *vi* NAUT venir OR tomber en travers.
◇ *n* -**1.** *Am* = **brooch**. -**2.** CONSTR perçoir *m*, foret *m*. -**3.** CULIN broche *f*.

broad [brɔːd] ◇ *adj* -**1.** [wide] large; **the road is 4 metres ~** la route a 4 mètres de large OR de largeur; **she has a ~ back** elle a une forte carrure; **to be ~ in the shoulders, to have ~ shoulders** être large d'épaules; **a ~ grin** un large OR grand sourire ❑ **he has ~ shoulders, he can take it** il a les reins solides, il peut encaisser; **to be ~ in the beam** [ship] être ventru; [person] *inf* être large des hanches; **it's as ~ as it's long** *Br* c'est bonnet blanc et blanc bonnet, c'est du pareil au même. -**2.** [extensive] vaste, immense; **a ~ syllabus** un programme très divers; **we offer a ~ range of products** nous offrons une large OR grande gamme de produits ❑ **in ~ daylight** *literal* au grand jour, en plein jour; *fig* au vu et au su de tout le monde, au grand jour. -**3.** [general] général; **here is a ~ outline** voilà les grandes lignes; **in the ~est sense of the word** au sens le plus large du mot; **his books still have a very ~ appeal** ses livres plaisent toujours à OR intéressent toujours un vaste public; **~ construction** *Am* JUR interprétation *f* large. -**4.** [not subtle] évident; **a ~ hint** une allusion transparente; **"surely not", she said with ~ sarcasm** «pas possible», dit-elle d'un ton des plus sarcastiques; **he speaks with a ~ Scots accent** il a un accent écossais prononcé OR un fort accent écossais. -**5.** [liberal] libéral; **~ views** idées larges; **she has very ~ tastes in literature** elle a des goûts littéraires très éclectiques ❑ **Broad Church** *groupe libéral à l'intérieur de l'Église anglicane*. -**6.** [coarse] grossier, vulgaire; **~ humour** humour grivois; **a ~ joke** une plaisanterie osée OR leste. -**7.** PHON large.
◇ *n* -**1.** [widest part]: **the ~ of the back** le milieu du dos. -**2.** ∇ *Am* [woman] gonzesse *f*.

B-road *n Br* ≃ route *f* départementale OR secondaire.

broadband ['brɔːdbænd] ◇ *n* diffusion *f* en larges bandes de fréquence.
◇ *adj* à larges bandes.

broad bean *n* fève *f*.

broad-brimmed [-'brɪmd] *adj* à bords larges.

broad-brush *adj* : **a ~ approach** une approche grossière.

broadcast ['brɔːdkɑːst] (*pt* & *pp* **broadcast** OR **broadcasted**) ◇ *n* émission *f*; **live/recorded ~** émission en direct/en différé; **repeat ~** rediffusion *f*.
◇ *vt* -**1.** RADIO diffuser, radiodiffuser, émettre; TV téléviser, émettre; **you don't have to ~ it!** *fig* ce n'est pas la peine de le crier sur les toits OR le carillonner partout! -**2.** AGR semer à la volée.
◇ *vi* [station] émettre; [actor] participer à une émission; TV paraître à la télévision; [show host] faire une émission.
◇ *adj* RADIO radiodiffusé; TV télévisé; **~ signal/satellite** signal *m*/satellite *m* de radiodiffusion.
◇ *adv* AGR à la volée.

broadcaster ['brɔːdkɑːstəʳ] *n* personnalité *f* de la radio OR de la télévision.

broadcasting ['brɔːdkɑːstɪŋ] *n* RADIO radiodiffusion *f*; TV télévision *f*; **he wants to go into ~** il veut faire une carrière à la radio ou à la télévision.

Broadcasting House *pr n siège de la BBC à Londres*.

broadcloth ['brɔːdklɒθ] *n* drap *m* fin.

broaden ['brɔːdn] ◇ *vi* s'élargir; **turn left where the road ~s (out)** prenez à gauche, là où la route s'élargit.
◇ *vt* élargir; **to ~ one's horizons** OR **outlook** élargir son horizon.

broad jump *n Am* saut *m* en longueur.

broadleaved ['brɔːdliːvd] *adj* feuillu, latifolié *spec*.

broadloom ['brɔːdluːm] *adj* [carpet] en grande largeur.

broadly ['brɔːdlɪ] *adv* -**1.** [widely] largement; **to smile ~** faire un grand sourire. -**2.** [generally] en général; **~ speaking** d'une façon générale, en gros.

broadly-based *adj* composé d'éléments variés OR divers.

broad-minded *adj*: **to be ~** avoir les idées larges; **he has very ~ parents** ses parents sont très tolérants OR larges d'esprit.

broad-mindedness [-'maɪndɪdnɪs] *n* largeur *f* d'esprit.

Broadmoor ['brɔːd,mɔːʳ] *pr n institution britannique pour les détenus souffrant de graves troubles psychiques*.

broadness ['brɔːdnɪs] *n* -**1.** [width] largeur *f*. -**2.** [coarseness] grossièreté *f*, vulgarité *f*. -**3.** [of accent] caractère *m* prononcé.

Broads [brɔːdz] *pl pr n*: **the (Norfolk) ~** *ensemble de lacs situés dans le Norfolk et le Suffolk*.

BROADS:
Les Broads sont des lacs peu profonds mais navigables, reliés entre eux par des cours d'eau; ils constituent aujourd'hui un parc national et une réserve ornithologique.

---

broadsheet ['brɔːdʃiːt] *n* -**1.** [newspaper] journal *m* plein format; **the ~s** *Br* PRESS les journaux *mpl* de qualité. -**2.** HIST & TYPO placard *m*.

BROADSHEET:
Les principaux journaux nationaux de qualité en Grande-Bretagne sont:
The Guardian (tendance centre gauche);
The Independent;
The Daily Telegraph (tendance conservatrice);
The Times (tendance centre droit);
The Financial Times.

---

broadside ['brɔːdsaɪd] ◇ *n* -**1.** [of ship] flanc *m*. -**2.** [volley of shots] bordée *f*; **the ship fired a ~** le navire a lâché une bordée ‖ *fig* [tirade] attaque *f* cinglante; [of insults] bordée *f* d'injures; **to fire a ~ at sb/sthg** s'en prendre violemment à qqn/qqch.
◇ *adv*: **~ (on)** par le travers; **the ship is ~ on to the wharf** le navire présente le flanc OR le travers au quai; **the truck hit us ~ on** *Br* le camion nous a heurtés sur le côté.

broad-spectrum *adj* à large spectre.

broadsword ['brɔːdsɔːd] *n* sabre *m*.

Broadway ['brɔːdweɪ] *pr n* Broadway.

BROADWAY:
Broadway est la rue des théâtres et le centre de la vie nocturne à Manhattan.

---

brocade [brə'keɪd] ◇ *n* brocart *m*; **~ curtains** rideaux *mpl* de brocart.
◇ *vt* brocher.

broccoli ['brɒkəlɪ] *n (U)* brocolis *mpl*.

brochure [*Br* 'brəʊʃəʳ, *Am* brəʊ'ʃʊr] *n* [gen] brochure *f*, dépliant *m*; SCH & UNIV prospectus *m*.

brogue [brəʊg] *n* [accent] accent *m* du terroir; [Irish] accent *m* irlandais.
◆ **brogues** *npl chaussures basses assez lourdes ornées de petits trous*.

broil [brɔɪl] *Am* ◇ *vt* griller, faire cuire sur le gril; *fig* griller.
◇ *vi* griller; **~ing sun** soleil brûlant.

broiler ['brɔɪləʳ] *n* -**1.** [chicken] poulet *m* (à rôtir). -**2.** *Am* [grill] gril *m*, rôtissoire *f*; **it's a ~ today** *inf fig* il fait une chaleur à crever aujourd'hui.

broiler house *n* éleveuse *f* (de poulets).

broke [brəʊk] ◇ *pt* → **break**.
◇ *adj inf* fauché, à sec; **to go ~** faire faillite ❑ **to go for ~** risquer le tout pour le tout; **to be flat** OR **dead** OR **stony** *Br* **~** être fauché comme les blés, être raide comme un passe-lacet.

broken ['brəʊkn] ◇ *pp* → **break**.
◇ *adj* -**1.** [damaged - chair, toy, window] cassé, brisé; [- leg, rib] fracturé, cassé; [- biscuits] brisé; **are there any ~ bones?** y a-t-il des fractures?; **~ back** dos brisé OR cassé ‖ *fig*: **~ heart** cœur brisé; **to die of a ~ heart** mourir de chagrin; **she's from a ~ home** elle vient d'un foyer désuni; **a ~ marriage** un mariage brisé, un ménage désuni. -**2.** [sleep - disturbed] interrompu; [- restless] agité. -**3.** [speech] mauvais, imparfait; **he speaks ~ English** il parle un mauvais anglais; **in ~ French** en mauvais français. -**4.** [agreement, promise] rompu, violé; [appointment] manqué. -**5.** [health] délabré; **her spirit is ~** elle est abattue; **he's a ~ man since his wife's death** [emotionally] il a le cœur brisé OR il est très abattu depuis la mort de sa femme; **the scandal left him a ~ man** [financially] le scandale l'a ruiné. -**6.** [incomplete - set] incomplet; **~ lots** COMM articles *mpl* dépareillés. -**7.** [uneven - ground] accidenté; [- coastline] dentelé; [- line] brisé, discontinu; **~ cloud** *(U)* éclaircie *f*. -**8.** [tamed - animal] dressé, maté. -**9.** LING [vowel] diphtongué. -**10.** MATH: **~ numbers** fractions *fpl*. -**11.** MUS: **~ chord** arpège *m*.

broken-down *adj* -**1.** [damaged - machine] détraqué; [- car] en panne. -**2.** [worn out] fini, à bout.

brokenhearted [,brəʊkn'hɑːtɪd] *adj* au cœur brisé.

broken-winded [-'wɪndɪd] *adj* [horse] poussif.

broker ['brəʊkəʳ] *n* -**1.** COMM courtier *m*; NAUT courtier *m* maritime; ST. EX ≃ courtier *m* (en Bourse), ≃ agent *m* de change; **insurance ~** courtier OR agent d'assurances. -**2.** [second-hand dealer] brocanteur *m*.

brokerage ['brəʊkərɪdʒ], **broking** ['brəʊkɪŋ] *n* courtage *m*.

brolly *inf* ['brɒlɪ] (*pl* **brollies**) *n Br* pépin *m* *(parapluie)*.

bromeliad [brəʊ'miːlɪæd] *n* broméliacée *f*.

bromide ['brəʊmaɪd] *n* -**1.** CHEM bromure *m*; [sedative] bromure *m* (de potassium). -**2.** *dated* [remark] banalité *f*, platitude *f*. -**3.** PRINT bromure *m*.

bromine ['brəʊmiːn] *n* brome *m*.

Bromo® ['brəʊməʊ] *n Am médicament contre les maux d'estomac, l'indigestion etc*.

bronchi ['brɒŋkaɪ] *pl* → **bronchus**.

bronchial ['brɒŋkjəl] *adj* des bronches, bronchique.

bronchial tubes *npl* bronches *fpl*.

bronchiole ['brɒŋkɪəʊl] *n* bronchiole *f*.

bronchitic [brɒŋ'kɪtɪk] ◇ *adj* bronchitique.
◇ *n* bronchitique *mf*.

bronchitis [brɒŋ'kaɪtɪs] *n (U)* bronchite *f*; **to have (an attack of) ~** avoir OR faire une bronchite.

bronchodilator [,brɒŋkəʊdaɪ'leɪtəʳ] *n* bronchodilatateur *m*.

bronchopneumonia [,brɒŋkəʊnjuː'məʊnjə] *n* broncho-pneumonie *f*.

bronchus ['brɒŋkəs] (*pl* **bronchi** [-kaɪ]) *n* bronche *f*.

bronco ['brɒŋkəʊ] (*pl* **broncos**) *n Am* cheval *m* sauvage *(de l'Ouest)*.

broncobuster ['brɒŋkəʊ,bʌstəʳ] *n Am cowboy qui dresse les chevaux sauvages*.

brontosaurus [,brɒntə'sɔːrəs] (*pl* **brontosauruses** OR **brontosauri** [-raɪ]) *n* brontosaure *m*.

Bronx [brɒŋks] *pr n*: **the ~** le Bronx *(quartier de New York)*.

Bronx cheer *inf n Am* [rude noise]: to give sb a ~ ≃ faire «prout» à qqn.

bronze [brɒnz] ◇ *n* -**1.** [alloy] bronze *m*. -**2.** [statue] bronze *m*, statue *f* de OR en bronze.
◇ *comp* -**1.** [lamp, medal, statue] de OR en bronze. -**2.** [colour, skin] (couleur *f* de) bronze *(inv)*.
◇ *vi* se bronzer, brunir.
◇ *vt* [metal] bronzer; [skin] faire bronzer, brunir.

Bronze Age *n*: the ~ l'âge *m* du bronze.

bronzed [brɒnzd] *adj* bronzé, hâlé.

bronze medal *n* médaille *f* de bronze.

bronze medallist *n*: he's a ~ il a remporté la médaille de bronze.

brooch [brəʊtʃ] (*pl* **brooches**) *n* broche *f (bijou)*.

brood [bruːd] ◇ *n* -**1.** [of birds] couvée *f*, nichée *f*; [of animals] nichée *f*, portée *f*; a ~ mare une (jument) poulinière. -**2.** *hum* [children] progéniture *f hum*.
◇ *vi* -**1.** [bird] couver. -**2.** [danger, storm] couver, menacer; the monument ~s over the town's main square *fig* le monument domine la grand-place de la ville. -**3.** [person] ruminer, broyer du noir; all he does is sit there ~ing il passe son temps à broyer du noir; it's no use ~ing on OR over the past cela ne sert à rien de s'appesantir sur OR remâcher le passé.

brooding ['bruːdɪŋ] ◇ *adj* menaçant, inquiétant.
◇ *n*: he's done a lot of ~ since he got home depuis son retour à la maison, il a passé beaucoup de temps à ruminer.

broody ['bruːdɪ] (*compar* **broodier**, *superl* **broodiest**) *adj* -**1.** [reflective] pensif; [gloomy] mélancolique, cafardeux. -**2.** [motherly]: a ~ hen une (poule) couveuse; to feel ~ *inf Br fig* être en mal d'enfant.

brook [brʊk] ◇ *vt (usu neg)* [tolerate] supporter, tolérer; [answer, delay] admettre, souffrir.
◇ *n* [stream] ruisseau *m*.

brookite ['brʊkaɪt] *n* brookite *m*.

brooklet ['brʊklɪt] *n* ruisselet *m*, petit ruisseau *m*.

Brooklyn ['brʊklɪn] *pr n* Brooklyn *(quartier de New York)*.

brook trout *n* saumon *m* de fontaine.

broom [bruːm] *n* -**1.** [brush] balai *m*; a new ~ sweeps clean *prov* tout nouveau tout beau *prov*. -**2.** BOT genêt *m*.

broomstick ['bruːmstɪk] *n* manche *m* à balai.

bros., **Bros.** [brɒs] (*abbr of* **brothers**) COMM Frères.

broth [brɒθ] *n* -**1.** CULIN bouillon *m (de viande et de légumes)*. -**2.** BIOL bouillon *m* de culture.

brothel ['brɒθl] *n* maison *f* close OR de passe.

brothel creeper *inf n Br chaussure de daim à semelle de crêpe pour hommes.*

brother ['brʌðər] (*pl sense 2* **brethren** ['breðrən]) ◇ *n* -**1.** [relative] frère *m*; older/younger ~ frère aîné/cadet ❑ the Brothers Grimm les frères Grimm; 'The Brothers Karamazov' *Dostoevski* 'les Frères Karamazov'. -**2.** [fellow member - of trade union] camarade *m*; [- of professional group] collègue *mf*; ~s in arms compagnons *mpl* OR frères *mpl* d'armes; (soul) ~ *Am* frère *m* (de race). -**3.** *inf Am* [mate]: hey, ~! [stranger] eh, camarade!; [friend] eh, mon vieux!
◇ *interj inf* dis donc, bigre.

brotherhood ['brʌðəhʊd] *n* -**1.** [relationship] fraternité *f*; *fig* [fellowship] fraternité *f*, confraternité *f*; RELIG confrérie *f*; the ~ of man la communauté humaine. -**2.** [association] confrérie *f*; the Brotherhood [in Freemasonry] la franc-maçonnerie. -**3.** *Am* [entire profession] corporation *f*.

brother-in-law (*pl* **brothers-in-law**) *n* beau-frère *m*.

brotherly ['brʌðəlɪ] *adj* fraternel; ~ love amour fraternel; the City of Brotherly Love *surnom donné à Philadelphie*; he felt very ~ towards her il la considérait un peu comme une sœur.

brougham ['bruːəm] *n* [carriage] voiture *f* à chevaux; [car] coupé *m* de ville.

brought [brɔːt] *pt & pp* → **bring**.

brouhaha ['bruːhɑːhɑː] *n* brouhaha *m*, vacarme *m*.

brow [braʊ] *n* -**1.** [forehead] front *m*; her troubled ~ son air inquiet. -**2.** [eyebrow] sourcil *m*. -**3.** [of hill] sommet *m*. -**4.** MIN [pithead] tour *m* d'extraction.

browband ['braʊbænd] *n* frontail *m*.

browbeat ['braʊbiːt] (*pt* **browbeat**, *pp* **browbeaten** [-biːtn]) *vt* intimider, brusquer; to ~ sb into doing sthg forcer qqn à faire qqch en usant d'intimidation.

browbeaten ['braʊbiːtn] *adj* persécuté.

brown [braʊn] ◇ *n* brun *m*, marron *m*; dressed in ~ habillée en marron.
◇ *adj* -**1.** [gen] brun, marron; [leather] marron; [hair] châtain; she has ~ hair elle est brune OR châtain; light ~ hair cheveux châtain clair; ~ eyes yeux marron; a light ~ scarf une écharpe marron clair; the leaves are turning ~ les feuilles commencent à jaunir ❑ ~ belt JUDO ceinture *f* marron; we'll do it up ~! *inf Am* nous allons fignoler ça!; in a ~ study plongé dans ses pensées, pensif. -**2.** [tanned] bronzé, bruni; as ~ as a berry tout bronzé.
◇ *vi* -**1.** CULIN dorer. -**2.** [skin] bronzer, brunir. -**3.** [plant] roussir.
◇ *vt* -**1.** CULIN faire dorer; [sauce] faire roussir. -**2.** [tan] bronzer, brunir.

brown ale *n* bière *f* brune.

brownbag *inf* ['braʊnbæg] (*pp & pt* **brownbagged**, *cont* **brownbagging**) *vt Am*: I ~ it to work j'apporte mon déjeuner tous les jours au travail.

brown bear *n* ours *m* brun.

brown bread *n (U)* pain *m* complet OR bis.

brown coal *n* lignite *m*.

browned-off *inf adj Br*: to be ~ [bored] en avoir marre; [discouraged] ne plus avoir le moral; she's ~ with her job elle en a marre OR ras le bol de son travail.

brown goods *npl* COMM *biens de consommation de taille moyenne tels que téléviseur, radio ou magnétoscope.*

brownie ['braʊnɪ] *n* -**1.** [elf] lutin *m*, farfadet *m*. -**2.** [cake] brownie *m*; chocolate ~s brownies au chocolat. -**3.** Brownie® [camera] Brownie® *m* Kodak.
◆ **Brownie (Guide)** *n* ≃ jeannette *f*; to join the Brownies s'inscrire aux jeannettes, devenir jeannette.

brownie point *inf n hum* bon point *m*; doing the ironing should earn you a few ~s tu seras dans ses petits papiers OR bien vu si tu fais le repassage.

browning ['braʊnɪŋ] *n Br* CULIN *colorant brun pour les sauces.*

Browning ['braʊnɪŋ] *n*: ~ (automatic rifle) browning *m*.

brownish ['braʊnɪʃ] *adj* qui tire sur le brun, brunâtre.

brown-nose▽ ◇ *n* lèche-bottes *mf inv*.
◇ *vt* lécher les bottes de.
◇ *vi* faire le lèche-bottes.

brownout ['braʊnaʊt] *n Am* [electric failure] baisse *f* de tension; MIL [blackout] black-out *m* partiel, camouflage *m* partiel des lumières.

brown owl *n* chat-huant *m*.

brown paper *n* papier *m* d'emballage.

brown rice *n* riz *m* complet.

Brown Shirt *n* fasciste *mf*; HIST [Nazi] chemise *f* brune.

brownstone ['braʊnstəʊn] *n Am* [stone] grès *m* brun; [house] bâtiment *m* de grès brun.

brown sugar *n* cassonade *f*, sucre *m* roux.

brown trout *n* truite *f* de rivière.

browse [braʊz] ◇ *vi* -**1.** [person] regarder, jeter un œil; she ~d through the book elle a feuilleté le livre; feel free to ~ [in shop] vous pouvez regarder si vous voulez. -**2.** [animal] brouter, paître.
◇ *n* -**1.** [look]: I popped into the shop to have a ~ around je suis passée au magasin pour jeter un coup d'œil OR regarder. -**2.** [young leaves, twigs] broutille *f*.

brucellosis [ˌbruːsɪ'ləʊsɪs] *n* brucellose *f*.

Bruges [bruːʒ] *pr n* Bruges.

bruise [bruːz] ◇ *n* [on person] bleu *m*, contusion *f*; to be covered with ~s être couvert de bleus ‖ [on fruit] meurtrissure *f*, talure *f*.
◇ *vi* [fruit] se taler, s'abîmer; to ~ easily [person] se faire facilement des bleus.
◇ *vt* -**1.** [person] faire un bleu à, contusionner; to ~ one's arm se faire un bleu au bras; to be ~d all over être couvert de bleus; he felt ~d by her harsh words *fig* ses dures paroles l'ont blessé; the only thing he ~d was his ego *fig* seul son amour-propre en a pris un coup ‖ [fruit] taler, abîmer; [lettuce] flétrir. -**2.** CULIN [crush] écraser, piler.

bruiser *inf* ['bruːzər] *n* [big man] malabar *m*; he's a bit of a ~ il fait un peu armoire à glace ‖ [fighter] cogneur *m*.

bruising ['bruːzɪŋ] ◇ *n (U)* contusion *f*, bleu *m*; he suffered ~ to his arm il a eu le bras contusionné.
◇ *adj* pénible, douloureux; it was a rather ~ experience ce fut une expérience plutôt douloureuse.

Brum *inf* [brʌm] *pr n Br nom familier de Birmingham.*

Brummie *inf* ['brʌmɪ] *Br* ◇ *n nom familier désignant un habitant de Birmingham.*
◇ *adj* de Birmingham.

Brummy ['brʌmɪ] = **Brummie**.

brunch [brʌntʃ] *n* brunch *m*.

Brunei ['bruːnaɪ] *pr n* Brunei *m*; in ~ au Brunei.

brunet [bruː'net] *Am* ◇ *n* brun *m*, brune *f*; he's a ~ il est brun.
◇ *adj* [hair] châtain.

brunette [bruː'net] ◇ *n* brune *f*, brunette *f*; she's a ~ elle est brune.
◇ *adj* [hair] châtain.

Brunswick ['brʌnzwɪk] *pr n* Brunswick.

brunt [brʌnt] *n*: the village bore the full ~ of the attack le village a essuyé le plus fort de l'attaque; she bore the ~ of his anger c'est sur elle que sa colère a éclaté.

brush [brʌʃ] (*pl* **brushes**) ◇ *n* -**1.** [gen] brosse *f*; [paintbrush] pinceau *m*, brosse *f*; [shaving brush] blaireau *m*; [scrubbing brush] brosse *f* dure; [broom] balai *m*; [short-handled brush] balayette *f*; hair/nail/tooth ~ brosse à cheveux/à ongles/à dents. -**2.** [sweep] coup *m* de brosse; this floor could do with a good ~ ce plancher aurait besoin d'un bon coup de balai. -**3.** [encounter, skirmish] accrochage *m*, escarmouche *f*; *fig*: to have a ~ with death frôler la mort; to have a ~ with the law avoir des démêlés avec la justice; she's had the odd ~ with the authorities elle a eu parfois maille à partir avec les autorités. -**4.** [of fox] queue *f*. -**5.** ELEC [in generator, dynamo] balai *m*; [discharge] aigrette *f*. -**6.** *(U)* [undergrowth] broussailles *fpl*; [scrubland] brousse *f*.
◇ *vt* -**1.** [clean - teeth] brosser; [tidy - hair] brosser, donner un coup de brosse; she ~ed her hair back from her face elle a brossé ses cheveux en arrière ‖ [sweep - floor] balayer. -**2.** [touch lightly] effleurer, frôler; [surface] raser. -**3.** TEX [wool] gratter.
◇ *vi* effleurer, frôler; her hair ~ed against his cheek ses cheveux ont effleuré OR frôlé sa joue.
◆ **brush aside** *vt sep* -**1.** [move aside] écarter, repousser. -**2.** [ignore] balayer OR écarter (d'un geste); you can't just ~ aside his report vous ne pouvez pas rejeter son rapport comme ça.
◆ **brush away** *vt sep* [remove - tears] essuyer; [- insect] chasser.
◆ **brush down** *vt sep* [clothing] donner un coup de brosse à; [horse] brosser.
◆ **brush off** ◇ *vt sep* -**1.** [remove] enlever *(à la brosse ou à la main)*; [insect] chasser. -**2.** [dismiss - remark] balayer OR écarter (d'un geste); [- person] écarter, repousser.
◇ *vi insep* [dirt] s'enlever.
◆ **brush past** *vt insep* frôler en passant.

◆ **brush up** *vt sep* -**1.** *inf* [revise] revoir, réviser; **I have to ~ up my maths** il faut que je me remette aux maths. -**2.** [sweep up - dirt] ramasser à la balayette. -**3.** TEX [wool] gratter.

◆ **brush up on** *inf vt insep* réviser.

brushed [brʌʃt] *adj* gratté; **~ cotton** pilou *m*, finette *f*; **~ nylon** nylon *m* gratté.

brush fire *n* -**1.** [fire] feu *m* de brousse, incendie *m* de broussailles. -**2.** [minor war] conflit *m* armé.

brush-off *inf n*: **to give sb the ~** envoyer promener OR balader qqn; **I got the ~** on m'a envoyé sur les roses OR bouler.

brush stroke *n* [gen] coup *m* de brosse; ART coup *m* OR trait *m* de pinceau.

brush-up *n* -**1.** *Br* [cleanup] coup *m* de brosse. -**2.** *inf* [revision] révision *f*; **my German could do with a ~** j'aurais besoin de me remettre à l'allemand.

brushwood ['brʌʃwʊd] *n (U)* [undergrowth] broussailles *fpl*; [cuttings] menu bois *m*, brindilles *fpl*.

brushwork ['brʌʃwɜːk] *n* [gen] travail *m* au pinceau; ART facture *f*.

brusque [bruːsk] *adj* [abrupt] brusque; [curt] brusque, bourru.

brusquely ['bruːsklɪ] *adv* [abruptly] avec brusquerie; [curtly] avec brusquerie OR rudesse, brutalement.

brusqueness ['bruːsknɪs] *n* [abruptness] brusquerie *f*; [curtness] brusquerie *f*, rudesse *f*.

Brussels ['brʌslz] *pr n* Bruxelles.

Brussels sprout *n* chou *m* de Bruxelles.

brutal ['bruːtl] *adj* [cruel - action, behaviour, person] brutal, cruel; [uncompromising - honesty] franc, brutal; [severe - climate, cold] rude, rigoureux; **with ~ frankness** d'une franchise brutale.

brutality [bruː'tælətɪ] (*pl* **brutalities**) *n* -**1.** [cruelty] brutalité *f*, cruauté *f*. -**2.** [act of cruelty] brutalité *f*.

brutalize, -ise ['bruːtəlaɪz] *vt* -**1.** [ill-treat] brutaliser. -**2.** [make brutal] rendre brutal.

brutally ['bruːtəlɪ] *adv* [attack, kill, treat] brutalement, sauvagement; [say] brutalement, franchement; [cold] extrêmement; **she gave a ~ honest account of events** elle a raconté les événements avec une franchise brutale OR un réalisme brutal.

brute [bruːt] ◇ *n* -**1.** [animal] brute *f*, bête *f*. -**2.** [person - violent] brute *f*; [- coarse] brute *f* (épaisse), rustre *m*; **a great ~ of a man** une grande brute.

◇ *adj* -**1.** [animal-like] animal, bestial. -**2.** [purely physical] brutal; **~ force** OR **strength** force *f* brutale. -**3.** [mindless] brut; **an act of ~ stupidity** un acte d'une bêtise sans nom.

brutish ['bruːtɪʃ] *adj* -**1.** [animal-like] animal, bestial. -**2.** [cruel] brutal, violent; [coarse] grossier.

Brutus ['bruːtəs] *pr n* Brutus.

Bryansk [brɪ'ænsk] *pr n* Briansk.

bryony ['braɪənɪ] (*pl* **bryonies**) *n* bryone *f*.

bs *written abbr of* **bill of sale**.

BS *n* -**1.** *Br* (*abbr of* **British Standard/Standards**) *indique que le chiffre qui suit renvoie au numéro de la norme fixée par l'Institut britannique de normalisation*. -**2.** *Am* UNIV (*abbr of* **Bachelor of Science**) *(titulaire d'une) licence de sciences*.

BSA (*abbr of* **Boy Scouts of America**) *pr n association américaine de scouts*.

BSc (*abbr of* **Bachelor of Science**) *n Br* UNIV *(titulaire d'une) licence de sciences*.

BSC (*abbr of* **British Steel Corporation**) *pr n entreprise sidérurgique, aujourd'hui privatisée*.

BSE (*abbr of* **bovine spongiform encephalopathy**) *n* EBS *f*.

BSI (*abbr of* **British Standards Institution**) *pr n association britannique de normalisation*, ≃ AFNOR *f*.

B-side *n* face *f* B OR 2 *(d'un disque)*; **to play the ~ of a record** passer la deuxième OR l'autre face d'un disque.

B Sky B (*abbr of* **British Sky Broadcasting**) *pr n société de diffusion de chaînes de télévision par satellites*.

BST *n abbr of* **British Summer Time**.

Bt. *written abbr of* **baronet**.

BT *pr n abbr of* **British Telecom**.

btu (*abbr of* **British thermal unit**) *n unité de chaleur (1054, 2 joules)*.

bub *inf* [bʌb] *n Am*: **hi, ~!** [man] salut, mon vieux!; [woman] salut, ma vieille!

bubble ['bʌbl] ◇ *n* -**1.** [of foam] bulle *f*; **soap ~s** bulles de savon ‖ [in liquid] bouillon *m*; [in champagne] bulle *f*; [in glass] bulle *f*, soufflure *f*; [in paint] boursouflure *f*, cloque *f*; [in metal] soufflure *f*. -**2.** [transparent cover] cloche *f*. -**3.** *fig* [illusion]: **to prick** OR **to burst sb's ~** réduire à néant les illusions de qqn, enlever ses illusions à qqn; **the ~ finally burst** finalement mes/ses *etc* illusions s'envolèrent. -**4.** COMM: **~ (scheme)** affaire *f* pourrie. -**5.** [sound] glouglou *m*.

◇ *vi* -**1.** [liquid] bouillonner, faire des bulles; [champagne] pétiller; [gas] barboter; **her real feelings ~d beneath the surface** *fig* ses sentiments véritables bouillonnaient en elle. -**2.** [gurgle] gargouiller, glouglouter. -**3.** [brim] déborder; **the children were bubbling with excitement** les enfants étaient tout excités OR surexcités. -**4.** *Am* [mumble] marmonner.

◆ **bubble out** *vi insep* sortir à gros bouillons.

◆ **bubble over** *vi insep literal* & *fig* déborder; **to ~ over with enthusiasm** OR **excitement** déborder d'enthousiasme, être surexcité.

◆ **bubble up** *vi insep* [liquid] monter en bouillonnant; *fig* [feeling] monter.

bubble and squeak *n Br plat à base de pommes de terre et de choux, servi réchauffé*.

bubble bath *n* bain *m* moussant.

bubble car *n Br petite voiture à toit transparent*.

bubble gum ◇ *n* bubble-gum *m*.

◇ *adj inf*: **~ music** *musique destinée aux jeunes adolescents*.

bubble head *inf n Am* imbécile *mf*.

bubblejet printer ['bʌbldʒet-] *n* imprimante *f* à jet d'encre.

bubble pack *n* [for toy, batteries] emballage *m* pelliculé; [for pills] plaquette *f*.

bubble store *n* mémoire *f* à bulles.

bubbly ['bʌblɪ] (*compar* **bubblier**, *superl* **bubbliest**) *Br* ◇ *adj* -**1.** [liquid] pétillant, plein de bulles. -**2.** [person] pétillant, plein d'entrain.

◇ *n inf* champ *m*.

bubo ['bjuːbəʊ] (*pl* **buboes**) *n* bubon *m*.

bubonic [bjuː'bɒnɪk] *adj* bubonique; **~ plague** peste *f* bubonique.

buccaneer [,bʌkə'nɪəʳ] *n* -**1.** HIST boucanier *m*. -**2.** [unscrupulous person] flibustier *m*, pirate *m*.

buccaneering [,bʌkə'nɪərɪŋ] *adj* entreprenant.

Bucharest [,bjuːkə'rest] *pr n* Bucarest.

buck [bʌk] ◇ *n* -**1.** [male animal] mâle *m*. -**2.** *SAfr* [antelope] antilope *f*. -**3.** *inf* [young man] jeune mec *m*; *arch* [dandy] dandy *m*. -**4.** *inf Am* [dollar] dollar *m*; **to be down to one's last ~** être fauché OR raide; **to make a ~** gagner sa croûte; **to make a fast** OR **quick ~** gagner du fric facilement. -**5.** *inf* [responsibility] responsabilité *f*; **to pass the ~** faire porter le chapeau à qqn; **the ~ stops here** en dernier ressort, c'est moi le responsable. -**6.** [jump] ruade *f*. -**7.** *Am* [sawhorse] chevalet *m*, baudet *m*; [gymnastics] cheval *m*, cheval-d'arçons *m inv*.

◇ *vi* -**1.** [horse] donner une ruade; *Am* [car] cahoter, tressauter; **the truck ~ed along** le camion avançait en cahotant; **we ~ed to a stop** nous avons fait un arrêt brutal. -**2.** *Am* [charge] donner un coup de tête. -**3.** *inf Am* [resist]: **to ~ against change** se rebiffer contre les changements. -**4.** *inf Am* [strive] rechercher; **he's ~ing for promotion** il est prêt à tout pour obtenir de l'avancement.

◇ *vt* -**1.** [subj: horse]: **the horse ~ed his rider (off)** le cheval a désarçonné OR jeté bas son cavalier. -**2.** *inf* [resist]: **to ~ the system** se rebiffer contre le système; **it takes courage to ~ public opinion** il faut du courage pour aller à l'encontre de l'opinion publique.

◇ *comp* [goat, hare, kangaroo, rabbit] mâle; **~ deer** daim *m*, chevreuil *m*.

◆ **buck up** *inf Br* ◇ *vt sep* -**1.** [cheer up] remonter le moral à. -**2.** [improve] améliorer; **you'd better ~ your ideas up** tu as intérêt à te remuer OR à en mettre un coup.

◇ *vi insep* -**1.** [cheer up] se secouer; **~ up!, life goes on!** courage!, la vie continue! -**2.** [hurry up] se grouiller, se magner.

buckboard ['bʌkbɔːd] *n voiture hippomobile à quatre roues très répandue aux États-Unis à la fin du XIXᵉ siècle*.

bucked *inf* [bʌkt] *adj dated* ragaillardi.

bucket ['bʌkɪt] ◇ *n* -**1.** [container, contents] seau *m*; **a ~ of water** un seau d'eau ❑ **it rained ~s** *inf* il a plu à seaux; **to cry** OR **to weep ~s** *inf* pleurer comme une Madeleine OR un veau; **a ~ and spade** un seau et une pelle *(symbole, pour un Britannique, de vacances familiales tranquilles au bord de la mer)*. -**2.** TECH [of dredger, grain elevator] godet *m*; [of pump] piston *m*; [of wheel] auget *m*.

◇ *vt* -**1.** [put in bucket] mettre dans un seau; [carry] transporter dans un seau. -**2.** *Br* [horse] surmener; [car] conduire brutalement.

◇ *vi inf Br* -**1.** [rain] pleuvoir à seaux. -**2.** [move hurriedly] aller à fond de train; [car] rouler à fond la caisse; **we were ~ing along** nous roulions à fond la caisse.

◆ **bucket down** *inf vi insep Br* pleuvoir à seaux.

bucket elevator *n* élévateur *m* à godets, noria *f*.

bucketful ['bʌkɪtfʊl] *n* plein seau *m*; **a ~ of water** un seau plein d'eau; **in ~s** à seaux.

bucket seat *n* baquet *m*, siège-baquet *m*, siège *m* cuve.

bucket shop *n* -**1.** FIN bureau *m* OR maison *f* de contrepartie, bureau *m* de courtier marron. -**2.** *Br* [travel agency] *organisme de vente de billets d'avion à prix réduit*.

buckhorn ['bʌkhɔːn] ◇ *n* -**1.** [horn] corne *f* de cerf. -**2.** BOT plantain *m* lancéolé.

◇ *comp* [knife] au manche en corne de cerf.

Buck House *inf* [bʌk-] *pr n nom familier du palais de Buckingham*.

Buckingham Palace ['bʌkɪŋəm-] *pr n* le palais de Buckingham *(résidence officielle du souverain britannique)*.

buckle ['bʌkl] ◇ *n* -**1.** [clasp] boucle *f*. -**2.** [kink - in metal] gauchissement *m*, flambage *m*; [- in wheel] voilure *f*.

◇ *vi* -**1.** [fasten] se boucler, s'attacher. -**2.** [distort - metal] gauchir, se déformer; [- wheel] se voiler. -**3.** [give way - knees, legs] se dérober.

◇ *vt* -**1.** [fasten] boucler, attacher. -**2.** [distort] déformer, fausser; [metal] gauchir, fausser; [wheel] voiler.

◆ **buckle down** *inf vi insep* s'appliquer; **to ~ down to work** se mettre au travail; **come on now, ~ down!** allez, au boulot!; **she'll have to ~ down if she wants to pass** il faudra qu'elle en mette un coup si elle veut réussir.

◆ **buckle in** *vt sep* [person] attacher.

◆ **buckle on** *vt sep* [armour] revêtir, endosser; [gunbelt, sword] attacher, ceindre.

◆ **buckle to** *inf vi insep* s'y mettre, s'y atteler.

buckler ['bʌkləʳ] *n* écu *m*; [worn on arm] targe *f*.

buckram ['bʌkrəm] *n* bougran *m*.

Bucks *written abbr of* **Buckinghamshire**.

bucksaw ['bʌksɔː] *n* scie *f* à bûches.

buck's fizz *n Br cocktail composé de champagne et de jus d'orange*.

buckshee *inf* [,bʌk'ʃiː] *adj* & *adv Br* gratis, à l'œil.

buckshot ['bʌkʃɒt] *n* chevrotine *f*, gros plomb *m*.

buckskin ['bʌkskɪn] *n* peau *f* de daim.

buckthorn ['bʌkθɔːn] *n* nerprun *m*, bourdaine *f*.

bucktooth ['bʌk,tuːθ] (*pl* **buckteeth** [-,tiːθ]) *n* dent *f* proéminente OR qui avance; **to have buckteeth** avoir des dents de lapin.

bucktoothed ['bʌk,tuːθt] *adj*: to be ~ avoir des dents de lapin.

buckwheat ['bʌkwiːt] *n* sarrasin *m*, blé *m* noir; ~ flour farine *f* de sarrasin.

bucolic [bjuː'kɒlɪk] ◇ *adj* bucolique, pastoral.
◇ *n* bucolique *f*.

bud [bʌd] (*pt* & *pp* **budded**, *cont* **budding**)
◇ *n* -**1.** [shoot on plant] bourgeon *m*, œil *m*; **the trees are in ~** les arbres bourgeonnent || [for grafting] écusson *m*. -**2.** [flower] bouton *m*; **the roses are in ~** OR **have come into ~** les roses sont en bouton. -**3.** ANAT papille *f*. -**4.** *inf Am* [term of address]: **hey, ~!** [to stranger] eh, vous là-bas!; [to friend] eh, mon vieux!
◇ *vi* -**1.** BOT [plant] bourgeonner; [flower] former des boutons. -**2.** [horns] (commencer à) poindre OR percer. -**3.** [talent] (commencer à) se révéler OR percer.
◇ *vt* greffer, écussonner.

Budapest [,bjuːdə'pest] *pr n* Budapest.

Buddha ['bʊdə] *pr n* Bouddha.

Buddhism ['bʊdɪzm] *n* bouddhisme *m*.

Buddhist ['bʊdɪst] ◇ *n* Bouddhiste *mf*.
◇ *adj* [country, priest] bouddhiste; [art, philosophy] bouddhique.

budding ['bʌdɪŋ] *adj* -**1.** BOT [plant] bourgeonnant, couvert de bourgeons; [flower] en bouton. -**2.** *fig* [artist, genius] en herbe, prometteur; [love] naissant.

buddleia ['bʌdlɪə] *n* buddleia *m*.

buddy *inf* ['bʌdɪ] (*pl* **buddies**) *n* [friend] copain *m*, copine *f*; [for Aids patient] compagnon *m*, compagne *f* (d'un sidéen); **say there, old ~** *Am* dis donc, mon vieux OR mon pote; **since when are they such buddies** OR **so ~-~?** depuis quand sont-ils si copains?; **they're best** OR **big buddies** ce sont les meilleurs copains du monde.

budge [bʌdʒ] ◇ *vi* -**1.** [move] bouger; **it won't ~** c'est coincé, c'est bloqué. -**2.** *fig* [yield] céder, changer d'avis; **she refused to ~** elle ne voulut pas en démordre; **he wouldn't ~ an inch** il a tenu bon.
◇ *vt* -**1.** [move] faire bouger. -**2.** [convince] convaincre, faire changer d'avis; **he won't be ~d** il reste inébranlable, il n'y a pas eu moyen de le faire changer d'avis.
◆ **budge over** *inf*, **budge up** *inf vi insep* se pousser.

budgerigar ['bʌdʒərɪgɑːʳ] *n Br* perruche *f*.

budget ['bʌdʒɪt] ◇ *n* -**1.** [gen & FIN] budget *m*; **to be on a tight ~** disposer d'un budget serré OR modeste. -**2.** [law] budget *m*; **~ day** jour *m* de la présentation du budget; **~ speech** discours *m* de présentation du budget.
◇ *vt* budgétiser, inscrire au budget; **to ~ one's time** bien organiser son temps.
◇ *vi* dresser OR préparer un budget.
◇ *adj* -**1.** [inexpensive] économique, pour petits budgets; **~ prices** prix *mpl* avantageux OR modiques. -**2.** ECON & FIN budgétaire; **~ cuts** compressions *fpl* budgétaires.
◆ **budget for** *vt insep* [gen] prévoir des frais de, budgétiser; **to ~ for sthg** inscrire qqch au budget, prévoir des frais de qqch || ECON & FIN inscrire OR porter au budget, budgétiser.

budget account *n* [with store] compte-crédit *m*; [with bank] ≃ compte *m* permanent.

budgetary ['bʌdʒɪtrɪ] *adj* budgétaire.

budget plan *n Am* système *m* de crédit.

budgie *inf* ['bʌdʒɪ] *n Br* perruche *f*.

Buenos Aires [,bwenəs'aɪrɪz] *pr n* Buenos Aires.

buff [bʌf] ◇ *n* -**1.** [colour] (couleur *f*) chamois *m*. -**2.** [leather] peau *f* de buffle; [polishing cloth] polissoir *m*. -**3.** *inf* [enthusiast] fana *mf*, mordu *m*, -e *f*; **a film ~** un mordu OR un fana de cinéma. -**4.** *inf dated* & *phr*: **in the ~** à poil.
◇ *vt* polir; **it just needs ~ing up a bit** cela a juste besoin d'être un peu astiqué.
◇ *adj* [coloured] (couleur) chamois; [leather] de OR en buffle.

buffalo ['bʌfələʊ] (*pl inv* OR **buffaloes**)
◇ *n* buffle *m*, bufflesse *f*, bufflonne *f*; *Am* bison *m*; **a herd of ~** un troupeau de buffles.
◇ *vt Am inf* [intimidate] intimider; **they really had him ~ed** ils lui en ont mis plein la vue.

Buffalo Bill ['bʌfələʊ'bɪl] *pr n* Buffalo Bill.

buffalo grass *n herbe courte poussant dans les régions sèches au centre des États-Unis.*

buffer ['bʌfəʳ] ◇ *n* -**1.** [protection] tampon *m*; [on car] *Am* pare-chocs *m inv*; RAIL [on train] tampon *m*; [at station] butoir *m*; COMPUT mémoire *f* tampon; **a ~ against inflation** *fig* une mesure de protection contre l'inflation. -**2.** *Br* [fool] imbécile *mf*; **old ~** vieille ganache *f*; **he's a nice old ~** c'est un gentil petit pépé. -**3.** [for polishing] polissoir *m*.
◇ *vt* tamponner, amortir (le choc); **to be ~ed against reality** être protégé de la réalité OR des réalités (de la vie).

buffer memory *n* mémoire *f* tampon.

buffer state *n* État *m* tampon.

buffer stock *n* stock *m* tampon.

buffer zone *n* région *f* tampon.

buffet¹ [*Br* 'bʊfeɪ, *Am* bə'feɪ] ◇ *n* -**1.** [refreshments] buffet *m*; **cold ~** buffet froid. -**2.** [sideboard] buffet *m*. -**3.** [restaurant] buvette *f*, cafétéria *f*; [in station] buffet *m* OR café *m* de gare; [on train] wagon-restaurant *m*.
◇ *comp* [lunch, dinner] -buffet; **~ lunch** déjeuner-buffet *m*.

buffet² ['bʌfɪt] ◇ *vt* -**1.** [batter]: **the ship was ~ed by the waves** le navire était ballotté par les vagues; **the trees were ~ed by the wind** les arbres étaient secoués par le vent; **~ed by misfortune** *fig* & *lit* poursuivi par la malchance. -**2.** *lit* [hit - with hand] souffleter; [- with fist] donner un coup de poing à.
◇ *n lit* [blow - with hand] soufflet *m*; [- with fist] coup *m* de poing; **the ~s of fate** OR **fortune** *fig* les coups du sort.

buffet car ['bʊfeɪ-] *n* wagon-restaurant *m*.

buffeting ['bʌfɪtɪŋ] ◇ *n* -**1.** [of rain, wind] assaut *m*; **the waves gave the boat a real ~** le navire a été violemment ballotté par les vagues. -**2.** *lit* [beating] bourrades *fpl*.
◇ *adj* violent.

buffing ['bʌfɪŋ] *n* polissage *m*.

buffoon [bə'fuːn] *n* bouffon *m*, pitre *m*; **to act** OR **to play the ~** faire le clown OR le pitre.

buffoonery [bə'fuːnərɪ] *n* (*U*) bouffonnerie *f*, bouffonneries *fpl*.

bug [bʌg] (*pt* & *pp* **bugged**, *cont* **bugging**)
◇ *n* -**1.** *Am* [insect] insecte *m*; [bedbug] punaise *f*; *fig*: **she's been bitten by the film ~** *inf* c'est une mordue de cinéma; **she's been bitten by the travel ~** *inf* elle a la passion des voyages. -**2.** *inf* [germ] microbe *m*; **to catch a ~** attraper un microbe; **the flu ~** le virus de la grippe; **I've got a stomach ~** j'ai des problèmes intestinaux; **there's a ~ going round** il y a un microbe dans l'air OR qui se balade. -**3.** *inf* [defect] défaut *m*, erreur *f*; **there are still a few ~s to be ironed out** il y a encore quelques petits trucs qui clochent || COMPUT bogue *m*. -**4.** *inf* [microphone] micro *m* (caché). -**5.** *inf Am* [car] coccinelle *f*.
◇ *vt* -**1.** *inf* [bother] taper sur les nerfs de; **what's bugging him?** qu'est-ce qu'il a? -**2.** [wiretap - room] poser OR installer des appareils d'écoute (clandestins) dans; [- phone] brancher sur table d'écoute.
◆ **bug out** *inf vi insep Am* -**1.** [leave hurriedly] ficher le camp. -**2.** [eyes] être globuleux OR exorbité.

bugaboo ['bʌgəbuː] *n* loup-garou *m*, croque-mitaine *m*.

bugbear ['bʌgbeəʳ] *n* [monster] épouvantail *m*, croque-mitaine *m*; *fig* [worry] bête noire *f*, cauchemar *m*.

bug-eyed *adj Am* aux yeux globuleux OR exorbités; **she was ~ in amazement** elle avait les yeux écarquillés d'étonnement.

bugger ['bʌgəʳ] ◇ *n* -**1.** ▽ [foolish person] couillon *m*; [unpleasant person] salaud *m*; **silly ~!** pauvre conard!; **stop playing silly ~s!** *Br* arrête de faire le con!; **poor old ~** pauvre bougre *m*; **he can be a real ~ sometimes** c'est un vrai saligaud OR salopard des fois || [child] gamin *m*, -e *f*; **you little ~!** petite fripouille! -**2.** ▽ *Br* [job]: **this job's a real ~** c'est une saloperie de boulot. -**3.** ▽ *Br* [damn]: **I don't give a ~** je m'en tape. -**4.** *dated* [sodomite] pédéraste *m*.
◇ *interj* ▽ *Br* merde alors!
◇ *vt* -**1.** [sodomize] sodomiser; JUR se livrer à la pédérastie avec. -**2.** ▽ *Br* [damn]: **~ him!** je l'emmerde!; **well, ~ me!** merde alors!; **oh, ~ it!** oh, merde! -**3.** ▽ *Br* [damage] bousiller.
◆ **bugger about**▽, **bugger around**▽ *Br*
◇ *vi insep* glander.
◇ *vt sep* emmerder.
◆ **bugger off**▽ *vi insep Br* foutre le camp.
◆ **bugger up**▽ *vt sep Br* saloper.

bugger all▽ *n Br* que dalle.

buggered▽ ['bʌgəd] *adj Br.* -**1.** [broken] foutu. -**2.** [in surprise]: **well, I'll be ~!** merde alors! -**3.** [in annoyance]: **I'm ~ if I'll do anything to help** ils peuvent toujours courir pour que je les aide; **~ if I know** j'en sais foutre rien.

buggery ['bʌgərɪ] ◇ *n* sodomie *f*.
◇ *interj* ▽ *Br* merde!

bugging ['bʌgɪŋ] *n* [of room] utilisation *f* d'appareils d'écoute (clandestins); [of telephone] mise *f* sur écoute; **~ device** appareil *m* d'écoute (clandestin).

buggy ['bʌgɪ] (*pl* **buggies**, *compar* **buggier**, *superl* **buggiest**) ◇ *n* -**1.** [carriage] boghei *m*; [for baby] poussette *f*, poussette-canne *f*; *Am* [pram] voiture *f* d'enfant. -**2.** *inf* [car] bagnole *f*; **beach ~** buggy *m*.
◇ *adj inf Am* [crazy] cinglé.

bughouse *inf* ['bʌghaʊs, *pl* -haʊzɪz] *Am pej*
◇ *n* maison *f* de dingues.
◇ *adj* dingue, cinglé.

bugle ['bjuːgl] ◇ *n* clairon *m*; **to sound the ~** faire sonner le clairon; **~ call** sonnerie *f* de clairon.
◇ *vi* jouer du clairon, faire sonner le clairon.

bugler ['bjuːgləʳ] *n* (joueur *m* de) clairon *m*.

build [bɪld] (*pt* & *pp* **built** [bɪlt]) ◇ *vt* -**1.** [dwelling] bâtir, construire; [temple] bâtir, édifier; [bridge, machine, ship] construire; [nest] faire, bâtir; **houses are being built** des maisons sont en construction; **we are planning to ~ a new garage** nous avons l'intention de faire construire un nouveau garage; **this bed wasn't built for two people** ce lit n'a pas été conçu pour deux personnes; **we're ~ing an extension on the house** nous agrandissons la maison ❑ **to ~ castles in the air** bâtir des châteaux en Espagne. -**2.** [found] bâtir, fonder.
◇ *vi* -**1.** [construct] bâtir; **developers are planning to ~ on the land** les promoteurs envisagent de construire OR bâtir sur le terrain; **to ~ on sand** bâtir sur le sable. -**2.** [increase] augmenter, monter; **excitement/tension is ~ing** l'excitation/la tension augmente OR monte.
◇ *n* carrure *f*, charpente *f*; **of strong ~** solidement bâti OR charpenté; **of heavy ~** de forte corpulence OR taille; **of medium ~** de taille OR corpulence moyenne; **a man of slight ~** un homme fluet; **she's about the same ~ as I am** elle est à peu près de ma taille; **he has the ~ of a rugby player** il est bâti comme un joueur de rugby.
◆ **build in** *vt sep* CONSTR [incorporate] encastrer; *fig* [include - special features] intégrer.
◆ **build into** *vt sep* [incorporate] intégrer à.
◆ **build on** ◇ *vt sep* -**1.** CONSTR ajouter. -**2.** *fig*: **his success is built on hard work** sa réussite repose sur un travail acharné.
◇ *vt insep*: **we need to ~ on our achievements** il faut consolider nos succès.
◆ **build up** ◇ *vt sep* -**1.** [develop - business, theory] établir, développer; [- reputation] établir, bâtir; [- confidence] donner, redonner; [- strength] accroître, prendre; **you need to ~ up your strength, you need ~ing up** vous avez besoin de prendre des forces; **he really helped to ~ up my self-confidence** il m'a vraiment aidé à me donner confiance en moi. -**2.** [increase - production] accroître, augmenter; [- ex-

citement] faire monter, accroître; [- pressure] accumuler. -**3.** [promote] faire de la publicité pour.
◇ *vi insep* -**1.** [business] se développer. -**2.** [excitement] monter, augmenter; [pressure] s'accumuler; **traffic is ~ing up** il commence à y avoir beaucoup de circulation.
◆ **build upon** = **build on** *vt sep* **2.**

builder ['bɪldəʳ] *n* -**1.** CONSTR [contractor] entrepreneur *m*; [worker] ouvrier *m* du bâtiment; [of machines, ships] constructeur *m*. -**2.** *fig* [founder] fondateur *m*, -trice *f*; **the ~s of the empire** les bâtisseurs *mpl* de l'empire.

building ['bɪldɪŋ] ◇ *n* -**1.** [structure] bâtiment *m*, construction *f*; [monumental] édifice *m*; [apartment, office] immeuble *m*. -**2.** [work] construction *f*; **~ is due to start on Monday** les travaux de construction doivent commencer lundi.
◇ *comp* [land, plot] à bâtir; [materials] de construction; **~ industry** OR **trade** (industrie *f* du) bâtiment *m*.

building block *n* [toy] cube *m*; *fig* composante *f*.

building contractor *n* entrepreneur *m* (en bâtiment OR construction).

building site *n* chantier *m* (de construction).

building society *n Br société d'investissements et de prêts immobiliers.*

BUILDING SOCIETY:
Les «building societies» fonctionnent comme des banques mais elles n'ont pas de système de compensation. Établissements consentant des prêts immobiliers aux particuliers, elles jouent un rôle important dans la vie en Grande-Bretagne.

---

buildup ['bɪldʌp] *n* -**1.** [increase - in pressure] intensification *f*; [- in excitement] montée *f*; **traffic ~** embouteillage *m*, bouchon *m* ‖ COMM [- in production] accroissement *m*; [- in stock] accumulation *f*; MIL [- in troops] rassemblement *m*; **nuclear arms ~** accumulation des armes nucléaires. -**2.** [publicity] campagne *f* publicitaire; **they gave the product a big ~** ils ont fait beaucoup de publicité pour le produit.

built [bɪlt] ◇ *pt* & *pp* → **build**.
◇ *adj* [building] bâti, construit; [person] charpenté; **brick-~** en OR de brique; **to be powerfully ~** être puissamment OR solidement charpenté; **to be slightly ~** être fluet.

built-in *adj* [beam, wardrobe] encastré; [device, safeguard] intégré; *fig* [feature] inné, ancré; **~ obsolescence** obsolescence *f* programmée.

built-up *adj* -**1.** [land] bâti; **a ~ area** une agglomération (urbaine); **the area is becoming very ~** ça s'est beaucoup construit OR on a beaucoup construit dans la région. -**2.** [in clothing]: **~ shoulders** épaules *fpl* surhaussées; **~ shoes** chaussures *fpl* à semelles compensées.

bulb [bʌlb] *n* -**1.** BOT bulbe *m*, oignon *m*; **tulip ~** bulbe de tulipes. -**2.** ELEC ampoule *f*; **a light ~** une ampoule. -**3.** [of thermometer] réservoir *m*. -**4.** ANAT bulbe *m*. -**5.** NAUT [bulbous bow] bulb *m*, bulbe *m*.

bulbous ['bʌlbəs] *adj* bulbeux; **a ~ nose** un gros nez, un nez bulbeux; **a ~ bow** NAUT un bulb, un bulbe.

Bulgaria [bʌl'geərɪə] *pr n* Bulgarie *f*; **in ~** en Bulgarie.

Bulgarian [bʌl'geərɪən] ◇ *n* -**1.** [person] Bulgare *mf*. -**2.** LING bulgare *m*.
◇ *adj* bulgare.

bulge [bʌldʒ] ◇ *n* -**1.** [lump, swelling] renflement *m*; [on vase, jug] panse *f*, ventre *m*; *Br* MIL saillant *m*; **he noticed a ~ in her pocket** il remarqua quelque chose qui faisait saillie dans sa poche. -**2.** [increase] poussée *f*; **a population ~** une explosion démographique.
◇ *vi* [swell] se gonfler, se renfler; **his suitcase was bulging with gifts** sa valise était bourrée de cadeaux; **the town was bulging at the seams with holidaymakers** *fig* la ville était pleine à craquer de vacanciers ‖ [stick out] faire saillie, saillir; **he ~d (out) at the waist** il était ventru, il avait du ventre; **his eyes ~d** il avait les yeux saillants OR globuleux.

bulging ['bʌldʒɪŋ] *adj* [eyes] saillant, globuleux; [muscles, waist] saillant; [bag, pockets] gonflé.

bulimia [bjʊ'lɪmɪə] *n* boulimie *f*.

bulimic [bjʊ'lɪmɪk] ◇ *adj* boulimique.
◇ *n* boulimique *mf*.

bulk [bʌlk] ◇ *n* -**1.** [mass] masse *f*; [stoutness] corpulence *f*; **the great ~ of the cathedral loomed out of the darkness** la silhouette massive de la cathédrale se dessina dans l'obscurité; **a man of enormous ~** un homme très corpulent; **he levered his great ~ out of the armchair** il extirpa sa grosse carcasse du fauteuil. -**2.** [main part]: **the ~** la plus grande partie, la majeure partie; **the ~ of the estate was woodland** la majeure partie de la propriété était boisée; **she left the ~ of her fortune to charity** elle légua le plus gros de sa fortune aux bonnes œuvres. -**3.** [in food] fibre *f* (végétale). -**4.** NAUT [goods] cargaison *f*.
◇ *comp* [order, supplies] en gros.
◇ *vi*: **to ~ large** *Br* occuper une place importante; **the prospect of a further drop in prices ~ed large in their minds** la perspective d'une autre baisse des prix les préoccupait vivement OR était au premier plan de leurs préoccupations.
◆ **in bulk** *adv phr* par grosses quantités; COMM en gros; NAUT en vrac.

bulk-buy *vi* & *vt* acheter en gros OR grande quantité.

bulk buying *n (U)* achat *m* par grosses quantités; COMM achat *m* en gros.

bulk carrier *n* vraquier *m*, transporteur *m* de vrac.

bulkhead ['bʌlkhed] *n* cloison *f* (d'avion, de navire).

bulkiness ['bʌlkɪnɪs] *n* [of object] grosseur *f*, caractère *m* volumineux; [of person] corpulence *f*.

bulk mail *n (U)* envois *mpl* en nombre.

bulk mailing *n* mailing *m* OR publipostage *m* à grande diffusion.

bulk rate *n* affranchissement *m* à forfait.

bulky ['bʌlkɪ] *adj* -**1.** [massive, large] volumineux; [cumbersome] encombrant; **a ~ sweater** OR **jumper** un gros pull; **a ~ package** OR **parcel** un paquet encombrant OR volumineux. -**2.** [corpulent, stout] corpulent, gros; [solidly built] massif.

bull [bʊl] ◇ *n* -**1.** [male cow] taureau *m*; **like a ~ in a china shop** comme un éléphant dans un magasin de porcelaine; **to take the ~ by the horns** prendre le taureau par les cornes. -**2.** [male of a species] mâle *m*. -**3.** *inf* [large, strong man] costaud *m*, malabar *m*; **a great ~ of a man** un homme fort comme un bœuf. -**4.** ST. EX haussier *m*, spéculateur *m* à la hausse. -**5.** [centre of target] centre *m* de la cible; **to hit the ~** faire mouche, mettre dans le mille. -**6.** ▽ [nonsense] connerie *f*, conneries *fpl*; **that's a lot** OR **load of ~** c'est des conneries tout ça. -**7.** RELIG bulle *f*.
◇ *comp* [elephant, whale] mâle *m*; **~ calf** jeune taureau *m*, taurillon *m*.
◇ *vt* ST. EX [market, prices, shares] pousser à la hausse.
◆ **Bull** *n* ASTROL le Taureau.

bulldog ['bʊldɒg] *n* bouledogue *m*.

bulldog clip *n* pince *f* à dessin.

bulldoze ['bʊldəʊz] *vt* -**1.** [building] démolir au bulldozer; [earth, stone] passer au bulldozer; **whole villages have been ~d out of existence** des villages entiers ont été rasés au bulldozer. -**2.** *fig* [push]: **to ~ sb into doing sthg** forcer qqn à faire qqch, faire pression sur qqn pour lui faire faire qqch; **she ~d her way to the top** elle est arrivée au sommet à la force du poignet.

bulldozer ['bʊldəʊzəʳ] *n* bulldozer *m*.

bullet ['bʊlɪt] ◇ *n* -**1.** balle *f*; **to get the ~** *inf Br* se faire virer, se faire sacquer. -**2.** TYPO puce *f*.
◇ *comp* [hole] de balle; [wound] par balle.

bullet-headed *adj* qui a une petite tête ronde.

bulletin ['bʊlətɪn] *n* [announcement] bulletin *m*, communiqué *m*; [newsletter] bulletin *m*.

bulletin board *n* tableau *m* d'affichage.

bulletproof ['bʊlɪtpruːf] ◇ *adj* [glass, vest] pare-balles *(inv)*; [vehicle] blindé.
◇ *vt* [door, vehicle] blinder.

bullfight ['bʊlfaɪt] *n* corrida *f*, course *f* de taureaux.

bullfighter ['bʊl,faɪtəʳ] *n* torero *m*, matador *m*.

bullfighting ['bʊl,faɪtɪŋ] *n (U)* courses *fpl* de taureaux, tauromachie *f*.

bullfinch ['bʊlfɪntʃ] *n* bouvreuil *m*.

bullfrog ['bʊlfrɒg] *n* grosse grenouille *f*.

bullhorn ['bʊlhɔːn] *n Am* mégaphone *m*, porte-voix *m inv*.

bullion ['bʊljən] *n*: **gold/silver ~** or/argent *m* en lingots OR en barres.

bullish ['bʊlɪʃ] *adj* -**1.** ST. EX: **the market is ~** les cours OR valeurs sont en hausse. -**2.** *inf Br* [optimistic]: **to be in a ~ mood** être confiant OR optimiste.

bull market *n* marché *m* à la hausse.

bull mastiff *n chien issu d'un métissage entre le bouledogue et le mastiff.*

bull-necked *adj* au cou de taureau.

bullock ['bʊlək] *n* [castrated] bœuf *m*; [young] bouvillon *m*.

bullring ['bʊlrɪŋ] *n* arène *f (pour la corrida)*.

bull session *inf n Am* causerie *f* entre hommes.

bull's eye *n* -**1.** [centre of target] mille *m*, centre *m* de la cible; **~!** dans le mille!; **to hit the ~** *literal* & *fig* faire mouche, mettre dans le mille. -**2.** [sweet] gros bonbon *m* à la menthe. -**3.** [window] œil-de-bœuf *m*, oculus *m*.

bullshit▽ ['bʊlʃɪt] ◇ *n (U)* connerie *f*, conneries *fpl*; **don't give me that ~!** ne raconte OR dis pas de conneries!
◇ *vt* raconter des conneries à; **don't ~ me!** ne me raconte pas de conneries!
◇ *vi* déconner, raconter des conneries.

bull terrier *n* bull-terrier *m*.

bullwhip ['bʊlwɪp] ◇ *n* ≃ cravache *f*.
◇ *vt* cravacher.

bully ['bʊlɪ] ◇ *n* -**1.** [adult] tyran *m*; [child] petite brute *f*; **don't be such a ~!** ne sois pas si tyrannique! -**2.** [in hockey] engagement *m* (du jeu).
◇ *vt* [intimidate - spouse, employee] malmener; **she bullies her little sister** elle est tyrannique avec sa petite sœur; **to ~ sb into doing sthg**: **they bullied me into going** on a fait pression sur moi pour que j'y aille.
◇ *interj inf*: **~ for you!** chapeau!; *iron* quel exploit!, bravo!
◆ **bully off** *vi insep* [in hockey] engager le jeu, mettre la balle en jeu.

bully beef *n Br* corned-beef *m*.

bullyboy ['bʊlɪbɔɪ] *n Br* brute *f*, voyou *m*.

bullying ['bʊlɪɪŋ] ◇ *adj* [intimidating] agressif, brutal.
◇ *n (U)* brimades *fpl*.

bully-off *n* engagement *m* (du jeu).

bulrush ['bʊlrʌʃ] *n* jonc *m*, scirpe *m*.

bulwark ['bʊlwək] *n* ARCHIT rempart *m*, fortification *f*; [breakwater] digue *f*, môle *m*; *fig* [protection] rempart *m*; **a ~ against the harsh realities of life** un rempart OR une protection contre les dures réalités de la vie; **a ~ against inflation** une mesure de protection contre l'inflation.
◆ **bulwarks** *npl* NAUT bastingage *m*, pavois *m*.

bum *inf* [bʌm] (*pt* & *pp* **bummed**, *cont* **bumming**) ◇ *n* -**1.** *Br* [buttocks] fesses *fpl*, pétard *m*. -**2.** [tramp] clochard *m*, -e *f*, clodo *m*; [lazy person] fainéant *m*, -e *f*, flemmard *m*, -e *f*; [worthless person] minable *mf*, minus *m*. -**3.** [sports fanatic] fana *m*, mordu *m*, -e *f*; **a beach ~** un fana OR mordu des plages. -**4.** *Am* [vagrancy]: **he went on the ~** il s'est mis à dormir sous les ponts.
◇ *adj* [worthless] minable, nul; [injured, disabled] patraque, mal fichu; [untrue] faux; **he got a bit of a ~ deal** on a mal agi OR on s'est très

mal conduit envers lui, on lui en a fait voir de dures; he was in jail on a ~ rap *Am* il était en prison pour un délit qu'il n'avait pas commis ❑ ~ steer tuyau *m* percé.

◇ *vt* [beg, borrow]: to ~ sthg off sb emprunter qqch à qqn, taper qqn de qqch; he's always bumming cigarettes il est toujours à quémander OR mendier des cigarettes; they bummed a lift to the border ils ont gagné la frontière en faisant de l'auto-stop OR du stop.

◇ *vi Am* [be disappointed] être déprimé; [laze about] traîner.

◆ **bum about** *inf Br*, **bum around** *inf vi insep* -**1.** [drift, wander] vagabonder, se balader; they spent three months bumming around (in) Mexico ils ont passé trois mois à se balader au Mexique. -**2.** [loaf, idle] fainéanter, flemmarder.

bumble [ˈbʌmbl] *vi* -**1.** [speak incoherently] bafouiller; he ~d through his speech il a fait un discours décousu. -**2.** [move clumsily]: he came bumbling in with a tray il entra, l'air gauche, un plateau à la main.

bumblebee [ˈbʌmblbiː] *n* bourdon *m*.

bumbler [ˈbʌmbləʳ] *n* empoté *m*, -e *f*, maladroit *m*, -e *f*.

bumbling [ˈbʌmblɪŋ] *adj* [person] empoté, maladroit; [behaviour] maladroit.

bumboat [ˈbʌmbəʊt] *n* canot *m* d'approvisionnement.

bumf *inf*, **bumph** *inf Br* [bʌmf] *n* -**1.** [documentation] doc *f*. -**2.** *pej* [useless papers] paperasse *f*. -**3.** [toilet paper] papier cul *m*.

bumfreezer *inf* [ˈbʌm,friːzəʳ] *n Br* [jacket] blouson *m*.

bummed *inf* [bʌmd] *adj Am*: to be ~ (out) with sthg être déprimé par qqch.

bummer▽ [ˈbʌməʳ] *n* -**1.** [bad experience] poisse *f*; the film's a real ~ ce film est vraiment nul OR un vrai navet. -**2.** *Am* [depression]: he's on a ~ il n'a pas le moral.

bump [bʌmp] ◇ *n* -**1.** [lump] bosse *f*; he has a big ~ on his head il a une grosse bosse au crâne; the car went over a ~ (in the road) la voiture est passée sur une bosse (sur la route). -**2.** [blow, knock] choc *m*, coup *m*; he felt a ~ as he reversed the car into the garage il a senti un choc en reculant la voiture dans le garage ‖ [noise from blow] bruit *m* sourd, choc *m* sourd; her head hit the shelf with a ~ il y a eu un bruit sourd quand elle s'est cognée la tête contre l'étagère. -**3.** AERON [air current] courant *m* ascendant.

◇ *vt* heurter; [elbow, head, knee] cogner.

◇ *vi* -**1.** [move with jerks] cahoter; the old bus ~ed along the country roads le vieil autobus cahotait le long des petites routes. -**2.** [collide] se heurter; the boat ~ed against the pier le bateau a buté contre l'embarcadère.

◇ *adv*: the driver went ~ into the car in front le conducteur est rentré en plein dans la voiture de devant.

◆ **bump into** *vt insep* [object] rentrer dedans, tamponner; [person] rencontrer par hasard, tomber sur; he ~ed into a lamppost il est rentré dans un réverbère; I ~ed into an old school friend this morning je suis tombé sur un ancien camarade d'école ce matin.

◆ **bump off** *inf vt sep* [murder] liquider, supprimer; [with a gun] descendre.

◆ **bump up** *inf vt sep* [increase] faire grimper; [prices] gonfler, faire grimper.

bumper [ˈbʌmpəʳ] ◇ *n* -**1.** AUT pare-chocs *m inv*. -**2.** *Am* RAIL [on train] tampon *m*; [at station] butoir *m*. -**3.** [full glass] rasade *f*.

◇ *adj* [crop, harvest] exceptionnel, formidable; a ~ issue *Br* un numéro exceptionnel.

bumper car *n* auto *f* tamponneuse.

bumper sticker *n* autocollant *m (pour voiture)*.

bumper-to-bumper *adj*: ~ traffic circulation *f* difficile; the cars are ~ on the bridge les voitures roulent pare-chocs contre pare-chocs sur le pont.

bumpkin *inf* [ˈbʌmpkɪn] *n pej*: a country ~ un plouc, un péquenaud.

bump start *n démarrage d'un véhicule en le poussant.*

◆ **bump-start** *vt* démarrer en poussant.

bumptious [ˈbʌmpʃəs] *adj* suffisant, prétentieux.

bumpy [ˈbʌmpɪ] (*compar* bumpier, *superl* bumpiest) *adj* [road] cahoteux; [flight, ride] agité (de secousses); [surface, wall] bosselé; we've got a ~ ride ahead of us *fig* on va traverser une mauvaise passe OR une période difficile.

bun [bʌn] *n* -**1.** [bread] petit pain *m* (au lait); she's got a ~ in the oven▽ *Br* elle a un polichinelle dans le tiroir. -**2.** [hair] chignon *m*.

bunch [bʌntʃ] ◇ *n* -**1.** [of flowers, straw] bouquet *m*, botte *f*; [of grapes] grappe *f*; [of bananas, dates] régime *m*; [of feathers, hair] touffe *f*; [of sticks, twigs] faisceau *m*, poignée *f*; [of keys] trousseau *m*; do you want a ~ of fives? *inf* tu veux mon poing sur la gueule? -**2.** *inf* [of people] bande *f*; they're a ~ of idiots c'est une bande d'imbéciles; her family are a strange ~ elle a une drôle de famille; you're a fine ~! *iron* quelle équipe vous faites!; he's the best of a bad ~ c'est le moins mauvais de la bande ‖ [of things]: he took out a ~ of papers from the drawer il sortit un tas de papiers du tiroir. -**3.** CYCLING peloton *m*. -**4.** *phr*: thanks a ~! *iron* merci beaucoup!

◇ *vt* [straw, vegetables] mettre en bottes, botteler; [flowers] botteler, mettre en bouquets.

◆ **bunches** *npl Br* couettes *fpl*; she wears her hair in ~es elle porte des couettes.

◆ **bunch together** ◇ *vi insep* [people] se serrer, se presser.

◇ *vt sep* mettre ensemble; [flowers] botteler, mettre en bouquets.

◆ **bunch up** ◇ *vi insep* -**1.** [group of people] se serrer. -**2.** [clothing] se retrousser.

◇ *vt sep* mettre ensemble; [flowers] mettre en bouquets, botteler; your dress is ~ed up at the back le derrière de ta robe est tout retroussé.

bunco *inf* [ˈbʊŋkəʊ] (*pl* buncos) *Am* ◇ *n* arnaque *f*.

◇ *vt* arnaquer, rouler.

bundle [ˈbʌndl] ◇ *n* -**1.** [of clothes, linen] paquet *m*; [wrapped in a cloth] paquet *m*; [of goods] paquet *m*, ballot *m*; [of sticks, twigs] faisceau *m*, poignée *f*; [of banknotes, papers] liasse *f*; he's a ~ of nerves c'est un paquet de nerfs; she's a ~ of contradictions elle est pleine de contradictions; a ~ of firewood un fagot ❑ a ~ of fun OR laughs *inf* marrant, amusant; the trip wasn't exactly a ~ of laughs le voyage n'était pas vraiment marrant; he's a real ~ of fun *iron* c'est fou ce qu'on s'amuse avec lui. -**2.** *inf Am* [money]: to make a ~ faire son beurre. -**3.** [baby] bout *m* de chou. -**4.** *Br phr*: to go a ~ on sthg *inf* s'emballer pour qqch; thanks a ~! *iron* merci beaucoup!

◇ *vt* -**1.** [clothes] mettre en paquet; [for a journey] empaqueter; [linen] mettre en paquet; [goods] mettre en paquet; [banknotes, papers] mettre en liasses; [sticks, twigs] mettre en faisceaux; [firewood] mettre en fagots; [straw] botteler, mettre en bottes. -**2.** [shove]: she ~d the papers into the drawer elle fourra les papiers dans le tiroir; he was ~d into the car on l'a poussé dans la voiture brusquement OR sans ménagement; he quickly ~d them out of the room il les a poussés précipitamment hors de la pièce.

◆ **bundle off** *vt sep*: the children were ~d off to school les enfants furent envoyés OR expédiés à l'école vite fait.

◆ **bundle up** ◇ *vt sep* -**1.** [tie up] mettre en paquet. -**2.** [dress warmly] emmitoufler; she ~d the baby up in a warm blanket elle emmitoufla le bébé dans une grosse couverture.

◇ *vi insep* s'emmitoufler.

bundled [ˈbʌndld] *adj* COMPUT: ~ software logiciel *m* livré avec le matériel.

bun fight *inf n Br hum* [gathering] réception *f*.

bung [bʌŋ] ◇ *n* -**1.** [stopper] bondon *m*, bonde *f*. -**2.** [hole] bonde *f*.

◇ *vt* -**1.** [hole] boucher. -**2.** *inf Br* [put carelessly] balancer; just ~ it in the rubbish bin fiche-le à la poubelle. -**3.** *inf Br* [add] rajouter; ~ it on the bill rajoutez-le sur la note; we'll ~ in a few extras on va rajouter quelques petits extras.

◆ **bung up** *inf vt sep Br* boucher; my nose is/my eyes are ~ed up j'ai le nez bouché/les yeux gonflés.

bungalow [ˈbʌŋgələʊ] *n* [one storey house] maison *f* sans étage; [in India] bungalow *m*.

bunghole [ˈbʌŋhəʊl] *n* bonde *f*.

bungle [ˈbʌŋgl] ◇ *vt* gâcher; you ~d it OR the job tu as tout gâché.

◇ *n Br*: to make a ~ of sthg gâcher qqch.

bungler [ˈbʌŋgləʳ] *n* incapable *mf*.

bungling [ˈbʌŋglɪŋ] ◇ *adj* [person] incompétent, incapable; [action] maladroit, gauche.

◇ *n* incompétence *f*.

bunion [ˈbʌnjən] *n* oignon *m (cor)*.

bunk [bʌŋk] ◇ *n* -**1.** [berth] couchette *f*; [bed] lit *m*. -**2.** *inf Br*: to do a ~ se tirer, se faire la malle. -**3.** *inf* [nonsense] foutaise *f*; that's a load of ~ ce sont des foutaises.

◇ *vi inf* -**1.** [sleep] coucher. -**2.** [escape] se tailler.

◆ **bunk down** *vi insep* coucher.

◆ **bunk off** *inf vi insep Br*. -**1.** [scram] décamper, filer. -**2.** [from school] faire le mur.

bunk bed *n* lit *m* superposé.

bunker [ˈbʌŋkəʳ] ◇ *n* -**1.** MIL blockhaus *m*, bunker *m*. -**2.** [for coal] coffre *m*; NAUT soute *f*. -**3.** GOLF bunker *m*.

◇ *vt* -**1.** NAUT [coal, oil, ship] mettre en soute. -**2.** GOLF envoyer la balle dans un bunker.

Bunker Hill *pr n*: the battle of ~ la bataille de Bunker Hill.

THE BATTLE OF BUNKER HILL:
Première grande bataille de la guerre d'Indépendance américaine, en 1775. Bien qu'ils aient dû battre en retraite, les Américains infligèrent de lourdes pertes aux Anglais, ce qui, pour les colonies, constitua un encouragement à poursuivre la lutte.

---

bunkhouse [ˈbʌŋkhaʊs, *pl* -haʊzɪz] *n Am* baraquement *m* (pour ouvriers).

bunko *inf* [ˈbʌŋkəʊ] (*pl* bunkos) *Am* = **bunco**.

bunkum *inf* [ˈbʌŋkəm] *n* [nonsense] foutaises *fpl*.

bunk-up *n Br*: to give sb a ~ faire la courte échelle à qqn.

bunny [ˈbʌnɪ] *n*: ~ (rabbit) (petit) lapin *m*, Jeannot lapin *m*.

bunny girl *n* hôtesse *f* de boîte de nuit.

Bunsen burner [ˈbʌnsn-] *n* (bec *m*) Bunsen *m*.

bunting [ˈbʌntɪŋ] *n* -**1.** [fabric] étamine *f*. -**2.** *(U)* [flags] fanions *mpl*, drapeaux *mpl*; the building was decorated with blue and white ~ le bâtiment était pavoisé de drapeaux bleus et blancs. -**3.** ORNITH bruant *m*.

buoy [*Br* bɔɪ, *Am* ˈbuːɪ] ◇ *n* bouée *f*, balise *f* flottante; mooring ~ bouée *f* de corps-mort, coffre *m* d'amarrage.

◇ *vt* [waterway] baliser; [vessel, obstacle] marquer d'une bouée.

◆ **buoy up** *vt sep* -**1.** NAUT faire flotter, maintenir à flot. -**2.** *fig* [support, sustain] soutenir; [person] remonter; her son's visit ~ed her up OR ~ed up her spirits la visite de son fils l'a remontée OR lui a remonté le moral.

buoyancy [ˈbɔɪənsɪ] *n* -**1.** [ability to float] flottabilité *f*; [of gas, liquid] poussée *f*. -**2.** *fig* [resilience] ressort *m*, force *f* morale; [cheerfulness] entrain *m*, allant *m*. -**3.** ST. EX: the ~ of the market la fermeté du marché.

buoyancy tank *n* réservoir *m* de flottabilité.

buoyant [ˈbɔɪənt] *adj* -**1.** [floatable] flottable, capable de flotter; [causing to float] qui fait flotter; sea water is very ~ l'eau de mer porte très bien. -**2.** *fig* [cheerful] plein d'allant OR d'entrain; [mood] gai, allègre; her spirits were ~ that morning elle était pleine d'allant OR d'entrain ce matin-là. -**3.** FIN [economy, sector] sain, robuste; ST. EX [market] soutenu; [currency] qui se maintient, ferme.

buoyantly ['bɔɪəntlɪ] *adv* [walk] d'un pas allègre; [float, rise] légèrement; [speak] avec allant, avec entrain.

BUPA ['bu:pə] (*abbr of* British United Provident Association) *pr n association d'assurance-maladie privée.*

bur [bɜ:r] ◇ *n* BOT bardane *f.*
◇ *vt* [clothing] enlever les bardanes de.

Burberry® ['bɜ:bərɪ] *n Br* gabardine *f*, imperméable *m* Burberry®.

burble ['bɜ:bl] ◇ *vi* -**1.** [liquid] glouglouter, faire glouglou; [stream] murmurer. -**2.** *pej* [person] jacasser; **he's always burbling on about moral values** il est toujours à jacasser OR dégoiser sur les valeurs morales.
◇ *n* -**1.** [of a liquid] glouglou *m*; [of a stream] murmure *m*. -**2.** *pej* [chatter] jacasserie *f*, jacassement *m.*

burbling ['bɜ:blɪŋ] *adj* [liquid] glougloutant; [stream] murmurant; *pej* [person] qui jacasse, bavard.

burden ['bɜ:dn] ◇ *n* -**1.** *fml* [heavy weight, load] fardeau *m*, charge *f*. -**2.** *fig* [heavy responsibility, strain] fardeau *m*, charge *f*; **I don't want to be a ~ to you** je ne veux pas être un fardeau pour vous; **his guilt was a heavy ~ to bear** sa culpabilité était un lourd fardeau; **to increase/to relieve the tax ~** augmenter/alléger le fardeau OR le poids des impôts ❑ **the ~ of proof** JUR la charge de la preuve. -**3.** NAUT tonnage *m*, jauge *f*; **a ship of 500 tons ~** un navire qui jauge 500 tonneaux. -**4.** *Br* [chorus, refrain] refrain *m*; *fig* [theme, central idea] fond *m*, substance *f*; **what is the main ~ of her argument?** quel est le point essentiel de son argument?
◇ *vt* -**1.** [weigh down] charger; **to be ~ed with sthg** être chargé de qqch; **to ~ sb with taxes** *fig* accabler qqn d'impôts. -**2.** [trouble] ennuyer, importuner; **I don't want to ~ you with my problems** je ne veux pas vous ennuyer avec mes problèmes; **she was ~ed with guilt** elle était rongée par un sentiment de culpabilité.

burdensome ['bɜ:dnsəm] *adj fml* [load] pesant; [taxes] lourd.

burdock ['bɜ:dɒk] *n* bardane *f.*

bureau ['bjʊərəʊ] (*pl* **bureaus** OR **bureaux** [-rəʊz]) *n* -**1.** ADMIN service *m*, office *m*; [in private enterprise] bureau *m*. -**2.** *Br* [desk] secrétaire *m*, bureau *m*. -**3.** *Am* [chest of drawers] commode *f.*

bureaucracy [bjʊə'rɒkrəsɪ] *n* bureaucratie *f.*

bureaucrat ['bjʊərəkræt] *n* bureaucrate *mf.*

bureaucratic [,bjʊərə'krætɪk] *adj* bureaucratique.

bureaucratize, -ise [bjʊə'rɒkrətaɪz] *vt* bureaucratiser.

burette *Br*, **buret** *Am* [bjʊ'ret] *n* éprouvette *f* graduée, burette *f.*

burgeon ['bɜ:dʒən] *vi* BOT OR *lit* bourgeonner; [leaf, flower] éclore; **a ~ing industry** une industrie florissante; **a ~ing romance** un amour naissant.

burger ['bɜ:gər] *n* hamburger *m.*

burgess ['bɜ:dʒɪs] *n* HIST [elected representative] député *m*, représentant *m*; *arch* [citizen] bourgeois *m.*

burgh ['bʌrə] *n Scot* ville *f.*

burgher ['bɜ:gər] *n* HIST bourgeois *m*, -e *f.*

burglar ['bɜ:glər] *n* cambrioleur *m*, -euse *f.*

burglar alarm *n* dispositif *m* d'alarme contre le vol, antivol *m.*

burglarize ['bɜ:gləraɪz] *vt Am* cambrioler.

burglarproof ['bɜ:gləpru:f] *adj* anti-effraction *(inv).*

burglary ['bɜ:glərɪ] (*pl* **burglaries**) *n* cambriolage *m.*

burgle ['bɜ:gl] *vt* cambrioler.

burgomaster ['bɜ:gə,mɑ:stər] *n* bourgmestre *m*, maire *m.*

Burgundian [bɜ:'gʌndɪən] ◇ *n* Bourguignon *m*, - onne *f.*
◇ *adj* bourguignon.

Burgundy ['bɜ:gəndɪ] *pr n* -**1.** [region] Bourgogne *f*; **in ~** en Bourgogne. -**2.** ŒNOL bourgogne *m.*

burial ['berɪəl] ◇ *n* enterrement *m*, inhumation *f*; **to give sb a Christian ~** donner à qqn une sépulture ecclésiastique.
◇ *comp* [place, service] d'inhumation.

burial ground *n* cimetière *m.*

burial mound *n* tumulus *m.*

burin ['bjʊərɪn] *n* burin *m.*

burk [bɜ:k] = **berk**.

Burke's Peerage [bɜ:ks-] *pr n annuaire de l'aristocratie britannique.*

Burkina-Faso [bɜ:,ki:nə'fæsəʊ] *pr n* Burkina *m*; **in ~** au Burkina.

burlap ['bɜ:læp] *n* toile *f* à sac, gros canevas *m.*

burlesque [bɜ:'lesk] ◇ *n* -**1.** LITERAT & THEAT burlesque *m*, parodie *f*. -**2.** *Am* [bawdy comedy] revue *f* déshabillée, striptease *m.*
◇ *adj* burlesque.
◇ *vt* parodier.

burly ['bɜ:lɪ] (*compar* **burlier**, *superl* **burliest**) *adj* de forte carrure.

Burma ['bɜ:mə] *pr n* Birmanie *f.*

Burmese [,bɜ:'mi:z] ◇ *n* -**1.** [person] Birman *m*, -e *f*. -**2.** LING birman *m.*
◇ *adj* birman.

Burmese cat *n* chat *m* de Birmanie.

burn [bɜ:n] (*Br pt* & *pp* **burned** OR **burnt** [bɜ:nt], *Am pt* & *pp* **burned**) ◇ *n* -**1.** [injury] brûlure *f*. -**2.** AERON (durée *f* de) combustion *f*. -**3.** *inf* PHYSIOL: **the ~** la sensation de brûlure. -**4.** *Scot* ruisseau *m.*
◇ *vi* -**1.** *literal* brûler; **there was a lovely fire ~ing in the sitting-room** un beau feu brûlait OR flambait au salon; **I can't get the wood to ~** je n'arrive pas à faire brûler OR flamber le bois; **the toast is ~ing** le pain grillé est en train de brûler; **she could see a cigarette ~ing in the dark** elle pouvait voir une cigarette qui brûlait OR se consumait dans l'obscurité; **this material won't ~** ce tissu est ininflammable; **the church ~ed to the ground** l'église a été réduite en cendres; **a light was ~ing in the study** une lumière brûlait dans le bureau. -**2.** *fig* [face, person]: **my face was ~ing** [with embarrassment] j'avais le visage en feu, j'étais tout rouge; **the wind made her face ~** le vent lui brûlait le visage; **I'm ~ing** [from sun] je brûle; [from fever] je suis brûlant, je brûle; **she was ~ing with anger** elle bouillait de colère; **she was ~ing for adventure** elle brûlait du désir d'aventure. -**3.** *inf* [travel at speed] filer, foncer; **we ~ed down the motorway** nous foncions OR nous filions sur l'autoroute.
◇ *vt* [paper, logs, food] brûler; [car, crop, forest] brûler, incendier; **three people were burnt to death** trois personnes sont mortes carbonisées OR ont été brûlées vives; **to be burnt alive** être brûlé vif; **suspected witches were burnt at the stake** les femmes soupçonnées de sorcellerie étaient brûlées vives; **his cigarette burnt a hole in the carpet** sa cigarette a fait un trou dans la moquette; **did you ~ yourself?** est-ce que tu t'es brûlé?; **I burnt my mouth drinking hot tea** je me suis brûlé (la langue) en buvant du thé chaud; **I've burnt the potatoes** j'ai laissé brûler les pommes de terre; **the house was burnt to the ground** la maison fut réduite en cendres OR brûla entièrement ❑ **to ~ one's boats/bridges** brûler ses vaisseaux/les ponts; **to ~ one's fingers, to get one's fingers burnt** se brûler les doigts; **to have money to ~** avoir de l'argent à ne pas savoir qu'en faire; **money ~s a hole in his pocket** l'argent lui fond dans les mains OR lui file entre les doigts.
◆ **burn away** ◇ *vi insep* -**1.** [continue burning]: **the bonfire ~ed away for several hours** le feu a brûlé pendant plusieurs heures. -**2.** [be destroyed by fire] se consumer.
◇ *vt sep* brûler; [paint] brûler, décaper au chalumeau.
◆ **burn down** ◇ *vi insep* -**1.** [be destroyed by fire] brûler complètement; **the building ~ed down** le bâtiment fut complètement détruit par le feu OR brûla complètement. -**2.** [die down]: **the fire in the stove has ~ed down** le feu dans le poêle est presque éteint || [grow smaller] diminuer, baisser; **the candle has ~ed down** la bougie a diminué.
◇ *vt sep* [building] détruire par le feu, incendier.
◆ **burn off** *vt sep* [vegetation] brûler, détruire par le feu; [gas] brûler; [paint] décaper au chalumeau.
◆ **burn out** ◇ *vt sep* -**1.** [destroy by fire - building] détruire par le feu. -**2.** ELEC [wear out - bulb] griller; [- fuse] faire sauter; MECH [- engine] griller; *fig*: **if you keep working this hard you'll ~ yourself out** si tu continues à travailler aussi dur tu vas t'épuiser; **she was burnt out by thirty** elle était usée avant (l'âge de) trente ans. -**3.** [die down] diminuer, éteindre; **after twelve hours the forest fire burnt itself out** au bout de douze heures l'incendie de forêt s'est éteint.
◇ *vi insep* ELEC [bulb] griller; [fuse] sauter; MECH [brakes, engine] griller; [candle, fire] s'éteindre.
◆ **burn up** ◇ *vt sep* -**1.** [destroy by fire] brûler. -**2.** *fig* [person - consume] brûler, dévorer; **the desire for revenge was ~ing him up** il était dévoré par le désir de se venger || *Am inf* [worry]: **it really ~s me up to see you like this** ça me bouffe de te voir comme ça. -**3.** [consume]: **this car ~s up a lot of petrol** cette voiture consomme beaucoup d'essence; **to ~ up a lot of calories/energy** dépenser OR brûler beaucoup de calories/d'énergie ❑ **to ~ up the miles** aller à toute vitesse, foncer.
◇ *vi insep* -**1.** [fire] flamber. -**2.** AERON se consumer, se désintégrer.

burned-out ['bɜ:nt-] *adj* -**1.** [destroyed by fire] incendié, brûlé. -**2.** *inf* [person] lessivé, vidé.

burner ['bɜ:nər] *n* [on a stove] brûleur *m*; [on a lamp] bec *m.*

burnet ['bɜ:nɪt] *n* BOT sanguisorbe *f.*

burning ['bɜ:nɪŋ] ◇ *adj* -**1.** [on fire] en flammes; [arrow, fire, torch] ardent; **the ~ bush** BIBLE le buisson ardent. -**2.** [hot] ardent, brûlant; **I have a ~ sensation in my stomach** j'ai des brûlures à l'estomac || *fig* [intense] ardent, brûlant; **he had a ~ desire to be a writer** il désirait ardemment être écrivain; **a ~ thirst** une soif brûlante; **she has a ~ interest in opera** elle s'intéresse vivement à OR se passionne pour l'opéra. -**3.** [crucial, vital] brûlant; **a ~ issue** une question brûlante.
◇ *adv*: **~ hot coals** des charbons ardents; **her forehead is ~ hot** elle a le front brûlant.
◇ *n* -**1.** [sensation, smell]: **a smell of ~ pervaded the air** une odeur de brûlé se répandit dans l'atmosphère; **he felt a ~ in his chest** il sentit une brûlure à la poitrine. -**2.** [destruction by fire]: **he witnessed the ~ of hundreds of books** il a été témoin de l'autodafé de centaines de livres. -**3.** METALL [overheating] brûlure *f.*

burnish ['bɜ:nɪʃ] ◇ *vt* -**1.** METALL brunir, polir. -**2.** *lit* lustrer.
◇ *n* -**1.** METALL brunissure *f*. -**2.** [shine] brillant *m*, lustre *m.*

burnished ['bɜ:nɪʃt] *adj* -**1.** METALL bruni, poli. -**2.** *lit* [bright, shiny] lustré.

burnous(e) [bɜ:'nu:s] *n* burnous *m.*

burnout ['bɜ:naʊt] *n* -**1.** AERON *arrêt par suite d'épuisement du combustible.* -**2.** ELEC: **what caused the ~?** qu'est-ce qui a fait griller les circuits? -**3.** [exhaustion] épuisement *m* total.

Burns' Night [bɜ:nz-] *n fête célébrée en l'honneur du poète écossais Robert Burns, le 25 janvier.*

burnt [bɜ:nt] ◇ *pt* & *pp* → **burn**.
◇ *adj* -**1.** [charred] brûlé, carbonisé. -**2.** [dark]: **~ orange/red** orange/rouge foncé.

burnt offering *n* [sacrifice] holocauste *m*; *hum* plat *m* calciné OR carbonisé.

burn-up *inf n* course *f* de vitesse.

burp *inf* [bɜ:p] ◇ *n* rot *m*; **"cheers", he said with a ~** « à ta santé », dit-il en rotant.
◇ *vi* roter.
◇ *vt*: **to ~ a baby** faire faire son rot à un bébé.

burp gun▽ *n Am* sulfateuse *f (mitraillette).*

burr [bɜːʳ] ◇ *n* -**1.** [rough edge] barbe *f*, bavure *f*. -**2.** [tool] fraise *f*. -**3.** [on tree trunk] broussin *m*; ~ **walnut** ronce *f* de noyer. -**4.** PHON grasseyement *m*; **he speaks with a soft Devon ~** il a un léger accent du Devon. -**5.** [noise] ronflement *m*, vrombissement *m*. -**6.** = **bur**.
◇ *vt* -**1.** [file] ébarber, ébavurer. -**2.** = **bur**.
◇ *vi* -**1.** PHON grasseyer. -**2.** [make a noise] ronfler, vrombir.

burrito [bəˈriːtəʊ] *n plat mexicain constitué d'une crêpe farcie.*

burro [ˈbʊrəʊ] *n Am* baudet *m*.

burrow [ˈbʌrəʊ] ◇ *n* terrier *m*.
◇ *vt* -**1.** [subj: person] creuser; [subj: animal, insect] creuser, fouir; **he ~ed his way underneath the prison wall** il a creusé un tunnel sous le mur de la prison. -**2.** *fig* [nestle] enfouir; **the cat ~ed its head into my shoulder** le chat a blotti sa tête contre mon épaule.
◇ *vi* -**1.** [dig] creuser; **they found earthworms ~ing through the soil** ils ont trouvé des vers de terre qui creusaient des galeries dans le sol. -**2.** [search] fouiller; **I've been ~ing through the files for clues** j'ai cherché OR fouillé dans les dossiers pour trouver des indices. -**3.** [nestle] s'enfouir, s'enfoncer; **she ~ed under the sheets** elle s'est enfouie sous les draps.

bursar [ˈbɜːsəʳ] *n* -**1.** [treasurer] intendant *m*, -e *f*, économe *mf*. -**2.** *Scot* [student] boursier *m*, -ère *f*.

bursary [ˈbɜːsərɪ] (*pl* **bursaries**) *n* -**1.** [grant, scholarship] bourse *f* (d'études). -**2.** *Br* [treasury] intendance *f*.

burst [bɜːst] (*pt* & *pp* **burst**) ◇ *n* -**1.** [explosion] éclatement *m*, explosion *f*; [puncture] éclatement *m*, crevaison *f*. -**2.** [sudden eruption - of laughter] éclat *m*; [- of emotion] accès *m*, explosion *f*; [- of ideas] jaillissement *m*; [- of thunder] coup *m*; [- of flame] jet *m*, jaillissement *m*; [- of applause] salve *f*; **a ~ of gunfire** une rafale; **he had a sudden ~ of energy** il a eu un sursaut d'énergie; **to put on** OR **to have a sudden ~ of speed** faire une pointe de vitesse, accélérer soudainement; **we heard a ~ of music** on entendit quelques mesures; **a ~ of activity** une poussée d'activité; **to work in ~s** travailler par à-coups.
◇ *vi* -**1.** [break, explode - balloon] éclater; [- abscess] crever; [- tyre] crever, éclater; [- bottle] éclater, voler en éclats; **his heart felt as if it would ~ with joy/grief** *fig* il crut que son cœur allait éclater de joie/se briser de chagrin. -**2.** [enter, move suddenly]: **two policemen ~ into the house** deux policiers ont fait irruption dans la maison; **she ~ through the door** elle est entrée brusquement; **the front door ~ open** la porte d'entrée s'est ouverte brusquement; **the sun suddenly ~ through the clouds** le soleil perça OR apparut soudain à travers les nuages.
◇ *vt* [balloon, bubble] crever, faire éclater; [pipe] faire éclater; [boiler] faire éclater, faire sauter; [tyre] crever, faire éclater; [abscess] crever, percer; **the river is about to ~ its banks** le fleuve est sur le point de déborder; **to ~ a blood vessel** se faire éclater une veine, se rompre un vaisseau sanguin; **don't ~ a blood vessel to get it done** *inf Br hum* ce n'est pas la peine de te crever pour finir, ce n'est pas la peine de te tuer à la tâche.

◆ **burst forth** *vi insep lit* [liquid] jaillir; [person] sortir précipitamment, apparaître; **the children ~ forth into the playground** les enfants se précipitèrent dans la cour de récréation; **he ~ forth with a song** il se mit à chanter.

◆ **burst in** *vi insep* [enter violently] faire irruption; [interrupt] interrompre brutalement la discussion; [intrude] entrer précipitamment; **it was very rude of you to ~ in on** OR **upon us like that** c'était très mal élevé de ta part d'entrer brusquement comme ça chez nous OR de faire irruption chez nous comme ça.

◆ **burst into** *vt insep* [begin suddenly]: **to ~ into laughter** éclater de rire; **to ~ into tears** éclater en sanglots, fondre en larmes; **to ~ into song** se mettre à chanter; **to ~ into flames** prendre feu, s'enflammer.

◆ **burst out** ◇ *vi insep* [leave suddenly] sortir précipitamment; **two men suddenly ~ out of the room** deux hommes sortirent en trombe de la pièce.
◇ *vt insep* [exclaim] s'exclamer, s'écrier; **to ~ out laughing** éclater de rire; **to ~ out crying** fondre en larmes; **they all ~ out singing** ils se sont tous mis à chanter d'un coup; **"I love you", he ~ out** «je t'aime», lança-t-il.

bursting [ˈbɜːstɪŋ] *adj* -**1.** [full] plein à craquer; **to be ~ at the seams** se défaire aux coutures, se découdre; **the place was ~ at the seams (with people)** *fig* l'endroit était plein à craquer; **to be ~ with joy/pride** déborder de joie/d'orgueil; **to be ~ with health** péter la santé. -**2.** [longing, yearning]: **they were ~ to tell us the news** ils mouraient d'envie de nous apprendre la nouvelle. -**3.** *inf* [desperate to urinate]: **I'm ~** je ne peux plus attendre, ça presse.

burton *inf* [ˈbɜːtn] *n Br dated*: **gone for a ~** [broken] fichu; [lost] disparu; [dead] qui a passé l'arme à gauche; [fallen] qui a ramassé une bûche.

Burundi [bʊˈrʊndɪ] *pr n* Burundi *m*; **in ~** au Burundi.

Burundian [bʊˈrʊndjən] ◇ *n* Burundais *m*, -e *f*.
◇ *adj* burundais.

bury [ˈberɪ] (*pt* & *pp* **buried**) *vt* -**1.** [in the ground] enterrer; [in water] immerger; **to be buried alive** être enterré vivant; **to be buried at sea** être immergé en haute mer; **he's buried two wives already** *fig* il a déjà enterré deux femmes; **we agreed to ~ our differences** nous avons convenu d'oublier OR d'enterrer nos différends ❑ **to ~ the hatchet** enterrer la hache de guerre, faire la paix. -**2.** [cover completely] ensevelir, enterrer; **she buried her feet in the sand** elle a enfoncé ses pieds dans le sable ❑ **to ~ one's head in the sand** faire l'autruche. -**3.** [hide]: **where have you buried my newspaper?** où as-tu fourré mon journal?; **she buried her face in the pillow** elle enfouit OR enfonça son visage dans l'oreiller; **to ~ one's face in one's hands** enfouir son visage dans ses mains; **he always has his nose buried in a book** il a toujours le nez fourré dans un livre; **to ~ oneself in the country** *fig* s'enterrer à la campagne; **long-buried memories began to surface** des souvenirs oubliés depuis longtemps commencèrent à refaire surface; **it's buried in a drawer somewhere** c'est enfoui dans un tiroir quelque part. -**4.** [occupy]: **to ~ o.s. in (one's) work** se plonger dans son travail. -**5.** [thrust, plunge - knife] enfoncer, plonger; **he buried his hands in his pockets** il a fourré les mains dans ses poches.

◆ **bury away** *vt sep* cacher, enfouir; **the information was buried away in the small print** l'information était perdue dans la foule des détails.

burying [ˈberɪɪŋ] *adj*: **a ~ place** un cimetière.

bus [bʌs] (*pl* **buses** OR **busses**, *pt* & *pp* **bused** OR **bussed**, *cont* **busing** OR **bussing**) ◇ *n* -**1.** [vehicle] bus *m*; *Am* [coach] car *m*. -**2.** *inf Br* [old car] (vieille) bagnole, guimbarde *f*. -**3.** COMPUT bus *m*.
◇ *vi*: **we can walk or ~ home** nous pouvons rentrer à pied ou en autobus.
◇ *vt*: **the children are bussed to school** les enfants vont à l'école en autobus ‖ *Am* SCH [for purposes of racial integration] emmener à l'école en autobus *(pour favoriser l'intégration raciale)*.
◇ *comp* [route, service, strike, ticket] d'autobus, de bus.

busbar [ˈbʌsbɑː] *n* COMPUT & ELEC bus *m*.

busboy [ˈbʌsbɔɪ] *n Am* aide-serveur *m*.

busby [ˈbʌzbɪ] (*pl* **busbies**) *n Br* bonnet *m* de hussard.

bus conductor *n Br* receveur *m*, -euse *f* d'autobus.

bus driver *n* conducteur *m*, -trice *f* d'autobus.

bush [bʊʃ] *n* -**1.** [shrub] buisson *m*, arbuste *m*; **the children hid in the ~es** les enfants se cachèrent dans les fourrés; **a ~ of black hair** *fig* une tignasse de cheveux noirs. -**2.** [scrubland]: **the ~** la brousse. -**3.** MECH bague *f*.

bushbaby [ˈbʊʃˌbeɪbɪ] *n* galago *m*.

bushed *inf* [bʊʃt] *adj* [exhausted] crevé, claqué.

bushel [ˈbʊʃl] (*pt* & *pp* **busheled** OR **bushelled**, *cont* **busheling** OR **bushelling**) ◇ *vt Am* [mend] recoudre; [alter] retoucher.
◇ *n* [measure] boisseau *m*.

bushfire [ˈbʊʃˌfaɪəʳ] *n* feu *m* de brousse.

bushing [ˈbʊʃɪŋ] *n (U)* TECH bague *f*.

bush jacket *n* saharienne *f*.

bushman [ˈbʊʃmən] (*pl* **bushmen** [-mən]) *n Austr* & *NZ* broussard *m*.

Bushman [ˈbʊʃmən] (*pl inv* OR **Bushmen** [-mən]) *n* [in southern Africa] Bochiman *m*.

bushranger [ˈbʊʃˌreɪndʒəʳ] *n* [backwoodsman] broussard *m*, -e *f*.

bush telegraph *n literal* téléphone *m* de brousse; *Br fig* & *hum* [grapevine] téléphone *m* arabe.

bushwhack [ˈbʊʃwæk] ◇ *vi* -**1.** [clear a path] se frayer un passage à travers la brousse. -**2.** [live in the bush] vivre dans la brousse.
◇ *vt Am* [ambush] tendre une embuscade à.

bushwhacker [ˈbʊʃˌwækəʳ] *n* -**1.** *Am* & *Austr* [backwoodsman] broussard *m*, -e *f*. -**2.** *Am* [guerrilla] guérillero *m*.

bushy [ˈbʊʃɪ] (*compar* **bushier**, *superl* **bushiest**) *adj* -**1.** [area] broussailleux. -**2.** [tree] touffu; [beard, eyebrows, hair] touffu, fourni.

busily [ˈbɪzɪlɪ] *adv* activement; **to be ~ engaged in sthg/in doing sthg** être très occupé à qqch/à faire qqch; **she is ~ collecting material for her next book** elle est très occupée à rassembler des matériaux pour son prochain livre; **he was ~ scribbling in his notebook** il griffonnait sur son calepin d'un air affairé.

business [ˈbɪznɪs] ◇ *n* -**1.** [firm] entreprise *f*; **there has been an increase in the number of small ~es throughout the country** il y a eu une augmentation du nombre des petites entreprises à travers le pays; **he's got a mail-order ~** il a une affaire OR entreprise de vente par correspondance; **would you like to have** OR **to run your own ~?** aimeriez-vous travailler à votre compte? -**2.** *(U)* [trade] affaires *fpl*; **~ is good/bad** les affaires vont bien/mal; **how's ~?** comment vont les affaires?; **we have lost ~ to foreign competitors** nous avons perdu une partie de notre clientèle au profit de concurrents étrangers; **we can help you to increase your ~** nous pouvons vous aider à augmenter votre chiffre d'affaires; **the travel ~** les métiers OR le secteur du tourisme; **she's in the fashion ~** elle est dans la mode; **my ~ is pharmaceuticals** je travaille dans l'industrie pharmaceutique, **she knows her ~** elle connaît son métier; **he's in ~** il est dans les affaires; **this firm has been in ~ for 25 years** cette entreprise tourne depuis 25 ans; **she's in ~ for herself** elle travaille à son compte; **he wants to go into ~** il veut travailler dans les affaires; **these high interest rates will put us out of ~** ces taux d'intérêt élevés vont nous obliger à fermer; **to go out of ~** cesser une activité; **he's got no ~ sense** il n'a pas le sens des affaires; **to do ~ with** travailler OR traiter avec; **he's a man we can do ~ with** *fig* c'est un homme avec lequel nous pouvons traiter; **I've come on ~** je suis venu pour le travail OR pour affaires; **big ~ is running the country** le gros commerce gouverne le pays; **selling weapons is big ~** la vente d'armes rapporte beaucoup d'argent; **from now on I'll take my ~ elsewhere** désormais j'irai voir OR je m'adresserai ailleurs; **it's bad ~ to refuse credit** c'est mauvais en affaires de refuser le crédit; **we're not in the ~ of providing free meals** ce n'est pas notre rôle de fournir des repas gratuits ❑ **Business Expansion Scheme** ≃ plan *m* d'aide à l'investissement; **a degree in ~, a ~ degree** un diplôme de gestion; **let's get down to ~** passons aux choses sérieuses; **(now) we're in ~!** nous voilà partis! -**3.** [concern]: **it's my (own) ~ if I decide not to go** c'est mon affaire OR cela ne regarde que moi si je décide de ne pas y aller; **what ~**

is it of yours? est-ce que cela vous regarde?; it's none of your ~ cela ne vous regarde pas; tell him to mind his own ~ dis-lui de se mêler de ses affaires; I'll make it my ~ to find out je m'occuperai d'en savoir plus; people going about their ~ des gens vaquant à leurs occupations; you had no ~ reading that letter vous n'aviez pas à lire cette lettre ❑ I could see she meant ~ je voyais qu'elle ne plaisantait pas; he drank like nobody's ~ *inf* il buvait comme un trou; she worked like nobody's ~ to get it finished *inf* elle a travaillé comme un forçat pour tout terminer; I soon sent him about his ~ je l'ai vite envoyé promener. -**4.** [matter, task]: the ~ of this meeting is the training budget l'ordre du jour de cette réunion est le budget de formation; any other ~ [on agenda] points *mpl* divers; any other ~? d'autres questions à l'ordre du jour?; she had important ~ to discuss elle avait à parler d'affaires importantes; that investigation of police misconduct was a dirty ~ l'enquête sur la bavure policière a été une sale affaire; this strike ~ has gone on long enough cette histoire de grève a assez duré; I'm tired of the whole ~ je suis las de toute cette histoire. -**5.** [rigmarole]: it was a real ~ getting tickets for the concert ça a été toute une affaire pour avoir des billets pour le concert. -**6.** THEAT jeux *mpl* de scène. -**7.** *inf euph*: the dog did his ~ and ran off le chien a fait ses besoins et a détalé.

◇ *comp* [lunch, trip] d'affaires; ~ associate associé *m*, -e *f*; ~ expenses [for individual] frais *mpl* professionnels; [for firm] frais *mpl* généraux; ~ hours [of office] heures *fpl* de bureau; [of shop, public service] heures *fpl* d'ouverture; ~ studies études *fpl* commerciales OR de commerce.

business address *n* adresse *f* du lieu de travail.

business card *n* carte *f* de visite.

business centre *n* centre *m* des affaires.

business class *n* [on aeroplane] classe *f* affaires.

business college *n Br* école *f* de commerce; [for management training] école *f* (supérieure) de gestion.

business end *inf n* [of knife] partie *f* coupante; [of gun] gueule *f*.

businesslike ['bɪznɪslaɪk] *adj* -**1.** [systematic, methodical] systématique, méthodique; I was amazed at the ~ way in which she handled the funeral arrangements j'ai été étonné de voir avec quelle efficacité elle s'est occupée de l'enterrement. -**2.** [impersonal, formal]: her manner was cold and ~ son comportement était froid et direct; our conversation was courteous and ~ notre entretien a été courtois et franc.

businessman ['bɪznɪsmæn] (*pl* businessmen [-men]) *n* homme *m* d'affaires; I'm not a very good ~ je ne suis pas très doué en affaires.

business manager *n* COMM & INDUST directeur *m* commercial; SPORT manager *m*; THEAT directeur *m*.

business plan *n* projet *m* d'entreprise.

business school *Am* = **business college**.

business suit *n Am* complet-(veston) *m*.

businesswoman ['bɪznɪs,wʊmən] (*pl* businesswomen [-,wɪmɪn]) *n* femme *f* d'affaires.

busing ['bʌsɪŋ] *n Am système de ramassage scolaire aux États-Unis, qui organise la répartition des enfants noirs et des enfants blancs dans les écoles afin de lutter contre la ségrégation raciale.*

busk [bʌsk] *vi Br* jouer de la musique *(dans la rue ou le métro)*; we earned money ~ing in the street/underground nous avons gagné de l'argent en jouant dans la rue/le métro.

busker ['bʌskəʳ] *n Br* musicien *m* ambulant, musicienne *f* ambulante.

bus lane *n* voie *f* OR couloir *m* d'autobus.

busload ['bʌsləʊd] *n*: a ~ of workers arrived at the factory un autobus plein d'ouvriers arriva à l'usine; the tourists arrived by the ~ OR in ~s les touristes sont arrivés par cars entiers.

busman ['bʌsmən] (*pl* busmen [-mən]) *n Br* [driver] conducteur *m* d'autobus; [conductor] receveur *m* d'autobus; to have a ~'s holiday passer ses vacances à travailler.

bus shelter *n* Abribus® *m*.

bus station *n* gare *f* routière.

bus stop *n* arrêt *m* d'autobus OR de bus.

bust [bʌst] (*pt* & *pp* busted OR bust) ◇ *adj inf* -**1.** [broken] fichu. -**2.** [bankrupt]: his company went ~ after a year son entreprise a fait faillite au bout d'un an. -**3.** [broke]: I'm ~ je suis fauché. -**4.** *phr*: ... or ~! *expression indiquant la détermination à arriver quelque part.*

◇ *n* -**1.** [breasts] poitrine *f*, buste *m*; a large ~ une forte poitrine; she has a small ~ elle a peu de poitrine. -**2.** ART buste *m*. -**3.** *inf* [police raid, arrest]: there was a big drugs ~ in Chicago il y a eu un beau coup de filet chez les trafiquants de drogue de Chicago. -**4.** *inf Am* [failure] fiasco *m*.

◇ *vt inf* -**1.** [break] bousiller, abîmer; *fig*: to ~ a gut OR blood vessel se casser la nénette; I'm not going to ~ my ass for him!▽ *Am* je ne vais pas me casser le cul pour lui! -**2.** [arrest, raid]: he was ~ed on a drugs charge il s'est fait choper OR embarquer pour une affaire de drogue; the police ~ed the house at 3 a.m. la police a fait une descente dans la maison à 3 h du matin. -**3.** *Am* [tame - horse] dresser. -**4.** *Am* [demote] rétrograder. -**5.** *Am* [catch] découvrir; ~ed! je t'y prends!, je t'ai eu!

◆ **bust out** *inf vi insep* se tirer; three prisoners have ~ed out (of jail) trois prisonniers se sont fait la belle OR la paire.

◆ **bust up** *inf* ◇ *vi insep* -**1.** [boyfriend, girlfriend] rompre (après une engueulade); he's ~ up with his girlfriend il a rompu avec sa copine après une engueulade. -**2.** *Am* [laugh] éclater de rire.

◇ *vt sep* [disrupt]: demonstrators ~ed up the meeting des manifestants sont venus semer la pagaïe dans la réunion.

bustard ['bʌstəd] *n* outarde *f*.

buster *inf* ['bʌstəʳ] *n* -**1.** *Am* [pal]: thanks, ~ merci, mon (petit) gars. -**2.** *Am* [tamer, breaker] dompteur *m*, -euse *f*.

-buster *inf in cpds*: crime~s super-flics *mpl*.

bustle ['bʌsl] ◇ *vi* [hurry]: he ~d about OR around the kitchen il s'affairait dans la cuisine; the nurse came bustling in l'infirmière entra d'un air affairé.

◇ *n* -**1.** [activity] agitation *f*; I enjoy the hustle and ~ of working in a bank j'aime bien travailler dans une banque à cause de tout le va-et-vient qui y règne; the ~ of New York l'activité grouillante de New York. -**2.** [on dress] tournure *f*.

bustling ['bʌslɪŋ] ◇ *adj* [person] affairé; [place] animé; the streets were ~ with Christmas shoppers les rues grouillaient de gens faisant leurs achats de Noël.

◇ *n* [activity] agitation *f*.

bust-up *inf n* -**1.** [quarrel] engueulade *f*; Tony and Pat have had another ~ Tony et Pat se sont encore engueulés. -**2.** [brawl] bagarre *f*.

busty ['bʌstɪ] (*compar* bustier, *superl* bustiest) *adj* qui a une forte poitrine; she was a big, ~ woman c'était une femme forte, à la poitrine plantureuse.

bus way *n* couloir *m* OR voie *f* d'autobus.

busy ['bɪzɪ] (*compar* busier, *superl* busiest, *pt* & *pp* busied) ◇ *adj* -**1.** [person] occupé; he was too ~ to notice il était trop occupé pour s'en apercevoir; I'm ~ enough as it is! je suis déjà assez occupé!; she was ~ painting the kitchen elle était occupée à peindre la cuisine; he likes to keep ~ il aime bien s'occuper; the packing kept me ~ all afternoon j'ai été occupé à faire les valises tout l'après-midi; I'm afraid I'm ~ tomorrow malheureusement je suis pris demain; the bank manager is ~ with a customer le directeur de l'agence est occupé avec un client ❑ she's as ~ as a bee, she's a ~ bee elle est très occupée. -**2.** [port, road, street] très fréquenté; [time, period] chargé, plein; I've had a ~ day j'ai eu une journée chargée; he has a ~ schedule il a un emploi du temps chargé OR bien rempli; this is our busiest period [business, shop] c'est la période où nous sommes en pleine activité; the office is very ~ at the moment nous avons beaucoup de travail au bureau en ce moment; the shops are very ~ today les magasins sont pleins (de monde) aujourd'hui. -**3.** *Am* [telephone line] occupé; I got the ~ signal ça sonnait occupé. -**4.** *pej* [excessively elaborate] chargé.

◇ *vt*: he busied himself with household chores il s'est occupé à des tâches ménagères; she busied herself by tidying the office elle s'est occupée en faisant le ménage dans le bureau.

busybody *inf* ['bɪzɪ,bɒdɪ] (*pl* busybodies) *n* fouineur *m*, -euse *f*, fouinard *m*, -e *f*.

busy lizzie [-'lɪzɪ] *n* balsamine *f*, impatiente *f*.

but [bʌt] ◇ *conj* -**1.** [to express contrast] mais; my husband smokes, ~ I don't mon mari fume, mais moi non; my husband doesn't smoke, ~ I do mon mari ne fume pas, mais moi si; I speak Spanish ~ not Italian je parle espagnol mais pas italien; she came home tired ~ happy elle est rentrée fatiguée mais heureuse. -**2.** [in exclamations] mais; ~ you can't do that! mais tu ne peux pas faire ça!; ~ that's absurd! mais c'est absurde! -**3.** [when addressing sb politely]: sorry, ~ I think that's MY umbrella pardon, mais je crois que c'est mon parapluie; excuse me, ~ there's a call for you excusez-moi, il y a un appel pour vous. -**4.** [used for emphasis]: nobody, ~ nobody, gets in without a ticket personne, absolument personne n'entre sans ticket. -**5.** [except, only] mais; it tastes like a grapefruit, ~ sweeter ça a le goût d'un pamplemousse, mais en plus sucré; I'll do it, ~ not right now je vais le faire, mais pas tout de suite. -**6.** *lit*: she never hears his name ~ she starts to weep elle ne peut entendre son nom sans verser des larmes; barely a day goes by ~ he receives another invitation il ne se passe pas un jour sans qu'il reçoive une nouvelle invitation.

◇ *adv* -**1.** [only] ne... que; I can ~ try je ne peux qu'essayer; his resignation cannot ~ confirm such suspicions *fml* sa démission ne fait que confirmer de tels soupçons; they had ~ recently become acquainted *lit* ils ne se connaissaient que depuis peu (de temps); this life is ~ transitory/~ a dream *lit* cette vie n'est qu'éphémère/qu'un rêve. -**2.** *inf Am* [used for emphasis] et; get them down here ~ fast! descends-les et vite!

◇ *prep* -**1.** [except] sauf, à part; she wouldn't see anyone ~ her lawyer elle ne voulait voir personne sauf OR à part son avocat; who ~ a fool would believe his story? il n'y a qu'un imbécile pour croire son histoire; where ~ in America could you find such a gadget? il n'y a qu'en Amérique qu'on trouve un tel gadget; nothing ~ a miracle could have saved her seul un miracle aurait pu la sauver. -**2.** *Br* [with numbers]: turn right at the next corner ~ one tournez à droite au deuxième carrefour; I was the last ~ two to finish j'étais l'avant-avant-dernier à finir.

◇ *n*: you're coming and no ~s! tu viens, et pas de mais!

◆ **but for** *prep phr* sans; ~ for her courage, many more people would have drowned sans son courage, il y aurait eu beaucoup plus de noyés.

◆ **but that** *conj phr fml*: we should have been on time, ~ that the train was delayed nous aurions été à l'heure si le train n'avait pas été retardé; I do not doubt ~ that we shall succeed je ne doute pas de notre réussite.

◆ **but then** *adv phr* enfin; ~ then, that's just the way it goes enfin, c'est comme ça.

butane ['bju:teɪn] *n* butane *m*; ~ gas gaz *m* butane, butane.

butch *inf* [bʊtʃ] ◇ *adj* [woman] hommasse; [man] macho.

◇ *n* [lesbian] *lesbienne d'apparence masculine.*

butcher ['bʊtʃəʳ] ◇ *n* -**1.** COMM boucher *m*; she's gone to the ~'s elle est partie chez le boucher; the ~'s wife la bouchère; ~'s shop boucherie *f*; ~'s boy *Br* garçon *m* boucher. -**2.** [murderer] boucher *m*; let's have a ~ (at it)! montre un peu!
◇ *vt* -**1.** [animal] abattre, tuer. -**2.** [person] massacrer. -**3.** *inf* [story, joke] massacrer.

butchery ['bʊtʃərɪ] *n* -**1.** COMM boucherie *f*; *Br* [slaughterhouse] abattoir *m*. -**2.** *fig* [massacre] boucherie *f*, massacre *m*.

butene ['bju:ti:n] *n* butylène *m*, butène *m*.

butler ['bʌtləʳ] *n* maître *m* d'hôtel; [in large household] majordome *m*.

Butlin's ['bʌtlɪnz] *pr n* *chaîne britannique de villages de vacances.*

butt [bʌt] ◇ *n* -**1.** [end] bout *m*; [of rifle] crosse *f*; [of cigarette] mégot *m*; the ~ end le bout. -**2.** *inf Am* [buttocks] fesses *fpl*; why don't you get off your ~ and do something? remue-toi un peu les fesses et fais quelque chose!; you just sit around on your ~ all day! tu ne fous rien de toute la journée! -**3.** [in archery - target] but *m*; [- mound] butte *f*; the ~s MIL le champ OR la butte de tir. -**4.** [person]: she became the ~ of their teasing elle s'est trouvée en butte à leurs taquineries; he was the ~ of all the office jokes il était la cible de toutes les plaisanteries du bureau. -**5.** [barrel] tonneau *m*.
◇ *vt* -**1.** [subj: animal] donner un coup de corne à; [subj: person] donner un coup de tête à; the goat ~ed its head against the gate la chèvre donna un coup de corne à la barrière; he ~ed his way through the crowds *fig* il s'est forcé un passage dans la foule. -**2.** TECH [abut] abouter.
◆ **butt in** *vi insep* [interrupt]: excuse me for ~ing in excusez-moi de m'en mêler OR de vous interrompre; she was always ~ing in on people's conversations elle s'immisçait toujours dans les conversations des autres.

butte [bju:t] *n Am* butte *f*, tertre *m*.

butter ['bʌtəʳ] ◇ *n* beurre *m*; ~ dish beurrier *m*; she looked as if ~ wouldn't melt in her mouth on lui aurait donné le bon Dieu sans confession.
◇ *vt* beurrer.
◆ **butter up** *inf vt sep* passer de la pommade à.

butterball *inf* ['bʌtəbɔ:l] *n Am* paquet *m* de graisse.

butter bean *n sorte de haricot de Lima.*

buttercup ['bʌtəkʌp] *n* bouton *m* d'or.

butterfat ['bʌtəfæt] *n* matière *f* grasse.

butterfingered *inf* ['bʌtə,fɪŋgəd] *adj*: a ~ child un enfant aux mains malhabiles.

butterfingers *inf* ['bʌtə,fɪŋgəz] *n* maladroit *m*, -e *f (de ses mains).*

butterfly ['bʌtəflaɪ] (*pl* butterflies) *n* -**1.** ENTOM papillon *m*; she always has OR gets butterflies (in her stomach) before a performance elle a toujours le trac avant une représentation. -**2.** SPORT: (the) ~ la brasse papillon.

butterfly net *n* filet *m* à papillons.

butterfly nut *n* papillon *m*, écrou *m* à ailettes.

butterfly valve *n* (soupape *f* à) papillon *m*.

butter icing *n* glaçage *m* au beurre.

butter knife *n* couteau *m* à beurre.

buttermilk ['bʌtəmɪlk] *n* babeurre *m*.

butterscotch ['bʌtəskɒtʃ] *n* caramel *m* dur au beurre.

buttery ['bʌtərɪ] (*pl* butteries) ◇ *adj* -**1.** [smell, taste] de beurre; [fingers] couvert de beurre; [biscuits, cake] fait avec beaucoup de beurre. -**2.** *inf fig* [obsequious] mielleux.
◇ *n* -**1.** [storeroom] office *m or f*. -**2.** [snackbar] buffet *m*, buvette *f*.

butt joint *n* joint *m* abouté, soudure *f* bout à bout.

butt naked *inf adj Am* à poil.

buttock ['bʌtək] *n* fesse *f*.

button ['bʌtn] ◇ *n* -**1.** [on clothing] bouton *m*; MECH bouton *m*; FENCING bouton *m*; on the ~ *inf* exactement. -**2.** *Am* [badge] badge *m*.
◇ *vt* [gen & FENCING] se boutonner; ~ it OR your lip OR your mouth! *inf* ferme-là!, boucle-la!
◇ *vi* se boutonner; the blouse ~s at the back le chemisier se boutonne par derrière OR dans le dos.
◆ **buttons** *n Br dated* groom *m*, chasseur *m*.
◆ **button up** ◇ *vt sep* -**1.** [piece of clothing] boutonner. -**2.** *inf fig* [conclude] régler.
◇ *vi insep* -**1.** [piece of clothing] se boutonner. -**2.** *inf* [shut up]: ~ up! ferme-la!, boucle-la!

button-down *adj* -**1.** [collar] boutonné; [shirt] à col boutonné. -**2.** *Am fig* [conventional]: a ~ businessman un homme d'affaires très comme il faut.

buttonhole ['bʌtnhəʊl] ◇ *n* -**1.** [in clothing] boutonnière *f*; she gave him a carnation for his ~ elle lui donna un œillet pour mettre à sa boutonnière; ~ stitch SEW point *m* de boutonnière. -**2.** *Br* [flower]: she was wearing a pink ~ elle portait une fleur rose à la boutonnière.
◇ *vt* -**1.** [make buttonholes in] faire des boutonnières sur; [sew with buttonhole stitch] coudre au point de boutonnière. -**2.** *inf fig* [detain - person] retenir, coincer.

button mushroom *n* champignon *m* de couche OR de Paris.

button-nosed *adj* qui a un petit nez.

button-through *adj*: a ~ dress une robe-chemisier; a ~ skirt une jupe boutonnée.

buttress ['bʌtrɪs] ◇ *n* -**1.** ARCHIT contrefort *m*. -**2.** *fig* pilier *m*.
◇ *vt* -**1.** ARCHIT étayer; [cathedral] arc-bouter. -**2.** *fig* [argument, system] étayer, renforcer.

butty *inf* ['bʌtɪ] (*pl* butties) *n Br dial* -**1.** [sandwich] sandwich *m*, casse-croûte *m*. -**2.** [friend] copain *m*.

buxom ['bʌksəm] *adj* [plump] plantureux, bien en chair; [busty] à la poitrine plantureuse.

buy [baɪ] (*pt & pp* bought [bɔ:t]) ◇ *vt* -**1.** [purchase] acheter; to ~ sthg for sb, to ~ sb sthg acheter qqch à OR pour qqn; I'll ~ it for you je te l'achète; can I ~ you a coffee? puis-je t'offrir un café?; she didn't have a pen, so he bought her one elle n'avait pas de stylo, alors il lui en a acheté un; she bought her car from her sister elle a racheté la voiture de sa sœur; I'll ~ it from you je te le rachète; they bought it for £100 ils l'ont payé 100 livres; have you bought the plane tickets? avez-vous pris les billets d'avion?; you'd better ~ the theatre tickets today tu devrais prendre OR louer les places de théâtre aujourd'hui; we're out of coffee — I'll go and ~ some more nous n'avons plus de café — je vais aller en racheter; to ~ sthg new/second-hand/on credit acheter qqch neuf/d'occasion/à crédit; she bought herself a pair of skis elle s'est acheté une paire de skis; you never ~ yourself anything! tu ne t'achètes jamais rien!; £20 won't ~ you very much these days avec 20 livres, on ne va pas très loin de nos jours. -**2.** [gain, obtain]: to ~ time gagner du temps; she bought their freedom with her life elle paya leur liberté de sa vie. -**3.** [bribe] acheter; I won't be bought on ne m'achètera pas. -**4.** *inf* [believe]: she'll never ~ that story elle n'avalera OR ne gobera jamais cette histoire; do you think he'll ~ it? tu crois qu'il va marcher?; OK, I'll ~ that! d'accord, je marche! -**5.** *phr*: to ~ it▽ [die]: he bought it in the final attack à la dernière crise, il y est resté.
◇ *n* affaire *f*; this car was a great ~ cette voiture était une très bonne affaire.
◆ **buy back** *vt sep* racheter; can I ~ my bicycle back from you? puis-je te racheter mon vélo?
◆ **buy in** ◇ *vt sep* -**1.** *Br* [stockpile] stocker; we bought in plenty of coffee before the price increase nous avons fait des provisions de café avant que les prix n'augmentent. -**2.** ST. EX acheter, acquérir. -**3.** [at auction] racheter.
◇ *vi insep* acheter.
◆ **buy into** *vt insep* FIN acheter une participation dans.
◆ **buy off** *vt sep* [bribe] acheter; they bought off the witness for £10,000 ils ont acheté le silence du témoin pour 10 000 livres.
◆ **buy out** *vt sep* -**1.** FIN racheter la part de, désintéresser; she bought out all the other shareholders elle racheta les parts de tous les autres actionnaires. -**2.** MIL racheter; he bought himself out (of the army) il a payé pour pouvoir rompre son contrat avec l'armée.
◆ **buy over** = **buy off**.
◆ **buy up** *vt sep* acheter en quantité; FIN [firm, shares, stock] racheter; the company bought up £50,000 worth of shares la société racheta des actions pour une valeur de 50 000 livres.

buyer ['baɪəʳ] *n* acheteur *m*, -euse *f*; I haven't found a ~ for my house je n'ai pas trouvé d'acheteur pour ma maison; she's a ~ at OR for Harrod's elle est responsable des achats chez Harrod's; ~s' market FIN marché *m* demandeur OR à la hausse.

buying ['baɪɪŋ] *n* achat *m*; ~ power pouvoir *m* d'achat.

buyout ['baɪaʊt] *n* rachat *m*.

buzz [bʌz] ◇ *n* -**1.** [of insect] bourdonnement *m*, vrombissement *m*; *fig*: there was a ~ of conversation in the room la pièce résonnait du brouhaha des conversations; the announcement caused a ~ of excitement l'annonce provoqua un murmure d'excitation. -**2.** [of buzzer] coup *m* de sonnette. -**3.** *inf* [telephone call] coup *m* de fil; I'll give you a ~ this evening je te passerai un coup de fil ce soir. -**4.** *inf* [gossip]: what's the ~? quoi de neuf? -**5.** [activity]: I love the ~ of London j'adore l'animation de Londres. -**6.** *inf* [strong sensation]: I get quite a ~ out of being on the stage je prends vraiment mon pied sur scène.
◇ *vi* -**1.** [insect] bourdonner, vrombir; the theatre ~ed with excitement *fig* le théâtre était tout bourdonnant d'excitation. -**2.** [ears] bourdonner, tinter; her head was ~ing elle avait des bourdonnements dans la tête; his head was ~ing with ideas les idées bourdonnaient dans sa tête. -**3.** [with buzzer]: he ~ed for his secretary il appela sa secrétaire (à l'interphone). -**4.** *inf* [be lively - person] tenir la forme; he's really ~ing tonight il tient vraiment la forme ce soir. -**5.** ▽*Am* [leave]: I wanna ~ je veux me tirer.
◇ *vt* -**1.** [with buzzer]: he ~ed the nurse il appela l'infirmière d'un coup de sonnette. -**2.** *inf Am* [telephone] passer un coup de fil à. -**3.** *inf* AERON [building, town etc] raser, frôler; [aircraft] frôler.
◆ **buzz about** *inf vi insep* s'affairer, s'agiter.
◆ **buzz off** *inf vi insep* décamper, dégager; ~ off, will you! dégage OR fiche le camp, tu veux!

buzzard ['bʌzəd] *n Br* buse *f*; *Am* urubu *m*.

buzz bomb *n* V1 *m*.

buzzer ['bʌzəʳ] *n* sonnette *f*.

buzzing ['bʌzɪŋ] ◇ *n* [of insects] bourdonnement *m*, vrombissement *m*; [in ears] bourdonnement *m*, tintement *m*.
◇ *adj* [insect] bourdonnant, vrombissant; a ~ noise OR sound un bourdonnement OR vrombissement.

buzz saw *n* scie *f* mécanique OR circulaire.

buzzword *inf* ['bʌzwɜ:d] *n* mot *m* à la mode.

BVDs *npl Am* sous-vêtements *mpl (pour hommes).*

b/w (*abbr of* black and white) *adj* NB.

by [baɪ] ◇ *adv* -**1.** [past]: she drove by without stopping elle est passée (en voiture) sans s'arrêter; he managed to squeeze by il a réussi à passer (en se faufilant); if you see him, just walk on by si tu le vois, ne t'arrête pas; two hours have gone by deux heures ont passé; as time went by he became less bitter avec le temps il est devenu moins amer. -**2.** [aside, away]: she put some money by for her old age elle a mis de l'argent de côté pour ses vieux jours. -**3.** [nearby]: is there a bank close by? y a-t-il une banque près d'ici?; she sat OR stood by while they operated elle est restée là pendant qu'ils opéraient; how can you just sit OR stand by while he suffers? *fig* comment peux-tu rester là sans rien faire alors qu'il souffre?; stand by in case of an emergency ne vous éloignez pas au cas où il y aurait une urgence. -**4.** [to, at someone's home] : **I'll stop** OR **drop by this evening** je passerai ce soir; **your mother came by this morning** ta mère est passée ce matin.

◇ *prep* **A.** -**1.** [near, beside] près de, à côté de; **by a stream** au bord OR près d'un ruisseau; **by the sea** au bord de la mer; **she parked her car by the kerb** elle gara sa voiture au bord du trottoir; **come and sit by me** OR **my side** viens t'asseoir près OR auprès de moi; **don't stand by the door** ne restez pas debout près de la porte. -**2.** [past] devant; **she walked right by me** elle passa juste devant moi; **I drive by the school every day** je passe (en voiture) devant l'école tous les jours. -**3.** [through] par; **she left by the back door** elle est partie par la porte de derrière.

B. -**1.** [indicating means, method] : **to pay by cheque** payer par chèque; **by letter/phone** par courrier/téléphone; **to go by bus/car/plane/train** aller en autobus/voiture/avion/train; **send it by plane/ship** envoyez-le par avion/bateau; **it's quicker by train** ça va plus vite en train; **I know her by name/sight** je la connais de nom/vue; **he died by his own hand** il est mort de sa propre main; **you must wash it by hand** il faut le laver à la main; **was it made by hand/machine?** a-t-il été fait à la main/machine?; **by candlelight** à la lumière d'une bougie; **by moonlight** au clair de lune ☐ **I can do it by myself** je peux le faire (tout) seul; **I'm all by myself tonight** je suis tout seul ce soir. -**2.** [indicating agent or cause] par; **it was built by the Romans** il fut construit par les Romains; **the house was surrounded by the police** la police a cerné la maison; **I was shocked by his reaction** sa réaction m'a choqué; **she had two daughters by him** elle a eu deux filles de lui. -**3.** [as a result of] par; **by chance/mistake** par hasard/erreur || [with present participle] en; **by working overtime he managed to pay off his debts** en faisant des heures supplémentaires il a réussi à rembourser ses dettes; **he learned to cook by watching his mother** il a appris à faire la cuisine en regardant sa mère. -**4.** [indicating authorship] de; **a book by Toni Morrison** un livre de Toni Morrison; **a quartet by Schubert** un quatuor de Schubert. -**5.** [indicating part of person, thing held] par; **carry it by the handle** prends-le par la poignée; **she took her by the hand** elle l'a prise par la main; **he seized him by the collar** il l'a saisi par le col.

C. -**1.** [not later than, before] : **she'll be here by tonight/five o'clock** elle sera ici avant ce soir/pour cinq heures; **it must be done by tomorrow** ça doit être fait pour demain; **I'll have finished by Friday** j'aurai fini pour vendredi; **by the 21st century illiteracy should be stamped out** d'ici le XXIe siècle l'analphabétisme devrait avoir disparu; **by 1960 most Americans had television sets** en 1960 la plupart des Américains avaient déjà un poste de télévision; **by the time you read this letter I'll be in California** lorsque tu liras cette lettre, je serai en Californie; **by the time the police came the thieves had left** le temps que la police arrive OR lorsque la police arriva, les voleurs étaient déjà partis; **he should be in India by now** il devrait être en Inde maintenant; **she had already married by then** à ce moment-là elle était déjà mariée. -**2.** [during] : **he works by night and sleeps by day** il travaille la nuit et dort le jour.

D. -**1.** [according to] d'après; **they're rich, even by American standards** ils sont riches même par rapport aux normes américaines; **it's 6:15 by my watch** il est 6 h 15 à OR d'après ma montre; **you can tell he's lying by the expression on his face** on voit qu'il ment à l'expression de son visage. -**2.** [in accordance with] selon, d'après; **by law** selon OR d'après la loi; **by rights you should have it** en principe, c'est vous qui devriez l'avoir; **to play by the rules** faire les choses dans les règles. -**3.** [with regard to] de; **she's Canadian by birth** elle est canadienne de naissance; **he's an actor by trade** OR **profession** il est acteur de profession; **it's all right by me** *inf* moi, je suis d'accord OR je n'ai rien contre.

E. -**1.** [indicating degree, extent] de; **she won by five points** elle a gagné de cinq points; **I missed the train by less than a minute** j'ai manqué le train de moins d'une minute; **she's older than her husband by five years** elle est plus âgée que son mari de cinq ans; **increase your income by 50%** OR **by half** augmentez vos revenus de 50 %; **his second book is better by far** son deuxième livre est nettement meilleur. -**2.** [in calculations, measurements] : **multiply/divide 12 by 6** multipliez/divisez 12 par 6; **the room is 6 metres by 3 (metres)** la pièce fait 6 mètres sur 3 (mètres). -**3.** [indicating specific amount, duration] : **to be paid by the hour/week/month** être payé à l'heure/à la semaine/au mois; **they only sell by the kilo** ils ne vendent qu'au kilo; **it sold by the thousand** ça s'est vendu par milliers; **he rents his room by the week** il loue sa chambre à la semaine. -**4.** [indicating rate or speed] : **little by little** peu à peu; **year by year** d'année en année; **two by two** deux par deux. -**5.** [used with points of the compass] quart; **north by northwest** nord quart nord-ouest.

◆ **by and by** *adv phr lit* bientôt.

◆ **by the by** ◇ *adv phr* à propos.

◇ *adj phr*: **that's by the by** ça n'a pas d'importance.

bye [baɪ] ◇ *n* CRICKET balle *f* passée.

◇ *interj inf* au revoir, salut.

bye-bye *inf interj* au revoir, salut; **say ~** [to child] dis au revoir.

bye-byes *inf n baby talk* dodo *m*; **go to ~ now** va faire dodo maintenant.

byelaw ['baɪlɔː] = **bylaw**.

by-election *n* élection *f* (législative) partielle *(en Grande-Bretagne)*.

Byelorussia [bɪˌeləʊ'rʌʃə] *pr n* Biélorussie *f*; **in ~** en Biélorussie.

Byelorussian [bɪˌeləʊ'rʌʃn] ◇ *n* Biélorusse *mf*.

◇ *adj* biélorusse.

bygone ['baɪgɒn] ◇ *adj lit* passé, révolu; **he displayed the gallantry of a ~ age** il faisait preuve d'une galanterie qui n'a plus cours aujourd'hui; **in ~ days** autrefois, jadis.

◇ *n* -**1.** [object] vieillerie *f*. -**2.** *phr*: **let ~s be ~s** oublions le passé.

bylaw ['baɪlɔː] *n* -**1.** *Br* ADMIN arrêté *m* municipal. -**2.** *Am* [of club, company] statut *m*.

by-line *n* signature *f (en tête d'un article)*.

BYO (*abbr of* **bring your own**) *n restaurant où chacun apporte sa bouteille*.

BYOB (*abbr of* **bring your own bottle**) *«apportez une bouteille», inscription que l'on trouve sur un carton d'invitation à une soirée*.

bypass ['baɪpɑːs] ◇ *n* -**1.** [road] rocade *f*; **the Oxford ~** la route qui contourne Oxford. -**2.** TECH [pipe] conduit *m* de dérivation, by-pass *m*. -**3.** ELEC dérivation *f*. -**4.** MED pontage *m*, by-pass *m*; **~ operation, ~ surgery** pontage, by-pass; **he's had a heart ~** il a subi un pontage coronarien.

◇ *vt* [avoid - town] contourner, éviter; [- problem, regulation] contourner, éluder; [- superior] court-circuiter; **I ~ed the personnel officer and spoke directly to the boss** je suis allé parler directement au directeur sans passer par le chef du personnel.

byplay ['baɪpleɪ] *n* jeu *m* de scène secondaire.

by-product *n* sous-produit *m*, (produit *m*) dérivé *m*; *fig* conséquence *f* indirecte, effet *m* secondaire.

byre ['baɪə[r]] *n Br* étable *f* (à vaches).

byroad ['baɪrəʊd] = **byway**.

Byronic [baɪ'rɒnɪk] *adj* byronien.

bystander ['baɪˌstændə[r]] *n* spectateur *m*, -trice *f*.

byte [baɪt] *n* octet *m*.

byway ['baɪweɪ] *n* -**1.** [road] chemin *m* détourné OR écarté. -**2.** *fig*: **the book explores the ~s of Buddhist teaching** le livre explore les aspects peu connus OR les à-côtés de l'enseignement bouddhiste.

byword ['baɪwɜːd] *n* symbole *m*, illustration *f*; **the company has become a ~ for inefficiency** le nom de cette entreprise est devenu synonyme d'inefficacité.

by-your-leave *n lit* OR *hum* permission *f*; **without so much as a ~** sans même demander la permission.

Byzantine [*Br* bɪ'zæntaɪn, *Am* 'bɪzntiːn]

◇ *n* Byzantin *m*, -e *f*.

◇ *adj* byzantin, de Byzance.

Byzantium [bɪ'zæntɪəm] *pr n* Byzance.

C

c (*pl* **c's** OR **cs**), **C** (*pl* **C's** OR **Cs**) [siː] *n* [letter] c *m*, C *m*.

c -**1.** (*written abbr of* **cent(s)**) ct. -**2.** (*written abbr of* **century**) s. -**3.** (*written abbr of* **circa**) vers.

C ◇ *n* -**1.** MUS do *m*, ut *m*. -**2.** SCH & UNIV assez bien; **I got a C in geography** j'ai eu assez bien en géographie. -**3.** *inf* (*abbr of* **cancer**): **the big C** le cancer. -**4.** [Roman numeral] C *m*.
◇ (*written abbr of* **Celsius, Centigrade**) C.

ca. (*written abbr of* **circa**) vers.

c/a -**1.** *written abbr of* **capital account**. -**2.** *written abbr of* **credit account**. -**3.** *written abbr of* **current account**.

CA ◇ *n* *abbr of* **Consumers' Association**.
◇ -**1.** *written abbr of* **chartered accountant**. -**2.** *written abbr of* **Central America**. -**3.** *written abbr of* **California**.

CAA *pr n* -**1.** (*abbr of* **Civil Aviation Authority**) *organisme britannique de réglementation de l'aviation civile*. -**2.** *Am abbr of* **Civil Aeronautics Authority**.

cab [kæb] *n* -**1.** [taxi] taxi *m*; **let's go by ~** allons-y en taxi; **he's a ~ driver** il est chauffeur de taxi. -**2.** [of lorry, train] cabine *f*. -**3.** [horse-drawn] fiacre *m*.

CAB *pr n* -**1.** *Br abbr of* **Citizens' Advice Bureau**. -**2.** (*abbr of* **Civil Aeronautics Board**) *organisme américain de réglementation de l'aviation civile*.

cabal [kəˈbæl] *n* cabale *f*.

cabala [kəˈbɑːlə] *n* cabale *f*.

cabalistic [ˌkæbəˈlɪstɪk] *adj* cabalistique.

cabana [kəˈbænə] *n Am* cabine *f (de plage)*.

cabaret [ˈkæbəreɪ] *n* [nightclub] cabaret *m*; [show] spectacle *m*; **'Cabaret'** *Fosse* 'Cabaret'.

cabbage [ˈkæbɪdʒ] *n* chou *m*; **I'd rather die than be a ~ for the rest of my life** plutôt mourir que vivre comme un légume jusqu'à la fin de mes jours.

cabbage rose *n* rose *f* centfeuilles.

cabbage tree *n* palmiste *m*.

cabbage white *n* piéride *f* du chou.

cabbala *etc* [kəˈbɑːlə] = **cabala**.

cabby *inf*, **cabbie** *inf* [ˈkæbɪ] *n* [taxi-driver] chauffeur *m* de taxi; [coachman] cocher *m* (de fiacre).

caber [ˈkeɪbəʳ, *Scot* ˈkeɪbər] *n* SPORT tronc *m*; **tossing the ~** le lancer de troncs.

cabin [ˈkæbɪn] *n* -**1.** [hut] cabane *f*, hutte *f*; **log ~** cabane en rondins. -**2.** NAUT cabine *f*. -**3.** AERON: **the First Class ~** le compartiment de première classe. -**4.** *Br* [signal box] cabine *f* d'aiguillage. -**5.** *Br* [of lorry, train] cabine *f*.

cabin boy *n* mousse *m*.

cabin class *n* deuxième classe *f*.

cabin crew *n* équipage *m*.

cabin cruiser *n* cruiser *m*.

cabinet [ˈkæbɪnɪt] *n* -**1.** [furniture] meuble *m* (de rangement); [for bottles] bar *m*; [radio, television] coffret *m*; [for precious objects] cabinet *m*; [with glass doors] vitrine *f*; **medicine ~** (armoire *f* à) pharmacie *f*; **filing ~** classeur *m*. -**2.** POL cabinet *m*; **he was in Wilson's ~** il faisait partie du cabinet OR gouvernement Wilson; **they took the decision in ~** ils ont pris la décision en Conseil des ministres; **~ reshuffle** remaniement *m* ministériel.

cabinet-maker *n* ébéniste *m*.

cabinet-making *n* ébénisterie *f*.

cabinet minister *n* ministre *m* siégeant au cabinet; **he was a ~ under Heath** OR **in the Heath government** il était ministre sous (le gouvernement) Heath.

cabinetwork [ˈkæbɪnɪtwɜːk] *n* ébénisterie *f*.

cabin trunk *n* malle-cabine *f*.

cable [ˈkeɪbl] ◇ *n* -**1.** [rope, wire] câble *m*; **electric ~** câble électrique. -**2.** [telegram] télégramme *m*; **we'll send you a ~** nous t'enverrons un télégramme. -**3.** NAUT [measure] encablure *f*. -**4.** point *m* de torsade; **~ needle** aiguille *f* à torsades.
◇ *vt* -**1.** [lay cables in] câbler. -**2.** [telegraph] télégraphier à; **I ~d them to say I needed more money** je leur ai télégraphié que j'avais encore besoin d'argent.

cable car *n* téléphérique *m*.

cablegram [ˈkeɪblgræm] *n* câblogramme *m*.

cable railway *n* funiculaire *m*.

cable release *n* déclencheur *m* souple.

cable-stayed bridge [-steɪd-] *n* pont *m* haubanné.

cable stitch *n* point *m* de torsade.
◆ **cable-stitch** *comp* [sweater] au point de torsade.

cable television, **cable TV** *n* télévision *f* par câble, câble *m*.

cableway [ˈkeɪblweɪ] *n* téléphérique *m*.

cabling [ˈkeɪblɪŋ] *n* câblage *m*.

cabman [ˈkæbmən] (*pl* **cabmen** [-mən]) *n Br* chauffeur *m* de taxi.

caboodle *inf* [kəˈbuːdl] *n*: **the whole (kit and) ~** tout le bataclan OR bazar.

caboose [kəˈbuːs] *n* -**1.** *Am* RAIL fourgon *m* de queue. -**2.** NAUT coquerie *f*. -**3.** ▽ *Am* [buttocks] fesses *fpl*.

cab rank *n* station *f* de taxis.

cabriolet [ˈkæbrɪəʊleɪ] *n* cabriolet *m*.

cabstand [ˈkæbstænd] = **cab rank**.

cacao [kəˈkɑːəʊ] (*pl* **cacaos**) *n* [bean] cacao *m*; [tree] cacaoyer *m*, cacaotier *m*.

cache [kæʃ] ◇ *n* -**1.** [hidden supply] cache *f*; **a ~ of weapons, an arms ~** une cache d'armes; **~ (memory)** COMPUT antémémoire *f*, mémoire-cache *f*. -**2.** [hiding place] cachette *f*.
◇ *vt* mettre dans une cachette.

cachet [ˈkæʃeɪ] *n literal* & *fig* cachet *m*.

cachou [ˈkæʃuː] *n* pastille *f* rafraîchissante.

cack-handed *inf* [kæk-] *adj Br* maladroit, gauche.

cackle [ˈkækl] ◇ *vi* -**1.** [hen] caqueter. -**2.** [person – chatter] caqueter, jacasser; [– laugh] glousser.
◇ *vt*: **"you're trapped", ~d the old witch** «je te tiens!», gloussa la vieille sorcière.
◇ *n* -**1.** [of hen] caquet *m*. -**2.** [of person – chatter] caquetage *m*, jacasserie *f*; [– laugh] gloussement *m*; **she gave a loud ~** elle gloussa bruyamment; **cut the ~!** *inf* assez bavardé!

cacophonous [kæˈkɒfənəs] *adj* cacophonique.

cacophony [kæˈkɒfənɪ] (*pl* **cacophonies**) *n* cacophonie *f*.

cactus [ˈkæktəs] (*pl* **cactuses** OR **cacti** [-taɪ]) *n* cactus *m*.

cacuminal [kæˈkjuːmɪnl] ◇ *adj* cacuminal.
◇ *n* cacuminale *f*.

cad [kæd] *n dated* goujat *m*; **you ~!** vous êtes ignoble OR indigne!

CAD (*abbr of* **computer-aided design**) *n* CAO *f*.

cadastral [kəˈdæstrəl] *adj* cadastral; **~ register** (registre *m* du) cadastre *m*.

cadaver [kəˈdɑːvəʳ] *n* MED cadavre *m*.

cadaverous [kəˈdævərəs] *adj fml* OR *lit* cadavéreux, cadavérique.

caddie [ˈkædɪ] ◇ *n* -**1.** SPORT caddie *m*. -**2.** = **caddy**.
◇ *vi*: **to ~ for sb** être le caddie de qqn.

caddie car, **caddie cart** *n* poussette *f (pour cannes de golf)*.

caddis fly [ˈkædɪs-] *n* trichoptère *m*.

caddy [ˈkædɪ] *n* -**1.** *Br* [container – for tea] boîte *f*. -**2.** *Am* [cart] chariot *m*, Caddie® *m*.

cadence [ˈkeɪdəns] *n* cadence *f*.

cadenza [kəˈdenzə] *n* cadence *f*.

cadet [kəˈdet] ◇ *n* -**1.** MIL élève *m* officier; [police] élève *m* policier; *Br* SCH *élève qui reçoit une formation militaire*. -**2.** [younger brother, son] cadet *m*.
◇ *adj* cadet.

cadet corps *n* [for military training] peloton *m* d'instruction militaire; [for police training] corps *m* d'élèves policiers.

cadge *inf* [kædʒ] ◇ *vt* [food, money] se procurer *(en quémandant)*; **he ~d a meal from** OR **off his aunt** il s'est invité à manger chez sa tante; **she ~d £10 off me** elle m'a tapé de 10 livres; **they ~d a lift home** à force de quémander ils se sont fait ramener en voiture.
◇ *vi*: **she's always cadging off her friends** elle est toujours en train de taper ses amis.
◇ *n Br* -**1.** = **cadger**. -**2.** *phr*: **to be on the ~** chercher à se faire payer quelque chose.

cadger *inf* [ˈkædʒəʳ] *n* pique-assiette *mf inv*, parasite *m*.

Cadiz [kəˈdɪz] *pr n* Cadix.

cadmium [ˈkædmɪəm] *n* cadmium *m*.

cadre ['kɑːdəʳ] *n* cadre *m*.
caecum *Br*, **cecum** *Am* ['siːkəm] (*Br pl* caeca [-kə], *Am pl* ceca [-kə]) *n* caecum *m*.
Caesar ['siːzəʳ] *pr n* César; Julius ~ Jules César.
Caesarean *Br*, **Cesarean** *Am* [sɪ'zeərɪən]
◇ *adj* césarien; ~ birth MED césarienne *f*.
◇ *n* = **Caesarean section**.
Caeserean section *n* césarienne *f*; to be born OR delivered by ~ naître par césarienne.
caesium *Br*, **cesium** *Am* ['siːzɪəm] *n* cæsium *m*, césium *m*.
caesura [sɪ'zjʊərə] (*pl* caesuras OR caesurae [-riː]) *n* césure *f*.
CAF (*written abbr of* cost and freight) C et F.
cafe, **café** ['kæfeɪ] *n* [in the UK] snack *m*; [in rest of Europe] café *m*.

CAFÉ:
En Grande-Bretagne, le mot «café» désigne une sorte de snack où l'on peut prendre un repas léger et boire du thé ou du café.

cafeteria [,kæfɪ'tɪərɪə] *n* [self-service restaurant] restaurant *m* self-service, self *m*; *Am* [canteen] cantine *f*.
caff▽ [kæf] *n* snack *m*.
caffeine ['kæfiːn] *n* caféine *f*.
caffeine-free *adj* décaféiné.
caftan ['kæftæn] *n* caftan *m*.
cage [keɪdʒ] ◇ *n* **-1.** [with bars] cage *f*. **-2.** [lift] cabine *f*; MIN cage *f* (d'extraction). **-3.** SPORT [in basketball] panier *m*; [in ice hockey] cage *f*.
◇ *vt* mettre en cage, encager.
cage bird *n* oiseau *m* d'agrément OR d'appartement.
caged [keɪdʒd] *adj* en cage; he was like a ~ animal il était comme un animal en cage.
cagey *inf* ['keɪdʒɪ] (*comp* cagier, *superl* cagiest) *adj* [cautious] mesuré, circonspect; [reticent] réticent; he was being ~ about his salary il s'est montré évasif lorsqu'il s'est agi de son salaire.
cagoule [kə'guːl] *n* veste *f* imperméable *(à capuche)*.
cagy ['keɪdʒɪ] (*compar* cagier, *superl* cagiest) = **cagey**.
cahoots *inf* [kə'huːts] *npl phr*: they discovered that the bank manager was in ~ with the gang on a découvert que le directeur de la banque était de mèche avec les voleurs.
CAI (*abbr of* computer-aided instruction) *n* EAO *m*.
Caiaphas ['kaɪəfæs] *pr n* Caïphe.
caiman ['keɪmən] = **cayman**.
Cain [keɪn] *pr n* Caïn; the mark of ~ la marque de Caïn; to raise ~ *inf* faire du foin.
cairn [keən] *n* cairn *m*.
cairngorm ['keəngɔːm] *n* [mineral] quartz *m* fumé.
◆ **Cairngorm** *pr n* GEOG: the Cairngorm Mountains, the Cairngorms les monts *mpl* Cairngorm.
cairn terrier *n* cairn *m*.
Cairo ['kaɪərəʊ] *pr n* Le Caire.
caisson ['keɪsɒn] *n* caisson *m*.
cajole [kə'dʒəʊl] *vt* enjôler; he ~d her into accepting il l'a amenée à accepter à force de cajoleries; they eventually ~d the information out of him à force de cajoleries, ils ont réussi à lui soutirer le renseignement.
cajolery [kə'dʒəʊlərɪ] *n* *(U)* cajoleries *fpl*.
Cajun ['keɪdʒən] ◇ *n* Cajun *mf inv*.
◇ *adj* cajun *(inv)*.
cake [keɪk] ◇ *n* **-1.** CULIN [sweet] gâteau *m*; [pastry] pâtisserie *f*; [savoury] croquette *f*; a chocolate/cherry ~ un gâteau au chocolat/aux cerises; to make OR to bake a ~ faire un gâteau ❑ birthday/Christmas ~ gâteau d'anniversaire/de Noël; it's a piece of ~ *inf* c'est du gâteau OR de la tarte; you can't have your ~ and eat it *prov* on ne peut pas avoir le beurre et l'argent du beurre *prov*. **-2.** [block - of soap, wax] pain *m*; [- of chocolate] plaquette *f*.
◇ *comp* [dish, pan, tin] à gâteau; ~ mix préparation *f* (instantanée) pour gâteau; ~ shop pâtisserie *f*; ~ stand assiette *f* montée à gâteaux; ~ stall [at fair] stand *m* à gâteaux.
◇ *vt*: his boots were ~d with mud ses bottes étaient pleines de boue; her hair was ~d with blood elle avait du sang séché dans les cheveux.
◇ *vi* durcir; the mud had ~d on his boots la boue avait séché sur ses bottes.
cakewalk ['keɪkwɔːk] *n* **-1.** [dance] cake-walk *m*. **-2.** *inf fig* [easy task]: the exam was a ~ l'examen, c'était du gâteau.
cal. (*written abbr of* calorie) cal.
CAL (*abbr of* computer-assisted learning) *n* EAO *m*.
calabash ['kæləbæʃ] *n* [fruit] calebasse *f*; [tree] calebassier *m*.
calaboose *inf* ['kæləbuːs] *n Am* taule *f*, tôle *f*.
Calabria [kə'læbrɪə] *pr n* Calabre *f*; in ~ en Calabre.
Calabrian [kə'læbrɪən] ◇ *n* Calabrais *m*, -e *f*.
◇ *adj* calabrais.
calamine ['kæləmaɪn] *n* calamine *f*; ~ lotion lotion calmante à la calamine.
calamitous [kə'læmɪtəs] *adj* calamiteux.
calamity [kə'læmətɪ] (*pl* calamities) *n* calamité *f*.
Calamity Jane [-dʒeɪn] *pr n* Calamity Jane.
calandria [kə'lændrɪə] *n* calandre *f*.
calcification [,kælsɪfɪ'keɪʃn] *n* calcification *f*.
calcify ['kælsɪfaɪ] (*pt* & *pp* calcified) ◇ *vt* calcifier.
◇ *vi* se calcifier.
calcination [,kælsɪ'neɪʃn] *n* calcination *f*.
calcine ['kælsaɪn] ◇ *vt* calciner.
◇ *vi* se calciner.
calcite ['kælsaɪt] *n* calcite *f*.
calcium ['kælsɪəm] *n* calcium *m*; ~ carbonate carbonate *m* de calcium.
calculate ['kælkjʊleɪt] ◇ *vt* **-1.** MATH calculer; [estimate, evaluate] calculer, évaluer; he ~d that his chances of success were reasonably good il calcula OR estima qu'il avait d'assez bonnes chances de réussir. **-2.** [design, intend]: her remark was ~d to offend the guests sa réflexion était destinée à offenser les invités; the price of the house was scarcely ~d to attract potential buyers le prix de la maison n'a guère été calculé pour attirer d'éventuels acheteurs.
◇ *vi* **-1.** MATH calculer, faire des calculs. **-2.** [count, depend]: I ~d on George lending me the money je comptais sur George pour me prêter l'argent.
calculated ['kælkjʊleɪtɪd] *adj* **-1.** [considered] calculé, mesuré; a ~ risk un risque calculé. **2.** [deliberate, intentional] délibéré, voulu; a ~ insult une insulte délibérée.
calculating ['kælkjʊleɪtɪŋ] *adj* **-1.** *pej* [scheming] calculateur. **-2.** [cautious] prudent, mesuré. **-3.** [adding]: ~ machine machine *f* à calculer.
calculation [,kælkjʊ'leɪʃn] *n* **-1.** MATH & *fig* calcul *m*; by OR according to my ~s selon OR d'après mes calculs. **-2.** *(U) pej* [scheming]: his offer of help was free of all ~ il a offert son aide sans la moindre arrière-pensée.
calculator ['kælkjʊleɪtəʳ] *n* **-1.** [machine] calculateur *m*; [small] calculatrice *f*. **-2.** MATH [table] table *f*.
calculus ['kælkjʊləs] *n* calcul *m*.
Calcutta [kæl'kʌtə] *pr n* Calcutta.
caldron ['kɔːldrən] = **cauldron**.
Caledonia [,kælɪ'dəʊnjə] *pr n* HIST Calédonie *f*; in ~ en Calédonie.
Caledonian [,kælɪ'dəʊnjən] ◇ *n* Calédonien *m*, -enne *f*.
◇ *adj* calédonien; the ~ Canal le canal calédonien.
calendar ['kælɪndəʳ] ◇ *n* **-1.** [of dates] calendrier *m*. **-2.** [register] annuaire *m*; the university ~ l'annuaire de l'université. **-3.** *Am* [planner] agenda *m*.
◇ *comp* [day, month, year] civil, calendaire.
◇ *vt* [event] inscrire sur le calendrier; *Am* [put in planner] noter *(dans son agenda)*.
calender ['kælɪndəʳ] *n* calandre *f*, laminoir *m*.
calends ['kælɪndz] *npl* calendes *fpl*.
calf [kɑːf] (*pl* calves) *n* **-1.** [young cow, bull] veau *m*; the cow is in ~ la vache est pleine. **-2.** [skin] veau *m*, vachette *f*; a book bound in ~ un livre relié en veau. **-3.** [buffalo] bufflon *m*, buffletin *m*; [elephant] éléphanteau *m*; [giraffe] girafeau *m*, girafon *m*; [whale] baleineau *m*. **-4.** ANAT mollet *m*.
calf love *n* premier amour *m*.
calfskin ['kɑːfskɪn] *n* veau *m*, vachette *f*; ~ gloves gants *mpl* en veau OR vachette.
caliber *Am* = **calibre**.
calibrate ['kælɪbreɪt] *vt* étalonner, calibrer.
calibration [,kælɪ'breɪʃn] *n* étalonnage *m*, calibrage *m*.
calibre *Br*, **caliber** *Am* ['kælɪbəʳ] *n* **-1.** [of gun, tube] calibre *m*; a high ~ revolver un revolver de gros calibre. **-2.** [quality] qualité *f*; their work is of the highest ~ ils font un travail de grande qualité; the two applicants are not of the same ~ les deux candidats ne sont pas du même calibre OR n'ont pas la même envergure.
calico ['kælɪkəʊ] (*pl* calicoes OR calicos)
◇ *n* TEX *Br* calicot *m* blanc; *Am* calicot *m* imprimé, indienne *f*.
◇ *comp* de calicot.
California [,kælɪ'fɔːnjə] *pr n* Californie *f*; in ~ en Californie; Lower ~ la Basse-Californie.
Californian [,kælɪ'fɔːnjən] ◇ *n* Californien *m*, -enne *f*.
◇ *adj* californien.
californium [,kælɪ'fɔːnjəm] *n* californium *m*.
Caligula [kə'lɪgjʊlə] *pr n* Caligula.
caliper *Am* = **calliper**.
caliph, **Caliph** ['keɪlɪf] *n* calife *m*.
calisthenics [,kælɪs'θenɪks] = **callisthenics**.
calix ['keɪlɪks] (*pl* calices [-lɪsiːz]) *n* calice *m* *(récipient)*.
calk [kɔːk] ◇ *vt* **-1.** [shoe, horseshoe] munir de crampons. **-2.** = **caulk**.
◇ *n* [on shoe, horseshoe] crampon *m*.
call [kɔːl] ◇ *vi* **-1.** [with one's voice] appeler; if you need me, just ~ si tu as besoin de moi, tu n'as qu'à (m') appeler; she ~ed to her son in the crowd elle appela son fils dans la foule; duty ~s *hum* le devoir m'appelle; to ~ for help appeler à l'aide OR au secours. **-2.** [on the telephone] appeler; where are you ~ing from? d'où appelles-tu?; it's Mary ~ing c'est Mary à l'appareil; who's ~ing? qui est à l'appareil?, c'est de la part de qui? **-3.** [animal, bird] pousser un cri. **-4.** *Br* [visit] passer; did the postman ~? est-ce que le facteur est passé?; I'll ~ at the butcher's on the way home je passerai chez le boucher en revenant à la maison; do ~ again n'hésitez pas à revenir; I was out when they ~ed je n'étais pas là quand ils sont passés. **-5.** *Br* [stop] s'arrêter; does the seven fifteen ~ at Wolverhampton? est-ce que le train de 7 h 15 s'arrête à Wolverhampton?; the ship ~s at Cherbourg le navire fait escale à Cherbourg. **-6.** BRIDGE annoncer.
◇ *vt* **-1.** [with one's voice] appeler; can you ~ the children to the table? pouvez-vous appeler les enfants pour qu'ils viennent à table?; he was ~ed to the phone on l'a demandé au téléphone; to ~ the roll faire l'appel. **-2.** [telephone] appeler; ~ me tonight appelle-moi ce soir; don't ~ me at work ne m'appelle pas au bureau; we ~ed his house nous avons appelé chez lui ❑ don't ~ us, we'll ~ you on vous écrira. **-3.** [wake up] réveiller; can you ~ me at nine? pouvez-vous me réveiller à 9 h? **-4.** [name or describe as] appeler; he has a cat ~ed Felix *Br* il a un chat qui s'appelle Félix; she was ~ed "Ratty" as a child on l'appelait «Ratty» quand elle était enfant; he was ~ed Charles after his grandfather *Br* on l'a appelé Charles comme son grand-père; what's this ~ed? comment est-ce qu'on appelle ça?, comment est-ce que ça s'appelle?; she ~ed him a crook elle l'a traité d'escroc; are you ~ing me a thief? me traitez-vous de voleur?; they ~ed him all sorts of

names OR every name in the book *inf* ils l'ont traité de tous les noms. -**5.** [consider]: Denver is where I ~ home c'est à Denver que je me sens chez moi; he had no home to ~ his own il n'avait pas de chez lui; she had no time to ~ her own elle n'avait pas de temps à elle; (and you) ~ yourself a Christian! et tu te dis chrétien!; I don't ~ that clean ce n'est pas ce que j'appelle propre; let's ~ it £10, shall we? *Br* disons OR mettons dix livres, d'accord?; let's ~ it a day si on s'arrêtait là pour aujourd'hui? -**6.** [announce]: to ~ an election annoncer des élections; to ~ a meeting convoquer une assemblée; to ~ a strike appeler à la grève; to ~ a truce conclure une trêve. -**7.** [send for, summon] appeler, convoquer *fml*; she was suddenly ~ed home elle a été rappelée soudainement chez elle; he was ~ed to his regiment il a été rappelé à son régiment; she was ~ed as a witness elle a été citée comme témoin; he ~ed me over il m'a appelé; to ~ sthg into being former qqch. -**8.** FIN: to ~ a loan exiger le remboursement d'un prêt. -**9.** SPORT [declare, judge] juger; he ~ed it out il a jugé qu'elle était dehors. -**10.** BRIDGE annoncer, demander; to ~ sb's bluff *fig* défier qqn. -**11.** to ~ heads/tails choisir face/pile. -**12.** *phr*: to ~ sthg to mind rappeler qqch; the scenery ~s to mind certain parts of Brittany le paysage rappelle un peu certaines parties de la Bretagne; to ~ sthg into play faire jouer qqch; market forces will soon be ~ed into play on fera bientôt jouer les lois du marché; to ~ sthg into question remettre qqch en question; she ~ed into question his competence as a doctor elle a mis ses compétences de médecin en doute; to ~ the tune *inf Br* OR shots *inf* faire la loi.

◇ *n* -**1.** [cry, shout] appel *m*; [of animal, bird] cri *m*; [of bugle, drum] appel *m*; *fig*: the ~ of the sea l'appel du large; a ~ for help un appel à l'aide OR au secours. -**2.** [on the telephone] appel *m*; can I make a ~? puis-je téléphoner?; to put a ~ through passer une communication; I've got a few ~s to make je dois passer quelques coups de téléphone; there's a ~ for you on vous demande au téléphone; I'll give you a ~ tomorrow je t'appelle demain; how much does a ~ to Italy cost? combien est-ce que ça coûte d'appeler en Italie OR l'Italie? -**3.** [visit] visite *f*; to make OR pay a ~ on sb *Br* rendre visite à qqn; she had several ~s to make in the neighbourhood *Br* elle devait rendre quelques visites dans le voisinage; the doctor doesn't make house ~s le médecin ne fait pas de visites à domicile. -**4.** [stop]: port of ~ escale *f*; the ship made a ~ at Genoa *Br* le navire a fait escale à Gênes. -**5.** [demand, need]: there have been renewed ~s for a return to capital punishment il y a des gens qui demandent à nouveau le rétablissement de la peine de mort; there is little ~ for unskilled labour il n'y a qu'une faible demande de travailleurs non spécialisés; there's no ~ to shout il n'y a aucune raison de crier; you have first ~ on my time je m'occuperai de vous en premier lieu. -**6.** ST. EX échéance *f*. -**7.** SPORT [decision] jugement *m*. -**8.** BRIDGE annonce *f*. -**9.** [heads or tails]: your ~ pile ou face?

◆ **on call** *adj phr* [doctor, nurse] de garde; [police, troops] en éveil; [car] disponible; FIN [loan] remboursable sur demande.

◆ **call aside** *vt sep* prendre à part.

◆ **call away** *vt sep*: she was ~ed away from the office on l'a appelée et elle a dû quitter le bureau; she's often ~ed away on business elle doit souvent partir en déplacement OR s'absenter pour affaires.

◆ **call back** ◇ *vt sep* -**1.** [on telephone] rappeler; I'll ~ you back later je te rappelle plus tard. -**2.** [ask to return] rappeler; I was already at the door when she ~ed me back j'étais déjà près de la porte lorsqu'elle m'a rappelé.

◇ *vi insep* -**1.** [on telephone] rappeler; can you ~ back after five? pourriez-vous rappeler après 5 h? -**2.** [visit again] revenir, repasser; I'll ~ back tomorrow je reviendrai OR repasserai demain.

◆ **call down** *vt sep* -**1.** *lit* [invoke]: he ~ed down the wrath of God on the killers il appela la colère de Dieu sur la tête des tueurs. -**2.** *inf Am* [reprimand] engueuler.

◆ **call for** *vt insep* -**1.** *Br* [collect]: he ~ed for her at her parents' house il est allé la chercher chez ses parents; whose is this parcel? — someone's ~ing for it later à qui est ce paquet? — quelqu'un passera le prendre plus tard. -**2.** [put forward as demand] appeler, demander; [subj: agreement, treaty] prévoir; the opposition ~ed for an official statement l'opposition a exigé OR demandé une déclaration officielle. -**3.** [require] exiger; the situation ~ed for quick thinking la situation demandait OR exigeait qu'on réfléchisse vite.

◆ **call forth** *vt sep fml* provoquer, susciter *lit*; the article ~ed forth vigorous denials l'article suscita OR occasionna des démentis énergiques.

◆ **call in** ◇ *vt sep* -**1.** [send for] faire venir; an accountant was ~ed in to look at the books on a fait venir un comptable pour examiner les livres de comptes; the army was ~ed in to assist with the evacuation on a fait appel à l'armée pour aider à l'évacuation. -**2.** [recall - defective goods] rappeler; [- banknotes] retirer de la circulation; [- library books] faire rentrer. -**3.** FIN [debt, loan] rappeler.

◇ *vi insep* -**1.** *Br* [pay a visit] passer; she ~ed in at her sister's to say good-bye elle est passée chez sa sœur pour dire au revoir. -**2.** [telephone] appeler.

◆ **call off** *vt sep* -**1.** [appointment, meeting, strike] annuler. -**2.** [dog, person] rappeler.

◆ **call on** *vt insep Br* -**1.** [request, summon] faire appel à; she ~ed on the government to take action elle a demandé que le gouvernement agisse. -**2.** [visit] rendre visite à; I'll ~ on her this evening je lui rendrai visite OR je passerai chez elle ce soir.

◆ **call out** ◇ *vt sep* -**1.** [cry out]: "over here" he ~ed out «par ici» appela-t-il. -**2.** [summon] appeler, faire appel à; the army was ~ed out to help on a fait appel à l'armée pour aider; the union ~ed out its members for 24 hours le syndicat appela ses adhérents à une grève de 24 heures.

◇ *vi insep* [shout] appeler; she ~ed out to a policeman elle appela un agent de police.

◆ **call out for** *vt insep* avoir grand besoin de.

◆ **call round** *vi insep Br*: can I ~ round this evening? puis-je passer ce soir?; your mother ~ed round for the parcel votre mère est passée prendre le paquet.

◆ **call up** ◇ *vt sep* -**1.** [telephone] appeler. -**2.** MIL appeler; [reservists] rappeler; he was ~ed up to fight in Vietnam il a été appelé pour partir au Viêt-nam. -**3.** [evoke] évoquer, faire venir à l'esprit. -**4.** [summon] appeler, convoquer; she was ~ed up for jury service elle a été appelée OR convoquée pour faire partie d'un jury. -**5.** COMPUT rappeler.

◇ *vi insep* appeler.

◆ **call upon** *vt insep fml* [request, summon] faire appel à; she may be ~ed upon to give evidence il est possible qu'elle soit citée comme témoin; I ~ed upon him for assistance j'ai fait appel à son aide.

call alarm *n* alarme *f* (*pour personne âgée ou handicapée*).

call box *n* -**1.** *Br* cabine *f* téléphonique. -**2.** *Am* [on roadside] borne *f* d'appel d'urgence.

callboy ['kɔːlbɔɪ] *n* -**1.** THEAT avertisseur *m*. -**2.** *Am* [bellboy] chasseur *m*, groom *m*.

caller ['kɔːləʳ] *n* -**1.** [visitor] visiteur *m*, -euse *f*. -**2.** TELEC demandeur *m*, -euse *f*. -**3.** [in bingo] ≃ animateur *m*, -trice *f*.

call girl *n* call-girl *f*.

calligraphy [kə'lɪgrəfɪ] *n* calligraphie *f*.

call-in *n* émission *f* à ligne ouverte.

calling ['kɔːlɪŋ] *n* -**1.** [vocation] appel *m* intérieur, vocation *f*. -**2.** *fml* [profession] métier *m*, profession *f*.

calling card *n Am* carte *f* de visite.

calliper *Br*, **caliper** *Am* ['kælɪpəʳ] *n* -**1.** MATH: a pair of ~ compasses OR ~s un compas. -**2.** MED: ~ (splint) attelle-étrier *f*. -**3.** TECH [for brake] étrier *m*.

callisthenics [,kælɪs'θenɪks] *n (U)* gymnastique *f* rythmique.

call letters *npl Am* indicatif *m* d'appel (*d'une station de radio*).

call loan *n* prêt *m* exigible.

call money *n* argent *m* à court terme.

callosity [kæ'lɒsətɪ] (*pl* **callosities**) *n* callosité *f*.

callous ['kæləs] *adj* -**1.** [unfeeling] dur, sans cœur; [behaviour, remark] dur, impitoyable. -**2.** [skin] calleux.

calloused ['kæləst] *adj* [feet, hands] calleux, corné.

callously ['kæləslɪ] *adv* durement.

callousness ['kæləsnɪs] *n* dureté *f*.

callow ['kæləʊ] *adj* [immature] sans expérience, sans maturité; he's a ~ youth c'est un jeune homme sans expérience OR maturité.

call sign *n* indicatif *m* d'appel (*d'une station de radio*).

call-up *n Br* [conscription] convocation *f* (au service militaire), ordre *m* d'incorporation; he received his ~ papers il reçut son ordre d'incorporation.

callus ['kæləs] *n* [on feet, hands] cal *m*, durillon *m*.

calm [kɑːm] ◇ *adj* calme; keep ~! du calme!, restons calmes!; she tried to keep ~ elle essaya de garder son calme OR sang-froid; to be ~ and collected être maître de soi, garder son sang-froid.

◇ *n* calme *m*; there was a strange ~ after the battle la bataille fut suivie d'une étrange accalmie; the ~ of the botanical gardens le calme du jardin botanique; when ~ descends on the town quand le calme revient sur la ville; the ~ before the storm le calme qui précède la tempête.

◇ *vt* calmer; [fears] apaiser, calmer; she tried to ~ her nerves elle essaya de se calmer.

◆ **calm down** ◇ *vi insep* se calmer; ~ down! calmez-vous!, ne vous énervez pas!

◇ *vt sep* calmer.

calmative ['kælmətɪv] *n* calmant *m*.

calming ['kɑːmɪŋ] *adj* calmant; her words had a ~ effect on him ses paroles ont réussi à le calmer.

calmly ['kɑːmlɪ] *adv* calmement; she received the news ~ elle a reçu la nouvelle calmement OR avec calme.

calmness ['kɑːmnɪs] *n* calme *m*; she felt a sense of ~ elle éprouvait une sensation de calme.

Calor gas® ['kæləʳ-] *n Br* butane *m*, Butagaz® *m*.

caloric [kə'lɒrɪk] *adj* calorique.

calorie ['kælərɪ] *n* calorie *f*.

calorific [,kælə'rɪfɪk] *adj* calorifique; ~ value valeur *f* calorifique.

calque [kælk] *n* calque *m*.

calumniate [kə'lʌmnɪeɪt] *vt fml* calomnier.

calumny ['kæləmnɪ] (*pl* **calumnies**) *n fml* calomnie *f*.

calvary ['kælvərɪ] *n* calvaire *m*.

◆ **Calvary** *pr n* RELIG le Calvaire.

calve [kɑːv] *vi* vêler.

calves [kɑːvz] *pl* → **calf**.

Calvin ['kælvɪn] *pr n*: John ~ Jean Calvin.

Calvinism ['kælvɪnɪzm] *n* calvinisme *m*.

Calvinist ['kælvɪnɪst] ◇ *adj* calviniste.

◇ *n* calviniste *mf*.

Calvinistic [,kælvɪ'nɪstɪk] *adj* calviniste.

calypso [kə'lɪpsəʊ] (*pl* **calypsos**) *n* calypso *m*.

◆ **Calypso** *pr n* MYTH Calypso.

calyx ['keɪlɪks] (*pl* **calyxes** OR **calyces** [-siːz]) *n* calice *m* BOT.

cam [kæm] *n* came *f*.

CAM (*abbr of* **computer-aided manufacturing**) *n* FAO *f*.

camaraderie [ˌkæməˈrɑːdərɪ] *n* camaraderie *f*.
camber [ˈkæmbəʳ] ◇ *n* [in road] bombement *m*; [in beam, girder] cambre *f*, cambrure *f*; [in ship's deck] tonture *f*.
◇ *vi* [road] bomber, être bombé; [beam, girder] être cambré; [ship's deck] avoir une tonture.
Cambodia [kæmˈbəʊdjə] *pr n* Cambodge *m*; in ~ au Cambodge.
Cambodian [kæmˈbəʊdjən] ◇ *n* Cambodgien *m*, -enne *f*.
◇ *adj* cambodgien.
Cambrian [ˈkæmbrɪən] ◇ *adj* cambrien; the ~ Mountains les monts *mpl* Cambriens.
◇ *n*: the ~ le cambrien.
cambric [ˈkeɪmbrɪk] *n* batiste *f*.
Cambs *written abbr of* Cambridgeshire.
came [keɪm] *pt* → **come**.
camel [ˈkæml] ◇ *n* -**1.** ZOOL chameau *m*; [with one hump] dromadaire *m*; [female] chamelle *f*. -**2.** [colour] fauve *m inv*.
◇ *comp* -**1.** [train] de chameaux; ~ driver chamelier *m*. -**2.** [coat, jacket - of camel hair] en poil de chameau; [- coloured] fauve *(inv)*.
camelhair [ˈkæmlheəʳ] ◇ *n* poil *m* de chameau.
◇ *comp* [coat, jacket] en poil de chameau.
camellia [kəˈmiːljə] *n* camélia *m*.
cameo [ˈkæmɪəʊ] (*pl* cameos) ◇ *n* -**1.** [piece of jewellery] camée *m*. -**2.** [piece of writing] morceau *m* bref, court texte *m*; CIN, THEAT & TV [appearance] brève apparition *f*.
◇ *comp* -**1.** [jewellery]: a ~ **brooch** un camée monté en broche. -**2.** CIN, THEAT & TV: a ~ **performance** OR **role** un petit rôle *(joué par un acteur célèbre)*.
camera [ˈkæmərə] *n* -**1.** [device - for still photos] appareil *m* (photographique), appareil photo *m*; [- for film, video] caméra *f*; to be on ~ être à l'écran; off ~ hors champ. -**2.** JUR: in ~ à huis clos.
cameraman [ˈkæmərəmæn] (*pl* cameramen [-men]) *n* cadreur *m*, cameraman *m*.
camera obscura [-əbˈskjʊərə] *n* chambre *f* noire.
camera-shy *adj* qui n'aime pas être photographié.
camera tube *n* tube *m* analyseur.
camerawoman [ˈkæmərəˌwʊmən] (*pl* camerawomen [-ˌwɪmɪn]) *n* cadreuse *f*.
camerawork [ˈkæmərəwɜːk] *n* prise *f* de vue.
Cameroon [ˌkæməˈruːn] *pr n* Cameroun *m*; in ~ au Cameroun.
Cameroonian [ˌkæməˈruːnɪən] ◇ *n* Camerounais *m*, -e *f*.
◇ *adj* camerounais.
camiknickers [ˌkæmɪˈnɪkəz] *npl Br* combinaison-culotte *f*.
camisole [ˈkæmɪsəʊl] *n* caraco *m*.
camomile [ˈkæməmaɪl] *n* camomille *f*; ~ tea infusion *f* de camomille.
camouflage [ˈkæməflɑːʒ] ◇ *n* camouflage *m*.
◇ *vt* camoufler.
camp [kæmp] ◇ *n* -**1.** [place] camp *m*; [not permanent] campement *m*; **to make** OR **to pitch** OR **to set up** ~ établir un camp; **to break** ~ lever le camp; **summer** ~ colonie *f* OR camp *m* de vacances. -**2.** [group] camp *m*, parti *m*; **the conservative** ~ le parti OR camp conservateur, les conservateurs *mpl*; **to go over to the other** ~ changer de camp; **to be in the same** ~ être du même bord ❑ **to have a foot in both** ~**s** avoir un pied dans chaque camp. -**3.** *inf* [kitsch]: **(high)** ~ kitsch *m*.
◇ *vi* camper; **are you going to** ~? allez-vous camper OR faire du camping?
◇ *adj inf* -**1.** [effeminate] efféminé. -**2.** [affected] affecté, maniéré; [theatrical - person] cabotin; [- manners] théâtral. -**3.** [in dubious taste] kitsch *(inv)*.
◆ **camp out** *vi insep* camper, faire du camping; **we** ~**ed out at my parents** *fig* nous avons campé chez mes parents.
◆ **camp up** *inf vt sep phr*: **to** ~ **it up** [overdramatize] cabotiner; [effeminate man] en rajouter dans le genre efféminé.
campaign [kæmˈpeɪn] ◇ *n* MIL, POL & *fig* campagne *f*; **to conduct** OR **to lead a** ~ **against drugs** mener une campagne OR faire campagne contre la drogue.
◇ *vi* mener une campagne, faire campagne; **to** ~ **against/for sthg** mener une campagne contre/en faveur de qqch.
campaigner [kæmˈpeɪnəʳ] *n* POL & *fig* militant *m*, -e *f*; MIL vétéran *m*; ~**s in favour of/against nuclear power** des militants partisans du nucléaire/antinucléaires.
Campania [kæmˈpeɪnɪə] *pr n* Campanie *f*; in ~ en Campanie.
campanile [ˌkæmpəˈniːlɪ] *n* campanile *m*.
campanologist [ˌkæmpəˈnɒlədʒɪst] *n* carillonneur *m*.
campanology [ˌkæmpəˈnɒlədʒɪ] *n* art *m* des carillons.
campanula [kəmˈpænjʊlə] *n* campanule *f*.
camp bed *n* lit *m* de camp.
Camp David *pr n* Camp David; the ~ **agreement** les accords *mpl* de Camp David.
camper [ˈkæmpəʳ] *n* -**1.** [person] campeur *m*, -euse *f*. -**2.** [vehicle] camping-car *m*.
campfire [ˈkæmpˌfaɪəʳ] *n* feu *m* de camp.
camp follower *n* -**1.** MIL [gen] *civil qui accompagne une armée pour rendre des services*; [prostitute] prostituée *f*, fille *f* à soldats. -**2.** *fig* [supporter] sympathisant *m*, -e *f*.
campground [ˈkæmpgraʊnd] *n Am* [private] camp *m*; [commercial] terrain *m* de camping, camping *m*; [clearing] emplacement *m* de camping, endroit *m* où camper.
camphor [ˈkæmfəʳ] *n* camphre *m*.
camphorated [ˈkæmfəreɪtɪd] *adj* camphré.
camping [ˈkæmpɪŋ] ◇ *n* camping *m*; to go ~ camper, faire du camping.
◇ *comp* [equipment] de camping; ~ **gas** butane *m*; ~ **ground** OR **grounds** OR **site** [private] camp *m*; [commercial] terrain *m* de camping, camping *m*; [clearing] emplacement *m* de camping, endroit *m* où camper; ~ **stool** pliant *m*; ~ **stove** réchaud *m* de camping, Camping-gaz® *m inv*.
campion [ˈkæmpjən] *n* BOT silène *m*, lychnis *m*.
camp meeting *n esp Am* rassemblement *m* religieux *(qui a lieu sous des tentes)*.
campsite [ˈkæmpsaɪt] *n* [commercial] terrain *m* de camping, camping *m*; [clearing] emplacement *m* de camping, endroit *m* où camper.
campus [ˈkæmpəs] (*pl* **campuses**) *n* UNIV [grounds] campus *m*; [buildings] campus *m*, complexe *m* universitaire; **to live on** ~ habiter sur le campus; **to live off** ~ habiter en dehors du campus ❑ **on-/off-**~ **housing** logements *mpl* sur le/en dehors du campus; ~ **university** université *f* regroupée sur un campus.
camshaft [ˈkæmʃɑːft] *n* arbre *m* à cames.
can[1] [*weak form* kən, *strong form* kæn] (*pt* **could** [*weak form* kəd, *strong form* kʊd], *negative forms* **cannot** [ˈkænət], *frequently shortened to* **can't** [kɑːnt], **could not** [ˈkʊdnət], *frequently shortened to* **couldn't** [ˈkʊdnt]) *modal vb* -**1.** [be able to] pouvoir; ~ **you come to the party?** peux-tu venir à la fête?; **I'll come if I** ~ je viendrai si je (le) peux; **I'll come as soon as I** ~ je viendrai aussitôt que possible OR aussitôt que je pourrai; **we'll do everything we** ~ **to help** nous ferons tout ce que nous pourrons OR tout notre possible pour aider; **she has everything money** ~ **buy** elle a tout ce qu'on peut acheter; **she** ~ **no longer walk** elle ne peut plus marcher; **five years ago I could run a mile in four minutes but I can't anymore** il y a cinq ans, je courais un mile en quatre minutes mais je ne peux plus maintenant; ~ **you help me?** pouvez-vous m'aider?; ~ **you tell me when the train leaves?** pouvez-vous me dire à quelle heure part le train? -**2.** [with verbs of perception or understanding]: ~ **you feel it?** tu le sens?; **we** ~ **hear everything our neighbours say** nous entendons tout ce que disent nos voisins; **I can't understand you when you mumble** je ne te comprends pas OR je ne comprends pas ce que tu dis quand tu marmonnes; **I** ~ **see his point of view** je comprends son point de vue; **there** ~ **be no doubt about his guilt** sa culpabilité ne fait aucun doute. -**3.** [indicating ability or skill] savoir; ~ **you drive/sew?** savez-vous conduire/coudre?; **many people can't read or write** beaucoup de gens ne savent ni lire ni écrire; **she** ~ **speak three languages** elle parle trois langues. -**4.** [giving or asking for permission] pouvoir; **I've already said you can't go** je t'ai déjà dit que tu ne peux pas y aller; ~ **I borrow your sweater?** — **yes, you** ~ puis-je emprunter ton pull? — (mais oui), bien sûr; ~ **I sit with you?** puis-je m'asseoir avec vous? -**5.** [used to interrupt, intervene]: ~ **I just say something here?** est-ce que je peux dire quelque chose? -**6.** [in offers of help] pouvoir; ~ **I be of any assistance?** puis-je vous aider?; **what** ~ **I do for you?** que puis-je (faire) pour vous? -**7.** [indicating reluctance] pouvoir; **we can't leave the children alone** nous ne pouvons pas laisser OR il nous est impossible de laisser les enfants seuls || [indicating refusal] pouvoir; **we cannot tolerate such behaviour** nous ne pouvons pas tolérer ce genre de comportement. -**8.** [expressing opinions]: **you can't let him speak to you like that!** tu ne peux pas OR tu ne devrais pas lui permettre de te parler comme ça!; **after the way he behaved you can't blame her for leaving him!** étant donné la façon dont il s'est comporté, tu ne peux pas lui reprocher de l'avoir quitté!; **you'll have to leave, it can't be helped** il faudra que tu partes, il n'y a rien à faire. -**9.** [used to urge or insist]: **can't we at least talk about it?** est-ce que nous pouvons au moins en discuter? -**10.** [indicating possibility or likelihood] pouvoir; **they** ~ **back out of it at any time** ils peuvent se rétracter à n'importe quel moment; **the contract** ~ **still be cancelled** il est toujours possible d'annuler OR on peut encore annuler le contrat; **the job can't be finished in one day** il est impossible de finir le travail OR le travail ne peut pas se faire en un jour; **the cottage** ~ **sleep six people** on peut loger six personnes dans ce cottage; **you** ~ **always try again later** tu peux toujours réessayer plus tard; **he can be very stubborn** il lui arrive d'être OR il peut être très têtu; **what** ~ **I have done with the keys?** qu'est-ce que j'ai bien pu faire des clés? ❑ **I'm as happy as** ~ **be** je suis on ne peut plus heureux; **she was as kind as** ~ **be** elle était on ne peut plus gentille. -**11.** [indicating disbelief or doubt]: **you can't be serious!** (ce n'est pas possible!) vous ne parlez pas sérieusement!; **he can't possibly have finished already!** ce n'est pas possible qu'il ait déjà fini!; **the house can't have been that expensive** la maison n'a pas dû coûter si cher que ça; **how** ~ **you say that?** comment pouvez-vous OR osez-vous dire ça?; **you can't mean it!** tu ne penses pas ce que tu dis!; **what** ~ **they want now?** qu'est-ce qu'ils peuvent bien vouloir maintenant?; **who on earth** ~ **that be?** qui diable cela peut-il bien être? -**12.** *phr*: cannot but: **his resignation cannot but confirm such suspicions** *fml* sa démission ne fait que confirmer de tels soupçons.
can[2] [kæn] (*pt* & *pp* canned, *cont* canning) ◇ *n* -**1.** [container - for liquid] bidon *m*; [- for tinned food] boîte *f* (de conserve); *Am* [- for rubbish] poubelle *f*, boîte *f* à ordures; **a** ~ **of tuna** une boîte de thon (en conserve); **a** ~ **of beer/soda** une boîte de bière/de soda ❑ **a (real)** ~ **of worms** un vrai casse-tête; **the film is in the** ~ CIN le film est terminé; **the deal's in the** ~ *inf* l'affaire est conclue. -**2.** *inf Am* [prison] taule *f*. -**3.** *inf Am* [toilet] W-C *mpl*, waters *mpl*; [buttocks] fesses *fpl*.
◇ *vt* -**1.** [food] mettre en boîte OR en conserve, conserver (en boîte). -**2.** *inf Am* [dismiss from job] virer, renvoyer. -**3.** ▽ *Am phr*: ~ **it!** ferme-la!, la ferme!
Can *written abbr of* Canada.
Cana [ˈkeɪnə] *pr n*: ~ (of Galilee) Cana (de Galilée).

Canada ['kænədə] *pr n* Canada *m*; in ~ au Canada.

Canada Day *n anniversaire de l'indépendance canadienne (le 1er juillet).*

Canada goose *n* bernache *f* du Canada.

Canadian [kə'neɪdjən] ◇ *n* Canadien *m*, -enne *f*.
◇ *adj* [gen] canadien; [embassy, prime minister] canadien, du Canada; ~ **English** anglais *m* du Canada; ~ **French** français *m* canadien.

Canadianism [kə'neɪdjənɪzm] *n* [expression] canadianisme *m*.

canal [kə'næl] *n* -**1.** [waterway] canal *m*; ~ **barge** OR **boat** péniche *f*, chaland *m*. -**2.** ANAT canal *m*, conduit *m*.

canalization [,kænəlaɪ'zeɪʃn] *n* TECH & *fig* canalisation *f*.

canalize, -ise ['kænəlaɪz] *vt* TECH & *fig* canaliser.

Canal Zone *pr n*: the ~ [of Panama] la zone du canal de Panama; [of Suez] la zone du canal de Suez.

canapé ['kænəpeɪ] *n* canapé *m (petit four)*.

canard [kæ'nɑːd] *n* [false report] fausse nouvelle *f*, canard *m*.

Canaries [kə'neərɪz] *pl pr n*: the ~ les Canaries *fpl*.

canary [kə'neərɪ] (*pl* **canaries**) *n* -**1.** [bird] canari *m*, serin *m*. -**2.** [colour]: ~ **(yellow)** jaune serin *m inv*, jaune canari *m inv*; a ~ **(yellow) car** une voiture jaune serin OR jaune canari.

canary grass *n* alpiste *m*.

Canary Islands *pl pr n*: the ~ les (îles *fpl*) Canaries *fpl*; in the ~ aux Canaries.

canary seed *n* millet *m*.

canasta [kə'næstə] *n* canasta *f*.

Canberra ['kænbərə] *pr n* Canberra.

cancan ['kænkæn] *n* cancan *m*, french cancan *m*.

cancel ['kænsl] (*Br pt* & *pp* **cancelled**, *cont* **cancelling**, *Am pt* & *pp* **canceled**, *cont* **canceling**) *vt* -**1.** [call off - event, order, reservation] annuler; [- appointment] annuler, décommander; **the flight has been cancelled** le vol a été annulé; **they cancelled the order for three warships** ils ont annulé leur commande de trois navires de guerre. -**2.** [revoke - agreement, contract] résilier, annuler; [- cheque] faire opposition à. -**3.** [mark as no longer valid - by stamping] oblitérer; [- by punching] poinçonner. -**4.** [cross out] barrer, rayer, biffer. -**5.** MATH éliminer.
◆ **cancel out** *vt sep* -**1.** [counterbalance] neutraliser, compenser; **the factors ~ each other out** les facteurs se neutralisent OR se compensent. -**2.** MATH éliminer, annuler.

cancellation [,kænsə'leɪʃn] *n* -**1.** [calling off - of event, reservation] annulation *f*; [annulment - of agreement, contract] résiliation *f*, annulation *f*; [- of cheque] opposition *f*; **we only got a table because there had been a ~** nous n'avons eu une table que parce que quelqu'un avait annulé sa réservation. -**2.** [act of invalidating - by punching] poinçonnage *m*; [- by stamping] oblitération *f*. -**3.** [crossing out] biffage *m*. -**4.** MATH élimination *f*.

cancer ['kænsə^r] ◇ *n* MED & *fig* cancer *m*; **lung ~** cancer du poumon; **to die of ~** mourir (à la suite) d'un cancer; **cigarettes cause ~** les cigarettes sont cancérigènes OR carcinogènes.
◇ *comp*: ~ **patient** cancéreux *m*, -euse *f*; ~ **research** oncologie *f*, cancérologie *f*; **we're collecting money for ~ research** nous recueillons des fonds pour la recherche contre le cancer; ~ **ward** [wing] service *m* oncologique; [building] pavillon *m* oncologique; **'Cancer Ward'** *Solzhenitsyn* 'le Pavillon des cancéreux'.

Cancer ['kænsə^r] *pr n* -**1.** ASTROL & ASTRON Cancer *m*; **he's a ~** il est (du signe du) Cancer. -**2.** GEOG: **the Tropic of ~** le Cancer, le tropique du Cancer.

cancerous ['kænsərəs] *adj* cancéreux.

cancer stick *inf n hum* cigarette *f*.

cancroid ['kæŋkrɔɪd] *adj* MED cancroïde.

candela [kæn'diːlə] *n* PHYS candela *f*.

candelabra [,kændɪ'lɑːbrə], **candelabrum** [,kændɪ'lɑːbrəm] (*pl inv* OR **candelabras** OR **candelabrums**) *n* candélabre *m*.

candid ['kændɪd] *adj* [person] franc, sincère; [smile] franc; [account, report] qui ne cache rien; **I'd like your ~ opinion** j'aimerais que vous me disiez franchement ce que vous en pensez; **to be quite ~, I don't like it** pour parler franchement OR pour être franc, je ne l'aime pas.

candida ['kændɪdə] *n* candidose *f*.

candidacy ['kændɪdəsɪ] *n* candidature *f*.

candidate ['kændɪdət] *n* candidat *m*, -e *f*; **to be a** OR **to stand as ~ for mayor** être candidat à la mairie.

candidature ['kændɪdətʃə^r] *n* candidature *f*.

candid camera *n* appareil *m* photo à instantanés; **Candid Camera** TV la Caméra cachée.
◆ **candid-camera** *adj*: **a candid-camera shot** un instantané.

candidly ['kændɪdlɪ] *adv* [speak] franchement; [smile] candidement, avec candeur.

candidness ['kændɪdnɪs] *n* franchise *f*.

candied ['kændɪd] *adj* [piece of fruit, peel] confit; [whole fruit] confit, glacé.

candle ['kændl] *n* -**1.** [of wax - gen] bougie *f*, chandelle *f*; [- in church] cierge *m*, chandelle *f*; **no one can hold a ~ to her when it comes to dancing** pour ce qui est de la danse, personne ne lui arrive à la cheville; **to burn the ~ at both ends** brûler la chandelle par les deux bouts. -**2.** PHYS [former unit] bougie *f*; [candela] candela *f*.

candleholder ['kændl,həʊldə^r] *n* [single] bougeoir *m*; [branched] chandelier *m*.

candlelight ['kændllaɪt] ◇ *n* lueur *f* d'une bougie OR d'une chandelle; **they had dinner by ~** ils ont dîné aux chandelles; **she read by ~** elle lisait à la lueur d'une bougie.
◇ *comp* [dinner, supper] aux chandelles.

candlelit ['kændllɪt] *adj* éclairé aux bougies OR aux chandelles.

Candlemas ['kændlməs] *n* la Chandeleur.

candlepower ['kændl,paʊə^r] *n* PHYS intensité *f* lumineuse.

candlestick ['kændlstɪk] *n* [single] bougeoir *m*; [branched] chandelier *m*.

candlewick ['kændlwɪk] ◇ *n* [yarn] chenille *f* (de coton).
◇ *comp* [bedspread] en chenille (de coton).

candour *Br*, **candor** *Am* ['kændə^r] *n* candeur *f*, franchise *f*.

candy ['kændɪ] (*pl* **candies**, *pt* & *pp* **candied**) ◇ *n* -**1.** *Am* [piece] bonbon *m*; *(U)* [sweets in general] bonbons *mpl*, confiserie *f*; ~ **bar** barre *f* chocolatée; ~ **wrapper** papier *m* de bonbon. -**2.** CULIN [sugar] sucre *m* candi. -**3.** *drugs sl* came *f*.
◇ *vt* [ginger, pieces of fruit, orange peel] confire; [whole fruit] glacer, confire; [sugar] faire candir.
◇ *vi* se candir, se cristalliser.

candy corn *n Am bonbons que l'on mange à Halloween.*

candyfloss ['kændɪflɒs] *n Br* barbe *f* à papa.

candy store *n Am* confiserie *f*.

candy-striped *adj* à rayures multicolores.

candy striper [-,straɪpə^r] *n Am bénévole qui travaille aux œuvres de bienfaisance dans un hôpital.*

cane [keɪn] ◇ *n* -**1.** [stem of plant] canne *f*; [in making baskets, furniture] rotin *m*, jonc *m*. -**2.** [rod - for walking] canne *f*; [- for punishment] verge *f*, baguette *f*; **to give sb the ~** fouetter qqn; **to get the ~** être fouetté, recevoir le fouet. -**3.** [for supporting plant] tuteur *m*.
◇ *vt* -**1.** [beat with rod] donner des coups de bâton à, fouetter. -**2.** *inf* [defeat] battre à plate couture.
◇ *comp* [furniture] en rotin; [chair - entirely in cane] en rotin; [- with cane back, seat] canné.

cane sugar *n* sucre *m* de canne.

canework ['keɪnwɜːk] *n* cannage *m*.

canine ['keɪnaɪn] ◇ *adj* -**1.** [gen] canin; ZOOL de la famille des canidés. -**2.** ANAT: ~ **tooth** canine *f*.
◇ *n* -**1.** [animal] canidé *m*. -**2.** [tooth] canine *f*.

caning ['keɪnɪŋ] *n* -**1.** [beating]: **to give sb a ~** [gen] donner des coups de bâton OR de trique à qqn; SCH fouetter qqn. -**2.** *inf* [defeat]: **to get a ~** être battu à plate couture.

canister ['kænɪstə^r] *n* -**1.** [for flour, sugar] boîte *f*; **flour/sugar ~** boîte à farine/sucre. -**2.** [for gas, shaving cream] bombe *f*; **tear gas ~** bombe lacrymogène.

canker ['kæŋkə^r] *n* -**1.** MED ulcère *m*, chancre *m*. -**2.** BOT & *fig* chancre *m*.

cankerous ['kæŋkərəs] *adj* [tissue] chancreux; [sore] rongeur; *fig* rongeur.

cannabis ['kænəbɪs] *n* [plant] chanvre *m* indien; [drug] cannabis *m*; ~ **resin** résine *f* de cannabis.

canned [kænd] *adj* -**1.** [food] en boîte, en conserve; ~ **goods** conserves *fpl*. -**2.** *pej* [pre-prepared, pre-recorded]: ~ **laughter** rires *mpl* préenregistrés; ~ **music** musique *f* enregistrée OR en conserve *hum* & *pej*. -**3.** *inf* [drunk] paf *(inv)*, rond; **to get ~** se soûler.

cannelloni [,kænɪ'ləʊnɪ] *n (U)* cannelloni *mpl*.

canner ['kænə^r] *n* conserveur *m*.

cannery ['kænərɪ] (*pl* **canneries**) *n* conserverie *f*, fabrique *f* de conserves; **'Cannery Row'** *Steinbeck* 'Rue de la sardine'.

cannibal ['kænɪbl] ◇ *adj* cannibale, anthropophage.
◇ *n* cannibale *mf*, anthropophage *mf*.

cannibalism ['kænɪbəlɪzm] *n* cannibalisme *m*, anthropophagie *f*.

cannibalize, -ise ['kænɪbəlaɪz] *vt* [car] cannibaliser, récupérer des pièces détachées de; [text] récupérer des parties de.

cannily ['kænɪlɪ] *adv* [assess] avec perspicacité; [reason] habilement, astucieusement.

canning ['kænɪŋ] ◇ *n* mise *f* en boîte OR en conserve.
◇ *comp* [process] de mise en boîte OR en conserve; ~ **factory** conserverie *f*, fabrique *f* de conserves; ~ **industry** conserverie *f*, industrie *f* de la conserve.

cannon ['kænən] (*pl inv* OR **cannons**) ◇ *n* -**1.** [weapon] canon *m*. -**2.** TECH [barrel of gun, syringe] canon *m*. -**3.** *Br* [in billiards] carambolage *m*.
◇ *vi* -**1.** [bump]: **to ~ into sthg/sb** se heurter contre qqch/qqn. -**2.** *Br* [in billiards] caramboler.

cannonade [,kænə'neɪd] ◇ *n* canonnade *f*.
◇ *vt* canonner.

cannonball ['kænənbɔːl] *n* -**1.** [ammunition] boulet *m* de canon. -**2.** SPORT: **a ~ (service)** un service en boulet de canon.

cannon fodder *n* chair *f* à canon.

cannonshot ['kænənʃɒt] *n* [firing] coup *m* de canon; [range]: **within ~** à portée de canon.

cannot ['kænɒt] = **can not**.

cannula ['kænjʊlə] (*pl* **cannulas** OR **cannulae** [-liː]) *n* [for giving medication] canule *f*, cathéter *m*; [for draining] sonde *f*.

canny ['kænɪ] (*compar* **cannier**, *superl* **canniest**) *adj* -**1.** [astute] astucieux, habile; [shrewd] malin, rusé. -**2.** [wary] prudent, circonspect. -**3.** *Br dial* [person - thrifty] économe; [- nice] sympathique; [bargain, deal] avantageux.

canoe [kə'nuː] (*cont* **canoeing**) ◇ *n* canoë *m*; [dugout] pirogue *f*; SPORT canoë *m*, canoë-kayak *m*.
◇ *vi* [gen] faire du canoë; SPORT faire du canoë OR du canoë-kayak; **we ~d down the river** nous avons descendu le fleuve en canoë.

canoeing [kə'nuːɪŋ] *n* SPORT canoë-kayak *m*; **to go ~** faire du canoë-kayak.

canoeist [kə'nuːɪst] *n* canoéiste *mf*.

canon ['kænən] *n* -**1.** RELIG [decree, prayer] canon *m*; [clergyman] chanoine *m*. -**2.** LITERAT œuvre *f*. -**3.** MUS canon *m*. -**4.** *fig* [rule] canon *m*, règle *f*, règles *fpl*.

canonical [kə'nɒnɪkl] *adj* -**1.** RELIG [text] canonique; [practice] conforme aux canons (de l'église); [dress, robe] sacerdotal; ~ **hours** [catholic] heures *fpl* canoniales; [C of E] *heures pendant lesquelles la célébration des mariages est autorisée (entre 8 h et 18 h).* -**2.** MUS en canon. -**3.** *fig* [accepted] canonique, autorisé.

canonization [ˌkænənaɪ'zeɪʃn] *n* RELIG & *fig* canonisation *f*.

canonize, -ise ['kænənaɪz] *vt* RELIG & *fig* canoniser.

canon law *n* droit *m* canon.

canoodle *inf* [kə'nuːdl] *vi Br* se faire des mamours.

can opener *n* ouvre-boîtes *m inv*.

canopied ['kænəpɪd] *adj* [bed] à baldaquin OR ciel de lit; [balcony, passageway] à auvent OR marquise; [throne] avec dais.

canopy ['kænəpɪ] (*pl* **canopies**) *n* -**1.** [over bed] baldaquin *m*, ciel *m* de lit; [over balcony, passageway] auvent *m*, marquise *f*; [over throne] dais *m*; ARCHIT [with columns] baldaquin *m*. -**2.** [of parachute] voilure *f*. -**3.** AERON [of cockpit] verrière *f*. -**4.** *fig* [branches, sky] voûte *f*.

cant [kænt] ◇ *n* -**1.** *(U)* [insincere talk] paroles *fpl* hypocrites; [clichés] clichés *mpl*, phrases *fpl* toutes faites. -**2.** [jargon] argot *m* de métier, jargon *m*. -**3.** [slope] pente *f*, inclinaison *f*; [oblique surface] surface *f* oblique, plan *m* incliné. -**4.** [movement] secousse *f*, cahot *m*.
◇ *vi* -**1.** [talk - insincerely] parler avec hypocrisie; [- in clichés] débiter des clichés OR des phrases toutes faites. -**2.** [use jargon] parler en argot de métier, jargonner. -**3.** [tip slightly] se pencher, s'incliner; [overturn] se renverser OR se retourner (d'un seul coup). -**4.** [slope] être incliné OR en pente.
◇ *vt* [tip slightly] pencher, incliner; [overturn] renverser OR retourner (d'un seul coup).

can't [kɑːnt] = **cannot**.

Cantab. (*written abbr of* Cantabrigiensis) *de l'université de Cambridge*.

Cantabrian Mountains [kæn'teɪbrɪən-] *pl pr n*: the ~ les monts *mpl* Cantabriques.

cantaloup(e) ['kæntəluːp] *n* cantaloup *m*.

cantankerous [kæn'tæŋkərəs] *adj* -**1.** [bad-tempered - habitually] acariâtre, qui a mauvais caractère, grincheux; [- temporarily] de mauvaise humeur. -**2.** [quarrelsome] querelleur.

cantata [kæn'tɑːtə] *n* cantate *f*.

canteen [kæn'tiːn] *n* -**1.** [restaurant] cantine *f*. -**2.** *Am* [flask] flasque *f*, gourde *f*. -**3.** [box for cutlery] coffret *m*; ~ **of cutlery** ménagère *f*. -**4.** MIL [mess tin] gamelle *f*.

canter ['kæntəʳ] ◇ *n* petit galop *m*; **the horse set off at a** ~ le cheval est parti au petit galop.
◇ *vi* aller au petit galop.
◇ *vt* faire aller au petit galop.

Canterbury ['kæntəbrɪ] *pr n* Cantorbéry; '**The** ~ **Tales'** *Chaucer* 'Contes de Cantorbéry'.

Canterbury bell *n* campanule *f*.

cantharides [kæn'θærɪdiːz] *npl* cantharides *fpl*.

canticle ['kæntɪkl] *n* cantique *m*; **the Canticle of Canticles** le Cantique des cantiques.

cantilena [ˌkæntɪ'leɪnə] *n* cantilène *f*.

cantilever ['kæntɪliːvəʳ] ◇ *n* -**1.** [beam, girder] cantilever *m*; [projecting beam] corbeau *m*, console *f*. -**2.** AERON cantilever *m*.
◇ *vt* mettre en cantilever.
◇ *comp* [beam, girder] en cantilever, cantilever *(inv)*.

cantilever bridge *n* pont *m* cantilever.

canting ['kæntɪŋ] *adj* -**1.** [hypocritical] hypocrite. -**2.** [whining] pleurnichard, pleurnicheur.

canto ['kæntəʊ] (*pl* **cantos**) *n* chant *m (d'un poème)*.

canton [*n sense 1* 'kæntɒn, *sense 2* 'kæntən, *vb sense 1* kæn'tɒn, *sense 2* kæn'tuːn] ◇ *n* -**1.** ADMIN canton *m*. -**2.** HERALD canton *m*.
◇ *vt* -**1.** ADMIN [land] diviser en cantons. -**2.** MIL [soldiers] cantonner.

Canton [kæn'tɒn] *pr n* Canton.

cantonal ['kæntənl] *adj* cantonal.

Cantonese [ˌkæntə'niːz] (*pl inv*) ◇ *n* -**1.** [person] Cantonais *m*, -e *f*. -**2.** LING cantonais *m*.
◇ *adj* cantonais.

cantonment [kæn'tuːnmənt] *n* cantonnement *m*.

cantor ['kæntɔːʳ] *n* chantre *m*.

Canuck *inf* [kə'nʌk] *n Am* [Canadian] Canadien *m*, -enne *f*; [French Canadian] Canadien français *m*, Canadienne française *f*.

Canute [kə'njuːt] *pr n* Knud.

canvas ['kænvəs] (*pl inv* OR **canvasses**) ◇ *n* -**1.** [cloth] toile *f*; [for tapestry] canevas *m*; **under** ~ [in tent] sous une tente; NAUT sous voiles. -**2.** [painting] toile *f*, tableau *m*.
◇ *comp* [bag, cloth] de OR en toile.

canvass ['kænvəs] ◇ *vi* -**1.** [seek opinions] faire un sondage. -**2.** COMM [seek orders] visiter la clientèle, faire la place; [door to door] faire du démarchage OR du porte-à-porte. -**3.** POL [candidate, campaign worker] solliciter des voix; **we're** ~**ing for the Greens** nous sollicitons des voix pour les Verts.
◇ *vt* -**1.** [seek opinion of] sonder. -**2.** COMM [person] démarcher, solliciter des commandes de; [area] prospecter. -**3.** POL [person] solliciter la voix de; [area] faire du démarchage électoral dans. -**4.** *Am* POL [ballots] pointer.
◇ *n* -**1.** [gen & COMM] démarchage *m*; POL démarchage *m* électoral. -**2.** *Am* POL [of ballots] pointage *m*.

canvasser ['kænvəsəʳ] *n* -**1.** [pollster] sondeur *m*, enquêteur *m*, -euse *f*. -**2.** COMM [salesman] placier *m*; [door to door] démarcheur *m*. -**3.** POL agent *m* électoral *(qui sollicite des voix)*. -**4.** *Am* [of ballots] scrutateur *m*, -trice *f*.

canvassing ['kænvəsɪŋ] *n* -**1.** [gen & COMM] démarchage *m*. -**2.** POL démarchage *m* électoral.

canyon ['kænjən] *n* cañon *m*, canyon *m*, gorge *f*.

cap [kæp] (*pt* & *pp* **capped**, *cont* **capping**)
◇ *n* -**1.** [hat - with peak] casquette *f*; [- without peak] bonnet *m*; [- of jockey, judge] toque *f*; [- of nurse, traditional costume] coiffe *f*; [- of soldier] calot *m*; [- of officer] képi *m*; ~ **and bells** marotte *f* (de bouffon); ~ **and gown** *expression britannique évoquant le milieu universitaire*; **if the** ~ **fits, wear it** qui se sent morveux (qu'il) se mouche; **to go to sb** ~ **in hand** aller vers qqn chapeau bas; **to set one's** ~ **at sb** jeter son dévolu sur qqn. -**2.** *Br* SPORT: **this is his third England** ~, **he has been an England** ~ **three times** il a été sélectionné trois fois dans l'équipe d'Angleterre. -**3.** [cover, lid - of bottle, container] capsule *f*; [- of lens] cache *m*; [- of tyre valve] bouchon *m*; [- of pen] capuchon *m*; [- of mushroom] chapeau *m*; [- of tooth] couronne *f*; [- of column, pedestal] chapiteau *m*. -**4.** [for toy gun] amorce *f*. -**5.** [contraceptive device] diaphragme *m*.
◇ *vt* -**1.** [cover] couvrir, recouvrir. -**2.** [tooth] couronner, mettre une couronne à. -**3.** [outdo] surpasser; **he capped that story with an even funnier one** il a raconté une histoire encore plus drôle que celle-là; **to** ~ **it all** pour couronner le tout, pour comble. -**4.** [spending] limiter, restreindre. -**5.** *Br* SPORT sélectionner (dans l'équipe nationale); **she was capped five times** elle a joué OR elle a été sélectionnée cinq fois.

CAP (*abbr of* Common Agricultural Policy) *n* PAC *f*.

capability [ˌkeɪpə'bɪlətɪ] (*pl* **capabilities**) *n* -**1.** [gen] aptitude *f*, capacité *f*; **the work is beyond his capabilities** ce travail est au-dessus de ses capacités. -**2.** MIL capacité *f*, potentiel *m*; **nuclear** ~ puissance *f* OR potentiel *m* nucléaire.

capable ['keɪpəbl] *adj* -**1.** [able] capable; **they are quite** ~ **of looking after themselves** ils sont parfaitement capables de OR ils peuvent très bien se débrouiller tout seuls; **he's** ~ **of intense concentration** il a une grande capacité de concentration. -**2.** [competent] capable, compétent.

capably ['keɪpəblɪ] *adv* avec compétence, de façon compétente.

capacious [kə'peɪʃəs] *adj fml* [container] de grande capacité OR contenance.

capacitance [kə'pæsɪtəns] *n* ELEC capacité *f*.

capacitor [kə'pæsɪtəʳ] *n* ELEC condensateur *m*.

capacity [kə'pæsɪtɪ] (*pl* **capacities**) ◇ *n* -**1.** [size - of container] contenance *f*, capacité *f*; [- of room] capacité *f*; **the theatre has a seating** ~ **of 500** il y a 500 places dans le théâtre; **he has an amazing** ~ **for beer** il peut boire une quantité étonnante de bière; **filled to** ~ [bottle, tank] plein; [ship, theatre] plein, comble. -**2.** [aptitude] aptitude *f*, capacité *f*; ~ **to learn** aptitude à apprendre, capacité d'apprendre; **she has a great** ~ **for languages** elle a une grande aptitude OR capacité pour les langues, elle est douée pour les langues; **the work is well within our** ~ nous sommes tout à fait en mesure OR capables de faire ce travail. -**3.** [position] qualité *f*, titre *m*; JUR [legal competence] pouvoir *m* légal; **she spoke in her** ~ **as government representative** elle s'est exprimée en sa qualité de OR en tant que représentante du gouvernement; **he's acting in an advisory** ~ il a un rôle consultatif; **they are here in an official** ~ ils sont ici à titre officiel. -**4.** [of factory, industry] moyens *mpl* de production; [output] rendement *m*; **the factory is (working) at full** ~ l'usine produit à plein rendement; **the factory has not yet reached** ~ l'usine n'a pas encore atteint son rendement maximum. -**5.** [of engine] capacité *f*. -**6.** ELEC capacité *f*.
◇ *comp*: **a** ~ **audience** une salle comble; **they played to a** ~ **crowd** ils ont joué à guichets fermés.

caparison [kə'pærɪsn] *arch* OR *lit* ◇ *n* caparaçon *m*.
◇ *vt* caparaçonner.

cape [keɪp] *n* -**1.** [cloak] cape *f*, pèlerine *f*. -**2.** GEOG [headland] cap *m*; [promontory] promontoire *m*.

CAPES:
Cape Bon cap Bon;
Cape Canaveral cap Canaveral;
Cape Cod cap Cod;
the Cape of Good Hope le cap de Bonne-Espérance;
Cape Horn le cap Horn.

Cape Coloured *n SAfr* métis sud-africain *m*, métisse sud-africaine *f*.

Cape Peninsula *pr n*: the ~ la péninsule du Cap, Le Cap.

Cape Province *pr n* province *f* du Cap.

caper ['keɪpəʳ] ◇ *vi* -**1.** [jump, skip] cabrioler, gambader, faire des cabrioles OR des gambades; **to** ~ **down/up the road** descendre/monter la rue en gambadant. -**2.** [frolic] faire le fou.
◇ *n* -**1.** [jump, skip] cabriole *f*, gambade *f*. -**2.** [practical joke] farce *f*. -**3.** *inf* [nonsense]: **I haven't time for all that** ~ je n'ai pas de temps à perdre avec des âneries pareilles. -**4.** *inf* [illegal activity] coup *m*. -**5.** CULIN câpre *f*; [shrub] câprier *m*.
◇ *comp*: ~ **sauce** sauce *f* aux câpres.

capercaillie, capercailzie [ˌkæpə'keɪlɪ] *n* grand tétras *m*, grand coq *m* de bruyère.

Capernaum [kə'pɜːnjəm] *pr n* Capharnaüm.

capeskin ['keɪpskɪn] *n* peau *f* souple.

Capetian [kə'piːʃn] ◇ *adj* capétien.
◇ *n* Capétien *m*, -enne *f*.

Cape Town *pr n* Le Cap.

Cape Verde [-vɜːd] *pr n*: **the** ~ **Islands** les îles *fpl* du Cap-Vert; **in** ~ au Cap-Vert.

Cape Verdean [-'vɜːdɪən] ◇ *n* Capverdien *m*, -enne *f*.
◇ *adj* capverdien.

capful ['kæpfʊl] *n* [of liquid] capsule *f* (pleine).

capillarity [ˌkæpɪ'lærətɪ] *n* capillarité *f*.

capillary [kə'pɪlərɪ] (*pl* **capillaries**) ◇ *adj* capillaire.
◇ *n* capillaire *m*.

capital ['kæpɪtl] ◇ *adj* -**1.** [chief, primary] capital, principal; **it's of** ~ **importance** c'est d'une importance capitale, c'est de la plus haute importance; ~ **city** capitale *f*. -**2.** JUR capital; ~ **offence** crime *m* capital. -**3.** [upper case] majuscule; ~ **D** D majuscule; **in** ~ **letters** en majuscules, en capitales; **he's an idiot with a** ~ **"I"** c'est un imbécile avec un grand «I» OR de premier ordre. -**4.** *inf Br dated* [wonderful] chouette, fameux.

◇ *n* **-1.** [city] capitale *f*; **the financial ~ of the world** la capitale financière du monde. **-2.** [letter] majuscule *f*, capitale *f*; **write in ~s** écrivez en (lettres) majuscules OR en capitales. **-3.** *(U)* [funds] capital *m*, capitaux *mpl*, fonds *mpl*; ECON & FIN [funds and assets] capital *m* (en espèces et en nature); **to raise ~** réunir des capitaux; **~ invested, outlay of ~** mise *f* de fonds; **~ and labour** capital et main-d'œuvre *f*; **to try and make ~ (out) of a situation** essayer de tirer profit OR parti d'une situation. **-4.** FIN [principal] capital *m*, principal *m*. **-5.** ARCHIT [of column] chapiteau *m*.

◇ *comp* de capital; **~ allowances** amortissements *mpl* admis par le fisc; **~ income** revenu *m* du capital; **~ investment** mise *f* de fonds; **~ profit** plus-value *f* sur la réalisation de biens capitaux; **~ reserves** réserves *fpl* et provisions *fpl*; **~ sum** capital *m*.

capital account *n* compte *m* de capitaux.

capital assets *npl* actif *m* immobilisé, immobilisations *fpl*.

capital expenditure *n* *(U)* dépenses *fpl* d'investissement.

capital gains *npl* gains *mpl* en capital, plus-values *fpl* (en capital).

capital gains tax *n* *impôt sur les plus-values*.

capital goods *npl* biens *mpl* d'équipement OR d'investissement.

capital-intensive *adj* à forte intensité de capital.

capitalism ['kæpɪtəlɪzm] *n* capitalisme *m*.

capitalist ['kæpɪtəlɪst] ◇ *adj* capitaliste.
◇ *n* capitaliste *mf*.

capitalistic [ˌkæpɪtə'lɪstɪk] *adj* capitaliste.

capitalization [ˌkæpɪtəlaɪ'zeɪʃn] *n* capitalisation *f*.

capitalize, -ise ['kæpɪtəlaɪz] ◇ *vt* **-1.** [write in upper case] mettre en majuscules. **-2.** ECON [convert into capital] capitaliser; [raise capital from through issue of stock] constituer le capital social de (par émission d'actions); [provide with capital] pourvoir de fonds OR de capital; **under-/over-~d** sous-/sur-capitalisé. **-3.** FIN [estimate value of] capitaliser; **they ~d her investments at £5,000** ils ont capitalisé ses investissements à 5 000 livres.

◇ *vi*: **to ~ on sthg** [take advantage of] tirer profit OR parti de qqch; [make money on] monnayer qqch; **to ~ on a situation** tirer profit OR parti d'une situation, exploiter une situation; **he ~d on his opponent's mistakes** il a tiré profit des erreurs de son adversaire, il a tourné les erreurs de son adversaire à son avantage.

capital levy *n* impôt *m* OR prélèvement *m* sur le capital.

capitally *inf* ['kæpɪtəlɪ] *adv Br dated* fameusement *dated*, admirablement.

capital market *n* marché *m* des capitaux.

capital profit *n* plus-value *f* sur la réalisation de biens capitaux.

capital punishment *n* peine *f* capitale, peine *f* de mort.

capital stock *n* capital *m* social, fonds *mpl* propres.

capital transfer tax *n* impôt *m* sur le transfert de capitaux.

capitation [ˌkæpɪ'teɪʃn] *n* **-1.** FIN capitation *f*; **~ (tax)** capitation. **-2.** *esp Br* SCH: **~ (allowance** OR **expenditure)** dotation *f* forfaitaire par élève *(accordée à un établissement scolaire)*.

Capitol ['kæpɪtl] *pr n* **-1.** [in Rome]: **the ~** le Capitole. **-2.** [in US]: **the ~** [national] le Capitole *(siège du Congrès américain)*; [state] le Capitole *(siège du Congrès de l'État)*.

Capitol Hill *pr n la colline du Capitole, à Washington*.

CAPITOL HILL:
Ce nom désigne, par extension, le Congrès américain.

Capitoline Hill [kæ'pɪtəlaɪn-] *pr n*: **the ~** le mont Capitolin.

capitulate [kə'pɪtjʊleɪt] *vi* MIL & *fig* capituler.

capitulation [kəˌpɪtjʊ'leɪʃn] *n* MIL & *fig* capitulation *f*.

capo ['keɪpəʊ] (*pl* **capos**) *n* [on guitar] capo *m* (tasto).

capon ['keɪpən] *n* chapon *m*.

Cappadocia [ˌkæpə'dəʊsjə] *pr n* Cappadoce *f*; **in ~** en Cappadoce.

-capped [kæpt] *in cpds* couvert OR couronné de; **snow~ mountains** montagnes *fpl* couronnées de neige.

caprice [kə'priːs] *n* [whim] caprice *m*; [change of mood] saute *f* d'humeur.

capricious [kə'prɪʃəs] *adj* [person] capricieux, fantasque; [weather] capricieux, changeant.

capriciously [kə'prɪʃəslɪ] *adv* capricieusement.

Capricorn ['kæprɪkɔːn] *pr n* **-1.** ASTROL & ASTRON Capricorne *m*; **he's a ~** il est (du signe du) Capricorne. **-2.** GEOG: **the Tropic of ~** le tropique du Capricorne.

caps [kæps] (*abbr of* **capital letters**) cap.

cap screw *n* vis *f* à six pans creux.

capsicum ['kæpsɪkəm] *n* [fruit & plant - sweet] poivron *m*, piment *m* doux; [- hot] piment *m*.

capsize [kæp'saɪz] ◇ *vi* [gen] se renverser; [boat] chavirer.
◇ *vt* [gen] renverser; [boat] faire chavirer.

capstan ['kæpstən] *n* cabestan *m*.

capstan bar *n* barre *f* OR bras *m* de cabestan.

capstan lathe *n* tour *m* revolver.

capstone ['kæpstəʊn] *n* ARCHIT pierre *f* de faîte; *fig* sommet *m*.

capsule ['kæpsjuːl] ◇ *n* **-1.** [gen, AERON, ANAT & BOT] capsule *f*. **-2.** PHARM capsule *f*, gélule *f*.
◇ *adj* concis, bref.

capsulize, -ise ['kæpsjʊlaɪz] *vt* résumer, récapituler.

Capt. (*written abbr of* **captain**) cap.

captain ['kæptɪn] ◇ *n* **-1.** [of boat] capitaine *m*; MIL capitaine *m*. **-2.** [of group, team] chef *m*, capitaine *m*; SPORT capitaine *m* (d'équipe); **~ of industry** capitaine d'industrie. **-3.** *Am* [of police] ≃ commissaire *m* (de police) de quartier. **-4.** *Am* [head waiter] maître *m* d'hôtel; [of bell boys] responsable *m* des grooms.
◇ *vt* [gen] diriger; MIL commander; SPORT être le capitaine de.

captaincy ['kæptnsɪ] *n* **-1.** MIL grade *m* de capitaine; **to receive one's ~** être promu OR passer capitaine. **-2.** SPORT poste *m* de capitaine; **under the ~ of Rogers** avec Rogers comme capitaine.

caption ['kæpʃn] ◇ *n* **-1.** [under illustration] légende *f*. **-2.** [in article, chapter] sous-titre *m*. **-3.** CIN sous-titre *m*.
◇ *vt* **-1.** [illustration] mettre une légende à, légender. **-2.** CIN sous-titrer.

captious ['kæpʃəs] *adj* [person] qui trouve toujours à redire, chicanier; [attitude] chicanier.

captivate ['kæptɪveɪt] *vt* captiver, fasciner.

captivating ['kæptɪveɪtɪŋ] *adj* captivant, fascinant.

captive ['kæptɪv] ◇ *n* captif *m*, -ive *f*, prisonnier *m*, -ère *f*; **to take sb ~** faire qqn prisonnier; **to hold sb ~** garder qqn en captivité.
◇ *adj* [person] captif, prisonnier; [animal, balloon] captif; **a ~ audience** un public captif.

captivity [kæp'tɪvətɪ] *n* captivité *f*; **to hold/to raise in ~** garder/élever en captivité.

captor ['kæptəʳ] *n* [gen] personne *f* qui capture; [unlawfully] ravisseur *m*, -euse *f*.

capture ['kæptʃəʳ] ◇ *vt* **-1.** [take prisoner - animal, criminal, enemy] capturer, prendre; [- runaway] reprendre; [- city] prendre, s'emparer de; GAMES prendre. **-2.** [gain control of - market] conquérir, s'emparer de; [- attention, imagination] captiver; [- admiration, interest] gagner. **-3.** [succeed in representing] rendre, reproduire.
◇ *n* [act, person, thing] capture *f*, prise *f*.

Capua ['kæpjʊə] *pr n* Capoue.

Capuchin ['kæpjʊtʃɪn] RELIG ◇ *n*: **~ (monk)** capucin *m*.
◇ *adj* capucin; **a monk of the ~ order** un capucin; **a nun of the ~ order** une capucine.
◆ **capuchin** *n* [cloak] cape *f* (avec capuchon).

car [kɑːʳ] ◇ *n* **-1.** [automobile] voiture *f*, automobile *f*, auto *f*; **to go by ~** aller en voiture. **-2.** *Am* [of train] wagon *m*, voiture *f*. **-3.** *Am* [tram] tramway *m*, tram *m*. **-4.** [of lift] cabine *f (d'ascenseur)*. **-5.** [of airship, balloon] nacelle *f*.
◇ *comp* [engine, tyre, wheel] de voiture, d'automobile; [journey, trip] en voiture; **~ allowance** *Br* indemnité *f* de déplacement (en voiture); **~ body** carrosserie *f*; **~ bonnet** *Br* capot *m*; **~ boot** *Br*, **~ trunk** *Am* coffre *m*, malle *f* (arrière); **~ boot sale** *Br marché où chacun vient avec sa voiture (dont le coffre sert de stand) pour vendre des objets de toute sorte*; **~ chase** course-poursuite *f*; **~ hood** *Br* capote *f*; *Am* capot *m*; **~ industry** industrie *f* (de l') automobile; **~ number** *Br* numéro *m* d'immatriculation; **~ radio** autoradio *m*; **~ worker** ouvrier *m*, -ère *f* de l'industrie automobile.

Caracas [kə'rækəs] *pr n* Caracas.

carafe [kə'ræf] *n* carafe *f*.

caramel ['kærəmel] ◇ *n* caramel *m*.
◇ *comp*: **a ~ (candy)** *Am*, **a (piece) of ~** un caramel; **~ cream, ~ custard** crème *f* (au) caramel.

caramelize, -ise ['kærəməlaɪz] ◇ *vt* caraméliser.
◇ *vi* se caraméliser.

carapace ['kærəpeɪs] *n* carapace *f*.

carat *Br*, **karat** *Am* ['kærət] *n* carat *m*; **an 18 ~ gold ring** une bague en or 18 carats.

Caravaggio [ˌkærə'vædʒɪəʊ] *pr n* le Caravage; **a painting by ~** un tableau du Caravage.

caravan ['kærəvæn] (*Br pt & pp* **caravanned**, *cont* **caravanning**, *Am pt & pp* **caravanned** OR **caravaned**, *cont* **caravanning** OR **caravaning**)
◇ *n* **-1.** *Br* [vehicle] caravane *f*. **-2.** [of gipsy] roulotte *f*. **-3.** [group of travellers] caravane *f*.
◇ *vi*: **to go caravanning** faire du caravaning OR *offic* du caravanage.

caravanner *Br*, **caravaner** *Am* ['kærəvænəʳ] *n* caravanier *m*, -ère *f*.

caravanning ['kærəvænɪŋ] *n* caravaning *m*, caravanage *offic*.

caravanserai [ˌkærə'vænsəraɪ] *n* [inn] caravansérail *m*.

caravan site *n Br* [for campers] camping *m* (pour caravanes); [of gipsies] campement *m*.

caravel ['kærəvel] *n* NAUT caravelle *f*.

caraway ['kærəweɪ] *n* [plant] carvi *m*, cumin *m* des prés; **~ seeds** (graines *fpl* de) carvi.

carbide ['kɑːbaɪd] *n* carbure *m*.

carbine ['kɑːbaɪn] *n* carabine *f*.

carbohydrate [ˌkɑːbəʊ'haɪdreɪt] *n* **-1.** CHEM hydrate *m* de carbone. **-2.** *(usu pl)* [foodstuff]: **~s** glucides *mpl*.

carbolic [kɑː'bɒlɪk] *adj* phéniqué; **~ acid** phénol *m*.

car bomb *n* voiture *f* piégée.

carbon ['kɑːbən] *n* **-1.** CHEM carbone *m*. **-2.** [copy, paper] carbone *m*.

carbonaceous [ˌkɑːbə'neɪʃəs] *adj* carboné.

carbonate ['kɑːbənɪt] *n* carbonate *m*.

carbonated ['kɑːbəneɪtɪd] *adj* carbonaté; **~ soft drinks** boissons *fpl* gazeuses.

carbon black *n* noir *m* de carbone.

carbon copy *n* TYPO carbone *m*; *fig* réplique *f*; **she's a ~ of her mother** c'est l'exacte réplique de sa mère.

carbon cycle *n* cycle *m* du carbone.

carbon dating *n* datation *f* au carbone 14.

carbon dioxide *n* gaz *m* carbonique, dioxyde *m* de carbone.

carbonic [kɑː'bɒnɪk] *adj* carbonique; **~ acid** acide *m* carbonique.

carboniferous [ˌkɑːbə'nɪfərəs] *adj* carbonifère.
◆ **Carboniferous** GEOL ◇ *adj*: **the Carboniferous Period** le carbonifère.
◇ *n*: **the Carboniferous** le Carbonifère.

carbonization [ˌkɑːbənaɪ'zeɪʃn] *n* carbonisation *f*.

carbonize, -ise ['kɑːbənaɪz] *vt* carboniser.

carbon monoxide *n* monoxyde *m* de carbone.

carbon paper *n* TYPO (papier *m*) carbone *m*.

carbon steel *n* fer *m* carburé.
carbon tetrachloride *n* tétrachlorure *m* de carbone.
Carborundum® [ˌkaːbəˈrʌndəm] *n* carborundum® *m*.
carboy [ˈkaːbɔɪ] *n* bonbonne *f*, bombonne *f*.
carbuncle [ˈkaːˌbʌŋkl] *n* -**1.** MED furoncle *m*. -**2.** [gemstone] escarboucle *f*.
carburation [ˌkaːbjʊˈreɪʃən] *n* carburation *f*.
carburettor *Br*, **carburetor** *Am* [ˌkaːbəˈretəʳ] *n* carburateur *m*.
carcass, carcase [ˈkaːkəs] *n* -**1.** [of animal] carcasse *f*, cadavre *m*; [for food] carcasse *f*. -**2.** [of person - dead] cadavre *m*; **move your** ~ *inf hum* pousse un peu ta viande. -**3.** [of building] carcasse *f*, charpente *f*; [of car] carcasse *f*.
carcinogen [kaːˈsɪnədʒən] *n* (agent *m*) carcinogène *m* OR cancérogène *m*.
carcinogenic [ˌkaːsɪnəˈdʒenɪk] *adj* carcinogène, cancérogène.
carcinoma [ˌkaːsɪˈnəʊmə] (*pl* carcinomas OR carcinomata [-mətə]) *n* carcinome *m*.
car coat *n Br* manteau *m* trois-quarts.
card [kaːd] ◇ *n* -**1.** GAMES carte *f*; **(playing)** ~ carte (à jouer); **how about a game of** ~**s?** et si on jouait aux cartes?; **to play** ~**s** jouer aux cartes ❑ **to play one's** ~**s right** mener bien son jeu OR sa barque; **to play one's best** OR **strongest** OR **trump** ~ jouer sa meilleure carte; **I still have a couple of** ~**s up my sleeve** j'ai encore quelques atouts dans mon jeu; **the management holds all the (winning)** ~**s** l'administration a tous les atouts (en main OR dans son jeu); **to lay** OR **to place one's** ~**s on the table** jouer cartes sur table; **it was on the** ~**s** *Br* OR **in the** ~**s** *Am* **that the project would fail** il était dit OR prévisible que le projet échouerait. -**2.** [with written information - gen] carte *f*; [- for business] carte *f* (de visite); [- for index] fiche *f*; [- for membership] carte *f* de membre OR d'adhérent; [- for library] carte *f* (d'abonnement); [postcard] carte *f* (postale); [programme] programme *m*; **we received a** ~ **inviting us to their wedding** nous avons reçu un carton OR une carte d'invitation pour leur mariage ❑ **birthday/get-well** ~ carte d'anniversaire/de vœux de bon rétablissement; **identity** ~ carte d'identité. -**3.** [cardboard] carton *m*. -**4.** *inf dated* [person] plaisantin *m*; **he's a** ~**!** c'est un marrant OR un rigolo! -**5.** TEX carde *f*.
◇ *vt* -**1.** [information] ficher, mettre sur fiche. -**2.** *Am* [ask for identity card] demander sa carte (d'identité) à. -**3.** SPORT [score] marquer. -**4.** TEX carder.
◆ **cards** *npl Br phr*: **to ask for one's** ~**s** quitter son travail; **to get one's** ~**s** être mis à la porte; **the boss gave him his** ~**s** le patron l'a renvoyé.
cardamom, cardamum [ˈkaːdəməm] *n* cardamome *f*; ~ **seeds** (graines *fpl* de) cardamome *f*.
cardamon [ˈkaːdəmən] = **cardamom**.
cardboard [ˈkaːdbɔːd] ◇ *n* carton *m*.
◇ *adj* -**1.** [container, partition] de OR en carton; ~ **box** (boîte *f* en) carton *m*. -**2.** *fig* [unreal - character, leader] de carton-pâte, faux.
card-carrying *adj*: ~ **member** membre *m*, adhérent *m*, -e *f*; ~ **Communist** membre du parti communiste.
card catalogue *n* fichier *m* (de bibliothèque).
card file *n* fichier *m*.
card holder *n* [of club, political party] membre *m*, adhérent *m*, -e *f*; [of library] abonné *m*, -e *f*; [of credit card] titulaire *mf* d'une carte de crédit.
cardiac [ˈkaːdɪæk] ◇ *adj* cardiaque.
◇ *n* cardiaque *mf*.
cardiac arrest *n* arrêt *m* cardiaque.
cardialgia [ˌkaːdɪˈældʒɪə] *n* MED cardialgie *f*.
cardie *inf* [ˈkaːdɪ] *n Br* cardigan *m*.
Cardiff [ˈkaːdɪf] *pr n* Cardiff.
cardigan [ˈkaːdɪgən] *n* cardigan *m*.
cardinal [ˈkaːdɪnl] ◇ *adj* -**1.** [essential] cardinal. -**2.** [colour]: ~ **(red)** rouge cardinal *(inv)*, écarlate.
◇ *n* -**1.** MATH, ORNITH & RELIG cardinal *m*. -**2.** [colour]: ~ **(red)** rouge cardinal *m inv*, écarlate *f*.
cardinal number *n* MATH nombre *m* cardinal.
cardinal points *npl*: **the** ~ les (quatre) points *mpl* cardinaux.
cardinal virtues *npl*: **the** ~ les (quatre) vertus *fpl* cardinales.
card index *n* fichier *m*.
◆ **card-index** *vt*: **to card-index information** ficher des renseignements, mettre des renseignements sur fichier.
carding [ˈkaːdɪŋ] *n* TEX cardage *m*.
cardiogram [ˈkaːdɪəgræm] *n* cardiogramme *m*.
cardiograph [ˈkaːdɪəgraːf] *n* cardiographe *m*.
cardiological [ˌkaːdɪəˈlɒdʒɪkl] *adj* cardiologique.
cardiologist [ˌkaːdɪˈɒlədʒɪst] *n* cardiologue *mf*.
cardiology [ˌkaːdɪˈɒlədʒɪ] *n* cardiologie *f*.
cardiopulmonary [ˌkaːdɪəʊˈpʌlmənərɪ] *adj* cardiopulmonaire.
cardiovascular [ˌkaːdɪəʊˈvæskjʊləʳ] *adj* cardiovasculaire.
cardoon [kaːˈduːn] *n* cardon *m*.
cardphone [ˈkaːdfəʊn] *n Br* téléphone *m* à carte.
cardplayer [ˈkaːdˌpleɪəʳ] *n* joueur *m*, -euse *f* de cartes.
cardpunch [ˈkaːdpʌntʃ] *n* perforatrice *f* de cartes.
Cards *written abbr of* Cardiganshire.
cardsharp(er) [ˈkaːdʃaːpəʳ] *n* tricheur *m* (professionnel aux cartes), tricheuse *f* (professionnelle aux cartes).
card table *n* table *f* de jeu.
card trick *n* tour *m* de cartes.
card vote *n Br* vote *m* sur carte *(chaque voix représentant le nombre de voix d'adhérents représentés)*.
cardy *inf* (*pl* cardies) [ˈkaːdɪ] = **cardie**.
care [keəʳ] ◇ *vi* -**1.** [feel concern]: **to** ~ **about sthg** s'intéresser à OR se soucier de qqch; **all you** ~ **about is your work!** il n'y a que ton travail qui t'intéresse!; **they really do** ~ **about the project** le projet est vraiment important pour eux; **a book for all those who** ~ **about the environment** un livre pour tous ceux qui s'intéressent à l'environnement OR qui se sentent concernés par les problèmes d'environnement; **she didn't seem to** ~ **at all** elle avait l'air de s'en moquer complètement; **I don't** ~ **what people think** je me moque de ce que pensent les gens; **when do you want to tell them? — I don't** ~ quand veux-tu leur dire? — ça m'est égal; **I couldn't** ~ **less if he comes or not** ça m'est complètement égal qu'il vienne ou non; **what do I** ~**?** qu'est-ce que ça peut me faire?; **we could be dead for all he** ~**s** pour lui, nous pourrions aussi bien être morts; **they don't** ~ **a damn** *inf* ils s'en fichent éperdument OR comme de leur première chemise; **who** ~**s?** qu'est-ce que ça peut bien faire? -**2.** [feel affection]: **to** ~ **about** OR **for sb** aimer qqn; **do you still** ~ **about** OR **for her?** est-ce que tu l'aimes toujours?; **she** ~**s a lot about her family** elle est très attachée OR elle tient beaucoup à sa famille. -**3.** *fml* [like]: **would you** ~ **to join us?** voulez-vous vous joindre à nous?; **would you** ~ **to have a cup of coffee?** prendriez-vous OR aimeriez-vous une tasse de café?; **I was more nervous than I** ~**d to admit** j'étais plus intimidé que je ne voulais le dire; **the house is available whenever you** ~ **to use it** la maison est disponible quand vous voulez OR à n'importe quel moment; **I wouldn't** ~ **to go back there** cela ne me dit rien d'y retourner.
◇ *n* -**1.** [worry] ennui *m*, souci *m*; **you look as though you haven't a** ~ **in the world** on dirait que tu n'as pas le moindre souci; **weighed down by** ~ *Br* accablé de soucis. -**2.** *(U)* [treatment - of person] soin *m*, soins *mpl*, traitement *m*; [- of machine, material] entretien *m*; **nursing** ~ soins à domicile; **you should take** ~ **of that cough** vous devriez (faire) soigner cette toux; **she needs special** ~ elle a besoin de soins spécialisés. -**3.** *(U)* [attention] attention *f*, soin *m*; **they worked with great** ~ ils ont travaillé avec le plus grand soin; **'handle with** ~**'** [on package] 'fragile'; **take** ~ **not to offend her** faites attention à OR prenez soin de ne pas la vexer; **take** ~ **not to spill the paint** prenez garde de OR faites attention à ne pas renverser la peinture; **drive with** ~ conduisez prudemment; **he was charged with driving without due** ~ **or attention** il a été accusé de conduite négligente; **have a** ~**!** *Br dated* prenez garde!, faites attention! -**4.** [protection, supervision] charge *f*, garde *f*; **I'm leaving the matter in your** ~ je vous confie l'affaire, je confie l'affaire à vos soins; **the children are in the** ~ **of a nanny** on a laissé OR confié les enfants à une nurse OR à la garde d'une nurse; **he is under the** ~ **of a heart specialist** c'est un cardiologue qui le traite OR qui le soigne; **who will take** ~ **of your cat?** qui va s'occuper OR prendre soin de ton chat?; **I'll take** ~ **of the reservations** je me charge des réservations OR de faire les réservations, je vais m'occuper des réservations; **I have important business to take** ~ **of** j'ai une affaire importante à expédier; **take** ~ **(of yourself)** *expression affectueuse que l'on utilise lorsque l'on quitte quelqu'un*; **don't worry about me, I can take** ~ **of myself** ne vous faites pas de soucis pour moi, je peux OR je sais me débrouiller (tout seul); **the problem will take** ~ **of itself** le problème va s'arranger tout seul; **address the letter to me (in)** ~ **of Mrs Dodd** adressez-moi la lettre chez Mme Dodd. -**5.** *Br* ADMIN: **the baby was put in** ~ OR **taken into** ~ on a retiré aux parents la garde de leur bébé.
◆ **care for** *vt insep* -**1.** [look after - child] s'occuper de; [- invalid] soigner; **I'm glad to see you're being well** ~**d for** [child] je suis contente de voir qu'on s'occupe bien de toi; [invalid] je suis contente de voir qu'on te soigne bien. -**2.** [like] aimer; **he still** ~**s for her** [loves] il l'aime toujours; [has affection for] il est toujours attaché à elle, il tient toujours à elle; **I didn't** ~ **for his last book** son dernier livre ne m'a pas plu, je n'ai pas aimé son dernier livre; **she didn't** ~ **for the way he spoke** la façon dont il a parlé lui a déplu; **would you** ~ **for a cup of coffee?** *fml* aimeriez-vous OR voudriez-vous une tasse de café?
CARE [keəʳ] (*abbr of* Cooperative for American Relief Everywhere) *pr n organisation humanitaire américaine*.
care attendant *n Br* ADMIN infirmier *m*, -ère *f* à domicile.
careen [kəˈriːn] ◇ *vi* [car, train] tanguer; [ship] donner de la bande (de façon dangereuse).
◇ *vt* [car] faire tanguer; [ship] caréner.
career [kəˈrɪəʳ] ◇ *n* -**1.** [profession] carrière *f*, profession *f*; **a** ~ **in banking** une carrière dans la banque OR de banquier; **she made a** ~ **(for herself) in politics** elle a fait carrière dans la politique. -**2.** [life] vie *f*, carrière *f*; **he spent most of his** ~ **working as a journalist** il a travaillé presque toute sa vie comme journaliste; **her university** ~ son parcours universitaire.
◇ *vi Br*: **the car** ~**ed wildly down the hill** la voiture a descendu la colline à toute vitesse; **to** ~ **along** aller à toute vitesse OR à toute allure.
◇ *comp* [diplomat, soldier] de carrière; **to be** ~**-minded** être ambitieux; **the job offers good** ~ **prospects** le poste offre de bonnes possibilités d'avancement.
◆ **careers** *comp* SCH & UNIV: ~**s advisor** conseiller *m*, -ère *f* d'orientation professionnelle; ~**s guidance** orientation *f* professionnelle; ~**s master** conseiller *m* d'orientation professionnelle; ~**s mistress** conseillère *f* d'orientation professionnelle; ~**s office** centre *m* d'orientation professionnelle.
career girl *n Br* jeune fille *f* ambitieuse OR qui ne pense qu'à sa carrière.
careerism [kəˈrɪərɪzm] *n pej* carriérisme *m*.
careerist [kəˈrɪərɪst] *n pej* carriériste *mf*.

career woman *n* *Br* femme *f* ambitieuse OR qui ne pense qu'à sa carrière.

carefree ['keəfriː] *adj* [person] sans souci, insouciant; [look, smile] insouciant.

careful ['keəfʊl] *adj* -**1.** [cautious] prudent; **be ~!** (faites) attention!; **be ~ of the wet floor!** attention au sol mouillé!; **be ~ to close the window before leaving** n'oubliez pas de fermer la fenêtre avant de partir; **be ~ not to** OR **be ~ you don't hurt her feelings** faites attention à OR prenez soin de ne pas la froisser; **be ~ (that) the boss doesn't find out** faites attention OR prenez garde que le patron n'en sache rien; **be ~ how you hold the baby** fais attention à la façon dont tu prends le bébé; **be ~ crossing the road** fais attention en traversant OR quand tu traverses (la route); **you can never be too ~** [gen] on n'est jamais assez prudent; [in double-checking sthg] deux précautions valent mieux qu'une; **he was ~ not to mention her name** il a pris soin de ne pas mentionner son nom; **to be ~ with one's money** [gen] être parcimonieux; *pej* être près de ses sous; **we have to be ~ with money this month** il faut que nous surveillions nos dépenses ce mois-ci. -**2.** [thorough - person, work] soigneux, consciencieux; [- consideration, examination] approfondi; **they showed ~ attention to detail** ils se sont montrés très attentifs aux détails.

carefully ['keəflɪ] *adv* -**1.** [cautiously] avec prudence OR précaution, prudemment; **she chose her words ~** elle a pesé ses mots. -**2.** [thoroughly - work] soigneusement, avec soin; [- consider, examine] de façon approfondie, à fond; [- listen, watch] attentivement.

carefulness ['keəfʊlnɪs] *n* -**1.** [caution] prudence *f*. -**2.** [thoroughness] attention *f*, soin *m*.

careless ['keəlɪs] *adj* -**1.** [negligent - person] négligent, peu soigneux; [- work] peu soigné; **a ~ mistake** une faute d'inattention; **he's very ~ about his appearance** il ne se soucie pas du tout de son apparence; **~ of the consequences** insouciant des conséquences; **to be ~ with money** dépenser à tort et à travers. -**2.** [thoughtless - remark] irréfléchi. -**3.** [carefree - person] sans souci, insouciant; [- look, smile] insouciant; **she danced with ~ grace** elle dansait avec une grâce naturelle.

carelessly ['keəlɪslɪ] *adv* -**1.** [negligently - work, write] sans soin, sans faire attention; **to drive ~** conduire avec négligence. -**2.** [thoughtlessly - act, speak] sans réfléchir, à la légère; [- dress] sans soin, sans recherche. -**3.** [in carefree way] avec insouciance.

carelessness ['keəlɪsnɪs] *n* *(U)* -**1.** [negligence] négligence *f*, manque *m* de soin OR d'attention. -**2.** [thoughtlessness - of dress] négligence *f*; [- of behaviour] désinvolture *f*; [- of remark] légèreté *f*.

carer ['keərəʳ] *n* *terme administratif désignant toute personne qui s'occupe d'un malade ou d'un handicapé.*

caress [kə'res] ◇ *vt* caresser.
◇ *n* caresse *f*.

caret ['kærət] *n* TYPO signe *m* d'insertion.

caretaker ['keəˌteɪkəʳ] ◇ *n* -**1.** [of building] concierge *mf*, gardien *m*, -enne *f*. -**2.** *Am* [carer]: **he's his grandmother's ~** il a sa grande-mère à charge.
◇ *adj* [government] intérimaire.

careworn ['keəwɔːn] *adj* accablé de soucis, rongé par les soucis.

carfare ['kɑːfeəʳ] *n* *Am* prix *m* du trajet.

carfax ['kɑːfæks] *n* carrefour *m*.

car ferry *n* ferry-boat *m*.

cargo ['kɑːgəʊ] (*pl* **cargoes** OR **cargos**) ◇ *n* cargaison *f*, chargement *m*.
◇ *comp*: **~ boat** OR **vessel** cargo *m*.

car hire *n* *Br* location *f* de voitures.

carhop *inf* ['kɑːˌhɒp] *n* *Am* [serving food] serveur *m*, -euse *f* *(qui apporte à manger aux clients dans leur voiture).*

Carib ['kærɪb] *n* -**1.** [person] Caraïbe *mf*. -**2.** LING caraïbe *m*.

Caribbean [*Br* kærɪ'biːən, *Am* kə'rɪbɪən] ◇ *adj* des Caraïbes; **a ~ cruise** une croisière aux Caraïbes; **the ~ islands** les Antilles *fpl*.
◇ *n*: **the ~ (Sea)** la mer des Caraïbes OR des Antilles; **in the ~** dans les Caraïbes, aux Antilles.

caribou ['kærɪbuː] (*pl inv* OR **caribous**) *n* caribou *m*.

caricature ['kærɪkəˌtjʊəʳ] ◇ *n* *literal & fig* caricature *f*.
◇ *vt* [depict] caricaturer; [parody] caricaturer, parodier.

caricaturist ['kærɪkəˌtjʊərɪst] *n* caricaturiste *mf*.

caries ['keəriːz] (*pl inv*) *n* carie *f*.

carillon ['kærɪljən] *n* carillon *m*.

caring ['keərɪŋ] ◇ *adj* -**1.** [loving] aimant; [kindly] bienveillant; **a more ~ society** une société plus chaleureuse OR humaine; **a ~ environment** un milieu chaleureux. -**2.** [organization, profession] à vocation sociale.
◇ *n* [loving] affection *f*; [kindliness] bienveillance *f*.

Carinthia [kə'rɪnθɪə] *pr n* Carinthie *f*; **in ~** en Carinthie.

cariogenic [ˌkeərɪəʊ'dʒenɪk] *adj* cariant, cariogène.

carious ['keərɪəs] *adj* carié.

carload ['kɑːˌləʊd] *n*: **a ~ of boxes/people** une voiture pleine de cartons/de gens.

carman ['kɑːmən] (*pl* **carmen** [-mən]) *n* -**1.** [driver - of car] chauffeur *m*, conducteur *m*; [- of lorry] camionneur *m*; [- of cart] charretier *m*. -**2.** [transporter] voiturier *m*. -**3.** *Am* chauffeur *m* *(de tram, de métro).*

Carmel ['kɑːməl] *pr n*: **Mount ~** le mont Carmel.

Carmelite ['kɑːmɪlaɪt] ◇ *adj* carmélite.
◇ *n* [nun] carmélite *f*; [friar] carme *m*.

carminative ['kɑːmɪnətɪv] ◇ *adj* carminatif.
◇ *n* carminatif *m*.

carmine ['kɑːmaɪn] ◇ *adj* carmin *(inv)*, carminé.
◇ *n* carmin *m*.

Carnaby Street ['kɑːnəbɪ-] *pr n* *rue de Londres.*

CARNABY STREET:
Carnaby Street était, dans les années 60, le haut lieu des milieux branchés; c'est aujourd'hui une rue spécialisée dans la fripe.

---

carnage ['kɑːnɪdʒ] *n* carnage *m*.

carnal ['kɑːnl] *adj* charnel; **to have ~ knowledge of sb** *fml* OR JUR avoir des rapports sexuels avec qqn.

carnally ['kɑːnəlɪ] *adv* charnellement; **to know sb ~** *fml* OR JUR avoir des rapports sexuels avec qqn.

carnation [kɑː'neɪʃn] ◇ *n* œillet *m*.
◇ *adj* [pink] rose; [reddish-pink] incarnat.

Carnegie Hall [kɑː'negɪ-] *pr n* *grande salle de concert à New York.*

carnelian [kə'niːljən] *n* cornaline *f*.

carnet ['kɑːneɪ] *n* -**1.** [book of tickets] carnet *m*. -**2.** COMM & JUR passavant *m*.

carnival ['kɑːnɪvl] ◇ *n* -**1.** [festival] carnaval *m*. -**2.** [fun fair] fête *f* foraine.
◇ *comp* [atmosphere, parade] de carnaval.

carnivora [kɑː'nɪvərə] *npl* carnivores *mpl*.

carnivore ['kɑːnɪvɔːʳ] *n* carnivore *m*, carnassier *m*.

carnivorous [kɑː'nɪvərəs] *adj* carnivore, carnassier.

carob ['kærəb] ◇ *n* [tree] caroubier *m*; [pod] caroube *f*.
◇ *comp*: **~ bean** caroube *f*; **~ cake** gâteau *m* à la caroube; **~ powder** farine *f* de caroube; **~ tree** caroubier *m*.

carol ['kærəl] (*Br pt & pp* **carolled**, *cont* **carolling**, *Am pt & pp* **caroled**, *cont* **caroling**) ◇ *n* chant *m* (joyeux); **~ service** *office religieux qui précède Noël*; **~ singer** *personne qui, à l'époque de Noël, va chanter et quêter au profit des bonnes œuvres*; **Christmas ~** chant de Noël, noël *m*.
◇ *vi* [person] chanter (joyeusement); [baby, bird] gazouiller; **to go carolling** chanter des noëls.
◇ *vt* -**1.** [sing - subj: person] chanter (joyeusement); [- subj: bird] chanter. -**2.** [praise] célébrer (par des chants).

CAROL SERVICE:
Le «Carol Service» se tient juste avant Noël et se compose surtout de chants de Noël et de lectures de la Bible.

Carolina [ˌkærə'laɪnə] *pr n* Caroline *f*; **North/South ~** Caroline du Nord/du Sud.

Caroline Islands ['kærəˌlaɪn-] *pl pr n*: **the ~** les îles *fpl* Carolines; **in the ~** aux îles Carolines.

Carolingian [ˌkærə'lɪndʒɪən] ◇ *adj* carolingien.
◇ *n* Carolingien *m*, -enne *f*.

carom ['kærəm] *Am* ◇ *n* carambolage *m*.
◇ *vi* caramboler.

carotene ['kærəˌtiːn] *n* carotène *m*.

carotid [kə'rɒtɪd] ◇ *adj* [artery] carotide; [nerve, system] carotidien.
◇ *n* carotide *f*.

carotin ['kærətɪn] = **carotene**.

carousal [kə'raʊzl] *n* *lit* beuverie *f*, ribote *f* *arch* OR *hum*.

carouse [kə'raʊz] *vi* *lit* faire ribote *arch* OR *hum*.

carousel [ˌkærə'sel] *n* -**1.** PHOT [for slides] carrousel *m*. -**2.** [for luggage] carrousel *m*, tapis *m* roulant (à bagages). -**3.** *Am* [merry-go-round] manège *m* (de chevaux de bois).

carp [kɑːp] (*pl inv* OR **carps**) ◇ *n* [fish] carpe *f*.
◇ *vi* *inf* [complain] se plaindre; [find fault] critiquer; **he's always ~ing on about his work** il se plaint toujours de son travail.

carpal ['kɑːpəl] ANAT ◇ *n* carpe *m*.
◇ *adj* carpien.

car park *n* *Br* parking *m*, parc *m* de stationnement; **long/short stay ~** parking longue/courte durée.

Carpathian Mountains [kɑː'peɪθɪən-], **Carpathians** [kɑː'peɪθɪənz] *pl pr n*: **the ~** les Carpates *fpl*; **in the ~** dans les Carpates.

carpel ['kɑːpel] *n* BOT carpelle *m*.

carpenter ['kɑːpəntəʳ] *n* [for houses, large-scale works] charpentier *m*; [for doors, furniture] menuisier *m*.

carpentry ['kɑːpəntrɪ] *n* [large-scale work] charpenterie *f*; [doors, furniture] menuiserie *f*.

carpet ['kɑːpɪt] ◇ *n* -**1.** [not fitted] tapis *m*; [fitted] moquette *f*; **to be on the ~** *fig* être sur le tapis. -**2.** *fig* [of leaves, snow] tapis *m*.
◇ *vt* -**1.** [floor] recouvrir d'un tapis; [with fitted carpet] recouvrir d'une moquette, moquetter; [house, room] mettre de la moquette dans, moquetter; **~ed hallway** couloir moquetté OR avec de la moquette; **the road was ~ed with leaves/snow** *fig* la route était tapissée de feuilles/de neige. -**2.** *inf Br* [scold] réprimander, passer un savon à.

carpetbag ['kɑːpɪtˌbæg] *n* sac *m* de voyage *(recouvert de tapisserie).*

carpetbagger ['kɑːpɪtˌbægəʳ] *n* *pej* -**1.** POL candidat *m* parachuté. -**2.** *Am* HIST *nom donné aux nordistes qui s'installèrent dans le Sud des États-Unis après la guerre de Sécession pour y faire fortune.*

carpet beetle *n* anthrène *m*.

carpet-bomb *vt* bombarder, arroser de bombes.

carpeting ['kɑːpɪtɪŋ] *n* moquette *f*.

carpet slipper *n* pantoufle *f* *(recouverte de tapisserie).*

carpet sweeper *n* [mechanical] balai *m* mécanique; [electric] aspirateur *m*.

carpet tile *n* carreau *m* de moquette.

carphone ['kɑːˌfəʊn] *n* téléphone *m* de voiture.

carping ['kɑːpɪŋ] ◇ *adj* [person - complaining] qui se plaint tout le temps; [- faultfinding] qui trouve toujours à redire, chicanier; [attitude] chicanier, grincheux; [criticism, voice] malveillant.

◇ *n (U)* [complaining] plaintes *fpl* (continuelles); [faultfinding] chicanerie *f*, critiques *fpl* (malveillantes).

car pool *n groupe de personnes qui s'organise pour utiliser la même voiture afin de se rendre à une destination commune.*

carport ['kɑːˌpɔːt] *n* auvent *m* (pour voiture).

carrag(h)een ['kærəgiːn] *n* carragheen *m*, mousse *f* d'Irlande.

carriage ['kærɪdʒ] *n* -**1.** [vehicle - horse-drawn] calèche *f*, voiture *f* à cheval; *Br* RAIL voiture *f*, wagon *m* (de voyageurs); ~ **and four** *Br* voiture OR équipage *m* à quatre chevaux. -**2.** *Br* COMM [cost of transportation] transport *m*, fret *m*; ~ **forward** (en) port *m* dû; ~ **paid** (en) port *m* payé; ~ **free** franco de port. -**3.** [bearing, posture] port *m*, maintien *m*. -**4.** [of typewriter] chariot *m*; [of gun] affût *m*.

carriage bolt *n Am* boulon *m* à tête ronde et collet carré.

carriage clock *n Br* horloge *f* de voyage.

carriage trade *n Br* COMM clientèle *f* riche.

carriageway ['kærɪdʒweɪ] *n Br* chaussée *f*.

carrier ['kærɪəʳ] *n* -**1.** [device, mechanism]: **baby** ~ porte-bébé *m inv*; **luggage** ~ porte-bagages *m inv*. -**2.** COMM [transporter - company] entreprise *f* de transport, transporteur *m*; [- aeroplane] appareil *m*, avion *m*; [- ship] navire *m*; **sent by** ~ [by road] expédié par camion OR par transporteur; [by rail] expédié par chemin de fer; [by air] expédié par avion; **common** ~ transporteur *m* (public). -**3.** MIL: **(aircraft)** ~ porte-avions *m inv*; **(personnel** OR **troop)** ~ [aeroplane] appareil *m* transporteur (de troupes); [ship] navire *m* transporteur (de troupes), transport *m* de troupes. -**4.** MED [of disease] porteur *m*, -euse *f*.

carrier bag *n Br* sac *m* en plastique.

carrier pigeon *n* pigeon *m* voyageur.

carrier wave *n* RADIO onde *f* porteuse.

carrion ['kærɪən] *n* charogne *f*.

carrion crow *n* corneille *f* noire.

carrot ['kærət] ◇ *n* -**1.** [plant & vegetable] carotte *f*. -**2.** *fig* [motivation] carotte *f*; **the boss used the promise of promotion as a** ~ le patron a promis une promotion pour nous encourager; **the** ~ **and stick approach** la méthode de la carotte et du bâton.
◇ *comp* [flavour] de carotte; ~ **coloured** (de couleur) carotte *(inv)*; ~ **cake** gâteau *m* aux carottes.

carroty ['kærətɪ] *adj* carotte *(inv)*, roux; **she has** ~ **hair** elle est rousse OR poil-de-carotte *hum*.

carrousel [ˌkærə'sel] = **carousel**.

carry ['kærɪ] (*pt* & *pp* **carried**) ◇ *vt* -**1.** [bear - subj: person] porter; [- heavy load] porter, transporter; **she carried her baby on her back/in her arms** elle portait son enfant sur son dos/dans ses bras; **they carried the equipment across the bridge** ils ont porté le matériel de l'autre côté du pont; **could you** ~ **the groceries into the kitchen?** pourrais-tu porter les provisions jusqu'à la cuisine?; **the porter carried the suitcases downstairs/upstairs** le porteur a descendu/monté les bagages. -**2.** [convey, transport - subj: vehicle] transporter; [- subj: river, wind] porter, emporter; [- subj: pipe] acheminer, amener; [- subj: airwaves, telephone wire] transmettre, conduire; **she ran as fast as her legs would** ~ **her** elle a couru à toutes jambes; **she carries all the facts in her head** elle a tous les faits en mémoire; **he carried the secret to his grave** il a emporté le secret dans la tombe ☐ **to** ~ **a tune** chanter juste; **to** ~ **coals to Newcastle** porter de l'eau à la rivière. -**3.** [be medium for - message, news] porter, transmettre; MED [- disease, virus] porter. -**4.** [have on one's person - identity card, papers] porter, avoir (sur soi); [- cash] avoir (sur soi); [- gun] porter. -**5.** [comprise, include] porter, comporter; **our products** ~ **a 6-month warranty** nos produits sont accompagnés d'une garantie de 6 mois || [have as consequence] entraîner; **the crime carries a long sentence** ce crime est passible d'une longue peine. -**6.** [subj: magazine, newspaper] rapporter; [subj: radio, television] transmettre; **all the newspapers carried the story** l'histoire était dans tous les journaux; **the banners carried anti-government slogans** les bannières portaient des slogans anti-gouvernementaux. -**7.** [bear, hold] porter; **to** ~ **o.s. well** [sit, stand] se tenir droit; [behave] bien se conduire OR se tenir. -**8.** [hold up, support - roof, weight] porter, supporter, soutenir; **to** ~ **a heavy load** *literal* & *fig* porter un lourd fardeau. -**9.** [win]: **she carried the audience with her** le public était avec elle; **the motion was carried** la motion a été votée ☐ **he carried all before him** ce fut un triomphe pour lui. -**10.** COMM [deal in - stock] vendre, stocker. -**11.** MATH retenir; **add nine and** ~ **one** ajoute neuf et retiens un. -**12.** [be pregnant with] attendre; **she's** ~**ing their fourth child** elle est enceinte de leur quatrième enfant. -**13.** *phr*: **to** ~ **the can** *inf Br* payer les pots cassés.
◇ *vi* [ball, sound] porter.

◆ **carry away** *vt sep* -**1.** [remove] emporter, enlever; [subj: waves, wind] emporter. -**2.** *(usu pass)* [excite]: **he was carried away by his enthusiasm/imagination** il s'est laissé emporter par son enthousiasme/imagination; **I got a bit carried away and spent all my money** je me suis emballé et j'ai dépensé tout mon argent; **don't get too carried away!** du calme!, ne t'emballe pas!

◆ **carry forward** *vt sep* FIN reporter.

◆ **carry off** *vt sep* -**1.** [remove forcibly - goods] emporter, enlever; [- person] enlever; **the thieves carried off all their jewellery** les voleurs se sont enfuis avec tous leurs bijoux. -**2.** [award, prize] remporter. -**3.** [do successfully - aim, plan] réaliser; [- deal, meeting] mener à bien; **she carried it off beautifully** elle s'en est très bien tirée. -**4.** *euph* [kill - subj: disease] emporter; **hundreds were carried off by the epidemic** des centaines de personnes ont été emportées par l'épidémie.

◆ **carry on** ◇ *vi insep* -**1.** *Br* [continue] continuer; **she carried on working** OR **with her work** elle a continué à travailler, elle a continué son travail; **they carried on to the bitter end** ils sont allés jusqu'au bout. -**2.** *inf* [make a fuss] faire une histoire OR des histoires; **the way you** ~ **on, you'd think I never did anything around the house** à t'entendre, je n'ai jamais rien fait dans cette maison. -**3.** *inf* [have affair] avoir une liaison; **he's** ~**ing on with somebody else's wife** il a une liaison avec OR il couche avec la femme d'un autre ☐ **'Carry On' films** *série de comédies britanniques, dont le titre commence toujours par «Carry On».*
◇ *vt insep* -**1.** *Br* [continue - conversation, work] continuer, poursuivre; [- tradition] entretenir, perpétuer; **we can** ~ **on this conversation later** nous pourrons poursuivre OR reprendre cette conversation plus tard. -**2.** [conduct - work] effectuer, réaliser; [- negotiations] mener; [- discussion] avoir; [- correspondence] entretenir.

◆ **carry out** *vt sep* -**1.** [take away] emporter. -**2.** [perform - programme, raid] effectuer; [- idea, plan] réaliser, mettre à exécution; [- experiment] effectuer, conduire; [- investigation, research, survey] conduire, mener; [- instruction, order] exécuter. -**3.** [fulfil - obligation] s'acquitter de; **he failed to** ~ **out his promise** il a manqué à sa parole, il n'a pas tenu OR respecté sa promesse; **to** ~ **out one's (professional) duties** s'acquitter de ses fonctions.

◆ **carry over** *vt sep* -**1.** *literal* [transport] faire traverser; *fig* [transfer] reporter, transférer. -**2.** [defer, postpone] reporter. -**3.** FIN reporter; **to** ~ **over a loss to the following year** reporter une perte sur l'année suivante. -**4.** COMM: **to** ~ **over goods from one season to another** stocker des marchandises d'une saison sur l'autre.

◆ **carry through** *vt sep* -**1.** [accomplish] réaliser, mener à bien OR à bonne fin. -**2.** [support] soutenir (dans une épreuve); **her love of life carried her through her illness** sa volonté de vivre lui a permis de vaincre sa maladie.

carryall ['kærɪɔːl] *n Am* fourre-tout *m inv (sac)*.

carrycot ['kærɪkɒt] *n Br* couffin *m*.

carrying case ['kærɪɪŋ-] *n Am* boîte *f*, étui *m*.

carrying charge *n Am* supplément *m (que l'on paye lorsqu'on achète à crédit)*.

carrying-on *inf* (*pl* carryings-on) *n* [fuss] histoires *fpl*; [commotion] tapage *m*, agitation *f*.

carryon ['kærɪɒn] *n Am* [suitcase] bagage *m* à main.

carry-on *inf n Br* [fuss] histoires *fpl*; [commotion] tapage *m*, agitation *f*; **what a** ~! que d'histoires!

carryout ['kærɪaʊt] *Am* & *Scot* ◇ *n* [restaurant] restaurant *m* qui fait des plats à emporter; [meal] plat *m* à emporter.
◇ *adj* [dish, food] à emporter.

carry-over *n* -**1.** [habit, influence, trace] vestige *m*. -**2.** FIN [amount] report *m*.

carsick ['kɑːˌsɪk] *adj*: **to be** OR **to feel** ~ avoir le mal de la route.

car sickness *n* mal *m* de la route; **to suffer from** ~ être malade en voiture.

cart [kɑːt] ◇ *n* -**1.** [horse-drawn - for farming] charrette *f*; [- for passengers] charrette *f* (anglaise), voiture *f*; **to put the** ~ **before the horse** mettre la charrue avant les bœufs. -**2.** [handcart] charrette *f* à bras.
◇ *vt* -**1.** [transport by cart] charrier, charroyer, transporter en charrette. -**2.** *inf fig* [haul] transporter, trimballer; **I've been** ~**ing this suitcase around all day** j'ai passé la journée à trimballer cette valise.

◆ **cart away, cart off** *vt sep* [rubbish, wood] emporter; [person] *inf* emmener.

cartage ['kɑːtɪdʒ] *n* charroi *m*.

Cartagena [ˌkɑːtə'dʒiːnə] *pr n* Carthagène.

carte blanche [ˌkɑːt'blɑ̃ʃ] *n* carte *f* blanche; **to give sb** ~ **(to do sthg)** donner carte blanche à qqn (pour faire qqch).

cartel [kɑː'tel] *n* COMM & POL cartel *m*.

carter ['kɑːtəʳ] *n* charretier *m*, -ère *f*.

Cartesian [kɑː'tiːzjən] ◇ *adj* cartésien.
◇ *n* cartésien *m*, -enne *f*.

Carthage ['kɑːθɪdʒ] *pr n* Carthage.

Carthaginian [ˌkɑːθə'dʒɪnɪən] ◇ *n* Carthaginois *m*, -e *f*.
◇ *adj* carthaginois.

carthorse ['kɑːthɔːs] *n* cheval *m* de trait.

Carthusian [kɑː'θjuːzjən] ◇ *adj* de OR des chartreux; ~ **monastery** chartreuse *f (monastère)*; ~ **monk** chartreux *m*; ~ **nun** chartreuse *f*.
◇ *n* chartreux *m*, -euse *f*.

cartilage ['kɑːtɪlɪdʒ] *n* cartilage *m*.

cartilaginous [ˌkɑːtɪ'lædʒɪnəs] *adj* cartilagineux.

cartload ['kɑːtləʊd] *n* charretée *f*.

cartogram ['kɑːtəgræm] *n* cartogramme *m*.

cartographer [kɑː'tɒgrəfəʳ] *n* cartographe *mf*.

cartographic(al) [ˌkɑːtə'græfɪk(l)] *adj* cartographique.

cartography [kɑː'tɒgrəfɪ] *n* cartographie *f*.

cartomancy ['kɑːtəʊmænsɪ] *n* cartomancie *f*.

carton ['kɑːtn] *n* [cardboard box] boîte *f* (en carton), carton *m*; [of juice, milk] carton *m*, brique *f*; [of cream, yoghurt] pot *m*; [of cigarettes] cartouche *f*.

cartoon [kɑː'tuːn] *n* -**1.** [drawing] dessin *m* humoristique; [series of drawings] bande *f* dessinée. -**2.** [film] dessin *m* animé. -**3.** ART [sketch] carton *m*.

cartoonist [kɑː'tuːnɪst] *n* [of drawings] dessinateur *m*, -trice *f* humoristique; [of series of drawings] dessinateur *m*, -trice *f* de bandes dessinées; [for films] dessinateur *m*, -trice *f* de dessins animés, animateur *m*, -trice *f*.

cartridge ['kɑːtrɪdʒ] *n* -**1.** [for explosive, gun] cartouche *f*. -**2.** [for pen, tape deck, typewriter etc] cartouche *f*. -**3.** [for stylus] cellule *f*. -**4.** PHOT chargeur *m* (d'appareil photo).

cartridge belt *n* [for hunter, soldier] cartouchière *f*; [for machine gun] bande *f* (de mitrailleuse).

cartridge case *n* [for gun] douille *f*, étui *m* (de cartouche); [for cannon] douille *f*.

cartridge clip *n* chargeur *m (d'une arme à feu)*.

cartridge paper *n* papier *m* à cartouche.

cartridge pen *n* stylo *m* à cartouche.

cart track *n* chemin *m* de terre.

cartwheel ['kɑːtwiːl] ◇ *n* -**1.** [of cart] roue *f* de charrette. -**2.** [movement] roue *f*; **to do** OR **to turn a ~** faire la roue.

◇ *vi* faire la roue; **she ~ed across the floor** elle a traversé la pièce en faisant des roues.

cartwright ['kɑːtraɪt] *n* charron *m*.

caruncle ['kærəŋkl] *n* ANAT, BOT & ZOOL caroncule *f*.

carve [kɑːv] *vt* -**1.** [stone, wood] tailler; **he ~d the wood into the form of a horse, he ~d a horse from the** OR **out of the wood** il a sculpté OR taillé un cheval dans le bois; **she ~d their names on the tree trunk** elle a gravé leurs noms sur le tronc de l'arbre; **the river had ~d a channel through the rock** la rivière s'était creusé un lit dans le rocher. -**2.** CULIN découper.

◆ **carve out** *vt sep* [piece] découper, tailler; [shape] sculpter, tailler; **to ~ a figure out of marble** tailler une silhouette dans du marbre; **she ~d out a career for herself in the arts** *fig* elle a fait carrière OR elle a fait son chemin dans le monde de l'art.

◆ **carve up** *vt sep* -**1.** [cut up - meat] découper; *fig* [- country, estate] morceler, démembrer; **they ~d up the profits among them** ils se sont partagé les profits. -**2.** *inf* [person] amocher à coups de couteau; [face] balafrer, taillader. -**3.** *inf Br* AUT faire une queue de poisson à.

carver ['kɑːvəʳ] *n* couteau *m* à découper; **~s service** *m* à découper.

carvery ['kɑːvərɪ] (*pl* **carveries**) *n restaurant où l'on mange de la viande découpée à table.*

carve-up *inf n* [of booty, inheritance] fractionnement *m*; [of country, estate] morcellement *m*, démembrement *m*.

carving ['kɑːvɪŋ] *n* -**1.** [sculpture] sculpture *f*; [engraving] gravure *f*. -**2.** [act] taille *f*; [skill] taille *f*, art *m* de la taille. -**3.** CULIN découpage *m*.

carving knife *n* couteau *m* à découper.

car wash *n* [place] portique *m* de lavage automatique (de voitures); [action] lavage *m* de voitures.

caryatid [kærɪ'ætɪd] *n* cariatide *f*.

Casablanca [ˌkæsə'blæŋkə] *pr n* Casablanca.

Casanova [ˌkæsə'nəʊvə] ◇ *pr n* Casanova.

◇ *n*: **he's a real ~** c'est un vrai Don Juan.

casbah ['kæzbɑː] *n* casbah *f*.

cascade [kæ'skeɪd] ◇ *n literal* cascade *f*, chute *f* d'eau; *fig* [of hair] flot *m*.

◇ *vi* [water] tomber en cascade; [hair] ruisseler.

cascara [kæ'skɑːrə] *n* cascara *f*.

case [keɪs] ◇ *n* **A.** -**1.** [container] caisse *f*, boîte *f*; [for bottles] caisse *f*; [for fruit, vegetables] cageot *m*; [chest] coffre *m*; [for jewellery] coffret *m*; [for necklace, watch] écrin *m*; [for camera, guitar] étui *m*. -**2.** [for display] vitrine *f*. -**3.** *Br* [suitcase] valise *f*. -**4.** TYPO casse *f*. -**5.** BOT & ENTOM [covering] enveloppe *f*.

B. -**1.** [instance, situation] cas *m*, exemple *m*; **it's a clear ~ of mismanagement** c'est un exemple manifeste de mauvaise gestion; **it was a ~ of having to decide on the spur of the moment** il fallait décider sur-le-champ; **we often hear of ~s where companies go bankrupt** nous entendons souvent parler de cas où des entreprises font faillite; **in the ~ of single mothers** dans le cas des mères célibataires; **in that ~** dans OR en ce cas; **in this particular ~** en l'occurrence; **in which ~** auquel cas; **in your ~** en ce qui vous concerne, dans votre cas; **in Paul's ~** dans le cas de Paul; **in many/most ~s** dans beaucoup de/la plupart des cas; **in no ~** en aucun cas; **in some ~s** dans certains cas; **in the vast majority of ~s** dans la plupart des cas; **in nine ~s out of ten** neuf fois sur dix ❑ **the current crisis is a ~ in point** la crise actuelle est un exemple typique OR un bon exemple. -**2.** [actual state of affairs] cas *m*; **can we assume that this is in fact the ~?** pouvons-nous considérer que c'est bien le cas?; **that is not the ~ in Great Britain** ce OR tel n'est pas le cas en Grande-Bretagne; **as is often/usually the ~** comme c'est souvent/ordinairement le cas; **as the ~** OR **whatever the ~ may be** selon le cas; **if such is indeed the ~** si tel est OR si c'est vraiment le cas. -**3.** [investigation] affaire *f*; **it was one of Inspector Dupont's most difficult ~s** ce fut une des affaires les plus difficiles de l'inspecteur Dupont; **a murder/fraud ~** une affaire de meurtre/fraude; **the ~ is closed** c'est une affaire classée ❑ **he's on the ~** [working on it] il s'en occupe; [alert, informed] il est très au courant; **to be on sb's ~** *inf* être sur le dos de qqn; **get off my ~!** *inf* fiche-moi la paix! -**4.** JUR affaire *f*, cause *f*, procès *m*; **a civil rights ~** une affaire de droits civils; **her ~ comes up next week** son procès a lieu la semaine prochaine; **to try a ~** juger une affaire; **he won his ~ for slander** [barrister] il a gagné le procès en diffamation; [plaintiff] il a gagné son procès OR il a eu gain de cause dans son procès en diffamation. -**5.** [argument] arguments *mpl*; **there is no ~ against him** aucune preuve n'a pu être retenue contre lui; **the ~ against/for the defendant** les arguments contre/en faveur de l'accusé; **there is a good ~ against/for establishing quotas** il y a beaucoup à dire contre/en faveur de l'établissement de quotas; **the union has a good ~** le syndicat a de bons arguments OR de bonnes raisons; **state your ~** présentez vos arguments; **there is a ~ to be answered here** il ne faut pas négliger cette question; **to make (out) a ~ for sthg** présenter des arguments pour OR en faveur de qqch. -**6.** MED [disease] cas *m*; [person] malade *mf*; **there have been several ~s of meningitis/hepatitis recently** il y a eu plusieurs cas de méningite/d'hépatite récemment; **the hospital could only take the most serious ~s** l'hôpital ne pouvait s'occuper que des cas les plus graves; **all burns ~s are treated here** tous les grands brûlés sont traités ici. -**7.** *inf* [person] cas *m*; **he's a real ~!** c'est un cas OR un phénomène!; **he's a sad ~** c'est vraiment un pauvre type. -**8.** GRAMM cas *m*.

◇ *vt* -**1.** [put in box] mettre en boîte OR caisse. -**2.** [cover] couvrir, envelopper; **~d in ice** couvert de glace. -**3.** *inf* [inspect] examiner; **the robbers had thoroughly ~d the joint** les voleurs avaient bien examiné les lieux (avant de faire leur coup).

◆ **in any case** *adv phr* -**1.** [besides] en tout cas; **in any ~ I shan't be coming** je ne viendrai pas en tout cas OR de toute façon; **in any ~, that's not the point** bref OR en tout cas, là n'est pas la question. -**2.** [at least] du moins, en tout cas; **that's what I was told, or in any ~ was led to believe** c'est ce qu'on m'a dit ou en tout cas OR ou du moins, ce qu'on m'a fait croire.

◆ **in case** ◇ *adv phr* au cas où; **I'll take my umbrella (just) in ~** je vais prendre mon parapluie au cas où.

◇ *conj phr* au cas où; **in ~ you think I'm bluffing** au cas où tu croirais que je bluffe; **I kept a place for you, in ~ you were late** je t'ai gardé une place, au cas où tu serais en retard.

◆ **in case of** *prep phr* en cas de; **in ~ of emergency/fire** en cas d'urgence/d'incendie.

casebook ['keɪsbʊk] *n* [gen] *recueil de comptes rendus de cas*; JUR recueil *m* de jurisprudence.

casebound ['keɪsbaʊnd] *adj* cartonné.

casefile ['keɪsfaɪl] *n* dossier *m*.

case grammar *n* grammaire *f* des cas.

case-harden *vt* METALL cémenter; *fig* endurcir.

case-hardened *adj* METALL cémenté; *fig* endurci.

case history *n* antécédents *mpl*.

casein ['keɪsiːn] *n* caséine *f*.

case knife *n* couteau *m* à gaine.

case law *n* jurisprudence *f*.

case load *n* (nombre *m* de) dossiers *mpl* à traiter.

casemate ['keɪsmeɪt] *n* casemate *f*.

casement ['keɪsmənt] ◇ *n* [window] fenêtre *f* à battant OR battants, croisée *f*; [window frame] châssis *m* de fenêtre (à deux battants); *lit* fenêtre *f*.

◇ *comp*: **~ window** fenêtre *f* à battant OR battants, croisée *f*.

case study *n* étude *f* de cas.

casework ['keɪswɜːk] *n travail social personnalisé.*

caseworker ['keɪsˌwɜːkəʳ] *n travailleur social s'occupant de cas individuels et familiaux.*

cash [kæʃ] ◇ *n* -**1.** [coins and banknotes] espèces *fpl*, (argent *m*) liquide *m*; **I never carry much ~** je n'ai jamais beaucoup d'argent OR de liquide sur moi; **£3,000 in ~** 3 000 livres en espèces OR en liquide; **to pay (in) ~** payer en liquide OR en espèces; **hard** OR **ready ~** espèces *fpl* ❑ **to pay ~ on the nail** payer rubis sur ongle. -**2.** [money in general] argent *m*; **to be short of ~** être à court (d'argent); **I ran out of ~** je n'avais plus d'argent; **they haven't any ~** ils n'ont plus un sou. -**3.** [immediate payment]: **discount for ~** escompte *m* au comptant; **~ down** argent *m* comptant; **to pay ~ down** payer comptant ❑ **~ on delivery** paiement *m* à la livraison, (livraison *f*) contre remboursement; **~ with order** payable à la commande; **~ on shipment** comptant *m* à l'expédition.

◇ *vt* [cheque] encaisser, toucher; **could you ~ this cheque for me?** [friend] peux-tu me donner de l'argent contre ce chèque?; [bank] voudriez-vous m'encaisser ce chèque?

◇ *comp* -**1.** [problems, worries] d'argent. -**2.** [price, purchase, sale, transaction] (au) comptant; **~ bar** *Am* bar *m* payant *(à une réception)*; **~ offer** offre *f* d'achat avec paiement comptant; **she made us a ~ offer for the flat** elle nous a proposé de payer l'appartement (au) comptant; **~ payment** [immediate] paiement *m* comptant; [in cash] paiement *m* en espèces OR en liquide; **~ prize** prix *m* en espèces; **~ terms** conditions *fpl* au comptant; **~ value** valeur *f* vénale.

◆ **cash in** ◇ *vt sep* [bond, certificate] réaliser, se faire rembourser; [coupon] se faire rembourser.

◇ *vi insep inf* [take advantage]: **to ~ in on a situation** profiter OR tirer profit d'une situation; **to ~ in on one's influence/talent** monnayer son influence/talent.

◆ **cash up** *vi insep Br* COMM faire ses comptes.

cashable ['kæʃəbl] *adj* encaissable, payable.

cash and carry *n Br* libre-service *m* de gros, cash and carry *m inv*.

◆ **cash-and-carry** *Br* ◇ *adj* de libre-service de gros, de cash and carry.

◇ *adv* dans un libre-service de gros OR un cash and carry.

cashbook ['kæʃbʊk] *n* livre *m* de caisse.

cashbox ['kæʃbɒks] *n* caisse *f*.

cash card *n* carte *f* bancaire *(qui permet de retirer de l'argent dans les distributeurs automatiques)*.

cash crop *n* culture *f* de rapport OR commerciale.

cash desk *n* caisse *f*.

cash discount *n* escompte *m* au comptant.

cash dispenser *n* distributeur *m* automatique (de billets), DAB *m*.

cashew ['kæʃuː] *n* [tree] anacardier *m*; **~ (nut)** (noix *f* de) cajou *m*.

cash flow *n* marge *f* brute d'autofinancement, cash-flow *m*; **~ problems** *literal* OR *hum* problèmes *mpl* de trésorerie.

cashier [kæ'ʃɪəʳ] ◇ *n* BANK & COMM caissier *m*, -ère *f*.

◇ *vt* MIL casser; *fig* renvoyer, congédier.

cashmere [kæʃ'mɪəʳ] ◇ *n* cachemire *m*.

◇ *comp* [coat, sweater] de OR en cachemire.

cashpoint ['kæʃpɔɪnt] *n Br* distributeur *m* automatique (de billets), DAB *m*.

cash register *n* caisse *f* (enregistreuse).

casing ['keɪsɪŋ] *n* -**1.** [gen] revêtement *m*, enveloppe *f*; [for tyre] enveloppe *f* extérieure. -**2.** [of window] chambranle *m*, châssis *m*; [of door] encadrement *m*, chambranle *m*.

casino [kə'siːnəʊ] (*pl* **casinos**) *n* casino *m*.

cask [kɑːsk] *n* [barrel - gen] tonneau *m*, fût *m*; [- large] barrique *f*; [- small] baril *m*.

casket ['kɑːskɪt] *n* -**1.** [small box] coffret *m*, boîte *f*. -**2.** *Am* [coffin] cercueil *m*.

Caspian Sea ['kæspɪən-] *pr n*: the ~ la (mer) Caspienne.

Cassandra [kə'sændrə] *pr n* MYTH & *fig* Cassandre.

cassata [kə'sɑːtə] *n* cassate *f*.

cassava [kə'sɑːvə] *n* [plant] manioc *m*; [flour] farine *f* de manioc.

casserole ['kæsərəʊl] ◇ *n* -**1.** [pan] cocotte *f*. -**2.** [stew] ragoût *m*.
◇ *vt* (faire) cuire en ragoût.

cassette [kæ'set] *n* -**1.** [tape] cassette *f*. -**2.** PHOT [cartridge] chargeur *m*.

cassette deck *n* lecteur *m* de cassettes.

cassette player *n* lecteur *m* de cassettes.

cassette recorder *n* magnétophone *m* à cassettes.

Cassius ['kæsɪəs] *pr n* Cassius.

cassock ['kæsək] *n* soutane *f*.

cassowary ['kæsəweərɪ] (*pl* **cassowaries**) *n* casoar *m*.

cast [kɑːst] (*pt* & *pp* **cast**) ◇ *vt* -**1.** [throw] jeter, lancer; **to ~ lots** *Br* tirer au sort; **to ~ a spell on sb** [subj: witch] jeter un sort à qqn, ensorceler qqn; *fig* ensorceler OR envoûter qqn; **to ~ one's vote for sb** voter pour qqn; **the number of votes ~** le nombre de voix OR de suffrages; **to ~ anchor** mouiller (l'ancre), jeter l'ancre; **the tyrant ~ his enemies into prison** *lit* le tyran a jeté ses ennemis en prison; **we'll have to ~ our net wide to find the right candidate** *fig* il va falloir ratisser large pour trouver le bon candidat ☐ **it's (like) ~ing pearls before swine** c'est donner de la confiture OR jeter des perles aux cochons. -**2.** [direct - light, shadow] projeter; [- look] jeter, diriger; **the accident ~ a shadow over their lives** l'accident a jeté une ombre sur leur existence; **could you ~ an eye over this report?** voulez-vous jeter un œil sur ce rapport?; **he ~ an eye over the audience** il a promené son regard sur l'auditoire; **she ~ a desperate glance at her mother** elle glissa à sa mère un regard désespéré, elle regarda sa mère avec désespoir; **to ~ aspersions on sb's character** dénigrer qqn; **the report ~s doubt on the police evidence** les auteurs du rapport émettent des doutes sur les preuves fournies par la police; **his indecision ~ doubt on his ability to govern** son irrésolution a jeté le doute sur sa capacité à gouverner; **the evidence ~ suspicion on him** les preuves ont jeté la suspicion sur lui. -**3.** [shed, throw off] perdre; **the horse ~ a shoe** le cheval a perdu un fer; **~ all fear/thought of revenge from your mind** oubliez toute crainte/toute idée de revanche. -**4.** [film, play] distribuer les rôles de; [performer]: **the director ~ her in the role of the mother** le metteur en scène lui a attribué le rôle de la mère. -**5.** ART & TECH [form, statue] mouler; [metal] couler, fondre; [plaster] couler; **civil servants are all ~ in the same mould** *fig* les fonctionnaires sont tous faits sur OR sont tous coulés dans le même moule. -**6.** [horoscope] tirer.
◇ *n* -**1.** CIN & THEAT [group of actors] distribution *f*, acteurs *mpl*; **the ~ is Italian** tous les acteurs sont italiens; **~ list** CIN & TV générique *m*; THEAT distribution *f*. -**2.** ART [colour, shade] nuance *f*, teinte *f*; **white with a pinkish ~** blanc nuancé de rose. -**3.** ART & TECH [act of moulding - metal] coulage *m*, coulée *f*; [- plaster] moulage *m*; [- coin, medallion] empreinte *f*; [mould] moule *m*; [object moulded] moulage *m*; **to make a bronze ~ of a statue** mouler une statue en bronze. -**4.** MED [for broken limb] plâtre *m*; **her arm was in a ~** elle avait un bras dans le plâtre. -**5.** MED [squint] strabisme *m*; **he had a ~ in his eye** il louchait d'un œil, il avait un œil qui louchait. -**6.** *fml* [type]: **the delicate ~ of her features** la finesse de ses traits; **a peculiar ~ of mind** une drôle de mentalité OR de tournure d'esprit.

◆ **cast about** *vi insep Br*: **she ~ about for an idea/an excuse to leave** elle essaya de trouver une idée/un prétexte pour partir.

◆ **cast aside** *vt sep lit* [book] mettre de côté; [shirt, shoes] se débarrasser de; *fig* [friend, suggestion] rejeter, écarter.

◆ **cast away** *vt sep* -**1.** [book, letter] jeter; *fig* [cares, principle] se défaire de. -**2.** NAUT: **to be ~ away** être naufragé.

◆ **cast back** *vt sep*: **~ your mind back to the day we met** souviens-toi du OR rappelle-toi le jour de notre première rencontre; **to ~ one's thoughts back** se reporter en arrière.

◆ **cast down** *vt sep* -**1.** *fml* [weapon] déposer, mettre bas. -**2.** *fig* & *lit*: **to be ~ down** être démoralisé OR découragé.

◆ **cast off** ◇ *vt sep* -**1.** [undo] défaire; [untie] délier, dénouer; [in knitting] rabattre; NAUT [lines, rope] larguer, lâcher; [boat] larguer OR lâcher les amarres de. -**2.** *lit* [rid oneself of - clothing] enlever, se débarrasser de; *fig* [- bonds] se défaire de, se libérer de; [- cares, habit, tradition] se défaire de, abandonner.
◇ *vi insep* -**1.** NAUT larguer les amarres, appareiller. -**2.** [in knitting] rabattre les mailles.

◆ **cast on** ◇ *vi insep* monter les mailles.
◇ *vt sep* [stitches] monter.

◆ **cast out** *vt sep arch* OR *lit* [person] renvoyer, chasser; *fig* [fear, guilt] bannir.

◆ **cast up** *vt sep* [subj: sea, tide, waves] rejeter.

castanets [,kæstə'nets] *npl* castagnettes *fpl*.

castaway ['kɑːstəweɪ] NAUT ◇ *n* naufragé *m*, -e *f*; *fig* naufragé, -e, laissé-pour-compte *m*, laissée-pour-compte *f*.
◇ *adj* naufragé.

caste [kɑːst] *n* [gen] caste *f*, classe *f* sociale; [in Hindu society] caste *f*; **to lose ~** *Br fig* déchoir, déroger.

castellated ['kæstəleɪtɪd] *adj* ARCHIT à tourelles; TECH [filament, nut] crénelé.

caster ['kɑːstə^r] *n* -**1.** [sifter] saupoudroir *m*, saupoudreuse *f*. -**2.** [wheel] roulette *f*.

caster sugar *n Br* sucre *m* en poudre.

castigate ['kæstɪgeɪt] *vt fml* -**1.** [punish] corriger, punir; [scold] réprimander, tancer *fml*. -**2.** [criticize - person] critiquer sévèrement, fustiger *fml*; [- book, play] éreinter.

castigation [,kæstɪ'geɪʃn] *n fml* [punishment] correction *f*, punition *f*; [scolding] réprimande *f*; [criticism] critique *f* sévère.

Castile [kæ'stiːl] *pr n* Castille *f*.

Castilian [kæ'stɪljən] ◇ *n* -**1.** [person] Castillan *m*, -e *f*. -**2.** LING castillan *m*.
◇ *adj* castillan.

casting ['kɑːstɪŋ] *n* -**1.** ART [act & object] moulage *m*; TECH [act] coulée *f*, coulage *m*, fonte *f*; [object] pièce *f* fondue. -**2.** CIN & THEAT [selection of actors] attribution *f* des rôles, casting *m*.

casting couch *inf n*: **she denied having got the part on the ~** elle a nié avoir couché avec le metteur en scène pour obtenir le rôle.

casting director *n* metteur *m* en scène (qui distribue les rôles).

casting vote *n* voix *f* prépondérante; **the president has a** OR **the ~** le président a voix prépondérante.

cast iron *n* fonte *f*.

◆ **cast-iron** *comp* -**1.** [pot, stove] de OR en fonte. -**2.** *fig*: **a cast-iron alibi** un alibi inattaquable OR en béton.

castle ['kɑːsl] ◇ *n* -**1.** [building] château *m* (fort); **to build ~s in the air** bâtir des châteaux en Espagne; '**The Castle**' *Kafka* 'le Château'. -**2.** [in chess] tour *f*.
◇ *vi* [in chess] roquer.

castling ['kɑːslɪŋ] *n* [in chess] roque *m*.

castoff ['kɑːstɒf] *n* (*usu pl*) [piece of clothing] vieux vêtement *m*; *fig* [person] laissé-pour-compte *m*, laissée-pour-compte *f*.

◆ **cast-off** *adj* dont personne ne veut; **cast-off clothes** vieux vêtements *mpl*.

castor ['kɑːstə^r] *n* -**1.** = **caster**. -**2.** [secretion] castoréum *m*.

◆ **Castor** *pr n*: **Castor and Pollux** Castor et Pollux.

castor oil *n* huile *f* de ricin.

castor-oil plant *n* ricin *m*.

castrate [kæ'streɪt] *vt literal* châtrer, castrer; *fig* [weaken - person, political movement] émasculer.

castration [kæ'streɪʃn] *n literal* castration *f*; *fig* [of political movement] émasculation *f*.

castrato [kæ'strɑːtəʊ] (*pl* **castratos** OR **castrati** [-tiː]) *n* castrat *m*.

casual ['kæʒʊəl] ◇ *adj* -**1.** [unconcerned] désinvolte, nonchalant; [natural] simple, naturel; **they're very ~ about the way they dress** ils attachent très peu d'importance à leurs vêtements OR à la façon dont ils s'habillent; **I tried to appear ~ when talking about it** j'ai essayé d'en parler avec désinvolture. -**2.** [informal - dinner] simple, détendu; [- clothing] sport *(inv)*. -**3.** [superficial] superficiel; **I took a ~ glance at the paper** j'ai jeté un coup d'œil (rapide) au journal; **to make ~ conversation** parler de choses et d'autres, parler à bâtons rompus; **it was just a ~ suggestion** c'était seulement une suggestion en passant; **she's just a ~ acquaintance of mine** c'est quelqu'un que je connais très peu; **a ~ love affair** une aventure; **~ sex** rapports *mpl* sexuels de rencontre. -**4.** [happening by chance - meeting] de hasard; [- onlooker] venu par hasard. -**5.** [occasional - job] intermittent; [- worker] temporaire; **~ labourer** *Br* [for one day] journalier *m*, -ère *f*; [for harvest, season] (travailleur *m*) saisonnier *m*, (travailleuse *f*) saisonnière *f*; [in construction work] ouvrier *m*, -ère *f* sans travail fixe.
◇ *n* [worker - on farm for one day] journalier *m*, -ère *f*; [- on farm for harvest, season] (travailleur *m*) saisonnier *m*, (travailleuse *f*) saisonnière *f*; [- in construction work] ouvrier *m*, -ère *f* sans travail fixe.

◆ **casuals** *npl* [clothing] vêtements *mpl* sport; [shoes] chaussures *fpl* sport.

casually ['kæʒʊəlɪ] *adv* -**1.** [unconcernedly] avec désinvolture, nonchalamment. -**2.** [informally] simplement; **to dress ~** s'habiller sport. -**3.** [glance, remark, suggest] en passant; **they talked ~ about this and that** ils ont parlé de choses et d'autres OR à bâtons rompus. -**4.** [by chance] par hasard.

casualness ['kæʒʊəlnɪs] *n* -**1.** [unconcern] désinvolture *f*, nonchalance *f*. -**2.** [informality] simplicité *f*; **the ~ of their dress** l'allure décontractée OR sport de leur habillement. -**3.** [haphazardness] hasard *m*, fortuité *f*.

casualty ['kæʒjʊəltɪ] (*pl* **casualties**) *n* -**1.** [wounded] blessé *m*, -e *f*; [dead] mort *m*, -e *f*; **there were heavy casualties** [gen] il y avait beaucoup de victimes OR de morts et de blessés; [dead] il y avait beaucoup de pertes; **truth is often a ~ in political debates** *fig* la vérité est souvent sacrifiée dans les débats politiques. -**2.** *(U)* MED [emergency ward] service *m* des urgences; [accident ward] salle *f* des accidentés.

casualty list *n* [gen] liste *f* des victimes; MIL état *m* des pertes.

casualty ward *n* [for emergencies] service *m* des urgences; [for accident victims] salle *f* des accidentés.

casuist ['kæzjʊɪst] *n* casuiste *m*.

casuistry ['kæzjʊɪstrɪ] *n* [philosophy] casuistique *f*; *(U)* [reasoning] arguments *mpl* de casuiste.

cat [kæt] *n* -**1.** ZOOL chat *m*, chatte *f*; **the big ~s** les grands fauves *mpl* OR félins *mpl*; **to let the ~ out of the bag** vendre la mèche; **to be like a ~ on hot bricks** *Br* OR **on a hot tin roof** être sur des charbons ardents; **there isn't enough room to swing a ~** il n'y a pas la place de se retourner; **he looked like something the ~ brought in** il était dégoûtant; **has the ~ got your tongue?** tu as perdu ta langue?; **to fight like ~ and dog** se battre comme des chiffonniers; **to put** OR **to set the ~ among the pigeons** *Br* jeter un pavé dans la mare; **to play (a game of) ~ and mouse with sb** jouer au chat et à la souris avec qqn; to wait for the ~ to jump OR to see which way the ~ will jump *Br* attendre de voir d'où vient le vent; when the ~'s away the mice will play *prov* quand le chat n'est pas là les souris dansent *prov*; 'Cat and Mouse' *Grass* 'le Chat et la souris'; 'Cat on a Hot Tin Roof' *Williams, Brooks* 'la Chatte sur un toit brûlant'. -**2.** *pej* [woman] rosse *f*, chipie *f*. -**3.** *inf Am dated* [man] mec *m*; what a cool ~! vraiment cool, ce type! -**4.** *inf* [boat] catamaran *m*. -**5.** *inf* AUT pot *m* catalytique.

CAT (*abbr of* computer-aided teaching) *n Br* EAO *m*.

catabolism [kə'tæbəlɪzm] *n* catabolisme *m*.

catachresis [ˌkætə'kriːsɪs] *n* catachrèse *f*.

cataclysm ['kætəklɪzm] *n* cataclysme *m*.

cataclysmic [ˌkætə'klɪzmɪk] *adj* cataclysmique, cataclysmal.

catacomb ['kætəkuːm] *n* (*usu pl*) catacombe *f*.

catafalque ['kætəfælk] *n* catafalque *m*.

Catalan ['kætəˌlæn] ◇ *n* -**1.** [person] catalan *m*, -e *f*. -**2.** LING catalan *m*.
◇ *adj* catalan.

catalepsy ['kætəlepsɪ] *n* catalepsie *f*.

cataleptic [ˌkætə'leptɪk] *adj* cataleptique; to have a ~ fit tomber en catalepsie.

catalogue *Br*, **catalog** *Am* ['kætəlɒg] ◇ *n* catalogue *m*; [in library] fichier *m*; *Am* UNIV guide *m* de l'étudiant; his life story was a ~ of disasters *fig* l'histoire de sa vie a été un catalogue de malheurs.
◇ *vt* cataloguer, faire le catalogue de.

Catalonia [ˌkætə'ləʊnɪə] *pr n* Catalogne *f*; in ~ en Catalogne.

catalyse *Br*, **catalyze** *Am* ['kætəlaɪz] *vt* catalyser.

catalysis [kə'tæləsɪs] (*pl* catalyses [-siːz]) *n* catalyse *f*.

catalyst ['kætəlɪst] *n* catalyseur *m*.

catalytic [ˌkætə'lɪtɪk] *adj* catalytique.

catalytic converter *n* pot *m* catalytique.

catalyze ['kætəlaɪz] *Am* = **catalyse**.

catamaran [ˌkætəmə'ræn] *n* catamaran *m*.

Catania [kə'teɪnjə] *pr n* Catane.

cataphora [kə'tæfrə] *n* cataphore *f*.

cataplexy ['kætəpleksɪ] *n* cataplexie *f*.

catapult ['kætəpʌlt] ◇ *n* -**1.** *Br* [child's] lance-pierres *m inv*. -**2.** AERON & MIL catapulte *f*; ~ launching catapultage *m*.
◇ *vt* [gen & AERON] catapulter; she was ~ed into the leadership job *fig* elle a été catapultée à la direction.

cataract ['kætərækt] *n* -**1.** [waterfall] cataracte *f*, cascade *f*. -**2.** [downpour] déluge *m*. -**3.** MED cataracte *f*; to be operated on for a ~ être opéré de la cataracte.

catarrh [kə'tɑːʳ] *n* catarrhe *m*; to have bad ~ *Br* être très catarrheux.

catarrhal [kə'tɑːrəl] *adj* catarrheux.

catastrophe [kə'tæstrəfɪ] *n* catastrophe *f*.

catastrophic [ˌkætə'strɒfɪk] *adj* catastrophique.

catatonia [ˌkætə'təʊnɪə] *n* catatonie *f*.

catatonic [ˌkætə'tɒnɪk] *adj* catatonique.

cat burglar *n* monte-en-l'air *m inv*.

catcall ['kætkɔːl] ◇ *n* THEAT sifflet *m*; the actors were greeted with ~s les acteurs se sont fait siffler.
◇ *vi* siffler.

catch [kætʃ] (*pt* & *pp* caught [kɔːt]) ◇ *vt* -**1.** [ball, thrown object] attraper; to ~ hold of sthg attraper qqch; the dog caught the ball in its mouth le chien a attrapé la balle dans sa gueule; ~! attrape! || [take hold of]: to ~ sb's arm saisir OR prendre qqn par le bras. -**2.** [trap - fish, mouse, thief] attraper, prendre; he got caught by the police il s'est fait attraper par la police; to get caught in a traffic jam être pris dans un embouteillage; we got caught in a shower/thunderstorm nous avons été surpris par une averse/l'orage; to ~ sb doing sthg surprendre qqn à faire qqch; to ~ o.s. doing sthg se surprendre à faire qqch; I caught myself thinking about him je me suis surpris à repenser à lui; they were caught trying to escape on les a surpris en train d'essayer de s'évader; if I ~ you talking once more I'll throw you out! si je te prends OR surprends encore une fois en train de parler, je te mets à la porte!; you won't ~ me doing the washing-up! aucun danger de me surprendre en train de faire la vaisselle!; don't let me ~ you at it again! que je ne t'y reprenne pas! ❑ you'll ~ it when you get home! *inf Br* qu'est-ce que tu vas prendre en rentrant!; to ~ sb napping prendre qqn en défaut. -**3.** [disease, infection] attraper; to ~ a cold attraper un rhume; to ~ cold attraper OR prendre froid; he'll ~ his death (of cold)! *inf* il va attraper la crève! -**4.** [bus, train] attraper, prendre; I have a train to ~ at 6 o'clock j'ai un train à prendre à 6 h; to ~ the last post *Br* arriver à temps pour la dernière levée (du courrier); try and ~ the postman before you leave essayez d'attraper le facteur avant de partir; I just caught the end of the film j'ai juste vu la fin du film. -**5.** [on nail, obstacle]: he caught his finger in the door il s'est pris le doigt dans la porte; she caught her skirt in the door sa jupe s'est prise dans la porte; he caught his coat on the brambles son manteau s'est accroché aux ronces. -**6.** [hear clearly, understand] saisir, comprendre; I didn't quite ~ what you said je n'ai pas bien entendu ce que vous avez dit; I don't ~ your meaning je ne vois pas ce que vous voulez dire. -**7.** [attract]: to ~ sb's attention OR sb's eye attirer l'attention de qqn; the idea caught her imagination l'idée a enflammé son imagination; the house caught his fancy *Br* la maison lui a plu; this coat ~es fluff la poussière se voit sur ce manteau. -**8.** [in portrait, writing]: to ~ a likeness saisir une ressemblance; the author really ~es the mood of the period l'auteur saisit très bien l'ambiance de l'époque. -**9.** [hit]: to ~ sb a blow *Br* donner OR flanquer un coup à qqn; the wave caught her sideways la vague l'a frappée de côté; he fell and caught his head on the radiator il est tombé et s'est cogné la tête contre le radiateur. -**10.** [notice]: did you ~ the look on his face? vous avez remarqué l'expression de son visage? -**11.** *phr*: to ~ one's breath reprendre son souffle; he had to sit down to ~ his breath il a dû s'asseoir pour reprendre son souffle; to ~ fire prendre feu; the curtains caught fire les rideaux ont pris feu.
◇ *vi* -**1.** [ignite - fire, wood] prendre; [- engine] démarrer. -**2.** [bolt, lock] fermer; [gears] mordre. -**3.** [on nail, obstacle]: her skirt caught on a nail sa jupe s'est accrochée à un clou; his coat caught in the door son manteau s'est pris dans la porte.
◇ *n* -**1.** [act] prise *f*; good ~! SPORT bien rattrapé! -**2.** [of fish] prise *f*; a fine ~ une belle prise; he's a good ~ *hum* & *fig* [man] c'est une belle prise. -**3.** [snag] piège *m*; there must be a ~ in it somewhere il doit y avoir un truc OR un piège quelque part, ça cache quelque chose; where's OR what's the ~? qu'est-ce que ça cache?, où est le piège? -**4.** [on lock, door] loquet *m*; [on window] loqueteau *m*; [on shoe-buckle] ardillon *m*. -**5.** [in voice]: with a ~ in his voice d'une voix entrecoupée. -**6.** GAMES jeu *m* de balle; to play ~ jouer à la balle. -**7.** MUS canon *m*.

◆ **catch at** *vt insep* (essayer d') attraper.

◆ **catch on** *vi insep* -**1.** [fashion, trend, slogan] devenir populaire; this dance style caught on in the fifties cette danse a fait un tabac OR était très populaire dans les années cinquante. -**2.** *inf* [understand] piger, saisir, comprendre; I didn't quite ~ on to what he was trying to say je n'ai pas bien saisi ce qu'il essayait de dire; did you ~ on? est-ce que tu as pigé?

◆ **catch out** *vt sep Br* [by trickery] prendre en défaut; [in the act] prendre sur le fait; he tried to ~ me out with a trick question il a essayé de me coller OR prendre en défaut avec une question-piège; I won't be caught out like that again! on ne m'y prendra plus!

◆ **catch up** ◇ *vi insep* -**1.** [as verb of movement]: to ~ up with sb rattraper qqn; I had to run to ~ up with him OR to ~ him up j'ai dû courir pour le rattraper OR le rejoindre; the police caught up with him in Zurich la police l'a rattrapé à Zurich; his past will ~ up with him one day *fig* il finira par être rattrapé par son passé. -**2.** [on lost time] combler OR rattraper son retard; [on studies] rattraper son retard, se remettre au niveau; to ~ up on OR with one's work rattraper le retard qu'on a pris dans son travail; he'll have to work hard to ~ up with the rest of the class il va falloir qu'il travaille beaucoup pour rattraper le reste de la classe; I need to ~ up on some sleep j'ai du sommeil à rattraper; we had a lot of news to ~ up on nous avions beaucoup de choses à nous dire.
◇ *vt sep* -**1.** [entangle]: the material got caught up in the machinery le tissu s'est pris dans la machine. -**2.** [absorb, involve]: to get caught up in a wave of enthusiasm être gagné par une vague d'enthousiasme; he was too caught up in the film to notice what was happening il était trop absorbé par le film pour remarquer ce qui se passait; I refuse to get caught up in their private quarrel je refuse de me laisser entraîner dans leurs querelles personnelles. -**3.** [seize] ramasser vivement, s'emparer de. -**4.** [person] rattraper.

catch-all ◇ *n* fourre-tout *m inv*.
◇ *adj* fourre-tout (*inv*), qui pare à toute éventualité; ~ phrase expression *f* passe-partout.

catch-as-catch-can ◇ *n* SPORT catch *m*.
◇ *adj Am* improvisé.

catcher ['kætʃəʳ] *n* [gen & in baseball] attrapeur *m*.

catching ['kætʃɪŋ] *adj* -**1.** MED contagieux. -**2.** *fig* [enthusiasm, laughter] contagieux, communicatif; [habit] contagieux.

catchment ['kætʃmənt] *n* captage *m*.

catchment area *n* -**1.** [drainage area] bassin *m* hydrographique. -**2.** ADMIN [for hospital] circonscription *f* hospitalière; [for school] secteur *m* de recrutement scolaire.

catchment basin = **catchment area**.

catchpenny ['kætʃˌpenɪ] (*pl* catchpennies) *Br*
◇ *adj* accrocheur.
◇ *n* attrape-nigaud *m*.

catchphrase ['kætʃfreɪz] *n* [in advertising] accroche *f*; [set phrase] formule *f* toute faite; [of performer] petite phrase *f*.

catch question *n* question-piège *f*, colle *f*.

catchup ['kætʃʌp] *n Am* ketchup *m*.

catchword ['kætʃwɜːd] *n* -**1.** [slogan] slogan *m*; POL mot *m* d'ordre, slogan *m*. -**2.** [in printing - at top of page] mot-vedette *m*; [- at bottom of page] réclame *f*. -**3.** THEAT réclame *f*.

catchy ['kætʃɪ] (*compar* catchier, *superl* catchiest) *adj* [tune] qui trotte dans la tête, facile à retenir; [title] facile à retenir.

cat door = **cat flap**.

catechism ['kætəkɪzm] *n* catéchisme *m*.

catechist ['kætəkɪst] *n* catéchiste *mf*.

catechize, -ise ['kætɪkaɪz] *vt* -**1.** RELIG catéchiser. -**2.** *fig* [examine] interroger, questionner.

categoric(al) [ˌkætɪ'gɒrɪk(l)] *adj* catégorique.

categorically [ˌkætɪ'gɒrɪklɪ] *adv* catégoriquement.

categorization [ˌkætəgəraɪ'zeɪʃn] *n* catégorisation *f*.

categorize, -ise ['kætəgəraɪz] *vt* catégoriser.

category ['kætəgərɪ] (*pl* categories) *n* catégorie *f*.

cater ['keɪtəʳ] ◇ *vi* s'occuper de la nourriture, fournir des repas.
◇ *vt Am* s'occuper de la nourriture pour.

◆ **cater for** *vt insep* -**1.** [with food] s'occuper de la nourriture pour; 'coach parties ~ed for' accueil de groupes. -**2.** *fig* [needs] répondre à, pourvoir à; [tastes] satisfaire; we ~ for the needs of small companies nous répondons à la demande des petites entreprises.

◆ **cater to** *vt insep* -**1.** [accommodate]: **I refuse to ~ to such outrageous demands** je refuse de satisfaire des exigences aussi scandaleuses. -**2.** *Am* = **cater for.**

cater-cornered *inf Am* ◇ *adj* diagonal.
◇ *adv* diagonalement.

caterer ['keɪtərəʳ] *n* traiteur *m*.

catering ['keɪtərɪŋ] ◇ *n* restauration *f*; **who did the ~ for the wedding?** qui a fourni le repas pour le mariage?
◇ *comp* [industry] de la restauration; [college] hôtelier; **~ manager** chef *m* OR responsable *m* de la restauration.

caterpillar ['kætəpɪləʳ] *n* ZOOL & TECH chenille *f*.

caterpillar track *n* chenille *f* TECH.

caterwaul ['kætəwɔːl] ◇ *vi* [cat] miauler; [person] brailler.
◇ *n* [of cat] miaulement *m*; [of person] braillement *m*.

caterwauling ['kætəwɔːlɪŋ] *n* *(U)* [of cat] miaulement *m*, miaulements *mpl*; [of person] braillement *m*, braillements *mpl*.

catfish ['kætfɪʃ] (*pl inv* OR **catfishes**) *n* poisson-chat *m*.

cat flap *n* chatière *f*.

catgut ['kætgʌt] *n* [for musical instrument, racket] boyau *m* (de chat); MED catgut *m*.

Cathar ['kæθəʳ] ◇ *n* cathare *mf*.
◇ *adj* cathare.

catharsis [kə'θɑːsɪs] (*pl* **catharses** [-siːz]) *n* catharsis *f*.

cathartic [kə'θɑːtɪk] ◇ *adj* cathartique.
◇ *n* MED purgatif *m*, cathartique *m*.

Cathay [kæ'θeɪ] *pr n* Cathay *m*.

cathedra [kə'θiːdrə] *n* cathèdre *f*.

cathedral [kə'θiːdrəl] *n* cathédrale *f*.

cathedral city *n* évêché *m*, ville *f* épiscopale.

Catherine ['kæθrɪn] *pr n*: **Saint ~** sainte Catherine; **Saint ~'s Day** la Sainte-Catherine; **~ the Great** Catherine la Grande; **~ de' Medici** Catherine de Médicis; **~ of Aragon** Catherine d'Aragon.

catherine wheel *n* [firework] soleil *m*.

catheter ['kæθɪtəʳ] *n* cathéter *m*, sonde *f* creuse.

catheterize, -ise ['kæθɪtəˌraɪz] *vt* cathétériser.

cathode ['kæθəʊd] *n* cathode *f*.

cathode ray *n* rayon *m* cathodique.

cathode ray tube *n* tube *m* cathodique.

catholic ['kæθəlɪk] *adj* -**1.** [broad - tastes, sympathies] éclectique. -**2.** [liberal - views] libéral. -**3.** [universal] universel.
◆ **Catholic** ◇ *adj* RELIG catholique; **the Catholic Church** l'Église *f* catholique.
◇ *n* catholique *mf*.

Catholicism [kə'θɒlɪsɪzm] *n* catholicisme *m*.

cathouse▽ ['kæthaʊs, *pl* -haʊzɪz] *n Am* bordel *m*.

cation ['kætaɪən] *n* cation *m*.

catkin ['kætkɪn] *n* chaton *m* BOT.

cat lick *inf n* toilette *f* de chat, brin *m* de toilette.

catlike ['kætlaɪk] ◇ *adj* félin.
◇ *adv* comme un chat.

cat litter *n* litière *f* (pour chats).

catmint ['kætmɪnt] *n* herbe *f* aux chats.

catnap *inf* ['kætnæp] ◇ *n* (petit) somme *m*; **to have a ~** faire un petit somme.
◇ *vi* sommeiller, faire un petit somme.

catnip ['kætnɪp] = **catmint.**

Cato ['keɪtəʊ] *pr n* Caton.

cat-o'-nine-tails *n* chat à neuf queues *m*, martinet *m*.

cat's cradle *n* jeu *m* de figures *(que l'on forme entre les doigts avec de la ficelle)*.

cat's eye *n Br* AUT catadioptre *m* *(marquant le milieu de la chaussée)*.

cat's-foot *n* pied-de-chat *m*, antennaire *f*.

cat's-paw *n* -**1.** [person] dupe *f*; **to be sb's ~** tirer les marrons du feu. -**2.** [on water] (effet *m* de vague produit par une) légère brise *f*.

catsuit ['kætsuːt] *n* combinaison-pantalon *f*.

catsup ['kætsəp] *n Am* ketchup *m*.

cat's whisker *n* -**1.** RADIO chercheur *m* (de détecteur à galène). -**2.** *inf fig*: **he thinks he's the ~s** il se prend pour le nombril du monde.

cattery ['kætərɪ] (*pl* **catteries**) *n* pension *f* pour chats.

cattle ['kætl] *npl* *(U)* bétail *m*, bestiaux *mpl*, bovins *mpl*; **~ breeder** éleveur *m* (de bétail); **~ breeding** élevage *m* (du bétail); **~ cake** tourteau *m* AGR; **~ ranch** ranch *m* *(pour l'élevage du bétail)*; **~ shed** étable *f*; **~ show** concours *m* agricole; **~ truck** fourgon *m* à bestiaux.

cattle grid *n* [sur une route] *grille destinée à empêcher le passage du bétail mais non des voitures.*

cattleman ['kætlmən] (*pl* **cattlemen** [-mən]) *n* vacher *m*, bouvier *m*.

cattle market *n* marché *m* OR foire *f* aux bestiaux; **this beauty contest is just a ~** *fig* ce concours de beauté n'est qu'un marché aux bestiaux.

catty *inf* ['kætɪ] (*compar* **cattier**, *superl* **cattiest**) *adj pej* [person, gossip] méchant, vache; **a ~ remark** une réflexion désagréable.

Catullus [kə'tʌləs] *pr n* Catulle.

catwalk ['kætwɔːk] *n* passerelle *f*.

Caucasia [kɔː'keɪzjə] *pr n* Caucase *m*.

Caucasian [kɔː'keɪzjən], **Caucasic** [kɔː'keɪzɪk] ◇ *n* -**1.** [from Caucasia] Caucasien *m*, -enne *f*. -**2.** [race] caucasoïde *mf*. -**3.** LING caucasien *m*.
◇ *adj* -**1.** [from Caucasia] caucasien; **'The Caucasian Chalk Circle'** *Brecht* 'le Cercle de craie caucasien'. -**2.** [race] caucasoïde. -**3.** LING caucasien, caucasique.

Caucasoid ['kɔːkəsɔɪd] ◇ *n* Caucasoïde *mf*.
◇ *adj* caucasoïde.

Caucasus ['kɔːkəsəs] *pr n*: **the ~** le Caucase; **in the ~** dans le Caucase.

caucus ['kɔːkəs] *n* -**1.** *Am* POL [committee] comité *m* électoral, caucus *m*; **~ meeting** réunion *f* du comité électoral; **the Democratic ~** le groupe OR le lobby démocrate. -**2.** *Br* POL [party organization] comité *m*; **the Black ~ of the Labour Party** *les personnalités noires du parti travailliste.*

CAUCUS:
Aux États-Unis, les «Caucus» sont d'immenses rassemblements politiques, au cours desquels les deux partis nationaux choisissent leurs candidats et définissent leurs objectifs.

---

caudal ['kɔːdl] *adj* caudal.

caught [kɔːt] *pt* & *pp* → **catch.**

caul [kɔːl] *n* coiffe *f* PHYSIOL.

cauldron ['kɔːldrən] *n* chaudron *m*.

cauliflower ['kɒlɪˌflaʊəʳ] *n* chou-fleur *m*.

cauliflower cheese *n* chou-fleur *m* au gratin.

cauliflower ear *n* oreille *f* en feuille de chou.

caulk [kɔːk] *vt* calfater.

causal ['kɔːzl] *adj* [gen] causal; GRAMM causal, causatif.

causality [kɔː'zælətɪ] *n* causalité *f*.

causally ['kɔːzəlɪ] *adv*: **the two events are ~ linked** les deux événements ont la même cause.

causation [kɔː'zeɪʃn] *n* [causing] causalité *f*; [cause-effect relationship] relation *f* de cause à effet.

causative ['kɔːzətɪv] ◇ *adj* [gen] causal; GRAMM causal, causatif.
◇ *n* GRAMM causatif *m*.

cause [kɔːz] ◇ *n* -**1.** [reason] cause *f*; **to be the ~ of sthg** être (la) cause de qqch; **he was the ~ of all our trouble** c'est lui qui a été la cause OR qui a été à l'origine de tous nos ennuis; **the ~ of the disease is not yet known** la cause de la maladie demeure inconnue; **she is the ~ of his being in prison** c'est à cause d'elle qu'il est en prison; **the relation of ~ and effect** la relation de cause à effet. -**2.** [justification] raison *f*, motif *m*; **there is ~ for anxiety** il y a lieu d'être inquiet, il y a de quoi s'inquiéter; **there is no real ~ for concern** il n'y a aucune raison valable de s'inquiéter; **we mustn't give them ~ for complaint** il ne faut pas leur donner de motif de se plaindre; **they have ~ to be bitter** ils ont lieu d'être amers, ils ont de quoi être amers; **with (good) ~** à juste titre; **without good ~** sans cause OR raison valable. -**3.** [principle] cause *f*; **in the ~ of justice** pour la cause de la justice; **the ~ of equal rights** la cause de l'égalité des droits; **her lifelong devotion to the ~** son dévouement de toujours à la cause; **to make common ~ with sb** *fml* faire cause commune avec qqn; **it's all in a good ~!** c'est pour une bonne cause! -**4.** JUR cause *f*; **~ of action** fondement *m* d'une action en justice.
◇ *vt* causer, occasionner, provoquer; **it has been proved that smoking can ~ cancer** on a démontré que le tabac peut provoquer des cancers; **he has ~d us a lot of trouble** il nous a créé beaucoup d'ennuis; **it will only ~ trouble** cela ne servira qu'à semer la zizanie; **what ~d him to change his mind?** qu'est-ce qui l'a fait changer d'avis?; **this ~d me to lose my job** à cause de cela, j'ai perdu mon emploi.

causeway ['kɔːzweɪ] *n* chaussée *f* GÉOG.

caustic ['kɔːstɪk] ◇ *adj* CHEM & *fig* caustique.
◇ *n* caustique *m*, substance *f* caustique.

caustic soda *n* soude *f* caustique.

cauterize, -ise ['kɔːtəraɪz] *vt* cautériser.

cautery ['kɔːtərɪ] (*pl* **cauteries**) *n* cautère *m*.

caution ['kɔːʃn] ◇ *n* -**1.** [care] circonspection *f*, prudence *f*; **to proceed with ~** [gen] agir avec circonspection OR avec prudence; [in car] avancer lentement; **'caution!'** 'attention!' ❑ **to throw ~ to the wind** faire fi de toute prudence. -**2.** [warning] avertissement *m*; [reprimand] réprimande *f*. **3.** JUR avertissement *m*; **I got off with a ~** *Br* je m'en suis tiré avec un avertissement. -**4.** *inf Br dated* [person]: **he's a ~!** c'est un numéro OR un polisson!
◇ *vt* -**1.** [warn] avertir, mettre en garde; **he ~ed them to be careful** il leur a conseillé d'être prudents; **to ~ sb against doing sthg** déconseiller à qqn de faire qqch; **he ~ed them against the evils of drink** il les a mis en garde contre les dangers de la boisson. -**2.** JUR: **to ~ a prisoner** informer un prisonnier de ses droits.
◇ *vi*: **to ~ against sthg** déconseiller qqch.

cautionary ['kɔːʃənərɪ] *adj* qui sert d'avertissement; **as a ~ measure** par mesure de précaution; **a ~ tale** un récit édifiant.

cautious ['kɔːʃəs] *adj* circonspect, prudent; **to be ~ about doing sthg** faire qqch avec circonspection.

cautiously ['kɔːʃəslɪ] *adv* avec prudence, prudemment.

cavalcade [ˌkævl'keɪd] *n* cavalcade *f*.

cavalier [ˌkævə'lɪəʳ] ◇ *n* [gen & MIL] cavalier *m*.
◇ *adj* cavalier, désinvolte; **he treated me in a very ~ fashion** il s'est comporté envers moi d'une façon très cavalière.
◆ **Cavalier** *Br* HIST ◇ *n* Cavalier *m* *(partisan de Charles Iᵉʳ d'Angleterre pendant la guerre civile anglaise, de 1642 à 1646)*.
◇ *adj* royaliste, Cavalier.

cavalry ['kævlrɪ] *n* cavalerie *f*.

cavalry charge *n* charge *f* de cavalerie.

cavalryman ['kævlrɪmən] (*pl* **cavalrymen** [-mən]) *n* cavalier *m* *(soldat)*.

cavalry officer *n* officier *m* de cavalerie.

cavalry twill *n* *étoffe utilisée pour faire les culottes de cheval.*

cave¹ [keɪv] ◇ *n* caverne *f*, grotte *f*; **'Fingal's Cave'** *Mendelssohn* 'la Grotte de Fingal'.
◇ *vi*: **to go caving** faire de la spéléologie.
◆ **cave in** *vi insep* -**1.** [ceiling, floor] s'écrouler, s'effondrer, s'affaisser; [wall] s'écrouler, s'effondrer, céder. -**2.** *inf* [person] flancher, céder; **eventually they ~d in and agreed** ils ont finalement cédé et donné leur accord.

cave² ['keɪvɪ] *Br dated* & *school sl* ◇ *n*: **to keep ~** faire le guet.
◇ *interj*: **~!** pet! *dated*, vingt-deux!

caveat ['kævɪæt] *n* avertissement *m*; JUR notification *f* d'opposition.

cave dweller [keɪv-] *n* [in prehistory] homme *m* des cavernes; [troglodyte] troglodyte *m*.

cave-in [keɪv-] *n* -**1.** [of ceiling, floor] effondrement *m*, affaissement *m*. -**2.** *inf fig* effondrement *m*, dégonflage *m*.
caveman ['keɪvmæn] (*pl* **cavemen** [-men]) *n literal* homme *m* des cavernes; *fig* brute *f*.
cave painting [keɪv-] *n* peinture *f* rupestre.
cavern ['kævən] *n* caverne *f*.
cavernous ['kævənəs] *adj* -**1.** *fig*: a ~ **building** un bâtiment très vaste à l'intérieur; ~ **eyes** des yeux enfoncés; ~ **depths** des profondeurs insondables; a ~ **voice** une voix caverneuse. -**2.** GEOL plein de cavernes.
caviar(e) ['kævɪɑːʳ] *n* caviar *m*.
cavil ['kævl] (*Br pt* & *pp* **cavilled**, *cont* **cavilling**, *Am pt* & *pp* **caviled**, *cont* **caviling**) ◇ *vi* chicaner, ergoter; to ~ **at sthg** chicaner OR ergoter sur qqch.
◇ *n* chicane *f*, ergotage *m*.
caving ['keɪvɪŋ] *n* spéléologie *f*.
cavity ['kævətɪ] (*pl* **cavities**) *n* -**1.** [in rock, wood] cavité *f*, creux *m*. -**2.** ANAT cavité *f*; [in tooth] cavité *f*.
cavity wall ◇ *n* mur *m* creux OR à double paroi.
◇ *comp*: ~ **insulation** isolation *f* en murs creux.
cavort [kə'vɔːt] *vi* -**1.** *literal* cabrioler, gambader, faire des cabrioles. -**2.** *fig*: **while his wife was off** ~**ing around Europe** pendant que sa femme menait une vie de bâton de chaise en Europe.
caw [kɔː] ◇ *vi* croasser.
◇ *n* croassement *m*.
cawing ['kɔːɪŋ] *n* croassement *m*.
cay [keɪ] *n* [sandbank] banc *m* de sable; [coral reef] banc *m* OR récif *m* de corail.
Cayenne [keɪ'en] *pr n* Cayenne.
cayenne pepper *n* poivre *m* de cayenne.
cayman ['keɪmən] *n* caïman *m*.
Cayman Islands *pl pr n*: the ~ les îles *fpl* Caïmans.
CB *n* -**1.** (*abbr of* **Citizens' Band**) CB *f*. -**2.** (*abbr of* **Companion of (the Order of) the Bath**) *distinction honorifique britannique.*
CBC (*abbr of* **Canadian Broadcasting Corporation**) *pr n office national canadien de radiodiffusion.*
CBE (*abbr of* **Companion of (the Order of) the British Empire**) *n distinction honorifique britannique.*
CBI (*abbr of* **Confederation of British Industry**) *pr n association du patronat britannique*, ≃ CNPF *m*.
CBR (*abbr of* **chemical, bacteriological and radiation**) *comp* chimique, bactériologique et radioactif.
CBS (*abbr of* **Columbia Broadcasting System**) *pr n chaîne de télévision américaine.*
cc ◇ *n* (*abbr of* **cubic centimetre**) cm³.
◇ (*written abbr of* **carbon copy**) pcc.
CC *written abbr of* **county council**.
CCA (*abbr of* **Circuit Court of Appeals**) *n cours d'appel du système judiciaire des États-Unis avant 1948.*
CCTV *n abbr of* **closed-circuit television**.
CCU *n abbr of* **coronary care unit**.
CD ◇ *n* -**1.** (*abbr of* **compact disc**) CD *m*. -**2.** *abbr of* **Civil Defence**.
◇ (*written abbr of* **Corps Diplomatique**) CD.
CDC (*abbr of* **Center for Disease Control**) *pr n aux États-Unis, institut fédéral de recherche sur les causes et la prévention des maladies.*
CDI (*abbr of* **compact disc interactive**) *n* CDI *m*.
Cdr. *written abbr of* **commander**.
CD-ROM [ˌsiːdiː'rɒm] (*abbr of* **compact disc read only memory**) *n* CD-ROM *m*, CD-Rom *m*, DOC *m offic.*
CDT *n abbr of* **Central Daylight Time**.
CDV (*abbr of* **compact disc video**) *n* CDV *m*, CD vidéo *m*.
CDW *n abbr of* **collision damage waiver**.
CE *n abbr of* **Church of England**.
cease [siːs] ◇ *vi fml* [activity, noise] cesser, s'arrêter; **the rain eventually** ~**d** il a finalement cessé de pleuvoir; **to** ~ **and desist** JUR se désister.
◇ *vt* [activity, efforts, work] cesser, arrêter; **to** ~ **to do** OR **to** ~ **doing sthg** cesser de OR arrêter de faire qqch; **the firm has** ~**d trading** l'entreprise a cessé ses activités; **a county that** ~**d to exist in 1974** un comté qui n'existe plus depuis 1974; **to** ~ **fire** MIL cesser le feu.
◇ *n*: **without** ~ *fml* sans cesse.
ceasefire [ˌsiːs'faɪəʳ] *n* cessez-le-feu *m inv*; **to declare a** ~ déclarer un cessez-le-feu; **to agree to a** ~ accepter un cessez-le-feu.
ceaseless ['siːslɪs] *adj* incessant, continuel.
ceaselessly ['siːslɪslɪ] *adv* sans cesse, continuellement.
Cecilia [sɪ'siːljə] *pr n*: **Saint** ~ sainte Cécile.
cecum (*pl* **ceca**) *Am* = **caecum**.
cedar ['siːdəʳ] ◇ *n* cèdre *m*; ~ **of Lebanon** cèdre *m* du Liban.
◇ *comp* de OR en cèdre.
cedarwood ['siːdəwʊd] *n* (bois *m* de) cèdre *m*.
cede [siːd] *vt* céder.
cedilla [sɪ'dɪlə] *n* cédille *f*.
CEEB (*abbr of* **College Entry Examination Board**) *pr n commission d'admission dans l'enseignement supérieur aux États-Unis.*
Ceefax® ['siːfæks] *pr n service de télétexte de la BBC.*
ceilidh ['keɪlɪ] *n soirée de danse et de musique folklorique (en Irlande et en Écosse).*
ceiling ['siːlɪŋ] ◇ *n* -**1.** [of room] plafond *m*. -**2.** AERON & METEOR plafond *m*; **the cloud** ~ le plafond de nuages. -**3.** COMM & ECON plafond *m*; **prices have reached their** ~ les prix ont atteint leur plafond; **the government has set a 3%** ~ **on wage rises** le gouvernement a limité à 3 % les augmentations de salaire.
◇ *comp* [charge, price] plafond *(inv)*.
celandine ['seləndaɪn] *n* chélidoine *f*.
Celebes [se'liːbɪz] *pr n* Célèbes.
Celebes Sea *pr n*: the ~ la mer de Célèbes.
celebrant ['selɪbrənt] *n* RELIG célébrant *m*, officiant *m*.
celebrate ['selɪbreɪt] ◇ *vt* -**1.** [birthday, Christmas] fêter, célébrer; [event, victory] célébrer. -**2.** [praise - person, sb's beauty] célébrer, glorifier. -**3.** RELIG: **to** ~ **mass** célébrer la messe.
◇ *vi*: **let's** ~! [gen] il faut fêter ça!; [with drinks] il faut arroser ça!
celebrated ['selɪbreɪtɪd] *adj* célèbre.
celebration [ˌselɪ'breɪʃn] *n* -**1.** [of birthday, Christmas] célébration *f*; [of anniversary, past event] commémoration *f*; **in** ~ **of Christmas** pour fêter OR célébrer Noël; **in** ~ **of forty years of peace** pour commémorer quarante ans de paix. -**2.** MUS & POET éloge *m*, louange *f*; **he wrote the poem in** ~ **of her beauty** il a écrit le poème pour célébrer sa beauté. -**3.** RELIG célébration *f*. -**4.** *(often pl)* [occasion - of birthday, Christmas] fête *f*, fêtes *fpl*; [- of historical event] cérémonies *fpl*, fête *f*; **this calls for a** ~! il faut fêter ça!, il faut arroser ça!; **to join in the** ~**s** participer à la fête OR aux festivités; **birthday** ~**s** fête d'anniversaire.
celebratory [ˌselə'breɪtərɪ] *adj* [dinner] de fête; [official ceremony] commémoratif; [atmosphere, mood] de fête, festif *fml*.
celebrity [sɪ'lebrətɪ] (*pl* **celebrities**) *n* -**1.** [fame] célébrité *f*. -**2.** [person] vedette *f*, célébrité *f*.
celeriac [sɪ'lerɪæk] *n* céleri-rave *m*.
celerity [sɪ'lerətɪ] *n lit* célérité *f*, rapidité *f*.
celery ['selərɪ] ◇ *n* céleri *m*.
◇ *comp* [salt, plant] de céleri.
celestial [sɪ'lestjəl] *adj literal* & *fig* céleste.
celestial equator *n* équateur *m* céleste.
celestial pole *n* pôle *m* céleste.
celibacy ['selɪbəsɪ] *n* célibat *m*.
celibate ['selɪbət] ◇ *adj* célibataire.
◇ *n* célibataire *mf*.
cell [sel] ◇ *n* -**1.** BIOL & BOT cellule *f*. -**2.** [in prison, convent] cellule *f*; **he spent the night in the** ~**s** il a passé la nuit en cellule; **she was released after two days in the** ~**s** elle a été relâchée après deux jours de cellule. -**3.** ELEC élément *m* (de pile). -**4.** POL cellule *f*.
◇ *comp* BIOL [wall] cellulaire; ~ **division** multiplication *f* cellulaire.
cellar ['seləʳ] *n* [for wine] cave *f*, cellier *m*; [for coal, bric-a-brac] cave *f*; [for food] cellier *m*; **he keeps a good** ~ il a une bonne cave.
cellist ['tʃelɪst] *n* violoncelliste *mf*.
cello ['tʃeləʊ] *n* violoncelle *m*.
Cellophane® ['seləfeɪn] *n* Cellophane® *f*.
cellular ['seljʊləʳ] *adj* -**1.** ANAT & BIOL cellulaire. -**2.** CONSTR cellulaire. -**3.** TEX [blanket] en cellular.
cellular telephone *n* téléphone *m* cellulaire.
cellulite ['seljʊlaɪt] *n* cellulite *f*.
Celluloid® ['seljʊlɔɪd] ◇ *n* Celluloïd® *m*; **to capture sthg/sb on** ~ *fig* filmer qqch/qqn.
◇ *adj* en Celluloïd®.
cellulose ['seljʊləʊs] ◇ *n* cellulose *f*.
◇ *adj* en OR de cellulose, cellulosique.
Celsius ['selsɪəs] *adj* Celsius; **25 degrees** ~ 25 degrés Celsius.
Celt [kelt] *n* Celte *mf*.
Celtic ['keltɪk] ◇ *n* LING celtique *m*.
◇ *adj* celtique, celte; ~ **cross** croix *f* celtique.
cement [sɪ'ment] ◇ *n* -**1.** CONSTR & *fig* ciment *m*. -**2.** [in dentistry] amalgame *m*. -**3.** [glue] colle *f*.
◇ *vt* -**1.** CONSTR & *fig* cimenter. -**2.** [in dentistry] obturer.
cementation [ˌsiːmen'teɪʃn] *n* CONSTR & *fig* cimentation *f*.
cement mixer *n* bétonnière *f*.
cemetery ['semɪtrɪ] (*pl* **cemeteries**) *n* cimetière *m*.
cenotaph ['senətɑːf] *n* cénotaphe *m*; **the Cenotaph** *monument aux morts des deux guerres mondiales (à Londres).*
censer ['sensəʳ] *n* encensoir *m*.
censor ['sensəʳ] ◇ *n* censeur *m* CIN & THÉÂT.
◇ *vt* censurer.
censorious [sen'sɔːrɪəs] *adj fml* [comments, criticism] sévère; [person] porté à la censure.
censorship ['sensəʃɪp] *n* -**1.** [act, practice] censure *f*. -**2.** [office of censor] censorat *m*.
censurable ['senʃərəbl] *adj fml* blâmable, qui mérite la réprobation.
censure ['senʃəʳ] ◇ *n* blâme *m*, critique *f*.
◇ *vt* blâmer, critiquer.
census ['sensəs] *n* recensement *m*; **to conduct** OR **to take a population** ~ faire le recensement de la population, recenser la population.
cent [sent] *n* [coin] cent *m*; *Am fig*: **it's not worth a** ~ ça ne vaut rien; **I haven't got a** ~ je n'ai pas un sou.
centaur ['sentɔːʳ] *n* centaure *m*.
centenarian [ˌsentɪ'neərɪən] ◇ *n* centenaire *mf*.
◇ *adj* centenaire.
centenary [sen'tiːnərɪ] (*pl* **centenaries**) ◇ *n* [anniversary] centenaire *m*, centième anniversaire *m*; **the organization is celebrating its** ~ l'organisation fête son centenaire; **the** ~ **of Mozart's birth** le centenaire de la naissance de Mozart.
◇ *adj* centenaire; ~ **celebrations** fêtes *fpl* du centenaire.
centennial [sen'tenjəl] ◇ *n Am* centenaire *m*, centième anniversaire *m*.
◇ *adj* -**1.** [in age] centenaire, séculaire. -**2.** [every hundred years] séculaire.
center *etc Am* = **centre**.
centerfold *Am* = **centrefold**.
centesimal [sen'tesɪml] *adj* centésimal.
centigrade ['sentɪgreɪd] *adj* centigrade; **25 degrees** ~ 25 degrés centigrades.
centigram(me) ['sentɪgræm] *n* centigramme *m*.
centilitre *Br*, **centiliter** *Am* ['sentɪˌliːtəʳ] *n* centilitre *m*.
centime ['sɒntiːm] *n* centime *m*.
centimetre *Br*, **centimeter** *Am* ['sentɪˌmiːtəʳ] *n* centimètre *m*.

centipede ['sentɪpiːd] *n* mille-pattes *m inv*.

cento ['sentəʊ] (*pl* **centos** OR **centones** [sen'təʊniːz]) *n* compilation *f* littéraire.

central ['sentrəl] ◇ *adj* central; **this concept is ~ to his theory** ce concept est au centre de sa théorie.
◇ *n Am dated* central *m* téléphonique.

Central African ◇ *n* Centrafricain *m*, -e *f*.
◇ *adj* centrafricain.

Central African Republic *pr n*: **the ~** la République centrafricaine; **in the ~** en République centrafricaine.

Central America *pr n* Amérique *f* centrale; **in ~** en Amérique centrale.

Central American ◇ *n* Centraméricain *m*, -e *f*.
◇ *adj* centraméricain.

Central Asia *pr n* Asie *f* centrale; **in ~** en Asie centrale.

central bank *n* banque *f* centrale.

Central Daylight Time *n* heure *f* d'été du centre des États-Unis.

Central Europe *pr n* Europe *f* centrale.

Central European ◇ *n* habitant *m*, -e *f* de l'Europe centrale.
◇ *adj* d'Europe centrale.

Central European Time *n* heure *f* de l'Europe centrale.

central government *n* gouvernement *m* central.

central heating *n* chauffage *m* central.

centralism ['sentrəlɪzm] *n* centralisme *m*.

centrality [sen'trælətɪ] (*pl* **centralities**) *n* [of argument, idea, theme] caractère *m* central OR essentiel; [of facilities, location] situation *f* centrale.

centralization [,sentrəlaɪ'zeɪʃn] *n* centralisation *f*.

centralize, -ise ['sentrəlaɪz] ◇ *vt* centraliser.
◇ *vi* se centraliser.

central locking *n* AUT verrouillage *m* central.

centrally ['sentrəlɪ] *adv* [located] au centre; [organized] de façon centralisée; **~ based** centralisé; **~ heated** ayant le chauffage central; **the house is ~ situated** la maison est située de façon centrale; **a ~ planned economy** ECON une économie dirigée.

central nervous system *n* système *m* nerveux central.

central processing unit *n* COMPUT unité *f* centrale.

central reservation *n Br* AUT terre-plein *m* central.

Central Standard Time *n* heure *f* d'hiver du centre des États-Unis.

centre *Br*, **center** *Am* ['sentər] ◇ *n* -**1.** [gen & GEOM] centre *m*; **in the ~** au centre ❑ **~ of gravity** centre de gravité; **~ of infection** MED foyer *m* d'infection. -**2.** [of town] centre *m*; **urban ~** centre urbain, agglomération *f* urbaine; **she lives in the city ~** elle habite dans le centre-ville. -**3.** *fig* [of unrest] foyer *m*; [of debate] cœur *m*, centre *m*; **at the ~ of the debate** au cœur du débat; **the ~ of attention** le centre d'attention. -**4.** [place, building] centre *m*; **a sports/health ~** un centre sportif/médical. -**5.** POL centre *m*; **to be left/right of ~** être du centre gauche/droit. -**6.** TECH: **to be off ~** être décentré. -**7.** SPORT [pass] centre *m*.
◇ *comp* -**1.** [central] central; **the ~ court** [in tennis] le court central. -**2.** POL du centre.
◇ *vt* -**1.** [place in centre] centrer. -**2.** CIN & PHOT cadrer. -**3.** *fig* [attention] concentrer, fixer; **to ~ one's hopes on sthg** mettre OR fonder tous ses espoirs sur qqch. -**4.** SPORT: **to ~ the ball** centrer.
◆ **centre around** *vt insep* tourner autour de; **the debate ~s around politics** le débat tourne autour de la politique.
◆ **centre on** *vt insep* se concentrer sur; **all their attention was ~d on the World Cup** toute leur attention était concentrée sur la coupe du monde; **the conversation ~d on politics** la conversation tournait autour de la politique.
◆ **centre round** = **centre around**.

centre-back *n* arrière *m* central.

centre bit *n* TECH mèche *f* à bois.

centreboard *Br*, **centerboard** *Am* ['sentəbɔːd] *n* dérive *f (d'un bateau)*.

-centred *Br*, **-centered** *Am* ['sentəd] *in cpds*: **self~** égocentrique.

centrefold *Br*, **centerfold** *Am* ['sentə,fəʊld] *n* grande photo *f* de pin-up *(au milieu d'un magazine)*.

centre-forward *n* avant-centre *m*.

centre-half *n* demi-centre *m*.

centreline *Br*, **centerline** *Am* ['sentəlaɪn] *n* axe *m*, ligne *f* médiane.

centrepiece *Br*, **centerpiece** *Am* ['sentəpiːs] *n* [outstanding feature] joyau *m*; [on table] milieu *m* de table; [of meal] pièce *f* de résistance.

centreplate *Br*, **centerplate** *Am* ['sentəpleɪt] = **centreboard**.

centre punch *n* pointeau *m*.

centre-spread = **centrefold**.

centre three-quarter *n* trois-quarts *m* centre.

centrifugal [sen'trɪfjʊgl] *adj* centrifuge; **~ force** force *f* centrifuge.

centrifuge ['sentrɪfjuːdʒ] ◇ *n* TECH centrifugeur *m*, centrifugeuse *f*.
◇ *vt* centrifuger.

centripetal [sen'trɪpɪtl] *adj* centripète; **~ force** force *f* centripète.

centrism ['sentrɪzm] *n* centrisme *m*.

centrist ['sentrɪst] ◇ *adj* centriste.
◇ *n* centriste *mf*.

centuplicate [*vb* sen'tjuːplɪkeɪt, *adj & n* sen'tjuːplɪkət] ◇ *vt* centupler.
◇ *adj* centuple.
◇ *n* centuple *m*.

centurion [sen'tjʊərɪən] *n* centurion *m*.

century ['sentʃʊrɪ] (*pl* **centuries**) *n* -**1.** [time] siècle *m*; **in the 20th ~** au 20e siècle; **centuries old** séculaire, vieux de plusieurs siècles; **this house is five centuries old** cette maison a OR est vieille de cinq siècles. -**2.** MIL centurie *f*.

CEO *n abbr of* **chief executive officer**.

cep [sep] *n* cèpe *m*.

cephalic [sə'fælɪk, ke'fælɪk] *adj* céphalique.

cephalopod ['sefələpɒd] *n* céphalopode *m*.

ceramic [sɪ'ræmɪk] ◇ *adj* [art] céramique; [vase] en céramique; **a ~ hob** *Br* une plaque vitrocéramique.
◇ *n* -**1.** = **ceramics**. -**2.** [object] (objet *m* en) céramique *f*.

ceramics [sɪ'ræmɪks] *n (U)* céramique *f*.

Cerberus ['sɜːbərəs] *pr n* Cerbère.

cereal ['sɪərɪəl] ◇ *n* -**1.** AGR [plant] céréale *f*; [grain] grain *m* (de céréale). -**2.** CULIN: **baby ~** bouillie *f*; **(breakfast) ~** céréales *fpl* (pour petit déjeuner).
◇ *adj* [farming] céréalier; **~ crops** céréales *fpl*.

cerebellum [,serɪ'beləm] (*pl* **cerebellums** OR **cerebella** [-lə]) *n* cervelet *m*.

cerebral ['serɪbrəl] *adj* cérébral.

cerebral death *n* mort *f* cérébrale.

cerebral palsy *n* paralysie *f* cérébrale.

cerebration [,serɪ'breɪʃn] *n fml* réflexion *f*, méditation *f*; *hum* cogitation *f*.

cerebrospinal [,serəbrə'spaɪnl] *adj* cérébrospinal.

cerebrum ['serɪbrəm] (*pl* **cerebrums** OR **cerebra** [-brə]) *n* cerveau *m*.

ceremonial [,serɪ'məʊnjəl] ◇ *adj* -**1.** [rite, visit] cérémoniel; [robes] de cérémonie. -**2.** *Am* [post] honorifique.
◇ *n* cérémonial *m*; RELIG cérémonial *m*, rituel *m*.

ceremonially [,serɪ'məʊnjəlɪ] *adv* selon le cérémonial d'usage.

ceremonious [,serɪ'məʊnjəs] *adj* solennel; [mock-solemn] cérémonieux.

ceremoniously [,serɪ'məʊnjəslɪ] *adv* solennellement, avec cérémonie; [mock-solemnly] cérémonieusement.

ceremony [*Br* 'serɪmənɪ, *Am* 'serəməʊnɪ] (*pl* **ceremonies**) *n* -**1.** *(U)* [formality] cérémonie *f*, cérémonies *fpl*; **with much ~** avec beaucoup de cérémonie; **without ~** sans cérémonie OR cérémonies; **we don't stand on ~** nous ne faisons pas de cérémonies. -**2.** [gen & RELIG] cérémonie *f*.

Ceres ['sɪəriːz] *pr n* Cérès.

cerise [sə'riːz] *adj* (de) couleur cerise, cerise *(inv)*.

cerium ['sɪərɪəm] *n* cérium *m*.

cert *inf* [sɜːt] *n Br* certitude *f*; **it's a dead ~ that he'll win** il va gagner, ça ne fait pas un pli OR c'est couru d'avance; **he's a ~ for the job** il est sûr d'obtenir le poste.

cert. *written abbr of* **certificate**.

certain ['sɜːtn] ◇ *adj* -**1.** [sure] certain, sûr; **to be ~ of sthg** être sûr de qqch; **I'm ~ of it!** j'en suis sûr!; **she was quite ~ about what she had seen** elle était tout à fait sûre de ce qu'elle avait vu; **he was ~ (that) she was there** il était certain qu'elle était là; **it's ~ that she will get the job** il est sûr qu'elle aura le poste; **it's still not ~ that he's going to England** il n'est pas encore certain OR sûr qu'il aille en Angleterre; **to be ~ to do sthg** être sûr de faire qqch; **he's ~ to win** il est sûr qu'il va gagner; **he's ~ to come** il ne manquera pas de venir, il viendra sûrement; **to make ~ of sthg** [check] vérifier qqch, s'assurer de qqch; [be sure to have] s'assurer qqch; **you ought to make ~ of the time** vous devriez vérifier l'heure; **he made ~ that all the doors were locked** il a vérifié que toutes les portes étaient fermées; **I made ~ of a good seat** je me suis assuré une bonne place. -**2.** [inevitable - death, failure] certain, inévitable; **the soldiers faced ~ death** les soldats allaient à une mort certaine. -**3.** [definite, infallible - cure] sûr, infaillible.
◇ *det* -**1.** [particular but unspecified] certain; **on a ~ day in June** un certain jour de juin; **in ~ places** à certains endroits; **he has a ~ something about him** il a un certain je ne sais quoi; **she has a ~ charm** elle a un certain charme; **if I were to ask you to meet me at a ~ time and in a ~ place...** si je te demandais de me retrouver à telle heure, à tel endroit... -**2.** [not known personally] certain; **a ~ Mr Roberts** un certain M. Roberts. -**3.** [some] certain; **there's been a ~ amount of confusion over this** il y a eu une certaine confusion à ce sujet; **to a ~ extent** OR **degree** dans une certaine mesure; **~ people** certaines personnes.
◇ *pron* certains *mpl*, certaines *fpl*; **~ of his colleagues** certains OR quelques-uns de ses collègues; **~ of the pages** certaines pages.
◆ **for certain** *adv phr* pour sûr; **I don't know for ~** je n'en suis pas certain; **I can't say for ~** je ne peux pas l'affirmer; **you'll have it tomorrow for ~** vous l'aurez demain sans faute; **that's for ~!** c'est sûr et certain!, cela ne fait pas de doute!

certainly ['sɜːtnlɪ] *adv* -**1.** [without doubt] certainement, assurément, certes; **he is ~ very handsome** il est très beau, ça ne fait pas de doute; **I will ~ come** je ne manquerai pas de venir, je viendrai, c'est sûr; **it will ~ be ready tomorrow** cela sera prêt demain sans faute. -**2.** [of course] certainement, bien sûr; **can you help me? — ~!** pouvez-vous m'aider? — bien sûr OR volontiers!; **~, sir!** bien sûr, monsieur!; **are you angry? — I most ~ am!** êtes-vous fâché? — oui, et comment!; **~ not!** bien sûr que non!, certainement pas!

certainty ['sɜːtntɪ] (*pl* **certainties**) *n* -**1.** [conviction] certitude *f*, conviction *f*; **I cannot say with any ~ when I shall arrive** je ne peux pas dire exactement à quelle heure j'arriverai; **we can have no ~ of success** nous ne sommes pas sûrs de réussir; **moral ~** certitude morale. -**2.** [fact] certitude *f*, fait *m* certain; [event] certitude *f*, événement *m* certain; **for a ~** à coup sûr, sans aucun doute; **I know for a ~ that he's leaving** je sais à coup sûr qu'il part; **their victory is now a ~** leur victoire est maintenant assurée OR ne

fait aucun doute; **it's an absolute** ~ c'est une chose certaine, c'est une certitude absolue.
CertEd [sɜːt'ed] (*abbr of* **Certificate in Education**) *n diplôme universitaire britannique en sciences de l'éducation.*
certifiable [ˌsɜːtɪ'faɪəbl] *adj* -**1.** [gen & JUR - fact, document] qu'on peut certifier. -**2.** [insane] bon à enfermer (à l'asile).
certificate [sə'tɪfɪkət] *n* -**1.** [gen & ADMIN] certificat *m*; ~ **of airworthiness** AERON certificat de navigabilité; ~ **of origin** COMM certificat d'origine; **birth** ~ acte *m* OR extrait *m* de naissance; **master's** ~ NAUT brevet *m* de capitaine. -**2.** [academic] diplôme *m*; [vocational - of apprenticeship] brevet *m*; **Certificate of Secondary Education** *Br* SCH → **CSE**.
certificated [sə'tɪfɪkeɪtɪd] *adj* diplômé.
certification [ˌsɜːtɪfɪ'keɪʃn] *n* -**1.** [act] certification *f*, authentification *f*. -**2.** [certificate] certificat *m*.
certified ['sɜːtɪfaɪd] *adj Am* SCH: ~ **teacher** [in state school] professeur *m* diplômé; [in private school] professeur *m* habilité.
certified mail *n Am* envoi *m* recommandé; **to send sthg by** ~ envoyer qqch en recommandé avec accusé de réception.
certified public accountant *n Am* ≃ expert-comptable *m*.
certify ['sɜːtɪfaɪ] (*pt* & *pp* **certified**) ◇ *vt* -**1.** [gen & ADMIN] certifier, attester; MED [death] constater; **to** ~ **that sthg is true** attester que qqch est vrai; **certified copy** JUR copie *f* certifiée conforme; **to** ~ **sb (insane)** PSYCH déclarer qqn atteint d'aliénation mentale; **he ought to be certified!** *inf fig* il est bon à enfermer! -**2.** *Am* FIN [cheque] certifier. -**3.** COMM [goods] garantir.
◇ *vi*: **to** ~ **to sthg** attester qqch.
certitude ['sɜːtɪtjuːd] *n fml* certitude *f*.
cerulean [sɪ'ruːljən] *adj lit* céruléen *lit*, azuré.
cerumen [sɪ'ruːmen] *n* cérumen *m*.
Cervantes [sə'væntɪz] *pr n* Cervantès.
cervical [*Br* sə'vaɪkl, *Am* 'sɜːrvɪkl] *adj* cervical.
cervical cancer *n* cancer *m* du col de l'utérus.
cervical smear *n* frottis *m* vaginal.
cervicitis [ˌsɜːvɪ'saɪtɪs] *n (U)* cervicite *f*.
cervix ['sɜːvɪks] (*pl* **cervixes** OR **cervices** [-siːz]) *n* col *m* de l'utérus.
Cesarean, **Cesarian** *Am* = **Caesarean**.
cesium *Am* = **caesium**.
cessation [se'seɪʃn] *n fml* cessation *f*, suspension *f*; ~ **of hostilities** MIL cessation OR suspension des hostilités.
cession ['seʃn] *n* JUR cession *f*.
cesspit ['sespɪt] *n* fosse *f* d'aisances; *fig* cloaque *m*.
cesspool ['sespuːl] = **cesspit**.
cesura [sɪ'zjʊərə] (*pl* **cesuras** OR **cesurae** [-riː]) = **caesura**.
CET *n abbr of* **Central European Time**.
cetacean [sɪ'teɪʃjən] ◇ *adj* cétacé.
◇ *n* cétacé *m*.
cetane ['siːteɪn] *n* cétane *m*.
cetane number *n* indice *m* de cétane.
Ceylon [sɪ'lɒn] *pr n* Ceylan; **in** ~ à Ceylan.
Ceylonese [ˌsɪlə'niːz] ◇ *n* -**1.** [person] Ceylanais *m*, -e *f*, Sri Lankais *m*, -e *f*. -**2.** LING cinghalais *m*.
◇ *adj* ceylanais, sri lankais.
cf. (*written abbr of* **confer**) cf.
c & f (*written abbr of* **cost and freight**) c et f.
CFC (*abbr of* **chlorofluorocarbon**) *n* CFC *m*.
cfi, **CFI** (*abbr of* **cost, freight and insurance**) caf, CAF.
cg (*written abbr of* **centigram**) cg.
CG *n abbr of* **coastguard**.
C & G (*abbr of* **City and Guilds**) *n diplôme britannique d'enseignement technique.*
CGT *n abbr of* **capital gains tax**.
ch (*written abbr of* **central heating**) ch. cent.
ch. (*written abbr of* **chapter**) chap.
CH *n abbr of* **Companion of Honour**.

cha-cha(-cha) ['tʃɑːtʃɑː, ˌtʃɑːtʃɑː'tʃɑː] ◇ *n* cha-cha-cha *m inv*.
◇ *vi* danser le cha-cha-cha.
Chad [tʃæd] *pr n* Tchad *m*; **in** ~ au Tchad; **Lake** ~ le lac Tchad.
Chadian ['tʃædɪən] ◇ *n* Tchadien *m*, -enne *f*.
◇ *adj* tchadien.
chador ['tʃɑːdɔː] *n* tchador *m*.
chafe [tʃeɪf] ◇ *vt* -**1.** [rub] frictionner, frotter. -**2.** [irritate] frotter contre, irriter; **his shirt collar** ~**d his neck** son col de chemise lui irritait le cou. -**3.** [wear away - collar] élimer, user (par le frottement); [paint] érafler; [rope] raguer.
◇ *vi* -**1.** [become worn - gen] s'user (par le frottement); [rope] raguer. -**2.** [skin] s'irriter; *fig* [person] s'irriter, s'impatienter; **to** ~ **at** OR **under sthg** s'irriter de qqch; **the media** ~**d under the military censorship** soumis à la censure militaire, les médias rongeaient leur frein.
◇ *n* friction *f*, usure *f*.
chaff [tʃɑːf] ◇ *n* -**1.** [of grain] balle *f*; [hay, straw] menue paille *f*. -**2.** *dated* [teasing] taquinerie *f*, raillerie *f*.
◇ *vt dated* [tease] taquiner.
chaffinch ['tʃæfɪntʃ] *n* pinson *m*.
chaffing ['tʃɑːfɪŋ] *n dated* taquinerie *f*, raillerie *f*.
chagrin ['ʃægrɪn] ◇ *n lit* (vif) dépit *m*, (vive) déception *f* OR contrariété *f*; **much to my** ~ à mon grand dépit.
◇ *vt* contrarier, décevoir.
chain [tʃeɪn] ◇ *n* -**1.** [gen] chaîne *f*; **we keep the dog on a** ~ notre chien est toujours attaché; **to pull the** ~ tirer la chasse d'eau; **to form a human** ~ former une chaîne humaine ❑ **bicycle** ~ chaîne de bicyclette; **(snow)** ~**s** AUT chaînes (à neige). -**2.** ADMIN: ~ **of office** ≃ écharpe *f* de maire. -**3.** [of mountains] chaîne *f*; [of islands] chapelet *m*. -**4.** [of events] série *f*, suite *f*; [of ideas] suite *f*. -**5.** COMM [of shops] chaîne *f*. -**6.** TECH [for surveying] chaîne *f* d'arpenteur. -**7.** [measure of length] chaînée *f (22 yards, soit environ 20 m 10).*
◇ *vt literal* & *fig* enchaîner; [door] mettre la chaîne à; **the dog was** ~**ed to the post** le chien était attaché au poteau (par une chaîne); **to be** ~**ed to one's desk** *fig* être rivé à son bureau.
◆ **chains** *npl* [for prisoner] chaînes *fpl*, entraves *fpl*; **a prisoner in** ~**s** un prisonnier enchaîné.
◆ **chain down** *vt sep* enchaîner, attacher avec une chaîne.
◆ **chain up** *vt sep* [prisoner] enchaîner; [dog] mettre à l'attache, attacher.
chain armour = **chain mail**.
chain drive *n* transmission *f* par chaîne.
chain gang *n* chaîne *f* de forçats.
chain letter *n* lettre *f* faisant partie d'une chaîne.
chain lightning *n (U)* éclairs *mpl* en zigzag.
chain mail *n (U)* cotte *f* de mailles.
chain reaction *n* réaction *f* en chaîne; **to set off a** ~ provoquer une réaction en chaîne.
chain saw *n* tronçonneuse *f*.
chain-smoke *vi* fumer cigarette sur cigarette.
chain smoker *n* fumeur invétéré *m*, fumeuse invétérée *f*, gros fumeur *m*, grosse fumeuse *f*.
chain stitch *n* point *m* de chaînette.
◆ **chain-stitch** *vi* & *vt* coudre au point de chaînette.
chain store *n* grand magasin *m* à succursales multiples.
chainwheel ['tʃeɪnwiːl] *n* roue *f* dentée *(de bicyclette)*, pignon *m*.
chair [tʃeəʳ] ◇ *n* -**1.** [seat] chaise *f*; [armchair] fauteuil *m*; **please take a** ~ asseyez-vous, je vous prie; **in the dentist's** ~ dans le fauteuil du dentiste. -**2.** [chairperson] président *m*, -e *f*; **to be in the** ~ présider; **to take the** ~ prendre la présidence. -**3.** UNIV chaire *f*; **to hold the** ~ **of French** avoir OR occuper la chaire de français. -**4.** [for execution]: **to go** OR **to be sent to the** ~ *inf Am* passer à la chaise électrique; **electric** ~ chaise *f* électrique.

◇ *comp*: ~ **back** dossier *m* de chaise; ~ **leg** pied *m* de chaise.
◇ *vt* -**1.** ADMIN [meeting] présider. -**2.** *Br* [hero, victor] porter en triomphe.
chairlady ['tʃeəˌleɪdɪ] (*pl* **chairladies**) = **chairwoman**.
chair lift *n* télésiège *m*.
chairman ['tʃeəmən] (*pl* **chairmen** [-mən]) *n* -**1.** [at meeting] président *m (d'un comité)*; **to act as** ~ présider la séance; **Mr Chairman** Monsieur le Président; **Madam Chairman** Madame la Présidente. -**2.** COMM président-directeur *m* général, P-D G *m*. -**3.** POL: **Chairman Mao** le président Mao.
chairmanship ['tʃeəmənʃɪp] *n* présidence *f (d'un comité etc)*; **under the** ~ **of Mr Black** sous la présidence de M. Black.
chairperson ['tʃeəˌpɜːsn] *n* président *m*, -e *f (d'un comité).*
chairwoman ['tʃeəˌwʊmən] (*pl* **chairwomen** [-ˌwɪmɪn]) *n* présidente *f (d'un comité)*; **Madam Chairwoman** Madame la Présidente.
chaise [ʃeɪz] *n* cabriolet *m*.
chaise longue [-lɒŋ] *n* chaise *f* longue.
chalcedony [kæl'sedənɪ] *n* calcédoine *f*.
Chald(a)ea [kæl'diːə] *pr n* Chaldée *f*.
Chald(a)ean [kæl'diːən] ◇ *n* Chaldéen *m*, -enne *f*.
◇ *adj* chaldéen.
chalet ['ʃæleɪ] *n* chalet *m*.
chalice ['tʃælɪs] *n* -**1.** RELIG calice *m*. -**2.** [goblet] coupe *f*.
chalk [tʃɔːk] ◇ *n* -**1.** [substance] craie *f*; **a piece of** ~ un morceau de craie ❑ ~ **and talk** *Br méthode d'enseignement traditionnelle*; **they're as different as** ~ **and cheese** *Br* c'est le jour et la nuit. -**2.** [piece] craie *f*. -**3.** *phr*: **by a long** ~ *Br* de beaucoup, de loin; **not by a long** ~ loin de là, tant s'en faut; **the best by a long** ~ le meilleur, et de loin.
◇ *vt* [write] écrire à la craie; [mark] marquer à la craie; [rub with chalk] frotter de craie; **to** ~ **one's name on a wall** écrire son nom sur un mur à la craie; **to** ~ **a billiard cue** enduire une queue de billard de craie.
◆ **chalk out** *vt sep* [draw - line, pattern] esquisser OR tracer (à la craie).
◆ **chalk up** *vt sep* -**1.** [write in chalk] écrire à la craie. -**2.** [credit]: ~ **that one up to me** mettez cela sur mon compte; **to** ~ **sthg up to experience** *fig* mettre qqch au compte de l'expérience. -**3.** [add up - points, score] totaliser, marquer. -**4.** [attain - victory] remporter; [- profits] encaisser.
chalkboard ['tʃɔːkbɔːd] *n Am* tableau *m* (noir).
chalkface ['tʃɔːkfeɪs] *n hum* & SCH expérience *f* pratique (de l'enseignement).
chalkpit ['tʃɔːkpɪt] *n* carrière *f* de craie.
chalktalk ['tʃɔːktɔːk] *n Am* conférence *f*.
chalky ['tʃɔːkɪ] (*compar* **chalkier**, *superl* **chalkiest**) *adj* [earth, water] calcaire; [hands] couvert de craie; [complexion] crayeux, blafard; [taste] de craie.
challenge ['tʃælɪndʒ] ◇ *vt* -**1.** [gen - defy] défier; **to** ~ **sb** lancer un défi à qqn; **to** ~ **sb to do sthg** défier qqn de faire qqch; **to** ~ **sb to a game of tennis** inviter qqn à faire une partie de tennis; **to** ~ **sb to a duel** provoquer qqn en duel. -**2.** [demand effort from] mettre à l'épreuve; **she needs a job that really** ~**s her** elle a besoin d'un travail qui soit pour elle une gageure OR un challenge. -**3.** [contest - authority, findings, interpretation] contester, mettre en cause; **to** ~ **sb's right to do sthg** contester à qqn le droit de faire qqch. -**4.** MIL [subj: sentry] faire une sommation à. -**5.** JUR [juror] récuser. -**6.** *lit* [require] requérir.
◇ *n* -**1.** [in contest] défi *m*; **to issue a** ~ lancer un défi; **to take up the** ~ relever le défi; **Jackson's** ~ **for the leadership of the party** la tentative de Jackson pour s'emparer de la direction du parti; **the** ~ **of modern technology** *fig* le défi de la technologie moderne. -**2.** [in job, activity] défi *m*; **he needs a job that presents more of a** ~ il a besoin d'un emploi plus

stimulant OR qui le mette plus à l'épreuve; the race was a great ~ to their skill la course a été un véritable défi pour eux. -3. [to right, authority] mise *f* en question, contestation *f*; the new law met with a ~ from the people la nouvelle loi s'est vue contestée par le peuple. -4. MIL [by sentry] sommation *f*; to give the ~ faire une sommation. -5. JUR récusation *f*.

challenged ['tʃælɪndʒd] *adj euph* handicapé; visually ~ malvoyant.

challenger ['tʃælɪndʒəʳ] *n* [gen] provocateur *m*, -trice *f*; POL & SPORT challenger *m*.

challenging ['tʃælɪndʒɪŋ] *adj* -1. [defiant] de défi. -2. [demanding - ideas, theory] provocateur, stimulant, exaltant; [- job, activity] stimulant, qui met à l'épreuve; to find o.s. in a ~ situation se trouver face à un défi.

challengingly ['tʃælɪndʒɪŋlɪ] *adv* -1. [defiantly] avec défiance; she stared ~ back at me elle me lança un regard lourd de défi. -2. [demandingly]: it's a ~ difficult task c'est une tâche difficile mais exaltante.

chamber ['tʃeɪmbəʳ] *n* -1. [hall, room] chambre *f*; the upper/lower Chamber *Br* POL la Chambre haute/basse. -2. *arch* [lodgings] logement *m*, appartement *m*. -3. [of a gun] chambre *f*. -4. ANAT [of the heart] cavité *f*; [of the eye] chambre *f*. -5. *inf dated* = **chamber pot**.

◆ **chambers** *npl* [of barrister, judge] cabinet *m*; [of solicitor] cabinet *m*, étude *f*; the case was heard in ~s JUR l'affaire a été jugée en référé.

chamber concert *n* concert *m* de musique de chambre.

chamberlain ['tʃeɪmbəlɪn] *n* chambellan *m*.

chambermaid ['tʃeɪmbəmeɪd] *n* femme *f* de chambre.

chamber music *n* musique *f* de chambre.

chamber of commerce *n* chambre *f* de commerce.

Chamber of Horrors *pr n*: the ~ *la Chambre des horreurs du musée de cire de Madame Tussaud (à Londres), spécialement consacrée aux meurtres et aux criminels célèbres.*

chamber of trade *n* chambre *f* des métiers.

chamber orchestra *n* orchestre *m* de chambre.

chamber pot *n* pot *m* de chambre.

chambray ['ʃæmbreɪ] *n* batiste *f*.

chameleon [kə'miːljən] *n* ZOOL & *fig* caméléon *m*.

chamfer ['tʃæmfəʳ] ◇ *n* chanfrein *m*.
◇ *vt* chanfreiner.

chammy ['ʃæmɪ] (*pl* chammies) *n* peau *f* de chamois.

chamois ['ʃæmwɑː] (*pl inv*) ◇ *n* ZOOL chamois *m*; [hide] peau *f* de chamois; (a) ~ leather (une) peau de chamois.
◇ *vt* -1. [leather, skin] chamoiser. -2. [polish] polir à la peau de chamois.

chamomile ['kæməˌmaɪl] = **camomile**.

champ [tʃæmp] ◇ *vt* mâchonner.
◇ *vi* -1. [munch] mâchonner. -2. [lose patience]: he was ~ing to meet his next opponent il brûlait de rencontrer son prochain adversaire ❑ to ~ at the bit: we were all ~ing at the bit to get started on rongeait tous notre frein en attendant de commencer.
◇ *n inf* crack *m*.

champagne [ˌʃæm'peɪn] ◇ *n* [wine] champagne *m*; a ~ glass une coupe à champagne.
◇ *adj* [colour] champagne *(inv)*; a ~-coloured sofa un canapé couleur champagne.

Champagne [ˌʃæm'peɪn] *pr n* Champagne *f*.

champagne cup *n* cocktail *m* au champagne.

champers *inf* ['ʃæmpəz] *n Br* champ' *m*.

champion ['tʃæmpjən] ◇ *n* -1. [winner] champion *m*, -onne *f*; the world chess ~ le champion du monde d'échecs; she's a ~ runner elle est championne de course. -2. [supporter] champion *m*, -onne *f*; he's a self-proclaimed ~ of the working man il se veut le champion des travailleurs.
◇ *vt* défendre, soutenir; she ~ed the cause of birth control elle s'est faite la championne de la régulation des naissances.

championship ['tʃæmpjənʃɪp] *n* -1. GAMES & SPORT championnat *m*; he plays ~ tennis il participe aux championnats de tennis. -2. [support] défense *f*.

chance [tʃɑːns] ◇ *n* -1. [possibility, likelihood]: is there any ~ of seeing you again? serait-il possible de vous revoir?; there was little ~ of him finding work il y avait peu de chances qu'il trouve du travail; we have an outside ~ of success nous avons une très faible chance de réussir; she's got a good OR strong ~ of being accepted elle a de fortes chances d'être acceptée OR reçue; there's a fifty-fifty ~ he won't turn up il y a une chance sur deux qu'il ne vienne pas; to be in with a ~: he's in with a ~ of getting the job il a une chance d'obtenir le poste. -2. [fortune, luck] hasard *m*; games of ~ les jeux *mpl* de hasard; there was an element of ~ in his success il y a eu une part de hasard dans sa réussite; it was pure ~ that I found it je l'ai trouvé tout à fait par hasard; to leave things to ~ laisser faire les choses; to leave nothing to ~ ne rien laisser au hasard. -3. [opportunity]: I haven't had a ~ to write to him je n'ai pas trouvé l'occasion de lui écrire; give her a ~ to defend herself donnez-lui l'occasion de se défendre; give peace a ~ la paix est possible, donnez-lui OR laissez-lui sa chance; it's a ~ in a million c'est une occasion unique; I'm offering you the ~ of a lifetime je vous offre la chance de votre vie; the poor man never had OR stood a ~ le pauvre homme n'avait aucune chance de s'en tirer; some children simply don't get a ~ in life pour certains enfants il n'y a tout simplement aucun avenir; this is your last ~ c'est votre dernière chance; she deserves a second ~ elle mérite une deuxième chance; he was thrown out before he had a ~ to protest il a été évincé avant même d'avoir eu l'occasion de protester. -4. [risk] risque *m*; I don't want to take the ~ of losing je ne veux pas prendre le risque de perdre; he took a ~ on a racehorse il a parié sur un cheval de course; take a ~ on me *fig* donne-moi une chance.
◇ *adj* de hasard; I was a ~ witness to the robbery j'ai été un témoin accidentel du vol.
◇ *vi fml* OR *lit* [happen]: I ~d to be at the same table as Sir Sydney je me suis trouvé par hasard à la même table que Sir Sydney; it ~d that no one else had heard of her il s'est trouvé que personne d'autre n'avait entendu parler d'elle.
◇ *vt* [risk] *lit* hasarder; he ~d his savings on the venture il a risqué ses économies dans l'entreprise; I can't ~ her finding out about it je ne peux pas prendre le risque qu'elle l'apprenne; she ~d going out despite the curfew elle s'est hasardée à sortir malgré le couvre-feu; let's ~ it OR our luck tentons notre chance ❑ to ~ one's arm risquer le coup.

◆ **chances** *npl* -1. [possibility, likelihood] chances *fpl*; ~s are (that) he'll never find out il y a de fortes OR grandes chances qu'il ne l'apprenne jamais; what are her ~s of making a full recovery? quelles sont ses chances de se rétablir complètement? -2. [risks] risques *mpl*; she was taking no ~s elle ne prenait pas de risques.

◆ **by chance** *adv phr* par hasard; by pure OR sheer ~ we were both staying at the same hotel il se trouvait que nous logions au même hôtel; would you by any ~ know who that man is? sauriez-vous par hasard qui est cet homme?

◆ **chance on, chance upon** *vt insep* [person] rencontrer par hasard; [thing] trouver par hasard.

chancel ['tʃɑːnsl] *n* chœur *m*.

chancellery ['tʃɑːnsələrɪ] (*pl* chancelleries) *n* chancellerie *f*.

chancellor ['tʃɑːnsələʳ] *n* -1. POL chancelier *m*; the Chancellor of the Exchequer POL le Chancelier de l'Échiquier, ≃ le ministre des Finances *(en Grande-Bretagne)*. -2. UNIV *Br* président *m*, -e *f* honoraire; *Am* président *m*, -e *f* (d'université).

chancellorship ['tʃɑːnsələʃɪp] *n* -1. *Br* ADMIN direction *f* des finances; the economy had done extremely well under Mr Smith's ~ l'économie avait montré d'excellents résultats avec M. Smith au ministère des Finances. -2. *Am* UNIV présidence *f* (d'université).

chancer *inf* ['tʃɑːnsəʳ] *n Br* filou *m*.

chancery ['tʃɑːnsərɪ] (*pl* chanceries) *n* JUR -1. [in UK]: the suit is in ~ l'action est en instance ❑ Chancery (Division) cour *f* de la chancellerie *(une des trois divisions de la Haute cour de justice en Angleterre)*; ward in ~ pupille *mf* de l'État. -2. [in US]: Court of Chancery ≃ cour *f* d'équité. -3. [in wrestling] clé *f*, clef *f*.

chancre ['ʃæŋkəʳ] *n* chancre *m*.

chancroid ['ʃænkrɔɪd] *n* chancrelle *f*, chancre *m* mou.

chancy *inf* ['tʃɑːnsɪ] (*compar* chancier, *superl* chanciest) *adj* risqué.

chandelier [ˌʃændə'lɪəʳ] *n* lustre *m (pour éclairer)*.

chandler ['tʃɑːndləʳ] *n* -1. [supplier] fournisseur *m*; ship's ~ shipchandler *m*. -2. [candlemaker] chandelier *m*.

change [tʃeɪndʒ] ◇ *n* -1. [alteration] changement *m*; we expect a ~ in the weather nous nous attendons à un changement de temps; there has been a ~ in thinking regarding nuclear power il y a eu un changement d'opinion OR une évolution de l'opinion concernant l'énergie nucléaire; a survey showed a radical ~ in public opinion un sondage a montré un revirement de l'opinion publique; the party needs a ~ of direction le parti a besoin d'un changement de direction OR d'orientation; a ~ for the better/worse un changement en mieux/mal, une amélioration/dégradation; walking to work makes a pleasant ~ from driving c'est agréable d'aller travailler à pied plutôt qu'en voiture; it'll be OR make a nice ~ for them not to have the children in the house cela les changera agréablement de ne pas avoir les enfants à la maison; she was actually early — well, that makes a ~! en fait elle était en avance — eh bien, voilà qui change!; living in the country will be a big ~ for us cela nous changera beaucoup de vivre à la campagne; there's been little ~ in his condition son état n'a guère évolué; she dislikes ~ of any kind tout changement lui déplaît; to have a ~ of heart changer d'avis; I need a ~ of scene OR scenery *fig* j'ai besoin de changer de décor OR d'air. -2. [fresh set or supply]: a ~ of clothes des vêtements de rechange; he had to spend a week without a ~ of clothes il a dû passer une semaine sans changer de vêtements ❑ an oil ~ une vidange. -3. [in journey] changement *m*, correspondance *f*; if you go by underground you'll have to make two ~s si vous y allez en métro vous serez obligé de changer deux fois; you can get there by train with a ~ at Bristol vous pouvez y aller en train avec un changement OR une correspondance à Bristol. -4. [money] monnaie *f*; she gave me two pounds in ~ elle m'a donné deux livres en monnaie; can you give me ~ for five pounds? pouvez-vous me faire la monnaie de cinq livres?; I don't have any loose OR small ~ je n'ai pas de petite monnaie; the machine doesn't give ~ la machine ne rend pas la monnaie ❑ you'll get no ~ out of him *inf Br* on ne peut rien en tirer. -5. AUT: a gear ~ un changement de vitesse. -6. *euph* & PHYSIOL = **change of life**. -7. *arch* [market] marché *m*.
◇ *vt* -1. [substitute, switch] changer, changer de; he's ~d his name three times il a changé de nom trois fois; she's going to ~ her name to Parker elle va prendre le nom de Parker; to ~ a fuse changer un fusible; to ~ one's clothes changer de vêtements, se changer; you'll have to ~ trains in London vous serez obligé de changer de train à Londres; they're going to ~

the guard at 11 o'clock *Br* MIL ils vont faire la relève de OR relever la garde à 11h; **to ~ sides** changer de côté; **to ~ ends** SPORT changer de camp; **to ~ hands: this old desk has ~d hands many times** ce vieux bureau a changé maintes fois de mains; **to ~ one's mind** changer d'avis; **he's ~d his mind about moving to Scotland** pour ce qui est de s'installer en Écosse il a changé d'avis; **you'd better ~ your ways** tu ferais bien de t'amender ❑ **to ~ one's tune** changer de ton. -**2.** [exchange] changer; **when are you thinking of changing your car?** quand pensez-vous changer de voiture?; **if the shoes are too small we'll ~ them for you** si les chaussures sont trop petites nous vous les changerons; **to ~ places with sb** changer de place avec qqn; **I wouldn't want to ~ places with him!** *fig* je n'aimerais pas être à sa place!; **I'd like to ~ my pounds into dollars** FIN j'aimerais changer mes livres contre des OR en dollars; **does this bank ~ money?** est-ce que cette banque fait le change?; **can you ~ a ten pound note?** [into coins] pouvez-vous me donner la monnaie d'un billet de dix livres? -**3.** [alter, modify] changer; **there's no point in trying to ~ him** c'est inutile d'essayer de le changer; **she wants to ~ the world** elle veut changer le monde; **he won't ~ anything in the text** il ne changera rien au texte; **the illness completely ~d his personality** la maladie a complètement transformé son caractère; **she doesn't want to ~ her routine in any way** elle ne veut rien changer à sa routine ❑ **to ~ one's spots** changer OR modifier totalement son caractère. -**4.** [transform] changer, transformer; **the prince was ~d into a frog** le prince fut changé en grenouille; **to ~ water into wine** BIBLE changer l'eau en vin; **the liquid/her hair has ~d colour** le liquide a/ses cheveux ont changé de couleur. -**5.** [baby, bed] changer; **the baby needs changing** le bébé a besoin d'être changé; **I've ~d the sheets** j'ai changé les draps. -**6.** AUT: **to ~ gear** changer de vitesse.

◇ *vi* -**1.** [alter, turn] changer; **to ~ for the better/worse** changer en mieux/pire; **nothing will make him ~** rien ne le changera, il ne changera jamais; **wait for the lights to ~** attendez que le feu passe au vert; **winter ~d to spring** le printemps a succédé à l'hiver; **the wind has ~d** le vent a changé OR tourné. -**2.** [become transformed] se changer, se transformer; **the ogre ~d into a mouse** l'ogre s'est transformé en souris. -**3.** [change clothing] se changer; **she's gone upstairs to ~** elle est montée se changer; **they ~d out of their uniforms** ils ont enlevé leurs uniformes; **he ~d into a pair of jeans** il s'est changé et a mis un jean; **I'm going to ~ into something warmer** je vais mettre quelque chose de plus chaud. -**4.** [transportation] changer; **is it a direct flight or do I have to ~?** est-ce que le vol est direct ou faut-il changer?; **all ~!** [announcement] tout le monde descend! -**5.** *Br* AUT: **she ~d into fourth gear** elle a passé la quatrième. -**6.** [moon] entrer dans une nouvelle phase.

◆ **for a change** *adv phr*: **it's nice to see you smiling for a ~** c'est bien de te voir sourire pour une fois.

◆ **change down** *vi insep* AUT rétrograder; **he ~ed down into third** il est passé en troisième.

◆ **change over** *vi insep* -**1.** *Br* [switch]: **he ~d over from smoking cigarettes to smoking cigars** il s'est mis à fumer des cigares à la place de cigarettes; **the country has ~d over to nuclear power** le pays est passé au nucléaire; **one day I wash and he dries and the next day we ~ over** un jour je fais la vaisselle et il l'essuie et le jour d'après on change. -**2.** SPORT [change positions] changer de côté.

◆ **change up** *vi insep* AUT passer la vitesse supérieure; **he ~d up into third** il a passé la troisième, il est passé en troisième.

changeability [ˌtʃeɪndʒəˈbɪlətɪ] *n* variabilité *f*.

changeable [ˈtʃeɪndʒəbl] *adj* -**1.** [variable] variable; **~ weather** temps variable OR instable. -**2.** [capricious, fickle] changeant, inconstant.

changed [tʃeɪndʒd] *adj* changé, différent; **he's a ~ man** c'est un autre homme.

changeless [ˈtʃeɪndʒlɪs] *adj* immuable, inaltérable.

changeling [ˈtʃeɪndʒlɪŋ] *n* *enfant substitué par les fées au véritable enfant d'un couple.*

change of life *n*: **the ~** le retour d'âge.

changeover [ˈtʃeɪndʒˌəʊvəʳ] *n* -**1.** [switch] changement *m*, passage *m*; **in Australia the ~ from pounds to dollars took place in 1966** en Australie le changement monétaire qui a remplacé la livre par le dollar a eu lieu en 1966; **the ~ to computers went smoothly** le passage à l'informatisation s'est fait en douceur. -**2.** *Br* SPORT [from one end to another] changement *m* de côté.

change purse *n* *Am* porte-monnaie *m inv*.

change-ringing *n* *manière particulière de sonner les cloches, notamment dans les églises anglicanes.*

changing [ˈtʃeɪndʒɪŋ] ◇ *adj* qui change; **we're living in a ~ world** nous vivons dans un monde en évolution.

◇ *n* changement *m*; **the Changing of the Guard** la relève de la garde.

changing room *n* *Br* SPORT vestiaire *m*; [in shop] cabine *f* d'essayage.

channel [ˈtʃænl] (*Br pt & pp* **channelled**, *cont* **channelling**, *Am pt & pp* **channeled**, *cont* **channeling**)

◇ *n* -**1.** [broad strait] détroit *m*, bras *m* de mer; **the (English) Channel** la Manche; **a Channel** OR **cross-Channel ferry** un ferry qui traverse la Manche. -**2.** [river bed] lit *m*; NAUT [navigable course] chenal *m*, passe *f*. -**3.** [passage -for gases, liquids] canal *m*, conduite *f*; [- for electrical signals] piste *f*. -**4.** [furrow, groove] sillon *m*; [on a column] cannelure *f*; [in a street] caniveau *m*; **an irrigation ~** un fossé OR une rigole d'irrigation. -**5.** TV chaîne *f*; **the film is on Channel 2** le film est sur la deuxième chaîne. -**6.** RADIO bande *f*. -**7.** *fig* [means] canal *m*, voie *f*; **to go through (the) official ~s** suivre la filière officielle; **they tried to obtain his release through diplomatic ~s** ils ont essayé d'obtenir sa libération par voie diplomatique; **the government has suppressed all ~s of dissent** le gouvernement a supprimé tout moyen d'expression de la dissidence. -**8.** COMPUT canal *m*.

◇ *vt* -**1.** [land] creuser des rigoles dans; [river] canaliser; [street] construire des caniveaux dans; [gas, water] acheminer (par des conduites); [column] canneler; **the water channelled its way through the cliff** l'eau a creusé une rigole dans la falaise. -**2.** *fig* [direct] canaliser, diriger; **the government wants to ~ resources to those who need them most** le gouvernement veut affecter les ressources en priorité à ceux qui en ont le plus besoin; **she needs to ~ her energies into some useful work** elle a besoin de canaliser son énergie à effectuer du travail utile.

◆ **channel off** *vt sep* canaliser.

CHANNEL FOUR:
Channel Four est une chaîne de télévision privée britannique, à vocation culturelle (documentaires, théâtre, films etc).

Channel Islander *n* *habitant des îles Anglo-Normandes.*

Channel Islands *pl pr n*: **the ~** les îles *fpl* Anglo-Normandes ; **in the ~** dans les îles Anglo-Normandes.

Channel Tunnel *n*: **the ~** le tunnel sous la Manche.

chant [tʃɑːnt] ◇ *n* -**1.** MUS mélopée *f*; RELIG psalmodie *f*. -**2.** [slogan, cry] chant *m* scandé.

◇ *vi* -**1.** MUS chanter une mélopée; RELIG psalmodier. -**2.** [crowd, demonstrators] scander des slogans.

◇ *vt* -**1.** MUS chanter; RELIG psalmodier. -**2.** [slogans] scander.

chant(e)y [ˈʃæntɪ] (*pl* **chanties**) = **shanty**.

chaos [ˈkeɪɒs] *n* chaos *m*.

chaotic [keɪˈɒtɪk] *adj* chaotique.

chaotically [keɪˈɒtɪklɪ] *adv* chaotiquement.

chap [tʃæp] (*pt & pp* **chapped**, *cont* **chapping**)

◇ *n* -**1.** *inf Br* [man] type *m*; **he's a nice ~** c'est un brave type; **be a good ~ and tell him I'm not in** sois sympa et dis-lui que je ne suis pas là; **you ~s have made a big mistake** messieurs, vous avez fait une grave erreur; **what do you think, ~s?** qu'en pensez-vous, les amis?; **he's gone broke, poor ~** il a fait faillite, le pauvre; **how are you, old ~?** *dated* comment allez-vous, mon vieux? -**2.** [sore] gerçure *f*, crevasse *f*.

◇ *vt* gercer, crevasser; **he has chapped lips** il a les lèvres gercées; **your hands will get chapped in this weather** vous aurez les mains gercées par ce temps.

◇ *vi* (se) gercer, se crevasser.

chapel [ˈtʃæpl] ◇ *n* -**1.** [in church, school, residence] chapelle *f*. -**2.** *Br* [Nonconformist church] temple *m*. -**3.** *Br* [of trade unionists] *membres du syndicat dans une maison d'édition.*

◇ *adj* *Br* non-conformiste RELIG; **are you church or ~?** êtes-vous anglican ou non-conformiste?

chapel of ease *n* église *f* succursale.

chapel of rest *n* *chambre mortuaire dans une entreprise de pompes funèbres.*

chaperon(e) [ˈʃæpərəʊn] ◇ *n* chaperon *m*; **her aunt acted as her ~** sa tante lui servait de chaperon.

◇ *vt* chaperonner.

chaplain [ˈtʃæplɪn] *n* aumônier *m*; [in private chapel] chapelain *m*.

chaplaincy [ˈtʃæplɪnsɪ] *n* aumônerie *f*; **~ work** le travail de l'aumônier.

chaplet [ˈtʃæplɪt] *n* -**1.** [wreath] guirlande *f*. -**2.** RELIG chapelet *m*.

Chappaquiddick [tʃæpəˈkwɪdɪk] *pr n*: **~, the ~ incident** l'affaire *f* de Chappaquiddick *(accident ayant coûté la vie à Mary-Jo Kopechne, collaboratrice du sénateur américain Edward Kennedy, dans des circonstances mal élucidées).*

chapped [tʃæpt] *adj* [hands, lips] gercé.

chappie *inf* [ˈtʃæpɪ] *Br dated* = **chap** *n* **1**.

chaps [tʃæps] *npl* jambières *fpl* de cuir.

chapstick® [ˈtʃæpstɪk] *n* *Am* bâton *m* de pommade pour les lèvres.

chapter [ˈtʃæptəʳ] *n* -**1.** [of book] chapitre *m*; **it's in ~ three** c'est dans le troisième chapitre ❑ **she can give** OR **quote (you) ~ and verse on the subject** elle peut citer toutes les autorités en la matière. -**2.** [era] chapitre *m*; **this closed a particularly violent ~ in our history** ceci marqua la fin d'un chapitre particulièrement violent de notre histoire. -**3.** [series] succession *f*, cascade *f*; **a ~ of accidents** une série d'accidents OR de malheurs, une série noire. -**4.** [of organization] branche *f*, section *f*. -**5.** RELIG chapitre *m*.

chapter house *n* chapitre *m*.

char [tʃɑːʳ] (*pt & pp* **charred**, *cont* **charring**)

◇ *vt* -**1.** [reduce to charcoal] carboniser, réduire en charbon. -**2.** [scorch] griller, brûler légèrement.

◇ *vi* -**1.** [scorch] brûler; [blacken] noircir. -**2.** *inf Br dated* [clean] faire des ménages; **she had to go out charring to support her family** elle a dû faire des ménages pour faire vivre sa famille.

◇ *n* -**1.** *inf Br dated* [cleaner] femme *f* de ménage. -**2.** *inf Br dated* thé *m*. -**3.** [fish] omble *m* chevalier.

charabanc [ˈʃærəbæŋ] *n dated* autocar *m* (de tourisme).

character [ˈkærəktəʳ] ◇ *n* -**1.** [nature, temperament] caractère *m*; **the war completely changed his ~** la guerre a complètement transformé son caractère; **is there such a thing as national ~?** la notion de caractère national existe-t-elle?; **his remark was quite in/out of ~** cette remarque lui ressemblait tout à fait/ne lui ressemblait pas du tout. -**2.** [aspect, quality] caractère *m*; **it was the vindictive ~ of the punishment she objected to** c'était le caractère

vindicatif du châtiment qu'elle désapprouvait. -**3.** [determination, integrity] caractère *m*; **she's a woman of great ~** c'est une femme qui a beaucoup de caractère; **he lacks ~** il manque de caractère. -**4.** [distinction, originality] caractère *m*; **the house had (great) ~** la maison avait beaucoup de caractère. -**5.** [unusual person] personnage *m*; **she seems to attract all sorts of ~s** elle semble attirer toutes sortes d'individus; **he's quite a ~** il est vraiment spécial OR très particulier. -**6.** *pej* [person] individu *m*; **there's a suspicious ~ waiting downstairs for you** il y a un individu suspect qui vous attend en bas. -**7.** CIN, LITERAT & THEAT personnage *m*; **the main ~** le personnage principal, le protagoniste; **Chaplin plays two different ~s in "The Great Dictator"** Chaplin joue deux rôles différents dans «Le Dictateur». -**8.** TYPO caractère *m*. -**9.** *lit* [handwriting] écriture *f*. -**10.** *Br dated* [written reference] références *fpl*.
◇ *comp* -**1.** CIN & THEAT: **~ part** OR **role** rôle *m* de composition. -**2.** COMPUT: **~ code** code *m* de caractère; **~ recognition** reconnaissance *f* de caractères; **~ set** jeu *m* de caractères.

character actor *n* acteur *m* de genre.

character assassination *n* diffamation *f*.

characteristic [ˌkærəktəˈrɪstɪk] ◇ *adj* caractéristique; **she refused all honours with ~ humility** elle refusa tous les honneurs avec l'humilité qui la caractérisait.
◇ *n* caractéristique *f*; **national ~s** les caractères *mpl* nationaux.

characteristically [ˌkærəktəˈrɪstɪklɪ] *adv*: **he was ~ generous with his praise** comme on pouvait s'y attendre, il fut prodigue de ses compliments OR il ne ménagea pas ses éloges; **~, she put her family first** elle fit passer sa famille en premier, ce qui était bien dans son caractère OR lui ressemblait bien.

characterization [ˌkærəktəraɪˈzeɪʃn] *n* -**1.** *fml* [description] caractérisation *f*. -**2.** LITERAT & THEAT représentation *f* OR peinture *f* des personnages; **he's very poor at ~** [writer] ses personnages ne sont pas très convaincants; [actor] il n'a aucun talent pour l'interprétation.

characterize, -ise [ˈkærəktəraɪz] *vt* caractériser; **his music is ~d by a sense of joy** sa musique se caractérise par une impression de joie; **the speaker ~d apartheid as utterly immoral** le conférencier qualifia l'apartheid de totalement immoral; **Shakespeare ~d Henry VI as a weak but pious king** Shakespeare a dépeint Henri VI comme un roi faible mais pieux.

characterless [ˈkærəktəlɪs] *adj* sans caractère.

character sketch *n* portrait *m* moral rapide.

character witness *n* témoin *m* de moralité.

charade [ʃəˈrɑːd] *n* [pretence] feinte *f*; **the trial/meeting was a complete ~!** c'était une véritable parodie de procès/de réunion!
◆ **charades** *npl* GAMES charade *f* en action; **let's play ~s** jouons aux charades.

charcoal [ˈtʃɑːkəʊl] ◇ *n* -**1.** [fuel] charbon *m* de bois. -**2.** ART fusain *m*; **he drew her in ~** il l'a dessinée au fusain.
◇ *comp* -**1.** [fuel] à charbon; **a ~ stove** un réchaud à charbon de bois. -**2.** ART au charbon, au fusain; **a ~ pencil** un (crayon) fusain; **a ~ drawing** un croquis au fusain.

charcoal burner *n* charbonnier *m*.

charcoal grey ◇ *n* gris *m* foncé.
◇ *adj* gris foncé *(inv)*, (gris) anthracite *(inv)*.

chard [tʃɑːd] *n* blette *f*, bette *f*.

charge [tʃɑːdʒ] ◇ *n* -**1.** [fee, cost] frais *mpl*; **postal/telephone ~s** frais postaux/téléphoniques; **there's a ~ of one pound for use of the locker** il faut payer une livre pour utiliser la consigne automatique; **is there any extra ~ for a single room?** est-ce qu'il faut payer un supplément pour une chambre à un lit?; **what's the ~ for delivery?** la livraison coûte combien?; **there's no ~ for children** c'est gratuit pour les enfants; **free of ~** gratuitement; **there's a small admission ~ to the museum** il y a un petit droit d'entrée au musée; **cash or ~?** *Am* comptant ou crédit? ❑ **carriage ~** OR **~s** COMM frais de port; **there's no service ~** le service est gratuit. -**2.** JUR [accusation] chef *m* d'accusation, inculpation *f*; **he was arrested on a ~ of conspiracy** il a été arrêté sous l'inculpation d'association criminelle; **you are under arrest – on what ~?** vous êtes en état d'arrestation – pour quel motif?; **to file ~s against sb** déposer une plainte contre qqn; **a ~ of drunk driving was brought against the driver** le conducteur a été mis en examen pour conduite en état d'ivresse; **the judge threw out the ~** le juge a retiré l'inculpation; **she was acquitted on both ~s** elle a été acquittée des deux chefs d'inculpation; **some of the ~s may be dropped** certains des chefs d'accusation pourraient être retirés; **he pleaded guilty to the ~ of robbery** il a plaidé coupable à l'accusation de vol; **they will have to answer** OR **face ~s of fraud** ils auront à répondre à l'accusation d'escroquerie; **she's laying herself open to ~s of malingering** elle s'expose à des accusations de simulation. -**3.** [allegation] accusation *f*; **the government rejected ~s that it was mismanaging the economy** le gouvernement a rejeté l'accusation selon laquelle il gérait mal l'économie; **~s of torture have been brought** OR **made against the regime** des accusations de torture ont été portées contre le régime. -**4.** [command, control]: **who's the person in ~ here?** qui est le responsable ici?; **who's in ~ here?** qui est-ce qui commande ici?; **she's in ~ of public relations** elle s'occupe des relations publiques; **can I leave you in ~ of the shop?** puis-je vous laisser la responsabilité du magasin?; **she was in ~ of consumer protection** elle était responsable de la protection des consommateurs; **I was put in ~ of the investigation** on m'a confié la responsabilité de l'enquête; **to take ~ of sthg** prendre en charge qqch, prendre OR assumer la direction de qqch; **she took ~ of organizing the festival** elle a pris en charge l'organisation du festival; **he took ~ of his nephew** il a pris son neveu en charge; **he had a dozen salesmen under his ~** il avait une douzaine de vendeurs sous sa responsabilité. -**5.** *fml* [burden]: **she refused to be a ~ on her family/the State** elle refusa d'être une charge pour sa famille/d'être à la charge de l'État. -**6.** *fml* [dependent] *personne confiée à la garde d'une autre*; **the governess instructed her two ~s in French and Italian** la gouvernante apprit le français et l'italien à ses deux élèves. -**7.** [duty, mission] charge *f*; **he was given the ~ of preparing the defence** on l'a chargé de préparer la défense; **the judge's ~ to the jury** JUR les recommandations du juge au jury. -**8.** [attack] charge *f*; **soldiers made several ~s against the demonstrators** les soldats ont chargé les manifestants à plusieurs reprises. -**9.** ELEC & PHYS charge *f*; **the battery needs a ~** la batterie a besoin d'être chargée; **I left it on ~ all night** je l'ai laissé charger toute la nuit. -**10.** MIL charge *f*; **the Charge of the Light Brigade** *Br* HIST la Charge de la brigade légère. -**11.** HERALD meuble *m*.
◇ *vt* -**1.** [money] faire payer; [demand payment from] demander, prendre; **the doctor ~d her $90 for a visit** le médecin lui a fait payer OR lui a pris 90 dollars pour une consultation; **how much would you ~ to take us to the airport?** combien prendriez-vous pour nous emmener à l'aéroport?; **they didn't ~ us for the coffee** ils ne nous ont pas fait payer les cafés; **you will be ~d for postage** COMM les frais postaux seront à votre charge. -**2.** [defer payment of]: **~ the bill to my account** mettez le montant de la facture sur mon compte; **I ~d all my expenses to the company** j'ai mis tous mes frais sur le compte de la société; **can I ~ this jacket?** *Am* [with a credit card] puis-je payer cette veste avec ma carte (de crédit)?; **~ it** *Am* mettez-le sur mon compte. -**3.** [accuse, allege] accuser; **the Opposition spokesman ~d that the Employment Secretary had falsified the figures** le porte-parole de l'opposition a accusé le ministre du Travail OR de l'Emploi d'avoir falsifié les chiffres; **he ~d his partner with having stolen thousands of pounds from the firm** il a accusé son associé d'avoir volé des milliers de livres à l'entreprise. -**4.** JUR inculper; **I'm charging you with the murder of X** je vous inculpe du meurtre de X; **he was ~d with assaulting a policeman** il a été inculpé de voies de fait sur un agent de police. -**5.** [attack] charger; **the police ~d the crowd** les forces de l'ordre ont chargé la foule; **the troops ~d the building** les troupes donnèrent l'assaut au bâtiment. -**6.** *fml* [command, entrust]: **I was ~d with guarding the prisoner** je fus chargé de la surveillance du prisonnier; **I ~ you to find the stolen documents** je vous confie la tâche de retrouver les documents dérobés; **she was ~d with the task of interviewing applicants** on lui confia la tâche d'interroger les candidats; **the judge ~d the jury** JUR le juge a fait ses recommandations au jury. -**7.** ELEC & MIL charger. -**8.** *fml* [fill] charger; **to ~ sb's glass** remplir le verre de qqn.
◇ *vi* -**1.** [demand in payment] demander, prendre; **how much do you ~?** combien demandez-vous OR prenez-vous?; **do you ~ for delivery?** est-ce que vous faites payer la livraison?; **he doesn't ~** il ne demande OR prend rien. -**2.** [rush] se précipiter; **the rhino suddenly ~d** tout d'un coup le rhinocéros a chargé; **suddenly two policemen ~d into the room** tout d'un coup deux policiers ont fait irruption dans la pièce; **she ~d into/out of her office** elle entra dans son/sortit de son bureau au pas de charge. -**3.** MIL [attack] charger, donner l'assaut; **~!** à l'assaut! -**4.** ELEC se charger OR recharger; **this battery won't ~** cette batterie ne veut pas se charger OR recharger.
◆ **charge up** *vt sep* -**1.** [bill]: **she ~d everything up to her account** elle a mis tous les frais sur son compte. -**2.** ELEC charger, recharger.

THE CHARGE OF THE LIGHT BRIGADE:
Célèbre poème de lord Tennyson, inspiré par un épisode de la guerre de Crimée, en 1854: une poignée de soldats britanniques se sacrifièrent pour sauver le port de Balaklava (tenu par les Anglais, les Français et les Turcs) d'une attaque par les Russes.

---

chargeable [ˈtʃɑːdʒəbl] *adj* -**1.** FIN: **the item is ~ with duty of £10** l'article est soumis à une taxe de 10 livres; **travelling expenses are ~ to the employer** les frais de déplacement sont à la charge de l'employeur; **~ expenses** frais déductibles. -**2.** JUR: **a ~ offence** un délit; **if they refuse to give evidence they'll be ~ with contempt of court** s'ils refusent de témoigner ils seront passibles de poursuites pour refus de comparaître.

charge account *n Am* compte *m* permanent *(dans un magasin)*.

charge card *n* carte *f* de crédit.

charged [tʃɑːdʒd] *adj* -**1.** [atmosphere] chargé; **a voice ~ with emotion** une voix pleine d'émotion; **a look ~ with suspicion** un regard lourd de soupçons. -**2.** ELEC chargé.

chargé d'affaires [ˌʃɑːʒeɪdæˈfeəʳ] (*pl* **chargés d'affaires**) *n* chargé *m* d'affaires.

charge hand *n Br* sous-chef *m* d'équipe.

charge nurse *n Br* infirmier *m*, -ère *f* en chef.

charger [ˈtʃɑːdʒəʳ] *n* -**1.** ELEC chargeur *m*. -**2.** *arch* OR *lit* [horse] cheval *m* de bataille.

charge sheet *n Br* procès-verbal *m*.

charily [ˈtʃeərəlɪ] *adv* -**1.** [cautiously] précautionneusement. -**2.** [sparingly] avec parcimonie.

chariot [ˈtʃærɪət] *n* char *m*; **'Chariots of Fire'** *Hudson* 'les Chariots de feu'.

charioteer [ˌtʃærɪəˈtɪəʳ] *n* aurige *m*.

charisma [kəˈrɪzmə] *n* charisme *m*.

charismatic [ˌkærɪzˈmætɪk] *adj* charismatique; **the ~ movement** RELIG le mouvement charismatique.

charitable [ˈtʃærətəbl] *adj* -**1.** [generous, kind] charitable. -**2.** [cause, institution] de bienfaisance, de charité; **~ organizations** œuvres *fpl* de bienfaisance OR de charité; **~ works** les bonnes œuvres; **a ~ donation** un don fait par charité.

charitably ['tʃærətəblɪ] *adv* charitablement.

charity ['tʃærətɪ] (*pl* **charities**) *n* -**1.** RELIG charité *f*; [generosity, kindness] charité; **he bought the painting out of ~** il a acheté le tableau par charité; **an act of ~** une action charitable, un acte de charité. -**2.** [help to the needy] charité *f*; **they're too proud to accept ~** ils sont trop fiers pour accepter la charité OR l'aumône; **they raised £10,000 for ~** ils ont collecté 10 000 livres pour les bonnes œuvres. -**3.** [organization] association *f* caritative, œuvre *f* de bienfaisance; **Catholic charities** les associations caritatives catholiques ❑ **~ shop** *magasin dont les employés sont des bénévoles et dont les bénéfices servent à subventionner une œuvre d'utilité publique*; **the Charity Commission** *commission gouvernementale britannique contrôlant les associations caritatives*.

charlady ['tʃɑː,leɪdɪ] (*pl* **charladies**) *Br dated* = **char** *n* **1**.

charlatan ['ʃɑːlətən] ◇ *n* charlatan *m*.
◇ *adj* charlatanesque.

Charlemagne ['ʃɑːləmeɪn] *pr n* Charlemagne.

Charles [tʃɑːlz] *pr n*: **~ the Bold** Charles le Téméraire; **~ V** Charles Quint.

charleston ['tʃɑːlstən] *n* charleston *m*; **to do the ~** danser le charleston.

charley horse *inf* ['tʃɑːlɪ-] *n* (*U*) *Am* crampe *f*.

charlie *inf* ['tʃɑːlɪ] *n* -**1.** *Br* cloche *f*; **I felt a proper ~** je me suis senti vraiment bête; **he's a right ~** c'est une vraie cloche. -**2.** *Am mil sl* [Vietcong]: Charlie le Viêt-cong. -**3.** *drugs sl* [cocaine] coke *f*.

Charlie Chaplin ['tʃɑːlɪ'tʃæplɪn] *pr n* [in real life] Charlie Chaplin; [in films] Charlot.

charlotte ['ʃɑːlət] *n* -**1.** [baked] charlotte *f*; **apple ~** charlotte aux pommes. -**2.** = **charlotte russe**.

charlotte russe [-ruːs] *n* charlotte *f* russe.

charm [tʃɑːm] ◇ *n* -**1.** [appeal, attraction] charme *m*; **he has great ~** il a beaucoup de charme; **to turn on the ~** faire du charme. -**2.** [in sorcery] charme *m*, sortilège *m*; **a lucky ~** un porte-bonheur; **to work like a ~** marcher à merveille OR à la perfection. -**3.** [piece of jewellery] breloque *f*; **a ~ bracelet** un bracelet à breloques.
◇ *vt* -**1.** [please, delight] charmer, séduire; **I was ~ed by his gentle manner** je fus charmé par ses douces manières; **she ~ed him into accepting the invitation** elle l'a si bien enjôlé qu'il a accepté l'invitation. -**2.** [subj: magician] charmer, ensorceler; [subj: snake charmer] charmer.
◆ **charms** *npl* charmes *mpl*.
◆ **charm away** *vt sep*: **he ~ed away all their fears** il a fait disparaître toutes leurs craintes comme par enchantement.

charmed [tʃɑːmd] *adj* -**1.** [delighted] enchanté; **she sang before a ~ audience** elle a chanté devant des spectateurs enchantés; **pleased to meet you — ~, I'm sure** [in introduction] heureux de faire votre connaissance — enchanté OR Monsieur, j'ai bien l'honneur. -**2.** [by magic] charmé; **to lead a ~ life** *fig* être béni des dieux.

charmer ['tʃɑːmə^r^] *n* charmeur *m*, -euse *f*.

charming ['tʃɑːmɪŋ] *adj* charmant; **~!** *iron* c'est charmant!

charmingly ['tʃɑːmɪŋlɪ] *adv* de façon charmante; **he seemed ~ innocent** il paraissait d'une innocence charmante.

charnel house ['tʃɑːnl-] *n lit* charnier *m*, ossuaire *m*.

charr [tʃɑː^r^] = **char** *n* **3**.

charred [tʃɑːd] *adj* noirci (par le feu); **the ~ ruins of the building** les ruines du bâtiment noircies par le feu.

chart [tʃɑːt] ◇ *n* -**1.** NAUT carte *f* marine; ASTRON carte *f* (du ciel). -**2.** [table] tableau *m*; [graph] courbe *f*; MED courbe *f*. -**3.** ASTROL horoscope *m*.
◇ *vt* -**1.** NAUT [seas, waterway] établir la carte de, faire un levé hydrographique de; ASTRON [stars] porter sur la carte. -**2.** [record on a table, graph] faire la courbe de; **the patient's progress was carefully ~ed** MED l'évolution du malade fut soigneusement notée sur sa fiche. -**3.** *fig* [make a plan of] tracer; **the director ~ed a way out of financial collapse** le directeur a établi OR mis au point un plan pour éviter un effondrement financier.
◆ **charts** *npl* MUS hit-parade *m*; **she's (got a record) in the ~s** elle est au hit-parade.

charter ['tʃɑːtə^r^] ◇ *n* -**1.** [statement of rights, principles] charte *f*; [of a business, organization, university] statuts *mpl*; **the United Nations Charter** la Charte de l'Organisation des Nations unies. -**2.** [lease, licence] affrètement *m*; [charter flight] charter *m*; **we've hired three coaches on ~** *Br* nous avons affrété trois autocars.
◇ *vt* -**1.** [establish] accorder une charte à. -**2.** [hire, rent] affréter.

chartered ['tʃɑːtəd] *adj* -**1.** [hired, rented] affrété. -**2.** *Br* [qualified]: **a ~ accountant** un expert-comptable; **a ~ surveyor** un expert immobilier.

charter flight *n* (vol *m*) charter *m*.

charterhouse ['tʃɑːtəhaʊs, *pl* -haʊzɪz] *n* chartreuse *f*.

charter member *n* membre *m* fondateur.

charter party *n* NAUT charte-partie *f*.

charter plane *n* (avion *m*) charter *m*.

Chartism ['tʃɑːtɪzm] *n* chartisme *m*.

chartist ['tʃɑːtɪst] *n Am* ST. EX analyste *mf* des cours des valeurs boursières, chartiste *mf*.

Chartist ['tʃɑːtɪst] ◇ *n* chartiste *mf*.
◇ *adj* chartiste; **the ~ movement** le mouvement chartiste.

THE CHARTIST MOVEMENT:
Mouvement réformiste d'émancipation ouvrière fondé en Angleterre en 1838 avec l'établissement d'une «Charte du peuple» réclamant, notamment, le suffrage universel. Les chartistes présentèrent successivement trois pétitions de plus de un million de signatures au Parlement, sans succès.

---

charwoman ['tʃɑː,wʊmən, *pl* -,wɪmɪn] *dated* = **char** *n* **1**.

chary ['tʃeərɪ] *adj* -**1.** [cautious] précautionneux; **he's ~ of allowing strangers into his home** il hésite à accueillir des gens qu'il ne connaît pas chez lui. -**2.** [ungenerous] parcimonieux; **he was ~ of praise** il faisait rarement des éloges, il était avare de compliments.

Charybdis [kə'rɪbdɪs] *pr n* Charybde; **to be between Scylla and ~** tomber de Charybde en Scylla.

chase [tʃeɪs] ◇ *vt* -**1.** [pursue] poursuivre; **two police cars ~d the van** deux voitures de police ont pris la camionnette en chasse; **the dog ~d the postman down the street** le chien a poursuivi le facteur jusqu'en bas de la rue; **the reporters were ~d from** OR **out of the house** les journalistes furent chassés de la maison. -**2.** [amorously] courir (après); **he's always chasing young women** il est toujours à courir (après) les filles. -**3.** [metal] ciseler, repousser.
◇ *vi* [rush]: **she ~d all around London to find a wedding dress** elle a parcouru OR fait tout Londres pour trouver une robe de mariée.
◇ *n* -**1.** [pursuit] poursuite *f*; **the hounds gave ~ to the fox** la meute a pris le renard en chasse; **the prisoner climbed over the wall and the guards gave ~** le prisonnier escalada le mur et les gardiens se lancèrent à sa poursuite. -**2.** HUNT [sport, land, game] chasse *f*. -**3.** [groove] saignée. -**4.** TYPO châssis *m*.
◆ **chase after** *vt insep* courir après.
◆ **chase away, chase off** *vt sep* chasser.
◆ **chase up** *vt sep Br* -**1.** [information] rechercher. -**2.** [organization, person]: **can you ~ up the manager for me?** pouvez-vous relancer le directeur à propos de ce que je lui ai demandé?; **I had to ~ him up for the £50 he owed me** j'ai dû lui réclamer les 50 livres qu'il me devait.

chaser ['tʃeɪsə^r^] *n* -**1.** [drink]: **they drank scotch with beer ~s** ils ont bu du scotch suivi par de la bière; **give me a glass of vodka with an orange juice as a ~** donnez-moi un verre de vodka et un jus d'orange que je boirai après. -**2.** [pursuer] chasseur *m*. -**3.** [horse] cheval *m* de course.

chasm ['kæzm] *n* abîme *m*, gouffre *m*.

chassé ['ʃæseɪ] ◇ *n* chassé *m*.
◇ *vi* chasser DANSE.

chassis ['ʃæsɪ] (*pl inv* [-sɪz]) *n* -**1.** AUT châssis *m*; AERON train *m* d'atterrissage. -**2.** *inf* [body] châssis *m*.

chaste [tʃeɪst] *adj* chaste.

chastely ['tʃeɪstlɪ] *adv* chastement.

chasten ['tʃeɪsn] *vt fml* -**1.** [subdue, humble] corriger, maîtriser; [pride] rabaisser; **she was ~ed by her failure** elle fut abattue par son échec. -**2.** [punish, reprimand] châtier, punir.

chasteness ['tʃeɪstnɪs] *n* caractère *m* chaste.

chastening ['tʃeɪsənɪŋ] *adj*: **prison had a ~ effect on him** la prison l'a assagi; **it's a ~ thought** c'était une pensée plutôt décourageante.

chastise [tʃæ'staɪz] *vt fml* [punish, beat] châtier, punir; [reprimand] fustiger.

chastisement ['tʃæstɪzmənt] *n fml* châtiment *m*.

chastity ['tʃæstətɪ] *n* chasteté *f*.

chastity belt *n* ceinture *f* de chasteté.

chasuble ['tʃæzjʊbl] *n* chasuble *f*.

chat [tʃæt] (*pt* & *pp* **chatted**, *cont* **chatting**) ◇ *vi* bavarder, causer; **we were just chatting about this and that** nous causions de choses et d'autres; **he was chatting to the man next to him** il bavardait avec l'homme qui était à côté de lui.
◇ *n*: **we had a nice ~ over lunch** nous avons eu une conversation agréable pendant le déjeuner; **she came over for a ~** elle est venue bavarder un peu; **there's too much ~ and not enough work going on here!** il y a OR on s'occupe trop de bavardage et pas assez de travail ici!
◆ **chat up** *inf vt sep Br* baratiner, draguer.

château ['ʃætəʊ] (*pl* **châteaus** OR **châteaux** ['ʃætəʊz]) *n* château *m*.

château-bottled *adj* mis en bouteille au château.

chat show *n Br* causerie *f* télévisée.

chattel ['tʃætl] *n* bien *m* meuble; **a ~ mortgage** *Am* FIN un nantissement de biens meubles.

chatter ['tʃætə^r^] ◇ *vi* -**1.** [person] papoter, bavarder; [bird] jaser, jacasser; [monkey] babiller; **she sat quietly while Maria ~ed away** elle restait tranquillement assise tandis que Maria palabrait ❑ **the ~ing classes** *inf* les intellos *mpl*. -**2.** [machine] cliqueter. -**3.** [teeth] claquer; **my teeth were ~ing from** OR **with the cold** j'avais tellement froid que je claquais des dents.
◇ *n* -**1.** [of people] bavardage *m*, papotage *m*; [of birds, monkeys] jacassement *m*. -**2.** [of machines] cliquetis *m*. -**3.** [of teeth] claquement *m*.

chatterbox *inf* ['tʃætəbɒks] *n* moulin *m* à paroles.

chatterer ['tʃætərə^r^] *n* -**1.** [talkative person] bavard *m*, -e *f*. -**2.** ORNITH cotinga *m*.

chattily ['tʃætɪlɪ] *adv* [speak, write] d'une façon familière.

chatty ['tʃætɪ] *adj* [person] bavard; [letter] plein de bavardages.

Chaucerian [tʃɔː'sɪərɪən] *adj* de Chaucer.

chauffeur ['ʃəʊfə^r^] ◇ *n* chauffeur *m*.
◇ *vi* travailler comme chauffeur; **he ~s for a cabinet minister** il est chauffeur de ministre.
◇ *vt* conduire.

chauffeur-driven *adj* conduit par un chauffeur.

chauvinism ['ʃəʊvɪnɪzm] *n* [nationalism] chauvinisme *m*; [sexism] machisme *m*, phallocratie *f*.

chauvinist ['ʃəʊvɪnɪst] *n* [nationalist] chauvin *m*, -e *f*; [sexist] phallocrate *m*, machiste *m*.

chauvinistic [,ʃəʊvɪ'nɪstɪk] *adj* [nationalistic] chauvin; [sexist] machiste, phallocrate.

chaw [tʃɔː] *dial* ◇ *vi* & *vt* chiquer.
◇ *n* [tobacco] chique *f*.

ChE *written abbr of* chemical engineer.

cheap [tʃiːp] ◇ *adj* -**1.** [inexpensive] bon marché; **labour is ~er in the Far East** la main-d'œuvre est moins chère en Extrême-Orient; **he bought a ~ ticket to Australia** il a acheté un billet à prix OR tarif réduit pour l'Australie; **it was the ~est piano in the shop** c'était le piano le moins cher du magasin ❑ **~ and cheerful** sans prétentions. -**2.** [poor quality] de mauvaise qualité; **the furniture was ~ and nasty** *Br* les meubles étaient de très mauvaise qualité. -**3.** [of little value]: **human life is ~ in many countries** il y a beaucoup de pays où la vie humaine a peu de valeur; **that's how he gets his ~ thrills** c'est ça qui l'excite. -**4.** [low, despicable]: **a ~ joke** une plaisanterie de mauvais goût; **he made the girl feel ~** il fit en sorte que la fille eût honte; **she had made herself ~ in her father's eyes** elle s'était rabaissée aux yeux de son père. -**5.** *Am* [stingy] mesquin.
◇ *adv* [buy, get, sell] bon marché; **I can get it for you ~er** je peux vous le trouver pour moins cher; **clothes of that quality don't come ~** des vêtements de cette qualité coûtent cher.
◆ **on the cheap** *adv phr*: **she furnished the house on the ~** *inf* elle a meublé la maison pour pas cher; **they've got immigrants working for them on the ~** *inf* ils ont des immigrés qui travaillent pour eux au rabais.

cheapen ['tʃiːpn] ◇ *vt* -**1.** [lower, debase] abaisser; **I wouldn't ~ myself by accepting a bribe** je ne m'abaisserais pas à accepter un pot-de-vin. -**2.** [reduce the price of] baisser le prix de.
◇ *vi* devenir moins cher.

cheap-jack *inf* ◇ *n* marchand *m* de bric-à-brac, camelot *m*.
◇ *adj* de pacotille.

cheaply ['tʃiːplɪ] *adv* à bon marché; **I can do the job more ~** je peux faire le travail à meilleur marché OR pour moins cher.

cheapness ['tʃiːpnɪs] *n* -**1.** [low price] bas prix *m*. -**2.** [poor quality] mauvaise qualité *f*.

cheapo *inf* ['tʃiːpəʊ] *adj* pas cher.

cheapskate *inf* ['tʃiːpskeɪt] *n* radin *m*, -e *f*, grippe-sou *m*.

cheat [tʃiːt] ◇ *vt* -**1.** [defraud, swindle] escroquer, léser; **to ~ sb out of sthg** escroquer qqch à qqn; **to feel ~ed** se sentir lésé OR frustré. -**2.** *fig* & *lit* [deceive, trick] duper; **to ~ death** échapper à la mort.
◇ *vi* tricher; **he always ~s at cards** il triche toujours aux cartes; **she was expelled from university for ~ing** elle fut renvoyée de l'université pour avoir triché aux examens.
◇ *n* -**1.** [dishonest person] tricheur *m*, -euse *f*; [crook, swindler] escroc *m*, fraudeur *m*, -euse *f* -**2.** [dishonest practice] tricherie *f*, tromperie *f*.
◆ **cheat on** *vt insep* -**1.** [falsify] tricher sur; **he ~ed on his income tax** il a triché sur sa déclaration d'impôts. -**2.** [be unfaithful to] tromper; **he ~s on his wife** il trompe sa femme.

cheating ['tʃiːtɪŋ] ◇ *n* -**1.** [at cards, games] tricherie *f*; [at exams] copiage *m*. -**2.** [fraud] fraude *f*. -**3.** *(U)* [infidelity] infidélité *f*, infidélités *fpl*.
◇ *adj* -**1.** [dishonest] malhonnête, trompeur. -**2.** [unfaithful, disloyal] infidèle.

Chechen [tʃɪ'tʃen] ◇ *n* Tchétchène *mf*.
◇ *adj* tchétchène.

check [tʃek] ◇ *vt* -**1.** [inspect, examine] contrôler, vérifier; [confirm, substantiate] vérifier; **she didn't ~ her facts before writing the article** elle n'a pas vérifié les faits avant d'écrire son article; **the figures have to be ~ed** il faut vérifier les chiffres; **the doctor ~ed my blood pressure** le médecin a pris ma tension; **the inspector ~ed our tickets** le contrôleur a contrôlé nos billets. -**2.** [contain, limit] enrayer; [emotions, troops] contenir; **she almost blurted out the truth but ~ed herself in time** elle a failli laisser échapper la vérité mais s'est retenue à temps; **he ~ed the urge to hit him** il réprima l'envie de le frapper. -**3.** *Am* [coat, hat] mettre au vestiaire; [luggage] mettre à la consigne. -**4.** *Am* [mark, tick] cocher. -**5.** [in chess] faire échec à. -**6.** *dial* [reprimand] réprimander.
◇ *vi* -**1.** [confirm] vérifier; [correspond, match] correspondre, s'accorder; **I'll have to ~ with the accountant** je vais devoir vérifier auprès du comptable; **his description of the killer ~ed with forensic evidence** sa description du tueur s'accordait avec l'expertise médico-légale. -**2.** [pause, halt] s'arrêter.
◇ *n* -**1.** [examination, inspection] contrôle *m*, vérification *f*; **the airline ordered ~s on all their 747s** la compagnie aérienne a ordonné que des contrôles soient faits sur tous ses 747; **a routine ~** une vérification de routine. -**2.** [inquiry, investigation] enquête *f*; **to do** OR **to run a ~ on sb** se renseigner sur qqn. -**3.** [restraint] frein *m*; **the House of Lords acts as a ~ upon the House of Commons** la Chambre des lords met un frein au pouvoir de la Chambre des communes; **(a system of) ~s and balances** POL (un système d') équilibre des pouvoirs; **he kept** OR **held his anger in ~** il a contenu OR maîtrisé sa colère; **we could no longer hold** OR **keep the enemy in ~** MIL nous ne pouvions plus contenir l'ennemi. -**4.** [in chess] échec *m*; **in ~** en échec; **~!** échec au roi! -**5.** *Am* [bill] addition *f*; [receipt for coats, luggage] ticket *m*. -**6.** [square] carreau *m*; **a skirt in black and white ~** une jupe à carreaux noirs et blancs. -**7.** *Am* [mark, tick] coche *f*; **put a ~ next to all the verbs** cochez tous les verbes. -**8.** *Am* = **cheque**.
◇ *adj* [pattern, skirt] à carreaux.
◆ **check in** ◇ *vi insep* -**1.** [at airport] se présenter à l'enregistrement. -**2.** [at hotel] se présenter à la réception.
◇ *vt sep* -**1.** [at airport] enregistrer. -**2.** [at hotel] inscrire. -**3.** [at cloakroom] mettre au vestiaire; [at left-luggage office] mettre à la consigne. -**4.** *Am* [at library]: **to ~ in a book at the library** rapporter un livre à la bibliothèque.
◆ **check into** *vt insep*: **to ~ into a hotel** descendre dans un hôtel.
◆ **check off** *vt sep Am* cocher.
◆ **check on** *vt insep* -**1.** [facts] vérifier. -**2.** [person]: **the doctor ~ed on two patients before leaving the hospital** le médecin est allé voir deux patients avant de quitter l'hôpital.
◆ **check out** ◇ *vi insep* -**1.** [pay hotel bill] régler sa note; [leave hotel] quitter l'hôtel. -**2.** [prove to be correct] s'avérer exact; [correspond, match] s'accorder, correspondre.
◇ *vt sep* -**1.** [library book] faire tamponner; [hotel guest] faire régler sa note à. -**2.** [investigate - person] enquêter sur, se renseigner sur; [- information, machine, place] vérifier. -**3.** *inf* [try] essayer; **why don't we ~ out the restaurant that John told us about?** pourquoi ne pas essayer le restaurant dont John nous a parlé?
◆ **check over** *vt sep* examiner, vérifier.
◆ **check up on** *vt insep*: **to ~ up on sb** enquêter OR se renseigner sur qqn; **if you trusted me you wouldn't ~ up on me all the time** si tu me faisais confiance tu ne serais pas toujours en train de m'espionner; **to ~ up on sthg** vérifier qqch; **the social worker ~ed up on reports of child abuse** l'assistante sociale a enquêté sur les allégations de mauvais traitements à enfant.

CHECKS AND BALANCES:
Ce système de contrôle mutuel, garanti par la Constitution, est l'un des principes fondamentaux du gouvernement américain. Il a été élaboré afin que les pouvoirs législatif, exécutif et judiciaire n'accumulent pas trop d'influence les uns par rapport aux autres.

---

checkbook *Am* = **chequebook**.

check digit *n* COMPUT chiffre *m* de contrôle OR de vérification, clé *f*.

checked [tʃekt] *adj* -**1.** [pattern, tablecloth] à carreaux. -**2.** LING [syllable] fermé, entravé.

checker ['tʃekəʳ] *n Am* -**1.** [square] carreau *m*; **a ~ tablecloth** une nappe à carreaux. -**2.** GAMES pion *m*. -**3.** [in supermarket] caissier *m*, -ère *f*; [in left-luggage office] préposé *m*, -e *f* à la consigne; [in cloakroom] préposé *m*, -e *f* au vestiaire.

checkerboard ['tʃekəbɔːd] *n Am* [in chess] échiquier *m*; [in draughts] damier *m*.

Checker cab *n taxi américain reconnaissable au motif de damier qui en décore la carrosserie.*

checkered *Am* = **chequered**.

checkers *Am* = **chequers**.

check-in *n* enregistrement *m*.

checking account *n Am* compte *m* chèque OR chèques.

checklist ['tʃeklɪst] *n* liste *f* de vérification; AERON check-list *f*.

checkmate ['tʃekmeɪt] ◇ *n* -**1.** [in chess] échec et mat *m*. -**2.** *fig* [deadlock, standstill] impasse *f*; [defeat] échec *m* total.
◇ *vt* -**1.** [in chess] faire échec et mat à. -**2.** *fig* [frustrate, obstruct] contrecarrer; [defeat] vaincre.

checkout ['tʃekaʊt] ◇ *n* -**1.** [in supermarket] caisse *f*. -**2.** [in hotel]: **~ (time) is at 11 a.m.** les chambres doivent être libérées avant 11 h.
◇ *comp*: **the ~ counter** la caisse, le comptoir-caisse; **~ girl** caissière *f*.

checkpoint ['tʃekpɔɪnt] *n* (poste *m* de) contrôle *m*.

Checkpoint Charlie *pr n* checkpoint *m* Charlie.

checkrein ['tʃekreɪn] *n Am* fausses rênes *fpl*.

checkroom ['tʃekrʊm] *n Am* [for coats, hats] vestiaire *m*; [for luggage] consigne *f*.

checkup ['tʃekʌp] *n* MED bilan *m* de santé, check-up *m*; **to give sb a ~** faire un bilan de santé à qqn; **to go for** OR **to have a ~** faire faire un bilan de santé.

cheddar ['tʃedəʳ] *n*: **~ (cheese)** cheddar *m*.

cheek [tʃiːk] ◇ *n* -**1.** [of face] joue *f*; **~ to ~** joue contre joue; **to be/to live ~ by jowl with sb** être/vivre tout près de qqn; **to turn the other ~** tendre OR présenter l'autre joue. -**2.** *inf* [buttock] fesse *f*. -**3.** *inf Br* [impudence] culot *m*, toupet *m*; **he had the ~ to ask her age!** il a eu le culot OR le toupet de lui demander son âge!; **what (a) ~!, of all the ~!** quel culot!, quel toupet!
◇ *vt inf Br* être insolent avec.

cheekbone ['tʃiːkbəʊn] *n* pommette *f*.

-cheeked [tʃiːkt] *in cpds* aux joues...; **rosy~** aux joues roses OR rouges; **round~** aux joues rebondies OR rondes, joufflu.

cheekily ['tʃiːkɪlɪ] *adv Br* avec effronterie OR impudence, effrontément.

cheekiness ['tʃiːkɪnɪs] *n Br* effronterie *f*, audace *f*.

cheek pouch *n* abajoue *f*.

cheeky ['tʃiːkɪ] *adj Br* [person] effronté, impudent; [attitude, behaviour] impertinent.

cheep [tʃiːp] ◇ *n* pépiement *m*.
◇ *vi* pépier.

cheer [tʃɪəʳ] ◇ *n* -**1.** [cry] hourra *m*, bravo *m*; **I heard a ~ go up** j'ai entendu des acclamations; **three ~s for the winner!** un ban OR hourra pour le gagnant!; **three ~s!** hourra! -**2.** *lit* [good spirits] bonne humeur *f*, gaieté *f*; **words of good ~** paroles *fpl* d'encouragement.
◇ *vt* -**1.** [make cheerful - person] remonter le moral à, réconforter. -**2.** [encourage by shouts] acclamer.
◇ *vi* pousser des acclamations OR des hourras.
◆ **cheer on** *vt sep* encourager (par des acclamations); **his supporters ~ed him on to victory** les acclamations de ses supporters l'ont encouragé jusqu'à la victoire.
◆ **cheer up** ◇ *vt sep* [person] remonter le moral à, réconforter; [house, room] égayer.
◇ *vi insep* s'égayer, se dérider; **~ up!** courage!

cheerful ['tʃɪəfʊl] *adj* -**1.** [happy - person, smile] gai; [- atmosphere, mood] gai, joyeux; [- colour, wallpaper] gai, riant; [- news] réjouissant; **she's always ~** elle est toujours de bonne humeur. -**2.** [enthusiastic, willing - helper, worker] de bonne volonté; [- dedication] grand.

cheerfully ['tʃɪəfʊlɪ] *adv* -**1.** [happily] joyeusement, avec entrain. -**2.** [willingly] de plein gré, avec bonne volonté; **I could ~ have hit him!** je l'aurais bien frappé!

cheerfulness ['tʃɪəfʊlnɪs] *n* [of person] bonne humeur *f*; [of atmosphere, colour] gaieté *f*; [of remark, smile] gaieté *f*, caractère *m* jovial.

cheerily ['tʃɪərəlɪ] *adv* joyeusement, avec entrain.

cheering ['tʃɪərɪŋ] ◇ *n (U)* acclamations *fpl*, hourras *mpl*.
◇ *adj* [remark, thought] encourageant, qui remonte le moral; [news, sight] encourageant, réconfortant; **that's ~!** *iron* voilà qui est réconfortant!

cheerio *inf* [,tʃɪərɪ'əʊ] *interj Br* -**1.** [goodbye] salut, tchao. -**2.** *dated* [toast] à la tienne.

cheerleader ['tʃɪə,liːdə'] *n majorette qui stimule l'enthousiasme des supporters des équipes sportives, surtout aux États-Unis.*

cheerless ['tʃɪəlɪs] *adj* morne, triste.

cheers *inf* [tʃɪəz] *interj Br* -**1.** [toast] à la tienne. -**2.** [goodbye] salut, tchao. -**3.** [thanks] merci.

cheery ['tʃɪərɪ] (*compar* **cheerier**, *superl* **cheeriest**) *adj* [person] gai; [smile] joyeux.

cheese [tʃiːz] ◇ *n* fromage *m*; **say ~!** PHOT souriez!
◇ *comp* [omelette, sandwich] au fromage; [knife] à fromage; **the ~ industry** l'industrie fromagère; **~ biscuit** *biscuit sucré ou salé que l'on mange avec du fromage*; **~ maker** fromager *m*, -ère *f*.
◆ **cheese off** *inf vt sep Br* embêter, barber.

cheeseboard ['tʃiːzbɔːd] *n* [board] plateau *m* à fromage OR fromages; [on menu] plateau *m* de fromages.

cheeseburger ['tʃiːz,bɜːgə'] *n* hamburger *m* au fromage.

cheesecake ['tʃiːzkeɪk] *n* -**1.** [dessert] gâteau *m* au fromage (blanc). -**2.** *inf (U) hum* [in photo] pin-up *f*.

cheesecloth ['tʃiːzklɒθ] *n* CULIN & TEX étamine *f*.

cheese dip *n sauce au fromage dans laquelle on trempe des légumes, des chips etc.*

cheesed off *inf* [tʃiːzd-] *adj Br*: **to be ~** en avoir marre; **I'm ~ with this job** j'en ai marre de ce boulot.

cheeseparing ['tʃiːz,peərɪŋ] ◇ *n* parcimonie *f*.
◇ *adj* parcimonieux, pingre.

cheese straw *n* allumette *f* au fromage.

cheesy ['tʃiːzɪ] (*compar* **cheesier**, *superl* **cheesiest**) *adj* -**1.** [flavour] qui a un goût de fromage, qui sent le fromage; [smell] qui sent le fromage. -**2.** *inf Am* [excuse] nul.

cheetah ['tʃiːtə] *n* guépard *m*.

chef [ʃef] *n* CULIN chef *m* (de cuisine), cuisinier *m*, -ère *f*.

Chek(h)ov ['tʃekɒf] *pr n* Tchekhov.

Chelsea bun ['tʃelsɪ-] *n petit pain rond aux raisins secs.*

Chelsea Pensioner *n ancien combattant résidant au Chelsea Royal Hospital, à Londres.*

chemical ['kemɪkl] ◇ *n* produit *m* chimique.
◇ *adj* chimique; **~ engineer** ingénieur *m* chimiste; **~ engineering** génie *m* chimique; **~ warfare** guerre *f* chimique; **~ weapons** armes *fpl* chimiques.

chemically ['kemɪklɪ] *adv* chimiquement.

chemin de fer [ʃə,mændə'feə'] *n* GAMES chemin *m* de fer *(jeu de cartes)*.

chemise [ʃə'miːz] *n* [dress] robe-chemisier *f*; [undergarment] chemise *f (de femme)*.

chemist ['kemɪst] *n* -**1.** [scientist] chimiste *mf*. -**2.** *Br* [pharmacist] pharmacien *m*, -enne *f*; **~'s (shop)** pharmacie *f*.

chemistry ['kemɪstrɪ] ◇ *n* chimie *f*; **sexual ~** *fig* (bonne) entente *f* sexuelle.
◇ *comp*: **~ set** panoplie *f* de chimiste.

chemotherapy [,kiːməʊ'θerəpɪ] *n* chimiothérapie *f*.

chemurgy ['kemɜːdʒɪ] *n* chimiurgie *f*.

Chengdu ['tʃeŋ'tuː] *pr n* Chengdu.

chenille [ʃə'niːl] *n* chenille *f (tissu)*.

Cheops ['kiːɒps] *pr n* Khéops; **the great pyramid of ~** la grande pyramide de Khéops.

cheque *Br*, **check** *Am* [tʃek] *n* chèque *m*; **a ~ for £7** OR **to the amount of £7** un chèque de 7 livres; **who should I make the ~ payable to?** à quel nom dois-je libeller le chèque?; **to pay by ~** payer par chèque; **to write sb a ~** faire un chèque à qqn; **a bad ~** un chèque sans provision; **a crossed/open ~** *Br* un chèque barré/non-barré.

chequebook *Br*, **checkbook** *Am* ['tʃekbʊk] *n* carnet *m* de chèques, chéquier *m*.

chequebook journalism *n dans les milieux de la presse, pratique qui consiste à payer des sommes importantes pour le témoignage d'une personne impliquée dans une affaire.*

cheque card *n Br carte d'identité bancaire sans laquelle les chèques ne sont pas acceptés en Grande-Bretagne.*

chequered *Br*, **checkered** *Am* ['tʃekəd] *adj* -**1.** [pattern] à carreaux, à damiers. -**2.** [varied] varié; **she's had a ~ career** sa carrière a connu des hauts et des bas.

chequers *Br*, **checkers** *Am* ['tʃekəz] *n (U)* jeu *m* de dames; **how about (a game of) ~?** si on jouait aux dames?

Chequers ['tʃekəz] *pr n résidence secondaire officielle du Premier ministre britannique.*

cherish ['tʃerɪʃ] *vt* [person] chérir, aimer; [ambition, hope] caresser, nourrir; [experience, memory] chérir; [right, value] tenir à; **one of my most ~ed memories** un de mes souvenirs les plus chers.

Chernenko [tʃɜː'neŋkəʊ] *pr n* Tchernenko.

Chernobyl [tʃɜː'nəʊbl] *pr n* Tchernobyl.

Cherokee [,tʃerə'kiː] (*pl inv* OR **Cherokees**) ◇ *n* -**1.** [person] Cherokee *mf*. -**2.** LING cherokee *m*.
◇ *adj* cherokee; **~ Indian** Indien *m*, -enne *f* cherokee, Cherokee *mf*.

cheroot [ʃə'ruːt] *n* petit cigare *m (à bouts coupés)*.

cherry ['tʃerɪ] (*pl* **cherries**) ◇ *n* -**1.** [fruit] cerise *f*; [tree] cerisier *m*. -**2.** = **cherry red**.
◇ *comp* [blossom, wood] de cerisier; [pie, tart] aux cerises; **~ orchard** cerisaie *f*; **~ tree** cerisier *m* ❑ **'The Cherry Orchard'** *Chekhov* 'la Cerisaie'.

cherry bomb *n Am sorte de pétard rouge.*

cherry brandy *n* cherry *m*.

cherry-picking *n literal* cueillette *f* des cerises; *fig* écrémage *m*.

cherry plum *n* myrobolan *m*.

cherry red *n* cerise *f*, rouge *m* cerise.
◆ **cherry-red** *adj* (rouge) cerise *(inv)*; **cherry-red lips** des lèvres vermeilles.

cherry tomato *n* tomate *f* cerise.

cherub ['tʃerəb] (*pl* **cherubs** OR **cherubim** [-bɪm]) *n* ART chérubin *m*; *fig* chérubin *m*, petit ange *m*.

cherubic [tʃe'ruːbɪk] *adj* [face] de chérubin; [child, look, smile] angélique.

chervil ['tʃɜːvɪl] *n* cerfeuil *m*.

Cheshire cat ['tʃeʃə-] *n*: **to grin like a ~** avoir un sourire jusqu'aux oreilles.

chess [tʃes] *n (U)* échecs *mpl*; **let's play (a game of) ~** si on jouait aux échecs?; **~ player** joueur *m*, -euse *f* d'échecs.

chessboard ['tʃesbɔːd] *n* échiquier *m*.

chessman ['tʃesmæn] (*pl* **chessmen** [-men]) *n* pion *m*, pièce *f (de jeu d'échecs)*.

chest [tʃest] ◇ *n* -**1.** ANAT poitrine *f*; **to have a weak ~** être faible des bronches ❑ **to get sthg off one's ~** dire ce qu'on a sur le cœur. -**2.** [box] coffre *m*, caisse *f*; **~ of drawers** commode *f*; **~ freezer** congélateur-bahut *m*.
◇ *comp* [cold, measurement, voice] de poitrine; **~ infection** infection *f* des voies respiratoires; **~ pain** OR **pains** douleurs *fpl* de poitrine; **a ~ X-ray** une radio des poumons ❑ **~ expander** extenseur *m* (pour développer les pectoraux).

chesterfield ['tʃestəfiːld] *n* -**1.** [coat] pardessus *m* (de ville). -**2.** [sofa] canapé *m (dont les accoudoirs sont de la même hauteur que le dossier)*.

chestnut ['tʃesnʌt] ◇ *n* -**1.** [tree] châtaignier *m*; [fruit] châtaigne *f*. -**2.** [colour] châtain *m*. -**3.** [horse] alezan *m*, -e *f*. -**4.** *inf* [joke]: **old ~** plaisanterie *f* rebattue OR éculée.
◇ *comp* -**1.** [blossom, wood] de châtaignier; [stuffing] aux marrons; **~ tree** châtaignier *m*. -**2.** [colour, hair] châtain; [horse] alezan; **~ brown** châtain *(inv)*.

chesty ['tʃestɪ] (*compar* **chestier**, *superl* **chestiest**) *adj* [cough] de poitrine.

cheval glass [ʃə'vælglɑːs] *n* psyché *f (glace)*.

chevron ['ʃevrən] *n* ARCHIT, HERALD & MIL chevron *m*.

chew [tʃuː] ◇ *vt* mâcher, mastiquer; **to ~ tobacco** chiquer, mâcher du tabac ❑ **to ~ the cud** [cow] ruminer; [person] ruminer; **to ~ the fat with sb** *inf* tailler une bavette avec qqn.
◇ *n* -**1.** [act] mâchement *m*, mastication *f*. -**2.** [piece of tobacco] chique *f*. -**3.** [sweet] bonbon *m*.
◆ **chew on** *vt insep* -**1.** [food] mâcher, mastiquer; [bone] ronger; [tobacco] chiquer. -**2.** *inf* [problem, question] ruminer, retourner dans sa tête.
◆ **chew out** *inf vt sep Am* engueuler, passer un savon à.
◆ **chew over** *inf vt sep* ruminer, retourner dans sa tête.
◆ **chew through** *vt insep* couper à force de ronger.
◆ **chew up** *vt sep* -**1.** [food] mâchonner, mastiquer. -**2.** [damage] abîmer à force de ronger.

chewing gum ['tʃuːɪŋ-] *n* chewing-gum *m*.

chewy ['tʃuːɪ] (*compar* **chewier**, *superl* **chewiest**) *adj* caoutchouteux.

Cheyenne [ʃaɪ'en] (*pl inv* OR **Cheyennes**)
◇ *n* Cheyenne *mf*.
◇ *adj* cheyenne.

Chiang Kai-shek ['tʃæŋkaɪ'ʃek] *pr n* Tchang Kaï-Chek.

chiaroscuro [kɪ,ɑːrə'skʊərəʊ] (*pl* **chiaroscuros**) *n* clair-obscur *m*.

chic [ʃiːk] ◇ *adj* chic, élégant.
◇ *n* chic *m*, élégance *f*.

Chicago [ʃɪ'kɑːgəʊ] *pr n* Chicago; **the ~ Board of Trade, the ~ Mercantile Exchange** *les deux plus importantes bourses de marchandises aux États-Unis*; **the ~ fire** l'incendie *m* de Chicago.

THE CHICAGO FIRE:
Gigantesque incendie qui détruisit une bonne partie de la ville en 1871. Selon la légende, ce serait la vache de Madame O'Leary qui, renversant une lanterne dans son étable, amorça le feu. L'incendie ravagea 20 000 habitations et fit 100 000 sans-abri.

chicane [ʃɪ'keɪn] *n* -**1.** GAMES [in bridge] partie *f* sans atout. -**2.** [barrier] chicane *f*.

chicanery [ʃɪ'keɪnərɪ] (*pl* **chicaneries**) *n* [trickery] ruse *f*, fourberie *f*; [legal trickery] chicane *f*.

Chicano [tʃɪ'kɑːnəʊ] (*pl* **Chicanos**) *n* Chicano *mf (Américain d'origine mexicaine)*.

chichi ['ʃiːʃiː] *adj* précieux.

chick [tʃɪk] *n* -**1.** [baby bird - gen] oisillon *m*; [- of chicken] poussin *m*. -**2.** *inf* [woman] poupée *f*.

chickadee ['tʃɪkədiː] *n* mésange *f (d'Amérique du Nord)*.

chicken ['tʃɪkɪn] ◇ *n* -**1.** [bird] poulet *m*; [young] poussin *m*; **he's no (spring) ~** *inf* il n'est plus tout jeune; **which came first, the ~ or the egg?** allez savoir quelle est la cause et quel est l'effet, l'œuf ou la poule?; **it's a ~-and-egg situation** *inf* c'est le problème de l'œuf et de la poule, on ne sait pas lequel est à l'origine de l'autre. -**2.** *inf* [coward] poule *f* mouillée, froussard *m*, -e *f*.
◇ *comp* [dish, liver, stew] de poulet; [sandwich] au poulet; **~ breast** blanc *m* (de poulet); **~ leg** cuisse *f* (de poulet); **~ farmer** éleveur *m* de volailles, aviculteur *m*, -trice *f*; **~ farming** élevage *m* avicole OR de volailles, aviculture *f*.
◇ *adj inf* [cowardly] froussard.
◆ **chicken out** *inf vi insep* se dégonfler; **he ~ed out of the race** il s'est dégonflé et n'a pas pris part à la course.

chickenfeed ['tʃɪkɪnfiːd] *n (U)* -**1.** *literal* nourriture *f* pour volaille. -**2.** *inf fig*: **he earns ~** il gagne des cacahuètes.

chicken-hearted, **chicken-livered** [-,lɪvəd] *adj* poltron.

chicken pox *n (U)* varicelle *f*.

chicken run *n* poulailler *m*.

chickenshit▽ ['tʃɪkɪn,ʃɪt] *n Am* [person] poule *f* mouillée.

chicken wire *n* grillage *m*.

chick pea *n* pois *m* chiche.

chickweed ['tʃɪkwi:d] *n* mouron *m* blanc OR des oiseaux.

chicly ['ʃi:klɪ] *adv* de façon chic, élégamment.

chicory ['tʃɪkərɪ] (*pl* **chicories**) *n* [for salad] endive *f*; [for coffee] chicorée *f*.

chide [tʃaɪd] (*pt* **chided** OR **chid** [tʃɪd], *pp* **chid** [tʃɪd] OR **chidden** ['tʃɪdn]) *vt fml* gronder, réprimander.

chief [tʃi:f] ◇ *n* **-1.** [leader] chef *m*; ~ **of police** ≃ préfet *m* de police; **Chief of Staff** MIL chef *m* d'état-major; *Am* [at White House] secrétaire *m* général de la Maison Blanche; **too many ~s and not enough Indians** trop de chefs et pas assez d'hommes de troupe *(pour exécuter les ordres et faire le travail)*. **-2.** *inf* [boss] boss *m*. **-3.** HERALD chef *m*.
◇ *adj* **-1.** [most important] principal, premier; **one of the ~ conflicts** un des principaux conflits. **-2.** [head] premier, en chef; **Chief Constable** *en Grande-Bretagne, chef de la police d'un comté ou d'une région*, ≃ commissaire *m* divisionnaire; ~ **librarian** bibliothécaire *mf* en chef; **Chief Education Officer** ≃ recteur *m* d'académie; **Chief Executive** ADMIN directeur *m*, -trice *f*; *Am* POL président *m* des États-Unis, chef *m* de l'exécutif; ~ **executive officer** COMM & INDUST président-directeur général *m*; ~ **inspector** [gen] inspecteur *m* principal, inspectrice *f* principale, inspecteur *m*, -trice *f* en chef; *Br* [of police] ≃ commissaire *m* de police; *Br* SCH ≃ inspecteur général *m*, inspectrice générale *f*; ~ **justice** président *m* de la Haute Cour de justice; *Am* juge *m* à la Cour suprême; ~ **master sergeant** *Am* MIL major *m*; ~ **petty officer** NAUT ≃ maître *m*; ~ **rabbi** grand rabbin *m*; ~ **superintendent** *Br* [in police] ≃ commissaire *m* principal; ~ **technician** *Br* [in Air Force] officier *m* technicien; ~ **warrant officer** MIL adjudant *m* chef; **Chief Whip** *responsable du maintien de la discipline à l'intérieur d'un parti à la Chambre des communes*.
◆ **in chief** *adv phr* principalement, surtout.

chiefly ['tʃi:flɪ] *adv* principalement, surtout.

chieftain ['tʃi:ftən] *n* chef *m (de tribu)*.

chiffon ['ʃɪfɒn] ◇ *n* mousseline *f* de soie.
◇ *adj* **-1.** [dress, scarf] en mousseline (de soie). **-2.** CULIN à la mousse; **lemon ~ pie** ≃ tarte *f* à la mousse de citron.

chiffon(n)ier [,ʃɪfə'nɪəʳ] *n* chiffonnier *m*.

chigger ['tʃɪgəʳ] *n* **-1.** [flea] chique *f*. **-2.** *Am* [parasitic larva] aoûtat *m*.

chignon ['ʃi:njɒn] *n* chignon *m*.

chigoe ['tʃɪgəʊ] = **chigger**.

chihuahua [tʃɪ'wɑ:wə] *n* chihuahua *m*.

chilblain ['tʃɪlbleɪn] *n* engelure *f*.

child [tʃaɪld] (*pl* **children** ['tʃɪldrən]) ◇ *n* **-1.** [boy or girl] enfant *mf*; **since I was a ~** depuis que je suis enfant; **while still a ~** tout enfant; **children of the 60s** des enfants des années 60; **don't be such a ~!** ne fais pas l'enfant!; **stop treating me like a ~!** arrête de me traiter comme un enfant!; **to be with ~** *arch* OR *lit* attendre un enfant, être enceinte; **to get a woman with ~** *arch* OR *lit* faire un enfant à une femme. **-2.** *lit* [result] fruit *m*.
◇ *comp* [psychiatry, psychology] de l'enfant, infantile; [psychiatrist, psychologist] pour enfants; ~ **abuse** mauvais traitements *mpl* à enfant; **she was a ~ bride** elle s'était mariée toute jeune; ~ **guidance** psycho-pédagogie *f* pour enfants caractériels; ~ **guidance centre** centre *m* psycho-pédagogique pour enfants; ~ **labour** travail *m* des enfants; **it's ~'s play for** OR **to him** *inf* c'est un jeu d'enfant pour lui; ~ **prodigy** enfant *mf* prodige; ~ **welfare** protection *f* de l'enfance.

childbearing ['tʃaɪld,beərɪŋ] ◇ *n* grossesse *f*.
◇ *adj* [complications, problems] de grossesse; **of ~ age** en âge d'avoir des enfants; **she's past ~ age** elle est trop âgée pour avoir des enfants.

childbed ['tʃaɪldbed] *n arch* OR *lit*: **in ~** en couches.

child benefit *n (U)* allocation *f* familiale OR allocations *fpl* familiales (pour un enfant) *(en Grande-Bretagne)*.

childbirth ['tʃaɪldbɜ:θ] *n (U)* accouchement *m*; **in ~** en couches.

child care *n* **-1.** *Br* ADMIN protection *f* de l'enfance. **-2.** *Am* [day care]: ~ **center** crèche *f*, garderie *f*.

child-friendly *adj* [area, city] aménagé pour les enfants; [house, furniture] conçu pour les enfants.

childhood ['tʃaɪldhʊd] *n* enfance *f*.

childish ['tʃaɪldɪʃ] *adj* **-1.** [face, fears, voice] d'enfant. **-2.** [immature] enfantin, puéril; **don't be so ~** ne fais pas l'enfant.

childishly ['tʃaɪldɪʃlɪ] *adv* comme un enfant, en enfant.

childishness ['tʃaɪldɪʃnɪs] *n (U)* [of person] enfantillage *m*, puérilité *f*; [of behaviour, remark] puérilité *f*; **that's just ~!** ce sont des enfantillages!

childless ['tʃaɪldlɪs] *adj* sans enfants.

childlike ['tʃaɪldlaɪk] *adj* d'enfant.

Childline ['tʃaɪld,laɪn] *pr n numéro de téléphone mis à la disposition des enfants maltraités*, ≃ SOS enfants battus.

childminder ['tʃaɪld,maɪndəʳ] *n Br* [for very young children] nourrice *f*; [for older children] assistante *f* maternelle.

childproof ['tʃaɪldpru:f] *adj*: ~ **lock** serrure *f* de sécurité pour enfants.

children ['tʃɪldrən] *pl* → **child**.

Child Support Agency *pr n en Grande-Bretagne, organisme gouvernemental qui décide du montant des pensions alimentaires et les prélève au besoin*.

Chile ['tʃɪlɪ] *pr n* Chili *m*; **in ~** au Chili.

Chilean ['tʃɪlɪən] ◇ *n* Chilien *m*, -enne *f*.
◇ *adj* chilien; **the ~ embassy** l'ambassade *f* du Chili.

chili ['tʃɪlɪ] = **chilli**.

chill [tʃɪl] ◇ *vt* **-1.** [make cold - food, wine] mettre au frais; [- champagne] frapper; [- glass, person] glacer; **~ed white wine** vin blanc frais; **to be ~ed to the bone/to the marrow** être glacé jusqu'aux os/jusqu'à la moelle. **-2.** *fig* [enthusiasm] refroidir. **-3.** TECH [metal] tremper.
◇ *vi* se refroidir, rafraîchir.
◇ *n* **-1.** [coldness] fraîcheur *f*, froideur *f*; **there's a ~ in the air** il fait assez frais OR un peu froid; **to take the ~ off a room** réchauffer une pièce; **his remark cast a ~ over the meeting** *fig* son observation a jeté un froid dans l'assemblée; **I sensed a certain ~ in his welcome** *fig* j'ai senti une certaine froideur dans son accueil. **-2.** [feeling of fear] frisson *m*; **the story sent ~s down her spine** l'histoire lui a fait froid dans le dos. **-3.** [illness] coup *m* de froid, refroidissement *m*; **to catch a ~** attraper OR prendre froid.
◇ *adj* [air, weather] frais, froid; [glance, response] froid, glacial.
◆ **chill out** *inf vi insep*: **we ~ed out in the local nightclub** on a traîné dans la boîte du coin.

chiller *inf* ['tʃɪləʳ] *n* film *m* d'épouvante.

chilli ['tʃɪlɪ] ◇ *n* [spice] *sorte de piment*; [dish] chili *m*.
◇ *comp*: ~ **powder** chili *m*; ~ **sauce** sauce *f* aux tomates et piments.

chilli con carne [,tʃɪlɪkɒn'kɑ:nɪ] *n* chili *m* con carne.

chilliness ['tʃɪlɪnɪs] *n* [of air, wind] fraîcheur *f*; *fig* [of greeting, manner] froideur *f*.

chilling ['tʃɪlɪŋ] *adj* [wind] frais, froid; *fig* [look, smile] froid, glacial; [news, story, thought] qui donne des frissons.

chilly ['tʃɪlɪ] (*compar* **chillier**, *superl* **chilliest**) *adj* **-1.** [air, room] (très) frais, froid; **I feel ~** j'ai froid; **it's rather ~ this morning** il fait plutôt frais OR frisquet ce matin. **-2.** *fig* [greeting, look] froid, glacial.

Chiltern Hundreds ['tʃɪltən-] *pr n*: **to apply for the ~** POL & *fig* démissionner *(du Parlement britannique)*.

THE CHILTERN HUNDREDS:
Ce nom désigne une circonscription administrative du Buckinghamshire (Grande-Bretagne); il désigne aussi un titre honorifique, «Stewardship of the Chiltern Hundreds», auquel postule un parlementaire qui souhaite démissionner ou prendre sa retraite.

chime [tʃaɪm] ◇ *n* [bell] carillon *m*.
◇ *vi* **-1.** [bell, voices] carillonner; [clock] sonner. **-2.** *inf* [agree] s'accorder; **his view ~s with mine** il est d'accord avec moi.
◇ *vt* sonner; **the clock ~d 6** l'horloge a sonné 6 h.
◆ **chimes** *npl* [for door] carillon *m*, sonnette *f*.
◆ **chime in** *inf vi insep* **-1.** [say] intervenir; **all the children ~d in** tous les enfants ont fait chorus; **he ~d in with some silly remark** il est intervenu pour dire une bêtise. **-2.** [agree] s'accorder; **his explanation ~s in with the facts** son explication s'accorde avec les faits.

chimera [kaɪ'mɪərə] *n* MYTH & *fig* chimère *f*.

chimeric(al) [kaɪ'merɪk(l)] *adj* chimérique.

chimney ['tʃɪmnɪ] *n* **-1.** [in building] cheminée *f*. **-2.** [of lamp] verre *m*. **-3.** GEOL cheminée *f*.

chimneybreast ['tʃɪmnɪbrest] *n Br* manteau *m (de cheminée)*.

chimney corner *n* coin *m* du feu.

chimneypiece ['tʃɪmnɪpi:s] *n Br* dessus *m* OR tablette *f* de cheminée.

chimneypot ['tʃɪmnɪpɒt] *n* tuyau *m* de cheminée.

chimneystack ['tʃɪmnɪstæk] *n* [of one chimney] tuyau *m* de cheminée; [group of chimneys] souche *f* de cheminée.

chimneysweep ['tʃɪmnɪswi:p] *n* ramoneur *m*.

chimp *inf* [tʃɪmp], **chimpanzee** [,tʃɪmpən'zi:] *n* chimpanzé *m*.

chin [tʃɪn] (*pt* & *pp* **chinned**, *cont* **chinning**) ◇ *n* menton *m*; **(keep your) ~ up!** courage!; **to take sthg on the ~** *inf*: **he took the news on the ~** il a encaissé la nouvelle (sans broncher).
◇ *vt*: **to ~ the bar** SPORT faire une traction à la barre fixe.

china ['tʃaɪnə] ◇ *n* **-1.** [material] porcelaine *f*; **a piece of ~** une porcelaine; **they treated her as if she were made of ~** ils la traitaient comme si elle était en sucre. **-2.** [porcelain objects] porcelaine *f*; [porcelain dishes] porcelaine *f*, vaisselle *f* (de porcelaine); [crockery] vaisselle *f*.
◇ *comp* [cup, plate] de OR en porcelaine; [shop] de porcelaine.

China ['tʃaɪnə] *pr n* Chine *f*; **in ~** en Chine; **to take a trip to ~** faire un voyage en Chine ❑ **the People's Republic of ~** la République populaire de Chine.

china cabinet *n* dressoir *m*.

china clay *n* kaolin *m*.

Chinaman ['tʃaɪnəmən] (*pl* **Chinamen** [-mən]) *n dated* Chinois *m*.

China rose *n* rose *f* de Chine.

China Sea *pr n*: **the ~** la mer de Chine.

China tea *n* thé *m* de Chine.

Chinatown ['tʃaɪnətaʊn] *n* le quartier chinois.

chinaware ['tʃaɪnəweəʳ] *n* [porcelain objects] porcelaine *f*; [porcelain dishes] porcelaine *f*, vaisselle *f* (en porcelaine).

chinchilla [tʃɪn'tʃɪlə] ◇ *n* chinchilla *m*.
◇ *comp* [coat, wrap] de chinchilla.

chin-chin *inf interj Br dated*: ~! [hello, goodbye] salut!; [in toast] tchin-tchin!

chine [tʃaɪn] *n* ANAT & CULIN échine *f*.

Chinese [,tʃaɪ'ni:z] (*pl inv*) ◇ *n* **-1.** [person] Chinois *m*, -e *f*. **-2.** LING chinois *m*. **-3.** *inf Br* [meal] repas *m* chinois.
◇ *adj* chinois; **the ~ embassy** l'ambassade de Chine.

Chinese burn *n Br* torture *f* indienne.
Chinese cabbage *n* chou *m* chinois.
Chinese chequers *n* *(U)* dames *fpl* chinoises.
Chinese gooseberry *n* kiwi *m (fruit)*.
Chinese lantern *n* lanterne *f* vénitienne.
Chinese leaves *npl* bettes *fpl*.
Chinese puzzle *n* casse-tête *m inv* chinois.
Chinese walls *npl murs imaginaires qui symbolisent la confidentialité indispensable dans certains milieux financiers et séparent des services qui, par ailleurs, travaillent côte à côte.*
chink [tʃɪŋk] ◇ *n* -**1.** [hole] fente *f*, fissure *f*; a ~ of light un rayon de lumière □ **we found a ~ in her armour** nous avons trouvé son point faible OR sensible. -**2.** [sound] tintement *m (de pièces de monnaie, de verres)*.
◇ *vi* [jingle] tinter.
◇ *vt* -**1.** [jingle] faire tinter. -**2.** *Am* [cracks] boucher les fentes dans.
Chink▼ [tʃɪnk] *n terme raciste désignant un Chinois,* ≃ Chinetoque *mf*.
chinless ['tʃɪnlɪs] *adj* [with receding chin] au menton fuyant; *fig* [cowardly] mou, sans caractère; **a ~ wonder** *inf fig Br* une chiffe molle.
chinning bar ['tʃɪnɪŋ-] *n* barre *f* fixe.
chinook [tʃɪ'nuːk] *n* [wind] chinook *m*.
Chinook [tʃɪ'nuːk] (*pl inv* OR **Chinooks**)
◇ *n* -**1.** [person] Chinook *mf*. -**2.** LING langue *f* des Chinooks, langue *f* chinook.
◇ *adj* chinook *inv*.
chinos ['tʃiːnəʊz] *npl* chinos *m*.
chinstrap ['tʃɪnstræp] *n* jugulaire *f (de casque)*.
chintz [tʃɪnts] ◇ *n* chintz *m*.
◇ *comp* [curtain] de chintz.
chintzy ['tʃɪntsɪ] (*compar* **chintzier**, *superl* **chintziest**) *adj* -**1.** *literal* [chair, sofa] recouvert de chintz. -**2.** *inf* **a ~ decor** un décor tout en tissus à fleurs. -**3.** *Am* [stingy - person] mesquin; [- measure, sum] misérable, insuffisant; [thing] de mauvaise qualité.
chin-up *n* traction *f* (à la barre fixe); **to do ~s** faire des tractions (à la barre fixe).
chinwag *inf* ['tʃɪnwæg] *n* causette *f*; **to have a ~ with sb** tailler une bavette avec qqn.
chip [tʃɪp] (*pt & pp* **chipped**, *cont* **chipping**)
◇ *n* -**1.** [piece] éclat *m*; [of wood] copeau *m*, éclat *m*; **she's a ~ off the old block** *inf* elle est bien la fille de son père OR de sa mère; **to have a ~ on one's shoulder** *inf* en vouloir à tout le monde. -**2.** [flaw - in dish, glass] ébréchure *f*; [- in chair, wardrobe] écornure *f*; **this glass has a ~ (in it)** ce verre est ébréché. -**3.** CULIN *Br* (pomme de terre *f*) frite *f*; *Am* chips *f inv*. -**4.** GAMES [counter] jeton *m*, fiche *f*; **to cash in one's ~s** *literal* se faire payer; *fig inf* casser sa pipe; **when the ~s are down** *inf* dans les moments difficiles; **to have had one's ~s** *inf Br* être fichu OR cuit. -**5.** COMPUT puce *f*. -**6.** [in golf] coup *m* coché.
◇ *vt* -**1.** [dish, glass] ébrécher; [furniture] écorner; [paint] écailler. -**2.** [cut into pieces] piler; **to ~ wood** faire des copeaux. -**3.** [shape by cutting] tailler. -**4.** *Br* CULIN couper en lamelles; **chipped potatoes** (pommes de terre *fpl*) frites *fpl*. -**5.** [in golf]: **to ~ the ball** cocher.
◇ *vi* [dish, glass] s'ébrécher; [furniture] s'écorner; [paint] s'écailler.
◆ **chip at** *vt insep* enlever des éclats de.
◆ **chip away at** *vt insep*: **to ~ away at sthg** décaper qqch.
◆ **chip in** *inf* ◇ *vi insep* -**1.** [contribute] contribuer; **we all chipped in with £5** nous avons tous donné 5 livres. -**2.** [speak] mettre son grain de sel; **he chipped in with a suggestion** il est intervenu pour faire une suggestion.
◇ *vt insep* -**1.** [contribute] contribuer, donner. -**2.** [say] dire.
◆ **chip off** *vt sep* enlever.
chip basket *n Br* CULIN panier *m* à frites.
chipboard ['tʃɪpbɔːd] *n (U) Br* (panneau *m* d') aggloméré *m*, panneau *m* de particules.
chipmunk ['tʃɪpmʌŋk] *n* tamia *m*, suisse *m Can*.
chipolata [,tʃɪpə'lɑːtə] *n* chipolata *f*.
chip pan *n* friteuse *f*.
Chippendale ['tʃɪpn,deɪl] *pr n* Chippendale *(style de mobilier britannique du XVIIIe siècle)*.
chipper *inf* ['tʃɪpəʳ] *adj* -**1.** [lively] vif, fringant; **I'm feeling very ~** j'ai la pêche. -**2.** [smartly dressed] chic, élégant.
chippie ['tʃɪpɪ] = **chippy**.
chipping ['tʃɪpɪŋ] *n* [gen] éclat *m*, fragment *m*; [of wood] copeau *m*, éclat *m*; [in roadwork] gravillon *m*; **'slow, loose ~s'** 'attention gravillons'.
chippy ['tʃɪpɪ] (*pl* **chippies**) *n* -**1.** *inf Br* [shop] *boutique où l'on vend du «fish and chips»*. -**2.** ▽ *Br & NZ* [carpenter] charpentier *m*. -**3.** ▽ *Am pej* [woman] femme *f* légère.
chip shop *n Br boutique où l'on vend du «fish and chips».*
chiromancer ['kaɪərəʊmænsəʳ] *n* chiromancien *m*, -enne *f*.
chiromancy ['kaɪərəʊmænsɪ] *n* chiromancie *f*.
chiropodist [kɪ'rɒpədɪst] *n* pédicure *mf*.
chiropody [kɪ'rɒpədɪ] *n (U)* [treatment] soins *mpl* du pied; [science] podologie *f*.
chiropractic [,kaɪrə'præktɪk] *n* chiropraxie *f*, chiropractie *f*.
chiropractor ['kaɪrə,præktəʳ] *n* chiropracteur *m*, chiropracticien *m*, -enne *f*.
chirp [tʃɜːp] ◇ *vi* [bird] pépier, gazouiller; [insect] chanter, striduler; [person] parler d'une voix flûtée.
◇ *n* [of bird] pépiement *m*, gazouillement *m*; [of insect] chant *m*, stridulation *f*.
chirpy *inf* ['tʃɜːpɪ] (*compar* **chirpier**, *superl* **chirpiest**) *adj* [person] gai, plein d'entrain; [mood, voice] gai, enjoué.
chirrup ['tʃɪrəp] ◇ *vi* [bird] pépier, gazouiller; [insect] chanter, striduler; [person] parler d'une voix flûtée.
◇ *n* [of bird] pépiement *m*, gazouillement *m*; [of insect] chant *m*, stridulation *f*.
chisel ['tʃɪzl] (*Br pt & pp* **chiselled**, *cont* **chiselling**, *Am pt & pp* **chiseled**, *cont* **chiseling**) ◇ *n* [gen] ciseau *m*; [for engraving] burin *m*.
◇ *vt* -**1.** [carve] ciseler; **to ~ a piece out of sthg** enlever un morceau de qqch au ciseau; **to ~ sthg from** OR **in** OR **out of marble** ciseler qqch dans du marbre; **chiselled features** *fig* traits burinés. -**2.** [engrave - form, name] graver au burin; [- plate] buriner. -**3.** [cheat]: **to ~ sb out of sthg** *inf* carotter qqch à qqn.
chiseller *inf Br*, **chiseler** *inf Am* ['tʃɪzələʳ] *n* carotteur *m*, -euse *f*.
chit [tʃɪt] *n* -**1.** [memo, note] note *f*; [voucher] bon *m*; [receipt] reçu *m*, récépissé *m*. -**2.** *inf dated & pej* [girl] gamine *f*, chipie *f*.
chitchat ['tʃɪttʃæt] ◇ *n* bavardage *m*, papotage *m*.
◇ *vi* bavarder, papoter.
chitlings ['tʃɪtlɪŋz], **chitterlings** ['tʃɪtəlɪŋz] *npl* tripes *fpl*.
chitty ['tʃɪtɪ] (*pl* **chitties**) *n Br* note *f*.
chivalrous ['ʃɪvlrəs] *adj* -**1.** [courteous] chevaleresque, courtois; [gallant] galant. -**2.** [exploit, tournament] chevaleresque.
chivalrously ['ʃɪvlrəslɪ] *adv* [courteously] de façon chevaleresque, courtoisement; [gallantly] galamment.
chivalry ['ʃɪvlrɪ] *n* -**1.** [courtesy] conduite *f* chevaleresque, courtoisie *f*; [gallantry] galanterie *f*; **the age of ~ is not dead** *hum* la galanterie existe encore. -**2.** [knights, system] chevalerie *f*.
chives [tʃaɪvz] *npl* ciboulette *f*, civette *f*; **add some ~s** ajoutez de la ciboulette OR civette.
chiv(v)y ['tʃɪvɪ] (*pt & pp* **chivvied** OR **chivied**) *vt* -**1.** *inf* [nag] harceler; **to ~ sb into doing sthg** harceler qqn jusqu'à ce qu'il fasse qqch; **stop chivvying me!** laisse-moi en paix! -**2.** [hunt - game] chasser; [- criminal] pourchasser.
◆ **chivvy up** *inf vt sep* faire activer.
chloral ['klɔːrəl] *n* chloral *m*.
chlorate ['klɔːreɪt] *n* chlorate *m*.
chloric ['klɔːrɪk] *adj* chlorique; **~ acid** acide *m* chlorique.
chloride ['klɔːraɪd] *n* chlorure *m*; **sodium ~** chlorure de sodium.
chlorinate ['klɔːrɪneɪt] *vt* [water] javelliser; CHEM chlorurer, chlorer.
chlorination [,klɔːrɪ'neɪʃn] *n* [of water] javellisation *f*, chloration *f*; CHEM chloration *f*.
chlorine ['klɔːriːn] ◇ *n* CHEM chlore *m*.
◇ *comp*: **~ bleach** eau *f* de Javel.
chlorite ['klɔːraɪt] *n* chlorite *f*.
chlorofluorocarbon ['klɔːrəʊ'flɔːrəʊ'kɑːbən] *n* chlorofluorocarbone *m*.
chloroform ['klɒrəfɔːm] ◇ *n* chloroforme *m*.
◇ *vt* chloroformer.
chlorophyll *Br*, **chlorophyl** *Am* ['klɒrəfɪl] *n* chlorophylle *f*.
chlorosis [klɔː'rəʊsɪs] *n* chlorose *f*.
choc *inf* [tʃɒk] *n* chocolat *m*.
choc-ice *n Br* Esquimau® *m*.
chock [tʃɒk] ◇ *n* [for door, wheel] cale *f*; [for barrel] cale *f*, chantier *m*; NAUT chantier *m*, cale *f*.
◇ *vt* [barrel, door, wheel] caler; NAUT mettre sur un chantier OR sur cales.
chock-a-block *inf*, **chock-full** *inf adj* [room, theatre] plein à craquer; [container] bourré, plein à ras bord; **the town is ~ with tourists** la ville est archipleine de touristes.
chocolate ['tʃɒkələt] ◇ *n* [drink, sweet] chocolat *m*; **a piece of ~** un morceau de chocolat; **a box of ~s** une boîte de chocolats; **a cup of (hot) ~** une tasse de chocolat (chaud).
◇ *adj* chocolat *(inv)*; **~ brown** (couleur *f*) chocolat *(inv)*.
◇ *comp* [biscuit, cake] au chocolat, chocolaté; **~ chip cookie** biscuit *m* avec des perles de chocolat.
chocolate-box *inf adj*: **a ~ landscape** un paysage très carte postale.
choice [tʃɔɪs] ◇ *n* -**1.** [act of choosing] choix *m*; **you'll have to make a ~** il faudra que tu choisisses OR que tu fasses un choix; **to make one's ~** faire son choix; **to have first ~** pouvoir choisir en premier; **it's your ~** c'est à vous de choisir OR décider; **by** OR **from ~** de OR par préférence; **the profession of her ~** la profession de son choix. -**2.** [option] choix *m*, option *f*; **they were given a ~ between basketball and soccer** ils ont eu le choix entre le basket et le foot; **you have no ~** vous n'avez pas le choix; **I had no ~ but to leave** je ne pouvais que partir. -**3.** [selection] choix *m*, assortiment *m*; **a wide ~ of goods** un grand choix de marchandises. -**4.** [thing, person chosen] choix *m*; **he would be a good ~ for president** il ferait un bon président; **you made the right/wrong ~** vous avez fait le bon/mauvais choix.
◇ *adj* -**1.** [fruit, meat] de choix, de première qualité. -**2.** [well-chosen - phrase, words] bien choisi; **in a few ~ words** en quelques mots bien choisis. -**3.** [coarse - language] grossier.
choir ['kwaɪəʳ] ◇ *n* -**1.** [group of singers] chœur *m*, chorale *f*; [in church] chœur *m*, maîtrise *f*; **we sing in the ~** [gen] nous faisons partie du chœur OR de la chorale; [in church] nous faisons partie du chœur, nous chantons dans la maîtrise. -**2.** ARCHIT chœur *m*. -**3.** [group of instruments] chœur *m*.
◇ *comp*: **~ practice** répétition *f* de la chorale.
choirboy ['kwaɪəbɔɪ] *n* jeune choriste *m*.
choirmaster ['kwaɪə,mɑːstəʳ] *n* [gen] chef *m* de chœur; [in church] maître *m* de chapelle.
choir school *n* maîtrise *f*.
choirstall ['kwaɪəstɔːl] *n* stalle *f* du chœur.
choke [tʃəʊk] ◇ *vi* étouffer, s'étouffer, s'étrangler; **to ~ on sthg** s'étouffer OR s'étrangler en avalant qqch de travers; **to ~ to death** mourir étouffé; **to ~ with laughter** s'étouffer OR s'étrangler de rire; **to ~ with rage** s'étouffer OR s'étrangler de rage.
◇ *vt* -**1.** [asphyxiate] étrangler, étouffer; **in a voice ~d with emotion** d'une voix étranglée par l'émotion. -**2.** [strangle] étrangler; **to ~ sb to death** étrangler qqn. -**3.** [clog] boucher, obs-

truer; ~d with traffic embouteillé, bouché; ~d with weeds étouffé par les mauvaises herbes. -4. TECH [engine, fire] étouffer.
◇ *n* -1. AUT starter *m*; TECH [in pipe] buse *f*. -2. [of artichoke] foin *m*.
◆ **choke back, choke down** *vt sep* [anger] refouler, étouffer; [tears] refouler, contenir; [complaint, cry] retenir.
◆ **choke off** *vt sep* [objection, opposition] étouffer (dans l'œuf); [discussion] empêcher; [person] envoyer promener OR paître.
◆ **choke up** *vt sep* -1. [road] boucher, embouteiller. -2. *inf* [emotionally] émouvoir, toucher profondément.

choked [tʃəʊkt] *adj* -1. [cry, voice] étranglé. -2. *inf Br* [person - moved] secoué; [- sad] peiné, attristé; [- annoyed] énervé, fâché.

choker ['tʃəʊkəʳ] *n* [necklace] collier *m* (court); [neckband] tour *m* de cou.

choking ['tʃəʊkɪŋ] *n* étouffement *m*, suffocation *f*.

cholera ['kɒlərə] *n* choléra *m*.

choleric ['kɒlərɪk] *adj* colérique, coléreux.

cholesterol [kə'lestərɒl] *n* cholestérol *m*.

chomp *inf* ['tʃɒmp] ◇ *vi* & *vt* mastiquer bruyamment.
◇ *n* mastication *f* bruyante.

Chomskyan ['tʃɒmskɪən] *adj* de Chomsky.

choose [tʃuːz] (*pt* chose [tʃəʊz], *pp* chosen ['tʃəʊzn]) ◇ *vt* -1. [select] choisir, prendre; I don't know what to ~ je ne sais pas quoi choisir; she chose a man as her assistant elle a pris un homme pour assistant; ~ your words carefully pesez bien vos mots; there's little OR not much to ~ between the two parties les deux partis se valent. -2. [elect] élire. -3. [decide] décider, juger bon; they chose to ignore his rudeness ils ont préféré ignorer sa grossièreté; I didn't ~ to invite her [invited unwillingly] je l'ai invitée contre mon gré.
◇ *vi* choisir; do as you ~ faites comme bon vous semble OR comme vous l'entendez OR comme vous voulez; you can come if you so ~ vous pouvez venir si cela vous dit OR si vous le voulez; she'll finish it when she so ~s elle le terminera quand bon lui semblera; there's not a lot to ~ from il n'y a pas beaucoup de choix.

choos(e)y *inf* ['tʃuːzɪ] (*compar* choosier, *superl* choosiest) *adj* difficile; she's very ~ about what she eats elle ne mange pas n'importe quoi, elle est très difficile sur la nourriture; you decide, I'm not ~ décide, cela m'est égal; he can't afford to be ~ il ne peut pas se permettre de faire le difficile.

chop [tʃɒp] (*pt* & *pp* chopped, *cont* chopping) ◇ *vt* -1. [cut - gen] couper; [- wood] couper; CULIN hacher. -2. [hit] donner un coup à, frapper. -3. *inf* [reduce - budget, funding] réduire, diminuer; [- project] mettre au rancart. -4. SPORT [ball] couper.
◇ *vi* [change direction] varier; to ~ and change changer constamment d'avis.
◇ *n* -1. [blow - with axe] coup *m* de hache; [- with hand] coup *m*; to get OR to be given the ~ *inf Br* [employee] être viré; [project] être mis au rancart; the welfare programmes are for the ~ *inf Br* les programmes d'assistance sociale vont être supprimés; he's for the ~ il va y passer. -2. CULIN [of meat] côtelette *f*. -3. GOLF coup *m* piqué; TENNIS volée *f* coupée OR arrêtée.
◆ **chops** *npl* [jowls - of person] joue *f*; [- of animal] bajoues *fpl*; to lick one's ~s se pourlécher les babines.
◆ **chop at** *vt insep* -1. [try to cut - gen] tenter de couper; [- with axe] donner des coups de hache à, tailler (à la hache). -2. [try to hit] essayer de frapper.
◆ **chop down** *vt sep* abattre.
◆ **chop off** *vt sep* trancher, couper; they chopped off the king's head ils ont coupé la tête au roi.
◆ **chop up** *vt sep* couper en morceaux, hacher; CULIN hacher.

chop-chop *inf* ◇ *adv* rapidement, vite; get to work ~! au travail et que ça saute!
◇ *interj*: ~! allez, et que ça saute!

chophouse ['tʃɒphaʊs, *pl* -haʊzɪz] *n* restaurant *m* spécialisé dans les grillades.

chopper ['tʃɒpəʳ] *n* -1. *Br* [axe] petite hache *f*; CULIN [cleaver] couperet *m*, hachoir *m*. -2. *inf* [helicopter] hélico *m*. -3. *inf* [motorcycle] chopper *m*; [bicycle] vélo *m* (*à haut guidon*).

chopping board ['tʃɒpɪŋ-] *n* planche *f* à découper.

choppy ['tʃɒpɪ] (*compar* choppier, *superl* choppiest) *adj* -1. [lake, sea] un peu agité; [waves] clapotant. -2. [wind] variable.

chopstick ['tʃɒpstɪk] *n* baguette *f* (*pour manger*).

chopsuey [,tʃɒp'suːɪ] *n* chop suey *m*.

choral ['kɔːrəl] ◇ *adj* choral.
◇ *n* = **chorale**.

chorale [kɒ'rɑːl] *n* -1. [hymn] chœur *m*, choral *m*. -2. *Am* [choir] chœur *m*, chorale *f*.

chord [kɔːd] *n* -1. ANAT & GEOM corde *f*. -2. MUS [group of notes] accord *m*; to strike OR to touch a ~ toucher la corde sensible.

chore [tʃɔːʳ] *n* [task - routine] travail *m* de routine; [- unpleasant] corvée *f*; household ~s travaux *mpl* ménagers; I have to do the ~s *Am* il faut que je fasse le ménage.

choreograph ['kɒrɪəgrɑːf] *vt* [ballet, dance] chorégraphier, faire la chorégraphie de; *fig* [meeting, party] organiser.

choreographer [,kɒrɪ'ɒgrəfəʳ] *n* chorégraphe *mf*.

choreographic [,kɒrɪə'græfɪk] *adj* chorégraphique.

choreography [,kɒrɪ'ɒgrəfɪ] *n* chorégraphie *f*.

chorister ['kɒrɪstəʳ] *n* choriste *mf*.

chortle ['tʃɔːtl] ◇ *vi* glousser; to ~ with delight at OR over sthg glousser de plaisir à propos de qqch; he ~d to himself il riait discrètement dans son coin.
◇ *n* gloussement *m*, petit rire *m*.

chorus ['kɔːrəs] ◇ *n* -1. [choir] chœur *m*, chorale *f*. -2. [piece of music] chœur *m*, choral *m*. -3. [refrain] refrain *m*; we all joined in (on) the ~ nous avons tous repris le refrain (en chœur). -4. THEAT [dancers, singers] troupe *f*; [speakers] chœur *m*; he started his career in the ~ il a débuté dans la troupe; I'm part of the ~ je fais partie de la troupe. -5. [of complaints, groans] concert *m*.
◇ *vt* [song] chanter en chœur; [poem] réciter en chœur; [approval, discontent] dire OR exprimer en chœur.

chorus girl *n* girl *f*.

chorus line *n* troupe *f*.

chose [tʃəʊz] *pt* → **choose**.

chosen ['tʃəʊzn] ◇ *pp* → **choose**.
◇ *adj* choisi; she told only a ~ few elle ne s'est confiée qu'à quelques privilégiés; a few well ~ words quelques termes (bien) choisis; the ~ people les élus *mpl*.
◇ *npl*: the ~ les élus *mpl*.

chough [tʃʌf] *n* crave *m*.

chow [tʃaʊ] *n* -1. [dog] chow-chow *m*. -2. *inf* [food] bouffe *f*.
◆ **chow down** *inf vi insep* & *vt insep Am* bouffer.

chow chow = **chow 1**.

chowder ['tʃaʊdəʳ] *n* *potage épais qui contient du poisson ou des fruits de mer.*

chris(o)m ['krɪzm] *n* chrême *m*.

Christ [kraɪst] ◇ *pr n* le Christ, Jésus-Christ *m*; the ~ child l'enfant *m* Jésus.
◇ *interj*: ~!▽ Bon Dieu (de Bon Dieu)!

Christchurch ['kraɪs,tʃɜːtʃ] *pr n* Christchurch.

christen ['krɪsn] *vt* -1. [gen] appeler, nommer; [nickname] baptiser, surnommer; NAUT & RELIG baptiser; she was ~ed Victoria but is known as Vicky son nom de baptême est Victoria mais tout le monde l'appelle Vicky; he was ~ed after his grandfather on lui avait donné le nom de son grand-père; we ~ed the car "the Crate" nous avons baptisé la voiture «le Tacot». -2. *inf* [use for first time] étrenner.

Christendom ['krɪsndəm] *n* chrétienté *f*.

christening ['krɪsnɪŋ] *n* baptême *m*.

Christian ['krɪstʃən] ◇ *n* chrétien *m*, -enne *f*; to become a ~ se convertir au christianisme.
◇ *adj literal* chrétien; *fig* [charitable] charitable, bon.

Christianity [,krɪstɪ'ænətɪ] *n* [religion] christianisme *m*.

Christianize, -ise ['krɪstjənaɪz] *vt* christianiser.

Christian name *n* nom *m* de baptême, prénom *m*; his ~ is Frank il s'appelle Frank.

Christian Science *n* la Science chrétienne.

Christian Scientist *n* scientiste chrétien *m*, scientiste chrétienne *f*.

Christlike ['kraɪstlaɪk] *adj* semblable OR qui ressemble au Christ.

Christmas ['krɪsməs] ◇ *n* Noël *m*; where are you celebrating ~? où fêtez-vous Noël?; I'm staying with my parents over ~ je vais passer Noël chez mes parents; at ~ à Noël; for ~ pour Noël; Merry ~! joyeux Noël!
◇ *comp* [party, present] de Noël; ~ **bonus** *prime de fin d'année versée par l'État aux retraités, ou par l'employeur à ses salariés en Grande-Bretagne*; ~ **dinner** déjeuner de Noël *(comprenant de la dinde rôtie et le pudding de Noël)*; ~ **holiday** [day] Noël *m*; [vacation] vacances *fpl* de Noël; everyone is getting ready for the ~ holidays tout le monde prépare les fêtes.

Christmas box *n Br* étrennes *fpl (offertes à Noël)*.

Christmas cake *n* gâteau *m* de Noël *(cake décoré au sucre glace)*.

Christmas card *n* carte *f* de Noël.

Christmas carol *n* chant *m* de Noël, noël *m*; RELIG cantique *m* de Noël; **'A Christmas Carol'** *Dickens* 'le Chant de Noël'.

Christmas club *n caisse de contributions pour les cadeaux de Noël.*

Christmas Day *n* le jour de Noël.

Christmas Eve *n* la veille de Noël.

Christmas Island *pr n* l'île *f* Christmas; on ~ à l'île Christmas.

Christmas pudding *n Br* pudding *m*, plum-pudding *m*.

Christmas rose *n* rose *f* de Noël.

Christmas stocking *n chaussette que les enfants suspendent à la cheminée pour que le père Noël y dépose les cadeaux.*

Christmassy ['krɪsməsɪ] *adj* qui rappelle la fête de Noël; the town looks so ~ la ville a un tel air de fête.

Christmastide ['krɪsmətaɪd] *n lit* la période de Noël OR des fêtes (de fin d'année) *(du 24 décembre au 6 janvier)*.

Christmastime ['krɪsməstaɪm] *n* la période de Noël OR des fêtes (de fin d'année).

Christmas tree *n* sapin *m* OR arbre *m* de Noël.

Christopher ['krɪstəfəʳ] *pr n*: Saint ~ saint Christophe.

chromatic [krə'mætɪk] *adj* chromatique; ~ **scale** MUS gamme *f* chromatique; ~ **colour** PHYS couleur *f* chromatique; ~ **printing** TYPO impression *f* polychrome.

chromaticism [krə'mætɪsɪzm] *n* chromatisme *m*.

chromatography [,krəʊmə'tɒgrəfɪ] *n* chromatographie *f*.

chrome [krəʊm] ◇ *n* chrome *m*.
◇ *adj* [fittings, taps] chromé.

chrome green *n* vert *m* de chrome.

chrome red *n* rouge *m* de chrome.

chrome steel *n* acier *m* chromé, chromé *m*.

chrome yellow *n* jaune *m* de chrome.

chromium ['krəʊmɪəm] *n* chrome *m*.

chromium-plated [-'pleɪtɪd] *adj* chromé.

chromium-plating [-'pleɪtɪŋ] *n* chromage *m*.

chromolithograph [,krəʊməʊ'lɪθəgrɑːf] *n* chromolithographie *f*.

chromolithography [,krəʊməʊlɪ'θɒgrəfɪ] *n* chromolithographie *f*.

chromosome [ˈkrəʊməsəʊm] *n* chromosome *m*.

chromosome number *n* nombre *m* chromosomique.

chronic [ˈkrɒnɪk] *adj* -**1.** [long-lasting - illness, unemployment] chronique. -**2.** [habitual - smoker, gambler] invétéré. -**3.** [serious - problem, situation] difficile, grave. -**4.** *inf Br* [very bad] atroce, affreux.

chronically [ˈkrɒnɪklɪ] *adv* -**1.** [habitually] chroniquement. -**2.** [severely] gravement, sérieusement.

chronicle [ˈkrɒnɪkl] ◇ *n* chronique *f*; **their holiday was a ~ of misadventures** leurs vacances furent une succession de mésaventures.
◇ *vt* faire la chronique de, raconter.
◆ **Chronicles** *n*: the (Book of) Chronicles le livre des Chroniques.

chronicler [ˈkrɒnɪkləʳ] *n* chroniqueur *m*, -euse *f*.

chronograph [ˈkrɒnəgrɑːf] *n* chronographe *m*.

chronological [ˌkrɒnəˈlɒdʒɪkl] *adj* chronologique; **in ~ order** par ordre OR dans un ordre chronologique.

chronologically [ˌkrɒnəˈlɒdʒɪklɪ] *adv* chronologiquement, par ordre chronologique.

chronology [krəˈnɒlədʒɪ] *n* chronologie *f*.

chronometer [krəˈnɒmɪtəʳ] *n* chronomètre *m*.

chronometry [krəˈnɒmɪtrɪ] *n* chronométrie *f*.

chrysalid [ˈkrɪsəlɪd] (*pl* **chrysalides** [krɪˈsælɪdiːz]) *n* chrysalide *f*.

chrysalis [ˈkrɪsəlɪs] (*pl* **chrysalises**) *n* chrysalide *f*.

chrysanthemum [krɪˈsænθəməm] *n* chrysanthème *m*.

chub [tʃʌb] (*pl inv* OR **chubs**) *n* chevesne *m*, chevaine *m*, chevenne *m*.

Chubb lock® [tʃʌb-] *n type de serrure réputé incrochetable.*

chubby [ˈtʃʌbɪ] (*compar* **chubbier**, *superl* **chubbiest**) *adj* [fingers, person] potelé; [face] joufflu; **~-cheeked** joufflu.

chuck [tʃʌk] ◇ *vt* -**1.** *inf* [toss] jeter, lancer; **she ~ed him the ball** elle lui a lancé OR envoyé le ballon; **they ~ed him off the bus** ils l'ont vidé du bus. -**2.** *inf* [give up - activity, job] laisser tomber, lâcher. -**3.** *inf* [jilt - boyfriend, girlfriend] plaquer. -**4.** [tap] tapoter; **she ~ed the child under the chin** elle a tapoté le menton l'enfant.
◇ *n Br* -**1.** [tap] petite tape *f*; **he gave her a ~ under the chin** il lui a tapoté le menton. -**2.** TECH mandrin *m*. -**3.** = **chuck steak**. -**4.** *phr*: **to give sb the ~** *inf* [employee] virer OR vider qqn; [boyfriend, girlfriend] plaquer qqn.
◆ **chuck away** *inf vt sep* [old clothing, papers] balancer; [chance, opportunity] laisser passer; [money] jeter par les fenêtres.
◆ **chuck in** *inf vt sep Br* [give up - activity, job] lâcher; [- attempt] renoncer à.
◆ **chuck out** *inf vt sep* [old clothing, papers] balancer; [person] vider, sortir; **he ~ed the troublemakers out** il a flanqué les provocateurs à la porte.
◆ **chuck up**▽ *vi insep* [vomit] vomir.

chucker-out *inf* [ˌtʃʌkər-] *n Br* videur *m*.

chuckle [ˈtʃʌkl] ◇ *vi* glousser, rire; **to ~ with delight** rire avec jubilation; **he ~d to himself** il riait tout seul.
◇ *n* gloussement *m*, petit rire *m*; **they had a good ~ over her mishap** sa mésaventure les a bien fait rire.

chucklehead *inf* [ˈtʃʌklhed] *n Br* balourd *m*, -e *f*.

chuck steak *n* morceau *m* de bœuf dans le paleron.

chuck wagon *n* cantine *f* ambulante *(pour les cowboys)*.

chuff [tʃʌf] *vi* souffler, haleter; **the train ~ed up the hill** le train a monté la pente en haletant.

chuffed *inf* [tʃʌft] *adj Br* vachement OR super content, ravi; **to be ~ about** OR **at sthg** être ravi de qqch.

chug [tʃʌg] ◇ *vi* -**1.** [make noise - engine, car, train] s'essouffler, haleter. -**2.** [move] avancer en soufflant OR en haletant.
◇ *n* [of engine, car, train] halètement *m*.

chukka, chukker [ˈtʃʌkə] *n* [in polo] période *f* de jeu *(de sept minutes et demie)*.

chukka boot, chukker boot *n* bottine *f (portée par les joueurs de polo)*.

chum *inf* [tʃʌm] *n* copain *m*, copine *f*; **the game's up, ~** c'est fichu, mon vieux.
◆ **chum up** *inf vi insep*: **to ~ up with sb** devenir copain *m*/copine *f* avec qqn.

chummy *inf* [ˈtʃʌmɪ] (*compar* **chummier**, *superl* **chummiest**) *adj* amical; **to be ~ with sb** être copain/copine avec qqn.

chump *inf* [tʃʌmp] *n dated* -**1.** [dolt - boy] ballot *m*; [- girl] gourde *f*. -**2.** *Br* [head] boule *f*; **you're off your ~!** tu as perdu la boule!

chump chop *n Br* côte *f (d'agneau)*.

chunder▽ [ˈtʃʌndəʳ] ◇ *vi* dégueuler.
◇ *n* vomi *m*.

chunk [tʃʌŋk] *n* [of meat, wood] gros morceau *m*; [of budget, time] grande partie *f*.

chunky [ˈtʃʌŋkɪ] (*compar* **chunkier**, *superl* **chunkiest**) *adj* -**1.** [person - stocky] trapu; [- chubby] potelé, enrobé; [food, stew] avec des morceaux. -**2.** *Br* [clothing, sweater] de grosse laine.

Chunnel *inf* [ˈtʃʌnl] *n Br*: **the ~** *terme familier désignant le tunnel sous la Manche.*

church [tʃɜːtʃ] ◇ *n* -**1.** [building - gen] église *f*; [- Protestant] église *f*, temple *m*. -**2.** [religious services - Protestant] office *m*; [- Catholic] messe *f*; **to be at** OR **in ~** [Protestants] être à l'office OR au temple; [Catholics] être à la messe; **to go to ~** [Protestants] aller au temple OR à l'office; [Catholics] aller à la messe OR à l'église; **do you go to ~?** êtes-vous pratiquant? -**3.** *(U)* [clergy]: **the ~** les ordres *mpl*; **to go into the ~** entrer dans les ordres.
◇ *vt Br* [gen] faire assister à la messe; [woman after childbirth] faire assister à la messe de relevailles.
◆ **Church** *n* [institution]: **the Church** l'Église *f*; **Church and State** l'Église et l'État ❑ **the Church Commissioners** *commission nommée par le gouvernement pour gérer les finances de l'Église d'Angleterre*; **Church of Christ, Scientist** Église de la Science chrétienne; **Church of England** Église anglicane; **Church of France/of Scotland** Église de France/d'Écosse; **Church of Rome** Église catholique.

THE CHURCH OF ENGLAND:
L'Église d'Angleterre (de confession anglicane) est l'Église officielle de la Grande-Bretagne; son chef laïc est le souverain, son chef spirituel l'archevêque de Cantorbéry.

---

churchgoer [ˈtʃɜːtʃˌgəʊəʳ] *n* pratiquant *m*, -e *f*.

church hall *n* salle *f* paroissiale.

churching [ˈtʃɜːtʃɪŋ] *n (U) Br* relevailles *fpl*.

churchman [ˈtʃɜːtʃmən] (*pl* **churchmen** [-mən]) *n* [clergyman] ecclésiastique *m*; [churchgoer] pratiquant *m*.

church school *n* ≃ catéchisme *m*.

churchwarden [ˌtʃɜːtʃˈwɔːdn] *n* bedeau *m*, marguillier *m*.

churchwoman [ˈtʃɜːtʃˌwʊmən] (*pl* **churchwomen** [-ˌwɪmɪn]) *n* pratiquante *f*.

churchy [ˈtʃɜːtʃɪ] (*compar* **churchier**, *superl* **churchiest**) *adj* -**1.** [atmosphere, song] qui rappelle l'église. -**2.** *pej* [person] bigot; **she's very ~** c'est une grenouille de bénitier *pej*.

churchyard [ˈtʃɜːtʃjɑːd] *n* [grounds] terrain *m* autour de l'église; [graveyard] cimetière *m (autour d'une église)*.

churl [tʃɜːl] *n dated* [ill-bred person] rustre *m*, malotru *m*; [surly person] ronchon *m*.

churlish [ˈtʃɜːlɪʃ] *adj* [rude] fruste, grossier; [bad-tempered - person] qui a mauvais caractère, revêche; [- attitude, behaviour] revêche, désagréable; **it would be ~ not to acknowledge the invitation** ce serait grossier OR impoli de ne pas répondre à l'invitation.

churlishly [ˈtʃɜːlɪʃlɪ] *adv* [rudely] grossièrement; [in bad-tempered manner] hargneusement, de façon revêche.

churlishness [ˈtʃɜːlɪʃnɪs] *n* [rudeness] grossièreté *f*; [bad temper - habitual] mauvais caractère *m*; [- temporary] mauvaise humeur *f*.

churn [tʃɜːn] ◇ *vt* -**1.** [cream] baratter. -**2.** [mud] remuer; [water] faire bouillonner.
◇ *vi* [sea, water] bouillonner; **the thought made my stomach ~** j'ai eu l'estomac tout retourné à cette idée.
◇ *n* -**1.** [for butter] baratte *f*. -**2.** *Br* [milk can] bidon *m*.
◆ **churn out** *inf vt sep* -**1.** [produce rapidly - gen] produire rapidement; [- novels, reports] pondre à la chaîne OR en série. -**2.** [produce mechanically] débiter.
◆ **churn up** *vt sep* [mud] remuer; [sea, water] faire bouillonner.

churning [ˈtʃɜːnɪŋ] *n* [act] barattage *m*.

chute [ʃuːt] *n* -**1.** [for parcels] glissière *f*. -**2.** [for sledding, in swimming pool] toboggan *m*. -**3.** [in river] rapide *m*. -**4.** *inf* [parachute] parachute *m*.

chutney [ˈtʃʌtnɪ] *n* chutney *m (condiment à base de fruits)*.

chutzpah *inf* [ˈhʊtspə] *n esp Am* culot *m*.

CI *written abbr of* **Channel Islands**.

CIA (*abbr of* **Central Intelligence Agency**) *pr n* CIA *f*.

ciborium [sɪˈbɔːrɪəm] *n* ciborium *m*.

cicada [sɪˈkɑːdə] (*pl* **cicadas** OR **cicadae** [-diː]) *n* cigale *f*.

cicatrice [ˈsɪkətrɪs], **cicatrix** [ˈsɪkətrɪks] (*pl* **cicatrices** [ˌsɪkəˈtraɪsiːz]) *n* cicatrice *f*.

Cicero [ˈsɪsəˌrəʊ] *pr n* Cicéron.

cicerone [ˌtʃɪtʃəˈrəʊnɪ] (*pl* **cicerones** OR **ciceroni** [-niː]) *n* cicérone *m lit*, guide *m*.

Ciceronian [ˌsɪsəˈrəʊnɪən] *adj* cicéronien.

Cid [sɪd] *pr n*: **El ~** le Cid.

CID (*abbr of* **Criminal Investigation Department**) *pr n police judiciaire britannique*, ≃ PJ.

cider [ˈsaɪdəʳ] ◇ *n* cidre *m*.
◇ *comp*: **~ press** pressoir *m* à cidre; **~ vinegar** vinaigre *m* de cidre.

cider apple *n* pomme *f* à cidre.

CIF (*abbr of* **cost, insurance and freight**) *adv* CAF, caf.

cig *inf* [sɪg] *n* clope *m or f*, sèche *f*.

cigar [sɪˈgɑːʳ] ◇ *n* cigare *m*.
◇ *comp* [box, case, tobacco] à cigares; [ash, smoke] de cigare; **~ holder** fume-cigare *m inv*; **~ lighter** allume-cigare *m inv*; **~-shaped** en forme de cigare.

cigaret [ˌsɪgəˈret] *Am* = **cigarette**.

cigarette [ˌsɪgəˈret] ◇ *n* cigarette *f*.
◇ *comp* [ash, smoke] de cigarette; [packet, smoke] de cigarettes; [paper, tobacco] à cigarettes; **~ case** étui *m* à cigarettes, porte-cigarettes *m inv*.

cigarette card *n image offerte autrefois avec chaque paquet de cigarettes.*

cigarette end *n* mégot *m*.

cigarette holder *n* fume-cigarette *m inv*.

cigarette lighter *n* briquet *m*.

cigarillo [ˌsɪgəˈrɪləʊ] (*pl* **cigarillos**) *n* petit cigare *m*, cigarillo *m*.

ciggie *inf* [ˈsɪgɪ] *n* clope *m or f*, sèche *f*.

cilium [ˈsɪlɪəm] (*pl* **cilia** [-lɪə]) *n* ANAT & BIOL cil *m*.

C-in-C *written abbr of* **Commander-in-Chief**.

cinch [sɪntʃ] ◇ *n* -**1.** *inf* **it's a ~** [certainty] c'est du tout cuit; [easy to do] c'est du gâteau. -**2.** *Am* [girth] sous-ventrière *f*, sangle *f (de selle)*.
◇ *vt Am* [horse] sangler; [saddle] attacher par une sangle.

Cincinnati [ˌsɪnsɪˈnætɪ] *pr n* Cincinnati.

cinder [ˈsɪndəʳ] *n* cendre *f*; **~s** [in fireplace] cendres; [from furnace, volcano] scories *fpl*; **burnt to a ~** réduit en cendres.

cinder block *n Am* parpaing *m*.

Cinderella [ˌsɪndəˈrelə] ◇ *pr n* Cendrillon.
◇ *n fig* parent *m* pauvre.

cinder track *n* (piste *f*) cendrée *f*.

cineast(e) ['sɪnɪæst] *n* cinéphile *mf*.

cinecamera ['sɪnɪ,kæmərə] *n Br* caméra *f*.

cine-film ['sɪnɪ-] *n Br* film *m*.

cinema ['sɪnəmə] *n* [building] *Br* cinéma *m*; to go to the ~ aller au cinéma ‖ [industry] (industrie *f* du) cinéma *m*.

cinemagoer ['sɪnɪmə,gəʊəʳ] *n* personne *f* qui fréquente les cinémas.

Cinemascope® ['sɪnəməskəʊp] *n* Cinémascope® *m*.

cinematic [,sɪnɪ'mætɪk] *adj* cinématique.

cinematograph [,sɪnə'mætəgrɑːf] *n Br* cinématographe *m*.

cinematography [,sɪnəmə'tɒgrəfɪ] *n Br* cinématographie *f*.

cine-projector ['sɪnɪ-] *n Br* projecteur *m* de cinéma.

Cinerama® [,sɪnə'rɑːmə] *n* Cinérama® *m*.

cineraria [,sɪnə'reərɪə] ◇ *pl* → **cinerarium**.
◇ *n* BOT cinéraire *f*.

cinerarium [,sɪnə'reərɪəm] (*pl* cineraria [-rɪə]) *n* cinéraire *m*.

cinnabar ['sɪnəbɑːʳ] *n* cinabre *m*.

cinnamon ['sɪnəmən] ◇ *n* -**1.** [spice] cannelle *f*. -**2.** [colour] cannelle *f*.
◇ *adj* cannelle *(inv)*.
◇ *comp* [flavour] à la cannelle.

Cinque Ports ['sɪŋkpɔːts] *pl pr n* Cinq ports *mpl (ancienne confédération réunissant les cinq ports de la côte sud-est de l'Angleterre)*.

cipher ['saɪfəʳ] ◇ *n* -**1.** [code] chiffre *m*, code *m* secret; **written in ~** crypté, codé. -**2.** [monogram] chiffre *m*, monogramme *m*. -**3.** [Arabic numeral] chiffre *m*. -**4.** *lit* [zero] zéro *m*; **they're mere ~s** *fig* ce sont des moins que rien.
◇ *vt* -**1.** [encode] crypter, chiffrer, coder. -**2.** MATH chiffrer.

circa ['sɜːkə] *prep* circa, vers.

circadian [sɜː'keɪdɪən] *adj* circadien.

Circe ['sɜːsɪ] *pr n* Circé.

circle ['sɜːkl] ◇ *n* -**1.** [gen & GEOM] cercle *m*; **we stood in a ~ around him** nous formions (un) cercle OR nous nous tenions en cercle autour de lui; **she had dark ~s under her eyes** elle avait des cernes sous les yeux OR les yeux cernés; **he had us going** OR **running round in ~s trying to find the information** il nous a fait tourner en rond à chercher les renseignements; **to come full ~** revenir au point de départ, boucler la boucle. -**2.** [group of people] cercle *m*, groupe *m*; **she has a wide ~ of friends** elle a beaucoup d'amis OR un grand cercle d'amis; **his ~ of advisors** son groupe de conseillers; **in artistic/political ~s** dans les milieux artistiques/politiques. -**3.** THEAT balcon *m*.
◇ *vt* -**1.** [draw circle round] entourer (d'un cercle), encercler. -**2.** [move round] tourner autour de; **the moon ~s the earth** la lune est en orbite autour OR tourne autour de la terre. -**3.** [surround] encercler, entourer.
◇ *vi* -**1.** [bird, plane] faire OR décrire des cercles; **the plane ~d overhead** l'avion a décrit des cercles dans le ciel. -**2.** [planet] tourner.

circlet ['sɜːklɪt] *n* [on head - crown] couronne *f*; [- for hair] bandeau *m*; [on arm] brassard *m*; [on finger] anneau *m*.

circuit ['sɜːkɪt] *n* -**1.** [series of events, places] circuit *m*; **the tennis ~** le circuit des matches de tennis. -**2.** [periodical journey] tournée *f*; JUR tournée *f (d'un juge d'assises)*; **to be on the western ~** faire la tournée de l'ouest. -**3.** [journey around] circuit *m*, tour *m*; **we made a ~ of the grounds** nous avons fait le tour des terrains; **the Earth's ~ around the Sun** l'orbite de la terre autour du soleil. -**4.** ELEC circuit *m*. -**5.** SPORT [track] circuit *m*, parcours *m*.

circuit breaker *n* ELEC disjoncteur *m*.

circuit judge *n juge itinérant*.

circuitous [sə'kjuːɪtəs] *adj* [route] qui fait un détour, détourné; [journey] compliqué; *fig* [reasoning, thinking] contourné, compliqué.

circuitry ['sɜːkɪtrɪ] *n* système *m* de circuits.

circuit training *n* SPORT préparation *f* OR entraînement *m (en accomplissant plusieurs sortes d'exercices)*.

circular ['sɜːkjʊləʳ] ◇ *adj* -**1.** [movement, shape, ticket] circulaire; **~ journey** voyage *m* circulaire, circuit *m* ❑ **~ letter** OR **memo** circulaire *f*; **~ saw** scie *f* circulaire. -**2.** [reasoning] faux, mal fondé; **~ argument** pétition *f* de principe.
◇ *n* -**1.** [letter, memo] circulaire *f*. -**2.** [advertisement] prospectus *m*.

circularity [,sɜːkjʊ'lærətɪ] *n* -**1.** [of movement, shape] forme *f* circulaire. -**2.** [of argument, reasoning] circularité *f*.

circularize, -ise ['sɜːkjʊləraɪz] *vt* [send letters to] envoyer des circulaires à; [send advertising to] envoyer des prospectus à.

circulate ['sɜːkjʊleɪt] ◇ *vt* [book, bottle] faire circuler; [document - from person to person] faire circuler; [- in mass mailing] diffuser; [news, rumour] propager.
◇ *vi* circuler.

circulating decimal ['sɜːkjʊleɪtɪŋ-] *n* fraction *f* périodique.

circulating library *n* bibliothèque *f* de prêt.

circulation [,sɜːkjʊ'leɪʃn] *n* -**1.** [gen & FIN] circulation *f*; **to be in ~** [book, money] être en circulation; [person] être dans le circuit; **she's out of ~ at the moment** elle a disparu de la circulation pour l'instant. -**2.** [of magazine, newspaper] diffusion *f*; **the Times has a ~ of 200,000** le Times tire à 200 000 exemplaires. -**3.** ANAT & BOT circulation *f*; **to have good/poor ~** avoir une bonne/une mauvaise circulation. -**4.** [of traffic] circulation *f*.

circulatory [,sɜːkjʊ'leɪtərɪ] *adj* circulatoire.

circumcise ['sɜːkəmsaɪz] *vt* circoncire.

circumcision [,sɜːkəm'sɪʒn] *n* [act] circoncision *f*; [religious rite] (fête *f* de la) circoncision *f*.

circumference [sə'kʌmfərəns] *n* circonférence *f*.

circumflex ['sɜːkəmfleks] ◇ *n* accent *m* circonflexe.
◇ *adj* circonflexe.

circumlocution [,sɜːkəmlə'kjuːʃn] *n* circonlocution *f*.

circumlocutory [,sɜːkəm'lɒkjʊtərɪ] *adj* qui procède par circonlocutions.

circumlunar [,sɜːkəm'luːnəʳ] *adj* circumlunaire.

circumnavigate [,sɜːkəm'nævɪgeɪt] *vt* [iceberg, island] contourner *(en bateau)*; **to ~ the world** faire le tour du monde en bateau, naviguer autour du globe.

circumnavigation ['sɜːkəm,nævɪ'geɪʃn] *n* circumnavigation *f*.

circumscribe ['sɜːkəmskraɪb] *vt* -**1.** [restrict] circonscrire, limiter. -**2.** GEOM circonscrire.

circumscription [,sɜːkəm'skrɪpʃn] *n* circonscription *f*.

circumsolar [,sɜːkəm'səʊləʳ] *adj* autour du soleil.

circumspect ['sɜːkəmspekt] *adj* circonspect.

circumspection [,sɜːkəm'spekʃn] *n* circonspection *f*.

circumspectly ['sɜːkəmspektlɪ] *adv* avec circonspection.

circumstance ['sɜːkəmstəns] *n* -**1.** *(U)*: force of ~ contrainte *f* OR force *f* des circonstances; **I am a victim of ~** je suis victime des circonstances. -**2.** *fml (U)* [ceremony] : **pomp and ~** grand apparat *m*, pompe *f fml*.
◆ **circumstances** *npl* -**1.** [conditions] circonstance *f*, situation *f*; **in** OR **under these ~s** dans les circonstances actuelles, vu la situation actuelle OR l'état actuel des choses; **in** OR **under exceptional ~s** dans des circonstances exceptionnelles; **in** OR **under normal ~s** en temps normal; **under no ~s** en aucun cas; **under similar ~s** en pareil cas. -**2.** [facts] circonstance *f*, détail *m*; **the ~s of her death** les circonstances de sa mort; **you have to take into account the ~s** il faut tenir compte des circonstances.

circumstantial [,sɜːkəm'stænʃl] *adj* -**1.** [incidental] accidentel, fortuit; JUR [evidence] indirect. -**2.** *fml* [description, report] circonstancié, détaillé.

circumstantiate [,sɜːkəm'stænʃɪeɪt] *vt* [event, report] donner des détails circonstanciés sur; JUR [evidence] confirmer en donnant des détails sur.

circumvent [,sɜːkəm'vent] *vt* -**1.** [law, rule] tourner, contourner. -**2.** [outwit - person] circonvenir *fml*, manipuler; [- plan] faire échouer. -**3.** [enemy] encercler, entourer.

circumvention [,sɜːkəm'venʃn] *n* [of law, rule] fait *m* de tourner OR contourner.

circus ['sɜːkəs] ◇ *n* -**1.** [gen & ANTIQ] cirque *m*. -**2.** *Br* [roundabout] rond-point *m*.
◇ *comp* [clown, company, tent] de cirque.

cirque [sɜːk] *n* cirque *m* GEOL.

cirrhosis [sɪ'rəʊsɪs] *n* cirrhose *f*.

cirrocumulus [,sɪrəʊ'kjuːmjʊləs] (*pl* cirrocumuli [-laɪ]) *n* cirrocumulus *m*.

cirrostratus [,sɪrəʊ'strɑːtəs] (*pl* **cirrostrati** [-taɪ]) *n* cirrostratus *m*.

cirrus ['sɪrəs] (*pl* cirri [-raɪ]) *n* -**1.** [cloud] cirrus *m*. -**2.** BOT vrille *f*.

CIS (*abbr of* Commonwealth of Independent States) *pr n* CEI *f*; **in the ~** dans la CEI.

Cisalpine [sɪs'ælpaɪn] *adj* cisalpin; **~ Gaul** Gaule *f* cisalpine.

cissy ['sɪsɪ] = **sissy**.

Cistercian [sɪ'stɜːʃn] ◇ *n* cistercien *m*, -enne *f*.
◇ *adj* cistercien; **~ monk** cistercien *m*; **~ nun** cistercienne *f*; **the ~ Order** l'ordre *m* de Cîteaux.

cistern ['sɪstən] *n* [tank] citerne *f*; [for toilet] réservoir *m* de chasse d'eau.

citadel ['sɪtədəl] *n literal* & *fig* citadelle *f*.

citation [saɪ'teɪʃn] *n* citation *f*.

cite [saɪt] *vt* -**1.** [quote] citer; **he ~d it as an example** il l'a cité en exemple. -**2.** [commend] citer; **she was ~d for bravery** elle a été citée pour sa bravoure. -**3.** JUR citer; **they were ~d to appear as witnesses** ils étaient cités comme témoins.

citizen ['sɪtɪzn] *n* -**1.** [of nation, state] citoyen *m*, -enne *f*; ADMIN [national] ressortissant *m*, -e *f*; **to become a French ~** prendre la nationalité française. -**2.** [of town] habitant *m*, -e *f*; **the ~s of Rome** les habitants de Rome, les Romains. -**3.** [civilian] civil *m*, -e *f (opposé à militaire)* ❑ **~'s arrest** *arrestation par un citoyen d'une personne soupçonnée d'avoir commis un délit*; **'Citizen Kane'** *Welles* 'Citizen Kane'.

citizenry ['sɪtɪznrɪ] *n* [of nation] (ensemble *m* des) citoyens *mpl*; [of town] (ensemble *m* des) habitants *mpl*.

Citizens' Advice Bureau *pr n en Grande-Bretagne, bureau où les citoyens peuvent obtenir des conseils d'ordre juridique, social etc.*

Citizen's Band *n fréquence (de radio) réservée au public*; **~ radio** CB *f*; **~ user** cibiste *mf*.

Citizen's Charter *n programme lancé par le gouvernement britannique en 1991 et qui vise à améliorer la qualité des services publics.*

citizenship ['sɪtɪznʃɪp] *n* citoyenneté *f*, nationalité *f*; **to apply for French ~** demander la citoyenneté OR nationalité française; **~ papers** déclaration *f* de naturalisation.

citrate ['sɪtreɪt] *n* citrate *m*.

citric ['sɪtrɪk] *adj* citrique; **~ acid** acide *m* citrique.

citron ['sɪtrən] *n* [fruit] cédrat *m*; [tree] cédratier *m*.

citronella [,sɪtrə'nelə] *n* citronnelle *f*.

citrus ['sɪtrəs] *adj*: **~ fruit** OR **fruits** agrumes *mpl*.

city ['sɪtɪ] (*pl* cities) ◇ *n* [town] (grande) ville *f*, cité *f*; **life in the ~** la vie en ville, la vie citadine; **the whole ~ turned out** toute la ville était présente, tous les habitants de la ville étaient présents.
◇ *comp* -**1.** [lights, limits, streets] de la ville; [officers, police, services] municipal; **~ life** vie *f*

en ville, vie citadine ❑ ~ fathers édiles *mpl* locaux; **'City Lights'** *Chaplin* 'les Lumières de la ville'. -**2.** *Br* PRESS [news, page, press] financier.

◆ **City** *pr n* [of London] *centre d'affaires de Londres*; **the City** la City (de Londres); **he's something in the City** il travaille à la City (de Londres).

THE CITY:
La City, quartier financier de la capitale, est une circonscription administrative autonome de Londres ayant sa propre police.

City and Guilds *n diplôme britannique d'enseignement technique.*

city centre *n* centre *m* de la ville, centre-ville *m*.

city desk *n* PRESS *Br* service *m* financier; *Am* service *m* des nouvelles locales.

city-dweller *n* citadin *m*, -e *f*.

city editor *n* PRESS *Br* rédacteur *m* en chef pour les nouvelles financières; *Am* rédacteur *m* en chef pour les nouvelles locales.

city hall *n* -**1.** [building] mairie *f*, hôtel *m* de ville. -**2.** *Am* [municipal government] administration *f* (municipale); **you can't fight ~** on ne peut rien contre l'administration.

city manager *n Am* administrateur *m (payé par la municipalité pour gérer ses affaires).*

city planner *n* urbaniste *mf*.

city planning *n* urbanisme *m*.

city slicker *inf n hum* OR *pej citadin sophistiqué.*

city-state *n* cité *f* ANTIQ.

city technology college → **CTC**.

civet ['sɪvɪt] *n* [mammal, secretion] civette *f*.

civic ['sɪvɪk] *adj* [authority, building] municipal; [duty, right] civique; ~ **event** événement *m* officiel local; ~ **university** *université de ville, en Grande-Bretagne.*

civic centre *n centre administratif d'une ville, parfois complété par des équipements de loisirs*, ≃ cité administrative.

civics ['sɪvɪks] *n (U)* instruction *f* civique.

Civic Trust *pr n groupement de bénévoles animant des actions de mise en valeur du patrimoine en Grande-Bretagne.*

civies ['sɪvɪz] = **civvies**.

civil ['sɪvl] *adj* -**1.** [of community] civil; ~ **disturbance** émeute *f*; ~ **strife** conflit *m* interne OR intestin *lit*; ~ **wedding** OR **marriage** mariage *m* civil; **we had a ~ wedding** nous nous sommes mariés à la mairie. -**2.** [non-military] civil. -**3.** [polite] poli, courtois, civil *fml*; **she was very ~ to me** elle s'est montrée très aimable avec moi; **keep a ~ tongue in your head!** restez poli!

civil death *n* JUR mort *f* civile.

civil defence *n* protection *f* civile.

civil disobedience *n* résistance *f* passive (à la loi).

civil engineer *n* ingénieur *m* des travaux publics.

civil engineering *n* génie *m* civil.

civilian [sɪ'vɪljən] ◇ *adj* civil *(opposé à militaire)*; **in ~ life** dans le civil.
◇ *n* civil *m*, -e *f (opposé à militaire).*

civility [sɪ'vɪlətɪ] (*pl* **civilities**) *n* -**1.** [quality] courtoisie *f*, civilité *f*. -**2.** [act] civilité *f*, politesse *f*.

civilization [,sɪvɪlaɪ'zeɪʃn] *n* civilisation *f*.

civilize, -ise ['sɪvɪlaɪz] *vt* civiliser.

civilized ['sɪvɪlaɪzd] *adj* [person, society] civilisé.

civil law *n* droit *m* civil.

civil liberty *n* liberté *f* civique.

Civil List *n* liste *f* civile *(allouée à la famille royale britannique).*

civilly ['sɪvəlɪ] *adv* poliment, courtoisement.

civil rights *npl* droits *mpl* civils OR civiques; **the ~ movement** la lutte pour les droits civils OR civiques.

civil servant *n* fonctionnaire *mf*.

civil service *n* fonction *f* publique, administration *f*.

civil war *n* guerre *f* civile; **the American Civil War** la guerre de Sécession.

THE AMERICAN CIVIL WAR:
Déclenchée par l'élection d'Abraham Lincoln, attisée par les différences sociales et économiques, la guerre civile opposa, de 1861 à 1865, le sud esclavagiste (les «Confédérés») au nord abolitionniste (les «Fédéraux»). Le conflit se termina par la victoire du camp nordiste, supérieur en hommes et en moyens.

civvy *inf* ['sɪvɪ] (*pl* **civvies**) *Br* ◇ *n* [civilian] civil *m*, -e *f (opposé à militaire).*
◇ *adj* civil.

◆ **civvies** *npl* [dress] vêtements *mpl* civils; **in civvies** (habillé) en civil.

civvy street *inf n Br* vie *f* civile; **in ~** dans le civil, dans la vie civile.

cl (*written abbr of* **centilitre**) cl.

clack [klæk] ◇ *vi* [make noise] claquer; [jabber] jacasser, papoter; **their friendship set tongues ~ing** leur amitié a fait jaser.
◇ *vt* faire claquer.
◇ *n* -**1.** [sound] claquement *m*. -**2.** TECH [valve] clapet *m*.

clad [klæd] ◇ *pp* → **clothe**.
◇ *adj lit* habillé, vêtu; ~ **in rags** habillé OR vêtu de haillons.
◇ *vt* TECH revêtir.

cladding ['klædɪŋ] *n* TECH revêtement *m*, parement *m*.

claim [kleɪm] ◇ *vt* -**1.** [assert, maintain] prétendre, déclarer; **it is ~ed that...** on dit OR prétend que...; **to ~ to be sthg** se faire passer pour qqch, prétendre être qqch. -**2.** [assert one's right to] revendiquer, réclamer; [responsibility, right] revendiquer; **he ~s all the credit** il s'attribue tout le mérite; **to ~ damages/one's due** réclamer des dommages et intérêts/son dû; **no one has yet ~ed responsibility for the hijacking** le détournement n'a pas encore été revendiqué; **workers are ~ing the right to strike** les ouvriers revendiquent le droit de (faire) grève. -**3.** [apply for - money] demander; [- expenses] demander le remboursement de; **to ~ financial assistance from the government** demander une aide financière à l'administration. -**4.** [call for - attention] réclamer, demander; [- respect, sympathy] solliciter. -**5.** [take]: **the storm ~ed five lives** OR **five victims** l'orage a fait cinq victimes.
◇ *vi*: **to ~ for** OR **on sthg** [insurance] demander le paiement de qqch; [travel expenses] demander le remboursement de qqch.
◇ *n* -**1.** [assertion] affirmation *f*, prétention *f*; **I make no ~s to understand why** je ne prétends pas comprendre pourquoi. -**2.** [right] droit *m*, titre *m*; [by trade unions] demande *f* d'augmentation, revendication *f* salariale; ~ **to property** droit à la propriété; **his only ~ to fame is that he once appeared on TV** c'est à une apparition à la télévision qu'il doit d'être célèbre. -**3.** [demand] demande *f*; **he has no ~s on me** je ne lui suis redevable de rien; **he made too many ~s on their generosity** il a abusé de leur générosité; **she has many ~s on her time** elle est très prise; **to have many ~s on one's purse** avoir beaucoup de frais; **to lay ~ to sthg** prétendre à qqch, revendiquer son droit à qqch; **we put in a ~ for better working conditions** nous avons demandé de meilleures conditions de travail; **pay ~** demande *f* d'augmentation (de salaire). -**4.** [in insurance] demande *f* d'indemnité, déclaration *f* de sinistre; **to put in a ~ for sthg** demander une indemnité pour qqch, faire une déclaration de sinistre pour qqch; **the company pays 65% of all ~s** la société satisfait 65 % de toutes les demandes de dédommagement. -**5.** [piece of land] concession *f*.

claimant ['kleɪmənt] *n* -**1.** ADMIN demandeur *m*, demanderesse *f*; JUR demandeur *m*, demanderesse *f*, requérant *m*, -e *f*. -**2.** [to throne] prétendant *m*, -e *f*.

clairvoyance [kleə'vɔɪəns] *n* voyance *f*, don *m* de seconde vue.

clairvoyant [kleə'vɔɪənt] ◇ *n* voyant *m*, -e *f*, extralucide *mf*.
◇ *adj* doué de seconde vue.

clam [klæm] ◇ *n* palourde *f*, clam *m*; **to shut up like a ~** *inf* refuser de parler.
◇ *vi Am*: **to go clamming** aller ramasser des clams.

◆ **clam up** *inf vi insep* refuser de parler.

clambake ['klæmbeɪk] *n Am* -**1.** *literal repas de coquillages sur la plage.* -**2.** *fig* grande fête *f*.

clamber ['klæmbə^r] ◇ *vi* grimper (en s'aidant des mains); **to ~ aboard a train** se hisser à bord d'un train; **we ~ed up the hill** nous avons gravi la colline avec difficulté; **he ~ed over the rocks** il a escaladé les rochers.
◇ *n* escalade *f*.

clam chowder *n potage épais aux palourdes.*

clammy ['klæmɪ] (*compar* **clammier**, *superl* **clammiest**) *adj* [hands, skin] moite (et froid); [weather] humide, lourd; [walls] suintant, humide.

clamor *Am* = **clamour**.

clamorous ['klæmərəs] *adj* -**1.** [noisy] bruyant. -**2.** [demands] insistant.

clamour *Br*, **clamor** *Am* ['klæmə^r] ◇ *vi* vociférer, crier; **to ~ for sthg** demander OR réclamer qqch à grands cris OR à cor et à cri; **the children ~ed to go out** les enfants ont demandé à sortir à grands cris.
◇ *n* -**1.** [noise] clameur *f*, vociférations *fpl*, cri *m*, cris *mpl*. -**2.** [demand] revendication *f* bruyante.

clamp [klæmp] ◇ *n* -**1.** [fastener] pince *f*; MED clamp *m*; TECH crampon *m*; [on worktable] valet *m* (d'établi). -**2.** TECH [for joint] serre-joint *m inv*, serre-joints *m inv*. -**3.** NAUT serre-câbles *m inv*. -**4.** AGR *tas (de navets, de pommes de terre) couvert de paille.* -**5.** [of bricks] tas *m*, pile *f*.
◇ *vt* -**1.** [fasten] attacher, fixer; TECH serrer, cramponner; **to ~ sthg to sthg** fixer qqch sur qqch (à l'aide d'une pince). -**2.** [close tightly] serrer; **to ~ one's eyes shut** fermer les yeux. -**3.** [curfew, restrictions] imposer; **the authorities ~ed a curfew on the town** les autorités ont imposé le couvre-feu à la ville. -**4.** AGR entasser. -**5.** [vehicle] mettre un sabot à; **my car has been ~ed** on a mis un sabot à ma voiture.

◆ **clamp down** *vi insep* donner un coup de frein; **to ~ down on** [expenses, inflation] mettre un frein à; [crime, demonstrations] stopper; [information] censurer; [the press] bâillonner; [person] serrer la vis à.

clampdown ['klæmpdaʊn] *n* mesures *fpl* répressives, répression *f*; **a ~ on crime** un plan de lutte contre la criminalité; **a ~ on demonstrations** une interdiction de manifester.

clan [klæn] *n* clan *m*.

clandestine [klæn'destɪn] *adj* clandestin.

clang [klæŋ] ◇ *vi* retentir OR résonner (d'un bruit métallique); **the gate ~ed shut** le portail s'est fermé avec un bruit métallique.
◇ *vt* faire retentir OR résonner.
◇ *n* bruit *m* métallique.

clanger *inf* ['klæŋə^r] *n Br* gaffe *f*; **to drop a ~** faire une gaffe.

clangour *Br*, **clangor** *Am* ['klæŋgə^r] *n fml* bruits *mpl* métalliques.

clank [klæŋk] ◇ *n* cliquetis *m*, bruit *m* sec et métallique.
◇ *vi* cliqueter, faire un bruit sec.
◇ *vt* faire cliqueter.

clannish ['klænɪʃ] *adj* [group] fermé, exclusif; [person] qui a l'esprit de clan OR de corps, corporatiste.

clansman ['klænzmən] (*pl* **clansmen** [-mən]) *n* membre *m* d'un clan.

clanswoman ['klænz,wʊmən] (*pl* **clanswomen** [-,wɪmɪn]) *n* membre *m* d'un clan.

clap [klæp] (*pt* & *pp* **clapped**, *cont* **clapping**) ◇ *vt* -**1. to ~ one's hands** [to get attention, to mark rhythm] frapper dans ses mains, taper des mains; [to applaud] applaudir. -**2.** [pat] taper, frapper; **the boss clapped her on the back** le patron lui a donné une tape dans le dos. -**3.** [put] mettre, poser; **she clapped her hand to her forehead** elle s'est frappé le front; **the judge clapped them into jail** *inf* le juge les a flanqués

en prison; **he clapped his hat on his head** il a enfoncé son chapeau sur sa tête; **to ~ hold of sthg** *inf* saisir qqch; **the minute she clapped eyes on him** *inf* dès qu'elle eut posé les yeux sur lui.
◇ *vi* [in applause] applaudir; [to get attention, to mark rhythm] frapper dans ses mains.
◇ *n* -**1.** [sound - gen] claquement *m*; [- of hands] battement *m*; [- of applause] applaudissements *mpl*; **let's give them a ~!** on les applaudit (bien fort)!; **~ of thunder** coup *m* de tonnerre. -**2.** [pat] tape *f*; **she gave him a ~ on the back** elle lui a donné une tape dans le dos. -**3.** ▽ [VD] chaude-pisse *f*.

clapboard ['klæpbɔːd] *n* bardeau *m*.

Clapham ['klæpəm] *pr n*: **~ Junction** *important échangeur ferroviaire au sud de Londres*; **the man on the ~ omnibus** Monsieur Tout-le-Monde.

clapometer [klæ'pɒmɪtəʳ] *n* applaudimètre *m*.

clapped-out *inf* [klæpt-] *adj Br* [machine] fichu; [person] crevé.

clapper ['klæpəʳ] *n* [of bell] battant *m*.
◆ **clappers** *inf npl Br*: **to go** OR **to move like the ~s** aller à toute vitesse; **he ran like the ~s** il a couru à toutes jambes, il a pris ses jambes à son cou.

clapperboard ['klæpəbɔːd] *n* CIN claquette *f*, claquoir *m*, clap *m*.

clapping ['klæpɪŋ] *n (U)* [for attention, to music] battements *mpl* de mains; [applause] applaudissements *mpl*.

claptrap *inf* ['klæptræp] *n (U)* [nonsense] âneries *fpl*, bêtises *fpl*.

claque [klæk] *n* -**1.** THEAT [for applause] claque *f*. -**2.** [group of admirers] admirateurs *mpl*, -trices *fpl*.

claret ['klærət] ◇ *n Br* (vin *m* de) Bordeaux *m* (rouge).
◇ *adj* bordeaux *(inv)*.

Claridges ['klærɪdʒɪz] *pr n hôtel de luxe à Londres*.

clarification [,klærɪfɪ'keɪʃn] *n* -**1.** [explanation] clarification *f*, éclaircissement *m*. -**2.** [of butter] clarification *f*; [of wine] collage *m*.

clarify ['klærɪfaɪ] (*pt* & *pp* **clarified**) ◇ *vt* -**1.** [explain] clarifier, éclaircir; **to ~ sb's mind on sthg** expliquer qqch à qqn, éclaircir les idées de qqn sur qqch. -**2.** [butter] clarifier; [wine] coller.
◇ *vi* -**1.** [matter, situation] s'éclaircir. -**2.** [butter] se clarifier.

clarinet [,klærə'net] *n* clarinette *f*.

clarinet(t)ist [,klærə'netɪst] *n* clarinettiste *mf*.

clarion ['klærɪən] ◇ *n* clairon *m*.
◇ *vt lit* claironner.

clarion call *n* appel *m* de clairon; **a ~ to action** un appel à l'action.

clarity ['klærətɪ] *n* -**1.** [of explanation, of text] clarté *f*, précision *f*; **~ of mind** lucidité *f*, clarté d'esprit. -**2.** [of liquid] clarté *f*.

clash [klæʃ] ◇ *n* -**1.** [sound - gen] choc *m* métallique, fracas *m*; [- of cymbals] retentissement *m*. -**2.** [between people - fight] affrontement *m*, bagarre *f*; [- disagreement] dispute *f*, différend *m*. -**3.** [incompatibility - of ideas, opinions] incompatibilité *f*; [- of interests] conflit *m*; [- of colours] discordance *f*. -**4.** [of appointments, events] coïncidence *f* fâcheuse.
◇ *vi* -**1.** [metallic objects] s'entrechoquer, se heurter; [cymbals] résonner. -**2.** [people - fight] se battre; [- disagree] se heurter; **to ~ with sb over sthg** avoir un différend avec qqn à propos de qqch. -**3.** [be incompatible - ideas, opinions] se heurter, être incompatible OR en contradiction; [- interests] se heurter, être en conflit; [- colours] jurer, détonner; **that shirt ~es with your trousers** cette chemise jure avec ton pantalon. -**4.** [appointments, events] tomber en même temps.
◇ *vt* [metallic objects] heurter OR entrechoquer bruyamment; [cymbals] faire résonner.

clasp [klɑːsp] ◇ *vt* [hold] serrer, étreindre; [grasp] saisir; **to ~ sb/sthg in one's arms** serrer qqn/qqch dans ses bras; **to ~ sb/sthg to one's breast** serrer qqn/qqch sur son cœur; **he ~ed her hand** il lui a serré la main.
◇ *vi* s'attacher, se fermer.
◇ *n* -**1.** [fastening - of dress, necklace] fermoir *m*; [- of belt] boucle *f*. -**2.** [hold] prise *f*, étreinte *f*; **hand ~** poignée *f* de mains.

clasp knife *n* couteau *m* pliant.

class [klɑːs] ◇ *n* -**1.** [category, division] classe *f*, catégorie *f*; **what ~ are you travelling in?** en quelle classe voyagez-vous?; **~ A eggs** œufs de catégorie A; **he's just not in the same ~ as his brother** il n'arrive pas à la cheville de son frère; **to be in a ~ by oneself** OR **in a ~ of one's own** être unique, former une classe à part. -**2.** BIOL, BOT, SOCIOL & ZOOL classe *f*. -**3.** SCH & UNIV [group of students] classe *f*; [course] cours *m*, classe *f*; **he used to give a ~ in history** il donnait des cours d'histoire; **she's attending** OR **taking a psychology ~** elle suit un cours de psychologie; **the ~ of 1972** *Am* la promotion de 1972. -**4.** *Br* UNIV [grade]: **first ~ honours** licence *f* avec mention très bien. -**5.** *inf* [elegance] classe *f*; **to have ~** avoir de la classe.
◇ *vt* classer, classifier.

class action *n Am*: **~ suit** recours *m* collectif en justice.

class-conscious *adj* [person - aware] conscient des distinctions sociales; [- snobbish] snob; [attitude, manners] snob.

classic ['klæsɪk] ◇ *adj literal* & *fig* classique.
◇ *n* -**1.** [gen] classique *m*; **it's a ~ of modern cinema** c'est un classique du cinéma moderne. -**2.** [in horse racing, cycling] classique *f*. -**3.** SCH & UNIV: **the ~s** les lettres classiques *fpl*.

classical ['klæsɪkl] *adj* -**1.** [gen] classique; **~ music** musique *f* classique. -**2.** SCH & UNIV: **~ education** études *fpl* de lettres classiques; **~ scholar** humaniste *mf*.

classicalism ['klæsɪkəlɪzm] = **classicism**.

classically ['klæsɪklɪ] *adv* classiquement, de façon classique; **a ~ trained musician** un musicien de formation classique.

classicism ['klæsɪsɪzm] *n* classicisme *m*.

classicist ['klæsɪsɪst] *n* -**1.** [scholar] humaniste *mf*. -**2.** ART & LITERAT classique *m*.

classics ['klæsɪks] *n (U)* ≃ les lettres classiques *fpl*.

classifiable ['klæsɪfaɪəbl] *adj* qui peut être classifié, classable.

classification [,klæsɪfɪ'keɪʃn] *n* classification *f*.

classified ['klæsɪfaɪd] ◇ *adj* -**1.** [arranged] classifié, classé; **~ advertisement** petite annonce *f*. -**2.** [secret] (classé) secret; **~ information** renseignements *mpl* (classés) secrets.
◇ *n* petite annonce *f*; **the ~s** les petites annonces.

classifier ['klæsɪfaɪəʳ] *n* classeur *m*.

classify ['klæsɪfaɪ] *vt* ranger.

classless ['klɑːslɪs] *adj* [society] sans classes; [person, accent] qui n'appartient à aucune classe (sociale).

classmate ['klɑːsmeɪt] *n* camarade *mf* de classe.

classroom ['klɑːsrʊm] *n* (salle *f* de) classe *f*.

class struggle *n* lutte *f* des classes.

class war(fare) *n* lutte *f* des classes.

classy *inf* ['klɑːsɪ] (*compar* **classier**, *superl* **classiest**) *adj* [hotel, restaurant] chic *inv*, de luxe *inv*, classe *inv*; [person] chic *inv*, qui a de la classe, classe *inv*.

clatter ['klætəʳ] ◇ *n* [rattle] cliquetis *m*; [commotion] fracas *m*; **she banged her cup down with a ~** elle a posé sa tasse bruyamment; **the ~ of dishes** le bruit d'assiettes entrechoquées.
◇ *vt* heurter OR entrechoquer bruyamment.
◇ *vi* [typewriter] cliqueter; [dishes] s'entrechoquer bruyamment; [falling object] faire du bruit.

Claudius ['klɔːdɪəs] *pr n* [emperor] Claude.

clausal ['klɔːzl] *adj* -**1.** GRAMM propositionnel. -**2.** JUR relatif aux clauses.

clause [klɔːz] *n* -**1.** GRAMM proposition *f*. -**2.** JUR clause *f*, disposition *f*.

claustrophobia [,klɔːstrə'fəʊbjə] *n* claustrophobie *f*.

claustrophobic [,klɔːstrə'fəʊbɪk] *adj* [person] claustrophobe; [feeling] de claustrophobie; [place, situation] où l'on se sent claustrophobe.

clavichord ['klævɪkɔːd] *n* clavicorde *m*.

clavicle ['klævɪkl] *n* clavicule *f*.

clavier ['klævɪəʳ] *n* [keyboard] clavier *m*; [instrument] instrument *m* à clavier.

claw [klɔː] ◇ *n* -**1.** [of bird, cat, dog] griffe *f*; [of bird of prey] serre *f*; [of crab, lobster] pince *f*; [hand] *inf* patte *f*; **to draw in/to show one's ~s** *literal* & *fig* rentrer/sortir ses griffes; **to get one's ~s into sb** *inf* mettre le grappin sur qqn. -**2.** TECH [of hammer] pied-de-biche *m*.
◇ *vt* [scratch] griffer; [grip] agripper OR serrer (avec ses griffes); [tear] déchirer (avec ses griffes); **he ~ed his way to the top** *fig* il a travaillé dur pour arriver en haut de l'échelle.
◆ **claw at** *vt insep* [try to scratch] essayer de griffer; [try to grab] essayer de s'agripper à.
◆ **claw back** *vt sep* récupérer.

clawback ['klɔːbæk] *n* [recovery] récupération *f*; [sum] somme *f* récupérée.

claw hammer *n* marteau *m* à pied-de-biche, marteau *m* fendu.

clay [kleɪ] ◇ *n* [gen] argile *f*, (terre *f*) glaise *f*; [for pottery] argile *f*.
◇ *comp* [brick, pot] en argile, en terre; **~ court** SPORT court *m* en terre battue.

clayey ['kleɪɪ] *adj* argileux, glaiseux.

claymore ['kleɪmɔːʳ] *n* glaive *m (porté par les Écossais)*.

clay pigeon *n* -**1.** *literal* pigeon *m* d'argile OR de ball-trap; **~ shooting** ball-trap *m*. -**2.** *inf Am fig* [sitting duck] cible *f* facile.

clay pipe *n* pipe *f* en terre.

clean [kliːn] ◇ *adj* -**1.** [free from dirt - hands, shirt, room] propre, net; [- animal, person] propre; [- piece of paper] vierge, blanc; **my hands are ~** *literal* j'ai les mains propres, mes mains sont propres; *fig* j'ai la conscience nette OR tranquille; **the doctor gave him a ~ bill of health** le médecin l'a déclaré en parfait état de santé OR en parfaite santé; **he made a ~ breast of it** il a dit tout ce qu'il avait sur la conscience, il a déchargé sa conscience; **to make a ~ sweep** faire table rase. -**2.** [free from impurities - air] pur, frais; [- water] pur, clair; [- sound] net, clair. -**3.** [morally pure - conscience] net, tranquille; [- joke] qui n'a rien de choquant; **it was all good ~ fun** c'était une façon innocente de nous amuser; **keep it ~!** pas de grossièretés!; **~ living** une vie saine. -**4.** [honourable - fight] loyal; [- reputation] net, sans tache; **he's got a ~ driving licence** il n'a jamais eu de contraventions graves; **to have a ~ record** avoir un casier (judiciaire) vierge. -**5.** [smooth - curve, line] bien dessiné, net; [- shape] fin, élégant; [- cut] net, franc; **the building has ~ lines** le bâtiment a de belles lignes; **to make a ~ break** couper net; **we made a ~ break with the past** nous avons rompu avec le passé, nous avons tourné la page. -**6.** [throw] adroit, habile. -**7.** *inf* **I'm ~** [innocent] je n'ai rien à me reprocher, je n'ai rien fait; [without incriminating material] je n'ai rien sur moi; [unarmed] je n'ai pas d'arme, je ne suis pas armé. -**8.** [not radioactive] non radioactif; **a ~ bomb** une bombe propre OR sans retombées radioactives.
◇ *vt* -**1.** [room, cooker] nettoyer; [clothing] laver; **I ~ed the mud from my shoes** j'ai enlevé la boue de mes chaussures; **to ~ one's teeth** se laver OR se brosser les dents; **to ~ the windows** faire les vitres OR les carreaux. -**2.** [chicken, fish] vider.
◇ *vi* -**1.** [person] nettoyer; **she spends her day ~ing** elle passe sa journée à faire le ménage. -**2.** [carpet, paintbrush] se nettoyer; **this cooker ~s easily** ce four est facile à nettoyer OR se nettoie facilement.
◇ *adv inf* -**1.** [completely] carrément; **the handle broke ~ off** l'anse a cassé net; **the match burnt a hole ~ through the rug** l'allumette a fait un trou dans la moquette; **he cut ~ through the bone** il a coupé l'os de part en part; **the bullet went ~ through his chest** la balle lui a carrément traversé la poitrine; **the robbers got ~ away** les voleurs se sont enfuis sans laisser

de trace; we ~ forgot about the appointment nous avions complètement oublié le rendez-vous. -2. *phr*: to come ~ about sthg révéler qqch; the murderer finally came ~ l'assassin a fini par avouer.
◇ *n* nettoyage *m*; the carpet needs a good ~ la moquette a grand besoin d'être nettoyée; I gave my shoes a ~ j'ai nettoyé mes chaussures.
◆ **clean down** *vt sep* [wall] laver.
◆ **clean off** *vt sep* -1. [mud, stain] enlever. -2. [sofa, table] débarrasser.
◆ **clean out** *vt sep* -1. [tidy] nettoyer à fond; [empty] vider. -2. *inf* [person] nettoyer, plumer; [house] vider; we're completely ~ed out nous sommes totalement fauchés; he ~ed me out il m'a plumé.
◆ **clean up** ◇ *vt sep* -1. [make clean] nettoyer à fond; I ~ed the children up as best I could j'ai fait de mon mieux pour débarbouiller les enfants; ~ this mess up! nettoyez-moi ce fouillis! -2. [make orderly - cupboard, room] ranger; [- affairs, papers] ranger, mettre de l'ordre dans; the police intend to ~ up the city la police a l'intention d'épurer OR de nettoyer cette ville.
◇ *vi insep* -1. [tidy room] nettoyer; [tidy cupboard, desk] ranger; [wash oneself] faire un brin de toilette. -2. *inf* [make profit] gagner gros; we ~ed up on the deal nous avons touché un gros paquet sur cette affaire, cette affaire nous a rapporté gros.

clean-cut *adj* -1. [lines] net; [shape] bien délimité, net. -2. [person] propre (sur soi), soigné.

cleaner ['kliːnəʳ] *n* -1. [cleaning lady] femme *f* de ménage; [man] (ouvrier *m*) nettoyeur *m*. -2. [product - gen] produit *m* d'entretien; [- stain remover] détachant *m*; [device] appareil *m* de nettoyage. -3. [dry cleaner] teinturier *m*, -ère *f*; I took the clothes to the ~'s j'ai donné les vêtements à nettoyer OR au teinturier ❑ to take sb to the ~s *inf* nettoyer OR plumer qqn.

cleaning ['kliːnɪŋ] *n* -1. [activity - gen] nettoyage *m*; [- household] ménage *m*; to do the ~ faire le ménage. -2. [clothes] vêtements *mpl* à faire nettoyer.

cleaning lady, cleaning woman *n* femme *f* de ménage.

clean-limbed *adj* bien proportionné OR bâti.

cleanliness ['klenlɪnɪs] *n* propreté *f*; ~ is next to godliness *prov* la propreté du corps s'apparente à celle de l'âme.

clean-living *adj* qui mène une vie saine.

cleanly[1] ['kliːnlɪ] *adv* -1. [smoothly] net; the handle snapped off ~ l'anse s'est cassée net; she cut it ~ in two elle l'a coupé en deux parties égales. -2. [fight, play] loyalement.

cleanly[2] ['klenlɪ] (*compar* cleanlier, *superl* cleanliest) *adj* propre.

cleanness ['kliːnnɪs] *n* propreté *f*.

cleanout ['kliːnaʊt] = **cleanup**.

cleanse [klenz] *vt* -1. [clean - gen] nettoyer; [- with water] laver; MED [blood] dépurer; [wound] nettoyer. -2. *fig* [purify] purifier; to ~ sb of their sins laver qqn de ses péchés.

cleanser ['klenzəʳ] *n* -1. [detergent] détergent *m*, détersif *m*. -2. [for skin] (lait *m*) démaquillant *m*.

clean-shaven *adj* [face, man] rasé de près.

cleansing ['klenzɪŋ] ◇ *n* nettoyage *m*.
◇ *adj* [lotion] démaquillant; [power, property] de nettoyage.

cleanup ['kliːnʌp] *n* nettoyage *m* à fond; the house needs a good ~ la maison a besoin d'être nettoyée à fond; to give sthg a ~ nettoyer qqch à fond.

clear [klɪəʳ] ◇ *adj* -1. [transparent - glass, plastic] transparent; [- water] clair, limpide; [- lake, river] limpide, transparent; [- air] pur; ~ honey miel liquide; ~ soup [plain stock] bouillon *m*; [with meat] consommé *m*. -2. [cloudless - sky] clair, dégagé; [- weather] clair, beau; on a ~ day par temps clair; the sky grew ~er le ciel se dégagea ❑ as ~ as day clair comme le jour OR comme de l'eau de roche. -3. [not dull - colour] vif; [- light] éclatant, radieux; [untainted - complexion, skin] clair, frais; ~ blue bleu vif. -4. [distinct - outline] net, clair; [- photograph] net; [- sound] clair, distinct; [- voice] clair, argentin; make sure your writing is ~ efforcez-vous d'écrire distinctement OR proprement; the lyrics are not very ~ je ne distingue pas très bien les paroles de la chanson ❑ the sound was as ~ as a bell on entendait un son aussi clair que celui d'une cloche. -5. [not confused - mind] pénétrant, lucide; [- thinking, argument, style] clair; [- explanation, report] clair, intelligible; [- instructions] clair, explicite; [- message] en clair; I want to keep a ~ head je veux rester lucide OR garder tous mes esprits; a ~ thinker un esprit lucide; he is quite ~ about what has to be done il sait parfaitement ce qu'il y a à faire; I've got the problem ~ in my head je comprends OR saisis le problème; now let's get this ~ — I want no nonsense comprenons-nous bien OR soyons clairs — je ne supporterai pas de sottises. -6. [obvious, unmistakable] évident, clair; a ~ indication of a forthcoming storm un signe certain qu'il va y avoir de l'orage; it is a ~ case of favouritism c'est manifestement du favoritisme, c'est un cas de favoritisme manifeste; it's ~ that he's lying il est évident OR clair qu'il ment; it's ~ from her letter that she's unhappy sa lettre montre clairement qu'elle est malheureuse; it becomes ~er every day cela devient plus évident chaque jour; it's far from ~ who will win the election on ne peut vraiment pas dire qui va gagner les élections; it is ~ to me that he is telling the truth pour moi, il est clair qu'il dit la vérité; he was unable to make his meaning ~ il n'arrivait pas à s'expliquer; we want to make it ~ that... nous tenons à préciser que...; she made it quite ~ to them what she wanted elle leur a bien fait comprendre ce qu'elle voulait; it is important to make ~ exactly what our aims are il est important de bien préciser quels sont nos objectifs; is that ~? est-ce que c'est clair?; do I make myself ~? est-ce que je me fais bien comprendre?, est-ce que c'est bien clair? ❑ as ~ as mud *hum* clair comme l'encre. -7. [free from doubt, certain] certain; she seems quite ~ about what she wants elle sait très bien ce qu'elle veut; I want to be ~ in my mind about it je veux en avoir le cœur net. -8. [unqualified] net, sensible; it's a ~ improvement over the other c'est nettement mieux que l'autre, il y a un net progrès par rapport à l'autre; they won by a ~ majority ils ont gagné avec une large majorité. -9. [unobstructed, free - floor, path] libre, dégagé; [- route] sans obstacles, sans danger; [- view] dégagé; the roads are ~ of snow les routes sont déblayées OR déneigées; ~ of obstacles sans obstacles; I left the desk ~ j'ai débarrassé le bureau; ~ space espace libre; we had a ~ view of the sea nous avions une très belle vue sur la mer; to be ~ of sthg être débarrassé de qqch; we're ~ of the traffic nous sommes sortis des encombrements; once the plane was ~ of the trees une fois que l'avion eut franchi les arbres; to be ~ of debts être libre de dettes; can you see your way ~ to lending me £5? *fig* auriez-vous la possibilité de me prêter 5 livres? -10. [free from guilt]: is your conscience ~? as-tu la conscience tranquille?; I can go home with a ~ conscience je peux rentrer la conscience tranquille. -11. [of time] libre; his schedule is ~ il n'a rien de prévu sur son emploi du temps; I have Wednesday ~ je n'ai rien de prévu pour mercredi; we have four ~ days to finish nous avons quatre jours pleins OR entiers pour finir. -12. [net - money, wages] net; he brings home £300 ~ il gagne 300 livres net; a ~ profit un bénéfice net; a ~ loss une perte sèche; ~ of taxes net d'impôts. -13. LING antérieur.
◇ *adv* -1. [distinctly] distinctement, nettement; reading you loud and ~ RADIO je te reçois cinq sur cinq; I can hear you as ~ as a bell je t'entends très clairement. -2. [out of the way]: when we got ~ of the town quand nous nous sommes éloignés de la ville; when I get ~ of my debts quand je serai débarrassé de mes dettes; we pulled him ~ of the wrecked car/of the water nous l'avons sorti de la carcasse de la voiture/de l'eau; stand ~! écartez-vous!; stand ~ of the entrance! dégagez l'entrée! -3. [all the way] entièrement, complètement; you can see ~ to the mountain on peut voir jusqu'à la montagne; they went ~ around the world ils ont fait le tour du monde; the thieves got ~ away les voleurs ont disparu sans laisser de trace.
◇ *n phr*: to be in the ~ [out of danger] être hors de danger; [out of trouble] être tiré d'affaire; [free of blame] être blanc comme neige; [above suspicion] être au-dessus de tout soupçon; [no longer suspected] être blanchi (de tout soupçon); SPORT être démarqué.
◇ *vt* -1. [remove - object] débarrasser, enlever; [- obstacle] écarter; [- weeds] arracher, enlever; ~ the papers off the desk enlevez ces papiers du bureau, débarrassez le bureau de ces papiers; she ~ed the plates from the table elle a débarrassé la table. -2. [remove obstruction from - gen] débarrasser; [- entrance, road] dégager, déblayer; [- forest, land] défricher; [- pipe] déboucher; it's your turn to ~ the table c'est à ton tour de débarrasser la table OR de desservir; to ~ one's throat s'éclaircir la gorge OR la voix; land that has been ~ed of trees terre qui a été déboisée; ~ the room! évacuez la salle!; the judge ~ed the court le juge a fait évacuer la salle; the police ~ed the way for the procession la police a ouvert un passage au cortège; the talks ~ed the way for a ceasefire *fig* les pourparlers ont préparé le terrain OR ont ouvert la voie pour un cessez-le-feu ❑ to ~ the ground *literal* & *fig* déblayer le terrain; to ~ the decks [prepare for action] se mettre en branle-bas de combat; [make space] faire de la place, faire le ménage. -3. [clarify - liquid] clarifier; [- wine] coller, clarifier; [- skin] purifier; [- complexion] éclaircir; open the windows to ~ the air ouvrez les fenêtres pour aérer; his apology ~ed the air *fig* ses excuses ont détendu l'atmosphère; I went for a walk to ~ my head [from hangover] j'ai fait un tour pour m'éclaircir les idées; [from confusion] j'ai fait un tour pour me rafraîchir les idées OR pour me remettre les idées en place. -4. [authorize] autoriser, approuver; the plane was ~ed for takeoff l'avion a reçu l'autorisation de décoller; the editor ~ed the article for publication le rédacteur en chef a donné son accord OR le feu vert pour publier l'article; the investigators ~ed him for top secret work après enquête, il a été autorisé à mener des activités top secret; you'll have to ~ it with the boss il faut demander l'autorisation OR l'accord OR le feu vert du patron. -5. [vindicate, find innocent] innocenter, disculper; to ~ sb of a charge disculper qqn d'une accusation; he was ~ed of having been drunk in charge of a ship accusé d'avoir tenu les commandes (d'un navire) en état d'ivresse, il a été disculpé; the court ~ed him of all blame la cour l'a totalement disculpé OR innocenté; give him a chance to ~ himself donnez-lui la possibilité de se justifier OR de prouver son innocence; to ~ one's name se justifier, défendre son honneur. -6. [avoid touching] franchir; [obstacle] éviter; the horse ~ed the fence with ease le cheval a sauté sans peine par-dessus OR a franchi sans peine la barrière; the plane barely ~ed the trees l'avion a franchi les arbres de justesse; hang the curtains so that they just ~ the floor accrochez les rideaux de façon à ce qu'ils touchent à peine le parquet. -7. [make a profit of]: she ~ed 10% on the deal l'affaire lui a rapporté 10 % net OR 10 % tous frais payés. -8. [dispatch - work] finir, terminer; COMM [stock] liquider; he ~ed the backlog of work il a rattrapé le travail en retard; we must ~ this report by Friday il faut que nous nous débarrassions de ce rapport avant vendredi. -9. [settle - account] liquider, solder; [- cheque] compenser; [- debt] s'acquitter de; [- dues] acquitter. -10. [subj: customs officer - goods]

dédouaner; [- ship] expédier. -**11.** [pass through]: **to ~ customs** [person] passer la douane; [shipment] être dédouané; **the bill ~ed the Senate** le projet de loi a été voté par le Sénat. -**12.** MED [blood] dépurer, purifier; [bowels] purger, dégager. -**13.** SPORT: **to ~ the ball** dégager le ballon. -**14.** TECH [decode] déchiffrer.
◇ *vi* -**1.** [weather] s'éclaircir, se lever; [sky] se dégager; [fog] se lever, se dissiper; **it's ~ing** le temps se lève, le ciel se dégage. -**2.** [liquid] s'éclaircir; [skin] devenir plus sain; [complexion] s'éclaircir; [expression] s'éclairer; **her face ~ed** son visage s'est éclairé. -**3.** [cheque]: **it takes three days for the cheque to ~** il y a trois jours de délai d'encaissement. -**4.** [obtain clearance] recevoir l'autorisation.
◆ **clear away** ◇ *vt sep* [remove] enlever, ôter; **we ~ed away the dishes** nous avons débarrassé (la table) OR desservi.
◇ *vi insep* -**1.** [tidy up] débarrasser, desservir. -**2.** [disappear - fog, mist] se dissiper.
◆ **clear off** ◇ *vi insep inf* filer; **~ off!** fiche le camp!
◇ *vt sep* [get rid of - debt] s'acquitter de; COMM [- stock] liquider.
◆ **clear out** ◇ *vt sep* -**1.** [tidy] nettoyer, ranger; [empty - cupboard] vider; [- room] débarrasser. -**2.** [throw out - rubbish, old clothes] jeter; **he ~ed everything out of the house** il a fait le vide dans la maison; **to ~ everyone out of a room** faire évacuer une pièce. -**3.** *inf* [leave without money] nettoyer, plumer; **that last game ~ed me out** je me suis fait plumer dans cette dernière partie; **I'm ~ed out** je suis fauché OR à sec. -**4.** *inf* [goods, stock] épuiser.
◇ *vi insep inf* filer; **he was ~ing out when I arrived** il faisait ses valises quand je suis arrivé; **he told us to ~ out** il nous a ordonné de disparaître; **~ out (of here)!** dégage!, fiche le camp!
◆ **clear up** ◇ *vt sep* -**1.** [settle - problem] résoudre; [- misunderstanding] dissiper; [- mystery] éclaircir, résoudre; **can you ~ up this point?** pouvez-vous éclaircir ce point?; **let's ~ this matter up** tirons cette affaire au clair. -**2.** [tidy up] ranger, faire du rangement dans; **~ up that mess in the garden, will you?** range-moi ce fouillis dans le jardin, d'accord?; **I have a lot of work to ~ up** j'ai beaucoup de travail à rattraper.
◇ *vi insep* -**1.** [weather] s'éclaircir, se lever; [fog, mist] se dissiper, se lever; **it's ~ing up** le temps se lève. -**2.** [illness]: **his cold is ~ing up** sa grippe tire à sa fin. -**3.** [tidy up] ranger, faire le ménage; **I'm fed up with ~ing up after you** j'en ai assez de faire le ménage derrière toi.

clearance [ˈklɪərəns] *n* -**1.** [removal - of buildings, litter] enlèvement *m*; [- of obstacles] déblaiement *m*; [- of people] évacuation *f*; COMM [- of merchandise] liquidation *f*; **land ~** déblaiement OR dégagement *m* du terrain; **slum ~** aménagement *m* des quartiers insalubres. -**2.** [space] jeu *m*, dégagement *m*; **there was a 10 -centimetre ~ between the lorry and the bridge** il y avait un espace de 10 centimètres entre le camion et le pont; **how much ~ is there?** que reste-t-il comme place? -**3.** [permission] autorisation *f*, permis *m*; [from customs] dédouanement *m*; **we have to get ~ to leave** il nous faut l'autorisation de OR pour partir; **the plane was given ~ to land** l'avion a reçu l'autorisation d'atterrir; **they sent the order to headquarters for ~** ils ont envoyé la commande au siège pour contrôle. -**4.** BANK [of cheque] compensation *f*. -**5.** SPORT dégagement *m*.

clearance sale *n* liquidation *f*, soldes *mpl*.

clear-cut *adj* -**1.** [lines, shape] nettement défini, net. -**2.** [decision, situation] clair; [difference] clair, net; [opinion, plan] bien défini, précis.

clearer [ˈklɪərəʳ] *n Br* [bank] banque *f (appartenant à une chambre de compensation)*.

clear-eyed *adj literal* qui a de bons yeux, clairvoyant *fml*; *fig* réaliste, lucide.

clear-headed *adj* [person] lucide, perspicace; [decision] lucide, rationnel.

clear-headedness [-ˈhedɪdnɪs] *n* [of person] lucidité *f*, perspicacité *f*; [of decision] lucidité *f*.

clearing [ˈklɪərɪŋ] *n* -**1.** [in forest] clairière *f*; [in clouds] éclaircie *f*. -**2.** [of land] déblaiement *m*, défrichement *m*; [of passage] dégagement *m*, déblaiement *m*; [of pipe] débouchage *m*. -**3.** [removal - of objects] enlèvement *m*; [- of people] évacuation *f*. -**4.** [of name, reputation] réhabilitation *f*; JUR [of accused] disculpation *f*. -**5.** BANK [of cheque] compensation *f*; [of account] liquidation *f*, solde *m*. -**6.** [of debt] acquittement *m*.

clearing bank *n Br* banque *f (appartenant à une chambre de compensation)*.

clearing house *n* -**1.** BANK chambre *f* de compensation. -**2.** [for information, materials] bureau *m* central.

clearing-up *n* nettoyage *m*.

clearly [ˈklɪəlɪ] *adv* -**1.** [distinctly - see, understand] clairement, bien; [- hear, speak] distinctement; [- describe, explain] clairement, précisément; [- think] clairement, lucidement. -**2.** [obviously] manifestement, à l'évidence; **they ~ didn't expect us** il était clair OR évident qu'ils ne nous attendaient pas.

clearness [ˈklɪənɪs] *n* -**1.** [of air, glass] transparence *f*; [of water] limpidité *f*. -**2.** [of speech, thought] clarté *f*, précision *f*.

clearout *inf* [ˈklɪəraʊt] *n Br* rangement *m*; **to have a ~** faire du rangement.

clear-sighted *adj fig* [person] perspicace, lucide; [decision, plan] réaliste.

clear-sightedness [-ˈsaɪtɪdnɪs] *n fig* [of person] perspicacité *f*, lucidité *f*; [of plan] réalisme *m*.

clearway [ˈklɪəweɪ] *n Br* AUT route *f* à stationnement interdit.

cleat [kliːt] *n* -**1.** [on shoe] clou *m*. -**2.** [block of wood] tasseau *m*; NAUT taquet *m*.

cleavage [ˈkliːvɪdʒ] *n* -**1.** [of woman] décolleté *m*. -**2.** BIOL [of cell] division *f*; CHEM & GEOL clivage *m*.

cleave [kliːv] (*pt* **cleaved** OR **clove** [kləʊv] OR *arch* **cleft** [kleft], *pp* **cleaved** OR **cloven** [ˈkləʊvn] OR *arch* **cleft** [kleft]) *vt* -**1.** *lit* [split] fendre; *fig* diviser, séparer. -**2.** BIOL [cell] diviser; GEOL [mineral] cliver.
◆ **cleave through** *vt insep*: **to ~ through the waves** fendre les vagues.
◆ **cleave to** (*pt* **cleaved** OR **clove** OR *arch* **cleft**, *pp* **cleaved** OR **clove**) *vt insep* se cramponner à, s'accrocher à; **they ~ to traditional values** ils sont très attachés aux valeurs traditionnelles.

cleaver [ˈkliːvəʳ] *n* couperet *m*.

clef [klef] *n* MUS clef *f*, clé *f*.

cleft [kleft] ◇ *arch pt & pp* → **cleave**.
◇ *adj* [split - gen] fendu; [branch] fourchu; **~ stick** branche *f* fourchue; **to be in a ~ stick** *inf Br* être OR se trouver entre le marteau et l'enclume.
◇ *n* [opening - gen] fissure *f*; [- in rock] fissure *f*, crevasse *f*.

cleft palate *n* palais *m* fendu.

clematis [ˈklemətɪs] *n* clématite *f*.

clemency [ˈklemənsɪ] *n* -**1.** [mercy] clémence *f*, magnanimité *f*. -**2.** [of weather] douceur *f*, clémence *f*.

clement [ˈklemənt] *adj* -**1.** [person] clément, magnanime. -**2.** [weather] doux, clément.

Clement [ˈklemənt] *pr n*: **Saint ~** saint Clément.

clementine [ˈkleməntaɪn] *n* clémentine *f*.

clench [klentʃ] ◇ *vt* [fist, jaw] serrer; [grasp firmly] empoigner, agripper; [hold tightly] serrer.
◇ *n* -**1.** [grip] prise *f*, étreinte *f*. -**2.** TECH [clamp] crampon *m*.

Cleopatra [kliːəˈpætrə] *pr n* Cléopâtre; **~'s Needle** l'obélisque *m* de Cléopâtre.

clerestory [ˈklɪəstɔːrɪ] (*pl* **clerestories**) *n* claire-voie *f (dans une église)*.

clergy [ˈklɜːdʒɪ] *n (U)* (membres *mpl* du) clergé *m*.

clergyman [ˈklɜːdʒɪmən] (*pl* **clergymen** [-mən]) *n* [gen] ecclésiastique *m*; [Catholic] curé *m*, prêtre *m*; [Protestant] pasteur *m*.

clergywoman [ˈklɜːdʒɪˌwʊmən] (*pl* **clergywomen** [-ˌwɪmɪn]) *n* (femme *f*) pasteur *m*.

cleric [ˈklerɪk] *n* ecclésiastique *m*.

clerical [ˈklerɪkl] *adj* -**1.** [office - staff, work] de bureau; [- position] de commis; **to do ~ work** travailler dans un bureau; **~ error** [in document] faute *f* de copiste; [in accounting] erreur *f* d'écriture. -**2.** RELIG clérical, du clergé; **~ collar** col *m* de pasteur.

clericalism [ˈklerɪkəlɪzm] *n* cléricalisme *m*.

clerihew [ˈklerɪhjuː] *n* petit poème *m* humoristique *(qui concerne une personnalité connue)*.

clerk [*Br* klɑːk, *Am* klɜːrk] ◇ *n* -**1.** [worker - in office] employé *m*, -e *f* (de bureau), commis *m*; [- in bank] employé *m*, -e *f* de banque; **~ of works** *Br* CONSTR conducteur *m* de travaux. -**2.** JUR clerc *m*; **Clerk of the Court** greffier *m* (du tribunal). -**3.** *Am* [sales person] vendeur *m*, -euse *f*. -**4.** *Am* [receptionist]: **(desk) ~** réceptionniste *mf*. -**5.** RELIG: **~ in holy orders** ecclésiastique *m*. -**6.** *arch* [scholar] savant *m*, érudit *m*, -e *f*, clerc *m lit*.
◇ *vi Am* -**1.** [as assistant]: **to ~ for sb** être assistant de qqn. -**2.** [as sales clerk] travailler comme vendeur.

Cleveland [ˈkliːvlənd] *pr n* Cleveland.

clever [ˈklevəʳ] *adj* -**1.** [intelligent] intelligent, astucieux; **he has a ~ face** il a l'air intelligent OR astucieux. -**2.** [skilful - person] adroit, habile; [- work] bien fait; **to be ~ with one's hands** être adroit OR habile de ses mains; **to be ~ at sthg/at doing sthg** être doué pour qqch/pour faire qqch; **to be ~ at maths** être fort en maths. -**3.** [cunning] malin, astucieux; *pej* rusé; **he's too ~ by half** *inf* c'est un petit malin; **they were too ~ for us** ils nous ont roulés. -**4.** [ingenious - book] intelligemment OR bien écrit, ingénieux; [- film] ingénieux, intelligent; [- idea, plan] ingénieux, astucieux; [- story] fin, astucieux; **there's a ~ way of getting around the problem** il y a une astuce pour contourner le problème.

clever-clever *inf adj Br* trop malin.

clever Dick *inf n Br* petit malin *m*.

cleverly [ˈklevəlɪ] *adv* [intelligently] intelligemment, astucieusement; [skilfully] adroitement, habilement; [cunningly] avec ruse; [ingeniously] ingénieusement.

cleverness [ˈklevənɪs] *n* [intelligence] intelligence *f*, astuce *f*; [skilfulness] habileté *f*, adresse *f*; [cunning] ruse *f*; [ingenuity] ingéniosité *f*.

clew [kluː] *n* -**1.** NAUT point *m* d'écoute. -**2.** = **clue**.

cliché [*Br* ˈkliːʃeɪ, *Am* kliːˈʃeɪ] *n* -**1.** [idea] cliché *m*; [phrase] cliché *m*, lieu commun *m*, banalité *f*. -**2.** TYPO cliché *m*.

clichéd [*Br* ˈkliːʃeɪd, *Am* kliːˈʃeɪd] *adj* banal; **a ~ phrase** un cliché, une banalité, un lieu commun.

click [klɪk] ◇ *n* -**1.** [sound] petit bruit *m* sec; [of tongue] claquement *m*; LING clic *m*, click *m*. -**2.** [of ratchet, wheel] cliquet *m*.
◇ *vt* [fingers, tongue] faire claquer; **he ~ed his heels (together)** il a claqué les talons.
◇ *vi* -**1.** [make sound] faire un bruit sec; **the lamp ~ed on** la lampe s'alluma avec un déclic; **the lock ~ed into place** la serrure s'est enclenchée avec un déclic. -**2.** *inf* [become clear]: **it suddenly ~ed** tout à coup ça a fait «tilt». -**3.** *inf* [be a success] bien marcher; [get on well]: **they ~ed from the beginning** ils se sont bien entendus dès le début, ça a tout de suite collé entre eux.

clickety-click [ˌklɪkətɪ-] *onomat* clic-clic *m*.

clicking [ˈklɪkɪŋ] *n* cliquetis *m*.

client [ˈklaɪənt] *n* client *m*, -e *f*.

clientele [ˌkliːənˈtel] *n* COMM clientèle *f*; THEAT clientèle, public *m* (habituel).

cliff [klɪf] *n* escarpement *m*; [on coast] falaise *f*; [in mountaineering] à-pic *m inv*.

cliffhanger *inf* [ˈklɪfˌhæŋəʳ] *n* [situation in film, story] situation *f* à suspense; [moment of suspense] moment *m* d'angoisse; **the election was**

a real ~ le résultat des élections est resté incertain jusqu'au dernier moment.
climacteric [klaɪ'mæktərɪk] ◇ *n* [gen] climatère *m spec*; [women's] ménopause *f*; [men's] andropause *f*.
◇ *adj* climatérique; *fig* crucial, critique.
climactic [klaɪ'mæktɪk] *adj* à son apogée, à son point culminant; **the ~ love scene towards the end of the play** la scène d'amour finale qui constitue le point culminant de la pièce.
climate ['klaɪmɪt] *n* METEOR climat *m*; *fig* climat *m*, ambiance *f*; **the ~ of opinion** (les courants *mpl* de) l'opinion *f*; **the economic ~** la conjoncture économique.
climatic [klaɪ'mætɪk] *adj* climatique.
climatology [ˌklaɪmə'tɒlədʒɪ] *n* climatologie *f*.
climax ['klaɪmæks] ◇ *n* -**1.** [culmination] apogée *m*, point *m* culminant; **the directorship was the ~ of her business career** son poste d'administratrice marqua l'apogée de sa carrière dans les affaires; **this brought matters to a ~** ceci a porté l'affaire à son point culminant; as **the battle reached its ~** lorsque la bataille fut à son paroxysme; **he worked up to the ~ of his story** il amena le récit à son point culminant. -**2.** [sexual] orgasme *m*. -**3.** [in rhetoric] gradation *f*.
◇ *vi* -**1.** [film, story] atteindre le OR son point culminant; **a tough election campaign ~ing in victory on polling day** une campagne électorale acharnée qui a été couronnée de succès le jour du scrutin. -**2.** [sexually] atteindre l'orgasme.
◇ *vt* amener OR porter à son point culminant.
climb [klaɪm] ◇ *vi* -**1.** [road, sun] monter; [plane] monter, prendre de l'altitude; [prices] monter, augmenter; [plant] grimper. -**2.** [person] grimper; **I ~ed into bed/into the boat** j'ai grimpé dans mon lit/à bord du bateau; **to ~ over an obstacle** escalader un obstacle; **he ~ed (up) out of the hole/through the opening** il s'est hissé hors du trou/par l'ouverture; **he ~ed into his jeans** *inf* il a enfilé son jean, il a sauté dans son jean; **he ~ed to power on the backs of his former colleagues** *fig* il s'est servi de ses anciens collègues pour accéder au pouvoir. -**3.** SPORT faire de l'escalade; [on rocks] varapper; **to go ~ing** faire de l'escalade.
◇ *vt* -**1.** [ascend - stairs, steps] monter, grimper; [- hill] escalader, grimper; [- mountain] gravir, faire l'ascension de; [- cliff, wall] escalader; **to ~ a ladder/tree** monter sur une échelle/un arbre; **she ~ed the rope** elle est montée à la corde. -**2.** SPORT [rockface] escalader, grimper sur.
◇ *n* -**1.** [of hill, slope] montée *f*, côte *f*; [in mountaineering] ascension *f*, escalade *f*; **it's quite a ~** ça monte dur; **it was an easy ~ to the top (of the hill)** ça montait en pente douce jusqu'au sommet (de la colline); **there were several steep ~s along the route** il y avait plusieurs bonnes côtes sur le trajet. -**2.** [of plane] montée *f*, ascension *f*.
◆ **climb down** *vi insep* -**1.** [descend] descendre; [in mountaineering] descendre, effectuer une descente. -**2.** [back down] en rabattre, céder.
climb-down *n* dérobade *f*, reculade *f*.
climber ['klaɪmə^r] *n* -**1.** [person] grimpeur *m*, -euse *f*; [mountaineer] alpiniste *mf*; [rock climber] varappeur *m*, -euse *f*; **social ~** *pej* arriviste *mf*. -**2.** [plant] plante *f* grimpante. -**3.** [bird] grimpeur *m*.
climbing ['klaɪmɪŋ] ◇ *n* -**1.** [action] montée *f*, escalade *f*; **the ~ of Everest** l'escalade de l'Everest ❑ **social ~** *pej* arrivisme *m*. -**2.** [mountaineering] alpinisme *m*; [rock climbing] varappe *f*, escalade *f*.
◇ *adj* [bird] grimpeur; [plant] grimpant; [plane, star] ascendant.
climbing frame *n Br* cage *f* à poules *(jeu)*.
climbing irons *npl* crampons *mpl*, grappins *mpl*.
climbing wall *n* mur *m* d'escalade.
clime [klaɪm] *n lit* climat *m lit*, région *f*.
clinch [klɪntʃ] ◇ *vt* -**1.** [settle - deal] conclure; [- argument] régler, résoudre; **we ~ed the agreement** nous avons scellé l'accord; **the ~ing argument** l'argument décisif; **that ~es it!** comme ça, c'est réglé! -**2.** TECH [nail] river; NAUT étalinguer.
◇ *vi* BOXING combattre corps à corps.
◇ *n* -**1.** TECH rivetage *m*; NAUT étalingure *f*. -**2.** BOXING corps à corps *m*; **they went into a ~** ils ont lutté corps à corps. -**3.** *inf* [embrace] étreinte *f*, enlacement *m*; **they were in a ~** ils étaient enlacés.
clincher *inf* ['klɪntʃə^r] *n* argument *m* irréfutable, argument *m* massue.
cline [klaɪn] *n* cline *m*.
cling [klɪŋ] (*pt* & *pp* **clung** [klʌŋ]) *vi* -**1.** [hold on tightly] s'accrocher, se cramponner; **they clung to one another** ils se sont enlacés, ils se sont cramponnés l'un à l'autre ‖ *fig*: **to ~ to a hope/a belief** se raccrocher à un espoir/une croyance; **we can't afford to ~ to the past** il est dangereux de se raccrocher au passé; **she ~s to her children even though they are now grown up** elle s'accroche à ses enfants bien qu'ils soient maintenant adultes. -**2.** [stick] adhérer, coller; **a dress that ~s to the body** une robe très près du corps OR très ajustée. -**3.** [smell] persister.
clingfilm ['klɪŋfɪlm] *n Br* film *m* alimentaire transparent.
clinging ['klɪŋɪŋ] *adj* [clothing] collant, qui moule le corps; *pej* [person] importun; **~ vine** *inf Am fig* pot *m* de colle.
clingwrap ['klɪŋræp] = **clingfilm**.
clingy ['klɪŋɪ] (*compar* **clingier**, *superl* **clingiest**) *adj* [clothing] moulant; *pej* [person] importun.
clinic ['klɪnɪk] *n* -**1.** [part of hospital] service *m*; **outpatients' ~** ≃ service de consultation externe; **eye ~** clinique *f* ophtalmologique. -**2.** [treatment session] consultation *f*; **the doctor holds his ~ twice a week** le docteur consulte deux fois par semaine. -**3.** *Br* [private hospital] clinique *f*. -**4.** [consultant's teaching session] clinique *f*. -**5.** [health centre] centre *m* médico-social OR d'hygiène sociale. -**6.** *Br* [of MP] permanence *f*.
clinical ['klɪnɪkl] *adj* -**1.** MED [lecture, tests] clinique. -**2.** *fig* [attitude] froid, aseptisé.
clinically ['klɪnɪklɪ] *adv* -**1.** MED cliniquement. -**2.** *fig* [act, speak] objectivement, froidement.
clinical psychologist *n* spécialiste *mf* en psychologie clinique.
clinical psychology *n* psychologie *f* clinique.
clinical thermometer *n* thermomètre *m* médical.
clinician [klɪ'nɪʃn] *n* clinicien *m*, -enne *f*.
clink [klɪŋk] ◇ *vt* faire tinter OR résonner; **they ~ed (their) glasses (together)** ils ont trinqué.
◇ *vi* tinter, résonner.
◇ *n* -**1.** [sound] tintement *m* (de verres). -**2.** [jail] *prison sl* prison *f*, taule *f*.
clinker ['klɪŋkə^r] *n* -**1.** *(U)* [ash] mâchefer *m*, scories *fpl*. -**2.** [brick] brique *f* vitrifiée. -**3.** *inf Am* [mistake] gaffe *f*; MUS couac *m*; **I pulled a real ~** j'ai fait une énorme gaffe; **the orchestra hit some ~s** l'orchestre a fait des canards. -**4.** *inf Am* [film, play] bide *m*.
clinker-built *adj* [boat] (bordé) à clin.
clinometer [klaɪ'nɒmɪtə^r] *n* clinomètre *m*.
Clio ['klaɪəʊ] *pr n* Clio.
clip [klɪp] (*pt* & *pp* **clipped**, *cont* **clipping**) ◇ *vt* -**1.** [cut] couper (avec des ciseaux), rogner; [hedge] tailler; [animal] tondre; **~ the coupon out of the magazine** découpez le bon dans le magazine; **I clipped five seconds off my personal best** j'ai amélioré mon record de cinq secondes; **to ~ a bird's wings** rogner les ailes d'un oiseau ❑ **to ~ sb's wings** laisser moins de liberté à qqn. -**2.** *Br* [ticket] poinçonner. -**3.** [attach] attacher; [papers] attacher (avec un trombone); [brooch] fixer. -**4.** *inf* [hit] frapper, cogner; **to ~ sb round the ear** flanquer une taloche à qqn; **I clipped the gate as I drove in** j'ai cogné OR heurté la barrière en rentrant la voiture. -**5.** *inf Am* [cheat] escroquer, rouler.
◇ *n* -**1.** [snip] petit coup *m* de ciseaux; **to give sthg a ~** donner un coup de ciseaux à qqch. -**2.** [excerpt] CIN, RADIO & TV court extrait *m*; *Am* [from newspaper] coupure *f*. -**3.** [clasp] pince *f*; [for paper] trombone *m*, pince *f*; [for pipe] collier *m*, bague *f*. -**4.** [for bullets] chargeur *m*. -**5.** [brooch] clip *m*; [for hair] barrette *f*; [for tie] fixe-cravate *m*. -**6.** *inf* [blow] gifle *f*, taloche *f*; **he got a ~ round the ear** il s'est pris une taloche; **at one ~** *Am fig* d'un seul coup. -**7.** *inf* [speed]: **at a (good) ~** à vive allure, à toute vitesse.
◆ **clip on** ◇ *vt sep* [document] attacher (avec un trombone); [brooch, earrings] mettre.
◇ *vi* s'attacher OR se fixer avec une pince.
◆ **clip together** *vt sep* attacher.
clipboard ['klɪpbɔːd] *n* écritoire *f* à pince, clipboard *m*.
clip-clop [-klɒp] (*pt* & *pp* **clip-clopped**, *cont* **clip-clopping**) ◇ *n* & *onomat* clip-clop *m*; **we heard the ~ of horses' hooves** nous avons entendu les chevaux passer et le clip-clop de leurs sabots.
◇ *vi* faire clip-clop.
clip joint▽ *n boîte de nuit où l'on pratique des prix excessifs.*
clip-on *adj* amovible; **~ earrings** clips *mpl (d'oreilles)*.
◆ **clip-ons** *npl* -**1.** [glasses] *verres teintés amovibles.* -**2.** [earrings] clips *mpl (d'oreilles)*.
clipped [klɪpt] *adj* -**1.** [speech, style] heurté, saccadé; **a ~ manner of speech** un débit heurté. -**2.** [hair] bien entretenu.
clipper ['klɪpə^r] *n* -**1.** [ship] clipper *m*. -**2.** [horse] cheval *m* qui court vite.
◆ **clippers** *npl* [for nails] pince *f* à ongles; [for hair] tondeuse *f*; [for hedge] sécateur *m* à haie.
clippie *inf* ['klɪpɪ] *n Br* poinçonneuse *f (de bus)*.
clipping ['klɪpɪŋ] *n* [small piece] petit bout *m*, rognure *f*; [from newspaper] coupure *f* (de presse); **grass ~s** herbe coupée.
clique [kliːk] *n pej* clique *f*, coterie *f*.
cliquey ['kliːkɪ], **cliquish** ['kliːkɪʃ] *adj pej* exclusif, qui a l'esprit de clan.
clitic ['klɪtɪk] *adj* [enclitic] enclitique; [proclitic] proclitique.
clitoral ['klɪtərəl] *adj* clitoridien.
clitoris ['klɪtərɪs] *n* clitoris *m*.
cloak [kləʊk] ◇ *n* [cape] grande cape *f*; **under the ~ of darkness** *fig* sous le voile de la nuit; **as a ~ for his illegal activities** pour cacher OR masquer ses activités illégales.
◇ *vt* -**1.** *literal* revêtir d'un manteau. -**2.** *fig* masquer, cacher; **~ed with** OR **in secrecy/mystery** empreint de secret/mystère.
cloak-and-dagger *adj*: **a ~ story** un roman d'espionnage.
cloakroom ['kləʊkrʊm] *n* -**1.** [for coats] vestiaire *m*; **I left my coat in the ~** j'ai laissé mon manteau au vestiaire; **~ ticket** numéro *m* de vestiaire. -**2.** *Br euph* [toilet - public] toilettes *fpl*; [- in home] cabinets *mpl*.
clobber *inf* ['klɒbə^r] ◇ *vt* [hit] tabasser; *fig* [defeat] battre à plate couture.
◇ *n Br (U)* effets *mpl*, barda *m*.
cloche [klɒʃ] *n* cloche *f*.
clock [klɒk] ◇ *n* -**1.** [gen] horloge *f*; [small] pendule *f*; **the church ~ chimed four** l'horloge de l'église sonna quatre heures; **it took us 15 minutes by the ~** il nous a fallu 15 minutes montre en main; **to put a ~ back/forward** retarder/avancer une horloge ‖ *fig*: **you can't turn the ~ back** ce qui est fait est fait; **this law will put the ~ back a hundred years** cette loi va nous ramener cent ans en arrière; **they worked against** OR **to beat the ~** ils ont travaillé dur pour finir à temps; **the jump-off was against the ~** EQUIT il y a eu un barrage contre la montre; **we worked round the ~** nous avons travaillé 24 heures d'affilée; **to sleep the ~ round** faire le tour du cadran. -**2.** [taximeter] compteur *m*, taximètre *m*. -**3.** *inf* AUT [mileometer] ≃ compteur *m* kilométrique; **a car with 30,000 miles on the ~** *inf* une voiture qui a 30 000 miles au compteur. -**4.** COMPUT horloge *f*.

◇ *vt* -**1.** [measure time] enregistrer; **winds ~ed at 50 miles per hour** des vents qui ont atteint 50 miles à l'heure || SPORT [runner] chronométrer; **she's ~ed five minutes for the mile** elle court le mile en cinq minutes. -**2.** ▽ *Br* [hit] flanquer un marron à.
◆ **clock in** *vi insep* pointer (à l'arrivée); **I ~ed in at 7 o'clock** j'ai pointé à 7 h.
◆ **clock off** *vi insep* pointer (à la sortie), dépointer.
◆ **clock on** = **clock in**.
◆ **clock out** = **clock off**.
◆ **clock up** *vt sep* [work] effectuer, accomplir; [victory] remporter; **she ~ed up 300 miles** AUT elle a fait 300 miles au compteur.

clock golf *n* jeu *m* de l'horloge.

clockmaker ['klɒk,meɪkəʳ] *n* horloger *m*, -ère *f*.

clock radio *n* radio-réveil *m*.

clock tower *n* tour *f* de l'horloge.

clock-watch *vi*: **the job is so boring that they are constantly ~ing** leur travail est tellement ennuyeux qu'ils passent leur temps à surveiller l'heure.

clock-watcher *n* tire-au-flanc *m inv*; **they're terrible ~s** ils passent leur temps à guetter l'heure (de sortie).

clockwise ['klɒkwaɪz] ◇ *adv* dans le sens des aiguilles d'une montre.
◇ *adj*: **in a ~ direction** dans le sens des aiguilles d'une montre.

clockwork ['klɒkwɜːk] ◇ *n* [of clock, watch] mouvement *m* (d'horloge); [of toy] mécanisme *m*, rouages *mpl*; **to go** OR **to run like ~** marcher comme sur des roulettes; **the office runs like ~** le travail au bureau est réglé comme du papier à musique.
◇ *adj* mécanique; **'A Clockwork Orange'** *Burgess, Kubrick* 'Orange mécanique'.

clod [klɒd] *n* -**1.** [of earth] motte *f* (de terre). -**2.** *inf* [idiot] imbécile *m*, crétin *m*.

clodhopper *inf* ['klɒd,hɒpəʳ] *n* -**1.** [clumsy person] balourd *m*, -e *f*. -**2.** *hum* [shoe] godillot *m*.

clodhopping *inf* ['klɒd,hɒpɪŋ] *adj* gauche, maladroit.

clog [klɒg] (*pt* & *pp* **clogged**, *cont* **clogging**)
◇ *vt* -**1.** [pipe] boucher, encrasser; [street] boucher, bloquer; [wheel] bloquer. -**2.** *fig* [hinder] entraver, gêner.
◇ *vi* se boucher.
◇ *n* [wooden] sabot *m*; [leather] sabot *m*.
◆ **clog up** ◇ *vt sep* = **clog** *vt*.
◇ *vi insep* = **clog** *vi*.

clog dance *n danse où les participants marquent le rythme avec leurs sabots.*

cloister ['klɔɪstəʳ] ◇ *n* cloître *m*.
◇ *vt* RELIG cloîtrer; *fig* éloigner OR isoler (du monde).

cloistered ['klɔɪstəd] *adj fig* [life] de reclus; **she leads a ~ life** elle mène une vie de recluse.

clone [kləʊn] ◇ *n* clone *m*.
◇ *vt* cloner.

cloning ['kləʊnɪŋ] *n* clonage *m*.

clonk [klɒŋk] ◇ *vi* faire un bruit sourd.
◇ *vt inf* cogner, frapper.
◇ *n* bruit *m* sourd.

close[1] [kləʊs] (*compar* **closer**, *superl* **closest**)
◇ *adj* -**1.** [near in space or time]: **the library is ~ to the school** la bibliothèque est près de l'école; **in ~ proximity to sthg** dans le voisinage immédiat de OR tout près de qqch; **they're very ~ in age** ils ont presque le même âge; **his death brought the war closer to home** c'est avec sa mort que nous avons vraiment pris conscience de la guerre; **too ~ for comfort** trop près; **we are ~ to an agreement** nous sommes presque arrivés à un accord; **at ~ intervals** à intervalles rapprochés; **at ~ range** à bout portant; **to be ~ at** OR **to hand** [shop, cinema etc] être tout près; [book, pencil etc] être à portée de main; **to be ~ to tears** être au bord des larmes; **I came ~ to thumping him one** *inf* j'ai bien failli lui en coller une; **he keeps things ~ to his chest** il ne fait guère de confidences; **to see sthg at ~ quarters** voir qqch de près; **to give sb a ~ shave** *literal* raser qqn de près; **that was a ~ shave** OR **thing** OR *Am* **call!** *inf* on l'a échappé belle!, on a eu chaud! -**2.** [in relationship] intime; **they're very ~ (friends)** ils sont très proches; **a ~ relative** un parent proche; **I'm very ~ to my sister** je suis très proche de ma sœur; **he has ~ ties with Israel** il a des rapports étroits avec Israël; **there's a ~ connection between the two things** il y a un rapport étroit entre les deux; **the President consulted his closest advisers** le président consulta ses conseillers les plus proches; **sources ~ to the royal family** des sources proches de la famille royale; **a subject ~ to my heart** un sujet qui me tient à cœur. -**3.** [continuous]: **they stay in ~ contact** ils restent en contact en permanence. -**4.** [in competition, race etc] serré; **it was a ~ contest** ce fut une lutte serrée. -**5.** [thorough, careful] attentif, rigoureux; **pay ~ attention to what she says** faites très attention OR prêtez une grande attention à ce qu'elle dit; **have a ~ look at these figures** examinez ces chiffres de près; **upon ~ examination** après un examen détaillé OR minutieux; **keep a ~ eye on the kids** surveillez les enfants de près; **I keep ~ control of the expenses** je contrôle étroitement les dépenses; **in ~ confinement** en détention surveillée; **under ~ arrest** aux arrêts forcés. -**6.** [roughly similar] proche; **his version of events was ~ to the truth** sa version des faits était très proche de la réalité; **he bears a ~ resemblance to his father** il ressemble beaucoup à son père; **it's the closest thing we've got to an operating theatre** c'est la pièce qui se rapproche le plus d'une salle d'opération. -**7.** [compact - handwriting, print] serré; [- grain] dense, compact; **in ~ formation** MIL en ordre serré. -**8.** *Br* [stuffy - room] mal aéré, qui manque de ventilation OR d'air; **it's very ~ in here** on manque vraiment d'air ici; **it's terribly ~ today** il fait très lourd aujourd'hui. -**9.** [secretive] renfermé, peu communicatif; **he's very ~ about his private life** il est très discret sur sa vie privée. -**10.** *inf* [stingy] avare, pingre. -**11.** LING [vowel] fermé.
◇ *adv* -**1.** [near] près; **don't come too ~** n'approche pas OR ne t'approche pas trop; **I live ~ to the river** j'habite près de la rivière; **did you win? — no, we didn't even come ~** avez-vous gagné? — non, loin de là; **they walked ~ behind us** ils nous suivaient de près; **she lives ~ by** elle habite tout près; **I looked at it ~ to** OR **up** je l'ai regardé de près; **~ together** serrés les uns contre les autres; **sit closer together!** serrez-vous! -**2.** [tight] étroitement, de près; **he held me ~** il m'a serré dans ses bras.
◇ *n* -**1.** [field] clos *m*. -**2.** *Br* [street] impasse *f*. -**3.** *Br* [of cathedral] enceinte *f*. -**4.** *Scot* allée *f*.
◆ **close on** *prep phr*: **it's ~ on 9 o'clock** il est presque 9 h; **she must be ~ on 50** elle doit friser la cinquantaine OR doit avoir près de 50 ans.
◆ **close to** *prep phr* [almost, nearly] presque; **the baby weighs ~ to 7 pounds** le bébé pèse presque 3 kilos et demi.

close[2] [kləʊz] ◇ *vt* -**1.** [shut - door, window, shop, book] fermer; **he ~d his eyes and went to sleep** il ferma les yeux et s'endormit || *fig*: **to ~ one's eyes to sthg** fermer les yeux sur qqch; **to ~ one's mind to sthg** refuser de penser à qqch; **she ~d her mind to anything new** elle s'est fermée à tout ce qui était neuf. -**2.** [opening, bottle] fermer, boucher; **we must ~ the gap between the rich and the poor** *fig* nous devons combler le fossé entre riches et pauvres. -**3.** [block - border, road] fermer; **they've ~d the airport** ils ont fermé l'aéroport. -**4.** [shut down - factory] fermer; **they plan to ~ more rural stations** ils ont l'intention de fermer d'autres petites gares de campagne. -**5.** [conclude] clore, mettre fin à; **she ~d the conference with a rallying call to the party faithful** elle termina la conférence en lançant un appel de solidarité aux fidèles du parti; **a neat way of closing the discussion** un habile moyen de clore la discussion; **the subject is now ~d** l'affaire est close. -**6.** COMM & FIN [account] arrêter, clore. -**7.** [settle - deal] conclure; **we ~d a deal with them last week** nous avons conclu un accord avec eux la semaine dernière. -**8.** [move closer together] serrer, rapprocher; **~ ranks!** MIL serrez les rangs!; **the party ~d ranks behind their leader** *fig* le parti a serré les rangs derrière le leader. -**9.** ELEC [circuit] fermer.
◇ *vi* -**1.** [shut - gate, window] fermer, se fermer; [- shop] fermer; **this window doesn't ~ properly** cette fenêtre ne ferme pas bien OR ferme mal; **the door ~d quietly behind them** la porte s'est refermée sans bruit derrière eux; **the bakery ~s on Fridays** la boulangerie ferme le vendredi; **the theatre ~s in August/at Christmas** le théâtre ferme en août/fait relâche le jour de Noël. -**2.** [wound, opening] se refermer; **the gap was closing fast** l'écart diminuait rapidement. -**3.** [cover, surround]: **the waves ~d over him** les vagues se refermèrent sur lui; **the onlookers ~d around us** un cercle de curieux se forma autour de nous; **my fingers ~d around the gun** mes doigts se resserrèrent sur le revolver. -**4.** [meeting] se terminer, prendre fin; [speaker] terminer, finir; **I ~d with a reference to Rimbaud** j'ai terminé par une référence à Rimbaud. -**5.** ST. EX: **the share index ~d two points down** l'indice (boursier) a clôturé en baisse de deux points.
◇ *n* fin *f*, conclusion *f*; **the concert came to a ~** le concert s'acheva; **the year drew to a ~** l'année s'acheva; **it's time to draw the meeting to a ~** il est temps de mettre fin à cette réunion; **at the ~ of day** à la tombée du jour; **towards the ~ of the century** vers la fin du siècle; **at ~ of play** [in cricket] à la fin du match.
◆ **close down** ◇ *vi insep* -**1.** [business, factory] fermer; **the shop had to ~ down** le magasin a dû fermer. -**2.** *Br* RADIO & TV terminer les émissions.
◇ *vt sep* [business, factory] fermer; **they had to ~ down their shop** ils ont dû fermer leur magasin.
◆ **close in** *vi insep* -**1.** [approach] approcher, se rapprocher; [encircle] cerner de près; **to ~ in on** OR **upon** se rapprocher de; **the hunters ~d in on their prey** les chasseurs se rapprochèrent de leur proie. -**2.** [evening, night] approcher, descendre; [darkness, fog] descendre; **the days are closing in** les jours raccourcissent; **darkness ~d in on us** la nuit nous enveloppa.
◆ **close off** *vt sep* isoler, fermer; **the area was ~d off to the public** le quartier était fermé au public; **some of the rooms in the house have been ~d off** certaines pièces de la maison ont été fermées.
◆ **close on** *vt insep* se rapprocher de; **we were closing on them fast** nous nous rapprochions d'eux rapidement.
◆ **close out** *vt sep Am* liquider *(avant fermeture)*.
◆ **close up** ◇ *vt sep* fermer; [opening, pipe] obturer, boucher; [wound] refermer, recoudre.
◇ *vi insep* [wound] se refermer.
◆ **close with** *vt insep* -**1.** [finalize agreement with] conclure un marché avec. -**2.** *lit* [fight with] engager la lutte OR le combat avec.

close-cropped *adj* [hair] (coupé) ras; [grass] ras.

closed [kləʊzd] *adj* -**1.** [shut - shop, museum etc] fermé; [- eyes] fermé, clos; [- opening, pipe] obturé, bouché; [- road] barré; [- economy, mind] fermé; **road ~ to traffic** route interdite à la circulation; **'~ on Tuesdays'** 'fermé le mardi'; THEAT 'relâche le mardi'; **we found the door ~** *fig* nous avons trouvé porte close ❑ **in ~ session** JUR à huis clos; **to do sthg behind ~ doors** faire qqch en cachette; **economics is a ~ book to me** *inf* je ne comprends rien à l'économie. -**2.** [restricted] exclusif; **a ~ society** un cercle fermé. -**3.** LING [syllable] couvert. -**4.** ELEC [circuit, switch] fermé.

closed circuit television *n* télévision *f* en circuit fermé.

closed-door *adj* privé; they held a ~ meeting ils ont tenu une réunion privée OR à huis clos.

closedown ['kləʊzdaʊn] *n* -**1.** [of shop] fermeture *f* (définitive). -**2.** *Br* RADIO & TV fin *f* des émissions.

closed primary *n aux États-Unis, élection primaire réservée aux membres d'un parti.*

closed set *n* ensemble *m* fermé.

closed shop *n* -**1.** [practice] monopole *m* d'embauche. -**2.** [establishment] *entreprise dans laquelle le monopole d'embauche est pratiqué.*

closefisted [ˌkləʊs'fɪstɪd] *adj* avare, pingre.

close-fitting [kləʊs-] *adj* ajusté, près du corps.

close-knit [kləʊs-] *adj fig* [community, family] très uni.

closely ['kləʊslɪ] *adv* -**1.** [near] de près; [tightly] en serrant fort; I held her ~ je l'ai serrée fort OR (tout) contre moi. -**2.** [carefully - watch] de près; [- study] minutieusement, de près; [- listen] attentivement. -**3.** [directly]: he's ~ related to him il est l'un de ses proches parents; ~ connected with sthg étroitement lié à qqch. -**4.** [evenly]: ~ contested elections élections très serrées OR très disputées.

closeness ['kləʊsnɪs] *n* -**1.** [nearness] proximité *f*. -**2.** [intimacy - of relationship, friendship, family] intimité *f*. -**3.** [compactness - of weave] texture *f* OR contexture *f* serrée; [- of print] resserrement *m (des caractères)*. -**4.** [similarity - of copy, translation] fidélité *f*. -**5.** [thoroughness - of examination] minutie *f*, rigueur *f*. -**6.** [of weather] lourdeur *f*; [of room] manque *m* d'air. -**7.** [stinginess] avarice *f*.

closeout ['kləʊzaʊt] *n Am* liquidation *f*.

close-range [kləʊs-] *adj* à courte portée.

close-run ['kləʊs-] = **close** *adj* **4**.

close season [kləʊs-] *n Br* HUNT fermeture *f* de la chasse; FISHING fermeture de la pêche; FTBL intersaison *f*.

close-set [kləʊs-] *adj* rapproché.

close-shaven [kləʊs-] *adj* rasé de près.

closet ['klɒzɪt] ◇ *n* -**1.** [cupboard] placard *m*, armoire *f*; [for hanging clothes] penderie *f*; *fig*: to come out of the ~ *inf* [gen] sortir de l'anonymat; [homosexual] ne plus cacher son homosexualité. -**2.** [small room] cabinet *m*. -**3.** [toilet]: (water) ~ cabinets *mpl*; [public] toilettes *fpl*.
◇ *vt* enfermer *(pour discuter)*; to be ~ed with sb être en tête à tête avec qqn.
◇ *comp* secret; she's a ~ gambler elle n'ose pas avouer qu'elle joue.

close-up [kləʊs-] ◇ *n* [photograph] gros plan *m*; [programme] portrait *m*, portrait-interview *m*; in ~ en gros plan.
◇ *adj* [shot, photograph, picture] en gros plan; a ~ lens une bonnette.

closing ['kləʊzɪŋ] ◇ *n* [of shop] fermeture *f*; [of meeting] clôture *f*; ST. EX clôture *f*.
◇ *adj* -**1.** [concluding] final, dernier; ~ remarks observations finales; ~ speech discours *m* de clôture. -**2.** [last] de fermeture; ~ date [for applications] date *f* limite de dépôt; [for project] date *f* de réalisation *(d'une opération)*. -**3.** ST. EX: ~ price cours *m* à la clôture.

closing time *n* heure *f* de fermeture; when is ~? à quelle heure fermez-vous?; ~! on ferme!

closure ['kləʊʒəʳ] *n* -**1.** [gen] fermeture *f*; [of factory, shop] fermeture *f* définitive. -**2.** [of meeting] clôture *f*; to move the ~ [in Parliament] demander la clôture; ~ rule POL *règle du Sénat américain limitant le temps de parole.* -**3.** [for container] fermeture *f*. -**4.** LING fermeture *f (d'une voyelle).*

clot [klɒt] (*pt* & *pp* clotted, *cont* clotting)
◇ *vt* cailler, coaguler.
◇ *vi* (se) cailler, (se) coaguler.
◇ *n* -**1.** [of blood] caillot *m*; [of milk] caillot *m*, grumeau *m*; a ~ on the lung/on the brain une embolie pulmonaire/cérébrale; a blood ~, a ~ of blood un caillot de sang. -**2.** *inf Br* [fool] cruche *f*.

cloth [klɒθ] ◇ *n* -**1.** [material] tissu *m*, étoffe *f*; NAUT [sail] toile *f*, voile *f*; [for bookbinding] toile *f*; ~ of gold drap *m* d'or. -**2.** [for cleaning] chiffon *m*, linge *m*; [tablecloth] nappe *f*. -**3.** [clergy]: man of the ~ membre *m* du clergé.
◇ *comp* [clothing] de OR en tissu, de OR en étoffe.

clothbound ['klɒθbaʊnd] *adj* [book] relié toile.

cloth cap *n* casquette *f (symbole de la classe ouvrière britannique).*

clothe [kləʊð] (*pt* & *pp* clothed OR *lit* clad [klæd]) *vt* habiller, vêtir; *fig* revêtir, couvrir; ~d in furs vêtu de fourrures; the countryside was ~d in snow *fig* la campagne était recouverte de neige.

cloth-eared *inf adj Br* dur de la feuille, sourdingue.

clothes [kləʊðz] *npl* -**1.** [garments] vêtements *mpl*, habits *mpl*; to put one's ~ on s'habiller; to take one's ~ off se déshabiller; with one's ~ on (tout) habillé; with one's ~ off déshabillé, (tout) nu; dressed in one's best ~ sur son trente et un, endimanché. -**2.** *Br* [bedclothes] draps *mpl*.

clothes basket *n* panier *m* à linge.

clothes brush *n* brosse *f* à habits.

clothes hanger *n* cintre *m*.

clotheshorse ['kləʊðzhɔːs, *pl* -hɔːsɪz] *n* -**1.** [for laundry] séchoir *m* à linge. -**2.** *fig* [model] mannequin *m*; she's such a ~ *pej* elle ne pense qu'à ses toilettes.

clothesline ['kləʊðzlaɪn] *n* corde *f* à linge.

clothes moth *n* mite *f*.

clothes peg *Br*, **clothespin** ['kləʊðzpɪn] *Am n* pince *f* à linge.

clothespole ['kləʊðzpəʊl], **clothesprop** ['kləʊðzprɒp] *n* support *m* pour corde à linge.

clothier ['kləʊðɪəʳ] *n* [cloth dealer, maker] drapier *m*; [clothes seller] marchand *m* de vêtements OR de confection.

clothing ['kləʊðɪŋ] ◇ *n (U)* -**1.** [garments] vêtements *mpl*, habits *mpl*; an article of ~ un vêtement. -**2.** [act of dressing] habillage *m*; [providing with garments] habillement *m*; RELIG [of monk, nun] prise *f* d'habit.
◇ *comp* [industry, trade] du vêtement, de l'habillement; [shop] de vêtements; ~ allowance indemnité *f* vestimentaire.

clotted cream ['klɒtɪd-] *n crème fraîche très épaisse typique du sud-ouest de l'Angleterre.*

clotting ['klɒtɪŋ] *n* caillement *m*, coagulation *f*.

cloture ['kləʊtʃəʳ] POL ◇ *n* clôture *f*; ~ rule *règle limitant le temps de parole au Sénat américain.*
◇ *vt* clôturer.

cloud [klaʊd] ◇ *n* -**1.** METEOR nuage *m*, nuée *f lit*; he resigned under a ~ [of suspicion] en butte aux soupçons, il a dû démissionner; [in disgrace] tombé en disgrâce, il a dû démissionner; to be on ~ nine être aux anges OR au septième ciel; to come down from the ~s revenir sur terre; to have one's head in the ~s être dans les nuages OR la lune; every ~ has a silver lining *prov* à quelque chose malheur est bon *prov*. -**2.** [of dust, smoke] nuage *m*; [of gas] nappe *f*; [of insects] nuée *f*. -**3.** [haze - on mirror] buée *f*; [- in liquid] nuage *m*; [- in marble] tache *f* noire.
◇ *vt* -**1.** [make hazy - mirror] embuer; [- liquid] rendre trouble; a ~ed sky un ciel couvert OR nuageux. -**2.** [confuse] obscurcir; don't ~ the issue ne brouillez pas les cartes. -**3.** [spoil - career, future] assombrir; [- reputation] ternir.
◇ *vi* -**1.** [sky] se couvrir (de nuages), s'obscurcir. -**2.** [face] s'assombrir.
◆ **cloud over** *vi insep* = **cloud** *vi*.

cloudbase ['klaʊdbeɪs] *n* plafond *m* de nuages.

cloudberry ['klaʊdˌberɪ] (*pl* cloudberries) *n* [berry] (variété *f* de) framboise *f*; [bush] (variété *f* de) framboisier *m*.

cloudburst ['klaʊdbɜːst] *n* grosse averse *f*.

cloud-capped [-kæpt] *adj* couronné de nuages.

cloud-cuckoo-land *inf n Br*: they are living in ~ ils n'ont pas les pieds sur terre.

clouded ['klaʊdɪd] *adj* -**1.** = **cloudy 1**. -**2.** *fig* [expression] sombre, attristé; [reputation] terni; [judgement] altéré.

cloudiness ['klaʊdɪnɪs] *n* [of sky] nébulosité *f*; [of liquid] aspect *m* trouble; [of mirror] fait *m* d'être embué.

cloudless ['klaʊdlɪs] *adj* [sky] sans nuages; *fig* [days, future] sans nuages, serein.

cloudy ['klaʊdɪ] (*compar* cloudier, *superl* cloudiest) *adj* -**1.** METEOR nuageux, couvert; it will be ~ today le temps sera couvert aujourd'hui. -**2.** [liquid] trouble; [mirror] embué; [gem] taché, nuageux. -**3.** *fig* [confused] obscur, nébuleux; [gloomy] sombre, attristé.

clout *inf* [klaʊt] ◇ *n* -**1.** [blow] coup *m*; [with fist] coup *m* de poing. -**2.** *fig* [influence] influence *f*, poids *m*; to have OR to carry a lot of ~ avoir le bras long. -**3.** *Br dial* [cloth] chiffon *m*; [garment] vêtement *m*.
◇ *vt* frapper, cogner; [with fist] donner un coup de poing à, filer une taloche à.

clove [kləʊv] ◇ *pt* → **cleave**.
◇ *n* -**1.** [spice] clou *m* de girofle; [tree] giroflier *m*; oil of ~s essence *f* de girofle. -**2.** [of garlic] gousse *f*.

clove hitch *n* demi-clef *f*.

cloven ['kləʊvn] ◇ *pp* → **cleave**.
◇ *adj* fendu, fourchu; ~ foot OR hoof sabot *m* fendu.

cloven-footed, **cloven-hoofed** [-huːft] *adj* [animal] aux sabots fendus; [devil] aux pieds fourchus.

clover ['kləʊvəʳ] *n* trèfle *m*; to be in ~ *fig* être comme un coq en pâte.

cloverleaf ['kləʊvəliːf] (*pl* cloverleaves [-liːvz]) *n* BOT feuille *f* de trèfle; [road junction] (carrefour *m* en) trèfle *m*.

clown [klaʊn] ◇ *n* [entertainer] clown *m*; *fig* [fool] pitre *m*, imbécile *mf*; to make a ~ of oneself se rendre ridicule.
◇ *vi* [joke] faire le clown; [act foolishly] faire le pitre OR l'imbécile.
◆ **clown about**, **clown around** = **clown** *vi*.

clownery ['klaʊnərɪ], **clowning** ['klaʊnɪŋ] *n (U)* clowneries *fpl*, pitreries *fpl*.

cloy [klɔɪ] *vt literal* & *fig* écœurer.

cloying ['klɔɪɪŋ] *adj* écœurant.

club [klʌb] (*pt* & *pp* clubbed, *cont* clubbing)
◇ *n* -**1.** [association] club *m*, cercle *m*; [nightclub] boîte *f* de nuit; the ~ scene *milieux branchés fréquentant les boîtes de nuit*; a tennis ~ un club de tennis; join the ~! *hum* bienvenue au club!, vous n'êtes pas le seul!; she's in the ~ *inf Br euph* elle a un polichinelle dans le tiroir. -**2.** [weapon] matraque *f*, massue *f*. -**3.** SPORT: (golf) ~ club *m* (de golf). -**4.** CARDS trèfle *m*; ~s trèfles *mpl*; the nine of ~s le neuf de trèfle; ~s are trumps atout trèfle; to play a ~ jouer (un OR du) trèfle.
◇ *vt* matraquer, frapper avec une massue; he was clubbed to death il a été matraqué à mort.
◆ **club together** *vi insep* [share cost] se cotiser.

CLUB:
Les «clubs» britanniques sont des lieux de rencontre et de détente très fermés, traditionnellement interdits aux femmes; ils jouent un rôle important dans la vie sociale des milieux aisés en Grande-Bretagne.

clubbable ['klʌbəbl] *adj Br dated* sociable.

clubber *inf* ['klʌbəʳ] *n*: he's a real ~ il adore aller en boîte.

clubby ['klʌbɪ] (*compar* clubbier, *superl* clubbiest) *adj* [sociable] sociable; [cliquey] qui a l'esprit de club.

club class *n* classe *f* club.

clubfoot [ˌklʌb'fʊt] (*pl* clubfeet [-'fiːt]) *n* pied *m* bot.

clubfooted [ˌklʌb'fʊtɪd] *adj*: to be ~ avoir un pied bot.

clubhouse ['klʌbhaʊs, *pl* -haʊzɪz] *n* club *m*.

clubland ['klʌblænd] *n Br* [nightclubs] *quartier des boîtes de nuit*; [gentlemen's clubs] *quartier où se trouvent la plupart des clubs privés.*

clubman ['klʌbmən] (*pl* clubmen [-mən]) *n* [member of club] membre *m* d'un club; [man about town] homme *m* du monde, mondain *m*.

clubroom ['klʌbrʊm] *n* salle *f* de club OR de réunion.

clubroot ['klʌbru:t] *n* [disease of plants] hernie *f* du chou.

club sandwich *n Am* sandwich *m* mixte *(à trois étages)*.

cluck [klʌk] ◇ *vi* [hen, person] glousser; to ~ over sb *fig* être aux petits soins pour OR avec qqn; she ~**ed in disapproval** elle a claqué sa langue de désapprobation.
◇ *n* -**1.** [of hen] gloussement *m*; [of person - in pleasure] gloussement *m*; [- in disapproval] claquement *m* de langue. -**2.** *inf*[fool] idiot *m*, -e *f*; **you dumb** ~! c'est malin!

clue [klu:] *n* [gen] indice *m*, indication *f*; [in crosswords] définition *f*; **give me a** ~ mettez-moi sur la piste; **where's John? — I haven't a** ~! où est John? — je n'en ai pas la moindre idée OR je n'en ai aucune idée!; **he's useless at cooking, he hasn't got a** ~! il est nul en cuisine, il n'y connaît absolument rien!
◆ **clue in** *inf vt sep* [person] mettre au courant.
◆ **clue up** *inf vt sep* [person] renseigner, mettre au courant.

clued up [klu:d-] *adj* informé; **to be** ~ **on sthg: she's really** ~ **on computers** elle s'y connaît en informatique.

clueless *inf* ['klu:lɪs] *adj Br pej* qui ne sait rien de rien.

clump [klʌmp] ◇ *n* -**1.** [cluster - of bushes] massif *m*; [- of trees] bouquet *m*; [- of hair, grass] touffe *f*. -**2.** [mass - of earth] motte *f*. -**3.** [sound] bruit *m* sourd.
◇ *vi* [walk]: **to** ~ **(about** OR **around)** marcher d'un pas lourd.
◇ *vt* [gather]: **to** ~ **(together)** grouper.

clumsily ['klʌmzɪlɪ] *adv* [awkwardly] maladroitement; [tactlessly] sans tact.

clumsiness ['klʌmzɪnɪs] *n* -**1.** [lack of coordination] maladresse *f*, gaucherie *f*. -**2.** [awkwardness - of tool] caractère *m* peu pratique; [- of design] lourdeur *f*. -**3.** [tactlessness] gaucherie *f*, manque *m* de tact.

clumsy ['klʌmzɪ] *adj* -**1.** [uncoordinated - person] maladroit, gauche. -**2.** [awkward - tool] peu commode OR pratique; [- design] lourd, disgracieux; [- painting] maladroit; [- style] lourd, maladroit. -**3.** [tactless] gauche, malhabile; **he made a** ~ **apology** il s'est excusé de façon gauche.

clung [klʌŋ] *pt* & *pp* → **cling**.

clunk [klʌŋk] ◇ *n* [sound] bruit *m* sourd.
◇ *vi* faire un bruit sourd.

clunker *inf* ['klʌŋkəʳ] *n Am* [car] tas *m* de ferraille.

cluster ['klʌstəʳ] ◇ *n* -**1.** [of fruit] grappe *f*; [of dates] régime *m*; [of flowers] touffe *f*; [of trees] bouquet *m*; [of stars] amas *m*; [of diamonds] entourage *m*. -**2.** [group - of houses] groupe *m*; [- of people] rassemblement *m*, groupe *m*; [- of bees] essaim *m*. -**3.** LING groupe *m*, agglomérat *m*.
◇ *vi* -**1.** [people] se grouper; **a group of children** ~**ed around their teacher** un groupe d'enfants s'est formé autour du professeur. -**2.** [things] former un groupe; **pretty cottages** ~**ed around the church** l'église était entourée de petites maisons coquettes; **to** ~ **together** se grouper.

cluster bomb *n* bombe *f* à fragmentation.

clutch [klʌtʃ] ◇ *vt* -**1.** [hold tightly] serrer fortement, étreindre. -**2.** [seize] empoigner, se saisir de.
◇ *vi*: **to** ~ **at sthg** *literal* se cramponner à qqch, s'agripper à qqch; *fig* se cramponner à qqch, se raccrocher à qqch ☐ **he's** ~**ing at straws** il se raccroche à n'importe quoi.
◇ *n* -**1.** [grasp] étreinte *f*, prise *f*. -**2.** AUT [mechanism] embrayage *m*; [pedal] pédale *f* d'embrayage; **to let in the** ~ embrayer; **to let out the** ~ débrayer. -**3.** [cluster of eggs] couvée *f*; *fig* série *f*, ensemble *m*. -**4.** *inf Am* [crisis] crise *f*; **if you're in a** ~... si tu es dans le pétrin... -**5.** *Am* [bag] pochette *f (sac à main)*.
◆ **clutches** *npl fig* [control] influence *f*; **to have sb in one's** ~**es** tenir qqn en son pouvoir; **to fall into sb's** ~**es** tomber dans les griffes de qqn; **he escaped the** ~**es of the law** il a échappé aux griffes de la justice.

clutch bag *n* [handbag] pochette *f (sac à main)*.

clutter ['klʌtəʳ] ◇ *n* -**1.** [mess] désordre *m*; **the house is in a bit of a** ~ la maison est plutôt en désordre. -**2.** [disordered objects] désordre *m*, fouillis *m*.
◇ *vt*: ~ **(up)** [room] mettre en désordre; **a desk** ~**ed with papers** un bureau encombré de papiers; **his mind was** ~**ed with useless facts** son esprit était encombré d'informations inutiles.

Clytemnestra [ˌklaɪtɪm'nestrə] *pr n* Clytemnestre.

cm (*written abbr of* **centimetre**) cm.

CNAA (*abbr of* **Council for National Academic Awards**) *pr n organisme non universitaire délivrant des diplômes en Grande-Bretagne.*

CND (*abbr of* **Campaign for Nuclear Disarmament**) *pr n en Grande-Bretagne, mouvement pour le désarmement nucléaire.*

Cnut [kə'nju:t] = **Canute**.

co- [kəʊ] *in cpds* co-; ~**worker** collègue *mf*; **he's her** ~**star** il partage l'affiche avec elle.

c/o (*written abbr of* **care of**) a/s.

Co. [kəʊ] -**1.** (*written abbr of* **company**) Cie. -**2.** *written abbr of* **county**.

CO ◇ *n* -**1.** *abbr of* **commanding officer**. -**2.** *abbr of* **conscientious objector**.
◇ *written abbr of* **Colorado**.

coach [kəʊtʃ] ◇ *n* -**1.** [tutor] répétiteur *m*, -trice *f*; SPORT [trainer] entraîneur *m*, -euse *f*; [ski instructor] moniteur *m*, -trice *f*. -**2.** [bus] car *m*, autocar *m*; *Br* RAIL voiture *f*, wagon *m*; [carriage] carrosse *m*; **(stage)** ~ diligence *f*, coche *m*.
◇ *comp* [driver] de car; [tour, trip] en car.
◇ *vt* [tutor] donner des leçons particulières à; SPORT entraîner; **to** ~ **sb in maths/in English** donner des leçons de math/d'anglais à qqn; **they employed a tutor to** ~ **him for the exam** ils ont fait appel à un professeur particulier pour le préparer à l'examen.
◇ *vi* [tutor] donner des leçons particulières; SPORT être entraîneur.

coach-and-four *n* carrosse *m* à quatre chevaux.

coach bolt *n* boulon *m* d'ancrage.

coachbuilder ['kəʊtʃˌbɪldəʳ] *n* carrossier *m*.

coachbuilt ['kəʊtʃbɪlt] *adj* construit sur mesure.

coach house *n* remise *f (pour carrosse ou voiture)*.

coaching ['kəʊtʃɪŋ] *n* -**1.** SCH leçons *fpl* particulières. -**2.** SPORT entraînement *m*.

coachload ['kəʊtʃləʊd] *n*: **a** ~ **of tourists** un autocar OR car plein de touristes.

coachman ['kəʊtʃmən] (*pl* **coachmen** [-mən]) *n* cocher *m*.

coach park *n* emplacement *m* (de parking) réservé aux autocars.

coach party *n esp Br* excursion *f* en car.

coach station *n Br* gare *f* routière.

coachwork ['kəʊtʃwɜ:k] *n* carrosserie *f*.

coadjutant [kəʊ'ædʒʊtənt] *n* assistant *m*, -e *f*, aide *mf*.

coagulant [kəʊ'ægjʊlənt] *n* coagulant *m*.

coagulate [kəʊ'ægjʊleɪt] ◇ *vi* (se) coaguler.
◇ *vt* coaguler.

coagulation [kəʊˌægjʊ'leɪʃn] *n* coagulation *f*.

coal [kəʊl] ◇ *n* -**1.** [gen] charbon *m*; **a piece** OR **lump of** ~ un morceau de charbon ☐ **he was treading on hot** ~**s** il était sur des charbons ardents. -**2.** INDUST houille *f*; **soft** ~ houille grasse.
◇ *comp* [bunker, cellar, chute] à charbon; [depot, fire] de charbon; ~ **industry** industrie *f* houillère; ~ **seam** couche *f* houillère, gisement *m* houiller.
◇ *vt* [supply with coal] fournir OR ravitailler en charbon; NAUT charbonner.
◇ *vi* NAUT charbonner.

coal black ◇ *n* noir *m (couleur)*.
◇ *adj* noir comme du charbon.

coal-burning *adj* à charbon, qui marche au charbon.

coaldust ['kəʊldʌst] *n* poussier *m* OR poussière *f* de charbon.

coaler ['kəʊləʳ] *n* charbonnier *m (navire ou train)*.

coalesce [ˌkəʊə'les] *vi* s'unir (en un groupe), se fondre (ensemble).

coalescence [ˌkəʊə'lesns] *n* fusion *f*, union *f*.

coalface ['kəʊlfeɪs] *n* front *m* de taille.

coalfield ['kəʊlfi:ld] *n* bassin *m* houiller, gisement *m* de houille.

coal-fired *adj* à charbon, qui marche au charbon.

coalfish ['kəʊlfɪʃ] (*pl inv* OR **coalfishes**) *n* lieu *m* noir, colin *m*.

coal gas *n* gaz *m* de houille.

coalhole ['kəʊlhəʊl] *n* petite cave *f* à charbon.

coaling station ['kəʊlɪŋ-] *n* dépôt *m* de charbon.

coalition [ˌkəʊə'lɪʃn] *n* coalition *f*; ~ **government** gouvernement *m* de coalition.

coalman ['kəʊlmæn] (*pl* **coalmen** [-men]) *n* charbonnier *m*, marchand *m* de charbon.

coal merchant = **coalman**.

coalmine ['kəʊlmaɪn] *n* mine *f* de charbon, houillère *f*.

coalminer ['kəʊlˌmaɪnəʳ] *n* mineur *m*.

coalmining ['kəʊlˌmaɪnɪŋ] *n* charbonnage *m*.

coal oil *n Am* kérosène *m*, pétrole *m* (lampant).

coalpit ['kəʊlpɪt] *n* mine *f* de charbon, houillère *f*.

coal scuttle *n* seau *m* à charbon.

coal tar *n* coaltar *m*, goudron *m* de houille.

coal tit *n* mésange *f* noire.

coarse [kɔ:s] *adj* -**1.** [rough in texture] gros, grossier; ~ **cloth** drap grossier; ~ **linen** grosse toile; ~ **salt** gros sel; ~ **skin** peau rude; ~ **weave** texture grossière; ~ **hair** cheveux épais. -**2.** [vulgar - person, behaviour, remark, joke] grossier, vulgaire; [- laugh] gros, gras; [- accent] commun, vulgaire. -**3.** [inferior - food, drink] ordinaire, commun; ~ **red wine** vin rouge ordinaire.

coarse fishing *n* pêche *f* à la ligne en eau douce.

coarse-grained *adj* à gros grain.

coarsely ['kɔ:slɪ] *adv* -**1.** [roughly] grossièrement; ~ **woven** de texture grossière. -**2.** [uncouthly - speak] vulgairement, grossièrement; [- laugh] grassement; [vulgarly] indécemment, crûment.

coarsen ['kɔ:sn] ◇ *vi* -**1.** [texture] devenir rude OR grossier. -**2.** [person] devenir grossier OR vulgaire; [features] s'épaissir.
◇ *vt* -**1.** [texture] rendre rude OR grossier. -**2.** [person, speech] rendre grossier OR vulgaire; [features] épaissir.

coarseness ['kɔ:snɪs] *n* -**1.** [of texture] rudesse *f*. -**2.** [uncouthness] manque *m* de savoir-vivre; [vulgarity] grossièreté *f*, vulgarité *f*.

coast [kəʊst] ◇ *n* -**1.** côte *f*; **the** ~ le littoral; **off the** ~ **of Ireland** au large des côtes irlandaises; **broadcast from** ~ **to** ~ diffusé dans tout le pays ☐ **the** ~ **is clear** *inf* la voie est libre. -**2.** *Am* [act of coasting] descente *f* en roue libre.
◇ *vi* [vehicle] avancer en roue libre; NAUT caboter; **the car** ~**ed along/down the street** la voiture avançait le long de la rue/descendait la rue en roue libre; **he** ~**ed through the exam** *inf fig* il a eu l'examen les doigts dans le nez.

coastal ['kəʊstl] *adj* littoral, côtier; ~ **traffic** navigation *f* côtière, cabotage *m*; ~ **waters** eaux *fpl* littorales.

coaster ['kəʊstəʳ] *n* -**1.** [protective mat - for glass] dessous *m* de verre; [- for bottle] dessous *m* de bouteille; [stand, tray] présentoir *m* à bouteilles. -**2.** NAUT [ship] caboteur *m*. -**3.** *Am* = **roller coaster**.

coastguard ['kəʊstgɑ:d] *n* -**1.** [organization] ≃ gendarmerie *f* maritime. -**2.** *Br* [person] membre *m* de la gendarmerie maritime; HIST garde-côte *m*.

coastline [ˈkəʊstlaɪn] *n* littoral *m*.

coat [kəʊt] ◇ *n* -**1.** [overcoat] manteau *m*; [man's overcoat] manteau *m*, pardessus *m*; [jacket] veste *f*; ~ **of mail** cotte *f* de mailles ‖ HERALD: ~ **of arms** blason *m*, armoiries *fpl*. -**2.** [of animal] pelage *m*, poil *m*; [of horse] robe *f*. -**3.** [covering - of dust, paint] couche *f*.

◇ *vt* -**1.** [cover] couvrir, revêtir; [with paint, varnish] enduire; **the shelves were ~ed with dust** les étagères étaient recouvertes de poussière; **my shoes were ~ed with mud** mes chaussures étaient couvertes de boue; **a ~ed tongue** MED une langue chargée. -**2.** CULIN: **to ~ sthg with flour/sugar** saupoudrer qqch de farine/de sucre; **to ~ sthg with chocolate** enrober qqch de chocolat; **to ~ sthg with egg** dorer qqch à l'œuf.

coatdress [ˈkəʊtdres] *n* robe-manteau *f*.

-coated [kəʊtɪd] *in cpds*: **sugar~ almonds** dragées *fpl*.

coat hanger *n* cintre *m*.

coating [ˈkəʊtɪŋ] *n* couche *f*; [on pan] revêtement *m*.

coatrack [ˈkəʊtræk], **coatstand** [ˈkəʊtstænd] *n* portemanteau *m*.

coat tails *npl* queue *f* de pie *(costume)*; **to ride on sb's ~** profiter de l'influence OR de la position de qqn; **she hangs on his ~** elle est pendue à ses basques.

coauthor [kəʊˈɔːθəʳ] *n* coauteur *m*.

coax [kəʊks] *vt* cajoler, enjôler; **to ~ sb into doing sthg**: **he ~ed us into going** à force de nous cajoler, il nous a persuadés d'y aller; **I ~ed the money out of him** j'ai obtenu l'argent de lui par des cajoleries; **he ~ed the box open with a screwdriver** il est parvenu à ouvrir la boîte en faisant levier avec un tournevis.

coaxial [ˌkəʊˈæksɪəl] *adj* coaxial.

coaxing [ˈkəʊksɪŋ] ◇ *n (U)* cajolerie *f*, cajoleries *fpl*; **after a lot of ~, he agreed** il s'est fait prier avant d'accepter.

◇ *adj* enjôleur, cajoleur.

cob [kɒb] *n* -**1.** [horse] cob *m*. -**2.** [swan] cygne *m* mâle. -**3.** [of corn] épi *m*. -**4.** [of coal] briquette *f* de charbon; [of bread] pain *m*. -**5.** *Br* [nut] noisette *f*. -**6.** CONSTR torchis *m*, pisé *m*.

cobalt [ˈkəʊbɔːlt] *n* cobalt *m*; ~ **60** cobalt 60, cobalt radioactif.

cobalt blue ◇ *adj* bleu de cobalt.

◇ *n* bleu *m* de cobalt.

cobalt bomb *n* bombe *f* au cobalt.

cobber *inf* [ˈkɒbəʳ] *n Austr* copain *m*, pote *m*.

cobble [ˈkɒbl] ◇ *n* [stone] pavé *m*.

◇ *vt* paver.

◆ **cobble together** *vt sep* bricoler, concocter; **they ~d a compromise together** ils ont bricolé un compromis.

cobbled [ˈkɒbld] *adj* pavé.

cobbler [ˈkɒbləʳ] *n* -**1.** [shoemender] cordonnier *m*. -**2.** *Am* [cake] tourte *f* aux fruits; [drink] (sorte *f* de) punch *m*.

◆ **cobblers**▽ *n pl Br* couilles *fpl*; **that's a load of ~s!** *fig* c'est de la connerie!

cobblestone [ˈkɒblstəʊn] *n* pavé *m (rond)*.

cobnut [ˈkɒbnʌt] *n* noisette *f*, aveline *f*.

COBOL [ˈkəʊbɒl] (*abbr of* **common ordinary business oriented language**) *n* COBOL *m*.

cobra [ˈkəʊbrə] *n* cobra *m*.

cobweb [ˈkɒbweb] *n* toile *f* d'araignée; **I'm going for a walk to clear away the ~s** OR **to blow the ~s away** *fig* je vais faire un tour pour me rafraîchir les idées.

cobwebbed [ˈkɒbwebd] *adj* couvert de toiles d'araignée.

coca [ˈkəʊkə] *n* [shrub] coca *m*; [leaf substance] coca *f*.

Coca-Cola® *n* Coca® *m*, Coca-Cola® *m*.

cocaine [kəʊˈkeɪn] ◇ *n* cocaïne *f*.

◇ *comp*: ~ **addict** OR **freak** *inf* cocaïnomane *mf*; ~ **addiction** cocaïnomanie *f*.

coccus [ˈkɒkəs] (*pl* **cocci** [-ksaɪ]) *n* coccidie *f*.

coccyx [ˈkɒksɪks] (*pl* **coccyges** [ˌkɒkˈsaɪdʒiːz]) *n* coccyx *m*.

Cochin China [ˈkɒˌtʃɪn-] *pr n* Cochinchine *f*; **in ~** en Cochinchine.

cochineal [ˈkɒtʃɪniːl] *n* [insect] cochenille *f*; [dye] cochenille *f* des teinturiers, carmin *m*.

cochlea [ˈkɒklɪə] (*pl* **cochleae** [-lɪiː] OR **cochleas**) *n* cochlée *f*, limaçon *m*.

cock [kɒk] ◇ *n* -**1.** [rooster] coq *m*; [male bird] (oiseau *m*) mâle *m*; **he thinks he's ~ of the walk** il se croit sorti de la cuisse de Jupiter. -**2.** [tap] robinet *m*. -**3.** [of gun] chien *m*; **at full ~** armé. -**4.** ▼ [penis] bitte *f*, bite *f*. -**5.** ▽ *Br* [nonsense] conneries *fpl*. -**6.** [tilt] inclinaison *f*, aspect *m* penché; **a ~ of the head** une inclinaison de la tête. -**7.** *inf Br* [term of address] pote *m*; **all right, ~?** ça va, mon pote? -**8.** AGR [of hay] meulon *m*.

◇ *vt* -**1.** [gun] armer. -**2.** [raise]: **the dog ~ed its ears** le chien a dressé les oreilles; **she ~ed an ear towards the door** *fig* elle a tendu une oreille du côté de la porte; **keep an eye ~ed on the kids** tenez les enfants à l'œil; **the dog ~ed its leg** le chien a levé la patte ❑ **to ~ a snook at sb** *inf Br* faire un pied de nez à qqn. -**3.** [head, hat] pencher, incliner; [thumb] tendre. -**4.** [hay] mettre en meulons.

◆ **cock up**▽ *Br* ◇ *vt sep* saloper, faire foirer.

◇ *vi insep*: **he's ~ed up again** il a encore tout fait foirer.

cockade [kɒˈkeɪd] *n* cocarde *f*.

cock-a-doodle-doo [ˌkɒkəduːdlˈduː] *n* & *onomat* cocorico.

cock-a-hoop *inf adj* fier comme Artaban.

cock-a-leekie *n potage de poulet et de poireaux.*

cock-and-bull story *n* histoire *f* à dormir debout.

cockatoo [ˌkɒkəˈtuː] *n* cacatoès *m*.

cockchafer [ˈkɒkˌtʃeɪfəʳ] *n* hanneton *m*.

cockcrow [ˈkɒkkrəʊ] *n* aube *f*; **at ~** au chant du coq.

cocked hat *n* tricorne *m*; **to knock sthg into a ~** surpasser qqch.

cockerel [ˈkɒkrəl] *n* jeune coq *m*.

cocker spaniel [ˈkɒkəʳ-] *n* cocker *m*.

cockeyed *inf* [ˈkɒkaɪd] *adj* -**1.** [cross-eyed] qui louche. -**2.** [crooked] de travers. -**3.** [absurd - idea, plan] absurde; [- story] qui ne tient pas debout. -**4.** [drunk] pompette.

cockfight [ˈkɒkfaɪt] *n* combat *m* de coqs.

cockfighting [ˈkɒkˌfaɪtɪŋ] *n (U)* combats *mpl* de coqs.

cockiness [ˈkɒkɪnɪs] *n* impertinence *f*.

cockle [ˈkɒkl] ◇ *n* -**1.** [shellfish] coque *f*. -**2.** [in cloth] faux pli *m*; [in paper] froissure *f*, pliure *f*. -**3.** *fig*: **it warmed the ~s of his heart** cela lui a réchauffé le cœur.

◇ *vt* [paper] froisser; [cloth] chiffonner.

◇ *vi* [paper] se froisser; [cloth] se chiffonner.

cockleshell [ˈkɒklʃel] *n* [shell] coquille *f*; [boat] coque *f*.

Cockney [ˈkɒknɪ] ◇ *n* -**1.** [person] cockney *mf (Londonien né dans le «East End»)*. -**2.** LING cockney *m*.

◇ *adj* cockney.

cockpit [ˈkɒkpɪt] *n* -**1.** [of plane] cabine *f* de pilotage, cockpit *m*; [of racing car] poste *m* du pilote; [of yacht] cockpit *m*. -**2.** [in cockfighting] arène *f*; *fig* arènes *fpl*.

cockroach [ˈkɒkrəʊtʃ] *n* cafard *m*, blatte *f*.

cockscomb [ˈkɒkskəʊm] *n* -**1.** [of rooster] crête *f*. -**2.** BOT crête-de-coq *f*.

cock sparrow *n* moineau *m* mâle.

cocksucker▼ [ˈkɒkˌsʌkəʳ] *n* -**1.** *literal* suceur *m*, -euse *f*. -**2.** [despicable person] enculé *m*, -e *f*.

cocksure [ˌkɒkˈʃɔːʳ] *adj pej* suffisant.

cocktail [ˈkɒkteɪl] *n* [mixed drink] cocktail *m (boisson)*; [gen - mixture of things] mélange *m*, cocktail *m*; **fruit ~** salade *f* de fruits.

cocktail bar *n* bar *m (dans un hôtel, un aéroport)*.

cocktail dress *n* robe *f* de cocktail.

cocktail lounge *n* bar *m (dans un hôtel, un aéroport)*.

cocktail onion *n* petit oignon *m* (à apéritif).

cocktail party *n* cocktail *m (fête)*.

cocktail sausage *n* petite saucisse *f* (à apéritif).

cocktail shaker *n* shaker *m*.

cocktail stick *n* fouet *m* (à champagne).

cockteaser▼ [ˈkɒkˌtiːzəʳ] *n pej* allumeuse *f*.

cock-up▽ *n Br*: **it was a ~** ça a foiré; **he made a ~ of his exam** il s'est planté à l'examen.

cocky *inf* [ˈkɒkɪ] (*compar* **cockier**, *superl* **cockiest**) *adj* suffisant, qui a du toupet.

cocoa [ˈkəʊkəʊ] *n* -**1.** [powder, drink] cacao *m*. -**2.** [colour] marron *m* clair.

cocoa bean *n* graine *f* de cacao.

cocoa butter *n* beurre *m* de cacao.

coconut [ˈkəʊkənʌt] *n* noix *f* de coco; ~ **milk** lait *m* de coco; **desiccated ~** noix *f* de coco séchée.

coconut matting *n* tapis *m* en fibres de noix de coco.

coconut oil *n* huile *f* de coco.

coconut palm *n* cocotier *m*.

coconut shy *n* jeu *m* de massacre *pr*.

cocoon [kəˈkuːn] ◇ *n* cocon *m*; *fig*: **wrapped in a ~ of blankets** emmitouflé dans des couvertures; **he felt safe in his ~ of solitude** enveloppé dans sa solitude, il se sentait à l'abri.

◇ *vt* [wrap] envelopper avec soin; [overprotect - child] couver.

cocooned [kəˈkuːnd] *adj* enfermé, cloîtré.

cod [kɒd] (*pl inv* OR **cods**) *n* [fish] morue *f*; CULIN: **dried ~** merluche *f*, morue; **fresh ~** morue fraîche, cabillaud *m*; **the ~ war** la guerre de la morue *(série de conflits ayant opposé la Grande-Bretagne et l'Islande au sujet de zones de pêche islandaises)*.

COD (*abbr of* **cash on delivery**) *adv*: **to send sthg ~** envoyer qqch contre remboursement.

coda [ˈkəʊdə] *n lit* & MUS coda *f*.

coddle [ˈkɒdl] *vt* -**1.** [pamper - child] dorloter, choyer. -**2.** CULIN (faire) cuire à feu doux; **a ~d egg** un œuf à la coque.

code [kəʊd] ◇ *n* -**1.** [cipher] code *m*, chiffre *m*; BIOL & COMPUT code *m*; **a message in ~** un message chiffré OR codé. -**2.** [statement of rules] code *m*; ~ **of conduct/of honour** code de conduite/de l'honneur; ~ **of ethics** [gen] sens *m* des valeurs morales, moralité *f*; [professional] déontologie *f*; ~ **of practice** [gen] déontologie *f*; [rules] règlements *mpl* et usages *mpl*. -**3.** [postcode] code *m* postal. -**4.** [dialling code] code *m*, indicatif *m*.

◇ *vt* [message] coder, chiffrer.

code book *n* code *m*.

codeine [ˈkəʊdiːn] *n* codéine *f*.

code name *n* nom *m* de code.

code-named *adj* qui porte le nom de code de.

codeword [ˈkəʊdwɜːd] *n* [password] mot *m* de passe; [name] mot *m* codé.

codex [ˈkəʊdeks] (*pl* **codices** [-dɪsiːz]) *n* volume *m* de manuscrits anciens.

codfish [ˈkɒdfɪʃ] (*pl inv* OR **codfishes**) *n* morue *f*.

codger *inf* [ˈkɒdʒəʳ] *n* bonhomme *m*; **he's a bad-tempered old ~** c'est un vieux bonhomme bourru.

codices [ˈkəʊdɪsiːz] *pl* → **codex**.

codicil [ˈkɒdɪsɪl] *n* codicille *m*.

codification [ˌkəʊdɪfɪˈkeɪʃn] *n* codification *f*.

codify [ˈkəʊdɪfaɪ] (*pt* & *pp* **codified**) *vt* codifier.

coding [ˈkəʊdɪŋ] *n* [of message] chiffrage *m*; COMPUT codage *m*; ~ **line** ligne *f* de programmation; ~ **sequence** séquence *f* programmée.

cod-liver oil *n* huile *f* de foie de morue.

codpiece [ˈkɒdpiːs] *n* braguette *f*.

codriver [ˈkəʊˌdraɪvəʳ] *n* [in rally, race] copilote *m*; [of bus, coach] deuxième chauffeur *m*.

codswallop *inf* [ˈkɒdzˌwɒləp] *n (U) Br* bêtises *fpl*, âneries *fpl*.

co-ed [-ˈed] ◇ *adj abbr of* **coeducational**.

◇ *n* -**1.** *Am* [female student] *étudiante d'un établissement mixte*. -**2.** *Br* (*abbr of* **coeducational school**) école *f* mixte.

co-edit *vt* coéditer.

co-edition *n* coédition *f*.
co-editor *n* coéditeur *m*.
co-education *n* éducation *f* mixte.
co-educational *adj* mixte.
coefficient [ˌkəʊɪˈfɪʃnt] *n* coefficient *m*; ~ **of expansion** PHYS coefficient de dilatation.
coelacanth [ˈsiːləkænθ] *n* cœlacanthe *m*.
coeliac *Br*, **celiac** *Am* [ˈsiːlɪæk] *adj* cœliaque; ~ **disease** maladie *f* cœliaque.
coequal [kəʊˈiːkwəl] ◇ *adj* égal.
◇ *n* égal *m*, -e *f*.
coerce [kəʊˈɜːs] *vt* contraindre, forcer; **we ~d them into confessing** nous les avons contraints à avouer.
coercion [kəʊˈɜːʃn] *n* *(U)* coercition *f*, contrainte *f*; **to act under ~** agir sous la contrainte.
coercive [kəʊˈɜːsɪv] *adj* coercitif.
coeval [kəʊˈiːvl] ◇ *adj* contemporain.
◇ *n* contemporain *m*, -e *f*.
coexist [ˌkəʊɪgˈzɪst] *vi* coexister.
coexistence [ˌkəʊɪgˈzɪstəns] *n* coexistence *f*.
coexistent [ˌkəʊɪgˈzɪstənt] *adj* coexistant.
coextensive [ˌkəʊɪkˈstensɪv] *adj*: ~ **with** [in space] de même étendue que; [in time] de même durée que.
C of C *n abbr of* chamber of commerce.
C of E (*abbr of* Church of England) ◇ *pr n* Église *f* anglicane.
◇ *adj* anglican; **he's ~** il appartient à l'Église anglicane.
coffee [ˈkɒfɪ] ◇ *n* -**1.** [drink] café *m*; **a cup of ~** une tasse de café; **would you like a ~?** voulez-vous un café?; **we talked over ~** nous avons bavardé en prenant un café; **black ~** café noir; **white ~** *Br*, ~ **with cream** OR **milk** *Am* [gen] café au lait; [in café] café crème, crème *m*. -**2.** [colour] café au lait *(inv)*.
◇ *comp* [filter, service] à café; [ice cream, icing] au café; ~ **cake** *Br* moka *m*; *Am* gâteau *m (que l'on sert avec le café)*; ~ **cream** [chocolate] chocolat *m* fourré au café; ~ **grounds** marc *m* de café.
coffee bar *n Br* café *m*, caféteria *f*.
coffee bean *n* grain *m* de café.
coffee break *n* pause-café *f*.
coffee-coloured *adj* café au lait *(inv)*.
coffee cup *n* tasse *f* à café.
coffee grinder *n* moulin *m* à café.
coffee house *n* café *m*.
coffee klatch *inf* [-klætʃ] *n Am*: **he's probably in the ~** il est sans doute en train de prendre un café et de papoter avec les autres.
coffee machine *n* [gen] cafetière *f*; [in café] percolateur *m*.
coffee mill *n* moulin *m* à café.
coffee morning *n Br rencontre amicale autour d'un café, destinée souvent à réunir de l'argent au profit d'œuvres de bienfaisance.*
coffeepot [ˈkɒfɪpɒt] *n* cafetière *f*.
coffee shop *n Am* ≃ café-restaurant *m*.
coffee spoon *n* cuillère *f* OR cuiller *f* à café, petite cuillère *f* OR cuiller *f*; [smaller] cuillère *f* OR cuiller *f* à moka.
coffee table *n* table *f* basse.
coffee-table book *n* ≃ beau livre *m (destiné à être feuilleté plutôt que véritablement lu)*.
coffee tree *n* caféier *m*.
coffer [ˈkɒfəʳ] *n* -**1.** [strongbox] coffre *m*, caisse *f*. -**2.** [watertight chamber] caisson *m*. -**3.** ARCHIT caisson *m (de plafond)*.
◆ **coffers** *npl* [funds - of nation] coffres *mpl*; [- of organization] caisses *fpl*, coffres *mpl*; **the Government hasn't got much left in the ~s** le gouvernement n'a plus grand-chose dans ses coffres.
cofferdam [ˈkɒfədæm] *n* batardeau *m*.
coffered [ˈkɒfəd] *adj* ARCHIT à caissons.
coffin [ˈkɒfɪn] *n* -**1.** [box] cercueil *m*, bière *f*. -**2.** [of hoof] cavité *f* du sabot.
coffin nail *inf n hum* [cigarette] cigarette *f*.
C of I (*abbr of* Church of Ireland) *pr n* Église *f* d'Irlande.
C of S (*abbr of* Church of Scotland) *pr n* Église *f* d'Écosse.
cog [kɒg] *n* [gearwheel] roue *f* dentée; [tooth] dent *f (d'engrenage)*; **you're only a (small) ~ in the machine** OR **the wheel** *fig* vous n'êtes qu'un simple rouage (dans OR de la machine).
cogency [ˈkəʊdʒənsɪ] *n* force *f*, puissance *f*.
cogent [ˈkəʊdʒənt] *adj fml* [argument, reasons - convincing] convaincant, puissant; [- pertinent] pertinent; [- compelling] irrésistible.
cogently [ˈkəʊdʒəntlɪ] *adv fml* [argue - convincingly] puissamment; [- pertinently] pertinemment, avec à-propos; [- compellingly] irrésistiblement.
cogitate [ˈkɒdʒɪteɪt] *vi fml* méditer, réfléchir; **to ~ about** OR **on sthg** méditer sur qqch, réfléchir à qqch.
cogitation [ˌkɒdʒɪˈteɪʃn] *n* réflexion *f*, méditation *f*; *hum* cogitations *fpl*.
cognac [ˈkɒnjæk] *n* cognac *m*.
cognate [ˈkɒgneɪt] ◇ *n* -**1.** LING mot *m* apparenté. -**2.** JUR [person] parent *m* proche, cognat *m* JUR.
◇ *adj* LING apparenté, de même origine; JUR parent; **English is ~ with German** l'anglais est apparenté à OR de même origine que l'allemand.
cognition [kɒgˈnɪʃn] *n* [gen] connaissance *f*; PHILOS cognition *f*.
cognitive [ˈkɒgnɪtɪv] *adj* cognitif.
cognizance, **-isance** [ˈkɒgnɪzəns] *n* -**1.** *fml* [knowledge] connaissance *f*; **to take ~ of sthg** prendre connaissance de qqch. -**2.** *fml* [range, scope] compétence *f*; **the matter is outside our ~** l'affaire n'est pas de notre compétence; **within the ~ of this court** JUR de la compétence de ce tribunal. -**3.** HERALD [badge] emblème *m*.
cognizant, **-isant** [ˈkɒgnɪzənt] *adj* -**1.** *fml* [aware] ayant connaissance, conscient; **to be ~ of a fact** être instruit d'un fait. -**2.** JUR compétent.
cognomen [kɒgˈnəʊmen] (*pl* cognomens OR cognomina [-mɪnə]) *n* [surname] nom *m* de famille; [nickname] surnom *m*.
cognoscenti [ˌkɒnjəˈʃentiː] *npl* connaisseurs *mpl*.
cogwheel [ˈkɒgwiːl] *n* roue *f* dentée.
cohabit [ˌkəʊˈhæbɪt] *vi* cohabiter.
cohabitation [ˌkəʊhæbɪˈteɪʃn] *n* cohabitation *f*.
cohabitee [kəʊˌhæbɪˈtiː] *n* concubin *m*, -e *f*.
cohere [kəʊˈhɪəʳ] *vi* -**1.** [stick together] adhérer, coller. -**2.** [be logically consistent] être cohérent; [reasoning, argument] (se) tenir.
coherence [kəʊˈhɪərəns] *n* -**1.** [cohesion] adhérence *f*. -**2.** [logical consistency] cohérence *f*.
coherent [kəʊˈhɪərənt] *adj* [logical - person, structure] cohérent, logique; [- story, speech] facile à suivre OR comprendre.
coherently [kəʊˈhɪərəntlɪ] *adv* de façon cohérente.
cohesion [kəʊˈhiːʒn] *n* cohésion *f*.
cohesive [kəʊˈhiːsɪv] *adj* cohésif.
cohort [ˈkəʊhɔːt] *n* -**1.** [group, band] cohorte *f*. -**2.** MIL cohorte *f*. -**3.** [companion] comparse *mf*, compère *m*. -**4.** BIOL ordre *m*.
COHSE [ˈkəʊzɪ] (*abbr of* Confederation of Health Service Employees) *pr n ancien syndicat des employés des services de santé en Grande-Bretagne.*
COI (*abbr of* Central Office of Information) *pr n service public d'information en Grande-Bretagne.*

COI:
Le COI diffuse des informations émanant du gouvernement, publie des brochures, organise des expositions, des projections de films etc en Grande-Bretagne et à l'étranger.

---

coif [kɔɪf] *n* [headdress] coiffe *f*; [skullcap] calotte *f*.
coiffure [kwɑːˈfjʊəʳ] *n fml* coiffure *f*.
coil [kɔɪl] ◇ *n* -**1.** [spiral - of rope, wire] rouleau *m*; NAUT glène *f*; [- of hair] rouleau *m*; [in bun] chignon *m*. -**2.** [single loop - of rope, wire] tour *m*; [- of hair] boucle *f*; [- of smoke, snake] anneau *m*. -**3.** ELEC & TECH bobine *f*. -**4.** MED [for contraception] stérilet *m*.
◇ *vt* -**1.** [rope] enrouler; [hair] enrouler, torsader; **the snake ~ed itself up** le serpent s'est lové OR enroulé. -**2.** ELEC bobiner.
◇ *vi* -**1.** [river, smoke, procession] onduler, serpenter. -**2.** [rope] s'enrouler; [snake] se lover; **the python ~ed around its prey** le python s'est enroulé autour de sa proie.
◆ **coil up** *vt sep* [rope, hose] enrouler.
coiled [kɔɪld] *adj* [rope] enroulé, en spirale; [spring] en spirale; [snake] lové.
coil spring *n* ressort *m* hélicoïdal.
coin [kɔɪn] ◇ *n* -**1.** [item of metal currency] pièce *f* (de monnaie); **a 5p ~** une pièce de 5 pence ❑ **that's the other side of the ~** c'est le revers de la médaille. -**2.** *(U)* [metal currency] monnaie *f*; **£50 in ~** 50 livres en espèces ❑ **to pay sb back in his own ~** rendre à qqn la monnaie de sa pièce.
◇ *vt* -**1.** [money]: **to ~ money** battre monnaie ❑ **she's ~ing it** *inf* elle se fait du fric. -**2.** [word] fabriquer, inventer; **to ~ a phrase** *hum* si je puis m'exprimer ainsi.
coinage [ˈkɔɪnɪdʒ] *n* -**1.** [creation - of money] frappe *f*; *fig* [- of word] invention *f*. -**2.** [coins] monnaie *f*; [currency system] système *m* monétaire. -**3.** [invented word, phrase] invention *f*, création *f*.
coin-box *n Br* cabine *f* téléphonique (à pièces).
coincide [ˌkəʊɪnˈsaɪd] *vi* -**1.** [in space, time] coïncider. -**2.** [correspond] coïncider, s'accorder; **our views ~** nous sommes d'accord, nos opinions coïncident.
coincidence [kəʊˈɪnsɪdəns] *n* -**1.** [accident] coïncidence *f*, hasard *m*. -**2.** [correspondence] coïncidence *f*.
coincidental [kəʊˌɪnsɪˈdentl] *adj* -**1.** [accidental] de coïncidence; **our meeting was entirely ~** notre rencontre était une pure coïncidence. -**2.** [having same position] coïncident.
coincidentally [kəʊˌɪnsɪˈdentəlɪ] *adv* par hasard.
coin-op *inf n* laverie *f* automatique.
coin-operated [ˈɒpəˌreɪtɪd] *adj* automatique.
coinsurance [ˌkəʊɪnˈʃɔːrəns] *n* coassurance *f*.
coir [ˈkɔɪə] *n* coir *m*.
coitus [ˈkəʊɪtəs] *n* coït *m*.
coitus interruptus [-ˌɪntəˈrʌptəs] *n* coït *m* interrompu.
coke [kəʊk] *n* -**1.** [fuel] coke *m*. -**2.** *drugs sl* [cocaine] cocaïne *f*, coke *f*.
Coke® [kəʊk] *n* [cola] Coca® *m*.
coke-fired *adj* à coke.
coke-oven *n* four *m* à coke.
col [kɒl] *n* col *m (d'une montagne)*.
Col. (*written abbr of* colonel) Col.
cola [ˈkəʊlə] *n* cola *m*.
COLA [ˈkəʊlə] *Br abbr of* **cost-of-living adjustment**.
colander [ˈkʌləndəʳ] *n* passoire *f*.
cold [kəʊld] ◇ *adj* -**1.** [body, object, food etc] froid; **I'm ~** j'ai froid; **her hands are ~** elle a les mains froides; **my feet are ~** j'ai froid aux pieds; **he's getting ~** il commence à avoir froid; **eat it before it gets ~** mangez avant que cela refroidisse; **a ~ supper** un dîner froid; **~ start** OR **starting** AUT démarrage *m* à froid; **the trail was ~** *fig* toute trace avait disparu; **her answer was ~ comfort to us** sa réponse ne nous a pas réconfortés; **is it over here? — no, you're getting ~er** [in children's game] est-ce par ici? — non, tu refroidis; **she poured ~ water on our plans** *fig* sa réaction devant nos projets nous a refroidis ❑ **~ steel** arme *f* blanche; **to be as ~ as ice** [thing] être froid comme de la glace; [room] être glacial; [person] être glacé jusqu'aux os; **to get** OR **to have ~ feet** avoir la trouille; **~ hands, warm heart** *prov* mains froides, cœur chaud *prov*. -**2.** [weather] froid; **it will be ~**

today il va faire froid aujourd'hui; it's freezing ~ il fait un froid de loup OR de canard; it's getting ~er la température baisse. -**3.** [unfeeling] froid, indifférent; [objective] froid, objectif; [unfriendly] froid, peu aimable; to be ~ towards sb se montrer froid envers qqn; the play left me ~ la pièce ne m'a fait ni chaud ni froid; to have a ~ heart avoir un cœur de pierre; in the ~ light of day dans la froide lumière du jour; in ~ blood de sang-froid; he murdered them in ~ blood il les a assassinés de sang-froid. -**4.** [unconscious]: she was out ~ elle était sans connaissance; he knocked him (out) ~ il l'a mis KO. -**5.** [colour] froid.

◇ *n* -**1.** METEOR froid *m*; in this bitter ~ par ce froid intense; the ~ doesn't bother him il ne craint pas le froid, il n'est pas frileux; come in out of the ~ entrez vous mettre au chaud ❑ to come in from the ~ rentrer en grâce; the newcomer was left out in the ~ personne ne s'est occupé du nouveau venu. -**2.** MED rhume *m*; to have a ~ être enrhumé; a ~ in the chest/in the head un rhume de poitrine/de cerveau; a bad ~ un mauvais rhume.

◇ *adv* -**1.** [without preparation] à froid; she had to play the piece ~ elle a dû jouer le morceau sans avoir répété. -**2.** *inf Am* [absolutely]: she turned me down ~ elle m'a dit non carrément; he knows his subject ~ il connait son sujet à fond.

cold-blooded *adj* -**1.** [animal] à sang froid. -**2.** *fig* [unfeeling] insensible; [ruthless] sans pitié; a ~ murder un meurtre commis de sang-froid; a ~ murderer un meurtrier sans pitié.

cold-bloodedly [-'blʌdɪdlɪ] *adv* de sang-froid.

cold chisel *n* ciseau *m* à froid.

cold cream *n* crème *f* de beauté, cold-cream *m*.

cold cuts *npl* [gen] viandes *fpl* froides; [on menu] assiette *f* anglaise.

cold fish *inf n*: he's a ~ *inf* c'est un pisse-froid.

cold frame *n* châssis *m* de couches *(pour plantes)*.

cold front *n* front *m* froid.

cold-hearted *adj* sans pitié, insensible.

cold-heartedly [-'hɑːtɪdlɪ] *adv* sans pitié.

coldly ['kəʊldlɪ] *adv* froidement, avec froideur.

coldness ['kəʊldnɪs] *n literal* & *fig* froideur *f*.

cold-pressed [-prest] *adj* [olive oil] pressé à froid.

cold room *n* chambre *f* froide OR frigorifique.

cold shoulder *inf n*: to give sb the ~ snober qqn.

◆ **cold-shoulder** *inf vt* battre froid à qqn; we cold-shouldered them nous leur avons battu froid OR les avons snobés.

cold snap *n* courte offensive *f* du froid.

cold sore *n* bouton *m* de fièvre.

cold storage *n* conservation *f* par le froid; to put sthg into ~ [food] mettre qqch en chambre froide; [furs] mettre qqch en garde; *fig* mettre qqch en attente.

cold store *n* entrepôt *m* frigorifique.

Coldstream Guards ['kəʊld,striːm-] *pl pr n*: the ~ *régiment d'infanterie de la Garde Royale britannique.*

cold sweat *n* sueur *f* froide; to be in a ~ about sthg *inf* avoir des sueurs froides au sujet de qqch; just thinking about my exams brings me out in a ~ *inf* rien que de penser à mes examens, j'en ai des sueurs froides.

cold turkey *n drugs sl* [drugs withdrawal] manque *m*; to go ~ être en manque.

cold war *n* guerre *f* froide.

cold wave *n* vague *f* de froid.

cold-weather payment *n en Grande-Bretagne, allocation complémentaire versée aux personnes âgées en période de grand froid.*

coleslaw ['kəʊlslɔː] *n* salade *f* de chou cru.

coley ['kəʊlɪ] *n* colin *m*, lieu *m* noir.

colic ['kɒlɪk] *n* *(U)* coliques *fpl*.

colicky ['kɒlɪkɪ] *adj* qui souffre de coliques.

Coliseum [,kɒlɪ'sɪəm] *pr n* Colisée *m*.

colitis [kɒ'laɪtɪs] *n* *(U)* colite *f*.

collaborate [kə'læbəreɪt] *vi* collaborer; she ~d with us on the project elle a collaboré avec nous au projet; to ~ with the enemy collaborer avec l'ennemi.

collaboration [kə,læbə'reɪʃn] *n* collaboration *f*; ~ (with sb) on sthg collaboration (avec qqn) à qqch; in ~ with en collaboration avec.

collaborationist [kə,læbə'reɪʃnɪst] *n pej* collaborateur *m*, -trice *f*, collaborationniste *mf*.

collaborative [kə'læbərətɪv] *adj* conjugué, combiné.

collaborator [kə'læbəreɪtəʳ] *n* collaborateur *m*, -trice *f*.

collage ['kɒlɑːʒ] *n* -**1.** ART [picture, method] collage *m*. -**2.** [gen - combination of things] mélange *m*.

collagen ['kɒlədʒən] *n* collagène *m*.

collapse [kə'læps] ◇ *vi* -**1.** [building, roof] s'écrouler, s'effondrer; [beam] fléchir. -**2.** *fig* [institution] s'effondrer, s'écrouler; [government] tomber, chuter; [plan] s'écrouler; [market, defence] s'effondrer. -**3.** [person] s'écrouler, s'effondrer; [health] se délabrer, se dégrader; he ~d and died il a eu un malaise et il est mort; he ~d onto the bed and slept for hours il s'est écroulé sur son lit et a dormi pendant des heures; to ~ with laughter se tordre de rire. -**4.** [fold up] se plier; the bicycle ~s so it can be stored away easily la bicyclette se plie et peut ainsi être rangée facilement.

◇ *vt* [fold up - table, chair] plier.

◇ *n* -**1.** [of building] écroulement *m*, effondrement *m*; [of beam] rupture *f*. -**2.** *fig* [of institution, plan] effondrement *m*, écroulement *m*; [of government] chute *f*; [of market, defence] effondrement *m*. -**3.** [of person] écroulement *m*, effondrement *m*; [of health] délabrement *m*; [of lung] collapsus *m*.

collapsed [kə'læpst] *adj*: ~ lung collapsus *m* pulmonaire; to have a ~ lung avoir fait un collapsus pulmonaire.

collapsible [kə'læpsəbl] *adj* pliant.

collar ['kɒləʳ] ◇ *n* -**1.** [on clothing] col *m*; [detachable - for men] faux col *m*; [- for women] col *m*, collerette *f*; he seized me by the ~ il m'a attrapé par le col. -**2.** [for animal] collier *m*; [neck of animal] collier *m*; CULIN [beef] collier *m*; [mutton, veal] collet *m*. -**3.** TECH [on pipe] bague *f*.

◇ *vt* -**1.** *inf* [seize] prendre OR saisir au collet, colleter; [criminal] arrêter; [detain] intercepter, harponner. -**2.** TECH [pipe] baguer.

collarbone ['kɒləbəʊn] *n* clavicule *f*.

collar stud *n* bouton *m* de col.

collate [kə'leɪt] *vt* -**1.** [information, texts] collationner. -**2.** RELIG nommer *(à un bénéfice ecclésiastique)*.

collateral [kɒ'lætərəl] ◇ *n* FIN [guarantee] nantissement *m*; offered as ~ remis en nantissement.

◇ *adj* -**1.** [secondary] subsidiaire, accessoire; FIN subsidiaire; ~ loan prêt *m* avec garantie; ~ security nantissement *m*. -**2.** [parallel] parallèle; [fact] concomitant; JUR & MED collatéral.

collation [kə'leɪʃn] *n* -**1.** [of text] collation *f*. -**2.** [light meal] collation *f*.

collator [kə'leɪtəʳ] *n* -**1.** [person] collationneur *m*, -euse *f*; [machine] collationneur *m*. -**2.** RELIG collateur *m*.

colleague ['kɒliːg] *n* [in office, school] collègue *mf*; [professional, doctor, lawyer] confrère *m*.

collect[1] [kə'lekt] ◇ *vt* -**1.** [gather - objects] ramasser; [- information, documents] recueillir, rassembler; [- evidence] rassembler; [- people] réunir, rassembler; [- wealth] accumuler, amasser; a water butt ~s rainwater for use in the garden une citerne recueille l'eau de pluie pour le jardin; to ~ dust prendre la poussière; solar panels ~ the heat des panneaux solaires captent la chaleur ‖ *fig*: to ~ o.s. [calm down] se reprendre, se calmer; [reflect] se recueillir; to ~ one's thoughts: let me ~ my thoughts laissez-moi réfléchir OR me concentrer; to ~ one's wits rassembler ses esprits. -**2.** [as hobby] collectionner, faire collection de. -**3.** [money] recueillir; [taxes, fines, dues] percevoir; she ~s her pension on Tuesdays elle touche sa retraite le mardi. -**4.** *Br* [take away] ramasser; the council ~s the rubbish la commune se charge du ramassage des ordures; when is the mail ~ed? à quelle heure est la levée du courrier?; to ~ an order COMM retirer une commande. -**5.** [pick up - people] aller chercher, (passer) prendre; he'll ~ us in his car il viendra nous chercher OR passera nous prendre en voiture; the bus ~s the children at 8 o'clock le bus ramasse les enfants à 8 h.

◇ *vi* -**1.** [accumulate - people] se rassembler, se réunir; [- things] s'accumuler, s'amasser. -**2.** [raise money]: to ~ for charity faire la quête OR quêter pour une œuvre de bienfaisance.

◇ *adv Am*: to call ~ téléphoner en PCV.

◇ *adj Am*: a ~ call un (appel en) PCV.

◆ **collect up** *vt sep* ramasser; they ~ed up their belongings and left ils ont ramassé leurs affaires et sont partis.

collect[2] ['kɒlekt] *n* [prayer] collecte *f*.

collectable [kə'lektəbl] *adj* [desirable to collectors] (très) recherché.

collect call [kə'lekt] *n Am* appel *m* en PCV.

collected [kə'lektɪd] *adj* -**1.** [composed] maître de soi, calme. -**2.** [complete] complet; the ~ works of Whitman les œuvres complètes de Whitman.

collecting [kə'lektɪŋ] *n* collection *f*; stamp ~ philatélie *f*; ~ tin tronc *m*.

collection [kə'lekʃn] *n* -**1.** *(U)* [act of collecting - objects] ramassage *m*; [- information] rassemblement *m*; [- wealth] accumulation *f*; [- rent, money] encaissement *m*; [- debts] recouvrement *m*; [- taxes] perception *f*. -**2.** [things collected] collection *f*; a coin ~ une collection de monnaies; the fashion designers' winter ~ la collection d'hiver des couturiers. -**3.** [picking up - of rubbish] ramassage *m*; *Br* [- of mail] levée *f*; your order is ready for ~ votre commande est prête. -**4.** [sum of money] collecte *f*, quête *f*; to take OR to make a ~ for faire une quête OR collecte pour ❑ ~ box tronc *m*; ~ plate [in church] corbeille *f*. -**5.** [group - of people, things] rassemblement *m*, groupe *m*; a motley ~ un rassemblement hétéroclite. -**6.** [anthology] recueil *m*.

collective [kə'lektɪv] ◇ *adj* collectif; LING: ~ noun collectif *m*.

◇ *n* coopérative *f*.

collective bargaining *n négociations pour une convention collective.*

collective farm *n* ferme *f* collective.

collectively [kə'lektɪvlɪ] *adv* collectivement.

collectivism [kə'lektɪvɪzm] *n* collectivisme *m*.

collectivist [kə'lektɪvɪst] ◇ *adj* collectiviste.

◇ *n* collectiviste *mf*.

collectivization [kə,lektɪvaɪ'zeɪʃn] *n* collectivisation *f*.

collectivize, -ise [kə'lektɪvaɪz] *vt* collectiviser.

collector [kə'lektəʳ] *n* -**1.** [as a hobby] collectionneur *m*, -euse *f*; ~'s item pièce *f* de collection; stamp ~ philatéliste *mf*. -**2.** [of money] encaisseur *m*; [of taxes] percepteur *m*; [of debts] receveur *m*; ticket ~ contrôleur *m*, -euse *f*.

colleen ['kɒliːn, kɒ'liːn] *n Ir* jeune fille *f*; [Irish girl] jeune Irlandaise *f*.

college ['kɒlɪdʒ] *n* -**1.** [institution of higher education] établissement *m* d'enseignement supérieur; [within university] collège *m (dans les universités traditionnelles, communauté indépendante d'enseignants et d'étudiants)*; I go to ~ je suis étudiant; when you were at ~ ≃ quand tu étais à l'université; to be ~ bound *Am* se destiner aux études supérieures; ~ degree *Am* diplôme *m* universitaire. -**2.** [for professional training] école *f* professionnelle, collège *m* technique; ~ of agriculture ≃ lycée *m* agricole; ~ of art école des beaux-arts; ~ of music conservatoire *m* de musique ❑ College of Advanced Technology *Br* ≃ institut *m* universitaire de technologie, ≃ IUT *m*; College of Education *Br* ≃ institut *m* de formation des maîtres; College of Further Education *Br* ≃ institut *m* d'éducation permanente. -**3.** [organization] société *f*, académie *f*; **the College of Cardinals** le Sacré Collège; **the Royal College of Physicians/Surgeons** l'Académie *f* de médecine/de chirurgie.

collegiate [kə'li:dʒɪət] *adj* [life] universitaire; [university] composé de diverses facultés; *Can* [school] secondaire.

collegiate church *n* collégiale *f*.

collide [kə'laɪd] *vi* -**1.** [crash] entrer en collision, se heurter; NAUT aborder; **the bus ~d with the lorry** le bus est entré en collision avec OR a heurté le camion. -**2.** *fig* [clash] entrer en conflit, se heurter; **I can see that we are going to ~ on this issue** je sens qu'on va être en désaccord sur cette question.

collie ['kɒlɪ] *n* colley *m*.

collier ['kɒlɪəʳ] *n Br* [miner] mineur *m*; [ship] charbonnier *m* NAUT.

colliery ['kɒljərɪ] (*pl* **collieries**) *n* houillère *f*, mine *f* (de charbon).

collimator ['kɒlɪmeɪtəʳ] *n* collimateur *m*; **~ viewfinder** PHOT viseur *m* à cadre lumineux.

collision [kə'lɪʒn] *n* -**1.** [crash] collision *f*, choc *m*; RAIL collision *f*, tamponnement *m*; NAUT abordage *m*; **to come into ~ with sthg** entrer en collision avec OR tamponner qqch; **the two ships came into ~** les deux navires se sont abordés ❑ **~ damage waiver** *réduction sur le prix d'une assurance accordée aux automobilistes qui acceptent de payer les dommages dont ils sont responsables*. -**2.** *fig* [clash] conflit *m*, opposition *f*; **a ~ of interests** un conflit d'intérêts.

collision course *n*: **the two planes were on a ~** les deux avions risquaient d'entrer en collision; **the government is on a ~ with the unions** le gouvernement va au-devant d'un conflit avec les syndicats.

collocate [*vb* 'kɒləkeɪt, *n* 'kɒləkət] ◇ *vi* être cooccurrent; **to ~ with sthg** être cooccurrent de qqch.
◇ *n* cooccurrent *m*.

collocation [,kɒlə'keɪʃn] *n* collocation *f*.

colloid ['kɒlɔɪd] ◇ *adj* colloïdal.
◇ *n* colloïde *m*.

colloidal [kə'lɔɪdl] *adj* colloïdal.

colloquia [kə'ləukwɪə] *pl* → **colloquium**.

colloquial [kə'ləukwɪəl] *adj* [language, expression] familier, parlé; [style] familier.

colloquialism [kə'ləukwɪəlɪzm] *n* expression *f* familière.

colloquially [kə'ləukwɪəlɪ] *adv* familièrement, dans la langue parlée.

colloquium [kə'ləukwɪəm] (*pl* **colloquiums** OR **colloquia** [-kwɪə]) *n* colloque *m*.

colloquy ['kɒləkwɪ] (*pl* **colloquies**) *n fml* [conversation] colloque *m*, conversation *f*; [meeting] colloque *m*.

collude [kə'lu:d] *vi* être de connivence OR de mèche; **to ~ with sb (in sthg)** être de connivence avec qqn (dans OR pour qqch); **they accused the oil companies of colluding to raise prices** ils ont accusé les compagnies pétrolières de s'entendre pour augmenter les prix.

collusion [kə'lu:ʒn] *n* collusion *f*; **to act in ~ with sb** agir de connivence avec qqn.

collywobbles *inf* ['kɒlɪ,wɒblz] *npl Br* [stomachache] mal *m* au ventre; [nervousness] trouille *f*; **I always get the ~ before an exam** j'ai toujours la trouille avant un examen.

cologne [kə'ləun] *n* [perfume]: **(eau de) ~** eau *f* de Cologne.

Cologne [kə'ləun] *pr n* Cologne.

Colombia [kə'lɒmbɪə] *pr n* Colombie *f*; **in ~** en Colombie.

Colombian [kə'lɒmbɪən] ◇ *n* Colombien *m*, -enne *f*.
◇ *adj* colombien.

Colombo [kə'lʌmbəu] *pr n* Colombo.

colon ['kəulən] *n* -**1.** [in punctuation] deux-points *m*. -**2.** ANAT côlon *m*.

colonel ['kɜ:nl] *n* colonel *m*; **Colonel Jones** le colonel Jones.

COLONEL BLIMP:
«Colonel Blimp» est un personnage de vieil officier, réfractaire à tout ce qui est nouveau, créé par le dessinateur britannique David Low; on utilise ce nom, parfois réduit à «Blimp», pour désigner une personne ayant ce même trait de caractère.

---

colonial [kə'ləunjəl] ◇ *adj* -**1.** [power, life] colonial; *pej* [attitude] colonialiste; **the Colonial Office** *Br* le ministère des Colonies. -**2.** *Am* [design] colonial américain *(style XVIIIe aux États-Unis)*. -**3.** BIOL [animals, insects] qui vit en colonie.
◇ *n* colonial *m*, -e *f*.

colonialism [kə'ləunjəlɪzm] *n* colonialisme *m*.

colonialist [kə'ləunjəlɪst] ◇ *adj* colonialiste.
◇ *n* colonialiste *mf*.

colonic [kə'lɒnɪk] ◇ *adj* du côlon; **~ irrigation** lavement *m*.
◇ *n* lavement *m*.

colonist ['kɒlənɪst] *n* colon *m*.

colonization [,kɒlənaɪ'zeɪʃn] *n* colonisation *f*.

colonize, -ise ['kɒlənaɪz] *vt* coloniser.

colonnade [,kɒlə'neɪd] *n* colonnade *f*.

colony ['kɒlənɪ] (*pl* **colonies**) *n* colonie *f*.

colophon ['kɒləfən] *n* -**1.** [logo] logotype *m*, colophon *m*. -**2.** [end text in book] achevé *m* d'imprimer; [end text in manuscript] colophon *m*.

color *etc Am* = **colour**.

Colorado [,kɒlə'rɑ:dəu] *pr n* Colorado *m*; **in ~** dans le Colorado; **the ~ (River)** le Colorado.

Colorado beetle *n* doryphore *m*.

colorant ['kʌlərənt] *n* colorant *m*.

coloration [,kʌlə'reɪʃn] *n* [colouring] coloration *f*; [choice of colours] coloris *m*.

coloratura [,kɒlərə'tuərə] *n* colorature *f*.

color line *Am* = **colour bar**.

colossal [kə'lɒsl] *adj* colossal.

Colosseum [,kɒlə'sɪəm] *n pr* Colisée *m*.

Colossian [kə'lɒʃn] *n*: **the Epistle of Paul to the ~s** l'Épître de saint Paul aux Colossiens.

colossus [kə'lɒsəs] (*pl* **colossuses** OR **colossi** [-saɪ]) *n* colosse *m*.

colostomy [kə'lɒstəmɪ] (*pl* **colostomies**) *n* colostomie *f*.

colour *Br*, **color** *Am* ['kʌləʳ] ◇ *n* -**1.** [hue] couleur *f*; **what ~ are his eyes?** de quelle couleur sont ses yeux?; **the bleach took the ~ out of it** l'eau de Javel l'a décoloré; **the movie is in ~** le film est en couleur OR couleurs; **he painted the room in bright/dark ~s** il a peint la pièce de couleurs vives/sombres. -**2.** *fig*: **the political ~ of a newspaper** la couleur politique d'un journal; **under the ~ of patriotism** sous prétexte OR couleur de patriotisme ❑ **we've yet to see the ~ of his money** *inf* nous n'avons pas encore vu la couleur de son argent. -**3.** ART [shade] coloris *m*, ton *m*; [paint] peinture *f*; [dye] teinture *f*, matière *f* colorante; **a wide range of ~s** COMM un grand choix de couleurs. -**4.** [complexion] teint *m*, couleur *f (du visage)*; **her ~ isn't good** elle a mauvaise mine; **he changed ~** il a changé de couleur OR de visage; **to lose one's ~** pâlir, perdre ses couleurs; **to get one's ~ back** reprendre des couleurs; **to have a high ~** avoir le visage rouge. -**5.** [race] couleur *f*; **to discriminate against sb on grounds of ~** établir une discrimination à l'encontre de qqn à cause de la couleur de sa peau; **~ isn't an issue** ce n'est pas une question de couleur (de peau); **of ~** noir. -**6.** [interest] couleur *f*; **to add ~ to a story** colorer un récit; **a play full of ~** une pièce pleine de couleur.
◇ *vt* -**1.** [give colour to] colorer; [with paint] peindre; [with crayons] colorier; **he ~ed it blue** il l'a colorié en bleu. -**2.** *fig* [distort - judgment] fausser; [exaggerate - story, facts] exagérer.
◇ *vi* [person] rougir; [things] se colorer; [fruit] mûrir.
◇ *comp* [photography, picture, slide] en couleur, en couleurs; **~ film** [for camera] pellicule *f* (en) couleur; [movie] film *m* en couleur; **~ filter** PHOT filtre *m* coloré; **~ television** télévision *f* couleur; **~ television set** téléviseur *m* couleur.
◆ **colours** *npl* -**1.** [of team] *élément vestimentaire (écusson, cravate etc) décerné aux nouveaux membres d'une équipe sportive*; **to get** OR **to win one's ~s** être sélectionné pour faire partie d'une équipe ❑ **to show one's true ~s** se montrer sous son vrai jour. -**2.** [of school] couleurs *fpl*. -**3.** MIL [flag] couleurs *fpl*, drapeau *m*; NAUT couleurs *fpl*, pavillon *m*; **salute the ~s!** saluez le drapeau OR les couleurs!
◆ **colour in** *vt sep* colorier; **the little boy ~ed in the house in blue** le petit garçon a colorié la maison en bleu.
◆ **colour up** *vi insep* [blush] rougir.

colour bar *n Br* discrimination *f* raciale.

colour-blind *adj* daltonien.

colour blindness *n* daltonisme *m*.

colour code *n* code *m* coloré.
◆ **colour-code** *vt*: **to colour-code sthg** coder qqch avec des couleurs.

colour-coded *adj* dont la couleur correspond à un code; **the wires are ~** la couleur des fils correspond à un code.

coloured *Br*, **colored** *Am* ['kʌləd] ◇ *adj* -**1.** [having colour] coloré; [drawing] colorié; [pencils] de couleur. -**2.** [person - gen] de couleur; [- in South Africa] métis. -**3.** *fig* [distorted - judgment] faussé; [exaggerated - story] exagéré.
◇ *n* ▼: **~s** [gen] gens *mpl* de couleur; [in South Africa] métis *mpl (attention: le substantif «coloureds» est considéré comme raciste)*.

-coloured *Br*, **-colored** *Am in cpds* (de) couleur...; **rust~** couleur de rouille; **dark~** foncé; **light~** clair.

colourfast *Br*, **colorfast** *Am* ['kʌləfɑ:st] *adj* grand teint, qui ne déteint pas.

colourful *Br*, **colorful** *Am* ['kʌləful] *adj* -**1.** [brightly coloured] coloré, vif. -**2.** *fig* [person] original, pittoresque; [story] coloré.

colourfully *Br*, **colorfully** *Am* ['kʌləfulɪ] *adv*: **a ~ dressed woman** une femme vêtue de couleurs vives; **a ~ told story** *fig* une histoire très colorée.

colouring *Br*, **coloring** *Am* ['kʌlərɪŋ] ◇ *n* -**1.** [act] coloration *f*; [of drawing] coloriage *m*; **go and do some ~** [to child] va faire du coloriage. -**2.** [hue] coloration *f*, coloris *m*. -**3.** [complexion] teint *m*; **high ~** teint coloré; **fair/dark ~** teint clair/mat. -**4.** *fig* [exaggeration - of facts] travestissement *m*, dénaturation *f*. -**5.** [for food] colorant *m*.
◇ *comp*: **~ book** album *m* à colorier OR de coloriages.

colourless *Br*, **colorless** *Am* ['kʌləlɪs] *adj* -**1.** [without colour] incolore, sans couleur. -**2.** *fig* [uninteresting] sans intérêt, fade.

colour scheme *n* palette *f* OR combinaison *f* de couleurs; **to choose a ~** assortir les couleurs OR les tons.

colour sergeant *n Br* ≃ sergent-chef *m*.

colour supplement *n Br* supplément *m* illustré.

colourwash *Br*, **colorwash** *Am* ['kʌləwɒʃ] ◇ *n* badigeon *m*.
◇ *vt* badigeonner.

colourway *Br*, **colorway** *Am* ['kʌləweɪ] *n* coloris *m*.

colposcopy ['kɒlpə,skəupɪ] *n* MED colposcopie *f*.

colt [kəult] *n* -**1.** [horse] poulain *m*. -**2.** *fig* [young person] petit jeune *m*; [inexperienced person] novice *m*.

Colt® [kəult] *n* [revolver] colt *m*, pistolet *m* (automatique).

coltish ['kəultɪʃ] *adj* [inexperienced] jeunet, inexpérimenté; [playful] folâtre.

coltsfoot ['kəultsfut] *n* pas-d'âne *m inv*, tussilage *m*.

Columbia [kə'lʌmbɪə] *pr n* -**1. the District of ~** le district fédéral de Columbia. -**2. the ~ (River)** la Columbia.

columbine ['kɒləmbaɪn] *n* ancolie *f*.

Columbus [kəˈlʌmbəs] *pr n*: Christopher ~ Christophe Colomb.

Columbus Day *n aux États-Unis, jour commémorant l'arrivée de Christophe Colomb en Amérique (deuxième lundi d'octobre).*

column [ˈkɒləm] *n* **-1.** [gen & ARCHIT] colonne *f*. **-2.** PRESS [section of print] colonne *f*; [regular article] rubrique *f*; **he writes the sports ~** il tient la rubrique des sports.

column inch *n unité de mesure des espaces publicitaires équivalant à une colonne sur un pouce.*

columnist [ˈkɒləmnɪst] *n* chroniqueur *m*, -euse *f*, échotier *m*, -ère *f*.

colza [ˈkɒlzə] *n* colza *m*.

coma [ˈkəʊmə] *n* coma *m*; **in a ~** dans le coma.

Comanche [kəˈmæntʃɪ] (*pl inv* OR Comanches) *n* **-1.** [person] Comanche *mf*; **the ~** les Comanches. **-2.** LING comanche *m*.

comatose [ˈkəʊmətəʊs] *adj* comateux; **to be ~** être dans le coma.

comb [kəʊm] ◇ *n* **-1.** [for hair] peigne *m*; [large-toothed] démêloir *m*; **to run a ~ through one's hair, to give one's hair a ~** se donner un coup de peigne, se peigner. **-2.** [for horses] étrille *f*. **-3.** TEX [for cotton, wool] peigne *m*, carde *f*; ELEC balai *m*. **-4.** [of fowl] crête *f*; [on helmet] cimier *m*. **-5.** [honeycomb] rayon *m* de miel.
◇ *vt* **-1.** [hair] peigner; **he ~ed his hair** il s'est peigné; **I ~ed the girl's hair** j'ai peigné la petite fille. **-2.** [horse] étriller. **-3.** TEX peigner, carder. **-4.** *fig* [search] fouiller, ratisser; **the police ~ed the area for clues** la police a passé le quartier au peigne fin OR a ratissé le quartier à la recherche d'indices.
◆ **comb out** *vt sep* **-1.** [hair] démêler, peigner. **-2.** *fig* [remove] éliminer.

combat [ˈkɒmbæt] (*pt* & *pp* combated, *cont* combating) ◇ *n* combat *m*; **killed/lost in ~** tué/perdu au combat.
◇ *vt* combattre, lutter contre.
◇ *vi* combattre, lutter; **the need to ~ against racism** la nécessité de lutter contre le racisme.
◇ *comp* [troops, zone] de combat; **on ~ duty** en service commandé; **~ jacket** veste *f* de treillis.

combatant [ˈkɒmbətənt] ◇ *n* combattant *m*, -e *f*.
◇ *adj* combattant.

combat fatigue *n* psychose *f* traumatique, syndrome *m* commotionnel.

combative [ˈkɒmbətɪv] *adj* combatif.

combe [kuːm] = **coomb**.

comber [ˈkəʊməʳ] *n* **-1.** TEX [person] peigneur *m*, -euse *f*; [machine] peigneuse *f*. **-2.** [wave] grande vague *f*.

combination [ˌkɒmbɪˈneɪʃn] *n* **-1.** [gen, CHEM & MATH] combinaison *f*; [of circumstances] concours *m*; **an attractive colour ~** une combinaison de couleurs attrayante. **-2.** [of lock] combinaison *f*. **-3.** [association, team] association *f*, coalition *f*; **together they formed a winning ~** ensemble ils formaient une équipe gagnante. **-4.** *Br* AUT side-car *m*.
◆ **combinations** *n pl Br* [underclothing] combinaison-culotte *f*.

combination lock *n* serrure *f* à combinaison.

combination sandwich *n Am* CULIN *très gros sandwich contenant au minimum cinq ingrédients.*

combine [*vb* kəmˈbaɪn, *n* ˈkɒmbaɪn] ◇ *vt* [gen] combiner, joindre; CHEM combiner; **let's ~ forces** combinons OR joignons nos forces; **to ~ business and** OR **with pleasure** joindre l'utile à l'agréable; **the event was organized by all the groups ~d** la réunion a été organisée par tous les groupes réunis; **this, ~d with her other problems, made her ill** ceci, conjugué à ses autres problèmes, l'a rendue malade; **furniture combining comfort with style** meubles alliant confort et style.
◇ *vi* [unite] s'unir, s'associer; [workers] se syndiquer; POL [parties] fusionner; CHEM se combiner; **events ~d to leave her penniless** les événements ont concouru à la laisser sans le sou.
◇ *n* **-1.** [association] association *f*; FIN trust *m*, cartel *m*; JUR corporation *f*. **-2.** AGR = **combine harvester**.

combined [kəmˈbaɪnd] *adj* combiné, conjugué; **a ~ effort** un effort conjugué ‖ MIL: **~ forces** forces alliées; **~ operation** [by several nations] opération alliée; [by forces of one nation] opération interarmées.

combine harvester [ˈkɒmbaɪn-] *n* moissonneuse-batteuse *f*.

combining form [kəmˈbaɪnɪŋ-] *n* LING affixe *m*.

combo [ˈkɒmbəʊ] (*pl* combos) *n* **-1.** MUS combo *m*. **-2.** *inf* [combination] combinaison *f*.

combustible [kəmˈbʌstəbl] *adj* combustible.

combustion [kəmˈbʌstʃn] *n* combustion *f*.

combustion chamber *n* chambre *f* de combustion.

combustion engine *n* moteur *m* à combustion.

come [kʌm] (*pt* came [keɪm], *pp* come [kʌm]) ◇ *vi* **-1.** [move in direction of speaker] venir; **she won't ~ when she's called** elle ne vient pas quand on l'appelle; **it's stuck — ah, no, it's coming!** c'est coincé — ah, non, ça vient!; **coming!** j'arrive!; **~ here** venez ici; **~ to the office tomorrow** passez OR venez au bureau demain; **he came to me for advice** il est venu me demander conseil; **~ with me** [accompany] venez avec moi, accompagnez-moi; [follow] suivez-moi; **please ~ this way** par ici OR suivez-moi s'il vous plaît; **I ~ this way every week** je passe par ici toutes les semaines; **~ and look, ~ look** *Am* venez voir; **~ and get it!** *inf* à la soupe!; **he came whistling up the stairs** il a monté l'escalier en sifflant; **a car came hurtling round the corner** une voiture a pris le virage à toute vitesse ❑ **to ~ and go** [gen] aller et venir; *fig* [pains, cramps etc] être intermittent; **people are constantly coming and going** il y a un va-et-vient continuel; **fashions ~ and go** la mode change tout le temps; **after many years had ~ and gone** après bien des années; **I don't know whether I'm coming or going** *inf* je ne sais pas où j'en suis; **you have ~ a long way** *literal* vous êtes venu de loin; *fig* [made progress] vous avez fait du chemin; **the computer industry has ~ a very long way since then** l'informatique a fait énormément de progrès depuis ce temps-là; **to ~ running** *literal* & *fig* arriver en courant; **we could see him coming a mile off** on l'a vu venir avec ses gros sabots; **you could see it coming** *inf* on l'a vu venir de loin, c'était prévisible; **everything ~s to him who waits** *prov* tout vient à point à qui sait attendre *prov*. **-2.** [as guest, visitor] venir; **can you ~ to my party on Saturday night?** est-ce que tu peux venir à ma soirée samedi?; **I'm sorry I can't ~** (je suis) désolé, je ne peux pas venir; **would you like to ~ for lunch/dinner?** voulez-vous venir déjeuner/dîner?; **I can only ~ for an hour or so** je ne pourrai venir que pour une heure environ; **~ for a ride in the car** viens faire un tour en voiture; **she's ~ for her money** elle est venue prendre son argent; **I've got people coming** [short stay] j'ai des invités; [long stay] il y a des gens qui viennent; **Angela came and we had a chat** Angela est venue et on a bavardé; **they came for a week and stayed a month** ils sont venus pour une semaine et ils sont restés un mois; **he couldn't have ~ at a worse time** il n'aurait pas pu tomber plus mal. **-3.** [arrive] venir, arriver; **to ~ in time/late** arriver à temps/en retard; **I've just ~ from the post-office** j'arrive de la poste à l'instant; **we came to a small town** nous sommes arrivés dans une petite ville; **the time has ~ to tell the truth** le moment est venu de dire la vérité; **there will ~ a point when...** il viendra un moment où... ‖ [reach]: **her hair ~s (down) to her waist** ses cheveux lui arrivent à la taille; **the mud came (up) to our knees** la boue nous arrivait OR venait (jusqu') aux genoux. **-4.** [occupy specific place, position] venir, se trouver; **the address ~s above the date** l'adresse se met au-dessus de la date; **my birthday ~s before yours** mon anniversaire vient avant OR précède le tien; **a colonel ~s before a lieutenant** un colonel a la préséance sur un lieutenant; **Friday ~s after Thursday** vendredi vient après OR suit jeudi; **that speech ~s in Act 3/on page 10** on trouve ce discours dans l'acte 3/à la page 10. **-5.** [occur, happen] arriver, se produire; **when my turn ~s, when it ~s to my turn** quand ce sera (à) mon tour, quand mon tour viendra; **such an opportunity only ~s once in your life** une telle occasion ne se présente qu'une fois dans la vie; **he has a birthday coming** son anniversaire approche; **success was a long time coming** la réussite s'est fait attendre; **take life as it ~s** prenez la vie comme elle vient ❑ **Christmas ~s but once a year** il n'y a qu'un Noël par an; **it came to pass that...** BIBLE il advint que...; **~ what may** advienne que pourra, quoi qu'il arrive OR advienne. **-6.** [occur to the mind]: **the idea just came to me one day** l'idée m'est soudain venue un jour; **I said the first thing that came into my head** OR **that came to mind** j'ai dit la première chose qui m'est venue à l'esprit; **the answer came to her** elle a trouvé la réponse. **-7.** [be experienced in a specified way]: **writing ~s naturally** OR **natural** *inf* **to her** écrire lui est facile, elle est douée pour l'écriture; **a house doesn't ~ cheap** une maison coûte OR revient cher; **the news came as a shock to her** la nouvelle lui a fait un choc; **her visit came as a surprise** sa visite nous a beaucoup surpris; **it ~s as no surprise to learn he's gone** (le fait) qu'il soit parti n'a rien de surprenant ❑ **he's as silly as they ~** il est sot comme pas un; **they don't ~ any tougher than Big Al** on ne fait pas plus fort que Big Al; **it'll all ~ right in the end** tout cela va finir par s'arranger. **-8.** [be available] exister; **this table ~s in two sizes** cette table existe OR se fait en deux dimensions; **the dictionary ~s with a magnifying glass** le dictionnaire est livré avec une loupe. **-9.** [become] devenir; **it was a dream ~ true** c'était un rêve devenu réalité; **to ~ unhooked** se décrocher; **to ~ unravelled** se défaire; **my buttons keep coming undone** mes boutons n'arrêtent pas de s'ouvrir. **-10.** (*+ infinitive*) [indicating gradual action] en venir à, finir par; **she came to trust him** elle en est venue à OR elle a fini par lui faire confiance; **we have ~ to expect this kind of thing** nous nous attendons à ce genre de chose maintenant ‖ [indicating chance] arriver; **how did you ~ to lose your umbrella?** comment as-tu fait pour perdre ton parapluie? ❑ **(now that I) ~ to think of it** maintenant que j'y songe, réflexion faite; **it's not much money when you ~ to think of it** ce n'est pas beaucoup d'argent quand vous y réfléchissez. **-11.** [be owing, payable]: **I still have £5 coming (to me)** on me doit encore 5 livres; **there'll be money coming from her uncle's will** elle va toucher l'argent du testament de son oncle; **he got all the credit coming to him** il a eu tous les honneurs qu'il méritait ❑ **you'll get what's coming to you** *inf* tu l'auras cherché OR voulu; **he had it coming (to him)** *inf* il ne l'a pas volé. **-12.** ▽ [have orgasm] jouir. **-13.** *phr*: **how ~?** comment ça?; **~ again?** *inf* quoi?; **~ to that** à propos, au fait; **I haven't seen her in weeks, or her husband, ~ to that** ça fait des semaines que je ne l'ai pas vue, son mari non plus d'ailleurs; **if it ~s to that, I'd rather stay home** à ce moment-là OR à ce compte-là, je préfère rester à la maison; **don't ~ the fine lady with me!** ne fais pas la grande dame OR ne joue pas à la grande dame avec moi!; **don't ~ the innocent!** ne fais pas l'innocent!; **I wanted to pay you back but I can't ~ it** *Am* je voulais te rembourser mais je n'y arrive pas; **you're coming it a bit strong!** *Br* tu y vas un peu fort!; **don't ~ it with me!** *Br* [try to impress] n'essaie pas de m'en mettre plein la vue!; [lord it over] pas la peine d'être si hautain avec moi!; **to ~** prochain; **the days to ~** les prochains jours, les jours qui viennent; **the battle to ~** la bataille qui va avoir lieu; **the life to ~** RELIG l'autre vie; **in times to ~** à

l'avenir; for some time to ~ pendant quelque temps.
◇ *prep* [by]: ~ tomorrow/Tuesday you'll feel better vous vous sentirez mieux demain/mardi; I'll have been here two years ~ April ça fera deux ans en avril que je suis là; ~ the revolution you'll all be out of a job avec la révolution, vous vous retrouverez tous au chômage.
◇ *interj*: ~, ~!, ~ now! allons!, voyons!
◇ *n* ▼ foutre *m*.
◆ **come about** *vi insep* -**1.** [occur] arriver, se produire; **how could such a mistake ~ about?** comment une telle erreur a-t-elle pu se produire?; **the discovery of penicillin came about quite by accident** la pénicilline a été découverte tout à fait par hasard. -**2.** NAUT [wind] tourner, changer de direction; [ship] virer de bord.
◆ **come across** ◇ *vi insep* -**1.** [walk, travel across - field, street] traverser; **as we stood talking she came across to join us** pendant que nous discutions, elle est venue se joindre à nous. -**2.** [create specified impression] donner l'impression de; **he came across as a total idiot** il donnait l'impression d'être complètement idiot || [communicate effectively]: **he never ~s across as well on film as in the theatre** il passe mieux au théâtre qu'à l'écran; **the author's message ~s across well** le message de l'auteur passe bien; **her disdain for his work came across** le mépris qu'elle avait pour son travail transparaissait. -**3.** ▽ [do as promised] s'exécuter, tenir parole.
◇ *vt insep* [person] rencontrer par hasard, tomber sur; [thing] trouver par hasard, tomber sur; **we came across an interesting problem** on a été confrontés à OR on est tombés sur un problème intéressant; **she reads everything she ~s across** elle lit tout ce qui lui tombe sous la main.
◆ **come across with**▽ *vt insep* [give - information] donner, fournir; [- help] offrir; [- money] raquer, se fendre de; **he came across with the money he owed me** il m'a filé le fric qu'il me devait; **the crook came across with the names of his accomplices** l'escroc a vendu ses complices.
◆ **come after** *vt insep* [pursue] poursuivre; **he came after me with a stick** il m'a poursuivi avec un bâton.
◆ **come along** *vi insep* -**1.** [encouraging, urging]: **~ along, drink your medicine!** allez, prends OR bois ton médicament!; **~ along, we're late!** dépêche-toi, nous sommes en retard! -**2.** [accompany] venir, accompagner; **she asked me to ~ along (with them)** elle m'a invité à aller avec eux OR à les accompagner. -**3.** [occur, happen] arriver, se présenter; **an opportunity like this doesn't ~ along often** une telle occasion ne se présente pas souvent; **don't accept the first job that ~s along** ne prenez pas le premier travail qui se présente; **he married the first woman that came along** il a épousé la première venue. -**4.** [progress] avancer, faire des progrès; [grow] pousser; **the patient is coming along well** le patient se remet bien; **the work isn't coming along as expected** le travail n'avance pas comme prévu; **how's your computer class coming along?** comment va ton cours d'informatique?
◆ **come apart** *vi insep* [object - come to pieces] se démonter; [- break] se casser; [project, policy] échouer; **the book came apart in my hands** le livre est tombé en morceaux quand je l'ai pris; **under pressure he came apart** *fig* sous la pression il a craqué.
◆ **come around** = **come round**.
◆ **come at** *vt insep* [attack] attaquer, se jeter sur; **he came at me with a knife** il s'est jeté sur moi avec un couteau; **questions came at me from all sides** *fig* j'ai été assailli de questions.
◆ **come away** *vi insep* -**1.** [leave] partir, s'en aller; **~ away from that door!** écartez-vous de cette porte!; **I came away with the distinct impression that all was not well** je suis reparti avec la forte impression que quelque chose n'allait pas; **he asked her to ~ away with him** [elope] il lui a demandé de s'enfuir avec lui; *Br* [go on holiday] il lui a demandé de partir avec lui. -**2.** [separate] partir, se détacher; **the page came away in my hands** la page m'est restée dans les mains.
◆ **come back** *vi insep* -**1.** [return] revenir; **he came back with me** il est revenu avec moi; **to ~ back home** rentrer (à la maison) || *fig*: **the colour came back to her cheeks** elle reprit des couleurs; **we'll ~ back to that question later** nous reviendrons à cette question plus tard; **to ~ back to what we were saying** pour en revenir à ce que nous disions. -**2.** [to memory]: **it's all coming back to me** tout cela me revient (à l'esprit OR à la mémoire). -**3.** [reply] répondre; *Am* [retort] rétorquer, répliquer; **they came back with an argument in favour of the project** ils ont répondu par un argument en faveur du projet. -**4.** [recover] remonter; **he came back strongly in the second set** il a bien remonté au deuxième set; **they came back from 3-0 down** ils ont remonté de 3 à 0 || [make comeback] faire un come-back. -**5.** [become fashionable again] revenir à la mode.
◆ **come before** *vt insep* JUR [person] comparaître devant; [case] être entendu par.
◆ **come between** *vt insep* brouiller, éloigner; **he came between her and her friend** il l'a brouillée avec son amie, il l'a éloignée de son amie.
◆ **come by** ◇ *vi insep* [stop by] passer, venir.
◇ *vt insep* [acquire - work, money] obtenir, se procurer; [- idea] se faire; **jobs are hard to ~ by** il est difficile de trouver du travail; **how on earth did he ~ by that idea?** où est-il allé chercher cette idée?
◆ **come down** ◇ *vt insep* [descend - ladder, stairs] descendre; [- mountain] descendre, faire la descente de.
◇ *vi insep* -**1.** [descend - plane, person] descendre; **~ down from that tree!** descends de cet arbre!; **they came down to Paris** ils sont descendus à Paris ❑ **he's ~ down in the world** il a déchu; **to ~ down to earth: you'd better ~ down to earth** tu ferais bien de revenir sur terre OR de descendre des nues. -**2.** [fall] tomber; **rain was coming down in sheets** il pleuvait des cordes; **the ceiling came down** le plafond s'est effondré. -**3.** [reach] descendre; **the dress ~s down to my ankles** la robe descend jusqu'à mes chevilles. -**4.** [decrease] baisser; **he's ready to ~ down 10% on the price** il est prêt à rabattre OR baisser le prix de 10 %. -**5.** [be passed down] être transmis (de père en fils); **this custom ~s down from the Romans** cette coutume nous vient des Romains. -**6.** [reach a decision] se prononcer; **the majority came down in favour of/against abortion** la majorité s'est prononcée en faveur de/contre l'avortement. -**7.** [be demolished] être démoli OR abattu; **these shacks will soon ~ down** on va bientôt démolir ces cabanes. -**8.** *Br* UNIV obtenir son diplôme. -**9.** ▽ *sl* [drugs] redescendre.
◆ **come down on** *vt insep* -**1.** [rebuke] s'en prendre à; **the boss really came down on him** le patron lui a passé un de ces savons. -**2.** *inf* [pressurize]: **they came down on me to sell the land** ils ont essayé de me faire vendre le terrain.
◆ **come down to** *vt insep* [amount] se réduire à, se résumer à; **it all ~s down to what you want to do** tout cela dépend de ce que vous souhaitez faire; **it all ~s down to the same thing** tout cela revient au même; **that's what his argument ~s down to** voici à quoi se réduit son raisonnement.
◆ **come down with** *vt insep* [become ill] attraper; **he came down with a cold** il s'est enrhumé, il a attrapé un rhume.
◆ **come forward** *vi insep* [present oneself] se présenter; **more women are coming forward as candidates** davantage de femmes présentent leur candidature.
◆ **come forward with** *vt insep* [offer]: **the townspeople came forward with supplies** les habitants de la ville ont offert des provisions; **he came forward with a new proposal** il a fait une nouvelle proposition; **to ~ forward with evidence** JUR présenter des preuves.
◆ **come from** *vt insep* venir; **she ~s from China** [Chinese person] elle vient OR elle est originaire de Chine; **this word ~s from Latin** ce mot vient du latin; **this passage ~s from one of his novels** ce passage est extrait OR provient d'un de ses romans; **that's surprising coming from him** c'est étonnant de sa part; **a sob came from his throat** un sanglot s'est échappé de sa gorge ❑ **I'm not sure where he's coming from**▽ je ne sais pas très bien ce qui le motive.
◆ **come in** *vi insep* -**1.** [enter] entrer; **~ in!** entrez!; **they came in through the window** ils sont entrés par la fenêtre || [come inside] rentrer; **~ in now, children, it's getting dark** rentrez maintenant, les enfants, il commence à faire nuit. -**2.** [plane, train] arriver. -**3.** [in competition] arriver; **she came in second** elle est arrivée deuxième. -**4.** [be received - money, contributions] rentrer; **there isn't enough money coming in to cover expenditure** l'argent qui rentre ne suffit pas à couvrir les dépenses; **how much do you have coming in every week?** combien touchez-vous OR encaissez-vous chaque semaine? || PRESS [news, report] être reçu; **news is just coming in of a riot in Red Square** on nous annonce à l'instant des émeutes sur la place Rouge. -**5.** RADIO & TV [begin to speak] parler; **~ in car number 1 over** j'appelle voiture 1, à vous; **~ in Barry Stewart from New York** à vous, Barry Stewart à New York. -**6.** [become seasonable] être de saison; **when do endives ~ in?** quand commence la saison des endives? || [become fashionable] entrer en vogue; **leather has ~ in** le cuir est à la mode OR en vogue. -**7.** [prove to be]: **to ~ in handy** OR **useful** [tool, gadget] être utile OR commode; [contribution] arriver à point; **these gloves ~ in handy** OR **useful for driving** ces gants sont bien commodes OR utiles pour conduire. -**8.** [be involved] être impliqué; [participate] participer, intervenir; **where do I ~ in?** quel est mon rôle là-dedans?; **this is where the law ~s in** c'est là que la loi intervient; **he should ~ in on the deal** il devrait participer à l'opération; **I'd like to ~ in on this** [conversation] j'aimerais dire quelques mots là-dessus OR à ce sujet. -**9.** [tide] monter.
◆ **come in for** *vt insep* [be object of - criticism] être l'objet de, subir; [- blame] supporter; [- abuse, reproach] subir.
◆ **come into** *vt insep* -**1.** [inherit] hériter de; [acquire] entrer en possession de; **they came into a fortune** [received] ils ont reçu une fortune; [won] ils ont gagné une fortune; [inherited] ils ont hérité d'une fortune. -**2.** [play a role in] jouer un rôle; **it's not simply a matter of pride, though pride does ~ into it** ce n'est pas une simple question de fierté, bien que la fierté joue un certain rôle; **money doesn't ~ into it!** l'argent n'a rien à voir là-dedans!
◆ **come of** *vt insep* résulter de; **what will ~ of it?** qu'en résultera-t-il?; **no good will ~ from** OR **of it** ça ne mènera à rien de bon, il n'en résultera rien de bon; **let me know what ~s of the meeting** faites-moi savoir ce qui ressortira de la réunion; **that's what ~s from listening to you!** voilà ce qui arrive quand on vous écoute!
◆ **come off** ◇ *vt insep* -**1.** [fall off - subj: rider] tomber de; [- subj: button] se détacher de, se découdre de; [- subj: handle, label] se détacher de; [be removed - stain, mark] partir de, s'enlever de. -**2.** [stop taking - drug, medicine] arrêter de prendre; [- drink] arrêter de boire; **to ~ off the pill** arrêter (de prendre) la pilule. -**3.** FTBL [leave] sortir de. -**4.** *phr*: **oh, ~ off it!** *inf* allez, arrête ton char!
◇ *vi insep* -**1.** [rider] tomber; [handle] se détacher; [stains] partir, s'enlever; [tape, wallpaper] se détacher, se décoller; **the button came off** le

bouton s'est détaché OR décousu; **the handle came off in his hand** la poignée lui est restée dans la main. -**2.** FTBL [leave the field] sortir. -**3.** [fare, manage] s'en sortir, se tirer de; **you came off well in the competition** tu t'en es bien tiré au concours; **to ~ off best** gagner. -**4.** *inf* [happen] avoir lieu, se passer; **did the game ~ off all right?** le match s'est bien passé?; **my trip to China didn't ~ off** mon voyage en Chine n'a pas eu lieu || [be carried through] se réaliser; [succeed] réussir; **his plan didn't ~ off** son projet est tombé à l'eau. -**5.** CIN & THEAT [film, play] fermer. -**6.** ▽ [have orgasm] décharger.

◆ **come on** ◇ *vi insep* -**1.** [follow] suivre; **I'll ~ on after (you)** je vous suivrai. -**2.** *(in imperative)* [hurry]: **~ on!** allez!; **~ on in/up!** entre/monte donc!; **oh, ~ on, for goodness sake!** allez, arrête! -**3.** [progress] avancer, faire des progrès; [grow] pousser, venir bien; **how is your work coming on?** où en est votre travail?; **my roses are coming on nicely** mes rosiers se portent bien; **her new book is coming on quite well** son nouveau livre avance bien; **he's coming on in physics** il fait des progrès en physique. -**4.** [begin - illness] se déclarer; [- storm] survenir, éclater; [- season] arriver; **as night came on** quand la nuit a commençé à tomber; **it's coming on to rain** il va pleuvoir; **I feel a headache/cold coming on** je sens un mal de tête qui commence/que je m'enrhume. -**5.** [start functioning - electricity, gas, heater, lights, radio] s'allumer; [- motor] se mettre en marche; [- utilities at main] être mis en service; **has the water ~ on?** y a-t-il de l'eau? -**6.** [behave, act]: **don't ~ on all macho with me!** ne joue pas les machos avec moi!; **you came on a bit strong** *inf* tu y es allé un peu fort. -**7.** THEAT [actor] entrer en scène; [play] être joué OR représenté; **his new play is coming on** on va donner sa nouvelle pièce.

◇ *vt insep* = **come upon**.

◆ **come on to** *vt insep* -**1.** [proceed to consider] aborder, passer à; **I want to ~ on to the issue of epidemics** je veux passer à la question des épidémies. -**2.** ▽ *Am* [flirt with] draguer; **she was coming on to me in a big way** elle me draguait à fond.

◆ **come out** *vi insep* -**1.** [exit] sortir; **as we came out of the theatre** au moment où nous sommes sortis du théâtre ❑ **if he'd only ~ out of himself** OR **out of his shell** *fig* si seulement il sortait de sa coquille || [socially] sortir; **would you like to ~ out with me tonight?** est-ce que tu veux sortir avec moi ce soir? -**2.** [make appearance - stars, sun] paraître, se montrer; [- flowers] sortir, éclore; *fig* [- book] paraître, être publié; [- film] paraître, sortir; [- new product] sortir; **his nasty side came out** sa méchanceté s'est manifestée; **I didn't mean it the way it came out** ce n'est pas ce que je voulais dire. -**3.** [be revealed - news, secret] être divulgué OR révélé; [- facts, truth] émerger, se faire jour; **as soon as the news came out** dès qu'on a su la nouvelle, dès que la nouvelle a été annoncée. -**4.** [colour - fade] passer, se faner; [- run] déteindre; [stain] s'enlever, partir. -**5.** [declare oneself publicly] se déclarer; **the governor came out against/for abortion** le gouverneur s'est prononcé (ouvertement) contre/pour l'avortement ❑ **to ~ out (of the closet)** *inf* ne plus cacher son homosexualité. -**6.** *Br* [on strike] se mettre en OR faire grève. -**7.** [emerge, finish up] se tirer d'affaire, s'en sortir; **the government came out of the deal badly** le gouvernement s'est mal sorti de l'affaire; **everything will ~ out fine** tout va s'arranger || [in competition] se classer; **I came out top in maths** j'étais premier en maths; **to ~ out on top** gagner. -**8.** [go into society] faire ses débuts OR débuter dans le monde. -**9.** MATH [yield solution]: **this sum won't ~ out** je n'arrive pas à résoudre cette opération. -**10.** PHOT: **the pictures came out well/badly** les photos étaient très bonnes/n'ont rien donné; **the house didn't ~ out well** la maison n'est pas très bien sur les photos.

◆ **come out at** *vt insep* [amount to] s'élever à.

◆ **come out in** *vt insep*: **to ~ out in spots** OR **a rash** avoir une éruption de boutons.

◆ **come out with** *vt insep* [say] dire, sortir; **what will he ~ out with next?** qu'est-ce qu'il va nous sortir encore?; **he finally came out with it** il a fini par le sortir.

◆ **come over** ◇ *vi insep* -**1.** [move, travel in direction of speaker] venir; **at the party she came over to talk to me** pendant la soirée, elle est venue me parler; **his family came over with the early settlers** sa famille est arrivée OR venue avec les premiers pionniers; **I met him in the plane coming over** je l'ai rencontré dans l'avion en venant. -**2.** [stop by] venir, passer. -**3.** [change sides]: **they came over to our side** ils sont passés de notre côté; **he finally came over to their way of thinking** il a fini par se ranger à leur avis. -**4.** [make specified impression]: **her speech came over well** son discours a fait bon effet OR bonne impression; **he came over as honest** il a donné l'impression d'être honnête. -**5.** *inf* [feel] devenir; **he came over all funny** [felt ill] il s'est senti mal tout d'un coup, il a eu un malaise; [behaved oddly] il est devenu tout bizarre; **to ~ over dizzy** être pris de vertige; **to ~ over faint** être pris d'une faiblesse.

◇ *vt insep* affecter, envahir; **a change came over him** un changement se produisit en lui; **a feeling of fear came over him** il a été saisi de peur, la peur s'est emparée de lui; **what has ~ over him?** qu'est-ce qui lui prend?

◆ **come round** *vi insep* -**1.** [make a detour] faire le détour; **we came round by the factory** nous sommes passés par OR nous avons fait le détour par l'usine. -**2.** [stop by] passer, venir. -**3.** [occur - regular event]: **don't wait for Christmas to ~ round** n'attendez pas Noël; **when the championships/elections ~ round** au moment des championnats/élections; **the summer holidays will soon be coming round again** bientôt, ce sera de nouveau les grandes vacances. -**4.** [change mind] changer d'avis; **he finally came round to our way of thinking** il a fini par se ranger à notre avis || [change to better mood]: **don't worry, she'll soon ~ round** ne t'en fais pas, elle sera bientôt de meilleure humeur. -**5.** [recover consciousness] reprendre connaissance, revenir à soi; [get better] se remettre, se rétablir; **she's coming round after a bout of pneumonia** elle se remet d'une pneumonie. -**6.** NAUT venir au vent.

◆ **come through** ◇ *vi insep* -**1.** [be communicated]: **his sense of conviction came through** on voyait qu'il était convaincu; **her enthusiasm ~s through in her letters** son enthousiasme se lit dans ses lettres || TELEC & RADIO: **your call is coming through** je vous passe votre communication; **you're coming through loud and clear** je vous reçois cinq sur cinq; **his message came through loud and clear** *fig* son message a été reçu cinq sur cinq. -**2.** [be granted, approved] se réaliser; **did your visa ~ through?** avez-vous obtenu votre visa?; **my request for a transfer came through** ma demande de mutation a été acceptée. -**3.** [survive] survivre, s'en tirer. -**4.** *inf Am* [do what is expected]: **he came through for us** il a fait ce qu'on attendait de lui; **did he ~ through on his promise?** a-t-il tenu parole?; **they came through with the documents** ils ont fourni les documents; **he came through with the money** il a rendu l'argent comme prévu.

◇ *vt insep* -**1.** [cross] traverser; **we came through marshland** nous sommes passés par OR avons traversé des marais || *fig* [penetrate] traverser; **the rain came through my coat** la pluie a traversé mon manteau. -**2.** [survive]: **they came through the accident without a scratch** ils sont sortis de l'accident indemnes; **she came through the examination with flying colours** elle a réussi l'examen avec brio.

◆ **come to** ◇ *vi insep* -**1.** [recover consciousness] reprendre connaissance, revenir à soi. -**2.** NAUT [change course] venir au vent, lofer; [stop] s'arrêter.

◇ *vt insep* -**1.** [concern]: **when it ~s to physics, she's a genius** pour ce qui est de la physique, c'est un génie; **when it ~s to paying...** quand il faut payer... -**2.** [amount to] s'élever à, se monter à; **how much did dinner ~ to?** à combien s'élevait le dîner?; **her salary ~s to £750 a month** elle gagne 750 livres par mois. -**3.** *fig* [arrive at, reach]: **now we ~ to questions of health** nous en venons maintenant aux questions de santé; **to ~ to a conclusion** arriver à une conclusion; **to ~ to power** accéder au pouvoir ❑ **what is the world coming to?** où va le monde?; **I never thought it would ~ to this** je ne me doutais pas qu'on en arriverait là.

◆ **come together** *vi insep* -**1.** [assemble] se réunir, se rassembler; [meet] se rencontrer. -**2.** *inf* [combine successfully]: **everything came together at the final performance** tout s'est passé à merveille pour la dernière représentation.

◆ **come under** *vt insep* -**1.** [be subjected to - authority, control] dépendre de; [- influence] tomber sous, être soumis à; **the government is coming under pressure to lower taxes** le gouvernement subit des pressions visant à réduire les impôts. -**2.** [be classified under] être classé sous; **that subject ~s under 'current events'** ce sujet est classé OR se trouve sous la rubrique «actualités».

◆ **come up** *vi insep* -**1.** [move upwards] monter; [moon, sun] se lever; [travel in direction of speaker]: **I ~ up to town every Monday** je viens en ville tous les lundis; **they came up to Chicago** ils sont venus à Chicago ❑ **to ~ up for air** [diver] remonter à la surface; *fig* [take break] faire une pause; **she came up the hard way** elle a réussi à la force du poignet; **an officer who came up through the ranks** MIL un officier sorti du rang. -**2.** [approach] s'approcher; **to ~ up to sb** s'approcher de qqn, venir vers qqn; **the students came up to him with their questions** les étudiants sont venus le voir avec leurs questions; **it's coming up to 5 o'clock** il est presque 5 h; **coming up now on Channel 4, the Cosby Show** et maintenant, sur Channel 4, le Cosby Show; **one coffee, coming up!** *inf* et un café, un! -**3.** [plant] sortir, germer; **my beans are coming up nicely** mes haricots poussent bien. -**4.** [come under consideration - matter] être soulevé, être mis sur le tapis; [- question] se poser, être soulevé; **that problem has never ~ up** ce problème ne s'est jamais posé; **the question of financing always ~s up** la question du financement se pose toujours; **she ~s up for re-election this year** son mandat prend fin cette année; **my contract is coming up for review** mon contrat doit être révisé || JUR [accused] comparaître; [case] être entendu; **to ~ up before the judge** OR **the court** [accused] comparaître devant le juge; [case] être entendu par la cour; **her case ~s up next Wednesday** elle passe au tribunal mercredi prochain. -**5.** [happen unexpectedly - event] survenir, surgir; [- opportunity] se présenter; **she's ready for anything that might ~ up** elle est prête à faire face à toute éventualité; **I can't make it, something has ~ up** je ne peux pas venir, j'ai un empêchement. -**6.** [intensify - wind] se lever; [- light] s'allumer; **when the lights came up at the interval** lorsque les lumières se rallumèrent à l'entracte; [- sound] s'intensifier. -**7.** [be vomited]: **everything she eats ~s up (again)** elle vomit OR rejette tout ce qu'elle mange. -**8.** [colour, wood etc]: **the colour ~s up well when it's cleaned** la couleur revient bien au nettoyage. -**9.** *inf* [win] gagner; **did their number ~ up?** [in lottery] ont-ils gagné au loto?; *fig* est-ce qu'ils ont touché le gros lot?

◆ **come up against** *vt insep* [be confronted with] rencontrer; **they came up against some tough competition** ils se sont heurtés à des concurrents redoutables.

◆ **come up to** *vt insep* -**1.** [reach] arriver à; **the mud came up to their knees** la boue leur montait OR arrivait jusqu'aux genoux; **she ~s up to his shoulder** elle lui arrive à l'épaule.

-**2.** [equal]: **his last book doesn't ~ up to the others** son dernier livre ne vaut pas les autres; **the play didn't ~ up to our expectations** la pièce nous a déçus.

◆ **come up with** *vt insep* [offer, propose - money, loan] fournir; [think of - plan, suggestion] suggérer, proposer; **if you ~ up with the answer...** si tu trouves la réponse...; **they came up with a wonderful idea** ils ont eu une idée géniale; **what excuse did he ~ up with?** qu'est-ce qu'il a inventé OR trouvé comme excuse?; **what will she ~ up with next?** qu'est-ce qu'elle va encore inventer?

◆ **come upon** *vt insep* [find unexpectedly - person] rencontrer par hasard, tomber sur; [- object] trouver par hasard, tomber sur; **we came upon the couple just as they were kissing** nous avons surpris le couple en train de s'embrasser.

comeback *inf* ['kʌmbæk] *n* -**1.** [return] retour *m*, comeback *m*; THEAT rentrée *f*; **to make** OR **to stage a ~** faire une rentrée OR un comeback. -**2.** [retort] réplique *f*.

Comecon ['kɒmikɒn] (*abbr of* **Council for Mutual Economic Aid**) *pr n* Comecon *m*.

comedian [kə'miːdjən] *n* -**1.** [comic] comique *m*; *fig* [funny person] clown *m*, pitre *m*. -**2.** THEAT [comic actor] comédien *m*.

comedienne [kəˌmiːdɪ'en] *n* -**1.** [comic] actrice *f* comique. -**2.** THEAT [comic actress] comédienne *f*.

comedo ['kɒmɪdəʊ] (*pl* **comedones** [ˌkɒmɪ'dəʊniːz]) *n* MED comédon *m*.

comedown *inf* ['kʌmdaʊn] *n* déchéance *f*, dégringolade *f*; **he finds working in sales a bit of a ~** il trouve plutôt humiliant de travailler comme vendeur.

comedy ['kɒmədɪ] (*pl* **comedies**) *n* [gen] comédie *f*; THEAT genre *m* comique, comédie *f*; **~ of manners** comédie de mœurs; **'The Comedy of Errors'** *Shakespeare* 'la Comédie des erreurs'; **the whole affair has been a ~ of errors** toute cette affaire n'a été qu'une farce.

come-hither *inf adj* aguichant; **a ~ look** un regard aguichant.

comely ['kʌmlɪ] (*compar* **comelier**, *superl* **comeliest**) *adj arch* charmant, beau.

come-on *inf n* attrape-nigaud *m*; **to give sb the ~** faire les yeux doux à qqn.

comer ['kʌmə^r] *n* -**1.** [arrival] arrivant *m*, -e *f*; **the first ~s** les premiers venus; **open to all ~s** ouvert à tous OR au tout-venant. -**2.** *inf Am* [potential success]: **she's a real ~!** elle a un bel avenir devant elle!

comestible [kə'mestɪbl] *adj fml* comestible.

◆ **comestibles** *npl* comestibles *fpl*, denrées *mpl* comestibles.

comet ['kɒmɪt] *n* comète *f*.

come-uppance *inf* [ˌkʌm'ʌpəns] *n*: **she got her ~** elle n'a eu que ce qu'elle méritait; **you'll get your ~** tu auras ce que tu mérites.

comfort ['kʌmfət] ◇ *n* -**1.** [well-being] confort *m*, bien-être *m*; **to live in ~** vivre dans l'aisance OR à l'aise; **she's used to ~** elle a toujours eu tout le OR son confort; **the explosion was too close for ~** *fig* l'explosion a eu lieu un peu trop près à mon goût. -**2.** (*usu pl*) [amenities] aises *fpl*, commodités *fpl*; **every modern ~** tout le confort moderne; **I like my ~** OR **~s** j'aime bien mes aises. -**3.** [consolation] réconfort *m*, consolation *f*; **to take ~ in sthg** se consoler de qqch; **she took ~ from his words** elle a trouvé un réconfort dans ses paroles; **I took ~ from** OR **in the knowledge that it would soon be over** je me suis consolé en me disant que ce serait bientôt fini; **it's a ~ to know** c'est un soulagement de savoir; **if it's any ~ to you** si cela peut vous consoler; **you've been a great ~ to me** vous avez été d'un grand réconfort pour moi.

◇ *vt* -**1.** [console] consoler; [relieve] soulager. -**2.** [cheer] réconforter, encourager.

comfortable ['kʌmftəbl] *adj* -**1.** [chair, shoes, bed, room] confortable; [temperature] agréable; *fig* [lead, win] confortable. -**2.** [person] à l'aise; **are you ~?** êtes-vous bien installé?; **make yourself ~** [sit down] installez-vous confortablement; [feel at ease] mettez-vous à l'aise, faites comme chez vous; **I'm not very ~ about** OR **I don't feel ~ with the idea** l'idée m'inquiète un peu || [after illness, operation, accident]: **to be ~** ne pas souffrir. -**3.** [financially secure] aisé, riche; [easy - job] tranquille; **they're very ~** ils ont une vie aisée; **~ income** revenu suffisant; **he makes a ~ living** il gagne bien sa vie. -**4.** [ample]: **that leaves us a ~ margin** ça nous laisse une marge confortable.

comfortably ['kʌmftəblɪ] *adv* -**1.** [in a relaxed position - sit, sleep] confortablement, agréablement. -**2.** [in financial comfort] à l'aise; **they live ~** ils vivent dans l'aisance OR à l'aise; **to be ~ off** être à l'aise. -**3.** [easily] facilement, à l'aise; **we can fit five people in the car ~** la voiture contient bien cinq personnes, on tient à l'aise à cinq dans la voiture; **we should manage it ~ in two hours** deux heures suffiront largement.

comforter ['kʌmfətə^r] *n* -**1.** [person] consolateur *m*, -trice *f*. -**2.** *Br* [scarf] cache-nez *m*. -**3.** [for baby] tétine *f*, sucette *f*. -**4.** *Am* [quilt] édredon *m*.

comforting ['kʌmfətɪŋ] ◇ *adj* [consoling - remark, thought] consolant, réconfortant, rassurant; [encouraging] encourageant.

◇ *n* [consolation] réconfort *m*, consolation *f*; [encouragement] encouragement *m*.

comfortless ['kʌmfətlɪs] *adj* -**1.** [room] sans confort. -**2.** [dismal - person] triste, désolé; [- thought] peu rassurant, triste.

comfort station *n Am* toilettes *fpl* publiques *(sur le bord d'une route)*.

comfy *inf* ['kʌmfɪ] (*compar* **comfier**, *superl* **comfiest**) *adj* confortable, agréable; **are you ~?** vous êtes bien installés?; **a ~ chair** un fauteuil confortable.

comic ['kɒmɪk] ◇ *adj* comique, humoristique; **~ relief** THEAT intervalle *m* comique; *fig* moment *m* de détente (comique).

◇ *n* -**1.** [entertainer] (acteur *m*) comique *m*, actrice *f* comique. -**2.** [magazine] BD *f*, bande dessinée *f*.

◆ **comics** *npl Am* [in newspaper] bandes *fpl* dessinées.

comical ['kɒmɪkl] *adj* drôle, comique.

comically ['kɒmɪklɪ] *adv* drôlement, comiquement.

comic book *n* magazine *m* de bandes dessinées.

comic opera *n* opéra *m* comique.

comic strip *n* bande *f* dessinée.

coming ['kʌmɪŋ] ◇ *adj* -**1.** [time, events] à venir, futur; [in near future] prochain; **this ~ Tuesday** mardi prochain; **the ~ storm** l'orage qui approche. -**2.** *inf* [promising - person] d'avenir, qui promet.

◇ *n* -**1.** [gen] arrivée *f*, venue *f*; **~ away** départ *m*; **~ back** retour *m*; **~ in** entrée *f*; **~ out** sortie *f* ❑ **~ and going** va-et-vient *m*; **~s and goings** allées *fpl* et venues. -**2.** RELIG avènement *m*.

coming of age *n* majorité *f*.

COMING OF AGE:

À sa majorité (18 ans) un(e) jeune Britannique acquiert le droit de voter, de faire partie d'un jury, de boire de l'alcool dans les pubs et de se marier sans le consentement de ses parents.

---

coming out *n* entrée *f* dans le monde *(d'une jeune fille)*.

Comintern ['kɒmɪntɜːn] (*abbr of* **Communist International**) *pr n* Komintern *m*.

comma ['kɒmə] *n* GRAMM & MUS virgule *f*.

command [kə'mɑːnd] ◇ *n* -**1.** [order] ordre *m*; MIL ordre *m*, commandement *m*; **the troops were withdrawn at** OR **on his ~** les troupes ont été retirées sur ses ordres; **they are at your ~** ils sont à vos ordres; **at the word of ~** au commandement. -**2.** [authority] commandement *m*; **who is in ~ here?** qui est-ce qui commande ici?; **I'm second in ~** je commande en second; **to be in ~ of sthg** avoir qqch sous ses ordres, être à la tête de qqch; **he had/took ~ of the situation** il avait/a pris la situation en main; **they are under her ~** ils sont sous ses ordres OR son commandement. -**3.** [control, mastery] maîtrise *f*; **~ of the seas** maîtrise des mers; **he's in full ~ of his faculties** il est en pleine possession de ses moyens; **she has a good ~ of two foreign languages** elle possède bien deux langues étrangères; **her ~ of Spanish** sa maîtrise de l'espagnol; **all the resources at my ~** toutes les ressources à ma disposition OR dont je dispose; **I'm at your ~** je suis à votre disposition; **~ of the market** COMM domination *f* sur le marché. -**4.** MIL [group of officers] commandement *m*; [troops] troupes *fpl*; [area] région *f* militaire. -**5.** COMPUT commande *f*.

◇ *vt* -**1.** [order] ordonner, commander; **she ~ed that we leave immediately** elle nous a ordonné OR nous a donné l'ordre de partir immédiatement; **the general ~ed his men to attack** le général a donné l'ordre à ses hommes d'attaquer. -**2.** [have control over - army] commander; [- emotions] maîtriser, dominer. -**3.** [receive as due] commander, imposer; **to ~ respect** inspirer le respect, en imposer; **to ~ the attention of one's audience** tenir son public en haleine; **the translator ~s a high fee** les services du traducteur valent cher; **this painting will ~ a high price** ce tableau se vendra à un prix élevé. -**4.** [have use of] disposer de; **all the skills and resources that the country can ~** toutes les capacités et les ressources dont le pays peut disposer. -**5.** [subj: building, statue -overlook]: **to ~ a view of** avoir vue sur, donner sur.

◇ *vi* -**1.** [order] commander, donner des ordres. -**2.** [be in control] commander; MIL commander, avoir le commandement.

commandant [ˌkɒmən'dænt] *n* commandant *m*.

command economy *n* économie *f* planifiée.

commandeer [ˌkɒmən'dɪə^r] *vt* [officially] réquisitionner; [usurp] accaparer.

commander [kə'mɑːndə^r] *n* -**1.** [person in charge] chef *m*; MIL commandant *m*; NAUT capitaine *m* de frégate. -**2.** *Br* [of police] ≃ commissaire *m* divisionnaire, ≃ divisionnaire *m*.

commander-in-chief *n* commandant *m* en chef, généralissime *m*.

commanding [kə'mɑːndɪŋ] *adj* -**1.** [in command] qui commande. -**2.** [overlooking - view] élevé; [overlooking and dominant - position] dominant, important; **to be in a ~ position** avoir une position dominante; **to have a ~ lead** avoir une solide avance. -**3.** [tone, voice] impérieux, de commandement; [look] impérieux; [air] imposant.

commanding officer *n* commandant *m*.

commandment [kə'mɑːndmənt] *n* commandement *m*; **the Ten Commandments** les dix commandements, le décalogue *fml*.

commando [kə'mɑːndəʊ] (*pl* **commandos** OR **commandoes**) ◇ *n* commando *m*.

◇ *comp* [raid, unit] de commando.

command performance *n représentation (d'un spectacle) à la requête d'un chef d'État.*

command post *n* poste *m* de commandement.

commemorate [kə'meməreɪt] *vt* commémorer.

commemoration [kəˌmemə'reɪʃn] *n* commémoration *f*; RELIG commémoraison *f*; **in ~ of sthg/sb** en commémoration de qqch/qqn.

commemorative [kə'memərətɪv] *adj* commémoratif.

commence [kə'mens] *fml* ◇ *vi* commencer.

◇ *vt* commencer; **the date on which you ~d employment** la date à laquelle vous avez commencé à travailler; **she ~d speaking at 2 p.m.** elle a commencé à parler à 2 h de l'après-midi; **to ~ proceedings against sb** JUR former un recours contre qqn *(devant une juridiction)*.

commencement [kə'mensmənt] *n* -**1.** *fml* [beginning] commencement *m*, début *m*; JUR [of law] date *f* d'entrée en vigueur. -**2.** *Am* UNIV remise *f* des diplômes.

Commencement Day *n jour de la remise des diplômes dans une université américaine.*

commend [kə'mend] *vt* -**1.** [recommend] recommander, conseiller; he **~ed the proposal to the committee** il a recommandé le projet au comité; **if this policy ~s itself to the public...** si cette politique est du goût du public...; **the report has little to ~** it il n'y a pas grand-chose d'intéressant dans ce rapport. -**2.** [praise] louer, faire l'éloge de; to **~ sb for bravery** louer qqn pour sa bravoure; **you are to be ~ed for your hard work** on doit vous féliciter pour votre dur labeur. -**3.** [entrust] confier; to **~** sthg to sb confier qqch à qqn, remettre qqch aux bons soins de qqn; we **~ our souls to God** RELIG nous recommandons notre âme à Dieu.

commendable [kə'mendəbl] *adj* louable.

commendably [kə'mendəblɪ] *adv* de façon louable; **his speech was ~ brief** son discours avait le mérite de la brièveté.

commendation [,kɒmen'deɪʃn] *n* -**1.** [praise] éloge *f*, louange *f*. -**2.** [recommendation] recommendation *f*. -**3.** [award for bravery] décoration *f*. -**4.** [entrusting] remise *f*.

commensurable [kə'menʃərəbl] *adj fml* commensurable; **to be ~ with** OR **to sthg** être commensurable avec qqch.

commensurate [kə'menʃərət] *adj fml* -**1.** [of equal measure] de même mesure, commensurable; **the side is ~ with the diagonal** MATH on peut mesurer le côté en fonction de la diagonale. -**2.** [proportionate] proportionné; **~ with** OR **to sthg** proportionné à qqch; **the salary will be ~ with your experience** le salaire sera en fonction de votre expérience.

comment ['kɒment] ◇ *n* -**1.** [remark] commentaire *m*, observation *f*; **she let it pass without ~** elle n'a pas relevé; **it's a ~ on our society** *fig* c'est une réflexion sur notre société; **no ~!** je n'ai rien à dire!; **(it's a) fair ~** c'est juste. -**2.** *(U)* [gossip, criticism]: **the decision provoked much ~** la décision a suscité de nombreux commentaires. -**3.** [note] commentaire *m*, annotation *f*; [critical] critique *f*; **teacher's ~s** SCH appréciations *fpl* du professeur.
◇ *vi* -**1.** [remark] faire une remarque OR des remarques; **she ~ed on his age** elle a fait des remarques OR commentaires sur son âge; **he ~ed that...** il a fait la remarque que... -**2.** [give opinion]: **~ on the text** commentez le texte, faites le commentaire du texte.

commentary ['kɒməntrɪ] (*pl* **commentaries**) *n* -**1.** [remarks] commentaire *m*, observation *f*. -**2.** RADIO & TV commentaire *m*; **with ~ by** Des Lynam commenté par Des Lynam.

commentary box *n* tribune *f* des journalistes.

commentate ['kɒmənteɪt] ◇ *vt* commenter.
◇ *vi* faire un reportage.

commentator ['kɒmənteɪtə^r] *n* -**1.** RADIO & TV reporter *m*. -**2.** [analyst] commentateur *m*, -trice *f*.

commerce ['kɒmɜːs] *n* *(U)* -**1.** [trade] commerce *m*, affaires *fpl*; **Secretary/Department of Commerce** *Am* ministre *m*/ministère *m* du Commerce. -**2.** *fig* & *lit* [of ideas, opinions] relations *fpl*, commerce *m*.

commercial [kə'mɜːʃl] ◇ *adj* -**1.** [economic] commercial; **~ district** quartier *m* commerçant; **~ law** droit *m* commercial; **a ~ venture** une entreprise commerciale. -**2.** [profitable] commercial, marchand; **a ~ success** un succès commercial; **~ value** valeur *f* marchande. -**3.** *pej* [profit-seeking - record, book, pop group] commercial; **their motives are purely ~** ils ont des motivations purement commerciales. -**4.** [broadcasting] commercial.
◇ *n* publicité *f*, spot *m* publicitaire.

commercial art *n* graphisme *m*.

commercial artist *n* graphiste *mf*.

commercial bank *n* banque *f* commerciale.

commercial college *n* école *f* de commerce.

commercialism [kə'mɜːʃəlɪzm] *n* -**1.** [practice of business] (pratique *f* du) commerce *m*, (pratique des) affaires *fpl*. -**2.** *esp pej* [profit-seeking] mercantilisme *m*, esprit *m* commercial; [on large scale] affairisme *m*.

commercialization [kə,mɜːʃəlaɪ'zeɪʃn] *n* commercialisation *f*.

commercialize, -ise [kə'mɜːʃəlaɪz] *vt* commercialiser.

commercially [kə'mɜːʃəlɪ] *adv* commercialement.

commercial traveller *n dated* voyageur *m* OR représentant *m* de commerce, VRP *m*.

commercial vehicle *n* véhicule *m* utilitaire, commerciale *f*.

commie *inf* ['kɒmɪ] *pej* ◇ *adj* coco.
◇ *n* coco *mf*.

commiserate [kə'mɪzəreɪt] *vi*: to **~ with sb** [feel sympathy] éprouver de la compassion pour qqn; [show sympathy] témoigner de la sympathie à qqn; **we ~d with him on his misfortune** nous avons compati à sa malchance.

commiseration [kə,mɪzə'reɪʃn] *n* commisération *f*.

commissar ['kɒmɪsɑː^r] *n* commissaire *m* (du peuple).

commissariat [,kɒmɪ'seərɪət] *n* -**1.** POL commissariat *m*. -**2.** MIL [department] intendance *f*; [food supply] ravitaillement *m*.

commissary ['kɒmɪsərɪ] (*pl* **commissaries**) *n* -**1.** *Am* MIL [shop] intendance *f*; [officer] intendant *m*. -**2.** *Am* CIN [cafeteria] restaurant *m* (du studio). -**3.** RELIG délégué *m (d'un évêque)*.

commission [kə'mɪʃn] ◇ *n* -**1.** [authority for special job] commission *f*, mission *f*, ordres *mpl*, instructions *fpl*; ART commande *f*; **to give a ~ to an artist** passer une commande à un artiste; **work done on ~** travail fait sur commande. -**2.** [delegation of authority] délégation *f* de pouvoir OR d'autorité, mandat *m*; [formal warrant] mandat *m*, pouvoir *m*; MIL brevet *m*; **she resigned her ~** elle a démissionné; **when he received his ~** quand il a été élevé OR promu au grade d'officier. -**3.** [committee] commission *f*, comité *m*; **~ of inquiry, fact-finding ~** commission d'enquête; **Royal Commission** *Br* POL commission extraparlementaire. -**4.** COMM [fee] commission *f*, courtage *m*; **to work on a ~ basis** travailler à la commission; **I get (a) 5% ~** je reçois une commission de 5%. -**5.** JUR [of crime] perpétration *f*. -**6.** NAUT [of ship] armement *m*; **to put a ship into ~** armer un navire.
◇ *vt* -**1.** [place order with, for] commander; **we ~ed the architect to design a new house** nous avons engagé un architecte pour faire les plans d'une nouvelle maison. -**2.** [grant authority to] donner pouvoir OR mission à, déléguer, charger; **to ~ sb to do sthg** charger qqn de faire qqch; **I was ~ed to investigate** j'ai reçu la OR pour mission d'enquêter. -**3.** MIL [make officer] nommer à un commandement; **he was ~ed general** il a été promu au grade de OR nommé général. -**4.** [make operative] mettre en service; NAUT [ship] mettre en service, armer.
◆ **in commission** *adj phr* [gen] en service; NAUT [ship] en armement, en service.
◆ **out of commission** ◇ *adj phr* [gen] hors service; [car] en panne; NAUT [not working] hors service; [in reserve] en réserve.
◇ *adv phr*: **to take a ship out of ~** désarmer un navire.

commission agent *n* commissaire *m*.

commissionaire [kə,mɪʃə'neə^r] *n Br* portier *m (d'un hôtel etc)*.

commissioned officer [kə'mɪʃənd-] *n* officier *m*.

commissioner [kə'mɪʃnə^r] *n* -**1.** [member of commission] membre *m* d'une commission, commissaire *m*. -**2.** [of police] *Br* ≃ préfet *m* de police, *Am* ≃ (commissaire *m*) divisionnaire *m*; [of government department] haut fonctionnaire. -**3.** *Am* SCH & UNIV: **~ of education** ≃ recteur *m*, ≃ doyen *m*. -**4.** JUR: **~ for oaths** *officier ayant qualité pour recevoir les déclarations sous serment.*

commit [kə'mɪt] (*pt* & *pp* **committed**, *cont* **committing**) *vt* -**1.** [crime] commettre, perpétrer; [mistake] faire, commettre; **to ~ suicide** se suicider; **committing perjury is a crime** se parjurer OR faire un faux serment est un délit. -**2.** [entrust - thing] confier, remettre; [- person] confier; **to ~ sthg to sb's care** confier qqch aux soins de qqn OR à la garde de qqn; **he was committed to a mental hospital** il a été interné; **they committed her to prison** ils l'ont incarcérée; **I committed the poem to memory** j'ai appris le poème par cœur; **to ~ sthg to paper** coucher OR consigner qqch par écrit ❑ **committing magistrate** *Am* JUR juge *m* d'instruction. -**3.** [promise] engager; **to ~ o.s. to sthg/to do sthg** s'engager à qqch/à faire qqch; **he refused to ~ himself** il s'est tenu sur la réserve, il a refusé de prendre parti OR de s'engager; **to ~ troops (to a region)** MIL engager des troupes (dans une région). -**4.** [legislative bill] renvoyer en commission.

commitment [kə'mɪtmənt] *n* -**1.** [promise, loyalty] engagement *m*; **to make a ~** [emotionally, intellectually] s'engager. -**2.** [obligation] obligations *fpl*, responsabilités *fpl*; **he has family ~s** il a des obligations familiales; **teaching ~s** SCH & UNIV charge *f* d'enseignement, enseignement *m* ‖ COMM & FIN engagement *m* financier; **with no ~** sans obligation d'achat. -**3.** [to prison] incarcération *f*, emprisonnement *m*; [to mental hospital] internement *m*. -**4.** [of crime] perpétration *f*. -**5.** JUR [order] mandat *m* de dépôt. -**6.** [of legislative bill] renvoi *m* en commission.

committal [kə'mɪtl] *n* -**1.** [sending - gen] remise *f*; [- to prison] incarcération *f*, emprisonnement *m*; [- to mental hospital] internement *m*; [- to grave] mise *f* en terre. -**2.** JUR: **~ order** mandat *m* de dépôt; **~ proceedings, ~ for trial** ≃ mise *f* en accusation. -**3.** [of crime] perpétration *f*.

committed [kə'mɪtɪd] *adj* [writer, artist] engagé; **a ~ Socialist/Christian** un socialiste/chrétien convaincu.

committee [kə'mɪtɪ] ◇ *n* commission *f*, comité *m*; **to be** OR **to sit on a ~** faire partie d'une commission OR d'un comité ‖ [in government] commission *f*; **the House went into ~** *Br* la Chambre s'est constituée en comité; **Committee of the Whole House** *Br séance de commission étendue à la chambre entière*; **Committee of Ways and Means** commission *f* du budget.
◇ *comp* [meeting] de commission OR comité; [member] d'une commission, d'un comité.

committeeman [kə'mɪtɪmən] (*pl* **committeemen** [-mən]) *n* membre *m* d'une commission OR d'un comité.

committeewoman [kə'mɪtɪ,wʊmən] (*pl* **committeewomen** [-,wɪmɪn]) *n* membre *m (femme)* d'une commission OR d'un comité.

commode [kə'məʊd] *n* -**1.** [chest of drawers] commode *f*. -**2.** [for chamber pot] chaise *f* percée.

commodious [kə'məʊdjəs] *adj fml* spacieux, vaste.

commodity [kə'mɒdətɪ] (*pl* **commodities**) *n* -**1.** [product] marchandise *f*; [consumer goods] produit *m*, article *m*; [food] denrée *f*; **a basic** OR **staple ~** un produit de base; **household commodities** articles ménagers. -**2.** ECON [raw material] produit *m* de base, matière *f* première; **the ~** OR **commodities market** le marché des matières premières; **to trade in commodities** faire le négoce de matières premières.

commodore ['kɒmədɔː^r] *n* -**1.** MIL contre-amiral *m*. -**2.** NAUT [of merchant ships] commodore *m*; [of shipping line] doyen *m*; [of yacht club] président *m*.

common ['kɒmən] ◇ *adj* -**1.** [ordinary] commun, ordinaire; [plant] commun; **it's quite ~** c'est courant OR tout à fait banal; **it's a ~ experience** cela arrive à beaucoup de gens OR à tout le monde; **a ~ expression** une expression courante; **a ~ occurrence** une chose fréquente OR qui arrive souvent; **a ~ sight** un spectacle familier; **in ~ parlance** dans le langage courant; **the ~ horde** *Br pej* la plèbe, la populace;

the ~ man l'homme du peuple; the ~ people le peuple, les gens du commun; ~ salt sel *m* (ordinaire); a ~ soldier un simple soldat; it's only ~ courtesy to reply la politesse la plus élémentaire veut qu'on réponde ❑ to have the ~ touch *Br* savoir parler aux gens simples. -**2.** [shared, public] commun; by ~ consent d'un commun accord; the law is for the ~ good la loi vise au bien public ❑ ~ land terrain *m* communal OR banal; ~ ownership copropriété *f*; ~ ground point *m* commun, terrain *m* d'entente; there is no ~ ground between the two groups il n'y a pas de terrain d'entente entre les deux groupes; to make ~ cause with sb *Br* faire cause commune avec qqn. -**3.** [widespread] général, universel; the ~ belief la croyance universelle; in ~ use d'usage courant; it's ~ knowledge that... tout le monde sait que..., il est de notoriété publique que...; it's ~ practice to thank your host il est d'usage de remercier son hôte; it's ~ talk that... *Br* on entend souvent dire que... -**4.** *pej* [vulgar] commun, vulgaire; a ~ little man un petit homme vulgaire. -**5.** GRAMM [gender] non marqué. -**6.** MUS: ~ time OR measure mesure *f* à quatre temps.

◇ *n* -**1.** [land] terrain *m* communal; right of ~ *Br* JUR [of land] communauté *f* de jouissance; [of property] droit *m* de servitude. -**2.** *phr*: nothing out of the ~ *Br* rien d'extraordinaire.

◆ **commons** *npl arch* OR *lit*: the ~s le peuple.

◆ **Commons** *npl Br* & *Can* POL: the Commons les Communes *fpl*.

◆ **in common** *adv phr* en commun; to have sthg in ~ with sb avoir qqch en commun avec qqn; we have nothing in ~ nous n'avons rien de commun; they have certain ideas in ~ ils sont d'accord sur certaines idées.

commonalty ['kɒmənəltɪ] (*pl* commonalties) *n fml* [common people] peuple *m*.

common cold *n* rhume *m*.

common crab *n* tourteau *m*, dormeur *m*.

common denominator *n* MATH & *fig* dénominateur *m* commun.

common divisor *n* commun diviseur *m*.

Common Entrance *n examen de fin d'études primaires permettant d'entrer dans une «public school».*

commoner ['kɒmənəʳ] *n* -**1.** [not noble] roturier *m*, -ère *f*. -**2.** *Br* JUR [with joint land rights] *personne qui a droit de vaine pâture.* -**3.** *Br* UNIV *étudiant ne bénéficiant pas de bourse (particulièrement à Oxford ou à Cambridge).*

common factor *n* facteur *m* commun.

common fraction *n Am* fraction *f* ordinaire.

common law *n* droit *m* coutumier, common law *f*.

◆ **common-law** *adj*: common-law wife concubine *f* (reconnue juridiquement); common-law marriage mariage *m* de droit coutumier.

COMMON LAW:
Ensemble des règles de droit qui constituent la base du système juridique des pays de langue anglaise. À l'opposé des systèmes issus du droit romain, qui s'appuie sur la loi telle qu'elle est fixée dans des codes, ces règles, non écrites, sont établies par la jurisprudence.

common logarithm *n* logarithme *m* vulgaire OR décimal.

commonly ['kɒmənlɪ] *adv* -**1.** [usually] généralement; a species of frog ~ found in South America une espèce de grenouille que l'on trouve communément en Amérique latine; what is ~ known as... ce que l'on appelle dans le langage courant... -**2.** *pej* [vulgarly] vulgairement.

Common Market *n*: the ~ le marché commun.

common multiple *n* commun multiple *m*.

commonness ['kɒmənnɪs] *n* -**1.** [usualness] caractère *m* commun OR ordinaire. -**2.** [frequency] fréquence *f*. -**3.** [universality] généralité *f*, universalité *f*. -**4.** *pej* [vulgarness] vulgarité *f*.

common noun *n* nom *m* commun.

common-or-garden *inf adj Br*: the ~ variety le modèle standard OR ordinaire.

commonplace ['kɒmənpleɪs] ◇ *adj* banal, ordinaire; compact discs have become ~ les disques compacts sont devenus courants OR sont maintenant monnaie courante.

◇ *n* [thing] banalité *f*; [saying] lieu *m* commun, platitude *f*.

common prayer *n liturgie de l'Église anglicane*; the Book of Common Prayer *le livre liturgique anglican.*

common room *n Br* SCH & UNIV [for students] salle *f* commune; [for staff] salle *f* des professeurs.

commonsense ['kɒmən,sens], **commonsensical** [,kɒmən'sensɪkl] *adj* [attitude, approach, decision] sensé, plein de bon sens.

common sense *n* bon sens *m*, sens *m* commun.

common stock *n Am* actions *fpl* cotées en Bourse.

commonwealth ['kɒmənwelθ] *n* -**1.** [country] pays *m*; [state] État *m*; [republic] république *f*. -**2.** [body politic] corps *m* politique.

◆ **Commonwealth** ◇ *n* -**1.** the (British) Commonwealth (of Nations) le Commonwealth; Minister OR Secretary of State for Commonwealth Affairs ministre *m* du Commonwealth. -**2.** HIST: the Commonwealth *période de l'histoire britannique de 1649 (mort de Charles I) à 1660 (rétablissement de la monarchie).*

◇ *comp* [games, nations] du Commonwealth.

Commonwealth of Independent States *pr n*: the ~ la Communauté des États Indépendants.

commotion [kə'məʊʃn] *n* -**1.** [noise] brouhaha *m*; what's all the ~ (about)? qu'est-ce que c'est que ce brouhaha OR vacarme?; who's making all this ~? qui est-ce qui fait tout ce tapage? -**2.** [disturbance] agitation *f*; what a ~! quel cirque!; to be in a (state of) ~ [person] être vivement ému; [crowd] être agité; [city] être en émoi; the news caused a real ~ la nouvelle a causé un véritable désordre. -**3.** [civil unrest] insurrection *f*, troubles *mpl*.

comms package [kɒmz-] *n* COMPUT logiciel *m* de communication.

communal ['kɒmjʊnl] *adj* -**1.** [shared] commun; a ~ room une pièce commune. -**2.** [of community] communautaire, collectif; a ~ activity une activité collective.

communalism ['kɒmjʊnəlɪzm] *n théorie confiant la plus grande partie du pouvoir aux communes.*

communally ['kɒmjʊnəlɪ] *adv* collectivement, en commun.

commune [*n* 'kɒmju:n, *vb* kə'mju:n] ◇ *n* -**1.** [group of people] communauté *f*; to live in a ~ vivre en communauté. -**2.** ADMIN [district] commune *f*.

◇ *vi* -**1.** [communicate] communier; to ~ with nature communier avec la nature. -**2.** RELIG communier.

◆ **Commune** *n* HIST: the (Paris) Commune la Commune.

communicable [kə'mju:nɪkəbl] *adj* communicable; MED [disease] contagieux, transmissible.

communicant [kə'mju:nɪkənt] ◇ *n* -**1.** RELIG communiant *m*, -e *f*. -**2.** [informant] informateur *m*, -trice *f*.

◇ *adj* -**1.** [communicating] qui communique, communicant. -**2.** RELIG pratiquant.

communicate [kə'mju:nɪkeɪt] ◇ *vi* -**1.** [be in touch] communiquer; [contact] prendre contact, se mettre en contact; they ~ with each other by phone ils communiquent par téléphone; I find it difficult to ~ (with others) j'ai du mal à entrer en relation avec les autres; they ~ well (with one another) ils s'entendent bien; she no longer ~s with him elle n'est plus en contact avec lui. -**2.** [rooms – connect] communiquer. -**3.** RELIG communier, recevoir la communion.

◇ *vt* -**1.** [impart – news] communiquer, transmettre; [– feelings] communiquer, faire partager; she ~d the news to them elle leur a fait part de la nouvelle. -**2.** [disease] transmettre.

communicating [kə'mju:nɪkeɪtɪŋ] *adj* communicant; there was a ~ door between the two bedrooms il y avait une porte de communication entre les deux chambres; a hotel suite with ~ rooms une suite avec chambres communicantes.

communication [kə,mju:nɪ'keɪʃn] *n* -**1.** [contact] communication *f*; are you in ~ with her? êtes-vous en contact OR en relation avec elle?; we broke off all ~ with him nous avons rompu tout contact avec lui; to be in radio ~ with sb communiquer avec qqn par radio, être en communication radio avec qqn ‖ [of thoughts, feelings] communication *f*; to be good at ~, to have good ~ skills avoir des talents de communication. -**2.** [message] communication *f*, message *m*.

◆ **communications** *npl* [technology] communications *fpl*; [roads, telegraph lines etc] communications *fpl*; MIL liaison *f*, communications *fpl*.

communication cord *n Br* sonnette *f* d'alarme *(dans les trains).*

communication interface *n* interface *f* de communication.

communications satellite *n* satellite *m* de télécommunication.

communicative [kə'mju:nɪkətɪv] *adj* -**1.** [talkative] communicatif, expansif. -**2.** [ability, difficulty] de communication; ~ competence LING compétence de communication.

communicator [kə'mju:nɪkeɪtəʳ] *n personne douée pour la communication*; she's a good ~ c'est une femme de communication.

communion [kə'mju:njən] *n* -**1.** [sharing] communion *f*; a ~ of interests une communauté d'intérêts; ~ with nature communion avec la nature. -**2.** RELIG [group] communion *f*; [denomination] confession *f*; ~ cup calice *m*.

◆ **Communion** *n* RELIG [sacrament] communion *f*; to give Communion donner la communion; to take OR to receive Communion recevoir la communion; they go to Communion every Sunday ils communient tous les dimanches; she made her Communion elle a fait sa communion; to make one's Easter Communion faire ses pâques.

communiqué [kə'mju:nɪkeɪ] *n* communiqué *m*.

communism, Communism ['kɒmjʊnɪzm] *n* communisme *m*.

communist, Communist ['kɒmjʊnɪst] ◇ *n* communiste *mf*.

◇ *adj* communiste; 'The Communist Manifesto' *Marx, Engels* 'le Manifeste du parti communiste'.

community [kə'mju:nətɪ] (*pl* communities) *n* -**1.** [group of people, animals] communauté *f*, groupement *m*; RELIG communauté *f*; [locality] communauté *f*; the American ~ in Paris la communauté américaine de Paris; the business ~ le monde des affaires; the international ~ la communauté internationale; for the good of the ~ pour le bien public OR le bien de la communauté; a sense of ~ un sens communautaire OR de la solidarité ❑ ~ leader *personne qui joue un rôle actif dans la vie d'une communauté*; ~ policing ≃ îlotage *m*; ~ relations relations *fpl* publiques; ~ spirit sens *m* OR esprit *m* communautaire; ~ worker animateur *m* socioculturel, animatrice *f* socioculturelle. -**2.** [sharing] propriété *f* collective; JUR communauté *f*; ~ of goods/interests communauté de biens/d'intérêts.

◆ **Community** *n*: the (European) Community la Communauté (européenne).

community antenna *n* antenne *f* communautaire.

community association *n en Grande-Bretagne, association socioculturelle locale.*

community care *n système britannique d'assistance sociale au niveau local.*

community centre *n* foyer *m* municipal, centre *m* social.

community charge *n en Grande-Bretagne, nom officiel d'un impôt local plus connu sous le nom de «poll tax».*

community chest *n Am* fonds *m* commun *(à des fins sociales).*

community college *n Am* centre *m* universitaire (de premier cycle).

community home *n Br* -**1.** [for deprived children] assistance *f* publique. -**2.** [for young offenders] centre *m* d'éducation surveillée.

community school *n Br école servant de maison de la culture.*

community service *n* ≃ travail *m* d'intérêt général.

community singing *n (U)* chansons *fpl* populaires *(reprises en chœur).*

commutable [kə'mju:təbl] *adj* [exchangeable] interchangeable, permutable; JUR commuable; **a death sentence ~ to life emprisonment** une peine capitale commuable en emprisonnement à perpétuité.

commutation [ˌkɒmju:'teɪʃn] *n* -**1.** JUR [of penalty] commutation *f*; **~ of sentence** commutation de peine. -**2.** *(U)* [exchange] échange *m*, substitution *f*. -**3.** [payment] échange *m*. -**4.** ELEC [of current] commutation *f*. -**5.** *Am* [commuting] migration *f* journalière.

commutation ticket *n Am* carte *f* d'abonnement.

commutative [kə'mju:tətɪv] *adj* [gen & MATH] commutatif.

commutator ['kɒmju:teɪtəʳ] *n* commutateur *m*.

commute [kə'mju:t] ◇ *vi* faire un trajet régulier, faire la navette; **I ~ from the suburbs** je viens tous les jours de banlieue.

◇ *vt* -**1.** [exchange] substituer, échanger; **to ~ one thing for another** substituer une chose à une autre, échanger une chose pour OR contre une autre. -**2.** [convert] convertir; **Midas ~d metal into gold** Midas changeait le métal en or; **to ~ an annuity into a lump sum** FIN racheter une rente en un seul versement. -**3.** JUR [sentence] commuer; **a sentence ~d to life imprisonment** une peine commuée en emprisonnement à vie.

commuter [kə'mju:təʳ] ◇ *n* banlieusard *m*, -e *f (qui fait un trajet journalier pour se rendre au travail)*; RAIL abonné *m*, -e *f*.

◇ *comp* [line, train] de banlieue; **the ~ belt** *Br* la grande banlieue.

commuting [kə'mju:tɪŋ] *n (U)* trajets *mpl* réguliers, migrations *fpl* quotidiennes *(entre le domicile, généralement en banlieue, et le lieu de travail).*

Como ['kəʊməʊ] *pr n* Côme.

Comoran ['kɒmərən], **Comorian** [kə'mɒrjən] ◇ *n* Comorien *m*, -enne *f*.

◇ *adj* comorien.

Comoro ['kɒmərəʊ] *n*: **the ~ Islands** les îles Comores; **the ~s** les Comores; **in the ~ Islands** aux îles Comores; **in the ~s** aux Comores.

compact [*adj* & *vb* kəm'pækt, *n* 'kɒmpækt] ◇ *adj* -**1.** [small] compact, petit; [dense] dense, serré; **the gadget is ~ and easy to use** ce gadget ne prend pas de place et est facile à utiliser; **~ car** *Am* compacte *f*, petite voiture *f*. -**2.** [concise] concis, condensé.

◇ *vt* [compress] compacter, tasser.

◇ *n* -**1.** [for powder] poudrier *m*. -**2.** *Am* (voiture *f*) compacte *f*, petite voiture *f*. -**3.** [agreement] convention *f*, contrat *m*; [informal] accord *m*, entente *f*.

compact camera [ˌkɒmpækt-] *n* (appareil photo *m*) compact *m*.

compact disc [ˌkɒmpækt-] ◇ *n* (disque *m*) compact *m*, CD *m*.

◇ *comp*: **~ player** platine *f* CD.

compactly [kəm'pæktlɪ] *adv* -**1.** [made] de manière compacte; **~ designed** conçu sans perte de place. -**2.** [concisely] de manière concise.

compactness [kəm'pæktnɪs] *n* -**1.** [smallness] compacité *f*; [denseness] compacité *f*, densité *f*; **the ~ of the design** la compacité de la conception. -**2.** [conciseness] concision *f*.

companion [kəm'pænjən] *n* -**1.** [friend] compagnon *m*, compagne *f*; [employee] dame *f* de compagnie; **to be employed as a ~ to sb** être employé pour tenir compagnie à qqn; **a travelling ~** un compagnon de voyage; **~s in arms/distress** compagnons d'armes/d'infortune. -**2.** [one of pair] pendant *m*; **to be a ~ to sthg** faire pendant à qqch; **the ~ volume** le volume qui va de pair. -**3.** [handbook] manuel *m*. -**4.** [in titles] compagnon *m*; **Companion of Honour** *décoration britannique remise aux citoyens qui ont rendu des services à l'État,* ≃ chevalier *m* de la Légion d'honneur. -**5.** NAUT capot *m* (d'escalier).

companionable [kəm'pænjənəbl] *adj* [person] sociable, d'une compagnie agréable.

companionship [kəm'pænjənʃɪp] *n (U)* [fellowship] compagnie *f*; [friendship] amitié *f*, camaraderie *f*; **she longs for ~** la compagnie OR la société (des autres) lui manque; **he enjoys the ~ of the football team** il aime la camaraderie qui règne au sein de l'équipe de football.

companionway [kəm'pænjənweɪ] *n* NAUT escalier *m* des cabines; [on smaller boat] montée *f*, descente *f*.

company ['kʌmpənɪ] (*pl* **companies**) ◇ *n* -**1.** [companionship] compagnie *f*; **we enjoy one another's ~** nous aimons être ensemble; **she's good ~** elle est d'agréable compagnie; **to keep sb ~** tenir compagnie à qqn; **in ~ with others** en compagnie d'autres; **we request the pleasure of your ~ at dinner** nous ferez-vous le plaisir de venir dîner?; **here's where we part ~** *literal* voilà où nos chemins se séparent; *fig* là, je ne suis plus d'accord avec vous; **they parted ~ last year** ils ont rompu l'année dernière; **the handle finally parted ~ with the door** *hum* la poignée a fini par fausser compagnie à la porte. -**2.** [companions] compagnie *f*, fréquentation *f*; **she has got into** OR **she's keeping bad ~** elle a de mauvaises fréquentations; **to be in good ~** être en bonne compagnie; **if I'm wrong, I'm in good ~** *fig* si j'ai tort, je ne suis pas le seul; **you mustn't speak like that in ~** on ne dit pas ces choses-là en société ❑ **a man is known by the ~ he keeps** *prov* dis-moi qui tu hantes, je te dirai qui tu es *prov*. -**3.** *(U)* [guests] invités *mpl*, compagnie *f*; **are you expecting ~?** attendez-vous de la visite? -**4.** [firm] société *f*, compagnie *f*; **Jones & Company** Jones et Compagnie. -**5.** [group of people] compagnie *f*, assemblée *f*; [of actors] troupe *f*, compagnie *f*; MIL compagnie *f*; NAUT [crew] équipage *m*.

◇ *comp* [policy] d'entreprise; **he's a ~ man** c'est un employé dévoué; **~ car** voiture *f* de fonction.

◆ **Company** *inf pr n Am*: **the Company** la CIA.

company secretary *n* secrétaire *m* général, secrétaire *f* générale *(d'une entreprise).*

company sergeant-major *n* adjudant *m*.

comparability [ˌkɒmpərə'bɪlətɪ] *n* comparabilité *f*.

comparable ['kɒmprəbl] *adj* comparable; **to be ~ to sthg** être comparable à qqch; **the salaries aren't at all ~** il n'y a pas de comparaison possible entre les salaires.

comparative [kəm'pærətɪv] ◇ *adj* -**1.** [relative] relatif; **the ~ wealth of the two countries** la fortune relative des deux pays; **she's a ~ stranger to me** je la connais relativement peu. -**2.** [study] comparatif; [field of study] comparé; **~ law** droit *m* comparé; **~ linguistics** linguistique *f* comparée. -**3.** GRAMM comparatif.

◇ *n* comparatif *m*; **in the ~** au comparatif.

comparatively [kəm'pærətɪvlɪ] *adv* -**1.** [quite] relativement. -**2.** [study] comparativement.

compare [kəm'peəʳ] ◇ *vt* -**1.** [contrast] comparer, mettre en comparaison; **let's ~ Fitzgerald with Hemingway** comparons Fitzgerald à OR avec Hemingway; **~d with** OR **to sthg** en comparaison de OR par comparaison avec qqch; **~d with the others she's brilliant** elle est brillante par rapport aux autres ❑ **to ~ notes** échanger ses impressions. -**2.** [liken] comparer, assimiler; **his paintings have been ~d to those of Manet** on a comparé ses tableaux à ceux de Manet; **it's impossible to ~ the two systems** il n'y a pas de comparaison possible entre les deux systèmes. -**3.** GRAMM former les degrés de comparaison de.

◇ *vi* être comparable à; **to ~ favourably (with sthg)** soutenir la comparaison (avec qqch); **how do the two candidates ~?** quelles sont les qualités respectives des deux candidats?; **how do the brands ~ in (terms of) price?** les marques sont-elles comparables du point de vue prix?; **her cooking doesn't** OR **can't ~ with yours** il n'y a aucune comparaison entre sa cuisine et la tienne.

◇ *n lit*: **he's intelligent beyond ~** il est incomparablement intelligent; **beauty beyond ~** beauté sans pareille.

comparison [kəm'pærɪsn] *n* -**1.** comparaison *f*; **by ~** par comparaison; **there's no ~** il n'y a aucune comparaison (possible); **to draw** OR **to make a ~ between sthg and sthg** faire la comparaison de qqch avec qqch OR entre qqch et qqch; **this book stands** OR **bears ~ with the classics** ce livre soutient la comparaison avec les classiques. -**2.** GRAMM comparaison *f*; **degrees of ~** degrés *mpl* de comparaison.

◆ **in comparison with** *prep phr* en comparaison de, par rapport à.

compartment [kəm'pɑ:tmənt] *n* compartiment *m*, subdivision *f*; NAUT & RAIL compartiment *m*.

compartmentalize, -ise [ˌkɒmpɑ:t'mentəlaɪz] *vt* compartimenter.

compass ['kʌmpəs] ◇ *n* -**1.** [for direction] boussole *f*; NAUT compas *m*. -**2.** GEOM compas *m*. -**3.** [limits] étendue *f*; [range] portée *f*; MUS étendue *f*, portée *f*; **within the narrow ~ of this book** dans les limites restreintes de ce livre; **that does not lie within the ~ of this committee** ce n'est pas du ressort de ce comité; **beyond the ~ of the human mind** au-delà de la portée de l'esprit humain.

◇ *comp* [bearing, error] du compas; **to take a ~ bearing** prendre un relèvement au compas; **a ~ course** une route magnétique.

◇ *vt* [go round] faire le tour de; [surround] encercler, entourer.

◆ **compasses** *npl* GEOM: **(a pair of) ~es** un compas.

compass card *n* rose *f* des vents.

compassion [kəm'pæʃn] *n* compassion *f*.

compassionate [kəm'pæʃənət] *adj* compatissant; **on ~ grounds** pour des raisons personnelles OR familiales.

compassionate leave *n* [gen & MIL] permission *f* exceptionnelle *(pour raisons personnelles).*

compass point *n* aire *f* de vent.

compass rose *n* rose *f* des vents.

compass saw *n* scie *f* à guichet.

compass window *n* fenêtre *f* en saillie ronde.

compatibility [kəmˌpætə'bɪlətɪ] *n* compatibilité *f*.

compatible [kəm'pætəbl] *adj* compatible.

compatibly [kəm'pætəblɪ] *adv* d'une manière compatible.

compatriot [kəm'pætrɪət] *n* compatriote *mf*.

compel [kəm'pel] (*pt* & *pp* **compelled**, *cont* **compelling**) *vt* -**1.** [force] contraindre, obliger; **to ~ sb to do sthg** contraindre OR forcer qqn à faire qqch; **ill health compelled her to retire** pour des raisons de santé elle a été obligée de prendre sa retraite. -**2.** [demand] imposer, forcer; **the sort of woman who ~s admiration** le genre de femme qu'on ne peut s'empêcher d'admirer OR qui force l'admiration; **a tone of**

voice that ~s attention un ton de voix qui retient l'attention.

compelling [kəm'pelɪŋ] *adj* -**1.** [reason, desire] convaincant, irrésistible. -**2.** [book, story] envoûtant.

compellingly [kəm'pelɪŋlɪ] *adv* irrésistiblement, d'une façon irrésistible.

compendious [kəm'pendɪəs] *adj fml* concis.

compendium [kəm'pendɪəm] (*pl* **compendiums** OR **compendia** [-dɪə]) *n* -**1.** [summary] abrégé *m*, précis *m*. -**2.** *Br* [collection] collection *f*; a ~ of games une boîte de jeux.

compensate ['kɒmpenseɪt] ◇ *vt* -**1.** [make amends to - person] dédommager, indemniser; to ~ sb for a loss dédommager qqn d'une perte; the firm ~d the workman for his injuries l'entreprise a dédommagé l'ouvrier pour ses blessures. -**2.** [offset] compenser, contrebalancer; TECH compenser, neutraliser.
◇ *vi* -**1.** [make up] être une OR servir de compensation, compenser; she ~s for her short stature by wearing high heels elle porte des talons hauts pour compenser sa petite taille. -**2.** [with money] dédommager, indemniser.

compensation [,kɒmpen'seɪʃn] *n* -**1.** [recompense] indemnité *f*, dédommagement *m*; [payment] rémunération *f*; working for oneself has its ~s travailler à son compte a ses avantages; in ~ for en compensation de; by way of ~ for your wasted time pour compenser le temps perdu. -**2.** [adaptation] compensation *f*; [in weight] contrepoids *m*; TECH compensation *f*, neutralisation *f*.

compensation order *n Br* JUR *obligation de la part de l'accusé de réparer ses actions.*

compensatory [,kɒmpen'seɪtərɪ] *adj* compensateur; ~ levy ECON [in EEC] prélèvement *m* compensatoire.

compere ['kɒmpeə^r] *Br* ◇ *n* animateur *m*, -trice *f*, présentateur *m*, -trice *f*.
◇ *vi & vt* animer, présenter.

compete [kəm'pi:t] *vi* -**1.** [vie] rivaliser; to ~ with sb for sthg rivaliser avec qqn pour qqch, disputer qqch à qqn; seven candidates are competing for the position sept candidats se disputent le poste; her cooking can't ~ with yours *fig* sa cuisine n'a rien de commun OR ne peut pas rivaliser avec la vôtre. -**2.** COMM faire concurrence; they ~ with foreign companies for contracts ils sont en concurrence avec des entreprises étrangères pour obtenir des contrats; we have to ~ on an international level nous devons être à la hauteur de la concurrence sur le plan international. -**3.** SPORT [take part] participer, [contend] concourir, ten women are competing in the race dix femmes participent à la course; to ~ against sb for sthg concourir avec qqn pour qqch; we're competing against the Japanese nous concourons OR sommes en compétition avec les Japonais; there are only three teams competing il n'y a que trois équipes sur les rangs.

competence ['kɒmpɪtəns] *n* -**1.** [ability] compétence *f*, aptitude *f*, capacité *f*; LING compétence *f*; sb's ~ for OR in sthg la compétence de qqn pour OR en qqch, l'aptitude de qqn à OR pour qqch; to have the ~ to do sthg avoir les moyens OR la capacité de faire qqch; that's beyond my ~ c'est au-delà de mes moyens, ça dépasse mes compétences. -**2.** JUR compétence *f*; to be within the ~ of the court être de la compétence du tribunal. -**3.** *lit* [income] aisance *f*, moyens *mpl*.

competency ['kɒmpɪtənsɪ] (*pl* **competencies**) *n* -**1.** = **competence 1, 3.** -**2.** JUR [of witness] habileté *f*.

competent ['kɒmpɪtənt] *adj* -**1.** [capable] compétent, capable; [qualified] qualifié; is she ~ to handle the accounts? est-elle compétente OR qualifiée pour tenir la comptabilité? -**2.** [sufficient] suffisant. -**3.** JUR [witness] habile; [court] compétent; [evidence] admissible, recevable.

competently ['kɒmpɪtəntlɪ] *adv* -**1.** [capably] avec compétence. -**2.** [sufficiently] suffisamment.

competing [kəm'pi:tɪŋ] *adj* en concurrence.

competition [,kɒmpɪ'tɪʃn] *n* -**1.** [rivalry] compétition *f*, rivalité *f*; ~ for the position is fierce il y a beaucoup de concurrence pour le poste, on se dispute âprement le poste; we're in ~ with her nous sommes en compétition OR concurrence avec elle || COMM concurrence *f*; unfair ~ concurrence déloyale. -**2.** [opposition] concurrence *f*; what's the ~ doing? que fait la concurrence?, que font nos rivaux OR concurrents? -**3.** [contest] concours *m*; SPORT compétition *f*; [race] course *f*; beauty/fishing ~ concours de beauté/de pêche; I'm entering the ~ je vais me présenter au concours OR me mettre sur les rangs; the candidate will be chosen by ~ le candidat sera choisi par concours. -**4.** BIOL concurrence *f*.

competitive [kəm'petətɪv] *adj* -**1.** [involving competition] de compétition; a ~ society/game une société/un jeu de compétition; ~ examination concours *m*. -**2.** [person] qui a l'esprit de compétition. -**3.** [product, price] concurrentiel, compétitif; ~ bidding appel *m* d'offres; ~ edge (léger) avantage *m* concurrentiel.

competitively [kəm'petətɪvlɪ] *adv* avec un esprit de compétition; ~ priced goods COMM produits au prix compétitif.

competitiveness [kəm'petətɪvnɪs] *n* compétitivité *f*.

competitor [kəm'petɪtə^r] *n* [gen, COMM & SPORT] concurrent *m*, -e *f*; [participant] participant *m*, -e *f*.

compilation [,kɒmpɪ'leɪʃn] *n* compilation *f*.

compile [kəm'paɪl] *vt* -**1.** [gather - facts, material] compiler. -**2.** [compose - list] dresser; [- dictionary] composer *(par compilation)*; ~d from établi d'après. -**3.** COMPUT compiler.

compiler [kəm'paɪlə^r] *n* -**1.** [gen] compilateur *m*, -trice *f*. -**2.** [of dictionary] rédacteur *m*, -trice *f*. -**3.** COMPUT compilateur *m*.

complacence [kəm'pleɪsns], **complacency** [kəm'pleɪsnsɪ] *n* satisfaction *f* OR contentement *m* de soi, suffisance *f*.

complacent [kəm'pleɪsnt] *adj* satisfait OR content de soi, suffisant.

complacently [kəm'pleɪsntlɪ] *adv* [act] d'un air suffisant, avec suffisance; [speak] d'un ton suffisant, avec suffisance.

complain [kəm'pleɪn] ◇ *vi* -**1.** [grumble] se plaindre; he's always ~ing il n'arrête pas de se plaindre; he ~ed of a headache il s'est plaint d'un mal de tête; how's it going? — can't ~ *inf* comment ça va? — je n'ai pas à me plaindre OR ça peut aller. -**2.** [make formal protest] formuler une plainte OR une réclamation, se plaindre; to ~ to sb se plaindre à OR auprès de qqn.
◇ *vt* se plaindre; she ~ed that he was always late elle s'est plainte qu'il était toujours en retard.

complainant [kəm'pleɪnənt] *n* demandeur *m*, demanderesse *f*.

complaint [kəm'pleɪnt] *n* -**1.** [protest] plainte *f*, récrimination *f*; I'd like to make OR lodge a ~ je voudrais me plaindre || COMM réclamation *f*; JUR plainte *f*; to lodge a ~ against sb porter plainte contre qqn. -**2.** [grievance] sujet *m* OR motif *m* de plainte, grief *m*; I have no ~ OR no cause for ~ je n'ai aucune raison de me plaindre. -**3.** [illness] maladie *f*, affection *f*; she has a liver ~ elle souffre du foie; a heart ~ une maladie du cœur.

complaisance [kəm'pleɪzəns] *n fml* complaisance *f*, obligeance *f*.

complaisant [kəm'pleɪzənt] *adj fml* complaisant, obligeant.

complement [*n* 'kɒmplɪmənt, *vb* 'kɒmplɪ,ment] ◇ *n* -**1.** [gen, MATH & MUS] complément *m*; with a full ~ au grand complet. -**2.** GRAMM [of verb] complément *m*; [of subject] attribut *m*. -**3.** [ship's crew, staff] personnel *m*, effectif *m* (complet).
◇ *vt* compléter, être le complément de.

complementarity [,kɒmplɪmen'tærətɪ] (*pl* **complementarities**) *n* complémentarité *f*.

complementary [,kɒmplɪ'mentərɪ] *adj* [gen & MATH] complémentaire; the two pieces are ~ les deux morceaux se complètent.

complementary colour *n* couleur *f* complémentaire.

complementary medicine *n* médecine *f* douce.

complementizer, -iser ['kɒmplɪməntaɪzə^r] *n* conjonction *f* de subordination.

complete [kəm'pli:t] ◇ *adj* -**1.** [entire] complet, total; a ~ set of golf clubs un jeu complet de clubs; Christmas wouldn't be ~ without the traditional dinner Noël ne serait pas Noël sans le repas traditionnel; he didn't tell you the ~ story il ne vous a pas tout dit; the ~ works of Shakespeare les œuvres complètes de Shakespeare. -**2.** [finished] achevé, terminé. -**3.** [as intensifier] complet, absolu; if the job is not done to your ~ satisfaction si vous n'êtes pas entièrement satisfait du travail effectué; he's a ~ fool c'est un crétin fini OR un parfait imbécile; a ~ (and utter) failure un échec total OR sur toute la ligne; the project was a ~ success le projet a pleinement réussi.
◇ *vt* -**1.** [make whole] compléter; to ~ her happiness pour combler son bonheur; I just need one more card to ~ my collection il me manque une seule carte pour compléter ma collection; to ~ an order COMM exécuter une commande. -**2.** [finish] achever, finir. -**3.** [form] remplir.
◆ **complete with** *prep phr* avec, doté OR pourvu de; ~ with instructions comprenant des instructions; a flat ~ with furniture un appartement meublé.

completely [kəm'pli:tlɪ] *adv* complètement.

completeness [kəm'pli:tnɪs] *n* état *m* complet.

completion [kəm'pli:ʃn] *n* -**1.** [of work] achèvement *m*; JUR [of sale] exécution *f*; the bridge is due for ~ in January le pont doit être fini en janvier; near ~ près d'être achevé; the project is nearing ~ le projet est près de son terme OR s'achève; payment on ~ of contract paiement à l'exécution du contrat. -**2.** [of happiness, misfortune] comble *m*.

complex ['kɒmpleks] ◇ *adj* [gen, GRAMM & MATH] complexe; ~ number nombre *m* complexe.
◇ *n* -**1.** [system] complexe *m*, ensemble *m*; housing ~ grand ensemble; shopping/industrial ~ complexe commercial/industriel. -**2.** PSYCH complexe *m*; she has a ~ about her weight elle fait un complexe de son poids; it gave him a ~ ça lui a donné un complexe, ça l'a complexé.

complexion [kəm'plekʃn] *n* -**1.** [of face] teint *m*. -**2.** [aspect] aspect *m*; that puts a different ~ on things voilà qui change la situation.

-complexioned [kəm'plekʃnd] *in cpds*: dark~ au teint foncé; fair~, light~ au teint clair.

complexity [kəm'pleksətɪ] *n* complexité *f*.

compliance [kəm'plaɪəns] *n* -**1.** [conformity] conformité *f*. -**2.** [agreement] acquiescement *m*; [submission] complaisance *f*. -**3.** TECH [flexibility] élasticité *f*.
◆ **in compliance with** *prep phr* conformément à; in ~ with the law conformément à la loi; she acted in ~ with the terms of the contract elle a agi en accord avec les stipulations du contrat.

compliant [kəm'plaɪənt] *adj* accommodant, docile.

complicate ['kɒmplɪkeɪt] *vt* compliquer, embrouiller; don't ~ the situation any further ne compliquez pas davantage la situation; that ~s matters cela complique les choses; why ~ things? pourquoi se compliquer la vie?; her illness was ~d by an infection MED sa maladie s'est compliquée d'une infection.

complicated ['kɒmplɪkeɪtɪd] *adj* [complex] compliqué, complexe; [muddled] embrouillé; to become OR to get ~ se compliquer.

complication [ˌkɒmplɪˈkeɪʃn] *n* [gen & MED] complication *f*.

complicity [kəmˈplɪsətɪ] *n* complicité *f*; his ~ in the murder sa complicité dans le meurtre.

compliment [ˈkɒmplɪmənt] ◇ *n* [praise] compliment *m*; to pay sb a ~ faire OR adresser un compliment à qqn; she returned the ~ *iron* elle lui a retourné le compliment.
◇ *vt* faire des compliments à, complimenter; she ~ed him on his calm handling of the situation elle l'a félicité du calme avec lequel il a arrangé les choses.
◆ **compliments** *npl fml* [respects] compliments *mpl*, respects *mpl*; we conveyed OR presented our ~s to her nous lui avons présenté nos compliments OR hommages *fig*; give him my ~s faites-lui mes compliments; ~s of the season! tous nos bons vœux!; with the ~s of Mr Smith avec les hommages OR compliments de M. Smith; my ~s to the chef mes compliments au chef; to send sthg with one's ~s COMM envoyer qqch à titre gratuit OR gracieux (avec ses compliments).

complimentary [ˌkɒmplɪˈmentərɪ] *adj* -1. [approving] flatteur; ~ remarks compliments *mpl*, félicitations *fpl*. -2. [given free] gratuit, gracieux; ~ copy exemplaire *m* offert à titre gracieux; ~ ticket billet *m* de faveur.

compline, Compline [ˈkɒmplɪn] *n* (U) complies *fpl*.

comply [kəmˈplaɪ] (*pt* & *pp* **complied**) *vi* -1. [obey]: to ~ with the law se soumettre à la loi; to ~ with the rules observer OR respecter les règlements; I will ~ with your wishes je me conformerai à vos désirs; he complied gracefully il s'exécuta avec grâce; she complied with our request elle a accédé à notre demande; your request has been complied with votre demande a reçu satisfaction. -2. [machinery] être conforme; cars must ~ with existing regulations les voitures doivent être conformes aux normes en vigueur.

component [kəmˈpəʊnənt] ◇ *n* [gen] élément *m*; ELEC composant *m*; AUT & TECH pièce *f*.
◇ *adj* composant, constituant; ~ parts parties *fpl* constituantes.

componential [ˌkɒmpəˈnenʃl] *adj* componentiel; ~ analysis LING analyse *f* componentielle.

comport [kəmˈpɔːt] *vt fml*: to ~ o.s. se comporter, se conduire.

comportment [kəmˈpɔːtmənt] *n fml* comportement *m*, conduite *f*.

compose [kəmˈpəʊz] ◇ *vt* -1. to be ~d of sthg se composer OR être composé de qqch. -2. [create, write] composer; to ~ a poem/a symphony composer un poème/une symphonie; the way the artist ~s a painting la façon dont l'artiste compose un tableau; I ~d a reply to his letter j'ai formulé une réponse à sa lettre. -3. TYPO [set] composer. -4. [make calm] composer; ~ yourself! calmez-vous!; she ~d her features elle a composé son visage; I need to ~ my thoughts j'ai besoin de mettre de l'ordre dans mes idées. -5. [settle - quarrel] arranger, régler.
◇ *vi* composer.

composed [kəmˈpəʊzd] *adj* calme, posé.

composer [kəmˈpəʊzəʳ] *n* TYPO & MUS compositeur *m*, -trice *f*.

composite [ˈkɒmpəzɪt] ◇ *adj* [gen, ARCHIT & PHOT] composite; BOT & MATH composé.
◇ *n* [compound] composite *m*; ARCHIT (ordre *m*) composite *m*; BOT composée *f*, composacée *f*.

composite school *n Can* école *f* polyvalente.

composition [ˌkɒmpəˈzɪʃn] *n* -1. [gen, ART, LITERAT & MUS] composition *f*, création *f*; she struggled with the ~ of the letter elle a eu du mal à rédiger la lettre; poetry of his own ~ poésie de sa composition. -2. [thing created] composition *f*, œuvre *f*; SCH [essay] dissertation *f*; one of Mozart's finest ~s une des plus belles œuvres de Mozart. -3. [constitution - parts] composition *f*, constitution *f*; [- mixture] mélange *m*, composition *f*; CONSTR stuc *m*; the chemical ~ of water la composition chimique de l'eau. -4. LING [of sentence] construction *f*; [of word] composition *f*. -5. TYPO composition *f*. -6. JUR [agreement] arrangement *m* (*avec un créancier*), accommodement *m*.

compositor [kəmˈpɒzɪtəʳ] *n* compositeur *m*, -trice *f* TYPO.

compos mentis [ˌkɒmpəsˈmentɪs] *adj* sain d'esprit.

compost [*Br* ˈkɒmpɒst, *Am* ˈkɒmpəʊst] ◇ *n* compost *m*; ~ heap tas *m* de compost.
◇ *vt* composter (*une terre*).

composure [kəmˈpəʊʒəʳ] *n* calme *m*, sang-froid *m*; to lose one's ~ perdre son calme; she regained her ~ elle s'est calmée OR a retrouvé son calme.

compote [ˈkɒmpɒt] *n* [dessert] compote *f*; *Am* [dish] compotier *m*.

compound [*adj* & *n* ˈkɒmpaʊnd, *vb* kəmˈpaʊnd] ◇ *adj* -1. [gen] composé; CHEM composé, combiné; MATH complexe; TECH [engine] compound (*inv*); ~ eye BIOL œil *m* composé OR à facettes. -2. GRAMM [sentence] complexe; [tense, word] composé. -3. MUS composé; ~ time mesure *f* composée.
◇ *n* -1. [enclosed area] enceinte *f*, enclos *m*; [for prisoners of war] camp *m*. -2. [mixture] composé *m*, mélange *m*; CHEM composé *m*; TECH compound *m*. -3. GRAMM mot *m* composé.
◇ *vt* -1. [combine] combiner, mélanger; [form by combining] composer. -2. [make worse - difficulties, mistake] aggraver. -3. JUR [settle] régler à l'amiable; to ~ an offence composer OR pactiser avec un criminel.
◇ *vi* JUR composer, transiger; to ~ with sb for sthg transiger avec qqn au sujet de OR pour qqch; the neighbours ~ed for the damages les voisins se sont arrangés au sujet des dommages.

compound fracture *n* fracture *f* compliquée.

compound interest *n* (U) intérêts *mpl* composés.

comprehend [ˌkɒmprɪˈhend] ◇ *vt* -1. [understand] comprendre, saisir. -2. [include] comprendre, inclure.
◇ *vi* [understand] comprendre, saisir.

comprehensible [ˌkɒmprɪˈhensəbl] *adj* compréhensible, intelligible.

comprehension [ˌkɒmprɪˈhenʃn] *n* -1. [understanding] compréhension *f*; things that are beyond our ~ des choses qui nous dépassent. -2. SCH [exercise] exercice *m* de compréhension. -3. [inclusion] inclusion *f*.

comprehensive [ˌkɒmprɪˈhensɪv] ◇ *adj* -1. [thorough] complet, exhaustif, [detailed] détaillé, complet; ~ knowledge connaissances vastes OR étendues; ~ measures mesures d'ensemble; (a) ~ insurance (policy) *Br*, ~ assurance *Am* une assurance tous risques. -2. *Br* SCH polyvalent; the schools went ~ les écoles ont abandonné les critères sélectifs d'entrée; ~ school établissement *m* secondaire polyvalent.
◇ *n Br* [school] établissement *m* secondaire polyvalent.

comprehensively [ˌkɒmprɪˈhensɪvlɪ] *adv* [thoroughly] complètement, exhaustivement; [in detail] en détail.

compress [*vb* kəmˈpres, *n* ˈkɒmpres] ◇ *vt* [squeeze together] comprimer; *fig* [condense - ideas, facts, writing] condenser, concentrer; three centuries are ~ed into two chapters trois siècles sont concentrés en deux chapitres.
◇ *vi* [material] se comprimer; *fig* [be condensed] se condenser, se concentrer.
◇ *n* compresse *f*.

compressed air *n* air *m* comprimé.

compression [kəmˈpreʃn] *n* compression *f*; *fig* [condensing] réduction *f*; the ~ stroke of a piston TECH le temps OR la course de compression d'un piston.

compression chamber *n* chambre *f* de compression.

compression ratio *n* taux *m* de compression.

compressive [kəmˈpresɪv] *adj* qui peut être comprimé, compressible; ~ stress MECH contrainte *f* de compression.

compressor [kəmˈpresəʳ] *n* ANAT & TECH compresseur *m*; ~ unit groupe *m* compresseur.

comprise [kəmˈpraɪz] *vt* -1. [consist of] comprendre, consister en; the group ~s OR is ~d of four women and two men il y a quatre femmes et deux hommes dans le groupe, le groupe est formé de quatre femmes et deux hommes. -2. [constitute] constituer; women ~ 60% of the population les femmes représentent 60 % de la population.

compromise [ˈkɒmprəmaɪz] ◇ *n* compromis *m*; to agree to a ~ accepter un compromis; they eventually reached OR arrived at a ~ ils ont finalement abouti OR ils sont finalement parvenus à un compromis.
◇ *vi* transiger, aboutir à OR accepter un compromis; to ~ with sb (on sthg) transiger avec qqn OR aboutir à un compromis avec qqn (sur qqch).
◇ *vt* -1. [principles, reputation] compromettre; don't say anything to ~ yourself ne dites rien qui puisse vous compromettre; the minister was ~d by the allegations of improper conduct les allégations selon lesquelles il se serait conduit de façon indécente ont compromis le ministre. -2. [jeopardize] mettre en péril, risquer; the party's chances of electoral success were severely ~d by the character of their leader la personnalité du leader a sérieusement compromis les chances de victoire du parti aux élections.
◇ *comp* [decision, solution] de compromis.

compromising [ˈkɒmprəmaɪzɪŋ] *adj* compromettant.

comptroller [kənˈtrəʊləʳ] *n* ADMIN administrateur *m*, -trice *f*, intendant *m*, -e *f*; FIN contrôleur *m*, -euse *f*; Comptroller General *Am* ≃ Président *m* de la Cour des Comptes.

compulsion [kəmˈpʌlʃn] *n* -1. [force] contrainte *f*, coercition *f*; to act under ~ agir sous la contrainte; he is under no ~ to sell il n'est nullement obligé de vendre, rien ne l'oblige à vendre. -2. PSYCH [impulse] compulsion *f*; I felt a sudden ~ to visit my grandmother j'ai soudain ressenti un besoin urgent de rendre visite à ma grand-mère.

compulsive [kəmˈpʌlsɪv] *adj* -1. PSYCH [behaviour] compulsif; he's a ~ liar il ne peut pas s'empêcher de mentir, mentir est un besoin chez lui. -2. [reason] coercitif; *fig* [absorbing] irrésistible; this TV series is ~ viewing quand on commence à regarder ce feuilleton de télé, on ne peut plus s'en passer.

compulsively [kəmˈpʌlsɪvlɪ] *adv* -1. PSYCH [drink, steal, smoke] d'une façon compulsive. -2. *fig* irrésistiblement.

compulsorily [kəmˈpʌlsərəlɪ] *adv* d'office, obligatoirement.

compulsory [kəmˈpʌlsərɪ] *adj* -1. [obligatory] obligatoire; ~ education enseignement *m* obligatoire; ~ liquidation FIN liquidation *f* forcée; ~ retirement mise *f* à la retraite d'office. -2. [compelling] irrésistible; [law] obligatoire.

compulsory purchase *n Br* expropriation *f* pour cause d'utilité publique; ~ order ordre *m* d'expropriation.

compunction [kəmˈpʌŋkʃn] *n* [remorse] remords *m*; [misgiving] scrupule *m*; RELIG componction *f*; he has no ~ about stealing il n'a aucun scrupule OR il n'hésite pas à voler; without the slightest ~ sans le moindre scrupule.

computation [ˌkɒmpjuːˈteɪʃn] *n* -1. [calculation] calcul *m*. -2. [reckoning] estimation *f*.

computational [ˌkɒmpjuːˈteɪʃənl] *adj* quantitatif, statistique; ~ linguistics linguistique *f* computationnelle.

compute [kəmˈpjuːt] ◇ *vt* calculer.
◇ *vi* calculer; it doesn't ~ *inf* ça n'a pas de sens.

computer [kəm'pjuːtəʳ] ◇ *n* [electronic] ordinateur *m*; **he's good at/he works in ~s** il est bon en/il travaille dans l'informatique.
◇ *comp*: **~ crime** *utilisation de l'informatique à des fins criminelles*; **~ model** modèle *m* informatique; **~ network** réseau *m* informatique; **~ printout** sortie *f* papier; **~ stationery** papier *m* listing.

computer-aided, computer-assisted [-ə'sɪstɪd] *adj* assisté par ordinateur.

computer dating *n* *rencontres sélectionnées par ordinateur.*

computer game *n* jeu *m* électronique.

computer graphics ◇ *npl* [function] graphiques *mpl* (de l'ordinateur).
◇ *n* [field] infographie *f*.

computerization [kəm,pjuːtəraɪ'zeɪʃn] *n* -**1.** [of system, of work] automatisation *f*, informatisation *f*. -**2.** [of information - inputting] saisie *f* sur ordinateur; [- processing] traitement *m* (électronique).

computerize, -ise [kəm'pjuːtəraɪz] *vt* [data - put on computer] saisir sur ordinateur; [- process by computer] traiter par ordinateur; [firm] gérer par ordinateur, informatiser.

computerized [kəm'pjuːtəraɪzd] *adj*: **~ typesetting** composition *f* par ordinateur.

computer language *n* langage *m* de programmation.

computer literacy *n* compétence *f* informatique.

computer literate *adj* ayant une formation en informatique.

computernik *inf* [kəm'pjuːtənɪk] *n Am* fada *mf* d'informatique.

computer program *n* programme *m* informatique.

computer programmer *n* programmeur *m*, -euse *f*.

computer programming *n* programmation *f*.

computer science *n* informatique *f*.

computer scientist *n* informaticien *m*, -enne *f*.

computing [kəm'pjuːtɪŋ] *n* -**1.** [use of computers] informatique *f*. -**2.** [calculation] calcul *m*; [reckoning] estimation *f*.

comrade ['kɒmreɪd] *n* [gen & POL] camarade *mf*.

comrade-in-arms *n* compagnon *m* d'armes.

comradeship ['kɒmreɪdʃɪp] *n* camaraderie *f*.

con [kɒn] (*pt* & *pp* **conned**, *cont* **conning**)
◇ *vt* -**1.** *inf* [swindle] arnaquer; [trick] duper; **don't try to ~ me!** n'essayez pas de me faire marcher!; **I've been conned!** je me suis fait avoir!, on m'a eu!; **he conned us into buying it** il nous a persuadés de l'acheter et nous nous sommes fait avoir. -**2.** *arch* [study] étudier en détail; [learn by heart] apprendre par cœur. -**3.** NAUT [steer] gouverner, piloter.
◇ *n* -**1.** *inf* [swindle] arnaque; [trick] duperie *f*. -**2.** *inf* [convict] taulard *m*. -**3.** [disadvantage] contre *m*.

Con. *written abbr of* **constable.**

con artist *inf n* arnaqueur *m*.

concatenate [kɒn'kætɪneɪt] *vt* enchaîner, lier.

concatenation [kɒn,kætɪ'neɪʃn] *n* [series] série *f*, chaîne *f*; [of circumstances] enchaînement *m*; COMPUT & LING concaténation *f*.

concave [,kɒn'keɪv] *adj* concave.

concavity [kɒn'kævətɪ] *n* concavité *f*.

conceal [kən'siːl] *vt* [hide - object] cacher, dissimuler; [- emotion, truth] cacher, dissimuler; [- news] tenir secret; **he ~ed the truth from her** il lui a caché la vérité; **in order to ~ the fact that...** pour dissimuler le fait que...

concealed [kən'siːld] *adj*: **~ lighting** éclairage indirect; **a ~ driveway/entrance** une allée/une entrée cachée.

concealment [kən'siːlmənt] *n* [act of hiding] dissimulation *f*; JUR [of criminal] recel *m*; [of facts, truth] non-divulgation *f*.

concede [kən'siːd] ◇ *vt* -**1.** [admit] concéder, admettre; **to ~ a point** concéder un point (important); **he ~d (that) he was wrong** il a admis OR reconnu qu'il avait tort; **to ~ defeat** s'avouer vaincu. -**2.** [give up] concéder, accorder; SPORT concéder; **he refused to ~ any ground** il n'a voulu céder sur rien; **they ~d a free kick/a goal** SPORT ils ont concédé un coup franc/un but. -**3.** [grant - privileges] concéder.
◇ *vi* céder.

conceit [kən'siːt] *n* -**1.** [vanity] vanité *f*, suffisance *f*. -**2.** LIT [witty expression] trait *m* d'esprit.

conceited [kən'siːtɪd] *adj* vaniteux, suffisant.

conceitedly [kən'siːtɪdlɪ] *adv* avec vanité OR suffisance.

conceitedness [kən'siːtɪdnɪs] *n* vanité *f*, prétention *f*, suffisance *f*.

conceivable [kən'siːvəbl] *adj* concevable, imaginable; **we used every ~ means** nous avons utilisé tous les moyens (possibles et) imaginables; **it's quite ~ that it was an accident** il est tout à fait concevable que ç'ait été un accident.

conceivably [kən'siːvəblɪ] *adv* de façon concevable; **this might ~ start a war** il est concevable que OR il se peut que cela déclenche une guerre; **it couldn't ~ have been him** il n'est pas possible que ç'ait été lui.

conceive [kən'siːv] ◇ *vt* -**1.** [idea] concevoir; **I can't ~ why they did it** je ne comprends vraiment pas pourquoi ils l'ont fait. -**2.** [child] concevoir; **she ~d a passion for jazz** *fig* elle conçut une passion pour le jazz.
◇ *vi* -**1.** [think] concevoir; **can't you ~ of a better plan?** ne pouvez-vous rien concevoir de mieux? -**2.** [become pregnant] concevoir.

concentrate ['kɒnsəntreɪt] ◇ *vi* -**1.** [pay attention] se concentrer, concentrer OR fixer son attention; **to ~ on sthg** se concentrer sur qqch; **~ on your work!** appliquez-vous à votre travail!; **I can't ~ with all that noise** tout ce bruit m'empêche de me concentrer ‖ [focus]: **the government should ~ on improving the economy** le gouvernement devrait s'attacher à améliorer la situation économique; **just ~ on getting the suitcases ready!** occupe-toi seulement des valises!; **the speaker ~d on the Luddite movement** le conférencier a surtout traité le luddisme. -**2.** [gather] se concentrer, converger; **the crowd ~d in the square** la foule s'est rassemblée sur la place.
◇ *vt* -**1.** [focus] concentrer; **to ~ one's attention on sthg** concentrer son attention sur qqch; **the prospect of dismissal ~s the mind wonderfully** la perspective de se faire renvoyer aide énormément à se concentrer; **our hopes are ~d on her success** tous nos espoirs sont concentrés sur son succès. -**2.** [bring together] concentrer, rassembler; CHEM concentrer; **Conservative support is ~d in the South** le soutien du parti conservateur est concentré dans le Sud.
◇ *n* concentré *m*.

concentrated ['kɒnsəntreɪtɪd] *adj* -**1.** [liquid] concentré; **~ fruit juice** jus de fruit concentré. -**2.** [intense] intense; **a period of ~ activity** une période d'activité intense.

concentration [,kɒnsən'treɪʃn] *n* [gen & CHEM] concentration *f*; **to lose one's ~** perdre sa concentration.

concentration camp *n* camp *m* de concentration.

concentric [kən'sentrɪk] *adj* concentrique.

concept ['kɒnsept] *n* concept *m*.

conception [kən'sepʃn] *n* [gen & MED] conception *f*; **she has no ~ of time** elle n'a aucune notion du temps.

conceptual [kən'septʃuəl] *adj* conceptuel.

conceptualism [kən'septʃuəlɪzm] *n* conceptualisme *m*.

conceptualize, -ise [kən'septʃuəlaɪz] *vt* concevoir, conceptualiser.

concern [kən'sɜːn] ◇ *n* -**1.** [worry] inquiétude *f*, souci *m*; **there's no cause for ~** il n'y a pas de raison de s'inquiéter; **she showed great ~ for their welfare** elle s'est montrée très soucieuse de leur bien-être; **a look of ~** un regard inquiet; **this is a matter of great ~** c'est un sujet très inquiétant ‖ [source of worry] souci *m*, préoccupation *f*; **my main ~ is the price** ce qui m'inquiète surtout, c'est le prix. -**2.** [affair, business] affaire *f*; **what ~ is it of yours?** en quoi est-ce que cela vous regarde?; **it's none of my ~** cela ne me regarde pas, ce n'est pas mon affaire. -**3.** COMM [firm]: **a (business) ~** une affaire, une firme. -**4.** [share] intérêt *m*; **we have a ~ in the restaurant** nous avons des intérêts dans le restaurant. -**5.** *inf* [contrivance] truc *m*, machin *m*.
◇ *vt* -**1.** [worry] inquiéter; **your health ~s me** je m'inquiète OR je suis inquiet pour votre santé; **they're ~ed about her** ils s'inquiètent OR se font du souci à son égard; **we were ~ed to learn that...** nous avons appris avec inquiétude que...; **I'm only ~ed with the facts** je ne m'intéresse qu'aux faits. -**2.** [involve] concerner; **where the budget is ~ed** en ce qui concerne le budget; **as far as this matter is ~ed** en ce qui concerne cette question; **to ~ o.s. in** OR **with sthg** s'occuper de OR s'intéresser à qqch; **there is no need for you to ~ yourself with my affairs** vous n'avez pas à vous occuper de mes affaires; **this doesn't ~ you** cela ne vous regarde pas; **as far as I'm ~ed** en ce qui me concerne, quant à moi; **where you are ~ed** en ce qui vous concerne; **to whom it may ~** à qui de droit. -**3.** [be important to] intéresser, importer; **the outcome ~s us all** les résultats nous importent à tous. -**4.** [subj: book, report] traiter.

concerned [kən'sɜːnd] *adj* -**1.** [worried] inquiet, soucieux; **we were ~ for** OR **about his health** nous étions inquiets pour sa santé. -**2.** [involved] intéressé; **pass this request on to the department ~** transmettez cette demande au service compétent; **notify the person ~** avisez qui de droit; **the people ~** [in question] les personnes en question OR dont il s'agit; [involved] les intéressés.

concerning [kən'sɜːnɪŋ] *prep* en ce qui concerne, à propos de; **I wrote to her ~ the lease** je lui ai écrit au sujet du bail; **any news ~ the accident?** y a-t-il du nouveau au sujet de OR concernant l'accident?

concert [*n* & *comp* 'kɒnsət, *vb* kən'sɜːt]
◇ *n* -**1.** MUS [performance] concert *m*; **Miles Davis in ~** Miles Davis en concert; **to sing in ~** chanter à l'unisson OR en chœur. -**2.** *Br fig* [agreement] accord *m*, entente *f*.
◇ *vt* concerter, arranger.
◇ *comp* [hall, performer, pianist] de concert.
◆ **in concert with** *prep phr Br fml* de concert avec; **we acted in ~ with the police** nous avons agi de concert avec la police.

concerted [kən'sɜːtɪd] *adj* concerté; **a ~ effort** un effort concerté; **~ action** action d'ensemble OR concertée.

concertgoer ['kɒnsət,gəʊəʳ] *n* amateur *m* de concerts.

concert grand *n* piano *m* de concert.

concertina [,kɒnsə'tiːnə] ◇ *n* concertina *m*.
◇ *vi*: **the front of the car ~ed** le devant de la voiture a été télescopé.

concertmaster ['kɒnsət,mɑːstəʳ] *n Am* premier violon *m*.

concerto [kən'tʃeətəʊ] (*pl* **concertos** OR **concerti** [-tiː]) *n* concerto *m*.

concert pitch *n* MUS diapason *m* (de concert); **to be at ~** *fig* être en pleine forme.

concession [kən'seʃn] *n* -**1.** [gen & JUR] concession *f*; COMM [reduction] réduction *f*; **to make a ~ (to sb)** faire une concession (à qqn); **as a ~ to sb/sthg** comme concession à qqn/qqch. -**2.** MIN & PETR concession *f*; **an oil ~** une concession pétrolière.

concessionaire [kən,seʃə'neəʳ] *n* concessionnaire *mf*.

concessionary [kən'seʃnərɪ] (*pl* **concessionaries**) ◇ *adj* [gen, FIN & JUR] concessionnaire; COMM [fare, ticket] à prix réduit.
◇ *n* concessionnaire *mf*.

concessive clause [kən'sesɪv-] *n* (proposition *f*) concessive *f*.

conch [kɒntʃ] (*pl* conches OR conchs) *n* -**1.** ZOOL [mollusc, shell] conque *f*. -**2.** ARCHIT (voûte *f* d') abside *f*.

conchie ['kɒnʃɪ] = **conchy**.

conchology [kɒŋ'kɒlədʒɪ] *n* conchyliologie *f*.

conchy *inf* ['kɒnʃɪ] (*pl* conchies) *n Br pej & dated* objecteur *m* de conscience.

conciliate [kən'sɪlɪeɪt] *vt* -**1.** [appease] apaiser; [win over] se concilier (l'appui de); **she managed to ~ my mother** elle a réussi à se concilier les bonnes grâces de ma mère. -**2.** [reconcile] concilier.

conciliation [kən,sɪlɪ'eɪʃn] *n* -**1.** [appeasement] apaisement *m*. -**2.** [reconciliation] conciliation *f*; INDUST médiation *f*; **a ~ service** un service de conciliation; **~ board** conseil *m* d'arbitrage.

conciliator [kən'sɪlɪeɪtə^r] *n* conciliateur *m*, -trice *f*; INDUST médiateur *m*.

conciliatory [kən'sɪlɪətrɪ] *adj* [manner, words] conciliant; [person] conciliateur, conciliant; JUR & POL [procedure] conciliatoire; **in a ~ spirit** dans un esprit de conciliation.

concise [kən'saɪs] *adj* [succinct] concis; [abridged] abrégé.

concisely [kən'saɪslɪ] *adv* avec concision.

conciseness [kən'saɪsnɪs], **concision** [kən'sɪʒn] *n* concision *f*.

conclave ['kɒŋkleɪv] *n* [private meeting] assemblée *f* OR réunion *f* à huis clos; RELIG conclave *m*; **in ~** en réunion privée.

conclude [kən'kluːd] ◇ *vt* -**1.** [finish] conclure, terminer; [meeting] clore, clôturer; **'to be ~d'** [serial in magazine] 'suite et fin au prochain numéro'; [serial on TV] 'suite et fin au prochain épisode'. -**2.** [settle - deal, treaty] conclure. -**3.** [deduce] conclure, déduire; **may I ~ from your statement that...** dois-je inférer de votre remarque que... -**4.** [decide] décider; **she ~d she would wait** elle a décidé d'attendre.
◇ *vi* -**1.** [person] conclure; **to ~, I would just like to say...** en conclusion OR pour conclure, je voudrais simplement dire... -**2.** [event] se terminer, s'achever; **the meeting ~d with the chairman's summary** la réunion s'est achevée avec la récapitulation du président.

concluding [kən'kluːdɪŋ] *adj* de conclusion, final; **he made a few ~ remarks** il a fait quelques remarques finales.

conclusion [kən'kluːʒn] *n* -**1.** [end] conclusion *f*, fin *f*; **to bring sthg to a ~** mener qqch à sa conclusion OR à terme; **she brought the matter to a successful ~** elle a mené l'affaire à (bon) terme. -**2.** [decision, judgment] conclusion *f*, décision *f*; **we've come to the ~ that...** nous avons conclu que...; **the ~ to be drawn from this matter** la conclusion à tirer de cette affaire; **it's up to you to draw your own ~s** c'est à vous d'en juger; **the facts lead me to the ~ that...** les faits m'amènent à conclure que.. -**3.** [settling - of deal, treaty] conclusion *f*. -**4.** PHILOS conclusion *f*.
◆ **in conclusion** *adv phr* en conslusion, pour conclure.

conclusive [kən'kluːsɪv] *adj* [decisive - proof, argument] concluant, décisif; [final] final.

conclusively [kən'kluːsɪvlɪ] *adv* de façon concluante OR décisive, définitivement.

concoct [kən'kɒkt] *vt* -**1.** [prepare] composer, confectionner; **to ~ a dish** mitonner OR mijoter un plat; **to ~ a meal** composer OR concocter un repas. -**2.** *fig* [invent - excuse, scheme] fabriquer, combiner, concocter.

concoction [kən'kɒkʃn] *n* -**1.** [act] confection *f*, préparation *f*. -**2.** [mixture] mélange *m*, mixture *f pej*. -**3.** *fig* [scheme] combinaison *f*.

concomitant [kən'kɒmɪtənt] *fml* ◇ *adj* concomitant; **adolescence with all its ~ anxieties** l'adolescence et les angoisses qui l'accompagnent.
◇ *n* accessoire *m*; **ill health is a common ~ of poverty** la mauvaise santé va souvent de pair avec la misère.

concomitantly [kən'kɒmɪtəntlɪ] *adv* de façon concomitante, simultanément.

concord ['kɒŋkɔːd] *n* -**1.** *fml* [harmony] concorde *f*, harmonie *f*; **to live in ~** vivre en bon accord OR en harmonie; **in complete ~** en parfaite harmonie. -**2.** [treaty] accord *m*, entente *f*. -**3.** GRAMM accord *m*; **to be in ~ with sthg** s'accorder avec qqch. -**4.** MUS accord *m*.

concordance [kən'kɔːdəns] *n* -**1.** [agreement] accord *m*; **the policy is in ~ with our declared aims** cette politique s'accorde OR est en accord avec les objectifs que nous nous sommes fixés. -**2.** [index] index *m*; [of Bible, of author's works] concordance *f*.

concordant [kən'kɔːdənt] *adj* concordant, s'accordant; **~ with** s'accordant avec.

concordat [kɒn'kɔːdæt] *n* concordat *m*.

concourse ['kɒŋkɔːs] *n* -**1.** [of people, things] multitude *f*, rassemblement *m*; [crowd] foule *f*. -**2.** [of circumstances, events] concours *m*. -**3.** [meeting place] lieu *m* de rassemblement; [in building] hall *m*; *Am* [street] boulevard *m*; [crossroads] carrefour *m*.

concrete ['kɒŋkriːt] ◇ *n* -**1.** CONSTR béton *m*. -**2.** PHILOS: **the ~** le concret.
◇ *adj* -**1.** [specific] concret, réel; **a ~ example** un exemple concret; **we need ~ proof** il nous faut des preuves concrètes OR matérielles; **he made us a ~ offer** il nous a fait une offre précise OR concrète. -**2.** GRAMM, MATH & MUS concret. -**3.** CONSTR en OR de béton; **the ~ jungle** la forêt de béton.
◇ *vt* bétonner.

concrete mixer *n* bétonnière *f*.

concrete music *n* musique *f* concrète.

concrete noun *n* nom *m* concret.

concrete poetry *n* calligramme *m*, calligrammes *mpl*.

concretion [kən'kriːʃn] *n* concrétion *f*.

concubine ['kɒŋkjʊbaɪn] *n* concubine *f*.

concupiscence [kən'kjuːpɪsəns] *n* concupiscence *f*.

concur [kən'kɜː^r] (*pt & pp* **concurred**, *cont* **concurring**) *vi* -**1.** [agree] être d'accord, s'entendre; **I ~ with you in your decision** je suis d'accord avec vous sur OR au sujet de cette décision; **she ~s with the proposals** elle est d'accord avec le projet; **the experts' opinions ~** les avis des experts convergent. -**2.** [occur together] coïncider, arriver en même temps; **events concurred to make it a miserable Christmas** tout a concouru à gâcher les fêtes de Noël.

concurrence [kən'kʌrəns] *n* -**1.** [agreement] accord *m*, concordance *f* de vues. -**2.** [simultaneous occurrence] coïncidence *f*, concomitance *f*, simultanéité *f*.

concurrent [kən'kʌrənt] *adj* -**1.** [simultaneous] concomitant, simultané. -**2.** [acting together] concerté. -**3.** [agreeing] concordant, d'accord. -**4.** MATH & TECH [intersecting] concourant.

concurrently [kən'kʌrəntlɪ] *adv* simultanément; **the two sentences to run ~** JUR avec confusion des deux peines.

concuss [kən'kʌs] *vt* -**1.** [injure brain] commotionner; **she was ~ed when she fell** elle était commotionnée après sa chute. -**2.** [shake] ébranler, secouer violemment.

concussion [kən'kʌʃn] *n* -**1.** *(U)* [brain injury] commotion *f* cérébrale. -**2.** [shaking] ébranlement *m*, secousse *f* violente.

condemn [kən'dem] *vt* -**1.** [gen & JUR] condamner; **~ed to death** condamné à mort; **people who are ~ed to live in poverty** *fig* les gens qui sont condamnés à vivre dans la misère. -**2.** [disapprove of] condamner, censurer. -**3.** [declare unfit] condamner, déclarer inutilisable; [building] déclarer inhabitable, condamner. -**4.** *Am* JUR [property] exproprier pour cause d'utilité publique.

condemnation [,kɒndem'neɪʃn] *n* -**1.** [gen & JUR] condamnation *f*. -**2.** [criticism] condamnation *f*, censure *f*. -**3.** [of building] condamnation *f*. -**4.** *Am* JUR [of property] expropriation *f* pour cause d'utilité publique.

condemnatory [kən'demnətrɪ] *adj* condamnatoire.

condemned [kən'demd] *adj* condamné; **the ~ man** le condamné; **~ cell** cellule *f* des condamnés.

condensation [,kɒnden'seɪʃn] *n* [gen & CHEM] condensation *f*; [on glass] buée *f*, condensation *f*.

condense [kən'dens] ◇ *vt* -**1.** [make denser] condenser, concentrer; CHEM [gas] condenser; PHYS [beam] concentrer. -**2.** [report, book] condenser, résumer.
◇ *vi* [become liquid] se condenser; [become concentrated] se concentrer.

condensed [kən'denst] *adj* condensé, concentré; **a ~ book** un livre condensé; **in ~ print** TYPO en petits caractères.

condensed milk *n* lait *m* concentré.

condenser [kən'densə^r] *n* ELEC & TECH condensateur *m*; CHEM [of gas] condenseur *m*; PHYS [of light] condensateur.

condescend [,kɒndɪ'send] *vi* -**1.** [behave patronizingly] condescendre, daigner; **to ~ to sb** se montrer condescendant envers qqn OR à l'égard de qqn. -**2.** [lower o.s.] s'abaisser; **she ~ed to speak to me** elle a condescendu à OR a daigné me parler; **he does ~ to set the table occasionally** il condescend à mettre le couvert de temps en temps.

condescending [,kɒndɪ'sendɪŋ] *adj* condescendant.

condescendingly [,kɒndɪ'sendɪŋlɪ] *adv* avec condescendance; [speak] d'un ton condescendant; **he treated me very ~** il m'a traité de haut, il m'a pris de très haut.

condescension [,kɒndɪ'senʃn] *n* condescendance *f*.

condign [kən'daɪn] *adj fml* [appropriate] adéquat, idoine; [deserved] mérité.

condiment ['kɒndɪmənt] *n* condiment *m*.

condition [kən'dɪʃn] ◇ *n* -**1.** [state] état *m*, condition *f*; **the human ~** la condition humaine; **the financial ~ of a company** l'état financier d'une entreprise; **a person's mental/physical ~** l'état mental/physique d'une personne; **you're in no ~ to drive** vous n'êtes pas en état de conduire; **books in good/poor ~** livres en bon/mauvais état; **I'm out of ~** je ne suis pas en forme; **you should get yourself into ~** vous devriez faire des exercices pour retrouver la forme; **in working ~** en état de marche. -**2.** [stipulation] condition *f*; **to make a ~ that** stipuler que; **~s of sale** COMM conditions de vente; **~s of a contract** JUR conditions OR stipulations *fpl* d'un contrat. -**3.** [illness] maladie *f*, affection *f*; **he has a heart ~** il a une maladie du cœur. -**4.** [social status] situation *f*, position *f*.
◇ *vt* -**1.** [train] conditionner; PSYCH provoquer un réflexe conditionné chez, conditionner; **her upbringing ~ed her to believe in God** son éducation l'a automatiquement portée à croire en Dieu. -**2.** [make fit - animal, person] mettre en forme; [- thing] mettre en bon état; **to ~ one's hair/skin** traiter ses cheveux/sa peau. -**3.** [determine] conditionner, déterminer; **the market is ~ed by the economic situation** le marché dépend de la conjoncture économique.
◆ **conditions** *npl* [circumstances] conditions *fpl*, circonstances *fpl*; **living/working ~s** conditions de vie/de travail; **under these ~s** dans ces conditions; **the weather ~s** les conditions météorologiques.
◆ **on condition that** *conj phr*: **I'll tell you on ~ that you keep it secret** je vais vous le dire à condition que vous gardiez le secret; **he'll do it on ~ that he's well paid** il le fera à condition d'être bien payé.

conditional [kən'dɪʃənl] ◇ *adj* -**1.** [dependent on other factors] conditionnel; **negotiations are ~ upon withdrawal of enemy forces** les négociations dépendent du retrait des troupes ennemies; **a ~ promise** une promesse conditionnelle OR sous condition. -**2.** GRAMM conditionnel.
◇ *n* conditionnel *m*; **in the ~** au conditionnel.

conditionally [kən'dɪʃnəlɪ] *adv* conditionnellement.

conditioned [kən'dɪʃnd] *adj* conditionné; ~ **response** réaction *f* conditionnée, réflexe *m* conditionné; ~ **stimulus** stimulus *m* conditionnel.

conditioner [kən'dɪʃnəʳ] *n* [for hair] baume *m* démêlant; [for skin] crème *f* traitante OR équilibrante; [for fabric] assouplisseur *m*.

conditioning [kən'dɪʃnɪŋ] ◇ *n* conditionnement *m*.
◇ *adj* traitant.

condo *inf* ['kɒndəʊ] *Am abbr of* condominium **3**.

condole [kən'dəʊl] *vi lit* exprimer ses condoléances OR sa sympathie.

condolence [kən'dəʊləns] *n* condoléance *f*; a **letter of** ~ une lettre de condoléances; **to offer one's** ~**s to sb** présenter ses condoléances à qqn.

condom ['kɒndəm] *n* préservatif *m (masculin)*.

condominium [,kɒndə'mɪnɪəm] *n* **-1.** [government] condominium *m*. **-2.** [country] condominium *m*. **-3.** *Am* [ownership] copropriété *f*; [building] immeuble *m* (en copropriété); [flat] appartement *m* en copropriété.

condone [kən'dəʊn] *vt* [overlook] fermer les yeux sur; [forgive] pardonner, excuser; **we cannot** ~ **such immoral behaviour** nous ne pouvons excuser un comportement aussi immoral; **to** ~ **adultery** JUR ≃ pardonner un adultère.

condor ['kɒndɔːʳ] *n* condor *m*.

conducive [kən'djuːsɪv] *adj* favorable; **this weather is not** ~ **to study** ce temps n'incite pas à étudier.

conduct [*n* 'kɒndʌkt, *vb* kən'dʌkt] ◇ *n* **-1.** [behaviour] conduite *f*, comportement *m*; **bad/good** ~ mauvaise/bonne conduite; **her** ~ **towards me** son comportement envers moi OR à mon égard. **-2.** [handling - of business, negotiations] conduite *f*.
◇ *vt* **-1.** [manage, carry out] diriger; **they criticized the way the campaign was being** ~**ed** ils ont critiqué la façon dont la campagne était menée; **this is not the way to** ~ **negotiations** ce n'est pas ainsi qu'on négocie; **they're** ~**ing an inquiry** ils conduisent OR mènent une enquête; **who is** ~**ing your case?** JUR qui assure votre défense? **-2.** [guide] conduire, mener; **the director** ~**ed us through the factory** le directeur nous a fait visiter l'usine. **-3.** [behave]: **to** ~ **o.s.** se conduire, se comporter. **-4.** MUS [musicians, music] diriger; **Bernstein will be** ~**ing (the orchestra)** l'orchestre sera (placé) sous la direction de Bernstein. **-5.** ELEC & PHYS [transmit] conduire, être conducteur de; **water** ~**s electricity** l'eau est conductrice d'électricité.

conductance [kən'dʌktəns] *n* conductance *f*.

conducted tour [kən'dʌktɪd-] *n Br* [short] visite *f* guidée; [longer] voyage *m* organisé; **a** ~ **of the museum** une visite guidée du musée; **he runs** ~**s of the region** il dirige des voyages organisés OR des excursions accompagnées dans la région.

conducting [kən'dʌktɪŋ] *n* **-1.** [of business, people] conduite *f*. **-2.** MUS [of orchestra] art *m* de diriger.

conduction [kən'dʌkʃn] *n* conduction *f*.

conductive [kən'dʌktɪv] *adj* conducteur.

conductivity [,kɒndʌk'tɪvətɪ] *n* conductivité *f*.

conductor [kən'dʌktəʳ] *n* **-1.** MUS chef *m* d'orchestre. **-2.** [on bus, train] contrôleur *m*; *Am* [railway official] chef *m* de train. **-3.** ELEC & PHYS (corps *m*) conducteur *m*.

conduct report *n* rapport *m (sur la conduite d'un élève)*.

conductress [kən'dʌktrɪs] *n* contrôleuse *f*.

conduct sheet *n* feuille *f* OR certificat *m* de conduite.

conduit ['kɒndɪt] *n* [for fluid] conduit *m*, canalisation *f*; ELEC tube *m*; *fig* [for money] intermédiaire *mf*.

cone [kəʊn] *n* **-1.** [gen, MATH, OPTICS & TECH] cône *m*; **a traffic** ~ un cône de signalisation. **-2.** [for ice cream] cornet *m*. **-3.** BOT [of pine, fir] pomme *f*, cône *m*.
◆ **cone off** *vt sep Br* mettre des cônes de signalisation sur.

coney ['kəʊni] = **cony**.

Coney Island ['kəʊnɪ-] *pr n* Coney Island *(île située au large de New York et où se trouve un grand parc d'attractions)*.

confab *inf* ['kɒnfæb] (*pt* & *pp* **confabbed**, *cont* **confabbing**) *Br* ◇ *n* causette *f*.
◇ *vi* causer, bavarder.

confabulate [kən'fæbjʊleɪt] *vi* **-1.** *hum* [chat] causer, bavarder. **-2.** PSYCH fabuler.

confection [kən'fekʃn] *n* **-1.** [act] confection *f*. **-2.** CULIN [sweet] sucrerie *f*, friandise *f*; [pastry] pâtisserie *f*; [cake] gâteau *m*.

confectioner [kən'fekʃnəʳ] *n* [of sweets] confiseur *m*, -euse *f*; [of pastry] pâtissier *m*, -ère *f*; **a** ~**'s (shop)** [for sweets] une confiserie; [for pastry] une pâtisserie ❑ ~**'s custard** crème *f* pâtissière; ~**'s sugar** *Am* sucre *m* glace.

confectionery [kən'fekʃnərɪ] (*pl* **confectioneries**) *n* [sweets] confiserie *f*; [pastry] pâtisserie *f*.

confederacy [kən'fedərəsɪ] (*pl* **confederacies**) *n* **-1.** [alliance] confédération *f*. **-2.** [conspiracy] conspiration *f*.
◆ **Confederacy** *n* HIST: **the Confederacy** les États *mpl* confédérés *(pendant la guerre de Sécession américaine)*.

confederate [*n* & *adj* kən'fedərət, *vb* kən'fedəreɪt] ◇ *n* **-1.** [member of confederacy] confédéré *m*, -e *f*; HIST = **Confederate**. **-2.** [accomplice] complice *mf*.
◇ *adj* confédéré; HIST = **Confederate**.
◇ *vt* confédérer.
◇ *vi* se confédérer.
◆ **Confederate** HIST ◇ *n* sudiste *mf (pendant la guerre de Sécession américaine)*; **the Confederates** les Confédérés.
◇ *adj*: **the Confederate States** les États *mpl* confédérés *(pendant la guerre de Sécession américaine)*.

confederation [kən,fedə'reɪʃn] *n* confédération *f*.

confer [kən'fɜːʳ] (*pt* & *pp* **conferred**, *cont* **conferring**) ◇ *vi* conférer, s'entretenir; **he conferred with her about the guest list** il s'est entretenu avec elle de la liste des invités.
◇ *vt* conférer, accorder; **the Queen conferred a title on him** la Reine lui a conféré un titre; **to** ~ **an award on sb** remettre une récompense OR un prix à qqn; **degrees were conferred on thirty students** des diplômes ont été remis à trente étudiants.

conferee [,kɒnfɜː'riː] *n* **-1.** [conference member] participant *m*, -e *f*, congressiste *mf*. **-2.** [recipient - of title] anobli *m*, -e *f*; [- of scholarship] récipiendaire *mf*; [- of diploma] diplômé *m*, -e *f*, récipiendaire *mf*.

conference ['kɒnfərəns] *n* **-1.** [meeting] conférence *f*; [consultation] conférence *f*, consultation *f*; **the manager is in** ~ le directeur est en conférence OR en réunion. **-2.** [convention] congrès *m*, colloque *m*; POL congrès *m*, assemblée *f*; **the Labour Party** ~ le congrès du parti travailliste; ~ **centre** [building] centre de congrès; [town] *ville pouvant accueillir des congrès*. **-3.** *Am* SPORT [association] association *f*, ligue *f*.

conference call *n* téléconférence *f*.

Conference pear *n* poire *f* conférence.

conferment [kən'fɜːmənt], **conferral** [kən'fɜːrəl] *n* action *f* de conférer; [of diploma] remise *f* (de diplôme); [of favour, title] octroi *m*; **the** ~ **of a title on sb** l'anoblissement de qqn.

conferree [,kɒnfɜː'riː] = **conferee**.

confess [kən'fes] ◇ *vt* **-1.** [admit - fault, crime] avouer, confesser; **to** ~ **one's guilt** OR **that one is guilty** avouer sa culpabilité, s'avouer coupable; **I must** OR **I have to** ~ **I was wrong** je dois reconnaître OR admettre que j'avais tort. **-2.** RELIG [sins] confesser, se confesser de; [subj: priest] confesser.
◇ *vi* **-1.** [admit] faire des aveux; **the thief** ~**ed** le voleur est passé aux aveux; **she** ~**ed to five murders** elle a avoué OR confessé cinq meurtres; **he** ~**ed to having lied** il a reconnu OR avoué avoir menti; **I** ~ **to a weakness for sweets** j'avoue OR je reconnais que j'ai un faible pour les sucreries. **-2.** RELIG se confesser.

confessant [kən'fesənt] *n* pénitent *m*, -e *f*.

confessed [kən'fest] *adj* de son propre aveu; **he was a** ~ **liar** il reconnaissait lui-même être menteur.

confession [kən'feʃn] *n* **-1.** [of guilt] aveu *m*, confession *f*; **to make a full** ~ faire des aveux complets; **on my own** ~ de mon propre aveu. **-2.** RELIG confession *f*; [sect] confession *f*; **do you go to** ~**?** allez-vous vous confesser?; **she made her** ~ elle s'est confessée; **the priest heard our** ~ le prêtre nous a confessés; **a** ~ **of faith** une confession de foi.

confessional [kən'feʃənl] ◇ *n* confessionnal *m*; **the secrets of the** ~ les secrets du confessionnal.
◇ *adj* confessionnel.

confessor [kən'fesəʳ] *n* confesseur *m*.

confetti [kən'fetɪ] *n (U)* confettis *mpl*.

confidant [,kɒnfɪ'dænt] *n* confident *m*.

confidante [,kɒnfɪ'dænt] *n* confidente *f*.

confide [kən'faɪd] *vt* **-1.** [reveal] avouer en confidence, confier; **to** ~ **a secret to sb** confier un secret à qqn; **she** ~**d her fear to them** elle leur a avoué en confidence sa peur; **I didn't** ~ **my thoughts to anyone** je n'ai révélé mes pensées à personne. **-2.** [entrust] confier; **they** ~**d their daughter to her** ils ont confié leur fille à sa garde OR à ses soins.
◆ **confide in** *vt insep* **-1.** [talk freely to] se confier à; **there's nobody I can** ~ **in** il n'y a personne à qui je puisse me confier. **-2.** [trust] avoir confiance en, se fier à; **you can** ~ **in me!** vous pouvez me faire confiance!, fiez-vous à moi!

confidence ['kɒnfɪdəns] *n* **-1.** [faith] confiance *f*; **we have** ~ **in her ability** nous avons confiance en ses capacités; **I have every** ~ **that you'll succeed** je suis absolument certain que vous réussirez; **you have to put your** ~ **in the system** vous devez faire confiance au système; **the** ~ **placed in me** la confiance qui m'a été témoignée. **-2.** [self-assurance] confiance *f* (en soi), assurance *f*; **he spoke with** ~ il a parlé avec assurance; **she has no** ~ elle n'a aucune confiance en elle. **-3.** [certainty] confiance *f*, certitude *f*; **she has every** ~ **that they'll win** elle est certaine qu'ils vont gagner; **I can say with** ~ je peux dire avec confiance OR assurance. **-4.** [trust] confiance *f*; **I was told in** ~ on me l'a dit confidentiellement OR en confiance; **she told me in the strictest** ~ elle me l'a dit dans la plus stricte confidence; **to take sb into one's** ~ se confier à qqn, faire des confidences à qqn. **-5.** [private message] confidence *f*; **to exchange** ~**s** échanger des confidences; **to repeat a** ~ répéter quelque chose dit en confidence, répéter un secret.

confidence man *n* escroc *m*.

confidence trick *n* escroquerie *f*, abus *m* de confiance.

confidence trickster = **confidence man**.

confident ['kɒnfɪdənt] *adj* **-1.** [self-assured] sûr (de soi), assuré. **-2.** [certain] assuré, confiant; ~ **of success** sûr de réussir; **in a** ~ **tone** d'un ton assuré OR plein d'assurance; **we are** ~ **that the plan will work** nous sommes persuadés que le projet va réussir.

confidential [,kɒnfɪ'denʃl] *adj* [private] confidentiel; [on envelope] confidentiel; **I would like you to treat this conversation as** ~ j'aimerais que vous considériez cette conversation comme étant confidentielle; **his voice became** ~ il prit le ton de la confidence ❑ ~ **secretary** secrétaire *m* particulier, secrétaire *f* particulière.

confidentiality ['kɒnfɪ,denʃɪ'ælətɪ] *n* confidentialité *f*; **'all inquiries treated with complete** ~**'** 'les demandes de renseignements sont traitées en toute discrétion'.

confidentially [ˌkɒnfɪ'denʃəlɪ] *adv* confidentiellement.

confidently ['kɒnfɪdəntlɪ] *adv* -**1.** [with certainty] avec confiance; **I can ~ predict (that)...** je peux prédire avec assurance (que)... -**2.** [assuredly] avec assurance.

confiding [kən'faɪdɪŋ] *adj* confiant, sans méfiance.

confidingly [kən'faɪdɪŋlɪ] *adv* [act] d'un air confiant; [speak] en confidence.

configuration [kənˌfɪgə'reɪʃn] *n* [gen & COMPUT] configuration *f*.

configure [kən'fɪgə] *vt* [gen & COMPUT] configurer.

confine [kən'faɪn] *vt* -**1.** [restrict] limiter, borner; **to ~ o.s. to sthg** se borner OR s'en tenir à qqch; **we ~d ourselves to (discussing) the financial arrangements** nous nous en sommes tenus à discuter des dispositions financières, nous nous en sommes tenus aux dispositions financières; **the report ~s itself to single women** le rapport ne traite que des femmes célibataires; **please ~ your remarks to the subject under consideration** veuillez vous limiter au sujet en question. -**2.** [shut up] confiner, enfermer; [imprison] incarcérer, enfermer; **to ~ sb to sthg** enfermer qqn dans qqch; **her illness ~d her to the house/to bed** sa maladie l'a obligée à rester à la maison/à garder le lit; **to ~ sb to barracks** MIL consigner qqn.

confined [kən'faɪnd] *adj* -**1.** [area, atmosphere] confiné; **in a ~ space** dans un espace restreint OR réduit. -**2.** [shut up] renfermé; [imprisoned] emprisonné, incarcéré; **to be ~ to barracks** MIL être consigné. -**3.** [in childbirth]: **to be ~** accoucher, être en couches.

confinement [kən'faɪnmənt] *n* -**1.** [detention] détention *f*, réclusion *f*; [imprisonment] emprisonnement *m*, incarcération *f*; **~ to bed** alitement *m*; **~ to the house/to one's room** obligation de rester à la maison/de garder la chambre; **~ to barracks** MIL consigne *f* (au quartier); **six months' ~** six mois de prison. -**2.** [in childbirth] couches *fpl*, accouchement *m*.

confines ['kɒnfaɪnz] *npl* confins *mpl*, limites *fpl*; **within the ~ of reason** dans les limites de la raison.

confirm [kən'fɜːm] *vt* -**1.** [verify] confirmer, corroborer; **I can ~ that story** je peux confirmer cette histoire; **we ~ receipt of OR that we have received your letter** nous accusons réception de votre lettre. -**2.** [finalize - arrangement, booking] confirmer; **~ our reservation with the restaurant** confirmez notre réservation auprès du restaurant. -**3.** [strengthen - position] assurer, consolider; [- belief, doubts, resolve] fortifier, confirmer, raffermir; **that ~s her in her opinion** cela la confirme dans son opinion. -**4.** [make valid - treaty] ratifier; [- election] valider; JUR entériner, homologuer. -**5.** RELIG confirmer.

confirmation [ˌkɒnfə'meɪʃn] *n* -**1.** [verification] confirmation *f*; **the report is still awaiting ~** cette nouvelle n'a pas encore été confirmée. -**2.** [finalization - of arrangements] confirmation *f*; **'all bookings subject to ~'** 'toute réservation doit être confirmée'. -**3.** [strengthening - of position] consolidation *f*, raffermissement *m*. -**4.** [validation] validation *f*; JUR entérinement *m*, homologation *f*; [of treaty] ratification *f*. -**5.** RELIG confirmation *f*.

confirmed [kən'fɜːmd] *adj* -**1.** [long-established] invétéré; **he's a ~ bachelor** c'est un célibataire endurci; **he's a ~ smoker** c'est un fumeur invétéré. -**2.** RELIG confirmé.

confiscate ['kɒnfɪskeɪt] *vt* confisquer; **to ~ sthg from sb** confisquer qqch à qqn.

confiscation [ˌkɒnfɪ'skeɪʃn] *n* confiscation *f*.

conflagration [ˌkɒnflə'greɪʃn] *n fml* incendie *m*, sinistre *m fml*.

conflate [kən'fleɪt] *vt fml* colliger.

conflict [*n* 'kɒnflɪkt, *vb* kən'flɪkt] ◇ *n* -**1.** [clash] conflit *m*, lutte *f*; MIL conflit *m*, guerre *f*; **she often comes into ~ with her mother** elle entre souvent en conflit OR se heurte souvent avec sa mère; **a ~ of interests** un conflit d'intérêts; **armed ~** MIL conflit armé. -**2.** [disagreement] dispute *f*; JUR conflit *m*; **the parties are often in ~** les partis sont souvent en désaccord; **our differing beliefs brought us into ~** nos croyances divergentes nous ont opposés; **the unions are in ~ with the management** les syndicats sont en conflit avec la direction; **there is a ~ between the two statements** les deux déclarations ne concordent pas. -**3.** PSYCH [turmoil] conflit *m*.

◇ *vi* -**1.** [ideas, interests] s'opposer, se heurter; **the research findings ~ with this view** les résultats des recherches sont en contradiction avec OR contredisent cette idée; **the policies ~ (with one another)** ces politiques sont incompatibles. -**2.** [fight] être en conflit OR en lutte.

conflicting [kən'flɪktɪŋ] *adj* [opinions] incompatible; [evidence, reports] contradictoire.

confluence ['kɒnfluəns] *n* -**1.** [of rivers] confluent *m*. -**2.** [gathering together] confluence *f*; *fig* [crowd] rassemblement *m*.

confluent ['kɒnfluənt] ◇ *adj* confluent.
◇ *n* confluent *m*.

conform [kən'fɔːm] ◇ *vi* -**1.** [comply - person] se conformer, s'adapter; **to ~ to OR with sthg** se conformer OR s'adapter à qqch; **you are expected to ~** tu es supposé te conformer. -**2.** [action, thing] être en conformité; **all cars must ~ to OR with the regulations** toute voiture doit être conforme aux normes. -**3.** [correspond] correspondre, répondre; **she ~s to OR with my idea of a president** elle correspond OR répond à ma conception d'un président. -**4.** RELIG être conformiste.

◇ *vt* [ideas, actions] conformer, rendre conforme.

conformable [kən'fɔːməbl] *adj fml* -**1.** [alike] conforme. -**2.** [in agreement with] adapté, compatible; **to be ~ to sthg** être adapté à OR compatible avec qqch. -**3.** [obedient] accommodant.

conformation [ˌkɒnfɔː'meɪʃn] *n* -**1.** [configuration] conformation *f*, structure *f*. -**2.** [act of forming] conformation *f*.

conformism [kən'fɔːmɪzm] *n* conformisme *m*.

conformist [kən'fɔːmɪst] ◇ *adj* conformiste.
◇ *n* [gen & RELIG] conformiste *mf*.

conformity [kən'fɔːmətɪ] (*pl* **conformities**) *n* -**1.** [with rules, regulations] conformité *f*. -**2.** [in behaviour, dress etc] conformisme *m*. -**3.** RELIG conformisme *m*.

◆ **in conformity with** *prep phr*: **in ~ with his wishes** en accord avec OR conformément à ses vœux.

confound [kən'faʊnd] *vt* -**1.** [perplex] déconcerter; **to be ~ed** être confondu. -**2.** *fml* [mix up] confondre. -**3.** *inf dated* [curse]: **~ him!** qu'il aille au diable!; **~ it!** quelle barbe! -**4.** *arch* [defeat - enemy] confondre.

confounded [kən'faʊndɪd] *adj inf dated* [wretched] maudit; **it's a ~ nuisance!** c'est la barbe!, quelle barbe!; **that man is a ~ nuisance!** ce type est une vraie plaie!; **this ~ thing has broken again!** ce satané truc est encore cassé!

confront [kən'frʌnt] *vt* -**1.** [face] affronter, faire face à; **the obstacles ~ing us** les obstacles auxquels nous devons faire face; **the headmaster ~ed him in the corridor** le directeur l'affronta dans le couloir; **he had to ~ a crowd of hecklers** il a dû affronter un groupe de perturbateurs; **the two groups of demonstrators ~ed each other** les deux groupes de manifestants se sont affrontés. -**2.** [present] confronter; **she ~ed him with the facts** elle l'a confronté avec les faits.

confrontation [ˌkɒnfrʌn'teɪʃn] *n* -**1.** [conflict] conflit *m*, affrontement *m*; **he hates ~** il a horreur des affrontements ‖ MIL affrontement *m*. -**2.** [act of confronting] confrontation *f*; **the ~ of the defendant with the evidence** la confrontation de l'accusé aux OR avec les preuves.

confrontational [ˌkɒnfrʌn'teɪʃənl] *adj* [situation] d'affrontement; [policy] de confrontation; [person]: **to be ~** aimer les conflits.

Confucian [kən'fjuːʃn] ◇ *adj* confucéen.
◇ *n* confucéen *m*, - enne *f*.

Confucianism [kən'fjuːʃənɪzm] *n* confucianisme *m*.

Confucius [kən'fjuːʃəs] *pr n* Confucius.

confusable [kən'fjuːzəbl] *n terme qui est souvent confondu avec un autre*.

confuse [kən'fjuːz] *vt* -**1.** [muddle - person] embrouiller; [- thoughts] embrouiller, brouiller; [- memory] brouiller; **don't ~ me!** ne m'embrouillez pas (les idées)! -**2.** [perplex] déconcerter, rendre perplexe; [fluster] troubler; [embarrass] embarrasser. -**3.** [mix up] confondre; **you're confusing me with my brother** vous me confondez avec mon frère; **don't ~ the two issues** ne confondez pas les deux problèmes. -**4.** [throw into disorder - plans] semer le désordre dans, bouleverser; [- opponent] confondre; **to ~ the issue further** pour embrouiller OR compliquer encore plus les choses.

confused [kən'fjuːzd] *adj* -**1.** [muddled - person] désorienté; [- sounds] confus, indistinct; [- thoughts] confus, embrouillé; [- memory] confus, vague; **wait a minute, I'm getting ~** attends, là, je ne suis plus; **very old people often get ~** les personnes très âgées ont souvent les idées confuses. -**2.** [flustered] troublé; [embarrassed] confus. -**3.** [disordered] en désordre; [enemy] confus.

confusible [kən'fjuːzəbl] = **confusable**.

confusing [kən'fjuːzɪŋ] *adj* embrouillé, déroutant; **the plot is ~** on se perd dans l'intrigue.

confusingly [kən'fjuːzɪŋlɪ] *adv* de façon embrouillée.

confusion [kən'fjuːʒn] *n* -**1.** [bewilderment] confusion *f*; [embarrassment] déconfiture *f*, trouble *m*, embarras *m*; **he stared at it in ~** il le fixa d'un regard perplexe; **she's in a state of ~** elle a l'esprit troublé; **in my ~ I said yes** dans mon embarras, j'ai dit oui. -**2.** [mixing up] confusion *f*; **to avoid ~** pour éviter toute confusion; **there is some ~ as to who won** il y a incertitude sur le vainqueur. -**3.** [disorder] désordre *m*; [of enemy] désordre *m*, désarroi *m*; **everything was in ~** tout était en désordre OR sens dessus dessous.

confute [kən'fjuːt] *vt fml* [argument] réfuter; [person] réfuter les arguments de.

conga ['kɒŋgə] ◇ *n* conga *f*.
◇ *vi* danser la conga.

congeal [kən'dʒiːl] ◇ *vi* [thicken] prendre; [oil] (se) figer; [blood] (se) coaguler; [milk] (se) cailler.
◇ *vt* [thicken] faire prendre; [oil] (faire) figer; [blood] (faire) coaguler; [milk] (faire) cailler.

congenial [kən'dʒiːnjəl] *adj* [pleasant] sympathique, agréable; **in ~ surroundings** dans un cadre agréable; **to spend an afternoon in ~ company** passer un après-midi en agréable compagnie.

congenital [kən'dʒenɪtl] *adj* MED congénital, de naissance; **he's a ~ liar** *fig* c'est un menteur né.

congenitally [kən'dʒenɪtəlɪ] *adv* de manière congénitale, congénitalement.

conger (eel) ['kɒŋgər-] *n* congre *m*, anguille *f* de mer.

congest [kən'dʒest] ◇ *vt* -**1.** [crowd] encombrer. -**2.** MED [clog] congestionner.
◇ *vi* -**1.** [become crowded] s'encombrer. -**2.** MED [become clogged] se congestionner.

congested [kən'dʒestɪd] *adj* -**1.** [area, town] surpeuplé; [road] encombré, embouteillé; [communication lines] encombré; **the roads are ~ with traffic** il y a des embouteillages OR des encombrements sur les routes. -**2.** MED [clogged] congestionné.

congestion [kən'dʒestʃn] *n* -**1.** [of area] surpeuplement *m*; [of road, traffic] encombrement *m*, embouteillage *m*. -**2.** MED [blockage] congestion *f*.

conglomerate [*n* & *adj* kən'glɒmərət, *vb* kən'glɒməreɪt] ◇ *n* [gen, FIN & GEOL] conglomérat *m*.

◇ *adj* congloméré, aggloméré; GEOL congloméré.
◇ *vt* agglomérer, conglomérer *fml*.
◇ *vi* s'agglomérer.

conglomeration [kən,glɒmə'reɪʃn] *n* -**1.** [mass] groupement *m*, rassemblement *m*; [of buildings] agglomération *f*. -**2.** [act, state] agglomération *f*, conglomération *f fml*.

Congo ['kɒŋgəʊ] *pr n* -**1.** [country]: the ~ le Congo; **in the ~** au Congo; **the Belgian ~** HIST le Congo belge. -**2.** [river]: **the ~** le fleuve Zaïre.

Congolese [,kɒŋgə'li:z] ◇ *n* Congolais *m*, -e *f*.
◇ *adj* congolais.

congrats *inf* [kən'græts] *interj*: ~! chapeau!

congratulate [kən'grætʃʊleɪt] *vt* féliciter, complimenter; **her parents ~d her on passing her exams** ses parents l'ont félicitée d'avoir réussi à ses examens; **she ~d them on their engagement** elle leur a présenté ses félicitations à l'occasion de leurs fiançailles; **I ~d myself for having kept my temper** je me suis félicité d'avoir gardé mon sang-froid.

congratulation [kən,grætʃʊ'leɪʃn] *n* félicitation *f*.
◆ **congratulations** ◇ *interj*: ~s! (toutes mes) félicitations!, je vous félicite!
◇ *npl* félicitations *fpl*; **~s on the new job/your engagement** félicitations pour votre nouveau poste/vos fiançailles; **I hear ~s are in order** il paraît qu'il faut le féliciter; **a letter of ~s** une lettre de félicitations.

congratulatory [kən'grætʃʊlətrɪ] *adj* de félicitations.

congregate ['kɒŋgrɪgeɪt] *vi* se rassembler, se réunir; **the demonstrators ~d in the park** les manifestants se sont rassemblés dans le parc.

congregation [,kɒŋgrɪ'geɪʃn] *n* -**1.** [group] assemblée *f*, rassemblement *m*; RELIG [of worshippers] assemblée *f* (de fidèles), assistance *f*; [of priests] congrégation *f*. -**2.** *Br* UNIV assemblée *f* générale.

congregational [,kɒŋgrɪ'geɪʃənl] *adj* [gen] d'une assemblée; RELIG de l'assemblée (des fidèles); [priests] de OR d'une congrégation.
◆ **Congregational** *adj* congrégationaliste; **the Congregational Church** l'Église *f* congrégationaliste.

congress ['kɒŋgres] *n* -**1.** [association, meeting] congrès *m*. -**2.** *fml* [sexual intercourse] rapport *m* sexuel; **to have ~ with sb** avoir des rapports sexuels avec qqn.
◆ **Congress** *n* POL Congrès *m*; [session] *session du Congrès américain.*

CONGRESS:
Le Congrès, organe législatif américain, est constitué du Sénat et de la Chambre des représentants; une proposition de loi doit obligatoirement être approuvée séparément par ces deux chambres.

---

congressional [kəŋ'greʃənl] *adj* [gen] d'un congrès.
◆ **Congressional** *adj* POL du Congrès; **Congressional district** *circonscription d'un représentant du Congrès américain*; **Congressional Record** *journal officiel du Congrès américain.*

congressman ['kɒŋgresmən] (*pl* **congressmen** [-mən]) *n* POL ≃ député *m*, membre *m* du Congrès américain; **Mr Congressman, do you believe that...** Monsieur le Député, croyez-vous que... ❑ **~-at-large** *représentant non attaché à une circonscription électorale.*

congresswoman ['kɒŋgres,wʊmən] (*pl* **congresswomen** [-,wɪmɪn]) *n* POL ≃ député *m* (femme), membre *m* (féminin) du Congrès américain; **Miss/Ms/Mrs Congresswoman** Madame le député.

congruence ['kɒŋgrʊəns] *n* -**1.** *fml* [similarity] conformité *f*. -**2.** *fml* [correspondence] correspondance *f*; [suitability] convenance *f*. -**3.** MATH congruence *f*.

congruent ['kɒŋgrʊənt] *adj* -**1.** *fml* [similar] conforme; **~ with** OR **to** conforme à. -**2.** *fml* [corresponding] en harmonie; [suitable] convenable; **to be ~ with sthg** être en harmonie avec qqch; **the sentence is ~ with the crime** la peine correspond au crime. -**3.** MATH [number] congru, congruent; [triangle] congruent.

congruity [kɒŋ'gru:ətɪ] (*pl* **congruities**) *n fml* convenance *f*.

congruous ['kɒŋgrʊəs] *adj fml* -**1.** [corresponding] qui s'accorde; **~ with sthg** qui s'accorde avec qqch. -**2.** [suitable] convenable, qui convient.

conic(al) ['kɒnɪk(l)] *adj* en forme de cône, conique.

conifer ['kɒnɪfəʳ] *n* conifère *m*.

coniferous [kə'nɪfərəs] *adj* conifère; **a ~ forest** une forêt de conifères.

conjectural [kən'dʒektʃərəl] *adj* conjectural.

conjecture [kən'dʒektʃəʳ] ◇ *n* conjecture *f*; **whether he knew or not is a matter for ~** savoir s'il était au courant ou pas relève de la conjecture.
◇ *vt* conjecturer, présumer.
◇ *vi* conjecturer, faire des conjectures.

conjoin [kən'dʒɔɪn] *fml* ◇ *vt* joindre, unir.
◇ *vi* s'unir.

conjoint ['kɒndʒɔɪnt] *adj fml* conjoint, uni.

conjointly ['kɒndʒɔɪntlɪ] *adv fml* conjointement.

conjugal ['kɒndʒʊgl] *adj* conjugal.

conjugate [*vb* 'kɒndʒʊgeɪt, *adj* 'kɒndʒʊgɪt]
◇ *vt* conjuguer.
◇ *vi* se conjuguer.
◇ *adj* conjoint, uni.

conjugation [,kɒndʒʊ'geɪʃn] *n* conjugaison *f*.

conjunct [kən'dʒʌŋkt] *adj* conjoint.

conjunction [kən'dʒʌŋkʃn] *n* -**1.** [combination] conjonction *f*, union *f*. -**2.** ASTRON & GRAMM conjonction *f*.
◆ **in conjunction with** *prep phr* conjointement avec; **to work in ~ with sb** travailler conjointement avec qqn.

conjunctive [kən'dʒʌŋktɪv] *adj* [gen, ANAT & GRAMM] conjonctif.

conjunctivitis [kən,dʒʌŋktɪ'vaɪtɪs] *n* conjonctivite *f*; **to have ~** avoir de la conjonctivite.

conjuncture [kən'dʒʌŋktʃəʳ] *n fml* [combination of events] conjoncture *f*; [resulting crisis] moment *m* critique.

conjure ['kʌndʒəʳ, *vt sense 2* kən'dʒʊəʳ]
◇ *vt* -**1.** [produce - gen] faire apparaître, produire; [- by magic] faire apparaître *(par prestidigitation)*; **to ~ a rabbit from a hat** faire sortir un lapin d'un chapeau. -**2.** *arch* [appeal to] conjurer, implorer.
◇ *vi* faire des tours de passe-passe; **his is a name to ~ with** *Br fig* c'est quelqu'un d'important.
◆ **conjure away** *vt sep* faire disparaître.
◆ **conjure up** *vt sep* [object, rabbit] faire apparaître, produire; [gods, spirits] faire apparaître, invoquer; [memory] évoquer, rappeler; [image] évoquer.

conjurer ['kʌndʒərəʳ] *n* [magician] prestidigitateur *m*, -trice *f*; [sorcerer] sorcier *m*, -ère *f*.

conjuring ['kʌndʒərɪŋ] ◇ *n* prestidigitation *f*.
◇ *adj*: **~ trick** tour *m* de passe-passe OR de prestidigitation.

conjuror ['kʌndʒərəʳ] = **conjurer**.

conk *inf* [kɒŋk] ◇ *vt* cogner OR frapper (sur la caboche).
◇ *n* -**1.** [blow] gnon *m*. -**2.** *Br* [head] caboche *f*. -**3.** *Br* [nose] pif *m*.
◆ **conk out** *inf vi insep* tomber en panne.

conker *inf* ['kɒŋkəʳ] *n Br* marron *m*.
◆ **conkers** *n (U) jeu d'enfant très populaire en Grande-Bretagne et qui consiste à tenter de casser un marron tenu au bout d'un fil par son adversaire.*

conman *inf* ['kɒnmæn] (*pl* **conmen** [-men]) *n* arnaqueur *m*.

connect [kə'nekt] ◇ *vt* -**1.** [join - pipes, wires] raccorder; [- pinions, shafts, wheels] engrener, coupler; **to ~ sthg to sthg** joindre OR relier OR raccorder qqch à qqch. -**2.** [join to electricity, gas or water supply - machine, house, telephone] brancher, raccorder; **to ~ sthg to sthg** raccorder qqch à qqch, brancher qqch sur qqch; **to be ~ed (up) to sthg** être branché sur qqch. -**3.** TELEC mettre en communication, relier; **to ~ sb to sb** mettre qqn en communication avec qqn; **I'm trying to ~ you** j'essaie d'obtenir votre communication. -**4.** [link - subj: path, railway, road, airline] relier; **the new rail link ~s Terminal 3 with** OR **to the train station** la nouvelle liaison ferroviaire relie l'aérogare 3 à la gare. -**5.** [associate - person, place, event] associer, faire le rapprochement; **to ~ sb/sthg with sb/sthg** associer une personne/chose à une autre; **I'd never ~ed the two things before** je n'avais (encore) jamais fait le rapprochement entre les deux.
◇ *vi* -**1.** [bus, plane, train] assurer la correspondance; **to ~ with** assurer la correspondance avec. -**2.** [blow, fist, kick, punch] frapper; **my fist ~ed with his chin** *inf* je l'ai touché au menton.

connected [kə'nektɪd] *adj* -**1.** [linked - languages, subjects, species] connexe. -**2.** [coherent - speech, sentences] cohérent, suivi. -**3.** [associated]: **to be ~ed with** avoir un lien OR rapport avec. -**4.** [related]: **to be ~ed with** OR **to** être parent de.

Connecticut [kə'netɪkət] *pr n* le Connecticut; **in ~** dans le Connecticut.

connecting [kə'nektɪŋ] *adj* [cable, wire] de connexion; **~ rod** bielle *f*; **~ flight** correspondance *f*; **~ door** porte *f* de communication.

connection [kə'nekʃn] *n* -**1.** [link between two things] connexion *f*, lien *m*, rapport *m*; **to make a ~ between** OR **to** OR **with sthg** faire le lien avec qqch; **does this have any ~ with what happened yesterday?** ceci a-t-il un rapport quelconque avec ce qui s'est passé hier?; **in this** OR **that ~** à ce propos, à ce sujet. -**2.** ELECTR prise *f*, raccord *m*; **a loose ~** un mauvais contact. -**3.** TELEC communication *f*, ligne *f*; **a bad ~** une mauvaise communication OR ligne. -**4.** [transfer - between buses, planes, trains] correspondance *f*; **to miss one's ~** rater sa correspondance. -**5.** [transport] liaison *f*; **the town enjoys excellent road and rail ~s** la ville dispose d'excellentes liaisons routières et ferroviaires. -**6.** [relationship] rapport *m*, relation *f*; **to form/to break a ~ with sb** établir/rompre des relations avec qqn; **he was accused of having CIA ~s** on l'a accusé d'avoir des liens avec la CIA; **family ~s** parenté *f*. -**7.** [colleague, business contact] relation *f* (d'affaires); **she has some useful ~s in the publishing world** elle a des relations utiles dans le monde de l'édition.
◆ **in connection with** *prep phr* à propos de.

connective [kə'nektɪv] ◇ *adj* [word, phrase] conjonctif.
◇ *n* GRAMM conjonction *f*.

connective tissue *n* tissu *m* conjonctif.

connect-the-dots *n (U) Am jeu qui consiste à relier des points numérotés pour découvrir un dessin.*

connexion [kə'nekʃn] = **connection**.

conning tower ['kɒnɪŋ-] *n* [on submarine] kiosque *m* de timonerie; [on warship] centre *m* opérationnel.

conniption *inf* [kə'nɪpʃn] *n (often pl) Am* crise *f* d'hystérie; **to be in a ~** avoir une crise d'hystérie.

connivance [kə'naɪvəns] *n pej* connivence *f*; **he acted with the ~ of** OR **in ~ with government officials** il a agi de connivence avec des membres du gouvernement.

connive [kə'naɪv] *vi pej* [plot] être de connivence; **they ~d together to undermine government policy** ils étaient de connivence pour déstabiliser la politique du gouvernement.
◆ **connive at** *vt insep* -**1.** [ignore] fermer les yeux sur. -**2.** [abet] être complice de.

conniving [kə'naɪvɪŋ] *adj pej* malhonnête, rusé, sournois.

connoisseur [,kɒnə'sɜ:ʳ] *n* connaisseur *m*, -euse *f*; **a ~ of fine wine/good literature** un connaisseur en vins/littérature.

connotation [,kɒnə'teɪʃn] *n* -**1.** [association] connotation *f*; **for me the word has very sad**

~s ce mot a pour moi des connotations très tristes; **the name has ~s of quality and expertise** ce nom évoque la qualité et la compétence. -**2.** LING connotation *f.* -**3.** LOGIC implication *f.*

connote [kəˈnəʊt] *vt* -**1.** *fml* [imply - subj: word, phrase, name] évoquer. -**2.** LING connoter. -**3.** LOGIC impliquer.

connubial [kəˈnjuːbjəl] *adj fml* OR *hum* conjugal, matrimonial; **~ bliss** bonheur *m* conjugal.

conquer [ˈkɒŋkəʳ] *vt* -**1.** [defeat - person, enemy, team] vaincre. -**2.** [take control of - castle, city, nation] conquérir. -**3.** [master - feelings, habits] surmonter; [- disease, disability] vaincre, surmonter. -**4.** *lit* [win over - sb's heart] conquérir; [- audience, public] conquérir, subjuguer.

conquering [ˈkɒŋkərɪŋ] *adj* victorieux; **hail the ~ hero!** *lit* vive le vainqueur!

conqueror [ˈkɒŋkərəʳ] *n* conquérant *m.*

conquest [ˈkɒŋkwest] *n* -**1.** [act or state of being defeated] conquête *f;* **our men faced ~ by enemy forces** nos hommes allaient être vaincus par les forces ennemies ❑ **the Norman Conquest** la conquête normande. -**2.** [mastery] conquête *f;* **the ~ of space** la conquête de l'espace. -**3.** [act of seduction] conquête *f;* **he boasted of his ~s** il se vantait de ses conquêtes ‖ [person] conquête *f;* **he's her latest ~** c'est sa dernière conquête; **to make a ~** faire une conquête; **to make a ~ of sb** faire la conquête de qqn. -**4.** [land] conquête *f.*

Conrail®, **ConRail**® [ˈkɒnreɪl] *pr n transport urbain new-yorkais.*

Cons. *written abbr of* Conservative.

consanguinity [ˌkɒnsæŋˈgwɪnətɪ] *n* consanguinité *f.*

conscience [ˈkɒnʃəns] *n* -**1.** [moral sense] conscience *f;* **always let your ~ be your guide** laissez-vous toujours guider par votre conscience; **a matter of ~** un cas de conscience; **to have a clear** OR **an easy ~** avoir la conscience tranquille; **my ~ is clear** j'ai la conscience tranquille; **to have a bad** OR **guilty ~** avoir mauvaise conscience; **to have sthg on one's ~** avoir qqch sur la conscience; **in all ~** en toute conscience. -**2.** *(U)* [scruples] mauvaise conscience *f,* remords *m,* scrupule *m;* **to have no ~ (about doing sthg)** ne pas avoir de scrupules (à faire qqch).

conscience clause *n clause f de conscience.*

conscience money *n* argent *m* restitué *(pour soulager sa conscience).*

conscience-stricken *adj* pris de remords; **to be** OR **to look ~** être pris de remords, être la proie des remords; ~ faces des visages tourmentés par le remords.

conscientious [ˌkɒnʃɪˈenʃəs] *adj* consciencieux; **she was her usual ~ self** elle était consciencieuse comme toujours.

conscientiously [ˌkɒnʃɪˈenʃəslɪ] *adv* consciencieusement.

conscientiousness [ˌkɒnʃɪˈenʃəsnɪs] *n* conscience *f.*

conscientious objector *n* objecteur *m* de conscience.

conscious [ˈkɒnʃəs] ◇ *adj* -**1.** [aware] conscient; **to be ~ of (doing) sthg** être conscient de (faire) qqch; **he's all too ~ of his shortcomings as a writer** il n'est que trop conscient de ses défauts en tant qu'écrivain; **to become ~ of sthg** prendre conscience de qqch; **politically ~** politisé. -**2.** [awake] conscient; **to become ~** reprendre connaissance. -**3.** [deliberate - attempt, effort] conscient; [- cruelty, rudeness] intentionnel, délibéré. -**4.** [able to think - being, memory, mind] conscient.
◇ *n* PSYCH: **the ~** le conscient.

-conscious *in cpds* conscient de; **clothes~** qui fait attention à sa tenue; **fashion~** qui suit la mode; **age~** conscient de son âge.

consciously [ˈkɒnʃəslɪ] *adv* consciemment, délibérément; **he would never ~ do such a cruel thing** il ne ferait jamais une chose aussi cruelle délibérément.

consciousness [ˈkɒnʃəsnɪs] *n* -**1.** [awareness] conscience *f;* **political ~** conscience politique. -**2.** [mentality] conscience *f;* **the national ~** la conscience nationale. -**3.** [state of being awake] connaissance *f;* **to lose ~** perdre connaissance; **to regain ~** reprendre connaissance.

consciousness raising *n* sensibilisation *f.*
◆ **consciousness-raising** *comp* [group, session] de prise de conscience.

conscript [*vb* kənˈskrɪpt, *n* & *adj* ˈkɒnskrɪpt]
◇ *vt* [men, troops] enrôler, recruter; [workers, labourers] recruter.
◇ *n* conscrit *m,* appelé *m.*
◇ *adj* [army] de conscrits.

conscripted [kənˈskrɪptɪd] *adj* [troops, labour] conscrit, enrôlé.

conscription [kənˈskrɪpʃn] *n* conscription *f.*

consecrate [ˈkɒnsɪkreɪt] *vt* -**1.** [sanctify - church, building, place] consacrer; [- bread and wine] consacrer; **~d ground** terre *f* sainte OR bénie. -**2.** [ordain - bishop] consacrer, sacrer. -**3.** [dedicate] consacrer, dédier; **to ~ one's life to sthg** consacrer sa vie à qqch. -**4.** [make venerable] consacrer; **a custom ~d by time** une coutume consacrée par l'usage.

consecration [ˌkɒnsɪˈkreɪʃn] *n* -**1.** [sanctification] consécration *f.* -**2.** [ordination] sacre *m.* -**3.** [dedication] consécration *f.* -**4.** [veneration] consécration *f.*

consecutive [kənˈsekjʊtɪv] *adj* -**1.** [successive - days, weeks] consécutif; **for the third ~ day** pour le troisième jour consécutif; **they have had five ~ home wins** ils ont remporté cinq victoires consécutives sur leur terrain. -**2.** GRAMM [clause] consécutif.

consecutively [kənˈsekjʊtɪvlɪ] *adv* consécutivement; **for five years ~** pendant cinq années consécutives; **the sentences to be served ~** JUR avec cumul de peines.

consensual [kənˈsensjʊəl] *adj* JUR [contract, agreement] consensuel.

consensus [kənˈsensəs] ◇ *n* consensus *m;* **they failed to reach a ~ (of opinion)** ils n'ont pas obtenu de consensus (d'opinion); **what is the scientific ~ on the matter?** quelle est l'opinion des scientifiques sur ce sujet?
◇ *comp* [politics] de consensus.

consent [kənˈsent] ◇ *vi* consentir; **to ~ to sthg** consentir à qqch; **to ~ to do sthg** consentir à faire qqch; **they ~ed to my request for compassionate leave** ils ont consenti à ma demande de congé exceptionnel.
◇ *n* consentement *m,* accord *m;* **we got married without my parents' ~** nous nous sommes mariés sans le consentement de mes parents; **he refused his ~ to a divorce** il a refusé son consentement pour le divorce; **by common ~** d'un commun accord; **by mutual ~** par consentement mutuel; **the age of ~** l'âge *m* nubile.

consenting adult [kənˈsentɪŋ-] *n Br homme ayant atteint l'âge de 21 ans et pouvant légalement avoir des rapports homosexuels.*

consequence [ˈkɒnsɪkwəns] *n* -**1.** [result] conséquence *f,* suite *f;* **it all came about as a ~ of that one brief meeting** tout est arrivé à la suite de cette courte réunion; **she acted regardless of the ~s** elle a agi sans se soucier des conséquences; **the policy had terrible ~s for the poor** cette mesure a eu des conséquences terribles pour les pauvres; **in ~ of which** par suite de quoi. -**2.** [importance] conséquence *f,* importance *f;* **a person of no** OR **little ~** une personne sans importance; **a man of ~** un homme important; **it's of no ~** c'est sans conséquence, cela n'a pas d'importance.
◆ **in consequence** *adv phr* par conséquent.
◆ **consequences** ◇ *npl* conséquences *fpl;* **to take** OR **to suffer the ~s** accepter OR subir les conséquences; **to face the ~s** faire face aux conséquences.
◇ *n (U) Br* GAMES ≃ cadavres *mpl* exquis.

consequent [ˈkɒnsɪkwənt] *adj fml* consécutif; **~ on** OR **upon** [resulting from] résultant de; [following] consécutif à.

consequential [ˌkɒnsɪˈkwenʃl] *adj fml* -**1.** = **consequent.** -**2.** [important - decision] de conséquence, conséquent.

consequently [ˈkɒnsɪkwəntlɪ] *adv* par conséquent, donc.

conservancy [kənˈsɜːvənsɪ] (*pl* **conservancies**) *n* -**1.** *Br* [commission] administration *f.* -**2.** = **conservation 2.**

conservation [ˌkɒnsəˈveɪʃn] *n* -**1.** [of works of art] préservation *f.* -**2.** [of natural resources] préservation *f;* **nature ~** défense *f* de l'environnement. -**3.** PHYS conservation *f;* **the ~ of mass/energy/momentum** le principe de conservation de la masse/de l'énergie/du moment.

conservation area *n* zone *f* protégée.

conservationist [ˌkɒnsəˈveɪʃənɪst] *n* défenseur *m* de l'environnement.

conservatism [kənˈsɜːvətɪzm] *n* -**1.** POL = **Conservatism.** -**2.** [traditionalism - of policy, views] conservatisme *m.*
◆ **Conservatism** *n* [policy of Conservative Party] conservatisme *m.*

conservative [kənˈsɜːvətɪv] ◇ *n* [traditionalist] traditionaliste *mf,* conformiste *mf.*
◇ *adj* -**1.** [traditionalist - views, person, attitude] conformiste. -**2.** [conventional - suit, clothes, haircut] conventionnel. -**3.** [modest - estimate, guess] prudent. -**4.** PHYS conservateur.
◆ **Conservative** POL ◇ *n* conservateur *m,* -trice *f.*
◇ *adj* [policy, government, MP] conservateur.

conservatively [kənˈsɜːvətɪvlɪ] *adv* [dress] de façon conventionnelle.

Conservative Party *pr n*: **the ~** le parti conservateur.

conservatoire [kənˈsɜːvətwɑːʳ] *n* conservatoire *m.*

conservator [kənˈsɜːvətəʳ] *n* gardien *m,* -enne *f.*

conservatory [kənˈsɜːvətrɪ] (*pl* **conservatories**) *n* -**1.** [greenhouse] jardin *m* d'hiver. -**2.** = **conservatoire.**

conserve [*vb* kənˈsɜːv, *n* ˈkɒnsɜːv, kənˈsɜːv]
◇ *vt* -**1.** [save - energy, resources, battery] économiser; **to ~ one's strength** ménager ses forces. -**2.** *lit* [preserve - privilege, freedom] protéger, préserver.
◇ *n* confiture *f;* **strawberry ~** confiture de fraises.

consider [kənˈsɪdəʳ] ◇ *vt* -**1.** [believe] considérer, estimer, penser; **I've always ~ed her (to be) a good friend** je l'ai toujours considérée comme une bonne amie; **she ~s it wrong to say such things** elle pense qu'il est mauvais de dire de telles choses; **I ~ myself lucky** je m'estime heureux; **I would ~ it an honour** je m'estimerais honoré. -**2.** [ponder - problem, offer, possibility] considérer, examiner; **have you ever ~ed becoming an actress?** avez-vous jamais songé à devenir actrice?; **I'm willing to ~ your offer** je suis prêt à examiner votre proposition. -**3.** [bear in mind - points, facts] prendre en considération; [- costs, difficulties, dangers] tenir compte de; **we got off lightly, when you ~ what might have happened** nous nous en sommes bien tirés, quand on pense à ce qui aurait pu arriver; **all things ~ed** tout bien considéré. -**4.** [show regard for - feelings, wishes] tenir compte de; **he has a wife and family to ~** il a une femme et une famille à prendre en considération. -**5.** [discuss - report, case, candidate] examiner, considérer; **she's being ~ed for the post of manager** on pense à elle pour le poste de directeur. -**6.** [contemplate - face, picture, scene] examiner, observer.
◇ *vi* réfléchir; **I need time to ~** j'ai besoin de temps pour réfléchir.

considerable [kənˈsɪdrəbl] *adj* considérable; **she showed ~ courage** elle a fait preuve de beaucoup de courage; **a ~ number of our members are over sixty** un nombre considérable de nos membres a plus de soixante ans; **to a ~ extent** dans une (très) large mesure.

considerably [kən'sɪdrəblɪ] *adv* considérablement.

considerate [kən'sɪdərət] *adj* [person] prévenant, plein d'égards, aimable; **it was very ~ of you to phone first** c'est très aimable à vous d'avoir téléphoné au préalable; **he's always so ~ of** OR **towards others** il est toujours si prévenant envers les autres.

considerately [kən'sɪdərətlɪ] *adv* [behave, act] avec des égards.

consideration [kən,sɪdə'reɪʃn] *n* -**1.** [thought] considération *f*; **the matter needs careful ~** le sujet demande une attention particulière; **to take sthg into ~** prendre qqch en considération; **taking everything into ~** tout bien considéré; **after due ~** après mûre réflexion. -**2.** [factor] considération *f*, préoccupation *f*; **time is our main ~** le temps est notre principale préoccupation. -**3.** [thoughtfulness] égard *m*; **to show ~ for sb/sb's feelings** ménager qqn/la sensibilité de qqn; **have you no ~ for other people?** n'as-tu donc aucun égard pour les autres?; **she remained silent out of ~ for his family** elle se tut par égard pour sa famille. -**4.** [discussion] étude *f*; **the matter is under ~** l'affaire est à l'étude. -**5.** [importance]: **of no ~** sans importance. -**6.** *fml* [payment] rémunération *f*, finance *f*; **for a small ~** moyennant rémunération OR finance.

considered [kən'sɪdəd] *adj* -**1.** [reasoned - opinion, manner] bien pesé, mûrement réfléchi; **it's my ~ opinion that...** après mûre réflexion, je pense que... -**2.** *fml* [respected - artist, writer] considéré, respecté.

considering [kən'sɪdərɪŋ] ◇ *conj* étant donné que, vu que; **~ she'd never played the part before, she did very well** pour quelqu'un qui n'avait jamais tenu ce rôle, elle s'est très bien débrouillée.
◇ *prep* étant donné, vu; **~ how hard he tried, he did rather poorly** vu tout le mal qu'il s'est donné, c'était plutôt médiocre.
◇ *adv inf* tout compte fait, finalement; **she writes quite well, ~** elle écrit assez bien, finalement.

consign [kən'saɪn] *vt* -**1.** [send - goods] envoyer, expédier; **to ~ sthg to sb** envoyer qqch à qqn. -**2.** [relegate - thing] reléguer; **I ~ed all my clutter to the attic** j'ai relégué tout mon fourbi au grenier; **I ~ed his last letter to the rubbish bin** sa dernière lettre s'est retrouvée à la poubelle. -**3.** [entrust - person] confier; **to ~ sb to sb** confier qqn à OR aux soins de qqn; **as a child I was ~ed to the care of my grandmother** enfant, je fus confié aux soins de ma grand-mère.

consignee [,kɒnsaɪ'niː] *n* consignataire *mf*.

consigner [kən'saɪnəʳ] = **consignor**.

consignment [,kən'saɪnmənt] *n* -**1.** [despatch] envoi *m*, expédition *f*; **goods for ~** marchandise *f* à expédier; **~ note** bordereau *m* d'expédition. -**2.** [batch of goods] arrivage *m*, lot *m*; **a ~ of heavy machinery** un arrivage de machines lourdes.

consignor [kən'saɪnəʳ] *n* expéditeur *m*, -trice *f*.

consist [kən'sɪst]
◆ **consist of** *vt insep* consister en, se composer de; **the panel ~s of five senior lecturers** le jury se compose de cinq maîtres de conférence; **the book ~s largely of photos of his family** le livre est constitué surtout de photos de sa famille.
◆ **consist in** *vt insep fml*: **to ~ in (doing) sthg** consister à faire qqch OR dans qqch; **his "genius" ~s in a mere talent for mimicry** son «génie» se résume à son talent d'imitateur; **the book's success ~s largely in its simplicity** le succès du livre réside en grande partie dans sa simplicité.

consistence [kən'sɪstəns], **consistency** [kən'sɪstənsɪ] (*pl* **consistences** OR **consistencies**) *n* -**1.** [texture] consistance *f*; **keep stirring until you get the right ~** remuez jusqu'à ce que vous obteniez la consistance souhaitée; **consistencies can vary** la consistance peut changer. -**2.** [coherence - of behaviour, argument, alibi] cohérence *f*, logique *f*; **their policies lack ~** leur politique manque de cohérence.

consistent [kən'sɪstənt] *adj* -**1.** [constant - opponent, loyalty] constant. -**2.** [steady - growth, improvement] constant. -**3.** [idea, argument, account] cohérent; **his story is not ~ with the known facts** son histoire ne correspond pas aux faits.

consistently [kən'sɪstəntlɪ] *adv* régulièrement, constamment; **they have won ~ throughout the season** ils ont gagné tout au long de la saison.

consolation [,kɒnsə'leɪʃn] *n* consolation *f*, réconfort *m*; **if it's any ~, the same thing happened to me** si cela peut te consoler, il m'est arrivé la même chose; **words of ~** mots de réconfort; **she sought ~ in music** elle cherchait le réconfort dans la musique; **her children were a great ~ to her** ses enfants étaient une grande consolation pour elle.

consolation prize *n literal* & *fig* prix *m* de consolation.

consolatory [kən'sɒlətrɪ] *adj* [message, words] consolant, réconfortant.

console [*vb* kən'səʊl, *n* 'kɒnsəʊl] ◇ *vt* consoler; **to ~ sb for sthg (with** OR **by)** consoler qqn de qqch (avec OR en).
◇ *n* -**1.** [control panel] console *f*, pupitre *m*. -**2.** [cabinet] meuble *m* *(pour téléviseur, chaîne hi-fi)*. -**3.** MUS [on organ] console *f*. -**4.** ARCHIT console *f*.

console table *n* console *f*.

consolidate [kən'sɒlɪdeɪt] *vt* -**1.** [reinforce - forces, power] consolider; [- knowledge] consolider, renforcer; **to ~ one's position** consolider sa position. -**2.** [combine - companies, states] réunir, fusionner; [- funds, loans] consolider.

consolidated [kən'sɒlɪdeɪtɪd] *adj* [annuity, loan] consolidé; [in name of company] *désigne une société née de la fusion de deux entreprises*; **~ accounts** états *mpl* financiers consolidés.

consolidated fund *n Br* fonds *mpl* consolidés.

consolidation [kən,sɒlɪ'deɪʃn] *n* -**1.** [reinforcement - of power] consolidation *f*; [- of knowledge] consolidation *f*, renforcement *m*. -**2.** [amalgamation - of companies] fusion *f*; [- of funds, loans] consolidation *f*.

consoling [kən'səʊlɪŋ] *adj* [idea, thought] réconfortant.

consols ['kɒnsəlz] *npl Br* fonds *mpl* consolidés.

consommé [*Br* kən'sɒmeɪ, *Am* ,kɒnsə'meɪ] *n* consommé *m*.

consonance ['kɒnsənəns] *n* -**1.** *fml* [of ideas] accord *m*; **in ~ with** en accord avec. -**2.** LITERAT & MUS consonance *f*.

consonant ['kɒnsənənt] ◇ *n* consonne *f*.
◇ *adj fml* en accord; **to be ~ with** OR **to sthg** être en accord avec qqch.

consonantal [,kɒnsə'næntl] *adj* consonantique.

consonant shift *n* mutation *f* consonantique OR des consonnes.

consort [*n* 'kɒnsɔːt, *vb* kən'sɔːt] ◇ *n* -**1.** [spouse] époux *m*, épouse *f*; [of reigning monarch] consort *m*. -**2.** [ship] escorteur *m*.
◇ *vi*: **to ~ with sb** fréquenter qqn, frayer avec qqn.

consortium [kən'sɔːtjəm] (*pl* **consortiums** OR **consortia** [-tjə]) *n* consortium *m*.

conspectus [kən'spektəs] *n fml* -**1.** [overview] vue *f* d'ensemble. -**2.** [summary] résumé *m*, synopsis *m*.

conspicuous [kən'spɪkjʊəs] *adj* -**1.** [visible - behaviour, hat, person] voyant; **he felt ~ in his new hat** il avait l'impression de se faire remarquer avec son nouveau chapeau OR que son nouveau chapeau ne passait pas inaperçu; **to make o.s. ~** se faire remarquer. -**2.** [obvious - failure, lack] manifeste, évident; [- bravery, gallantry] insigne; **to be ~ by one's absence** briller par son absence.

conspicuous consumption *n* consommation *f* ostentatoire.

conspicuously [kən'spɪkjʊəslɪ] *adv* -**1.** [visibly - dressed] de façon à se faire remarquer. -**2.** [obviously - successful] de façon remarquable OR évidente.

conspiracy [kən'spɪrəsɪ] (*pl* **conspiracies**) ◇ *n* [plotting] conspiration *f*, complot *m*; [plot] complot; **he's been charged with ~** on l'a accusé de conspiration; **a ~ of silence** une conspiration du silence.
◇ *comp*: **~ theory** thèse *f* du complot.

conspirator [kən'spɪrətəʳ] *n* conspirateur *m*, -trice *f*, comploteur *m*, -euse *f*, conjuré *m*, -e *f*.

conspiratorial [kən,spɪrə'tɔːrɪəl] *adj* [smile, whisper, wink] de conspirateur; [group] de conspirateurs.

conspiratorially [kən,spɪrə'tɔːrɪəlɪ] *adv* [smile, whisper, wink] d'un air de conspiration.

conspire [kən'spaɪəʳ] *vi* -**1.** [plot] conspirer; **to ~ (with sb) to do sthg** comploter OR s'entendre (avec qqn) pour faire qqch; **to ~ against sb** conspirer contre qqn. -**2.** [combine - events, the elements] concourir, se conjurer; **to ~ to do sthg** concourir à faire qqch; **to ~ against sthg** se conjurer contre qqch.

constable ['kʌnstəbl] *n* agent *m*, gendarme *m*, sergent *m*; **excuse me, Constable** excusez-moi, monsieur l'agent; **Constable Jenkins** Sergent Jenkins; **police ~** agent *m* de police.

constabulary [kən'stæbjʊlərɪ] (*pl* **constabularies**) ◇ *n*: **the ~** la police, la gendarmerie.
◇ *adj* [duties] de policier.

constancy ['kɒnstənsɪ] *n* -**1.** [steadfastness] constance *f*; [of feelings] constance *f*, fidélité *f*. -**2.** [stability - of temperature, light] constance *f*.

constant ['kɒnstənt] ◇ *adj* -**1.** [continuous - interruptions, noise, pain] constant, continuel, perpétuel; **the entrance is in ~ use** il y a un mouvement continuel à l'entrée. -**2.** [unchanging - pressure, temperature, voltage] constant. -**3.** [faithful - affection, friend] fidèle, loyal; **he was her ~ companion** il était son fidèle compagnon.
◇ *n* [gen, MATH & PHYS] constante *f*.

Constantine ['kɒnstəntaɪn] *pr n* -**1.** [emperor] Constantin. -**2.** GEOG Constantine.

Constantinople [,kɒnstæntɪ'nəʊpl] *pr n* Constantinople.

constantly ['kɒnstəntlɪ] *adv* constamment, sans cesse.

constellation [,kɒnstə'leɪʃn] *n* -**1.** [of stars] constellation *f*. -**2.** *fig* [of celebrities] constellation *f*.

consternation [,kɒnstə'neɪʃn] *n* consternation *f*; **I watched in ~** je regardais avec OR frappé de consternation; **the meeting ended amidst general ~** la réunion s'acheva dans la consternation générale; **the prospect filled me with ~** cette perspective m'a plongé dans la consternation.

constipated ['kɒnstɪpeɪtɪd] *adj* constipé.

constipation [,kɒnstɪ'peɪʃn] *n* constipation *f*.

constituency [kən'stɪtjʊənsɪ] (*pl* **constituencies**) ◇ *n* [area] circonscription *f* électorale; [people] électeurs *mpl*.
◇ *comp* [meeting, organization] local.

constituent [kən'stɪtjʊənt] ◇ *adj* -**1.** [component - part, element] constituant, composant. -**2.** POL [assembly, power] constituant.
◇ *n* -**1.** [voter] électeur *m*, -trice *f*. -**2.** [element] élément *m* constitutif.

constitute ['kɒnstɪtjuːt] *vt* -**1.** [represent] constituer; **what exactly ~s a state of emergency?** qu'est-ce que c'est exactement qu'un état d'urgence?; **they ~ a threat to the government** ils représentent une menace pour le gouvernement. -**2.** [make up] constituer; **women ~ a large section of the workforce** les femmes constituent une grande partie de la main d'œuvre. -**3.** [set up - committee, panel] constituer. -**4.** [appoint - chairman, spokesperson] désigner.

constitution [,kɒnstɪ'tjuːʃn] *n* -**1.** POL [statute] constitution *f*; **the (United States) Constitution** *Am* POL la Constitution. -**2.** [health] constitution *f*; **to have a strong/weak ~** avoir une constitution robuste/chétive. **-3.** [structure] composition *f*.

CONSTITUTION:
La Constitution britannique, à la différence de la Constitution américaine ou française (texte écrit et définitif), n'est pas un document en soi, mais le résultat virtuel de la succession des lois dans le temps, fonctionnant sur le principe de la jurisprudence.

constitutional [ˌkɒnstɪˈtjuːʃənl] ◇ *adj* **-1.** POL constitutionnel; ~ monarchy monarchie constitutionnelle. **-2.** [official - head, privilege] constitutionnel. **-3.** [inherent - weakness] constitutionnel.
◇ *n dated* OR *hum*: to go for a ~ aller faire un petit tour.

constitutionalism [ˌkɒnstɪˈtjuːʃnəlɪzm] *n* constitutionnalisme *m*.

constitutionality [ˈkɒnstɪˌtjuːʃəˈnælətɪ] *n* constitutionnalité *f*.

constitutionally [ˌkɒnstɪˈtjuːʃnəlɪ] *adv* **-1.** POL [act] constitutionnellement; ~, the government is within its rights constitutionnellement, le gouvernement est dans ses droits. **-2.** [inherently - strong, weak] de OR par nature.

constitutive [kənˈstɪtjʊtɪv] *adj* **-1.** [body, organization] constitutif. **-2.** CHEM constitutif. **-3.** = **constituent 1.**

constrain [kənˈstreɪn] *vt* **-1.** [force] contraindre, forcer; to ~ sb to do sthg contraindre qqn à faire qqch. **-2.** [limit - feelings, freedom] contraindre, restreindre.

constrained [kənˈstreɪnd] *adj* **-1.** [inhibited] contraint; to feel ~ to do sthg se sentir contraint OR obligé de faire qqch; he felt ~ by his clothes il se sentait à l'étroit dans ses vêtements. **-2.** [tense - manner, speech] contraint; [- atmosphere, smile] contraint, gêné.

constraint [kənˈstreɪnt] *n* **-1.** [restriction] contrainte *f*; they are subject to the ~s of time and money ils sont sujets aux contraintes du temps et de l'argent; there are certain ~s on their activities ils subissent certaines contraintes dans leurs activités; social ~s contraintes sociales; to speak without ~ parler librement OR sans contrainte. **-2.** [pressure] contrainte *f*; to do sthg under ~ agir OR faire qqch sous la contrainte.

constrict [kənˈstrɪkt] *vt* **-1.** [make narrower - blood vessels, throat] resserrer, serrer. **-2.** [hamper - breathing, movement] gêner.

constricted [kənˈstrɪktɪd] *adj* [breathing, movement] gêné, restreint; to feel ~ by sthg *literal* & *fig* se sentir limité par qqch.

constricting [kənˈstrɪktɪŋ] *adj* [clothes] étroit; *fig* [beliefs, ideology] limité.

constriction [kənˈstrɪkʃn] *n* **-1.** [feeling of tightness - in chest, throat] constriction *f*. **-2.** [restriction] restriction *f*; social ~s restrictions sociales.

constrictor [kənˈstrɪktəʳ] → **boa.**

construct [*vb* kənˈstrʌkt, *n* ˈkɒnstrʌkt] ◇ *vt* **-1.** [build - bridge, dam, house, road] construire; [- nest, raft] construire, bâtir; to ~ sthg (out) of sthg construire qqch à partir de qqch. **-2.** [formulate - sentence] composer; [- system, theory] bâtir; a beautifully ~ed play une pièce magnifiquement construite OR composée.
◇ *n fml* construction *f*.

construction [kənˈstrʌkʃn] ◇ *n* **-1.** [act of building - road, bridge, house] construction *f*; [- machine] construction *f*, réalisation *f*; [- system, theory] construction *f*, élaboration *f*; under ~ en construction; to work in ~ travailler dans le bâtiment. **-2.** [structure] construction *f*, édifice *m*, bâtiment *m*; a building of simple/solid ~ un bâtiment de construction simple/solidement construit. **-3.** [interpretation] interprétation *f*; to put a wrong ~ on sb's words mal interpréter les paroles de qqn; to put a sympathetic ~ on sb's words interpréter les paroles de qqn avec indulgence. **-4.** GRAMM construction *f*. **-5.** GEOM construction *f*. **-6.** ART sculpture *f* constructiviste.
◇ *comp* [site, work] de construction; [industry, worker] du bâtiment.

constructional [kənˈstrʌkʃənl] *adj* de construction; [engineering, technique] mécanique.

constructive [kənˈstrʌktɪv] *adj* [criticism, remark] constructif.

constructive dismissal *n* démission *f* provoquée *(sous la pression de la direction)*.

constructively [kənˈstrʌktɪvlɪ] *adv* d'une manière constructive.

constructivism [kənˈstrʌktɪvɪzm] *n* ART & PHILOS constructivisme *m*.

constructivist [kənˈstrʌktɪvɪst] *n* ART constructiviste *mf*.

constructor [kənˈstrʌktəʳ] *n* [of building, road, bridge, machine] constructeur *m*; [of system, theory] créateur *m*.

construe [kənˈstruː] *vt* **-1.** [interpret, understand - attitude, response, statement] interpréter, expliquer; *dated* [Greek, Latin] expliquer. **-2.** [parse - Greek or Latin text] analyser, décomposer.

consubstantial [ˌkɒnsəbˈstænʃl] *adj* consubstantiel.

consubstantiation [ˈkɒnsəbˌstænʃɪˈeɪʃn] *n* consubstantiation *f*.

consul [ˈkɒnsəl] *n* consul *m*.

consular [ˈkɒnsjʊləʳ] *adj* consulaire.

consulate [ˈkɒnsjʊlət] *n* consulat *m*.

consul general (*pl* **consuls general**) *n* consul *m* général.

consulship [ˈkɒnsəlʃɪp] *n* fonctions *fpl* OR charge *f* de consul.

consult [kənˈsʌlt] ◇ *vt* **-1.** [ask - doctor, expert] consulter; to ~ sb about sthg consulter qqn sur OR au sujet de qqch. **-2.** [consider - person's feelings] prendre en considération. **-3.** [refer to - book, dictionary, map, notes, watch] consulter.
◇ *vi* consulter, être en consultation; to ~ together over sthg se consulter sur OR au sujet de qqch; to ~ with sb conférer avec qqn.

consultancy [kənˈsʌltənsɪ] (*pl* **consultancies**) *n* **-1.** [company] cabinet *m* d'expert-conseil. **-2.** [advice] assistance *f* technique. **-3.** [hospital post] poste *m* de médecin OR chirurgien consultant.

consultant [kənˈsʌltənt] ◇ *n* **-1.** [doctor - specialist] médecin *m* spécialiste, consultant *m*; [- in charge of department] consultant *m*. **-2.** [expert] expert-conseil *m*, consultant *m*.
◇ *comp* [engineer] conseil *(inv)*; [psychiatrist, physician] consultant.

consultation [ˌkɒnsəlˈteɪʃn] *n* **-1.** [discussion] consultation *f*, délibération *f*; a matter for ~ un sujet à débattre; the matter will be decided in ~ with our colleagues la décision sera prise en consultation OR en concertation avec nos collègues; to hold ~s about sthg avoir des consultations sur qqch. **-2.** [reference] consultation *f*; the dictionary is designed for easy ~ le dictionnaire a été conçu pour être consulté facilement.

consultative [kənˈsʌltətɪv] *adj* consultatif; I'm here in a purely ~ capacity je ne suis ici qu'à titre consultatif.

consulting [kənˈsʌltɪŋ] *adj* [engineer] conseil *(inv)*.

consulting room *n* cabinet *m* de consultation.

consumable [kənˈsjuːməbl] *adj* [substance - by fire] consumable; [foodstuffs] consommable, de consommation.
◆ **consumables** *npl* [food] denrées *fpl* alimentaires, comestibles *mpl*; [hardware] consommables *mpl*.

consume [kənˈsjuːm] *vt* **-1.** [eat or drink] consommer. **-2.** [use up - energy, fuel] consommer; [- time] dépenser. **-3.** [burn up - subj: fire, flames] consumer; the city was ~d by fire la ville a brûlé; to be ~d with desire/love *fig* brûler de désir/d'amour; to be ~d with grief *fig* être miné par le chagrin; to be ~d with hatred/jealousy *fig* être dévoré par la haine/jalousie.

consumer [kənˈsjuːməʳ] ◇ *n* **-1.** [purchaser] consommateur *m*, -trice *f*. **-2.** [user] consommateur *m*, -trice *f*; gas/electricity ~ abonné *m* au gaz/à l'électricité.
◇ *comp* [advice, protection, resistance] du consommateur, des consommateurs; ~ research étude *f* de marché; ~ **credit** crédit *m* à la consommation; ~ **durables** OR **goods** biens *mpl* de consommation durables.

consumerism [kənˈsjuːmərɪzm] *n* **-1.** [consumer protection] consumérisme *m*. **-2.** *pej* [consumption] consommation *f* à outrance.

Consumers' Association *pr n association britannique des consommateurs.*

consumer society *n* société *f* de consommation.

consuming [kənˈsjuːmɪŋ] *adj* [desire, interest, passion] dévorant.

consummate [*adj* kənˈsʌmət, *vb* ˈkɒnsəmeɪt] ◇ *adj* **-1.** [extremely skilful - artist, musician] consommé, accompli. **-2.** [utter - coward, fool, liar, snob] accompli, parfait, fini.
◇ *vt* [love, marriage] consommer.

consummation [ˌkɒnsəˈmeɪʃn] *n* **-1.** [of marriage] consommation *f*. **-2.** [culmination - of career, life's work] couronnement *m*. **-3.** [achievement - of ambitions, desires] achèvement *m*.

consumption [kənˈsʌmpʃn] *n* **-1.** [eating, drinking] consommation *f*; unfit for human ~ non comestible; his words were not intended for public ~ *fig* ses paroles n'étaient pas destinées au public. **-2.** [purchasing] consommation *f*. **-3.** [using up - of gas, energy, oil] consommation *f*, dépense *f*. **-4.** [amount used] consommation *f*, dépense *f*. **-5.** [tuberculosis] consomption *f* (pulmonaire), phtisie *f*.

consumptive [kənˈsʌmptɪv] *dated* ◇ *adj* [disease, illness] consomptif, destructif.
◇ *n* phtisique *mf*, tuberculeux *m*, -euse *f*.

cont. *written abbr of* continued.

contact [ˈkɒntækt] ◇ *n* **-1.** [communication] contact *m*, rapport *m*; we don't have much ~ with our neighbours nous n'avons pas beaucoup de contacts avec nos voisins; to be in ~ with sb être en contact OR en rapport avec qqn; to come into ~ with sb entrer OR se mettre en contact OR en rapport avec qqn; to make ~ with sb prendre contact avec qqn; to lose ~ with sb [lose touch] perdre contact avec qqn. **-2.** [touch] contact *m*; always keep one foot in ~ with the ground gardez toujours un pied au sol; physical ~ contact physique; eye ~ contact visuel. **-3.** [person] relation *f*; she has some useful business ~s elle a quelques bons contacts (professionnels). **-4.** ELECTR [connector] contact *m*; [connection] contact *m*; to make (the) ~ mettre OR établir le contact; to break (the) ~ couper OR rompre le contact. **-5.** MED *personne ayant approché un malade contagieux.* **-6.** = **contact print.** **-7.** *inf* = **contact lens.**
◇ *comp* **-1.** [contagious - dermatitis] par contact. **-2.** [killing on contact - herbicide, insecticide] par contact. **-3.** [involving physical contact - sport] de contact. **-4.** [maintaining contact]: ~ number numéro où l'on peut contacter OR joindre qqn.
◇ *vt* prendre contact avec, contacter; we'll ~ you later on this week nous vous contacterons cette semaine.

contactable [kɒnˈtæktəbl] *adj* que l'on peut joindre OR contacter, joignable; I'm ~ at this number on peut me contacter OR m'appeler à ce numéro.

contact breaker *n* rupteur *m*, levier *m* de rupture.

contact flight *n* **-1.** [flight] vol *m* à basse altitude. **-2.** [navigation] navigation *f* à vue.

contact lens *n* verre *m* OR lentille *f* de contact.

contact man *n* contact *m*, agent *m* de liaison.

contact print *n* planche contact *f*, épreuve *f* par contact.

contact sport *n* sport *m* de contact.

contagion [kənˈteɪdʒn] *n* **-1.** [contamination] contagion *f*. **-2.** [disease] contagion *f*, maladie *f* contagieuse. **-3.** *lit* [moral corruption] contamination *f*.

contagious [kən'teɪdʒəs] *adj literal & fig* contagieux; **he's no longer ~** il n'est plus contagieux.

contain [kən'teɪn] *vt* -**1.** [hold - subj: bag, pocket, house, city] contenir. -**2.** [include - subj: pill, substance] contenir; [- subj: book, system, painting, speech] contenir, comporter; **her story does ~ some truth** il y a du vrai dans son histoire. -**3.** [restrain - feelings] contenir, cacher; **to ~ one's anger** contenir sa colère; **to ~ one's disappointment** cacher sa déception; **I could barely ~ myself** j'avais du mal à me contenir. -**4.** [curb - enemy forces, population growth, revolution, riot] contenir, maîtriser. -**5.** [hold back - fire] circonscrire; [- flood waters] contenir, endiguer. -**6.** [limit - damage] limiter. -**7.** MATH être divisible par.

container [kən'teɪnə^{r}] ◇ *n* -**1.** [bottle, box, tin etc] récipient *m*, boîte *f*. -**2.** [for transporting cargo] conteneur *m*, container *m*.
◇ *comp* [port, ship, terminal] porte-conteneurs; [dock, line, transport] pour porte-conteneurs.

containerization [kən,teɪnəraɪ'zeɪʃn] *n* -**1.** [of cargo] conteneurisation *f*, transport *m* par conteneurs. -**2.** [of port] conteneurisation *f*.

containerize, -ise [kən'teɪnəraɪz] *vt* -**1.** [cargo] conteneuriser, transporter par conteneurs. -**2.** [port] conteneuriser.

containment [kən'teɪnmənt] *n* -**1.** POL endiguement *m*, freinage *m*, retenue *f*; **a policy of ~** une politique d'endiguement. -**2.** PHYS confinement *m*.

contaminate [kən'tæmɪneɪt] *vt* -**1.** [pollute - food, river, water] contaminer; *fig* [corrupt] contaminer, souiller. -**2.** [irradiate - land, person, soil] contaminer.

contaminated [kən'tæmɪneɪtɪd] *adj* -**1.** [polluted - food, river, water] contaminé; [- air] contaminé, vicié; *fig* [corrupted] contaminé, corrompu. -**2.** [irradiated - land, person, soil] contaminé.

contamination [kən,tæmɪ'neɪʃn] *n* -**1.** [pollution - of food, river, water] contamination *f*; *fig* contamination *f*, corruption *f*. -**2.** [irradiation - of land, person, soil] contamination *f*; **high levels of ~** de hauts niveaux de contamination.

contango [kən'tæŋgəʊ] (*pl* **contangos**, *pt & pp* **contangoed**, *cont* **contangoing**) ◇ *n* -**1.** [postponement of payment] report *m*. -**2.** [fee] taux *m* de report.
◇ *vt* [shares] reporter.

cont'd, contd *written abbr of* **continued**.

contemplate ['kɒntempleɪt] ◇ *vt* -**1.** [ponder] considérer, réfléchir sur. -**2.** [consider] considérer, envisager; **he's contemplating marriage** il envisage de OR songe à se marier; **to ~ doing sthg** envisager de OR songer à faire qqch. -**3.** [observe] contempler; **she sat contemplating the scene** elle était assise à contempler la scène.
◇ *vi* -**1.** [ponder] méditer, se recueillir. -**2.** [consider] réfléchir.

contemplation [,kɒntem'pleɪʃn] *n* -**1.** [thought] réflexion *f*; **deep in ~** en pleine réflexion; **his ~s were rudely interrupted by the doorbell** la sonnette le tira brusquement de ses réflexions. -**2.** [observation] contemplation *f*; **she returned to her ~ of the sea** elle se remit à contempler la mer. -**3.** [meditation] contemplation *f*, recueillement *m*, méditation *f*; **a period of ~** une période de recueillement.

contemplative [kən'templətɪv] ◇ *adj* [look, mood] songeur, pensif; [life] contemplatif; RELIG [order, prayer] contemplatif.
◇ *n* contemplatif *m*, -ive *f*.

contemporaneous [kən,tempə'reɪnjəs] *adj fml* contemporain; **to be ~ (with sb/sthg)** être contemporain (de qqn/qqch).

contemporaneously [kən,tempə'reɪnjəslɪ] *adv fml* [exist, live] à la même époque; **~ with** à la même époque que.

contemporary [kən'tempərərɪ] (*pl* **contemporaries**) ◇ *adj* -**1.** [modern - art, writer] contemporain, d'aujourd'hui; **a study of ~ Britain** une étude de la Grande-Bretagne d'aujourd'hui; **the design is very ~** la conception est très moderne. -**2.** [of the same period - account, report] contemporain; **he was ~ with Thackeray** il vivait à la même époque que OR il était contemporain de Thackeray.
◇ *n* contemporain *m*, -e *f*; **he was a ~ of mine at university** nous étions ensemble OR en même temps à l'université.

contempt [kən'tempt] *n* -**1.** [scorn] mépris *m*; **I feel nothing but ~ for him** je n'ai que du mépris pour lui; **to hold sb/sthg in ~** mépriser qqn/qqch, avoir du mépris pour qqn/qqch; **to be beneath ~** être tout ce qu'il y a de plus méprisable. -**2.** JUR outrage *m*; **to charge sb with ~ (of court)** accuser qqn d'outrage (à magistrat OR à la Cour).

contemptible [kən'temptəbl] *adj* [action, attitude, person] méprisable.

contemptuous [kən'temptʃʊəs] *adj fml* [look, manner, remark] dédaigneux, méprisant; **to be ~ of sb/sthg** dédaigner qqn/qqch, faire peu de cas de qqn/qqch.

contemptuously [kən'temptʃʊəslɪ] *adv* [laugh, reject, smile] avec mépris, avec dédain.

contend [kən'tend] ◇ *vi* -**1.** [deal]: **to ~ with sb** avoir affaire à qqn; **to ~ with sthg** être aux prises avec qqch; **this is just one of the difficulties we have to ~ with** ce n'est que l'une des difficultés auxquelles nous devons faire face; **if you do that again, you'll have me to ~ with** si tu recommences, tu auras affaire à moi. -**2.** [compete] combattre, lutter; **to ~ with sb for** OR **over sthg** disputer OR contester qqch à qqn.
◇ *vt fml*: **to ~ that...** soutenir que ...

contender [kən'tendə^{r}] *n* [in fight] adversaire *mf*; [in race] concurrent *m*, -e *f*; [for title] prétendant *m*, -e *f*; [for political office] candidat *m*, -e *f*.

contending [kən'tendɪŋ] *adj* [parties, teams, views] opposé.

content [*n senses 1 & 2* 'kɒntent, *n sense 3, adj & vb* kən'tent] ◇ *n* -**1.** [amount contained] teneur *f*; **with a high iron ~** avec une forte teneur en fer, riche en fer. -**2.** [substance - of book, film, speech] contenu *m*; [meaning] teneur *f*, fond *m*; **his films are all style and no ~** dans ses films, il y a la forme mais pas le fond. -**3.** [satisfaction] contentement *m*, satisfaction *f*.
◇ *adj* content, satisfait; **to be ~ to do sthg** ne pas demander mieux que de faire qqch; **he seems quite ~ with his lot in life** il semble assez content de son sort.
◇ *vt*: **to ~ oneself with (doing) sthg** se contenter de OR se borner à (faire) qqch; **my reply seemed to ~ them** ils semblaient satisfaits de ma réponse.
◆ **contents** *npl* -**1.** [of bag, bottle, house etc] contenu *m*. -**2.** [of book, letter] contenu *m*; **the ~s (list), the list of ~s** la table des matières.

contented [kən'tentɪd] *adj* [person] content, satisfait; [smile] de contentement, de satisfaction; **she seems very ~ with life** elle semble très contente de son sort.

contentedly [kən'tentɪdlɪ] *adv* avec contentement.

contentedness [kən'tentɪdnɪs] *n* contentement *m*, satisfaction *f*.

contention [kən'tenʃn] *n* -**1.** *fml* [belief] affirmation *f*; **it is my ~ that...** je soutiens que ... -**2.** [disagreement] dispute *f*; **his morals are not in ~** sa moralité n'est pas ici mise en doute. -**3.** *phr*: **to be in ~ for sthg/to win sthg** être en compétition pour qqch/pour gagner qqch.

contentious [kən'tenʃəs] *adj* -**1.** [controversial - issue, subject] contesté, litigieux. -**2.** [argumentative - family, group, person] querelleur, chicanier. -**3.** JUR contentieux.

contentiousness [kən'tenʃəsnɪs] *n* -**1.** [controversial nature] nature *f* litigieuse. -**2.** [argumentativeness] humeur *f* querelleuse. -**3.** JUR contentieux *m*.

contentment [kən'tentmənt] *n* contentement *m*, satisfaction *f*; **she beamed with ~** elle rayonnait de satisfaction; **a look of ~** un regard de satisfaction.

content word ['kɒntent-] *n* LING mot *m* à contenu lexical.

conterminous [kɒn'tɜːmɪnəs] *adj fml* -**1.** [sharing the same border - country, land] limitrophe; [- estate, garden] adjacent, attenant, contigu; **to be ~ with sthg** être adjacent à qqch. -**2.** [uninterrupted] bout à bout. -**3.** [coincident - in range, scope, time] de même étendue.

contest [*n* 'kɒntest, *vb* kən'test] ◇ *n* -**1.** [competition] concours *m*; **beauty ~** concours *m* de beauté. -**2.** [struggle] combat *m*, lutte *f*; **a ~ for/between** un combat pour/entre. -**3.** SPORT rencontre *f*; [boxing] combat *m*, rencontre *f*; **a ~ with/between** un combat contre/entre.
◇ *vt* -**1.** [dispute - idea, statement] contester, discuter; **he ~ed my right to be at the meeting** il m'a contesté le droit d'assister à la réunion; **to ~ a will** contester un testament. -**2.** POL [fight for - election, seat] disputer; SPORT [- match, title] disputer; **a keenly ~ed game** une partie disputée avec acharnement.

contestant [kən'testənt] *n* concurrent *m*, -e *f*, adversaire *mf*.

contestation [,kɒntes'teɪʃn] *n* contestation *f*.

context ['kɒntekst] *n* contexte *m*; **the book places the writer in his social ~** le livre replace l'écrivain dans son contexte social; **in ~** dans son contexte; **she claimed her comments had been taken out of ~** elle a prétendu que ses commentaires avaient été retirés de leur contexte.

contextual [kɒn'tekstjʊəl] *adj* [criticism] contextuel.

contextualize, -ise [kɒn'tekstjʊəlaɪz] *vt* [events, facts] contextualiser, remettre dans son contexte.

contiguity [,kɒntɪ'gjuːətɪ] *n* contiguïté *f*.

contiguous [kən'tɪgjʊəs] *adj fml* contigu; **to be ~ to** OR **with sthg** être contigu à qqch.

continence ['kɒntɪnəns] *n* -**1.** MED continence *f*. -**2.** *fml* [chastity] continence *f*, chasteté *f*.

continent ['kɒntɪnənt] ◇ *n* GEOG continent *m*.
◇ *adj* -**1.** MED continent, qui n'est pas incontinent. -**2.** *fml* [chaste] continent, chaste.
◆ **Continent** *n*: **the Continent** l'Europe *f* continentale; **they're holidaying on the Continent** ils passent leurs vacances en Europe (continentale) OR outre-Manche.

continental [,kɒntɪ'nentl] ◇ *adj* -**1.** [European] d'outre-Manche, européen, d'Europe continentale. -**2.** GEOG [crust, divide] continental; **~ Latin America** l'Amérique *f* latine continentale; **~ United States** *Am désigne les 48 États des États-Unis qui forment un bloc géographique (excluant l'Hawaii et l'Alaska).*
◇ *n Br* continental *m*, -e *f*, habitant *m*, -e *f* de l'Europe continentale.

continental breakfast *n* petit déjeuner *m* à la française.

CONTINENTAL BREAKFAST:
Ce terme désigne un petit déjeuner léger, par opposition au breakfast anglais, beaucoup plus copieux et comportant un plat chaud.

continental climate *n* climat *m* continental.

continental drift *n* dérive *f* des continents.

continental quilt *n* couette *f*, duvet *m*.

continental shelf *n* plateau *m* continental, plate-forme *f* continentale.

contingency [kən'tɪndʒənsɪ] (*pl* **contingencies**) ◇ *n fml* -**1.** [possibility] éventualité *f*, contingence *f*; **to provide for all contingencies** parer à toute éventualité. -**2.** [chance] événement *m* inattendu; [uncertainty] (cas *m*) imprévu *m*, éventualité *f*. -**3.** [in statistics] contingence *f*.
◇ *comp* [fund] de prévoyance; [plan] d'urgence; [table, coefficient] des imprévus.
◆ **contingencies** *npl* FIN frais *mpl* divers.

contingency fee *n* JUR *aux États-Unis, principe permettant à un avocat de recevoir une part des sommes attribuées à son client si ce dernier gagne son procès.*

contingent [kən'tɪndʒənt] ◇ *adj fml* -**1.** [dependent] contingent; to be ~ on OR upon sthg dépendre de qqch. -**2.** [accidental] accidentel, fortuit. -**3.** [uncertain] éventuel.
◇ *n* -**1.** MIL contingent *m*. -**2.** [representative group] groupe *m* représentatif.

continual [kən'tɪnjʊəl] *adj* -**1.** [continuous - pain, pleasure, struggle] continuel. -**2.** [repeated - nagging, warnings] incessant, continuel.

continually [kən'tɪnjʊəlɪ] *adv* -**1.** [continuously - change, evolve] continuellement. -**2.** [repeatedly - complain, nag, warn] sans cesse.

continuance [kən'tɪnjʊəns] *n* -**1.** [continuation] continuation *f*, persistance *f*, durée *f*. -**2.** *Am* JUR ajournement *m (d'un procès)*.

continuant [kən'tɪnjʊənt] ◇ *n* LING (consonne *f*) continue *f*.
◇ *adj* continu.

continuation [kən,tɪnjʊ'eɪʃn] *n* -**1.** [sequel] continuation *f*, suite *f*. -**2.** [resumption] reprise *f*. -**3.** [prolongation] prolongement *m*, suite *f*.

continue [kən'tɪnjuː] ◇ *vi* -**1.** [carry on] continuer; to ~ to do sthg OR doing sthg continuer à faire qqch; we ~d on our way nous avons poursuivi notre chemin, nous nous sommes remis en route; the path ~s on down to the river le chemin continue jusqu'à la rivière; ~ with the treatment for another week continuez le traitement encore une semaine. -**2.** [begin again] reprendre; the talks will ~ today les entretiens reprendront aujourd'hui.
◇ *vt* -**1.** [carry on - education] poursuivre, continuer; [- tradition] perpétuer, continuer; [- treatment] continuer. -**2.** [resume - conversation, performance, talks] reprendre, continuer; "furthermore", he ~d... «de plus», continua-t-il...; to be ~d à suivre; ~d on the next page suite à la page suivante.

continuity [,kɒntɪ'njuːətɪ] (*pl* continuities) ◇ *n* -**1.** [cohesion] continuité *f*. -**2.** CIN & TV continuité *f*.
◇ *comp* [department, studio] pour raccords.

continuity girl *n* scripte *f*.

continuo [kən'tɪnjʊəʊ] (*pl* continuos) *n* continuo *m*.

continuous [kən'tɪnjʊəs] *adj* -**1.** [uninterrupted - noise, process] continu, ininterrompu; ~ assessment contrôle *m* continu; ~ performances CIN spectacle *m* permanent; ~ stationery papier *m* en continu. -**2.** [unbroken - line, surface] continu. -**3.** GRAMM [tense] continu.

continuously [kən'tɪnjʊəslɪ] *adv* continuellement, sans arrêt.

continuum [kən'tɪnjʊəm] (*pl* continuums OR continua [-njʊə]) *n* continuum *m*.

contort [kən'tɔːt] *vt* [body, features] tordre.

contorted [kən'tɔːtɪd] *adj* [body, features] tordu, crispé.

contortion [kən'tɔːʃn] *n* [of body, features] contorsion *f*, convulsion *f*, crispation *f*; mental ~s *fig* contorsions OR acrobaties *fpl* mentales.

contortionist [kən'tɔːʃənɪst] *n* contorsionniste *mf*, homme *m* caoutchouc; verbal ~ *fig* virtuose *mf* de la rhétorique.

contour ['kɒn,tʊə^r] ◇ *n* -**1.** [line] contour *m*. -**2.** = **contour line**. -**3.** [shape - of body, car] contour *m*.
◇ *vt* -**1.** [map] tracer les courbes de niveaux sur. -**2.** [shape - dress, car] tracer les contours de.

contour line *n* courbe *f* de niveau.

contour map *n* carte *f* topographique.

contra- ['kɒntrə] *in cpds* -**1.** [opposing] contre-, contra-. -**2.** MUS contra-.

contraband ['kɒntrəbænd] ◇ *n (U)* -**1.** [smuggling] contrebande *f*. -**2.** [smuggled goods] (marchandises *fpl* de) contrebande *f*.
◇ *adj* [activities, goods] de contrebande.

contrabassoon [,kɒntrəbə'suːn] *n* contrebasson *m*.

contraception [,kɒntrə'sepʃn] *n* contraception *f*.

contraceptive [,kɒntrə'septɪv] ◇ *n* contraceptif *m*; ~ pill pilule *f* contraceptive.
◇ *adj* [device, method] contraceptif.

contract [*n* 'kɒntrækt, *vb* kən'trækt] ◇ *n* -**1.** [agreement] contrat *m*, convention *f*; [document] contrat *m*; to be under ~ être sous contrat, avoir un contrat; to put work out to ~ sous-traiter du travail; to put out a ~ on sb *inf* mettre la tête de qqn à prix ❑ marriage ~ contrat de mariage; ~ of employment contrat de travail. -**2.** = **contract bridge**.
◇ *comp* [work] à forfait, contractuel; the police suspect it was a ~ killing la police soupçonne que c'est le travail d'un tueur à gages.
◇ *vt* -**1.** *fml* [agree]: to ~ (with sb) to do sthg s'engager par contrat à faire qqch. -**2.** *fml* [agree to - alliance, marriage] contracter. -**3.** [acquire - disease, illness, debt] contracter. -**4.** [make shorter - vowel, word] contracter. -**5.** [make tense - muscle] contracter.
◇ *vi* se contracter.
◆ **contract in** *vi insep Br* s'engager (par contrat préalable).
◆ **contract out** ◇ *vt sep* [work] sous-traiter.
◇ *vi insep Br*: to ~ out of sthg cesser de cotiser à qqch.

contract bridge *n* bridge *m* contrat.

contractile [kən'træktaɪl] *adj* contractile, de contraction.

contraction [kən'trækʃn] *n* -**1.** [shrinkage - of metal] contraction *f*. -**2.** [short form of word] contraction *f*; "haven't" is a ~ of "have not" «haven't» est une forme contractée de «have not». -**3.** [of muscle - esp in childbirth] contraction *f*.

contractor [kən'træktə^r] *n* [worker] entrepreneur *m*.

contractual [kən'træktʃʊəl] *adj* [agreement, obligation] contractuel.

contractually [kən'træktʃʊəlɪ] *adv* [binding] par contrat.

contradict [,kɒntrə'dɪkt] *vt* -**1.** [challenge - person, statement] contredire; she hates being ~ed elle déteste qu'on la contredise; don't ~ me! ne me contredisez pas! -**2.** [conflict with - subj: facts, stories] contredire.

contradiction [,kɒntrə'dɪkʃn] *n* -**1.** [inconsistency] contradiction *f*; his words are in complete ~ with his actions ses paroles sont en complet désaccord avec ses actes. -**2.** [conflicting statement] démenti *m*, contradiction *f*; a ~ in terms une contradiction dans les termes.

contradictory [,kɒntrə'dɪktərɪ] *adj* [statements, stories] contradictoire, opposé; [person] qui a l'esprit de contradiction.

contradistinction [,kɒntrədɪ'stɪŋkʃn] *n fml* opposition *f*, contraste *m*; in ~ to par opposition à, par contraste avec.

contraflow ['kɒntrəfləʊ] *Br* ◇ *n* circulation *f* à contre-courant.
◇ *comp* [system] de circulation *f* à contre-courant.

contraindication ['kɒntrə,ɪndɪ'keɪʃn] *n* contre-indication *f*.

contralto [kən'træltəʊ] (*pl* contraltos) ◇ *n* [voice] contralto *m*; [singer] contralto *mf*.
◇ *adj* [part, voice] de contralto.

contraposition [,kɒntrəpə'zɪʃn] *n* opposition *f*, antithèse *f*.

contraption [kən'træpʃn] *n* dispositif *m*, engin *m*, truc *m*.

contrapuntal [,kɒntrə'pʌntl] *adj* en contrepoint, contrapuntique.

contrarily [*Br sense 1* kən'treərɪlɪ, *sense 2* 'kɒntrərɪlɪ, *Am* kɒn'trerəlɪ] *adv* -**1.** [obstinately] par esprit de contradiction. -**2.** [on the other hand] contrairement.

contrariness [kən'treərɪnɪs] *n* [obstinacy] esprit *m* de contradiction.

contrariwise ['kɒntrərɪ,waɪz] *adv* -**1.** [on the other hand] d'autre part, en revanche. -**2.** [in the opposite direction] en sens opposé.

contrary ['kɒntrərɪ, *adj sense 2* kən'treərɪ] ◇ *adj* -**1.** [opposed - attitudes, ideas, opinions] contraire, en opposition; ~ to nature contre nature. -**2.** [obstinate - attitude, person] contrariant.
◇ *prep*: ~ to popular belief contrairement à ce que l'on croit généralement; ~ to what I had been told contrairement à ce qu'on m'avait dit.
◆ **on the contrary** *adv phr* au contraire.
◆ **to the contrary** *adv phr*: the meeting will be at six, unless you hear to the ~ la réunion sera à six heures, sauf contrordre OR avis contraire.

contrast [*vb* kən'trɑːst, *n* 'kɒntrɑːst] ◇ *vt* contraster, mettre en contraste; to ~ sb/sthg with, to ~ sb/sthg to mettre en contraste qqn/qqch avec.
◇ *vi* contraster, trancher; to ~ with sthg contraster avec qqch.
◇ *n* -**1.** [difference] contraste *m*; [person, thing] contraste *m*; there is a marked ~ between his public and his private life il y a un contraste frappant entre sa vie d'homme public et sa vie privée; life in Africa was a complete ~ to life in Europe la vie en Afrique présentait un contraste total avec la vie en Europe; her response was in stark ~ to the government's sa réponse était en contraste absolu avec celle du gouvernement. -**2.** ART & TV contraste *m*.
◆ **by contrast, in contrast** *adv phr* par contraste.
◆ **in contrast with, in contrast to** *prep phr* par opposition à, par constraste avec.

contrasting [kən'trɑːstɪŋ], **contrastive** [kən'trɑːstɪv] *adj* [attitudes, lifestyles, responses] qui fait contraste; [colours] opposé, contrasté.

contravene [,kɒntrə'viːn] *vt* -**1.** [infringe - law, rule] transgresser, enfreindre, violer. -**2.** [dispute - statement] nier, opposer un démenti à.

contravention [,kɒntrə'venʃn] *n* infraction *f*, violation *f*; in ~ of the law en infraction par rapport à la loi.

contribute [kən'trɪbjuːt] ◇ *vt* [give - money] donner; [- article, poem] écrire; [- ideas] apporter; the government will ~ a further two million pounds le gouvernement ajoutera deux millions de livres à sa contribution; they ~d their ideas and enthusiasm to the project ils ont apporté leurs idées et leur enthousiasme au projet.
◇ *vi* -**1.** [donate money] contribuer; we ask everyone to ~ generously nous demandons à chacun de contribuer généreusement. -**2.** [give] donner; she still has a lot to ~ to her family elle a encore beaucoup à apporter à sa famille. -**3.** [influence]: to ~ to sthg contribuer à qqch. -**4.** [journalist, author]: to ~ to écrire pour; she ~s to various literary magazines elle écrit pour divers magazines littéraires.

contribution [,kɒntrɪ'bjuːʃn] *n* -**1.** [of money, goods] contribution *f*, cotisation *f*; [of ideas, enthusiasm] apport *m*; he made a valuable ~ to the project il a apporté une collaboration précieuse au projet; we encourage the ~ of regular sums of money to charity nous encourageons les versements d'argent réguliers à des œuvres de charité ❑ national insurance ~s *Br* ≃ cotisations *fpl* à la Sécurité sociale. -**2.** [of article] article *m (écrit pour un journal)*.

contributor [kən'trɪbjʊtə^r] *n* -**1.** [of money, goods] donateur *m*, -trice *f*. -**2.** [to magazine] collaborateur *m*, -trice *f*. -**3.** [factor] facteur *m*.

contributory [kən'trɪbjʊtərɪ] (*pl* contributories) ◇ *adj* [contributing - cause, factor, reason] contribuant, qui contribue; ~ pension scheme régime *m* de retraite *(avec participation de l'assuré)*.
◇ *n* FIN *actionnaire qui doit contribuer au paiement des dettes*.

contributory negligence *n* imprudence *f*, faute *f (avant un accident)*.

contrite ['kɒntraɪt] *adj* [face, look] contrit, repentant; to look/to be ~ avoir un air/être contrit.

contrition [kən'trɪʃn] *n* contrition *f*, pénitence *f*.

contrivance [kən'traɪvəns] *n* -**1.** [contraption] dispositif *m*, mécanisme *m*. -**2.** [stratagem] invention *f*, manigance *f*.

contrive [kən'traɪv] ◇ *vt* -**1.** [engineer - meeting] combiner. -**2.** [invent - device, machine] inventer, imaginer.
◇ *vi*: **to ~ to do sthg** trouver le moyen de faire qqch; **she ~d to confuse matters still further** elle a réussi à embrouiller encore plus les choses.

contrived [kən'traɪvd] *adj* -**1.** [deliberate - incident, meeting] délibéré, arrangé. -**2.** [artificial - plot, ending] forcé, peu naturel.

control [kən'trəʊl] ◇ *n* -**1.** [of country, organization] direction *f*; [of car, machine] contrôle *m*; [of one's life] maîtrise *f*; [of oneself] maîtrise *f* (de soi); SPORT [of ball] contrôle *m*; **to have ~ of** OR **over sb** avoir de l'autorité sur qqn; **to have ~ of** OR **over sthg** avoir le contrôle de qqch; **the rebels have gained ~ of the capital** les rebelles ont pris le contrôle de la capitale; **to be in ~ of sthg** être maître de qqch; **to lose ~ of sthg** [of car] perdre le contrôle de qqch; [of situation] ne plus être maître de qqch; **under ~: the situation is under ~** nous maîtrisons la situation; **everything's under ~** tout va bien, aucun problème, tout est au point; **to keep sthg under ~** maîtriser qqch; **dogs must be kept under ~** les chiens doivent être tenus en laisse; **the fire was finally brought under ~** l'incendie fut finalement maîtrisé; **public spending is under the ~ of our department** le budget national relève de notre département; **the country is no longer under British/government ~** le pays n'est plus sous contrôle britannique/gouvernemental; **beyond** OR **outside one's ~** indépendant de sa volonté; **out of ~: the fire was out of ~** on n'arrivait pas à maîtriser l'incendie; **the crowd got out of ~** la foule s'est déchaînée; **her children are completely out of ~** ses enfants sont intenables ❑ **traffic ~** régulation *f* de la circulation; **pest ~** lutte *f* contre les animaux/insectes nuisibles. -**2.** [check] contrôle *m*; **quality ~** contrôle de qualité. -**3.** [device]: **volume ~** réglage *m* du volume; **~s** [on car, arcraft, machine] commandes *fpl*; **the pilot was at the ~s/took over the ~s** le pilote était aux commandes/a pris les commandes. -**4.** [in experiment] témoin *m*. -**5.** [checkpoint - at border] douane *f*; [- in car rally] contrôle *m*; **passport and custom ~s** formalités *fpl* de douane. -**6.** [restraint] contrôle *m*; **price/wage ~s** contrôle des prix/des salaires; **immigration ~s** contrôle de l'immigration.
◇ *comp* [button, knob, switch] de commande, de réglage.
◇ *vt* -**1.** [run - country, government, organization] diriger. -**2.** [regulate - machine, system] régler; [- animal] tenir, se faire obéir de; [- crowd, immigration, traffic] contrôler; **this switch ~s the central heating** ce commutateur règle OR commande le chauffage central. -**3.** [curb - inflation, prices, spending, fire] maîtriser; [- disease, epidemic] enrayer, juguler; [- activities, emotions, face, voice] maîtriser; **try to ~ yourself** essaie de te contrôler OR maîtriser; **she could barely ~ her anger** elle avait du mal à maîtriser sa colère. -**4.** [verify - accounts] contrôler; [- experiment] vérifier.

control account *n* compte *m* collectif.

control column *n* manche *m* à balai.

control commands *npl* commandes *fpl*.

control desk *n* bureau *m* de contrôle.

control experiment *n* cas *m* témoin.

control group *n* groupe *m* témoin.

control key *n* touche *f* «control».

controllable [kən'trəʊləbl] *adj* [animal, person, crowd] discipliné; [emotions, situation] maîtrisable; [expenditure, inflation] contrôlable.

controlled [kən'trəʊld] *adj* -**1.** [emotions, voice] contenu; **she remained very ~** elle est restée très calme. -**2.** ECON: **~ economy** économie *f* dirigée OR planifiée. -**3.** [directed]: **~ explosion** neutralisation *f (d'un explosif)*; **the bomb was let off in a ~ explosion** la bombe a été neutralisée.

controller [kən'trəʊlər] *n* -**1.** [person in charge] responsable *m*; **the new Controller of BBC1** le nouveau responsable de BBC1. -**2.** [accountant] contrôleur *m*; **financial ~** contrôleur financier.

controlling [kən'trəʊlɪŋ] *adj* [factor] déterminant.

controlling interest *n* participation *f* majoritaire; **they now have a ~ in the company** à présent, ils ont une participation majoritaire dans cette société.

control panel *n* tableau *m* de bord.

control rod *n* NUCL barre *f* de contrôle.

control room *n* salle *f* des commandes, centre *m* de contrôle.

control tower *n* tour *f* de contrôle.

controversial [ˌkɒntrə'vɜːʃl] *adj* [book, film, issue, subject] controversé; [decision, speech] sujet à controverse; [person] controversé.

controversy ['kɒntrəvɜːsɪ, *Br* kən'trɒvəsɪ] *n* controverse *f*, polémique *f*; **her speech caused a lot of ~** son discours a provoqué beaucoup de controverses; **a major ~ is brewing over unemployment** un grand scandale se prépare autour du chômage.

controvert ['kɒntrəvɜːt] *vt arch* controverser.

contumacious [ˌkɒntjuː'meɪʃəs] *adj lit* insubordonné.

contumacy ['kɒntjʊməsɪ] *n* -**1.** *lit* [disobedience] insubordination *f*. -**2.** JUR contumace *f*.

contumelious [ˌkɒntjuː'miːljəs] *adj lit* insolant, méprisant.

contumely ['kɒntjuːmlɪ] *n lit* [language] insolence *f*; [insult] offense *f*.

contusion [kən'tjuːʒn] *n fml* contusion *f*.

conundrum [kə'nʌndrəm] *n* -**1.** [riddle] devinette *f*, énigme *f*. -**2.** [problem] énigme *f*.

conurbation [ˌkɒnɜː'beɪʃn] *n* conurbation *f*.

convalesce [ˌkɒnvə'les] *vi* se remettre *(d'une maladie)*; **she's convalescing (from a bad bout of flu)** elle se remet (d'une mauvaise grippe).

convalescence [ˌkɒnvə'lesns] *n* [return to health] rétablissement *m*; [period of recovery] convalescence *f*.

convalescent [ˌkɒnvə'lesnt] ◇ *n* convalescent *m*, -e *f*.
◇ *adj*: **~ home** maison *f* de convalescence OR de repos.

convection [kən'vekʃn] ◇ *n* GEOL, METEOR & PHYS convection *f*.
◇ *comp* [heater, heating] à convection; [current] de convection.

convector (heater) [kən'vektər-] *n* radiateur *m* à convection, convecteur *m*.

convene [kən'viːn] ◇ *vt* [conference, meeting] convoquer.
◇ *vi* [board, jury, members] se réunir.

convener [kən'viːnər] *n* -**1.** *Br* [trade union official] *secrétaire des délégués syndicaux*. -**2.** [of meeting] président *m*, -e *f*.

convenience [kən'viːnjəns] *n* -**1.** [ease of use] commodité *f*; [benefit] avantage *m*; **I use a bicycle for ~** OR **for ~'s sake** j'utilise une bicyclette par commodité; **our customers can now enjoy the ~ of on-site parking** nous offrons désormais à notre clientèle la commodité d'un parking à proximité; **please reply at your earliest ~** *fml* veuillez répondre dans les meilleurs délais; **fill in the form at your ~** remplissez le formulaire quand cela vous conviendra. -**2.** [facility] commodités *fpl*, confort *m*; **the house has every modern ~** la maison a tout le confort moderne. -**3.** *Br fml & euph* [lavatory] toilettes *fpl*; **public ~s** toilettes publiques.

convenience food *n* aliment *m* prêt à consommer, plat *m* cuisiné.

convenience store *n Am supérette de quartier qui reste ouverte tard le soir.*

convenient [kən'viːnjənt] *adj* -**1.** [suitable - day, time] commode; **when would be ~ for you?** quand cela vous arrangerait-il?; **this isn't a very ~ moment to talk** le moment n'est pas bien choisi pour parler. -**2.** [handy - service, tool] pratique; **the house is very ~ for local shops and schools** la maison est très bien située pour les magasins et les écoles; **the bus stop's just round the corner — how ~!** l'arrêt de bus se trouve juste au coin de la rue — c'est bien pratique! -**3.** [nearby]: **I grabbed a ~ chair and sat down** j'ai saisi la chaise la plus proche et me suis assis.

conveniently [kən'viːnjəntlɪ] *adv* commodément; **the cottage is ~ situated for the beach** le cottage est bien situé pour la plage; **they very ~ forgot to enclose the cheque** comme par hasard, ils ont oublié de joindre le chèque.

convening [kən'viːnɪŋ] ◇ *adj* [authority, country] habilité à convoquer, hôte.
◇ *n* convocation *f*.

convenor [kən'viːnər] = **convener**.

convent ['kɒnvənt] ◇ *n* -**1.** RELIG couvent *m*; **to enter a ~** entrer au couvent. -**2.** [convent school] institution *f* religieuse.
◇ *comp* [education, school] religieux; **she was ~-educated** elle a fait ses études dans une institution religieuse.

convention [kən'venʃn] *n* -**1.** *(U)* [custom] usage *m*; **to defy ~** braver les usages; **according to ~** selon l'usage. -**2.** [agreement] convention *f*; **to sign a ~ on sthg** signer une convention sur qqch ❑ **the Geneva Convention** la Convention de Genève. -**3.** [meeting] convention *f*. -**4.** [accepted usage] convenances *fpl*; **it's a common ~ in the nineteenth-century novel** c'est une convention courante dans les romans du dix-neuvième siècle.

conventional [kən'venʃənl] *adj* -**1.** [orthodox - behaviour, ideas] conventionnel; [- person] conformiste; **~ wisdom** sagesse *f* populaire; **~ wisdom has it that...** d'aucuns disent que... -**2.** [traditional - medicine, methods, technique, art] classique, traditionnel. -**3.** [non-nuclear] conventionnel; **~ weapons** armes *fpl* conventionnelles.

conventionally [kən'venʃnəlɪ] *adv* de façon conventionnelle.

convention centre *n* palais *m* des congrès.

converge [kən'vɜːdʒ] *vi* -**1.** [merge - paths, lines] converger; [- groups, ideas, tendencies] converger. -**2.** [gather - crowds, groups, people] se rassembler; **thousands of fans ~d on the stadium** des milliers de fans se sont rassemblés sur le stade. -**3.** MATH converger.

convergence [kən'vɜːdʒəns] *n* -**1.** [of paths, ideas] convergence *f*. -**2.** MATH convergence *f*.

convergent [kən'vɜːdʒənt] *adj* -**1.** [paths, tendencies] convergent. -**2.** MATH convergent.

convergent thinking *n* raisonnement *m* convergent.

converging [kən'vɜːdʒɪŋ] = **convergent**.

conversant [kən'vɜːsənt] *adj fml* qui est au courant, qui connaît; **we were expected to be fully ~ with colloquial French/running an office** nous étions censés avoir une connaissance parfaite du français familier/de l'administration d'un bureau.

conversation [ˌkɒnvə'seɪʃn] *n* conversation *f*; **the art of ~** l'art de la conversation; **we had a long ~ about fishing** nous avons eu une longue conversation sur la pêche; **she was deep in ~ with my sister** elle était en grande conversation avec ma sœur; **a telephone ~** une conversation téléphonique; **to get into ~ with sb** engager la conversation avec qqn; **to make ~** faire la conversation; **to run out of ~** n'avoir plus rien à dire ❑ **that's a ~ stopper!** ça jette toujours un froid dans la conversation!

conversational [ˌkɒnvə'seɪʃənl] *adj* [tone, voice] de la conversation; **~ Spanish** espagnol courant.

conversationalist [ˌkɒnvə'seɪʃnəlɪst] *n* causeur *m*, -euse *f*; **he's a brilliant ~** il brille dans la conversation.

conversationally [ˌkɒnvə'seɪʃnəlɪ] *adv* [mention, say] sur le ton de la conversation.

conversation piece *n* -**1.** [unusual object] curiosité *f*. -**2.** [play] *pièce au dialogue brillant.*

converse [*vb* kən'vɜːs, *n* & *adj* 'kɒnvɜːs] ◇ *vi fml* converser, s'entretenir; to ~ with sb s'entretenir avec qqn.
◇ *adj* [opinion, statement] contraire.
◇ *n* -**1.** [gen] contraire *m*, inverse *m*; **I believe the ~ to be true** je crois que l'inverse est vrai. -**2.** MATH & PHILOS inverse *m*. -**3.** *fml* OR *lit* conversation *f*, entretien *m*; **to hold ~ with sb** s'entretenir avec qqn.

conversely [kən'vɜːslɪ] *adv* inversement, réciproquement; **~, you can use the paint directly on the wood** inversement, vous pouvez utiliser la peinture directement sur le bois.

conversion [kən'vɜːʃn] *n* -**1.** [process] conversion *f*, transformation *f*; **the ~ of water into wine** la transformation de l'eau en vin. -**2.** MATH conversion *f*. -**3.** [change of beliefs] conversion *f*. -**4.** RUGBY transformation *f*. -**5.** [converted building] *appartement aménagé dans un ancien hôtel particulier, entrepôt, atelier etc.* -**6.** JUR conversion *f*.

conversion table *n* table *f* de conversion.

convert [*vb* kən'vɜːt, *n* 'kɒnvɜːt] ◇ *vt* -**1.** [building, car, ship] aménager, convertir; [machine, system] transformer; **to ~ sthg to** OR **into sthg** transformer OR convertir qqch en qqch; **the school was ~ed to house several workshops** l'école a été aménagée de façon à avoir plusieurs ateliers. -**2.** MATH convertir; **how do you ~ pints into litres?** comment convertir des pintes en litres?; **to ~ pesetas into pounds** [as calculation] convertir des pesetas en livres; [by exchanging money] changer des pesetas en livres. -**3.** RELIG convertir; **to ~ sb to sthg** convertir qqn à qqch. -**4.** RUGBY transformer; **to ~ a try** transformer un essai. -**5.** JUR convertir. -**6.** FIN [bond, security] convertir.
◇ *vi* -**1.** [vehicle, machine] se convertir. -**2.** [in rugby] se transformer.
◇ *n* converti *m*, -e *f*; **she's a ~ to Catholicism** c'est une catholique convertie.

converted [kən'vɜːtɪd] *adj* [factory, farmhouse, school] aménagé, transformé.

converter [kən'vɜːtəʳ] *n* -**1.** METALL & PHYS convertisseur *m*; RADIO modulateur *m* de fréquence; COMPUT convertisseur *m*. -**2.** = **converter reactor**.

converter reactor *n* réacteur *m* convertisseur.

convertibility [kən,vɜːtə'bɪlətɪ] *n* [of currency] convertibilité *f*; [of building, car, machine] convertibilité *f*.

convertible [kən'vɜːtəbl] ◇ *adj* [currency] convertible; [car, machine, couch] convertible.
◇ *n* AUT décapotable *f*.

convertor [kən'vɜːtəʳ] = **converter**.

convex [kɒn'veks] *adj* [lens, surface] convexe.

convexity [kɒn'veksətɪ] (*pl* **convexities**) *n* convexité *f*.

convey [kən'veɪ] *vt* -**1.** *fml* [transport – cargo, people] transporter. -**2.** [communicate – information, meaning, message] transmettre; **I tried to ~ to him the importance of the decision** j'ai essayé de lui faire comprendre l'importance de la décision; **no words can ~ my gratitude** aucun mot ne peut traduire ma gratitude; **please ~ my thanks (to them)** veuillez leur transmettre mes remerciements. -**3.** JUR transférer.

conveyance [kən'veɪəns] *n* -**1.** [transport] transport *m*. -**2.** *dated* [vehicle] véhicule *m*. -**3.** JUR [transfer of property] cession *f*, transfert *m*; [document] acte *m* de cession.

conveyancing [kən'veɪənsɪŋ] *n Br* procédure *f* translative (de propriété).

conveyor [kən'veɪəʳ] *n* -**1.** [transporter] transporteur *m*. -**2.** = **conveyor belt**.

conveyor belt *n* tapis *m* roulant.

convict [*vb* kən'vɪkt, *n* 'kɒnvɪkt] ◇ *vt* déclarer OR reconnaître coupable; **she was ~ed** elle a été déclarée OR reconnue coupable; **to ~ sb of** OR **for sthg** déclarer OR reconnaître qqn coupable de qqch.
◇ *n* détenu *m*, -e *f*.
◇ *vi* rendre un verdict de culpabilité; **the jury is unlikely to ~** il est peu probable que le jury rende un verdict de culpabilité.

convicted [kən'vɪktɪd] *adj* [criminal, murderer] reconnu coupable.

conviction [kən'vɪkʃn] *n* -**1.** [belief] conviction *f*. -**2.** [certainty] certitude *f*, conviction *f*; **he lacks ~** il manque de conviction; **I suppose so, I said without much ~** je suppose, dis-je sans grande conviction. -**3.** [plausibility]: **the theory carries little ~** la théorie est peu convaincante. -**4.** JUR condamnation *f*; **the prosecution called for his ~** la partie plaignante a demandé sa condamnation; **she has several previous ~s** elle a déjà été condamnée plusieurs fois.

convince [kən'vɪns] *vt* convaincre, persuader; **his arguments don't ~ me** ses arguments ne me convainquent pas; **to ~ sb of sthg** convaincre OR persuader qqn de qqch; **to ~ sb to do sthg** convaincre OR persuader qqn de faire qqch.

convinced [kən'vɪnst] *adj* convaincu; **to be ~ of sthg** être convaincu de qqch.

convincing [kən'vɪnsɪŋ] *adj* [argument, person] convaincant; [victory, win] décisif, éclatant.

convincingly [kən'vɪnsɪŋlɪ] *adv* [argue, speak, pretend] de façon convaincante; [beat, win] de façon éclatante.

convivial [kən'vɪvɪəl] *adj* [atmosphere, gathering, lunch] convivial, joyeux; [behaviour, manner, person] joyeux, plein d'entrain.

conviviality [kən,vɪvɪ'ælətɪ] *n* convivialité *f*, gaieté *f*, jovialité *f*.

convocation [,kɒnvə'keɪʃn] *n* -**1.** [summoning] convocation *f*. -**2.** [meeting] assemblée *f*, réunion *f*; RELIG synode *m*.

convoke [kən'vəʊk] *vt* [assembly, meeting] convoquer.

convoluted ['kɒnvəluːtɪd] *adj* [shape] convoluté; [prose, reasoning, sentence] alambiqué.

convolution [,kɒnvə'luːʃn] *n fml* circonvolution *f*.

convolvulus [kən'vɒlvjʊləs] (*pl* **convolvuluses** OR **convolvuli** [-laɪ]) *n* liseron *m*.

convoy ['kɒnvɔɪ] ◇ *n* [escort of ships] convoi *m*; [ships, vehicles under escort] convoi *m*; **to travel in ~** voyager en convoi.
◇ *vt* convoyer, escorter.

convulsant [kən'vʌlsənt] ◇ *adj* [drug] convulsivant.
◇ *n* convulsivant *m*.

convulse [kən'vʌls] *vi* [face, lungs, muscle] se convulser, se contracter, se crisper.

convulsed [kən'vʌlst] *adj*: **he was ~ with pain** il se tordait de douleur; **the audience were ~ with laughter** l'auditoire se tordait de rire.

convulsion [kən'vʌlʃn] *n* -**1.** MED convulsion *f*; **to have ~s** avoir des convulsions. -**2.** [revolution, war] bouleversement *m*; [earthquake] secousse *f*.

convulsive [kən'vʌlsɪv] *adj* [laughter, movement] convulsif.

cony ['kəʊnɪ] (*pl* **conies**) ◇ *n* [rabbit] lapin *m*; [rabbit fur] lapin *m*.
◇ *comp*: **~ skin** peau *f* de lapin.

coo [kuː] (*pl* **coos**) ◇ *n* roucoulement *m*.
◇ *vi* [pigeon] roucouler; [baby, person] babiller, gazouiller.
◇ *vt* [endearments, sweet nothings] roucouler.
◇ *interj inf*: **~!** ça alors!

cooee *inf*, **cooey** *inf* ['kuːɪ] *interj*: **~!** coucou!

cooing ['kuːɪŋ] *n* [of pigeon] roucoulement *m*; [of baby, person] gazouillement *m*.

cook [kʊk] ◇ *n* cuisinier *m*, -ère *f*; **she's an excellent ~** c'est une excellente cuisinière ❑ **chief ~ and bottlewasher** *inf* bonne *f* à tout faire; **too many ~s spoil the broth** *prov* trop de cuisinières gâtent la sauce.
◇ *vt* -**1.** [food, meal] cuisiner, cuire; **to ~ sb's goose** *inf* mettre qqn dans le pétrin. -**2.** *inf Br* [fiddle – accounts] truquer; **to ~ the books** truquer les comptes.
◇ *vi* [person] cuisiner; [food] cuire; **he ~s well** il cuisine bien; **it ~s in five minutes** ça cuit en cinq minutes ❑ **what's ~ing?** *inf* qu'est-ce qui se mijote?
◆ **cook out** *inf vi insep Am* faire un barbecue.
◆ **cook up** *inf vt sep* [plan, deal] mijoter; [excuse, story] inventer.

cookbook ['kʊkbʊk] *n* livre *m* de cuisine.

cooked [kʊkt] *adj* [food, meat] cuit; **~ breakfast** *Br* petit déjeuner *m* anglais.

cooker ['kʊkəʳ] *n Br* -**1.** [stove] cuisinière *f*. -**2.** *inf* [apple] pomme *f* à cuire.

cookery ['kʊkərɪ] *n* cuisine *f*.

cookery book *n Br* livre *m* de cuisine.

cookhouse ['kʊkhaʊs, *pl* -haʊzɪz] *n* cuisine *f*.

cookie ['kʊkɪ] *n* -**1.** *Am* biscuit *m*. -**2.** *phr*: **that's the way the ~ crumbles!** c'est la vie!

cooking ['kʊkɪŋ] ◇ *n* [activity] cuisine *f*; [food] cuisine *f*; **French/home ~** cuisine française/maison; **~ time** temps *m* de cuisson.
◇ *comp* [oil, sherry] de cuisine; [apple] à cuire.

cookout ['kʊkaʊt] *n Am* barbecue *m*.

Cook Strait [kʊk-] *pr n* le détroit de Cook.

cooky ['kʊkɪ] (*pl* **cookies**) = **cookie**.

cool [kuːl] ◇ *adj* -**1.** [in temperature – breeze, room, weather] frais; [– drink, water] rafraîchissant, frais; [– clothes, material] léger; **keep in a ~ place** conservez dans un endroit frais. -**2.** [of colour – blue, green] clair. -**3.** [calm – person, manner, voice] calme; **keep ~!** du calme!; **play it ~!** *inf* ne nous énervons pas!, pas de panique!; **a ~ customer** *inf* une personne effrontée OR qui a du culot; **to be ~ and collected** être d'un calme olympien ❑ **to be** OR **to look as ~ as a cucumber** garder son sang-froid OR calme. -**4.** [unfriendly – person, greeting, welcome] froid. -**5.** *inf* [of sum of money] coquet, rondelet; **she earned a ~ half million** elle a gagné un petit demi-million. -**6.** *inf* [great] génial, super; **that's ~!** c'est génial!; **I'll be there at eight — ~!** je serai là à huit heures — super!
◇ *n* -**1.** [coolness] fraîcheur *f*; **the ~ of evening** la fraîcheur du soir. -**2.** [calm] calme *m*, sang-froid *m*; **to keep/to lose one's ~** *inf* garder/perdre son calme.
◇ *vt* [air, liquid, room] rafraîchir, refroidir; [brow, feet] rafraîchir; **to ~ one's heels** faire le pied de grue; **they left him to ~ his heels in jail** ils l'ont laissé mijoter en prison; **~ it!** du calme!
◇ *vi* [food, liquid] (se) refroidir; [enthusiasm, passion, temper] s'apaiser, se calmer.
◆ **cool down** ◇ *vi insep* -**1.** [engine, machine] se refroidir; *fig* [situation] se détendre. -**2.** [person] se calmer; **give him time to ~ down** donne-lui le temps de se calmer.
◇ *vt sep* [person] calmer; [situation] calmer, détendre.
◆ **cool off** *vi insep* [person – become calmer] se calmer.

coolant ['kuːlənt] *n* (fluide *m*) caloporteur *m*.

coolbox ['kuːlbɒks] *n* glacière *f*.

cooler ['kuːləʳ] *n* -**1.** [for food] glacière *f*. -**2.** *inf* [prison] taule *f*; **in the ~** en taule. -**3.** [drink] rafraîchissement *m*.

cool-headed *adj* calme, imperturbable.

coolie ['kuːlɪ] *n* coolie *m*.

cooling ['kuːlɪŋ] *n* [in temperature] rafraîchissement *m*, refroidissement *m*; [in relationships] refroidissement *m*.

cooling-off period *n* -**1.** [in dispute] moment *m* de répit. -**2.** [after purchase] délai *m* de réflexion.

cooling system *n* système *m* de refroidissement.

cooling tower *n* refroidisseur *m*.

coolly ['kuːlɪ] *adv* -**1.** [calmly – react, respond] calmement. -**2.** [without enthusiasm – greet, welcome] froidement. -**3.** [impertinently – behave, say] avec impertinence.

coolness ['kuːlnɪs] *n* -**1.** [in temperature – of air, water, weather] fraîcheur *f*; [– of clothes] légèreté *f*. -**2.** [calmness] calme *m*, sang-froid *m*. -**3.** [lack of enthusiasm] flegme *m*. -**4.** [impertinence] culot *m*, toupet *m*.

cooly (*pl* **coolies**) ['kuːlɪ] = **coolie**.

coomb(e) [kuːm] *n* combe *f*.

coon [kuːn] *n* -**1.** *inf* = **raccoon**. -**2.** ▼ *terme raciste désignant un Noir*, ≃ nègre *m*, ≃ négresse *f*.

coonskin [ˈkuːnskɪn] *n* -**1.** [skin] peau *f* de raton laveur. -**2.** [hat] chapeau *m* en peau de raton laveur. -**3.** [coat] manteau *m* en peau de raton laveur.

coop [kuːp] *n* poulailler *m*.
◆ **coop up** *vt sep* [animal, person, prisoner] enfermer; **I've been ~ed up at home all day** j'ai été cloîtré chez moi toute la journée.

co-op [-ˌɒp] (*abbr of* **co-operative society**) *n* coopérative *f*, coop *f*.
◆ **Co-op** *pr n Br*: **the Co-op** la Coop.

cooper [ˈkuːpəʳ] *n* tonnelier *m*.

cooperage [ˈkuːpərɪdʒ] *n* tonnellerie *f*.

cooperate [kəʊˈɒpəreɪt] *vi* -**1.** [work together] collaborer, coopérer; **to ~ with sb** collaborer avec qqn. -**2.** [be willing to help] se montrer coopératif.

cooperation [kəʊˌɒpəˈreɪʃn] *n* -**1.** [collaboration] coopération *f*, concours *m*; **to do sthg in ~ with** OR **with the ~ of sb** faire qqch avec la coopération OR le concours de qqn. -**2.** [willingness to help] coopération *f*.

cooperative [kəʊˈɒpərətɪv] ◇ *adj* -**1.** [joint - activity, enterprise, work] coopératif. -**2.** [helpful - attitude, person] coopératif; **he has been most ~** il a été très coopératif.
◇ *n* coopérative *f*.

co-opt *vt* coopter, admettre; **I was ~ed as a member of the committee** on m'a coopté OR admis comme membre du comité; **to be ~ed into** OR **onto sthg** être coopté à qqch.

cooption [kəʊˈɒpʃn] *n* cooptation *f*.

coordinate [*n, adj* kəʊˈɔːdɪnət, *vt* kəʊˈɔːdɪneɪt] ◇ *vt* [activity, campaign, project] coordonner; [movements] coordonner; **I'm not very ~d** je ne suis pas très coordonné.
◇ *n* MATH coordonnée *f*.
◇ *adj* GRAMM & MATH coordonné; **~ clause** proposition *f* coordonnée; **~ geometry** géométrie *f* analytique.
◆ **coordinates** *npl* coordonnés *mpl*.

coordinating [kəʊˈɔːdɪneɪtɪŋ] *adj* [body, officer] de coordination; **~ conjunction** conjonction *f* de coordination.

coordination [kəʊˌɔːdɪˈneɪʃn] *n* coordination *f*; **we need greater ~ between doctors and nurses** il nous faut une plus grande coordination entre médecins et infirmières; **she lacks ~** elle manque de coordination.

coordinator [kəʊˈɔːdɪneɪtəʳ] *n* coordinateur *m*, coordonnateur *m*.

coot [kuːt] *n* -**1.** [bird] foulque *f*. -**2.** *inf dated* [fool] bêta; **silly old ~!** gros bêta!

co-owner *n* co-propriétaire *mf*.

cop *inf* [kɒp] (*pt* & *pp* **copped**, *cont* **copping**) ◇ *n* -**1.** [policeman] flic *m*; **to play ~s and robbers** jouer aux gendarmes et aux voleurs. -**2.** *Br* [arrest] arrestation *f*; **it's a fair ~!** je suis fait! -**3.** *Br phr*: **it's not much ~** ça ne vaut pas grand-chose, c'est pas terrible.
◇ *vt* attraper, empoigner; **~ hold of that rope!** attrape cette corde!; **you'll ~ it if he finds out!** qu'est-ce que tu vas prendre s'il s'en rend compte!
◆ **cop out** *inf vi insep* se défiler, se dérober; **to ~ out of sthg** échapper à qqch.

copal [ˈkəʊpl] *n* copal *m*.

copartner [ˌkəʊˈpɑːtnəʳ] *n* coassocié *m*, -e *f*.

copartnership [ˌkəʊˈpɑːtnəʃɪp] *n* coassociation *f*.

cope [kəʊp] ◇ *vi* [person] se débrouiller, s'en sortir; [business, machine, system] supporter; **I can't ~ anymore** je n'en peux plus; **she's coping very well on her own** elle s'en sort très bien toute seule; **to ~ with**: **we ~ with more than 5,000 visitors a week** nous recevons plus de 5 000 visiteurs par semaine; **the system can't ~ with this volume of work** le système ne peut pas supporter ce volume de travail; **I'll just have to ~ with the problems as they arise** il faudra que je m'occupe des problèmes au fur et à mesure qu'ils se présenteront.
◇ *n* RELIG chape *f*.
◇ *vt* -**1.** [provide with coping - wall] chaperonner. -**2.** [join timbers] assembler.

Copenhagen [ˌkəʊpənˈheɪgən] *pr n* Copenhague.

Copernican system [kəˈpɜːnɪkən-] *n* système *m* copernicien.

Copernicus [kəˈpɜːnɪkəs] *pr n* Copernic.

copestone [ˈkəʊpstəʊn] *n* -**1.** = **coping stone**. -**2.** = **capstone**.

copier [ˈkɒpɪəʳ] *n* photocopieuse *f*, copieur *m*.

co-pilot *n* copilote *mf*.

coping [ˈkəʊpɪŋ] *n* chaperon *m*.

coping stone *n* couronnement *m*, chaperon *m*.

copious [ˈkəʊpjəs] *adj* [amount, food] copieux; [sunshine] abondant; [notes] abondant; **they wept ~ tears** ils ont pleuré à chaudes larmes.

copiously [ˈkəʊpjəslɪ] *adv* [cry, produce, write] en abondance, abondamment.

cop-killer bullet *n crime sl Am balle capable de traverser un gilet pare-balles.*

copolymer [ˌkəʊˈpɒlɪməʳ] *n* copolymère *m*.

cop-out *inf n* dérobade *f*; **what a ~!** belle façon de se défiler!

copper [ˈkɒpəʳ] ◇ *n* -**1.** [colour, metal] cuivre *m*. -**2.** *inf* [coins] monnaie *f*. -**3.** *inf* [policeman] flic *m*. -**4.** [container] lessiveuse *f*.
◇ *comp* [coin, kettle, wire] en cuivre.
◇ *adj* [colour, hair] cuivré.

copper beech *n* hêtre *m* pourpre.

copper-bottomed [-ˈbɒtəmd] *adj literal* [saucepan] à fond de cuivre; *fig* [deal] en béton.

copper-coloured *adj* cuivré.

copperplate [ˈkɒpəpleɪt] ◇ *n* -**1.** [plate] cuivre *m*. -**2.** [print] planche *f* (de cuivre). -**3.** [handwriting] écriture *f* moulée.
◇ *comp* [handwriting] moulé.

coppersmith [ˈkɒpəsmɪθ] *n* chaudronnier *m*, -ère *f*.

copper sulphate *n* sulfate *m* de cuivre.

coppery [ˈkɒpərɪ] *adj* [colour] cuivré.

coppice [ˈkɒpɪs] *n* taillis *m*.

copra [ˈkɒprə] *n* coprah *m*.

coproduce [ˌkəʊprəˈdjuːs] *vt* [film, play] coproduire.

coproduction [ˌkəʊprəˈdʌkʃn] *n* coproduction *f*.

copse [kɒps] *n* taillis *m*.

Copt [kɒpt] *n* Copte *mf*.

Coptic [ˈkɒptɪk] ◇ *adj* copte; **the ~ church** l'Église *f* copte.
◇ *n* copte *m*.

copula [ˈkɒpjʊlə] (*pl* **copulas** OR **copulae** [-liː]) *n* copule *f*.

copulate [ˈkɒpjʊleɪt] *vi* copuler.

copulation [ˌkɒpjʊˈleɪʃn] *n* copulation *f*.

copulative [ˈkɒpjʊlətɪv] *adj* copulatif.

copy [ˈkɒpɪ] (*pl* **copies**, *pt* & *pp* **copied**) ◇ *n* -**1.** [duplicate - of painting] copie *f*, reproduction *f*; [- of document, photograph] copie *f*; **to make a ~ of sthg** faire une copie de qqch. -**2.** [of book, magazine, record] exemplaire *m*. -**3.** *(U)* [written material] copie *f*; [in advertisement] texte *m*. -**4.** *(U)* PRESS copie *f*; **his story made good ~** son histoire a fait un bon papier.
◇ *vt* -**1.** [write out - letter, notes] copier; **to ~ sthg down/out** noter/copier qqch. -**2.** [imitate - person, movements, gestures] copier, imiter; [- style, system] copier. -**3.** [cheat] copier. -**4.** [photocopy] photocopier.
◇ *vi* [cheat] copier, tricher; **no ~ing!** on ne copie pas!

copybook [ˈkɒpɪbʊk] ◇ *n* cahier *m*.
◇ *adj* [sentiments] commun.

copycat *inf* [ˈkɒpɪkæt] ◇ *n* copieur *m*, -euse *f*.
◇ *comp* [killings, murder] inspiré par un autre.

copy-edit *vt* [article, book] rédiger.

copy editor *n* secrétaire *mf* de rédaction.

copyholder [ˈkɒpɪˌhəʊldəʳ] *n* -**1.** [reader] lecteur *m*, -trice *f*, teneur *m*, -euse *f* de copie. -**2.** [device] porte-copie *m*.

copyist [ˈkɒpɪɪst] *n* copiste *mf*.

copy-protected [-prəˈtektɪd] *adj* COMPUT protégé contre la copie.

copyread [ˈkɒpɪriːd, *pp* & *pt* -red] *Am* = **subedit**.

copyreader [ˈkɒpɪˌriːdəʳ] *Am* = **subeditor**.

copyright [ˈkɒpɪraɪt] ◇ *n* copyright *m*, droit *m* d'auteur; **she has ~ on the book** elle a des droits d'auteur sur le livre; **~ Lawrence Durrell** copyright, Lawrence Durrell; **out of ~** dans le domaine public.
◇ *vt* obtenir les droits exclusifs OR le copyright.
◇ *adj* de copyright.

copyright deposit library *n* bibliothèque *f* de dépôt légal.

copy typist *n* dactylographe *mf*.

copywriter [ˈkɒpɪˌraɪtəʳ] *n* rédacteur *m*, -trice *f* publicitaire.

copywriting [ˈkɒpɪˌraɪtɪŋ] *n* rédaction *f* publicitaire.

coquetry [ˈkəʊkɪtrɪ, ˈkɒkɪtrɪ] (*pl* **coquetries**) *n* coquetterie *f*.

coquette [kəʊˈket, kɒˈket] *n* coquette *f*.

coquettish [kəʊˈketɪʃ, kɒˈketɪʃ] *adj* [behaviour, look, woman] coquet, provoquant.

cor *inf* [kɔːʳ] *interj Br*: **~!** ça alors!

coracle [ˈkɒrəkl] *n* coracle *m*.

coral [ˈkɒrəl] ◇ *n* corail *m*.
◇ *adj* [pink, red, lipstick] corail; *lit* [lips] de corail.
◇ *comp* [earrings, necklace] de corail; [island] coralien.

coral-coloured *adj* (couleur) corail *(inv)*.

coral reef *n* récif *m* de corail.

Coral Sea *pr n*: **the ~** la mer de Corail.

corbel [ˈkɔːbəl] *n* corbeau *m*.

corbelling *Br*, **corbeling** *Am* [ˈkɔːbəlɪŋ] *n* encorbellement *m*.

cord [kɔːd] ◇ *n* -**1.** [string] cordon *m*. -**2.** [cable] câble *m*. -**3.** [corduroy] velours *m* côtelé.
◇ *comp* [skirt, trousers] en velours côtelé.
◇ *vt* corder.
◆ **cords** *inf npl*: **(a pair of) ~** un pantalon *m* en velours côtelé.

cordage [ˈkɔːdɪdʒ] *n* NAUT cordage *m*.

corded [ˈkɔːdɪd] *adj* [material] côtelé.

cordial [ˈkɔːdjəl] ◇ *adj* -**1.** [warm - greeting, reception, welcome] chaleureux. -**2.** [strong - hatred] cordial; **to have a ~ dislike for sb** détester qqn cordialement.
◇ *n* [drink] cordial *m*.

cordiality [ˌkɔːdɪˈælətɪ] (*pl* **cordialities**) *n* cordialité *f*.

cordially [ˈkɔːdɪəlɪ] *adv* [greet, detest etc] cordialement; **~ yours** *Am* [at end of letter] salutations amicales.

cordite [ˈkɔːdaɪt] *n* cordite *f*.

cordless [ˈkɔːdlɪs] *adj* [telephone] sans fil.

Cordoba [ˈkɔːdəbə] *pr n* Cordoue.

cordon [ˈkɔːdn] ◇ *n* -**1.** [barrier] cordon *m*; **police ~** cordon de police; **the police put a ~ round the building** la police a encerclé le bâtiment. -**2.** HORT cordon *m*. -**3.** [decoration] cordon *m*.
◇ *vt* = **cordon off**.
◆ **cordon off** *vt sep* barrer, interdire l'accès à, isoler.

cordon bleu [-blɜː] ◇ *adj* de cordon bleu; **a ~ cook** un cordon bleu.
◇ *n*: **she's a ~** c'est un cordon bleu.

corduroy [ˈkɔːdərɔɪ] ◇ *n* velours *m* côtelé; **(a pair of) ~s** (un) pantalon *m* de OR en velours côtelé.
◇ *adj* de velours côtelé.

corduroy road *n route pratiquée en terrain marécageux grâce à des rondins de bois.*

core [kɔːʳ] ◇ *n* [of apple, pear] trognon *m*, cœur *m*; [of magnet, earth, atom, group of people, organization] noyau *m*; [of electric cable] âme *f*, noyau *m*; [of nuclear reactor] cœur *m*; [of argument, philosophy] essentiel *m*, centre *m*; **to be French/a socialist to the ~** *fig* être français/socialiste jusqu'à la mœlle; **rotten to the ~** *fig* pourri jusqu'à l'os.
◇ *comp*: **~ curriculum** SCH tronc *m* commun;

~ **memory** COMPUT mémoire *f* à tores (magnétiques); ~ **sample** GEOL carotte *f*; ~ **subject** SCH matière *f* principale; ~ **time** [in flexitime] plage *f* fixe; ~ **vocabulary** LING vocabulaire *m* de base.
◇ *vt* [apple, pear] enlever le trognon de.

CORE [kɔːʳ] (*abbr of* Congress On Racial Equality) *pr n ligue américaine contre le racisme.*

coreligionist [ˌkəʊrɪˈlɪdʒənɪst] *n* coreligionnaire *mf*.

corer [ˈkɔːrəʳ] *n*: **apple** ~ vide-pomme *m inv.*

co-respondent [ˌkəʊrɪˈspɒndənt] ◇ *adj* [shoes] bicolore *(style années quarante).*
◇ *n* JUR [in divorce suit] codéfendeur *m*, -eresse *f*.

Corfu [kɔːˈfuː] *pr n* Corfou; **in** ~ à Corfou.

corgi [ˈkɔːgɪ] *n* corgi *m (petit chien roux, traditionnellement l'animal de compagnie de la famille royale britannique).*

coriander [ˌkɒrɪˈændəʳ] *n* coriandre *f*.

Corinth [ˈkɒrɪnθ] *pr n* Corinthe.

Corinthian [kəˈrɪnθɪən] ◇ *n* Corinthien *m*, -enne *f*; **the Epistle of Paul to the** ~**s** l'Épître de saint Paul aux Corinthiens.
◇ *adj* corinthien.

Coriolanus [ˌkɒrɪəˈleɪnəs] *pr n* Coriolan.

cork [kɔːk] ◇ *n* **-1.** [substance] liège *m*. **-2.** [stopper] bouchon *m*; **he took** OR **pulled the** ~ **out of the bottle** il a débouché la bouteille ❑ **put a** ~ **in it!** *inf* la ferme! **-3.** FISHING [float] flotteur *m*, bouchon *m*.
◇ *comp* [tile, bathmat etc] de OR en liège.
◇ *vt* **-1.** [seal - bottle] boucher. **-2.** [blacken]: **to** ~ **one's face** se noircir le visage avec un bouchon brûlé.
◆ **cork up** *vt sep* **-1.** = **cork 1. -2.** [suppress - emotions, feelings] réprimer.

Cork [kɔːk] *pr n* Cork.

corkage [ˈkɔːkɪdʒ] *n (U) droit de débouchage sur un vin qui a été apporté par des consommateurs.*

corked [kɔːkt] *adj* [wine] qui sent le bouchon.

corker *inf* [ˈkɔːkəʳ] *n Br dated*: **she's a real** ~ [good-looking] c'est un beau brin de fille; **he's a real** ~ [good-looking] c'est un beau gars; **that was a** ~ **of a joke** c'était une plaisanterie à vous faire mourir de rire; **it's a** ~ [car, bike etc] c'est un (vrai) bijou.

corking *inf* [ˈkɔːkɪŋ] *adj Br dated* épatant, fameux.

cork oak *n* chêne-liège *m*.

corkscrew [ˈkɔːkskruː] ◇ *n* tire-bouchon *m*.
◇ *comp*: ~ **curl** tire-bouchon *m*.
◇ *vi* [staircase] tourner en vrille; [plane] vriller; **the plane** ~**ed out of the sky** l'avion est tombé en vrille.

cork-tipped [-tɪpt] *adj* [cigarette] (à bout) filtre.

corm [kɔːm] *n* bulbe *m*.

cormorant [ˈkɔːmərənt] *n* cormoran *m*.

corn [kɔːn] ◇ *n* **-1.** [cereal] *Br* blé *m*; *Am* maïs *m*; ~ **on the cob** épi *m* de maïs; **grains of** ~ grains *mpl* de maïs ❑ **the Corn Laws** *Br* HIST les lois *fpl* sur le blé. **-2.** *inf (U)* [banality] banalité *f*; [sentimentality] sentimentalité *f* bébête; **the book/film is pure** ~ le livre/film est d'une banalité finie. **-3.** [on foot] cor *m*; **to tread on sb's** ~**s** *inf Br* [upset] toucher qqn à l'endroit sensible; [trespass] marcher sur les plates-bandes de qqn.
◇ *comp*: ~ **plaster** pansement *m* (pour cors).

THE CORN LAWS:
Mesure protectionniste prise par le Parlement britannique en 1815 pour pallier l'effet des mauvaises récoltes et consistant à augmenter le tarif du grain importé. Très impopulaire, cette loi provoqua la naissance de la «Anti-Corn Law League», dont la liberté de commerce devint le slogan.

Corn *written abbr of* Cornwall.

cornball [ˈkɔːnbɔːl] *Am* ◇ *n* sentimental *m*, -e *f*.
◇ *adj* = **corny**.

corn bread *n* pain *m* à la farine de maïs.

corn bunting *n* bruant *m*.

corncob [ˈkɔːnkɒb] *n* épi *m* de maïs.

corncrake [ˈkɔːnkreɪk] *n* râle *m* des genêts.

corn dolly *n* poupée *f* de paille.

cornea [ˈkɔːnɪə] *n* cornée *f*.

corneal [ˈkɔːnɪəl] *adj* cornéen.

corned beef [kɔːnd-] *n* corned beef *m*.

cornelian [kɔːˈniːlɪən] *n* cornaline *f*.

Cornelian [kɔːˈniːlɪən] *adj* cornélien.

corner [ˈkɔːnəʳ] ◇ *n* **-1.** [of page, painting, table etc] coin *m*; **to turn down the** ~ **of a page** faire une corne à une page. **-2.** [inside room, house etc] coin *m*; **to put a child in the** ~ mettre un enfant au coin ❑ **to fight one's** ~ *Br* [argue one's case] défendre sa position; **the Minister fought his** ~ **well and got an increase in his budget** le ministre a bien défendu son point de vue et a obtenu une augmentation de son budget; **to be in sb's** ~ être du côté de qqn, soutenir qqn; **with someone as powerful as her in your** ~, **you can't lose** avec quelqu'un d'aussi puissant qu'elle derrière toi, tu ne peux pas perdre. **-3.** [of street] coin *m*; [bend in the road] tournant *m*, virage *m*; **on** OR **at the** ~ au coin; **the house on** OR **at the** ~ la maison qui fait l'angle; **at the** ~ **of Regent Street and Oxford Street** à l'intersection OR à l'angle de Regent Street et d'Oxford Street; **he/the car took the** ~ **at high speed** il/la voiture a pris le tournant à toute allure; **to overtake on a** ~ doubler dans un virage; **the car takes** ~**s well** la voiture prend bien les virages; **it's just around** OR *Br* **round the** ~ [house, shop etc] c'est à deux pas d'ici; *fig* [Christmas, economic recovery etc] c'est tout proche; **it's literally just round the** ~ c'est juste au coin de la rue; **a cure is just round the** ~ *fig* on est sur le point de découvrir un remède; **you never know what's round the** ~ *fig* on ne sait jamais ce qui peut arriver; **to turn the** ~ [car] tourner le coin, prendre le tournant; *fig* [patient] passer le moment OR stade critique; [business, economy, relationship] sortir du tunnel; **to cut the** ~ [in car, on bike] couper le virage, prendre le virage à la corde; [on foot] couper au plus court, prendre le plus court ❑ **to cut** ~**s** sauter des étapes. **-4.** [of eye] coin *m*; [of mouth] coin *m*, commissure *f*; **with a cigarette hanging from the** ~ **of his mouth** une cigarette au coin de la bouche; **to look at sb/sthg out of the** ~ **of one's eye** regarder qqn/qqch du coin de l'œil. **-5.** *inf* [difficulty] situation *f* difficile, mauvaise passe *f*; **to drive sb into a tight** ~ acculer qqn, mettre qqn dans une situation difficile. **-6.** [remote place] coin *m*; **the four** ~**s of the earth** OR **world** OR **globe** les quatre coins de la terre OR du monde OR du globe. **-7.** FTBL corner *m*. **-8.** COMM: **to make** OR **to have a** ~ **in sthg** avoir le monopole de qqch, accaparer qqch.
◇ *comp* [cupboard, table etc] du coin.
◇ *vt* **-1.** [animal, prey etc] coincer, acculer; **she** ~**ed me at the party** elle m'a coincé à la soirée. **-2.** COMM accaparer; **to** ~ **the market in sthg** accaparer le marché de qqch.
◇ *vi* AUT prendre un virage; **the car** ~**s well** la voiture tient bien la route dans les virages.

cornered [ˈkɔːnəd] *adj* [animal, prey] acculé, coincé; **we've got him** ~ on l'a acculé OR coincé; **his opponent in the debate had him** ~ son adversaire dans le débat l'avait acculé.

corner flag *n* SPORT drapeau *m* de corner.

cornering [ˈkɔːnərɪŋ] *n Br* **-1.** AUT [of driver] façon *f* de prendre les virages; [of car] stabilité *f* dans les virages; **your** ~ **has improved** tu prends mieux les virages. **-2.** COMM accaparement *m*.

corner kick *n* FTBL corner *m*.

corner post *n* FTBL piquet *m* de corner.

corner shop *n Br* magasin *m* du coin.

cornerstone [ˈkɔːnəstəʊn] *n* pierre *f* d'angle OR angulaire; *fig* pierre *f* angulaire, fondement *m*.

corner store *Am* = **corner shop**.

cornerways [ˈkɔːnəweɪz], **cornerwise** [ˈkɔːnəwaɪz] *adj & adv* en diagonale, en coin.

cornet [ˈkɔːnɪt] *n* **-1.** MUS [instrument] cornet *m* à pistons. **-2.** *Br*: **(ice-cream)** ~ cornet *m* (de glace).

corn exchange *n* halle *f* au blé.

corn-fed *adj* [chicken] nourri au grain.

cornfield [ˈkɔːnfiːld] *n Br* champ *m* de blé; *Am* champ *m* de maïs.

cornflakes [ˈkɔːnfleɪks] *npl* cornflakes *mpl*, pétales *mpl* OR flocons *mpl* de maïs.

cornflour [ˈkɔːnflaʊəʳ] *n Br* fécule *f* de maïs, Maïzena® *f*.

cornflower [ˈkɔːnflaʊəʳ] ◇ *n* [plant] bleuet *m*, bluet *m*, barbeau *m*; [colour] bleu *m* centaurée.
◇ *adj*: ~ **(blue)** bleu centaurée.

cornice [ˈkɔːnɪs] *n* ARCHIT corniche *f*; [snow] corniche *f*.

corniche [kɔːˈniːʃ] *n* [road] corniche *f*.

Cornish [ˈkɔːnɪʃ] ◇ *npl* [people]: **the** ~ les Cornouaillais.
◇ *n* LING cornouaillais *m*.
◇ *adj* cornouaillais.

Cornishman [ˈkɔːnɪʃmən] (*pl* **Cornishmen** [-mən]) *n* Cornouaillais *m*.

Cornish pasty *n Br* CULIN *chausson à la viande et aux légumes.*

Cornishwoman [ˈkɔːnɪʃˌwʊmən] (*pl* **Cornishwomen** [-ˌwɪmɪn]) *n* Cornouaillaise *f*.

corn meal *n* farine *f* de maïs.

corn oil *n* huile *f* de maïs.

corn pone *n Am dial* pain *m* de maïs.

corn poppy *n* coquelicot *m*.

corn salad *n* mâche *f*.

cornstarch [ˈkɔːnstɑːtʃ] *Am* = **cornflour**.

corn syrup *n* sirop *m* de maïs.

cornucopia [ˌkɔːnjʊˈkəʊpjə] *n* MYTH & *fig* corne *f* d'abondance.

Cornwall [ˈkɔːnwɔːl] *pr n* Cornouailles *f*; **in** ~ en Cornouailles.

corn whisk(e)y *n* whisky *m* de maïs.

corny *inf* [ˈkɔːnɪ] (*compar* **cornier**, *superl* **corniest**) *adj* [trite - joke, film, book] bateau, banal; [sentimental - book, film] sentimental, à l'eau de rose; **he's so** ~ il est vraiment lourd *fig*.

corolla [kəˈrɒlə] *n* BOT corolle *f*.

corollary [kəˈrɒlərɪ] (*pl* **corollaries**) *n fml* corollaire *m*; **the** ~ **of that is that...** le corollaire de ceci, c'est que..., ceci a pour corollaire que...; **as a** ~ **to this** en corollaire à ceci.

Coromandel Coast [ˌkɒrəˈmændl-] *pr n*: **the** ~ la côte de Coromandel.

corona [kəˈrəʊnə] (*pl* **coronas** OR **coronae** [-niː]) *n* **-1.** ANAT, ASTRON, BOT & PHYS couronne *f*. **-2.** ARCHIT larmier *m*. **-3.** [cigar] corona *m*.

coronary [ˈkɒrənrɪ] MED ◇ *adj* coronaire; **the country has a high incidence of** ~ **heart disease** il y a de nombreux cas de maladies coronariennes dans ce pays.
◇ *n* infarctus *m* du myocarde; **to have a** ~ avoir un infarctus du myocarde.

coronary artery *n* MED artère *f* coronaire.

coronary bypass *n* MED pontage *m* coronaire.

coronary care unit *n* MED unité *f* de soins coronariens.

coronary thrombosis *n* MED infarctus *m* du myocarde, thrombose *f* coronarienne.

coronation [ˌkɒrəˈneɪʃn] ◇ *n* [of monarch] couronnement *m*, sacre *m*.
◇ *comp* [ceremony, robes, day, oath] du couronnement, du sacre; ~ **mug** *Br tasse haute fabriquée spécialement à l'occasion d'un couronnement et décorée sur ce thème*; **'Coronation Street'** *feuilleton télévisé britannique.*

CORONATION STREET:
Ce feuilleton à succès, le plus ancien des «soap operas» encore à l'écran, évoque la vie quotidienne de plusieurs familles ouvrières vivant dans la même rue d'une ville du nord de l'Angleterre.

coroner [ˈkɒrənəʳ] *n* JUR coroner *m*; ~**'s inquest** enquête *f* judiciaire *(menée par le coroner)*; ~**'s jury** jury *m* du coroner.

coronet ['kɒrənɪt] *n* [of prince, duke] couronne *f*; [for woman] diadème *m*.

Corp. -**1.** (*written abbr of* corporation) Cie. -**2.** *written abbr of* **corporal**.

corporal ['kɔːpərəl] ◇ *n* MIL caporal-chef *m*.
◇ *adj* corporel; ~ **punishment** châtiment *m* corporel.

corporate ['kɔːpərət] *adj* -**1.** JUR [forming a single body]: ~ **body** OR **institution** personne *f* morale. -**2.** [of a specific company] d'une société, de la société; [of companies in general] d'entreprise; [taxation] sur les sociétés; **to make one's way up the ~ ladder** faire carrière dans l'entreprise; **if we are to be regarded as a good ~ citizen** si nous voulons être considérés comme une entreprise qui assume ses responsabilités dans la société; **he's a good ~ man** il est dévoué à l'entreprise; **the restaurant is hoping for good ~ business** le restaurant espère attirer une nombreuse clientèle d'affaires; **Britain's largest ~ donors** les entreprises donatrices les plus généreuses de Grande-Bretagne; ~ **culture** culture *f* d'entreprise; **we have a number of ~ customers** certains de nos clients sont des entreprises; ~ **customers provide the bulk of our profits** la plus grande partie de nos bénéfices provient des entreprises; ~ **entertainment** divertissement *m* fourni par la société OR l'entreprise; **the company's ~ image** l'image *f* de la société; **one of our largest ~ sponsors** un de nos plus importants sponsors ❑ ~ **identity** image *f* de marque; ~ **law** droit *m* des sociétés OR des entreprises; ~ **lawyer** juriste *m* spécialisé en droit des sociétés; ~ **name** raison *f* sociale; ~ **sponsorship** sponsoring *m*, parrainage *m* d'entreprises; ~ **structure** structure *f* de l'entreprise. -**3.** [collective - decision, responsibility] collectif.

corporately ['kɔːpərətlɪ] *adv* -**1.** [as a corporation]: **I don't think we should involve ourselves ~** je ne pense pas que nous devrions nous impliquer en tant que société. -**2.** [as a group] collectivement.

corporate tax *Am* = **corporation tax**.

corporation [,kɔːpə'reɪʃn] ◇ *n* -**1.** [company] compagnie *f*, société *f*; JUR personne *f* morale. -**2.** *Br* [municipal authorities] municipalité *f*. -**3.** *inf* [paunch] bedaine *f*, brioche *f*; **to develop a ~** prendre de la bedaine OR de la brioche.
◇ *comp Br* [bus, property, worker] municipal, de la ville.

corporation tax *n Br* impôt *m* sur les sociétés.

corporatism ['kɔːpərətɪzm] *n* corporatisme *m*.

corporeal [kɔː'pɔːrɪəl] *adj* corporel, matériel.

corps [kɔː^r] (*pl inv*) *n* -**1.** MIL corps *m*; MIL & ADMIN service *m*; **medical/intelligence ~** service de santé/de renseignements; **pay ~** service de la solde; **tank ~** blindés *mpl*. -**2.** [trained team of people] corps *m*; ~ **de ballet** corps de ballet; **diplomatic ~** corps diplomatique; **press ~** journalistes *mfpl*.

corpse [kɔːps] ◇ *n* cadavre *m*, corps *m*.
◇ *vi inf* THEAT [actor] avoir une crise de fou rire.

corpulence ['kɔːpjʊləns] *n* corpulence *f*, embonpoint *m*.

corpulent ['kɔːpjʊlənt] *adj* corpulent.

corpus ['kɔːpəs] (*pl* **corpuses** OR **corpora** [-pərə]) *n* -**1.** [collection of writings - by author] recueil *m*; [- on specific subject] corpus *m*. -**2.** [main body] corpus *m*.

Corpus Christi [,kɔːpəs'krɪstɪ] *n* la Fête-Dieu.

corpuscle ['kɔːpʌsl] *n* PHYSIOL corpuscule *m*; **red/white blood ~s** globules *mpl* rouges/blancs.

corral [kɒ'rɑːl] *Am* (*pt* & *pp* **corralled**, *cont* **corralling**) ◇ *n* corral *m*.
◇ *vt* [cattle, horses] enfermer dans un corral; *fig* encercler; **she corralled me** *inf fig* elle m'a mis le grappin dessus.

correct [kə'rekt] ◇ *adj* -**1.** [right - answer, spelling etc] correct, juste; **do you have the ~ time?** avez-vous l'heure exacte?; **that is ~** c'est exact; **to prove (to be) ~** s'avérer juste; ~ **to four decimal places** exact à quatre chiffres après la virgule; **am I ~ in thinking that...?** ai-je raison de penser que...?; **she was quite ~** elle avait tout à fait raison; **she was quite ~ in her assumptions** ses suppositions étaient parfaitement justes. -**2.** [suitable, proper - behaviour, manners etc] correct, convenable, bienséant; [- person] correct, convenable; **the ~ thing for him to do in the circumstances is to resign** dans ces circonstances la bienséance veut qu'il démissionne; **she was quite ~ to do what she did** elle a fait ce qu'il convenait de faire; **the ~ procedure** la procédure d'usage; ~ **dress must be worn** une tenue correcte est de rigueur.
◇ *vt* -**1.** [rectify - mistake, spelling etc] corriger, rectifier; [- squint, bad posture, imbalance] corriger; [- situation] rectifier. -**2.** [indicate error - to person] corriger, reprendre; [- in exam paper, homework, proofs etc] corriger; **please ~ me whenever I make a mistake** veuillez me corriger OR me reprendre si je fais des erreurs; **to ~ sb on** OR **about sthg** corriger OR reprendre qqn sur qqch; **to ~ sb's French/pronunciation** corriger le français/la prononciation de qqn, reprendre qqn sur son français/sa prononciation; **if I may ~ you** si vous permettez que je vous reprenne; ~ **me if I'm wrong, but...** corrigez-moi si je me trompe, mais...; **I stand ~ed** je reconnais mon erreur; **to ~ o.s.** se reprendre, se corriger. -**3.** *arch* [punish] punir; [physically] corriger, infliger une correction à.

correcting fluid [kə'rektɪŋ-] = **correction fluid**.

correction [kə'rekʃn] *n* -**1.** [of exam paper, homework, proofs etc] correction *f*; [of error] correction *f*, rectification *f*. -**2.** [in essay, school work, proofs etc] correction *f*; **to make ~s** faire des corrections; **to make ~s to sthg** apporter des corrections à qqch. -**3.** *arch* [punishment] correction *f*, punition *f*, châtiment *m*; **house of ~** maison *f* de correction OR de redressement.

correction fluid *n* liquide *m* correcteur.

correction tape *n* [for typewriter] ruban *m* correcteur.

corrective [kə'rektɪv] ◇ *adj* [action, measure] rectificatif, correctif; [exercises, treatment] correctif.
◇ *n* correctif *m*; MED [for teeth] appareil *m* dentaire; [for deformed limb] appareil *m* orthopédique; **a ~ to sthg** un correctif de qqch.

correctly [kə'rektlɪ] *adv* -**1.** [in the right way - answer, pronounce] correctement; **he ~ predicted that...** il a prédit avec raison que...; **the XYZ, more ~ known as...** XYZ, ou selon son appellation plus correcte... -**2.** [properly - behave, dress, speak] correctement.

correctness [kə'rektnɪs] *n* -**1.** [of answer, prediction etc] exactitude *f*, justesse *f*. -**2.** [of behaviour, dress] correction *f*.

Correggio [kɒ'redʒjəʊ] *pr n* le Corrège; **a painting by ~** un tableau du Corrège.

correlate ['kɒrəleɪt] ◇ *vi*: **to ~ (with sthg)** [gen] être en corrélation OR rapport (avec qqch), correspondre (à qqch); [in statistics] être en corrélation (avec qqch).
◇ *vt* [gen] mettre en corrélation OR en rapport, faire correspondre; [in statistics] corréler; **to ~ sthg with sthg** mettre qqch en corrélation OR rapport avec qqch; [in statistics] corréler qqch avec qqch; **these two trends are closely ~d** ces deux tendances sont en rapport étroit.

correlation [,kɒrə'leɪʃn] *n* corrélation *f*.

correlation coefficient *n* coefficient *m* de corrélation.

correlative [kɒ'relətɪv] ◇ *n* terme *m* corrélatif.
◇ *adj* corrélatif.

correspond [,kɒrɪ'spɒnd] *vi* -**1.** [tally - dates, statements] correspondre; **to ~ with sthg** correspondre à qqch. -**2.** [be equivalent] correspondre, équivaloir; **this animal ~s roughly with** OR **to our own domestic cat** cet animal correspond à peu près à notre OR est à peu près l'équivalent de notre chat domestique. -**3.** [exchange letters] correspondre; **we have been ~ing (with each other) for years** cela fait des années que nous correspondons; **we don't often ~** nous ne correspondons OR nous ne nous écrivons pas souvent; **we only ~ at Christmas** nous ne nous écrivons qu'à Noël.

correspondence [,kɒrɪ'spɒndəns] ◇ *n* -**1.** [relationship, similarity] correspondance *f*, rapport *m*, relation *f*. -**2.** [letter-writing] correspondance *f*; **to be in ~ with sb** être en correspondance avec qqn; **to enter into (a) ~ with sb** établir une OR entrer en correspondance avec qqn; **no ~ will be entered into** [in competition] il ne sera répondu à aucun courrier; **to keep up a ~ with sb** rester en correspondance avec qqn. -**3.** [letters] correspondance *f*, courrier *m*; **to read/to do one's ~** lire/faire son courrier OR sa correspondance; **she doesn't get much ~** elle ne reçoit pas beaucoup de courrier.
◇ *comp* [course] par correspondance; [school] d'enseignement par correspondance; ~ **column** PRESS courrier *m* des lecteurs.

correspondent [,kɒrɪ'spɒndənt] ◇ *n* -**1.** PRESS, RADIO & TV [reporter] correspondant *m*, -e *f*; **special ~** envoyé *m* spécial, envoyée *f* spéciale; **sports/foreign ~** correspondant sportif/à l'étranger; **war/environment ~** correspondant de guerre/pour les questions d'environnement; **our Moscow ~** notre correspondant à Moscou. -**2.** [letter-writer] correspondant *m*, -e *f*; **I am a very bad ~** j'écris très peu.
◇ *adj* = **corresponding**.

corresponding [,kɒrɪ'spɒndɪŋ] *adj* correspondant; **unemployment/inflation is higher than in the ~ period last year** le chômage/l'inflation a augmenté par rapport à la période correspondante de l'année dernière OR à la même période de l'année dernière.

correspondingly [,kɒrɪ'spɒndɪŋlɪ] *adv* -**1.** [proportionally] proportionnellement. -**2.** [related to this, in line with this]: **the translation should be ~ informal in register** la traduction devrait être d'un niveau de familiarité correspondant; **we got a lot of negative press and our election results were ~ poor** nous avons eu beaucoup de commentaires négatifs dans la presse, ce qui nous a valu de mauvais résultats aux élections.

corridor ['kɒrɪdɔː^r] *n* [in building] corridor *m*, couloir *m*; [in train] couloir *m*; **the ~s of power** *fig* les allées du pouvoir; [behind the scenes] les coulisses du pouvoir ❑ **air ~** couloir aérien; ~ **train** train *m* à couloir; **the Polish Corridor** HIST le corridor polonais; **'The Corridors of Power'** *Snow* 'les Couloirs du pouvoir'.

corrie ['kɒrɪ] *n Scot* GEOG cirque *m*.

corroborate [kə'rɒbəreɪt] *vt* [statement, view etc] confirmer, corroborer *lit*; **for lack of corroborating evidence** faute de preuves à l'appui.

corroboration [kə,rɒbə'reɪʃn] *n* confirmation *f*, corroboration *f lit*; **to provide ~ of sthg** confirmer OR corroborer qqch; **evidence produced in ~ of sb's testimony** des preuves fournies à l'appui du témoignage de qqn.

corroborative [kə'rɒbərətɪv] *adj* [evidence, statement] à l'appui.

corrode [kə'rəʊd] ◇ *vt* [subj: acid, rust] corroder, ronger; *fig* [happiness] entamer, miner; **it's very badly ~d** [by acid, rust] c'est très corrodé; [by rust] c'est très rouillé.
◇ *vi* [due to acid, rust] se corroder; [due to rust] se rouiller.

corrosion [kə'rəʊʒn] *n* [of metal] corrosion *f*.

corrosive [kə'rəʊsɪv] ◇ *adj* corrosif; **the ~ effects of long-term unemployment** les effets destructeurs du chômage de longue durée.
◇ *n* corrosif *m*.

corrugated ['kɒrəgeɪtɪd] *adj* [cardboard, paper] ondulé; ~ **iron** tôle *f* ondulée; **a ~ iron hut** une cabane en tôle ondulée.

corrupt [kə'rʌpt] ◇ *adj* -**1.** [dishonest - person, society] corrompu; ~ **practices** pratiques *fpl* malhonnêtes. -**2.** [depraved, immoral] dépravé, corrompu. -**3.** [containing alterations - text] altéré. -**4.** COMPUT [containing errors - disk, file] altéré.
◇ *vt* -**1.** [make dishonest] corrompre; **~ed by power** corrompu par le pouvoir. -**2.** [deprave, debase - person, society] dépraver, corrompre;

[- language] corrompre; the ~ing influence of television l'influence corruptrice de la télévision. -3. [alter - text] altérer, corrompre. -4. COMPUT altérer.

corrupter [kəˈrʌptəʳ] *n* corrupteur *m*, -trice *f*.

corruptible [kəˈrʌptəbl] *adj* corruptible.

corruption [kəˈrʌpʃn] *n* -1. [of official, politician etc - action, state] corruption *f*. -2. [depravity, debasement - action, state] dépravation *f*, corruption *f*; the ~ of minors JUR le détournement de mineurs. -3. [of text - action] altération *f*, corruption *f*; [- state] version *f* corrompue; [of word - action] corruption *f*; [- state] forme *f* corrompue. -4. COMPUT altération *f*.

corruptly [kəˈrʌptlɪ] *adv* -1. [dishonestly] de manière corrompue; he had ~ accepted bribes il s'est corrompu en acceptant des pots-de-vin. -2. [in a depraved way] d'une manière dépravée OR corrompue.

corsage [kɔːˈsɑːʒ] *n* [flowers] *petit bouquet de fleurs (à accrocher au corsage ou au poignet)*; [bodice] corsage *m*.

corsair [ˈkɔːseəʳ] *n* corsaire *m*.

corset [ˈkɔːsɪt] *n* corset *m*; surgical ~ corset orthopédique.

Corsica [ˈkɔːsɪkə] *pr n* Corse *f*; in ~ en Corse.

Corsican [ˈkɔːsɪkən] ◇ *n* -1. [person] Corse *mf*. -2. LING corse *m*.
◇ *adj* corse.

cortège [kɔːˈteɪʒ] *n* cortège *m*; funeral ~ cortège funèbre.

cortex [ˈkɔːteks] (*pl* cortices [-tɪsiːz]) *n* ANAT & BOT cortex *m*.

cortical [ˈkɔːtɪkl] *adj* cortical.

cortisone [ˈkɔːtɪzəʊn] ◇ *n* cortisone *f*.
◇ *comp*: ~ injection piqûre *f* de cortisone.

corundum [kəˈrʌndəm] *n* MINER corindon *m*.

coruscate [ˈkɒrəskeɪt] *vi fml* briller, scintiller.

coruscating [ˈkɒrəskeɪtɪŋ] *adj fml* brillant, scintillant; *fig* [wit] brillant, étincelant.

corvette [ˈkɔːvet] *n* NAUT corvette *f*.

cos[1] [kɒz] ◇ *conj inf* = **because**.
◇ *n abbr of* cosine.

cos[2] [kɒs] *n Br*: ~ (lettuce) (laitue *f*) romaine *f*.

Cosa Nostra [ˌkəʊzəˈnɒstrə] *n* Cosa Nostra *f*.

cosh [kɒʃ] ◇ *n* gourdin *m*, matraque *f*.
◇ *vt* assommer, matraquer.

cosignatory [ˌkəʊˈsɪgnətrɪ] (*pl* cosignatories) *n fml* cosignataire *mf*; cosignatories to the agreement cosignataires de l'accord.

cosily *Br*, **cozily** *Am* [ˈkəʊzɪlɪ] *adv* [furnished] confortablement; they were sitting ~ by the fire ils étaient assis confortablement près du feu.

cosine [ˈkəʊsaɪn] *n* MATH cosinus *m*.

cosiness *Br*, **coziness** *Am* [ˈkəʊzɪnɪs] *n* [of house, surroundings etc] confort *m*; there's nothing I like better than the ~ of a big comfy sofa il n'y a rien de mieux qu'un grand canapé bien confortable || *fig*: the ~ of her novels l'atmosphère douce qui règne dans ses romans; given the ~ of their relationship vu les rapports copain-copain qu'ils entretiennent.

cosmetic [kɒzˈmetɪk] ◇ *adj* [preparation] cosmétique; *fig* [superficial - change, measure] superficiel, symbolique; it's purely ~ c'est purement symbolique, c'est uniquement pour la forme; that type of dental surgery would be regarded as purely ~ ce type de chirurgie dentaire serait considéré comme purement esthétique ❑ ~ surgery chirurgie *f* esthétique; to have ~ surgery se faire faire de la chirurgie esthétique.
◇ *n* cosmétique *m*, produit *m* de beauté; the ~s industry/counter l'industrie/le rayon des cosmétiques; she's in ~s elle est dans les cosmétiques.

cosmetician [ˌkɒzməˈtɪʃn] *n* [specialist] esthéticien *m*, -enne *f*.

cosmic [ˈkɒzmɪk] *adj* cosmique; ~ dust poussières *fpl* cosmiques; ~ ray rayon *m* cosmique; of ~ proportions *fig* aux proportions gigantesques.

cosmographer [kɒzˈmɒgrəfəʳ] *n* cosmographe *mf*.

cosmography [kɒzˈmɒgrəfɪ] *n* cosmographie *f*.

cosmology [kɒzˈmɒlədʒɪ] *n* cosmologie *f*.

cosmonaut [ˈkɒzmənɔːt] *n* cosmonaute *mf*.

cosmopolitan [kɒzməˈpɒlɪtn] ◇ *adj* [city, person, restaurant etc] cosmopolite.
◇ *n* cosmopolite *mf*.

cosmos [ˈkɒzmɒs] *n* cosmos *m*; *fig* univers *m*.

co-sponsor ◇ *n entreprise ou individu contribuant à un sponsoring*; we need at least one more ~ il nous faut encore au moins un autre sponsor; I agreed to act as (a) ~ j'ai accepté d'être le deuxième sponsor OR l'un des sponsors.
◇ *vt*: the company has been approached to ~ the exhibition l'entreprise a été sollicitée pour participer au sponsoring OR pour être l'un des sponsors de l'exposition.

cosset [ˈkɒsɪt] *vt* [person] dorloter, choyer, câliner; to ~ o.s. se dorloter.

cost [kɒst] (*pp* & *pt sense 1* cost, *sense 2* costed) ◇ *vt* -1. coûter; how much OR what does it ~? combien ça coûte?; how much is it going to ~ me? combien est-ce que ça va me coûter?, à combien est-ce que ça va me revenir?; how much will it ~ the taxpayer? combien cela coûtera-t-il au contribuable?; it ~s £10 cela coûte 10 livres; it ~ me £200 cela m'est revenu à OR m'a coûté 200 livres; did it ~ much? est-ce que cela a coûté cher?; it ~s nothing to join l'inscription est gratuite; it's a hobby that doesn't ~ anything c'est un passe-temps qui ne coûte rien; it didn't ~ me a penny ça ne m'a rien coûté du tout, ça ne m'a pas coûté un sou; it'll ~ you! *inf* [purchase] tu vas le sentir passer!; [help, favour] ce ne sera pas gratuit!; electricity ~s money, you know! l'électricité, ce n'est pas gratuit!; it ~ her a lot of time and effort cela lui a demandé beaucoup de temps et d'efforts; the puncture ~ us a bit of time la crevaison nous a fait perdre pas mal de temps; it ~ him his job cela lui a coûté son travail, cela lui a fait perdre son travail; it ~ her her life cela lui a coûté la vie; drinking and driving ~s lives la conduite en état d'ivresse coûte des vies humaines; it doesn't ~ anything to be polite ça ne coûte rien d'être poli; it must have ~ him to say sorry cela a dû lui coûter de s'excuser; whatever it ~s [purchase] quel qu'en soit le prix; whatever it ~s, I'm not going to give up quoi qu'il m'en coûte, je n'abandonnerai pas ❑ to ~ an arm and a leg *inf*, to ~ the earth coûter les yeux de la tête OR la peau des fesses. -2. [work out price of - trip] évaluer le coût de; [- job, repairs] établir un devis pour; he ~ed the repairs to the car at £150 il a établi un devis de 150 livres pour les réparations de la voiture, il a évalué les réparations de la voiture à 150 livres; to ~ a product COMM établir le prix de revient d'un produit; a carefully ~ed budget un budget calculé avec soin.
◇ *n* -1. [amount charged or paid] coût *m*; the car was repaired at a ~ of £50 la réparation de la voiture a coûté 50 livres; the ~ of petrol has gone up le prix de l'essence a augmenté; the ~ of money le loyer de l'argent; think of the ~ (involved)! imagine un peu le prix que ça coûte!; to bear the ~ of sthg payer qqch; [with difficulty] faire face aux frais OR aux dépenses de qqch; to buy/to sell sthg at ~ [cost price] acheter/vendre qqch au prix coûtant; at no extra ~ sans frais supplémentaires; the firm cut its ~s by 30% l'entreprise a réduit ses frais de 30 % ❑ ~, insurance and freight COMM coût, assurance et fret. -2. *fig* prix *m*; whatever the ~ à tout prix, à n'importe quel prix; whatever the ~ to his health quoi qu'il en coûte à sa santé, quel qu'en soit le prix pour sa santé; whatever the ~ to myself quoi qu'il m'en coûte; he was always helping people, whatever the ~ to himself il était toujours à aider les autres, quoi qu'il lui en coûte; at the ~ of her job/reputation/marriage au prix de son travail/sa réputation/son mariage; he saved them at the ~ of his (own) life il les a sauvés au prix de sa vie; to find out OR to learn OR to discover to one's ~ apprendre OR découvrir à ses dépens; as I discovered to my ~ comme je l'ai appris OR découvert à mes dépens; as I know to my ~ comme j'en ai fait la dure expérience; to count the ~ of sthg faire le bilan de qqch; no-one stopped to count the ~ [in advance] personne n'a pensé au prix à payer; what will be the ~ in terms of human suffering? quel sera le prix à payer en termes de souffrances humaines?; the ~ in human life le prix en vies humaines; the ~ in human terms [of unemployment, closure] le coût humain.
◇ *comp* [analysis] de coût.
◆ **costs** *npl* JUR frais *mpl* (d'instance) et dépens *mpl*; to be awarded ~s se voir accorder des frais et dépens; to be ordered to pay ~s être condamné aux dépens.
◆ **at all costs** *adv phr* à tout prix.
◆ **at any cost** *adv phr* en aucun cas; he should not be approached at any ~ en aucun cas il ne doit être approché.
◆ **cost out** *vt sep* = **cost 2**.

Costa Brava [ˌkɒstəˈbrɑːvə] *pr n* Costa Brava *f*.

cost accountant *n* comptable *m* spécialisé en comptabilité analytique OR en comptabilité d'exploitation.

cost accounting *n* comptabilité *f* analytique OR d'exploitation.

Costa del Sol [ˌkɒstədelˈsɒl] *pr n* Costa del Sol *f*.

co-star (*pt* & *pp* co-starred, *cont* co-starring) CIN & TV ◇ *n* [of actor, actress] partenaire *mf*.
◇ *vi* [in film] être l'une des vedettes principales; to ~ with sb partager la vedette OR l'affiche avec qqn; they have co-starred in several films ils ont partagé la vedette OR l'affiche de plusieurs films; she has co-starred in three films elle a joué l'un des rôles principaux dans trois films; this is his first co-starring role c'est la première fois qu'il a un des rôles principaux.
◇ *vt*: the film ~s Joe Smith and Mary Brown le film met en scène Joe Smith et Mary Brown dans les rôles principaux OR vedettes; the film ~s Joe Smith le film met en scène Joe Smith dans l'un des rôles principaux OR vedettes; co-starring... [in credits] avec...

Costa Rica [ˌkɒstəˈriːkə] *pr n* Costa Rica *m*; in ~ au Costa Rica.

Costa Rican [ˌkɒstəˈriːkən] ◇ *n* Costaricien *m*, -enne *f*.
◇ *adj* costaricien.

cost-benefit analysis *n* analyse *f* des coûts et rendements.

cost-conscious *adj*: to be ~ contrôler ses dépenses; in these ~ days par les temps qui courent où tout le monde fait attention à OR surveille ses dépenses.

cost-cutting ◇ *n* compression *f* OR réduction *f* des coûts; further ~ may be necessary d'autres compressions OR réductions des coûts pourraient s'avérer nécessaires.
◇ *adj* de compression OR de réduction des coûts; this is only part of a larger ~ exercise ce n'est qu'un élément d'une opération plus vaste de compression OR de réduction des coûts.

cost-effective *adj* rentable.

cost-effectiveness *n* rentabilité *f*.

costermonger [ˈkɒstəˌmʌŋgəʳ] *n Br* marchand *m*, -e *f* de quatre-saisons.

costing [ˈkɒstɪŋ] *n* [of product] estimation *f* du prix de revient; [of job, repairs] établissement *m* d'un devis; based on detailed ~s basé sur des calculs détaillés.

costive [ˈkɒstɪv] *adj* MED constipé.

costiveness [ˈkɒstɪvnɪs] *n* MED constipation *f*.

costliness [ˈkɒstlɪnɪs] *n* [high price] cherté *f*; we didn't realize the ~ of our mistake *fig* nous ne nous sommes pas rendu compte combien notre erreur allait nous coûter cher.

costly [ˈkɒstlɪ] (*compar* costlier, *superl* costliest) *adj* -1. [expensive] coûteux, cher; this may be a ~ mistake cette erreur pourrait me/vous *etc* coûter cher; **the costliest war this country has ever known in terms of human suffering** la guerre la plus meurtrière et traumatisante que le pays ait jamais connue. **-2.** [of high quality] somptueux, riche.

cost of living ◇ *n* coût *m* de la vie; **the ~ keeps going up** le coût de la vie ne cesse d'augmenter; **in order to keep up with the ~** afin de suivre le coût de la vie.
◇ *comp*: **~ allowance** indemnité *f* de vie chère; **~ increase** OR **adjustment** [in salary] augmentation *f* de salaire indexée sur le coût de la vie; **~ index** indice *m* du coût de la vie.

cost-plus *adj*: **on a ~ basis** sur la base du prix de revient majoré.

cost price *n* prix *m* coûtant OR de revient; **to buy/to sell sthg at ~** acheter/vendre qqch à prix coûtant.

costume ['kɒstjuːm] ◇ *n* **-1.** CIN, THEAT & TV costume *m (d'un acteur)*; **to be (dressed) in ~** porter un costume (de scène); **did you make your own ~?** est-ce que vous avez fait votre costume vous-même?; **I hate wearing ~** je déteste porter des costumes; **~s by...** [in credits] costumes réalisés par... **-2.** [fancy dress] costume *m*, déguisement *m*; **to be (dressed) in ~** être costumé OR déguisé; **are you going to the party in ~?** serez-vous déguisé à la soirée? **-3.** [traditional dress]: **national ~** costume *m* national; **to wear national ~** porter le costume national. **-4.** [for swimming]: **(swimming** OR **bathing) ~** maillot *m* de bain. **-5.** *Br dated* [woman's suit] tailleur *m*.
◇ *comp*: **~ ball** OR **party** bal *m* costumé; **~ designer** costumier *m*, -ère *f*; **~ drama** OR **piece** OR **play** pièce *f* en costumes d'époque.
◇ *vt* [film, play] réaliser les costumes pour.

costume jewellery *n (U)* bijoux *mpl* fantaisie; **a piece of ~** un bijou fantaisie.

costumier [kɒ'stjuːmɪəʳ], **costumer** ['kɒstjuːməʳ] *n* costumier *m*, -ère *f*.

cosy *Br*, **cozy** *Am* ['kəʊzɪ] (*Br compar* cosier, *superl* cosiest, *Am compar* cozier, *superl* coziest)
◇ *adj* **-1.** [warm, snug - flat, room, atmosphere] douillet, confortable; **it's nice and ~ in here** on est bien ici; **to be snug and ~ in one's bed** être bien confortablement installé dans son lit; **to look ~** avoir l'air bien confortable; **to feel ~** se sentir bien à l'aise; **she's a very ~ type of person** c'est quelqu'un de très chaleureux; **isn't this ~?** on n'est pas bien ici? **-2.** [intimate - chat, evening etc] intime; [- novel] à l'atmosphère douce; **they've got a very ~ relationship** *pej* ils sont très copain-copain; **a ~ deal** *pej* une combine.
◇ *n* [for tea-pot] couvre-théière *m*; [for egg] couvre-œuf *m*.
◆ **cosy up to** *inf vt insep* se mettre dans les petits papiers de; **he's always ~ing up to the boss** il essaie tout le temps de se mettre dans les petits papiers du patron.

cot [kɒt] *n Br* [for baby] lit *m* d'enfant; *Am* [camp bed] lit *m* de camp.

cotangent [kəʊ'tændʒənt] *n* MATH cotangente *f*.

cot death *n Br* mort *f* subite du nourrisson; **she lost her first child through ~** son premier enfant est mort de la mort subite du nourrisson.

cote [kəʊt] *n* [for doves] colombier *m*, pigeonnier *m*; [for sheep] abri *m*, bergerie *f*.

coterie ['kəʊtərɪ] *n* cercle *m*, cénacle *m*; *pej* coterie *f*, clique *f*.

coterminous [ˌkəʊ'tɜːmɪnəs] *adj fml* limitrophe, frontalier; **France is ~ with Spain and Switzerland** la France a des frontières communes avec l'Espagne et la Suisse.

cotill(i)on [kə'tɪljən] *n* cotillon *m*.

cottage ['kɒtɪdʒ] *n* **-1.** [in country] petite maison *f* (à la campagne), cottage *m*; **thatched ~** chaumière *f*. **-2.** *Am* [holiday home] maison *f* de campagne. **-3.** ▽ *Br* toilettes *fpl* publiques *(servant aux rencontres des homosexuels)*.

cottage cheese *n* fromage *m* blanc (égoutté), cottage cheese *m*.

cottage hospital *n Br* petit hôpital *m* de campagne.

cottage industry *n* industrie *f* familiale OR artisanale.

cottage loaf *n Br miche de pain surmontée d'une miche plus petite.*

cottage pie *n Br* hachis *m* parmentier.

cottager ['kɒtɪdʒəʳ] *n Br* habitant *m*, -e *f* d'un cottage; *Am* propriétaire *mf*/locataire *mf* d'une maison de campagne.

cottaging▽ ['kɒtɪdʒɪŋ] *n (U) Br rencontres homosexuelles dans les toilettes publiques.*

cotter ['kɒtəʳ] *n* MECH [wedge] goupille *f*; **~ (pin)** clavette *f*.

cotton ['kɒtn] ◇ *n* **-1.** [material, plant] coton *m*; **to pick ~** cueillir le coton; **put it with the rest of the ~s** [garments made of cotton] mets-le avec le reste du (linge en) coton; **is this dress ~?** [made of cotton] cette robe est-elle en coton? ☐ **absorbent ~** *Am* coton *m* hydrophile. **-2.** *Br* [thread for sewing] fil *m*.
◇ *comp* [garment] en coton; [industry, trade] du coton; [culture, field, grower, plantation] de coton; **~ picker** [person] cueilleur *m*, -euse *f* de coton.
◆ **cotton on** *inf vi insep* piger; **to ~ on to sthg** piger qqch; **one of the first companies to ~ on to the advantages of the system** l'une des premières sociétés à piger les avantages du système.
◆ **cotton to** *inf vt insep Am* [like - person] être attiré par; [- idea, plan, suggestion] approuver; **I didn't ~ to her at first** ça n'a pas accroché avec elle au début; **he didn't ~ to it much** ça ne lui a pas tellement plu.

cotton batting *Am* = **cotton wool** *n*.

Cotton Belt *n* GEOG région *f* du coton aux États-Unis.

cotton candy *n Am* barbe *f* à papa.

cotton gin *n* égreneuse *f* de coton.

cotton mill *n* filature *f* de coton.

cotton-picking▽ *adj Am* sale, sacré.

cottonseed ['kɒtnsiːd] *n* graine *f* de coton; **~ oil** huile *f* de coton.

cottontail ['kɒtnteɪl] *n* lapin *m* (de garenne).

cotton waste *n (U)* déchets *mpl* de coton.

cotton wool *Br* ◇ *n* coton *m* hydrophile, ouate *f*; **my legs feel like ~** *inf* j'ai les jambes en coton; **to wrap sb in ~** être aux petits soins pour qqn; **to bring a child up in ~** élever un enfant dans du coton.
◇ *comp*: **~ balls** boules *fpl* de coton; **~ pads** rondelles *fpl* de coton OR d'ouate; **~ clouds** *fig* nuages *mpl* cotonneux.

cotyledon [ˌkɒtɪ'liːdən] *n* BOT cotylédon *m*.

couch [kaʊtʃ] ◇ *n* [sofa] canapé *m*, divan *m*, sofa *m*; [in psychiatrist's office] divan *m*; **to be on the ~** *inf* faire une psychanalyse, voir un psy.
◇ *vt* formuler; **to be ~ed in very polite terms/in jargon** [letter, document] être formulé en termes très polis/en jargon.

couchette [kuː'ʃet] *n* RAIL couchette *f*.

couch grass *n* BOT chiendent *m*.

couch potato *inf n pej*: **he's a ~** il passe son temps affalé devant la télé.

cougar ['kuːgəʳ] *n* couguar *m*, cougouar *m*, puma *m*.

cough [kɒf] ◇ *n* toux *f*; **her ~ doesn't seem to be getting any better** sa toux n'a pas l'air de s'arranger, elle tousse toujours autant; **you want to get that ~ seen to** avec cette toux, tu devrais te faire examiner; **I can't get rid of this ~** cette toux ne me passe pas; **can you do something for this ~, doctor?** pouvez-vous faire quelque chose pour soigner ma toux, docteur?; **that's a nasty ~ (you've got)** tu as une mauvaise toux; **to have a ~** tousser; **she gave a loud ~** elle a toussé fort; **to give a warning ~** tousser OR toussoter en guise d'avertissement; **she gave me a warning ~ that they were coming** elle a toussé OR toussoté pour m'avertir qu'ils arrivaient; **he cleared his throat with a loud ~** il s'est éclairci la voix en toussant bruyamment; **there's a ~ in the engine** *fig* le moteur tousse, le moteur a des ratés; **smoker's ~** toux de fumeur; **whooping ~** coqueluche *f*.
◇ *comp* [medicine, sweets] pour OR contre la toux, antitussif *spec*.
◇ *vi* tousser; **the engine ~ed into life** *fig* le moteur a toussé puis s'est mis en marche.
◇ *vt* [blood] cracher; **the old car ~ed its way down the street** *fig* la vieille voiture a descendu la rue en faisant des ratés.
◆ **cough out** *vt sep* **-1.** cracher (en toussant); **you sound as if you're ~ing your insides out** on dirait que tu es en train de cracher tes poumons. **-2.** [words] dire en toussant.
◆ **cough up** ◇ *vt sep* **-1.** [blood] cracher (en toussant). **-2.** *inf* [money] cracher, raquer; **~ up what you owe me** crache ce que tu me dois.
◇ *vi insep inf* [pay up] banquer, raquer; **come on then, ~ up!** allez, banque!

cough drop *n* pastille *f* contre la toux OR antitussive.

coughing ['kɒfɪŋ] *n* toux *f*; **I can't stand his ~** je ne supporte pas de l'entendre tousser; **your ~ woke me up** tu m'as réveillé en toussant; **fit of ~, ~ fit** quinte *f* de toux.

cough mixture *n* sirop *m* antitussif OR contre la toux.

cough sweet = **cough drop**.

cough syrup = **cough mixture**.

could [kʊd] *modal vb* **-1.** [be able to]: **I'd come if I ~** je viendrais si je (le) pouvais; **she ~ no longer walk** elle ne pouvait plus marcher; **they ~n't very well refuse** il leur aurait été difficile de refuser; **five years ago I ~ run a mile in four minutes but I ~n't anymore** il y a cinq ans, je courais un mile en quatre minutes mais je ne pourrais plus maintenant; **she ~ have had the job if she'd wanted it** elle aurait pu obtenir cet emploi si elle l'avait voulu. **-2.** [with verbs of perception or understanding]: **he ~ see her talking to her boss** il la voyait qui parlait avec son patron; **I ~ see his point of view** je comprenais son point de vue. **-3.** [indicating ability or skill]: **she ~ read and write** elle savait lire et écrire; **she ~ speak three languages** elle parlait trois langues. **-4.** [in polite requests]: **~ I borrow your sweater?** est-ce que je pourrais t'emprunter ton pull?; **~ I join you?** est-ce que je pourrais me joindre à vous?; **~n't I come too?** est-ce que je ne pourrais pas venir moi aussi?; **~ you help me please?** pourriez-vous OR est-ce que vous pourriez m'aider, s'il vous plaît?; **~ you bring the bill, please?** pourriez-vous apporter l'addition, s'il vous plaît? **-5.** [indicating supposition or speculation]: **they ~ give up at any time** ils pourraient abandonner n'importe quand; **~ he be lying?** se pourrait-il qu'il mente?; **the stock market ~ crash tomorrow** le marché pourrait s'effondrer demain; **you ~ well be right** tu pourrais bien avoir raison; **don't touch it, it ~ be dangerous** n'y touchez pas, ça pourrait être dangereux; **they ~ have changed their plans** ils ont peut-être changé leurs plans ‖ [indicating possibility]: **you ~ have told me the truth** tu aurais pu me dire la vérité; **they ~ easily have got here earlier** ils auraient facilement pu arriver ici plus tôt; **you ~ have warned me!** tu aurais pu me prévenir!; **what ~ I have done with the keys?** qu'est-ce que j'ai bien pu faire des clés?; **I ~ kill him!** je pourrais le tuer!; **he ~ have jumped for joy** il en aurait presque sauté de joie ☐ **I'm as happy as ~ be** je suis on ne peut plus heureux; **she was as kind as ~ be** elle était on ne peut plus gentille. **-6.** [indicating unwillingness]: **I ~n't just leave him there, could I?** je ne pouvais vraiment pas le laisser là; **I ~n't possibly do it before tomorrow** je ne pourrai vraiment pas le faire avant demain. **-7.** [in polite suggestions]: **you ~ always complain to the director** tu pourrais toujours te plaindre au directeur; **~n't you just apologize?** tu ne pourrais pas présenter tes excuses au moins?; **~n't we at least talk about it?** est-ce que nous ne pourrions pas au moins en discuter? **-8.** [introducing comments or opinions]: **if I ~ just intervene here** est-ce que je peux me permettre d'intervenir ici?; **you ~**

argue it's a waste of resources tu pourrais argumenter que c'est un gaspillage de ressources. - **9.** [indicating surprise or disbelief]: **the house ~n't have been THAT expensive** la maison n'a pas dû coûter si cher que ça; **how ~ she have done such a thing?** comment a-t-elle pu faire une chose pareille?; **how ~ you say that?** comment avez-vous pu dire ça OR une chose pareille?; **who on earth ~ that be?** qui diable cela peut-il bien être? - **10.** [inviting agreement]: **he left and you ~n't blame him** il est parti et on ne peut pas lui en vouloir.

couldn't ['kʊdnt] = **could not**.

couldn't-care-less *inf adj* [attitude] je-m'en-foutiste.

couldst [kʊdst] *arch 2nd pers sing* → **could**.

coulee ['kuːlɪ] *n Am* ravin *m*.

couloir ['kuːlwɑːʳ] *n* [in climbing] couloir *m*.

coulomb ['kuːlɒm] *n* coulomb *m*.

council ['kaʊnsl] ◇ *n* - **1.** [group of people] conseil *m*; **the UN Security Council** le Conseil de sécurité des Nations unies. - **2.** *Br* [elected local body] conseil *m*; **she's standing for election to the ~** elle se présente aux élections du conseil; **to be on the ~** être au conseil; **the ~ are improving services** le conseil est en train d'améliorer les services ❑ **city** OR **town** OR *Scot* **district ~** conseil *m* municipal, municipalité *f*; **county** OR *Scot* **regional ~** conseil *m* régional. - **3.** [meeting] conseil *m*; **to hold a ~ of war** tenir un conseil de guerre.
◇ *comp* - **1.** [meeting] du conseil. - **2.** *Br* [election, service, worker] municipal; [leader, meeting] du conseil municipal; **~ estate** cité *f*; **to live on a ~ estate** habiter dans une cité; **~ flat/house** ≃ habitation *f* à loyer modéré, ≃ HLM *f or m*; **~ housing** ≃ habitations *fpl* à loyer modéré, ≃ HLM *fpl or mpl*; **~ tenants** *locataires d'un appartement ou d'une maison appartenant à la municipalité.*

councillor *Br*, **councilor** *Am* ['kaʊnsələʳ] *n* conseiller *m*, -ère *f*; **Councillor (John) Murray** Monsieur le Conseiller Murray; **town/county ~** conseiller municipal/régional.

councilman ['kaʊnslmæn] (*pl* **councilmen** [-men]) *n Am* conseiller *m*.

councilor *Am* = **councillor**.

council tax *n (U)* impôts *mpl* locaux *(en Grande-Bretagne)*.

councilwoman ['kaʊnsl,wʊmən] (*pl* **councilwomen** [-,wɪmɪn]) *n Am* conseillère *f*.

counsel ['kaʊnsəl] (*Br pt & pp* **counselled**, *cont* **counselling**, *Am pt & pp* **counseled**, *cont* **counseling**) ◇ *n* - **1.** *fml* [advice] conseil *m*; **to take ~ with sb about sthg** prendre conseil auprès de qqn sur qqch; **to take** (**together**) tenir conseil; **to keep one's own ~** garder ses opinions OR intentions pour soi. - **2.** JUR avocat *m*, -e *f*; **~ for the defence/prosecution** avocat de la défense/du ministère public; **to seek the advice of ~** se faire conseiller par un avocat; **both parties contacted their ~** les deux parties ont contacté leurs avocats; **if ~ would approach the bench** si vous voulez bien vous approcher, maître ❑ **King's ~, Queen's ~** *Br membre supérieur du barreau.*
◇ *vt* - **1.** *fml* conseiller; **to ~ sb to do sthg** conseiller à qqn de faire qqch; **to ~ caution** recommander la prudence. - **2.** [in therapy] conseiller.

counselling *Br*, **counseling** *Am* ['kaʊnsəlɪŋ] *n* [psychological] assistance *f*, conseils *mpl*; **you need ~** tu as besoin d'assistance OR de conseils; **to seek ~** se faire conseiller, prendre conseil; **she does ~ at the university** elle est conseillère auprès des étudiants à l'université.

counsellor *Br*, **counselor** *Am* ['kaʊnsələʳ] *n* - **1.** [in therapy] conseiller *m*, -ère *f*; **marriage guidance ~** conseiller *m* conjugal, conseillère *f* conjugale. - **2.** *Am* JUR avocat *m*, -e *f*; **that's enough, ~!** cela suffit, maître!

count [kaʊnt] ◇ *n* - **1.** compte *m*; [of ballot papers] décompte *m*; **to have a ~** faire le compte, compter; **it took three/several ~s** il a fallu faire trois/plusieurs fois le compte, il a fallu compter trois/plusieurs fois; **to have a second ~** refaire le compte, recompter; **to lose ~** perdre le compte; **I've lost ~ of the number of times he's been late** je ne compte plus le nombre de fois où il est arrivé en retard; **to keep ~ (of sthg)** tenir le compte (de qqch); **I have a job keeping ~ of all your boyfriends** j'ai du mal à tenir le compte de tous tes petits amis; **at the last ~** [gen] la dernière fois qu'on a compté; ADMIN [of people] au dernier recensement; **on the ~ of three, begin** à trois, vous commencez. - **2.** [in boxing]: **he took a ~ of nine** il est resté à terre jusqu'à neuf; **to take the ~** être mis K-O ❑ **to be out for the ~** [boxer, person in brawl] être K-O; [fast asleep] dormir comme une souche. - **3.** JUR chef *m* d'accusation; **guilty on three ~s of murder** coupable de meurtre sur trois chefs d'accusation; **the judge found him guilty on the first ~, but cleared him of the second** le juge l'a déclaré coupable sur le OR quant au premier chef, mais l'a acquitté pour le second || *fig*: **the argument is flawed on both ~s** l'argumentation est défectueuse sur les deux points; **I'm annoyed with you on a number of ~s** je suis fâché contre toi pour un certain nombre de raisons OR à plus d'un titre. - **4.** MED taux *m*; **blood (cell) ~** numération *f* globulaire. - **5.** [nobleman] comte *m*; **'The Count of Monte Cristo'** *Dumas* 'le Comte de Monte-Cristo'.
◇ *vt* - **1.** [add up - gen] compter; [- votes] compter, décompter; **I ~ed ten people in the room** j'ai compté dix personnes dans la pièce ❑ **to ~ sheep** *fig* [when sleepless] compter les moutons; **to ~ the pennies** faire attention à ses sous; **you can ~ his good points on the fingers of one hand** ses qualités se comptent sur les doigts de la main; **they can be ~ed on the fingers of one hand** on peut les compter sur les doigts de la main; **~ your blessings** pense à tout ce que tu as pour être heureux; **~ your blessings that there was someone around** tu peux t'estimer heureux qu'il y ait eu quelqu'un dans les parages; **don't ~ your chickens (before they're hatched)** *prov* il ne faut pas vendre la peau de l'ours (avant de l'avoir tué) *prov*. - **2.** [include] compter; **have you ~ed yourself?** est-ce que tu t'es compté?; **~ing Alan, there were ten of us** en comptant Alan, nous étions dix; **not ~ing public holidays** sans compter les jours fériés. - **3.** [consider] considérer, estimer; **to ~ sb among one's friends** compter qqn parmi ses amis; **do you ~ her as a friend?** la considères-tu comme une amie?; **student grants are not ~ed as taxable income** les bourses d'études ne sont pas considérées comme revenu imposable, **yourself lucky (that...)** estime-toi heureux (que...); **I ~ myself as very lucky** je considère OR j'estime que j'ai beaucoup de chance; **I ~ myself happy** je m'estime heureux; **to be ~ed a success** [person] être considéré comme quelqu'un qui a réussi; [project] être considéré comme un succès.
◇ *vi* - **1.** [add up] compter; **to learn to ~** apprendre à compter; **to ~ to twenty/fifty/a hundred** compter jusqu'à vingt/cinquante/cent; **to ~ on one's fingers** compter sur ses doigts; **~ing from tomorrow** à partir de demain. - **2.** [be considered, qualify] compter; **two children ~ as one adult** deux enfants comptent pour un adulte; **anyone over 14 ~s as an adult** toutes les personnes âgées de plus de 14 ans comptent pour des adultes; **unemployment benefit ~s as taxable income** les allocations (de) chômage comptent comme revenu imposable; **this exam ~s towards the final mark** cet examen compte dans la note finale; **that/he doesn't ~** ça/il ne compte pas; **she ~s among my very best friends** elle compte parmi mes meilleurs amis; **his reputation ~ed in his favour** sa réputation a pesé en sa faveur; **his record ~ed against him** son casier judiciaire l'a desservi. - **3.** [be important] compter; **every second/minute ~s** chaque seconde/minute compte; **experience ~s more than qualifications** l'expérience compte davantage que les diplômes; **he ~s for nothing** il n'est pas important, il ne compte pas; **a private education doesn't ~ for much now** avoir reçu une éducation privée n'est plus un grand avantage de nos jours; **what ~s around here is enthusiasm** ce qui compte ici c'est l'enthousiasme; **he's the one who ~s around here** c'est lui qui décide ici.

◆ **count down** *vi insep* ASTRONAUT faire le compte à rebours.

◆ **count in** *vt sep* [include] compter, inclure; **to ~ sb in on sthg** inclure OR compter qqn dans qqch; **will we ~ you in for the weekend or not?** on te compte pour le week-end ou pas?; **~ me in** compte sur moi, je suis partant; **don't ~ me in** ne compte pas sur moi.

◆ **count off** *vt sep Am* compter.

◆ **count on** *vt insep* - **1.** [rely on] compter sur; **we're ~ing on you** nous comptons sur toi; **I wouldn't ~ on him turning up, if I were you** si j'étais vous, je ne m'attendrais pas à ce qu'il vienne; **you can ~ on it/me** vous pouvez compter dessus/sur moi; **I wouldn't ~ on it** je n'y compterais pas. - **2.** [expect] compter; **I wasn't ~ing on getting here so early** je ne comptais pas arriver si tôt; **I wasn't ~ing on my husband being here** je ne comptais OR pensais pas que mon mari serait ici.

◆ **count out** *vt sep* - **1.** [money, objects] compter. - **2.** [exclude]: **(you can) ~ me out** ne compte surtout pas sur moi. - **3.** [in boxing]: **to be ~ed out** être déclaré K-O.

◆ **count up** ◇ *vt sep* compter, additionner; **when you ~ it all up** *fig* en fin de compte.
◇ *vi insep* compter, additionner.

◆ **count upon** *vt insep* = **count on**.

countability [,kaʊntə'bɪlətɪ] *n* GRAMM aspect *m* comptable.

countable ['kaʊntəbl] *adj* GRAMM [noun] comptable.

countdown ['kaʊntdaʊn] *n* ASTRONAUT compte *m* à rebours; **the ~ to the wedding/Christmas has begun** *fig* la date du mariage/de Noël se rapproche.

countenance ['kaʊntənəns] ◇ *n* - **1.** *fml* OR *lit* [face] visage *m*; [facial expression] expression *f*, mine *f*; **to keep one's ~** faire bonne contenance; **to lose ~** [subj: person] perdre contenance; [government] perdre la face. - **2.** *fml* [support, approval]: **to give** OR **to lend ~ to sthg** approuver qqch.
◇ *vt fml* [support, approve of - terrorism, violence, lying] approuver; [- idea, proposal] approuver, accepter; **the government will never ~ (doing) a deal with the terrorists** le gouvernement n'approuvera OR n'acceptera jamais l'idée d'un marché avec les terroristes.

counter ['kaʊntəʳ] ◇ *n* - **1.** [in shop] comptoir *m*; **ask at the ~** [in bank, post office] demandez au guichet ❑ **it's available over the ~** [medication] on peut l'acheter sans ordonnance; **to sell sthg under the ~** *inf Br* vendre qqch en douce OR sous le manteau. - **2.** [device] compteur *m*; **set the ~ to zero** mettre OR remettre le compteur à zéro. - **3.** [in board game] jeton *m*; **bargaining ~** *Br fig* monnaie *f* d'échange; **to use sthg as a bargaining ~ in negotiations** utiliser qqch comme monnaie d'échange dans des négociations.
◇ *comp*: **~ staff** [in bank, post office] employés *mpl* du guichet, guichetiers *mpl*.
◇ *vt* [respond to - increase in crime, proposal] contrecarrer; [- accusation, criticism] contrer; **in order to ~ the threat from the enemy tanks** pour contrer la menace que constituent les tanks ennemis; **he ~ed that the project...** il a contré OR riposté en disant que le projet...
◇ *vi* [in boxing] contrer; **then he ~ed with his left** puis il a contré du gauche OR fait un contre du gauche; **she ~ed with a suggestion that/by asking whether...** elle a riposté en suggérant que/en demandant si...
◇ *adv*: **to go** OR **to run ~ to sthg** aller à

l'encontre de qqch; to act ~ to sb's advice/wishes agir à l'encontre des conseils/des souhaits de qqn.

counteract [ˌkaʊntəˈrækt] *vt* [person] contrebalancer l'influence de; [influence] contrebalancer; [effects of drug, taste of sthg] neutraliser; [rising crime] lutter contre.

counterattack [ˈkaʊntərəˌtæk] MIL & SPORT ◇ *n* contre-attaque *f*, contre-offensive *f*; *fig* [in business, election etc] contre-offensive *f*.
◇ *vi* contre-attaquer; *fig* riposter, contrer; the company ~ed with claims that... la compagnie a riposté OR contré en affirmant que...

counterattraction [ˌkaʊntərəˈtrækʃn] *n* spectacle *m* rival; TV is a ~ to live theatre la télévision fait de la concurrence au théâtre.

counterbalance [ˌkaʊntəˈbæləns] ◇ *n* contrepoids *m*.
◇ *vt* contrebalancer, faire contrepoids à; *fig* contrebalancer, compenser.

counterblast *inf* [ˈkaʊntəblɑːst] *n* riposte *f*.

countercharge [ˈkaʊntətʃɑːdʒ] ◇ *n* JUR contre-accusation *f*.
◇ *vi* faire une contre-accusation.
◇ *vt*: to ~ that... émettre la contre-accusation que...

counterclaim [ˈkaʊntəkleɪm] *n* JUR demande *f* reconventionnelle.

counterclaimant [ˈkaʊntəkleɪmənt] *n* JUR demandeur *m* reconventionnel, demanderesse *f* reconventionnelle.

counterclockwise [ˌkaʊntəˈklɒkwaɪz] *adj* & *adv Am* dans le sens inverse OR contraire des aiguilles d'une montre.

counterespionage [ˌkaʊntərˈespɪənɑːʒ] *n* contre-espionnage *m*.

counterfeit [ˈkaʊntəfɪt] ◇ *n* [banknote, passport, document] faux *m*, contrefaçon *f*; [piece of jewellery] faux *m*.
◇ *adj* [banknote, passport, document] faux; [piece of jewellery] contrefait; *fig* [sympathy, affection] feint.
◇ *vt* [banknote, passport, document, piece of jewellery] contrefaire; *fig* [sympathy, affection] feindre.
◇ *vi*: he's been ~ing for years ça fait des années qu'il est faussaire.

counterfeiter [ˈkaʊntəfɪtəʳ] *n* [of banknote] faux-monnayeur *m*; [of passport, document, jewellery] faussaire *m*.

counterfoil [ˈkaʊntəfɔɪl] *n Br* [of cheque, ticket] talon *m*.

counterinsurgency [ˌkaʊntərɪnˈsɜːdʒənsɪ] ◇ *n* contre-insurrection *f*.
◇ *adj* [activities, tactics etc] de contre-insurrection.

counterintelligence [ˌkaʊntərɪnˈtelɪdʒəns] *n* contre-espionnage *m*; [information] renseignements *mpl* (provenant du contre-espionnage).

counterirritant [ˌkaʊntərˈɪrɪtənt] *n* MED révulsif *m*.

counterman [ˈkaʊntəmæn] (*pl* countermen [-men]) *n Am* barman *m*.

countermand [ˌkaʊntəˈmɑːnd] *vt* [order] annuler.

countermeasure [ˌkaʊntəˈmeʒəʳ] *n* contre-mesure *f*.

countermove [ˈkaʊntəmuːv] *n* contre-mesure *f*; in a ~ en guise de contre-mesure.

counteroffensive [ˌkaʊntərəˈfensɪv] *n* MIL contre-offensive *f*.

counteroffer [ˌkaʊntərˈɒfəʳ] *n* offre *f*; [higher] surenchère *f*; I'm waiting for a ~ from the other party j'attends l'offre de l'autre partie.

counterpane [ˈkaʊntəpeɪn] *n Br* dessus-de-lit *m inv*, couvre-lit *m*.

counterpart [ˈkaʊntəpɑːt] *n* homologue *mf*; [thing] équivalent *m*.

counterpoint [ˈkaʊntəpɔɪnt] *n* MUS contrepoint *m*.

counterpoise [ˈkaʊntəpɔɪz] ◇ *n* contrepoids *m*; to be in ~ *fig* être en équilibre.
◇ *vt* = **counterbalance**.

counterproductive [ˌkaʊntəprəˈdʌktɪv] *adj* qui va à l'encontre du but recherché, qui a des effets contraires, contre-productif.

Counter-Reformation *n* HIST contre-réforme *f*.

counter-revolution *n* contre-révolution *f*.

counter-revolutionary ◇ *n* contre-révolutionnaire *mf*.
◇ *adj* contre-révolutionnaire.

countersign [ˈkaʊntəsaɪn] *vt* contresigner.

countersink [ˈkaʊntəsɪŋk] (*pt* countersank [-sæŋk], *pp* countersunk [-sʌŋk]) *vt* [screw] noyer; [hole] fraiser.

countertenor [ˌkaʊntəˈtenəʳ] *n* MUS [singer] haute-contre *m*; [voice] haute-contre *f*.

countervailing [ˈkaʊntəveɪlɪŋ] *adj* compensatoire, compensateur.

counterweight [ˈkaʊntəweɪt] *n* contrepoids *m*.

countess [ˈkaʊntɪs] *n* comtesse *f*.

counting [ˈkaʊntɪŋ] *n* calcul *m*.

counting house *n arch* salle *f* du trésor.

countless [ˈkaʊntlɪs] *adj* [deaths, reasons] innombrable; [difficulties, opportunities, problems] innombrable, sans nombre; ~ letters/people un nombre incalculable de lettres/personnes; I've told you ~ times not to do that je t'ai répété des centaines de fois de ne pas faire ça.

count noun *n* GRAMM nom *m* comptable.

countrified [ˈkʌntrɪfaɪd] *adj* -**1.** *pej* campagnard, provincial. -**2.** [rural]: it's quite ~ round here c'est vraiment la campagne ici.

country [ˈkʌntrɪ] (*pl* countries) ◇ *n* -**1.** [land, nation] pays *m*; [homeland] patrie *f*; the ~ is in mourning le pays est en deuil; I have the support of the ~ tout le pays me soutient; to fight/to die for one's ~ se battre/mourir pour sa patrie; to love one's ~ aimer son pays OR sa patrie; in my ~ dans mon pays, chez moi; my ~ right or wrong *expression typique du patriotisme forcené* ❑ to go to the ~ *Br* appeler le pays aux urnes. -**2.** [as opposed to the city] campagne *f*; to live in the ~ vivre à la campagne; to spend a day in the ~ passer une journée à la campagne; to travel across ~ [in car, on bike] prendre OR emprunter les petites routes (de campagne); [on foot] aller à travers champs. -**3.** [area of land, region] région *f*; the ~ around Gloucester la région autour de Gloucester; we passed through some beautiful ~ nous avons traversé de beaux paysages; this is good farming ~ c'est une bonne région agricole; Wordsworth/Constable ~ le pays de Wordsworth/Constable; this is bear ~ il y a beaucoup d'ours par ici ❑ it's not my line of ~ *Br* ce n'est pas mon domaine. -**4.** MUS = **country and western**.
◇ *comp* [house, road, town, bus] de campagne; [people] de la campagne; [life] à la campagne; ~ boy gars *m* de la campagne; 'The Country Wife' *Wycherly* 'la Provinciale'.

country and western MUS ◇ *n* musique *f* country.
◇ *comp* [band, music, singer] country; [fan] de country.

country bumpkin *inf n pej* péquenaud *m*, -e *f*, plouc *mf*; I felt like a ~ j'ai eu l'impression de débarquer de ma campagne.

country club *n club sportif ou de loisirs situé à la campagne*.

country code *n*: the ~ le code rural.

country cousin *n pej* cousin *m*, -e *f* de province.

country dance *n* danse *f* folklorique.

country dancing *n* danse *f* folklorique; to go ~ aller danser des danses folkloriques.

country-dweller *n* campagnard *m*, -e *f*, habitant *m*, -e *f* de la campagne.

country house *n grande maison de campagne, souvent historique*.

countryman [ˈkʌntrɪmən] (*pl* countrymen [-mən]) *n* -**1.** [who lives in the country] campagnard *m*, habitant *m* de la campagne. -**2.** [compatriot] compatriote *m*.

country seat *n* [of noble family] manoir *m*.

countryside [ˈkʌntrɪsaɪd] *n* campagne *f*; [scenery] paysage *m*; in the ~ à la campagne; there is some magnificent ~ around here il y a des paysages magnifiques par ici.

Countryside Commission *n*: the ~ *organisme britannique indépendant chargé de la protection du milieu rural et de la gestion des parcs nationaux*.

countrywoman [ˈkʌntrɪˌwʊmən] (*pl* countrywomen [-ˌwɪmɪn]) *n* -**1.** [who lives in the country] campagnarde *f*, habitante *f* de la campagne. -**2.** [compatriot] compatriote *f*.

county [ˈkaʊntɪ] (*pl* counties) ◇ *n* comté *m*.
◇ *comp* [councillor, boundary] de comté; ~ cricket *Br grands matchs de cricket disputés par les équipes du comté*.
◇ *adj Br pej*: she's very ~ elle est de la haute; the horse sale was full of ~ types le marché aux chevaux grouillait de petits hoberaux.

county council *n Br* ≃ conseil *m* général.

county court *n* [in England] tribunal *m* d'instance.

County Hall *n Br* hôtel *m* du comté, siège *m* du conseil de comté.

county seat *n* [in US] chef-lieu *m* de comté.

county town *n* [in England] chef-lieu *m* de comté.

coup [kuː] *n* -**1.** [feat] (beau) coup *m*; to pull off a ~ réussir un beau coup. -**2.** [overthrow of government] coup *m* d'État.

coupé [ˈkuːpeɪ] *n* AUT coupé *m*.

couple [ˈkʌpl] ◇ *n* -**1.** [pair] couple *m*; an engaged ~ un couple de fiancés; they make a lovely ~ ils forment un beau couple; the happy ~ les jeunes mariés; the ~s on the dance floor les couples sur la piste de danse; everyone came in ~s tout le monde est venu en couple; I'm not going if it's all ~s je n'y vais pas s'il n'y a que des couples; they go everywhere as a ~ ils vont partout ensemble OR en couple. -**2.** *phr*: a ~ [a few] quelques-uns, quelques-unes; were there many mistakes? — only a ~ est-ce qu'il y avait beaucoup de fautes? — seulement quelques-unes; a ~ of [a few] quelques; [two] deux; a ~ of drinks un verre ou deux, quelques verres; he's a ~ years older *Am* il a deux ou trois ans de plus.
◇ *vi* [animals, birds, humans] s'accoupler.
◇ *vt* -**1.** [horse] atteler; RAIL atteler, accrocher. -**2.** *fig* [studies] associer, suivre en parallèle; the name of Freud is ~d with that of Vienna le nom de Freud est associé à Vienne; she ~d her announcement with a plea for increased funding elle a profité de son annonce pour demander davantage de fonds; her name has been ~d with his [romantically] son nom a été uni au sien; ~d with [accompanied by] associé à; ~d with that,... en plus de cela,..., venant s'ajouter à cela,...

couplet [ˈkʌplɪt] *n* distique *m*.

coupling [ˈkʌplɪŋ] *n* -**1.** [mating - of animals, birds, humans] accouplement *m*. -**2.** [connecting device] accouplement *m*; RAIL attelage *m*.

coupon [ˈkuːpɒn] *n* [voucher, form] coupon *m*; football ~ *Br* ≃ grille *f* de Loto sportif; (money-off) ~ coupon de réduction.

courage [ˈkʌrɪdʒ] *n* courage *m*; to have the ~ to do sthg avoir le courage de faire qqch; he has to be told — I know, but I don't have the ~ il faut le lui dire — je (le) sais, mais je n'en ai pas le courage; a woman of great ~ une femme d'un grand courage, une femme très courageuse; people with ~ des gens courageux; to take one's ~ in both hands prendre son courage à deux mains; to take ~ from the fact that... être encouragé par le fait que...; to have the ~ of one's convictions avoir le courage de ses opinions.

courageous [kəˈreɪdʒəs] *adj* courageux.

courageously [kəˈreɪdʒəslɪ] *adv* courageusement.

courgette [kuːˈʒet] *n Br* courgette *f*.

courier ['kʊrɪəʳ] *n* -**1.** [messenger] courrier *m*, messager *m*; [company] messagerie *f*; **to send sthg by ~** envoyer qqch par courrier. -**2.** [on journey] accompagnateur *m*, -trice *f*.

course [kɔːs] ◇ *n* -**1.** [path, route - of ship, plane] route *f*; [- of river] cours *m*; **what is our ~?** quelle est notre route?; **to change ~** [ship, plane, company] changer de cap OR de direction; *fig* [argument, discussion] changer de direction, dévier; **to be on ~** [ship, plane] suivre le cap fixé; **to be off ~** [ship, plane] dévier de son cap; **you're a long way off ~** [walking, driving] vous n'êtes pas du tout dans la bonne direction OR sur la bonne route; [with project, workflow] vous êtes en mauvaise voie; **to be on ~** *fig* être en bonne voie; **the company is on ~ to achieve a record profit** *fig* la société est bien partie pour atteindre des bénéfices record; **to set a ~ for Marseilles** [ship, plane] mettre le cap sur Marseille. -**2.** *fig* [approach]: **~ (of action)** ligne *f* (de conduite); **what is the recommended ~ of action in such cases?** quelle est la ligne de conduite conseillée dans de tels cas?; **what other ~ is open to us?** quelle autre solution avons-nous?; **your best ~ of action is to sue** la meilleure chose que vous ayez à faire est d'intenter un procès. -**3.** [development, progress - of history, war] cours *m*; **the law must take its ~** la loi doit suivre son cours; **the illness takes** OR **runs its ~** la maladie suit son cours ❑ **in the ~ of time** finalement; **you will forget him in the ~ of time** tu finiras par l'oublier; **in the normal** OR **ordinary ~ of events** normalement, en temps normal; **a building in ~ of construction/demolition** un bâtiment en cours de construction/démolition. -**4.** SCH & UNIV enseignement *m*, cours *mpl*; **a geography/music ~** un enseignement OR des cours de géographie/musique; **it's a five-year ~** c'est un enseignement sur cinq ans; **we offer ~s in a number of subjects** nous offrons OR proposons des enseignements OR des cours dans plusieurs domaines; **I'm taking** OR **doing a computer ~** je suis des cours OR un stage d'informatique; **what are the other people on the ~ like?** comment sont les autres personnes qui suivent les cours? -**5.** MED: **a ~ of injections** une série de piqûres; **a ~ of pills** un traitement à base de comprimés; **~ of treatment** [for an illness] traitement *m*. -**6.** [in meal] plat *m*; **first ~** entrée *f*; **main ~** plat *m* de résistance; **there's a cheese ~ as well** il y a aussi du fromage. -**7.** [for golf] terrain *m*; [for horse-racing] champ *m* de courses; **to stay** OR **to stick the ~** tenir le coup. -**8.** [of bricks] assise *f*.
◇ *vi* -**1.** [flow]: **tears ~d down my cheeks** les larmes ruisselaient sur mes joues; **I could feel the blood coursing through my veins** je sentais le sang bouillonner dans mes veines. -**2.** [hunt rabbits, hares] chasser le lièvre.
◆ **in the course of** *prep phr* au cours de; **in the ~ of the next few weeks** dans le courant des semaines qui viennent.
◆ **of course** *adv phr* bien sûr; **of ~ I believe you/she loves you** bien sûr que je te crois/ qu'elle t'aime; **no-one believed me, of ~** évidemment OR bien sûr, personne ne m'a cru; **I don't matter, of ~** *iron* évidemment OR naturellement, moi, je ne compte pas; **I'll keep you informed of ~** il va de soi que je vous tiendrai au courant; **may I use your phone? — of ~!** puis-je utiliser votre téléphone? — mais bien sûr!; **was there much damage? — of ~!** y a-t-il eu beaucoup de dégâts? — tu parles!; **of ~ not!** bien sûr que non!

-course *in cpds*: **a three/five~ meal** un repas comprenant trois/cinq plats; **she served a four~ dinner** elle a servi quatre plats au dîner.

'course *inf interj* = **of course**.

coursebook ['kɔːsbʊk] *n* livre *m* de classe.

coursework ['kɔːswɜːk] *n* travail *m* de l'année *(qui permet d'exercer le contrôle continu)*.

coursing ['kɔːsɪŋ] *n* chasse *f* à courre au lièvre.

court [kɔːt] ◇ *n* -**1.** JUR [institution] cour *f*, tribunal *m*; [court room, people in room] cour *f*; **the ~ rose** la cour s'est levée; **silence in ~!** silence dans la salle!; **to clear the ~** évacuer la salle; **to appear in ~** [accused, witness] comparaître au tribunal; **this is the third time you have come before this ~** c'est la troisième fois que vous comparaissez devant ce tribunal; **to take sb to ~** poursuivre qqn en justice, intenter un procès contre qqn; **to go to ~** faire appel à la justice, aller en justice; **to go to ~ over sthg** faire appel à la justice pour régler qqch; **I'll see you in ~ then!** alors nous réglerons cela au tribunal!; **to settle sthg out of ~** régler qqch à l'amiable; **it won't stand up in ~** OR **in a ~ of law** cela n'aura aucun poids au tribunal; **to put** OR **to rule sthg out of ~** *fig* exclure qqch. -**2.** [of monarch - people] cour *f*; [- building] palais *m*; **to be presented at ~** *Br* être introduit à la cour; **to hold ~** *fig* avoir une cour d'adorateurs. -**3.** SPORT [tennis, badminton] court *m*, terrain *m*; [squash] salle *f*; **they'll be coming on ~ soon** ils vont bientôt entrer sur le court OR terrain; **on ~ and off, on and off ~** sur le court et dans la vie. -**4.** [courtyard] cour *f*.
◇ *comp* -**1.** JUR: **~ reporter** chroniqueur *m* judiciaire; **~ usher** huissier *m* de justice. -**2.** [royal]: **~ jester** bouffon *m* de cour; **it is said in ~ circles that...** on dit à la cour que...
◇ *vt* -**1.** *literal* & *dated* faire la cour à, courtiser. -**2.** *fig* [voters] courtiser, chercher à séduire; **she's ~ing the director** elle essaie de gagner la faveur du metteur en scène; **to ~ popularity** chercher à se rendre populaire; **to ~ sb's approval/support** chercher à gagner l'approbation/le soutien de qqn; **to ~ danger/disaster** aller au devant du danger/désastre; **I told him he was ~ing arrest** je lui ai dit qu'il risquait de se faire arrêter.
◇ *vi dated* [one person] fréquenter; [two people] se fréquenter.

court-bouillon [ˌkɔːt'buːjɒn] *n* CULIN court-bouillon *m*.

court card *n Br* figure *f*.

court case *n* procès *m*, affaire *f*; **the whole ~ was seen on TV** le procès a été retransmis à la télévision dans son intégralité.

court circular *n rubrique d'un journal indiquant les engagements officiels de la famille royale.*

Courtelle® [kɔː'tel] *n* Courtelle® *m*.

courteous ['kɜːtjəs] *adj* [person, gesture, treatment] courtois.

courteously ['kɜːtjəslɪ] *adv* [speak, reply etc] avec courtoisie, courtoisement.

courtesan [ˌkɔːtɪ'zæn] *n* courtisane *f*.

courtesy ['kɜːtɪsɪ] (*pl* **courtesies**) ◇ *n* -**1.** [politeness] courtoisie *f*; **at least have the ~ to apologize** aie au moins la courtoisie de t'excuser; **it would only have been common ~ to apologize** la moindre des courtoisies OR politesses aurait été de s'excuser; **common ~ dictates that you should thank her** la moindre des courtoisies OR des politesses serait que tu la remercies; **do her the ~ of hearing what she has to say** aie l'obligeance d'écouter ce qu'elle a à dire. -**2.** [polite action, remark] politesse *f*; **after a brief exchange of courtesies** après un bref échange de politesses; **to show sb every ~** faire montre d'une extrême courtoisie envers qqn.
◇ *comp* [call, visit] de politesse; **to pay a ~ call on sb** faire une visite de politesse à qqn; **~ coach** OR **shuttle** [at airport] navette *f* gratuite; **~ car** voiture *f* de courtoisie *(voiture mise gracieusement à la disposition d'un client)*.
◆ **(by) courtesy of** *prep phr* avec l'aimable autorisation de; **by ~ of an agreement with the management** grâce à un accord avec la direction; **the following footage is brought to you ~ of French TV** la séquence qui suit vous est présentée avec l'aimable permission OR autorisation de la télévision française.

courtesy light *n* plafonnier *m*, éclairage *m* intérieur.

courtesy telephone *n Am téléphone mis à la disposition des usagers d'un aéroport et permettant de diffuser une annonce personnelle ou de se mettre en contact avec un appel.*

courtesy title *n Br* titre *m* de courtoisie.

courthouse ['kɔːthaʊs, *pl* -haʊzɪz] *n Am* palais *m* de justice, tribunal *m*.

courtier ['kɔːtjəʳ] *n* courtisan *m*.

courting ['kɔːtɪŋ] *dated* ◇ *n*: **this is where we did our ~** c'est ici que nous venions à l'époque où nous nous fréquentions.
◇ *adj*: **~ couple** couple *m* d'amoureux.

courtly ['kɔːtlɪ] *adj* [person, manners] plein de style et de courtoisie; **~ love** HIST amour *m* courtois.

court-martial (*pl* **courts-martial**, *Br pt* & *pp* **court-martialled**, *cont* **court-martialling**, *Am pt* & *pp* **court-martialed**, *cont* **court-martialing**) MIL ◇ *n* tribunal *m* militaire; **to be tried by ~** être jugé par un tribunal militaire; **your ~ has been postponed** la date de votre comparution devant le tribunal militaire a été reportée.
◇ *vt* faire comparaître devant un tribunal militaire; **he was court-martialled** il est passé au tribunal militaire.

Court of Appeal *pr n* cour *f* d'appel.

court of appeals *n Am* cour *f* d'appel.

court of inquiry *n Br* [body of people] commission *f* d'enquête; [investigation] enquête *f*.

court order *n* ordonnance *f* du tribunal.

courtroom ['kɔːtrʊm] *n* salle *f* d'audience.

courtship ['kɔːtʃɪp] ◇ *n* -**1.** [of couple]: **their ~ lasted six years** ils se sont fréquentés pendant six ans; **they married after a brief ~** ils se sont mariés peu de temps après avoir commencé à se fréquenter; **his ~ of new financial backers was unsuccessful** *fig* ses tentatives pour attirer de nouveaux commanditaires n'ont rien donné. -**2.** [of animals] période *f* nuptiale, période *f* des amours.
◇ *adj* [dance, display, ritual] nuptial.

court shoe *n Br* escarpin *m*.

courtyard ['kɔːtjɑːd] *n* [of building] cour *f*.

couscous ['kuːskuːs] *n* couscous *m*.

cousin ['kʌzn] *n* cousin *m*, -e *f*; **a distant ~** un cousin éloigné, une cousine éloignée; **our American ~s** [not related by blood] nos cousins américains.

couture [kuː'tʊəʳ] *n* couture *f*.

couturier [kuː'tʊərɪeɪ] *n* couturier *m*, -ère *f*.

covalent [ˌkəʊ'veɪlənt] *adj* covalent.

cove [kəʊv] *n* -**1.** [bay] crique *f*. -**2.** *Br dated* gars *m*; **a rum ~** un drôle de gars.

coven ['kʌvən] *n* ordre *m* OR réunion *f* de sorcières.

covenant ['kʌvənənt] ◇ *n* -**1.** [promise of money] convention *f*, engagement *m*; **(deed of) ~** contrat *m*. -**2.** [agreement] engagement *m*.
◇ *vt* [promise payment of] s'engager (par contrat) à payer.
◇ *vi*: **to ~ for a sum** s'engager (par contrat) à payer une somme.

Covent Garden ['kɒvənt-] *pr n* Covent Garden.

COVENT GARDEN:
«Covent Garden», jadis le marché aux fruits, légumes et fleurs du centre de Londres, est aujourd'hui une importante galerie marchande; ce nom désigne également la «Royal Opera House», située près de l'ancien marché.

Coventry ['kɒvəntrɪ] *pr n*: **to send sb to ~** *Br* mettre qqn en quarantaine *fig*.

cover ['kʌvəʳ] ◇ *n* -**1.** [material - for bed] couverture *f*; [- for cushion, typewriter] housse *f*; **loose ~** [for chair, sofa] housse. -**2.** [lid] couvercle *m*. -**3.** [of book, magazine] couverture *f*; **to read a book (from) ~ to ~** lire un livre de la première à la dernière page OR d'un bout à l'autre. -**4.** [shelter, protection] abri *m*; [for birds, animals] couvert *m*; **to take ~** se mettre à l'abri; **to take ~ from the rain** s'abriter de la pluie; **that tree will provide ~** cet arbre va nous permettre de nous abriter OR nous offrir un abri; **we'll give you ~** [by shooting] nous vous couvrirons; **we will need air ~** MIL nous aurons besoin d'une couverture aérienne; to

keep sthg under ~ garder qqch à l'abri; **to do sthg under ~ of darkness** faire qqch à la faveur de la nuit; **under ~ of the riot/noise** profitant de l'émeute/du bruit; **they escaped under ~ of the riot/noise** ils ont profité de l'émeute/du bruit pour s'échapper; **to work under ~** travailler clandestinement ❑ **to break ~** [animal, person in hiding] sortir à découvert. -**5.** [in insurance] couverture *f*; **to have ~ against sthg** être couvert OR assuré contre qqch; **I've taken out ~ for medical costs** j'ai pris une assurance pour les frais médicaux. -**6.** [disguise, front - for criminal enterprise] couverture *f*; [- for spy] fausse identité *f*, identité *f* d'emprunt; **your ~ has been blown** *inf* vous avez été démasqué; **to be a ~ for sthg** servir de couverture à qqch; **it's just a ~ for her shyness** c'est juste pour cacher OR masquer sa timidité. -**7.** [during a person's absence] remplacement *m*; **to provide ~ for sb** remplacer qqn; **I provide emergency ~** je fais des remplacements d'urgence. -**8.** MUS [new version of song] reprise *f*. -**9.** [in restaurant] couvert *m*. -**10.** [envelope] enveloppe *f*; **under plain/separate ~** sous pli discret/séparé ❑ **~ letter** *Am* lettre *f* explicative OR de couverture; **first-day ~** [for philatelist] émission *f* du premier jour, enveloppe premier jour.

◇ *vt* -**1.** [in order to protect] couvrir; [in order to hide] cacher, dissimuler; [cushion, chair, settee] recouvrir; **to ~ sthg with a sheet/blanket** recouvrir qqch d'un drap/d'une couverture; **to ~ one's eyes/ears** se couvrir les yeux/les oreilles; **to ~ one's face with one's hands** [in shame, embarrassment] se couvrir le visage de ses mains; **to ~ one's shyness/nervousness** dissimuler OR masquer sa timidité/nervosité. -**2.** [coat - subj: dust, snow] recouvrir; **to be ~ed in dust/snow** être recouvert de poussière/neige; **his face was ~ed in spots** son visage était couvert de boutons; **you're ~ing everything in dust/paint** tu mets de la poussière/peinture partout; **I was ~ed in OR with shame** *fig* j'étais mort de honte; **to ~ o.s. in glory** *fig* se couvrir de gloire; **our team did not exactly ~ itself in glory** notre équipe n'est pas rentrée très glorieuse. -**3.** [extend over, occupy - subj: city, desert etc] couvrir une surface de; **water ~s most of the earth's surface** l'eau recouvre la plus grande partie de la surface de la terre; **his interests ~ a wide field** il a des intérêts très variés; **does this translation ~ the figurative meaning of the word?** cette traduction recouvre-t-elle bien le sens figuré du mot? -**4.** [travel over] parcourir, couvrir; **we've ~ed every square inch of the park looking for it** nous avons ratissé chaque centimètre carré du parc pour essayer de le retrouver. -**5.** [deal with] traiter; **there's one point we haven't ~ed** il y a un point que nous n'avons pas traité OR vu; **is that everything ~ed?** [in discussion] tout a été vu?; **the law doesn't ~ that kind of situation** la loi ne prévoit pas ce genre de situation. -**6.** PRESS, RADIO & TV [report on] couvrir, faire la couverture de. -**7.** [subj: salesman, representative] couvrir. -**8.** [be enough money for - damage, expenses] couvrir; [- meal] suffire à payer; **£30 should ~ it** 30 livres devraient suffire; **to ~ one's costs** [company] rentrer dans ses frais. -**9.** [insure] couvrir, garantir; **to be ~ed against OR for sthg** être couvert OR assuré contre qqch. -**10.** [with gun - colleague] couvrir; **I've got you ~ed** [to criminal] j'ai mon arme braquée sur toi. -**11.** [monitor permanently - exit, port etc] avoir sous surveillance; **I want all exits ~ed immediately** je veux que toutes les sorties soient mises sous surveillance immédiatement. -**12.** SPORT marquer. -**13.** MUS [song] faire une reprise de. -**14.** [subj: male animal] couvrir, s'accoupler avec.

◇ *vi*: **to ~ for sb** remplacer qqn.

◆ **covers** *npl* [in cricket] *partie du terrain située sur l'avant et sur la droite du batteur, à mi-distance de la limite du terrain.*

◆ **cover in** *vt sep* [hole] remplir.

◆ **cover up** ◇ *vt sep* -**1.** [hide, conceal] cacher, dissimuler; [in order to protect] recouvrir; *pej* [involvement, report etc] dissimuler, garder secret; [affair] étouffer; **they ~ed up the body with a sheet** ils ont recouvert le cadavre d'un drap; **~ yourself up!** [for decency] couvre-toi! -**2.** [in order to keep warm] couvrir.

◇ *vi insep* [hide something]: **the government is ~ing up again** le gouvernement est encore en train d'étouffer une affaire; **to ~ up for sb** servir de couverture à qqn, couvrir qqn; **stop ~ing up for him** arrête de le couvrir OR de lui servir de couverture; **they're ~ing up for each other** ils se couvrent l'un l'autre.

coverage ['kʌvərɪdʒ] *n* -**1.** PRESS, RADIO & TV couverture *f*; **his ~ of the coup** la couverture qu'il a faite du coup d'État; **royal weddings always get a lot of ~** les mariages de la famille royale bénéficient toujours d'une importante couverture médiatique; **the author's ~ of the years 1789 to 1815 is sketchy** l'auteur traite les années 1789-1815 de manière sommaire; **radio/television ~ of the tournament** la retransmission radiophonique/télévisée du tournoi. -**2.** [in insurance] couverture *f*.

coveralls ['kʌvərɔːlz] *npl Am* bleu *m* OR bleus *mpl* (de travail).

cover charge *n* [in restaurant] couvert *m*.

covered wagon *n* chariot *m* (à bâche).

cover girl *n* cover-girl *f*.

covering ['kʌvərɪŋ] ◇ *n* [of snow, dust] couche *f*.

◇ *adj*: **~ fire** MIL tir *m* de couverture; **~ letter** lettre *f* explicative OR de couverture.

coverlet ['kʌvəlɪt] *n* [for bed] dessus-de-lit *m inv*, couvre-lit *m*.

cover note *n Br* attestation *f* provisoire.

cover story *n* article *m* principal (faisant la couverture).

covert ['kʌvət] ◇ *adj* [operation, payments, contacts] secret; [threats] voilé; **she had a ~ dislike of him** sans le laisser paraître, elle ne pouvait pas le souffrir; **he stole a ~ glance at her** il lui a jeté un regard furtif.

◇ *n* [hiding place for animals] fourré *m*, couvert *m*.

covertly ['kʌvətlɪ] *adv* [sold, paid] secrètement; [threaten] de manière voilée; [signal] furtivement; **he glanced at her ~** il l'a regardée à la dérobée, il lui a jeté un regard furtif.

cover-up *n*: **the government has been accused of a ~** le gouvernement a été accusé d'avoir étouffé l'affaire; **the government denied that there had been any ~** le gouvernement a nié avoir étouffé l'affaire; **it's a ~** c'est un complot.

cover version *n* MUS [of song] reprise *f*.

covet ['kʌvɪt] *vt* [crave, long for] convoiter; [wish for] avoir très envie de; **the much ~ed prix Goncourt** le prix Goncourt, objet de tant de convoitise; **I've always ~ed a house like this** j'ai toujours eu très envie d'une maison comme celle-ci.

covetous ['kʌvɪtəs] *adj* [person] avide; [look] de convoitise; **to be ~ of sthg** convoiter qqch.

covetously ['kʌvɪtəslɪ] *adv* avec convoitise.

covetousness ['kʌvɪtəsnɪs] *n* convoitise *f*, avidité *f*.

covey ['kʌvɪ] *n* compagnie *f* OR vol *m* de perdrix.

cow [kaʊ] ◇ *n* -**1.** [farm animal] vache *f*; **we'll be here until the ~s come home!** on y sera encore dans dix ans! *fig*; **I could eat chocolate ice cream until the ~s come home** de la glace au chocolat, je pourrais en manger des kilos et des kilos. -**2.** [female elephant] éléphant *m* femelle, éléphante *f*; [female seal] phoque *m* femelle; [female whale] baleine *f* femelle. -**3.** ▽ *Br pej* [woman] conasse *f*; **she's a real ~, that woman** c'est une vraie conasse, cette bonne femme; **that ~ next door** la vieille bique d'à côté; **you ~!** espèce de conasse!; **you silly ~** espèce d'abrutie.

◇ *vt* effrayer, intimider; **a ~ed look** un air de chien battu.

coward ['kaʊəd] *n* lâche *mf*, poltron *m*, -onne *f*; **don't be such a ~** ne sois pas aussi lâche; **I'm an awful ~ when it comes to physical pain** j'ai très peur de OR je redoute beaucoup la douleur physique; **he's a moral ~** il n'a aucune force morale.

cowardice ['kaʊədɪs] *n* lâcheté *f*; **an act of ~** un acte de lâcheté; **moral ~** manque *m* de force morale.

cowardliness ['kaʊədlɪnɪs] *n* lâcheté *f*.

cowardly ['kaʊədlɪ] *adj* lâche; **it was ~ of him** c'était lâche de sa part.

cowbell ['kaʊbel] *n* clochette *f*, sonnaille *f*.

cowboy ['kaʊbɔɪ] ◇ *n* -**1.** [in American West] cow-boy *m*; **to play ~s and Indians** jouer aux cow-boys et aux Indiens. -**2.** *inf pej* petit rigolo *m*; **a bunch of ~s** une bande de petits rigolos; **some ~ builder/plumber** un petit rigolo d'entrepreneur/de plombier, un soi-disant entrepreneur/plombier; **there are too many ~ plumbers around here** il y a trop de petits rigolos dans la plomberie.

◇ *comp* de cow-boy; **~ boots** bottes *fpl* de cow-boy, santiags *fpl*; **~ film** OR **movie** film *m* de cow-boys.

cowcatcher ['kaʊˌkætʃəʳ] *n Am* RAIL chasse-pierres *m inv*.

cower ['kaʊəʳ] *vi* [person] se recroqueviller; [animal] se tapir; **I ~ed OR was ~ing in my seat** j'étais recroquevillé sur ma chaise; **she ~ed away from him** tremblante de peur, elle s'est écartée de lui; **the dog was ~ing in a corner** tout tremblant, le chien était tapi dans un coin; **he stood ~ing before the boss** il tremblait devant le patron.

Cowes [kaʊz] *pr n*: **~ (Week)** *régate et événement mondain se tenant chaque année à Cowes, sur l'île de Wight.*

cowgirl ['kaʊgɜːl] *n* vachère *f*.

cowhand ['kaʊhænd] *n* vacher *m*; [in Western] cow-boy *m*.

cowherd ['kaʊhɜːd] *n* vacher *m*, bouvier *m*.

cowhide ['kaʊhaɪd] *n* peau *f* de vache; [leather] cuir *m* OR peau *f* de vache.

cowl [kaʊl] *n* -**1.** [of chimney] capuchon *m*. -**2.** [of monk] capuchon *m*. -**3.** **~ neck** OR **neckline** [of sweater, dress] col *m* boule. -**4.** = **cowling**.

cowlick ['kaʊˌlɪk] *n Am* mèche *f* rebelle.

cowling ['kaʊlɪŋ] *n* capot *m*.

cowman ['kaʊmən] (*pl* **cowmen** [-mən]) *n* vacher *m*, bouvier *m*.

co-worker *n* collègue *mf*.

cow parsley *n* cerfeuil *m* sauvage.

cowpat ['kaʊpæt] *n* bouse *f* de vache.

cowpox ['kaʊpɒks] *n* vaccine *f*.

cowpuncher *inf* ['kaʊˌpʌntʃəʳ] *n Am dated* cow-boy *m*.

cowrie, cowry ['kaʊrɪ] (*pl* **cowries**) *n* [shell] cauri *m*.

cowshed ['kaʊʃed] *n* étable *f*.

cowslip ['kaʊslɪp] *n* BOT primevère *f*, coucou *m*.

cox [kɒks] ◇ *n* [of rowing team] barreur *m*, -euse *f*.

◇ *vt* barrer.

◇ *vi* barrer; **he has ~ed for Cambridge** il a été barreur dans l'équipe de Cambridge.

coxcomb ['kɒkskəʊm] *n* -**1.** = **cockscomb**. -**2.** *arch* [fop] fat *m*, poseur *m*.

coxswain ['kɒksən] *n* [of rowing team] barreur *m*, -euse *f*; [of lifeboat] timonier *m*, homme *m* de barre.

coy [kɔɪ] *adj* -**1.** [shy - person] qui fait le/la timide; [- answer, smile] faussement timide. -**2.** [provocative, playful] coquet. -**3.** [evasive] évasif.

coyly ['kɔɪlɪ] *adv* [timidly] avec une timidité affectée OR feinte; [provocatively] coquettement.

coyness ['kɔɪnɪs] *n* [timidness] timidité *f* affectée OR feinte; [provocativeness] coquetteries *fpl*.

coyote [kɔɪ'əʊtɪ] *n* coyote *m*.

coypu ['kɔɪpuː] *n* ragondin *m*.

cozen ['kʌzn] *vt arch* duper, tromper.

cozy *etc Am* = **cosy**.

cp. (*written abbr of* **compare**) cf.

c/p (*written abbr of* **carriage paid**) pp.

CP (*abbr of* **Communist Party**) *pr n* PC *m*.

Cpl. *written abbr of* **corporal**.

c.p.s. (*written abbr of* **characters per second**) cps.

CPSA (*abbr of* **Civil and Public Services Association**) *pr n syndicat de la fonction publique*.

CPU (*abbr of* **central processing unit**) *n* unité *f* centrale (de traitement).

cr. -**1.** *written abbr of* **credit**. -**2.** *written abbr of* **creditor**.

crab [kræb] (*pt & pp* **crabbed**, *cont* **crabbing**) ◇ *n* -**1.** ZOOL crabe *m*. -**2. to catch a ~** [above surface of water] donner un coup d'aviron dans le vide; [below surface of water] engager la rame trop profond. -**3.** ASTRON: **the Crab** le Cancer.
◇ *vi* [grumble] maugréer, rouspéter.
◆ **crabs** *npl* MED morpions *mpl*.

crab apple *n* [fruit] pomme *f* sauvage; **~ (tree)** pommier *m* sauvage; **~ jelly** gelée *f* de pommes sauvages.

crabbed [kræbd] *adj* -**1.** [handwriting] en pattes de mouche. -**2.** *dated* = **crabby**.

crabby *inf* ['kræbɪ] (*compar* **crabbier**, *superl* **crabbiest**) *adj* grognon, ronchon.

crab louse *n* morpion *m*.

crack [kræk] ◇ *n* -**1.** [in cup, glass, egg] fêlure *f*; [in ceiling, wall] lézarde *f*, fissure *f*; [in ground] crevasse *f*; [in varnish, enamel] craquelure *f*; [in skin] gerçure *f*, crevasse *f*; [in bone] fêlure *f*; *fig* [fault -in policy, argument etc] fissure *f*, faiblesse *f*; **did you know there was a ~ in this glass?** avais-tu remarqué que ce verre était fêlé?; **the ~s are beginning to show in their marriage** *fig* leur mariage commence à donner des signes de délabrement. -**2.** [small opening or gap]: **there were some ~s in the wall** le mur était fissuré. -**3.** [noise] craquement *m*; [of thunder] coup *m*. -**4.** [blow - on head, knee etc] coup *m*; **that was a nasty ~ you got** tu as pris un drôle de mauvais coup; **I gave myself a ~ on the head** je me suis cogné la tête. -**5.** *inf* [attempt]: **I'll have a ~ (at it), I'll give it a ~** je vais tenter le coup, je vais essayer (un coup); **do you want another ~ (at it)?** tu veux réessayer?, tu veux retenter le coup?; **this is her fourth ~ at (winning) the title** c'est sa quatrième tentative pour gagner le titre, c'est la quatrième fois qu'elle tente de gagner le titre ❑ **to give sb a fair ~ of the whip** donner toutes ses chances OR sa chance à qqn. -**6.** [joke, witticism] blague *f*, plaisanterie *f*. -**7.** [drug] crack *m*. -**8.** *phr*: **at the ~ of dawn** au point du jour; **I've been up since the ~ of dawn** je suis debout OR levé depuis l'aube; **we'll be here until the ~ of doom** *dated & hum* on va être ici jusqu'aux calendes grecques.
◇ *adj* [regiment, team etc] d'élite; **one of their ~ players** un de leurs meilleurs joueurs; **~ troops** soldats *mpl* d'élite; **~ shot** tireur *m*, -euse *f* d'élite.
◇ *vt* -**1.** [damage - cup, glass, egg] fêler; [- ice] fendre; [- ceiling, wall] lézarder, fissurer; [- ground] crevasser; [- varnish, enamel] craqueler; [- skin] gercer, crevasser; [- bone] fêler. -**2.** [open -eggs, nuts] casser; **to ~ a safe** fracturer un coffre-fort; **to ~ a bottle** *inf* ouvrir OR déboucher une bouteille; **she never ~ed a smile the entire evening** *inf* elle n'a pas souri une seule fois de la soirée; **I didn't ~ a book all term** *Am* je n'ai pas ouvert un livre du trimestre. -**3.** [bang, hit - head, knee]: **to ~ one's head/knee on sthg** se cogner la tête/le genou contre qqch. -**4.** [make noise with -whip] faire claquer; [- knuckles] faire craquer; **to ~ the whip** faire le gendarme; **he's very good at ~ing the whip** il fait très bien le gendarme. -**5.** *inf phr*: **to ~ a joke** sortir une blague; **"got a half day today?", she ~ed** «tu t'es pris une demi-journée de congé?» dit-elle en blaguant OR plaisantant. -**6.** [solve]: **to ~ a code** déchiffrer un code; **the police think they have ~ed the case** la police pense qu'elle a résolu l'affaire; **I think we've ~ed it** je pense que nous y sommes arrivés. -**7.** CHEM craquer.
◇ *vi* -**1.** [cup, glass, ice] se fissurer, se fêler; [ceiling, wall] se lézarder, se fissurer; [ground] se crevasser; [varnish, enamel] se craqueler; [skin] se gercer, se crevasser; [bone] se fêler. -**2.** [make noise - whip] claquer; [- twigs] craquer; **a rifle ~ed and he dropped to the ground** un coup de fusil a retenti et il s'est effondré; **the sound of submachine-guns ~ing** le crépitement des mitraillettes. -**3.** [give way, collapse - through nervous exhaustion] s'effondrer, craquer; [- under questioning, surveillance] craquer; **their marriage ~ed under the strain** leur mariage s'est détérioré sous l'effet du stress; **in a voice ~ing with emotion** d'une voix cassée par l'émotion. -**4.** *inf phr*: **to get ~ing** [start work] s'y mettre, se mettre au boulot; [get ready, get going] se mettre en route; **I'll get ~ing on dinner/cleaning the windows** je vais me mettre à préparer le dîner/nettoyer les vitres; **get ~ing!, let's get ~ing!** au boulot!
◆ **crack down** *vi insep* sévir; **to ~ down on sthg/sb** sévir contre qqch/qqn.
◆ **crack open** *vt sep* [eggs, nuts] casser; [bottle] *inf* ouvrir, déboucher.
◆ **crack up** ◇ *vi insep* -**1.** [ice] se fissurer; [paint, enamel, make-up] se craqueler; [ground] se crevasser; [skin] se gercer, se crevasser. -**2.** *inf* [through nervous exhaustion] s'effondrer, craquer; **I must be ~ing up** [going mad] je débloque. -**3.** *inf* [with laughter] se tordre de rire.
◇ *vt sep* -**1.** [make laugh] faire se tordre de rire. -**2.** (*always pass*) [say good things about]: **he's not what he's ~ed up to be** il n'est pas aussi fantastique qu'on le dit OR prétend; **the play is everything it's ~ed up to be** la pièce a toutes les qualités qu'on lui vante.

crackbrain *inf* ['krækbreɪn] *n* fêlé *m*, -e *f*, taré *m*, -e *f*.

crackbrained *inf* ['krækbreɪnd] *adj* débile, dingue.

crackdown ['krækdaʊn] *n*: **we're going to have a ~ on petty theft** on va sévir contre les petits larcins; **the annual Christmas ~ on drunk driving** les mesures répressives prises tous les ans à Noël contre la conduite en état d'ivresse; **the ~ on dissidents** la répression contre les dissidents.

cracked [krækt] *adj* -**1.** [damaged - cup, glass] fêlé; [- ice] fendu; [- ceiling, wall] lézardé; [- ground] crevassé; [- varnish] craquelé; [- skin] gercé, crevassé. -**2.** *inf* [mad - person] fêlé, taré.

cracker ['krækəʳ] *n* -**1.** [savoury biscuit] biscuit *m* salé, cracker *m*. -**2.** *Br* [for pulling] *papillotte contenant un pétard et une surprise, traditionnelle au moment des fêtes*. -**3.** [firework] pétard *m*. -**4.** *inf* [good-looking person] canon *m*. -**5.** *inf* [something excellent of its kind]: **that was a ~ of a goal** c'était un but sensass.

CRACKER:
Les «crackers» décorent la table à Noël en Grande-Bretagne. Un «cracker» est un tube en carton enveloppé d'un papier cadeau, contenant généralement un petit jouet, une blague et un chapeau en papier. On se met à deux pour l'ouvrir, chacun tirant sur un bout du «cracker», dans lequel il y a un petit pétard.

cracker-barrel *adj Am* de quatre sous.

crackers *inf* ['krækəz] *adj* cinglé, fêlé, taré; **to drive sb ~** faire tourner qqn en bourrique.

crackhead ['krækhed] *n drugs sl* accro *mf* au crack.

cracking ['krækɪŋ] ◇ *adj* -**1.** [excellent] génial, épatant. -**2.** [fast]: **to keep up a ~ pace** aller à fond de train.
◇ *adv inf Br dated*: **~ good** [match, meal] de première.
◇ *n* CHEM craquage *m*; **~ plant** usine *f* de craquage.

crackle ['krækl] ◇ *vi* [paper, dry leaves] craquer; [fire] crépiter, craquer; [radio] grésiller; **to ~ with energy** *fig* pétiller d'énergie.
◇ *vt* [glaze] craqueler.
◇ *n* [of paper, twigs] craquement *m*; [of fire] crépitement *m*, craquement *m*; [of radio] grésillement *m*; [on telephone] friture *f*; [of machine-gun fire] crépitement *m*.

crackleware ['kræklweəʳ] *n* poterie *f* craquelée.

crackling ['kræklɪŋ] *n* -**1.** CULIN couenne *f* rôtie. -**2.** [noise] = **crackle**.

crackly ['kræklɪ] (*compar* **cracklier**, *superl* **crackliest**) *adj*: **the telephone is making a ~ noise** il y a de la friture sur la ligne; **the radio's a bit ~** la radio grésille un peu.

cracknel ['kræknl] *n* [biscuit] craquelin *m*; [filling for chocolate] nougatine *f*.

crackpot *inf* ['krækpɒt] ◇ *n* [person] tordu *m*, -e *f*, cinglé *m*, -e *f*.
◇ *adj* [idea, scheme] tordu; [person] tordu, cinglé; **~ letter** lettre *f* d'un tordu OR d'un cinglé.

cracksman *inf* ['kræksmən] (*pl* **cracksmen** [-mən]) *n dated* casseur *m* (de coffres).

crack-up *inf n* -**1.** [of person] dépression *f* (nerveuse). -**2.** [of country, economy] effondrement *m*.

Cracow ['krækaʊ] *pr n* Cracovie.

cradle ['kreɪdl] ◇ *n* -**1.** [for baby] berceau *m*; *fig* berceau *m*; **the ~ of democracy/the trade union movement** le berceau de la démocratie/du mouvement syndical; **from the ~ to the grave** du berceau au tombeau; **they've known each other since they were in their ~s** ils se connaissent depuis qu'ils sont tout petits; **to rob the ~** *Am hum* les prendre au berceau OR biberon. -**2.** [frame - for painter, window cleaner] pont *m* volant, échafaudage *m* volant; [- in hospital bed] arceau *m*. -**3.** TELEC support *m* (du combiné).
◇ *vt* [hold carefully - baby, kitten] tenir tendrement (dans ses bras); [- delicate object] tenir précieusement OR délicatement (dans ses bras).

cradle-snatcher *inf n Br*: **I'm no ~** je ne les prends pas au berceau; **~!** tu les prends au berceau!

cradle-song *n* berceuse *f*.

craft [krɑːft] (*pl sense 3 inv*) ◇ *n* -**1.** [of artist, artisan] art *m*, métier *m*; **to do ~s at school** faire des travaux manuels à l'école; **arts and ~s** artisanat *m* (d'art). -**2.** [guile, cunning] ruse *f*; **to use ~** employer la ruse; **to obtain sthg by ~** obtenir qqch par la ruse. -**3.** [boat, ship] bateau *m*; [aircraft] avion *m*; [spacecraft] engin *m* OR vaisseau *m* spatial; **all the small ~ in the harbour** tous les petits bateaux OR toutes les embarcations dans le port.
◇ *comp*: **~(s) fair** foire *f* d'artisanat; **~ guild** corporation *f* artisanale OR d'artisans.
◇ *vt* (*usu pass*) travailler; **a hand ~ed table** une table travaillée à la main; **a beautifully ~ed film** *fig* un film magnifiquement travaillé.

craftily ['krɑːftɪlɪ] *adv* astucieusement; **to behave ~** agir astucieusement OR habilement; *pej* agir avec ruse.

craftiness ['krɑːftɪnɪs] *n* habileté *f*; *pej* ruse *f*, roublardise *f*.

craftsman ['krɑːftsmən] (*pl* **craftsmen** [-mən]) *n* artisan *m*, homme *m* de métier; [writer, actor] homme *m* de métier; **he's not much of a ~** ce n'est pas un très bon artisan; [amateur] il n'est pas très doué de ses mains.

craftsmanship ['krɑːftsmənʃɪp] *n* connaissance *f* d'un OR du métier; **a fine example of ~** un bel ouvrage, un vrai travail d'artiste; **this is French ~ at its best** voici l'artisanat français au sommet de sa qualité; **the ~ is superb** cela a été superbement travaillé; **you have to pay for good ~** il faut payer si on veut du bon travail; **there's no ~ these days** il n'y a plus de travail bien fait de nos jours.

craftswoman ['krɑːfts,wʊmən] (*pl* **craftswomen** [-,wɪmɪn]) *n* artisane *f*.

craft union *n* syndicat *m* d'artisans.

crafty ['krɑːftɪ] (*compar* **craftier**, *superl* **craftiest**) *adj* [person, idea, scheme] malin, astucieux; *pej* [person] rusé, roublard; [idea, scheme] rusé; **you ~ old devil!** espèce de vieux renard!

crag [kræg] *n* [steep rock] rocher *m* escarpé OR à pic.

craggy ['krægɪ] (*compar* **craggier**, *superl* **craggiest**) *adj* [hill] escarpé, à pic; *fig* [features] anguleux, taillé à coups de OR à la serpe.

cram [kræm] (*pt* & *pp* **crammed**, *cont* **cramming**)
◇ *vt* -**1.** [objects] fourrer; [people] entasser; to ~ **sthg into a drawer** fourrer qqch dans un tiroir; **there were ten of us crammed into a tiny office** nous étions dix entassés dans un bureau minuscule; to ~ **clothes into a suitcase** bourrer des vêtements dans une valise, bourrer une valise de vêtements; **you can't ~ anything else in** tu ne peux plus rien y mettre, même en forçant; **could you ~ one more person in?** y aurait-il encore une petite place?; to ~ **food into one's mouth** se bourrer de nourriture, se gaver; **I crammed a lot of quotations into my essay** j'ai bourré ma dissertation de citations; **we crammed a lot into one day** on en a fait beaucoup en une seule journée; **could you ~ one more visit into your schedule?** pourriez-vous trouver une petite place pour ajouter une visite à votre programme chargé? -**2.** *inf* SCH [facts] apprendre à toute vitesse; [students] faire bachoter.
◇ *vi* -**1.** *inf* [study hard] bachoter. -**2.** [into small space]: **people crammed into the streets to watch the parade** les gens se sont entassés dans les rues pour regarder le défilé; **we all crammed into his office** nous nous sommes tous entassés dans son bureau.

cram-full *adj Br*: to be ~ **of sthg** être plein à craquer OR bourré de qqch.

crammed [kræmd] *adj* [full - bus, train, room, suitcase] bourré, bondé; to be ~ **with people** être bondé; to be ~ **with sthg** être plein à craquer OR bourré de qqch; **the encyclopaedia is ~ with useful information** l'encyclopédie regorge d'informations utiles.

crammer *inf* ['kræmə^r] *n Br* [teacher] répétiteur *m*, -trice *f*; [student] bachoteur *m*, -euse *f*; [school] boîte *f* à bac.

cramp [kræmp] ◇ *n* -**1.** *(U)* [muscle pain] crampe *f*; **to have ~** OR *Am* **a ~** avoir une crampe; **I've got ~ in my leg** j'ai une crampe à la jambe; **she dropped out (of the race) with ~** elle a abandonné (la course) parce qu'elle avait une crampe; **to have stomach ~, to have ~s** *Am* avoir des crampes d'estomac ❑ **writer's ~** crampe *f* des écrivains. -**2.** [in carpentry] serre-joint *m*. -**3.** = **cramp iron**.
◇ *vt* -**1.** [hamper - person] gêner; [- project] entraver, contrarier; to ~ **sb's style** *inf* faire perdre tous ses moyens à qqn, priver qqn de ses moyens. -**2.** [secure with a cramp] maintenir à l'aide d'un serre-joint.

cramped [kræmpt] *adj* -**1.** [room, flat] exigu; **they live in very ~ conditions** ils vivent très à l'étroit; **we're a bit ~ for space** nous sommes un peu à l'étroit. **2.** [position] inconfortable. -**3.** [handwriting] en pattes de mouche, serré.

cramp iron *n* CONSTR crampon *m*, happe *f*, clameau *m*.

crampon ['kræmpən] *n* crampon *m* (à glace).

cranberry ['krænbərɪ] (*pl* **cranberries**) ◇ *n* canneberge *f*.
◇ *comp*: ~ **sauce** sauce *f* aux canneberges.

crane [kreɪn] ◇ *n* -**1.** ORNITH grue *f*; 'The Cranes Are Flying' *Kalatozov* 'Quand passent les cigognes'. -**2.** TECH & CIN grue *f*.
◇ *comp*: ~ **driver** OR **operator** grutier *m*.
◇ *vt*: to ~ **one's neck** tendre le cou.
◇ *vi*: to ~ **(forward)** tendre le cou.

crane fly *n* tipule *f* des prés OR des prairies.

cranesbill ['kreɪnzbɪl] *n* géranium *m*.

crania ['kreɪnjə] *pl* → **cranium**.

cranial ['kreɪnjəl] *adj* crânien.

craniology [ˌkreɪnɪ'ɒlədʒɪ] *n* craniologie *f*.

cranium ['kreɪnjəm] (*pl* **crania** [-njə]) *n* [skull - gen] crâne *m*; [- enclosing brain] boîte *f* crânienne.

crank [kræŋk] ◇ *n* -**1.** *inf* [eccentric] excentrique *mf*; **a religious ~** un/une fanatique; **she's a bit of a ~** elle est un peu excentrique, c'est un cas; **what a ~!** c'est vraiment un cas! -**2.** *inf Am* [bad-tempered person] grognon *m*, -onne *f*. -**3.** MECH: ~ **(handle)** manivelle *f*.
◇ *vt* [engine] démarrer à la manivelle; [gramophone] remonter à la manivelle; to ~ **the shutters up/down** remonter/baisser les volets (à la manivelle).
◆ **crank out** *inf vt sep Am* [books, plays etc] produire en quantités industrielles; **this is the fourth novel he's ~ed out this year** c'est le quatrième roman d'affilée qu'il sort cette année.
◆ **crank up** ◇ *vt sep* -**1.** = **crank** *vt*. -**2.** *fig* [increase] augmenter. -**3.** *phr*: **to get things ~ed up** mettre tout en place.
◇ *vi insep drugs sl* se shooter.

crankcase ['kræŋkkeɪs] *n* carter *m*.

crankiness *inf* ['kræŋkɪnɪs] *n* -**1.** [eccentricity] bizarrerie *f*. -**2.** *Am* [bad temper] caractère *m* de cochon; [on one occasion] mauvaise humeur *f*.

crankpin ['kræŋkpɪn] *n* maneton *m*.

crankshaft ['kræŋkʃɑːft] *n* vilebrequin *m*.

cranky *inf* ['kræŋkɪ] (*compar* **crankier**, *superl* **crankiest**) *adj* -**1.** [eccentric - person, behaviour, ideas] bizarre. -**2.** *Am* [bad-tempered] grognon. -**3.** [unreliable - machine] capricieux.

cranny ['krænɪ] (*pl* **crannies**) *n* fente *f*.

crap [kræp] (*pt* & *pp* **crapped**, *cont* **crapping**)
◇ *n* *(U)* -**1.** ▼ [faeces] merde *f*; **to have a ~** chier. -**2.** ▽ *fig* [nonsense] conneries *fpl*; **to talk ~** raconter OR dire des conneries; **that's ~, I never said that!** c'est des conneries, je n'ai jamais dit ça!; **don't give me that ~!** arrête de me raconter des conneries!; **what a load of ~!** quelles conneries! -**3.** ▽ *fig* [rubbish] merde *f*; **get all this ~ off the table** enlève tout ce bordel OR toute cette merde de la table; **he writes absolute ~** ce qu'il écrit c'est de la merde; **she eats ~ out of fast-food places** elle bouffe la saloperie OR la merde qu'on vend dans les fast-foods; **his cooking is ~** sa cuisine, c'est de la merde. -**4.** *Am* [dice game] *jeu de dés similaire au quatre-cent-vingt-et-un et où on parie sur le résultat*; ~ **game** partie *f* de dés.
◇ *vi* ▼ [defecate] chier.
◇ *vt* ▼: **to ~ o.s.** chier dans son froc.
◇ *adj* ▽ *Br* [of very poor quality] de merde, merdique; **what a ~ book** quel livre merdique OR de merde OR à la con; **she's a ~ cook** sa cuisine, c'est de la merde.
◆ **craps** *n Am*: **to shoot ~** [play game] jouer aux dés, faire une partie de dés; [throw dice] lancer les dés.
◆ **crap out** *vi insep Am* -**1.** GAMES *ne pas obtenir le résultat sur lequel on a parié dans un jeu de dés*. -**2.** ▽ [back out] se dégonfler; **he crapped out of asking her for a date** il allait lui demander de sortir avec lui mais il s'est dégonflé.

crape [kreɪp] = **crepe**.

crappy▽ ['kræpɪ] (*compar* **crappier**, *superl* **crappiest**) *adj* [programme, book etc] de merde, merdique, à la con; [remark, action] dégueulasse.

crapshooter ['kræpˌʃuːtə^r] *n Am* joueur *m*, -euse *f* de dés.

crash [kræʃ] ◇ *n* -**1.** [accident] accident *m*; **car/plane/train ~** accident de voiture/d'avion/ferroviaire; **to have a ~** avoir un accident; **to be (involved) in a ~** [person] avoir un accident; **the car looks as though it has been in a ~** la voiture semble avoir été accidentée. -**2.** [loud noise] fracas *m*; **a ~ of thunder** un coup de tonnerre; **there was a loud ~ as the plate hit the ground** cela a fait un bruit fracassant quand l'assiette est tombée par terre; **there was a loud ~ from the kitchen** un grand fracas a retenti dans la cuisine; **he closed the lid with a ~** il a fermé le couvercle avec fracas; **he fell to the floor with a ~** il est tombé par terre dans un grand fracas. -**3.** FIN [slump] krach *m*, débâcle *f*; **the Wall Street Crash** le krach de Wall Street. -**4.** COMPUT panne *f*.
◇ *comp* [diet, programme] intensif, de choc; **to do a ~ tackle** RUGBY plaquer violemment.
◇ *adv*: **he ran ~ into a wall** il est rentré en plein dans le mur; **it went ~** ça a fait boum; **something went ~ in the attic** quelque chose est tombé dans le grenier.
◇ *interj* boum.
◇ *vi* -**1.** [car, train] avoir un accident; [plane, pilot] s'écraser, se crasher; [driver] avoir un accident; **we're going to ~** [plane] on va s'écraser; [car] on va lui rentrer dedans/rentrer dans le mur etc; [train] on va avoir un accident; **the car hit a patch of oil and ~ed** l'accident s'est produit parce que la voiture a glissé sur une plaque d'huile; **a detailed study of what actually happens when a car ~es** une étude détaillée de ce qui se passe vraiment lors des accidents de voiture; **the French car ~ed at the first bend** la voiture française a eu un accident dans le premier virage; **the cars ~ed (head on)** les voitures se sont embouties OR percutées (par l'avant); **to ~ into sthg** percuter qqch; **the car ~ed through the fence** la voiture est passée à travers la clôture; **to ~ into sb** [subj: person] rentrer dans qqn; **I ~ed into him** je lui suis rentré dedans. -**2.** [make loud noise - thunder] retentir; **what are you ~ing about at this hour for?** pourquoi fais-tu autant de vacarme OR boucan à cette heure?; **the elephants ~ed through the undergrowth** les éléphants ont traversé le sous-bois dans un vacarme terrible. -**3.** [fall, hit with loud noise or violently]: **the tree came ~ing down** l'arbre est tombé avec fracas; **her world came ~ing down (about her** OR **her ears)** tout son monde s'est écroulé; **the vase ~ed to the ground** le vase s'est écrasé au sol; **his fist ~ed into the other man's face** son poing a percuté avec force OR violence le visage de l'autre. -**4.** ST. EX s'effondrer. -**5.** COMPUT tomber en panne. -**6.** ▽ [sleep] dormir; [fall asleep] s'endormir; **can I ~ at your place?** je peux dormir chez toi?; **I need somewhere to ~ for the next week** j'ai besoin d'un endroit où crécher la semaine prochaine.
◇ *vt* -**1.** [vehicle]: **to ~ a car** avoir un accident avec une voiture; [on purpose] démolir une voiture; **to ~ a plane** s'écraser en avion; **he ~ed the car through the fence/shop-window** il a traversé la clôture/la vitrine avec la voiture; **she ~ed the car into a wall** elle est rentrée dans OR a percuté un mur (avec la voiture). -**2.** *inf* [attend without invitation]: **to ~ a party** entrer dans une fête sans y être invité.
◆ **crash out**▽ *vi insep* [fall asleep] s'endormir; [spend the night, sleep] dormir; **I found him ~ed out in the corner** je l'ai trouvé endormi OR qui roupillait dans le coin; **she's absolutely ~ed out** elle dort comme une souche, elle en écrase.

crash barrier *n* glissière *f* de sécurité.

crash course *n* cours *m* intensif; **a ~ in French** un cours intensif de français.

crash-dive *vi* [submarine] plonger; [plane] faire un plongeon.

crash helmet *n* casque *m* (de protection).

crashing *inf* ['kræʃɪŋ] *adj Br*: **he's a ~ bore** c'est un raseur de première.

crashingly *inf* ['kræʃɪŋlɪ] *adv Br* [boring] incroyablement, terriblement.

crash-land ◇ *vi* [aircraft] faire un atterrissage forcé, atterrir en catastrophe.
◇ *vt* [aircraft] poser OR faire atterrir en catastrophe.

crash landing *n* atterrissage *m* forcé OR en catastrophe.

crash pad▽ *n* piaule *f* de dépannage; **he let me use this place as a ~** il m'a laissé crécher chez lui pour me dépanner.

crashworthy ['kræʃˌwɜːðɪ] (*compar* **crashworthier**, *superl* **crashworthiest**) *adj* qui a une bonne résistance aux collisions.

crass [kræs] *adj* [comment, person] lourd; [behaviour, stupidity] grossier; [ignorance] grossier, crasse.

crassly ['kræslɪ] *adv* [behave, comment] lourdement.

crassness ['kræsnɪs] *n* [of comment, person] lourdeur *f*, manque *m* de finesse; **the ~ of his ignorance** son ignorance crasse; **the ~ of his behaviour** son manque de finesse.

crate [kreɪt] ◇ *n* -**1.** [for storage, transport] caisse *f*; [for fruit, vegetables] cageot *m*, cagette *f*; [for

bottles] caisse *f*. -**2.** *inf Br* [old car] caisse *f*; [plane] coucou *m*.
◇ *vt* [furniture, bottles] mettre dans une caisse OR en caisses; [fruit, vegetables] mettre dans un cageot OR en cageots.

crater ['kreɪtəʳ] *n* [of volcano, moon etc] cratère *m*; **bomb ~** entonnoir *m*; **shell ~** entonnoir, trou *m* d'obus.

cravat [krə'væt] *n Br* foulard *m*.

crave [kreɪv] *vt* -**1.** [long for - cigarette, drink] avoir terriblement envie de; [- affection, love] avoir soif OR terriblement besoin de; [- stardom] avoir soif de; [- luxury, wealth] avoir soif OR être avide de; [in medical, psychological context] éprouver un besoin impérieux de. -**2.** *fml* [beg] implorer; **to ~ sb's permission to do sthg** implorer qqn pour obtenir la permission de faire qqch; **to ~ sb's pardon** implorer le pardon de qqn; **to ~ sb's indulgence** faire appel à l'indulgence de qqn; **may I ~ your attention?** puis-je me permettre de solliciter votre attention?
◆ **crave for** *vt insep* = **crave** *vt* **1**.

craven ['kreɪvn] *adj fml* [person, attitude] lâche, veule; **a ~ coward** un lâche.

craving ['kreɪvɪŋ] *n* [longing] envie *f* impérieuse OR irrésistible; [physiological need] besoin *m* impérieux; **pregnant women often get ~s** les femmes enceintes éprouvent souvent des envies irrésistibles; **to have a ~ for sthg** [chocolate, sweets, cigarette] avoir terriblement envie de qqch; [affection, love] avoir soif OR terriblement besoin de qqch; [stardom] avoir soif de qqch; [luxury, wealth] avoir soif OR être avide de qqch; [subj: alcoholic, drug addict] avoir un besoin impérieux de qqch.

craw [krɔː] *n* [of bird] jabot *m*; [of animal] estomac *m*; **it sticks in my ~** *inf* cela me reste en travers de la gorge, j'ai du mal à l'avaler.

crawfish ['krɔːfɪʃ] = **crayfish**.

crawl [krɔːl] ◇ *n* -**1.** [person]: **it involved a laborious ~ through the undergrowth** il a fallu ramper tant bien que mal à travers le sous-bois. -**2.** [vehicle] ralenti *m*; **to move at a ~** avancer au ralenti OR au pas; **the traffic/train has slowed to a ~** les voitures avancent/le train avance maintenant au pas OR au ralenti; **I had to slow to a ~** [in car] j'ai dû ralentir jusqu'à rouler au pas. -**3.** SPORT crawl *m*; **to do the ~** nager le crawl.
◇ *vi* -**1.** [move on all fours - person] ramper; [- baby] marcher à quatre pattes; **she tried to ~ away from danger** elle a essayé de s'éloigner du danger en rampant OR en se traînant sur les genoux; **he ~ed out of/into bed** il se traîna hors du/au lit; **to ~ on one's hands and knees** marcher OR se traîner à quatre pattes; **she ~ed under the desk** elle s'est mise à quatre pattes sous le bureau; **what are you ~ing about on the floor for?** qu'est-ce que tu fais à quatre pattes? -**2.** [move slowly - traffic, train] avancer au ralenti OR au pas; [- insect, snake] ramper; **the train ~ed out of the station** le train est sorti de la gare au ralenti OR au pas; **there's a caterpillar ~ing up your arm** il y a une chenille qui te grimpe sur le bras. -**3.** [be infested]: **to be ~ing with** être infesté de, grouiller de; **the kitchen was ~ing with ants** la cuisine grouillait OR était infestée de fourmis; **the streets were ~ing with police/tourists** *inf fig* les rues grouillaient de policiers/touristes. -**4.** [come out in goose pimples]: **to make sb's flesh ~** donner la chair de poule à qqn; **just the thought of it makes my skin ~** j'ai la chair de poule rien que d'y penser. -**5.** *inf* [grovel]: **I'll ~ if I have to** je me mettrai à genoux s'il le faut; **to ~ to sb** ramper OR s'aplatir devant qqn, lécher les bottes de qqn; **he got promoted by ~ing to the boss** il a été promu à force de ramper OR de s'aplatir devant le patron; **he'll come ~ing back** il reviendra te supplier à genoux. -**6.** SPORT nager le crawl.

crawler ['krɔːləʳ] *n* -**1.** *pej* [groveller] lèche-bottes *mf*. -**2.** *Br* AUT: **~ lane** file *f* OR voie *f* pour véhicules lents.
◆ **crawlers** *npl* [for baby] grenouillère *f*.

crawling ['krɔːlɪŋ] ◇ *adj* -**1.** *inf pej* [grovelling] rampant, de lèche-bottes. -**2.** [on all fours]: **she's reached the ~ stage** [baby] elle commence à marcher à quatre pattes.
◇ *n inf pej* [grovelling]: **if there's one thing I hate, it's ~ to the teacher** s'il y a bien quelque chose que je déteste, c'est qu'on lèche les bottes du prof.

crayfish ['kreɪfɪʃ] (*pl inv* OR **crayfishes**) *n* écrevisse *f*.

crayon ['kreɪɒn] ◇ *n* [coloured pencil] crayon *m* de couleur; **charcoal ~** fusain *m*; **eye/lip ~** crayon pour les yeux/à lèvres; **wax ~** crayon gras.
◇ *vt* [draw] dessiner avec des crayons de couleurs; [colour] colorier (avec des crayons).

craze [kreɪz] ◇ *n* engouement *m*, folie *f*; **it's the latest ~** c'est la dernière folie OR lubie; **the latest dance/music ~** la nouvelle danse/musique à la mode; **it's becoming a ~** ça devient une vraie folie; **a ~ for sthg** un engouement pour qqch; **this ~ for video games** cet engouement pour les jeux vidéo; **the latest ~ is wearing baggy jeans** la dernière mode, c'est de porter des jeans larges; **to have a ~ for sthg** être fou de.
◇ *vt* -**1.** [send mad] rendre fou. -**2.** [damage - ceramics] craqueler; [- windscreen, glass] étoiler.
◇ *vi* [ceramics] se craqueler; [windscreen, glass] s'étoiler.

crazed [kreɪzd] *adj* -**1.** [mad - look, expression] fou; **~ with fear/grief** fou de peur/douleur. -**2.** [ceramics] craquelé.

-crazed *in cpds* rendu fou par; **drug~** rendu fou par la drogue; **power~ dictators** des dictateurs fous de pouvoir; **he was half~ with fear** il était à moitié fou de peur.

crazily ['kreɪzɪlɪ] *adv* [behave] comme un fou.

craziness ['kreɪzɪnɪs] *n* folie *f*; **it's sheer ~** c'est de la folie.

crazy ['kreɪzɪ] (*compar* **crazier**, *superl* **craziest**) *adj* -**1.** [insane - person, dream] fou; **to have ~ eyes** avoir des yeux de fou; **that's a ~ idea!, that's ~!** c'est de la folie!; **this is ~** c'est fou; **he was ~ to do it** il a été fou de le faire; **that's the craziest thing I've ever heard** c'est la chose la plus insensée que j'aie jamais entendue; **to drive** OR **to send sb ~** rendre qqn fou; **it's enough to drive you ~** c'est à vous rendre fou; **he went ~** [insane] il est devenu fou; [angry] il est devenu fou (de colère OR de rage); **the fans went ~** *inf* les fans ne se sont plus sentis; **to be/to go ~ with fear/grief** être/devenir fou de peur/douleur; **power ~** avide de pouvoir; **you must be ~!** mais tu es fou!; **like ~** [work, drive, run, spend money] comme un fou. -**2.** *inf* [very fond]: **to be ~ about** être fou OR dingue de; **I'm not ~ about the idea** l'idée ne m'emballe pas vraiment; **he's football ~** c'est un fana OR un cinglé de foot. -**3.** [strange, fantastic] bizarre. -**4.** *Am* [very good] formidable, génial.

crazy bone *Am* = **funny bone**.

crazy paving *n Br dallage irrégulier en pierres plates.*

CRE (*abbr of* Commission for Racial Equality) *pr n*: **the ~** *commission contre la discrimination raciale.*

creak [kriːk] ◇ *vi* [chair, floorboard, person's joints] craquer; [door hinge] grincer; [new shoes] crisser; **to ~ with age** *fig* donner des signes de vieillesse; **the legal system is ~ing under the weight of untried cases** *fig* le système juridique craque sous le poids des affaires en suspens.
◇ *n* [of chair, floorboard, person's joints] craquement *m*; [of door hinge] grincement *m*; [of new shoes] crissement *m*; **to give a ~** craquer, grincer, crisser.

creaking ['kriːkɪŋ] ◇ *adj* = **creaky**.
◇ *n* [of chair, floorboard, person's joints] craquement *m*; [of door hinge] grincement *m*; [of shoes] crissement *m*.

creaky ['kriːkɪ] (*compar* **creakier**, *superl* **creakiest**) *adj* [chair, floorboard, person's joints] qui craque; [door hinge] grinçant; [shoes] qui crisse; **a ~ noise** un craquement, un grincement, un crissement.

cream [kriːm] ◇ *n* -**1.** crème *f*; **do you like ~ in your coffee?** vous prenez de la crème dans votre café?; **strawberries and ~** des fraises à la crème; **~ of tomato soup** velouté *m* de tomates ❑ **clotted ~** *Br* crème très épaisse; **single/double ~** *Br* crème fraîche liquide/épaisse; **whipping ~** crème fraîche à fouetter, crème fleurette. -**2.** [filling for biscuits, chocolates] crème *f*; **vanilla ~** [biscuit] biscuit *m* fourré à la vanille; [dessert] crème *f* à la vanille. -**3.** [mixture] mélange *m* crémeux. -**4.** *fig* [best, pick] crème *f*; **the ~ of society** la crème OR le gratin de la société; **they were the ~ of their year at university** ils formaient l'élite de leur promotion à l'université ❑ **the ~ of the crop** le dessus du panier. -**5.** [for face, shoes etc] crème *f*. -**6.** [colour] crème *m*.
◇ *comp* [cake, bun] à la crème; [jug] à crème; **~-coloured** crème; **~ sherry** sherry *m* OR xérès *m* doux.
◇ *adj* crème.
◇ *vt* -**1.** [skim - milk] écrémer. -**2.** CULIN [beat] écraser, travailler; **~ the butter and sugar** travailler le beurre et le sucre en crème; **~ed potatoes** purée *f* de pommes de terre. -**3.** [hands, face] mettre de la crème sur. -**4.** [add cream to - coffee] mettre de la crème dans. -**5.** *inf Am* [beat up] casser la figure à; [defeat] battre à plate couture, mettre la pâtée à; **we got ~ed 4-0** on s'est fait écraser 4-0. -**6.** *phr*: **to ~ one's jeans**▼ prendre son pied.
◇ *vi* -**1.** ▼ [man - ejaculate] décharger, balancer la sauce; [woman - be aroused] mouiller. -**2.** [milk] crémer.
◆ **cream off** *vt sep fig* [take for oneself] prendre pour soi; [keep for oneself] garder pour soi, se garder; [money] prélever; **to ~ off the best students** sélectionner les meilleurs étudiants; **they have ~ed off the elite** ils se sont accaparé l'élite.

cream cheese *n* fromage *m* frais.

cream cracker *n Br* biscuit *m* sec.

creamer ['kriːməʳ] *n* -**1.** [machine] écrémeuse *f*. -**2.** [for coffee] succédané *m* de crème. -**3.** *Am* [jug] pot *m* à crème.

creamery ['kriːmərɪ] *n* -**1.** INDUST laiterie *f*. -**2.** [shop] crémerie *f*.

cream of tartar *n* crème *f* de tartre.

cream puff *n* chou *m* à la crème.

cream soda *n boisson gazeuse aromatisée à la vanille.*

cream tea *n Br goûter composé de thé et de scones servis avec de la confiture et de la crème.*

creamy ['kriːmɪ] (*compar* **creamier**, *superl* **creamiest**) *adj* -**1.** [containing cream - coffee, sauce] à la crème; [- milk] qui contient de la crème; **it's too ~** il y a trop de crème. -**2.** [smooth - drink, sauce etc] crémeux; **~ complexion** teint *m* laiteux et velouté; **~ voice** voix *f* veloutée. -**3.** [colour]: **~ white** blanc cassé.

crease [kriːs] ◇ *n* -**1.** [in material, paper - made on purpose] pli *m*; [- accidental] faux pli *m*; [in skin, on face] pli *m*; **to put a ~ in a pair of trousers** faire le pli d'un pantalon; **in order to get rid of the ~s** [in shirt, blouse etc] pour le/la défroisser. -**2.** [in cricket] limite *f* du batteur.
◇ *vt* -**1.** [on purpose] faire les plis de; [accidentally] froisser, chiffonner; **this shirt is all ~d** cette chemise est toute froissée. -**2.** *inf* [amuse]: **this one'll ~ you** celle-là va te faire mourir de rire.
◇ *vi* [clothes] se froisser, se chiffonner; **his face ~d with laughter** son visage s'est plissé de rire.
◆ **crease up** *inf* ◇ *vi insep* se tordre de rire.
◇ *vt sep* faire mourir OR se tordre de rire; **you just have to look at him and he ~s you up** il suffit de le regarder pour se tordre de rire.

crease-resistant *adj* infroissable.

create [kriː'eɪt] ◇ *vt* -**1.** [employment, problem, the world] créer; [fuss, noise, impression, draught] faire; **to ~ a stir** OR **a sensation** faire sensation; **to ~ a disturbance** JUR porter atteinte à l'ordre public. -**2.** [appoint]: **he was ~d (a) baron** il a été fait baron.

◇ *vi* -**1.** [be creative] créer; **the instinct to ~ is strong in all of us** il y a un puissant instinct de création en chacun d'entre nous. -**2.** *inf Br* [cause a fuss] faire des histoires.

creation [kriː'eɪʃn] *n* -**1.** [process of creating] création *f*; **the Creation** BIBLE la Création; **the most beautiful woman in all ~** OR **the whole of ~** *fig* la plus belle femme de la terre ❑ **where in ~ did you get that hat!** *inf* où diable as-tu trouvé ce chapeau! -**2.** [something created] création *f*.

creative [kriː'eɪtɪv] *adj* [person, mind, skill] créatif; *hum* & *pej* (trop) libre; **the ~ instinct** l'instinct *m* de création; **to encourage sb to be ~** encourager la créativité chez qqn; **we need some ~ thinking** nous avons besoin d'idées originales ❑ **~ writing** techniques *fpl* de l'écriture.

creatively [kriː'eɪtɪvlɪ] *adv* de manière créative; **you're not thinking very ~ about your future** tu n'as pas d'idées très originales pour ton avenir.

creativeness [kriː'eɪtɪvnɪs], **creativity** [,kriːeɪ'tɪvətɪ] *n* créativité *f*.

creator [kriː'eɪtəʳ] *n* créateur *m*, -trice *f*; **the Creator** le Créateur.

creature ['kriːtʃəʳ] *n* -**1.** [person] créature *f*; [animal] bête *f*; **we are all God's ~s** nous sommes tous les créatures de Dieu; **~s from outer space** des créatures de l'espace; **dumb ~s** les bêtes; **poor ~!** [person, animal] le/la pauvre!; **he's a ~ of habit** il est esclave de ses habitudes. -**2.** *lit* & *pej* [dependent person] créature *f*.

creature comforts *npl* confort *m* matériel; **I like my ~** j'aime OR je suis attaché à mon (petit) confort.

crèche [kreʃ] *n Br* crèche *f*, garderie *f*.

credence ['kriːdns] *n* croyance *f*, foi *f*; **to give** OR **to attach ~ to sthg** ajouter foi à qqch; **to give** OR **to lend ~ to sthg** rendre qqch crédible ❑ **letters of ~** [ambassador] lettres *fpl* de créance.

credentials [krɪ'denʃlz] *npl* -**1.** [references] références *fpl*. -**2.** [identity papers] papiers *mpl* d'identité; **to ask to see sb's ~** demander ses papiers (d'identité) à qqn, demander une pièce d'identité à qqn. -**3.** [of diplomat] lettres *fpl* de créance.

credibility [,kredə'bɪlətɪ] ◇ *n* -**1.** [trustworthiness] crédibilité *f*; **the party has lost ~ with the electorate** le parti a perdu de sa crédibilité auprès de l'électorat; **there are doubts about its ~ as a deterrent** on doute de son efficacité en tant que moyen de dissuasion. -**2.** [belief]: **it's beyond ~** c'est invraisemblable, c'est difficile à croire.

◇ *comp*: **~ rating** crédibilité *f*; **he has a ~ problem** il manque de crédibilité.

credibility gap *n* manque *m* de crédibilité; **the party has a major ~** le parti souffre d'un énorme manque de crédibilité, le parti manque énormément de crédibilité; **to narrow the ~** regagner de sa crédibilité.

credible ['kredəbl] *adj* [person] crédible; [evidence, statement] crédible, plausible; **I don't find his reassurances very ~** j'ai du mal à croire ce qu'il dit pour me rassurer.

credibly ['kredəblɪ] *adv* [argue] de manière crédible.

credit ['kredɪt] ◇ *n* -**1.** FIN crédit *m*; **to be in ~** [person] avoir de l'argent sur son compte; [account] être approvisionné; **he has £50 to his ~** il a 50 livres sur son compte; **to enter** OR **to place a sum to sb's ~** créditer le compte de qqn d'une somme; **debit and ~** débit *m* et crédit ‖ [loan]: **to give sb ~**, **to give ~ to sb** [bank] accorder un découvert à qqn; [shop, pub] faire crédit à qqn; **'we do not give ~'** 'la maison ne fait pas crédit'; **to sell/to buy/to live on ~** vendre/acheter/vivre à crédit; **interest-free ~** crédit gratuit; **line of ~** *Am* limite *f* OR plafond *m* de crédit; **her ~ is good** elle a une bonne réputation de solvabilité; *fig* [trustworthy] elle est digne de confiance; **isn't my ~ good any more?** *fig* on ne me fait plus confiance? -**2.** [merit, honour] mérite *m*; **all the ~ should go to the team** tout le mérite doit revenir à l'équipe; **to take the ~ for sthg/doing sthg** s'attribuer le mérite de qqch/d'avoir fait qqch; **I can't take all the ~ for it** tout le mérite ne me revient pas; **to give sb the ~ for sthg/doing sthg** attribuer à qqn le mérite de qqch/d'avoir fait qqch; **management got all the ~** tout le mérite est revenu à la direction; **give her ~ for what she has achieved** reconnais ce qu'elle a accompli; **with ~** [perform] honorablement; **nobody emerged with any ~ except him** c'est le seul qui s'en soit sorti à son honneur; **it must be said to his ~ that...** il faut dire en sa faveur que...; **to her ~ she did finish the exam** il faut lui accorder qu'elle a fini l'examen; **she has five novels to her ~** elle a cinq romans à son actif; **to be a ~ to one's family/school, to do one's family/school ~** faire honneur à sa famille/son école, être l'honneur de sa famille/son école; **it does her (great) ~** c'est tout à son honneur; **it does you ~ that you gave the money back** c'est tout à votre honneur d'avoir rendu l'argent; **give me** SOME **~!** je ne suis quand même pas si bête!; **~ where ~ is due** il faut reconnaître ce qui est. -**3.** [credence] croyance *f*; **to give ~ to sb/sthg** ajouter foi à qqn/qqch; **to lend ~ to sthg** accréditer qqch, rendre qqch plausible; **to lose ~** [partially] perdre de son crédit; [totally] perdre son crédit; **the theory is gaining ~** cette théorie est de plus en plus acceptée; **he's cleverer than I gave him ~ for** il est plus intelligent que je le pensais OR supposais; **I gave you ~ for more sense** je vous supposais plus de bon sens; **I gave him ~ for more sense than I perhaps should have done** j'ai peut-être surestimé son bon sens. -**4.** UNIV unité *f* de valeur, UV *f*; **how many ~s do you need?** combien d'UV faut-il que tu aies?

◇ *comp* [boom, control] du crédit; [sales] à crédit; [balance] créditeur; **~ entry** écriture *f* au crédit; **~ side** crédit *m*, avoir *m*; **on the ~ side, the proposed changes will cut costs** *fig* les changements projetés auront l'avantage de réduire les coûts; **on the ~ side, he's a good cook** *fig* il faut lui accorder qu'il cuisine bien; **to run a ~ check on sb** [enough money in account] vérifier la solvabilité de qqn, vérifier que le compte de qqn est approvisionné; [no record of bad debts] vérifier le passé bancaire de qqn ❑ **~ agency** OR *Am* **bureau** *établissement chargé de vérifier le passé bancaire de personnes ou d'entreprises sollicitant un crédit.*

◇ *vt* -**1.** FIN [account] créditer; **to ~ an account with £200, to ~ £200 to an account** créditer un compte de 200 livres. -**2.** [accord]: **to ~ sb with intelligence/tact/sense** supposer de l'intelligence/du tact/du bon sens à qqn; **I ~ed her with more sense** je lui supposais plus de bon sens; **~ me with a bit more intelligence!** tu serais gentil de ne pas sous-estimer mon intelligence!; **she is ~ed with being the first woman to attend medical school** elle est considérée comme la première femme à avoir fait des études de médecine; **he is ~ed with the discovery of DNA** on lui attribue la découverte de l'ADN. -**3.** [believe] croire; **would you ~ it!** tu te rends compte!; **you wouldn't ~ some of the things he's done** tu n'en reviendrais pas si tu savais les choses qu'il a faites; **I could hardly ~ it** j'avais du mal à le croire.

◆ **credits** *npl* CIN & TV générique *m*.

creditable ['kredɪtəbl] *adj* honorable, estimable.

creditably ['kredɪtəblɪ] *adv* honorablement.

credit account *n* -**1.** BANK compte *m* créditeur. -**2.** *Br* [with shop] compte *m* client.

credit card ◇ *n* carte *f* de crédit; **to pay by ~** payer avec une OR régler par carte de crédit.

◇ *comp*: **~ fraud** usage *m* frauduleux de cartes de crédit; **~ transactions** transactions *fpl* effectuées par carte de crédit.

credit facilities *npl* facilités *fpl* de crédit.

credit institution *n* établissement *m* de crédit.

credit limit *n* limite *f* OR plafond *m* de crédit.

credit line *n* -**1.** *Br* autorisation *f* de crédit. -**2.** *Am* = **credit limit**.

credit note *n Br* [in business] facture *f* OR note *f* d'avoir; [in shop] avoir *m*.

creditor ['kredɪtəʳ] *n* créancier *m*, -ère *f*; **~ countries** nations *fpl* créancières.

credit rating *n* degré *m* de solvabilité.

credit squeeze *n* restriction *f* OR encadrement *m* du crédit; **there's a ~** le crédit est restreint OR encadré.

credit terms *npl* modalités *fpl* de crédit.

credit transfer *n* virement *m*, transfert *m* (de compte à compte).

creditworthiness ['kredɪt,wɜːðɪnɪs] *n* solvabilité *f*.

creditworthy ['kredɪt,wɜːðɪ] *adj* solvable.

credo ['kreɪdəʊ] *n* credo *m inv*.

credulity [krɪ'djuːlətɪ] *n* crédulité *f*.

credulous ['kredjʊləs] *adj* crédule, naïf.

credulously ['kredjʊləslɪ] *adv* naïvement.

creed [kriːd] *n* [religious] credo *m*, croyance *f*; [political] credo *m*; **people of every colour and ~** des gens de toutes races et de toutes croyances; **the Creed** RELIG le Credo.

creek [kriːk] *n Br* [of sea] crique *f*, anse *f*; *Am* [stream] ruisseau *m*; [river] rivière *f*; **to be up the ~** *inf* être dans de beaux draps OR dans le pétrin; **to be up shit ~ (without a paddle)**▽ être dans la merde (jusqu'au cou).

creel [kriːl] *n* [for fish] panier *m* à poisson; [for catching lobsters] casier *m*.

creep [kriːp] (*pt* & *pp* **crept** [krept]) ◇ *n inf* [unpleasant person] dégoûtant OR répugnant personnage *m*, rat *m*; [weak, pathetic person] pauvre type *m*; **I can't stand that ~ she's married to** je ne peux pas voir le plouc avec qui elle est mariée.

◇ *vi* -**1.** [person, animal] se glisser; **to ~ into a room** entrer sans bruit OR se glisser dans une pièce; **I crept upstairs** je suis monté sans bruit; **to ~ into bed** se glisser dans le lit; **I was ~ing about so as not to waken you** je ne faisais pas de bruit pour ne pas te réveiller; **I can hear somebody ~ing about downstairs** j'entends quelqu'un bouger en bas; **the dog crept under the chair** le chien s'est tapi sous la chaise; **the shadows crept across the lawn** l'ombre a peu à peu envahi la pelouse; **the hours crept slowly by** les heures se sont écoulées lentement; **fear began to ~ into his heart** OR **over him** *fig* la peur a commencé à le gagner OR à s'insinuer en lui. -**2.** [plant - along the ground] ramper; [- upwards] grimper. -**3.** *phr*: **to make sb's flesh ~** donner la chair de poule à qqn, faire froid dans le dos à qqn.

◆ **creeps** *inf npl*: **he gives me the ~s** [is frightening] il me fait froid dans le dos, il me donne la chair de poule; [is unpleasant] il me dégoûte OR répugne.

◆ **creep in** *vi insep* [person] entrer sans bruit; *fig* [mistakes] se glisser; [doubts, fears] s'insinuer; **the use of the word as a verb is beginning to ~ in** l'usage de ce mot en tant que verbe commence à se répandre OR gagner du terrain.

◆ **creep out** *vi insep* sortir sans bruit.

◆ **creep up** *vi insep* -**1.** [approach] s'approcher sans bruit; **old age is ~ing up** la vieillesse s'approche doucement; **to ~ up to sthg** s'approcher sans bruit de qqch; **to ~ up behind sb** s'approcher doucement OR discrètement de qqn par derrière. -**2.** [increase - water, prices] monter lentement; [- sales] monter OR progresser lentement; **sales have crept up to the million mark** les ventes ont progressé lentement jusqu'à la barre du million.

◆ **creep up on** *vt insep* -**1.** [in order to attack, surprise] s'approcher discrètement de, s'approcher à pas de loup de; **don't ~ up on me like that!** ne t'approche pas de moi sans faire de bruit comme ça!; **darkness crept up on us** l'obscurité est arrivée sans que nous nous en rendions compte, nous avons été surpris par l'obscurité; **old age crept up on me** je suis devenu vieux sans m'en rendre compte.

-**2.** [catch up with - in competition, business etc] rattraper peu à peu; **the deadline is ~ing up on us** la date limite se rapproche.

creeper ['kriːpəʳ] *n* -**1.** [plant] plante *f* grimpante. -**2.** *inf Br* [shoe] chaussure *f* à semelles de crêpe.

creeping ['kriːpɪŋ] *adj* -**1.** [plant - upwards] grimpant; [- along the ground] rampant. -**2.** [insect] rampant. -**3.** *fig* [inflation] rampant; [change] graduel; **~ paralysis** paralysie *f* progressive.

creepy *inf* ['kriːpɪ] (*compar* **creepier**, *superl* **creepiest**) *adj* qui donne la chair de poule, qui fait froid dans le dos; **he's/it's ~** il/ça vous donne la chair de poule.

creepy-crawly *inf* [-'krɔːlɪ] (*pl* **creepy-crawlies**) ◇ *n Br* petite bestiole *f*.
◇ *adj*: **a horrible ~ feeling** une très désagréable sensation de fourmillement.

cremate [krɪ'meɪt] *vt* incinérer.

cremation [krɪ'meɪʃn] *n* incinération *f*, crémation *f*.

crematorium [,kremə'tɔːrɪəm] (*pl* **crematoria** [-rɪə] OR **crematoriums**) *n* [establishment] crématorium *m*; [furnace] four *m* crématoire.

crematory ['kremətrɪ] (*pl* **crematories**) *Am* = **crematorium**.

crème caramel [,kremkærə'mel] *n* crème *f* (au) caramel.

crème de la crème ['kremdəlæ'krem] *n*: **the ~** le gratin, le dessus du panier.

crème de menthe ['kremdə'mɑːnt] *n* crème *f* de menthe.

crenellated *Br*, **crenelated** *Am* ['krenəleɪtɪd] *adj* crénelé, à créneaux.

crenellation *Br*, **crenelation** *Am* [,krenə'leɪʃn] *n (usu pl)* créneau *m*.

Creole ['kriːəʊl] ◇ *n* -**1.** LING créole *m*. -**2.** [person] créole *mf*.
◇ *adj* créole.

creosote ['krɪəsəʊt] ◇ *n* créosote *f*.
◇ *vt* traiter à la créosote.

crepe [kreɪp] ◇ *n* -**1.** [fabric] crêpe *m*. -**2.** = **crepe rubber**. -**3.** = **crepe paper**. -**4.** [pancake] crêpe *f*.
◇ *comp* [skirt, blouse etc] de OR en crêpe.

crepe bandage *n* bande *f* Velpeau®.

crepe paper *n* papier *m* crépon.

crepe rubber *n* crêpe *m*.

crepe(-soled) shoes [-səʊld-] *npl* chaussures *fpl* à semelles de crêpe.

crept [krept] *pt* & *pp* → **creep**.

crepuscular [krɪ'pʌskjʊləʳ] *adj lit* crépusculaire.

crescendo [krɪ'ʃendəʊ] (*pl* **crescendos** OR **crescendoes**) ◇ *n fig* & MUS crescendo *m*.
◇ *vi* [gen] augmenter; MUS faire un crescendo.
◇ *adv* MUS crescendo, en augmentant.

crescent ['kresnt] ◇ *n* -**1.** [shape] croissant *m*; **the Crescent** [Islamic emblem] le Croissant; **the Crescent City** *surnom de La Nouvelle-Orléans*. -**2.** *Br* [street] rue *f* (en arc de cercle).
◇ *adj* [shaped] en (forme de) croissant; **~ moon** croissant *m* de lune.

cress [kres] *n* cresson *m*.

Cressida ['kresɪdə] *pr n* Cressida.

crest [krest] ◇ *n* -**1.** [peak - of hill, wave] crête *f*; [- of ridge] arête *f*; [- of road] haut *m* OR sommet *m* de côte; **she's (riding) on the ~ of a wave just now** *fig* tout lui réussit OR elle a le vent en poupe en ce moment. -**2.** [on bird, lizard] crête *f*; [on helmet] cimier *m*. -**3.** [coat of arms] timbre *m*; [emblem] armoiries *fpl*; **a family ~** des armoiries familiales.
◇ *vt* -**1.** [reach the top of] franchir la crête de. -**2.** [provide with emblem] armorier.
◇ *vi* monter en crête.

crested ['krestɪd] *adj* -**1.** [animal] orné d'une crête; [bird] huppé; **~ tit** mésange *f* huppée. -**2.** [with emblem] armorié.

crestfallen ['krest,fɔːln] *adj* découragé, déconfit; **the loser looked ~** le perdant avait l'air abattu OR déconfit.

cretaceous [krɪ'teɪʃəs] *adj* crétacé; **the Cretaceous (period)** GEOL le crétacé.

Cretan ['kriːtn] ◇ *n* Crétois *m*, -e *f*.
◇ *adj* crétois.

Crete [kriːt] *pr n* Crète *f*; **in ~** en Crète.

cretin ['kretɪn] *n* -**1.** MED crétin *m*, -e *f*. -**2.** *inf* [idiot] crétin *m*, -e *f*, imbécile *mf*.

cretinism ['kretɪnɪzm] *n* MED crétinisme *m*.

cretinous ['kretɪnəs] *adj* MED & *fig* crétin.

cretonne ['kretɒn] *n* cretonne *f*.

crevasse [krɪ'væs] *n* crevasse *f*; *Am* [in dam] crevasse *f*, fissure *f*.

crevice ['krevɪs] *n* fissure *f*, fente *f*.

crew [kruː] ◇ *Br pt* → **crow**.
◇ *n* -**1.** [gen & CIN] équipe *f*; [on plane, ship] équipage *m*. -**2.** *inf* [crowd, gang] bande *f*, équipe *f*; **what a ~!** (quelle) drôle d'équipe!
◇ *comp*: **~ member** membre *mf* d'équipage.
◇ *vi* servir d'équipier.
◇ *vt* armer *(d'un équipage)*.

crew cut *n* coupe *f* de cheveux en brosse; **~s are in fashion again** les cheveux en brosse reviennent à la mode.

crewel ['kruːəl] *n* [yarn] laine *f* à broder OR à tapisserie; **~ work** tapisserie *f* sur canevas.

crew neck *n* col *m* ras le OR du cou, ras-le-cou *m*.
◆ **crew-neck** *adj*: **a crew-neck sweater** un pul ras le OR du cou.

crib [krɪb] (*pt* & *pp* **cribbed**, *cont* **cribbing**) ◇ *n* -**1.** *esp Am* [cot] lit *m* d'enfant. -**2.** [bin] grenier *m* (à blé); [stall] stalle *f*. -**3.** [manger] mangeoire *f*, râtelier *m*; RELIG crèche *f*. -**4.** *inf* [plagiarism] plagiat *m*; *Br* SCH [list of answers] antisèche *m* or *f*. -**5.** = **cribbage**.
◇ *vt* -**1.** *inf* [plagiarize] plagier, copier; **he cribbed the answers from his friend** SCH il a copié les réponses sur son ami, il a pompé sur son ami. -**2.** [line with planks] consolider avec des planches; TECH boiser.
◇ *vi* copier; **the author had cribbed from Shaw** l'auteur avait plagié Shaw; **don't ~ off me!** SCH ne copie pas sur moi!

cribbage ['krɪbɪdʒ] *n (U) jeu de cartes où les points sont marqués sur une planche de bois.*

crib death *n Am* mort *f* subite (du nourrisson).

crick [krɪk] ◇ *n* -**1.** [cramp]: **to have a ~ in the neck** avoir un torticolis; **a ~ in one's back** un tour de reins. -**2.** *inf Am dial* [stream] ruisseau *m*.
◇ *vt*: **don't ~ your back!** ne vous faites pas un tour de reins!; **she ~ed her neck** elle a attrapé un torticolis.

cricket ['krɪkɪt] ◇ *n* -**1.** [insect] grillon *m*. -**2.** [game] cricket *m*; **that's not ~** *inf Br* ça ne se fait pas, ce n'est pas fair-play.
◇ *comp* [ball, bat etc] de cricket.

cricketer ['krɪkɪtəʳ] *n* joueur *m*, -euse *f* de cricket.

cried [kraɪd] *pt* & *pp* → **cry**.

crier ['kraɪəʳ] *n* crieur *m*, -euse *f*; [in court] huissier *m*.

crikey *inf* ['kraɪkɪ] *interj Br dated* mince alors.

crime [kraɪm] *n* -**1.** [gen] crime *m*; **~ is on the decline/rise** il y a une baisse/une hausse de la criminalité; **a life of ~** une vie de criminel; **~ doesn't pay** le crime ne paie pas; **a minor** OR **petty ~** un délit mineur; **it's a ~ that she died so young** *fig* c'est vraiment injuste qu'elle soit morte si jeune ❑ **~ prevention** lutte *f* contre la criminalité; **~ reporter** journaliste *mf* qui couvre les affaires criminelles; **~ wave** vague *f* de criminalité; **~ writer** auteur *m* de romans noirs; **'Crime and Punishment'** *Dostoïevsky* 'Crime et châtiment'. -**2.** MIL manquement *m* à la discipline, infraction *f*.

Crimea [kraɪ'mɪə] *pr n*: **the ~** la Crimée; **in the ~** en Crimée.

Crimean [kraɪ'mɪən] ◇ *n* Criméen *m*, -enne *f*.
◇ *adj* criméen; **the ~ (War)** la guerre de Crimée.

criminal ['krɪmɪnl] ◇ *n* criminel *m*, -elle *f*.
◇ *adj* criminel; **to take ~ proceedings against sb** JUR poursuivre qqn au pénal; **it's ~ the way he treats her** *fig* il ne devrait pas avoir le droit de la traiter comme ça ❑ **~ investigation** enquête *f* criminelle; **the Criminal Investigation Department** *Br* → **CID**; **the Criminal Records Office** *Br* l'identité *f* judiciaire.

criminal assault *n* agression *f* criminelle, voie *f* de fait.

criminal conversation *n* JUR adultère *m*.

criminal court *n* cour *f* d'assises.

criminal damage *n délit consistant à causer volontairement des dégâts matériels.*

criminality [,krɪmɪ'nælətɪ] *n* criminalité *f*.

criminalize, -ise ['krɪmɪnəlaɪz] *vt* criminaliser.

criminal law *n* droit *m* pénal OR criminel.

criminal lawyer *n* avocat *m*, -e *f* au criminel, pénaliste *mf*.

criminally ['krɪmɪnəlɪ] *adv* criminellement; **he's been ~ negligent** sa négligence est criminelle.

criminal offence *n* délit *m*; **drunk driving is a ~** la conduite en état d'ivresse est un crime puni par la loi.

criminal record *n* casier *m* judiciaire; **she hasn't got a ~** son casier judiciaire est vierge, elle n'a pas de casier judiciaire.

criminologist [,krɪmɪ'nɒlədʒɪst] *n* criminologiste *mf*.

criminology [,krɪmɪ'nɒlədʒɪ] *n* criminologie *f*.

crimp [krɪmp] ◇ *vt* -**1.** [hair] crêper, friser; [pie crust] pincer; [metal] onduler. -**2.** *inf* TECH [pinch together] pincer, sertir. -**3.** *inf Am* [hinder] gêner, entraver.
◇ *n* -**1.** [wave in hair] cran *m*, ondulation *f*; [fold in metal] ondulation *f*. -**2.** *inf Am* [obstacle] obstacle *m*, entrave *f*. -**3.** TEX pli *m*.

Crimplene® ['krɪmpliːn] *n* ≃ crêpe *m* acrylique.

crimson ['krɪmzn] ◇ *adj* cramoisi; **she turned ~ with** OR **in embarrassment** elle a rougi OR est devenue cramoisie de confusion; **the evening sky turned ~** le ciel nocturne est devenu pourpre OR s'est empourpré.
◇ *n* cramoisi *m*.

cringe [krɪndʒ] *vi* -**1.** [shrink back] avoir un mouvement de recul, reculer; [cower] se recroqueviller; **the dog ~d in terror as the man raised his stick** le chien recula de peur quand l'homme leva son bâton; **to ~ with embarrassment** être mort de honte; **it's so sentimental, it makes me ~** un tel mélo, ça me fait fuir!; **I ~ at the very thought** j'ai envie de rentrer sous terre rien que d'y penser. -**2.** [be servile] ramper.

cringe-making *adj Br hum* embarrassant, gênant.

cringing ['krɪndʒɪŋ] *adj* [fearful] craintif; [servile] servile, obséquieux.

crinkle ['krɪŋkl] ◇ *vt* froisser, chiffonner.
◇ *vi* se froisser, se chiffonner.
◇ *n* -**1.** [wrinkle] fronce *f*, pli *m*; [on face] ride *f*. -**2.** [noise] froissement *m*.

crinkle-cut *adj* [crisps] de forme ondulée.

crinkly ['krɪŋklɪ] (*compar* **crinklier**, *superl* **crinkliest**) *adj* [material, paper] gaufré; [hair] crépu, crêpelé.

crinoline ['krɪnəliːn] *n* crinoline *f*.

cripes *inf* [kraɪps] *interj Br* sapristi, mince.

cripple ['krɪpl] ◇ *vt* -**1.** [person] estropier. -**2.** *fig* [damage - industry, system] paralyser; [- plane, ship] désemparer.
◇ *n* -**1.** *dated* & *offensive* [lame person] estropié *m*, -e *f*; [invalid] invalide *mf*; [maimed person] mutilé *m*, -e *f*. -**2.** *fig*: **an emotional ~** un caractériel *m*, une caractérielle *f*.

crippled ['krɪpld] *adj* -**1.** [person]: **to be ~ with rheumatism** être perclus de rhumatismes. -**2.** *fig* [industry, country] paralysé; [plane, ship] accidenté.

crippling ['krɪplɪŋ] *adj* -**1.** [disease] invalidant. -**2.** *fig* [strikes] paralysant; [prices, taxes] écrasant.

crisis ['kraɪsɪs] (*pl* **crises** [-siːz]) *n* crise *f*; **things have come to a ~** la situation a atteint un point critique; **the government has a ~ on its hands** le gouvernement se trouve face à une crise; **to**

settle OR to resolve a ~ dénouer OR résoudre une crise; **the oil ~** le choc pétrolier; **a ~ of confidence** une crise de confiance; **an emotional ~** un passage difficile *(nerveusement)*; **~ management** gestion *f* des crises; **~ point** point *m* critique.

crisis centre *n* [for disasters] cellule *f* de crise; [for personal help] centre *m* d'aide; [for battered women] association *f* d'aide d'urgence.

crisp [krɪsp] ◇ *adj* -**1.** [crunchy - vegetable] croquant; [- cracker] croquant, croustillant; [- bread] croustillant; [- snow] craquant. -**2.** [fresh - clothing] pimpant; [- linen] apprêté; [- paper] craquant, raide. -**3.** [air, weather] vif, tonifiant. -**4.** [concise - style] précis, clair et net. -**5.** [brusque] tranchant, brusque; [manner] brusque; [tone] acerbe.
◇ *n*: **(potato) ~s** *Br* (pommes *fpl*) chips *fpl*; **burnt to a ~** carbonisé.
◇ *vt* faire chauffer pour rendre croustillant.
◇ *vi* devenir croustillant.

crispbread ['krɪspbred] *n* biscuit *m* scandinave.

crisper ['krɪspəʳ] *n* bac *m* à légumes.

crisply ['krɪsplɪ] *adv* -**1.** [succinctly] avec concision. -**2.** [sharply] d'un ton acerbe OR cassant.

crispness ['krɪspnɪs] *n* -**1.** [of food, paper] craquant *m*; [of clothing, sheets, weather] fraîcheur *f*. -**2.** [of reasoning] clarté *f*, rigueur *f*. -**3.** [of style] précision *f*. -**4.** [brusqueness] tranchant *m*, brusquerie *f*.

crispy ['krɪspɪ] (*compar* **crispier**, *superl* **crispiest**) *adj* [vegetables] croquant; [biscuits] croquant, croustillant; [bacon] croustillant.

crisscross ['krɪskrɒs] ◇ *vt* entrecroiser; **footpaths ~ed the hillside** des chemins s'entrecroisaient sur le flanc de la colline.
◇ *vi* s'entrecroiser.
◇ *adj* [lines] entrecroisé; [in disorder] enchevêtré; **in a ~ pattern** en croisillons.
◇ *n* entrecroisement *m*; **a ~ of paths** un réseau de chemins.
◇ *adv* en réseau.

criterion [kraɪ'tɪərɪən] (*pl* **criteria** [-rɪə]) *n* critère *m*.

critic ['krɪtɪk] *n* [reviewer] critique *m*; [fault-finder] critique *m*, détracteur *m*, -trice *f*; **it's all very well being an armchair ~** la critique est facile, l'art est difficile; **film/art/theatre ~** critique *m* de cinéma/d'art/de théâtre.

critical ['krɪtɪkl] *adj* -**1.** [crucial] critique, crucial; [situation] critique; **at a ~ time** à un moment critique OR crucial; **he's in a ~ condition** OR **on the ~ list** il est dans un état critique; **the ~ path** [gen & COMPUT] le chemin critique ‖ PHYS critique; **the nuclear reactor went ~** la réaction nucléaire en chaîne s'est déclenchée. -**2.** [analytical] critique; [disparaging] critique, négatif; **he's very ~ of others** il critique beaucoup les autres, il est très critique vis-à-vis des autres; **to look at sthg with a ~ eye** regarder qqch d'un œil critique; **don't be so ~** ne soyez pas si négatif. -**3.** ART, LITERAT & MUS [analysis, edition] critique; [essay, study] critique, de critique; [from the critics] des critiques; **the play met with ~ acclaim** la pièce fut applaudie par la critique.

critical angle *n* angle *m* critique.

critically ['krɪtɪklɪ] *adj* -**1.** [analytically] d'un œil critique, en critique; [disparagingly] sévèrement. -**2.** [seriously] gravement; **she is ~ ill** elle est gravement malade, elle est dans un état critique.

critical mass *n* masse *f* critique.

critical temperature *n* température *f* critique.

criticism ['krɪtɪsɪzm] *n* critique *f*; **to come in for ~** se faire OR se voir critiquer; **this isn't meant as a ~ but...** ce n'est pas une critique mais..., ce n'est pas pour critiquer mais...; **literary ~** la critique littéraire.

criticize, -ise ['krɪtɪsaɪz] *vt* -**1.** [find fault with] critiquer, réprouver. -**2.** [analyse] critiquer, faire la critique de.

critique [krɪ'tiːk] ◇ *n* critique *f*; **'Critique of Pure Reason'** *Kant* 'Critique de la raison pure'.
◇ *vt* faire une critique de.

critter *inf* ['krɪtəʳ] *n Am* [creature] créature *f*; [animal] bête *f*, bestiole *f*.

croak [krəʊk] ◇ *vi* -**1.** [frog] coasser; [crow] croasser. -**2.** [person] parler d'une voix rauque; [grumble] ronchonner. -**3.** *inf* [die] crever.
◇ *vt* [utter] dire d'une voix rauque OR éraillée.
◇ *n* [of frog] coassement *m*; [of crow] croassement *m*; [of person] ton *m* rauque.

croaking ['krəʊkɪŋ] *n* [of frog] coassement *m*; [of crow] croassement *m*.

croaky ['krəʊkɪ] *adj* enroué.

Croat ['krəʊæt] = **Croatian** *n*.

Croatia [krəʊ'eɪʃə] *pr n* Croatie *f*; **in ~** en Croatie.

Croatian [krəʊ'eɪʃn] ◇ *n* -**1.** [person] Croate *mf*. -**2.** LING croate *m*.
◇ *adj* croate.

crochet ['krəʊʃeɪ] ◇ *n*: **~ (work)** (travail *m* au) crochet *m*.
◇ *vt* faire au crochet.
◇ *vi* faire du crochet.

crochet-hook *n* crochet *m*.

crock [krɒk] *n* -**1.** [jar, pot] cruche *f*, pot *m* de terre; [broken earthenware] morceau *m* de faïence, tesson *m*; **that's a ~ (of shit)!**▽ *Am* tout ça, c'est de la blague! -**2.** *inf Br*: **old ~** [car] tacot *m*, guimbarde *f*; [person] croulant *m*.
◆ **crocks** *npl* vaisselle *f*.

crockery ['krɒkərɪ] *n* [pottery] poterie *f*, faïence *f*; [plates, cups, bowls etc] vaisselle *f*.

crocodile ['krɒkədaɪl] *n* -**1.** [reptile] crocodile *m*. -**2.** *Br* SCH cortège *m* en rangs *(par deux)*; **to walk in a ~** marcher deux par deux.

crocodile clip *n* pince *f* crocodile.

crocodile tears *npl* larmes *fpl* de crocodile.

crocus ['krəʊkəs] *n* crocus *m*.

Croesus ['kriːsəs] *pr n* Crésus; **as rich as ~** riche comme Crésus.

croft [krɒft] *n Br* petite ferme *f*.

crofter ['krɒftəʳ] *n Br* [farmer] petit fermier *m*.

crofting ['krɒftɪŋ] *n* (exploitation *f* en) affermage *m*.

cromlech ['krɒmlek] *n* [circle of stones] cromlech *m*; [tomb] tombeau *m* OR tombe *f* mégalithique.

crone *inf* [krəʊn] *n* vieille bique *f*.

Cronos ['krəʊnɒs] *pr n* Cronos.

crony *inf* ['krəʊnɪ] (*pl* **cronies**) *n* pote *m*, copine *f*.

crook [krʊk] ◇ *n* -**1.** *inf* [thief] escroc *m*, filou *m*. -**2.** [bend - in road] courbe *f*, coude *m*; [- in river] coude *m*, détour *m*; [- in arm] coude *m*; [- in leg] flexion *f*. -**3.** [staff - of shepherd] houlette *f*; [- of bishop] crosse *f*.
◇ *vt* [finger] courber, recourber; [arm] plier.

crooked ['krʊkɪd] ◇ *adj* -**1.** [not straight, bent - stick] courbé, crochu; [- path] tortueux; [- person] courbé; **a ~ smile** un sourire grimaçant. -**2.** *inf* [dishonest] malhonnête.
◇ *adv* de travers.

crookedly ['krʊkɪdlɪ] *adv* -**1.** [walk, stand] de travers. -**2.** [smile] en grimaçant.

crookedness ['krʊkɪdnɪs] *n* -**1.** [curvature] courbure *f*. -**2.** *inf* [dishonesty] malhonnêteté *f*, fausseté *f*.

croon [kruːn] *vi & vt* -**1.** [sing softly] fredonner, chantonner; [professionally] chanter *(en crooner)*. -**2.** [speak softly, sentimentally] susurrer.

crooner ['kruːnəʳ] *n* crooner *m*, chanteur *m* de charme.

crop [krɒp] (*pt & pp* **cropped**, *cont* **cropping**)
◇ *n* -**1.** [produce] produit *m* agricole, culture *f*; **food ~s** cultures vivrières ‖ [harvest] récolte *f*; [of fruit] récolte *f*, cueillette *f*; [of grain] moisson *f*; **to get in** OR **to harvest the ~s** faire la récolte, rentrer les récoltes; **we had a good wheat ~** OR **~ of wheat** le blé a bien donné. -**2.** *fig* fournée *f*; **what do you think of this year's ~ of students?** que pensez-vous des étudiants de cette année? -**3.** [of whip] manche *m*; [riding whip] cravache *f*. -**4.** [of bird] jabot *m*. -**5.** [haircut - for man] coupe *f* rase OR courte; [- for woman] coupe courte OR à la garçonne; **the barber gave me a (close) ~** le coiffeur m'a coupé les cheveux ras.
◇ *vt* -**1.** [cut - hedge] tailler, tondre; [- hair] tondre; [- tail] écourter; PHOT recadrer. -**2.** [subj: animal] brouter, paître. -**3.** [farm] cultiver; [harvest] récolter.
◇ *vi* [land, vegetables] donner OR fournir une récolte; **the tomatoes are cropping well this year** la récolte de tomates est bonne OR les tomates donnent bien cette année.
◆ **crop up** *inf vi insep* survenir, se présenter; **his name cropped up in the conversation** son nom a surgi dans la conversation; **we'll deal with anything that ~s up while you're away** on s'occupera de tout pendant votre absence.

crop dusting = **crop spraying**.

cropper *inf* ['krɒpəʳ] *n Br phr*: **to come a ~** [fall] se casser la figure; [fail] se planter; **I came a ~ in the exams** je me suis ramassé OR planté aux examens.

crop rotation *n* assolement *m*, rotation *f* des cultures.

crop spraying *n* pulvérisation *f* des cultures.

croquet ['krəʊkeɪ] ◇ *n* croquet *m*.
◇ *comp* [hoop, lawn, mallet] de croquet.

croquette [krɒ'ket] *n* croquette *f*; **potato ~** croquette de pomme de terre.

crosier ['krəʊʒjəʳ] *n* crosse *f (d'évêque)*.

cross [krɒs] ◇ *n* -**1.** [mark, symbol] croix *f*; **he signed with a ~** il a signé d'une croix ❑ **the Iron Cross** la Croix de fer. -**2.** RELIG croix *f*; **the Cross** la Croix ‖ *fig* [burden] croix *f*; **we each have our ~ to bear** chacun a OR porte sa croix. -**3.** [hybrid] hybride *m*; **a ~ between a horse and a donkey** un croisement *m* d'un cheval et d'une ânesse; **the novel is a ~ between a thriller and a comedy** *fig* ce roman est un mélange de policier et de comédie. -**4.** SEW: **on the ~** en biais; **to cut sthg on the ~** couper qqch dans le biais; **a sleeve cut on the ~** une manche coupée en biais.
◇ *vt* -**1.** [go across - road, room, sea] traverser; [- bridge, river] traverser, passer; [- fence, threshold] franchir; **the bridge ~es the river at Orléans** le pont franchit OR enjambe le fleuve à Orléans; **she ~ed the Atlantic** elle a fait la traversée de l'Atlantique; **to ~ a picket line** franchir un piquet de grève; **a look of distaste ~ed her face** une expression de dégoût passa sur son visage; **it ~ed my mind that...** j'ai pensé OR l'idée m'a effleuré que...; **he ~ed my path again a few years later** nos chemins se sont à nouveau croisés quelques années plus tard ❑ **to ~ the floor (of the House)** *Br* POL changer de parti politique; **I'll ~ that bridge when I come to it** je m'occuperai de ce problème en temps voulu. -**2.** [place one across the other] croiser; **to ~ one's arms/one's legs** croiser les bras/les jambes ❑ **~ your fingers** OR **keep your fingers ~ed for me** pense à moi et croise les doigts; **to ~ swords with sb** croiser le fer avec qqn; **we got our wires ~ed** *inf* il y a un malentendu quelque part entre nous; **~ my palm (with silver)!** donnez-moi une petite pièce! -**3.** [mark with cross] faire une croix; **to ~ o.s.** RELIG faire le signe de (la) croix, se signer; **~ your "t"s** barrez OR mettez des barres à vos «t»; **to ~ a cheque** *Br* barrer un chèque ❑ **~ my heart and hope to die** *inf* croix de bois croix de fer, si je mens je vais en enfer. -**4.** [animals, plants] croiser. -**5.** [oppose] contrarier, contrecarrer; **~ed in love** malheureux en amour. -**6.** TELEC: **we've got a ~ed line** il y a des interférences sur la ligne.
◇ *vi* -**1.** [go across] traverser; **she ~ed (over) to the door** elle est allée à la porte; **she ~ed (over) to the other side of the road** elle a traversé la route; **we ~ed from Belgium into France** nous sommes passés de Belgique en France; **they ~ed from Dover to Boulogne** ils ont fait la traversée de Douvres à Boulogne. -**2.** [intersect - lines, paths, roads] se croiser, se rencontrer; **our letters ~ed in the post** nos lettres se sont croisées.
◇ *adj* -**1.** [angry] de mauvaise humeur, en colère; **she's ~ with me** elle est fâchée contre

moi; **don't be ~ with me** il ne faut pas m'en vouloir; **he makes me so ~!** qu'est-ce qu'il peut m'agacer!; **I got ~ with them** je me suis fâché contre eux; **I never heard her utter a ~ word** elle ne dit jamais un mot plus haut que l'autre ☐ **to be as ~ as a bear** *inf* être dans une colère noire. -**2.** [diagonal] diagonal; **~ member** CONSTR traverse *f*, entremise *f*.

◆ **cross off** *vt sep* [item] barrer, rayer; [person] radier; **to ~ sb off the list** radier qqn.

◆ **cross out** *vt sep* barrer, rayer.

crossbar ['krɒsbɑːʳ] *n* [on bike] barre *f*; [on goalposts] barre *f* traversale.

crossbeam ['krɒsbiːm] *n* traverse *f*, sommier *m*.

crossbench ['krɒsbentʃ] *n* (*usu pl*) *Br* POL *banc où s'assoient les députés non inscrits à un parti*; **on the ~es** du côté des non-inscrits.

crossbencher [,krɒs'bentʃəʳ] *n Br* POL *au Parlement britannique, membre non inscrit, assis sur les bancs transversaux.*

crossbill ['krɒsbɪl] *n* bec-croisé *m*.

crossbones ['krɒsbəʊnz] *npl* os *mpl* en croix OR de mort.

crossbow ['krɒsbəʊ] *n* arbalète *f*.

crossbred ['krɒsbred] ◇ *adj* hybride, métis.

◇ *n* hybride *m*, métis *m*, -isse *f*.

crossbreed ['krɒsbriːd] (*pt* & *pp* **crossbred** [-bred]) ◇ *vt* croiser.

◇ *n* [animal, plant] hybride *m*, métis *m*, -isse *f*; *pej* [person] métis *m*, -isse *f*, sang-mêlé *mf*.

cross-Channel *adj Br* [ferry, route] qui traverse la Manche.

cross-check ◇ *vt* contrôler (par contre-épreuve OR par recoupement).

◇ *vi* vérifier par recoupement.

◇ *n* contre-épreuve *f*, recoupement *m*.

cross-country ◇ *n* cross-country *m*, cross *m*.

◇ *adj*: **~ runner** coureur *m*, -euse *f* de cross; **~ skiing** ski *m* de fond.

◇ *adv* à travers champs.

cross-cultural *adj* interculturel.

cross-current *n* contre-courant *m*.

crosscut ['krɒskʌt] ◇ *adj* [incision] coupé en travers; [tool] qui coupe en travers; **~ chisel** bédane *m*; **~ saw** scie *f* passe-partout.

◇ *vt* couper en travers.

cross-dressing *n* travestisme *m*, transvestisme *m*.

crosse [krɒs] *n* crosse *f* (*au jeu de la crosse*).

crossed [krɒst] *adj* croisé; **~ cheque** chèque *m* barré; **~ line** TELEC ligne *f* embrouillée.

cross-examination *n* contre-interrogatoire *m*.

cross-examine *vt* [gen] soumettre à un interrogatoire serré; JUR faire subir un contre-interrogatoire à.

cross-eyed *adj* qui louche; **she's ~** elle louche.

cross-fertilization *n* croisement *m*; *fig* osmose *f*.

cross-fertilize, -ise *vt* croiser.

crossfire ['krɒs,faɪəʳ] *n* feux *mpl* croisés; **to be caught in the ~** *literal* & *fig* être pris entre deux feux.

cross-grained *adj* -**1.** [wood] à fibres torses. -**2.** [person] revêche, acariâtre.

cross hairs *npl fils croisés d'une lunette qui déterminent la ligne de visée.*

cross-hatch *vt* hachurer en croisillons.

cross-hatching *n* hachures *fpl* croisées.

crosshead ['krɒshed] *n* -**1.** TYPO sous-titre *m*. -**2.** TECH [block - gen] palier *m*; [- in engine] crosse *f*. -**3.** NAUT (barre *f* de) traverse *f*.

crossheaded ['krɒshedɪd] *adj* [screwdriver] cruciforme.

cross-index ◇ *vi* renvoyer à.

◇ *vt* établir les renvois de.

◇ *n* renvoi *m*, référence *f*.

crossing ['krɒsɪŋ] *n* -**1.** [intersection] croisement *m*; [of roads] croisement *m*, carrefour *m*; **pedestrian ~** passage *m* clouté. -**2.** [sea journey] traversée *f*. -**3.** [inter-breeding] croisement *m*.

cross-kick SPORT ◇ *n coup de pied qui envoie le ballon à travers le terrain.*

◇ *vi envoyer le ballon à l'autre bout du terrain.*

cross-legged ['krɒslegd] *adj* en tailleur.

crossly ['krɒslɪ] *adv* avec mauvaise humeur.

crossover ['krɒs,əʊvəʳ] ◇ *n* -**1.** [of roads] (croisement *m* par) pont *m* routier; [for pedestrians] passage *m* clouté; RAIL voie *f* de croisement. -**2.** BIOL croisement *m*.

◇ *adj* MUS [style] hybride; **a ~ record** un disque hybride.

cross-party *adj* POL: **~ agreement** accord *m* entre des partis.

crosspatch *inf* ['krɒspætʃ] *n* grincheux *m*, -euse *f*.

crosspiece ['krɒspiːs] *n* traverse *f*.

crossply ['krɒsplaɪ] *adj* [tyre] à carcasse diagonale.

cross-pollinate ◇ *vi* se reproduire par pollinisation croisée.

◇ *vt* féconder par pollinisation croisée.

cross-pollination *n* pollinisation *f* croisée.

cross-purposes *npl*: **to be at ~ with sb** [misunderstand] comprendre qqn de travers; [oppose] être en désaccord avec qqn; **we were at ~** il y a eu un malentendu entre nous; **they were talking at ~** leur conversation tournait autour d'un quiproquo.

cross-question = **cross-examine**.

cross-refer ◇ *vi*: **to ~ to sthg** renvoyer à qqch.

◇ *vt* renvoyer.

cross-reference *n* renvoi *m*, référence *f*.

crossroads ['krɒsrəʊdz] *npl* croisement *m*, carrefour *m*; **her career is at a ~** sa carrière va maintenant prendre un tournant décisif.

cross-section *n* -**1.** [gen & BIOL] coupe *f* transversale. -**2.** [sample - of population] échantillon *m*.

cross-stitch ◇ *n* point *m* de croix.

◇ *vt* coudre au point de croix.

crosstalk ['krɒs,tɔːk] *n* -**1.** RADIO & TELEC diaphonie *f*. -**2.** *Br* [witty exchange] joutes *fpl* oratoires.

crosstown ['krɒstaʊn] *Am* ◇ *adj* qui traverse la ville; **~ artery/bus** voie *f*/bus *m* qui traverse la ville.

◇ *adv* à travers la ville.

crosstree ['krɒstriː] *n* traverse *f*.

crosswalk ['krɒswɔːk] *n Am* passage *m* clouté.

crosswind ['krɒswɪnd] *n* vent *m* de travers.

cross wires = **cross hairs**.

crosswise ['krɒswaɪz] *adj* & *adv* [shaped like cross] en croix; [across] en travers; [diagonally] en travers, en diagonale.

crossword (puzzle) ['krɒswɜːd-] *n* mots *mpl* croisés.

crotch [krɒtʃ] *n* [of tree] fourche *f*; [of trousers] entre-jambes *m*; **she kicked him in the ~** elle lui a donné un coup de pied entre les jambes.

crotchet ['krɒtʃɪt] *n Br* noire *f*.

crotchety *inf* ['krɒtʃɪtɪ] *adj* grognon, bougon.

crouch [kraʊtʃ] ◇ *vi*: **to ~ (down)** [person] s'accroupir, se tapir; [animal] s'accroupir, se ramasser.

◇ *n* [posture] accroupissement *m*; [act] action *f* de se ramasser.

croup [kruːp] *n* -**1.** [of animal] croupe *f*. -**2.** MED croup *m*.

croupier ['kruːpɪəʳ] *n* croupier *m*.

crouton ['kruːtɒn] *n* croûton *m*.

crow [krəʊ] (*Br pt* **crowed** OR **crew** [kruː], *Am pt* **crowed**) ◇ *n* -**1.** ORNITH corbeau *m*; [smaller] corneille *f*; **it's 3 miles as the ~ flies** c'est à 3 miles à vol d'oiseau; **he had to eat ~** *inf Am* il a dû admettre qu'il avait tort. -**2.** [sound of cock] chant *m* du coq, cocorico *m*. -**3.** [of baby] gazouillis *m*.

◇ *vi* -**1.** [cock] chanter. -**2.** [baby] gazouiller. -**3.** [boast] se vanter; **it's nothing to ~ about** il n'y a pas de quoi être fier; **to ~ over sthg** se vanter de qqch.

crowbar ['krəʊbɑːʳ] *n* (pince *f* à) levier *m*.

crowd [kraʊd] ◇ *n* -**1.** [throng] foule *f*, masse *f*; **a ~ of noisy children** une bande d'enfants bruyants; **don't get lost in the ~** ne vous perdez pas dans la foule; **a disorderly ~** une cohue; **there were ~s of people in town** il y avait foule en ville; **there was quite a ~ at the match** il y avait beaucoup de monde au match; **the concert drew a good ~** le concert a attiré beaucoup de monde; **she stands out in a ~** elle se distingue de la masse. -**2.** *inf* [social group] bande *f*; **to be in with the wrong ~** avoir de mauvaises fréquentations; **they stick to their own ~** ils font bande à part. -**3.** *fig* & *pej* [people as a whole]: **the ~** la foule, la masse du peuple; **she always goes with** OR **follows the ~** elle suit toujours le mouvement; **she doesn't like to be one of the ~** elle n'aime pas faire comme tout le monde.

◇ *vi* se presser; **to ~ round sb/sthg** se presser autour de qqn/qqch; **they ~ed round to read the poster** ils se sont attroupés pour lire l'affiche; **the reporters ~ed into the room** les journalistes se sont entassés dans la pièce; **don't all ~ together!** ne vous serrez pas comme ça!; **they came ~ing through the door** ils se sont bousculés pour entrer; **we ~ed up/down the stairs** tout le monde a monté/descendu l'escalier.

◇ *vt* -**1.** [cram] serrer, entasser; **people ~ed the streets/the shops** des gens se pressaient dans les rues/les magasins; **the tables are ~ed together** les tables sont collées les unes aux autres; **the park was ~ed with sunbathers** le parc était plein de gens qui prenaient des bains de soleil. -**2.** *inf* [jostle] bousculer; **stop ~ing me!** arrêtez de me bousculer!, ne me poussez pas!; **I was ~ed off the bus** la foule m'a éjecté du bus. -**3.** NAUT: **to ~ on sail** mettre toutes les voiles dehors.

◆ **crowd in** *vi insep* -**1.** [enter] entrer en foule, affluer. -**2.** *fig* [flood in] submerger; **gloomy thoughts kept ~ing in on me** de sombres pensées m'assaillaient.

◆ **crowd out** ◇ *vi insep* sortir en foule.

◇ *vt sep*: **we were ~ed out by a bunch of students** un groupe d'étudiants nous a poussés vers la sortie; **independent traders are being ~ed out by bigger stores** les petits commerçants sont étouffés par les grands magasins.

crowded ['kraʊdɪd] *adj* -**1.** [busy - room, building, bus etc] bondé, plein; [- street] plein (de monde); [- town] encombré (de monde), surpeuplé; **the ~ streets of Bombay** les rues pleines de monde de Bombay; **a room ~ with furniture/with people** une pièce encombrée de meubles/pleine de monde; **the shops are too ~** il y a trop de monde dans les magasins; **he has a ~ schedule** son emploi du temps est surchargé. -**2.** [overpopulated] surpeuplé; **~ inner-city areas** les quartiers surpeuplés du centre-ville.

crowdpleaser ['kraʊd,pliːzəʳ] *n* [person] démagogue *mf*.

crowdpuller *inf* ['kraʊd,pʊləʳ] *n Br*: **his play is a real ~** sa pièce attire les foules.

crowd scene *n* scène *f* de foule.

crowfoot ['krəʊfʊt] (*pl sense 1* **crowfoots**, *pl sense 2* **crowfeet** [-fiːt]) *n* -**1.** BOT renoncule *f*. -**2.** NAUT araignée *f*.

crown [kraʊn] ◇ *n* -**1.** [headdress] couronne *f*; **to succeed to the ~** accéder au trône; **she wears the ~** c'est elle qui règne; **~ of thorns** couronne d'épines. -**2.** [regal power] couronne *f*, pouvoir *m* royal. -**3.** [award] prix *m*; **she won the Wimbledon ~ for the second year running** elle a remporté le tournoi de Wimbledon pour la seconde année consécutive. -**4.** [top - of head] sommet *m* de la tête; [- of hat] fond *m*; [- of hill, tree] sommet *m*, cime *f*; [- of roof] faîte *m*; [- of road] milieu *m*; [- of tooth] couronne *f*; ARCHIT [- of arch] clef *f*. -**5.** [coin] couronne *f*. -**6.** [outstanding achievement] couronnement *m*; **it was the ~ of his career** ce fut le couronnement de sa carrière. -**7.** [paper size] couronne *f*. -**8.** [of anchor] diamant *m*.

◇ *vt* -**1.** [confer a title on] couronner; **she was**

~ed queen/champion elle fut couronnée reine/championne; **the ~ed heads of Europe** les têtes couronnées de l'Europe. -**2.** [top] couronner; **to ~ a tooth** couronner une dent; **her election success ~ed her career** son succès aux élections a couronné sa carrière; **and to ~ it all, it started to rain** *fig* et pour couronner le tout, il s'est mis à pleuvoir. -**3.** [in draughts] damer. -**4.** *inf* [hit] flanquer un coup (sur la tête) à.
◆ **Crown** *n*: **the Crown** la Couronne, l'État *m* (monarchique); **counsel for the Crown** *Br* JUR conseiller *m* juridique de la Couronne; **Crown witness** *Br* JUR témoin *m* à charge.

Crown Agent *n fonctionnaire du ministère britannique du développement outre-mer chargé des pays étrangers et des organisations internationales.*

crown cap *n Br* capsule *f* (de bouteille).

crown colony *n Br* colonie *f* de la Couronne.

crown court *n* ≃ Cour *f* d'assises *(en Angleterre et au Pays de Galles).*

crown green *n* terrain *m* (de boules) bombé.

crown imperial *n* couronne *f* impériale.

crowning ['kraʊnɪŋ] ◇ *n* couronnement *m*.
◇ *adj fig* suprême; **~ glory** [hair] *hum* chevelure *f*; **the ~ glory of her career** le plus grand triomphe de sa carrière.

crown jewels *npl* joyaux *mpl* de la Couronne.

crown land *n* terres *fpl* domaniales.

crown prince *n* prince *m* héritier.

crown princess *n* [heir to throne] princesse *f* héritière; [wife of crown prince] princesse *f* royale.

crown roast *n* rôti *m* en couronne.

crown wheel *n* [gen] couronne *f*; AUT grande couronne *f*; **~ and pinion** couronne d'entraînement.

crow's feet *npl* [wrinkles] pattes *fpl* d'oie *(rides).*

crow's nest *n* NAUT nid *m* de pie.

crozier ['krəʊʒjəʳ] = **crosier**.

CRT (*abbr of* **cathode-ray tube**) *n* -**1.** [in TV set] tube *m* cathodique. -**2.** *Am* [workstation] poste *m* de travail.

cruces ['kruːsiːz] *pl* → **crux**.

crucial ['kruːʃl] *adj* -**1.** [critical] critique, crucial; MED & PHILOS crucial. -**2.** ▽ [excellent] d'enfer; **those jeans are ~** il est d'enfer, ce jean!

crucially ['kruːʃlɪ] *adv* fondamentalement.

crucible ['kruːsɪbl] *n* [vessel] creuset *m*; *fig* [test] (dure) épreuve *f*; **'The Crucible'** *Miller* 'les Sorcières de Salem'.

crucible steel *n* acier *m* fondu au creuset.

crucifix ['kruːsɪfɪks] *n* christ *m*, crucifix *m*; (roadside) **~** calvaire *m*.

crucifixion [ˌkruːsɪ'fɪkʃn] *n* crucifiement *m*.
◆ **Crucifixion** *n*: **the Crucifixion** RELIG la crucifixion, la mise en croix.

cruciform ['kruːsɪfɔːm] *adj* cruciforme, en croix.

crucify ['kruːsɪfaɪ] (*pt & pp* **crucified**) *vt* -**1.** [execute] crucifier, mettre en croix. -**2.** *fig* [treat harshly] mettre au pilori; **he was crucified in the courtroom when he tried to defend himself** il a été mis au pilori lorsqu'il a essayé de se défendre au tribunal; **my mum will ~ us if she finds out!** ma mère va nous étriper si elle découvre ça!

crud▽ [krʌd] *n* -**1.** [dirt] crasse *f*; **you ~!** *fig* espèce de minable! -**2.** [disease]: **the ~** la crève.

cruddy▽ ['krʌdɪ] (*compar* **cruddier**, *superl* **cruddiest**) *adj* [dirty] crado; [lousy] dégueulasse; **I feel ~** je ne me sens pas bien, je ne suis pas dans mon assiette.

crude [kruːd] ◇ *adj* -**1.** [vulgar - person, behaviour] vulgaire, grossier; [- manners] fruste, grossier; **a ~ remark** une grossièreté; **~ jokes** des plaisanteries grossières. -**2.** [raw] brut; [sugar] non raffiné. -**3.** [unsophisticated - tool] grossier, rudimentaire; [- piece of work] mal fini, sommaire; [- drawing] grossier; **it was a ~ attempt at self-promotion** c'était une tentative grossière pour se mettre en avant. -**4.** [stark - colour, light] cru, vif.
◇ *n*: **~ (oil)** (pétrole *m*) brut *m*.

crudely ['kruːdlɪ] *adv* -**1.** [vulgarly] grossièrement; [bluntly] crûment, brutalement. -**2.** [unsophisticatedly] grossièrement, sommairement; **a ~ built hut** une cabane grossière.

crudeness ['kruːdnɪs] = **crudity**.

crude oil *n* (pétrole *m*) brut *m*.

crudity ['kruːdɪtɪ] *n* -**1.** [vulgarity] grossièreté *f*. -**2.** [rawness - of material] état *m* brut. -**3.** [lack of sophistication - of tool] caractère *m* rudimentaire; [- of drawing, work] manque *m* de fini, caractère *m* sommaire.

cruel [krʊəl] *adj* -**1.** [unkind] cruel; **to be ~ to sb** être cruel envers qqn □ **you've got to be ~ to be kind** qui aime bien châtie bien *prov*. -**2.** [painful] douloureux, cruel; **it was a ~ disappointment** ce fut une cruelle déception; **a ~ wind** un vent mauvais OR cinglant.

cruelly ['krʊəlɪ] *adv* cruellement.

cruelty ['krʊəltɪ] (*pl* **cruelties**) *n* -**1.** [gen] cruauté *f*; **~ to animals** la cruauté envers les animaux. -**2.** JUR sévices *mpl*; **indicted for ~ to her children** inculpée pour sévices sur ses enfants; **divorce on the grounds of ~** divorce pour sévices; **mental ~** cruauté *f* mentale. -**3.** [cruel act] cruauté *f*; **he had to suffer the cruelties of his classmates** il lui a fallu endurer les cruautés de ses camarades de classe.

cruet ['kruːɪt] *n* -**1.** [bottle - for oil, vinegar] petit flacon *m*. -**2.** [set of condiments] service *m* à condiments. -**3.** RELIG [for wine] burette *f*.

Cruft's [krʌfts] *pr n le plus important concours canin de Grande-Bretagne, qui se tient chaque année à Londres.*

cruise [kruːz] ◇ *n* -**1.** [sea trip] croisière *f*; **they went on a ~** ils sont partis en OR ont fait une croisière; **to be on a ~** être en croisière. -**2.** = **cruise missile**.
◇ *vi* -**1.** [ship] croiser; [tourists] être en croisière. -**2.** [car] rouler; [plane] voler; **we ~d along at 70** nous roulions tranquillement à 70 km/h; **I ~d through the exam** j'ai trouvé l'examen très facile ‖ [police car, taxi] marauder, être en maraude; **a cruising taxi** un taxi en maraude; **cruising speed** AERON & AUT vitesse *f* OR régime *m* de croisière. -**3.** *inf* [for sexual partner] draguer.
◇ *vt* -**1.** [ocean] croiser dans. -**2.** *inf* [sexual partner] draguer.

cruise missile *n* missile *m* de croisière.

cruiser ['kruːzəʳ] *n* -**1.** [warship] croiseur *m*; [pleasure boat] yacht *m* de croisière. -**2.** *Am* [police patrol car] voiture *f* de police (en patrouille).

cruiserweight ['kruːzəweɪt] *n* poids *m* mi-lourd.

cruller ['krʌləʳ] *n Am* beignet *m*.

crumb [krʌm] *n* -**1.** [of bread] miette *f*; [inside loaf] mie *f*; *fig* [small piece] miette *f*, brin *m*; **the reporters were hoping to gather a few ~s of information** les journalistes espéraient récolter quelques bribes d'information; **the news from the hospital didn't offer any ~s of comfort/hope** les nouvelles de l'hôpital n'apportèrent pas le moindre réconfort/espoir. -**2.** *inf Am* [person] nul *m*, nulle *f*.

crumble ['krʌmbl] ◇ *vt* [bread, stock cube] émietter; [earth, plaster] effriter.
◇ *vi* [bread] s'émietter; [plaster] s'effriter; [building] tomber en ruines, se désagréger; [earth, stone] s'ébouler; *fig* [hopes, society] s'effondrer, s'écrouler; **his world was crumbling around him** *fig* tout son petit monde s'écroulait OR s'effondrait.
◇ *n* crumble *m (dessert composé d'une couche de compote de fruits recouverte de pâte sablée).*

crumbly ['krʌmblɪ] (*compar* **crumblier**, *superl* **crumbliest**) *adj* friable.

crumbs *inf* [krʌmz] *interj Br dated* mince, zut.

crummy *inf* ['krʌmɪ] (*compar* **crummier**, *superl* **crummiest**) *adj* minable, nul.

crump [krʌmp] ◇ *vi* éclater.
◇ *vt* bombarder.
◇ *n* -**1.** [noise] éclatement *m*. -**2.** *inf* MIL [shell] obus *m*.

crumpet ['krʌmpɪt] *n Br* -**1.** [cake] *galette épaisse qu'on mange chaude et beurrée.* -**2.**▽ [women] nanas *fpl*, pépées *fpl*; **a nice bit of ~** une jolie nana, une belle pépée.

crumple ['krʌmpl] ◇ *vt* froisser, friper; **be careful not to ~ your dress** fais attention de ne pas froisser OR chiffonner ta robe; **to ~ a piece of paper (up) into a ball** chiffonner un papier.
◇ *vi* -**1.** [crease] se froisser, se chiffonner. -**2.** [collapse] s'effondrer, s'écrouler; **his face ~d and tears came to his eyes** *fig* son visage se contracta et ses yeux se remplirent de larmes.

crunch [krʌntʃ] ◇ *vi* -**1.** [gravel, snow] craquer, crisser; **the snow ~ed beneath my feet** la neige crissait sous mes pieds. -**2.** [chew] croquer; **to ~ on sthg** croquer qqch.
◇ *vt* -**1.** [chew] croquer; **the dog was ~ing a bone** le chien mordait bruyamment un os. -**2.** [crush underfoot] faire craquer OR crisser, écraser.
◇ *n* -**1.** [sound - of teeth] coup *m* de dents; [- of food] craquement *m*; [- of gravel, snow] craquement *m*, crissement *m*. -**2.** *inf* [critical moment] moment *m* critique; **when it comes to the ~** dans une situation critique, au moment crucial; **if it comes to the ~** en cas de besoin.
◇ *adj inf* critique, décisif; **a ~ match** un match décisif.
◆ **crunch up** *vt sep* broyer.

crunchy ['krʌntʃɪ] (*compar* **crunchier**, *superl* **crunchiest**) *adj* [food] croquant; [snow, gravel] qui craque OR crisse.

crupper ['krʌpəʳ] *n* [on saddle] croupière *f*; [of horse] croupe *f (de cheval).*

crusade [kruː'seɪd] ◇ *n fig* & HIST croisade *f*; **to go on (a) ~** *fig* faire une croisade; HIST partir en croisade.
◇ *vi* HIST partir en croisade, être à la croisade; *fig* faire une croisade; **to ~ for/against sthg** mener une croisade pour/contre qqch.

crusader [kruː'seɪdəʳ] *n* HIST croisé *m*; *fig* champion *m*, -onne *f*, militant *m*, -e *f*; **the ~s for/against nuclear power** ceux qui militent pour/contre l'énergie nucléaire.

Cruse [kruːz] *pr n association de soutien aux personnes ayant perdu un proche.*

crush [krʌʃ] ◇ *vt* -**1.** [smash - gen] écraser, broyer; **~ed ice** glace *f* pilée; **his leg/arm had been ~ed in the accident** sa jambe a été écrasée/son bras a été écrasé dans l'accident; **they were ~ed to death by the falling rocks** ils sont morts écrasés par les rochers. -**2.** [crease] froisser, chiffonner; **~ed velvet** velours *m* frappé. -**3.** [defeat - enemy] écraser; [suppress - revolt] écraser, réprimer; *fig* [- hopes] écraser; **she felt ~ed by the news** elle a été accablée OR atterrée par la nouvelle; **he ~ed any attempt at reconciliation** il a fait échouer toutes les tentatives de réconciliation. -**4.** [squash, press] serrer; **to be ~ed together** être tassés OR serrés les uns contre les autres; **too many things had been ~ed into the box** on avait entassé trop de choses dans la boîte; **we were ~ed in the race for the door** nous avons été écrasés dans la ruée vers la porte.
◇ *vi* -**1.** [throng] se serrer, s'écraser; **we all ~ed into the lift** nous nous sommes tous entassés dans l'ascenseur. -**2.** [crease] se froisser.
◇ *n* -**1.** [crowd] foule *f*, cohue *f*; **there was a terrible ~** il y avait un monde fou; **in the ~ to enter the stadium** dans la bousculade pour entrer dans le stade. -**2.** *inf* [infatuation] béguin *m*; **he has a ~ on his teacher** il a le béguin OR il en pince pour sa prof. -**3.** *Br* [drink] jus *m* de fruit; **lemon ~** citron *m* pressé.

crush barrier *n* barrière *f* de sécurité.

crusher ['krʌʃəʳ] *n* broyeur *m*, concasseur *m*.

crushing ['krʌʃɪŋ] *adj* [defeat] écrasant; [remark] cinglant, percutant.

crush-resistant *adj* solide, résistant (au choc).

crust [krʌst] ◇ *n* -**1.** [of bread, pie] croûte *f*; [of snow, ice] couche *f*; **a ~ of bread** un croûton, une croûte; **the earth's ~** GEOL la croûte OR l'écorce terrestre □ **to earn a ~** gagner sa

croûte. -**2.** [on wound] croûte *f*, escarre *f*. -**3.** [on wine] dépôt *m*.
◇ *vt* couvrir d'une croûte.
◇ *vi* former une croûte.

crustacean [krʌ'steɪʃn] ◇ *adj* crustacé.
◇ *n* crustacé *m*.

crusty ['krʌstɪ] (*compar* **crustier**, *superl* **crustiest**) *adj* -**1.** [bread] croustillant. -**2.** [bad-tempered - person] hargneux, bourru; [- remark] brusque, sec.

crutch [krʌtʃ] *n* -**1.** [support] support *m*, soutien *m*; [for walking] béquille *f*; ARCHIT étançon *m*; NAUT support *m*; **she uses ~es** elle marche avec des béquilles. -**2.** *fig* soutien *m*; **he uses notes as a mental ~** *fig* il se sert de ses notes comme aide-mémoire. -**3.** *Br* = **crotch**.

crux [krʌks] (*pl* **cruxes** OR **cruces** ['kruːsiːz]) *n* -**1.** [vital point] point *m* crucial OR capital; [of problem] cœur *m*; **the ~ of the matter** le nœud de l'affaire. -**2.** [in climbing] passage-clef *m*.

cry [kraɪ] (*pt* & *pp* **cried**, *pl* **cries**) ◇ *vi* -**1.** [weep] pleurer; **she cried in** OR **with frustration** elle pleurait d'impuissance; **we laughed until we cried** nous avons pleuré de rire OR avons ri aux larmes; **the film made them ~** ils ont pleuré pendant le film; **to ~ loudly/bitterly** pleurer à chaudes larmes/amèrement ❑ **it's no use ~ing over spilt milk** *prov* ce qui est fait est fait. -**2.** [call out] crier, pousser un cri; **to ~ (out) in pain** pousser un cri de douleur; **to ~ for help** crier au secours; **to ~ for mercy** demander grâce, implorer la pitié ❑ **to ~ for the moon** demander la lune OR l'impossible. -**3.** [bird, animal] pousser un cri OR des cris; [hounds] donner de la voix, aboyer.
◇ *vt* -**1.** [weep] pleurer; **she cried herself to sleep** elle s'est endormie en pleurant; **he cried tears of joy** il versa des larmes de joie; **he was ~ing his heart** OR **eyes out** il pleurait toutes les larmes de son corps. -**2.** [shout] crier; **"look", she cried** «regardez», s'écria-t-elle; **he cried quits** OR **mercy** il s'est avoué vaincu ❑ **to ~ wolf** crier au loup.
◇ *n* -**1.** [exclamation] cri *m*; **she gave a ~ of surprise** elle a poussé un cri de surprise; **he heard a ~ for help** il a entendu crier au secours; **there have been cries for lower taxes** *fig* on a réclamé une baisse des impôts; **battle ~** cri de guerre; **to be in full ~** crier à tue-tête. -**2.** [of birds, animals] cri *m*; [of hounds] aboiements *mpl*, voix *f*. -**3.** [weep] : **to have a good ~** pleurer un bon coup.
◆ **cry down** *vt sep* décrier.
◆ **cry off** *vi insep* [from meeting] se décommander; [from promise] se rétracter, se dédire; **she's ~ing off from the project** elle se retire du OR renonce au projet.
◆ **cry out** ◇ *vi insep* pousser un cri; **I cried out to them** je les ai appelés; **to ~ out against** *fig* protester contre; **the country is ~ing out against high taxation** tout le pays proteste contre les impôts élevés; **to ~ out for sthg** demander OR réclamer qqch; **the system is ~ing out for revision** OR **to be revised** *fig* le système a grand besoin d'être révisé ❑ **for ~ing out loud!** bon sang!
◇ *vt sep* s'écrier; **"listen", she cried out** «écoutez», s'écria-t-elle.
◆ **cry up** *vt sep* prôner, exalter.

crybaby *inf* ['kraɪ,beɪbɪ] (*pl* **crybabies**) *n* pleurnichard *m*, -e *f*.

crying ['kraɪɪŋ] ◇ *adj* -**1.** [person] qui pleure, pleurant. -**2.** *inf* [as intensifier] criant, flagrant; **there is a ~ need for more teachers** on a un besoin urgent d'enseignants; **it's a ~ shame** c'est un scandale.
◇ *n (U)* -**1.** [shouting] cri *m*, cris *mpl*; **we could hear the ~ of the baby** on entendait les cris du bébé. -**2.** [weeping] pleurs *mpl*; **stop your ~** arrête de pleurer.

cryogenic [,kraɪə'dʒenɪk] *adj* cryogène.

cryogenics [,kraɪə'dʒenɪks] *n (U)* [science] cryologie *f*; [production] cryogénie *f*.

crypt [krɪpt] *n* crypte *f*.

cryptanalysis [,krɪptə'næləsɪs] *n* cryptographie *f*.

cryptic ['krɪptɪk] *adj* [secret] secret; [obscure] énigmatique, sibyllin; **~ crossword** *mot-croisé dont les définitions sont des énigmes qu'il faut résoudre*.

cryptically ['krɪptɪklɪ] *adv* [secretly] secrètement; [obscurely] énigmatiquement.

crypto- ['krɪptəʊ] *in cpds* crypto-; **~fascist** cryptofasciste *mf*.

cryptogram ['krɪptəʊgræm] *n* cryptogramme *m*.

cryptographer [krɪp'tɒgrəfə^r] *n* cryptographe *mf*.

cryptographic(al) [,krɪptə'græfɪk(l)] *adj* cryptographique.

cryptography [krɪp'tɒgrəfɪ], **cryptology** [krɪp'tɒlədʒɪ] *n* cryptographie *f*.

crystal ['krɪstl] ◇ *n* -**1.** [gen & MINER] cristal *m*. -**2.** [chip] cristal *m*; **salt/snow ~s** cristaux de sel/de neige. -**3.** *Am* [of watch] verre *m* (de montre). -**4.** ELECTRON galène *f*.
◇ *adj* [vase, glass, water] de cristal; **~ factory** cristallerie *f*.

crystal ball *n* boule *f* de cristal.

crystal clear *adj* clair comme le jour OR comme de l'eau de roche; [voice] cristalline.

crystal-gazer *n* voyant *m*, -e *f (qui lit dans une boule de cristal)*.

crystal-gazing *n (U)* [in ball] (art *m* de la) voyance *f*; *fig* prédictions *fpl*, prophéties *fpl*.

crystalline ['krɪstəlaɪn] *n* cristallin.

crystalline lens *n* cristallin *m*.

crystallization [,krɪstəlaɪ'zeɪʃn] *n* [gen & SCI] cristallisation *f*.

crystallize, -ise ['krɪstəlaɪz] ◇ *vi literal* & *fig* se cristalliser.
◇ *vt* cristalliser; [sugar] (faire) candir; **~d fruit** fruits *mpl* confits.

crystallography [,krɪstə'lɒgrəfɪ] *n* cristallographie *f*.

crystalloid ['krɪstəlɔɪd] ◇ *adj* cristalloïde.
◇ *n* cristalloïde *m*.

crystal set *n* poste *m* à galène.

CSA *pr n abbr of* Confederate States of America

CSC (*abbr of* Civil Service Commission) *pr n commission de recrutement des fonctionnaires*.

CSE (*abbr of* Certificate of Secondary Education) *n ancien brevet de l'enseignement secondaire en Grande-Bretagne, aujourd'hui remplacé par le GCSE*.

CSEU (*abbr of* Confederation of Shipbuilding and Engineering Unions) *pr n confédération britannique des syndicats de la construction navale et de la mécanique*.

CS gas *n Br* gaz *m* CS OR lacrymogène.

CSM *n abbr of* Company Sergeant-Major.

CST *n abbr of* Central Standard Time.

CSU (*abbr of* Civil Service Union) *pr n syndicat de la fonction publique*.

ct *written abbr of* carat.

CT *written abbr of* Connecticut.

CTC (*abbr of* city technology college) *n collège technique britannique, généralement établi dans des quartiers défavorisés*.

cu. *written abbr of* cubic.

cub [kʌb] *n* -**1.** [animal] petit *m*, -e *f*. -**2.** *inf* [youngster] : **young ~** jeune blanc-bec *m*. -**3.** [scout] : **~ (scout)** louveteau *m (scout)*.

Cuba ['kjuːbə] *pr n* Cuba; **in ~** à Cuba.

Cuba libre [,kjuːbə'liːbrə] *n Am cocktail contenant du Coca, du rhum et du jus de citron vert*.

Cuban ['kjuːbən] ◇ *n* Cubain *m*, -e *f*.
◇ *adj* cubain; **~ heel** talon *m* cubain; **the ~ missile crisis** la crise de Cuba *(conflit américano-soviétique dû à la présence de missiles soviétiques à Cuba (1962))*.

cubbyhole ['kʌbɪhəʊl] *n* -**1.** [cupboard] débarras *m*, remise *f*; [small room] cagibi *m*, réduit *m*. -**2.** [in desk] case *f*; AUT vide-poches *m*.

cube [kjuːb] ◇ *n* [gen & MATH] cube *m*; **sugar ~** morceau *m* de sucre.
◇ *vt* -**1.** [cut into cubes] couper en cubes OR en dés. -**2.** MATH cuber; TECH [measure] cuber.

cube root *n* racine *f* cubique.

cubic ['kjuːbɪk] *adj* [shape, volume] cubique; [measurement] cube; **~ capacity** volume *m*; **~ content** capacité *f* cubique; **~ equation** MATH équation *f* du troisième degré; **~ measure** mesure *f* de volume; **~ metre** mètre *m* cube.

cubicle ['kjuːbɪkl] *n* [in dormitory, hospital ward] alcôve *f*, box *m*; [in swimming baths, public toilets] cabine *f*.

cubism, Cubism ['kjuːbɪzm] *n* cubisme *m*.

cubist, Cubist ['kjuːbɪst] ◇ *adj* cubiste.
◇ *n* cubiste *mf*.

cubit ['kjuːbɪt] *n* [measurement] coudée *f (unité de mesure)*.

cub master *n* chef *m (des scouts)*.

cub mistress *n* cheftaine *f (des scouts)*.

cub reporter *n* jeune journaliste *mf*.

cub scout, Cub Scout *n* louveteau *m (scout)*.

cuckold ['kʌkəʊld] ◇ *n* (mari *m*) cocu *m*.
◇ *vt* faire cocu, cocufier.

cuckoo ['kʊkuː] (*pl* **cuckoos**) ◇ *n* -**1.** ORNITH [bird, sound] coucou *m*; **'One Flew Over the Cuckoo's Nest'** *Kesey, Forman* 'Vol au-dessus d'un nid de coucou'. -**2.** *inf* [mad person] imbécile *mf*, idiot *m*, -e *f*.
◇ *adj inf* [mad] loufoque, toqué; **to go ~** perdre la boule.

cuckoo clock *n* coucou *m (pendule)*.

cuckoopint ['kʊkuːpɪnt] *n* pied-de-veau *m*.

cuckoo spit *n* crachat *m* de coucou.

cucumber ['kjuːkʌmbə^r] *n* concombre *m*; **~ sandwich** *petit sandwich au pain de mie et au concombre (l'expression est parfois utilisée pour évoquer certains milieux bourgeois)*.

cud [kʌd] *n* bol *m* alimentaire *(d'un ruminant)*.

cuddle ['kʌdl] ◇ *vi* se faire un câlin, se câliner; **they were cuddling on the sofa** ils se faisaient un câlin sur le divan.
◇ *vt* câliner, caresser; [child] bercer *(dans ses bras)*.
◇ *n* câlin *m*, caresse *f*, caresses *fpl*; **they were having a ~** ils se faisaient un câlin; **she gave the child a ~** elle a fait un câlin à l'enfant.
◆ **cuddle up** *vi insep* se blottir, se pelotonner; **she ~d up close to him** elle se blottit contre lui.

cuddly ['kʌdlɪ] (*compar* **cuddlier**, *superl* **cuddliest**) *adj* [child, animal] câlin; **~ toy** peluche *f*.

cudgel ['kʌdʒəl] (*Br pt* & *pp* **cudgelled**, *cont* **cudgelling**, *Am pt* & *pp* **cudgeled**, *cont* **cudgeling**) ◇ *n* gourdin *m*, trique *f*; **to take up** OR **to carry the ~s for sthg/sb** prendre fait et cause pour qqch/qqn.
◇ *vt* battre à coups de gourdin; **to ~ sb to death** tuer qqn à coups de gourdin; **he cudgelled his brains** *inf fig* il s'est creusé la tête OR le cerveau.

cue [kjuː] ◇ *n* -**1.** CIN & THEAT [verbal] réplique *f*; [action] signal *m*; MUS signal *m* d'entrée; **to give sb their ~** donner la réplique à qqn; **he took his ~** il a entamé sa réplique; **her cough was my ~ to enter** elle devait tousser pour me signaler que je pouvais entrer; **her yawn was our ~ to leave** nous avons compris qu'il fallait partir quand elle s'est mise à bâiller. -**2.** *fig* [signal] signal *m*; **I took my ~ from Mother** j'ai pris exemple sur ma mère; **right on ~, the door opened** la porte s'est ouverte juste au bon moment OR à point nommé. -**3.** [for snooker, pool] queue *f (de billard)*; **~ rade** porte-queue *m*. -**4.** [of hair] queue *f (de cheval)*.
◇ *vi* [in snooker, pool] queuter.
◇ *vt* [prompt] donner le signal à; THEAT donner la réplique à.
◆ **cue in** *vt sep* [gen, RADIO & TV] donner le signal à; THEAT donner la réplique à.

cue ball *n* bille *f* de joueur.

cue bid *n* CARDS *annonce qui montre un as ou un vide*.

cuff [kʌf] ◇ *n* -**1.** [of sleeve] poignet *m*, manchette *f*; [of glove] poignet *m*; [of coat] parement *m*; *Am* [of trousers] revers *m*; **off the ~** à l'improviste; **she was speaking off the ~** elle improvisait son discours, elle faisait un discours

improvisé; he bought it on the ~ *Am* il l'a acheté à crédit. -**2.** [blow] gifle *f*, claque *f*; I got a ~ round the ear j'ai reçu une claque OR une gifle.
◇ *vt* -**1.** [hit] gifler, donner une gifle OR une claque à. -**2.** *inf* [handcuff] mettre OR passer les menottes à. -**3.** *Am* [trousers] faire un revers à.
◆ **cuffs** *inf npl* [handcuffs] menottes *fpl*.
cuff link *n* bouton *m* de manchette.
cu.in. *written abbr of* cubic inch(es).
cuisine [kwɪ'ziːn] *n* cuisine *f*.
cul-de-sac ['kʌldəsæk] *n* cul-de-sac *m*, impasse *f*; 'cul-de-sac' 'voie sans issue'.
culinary ['kʌlɪnərɪ] *adj* culinaire.
cull [kʌl] ◇ *vt* -**1.** [sample] sélectionner. -**2.** [remove from herd] éliminer, supprimer; [slaughter - seals] abattre, massacrer. -**3.** [gather - flowers, fruit] cueillir.
◇ *n* -**1.** [slaughter] massacre *m*. -**2.** [animal] animal *m* à éliminer.
Culloden Moor [kə'lɒdn'mɔːʳ] *pr n bataille à l'issue de laquelle, en 1746, les partisans écossais de Charles-Édouard Stuart furent vaincus par l'armée anglaise.*
culminate ['kʌlmɪneɪt] *vi* ASTRON culminer.
◆ **culminate in** *vt insep*: the demonstration ~d in a riot la manifestation s'est terminée en émeute; the disagreement ~d in the end of their friendship le différend a mis fin à leur amitié.
culminating ['kʌlmɪneɪtɪŋ] *adj* culminant.
culmination [,kʌlmɪ'neɪʃn] *n* -**1.** [climax - of career] apogée *m*; [- of efforts] maximum *m*; [- of disagreement] point *m* culminant. -**2.** ASTRON culmination *f*.
culottes [kjuː'lɒts] *npl* jupe-culotte *f*.
culpability [,kʌlpə'bɪlətɪ] *n* culpabilité *f*.
culpable ['kʌlpəbl] *adj fml* coupable; JUR: ~ homicide homicide *m* volontaire; ~ negligence négligence *f* coupable.
culprit ['kʌlprɪt] *n* coupable *mf*.
cult [kʌlt] ◇ *n fig* OU RELIG culte *m*; personality ~ culte *m* de la personnalité.
◇ *comp* [book, film] culte; ~ **figure** idole *f*; the film has a ~ following c'est un film culte.
cultivar ['kʌltɪ,vɑː] *n* cultivar *m*.
cultivate ['kʌltɪveɪt] *vt* -**1.** [land] cultiver, exploiter; [crop] cultiver. -**2.** *fig* [idea, person] cultiver; **reading is the best way to ~ the mind** la lecture est le meilleur moyen de se cultiver (l'esprit).
cultivated ['kʌltɪveɪtɪd] *adj* [land] cultivé, exploité; [person] cultivé; [voice] distingué.
cultivation [,kʌltɪ'veɪʃn] *n* -**1.** [of land, crops] culture *f*; fields under ~ cultures *fpl*. -**2.** *fig* [of taste] éducation *f*; [of relations] entretien *m*.
cultivator ['kʌltɪveɪtəʳ] *n* [person] cultivateur *m*, -trice *f*; [tool] cultivateur *m*; [power-driven] motoculteur *m*.
cultural ['kʌltʃərəl] *adj* -**1.** [events, background] culturel; the ~ **environment** le milieu culturel; ~ **integration** acculturation *f*; a ~ **desert** *fig* un désert culturel. -**2.** AGR de culture, cultural.
culturally ['kʌltʃərəlɪ] *adv* culturellement.
Cultural Revolution *n*: the ~ la Révolution culturelle.
culture ['kʌltʃəʳ] ◇ *n* -**1.** [civilization, learning] culture *f*; a man of ~ un homme cultivé OR qui a de la culture; to have no ~ être inculte; physical ~ culture physique. -**2.** AGR [of land, crops] culture *f*; [of animals] élevage *m*; [of fowl] aviculture *f*. -**3.** BIOL culture *f*.
◇ *vt* [plants] cultiver; [animals] élever; [bacteria] faire une culture de.
cultured ['kʌltʃəd] *adj* -**1.** [refined - person] cultivé, lettré; the fullback has a ~ left foot *fig* l'arrière a un très bon pied gauche. -**2.** [grown artificially] cultivé; ~ **pearls** perles *fpl* de culture.
culture gap *n* fossé *m* culturel.
culture medium *n* milieu *m* de culture.
culture shock *n* choc *m* culturel.
culture vulture *inf n hum* fana *mf* de culture, culturophage *mf*.
culvert ['kʌlvət] *n* [for water] caniveau *m*; [for cable] conduit *m*.
cum [kʌm] ◇ *prep* avec; a kitchen-~-dining area une cuisine *f* avec coin-repas; he's a teacher-~-philosopher il est philosophe aussi bien qu'enseignant.
◇ *n* ▼ [semen] foutre *m*.
cumbersome ['kʌmbəsəm] *adj* [bulky] encombrant, embarrassant; *fig* [process, system, style] lourd, pesant.
cumin ['kʌmɪn] *n* cumin *m*.
cum laude [kʌm'lɔːdɪ] *adv* UNIV avec distinction.
cummerbund ['kʌməbʌnd] *n* large ceinture *f (de smoking)*.
cumulative ['kjuːmjʊlətɪv] *adj* cumulatif; ~ evidence JUR preuve *f* par accumulation de témoignages; ~ interest FIN intérêts *mpl* cumulatifs; ~ voting POL vote *m* plural.
cumuli ['kjuːmjʊlaɪ] *pl* → **cumulus**.
cumulonimbus [,kjuːmjʊləʊ'nɪmbəs] (*pl* cumulonimbi [-baɪ] OR cumulonimbuses) *n* cumulo-nimbus *m*.
cumulus ['kjuːmjʊləs] (*pl* **cumuli** [-laɪ]) *n* cumulus *m*.
cuneiform ['kjuːnɪfɔːm] ◇ *adj* cunéiforme.
◇ *n* écriture *f* cunéiforme.
cunnilingus [,kʌnɪ'lɪŋgəs] *n* cunnilingus *m*.
cunning ['kʌnɪŋ] ◇ *adj* -**1.** [shrewd] astucieux, malin; *pej* rusé, fourbe; he's as ~ as a fox il est rusé comme un renard. -**2.** [skilful] habile, astucieux. -**3.** *Am* [cute] mignon, charmant.
◇ *n* -**1.** [guile] finesse *f*, astuce *f*; *pej* ruse *f*, fourberie *f*. -**2.** [skill] habileté *f*, adresse *f*.
cunningly ['kʌnɪŋlɪ] *adv* -**1.** [shrewdly] astucieusement, finement; *pej* avec ruse OR fourberie. -**2.** [skilfully] habilement, astucieusement.
cunt▼ [kʌnt] *n* -**1.** [vagina] con *m*, chatte *f*. -**2.** [man] enculé *m*; [woman] salope *f*.
cup [kʌp] (*pt & pp* **cupped**, *cont* **cupping**) ◇ *n* -**1.** [for drinking, cupful] tasse *f*; RELIG calice *m*; a ~ of coffee une tasse de café; would you like another ~? en voulez-vous encore une tasse?; add two ~s of sugar CULIN ajoutez deux tasses de sucre ❑ that's just her ~ of tea c'est exactement ce qu'il lui faut; my ~ runneth over *lit* mon bonheur est complet OR parfait; he drained the ~ of sorrow *lit* il a bu la coupe jusqu'à la lie; he's not (really) my ~ of tea *inf* il n'est pas (tout à fait) mon genre; jazz isn't everyone's ~ of tea *inf* tout le monde n'aime pas le jazz; he was in his ~s *inf dated* il avait du vent dans les voiles. -**2.** SPORT [trophy, competition] coupe *f*. -**3.** [shape - of plant] corolle *f*; [- of bone] cavité *f* articulaire, glène *f*; [- of bra] bonnet *m*. **4.** [punch] boisson *f* alcoolisée; champagne ~ punch *m* au champagne; fruit ~ cocktail *m* aux fruits *(pouvant contenir de l'alcool)*. -**5.** TECH godet *m*, cuvette *f*. -**6.** *Am* [in golf] trou *m*.
◇ *vt* -**1.** [hands] mettre en coupe; [hold]: to ~ one's hands around sthg mettre ses mains autour de qqch; he cupped a hand to his ear il mit sa main derrière son oreille; she cupped her hands around her mouth and shouted elle mit ses mains en porte-voix et cria; he sat with his chin cupped in his hand il était assis, le menton dans le creux de sa main. -**2.** MED [with cupping glass] appliquer des ventouses sur. -**3.** *Am* [in golf]: to ~ the ball faire un divot.
◇ *comp* -**1.** SPORT [winners, holders, match] de coupe. -**2.** [handle] de tasse; [rack] pour tasses.
cup-and-ball *adj* MECH: ~ **joint** joint *m* à rotule.
cupbearer ['kʌp,beərəʳ] *n* échanson *m*.
cupboard ['kʌbəd] *n* [on wall] placard *m*; [free-standing - for dishes, pans] buffet *m*, placard *m*; [- for clothes, linen] placard *m*, armoire *f*; the ~ is bare *fig* il n'y a rien à se mettre sous la dent.
cupboard love *n Br* amour *m* intéressé.
cup cake *n* petit gâteau *m*.
cup final *n* finale *f* de la coupe; the Cup Final *Br* la finale de la Coupe de Football.
cupful ['kʌpfʊl] *n* tasse *f*; a ~ of sugar une tasse de sucre.
Cupid ['kjuːpɪd] *pr n* MYTH Cupidon *m*; ~'s dart OR arrow les flèches *fpl* de Cupidon; to play ~ *fig* jouer les entremetteurs *mpl*, -euses *fpl*.
◆ **cupid** *n* ART [cherub] chérubin *m*, amour *m*.
cupidity [kjuː'pɪdɪtɪ] *n* cupidité *f*.
Cupid's bow *n* bouche *f* en forme de cœur.
cupola ['kjuːpələ] *n* -**1.** ARCHIT [ceiling, roof] coupole *f*, dôme *m*; [tower] belvédère *m*. -**2.** NAUT coupole *f*. -**3.** METALL [furnace] cubilot *m*.
cuppa *inf* ['kʌpə] *n Br* tasse *f* de thé.
cupping glass ['kʌpɪŋ-] *n* ventouse *f*.
cupric ['kjuːprɪk] *adj* cuprique; ~ **oxide** oxyde *m* de cuivre.
cupro-nickel [,kjuːprəʊ-] *n* cupronickel *m*.
cup tie *n* match *m* de coupe.
cup-tied *adj* [player] disqualifié pour un match de coupe.
cur [kɜːʳ] *n* -**1.** [dog] (chien *m*) bâtard *m*, sale chien *m*. -**2.** [person] malotru *m*, -e *f*, roquet *m*.
curable ['kjʊərəbl] *adj* guérissable, curable.
curacy ['kjʊərəsɪ] (*pl* **curacies**) *n* vicariat *m*.
curare, curari [kjʊ'rɑːrɪ] *n* curare *m*.
curate ['kjʊərət] *n* vicaire *m (de l'Église anglicane)*.
curate's egg *n Br*: it's like the ~ il y a du bon et du mauvais.
curative ['kjʊərətɪv] *adj* curatif.
curator [,kjʊə'reɪtəʳ] *n* -**1.** [of museum] conservateur *m*, -trice *f*. -**2.** *Scot* [guardian] curateur *m*, -trice *f*.
curatorship [kjʊə'reɪtəʃɪp] *n* -**1.** [of museum] fonction *f* de conservateur. -**2.** *Scot* [of child] fonction *f* de curateur.
curb [kɜːb] ◇ *n* -**1.** [restraint] frein *m*; a ~ on trade une restriction au commerce; she put a ~ on her anger elle a refréné sa colère. -**2.** [on harness]: ~ **(bit)** mors *m*; ~ **(chain)** gourmette *f*; ~ **reins** rênes *fpl* de filet. -**3.** [of well] margelle *f*. -**4.** *Am* = **kerb**.
◇ *vt* -**1.** [restrain - emotion] refréner, maîtriser; [- expenses] restreindre, mettre un frein à; [- child] modérer, freiner; ~ **your tongue!** mesure tes paroles! -**2.** [horse] mettre un mors à. -**3.** *Am*: '~ your dog' votre chien doit faire ses besoins dans le caniveau.
curb roof *n* comble *m* brisé.
curb(-side) service *n Am* service *m* au volant *(dans un restaurant drive-in)*.
curbstone ['kɜːbstəʊn] *Am* = **kerbstone**.
curd [kɜːd] *n (usu pl)* [of milk] caillot *m*, grumeau *m*; ~s lait *m* caillé, caillebotte *f*; ~s and whey lait caillé sucré.
curd cheese *n* fromage *m* blanc battu.
curdle ['kɜːdl] ◇ *vi* [milk] cailler; [sauce] tourner; [mayonnaise] tomber; his screams made my blood ~ *fig* ses cris m'ont glacé le sang.
◇ *vt* [milk] cailler; [sauce] faire tourner; [mayonnaise] faire tomber; the thought's enough to ~ one's blood *fig* c'est une idée à vous glacer le sang.
cure [kjʊəʳ] ◇ *vt* -**1.** [disease, person] guérir; *fig* [problem] éliminer, remédier à; he was ~d of cancer il a été guéri du cancer; the nap seems to have ~d my headache on dirait que la sieste m'a fait passer mon mal de tête; he ~d himself of nailbiting il a réussi à arrêter de se ronger les ongles; his experiences in politics ~d him of all his illusions *fig* son expérience de la politique lui a fait perdre toutes ses illusions ❑ what can't be ~d must be endured *prov* il faut faire avec. -**2.** [tobacco, meat, fish - gen] traiter; [- with salt] saler; [- by smoking] fumer; [- by drying] sécher.
◇ *n* -**1.** [remedy] remède *m*, cure *f*; a ~ for the common cold un remède contre le rhume de cerveau; there's no known ~ on ne connaît pas de remède; to take OR to follow a ~ faire une cure; a ~ for all ills *fig* la panacée. -**2.** [recovery] guérison *f*; to be beyond OR past

~ [person] être incurable; *fig* [problem, situation] être irrémédiable. -**3.** RELIG: the ~ of souls charge *f* d'âmes.

cure-all *n* panacée *f*.

curettage [ˌkjʊərɪ'tɑːʒ, kjʊə'retɪdʒ] *n* curetage *m*.

curfew ['kɜːfjuː] *n* couvre-feu *m*; **the authorities imposed a/lifted the ~** les autorités ont imposé/levé le couvre-feu.

curie ['kjʊərɪ] *n* curie *m*.

curing ['kjʊərɪŋ] *n* -**1.** [of disease, patient] guérison *f*. -**2.** [of meat, tobacco, fish - gen] traitement *m*; [- by salting] salaison *f*; [- by smoking] fumaison *f*; [- by drying] séchage *m*.

curio ['kjʊərɪəʊ] (*pl* **curios**) *n* curiosité *f*, bibelot *m*.

curiosity [ˌkjʊərɪ'ɒsətɪ] (*pl* **curiosities**) *n* -**1.** [interest] curiosité *f*; **out of ~** par curiosité □ ~ **killed the cat** *prov* la curiosité est un vilain défaut *prov*. -**2.** [novelty] curiosité *f*; **they considered me to be something of a ~** on me regardait un peu comme une bête curieuse.

curious ['kjʊərɪəs] *adj* -**1.** [inquisitive] curieux; **I'm ~ to see/know** je suis curieux de voir/savoir; **I'm ~ as to what happened next** je serais curieux de savoir ce qui s'est passé après. -**2.** [strange] curieux, singulier; **the ~ thing (about it) is...** ce qui est curieux là-dedans OR dans tout ça, c'est...

curiously ['kjʊərɪəslɪ] *adv* -**1.** [inquisitively] avec curiosité. -**2.** [strangely] curieusement, singulièrement; ~ **enough** chose bizarre OR curieuse.

curl [kɜːl] ◇ *vi* -**1.** [hair] friser; [loosely] boucler; **the thought's enough to make your hair ~** *inf fig* l'idée suffit à vous faire dresser les cheveux sur la tête. -**2.** [paper, leaf] se recroqueviller, se racornir; [lip] se retrousser; **her lip ~ed in contempt** elle fit une moue de mépris. -**3.** [road] serpenter; [smoke] monter en spirale. -**4.** SPORT jouer au curling.

◇ *vt* -**1.** [hair] friser; [loosely] (faire) boucler. -**2.** [paper] enrouler; [ribbon] faire boucler; [lip] retrousser; **he ~ed his lip in scorn** il a fait une moue de mépris.

◇ *n* -**1.** [of hair] boucle *f* (de cheveux); **her hair hung over her shoulders in ~s** ses cheveux lui tombaient en boucles sur les épaules. -**2.** [spiral] courbe *f*; [of smoke] spirale *f*; [of wave] ondulation *f*; **with a scornful ~ of the lip** *fig* avec une moue méprisante.

◆ **curl up** ◇ *vi insep* -**1.** [leaf, paper] s'enrouler, se recroqueviller; [bread] se racornir. -**2.** [person] se pelotonner; [cat] se mettre en boule, se pelotonner; [dog] se coucher en rond; **the cat was sleeping ~ed up in a ball** le chat dormait roulé en boule; **she ~ed up in front of the fire with a book** elle s'est pelotonnée devant le feu avec un livre; **to ~ up with laughter** se tordre de rire; **I just wanted to ~ up and die** *fig* [in shame] j'aurais voulu rentrer sous terre.

◇ *vt sep* enrouler; **to ~ o.s. up** [person] se pelotonner; [cat] se mettre en boule, se pelotonner; [dog] se coucher en rond.

curler ['kɜːlə^r] *n* -**1.** [for hair] bigoudi *m*, rouleau *m*. -**2.** SPORT joueur *m*, -euse *f* de curling.

curlew ['kɜːljuː] *n* courlis *m*.

curlicue ['kɜːlɪkjuː] *n* [in design, handwriting] enjolivure *f*; [in skating] figure *f* (compliquée).

curling ['kɜːlɪŋ] *n* SPORT curling *m*; ~ **stone** pierre *f* de curling.

curling iron *n*, **curling tongs** *npl* fer *m* à friser.

curlpaper ['kɜːlˌpeɪpə^r] *n* papillote *f*.

curly ['kɜːlɪ] (*compar* **curlier**, *superl* **curliest**) *adj* [hair - tight] frisé; [- loose] bouclé; ~ **eyelashes** des cils recourbés; ~ **lettuce** (laitue *f*) frisée *f*.

curly kale *n* chou *m* frisé.

curmudgeon [kɜː'mʌdʒən] *n* [grouch] rouspéteur *m*, -euse *f*; [miser] avare *mf*, grippe-sou *m*.

currant ['kʌrənt] *n* -**1.** BOT [fruit] groseille *f*; ~ **bush** groseillier *m*. -**2.** [dried grape] raisin *m* de Corinthe.

currant bun *n* petit pain *m* aux raisins.

currency ['kʌrənsɪ] (*pl* **currencies**) *n* -**1.** ECON & FIN monnaie *f*, devise *f*; **foreign ~** devise, monnaie étrangère; **he has no Spanish ~** il n'a pas d'argent espagnol; **this coin is no longer legal ~** cette pièce n'a plus cours (légal) OR n'est plus en circulation; ~ **unit** unité *f* monétaire. -**2.** *fig* [prevalence] cours *m*, circulation *f*; **the theory has gained ~** cette théorie s'est répandue; **I give no ~ to that idea** je n'accrédite pas cette idée; **ideas which had ~ in the 1960s** des idées qui avaient cours dans les années 60.

currency note *n* billet *m* de banque.

current ['kʌrənt] ◇ *n* [gen & ELEC] courant *m*; *fig* [trend] cours *m*, tendance *f*; **the boat drifts with the ~** le courant fait dériver le bateau; **the ~s of opinion** les tendances de l'opinion; **to go against the ~** *literal* remonter le courant; *fig* aller à contre-courant; **to go with the ~** *literal* & *fig* suivre le courant.

◇ *adj* -**1.** [widespread] courant, commun; **the ~ theory** la théorie actuelle; **to be ~** être courant, avoir cours; **it's in ~ use** c'est d'usage courant; **words that are in ~ use** des mots courants OR qui s'emploient couramment; **as ~ rumour has it, she...** on dit qu'elle..., si l'on en croit les rumeurs, elle... -**2.** [most recent - fashion, trend] actuel; [- price] courant; ~ **events** les événements *mpl* actuels, l'actualité *f*; **the ~ issue of this magazine** le dernier numéro de cette revue; **the ~ month** le mois courant OR en cours; **the ~ week** la semaine en cours; **the ~ projects** les projets en cours; **the ~ exhibition at the Louvre** l'exposition qui a lieu en ce moment au Louvre; **his ~ girlfriend** la fille avec qui il est en ce moment, sa copine du moment; **the ~ rate of exchange** FIN le cours actuel du change.

current account *n Br* compte *m* courant.

current affairs ◇ *npl* l'actualité *f*, les questions *fpl* d'actualité.

◇ *comp* [programme, magazine] d'actualités.

current assets *npl* actif *m* de roulement.

current expenses *npl* dépenses *fpl* de fonctionnement OR d'exploitation.

current liabilities *npl* passif *m* exigible.

currently ['kʌrəntlɪ] *adv* actuellement, à présent.

curriculum [kə'rɪkjələm] (*pl* **curricula** [-lə] OR **curriculums**) *n* programme *m* d'enseignement; **the maths ~** le programme de maths; **the National Curriculum** *Br programme introduit en 1988 définissant au niveau national (Angleterre et pays de Galles) le contenu de l'enseignement primaire et secondaire.*

curriculum vitae [-'viːtaɪ] (*pl* **curricula vitae**) *n Br* curriculum *m* (vitae).

curried ['kʌrɪd] *adj* au curry OR cari; ~ **eggs** des œufs au curry OR à l'indienne.

curry ['kʌrɪ] (*pl* **curries**, *pt* & *pp* **curried**) ◇ *n* CULIN curry *m*, cari *m*; **chicken ~** curry de poulet.

◇ *vt* -**1.** CULIN accommoder au curry. -**2.** [horse] étriller; [leather] corroyer; **he's trying to ~ favour with the boss** il cherche à se faire bien voir du patron.

currycomb ['kʌrɪkəʊm] *n* étrille *f*.

curry powder *n* curry *m*, cari *m*.

curry sauce *n* sauce *f* au curry OR cari.

curse [kɜːs] ◇ *n* -**1.** [evil spell] malédiction *f*; **to call down** OR **to put a ~ on sb** maudire qqn; **a ~ on the day I met you!** maudit soit le jour où je vous ai connu!; **the town is under a ~** la ville est sous le coup d'une malédiction. -**2.** [swearword] juron *m*, imprécation *f*; **~s!** *inf* zut!, mince alors! -**3.** *fig* [bane] fléau *m*, calamité *f*; **the ~ of loneliness** le fléau de la solitude. -**4.** *inf euph* [menstruation]: **the ~** les règles *fpl*; **she's got the ~** *inf* elle a ses règles.

◇ *vt* -**1.** [damn] maudire; ~ **him!** maudit soit-il! -**2.** [swear at] injurier. -**3.** [afflict] affliger; **he's ~d with a bad temper** il est affligé d'un mauvais caractère.

◇ *vi* [swear] jurer, blasphémer.

cursed ['kɜːsɪd] *adj* maudit.

cursive ['kɜːsɪv] ◇ *adj* cursif.

◇ *n* (écriture *f*) cursive *f*.

cursor ['kɜːsə^r] *n* curseur *m*.

cursorily ['kɜːsərəlɪ] *adv* [superficially] superficiellement; [hastily] hâtivement, à la hâte.

cursory ['kɜːsərɪ] *adj* [superficial] superficiel; [hasty] hâtif; **she gave the painting only a ~ glance** elle n'a jeté qu'un bref coup d'œil au tableau; **after a ~ examination of the document** après avoir lu le document en diagonale.

curt [kɜːt] *adj* [blunt - person, reply, manner] brusque, sec; **in a ~ tone** d'un ton cassant OR sec; **with a ~ nod** avec un bref signe de tête.

curtail [kɜː'teɪl] *vt* -**1.** [cut short - story, visit, studies] écourter. -**2.** [reduce - expenses] réduire, rogner; [- power, freedom] limiter, réduire.

curtailment [kɜː'teɪlmənt] *n* -**1.** [of studies, visit] raccourcissement *m*. -**2.** [of expenses] réduction *f*; [of power, freedom] limitation *f*, réduction *f*.

curtain ['kɜːtn] ◇ *n* -**1.** [gen & THEAT] rideau *m*; *fig* rideau *m*, voile *m*; **draw the ~s** tirez les rideaux; **a ~ of smoke** *fig* un rideau de fumée □ **if she finds out, it's ~s for us** *inf* si elle apprend ça, on est fichus. -**2.** THEAT [for actor] rappel *m*; **the singer took four ~s** le chanteur a été rappelé quatre fois.

◇ *vt* garnir de rideaux.

◆ **curtain off** *vt sep* séparer par un rideau.

curtain call *n* rappel *m*; **she took four ~s** elle a été rappelée quatre fois.

curtained ['kɜːtnd] *adj* [window, door] garni d'un rideau OR de rideaux.

curtain hook *n* crochet *m* de rideau.

curtain rail *n* tringle *f* à rideau OR à rideaux.

curtain raiser *n* THEAT lever *m* de rideau; *fig* événement *m* avant-coureur, prélude *m*.

curtain ring *n* anneau *m* de rideau.

curtain rod = **curtain rail**.

curtly ['kɜːtlɪ] *adv* [bluntly - say, reply] avec brusquerie, sèchement, sans ménagement.

curtness ['kɜːtnɪs] *n* [bluntness - of tone, reply, manner, person] brusquerie *f*, sécheresse *f*.

curtsey, **curtsy** ['kɜːtsɪ] (*pl* **curtseys** OR **curtsies**, *pt* & *pp* **curtseyed** OR **curtsied**) ◇ *n* révérence *f*; **she made** OR **gave a ~** elle a fait une révérence.

◇ *vi* faire une révérence.

curvaceous [kɜː'veɪʃəs] *adj hum* bien fait.

curvature ['kɜːvətjə^r] *n* [gen] courbure *f*; **the ~ of space** la courbure de l'espace ‖ MED déviation *f*; ~ **of the spine** [abnormal] déviation de la colonne vertébrale, scoliose *f*.

curve [kɜːv] ◇ *n* -**1.** [gen] courbe *f*; [in road] tournant *m*, virage *m*; ARCHIT [of arch] voussure *f*; [of beam] cambrure *f*; **the ~ of the bay** la courbe de la baie; **a woman's ~s** les rondeurs *fpl* d'une femme. -**2.** MATH courbe *f*.

◇ *vi* [gen] se courber; [road] être en courbe, faire une courbe; **the road ~s up the mountainside** la route monte en lacets le long de la montagne; **the path ~d round to the left** le chemin tournait vers la gauche; **the river ~s through the valley** la rivière serpente dans la vallée.

◇ *vt* [gen] courber; TECH cintrer.

curveball ['kɜːvbɔːl] *n Am* balle *f* coupée.

curved [kɜːvd] *adj* [gen] courbe; [edge] arrondi; [road] en courbe; [convex] convexe; TECH cintré.

curvet [kɜː'vet] (*Br pt* & *pp* **curvetted**, *cont* **curvetting**, *Am pt* & *pp* **curveted**, *cont* **curveting**)

◇ *n* courbette *f*.

◇ *vi* faire une courbette OR des courbettes.

curvilinear [ˌkɜːvɪ'lɪnɪə^r] *adj* curviligne.

curvy ['kɜːvɪ] (*compar* **curvier**, *superl* **curviest**) *adj* -**1.** [road, line] sinueux. -**2.** *inf* [woman] bien fait.

cushion ['kʊʃn] ◇ *n* -**1.** [pillow] coussin *m*; *fig* tampon *m*; **the hovercraft floats on a ~ of air** *fig* l'hovercraft flotte sur un coussin d'air. -**2.** [in snooker, billiards etc] bande *f*; **to play off the ~** jouer par la bande; **stroke off the ~** doublé *m*.

◇ *vt* -**1.** [sofa] mettre des coussins à; [seat] rembourrer; TECH matelasser. -**2.** *fig* [shock, blow] amortir; to ~ a fall amortir une chute; **he chose his words to ~ her against disappointment** il choisit ses mots afin d'atténuer sa déception; **tax cuts that ~ price rises** des réductions d'impôts qui amortissent la hausse des prix.

cushioning ['kʊʃnɪŋ] *n* matelassage *m*.

cushy *inf* ['kʊʃɪ] (*compar* cushier, *superl* cushiest) *adj* peinard, pépère; **a ~ job** une bonne planque; **he has a ~ life** il a une petite vie peinarde.

cusp [kʌsp] *n* ANAT & BOT cuspide *f*; ASTRON [of moon] cuspide *f*; ASTROL corne *f*.

cuspidor ['kʌspɪdɔːʳ] *n Am* crachoir *m*.

cuss *inf* [kʌs] ◇ *vi* jurer, blasphémer.
◇ *vt* injurier.
◇ *n* -**1.** [oath] juron *m*. -**2.** [person] type *m pej*.
◆ **cuss out** *inf vt sep Am*: **to ~ sb out** traiter qqn de tous les noms.

cussed *inf* ['kʌsɪd] *adj* -**1.** [obstinate] têtu, entêté. -**2.** [cursed] sacré.

cussedness *inf* ['kʌsɪdnɪs] *n* esprit *m* de contradiction; **out of sheer ~** rien que pour embêter le monde.

custard ['kʌstəd] -**1.** [sauce] *crème sucrée épaisse servie chaude ou froide*, ≃ crème *f* anglaise. -**2.** [dessert] crème *f* renversée, flan *m*.

custard apple *n* anone *f*.

custard cream (biscuit) *n* biscuit *m* fourré.

custard pie *n* tarte *f* à la crème.

custard powder *n* crème *f* instantanée *(en poudre)*.

custard tart = **custard pie**.

Custer ['kʌstəʳ] *pr n* Custer; **~'s Last Stand** *expression désignant la bataille de Little Bighorn.*

custodial [kʌ'stəʊdjəl] *adj* -**1.** JUR de prison; **~ sentence** peine *f* de prison. -**2.** [guarding]: **~ staff** personnel *m* de surveillance.

custodian [kʌ'stəʊdjən] *n* -**1.** [of building] gardien *m*, -enne *f*; [of museum] conservateur *m*, -trice *f*; [of prisoner] gardien *m*, -enne *f*, surveillant *m*, -e *f*. -**2.** *fig* [of morals, tradition] gardien *m*, -enne *f*, protecteur *m*, -trice *f*.

custodianship [kʌ'stəʊdjənʃɪp] *n* -**1.** [guarding] surveillance *f*. -**2.** *Br* JUR *garde d'un enfant à long terme sans obligation d'adoption.*

custody ['kʌstədɪ] (*pl* custodies) *n* -**1.** [care] garde *f*; **the son is in the ~ of his mother** le fils est sous la garde de sa mère; **to be given** OR **awarded ~ of a child** JUR obtenir la garde d'un enfant; **in safe ~** sous bonne garde. -**2.** [detention] garde *f* à vue; [imprisonment] emprisonnement *m*; [before trial] détention *f* préventive; **the police held her in ~** la police l'a mise en garde à vue; **he was taken into (police) ~** il a été mis en état d'arrestation.

custom ['kʌstəm] *n* -**1.** [tradition] coutume *f*, usage *m*; **it is the ~ to eat fish on Friday** l'usage veut qu'on mange du poisson le vendredi; **as ~ has it** selon la coutume OR les us et coutumes; **it's her ~ to read before going to sleep** elle a l'habitude de lire avant de s'endormir. -**2.** COMM [trade] clientèle *f*; **they have a lot of foreign ~** ils ont beaucoup de clients étrangers; **he has lost all his ~** il a perdu toute sa clientèle; **I'll take my ~ elsewhere** je vais me fournir ailleurs. -**3.** JUR coutume *f*, droit *m* coutumier.

customary ['kʌstəmrɪ] *adj fml* -**1.** [traditional] coutumier, habituel; [usual] habituel; **as is ~** comme le veut l'usage; **it is ~ to tip taxi drivers** l'usage OR la coutume veut que l'on donne un pourboire aux chauffeurs de taxi; **at the ~ time** à l'heure habituelle. -**2.** JUR coutumier; **~ tenant** tenancier *m* censitaire.

custom-built *adj* (fait) sur commande.

customer ['kʌstəməʳ] *n* -**1.** [client] client *m*, -e *f*. -**2.** *inf* [character] type *m pej*; **she's a cool ~** elle en prend à son aise; **he's an awkward ~** il n'est pas commode; **a queer ~** un drôle de type.

customize, -ise ['kʌstəmaɪz] *vt* [make to order] faire OR fabriquer OR construire sur commande; [personalize] personnaliser; **~d software** COMPUT logiciel *m* sur mesure.

custom-made *adj* [clothing] (fait) sur mesure; [other articles] (fait) sur commande.

customs ['kʌstəmz] *npl* -**1.** [authorities, checkpoint] douane *f*; **to go through ~** passer la douane; **at ~** à la douane ❑ **Customs and Excise** *Br* ≃ la Régie. -**2.** [duty] droits *mpl* de douane.

customs duty *n* droit *m* OR droits *mpl* de douane.

customs house *n* (poste *m* OR bureau *m* de) douane *f*.

customs officer *n* douanier *m*, -ère *f*.

customs union *n* union *f* douanière.

cut [kʌt] (*pt* & *pp* cut, *cont* cutting) ◇ *vt* -**1.** [incise, slash, sever] couper; **~ the box open with the knife** ouvrez la boîte avec le couteau; **he fell and ~ his knee (open)** il s'est ouvert le genou en tombant; **she ~ her hand** elle s'est coupé la main OR à la main; **he ~ his wrists** il s'est ouvert OR taillé les veines; **they ~ his throat** ils lui ont coupé la gorge, ils l'ont égorgé; **they ~ the prisoners free** OR **loose** ils ont détaché les prisonniers; **they ~ our supply line** ils nous ont coupé notre approvisionnement ‖ *fig*: **the fog is so thick you could ~ it with a knife** il y a un brouillard à couper au couteau; **the atmosphere was so tense, you could ~ it with a knife** l'atmosphère était extrêmement tendue; **you're cutting your own throat** c'est du suicide. -**2.** [divide into parts] couper, découper; [meat] découper; [slice] découper en tranches; **she ~ articles from the paper** elle découpait des articles dans le journal; **~ the cake in half/in three pieces** coupez le gâteau en deux/en trois; **to ~ sthg to shreds** OR **to ribbons** mettre qqch en pièces; **the enemy ~ the army to pieces** *fig* l'ennemi a taillé l'armée en pièces; **the critics ~ the play to pieces** *fig* les critiques ont esquinté la pièce. -**3.** [trim - grass, lawn] tondre; [- bush, tree] tailler; [reap - crop] couper, faucher; **I'll have to ~ the grass this weekend** il faudra que je tonde la pelouse ce week-end; **I ~ my nails/my hair** je me suis coupé les ongles/les cheveux; **you've had your hair ~** vous vous êtes fait couper les cheveux. -**4.** [shape - dress, suit] couper; [- diamond, glass, key] tailler; [- screw] fileter; [dig - channel, tunnel] creuser, percer; [engrave] graver; [sculpt] sculpter; **steps had been ~ in the rock** on avait taillé des marches dans le rocher; **we ~ our way through the crowd** nous nous sommes frayé OR ouvert un chemin à travers la foule; **the advance ~ a swath through the enemy's defences** l'avance des troupes ouvrit une brèche dans la défense ennemie ❑ **you must ~ your coat according to your cloth** il ne faut pas vivre au-dessus de ses moyens. -**5.** [cross, traverse] couper, croiser; MATH couper; **where the path ~s the road** à l'endroit où le chemin coupe la route. **6.** [interrupt] interrompre, couper; **to ~ sb short** couper la parole à qqn; **we had to ~ our visit short** nous avons dû écourter notre visite; **his career was tragically ~ short by illness** sa carrière a été tragiquement interrompue par la maladie ❑ **to ~ a long story short**, **I left** bref OR en deux mots, je suis parti. -**7.** [stop] arrêter, cesser; **he ~ working weekends** il a arrêté de travailler le weekend; **~ the crap!**▽ arrête tes conneries! -**8.** [switch off] couper; **~ the lights!** coupez la lumière!, éteignez!; **he ~ the engine** il a coupé OR arrêté le moteur. -**9.** [reduce] réduire, diminuer; **we ~ our costs by half** nous avons réduit nos frais de moitié; **they ~ taxes in the run-up to the election** ils ont réduit les impôts juste avant les élections; **to ~ prices** casser les prix; **the athlete ~ 5 seconds off the world record** OR **~ the world record by 5 seconds** l'athlète a amélioré le record mondial de 5 secondes. -**10.** [edit out] faire des coupures dans, réduire; **the censors ~ all scenes of violence** la censure a coupé OR supprimé toutes les scènes de violence. -**11.** [hurt feelings of] blesser profondément; **her remark ~ me deeply** sa remarque m'a profondément blessé. -**12.** *inf* [ignore, snub] faire semblant de ne pas voir; **they ~ me (dead) in the street** dans la rue ils ont fait comme s'ils ne me voyaient pas; **he ~ me dead for days after our argument** il m'a battu froid pendant des jours après notre dispute. -**13.** *inf* [absent oneself from - meeting, appointment etc] manquer (volontairement), sauter; **I had to ~ lunch in order to get there on time** j'ai dû me passer de déjeuner pour arriver à l'heure; **the students ~ class** les étudiants ont séché le cours; **to ~ school** sécher les cours. -**14.** [tooth] percer; **the baby is cutting his first tooth** le bébé perce sa première dent; **a pianist who ~ her teeth on Bach** *inf fig* une pianiste qui s'est fait la main sur du Bach. -**15.** [dilute] couper. -**16.** [record, track] graver, faire. -**17.** [pack of cards] couper. -**18.** CIN [film] monter. -**19.** MED [incise] inciser; VETER [castrate] châtrer. -**20.** SPORT [ball] couper. -**21.** *phr*: **to ~ the ground from under sb's feet** couper l'herbe sous le pied de qqn; **her promotion ~ the ground from under his feet** sa promotion lui a coupé l'herbe sous le pied; **he couldn't ~ the mustard** *Am* il n'était pas à la hauteur; **to ~ sthg fine** compter un peu juste, ne pas se laisser de marge; **you're cutting it a bit fine** vous comptez un peu juste; **an hour is cutting it too fine** une heure, ce n'est pas suffisant; **that argument ~s no ice with me** *inf* cet argument ne m'impressionne pas; **to ~ a dash** faire de l'effet; **her evening dress ~ quite a dash** sa robe de soirée a fait de l'effet; **to ~ a fine figure** avoir beaucoup d'allure; **he ~ a sorry figure** il faisait piètre figure; **to ~ one's losses** sauver les meubles; **we decided to ~ our losses** nous avons décidé de sauver les meubles; **to ~ a caper** OR **capers** [skip] faire des cabrioles, gambader; [fool around] faire l'idiot; **to ~ a corner** AUT prendre un virage à la corde, couper un virage; **she doesn't believe in cutting corners** *fig* elle fait toujours les choses à fond; **they ~ corners to finish on time** *fig* ils ont brûlé les étapes pour finir à l'heure.
◇ *vi* -**1.** [incise, slash] couper, trancher; **this knife doesn't ~** ce couteau ne coupe pas bien; **~ around the edge** découpez OR coupez en suivant le bord; **she ~ into the bread** elle a entamé le pain; **the rope ~ into my wrists** la corde m'a coupé OR cisaillé les poignets; **he ~ through all the red tape** *fig* il s'est dispensé de toutes les formalités administratives; **the whip ~ through the air** *fig* le fouet fendit l'air; **the yacht ~ through the waves** *fig* le yacht fendait les vagues; **the boat ~ loose** NAUT le bateau a rompu les amarres; **to ~ loose** *fig* se libérer ❑ **to ~ and run** se sauver, filer; **that argument ~s both** OR **two ways** c'est un argument à double tranchant. -**2.** [cloth, paper] se couper; **this meat ~s easily** cette viande se coupe facilement, **the cake will ~ into six pieces** ce gâteau peut se couper en six. -**3.** [hurtfully] faire mal. -**4.** [take shorter route] couper, passer; **~ through the back way and you'll get there first** coupez par derrière et vous arriverez (là-bas) les premiers; **we ~ across the fields** nous avons coupé par les champs. -**5.** [cross] traverser, couper; MATH [lines] se couper; **this path ~s across** OR **through the swamp** ce sentier traverse OR coupe à travers le marécage. -**6.** [in cards] couper; **they ~ for the deal** ils ont coupé avant de donner. -**7.** CIN & TV [stop filming] couper; [change scenes]: **the film ~s straight from the love scene to the funeral** l'image passe directement de la scène d'amour à l'enterrement; **~!** coupez!
◇ *n* -**1.** [slit] coupure *f*; [deeper] entaille *f*; [wound] balafre *f*; MED incision *f*; **a ~ on the arm** une coupure OR une entaille au bras; **she had a nasty ~ on her leg from the fall** elle s'était fait une vilaine entaille à la jambe en tombant ❑ **to be a ~ above the rest** être nettement mieux que les autres OR le reste; **that film is a ~ above the others** ce film est nettement mieux que les autres. -**2.** [act of cutting] coupure *f*, entaille *f*; **to make a ~ in sthg** [with knife, scissors etc] faire une entaille dans qqch. -**3.** [blow, stroke] coup *m*; **a knife/sword ~** un coup de couteau/d'épée; **a saw ~** un trait de scie; **his treachery was the unkind-**

est ~ of all *fig* sa trahison était le coup le plus perfide ☐ **the ~ and thrust of parliamentary debate** les joutes oratoires des débats parlementaires. -**4.** [meat - piece] morceau *m*; [- slice] tranche *f*; **a ~ off the joint** CULIN un morceau de rôti; **prime ~** morceau de premier choix. -**5.** [reduction - in price, taxes] réduction *f*, diminution *f*; [- in staff] compression *f*; **a ~ in government spending** une réduction OR diminution des dépenses publiques; **the ~s in the Health Service** la réduction OR diminution du budget de la Sécurité sociale; **she took a ~ in pay** elle a subi une diminution OR réduction de salaire; **the ~s** FIN les compressions *fpl* budgétaires. -**6.** [deletion] coupure *f*; **they made several ~s in the film** ils ont fait plusieurs coupures dans le film. -**7.** [gibe, nasty remark] trait *m*, coup *m*. -**8.** [shape, style - of clothes, hair] coupe *f*; [- of jewel] taille *f*; **the ~ of a suit** la coupe d'un costume ☐ **I don't like the ~ of his jib** *inf* je n'aime pas son allure. -**9.** *inf* [portion, share] part *f*; **what's his ~ (of the profits)?** à combien s'élève sa part? -**10.** *inf Am* [absence] absence *f*. -**11.** [in cards] coupe *f*. -**12.** *inf* [on record] plage *f*. -**13.** CIN & TV coupe *f*; **the ~ from the love scene to the funeral** le changement de séquence de la scène d'amour à l'enterrement. -**14.** SPORT [backspin] effet *m*. -**15.** TYPO *Am* [block] cliché *m*.

◇ *adj* -**1.** [hand, flowers] coupé; [tobacco] découpé. -**2.** [reduced] réduit; **to sell sthg at ~ prices** vendre qqch au rabais. -**3.** [shaped - clothing] coupé; [faceted - gem] taillé; **a well-~ suit** un costume bien coupé OR de bonne coupe. -**4.** *inf Br* [drunk] soûl, plein.

◆ **cut across** *vt insep* -**1.** [cross, traverse] traverser, couper à travers; **it's quicker if you ~ across the fields** c'est plus rapide si tu coupes à travers (les) champs; **they ~ across country** ils ont coupé à travers champs. -**2.** [go beyond] surpasser, transcender; **the issue ~s across party lines** la question déborde le clivage des partis. -**3.** [contradict] contredire, aller à l'encontre de; **it ~s across all my principles** ça va à l'encontre de tous mes principes.

◆ **cut along** *inf vi insep Br* filer.

◆ **cut away** *vt sep* [remove] enlever OR ôter (en coupant); [branch] élaguer, émonder.

◆ **cut back** ◇ *vi insep* -**1.** [return] rebrousser chemin, revenir sur ses pas; **we ~ back to the car** nous sommes revenus à la voiture. -**2.** CIN revenir en arrière.

◇ *vt sep* -**1.** [reduce] réduire, diminuer. -**2.** [prune, trim] tailler; [shrub, tree] élaguer, tailler.

◆ **cut back on** *vt insep* réduire; **the factory ~ back on production** la fabrique a réduit la production.

◆ **cut down** *vt sep* -**1.** [tree] couper, abattre; [person - in battle] abattre; **he was ~ down by malaria** *fig* [killed] il est mort de la malaria; [incapacitated] il était terrassé par la malaria. -**2.** [make smaller - article, speech] couper, tronquer; [- clothing] rendre plus petit; **she ~s down her dresses for her daughter** elle ajuste ses robes pour sa fille ☐ **to ~ sb down to size** remettre qqn à sa place. -**3.** [curtail] réduire, diminuer; [expenses] réduire, rogner; **he ~ his smoking down to 10 a day** il ne fume plus que 10 cigarettes par jour.

◆ **cut down on** *vt insep* réduire; **I'm going to ~ down on drinking/smoking** je vais boire/fumer moins; **they have ~ down on eating out in restaurants** ils vont moins souvent au restaurant.

◆ **cut in** *inf* ◇ *vi insep* -**1.** [interrupt] interrompre; **she ~ in on their conversation** elle est intervenue dans leur conversation; **he ~ in on me to ask a question** il m'a coupé la parole pour poser une question; **the new store is cutting in on our business** *fig* le nouveau magasin nous fait perdre de la clientèle. -**2.** AUT faire une queue de poisson; **the taxi ~ in on them** le taxi leur a fait une queue de poisson.

◇ *vt sep* [include]: **we should ~ him in on the deal** nous devrions l'intéresser à l'affaire.

◆ **cut off** *vt sep* -**1.** [hair, piece of meat, bread] couper; [arm, leg] amputer, couper; **they ~ off the king's head** ils ont décapité le roi ☐ **he was ~ off in his prime** il a été emporté à la fleur de l'âge; **she ~ off her nose to spite her face** elle l'a fait par esprit de contradiction. -**2.** [interrupt - speaker] interrompre, couper; **he was ~ off in mid sentence** il a été interrompu au milieu de sa phrase. -**3.** [disconnect, discontinue] couper; **they ~ off the electricity** OR **power** ils ont coupé le courant; **they ~ off his allowance** ils lui ont coupé les vivres; **her family ~ her off without a penny** sa famille l'a déshéritée; **I was ~ off** TELEC j'ai été coupé. -**4.** [separate, isolate] isoler; **the house was ~ off by snow drifts** la maison était isolée par des congères; **he ~ himself off from his family/from his former life** il a rompu avec sa famille/avec son passé; **housewives often feel ~ off** les femmes au foyer se sentent souvent isolées. -**5.** [bar passage of] couper la route à; **the police ~ off the thief** la police a barré le passage au voleur; **the battalion ~ off the enemy's retreat** le bataillon a coupé la retraite à l'ennemi.

◆ **cut out** ◇ *vt sep* -**1.** [make by cutting - coat, dress] couper, tailler; [- statue] sculpter, tailler; **a valley ~ out by the river** une vallée creusée par le fleuve ☐ **I'm not ~ out for living abroad** je ne suis pas fait pour vivre à l'étranger; **he's not ~ out to be a politician** il n'a pas l'étoffe d'un homme politique; **you have your work ~ out for you** vous avez du pain sur la planche OR de quoi vous occuper; **she has her work ~ out to prepare the report on time** elle aura du mal à préparer le rapport à l'heure. -**2.** [remove by cutting - article, picture] découper; **advertisements ~ out from** OR **of the paper** des annonces découpées dans le journal. -**3.** [eliminate] supprimer; [stop] arrêter; **unnecessary expense must be ~ out** il faut éliminer OR supprimer les frais superflus; **they ~ out all references to the president** ils ont supprimé toute référence au président; **try and ~ out all unnecessary details** essayez de supprimer tous les détails superflus; **he ~ out smoking** il a arrêté de fumer; **~ out the screaming!** arrête de crier!, assez crié! ☐ **~ it out!** *inf* ça suffit!, ça va comme ça! -**4.** *inf* [rival] supplanter. -**5.** [deprive] priver; **his father ~ him out of his will** son père l'a rayé de son testament; **they ~ him out of his share** ils lui ont escroqué sa part. -**6.** PHOT & TYPO détourer.

◇ *vi insep* [machine - stop operating] caler; [- switch off] s'éteindre.

◆ **cut up** ◇ *vt sep* -**1.** [food, wood] couper; [meat - carve] découper; [- chop up] hacher. -**2.** *inf (usu pass)* [affect deeply]: **she's really ~ up about her dog's death** la mort de son chien a été un coup pour elle.

◇ *vi insep* *inf* -**1.** *Br phr*: **to ~ up rough** se mettre en rogne OR en boule. -**2.** *Am* [fool around] faire le pitre.

cut-and-dried *inf adj*: **a ~ formula** une formule toute faite; **it's all ~** [prearranged] tout est déjà décidé; [inevitable] il n'y a rien à (y) faire.

cut-and-paste *vt* & *vi* couper-coller.

cutaneous [kju'teɪnjəs] *adj* cutané.

cutaway ['kʌtəweɪ] *n* -**1.** [coat] jaquette *f* *(d'homme)*. -**2.** [drawing, model] écorché *m*. -**3.** CIN changement *m* de plan.

cutback ['kʌtbæk] *n* -**1.** [reduction - in costs] réduction *f*, diminution *f*; [- in staff] compression *f*; **a ~ in production** une réduction de production. -**2.** *Am* CIN retour *m* en arrière, flash-back *m*.

cute *inf* [kju:t] *adj* -**1.** [pretty] mignon; *Am pej* affecté. -**2.** [clever] malin; **don't get ~ with me** *pej* ne fais pas le malin avec moi.

cut glass *n* cristal *m* taillé.

◆ **cut-glass** *adj*: **a cut-glass vase** un vase *m* en cristal taillé; **a cut-glass accent** *Br fig* un accent distingué.

cuticle ['kju:tɪkl] *n* -**1.** [skin] épiderme *m*; [on nails] petites peaux *fpl*, envie *f*. -**2.** BOT cuticule *f*.

cuticle remover *n* repousse-peaux *m*.

cutie *inf* ['kju:tɪ] *n* -**1.** [child, baby] mignon *m*, -onne *f*; [term of endearment] mon chou. -**2.** [shrewd person] malin *m*, maligne *f*.

cutie-pie *inf n* mon chou, mon lapin.

cutlass ['kʌtləs] *n* coutelas *m*.

cutler ['kʌtlə^r] *n* coutelier *m*.

cutlery ['kʌtlərɪ] *n (U)* -**1.** [eating utensils] couverts *mpl*. -**2.** [knives, trade] coutellerie *f*.

cutlet ['kʌtlɪt] *n* -**1.** [gen] côtelette *f*; [of veal] escalope *f*. -**2.** *Br* [croquette] croquette *f*; **vegetable ~s** croquettes de légumes.

cutoff ['kʌtɒf] *n* -**1.** [stopping point] arrêt *m*; **$100 is our ~ (point)** nous nous arrêtons à 100 dollars; **~ device** TECH système *m* d'arrêt; **~ switch** TECH interrupteur *m*. -**2.** *Am* [shortcut] raccourci *m*.

◆ **cutoffs** *npl*: **(a pair of) ~s** *un jean coupé pour en faire un short.*

cutout ['kʌtaʊt] *n* -**1.** [figure] découpage *m*; **a ~ book** un livre de découpages; **cardboard ~s** découpages *mpl* en carton. -**2.** ELEC disjoncteur *m*, coupe-circuit *m*; AUT échappement *m* libre; **~ point** AERON [of rocket] point *m* de largage.

cut-price ◇ *adj* [articles] à prix réduit, au rabais; [shop] à prix réduits; [manufacturer] qui vend à prix réduits.

◇ *adv* à prix réduit.

cutter ['kʌtə^r] *n* -**1.** [person - of clothes] coupeur *m*, -euse *f*; [- of jewels] tailleur *m*; [- of film] monteur *m*, -euse *f*. -**2.** [tool] coupoir *m*; **wire ~s** cisailles *fpl*, pince *f* coupante. -**3.** [sailing boat] cotre *m*, cutter *m*; [motorboat] vedette *f*; [of coastguard] garde-côte *m*; [warship] canot *m*.

cutthroat ['kʌtθrəʊt] ◇ *n* -**1.** [murderer] assassin *m*. -**2.** [razor]: **~ (razor)** rasoir *m* à main.

◇ *adj* féroce; [competition] acharné; [prices] très compétitif; **lexicography is a ~ business** le milieu de la lexicographie est un panier de crabes; **~ game** [in cards] partie *f* à trois.

cutting ['kʌtɪŋ] ◇ *n* -**1.** [act] coupe *f*; [of jewel, stone] taille *f*; [of film] montage *m*; [of trees] coupe *f*, abattage *m*. -**2.** [piece - of cloth] coupon *m*; [- from newspaper] coupure *f*; AGR [of shrub, vine] marcotte *f*; HORT [of plant] bouture *f*. -**3.** [for railway, road] tranchée *f*.

◇ *adj* -**1.** [tool] tranchant, coupant; **~ pliers** pinces *fpl* coupantes; **~ edge** *literal* tranchant *m*; **to be at the ~ edge of technological progress** *fig* être à la pointe du progrès en technologie. -**2.** [wind] glacial, cinglant; [rain] cinglant. -**3.** [hurtful - remark] mordant, tranchant; [- word] cinglant, blessant.

cuttingly ['kʌtɪŋlɪ] *adv* méchamment.

cuttlebone ['kʌtlbəʊn] *n* os *m* de seiche.

cuttlefish ['kʌtlfɪʃ] *(pl inv)* *n* seiche *f*.

cutup *inf* ['kʌtʌp] *n Am* farceur *m*, rigolo *m*, -ote *f*.

CV *(abbr of* **curriculum vitae)** *n Br* CV *m*.

CVS *(abbr of* **chorionic villus sampling)** *n* prélèvement *m* des villosités choriales.

CW ◇ *npl (abbr of* **continuous waves)** RADIO ondes *fpl* entretenues.

◇ *n* [Morse code] morse *m*.

C & W *n abbr of* **country and western (music)**.

cwm [ku:m] *n* GEOL cirque *m* (glaciaire); [in Wales] vallée *f*.

c.w.o., CWO *(written abbr of* **cash with order)** payable à la commande.

cwt. *written abbr of* **hundredweight**.

cyan ['saɪən] ◇ *adj* cyan.

◇ *n* cyan *m*.

cyanide ['saɪənaɪd] *n* cyanure *m*.

cyanosis [,saɪə'nəʊsɪs] *n (U)* cyanose *f*.

Cybele ['sɪbəlɪ] *pr n* Cybèle.

cybernetics [,saɪbə'netɪks] *n (U)* cybernétique *f*.

Cyclades ['sɪklədi:z] *pl pr n*: **the ~** les Cyclades *fpl*; **in the ~** dans les Cyclades.

Cycladic [sɪ'klædɪk] *adj* cycladique.

cyclamate ['saɪkləmeɪt] *n* cyclamate *m*.

cyclamen ['sɪkləmən] *(pl inv)* *n* cyclamen *m*.

cycle ['saɪkl] ◇ *n* -**1.** [gen, COMPUT, ELEC & LITERAT] cycle *m*; **the life ~ of the butterfly** le cycle de vie du papillon. -**2.** [bicycle] bicyclette *f*, vélo *m*; [tricycle] tricycle *m*; [motorcycle] motocyclette *f*, moto *f*.
◇ *comp* [path, track] cyclable; [race] cycliste; [chain, lamp, wheel] de bicyclette; **~ bell** sonnette *f* OR timbre *m* de bicyclette; **~ clips** pinces *fpl* à vélo; **~ pump** pompe *f* à vélo; **~ racing track** vélodrome *m*; **~ rack** [on pavement] râtelier *m* à bicyclettes; [on car] porte-vélos *m*.
◇ *vi* faire de la bicyclette OR du vélo; **she ~d into town everyday** elle allait en ville à bicyclette OR à vélo chaque jour.
cycler ['saɪkləʳ] *Am* = **cyclist**.
cyclic(al) ['saɪklɪk(l)] *adj* cyclique.
cycling ['saɪklɪŋ] ◇ *n* cyclisme *m*; **I go ~ every weekend** [gen] je fais du vélo tous les week-ends; SPORT tous les week-ends, je fais du cyclisme.
◇ *comp* [magazine, shoes, shorts] de cyclisme; **~ clothes** tenue *f* cycliste; **a ~ tour** un circuit à bicyclette OR à vélo; **we went on a ~ holiday** nous avons fait du cyclotourisme.
cyclist ['saɪklɪst] *n* cycliste *mf*.
cyclo-cross ['saɪkləʊkrɒs] *n* cyclo-cross *m*.
cyclone ['saɪkləʊn] *n* cyclone *m*.
cyclone cellar *n* abri *m* anticyclone.
cyclonic [saɪ'klɒnɪk] *adj* cyclonique, cyclonal.
cyclops ['saɪklɒps] *n* cyclope *m*.
◆ **Cyclops** *n*: (the) ~ le Cyclope.
cyclorama [,saɪklə'rɑːmə] *n* cyclorama *m*.
cyclostyle ['saɪkləʊstaɪl] ◇ *n* machine *f* à polycopier.
◇ *vt* polycopier.
cyclotron ['saɪklətrɒn] *n* cyclotron *m*.
cygnet ['sɪgnɪt] *n* jeune cygne *m*.
cylinder ['sɪlɪndəʳ] *n* -**1.** AUT, MATH & TECH cylindre *m*; **four ~ engine** moteur *m* à quatre cylindres; **six ~ car** six-cylindres *f*; **oxygen ~** bouteille *f* d'oxygène. -**2.** [of typewriter] rouleau *m*; [of gun] barillet *m*.
cylinder block *n* bloc-cylindres *m*.
cylinder head *n* culasse *f (d'un moteur)*.
cylinder press *n* presse *f* à cylindres.
cylinder seal *n* cylindre-sceau *m*.
cylindrical [sɪ'lɪndrɪkl] *adj* cylindrique.
cymbal ['sɪmbl] *n* cymbale *f*.
cynic ['sɪnɪk] ◇ *adj* [gen & PHILOS] cynique.
◇ *n* cynique *mf*.
cynical ['sɪnɪkl] *adj* [gen & PHILOS] cynique.
cynically ['sɪnɪklɪ] *adv* cyniquement, avec cynisme.
cynicism ['sɪnɪsɪzm] *n* [gen & PHILOS] cynisme *m*; **~s** remarques *fpl* cyniques.
cynosure ['sɪnə,zjʊəʳ] *n* centre *m* d'attraction, point *m* de mire.
CYO (*abbr of* Catholic Youth Organization) *pr n association de jeunes catholiques aux États-Unis.*
cypher ['saɪfəʳ] = **cipher**.
cypress ['saɪprəs] *n* cyprès *m*.
Cypriot ['sɪprɪət] ◇ *n* Chypriote *mf*, Cypriote *mf*; **Greek ~** Chypriote grec *m*, Chypriote grecque *f*; **Turkish ~** Chypriote turc *m*, Chypriote turque *f*.
◇ *adj* chypriote, cypriote.
Cyprus ['saɪprəs] *pr n* Chypre; **in ~** à Chypre.
Cyrillic [sɪ'rɪlɪk] ◇ *adj* cyrillique.
◇ *n* alphabet *m* cyrillique.
cyst [sɪst] *n* -**1.** MED kyste *m*. -**2.** BIOL sac *m* (membraneux).
cystic fibrosis ['sɪstɪk-] *n* mucoviscidose *f*.
cystitis [sɪs'taɪtɪs] *n* cystite *f*.
cytology [saɪ'tɒlədʒɪ] *n* cytologie *f*.
cytoplasm ['saɪtəʊ,plæzm] *n* cytoplasme *m*.
CZ *pr n abbr of* Canal Zone.
czar [zɑːʳ] *n* tsar *m*.
czarevitch ['zɑːrəvɪtʃ] *n* tsarévitch *m*.
czarina [zɑː'riːnə] *n* tsarine *f*.
czarism ['zɑːrɪzm] *n* tsarisme *m*.
czarist ['zɑːrɪst] ◇ *adj* tsariste.
◇ *n* tsariste *mf*.
Czech [tʃek] ◇ *n* -**1.** [person] Tchèque *mf*. -**2.** LING tchèque *m*.
◇ *adj* tchèque.
Czechoslovak [,tʃekə'sləʊvæk] = **Czechoslavakian**.
Czechoslovakia [,tʃekəslə'vækɪə] *pr n* Tchécoslovaquie *f*; **in ~** en Tchécoslovaquie.
Czechoslovakian [,tʃekəslə'vækɪən] ◇ *n* Tchécoslovaque *mf*.
◇ *adj* tchécoslovaque.

D

d (*pl* **d's** OR **ds**), **D** (*pl* **D's** OR **Ds**) [diː] *n* [letter] d *m*, D *m*; **D for dog** OR **David** ≃ D comme Désirée; **in 3-D** en trois dimensions, en 3-D.

d -**1.** (*written abbr of* **penny**) *symbole du penny anglais jusqu'en 1971.* -**2.** (*written abbr of* **died**): **d 1913** mort en 1913.

D ◇ *n* -**1.** MUS ré *m*. -**2.** SCH & UNIV [grade] *note inférieure à la moyenne (7 sur 20).*
◇ *Am written abbr of* **democrat(ic)**.

DA (*abbr of* **District Attorney**) *n* -**1.** *Am* ≃ Procureur *m* de la République. -**2.** (*abbr of* **duck's arse**) ≃ banane *f (coiffure).*

dab [dæb] (*pt* & *pp* **dabbed**, *cont* **dabbing**)
◇ *n* -**1.** [small amount]: **a ~** un petit peu; **a ~ of rouge** une goutte de rouge. -**2.** [fish] limande *f*.
◇ *vt* -**1.** [touch lightly] tamponner; **she dabbed her eyes** elle s'est tamponné OR essuyé les yeux; **she dabbed the graze with cotton wool** elle tamponna l'écorchure avec du coton. -**2.** [daub]: **he dabbed the canvas with paint** il posait la peinture sur la toile par petites touches.
◆ **dabs**▽ *npl Br* [fingerprints] empreintes *fpl* digitales.
◆ **dab at** *vt insep* = **dab** *vt* **1**.
◆ **dab on** *vt sep* appliquer par petites touches.

dabble ['dæbl] ◇ *vt* mouiller; **they ~d their feet in the water** ils trempaient les pieds dans l'eau.
◇ *vi fig*: **he ~s at painting** il fait un peu de peinture; **she ~s in politics** elle fait un peu de politique; **to ~ on the Stock Market** boursicoter.

dabbler ['dæbləʳ] *n* dilettante *mf*.

dabbling ['dæblɪŋ] *n* dilettantisme *m*.

dabchick ['dæbtʃɪk] *n* petit grèbe *m*.

dab hand *inf n Br*: **to be a ~ at sthg** être doué en OR pour qqch; **to be a ~ at doing sthg** être doué pour faire qqch.

Dacca ['dækə] *pr n* Dacca.

dace [deɪs] *n* dard *m*, vandoise *f*.

dachshund ['dækshʊnd] *n* teckel *m*.

Dacron® ['dækrɒn] *n* Dacron® *m*, ≃ Tergal® *m*.

dactyl ['dæktɪl] *n* dactyle *m*.

dactylography [ˌdæktɪ'lɒgrəfɪ] *n Am* dactyloscopie *f*.

dad *inf* [dæd] *n* [father] papa *m*; [old man] pépé *m*.

Dada ['dɑːdɑː] ◇ *n* dada *m*.
◇ *adj* dada, dadaïste.

Dadaism ['dɑːdɑːɪzm] *n* dadaïsme *m*.

Dadaist ['dɑːdɑːɪst] ◇ *adj* dadaïste.
◇ *n* dadaïste *mf*.

daddy *inf* ['dædɪ] (*pl* **daddies**) *n* papa *m*; **the ~ of them all** *inf Am* le meilleur de tous.

daddy longlegs [-'lɒŋlegz] *n Br* [cranefly] tipule *f*; *Am* [harvestman] faucheur *m*, faucheux *m*.

dado ['deɪdəʊ] (*pl* **dadoes**) *n* [of wall] lambris *m* d'appui; ARCHIT [of pedestal] dé *m*.

Daedalus ['daɪdələs] *pr n* MYTH Dédale.

daemon ['diːmən] *n* -**1.** [demigod] demi-dieu *m*. -**2.** = **demon**.

daff *inf* [dæf] = **daffodil**.

daffodil ['dæfədɪl] *n* jonquille *f*; ~ **yellow** jaune *m* d'or.

DAFFODIL:
La jonquille est le symbole du pays de Galles; le jour de la Saint David, les Galloises en portent une épinglée à la boutonnière.

---

daffy *inf* ['dæfɪ] (*compar* **daffier**, *superl* **daffiest**) *adj* loufoque, timbré.

daft *inf* [dɑːft] ◇ *adj Br* [foolish - idea, person] idiot, bête; **don't be ~!** (ne) fais pas l'idiot!; **he's ~ about her** il est fou d'elle.
◇ *adv*: **don't talk ~** ne dites pas de bêtises.

dagger ['dægəʳ] *n* -**1.** [weapon] poignard *m*; [smaller] dague *f*; **to be at ~s drawn with sb** être à couteaux tirés avec qqn; **to look** OR **to shoot** *Am* **~s at sb** foudroyer qqn du regard. -**2.** TYPO croix *f*.

dago▼ ['deɪgəʊ] (*pl* **dagos** OR **dagoes**) *n terme injurieux désignant une personne d'origine espagnole, italienne ou portugaise.*

daguerreotype [də'gerətaɪp] *n* daguerréotype *m*.

dahlia ['deɪljə] *n* dahlia *m*.

Dail [daɪl] *n chambre des députés de la république d'Irlande.*

daily ['deɪlɪ] (*pl* **dailies**) ◇ *adj* -**1.** [routine, task] quotidien, de tous les jours; [output, wage] journalier; **a ~ paper** un quotidien; **to be paid on a ~ basis** être payé à la journée; **(to earn) one's ~ bread** (gagner) son pain quotidien; **the ~ round** la tournée quotidienne; **the ~ routine** OR **grind** *inf* le train-train quotidien ❑ **~ dozen** *inf Br* gym *f* quotidienne; **she has a ~ help** *inf Br* elle a une femme de ménage. -**2.** PRESS: **the Daily Express** *quotidien britannique populaire conservateur*; **the Daily Mail** *quotidien britannique populaire du centre droit*; **the Daily Mirror** *quotidien britannique populaire du centre gauche*; **the Daily Sport** *quotidien britannique à sensation de droite*; **the Daily Star** *quotidien britannique à sensation de droite*; **the Daily Telegraph** *quotidien britannique de qualité, de tendance conservatrice.*
◇ *adv* tous les jours, quotidiennement; **twice ~** deux fois par jour.
◇ *n* -**1.** [newspaper] quotidien *m*. -**2.** *inf Br* [cleaner] femme *f* de ménage.

daimon ['diːmən] = **daemon**.

daintily ['deɪntɪlɪ] *adv* -**1.** [eat, hold] délicatement; [walk] avec grâce. -**2.** [dress] coquettement.

daintiness ['deɪntɪnɪs] *n* -**1.** [of manner] délicatesse *f*, raffinement *m*. -**2.** [of dress] coquetterie *f*.

dainty ['deɪntɪ] (*compar* **daintier**, *superl* **daintiest**, *pl* **dainties**) ◇ *adj* -**1.** [small] menu, petit; [delicate] délicat; **to walk with ~ steps** marcher à petits pas délicats. -**2.** [food] de choix, délicat; **~ morsels** mets *mpl* de choix. -**3.** [fussy]: **she's a ~ eater** elle est difficile pour OR sur la nourriture.
◇ *n* [food] mets *m* délicat; [sweet] friandise *f*.

daiquiri ['daɪkɪrɪ] *n* daiquiri *m*.

dairy ['deərɪ] (*pl* **dairies**) ◇ *n* AGR [building on farm] laiterie *f*; [shop] crémerie *f*, laiterie *f*.
◇ *comp* [cow, farm, products] laitier; [butter, cream] fermier; **~ cattle** vaches *fpl* laitières; **~ farmer** producteur *m* de lait OR laitier; **~ farming** industrie *f* laitière.

dairying ['deərɪɪŋ] *n* industrie *f* laitière.

dairymaid ['deərɪmeɪd] *n* fille *f* de laiterie.

dairyman ['deərɪmən] (*pl* **dairymen** [-mən]) *n* [on farm] employé *m* de laiterie; [in shop] crémier *m*, laitier *m*.

dais ['deɪɪs] *n* estrade *f*.

daisied ['deɪzɪd] *adj lit* émaillé de pâquerettes.

daisy ['deɪzɪ] (*pl* **daisies**) *n* marguerite *f*; [smaller] pâquerette *f*.

daisy chain *n* guirlande *f* de pâquerettes.

daisy wheel *n* marguerite *f*; **~ printer** imprimante *f* à marguerite.

Dakar ['dækɑː] *pr n* Dakar.

Dakota [də'kəʊtə] *pr n* Dakota *m*; **in ~** dans le Dakota.

dal [dɑːl] *n* légume *m* sec.

Dalai Lama [ˌdælaɪ'lɑːmə] *pr n* dalaï-lama *m*.

dale [deɪl] *n* vallée *f*, vallon *m*.

Dalek ['dɑːlek] *n créature de science-fiction au comportement agressif et impitoyable.*

Dallas ['dæləs] *pr n* Dallas; **the ~ shooting** *l'assassinat de J.F. Kennedy.*

dalliance ['dælɪəns] *n* -**1.** [dawdling] perte *f* de temps. -**2.** *arch* [flirtation] badinage *m* amoureux.

dally ['dælɪ] (*pt* & *pp* **dallied**) *vi* -**1.** [dawdle] lanterner; **to ~ over sthg** lanterner sur OR dans qqch. -**2.** [toy] badiner; **to ~ with an idea** caresser une idée; **he dallied with her affections** il a joué avec ses sentiments. -**3.** *arch* [flirt] flirter.

Dalmatia [dæl'meɪʃə] *pr n* Dalmatie *f*; **in ~** en Dalmatie.

Dalmatian [dæl'meɪʃn] ◇ *n* -**1.** [dog] dalmatien *m*, -enne *f*. -**2.** [person] habitant *m*, -e *f* de la Dalmatie.
◇ *adj* dalmate.

dalmatic [dæl'mætɪk] *n* dalmatique *f*.

dalton ['dɔːltən] *n* dalton *m*.

daltonism ['dɔːltəˌnɪzm] *n* daltonisme *m*.

dam [dæm] (*pt* & *pp* **dammed**, *cont* **damming**)
◇ *n* -**1.** [barrier - on river, lake] barrage *m* (de retenue). -**2.** [reservoir] réservoir *m*. -**3.** [animal] mère *f*.
◇ *vt* construire un barrage sur; **plans to ~ the Seine** projet de construction d'un barrage pour contenir les eaux de la Seine.
◆ **dam up** *vt sep* -**1.** *literal* construire un barrage sur. -**2.** *fig* [feelings] refouler, ravaler; [words] endiguer.

damage ['dæmɪdʒ] ◇ *n* -**1.** *(U)* [harm] dommage *m*, dommages *mpl*; [visible effects] dégâts *mpl*, dommages *mpl*; [to ship, shipment] avarie *f*, avaries *fpl*; **~ to property** dégâts *mpl* matériels; **the storm did a lot of ~** l'orage a causé des dégâts importants; **he said he would make good the ~** il a dit qu'il allait réparer les dégâts; **~ limitation** effort *m* pour limiter les dégâts. -**2.** *fig* tort *m*, préjudice *m*; **the scandal has done the government serious ~** le scandale a fait énormément de tort OR a énormément porté préjudice au gouvernement; **the ~ is done** le mal est fait; **what's the ~?** *inf hum* c'est combien la soustraction?
◇ *vt* [harm - crop, object] endommager, causer des dégâts à; [- food] abîmer, gâter; [- eyes, health] abîmer; [- ship, shipment] avarier; [- reputation] porter atteinte à, nuire à; [- cause] faire du tort à, porter préjudice à.
◆ **damages** *npl* JUR dommages *mpl* et intérêts *mpl*; **to award ~s to sb for sthg** accorder des dommages et intérêts à qqn pour qqch; **liable for ~s** civilement responsable; **war ~s** dommages *mpl* OR indemnités *fpl* de guerre.

damaging ['dæmɪdʒɪŋ] *adj* dommageable, nuisible; JUR préjudiciable; **psychologically ~** dommageable sur le plan psychologique.

Damascus [də'mæskəs] *pr n* Damas.

damask ['dæməsk] ◇ *n* -**1.** [silk] damas *m*, soie *f* damassée; [linen] damassé *m*. -**2.** [steel] (acier *m*) damasquiné *m*. -**3.** [colour] vieux rose *m*.
◇ *adj* [cloth] damassé.

damask rose *n* rose *f* de Damas.

Dam Busters ['dæmbʌstəz] *npl aviateurs de la RAF ayant bombardé des barrages dans la région de la Ruhr en 1943.*

dame [deɪm] *n* -**1.** *arch* OR *lit* [noble] dame *f*; Dame Fortune Dame Fortune; (pantomime) **~** *Br* THEAT *rôle travesti outré et ridicule dans la pantomime anglaise.* -**2.** *Br* [title]: **Dame** *titre donné à une femme ayant reçu certaines distinctions honorifiques.* -**3.** ▽ *Am dated* pépée *f*.

dame school *n* HIST *école dirigée par une vieille dame, souvent dans sa propre maison.*

dammit *inf* ['dæmɪt] *interj* mince; **as near as ~** *Br* à un cheveu près.

damn [dæm] ◇ *interj inf*: **~!** mince!
◇ *n inf*: **I don't give a ~ about the money** je me fiche pas mal de l'argent; **it's not worth a ~** ça ne vaut pas un pet de lapin OR un clou.
◇ *vt* -**1.** RELIG damner. -**2.** [condemn] condamner; **they ~ed him with faint praise** ils l'ont éreinté sous couleur d'éloge. -**3.** *inf phr*: **~ you!** va te faire voir!; **he found out, ~ him!** il a trouvé, le salaud!; **well I'll be ~ed!** ça, c'est le comble!; **I'll be ~ed if I'll apologize!** m'excuser? plutôt mourir!
◇ *adj inf* fichu, sacré; **you ~ fool!** espèce d'idiot!; **he's a ~ nuisance** il est vraiment casse-pied; **it's a ~ nuisance!** ce que c'est casse-pied!, quelle barbe!; **it's one ~ thing after another** quand ce n'est pas une chose c'est l'autre.
◇ *adv inf* -**1.** [as intensifier] très; **he knows ~ well what I mean** il sait exactement OR très bien ce que je veux dire. -**2.** *Br phr*: **~ all** que dalle; **she did ~ all** elle n'a rien fichu; **he knows ~ all about it** il n'en sait fichtre rien.

damnable ['dæmnəbl] *adj* -**1.** RELIG damnable. -**2.** *inf dated* [awful] exécrable, odieux.

damnably *inf* ['dæmnəblɪ] *adv dated* rudement.

damnation [dæm'neɪʃn] ◇ *n* damnation *f*.
◇ *interj inf*: **~!** enfer et damnation! *hum*.

damned [dæmd] ◇ *adj* -**1.** RELIG damné, maudit. -**2.** *inf* = **damn**.
◇ *adv inf* rudement, vachement; **do what you ~ well like!** fais ce que tu veux, je m'en fiche.
◇ *npl* RELIG OR *lit*: **the ~** les damnés *mpl*.

damnedest *inf* ['dæmdəst] ◇ *n* [utmost]: **to do one's ~**: **he did his ~ to ruin the party** il a vraiment fait tout ce qu'il pouvait pour gâcher la soirée.
◇ *adj Am* incroyable; **it was the ~ thing!** il fallait voir ça!

damn-fool *inf adj* crétin, idiot.

damning ['dæmɪŋ] *adj* [evidence, statement] accablant.

Damocles ['dæməkliːz] *pr n* Damoclès; **the sword of ~** l'épée *f* de Damoclès.

damp [dæmp] ◇ *adj* [air, clothes, heat] humide; [skin] moite.
◇ *n* -**1.** [moisture] humidité *f*. -**2.** MIN [air] mofette *f*; [gas] grisou *m*.
◇ *vt* -**1.** [wet] humecter. -**2.** [stifle - sounds] amortir, étouffer; MUS étouffer; *fig* [spirits] décourager, refroidir. -**3.** [fire] couvrir. -**4.** TECH amortir.
◆ **damp down** *vt sep* [fire] couvrir; *fig* [enthusiasm] refroidir; [crisis] atténuer, rendre moins violent.

damp course *n* couche *f* isolante.

dampen ['dæmpən] *vt* -**1.** [wet] humecter. -**2.** [ardour, courage] refroidir; **don't ~ their spirits** ne les découragez pas.

dampener ['dæmpənəʳ], **damper** ['dæmpəʳ] *n* -**1.** [in furnace] registre *m*. -**2.** *fig* douche *f* froide; **the news put a ~ on the party/his enthusiasm** la nouvelle a jeté un froid sur la fête/a refroidi son enthousiasme. -**3.** AUT, ELEC & TECH amortisseur *m*; MUS étouffoir *m*. -**4.** [for linen, stamps] mouilleur *m*.

damping ['dæmpɪŋ] *n* -**1.** [wetting] mouillage *m*. -**2.** AUT, ELEC & TECH amortissement *m*.

dampish ['dæmpɪʃ] *adj* un peu humide.

dampness ['dæmpnɪs] *n* humidité *f*; [of skin] moiteur *f*.

damp-proof *adj* protégé contre l'humidité, hydrofuge; **~ course** CONSTR couche *f* d'étanchéité.

damp squib *inf n Br* déception *f*.

damsel ['dæmzl] *n arch* OR *lit* damoiselle *f*; **a ~ in distress** *hum* une demoiselle en détresse.

damselfish ['dæmzlfɪʃ] *n* poisson-ange *m*.

damselfly ['dæmzlflaɪ] (*pl* **damselflies**) *n* demoiselle *f*, libellule *f*.

damson ['dæmzn] ◇ *n* [tree] prunier *m* de Damas; [fruit] prune *f* de Damas.
◇ *comp* [jam, jelly, wine] de prunes (de Damas).

dan [dæn] *n* [in judo] dan *m*.

dance [dɑːns] ◇ *n* -**1.** danse *f*; **may I have the next ~?** voulez-vous m'accorder la prochaine danse?; **shall we have one more ~?** dansons-nous encore une fois?; **to do a ~** [in exultation] sauter de joie ❑ **~ of death** danse macabre; **to lead sb a (merry** OR **pretty) ~** [exasperate] donner du fil à retordre à qqn; [deceive] faire marcher qqn; [in romantic context] mener qqn en bateau; **'Dance of Death'** *Strindberg* 'la Danse de mort'. -**2.** [piece of music] morceau *m* (de musique). -**3.** [art] danse *f*; **the world of ~** le milieu de la danse. -**4.** [social occasion] soirée *f* dansante; [larger] bal *m*; **to hold a ~** donner une soirée dansante OR un bal.
◇ *comp* [class, school, step, studio] de danse; **~ band** orchestre *m* de bal; **~ card** carnet *m* de bal; **~ floor** piste *f* de danse; **~ hall** salle *f* de bal; **~ music** musique *f* dansante.
◇ *vi* [person] danser; *fig* [leaves, light, words] danser; [eyes] scintiller; **do you want to ~?** tu veux danser?; **to ~ with sb** danser avec qqn; **to ask sb to ~** inviter qqn à danser; **it's not the type of music you can ~ to** ce n'est pas le genre de musique sur lequel on peut danser; **to ~ for joy** sauter de joie; **she ~d along the street** elle descendit la rue d'un pas joyeux ❑ **to ~ to sb's tune** obéir à qqn au doigt et à l'œil.
◇ *vt* [waltz, polka] danser; **to ~ a step** faire OR exécuter un pas de danse; **we ~d every ~** nous n'avons pas arrêté de danser; **they ~d every ~ together** ils n'ont pas arrêté de danser ensemble; **to ~ a baby on one's knee** faire sauter un bébé sur ses genoux; **to ~ attendance on sb** *Br* s'empresser auprès de qqn.

dancer ['dɑːnsəʳ] *n* danseur *m*, -euse *f*.

dancing ['dɑːnsɪŋ] ◇ *n* danse *f*; **to go ~** aller danser; **a book on ~** un livre sur la danse.
◇ *comp* [class, teacher] de danse; **~ dervish** derviche *m* tourneur; **~ partner** cavalier *m*, -ère *f*.
◇ *adj* [eyes] scintillant.

dancing girl *n* danseuse *f*.

dancing shoe *n* [for dance] chaussure *f* de bal; [for ballet] chausson *m* de danse.

D and C (*abbr of* **dilation and curettage**) *n* MED (dilation *f* et) curetage *m*.

dandelion ['dændɪlaɪən] *n* pissenlit *m*, dent-de-lion *f*.

dandelion clock *n* aigrettes *fpl* de pissenlits; **to play ~s** *Br* [children's game] *souffler sur les aigrettes de pissenlits pour savoir l'heure.*

dander *inf* ['dændəʳ] *n*: **to get one's/sb's ~ up** se mettre/mettre qqn en rogne.

dandified ['dændɪfaɪd] *adj* [person] à l'allure de dandy; [appearance] de dandy.

dandle ['dændl] *vt Br* [small child - on knee] faire sauter; [- in arms] bercer.

dandruff ['dændrʌf] *n (U)* pellicules *fpl*; **to have ~** avoir des pellicules; **~ shampoo** shampooing *m* antipelliculaire.

dandy ['dændɪ] (*pl* **dandies**) ◇ *n* dandy *m*.
◇ *adj Am* extra, épatant; **everything's fine and ~** tout va très bien; **that's just ~!** *iron* c'est vraiment génial!

Dane [deɪn] *n* Danois *m*, -e *f*.

dang▽ *Am* [dæŋ] = **damn** *interj* & *adv*.

danger ['deɪndʒəʳ] ◇ *n* danger *m*; **is there any ~ of fire/explosion** y a-t-il un danger OR risque d'incendie/d'explosion?; **the ~s of smoking/making rash judgements** les dangers du tabac/des jugements hâtifs; **'~, keep out!'** 'danger, entrée interdite!'; **fraught with ~** extrêmement dangereux; **to be out of/in ~** être hors de/en danger; **to put sb/sthg in ~** mettre qqn/qqch en danger; **he was in no ~** il n'était pas en danger, il ne courait aucun danger; **she was in little ~** elle ne courait pas un grand danger; **her life is in ~** sa vie est en danger, elle est en danger de mort; **to be in ~ of doing sthg** courir le risque OR risquer de faire qqch; **to be a ~ to sb/sthg** être un danger pour qqn/qqch; **it's a ~ to my health** c'est dangereux pour ma santé; **there is some ~ of that** il y a un certain risque que cela se produise; **there is no ~ of that happening** il n'y a pas de danger OR de risque que cela se produise; **that's the ~ in this case** voilà le danger OR le risque qui menace ici; **no ~** *inf* pas de danger; **there's no ~ of him doing that!** il n'y a pas de danger OR de risque qu'il le fasse!; **there's no ~ of that!** il n'y a pas de danger!
◇ *comp*: **~ area** OR **zone** zone *f* dangereuse; **to be on the ~ list** MED être dans un état critique; **to be off the ~ list** être hors de danger; **~ money** prime *f* de risque; **~ point** cote *f* d'alerte; **~ signal** RAIL signal *m* d'arrêt; *fig* signal *m* d'alerte OR d'alarme.

dangerous ['deɪndʒərəs] *adj* [job, sport, criminal, animal] dangereux; MED [illness] dangereux, grave; [operation] délicat, périlleux; [assumption] risqué; **to be on ~ ground** *fig* être sur un terrain glissant ❑ **~ driving** conduite *f* dangereuse.

dangerously ['deɪndʒərəslɪ] *adv* dangereusement; [ill] gravement; **to live ~** vivre dangereusement; **the car was ~ near the edge of the cliff** la voiture était dangereusement près du bord de la falaise; **you're coming ~ close to being fired/spanked** continue comme ça et tu es viré/tu as une fessée; **this firm is ~ close to**

collapse/bankruptcy cette entreprise est au bord de l'effondrement/la faillite.

dangle ['dæŋgl] ◇ *vt* [legs, arms, hands] laisser pendre; [object on chain, string] balancer; **to ~ sthg in front of sb** balancer qqch devant qqn; *fig* faire miroiter qqch aux yeux de qqn; **they ~d promotion in front of her** ils lui ont fait miroiter un avancement.
◇ *vi* [legs, arms, hands] pendre; [keys, earrings] se balancer; **with his legs/arms dangling** les jambes/bras pendant dans le vide; **the climber was dangling at the end of the rope** l'alpiniste se balançait OR était suspendu au bout de la corde; **to keep sb dangling** *fig* laisser qqn dans le vague.

dangling participle *n en anglais, participe qui, de par sa position dans la phrase, vient qualifier un élément autre que celui auquel il se rapporte: 'having prepared the meal, an idea came into Mary's mind'.*

Daniel ['dænjəl] *pr n* Daniel.

Danish ['deɪnɪʃ] ◇ *n* -**1.** LING danois *m*. -**2.** [pastry] = **danish pastry**.
◇ *adj* [person, Parliament, food, countryside] danois; [king] du Danemark; [ambassador, embassy, representative] danois, du Danemark; [dictionary, teacher] de danois; **the ~ people** les Danois *mpl*.

Danish blue *n* [cheese] bleu *m* du Danemark.

Danish pastry *n* CULIN *sorte de pâtisserie fourrée.*

dank [dæŋk] *adj* humide et froid.

Dante ['dæntɪ] *pr n* Dante.

Dantean ['dæntɪən], **Dantesque** [dæn'tesk] *adj* dantesque.

Danube ['dænju:b] *pr n*: **the ~** le Danube; **'The Blue ~'** *Strauss* 'le Beau Danube bleu'.

daphne ['dæfnɪ] *n* BOT daphné *m*.

Daphne ['dæfnɪ] *pr n* MYTH Daphné.

dapper ['dæpəʳ] *adj* propre sur soi, soigné.

dapple ['dæpl] *vt* tacheter; **sunlight ~d the wall/water** le soleil faisait des taches sur le mur/l'eau.

dappled ['dæpld] *adj* [animal] tacheté; **~ shade** ombre *f* mouchetée de lumière.

dapple-grey ◇ *adj* gris pommelé.
◇ *n* [colour] gris *m* pommelé; [horse] cheval *m*, jument *f* gris pommelé.

Darby and Joan [ˌdɑ:bɪən'dʒəʊn] *n* Roméo et Juliette du troisième âge; **~ club** club *m* du troisième âge *(en Grande-Bretagne)*.

Dardanelles [ˌdɑ:də'nelz] *pl pr n*: **the ~** les Dardanelles *fpl*.

dare [deəʳ] ◇ *modal vb* [venture] oser; **to ~ (to) do sthg** oser faire qqch; **I daren't think** OR **don't ~ (to) think about it** je n'ose (pas) y penser; **nobody would ~ (to) contradict her** personne n'oserait la contredire; **she didn't ~ (to)** OR **~d not say a word** elle n'a pas osé dire un mot; **I lay there hardly daring to breathe** j'étais couché là, osant à peine respirer; **let them try it if they ~!** qu'ils essaient s'ils osent!; **~ I interrupt?** puis-je me permettre de vous interrompre?; **don't you ~ tell me what to do!** ne t'avise surtout pas de me dire ce que j'ai à faire!; **don't you ~!** je te le déconseille!; **how ~ you speak to me in that tone of voice!** comment oses-tu me parler sur ce ton! ☐ **~ I say it** si j'ose m'exprimer ainsi; **I ~ say you're hungry after your journey** je suppose que vous êtes affamés après ce voyage; **I ~ say she's right** elle a probablement raison; **he was most apologetic — I ~ say!** il s'est confondu en excuses — j'imagine!
◇ *vt* -**1.** [challenge] défier; **to ~ sb to do sthg** défier qqn de faire qqch; **I ~ you!** chiche! -**2.** *lit* [death, dishonour] braver, défier; [displeasure] braver.
◇ *n* [challenge] défi *m*; **to do sthg for a ~** faire qqch par défi.

daredevil ['deəˌdevl] ◇ *n* casse-cou *m inv*.
◇ *adj* casse-cou.

daresay [ˌdeə'seɪ] *vi Br*: **I ~** [probably, I suppose] j'imagine, je suppose; **she's telling the truth — I ~ (she is)** elle dit la vérité — je veux bien le croire.

Dar es-Salaam [ˌdɑ:ressəˈlɑ:m] *pr n* Dar es-Salaam.

daring ['deərɪŋ] ◇ *n* [of person] audace *f*, hardiesse *f*; [of feat] hardiesse *f*; **of great ~** très audacieux.
◇ *adj* [audacious] audacieux, hardi; [provocative] audacieux, provocant.

daringly ['deərɪŋlɪ] *adv* audacieusement, hardiment; **a ~ low neckline** un décolleté audacieux OR provocant; **to be ~ different** afficher sa différence avec audace.

dark [dɑ:k] ◇ *n* noir *m*; **to see in the ~** voir dans le noir; **before/after ~** avant/après la tombée de la nuit ☐ **in the ~: I can't work in the ~!** je ne peux pas travailler sans savoir où je vais!; **to keep sb in the ~ about sthg** maintenir qqn dans l'ignorance à propos de qqch; **to be in the ~ about sthg** être dans l'ignorance à propos de qqch; **she left us in the ~** elle nous a laissés dans l'ignorance.
◇ *adj* -**1.** [without light - night, room, street] sombre; *fig* [thoughts] sombre; [ideas] noir; **it's very ~ in here** il fait très sombre ici; **it's too ~ to see what I'm doing** il fait OR c'est trop sombre pour que je voie ce que je suis en train de faire; **it's getting ~** il commence à faire nuit, la nuit tombe; **it's getting ~er** il fait de plus en plus nuit; **it gets ~ early** il fait nuit de bonne heure; **to get ~** [sky] s'assombrir; **it won't be ~ for another hour yet** il ne fera pas nuit avant une heure; **it's still ~ (outside)** il fait encore nuit; **the ~ days of the war** la sombre période de la guerre; **to look on the ~ side** voir tout en noir ☐ **~ satanic mills** *citation d'un hymne religieux utilisée pour évoquer le paysage industriel du nord de l'Angleterre.* -**2.** [colour] foncé; [dress, suit] sombre; **she always wears ~ colours** elle porte toujours des couleurs sombres; **~ chocolate** chocolat *m* noir. -**3.** [hair, eyes] foncé; [skin, complexion] foncé, brun; **a ~ man** un brun; **a ~ woman** une brune; **to be ~** être brun; **to have ~ hair** avoir les cheveux bruns, être brun; **to get ~er** [hair] foncer; **his ~ good looks** sa beauté de brun. -**4.** [hidden, mysterious] mystérieux, secret; [secret] bien gardé; [hint] mystérieux, énigmatique; **the ~ side of the moon** la face cachée de la lune; **to keep sthg ~** tenir qqch secret; **keep it ~!** garde-le pour toi!; **you kept it very ~!** tu nous avais caché ça! -**5.** [sinister] noir; **to give sb a ~ look** lancer un regard noir à qqn; **there's a ~ side to her** elle a un côté désagréable; **a ~ chapter in the country's history** un chapitre peu glorieux de l'histoire du pays.

Dark Ages *npl* HIST Haut Moyen Âge *m*; **he's still in the ~** *fig* il est resté au Moyen Âge.

Dark Continent *n dated* Afrique *f*.

darken ['dɑ:kn] ◇ *vt* [sky] assombrir; [colour] foncer; **to ~ a room** [make look darker] assombrir OR obscurcir une pièce; [plunge into darkness] faire l'obscurité dans une pièce; **a ~ed building** un immeuble sans lumières; **a ~ed room** une pièce sombre ☐ **never ~ my door again!** ne viens plus jamais frapper à ma porte!
◇ *vi* [sky, room] s'assombrir, s'obscurcir; [hair, wood] foncer; [face] s'assombrir; [painting] s'obscurcir.

dark-eyed *adj* aux yeux sombres OR foncés.

dark glasses *npl* lunettes *fpl* noires.

dark horse *n* -**1.** [secretive person]: **to be a ~** être très secret; **you're a ~!** tu nous en caches des choses! -**2.** [competitor, horse] participant *m* inconnu; *Am* POL candidat *m* surprise.

darkish ['dɑ:kɪʃ] *adj* [colour, sky, wood] plutôt OR assez sombre; [hair, skin] plutôt brun OR foncé; [person] plutôt brun.

darkly ['dɑ:klɪ] *adv* [hint] énigmatiquement; [say] sur un ton sinistre.

darkness ['dɑ:knɪs] *n* -**1.** [of night, room, street] obscurité *f*; **to be in ~** être plongé dans l'obscurité ☐ **'Darkness at Noon'** *Koestler* 'le Zéro et l'infini'. -**2.** [of hair, skin] couleur *f* foncée.

darkroom ['dɑ:krum] *n* PHOT chambre *f* noire.

dark-skinned *adj* à la peau foncée.

darky▼ ['dɑ:kɪ] (*pl* **darkies**) *n terme raciste et vieilli désignant un Noir,* ≃ moricaud *m*, -e *f*.

darling ['dɑ:lɪŋ] ◇ *n* -**1.** [term of affection] chéri *m*, -e *f*; **yes ~?** oui (mon) chéri?; **Jenny ~** Jenny chérie; **she's a ~** c'est un amour; **you ~!** tu es un amour!; **he was an absolute ~ about it** il a été absolument charmant; **be a ~ and...** sois gentil OR un amour et... -**2.** [favourite - of teacher, parents] favori *m*, -ite *f*, chouchou *m*, -oute *f*; [- of media] coqueluche *f*.
◇ *adj* [beloved] chéri; [delightful] charmant, adorable; **you ~ man!** tu es un amour!, tu es adorable!

darn [dɑ:n] ◇ *n* -**1.** SEW reprise *f*; **there was a ~ in the elbow of his sweater** son pull était reprisé au coude. -**2.** *inf phr*: **I couldn't** OR **I don't give a ~** je m'en fiche.
◇ *vt* -**1.** SEW repriser, raccommoder. -**2.** *inf* [damn]: **~ it!** bon sang!; **~ that cat/man!** encore ce chat/bonhomme de malheur!; **I'll be ~ed!** ça alors!, oh, la vache!
◇ *interj inf* bon sang.
◇ *adj inf* de malheur.
◇ *adv inf* vachement; **it's ~ late** il est vachement tard; **it's too ~ late** bon sang, il est trop tard; **don't be so ~ stupid!** ce que tu peux être bête!; **that's just too ~ bad** tant pis; **to have a ~ good try** faire un sacré effort.

darned *inf* [dɑ:nd] *Am* = **darn** *adj* & *adv*.

darning ['dɑ:nɪŋ] *adj* [action] reprise *f*, raccommodage *m*; [items to be darned] linge *m* à repriser OR raccommoder.

darning needle *n* aiguille *f* à repriser.

dart [dɑ:t] ◇ *n* -**1.** SPORT fléchette *f*; [weapon] flèche *f*; **to play ~s** jouer aux fléchettes; **~s champion** champion *m*, -onne *f* de fléchettes; **~s match** match *m* de fléchettes. -**2.** SEW pince *f*. -**3.** [sudden movement]: **to make a ~ for the door/telephone** se précipiter vers la porte/sur le téléphone; **to make a ~ at sb/sthg** se précipiter sur qqn/qqch.
◇ *vt* [glance, look - quickly] lancer, jeter; [- angrily] darder; [rays] lancer; [stronger] darder.
◇ *vi*: **to ~ away** OR **off** partir en OR comme une flèche; **to ~ for the door/telephone** se précipiter vers la porte/sur le téléphone; **to ~ at sthg/sb** se précipiter sur qqch/qqn; **to ~ in/out** entrer/sortir comme une flèche.

dartboard ['dɑ:tbɔ:d] *n* cible *f* (de jeu de fléchettes).

Darwinian [dɑ:'wɪnɪən] *adj* [of Darwin - theory] darwinien; [in favour of Darwinism - thinker] darwiniste.

Darwinism ['dɑ:wɪnɪzm] *n* darwinisme *m*.

Darwinist ['dɑ:wɪnɪst] *n* darwiniste *mf*.

dash [dæʃ] ◇ *n* -**1.** [quick movement] mouvement *m* précipité; **to make a ~ for freedom** s'enfuir vers la liberté; **to make a ~ for it** [rush] se précipiter; [escape] s'enfuir, s'échapper; **it was a headlong ~ to the station** ça n'a été qu'une course effrénée jusqu'à la gare. -**2.** *Am* SPORT sprint *m*. -**3.** [small amount - of water, soda] goutte *f*, trait *m*; [- of cream, milk] nuage *m*; [- of lemon juice, vinegar] filet *m*; [- of salt, pepper] soupçon *m*; [- of colour, humour] pointe *f*. -**4.** [punctuation mark] tiret *m*; [in Morse code] trait *m*. -**5.** [style] panache *m*; **to cut a ~** faire de l'effet. -**6.** = **dashboard**.
◇ *vt* -**1.** [throw] jeter (avec violence); **to ~ sthg to the ground** jeter qqch par terre avec violence; **several boats were ~ed against the cliffs** plusieurs bateaux ont été projetés OR précipités contre les falaises; **to ~ sb's hopes** *fig* réduire les espoirs de qqn à néant; **to ~ sb's spirits** *fig* démoraliser OR abattre qqn. -**2.** [damn]: **~ it!** bon sang!; **I'll be ~ed!** ça alors!, oh, la vache!
◇ *vi* -**1.** [rush] se précipiter; **I must ~** *esp Br* je dois filer; **he ~ed back to his room** il est retourné à sa chambre en vitesse, il s'est dépêché de retourner à sa chambre; **I'll just ~ out to the shops** *Br* je vais faire quelques courses en vitesse; **I'll just ~ out to the post-office/library** *Br* je vais juste faire un saut à la poste/bibliothèque; **~ upstairs and fetch it, will you?** *Br* monte vite le chercher, s'il te plaît;

the dog ~ed across the road in front of us le chien a traversé la route à toute vitesse devant nous. -2. [waves] se jeter.
◇ *interj Br*: ~! bon sang!
◆ **dash off** ◇ *vi insep* partir en flèche.
◇ *vt sep* [letter, memo] écrire en vitesse; [drawing] faire en vitesse.

dashboard ['dæʃbɔːd] *n* AUT tableau *m* de bord.

dashed [dæʃt] *Br dated* ◇ *adj* de malheur.
◇ *adv* vachement.

dashing ['dæʃɪŋ] *adj* pimpant, fringant.

dashingly ['dæʃɪŋlɪ] *adv* [behave] avec allant; [be dressed] dans un style fringuant.

dastardly ['dæstədlɪ] *adj lit* [act, person] odieux, infâme.

DAT [dæt] (*abbr of* **digital audio tape**) *n* DAT *m*.

data ['deɪtə] *(pl of datum usu with sing vb)* ◇ *n* informations *fpl*, données *fpl*; COMPUT données *fpl*; **a piece of ~** une information, une donnée; COMPUT une donnée.
◇ *comp* COMPUT [retrieval, security, input] de données.

data bank *n* COMPUT banque *f* de données.

database ['deɪtəbeɪs] ◇ *n* COMPUT base *f* de données; **~ management** gestion *f* de base de données.
◇ *vt* mettre sous forme de base de données.

data capture *n* COMPUT saisie *f* de données.

data carrier *n* support *m* de données.

Datapost® ['deɪtəpəʊst] *n service postal britannique pour paquets urgents.*

data processing ◇ *n* traitement *m* de l'information.
◇ *comp* [department, service] de traitement des données OR de l'information, informatique.

data processor *n* [machine] ordinateur *m*; [person] informaticien *m*, -enne *f*.

data protection *n* protection *f* de l'information.

Data Protection Act *n* loi *f* sur la protection de l'information *(en Grande-Bretagne)*.

data switch *n* commutateur *m* de données.

data transmission *n* transmission *f* de données.

date [deɪt] ◇ *n* -1. [of letter, day of the week] date *f*; **what's the ~ today?, what's today's ~?** quelle est la date aujourd'hui?, le combien sommes-nous aujourd'hui?; **today's ~ is the 20th January** nous sommes le 20 janvier; **what's the ~ of the coin/building?** de quelle année est cette pièce/ce bâtiment?; **would you be free on that ~?** est-ce que vous seriez libre ce jour-là OR à cette date?; **at a later** OR **some future ~** plus tard; *fml* ultérieurement; **of an earlier/a later ~** plus ancien/récent; **to set a ~** fixer une date; [engaged couple] fixer la date de son mariage; **to put a ~ to sthg** [remember when it happened] se souvenir de la date de qqch; [estimate when built, established etc] attribuer une date à qqch, dater qqch ❑ **~ of birth** date de naissance. -2. [meeting] rendez-vous *m*; **let's make a ~ for lunch** prenons rendez-vous pour déjeuner ensemble; **to have a ~** avoir rendez-vous; **I already have a ~ on Saturday night** j'ai déjà un rendez-vous samedi soir; **to go out on a ~** sortir en compagnie de quelqu'un; **her parents don't let her go out on ~s** ses parents ne la laissent pas sortir avec des garçons; **I went out on a ~ with him once** je suis sortie avec lui une fois; **on our first ~** la première fois que nous sommes sortis ensemble. -3. [person] ami *m*, -e *f*; **who's your ~ tonight?** avec qui sors-tu ce soir?; **do you have a ~ for the dance?** as-tu un cavalier pour le bal?; **can I bring a ~?** puis-je amener un ami? -4. [fruit] datte *f*.
◇ *vt* -1. [write date on - cheque, letter, memo] dater; **a fax ~d May 6th** un fax daté du 6 mai. -2. [attribute date to - building, settlement etc] dater; **to ~ sb** [show age of] donner une idée de l'âge de qqn; **gosh, that ~s him!** eh bien, ça montre qu'il n'est plus tout jeune OR ça ne le rajeunit pas! -3. *Am* [go out with] sortir avec.
◇ *vi* -1. [clothes, style] se démoder; [novel] vieillir. -2. *Am* [go out on dates] sortir avec des garçons/filles; **how long have you two been dating?** ça fait combien de temps que vous sortez ensemble OR que vous vous voyez?
◆ **out of date** *adj phr*: **to be out of ~** [dress, style, concept, slang] être démodé OR dépassé; [magazine, newspaper] être vieux; [dictionary] ne pas être à jour OR à la page; [passport, season ticket etc] être périmé; **it's the kind of dress that will never go out of ~** c'est le genre de robe indémodable OR qui ne se démodera jamais.
◆ **to date** *adv phr* à ce jour.
◆ **up to date** *adj phr*: **to be up to ~** [dress, style, person] être à la mode OR à la page; [newspaper, magazine] être du jour/de la semaine etc; [dictionary] être à la page OR à jour; [passport] être valide OR valable; [list] être à jour; **I'm not up to ~ on what's been happening** je ne suis pas au courant de ce qui s'est passé dernièrement; **to keep up to ~ with the news/scientific developments** se tenir au courant de l'actualité/des progrès de la science; **to keep sb up to ~ on sthg** tenir qqn au courant de qqch; **to bring sb up to ~ on sthg** mettre qqn au courant de qqch.
◆ **date back to, date from** *vt insep* dater de.

DATE:
En anglais américain, on n'utilise pas l'article dans les dates. On aura donc: December ninth Am ou the ninth Br. D'autre part, les Américains, lorsqu'ils donnent une date en chiffres, la présentent dans l'ordre suivant: mois, jour, année. Les Britanniques, eux, indiquent le jour puis le mois.

---

dated ['deɪtɪd] *adj* [clothes, style] démodé; [novel, term, expression, concept] vieilli.

dateless ['deɪtlɪs] *adj* [timeless] indémodable.

dateline ['deɪtˌlaɪn] *n* -1. PRESS date *f* de rédaction. -2. = **international date-line**.

date palm *n* palmier *m* dattier.

date rape *n viol commis par une connaissance, un ami etc*; **~ frequently goes unreported** peu de femmes violées par une connaissance OR un ami portent plainte.

datestamp ['deɪtstæmp] ◇ *n* tampon *m* dateur; [used for cancelling] oblitérateur *m*, timbre *m* à date; [postmark] cachet *m* de la poste.
◇ *vt* [book] tamponner, mettre le cachet de la date sur; [letter] oblitérer.

dating ['deɪtɪŋ] *n* [of a building, settlement etc] datation *f*.

dative ['deɪtɪv] ◇ *n* datif *m*; **in the ~** au datif.
◇ *adj* datif.

datum ['deɪtəm] (*pl* **data**) *n fml* donnée *f*.

daub [dɔːb] ◇ *n* -1. [of paint] tache *f*, barbouillage *m*; [done on purpose] barbouillage *m*. -2. *pej* [painting] croûte *f*. -3. [for walls] enduit *m*.
◇ *vt* enduire; [with mud] couvrir; **a wall ~ed with slogans** un mur couvert de slogans.
◇ *vi pej* [paint badly] peinturlurer, barbouiller.

dauber ['dɔːbəʳ] *n pej* barbouilleur *m*, -euse *f*.

daughter ['dɔːtəʳ] *n* fille *f*; **'Ryan's Daughter'** *Lean* 'la Fille de Ryan'.

daughter board *n* COMPUT carte *f* fille.

daughter-in-law *n* bru *f*, belle-fille *f*.

daughterly ['dɔːtəlɪ] *adj* filial.

Daughters of the American Revolution *pr n organisme regroupant des femmes descendant des patriotes de la guerre d'Indépendance aux États-Unis.*

daunt [dɔːnt] *vt* intimider; **nothing ~ed** *lit* nullement découragé.

daunting ['dɔːntɪŋ] *adj* [task, question] intimidant.

dauntless ['dɔːntlɪs] *adj* déterminé.

dauntlessly ['dɔːntlɪslɪ] *adv* sans se décourager.

dauphin ['dɔːfɪn] *n* HIST dauphin *m*.

dauphine ['dɔːfiːn] *n* HIST dauphine *f*.

davenport ['dævnpɔːt] *n* -1. *Br* [desk] secrétaire *m*. -2. *Am* [sofa] canapé *m*.

David ['deɪvɪd] *pr n* David; **'David Copperfield'** *Dickens* 'David Copperfield'.

davit ['dævɪt] *n* NAUT bossoir *m*, portemanteau *m*.

Davy Jones ['deɪvɪˌdʒəʊnz] *n*: **in ~'s locker** [person, ship] au fond de la mer.

Davy lamp *n* lampe *f* de sécurité de mineur.

dawdle ['dɔːdl] *vi pej* traîner, lambiner, traînasser; **to ~ over breakfast** traînasser OR traîner en prenant son petit déjeuner.
◆ **dawdle about** *vi insep* = **dawdle**.
◆ **dawdle away** *vt sep*: **to ~ away the entire morning** passer toute la matinée à traîner OR traînasser.

dawdler ['dɔːdləʳ] *n* lambin *m*, -e *f*, traînard *m*, -e *f*.

dawdling ['dɔːdlɪŋ] ◇ *n*: **stop all this ~!** arrête de traînasser!
◇ *adj* traînard.

dawn [dɔːn] ◇ *n* -1. *literal* aube *f*; **at ~** à l'aube; **from ~ till dusk** du matin au soir; **at the crack of ~** au point du jour; **(just) as ~ was breaking** alors que l'aube pointait; **to watch the ~** regarder le jour se lever. -2. *fig* [of civilization, era] aube *f*; [of hope] naissance *f*, éclosion *f*; **since the ~ of time** depuis la nuit des temps.
◇ *vi* -1. [day] se lever. -2. *fig* [new era, hope] naître; **the truth ~ed on** OR **upon him** la vérité lui apparut; **it suddenly ~ed on her that...** il lui est soudain apparu que...; **that's just ~ed on you, has it?** voilà seulement OR c'est seulement maintenant que tu t'en rends compte?

dawn chorus *n* chant *m* des oiseaux à l'aube.

dawning ['dɔːnɪŋ] ◇ *adj* naissant.
◇ *n* = **dawn 2**.

dawn raid *n* descente *f* à l'aube; [by police] descente *f* OR rafle *f* à l'aube; ST. EX attaque *f* à l'ouverture.

day [deɪ] ◇ *n* -1. [period of twenty-four hours] jour *m*, journée *f*; **it's a nice** OR **fine ~** c'est une belle journée, il fait beau aujourd'hui; **on a clear ~** par temps clair; **a summer's/winter's ~** un jour d'été/d'hiver; **to have a ~ out** aller passer une journée quelque part; **a ~ at the seaside/the races** une journée au bord de la mer/aux courses; **we went to the country for the ~** nous sommes allés passer la journée à la campagne; **to have a lazy ~** passer une journée à paresser; **when ~ is done** *lit* quand le jour s'achève; **what ~ is it (today)?** quel jour sommes-nous (aujourd'hui)?; **what ~ is she arriving (on)?** quel jour arrive-t-elle?; **(on) that ~** ce jour-là; **(on) the ~ (that** OR **when) she was born** le jour où elle est née; **on the first/last ~ of the holidays** le premier/dernier jour des vacances; **on a ~ like this/today** un jour comme celui-là/aujourd'hui; **the ~ after, (on) the next** OR **following ~** le lendemain, le jour suivant; **the ~ after the party** le lendemain de OR le jour d'après la fête; **two ~s after the party** le surlendemain de OR deux jours après la fête; **the ~ after tomorrow** après-demain; **the ~ before, (on) the previous ~** la veille, le jour d'avant; **I had first met him two ~s before** je l'avais rencontré l'avant-veille pour la première fois; **the ~ before yesterday** avant-hier; **four ~s before/later** quatre jours plus tôt/tard; **in four ~s, in four ~s' time** dans quatre jours; **it took me four ~s to do it** ça m'a pris quatre jours pour le faire; **once/twice a ~** une fois/deux fois par jour ‖ [in greetings]: **good ~!** bonjour!; **have a nice ~!** bonne journée! ❑ **Day of Judgment** RELIG (jour du) jugement dernier; **~ of reckoning** jour de vérité; **any ~ now** d'un jour à l'autre; **~ after ~, ~ in ~ out** jour après jour; **for ~s on end** OR **at a time** pendant des jours et des jours; **from ~ to ~** de jour en jour; **to live from ~ to ~** vivre au jour le jour; **from one ~ to the next** d'un jour à l'autre; **from that ~ on** OR **onwards** à partir de ce jour-là; **from that ~ to this** depuis ce jour-là; **from this ~ forth** *lit* à partir OR à compter d'aujourd'hui; **to the ~ I die** OR **my dying ~** jusqu'à mon dernier jour; **I'd rather work in Madrid any ~ (of the week)** je préférerais largement OR de loin travailler à Madrid; **dish of the ~** plat *m* du jour; **you've done enough mischief for one ~** tu as fait

assez de bêtises pour une seule journée; from Day One depuis le premier jour; she's seventy if she's a ~ elle a au moins soixante-dix ans; it's a bit late in the ~ for that il est un peu tard pour ça; it's been one of those ~s! tu parles d'une journée!; let's make a ~ of it passons-y la journée; to make sb's ~: you've made my ~! rien ne saurait me faire plus plaisir!; it's not my (lucky) ~ ce n'est pas mon jour (de chance); that'll be the ~! *inf* [it's highly unlikely] il n'y a pas de danger que ça arrive de sitôt! -**2.** [hours of daylight] jour *m*, journée *f*; in the cold light of ~ à la froide lumière du jour; all ~ (long) toute la journée; we haven't got all ~ nous n'avons pas que ça à faire; to travel during the OR by ~ voyager pendant la journée OR de jour; to sleep during the OR by ~ dormir le jour; ~ and night, night and ~ jour et nuit, nuit et jour. -**3.** [working hours] journée *f*; paid by the ~ payé à la journée; to work a seven-hour ~ travailler sept heures par jour, faire des journées de sept heures; how was your ~?, what kind of ~ have you had? comment s'est passée ta journée?; did you have a good ~? tu as passé une bonne journée?; it's been a hard/long ~ la journée a été dure/longue ❑ ~ off jour *m* de congé; ~ of rest jour *m* de repos; let's call it a ~ [stop work] arrêtons-nous pour aujourd'hui; [end relationship] finissons-en; it's all in a ~'s work! ça fait partie du travail! -**4.** *(often pl)* [lifetime, era] époque *f*; in Caesar's ~ du temps de César; in the ~s of King Arthur, in King Arthur's ~ du temps du Roi Arthur; in ~s to come à l'avenir; in ~s gone by par le passé; in ~s of old OR yore *lit* OR *hum* il y a fort longtemps; in the good old ~s dans le temps; in my/our ~ de mon/notre temps; he was well-known in his ~ il était connu de son temps OR à son époque; in his working/married ~s du temps où il travaillait/était marié; in his younger ~s dans son jeune temps, dans sa jeunesse; the happiest/worst ~s of my life les plus beaux/les pires jours de ma vie; during the early ~s of the strike/my childhood au tout début de la grève/de mon enfance ❑ her ~ will come son heure viendra; he's had his ~ il a eu son heure; it's had its ~ ça a fait son temps; to end one's ~s in hospital/poverty finir ses jours à l'hôpital/dans la pauvreté; he's/this chair has seen better ~s il/cette chaise a connu des jours meilleurs; those were the ~s c'était le bon temps. -**5.** [battle, game]: to win OR to carry the ~ l'emporter; to lose the ~ perdre la partie.
◇ *comp*: ~ labourer journalier *m*, -ère *f*; ~ pass [for skiing] forfait *m* journalier; ~ work travail *m* de jour.
◆ **days** *adv*: to work ~ travailler de jour.
◆ **in this day and age** *adv phr* de nos jours, aujourd'hui.
◆ **in those days** *adv phr* à l'époque.
◆ **one day** *adv phr* un jour.
◆ **one of these days** *adv phr* un de ces jours.
◆ **some day** *adv phr* un jour.
◆ **the other day** *adv phr* l'autre jour.
◆ **these days** *adv phr*: what are you up to these ~s? qu'est-ce que tu fais de beau ces temps-ci?; honestly, teenagers these ~s! vraiment, les adolescents d'aujourd'hui!
◆ **this day week** *adv phr* dans huit jours aujourd'hui.
◆ **to the day** *adv phr* jour pour jour; it's a year ago to the ~ il y a un an jour pour jour OR aujourd'hui.
◆ **to this day** *adv phr* jusqu'à aujourd'hui, aujourd'hui encore.

day bed *n* lit *m* de repos.

daybook ['deɪbʊk] *n* main *f* courante, journal *m*.

dayboy ['deɪbɔɪ] *n Br* SCH demi-pensionnaire *m*.

daybreak ['deɪbreɪk] *n* point *m* du jour; at ~ au point du jour.

day care *n* [for the elderly] service *m* d'accueil de jour; [for children] service *m* de garderie.
◆ **day-care** *adj* [facilities - for elderly] d'accueil de jour; [- for children] de garderie; ~ centre *centre d'animation et d'aide sociale*; *Am* [for children] crèche *f*.

daydream ['deɪdriːm] ◇ *n* rêverie *f*; *pej* rêvasserie *f*; to have a ~ rêver, rêvasser; to be in the middle of a ~ être en pleine rêverie.
◇ *vi* rêver; *pej* rêvasser; to ~ about sthg rêver OR rêvasser à qqch; ~ing again? encore en train de rêvasser OR de rêver tout éveillé?

daydreamer ['deɪdriːmə^r] *n* rêveur *m*, -euse *f*.

daydreaming ['deɪdriːmɪŋ] *n (U)* rêveries *fpl*, rêvasseries *fpl*.

daygirl ['deɪgɜːl] *n Br* SCH demi-pensionnaire *f*.

Day-Glo® ['deɪgləʊ] ◇ *n* tissu *m* fluorescent; ~ cycling shorts collant *m* de cycliste fluorescent.
◇ *adj* fluorescent.

daylight ['deɪlaɪt] *n* -**1.** [dawn] = **daybreak**. -**2.** [light of day] jour *m*, lumière *f* du jour; it was still ~ il faisait encore jour; in ~ de jour; in broad ~ en plein jour; to begin to see ~ *fig* [approach end of task] commencer à voir le bout (du tunnel); [begin to understand] commencer à voir clair ❑ to beat OR to thrash OR to knock the living ~s out of sb *inf* tabasser qqn; to scare OR to frighten the living ~s out of sb *inf* flanquer une trouille bleue à qqn.

daylight robbery *inf n*: it's ~ c'est du vol pur et simple.

daylight-saving (time) *n* heure *f* d'été.

daylong ['deɪlɒŋ] *adj* [meeting, journey] d'une journée.

day nursery *n* garderie *f*.

day-old *adj* [chick, baby] d'un jour.

day pupil *n* SCH (élève *mf*) externe *mf*.

day release *n Br* formation *f* continue en alternance.

day return *n Br* RAIL aller-retour *m* valable pour la journée.

day school *n* externat *m*.

day shift *n* [period worked] service *m* de jour; [workers] équipe *f* de jour; to work the ~ travailler de jour, être (dans l'équipe) de jour; when do you go on ~? quand est-ce que tu prends le service de jour?

daytime ['deɪtaɪm] ◇ *n* journée *f*; in the ~ le jour, pendant la journée.
◇ *adj* de jour.

day-to-day *adj* [life, running of business] quotidien; [chores, tasks] journalier, quotidien; to lead a ~ existence vivre au jour le jour; [with difficulty] vivre péniblement jour après jour.

day trip *n* excursion *f*.

day tripper *n* excursionniste *mf*.

daze [deɪz] ◇ *n* [caused by blow] étourdissement *m*; [caused by emotional shock, surprise] ahurissement *m*; [caused by medication] abrutissement *m*; to be in a ~ [because of blow] être étourdi; [because of emotional shock, surprise] être abasourdi OR ahuri; [because of medication] être abruti.
◇ *vt* [subj: blow] étourdir; [subj: emotional shock, surprise] abasourdir, ahurir; [subj: medication] abrutir.

dazed [deɪzd] *adj* [by blow] étourdi; [by emotional shock, surprise] abasourdi, ahuri; [by medication] abruti.

dazzle ['dæzl] *vt literal* & *fig* éblouir.

dazzling ['dæzlɪŋ] *adj* éblouissant.

dazzlingly ['dæzlɪŋlɪ] *adv*: a ~ bright day une journée d'une clarté éblouissante; he is ~ successful il réussit brillamment dans la vie; ~ beautiful d'une beauté éblouissante.

DBE (*abbr of* Dame Commander of the Order of the British Empire) *n distinction honorifique britannique pour les femmes.*

DBMS (*abbr of* database management system) *n* SGBD *m*.

DBS (*abbr of* direct broadcasting by satellite) *n* télédiffusion *f* directe par satellite.

DC *n* -**1.** *abbr of* direct current. -**2.** *abbr of* District of Columbia.

dd. *written abbr of* delivered.

DD (*abbr of* Doctor of Divinity) *n (titulaire d'un) doctorat en théologie.*

D/D *written abbr of* direct debit.

D-day *n* le jour J.

DDS (*abbr of* Doctor of Dental Science) *n (titulaire d'un) doctorat en dentisterie.*

DDT (*abbr of* dichlorodiphenyltrichloroethane) *n* DDT *m*.

DE *written abbr of* Delaware.

DEA (*abbr of* Drug Enforcement Administration) *pr n agence américaine de lutte contre la drogue.*

deacon ['diːkn] *n* RELIG diacre *m*.

deaconess [,diːkə'nes] *n* RELIG diaconesse *f*.

deactivate [diː'æktɪ,veɪt] *vt* désamorcer.

dead [ded] ◇ *adj* -**1.** [not alive - person, animal, plant] mort; [- flower] fané; ~ man mort *m*; ~ woman morte *f*; the ~ woman's husband le mari de la défunte; he has been ~ for five years il est mort OR décédé il y a cinq ans, cela fait cinq ans qu'il est mort; to be ~ on arrival être mort OR décédé à l'arrivée à l'hôpital; ~ or alive mort ou vif; more ~ than alive plus mort que vif; half ~ with hunger/exhaustion/fear à demi mort de faim/d'épuisement/de peur; ~ and buried *literal* & *fig* mort et enterré; stone ~ raide mort; to drop (down) OR to fall down ~ tomber mort; to shoot sb ~ tuer qqn (avec une arme à feu), abattre qqn, descendre qqn; to leave sb for ~ laisser qqn pour mort; you're ~ if he finds out *inf fig* c'en est fini de toi s'il l'apprend ❑ drop ~! *inf* va te faire voir!; ~ as a doornail OR a dodo on ne peut plus mort; to step into ~ men's shoes prendre une place qui vient d'être libérée; to be waiting for ~ men's shoes attendre qu'une place se libère; over my ~ body je ne permettrai pas cela de mon vivant, moi vivant, c'est hors de question; you'll marry him over my ~ body je ne permettrai jamais que tu l'épouses, moi vivant, tu ne l'épouseras pas; I wouldn't be seen ~ in that restaurant je ne mettrai jamais les pieds dans ce restaurant; I wouldn't be seen ~ wearing something like that jamais de la vie je ne mettrai quelque chose comme ça; I wouldn't be seen ~ with him plutôt mourir que de me montrer en sa compagnie; ~ men tell no tales *prov* les morts ne parlent pas. -**2.** [lacking in sensation - fingers, toes etc] engourdi; to go ~ s'engourdir; he is ~ to reason il ne veut pas entendre raison ❑ she's ~ from the neck up *inf* elle n'a rien dans la tête; to be ~ to the world *inf* dormir d'un sommeil de plomb. -**3.** [not alight - fire] mort, éteint; [- coals] éteint; [- match] usé. -**4.** [lacking activity - town] mort; [- business, market] très calme. -**5.** [language] mort. -**6.** SPORT [out of play - ball] hors jeu *(inv)*. -**7.** ELEC [battery] mort, à plat; TELEC [phone, line] coupé; the line went ~ la ligne a été coupée. -**8.** [dull - colour] terne, fade; [- sound] sourd. -**9.** *inf* [tired out] mort, crevé. -**10.** [finished with -cigar] entièrement fumé; ~ copy TYPO vieille épreuve *f*; are these (glasses) ~? *inf* est-ce que vous avez fini avec ces verres? -**11.** *inf* [no longer working - TV, fridge etc] foutu. -**12.** [complete, exact]: ~ stop arrêt *m* brutal; to come to a ~ stop s'arrêter net; ~ calm NAUT calme *m* plat; ~ silence silence *m* complet OR de mort; on a ~ level with sthg exactement au même niveau que qqch; in ~ earnest [be] très sérieux; [speak] très sérieusement; ~ cert *inf Br* [in race, competition] valeur *f* sûre; it's a ~ cert that he'll be there il sera là à coup sûr; he's the ~ spit of his father *inf* c'est son père tout craché; she fell to the floor in a ~ faint elle tomba à terre, inconsciente; ~ loss *Br* COMM perte *f* sèche; to be a ~ loss *inf Br* [person, thing] être complètement nul.
◇ *adv* -**1.** [precisely]: ~ ahead tout droit; ~ in the middle juste au milieu, au beau milieu; to be ~ level (with sthg) *Br* être exactement au même niveau (que qqch); ~ on time *Br* juste à l'heure; to arrive ~ on the hour *Br* arriver à l'heure pile OR juste à l'heure; ~ on target *Br*

[hit sthg] en plein dans le mille; **you're ~ right** *inf Br* tu as entièrement raison; **you're ~ on** *inf Br* c'est exactement ça. -**2.** *inf* [very] super; **~ broke** complètement fauché; **~ drunk** ivre mort; **~ easy** super facile, fastoche; **~ good** *Br* super bon; **it was ~ lucky** *Br* c'était un super coup de bol OR de pot; **~ tired** mort, crevé. -**3.** [completely]: **the sea was ~ calm** la mer était parfaitement calme; **to be ~ against sthg/sb** être absolument contre qqch/qqn. -**4.** **~ slow** AUT au pas. -**5.** *phr*: **to play ~** faire le mort; **to stop ~** s'arrêter net; **to stop sb ~** arrêter qqn net.

◇ *npl*: **the ~** les morts; **to rise from the ~** RELIG ressusciter d'entre les morts.

◇ *n* [depth]: **in the ~ of winter** au cœur de l'hiver; **at ~ of night, in the ~ of night** au milieu OR au plus profond de la nuit.

dead-and-alive *adj Br*: **it's a ~ sort of place** c'est un vrai trou.

dead-ball line *n* RUGBY ligne *f* de ballon mort.

deadbeat *inf* ['dedbi:t] *n* bon à rien *m*, bonne à rien *f*; [tramp] épave *f*, loque *f*.

dead beat *inf adj* crevé, mort.

dead centre *n* TECH point *m* mort.

dead duck *inf n* [plan, proposal - which will fail] désastre *m* assuré, plan *m* foireux; [- which has failed] désastre *m*, fiasco *m*; **he's a ~** c'en est fini de lui.

deaden ['dedn] *vt* [sound] assourdir; [sense, nerve, hunger pangs] calmer; [pain] endormir, calmer; [blow] amortir; **the ~ing effects of alcohol** les effets insensibilisants OR anesthésiants de l'alcool.

dead end *n* cul *m* de sac, voie *f* sans issue, impasse *f*; **it's a ~** [job] il n'y a aucune perspective d'avenir; [line of investigation, research] cela ne mènera OR conduira à rien; **to come to a ~** [street] se terminer en cul de sac; **to come to** OR **to reach a ~** *fig* aboutir à une impasse.

◆ **dead-end** *adj* [street] sans issue; **a dead-end job** *fig* un travail qui n'offre aucune perspective d'avenir.

deadening ['dednɪŋ] *adj* [boredom, task] abrutissant.

dead hand *n* -**1.** [influence] mainmise *f*, emprise *f*. -**2.** JUR mainmorte *f*.

deadhead ['dedhed] ◇ *n* -**1.** [dull person] nullité *f*. -**2.** [person using free ticket - in theatre] spectateur *m*, -trice *f* ayant un billet de faveur; [- on train] voyageur *m*, -euse *f* muni(e) d'un billet gratuit. -**3.** *Am* [empty train, plane, lorry etc] *train, avion, camion etc circulant à vide.*

◇ *vt* [flowers] enlever les fleurs fanées de.

◇ *vi Am* [train] circuler à vide.

dead heat *n course dont les vainqueurs sont déclarés ex aequo*; [horse race] dead-heat *m*; **it was a ~** [athletics race] les coureurs sont arrivés ex aequo.

dead letter *n* -**1.** [letter that cannot be delivered] lettre *f* non distribuée, (lettre *f* passée au) rebut *m*. -**2.** [law, rule] loi *f* OR règle *f* caduque OR tombée en désuétude; **it's a ~** *fig* c'est mort et enterré.

dead-letter box, dead-letter drop *n* cachette *f*.

deadline ['dedlaɪn] *n* [day] date *f* limite; [hour] heure *f* limite; **Monday is the absolute ~** c'est pour lundi dernier délai OR dernière limite; **to meet/to miss a ~** respecter/laisser passer une date limite; **I'm working to a ~** j'ai un délai à respecter; **must be able to work to ~s** [in job advert] doit être capable de travailler en fonction de délais précis.

deadliness ['dedlɪnɪs] *n* [of poison, snake] caractère *m* mortel; [of weapon] caractère *m* meurtrier.

deadlock ['dedlɒk] ◇ *n* impasse *f*; **to reach (a) ~** arriver à une impasse; **to break the ~** [negotiators] sortir de l'impasse; [concession] apporter une solution à l'impasse.

◇ *vt* mettre dans une impasse; **to be ~ed** être dans une impasse.

deadly ['dedlɪ] (*compar* **deadlier**, *superl* **deadliest**) ◇ *adj* -**1.** [lethal - poison, blow] mortel; [- snake] au venin mortel; [- weapon] meurtrier; *fig* [hatred] mortel; [silence, pallor] de mort, mortel; **they are ~ enemies** *fig* ce sont des ennemis mortels ❑ **the seven ~ sins** les sept péchés capitaux. -**2.** [precise]: **his aim is ~** il a un tir excellent; **with ~ accuracy** avec une extrême précision. -**3.** [extreme]: **in ~ earnest** [say] avec le plus grand sérieux; **I am ~ earnest** je suis on ne peut plus sérieux. -**4.** *inf* [boring] mortel, barbant.

◇ *adv* extrêmement, terriblement; **~ pale** pâle comme la mort, d'une pâleur de mort OR mortelle; **it was ~ boring** c'était mortellement ennuyeux.

deadly nightshade *n* BOT belladone *f*.

deadman ['dedmæn] (*pl* **deadmen** [-men]) *n* CIV ENG ancrage *m*; [in mountaineering] piton *m* à neige.

dead man's handle *n* RAIL manette *f* d'homme-mort.

dead march *n* marche *f* funèbre.

deadness ['dednɪs] *n* -**1.** [of limbs] engourdissement *m*. -**2.** [of sound] caractère *m* sourd. -**3.** [of colour] caractère *m* terne. -**4.** [of place] caractère *m* ennuyeux OR mortel.

dead-nettle *n* ortie *f* blanche.

deadpan ['dedpæn] ◇ *adj* [face, expression] impassible; [humour] pince-sans-rire *(inv)*.

◇ *adv* d'un air impassible.

dead reckoning *n* NAUT estime *f*; **to navigate by ~** naviguer à l'estime.

dead ringer *inf n* sosie *m*; **to be a ~ for sb** être le sosie de qqn.

Dead Sea *pr n*: **the ~** la mer Morte.

dead set ◇ *adj*: **to be ~ on doing sthg** être fermement décidé à faire qqch; **to be ~ on sthg** tenir absolument OR à tout prix à qqch; **to be ~ against sthg/sb** être résolument opposé à qqch/qqn.

◇ *n*: **to make a ~ at sb** *Br dated* [romantically] jeter son dévolu sur qqn.

dead stock *n* AGR machines *fpl* agricoles.

dead weight *n literal & fig* poids *m* mort.

dead wood *Br*, **deadwood** *Am* ['dedwʊd] *n* [dead trees, branches] bois *m* mort; *fig* [useless people] personnel *m* inutile.

deaf [def] ◇ *adj* sourd; **~ in one ear** sourd d'une oreille; **~ people** les sourds *mpl*; **are you ~?** tu es sourd?; **to turn a ~ ear to sthg/sb** *fig* faire la sourde oreille à qqch/qqn; **our complaints fell on ~ ears** *fig* nos protestations n'ont pas été entendues ❑ **(as) ~ as a post** sourd comme un pot; **there are none so ~ as those who will not hear** *prov* il n'est pire sourd que celui qui ne veut entendre *prov*.

◇ *npl*: **the ~** les sourds *mpl*.

deaf-aid *n* appareil *m* acoustique.

deaf-and-dumb ◇ *adj* sourd-muet *(attention: le terme 'deaf-and-dumb' est considéré comme injurieux)*.

◇ *n* sourd-muet *m*, sourde-muette *f*.

deafen ['defn] *vt literal* rendre sourd; *fig* casser les oreilles à.

deafening ['defnɪŋ] *adj* [music, noise, roar] assourdissant; [applause] retentissant; **the silence was ~** *hum* il y avait un grand silence OR un silence impressionnant.

deafeningly ['defnɪŋlɪ] *adv*: **~ loud** assourdissant.

deaf-mute = **deaf-and-dumb**.

deafness ['defnɪs] *n* surdité *f*.

deal [di:l] (*pt & pp* **dealt** [delt]) ◇ *n* -**1.** [agreement] affaire *f*, marché *m*; ST. EX opération *f*, transaction *f*; **business ~** affaire, marché, transaction; **to do** OR **to make a ~ with sb** conclure une affaire OR un marché avec qqn; **I'll make a ~ with you** je te propose un marché; **the ~ is off** l'affaire est annulée, le marché est rompu; **the government does not do ~s with terrorists** le gouvernement ne traite pas avec les terroristes; **no ~s!** pas de marchandage!; **no ~!** je ne marche pas!; **it's a ~!** marché conclu!; **you've got (yourself) a ~!** *inf* ça marche!; **that wasn't the ~** ce n'est pas ce qui était convenu; **a good/bad ~** une bonne/mauvaise affaire; **to get a good ~** faire une bonne affaire; **what's the ~?** *inf Am* qu'est-ce qui se passe? -**2.** [treatment]: **to give sb a fair ~** traiter loyalement avec qqn; **the government promised (to give) teachers a better ~** le gouvernement a promis d'améliorer la condition des enseignants; **to get a rotten ~ out of life** ne pas être gâté par la vie ❑ **the New Deal** le New Deal, la Nouvelle Donne. -**3.** CARDS donne *f*, distribution *f*; **it's my ~** c'est à moi de donner. -**4.** [quantity]: **a (good) ~ of, a great ~ of** [money, time etc] beaucoup de; **he thinks a good/great ~ of her** il l'estime beaucoup/énormément; **I didn't enjoy it a great ~** je n'ai pas trop OR pas tellement aimé; **there's a good** OR **great ~ of truth in what you say** il y a beaucoup de vrai dans ce que vous dites; **I didn't do a great ~ last night** je n'ai pas fait grand-chose hier soir; **a good/great ~ faster** beaucoup plus vite; **big ~!** *inf iron* tu parles d'un coup!, la belle affaire!; **he made a big ~ out of it** *inf* il en a fait tout un plat OR tout un cinéma; **what's the big ~?** *inf* et alors?, et puis quoi?; **that's not such a big ~** *inf* ça ne vaut pas la peine qu'on en fasse tout un plat OR tout un cinéma. -**5.** [timber] planche *f*; **a ~ table** une table en bois.

◇ *vt* -**1.** CARDS donner, distribuer. -**2.** [strike]: **to ~ sb a blow** assener un coup à qqn; **to ~ sthg a blow, to ~ a blow to sthg** *fig* porter un coup à qqch. -**3.** [drugs] revendre.

◇ *vi* -**1.** CARDS distribuer les cartes; **it's your turn** OR **it's you to ~** c'est à toi de distribuer OR de donner. -**2.** COMM négocier, traiter; **the firm has been ~ing for over 50 years** cette société est en activité depuis plus de 50 ans; **to ~ on the Stock Exchange** faire des opérations OR des transactions en bourse; **to ~ in drugs** revendre de la drogue; **to ~ in death/human misery** *fig* être un marchand de mort/de misère humaine. -**3.** *inf* [in drugs] revendre de la drogue.

◆ **deal in** *vt sep* CARDS [player] donner OR distribuer des cartes à, servir; **~ me in** *fig* tu peux compter sur moi.

◆ **deal out** *vt sep* [cards, gifts] donner, distribuer; [justice] rendre; [punishment] distribuer; **~ me out** *fig* ne compte pas sur moi.

◆ **deal with** *vt insep* -**1.** [handle - problem, situation, query, complaint] traiter; [- customer, member of the public] traiter avec; [- difficult situation] s'occuper de; **a difficult child to ~ with** un enfant difficile; **a job that involves ~ing with the public** un travail qui implique un contact avec le public; **the author ~s with the question very sensitively** l'auteur traite OR aborde ce sujet avec beaucoup de délicatesse; **I'll ~ with it** [problem, situation etc] je m'en occupe, je m'en charge; **I'll ~ with you later** [to naughty child] je vais m'occuper de toi OR de ton cas plus tard; **I can't ~ with all the work I've got** je ne me sors pas de tout le travail que j'ai; **the management dealt with the situation promptly** la direction a réagi immédiatement; **the culprits were dealt with severely** les coupables ont été sévèrement punis; **the switchboard ~s with over 1,000 calls a day** le standard traite OR reçoit plus de 1 000 appels par jour; **that's that dealt with** voilà qui est fait. -**2.** [do business with] traiter OR négocier avec; **she's not an easy woman to ~ with** ce n'est pas facile de traiter OR négocier avec elle. -**3.** [be concerned with] traiter de; **in my lecture, I shall ~ with...** dans mon cours, je traiterai de...

dealer ['di:lə^r] *n* -**1.** COMM marchand *m*, -e *f*, négociant *m*, -e *f*; ST. EX marchand *m*, -e *f* de titres; AUT concessionnaire *mf*. -**2.** [in drugs] dealer *m*. -**3.** CARDS donneur *m*, -euse *f*.

dealership ['di:ləʃɪp] *n* AUT & COMM concession *f*.

dealing ['di:lɪŋ] *n* -**1.** *(U)* ST. EX opérations *fpl*, transactions *fpl*; [trading] commerce *m*. -**2.** *(U)* [of cards] donne *f*, distribution *f*. -**3.** **~s** [business] affaires *fpl*, transactions *fpl*; [personal] relations *fpl*; **to have ~s with sb** [in business] traiter avec qqn, avoir affaire à qqn; [personal] avoir affaire à qqn. -**4.** [in drugs] trafic *m* de drogue.

dealt [delt] *pt* & *pp* → **deal**.

dean [diːn] *n* UNIV & RELIG doyen *m*, -enne *f*.

deanery ['diːnərɪ] *n* RELIG doyenné *m*; UNIV résidence *f* du doyen.

dear [dɪə^r] ◇ *adj* -**1.** [loved] cher; [precious] cher, précieux; [appealing] adorable, charmant; **he is a ~ friend of mine** c'est un ami très cher; **she's such a ~ girl** elle est tellement gentille; **Margaret ~** est ma chère Margaret; **he/the memory is very ~ to me** il/ce souvenir m'est très cher; **to hold sb/sthg ~** *lit* chérir qqn/qqch; **all that I hold ~ (in life)** tout ce qui m'est cher; **to run for ~ life** courir à toute vitesse; **to hang on for ~ life** s'accrocher désespérément; MED s'accrocher à la vie; **my ~ fellow** mon cher ami; **my ~ girl** ma chère; **my ~ Mrs Stevens** chère madame Stevens; **what a ~ little child/cottage/frock!** quel enfant/quel cottage/quelle robe adorable! -**2.** [in letter]: **Dear Sir** Monsieur; **Dear Madam** Madame; **Dear Sir or Madam** Madame, Monsieur; **Dear Sirs** Messieurs; **Dear Mrs Baker/Mr McLeod** Madame/Monsieur; [less formal] Chère Madame/Cher Monsieur; [informal] Chère Madame Baker/Cher Monsieur McLeod; **Dear Henry** Cher Henry; **Dear Mum and Dad** Chers Maman et Papa; **My ~ Clare** Ma chère Clare; **Dearest Richard** Très cher Richard. -**3.** [expensive - item, shop] cher; [- price] haut, élevé; **things are getting ~er** *esp Br* la vie augmente.

◇ *interj*: **~!, ~!~!, ~ me!, oh ~!** [surprise] oh mon Dieu!; [regret] oh là là!; **oh ~!** [worry] mon Dieu!

◇ *n*: **my ~** [to child, spouse, lover] mon chéri, ma chérie; [to friend] mon cher, ma chère; **my ~** est mon chéri, ma chérie; **she's such a ~** elle est tellement gentille; **I gave the old ~ my seat** *inf Br* j'ai laissé ma place à la vieille dame; **poor ~** pauvre chéri, pauvre chérie; **be a ~ and answer the phone, answer the phone, there's a ~** sois gentil OR un amour, réponds au téléphone.

◇ *adv* [sell, pay, cost] cher *(adv)*.

dear Abby [-'æbɪ] *n Am la rubrique courrier du cœur.*

dearie *inf* ['dɪərɪ] ◇ *n* chéri *m*, -e *f*.

◇ *interj*: **(oh) ~ me!** oh mon Dieu!

Dear John (letter) *inf n* lettre *f* de rupture.

dearly ['dɪəlɪ] *adv* -**1.** [very much] beaucoup, énormément; **I would ~ love to live in the country** j'aimerais beaucoup OR j'adorerais vivre à la campagne; **~ beloved son of...** [on gravestone] fils bien-aimé de...; **~ beloved, we are gathered here today...** mes biens chers frères, nous sommes aujourd'hui rassemblés... -**2.** [at high cost]: **to pay ~ for sthg** payer cher qqch.

dearness ['dɪənɪs] *n* -**1.** [costliness] cherté *f*. -**2.** [of loved one]: **her ~ to him grew with every day that passed** l'affection qu'il avait pour elle croissait de jour en jour.

dearth [dɜːθ] *n* pénurie *f*.

deary *inf* ['dɪərɪ] = **dearie** *n*.

death [deθ] *n* mort *f*; JUR décès *m*; **his ~ came as a shock to me** sa mort a été un choc pour moi; **I was with him at the time of his ~** j'étais auprès de lui quand il est mort; **how many ~s were there?** combien y a-t-il eu de morts?; **their ~s were caused by smoke inhalation** leur mort a été causée OR provoquée par l'inhalation de fumée; **a ~ in the family** un décès dans la famille; **to fall/to jump to one's ~** se tuer en tombant/se jetant dans le vide; **to freeze/to starve to ~** mourir de froid/de faim; **to be beaten to ~** être battu à mort; **to be burnt to ~** mourir brûlé; **to bleed to ~** perdre tout son sang; **to fight to the ~** se battre à mort; **to meet one's ~** trouver la mort; **to meet an early ~** mourir jeune; **condemned to** OR **under sentence of ~** condamné à mort; **to sentence/to put sb to ~** condamner/mettre qqn à mort; **to smoke/to drink o.s. to ~** se tuer à force de fumer/boire; **~ to the Czar!** mort au Tsar!; **till ~ do us part** jusqu'à ce que la mort nous sépare; **this means the ~ of the steel industry** cela sonne le glas de la sidérurgie; **it's been done to ~** *fig* [play, subject for novel etc] ça a été fait et refait; **to discuss sthg to ~** *fig* discuter de qqch jusqu'à l'épuisement du sujet; **to look like ~ (warmed up)** *inf* avoir une mine de déterré; **to feel like ~ (warmed up)** *inf* être en piteux état; **to catch one's ~ (of cold)** *inf* attraper la mort OR la crève; **to be in at the ~** *fig* être présent à la fin; **to die a horrible ~** avoir une mort atroce; **to be sick** OR **tired to ~ of** *inf* en avoir ras le bol de; **to be bored to ~** *inf* s'ennuyer à mourir; **to be worried/scared to ~** *inf* être mort d'inquiétude/de frousse; **you'll be the ~ of me** *inf* [with amusement] tu me feras mourir (de rire); [with irritation] tu es tuant; **that job will be the ~ of her** ce travail la tuera ❑ **to be at ~'s door** [patient] être à l'article de la mort; **to die a thousand ~s** [worry about somebody] mourir d'inquiétude; [worry about oneself] être mort de peur; [be embarrassed] mourir de honte; **to die the ~** *inf* [actor, film] faire un bide; [joke] tomber à plat; [idea, plan, hope] tomber à l'eau; **~ by misadventure** mort accidentelle; **to hang** OR **to hold** OR **to cling on like grim ~** s'accrocher désespérément; **'Death in the Afternoon'** *Hemingway* 'Mort dans l'après-midi'; **'Death of a Salesman'** *Miller* 'Mort d'un commis voyageur'; **'Death in Venice'** *Mann, Visconti* 'Mort à Venise'.

deathbed ['deθbed] ◇ *n* lit *m* de mort; **on one's ~** sur son lit de mort.

◇ *adj* [confession] fait à l'article de la mort; [repentance] exprimé à l'article de la mort; **the ~ scene** THEAT la scène du lit de mort.

deathblow ['deθbləʊ] *n fig* coup *m* fatal OR mortel; **to be the ~ for sthg** porter un coup fatal OR mortel à qqch.

death camp *n* camp *m* de la mort.

death cap *n* BOT amanite *f* phalloïde.

death cell *n* cellule *f* de condamné à mort.

death certificate *n* acte *m* OR certificat *m* de décès.

death-dealing *adj* mortel, fatal.

death duty *n* droits *mpl* de succession.

death knell *n* glas *m*; **to sound the ~ for** OR **of sthg** *fig* sonner le glas de qqch.

deathless ['deθlɪs] *adj* immortel; *hum* inimitable.

deathlike ['deθlaɪk] *adj* de mort, mortel.

deathly ['deθlɪ] ◇ *adj* [silence, pallor] de mort, mortel.

◇ *adv*: **~ pale** pâle comme la mort; **~ cold** glacial; **the house was ~ quiet** [silent] la maison était plongée dans un profond silence; [sinister] la maison était plongée dans un silence de mort.

death march = **dead march**.

death mask *n* masque *m* mortuaire.

death penalty *n* peine *f* de mort, peine *f* capitale.

death rate *n* taux *m* de mortalité.

death rattle *n* râle *m* d'agonie.

death row *n* quartier *m* des condamnés à mort; **he's been on ~ for ten years** cela fait dix ans qu'il est au quartier des condamnés à mort.

death seat *inf n Am* & *Austr* [in a vehicle] place *f* du mort.

death sentence *n* condamnation *f* à mort.

death's-head *n* tête *f* de mort.

death's-head moth *n* sphinx *m* tête-de-mort.

death squad *n* escadron *m* de la mort.

death tax *Am* = **death duty**.

death throes *npl* agonie *f*; [painful] affres *fpl* de la mort; *fig* agonie *f*; **to be in one's ~** agoniser, être agonisant; [suffering] connaître les affres de la mort; **to be in its ~** *fig* [project, business etc] agoniser, être agonisant.

death toll *n* nombre *m* de morts; **the ~ stands at 567** il y a 567 morts, le bilan est de 567 morts.

death trap *n véhicule ou endroit extrêmement dangereux*; **the building is a ~** l'édifice est extrêmement dangereux.

Death Valley *pr n* la Vallée de la Mort.

death warrant *n* ordre *m* d'exécution; **to sign one's own ~** *fig* signer son propre arrêt de mort.

deathwatch ['deθwɒtʃ] *n* veillée *f* mortuaire.

deathwatch beetle *n* grande OR grosse vrillette *f*, horloger *m* de la mort.

death wish *n* PSYCH désir *m* de mort; **the government seems to have a ~** *fig* le gouvernement semble avoir un instinct suicidaire.

deb *inf* [deb] = **debutante**.

debacle [de'bɑːkl] *n* débâcle *f*.

debag *inf* [,diː'bæg] (*pt* & *pp* **debagged**, *cont* **debagging**) *vt* déculotter de force.

debar [diː'bɑː^r] (*pt* & *pp* **debarred**, *cont* **debarring**) *vt* interdire à; **to ~ sb from sthg/doing sthg** interdire qqch à qqn/à qqn de faire qqch.

debark *etc* [dɪ'bɑːk] = **disembark**.

debarment [dɪ'bɑːmənt] *n* interdiction *f*.

debase [dɪ'beɪs] *vt* [degrade - person, sport] avilir, abaisser; [- quality of object] dégrader, altérer; **to ~ the coinage** altérer la monnaie; *fig* dévaloriser la monnaie.

debasement [dɪ'beɪsmənt] *n* [of person, sport] avilissement *m*, abaissement *m*; [of quality of object] dégradation *f*, altération *f*; [of currency] altération *f*; *fig* dévalorisation *f*.

debatable [dɪ'beɪtəbl] *adj* discutable, contestable; **it is ~ whether...** on peut se demander si..., on peut se poser la question de savoir si...

debate [dɪ'beɪt] ◇ *vt* débattre, discuter; **to ~ what to do** [two or more people] discuter de OR débattre de ce qu'on va faire; [one person] se demander ce qu'on va faire; **a much ~d question** une question très débattue.

◇ *vi* discuter; **to ~ (with o.s.) whether to do sthg or not** se demander si on doit faire qqch.

◇ *n* [gen] discussion *f*; [organized] débat *m*; **to have** OR **to hold a ~ about** OR **on sthg** tenir un débat OR avoir une discussion sur OR à propos de qqch; **there's been a lot of ~ about it** cela a été très OR longuement débattu; **the subject under ~** le sujet des débats; **open to ~** discutable, contestable; **after much** OR **lengthy ~** [between two or more people] après de longs débats; [with oneself] après de longs débats intérieurs; **to be the subject of ~** faire le thème de débats.

debater [dɪ'beɪtə^r] *n* débatteur *m*; **to be a skilled ~** exceller dans les débats.

debating [dɪ'beɪtɪŋ] ◇ *n* art *m* du débat.

◇ *comp*: **~ society** société *f* de débats contradictoires.

debauch [dɪ'bɔːtʃ] ◇ *vt* débaucher; *arch* OR *lit* [woman] séduire.

◇ *n arch* OR *lit* partie *f* de débauche.

debauched [dɪ'bɔːtʃt] *adj* débauché.

debauchee [dɪbɔː'tʃiː] *n* débauché *m*, -e *f*.

debauchery [dɪ'bɔːtʃərɪ] *n* débauche *f*.

debenture [dɪ'bentʃə^r] FIN ◇ *n* obligation *f*.

◇ *comp*: **~ bond** titre *m* d'obligation; **~ holder** obligataire *mf*, détenteur *m*, -trice *f* d'obligations; **~ stock** obligation *f* sans garantie.

debilitate [dɪ'bɪlɪteɪt] *vt* débiliter.

debilitating [dɪ'bɪlɪteɪtɪŋ] *adj* [illness] débilitant; [climate] anémiant.

debility [dɪ'bɪlətɪ] *n* débilité *f*.

debit ['debɪt] FIN ◇ *n* débit *m*; **your account is in ~** *Br* votre compte est déficitaire OR débiteur.

◇ *comp* [balance, account] débiteur; **~ card** *carte de paiement à débit immédiat*; **~ entry** écriture *f* au débit; **~ side** débit *m*; **on the ~ side, he is not very presentable** *fig* ce qui le dessert, c'est qu'il n'est pas très présentable; **on the ~ side, it means we won't see her** *fig* l'inconvénient, c'est que nous ne la verrons pas.

◇ *vt* [account] débiter; [person] porter au débit de qqn; **to ~ £50 from sb's account, to ~ sb's account with £50** débiter 50 livres du compte de qqn, débiter le compte de qqn de 50 livres.

DEBIT CARD:
La «debit card» permet de régler des achats et des services en débitant directement le compte bancaire de l'utilisateur; elle se distingue par là de la carte de crédit (qui débite le compte une fois par mois). Elle permet également de retirer de l'argent.

debonair [ˌdebəˈneəʳ] *adj* d'une élégance nonchalante.
Deborah [ˈdebərə] *pr n* Déborah.
debouch [dɪˈbaʊtʃ] *vi* GEOG & MIL déboucher.
Debrett [dəˈbret] (*abbr of* Debrett's Peerage) *n annuaire de l'aristocratie britannique.*
debrief [ˌdiːˈbriːf] *vt* faire faire un compte rendu verbal de mission à, débriefer; **pilots are ~ed after every flight** on fait faire un compte rendu verbal de mission aux pilotes OR on débriefe les pilotes après chaque vol.
debriefing [ˌdiːˈbriːfɪŋ] ◇ *n* compte rendu *m* verbal de mission.
◇ *comp*: ~ **officer** officier *m* chargé de recevoir le compte rendu verbal des pilotes; ~ **room** salle *f* de compte rendu de mission.
debris [ˈdeɪbriː] *n (U)* débris *mpl*.
debt [det] ◇ *n* [gen] dette *f*; ADMIN créance *f*; **to be in ~, to have ~s** avoir des dettes, être endetté; **to be out of ~** s'être acquitté de ses dettes; **to get** OR **to run into ~** s'endetter; **to get out of ~** s'acquitter de ses dettes; **to pay one's ~s** régler ses dettes; **he has paid his ~ to society** il s'est acquitté de sa dette envers la société; **to be in ~ to sb** être endetté auprès de qqn; *fig* avoir une dette envers qqn, être redevable à qqn ❑ **bad ~** mauvaise créance; **~ of honour** dette d'honneur; **outstanding ~** dette OR créance à recouvrer.
◇ *comp* [rescheduling, servicing] de la dette; ~ **collector** agent *m* de recouvrement; ~ **collection agency** bureau *m* de recouvrement OR récupération des créances.
debtor [ˈdetəʳ] *n* débiteur *m*, -trice *f*; ~ **nations** pays *mpl* débiteurs.
debt-ridden *adj* criblé de dettes.
debug [ˌdiːˈbʌg] (*pt* & *pp* debugged, *cont* debugging) *vt* -**1.** COMPUT [program] déboguer; [machine] mettre au point. -**2.** [remove hidden microphones from] débarrasser des micros (cachés). -**3.** [remove insects from] débarrasser des insectes, désinsectiser.
debugging [ˌdiːˈbʌgɪŋ] ◇ *n* -**1.** COMPUT [of program] débogage *m*; [of machine] mise *f* au point. -**2.** [removal of microphones] élimination *f* des micros (cachés). -**3.** [removal of insects] désinsectisation *f*.
◇ *comp* -**1.** COMPUT de débogage. -**2.** [to remove microphones - operation] d'élimination des micros (cachés); [- team] chargé d'éliminer les micros (cachés); [- expert] dans l'élimination de micros (cachés). -**3.** [to remove insects] de désinsectisation.
debunk *inf* [ˌdiːˈbʌŋk] *vt* [ridicule] tourner en ridicule; [show to be false] discréditer.
debut [ˈdeɪbjuː] (*pt* & *pp* debut'd) ◇ *n* début *m*; **to make one's ~** faire ses débuts.
◇ *vi* débuter; **to ~ as** débuter dans le rôle de.
debutante [ˈdebjʊtɑːnt] *n* débutante *f*.
Dec. (*written abbr of* December) déc.
decade [ˈdekeɪd] *n* -**1.** [ten years] décennie *f*; **before the end of the ~** avant la fin de cette décennie; **over a ~ ago** il y a plus de dix ans. -**2.** RELIG dizaine *f*.
decadence [ˈdekədəns] *n* décadence *f*.
decadent [ˈdekədənt] ◇ *adj* décadent.
◇ *n* -**1.** personne *f* décadente. -**2.** ART décadent *m*, -e *f*.
decadently [ˈdekədəntlɪ] *adv* de manière décadente.
decaf *inf* [ˈdiːkæf] *n* [coffee] déca *m*.
decaffeinated [dɪˈkæfɪneɪtɪd] *adj* décaféiné.
decagon [ˈdekəgən] *n* décagone *m*.
decagramme *Br*, **decagram** *Am* [ˈdekəgræm] *n* décagramme *m*.
decal *inf* [ˈdiːkæl] *n Am* décalcomanie *f*.
decalcification [ˈdiːˌkælsɪfɪˈkeɪʃn] *n* décalcification *f*.
decalcify [ˌdiːˈkælsɪfaɪ] *vt* décalcifier.
decalcomania [dɪˌkælkəˈmeɪnjə] *n* décalcomanie *f*.
decalitre *Br*, **decaliter** *Am* [ˈdekəˌliːtəʳ] *n* décalitre *m*.
Decalogue [ˈdekəlɒg] *pr n* BIBLE décalogue *m*.
decametre *Br*, **decameter** *Am* [ˈdekəˌmiːtəʳ] *n* décamètre *m*.
decamp [dɪˈkæmp] *vi* -**1.** MIL lever le camp. -**2.** *inf* [abscond] décamper, ficher le camp.
decant [dɪˈkænt] *vt* décanter.
decanter [dɪˈkæntəʳ] *n* carafe *f*.
decapitate [dɪˈkæpɪteɪt] *vt* décapiter.
decapitation [dɪˌkæpɪˈteɪʃn] *n* décapitation *f*.
decapod [ˈdekəpɒd] *n* décapode *m*.
decarbonization [diːˌkɑːbənaɪˈzeɪʃn] *n* décarbonisation *f*; AUT décalaminage *m*; METALL décarburation *f*.
decarbonize [ˌdiːˈkɑːbənaɪz] *vt* décarboniser; AUT décalaminer; METALL décarburer.
decathlete [dɪˈkæθliːt] *n* décathlonien *m*, -enne *f*.
decathlon [dɪˈkæθlɒn] *n* décathlon *m*.
decay [dɪˈkeɪ] ◇ *vi* -**1.** [rot - food, wood, flowers] pourrir; [- meat] s'avarier, pourrir; [- corpse] se décomposer; [- tooth] se carier; [- building] se délabrer; [- stone] s'effriter, se désagréger; *fig* [- beauty, civilization, faculties] décliner. -**2.** PHYS dépérir, se dégrader, se désintégrer.
◇ *vt* [wood] pourrir; [stone] désagréger; [tooth] carier.
◇ *n* -**1.** [of food, wood, flowers] pourrissement *m*; [of corpse] décomposition *f*; [of building] délabrement *m*; [of stone] effritement *m*, désagrégation *f*; *fig* [of beauty, faculties] délabrement *m*; [of civilization] déclin *m*; **area of ~** [in tooth] zone *f* cariée; **to fall into ~** *literal* & *fig* se délabrer; **in an advanced state of ~** dans un état de délabrement avancé; **moral ~** déchéance *f* morale ❑ **senile ~** dégénérescence *f* sénile; **tooth ~** carie *f*. -**2.** PHYS désintégration *f*, dégradation *f*.
decayed [dɪˈkeɪd] *adj* [food, wood, flowers] pourri; [meat] avarié, pourri; [corpse] décomposé; [tooth] carié; [building] délabré, en ruines; [stone] effrité, désagrégé; *fig* [beauty] fané; [civilization] délabré, en ruines.
decaying [dɪˈkeɪɪŋ] *adj* [food, wood, flowers] pourrissant; [meat] en train de s'avarier; [corpse] en décomposition; [tooth] en train de se carier; [building] qui se délabre; [stone] en désagrégation; *fig* [beauty] qui se fane; [civilization] sur le déclin.
Deccan [ˈdekən] *pr n* Deccan *m*.
decease [dɪˈsiːs] ◇ *n* décès *m*.
◇ *vi* décéder.
deceased [dɪˈsiːst] (*pl inv*) ◇ *adj* décédé, défunt.
◇ *n*: **the ~** le défunt, la défunte.
deceit [dɪˈsiːt] *n* -**1.** [quality] duplicité *f*. -**2.** [trick] supercherie *f*, tromperie *f*. -**3.** JUR fraude *f*; **by ~** frauduleusement.
deceitful [dɪˈsiːtfʊl] *adj* trompeur; [behaviour] trompeur, sournois.
deceitfully [dɪˈsiːtfʊlɪ] *adv* trompeusement, avec duplicité.
deceitfulness [dɪˈsiːtfʊlnɪs] *n* tromperie *f*, duplicité *f*.
deceive [dɪˈsiːv] *vt* tromper; **to ~ sb into doing sthg** amener qqn à faire qqch par la tromperie; **she ~d me into believing that...** elle m'a fait croire que...; **to ~ o.s.** se mentir à soi-même; **unless my eyes ~ me** à moins que mes yeux ne me jouent des tours OR que ma vue ne me joue des tours.
deceiver [dɪˈsiːvəʳ] *n* trompeur *m*, -euse *f*.
decelerate [ˌdiːˈseləreɪt] *vi* & *vt* ralentir.
deceleration [diːˌseləˈreɪʃn] *n* ralentissement *m*.
December [dɪˈsembəʳ] *n* décembre.
decency [ˈdiːsnsɪ] (*pl* **decencies**) *n* décence *f*; **for ~'s sake** pour respecter les convenances; **for ~'s sake!** un peu de décence!; **an offence against public ~** *Br* un outrage à la pudeur; **to have the (common) ~ to do sthg** avoir la décence de faire qqch; **to observe the decencies** observer les convenances.
decent [ˈdiːsnt] *adj* -**1.** [proper, morally correct] décent, convenable; **~, church-going folk** des gens comme il faut, qui vont à l'église; **after a ~ length of time** après une période de temps convenable; **to do the ~ thing** se comporter OR agir dans les règles; [marry woman one has made pregnant] faire son devoir, réparer; **are you ~?** [dressed] es-tu visible? -**2.** [satisfactory, reasonable - housing, wage] décent, convenable; [- price] convenable, raisonnable; **a ~ meal** un bon repas; **a ~ night's sleep** une bonne nuit de sommeil; **the rooms are a ~ size** les pièces sont de bonne taille; **to speak ~ French** parler assez bien OR parler convenablement le français. -**3.** *inf* [kind, good] bien, sympa; **he's a ~ sort (of chap)** *Br* c'est un type bien; **that's very ~ of you** c'est très sympa de ta part.
decently [ˈdiːsntlɪ] *adv* -**1.** [properly] décemment, convenablement; **you can't ~ ask her to do that** tu ne peux pas décemment lui demander de faire cela. -**2.** [reasonably]: **the job pays ~** le travail paie raisonnablement bien. -**3.** *inf* [kindly] de manière sympa.
decentralization [diːˌsentrəlaɪˈzeɪʃn] *n* décentralisation *f*.
decentralize [ˌdiːˈsentrəlaɪz] *vt* décentraliser.
deception [dɪˈsepʃn] *n* -**1.** [act of deceiving] tromperie *f*, duperie *f*; **by ~** en usant de tromperie. -**2.** [trick] subterfuge *m*, tromperie *f*. -**3.** [state of being deceived] duperie *f*.
deceptive [dɪˈseptɪv] *adj* trompeur; **appearances can be ~** il ne faut pas se fier aux apparences, les apparences sont trompeuses.
deceptively [dɪˈseptɪvlɪ] *adv*: **it looks ~ easy/near** cela donne l'illusion d'être facile/tout près, on a l'impression que c'est facile/tout près; **he has a ~ calm exterior** il a une apparence calme qui n'est qu'illusoire.
deceptiveness [dɪˈseptɪvnɪs] *n* caractère *m* trompeur.
decibel [ˈdesɪbel] *n* décibel *m*; **to measure the ~ level of a concert** mesurer le niveau en décibels d'un concert; **the ~ level was quite overpowering** le bruit était assourdissant.
decide [dɪˈsaɪd] ◇ *vt* -**1.** [resolve] décider; **to ~ to do sthg** décider de faire qqch; **it was ~d to alter our strategy** il a été décidé que nous devions modifier notre stratégie; **nothing has been ~d** rien n'a été décidé; **what have you ~d?** qu'avez-vous décidé?; **the weather hasn't ~d what it's doing yet** le temps n'arrive pas à se décider. -**2.** [determine - outcome, sb's fate, career] décider de, déterminer; [- person] décider; **that was what ~d me to leave him** c'est ce qui m'a décidé à le quitter. -**3.** [settle - debate, war] décider de l'issue de.
◇ *vi* -**1.** [make up one's mind] décider, se décider; **I can't ~** je n'arrive pas à me décider; **you ~** c'est toi qui décides; **I haven't ~d yet** je n'ai pas encore décidé; **he'll need time to ~** il lui faudra du temps pour décider; **you'll have to ~ for yourself** c'est toi qui devras décider; **to ~ against/in favour of doing sthg** décider de ne pas/de faire qqch; **to ~ in favour of sb/sthg** JUR décider en faveur de qqn/qqch; **to ~ against sb/sthg** JUR décider contre qqn/qqch. -**2.** [determine]: **but circumstances ~d otherwise** mais les circonstances en ont décidé autrement.
◆ **decide on** *vt insep* décider de, se décider pour; **what plan of action have you ~d on?** pour quel plan d'action vous êtes-vous décidé?, quel plan d'action avez-vous décidé de suivre?; **to ~ on a day for the wedding/a name for the baby** décider du jour du mariage/du nom du bébé.
decided [dɪˈsaɪdɪd] *adj* -**1.** [distinct - improvement, difference] net, incontestable; [- success] éclatant. -**2.** [resolute - person, look] décidé, résolu; [- opinion, stance] ferme; [- effort] résolu; [- refusal] ferme, catégorique; **I'm quite ~ about leaving** je suis fermement décidé à partir.

decidedly [dɪ'saɪdɪdlɪ] *adv* **-1.** [distinctly - better, different] décidément; **I feel ~ unwell today** je ne me sens vraiment pas bien aujourd'hui, décidément, je ne me sens pas bien aujourd'hui; **so she's better? – yes, ~** so alors, elle va mieux? – beaucoup OR nettement mieux, oui; **was the weather unpleasant? – yes, ~** so avez-vous eu du mauvais temps? – extrêmement mauvais, oui. **-2.** [resolutely] résolument, fermement.

decider [dɪ'saɪdə^r] *n* [goal] but *m* décisif; [point] point *m* décisif; [match] match *m* décisif, rencontre *f* décisive; [factor] facteur *m* décisif.

deciding [dɪ'saɪdɪŋ] *adj* décisif, déterminant; **the chairperson has the ~** vote la voix du président est prépondérante.

deciduous [dɪ'sɪdjʊəs] *adj* [tree] à feuilles caduques; [leaves, antlers] caduc.

decilitre *Br*, **deciliter** *Am* ['desɪ,liːtə^r] *n* décilitre *m*.

decimal ['desɪml] ◇ *adj* décimal; **to go ~** adopter le système décimal.
◇ *n* chiffre *m* décimal; **we haven't done ~s yet** on n'a pas encore vu les chiffres décimaux.

decimal fraction = **decimal** *n*.

decimalization [,desɪməlaɪ'zeɪʃn] *n* décimalisation *f*.

decimalize ['desɪməlaɪz] ◇ *vt* décimaliser.
◇ *vi* adopter le système décimal.

decimal place *n* décimale *f*; **correct to four ~s** exact jusqu'à la quatrième décimale OR jusqu'au quatrième chiffre après la virgule OR au dix millième près.

decimal point *n* virgule *f*.

decimal system *n* système *m* décimal.

decimate ['desɪmeɪt] *vt* décimer.

decimation [,desɪ'meɪʃn] *n* décimation *f*.

decimetre *Br*, **decimeter** *Am* ['desɪ,miːtə^r] *n* décimètre *m*.

decipher [dɪ'saɪfə^r] *vt* [code, handwriting] déchiffrer.

decipherable [dɪ'saɪfərəbl] *adj* déchiffrable.

decision [dɪ'sɪʒn] ◇ *n* **-1.** décision *f*; **to make** OR **to take a ~** prendre une décision, se décider; JUR & ADMIN prendre une décision; **to come to** OR **to arrive at** OR **to reach a ~** parvenir à une décision; **to make the right/wrong ~** faire le bon/mauvais choix; **it's your ~** c'est toi qui décides; **is that your ~?** ta décision est prise?; **the referee's ~ is final** la décision de l'arbitre est irrévocable OR sans appel. **-2.** *fml* [decisiveness] décision *f*, résolution *f*, fermeté *f*. **-3.** [decision-making]: **it's a matter for personal ~** c'est une affaire de choix personnel.
◇ *comp* COMPUT: **~ table** table *f* de décision.

decision-maker *n* [person responsible for decisions] décideur *m*, -euse *f*, décisionnaire *mf*; **he's not a ~** [he's no good at making decisions] il n'aime pas prendre des décisions.

decision-making *n* prise *f* de décision; **the ~ process** le processus de (prise de) décision; **he's no good at ~** il ne sait pas prendre des décisions; **a job which calls for a lot of ~** un travail qui demande qu'on prenne beaucoup de décisions.

decisive [dɪ'saɪsɪv] *adj* **-1.** [manner, person] décidé, résolu; **be ~!** montre-toi décidé OR résolu! **-2.** [factor, argument] décisif, déterminant.

decisively [dɪ'saɪsɪvlɪ] *adv* **-1.** [resolutely] résolument, sans hésitation. **-2.** [conclusively] de manière décisive.

decisiveness [dɪ'saɪsɪvnɪs] *n* **-1.** [of person] décision *f*; **to say sthg with ~** dire qqch d'un air décidé OR résolu. **-2.** [of battle] caractère *m* décisif OR déterminant.

deck [dek] ◇ *n* **-1.** NAUT pont *m*; **upper/lower ~** pont supérieur/inférieur; **on ~** sur le pont; **to go (up) on ~** monter sur le pont; **below ~** OR **~s** sous le pont; **to clear the ~s** *fig* mettre de l'ordre avant de passer à l'action. **-2.** [of plane, bus] étage *m*; **top** OR **upper ~** [of bus] impériale *f*. **-3.** CARDS jeu *m* de cartes; **to shuffle the ~** battre les cartes; **there are only 51 cards in this ~** il n'y a que 51 cartes dans ce jeu. **-4.** [in hi-fi system] platine *f*. **-5.** *Am* [of house] ponton *m*.
◇ *comp* NAUT [officer, cabin, crane] de pont; **~ cargo** pontée *f*.
◇ *vt* **-1.** = **deck out**. **-2.** *inf* [knock to the ground] envoyer au tapis.
◆ **deck out** *vt sep* parer, orner; **to ~ o.s. out in one's best clothes** se mettre sur son trente et un.

deck chair *n* chaise *f* longue, transat *m*.

deckel ['dekl] = **deckle**.

-decker ['dekə^r] *in cpds*: **double~ bus** bus *m* à impériale; **double~ sandwich** sandwich *m* double.

deckhand ['dekhænd] *n* matelot *m*.

deckhouse ['dekhaʊs, *pl* -haʊzɪz] *n* rouf *m*.

deckle ['dekl] *n* cadre *m* volant *(utilisé dans la fabrication artisanale du papier)*.

deckle edge *n* [on paper] bord *m* frangeux, barbes *fpl*.

deckle-edged *adj* [paper] à bord frangeux, à barbes.

deck tennis *n sorte de tennis joué sur le pont d'un navire.*

declaim [dɪ'kleɪm] ◇ *vi* déclamer; **to ~ against sthg** récriminer OR se récrier contre qqch.
◇ *vt* déclamer.

declamation [,deklə'meɪʃn] *n* déclamation *f*.

declamatory [dɪ'klæmətrɪ] *adj* [style] déclamatoire.

declarant [dɪ'kleərənt] *n* JUR déclarant *m*, -e *f*.

declaration [,deklə'reɪʃn] *n* **-1.** [gen] déclaration *f*; **to make a ~ that...** déclarer que...; **~ of love/war/independence** déclaration d'amour/de guerre/d'indépendance; **customs ~** déclaration en douane. **-2.** CARDS annonce *f*.

Declaration of Independence *n*: **the ~** *Am* HIST la Déclaration d'indépendance (américaine).

THE DECLARATION OF INDEPENDENCE:
Document rédigé par Thomas Jefferson, proclamant, le 4 juillet 1776, l'indépendance des 13 colonies composant la Nouvelle-Angleterre et considéré comme l'acte de naissance des États-Unis d'Amérique.

---

declarative [dɪ'klærətɪv] *adj* déclaratif.

declaratory [dɪ'klærətrɪ] *adj* JUR déclaratoire; **~ judgement** jugement *m* déclaratoire.

declare [dɪ'kleə^r] ◇ *vt* **-1.** [proclaim - independence, war etc] déclarer; **have you anything to ~?** [at customs] avez-vous quelque chose à déclarer?; **I ~ this meeting officially open** je déclare la séance ouverte. **-2.** [announce] déclarer; **to ~ o.s.** [proclaim one's love] se déclarer; POL se présenter, présenter sa candidature; **to ~ o.s. for/against** se déclarer pour/contre. **-3.** CARDS: **to ~ one's hand** annoncer son jeu.
◇ *vi* **-1. to ~ for/against** faire une déclaration en faveur de/contre; **well, I (do) ~!** eh bien ça alors! **-2.** CARDS faire l'annonce, annoncer; [in cricket] déclarer la tournée terminée *(avant sa fin normale)*.

declared [dɪ'kleəd] *adj* [intention, opponent] déclaré, ouvert.

declarer [dɪ'kleərə^r] *n* CARDS demandeur *m*.

declassification [diː,klæsɪfɪ'keɪʃn] *n* [of information] déclassement *m*.

declassified [,diː'klæsɪfaɪd] *adj* [information] déclassé.

declassify [,diː'klæsɪfaɪ] (*pt* & *pp* **declassified**) *vt* [information] déclasser.

declension [dɪ'klenʃn] *n* GRAMM déclinaison *f*.

declination [,deklɪ'neɪʃn] *n* ASTRON déclinaison *f*.

decline [dɪ'klaɪn] ◇ *n* [decrease - in prices, standards, crime, profits] baisse *f*; *fig* [of civilization] déclin *m*; **there has been a ~ in child mortality** il y a eu une baisse de la mortalité infantile; **to be in ~** être en déclin; **to be on the ~** [prices, sales] être en baisse; [civilization, influence] être sur le déclin; **to fall into ~** *fig* dépérir; **to fall into a ~** *dated* [person] dépérir ❑ **'Decline and Fall'** *Waugh* 'Grandeur et décadence'; **'The Decline and Fall of the Roman Empire'** *Gibbon* 'Histoire du déclin et de la chute de l'empire romain'; **'The Decline of the West'** *Spengler* 'Déclin de l'Occident'.
◇ *vt* **-1.** [refuse - invitation, honour, offer of help] décliner, refuser; [- food, drink] refuser; [- responsibility] décliner; **to ~ to do sthg** refuser de faire qqch. **-2.** GRAMM décliner.
◇ *vi* **-1.** [decrease, diminish - empire, health] décliner; [- prices, sales, population] baisser, être en baisse, diminuer; [- influence, enthusiasm, fame] baisser, diminuer; **to ~ in importance/value/significance** perdre de son importance/de sa valeur/de sa signification. **-2.** [refuse] refuser; **she ~d with thanks** elle a refusé avec ses remerciements. **-3.** [slope downwards] être en pente, descendre. **-4.** GRAMM se décliner.

declining [dɪ'klaɪnɪŋ] *adj* [health, industry, market] sur le déclin; **he is in ~ health** sa santé décline OR faiblit; **she was in her ~ years** elle était au déclin de sa vie; **he wants to spend his ~ years in Britain** il veut passer les dernières années de sa vie en Grande-Bretagne.

declivity [dɪ'klɪvətɪ] *n* déclivité *f*.

declutch [dɪ'klʌtʃ] *vi* AUT débrayer.

decoct [dɪ'kɒkt] *vt* obtenir par décoction.

decoction [dɪ'kɒkʃn] *n* décoction *f*.

decode [,diː'kəʊd] *vt* décoder, déchiffrer; COMPUT & TV décoder.

decoder [,diː'kəʊdə^r] *n* décodeur *m*.

decoding [,diː'kəʊdɪŋ] *n* décodage *m*.

decoke [,diː'kəʊk] *Br* AUT ◇ *vt* décalaminer.
◇ *n* décalaminage *m*.

décolletage [,deɪkɒl'tɑːʒ] = **décolleté** *n*.

décolleté [deɪ'kɒlteɪ] ◇ *adj* décolleté.
◇ *n* décolleté *m*.

decolonization [diː,kɒlənaɪ'zeɪʃn] *n* décolonisation *f*.

decolonize [diː'kɒlənaɪz] *vt* décoloniser.

decommission [,diːkə'mɪʃn] *vt* **-1.** [shut down - nuclear power station] déclasser. **-2.** MIL [remove from active service - warship, aircraft] mettre hors service.

decommissioning [,diːkə'mɪʃənɪŋ] *n* **-1.** [of nuclear power station] déclassement *m*. **-2.** MIL [of warship, aircraft] mise *f* hors service.

decompartmentalize [,diːkɒmpɑːt'mentəlaɪz] *vt* SOCIOL décompartementaliser.

decompose [,diːkəm'pəʊz] ◇ *vi* se décomposer.
◇ *vt* CHEM & PHYS décomposer.

decomposition [,diːkɒmpə'zɪʃn] *n* [gen, CHEM & PHYS] décomposition *f*.

decompress [,diːkəm'pres] *vt* [gas, air] décomprimer; [diver] faire passer en chambre de décompression.

decompression [,diːkəm'preʃn] *n* décompression *f*.

decompression chamber *n* chambre *f* de décompression.

decompression sickness *n* maladie *f* des caissons.

decondition [,diːkən'dɪʃn] *vt* PSYCH déconditionner.

decongestant [,diːkən'dʒestənt] MED ◇ *n* décongestif *m*.
◇ *adj* décongestif.

deconsecrate [,diː'kɒnsɪkreɪt] *vt* RELIG désaffecter.

deconstruct [,diːkən'strʌkt] *vt* déconstruire.

deconstruction [,diːkən'strʌkʃn] *n* déconstruction *f*.

decontaminate [,diːkən'tæmɪneɪt] *vt* décontaminer.

decontamination ['diːkən,tæmɪ'neɪʃn] ◇ *n* décontamination *f*.
◇ *comp* [equipment, team] de décontamination; [expert] en décontamination.

decontrol [,diːkən'trəʊl] ◇ *vt* lever le contrôle gouvernemental sur; **to ~ prices** libérer les prix.
◇ *n* [of prices] libération *f*.

decontrolled road [ˌdiːkən'trəʊld-] *n* route *f* sans limitation de vitesse.

decor ['deɪkɔːʳ] *n* décor *m*.

decorate ['dekəreɪt] ◇ *vt* -**1.** [house, room - paint] peindre; [- wallpaper] tapisser, décorer. -**2.** [dress, hat] garnir, orner; [cake, tree, street] décorer. -**3.** [give medal to] décorer, médailler; to **be ~d for bravery** être décoré pour son courage.
◇ *vi* [paint] peindre; [wallpaper] tapisser.

decorating ['dekəreɪtɪŋ] *n* -**1.** [of house, room] décoration *f*; **painting and ~** *Br* peinture *f* et décoration. -**2.** [of dress, hat] garnissage *m*, ornementation *f*; [of cake, tree, street] décoration *f*.

decoration [ˌdekə'reɪʃn] *n* -**1.** [action - of house, street, cake, tree] décoration *f*; [- of dress, hat] ornementation *f*; **interior ~** [action] décoration intérieure. -**2.** [ornament - for house, street, cake, tree] décoration *f*; [- for dress, hat] garniture *f*, ornements *mpl*; **Christmas ~s** décorations de Noël. -**3.** [medal] décoration *f*, médaille *f*.

Decoration Day *n fête nationale américaine en souvenir des soldats morts à la guerre; appelée aussi 'Memorial Day' (dernier lundi de mai).*

decorative ['dekərətɪv] *adj* décoratif, ornemental.

decorator ['dekəreɪtəʳ] *n* décorateur *m*, -trice *f*; **interior ~** décorateur *m*, -trice *f* d'intérieur; **painter and ~** *Br* peintre-décorateur *m*, -trice *f*.

decorous ['dekərəs] *adj fml* [behaviour] bienséant, séant, convenable; [person] convenable, comme il faut.

decorously ['dekərəslɪ] *adv fml* [dressed] convenablement, comme il faut; **to behave ~** se conduire convenablement OR comme il faut, respecter les convenances.

decorum [dɪ'kɔːrəm] *n* bienséance *f*, décorum *m*; **to behave with ~** se comporter comme il faut OR avec bienséance; **to have a sense of ~** avoir le sens des convenances; **his sense of ~ was offended** il a été choqué dans son sens des convenances.

decoy [*n* 'diːkɔɪ, *vb* dɪ'kɔɪ] ◇ *n* -**1.** [for catching birds - live bird] appeau *m*, chanterelle *f*; [- artificial device] leurre *m*. -**2.** *fig* [person] appât *m*; [message, tactic] piège *m*; **we want you to act as a ~** nous voulons que vous serviez d'appât.
◇ *comp*: **~ duck** [live] appeau *m*, chanterelle *f*; [wooden] leurre *m*.
◇ *vt* [bird - using live bird] attirer à l'appeau OR à la chanterelle; [- using artificial means] attirer au leurre; [person] appâter, attirer; **they ~ed him into leaving his house** ils l'ont appâté OR attiré hors de chez lui.

decrease [*vb* dɪ'kriːs, *n* 'diːkriːs] ◇ *vi* [number, enthusiasm, population, speed] décroître, diminuer; [value, price] diminuer, baisser; [in knitting] diminuer, faire des diminutions.
◇ *vt* réduire, diminuer; **'~ speed now'** 'ralentir'.
◇ *n* [in size] réduction *f*, diminution *f*; [in popularity] baisse *f*; **~ in price** réduction OR baisse du prix; **a ~ in numbers** une baisse des effectifs; **to be on the ~** être en diminution OR en baisse.

decreasing [diː'kriːsɪŋ] *adj* [amount, energy, population] décroissant; [price, value, popularity] en baisse; **in ~ order of importance** par ordre d'importance décroissant; **a ~ number of students are going into industry** de moins en moins d'étudiants se dirigent vers l'industrie.

decreasingly [diː'kriːsɪŋlɪ] *adv* de moins en moins.

decree [dɪ'kriː] ◇ *n* POL décret *m*, arrêté *m*; RELIG décret *m*; JUR jugement *m*, arrêt *m*; **by royal ~** par décret du roi/de la reine; **by presidential ~** par décret présidentiel; **we have received a ~ from management that...** *hum* la direction a décrété que...
◇ *vt* décréter; POL décréter, arrêter; RELIG décréter; JUR ordonner (par jugement).

decree absolute *n* JUR jugement *m* définitif (de divorce).

decree nisi [-'naɪsaɪ] *n* JUR jugement *m* provisoire (de divorce).

decrepit [dɪ'krepɪt] *adj* [building, furniture] délabré; [person, animal] décrépit.

decrepitude [dɪ'krepɪtjuːd] *n* décrépitude *f*.

decriminalization [diːˌkrɪmɪnəlaɪ'zeɪʃn] *n* dépénalisation *f*.

decriminalize [diː'krɪmɪnəˌlaɪz] *vt* dépénaliser.

decry [dɪ'kraɪ] (*pt* & *pp* **decried**) *vt* décrier, dénigrer.

decrypt [diː'krɪpt] *vt* décrypter.

dedicate ['dedɪkeɪt] *vt* -**1.** [devote] consacrer; **to ~ o.s. to sb/sthg** se consacrer à qqn/qqch. -**2.** [book, record etc] dédier; **to ~ sthg to sb** dédier qqch à qqn. -**3.** [consecrate - church, shrine] consacrer.

dedicated ['dedɪkeɪtɪd] *adj* -**1.** [devoted] dévoué; **to be ~ to one's work** être dévoué à son travail; **she is ~ to her family/to helping the poor** elle se dévoue pour sa famille/pour aider les pauvres; **she is a ~ teacher/doctor** c'est un professeur/médecin dévoué à son travail; **you've got to be ~ (to do this job)** il faut pouvoir tout donner (pour faire ce travail); **he is ~** il se donne à fond. -**2.** COMPUT dédié; **~ terminal** terminal *m* dédié; **~ word processor** machine *f* exclusivement destinée au traitement de texte.

dedication [ˌdedɪ'keɪʃn] *n* -**1.** [devotion] dévouement *m*; **his ~ to his job** son dévouement à son travail; **~ is what is needed** il est essentiel de pouvoir tout donner. -**2.** [in book, on photograph etc] dédicace *f*; **I asked the author for a ~** j'ai demandé à l'auteur qu'il me dédicace mon livre, j'ai demandé une dédicace à l'auteur; **I've got a few ~s to play** [records] j'ai quelques dédicaces à passer. -**3.** [of church, shrine] consécration *f*.

deduce [dɪ'djuːs] *vt* déduire; **to ~ sthg from sthg** déduire qqch de qqch; **what do you ~ from that?** qu'en déduisez-vous?; **I ~d that she was lying** j'en ai déduit qu'elle mentait.

deducible [dɪ'djuːsəbl] *adj* qui peut se déduire.

deduct [dɪ'dʌkt] *vt* déduire, retrancher; [tax] prélever; **to ~ £10 from the price** déduire OR retrancher 10 livres du prix; **to ~ 25% from a salary** prélever 25 % d'un salaire; **to be ~ed at source** [tax] être prélevé à la source; **after ~ing expenses** après déduction des frais.

deductible [dɪ'dʌktəbl] *adj* déductible.

deduction [dɪ'dʌkʃn] *n* -**1.** [inference] déduction *f*; **your ~ is correct** vous avez fait une bonne déduction; **by (a process of) ~** par déduction. -**2.** [subtraction] déduction *f*; **how much is that after ~s?** combien reste-t-il après déductions? ❑ **tax ~s** prélèvements *mpl* fiscaux.

deductive [dɪ'dʌktɪv] *adj* déductif.

deed [diːd] ◇ *n* -**1.** [action] action *f*; **in word and ~** en parole et en fait OR action; **brave ~** acte *m* de bravoure; **to do one's good ~ for the day** faire sa bonne action OR sa BA de la journée; **we want ~s not words** nous voulons du concret OR des actions, pas des discours. -**2.** JUR acte *m* notarié; **~ of covenant** contrat *m*; **mortgage ~** contrat *m* d'hypothèque; **title ~** titre *m* de propriété.
◇ *vt Am* JUR transférer par acte notarié; **the house was ~ed to his daughter** la maison a été transférée à sa fille par acte notarié.

deed box *n* classeur *m* à documents.

deed poll *n* JUR contrat *m* unilatéral; **to change one's name by ~** changer de nom par contrat unilatéral JUR, changer de nom officiellement.

deejay *inf* ['diːdʒeɪ] *n* DJ *mf*.

deem [diːm] *vt fml* juger, considérer, estimer; **it was ~ed necessary/advisable to call an enquiry** on a jugé qu'il était nécessaire/opportun d'ordonner une enquête; **if you ~ it necessary** si vous le jugez nécessaire; **he ~ed it a great honour** il considéra cela comme un grand honneur, il estima que c'était un grand honneur; **she was ~ed (to be) the rightful owner** elle était considérée comme la propriétaire de droit.

de-emphasize [diː'emfəsaɪz] *vt* [need, claim, feature] moins insister sur, se montrer moins insistant sur.

deep [diːp] ◇ *adj* -**1.** [going far down - water, hole, wound etc] profond; **~ snow lay round about** une épaisse couche de neige recouvrait les alentours; **the water/hole is 5 metres ~** l'eau/le trou a 5 mètres de profondeur; **the road was a foot ~ in snow** la route était sous OR recouverte de trente centimètres de neige; **a hole ten feet ~** un trou de trois mètres de profondeur; **the ~ blue sea** le vaste océan; **to be in a ~ sleep** être profondément endormi; **~ in thought/study** plongé dans ses pensées/l'étude; **~ in debt** criblé de dettes; **to get ~er and ~er into debt** s'endetter de plus en plus; **a ~ breath** une inspiration profonde; **take a ~ breath and just do it** *fig* respire un bon coup et vas-y; **~ breathing** [action, noise] respiration *f* profonde; [exercices] exercices *mpl* respiratoires; **we're in ~ trouble** nous sommes dans de sales draps; **the ~ end** [of swimming pool] le grand bain ❑ **to plunge** OR **to jump in at the ~ end** y aller carrément; **to be in ~ water** être dans le pétrin, avoir des problèmes; **you're getting into ~ water** tu vas te mettre dans le pétrin, tu vas avoir des problèmes; **to go off the ~ end** *inf* [lose one's temper] piquer une crise OR une colère; [panic] perdre tous ses moyens, paniquer à mort; **to be thrown in at the ~ end** *fig* être mis dans le bain tout de suite. -**2.** [going far back - forest, cupboard etc] profond; **~ in the forest** au (fin) fond de la forêt; **the crowd stood fifteen ~** la foule se tenait sur quinze rangées; **a very ~ serve** [in tennis] un service très profond; **~ in Buckinghamshire, in ~est Buckinghamshire** *hum* dans le Buckinghamshire profond ❑ **the Deep South** [of the USA] le Sud profond; **~ space** profondeurs *fpl* de l'espace. -**3.** [strong - feelings] profond; **with ~est sympathy** avec mes plus sincères condoléances. -**4.** [profound - thinker] profond. -**5.** [mysterious, difficult to understand - book] profond; **a ~ mystery** un mystère profond OR épais; **a ~ dark secret** un sinistre secret; **he's a ~ one** on ne peut jamais savoir ce qu'il pense. -**6.** [dark - colour] profond; **~ blue eyes** des yeux d'un bleu profond; **to be in ~ mourning** être en grand deuil. -**7.** [low - sound, note] grave; [- voice] grave, profond.
◇ *adv* profondément; **they went ~ into the forest** ils se sont enfoncés dans la forêt; **the snow lay ~ on the ground** il y avait une épaisse couche de neige sur le sol; **he dug (down) ~ into the ground** il a creusé profond OR profondément dans la terre; **he looked ~ into her eyes** [romantically] il a plongé ses yeux dans les siens; [probingly] il l'a regardée intensément dans les yeux; **the goalkeeper kicked the ball ~ into the opposition's half** le gardien de but a shooté loin dans le camp adverse; **to go** OR **to run ~** [emotions] être profond; **~ down she knew she was right** au fond OR dans son for intérieur elle savait qu'elle avait raison; **he thrust his hands ~ into his pockets** il plongea les mains au fond de ses poches; **~ into the night** tard dans la nuit; **don't go in too ~** [in water] n'allez pas où c'est profond, n'allez pas trop loin; **don't get in too ~** [involved] ne t'implique pas trop; **she's in it pretty ~** *inf* elle est dedans jusqu'au cou.
◇ *n lit* -**1.** [ocean]: **the ~** l'océan *m*. -**2.** [depth]: **in the ~ of winter** au plus profond OR au cœur de l'hiver.

-deep *in cpds*: **she was knee/waist~ in water** elle avait de l'eau jusqu'aux genoux/jusqu'à la taille; **the water is only ankle~** l'eau ne monte OR n'arrive qu'aux chevilles; **a ten-foot~ hole** un trou de trois mètres de profondeur.

deepen ['diːpn] ◇ *vt* [hole, river bed, knowledge] approfondir; [mystery] épaissir; [love, friendship] faire grandir, intensifier; [sound, voice] rendre plus grave; [colour] rendre plus profond, intensifier.

◇ *vi* [sea, river] devenir plus profond; [silence, mystery] s'épaissir; [crisis] s'aggraver, s'intensifier; [knowledge] s'approfondir; [love, friendship] s'intensifier, grandir; [colour] devenir plus profond, s'intensifier; [sound] devenir plus grave.

deepening ['diːpnɪŋ] ◇ *adj* [silence, shadows, emotion] de plus en plus profond; [crisis] qui s'aggrave OR s'intensifie; [love, friendship] de plus en plus profond.

◇ *n* [of hole, channel] approfondissement *m*; [of silence, love] intensification *f*.

deep-fat fryer *n* friteuse *f*.

deep freeze *n* [in home, shop] congélateur *m*; [industrial] surgélateur *m*.

◆ **deep-freeze** *vt* [at home] congeler; [industrially] surgeler.

deep-fried *adj* frit.

deep-frozen *adj* [at home] congelé; [industrially] surgelé.

deep-fry *vt* faire frire.

deep-fryer = **deep-fat fryer**.

deep-heat treatment *n* MED thermothérapie *f*.

deep-laid *adj* [plan, scheme] secret, machiné dans le secret.

deeply ['diːplɪ] *adv* -**1.** [dig, breathe, sleep, admire, regret, think] profondément; [drink] à grands traits; to **fall** ~ **in love with sb** tomber profondément amoureux de qqn; to go ~ **into sthg** approfondir qqch. -**2.** [offended, relieved, grateful, religious] profondément, extrêmement; **his forehead was** ~ **lined** son front était creusé de rides profondes.

deepness ['diːpnɪs] *n* [of ocean, voice, writer, remark] profondeur *f*; [of note, sound] gravité *f*.

deep-rooted *adj* [tree] dont les racines sont profondes; *fig* [ideas, belief, prejudice] profondément ancré OR enraciné; [feeling] profond.

deep-sea *adj* [creatures, exploration] des grands fonds; ~ **diver** plongeur *m* sous-marin, plongeuse *f* sous-marine; ~ **diving** plongée *f* sous-marine; ~ **fisherman** pêcheur *m* hauturier OR en haute mer; ~ **fishing** pêche *f* hauturière OR en haute mer.

deep-seated [-'siːtɪd] *adj* [sorrow, dislike] profond; [idea, belief, complex, prejudice] profondément ancré OR enraciné.

deep-set *adj* enfoncé.

deep structure *n* LING structure *f* profonde.

deep-throated [-'θrəʊtɪd] *adj* [cough, laugh] caverneux.

deer [dɪəʳ] (*pl inv*) ◇ *n* cerf *m*, biche *f*; **a herd of** ~ un troupeau OR une harde de cerfs □ **fallow** ~ daim *m*; **red** ~ cerf; **roe** ~ chevreuil *m*.

◇ *comp* [hunter, park] de cerf OR cerfs; **'The Deer Hunter'** *Cimino* 'Voyage au bout de l'enfer'.

deerhound ['dɪəhaʊnd] *n* limier *m*.

deerskin ['dɪəskɪn] *n* peau *f* de daim; ~ **coat** manteau *m* en daim.

deerstalker ['dɪəˌstɔːkəʳ] *n* -**1.** [hunter] chasseur *m*, -euse *f* de cerf. -**2.** [hat] chapeau *m* à la Sherlock Holmes.

deerstalking ['dɪəˌstɔːkɪŋ] *n* chasse *f* au cerf.

de-escalate [ˌdiː'eskəleɪt] ◇ *vt* [crisis] désamorcer; [tension] faire baisser.

◇ *vi* [crisis] se désamorcer; [tension] baisser.

de-escalation [ˌdiːeskə'leɪʃn] *n* [of crisis] désescalade *f*, désamorçage *m*; [of tension] baisse *f*.

deface [dɪ'feɪs] *vt* [statue, painting - with paint, aerosol spray] barbouiller; [- by writing slogans] dégrader par des inscriptions; [book] abîmer OR endommager par des gribouillages OR des inscriptions.

de facto [deɪ'fæktəʊ] *adv* & *adj* de facto, de fait.

defalcation [ˌdiːfæl'keɪʃn] *n* détournement *m* de fonds.

defamation [ˌdefə'meɪʃn] *n* diffamation *f*; **to sue sb for** ~ **of character** poursuivre qqn en justice pour diffamation.

defamatory [dɪ'fæmətrɪ] *adj* diffamatoire.

defame [dɪ'feɪm] *vt* diffamer, calomnier.

default [dɪ'fɔːlt] ◇ *n* -**1.** JUR [non-appearance - in civil court] défaut *m*, non-comparution *f*; [- in criminal court] contumace *f*; **judgement by** ~ jugement *m* par défaut OR contumace. -**2.** *fml* [absence]: **in** ~ **of** à défaut de. -**3.** COMPUT sélection *f* par défaut; **drive C is the** ~ C est l'unité de disque par défaut. -**4.** FIN défaut *m* de paiement, manquement *m* à payer.

◇ *comp* COMPUT [drive, font, setting] par défaut.

◇ *vi* -**1.** JUR manquer à comparaître, faire défaut. -**2.** FIN manquer OR faillir à ses engagements; to ~ **on a payment** ne pas honorer un paiement. -**3.** SPORT déclarer forfait. -**4.** COMPUT prendre une sélection par défaut; **the computer automatically** ~**s to drive C** l'ordinateur sélectionne l'unité de disque C par défaut.

◆ **by default** *adv phr* -**1.** [lack of action]: **you are responsible by** ~ tu es responsable pour n'avoir rien fait. -**2.** SPORT par forfait; **to win/to lose by** ~ gagner/perdre par forfait. -**3.** COMPUT par défaut.

defaulter [dɪ'fɔːltəʳ] *n* -**1.** JUR inculpé *m*, -e *f* contumace OR défaillant(e) OR par défaut, témoin *m* défaillant. -**2.** FIN & ST. EX débiteur *m* défaillant, débitrice *f* défaillante. -**3.** *Br* MIL & NAUT soldat *m* OR marin *m* qui a transgressé la discipline.

defaulting [dɪ'fɔːltɪŋ] *adj* JUR contumace, défaillant; FIN & ST. EX défaillant.

defeat [dɪ'fiːt] ◇ *n* [of army, opposition] défaite *f*; [of project, bill] échec *m*; **to suffer a** ~ connaître une défaite, échouer; **to admit** ~ s'avouer vaincu.

◇ *vt* [army, adversary] vaincre; [team, government] battre; [attempts, project, bill] faire échouer; **they were** ~**ed by one goal to nil** ils ont été battus par un but à zéro; **we were** ~**ed by the weather** nous avons échoué à cause du temps; **that** ~**s the object** ça n'avance à rien.

defeatism [dɪ'fiːtɪzm] *n* défaitisme *m*.

defeatist [dɪ'fiːtɪst] ◇ *adj* défaitiste.

◇ *n* défaitiste *mf*.

defecate ['defəkeɪt] *vi* déféquer.

defecation [ˌdefə'keɪʃn] *n* défécation *f*.

defect [*n* 'diːfekt, *vb* dɪ'fekt] ◇ *n* défaut *m*; **physical** ~ malformation *f*; **hearing/speech** ~ défaut de l'ouïe/de prononciation.

◇ *vi* POL [to another country] quitter son pays pour un autre; [to another party] quitter son parti pour un autre; to ~ **to the West** passer à l'Ouest; to ~ **to the enemy** passer à l'ennemi; **yet another dissident has** ~**ed** un nouveau dissident est passé à l'étranger; **he** ~**ed from his native Poland** il s'est enfui de sa Pologne natale.

defection [dɪ'fekʃn] *n* [to another country] passage *m* à un pays ennemi; [to another party] passage *m* à un parti adverse; **there were many successful** ~**s by East Germans** beaucoup d'Allemands de l'Est ont réussi à passer à l'Ouest; **the country was shocked by his** ~ le pays a été choqué quand il est passé à l'étranger; **after his** ~ **from his native Poland** après qu'il se fut enfui de sa Pologne natale.

defective [dɪ'fektɪv] ◇ *adj* -**1.** [machine, reasoning] défectueux; [hearing, sight, organ] déficient; **to be mentally** ~ souffrir de débilité mentale. -**2.** GRAMM défectif.

◇ *n*: **mental** ~ débile *m* mental, débile *f* mentale.

defector [dɪ'fektəʳ] *n* POL & *fig* transfuge *mf*.

defence *Br*, **defense** *Am* [dɪ'fens] ◇ *n* -**1.** [protection] défense *f*; **how much is spent on** ~? combien dépense-t-on pour la défense?; **to carry a weapon for** ~ porter une arme pour se défendre; **to come to sb's** ~ venir à la défense de qqn; **to act/to speak in** ~ **of sthg** [following attack] agir/parler en défense de qqch; [in support of] agir/parler en faveur de qqch; **to speak in** ~ **of sb, to speak in sb's** ~ [following attack] parler en défense de qqn; [in support of] parler en faveur de qqn; **the best form of** ~ **is attack** la meilleure forme de défense, c'est l'attaque □ **Ministry of Defence** *Br*, **Department of Defense** *Am* ≃ ministère *m* de la Défense; **Secretary of State for Defence** *Br*, **Secretary of Defense** *Am* ≃ ministre *m* de la Défense. -**2.** [thing providing protection] protection *f*, défense *f*; [argument] défense *f*; ~**s** [weapons] moyens *mpl* de défense; [fortifications] défenses, fortifications *fpl*; **to use sthg as a** ~ **against sthg** se servir de qqch comme défense OR protection contre qqch, se servir de qqch pour se défendre OR se protéger de qqch; **the body's natural** ~**s against infection** les défenses naturelles de l'organisme contre l'infection; **to put up a stubborn** ~ se défendre avec entêtement; **to catch sb when his/her** ~**s are down** prendre qqn quand il/elle n'est pas en position de se défendre OR de faire face; **to draw up a** ~ **of sthg** préparer la défense de qqch. -**3.** JUR défense *f*; **the** ~ [lawyers] la défense; **who have we got for the** ~? qui assurera la défense?; **counsel for the** ~ avocat *m* de la défense; **witness for the** ~ témoin *m* à décharge, témoin de la défense; **to appear for the** ~ comparaître pour la défense; **the case for the** ~ la défense; **what is our** ~ **going to be?** quelle ligne de défense allons-nous adopter?; **to conduct one's own** ~ assurer sa propre défense; **do you have anything to say in your** ~? avez-vous quelque chose à dire pour votre défense?; **it must be said in her** ~ **that...** il faut dire à sa décharge OR pour sa défense que... -**4.** SPORT défense *f*; **the** ~ [players] la défense; **to turn** ~ **into attack** faire OR lancer une contre-attaque.

◇ *comp* -**1.** MIL [forces] de défense; [cuts, minister, spending] de la défense. -**2.** JUR [lawyer] de la défense; [witness] à décharge.

defenceless *Br*, **defenseless** *Am* [dɪ'fenslɪs] *adj* sans défense, vulnérable.

defencelessness *Br*, **defenselessness** *Am* [dɪ'fenslɪsnɪs] *n* vulnérabilité *f*.

defence mechanism *n* mécanisme *m* de défense.

defend [dɪ'fend] *vt* -**1.** [protect] défendre; [justify] justifier; to ~ **sthg/sb from** OR **against attack** défendre qqch/qqn contre une attaque; to ~ **o.s.** se défendre. -**2.** SPORT [goalmouth, title] défendre. -**3.** JUR défendre.

defendant [dɪ'fendənt] *n* JUR [in civil court] défendeur *m*, -eresse *f*; [in criminal court] inculpé *m*, -e *f*; [accused of serious crimes] accusé *m*, -e *f*.

defender [dɪ'fendəʳ] *n* -**1.** [of a cause, rights etc] défenseur *m*, avocat *m*, -e *f*; **Defender of the Faith** Défenseur de la foi. -**2.** SPORT [player] défenseur *m*; [of title, record] détenteur *m*, -trice *f*. -**3.** *Am* JUR: **public** ~ avocat *m* commis d'office.

defending [dɪ'fendɪŋ] *adj* -**1.** SPORT [champion] en titre. -**2.** JUR de la défense.

defenestration [ˌdiːfenɪ'streɪʃn] *n* défenestration *f*.

defense *etc Am* = **defence**.

defensible [dɪ'fensəbl] *adj* [idea, opinion etc] défendable.

defensive [dɪ'fensɪv] ◇ *adj* [strategy, weapon etc] défensif; **they're playing a very** ~ **game** SPORT ils ont un jeu très défensif; **to get** ~ se mettre sur la défensive; **she's very** ~ **about it** elle est très susceptible quand on parle de cela; **why be so** ~ **about it?** pourquoi te mets-tu ainsi sur la défensive?

◇ *n* MIL & *fig* défensive *f*; **to be on the** ~ être OR se tenir sur la défensive; **to go on the** ~ se mettre sur la défensive.

defensively [dɪ'fensɪvlɪ] *adv*: **they played very** ~ SPORT ils ont eu un jeu très défensif; **used** ~ MIL utilisé pour la défense; **"it's not my fault", she said,** ~ «ce n'est pas de ma faute», dit-elle, sur la défensive.

defensiveness [dɪ'fensɪvnɪs] *n*: **I get really tired of his** ~ j'en ai vraiment assez qu'il soit toujours sur la défensive.

defer [dɪ'fɜːʳ] (*pt* & *pp* **deferred**, *cont* **deferring**) ◇ *vt* [decision, meeting] remettre, reporter; [payment, business, judgment] différer, retarder; **to** ~ **sentencing** JUR suspendre le prononcé du juge-

ment; to ~ sb on medical grounds MIL réformer qqn temporairement pour raisons médicales.
◇ vi [give way]: to ~ to sb s'en remettre à qqn; to ~ to sb's judgment/knowledge s'en remettre au jugement/aux connaissances de qqn; to ~ to sb's wishes agir conformément aux souhaits de qqn, se soumettre à la volonté de qqn.

deference ['defərəns] *n* déférence *f*, égard *m*, considération *f*; **out of** OR **in ~ to sb/sb's wishes** par égard OR considération pour qqn/les souhaits de qqn; **to treat sb with ~**, **to pay** OR **to show ~ to sb** traiter qqn avec déférence OR égards.

deferential [,defə'renʃl] *adj* déférent, révérencieux; **to be ~ to sb** faire montre de déférence OR d'égards envers qqn.

deferentially [,defə'renʃəlɪ] *adv* avec déférence.

deferment [dɪ'fɜːmənt], **deferral** [dɪ'fɜːrəl] *n* [of decision, meeting, payment, sentence] report *m*, ajournement *m*; **to apply for ~** MIL demander à être réformé.

deferred [dɪ'fɜːd] *adj* [gen] ajourné, retardé; [payment, shares] différé; [annuity] à paiement différé, à jouissance différée; **~ sentence** JUR jugement *m* dont le prononcé est suspendu, jugement ajourné; **~ pay** rappel *m* de traitement.

defiance [dɪ'faɪəns] *n* défi *m*; **I will not tolerate any further ~** je ne tolérerai plus qu'on me défie ainsi; **your ~ of my orders meant that people's lives were put at risk** en défiant mes ordres vous avez mis la vie d'autrui en danger; **gesture/act of ~** geste *m*/acte *m* de défi.
◆ **in defiance of** *prep phr*: **in ~ of sb/sthg** au mépris de qqn/qqch.

defiant [dɪ'faɪənt] *adj* [gesture, remark, look] de défi; [person, reply] provocateur.

defiantly [dɪ'faɪəntlɪ] *adv* [act] avec une attitude de défi; [reply, look at] d'un air de défi.

defibrillation [diː,faɪbrɪ'leɪʃn] *n* MED défibrillation *f*.

defibrillator [,diː'faɪbrɪleɪtə^r] *n* MED défibrillateur *m*.

deficiency [dɪ'fɪʃnsɪ] (*pl* **deficiencies**) *n* -**1.** MED [shortage] carence *f*; **a ~ in** OR **of calcium, a calcium ~** une carence en calcium; **mental ~** déficience *f* mentale. -**2.** [flaw - in character, system] défaut *m*.

deficiency disease *n* maladie *f* de carence.

deficient [dɪ'fɪʃnt] *adj* -**1.** [insufficient] insuffisant; **to be ~ in sthg** manquer de qqch. -**2.** [defective] défectueux; **to be mentally ~** avoir une déficience mentale.

deficit ['defɪsɪt] *n* FIN & COMM déficit *m*; **to be in ~** être en déficit, être déficitaire; **budget ~** déficit budgétaire; **the balance of payments shows a ~ of £800 million** la balance des paiements indique un déficit de 800 millions de livres.

defile [*vb* dɪ'faɪl, *n* 'diːfaɪl] ◇ *vt* [grave, memory] profaner.
◇ *vi* MIL défiler.
◇ *n* [valley, passage] défilé *m*.

defilement [dɪ'faɪlmənt] *n* [of grave, memory] profanation *f*.

definable [dɪ'faɪnəbl] *adj* définissable.

define [dɪ'faɪn] *vt* -**1.** [term, word] définir; [boundary, role, subject] définir, délimiter; [concept, idea, feeling] définir, préciser; **he ~s politics as being the art of the possible** il définit la politique comme l'art du possible. -**2.** [object, shape] définir; **the figures in the painting are not clearly ~d** les formes humaines du tableau ne sont pas bien définies.

defining [dɪ'faɪnɪŋ] *adj* restrictif.

definite ['defɪnɪt] *adj* -**1.** [precise, clear] précis; [advantage, answer, opinion] net; [orders, proof] formel; [price] fixe; **there's been a ~ improvement in his work** il y a eu une très nette amélioration dans son travail; **their plans to marry are still not ~** leurs projets de mariage sont encore vagues; **the boss was very ~ about the need for punctuality** le patron a été très ferme en ce qui concerne la ponctualité. -**2.** [certain] certain, sûr; **is it ~ that the Pope is coming to England?** est-il certain OR sûr que le pape vienne en Angleterre?; **I've heard rumours of a merger, but nothing ~** j'ai entendu dire qu'il allait y avoir une fusion, mais rien de sûr pour l'instant. -**3.** MATH: **~ integral** intégrale *f* définie.

definite article *n* article *m* défini.

definitely ['defɪnɪtlɪ] *adv* certainement, sans aucun doute; **he has ~ decided to resign** il ne fait aucun doute qu'il a décidé de démissionner; **she's ~ leaving, but I don't know when** je sais qu'elle part, mais je ne sais pas quand; **are you ~ giving up your flat?** allez-vous vraiment quitter votre appartement?; **that's ~ not the man I saw** je suis sûr que ce n'est pas l'homme que j'ai vu; **are you going to the show? — ~!** est-ce que tu vas au spectacle? — absolument!

definition [defɪ'nɪʃn] *n* -**1.** [of term, word] définition *f*; [of duties, territory] définition, délimitation *f*; **by ~** par définition. -**2.** [of photograph, sound] netteté *f*; TV définition *f*.

definitive [dɪ'fɪnɪtɪv] *adj* -**1.** [conclusive] définitif; [battle, victory] définitif, décisif; [result] définitif, qui fait autorité. -**2.** [authoritative]: **the ~ book on the subject** le livre qui fait autorité OR décisif en la matière. -**3.** ZOOL [fully developed] définitif.

definitively [dɪ'fɪnɪtɪvlɪ] *adv* définitivement.

deflate [dɪ'fleɪt] ◇ *vt* -**1.** [balloon, tyre] dégonfler; *fig* [person] démonter. -**2.** ECON [prices] faire baisser, faire tomber; **the measure is intended to ~ the economy** cette mesure est destinée à faire de la déflation.
◇ *vi* [balloon, tyre] se dégonfler.

deflation [dɪ'fleɪʃn] *n* -**1.** [of balloon, tyre] dégonflement *m*. -**2.** ECON & GEOG déflation *f*. -**3.** [anticlimax] abattement *m*.

deflationary [dɪ'fleɪʃnərɪ] *adj* déflationniste.

deflect [dɪ'flekt] ◇ *vt* faire dévier; *fig* [attention, criticism] détourner; **he would not be ~ed from his purpose** rien ne l'aurait détourné de son but.
◇ *vi* dévier; [magnetic needle] décliner.

deflection [dɪ'flekʃn] *n* déviation *f*; [of magnetic needle] déclinaison *f*; PHYS déflexion *f*.

deflector [dɪ'flektə^r] *n* déflecteur *m*.

defloration [,diːflɔː'reɪʃn] *n* défloration *f*.

deflower [,diː'flaʊə^r] *vt* -**1.** *lit* [woman] déflorer. -**2.** BOT défleurir.

defoliant [,diː'fəʊlɪənt] *n* défoliant *m*.

defoliate [,diː'fəʊlɪeɪt] *vt* défolier.

defoliation [,diːfəʊlɪ'eɪʃn] *n* défoliation *f*.

deforest [,diː'fɒrɪst] *vt* déboiser.

deforestation [diː,fɒrɪ'steɪʃn] *n* déboisement *m*, déforestation *f*.

deform [dɪ'fɔːm] *vt* déformer; *fig* [distort, ruin] défigurer.

deformation [,diːfɔː'meɪʃn] *n* déformation *f*.

deformed [dɪ'fɔːmd] *adj* difforme.

deformity [dɪ'fɔːmətɪ] *n* difformité *f*.

defraud [dɪ'frɔːd] *vt* [the state] frauder; [company, person] escroquer, frustrer *spec*; **he ~ed the government of £15,000 in unemployment benefits** il a frauduleusement perçu 15 000 livres d'allocations chômage.

defrauder [dɪ'frɔːdə^r] *n* fraudeur *m*, -euse *f*.

defray [dɪ'freɪ] *vt fml* rembourser, prendre en charge; **all charges to be ~ed by the purchaser** COMM tous les frais sont à la charge de l'acheteur; **we will ~ the cost of your air fare** nous vous rembourserons le prix de votre billet d'avion.

defrock [,diː'frɒk] *vt* défroquer.

defrost [,diː'frɒst] ◇ *vt* -**1.** [food] décongeler; [refrigerator] dégivrer. -**2.** *Am* [demist] désembuer; [de-ice] dégivrer.
◇ *vi* [food] se décongeler; [refrigerator] se dégivrer.

defroster [,diː'frɒstə^r] *n* dégivreur *m*.

deft [deft] *adj* adroit, habile; [fingers] habile.

deftly ['deftlɪ] *adv* adroitement, habilement.

deftness ['deftnɪs] *n* adresse *f*, habileté *f*.

defunct [dɪ'fʌŋkt] *adj* défunt.

defuse [,diː'fjuːz] *vt literal* & *fig* désamorcer.

defy [dɪ'faɪ] (*pt* & *pp* **defied**) *vt* -**1.** [disobey] s'opposer à; [law, rule] braver; **the union defied the court order** le syndicat n'a pas tenu compte de la décision judiciaire. -**2.** [challenge, dare] défier; **she defied him to justify his claims** elle l'a défié OR mis au défi de justifier ses revendications; **a death-~ing feat** un exploit téméraire. -**3.** *fig* [make impossible] défier; **his behaviour defies explanation** son comportement défie toute explication.

degas [,diː'gæs] (*pt* & *pp* **degassed** OR **degased**, *cont* **degassing** OR **degasing**) *vt* dégazer.

degeneracy [dɪ'dʒenərəsɪ] *n* [process] dégénérescence *f*; [state] décadence *f*, corruption *f*.

degenerate [*vb* dɪ'dʒenəreɪt, *adj* & *n* dɪ'dʒenərət] ◇ *vi* dégénérer; **the discussion ~d into an argument** *fig* la discussion dégénéra en dispute.
◇ *adj lit* dégénéré; [person] dépravé.
◇ *n lit* [person] dépravé *m*, -e *f*.

degeneration [dɪ,dʒenə'reɪʃn] *n* [process, state] dégénérescence *f*.

degenerative [dɪ'dʒenərətɪv] *adj* dégénératif.

degradable [dɪ'greɪdəbl] *adj* dégradable.

degradation [,degrə'deɪʃn] *n* -**1.** [deterioration] dégradation *f*; ECOL dégradation *f*. -**2.** [corruption, debasement] avilissement *m*, dégradation *f*; [poverty] misère *f* abjecte.

degrade [dɪ'greɪd] *vt* -**1.** [deteriorate] dégrader. -**2.** [debase] avilir, dégrader; **I refuse to ~ myself (by) playing these silly games** je refuse de m'abaisser à ces jeux idiots.

degrading [dɪ'greɪdɪŋ] *adj* avilissant, dégradant.

degrease [,diː'griːs] *vt* dégraisser.

degree [dɪ'griː] *n* -**1.** [unit of measurement] degré *m*; **the temperature is 28 ~s in New York** la température est de 28 degrés à New York; **he had to work in 32 ~s of heat** il a dû travailler par une chaleur de 32 degrés; **it's three ~s outside** il fait trois degrés dehors; **Paris is about two ~s east of Greenwich** GEOG Paris est environ à deux degrés de longitude est de Greenwich; **a 90 ~ angle** GEOM un angle de 90 degrés. -**2.** [extent, amount]: **there was a certain ~ of mistrust between them** il y avait un certain degré de méfiance entre eux; **the Prime Minister does accept criticism to a ~** le Premier ministre accepte les critiques, mais jusqu'à un certain point; **there are varying ~s of opposition to the new law** il y a une opposition plus ou moins forte à la nouvelle loi; **his allergy affected him to such a ~ that he had to stop working** son allergie était un tel handicap pour lui qu'il a dû s'arrêter de travailler. -**3.** [stage, step] degré *m*; **an honour of the highest ~** un honneur du plus haut degré; **his calculations have reached a ~ of precision never before thought possible** ses calculs ont atteint un niveau de précision jusqu'à présent considéré comme inaccessible. -**4.** [academic qualification] diplôme *m* universitaire; **she has a ~ in economics** elle est diplômée en sciences économiques; **he's taking** OR **doing a ~ in biology** il fait une licence de biologie; **it took me five years to get my ~** j'ai mis cinq ans pour avoir mon diplôme. -**5.** GRAMM & MUS degré *m*. -**6.** *arch* OR *lit* [rank, status] rang *m*; **a man of high ~** un homme de haut rang. -**7.** *Am* JUR: **murder in the first ~** ≃ meurtre *m* commis avec préméditation.
◆ **by degrees** *adv phr* par degrés, au fur et à mesure; **he realized, by ~s, that his wife no longer loved him** petit à petit il s'est rendu compte que sa femme ne l'aimait plus.

-degree *in cpds*: **first/second/third~ burns** brûlures *fpl* au premier/deuxième/troisième degré; **first~ murder** *Am* JUR ≃ meurtre *m* commis avec préméditation.

degression [dɪ'greʃn] *n* dégression *f*.

degressive [dɪ'gresɪv] *adj* dégressif.

dehumanization [diːˌhjuːmənaɪˈzeɪʃn] *n* déshumanisation *f*.
dehumanize, -ise [diːˈhjuːmənaɪz] *vt* déshumaniser.
dehumidifier [ˌdiːhjuːˈmɪdɪfaɪəʳ] *n* déshumidificateur *m*.
dehumidify [ˌdiːhjuːˈmɪdɪfaɪ] *vt* déshumidifier.
dehydrate [ˌdiːhaɪˈdreɪt] *vt* déshydrater.
dehydration [ˌdiːhaɪˈdreɪʃn] *n* déshydratation *f*.
de-ice [diːˈaɪs] *vt* dégivrer.
de-icer [diːˈaɪsəʳ] *n* dégivreur *m*.
de-icing [diːˈaɪsɪŋ] *n* dégivrage *m*.
deictic [ˈdaɪktɪk] *adj* déictique.
deification [ˌdiːɪfɪˈkeɪʃn] *n* déification *f*.
deify [ˈdiːɪfaɪ] *vt* déifier.
deign [deɪn] *vt* daigner; **he didn't ~ to reply** *fml* OR *hum* il n'a pas daigné répondre.
deindex [ˌdiːˈɪndeks] *vt*: **to ~ wages** supprimer l'indexation des salaires.
deindustrialization, -isation [ˈdiːɪnˌdʌstrɪəlaɪˈzeɪʃn] *n* désindustrialisation *f*.
deionizer, -iser [ˌdiːaɪənˈaɪzəʳ] *n* dispositif *m* de désionisation.
deism [ˈdiːɪzm] *n* déisme *m*.
deist [ˈdiːɪst] *n* déiste *mf*.
deity [ˈdiːɪtɪ] (*pl* **deities**) *n* **-1.** MYTH dieu *m*, déesse *f*, divinité *f*. **-2.** RELIG: **the Deity** Dieu *m*, la Divinité.
deixis [ˈdaɪksɪs] *n* déixis *f*.
déjà vu [ˌdeʒɑːˈvjuː] *n* déjà-vu *m inv*; **to have a feeling of ~** avoir une impression de déjà-vu.
dejected [dɪˈdʒektɪd] *adj* abattu, découragé; **he looked sad and ~** il avait l'air triste et abattu; **the ~ loser left the court** le perdant quitta le court d'un air abattu.
dejectedly [dɪˈdʒektɪdlɪ] *adv* [speak] d'un ton abattu; [look] d'un air abattu.
dejection [dɪˈdʒekʃn] *n* abattement *m*, découragement *m*.
de jure [deɪˈdʒʊəreɪ] *adv* de jure, en droit.
dekko▽ [ˈdekəʊ] (*pl* **dekkos**) *n* *Br*: **to have** OR **to take a ~ at sthg** jeter un coup d'œil OR un œil à qqch.
Del (*written abbr of* **delete**) [on keyboard] Suppr.
Del. *written abbr of* **Delaware.**
Delaware [ˈdeləweəʳ] *pr n* Delaware *m*; **in ~** dans le Delaware.
delay [dɪˈleɪ] ◇ *vt* **-1.** [cause to be late] retarder; [person] retarder, retenir; **the flight was ~ed (for) three hours** le vol a été retardé de trois heures. **-2.** [postpone, defer] reporter, remettre; **she ~ed handing in her resignation** elle a tardé à donner sa démission; **the publication of the book has been ~ed** la publication du livre a été différée OR reportée; **the poison had a ~ed effect** le poison a agi avec retard; **he had a ~ed reaction to the news of his mother's death** il a mis un certain temps à réagir à la nouvelle de la mort de sa mère.
◇ *vi* tarder; **don't ~, write off today for your free sample** demandez aujourd'hui même votre échantillon gratuit.
◇ *n* **-1.** [lateness] retard *m*; **there are long ~s on the M25** *Br* la circulation est très ralentie OR est très perturbée sur la M25; **there's a 3 to 4 hour ~ on all international flights** il y a 3 à 4 heures de retard sur tous les vols internationaux. **-2.** [waiting period]: **without ~** sans tarder OR délai; **the defence lawyer requested a ~ in the hearing** l'avocat de la défense demanda un report de (la) séance; **there's no time for ~** il n'y a pas de temps à perdre.
delayed-action [dɪˈleɪd-] *adj* [fuse, shutter] à retardement.
delaying [dɪˈleɪɪŋ] *adj* dilatoire; **~ tactics** OR **action** manœuvres *fpl* dilatoires.
delectable [dɪˈlektəbl] *adj* délectable.
delectation [ˌdiːlekˈteɪʃn] *n lit* OR *hum* délectation *f*; **for your ~** pour votre plus grand plaisir.
delegate [*n* ˈdelɪgət, *vb* ˈdelɪgeɪt] ◇ *n* délégué *m*, -e *f*.
◇ *vt* déléguer; **the parents ~d Mrs Parker to represent them at the meeting** les parents déléguèrent OR designèrent Mme Parker pour les représenter à la réunion.
◇ *vi* déléguer.
delegation [ˌdelɪˈgeɪʃn] *n* **-1.** [group of delegates] délégation *f*. **-2.** [of duties, power] délégation *f*.
delete [dɪˈliːt] *vt* supprimer; [erase] effacer; [cross out] barrer, biffer.
deleterious [ˌdelɪˈtɪərɪəs] *adj fml* [effect] nuisible; [influence, substance] nuisible, délétère.
deletion [dɪˈliːʃn] *n* suppression *f*; **the editor circled certain words for ~** l'éditeur a entouré certains mots à supprimer; **I made a lot of ~s in the text** j'ai supprimé beaucoup de choses OR j'ai fait beaucoup de coupes dans le texte.
delft [delft] *n* faïence *f* (de Delft).
Delhi [ˈdelɪ] *pr n* Delhi.
deli *inf* [ˈdelɪ] *n abbr of* **delicatessen.**
deliberate [*adj* dɪˈlɪbərət, *vb* dɪˈlɪbəreɪt] ◇ *adj* **-1.** [intentional] délibéré, volontaire, voulu; **the reporter's question was a ~ attempt to embarrass the minister** la question du journaliste visait délibérément à embarrasser le ministre. **-2.** [unhurried, careful] mesuré, posé; **her speech was slow and ~** elle parlait lentement et posément.
◇ *vi* délibérer; **the committee will ~ on** OR **upon the appointment** le comité va délibérer sur la nomination; **they ~d whether or not to expel him** ils ont délibéré pour savoir s'ils allaient l'expulser.
◇ *vt* délibérer sur.
deliberately [dɪˈlɪbərətlɪ] *adv* **-1.** [intentionally] volontairement; **I didn't hurt him ~** je n'ai pas fait exprès de le blesser; **you have ~ lied to the court** vous avez menti délibérément OR sciemment à la cour. **-2.** [carefully] de façon mesurée, avec mesure; [walk] d'un pas ferme.
deliberation [dɪˌlɪbəˈreɪʃn] *n* **-1.** [consideration, reflection] délibération *f*, réflexion *f*; **after much ~ we have decided to accept your application** après délibération OR mûre réflexion, nous avons décidé d'accepter votre demande. **-2.** [care, caution] attention *f*, soin *m*.
◆ **deliberations** *npl* délibérations *fpl*.
deliberative [dɪˈlɪbərətɪv] *adj* **-1.** [group, body] délibérant; **a ~ assembly** une assemblée délibérante. **-2.** [conclusion] mûrement réfléchi.
delicacy [ˈdelɪkəsɪ] (*pl* **delicacies**) *n* **-1.** [refinement] délicatesse *f*, finesse *f*; [fragility, frailty] délicatesse *f*, fragilité *f*; [difficulty] délicatesse *f*; [tact] délicatesse *f*; **it's a matter of great ~** c'est une affaire très délicate; **the question must be handled with ~** la question doit être traitée avec délicatesse. **-2.** [fine food] mets *m* délicat; **it's considered a great ~ in China** c'est considéré comme un mets très délicat OR fin en Chine.
delicate [ˈdelɪkət] *adj* **-1.** [fingers, lace, china] délicat, fin. **-2.** [child, health] délicat, fragile. **-3.** [situation, question] délicat, difficile; **a ~ international situation** une situation internationale délicate. **-4.** [smell, colour] délicat. **-5.** [instrument] délicat, sensible.
delicately [ˈdelɪkətlɪ] *adv* délicatement, avec délicatesse.
delicatessen [ˌdelɪkəˈtesn] *n* **-1.** *Br* [fine foods shop] épicerie fine *f*. **-2.** *Am* [food shop] ≃ traiteur *m*; [restaurant] ≃ restaurant *m*.
delicious [dɪˈlɪʃəs] *adj* délicieux.
deliciously [dɪˈlɪʃəslɪ] *adv* délicieusement.
delict [ˈdiːlɪkt] *n* JUR délit *m*.
delight [dɪˈlaɪt] ◇ *vi*: **he ~s in publicity** il adore faire parler de lui; **she ~s in irritating people** elle prend plaisir OR se complaît à énerver les gens; **she ~s in her grandchildren** elle adore ses petits-enfants.
◇ *vt* ravir, réjouir; **her show has ~ed audiences everywhere** son spectacle a partout conquis OR ravi le public.
◇ *n* [pleasure] joie *f*, (grand) plaisir *m*; **she listened with ~** elle écoutait avec délectation; **to the ~ of the audience she joined in the singing** à la plus grande joie OR pour le plus grand plaisir de l'auditoire elle se joignit à ceux qui chantaient; **her brother took (great) ~ in teasing her** son frère prenait (un malin) plaisir à la taquiner; **the ~s of gardening** les charmes *mpl* OR délices *fpl* du jardinage; **the child was a ~ to teach** c'était un plaisir d'enseigner à cet enfant; **the film was sheer ~** le film était une pure merveille.
delighted [dɪˈlaɪtɪd] *adj* ravi; **I'm ~ to see you again** je suis ravi de vous revoir; **we are ~ that you were able to accept our invitation** nous sommes ravis que vous ayez pu accepter notre invitation; **a ~ smile** un sourire ravi; **I was ~ at the news** la nouvelle m'a fait très plaisir; **they're ~ with their new home** ils sont ravis de leur nouvelle maison; **could you come to dinner on Saturday? – I'd be ~** pourriez-vous venir dîner samedi? – avec (grand) plaisir.
delightedly [dɪˈlaɪtɪdlɪ] *adv* avec joie, joyeusement.
delightful [dɪˈlaɪtfʊl] *adj* [person, place] charmant; [book, experience, film] merveilleux; **the garden was simply ~** le jardin était tout simplement merveilleux; **this rose has a ~ perfume** cette rose a un parfum délicieux; **she looked ~ in her new dress** sa nouvelle robe lui allait à ravir.
delightfully [dɪˈlaɪtfʊlɪ] *adv* [dance, perform, sing] merveilleusement, à ravir; **the evenings were ~ cool** les soirées étaient merveilleusement fraîches; **he was ~ unpretentious** il était merveilleusement simple.
Delilah [dɪˈlaɪlə] *pr n* Dalila.
delimit [diːˈlɪmɪt] *vt fml* délimiter.
delimitation [diːˌlɪmɪˈteɪʃn] *n* délimitation *f*.
delineate [dɪˈlɪnɪeɪt] *vt fml* **-1.** [outline, sketch] tracer. **-2.** *fig* [define, describe] définir, décrire.
delineation [dɪˌlɪnɪˈeɪʃn] *n* **-1.** [sketch] tracé *m*. **-2.** [definition] définition *f*, description *f*.
delinquency [dɪˈlɪŋkwənsɪ] (*pl* **delinquencies**) *n* **-1.** [criminal behaviour] délinquance *f*. **-2.** [negligence] faute *f*.
delinquent [dɪˈlɪŋkwənt] ◇ *adj* **-1.** [law-breaking] délinquant; [negligent] fautif. **-2.** FIN [overdue] impayé.
◇ *n* **-1.** [law-breaker] délinquant *m*, -e *f*. **-2.** [bad debtor] mauvais payeur *m*.
deliquescence [ˌdelɪˈkwesəns] *n* déliquescence *f*.
deliquescent [ˌdelɪˈkwesənt] *adj* déliquescent.
delirious [dɪˈlɪrɪəs] *adj* **-1.** MED en délire; **the fever made him ~** la fièvre l'a fait délirer; **the patient became ~** le patient s'est mis à délirer OR a été pris de délire. **-2.** *fig* [excited, wild] délirant, en délire; **he was ~ with joy** il était délirant de joie.
deliriously [dɪˈlɪrɪəslɪ] *adv* de façon délirante, frénétiquement; **they were ~ happy together** ils étaient follement heureux ensemble.
delirium [dɪˈlɪrɪəm] *n* **-1.** MED délire *m*. **-2.** *fig* [state of excitement] délire *m*.
delirium tremens [-ˈtriːmenz] *n* delirium tremens *m*.
delish *inf* [dɪˈlɪʃ] (*abbr of* **delicious**) *adj* extra *inv*.
deliver [dɪˈlɪvəʳ] ◇ *vt* **-1.** [carry, transport] remettre; COMM livrer; **what time is the post** OR **mail ~ed?** le courrier est distribué à quelle heure?; **I ~ed the books to the library** j'ai remis les livres à la bibliothèque; **the train ~ed us safely home** nous sommes rentrés en train sans problème ❑ **can he ~ the goods?** *inf* est-ce qu'il peut tenir parole? **-2.** *fml* OR *lit* [save, rescue] délivrer; **~ us from evil** BIBLE délivre-nous du mal. **-3.** MED: **to ~ a baby** faire un accouchement; **she was ~ed of a daughter** *fml* OR *lit* elle accoucha d'une fille; **he ~ed the mare of her foal** il aida la jument à mettre bas. **-4.** [pronounce, utter]: **to ~ a sermon/speech** prononcer un sermon/discours; **to ~ o.s. of an opinion** *fml* faire part de OR émettre son opinion; **the jury ~ed a verdict of not guilty** JUR le jury a rendu un verdict de non-culpabilité. **-5.** *Am* POL: **can he ~ the Black vote?** est-ce

qu'il peut nous assurer les voix des Noirs? -6. [strike] : to ~ a blow (to the head/stomach) porter OR *lit* asséner un coup (à la tête/à l'estomac).

◇ *vi* -1. [make delivery] livrer. -2. *inf* [do as promised] tenir parole, tenir bon.

◆ **deliver over** *vt sep* remettre; he ~ed himself over to the police il s'est livré OR rendu à la police.

◆ **deliver up** *vt sep* [fugitive, town] livrer.

deliverance [dɪ'lɪvərəns] *n* -1. *fml* OR *lit* [release, rescue] délivrance *f*. -2. [pronouncement] déclaration *f*; JUR prononcé *m*.

deliverer [dɪ'lɪvərəʳ] *n* -1. *fml* OR *lit* [saviour] sauveur *m*. -2. COMM livreur *m*.

delivery [dɪ'lɪvərɪ] (*pl* deliveries) ◇ *n* -1. COMM livraison *f*; post OR mail deliveries are rather irregular la distribution du courrier est assez irrégulière; to take ~ of sthg prendre livraison de qqch; 'allow two weeks for ~' 'délai de livraison: deux semaines'; payment on ~ règlement *m* OR paiement *m* à la livraison. -2. [transfer, handing over] remise *f*; I was entrusted with (the) ~ of the documents on m'a confié la remise des documents. -3. MED accouchement *m*. -4. [manner of speaking] débit *m*, élocution *f*. -5. *fml* OR *lit* [release, rescue] délivrance *f*.

◇ *comp* -1. COMM [note, truck, van] de livraison. -2. MED: the ~ room la salle de travail OR d'accouchement.

deliveryman [dɪ'lɪvərɪmæn] (*pl* deliverymen [-men]) *n* livreur *m*.

dell [del] *n* vallon *m*.

Delos ['di:lɒs] *pr n* Délos; in ~ à Délos.

delouse [,di:'laʊs] *vt* [animal, person] épouiller; [clothing, furniture] enlever les poux de.

Delphi ['delfaɪ] *pr n* Delphes; at ~ à Delphes.

Delphic ['delfɪk] *adj* delphique, de Delphes; *fig* [obscure] obscur.

delphinium [del'fɪnɪəm] (*pl* delphiniums OR delphinia [-nɪə]) *n* delphinium *m*.

delta ['deltə] ◇ *n* delta *m*.

◇ *comp* en delta.

delta ray *n* rayon *m* delta.

delta wing *n* aile *f* (en) delta.

deltoid ['deltɔɪd] ◇ *n* deltoïde *m*.

◇ *adj* deltoïde.

delude [dɪ'lu:d] *vt* tromper, duper; he ~d investors into thinking that the company was doing well il a fait croire aux investisseurs que la société se portait bien; he's deluding himself if he thinks his wife will forgive him il se fait des illusions OR il se leurre s'il pense que sa femme va lui pardonner; let's not ~ ourselves about his motives ne nous leurrons pas sur ses motivations.

deluded [dɪ'lu:dɪd] *adj* -1. [mistaken, foolish] : a poor ~ young man un pauvre jeune homme qu'on a trompé OR induit en erreur. -2. PSYCH sujet à des délires.

deluge ['delju:dʒ] ◇ *n literal* & *fig* déluge *m*.

◇ *vt* inonder; we have been ~d with letters nous avons été submergés OR inondés de lettres.

delusion [dɪ'lu:ʒn] *n* -1. [illusion, mistaken idea] illusion *f*; she's under the ~ that her illness isn't serious elle s'imagine à tort que sa maladie n'est pas grave. -2. PSYCH délire *m*; he has ~s of grandeur *fig* il est sujet au délire de grandeur.

delusive [dɪ'lu:sɪv] *adj* trompeur, illusoire.

delusiveness [dɪ'lu:sɪvnɪs] *n* caractère *m* trompeur OR illusoire.

delusory [dɪ'lu:sərɪ] = **delusive**.

deluxe [də'lʌks] *adj* de luxe.

delve [delv] *vi* -1. [investigate] fouiller; she preferred not to ~ too deeply into the past elle préférait ne pas fouiller trop profondément (dans) le passé. -2. [search] : he ~d into the bag il a fouillé dans le sac. -3. [dig, burrow] creuser; [animal] fouiller.

Dem. *written abbr of* Democrat(ic).

demagnetize, -ise [,di:'mægnɪtaɪz] *vt* démagnétiser.

demagog ['deməgɒg] *Am* = **demagogue**.

demagogic [,demə'gɒgɪk] *adj* démagogique.

demagogue ['deməgɒg] *n* démagogue *mf*.

demagoguery [,demə'gɒgərɪ] *n* démagogie *f*.

demagogy ['deməgɒgɪ] *n* démagogie *f*.

de-man [,di:'mæn] (*pt* & *pp* de-manned, *cont* de-manning) *vt Br* INDUST réduire les effectifs de.

demand [dɪ'mɑ:nd] ◇ *vt* -1. [ask forcefully] exiger; [money] réclamer; I ~ to see the manager appelez-moi le gérant; the terrorists ~ed to be flown to Tehran les terroristes exigeaient d'être emmenés en avion à Téhéran; pressure groups are ~ing that fuller information be released les groupes de pression exigent la publication de plus amples informations; to ~ one's rights revendiquer ses droits; she ~ed nothing of OR from her children elle n'exigeait rien de ses enfants; he ~ed to know/to be told the truth il exigeait de connaître/qu'on lui dise la vérité. -2. [require, necessitate] exiger, réclamer; he doesn't have the imagination ~ed of a good writer il n'a pas l'imagination que l'on attend d'un bon écrivain.

◇ *n* -1. [obligation, requirement] exigence *f*; the ~s of motherhood les exigences de la maternité; to make ~s on sb exiger beaucoup de qqn; his work makes great ~s on his time son travail lui prend beaucoup de temps; he makes a lot of emotional ~s il a une très grande demande affective; there are many ~s on her at work elle est très prise au travail. -2. [firm request] : wage ~s revendications *fpl* salariales; there have been many ~s for the minister's resignation beaucoup de voix se sont élevées pour exiger la démission du ministre. -3. ECON & COMM demande *f*; due to public ~ à la demande du public; there is not much ~ for books on the subject les livres sur ce sujet ne sont pas très demandés; qualified maths teachers are in increasing ~ les professeurs de mathématiques diplômés sont de plus en plus demandés; American jeans were in great ~ in Eastern Europe les jeans américains étaient très demandés OR recherchés dans les pays de l'Est.

◆ **on demand** *adv phr* sur demande; she's in favour of abortion on ~ elle est pour l'avortement libre.

demand bill *n* bon *m* à vue.

demand deposit *n Br* épargne *f* disponible sur demande.

demanding [dɪ'mɑ:ndɪŋ] *adj* [person] exigeant; [job, profession] difficile, astreignant; the work is not physically ~ ce travail ne demande pas beaucoup de force physique.

demand management *n* contrôle *m* de la demande.

demand note *n* bon *m* à vue.

demarcate ['di:mɑ:keɪt] *vt fml* délimiter.

demarcation [,di:mɑ:'keɪʃn] *n* -1. [boundary, border] démarcation *f*; a line of ~, a ~ line une ligne de démarcation. -2. INDUST attributions *fpl*; ~ dispute conflit *m* d'attributions.

demean [dɪ'mi:n] *vt fml* avilir, rabaisser; she wouldn't ~ herself by marrying him elle refusait de se rabaisser en l'épousant; your behaviour ~s the office you hold votre comportement déshonore la charge que vous occupez.

demeaning [dɪ'mi:nɪŋ] *adj* avilissant, déshonorant.

demeanour *Br*, **demeanor** *Am* [dɪ'mi:nəʳ] *n fml* [behaviour] comportement *m*; [manner] allure *f*, maintien *m*; he had the ~ of a gentleman il avait des allures d'homme raffiné OR de gentleman.

demented [dɪ'mentɪd] *adj* MED dément; *fig* fou.

dementedly [dɪ'mentɪdlɪ] *adv* comme un fou.

dementia [dɪ'menʃə] *n* démence *f*.

dementia praecox [-'pri:kɒks] *n dated* démence *f* précoce.

demerara [,demə'reərə] *n*: ~ sugar cassonade *f*.

demerger [,di:'mɜ:dʒəʳ] *n* scission *f*.

demerit [di:'merɪt] *n* -1. *fml* [flaw] démérite *m*, faute *f*. -2. *Am* SCH & MIL blâme *m*.

demesne [dɪ'meɪn] *n* -1. [land] domaine *m*. -2. JUR: land held in ~ terrain possédé en toute propriété.

Demetrius [dɪ'mi:trɪəs] *pr n* Démétrios.

demigod ['demɪgɒd] *n* demi-dieu *m*.

demijohn ['demɪdʒɒn] *n* dame-jeanne *f*, bonbonne *f*.

demilitarization ['di:,mɪlɪtəraɪ'zeɪʃn] *n* démilitarisation *f*.

demilitarize, -ise [,di:'mɪlɪtəraɪz] *vt* démilitariser; a ~d zone une zone démilitarisée.

demimonde [,demɪ'mɒnd] *n* demi-monde *m*.

demineralize, -ise [,di:'mɪnərəlaɪz] *vt* déminéraliser.

demise [dɪ'maɪz] ◇ *n* -1. *arch* OR *lit* [death] mort *f*, disparition *f*; [end] fin *f*, mort *f*. -2. JUR [transfer] cession *f*. -3. HIST: the ~ of the Crown la transmission de la Couronne.

◇ *vt* -1. JUR [lease] louer à bail; [bequeath] léguer. -2. HIST [transfer] transmettre.

demisemiquaver ['demɪsemɪ,kweɪvəʳ] *n Br* triple croche *f*.

demist [,di:'mɪst] *vt Br* désembuer.

demister [,di:'mɪstəʳ] *n Br* dispositif *m* antibuée.

demitasse ['demɪtæs] *n* [cup] tasse *f* à café; [coffee] café *m* serré, express *m inv*.

demiurge ['demɪɜ:dʒ] *n* démiurge *m*.

demo *inf* ['deməʊ] (*pl* demos) (*abbr of* demonstration) *n* manif *f*.

demob *inf* [,di:'mɒb] (*pt* & *pp* demobbed, *cont* demobbing) *Br* ◇ *vt* démobiliser.

◇ *n* -1. [demobilization] démobilisation *f*. -2. [soldier] soldat *m* démobilisé.

◇ *comp*: ~ suit ≃ tenue *f* civile, ≃ vêtements *mpl* civils.

demobilization [di:,məʊbɪlaɪ'zeɪʃn] *n* démobilisation *f*.

demobilize, -ise [,di:'məʊbɪlaɪz] *vt* démobiliser.

democracy [dɪ'mɒkrəsɪ] (*pl* democracies) *n* démocratie *f*.

democrat ['deməkræt] *n* démocrate *mf*.

◆ **Democrat** *n* -1. [in US] démocrate *mf*. -2. [in UK] *membre des «Liberal Democrats»*.

democratic [,demə'krætɪk] *adj* [country, organization, principle] démocratique; [person] démocrate; the Democratic Party le parti démocrate (américain); the Democratic Convention la convention démocrate.

democratically [,demə'krætɪklɪ] *adv* démocratiquement.

democratize, -ise [dɪ'mɒkrətaɪz] ◇ *vt* démocratiser.

◇ *vi* se démocratiser.

Democritus [dɪ'mɒkrɪtəs] *pr n* Démocrite.

demodulate [,di:'mɒdjʊleɪt] *vt* démoduler.

demodulation ['di:,mɒdjʊ'leɪʃn] *n* démodulation *f*.

demographer [dɪ'mɒgrəfəʳ] *n* démographe *mf*.

demographic [,demə'græfɪk] *adj* démographique.

demographics [,demə'græfɪks] ◇ *n* (U) [science] (étude *f* de la) démographie *f*.

◇ *npl* [statistics] statistiques *fpl* démographiques.

demography [dɪ'mɒgrəfɪ] *n* démographie *f*.

demolish [dɪ'mɒlɪʃ] *vt* -1. *literal* & *fig* [destroy] démolir. -2. *inf* [devour] dévorer.

demolisher [dɪ'mɒlɪʃəʳ] *n literal* & *fig* démolisseur *m*.

demolition [,demə'lɪʃn] *n literal* & *fig* [destruction] démolition *f*.

◆ **demolitions** *npl* MIL explosifs *mpl*; a ~s expert *Br* un expert en explosifs.

demon ['di:mən] *n* -1. [devil, evil spirit] démon *m*. -2. *fig* diable *m*; she works like a ~ c'est un bourreau de travail; he's a ~ tennis player il joue au tennis comme un dieu.

demonetarize, -ise [,di:'mʌnətəraɪz], **demonetize, -ise** [di:'mʌnɪtaɪz] *vt* démonétiser.

demoniac [dɪ'məʊnɪæk] ◇ *adj* démoniaque.
◇ *n* démoniaque *mf*.

demoniacal [diːmə'naɪəkl] *adj* démoniaque.

demonic [diː'mɒnɪk] *adj* diabolique.

demonology [ˌdiːmə'nɒlədʒɪ] *n* démonologie *f*.

demonstrable [dɪ'mɒnstrəbl] *adj* démontrable.

demonstrably [dɪ'mɒnstrəblɪ] *adv* manifestement.

demonstrate ['demənstreɪt] ◇ *vt* -**1.** [prove, establish] démontrer. -**2.** [appliance, machine] faire une démonstration de; **he ~d how to use a sewing machine** il a montré comment se servir d'une machine à coudre. -**3.** [ability, quality] faire preuve de; **she ~d great musical ability** elle a fait preuve de grandes prédispositions pour la musique.
◇ *vi* POL manifester; **the students are demonstrating against higher fees** les étudiants manifestent contre l'augmentation des frais de scolarité.

demonstration [ˌdemən'streɪʃn] ◇ *n* -**1.** [proof] démonstration *f*. -**2.** COMM & INDUST démonstration *f*; **the salesman gave a ~ of the word processor** le vendeur a fait une démonstration de la machine de traitement de texte. -**3.** POL [protest] manifestation *f*; **to hold a ~** faire une manifestation. -**4.** [of emotion] démonstration *f*, manifestation *f*. -**5.** MIL démonstration *f*.
◇ *comp* [car, lesson, model] de démonstration.

demonstrative [dɪ'mɒnstrətɪv] ◇ *adj* démonstratif; **~ pronoun** pronom *m* démonstratif.
◇ *n* démonstratif *m*.

demonstrator ['demənstreɪtə^r] *n* -**1.** COMM & INDUST [person] démonstrateur *m*, -trice *f*. -**2.** POL [protester] manifestant *m*, -e *f*. -**3.** *Br* UNIV ≃ préparateur *m*, -trice *f*. -**4.** *Am* COMM [appliance, machine] modèle *m* de démonstration.

demoralization [dɪˌmɒrəlaɪ'zeɪʃn] *n* démoralisation *f*.

demoralize, -ise [dɪ'mɒrəlaɪz] *vt* démoraliser; **after losing the election he became completely ~d** après avoir perdu aux élections, il a complètement perdu courage OR le moral.

demoralizing [dɪ'mɒrəlaɪzɪŋ] *adj* démoralisant.

demoralizingly [dɪ'mɒrəlaɪzɪŋlɪ] *adv*: **our results were ~ poor** nos résultats étaient si médiocres que c'en était démoralisant.

demos ['diːmɒs] *n fml* peuple *m*.

Demosthenes [dɪ'mɒsθəniːz] *pr n* Démosthène.

demote [ˌdiː'məʊt] *vt* rétrograder.

demotic [dɪ'mɒtɪk] ◇ *adj* -**1.** [of the common people] populaire. -**2.** LING démotique.
◇ *n* [ancient Egyptian] démotique *m*.
◆ **Demotic** *n* grec *m* démotique.

demotion [ˌdiː'məʊʃn] *n* rétrogradation *f*.

demotivate [ˌdiː'məʊtɪveɪt] *vt* démotiver.

demount [ˌdiː'maʊnt] *vt* démonter.

demulcent [dɪ'mʌlsənt] ◇ *adj* lénifiant.
◇ *n* onguent *m*.

demur [dɪ'mɜː^r] (*pt* & *pp* **demurred**, *cont* **demurring**) ◇ *vi* -**1.** *fml* soulever une objection; **he demurred at the idea of accepting a reward** il s'est opposé à l'idée de recevoir une récompense; **I suggested she join us but she demurred** j'ai proposé qu'elle se joigne à nous mais elle s'y est opposée. -**2.** JUR opposer une exception.
◇ *n* objection *f*; **without ~** sans sourciller OR faire d'objection.

demure [dɪ'mjʊə^r] *adj* -**1.** [modest] modeste, pudique; [well-behaved] sage; [reserved] retenu. -**2.** *pej* [coy] d'une modestie affectée.

demurely [dɪ'mjʊəlɪ] *adv* -**1.** [modestly] modestement; [reservedly] avec retenue; **she sipped her tea ~** elle buvait son thé à petites gorgées OR avec délicatesse. -**2.** *pej* [coyly] avec une modestie affectée.

demureness [dɪ'mjʊənɪs] *n* modestie *f*, pudeur *f*.

demystification [ˈdiːˌmɪstɪfɪ'keɪʃn] *n* démystification *f*.

demystify [ˌdiː'mɪstɪfaɪ] (*pt* & *pp* **demystified**) *vt* démystifier.

demythologization [ˈdiːmɪˌθɒlədʒaɪ'zeɪʃn] *n* démythification *f*.

demythologize, -ise [ˌdiːmɪ'θɒlədʒaɪz] *vt* démythifier.

den [den] *n* -**1.** ZOOL repaire *m*, tanière *f*; *fig* [hideout] repaire *m*, nid *m*; **a ~ of thieves** un nid de brigands; **a ~ of iniquity** un lieu de perdition. -**2.** [room, study] ≃ bureau *m*, ≃ cabinet *m* de travail.

denary ['diːnərɪ] *adj* décimal.

denationalization [ˈdiːˌnæʃnəlaɪ'zeɪʃn] *n* dénationalisation *f*.

denationalize, -ise [ˌdiː'næʃnəlaɪz] *vt* dénationaliser.

denaturalize, -ise [ˌdiː'nætʃrəlaɪz] *vt* -**1.** [deprive of nationality] dénaturaliser. -**2.** [make unnatural] dénaturer.

denature [ˌdiː'neɪtʃə^r] *vt* dénaturer.

dendrology [den'drɒlədʒɪ] *n* dendrologie *f*.

dene [diːn] *n Br* [valley] val *m*, vallée *f*.

dengue ['deŋgɪ] *n* dengue *f*.

deniable [dɪ'naɪəbl] *adj* niable.

denial [dɪ'naɪəl] *n* -**1.** [of story, rumour] démenti *m*; [of wrongdoing] dénégation *f*; [of request, right] refus *m*; **~ of justice** JUR déni *m* de justice; **the minister's ~ of responsibility was greeted with outrage** c'est avec indignation qu'on a appris que le ministre rejetait toute responsabilité. -**2.** [disavowal, repudiation] reniement *m*; **Peter's ~ of Christ** BIBLE le reniement du Christ par Pierre. -**3.** [abstinence] abnégation *f*; **the monks led a life of ~** les moines menaient une vie d'abnégation. -**4.** PSYCH dénégation *f*.

denier ['denɪə^r, də'nɪə^r] *n* -**1.** *Br* [measure] denier *m*; **15 ~ stockings** bas *m* de 15 deniers. -**2.** [coin] denier *m*.

denigrate ['denɪgreɪt] *vt* dénigrer.

denigration [ˌdenɪ'greɪʃn] *n* dénigrement *m*.

denigrator ['denɪgreɪtə^r] *n* dénigreur *m*, -euse *f*.

denim ['denɪm] ◇ *n* TEX (toile *f* de) jean *m*, denim *m*.
◇ *comp* [jacket] en jean.
◆ **denims** *npl* blue-jean *m*, jean *m*; **all the students were wearing ~s** tous les étudiants portaient des jeans.

denitrification [ˈdiːˌnaɪtrɪfɪ'keɪʃn] *n* dénitrification *f*.

denitrify [ˌdiː'naɪtrɪfaɪ] (*pt* & *pp* **denitrified**) *vt* dénitrifier.

denizen ['denɪzn] *n* -**1.** *lit* OR *hum* [inhabitant] habitant *m*, -e *f*, hôte *mf lit*; [regular visitor] habitué *m*, -e *f*. -**2.** *Br* [permanent resident] ≃ résident *m*, -e *f*. -**3.** [non-native plant] plante *f* allogène; [non-native animal] animal *m* allogène.

Denmark ['denmɑːk] *pr n* Danemark *m*; **in ~** au Danemark.

denominate [dɪ'nɒmɪneɪt] *vt* dénommer.

denomination [dɪˌnɒmɪ'neɪʃn] *n* -**1.** FIN valeur *f*; **small/large ~ notes** petites/grosses coupures; **coins of different ~s** des pièces de différentes valeurs. -**2.** RELIG confession *f*, culte *m*. -**3.** *fml* [designation, specification] dénomination *f*.

denominational [dɪˌnɒmɪ'neɪʃənl] *adj*: **a ~ school** une école confessionnelle.

denominationalism [dɪˌnɒmɪ'neɪʃnəlɪzm] *n* appartenance *f* à une confession.

denominative [dɪ'nɒmɪnətɪv] ◇ *adj* dénominatif.
◇ *n* dénominatif *m*.

denominator [dɪ'nɒmɪneɪtə^r] *n* dénominateur *m*.

denotation [ˌdiːnəʊ'teɪʃn] *n* (*U*) [indication] dénotation *f*; [representation, symbol] signes *mpl*, symboles *mpl*; [specific meaning] signification *f*.

denotative [dɪ'nəʊtətɪv] *adj* dénotatif.

denote [dɪ'nəʊt] *vt* [indicate] dénoter; [represent] signifier.

denounce [dɪ'naʊns] *vt* dénoncer; **his wife ~d him as a traitor** sa femme l'a dénoncé comme traître; **to ~ an agreement/a treaty** dénoncer un accord/un traité; **the union's president ~d the practice as unjust** le président du syndicat a dénoncé cette pratique comme étant injuste.

denouncement [dɪ'naʊnsmənt] *n* dénonciation *f*.

denouncer [dɪ'naʊnsə^r] *n* dénonciateur *m*, -trice *f*.

dense [dens] *adj* -**1.** [thick] dense; [fog, smoke] épais; [undergrowth, vegetation] dense, dru *lit*; PHOT opaque. -**2.** [prose] dense, ramassé. -**3.** *inf* [stupid] bouché, obtus.

densely ['denslɪ] *adv*: **a ~ populated area** une région très peuplée OR à forte densité de population; **the book is very ~ written** le livre est écrit d'une manière dense OR ramassée; **a ~ wooded valley** une vallée très boisée.

denseness ['densnɪs] *n* -**1.** [thickness] densité *f*. -**2.** *inf* [stupidity] stupidité *f*.

densitometer [ˌdensɪ'tɒmɪtə^r] *n* densitomètre *m*.

density ['densətɪ] *n* densité *f*.

dent [dent] ◇ *n* -**1.** [in metal] bosse *f*; [in bed, pillow] creux *m*; **he made a ~ in his car** il a cabossé sa voiture; **the car has a ~ in the bumper** la voiture a le pare-chocs cabossé. -**2.** *fig* [reduction]: **to make a ~ in one's savings** faire un trou dans ses économies.
◇ *vt* [metal] cabosser, bosseler; *fig* [pride] froisser; [confidence] entamer.

dental ['dentl] ◇ *adj* -**1.** MED dentaire. -**2.** LING dental.
◇ *n* dentale *f*.

dental floss *n* fil *m* dentaire.

dental hygienist *n* ≃ assistant *m*, -e *f* dentaire *(qui s'occupe du détartrage etc)*.

dental mechanic *n* mécanicien-dentiste *m*.

dental plate *n* dentier *m*.

dental surgeon *n Br* chirurgien-dentiste *m*.

dental surgery *n* -**1.** [activity] chirurgie *f* dentaire. -**2.** *Br* [office] cabinet *m* dentaire.

dental technician *n* prothésiste *mf* (dentaire).

dentate ['denteɪt] *adj* denté, dentelé.

dentifrice ['dentɪfrɪs] *n* [paste] pâte *f* dentifrice; [powder] poudre *f* dentifrice.

dentine ['dentiːn], **dentin** ['dentɪn] *Am n* dentine *f*.

dentist ['dentɪst] *n* dentiste *mf*; **the ~'s surgery** *Br* OR **office** *Am* le cabinet dentaire; **to go to the ~'s** aller chez le dentiste.

dentistry ['dentɪstrɪ] *n* dentisterie *f*.

dentition [den'tɪʃn] *n* dentition *f*.

denture ['dentʃə^r] *n* [artificial tooth] prothèse *f* dentaire.
◆ **dentures** *npl* dentier *m*.

denuclearization [ˈdiːˌnjuːklɪəraɪ'zeɪʃn] *n* dénucléarisation *f*.

denuclearize, -ise [ˌdiː'njuːklɪəraɪz] *vt* dénucléariser.

denude [dɪ'njuːd] *vt* dénuder.

denumerable [dɪ'njuːmərəbl] *adj* dénombrable.

denunciation [dɪˌnʌnsɪ'eɪʃn] *n* dénonciation *f*.

denunciator [dɪ'nʌnsɪeɪtə^r] *n* dénonciateur *m*, -trice *f*.

deny [dɪ'naɪ] (*pt* & *pp* **denied**) *vt* -**1.** [declare untrue] nier; [report, rumour] démentir; **the prisoner denied having conspired** OR **conspiring against the government** le prisonnier nia avoir conspiré contre le gouvernement; **he denied that he had been involved** il nia avoir été impliqué; **there's no ~ing that we have a problem** il est indéniable que nous avons un problème; **he denied all knowledge of the incident** il a nié être au courant de l'incident. -**2.** [refuse] refuser, dénier *lit*; **in many countries people are denied even basic human rights** dans beaucoup de pays les gens sont privés des droits les plus fondamentaux. -**3.** [deprive] priver; **she thought that by ~ing herself she could help others** elle pensait qu'en se privant elle pourrait aider les autres. -4. *arch* OR *lit* [disavow, repudiate] renier; before the cock crow, thou shalt ~ me thrice BIBLE avant que le coq chante, tu m'auras renié trois fois.

deodorant [di:'əudərənt] *n* déodorant *m*.

deodorize, -ise [di:'əudəraɪz] *vt* désodoriser.

deontological [dɪ,ɒntə'lɒdʒɪkl] *adj* déontologique.

deontology [,di:ɒn'tɒlədʒɪ] *n* déontologie *f*.

deoxidize, -ise [di:'ɒksɪdaɪz] *vt* désoxyder.

deoxygenate [,di:'ɒksɪdʒəneɪt] *vt* désoxygéner.

deoxyribonucleic ['di:ɒksɪ,raɪbəunju:'kli:ɪk] *adj*: ~ acid acide *m* désoxyribonucléique.

depart [dɪ'pɑ:t] ◇ *vi fml* -1. [leave] partir; the train now ~ing from platform two is the express to Liverpool le train en partance au quai numéro deux est l'express de Liverpool. -2. [deviate, vary] s'écarter; to ~ from tradition s'écarter de la tradition.
◇ *vt* quitter; to ~ this life *euph* quitter ce monde, partir pour l'autre monde.

departed [dɪ'pɑ:tɪd] *euph* & *fml* ◇ *adj* [dead] défunt, disparu.
◇ *n*: the ~ le défunt, la défunte, le disparu, la disparue.

department [dɪ'pɑ:tmənt] *n* -1. ADMIN [division] département *m*; [ministery] ministère *m*; she works in the housing ~ elle travaille au ministère du Logement □ the Department of State *Am* le Département d'État, ≃ le ministère des Affaires étrangères; the Department of Trade and Industry *Br* ≃ le ministère de l'Industrie et du Commerce; the Department for *Br* OR of *Am* Education ≃ (le ministère de) l'Éducation nationale. -2. INDUST service *m*; the sales/personnel ~ le service commercial/du personnel; the complaints ~ le service des réclamations. -3. [field, responsibility] domaine *m*; recruiting staff is not my ~ le recrutement du personnel n'est pas mon domaine OR de mon ressort; cooking's not really my ~ *fig* la cuisine n'est pas vraiment mon domaine OR ma spécialité. -4. COMM rayon *m*; he works in the toy ~ il travaille au rayon des jouets. -5. SCH & UNIV département *m*. -6. GEOG département *m*.

departmental [,di:pɑ:t'mentl] *adj* -1. ADMIN du département; INDUST du service; COMM du rayon. -2. GEOG du département, départemental.

department store *n* grand magasin *m*.

departure [dɪ'pɑ:tʃə^r] ◇ *n* -1. [leaving] départ *m*; the crew were preparing for ~ l'équipage se préparait au départ; our ~ was delayed for three hours notre départ a été retardé de trois heures. -2. [variation, deviation] modification *f*; the introduction of bonuses was a ~ from standard company policy l'introduction de primes représentait une entorse à la politique habituelle de l'entreprise. -3. [orientation] orientation *f*; farming was an entirely new ~ for him l'agriculture était une voie OR orientation tout à fait nouvelle pour lui. -4. *arch* [death] disparition *f*, trépas *m lit*.
◇ *comp* [gate, time] de départ; ~ lounge salle *f* d'embarquement.

depend [dɪ'pend]
◆ **depend on** *vt insep* -1. [be determined by] dépendre de; the outcome of the war will ~ on OR upon a number of factors l'issue de la guerre dépendra d'un certain nombre de facteurs; his job ~s on his OR him getting the contract il ne gardera son emploi que s'il obtient le contrat; survival ~ed on their finding enough water pour survivre, il leur fallait trouver suffisamment d'eau; her future may ~ on it son avenir en dépend peut-être; are we going out? – it (all) ~s est-ce qu'on sort? – ça dépend. -2. [rely on] dépendre de; the firm ~s heavily on orders from abroad l'entreprise dépend beaucoup des commandes de l'étranger; she ~s on the money her children give her l'argent qu'elle reçoit de ses enfants est sa seule ressource. -3. [trust, be sure of]: he's a friend you can ~ on c'est un ami sur qui vous pouvez compter; I'm ~ing on you to help me je compte sur vous pour m'aider; you can ~ on it! vous pouvez en être sûr OR compter là-dessus!
◆ **depending on** *prep phr* selon; a degree takes two or three years of study, ~ing on the subject chosen un diplôme demande deux ou trois ans d'études, selon la matière choisie.

dependability [dɪ,pendə'bɪlətɪ] *n* fiabilité *f*.

dependable [dɪ'pendəbl] *adj* [machine] fiable; [person] fiable, sérieux; [organization, shop] sérieux.

dependably [dɪ'pendəblɪ] *adv* d'une manière sûre.

dependant [dɪ'pendənt] *n* ADMIN personne *f* à charge; do you have any ~s? avez-vous des personnes à charge?

dependence [dɪ'pendəns] *n* dépendance *f*; the government hopes to reduce our ~ on oil le gouvernement espère diminuer notre dépendance vis-à-vis du pétrole; her ~ on her children increased with the years elle devenait de plus en plus dépendante de ses enfants au fil des années.

dependency [dɪ'pendənsɪ] (*pl* dependencies) *n* dépendance *f*.

dependent [dɪ'pendənt] ◇ *adj* -1. [person] dépendant; he became increasingly ~ on his children il devenait de plus en plus dépendant de ses enfants; she's financially ~ on her parents elle dépend financièrement OR elle est à la charge de ses parents; he has two ~ children ADMIN il a deux enfants à charge; she's heavily ~ on sleeping pills elle ne peut se passer de somnifères. -2. [contingent]: their economy is highly ~ on foreign investment leur économie dépend énormément des investissements étrangers; the prosperity of his business was ~ on the continuation of the war la prospérité de son entreprise dépendait OR était tributaire de la poursuite de la guerre; her father's consent to the wedding was ~ on the young man's success son père a donné son assentiment au mariage à condition que le jeune homme réussisse. -3. GRAMM [clause] subordonné. -4. MATH [variable] dépendant.
◇ *n* GRAMM subordonnée *f*.

depersonalization [di:,pɜ:snəlaɪ'zeɪʃn] *n* dépersonnalisation *f*.

depersonalize, -ise [,di:'pɜ:snəlaɪz] *vt* dépersonnaliser.

depict [dɪ'pɪkt] *vt* -1. [describe] dépeindre; Shakespeare ~s Richard III as cruel and calculating Shakespeare dépeint Richard III comme un homme cruel et calculateur. -2. [paint, draw] représenter.

depiction [dɪ'pɪkʃn] *n* -1. [description] description *f*. -2. [picture] représentation *f*.

depilate ['depɪleɪt] *vt* épiler.

depilatory [dɪ'pɪlətrɪ] (*pl* depilatories) ◇ *adj* épilatoire, dépilatoire; ~ cream crème *f* dépilatoire.
◇ *n* épilatoire *m*, dépilatoire *m*.

deplane [,di:'pleɪn] *vi* descendre d'avion.

deplete [dɪ'pli:t] *vt* -1. [reduce] diminuer, réduire; the illness ~d her strength la maladie amoindrissait ses forces; our stocks have become ~d nos stocks ont beaucoup diminué. -2. [impoverish, exhaust] épuiser; overproduction has ~d the soil la surproduction a épuisé OR appauvri la terre; the stream is ~d of fish la rivière est beaucoup moins poissonneuse qu'avant.

depletion [dɪ'pli:ʃn] *n* -1. [decrease, reduction] diminution *f*, réduction *f*. -2. [exhaustion, elimination] épuisement *m*; [of soil] appauvrissement *m*.

deplorable [dɪ'plɔ:rəbl] *adj* déplorable, lamentable.

deplorably [dɪ'plɔ:rəblɪ] *adv* d'une manière déplorable, lamentablement.

deplore [dɪ'plɔ:^r] *vt* -1. [regret] déplorer, regretter; we all ~d the loss of life nous avons tous déploré la perte de vies humaines. -2. [condemn, disapprove of] désapprouver, condamner; the President ~d the use of force against unarmed civilians le Président a condamné l'usage de la force envers des civils non armés.

deploy [dɪ'plɔɪ] ◇ *vt* déployer.
◇ *vi* se déployer.

deployment [dɪ'plɔɪmənt] *n* déploiement *m*.

depolarization [di:,pəulərаɪ'zeɪʃn] *n* dépolarisation *f*.

depolarize, -ise [,di:'pəuləraɪz] *vt* dépolariser.

depoliticize, -ise [,di:pə'lɪtɪsaɪz] *vt* dépolitiser.

deponent [dɪ'pəunənt] ◇ *n* -1. GRAMM déponent *m*. -2. JUR déposant *m*, -e *f*.
◇ *adj* déponent.

depopulate [,di:'pɒpjuleɪt] *vt* dépeupler.

depopulation [di:,pɒpju'leɪʃn] *n* dépeuplement *m*.

deport [dɪ'pɔ:t] *vt* -1. [expel] expulser; HIST [to colonies, camp] déporter; fifty illegal immigrants were ~ed to Mexico cinquante immigrants clandestins furent expulsés vers le Mexique. -2. *fml* [behave]: to ~ o.s. se comporter, se conduire.

deportation [,di:pɔ:'teɪʃn] *n* expulsion *f*; HIST [to colonies, camp] déportation *f*; ~ order arrêt *m* d'expulsion; many refugees were threatened with ~ beaucoup de réfugiés furent menacés d'expulsion; resistance fighters risked ~ or death les combattants de la résistance risquaient la déportation ou la mort.

deportee [,di:pɔ:'ti:] *n* expulsé *m*, -e *f*; HIST [prisoner] déporté *m*, -e *f*.

deportment [dɪ'pɔ:tmənt] *n fml* OR *dated* [behaviour] comportement *m*; [carriage, posture] maintien *m*.

depose [dɪ'pəuz] ◇ *vt* -1. [remove] destituer; [sovereign] déposer, destituer. -2. JUR déposer.
◇ *vi* faire une déposition.

deposit [dɪ'pɒzɪt] ◇ *vt* -1. [leave, place] déposer; she ~ed her belongings in a locker at Victoria Station elle déposa OR laissa ses affaires dans une consigne à la gare Victoria; the bus ~ed me in front of my house le bus m'a déposé devant ma maison. -2. [subj: liquid, river] déposer; the river had ~ed silt along its banks le fleuve avait laissé un dépôt de vase le long de ses rives. -3. BANK déposer, remettre; I'd like to ~ £500 j'aimerais faire un versement de 500 livres; to ~ a cheque déposer OR remettre un chèque (à la banque). -4. [pay] verser; you must ~ 10% of the value of the house vous devez faire un premier versement correspondant à 10 % de la valeur de la maison. -5. *Am* [insert] mettre; please ~ one dollar for your call veuillez introduire un dollar pour votre appel.
◇ *vi* GEOL se déposer.
◇ *n* -1. BANK dépôt *m*; to make a ~ of £200 faire un versement de 200 livres; on ~ en dépôt. -2. FIN & COMM [down payment] acompte *m*, arrhes *fpl*; she put down a ~ on a house elle a versé un acompte OR a fait un premier versement pour une maison; he left a £50 ~ on a TV set il a laissé 50 livres d'acompte OR d'arrhes pour réserver un téléviseur. -3. [guarantee against loss or damage] caution *f*; [on a bottle] consigne *f*; is there a ~ on the bottle? est-ce que la bouteille est consignée?; the landlord asked for two months' ~ le propriétaire a demandé une caution de deux mois. -4. *Br* POL cautionnement *m*; to lose one's ~ perdre son cautionnement. -5. MINER gisement *m*; oil ~s gisements de pétrole. -6. [sediment, silt] dépôt *m*; [in wine] dépôt *m*.

deposit account *n Br* compte *m* sur livret.

depositary [dɪ'pɒzɪtrɪ] (*pl* depositaries) *n* dépositaire *mf*.

deposition [,depə'zɪʃn] *n* -1. JUR déposition *f*. -2. MINER dépôt *m*. -3. [removal of leader] déposition *f*.

depositor [də'pɒzɪtə^r] *n* déposant *m*, -e *f*.

depository [də'pɒzɪtrɪ] (*pl* depositories) *n* dépôt *m*.

deposit slip *n* bulletin *m* de versement.

depot [*sense 1* & *2* 'depəʊ, *sense 3* 'diːpəʊ] *n* -**1.** [warehouse] dépôt *m*; *Br* [garage] dépôt *m*, garage *m*. -**2.** *Br* MIL ≈ caserne *f*. -**3.** *Am* [station] gare *f*; **bus ~** gare routière.

depravation [ˌdeprə'veɪʃn] *n* dépravation *f*.

deprave [dɪ'preɪv] *vt* dépraver.

depraved [dɪ'preɪvd] *adj* dépravé, perverti.

depravity [dɪ'prævətɪ] (*pl* **depravities**) *n* dépravation *f*, corruption *f*.

deprecate ['deprɪkeɪt] *vt* -**1.** *fml* [disapprove of, deplore] désapprouver; **any renunciation of sovereignty over the territory is to be ~d** il faut condamner toute renonciation de souveraineté sur le territoire. -**2.** [denigrate, disparage] dénigrer.

deprecating ['deprɪkeɪtɪŋ] = **deprecatory**.

deprecatingly ['deprɪkeɪtɪŋlɪ] *adv* -**1.** [disapprovingly - say, speak] d'un ton désapprobateur; [- look] avec désapprobation. -**2.** [apologetically] avec remords.

deprecatory ['deprɪkətrɪ] *adj* -**1.** [disapproving] désapprobateur; [derogatory] dénigrant. -**2.** [apologetic] navré.

depreciable [dɪ'priːʃəbl] *adj* -**1.** *Am* FIN amortissable. -**2.** [liable to depreciation] dépréciable.

depreciate [dɪ'priːʃɪeɪt] ◇ *vt* -**1.** FIN [devalue] déprécier, dévaloriser. -**2.** [denigrate] dénigrer, déprécier.
◇ *vi* se déprécier, se dévaloriser.

depreciation [dɪˌpriːʃɪ'eɪʃn] *n* -**1.** FIN dépréciation *f*, dévalorisation *f*. -**2.** [disparagement] dénigrement *m*, dépréciation *f*.

depredation [ˌdeprɪ'deɪʃn] *n* déprédation *f*.

depress [dɪ'pres] *vt* -**1.** [deject, sadden] déprimer; **it ~ed her to talk about her father** le fait de parler de son père la déprimait OR lui donnait le cafard. -**2.** ECON [reduce] (faire) baisser. -**3.** *fml* [press, push down on] appuyer sur.

depressant [dɪ'presənt] MED ◇ *adj* dépresseur.
◇ *n* dépresseur *m*.

depressed [dɪ'prest] *adj* -**1.** [melancholy] déprimé, abattu; MED déprimé; **you mustn't get ~ about your exam results** tu ne dois pas te laisser abattre OR perdre le moral à cause de tes résultats d'examen; **it's nothing to get ~ about** il n'y a pas de quoi se laisser abattre; **visiting her grandparents made her feel ~** le fait de rendre visite à ses grands-parents la déprimait OR lui donnait le cafard. -**2.** ECON [area, industry] en déclin, touché par la crise; [prices, profits, wages] en baisse; **the market is ~** ST. EX les cours sont en baisse. -**3.** [sunken, hollow] creux.

depressing [dɪ'presɪŋ] *adj* déprimant; [idea, place] triste, sinistre; **what a ~ thought!** quelle triste idée!; **the failure of the talks was ~ news** l'échec des pourparlers fut une nouvelle déprimante OR décourageante.

depressingly [dɪ'presɪŋlɪ] *adv* [say, speak] d'un ton abattu; **unemployment is ~ high** le taux de chômage est déprimant; **his meaning was ~ clear** la signification de ses paroles était d'une clarté déprimante.

depression [dɪ'preʃn] *n* -**1.** [melancholy] dépression *f*; MED dépression *f* (nerveuse); **she suffers from ~** elle fait de la dépression; **he's in a state of ~** il est dans un état dépressif. -**2.** ECON [slump] dépression *f*, crise *f* économique; **the country's economy is in a state of ~** l'économie du pays est en crise ❑ **the Great Depression** *Am* HIST la grande dépression. -**3.** [hollow, indentation] creux *m*; GEOG dépression *f*. -**4.** METEOR dépression *f*.

THE GREAT DEPRESSION:
La plus profonde crise économique qu'aient connue les États-Unis et qui, de 1929 (date du krach de Wall Street) au début des années 40, plongea de nombreux Américains dans le chômage et la misère.

depressive [dɪ'presɪv] ◇ *adj* dépressif.
◇ *n* dépressif *m*, -ive *f*.

depressor [dɪ'presəʳ] *n* abaisseur *m*; **a tongue ~** un abaisse-langue.

depressurization [diːˌpreʃəraɪ'zeɪʃn] *n* dépressurisation *f*.

depressurize, -ise [ˌdiː'preʃəraɪz] *vt* dépressuriser.

deprivation [ˌdeprɪ'veɪʃn] *n* (*U*) privation *f*; **a life of ~ and misery** une vie de souffrances et de privations.

deprive [dɪ'praɪv] *vt* priver; **to ~ sb of sthg** priver qqn de qqch; **the prisoners were ~d of letters for a month** les prisonniers furent privés de lettres pendant un mois; **he was ~d of his rank** il fut déchu de son grade; **she ~s herself of nothing** elle ne se prive de rien; **the legitimate heir was ~d of his inheritance** l'héritier légitime fut frustré OR dépossédé de son héritage.

deprived [dɪ'praɪvd] *adj* [area, child] défavorisé; **the boy is emotionally ~** le garçon souffre d'une carence affective; **many of these young offenders come from ~ backgrounds** beaucoup de ces jeunes délinquants viennent de milieux défavorisés.

dept. *written abbr of* **department**.

depth [depθ] *n* -**1.** [distance downwards] profondeur *f*; **the wreck was located at a ~ of 200 metres** l'épave a été repérée à 200 mètres de profondeur OR par 200 mètres de fond; **the canal is about 12 metres in ~** le canal a environ 12 mètres de profondeur; **this submarine could dive to a ~ of 500 feet** ce sous-marin pouvait descendre jusqu'à une profondeur de 500 pieds. -**2.** [in deep water]: **the child was warned not to go out of his ~** l'enfant a été averti de ne pas aller où il n'avait pas pied; **she swam too far and got out of her ~** elle a nagé trop loin et a perdu pied ❑ **to be out of one's ~** *literal* ne plus avoir pied; *fig* perdre pied. -**3.** PHOT: **~ of field/focus** profondeur *f* de champ/foyer. -**4.** [of a voice, sound] registre *m* grave. -**5.** [extent, intensity] profondeur *f*; [of colour] intensité *f*; **the ~ of his knowledge of the subject was impressive** sa connaissance approfondie du sujet était impressionnante; **he had not realized her ~ of feeling on the matter** il ne s'était pas rendu compte à quel point ce sujet lui tenait à cœur; **we must study the proposal in ~** nous devons étudier à fond OR en profondeur cette proposition.
◆ **depths** *npl*: **the ocean ~s** les grands fonds *mpl*; **the ~s of the earth** les profondeurs *fpl* OR entrailles *fpl* de la terre; **in the ~s of the forest** au (fin) fond de la forêt ‖ *fig*: **in the ~s of his soul** au plus profond de son âme; **she's in the ~s of despair** elle touche le fond du désespoir; **in the ~s of winter** au cœur de l'hiver.

depth charge *n* grenade *f* sous-marine.

depth finder = **depth recorder**.

depth psychology *n* psychologie *f* des profondeurs.

depth recorder *n* sondeur *m*.

deputation [ˌdepjʊ'teɪʃn] *n* députation *f*, délégation *f*.

depute [dɪ'pjuːt] *vt fml* [person] députer; [authority, power] déléguer; **she ~d the running of the business to her eldest son** elle délégua la gestion de l'entreprise à son fils aîné.

deputize, -ise ['depjʊtaɪz] ◇ *vt* députer.
◇ *vi*: **the First Secretary ~d for the Ambassador at the reception** le premier secrétaire représentait l'ambassadeur à la réception.

deputy ['depjʊtɪ] (*pl* **deputies**) ◇ *n* -**1.** [assistant] adjoint *m*, -e *f*. -**2.** [substitute] remplaçant *m*, -e *f*; **to act as ~** remplacer qqn, agir en tant qu'adjoint. -**3.** POL [elected representative] député *m*. -**4.** *Am* [law enforcement agent] shérif *m* adjoint.
◇ *comp*: **~ chairman** vice-président *m*; **~ head teacher, ~ head** *inf* directeur *m* adjoint, directrice *f* adjointe; **~ manager** directeur *m* adjoint; **~ sheriff** shérif *m* adjoint.

derail [dɪ'reɪl] ◇ *vt* faire dérailler.
◇ *vi* dérailler.

derailleur [dɪ'reɪljəʳ] *n Br* dérailleur *m*.

derailment [dɪ'reɪlmənt] *n* déraillement *m*.

derange [dɪ'reɪndʒ] *vt* -**1.** [disarrange, disorder] déranger. -**2.** [drive insane] rendre fou.

deranged [dɪ'reɪndʒd] *adj* dérangé, détraqué; **the killer must have been ~** le tueur devait être fou OR déséquilibré; **the old woman seemed slightly ~** la vieille femme semblait un peu dérangée OR avoir l'esprit un peu dérangé; **it's the work of a ~ mind** c'est l'œuvre d'un esprit dérangé OR détraqué.

derangement [dɪ'reɪndʒmənt] *n* -**1.** [disorder, disarray] désordre *m*. -**2.** [mental illness] démence *f*.

derate [ˌdiː'reɪt] *vt Br* [property] dégrever.

deration [ˌdiː'ræʃn] *vt* cesser le rationnement de.

derby [*Br* 'dɑːbɪ, *Am* 'dɜːbɪ] *n* -**1.** [match]: **a local ~** un derby. -**2.** *Am* [race] derby *m*. -**3.** *Am* [hat] chapeau *m* melon.
◆ **Derby** *pr n*: **the Derby** *grande course annuelle de chevaux à Epsom, en Grande-Bretagne.*

deregister [ˌdiː'redʒɪstəʳ] *vt* enlever du registre.

deregulate [ˌdiː'regjʊleɪt] *vt* -**1.** ECON [prices, wages] libérer, déréguler. -**2.** [relax restrictions on] assouplir les règlements de, déréglementer; **some members of the EC are in favour of deregulating air travel** certains membres de la CEE sont favorables à la déréglementation du trafic aérien.

deregulation [ˌdiːregjʊ'leɪʃn] *n* -**1.** ECON [of prices, wages] libération *f*, dérégulation *f*. -**2.** [relaxation of restrictions] assouplissement *m* des règlements, déréglementation *f*.

derelict ['derəlɪkt] ◇ *adj* -**1.** [abandoned] abandonné, délaissé; **a ~ old building** un vieux bâtiment à l'abandon. -**2.** [negligent, neglectful] négligent.
◇ *n* -**1.** [vagrant] clochard *m*, -e *f*, vagabond *m*, -e *f*. -**2.** NAUT navire *m* abandonné.

dereliction [ˌderə'lɪkʃn] *n* -**1.** [abandonment] abandon *m*. -**2.** *Br* [negligence] négligence *f*; **~ of duty** manquement *m* au devoir.

derestrict [ˌdiːrɪ'strɪkt] *vt Br*: **to ~ a road** supprimer une limitation de vitesse sur une route; **a ~ed road** une route sans limitation de vitesse.

derestriction [ˌdiːrɪ'strɪkʃn] *n* exemption *f*.

deride [dɪ'raɪd] *vt* tourner en dérision, railler.

derision [dɪ'rɪʒn] *n* dérision *f*.

derisive [dɪ'raɪsɪv] *adj* moqueur.

derisively [dɪ'raɪsɪvlɪ] *adv* avec dérision; [say, speak] d'un ton moqueur.

derisory [də'raɪzərɪ] *adj* -**1.** [ridiculous] dérisoire. -**2.** [mocking, scornful] moqueur.

derivation [ˌderɪ'veɪʃn] *n* dérivation *f*.

derivative [dɪ'rɪvətɪv] ◇ *adj* -**1.** [gen] dérivé. -**2.** *lit* & *pej* [unoriginal] peu original, banal.
◇ *n* [gen] dérivé *m*; MATH dérivée *f*.

derive [dɪ'raɪv] ◇ *vt* -**1.** [gain, obtain]: **she ~s great pleasure from her garden** elle tire beaucoup de plaisir de son jardin; **the young man ~d little benefit from his expensive education** le jeune homme n'a guère tiré profit de ses études coûteuses; **to ~ courage/strength from** trouver du courage/des forces dans. -**2.** [deduce] dériver de.
◇ *vi*: **to ~ from** provenir de; **the word "coward" ~s originally from French** LING le mot «coward» vient du français.

derived unit *n* unité *f* dérivée.

dermal ['dɜːml] *adj* dermique.

dermatitis [ˌdɜːmə'taɪtɪs] *n* dermite *f*, dermatite *f*.

dermatologist [ˌdɜːmə'tɒlədʒɪst] *n* dermatologiste *mf*, dermatologue *mf*.

dermatology [ˌdɜːmə'tɒlədʒɪ] *n* dermatologie *f*.

dermatoplasty [ˌdɜːmətəʊ'plæstɪ] *n* dermatoplastie *f*.

dermatosis [ˌdɜːmə'təʊsɪs] (*pl* **dermatoses** [-siːz]) *n* dermatose *f*.

dermis ['dɜːmɪs] *n* derme *m*.

derogate ['derəgeɪt] ◇ *vt fml* [disparage] dénigrer, déprécier.

◇ *vi*: to ~ from porter atteinte à; **the claims in no way ~ from her reputation as an artist** ces affirmations n'ont en aucune manière altéré sa réputation d'artiste.

derogation [ˌderəˈgeɪʃn] *n* dépréciation *f*.

derogatorily [dɪˈrɒgətrəlɪ] *adv* de façon péjorative.

derogatory [dɪˈrɒgətrɪ] *adj* [comment, remark] désobligeant, critique; [word] péjoratif.

derrick [ˈderɪk] *n Br* [crane] mât *m* de charge; PETR derrick *m*.

derrière [ˌderɪˈeəʳ] *n euph* derrière *m*.

derring-do [ˌderɪŋˈduː] *n lit* OR *hum* bravoure *f*; deeds of ~ prouesses *fpl*.

derringer [ˈderɪndʒəʳ] *n Am* pistolet *m* (à gros calibre).

derv [dɜːv] *n Br* gas-oil *m*.

dervish [ˈdɜːvɪʃ] *n* derviche *m*; a whirling ~ un derviche tourneur.

DES (*abbr of* Department of Education and Science) *pr n ancien ministère britannique de l'Éducation et de la Recherche scientifique.*

desalinate [ˌdiːˈsælɪneɪt] *vt* dessaler.

desalination [diːˌsælɪˈneɪʃn] ◇ *n* dessalement *m*.
◇ *comp* [plant] de dessalement.

desalinize, -ise [ˌdiːˈsælɪnaɪz] = **desalinate**.

desalt [ˌdiːˈsɔːlt] = **desalinate**.

desaturate [ˌdiːˈsætʃəreɪt] *vt* désaturer.

descale [ˌdiːˈskeɪl] *vt* détartrer.

descant [ˈdeskænt] ◇ *n* déchant *m*.
◇ *comp*: ~ **recorder** flûte *f* à bec soprano.
◇ *vi* -**1.** MUS déchanter. -**2.** *lit* & *pej* [comment, ramble] discourir, pérorer *pej*; to ~ on OR upon sthg pérorer au sujet de qqch.

Descartes [deɪˈkɑːt] *pr n* Descartes.

descend [dɪˈsend] *vi* -**1.** *fml* [go, move down] descendre; **she ~ed from the train** elle est descendue du train; **the path ~s to the sea** le sentier descend jusqu'à la mer. -**2.** [fall] tomber, s'abattre; **a thick blanket of fog ~ed on the valley** une couche épaisse de brouillard tomba sur la vallée; **despair ~ed upon the families of the missing men** *fig* le désespoir gagna OR envahit les familles des disparus. -**3.** [pass on by ancestry] descendre; [pass on by inheritance] revenir; **dogs and wolves probably ~ from a common ancestor** les chiens et les loups descendent probablement d'un ancêtre commun; **Lord Grey's title ~ed to his grandson** le titre de Lord Grey est revenu à son petit-fils. -**4.** [attack, invade] s'abattre; **Henry's army ~ed on the French coast** l'armée de Henri s'abattit sur la côte française; **my in-laws ~ed on us last weekend** *hum* ma belle-famille a débarqué chez nous le week-end dernier. -**5.** [sink, stoop] s'abaisser, descendre; **I never thought she would ~ to malicious gossip** je n'aurais jamais pensé qu'elle s'abaisserait à cancaner; **you don't want to ~ to their level** tu ne vas quand même pas te rabaisser à leur niveau.

descendant [dɪˈsendənt] *n* descendant *m*, -e *f*.

descended [dɪˈsendɪd] *adj*: **she is ~ from the Russian aristocracy** elle descend OR est issue de l'aristocratie russe; **man is ~ from the apes** l'homme descend du singe.

descender [dɪˈsendəʳ] *n* jambage *m*.

descending [dɪˈsendɪŋ] *adj* descendant; **in ~ order of importance** par ordre décroissant d'importance.

descent [dɪˈsent] *n* -**1.** [move downward] descente *f*; **the aircraft made a sudden ~** l'avion a fait une descente subite; **the stream makes a gentle ~** le lit du ruisseau est en pente douce. -**2.** *fig* & *lit* [decline] chute *f*; a ~ **into hell** une descente aux enfers. -**3.** [origin] origine *f*; **John Kennedy was of Irish ~** John Kennedy était d'origine irlandaise; **I've traced my ~ back to a sixteenth-century noble family** j'ai retrouvé la trace de mes ascendants dans une famille noble du seizième siècle. -**4.** [succession, transmission] transmission *f*. -**5.** [invasion] descente *f*; **we're braced for the ~ on the town of thousands of football fans** nous sommes prêts pour la venue des milliers de fans de football qui vont s'abattre sur la ville.

descramble [ˌdiːˈskræmbl] *vt* débrouiller.

describe [dɪˈskraɪb] *vt* -**1.** [recount, represent] décrire; **how would you ~ yourself?** comment vous décririez-vous?; **witnesses ~d the man as tall and dark-haired** des témoins ont décrit l'homme comme étant grand et brun; **she ~d her attacker to the police** elle a fait une description OR un portrait de son agresseur à la police; **he ~d her to them in great detail** il la leur a décrite de façon très détaillée. -**2.** [characterize] définir, qualifier; **the general ~d himself as a simple man** le général s'est défini comme un homme simple; **the Chancellor's methods have been ~ed as unorthodox** on a qualifié les méthodes du Chancelier de pas très orthodoxes; **our relations with them could best be ~d as strained** nos relations avec eux pourraient être qualifiées de OR sont pour le moins tendues. -**3.** [outline, draw] décrire.

description [dɪˈskrɪpʃn] *n* -**1.** [account, representation] description *f*; [physical] portrait *m*; ADMIN signalement *m*; **the brochure gives a detailed ~ of the hotel** la brochure donne une description détaillée de l'hôtel; **can you give us a ~ of the man?** pouvez-vous nous faire un portrait de l'homme?; **a man answering the police ~** un homme correspondant au signalement donné par la police; **the food at the reception was beyond** OR **past ~** le repas servi à la réception était indescriptible; **her father was angry beyond ~** son père était dans une colère indescriptible. -**2.** [kind] sorte *f*, genre *m*; **the police seized weapons of every ~** la police a saisi toutes sortes d'armes; **we were unable to find a vehicle of any ~** nous étions incapables de trouver un quelconque véhicule.

descriptive [dɪˈskrɪptɪv] *adj* descriptif.

descriptive geometry *n* géométrie *f* descriptive.

descriptive linguistics *n* linguistique *f* descriptive.

descriptively [dɪˈskrɪptɪvlɪ] *adv* de façon descriptive; **he gave a ~ accurate account of events** il nous a fait une description très fidèle des faits.

descriptivism [dɪˈskrɪptɪvɪzm] *n* descriptivisme *m*.

descriptor [dɪˈskrɪptəʳ] *n* descripteur *m*.

descry [dɪˈskraɪ] (*pt* & *pp* **descried**) *vt lit* apercevoir, distinguer.

desecrate [ˈdesɪkreɪt] *vt* profaner.

desecration [ˌdesɪˈkreɪʃn] *n* profanation *f*.

desegregate [ˌdiːˈsegrɪgeɪt] *vt* abolir la ségrégation raciale dans; **~d schools** écoles qui ne sont plus soumises à la ségrégation raciale.

desegregation [ˌdiːsegrɪˈgeɪʃn] *n* déségrégation *f*.

deselect [ˌdiːsɪˈlekt] *vt Br* POL ne pas réinvestir *(un candidat)*.

desensitize, -ise [ˌdiːˈsensɪtaɪz] *vt* désensibiliser.

desert¹ [ˈdezət] ◇ *n* [wilderness] désert *m*; **'The Desert Song'** *del Ruth* 'le Chant du désert'.
◇ *comp* [area, plant, sand] désertique.

desert² [dɪˈzɜːt] ◇ *vt* [person] abandonner, délaisser *lit*; [place] abandonner, déserter; [organization, principle] déserter; **the soldier ~ed his post** MIL le soldat déserta son poste; **the streets were ~ed** les rues étaient désertes; **his wits ~ed him** *fig* il a perdu son sang-froid.
◇ *vi* MIL déserter; **one of the officers ~ed to the enemy** un des officiers est passé à l'ennemi.

desert boots *npl chaussures en daim à lacets.*

deserter [dɪˈzɜːtəʳ] *n* déserteur *m*.

desertification [dɪˌzɜːtɪfɪˈkeɪʃn] *n* désertification *f*.

desertion [dɪˈzɜːʃn] *n* MIL désertion *f*; JUR [of spouse] abandon *m* (du domicile conjugal); [of cause, organization] défection *f*, désertion *f*.

desert island *n* île *f* déserte.

Desert Island Discs *pr n émission de radio hebdomadaire britannique.*

DESERT ISLAND DISCS:
«Desert Island Discs» est une émission radiophonique au cours de laquelle les personnalités invitées doivent choisir les disques, livres etc qu'ils emporteraient avec eux sur une île déserte.

---

desert rat *n* -**1.** ZOOL gerboise *f*. -**2.** *Br* MIL *soldat britannique combattant en Afrique du Nord (pendant la Seconde Guerre mondiale).*

deserts [dɪˈzɜːts] *npl* [reward]: **to get one's just ~** avoir ce que l'on mérite.

deserve [dɪˈzɜːv] ◇ *vt* mériter; **the book, though controversial, didn't ~ to be banned** le livre, bien que controversé, ne méritait pas d'être interdit OR qu'on l'interdise; **he ~s to die** il mérite la mort; **she ~s wider recognition** elle mérite d'être plus largement reconnue; **she's taking a much ~d holiday** elle prend des vacances bien méritées; **I think he got what he ~d** je pense qu'il a eu ce qu'il méritait; **frankly, they ~ each other** franchement ils se valent l'un l'autre OR ils sont dignes l'un de l'autre.
◇ *vi* mériter; to ~ **well of sthg** *fml* bien mériter de qqch.

deservedly [dɪˈzɜːvɪdlɪ] *adv* à juste titre, à bon droit; **Mozart has been described as a genius, and ~ so** on a décrit Mozart comme un génie, à juste titre.

deserving [dɪˈzɜːvɪŋ] *adj* [person] méritant; [cause, organization] méritoire; **a musician ~ of greater recognition** *fml* un musicien qui mérite d'être davantage reconnu du public.

desex [ˌdiːˈseks] *vt* désexualiser.

deshabille [ˈdezæbiːl] *n*: **in ~** en déshabillé, en négligé.

desiccant [ˈdesɪkənt] *n* dessiccatif *m*.

desiccate [ˈdesɪkeɪt] *vt* dessécher, sécher.

desiccated [ˈdesɪkeɪtɪd] *adj* -**1.** [dehydrated]: **~ coconut** noix *f* de coco séchée. -**2.** [dull - style] aride; [- person] desséché.

desiccation [ˌdesɪˈkeɪʃn] *n* dessication *f*.

desiccator [ˈdesɪkeɪtəʳ] *n* dessicateur *m*.

desideratum [dɪˌzɪdəˈrɑːtəm] (*pl* **desiderata** [-tə]) *n* (*usu pl*) desideratum *m*.

design [dɪˈzaɪn] ◇ *n* -**1.** [drawing, sketch] dessin *m*; INDUST dessin *m*, plan *m*; ARCHIT plan *m*, projet *m*; TEX modèle *m*; [of book] maquette *f*; **the ~ for the new museum has been severely criticized** les projets OR plans du nouveau musée ont été sévèrement critiqués. -**2.** INDUST [composition, structure - of car, computer etc] conception *f*; **the problems were all due to poor ~** tous les problèmes viennent de ce que la conception est mauvaise. -**3.** [subject for study] design *m*; **book ~** conception *f* graphique; **fashion ~** stylisme *m*; **industrial ~** dessin *m* industriel. -**4.** [pattern] motif *m*; **a geometric ~** un motif géométrique. -**5.** [purpose, intent] dessein *m*; **to do sthg by ~** faire qqch à dessein OR exprès; **to have ~s on sb/sthg** avoir des vues sur qqn/qqch.
◇ *vt* [plan] concevoir; [on paper] dessiner; ARCHIT faire les plans de; TEX concevoir, créer; **the system is ~ed to favour the landowners** le système est conçu pour OR vise à favoriser les propriétaires terriens; **it's specially ~ed for very low temperatures** c'est spécialement conçu pour les très basses températures; **she ~s jewellery** elle dessine des bijoux.
◇ *comp* [course] de dessin; ~ **award** prix *m* du meilleur design; ~ **departement** bureau *m* d'études; ~ **engineer** ingénieur *m* d'études; ~ **studio** cabinet *m* de design.

designate [*vb* ˈdezɪgneɪt, *adj* ˈdezɪgnət] ◇ *vt fml* -**1.** [appoint, name] désigner, nommer; **the Ambassador to the United States has been ~d as the new Foreign Minister** l'ambassadeur aux États-Unis a été désigné pour être le nouveau ministre des Affaires étrangères; **a special prosecutor was ~d to investigate the charges** un procureur spécial fut désigné pour enquêter sur les accusations; **the theatre should rightfully**

be ~d a national monument il serait légitime que le théâtre soit classé monument historique; the school was ~d as a civil defence training centre l'école fut choisie comme centre de défense civile. -2. [indicate, signify] indiquer, montrer; the flags on the map ~ enemy positions les drapeaux sur la carte indiquent OR signalent les positions ennemies.
◇ *adj* désigné.

designation [ˌdezɪgˈneɪʃn] *n* désignation *f*.

designedly [dɪˈzaɪnɪdlɪ] *adv* à dessein.

designer [dɪˈzaɪnəʳ] ◇ *n* ART & INDUST dessinateur *m*, -trice *f*; TEX modéliste *mf*, styliste *mf*; CIN & THEAT décorateur *m*, -trice *f*; [of high fashion clothes] couturier *m*, -ère *f*; [of books, magazines] maquettiste *mf*; [of furniture] designer *m*; she's a jewellery ~ elle est dessinatrice en bijouterie.
◇ *comp* [jeans] haute couture; [glasses, handbag] de marque; [furniture] design; ~ stubble *hum* barbe *f* de deux jours.

designing [dɪˈzaɪnɪŋ] ◇ *adj* [cunning] rusé; [scheming] intrigant.
◇ *n* [design work] conception *f*, dessin *m*, design *m*.

desinence [ˈdesɪnəns] *n* désinence *f*.

desirability [dɪˌzaɪərəˈbɪlətɪ] *n* *(U)* -1. [benefits] intérêt *m*, avantage *m*, opportunité *f*; no one questions the ~ of lowering interest rates personne ne conteste les avantages d'une baisse des taux d'intérêts. -2. [attractiveness] charmes *mpl*, attraits *mpl*.

desirable [dɪˈzaɪərəbl] *adj* -1. [advisable] souhaitable, désirable *fml*; some knowledge of languages is ~ *fml* des connaissances en langues étrangères sont souhaitables. -2. [attractive] à désirer, tentant; a ~ residence une belle propriété. -3. [sexually appealing] désirable, séduisant.

desire [dɪˈzaɪəʳ] ◇ *n* -1. [wish] désir *m*, envie *f*; she had no ~ to go back elle n'avait aucune envie d'y retourner; he had not the least OR slightest ~ to find a job il n'avait nullement OR pas la moindre envie de trouver un emploi; my one ~ is that you should be happy mon seul désir OR tout ce que je souhaite, c'est que vous soyez heureux; it is your father's ~ that you should become an officer c'est le désir de votre père que vous deveniez officier. -2. [sexual attraction] désir *m*; to feel ~ for sb désirer OR avoir envie de qqn.
◇ *vt* -1. [want, wish] désirer; you may spend the night here, if you so ~ vous pouvez passer la nuit ici, si vous le désirez; your presence is ~d at the palace *fml* votre présence est requise au palais; the Prince ~s that you should be his guest tonight *fml* le Prince désire que vous soyez son invité ce soir; the agreement left much OR a great deal OR a lot to be ~d l'accord laissait beaucoup à désirer; his words had the ~d effect ses paroles eurent l'effet désiré OR escompté. -2. [want sexually] désirer; she no longer ~d him elle ne le désirait plus, elle n'avait plus envie de lui.

desirous [dɪˈzaɪərəs] *adj fml* désireux; he was ~ of re-establishing friendly relations il était désireux de rétablir des relations amicales.

desist [dɪˈzɪst] *vi fml* cesser; he was asked to ~ from his political activities on lui a demandé de cesser ses activités politiques.

desk [desk] ◇ *n* -1. [in home, office] bureau *m*; [with folding top] secrétaire *m*; SCH [for pupil] pupitre *m*; [for teacher] bureau *m*. -2. [reception counter] réception *f*; [cashier] caisse *f*. -3. PRESS [section] service *m*; the sports ~ le service des informations sportives.
◇ *comp* [diary, job, lamp] de bureau; ~ blotter *Br* sous-main *m inv*.

deskbound [ˈdeskbaʊnd] *adj* sédentaire; she hates being ~ elle déteste faire un travail sédentaire.

desk clerk *n Am* réceptionniste *mf*.

desk editor *n* rédacteur *m*, -trice *f*.

deskill [ˌdiːˈskɪl] *vt* déqualifier.

desktop [ˈdesktɒp] *adj* [computer, model] de bureau; ~ publishing publication *f* assistée par ordinateur.

desolate [*adj* ˈdesələt, *vb* ˈdesəleɪt] ◇ *adj* -1. [area, place - empty] désert; [- barren, lifeless] désolé; *fig* [gloomy, bleak] morne, sombre. -2. [person - sorrowful] consterné, abattu; [- friendless] délaissé.
◇ *vt* -1. [area, place - devastate] dévaster, saccager; [- depopulate] dépeupler. -2. [person] désoler, navrer; he was ~d at OR by the loss of his job il était désolé OR navré d'avoir perdu son emploi.

desolation [ˌdesəˈleɪʃn] *n* -1. [barrenness, emptiness] caractère *m* désert, désolation *f*; [devastation, ruin] dévastation *f*, ravages *mpl*. -2. [despair, sorrow] désolation *f*, consternation *f*; [loneliness] solitude *f*.

despair [dɪˈspeəʳ] ◇ *n* -1. [hopelessness] désespoir *m*; in ~, she took her own life de désespoir elle a mis fin à ses jours; his ~ at ever finding a job made him turn to crime parce qu'il désespérait de trouver un emploi, il est tombé dans la délinquance; the people are in ~ at OR over the prospect of war les gens sont désespérés à cause des perspectives de guerre; their son drove them to ~ leur fils les désespérait OR les réduisait au désespoir. -2. [cause of distress] désespoir *m*; William was the ~ of his teachers William faisait OR était le désespoir de tous ses professeurs.
◇ *vi* désespérer; she began to ~ of ever finding her brother alive elle commençait à désespérer de retrouver un jour son frère vivant; he ~ed at the thought of all the work he had to do il était désespéré à l'idée de tout le travail qu'il avait à faire; don't ~, help is on the way ne désespérez pas, les secours arrivent.

despairing [dɪˈspeərɪŋ] *adj* [cry, look] de désespoir, désespéré; [person] abattu, consterné.

despairingly [dɪˈspeərɪŋlɪ] *adv* [look, speak] avec désespoir.

despatch [dɪˈspætʃ] = **dispatch**.

desperado [ˌdespəˈrɑːdəʊ] (*pl* desperadoes OR desperados) *n lit* OR *hum* desperado *m*, hors-la-loi *m inv*.

desperate [ˈdesprət] *adj* -1. [hopeless, serious] désespéré; we were in a ~ state nous étions dans une situation désespérée; the refugees are in ~ need of help les réfugiés ont désespérément besoin d'assistance. -2. [reckless] désespéré; he died in a ~ attempt to escape il est mort en essayant désespérément de s'évader; we heard ~ screams nous avons entendu des cris désespérés OR de désespoir; I'm afraid she'll do something ~ j'ai bien peur qu'elle ne tente un acte désespéré; a ~ criminal/man un criminel/homme prêt à tout. -3. [intent, eager]: to be ~ for money avoir un besoin urgent d'argent; she was ~ to leave home elle voulait à tout prix partir de chez elle; I'm ~ to go to the loo *inf*, I'm ~ *inf hum* je ne tiens plus, ça urge.

desperately [ˈdesprətlɪ] *adv* -1. [hopelessly, seriously] désespérément; their country is ~ poor leur pays est d'une pauvreté désespérante; he was ~ ill with malaria il était gravement atteint par le paludisme; they're ~ in love ils s'aiment éperdument. -2. [recklessly] désespérément; the soldiers fought ~ les soldats se battaient désespérément OR avec acharnement. -3. [as intensifier] terriblement; he ~ wanted to become an actor il voulait à tout prix devenir acteur; we're ~ busy at the moment nous sommes terriblement occupés en ce moment; he's ~ sorry il est affreusement désolé; do you want to go – not ~ tu veux y aller? – pas vraiment.

desperation [ˌdespəˈreɪʃn] *n* désespoir *m*; he agreed in ~ en désespoir de cause, il a accepté.

despicable [dɪˈspɪkəbl] *adj* [person] méprisable, détestable; [action, behaviour] méprisable, ignoble; it was a ~ thing to do c'était un acte indigne.

despicably [dɪˈspɪkəblɪ] *adv* [behave] bassement, d'une façon indigne.

despise [dɪˈspaɪz] *vt* [feel contempt for] mépriser; he ~d himself for his cowardice il se méprisait d'avoir été lâche.

despite [dɪˈspaɪt] ◇ *prep* malgré, en dépit de; ~ leaving early, I still missed the train bien que je sois parti de bonne heure, j'ai manqué mon train; ~ having a degree she's still unemployed bien que diplômée OR malgré son diplôme, elle est toujours au chômage; he laughed ~ himself il n'a pas pu s'empêcher de rire.
◇ *n arch* [malice, spite] dépit *m*.

despoil [dɪˈspɔɪl] *vt fml* OR *lit* [person] spolier, dépouiller; [land, town] piller.

despoiler [dɪˈspɔɪləʳ] *n* spoliateur *m*, -trice *f*.

despoiling [dɪˈspɔɪlɪŋ] *n* spoliation *f*.

despondence [dɪˈspɒndəns], **despondency** [dɪˈspɒndənsɪ] *n* abattement *m*, consternation *f*.

despondent [dɪˈspɒndənt] *adj* abattu, consterné.

despondently [dɪˈspɒndəntlɪ] *adv* d'un air consterné; [say, speak] d'un ton consterné; he wrote ~ of his failure to find work il écrivit une lettre découragée où il disait qu'il ne trouvait pas de travail.

despot [ˈdespɒt] *n* despote *m*.

despotic [deˈspɒtɪk] *adj* despotique.

despotically [deˈspɒtɪklɪ] *adv* despotiquement; to govern/to rule ~ gouverner/régner en despote.

despotism [ˈdespətɪzm] *n* despotisme *m*.

dessert [dɪˈzɜːt] ◇ *n* dessert *m*; what's for ~? qu'est-ce qu'il y a comme dessert?; we had ice cream for ~ nous avons eu de la glace en dessert.
◇ *comp* [dish, plate] à dessert; a ~ apple une pomme à couteau; a ~ wine un vin de dessert.

dessertspoon [dɪˈzɜːtspuːn] *n* cuiller *f* à dessert.

dessertspoonful [dɪˈzɜːtspuːnˌfʊl] *n* cuillerée *f* à dessert.

destabilization [diːˌsteɪbɪlaɪˈzeɪʃn] *n* déstabilisation *f*.

destabilize, -ise [ˌdiːˈsteɪbɪlaɪz] *vt* déstabiliser.

de-Stalinization [ˈdiːˌstɑːlɪnaɪˈzeɪʃn] *n* déstalinisation *f*.

de-Stalinize, -ise [ˌdiːˈstɑːlɪnaɪz] *vt* déstaliniser.

destination [ˌdestɪˈneɪʃn] *n* destination *f*.

destined [ˈdestɪnd] *adj* -1. [intended]: she felt she was ~ for an acting career elle sentait qu'elle était destinée à une carrière d'actrice; she was ~ for greater things elle était promise à un plus grand avenir; their plan was ~ to fail OR for failure leur projet était voué à l'échec; she was ~ never to have children le destin a voulu qu'elle n'ait jamais d'enfant; De Gaulle felt he was ~ to lead France De Gaulle sentait que son destin était de diriger la France. -2. [bound]: the flight was ~ for Sydney le vol était à destination de Sydney.

destiny [ˈdestɪnɪ] *n* [fate] destin *m*; [personal fate] destinée *f*, destin *m*; she felt it was her ~ to become a writer elle avait le sentiment que c'était son destin de devenir écrivain.

destitute [ˈdestɪtjuːt] ◇ *adj* -1. [extremely poor] dans la misère, sans ressources; the drought has left many farmers ~ la sécheresse a réduit beaucoup d'agriculteurs à la misère. -2. *fml* [lacking]: ~ of dépourvu de; ~ of talent *fig* dépourvu OR démuni de talent.
◇ *npl*: the ~ les indigents *mpl* OR démunis *mpl*.

destitution [ˌdestɪˈtjuːʃn] *n* misère *f*, indigence *f*; the old woman lived in utter ~ la vieille femme vivait dans une misère noire.

destroy [dɪˈstrɔɪ] *vt* -1. [demolish, wreck] détruire; an explosion has completely ~ed the railway station une explosion a dévasté OR complètement détruit la gare; they threaten to ~ our democratic way of life ils menacent d'anéantir OR de détruire nos institutions démocratiques. -2. [ruin, spoil - efforts, hope, love] anéantir, briser; [- career, friendship, marriage] briser; [- health] ruiner; **his wartime experiences ~ed his faith in humanity** ses expériences de guerre ont brisé sa foi en l'humanité; **to ~ sb's life** briser la vie de qqn. -**3.** [kill - farm animal] abattre; [- pet] supprimer, (faire) piquer; **we had to have the dog ~ed** nous avons dû faire piquer le chien.

destroyer [dɪ'strɔɪəʳ] *n* -**1.** MIL destroyer *m*, contre-torpilleur *m*. -**2.** [person] destructeur *m*, -trice *f*.

destroyer escort *n* escorteur *m*.

destruct [dɪ'strʌkt] ◇ *vt* détruire.
◇ *vi* se détruire.
◇ *n* destruction *f*.
◇ *comp* [button, mechanism] de destruction.

destructible [dɪ'strʌktəbl] *adj* destructible.

destruction [dɪ'strʌkʃn] *n* -**1.** [demolition, devastation] destruction *f*; **the earthquake brought about the ~ of whole villages** le tremblement de terre a entraîné la disparition de villages entiers; **a nuclear war would result in total ~** une guerre nucléaire mènerait à une destruction totale. -**2.** [elimination - of evidence] suppression *f*; [- of life, hope] anéantissement *m*. -**3.** *fig* [ruin] ruine *f*; **drink and drugs proved to be his ~** l'alcool et la drogue l'ont détruit OR mené à sa perte.

destructive [dɪ'strʌktɪv] *adj* destructeur; **the ~ power of a bomb** le pouvoir destructif d'une bombe; **she's a ~ child** c'est une enfant qui aime casser; **~ criticism** une critique destructrice OR accablante.

destructively [dɪ'strʌktɪvlɪ] *adv* de façon destructrice.

destructiveness [dɪ'strʌktɪvnɪs] *n* [of bomb, weapon] capacité *f* destructrice; [of criticism] caractère *m* destructeur; [of person] penchant *m* destructeur.

destructor [dɪ'strʌktəʳ] *n Br* [incinerator] incinérateur *m*; AERON bouton *m* explosif.

desuetude [dɪ'sjuːɪtjuːd] *n lit* désuétude *f*.

desultory ['desəltrɪ] *adj fml* [conversation] décousu, sans suite; [attempt] peu suivi, peu soutenu, sans suite; **he made only a ~ attempt to learn Italian** il n'a pas vraiment fait d'efforts pour apprendre l'italien.

Det. *written abbr of* detective.

detach [dɪ'tætʃ] *vt* -**1.** [handle, hood] détacher. -**2.** [person]: **to ~ o.s.** se détacher, prendre du recul; **he can't ~ himself sufficiently from the conflict** il n'a pas assez de recul par rapport au conflit. -**3.** MIL [troops] envoyer en détachement.

detachable [dɪ'tætʃəbl] *adj* détachable; [collar, lining] amovible.

detached [dɪ'tætʃt] *adj* -**1.** [separate] détaché, séparé; **~ house** *Br* maison *f* individuelle, pavillon *m*. -**2.** [objective] objectif; [unemotional] détaché.

detachment [dɪ'tætʃmənt] *n* -**1.** [separation] séparation *f*. -**2.** [indifference] détachement *m*; [objectivity] objectivité *f*. -**3.** MIL détachement *m*.

detail [*Br* 'diːteɪl, *Am* dɪ'teɪl] ◇ *n* -**1.** [item, element] détail *m*; **there's no need to go into ~** OR **~s** ça ne sert à rien d'entrer dans les détails; **the author recounts his childhood in great ~** l'auteur raconte son enfance dans les moindres détails; **attention to ~ is important** il faut être minutieux OR méticuleux; **that's a mere ~!** ce n'est qu'un point de détail! -**2.** MIL détachement *m*.
◇ *vt* -**1.** [enumerate, specify] raconter en détail, détailler, énumérer; **operating instructions are fully ~ed in the booklet** le mode d'emploi détaillé se trouve dans le livret. -**2.** MIL détacher, affecter.
◆ **details** *npl* [particulars] renseignements *mpl*, précisions *fpl*; [name, address etc] coordonnées *fpl*.

detail drawing *n* épure *f*.

detailed [*Br* 'diːteɪld, *Am* dɪ'teɪld] *adj* détaillé; **a ~ account** un compte rendu détaillé OR très précis.

detain [dɪ'teɪn] *vt* -**1.** *fml* [delay] retenir; **I won't ~ you any longer than is necessary** je ne vous retiendrai pas plus longtemps que nécessaire OR qu'il n'est nécessaire. -**2.** JUR [keep in custody] retenir, garder à vue; **to ~ sb for questioning** mettre OR placer qqn en garde à vue.

detainee [ˌdiːteɪ'niː] *n* détenu *m*, -e *f*.

detect [dɪ'tekt] *vt* déceler, discerner, distinguer, découvrir; MIL & MIN détecter; MED dépister; **the aircraft cannot be ~ed by radar** l'avion ne peut pas être détecté OR repéré par radar; **do I ~ a certain lack of enthusiasm on your part?** je crois déceler un certain manque d'enthousiasme de ta part.

detectable [dɪ'tektəbl] *adj* MIL & MIN détectable; [illness] que l'on peut dépister; **the poison is not ~ in the bloodstream** on ne peut pas déceler la présence du poison dans le sang.

detection [dɪ'tekʃn] ◇ *n* -**1.** [discovery] découverte *f*; MIL & MIN détection *f*; MED dépistage *m*; **athletes who have used banned drugs have so far escaped ~** on n'a pas encore repéré les athlètes qui se sont dopés avec des substances interdites; **the thieves managed to enter the building without ~** les cambrioleurs ont pénétré dans le bâtiment sans éveiller l'attention OR sans qu'on s'en aperçoive. -**2.** [investigation] recherche *f*; **crime ~** la recherche des criminels; **the killer escaped ~** le tueur échappa aux recherches.
◇ *adj* [device] de détection; MED de dépistage.

detective [dɪ'tektɪv] ◇ *n* [on a police force] ≃ inspecteur *m*, -trice *f* de police; [private] détective *m*; **'Emil and the Detectives'** *Kästner* 'Émile et les détectives'.
◇ *comp* [film, novel, story] policier.

detective constable *n Br* ≃ inspecteur *m*, -trice *f* de police.

detective inspector *n Br* ≃ inspecteur de police principal *m*, inspectrice de police principale *f*.

detective sergeant *n Br* ≃ inspecteur *m*, -trice *f* de police.

detector [dɪ'tektəʳ] *n* détecteur *m*.

detector van *n Br voiture-radar utilisée pour la détection des postes de télévision non déclarés.*

detention [dɪ'tenʃn] *n* -**1.** [captivity] détention *f*; **in ~** [gen] en détention; MIL aux arrêts. -**2.** SCH retenue *f*, consigne *f*; **the entire class was given an hour's ~** toute la classe a eu une heure de retenue; **to put sb in ~** consigner qqn, mettre qqn en retenue.

detention centre *n jusqu'en 1988, centre de détention pour jeunes délinquants (aujourd'hui: 'young offenders' institution').*

deter [dɪ'tɜːʳ] (*pt* & *pp* deterred, *cont* deterring) *vt* -**1.** [discourage - person] dissuader; **to ~ sb from doing sthg** dissuader qqn de faire qqch; **he was not to be deterred from his purpose** il n'allait pas se laisser détourner de son but. -**2.** [prevent - attack] prévenir.

detergent [dɪ'tɜːdʒənt] ◇ *n* détergent *m*, détersif *m*; *Am* [washing powder] lessive *f*.
◇ *adj* détersif, détergent.

deteriorate [dɪ'tɪərɪəreɪt] *vi* se détériorer; **her health has ~d rapidly over the past few months** sa santé s'est détériorée OR dégradée rapidement au cours des derniers mois.

deterioration [dɪˌtɪərɪə'reɪʃn] *n* détérioration *f*; [in health, relations] dégradation *f*, détérioration *f*; **there has been a ~ in the weather** le temps s'est dégradé OR gâté.

determinant [dɪ'tɜːmɪnənt] ◇ *n* déterminant *m*.
◇ *adj* déterminant.

determination [dɪˌtɜːmɪ'neɪʃn] *n* -**1.** [resolve] détermination *f*, résolution *f*; **she showed a dogged ~ to find her natural mother** elle était plus que déterminée OR résolue à retrouver sa vraie mère; **he set off with an air of ~** il se mit en route d'un air résolu OR décidé. -**2.** [establishment, fixing - of prices, wages etc] détermination *f*, fixation *f*; [- of boundaries] délimitation *f*, établissement *m*.

determinative [dɪ'tɜːmɪnətɪv] ◇ *adj* déterminant; GRAMM déterminatif.
◇ *n* élément *m* déterminant; GRAMM déterminant *m*, déterminatif *m*.

determine [dɪ'tɜːmɪn] *vt* -**1.** [control, govern] déterminer, décider de; **the commanding officer ~d the fate of the prisoners** le commandant décida du sort des prisonniers. -**2.** [establish, find out] déterminer, établir; **the police were unable to ~ the cause of death** la police n'a pas pu déterminer OR établir la cause du décès. -**3.** [fix, settle - date, price, wage] déterminer, fixer; [- boundary] délimiter, établir. -**4.** *lit* [resolve]: **she ~d to prove her innocence** elle a décidé de OR s'est résolue à prouver son innocence.

determined [dɪ'tɜːmɪnd] *adj* -**1.** [decided, resolved] déterminé, décidé; **to be ~ to do sthg** être déterminé OR résolu à faire qqch; **she was ~ (that) her son would go to university** elle était bien décidée OR déterminée à ce que son fils fasse des études supérieures; **he's a very ~ young man** c'est un jeune homme très décidé OR qui a de la suite dans les idées. -**2.** [resolute]: **they made ~ efforts to find all survivors** ils ont fait tout ce qu'ils ont pu pour retrouver tous les survivants.

determinedly [dɪ'tɜːmɪndlɪ] *adv* avec détermination.

determiner [dɪ'tɜːmɪnəʳ] *n* déterminant *m*.

determining [dɪ'tɜːmɪnɪŋ] *adj* déterminant.

determinism [dɪ'tɜːmɪnɪzm] *n* déterminisme *m*.

determinist [dɪ'tɜːmɪnɪst] ◇ *adj* déterministe.
◇ *n* déterministe *mf*.

deterministic [dɪˌtɜːmɪ'nɪstɪk] = **determinist** *adj*.

deterrence [dɪ'terəns] *n* [gen] dissuasion *f*; MIL force *f* de dissuasion.

deterrent [dɪ'terənt] ◇ *n* -**1.** [gen] agent *m* de dissuasion; **fear acted as a strong ~** la peur a eu un très grand effet de dissuasion. -**2.** MIL arme *f* de dissuasion.
◇ *adj* dissuasif, de dissuasion.

detest [dɪ'test] *vt* détester; **I ~ housework** j'ai horreur de OR je déteste faire le ménage; **she ~s having to make small talk** elle a horreur de OR elle déteste papoter.

detestable [dɪ'testəbl] *adj* détestable, exécrable.

detestation [ˌdiːte'steɪʃn] *n* haine *f*, horreur *f*.

dethrone [dɪ'θrəʊn] *vt* détrôner, déposer.

dethronement [dɪ'θrəʊnmənt] *n* déposition *f* *(d'un souverain)*.

detonate ['detəneɪt] ◇ *vt* faire détoner OR exploser.
◇ *vi* détoner, exploser.

detonation [ˌdetə'neɪʃn] *n* détonation *f*, explosion *f*.

detonator ['detəneɪtəʳ] *n* détonateur *m*, amorce *f*; RAIL pétard *m*.

detour ['diːˌtʊəʳ] ◇ *n* [in road, stream] détour *m*; [for traffic] déviation *f*.
◇ *vi* faire un détour.
◇ *vt* (faire) dévier.

detoxicate [ˌdiː'tɒksɪkeɪt] *vt* -**1.** [person] désintoxiquer. -**2.** [poison] détoxiquer.

detoxication [ˌdiːˌtɒksɪ'keɪʃn] *n* -**1.** [of person] désintoxication *f*. -**2.** [of poison] détoxication *f*.

detoxification [diːˌtɒksɪfɪ'keɪʃn] *n* [of person] désintoxication *f*.

detoxify [ˌdiː'tɒksɪfaɪ] (*pt* & *pp* **detoxified**) *vt* [person] désintoxiquer.

detract [dɪ'trækt] *vi*: **to ~ from sthg** diminuer qqch; **the bad weather did not in the least ~ from our enjoyment of the holiday** le mauvais temps ne nous a pas le moins du monde empêchés d'apprécier nos vacances; **the criticism in no way ~s from her achievements** la critique ne réduit en rien la portée de OR n'enlève rien à ce qu'elle a accompli.

detraction [dɪ'trækʃn] *n* critique *f*, dénigrement *m*.

detractor [dɪ'træktəʳ] *n* détracteur *m*, -trice *f*.

detrain [ˌdiːˈtreɪn] *fml* ◇ *vi* descendre *(d'un train)*.
◇ *vt* débarquer *(d'un train)*.

detriment [ˈdetrɪmənt] *n*: **to his ~** à son détriment OR préjudice; **to the ~ of his work** aux dépens de son travail; **without ~ to the truth** sans porter atteinte OR sans nuire à la vérité.

detrimental [ˌdetrɪˈmentl] *adj*: **~ to** [health, reputation] nuisible à, préjudiciable à; **~ to** [interests] qui nuit à, qui cause un préjudice à; **pollution has a ~ effect on** OR **is ~ to plant life** la pollution nuit à la flore.

detritus [dɪˈtraɪtəs] *n (U) fml* [debris] détritus *m*; GEOL roches *fpl* détritiques, pierrailles *fpl*.

Detroit [dɪˈtrɔɪt] *pr n* Detroit.

detumescence [ˌdiːtjuːˈmesəns] *n* détumescence *f*.

detumescent [ˌdiːtjuːˈmesənt] *adj* détumescent.

deuce [djuːs] *n* -**1.** [on card, dice] deux *m*. -**2.** TENNIS égalité *f*. -**3.** *inf dated* [as expletive]: **where the ~ is it?** où diable peut-il bien être?; **how the ~ should I know?** comment voulez-vous que je sache?; **we're in a ~ of a mess** nous sommes dans un sacré OR satané pétrin.

deuced *inf* [djuːst] ◇ *adj dated* sacré, satané, fichu.
◇ *adv* diablement, bigrement.

deus ex machina [ˌdeɪəseksˈmækɪnə] *n* deus ex machina *m*.

deuterium [djuːˈtɪərɪəm] *n* deutérium *m*.

deuterium oxide *n* eau *f* lourde.

Deuteronomy [ˌdjuːtəˈrɒnəmɪ] *pr n* Deutéronome.

Deutsche Mark, Deutschmark [ˈdɔɪtʃˌmɑːk] *n* (Deutsche) Mark *m*.

devaluation [ˌdiːvæljʊˈeɪʃn] *n* dévaluation *f*.

devalue [ˌdiːˈvæljuː] *vt* dévaluer.

devastate [ˈdevəsteɪt] *vt* -**1.** [country, town] dévaster, ravager; [enemy] anéantir. -**2.** [overwhelm] foudroyer, accabler, anéantir; **he was ~d by his mother's death** la mort de sa mère l'a complètement anéanti.

devastating [ˈdevəsteɪtɪŋ] *adj* -**1.** [disastrous - passion, storm] dévastateur, ravageur; [- news] accablant; [- argument, effect] accablant, écrasant. -**2.** [highly effective - person, charm] irrésistible; **he has a ~ wit** son (sens de l') humour est irrésistible.

devastatingly [ˈdevəsteɪtɪŋlɪ] *adv* de manière dévastatrice; [as intensifier]: **~ beautiful** d'une beauté irrésistible; **~ funny** d'une drôlerie irrésistible.

devastation [ˌdevəˈsteɪʃn] *n* [disaster] dévastation *f*; **scenes of ~** des scènes de dévastation.

develop [dɪˈveləp] ◇ *vi* -**1.** [evolve - country, person] se développer, évoluer; [- feeling] se former, grandir; [- plot] se développer, se dérouler; **to ~ into sthg** devenir qqch; **let's see how things ~** attendons de voir comment les choses évoluent OR tournent. -**2.** [become apparent - disease] se manifester, se déclarer; [- talent, trend] se manifester; [- event] se produire; **it later ~ed that they had never actually met** il s'est avéré OR il est devenu évident par la suite qu'ils ne s'étaient en fait jamais rencontrés. -**3.** PHOT se développer.
◇ *vt* -**1.** [form - body, mind] développer, former; [- story] développer; [- feeling] former. -**2.** [expand - business, market] développer; [- idea, argument] développer, expliquer (en détail), exposer (en détail). -**3.** [improve - skill] développer, travailler; [- machine, process] mettre au point. -**4.** [acquire - disease] contracter; [- cold, tic] attraper; [- symptoms] présenter; **she ~ed a habit of biting her nails** elle a pris l'habitude de se ronger les ongles; **I've ~ed a taste for jazz** je me suis mis à aimer le jazz; **she's ~ed a tendency to stutter** elle s'est plus ou moins mise à bégayer. -**5.** [land, resources] exploiter, mettre en valeur, aménager; **the site is to be ~ed** on va construire sur ce terrain, on va aménager le site. -**6.** MATH, MUS & PHOT développer.

developed [dɪˈveləpt] *adj* [film] développé; [land] mis en valeur, aménagé; [country] développé.

developer [dɪˈveləpəʳ] *n* -**1.** [of land] promoteur *m* (de construction). -**2.** [person]: **to be a late ~** se développer sur le tard. -**3.** PHOT révélateur *m*, développateur *m*.

developing [dɪˈveləpɪŋ] ◇ *adj* [crisis, storm] qui se prépare, qui s'annonce; [industry] en expansion.
◇ *n* PHOT développement *m*; **'~ and printing'** travaux photographiques, développement et tirage ❑ **~ bath** (bain *m*) révélateur *m*; **~ tank** cuve *f* à développement.

developing country, developing nation *n* pays *m* OR nation *f* en voie de développement.

development [dɪˈveləpmənt] *n* -**1.** [of body, person, mind] développement *m*, formation *f*; [of ideas, language] développement *m*, évolution *f*; [of argument, theme] développement *m*, exposé *m*; [of plot, situation] déroulement *m*, développement *m*; [of business] développement *m*, expansion *f*; [of invention, process] mise *f* au point; [of region] mise *f* en valeur, exploitation *f*; **they propose the ~ of this land as a residential area** ils suggèrent d'aménager ce terrain en zone résidentielle ❑ **~ grant** subvention *f* pour le développement. -**2.** [incident] fait *m* nouveau; **we're awaiting further ~s** nous attendons la suite des événements OR les derniers développements; **a surprise ~** un rebondissement; **there has been an unexpected ~** l'affaire a pris une tournure inattendue; **there are no new ~s** il n'y a rien de nouveau. -**3.** [tract of land]: **housing ~** cité *f* (ouvrière); **industrial ~** zone *f* industrielle. -**4.** MATH, MUS & PHOT développement *m*.

developmental [dɪˌveləpˈmentl] *adj* de développement.

development area *n zone économiquement sinistrée bénéficiant d'aides publiques en vue de sa reconversion.*

development system *n système informatique conçu pour le développement de logiciels.*

deviance [ˈdiːvjəns], **deviancy** [ˈdiːvjənsɪ] *n* [gen & PSYCH] déviance *f*; **~ from the norm** écart *m* par rapport à la norme.

deviant [ˈdiːvjənt] ◇ *adj* -**1.** [behaviour] déviant, qui s'écarte de la norme; [growth] anormal; **sexually ~** perverti. -**2.** LING déviant.
◇ *n* déviant *m*, -e *f*; **sexual ~** pervers *m*, -e *f*.

deviate [ˈdiːvɪeɪt] *vi* -**1.** [differ] dévier, s'écarter; **those who ~ from the norm** ceux qui s'écartent de la norme. -**2.** [plane, ship] dévier, dériver; [missile] dévier.

deviation [ˌdiːvɪˈeɪʃn] *n* -**1.** [from custom, principle] déviation *f*; [from social norm] déviance *f*; **there must be no ~ from the party line** on ne doit en aucun cas s'écarter de la ligne du parti. -**2.** [in statistics] écart *m*. -**3.** [of plane, ship] déviation *f*, dérive *f*; [of missile] déviation *f*, dérivation *f*. -**4.** MATH, MED & PHILOS déviation *f*.

deviationism [ˌdiːvɪˈeɪʃənɪzm] *n* déviationnisme *m*.

deviationist [ˌdiːvɪˈeɪʃənɪst] ◇ *adj* déviationniste.
◇ *n* déviationniste *mf*.

device [dɪˈvaɪs] *n* -**1.** [gadget] appareil *m*, engin *m*, mécanisme *m*; **a clever ~** un gadget astucieux ❑ **safety ~** dispositif *m* de sécurité; **nuclear ~** engin nucléaire. -**2.** [scheme] ruse *f*, stratagème *m*; **it was just a ~ to get attention** ce n'était qu'une ruse pour OR c'était juste un moyen de se faire remarquer ❑ **to leave sb to their own ~s** laisser qqn se débrouiller (tout seul). -**3.** *lit* [figure of speech] formule *f*. -**4.** HERALD devis *m*, emblème *m*.

devil [ˈdevl] (*Br pt* & *pp* **devilled**, *cont* **devilling**, *Am pt* & *pp* **deviled**, *cont* **deviling**) ◇ *n* -**1.** [demon] diable *m*, démon *m*; **the Devil** RELIG le Diable, Satan *m*; **the ~ take him!** *dated* qu'il aille au diable!, que le diable l'emporte!; **go to the ~!** *inf dated* va te faire voir!, va au diable! ❑ **to play ~'s advocate** se faire l'avocat du diable; **'The Devil's Disciple'** *Shaw* 'le Disciple du Diable'. -**2.** *inf fig* [person]: **you little ~!** petit monstre!; **you lucky ~!** veinard!; **poor ~!** pauvre diable! ❑ **go on, be a ~!** *hum* allez, laisse-toi faire OR tenter! -**3.** *inf* [as intensifier]: **what the ~ are you doing?** mais enfin, qu'est-ce que tu fabriques?; **where the ~ is it?** où diable peut-il bien être?, mais où est-ce que ça pourrait bien être?; **how the ~ should I know?** comment voulez-vous que je sache?; **who the ~ are you?** qui diable êtes-vous?, et d'où est-ce que vous sortez, vous?; **this house is the very ~ to keep clean** c'est vraiment la galère de nettoyer cette maison; **they worked/ran like the ~** ils ont travaillé/couru comme des fous OR des malades; **he has a ~ of a temper** il a un fichu caractère, il a un caractère de cochon; **I had a ~ of a time getting here** j'ai eu un mal fou OR un mal de chien à arriver jusqu'ici; **there'll be the ~ to pay when your father finds out** ça va barder quand ton père apprendra ça; **we had the ~ of a job** OR **the ~'s own job finding the house** on a eu un mal fou à trouver la maison ❑ **between the ~ and the deep blue sea** entre l'enclume et le marteau; **to give the ~ his due...** en toute honnêteté, il faut dire que..., rendons OR rendons-lui justice...; **he has the luck of the ~** OR **the ~'s own luck** il a une veine de pendu OR de cocu; **speak** OR **talk of the ~ (and he appears)!** quand on parle du loup (on en voit la queue)!; **better the ~ you know than the ~ you don't** *prov* on sait ce qu'on perd, on ne sait pas ce qu'on trouve; **the ~ finds** OR **makes work for idle hands** *prov* l'oisiveté est (la) mère de tous les vices *prov*; **let the ~ take the hindmost** *prov* chacun pour soi et Dieu pour tous *prov*. -**4.** [brazier] brasero *m*. -**5.** [ghostwriter] nègre *m (d'un écrivain)*; JUR [assistant] avocat *m* stagiaire; **printer's ~** TYPO apprenti *m* imprimeur.
◇ *vt* -**1.** CULIN accommoder à la moutarde et au poivre; **devilled egg** œuf *m* à la diable. -**2.** *inf Am* [harass] harceler.
◇ *vi Br*: **to ~ for sb** [author] servir de nègre à qqn; [lawyer] être avocat stagiaire auprès de qqn; [printer] être apprenti imprimeur chez qqn.

devilfish [ˈdevlfɪʃ] *n* mante *f*.

devilish [ˈdevlɪʃ] ◇ *adj* -**1.** [fiendish] diabolique, infernal; [mischievous] espiègle. -**2.** *inf dated* [extreme] sacré, satané.
◇ *adv inf dated* sacrément, rudement; **this work is ~ hard** ce travail est sacrément OR rudement dur.

devilishly [ˈdevlɪʃlɪ] *adv* -**1.** [fiendishly] diaboliquement; [mischievously] par espièglerie. -**2.** *inf dated* [as intensifier] rudement, sacrément.

devil-may-care *adj* [careless] insouciant; [reckless] casse-cou.

devilment [ˈdevlmənt] *n* [mischief] espièglerie *f*; [malice] méchanceté *f*, malice *f*; **a piece of ~** une espièglerie, une diablerie; **out of sheer ~** par pure méchanceté.

devilry [ˈdevlrɪ] *n (U)* -**1.** [mischief] espièglerie *f*; [recklessness] témérité *f*. -**2.** [black magic] magie *f* noire, maléfices *mpl*.

devil's food cake *n* gâteau *m* au chocolat noir.

devils-on-horseback *npl* CULIN *pruneaux enveloppés de lard fumé et grillés.*

devious [ˈdiːvjəs] *adj* -**1.** [cunning - person] retors, sournois; [- means, method] détourné; [- mind] tortueux; **she can be very ~** elle fait parfois les choses en dessous OR en sous-main. -**2.** [winding - route] sinueux.

deviously [ˈdiːvjəslɪ] *adv* sournoisement.

deviousness [ˈdiːvjəsnɪs] *n* [of person] sournoiserie *f*; [of plan] complexité *f*.

devise [dɪˈvaɪz] ◇ *vt* -**1.** [plan] imaginer, inventer, concevoir, élaborer; [plot] combiner, manigancer; **a scheme of my own devising** un plan de mon invention. -**2.** JUR [property] léguer.
◇ *n* legs *m* (de biens immobiliers).

deviser [dɪˈvaɪzəʳ] *n* [of plan] inventeur *m*, -trice *f*; [of scheme] auteur *m*.

devitalize, -ise [ˌdiːˈvaɪtəlaɪz] *vt* affaiblir.

devitrify [ˌdiːˈvɪtrɪfaɪ] (*pt* & *pp* **devitrified**) ◇ *vt* dévitrifier.
◇ *vi* se dévitrifier.

devocalize, -ise [ˌdiːˈvəʊkəlaɪz] *vt* assourdir.

devoice [diːˈvɔɪs] *vt* assourdir.

devoid [dɪˈvɔɪd] *adj*: ~ **of** dépourvu de; ~ **of interest** dépourvu d'intérêt, sans intérêt; **he appears to be ~ of all moral sense** il semble être dénué de tout sens moral.

devolution [ˌdiːvəˈluːʃn] *n* -**1.** [of duty, power] délégation *f*; JUR [of property] transmission *f*, dévolution *f*. -**2.** POL décentralisation *f*. -**3.** BIOL dégénérescence *f*.

devolutionist [ˌdiːvəˈluːʃnɪst] ◇ *adj* décentralisateur.
◇ *n* partisan *m* de la décentralisation.

devolve [dɪˈvɒlv] ◇ *vi* -**1.** [duty, job] incomber; [by chance] incomber, échoir; **it ~s on** OR **upon me to decide** c'est à moi (qu'il incombe) de décider; **the responsibility ~s on** OR **upon him** la responsabilité lui incombe OR lui échoit. -**2.** JUR [estate] passer; **the property ~s on** OR **upon the son** les biens passent OR sont transmis au fils.
◇ *vt* déléguer; **to ~ sthg on** OR **upon** OR **to sb** déléguer qqch à qqn, charger qqn de qqch.

Devonian [deˈvəʊnjən] GEOL ◇ *adj* dévonien.
◇ *n* dévonien *m*.

Devonshire cream [ˈdevənʃəʳ-] *n* crème *f* caillée.

devote [dɪˈvəʊt] *vt* consacrer; **to ~ o.s. to** [study, work] se consacrer OR s'adonner à; [a cause] se vouer OR se consacrer à; [pleasure] se livrer à; **she ~s all her energies to writing** elle se consacre entièrement à l'écriture; **all funds are ~d entirely to research** tous les crédits sont entièrement consacrés OR affectés à la recherche.

devoted [dɪˈvəʊtɪd] *adj* [friend, servant, service] dévoué, fidèle; [admirer] fervent; **I'm ~ to my children** je ferais tout pour mes enfants.

devotedly [dɪˈvəʊtɪdlɪ] *adv* avec dévouement.

devotee [ˌdevəˈtiː] *n* [of opera, sport etc] passionné *m*, -e *f*; [of doctrine] adepte *mf*, partisan *m*, -e *f*; [of religion] adepte *mf*.

devotion [dɪˈvəʊʃn] *n* -**1.** [to person] dévouement *m*, attachement *m*; [to cause] dévouement *m*; **no one doubts her ~ to her work** personne ne met en doute OR ne doute de son dévouement professionnel; **he showed great ~ to duty** il a prouvé son sens du devoir. -**2.** RELIG dévotion *f*, piété *f*.
◆ **devotions** *npl* dévotions *fpl*, prières *fpl*.

devotional [dɪˈvəʊʃənl] ◇ *adj* [book, work] de dévotion OR piété; [attitude] de prière, pieux.
◇ *n* service *m* (religieux).

devour [dɪˈvaʊəʳ] *vt* -**1.** [food] dévorer, engloutir; *fig* [book] dévorer; **he ~ed her with his eyes** il l'a dévorée des yeux. -**2.** [subj: fire] dévorer, consumer; **~ed by hatred** *fig* dévoré de haine.

devouring [dɪˈvaʊərɪŋ] *adj* [hunger, jealousy] dévorant; [interest] ardent; [need] urgent.

devout [dɪˈvaʊt] *adj* [person] pieux, dévot; [hope, prayer] fervent.

devoutly [dɪˈvaʊtlɪ] *adv* -**1.** [pray] avec dévotion, dévotement. -**2.** *fml* [earnestly] sincèrement; **I ~ hope that some good comes of this war** j'espère vivement OR profondément que cette guerre servira à quelque chose.

dew [djuː] *n* rosée *f*.

dewclaw [ˈdjuːklɔː] *n* ergot *m*.

dewdrop [ˈdjuːdrɒp] *n* goutte *f* de rosée; **to have a ~** [on end of nose] avoir la goutte au nez.

Dewey Decimal System [ˈdjuːɪ-] *n* classification *f* décimale de Dewey.

dewfall [ˈdjuːfɔːl] *n* formation *f* de la rosée, serein *m lit*; *poet* [evening] tombée *f* de la nuit.

dewlap [ˈdjuːlæp] *n* fanon *m*.

deworm [ˌdiːˈwɜːm] *vt* administrer un vermifuge à.

dew point *n* point *m* de rosée.

dewpond [ˈdjuːpɒnd] *n Br* mare *f* artificielle *(alimentée par les eaux de condensation)*.

dewy [ˈdjuːɪ] (*compar* **dewier**, *superl* **dewiest**) *adj* couvert OR humide de rosée; ~ **complexion** *fig* teint frais.

dewy-eyed *adj* [innocent] innocent; [trusting] naïf, ingénu; **she looked at him ~** elle l'a regardé d'un air ingénu.

Dexedrine® [ˈdeksɪdriːn] *n* Dexédrine® *f*.

dexterity [dekˈsterətɪ] *n* adresse *f*, dextérité *f*; **manual ~** habileté *f* manuelle; **the job requires great ~** ce travail nécessite beaucoup d'adresse.

dexterous [ˈdekstrəs] *adj* [person] adroit, habile; [movement] adroit, habile, agile.

dexterously [ˈdekstrəslɪ] *adv* adroitement, habilement.

dextrin [ˈdekstrɪn] *n* dextrine *f*.

dextrose [ˈdekstrəʊs] *n* dextrose *m*.

dextrous *etc* [ˈdekstrəs] = **dexterous**.

DF *n abbr of* Direction Finder.

DFC (*abbr of* Distinguished Flying Cross) *n distinction honorifique des armées de l'air américaine et britannique.*

DFE *pr n abbr of* Department for Education.

DFM (*abbr of* Distinguished Flying Medal) *n médaille des armées de l'air américaine et britannique.*

DG *n abbr of* director-general.

dhal [dɑːl] *n sorte de légumineuse*; CULIN *plat à base de lentilles et d'épices.*

DHSS *pr n* -**1.** *Br* (*abbr of* Department of Health and Social Security) *ancien nom du ministère britannique de la santé et de la Sécurité sociale.* -**2.** *Am* (*abbr of* Department of Health and Social Services) ≃ ministère *m* de la Santé.

diabetes [ˌdaɪəˈbiːtiːz] *n* diabète *m*.

diabetic [ˌdaɪəˈbetɪk] ◇ *adj* diabétique.
◇ *n* diabétique *mf*.

diabolic [ˌdaɪəˈbɒlɪk] *adj* [action, plan] diabolique, infernal; [look, smile] diabolique, satanique.

diabolical [ˌdaɪəˈbɒlɪkl] *adj* -**1.** = **diabolic**. -**2.** *inf* [terrible] atroce, épouvantable, infernal; **the food was ~** la nourriture était infecte; **she speaks ~ French** elle parle français comme une vache espagnole; **I think it's a ~ liberty** il faut un toupet monstre OR un sacré culot pour faire une chose pareille.

diabolically [ˌdaɪəˈbɒlɪklɪ] *adv* -**1.** [fiendishly] diaboliquement, de manière diabolique. -**2.** *inf Br* [as intensifier] vachement, rudement, sacrément.

diachronic [ˌdaɪəˈkrɒnɪk] *adj* diachronique.

diacid [daɪˈæsɪd] ◇ *adj* biacide, diacide.
◇ *n* biacide *m*, diacide *m*.

diaconal [daɪˈækənl] *adj* diaconal.

diaconate [daɪˈækəneɪt] *n* diaconat *m*.

diacritic [ˌdaɪəˈkrɪtɪk] ◇ *adj* diacritique.
◇ *n* signe *m* diacritique.

diacritical [ˌdaɪəˈkrɪtɪkl] *adj* diacritique.

diactinic [ˌdaɪækˈtɪnɪk] *adj* capable de transmettre des rayons actiniques.

diadem [ˈdaɪədem] *n* diadème *m*.

diaeresis [daɪˈerɪsɪs] (*pl* **diaereses** [-siːz]) = **dieresis**.

diagnosable [ˌdaɪəgˈnəʊzəbl] *adj* susceptible d'être diagnostiqué, décelable.

diagnose [ˈdaɪəgnəʊz] *vt* [illness] diagnostiquer; **they ~d her illness as cancer** ils ont diagnostiqué un cancer ‖ *fig* [fault, problem] déceler, discerner.

diagnosis [ˌdaɪəgˈnəʊsɪs] (*pl* **diagnoses** [-siːz]) *n* MED & *fig* diagnostic *m*; BIOL & BOT diagnose *f*.

diagnostic [ˌdaɪəgˈnɒstɪk] *adj* diagnostique.

diagnostician [ˌdaɪəgnɒsˈtɪʃn] *n* diagnostiqueur *m*.

diagnostics [ˌdaɪəgˈnɒstɪks] *n (U)* COMPUT & MED diagnostic *m*.

diagonal [daɪˈægənl] ◇ *adj* diagonal.
◇ *n* diagonale *f*.

diagonally [daɪˈægənəlɪ] *adv* en diagonale, diagonalement, obliquement; **we cut ~ across the field** nous avons traversé le champ en diagonale OR en biais; **his desk is ~ across from mine** son bureau est diagonalement opposé au mien; **a ribbon worn ~ across the chest** un ruban porté en écharpe sur la poitrine.

diagram [ˈdaɪəgræm] (*Br pt* & *pp* **diagrammed**, *cont* **diagramming**, *Am pt* & *pp* **diagramed** OR **diagrammed**, *cont* **diagraming** OR **diagramming**) ◇ *n* [gen] diagramme *m*, schéma *m*; MATH diagramme *m*, figure *f*.
◇ *vt* donner une représentation graphique de.

diagrammatic [ˌdaɪəgrəˈmætɪk] *adj* schématique.

dial [ˈdaɪəl] (*Br pt* & *pp* **dialled**, *cont* **dialling**, *Am pt* & *pp* **dialed**, *cont* **dialing**) ◇ *n* -**1.** [of clock, telephone] cadran *m*; [of radio, TV] bouton *m* (de réglage); **tune in to 98 on the FM ~** réglez vos postes sur 98 sur la bande FM. -**2.** *inf Br dated* [face] tronche *f*.
◇ *vt* faire, composer; **to ~ a wrong number** faire OR composer un mauvais OR faux numéro; **to ~ Spain direct** appeler l'Espagne par l'automatique; **~ the operator** appelez l'opératrice ❑ **~-a-joke/disc** la plaisanterie/le disque du jour par téléphone.

DIAL-A-...:

Ce préfixe introduit le nom de certains services téléphoniques, surtout aux États-Unis: «dial-a-wake-up» (réveil); «dial-a-date» (rencontres); «dial-a-prayer» (prières préenregistrées) etc.

---

dial. *written abbr of* dialect.

dialect [ˈdaɪəlekt] *n* [regional] dialecte *m*, parler *m*; [local, rural] patois *m*.

dialectal [ˌdaɪəˈlektl] *adj* dialectal, de dialecte.

dialectic [ˌdaɪəˈlektɪk] ◇ *adj* dialectique.
◇ *n* dialectique *f*.

dialectical [ˌdaɪəˈlektɪkl] *adj* dialectique.

dialectical materialism *n* matérialisme *m* dialectique.

dialectician [ˌdaɪəlekˈtɪʃn] *n* dialecticien *m*, -enne *f*.

dialectics [ˌdaɪəˈlektɪks] *n (U)* dialectique *f*.

dialectologist [ˌdaɪəlekˈtɒlədʒɪst] *n* dialectologue *mf*.

dialectology [ˌdaɪəlekˈtɒlədʒɪ] *n* dialectologie *f*.

dialling code [ˈdaɪəlɪŋ-] *n Br* indicatif *m*.

dialling tone *Br*, **dial tone** *Am* *n* tonalité *f*.

dialogue, dialog *Am* [ˈdaɪəlɒg] *n* dialogue *m*.

dial tone *Am* = **dialling tone**.

dial-up service *n* service *m* de télétraitement.

dialyse *Br*, **dialyze** *Am* [ˈdaɪəlaɪz] *vt* dialyser.

dialysis [daɪˈælɪsɪs] (*pl* **dialyses** [-siːz]) *n* dialyse *f*; ~ **machine** rein *m* artificiel.

diamanté [dɪəˈmɒnteɪ] *n* tissu *m* diamanté.

diamantine [ˌdaɪəˈmæntaɪn] *adj* diamantin.

diameter [daɪˈæmɪtəʳ] *n* -**1.** [gen & GEOM] diamètre *m*; **the tree is two metres in ~** l'arbre fait deux mètres de diamètre. -**2.** [of microscope] unité *f* de grossissement.

diametric(al) [ˌdaɪəˈmetrɪk(l)] *adj* GEOM & *fig* diamétral.

diametrically [ˌdaɪəˈmetrɪklɪ] *adv* GEOM & *fig* diamétralement; ~ **opposed** diamétralement opposé.

diamond [ˈdaɪəmənd] ◇ *n* -**1.** [gem] diamant *m*; **he's a ~ in the rough** *esp Am* il a un cœur d'or sous ses dehors frustes. -**2.** [shape] losange *m*. -**3.** CARDS carreau *m*; **the ace/jack of ~s** l'as/le valet de carreau; **do you have any ~s?** avez-vous du carreau?; **~s are trumps** atout carreau. -**4.** [in baseball] terrain *m* (de baseball).
◇ *comp* -**1.** [brooch, ring etc] de diamant OR diamants; ~ **necklace** collier *m* OR rivière *f* de diamants. -**2.** [mine] de diamant OR diamants; ~ **drill** foreuse *f* à pointe de diamant; ~ **merchant** diamantaire *m*.

diamondback [ˈdaɪəməndbæk] *n* [snake] *sorte de crotale*; [turtle] *sorte de tortue d'eau douce.*

diamond jubilee *n* (célébration *f* du) soixantième anniversaire *m*.
diamond-shaped *adj* en forme de losange.
diamond wedding *n* noces *fpl* de diamant.
Diana [daɪ'ænə] *pr n* MYTH Diane.
diapason [,daɪə'peɪsn] *n* MUS diapason *m*; [of organ]: open/stopped ~ diapason large/étroit.
diaper ['daɪəpəʳ] *n* -**1.** *Am* [nappy] couche *f* (de bébé). -**2.** [fabric] damassé *m*.
diaphanous [daɪ'æfənəs] *adj* diaphane.
diaphone ['daɪəfəʊn] *n* -**1.** LING *série complète des phonèmes d'une langue*. -**2.** [foghorn] sirène *f* de brume à deux tons.
diaphony [daɪ'æfənɪ] *n* MUS & TECH diaphonie *f*.
diaphragm ['daɪəfræm] *n* diaphragme *m*.
diarist ['daɪərɪst] *n* [private] auteur *m* d'un journal intime; [of public affairs] chroniqueur *m*.
diarrhoea *Br*, **diarrhea** *Am* [,daɪə'rɪə] *n* diarrhée *f*; to have ~ avoir la diarrhée.
diary ['daɪərɪ] (*pl* **diaries**) *n* -**1.** [personal record] journal *m* (intime); to keep a ~ tenir un journal. -**2.** *Br* [for business] agenda *m*; I've written it down in my ~ je l'ai noté dans mon agenda.
diascope ['daɪəskəʊp] *n* diascope *m*.
diaspora [daɪ'æspərə] *n* HIST & *fig* diaspora *f*.
diastole [daɪ'æstəlɪ] *n* diastole *f*.
diathermy ['daɪəθɜːmɪ] *n* diathermie *f*.
diatomic [,daɪə'tɒmɪk] *adj* diatomique.
diatonic [,daɪə'tɒnɪk] *adj* diatonique.
diatribe ['daɪətraɪb] *n* diatribe *f*.
diazepam [daɪ'æzɪpæm] *n* diazépam *m*.
dib [dɪb] (*pt* & *pp* **dibbed**, *cont* **dibbing**) *vi* pêcher à la ligne flottante.
dibasic [daɪ'beɪsɪk] *adj* dibasique.
dibber ['dɪbəʳ] *Br* = **dibble** *n*.
dibble ['dɪbl] ◇ *n* plantoir *m*.
◇ *vt* -**1.** [plant] repiquer au plantoir. -**2.** [dabble]: they ~d their feet in the water ils ont trempé les pieds dans l'eau.
dibs [dɪbz] *npl* -**1.** [jacks] osselets *mpl*. -**2.** *inf* [claim]: to have ~ on sthg avoir des droits sur qqch. -**3.** ▽ *Br* [money] fric *m*, pognon *m*.
dice [daɪs] (*pl inv*) ◇ *n* -**1.** [game] dé *m*; to play ~ jouer aux dés ❑ no ~! *inf Am* des clous! -**2.** CULIN dé *m*, cube *m*.
◇ *vt* CULIN couper en dés OR en cubes.
◇ *vi* jouer aux dés; to ~ with death jouer avec sa vie.
dicey *inf* ['daɪsɪ] (*compar* **dicier**, *superl* **diciest**) *adj* risqué, dangereux, délicat.
dichotomy [daɪ'kɒtəmɪ] (*pl* **dichotomies**) *n* dichotomie *f*.
dick [dɪk] *n* -**1.** ▼ [penis] queue *f*. -**2.** *inf Am* [detective] privé *m*. -**3.** ▽ *Br* [idiot] con *m*.
dickens *inf* ['dɪkɪnz] *n*: what the ~ are you doing? mais qu'est-ce que tu fabriques?; a ~ of a noise un bruit d'enfer; we had a ~ of a job getting a babysitter ça a été la galère OR la croix et la bannière pour trouver une baby-sitter.
Dickensian [dɪ'kenzɪən] *adj* à la Dickens.
dicker ['dɪkəʳ] *vi* marchander; to ~ with sb (for sthg) marchander avec qqn (pour obtenir qqch).
dickey ['dɪkɪ] *n* -**1.** [shirt] faux plastron *m* (de chemise). -**2.** *Br* [in carriage] siège *m* du cocher; AUT spider *m*, strapontin *m*. -**3.** *inf Br* [bow tie]: ~ (bow) nœud *m* pap. -**4.** *inf Br* [donkey] âne *m*.
dickhead ▽ ['dɪkhed] *n* con *m*.
Dick Whittington [dɪk'wɪtɪŋtən] *pr n* *personnage de conte de fées et de pantomime, toujours accompagné d'un chat.*
dicky ['dɪkɪ] (*pl* **dickies**, *compar* **dickier**, *superl* **dickiest**) ◇ *n* = **dickey**.
◇ *adj inf Br* [ladder] peu solide, branlant; [heart] qui flanche; [situation] peu sûr.
dickybird *inf* ['dɪkɪbɜːd] *n* petit oiseau *m*.
dicta ['dɪktə] *pl* → **dictum**.
Dictaphone® ['dɪktəfəʊn] *n* Dictaphone® *m*, machine *f* à dicter.
dictate [*vb* dɪk'teɪt, *n* 'dɪkteɪt] ◇ *vt* -**1.** [letter] dicter; to ~ sthg to sb dicter qqch à qqn. -**2.** [order] dicter, imposer; her behaviour was ~d by the situation elle s'est comportée comme le lui a dicté la situation.
◇ *vi* -**1.** [give dictation] dicter. -**2.** [impose one's will]: to ~ to donner des ordres à; I won't be ~d to! je n'ai pas d'ordres à recevoir!
◇ *n* -**1.** [order] ordre *m*. -**2.** *(usu pl)* [principle] précepte *m*; the ~s of conscience/reason la voix de la conscience/raison.
dictation [dɪk'teɪʃn] *n* [of letter, story] dictée *f*; to take ~ écrire sous la dictée; at ~ speed à la vitesse d'une dictée; French ~ dictée de français.
dictator [dɪk'teɪtəʳ] *n* dictateur *m*.
dictatorial [,dɪktə'tɔːrɪəl] *adj* dictatorial.
dictatorially [,dɪktə'tɔːrɪəlɪ] *adv* dictatorialement, en dictateur.
dictatorship [dɪk'teɪtəʃɪp] *n* dictature *f*.
diction ['dɪkʃn] *n* -**1.** [pronunciation] diction *f*, élocution *f*. -**2.** [phrasing] style *m*, langage *m*.
dictionary ['dɪkʃənrɪ] (*pl* **dictionaries**) *n* dictionnaire *m*; a French-English ~ un dictionnaire français-anglais; look it up in the ~ cherchez dans le dictionnaire; she's a walking ~ *fig* c'est un dictionnaire ambulant.
Dictograph® ['dɪktəgrɑːf] *n* appareil *m* enregistreur (pour écoutes téléphoniques).
dictum ['dɪktəm] (*pl* **dicta** [-tə] OR **dictums**) *n fml* -**1.** [statement] affirmation *f*; JUR remarque *f* superfétatoire. -**2.** [maxim] dicton *m*, maxime *f*.
did [dɪd] *pt* → **do**.
didactic [dɪ'dæktɪk] *adj* didactique.
didactically [dɪ'dæktɪklɪ] *adv* didactiquement.
diddle *inf* ['dɪdl] *vt Br* duper, rouler; to ~ sb out of sthg carotter qqch à qqn; I've been ~d je me suis fait avoir.
diddums *inf* ['dɪdəmz] *n* pauvre petit.
didn't ['dɪdnt] = **did not**.
Dido ['daɪdəʊ] *pr n* Didon; '~ and Aeneas' *Purcell* 'Didon et Énée'.
didst [dɪdst] *arch 2nd pers sing* → **did**.
die [daɪ] (*pl sense 1* **dice** [daɪs], *pl sense 2* **dies**)
◇ *vi* -**1.** [person] mourir, décéder; she's dying elle est mourante OR à l'agonie; she ~d of cancer elle est morte du OR d'un cancer; thousands are dying of hunger des milliers de gens meurent de faim; she ~d by her own hand *lit* elle s'est suicidée OR donné la mort, elle a mis fin à ses jours; to ~ a hero mourir en héros; he left us to ~ il nous a abandonnés à la mort; to ~ in one's bed mourir dans son lit ‖ *fig*: to ~ laughing *inf* mourir de rire; I nearly ~d *inf*, I could have ~d *inf* [from fear] j'étais mort de trouille; [from embarrassment] j'aurais voulu rentrer sous terre, je ne savais plus où me mettre; he'll do it or ~ in the attempt il y arrivera coûte que coûte ❑ to ~ with one's boots on OR in harness mourir debout OR en pleine activité; never say ~! il ne faut jamais désespérer! -**2.** [animal, plant] mourir. -**3.** [engine] caler, s'arrêter. -**4.** [fire, love, memory] s'éteindre, mourir; [tradition] s'éteindre, disparaître, mourir; [smile] disparaître, s'évanouir; old habits ~ hard les mauvaises habitudes ne se perdent pas facilement; her secret ~d with her elle a emporté son secret dans la tombe. -**5.** *inf* [want very much]: to be dying for sthg avoir une envie folle de qqch; I'm dying for a drink j'ai une envie folle de boire qqch; to be dying to do sthg mourir d'envie de faire qqch; she's dying to see him elle meurt d'envie de le voir.
◇ *vt*: to ~ a natural/violent death mourir de sa belle mort/de mort violente ❑ to ~ the death *fig* & *hum* faire un bide; to ~ a thousand deaths *lit* être au supplice.
◇ *n* -**1.** GAMES dé *m* (à jouer); the ~ is cast *fig* les dés sont jetés. -**2.** ARCHIT [dado] dé *m* *(d'un piédestal)*; TECH [stamp] matrice *f*; [in minting] coin *m*; stamping ~ étampe *f*; as straight as a ~ franc comme l'or.
◆ **die away** *vi insep* s'affaiblir, s'éteindre, mourir.
◆ **die back** *vi insep* [plant] dépérir.
◆ **die down** *vi insep* -**1.** [wind] tomber, se calmer; [fire - in chimney] baisser; [- in building, forest] s'apaiser, diminuer; [noise] diminuer; [anger, protest] se calmer, s'apaiser. -**2.** [plant] se flétrir, perdre ses feuilles et sa tige.
◆ **die off** *vi insep* mourir les uns après les autres.
◆ **die out** *vi insep* [family, tribe, tradition] disparaître, s'éteindre; [fire] s'éteindre; the panda is in danger of dying out le panda est menacé d'extinction.
dieback ['daɪbæk] *n* *maladie des plantes se traduisant par un dépérissement des pousses.*
die-cast ◇ *vt* mouler sous pression OR en matrice.
◇ *adj* moulé sous pression OR en matrice.
die-casting *n* moulage *m* en matrice.
dieffenbachia [,diːfn'bækɪə] *n* dieffenbachia *f*.
diehard ['daɪhɑːd] ◇ *n* conservateur *m*, -trice *f*, réactionnaire *mf*; the party ~s les durs du parti.
◇ *adj* intransigeant; POL réactionnaire; a ~ liberal un libéral pur et dur.
dielectric [,daɪɪ'lektrɪk] ◇ *adj* diélectrique.
◇ *n* diélectrique *m*.
Dien Bien Phu [,djenbjen'fuː] *pr n* Diên Biên Phu.
dieresis [daɪ'erɪsɪs] (*pl* **diereses** [-siːz]) *n* [sound] diérèse *f*; [sign] tréma *m*.
diesel ['diːzl] *n* [vehicle] diesel *m*; [fuel] gasoil *m*, gazole *m*.
diesel-electric ◇ *adj* diesel-électrique.
◇ *n* diesel-électrique *m*.
diesel engine *n* AUT moteur *m* diesel; RAIL motrice *f*.
diesel fuel, **diesel oil** *n* gas-oil *m*, gazole *m*.
diesel train *n* autorail *m*.
dieses ['daɪɪsiːz] *pl* → **diesis**.
diesinker ['daɪ,sɪŋkəʳ] *n* *personne ou machine qui fabrique des matrices industrielles.*
diesis ['daɪɪsɪs] (*pl* **dieses** [-siːz]) *n* MUS dièse *m*; TYPO double croix *f*.
diestock ['daɪstɒk] *n* porte-filière *m*.
diet ['daɪət] ◇ *n* -**1.** [regular food] alimentation *f*, nourriture *f*; they live on a ~ of rice and fish ils se nourrissent de riz et de poisson; a balanced ~ un régime équilibré; a poor ~ un régime mal équilibré, une alimentation mal équilibrée. -**2.** [restricted or special food] régime *m*; to be on a ~ être au régime; to go on a ~ faire OR suivre un régime; to put sb on a ~ mettre qqn au régime; to be put on a starvation ~ être mis à la diète; a low-fat ~ un régime à faible teneur en matières grasses. -**3.** [assembly] diète *f*.
◇ *vi* suivre un régime.
◇ *comp* [drink, food] de régime, basses calories.
dietary ['daɪətrɪ] (*pl* **dietaries**) ◇ *adj* [supplement] alimentaire; [of special food] de régime, diététique; ~ laws règles *fpl* diététiques; ~ fibre cellulose *f* végétale.
◇ *n* régime *m* alimentaire *(d'un malade, d'une prison)*.
dietetic [,daɪə'tetɪk] *adj* diététique.
dietetics [,daɪə'tetɪks] *n (U)* diététique *f*.
dietician [,daɪə'tɪʃn] *n* diététicien *m*, -enne *f*.
differ ['dɪfəʳ] *vi* -**1.** [vary] différer, être différent; in what way does this text ~ from the first? en quoi ce texte diffère-t-il du premier?; the two approaches ~ quite considerably les deux approches n'ont pas grand-chose à voir l'une avec l'autre; the houses ~ in size and design les maisons diffèrent par leurs dimensions et leur conception. -**2.** [disagree] être en désaccord, ne pas être d'accord; the authorities ~ on the dates les experts ne sont pas d'accord sur les dates; he ~s with me about the best solution to apply il n'est pas d'accord avec moi OR il ne partage pas mon avis sur la meilleure solution à adopter.
difference ['dɪfrəns] *n* -**1.** [dissimilarity] différence *f*; [in age, size, weight] écart *m*, différence *f*; there's a big ~ between living with someone

and marrying them il y a une grande différence entre vivre ensemble et être mariés; **there are many ~s between the two cultures** les deux cultures sont très différentes l'une de l'autre; **I can't tell the ~ between the two** je ne vois pas la différence entre les deux; **there's a ~ in height of about six inches** il y a une différence de hauteur de quinze centimètres; **she says the age ~ doesn't matter** elle dit que la différence d'âge n'a pas d'importance; **it makes no ~, it doesn't make the slightest ~** ça n'a aucune importance, ça revient au même, ça ne change absolument rien; **it makes no ~ to me (one way or the other)** (d'une manière ou d'une autre), cela m'est (parfaitement) égal; **it made a big ~ to him** cela a beaucoup compté OR a tout changé pour lui; **does it make any ~ whether he comes or not?** est-ce que ça change quelque chose qu'il vienne ou pas?; **that makes all the ~** voilà qui change tout; **a lick of paint makes all the ~** un petit coup de peinture et ça n'a plus du tout la même allure; **a house with a ~** une maison pas comme les autres. -**2.** [disagreement] différend *m*; **we have our ~s** nous ne sommes pas toujours d'accord; **a ~ of opinion** une différence OR divergence d'opinion. -**3.** [in numbers, quantity] différence *f*; **I'll pay the ~** je paierai la différence OR le reste.

different ['dɪfrənt] *adj* -**1.** [not identical] différent, autre; **~ from** OR **to** OR *esp Am* **than** différent de; **this book is very ~ from her first** ce livre est très différent de OR n'a rien à voir avec son premier; **it's very ~ from any other city I've visited** ça ne ressemble en rien aux autres villes que j'ai visitées; **he reads a ~ paper every day** il lit chaque jour un journal différent; **you look ~ today** tu n'es pas comme d'habitude aujourd'hui; **he put on a ~ shirt** il a mis une autre chemise; **she's a ~ person since their wedding** elle a beaucoup changé depuis leur mariage; **I feel like a ~ person since my holiday** j'ai l'impression d'avoir fait peau neuve depuis mes vacances; **what's ~ about it?** qu'est-ce qu'il y a de différent OR de changé?; **let's do something ~** faisons quelque chose de nouveau OR de différent; **I now see things in a ~ light** je vois désormais les choses sous un autre jour OR angle; **that's quite a ~ matter** ça, c'est une autre affaire OR histoire. -**2.** [various] divers, différents, plusieurs; **she visited ~ schools** elle a visité diverses OR différentes écoles. -**3.** [unusual] singulier; **I'm looking for something ~** je cherche quelque chose d'original OR qui sorte de l'ordinaire; **she always has to be ~** elle veut toujours se singulariser, elle ne peut jamais faire comme tout le monde; **I've been out with a lot of men before, but he's ~** je suis sortie avec beaucoup d'hommes, mais celui-là n'est pas comme les autres.

differential [,dɪfə'renʃl] ◇ *adj* -**1.** MATH différentiel; **~ operator** opérateur *m* différentiel. -**2.** AUT différentiel *m*; **~ housing** boîtier *m* de différentiel.
◇ *n* -**1.** [in salary] écart *m* salarial. -**2.** MATH différentielle *f*. -**3.** = **differential gear**.

differential calculus *n* calcul *m* différentiel.

differential coefficient *n* dérivé *m*.

differential equation *n* différentielle *f*.

differential gear *n* différentiel *m*.

differentiate [,dɪfə'renʃɪeɪt] ◇ *vt* -**1.** [distinguish] différencier, distinguer; **what ~s this product from its competitors?** qu'est-ce qui différencie OR distingue ce produit de ses concurrents? -**2.** MATH différencier, calculer la différentielle de.
◇ *vi* faire la différence OR distinction; **I'm unable to ~ between the two** je ne vois pas de différence entre les deux; **she ~s between morality and religion** elle fait une distinction entre moralité et religion.

differentiation [,dɪfərenʃɪ'eɪʃn] *n* [gen] différenciation *f*; MATH différentiation *f*.

differently ['dɪfrəntlɪ] *adv* différemment, autrement; **I do it ~ from** OR *esp Am* **than you** je le fais différemment de OR autrement que vous, je ne fais pas ça comme vous; **she acts ~ from** OR *esp Am* **than the others** elle n'a pas le même comportement que OR elle ne se comporte pas comme les autres.

difficult ['dɪfɪkəlt] *adj* -**1.** [problem, task] difficile, dur, ardu; [book, question] difficile; **it was a ~ decision to make** ce n'était pas une décision facile à prendre; **he's had a ~ life** il a eu une vie difficile; **that's not so ~** ce n'est pas si difficile que ça; **I find it ~ to believe she's gone** j'ai du mal à OR il m'est difficile de croire qu'elle est partie; **the most ~ part is over** le plus difficile OR le plus dur est fait. -**2.** [awkward] difficile, peu commode; **don't be so ~!** ne fais pas le difficile!, ne fais pas la fine bouche!; **he's ~ to get along with** il n'est pas commode, il a un caractère difficile; **we could make life/things very ~ for you** on pourrait sérieusement vous compliquer la vie/les choses.

difficulty ['dɪfɪkəltɪ] (*pl* **difficulties**) *n* -**1.** *(U)* [trouble] difficulté *f*, difficultés *fpl*; **to have ~ (in) doing sthg** avoir du mal à faire qqch; **I had ~ (in) climbing the stairs** j'ai eu du mal OR de la peine OR des difficultés à monter l'escalier; **she experienced ~ breathing** elle avait du mal OR de la peine OR des difficultés à respirer, elle respirait difficilement; **with ~** avec difficulté OR peine; **without ~** sans difficulté OR peine; **it can be done, but with ~** cela peut se faire, mais difficilement. -**2.** [obstacle, problem] difficulté *f*, problème *m*; **the main ~ is getting the staff** le plus difficile, c'est de trouver le personnel; **I don't foresee any difficulties** je ne prévois aucun problème OR aucune difficulté ‖ [predicament] difficulté *f*, embarras *m*; **to get into difficulties** être OR se trouver en difficulté; **to be in financial difficulties** avoir des ennuis d'argent, être dans l'embarras; **he's always getting into all kinds of ~** il se crée OR s'attire toujours toutes sortes d'ennuis.

diffidence ['dɪfɪdəns] *n* manque *m* d'assurance OR de confiance en soi, timidité *f*.

diffident ['dɪfɪdənt] *adj* [person] qui manque de confiance en soi OR d'assurance; [remark, smile] timide; [tone] hésitant; **he was ~ about speaking** il hésitait à parler (par timidité).

diffidently ['dɪfɪdəntlɪ] *adv* avec timidité OR embarras, de façon embarrassée.

diffract [dɪ'frækt] *vt* diffracter.

diffraction [dɪ'frækʃn] *n* diffraction *f*; **~ grating** réseau *m* de diffraction.

diffractometer [,dɪfræk'tɒmɪtə^r] *n* diffractomètre *m*.

diffuse [*vb* dɪ'fjuːz, *adj* dɪ'fjuːs] ◇ *vt* diffuser, répandre.
◇ *vi* se diffuser, se répandre.
◇ *adj* **1.** [light] diffus; [thought] diffus, vague. -**2.** [wordy] diffus, prolixe.

diffused [dɪ'fjuːzd] *adj* diffus; **~ lighting** éclairage *m* diffus OR indirect.

diffuser [dɪ'fjuːzə^r] *n* [gen & ELEC] diffuseur *m*.

diffusion [dɪ'fjuːʒn] *n* -**1.** [of light, news] diffusion *f*. -**2.** [of style] prolixité *f*.

diffusor [dɪ'fjuːzə^r] = **diffuser**.

dig [dɪg] (*pt* & *pp* **dug** [dʌg], *cont* **digging**) ◇ *vt* -**1.** [in ground - hole] creuser; [- tunnel] creuser, percer; [with spade] bêcher; **he dug his way under the fence** il s'est creusé un passage sous la clôture; **he's been out digging the garden** il a bêché le jardin; **to ~ potatoes** arracher des pommes de terre ❑ **to ~ one's own grave** creuser sa propre tombe. -**2.** [jab] enfoncer; **she dug me in the ribs (with her elbow)** elle m'a donné un coup de coude dans les côtes. -**3.** ▽ *dated* [understand] piger; [appreciate, like] aimer; [look at] viser; **~ that music!** écoute-moi (un peu) cette musique!
◇ *vi* -**1.** [person] creuser; [animal] fouiller, fouir; **to ~ for gold** creuser pour trouver de l'or; **he spends hours digging about in old junk shops** *fig* il passe des heures à fouiller dans les magasins de brocante. -**2.** ▽ *dated* [understand] piger.
◇ *n* -**1.** [in ground] coup *m* de bêche. -**2.** ARCHEOL fouilles *fpl*; **to go on a ~** faire des fouilles. -**3.** [jab] coup *m*; **to give sb a ~ in the ribs** donner un coup de coude dans les côtes de qqn. -**4.** *inf* [snide remark] coup *m* de patte; **he made a nasty ~ at the government** il a lancé une pique au gouvernement; **that was a ~ at you** c'était une pierre dans votre jardin.
◆ **dig in** ◇ *vi insep* -**1.** MIL [dig trenches] se retrancher; *fig* tenir bon. -**2.** *inf* [eat] commencer à manger; **~ in!** allez-y, mangez!, attaquez!
◇ *vt sep* -**1.** [mix with ground] enterrer. -**2.** [jab] enfoncer; **he dug in his spurs** il a éperonné son cheval ❑ **to ~ in one's heels** se braquer, se buter; **to ~ o.s. in** *literal* se retrancher; *fig* camper sur ses positions; **he's really dug himself in** il s'est encroûté.
◆ **dig into** *vt insep* -**1.** [delve into] fouiller dans; **don't ~ into your savings** *fig* n'entame pas tes économies, ne pioche pas dans tes économies. -**2.** [jab]: **your elbow is digging into me** ton coude me rentre dans les côtes.
◆ **dig out** *vt sep* -**1.** [remove] extraire; [from ground] déterrer; **they had to ~ the car out of the snow** il a fallu qu'ils dégagent la voiture de la neige (à la pelle). -**2.** *inf* [find] dénicher.
◆ **dig up** *vt sep* -**1.** [ground - gen] retourner; [- with spade] bêcher. -**2.** [plant] arracher. -**3.** [unearth] déterrer; *fig* [find] *inf* dénicher; **where did you ~ him up?** où est-ce que tu l'as pêché OR dégoté?

digest [*vb* dɪ'dʒest, *n* 'daɪdʒest] ◇ *vt* -**1.** [food] digérer; **I find cheese difficult to ~** je digère mal le fromage. -**2.** [idea] assimiler, digérer. -**3.** [classify] classer; [sum up] résumer.
◇ *vi* digérer.
◇ *n* -**1.** [of book, facts] résumé *m*; **in ~ form** en abrégé. -**2.** JUR digeste *m*. -**3.** [magazine] digest *m*.

digestible [dɪ'dʒestəbl] *adj literal* & *fig* digeste, facile à digérer.

digestion [dɪ'dʒestʃn] *n* digestion *f*.

digestive [dɪ'dʒestɪv] ◇ *adj* digestif; **~ troubles** *mpl* de la digestion ❑ **~ biscuit** *Br sorte de sablé*; **~ system/tract** système *m*/appareil *m* digestif.
◇ *n* [drink] digestif *m*; *Br* [biscuit] *sorte de sablé*.

digger ['dɪgə^r] *n* -**1.** [miner] mineur *m*; *Br inf* CONSTR terrassier *m*. -**2.** [machine] excavatrice *f*, pelleteuse *f*. -**3.** *inf* [Australian] Australien *m*, -enne *f*; [New Zealander] Néo-Zélandais *m*, -e *f*.

diggings ['dɪgɪŋz] *npl* -**1.** ARCHEOL fouilles *fpl*. -**2.** MIN [dirt] terrassement *m*; [pit] creusement *m*, excavation *f*; [of gold] placer *m*. -**3.** *inf Br dated* = **digs**.

digit ['dɪdʒɪt] *n* -**1.** [number] chiffre *m*; **three-~ number** nombre à trois chiffres. -**2.** [finger] doigt *m*; [toe] orteil *m*. -**3.** ASTRON doigt *m*.

digital ['dɪdʒɪtl] *adj* -**1.** ANAT digital. -**2.** [clock, watch] à affichage numérique; [display] numérique; COMPUT numérique.

digital audio tape = **DAT**.

digital computer *n* calculateur *m* numérique.

digitalin [,dɪdʒɪ'teɪlɪn] *n* digitaline *f*.

digitalis [,dɪdʒɪ'teɪlɪs] *n* BOT digitale *f*; PHARM digitaline *f*.

digital recording *n* enregistrement *m* numérique.

digitization [,dɪdʒɪtaɪ'zeɪʃn] *n* numérisation *f*.

digitize, -ise ['dɪdʒɪtaɪz] *vt* numériser.

digitizer ['dɪdʒɪtaɪzə^r] *n* convertisseur *m* numérique OR analogique-numérique.

diglossia [daɪ'glɒsɪə] *n* diglossie *f*.

dignified ['dɪgnɪfaɪd] *adj* [person] plein de dignité, digne; [silence] digne; **he behaved in a very ~ manner** il s'est comporté avec beaucoup de dignité; **she wasn't very ~** elle manquait de dignité OR de tenue.

dignify ['dɪgnɪfaɪ] (*pt* & *pp* **dignified**) *vt* donner de la dignité à; **I refuse to even ~ that question with an answer** cette question n'est même pas digne de réponse OR ne mérite même pas une réponse.

dignitary ['dɪgnɪtrɪ] (*pl* **dignitaries**) *n* dignitaire *m*.

dignity ['dɪgnətɪ] (*pl* **dignities**) *n* -**1.** [importance, poise] dignité *f*; **it would be beneath my ~ to accept** accepter serait indigne de moi OR serait m'abaisser; **she considered it beneath her ~** elle s'estimait au-dessus de ça; **to stand on one's ~** se draper dans sa dignité. -**2.** [rank] dignité *f*, haut rang *m*; [title] titre *m*, dignité *f*.

digraph ['daɪgrɑːf] *n* digramme *m*.

digress [daɪ'gres] *vi* s'éloigner, s'écarter; **you're ~ing from the subject** vous vous éloignez du sujet; **but I ~** mais je m'égare, revenons à nos moutons.

digression [daɪ'greʃn] *n* digression *f*.

digressive [daɪ'gresɪv] *adj* qui s'écarte OR s'éloigne du sujet.

digs *inf* [dɪgz] *npl Br* piaule *f*; **to live in ~** avoir une piaule; **I'm in ~ in Wimbledon** je crèche OR j'ai une piaule à Wimbledon.

dihedral [daɪ'hiːdrəl] ◇ *adj* dièdre.
◇ *n* dièdre *m*.

dike [daɪk] = **dyke**.

diktat ['dɪktæt] *n* -**1.** POL [decree] diktat *m*. -**2.** [statement] affirmation *f* catégorique.

dilapidated [dɪ'læpɪdeɪtɪd] *adj* [house] délabré; [car] déglingué; **in a ~ state** dans un état de délabrement OR de dégradation avancé.

dilapidation [dɪˌlæpɪ'deɪʃn] *n* -**1.** [of building] délabrement *m*, dégradation *f*; **in a state of ~** dans un état de délabrement OR de dégradation avancé. -**2.** *(usu pl)* JUR détérioration *f (causée par un locataire)*.

dilate [daɪ'leɪt] ◇ *vi* -**1.** [physically] se dilater. -**2.** *fml* [talk] : **to ~ on** OR **upon a topic** s'étendre sur un sujet.
◇ *vt* dilater.

dilation [daɪ'leɪʃn] *n* -**1.** [gen & MED] dilatation *f*; **~ and curettage** (dilatation et) curetage *m*. -**2.** *fml* [talk] exposition *f* en détail.

dilator [daɪ'leɪtəʳ] *n* [instrument] dilatateur *m*; [muscle] muscle *m* dilatateur.

dilatoriness ['dɪlətrɪnɪs] *n fml* lenteur *f*.

dilatory ['dɪlətrɪ] *adj fml* [action, method] dilatoire; [person] lent; **forgive me for being so ~ in coming to a decision** veuillez m'excuser pour avoir mis tant de temps à me décider.

dildo ['dɪldəʊ] (*pl* **dildos**) *n* godemiché *m*.

dilemma [dɪ'lemə] *n* dilemme *m*; **to be in a ~** être pris dans un dilemme; **her decision leaves me in something of a ~** sa décision me pose un cruel dilemme.

dilettante [ˌdɪlɪ'tæntɪ] (*pl* **dilettantes** OR **dilettanti** [-tɪ]) ◇ *n* dilettante *mf*.
◇ *adj* dilettante.

dilettantism [ˌdɪlɪ'tæntɪzm] *n* dilettantisme *m*.

diligence ['dɪlɪdʒəns] *n* -**1.** [effort] assiduité *f*, application *f*, zèle *m*; **she shows great ~ in her work** elle fait preuve de beaucoup de zèle OR d'assiduité dans son travail. -**2.** [carriage] diligence *f*.

diligent ['dɪlɪdʒənt] *adj* [person] assidu, appliqué; [work] appliqué, diligent; **he is very ~ in his work** OR **carrying out his work** il fait son travail avec beaucoup d'assiduité OR beaucoup de zèle.

diligently ['dɪlɪdʒəntlɪ] *adv* avec assiduité OR soin OR application, assidûment.

dill [dɪl] *n* aneth *m*.

dill pickle *n* cornichon *m* à l'aneth.

dilly *inf* ['dɪlɪ] (*pl* **dillies**) *n Am dated*: **she's a real ~!** elle est formidable OR sensationnelle!; **a ~ of a joke** une blague vachement marrante; **a ~ of a storm** un sacré orage.

dilly-dally *inf* ['dɪlɪdælɪ] (*pt* & *pp* **dilly-dallied**) *vi* [dawdle] lanterner, lambiner; [hesitate] hésiter, tergiverser.

dilly-dallying *inf* ['dɪlɪdælɪɪŋ] *n (U)* [dawdling] flânerie *f*; [hesitation] hésitation *f*, hésitations *fpl*, tergiversation *f*, tergiversations *fpl*.

dilute [daɪ'luːt] ◇ *vt* -**1.** [liquid] diluer, étendre; [milk, wine] mouiller, couper d'eau; [sauce] délayer, allonger; [colour] délayer; '**~ to taste**' diluer selon votre goût. -**2.** PHARM diluer. -**3.** *fig* [weaken] diluer, édulcorer; **~d socialism** socialisme affadi OR édulcoré.
◇ *adj* [liquid] dilué, coupé OR étendu (d'eau); [colour] délayé, adouci; *fig* dilué, édulcoré.

dilution [daɪ'luːʃn] *n* [act, product] dilution *f*; [of milk, wine] coupage *m*, mouillage *m*; *fig* édulcoration *f*.

dim [dɪm] (*pt* & *pp* **dimmed**, *cont* **dimming**) ◇ *adj* -**1.** [light] faible, pâle; [lamp] faible; [room] sombre; [colour] terne, sans éclat; **to grow ~** [light] baisser; [room] devenir sombre; [colour] devenir terne; **her eyes grew ~ with tears** ses yeux se voilèrent de larmes. -**2.** [indistinct - shape] vague, imprécis; [- sight] faible, trouble; [- sound] vague, indistinct; **she has only a ~ memory of it** elle n'en a qu'un vague souvenir; **in the ~ and distant past** *hum* au temps jadis; **to grow ~** [shape, memory] s'estomper, s'effacer; [sight] baisser, se troubler; [sound] s'affaiblir. -**3.** [gloomy] sombre, morne; **to take a ~ view of sthg** *inf* ne pas beaucoup apprécier qqch, voir qqch d'un mauvais œil; **she takes a pretty ~ view of him going out with other women** elle n'apprécie guère qu'il sorte avec d'autres femmes. -**4.** *inf* [stupid] gourde.
◇ *vt* -**1.** [light] baisser; **I'll ~ the lamp** je vais mettre la lampe en veilleuse; **~ your headlights** *Am* AUT mettez-vous en codes. -**2.** [beauty, colour, hope, metal] ternir; [memory] estomper, effacer; [mind, senses] affaiblir, troubler; [sound] affaiblir; [sight] baisser, troubler; **his eyes were dimmed with tears** ses yeux étaient voilés de larmes.
◇ *vi* [light] baisser, s'affaiblir; [beauty, glory, hope] se ternir; [colour] devenir terne OR mat; [memory] s'estomper, s'effacer; [sound] s'affaiblir; [sight] baisser, se troubler.
◆ **dim out** *vt sep Am* plonger dans un black-out partiel.

dime [daɪm] *n Am* pièce *f* de dix cents; **~ bag** *inf* [drugs] *sachet de drogue*; **guys like that are a ~ a dozen** *inf* des types comme lui, on en trouve à la pelle; **it's not worth a ~** OR **one thin ~** *inf* ça ne vaut pas un clou.

dime novel *n Am* roman *m* à quatre sous.

dimension [dɪ'menʃn] *n* -**1.** [measurement, size] dimension *f*; ARCHIT & GEOM dimension *f*, cote *f*; MATH & PHYS dimension *f*. -**2.** *fig* [scope] étendue *f*; [aspect] dimension *f*; **the book opens up a whole new ~ of thought** ce livre ouvre un nouveau champ de réflexion.

-dimensional [dɪ'menʃənl] *in cpds*: **two/four~** à deux/quatre dimensions.

dime store *n Am* supérette *f* de quartier.

dimeter ['dɪmɪtəʳ] *n* dimètre *m*.

diminish [dɪ'mɪnɪʃ] ◇ *vt* -**1.** [number] diminuer, réduire; [effect, power] diminuer, amoindrir; [value] réduire. -**2.** [person] déprécier, rabaisser. -**3.** ARCHIT [column] amincir, diminuer; MUS diminuer.
◇ *vi* diminuer, se réduire; **their profits have ~ed** leurs bénéfices ont diminué; **the number of homeless has ~ed** le nombre des sans-abri a diminué.

diminished [dɪ'mɪnɪʃt] *adj* -**1.** [number, power, speed] diminué, amoindri; [reputation] diminué, terni; [value] réduit; **~ responsibility** JUR responsabilité *f* atténuée. -**2.** MUS diminué.

diminishing [dɪ'mɪnɪʃɪŋ] ◇ *adj* [influence, number, speed] décroissant, qui va en diminuant; [price, quality] qui baisse, en baisse; **the law of ~ returns** la loi des rendements décroissants.
◇ *n* diminution *f*, baisse *f*.

diminuendo [dɪˌmɪnjʊ'endəʊ] (*pl* **diminuendos**) ◇ *n* diminuendo *m*.
◇ *adv* diminuendo.

diminution [ˌdɪmɪ'njuːʃn] *n* -**1.** [in number, value] diminution *f*, baisse *f*; [in speed] réduction *f*; [in intensity, importance, strength] diminution *f*, affaiblissement *m*; [in temperature] baisse *f*, abaissement *m*; [in authority, price] baisse *f*; **there has been no ~ in** OR **of our enthusiasm** notre enthousiasme n'a en rien faibli. -**2.** MUS diminution *f*.

diminutive [dɪ'mɪnjʊtɪv] ◇ *adj* [tiny] minuscule, tout petit; LING diminutif.
◇ *n* diminutif *m*.

dimity ['dɪmɪtɪ] *n* futaine *f* croisée.

dimly ['dɪmlɪ] *adv* [shine] faiblement, sans éclat; [see] indistinctement, à peine; [remember] vaguement, à peine; **the room was ~ lit** la pièce était mal OR faiblement éclairée.

dimmer ['dɪməʳ] *n* -**1.** [on lamp] rhéostat *m* OR variateur *m* (de lumière). -**2.** *Am* AUT [switch] basculeur *m* (de phares); **~s** [headlights] phares *mpl* code; [parking lights] feux *mpl* de position.

dimmer switch *n* variateur *m* (de lumière).

dimming ['dɪmɪŋ] *n* [of light] affaiblissement *m*, obscurcissement *m*; [of colour, metal, reputation] ternissement *m*; [of memory] affaiblissement *m*; *Am* AUT [of headlights] mise *f* en codes.

dimness ['dɪmnɪs] *n* -**1.** [of light, sight] affaiblissement *m*; [of room] obscurité *f*; [of colour, metal] aspect *m* terne; [of memory, shape] imprécision *f*. -**2.** *inf* [stupidity] sottise *f*.

dimout ['dɪmaʊt] *n Am* black-out *m* partiel.

dimple ['dɪmpl] ◇ *n* [in cheek, chin] fossette *f*; [in surface of ground, water] ride *f*, ondulation *f*.
◇ *vi* [cheek] former OR creuser des fossettes; [surface of ground] onduler, former des rides; [surface of water] onduler, se rider.

dimpled ['dɪmpld] *adj* [cheek, chin] à fossettes; [arm, knee] potelé; [surface] ridé, ondulé.

dimwit *inf* ['dɪmwɪt] *n* crétin *m*, -e *f*.

dim-witted *inf adj* crétin, gourde; **my ~ brother** mon crétin de frère.

din [dɪn] (*pt* & *pp* **dinned**, *cont* **dinning**) ◇ *n* [of people] tapage *m*, tumulte *m*; [in classroom] chahut *m*; [of industry, traffic] vacarme *m*; **they were making** OR **kicking up** *inf* **a real ~** ils faisaient un boucan d'enfer OR monstre.
◇ *vt*: **to ~ sthg into sb** *inf* faire (bien) comprendre qqch à qqn, faire entrer qqch dans la tête à qqn.

DIN [dɪn] *n* -**1.** (*abbr of* **Deutsche Industrie Norm**) (indice *m*) DIN *f*. -**2.** PHOT DIN *f*.

dinar ['diːnɑːʳ] *n* dinar *m*.

dindins *inf* ['dɪndɪnz] *n* dîner *m*.

dine [daɪn] ◇ *vi* dîner; **she ~d off** OR **on trout and fresh strawberries** elle a dîné d'une truite et de fraises fraîches; **we're dining in tonight** nous dînons à la maison ce soir.
◇ *vt* offrir à dîner à.
◆ **dine out** *vi insep* dîner dehors OR en ville; **I ~d out on that story for weeks** *fig* ça m'a fait une bonne histoire à raconter pendant des semaines.

diner ['daɪnəʳ] *n* -**1.** [person] dîneur *m*, -euse *f*. -**2.** RAIL wagon-restaurant *m*; *Am* petit restaurant *m* sans façon.

dinette [daɪ'net] *n* coin-repas *m*.

ding [dɪŋ] ◇ *vi* tinter.
◇ *vt* = **din**.
◇ *n* tintement *m*.

ding-a-ling ['dɪŋəˌlɪŋ] *n* -**1.** [ring] dring dring *m*, tintement *m*. -**2.** *inf Am* [fool] cloche *f*, imbécile *mf*.

dingbat *inf* ['dɪŋbæt] *n* -**1.** *Am* [thing] truc *m*, machin *m*. -**2.** [fool] crétin *m*, -e *f*, gourde *f*.

dingdong [ˌdɪŋ'dɒŋ] ◇ *n* -**1.** [sound] ding dong *m*. -**2.** *inf Br* [quarrel] dispute *f*; [fight] bagarre *f*.
◇ *adj inf* [argument, fight] acharné; [race] très disputé.

dinge [dɪndʒ] = **dinginess**.

dinger *inf* ['dɪŋəʳ] *n Am* [person] imbécile *mf*.

dinghy ['dɪŋgɪ] (*pl* **dinghies**) *n* [rowing boat] petit canot *m*, youyou *m*; [sailboat] dériveur *m*; [rubber] canot *m* pneumatique, dinghy *m*.

dinginess ['dɪndʒɪnɪs] *n* [shabbiness] aspect *m* miteux OR douteux; [drabness] couleur *f* terne.

dingle ['dɪŋgl] *n* vallon *m* boisé.

dingo ['dɪŋgəʊ] (*pl* **dingoes**) *n* dingo *m*.

dingus *inf* ['dɪŋʌs] *n Am* truc *m*, machin *m*.

dingy ['dɪndʒɪ] (*compar* dingier, *superl* dingiest) *adj* [shabby] miteux; [dirty] douteux; [colour] terne.
dining car ['daɪnɪŋ-] *n* wagon-restaurant *m*.
dining hall *n* réfectoire *m*, salle *f* à manger.
dining room ◇ *n* salle *f* à manger.
◇ *comp* [curtains, furniture] de (la) salle à manger; ~ **suite** salle *f* à manger *(meubles)*.
dining table *n* table *f* de salle à manger.
dink [dɪŋk] *n* -**1.** *inf* [person] imbécile *mf*. -**2.** ▽ [penis] queue *f*.
dinkie ['dɪŋkɪ] (*abbr of* double income no kids) *n personne mariée aisée et sans enfants.*
dinky *inf* ['dɪŋkɪ] (*compar* dinkier, *superl* dinkiest) *adj* -**1.** *Br* [small, neat] mignon, coquet. -**2.** *Am pej* [insignificant] de rien du tout.
dinner ['dɪnər] ◇ *n* [evening meal] dîner *m*; [- very late] souper *m*; *dial* [lunch] déjeuner *m*; **to be at ~** être en train de dîner; **they were just getting up from ~** ils sortaient à peine de table; **ask her round for ~ next week** invite-la à venir dîner la semaine prochaine; **she's having guests to ~** elle a des invités à dîner; **they went out to ~** [in restaurant] ils ont dîné au restaurant OR en ville; [at friends] ils ont dîné chez des amis; **~'s on the table** OR **ready!** le dîner est prêt!, c'est prêt!, à table!; **did you have a good ~?** avez-vous bien mangé OR dîné?; **did you give the cat its ~?** avez-vous donné à manger au chat?; **a formal ~** un grand dîner OR dîner officiel ❑ **I've played more cup matches in my time than you've had hot ~s** *inf Br* j'ai joué plus de matchs de coupe dans ma vie que tu n'en joueras jamais.
◇ *comp* [fork, knife] de table; **she rang the ~ bell** elle a sonné pour annoncer le dîner; ~ **duty** SCH service *m* de réfectoire; ~ **hour** [at work] heure *f* du déjeuner; [at school] pause *f* de midi; ~ **plate** (grande) assiette *f*; ~ **roll** petit pain *m*.
dinner dance *n* dîner *m* dansant.
dinner jacket *n* smoking *m*.
dinner lady *n Br employée d'une cantine scolaire.*
dinner party *n* dîner *m (sur invitation)*; **we're having** OR **giving a ~** nous avons du monde à dîner, nous donnons un dîner.
dinner service *n* service *m* de table.
dinner table *n* table *f* de salle à manger; **at** OR **over the ~** pendant le dîner, au dîner.
dinnertime ['dɪnətaɪm] *n* heure *f* du dîner.
dinnerware ['dɪnəweər] *n Am* vaisselle *f*.
dinosaur ['daɪnəsɔːr] *n* dinosaure *m*; **the institute's become a bit of a ~** *fig* l'institut est le survivant d'une époque révolue OR a fait son temps.
dint [dɪnt] *vt* = **dent**.
◆ **by dint of** *prep phr* à force de; **she succeeded by ~ of sheer hard work** elle a réussi à force de travailler dur.
diocesan [daɪ'ɒsɪsn] ◇ *adj* diocésain.
◇ *n* (évêque *m*) diocésain *m*.
diocese ['daɪəsɪs] *n* diocèse *m*.
diode ['daɪəʊd] *n* diode *f*.
Diogenes [daɪ'ɒdʒɪniːz] *pr n* Diogène.
Dionysiac [,daɪə'nɪzɪæk], **Dionysian** [,daɪə'nɪzɪən] *adj* dionysiaque.
Dionysus [,daɪə'naɪsəs] *pr n* Dionysos.
diopter *Am* = **dioptre**.
dioptometer [,daɪɒp'tɒmɪtər] *n* instrument *m* de mesure dioptrique.
dioptre *Br*, **diopter** *Am* [daɪ'ɒptər] *n* dioptrie *f*.
diorama [,daɪə'rɑːmə] *n* diorama *m*.
dioxide [daɪ'ɒksaɪd] *n* dioxyde *m*.
dioxin [daɪ'ɒksɪn] *n* dioxine *f*.
dip [dɪp] (*pt* & *pp* **dipped**, *cont* **dipping**)
◇ *vi* -**1.** [incline - ground] descendre, s'incliner; [- road] descendre, plonger; [- head] pencher, s'incliner. -**2.** [drop - sun] baisser, descendre à l'horizon; [- price] diminuer, baisser; [- temperature] baisser; [- plane] piquer; [- boat] tanguer, piquer.
◇ *vt* -**1.** [immerse] tremper, plonger; TECH tremper; [clean] décaper; [dye] teindre; [sheep] laver. -**2.** [plunge] plonger; **to ~ one's hand in one's pocket** *fig* mettre la main à la poche. -**3.** *Br* AUT: **to ~ one's headlights** se mettre en codes; **dipped headlights** codes *mpl*, feux *mpl* de croisement; **to drive on** OR **with dipped headlights** rouler en codes.
◇ *n* -**1.** *inf* [swim] baignade *f*, bain *m (en mer, en piscine)*; **to go for a ~** aller se baigner, aller faire trempette; **a brief ~ into Homer** *fig* un survol rapide d'Homère. -**2.** [liquid] bain *m*; [for sheep] bain *m* parasiticide. -**3.** [slope - in ground] déclivité *f*; [- in road] descente *f*; GEOL pendage *m*; **angle of ~** PHYS inclinaison *f* magnétique. -**4.** [bob] inclinaison *f*; [of head] hochement *m*. -**5.** [drop - in temperature] baisse *f*; [- in price] fléchissement *m*, baisse *f*. -**6.** CULIN *pâte ou mousse (à tartiner) servie avec du pain ou des biscuits salés*; **avocado ~** mousse *f* à l'avocat; **cheese ~** [cold] hors d'œuvre *m* au fromage; [hot] fondue *f* savoyarde OR au fromage. -**7.** ▽ *Am* [idiot] con *m*, conne *f*.
◆ **dip into** *vt insep* -**1.** [dabble]: **I've only really dipped into Shakespeare** j'ai seulement survolé OR feuilleté Shakespeare. -**2.** [draw upon] puiser dans; **we've had to ~ into our savings** nous avons dû puiser dans nos économies.
Dip. *written abbr of* **diploma**.
DipEd [dɪp'ed] (*abbr of* **Diploma in Education**) *n Br* ≃ CAPES *m*.
diphase ['daɪfeɪz] *adj* diphasé.
diphosgene [daɪ'fɒsdʒiːn] *n composé toxique de la phosgène et du méthanol.*
diphtheria [dɪf'θɪərɪə] *n* diphtérie *f*; ~ **vaccine** vaccin *m* antidiphtérique.
diphthong ['dɪfθɒŋ] *n* diphtongue *f*.
diphthongize, -ise ['dɪfθɒŋgaɪz] ◇ *vt* diphtonguer.
◇ *vi* se diphtonguer.
diplex ['daɪpleks] *adj* duplex.
diploid ['dɪplɔɪd] *adj* diploïde.
diploma [dɪ'pləʊmə] *n* diplôme *m*; **she has a ~ in business studies** elle est diplômée de OR en commerce; **teaching ~** diplôme d'enseignement.
diplomacy [dɪ'pləʊməsɪ] *n* POL & *fig* diplomatie *f*; **you have to use a bit of ~** vous devez user d'un peu de diplomatie, il faut être un peu diplomate.
diplomat ['dɪpləmæt] *n* POL & *fig* diplomate *mf*.
diplomate ['dɪpləmeɪt] *n* [gen] diplômé *m*, -e *f*; MED diplômé spécialiste *m*, diplômée spécialiste *f*.
diplomatic [,dɪplə'mætɪk] *adj* -**1.** POL diplomatique. -**2.** *fig* [person] diplomate; [action, remark] diplomatique; **you have to be ~ when dealing with these people** il faut faire preuve de tact OR user de diplomatie pour traiter avec ces gens-là; **that wasn't very ~** ça manquait un peu de tact OR de diplomatie.
diplomatically [,dɪplə'mætɪklɪ] *adv* POL diplomatiquement; *fig* avec diplomatie, diplomatiquement.
diplomatic bag *Br*, **diplomatic pouch** *Am* *n* valise *f* diplomatique.
diplomatic corps *n* corps *m* diplomatique.
diplomatic immunity *n* immunité *f* diplomatique; **to claim ~** faire valoir l'immunité diplomatique.
Diplomatic Service *n*: **the ~** la diplomatie, le service diplomatique; **to enter the ~** entrer dans la diplomatie.
diplomatist [dɪ'pləʊmətɪst] = **diplomat**.
diplopia [dɪ'pləʊpɪə] *n* diplopie *f*.
dip needle *n* aiguille *f* aimantée *(de boussole)*.
dipole ['daɪpəʊl] *n* dipôle *m*.
dipper ['dɪpər] *n* -**1.** [ladle] louche *f*. -**2.** [of machine] godet *m* (de pelleteuse); [for lake, river] benne *f* (de drague), hotte *f* à draguer. -**3.** *Br* AUT basculeur *m* (de phares). -**4.** ORNITH cincle *m* (plongeur).
dippy *inf* ['dɪpɪ] (*compar* **dippier**, *superl* **dippiest**) *adj* écervelé.
diprod ['dɪprɒd] *n Am* jauge *f* (de niveau d'huile).
dipshit▼ ['dɪpʃɪt] *n Am* con *m*, conne *f*.
dipso▽ ['dɪpsəʊ] *n* alcoolo *mf*.
dipsomania [,dɪpsə'meɪnjə] *n* dipsomanie *f*.
dipsomaniac [,dɪpsə'meɪnɪæk] ◇ *adj* dipsomane.
◇ *n* dipsomane *mf*.
dipstick ['dɪpstɪk] *n Br* jauge *f* (de niveau d'huile).
dipswitch ['dɪpswɪtʃ] *n Br* basculeur *m* (des phares).
diptera ['dɪptərə] *npl* diptères *mpl*.
dipterous ['dɪptərəs] *adj* diptère.
diptych ['dɪptɪk] *n* diptyque *m*.
dire ['daɪər] *adj* -**1.** [fearful] affreux, terrible; [ominous] sinistre; ~ **warnings** avertissements sinistres. -**2.** [very bad]: **the film was pretty ~** le film était vraiment mauvais. -**3.** [extreme] extrême; **he's in ~ need of sleep** il a absolument besoin de sommeil; ~ **poverty** misère noire ❑ **to be in ~ straits** être dans une mauvaise passe OR aux abois.
direct [dɪ'rekt] ◇ *vt* -**1.** [supervise - business] diriger, gérer, mener; [- office, work] diriger; [- movements] guider; [- traffic] régler. -**2.** CIN, RADIO & TV [film, programme] réaliser; [actors] diriger; THEAT [play] mettre en scène. -**3.** [address] adresser; **please ~ your remarks to the chairperson** veuillez adresser vos observations au président; **the accusation was ~ed at him** l'accusation le visait; **he ~ed my attention to the map** il a attiré mon attention sur la carte; **we should ~ all our efforts towards improving our education service** nous devrions consacrer tous nos efforts à améliorer notre système scolaire. -**4.** [point] diriger; **I ~ed my steps homewards** je me suis dirigé vers la maison; **can you ~ me to the train station?** pourriez-vous m'indiquer le chemin de la gare? -**5.** [instruct] ordonner; **he ~ed them to leave at once** il leur a donné l'ordre de partir immédiatement; **she ~ed him to take control of the project** elle l'a chargé de prendre en main le projet; **I did as I was ~ed** j'ai fait comme on m'avait dit OR comme on m'en avait donné l'ordre; **'take as ~ed'** 'se conformer à la prescription du médecin'. -**6.** JUR: **to ~ the jury** instruire le jury; **the judge ~ed the jury to bring in a verdict of guilty** le juge incita le jury à rendre un verdict de culpabilité ❑ **~ed verdict** *Am verdict rendu par le jury sur la recommandation du juge.* -**7.** *Am* MUS diriger.
◇ *vi* -**1.** [command] diriger, commander. -**2.** *Am* MUS diriger; THEAT mettre en scène; **it's her first chance to ~** c'est la première fois qu'elle peut faire une mise en scène.
◇ *adj* -**1.** [straight] direct; ~ **flight/route** vol *m*/chemin *m* direct; ~ **heating/lighting** chauffage *m*/éclairage *m* direct ❑ ~ **memory access** COMPUT accès *m* direct à la mémoire. -**2.** MIL: ~ **hit** coup *m* au but; **the missile made a ~ hit** le missile a atteint son objectif. -**3.** [immediate - cause, effect] direct, immédiat; **she has ~ control over the finances** les questions financières relèvent directement de sa responsabilité; **he's a ~ descendant of the King** il descend du roi en ligne directe; **'keep out of ~ sunlight'** évitez l'exposition directe au soleil; **you're not in ~ danger of catching the disease** vous ne courez pas de risque immédiat d'attraper cette maladie ❑ ~ **advertising** publicité *f* directe. -**4.** [frank] franc, direct; [denial, refusal] catégorique, absolu; **he was always very ~ with us** il nous a toujours parlé très franchement; **she asked some very ~ questions** elle a posé des questions parfois très directes. -**5.** [exact] exact, précis; ~ **quotation** citation exacte; **it's the ~ opposite of what I said** c'est exactement le contraire de ce que j'ai dit. -**6.** ASTRON, GRAMM & LOGIC direct; ~ **question** GRAMM question *f* au style direct.
◇ *adv* directement.
direct access *n* accès *m* direct.
direct action *n* action *f* directe.
direct current *n* courant *m* continu.
direct debit *n* prélèvement *m* automatique.

direct discourse *Am* = **direct speech**.
direct-grant school *n Br établissement scolaire privé subventionné par l'État si l'établissement accepte un certain nombre d'élèves qui ne paient pas.*
direction [dɪ'rekʃn] *n* -**1.** [way] direction *f*, sens *m*; **in every ~** dans toutes les directions, en tous sens, dans tous les sens; **in the opposite ~** dans la direction opposée, en sens inverse; **in the right/wrong ~** dans le bon/mauvais sens, dans la bonne/mauvaise direction; **in the ~ of Chicago** dans la OR en direction de Chicago; **which ~ are you going (in)?** vers où allez-vous?, quelle direction prenez-vous?; **a step in the right ~** *fig* un pas dans la bonne voie OR direction; **she lacks ~** *fig* elle ne sait pas très bien où elle va. -**2.** [control] direction *f*; **the investigation was carried out under the ~ of an independent body** l'enquête a été menée sous la direction OR conduite d'un organisme indépendant. -**3.** CIN, RADIO & TV réalisation *f*; THEAT mise *f* en scène; **under the ~ of...** CIN, RADIO & TV réalisation de..., réalisé par...; THEAT mise en scène de...
◆ **directions** *npl* indications *fpl*, instructions *fpl*, mode *m* d'emploi; **read the ~s** lisez le mode d'emploi; **I asked for ~s to the station** j'ai demandé le chemin de la gare ❑ **stage ~s** THEAT indications scéniques.
directional [dɪ'rekʃənl] *adj* [gen & ELECTRON] directionnel.
direction finder *n* radiogoniomètre *m*.
direction indicator *n* clignotant *m*.
directive [dɪ'rektɪv] ◇ *n* directive *f*, instruction *f*.
◇ *adj* directeur.
directly [dɪ'rektlɪ] ◇ *adv* -**1.** [straight] directement; **go ~ to the police station** allez directement OR tout droit au poste de police; **to be ~ descended from sb** descendre en droite ligne OR en ligne directe de qqn; **the affair concerns me ~** cette affaire me concerne directement. -**2.** [promptly] immédiatement; **~ after lunch** tout de suite après le déjeuner; **~ before the film** juste avant le film; **I'll be there ~** j'arrive tout de suite. -**3.** [frankly] franchement. -**4.** [exactly] exactement; **~ opposite the station** juste en face de la gare.
◇ *conj Br* aussitôt que, dès que; **we'll leave ~ the money arrives** nous partirons dès que l'argent sera arrivé.
directness [dɪ'rektnɪs] *n* -**1.** [of person, reply] franchise *f*; [of remark] absence *f* d'ambiguïté. -**2.** [of attack] caractère *m* direct.
direct object *n* complément *m* (d'objet) direct.
director [dɪ'rektəʳ] *n* -**1.** [person - of business] directeur *m*, -trice *f*, chef *m*; [- of organization] directeur *m*, -trice *f*; **Director of Education** *Br* ≃ recteur *m* d'académie; **Director of Public Prosecutions** *Br* JUR ≃ procureur *m* de la République; **~ of studies** UNIV directeur *m*, -trice *f* d'études OR de travaux. -**2.** *Am* MUS chef *m* d'orchestre. -**3.** CIN, RADIO & TV réalisateur *m*, -trice *f*; THEAT metteur *m* en scène. -**4.** [device] guide *m*.
directorate [dɪ'rektərət] *n* -**1.** [board] conseil *m* d'administration. -**2.** [position] direction *f*, poste *m* de directeur.
director-general *n* directeur *m* général.
directorial [ˌdaɪrek'tɔːrɪəl] *adj* de mise en scène.
director's chair *n* régisseur *m*.
directorship [dɪ'rektəʃɪp] *n* direction *f*, poste *m* OR fonctions *fpl* de directeur.
directory [dɪ'rektərɪ] (*pl* **directories**) ◇ *n* -**1.** [of addresses] répertoire *m* (d'adresses); TELEC annuaire *m* (des téléphones), bottin *m*; COMPUT répertoire *m*; **street ~** répertoire des rues; **commercial ~** annuaire du commerce. -**2.** [of instructions] mode *m* d'emploi; RELIG directoire *m*.
◇ *adj* directeur.
◆ **Directory** *n* HIST: **the Directory** le Directoire.
directory enquiries *Br*, **directory assistance** *Am n* (service *m* des) renseignements *mpl* téléphoniques.
directrix [dɪ'rektrɪks] *n* [gen & GEOM] directrice *f*.
direct rule *n contrôle direct du maintien de l'ordre par le gouvernement britannique en Irlande du Nord, depuis 1972.*
direct speech *n Br* discours *m* OR style *m* direct.
direct tax *n* impôt *m* direct.
dirge [dɜːdʒ] *n* hymne *m* OR chant *m* funèbre; *fig* chant *m* lugubre.
dirham ['dɪəræm] *n* dirham *m*, dirhem *m*.
dirigible ['dɪrɪdʒəbl] ◇ *adj* dirigeable.
◇ *n* dirigeable *m*.
dirigisme ['dɪrɪʒɪzm] *n* dirigisme *m*.
dirk [dɜːk] *n Scot* dague *f*, poignard *m*.
dirndl ['dɜːndl] *n large jupe froncée.*
dirt [dɜːt] *n* -**1.** [grime] saleté *f*, crasse *f*; [mud] boue *f*; [excrement] crotte *f*, ordure *f*; **don't tread ~ into the carpet** ne ramène pas de boue sur la moquette; **she was covered in ~** elle était toute sale OR couverte de crasse; **this dress really shows the ~** cette robe fait vite sale OR est très salissante. -**2.** [soil] terre *f*; **stop scrabbling in the ~** arrête de gratter la terre ❑ **to be as common as ~** être tout à fait banal; **to treat sb like ~** traiter qqn comme un chien. -**3.** [obscenity] obscénité *f*. -**4.** *inf (U)* [scandal] ragots *mpl*, cancans *mpl*; **to dig up some ~ on sb** répandre des calomnies sur qqn. -**5.** INDUST [in material, solution] impuretés *fpl*, corps *mpl* étrangers; [in machine] encrassement *m*; **the wheel is full of ~** la roue est encrassée.
dirt-cheap *inf adv* pour rien; **I bought it ~** je l'ai payé trois fois rien.
dirt farmer *n* petit fermier *m*.
dirt road *n* chemin *m* de terre OR non goudronné.
dirt track *n* [gen] piste *f*; SPORT (piste) cendrée *f*; **~ racing** courses *fpl* sur cendrée.
dirty ['dɜːtɪ] (*compar* **dirtier**, *superl* **dirtiest**, *pt & pp* **dirtied**) ◇ *adj* -**1.** [not clean - clothes, hands, person] sale, malpropre, crasseux; [- machine] encrassé; [- wound] infecté; [muddy] plein de boue, crotté; **don't get ~!** ne vous salissez pas!; **he got his shirt ~** il a sali sa chemise; **this rug gets ~ easily** ce tapis est salissant. -**2.** [colour] sale. -**3.** [nasty] sale; **no ~ cracks!** *inf* pas de vacheries!; **it was a ~ business** c'était une sale histoire; **politics is a ~ business** il est difficile de garder les mains propres quand on fait de la politique; **a ~ campaign** une campagne sordide; **that's a ~ lie** ce n'est absolument pas vrai; **~ money** argent sale OR mal acquis; **he's a ~ fighter** il se bat en traître ❑ **to give sb a ~ look** regarder qqn de travers OR d'un sale œil; **that's ~ pool!** *Am* c'est un tour de cochon!; **you ~ rat!** *inf* espèce de salaud! -**4.** [weather] sale, vilain. -**5.** [obscene] grossier, obscène; **to have a ~ mind** avoir l'esprit mal tourné; **to have a ~ mouth** être mal embouché ❑ **~ magazines** revues *fpl* pornographiques; **a ~ old man** *inf* un vieux cochon OR vicelard; **a ~ joke/story** une blague/histoire cochonne; **a ~ word** une grossièreté, un gros mot; **"middle class" is a ~ word around here** *inf* le terme «classe moyenne» est une insulte par ici. -**6.** *inf* [sexy]: **a ~ weekend** un week-end coquin.
◇ *adv inf* -**1.** [fight, play] déloyalement; [talk] grossièrement. -**2.** *Br* [as intensifier] vachement; **a ~ great skyscraper** un gratte-ciel énorme.
◇ *vt* [soil] salir; [machine] encrasser; **to ~ one's hands** *literal & fig* se salir les mains.
◇ *n Br*: **to do the ~ on sb** *inf* jouer un sale tour OR faire une vacherie à qqn.
dirty-minded *adj* qui a l'esprit mal tourné.
dirty trick *n* [malicious act] sale tour *m*; **to play a ~ on sb** jouer un sale tour OR un tour de cochon à qqn.
◆ **dirty tricks** *npl*: **they've been up to their ~s again** ils ont encore fait des leurs; **~ campaign** POL *manœuvre visant à discréditer un parti politique.*
dirty work *n* -**1.** [unpleasant work] travail *m* salissant; **I always get the ~** c'est toujours moi qui fais le sale travail; **he wants someone else to do his ~** il veut que quelqu'un d'autre se salisse les mains à sa place. -**2.** *inf* [dishonest work] magouille *f*.
disability [ˌdɪsə'bɪlətɪ] (*pl* **disabilities**) *n* -**1.** [state - physical] incapacité *f*, invalidité *f*; **partial/total ~** incapacité partielle/totale. -**2.** [handicap] infirmité *f*, handicap *m* ADMIN; **her ~ makes her eligible for a pension** son infirmité lui donne droit à une pension. -**3.** JUR: **~ to do sthg** incapacité *f* OR inhabilité *f* à faire qqch.
disability clause *n clause d'une police d'assurance-vie permettant à l'assuré de cesser tout paiement et de recevoir une pension en cas d'invalidité.*
disability pension *n* pension *f* d'invalidité.
disable [dɪs'eɪbl] *vt* -**1.** [accident, illness] rendre infirme; [maim] mutiler, estropier; **a disabling disease** une maladie invalidante; **to ~ sb from doing sthg** *fig* mettre qqn hors d'état de faire qqch. -**2.** [machine] mettre hors service; [ship] faire subir une avarie à, désemparer; [gun, tank] mettre hors d'action; [army, battalion] mettre hors de combat. -**3.** JUR: **to ~ sb from doing sthg** rendre qqn inhabile à faire qqch; [pronounce] prononcer qqn inhabile à faire qqch.
disabled [dɪs'eɪbld] ◇ *adj* -**1.** [handicapped] infirme, handicapé ADMIN; [maimed] mutilé, estropié; **~ ex-servicemen** invalides *mpl* OR mutilés *mpl* de guerre. -**2.** MIL mis hors de combat. -**3.** [machine] hors service; [ship] avarié, désemparé; [propeller] immobilisé. -**4.** JUR: **to be ~ from doing sthg** être incapable de OR inhabile à faire qqch.
◇ *npl*: **the ~** [handicapped] les handicapés *mpl*; [maimed] les mutilés *mpl* OR estropiés *mpl*; **the war ~** les mutilés OR invalides *mpl* de guerre.
disablement [dɪs'eɪblmənt] *n* invalidité *f*, infirmité *f*; **~ benefit** allocation *f* d'invalidité; **~ insurance** assurance *f* invalidité; **~ pension** pension *f* d'invalidité.
disabuse [ˌdɪsə'bjuːz] *vt* détromper, ôter ses illusions à; **to ~ sb of sthg** détromper qqn de qqch.
disadvantage [ˌdɪsəd'vɑːntɪdʒ] ◇ *n* -**1.** [condition] désavantage *m*, inconvénient *m*; **to be at a ~** être désavantagé OR dans une position désavantageuse; **she's at a big ~ being the youngest** le fait qu'elle soit la plus jeune la désavantage nettement; **to put sb at a ~** désavantager OR défavoriser qqn; **the situation works** OR **is to her ~** la situation est un handicap OR un désavantage pour elle; **it would be to his ~ to sue** cela lui porterait préjudice OR lui ferait du tort d'intenter un procès. -**2.** COMM [loss] perte *f*.
◇ *vt* désavantager, défavoriser.
disadvantaged [ˌdɪsəd'vɑːntɪdʒd] ◇ *adj* [gen] défavorisé; [economically] déshérité; **socially ~** défavorisé sur le plan social.
◇ *npl*: **the ~** les défavorisés *mpl*.
disadvantageous [ˌdɪsædvɑːn'teɪdʒəs] *adj* désavantageux, défavorable; **to be ~ to sb** être désavantageux OR défavorable à qqn.
disadvantageously [ˌdɪsædvɑːn'teɪdʒəslɪ] *adv* d'une manière désavantageuse, désavantageusement.
disaffected [ˌdɪsə'fektɪd] *adj* [discontented] hostile, mécontent; [disloyal] rebelle; **~ youth** jeunesse révoltée.
disaffection [ˌdɪsə'fekʃn] *n* désaffection *f*, détachement *m*.
disagree [ˌdɪsə'griː] *vi* -**1.** [person, people] ne pas être d'accord, être en désaccord; **she ~s** elle n'est pas d'accord, elle n'est pas de cet avis; **to ~ with sb about** OR **on sthg** ne pas être d'accord avec OR ne pas être du même avis que qqn sur qqch; **I ~ with everything they've done** je suis contre OR je désapprouve tout ce qu'ils ont fait; **we ~ on everything** [differ] nous ne sommes jamais d'accord. -**2.** [figures, records] ne pas concorder; **the two men's accounts of events ~** les récits des deux

hommes sur ce qui s'est passé ne concordent pas. **-3.** [food, weather] ne pas convenir; **spicy food ~s with him** les plats épicés ne lui réussissent pas, il digère mal les plats épicés; **I must have eaten something that ~d with me** j'ai dû manger quelque chose qui n'est pas bien passé.

disagreeable [ˌdɪsəˈgrɪəbl] *adj* [person, remark] désagréable, désobligeant; [experience, job] désagréable, pénible; [smell] désagréable, déplaisant; **don't be so ~!** vous êtes vraiment pénibles!

disagreeably [ˌdɪsəˈgrɪəblɪ] *adv* désagréablement, d'une façon désagréable OR désobligeante; **he behaved so ~!** il a été tellement insupportable!

disagreement [ˌdɪsəˈgriːmənt] *n* **-1.** [of opinions, records] désaccord *m*, conflit *m*; **I'm in complete ~ with you about** OR **on this** je ne partage pas du tout votre avis là-dessus; **they are in ~ about** OR **on what action to take** ils ne sont pas d'accord sur les mesures à prendre. **-2.** [quarrel] différend *m*, querelle *f*; **they've had a ~ over** OR **about money** ils se sont disputés à propos d'argent, ils ont eu une querelle d'argent.

disallow [ˌdɪsəˈlaʊ] *vt* [argument, opinion] rejeter; SPORT refuser; JUR débouter, rejeter.

disambiguate [ˌdɪsæmˈbɪgjʊeɪt] *vt* désambiguïser.

disambiguation [ˈdɪsæmˌbɪgjʊˈeɪʃn] *n* désambiguïsation *f*.

disappear [ˌdɪsəˈpɪəʳ] *vi* **-1.** [vanish - person, snow] disparaître; [- object] disparaître, s'égarer; LING s'amuïr; **she ~ed from sight** on l'a perdue de vue; **he ~ed into the crowd** il s'est perdu dans la foule; **to ~ over the horizon** disparaître à l'horizon; **to make sthg ~** [gen] faire disparaître qqch; [magician] escamoter qqch; **they ~ed into thin air** ils ont disparu sans laisser de trace, ils se sont volatilisés; **he did his usual ~ing act** *inf* il a encore joué la fille de l'air. **-2.** [cease to exist - pain, tribe] disparaître; [- problem] disparaître, s'aplanir; [- memory] s'effacer, s'estomper; [- tradition] disparaître, tomber en désuétude; **as a species, the turtle is fast ~ing** les tortues sont une espèce en voie de disparition.

disappearance [ˌdɪsəˈpɪərəns] *n* [gen] disparition *f*; LING amuïssement *m*.

disappoint [ˌdɪsəˈpɔɪnt] *vt* **-1.** [person] décevoir, désappointer; **you promised to come, so don't ~ him** vous avez promis de venir, alors ne lui faites pas faux bond. **-2.** [hope] décevoir; [plan] contrarier, contrecarrer.

disappointed [ˌdɪsəˈpɔɪntɪd] *adj* **-1.** [person] déçu, désappointé; **I'm very ~ in him** il m'a beaucoup déçu; **I was ~ to hear you won't be coming** j'ai été déçu d'apprendre que vous ne viendrez pas; **are you ~ at** OR **with the results?** les résultats vous ont-ils déçu?, avez-vous été déçu par les résultats?; **to be ~ in love** être malheureux en amour. **-2.** [ambition, hope] déçu; [plan] contrarié, contrecarré.

disappointing [ˌdɪsəˈpɔɪntɪŋ] *adj* décevant; **how ~!** quelle déception!, comme c'est décevant!; **I found the film very ~** j'ai trouvé le film vraiment décevant, j'ai été vraiment déçu par le film.

disappointingly [ˌdɪsəˈpɔɪntɪŋlɪ] *adv*: **~ low grades** des notes d'une faiblesse décourageante OR décevante; **he did ~ badly in the exam** ses résultats à l'examen ont été très décevants.

disappointment [ˌdɪsəˈpɔɪntmənt] *n* **-1.** [state] déception *f*, désappointement *m*, déconvenue *f*; **to her great ~ she failed** à sa grande déception OR déconvenue, elle a échoué. **-2.** [letdown] déception *f*, désillusion *f*; **she has suffered many ~s** elle a essuyé bien des déboires; **he has been a great ~ to me** il m'a beaucoup déçu.

disapprobation [ˌdɪsæprəˈbeɪʃn] *n fml* désapprobation *f*; [strong] réprobation *f*; **a murmur of ~** un murmure désapprobateur OR de désapprobation.

disapproval [ˌdɪsəˈpruːvl] *n* désapprobation *f*; [strong] réprobation *f*; **a look of ~** un regard désapprobateur OR de désapprobation; **to shake one's head in ~** faire un signe désapprobateur de la tête; **she showed/expressed her ~ of his decision** elle a montré/exprimé sa désapprobation à l'égard de sa décision; **much to my ~ she decided to get married** elle a décidé de se marier, ce que je désapprouve entièrement.

disapprove [ˌdɪsəˈpruːv] ◇ *vi* désapprouver; **to ~ of sthg** désapprouver qqch; **she ~s of smoking** elle désapprouve OR elle est contre le tabac; **your mother ~s of your going** votre mère n'est pas d'accord pour que vous y alliez; **he ~s of everything I do** il trouve à redire à tout ce que je fais; **her father ~s of me** son père ne me trouve pas à son goût.
◇ *vt* désapprouver.

disapproving [ˌdɪsəˈpruːvɪŋ] *adj* désapprobateur, de désapprobation; **don't look so ~** ne prends pas cet air désapprobateur.

disapprovingly [ˌdɪsəˈpruːvɪŋlɪ] *adv* [look] d'un air désapprobateur; [speak] d'un ton désapprobateur, avec désapprobation.

disarm [dɪsˈɑːm] ◇ *vt* **-1.** [country, enemy, critic] désarmer. **-2.** [charm] désarmer, toucher.
◇ *vi* désarmer.

disarmament [dɪsˈɑːməmənt] ◇ *n* désarmement *m*.
◇ *comp* [conference, negotiations, talks] sur le désarmement.

disarming [dɪsˈɑːmɪŋ] ◇ *adj* désarmant, touchant.
◇ *n* désarmement *m*.

disarmingly [dɪsˈɑːmɪŋlɪ] *adv* de façon désarmante; **~ honest/friendly** d'une honnêteté/amabilité désarmante.

disarrange [ˌdɪsəˈreɪndʒ] *vt* [order, room] déranger, mettre en désordre; [plans] déranger, bouleverser; [hair] défaire.

disarray [ˌdɪsəˈreɪ] *n* [of person] confusion *f*, désordre *m*; [of clothing] désordre *m*; **the group was thrown into ~** la confusion OR le désordre régnait dans le groupe; **the enemy was in ~** l'ennemi était en déroute; **the party is in complete ~** le parti est en plein désarroi; **her thoughts were in ~** ses pensées étaient très confuses.

disassemble [ˌdɪsəˈsembl] *vt* démonter, désassembler.

disassembly [ˌdɪsəˈsemblɪ] *n* démontage *m*, désassemblage *m*.

disassociate *etc* [ˌdɪsəˈsəʊʃɪeɪt] = **dissociate**.

disaster [dɪˈzɑːstəʳ] ◇ *n* **-1.** [misfortune] désastre *m*, catastrophe *f*; [natural] catastrophe *f*, sinistre *m*; **air ~** catastrophe aérienne; **financial ~** désastre financier; **a series of ~s** une suite de désastres OR de malheurs; **at the scene of the ~** sur les lieux de la catastrophe OR du sinistre; **the town has suffered one ~ after another** la ville a subi désastre après désastre; **the project is heading for ~** le projet est voué à l'échec OR à la catastrophe; **she's heading for** OR **courting ~** elle court à sa perte OR à la catastrophe; **we were going along quite happily then ~ struck** nous suivions notre petit bonhomme de chemin, quand soudain, catastrophe! **-2.** *fig*: **as a manager, he's a ~!** en tant que directeur, ce n'est pas une réussite!; **my hair's a ~ this morning!** mes cheveux sont dans un état épouvantable ce matin!
◇ *comp* [fund] d'aide aux sinistrés; [area] sinistré.

disaster area *n* région *f* sinistrée.

disastrous [dɪˈzɑːstrəs] *adj* désastreux, catastrophique.

disastrously [dɪˈzɑːstrəslɪ] *adv* désastreusement.

disavow [ˌdɪsəˈvaʊ] *vt fml* [child, opinion] désavouer; [responsibility, faith] renier.

disavowal [ˌdɪsəˈvaʊəl] *n fml* [of child, opinion] désaveu *m*; [of responsibility, faith] reniement *m*.

disband [dɪsˈbænd] ◇ *vt* [army, club] disperser; [organization] disperser, dissoudre.
◇ *vi* [army] se disperser; [organization] se dissoudre.

disbandment [dɪsˈbændmənt] *n* [of army, club] dispersion *f*; [of organization] dissolution *f*.

disbar [dɪsˈbɑːʳ] (*pt* & *pp* **disbarred**, *cont* **disbarring**) *vt* JUR rayer du barreau OR du tableau de l'ordre *(des avocats)*; **he was disbarred for malpractice** il s'est fait rayer du barreau pour faute professionnelle.

disbarment [dɪsˈbɑːmənt] *n* JUR radiation *f* (du barreau).

disbelief [ˌdɪsbɪˈliːf] *n* incrédulité *f*; **she looked at him in ~** elle l'a regardé avec incrédulité.

disbelieve [ˌdɪsbɪˈliːv] ◇ *vt* [person] ne pas croire; [news, story] ne pas croire à; **I see no reason to ~ his story** je ne vois pas pourquoi on ne croirait pas à ce qu'il dit.
◇ *vi* RELIG ne pas croire.

disbeliever [ˌdɪsbɪˈliːvəʳ] *n* [gen] incrédule *mf*; RELIG incroyant *m*, -e *f*, incrédule *mf*.

disbelieving [ˌdɪsbɪˈliːvɪŋ] *adj* incrédule.

disburse [dɪsˈbɜːs] *vt* débourser.

disbursement [dɪsˈbɜːsmənt] *n* **-1.** [payment] débours *m*, dépense *f*. **-2.** [action] déboursement *m*.

disc [dɪsk] *n* **-1.** [flat circular object] disque *m*; **the ~ of the moon** le disque de la lune. **-2.** [record] disque *m*. **-3.** ANAT disque *m* (invertébral). **-4.** [identity tag] plaque *f* d'identité; **parking ~** AUT disque *m* de stationnement.

disc. *written abbr of* **discount**.

discard [*n* ˈdɪskɑːd, *vb* dɪˈskɑːd] ◇ *vt* **-1.** [get rid of] se débarrasser de, mettre au rebut; [idea, system] renoncer, abandonner. **-2.** CARDS se défausser de, défausser; [in cribbage] écarter.
◇ *vi* CARDS se défausser; [in cribbage] écarter.
◇ *n* **-1.** COMM & INDUST [reject] pièce *f* de rebut. **-2.** CARDS défausse *f*; [in cribbage] écart *m*.

disc brake *n* frein *m* à disque.

discern [dɪˈsɜːn] *vt* [see] discerner, distinguer; [understand] discerner.

discernible [dɪˈsɜːnəbl] *adj* [visible] visible; [detectable] discernable, perceptible; **he left for no ~ reason** il est parti sans raison apparente.

discernibly [dɪˈsɜːnəblɪ] *adv* [visibly] visiblement; [perceptibly] perceptiblement, sensiblement.

discerning [dɪˈsɜːnɪŋ] *adj* [person] judicieux, sagace; [taste] fin, délicat; [look] perspicace.

discernment [dɪˈsɜːnmənt] *n* discernement *m*, perspicacité *f*.

discharge [*vb* ˈdɪstʃɑːdʒ, *n* dɪsˈtʃɑːdʒ] ◇ *vt* **-1.** [release - patient] laisser sortir, libérer; [- prisoner] libérer, mettre en liberté; **he was ~d yesterday** il est sorti hier; **the patient ~d herself** la malade a signé une décharge et est partie. **-2.** [dismiss - employee] renvoyer, congédier; [- official] destituer; JUR [jury] dessaisir; [accused] acquitter, relaxer; MIL [from service] renvoyer à la vie civile; [from active duty] démobiliser; [for lack of fitness] réformer; **~d bankrupt** failli *m* réhabilité. **-3.** [unload - cargo] décharger; [- passengers] débarquer. **-4.** [emit - liquid] dégorger, déverser; [- gas] dégager, émettre; ELEC décharger; **the wound was discharging pus** MED la blessure suppurait. **-5.** [perform - duty] remplir, s'acquitter de; [- function] remplir. **-6.** [debt] acquitter, régler. **-7.** [gun] décharger, tirer; [arrow] décocher.
◇ *vi* **-1.** [ship] décharger. **-2.** [wound] suinter. **-3.** ELEC être en décharge.
◇ *n* **-1.** [release - of patient] sortie *f*; [of prisoner] libération *f*, mise *f* en liberté. **-2.** [dismissal - of employee] renvoi *m*; [- of soldier] libération *f*; [after active duty] démobilisation *f*; JUR [acquittal] acquittement *m*. **-3.** [of cargo] déchargement *m*. **-4.** [emission] émission *f*; [of liquid] écoulement *m*; MED [of wound] suintement *m*; [vaginal] pertes *fpl* (blanches); [of pus] suppuration *f*; ELEC décharge *f*. **-5.** [of duty] exécution *f*, accomplissement *m*. **-6.** [of debt] acquittement *m*. **-7.** [of gun] décharge *f*.

disc harrow *n* pulvériseur *m*.
disciple [dɪ'saɪpl] *n* [gen & RELIG] disciple *m*.
disciplinarian [ˌdɪsɪplɪ'neərɪən] ◇ *n* partisan *m* de la manière forte.
◇ *adj* disciplinaire.
disciplinary ['dɪsɪplɪnərɪ] *adj* -**1.** [corrective - measure] disciplinaire; [committee] de discipline; ~ **action** mesures *fpl* disciplinaires. -**2.** [relating to field] relatif à une discipline.
discipline ['dɪsɪplɪn] ◇ *n* -**1.** [training, control] discipline *f*; **to keep** OR **to enforce** ~ **in the classroom** maintenir la discipline dans la classe; **with iron** ~ avec une discipline de fer. -**2.** [area of study] discipline *f*, matière *f*.
◇ *vt* -**1.** [train - person] discipliner; [- mind] discipliner, former. -**2.** [punish] punir.
disciplined ['dɪsɪplɪnd] *adj* discipliné.
disc jockey *n* animateur *m*, -trice *f (de radio ou de discothèque)*, disc-jockey *m*.
disclaim [dɪs'kleɪm] *vt* -**1.** [deny - responsibility] rejeter, décliner; [- knowledge] nier; [- news, remark] démentir; [- paternity] désavouer. -**2.** JUR se désister de, renoncer à.
disclaimer [dɪs'kleɪmə^r] *n* -**1.** [denial] démenti *m*, désaveu *m*; **the president issued a** ~ **denying all knowledge of affair** le président a démenti officiellement être au courant de cette affaire. -**2.** JUR désistement *m*, renonciation *f*.
disclose [dɪs'kləʊz] *vt* -**1.** [reveal - secret] divulguer, dévoiler; [- news] divulguer; [- feelings] révéler. -**2.** [uncover] exposer, montrer.
disclosure [dɪs'kləʊʒə^r] *n* -**1.** [revelation] divulgation *f*, révélation *f*. -**2.** [fact revealed] révélation *f*.
disco ['dɪskəʊ] (*pl* discos) ◇ *n* discothèque *f*, boîte *f*.
◇ *comp* [dancing, music] disco.
discography [dɪs'kɒgrəfɪ] *n* discographie *f*.
discoid ['dɪskɔɪd] *adj* discoïde, discoïdal.
discolor *Am* = **discolour**.
discoloration [dɪsˌkʌlə'reɪʃn] *n* [fading] décoloration *f*; [yellowing] jaunissement *m*; [dulling] ternissement *m*.
discolour *Br*, **discolor** *Am* [dɪs'kʌlə^r] ◇ *vt* [change colour of, fade] décolorer; [turn yellow] jaunir.
◇ *vi* [change colour, fade] se décolorer; [turn yellow] jaunir.
discombobulate *inf* [ˌdɪskəm'bɒbjʊleɪt] *vt Am* chambarder.
discomfit [dɪs'kʌmfɪt] *vt fml* -**1.** [confuse, embarrass] déconcerter, gêner. -**2.** [thwart - plan, project] contrecarrer, contrarier.
discomfiture [dɪs'kʌmfɪtʃə^r] *n fml* [embarrassment] embarras *m*, gêne *f*.
discomfort [dɪs'kʌmfət] ◇ *n* -**1.** [pain] malaise *m*; [unease] gêne *f*; **she's in some** ~ elle a assez mal; **you may experience some** ~ il se peut que vous ressentiez une gêne; **her letter caused him some** ~ sa lettre l'a mis un peu mal à l'aise. -**2.** [cause of pain, unease] incommodité *f*, inconfort *m*.
◇ *vt* incommoder, gêner.
discommode [ˌdɪskə'məʊd] *vt fml* importuner.
discompose [ˌdɪskəm'pəʊz] *vt fml* déconcerter, décontenancer.
discomposure [ˌdɪskəm'pəʊʒə^r] *n fml* embarras *m*, gêne *f*.
disconcert [ˌdɪskən'sɜːt] *vt* -**1.** [fluster] déconcerter, dérouter. -**2.** [upset] troubler, gêner.
disconcerting [ˌdɪskən'sɜːtɪŋ] *adj* -**1.** [unnerving] déconcertant, déroutant. -**2.** [upsetting] gênant.
disconcertingly [ˌdɪskən'sɜːtɪŋlɪ] *adv* de façon déconcertante OR déroutante.
disconnect [ˌdɪskə'nekt] *vt* -**1.** [detach] détacher, séparer; [plug, pipe, radio, TV] débrancher; RAIL [carriages] décrocher. -**2.** [gas, electricity, telephone, water] couper; **the operator** ~**ed us** TELEC la standardiste nous a coupés OR a interrompu la communication; **we must have been** ~**ed** nous avons dû être coupés; **their phone has been** ~**ed** on leur a coupé le téléphone.
disconnected [ˌdɪskə'nektɪd] *adj* -**1.** [remarks, thoughts] décousu, sans suite; [facts] sans rapport. -**2.** [detached - wire, plug etc] détaché; [- telephone] déconnecté.
disconsolate [dɪs'kɒnsələt] *adj* triste, inconsolable.
disconsolately [dɪs'kɒnsələtlɪ] *adv* tristement, inconsolablement.
discontent [ˌdɪskən'tent] ◇ *n* -**1.** [dissatisfaction] mécontentement *m*; **general** OR **public** ~ malaise *m*; **a cause of** ~ grief *m*. -**2.** [person] mécontent *m*, -e *f*.
◇ *adj* mécontent.
◇ *vt* mécontenter.
discontented [ˌdɪskən'tentɪd] *adj* mécontent.
discontinue [ˌdɪskən'tɪnjuː] *vt* -**1.** [gen] cesser, interrompre; **I've** ~**d my subscription** j'ai arrêté mon abonnement || COMM & INDUST [production] abandonner; [product] interrompre; [publication] interrompre la publication de; **this item/model has been** ~**d** cet article/ce modèle ne se fait plus; ~**d line** fin *f* de série. -**2.** JUR [action, suit] abandonner.
discontinuity [ˌdɪskɒntɪ'njuːətɪ] (*pl* **discontinuities**) *n* -**1.** [gen & MATH] discontinuité *f*. -**2.** GEOL zone *f* de discontinuité.
discontinuous [ˌdɪskən'tɪnjʊəs] *adj* [gen, LING & MATH] discontinu.
discord ['dɪskɔːd] *n* -**1.** *(U)* [conflict] désaccord *m*, discorde *f*; **civil** ~ dissensions *fpl* sociales. -**2.** MUS dissonance *f*.
discordant [dɪ'skɔːdənt] *adj* -**1.** [opinions] incompatible, opposé; [colours, sounds] discordant. -**2.** MUS dissonant.
discotheque ['dɪskəʊtek] *n* discothèque *f (pour danser)*.
discount [*n* 'dɪskaʊnt, *vb* 'dɪskaʊnt, dɪs'kaʊnt] ◇ *n* -**1.** COMM [price reduction] remise *f*, rabais *m*; **I bought it at a** ~ je l'ai acheté au rabais; **she got a** ~ on lui a fait une remise; **the store is currently offering a 5%** ~ **on radios** le magasin fait (une réduction de) 5% sur les radios en ce moment. -**2.** FIN [deduction] escompte *m*; '~ **for cash**' escompte au comptant; **shares offered at a** ~ des actions offertes en dessous du pair.
◇ *vt* -**1.** [disregard] ne pas tenir compte de; **you have to** ~ **half of what she says** il ne faut pas croire la moitié de ce qu'elle raconte; **they did not** ~ **the possibility** ils n'ont pas écarté cette possibilité. -**2.** COMM [article] faire une remise OR un rabais sur. -**3.** FIN [sum of money] faire une remise de, escompter; [bill, banknote] prendre à l'escompte, escompter.
discount house *n* -**1.** *Br* FIN [bank] banque *f* d'escompte; [organization] *organisme qui escompte des traites ou des effets*. -**2.** *Am* [shop] solderie *f*, magasin *m* de vente au rabais.
discount rate *n* taux *m* d'escompte.
discount store *n* solderie *f*.
discourage [dɪ'skʌrɪdʒ] *vt* -**1.** [dishearten] décourager; **to become** ~**d** se laisser décourager; **the art school** ~**d his ideas** l'école des beaux-arts a tenté de le faire changer d'idées. -**2.** [dissuade] décourager, dissuader; **to** ~ **sb from doing sthg** dissuader qqn de faire qqch; **we are trying to** ~ **smoking** nous essayons de dissuader les gens de fumer; **in order to** ~ **burglars** pour décourager les voleurs; **a type of diet which should be** ~**d** un type de régime qui devrait être déconseillé.
discouraged [dɪs'kʌrɪdʒd] *adj* découragé; **don't be** ~ ne te laisse pas abattre OR décourager.
discouragement [dɪ'skʌrɪdʒmənt] *n* -**1.** [attempt to discourage]: **I met with** ~ **on all sides** tout le monde a essayé de me décourager; **my plans met with** ~ on a essayé de me dissuader de poursuivre mes projets. -**2.** [deterrent]: **the metal shutters act as a** ~ **to vandals** les rideaux métalliques servent à décourager les vandales; **at least it will act as a** ~ au moins cela aura un effet dissuasif.
discouraging [dɪ'skʌrɪdʒɪŋ] *adj* décourageant.
discouragingly [dɪ'skʌrɪdʒɪŋlɪ] *adv* [speak] d'une manière décourageante; ~, **the government has refused to finance the research** ce qui est décourageant, c'est que le gouvernement a refusé de financer la recherche.
discourse [*n* 'dɪskɔːs, *vb* dɪ'skɔːs] ◇ *n* -**1.** *fml* [sermon] discours *m*; [dissertation] discours *m*, traité *m*; **'Discourse on Method'** *Descartes* 'Discours de la méthode'. -**2.** LING discours *m*. -**3.** *(U) lit* [conversation] conversation *f*, débat *m*; **to be engaged in** ~ **with sb** s'entretenir avec qqn.
◇ *vi* -**1.** *fml* [speak]: **to** ~ **on** OR **upon sthg** traiter de OR parler de qqch; **to** ~ **at great length on sthg** discourir longuement sur qqch. -**2.** *lit* [converse] s'entretenir; **to** ~ **with sb** s'entretenir avec qqn.
discourse analysis *n* LING analyse *f* du discours.
discourteous [dɪs'kɜːtjəs] *adj* discourtois, impoli; **to be** ~ **to** OR **towards sb** être discourtois OR impoli avec OR envers qqn.
discourteously [dɪs'kɜːtjəslɪ] *adv* d'une façon discourtoise OR impolie; **to behave** ~ **towards sb** manquer de politesse envers qqn, se montrer impoli OR discourtois avec qqn.
discourtesy [dɪs'kɜːtɪsɪ] (*pl* **discourtesies**) *n* manque *m* de courtoisie, impolitesse *f*; **to behave with great** ~ se comporter de façon très discourtoise; **to treat sb with** ~ manquer de courtoisie envers qqn; **I meant no** ~ je ne voulais pas me montrer discourtois.
discover [dɪ'skʌvə^r] *vt* -**1.** [country, answer, reason] découvrir; **the police** ~**ed who the guilty party was** la police a découvert qui était coupable; **I finally** ~**ed my glasses in my desk** j'ai fini par trouver mes lunettes dans mon bureau. -**2.** [realize] se rendre compte; **when did you** ~ **that your wallet had been stolen?** quand vous êtes-vous rendu compte qu'on vous avait volé votre portefeuille?; **to be** ~**ed** [singer, actor etc] être découvert. -**3.** [actor, singer etc] découvrir.
discoverer [dɪ'skʌvərə^r] *n* découvreur *m*; **Christopher Columbus was the** ~ **of America** Christophe Colomb a découvert l'Amérique; **the** ~ **of penicillin** la personne qui a découvert la pénicilline.
discovery [dɪ'skʌvərɪ] (*pl* **discoveries**) *n* -**1.** [act, event] découverte *f*. -**2.** [actor, singer, place, thing] découverte *f*. -**3.** JUR [of documents] divulgation *f*.
discredit [dɪs'kredɪt] ◇ *vt* -**1.** [person] discréditer. -**2.** [report, theory - cast doubt on] discréditer, mettre en doute; [- show to be false] montrer l'inexactitude de; **this theory is now considered** ~**ed by most linguists** cette théorie est maintenant en discrédit auprès de la majorité des linguistes.
◇ *n* [loss of good reputation] discrédit *m*; **to bring** ~ **on** OR **upon** jeter le discrédit sur; **it is very much to his** ~ ce n'est pas du tout à son honneur; **to his great** ~, **he told a lie** à sa grande honte, il a menti; **to be a** ~ **to one's family/school** déshonorer sa famille/son école.
discreditable [dɪs'kredɪtəbl] *adj* peu honorable, indigne.
discreet [dɪ'skriːt] *adj* discret; **to follow sb at a** ~ **distance** suivre qqn à une distance respectueuse.
discreetly [dɪ'skriːtlɪ] *adv* discrètement, de manière discrète.
discrepancy [dɪ'skrepənsɪ] (*pl* **discrepancies**) *n* [in figures] contradiction *f*; [in statements] contradiction *f*, désaccord *m*, divergence *f*; **there's a** ~ **between these reports** ces rapports se contredisent OR divergent (sur un point).
discrete [dɪ'skriːt] *adj* [gen, TECH & MATH] discret.
discretion [dɪ'skreʃn] *n* -**1.** [tact, prudence] discrétion *f*; **to be the soul of** ~ être la discrétion même; ~ **is the better part of valour** *prov* prudence est mère de sûreté *prov*. -**2.** [judgment, taste] jugement *m*; **I'll leave it to your** ~ je laisse cela à votre discrétion OR jugement; **use your own** ~ jugez par vous-même; **a woman of** ~ une femme de raison; **you have reached**

the age of ~ tu as atteint l'âge de raison; at the manager's ~ à la discrétion du directeur; the committee has ~ to award more than one prize à la discrétion du comité, plus d'un prix peut être accordé.

discretionary [dɪ'skreʃnərɪ] *adj* discrétionnaire.

discriminate [dɪ'skrɪmɪneɪt] ◇ *vi* -**1.** [on grounds of race, sex etc]: to ~ in favour of favoriser; she was ~d against elle faisait l'objet OR était victime de discriminations; there are many people being sexually/racially ~d against nombreux sont ceux qui sont victimes de discrimination sexuelle/raciale. -**2.** [distinguish] établir OR faire une distinction, faire une différence; to ~ between right and wrong distinguer le bien du mal.
◇ *vt* distinguer; to ~ right from wrong distinguer le bien du mal.

discriminating [dɪ'skrɪmɪneɪtɪŋ] *adj* -**1.** [showing discernment] judicieux; [in matters of taste] qui a un goût sûr; he is not very ~ in his choice of friends il n'est pas très difficile dans le choix de ses amis; the company was very ~ in its choice of employees l'entreprise était très sélective dans le choix de ses employés; a car for the ~ motorist une voiture pour l'automobiliste averti. -**2.** [tax, tariff] différentiel.

discrimination [dɪˌskrɪmɪ'neɪʃn] *n* -**1.** [on grounds of race, sex etc] discrimination *f*; sexual/racial ~ discrimination sexuelle/raciale. -**2.** [good judgment] discernement *m*; [in matters of taste] goût *m*; he shows no ~ in his choice of clothes/friends il ne fait preuve d'aucun discernement dans le choix de ses vêtements/amis; he is a man of great ~ c'est un homme qui a énormément de goût. -**3.** [ability to make distinctions]: powers of ~ capacités *fpl* de distinction, discernement *m*.

discriminatory [dɪ'skrɪmɪnətrɪ] *adj* [treatment, proposals] discriminatoire; the company is being ~ la société pratique la discrimination.

discursive [dɪ'skɜːsɪv] *adj fml* [essay, report, person etc] discursif.

discus ['dɪskəs] (*pl* discuses OR disci [-kaɪ]) *n* SPORT disque *m*; ~ thrower lanceur *m*, -euse *f* de disque; to come first in the ~ être premier au lancer du disque || [in antiquity] discobole *m*.

discuss [dɪ'skʌs] *vt* [talk about - problem, price, subject etc] discuter de, parler de; [- person] parler de; [debate] discuter de; [examine - subj: author, book, report etc] examiner, parler de, traiter de; I'll ~ it with you later nous en parlerons OR discuterons plus tard; I'll ~ it with him j'en parlerai OR discuterai avec lui; it is being ~ed c'est en cours de discussion; I don't want to ~ it je ne veux pas en parler; I refuse to ~ rumours je refuse de commenter des rumeurs.

discussion [dɪ'skʌʃn] *n* [talk] discussion *f*; [debate] débat *m*; [examination - by author in report] traitement *m*; [- of report] examen *m*; the report contained a ~ of the recent findings le rapport parlait OR traitait des découvertes récentes; there's been a lot of ~ about it on en a beaucoup parlé; [in parliament, on board etc] cela a été beaucoup débattu; [in press, in media] cela a été largement traité; an ideal subject for ~ un sujet de discussion idéal; to come up for ~ [report, proposal etc] être discuté; the subject under ~ was highly controversial le sujet dont il était question prêtait à controverse; it is still under ~ c'est encore en cours de discussion.

disdain [dɪs'deɪn] ◇ *vt fml* dédaigner; he ~ed to reply to her letter/remark il n'a pas daigné répondre à sa lettre/remarque.
◇ *n* dédain *m*, mépris *m*; she was an object of ~ to him il la dédaignait OR la méprisait; with OR in ~ avec dédain, dédaigneusement; a look of ~ un regard dédaigneux.

disdainful [dɪs'deɪnfʊl] *adj* dédaigneux; to be ~ of sb/sthg se montrer dédaigneux envers qqn/qqch, dédaigner qqn/qqch.

disdainfully [dɪs'deɪnfʊlɪ] *adv* avec dédain, dédaigneusement.

disease [dɪ'ziːz] *n* -**1.** BOT, MED & VETER maladie *f*; he's suffering from a kidney ~ MED il a une maladie des reins, il est malade des reins; the elimination of ~ l'élimination OR l'éradication des maladies; to combat ~ combattre la maladie ❑ heart ~ maladie cardiaque OR du cœur; Hodgkin's ~ MED maladie de Hodgkin. -**2.** *fig* mal *m*, maladie *f*; boredom is a ~ of the rich l'ennui est une maladie OR un mal de riches.

diseased [dɪ'ziːzd] *adj* BOT, MED & VETER malade; *fig* [mind] malade, dérangé; [imagination] malade.

diseconomy [dɪsɪ'kɒnəmɪ] *n* ECON déséconomie *f*.

disembark [ˌdɪsɪm'bɑːk] ◇ *vi* débarquer; to ~ from the ferry débarquer du ferry.
◇ *vt* [passengers, cargo] débarquer.

disembarkation [ˌdɪsembɑː'keɪʃn], **disembarkment** [ˌdɪsɪm'bɑːkmənt] *n* [of passengers, cargo] débarquement *m*.

disembodied [ˌdɪsɪm'bɒdɪd] *adj* [voice, spirit] désincarné.

disembowel [ˌdɪsɪm'baʊəl] *vt* éviscérer, éventrer.

disenchanted [ˌdɪsɪn'tʃɑːntɪd] *adj* désillusionné; to be ~ with sb/sthg avoir perdu ses illusions sur qqn/qqch, être désillusionné par qqn/qqch; to become ~ with sb/sthg perdre ses illusions sur qqn/qqch.

disenchantment [ˌdɪsɪn'tʃɑːntmənt] *n* désillusion *f*; ~ with the government has been growing de plus en plus de gens sont déçus par le gouvernement.

disenfranchise [ˌdɪsɪn'fræntʃaɪz] *vt* priver du droit de vote.

disengage [ˌdɪsɪn'geɪdʒ] ◇ *vt* -**1.** MECH désenclencher; [lever, catch] dégager; AUT [handbrake] desserrer; to ~ the clutch AUT débrayer. -**2.** [release] dégager; I tried to ~ my hand from his j'ai essayé de dégager ma main de la sienne. -**3.** MIL: the order came through to ~ the troops l'ordre arriva de cesser le combat.
◇ *vi* -**1.** MIL cesser le combat. -**2.** MECH se désenclencher.

disengagement [ˌdɪsɪn'geɪdʒmənt] *n* -**1.** [from political grouping, organization] désengagement *m*. -**2.** MIL cessez-le-feu *m inv*.

disentangle [ˌdɪsɪn'tæŋgl] *vt* [string, plot, mystery] démêler; I tried to ~ myself from the net j'ai essayé de me dépêtrer du filet; to ~ o.s. from a difficult situation se sortir à grand-peine d'une situation difficile.

disequilibrium [ˌdɪsekwɪ'lɪbrɪəm] *n fml* déséquilibre *m*.

disestablish [ˌdɪsɪ'stæblɪʃ] *vt* séparer; to ~ the Church séparer l'Église de l'État.

disestablishment [ˌdɪsɪ'stæblɪʃmənt] *n* séparation *f*.

disfavour *Br*, **disfavor** *Am* [dɪs'feɪvəʳ] *n* désapprobation *f*, défaveur *f*; to regard sthg/sb with ~ considérer qqch/qqn avec désapprobation, voir qqch/qqn d'un mauvais œil; to fall into ~ with sb tomber en défaveur auprès de qqn.

disfigure [dɪs'fɪgəʳ] *vt* défigurer.

disfigured [dɪs'fɪgəd] *adj* défiguré.

disfigurement [dɪs'fɪgəmənt] *n* défigurement *m*.

disfranchise [ˌdɪs'fræntʃaɪz] = **disenfranchise**.

disgorge [dɪs'gɔːdʒ] ◇ *vt* -**1.** [food] régurgiter, rendre; *fig* [contents, passengers, pollutants] déverser; chimneys disgorging smoke des cheminées crachant de la fumée. -**2.** [give unwillingly - information] donner avec répugnance OR à contrecœur.
◇ *vi* [river] se jeter, se dégorger.

disgrace [dɪs'greɪs] ◇ *n* -**1.** [dishonour] disgrâce *f*; it will bring ~ on OR to the family cela fera tomber la famille dans la disgrâce, cela déshonorera la famille; there's no ~ in not knowing il n'y a pas de honte à ne pas savoir; it's no ~ to be poor il n'y a pas de honte à être pauvre. -**2.** [disapproval]: to be in ~ (with sb) être en disgrâce (auprès de qqn). -**3.** [shameful example or thing] honte *f*; it's a ~ c'est une honte, c'est honteux; it's a ~ that they weren't allowed into the country il est honteux OR c'est une honte qu'on leur ait interdit l'entrée dans le pays; these streets are a ~ ces rues sont une honte; look at you, you're a ~! regarde-toi, tu fais honte (à voir)!; that jacket is a ~! [very shabby] cette veste est une vraie guenille!; look at you, your hair's a ~ regarde-toi, tu es coiffé n'importe comment; he's a ~ to this profession il déshonore sa profession; you're a ~ to your family tu déshonores ta famille, tu es la honte de ta famille.
◇ *vt* -**1.** [bring shame on] faire honte à, couvrir de honte, déshonorer; to ~ o.s. se couvrir de honte. -**2.** *(usu pass)* [discredit] disgracier.

disgraceful [dɪs'greɪsfʊl] *adj* [behaviour] honteux, scandaleux; [hat, jacket etc] *inf* miteux; look at you, you're ~! regarde-toi, tu fais honte (à voir)!; it's ~ c'est honteux; it's ~ that he wasn't there il est honteux qu'il ne soit pas venu.

disgracefully [dɪs'greɪsfʊlɪ] *adv* honteusement; a ~ untidy room une pièce honteusement mal rangée.

disgruntled [dɪs'grʌntld] *adj* mécontent; to be ~ at OR about (doing) sthg être mécontent de (faire) qqch.

disguise [dɪs'gaɪz] ◇ *n* déguisement *m*; in ~ déguisé; to put on a ~ se déguiser; it was all a ~ *fig* ce n'était qu'un masque; to be a master of ~ être un roi du déguisement.
◇ *vt* -**1.** [voice, handwriting, person] déguiser; to be ~d as sb/sthg être déguisé en qqn/qqch. -**2.** [feelings, disappointment etc] dissimuler, masquer; [truth, facts] dissimuler; [unsightly feature] cacher; [bad taste of food, cough mixture etc] couvrir; there's no disguising the fact that business is bad on ne peut pas cacher le fait que les affaires vont mal; there's no disguising the fact that I'm in love with you je dois avouer que je vous aime.

disgust [dɪs'gʌst] ◇ *n* [sick feeling] dégoût *m*, aversion *f*, répugnance *f*; [displeasure] écœurement *m*, dégoût *m*; to be filled with ~ by sthg être écœuré par qqch; in order to express our ~ with the decision pour montrer que nous sommes écœurés par cette décision; I resigned in ~ dégoûté OR écœuré, j'ai démissionné.
◇ *vt* [sicken] dégoûter; [displease] écœurer; I am ~ed with him/this government/his behaviour il/ce gouvernement/son comportement m'écœure; I was ~ed by the accounts of torture [sickened] les récits de torture m'ont écœuré OR m'ont donné la nausée; to be ~ed with o.s. [displeased] s'en vouloir; I am ~ed with OR at my own stupidity [displeased] je m'en veux d'être aussi stupide.

disgusted [dɪs'gʌstɪd] *adj* [displeased] écœuré; [sick] écœuré, dégoûté; Disgusted, Tunbridge Wells *Br surnom et adresse fictifs correspondant au stéréotype du réactionnaire borné qui écrit à la rédaction des journaux pour protester.*

disgustedly [dɪs'gʌstɪdlɪ] *adv* d'un air écœuré.

disgusting [dɪs'gʌstɪŋ] *adj* [sickening - person, behaviour, smell] écœurant, dégoûtant; [- habit, language] dégoûtant; [very bad] écœurant, déplorable; how ~! c'est écœurant!, c'est dégoûtant!; you ~ little boy! espèce de petit dégoûtant!

disgustingly [dɪs'gʌstɪŋlɪ] *adv*: a ~ bad meal un repas épouvantable; to be ~ rich *inf* être scandaleusement riche; she is ~ clever/successful *inf* elle est intelligente/elle réussit au point que c'en est écœurant.

dish [dɪʃ] ◇ *n* -**1.** [plate] assiette *f*; the ~es la vaisselle; to wash OR to do the ~es faire la vaisselle; to wash ~es [in restaurant] faire la plonge. -**2.** [food] plat *m*. -**3.** [amount of food] plat *m*. -**4.** *inf* [good looking man or woman] canon *m*. -**5.** [of telescope] miroir *m* concave *(de télescope)*.

◇ *vt inf* -**1.** *Br* [chances, hopes] ruiner. -**2.** *Am* [criticize]: to ~ sb critiquer qqn. -**3.** *phr*: to ~ the dirt [gossip] faire des commérages.
◆ **dish out** ◇ *vt sep* -**1.** [food] servir. -**2.** *inf fig* [money, leaflets etc] distribuer; [advice] prodiguer; **you can ~ it out but you can't take it** [criticism] tu es bon pour critiquer mais pour ce qui est d'accepter la critique, c'est un autre problème!; **you're going to have to take whatever they ~ out** [punishment, discipline] il va te falloir accepter ce qu'ils te réservent; **he's really ~ing it out** [boxer] il frappe vraiment à coups redoublés.
◇ *vi insep* [serve food] faire le service.
◆ **dish up** ◇ *vt sep* [food] servir OR verser OR mettre dans un plat; [arguments, excuses etc] *inf* ressortir.
◇ *vi insep* [serve food] servir.

dish aerial *n Br* TV antenne *f* parabolique.
disharmonious [ˌdɪshɑːˈməʊnjəs] *adj* qui manque d'harmonie.
disharmony [ˌdɪsˈhɑːmənɪ] *n* manque *m* d'harmonie.
dishcloth [ˈdɪʃklɒθ] *n* torchon *m* (à vaisselle).
dishearten [dɪsˈhɑːtn] *vt* décourager, abattre, démoraliser; **don't get ~ed** ne te décourage pas, ne te laisse pas abattre.
disheartening [dɪsˈhɑːtnɪŋ] *adj* décourageant.
dished [dɪʃt] *adj* [angled] non parallèle; [convex] lenticulaire.
dishevelled *Br*, **disheveled** *Am* [dɪˈʃevld] *adj* [hair] ébouriffé, dépeigné; [clothes] débraillé, en désordre; [person, appearance] débraillé.
dishful [ˈdɪʃfʊl] *n* [of food] plat *m*.
dish mop *n* lavette *f*.
dishonest [dɪsˈɒnɪst] *adj* malhonnête; **you're being ~ not telling him how you feel** c'est malhonnête de ne pas lui dire ce que tu ressens.
dishonestly [dɪsˈɒnɪstlɪ] *adv* de manière malhonnête, malhonnêtement.
dishonesty [dɪsˈɒnɪstɪ] *n* malhonnêteté *f*.
dishonour *Br*, **dishonor** *Am* [dɪsˈɒnəʳ] ◇ *n* déshonneur *m*; **to bring ~ on sb/one's country** déshonorer qqn/son pays; **death before ~!** plutôt mourir qu'être déshonoré!
◇ *vt* -**1.** [family, country, profession etc] déshonorer. -**2.** FIN [cheque] refuser d'honorer.
dishonourable *Br*, **dishonorable** *Am* [dɪsˈɒnrəbl] *adj* [conduct] déshonorant; **he was given a ~ discharge** MIL il a été renvoyé pour manquement à l'honneur.
dishonourably *Br*, **dishonorably** *Am* [dɪsˈɒnrəblɪ] *adv* [behave] de façon OR manière déshonorante.
dishpan [ˈdɪʃpæn] *n Am* bassine *f*; **to have ~ hands** avoir les mains abîmées par la vaisselle.
dish rack *n* égouttoir *m* (à vaisselle).
dishrag [ˈdɪʃræg] = **dishcloth**.
dishtowel [ˈdɪʃtaʊəl] *Am* = **tea towel**.
dishwasher [ˈdɪʃˌwɒʃəʳ] *n* [machine] lave-vaisselle *m*; [person] plongeur *m*, -euse *f*.
dishwater [ˈdɪʃˌwɔːtəʳ] *n* eau *f* de vaisselle; **this coffee is like ~!** c'est du jus de chaussettes, ce café!
dishy *inf* [ˈdɪʃɪ] (*compar* **dishier**, *superl* **dishiest**) *adj Br* séduisant, sexy.
disillusion [ˌdɪsɪˈluːʒn] ◇ *vt* faire perdre ses illusions à, désillusionner; **I hate to ~ you but he's really after your money** je suis désolé de devoir t'ôter tes illusions mais c'est après ton argent qu'il en a; **he has been ~ed by his experiences** ses expériences lui ont fait perdre ses illusions OR l'ont désillusionné.
◇ *n* = **disillusionment**.
disillusioned [ˌdɪsɪˈluːʒnd] *adj* désillusionné, désabusé; **to be ~ with sb/sthg** avoir perdu ses illusions sur qqn/qqch.
disillusionment [ˌdɪsɪˈluːʒnmənt] *n* désillusion *f*, désabusement *m*; **the fans' increasing ~ with club management** la désillusion grandissante des fans envers la direction du club; **~ was not long in coming** il ne m'a/lui a pas fallu beaucoup de temps pour perdre mes/ses illusions; **her ~ was complete** elle était complètement désillusionnée OR désabusée.
disincentive [ˌdɪsɪnˈsentɪv] *n*: **taxes are a ~ to expansion** les impôts découragent l'expansion; **this will act as a ~** ceci aura un effet dissuasif OR de dissuasion; **are social security payments a ~ to work?** est-ce que les prestations sociales dissuadent les gens de travailler?
disinclination [ˌdɪsɪnklɪˈneɪʃn] *n* [of person] peu *m* d'inclination; **her ~ to believe him** sa tendance à ne pas le croire; **the West's ~ to go on lending** le peu d'enthousiasme dont fait preuve l'Occident pour continuer à prêter de l'argent; **he showed a marked ~ to take part** il a mis une mauvaise volonté évidente à participer; **to show a ~ for work** montrer OR manifester peu d'inclination au travail.
disinclined [ˌdɪsɪnˈklaɪnd] *adj*: **to be ~ to do sthg** être peu disposé OR enclin à faire qqch; **because I feel ~ to do so** parce que je ne me sens pas disposé à le faire.
disinfect [ˌdɪsɪnˈfekt] *vt* désinfecter.
disinfectant [ˌdɪsɪnˈfektənt] *n* désinfectant *m*.
disinfection [ˌdɪsɪnˈfekʃn] *n* désinfection *f*.
disinflation [ˌdɪsɪnˈfleɪʃn] *n* ECON désinflation *f*.
disinformation [ˌdɪsɪnfəˈmeɪʃn] *n* désinformation *f*.
disingenuous [ˌdɪsɪnˈdʒenjʊəs] *adj* peu sincère.
disingenuously [ˌdɪsɪnˈdʒenjʊəslɪ] *adv* avec peu de sincérité.
disingenuousness [ˌdɪsɪnˈdʒenjʊəsnɪs] *n* manque *m* de sincérité.
disinherit [ˌdɪsɪnˈherɪt] *vt* déshériter.
disinherited [ˌdɪsɪnˈherɪtɪd] ◇ *adj* déshérité.
◇ *npl*: **the ~ of the earth** *fig* les déshérités *mpl* de la terre.
disintegrate [dɪsˈɪntɪgreɪt] *vi* [stone, wet paper] se désagréger; [plane, rocket] se désintégrer; *fig* [coalition, the family] se désagréger.
disintegration [dɪsˌɪntɪˈgreɪʃn] *n* [of stone, wet paper] désagrégation *f*; [of plane, rocket] désintégration *f*; *fig* [of coalition, the family] désagrégation *f*.
disinter [ˌdɪsɪnˈtɜːʳ] (*pt* & *pp* **disinterred**, *cont* **disinterring**) *vt* [body] déterrer, exhumer.
disinterest [ˌdɪsˈɪntərest] *n* -**1.** [objectivity]: **his ~ was the reason we chose him** on l'a choisi parce qu'il n'avait aucun intérêt dans l'affaire. -**2.** [lack of interest] manque *m* d'intérêt.
disinterested [ˌdɪsˈɪntrəstɪd] *adj* -**1.** [objective] désintéressé. -**2.** *inf* [uninterested] indifférent.
disinterestedness [ˌdɪsˈɪntrəstɪdnɪs] = **disinterest**.
disinterment [ˌdɪsɪnˈtɜːmənt] *n* déterrement *m*, exhumation *f*.
disinvest [ˌdɪsɪnˈvest] *vi* désinvestir.
disinvestment [ˌdɪsɪnˈvestmənt] *n* désinvestissement *m*.
disjointed [dɪsˈdʒɔɪntɪd] *adj* [conversation, film, speech] décousu, incohérent.
disjointedly [dɪsˈdʒɔɪntɪdlɪ] *adv* de manière décousue OR incohérente.
disjunctive [dɪsˈdʒʌŋktɪv] *adj* GRAMM disjonctif.
disk [dɪsk] *n* -**1.** COMPUT [hard] disque *m*; [soft] disquette *f*; **on ~** sur disque, sur disquette; **to write sthg to ~** sauvegarder qqch sur disque OR disquette. -**2.** *Am* = **disc**.
disk crash *n* COMPUT crash *m* de tête.
disk drive *n* COMPUT lecteur *m* de disquettes.
diskette [dɪsˈket] *n* COMPUT disquette *f*.
diskette drive *Am* = **disk drive**.
disk operating system *n* COMPUT système *m* d'exploitation de disques.
dislikable [dɪsˈlaɪkəbl] *adj* antipathique.
dislike [dɪsˈlaɪk] ◇ *vt* ne pas aimer; **I ~ flying** je n'aime pas prendre l'avion; **why do you ~ me so much?** pourquoi me détestes-tu autant?; **he is much ~d** il est loin d'être apprécié; **I don't ~ him** je n'ai rien contre lui.
◇ *n* [for sb] aversion *f*, antipathie *f*; [for sthg] aversion *f*; **to have a ~ for** OR **of** détester; **mutual ~** antipathie mutuelle; **to take a ~ to sb/sthg** prendre qqn/qqch en grippe; **we all have our likes and ~s** on est tous pareils, il y a des choses qu'on aime et des choses qu'on n'aime pas.
dislocate [ˈdɪsləkeɪt] *vt* -**1.** [shoulder, knee etc - subj: person] se démettre, se déboîter, se luxer; [- subj: accident, fall] démettre, déboîter, luxer; **he has ~d his shoulder** il s'est démis OR déboîté OR luxé l'épaule; **a ~d shoulder** une épaule démise OR déboîtée OR luxée. -**2.** [disrupt - plans] désorganiser, perturber.
dislocation [ˌdɪsləˈkeɪʃn] *n* -**1.** [of shoulder, knee etc] luxation *f*, déboîtement *m*. -**2.** [disruption - of plans] perturbation *f*.
dislodge [dɪsˈlɒdʒ] *vt* [fish bone, piece of apple etc] dégager; [large rock] déplacer; *fig* [enemy, prey] déloger; [leader, title holder] prendre la place de.
disloyal [ˌdɪsˈlɔɪəl] *adj* déloyal; **to be ~ to sb/sthg** être déloyal envers qqn/qqch.
disloyally [ˌdɪsˈlɔɪəlɪ] *adv* déloyalement.
disloyalty [ˌdɪsˈlɔɪəltɪ] *n* déloyauté *f*; **your ~ to the company** votre déloyauté envers la compagnie; **an act of ~** un acte déloyal.
dismal [ˈdɪzml] *adj* [day, weather] horrible; [streets, countryside] lugubre; [song] mélancolique, triste; *fig* [result, performance] lamentable; [future, prospect] sombre; **what are you looking so ~ about?** pourquoi as-tu l'air aussi lugubre?; **to be a ~ failure** [person] être un zéro sur toute la ligne; [film, project] échouer lamentablement.
dismally [ˈdɪzməlɪ] *adv* lugubrement; [fail] lamentablement.
dismantle [dɪsˈmæntl] ◇ *vt* [object, scenery, exhibition] démonter; *fig* [system, arrangement] démanteler.
◇ *vi* se démonter.
dismantling [dɪsˈmæntlɪŋ] *n* [of object, scenery, exhibition] démontage *m*; *fig* [of system, reforms] démantèlement *m*.
dismast [ˌdɪsˈmɑːst] *vt* [ship] démâter.
dismay [dɪsˈmeɪ] ◇ *n* consternation *f*; [stronger] désarroi *m*; **there was a look of ~ on his face** la consternation OR le désarroi se lisait sur son visage; **in** OR **with ~** avec consternation OR désarroi; **in her ~ at the news** dans la consternation OR le désarroi où l'avaient mise les nouvelles; **to be filled with ~ by sthg** être consterné par OR rempli de désarroi à cause de qqch; **(much) to my ~** à ma grande consternation, à mon grand désarroi.
◇ *vt* consterner; [stronger] emplir de désarroi, effondrer; **we were ~ed by the news** nous avons été effondrés par la nouvelle, la nouvelle nous a remplis de désarroi.
dismayed [dɪsˈmeɪd] *adj* consterné, effondré; **don't look so ~** n'aie pas l'air si consterné OR effondré.
dismember [dɪsˈmembəʳ] *vt* démembrer.
dismemberment [dɪsˈmembəmənt] *n* démembrement *m*.
dismiss [dɪsˈmɪs] ◇ *vt* -**1.** [from job - employee] licencier, congédier, renvoyer; [- magistrate, official] destituer, révoquer, relever de ses fonctions. -**2.** [not take seriously - proposal] rejeter; [- objection, warning] ne pas tenir compte de, ne pas prendre au sérieux; [- problem] écarter, refuser de considérer; **you cannot go on ~ing the threats/evidence** vous ne pouvez pas continuer à ignorer ces menaces/preuves; **he ~ed him as a crank** il a déclaré que c'était un excentrique à ne pas prendre au sérieux; **he was long ~ed as a crank** on l'a longtemps pris pour un excentrique; **it has been ~ed as a rumour** on a rejeté cette information en n'y voyant qu'une simple rumeur; **police ~ed the warning as a hoax** la police n'a pas tenu compte de l'avertissement et l'a pris pour une mauvaise plaisanterie. -**3.** [send away] congédier; *fig* [thought, possibility] écarter; [memory] effacer; [suggestion, idea] rejeter; SCH [class] laisser partir; **~ him from your thoughts** chasse-le de tes

pensées; you can ~ that idea from your thoughts! tu peux t'ôter cette idée de la tête!; class ~ed! vous pouvez sortir!; ~ed! MIL rompez! -4. JUR [hung jury] dissoudre; to ~ a charge [judge] rendre une ordonnance de non-lieu; all charges against her have been ~ed toutes les accusations qui pesaient sur elle ont été levées; to ~ a case classer une affaire; the judge ~ed the case le juge a rendu une fin de non-recevoir; case ~ed! affaire classée! -5. [in cricket - batsman, team] éliminer; England were ~ed for 127 l'équipe d'Angleterre a été éliminée avec 127 points.
◇ *vi*: class ~! vous pouvez sortir!; ~! MIL rompez (les rangs)!

dismissal [dɪs'mɪsl] *n* -1. [from work - of employee] licenciement *m*, renvoi *m*; [- of magistrate, official] destitution *f*, révocation *f*; he's claiming unfair ~ il prétend avoir été injustement licencié OR fait l'objet d'un licenciement abusif. -2. [of proposal] rejet *m*; the police's ~ of the telephone call le fait que la police n'ait pas pris le coup de téléphone au sérieux. -3. JUR: the judge's ~ of the case met with widespread approval la fin de non-recevoir rendue par le juge a été accueillie avec satisfaction; ~ of the charge non-lieu *m*; the ~ of the charges against you le non-lieu qui a été prononcé en votre faveur.

dismissive [dɪs'mɪsɪv] *adj* [tone of voice, gesture] dédaigneux; to be ~ of sb ne faire aucun cas de qqn; to be ~ of sthg rejeter qqch, ne faire aucun cas de qqch; you're always so ~ of my efforts tu fais toujours si peu de cas de mes efforts.

dismissively [dɪs'mɪsɪvlɪ] *adv* [offhandedly] d'un ton dédaigneux; [in final tone of voice] d'un ton sans appel.

dismount [,dɪs'maʊnt] ◇ *vi* descendre; she ~ed from her horse/bike elle est descendue de son cheval/vélo.
◇ *vt* -1. [cause to fall - from horse] désarçonner, démonter; [- from bicycle, motorcycle] faire tomber. -2. [gun, device] démonter.

disobedience [,dɪsə'biːdjəns] *n* désobéissance *f*; she was punished for (her) ~ elle a été punie pour avoir désobéi; an act of ~ un acte de désobéissance.

disobedient [,dɪsə'biːdjənt] *adj* désobéissant; don't be ~ to your father! ne désobéis pas à ton père!

disobediently [,dɪsə'biːdjəntlɪ] *adv* de manière désobéissante.

disobey [,dɪsə'beɪ] *vt* désobéir à.

disobliging [,dɪsə'blaɪdʒɪŋ] *adj fml* -1. [unhelpful]: I'm sorry to be ~ je suis désolé de ne pouvoir vous rendre service. -2. [unpleasant] désobligeant.

disobligingly [,dɪsə'blaɪdʒɪŋlɪ] *adv* [unpleasantly] avec désobligeance.

disorder [dɪs'ɔːdəʳ] ◇ *n* -1. [untidiness - of house, room, desk] désordre *m*; to be in (a state of) ~ être en désordre; his financial affairs were in total ~ le désordre le plus total régnait dans ses finances; the meeting broke up in ~ la réunion s'est achevée dans le désordre OR la confusion; the army is retreating in ~ l'armée se retire en désordre. -2. [unrest] trouble *m*; public ~ atteinte *f* à OR trouble *m* de l'ordre public. -3. MED trouble *m*, troubles *mpl*; nervous/blood ~ troubles nerveux/de la circulation.
◇ *vt* [make untidy - files, papers] mettre en désordre.

disordered [dɪs'ɔːdəd] *adj* [room] en désordre; to lead a ~ life mener une vie désordonnée; to be mentally ~ *Br* souffrir de troubles mentaux.

disorderly [dɪs'ɔːdəlɪ] *adj* -1. [untidy - room, house] en désordre, désordonné. -2. [unruly - crowd, mob] désordonné, agité; [- conduct] désordonné; [- meeting, demonstration] désordonné, confus; to keep a ~ house JUR tenir une maison close.

disorganization [dɪs,ɔːgənaɪ'zeɪʃn] *n* désorganisation *f*; in a state of ~ désorganisé.

disorganize, -ise [dɪs'ɔːgənaɪz] *vt* [disrupt - plans, schedule] déranger.

disorganized [dɪs'ɔːgənaɪzd] *adj* désorganisé.

disorient [dɪs'ɔːrɪənt], **disorientate** [dɪs'ɔːrɪənteɪt] *Br vt* désorienter; to be ~ed être désorienté; it's easy to become ~ed c'est facile de perdre son sens de l'orientation; *fig* on a vite fait d'être désorienté.

disorientation [dɪs,ɔːrɪən'teɪʃn] *n* désorientation *f*.

disown [dɪs'əʊn] *vt* [child, opinion, statement] renier, désavouer; [country] renier.

disparage [dɪ'spærɪdʒ] *vt* dénigrer, décrier.

disparagement [dɪ'spærɪdʒmənt] *n* dénigrement *m*.

disparaging [dɪ'spærɪdʒɪŋ] *adj* [person - about person] désobligeant; [- about proposals, ideas] critique; [newspaper report - about person] malveillant, désobligeant; [- about proposals] dénigrant; to make ~ remarks about sb faire des remarques désobligeantes à propos de OR sur qqn; she made ~ remarks about his project elle a fait des remarques qui dénigraient son projet; why are you so ~ about him? pourquoi est-ce que tu es si désobligeant à son égard?; the critics were very ~ about his latest play les critiques ont beaucoup dénigré sa dernière pièce.

disparagingly [dɪ'spærɪdʒɪŋlɪ] *adv* [say, look at] d'un air désobligeant; you have written very ~ about him in the past vous avez écrit des propos fort désobligeants à son égard dans le passé.

disparate ['dɪspərət] *adj fml* disparate.

disparity [dɪ'spærətɪ] (*pl* **disparities**) *n* [in ages] disparité *f*; [in report, statement] contradiction *f*.

dispassionate [dɪ'spæʃnət] *adj* [objective - person, report, analysis etc] impartial, objectif; to be ~ [unemotional] ne pas exprimer ses sentiments; [objective] rester objectif OR impartial.

dispassionately [dɪ'spæʃnətlɪ] *adv* [unemotionally] calmement, sans émotion; [objectively] objectivement, impartialement.

dispatch [dɪ'spætʃ] ◇ *vt* -1. [send - letter, merchandise, telegram] envoyer, expédier; [- messenger] envoyer, dépêcher; [- troops, envoy] envoyer. -2. [complete - task, work] expédier, en finir avec. -3. *euph* [kill - person] tuer. -4. *inf* [food] s'envoyer.
◇ *n* -1. [of letter, merchandise, telegram] envoi *m*, expédition *f*; [of messenger, troops, envoy] envoi *m*. -2. MIL & PRESS [report] dépêche *f*; to be mentioned in ~es MIL être cité à l'ordre du jour. -3. [swiftness] promptitude *f*; with ~ avec promptitude, rapidement.
◇ *comp*: ~ clerk expéditionnaire *mf*; ~ note bordereau *m* d'expédition.

dispatch box *n* -1. [for documents] boîte *f* à documents. -2. *Br* POL: the ~ *tribune d'où parlent les membres du gouvernement et leurs homologues du cabinet fantôme.*

dispatch case *n* serviette *f*, porte-documents *m inv*.

dispatcher [dɪ'spætʃəʳ] *n* expéditeur *m*, -trice *f*.

dispatch rider *n* estafette *f*.

dispel [dɪ'spel] (*pt* & *pp* **dispelled**, *cont* **dispelling**) *vt* [clouds, mist - subj: sun] dissiper; [- subj: wind] chasser; [doubts, fears, anxiety] dissiper.

dispensable [dɪ'spensəbl] *adj* dont on peut se passer, superflu; the rest of the employees were ~ les autres employés n'étaient pas indispensables; the rest is ~ le reste est superflu; do you think this is ~? penses-tu qu'on puisse se débarrasser de cela?

dispensary [dɪ'spensərɪ] (*pl* **dispensaries**) *n* pharmacie *f*; [for free distribution of medicine] dispensaire *m*.

dispensation [,dispen'seɪʃn] *n* -1. [handing out] distribution *f*. -2. [administration - of charity, justice] exercice *m*. -3. ADMIN, JUR & RELIG [exemption] dispense *f*; he received ~ from military service il a été exempté du service militaire; she was granted ~ from the exam elle a été dispensée de l'examen; as a special ~ the prisoner was allowed to attend the funeral le prisonnier a reçu une permission exceptionnelle pour assister à l'enterrement. -4. POL & RELIG [system] régime *m*.

dispense [dɪ'spens] *vt* -1. [subj: person, machine] distribuer. -2. [administer - justice, charity] exercer. -3. PHARM préparer. -4. *fml* [exempt] dispenser; to ~ sb from (doing) sthg dispenser qqn de (faire) qqch.
◆ **dispense with** *vt insep* [do without] se passer de; [get rid of] se débarrasser de; to ~ with the formalities couper court aux OR se dispenser des formalités; let's ~ with that idea for a start commençons par éliminer cette idée; to ~ with the need for sthg rendre qqch superflu; credit cards ~ with the need for cash avec les cartes de crédit, on n'a plus besoin d'avoir de l'argent liquide.

dispenser [dɪ'spensəʳ] *n* -1. PHARM pharmacien *m*, -enne *f*. -2. [machine] distributeur *m*; soap/coffee ~ distributeur de savon/café; cash ~ distributeur automatique de billets.

dispensing [dɪ'spensɪŋ] *adj Br*: ~ chemist [person] préparateur *m*, -trice *f* en pharmacie; [establishment] pharmacie *f*; ~ optician opticien *m*; ~ machine distributeur *m*.

dispersal [dɪ'spɜːsl] *n* [of crowd, seeds] dispersion *f*; [of gas - disappearance] dissipation *f*; [- spread] dispersion *f*; [of light - by prism] dispersion *f*, décomposition *f*.

dispersant [dɪ'spɜːsənt] *n* CHEM dispersant *m*.

disperse [dɪ'spɜːs] ◇ *vt* -1. [crowd, seeds] disperser; [clouds, mist - subj: sun] dissiper; [- subj: wind] chasser; [gas, chemical - cause to spread] propager; [- cause to vanish] disperser; a prism ~s light un prisme disperse OR décompose la lumière. -2. [place at intervals] répartir; policemen were ~d along the length of the road des agents de police étaient répartis OR disséminés le long de la route.
◇ *vi* [crowds, seeds] se disperser; [clouds, mist, smoke - with sun] se dissiper; [- with wind] être chassé; [gas, chemicals - spread] se propager; [- vanish] se dissiper; [light - with prism] se décomposer.

dispersion [dɪ'spɜːʃn] *n* -1. = **dispersal**. -2. RELIG: the Dispersion la Diaspora.

dispirited [dɪ'spɪrɪtɪd] *adj* abattu.

displace [dɪs'pleɪs] *vt* -1. [refugees, population] déplacer; to ~ a bone se déplacer un os. -2. [supplant] supplanter, remplacer. -3. CHEM & PHYS [water, air etc] déplacer.

displaced [dɪs'pleɪst] *adj*: ~ person ADMIN & POL personne *f* déplacée.

displacement [dɪs'pleɪsmənt] *n* -1. [of people, bone] déplacement *m*. -2. [supplanting] remplacement *m*. -3. NAUT déplacement *m*; a ship of 10,000 tons ~ un bateau de 10 000 tonnes de déplacement. -4. PSYCH déplacement *m*.

displacement activity *n* PSYCH déplacement *m*.

displacement ton *n* NAUT tonne *f*.

display [dɪ'spleɪ] ◇ *vt* -1. [gifts, medals, ornaments etc] exposer; *pej* exhiber; [items in exhibition] exposer, mettre en exposition; COMM [goods for sale] mettre en étalage, exposer. -2. [notice, poster, exam results] afficher. -3. [courage, determination, skill] faire preuve de, montrer; [anger, affection, friendship, interest] manifester; the country ~ed its military might le pays a montré sa puissance militaire; to ~ one's ignorance/talent faire la preuve de son ignorance/talent. -4. PRESS & TYPO mettre en vedette. -5. COMPUT [subj: screen] afficher; [subj: user] visualiser.
◇ *vi* [birds, fish etc] faire la parade.
◇ *n* -1. [of gifts, medals, ornaments, items in exhibition] exposition *f*; COMM [of goods, merchandise] mise *f* en étalage; [goods, merchandise] étalage *m*, exposition *f*; to be on ~ être exposé; to put sthg on ~ exposer qqch; it's the first time the painting has been on public ~ c'est la première fois que le tableau est exposé au public; 'for ~ (only)' [on book] 'exemplaire de démonstration'. -2. [of poster, notice etc] affi-

chage *m*; the exam results were on ~ les résultats des examens étaient affichés. -**3.** [of affection, friendship, interest, anger] manifestation *f*; [of courage, determination, ignorance etc] démonstration *f*; **an air ~** un meeting aérien; **a military ~** une parade militaire; **a fireworks ~** un feu d'artifice; **a ~ of force** une démonstration de force; **he gave us a ~ of his juggling skills** il nous a fait une démonstration de ses talents de jongleur; **I have never seen such a ~ of incompetence** je n'ai jamais vu un tel déploiement OR étalage d'incompétence; **to make a great ~ of sthg** faire parade de qqch; **he made a great ~ of being injured** il a joué les grands blessés. -**4.** PRESS & TYPO: **to give top ~ to sthg** mettre qqch en vedette. -**5.** COMPUT [screen, device] écran *m*; [visual information] affichage *m*, visualisation *f*; [of calculator] viseur *m*. -**6.** [by birds, fish] parade *f*.

◇ *comp*: **~ advertising** publicité *f* par affichage; **~ cabinet** OR **case** [in shop] étalage *m*, vitrine *f*; [in home] vitrine *f*; **~ copy** [of book] exemplaire *m* de démonstration; **~ lighting** éclairage *m* de l'étalage OR de la vitrine; **~ panel** tableau *m* OR panneau *m* d'affichage; **~ rack** OR **unit** présentoir *m*; **~ unit** COMPUT unité *f* de visualisation OR d'affichage; **~ window** [of calculator] viseur *m*.

displease [dɪs'pliːz] *vt* mécontenter.

displeased [dɪs'pliːzd] *adj* mécontent; **to be ~ with** OR **at** être mécontent de.

displeasure [dɪs'pleʒəʳ] *n* mécontentement *m*; **to incur sb's ~** encourir OR s'attirer le mécontentement de qqn.

disport [dɪ'spɔːt] *vt fml*: **to ~ o.s.** s'ébattre, folâtrer.

disposable [dɪ'spəʊzəbl] ◇ *adj* -**1.** [throwaway - lighter, nappy, cup, plate] jetable; [- bottle] non consigné; [- wrapping] perdu. -**2.** [available - money, time] disponible; **~ assets** FIN fonds *mpl* disponibles; **~ income** FIN revenus *mpl* disponibles (après impôts); **people with high ~ incomes** personnes disposant de hauts revenus.

◇ *n* -**1.** [nappy] couche *f* jetable. -**2.** [lighter] briquet *m* jetable.

◆ **disposables** COMM = **disposable goods**.

disposable goods *npl* biens *mpl* de consommation non durables.

disposal [dɪ'spəʊzl] *n* -**1.** [taking away] enlèvement *m*; [of rubbish, by authority] enlèvement *m*, ramassage *m*; [sale] vente *f*; JUR [of property] cession *f*; **she left no instructions for the ~ of her property** elle n'a laissé aucune instruction quant à ce qui devait être fait de ses biens; **an ingenious method for the ~ of the body** une idée ingénieuse pour se débarrasser du corps ❑ **waste** OR **refuse ~** traitement *m* des ordures; **(waste) ~ unit** broyeur *m* d'ordures *(dans un évier)*. -**2.** [resolution - of problem, question] résolution *f*; [- of business] exécution *f*, expédition *f*. -**3.** *Am* [disposal unit] broyeur *m* d'ordures *(dans un évier)*. -**4.** [availability]: **to be at sb's ~** être à la disposition de qqn; **to have sthg at one's ~** avoir qqch à sa disposition; **to put sthg/sb at sb's ~** mettre qqch/qqn à la disposition de qqn; **in the time at your ~** dans le temps dont tu disposes. -**5.** *fml* [arrangement] disposition *f*, arrangement *m*; [of troops] déploiement *m*.

dispose [dɪ'spəʊz] ◇ *vt* -**1.** *fml* [arrange - ornaments, books] disposer, arranger; [- troops, forces] déployer. -**2.** [make willing] disposer.

◇ *vi*: **man proposes, God ~s** *prov* l'homme propose, Dieu dispose *prov*.

◆ **dispose of** *vt insep* -**1.** [get rid of - nuclear waste, rubbish, problem] se débarrasser de; [by removing, taking away - refuse] enlever, ramasser; [by selling] vendre; [by throwing away] jeter; [workers] congédier, renvoyer; **I'll ~ of it as I like** j'en ferai ce que je voudrai; **I can ~ of this old table for you** je peux te débarrasser de cette vieille table. -**2.** [deal with - problem, question] résoudre, régler; [- task, matter under discussion] expédier, régler; [- food] s'envoyer; **to ~ of an argument** détruire un argument. -**3.** [have at one's disposal] disposer de, avoir à sa disposition. -**4.** *inf* [kill - person, animal] liquider; *fig* [team, competitor] se débarrasser de.

disposed [dɪ'spəʊzd] *adj*: **to ~ sb to do sthg** disposer qqn à faire qqch; **to be ~d to do sthg** être disposé à faire qqch; **I am ~d to be lenient** je suis disposé à me montrer indulgent; **to be well/ill ~d towards sb** être bien/mal disposé envers qqn.

disposition [ˌdɪspə'zɪʃn] *n* -**1.** [temperament, nature] naturel *m*; **to have** OR **to be of a cheerful ~** être d'un naturel enjoué. -**2.** *fml* [arrangement - of troops, buildings] disposition *f*; [- of ornaments] disposition *f*, arrangement *m*. -**3.** [inclination, tendency] disposition *f*.

dispossess [ˌdɪspə'zes] *vt* déposséder; JUR exproprier; **to ~ sb of sthg** déposséder qqn de qqch.

dispossessed [ˌdɪspə'zest] ◇ *npl*: **the ~** les dépossédés *mpl*.

◇ *adj* dépossédé.

dispossession [ˌdɪspə'zeʃn] *n* dépossession *f*; JUR expropriation *f*.

disproportion [ˌdɪsprə'pɔːʃn] *n* disproportion *f*.

disproportionate [ˌdɪsprə'pɔːʃnət] *adj* [excessive] disproportionné; **to be ~ to sthg** être disproportionné à OR avec qqch; **we spent a ~ amount of time on it** [more than expected] on a passé un temps incroyable dessus; [unwarranted] on a passé plus de temps dessus que cela ne le méritait.

disproportionately [ˌdɪsprə'pɔːʃnətlɪ] *adv* d'une façon disproportionnée; **a ~ large sum** une somme disproportionnée.

disprove [ˌdɪs'pruːv] (*pp* **disproved** OR **disproven** [-'pruːvn]) *vt* prouver la fausseté de; **you can't ~ it** tu ne peux pas prouver que ce n'est pas vrai.

disputable [dɪ'spjuːtəbl] *adj* discutable, contestable.

disputation [ˌdɪspjuː'teɪʃn] *n fml* [argument] débat *m*, controverse *f*.

disputatious [ˌdɪspjuː'teɪʃəs] *adj fml* raisonneur.

dispute [dɪ'spjuːt] ◇ *vt* -**1.** [question - claim, theory, statement etc] contester, mettre en doute; JUR [will] contester; **I'm not disputing that** je ne conteste pas cela, je ne mets pas cela en doute; **I would ~ that** je ne suis pas d'accord. -**2.** [debate - subject, motion] discuter, débattre. -**3.** [fight for - territory, championship, title] disputer.

◇ *vi* [argue] se disputer; [debate] discuter, débattre; **to ~ over** OR **about sthg** débattre qqch OR de qqch.

◇ *n* -**1.** [debate] discussion *f*, débat *m*; **there's some ~ about the veracity of his statement** la véracité de sa déclaration fait l'objet de discussions OR est sujette à controverse; **your honesty is not in ~** votre honnêteté n'est pas mise en doute OR contestée; **the matter is beyond (all) ~** la question est tout à fait incontestable; **he is beyond (all) ~** OR **without ~ the best player the team has got** c'est incontestablement OR indiscutablement le meilleur joueur de l'équipe; **open to ~** contestable. -**2.** [argument - between individuals] dispute *f*, différend *m*; [- between management and workers] conflit *m*; JUR litige *m*; **these are the main areas of ~** ce sont là les questions les plus conflictuelles OR litigieuses; **there has been much ~ over the new proposals** les nouvelles propositions ont fait l'objet d'un conflit; **in ~ is the right of employees to strike** l'enjeu des discussions est le droit des employés à faire grève; **to be in ~ with sb over sthg** être en conflit avec qqn sur qqch; **to be in ~** [proposals, territory, ownership] faire l'objet d'un conflit; **a border ~** un litige portant sur une question de frontière.

disputed [dɪ'spjuːtɪd] *adj* -**1.** [decision, fact, claim, ownership] contesté. -**2.** [fought over]: **this is a much ~ territory** ce territoire fait l'objet de beaucoup de conflits.

disqualification [dɪsˌkwɒlɪfɪ'keɪʃn] *n* [from standing for election] exclusion *f*; [from sporting event] disqualification *f*; [from exam] exclusion *f*; JUR [of witness] inhabilité *f*, incapacité *f*; [of testimony] exclusion *f*; **it's not necessarily a ~** cela ne vous exclut pas forcément; **reasons for the ~ of jurors include the following** voici quelques-uns des motifs donnant lieu à une exclusion du jury; **your ~ from driving will last for four years** vous aurez un retrait de permis (de conduire) de quatre ans.

disqualify [ˌdɪs'kwɒlɪfaɪ] (*pt* & *pp* **disqualified**) *vt* exclure; SPORT disqualifier; SCH exclure; JUR [witness] rendre inhabile OR incapable; [testimony] exclure; [juror] empêcher de faire partie du jury; **to ~ sb from driving** retirer son permis (de conduire) OR infliger un retrait de permis (de conduire) à qqn; **he's been disqualified for speeding** AUT on lui a retiré son permis OR il a eu un retrait de permis pour excès de vitesse.

disquiet [dɪs'kwaɪət] *fml* ◇ *n* inquiétude *f*.

◇ *vt* inquiéter, troubler; **to be ~ed by sthg** être inquiet OR s'inquiéter de qqch.

disquieting [dɪs'kwaɪətɪŋ] *adj fml* inquiétant, troublant.

disquisition [ˌdɪskwɪ'zɪʃn] *n fml* [in writing] dissertation *f*, étude *f*; [in speech] discours *m*.

disregard [ˌdɪsrɪ'gɑːd] ◇ *vt* [person, order, law, rules] ne tenir aucun compte de; [sb's feelings, instructions, remark, warning] ne tenir aucun compte de, négliger; [danger] ne tenir aucun compte de, ignorer; **I'll ~ what you just said** je ne tiendrai pas compte de ce que tu viens de dire.

◇ *n* [for person, feelings] manque *m* de considération; [of order, warning, danger etc] mépris *m*; **he showed a flagrant ~ for the rules** il a fait preuve d'un mépris flagrant pour le règlement; **with complete ~ for her own safety** au mépris total de sa vie.

disremember *inf* [ˌdɪsrɪ'membəʳ] *vt Am* ne pas se rappeler, ne pas se souvenir de.

disrepair [ˌdɪsrɪ'peəʳ] *n* [of building] mauvais état *m*, délabrement *m*; [of road] mauvais état *m*; **in (a state of) ~** en mauvais état; **to fall into ~** [building] se délabrer; [road] se dégrader, s'abîmer.

disreputable [dɪs'repjʊtəbl] *adj* [dishonourable - behaviour] honteux, déshonorant; [not respectable - person] de mauvaise réputation, louche; [- area, club] mal famé, de mauvaise réputation; *hum* [- clothing] miteux, mangé aux mites.

disreputably [dɪs'repjʊtəblɪ] *adv* [behave] d'une manière déshonorante OR honteuse; **he was dressed rather ~** il avait l'air d'un vrai loqueteux.

disrepute [ˌdɪsrɪ'pjuːt] *n* discrédit *m*; **to bring sthg into ~** discréditer qqch; **to fall into ~** [acquire bad reputation] tomber en discrédit; [become unpopular] tomber en défaveur.

disrespect [ˌdɪsrɪ'spekt] *n* irrespect *m*, irrévérence *f*; **she has a healthy ~ for authority** elle porte un irrespect OR une irrévérence salutaire à toute forme d'autorité; **I meant no ~ (to your family)** je ne voulais pas me montrer irrespectueux OR irrévérencieux (envers votre famille); **to show ~ towards sb/sthg** manquer de respect à qqn/qqch; **to treat sb/sthg with ~** traiter qqn/qqch irrespectueusement.

disrespectful [ˌdɪsrɪ'spektfʊl] *adj* irrespectueux, irrévérencieux; **to be ~ to sb** manquer de respect à qqn; **it would be ~ not to go to the funeral** ce serait manquer de respect que de ne pas assister à l'enterrement.

disrespectfully [ˌdɪsrɪ'spektfʊlɪ] *adv* irrespectueusement.

disrobe [ˌdɪs'rəʊb] *fml* ◇ *vi* [judge, priest] enlever sa robe; [undress] se déshabiller.

◇ *vt* [judge, priest] aider à enlever sa robe; [undress] déshabiller.

disrupt [dɪs'rʌpt] *vt* [lesson, meeting, train service] perturber; [conversation] interrompre; [plans] déranger, perturber.

disruption [dɪs'rʌpʃn] *n* [of lesson, meeting, train service, plans] perturbation *f*; [of conversation] interruption *f*.

disruptive [dɪs'rʌptɪv] *adj* [factor, behaviour] perturbateur; **he is** OR **has a ~ influence** il a une influence perturbatrice; **the ~ element** l'élément perturbateur; **your presence would be ~** votre présence aurait un effet perturbateur.

dissatisfaction ['dɪs,sætɪs'fækʃn] *n* mécontentement *m*; **there is growing ~ with his policies** le mécontentement grandit à l'égard de sa politique.

dissatisfied [,dɪs'sætɪsfaɪd] *adj* mécontent; **to be ~ with sb/sthg** être mécontent de qqn/qqch.

dissatisfy [,dɪs'sætɪsfaɪ] (*pt* & *pp* **dissatisfied**) *vt* mécontenter.

dissect [dɪ'sekt] *vt* [animal, plant] disséquer; *fig* [argument, theory] disséquer; [book, report] éplucher.

dissected [dɪ'sektɪd] *adj* [body] disséqué; BOT [leaf] découpé.

dissecting [dɪ'sektɪŋ] *adj*: **~ knife** scalpel *m*.

dissection [dɪ'sekʃn] *n* [of body] dissection *f*; *fig* [of argument, theory] dissection *f*; [of book, report] épluchage *m*.

dissemble [dɪ'sembl] *lit* ◇ *vi* dissimuler.
◇ *vt* [feelings, motives] dissimuler.

disseminate [dɪ'semɪneɪt] *vt* [knowledge, ideas] disséminer, propager; [information, news] diffuser, propager.

disseminated [dɪ'semɪneɪtɪd] *adj* MED: **~ sclerosis** sclérose *f* en plaques.

dissemination [dɪ,semɪ'neɪʃn] *n* [of knowledge, of ideas] propagation *f*, dissémination *f*; [of information] diffusion *f*, propagation *f*.

dissension [dɪ'senʃn] *n* dissension *f*, discorde *f*; **there is ~ in the ranks** il y a de la dissension OR discorde dans les rangs.

dissent [dɪ'sent] ◇ *vi* -**1.** [gen] avoir une opinion différente; **to ~ from an opinion** être en désaccord avec une opinion; **two members of the enquiry ~ed from the findings** deux membres de l'enquête ont exprimé une opinion divergente sur les conclusions. -**2.** RELIG être dissident OR en dissidence.
◇ *n* -**1.** [gen] opinion *f* OR avis *m* contraire; **to voice** OR **to express one's ~** exprimer son désaccord; **he has been booked for ~** FTBL l'arbitre a pris son nom après qu'il eut refusé d'obtempérer. -**2.** RELIG dissidence *f*. -**3.** *Am* JUR avis *m* contraire *(d'un juge)*.

dissenter [dɪ'sentəʳ] *n* -**1.** [gen] dissident *m*, -e *f*. -**2.** RELIG: Dissenter *dissident de l'Église anglicane*.

dissenting [dɪ'sentɪŋ] *adj* [opinion] divergent; **mine was the only ~ voice** j'étais le seul à ne pas être d'accord.

dissertation [,dɪsə'teɪʃn] *n* -**1.** UNIV *Br* mémoire *m*; *Am* thèse *f*. -**2.** *fml* [long essay] dissertation *f*; [long speech] exposé *m*.

disservice [,dɪs'sɜːvɪs] *n* mauvais service *m*; **to do sb a ~** faire du tort à qqn, rendre un mauvais service à qqn; **to do o.s. a ~** se faire du tort.

dissidence ['dɪsɪdəns] *n* [disagreement] désaccord *m*; POL dissidence *f*.

dissident ['dɪsɪdənt] ◇ *n* dissident *m*, -e *f*.
◇ *adj* dissident.

dissimilar [,dɪ'sɪmɪləʳ] *adj* différent; **they are not ~** ils se ressemblent; **the situation now is not ~ to what was going on 20 years ago** la situation actuelle n'est pas sans rappeler ce qui s'est passé il y a 20 ans.

dissimilarity [,dɪsɪmɪ'lærətɪ] (*pl* **dissimilarities**) *n* différence *f*.

dissimulate [dɪ'sɪmjʊleɪt] *fml* ◇ *vt* dissimuler, cacher.
◇ *vi* dissimuler.

dissimulation [dɪ,sɪmjʊ'leɪʃn] *n fml* dissimulation *f*.

dissipate ['dɪsɪpeɪt] ◇ *vt* [disperse - cloud, fears, suspicions] dissiper; [waste - fortune] dilapider, gaspiller; [- energies] disperser, gaspiller; PHYS [heat, energy] dissiper.
◇ *vi* [cloud, mist, crowd] se disperser; [fears, suspicions, hopes] s'évanouir; PHYS [energy] se dissiper.

dissipated ['dɪsɪpeɪtɪd] *adj* [person] débauché; [habit] de débauche; [society] décadent; **to lead** OR **to live a ~ life** mener une vie de débauche.

dissipation [,dɪsɪ'peɪʃn] *n* -**1.** [of cloud, fears, hopes etc] dissipation *f*; [of fortune] dilapidation *f*; [of energies] dispersion *f*, gaspillage *m*; PHYS [of energy, heat] dissipation *f*. -**2.** [debauchery] débauche *f*; **to lead** OR **to live a life of ~** mener une vie de débauche.

dissociate [dɪ'səʊʃɪeɪt] ◇ *vt* -**1.** [gen] dissocier, séparer; **to ~ o.s. from sthg** se dissocier OR désolidariser de qqch. -**2.** CHEM dissocier.
◇ *vi* CHEM [subj: chemist] opérer une dissociation; [subj: molecules] se dissocier.

dissociation [dɪ,səʊsɪ'eɪʃn] *n* dissociation *f*.

dissoluble [dɪ'sɒljʊbl] *adj* soluble.

dissolute ['dɪsəluːt] *adj* [person] débauché; [life] de débauche, dissolu *lit*.

dissoluteness ['dɪsəluːtnɪs] *n* débauche *f*.

dissolution [,dɪsə'luːʃn] *n* -**1.** [gen] dissolution *f*. -**2.** *Am* JUR [divorce] divorce *m*.

dissolvable [dɪ'zɒlvəbl] *adj* soluble.

dissolve [dɪ'zɒlv] ◇ *vt* -**1.** [salt, sugar] dissoudre. -**2.** [empire, marriage, Parliament] dissoudre.
◇ *vi* -**1.** [salt, sugar] se dissoudre; *fig* [fear, hopes] s'évanouir, s'envoler; [apparition] s'évanouir; [crowd] se disperser; [clouds] disparaître; **to ~ into tears** fondre en larmes; **to ~ into laughter** être pris de rire. -**2.** [marriage, Parliament] être dissout; [empire] se dissoudre. -**3.** CIN & TV faire un fondu enchaîné.
◇ *n* CIN & TV fondu enchaîné *m*.

dissonance ['dɪsənəns] *n* MUS dissonance *f*; *fig* discordance *f*.

dissonant ['dɪsənənt] *adj* MUS dissonant; *fig* [colours, opinions] discordant.

dissuade [dɪ'sweɪd] *vt* [person] dissuader; **to ~ sb from doing sthg** dissuader qqn de faire qqch; **to ~ sb from sthg** détourner qqn de qqch.

dissuasion [dɪ'sweɪʒn] *n* dissuasion *f*.

dissuasive [dɪ'sweɪsɪv] *adj* [person, effect] dissuasif; **it had a ~ effect on them** cela les a dissuadés.

distaff ['dɪstɑːf] *n* [for spinning] quenouille *f*; **on the ~ side** *fig* du côté maternel.

distance ['dɪstəns] ◇ *n* -**1.** [between two places] distance *f*; **~ is measured in miles/kilometres** on mesure la distance en miles/kilomètres; **modern technology makes ~ irrelevant** avec la technologie moderne, les distances ne veulent plus rien dire; **at a ~ of 50 metres** à (une distance de) 50 mètres; **within walking/cycling ~ from the station** à quelques minutes de marche/en vélo de la gare; **is it within walking ~?** peut-on y aller à pied?; **the house is some ~ from the village** la maison est assez loin du village; **it's some** OR **quite a** OR **a good ~ from here** c'est assez loin d'ici; **a short ~ away** tout près; **it's no ~ (at all)** c'est tout près OR à deux pas; **we covered the ~ in ten hours** nous avons fait le trajet en dix heures; **to cover great ~s on foot** couvrir de grandes distances à pied; **~ (is) no object** [in advertisement] toutes distances couvertes, toutes destinations; **to keep at a safe ~ (from)** se tenir à une distance prudente (de) || *fig*: **to keep sb at a ~** tenir qqn à distance (respectueuse); **to keep one's ~ (from sb)** garder ses distances (par rapport à qqn); **we keep our ~ from each other** nous gardons nos distances (l'un par rapport à l'autre) ❑ **braking/stopping ~** AUT distance de freinage/d'arrêt; **to go the ~** [boxer, political campaigner] tenir la distance; **the fight went the ~** le combat est allé jusqu'à la limite. -**2.** [distant point, place]: **to see/to hear sthg in the ~** voir/entendre qqch au loin; **in the middle ~** au second plan; **to see sthg from a ~** voir qqch de loin; **you can't see it from** OR **at this ~** on ne peut pas le voir à cette distance; **to admire sb from** OR **at a ~** admirer qqn de loin. -**3.** [separation in time]: **at a ~ of 200 years, it's very difficult to know** 200 ans plus tard, il est très difficile de savoir; **it's very hard for me to remember at this ~ in time** c'est très difficile de m'en souvenir après tout ce temps. -**4.** *fig* [gap]: **there's a great ~ between us** il y a un grand fossé entre nous. -**5.** *fig* [aloofness, reserve] froideur *f*.
◇ *comp*: **~ learning** OR **teaching** enseignement *m* à distance; **~ race** SPORT épreuve *f* de fond; **~ runner** SPORT coureur *m*, -euse *f* de fond.
◇ *vt*: **she is distancing herself from the other runners** elle est en train de distancer les autres coureurs OR de se détacher des autres coureurs; **to ~ o.s. (from sb/sthg)** *fig* prendre ses distances (par rapport à qqn/qqch).

distant ['dɪstənt] ◇ *adj* -**1.** [faraway - country, galaxy, place] lointain, éloigné; **in the most ~ corner of the universe** dans le coin le plus éloigné OR reculé de l'univers; **we had a ~ view of the sea from the hotel** on pouvait voir la mer au loin depuis l'hôtel; **the ~ sound of the sea** le bruit de la mer au loin. -**2.** [in past - times] lointain, reculé; [- memory] lointain; **in the (dim and) ~ past** il y a bien OR très longtemps, dans le temps. -**3.** [in future - prospect] lointain; **in the ~ future** dans un avenir lointain; **in the not too ~ future** dans un avenir proche, prochainement. -**4.** [relation] éloigné; [resemblance] vague. -**5.** [remote - person, look] distant; [aloof] froid; **to have a ~ manner** être distant OR froid.
◇ *adv*: **three miles ~ from here** à trois miles d'ici; **not far ~** pas très loin.

distantly ['dɪstəntlɪ] *adv* -**1.** [in the distance] au loin. -**2.** [resemble] vaguement; **to be ~ related** [people] avoir un lien de parenté éloigné; [ideas, concepts etc] avoir un rapport éloigné. -**3.** [speak, behave, look] froidement, d'un air distant OR froid.

distaste [dɪs'teɪst] *n* dégoût *m*, répugnance *f*; **to feel ~ for sthg** ne pas aimer qqch; [stronger] éprouver du dégoût OR de la répugnance pour qqch.

distasteful [dɪs'teɪstfʊl] *adj* [unpleasant - task] désagréable; [in bad taste - joke, remark etc] de mauvais goût; **to be ~ to sb** déplaire à qqn; **I find it extremely ~** je trouve ça tout à fait déplaisant.

distastefully [dɪs'teɪstfʊlɪ] *adv* [with repugnance - look] d'un air dégoûté; [with bad taste - presented, portrayed] avec mauvais goût.

Dist. Atty *written abbr of* district attorney.

distemper [dɪ'stempəʳ] ◇ *n* -**1.** [paint] détrempe *f*. -**2.** VETER maladie *f* de Carré.
◇ *vt* peindre à la OR en détrempe.

distend [dɪ'stend] ◇ *vt* gonfler; **~ed stomach** ventre *m* gonflé.
◇ *vi* [stomach] se ballonner, se gonfler; [sails] se gonfler.

distension [dɪ'stenʃn] *n* dilatation *f*, distension *f*.

distil *Br*, **distill** *Am* [dɪ'stɪl] (*pt* & *pp* **distilled**, *cont* **distilling**) ◇ *vt literal* & *fig* distiller; **distilled water** eau *f* distillée.
◇ *vi* se distiller.

distillate ['dɪstɪlət] *n* CHEM distillat *m*.

distillation [,dɪstɪ'leɪʃn] *n literal* & *fig* distillation *f*; **fractional ~** distillation fractionnée.

distiller [dɪ'stɪləʳ] *n* distillateur *m*.

distillery [dɪ'stɪlərɪ] (*pl* **distilleries**) *n* distillerie *f*; **whisky ~** distillerie de whisky.

distinct [dɪ'stɪŋkt] *adj* -**1.** [different] distinct; **to be ~ from** se distinguer de; **the two poems are quite ~ from each other** les deux poèmes sont tout à fait distincts, les deux poèmes sont tout à fait différents l'un de l'autre. -**2.** [clear - memory] clair, net; [- voice, announcement] distinct. -**3.** [decided, evident - accent] prononcé; [- preference] marqué; [- lack of respect, interest] évident; [- likeness] clair, net, prononcé; [- advantage, improvement] net; **to make ~ progress** progresser nettement; **she had a ~ feeling that something would go wrong** elle avait le sen-

timent très net que quelque chose allait mal tourner; I have the ~ impression you're trying to avoid me j'ai la nette impression que tu essaies de m'éviter; there's a ~ smell of smoke in here cela sent vraiment la fumée ici; a ~ possibility une forte possibilité; there is a ~ possibility of rain tomorrow il est fort possible qu'il pleuve demain; it is a ~ possibility [in answer to question] c'est fort possible.
◆ **as distinct from** *prep phr* par opposition à.

distinction [dɪ'stɪŋkʃn] *n* -**1.** [difference] distinction *f*; her ~ between the two things la distinction qu'elle fait entre les deux choses; to make OR to draw a ~ between two things faire OR établir une distinction entre deux choses. -**2.** [excellence] distinction *f*; a writer/artist of great ~ un écrivain/artiste très réputé; to win OR to gain ~ (as) se distinguer (en tant que); she has the ~ of being the only woman to become Prime Minister elle se distingue pour être la seule femme à avoir été nommée Premier ministre. -**3.** SCH & UNIV [mark] mention *f*; he got a ~ in maths il a été reçu en maths avec mention; to pass with ~ réussir un examen avec mention. -**4.** [honour, award] honneur *m*.

distinctive [dɪ'stɪŋktɪv] *adj* [colour, appearance, feature] distinctif; her car is quite ~ sa voiture se remarque facilement.

distinctively [dɪ'stɪŋktɪvlɪ] *adv* [coloured] de manière distinctive.

distinctly [dɪ'stɪŋktlɪ] *adv* -**1.** [clearly - speak, hear] distinctement, clairement; [remember] clairement; I ~ told you not to do that je t'ai bien dit de ne pas faire cela, je t'ai formellement défendu de faire cela. -**2.** [very] vraiment, franchement; he was ~ rude to the old lady il a été vraiment grossier avec la vieille dame.

distinguish [dɪ'stɪŋgwɪʃ] ◇ *vt* -**1.** [set apart] distinguer; to ~ o.s. se distinguer; to ~ sthg from sthg distinguer qqch de qqch. -**2.** [tell apart] distinguer. -**3.** [discern] distinguer.
◇ *vi* faire OR établir une distinction; to ~ between two things/people faire la distinction entre deux choses/personnes.

distinguishable [dɪ'stɪŋgwɪʃəbl] *adj* -**1.** [visible] visible; the horizon was hardly ~ on distinguait à peine l'horizon. -**2.** [recognizable] reconnaissable; to be easily ~ from se distinguer facilement de, être facile à distinguer de; the male is ~ by his red legs le mâle est reconnaissable à OR se distingue par ses pattes rouges.

distinguished [dɪ'stɪŋgwɪʃt] *adj* -**1.** [eminent] distingué. -**2.** [refined - manners, voice] distingué; ~-looking distingué; ~-sounding [voice] distingué; [person] à la voix distinguée.

distinguishing [dɪ'stɪŋgwɪʃɪŋ] *adj* [feature, mark, characteristic etc] distinctif; ~ features [on passport] signes *mpl* particuliers.

distort [dɪ'stɔːt] ◇ *vt* -**1.** [face, image, structure etc] déformer; *fig* [facts, truth] déformer, dénaturer; [judgment] fausser; his upbringing ~ed his view of life son éducation a déformé OR faussé son image de la vie. -**2.** ELECTRON, RADIO & TV déformer.
◇ *vi* [face, structure, sound] se déformer.

distorted [dɪ'stɔːtɪd] *adj* [face, limbs] déformé; *fig* [facts, truth, account] déformé, dénaturé; [view of life] déformé, faussé; [judgment] faussé.

distortion [dɪ'stɔːʃn] *n* -**1.** *literal* & *fig* déformation *f*. -**2.** ELECTRON & RADIO distorsion *f*; TV déformation *f*.

distract [dɪ'strækt] *vt* -**1.** [break concentration of] distraire; [disturb] déranger; to ~ sb from his/her work distraire qqn de son travail; to ~ sb from his/her objective détourner qqn de son but; to ~ sb's attention [accidentally] distraire l'attention de qqn; [on purpose] détourner l'attention de qqn; ~ her for a couple of minutes détourne son attention pendant quelques minutes. -**2.** [amuse] distraire.

distracted [dɪ'stræktɪd] *adj* -**1.** [with thoughts elsewhere] distrait. -**2.** [upset] affolé, bouleversé; ~ with worry/with grief fou d'inquiétude/de chagrin.

distractedly [dɪ'stræktɪdlɪ] *adv* -**1.** [with thoughts elsewhere] distraitement. -**2.** [anxiously] d'un air affolé OR bouleversé; she was sobbing ~ elle sanglotait, éperdue de douleur.

distracting [dɪ'stræktɪŋ] *adj* -**1.** [disruptive]: I find it ~ ça m'empêche de me concentrer; it's very ~ having so many people in the office c'est très difficile de se concentrer (sur son travail) avec autant de gens dans le bureau. -**2.** [amusing] distrayant.

distraction [dɪ'strækʃn] *n* -**1.** [diversion - of attention] distraction *f*; taking on another job now would just be an unwelcome ~ for us entreprendre un nouveau travail maintenant nous détournerait de notre objet. -**2.** [amusement] distraction *f*; to do sthg for ~ faire qqch pour se distraire. -**3.** [anxiety] affolement *m*; [absent-mindedness] distraction *f*. -**4.** [madness] affolement *m*; to drive sb to ~ rendre qqn fou; I'm being driven to ~ je deviens fou; to love sb to ~ aimer qqn éperdument OR à la folie.

distrain [dɪ'streɪn] *vi* JUR: to ~ on sb's goods saisir les biens de qqn; ~ing order ordre *m* de saisie.

distraint [dɪ'streɪnt] *n* JUR saisie *f*.

distraught [dɪ'strɔːt] *adj* [with worry] angoissé, fou d'angoisse; [after death] fou OR éperdu de douleur, désespéré; the ~ mother made a plea to the kidnappers folle d'angoisse, la mère a imploré les kidnappeurs; he sounds ~ il a l'air affolé; to be ~ with grief être fou de douleur; to be ~ over sthg être angoissé à cause de OR désespéré par qqch.

distress [dɪ'stres] ◇ *n* [suffering - mental] angoisse *f*; [- physical] souffrance *f*; [hardship] détresse *f*; to cause sb ~ causer du tourment à qqn; to be in ~ [horse, athlete] souffrir; [mentally] être angoissé; [ship] être en détresse OR perdition; [aircraft] être en détresse; to be in financial ~ avoir de sérieux problèmes financiers.
◇ *comp*: ~ merchandise *Am* COMM *marchandises écoulées à bas prix parce qu'elles sont endommagées ou pour permettre de régler des dettes importantes.*
◇ *vt* -**1.** [upset] faire de la peine à, tourmenter; he was ~ed by the animal's suffering les souffrances de la bête lui faisaient de la peine. -**2.** [furniture] vieillir.

distressed [dɪ'strest] *adj* -**1.** [mentally] tourmenté; [very sorry] affligé; [physically] souffrant; [financially] dans le besoin; there's no need to get ~ ce n'est pas la peine de vous tourmenter; we were ~ to hear of his death nous avons été affligés d'apprendre sa mort; to be ~ by OR about sthg être affligé par qqch; they are in ~ circumstances ils sont dans le besoin; ~ area zone *f* sinistrée. -**2.** [furniture, leather, clothing] vieilli.

distressing [dɪ'stresɪŋ] *adj* pénible.

distressingly [dɪ'stresɪŋlɪ] *adv* désespérément.

distress signal *n* signal *m* de détresse; to send out a ~ [ship, aircraft] envoyer un signal de détresse; to send out ~s *fig* envoyer des signaux de détresse.

distribute [dɪ'strɪbjuːt] *vt* -**1.** [hand out - money, leaflets, gifts etc] distribuer. -**2.** [share out, allocate - wealth, weight] répartir; [- paint] répandre. -**3.** CIN & COMM [supply] distribuer.

distribution [ˌdɪstrɪ'bjuːʃn] ◇ *n* -**1.** [of leaflets, money etc] distribution *f*. -**2.** CIN & COMM [delivery, supply] distribution *f*; to have a wide ~ COMM être largement distribué ‖ [of books] diffusion *f*. -**3.** [of wealth] répartition *f*, distribution *f*; [of load] répartition *f*.
◇ *comp* COMM [channel, network] de distribution; ~ rights CIN droits *mpl* de distribution.

distributive [dɪ'strɪbjʊtɪv] ◇ *adj* -**1.** COMM: the ~ trades le secteur de la distribution. -**2.** GRAMM distributif.
◇ *n* GRAMM [pronoun] pronom *m* distributif; [adjective] adjectif *m* distributif.

distributor [dɪ'strɪbjʊtəʳ] *n* -**1.** CIN & COMM distributeur *m*. -**2.** AUT distributeur *m*; ~ cap tête *f* de Delco® OR d'allumeur.

district ['dɪstrɪkt] ◇ *n* [of country] région *f*; [of town] quartier *m*; [administrative area - of country] district *m*; [- of city] arrondissement *m*; [surrounding area] région *f*; postal ~ secteur *m* postal.
◇ *comp*: ~ manager COMM directeur *m* régional, directrice *f* régionale.

district attorney *n* [in US] procureur *m* de la République.

district council *n* [in UK] conseil *m* municipal.

district court *n* [in US] ≃ tribunal *m* d'instance (fédéral).

district nurse *n Br* infirmière *f* visiteuse.

District of Columbia *pr n* district *m* de Columbia; in the ~ dans le district de Columbia.

distrust [dɪs'trʌst] ◇ *vt* se méfier de.
◇ *n* méfiance *f*; my ~ of her la méfiance que j'éprouve pour elle OR à son égard; to have a deep ~ of sb/sthg éprouver une profonde méfiance à l'égard de qqn/qqch.

distrustful [dɪs'trʌstfʊl] *adj* méfiant; to be deeply ~ of éprouver une extrême méfiance pour OR à l'égard de.

distrustfully [dɪs'trʌstfʊlɪ] *adv* avec méfiance.

disturb [dɪ'stɜːb] *vt* -**1.** [interrupt - person] déranger; [- silence, sleep] troubler; '(please) do not ~' '(prière de) ne pas déranger'; to ~ the peace JUR troubler l'ordre public. -**2.** [distress, upset] troubler, perturber; [alarm] inquiéter. -**3.** [alter condition of - water] troubler; [- mud, sediment] agiter, remuer; [- papers] déranger.

disturbance [dɪ'stɜːbəns] *n* -**1.** [interruption, disruption] dérangement *m*. -**2.** POL: ~s [unrest] troubles *mpl*, émeute *f*. -**3.** [noise] bruit *m*, vacarme *m*; to cause a ~ JUR troubler l'ordre public; you're creating a ~ vous dérangez tout le monde; they create such a ~ when they leave the disco ils font tant de chahut OR de tapage lorsqu'ils sortent de la discothèque; police were called to a ~ in the early hours of the morning la police a été appelée au petit matin pour mettre fin à un tapage nocturne. -**4.** [distress, alarm] trouble *m*, perturbation *f*.

disturbed [dɪ'stɜːbd] *adj* -**1.** [distressed, upset] troublé, perturbé; [alarmed] inquiet; to be ~ at OR by sthg être troublé par OR perturbé par OR inquiet de qqch; I am ~ by it cela me dérange OR perturbe, cela m'inquiète; mentally ~ mentalement dérangé; emotionally ~ children enfants souffrant de troubles émotionnels OR affectifs. -**2.** [interrupted - sleep] troublé; we had a ~ night notre sommeil a été troublé.

disturbing [dɪ'stɜːbɪŋ] *adj* [news, development - alarming] inquiétant; [- distressing, upsetting] troublant, perturbant; some viewers may find the programme ~ cette émission pourrait troubler OR perturber certains spectateurs.

disturbingly [dɪ'stɜːbɪŋlɪ] *adv*: the level of pollution is ~ high la pollution a atteint un niveau inquiétant; it is ~ evident that the cease-fire will not hold il est inquiétant de voir que le cessez-le-feu n'a aucune chance d'être respecté.

disunite [ˌdɪsjuː'naɪt] *vt* désunir.

disunited [ˌdɪsjuː'naɪtɪd] *adj* désuni.

disunity [ˌdɪs'juːnətɪ] *n* désunion *f*.

disuse [ˌdɪs'juːs] *n*: the machine has rusted from ~ la machine a rouillé à force de ne pas être utilisée; to be in ~ [building, mine etc] être abandonné OR désaffecté; to fall into ~ [word, custom, law] tomber en désuétude.

disused [ˌdɪs'juːzd] *adj* [building, mine] abandonné, désaffecté.

disyllabic [ˌdɪsɪ'læbɪk] *adj* dissyllabe, dissyllabique.

ditch [dɪtʃ] ◇ *n* -**1.** [by roadside] fossé *m*; [for irrigation, drainage] rigole *f*; he drove the car into the ~ il est tombé dans le fossé avec la voiture. -**2.** *inf* AERON: the ~ la baille, la flotte.
◇ *vt inf* -**1.** [abandon - car] abandonner; [- plan, idea] abandonner, laisser tomber; [- boyfriend, girlfriend] plaquer, laisser tomber; [throw out] se débarrasser de; the lorry driver ~ed us le chauffeur du camion nous a laissés en rade. -**2.** AERON: to ~ a plane faire un amerrissage forcé.

◇ *vi* -**1.** AERON faire un amerrissage forcé. -**2.** AGR creuser un fossé.

ditching ['dɪtʃɪŋ] *n* -**1.** AGR creusement *m* de fossés. -**2.** *inf* [dumping - of car, plan, etc] abandon *m*. -**3.** AERON amerrissage *m* forcé.

ditchwater ['dɪtʃ,wɔːtəʳ] *n phr*: to be as dull as ~ *inf* être ennuyeux comme la pluie.

dither *inf* ['dɪðəʳ] ◇ *vi* [be indecisive] hésiter, se tâter; **to ~ about whether to do sthg** hésiter à OR se tâter pour faire qqch; **stop ~ing (about)** [decide] décide-toi; [make a start] arrête de tourner en rond.

◇ *n*: **to be in a ~** hésiter, se tâter; **I'm in a ~ about what to do** je n'arrive pas à me décider sur ce que je dois faire; **he was in** OR **all of a ~ about his exams** il était dans tous ses états à cause de ses examens.

ditherer *inf* ['dɪðərəʳ] *n*: **he's such a terrible ~** il est toujours à hésiter sur tout.

dithery *inf* ['dɪðərɪ] *adj* -**1.** [indecisive] hésitant, indécis. -**2.** [agitated] nerveux, agité.

ditransitive [dɪ'trænsɪtɪv] *adj* à deux compléments d'objet.

ditsy *inf* ['dɪtsɪ] (*compar* **ditsier**, *superl* **ditsiest**) *adj Am* écervelé.

ditto ['dɪtəʊ] ◇ *adv inf*: **I feel like a drink — ~** j'ai bien envie de prendre un verre — idem; **I don't like her — ~** je ne l'aime pas — moi non plus.

◇ *comp*: **~ mark** guillemets *mpl* itératifs, signes *mpl* d'itération.

ditty ['dɪtɪ] (*pl* **ditties**) *n hum* chanson *f*.

diuresis [,daɪjʊ'riːsɪs] *n* MED diurèse *f*.

diuretic [,daɪjʊ'retɪk] MED ◇ *adj* diurétique.

◇ *n* diurétique *m*.

diurnal [daɪ'ɜːnl] *adj lit* diurne.

diva ['diːvə] *n* diva *f*.

divan [dɪ'væn] *n* divan *m*; **~ (bed)** divan-lit *m*.

dive [daɪv] (*Br pt & pp* **dived**, *Am pt* **dove** [dəʊv] OR **dived**, *pp* **dived**) ◇ *vi* -**1.** [person, bird, submarine] plonger; [aircraft] plonger, piquer, descendre en piqué; **to ~ for clams/pearls** pêcher la palourde/des perles *(en plongée)*; **the bird ~d on its prey** l'oiseau a plongé OR fondu sur sa proie; **she ~d off the side of the boat** elle a plongé depuis le bord du bateau; **to ~ for the ball** [goalkeeper] plonger sur le ballon. -**2.** [as sport] faire de la plongée. -**3.** *inf* [rush]: **they ~d for the exit** ils se sont précipités OR ils ont foncé vers la sortie; **he ~d for his camera** il s'est rué sur son appareil photo; **the soldiers ~d into the doorway** les soldats se sont engouffrés dans l'entrée; **the rabbit ~d down its hole** le lapin s'est enfoui OR a plongé dans son trou; **he ~d into the car** il s'engouffra dans la voiture; **he ~d into his pocket/the bag** il a plongé la main dans sa poche/le sac; **she always ~s headlong into a task** *fig* elle fonce toujours tête baissée pour faire quelque chose; **she ~d out of sight** elle s'est cachée précipitamment; **to ~ under the table** plonger OR se jeter sous la table; **he ~d under the covers and shut his eyes** il s'est enfoui OR il a plongé sous les couvertures et a fermé les yeux.

◇ *n* -**1.** [of swimmer, bird, submarine] plongeon *m*; [by aircraft] piqué *m*; **to go into a ~** [aircraft] plonger, piquer, descendre en piqué; **to pull out of a ~** [aircraft] se redresser d'un piqué; **to make a ~ for the ball** plonger sur le ballon; **to take a ~** *inf* [in boxing] feindre le K-O; **he took a ~ in the box** FTBL il a feint de s'effondrer dans la surface de réparation. -**2.** *inf* [sudden movement]: **to make a ~ for the exit** se précipiter vers la sortie; **to make a ~ for shelter** se précipiter pour se mettre à l'abri; **I made a ~ for the vase** [to stop it breaking] je me suis précipité vers le vase. -**3.** *inf pej* [bar, café etc] bouge *m*.

◆ **dive in** *vi insep* -**1.** [swimmer] plonger. -**2.** *inf* **~ in!** [eat] attaquez!; **we're just going to have to ~ in** [set to work] il va falloir qu'on s'y mette; **we can't just ~ in without any preparation** nous ne pouvons pas nous lancer comme ça sans aucune préparation.

dive-bomb *vt* [subj: plane] bombarder OR attaquer en piqué; [subj: bird] attaquer en piqué.

dive-bomber *n* chasseur *m* bombardier.

dive-bombing *n* [by plane] bombardement *m* en piqué.

diver ['daɪvəʳ] *n* -**1.** [from diving board, underwater] plongeur *m*, -euse *f*; [deep-sea] scaphandrier *m*; **pearl/clam ~** pêcheur *m*, -euse *f* de perles/de palourdes *(en plongée)*. -**2.** [bird] plongeur *m*.

diverge [daɪ'vɜːdʒ] *vi* [paths] se séparer, diverger; *fig* [opinions] diverger; **to ~ from the truth** s'écarter de la vérité.

divergence [daɪ'vɜːdʒəns] *n* [of paths] séparation *f*, divergence *f*; *fig* [of opinions] divergence *f*; **this ~ in our opinions** cette divergence d'opinion entre nous.

divergent [daɪ'vɜːdʒənt] *adj* [opinions] divergent.

divers ['daɪvəz] *adj arch* OR *lit* [several] divers, plusieurs.

diverse [daɪ'vɜːs] *adj* divers.

diversification [daɪ,vɜːsɪfɪ'keɪʃn] *n* diversification *f*; **the company's recent ~ into cosmetics** la diversification qu'a récemment entreprise la société en pénétrant le marché des cosmétiques.

diversify [daɪ'vɜːsɪfaɪ] (*pt & pp* **diversified**) ◇ *vi* [company] se diversifier; **to ~ into a new market** se diversifier en pénétrant un nouveau marché; **to ~ into a new product** [make new product] se diversifier en fabriquant un nouveau produit.

◇ *vt* diversifier.

diversion [daɪ'vɜːʃn] *n* -**1.** [of traffic] déviation *f*; [of river] dérivation *f*, détournement *m*. -**2.** [distraction] diversion *f*; **it was a welcome ~** cela a été une diversion agréable; **to create a ~** [distract attention] faire (une) diversion; MIL opérer une diversion. -**3.** [amusement] distraction *f*.

diversionary [daɪ'vɜːʃnrɪ] *adj* [remark, proposal] destiné à faire diversion; **~ tactics** tactique *f* de diversion.

diversity [daɪ'vɜːsətɪ] *n* diversité *f*.

divert [daɪ'vɜːt] *vt* -**1.** [reroute - traffic] dévier; [- train, plane, ship] dévier (la route de); [- river, attention, conversation, blow] détourner; **the train was ~ed via Birmingham** le train a été dévié par Birmingham; **the plane was ~ed to London** l'avion a été dévié OR détourné sur Londres; **to ~ water from a river** détourner de l'eau d'une rivière. -**2.** [money] transférer; [illegally] détourner. -**3.** [amuse] distraire.

diverticulitis [,daɪvə,tɪkjʊ'laɪtɪs] *n (U)* diverticulite *f*.

diverting [daɪ'vɜːtɪŋ] *adj* divertissant.

divest [daɪ'vest] *vt fml* -**1.** [take away from] priver; **to ~ sb of sthg** priver qqn de qqch. -**2.** [rid]: **to ~ o.s. of** [opinion, belief] se défaire de; [coat] enlever; [luggage] se débarrasser de.

divestiture [daɪ'vestɪtʃəʳ] *n Am* désinvestissement *m*.

divestment [daɪ'vestmənt] *n Am* désinvestissement *m*.

divide [dɪ'vaɪd] ◇ *vt* -**1.** [split up - territory, property, work] diviser; [share out] partager, répartir; **to ~ sthg in** OR **into two** couper OR diviser qqch en deux; **she ~d the cake into six equal portions** elle a partagé OR coupé le gâteau en six parts égales; **she ~d the cake equally among the children** elle a partagé le gâteau en parts égales entre les enfants; **they ~d the work between them** ils se sont partagé OR réparti le travail; **he ~s his time between the office and home** il partage son temps entre le bureau et la maison. -**2.** [separate] séparer; **to ~ sthg from sthg** séparer qqch de qqch; **the Berlin Wall used to ~ East and West** le mur de Berlin séparait l'Est de l'Ouest. -**3.** MATH diviser; **to ~ 10 by 2** diviser 10 par 2; **40 ~d by 5 equals 8** 40 divisé par 5 égale 8. -**4.** [disunite - family, party] diviser. -**5.** *Br* POL: **to ~ the House** faire voter la Chambre.

◇ *vi* -**1.** [cells, group of people, novel] se diviser; **a policy of ~ and rule** POL une politique consistant à diviser pour régner; **the class ~d into groups** la classe s'est divisée OR répartie en groupes. -**2.** [river, road, train] se séparer. -**3.** MATH diviser; **we're learning to ~** nous apprenons à faire des divisions; **10 ~s by 2** 10 est divisible par 2, 10 est un multiple de 2. -**4.** *Br* POL: **the House ~d on the question** la Chambre a voté sur la question.

◇ *n* -**1.** [gap] fossé *m*; **the North-South ~** la division Nord-Sud. -**2.** *Am* GEOG [watershed] ligne *f* de partage des eaux; **the Great** OR **Continental Divide** ligne de partage des eaux des Rocheuses; **to cross the Great Divide** [die] passer de vie à trépas.

◆ **divide off** *vt sep* séparer; **to ~ sthg off from sthg** séparer qqch de qqch.

◆ **divide out** *vt sep* partager, répartir; **to ~ sthg out between** OR **among people** partager qqch entre des gens.

◆ **divide up** ◇ *vi insep* = **divide** *vi* **1.**

◇ *vt sep* = **divide** *vt* **1.**

divided [dɪ'vaɪdɪd] *adj* -**1.** [property, territory] divisé; BOT découpé; **~ highway** *Am* route *f* à quatre voies; **~ skirt** jupe-culotte *f*. -**2.** [disunited - family, party] divisé; **the party is ~ on the issue** le parti est divisé sur ce problème; **opinion is ~ on the matter** les avis sont partagés sur ce problème; **I feel ~ (in my mind)** OR **my mind is ~ on the issue** je suis partagé sur la question; **to have ~ loyalties** être déchiré; **my loyalties are ~** je suis déchiré.

dividend ['dɪvɪdend] *n* FIN & MATH dividende *m*; **to pay a ~** FIN [company] verser un dividende; [shares] rapporter un dividende; **to pay ~s** *fig* porter ses fruits.

divider [dɪ'vaɪdəʳ] *n* [in room] meuble *m* de séparation.

◆ **dividers** *npl* MATH: **(a pair of) ~s** un compas à pointes sèches.

dividing [dɪ'vaɪdɪŋ] *adj* [fence, wall] de séparation; **~ line** *literal* limite *f*; *fig* distinction *f*; **it's a very thin ~ line** *fig* c'est une distinction très subtile.

divination [,dɪvɪ'neɪʃn] *n* divination *f*.

divine [dɪ'vaɪn] ◇ *adj* -**1.** RELIG divin; **to attend ~ service** *fml* aller à l'église; **the ~ right of kings** HIST la monarchie de droit divin; **it was ~ retribution** c'était le châtiment de Dieu; **'The Divine Comedy'** *Dante* 'la Divine Comédie'. -**2.** *inf* [delightful] divin; **you look simply ~!** tu es absolument divine!

◇ *n* [priest] théologien *m*.

◇ *vt* -**1.** *lit* [foretell - the future] présager, prédire. -**2.** *lit* [conjecture, guess] deviner. -**3.** *lit* [perceive by intuition] pressentir. -**4.** [locate - water, metal] détecter OR découvrir par la radiesthésie.

◇ *vi*: **to ~ for water** détecter OR découvrir de l'eau par la radiesthésie.

divinely [dɪ'vaɪnlɪ] *adv* divinement.

diviner [dɪ'vaɪnəʳ] *n* [of future] devin *m*, devineresse *f*; [for water] sourcier *m*, radiesthésiste *mf*.

diving ['daɪvɪŋ] *n* [underwater] plongée *f* sous-marine; [from board] plongeon *m*; **she doesn't like ~** [from board] elle n'aime pas plonger *(d'un plongeoir)*; [underwater] elle n'aime pas la plongée sous-marine.

diving bell *n* cloche *f* à plongeur OR de plongée.

diving board *n* plongeoir *m*.

diving suit *n* scaphandre *m*.

divining rod [dɪ'vaɪnɪŋ-] *n* baguette *f* de sourcier.

divinity [dɪ'vɪnətɪ] (*pl* **divinities**) ◇ *n* -**1.** [quality, state] divinité *f*. -**2.** [god, goddess] divinité *f*; **the Divinity** la Divinité. -**3.** [theology] théologie *f*; SCOL instruction *f* religieuse; **Faculty/Doctor of Divinity** faculté *f* de/docteur *m* en théologie.

◇ *comp*: **~ student** étudiant *m*, -e *f* en théologie.

divisible [dɪ'vɪzəbl] *adj* divisible.

division [dɪ'vɪʒn] *n* -**1.** [act, state] division *f*; [sharing out] partage *m*; **the ~ of labour** la division du travail; **the ~ of responsibility** le partage des responsabilités. -**2.** [section – of company, organization] division *f*; [– of scale, thermometer] graduation *f*; [compartment – in box, bag] compartiment *m*. -**3.** BIOL, MIL & SPORT division *f*. -**4.** MATH division *f*. -**5.** [that which separates] division *f*; [dividing line] division *f*, scission *f*; [in room] cloison *f*; **class ~s** divisions entre les classes, divisions sociales; **the motorway forms a ~ between the two halves of the city** l'autoroute sépare la ville en deux. -**6.** [dissension] division *f*. -**7.** *Br* POL *vote officiel à la Chambre des communes (pour lequel les députés se répartissent dans les deux «division lobbies»)*; **a ~ will be necessary** il faudra procéder à un vote; **the bill was passed without ~** le projet de loi a été adopté sans qu'on ait procédé à un vote; **to carry a ~** avoir OR remporter la majorité des voix; **to come to a ~** procéder à un vote; **to call a ~** annoncer un vote; **to call for a ~ on sthg** demander que qqch soit soumis à un vote.

divisional [dɪ'vɪʒənl] *adj* de la division, de division; **the ~ manager** le directeur de la division; **there were six ~ managers there** il y avait six directeurs de division.

division bell *n Br* POL *sonnerie à la Chambre des communes prévenant les députés qu'il faut venir voter.*

division lobby *n Br* POL *nom des deux salles dans lesquelles les députés britanniques se répartissent pour voter.*

division sign *n* MATH symbole *m* de division.

divisive [dɪ'vaɪsɪv] *adj* [policy, issue] qui crée des divisions.

divisiveness [dɪ'vaɪsɪvnɪs] *n*: **the ~ of this policy is evident to everyone** il apparaît clairement à tout le monde que cette politique crée des OR est source de divisions.

divisor [dɪ'vaɪzəʳ] *n* MATH diviseur *m*.

divorce [dɪ'vɔːs] ◇ *n* -**1.** JUR divorce *m*; **I want a ~** je veux divorcer, je veux le divorce; **he asked his wife for a ~** il a demandé à sa femme de divorcer, il a demandé le divorce à sa femme; **a lawyer who specializes in ~** un avocat spécialisé dans les affaires OR cas de divorce; **her first marriage ended in ~** son premier mariage s'est soldé par un divorce; **to file** OR **to sue for (a) ~** demander le divorce; **to get** OR **to obtain a ~** obtenir le divorce; **Mary's getting a ~ from John** Mary divorce d'avec John; **they're getting a ~** ils divorcent; **why don't you get a ~?** pourquoi ne divorces-tu pas?; **grounds for ~** motifs *mpl* de divorce; **that's grounds for ~!** *hum* ça, c'est un motif de divorce! ❑ **'Divorce Italian Style'** *Germi* 'Divorce à l'italienne'. -**2.** *fig* séparation *f*, divorce *m*.

◇ *comp* [case, proceedings] de divorce; **~ court** *chambre spécialisée dans les affaires familiales au tribunal de grande instance*; **~ lawyer** avocat *m* spécialisé dans les affaires OR cas de divorce.

◇ *vt* -**1.** JUR [subj: husband, wife] divorcer d'avec; [subj: judge] prononcer le divorce de; **you should ~ him** tu devrais divorcer (d'avec lui); **they got ~d a few years ago** ils ont divorcé il y a quelques années. -**2.** *fig* séparer; **to ~ sthg from sthg** séparer qqch de qqch.

◇ *vi* divorcer.

divorcé [dɪ'vɔːseɪ] *n* divorcé *m*.

divorced [dɪ'vɔːst] *adj* -**1.** JUR divorcé; **a ~ woman** une (femme) divorcée. -**2.** *fig*: **to be ~ from reality** [person] être coupé de la réalité, ne pas avoir les pieds sur terre; [suggestion, plan] être irréaliste.

divorcée [dɪvɔː'siː] *n* divorcée *f*.

divot ['dɪvət] *n* motte *f* de terre.

divulge [daɪ'vʌldʒ] *vt* divulguer, révéler.

divvy *inf* ['dɪvɪ] (*pl* **divvies**, *pt* & *pp* **divvied**, *cont* **divvying**) *n Br abbr of* **dividend**.

◆ **divvy up** *inf* ◇ *vt sep* partager; **they divvied up the money between them** ils se sont partagé l'argent.

◇ *vi insep* faire le partage.

dixie ['dɪksɪ] *n Br mil sl* gamelle *f*.

Dixie *inf* ['dɪksɪ] *pr n Am* le Sud *(terme désignant le sud-est des États-Unis, particulièrement les anciens États esclavagistes).*

Dixieland ['dɪksɪlænd] MUS ◇ *n* jazz *m* dixieland.

◇ *adj*: **~ jazz** le (jazz) dixieland.

DIY *n* & *comp abbr of* **do-it-yourself**.

dizzily ['dɪzɪlɪ] *adv* -**1.** [walk] avec une sensation de vertige. -**2.** [behave] étourdiment.

dizziness ['dɪzɪnɪs] *n (U)* vertiges *mpl*.

dizzy ['dɪzɪ] (*compar* **dizzier**, *superl* **dizziest**) *adj* -**1.** [giddy]: **to feel ~** avoir le vertige, avoir la tête qui tourne; **you'll make yourself ~** tu vas avoir la tête qui tourne; **it makes me (feel) ~** cela me donne le vertige; **~ spell** OR **turn** éblouissement *m*. -**2.** [height, speed] vertigineux; **the ~ heights of fame** les sommets grisants de la célébrité OR gloire. -**3.** *inf* [scatterbrained] étourdi; **a ~ blonde** une blonde évaporée.

DJ (*abbr of* **disc jockey**) *n* DJ *m*.

Djakarta [dʒə'kɑːtə] = **Jakarta**.

Djerba ['dʒɜːbə] *pr n* Djerba; **in ~** à Djerba.

DJIA *pr n Am abbr of* **Dow Jones Industrial Average**.

Djibouti [dʒɪ'buːtɪ] *pr n* (République *f* de) Djibouti; **in ~** à Djibouti.

Djibouti City *pr n* Djibouti; **in ~** à Djibouti.

djinn [dʒɪn] *n* djinn *m*.

dl (*written abbr of* **decilitre**) dl.

DLit(t) [,diː'lɪt] *n* -**1.** (*abbr of* **Doctor of Literature**) docteur *m* ès lettres. -**2.** (*abbr of* **Doctor of Letters**) docteur *m* ès lettres.

DLO *n abbr of* **dead-letter office**.

dm (*written abbr of* **decimetre**) dm.

DM (*written abbr of* **Deutsche Mark**) DM.

DMA *n abbr of* **direct memory access**.

DMus [,diː'mjuːz] (*abbr of* **Doctor of Music**) *n* docteur *m* en musique.

DMZ *n abbr of* **demilitarized zone**.

DNA (*abbr of* **deoxyribonucleic acid**) *n* ADN *m*.

Dnieper ['dniːpəʳ] *pr n*: **the (River) ~** le Dniepr.

D-notice *n consigne donnée par le gouvernement britannique à la presse pour empêcher la diffusion d'informations touchant à la sécurité du pays.*

do[1] [duː] (*pres 3rd sing* **does** [dʌz], *pt* **did** [dɪd], *pp* **done** [dʌn], *negative forms* **do not**, **does not**, **did not** *frequently shortened to* **don't** [dəʊnt], **doesn't** [dʌznt], **didn't** [dɪdnt], *cont* **doing** ['duːɪŋ]) ◇ *aux vb* -**1.** [in questions]: **do you know her?** est-ce que tu la connais?, la connais-tu?; **don't/didn't you know?** vous ne le savez/saviez pas?; **did I understand you correctly?** vous ai-je bien compris?, est-ce que je vous ai bien compris?; **why don't you tell her?** pourquoi est-ce que tu ne (le) lui dis pas?, pourquoi ne (le) lui dis-tu pas? || [in exclamations]: **do I know London!** si je connais Londres?; **boy, do I hate paperwork!** nom d'un chien, qu'est-ce que je peux avoir horreur des paperasses! -**2.** [in tag questions]: **he takes you out a lot, doesn't he?** il te sort souvent, n'est-ce pas OR hein?; **he doesn't take you out very often, does he?** il ne te sort pas souvent, n'est-ce pas OR hein?; **so you want to be an actress, do you?** alors tu veux devenir actrice?; **you didn't sign it, did you?** [disbelief, horror] tu ne l'as pas signé, quand même?; **you surely don't want any more, do you?** tu ne veux quand même pas en reprendre, si?; **look, we don't want any trouble, do we?** [encouraging, threatening] écoute, nous ne voulons pas d'histoires, hein? -**3.** [with the negative]: **I don't believe you** je ne te crois pas; **please don't tell her** s'il te plaît, ne (le) lui dis pas; **don't let's go out** *Br* ne sortons pas. -**4.** [for emphasis]: **I DO believe you** sincèrement, je vous crois; **do you mind if I smoke? – yes I DO mind** cela vous dérange-t-il que je fume? – justement, oui, ça me dérange; **he DOES know where it is** il sait bien où c'est; **we DO like it here** [refuting accusation] mais si, nous nous plaisons ici, bien sûr que nous nous plaisons ici; [like it very much] nous nous plaisons vraiment ici; **I DID tell you** [refuting sb's denial] mais si, je te l'ai dit, bien sûr que je te l'ai dit; [emphasizing earlier warning] je te l'avais bien dit; **if you DO decide to buy it** si tu décides finalement de l'acheter; **let me know when you DO decide** dis-moi quand tu auras décidé; **DO sit down** asseyez-vous donc; **DO let us know how your mother is** surtout dites-nous comment va votre mère; **DO stop crying** mais arrête de pleurer, enfin. -**5.** [elliptically]: **you know as much as/more than I do** tu en sais autant que/plus que moi; **so do I/does she** moi/elle aussi; **neither do I/does she** moi/elle non plus; **he didn't know and neither did I** il ne savait pas et moi non plus; **do you smoke? – I do/don't** est-ce que vous fumez? – oui/non; **may I sit down? – please do** puis-je m'asseoir? – je vous en prie; **I'll talk to her about it – please do/don't!** je lui en parlerai – oh, oui/non s'il vous plaît!; **will you tell her? – I may do** (le) lui diras-tu? – peut-être; **I may come to Paris next month – let me know if you do** il se peut que je vienne à Paris le mois prochain – préviens-moi si tu viens; **you said eight o'clock – oh, so I did** tu as dit huit heures – oh, c'est vrai; **I liked her – you didn't!** [surprised] elle m'a plu – non! vraiment?; **I wear a toupee – you do?** [astonished] je porte une perruque – vraiment? OR non! OR pas possible!; **it belongs/it doesn't belong to me – does/doesn't it?** cela m'appartient/ne m'appartient pas – vraiment? || [asserting opposites]: **yes you do – no I don't** mais si – mais non; **yes it does – no it doesn't** mais si – mais non; **you know her, I don't** tu la connais, moi pas; **you don't know her – I do!** tu ne la connais pas – si (, je la connais)! ❑ **I do** [marriage service] ≃ oui. -**6.** [in sentences beginning with adverbial phrase]: **not only did you lie...** non seulement tu as menti...; **little did I realize...** j'étais bien loin de m'imaginer...

◇ *vt* -**1.** [be busy or occupied with] faire; **what are you doing?** qu'est-ce que tu fais?, que fais-tu?, qu'es-tu en train de faire?; **are you doing anything next Saturday?** est-ce que tu fais quelque chose samedi prochain?; **what do you do for a living?** qu'est-ce que vous faites dans la vie?; **what are these files doing here?** qu'est-ce que ces dossiers font ici?; **somebody DO something!** que quelqu'un fasse quelque chose!; **there's nothing more to be done** il n'y a plus rien à faire; **he does nothing but sleep, all he does is sleep** il ne fait que dormir || [carry out – task, work] faire; **you'll have to do it again** il va falloir que tu le refasses; **he did a good job** il a fait du bon travail; **what do I do to start the machine?** comment est-ce que je fais pour mettre la machine en marche?; **what do I have to do to make you understand?** mais qu'est-ce que je dois faire pour que tu comprennes?; **have I done the right thing?** ai-je fait ce qu'il fallait?; **to do sthg about sthg/sb**: **what are you going to do about the noise?** qu'est-ce que tu vas faire au sujet du bruit?; **to do sthg for sb/sthg**: **what can I do for you?** que puis-je (faire) pour vous?; **the doctors can't do anything more for him** la médecine ne peut plus rien pour lui; **that dress really does something/nothing for you** cette robe te va vraiment très bien/ne te va vraiment pas du tout; **the new wallpaper does a lot for the room** le nouveau papier peint transforme la pièce; **what do you do for entertainment?** quelles sont vos distractions?, comment est-ce que vous vous distrayez?; **what shall we do for water to wash in?** où est-ce qu'on va trouver de l'eau pour se laver?; **to do sthg to sb/sthg**: **who did this to you?** qui est-ce qui t'a fait ça?; **what have you done to your hair?** qu'est-ce que tu as fait à tes cheveux?; **I hate what your job is doing to you** je n'aime pas du tout l'effet que ton travail a sur toi; **it does something to me** ça me fait quelque chose ❑ **don't do anything I wouldn't do** *hum* ne fais pas de bêtises; **that does it!** cette fois c'en est trop!; **that's done it, the battery's flat** et voilà, la batterie est à plat. -**2.** [produce, provide – copy, report] faire; **I don't do portraits** je ne fais pas les portraits; **the pub does a good lunch** *Br* on sert un bon déjeuner dans ce pub; **could you do me a quick translation of this?** pourriez-vous me traduire ceci rapidement?; **do you do day trips to France?** [to travel agent] est-ce que vous avez des excursions d'une journée en France? -**3.** [work on, attend to] s'occuper de; **he's doing your car now** il est en train de s'occuper de votre voiture; **can you do Mrs Baker first?** [in hairdresser's] peux-tu t'occuper de Mme Baker d'abord?; **to do the garden**: **I'm the one who does the garden** c'est moi qui m'occupe du jardin; **he's doing the garden** il est en train de jardiner ❑ **they do you very well in this hotel** on est très bien dans cet hôtel; **this old car has done me well over the years** cette voiture m'a bien servi au cours des années. -**4.** [clean, tidy - room, cupboard] faire; [decorate - room] faire la décoration de; **to do one's teeth** se brosser les dents|| [arrange - flowers] arranger; **to have one's hair done** aller chez le coiffeur. -**5.** SCH & UNIV [subject] étudier; *Br* [course] suivre; **to do medicine/law** étudier la médecine/le droit, faire sa médecine/son droit; **we're doing Tartuffe** nous étudions Tartuffe. -**6.** [solve - sums, crossword, equation] faire. -**7.** AUT & TRANSP [speed, distance] faire; **the car will do over 100** la voiture peut faire du 160; **it does thirty-five miles to the gallon** elle fait sept litres aux cents (kilomètres); **we did the trip in under two hours** nous avons fait le voyage en moins de deux heures. -**8.** CIN, THEAT & TV [produce - play, film] faire; [appear in] être dans; [play part of] faire; MUS [perform] jouer. -**9.** CULIN [cook] faire; [prepare - vegetables, salad] préparer; **to do sthg in the oven** faire (cuire) qqch au four; **how would you like your steak done?** comment voulez-vous votre steak? -**10.** *inf* [spend time - working, in prison] faire; **she's doing three years for robbery** elle fait trois ans pour vol. -**11.** [be enough or suitable for] suffire; **will £10 do you?** 10 livres, ça te suffira?; **those shoes will have to do the children for another year** les enfants devront encore faire un an avec ces chaussures. -**12.** [finish]: **well that's that done, thank goodness** bon, voilà qui est fait, dieu merci; **once I've done what I'm doing** dès que j'aurai fini ce que je suis en train de faire; **have you done eating/crying?** tu as fini de manger/pleurer?; **it will never be done in time** ce ne sera jamais fini à temps; **done!** [in bargain] marché conclu! -**13.** [imitate] imiter, faire; **he does you very well** il t'imite très bien. -**14.** *inf Br* [arrest]: **she was done for speeding** elle s'est fait pincer pour excès de vitesse; **we could do you for dangerous driving** nous pourrions vous arrêter pour conduite dangereuse. -**15.** *inf* [rob, burgle - bank, shop] cambrioler, se faire. -**16.** *inf* [cheat] rouler, avoir; **you've been done** tu t'es fait rouler OR avoir. -**17.** *inf* [visit] faire; **to do the sights** faire le tour des sites touristiques. -**18.** ▽ [take]: **to do drugs** se camer. -**19.** *inf Br* [beat up] s'occuper de qqn, en mettre une à qqn; **I'll do you!** je vais m'occuper de toi, moi!

◇ *vi* -**1.** [perform - in exam, competition etc] s'en tirer, s'en sortir; **you did very well** tu t'en es très bien tiré OR sorti; **his team didn't do well in the match** son équipe ne s'en est pas très bien tirée pendant le match; **the company's not doing too badly** l'entreprise ne se débrouille pas trop mal; **how are you doing in the new job/at school?** comment te débrouilles-tu dans ton nouveau travail/à l'école?; **try to do better in future** essaie de mieux faire à l'avenir; **how are we doing with the corrections?** [checking progress] où en sommes-nous avec les corrections?; **well done!** bien joué!, bravo! -**2.** [referring to health]: **how is she doing, doctor?** comment va-t-elle, docteur?; **he's not doing too well** il ne va pas trop bien; **mother and baby are both doing well** la maman et le bébé se portent tous les deux à merveille; **how is your eldest boy doing?** comment va votre aîné? ❑ **how do you do?** [greeting] comment allez-vous?; [on being introduced] ≃ enchanté, ravi. -**3.** [act, behave] faire; **do as you please** fais ce qui te plaît, fais ce que tu veux; **do as you're told!** fais ce qu'on te dit! ❑ **you would do well to listen to your mother** tu ferais bien d'écouter ta mère; **to do well by sb** bien traiter qqn; **to be/to feel hard done by** *Br* être/se sentir lésé; **do as you would be done by** *prov* traite les autres comme tu voudrais être traité. -**4.** [be enough] suffire; **will £20 do?** 20 livres, ça ira OR suffira?; **that will do!** [stop it] ça suffit comme ça! -**5.** [be suitable] aller; **that will do (nicely)** ça ira OR conviendra parfaitement, cela fera très bien l'affaire; **this won't do** ça ne peut pas continuer comme ça; **it wouldn't do to be late** ce ne serait pas bien d'arriver en retard; **will that do?** [as alternative] est-ce que ça ira?; **will Sunday do instead?** et dimanche, ça irait? -**6.** *(always in continuous form)* [happen]: **is there anything doing at the club tonight?** est-ce qu'il y a quelque chose au club ce soir?; **there's nothing doing here at weekends** il n'y a rien à faire ici le week-end ❑ **nothing doing** *inf* [rejection, refusal] rien à faire. -**7.** *(always in perfect tense)* [finish]: **have you done?** tu as fini? -**8.** [be connected with]: **it has to do with your missing car** c'est au sujet de votre voiture volée; **that's got nothing to do with it!** [is irrelevant] cela n'a rien à voir!; **I want nothing to do with it/you** je ne veux rien avoir à faire là-dedans/avec toi; **I had nothing at all to do with it** je n'avais rien à voir là-dedans, je n'y étais pour rien; **it's nothing to do with me** je n'y suis pour rien; **we don't have much to do with the people next door** nous n'avons pas beaucoup de contacts avec les gens d'à côté; **what I said to him has got nothing to do with you** [it's none of your business] ce que je lui ai dit ne te regarde pas; [it's not about you] ce que je lui ai dit n'a rien à voir avec toi; **that has a lot to do with it** cela joue un rôle très important; **he is OR has something to do with printing** il est dans l'imprimerie. -**9.** *inf Br* [work as cleaner] faire le ménage; **to do for sb** faire le ménage chez qqn.

◇ *n* -**1.** [tip]: **the do's and don'ts of car maintenance** les choses à faire et à ne pas faire dans l'entretien des voitures. -**2.** *inf* [party, celebration] fête *f*; **he's having a do to celebrate his promotion** il donne une fête pour célébrer sa promotion.

◆ **do away with** *vt insep* -**1.** [abolish - institution, rule, restriction] abolir; [get rid of - object] se débarrasser de. **2.** [kill] se débarrasser de, faire disparaître; **to do away with o.s.** mettre fin à ses jours.

◆ **do down** *inf vt sep Br* -**1.** [criticize, disparage] rabaisser, médire sur, dire du mal de; **to do o.s. down** se rabaisser. -**2.** [cheat] avoir, rouler.

◆ **do for**▽ *vt insep* -**1.** *Br* [murder] zigouiller; [cause death of] tuer. -**2.** [ruin - object, engine] bousiller; [cause failure of - plan] ruiner; [- company] couler; **I'm done for** je suis cuit; **the project is done for** le projet est tombé à l'eau OR foutu; **the industry is done for** l'industrie est fichue. -**3.** *Br* [exhaust] tuer, crever; **shopping always does for me** je suis toujours crevé après les courses; **I'm done for** je suis mort OR crevé.

◆ **do in**▽ *vt sep* -**1.** [murder, kill] zigouiller, buter, butter. -**2.** [exhaust] = **do for 3.** -**3.** [injure]: **to do one's back/one's knee in** se bousiller le dos/le genou; **you'll do your lungs in** tu vas te bousiller les poumons ❑ **it's doing my head in**▽ ça me bousille.

◆ **do out** *inf vt sep Br* [clean thoroughly] nettoyer à fond; [decorate] refaire.

◆ **do out of** *inf vt sep* [money, job] faire perdre.

◆ **do over** *vt sep* -**1.** [room] refaire; **the whole house needs doing over** toute la maison a besoin d'être refaite. -**2.** *Am* [do again] refaire. -**3.** *inf* [beat up] casser la gueule OR la tête à. -**4.** *inf* [burgle, rob - house, bank etc] cambrioler.

◆ **do up** ◇ *vt sep* -**1.** [fasten - dress, jacket] fermer; [- zip] fermer, remonter; [- buttons] boutonner; [- shoelaces] attacher; **do me up will you?** tu peux fermer ma robe? -**2.** [wrap, bundle up] emballer; **envelopes done up in bundles of 20** des enveloppes en paquets de 20; **a parcel done up in brown paper** un paquet emballé dans du papier kraft. -**3.** *inf* [renovate - house, cottage etc] refaire, retaper; [-old dress, hat] arranger; **the house needs a bit of doing up** la maison a besoin d'être un peu refaite OR retapée|| [make more glamorous]: **to do o.s. up** se faire beau/belle; **I didn't recognize you all done up like that** je ne t'ai pas reconnu tout beau comme ça.

◇ *vi insep* [skirt, dress] se fermer; [zip] se fermer, se remonter; [buttons] se fermer, se boutonner; **it does up at the side** cela se ferme sur le côté.

◆ **do with** *vt insep* -**1.** *inf Br (after 'could')* [need, want] avoir besoin de; **I could have done with some help** j'aurais eu bien besoin d'aide; **I could do with a drink** je prendrais bien un verre, j'ai bien envie de prendre un verre. -**2.** *inf Br (after 'can't')* [tolerate] supporter; **I can't do OR be doing with all this noise** je ne supporte pas ce vacarme. -**3.** *(after 'what')* [act with regard to] faire de; **they don't know what to do with themselves** ils ne savent pas comment s'occuper; **what are we going to do with your father for two whole weeks!** qu'allons-nous faire de ton père pendant deux semaines entières?; **what do you want me to do with this?** que veux-tu que je fasse de ça?; **what have you done with the hammer?** qu'as-tu fait du marteau? -**4.** *(always with pp)* [finish with] finir avec; **I'm done with men for ever** j'en ai fini pour toujours avec les hommes; **I'm done with trying to be nice to her** je n'essaierai plus jamais d'être gentil avec elle; **can I borrow the ashtray if you've done with it?** puis-je emprunter le cendrier si tu n'en as plus besoin?

◆ **do without** ◇ *vi insep* faire sans; **he'll have to do without** il devra s'en passer OR faire sans.

◇ *vt insep* se passer de; **I could have done without this long wait** j'aurais bien pu me passer de cette longue attente.

do² [dəʊ] *n* MUS do *m*.

do. *Br (written abbr of* ditto) do.

DOA *adj Br abbr of* dead on arrival.

Doberman (pinscher) ['dəʊbəmən('pɪnʃəʳ)] *n* doberman *m*.

doc *inf* [dɒk] [doctor] toubib *m*; **morning, ~** bonjour docteur.

docile [*Br* 'dəʊsaɪl, *Am* 'dɒsəl] *adj* [person, animal] docile.

docilely [*Br* 'dəʊsaɪllɪ, *Am* 'dɒsəllɪ] *adv* docilement.

docility [də'sɪlətɪ] *n* docilité *f*.

dock [dɒk] ◇ *vi* [ship] se mettre à quai; [spacecraft] s'amarrer.

◇ *vt* -**1.** [ship] mettre à quai; [spacecraft] amarrer. -**2.** [money]: **to ~ sb's pay/pocket money** faire une retenue sur la paye/réduire l'argent de poche de qqn; **you'll be ~ed £20** on retiendra 20 livres sur votre salaire; **they ~ed me for being late** ils ont fait une retenue sur mon salaire à cause de mon retard. -**3.** [animal's tail] couper.

◇ *n* -**1.** NAUT dock *m*, docks *mpl*; **the ~s** les docks; **to be in dry ~** [ship] être en cale sèche; **to be in ~** *fig* être en réparation. -**2.** JUR banc *m* des accusés; **the prisoner in the ~** l'accusé; **prisoner in the ~, have you anything to say in your defence?** accusé, avez-vous quelque chose à dire pour votre défense?; **to be in the ~** *fig* être sur la sellette. -**3.** BOT patience *f*.

◇ *comp* [manager] des docks; **~ worker** *Br* docker *m*; **~ strike** grève *f* des dockers.

docker ['dɒkəʳ] *n Br* docker *m*.

docket ['dɒkɪt] ◇ *n* -**1.** *Br* [on file, package] fiche *f* (de renseignements). -**2.** JUR *Am* liste *f* des affaires en instance; *Br* compte-rendu *m* des jugements.

◇ *vt* -**1.** [package, file] mettre une fiche (indiquant le contenu) sur; **the parcel has been ~ed** le colis porte une fiche indiquant son contenu. -**2.** JUR [make summary of] résumer; [register] enregistrer.

docking ['dɒkɪŋ] *n* [of ship] mise *f* à quai; [of spacecraft] amarrage *m*; **~ manoeuvre** accostage *m*.

dockland ['dɒklənd] *n* quartier *m* des docks.

◆ **Docklands** *pr n quartier d'affaires très moderne à Londres sur les bords de la Tamise.*

dockside ['dɒksaɪd] *n*: **on the ~** sur le quai.

dockyard ['dɒkjɑːd] *n* chantier *m* naval OR de constructions navales; **naval ~** arsenal *m* maritime OR de la marine.

Doc Martens® [-'mɑːtənz] *npl* Doc Martens® *fpl*.

doctor ['dɒktəʳ] ◇ *n* -**1.** MED docteur *m*, médecin *m*; **good morning, ~** bonjour docteur; **dear Doctor Cameron** [in letter] docteur; **I've an appointment with Doctor Cameron** j'ai rendez-vous avec le docteur Cameron; **he/she is a ~** il/elle est docteur OR médecin; **to go to the ~** OR **~'s** aller chez le docteur OR médecin; **you should see a ~** tu devrais consulter un docteur OR médecin; **to be under the ~** *inf* être sous traitement médical; **woman ~** *Br*, **female ~** *Am* femme *f* médecin; **army ~** médecin militaire ❑ **~'s line** OR **note** certificat *m* médical; **that's just what the ~ ordered!** *inf* c'est exactement ce qu'il me faut OR fallait!; **Doctor Who** *série télévisée britannique de science-fiction, dont le héros dispose d'une machine à voyager dans le temps*; **'The Doctor's Dilemma'** *Shaw* 'le Dilemme du docteur'; **'Doctor Strangelove'** *Kubrick* 'Docteur Folamour'; **'Doctor Zhivago'** *Pasternak, Lean* 'le Docteur Jivago'; **'Doctor Faustus'** *Mann* 'le Docteur Faustus'; *Marlowe* 'la Tragique Histoire du docteur Faustus'. -**2.** UNIV docteur *m*; **Doctor of Science** docteur ès OR en sciences; **to do a** OR **to take one's ~'s degree** faire un doctorat.
◇ *vt* -**1.** [tamper with - results, figures] falsifier, trafiquer; [- wine] frelater; **we'll need to ~ the figures a little** il va falloir un peu arranger ces chiffres. -**2.** [drug - drink, food] mettre de la drogue dans; [- racehorse] doper. -**3.** *Br* [castrate, sterilize - cat, dog] châtrer. -**4.** [treat] soigner.

doctoral ['dɒktərəl] *adj* [thesis, degree] de doctorat.

doctorate ['dɒktərət] *n* doctorat *m*; **to have/to do a ~ in sthg** avoir/faire un doctorat en qqch.

doctrinaire [ˌdɒktrɪ'neəʳ] *adj* doctrinaire.

doctrinal [dɒk'traɪnl] *adj* doctrinal.

doctrine ['dɒktrɪn] *n* doctrine *f*.

docudrama [ˌdɒkjʊ'drɑːmə] *n* TV docudrame *m*.

document [*n* 'dɒkjʊmənt, *vb* 'dɒkjʊment]
◇ *n* document *m*; JUR acte *m*; **to draw up a ~** rédiger un document; **may I have a look at your travel ~s, sir?** pourrais-je voir votre titre de transport, monsieur?; **the ~s in the case** JUR le dossier de l'affaire.
◇ *vt* -**1.** [write about in detail] décrire (de façon détaillée); [record on film - subj: film] montrer (en détail), présenter (de façon détaillée); [- subj: photographer] faire un reportage sur; **the book ~s life in the 1920s** le livre décrit la vie dans les années 20; **it is well ~ed** c'est bien documenté; **the first ~ed case of smallpox** le premier cas de variole qu'on ait enregistré. -**2.** [support - with evidence or proof] fournir des preuves à l'appui de, attester; [- with citations, references] documenter.

documentary [ˌdɒkjʊ'mentərɪ] (*pl* **documentaries**) ◇ *adj* -**1.** JUR [consisting of documents]: **~ evidence** preuve *f* littérale; **~ credit** crédit *m* documentaire. -**2.** [factual - film, programme] documentaire.
◇ *n* CIN & TV documentaire *m*.

documentation [ˌdɒkjʊmen'teɪʃn] *n* documentation *f*.

document case *n* porte-documents *m inv*.

DOD *pr n Am abbr of* Department of Defense.

dodder ['dɒdəʳ] *vi* [walk] marcher d'un pas hésitant.

dodderer *inf* ['dɒdərəʳ] *n pej* croulant *m*, -e *f*, gâteux *m*, -euse *f*.

doddering *inf* ['dɒdərɪŋ] *adj* [walk] hésitant, chancelant; *pej* [elderly person] gâteux; **a ~ old fool** un vieux gâteux.

doddery *inf* ['dɒdərɪ] *adj* [walk] hésitant; **I still feel a bit ~** [after illness] je me sens encore un peu faible OR flagada.

doddle *inf* ['dɒdl] *n Br*: **it's a ~** c'est simple comme bonjour, c'est du gâteau.

dodecagon [dəʊ'dekəgən] *n* dodécagone *m*.

dodecahedron [ˌdəʊdekə'hiːdrən] *n* dodécaèdre *m*.

Dodecanese [ˌdəʊdɪkə'niːz] *pl pr n*: **the ~** le Dodécanèse; **in the ~** dans le Dodécanèse.

dodge [dɒdʒ] ◇ *n* -**1.** [evasive movement] écart *m*; [by footballer, boxer] esquive *f*; **to make a ~** faire un écart OR une esquive. -**2.** *inf Br* [trick] truc *m*, combine *f*; **to be up to all the ~s** connaître toutes les combines.
◇ *vi* [make evasive movement] s'écarter vivement; [footballer, boxer] faire une esquive; **he ~d into the doorway** il s'est esquivé OR il a disparu dans l'entrée; **she ~d to the side** elle a fait un bond de côté; **to ~ in and out of the crowd** faire du slalom dans la foule; **to ~ out of the way** s'écarter vivement; **to ~ out of doing sthg** *fig* se défiler pour ne pas faire qqch.
◇ *vt* [blow] esquiver; [falling rock, ball] éviter; [bullets] passer entre, éviter; [pursuer, police] échapper à; [creditor, landlord etc] éviter; [question] éluder; **he has ~d the taxman** OR **paying tax all his life** il a échappé au fisc toute sa vie; **to ~ military service** échapper au service militaire; **to ~ the issue** éluder OR esquiver le problème; **you ~d doing the dishes last night!** tu t'es défilé pour la vaisselle hier soir!; **to ~ school** sécher l'école.

Dodgem® ['dɒdʒəm] *n Br* auto *f* tamponneuse; **to have a ride on the ~s** faire un tour d'autos tamponneuses.

dodger *inf* ['dɒdʒəʳ] *n* [workshy] tire-au-flanc *m inv*; [dishonest] combinard *m*, -e *f*, roublard *m*, -e *f*; **draft ~** *Am* MIL réfractaire *m*; **fare ~** resquilleur *m*, -euse *f*.

dodgy *inf* ['dɒdʒɪ] (*compar* **dodgier**, *superl* **dodgiest**) *adj Br* -**1.** [risky, dangerous - plan, idea] risqué; **the brakes are really ~** les freins sont très douteux; **the engine sounds a bit ~** le moteur fait un bruit suspect; **the weather looks pretty ~** [unreliable] le temps a l'air plutôt douteux OR menaçant. -**2.** [dishonest - person] roublard, combinard; [- scheme] douteux, suspect.

dodo ['dəʊdəʊ] (*pl* **dodos** OR **dodoes**) *n* -**1.** [extinct bird] dronte *m*, dodo *m*; **as dead as a ~** *inf* mort et enterré. -**2.** *inf* [fool] andouille *f*; **what a ~ you are!** quelle andouille tu fais!

doe [dəʊ] *n* [deer] biche *f*; [rabbit] lapine *f*; [hare] hase *f*; [rat] rate *f*, ratte *f*.

DoE (*abbr of* Department of the Environment) *pr n ministère britannique de l'Environnement.*

DOE (*abbr of* Department of Energy) *pr n ministère américain de l'Énergie.*

doe-eyed *adj* [person] aux yeux de biche; **her ~ gaze** son regard de biche.

doer ['duːəʳ] *n*: **she is more (of) a ~ than a talker** elle préfère l'action à la parole.

does [*weak form* dəz, *strong form* dʌz] → **do** *vb*.

doeskin ['dəʊskɪn] ◇ *n* peau *f* de daim; **made of ~** en daim.
◇ *comp* [gloves, shoes etc] en daim.

doesn't ['dʌznt] = **does not**.

doff [dɒf] *vt* [cap, hat] ôter; **to ~ one's cap to sb** *literal* ôter son chapeau OR se découvrir devant qqn; *fig* faire preuve de respect envers qqn.

dog [dɒg] (*pt* & *pp* **dogged**, *cont* **dogging**)
◇ *n* -**1.** chien *m*; **'beware of the ~'** 'attention, chien méchant'; **to treat sb like a ~** traiter qqn comme un chien; **to follow sb about like a ~** suivre qqn comme un petit chien ❑ **sheep/guide/guard/police ~** chien de berger/d'aveugle/de garde/policier; **this is a real ~'s dinner** OR **breakfast** [mess] *Br* c'est un vrai torchon OR gâchis; **you've made a real ~'s dinner** OR **breakfast of this** *Br* ton travail est un vrai torchon; **to be dressed** OR **done up like a ~'s dinner** *inf Br* [gaudy, showy] être habillé de façon extravagante; **to lead sb a ~'s life** mener la vie dure à qqn; **it's a ~'s life being a traffic warden** c'est une vie de chien que d'être contractuel; **he doesn't have** OR **stand a ~'s chance** *inf Br* il n'a pas la moindre chance, il n'a aucune chance; **a ~ in the manger** un empêcheur de danser OR tourner en rond; **I'm going to see a man about a ~** *inf façon humoristique d'éviter de dire où l'on va*; **it's (a case of) ~ eat ~** c'est la loi de la jungle; **to put on the ~** *inf Am* se donner de grands airs; **every ~ has its** OR **his day** *prov* tout le monde a son heure de gloire; **give a ~ a bad name (and hang him)** *prov* qui veut noyer son chien l'accuse de la rage *prov*; **let sleeping ~s lie** *prov* n'éveillez pas le chat qui dort *prov*; **you can't teach an old ~ new tricks** *prov* les vieilles habitudes ont la vie dure; **'The Dog Years'** *Grass* 'les Années de chien'; **the ~** *inf Br* SPORT les courses de lévriers; **to go to the ~s** aller aux courses de lévriers; **he's gone to the ~s** *inf* il a mal tourné; **this country's going to the ~s** *inf* le pays va à sa ruine. -**2.** [male fox, wolf etc] mâle *m*. -**3.** *inf* [person]: **an old sea ~** un vieux loup de mer; **you lucky ~!** sacré veinard!; **dirty ~** sale type *m*; **sly ~** (vieux) malin *m*; **gay ~** *dated* joyeux luron *m*; **he's (the) top ~** c'est lui le chef; **there's life in the old ~ yet!** je ne suis/ce n'est pas encore un vieux croulant! -**4.** ▽ *pej* [ugly woman] cageot *m*, boudin *m*. -**5.** *inf Am* [hopeless - product, company] catastrophe *f*; [- thing]: **it's a ~** c'est nul. -**6.** ▽ *Br*: **~s** [feet] panards *mpl*. -**7.** [firedog] chenet *m*. -**8.** TECH [pawl] cliquet *m*; [cramp] crampon *m*. -**9.** *Am* [hot dog] hot dog *m*; **a chili ~** *un hot dog avec une garniture de chili con carne.*
◇ *comp* [breeder, breeding] de chiens; [bowl, basket, food] pour chien; **the ~ family** la famille des chiens; **~ fox** renard *m* mâle; **~ racing** courses *fpl* de lévriers; **~ show** exposition *f* canine; **~ team** attelage *m* de chiens; **~ track** cynodrome *m*.
◇ *vt* -**1.** [follow closely] suivre de près; **to ~ sb's footsteps** ne pas lâcher qqn d'une semelle. -**2.** [plague]: **to be dogged by bad health/problems** ne pas arrêter d'avoir des ennuis de santé/des problèmes; **the team has been dogged by injury** l'équipe n'a pas arrêté d'avoir des blessés; **she is dogged by misfortune** OR **bad luck** elle est poursuivie par la malchance. -**3.** *inf Am* [get rid of] se débarrasser de.

dog biscuit *n* biscuit *m* pour chien.

dogcart ['dɒgkɑːt] *n* dog-cart *m*.

dog-catcher *n* employé *m*, -e *f* de la fourrière.

dog collar *n* [for dog] collier *m* pour OR de chien; *hum* [of clergyman] col *m* d'ecclésiastique.

dog days *npl* canicule *f*.

doge [dəʊdʒ] *n* doge *m*.

dog-ear ◇ *n* corne *f*.
◇ *vt* [page] corner.

dog eared *adj* [page] corné; [book] aux pages cornées.

dog-eat-dog *adj* [business] impitoyable, sans pitié; **it's a ~ world** c'est un monde impitoyable OR sans pitié, c'est un monde où les loups se mangent entre eux.

dog-end *inf n* [of cigarette] mégot *m*.

dogfight ['dɒgfaɪt] *n* [between dogs] combat *m* de chiens; MIL [between aircraft] combat *m* rapproché.

dogfish ['dɒgfɪʃ] *n* roussette *f*, chien *m* de mer.

dogged ['dɒgɪd] *adj* [courage, perseverance] tenace; [person, character] tenace, déterminé, persévérant; [refusal] obstiné.

doggedly ['dɒgɪdlɪ] *adv* [fight, persist] avec ténacité OR persévérance; [refuse] obstinément.

doggedness ['dɒgɪdnɪs] *n* [of person] ténacité *f*, persévérance *f*; [of courage] ténacité *f*; **the ~ of his refusal** l'obstination avec laquelle il a refusé.

doggerel ['dɒgərəl] ◇ *n* poésie *f* burlesque.
◇ *adj* [rhyme, verse] burlesque.

doggie ['dɒgɪ] = **doggy**.

doggo *inf* ['dɒgəʊ] *adv Br*: **to lie ~** se tenir coi.

doggone *inf* ['dɒgɒn] *Am* ◇ *interj*: **~ (it)!** zut!, nom d'une pipe!
◇ *adj* = **doggoned**.

doggoned *inf* ['dɒgɒnd] *adj Am* fichu; **well, I'll be ~!** ça, c'est trop fort!; **it's a ~ shame!** c'est vraiment honteux!

doggy *inf* ['dɒgɪ] (*pl* **doggies**) ◇ *n baby talk* toutou *m*; **~-fashion**▽ en levrette.
◇ *adj* [smell] de chien; **he's a ~ person** il adore les chiens.

doggy bag *n sachet (ou boîte) que l'on propose aux clients dans les restaurants pour qu'ils emportent ce qu'ils n'ont pas consommé.*

doggy paddle ◇ *n* nage *f* du petit chien.
◇ *vi* faire la nage du petit chien.

dog handler *n* maître-chien *m*.

doghouse ['dɒghaʊs, *pl* -haʊzɪz] *n* -**1.** *Am* [kennel] chenil *m*, niche *f*. -**2.** *inf phr*: **to be in the ~ (with sb)** ne pas être en odeur de sainteté OR être en disgrâce (auprès de qqn); **am I in the ~ again?** est-ce que je suis de nouveau en disgrâce?

dogie ['dəʊgɪ] *n Am* veau *m* sans mère.

dog iron *n* chenet *m*.

dog Latin *n* latin *m* de cuisine.

dogleg ['dɒgleg] ◇ *n* [in pipe, road] coude *m*.
◇ *vi* [pipe, road] faire un coude.
◇ *adj* [pipe, road] qui fait un coude.

dog licence *n Br permis de posséder un chien.*

doglike ['dɒglaɪk] *adj*: **~ devotion** *fig* dévotion *f* aveugle.

dogma ['dɒgmə] *n* dogme *m*.

dogmatic [dɒg'mætɪk] *adj* dogmatique; **to be ~ about sthg** être dogmatique au sujet de qqch.

dogmatically [dɒg'mætɪklɪ] *adv* dogmatiquement.

dogmatism ['dɒgmətɪzm] *n* dogmatisme *m*.

dogmatist ['dɒgmətɪst] *n* personne *f* dogmatique.

do-gooder *inf* [-'gʊdəʳ] *n pej* âme *f* charitable, bonne âme *f*.

dog paddle = **doggy paddle**.

dog rose *n* églantine *f*.

dogsbody *inf* ['dɒgz,bɒdɪ] (*pl* **dogsbodies**) *n Br* bonne *f* à tout faire; **I'm not your ~** je ne suis pas ton chien OR ta bonne.

dog show *n* exposition *f* canine.

dogsled ['dɒgsled] *n* luge *f* tirée par des chiens.

Dog Star *pr n* Sirius.

dog's-tooth check *n Br* pied-de-poule *m*.

dog tag *n Am* MIL plaque *f* d'identification.

dog-tired *inf adj* épuisé.

dogtrot ['dɒgtrɒt] *n* petit trot *m*; **at a ~** au petit trot.

dogwatch ['dɒgwɒtʃ] *n* NAUT petit quart *m*.

dogwood ['dɒgwʊd] *n* [bush] cornouiller *m*.

dogy ['dəʊgɪ] (*pl* **dogies** [-gi:z]) *Am* = **dogie**.

doh [dəʊ] *n* MUS do *m*.

Doha ['dəʊə] *pr n* (al-) Dawha, (al-) Doha.

doily ['dɔɪlɪ] (*pl* **doilies**) *n* napperon *m*.

doing ['du:ɪŋ] *n* -**1.** [work, activity]: **it's all your ~** tout cela, c'est de ta faute; **is this your ~?** [have you done this?] c'est toi qui as fait cela?; [are you behind this?] c'est toi qui es derrière cela?; **it's none of my ~** je n'y suis pour rien; **that'll take some ~** cela ne va pas être facile; **it will take some ~ to persuade him** cela ne va pas être facile de le persuader; **a job like this is going to take a lot of ~** un tel travail ne se fera pas en un tour de main OR en un tournemain; **he told them all about his ~s on holiday** il leur a raconté tout ce qu'il avait fait en vacances. -**2.** *inf* [beating]: **to give sb a ~ (over)** passer qqn à tabac, tabasser qqn.

doings *inf* ['du:ɪŋz] *n Br* [thing] machin *m*, truc *m*.

do-it-yourself ◇ *n* bricolage *m*.
◇ *comp* [manual, shop] de bricolage; **a ~ enthusiast** un bricoleur; **the ~ craze** l'engouement pour le bricolage; **a ~ kit** des éléments en kit.

do-it-yourselfer *inf* [-jə'selfəʳ] *n* bricoleur *m*, -euse *f*.

Dolby® ['dɒlbɪ] *n* Dolby® *m*; **in ~ stereo** en Dolby stéréo.

doldrums ['dɒldrəmz] *npl* -**1.** GEOG [zone] zones *fpl* des calmes équatoriaux, pot au noir *m*; [weather] calme *m* équatorial. -**2.** *phr*: **to be in the ~** [person] avoir le cafard, broyer du noir; [activity, trade] être en plein marasme.

dole *inf* [dəʊl] *n (U) Br*: **~ (money)** (indemnités *fpl* de) chômage *m*; **how much is the ~?** combien est-ce qu'on touche au chômage?; **there was no ~ in those days** on ne touchait pas de chômage à cette époque; **to be/to go on the ~** être/s'inscrire au chômage; **the ~ queues are getting longer** de plus en plus de gens pointent au chômage.
◆ **dole out** *vt sep* [distribute] distribuer; [in small amounts] distribuer au compte-gouttes.

doleful ['dəʊlfʊl] *adj* [mournful - look, voice] malheureux; [- person, song] triste.

dolefully ['dəʊlfʊlɪ] *adv* d'un air malheureux.

dolefulness ['dəʊlfʊlnɪs] *n* tristesse *f*.

doll [dɒl] *n* -**1.** [for child] poupée *f*; [for ventriloquist] marionnette *f* de ventriloque; **to play with ~s** jouer à la poupée; **~'s pram** poussette *f* de poupée ❑ **~'s house** *Br*, **~ house** *Am literal* & *fig* maison *f* de poupée; **'A Doll's House'** *Ibsen* 'Maison de poupée'. -**2.** *inf* [girl] nana *f*, souris *f*; [attractive girl] poupée *f*; **hi ~!** *Am* salut poupée! -**3.** *inf* [love, dear] amour *m*; **you're a ~** tu es un amour. -**4.** *inf Am* [nice person]: **he's a real ~** il est vraiment adorable.
◆ **doll up** *vt sep*: **to get ~ed up, to ~ o.s. up** se faire beau/belle, se pomponner; **she was all ~ed up** elle s'était faite toute belle, elle était toute pomponnée; **to ~ sb up** pomponner qqn.

dollar ['dɒləʳ] ◇ *n* -**1.** [currency] dollar *m*; **you can bet your bottom ~** OR **~s to doughnuts that he'll be there** tu peux être sûr qu'il sera là; **I feel like a million ~s** je me sens merveilleusement bien; **you look like a million ~s in that dress** *inf* tu es magnifique avec cette robe; **that's the sixty-four thousand ~ question** c'est la question à mille francs. -**2.** *inf Br dated cinq shillings.*
◇ *comp*: **~ area** zone *f* dollar; **~ bill** billet *m* d'un dollar; **~ diplomacy** diplomatie *f* du dollar; **~ rate** cours *m* du dollar; **~ sign** (signe *m* du) dollar *m*.

dollop *inf* ['dɒləp] ◇ *n* [of mashed potatoes, cream etc] (bonne) cuillerée *f*; [of mud, plaster, clay] (petit) tas *m*; [of butter, margarine] (gros OR bon) morceau *m*.
◇ *vt*: **to ~ food out onto plates** balancer de la nourriture dans des assiettes.

dolly ['dɒlɪ] (*pt* & *pp* **dollied**, *pl* **dollies**) ◇ *n* -**1.** *inf* [for child] = **doll 1**. -**2.** CIN & TV [for camera] chariot *m*. -**3.** *inf* = **dolly bird**. -**4.** [in cricket] prise *f* au vol facile; [in tennis] coup *m* facile.
◇ *vt* CIN & TV: **to ~ a camera in /out** faire un travelling avant/arrière.
◇ *vi*: **to ~ in/out** CIN & TV faire un travelling avant/arrière.

dolly bird *inf n Br dated* poupée *f*.

dolly mixtures *npl Br* [sweets] petits bonbons *mpl* assortis.

dolman sleeve ['dɒlmən-] *n* manche *f* chauve-souris.

dolmen ['dɒlmən] *n* ARCHEOL dolmen *m*.

dolomite ['dɒləmaɪt] *n* dolomie *f*, dolomite *f*.

Dolomites ['dɒləmaɪts] *pl pr n*: **the ~** les Dolomites *fpl*, les Alpes *fpl* dolomitiques.

dolphin ['dɒlfɪn] *n* dauphin *m*; **~-friendly** [tuna] *pêché sans dommages pour les dauphins.*

dolphinarium [,dɒlfɪ'neərɪəm] *n* aquarium *m* à dauphins.

dolt [dəʊlt] *n* [stupid person] lourdaud *m*, gourde *f*.

doltish ['dəʊltɪʃ] *adj* [person] lourdaud; [behaviour] idiot.

domain [də'meɪn] *n* -**1.** [territory, sphere of interest] domaine *m*; **that's your ~** *fig* c'est ton domaine; **to be in the public ~** [information] être dans le domaine public. -**2.** MATH & SCI domaine *m*.

dome [dəʊm] *n* -**1.** ARCHIT dôme *m*, coupole *f*. -**2.** [of head] calotte *f*; [of hill] dôme *m*; [of heavens, sky] voûte *f*; **the ~ of his bald head** le sommet de son crâne chauve.

domed [dəʊmd] *adj* [building] à coupole, à dôme; [roof] en forme de dôme OR de coupole; [forehead] bombé.

dome fastener *n Am* bouton-pression *m*, pression *f*.

Domesday Book ['du:mzdeɪ-] *pr n*: **the ~** *recueil cadastral établi à la fin du XIᵉ siècle à l'initiative de Guillaume le Conquérant afin de permettre l'évaluation des droits fiscaux sur les terres d'Angleterre.*

domestic [də'mestɪk] ◇ *adj* -**1.** [household - duty, chore] ménager; **a ~ servant** un domestique; **to be in ~ service** être employé de maison; **~ staff** employés *mpl* de maison, domestiques *mpl*; **a ~ help** une aide ménagère; **'for ~ use only'** 'réservé à l'usage domestique'; **~ appliance/product** appareil *m*/produit *m* ménager; **~ refuse** ordures *fpl* ménagères ❑ **~ science** *Br* SCH & *dated* enseignement *m* ménager. -**2.** [of the family - duties, problems] familial; [- life] familial, de famille; **they lived in ~ bliss for many years** ça a été un ménage très heureux pendant de nombreuses années; **a minor ~ crisis** un petit problème à la maison; **to be a ~ sort of person** [woman] être une femme d'intérieur; [man] être un homme d'intérieur; **this is all very ~** tout ceci donne une ambiance très familiale. -**3.** [not foreign - affairs, flight, trade, policy, problem] intérieur; [- currency, economy, news, produce] national. -**4.** [not wild - animal] domestique.
◇ *n fml Br* domestique *mf*; *Am* femme *f* de ménage.

domestically [də'mestɪklɪ] *adv* -**1.** **to be ~ inclined** être une personne d'intérieur. -**2.** ECON & POL: **to be produced ~** être produit à l'intérieur du pays OR au niveau national.

domesticate [də'mestɪkeɪt] *vt* [animal] domestiquer, apprivoiser; *hum* [person] habituer aux tâches ménagères.

domesticated [də'mestɪkeɪtɪd] *adj* [animal] domestiqué, apprivoisé; **she's very ~** c'est une vraie femme d'intérieur; **her husband is quite ~** son mari est un vrai petit homme d'intérieur.

domestication [də,mestɪ'keɪʃn] *n* [of animal] domestication *f*, apprivoisement *m*.

domesticity [,dəʊme'stɪsətɪ] *n* [home life] vie *f* de famille.

domicile ['dɒmɪsaɪl] ADMIN, FIN & JUR
◇ *n* domicile *m*.
◇ *vt* domicilier; **~d at** domicilié à.

domiciliary [,dɒmɪ'sɪljərɪ] *adj* ADMIN [visit] domiciliaire; [care, services] à domicile.

dominance ['dɒmɪnəns] *n* -**1.** [ascendancy - of race, person, football team etc] prédominance *f*; [- of animal, gene] dominance *f*. -**2.** [importance] importance *f*.

dominant ['dɒmɪnənt] ◇ *adj* -**1.** dominant; [nation, political party, team etc] prédominant; [person, personality] dominateur; [building, geographical feature - most elevated] dominant; [- most striking] le plus frappant; **the ~ male** le mâle dominant; **the ~ female** la femelle dominante. -**2.** MUS de dominante.
◇ *n* MUS dominante *f*; SCI dominance *f*.

dominate ['dɒmɪneɪt] ◇ *vt* dominer; **to be ~d by sb** être dominé par qqn.
◇ *vi* dominer.

dominating ['dɒmɪneɪtɪŋ] *adj* dominateur.

domination [,dɒmɪ'neɪʃn] *n* domination *f*; [of organization] contrôle *m*; [of conversation] monopolisation *f*; **Spain was under Roman ~ at the time** à cette époque, l'Espagne était sous la domination romaine.

domineer [,dɒmɪ'nɪəʳ] *vi* se montrer autoritaire; **to ~ over sb** se montrer autoritaire avec qqn.

domineering [,dɒmɪ'nɪərɪŋ] *adj* autoritaire.

Dominic ['dɒmɪnɪk] *pr n*: **Saint ~** saint Dominique.

Dominica [də'mɪnɪkə] *pr n* Dominique *f*; **in ~** à la Dominique.

Dominican [də'mɪnɪkən] ◇ *n* -**1.** [person from the Dominican Republic] Dominicain *m*, -e *f*.

-**2.** [person from Dominica] Dominiquais *m*, -e *f*. -**3.** RELIG dominicain *m*, -e *f*.
◇ *adj* -**1.** [from the Dominican Republic] dominicain. -**2.** [from Dominica] dominiquais. -**3.** RELIG dominicain.

Dominican Republic *pr n*: the ~ la République Dominicaine; in the ~ en République Dominicaine.

dominion [dəˈmɪnjən] *n* -**1.** [rule] domination *f*, empire *m*; to have ~ over a country avoir un pays sous sa domination; **under foreign** ~ sous domination étrangère. -**2.** [territory] territoire *m*; [in British Commonwealth] dominion *m*.

domino [ˈdɒmɪnəʊ] (*pl* **dominoes**) ◇ *n* -**1.** domino *m*; to play ~es jouer aux dominos. -**2.** [cloak, mask] domino *m*.
◇ *comp*: ~ **effect** effet *m* d'entraînement; ~ **theory** théorie *f* des dominos.

don [dɒn] (*pt* & *pp* **donned**, *cont* **donning**)
◇ *vt fml* [put on] mettre.
◇ *n* -**1.** *Br* UNIV *professeur d'université (en particulier à Oxford et Cambridge)*. -**2.** [Spanish title] don *m*. -**3.** *Am* chef *m* de la Mafia.

Don [dɒn] *pr n*: **the (River)** ~ le Don.

Donald Duck [ˈdɒnld-] *pr n* Donald.

donate [dəˈneɪt] ◇ *vt* [money, goods] faire un don de; [specific amount] faire (un) don de; **to ~ blood** donner son OR du sang; **the strips were ~d to the team by a local sports shop** les tenues ont été données à l'équipe par un magasin de sport local; **would you care to ~ something?** voudriez-vous faire un don OR donner quelque chose?
◇ *vi* [give money, goods] faire un don, faire des dons; **I've been donating for ten years** [blood] je donne mon sang depuis dix ans.

donation [dəˈneɪʃn] *n* [action] don *m*, donation *f*; [money, goods or blood given] don *m*; **would you care to make a ~?** voudriez-vous faire un don OR faire une donation OR donner quelque chose?; **to make a ~ to a charity** faire un don OR une donation à une œuvre (de charité).

done [dʌn] ◇ *pp* → **do**.
◇ *adj* -**1.** [finished] fini; **are you ~ yet?** tu as enfin fini?; **aren't you ~ yet?** tu n'as pas encore fini?; **to get sthg ~** [completed] finir qqch. -**2.** [cooked - food] cuit. -**3.** *inf* [exhausted] crevé, claqué. -**4.** *inf* [used up]: **that's the milk ~** il n'y a plus de lait; **when the ammunition was ~** quand ils ont été à court de munitions. -**5.** [fitting]: **it's not the ~ thing, it's not ~** ça ne se fait pas; **speaking with your mouth full is not ~** OR **the ~ thing** ça ne se fait pas de parler la bouche pleine; **it used to be the ~ thing to send your hostess flowers** ça se faisait d'envoyer des fleurs à son hôtesse.

dong [dɒŋ] *n* -**1.** [noise of bell] ding-dong *m*. -**2.** ▼ [penis] queue *f*, bite *f*.

dongle [ˈdɒŋgl] *n* COMPUT boîtier *m* de sécurité, clé *f* gigogne.

Don Juan [-ˈdʒuːən] *n literal* & *fig* don Juan *m*; **he's a bit of a ~** il est un peu du genre don Juan ❑ **'Don Juan'** *Byron* 'Don Juan'; *Molière* 'Dom Juan'.

donkey [ˈdɒŋkɪ] *n* âne *m*, ânesse *f*; **I haven't seen her for ~'s years** *inf* je ne l'ai pas vue depuis une éternité; **he's worked in the same place for ~'s years** ça fait une éternité qu'il travaille au même endroit.

donkey engine *n* moteur *m* auxiliaire.

donkey jacket *n Br veste longue en tissu épais, généralement bleu foncé.*

donkey ride *n* promenade *f* à dos d'âne.

donkeywork *inf* [ˈdɒŋkɪwɜːk] *n (U)* [drudgery] travail *m* de bête de somme, travail *m* pénible; [basis] gros *m* du travail; **to do all the ~** se taper tout le travail pénible, faire le gros du travail.

donnish [ˈdɒnɪʃ] *adj Br* [person] érudit, savant; [look, speech] d'érudit, cultivé; *pej* pédant.

donnishly [ˈdɒnɪʃlɪ] *adv Br* de façon érudite OR savante, savamment; *pej* doctoralement, doctement.

donor [ˈdəʊnəʳ] *n* -**1.** [gen & JUR] donateur *m*, -trice *f*. -**2.** MED [of blood, organ] donneur *m*, -euse *f*.

donor card *n* carte *f* de don d'organe.

Don Quixote [-ˈkwɪksət] *pr n* Don Quichotte.

don't [dəʊnt] ◇ *vb* = **do not**.
◇ *n (usu pl)* chose *f* à ne pas faire.

dontcha▽, **dontcher**▽ *Br* [ˈdəʊntʃə] = **don't you**.

don't know *n* [on survey] sans opinion *mf inv*; [voter] indécis *m*, -e *f*.

donut [ˈdəʊnʌt] *Am* = **doughnut**.

doodah *inf* [ˈduːdɑː] *n* truc *m*, bidule *m*.

doodle [ˈduːdl] ◇ *vi* & *vt* gribouiller, griffonner.
◇ *n* gribouillage *m*, griffonnage *m*.

doodlebug [ˈduːdlbʌg] *n* -**1.** *inf* [bomb] V1 *m*, bombe *f* volante. -**2.** *Am* [insect] larve *f* de cicindèle.

doohickey *inf* [ˈduːhɪkɪ] *n Am* truc *m*, machin *m*.

doolally *inf* [ˌduːˈlælɪ] *adj* timbré.

doom [duːm] ◇ *n (U)* [terrible fate] destin *m* (malheureux), sort *m* (tragique); [ruin] perte *f*, ruine *f*; [death] mort *f*; **to meet one's ~** trouver la mort; **thousands were sent to their ~** on envoya des milliers de gens à la mort.
◇ *vt* condamner; **to be ~ed (to failure)** être voué à l'échec; **she is ~ed to a life of poverty** elle est destinée à une vie de misère; **the ~ed ship set sail that day** le navire condamné à sombrer prit la mer ce jour-là.

doom-laden *adj* de mauvais augure, sinistre.

Doomsday [ˈduːmzdeɪ] *n* jour *m* du Jugement dernier; **till ~** *inf* jusqu'à la fin du monde OR des temps.

Doomsday Book = **Domesday Book**.

doomster *inf* [ˈduːmstəʳ] *n Br* prophète *m* de malheur.

doomwatch [ˈduːmwɒtʃ] *n* [of environment] surveillance *f* de l'environnement.

door [dɔːʳ] *n* -**1.** [of building, room] porte *f*; **she walked through the ~** elle franchit la porte; **they shut the ~ in my face** ils m'ont fermé la porte au nez; **he lives two ~s down** il habite deux portes plus loin; **I found the ~ closed** j'ai trouvé porte close; **out of ~s** dehors, en plein air; **to go from ~ to ~** aller de porte en porte; **can someone answer the ~?** est-ce que quelqu'un peut aller ouvrir?; **I'll see you to the ~** je vous reconduis jusqu'à la porte; **the bank closes its ~s at 3:30** la banque ferme à 15 h 30; **the business finally closes its ~s tomorrow** l'entreprise ferme définitivement demain; **'tickets available at the ~'** THEAT 'billets en vente à l'entrée'; **the agreement leaves the ~ open for further discussion** l'accord laisse la porte ouverte à des discussions ultérieures; **the discovery opens the ~ to medical advances** la découverte ouvre la voie à des progrès médicaux; **to get in by the back ~** entrer par la petite porte; **having a famous name certainly helps to open ~s** avoir un nom célèbre permet sans aucun doute de voir s'ouvrir des portes; **to lay sthg at sb's ~** imputer qqch à qqn, reprocher qqch à qqn; **she closed** OR **shut the ~ on any further negotiations** elle a rendu toute nouvelle négociation impossible; **to show someone the ~** *literal* & *fig* montrer la porte à qqn. -**2.** [of car] porte *f*, portière *f*; [of train] portière *f*.

doorbell [ˈdɔːbel] *n* sonnette *f*; **the ~ rang** on sonna à la porte.

door chain *n* chaînette *f* de sûreté.

do-or-die *adj* [chance, effort] désespéré, ultime; [attitude, person] jusqu'au-boutiste.

doorframe [ˈdɔːfreɪm] *n* chambranle *m*, châssis *m* de porte.

door-handle *n* poignée *f* de porte; AUT poignée *f* de portière.

doorjamb [ˈdɔːdʒæm] *n* montant *m* de porte, jambage *m*.

doorkeeper [ˈdɔːˌkiːpəʳ] *n* [at hotel] portier *m*; [at apartment building] concierge *mf*.

doorknob [ˈdɔːnɒb] *n* poignée *f* de porte.

doorknocker [ˈdɔːˌnɒkəʳ] *n* heurtoir *m*, marteau *m (de porte)*.

doorman [ˈdɔːmən] (*pl* **doormen** [-mən]) *n* [at hotel] portier *m*; [at apartment building] concierge *m*.

doormat [ˈdɔːmæt] *n literal* paillasson *m*, essuie-pieds *m inv*; *fig* [person] chiffe *f* molle; **to treat sb like a ~** traiter qqn comme un moins que rien.

doornail [ˈdɔːneɪl] *n* clou *m* de porte.

doorpost [ˈdɔːpəʊst] *n* montant *m* de porte, jambage *m*.

doorsill [ˈdɔːsɪl] *n* seuil *m* de porte.

doorstep [ˈdɔːstep] ◇ *n* -**1.** [step] pas *m* de la porte, seuil *m* de porte; **leave the milk on the ~** laissez le lait devant la porte; **don't leave him standing on the ~, ask him to come in!** ne le laisse pas à la porte, fais-le entrer!; **they're building a huge factory practically on my ~** ils construisent une immense usine presque à ma porte. -**2.** *Br hum* [piece of bread] grosse tranche *f* de pain.
◇ *adj Br*: ~ **salesman** vendeur *m* à domicile, démarcheur *m*; ~ **selling** vente *f* à domicile, porte-à-porte *m inv*, démarchage *m*.

doorstepping [ˈdɔːstepɪŋ] *Br* ◇ *n* [by politician] démarchage *m* électoral; [by journalists] *pratique journalistique qui consiste à harceler les gens jusque chez eux.*
◇ *adj* [politician] *qui fait du démarchage électoral*; [journalist] *qui harcèle les gens jusque chez eux.*

doorstop [ˈdɔːstɒp] *n* butoir *m* de porte.

door-to-door ◇ *adj*: ~ **salesman** vendeur *m* à domicile, démarcheur *m*; **he's a ~ salesman** il fait du porte-à-porte; ~ **selling** vente *f* à domicile, porte-à-porte *m inv*; ~ **service** service *m* à domicile.
◇ *adv*: **a 2-hour trip ~** un trajet de 2 heures de porte à porte.

doorway [ˈdɔːweɪ] *n* porte *f*; **standing in the ~** debout dans l'embrasure de la porte.

dopamine [ˈdəʊpəmɪn] *n* dopamine *f*.

dope [dəʊp] ◇ *n* -**1.** *inf (U)* [illegal drug] drogue *f*, dope *f*. -**2.** [for athlete, horse] dopant *m*. -**3.** *inf* [idiot] crétin *m*, -e *f*, andouille *f*. -**4.** *inf (U) dated* [news] tuyau *m*, renseignement *m*; **have you got any ~ on the murder/murderer?** avez-vous des tuyaux OR renseignements sur le meurtre/meurtrier? -**5.** [varnish] enduit *m*; AUT, CHEM & TECH dopant *m*. -**6.** [for dynamite] absorbant *m*.
◇ *comp inf* [drugs]: ~ **addict** toxicomane *mf*, drogué *m*, -e *f*; ~ **dealer** OR **pusher** revendeur *m*, -euse *f* de drogue, dealer *m*; ~ **test** test *m* antidoping.
◇ *vt* -**1.** [drug - horse, person] doper; [- drink, food] mettre une drogue OR un dopant dans; **she was all ~d up** *inf* elle planait complètement. -**2.** AUT, CHEM & TECH doper.
◆ **dope out** *inf vt sep Am* [devise] combiner, bidouiller; [solve] deviner, piger.

dope sheet▽ *n Br journal des courses.*

dopey [ˈdəʊpɪ] (*compar* **dopier**, *superl* **dopiest**) = **dopy**.

doppelgänger [ˈdɒplˌgæŋəʳ] *n* double *m (d'une personne vivante)*, sosie *m*.

Doppler effect [ˈdɒpləʳ-] *n* effet *m* Doppler.

dopy [ˈdəʊpɪ] (*compar* **dopier**, *superl* **dopiest**) *adj* -**1.** [drugged] drogué, dopé; [sleepy] (à moitié) endormi. -**2.** *inf* [silly] idiot, abruti.

Dorchester [ˈdɔːtʃɪstəʳ] *pr n*: the ~ *hôtel de luxe à Londres.*

Dorian [ˈdɔːrɪən] ◇ *n* Dorien *m*, -enne *f*.
◇ *adj* LING & MUS dorien.

Doric [ˈdɒrɪk] ◇ *adj* dorique.
◇ *n* dorique *m*.

dorm *inf* [dɔːm] *n* abbr of **dormitory**.

dormancy [ˈdɔːmənsɪ] *n fml* [of animal] état *m* endormi; [of plant] dormance *f*; [of volcano] état *m* inactif.

dormant [ˈdɔːmənt] *adj* -**1.** [idea, passion] qui sommeille; [energy, reserves] inexploité; [disease] à l'état latent; [law] inappliqué; **to lie ~** sommeiller. -**2.** [animal] endormi; [plant] dormant. -**3.** [volcano] en repos, en sommeil. -**4.** HERALD dormant.

dormer ['dɔːməʳ] *n*: ~ (window) lucarne *f*.

dormice ['dɔːmaɪs] *pl* → **dormouse**.

dormie ['dɔːmɪ] *adj* GOLF dormie.

dormitory ['dɔːmətrɪ] (*pl* **dormitories**) ◇ *n* [room] dortoir *m*; *Am* UNIV résidence *f* universitaire.
◇ *comp Br*: ~ **town** ville-dortoir *f*.

dorm mother *inf n Am* surveillante *f*.

Dormobile® ['dɔːmə,biːl] *n Br* camping-car *m*.

dormouse ['dɔːmaʊs] (*pl* **dormice** [-maɪs]) *n* loir *m*.

Dors *written abbr of* Dorset.

dorsal ['dɔːsl] ◇ *adj* ANAT, LING & ZOOL dorsal.
◇ *n* dorsale *f*.

dorsal fin *n* nageoire *f* dorsale.

dory ['dɔːrɪ] (*pl* **dories**) *n* -**1.** [salt water fish] saint-pierre *m inv*, dorée *f*; [fresh water fish] dorée *f*. -**2.** *Am* [boat] doris *m*.

DOS [dɒs] (*abbr of* **disk operating system**) *n* DOS *m*.

dosage ['dəʊsɪdʒ] *n* [giving of dose] dosage *m*; [amount] dose *f*; [directions on bottle] posologie *f*.

dose [dəʊs] ◇ *n* -**1.** [amount] dose *f*; **she took her daily ~ of medicine** elle a pris son médicament quotidien; **in small/large ~s** à faible/haute dose; **I can only take him in small ~s** je ne peux le supporter qu'à petites doses; **with a strong ~ of humour** avec beaucoup d'humour. -**2.** [of illness] attaque *f*; **a bad ~ of flu** une mauvaise grippe. -**3.** ▽ [venereal disease] bléno *f*.
◇ *vt* -**1.** [subj: pharmacist] doser. -**2.** [person] administrer un médicament à; **she ~d herself (up) with pills** elle s'est bourrée de médicaments.

dosh▽ [dɒʃ] *n Br* fric *m*.

do-si-do [,dəʊsɪ'dəʊ] *n figure de quadrille où les danseurs sont dos à dos.*

doss▽ [dɒs] *Br* ◇ *n* -**1.** [bed] lit *m*, pieu *m*. -**2.** [nap] somme *m*, roupillon *m*. -**3.** [easy thing]: **it was a real ~** c'était fastoche.
◇ *vi* coucher, roupiller.
◆ **doss around**▽ *vi insep* glander.
◆ **doss down**▽ *vi insep* coucher, crécher.

dosser▽ ['dɒsəʳ] *n Br* [person] sans-abri *mf inv*, clochard *m*, -e *f*; [house] foyer *m* de sans-abri.

dosshouse *inf* ['dɒshaʊs, *pl* -haʊzɪz] *n Br* foyer *m* de sans-abri.

dossier ['dɒsɪeɪ] *n* dossier *m*, documents *mpl*.

Dostoievsky [,dɒstɔɪ'efskɪ] *pr n* Dostoïevski.

dot [dɒt] (*pt* & *pp* **dotted**, *cont* **dotting**) ◇ *n* [gen & MUS] point *m*; [on material] pois *m*; ~, ~, ~ [in punctuation] points de suspension; **~s and dashes** [Morse code] points et traits *mpl* ❑ **since the year ~** *inf Br* de temps immémorial.
◇ *vt* -**1.** [mark] marquer avec des points, pointiller; [an "i"] mettre un point sur; **to ~ one's i's and cross one's t's** *fig* mettre les points sur les i. -**2.** [spot] parsemer; **the lake was dotted with boats** des bateaux étaient dispersés sur le lac; **~ the surface with butter** CULIN mettez des morceaux de beurre sur le dessus.
◆ **on the dot** *adv phr*: **at 3 o'clock on the ~** à 3 h pile OR tapantes; **he always pays right on the ~** il paye toujours recta.

DOT (*abbr of* **Department of Transportation**) *pr n ministère américain des transports.*

dotage ['dəʊtɪdʒ] *n* gâtisme *m*; **to be in one's ~** être gâteux, être retombé en enfance.

dotard ['dəʊtəd] *n* gâteux *m*, -euse *f*.

dote [dəʊt] *vi*: **to ~ on sb** être fou de qqn, aimer qqn à la folie.

doth [*weak form* dəθ, *strong form* dʌθ] *arch 3rd pers sing* → **do** *vb*.

doting ['dəʊtɪŋ] *adj*: **he has a ~ mother** sa mère l'aime à la folie.

dot-matrix printer *n* imprimante *f* matricielle.

dotted ['dɒtɪd] *adj* -**1.** [shirt, tie] à pois. -**2.** ~ **line** ligne *f* en pointillés || AUT ligne *f* discontinue; **tear along the ~ line** détachez suivant le pointillé. -**3.** MUS: ~ **note** note *f* pointée; ~ **rhythm** notes *fpl* pointées.

dottel ['dɒtl] = **dottle**.

dotterel ['dɒtrəl] *n* ORNITH pluvier *m* (guignard); *dial* [person] gourde *f*.

dottle ['dɒtl] *n* culot *m (dans une pipe)*.

dotty *inf* ['dɒtɪ] (*compar* **dottier**, *superl* **dottiest**) *adj Br* [crazy] fou, dingue; **she's slightly ~** elle travaille du chapeau, elle est toquée; **he's absolutely ~ about her** il est fou d'elle; **he's ~ about steam trains** c'est un fana OR un mordu des trains à vapeur.

Douay Bible ['daʊeɪ-] *n* Bible *f* de Douai.

double ['dʌbl] ◇ *adj* -**1.** [twice as large - quantity, portion] double; **a ~ whisky** un double whisky. -**2.** BOT double. -**3.** [line, row] double; **~ doors, a ~ door** une porte à deux battants; **an egg with a ~ yolk** un œuf à deux jaunes || [with figures, letters] deux fois; **~ five two one** [figure] deux fois cinq deux un; [phone number] cinquante-cinq, vingt et un; **'letter' is spelt with a ~ 't'** «lettre» s'écrit avec deux «t»; **to throw a ~ six/three** faire un double six/trois; **to be into ~ figures** dépasser la dizaine. -**4.** [folded in two] en double, replié; **~ thickness** double épaisseur. -**5.** [for two people] pour OR à deux personnes. -**6.** [dual - purpose, advantage] double; [ambiguous] double, ambigu; **a word with a ~ meaning** un mot à double sens; **to lead a ~ life** mener une double vie.
◇ *predet* [twice] deux fois plus; **she earns ~ my salary** elle gagne deux fois plus que moi OR le double de moi; **we ordered ~ the usual quantity** nous avons commandé le double de la quantité habituelle; **food here costs nearly ~ what it does at home** la nourriture ici coûte presque le double de chez moi.
◇ *n* -**1.** [twice the amount] double *m*; [of alcohol] double *m*; **he charged us ~** il nous a fait payer le double; **they pay him ~ if he works nights** on le paye (au tarif) double s'il travaille la nuit ❑ **at** OR **on the ~** au pas de course; **on the ~!** *literal* & *fig* magnez-vous!; **~ or quits** quitte ou double. -**2.** [duplicate] double *m*, réplique *f*; [of person] double *m*, sosie *m*; CIN & TV [stand-in] doublure *f*; THEAT [actor with two parts] acteur *m*, -trice *f* qui tient deux rôles. -**3.** [turn] demi-tour *m*. -**4.** [in horse-racing] pari *m* couplé; [in cards games] contre *m*; [in darts] double *m*.
◇ *adv* [in two] en deux; **to fold sthg ~** plier qqch en deux; **I was bent ~ with pain** j'étais plié en deux de douleur || [two of the same]: **to see ~** voir double.
◇ *vt* -**1.** [increase] doubler; **he ~d my salary** il a doublé mon salaire; **to ~ the stakes** doubler la mise. -**2.** [fold] plier en deux, replier. -**3.** CIN & TV doubler. -**4.** CARDS [bid, opponent] contrer.
◇ *vi* -**1.** [increase] doubler. -**2.** [turn] tourner, faire un crochet. -**3.** CARDS contrer; **~!** BRIDGE contre! -**4.** [serve two purposes]: **the dining room ~s as a study** la salle à manger sert également de bureau; **he ~s as the priest and the servant** THEAT il joue les rôles du prêtre et du domestique.
◆ **double back** ◇ *vi insep* [animal, person, road] tourner brusquement; **he ~d back down a side road** il a rebroussé chemin par une petite route; **the path ~s back on itself** le sentier te ramène sur tes pas.
◇ *vt sep* [sheet, blanket] mettre en double.
◆ **double for** *vt insep* CIN & THEAT doubler.
◆ **double over** = **double up 1**.
◆ **double up** ◇ *vi insep* -**1.** [bend over] se plier, se courber; **he ~d up in pain** il se plia en deux de douleur; **to ~ up with laughter** se tordre de rire. -**2.** [share] partager; **there weren't enough rooms so we ~d up** il n'y avait pas assez de place, alors nous nous sommes mis à deux par chambre.
◇ *vt sep* plier en deux, replier.

double-acting *adj* à double effet.

double agent *n* agent *m* double.

double bar *n* double barre *f*.

double-barrelled *Br*, **double-barreled** *Am* [-'bærəld] *adj* -**1.** [gun] à deux coups; *fig* [question, remark] équivoque. -**2.** *Br* [name] ≃ à particule.

double bass *n* contrebasse *f*.

double bassoon *n* contrebasson *m*.

double bed *n* grand lit *m*, lit *m* à deux places.

double bill *n* double programme *m*.

double bind *n* PSYCH double contrainte *f*; **to be caught in a ~** se trouver dans une situation insoluble, être dans une impasse.

double-blind *adj* [experiment, test] en double aveugle; [method] à double insu, à double anonymat.

double boiler *n Am* casserole *f* à double fond; **to heat sthg in a ~** faire chauffer qqch au bain-marie.

double-breasted [-'brestɪd] *adj* croisé.

double-check *vi* & *vt* revérifier.
◆ **double check** *n* revérification *f*.

double chin *n* double menton *m*.

double cream *n Br* crème *f* fraîche épaisse.

double-cross *vt* trahir, doubler; **he ~ed them** il les a doublés.
◆ **double cross** *n* trahison *f*, traîtrise *f*.

double-crosser [-'krɒsəʳ] *n* traître *m*, -esse *f*, faux jeton *m*.

double dagger *n* TYPO diésis *m*.

double date *n* sortie *f* à quatre *(deux couples)*.
◆ **double-date** *vi Am* sortir à quatre *(deux couples)*.

double-dealer *n* fourbe *m*.

double-dealing ◇ *n* fourberie *f*, double jeu *m*.
◇ *adj* fourbe, faux comme un jeton.

double-decker *n* -**1.** *Br* [bus] autobus *m* à impériale. -**2.** *Am* [aircraft] deux-ponts *m*. -**3.** *inf* [sandwich] club sandwich *m*.

double-declutch *vi Br* faire un double débrayage.

double-density *adj* [disk] double densité.

double-digit *adj* à deux chiffres.

double-dutch *inf n Br* charabia *m*, baragouin *m*; **it's all ~ to me!** c'est de l'hébreu pour moi!

double-dyed *adj lit* invétéré; **a ~ villain** *fig* une crapule de la pire espèce.

double-edged *adj* [blade, knife, sword] à double tranchant, à deux tranchants; *fig* [compliment, remark] à double tranchant.

double entendre [,duːblɑ̃'tɑ̃dr] *n* mot *m* OR expression *f* à double sens.

double entry *n* comptabilité *f* en partie double; **~ bookkeeping** digraphie *f*, comptabilité en partie double.

double exposure *n* surimpression *f*.

double-faced *adj* réversible, à double face.

double fault *n* double faute *f*.
◆ **double-fault** *vi* faire une double faute.

double feature *n séance de cinéma où sont projetés deux longs métrages.*

double first *n Br* ≃ mention *f* très bien *(dans deux disciplines à la fois)*.

double flat *n* double bémol *m*.

double-glaze *vt Br* isoler *(par système de double vitrage)*; **to ~ a window** poser un double vitrage.

double-glazing *Br* ◇ *n* *(U)* double vitrage *m*; **to put in** OR **to install ~** installer un double vitrage.
◇ *comp* [salesman] de double vitrage.

double helix *n* double hélice *f*.

double indemnity *n Am* indemnité *f* double.

double-jointed *adj* désarticulé.

double knit ◇ *n* tricot *m* double face.
◇ *adj* double face.

double knitting *n laine assez épaisse utilisée en tricot.*

double knot *n* double nœud *m*.

double-lock *vt* fermer à double tour.

double negative *n* double négation *f*.

double-park ◇ *vi* stationner en double file.
◇ *vt* garer en double file.

double parking *n* stationnement *m* en double file.
double pneumonia *n* pneumonie *f* double.
double precision *n* COMPUT *utilisation de deux mots (informatiques) pour représenter un chiffre afin d'obtenir un calcul plus précis.*
double-quick *adj* très rapide; in **~** time [move] au pas de course OR de gymnastique; [finish, work] en vitesse, en moins de rien.
double room *n* chambre *f* pour deux personnes.
doubles ['dʌblz] (*pl inv*) *n* double *m*; to play **~** jouer un double; a **~ player** un joueur de double; mixed **~** double mixte; ladies'/men's **~** double dames/messieurs.
double saucepan *n Br* casserole *f* à double fond; to cook in a **~** faire cuire au bain-marie.
double sharp *n* double dièse *m*.
double-sided *adj* [disk] double face.
double-space *vt* taper à double interligne; the text is **~d** le texte est à double interligne.
double spacing *n* double interligne *m*; in **~** à double interligne.
double standard *n*: to have **~s** faire deux poids, deux mesures.
double star *n* étoile *f* double.
double stopping *n* double-corde *f*.
doublet ['dʌblɪt] *n* -**1.** [jacket] pourpoint *m*, justaucorps *m*. -**2.** [of words] doublet *m*. -**3.** TYPO doublon *m*. -**4.** [of dice] doublet *m*.
double take *inf n*: to do a **~** marquer un temps d'arrêt *(par surprise)*; he did a **~** when I told him lorsque je le lui ai dit, il a marqué un temps d'arrêt.
double talk *inf n (U)* [ambiguous] *propos ambigus et contournés*; [gibberish] charabia *m*.
doublethink ['dʌbl,θɪŋk] *n raisonnement de mauvaise foi qui contient des contradictions flagrantes.*
double time *n* -**1.** [pay] salaire *m* double; I get **~ on Sundays** je suis payé le double le dimanche. -**2.** MIL pas *m* redoublé; to march in **~** marcher à pas redoublés. -**3.** MUS mesure *f* double; in **~** en mesure double.
doubleton ['dʌbltən] *n* doublette *f*.
double-tongue *vi* MUS faire des doubles coups de langue *(sur un instrument à vent)*.
double vision *n* double vision *f*.
double whammy *inf* [-'wæmɪ] *n* double malédiction *f*.
doubling ['dʌblɪŋ] *n* [of letter, number] redoublement *m*, doublement *m*.
doubloon [dʌ'bluːn] *n* doublon *m*.
doubly ['dʌblɪ] *adv* [twice as much] doublement, deux fois plus; [in two ways] doublement; she's **~ careful now** elle redouble de prudence maintenant.
doubt [daʊt] ◇ *n* -**1.** [uncertainty - about fact] doute *m*, incertitude *f*; **there is now considerable ~ about the convictions** on a maintenant de sérieux doutes au sujet des condamnations; **beyond all reasonable ~** à n'en pas douter, sans le moindre doute; **to cast ~ on sthg** mettre en doute OR jeter le doute sur qqch; **her honesty is in ~** OR **open to ~** [generally] on a des doutes sur son honnêteté, son honnêteté est sujette à caution; [this time] son honnêteté est mise en doute; **we are in no ~ as to his competence** nous n'avons aucun doute sur ses compétences; **the future of the company is in some ~** l'avenir de l'entreprise est incertain; **if** OR **when in ~** s'il y a un doute, en cas de doute; **when in ~, do nothing** dans le doute, abstiens-toi *prov*; **there is some ~ as to whether they paid** on n'est pas certain qu'ils aient payé; **there is no ~ about it** cela ne fait pas de doute; **there's no ~ (but) that it will be a difficult journey** il n'y a pas de doute que le voyage sera pénible; **no ~** sans doute; **he'll no ~ be late** il sera sûrement en retard; **there is room for ~** il est permis de douter; **without (any) ~** sans aucun OR le moindre doute. -**2.** [feeling of distrust] doute *m*; **I have my ~s about him** j'ai des doutes sur lui OR à son sujet; **she has her ~s (about) whether it's true** elle doute que cela soit vrai; **I have no ~** OR **~s about it** je n'en doute pas.
◇ *vt* -**1.** [consider unlikely]: **I ~ (whether) she'll be there** je doute qu'elle soit là; **she'll be there — I don't ~ it** elle sera là — je n'en doute pas OR j'en suis certain; **I ~ it** j'en doute; **I never once ~ed that they would succeed** je n'ai pas douté une seule fois qu'ils réussiraient; **I ~ if it makes him happy** je doute que cela le rende heureux. -**2.** [distrust] douter de; **there was no ~ing their sincerity** on ne pouvait pas mettre en doute leur sincérité; **she began to ~ the evidence of her own eyes** elle n'en croyait pas ses yeux.
◇ *vi* douter, avoir des doutes.
doubter ['daʊtəʳ] *n* incrédule *mf*, sceptique *mf*.
doubtful ['daʊtfʊl] *adj* -**1.** [unlikely] improbable, douteux. -**2.** [uncertain - person] incertain, indécis; **I'm ~ about his chances** je doute de OR j'ai des doutes sur ses chances; **we're ~ about accepting** nous hésitons à accepter; **it's ~ whether they're really serious** il est douteux qu'ils soient vraiment sérieux, on ne sait pas s'ils sont vraiment sérieux; **she looked ~** elle avait l'air peu convaincu. -**3.** [questionable - answer, results] douteux, discutable. -**4.** [dubious - person] louche, suspect; [- affair] douteux, louche; **a joke in ~ taste** une plaisanterie d'un goût douteux.
doubtfully ['daʊtfʊlɪ] *adv* [uncertainly] avec doute, d'un air de doute; [indecisively] avec hésitation, de façon indécise.
doubtfulness ['daʊtfʊlnɪs] *n* -**1.** [uncertainty] incertitude *f*; [hesitation] indécision *f*. -**2.** [dubiousness] caractère *m* équivoque OR douteux.
doubting ['daʊtɪŋ] *adj* sceptique, incrédule.
doubting Thomas *n* Thomas *m* l'incrédule; **don't be such a ~** ne fais pas l'incrédule, ne fais pas comme saint Thomas.
doubtless ['daʊtlɪs] *adv* [certainly] sans aucun OR le moindre doute; [probably] (très) probablement.
douche [duːʃ] ◇ *n* MED lavage *m* interne, douche *f*; [instrument] poire *f* à injections.
◇ *vt* doucher.
dough [dəʊ] *n* -**1.** CULIN pâte *f*; **bread ~** pâte à pain. -**2.** *inf* [money] blé *m*.
doughboy ['dəʊ,bɔɪ] *n* -**1.** CULIN boulette *f* (de pâte). -**2.** *inf Am* MIL sammy *m*.
doughnut ['dəʊnʌt] *n* beignet *m*.
doughty ['daʊtɪ] (*compar* **doughtier**, *superl* **doughtiest**) *adj lit* vaillant.
doughy ['dəʊɪ] (*compar* **doughier**, *superl* **doughiest**) *adj* -**1.** [consistency] pâteux; [bread] mal cuit. -**2.** [complexion] terreux.
dour [dʊəʳ] *adj* [sullen] renfrogné; [stern] austère, dur; [stubborn] buté.
dourly ['dʊəlɪ] *adv* [look] d'un air dur OR renfrogné; [say] d'un ton dur OR maussade.
douse [daʊs] *vt* -**1.** [fire] éteindre. -**2.** [drench] tremper, inonder.
dove[1] [dʌv] *n* ORNITH & POL colombe *f*.
dove[2] [dəʊv] *Am pt* → **dive**.
dovecot(e) ['dʌvkɒt] *n* colombier *m*, pigeonnier *m*.
dove-grey *adj* gris perle *(inv)*.
Dover ['dəʊvəʳ] *pr n* Douvres.
Dover sole *n* sole *f* ZOOL.
dovetail ['dʌvteɪl] ◇ *vt* TECH assembler à queue d'aronde; [fit] faire concorder, raccorder; **he managed to ~ his plans with hers** il s'est débrouillé pour accorder OR faire concorder ses projets avec les siens.
◇ *vi* -**1.** TECH se raccorder; **to ~ into** se raccorder à. -**2.** [combine] bien cadrer, concorder; **the two projects ~ nicely** les deux projets se rejoignent parfaitement.
◇ *n* TECH queue-d'aronde *f*; **a ~ joint** un assemblage à queue-d'aronde.
dowager ['daʊədʒəʳ] *n* douairière *f*; **the ~ duchess** la duchesse douairière.
dowdily ['daʊdɪlɪ] *adv* de façon démodée.
dowdiness ['daʊdɪnɪs] *n* manque *m* d'élégance OR de distinction.
dowdy ['daʊdɪ] (*compar* **dowdier**, *superl* **dowdiest**, *pl* **dowdies**) ◇ *adj* [person] sans chic, inélégant; [dress] peu flatteur, sans chic.
◇ *n dated* femme *f* sans chic.
dowel ['daʊəl] ◇ *n*: **~ (pin)** cheville *f* en bois, goujon *m*.
◇ *vt* assembler avec des goujons, goujonner.
dowel(l)ing ['daʊəlɪŋ] *n* -**1.** [act] assemblage *m* à goujons, goujonnage *m*. -**2.** [wood] tourillon *m*.
dower house ['daʊəʳ-] *n Br* petit manoir *m* (de douairière).
Dow-Jones [,daʊ'dʒəʊnz] *pr n*: **the ~ (average** OR **index)** l'indice *m* Dow Jones.
down[1] [daʊn] ◇ *prep* -**1.** [towards lower level of]: **a line ~ the middle of the page** une ligne verticale au milieu de la page; **to go ~ the steps/the escalator/the mountain** descendre l'escalier/l'escalier mécanique/la montagne; **she fell ~ the stairs** elle est tombée dans l'escalier; **tears ran ~ her face** des larmes coulaient le long de son visage; **her hair hung ~ her back** les cheveux lui tombaient dans le dos || [into]: **to go ~ the plughole** passer par le trou (de l'évier/de la baignoire *etc*); **the rabbit disappeared back ~ its hole** le lapin a redisparu dans son trou. -**2.** [at lower level of] en bas de; **it's ~ the stairs** c'est en bas de l'escalier; **to work ~ a mine** travailler au fond d'une mine; **they live ~ the street** ils habitent plus loin OR plus bas dans la rue. -**3.** [along] le long de; **he walked ~ the street** il a descendu la rue; **look ~ the corridor** regardez le long du couloir. -**4.** [through] à travers; **~ (through) the ages** à travers les âges. -**5.** *inf Br* [to] à; **they went ~ the shops** ils sont partis faire des courses.
◇ *adv* -**1.** [downwards] vers le bas, en bas; **~!** [to dog] couché!, bas les pattes!; **~ and ~** de plus en plus bas; **to come** OR **go ~** descendre; **my trousers keep slipping ~** mon pantalon n'arrête pas de descendre OR tomber. -**2.** [on lower level] en bas; **~ at the bottom of the hill/page** en bas de la colline/de la page; **~ there** là-bas; **I'm ~ here** je suis ici en bas; **she lives three floors ~** elle habite trois étages plus bas; **his office is three doors ~ on the left** [along passage] son bureau est trois portes plus loin sur la gauche; **the blinds are ~** les stores sont baissés || [downstairs]: **I'll be ~ in a minute** je descends dans un instant; **they aren't ~ yet** ils ne sont pas encore descendus || [on the ground or floor] à terre; **he was ~ for a count of eight** il est resté à terre le temps de compter jusqu'à huit ❑ **to hit a man when he's ~** frapper un homme à terre. -**3.** [facing downwards] vers le bas, dessous; **smooth side ~** le côté lisse dessous. -**4.** [reduced, lower]: **prices are ~** les prix ont baissé; **the pound is ~ two cents against the dollar** FIN la livre a baissé de deux cents par rapport au dollar || [below expected, desired level]: **the tyres are ~** [underinflated] les pneus sont dégonflés; [flat] les pneus sont à plat; **the cashier is £10 ~** il manque 10 livres au caissier; **we were two goals ~ at half-time** FTBL nous perdions par deux buts à la mi-temps. -**5.** [on paper]: **get it ~ in writing** OR **on paper** mettez-le par écrit; **it's ~ in my diary/on the calendar** c'est dans mon agenda/sur le calendrier; **he's ~ to speak at the conference** il est inscrit en tant qu'intervenant à la conférence. -**6.** [from city, the north]: **she came ~ from Berlin** elle est arrivée de Berlin; **we're going ~ south** nous descendons vers le sud; **they're going ~ to the coast** ils descendent sur la côte; **to go ~ East** *Am* aller au nord-est de la Nouvelle-Angleterre || *Br* UNIV: **she came ~ from Oxford** [on vacation] elle est descendue d'Oxford; [graduated] elle est sortie d'Oxford. -**7.** [out of action - machine, computer] en panne; **the wires are ~** les lignes sont coupées; **the computer has gone ~** l'ordinateur est tombé en panne. -**8.** [paid]: **he paid** OR **put £5 ~** [whole amount] il a payé 5 livres comptant; [as deposit] il a versé (un acompte de) 5 livres ❑ **5 ~ and**

3 to go ça fait 5, il en reste 3. -**9.** [ill]: **he's (gone) ~ with flu** il est au lit avec la grippe. -**10.** *phr*: **to be ~ on sb** *inf* être monté contre qqn; **she's ~ on her luck** elle n'a pas de chance OR de veine en ce moment; **~ with...!** à bas...!; **~ with the system!** à bas le système!

◇ *adj* -**1.** [depressed] déprimé, malheureux; **to feel ~** avoir le cafard. -**2.** *Br* [train] *en provenance d'une grande ville.* -**3.** [elevator] qui descend.

◇ *vt* -**1.** [knock down - opponent] mettre à terre; [- object, target] faire tomber; **the pilot ~ed two enemy aircraft** le pilote a descendu deux avions ennemis. -**2.** [drink, eat]: **he ~ed three beers** il a descendu trois bières.

◇ *n* -**1.** [setback] revers *m*, bas *m*. -**2.** *phr*: **to have a ~ on sb** *inf* avoir une dent contre qqn.

◆ **down for** *prep phr*: **she's ~ for physics** elle est inscrite au cours de physique; **they've got me ~ for the 200 m hurdles** ils m'ont inscrit au 200 m haies; **the meeting is ~ for today** la réunion est prévue pour aujourd'hui.

◆ **down to** *prep phr* -**1.** [through to and including] jusqu'à; **~ to the smallest details** jusqu'aux moindres détails; **she sold everything right ~ to the house** elle a tout vendu, y compris la maison; **from the richest ~ to the poorest** du plus riche (jusqu') au plus pauvre; **from the boss ~ to the office boy** depuis le patron jusqu'au garçon de bureau; **from the Middle Ages ~ to the present** du OR depuis le Moyen Âge jusqu'à nos jours. -**2.** [reduced to]: **I'm ~ to my last pound** il ne me reste qu'une livre; **the team was ~ to 10 men** l'équipe était réduite à 10 hommes. -**3.** [indicating responsibility]: **it's ~ to you now** c'est à toi de jouer maintenant *fig*; **any breakages will be ~ to you** si vous cassez quelque chose, c'est vous qui paierez les dégâts.

down[2] [daʊn] *n* -**1.** [on bird, person, plant, fruit] duvet *m*. -**2.** [hill] colline *f* dénudée; [sand dune] dune *f*.

down-and-out ◇ *adj* indigent, sans ressources; **'Down and Out in Paris and London'** *Orwell* 'Dans la dèche à Paris et à Londres'.

◇ *n* clochard *m*, -e *f*; **the ~** OR **~s** les sans-abri *mpl*.

down-at-heel *adj* [shabby] miteux; [shoe] éculé.

downbeat ['daʊnbiːt] ◇ *n* MUS temps *m* frappé.

◇ *adj inf* -**1.** [gloomy - person] abattu, triste; [- story] pessimiste. -**2.** [relaxed - person] décontracté, flegmatique; [- situation] décontracté.

downcast ['daʊnkɑːst] ◇ *adj* -**1.** [dejected] abattu, démoralisé. -**2.** [eyes, look] baissé.

◇ *n* MIN puits *m* d'aérage.

downdraught ['daʊndrɑːft] *n Br* vent *m* qui descend des montagnes.

downer ['daʊnəʳ] *n* -**1.** *inf* [experience] expérience *f* déprimante; **to be on a ~** faire de la déprime, être déprimé; **that film's a real ~** ce film est à vous donner le cafard. -**2.** ▽ [drug] tranquillisant *m*, sédatif *m*.

downfall ['daʊnfɔːl] *n* -**1.** [of person, institution] chute *f*, ruine *f*; [of dream, hopes] effondrement *m*; **drink was his ~** la boisson l'a perdu. -**2.** [of rain, snow] chute *f*.

downgrade ['daʊngreɪd] ◇ *vt* -**1.** [job] dévaloriser, déclasser; [person] rétrograder; [hotel] déclasser. -**2.** [belittle] rabaisser.

◇ *n* descente *f*.

downhearted [,daʊn'hɑːtɪd] *adj* abattu, découragé.

downhill [,daʊn'hɪl] ◇ *adv*: **to go ~** [car, road] descendre, aller en descendant; [business] péricliter || *fig*: **television is going rapidly ~** la télévision baisse OR se dégrade de plus en plus; **he let himself go ~ after he lost his job** il a dégringolé OR il s'est laissé aller après avoir perdu son travail; **her health went rapidly ~** sa santé déclina OR baissa rapidement.

◇ *adj* -**1.** [road] en pente, incliné; [walk] en descente; *fig*: **when you get to 40, it's ~ all the way** passé la quarantaine, vous ne faites plus que décliner; **it should all be ~ from now on** maintenant ça devrait aller comme sur des roulettes. -**2.** [in skiing]: **~ skiing** ski *m* alpin; **~ race** descente *f*; **~ racer** OR **skier** descendeur *m*, -euse *f*.

◇ *n* [of road] descente *f*; [in skiing] descente *f*.

down-home *inf adj Am* (des États) du Sud; *pej* plouc.

Downing Street ['daʊnɪŋ-] *pr n* Downing Street.

DOWNING STREET:

C'est à Downing Street à Londres que se trouvent les résidences officielles du Premier ministre, au nº 10, et du ministre des Finances, au nº 11. Le terme «Downing Street» est souvent employé pour désigner le gouvernement.

---

down-in-the-mouth *adj*: **to be ~** être abattu; **she looks ~** elle a l'air plutôt abattue.

downland ['daʊnlænd] *n (U)* collines *fpl* herbeuses.

download [,daʊn'ləʊd] *vt* COMPUT télécharger.

downloadable [,daʊn'ləʊdəbl] *adj* COMPUT téléchargeable.

downloading [,daʊn'ləʊdɪŋ] *n* COMPUT téléchargement *m*.

down-market *adj* [product] bas de gamme; [book] grande diffusion *(inv)*; **it's a rather ~ area** ce n'est pas un quartier très chic.

down payment *n* acompte *m*; **to make a ~ on sthg** verser un acompte pour qqch.

downpipe ['daʊnpaɪp] *n Br* (tuyau *m* de) descente *f*.

downplay ['daʊnpleɪ] *vt* [event, person] minimiser l'importance de; [situation] dédramatiser.

downpour ['daʊnpɔːʳ] *n* averse *f*, déluge *m*.

downright ['daʊnraɪt] ◇ *adj* -**1.** [lie] effronté, flagrant; [refusal] catégorique; **~ stupidity** bêtise crasse; **a ~ fool** un crétin achevé. -**2.** [of person, speech] franc, direct.

◇ *adv* [as intensifier] franchement, carrément; **the sales assistant was ~ rude** la vendeuse a été franchement grossière.

downriver [,daʊn'rɪvəʳ] ◇ *adj* en aval.

◇ *adv* vers l'aval, en aval.

downs [daʊnz] *n pl Br*: **the ~** les Downs *fpl*; **the South/North Downs** les Downs du Sud/du Nord.

downshift [,daʊn'ʃɪft] *vi Am* rétrograder.

downside ['daʊnsaɪd] *n* -**1.** [underside] dessous *m*; **~ up** *Am* sens dessous dessus. -**2.** [trend]: **prices have tended to be on the ~** la tendance des prix est plutôt à la baisse. -**3.** [disadvantage] inconvénient *m*.

downsize ['daʊnsaɪz] *vt* [company] réduire les effectifs de.

downspout ['daʊnspaʊt] *n Am* (tuyau *m* de) descente *f*.

Down's syndrome [daʊnz-] *n* trisomie 21 *f*; **~ baby** bébé *m* trisomique.

downstage [,daʊn'steɪdʒ] ◇ *adj* du devant de la scène.

◇ *adv* vers le devant de la scène; **~ from her** vers le devant de la scène par rapport à elle.

◇ *n* avant-scène *f*.

downstairs [,daʊn'steəz] ◇ *adv* -**1.** [gen] en bas (de l'escalier); **to come** OR **to go ~** descendre (les escaliers); **she ran ~** elle a descendu l'escalier OR elle est descendue en courant; **he fell ~** il a dégringolé l'escalier. -**2.** [on lower floor] à l'étage en dessous OR inférieur; [on ground floor] au rez-de-chaussée; **the family ~** la famille du dessous.

◇ *adj* -**1.** [gen] en bas; **I'm using the ~ phone** j'utilise le téléphone d'en bas. -**2.** [of lower floor] de l'étage au-dessous OR inférieur; [of ground floor] du rez-de-chaussée.

◇ *n* rez-de-chaussée *m inv*.

downstate ['daʊnsteɪt] *Am* ◇ *adj* [in the country] de la campagne; [in the south] du sud de l'État.

◇ *adv* [go] vers le sud; [be] dans le sud.

◇ *n* campagne *f*, sud *m* de l'État.

downstream [,daʊn'striːm] ◇ *adv* en aval, vers l'aval; **the boat drifted ~** le bateau était poussé par le courant.

◇ *adj* en aval.

downstroke ['daʊnstrəʊk] *n* [of piston] course *f* descendante; [in handwriting] plein *m*.

downswept ['daʊnswept] *adj* surbaissé.

downswing ['daʊnswɪŋ] *n* -**1.** [trend] tendance *f* à la baisse, baisse *f*. -**2.** GOLF mouvement *m* descendant.

downtime ['daʊntaɪm] *n (U)* période *f* de non-fonctionnement *(d'une machine, d'une usine)*.

down-to-earth *adj* terre à terre *(inv)*, réaliste; **she's very ~** elle a les pieds sur terre.

downtown [,daʊn'taʊn] *Am* ◇ *n* centre-ville *m*.

◇ *adj*: **~ New York** le centre OR centre-ville de New York.

◇ *adv* en ville.

downtrend ['daʊntrend] *n* baisse *f*.

downtrodden ['daʊn,trɒdn] *adj* -**1.** [person] opprimé. -**2.** [grass] piétiné.

downturn ['daʊntɜːn] *n* baisse *f*.

down under *inf Br adv*: **to go/to live ~** [to Australia] aller/vivre en Australie; [to New Zealand] aller/vivre en Nouvelle-Zélande; [gen] aller/vivre aux antipodes.

downward ['daʊnwəd] ◇ *adj* [movement] vers le bas; *fig*: **a ~ trend** une tendance à la baisse; **the economy is on a ~ path** l'économie est sur une mauvaise pente.

◇ *adv* = **downwards**.

downwards ['daʊnwədz] *adv* vers le bas, de haut en bas; **she put the letter face ~** elle a posé la lettre à l'envers; **the garden slopes ~ away from the house** le jardin descend en pente depuis la maison; **the road drops sharply ~** la route descend brusquement || *fig*: **everyone from the president ~** tout le monde depuis le président jusqu'en bas de la hiérarchie; **from the Middle Ages ~** depuis le Moyen Âge; **we will have to revise our estimates ~** il faudra que nous revoyions nos estimations à la baisse; **prices started to spiral ~** les prix commencèrent à dégringoler.

downwash ['daʊnwɒʃ] *n* déflexion *f* vers le bas.

downwind [,daʊn'wɪnd] *adj* & *adv* sous le vent; **to be ~ of sthg** être sous le vent de qqch.

downy ['daʊnɪ] (*compar* **downier**, *superl* **downiest**) *adj* -**1.** [leaf, skin] couvert de duvet, duveté; [fruit] duveté, velouté. -**2.** [fluffy] duveteux. -**3.** [filled with down] garni de duvet.

dowry ['daʊərɪ] (*pl* **dowries**) *n* dot *f*.

dowse [daʊz] ◇ *vi* [for water, for minerals] faire de la radiesthésie, prospecter à la baguette.

◇ *vt* = **douse**.

dowser ['daʊzəʳ] *n* [for water] sourcier *m*, radiesthésiste *mf*; [for minerals] radiesthésiste *mf*.

dowsing ['daʊzɪŋ] *n* radiesthésie *f*.

dowsing rod *n* baguette *f* (de sourcier).

doxology [dɒk'sɒlədʒɪ] *n* doxologie *f*.

doxy ['dɒksɪ] (*pl* **doxies**) *n* -**1.** [doctrine] doctrine *f*. -**2.** ▽ *arch* [prostitute] catin *f*; [mistress] maîtresse *f*.

doyen ['dɔɪən] *n* doyen *m* (d'âge).

doyenne ['dɔɪen] *n* doyenne *f* (d'âge).

doyly ['dɔɪlɪ] (*pl* **doylies**) = **doily**.

doz. (*written abbr of* **dozen**) douz.

doze [dəʊz] ◇ *vi* sommeiller.

◇ *n* somme *m*; **I had a little ~** j'ai fait un petit somme.

◆ **doze off** *vi insep* s'assoupir.

dozen ['dʌzn] *n* douzaine *f*; **a ~ eggs** une douzaine d'œufs; **30 pence a ~** 30 pence la douzaine; **half a ~** une demi-douzaine; **have some more, there are ~s of them** reprenez-en, il y en a beaucoup OR des tas; **I've told you a ~ times** je te l'ai dit vingt fois; **there are ~s of men like him** des hommes comme lui, on en trouve à la douzaine.

dozer *inf* ['dəʊzəʳ] *n Br* bulldozer *m*, bouteur *m offic.*

dozy ['dəʊzɪ] (*compar* **dozier**, *superl* **doziest**) *adj* -**1.** [drowsy] à moitié endormi, assoupi. -**2.** *inf* [stupid] lent, engourdi.

DP *n* -**1.** *abbr of* **data processing**. -**2.** *abbr of* **disabled person**.

DPh *written abbr of* **Doctor of Philosophy**.

DPH (*abbr of* **Diploma in Public Health**) *n* diplôme *m* de santé publique.

DPhil [ˌdiː'fɪl] = **DPh**.

DPP *pr n abbr of* **Director of Public Prosecutions**.

DPT (*abbr of* **diphtheria, pertussis, tetanus**) *n* DCT.

DPW (*abbr of* **Department of Public Works**) *pr n* ≃ ministère *m* de l'Équipement.

dr *written abbr of* **debtor**.

Dr -**1.** (*written abbr of* **Doctor**): ~ **Jones** [on envelope] Dr Jones; **Dear** ~ **Jones** [in letter] Monsieur, Madame; [less formal] Cher Monsieur, Chère Madame; [if acquainted] Cher Docteur. -**2.** *written abbr of* **drive**.

drab [dræb] (*compar* **drabber**, *superl* **drabbest**)
◇ *adj* -**1.** [colour] terne, fade; [surroundings] morne, triste. -**2.** [shabby] miteux.
◇ *n* -**1.** [colour] gris-vert *m*, gris-beige *m*. -**2.** [cloth] grosse toile *f* bise. -**3.** *arch* [woman] souillon *f*.

drabble ['dræbl] ◇ *vt* salir, crotter.
◇ *vi* devenir sale, se salir, se crotter.

drabness ['dræbnɪs] *n* [of colour] caractère *m* OR aspect *m* terne, fadeur *f*; [of surroundings] caractère *m* OR aspect *m* morne, tristesse *f*, grisaille *f*.

drachm [dræm] *n* -**1.** [gen & PHARM] drachme *m*. -**2.** [currency] drachme *f*.

drachma ['drækmə] (*pl* **drachmas** OR **drachmae** [-miː]) *n* -**1.** [currency] drachme *f*. -**2.** [gen & PHARM] drachme *m*.

draconian [drə'kəʊnjən] *adj* draconien.

Dracula ['drækjʊlə] *pr n* Dracula.

draft [drɑːft] ◇ *n* -**1.** [of letter] brouillon *m*; [of novel, speech] premier jet *m*, ébauche *f*; [of plan] avant-projet *m*; **this is only the first** ~ ceci n'est qu'une ébauche; ~ **quality** COMPUT qualité *f* brouillon. -**2.** COMM & FIN traite *f*, effet *m*; **a** ~ **on my bank in England for £500** une traite de 500 livres sur ma banque en Angleterre. -**3.** MIL [detachment] détachement *m*. -**4.** *Am* MIL conscription *f*; **he left in order to avoid the** ~ il est parti pour éviter de faire son service. -**5.** *Am* = **draught**.
◇ *vt* -**1.** [draw up – first version] faire le brouillon de, rédiger; [– diagram] dresser; [– plan] esquisser, dresser; JUR [contract, will] rédiger, dresser; **to** ~ **a bill** préparer un projet de loi. -**2.** [gen & MIL] détacher, désigner; **to** ~ **sb to sthg/to do sthg** détacher qqn à qqch/pour faire qqch. -**3.** *Am* MIL [enlist] appeler (sous les drapeaux), incorporer; **he was** ~**ed into the army** il fut appelé sous les drapeaux.
◇ *comp* [version] préliminaire; ~ **letter** [gen] brouillon *m* de lettre; [formal] projet *m* de lettre; ~ **treaty** projet *m* de convention.

draft board *n Am* conseil *m* de révision.

draft card *n Am* ordre *m* d'incorporation.

draft dodger *n Am* réfractaire *m*.

draftee [ˌdrɑːf'tiː] *n Am* recrue *f*.

draft resister *n Am* réfractaire *m* MIL.

draftsman (*pl* **draftsmen**) *etc Am* = **draughtsman**.

drafty (*compar* **draftier**, *superl* **draftiest**) *etc Am* = **draughty**.

drag [dræg] (*pt & pp* **dragged**, *cont* **dragging**)
◇ *vt* -**1.** [pull] traîner, tirer; **to** ~ **sthg on** OR **along the ground** traîner qqch par terre; **he dragged me to a concert** il m'a traîné OR entraîné à un concert; **stop dragging your feet!** arrête de traîner les pieds!; **don't** ~ **me into this!** ne me mêlez pas à vos histoires!; **I had to** ~ **the truth out of her** il m'a fallu lui arracher la vérité; **to** ~ **anchor** NAUT chasser sur ses ancres ☐ **the government has been accused of dragging its feet** OR **heels over the issue** on a accusé le gouvernement de montrer peu d'empressement à s'occuper de la question; **to** ~ **sb's name through the mud** traîner qqn dans la boue. -**2.** [search] draguer; **they dragged the lake for the body** ils ont dragué le lac à la recherche du corps.
◇ *vi* -**1.** [trail] traîner (par terre); [anchor] chasser. -**2.** [hang behind] traîner, rester à l'arrière. -**3.** [search] draguer. -**4.** [go on and on] traîner, s'éterniser. -**5.** AUT [brakes] frotter, gripper, se gripper.
◇ *n* -**1.** [pull] tirage *m*; AERON, AUT & NAUT résistance *f*, traînée *f*. -**2.** [dredge] drague *f*; [sledge] traîneau *m*; AGR [harrow] herse *f*; NAUT araignée *f*. -**3.** [brake] sabot *m* OR patin *m* de frein. -**4.** [handicap] entrave *f*, frein *m*; **unemployment is a** ~ **on the economy** le chômage est un frein pour l'économie. -**5.** [trail of fox] piste *f*. -**6.** *inf* [bore]: **don't invite him, he's a real** ~! ne l'invite pas, c'est un casse-pieds fini!; **the exams are a real** ~ quelle barbe ces examens!; **what a** ~ quelle barbe!, c'est la barbe! -**7.** *inf* [puff on cigarette] bouffée *f*, taffe *f*; **I had a** ~ **on** OR **of his cigarette** j'ai tiré une bouffée de sa cigarette. -**8.** *inf* [women's clothing]: **in** ~ en travesti. -**9.** *inf Am* [street]: **the main** ~ la rue principale. -**10.** ▽ *Am* [influence] piston *m*; **she has a lot of** ~ elle a le bras long; **use your** ~ usez de votre influence.
◇ *comp inf* [disco, show] de travestis; ~ **artist** artiste *m* de spectacles de travestis.

◆ **drag along** *vt sep* -**1.** [chair, toy] tirer, traîner; [person] traîner, entraîner. -**2.** **to** ~ **o.s. along** se traîner.

◆ **drag apart** *vt sep* séparer de force.

◆ **drag away** *vt sep* emmener de force; **I couldn't** ~ **him away from his work** je ne pouvais pas l'arracher à son travail.

◆ **drag down** *vt sep* -**1.** [lower] entraîner (en bas); **being rude only** ~**s you down to his level** être grossier ne fait que vous rabaisser à son niveau. -**2.** [weaken] affaiblir; [depress] déprimer, décourager.

◆ **drag in** *vt sep* apporter (de force); **he insisted on dragging in the issue of housing** il voulait à tout prix mettre la question du logement sur le tapis.

◆ **drag on** ◇ *vi insep* se prolonger, s'éterniser; **don't let the matter** ~ **on** ne laissez pas traîner l'affaire; **the day dragged on** la journée s'éternisait OR n'en finissait pas.
◇ *vt insep*: **to** ~ **on a cigarette** tirer sur une cigarette.

◆ **drag out** *vt sep* [prolong] faire traîner; **to** ~ **out talks** faire traîner des négociations.

◆ **drag up** *vt sep* -**1.** [affair, story] remettre sur le tapis, ressortir. -**2.** *inf Br* [child] élever à la diable OR tant bien que mal; **where were you dragged up?** *hum* où donc as-tu été élevé?

drag factor *n* AERON & AUT coefficient *m* de traînée.

draggy *inf* ['drægɪ] (*compar* **draggier**, *superl* **draggiest**) *adj Br* [boring] ennuyeux, assommant; [listless] mou, avachi.

drag hunt *n* drag *m*.

dragnet ['drægnet] *n* -**1.** [for fish] seine *f*, drège *f*; [for game] tirasse *f*. -**2.** [for criminals] rafle *f*.

dragoman ['drægəʊmən] (*pl* **dragomen** [-mən]) *n* drogman *m*.

dragon ['drægən] *n* MYTH, ZOOL & *fig* dragon *m*.

dragonfly ['drægənflaɪ] (*pl* **dragonflies**) *n* libellule *f*.

dragoon [drə'guːn] ◇ *n* dragon *m*.
◇ *vt* [force] contraindre, forcer; **he** ~**ed us into going** il nous a contraints à y aller.

drag queen *inf n* travelo *m*.

drag race *n* course *f* de dragsters.

drag racer *n participant à des courses de dragsters.*

dragrope ['drægrəʊp] *n* AERON guiderope *m*.

dragster ['drægstə^r] *n* voiture *f* à moteur gonflé, dragster *m*.

dragsville *inf* ['drægzvɪl] *n Am dated*: **it was** ~ c'était casse-pieds OR la barbe.

drain [dreɪn] ◇ *n* -**1.** [in house] canalisation *f* OR tuyau *m* d'évacuation; [of dishwasher] tuyau *m* de vidange; [outside house] puisard *m*; [sewer] égout *m*; [grid in street] bouche *f* d'égout; **to go down the** ~: **the family business went down the** ~ l'entreprise familiale a fait faillite; **all our plans went down the** ~ tous nos projets sont tombés à l'eau; **to laugh like a** ~ rire comme une baleine. -**2.** AGR & MED drain *m*. -**3.** [depletion] perte *f*, épuisement *m*; **a** ~ **on resources** une ponction sur les ressources; **all that travelling was a terrible** ~ **on him** tous ces voyages l'ont terriblement épuisé.
◇ *vt* -**1.** [dry – dishes, vegetables] égoutter; [– land] drainer, assécher; [– reservoir] vider, mettre à sec; [– mine] drainer; [– oil tank] vider, vidanger; AGR & MED drainer; **well** ~**ed soil** sol *m* bien drainé; **she** ~**ed her glass** elle a vidé son verre OR a tout bu jusqu'à la dernière goutte; ~**ed weight** COMM poids *m* net égoutté. -**2.** [deplete] épuiser; **to** ~ **sb of his/her strength** épuiser qqn; **the war** ~**ed the country of its resources** la guerre a saigné le pays.
◇ *vi* -**1.** [colour] disparaître; [blood] s'écouler; **the colour** ~**ed from her face** son visage a blêmi. -**2.** [dishes, vegetables] s'égoutter; **leave the dishes to** ~ laisse égoutter la vaisselle.

◆ **drain away** ◇ *vi insep* [liquid] s'écouler; [hope, strength] s'épuiser.
◇ *vt sep* faire écouler.

◆ **drain off** ◇ *vt sep* -**1.** [liquid] faire écouler; [dishes, vegetables] égoutter. -**2.** AGR & MED drainer.
◇ *vi insep* s'écouler.

drainage ['dreɪnɪdʒ] *n* (U) -**1.** [process] drainage *m*, assèchement *m*. -**2.** [system – in house] système *m* d'évacuation des eaux; [– in town] système *m* d'égouts; [– of land] système *m* de drainage; GEOL système *m* hydrographique. -**3.** [sewage] eaux *fpl* usées, vidanges *fpl*.

drainage area, **drainage basin** *n* bassin *m* hydrographique.

drainboard ['dreɪnbɔːrd] *Am* = **drainer**.

drained [dreɪnd] *adj* épuisé, éreinté; **he looked tired and** ~ il avait l'air fatigué et à bout de forces; **the incident left me emotionally** ~ l'incident m'a épuisé nerveusement.

drainer ['dreɪnə^r], **draining board** *n* égouttoir *m*.

draining ['dreɪnɪŋ] *adj* [person, task] épuisant.

drainpipe ['dreɪnpaɪp] *n* [from roof] (tuyau *m* de) descente *f*; [from sink] tuyau *m* d'écoulement; AGR [on land] drain *m*.

drainpipe trousers *npl Br* pantalon-cigarette *m*.

drake [dreɪk] *n* canard *m* (mâle).

Dralon® ['dreɪlɒn] *n* Dralon® *m*.

dram [dræm] *n* -**1.** [gen & PHARM] drachme *m*. -**2.** *inf* [drop] goutte *f*; **a** ~ **(of whisky)** un petit verre (de whisky).

drama ['drɑːmə] *n* -**1.** [theatre] théâtre *m*; **she teaches** ~ elle enseigne l'art dramatique; **Spanish** ~ le théâtre espagnol; ~ **critic** critique *mf* de théâtre; ~ **school** école *f* de théâtre. -**2.** [play] pièce *f* (de théâtre), drame *m*. -**3.** [situation] drame *m*. -**4.** [excitement] drame *m*.

dramatic [drə'mætɪk] *adj* -**1.** LITERAT, MUS & THEAT dramatique; **the** ~ **works of Racine** le théâtre de Racine. -**2.** [effect, entry] théâtral, dramatique; [change] remarquable, spectaculaire; **the story took a** ~ **turn** l'histoire prit un tour dramatique.

dramatically [drə'mætɪklɪ] *adv* -**1.** LITERAT, MUS & THEAT du point de vue théâtral. -**2.** [act, speak] de manière dramatique, dramatiquement; [change] de manière remarquable OR spectaculaire.

dramatic irony *n* ironie *f* dramatique.

dramatics [drə'mætɪks] ◇ *n* (U) THEAT art *m* dramatique, dramaturgie *f*.
◇ *npl fig* [behaviour] comédie *f*, cirque *m*.

dramatis personae [ˌdrɑːmətɪspɜː'səʊnaɪ] *npl* personnages *mpl (d'une pièce ou d'un roman).*

dramatist ['dræmətɪst] *n* auteur *m* dramatique, dramaturge *m*.

dramatization [,dræmətaɪ'zeɪʃn] *n* -**1.** [for theatre] adaptation *f* pour la scène; [for film] adaptation *f* pour l'écran; [for television] adaptation *f* pour la télévision. -**2.** [exaggeration] dramatisation *f*.

dramatize, -ise ['dræmətaɪz] ◇ *vt* -**1.** [for theatre] adapter pour la scène; [for film] adapter pour l'écran; [for television] adapter pour la télévision. -**2.** [exaggerate] faire un drame de, dramatiser; [make dramatic] rendre dramatique.
◇ *vi* dramatiser.

dramaturgy ['dræmətɜːdʒɪ] *n* dramaturgie *f*.

Drambuie® [dræm'bjuːɪ] *n* Drambuie® *m*.

drank [dræŋk] *pt* → **drink**.

drape [dreɪp] ◇ *n* [way something hangs] drapé *m*.
◇ *vt* -**1.** [adorn - person, window] draper; [- altar, room] tendre; **the stage was ~d with** OR **in black** la scène était tendue de noir. -**2.** [hang] étendre; **she ~d a leg over the chair arm** elle a étendu sa jambe sur l'accoudoir; **he ~d himself over the sofa** il s'est étalé sur le canapé.
◆ **drapes** *npl Br* [drapery] tentures *fpl*; *Am* [curtains] rideaux *mpl*.

draper ['dreɪpəʳ] *n Br* marchand *m*, -e *f* de tissus.

drapery ['dreɪpərɪ] (*pl* **draperies**) *n* -**1.** *(U)* [material] étoffes *fpl*; [arrangement of material] draperie *f*. -**2.** *(usu pl)* [hangings] tentures *fpl*; [curtains] rideaux *mpl*. -**3.** *Br* [shop] magasin *m* de tissus.

drastic ['dræstɪk] *adj* [measures] sévère, draconien; [change, effect] radical; [remedy] énergique; **~ cutbacks** ECON coupes *fpl* sombres; **~ reductions** COMM réductions *fpl* massives; **to take ~ steps** trancher dans le vif, prendre des mesures draconiennes OR énergiques.

drastically ['dræstɪklɪ] *adv* radicalement; [cut, reduce] radicalement, sévèrement; **prices rose ~** les prix ont augmenté considérablement.

drat *inf* [dræt] *interj*: **~!** diable!, bon sang!; **oh, ~!** bon sang!, nom de nom!

dratted *inf* ['drætɪd] *adj* sacré; **that ~ car** cette maudite voiture.

draught *Br*, **draft** *Am* [drɑːft] ◇ *n* -**1.** [breeze] courant *m* d'air; **I can feel a ~** je suis dans un courant d'air; **there's a terrific ~ in here** il y a un courant d'air terrible ici. -**2.** [in fireplace] tirage *m*. -**3.** [drink - swallow] trait *m*, gorgée *f*; **a ~ of water** une gorgée d'eau; **in one ~** d'un seul trait OR coup. -**4.** [medicine] potion *f*, breuvage *m*. -**5.** **on ~** [beer] à la pression. -**6.** GAMES dame *f*. -**7.** [pulling] traction *f*, tirage *m*; NAUT [of ship] tirant *m* (d'eau).
◇ *adj* [horse] de trait.

draught beer *n* bière *f* pression.

draughtboard ['drɑːftbɔːd] *n Br* GAMES damier *m*.

draught excluder [-ɪk'skluːdəʳ] *n Br* bourrelet *m* (de porte).

draughtiness *Br*, **draftiness** *Am* ['drɑːftɪnɪs] *n* courants *mpl* d'air.

draught-proof ◇ *vt* calfeutrer.
◇ *adj* calfeutré.

draught-proofing [-,pruːfɪŋ] *n* calfeutrage *m*.

draughts [drɑːfts] *n Br* GAMES (jeu *m* de) dames *fpl*; **a game of ~** un jeu de dames.

draughtsman *Br*, **draftsman** *Am* ['drɑːftsmən] (*Br pl* **draughtsmen** [-mən], *Am pl* **draftsmen** [-mən]) *n* [artist] dessinateur *m*, -trice *f*; ARCHIT & INDUST dessinateur *m* industriel, dessinatrice *f* industrielle.

draughtsmanship *Br*, **draftsmanship** *Am* ['drɑːftsmənʃɪp] *n* [of artist] talent *m* de dessinateur, coup *m* de crayon; [of work] art *m* du dessin.

draughty *Br*, **drafty** *Am* ['drɑːftɪ] (*Br compar* **draughtier**, *superl* **draughtiest**, *Am compar* **draftier**, *superl* **draftiest**) *adj* [house, room] plein de courants d'air; [street, corner] exposé à tous les vents OR aux quatre vents.

Dravidian [drə'vɪdɪən] ◇ *adj* dravidien.
◇ *n* dravidien *m*.

draw [drɔː] (*pt* **drew** [druː], *pp* **drawn** [drɔːn]) ◇ *vt* -**1.** [pull] tirer; **to ~ the curtains** [open] tirer OR ouvrir les rideaux; [shut] tirer OR fermer les rideaux; **he drew the blankets round him** il a tiré les couvertures autour de lui; **I drew my coat closer around me** je me suis enveloppé dans mon manteau; **he drew his hand wearily across his forehead** il se passa la main sur le front avec lassitude; **to ~ a bow** [in archery] tirer à l'arc. -**2.** [haul, pull behind - car] tirer, traîner, remorquer; [- trailer] remorquer; **a carriage drawn by two horses** un équipage attelé à OR tiré par deux chevaux. -**3.** [take out] tirer, retirer; [remove] retirer, enlever; [tooth] arracher, extraire; **he drew his knife from** OR **out of his pocket** il a tiré son couteau de sa poche; **the thief drew a gun on us** le voleur a sorti un pistolet et l'a braqué sur nous; **to ~ a sword** dégainer une épée. -**4.** [lead] conduire, entraîner; **she drew me towards the door** elle m'a entraîné vers la porte ‖ *fig*: **I was drawn into the controversy** j'ai été mêlé à OR entraîné dans la dispute; **the senator refused to be drawn** [refused to answer] le sénateur refusa de répondre; [refused to be provoked] le sénateur refusa de réagir; **to ~ a meeting to a close** mettre fin à une réunion. -**5.** [attract, elicit] attirer; **to be drawn to sb** être attiré par qqn; **his remarks drew a lot of criticism** ses observations lui ont attiré de nombreuses critiques; **to ~ sb's attention to sthg** faire remarquer qqch à qqn; **to ~ the enemy's fire** *fig* attirer le feu de l'ennemi sur soi. -**6.** [take from source] tirer, puiser; **to ~ water from a well** puiser de l'eau dans un puits; **to ~ (out) money from the bank** retirer de l'argent à la banque; **the university ~s its students from all social backgrounds** l'université recrute ses étudiants dans toutes les couches sociales; **to ~ blood**: **the dog bit her and drew blood** le chien l'a mordue jusqu'au sang; **his last question drew blood** *fig* sa dernière question a fait mouche; **her performance drew an ovation from the audience** son interprétation lui a valu l'ovation du public; **his confession drew tears from his mother** son aveu a arraché des larmes à sa mère; **I ~ comfort from the fact that he didn't suffer** je me console en me disant qu'il n'a pas souffert; **Cézanne drew inspiration from the French countryside** Cézanne s'est inspiré de OR a tiré inspiration de la campagne française; **to ~ trumps** CARDS faire tomber les atouts. -**7.** [breathe in]: **we barely had time to ~ (a) breath** nous avons à peine eu le temps de souffler. -**8.** [choose at random] tirer; **he drew the winning number** il a tiré le numéro gagnant; **to ~ lots** tirer au sort ❑ **to ~ a blank** faire chou blanc, échouer. -**9.** [earn - amount, salary] gagner, toucher; [- pension] toucher; FIN [- interest] rapporter. -**10.** [sketch] dessiner; [line, triangle] tracer; **to ~ a picture of sb** faire le portrait de qqn; **he drew us a map of the village** il nous a fait un plan du village; **do you want me to ~ you a map?** *hum* tu veux que je te fasse un dessin?; **she drew a vivid picture of village life** *fig* elle (nous) a fait une description vivante de la vie de village; **the author has drawn his characters well** *fig* l'auteur a bien dépeint ses personnages ❑ **to ~ the line at sthg** ne pas admettre qqch, se refuser à qqch; **you have to ~ the line somewhere** il faut fixer des limites, il y a des limites. -**11.** [formulate - comparison, parallel, distinction] établir, faire; **to ~ a conclusion** tirer une conclusion; **she drew a direct comparison between our situation and her own** elle a établi une comparaison explicite entre notre situation et la sienne. -**12.** FIN: **to ~ a cheque on one's account** tirer un chèque sur son compte. -**13.** [disembowel] vider. -**14.** SPORT [tie]: **the game was drawn** SPORT ils ont fait match nul; CARDS ils ont fait partie nulle. -**15.** HUNT [game] débusquer; [covert] battre. -**16.** MED [abscess] crever, percer. -**17.** NAUT: **the ocean liner ~s 8 metres** le paquebot a un tirant d'eau de 8 mètres. -**18.** TECH [metal] étirer; [wire] tréfiler.
◇ *vi* -**1.** [move]: **the crowd drew to one side** la foule s'est rangée sur le côté OR s'est écartée; **the bus drew into the coach station** l'autocar est arrivé OR entré dans la gare routière; **to ~ ahead of sb** prendre de l'avance sur qqn; **one cyclist drew ahead of the others** un cycliste s'est détaché du peloton; **to ~ to a halt** s'arrêter; **they drew level with** OR **alongside the window** ils sont arrivés à la hauteur de la fenêtre; **they drew nearer to us** ils se sont approchés un peu plus de nous; **night ~s near** la nuit approche; **to ~ to an end** OR **to a close** tirer OR toucher à sa fin. -**2.** [pull out gun] tirer; **the policeman drew and fired** le policier a dégainé OR sorti son pistolet et a tiré. -**3.** [choose at random] tirer au hasard; **they drew for partners** ils ont tiré au sort leurs partenaires. -**4.** [sketch] dessiner; **she ~s well** elle dessine bien. -**5.** [fireplace, pipe] tirer; [pump, vacuum cleaner] aspirer. -**6.** [tea] infuser. -**7.** [be equal - two competitors] être ex aequo *(inv)*; [- two teams] faire match nul; **Italy drew against Spain** l'Italie et l'Espagne ont fait match nul; **the two contestants drew for third prize** les deux concurrents ont remporté le troisième prix ex aequo OR sont arrivés troisièmes ex aequo.
◇ *n* -**1.** [act of pulling]: **to be quick on the ~** *literal* dégainer vite, avoir la détente rapide; *fig* avoir de la repartie; **to beat sb to the ~** *literal* dégainer plus vite que qqn; *fig* devancer qqn. -**2.** [card] carte *f* tirée; **it's your ~** c'est à vous de tirer une carte. -**3.** [raffle, lottery] loterie *f*, tombola *f*; **the ~ will take place tonight** le tirage aura lieu ce soir. -**4.** [attraction] attraction *f*; **the polar bears are the main ~ at the zoo** les ours polaires sont la grande attraction du zoo; **the show proved to be a big ~** le spectacle s'est révélé être un grand succès. -**5.** GAMES partie *f* nulle; SPORT match *m* nul; **the chess tournament ended in a ~** le tournoi d'échecs s'est terminé par une partie nulle; **two wins and three ~s** deux matches gagnés et trois matches nuls. -**6.** *Am* [gully] ravine *f*; [drain] rigole *f*. -**7.** *Am* [sum of money] avance *f*.
◆ **draw along** *vt sep* [cart, caravan] tirer, traîner; [person] entraîner.
◆ **draw apart** ◇ *vi insep* se séparer; **they drew apart when I entered the room** ils se sont éloignés OR écartés l'un de l'autre quand je suis entré dans la pièce.
◇ *vt sep* prendre à l'écart.
◆ **draw aside** ◇ *vi insep* s'écarter, se ranger; **I drew aside to let them pass** je me suis écarté (du chemin) OR je me suis rangé pour les laisser passer.
◇ *vt sep* [person] prendre OR tirer à l'écart; [thing] écarter.
◆ **draw away** *vi insep* -**1.** [move away - person] s'éloigner, s'écarter; [- vehicle] s'éloigner, démarrer; **she drew away from the crowd** elle s'est éloignée OR écartée de la foule. -**2.** [move ahead] prendre de l'avance; **the leading runner drew away from the others** le coureur de tête a pris de l'avance sur les OR s'est détaché des autres.
◆ **draw back** ◇ *vi insep* -**1.** [move backwards] reculer, se reculer, avoir un mouvement de recul; **the child drew back in fear** l'enfant a reculé de peur. -**2.** [avoid commitment] se retirer.
◇ *vt sep* [person] faire reculer; [one's hand, thing] retirer.
◆ **draw down** *vt sep* -**1.** [lower - blinds] baisser, descendre. -**2.** [provoke] attirer; **their policy drew down a storm of protest** leur politique a soulevé une vague de protestations.
◆ **draw in** ◇ *vi insep* -**1.** [move]: **the train drew in** le train est entré en gare; **the bus drew in to the kerb** [pulled over] le bus s'est rapproché du trottoir; [stopped] le bus s'est arrêté le long du trottoir. -**2.** [day, evening] diminuer, raccourcir; **the nights are ~ing in** les nuits raccourcissent OR diminuent.

◇ *vt sep* -**1.** [pull in] rentrer; to ~ in the reins tirer sur les rênes, serrer la bride; **the cat drew in its claws** le chat fit patte de velours OR rentra ses griffes ❑ **to ~ in one's horns** *Br* [spend less money] restreindre son train de vie; [back down] en rabattre. -**2.** [involve] impliquer, mêler; **he drew me into the conversation** il m'a mêlé à la conversation; **I got drawn into the project** je me suis laissé impliquer dans le projet; **he listened to the debate but refused to be drawn in** il a écouté le débat mais a refusé d'y participer OR de s'y joindre. -**3.** [attract] attirer; **the film is ~ing in huge crowds** le film fait de grosses recettes. -**4.** [sketch] ébaucher. -**5.** [air] aspirer, respirer; **to ~ in a deep breath** respirer profondément.

◆ **draw off** *vt sep* -**1.** *Br* [remove - clothing] enlever, ôter; [- gloves] retirer, ôter. -**2.** [liquid] tirer; **he drew off some wine from the cask** il a tiré du vin du fût.

◆ **draw on** ◇ *vt sep Br* -**1.** [put on - gloves, trousers, socks] enfiler. -**2.** [entice, encourage] encourager, entraîner; **the thought of success drew him on** la perspective de la réussite l'encourageait à continuer.

◇ *vt insep* -**1.** [as source] faire appel à; **the campaigners drew on the community's support** les militants ont fait appel au soutien de la communauté locale; **I drew on my own experiences for the novel** je me suis inspiré OR servi de mes propres expériences pour mon roman; **I had to ~ on my savings** j'ai dû prendre OR tirer sur mes économies. -**2.** [suck] tirer; **to ~ on a pipe** tirer sur une pipe.

◇ *vi insep* [time - come near] approcher; [- get late] avancer; **the winter drew on** l'hiver approchait.

◆ **draw out** ◇ *vt sep* -**1.** [remove] sortir, retirer, tirer; **she drew some papers out of her pocket** elle a sorti des papiers de sa poche; **how much money did you ~ out (of the bank)?** combien d'argent as-tu retiré (de la banque)? -**2.** [extend - sound, visit] prolonger; [- meeting, speech] prolonger, faire traîner; TECH [- metal] étirer; [- wire] tréfiler. -**3.** [cause to speak freely] faire parler; **she has a way of ~ing people out** elle sait faire parler les gens, elle sait faire sortir les gens de leur coquille. -**4.** [information, secret] soutirer; **the police managed to ~ the names out of him** la police est arrivée à lui soutirer les noms.

◇ *vi insep* [vehicle] sortir, s'éloigner; **the train drew out (of the station)** le train est sorti de la gare.

◆ **draw up** ◇ *vt sep* -**1.** *Br* [pull up] tirer; **I drew the covers up around my neck** j'ai ramené les couvertures autour de mon cou; **to ~ a boat up (on the beach)** tirer un bateau à sec; **she drew herself up (to her full height)** elle s'est redressée (de toute sa hauteur). -**2.** *Br* [move closer - chair] approcher; MIL [- troops] aligner, ranger; **~ your chair up to the table** approche ta chaise de la table. -**3.** [formulate - document] dresser, rédiger; [- bill, list] dresser, établir; [- plan] préparer, établir.

◇ *vi insep Br* -**1.** [move] se diriger; **the other boat drew up alongside us** l'autre bateau est arrivé à notre hauteur OR à côté de nous. -**2.** [stop - vehicle] s'arrêter, stopper; [- person] s'arrêter.

◆ **draw upon** *vt insep*: **they had to ~ upon their emergency funds** ils ont dû tirer sur OR prendre sur leur caisse de réserve; **you have to ~ upon your previous experience** il faut faire appel à votre expérience antérieure.

drawback ['drɔːbæk] *n* inconvénient *m*, désavantage *m*; **there are ~s to the scheme** ce projet présente des inconvénients; **the main ~ to the plan is its cost** le principal inconvénient du projet est son coût.

drawbridge ['drɔːbrɪdʒ] *n* pont-levis *m*, pont *m* basculant OR à bascule.

drawee [drɔː'iː] *n* tiré *m*.

drawer [*sense 1* drɔːʳ, *sense 2* 'drɔːəʳ] *n* -**1.** [in chest, desk] tiroir *m*. -**2.** [of cheque] tireur *m*.

drawers [drɔːz] *npl dated* OR *hum* [for men] caleçon *m*; [for women] culotte *f*.

drawing ['drɔːɪŋ] ◇ *n* -**1.** ART dessin *m*; **to study ~** étudier le dessin; **a pen ~** un dessin à la plume. -**2.** METALL [shaping, tapering] étirage *m*.

◇ *comp* [paper, table] à dessin; [lesson, teacher] de dessin; **~ pen** tire-ligne *m*.

drawing account *n Am* compte *m* courant *(pour frais professionnels)*.

drawing board *n* planche *f* à dessin; **it's back to the ~** il faudra tout recommencer.

drawing pin *n Br* punaise *f (à papier)*.

drawing room *n* -**1.** [living room] salon *m*; [reception room] salle *f* OR salon *m* de réception. -**2.** *Am* RAIL compartiment *m* privé.

drawl [drɔːl] ◇ *n* débit *m* traînant, voix *f* traînante; **a Southern ~** un accent du Sud; **"sure I do", he said with a ~** «bien sûr», dit-il d'une voix traînante.

◇ *vi* parler d'une voix traînante.

◇ *vt* dire d'une voix traînante.

drawn [drɔːn] ◇ *pp* → **draw**.

◇ *adj* -**1.** [blind, curtain] fermé, tiré. -**2.** [face, features] tiré; **he looked tired and ~** il avait l'air fatigué et avait les traits tirés. -**3.** [game] nul. -**4.** CULIN: **~ butter** beurre fondu.

drawn-out *adj* prolongé, qui traîne; **a long ~ dispute** un conflit qui traîne en longueur OR qui n'en finit pas.

drawn (thread) work *n* ouvrage *m* à jours.

drawsheet ['drɔːʃiːt] *n* alaise *f*.

drawstring ['drɔːstrɪŋ] *n* cordon *m*.

dray [dreɪ] *n* [for barrels] haquet *m*; [for stones, wood] binard *m*, fardier *m*.

dread [dred] ◇ *n* terreur *f*, effroi *m*; **she lives in ~ of her ex-husband** elle vit dans la crainte de son ex-mari.

◇ *vt* craindre, redouter; **she's ~ing the journey** elle redoute OR elle appréhende le voyage; **I ~ to think of what might happen** je n'ose pas imaginer ce qui pourrait arriver.

◇ *adj* redoutable, effrayant.

dreaded ['dredɪd] *adj* redoutable, terrible *aussi hum*.

dreadful ['dredfʊl] *adj* -**1.** [terrible - crime, pain] affreux, épouvantable; [- enemy, weapon] redoutable; **how ~!** quelle horreur! -**2.** [unpleasant] atroce, affreux; **what a ~ child!** cet enfant est insupportable!; **they said some ~ things about her** ils ont raconté des horreurs sur son compte; **I feel ~** [ill] je ne me sens pas du tout bien; [embarrassed] je suis vraiment gêné. -**3.** [as intensifier]: **he's a ~ bore!** c'est un casse-pieds insupportable!, c'est un horrible casse-pieds!; **what a ~ waste!** quel affreux gaspillage!

dreadfully ['dredfʊlɪ] *adv* -**1.** [very] terriblement; **he was ~ afraid** il avait horriblement peur OR une peur atroce; **I'm ~ sorry** je regrette infiniment OR énormément; **his handwriting is ~ untidy** son écriture est terriblement mauvaise, il écrit horriblement mal. -**2.** [badly] affreusement; **the children behaved ~** les enfants se sont affreusement mal comportés.

dreadlocks ['dredlɒks] *npl coiffure des rastas*; **he's got ~** il a les cheveux à la rasta.

dreadnought ['drednɔːt] *n* cuirassé *m*.

dream [driːm] (*pt* & *pp* **dreamt** [dremt] OR **dreamed**) ◇ *vi* -**1.** [in sleep] rêver; **to ~ about sb** rêver de qqn; **it can't be true, I must be ~ing** ce n'est pas vrai, je rêve. -**2.** [daydream] rêvasser, rêver; **he's always ~ing** il est toujours dans la lune; **stop ~ing and get on with your work!** arrête de rêver OR de rêvasser et remets-toi au travail!; **for years she'd dreamt of having a cottage in the country** elle a, durant des années, rêvé d'avoir un cottage à la campagne; **I know it'll never happen but there's nothing to stop me ~ing!** je sais que ça n'arrivera jamais, mais je ne peux pas m'empêcher de rêver!; **~ on!** *inf* on peut toujours rêver! -**3.** [imagine]: **to ~ of doing sthg** songer à faire qqch; **nobody dreamt of suspecting her** personne n'a songé à OR il n'est venu à l'idée de personne de la soupçonner; **don't tell anyone – I wouldn't ~ of it!** ne le dis à personne – jamais je ne songerais à faire une chose pareille!; **she'd never ~ of complaining** jamais elle ne songerait à se plaindre.

◇ *vt* -**1.** [in sleep] rêver; **he dreamt a ~** il a fait un rêve; **she dreamt we were in Spain** elle a rêvé que nous étions en Espagne; **you must have dreamt it** vous avez dû le rêver. -**2.** [daydream] rêvasser; **to ~ idle ~s** se nourrir d'illusions, rêver creux. -**3.** [imagine] songer, imaginer; **I never dreamt that he would actually accept the offer!** j'étais à mille lieues de supposer qu'il accepterait effectivement la proposition!

◇ *n* -**1.** [during sleep] rêve *m*; **I had a ~ about my mother last night** j'ai rêvé de ma mère la nuit dernière; **to see sthg in a ~** voir qqch en rêve; **the child had a bad ~** l'enfant a fait un mauvais rêve OR un cauchemar; **the meeting was like a bad ~** la réunion était un cauchemar; **sweet ~s!** faites de beaux rêves!; **life is but a ~** *lit* la vie n'est qu'un songe ❑ **'The Dream of Gerontius'** *Newman, Elgar* 'le Songe de Gerontius'. -**2.** [wish, fantasy] rêve *m*, désir *m*; **the woman of his ~s** la femme de ses rêves; **her ~ was to become a pilot** elle rêvait de devenir pilote; **a job beyond my wildest ~s** un travail comme je n'ai jamais osé imaginer OR qui dépasse tous mes rêves; **even in her wildest ~s she never thought she'd win first prize** même dans ses rêves les plus fous, elle n'avait jamais pensé remporter le premier prix; **the American ~** le rêve américain; **may all your ~s come true** que tous vos rêves se réalisent; **the holiday was like a ~ come true** les vacances étaient comme un rêve devenu réalité; **this boat is a sailor's ~ come true** ce bateau est la matérialisation du rêve d'un marin. -**3.** [marvel] merveille *f*; **my interview went like a ~** mon entretien s'est passé à merveille; **this car goes like a ~** cette voiture marche à merveille; **a ~ of a house** *inf* une maison de rêve; **she's a real ~** *inf* c'est un amour, elle est vraiment adorable. -**4.** [daydream] rêverie *f*, rêve *m*; **he's always in a ~** il est toujours dans les nuages OR en train de rêver.

◇ *comp* [car, person, house] de rêve; **a ~ world** [ideal] un monde utopique; [imaginary] un monde imaginaire; **she lives in a ~ world** elle vit dans les nuages; **the ~ ticket** POL [policies] le programme utopique OR à faire rêver; [candidates] le couple idéal; **~ sequence** CIN séquence *f* onirique.

◆ **dream away** *vt sep* passer OR perdre en rêveries; **she would ~ away the hours watching the clouds float by** elle passait des heures à rêver en regardant passer les nuages.

◆ **dream up** *vt sep* imaginer, inventer; **some wonderful new scheme that the government has dreamt up** encore un de ces merveilleux projets concotés par le gouvernement; **where did you ~ that up?** où es-tu allé pêcher ça?

«I HAVE A DREAM»:
Célèbre discours de Martin Luther King Jr. prononcé à Washington le 28 août 1963 à l'occasion d'un immense rassemblement de partisans des droits civiques aux États-Unis. Il y dépeint son espoir de connaître un jour un pays où toutes les communautés vivraient en harmonie.

dreamboat *inf* ['driːmbəʊt] *n dated* homme *m*, femme *f* de rêve.

dreamer ['driːməʳ] *n literal* rêveur *m*, -euse *f*; [idealist] rêveur *m*, -euse *f*, utopiste *mf*; *pej* songe-creux *m inv*.

dreamily ['driːmɪlɪ] *adv* [act] d'un air rêveur OR songeur; [speak] d'un ton rêveur OR songeur; [absent-mindedly] d'un air absent.

dreamland ['driːmlænd] *n* pays *m* imaginaire OR des rêves OR des songes; **she's in ~** elle est au pays des rêves.

dreamless ['driːmlɪs] *adj* sans rêves.

dreamlike ['dri:mlaɪk] *adj* irréel, onirique; **the music/the play has a ~ quality** la musique/la pièce a quelque chose d'irréel.

dreamt [dremt] *pt & pp* → **dream**.

dreamy ['dri:mɪ] (*compar* **dreamier**, *superl* **dreamiest**) *adj* -**1.** [vague - person] rêveur, songeur; [- expression] rêveur; [absent-minded] rêveur, distrait. -**2.** [impractical - person] utopique, rêveur; [- idea] chimérique, utopique. -**3.** [music, voice] langoureux. -**4.** *inf* [wonderful] magnifique, ravissant.

drearily ['drɪərəlɪ] *adv* tristement; **~ dressed** tristement vêtu; **~ furnished** tristement meublé.

dreariness ['drɪərɪnɪs] *n* [of surroundings] aspect *m* morne OR terne, monotonie *f*; [of life] monotonie *f*, tristesse *f*.

dreary ['drɪərɪ] (*compar* **drearier**, *superl* **dreariest**) *adj* [surroundings] morne, triste; [life] morne, monotone; [work, job] monotone, ennuyeux; [person] ennuyeux (comme la pluie); [weather] maussade, morne.

dreck▽ [drek] *n (U) Am* [rubbish] ordures *fpl*; [excrement] merde *f*.

drecky▽ ['drekɪ] (*compar* **dreckier**, *superl* **dreckiest**) *adj Am* merdique.

dredge [dredʒ] ◇ *vt* -**1.** [river] draguer; **they ~d the river for the body** ils ont dragué le fleuve à la recherche du corps. -**2.** CULIN [with flour, sugar] saupoudrer; [with breadcrumbs] paner.
◇ *n* NAUT drague *f*.
◆ **dredge up** *vt sep literal* draguer; *fig* [scandal, unpleasant news] déterrer, ressortir.

dredger ['dredʒəʳ] *n* -**1.** NAUT [ship] dragueur *m*; [machine] drague *f*. -**2.** CULIN saupoudreuse *f*, saupoudroir *m*.

dregs [dregz] *npl literal & fig* lie *f*; **she drank the tea down to the ~** elle a bu le thé jusqu'à la dernière goutte; **the ~ of society** la lie OR les bas-fonds de la société.

drench [drentʃ] ◇ *vt* -**1.** [soak] tremper, mouiller; **by the time we got home we were absolutely ~ed** le temps d'arriver à la maison, nous étions complètement trempés; **she had ~ed herself with perfume** *fig* elle s'était aspergée de parfum. -**2.** VETER donner OR faire avaler un médicament à.
◇ *n* VETER (dose *f* de) médicament *m*.

drenching ['drentʃɪŋ] ◇ *n* trempage *m*.
◇ *adj*: **~ rain** pluie *f* battante OR diluvienne.

Dresden ['drezdən] ◇ *pr n* [city] Dresde.
◇ *n* [china] porcelaine *f* de Saxe, saxe *m*; **a piece of ~ china** un saxe.

dress [dres] ◇ *n* -**1.** [frock] robe *f*; **a cotton/summer ~** une robe de coton/d'été. -**2.** [clothing] habillement *m*, tenue *f*. -**3.** [style of dress] tenue *f*, toilette *f*; **formal/informal ~** tenue de cérémonie/de ville; **in Indian ~** en tenue indienne.
◇ *vt* -**1.** [clothe] habiller; **she ~ed herself** OR **got ~ed** elle s'est habillée. -**2.** [arrange] orner, parer; [groom - horse] panser; [- hair] coiffer; [- shop window] faire la vitrine de; [- ship] pavoiser. -**3.** [wound] panser; **he ~ed my wound** il a fait mon pansement. -**4.** CULIN [salad] assaisonner, garnir; [meat, fish] parer; **~ed chicken** poulet *m* prêt à cuire; **~ed crab** crabe *m* tout préparé pour la table. -**5.** [treat - cloth, skins] préparer, apprêter; [- leather] corroyer; [- stone] tailler, dresser; [- metal] polir; [- timber] dégrossir. -**6.** [bush, tree] tailler; [woods] dégrossir. -**7.** AGR [field] façonner. -**8.** MIL [troops] aligner; **to ~ ranks** se mettre en rangs. -**9.** [neuter - animal] dresser.
◇ *vi* -**1.** [get dressed, wear clothes] s'habiller; **she always ~es very smartly** elle s'habille toujours avec beaucoup d'élégance; **to ~ for dinner** [gen] se mettre en tenue de soirée; [men] se mettre en smoking; [women] se mettre en robe du soir; **do we have to ~ for dinner?** est-ce qu'il faut s'habiller pour le dîner? -**2.** MIL [soldiers] s'aligner.
◆ **dress down** *Br* ◇ *vi insep* s'habiller simplement.
◇ *vt sep inf* [scold] passer un savon à.
◆ **dress up** ◇ *vi insep* -**1.** [put on best clothes] s'habiller, se mettre sur son trente et un; **he was all ~ed up** il était tout endimanché. -**2.** [put on disguise] se déguiser, se costumer; **she ~ed up as a clown** elle s'est déguisée en clown.
◇ *vt sep* -**1.** [put on best clothes] habiller. -**2.** [disguise] déguiser; **his mother had ~ed him up as a soldier** sa mère l'avait déguisé en soldat. -**3.** [smarten] rendre plus habillé. -**4.** [embellish] orner; **you could ~ up the outfit with a nice scarf** tu pourrais rendre la tenue plus habillée avec un joli foulard || *fig*: **it's basically the same old machine ~ed up in a smart new case** c'est pratiquement le même appareil mais l'emballage a changé; **they accused the government of ~ing up old ideas in a new format** ils ont accusé le gouvernement de reprendre de vieilles idées et de les présenter autrement.

dressage ['dresɑ:ʒ] *n* dressage *m* ÉQUIT.

dress circle *n* premier balcon *m*, corbeille *f*.

dress coat *n* habit *m*, queue-de-pie *f*.

dress designer *n* modéliste *mf*, dessinateur *m*, -trice *f* de mode; [famous] couturier *m*.

dressed ['drest] *adj* habillé; **a well-~/smartly-~ man** un homme bien habillé/élégant; **~ in blue chiffon** vêtu de mousseline de soie bleue; **I'm not ~ yet** je ne suis pas encore habillé; **she was not appropriately ~ for the country/for gardening** elle n'avait pas la tenue appropriée OR qui convenait pour la campagne/pour jardiner; **she was ~ as a man** elle était habillée en homme ❑ **she was ~ to kill** *inf* elle avait un look d'enfer.

dresser ['dresəʳ] *n* -**1.** [person]: **he's a smart/sloppy ~** il s'habille avec beaucoup de goût/avec négligence. -**2.** THEAT habilleur *m*, -euse *f*. -**3.** [tool - for wood] raboteuse *f*; [- for stone] rabotin *m*. -**4.** [for dishes] buffet *m*, dressoir *m*. -**5.** *Am* [for clothing] commode *f*.

dressing ['dresɪŋ] *n* -**1.** [act of getting dressed] habillement *m*, habillage *m*. -**2.** CULIN [sauce] sauce *f*, assaisonnement *m*; *Am* [stuffing] farce *f*; **an oil and vinegar ~** une vinaigrette. -**3.** [for wound] pansement *m*. -**4.** AGR [fertilizer] engrais *m*. -**5.** [for cloth, leather] apprêt *m*.
◆ **dressings** *npl* CONSTR moulures *fpl*, parement *m*.

dressing case *n dated* trousse *f* de toilette, nécessaire *m* de toilette.

dressing-down *inf n Br* réprimande *f*, semonce *f*; **to give sb a ~** passer un savon à qqn; **his boss gave him a real** OR **severe ~** son patron lui a passé un sacré OR sérieux savon; **he got a ~** il s'est fait passer un savon.

dressing gown *n* robe *f* de chambre, peignoir *m*.

dressing room *n* [at home] dressing-room *m*, dressing *m*, vestiaire *m*; [at gymnasium, sports ground] vestiaire *m*; THEAT loge *f* (d'acteur); *Am* [in shop] cabine *f* d'essayage.

dressing station *n* poste *m* de secours.

dressing table *n* coiffeuse *f*, (table *f* de) toilette *f*.

dressing-table set *n* accessoires *mpl* pour coiffeuse.

dressing-up *n* [children's game] déguisement *m*.

dressmaker ['dres,meɪkəʳ] *n* couturière *f*; [famous] couturier *m*.

dressmaking ['dres,meɪkɪŋ] *n* couture *f*, confection *f* des robes.

dress rehearsal *n* THEAT (répétition *f*) générale *f*; *fig* [practice] répétition *f* générale.

dress shield *n* dessous-de-bras *m inv*.

dress shirt *n* chemise *f* de soirée.

dress suit *n* habit *m*, tenue *f* de soirée.

dress uniform *n* tenue *f* de cérémonie.

dressy ['dresɪ] (*compar* **dressier**, *superl* **dressiest**) *adj* [clothes] (qui fait) habillé, élégant; [person] élégant, chic; **the charity ball is always a very ~ occasion** le bal de charité est toujours un événement très habillé.

drew [dru:] *pt* → **draw**.

drib [drɪb] *n phr*: **in ~s and drabs** petit à petit.

dribble ['drɪbl] ◇ *vi* -**1.** [trickle] couler lentement, tomber goutte à goutte; **the strikers slowly ~d back to work** *fig* les grévistes reprenaient le travail par petits groupes. -**2.** [baby] baver. -**3.** SPORT dribbler.
◇ *vt* -**1.** [trickle] laisser couler OR tomber lentement; **he was dribbling milk from his mouth** du lait dégoulinait de sa bouche; **you're dribbling water everywhere!** tu fais dégouliner de l'eau partout! -**2.** SPORT [ball, puck] dribbler.
◇ *n* -**1.** [trickle] filet *m*. -**2.** *fig* [small amount]: **a ~ of** un petit peu de. -**3.** SPORT dribble *m*.

dried [draɪd] *adj* [fruit] sec; [meat] séché; [milk, eggs] déshydraté.

dried-up *adj* [apple, person] ratatiné, desséché; [talent, well] tari; [beauty, love] fané.

drier ['draɪəʳ] ◇ *compar* → **dry**.
◇ *n* [for clothes] séchoir *m* (à linge); [for hair - hand-held] séchoir *m* (à cheveux), sèche-cheveux *m inv*; [- helmet] casque *m* (sèche-cheveux); **under the ~** sous le casque.

driest ['draɪɪst] *superl* → **dry**.

drift [drɪft] ◇ *vi* -**1.** [float - on water] aller à la dérive, dériver; [- in current, wind] être emporté; AERON dériver; **the boat ~ed downstream** le bateau descendait le fleuve à la dérive OR à vau-l'eau; **the clouds ~ed** les nuages étaient poussés par le vent. -**2.** [sand, snow] s'amonceler, s'entasser. -**3.** [move aimlessly] marcher nonchalamment; **people began to ~ away/in/out** les gens commençaient à s'en aller/entrer/sortir d'un pas nonchalant || *fig*: **the conversation ~ed from one topic to another** la conversation passait d'un sujet à un autre; **he just ~s along** il flâne simplement; **to ~ apart** [friends] se perdre de vue; [couple] se séparer petit à petit; **he ~ed into a life of crime** il s'est laissé entraîner dans la criminalité. -**4.** ELECTRON se décaler.
◇ *vt* -**1.** [subj: current] entraîner, charrier; [subj: wind] emporter, pousser. -**2.** [sand, snow] amonceler, entasser.
◇ *n* -**1.** [flow] mouvement *m*, force *f*; [of air, water] poussée *f*; **the ~ of the current took us southwards** le courant nous a emportés vers le sud; **the ~ of the tide** [speed] la vitesse de la marée; [direction] le sens de la marée; **the population ~ towards the city** *fig* l'exode *m* rural, la migration vers la ville ❑ **the North Atlantic Drift** GEOG le courant nord-atlantique. -**2.** [of leaves, sand] amoncellement *m*, entassement *m*; [of fallen snow] amoncellement *m*, congère *f*; [of falling snow] rafale *f*, bourrasque *f*; [of clouds] traînée *f*; [of dust, mist] nuage *m*; GEOL [deposits] apports *mpl*. -**3.** [of plane, ship] dérivation *f*; [of missile] déviation *f*; [deviation from course] dérive *f*; **continental ~** dérive des continents. -**4.** ELECTRON déviation *f*. -**5.** [trend] tendance *f*; **the ~ back towards the classics** le retour aux classiques. -**6.** [meaning] sens *m*, portée *f*; **do you get my ~?** voyez-vous où je veux en venir?; **I caught his ~** j'ai compris ce qu'il voulait dire. -**7.** LING évolution *f (d'une langue)*. -**8.** MIN galerie *f* chassante.
◆ **drift off** *vi insep* [fall asleep] s'assoupir; **I ~ed off for a while** je me suis assoupi quelques instants.

drift anchor *n* ancre *f* flottante.

drifter ['drɪftəʳ] *n* -**1.** [person] *personne qui n'a pas de but dans la vie*; **he's a bit of a ~** il n'arrive pas à se fixer, il ne sait pas ce qu'il veut. -**2.** [boat] drifter *m*, dériveur *m*.

drift ice *n (U)* glaces *fpl* flottantes OR en dérive.

drift net *n* filet *m* dérivant.

driftwood ['drɪftwʊd] *n (U)* bois *mpl* flottants.

drill [drɪl] ◇ *n* -**1.** [manual] porte-foret *m*; [electric] perceuse *f*; [of dentist] fraise *f (de dentiste)*, roulette *f*; [for oil well] trépan *m*; [pneumatic] marteau *m* piqueur; MIN perforatrice *f*. -**2.** [bit]: **~ (bit)** foret *m*, mèche *f*. -**3.** [exercise] exer-

cice *m*; MIL manœuvre *f*, drill *m*; I know the ~ *inf Br fig* je sais ce qu'il faut faire, je connais la marche à suivre. -**4.** TEX treillis *m*, coutil *m*. -**5.** AGR [machine] semoir *m*; [furrow] sillon *m*.
◇ *vt* -**1.** [metal, wood] forer, percer; [hole] percer; [dentist] fraiser; **to ~ an oil well** forer un puits de pétrole. -**2.** *inf* SPORT [ball]: **he ~ed the ball into the back of the net** il envoya la balle droit au fond du filet. -**3.** [train] faire faire des exercices à; **I ~ed him as to what to say** je lui ai fait la leçon sur ce qu'il fallait dire || MIL faire faire l'exercice à; **the troops are well ~ed** les troupes sont bien entraînées. -**4.** [seeds] semer en sillon; [field] tracer des sillons dans.
◇ *vi* -**1.** [bore] forer; **they are ~ing for oil** ils forent OR effectuent des forages pour trouver du pétrole. -**2.** [train] faire de l'exercice, s'entraîner; MIL être à l'exercice, manœuvrer.
◆ **drill into** *vt sep* faire comprendre, enfoncer dans la tête; **it was ~ed into them from an early age not to accept lifts from strangers** depuis leur plus jeune âge, on leur avait enfoncé dans la tête qu'il ne fallait pas accepter de monter en voiture avec des inconnus.

drilling ['drɪlɪŋ] *n (U)* [in metal, wood] forage *m*, perçage *m*; [by dentist] fraisage *m*; ~ **for oil** forage pétrolier.

drilling platform *n* plate-forme *f* (de forage).

drilling rig *n* -**1.** [on land] derrick *m*. -**2.** [at sea] = **drilling platform**.

drilling ship *n* navire *m* de forage.

drill sergeant *n* sergent *m* instructeur.

drily ['draɪlɪ] *adv* [wryly] d'un air pince-sans-rire; [coldly] sèchement, d'un ton sec.

drink [drɪŋk] (*pt* **drank** [dræŋk], *pp* **drunk** [drʌŋk]) ◇ *vt* boire, prendre; **would you like something to ~?** voulez-vous boire quelque chose?; **I never ~ coffee** je ne prends jamais de café; **what are you ~ing tonight?** que voulez-vous boire ce soir?; **the water is not fit to ~** l'eau n'est pas potable; **this coffee isn't fit to ~** ce café est imbuvable; **red Burgundy is best drunk at room temperature** le bourgogne rouge est meilleur bu chambré; ~ **your soup** mange ta soupe; **to ~ one's fill** boire à sa soif; **to ~ sb's health, to ~ a toast to sb** boire à la santé de qqn; **he drank himself into a stupor** il s'est soûlé jusqu'à l'hébétude; **I could ~ the well dry** je boirais la mer et ses poissons; **he's ~ing himself to death** l'alcool le tue peu à peu ❑ **to ~ sb under the table** faire rouler qqn sous la table.
◇ *vi* boire; **I don't ~** je ne bois pas; **she drank out of OR from the bottle** elle a bu à la bouteille; **I only ~ socially** je ne bois jamais seul; **'don't ~ and drive'** 'boire ou conduire, il faut choisir' ❑ **he ~s like a fish** il boit comme un trou.
◇ *n* -**1.** [nonalcoholic] boisson *f*; **may I have a ~?** puis-je boire quelque chose?; **a ~ of water** un verre d'eau; **give the children a ~** donnez à boire aux enfants; **there's plenty of food and ~** il y a tout ce qu'on veut à boire et à manger; **you can get ~s from the machine** vous pouvez prendre des boissons à la machine; **hot ~s** boissons chaudes. -**2.** [alcoholic] verre *m*; [before dinner] apéritif *m*; [after dinner] digestif *m*; **we invited them in for a ~** nous les avons invités à prendre un verre; **fancy a ~?** *inf* que diriez-vous d'un verre?; **I need a ~!** vite, donnez-moi à boire!; **he likes OR enjoys a ~** il aime bien boire un verre; **to buy OR to stand a round of ~s** payer une tournée; **~s are on the house!** la maison offre à boire!; **he'd had one ~ too many** il avait bu un verre de trop, il avait un verre dans le nez. -**3.** [mouthful] gorgée *f*; **have another little ~** prends encore une petite gorgée. -**4.** [alcohol] la boisson, l'alcool *m*; **she's taken to ~** elle s'adonne à la boisson, elle boit; **to be the worse for ~** être en état d'ébriété; **to drive under the influence of ~** conduire en état d'ivresse OR d'ébriété; **to smell of ~** sentir l'alcool. -**5.** *inf Br* [sea] flotte *f*; **to be in the ~** être dans la flotte OR à la baille.
◇ *comp*: **he has a ~ problem** il boit trop, il s'adonne à la boisson.
◆ **drink away** *vt sep*: **he's trying to ~ his troubles away** il essaie de noyer ses ennuis dans l'alcool; **to ~ away one's fortune** boire sa fortune.
◆ **drink down** *vt sep* avaler OR boire d'un trait.
◆ **drink in** *vt sep* -**1.** [water] absorber, boire. -**2.** *fig* [story, words] boire; [atmosphere, surroundings] s'imprégner de; **we drank in every word** pas un seul mot ne nous a échappé, nous avons bu ses paroles.
◆ **drink to** *vt insep* boire à, porter un toast à; **I'll ~ to that!** je suis pour!; **we drank to their success** nous avons bu OR porté un toast à leur succès.
◆ **drink up** ◇ *vt sep* boire (jusqu'à la dernière goutte), finir.
◇ *vi insep* vider son verre; ~ **up!** finissez vos verres!

drinkable ['drɪŋkəbl] *adj* [safe to drink] potable; [tasty] buvable; **this wine's very ~** c'est un vin qui se laisse boire.

drink-driving *n* conduite *f* en état d'ivresse.

drinker ['drɪŋkəʳ] *n* buveur *m*, -euse *f*; **I'm not a coffee ~** je ne suis pas un buveur de café; **he's a hard OR heavy ~** il boit sec OR beaucoup; **we're not really ~s** nous ne sommes pas des grands buveurs.

drinking ['drɪŋkɪŋ] ◇ *n* fait *m* de boire; **eating and ~** manger et boire; **heavy ~** ivrognerie *f*; **I'm not used to ~** je n'ai pas l'habitude de boire; **his ~ is becoming a problem** le fait qu'il boive devient un problème.
◇ *comp* [man] qui boit; [habits] de buveur; [bout, companion, session] de beuverie.

drinking chocolate *n* chocolat *m* à boire; [powder] chocolat *m* en poudre; [hot drink] chocolat *m* chaud.

drinking fountain *n* [in street] fontaine *f* publique; [in corridor, public conveniences] jet *m* d'eau potable.

drinking song *n* chanson *f* à boire.

drinking trough *n* abreuvoir *m*.

drinking-up time *n Br période où les clients doivent finir leur verre avant la fermeture du bar.*

drinking water *n* eau *f* potable.

drip [drɪp] (*pt & pp* **dripped**, *cont* **dripping**) ◇ *vi* -**1.** [liquid] tomber goutte à goutte, dégoutter; **the rain is dripping down my neck** la pluie me dégouline dans le cou; **sweat dripped from his brow** son front ruisselait de sueur; **I was dripping with sweat** j'étais en nage; **her hands dripped with blood** du sang dégoulinait de ses mains; **dripping with sentimentality** *fig* dégoulinant de sentimentalité. -**2.** [tap] fuir, goutter; [nose] couler; [washing] s'égoutter; [walls] suinter; [hair, trees] dégoutter, ruisseler.
◇ *vt* laisser tomber goutte à goutte; **you're dripping coffee everywhere** tu mets du café partout.
◇ *n* -**1.** [falling drops - from tap, gutter, ceiling] égouttement *m*, dégoulinement *m*. -**2.** [sound - from trees, roofs] bruit *m* de l'eau qui goutte; [- from tap] bruit d'un robinet qui fuit OR goutte. -**3.** [drop] goutte *f*. -**4.** *inf pej* [person] nouille *f*, lavette *f*. -**5.** MED [device] goutte-à-goutte *m inv*; [solution] perfusion *f*; **she's on a ~** elle est sous perfusion. -**6.** ARCHIT larmier *m*.

drip-dry ◇ *adj* qui ne nécessite aucun repassage.
◇ *vi* s'égoutter.
◇ *vt* (faire) égoutter.

drip-feed ◇ *n* [device] goutte-à-goutte *m inv*; [solution] perfusion *f*.
◇ *vt* alimenter par perfusion.

drip mat *n* dessous-de-verre *m inv*.

drip pan *n* lèchefrite *f*.

dripping ['drɪpɪŋ] ◇ *n* -**1.** CULIN [of meat] graisse *f (de rôti)*; **bread and ~** tartine *f* à la graisse. -**2.** [of liquid] égouttement *m*, égouttage *m*.
◇ *adj* -**1.** [tap] qui fuit OR goutte; ~ **with blood/with sweat** ruisselant de sang/de sueur. -**2.** [very wet] trempé.
◇ *adv*: **his clothes were ~ wet** ses vêtements étaient trempés OR étaient à tordre.

drip-proof *adj* [paint, varnish] qui ne coule pas.

drippy ['drɪpɪ] (*compar* **drippier**, *superl* **drippiest**) *adj* -**1.** *inf pej* [person] mou. -**2.** [tap] qui fuit OR goutte.

drip tray = **drip pan**.

drivability [ˌdraɪvə'bɪlətɪ] = **driveability**.

drive [draɪv] (*pt* **drove** [drəʊv], *pp* **driven** ['drɪvn]) ◇ *vt* -**1.** [bus, car, train] conduire; [racing car] piloter; **can you ~ a minibus?** savez-vous conduire un minibus?; **I ~ a Volvo** j'ai une Volvo; **he ~s a taxi/lorry** il est chauffeur de taxi/camionneur; **she ~s racing cars** elle est pilote de course; **he drove her into town** il l'a conduite OR emmenée en voiture en ville; **could you ~ me home?** pourriez-vous me reconduire chez moi?; **she drove the car into a tree** elle a heurté un arbre avec la voiture. -**2.** [chase] chasser, pousser; **to ~ sb out of the house/of the country** chasser qqn de la maison/du pays; **we drove the cattle back into the shed** nous avons fait rentrer le bétail dans l'étable; **the wind drove the snow up against the wall** le vent chassait la neige contre le mur; **the waves drove the ship against the rocks** les vagues ont jeté le navire contre les rochers; **the strong winds had driven the ship off course** les vents forts avaient dévié le navire de sa route || *fig*: **her words drove all worries from his mind** ses paroles lui ont fait complètement oublier ses soucis; **they have driven us into a corner** ils nous ont mis au pied du mur. -**3.** [work]: **it doesn't pay to ~ your workers too hard** on ne gagne rien à surmener ses employés; **he ~s himself too hard** il exige trop de lui-même. -**4.** [force] pousser, inciter; **he was driven to it** on lui a forcé la main; **driven by jealousy, he killed her** il l'a tuée sous l'emprise de la jalousie; **it's enough to ~ you to drink!** cela vous pousserait un honnête homme à boire!; **it's driving him to drink** cela le pousse à boire OR à la boisson; **the situation is driving me to despair/distraction** la situation me pousse au désespoir/me rend fou; **to ~ sb crazy OR mad OR up the wall** *inf* rendre qqn fou; **his performance drove the audience wild** *inf* son spectacle a mis le public en délire. -**5.** [hammer - nail] enfoncer; [- rivet] poser; [- stake] enfoncer, ficher; **to ~ a nail home** enfoncer un clou || *fig*: **to ~ a point home** faire admettre son point de vue; **I can't ~ it into his thick head that...** je n'arrive pas à faire comprendre à cet idiot que...; **to ~ a hard bargain** avoir toujours le dernier mot en affaires, être dur en affaires. -**6.** [bore - hole] percer; [- tunnel] percer, creuser. -**7.** [operate - machine] faire fonctionner; MECH entraîner; **driven by electricity** marchant à l'électricité; **the pinion is driven in rotation** le pignon est actionné par rotation. -**8.** SPORT: **to ~ a ball** exécuter un drive; [in golf] driver. -**9.** HUNT [game] rabattre; [area] battre.
◇ *vi* -**1.** [operate a vehicle] conduire; [travel in vehicle] aller en voiture; **do you OR can you ~?** savez-vous conduire?; **I was driving at 100 mph** je roulais à 160 km/h; **we drove home/down to the coast** nous sommes rentrés/descendus sur la côte en voiture; **they drove all night** ils ont roulé toute la nuit; **are you walking or driving?** êtes-vous à pied ou en voiture?; ~ **on the right** roulez à droite, tenez votre droite; **to ~ while intoxicated OR under the influence of alcohol** conduire en état d'ivresse OR d'ébriété. -**2.** [car] rouler; **this car ~s like a dream** *inf* c'est un plaisir de conduire cette voiture. -**3.** [dash] se ruer; **rain was driving against the window** la pluie fouettait les vitres.
◇ *n* -**1.** AUT [trip] promenade *f* OR trajet *m* (en voiture); **we went for a ~** nous avons fait une promenade OR un tour en voiture; **it's an hour's ~ from here** c'est à une heure d'ici en voiture. -**2.** [road - public] avenue *f*, rue *f*; [- private] voie *f* privée *(menant à une habitation)*; [in street names] allée *f*. -**3.** [energy] dynamisme *m*, énergie *f*; **we need someone with ~** il nous faut quelqu'un de dynamique OR d'entreprenant; **to have**

plenty of ~ avoir de l'énergie OR du dynamisme; **he lacks ~** il manque d'allant OR de dynamisme. -**4.** [urge] besoin *m*, instinct *m*. -**5.** [campaign] campagne *f*; **the company is having a sales ~** la compagnie fait une campagne de vente. -**6.** *Br* [for bridge, whist] tournoi *m*. -**7.** SPORT [in cricket, tennis] coup *m* droit; [in golf] drive *m*; [in football] tir *m*, shoot *m*. -**8.** [of animals] rassemblement *m*; [in hunting] battue *f*; **cattle ~** rassemblement du bétail. -**9.** TECH [power transmission] transmission *f*, commande *f*; AUT: **four-wheel ~** quatre roues motrices *f inv*, quatre-quatre *m inv ou f inv*; **front-wheel ~** traction *f* avant; **left-hand ~** conduite *f* à gauche; **rear-wheel ~** traction *f* OR propulsion *f* arrière. -**10.** COMPUT [for disk] unité *f* OR lecteur *m* de disquettes; [for tape] dérouleur *m*. -**11.** MIL poussée *f*, offensive *f*.

◇ *comp* TECH [mechanism, device] d'entraînement, d'actionnement, de transmission.

◆ **drive along** ◇ *vi insep* [car] rouler, circuler; [person] rouler, conduire.

◇ *vt sep* [subj: river, wind] pousser, chasser.

◆ **drive at** *vt insep* vouloir dire; **she didn't understand what he was driving at** elle ne comprenait pas où il voulait en venir; **I see what you're driving at** je vous vois venir.

◆ **drive away** ◇ *vi insep* [person] s'en aller OR partir (en voiture); [car] démarrer.

◇ *vt sep* [car] démarrer; [person] *literal* emmener en voiture; *fig* repousser, écarter; [animal] chasser, éloigner.

◆ **drive back** ◇ *vi insep* [person] rentrer en voiture; [car] retourner.

◇ *vt sep* -**1.** [person] ramener OR reconduire en voiture; [car] reculer. -**2.** [repel] repousser, refouler; **the soldiers were driven back by heavy machine-gun fire** les soldats furent repoussés par un puissant tir de mitrailleuse; **fear drove them back** la peur leur a fait rebrousser chemin.

◆ **drive in** ◇ *vi insep* [person] entrer (en voiture); [car] entrer.

◇ *vt sep* [nail, stake] enfoncer; [screw] visser.

◆ **drive off** ◇ *vi insep* -**1.** [leave - person] s'en aller OR s'éloigner en voiture; [- car] démarrer. -**2.** GOLF driver.

◇ *vt sep* [frighten away] éloigner, chasser.

◆ **drive on** ◇ *vi insep* [continue trip] poursuivre sa route; [after stopping] reprendre la route.

◇ *vt sep* [push] pousser, inciter; **she drove him on to work even harder** elle l'a poussé à travailler encore plus.

◆ **drive out** ◇ *vi insep* [person] sortir (en voiture); [car] sortir.

◇ *vt sep* [person] chasser, faire sortir; [thought] chasser; **to out evil spirits** [from a place] chasser les mauvais esprits; [from a person] chasser le mauvais œil.

◆ **drive over** ◇ *vi insep* venir OR aller en voiture; **we drove over to visit some friends** nous sommes allés en voiture rendre visite à des amis.

◇ *vt insep* [crush] écraser.

◇ *vt sep* conduire OR emmener en voiture.

◆ **drive up** *vi insep* [person] arriver (en voiture); [car] arriver.

driveability [ˌdraɪvəˈbɪlətɪ] *n* maniabilité *f*, manœuvrabilité *m inv*.

drive-in ◇ *n* [cinema] drive-in *m inv*, ciné-parc *m offic*; [restaurant, bank etc] *désigne tout commerce où l'on est servi dans sa voiture*.

◇ *adj* où l'on reste dans sa voiture.

drivel [ˈdrɪvl] (*Br pt & pp* **drivelled**, *cont* **drivelling**, *Am pt & pp* **driveled**, *cont* **driveling**) ◇ *n* (*U*) -**1.** [nonsense] bêtises *fpl*, radotage *m*; **you're talking ~!** tu racontes n'importe quoi! -**2.** [saliva] bave *f*.

◇ *vi* -**1.** [speak foolishly] dire des bêtises, radoter; **what's he drivelling on about?** qu'est-ce qu'il radote? -**2.** [dribble] baver.

driven [ˈdrɪvn] ◇ *pp* → **drive**.

◇ *adj* TECH: **a ~ shaft** un arbre mené OR récepteur.

-driven *in cpds* -**1.** MECH (fonctionnant) à; **electricity/steam~ engine** machine électrique/à vapeur. -**2.** *fig* déterminé par; **market/consumer~** déterminé par les contraintes du marché/les exigences du consommateur. -**3.** COMPUT contrôlé par; **menu~** contrôlé par menu.

driver [ˈdraɪvəʳ] *n* -**1.** [of car] conducteur *m*, -trice *f*; [of bus, taxi, lorry] chauffeur *m*, conducteur *m*, -trice *f*; [of racing car] pilote *m*; [of train] mécanicien *m*, conducteur *m*, -trice *f*; [of cart] charretier *m*, -ère *f*; SPORT [of horse-drawn vehicle] driver *m*; **she's a good ~** elle conduit bien; **car ~s** automobilistes *mpl*; **the ~'s seat** la place du conducteur. -**2.** [of animals] conducteur *m*, -trice *f*. -**3.** [golf club] driver *m*.

driver's licence *n Am* permis *m* de conduire.

drive shaft *n* arbre *m* de transmission.

drive-through ◇ *adj* où l'on reste dans sa voiture.

◇ *n* drive-in *m inv*, ciné-parc *m offic*.

driveway [ˈdraɪvweɪ] *n* voie *f* privée *(menant à une habitation)*.

driving [ˈdraɪvɪŋ] ◇ *adj* -**1.** [rain] battant. -**2.** [powerful] fort; **she has a ~ ambition to be a pop star** elle a la ferme ambition de devenir une pop star.

◇ *n* conduite *f*; **her ~ is good** elle conduit bien; **I like ~** j'aime conduire; **bad ~** conduite imprudente; **dangerous ~** JUR conduite dangereuse; **reckless ~** JUR conduite imprudente.

driving force *n* MECH force *f* motrice; **she's the ~ force behind the project** *fig* c'est elle le moteur du projet.

driving instructor *n* moniteur *m*, -trice *f* de conduite OR d'auto-école.

driving lesson *n* leçon *f* de conduite.

driving licence *n Br* permis *m* de conduire.

driving mirror *n* rétroviseur *m*.

driving school *n* auto-école *f*.

driving seat *n* place *f* du conducteur; **she's in the ~** *fig* c'est elle qui mène l'affaire OR qui tient les rênes.

driving shaft *n* arbre *m* moteur.

driving test *n* examen *m* du permis de conduire; **I passed my ~ today/in 1972** j'ai eu mon permis aujourd'hui/en 1972; **he failed his ~** il a raté son permis.

driving wheel *n* roue *f* motrice.

drizzle [ˈdrɪzl] ◇ *n* bruine *f*, crachin *m*.

◇ *vi* bruiner, crachiner.

drizzly [ˈdrɪzlɪ] *adj* de bruine OR crachin, bruineux.

drogue [drəʊg] *n* -**1.** AERON [parachute] parachute *m* antivrille; [windsock] manche *f* à air. -**2.** NAUT ancre *f* flottante.

droll [drəʊl] *adj* [comical] drôle, comique; [odd] curieux, drôle.

drollery [ˈdrəʊlərɪ] (*pl* **drolleries**) *n* -**1.** [of situation] caractère *m* drôle, comique *m*; [of person] humour *m*. -**2.** [act, story, remark] drôlerie *f*, bouffonnerie *f*, farce *f*.

dromedary [ˈdrɒmədərɪ] (*pl* **dromedaries**) *n* dromadaire *m*.

drone [drəʊn] ◇ *n* -**1.** [sound - of bee] bourdonnement *m*; [- of engine] ronronnement *m*; [louder] vrombissement *m*; **the ~ of his voice** *fig* le ronronnement de sa voix. -**2.** [male bee] abeille *f* mâle, faux-bourdon *m*; *pej* [person] fainéant *m*, -e *f*. -**3.** MUS bourdon *m*. -**4.** [plane] avion *m* téléguidé, drone *m*.

◇ *vi* [bee] bourdonner; [engine] ronronner; [loudly] vrombir; **to ~ on** [person] parler d'un ton monotone; **he ~d on for hours (about...)** il radotait pendant des heures de sa voix monotone (sur...).

drongo [ˈdrɒŋgəʊ] (*pl* **drongos**) *n* -**1.** ORNITH drongo *m*. -**2.** ▽ [idiot] abruti *m*, -e *f*.

drool [druːl] *vi* baver; **he was ~ing over the sports cars in the showroom** *fig* il s'extasiait OR bavait d'admiration devant les voitures de sport exposées.

droop [druːp] ◇ *vi* [head] pencher; [eyelids] s'abaisser; [body] s'affaisser; [shoulders] tomber; [flowers] commencer à baisser la tête OR à se faner; **her spirits ~ed** elle s'est démoralisée.

◇ *n* [of eyelids] abaissement *m*; [of head] attitude *f* penchée; [of body, shoulders] affaissement *m*; [of spirits] langueur *f*, abattement *m*.

drooping [ˈdruːpɪŋ] *adj* [eyelids] abaissé; [flowers] qui commence à se faner.

droopy [ˈdruːpɪ] (*compar* **droopier**, *superl* **droopiest**) *adj* [moustache, shoulders] qui tombe; [flowers] qui commence à se faner.

drop [drɒp] (*pt & pp* **dropped**, *cont* **dropping**) ◇ *vt* -**1.** [let fall - accidentally] laisser tomber; [- liquid] laisser tomber goutte à goutte; [- trousers] laisser tomber; [release] lâcher; **be careful not to ~ it** fais attention à ne pas le laisser tomber; **~ it!** [to dog] lâche ça!; **they dropped soldiers/supplies by parachute** ils ont parachuté des soldats/du ravitaillement; **when the planes dropped their bombs** lorsque les avions ont lancé OR lâché leurs bombes; **to ~ a curtsy** faire une révérence; **to ~ a stitch** sauter OR laisser tomber une maille; **to ~ anchor** NAUT mouiller, jeter l'ancre ‖ SPORT: **to ~ a goal** [in rugby] marquer un drop; **she dropped the ball over the net** [in tennis] elle a placé un amorti juste derrière le filet ❑ **to ~ a brick** *inf* OR **a clanger** *inf Br* faire une gaffe. -**2.** [lower] baisser; **he dropped his voice** il a baissé la voix; **the car driver dropped his speed when he saw the police car** le conducteur a réduit sa vitesse en voyant la voiture de police; **to ~ a hem** ressortir un ourlet. -**3.** [deliver] déposer; **could you ~ me at the corner please?** pouvez-vous me déposer au coin s'il vous plaît?; **we dropped the parcel at John's on the way home** nous avons déposé le paquet chez John en rentrant. -**4.** [abandon - friend] laisser tomber!, lâcher; [- discussion, work] abandonner, laisser tomber; **I've dropped the idea of going** j'ai renoncé à y aller; **he dropped what he was doing and came round to help us** il a abandonné ce qu'il était en train de faire pour venir nous aider; **let's ~ the subject** ne parlons plus de cela, parlons d'autre chose; **she dropped me to go out with the captain of the rugby team** elle m'a laissé tomber pour sortir avec le capitaine de l'équipe de rugby; **just ~ it!** laissez tomber!, assez! -**5.** [utter - remark] laisser échapper; **to ~ a hint about sthg** faire allusion à qqch; **he dropped me a hint that she wanted to come** il m'a fait comprendre qu'elle voulait venir; **she let (it) ~ that she had been there** [accidentally] elle a laissé échapper qu'elle y était allée; [deliberately] elle a fait comprendre qu'elle y était allée. -**6.** [send - letter, note] écrire, envoyer; **I'll ~ you a line next week** je t'enverrai un petit mot la semaine prochaine; **I'll ~ it in the post** OR **mail** je la mettrai à la poste. -**7.** [omit - when speaking] ne pas prononcer; [- when writing] omettre; [- intentionally] supprimer; **we dropped the love scene** nous avons supprimé la scène d'amour; **he ~s his h's** il n'aspire pas les h; **let's ~ the formalities, shall we?** oublions les formalités, d'accord?; **to ~ a player from a team** SPORT écarter un joueur d'une équipe. -**8.** *Br* [lose] perdre; **he dropped $50 gambling** il a laissé OR perdu 50 dollars au jeu; **they dropped one game** SPORT ils ont perdu un match. -**9.** *inf* [knock down - with punch] sonner; [- with shot] descendre. -**10.** *drugs sl*: **to ~ acid** prendre OR avaler de l'acide.

◇ *vi* -**1.** [fall - object] tomber, retomber; [- liquid] tomber goutte à goutte; [- ground] s'abaisser; **the road ~s into the valley** la route plonge vers la vallée; **it all dropped into place** *fig* tout s'est mis en place; **the curtain dropped** THEAT le rideau tomba ❑ **you could have heard a pin ~** on aurait entendu voler une mouche. -**2.** [sink down - person] se laisser tomber, tomber; [collapse] s'écrouler, s'affaisser; **she dropped to her knees** elle est tombée à genoux; **I dropped exhausted into a chair** je me suis écroulé exténué sur une chaise; **I'm ready to ~** [from fatigue] je tombe de fatigue, je ne tiens plus sur mes jambes; [from sleepiness] je tombe de sommeil; **he'll work until he ~s** il va travailler jusqu'à épuisement; **she dropped dead** elle est tombée raide morte; **~ dead!** *inf* va te faire voir!; **I find that I ~ back into the local dialect when I go home** je réalise que je retombe dans le dialecte quand je rentre chez moi; **the team dropped to third place** l'équipe est descendue à la troisième position. -**3.** [decrease - price, speed] baisser, diminuer; [- temperature] baisser; [- wind] se calmer, tomber; [- voice] baisser. -**4.** [end] cesser; **there the matter dropped** l'affaire en est restée là. -**5.** [give birth - subj: animals] mettre bas.

◇ *n* -**1.** [of liquid] goutte *f*; **the rain fell in huge ~s** la pluie tombait à grosses gouttes; **~ by ~** goutte à goutte; **there hasn't been a ~ of rain for weeks** il n'y a pas eu une goutte de pluie depuis des semaines; **would you like a ~ of wine?** que diriez-vous d'une goutte OR d'une larme de vin?; **there's a ~ left in the bottle** il reste une goutte dans la bouteille; **he's had a ~ too much (to drink)** *inf* il a bu un verre de trop □ **it's just a ~ in the ocean** ce n'est qu'une goutte d'eau dans la mer. -**2.** [decrease - in price] baisse *f*, chute *f*; [- in temperature] baisse *f*; **a ~ in prices** une baisse OR une chute des prix; **a ~ in voltage** ELEC une chute de tension. -**3.** [fall] chute *f*; [in parachuting] saut *m* (en parachute); **it was a long ~ from the top of the wall** ça faisait haut depuis le haut du mur □ **at the ~ of a hat** sans hésiter, à tout moment; **she'll offer to sing at the ~ of a hat** elle propose de chanter pour un oui ou pour un non. -**4.** [vertical distance] hauteur *f* de chute; [slope] descente *f* brusque; [abyss] à-pic *m inv*, précipice *m*; [in climbing] vide *m*; **a sudden ~ in the ground level** une soudaine dénivellation; **it's a 50 m ~ from the cliff to the sea** il y a (un dénivelé de OR une hauteur de) 50 m entre le haut de la falaise et la mer □ **to have the ~ on sb** *Am* avoir l'avantage sur qqn. -**5.** [earring] pendant *m*, pendeloque *f*; [on necklace] pendentif *m*; [on chandelier] pendeloque *f*. -**6.** [sweet] bonbon *m*, pastille *f*; **lemon ~s** bonbons au citron; **cough ~s** pastilles pour la toux. -**7.** [delivery] livraison *f*; [from plane] parachutage *m*, droppage *m*; **to make a ~** déposer un colis. -**8.** [hiding place] cachette *f*, dépôt *m* (clandestin). -**9.** [place to leave sthg] lieu *m* de dépôt; **a mail ~** *un lieu de dépôt pour le courrier.*

◆ **drops** *npl* MED gouttes *fpl*.

◆ **drop away** *vi insep* -**1.** [interest, support] diminuer, baisser. -**2.** [land] s'abaisser.

◆ **drop back** *vi insep* retourner en arrière, se laisser devancer OR distancer.

◆ **drop by** *vi insep* passer.

◆ **drop down** *vi insep* [person] tomber (par terre); [table leaf] se rabattre.

◆ **drop in** ◇ *vi insep* passer; **I just dropped in for a chat** je suis seulement passé bavarder un moment; **to ~ in on sb** passer voir qqn; **he dropped in on his friend** il a rendu visite à son ami.

◇ *vt sep* [deliver] déposer; **I'll ~ it in on my way to work** je le déposerai demain en allant au travail.

◆ **drop off** ◇ *vt sep* [person] déposer; [package, thing] déposer, laisser.

◇ *vi insep* -**1.** [fall asleep] s'endormir; [have a nap] faire un (petit) somme. -**2.** [decrease] diminuer, baisser. -**3.** [fall off] tomber; **all the flowers dropped off when I moved the plant** toutes les fleurs sont tombées lorsque j'ai déplacé la plante.

◆ **drop out** *vi insep* -**1.** [fall out] tomber; **my purse must have dropped out of my bag** mon porte-monnaie a dû tomber de mon sac. -**2.** [withdraw] renoncer; **she dropped out of the race** elle s'est retirée de la course; **he dropped out of school** il a abandonné ses études; **words that have dropped out of current usage** des mots qui ont disparu de l'usage courant || [from society] vivre en marge de la société.

◆ **drop round** *Br* ◇ *vi insep* = **drop in**.

◇ *vt sep* [deliver] déposer; **I'll ~ that book round for you tomorrow** je déposerai ce livre chez toi demain.

drop curtain *n* rideau *m* (à la française).

drop forge ◇ *n* marteau-pilon *m*.

◇ *vt* forger au marteau-pilon.

drop front *adj* [bureau] à abattant.

drop goal *n* drop-goal *m*, drop *m*.

drop hammer *n* marteau-pilon *m*.

drop handlebars *npl* guidon *m* renversé.

drophead coupé ['drɒphed-] *n Br* coupé *m* décapotable.

drop-in centre *n Br* centre *m* d'assistance sociale *(où l'on peut aller sans rendez-vous)*.

dropkick ['drɒpkɪk] *n* coup *m* de pied tombé.

◆ **drop-kick** ◇ *vt*: **to drop-kick the ball** donner un coup de pied tombé (au ballon); **to drop-kick a goal** marquer un point par un coup de pied tombé.

◇ *vi* donner un coup de pied tombé.

drop-leaf *adj*: **a ~ table** une table à abattants OR à volets.

droplet ['drɒplɪt] *n* gouttelette *f*.

drop-off *n* -**1.** [decrease] baisse *f*, diminution *f*; **a ~ in sales** une baisse des ventes. -**2.** *Am* [descent] à-pic *m inv*; **there's a sharp ~ in the road** la rue descend en pente très raide.

drop-off charge *n Am* [for hired car] *supplément compté lorsque l'on rend un véhicule de location dans une autre ville que celle où on l'a loué.*

dropout *inf* ['drɒpaʊt] *n* [from society] marginal *m*, -e *f*; [from studies] étudiant *m*, -e *f* qui abandonne ses études; **he's a high school ~** *Am* il a quitté le lycée avant le bac.

drop-out *n* RUGBY renvoi *m* aux 22 mètres.

dropper ['drɒpəʳ] *n* compte-gouttes *m inv*.

droppings ['drɒpɪŋz] *npl* [of animal] crottes *fpl*; [of bird] fiente *f*.

drop scone *n Br sorte de crêpe épaisse.*

drop shipment *n envoi commercial facturé à un grossiste mais expédié directement au détaillant.*

drop shot *n* amorti *m*.

dropsy *n* ['drɒpsɪ] *n* hydropsie *f*.

drop zone *n* zone *f* de droppage.

drosophila [drɒ'sɒfɪlə] (*pl* **drosophilas** OR **drosophilae** [-liː]) *n* drosophile *f*.

dross [drɒs] *n* *(U)* -**1.** METALL scories *fpl*, crasse *f*; INDUST [of minerals] schlamm *m*. -**2.** [waste] déchets *mpl*, impuretés *fpl*; **they chose all the nice things and we were left with the ~** *fig* ils ont choisi tout ce qu'il y avait de joli et nous ont laissé le rebut.

drought [draʊt] *n* -**1.** [no rain] sécheresse *f*. -**2.** [shortage] disette *f*, manque *m*.

drove [drəʊv] ◇ *pt* → **drive**.

◇ *n* -**1.** [of animals] troupeau *m* en marche; [of people] foule *f*, multitude *f*; **~s of students** des foules d'étudiants; **every summer the tourists come in ~s** chaque été les touristes arrivent en foule. -**2.** [chisel] boucharde *f*.

◇ *vt* -**1.** [animals] chasser, conduire. -**2.** [stone] boucharder.

drover ['drəʊvəʳ] *n* toucheur *m* de bestiaux.

drown [draʊn] ◇ *vt* -**1.** [person, animal] noyer; **to be ~ed** se noyer; [in battle, disaster etc] mourir noyé; **to ~ o.s.** se noyer. -**2.** [field, village] noyer; **don't ~ it!** [my drink] ne mets pas trop d'eau!; **the pie was absolutely ~ed in cream** le gâteau baignait dans la crème □ **to ~ one's sorrows** noyer son chagrin (dans la boisson). -**3.** [make inaudible] noyer, couvrir; **his voice was ~ed (out) by the music** sa voix était couverte par la musique.

◇ *vi* se noyer; [in battle, disaster etc] mourir noyé.

◆ **drown out** *vt sep* = **drown 3**.

drowned [draʊnd] *adj* noyé; **a ~ man** un noyé □ **you look like a ~ rat!** tu es trempé comme une soupe!

drowning ['draʊnɪŋ] ◇ *adj*: **a ~ man** un homme en train de se noyer; **the ~ woman was saved just in time** la noyée a été sauvée de justesse □ **a ~ man will clutch at a straw** *prov* dans une situation désespérée on se raccroche à un rien.

◇ *n* noyade *f*; **four ~s** OR **cases of ~** quatre noyades; **to save sb from ~** sauver qqn de la noyade; **he died of ~** il est mort noyé.

drowse [draʊz] *vi* somnoler.

◆ **drowse off** *vi insep* s'assoupir.

drowsily ['draʊzɪlɪ] *adv* d'un air somnolent.

drowsiness ['draʊzɪnɪs] *n (U)* somnolence *f*; 'may cause ~' 'peut provoquer des somnolences'.

drowsy ['draʊzɪ] (*compar* **drowsier**, *superl* **drowsiest**) *adj* [person, voice] somnolent, engourdi; [place] endormi; **to feel ~** être tout endormi; **to make sb feel ~** [atmosphere] engourdir qqn; [drug] endormir qqn, provoquer des somnolences chez qqn.

drub [drʌb] (*pt* & *pp* **drubbed**, *cont* **drubbing**) *vt* -**1.** [defeat thoroughly] anéantir, battre à plate couture. -**2.** *arch* [beat with stick] battre, rosser. -**3.** [instil forcefully]: **to ~ sthg into sb** faire entrer qqch dans la tête de qqn.

drubbing ['drʌbɪŋ] *n* [thorough defeat] volée *f* de coups; **to give sb a real ~** donner une correction à qqn; **to get a good ~** se faire battre à plate couture.

drudge [drʌdʒ] ◇ *n* -**1.** [person] bête *f* de somme. -**2.** [work] besogne *f*.

◇ *vi* besogner, peiner.

drudgery ['drʌdʒərɪ] *n (U)* travail *m* de bête de somme; **the sheer ~ of it!** quelle corvée!

drug [drʌg] (*pt* & *pp* **drugged**, *cont* **drugging**) ◇ *n* -**1.** [medication] médicament *m*; **to be on ~s** prendre des médicaments; **to be put on ~s by the doctor** se voir prescrire des médicaments par le médecin. -**2.** [illegal substance] drogue *f*; JUR stupéfiant *m*; **to be on ~s** se droguer; **to take ~s** se droguer; [athlete] se doper; **to do** *inf* OR **to use ~s** se droguer; **I don't do ~s** je ne touche pas à la drogue; **music is (like) a ~ for him** la musique est (comme) une drogue pour lui □ **a ~ on the market** un produit qui ne se vend pas.

◇ *comp* [abuse, dealing, trafficking] de drogue; **~-related** [crime, offence] lié à la drogue; **~ baron** gros bonnet *m* de la drogue; **to be arrested on ~s charges** [possession] être arrêté pour détention de drogue OR de stupéfiants; [trafficking] être arrêté pour trafic de drogue; **~ courier** passeur *m*, -euse *f* de drogue; **~ money** argent *m* de la drogue; **~ offence** infraction *f* liée à la drogue; **Drug Squad** [police] Brigade *f* des stupéfiants; **~ taker** [addict] drogué *m*, -e *f*; [athlete] consommateur *m*, -trice *f* de produits dopants; **~ taking** dopage *m*; **~s test** [of athlete, horse] contrôle *m* antidopage; **~ traffic** trafic *m* de drogue OR stupéfiants; **~ user** drogué *m*, -e *f*.

◇ *vt* droguer; [athlete, horse] doper; **to ~ sb's drink** mettre de la drogue dans le verre de qqn; **to be drugged with sleep** *fig* être engourdi de sommeil.

drug addict *n* drogué *m*, -e *f*, toxicomane *mf*.

drug addiction *n* toxicomanie *f*.

drugget ['drʌgɪt] *n sorte de tapis en toile de jute.*

druggie *inf* ['drʌgɪ] *n* camé *m*, -e *f*.

druggist ['drʌgɪst] *n Am* [person] pharmacien *m*, -enne *f*; [shop]: **~**, **~'s** pharmacie *f*.

druggy *inf* ['drʌgɪ] (*pl* **druggies**) = **druggie**.

drugstore ['drʌgstɔːʳ] *n Am* drugstore *m*.

druid ['druːɪd] *n* druide *m*, -esse *f*.

drum [drʌm] (*pt* & *pp* **drummed**, *cont* **drumming**) ◇ *n* -**1.** [instrument - gen] tambour *m*; [- African] tam-tam *m*; **to play (the) ~s** jouer de la batterie; **Keith Wilson on ~s** Keith Wilson à la batterie; **to beat** OR **to bang a ~** taper OR frapper sur un tambour □ **to beat the ~ for sb/sthg** faire de la publicité pour qqn/qqch. -**2.** [for fuel] fût *m*, bidon *m*; [for wire, rope] cylindre *m*; COMPUT [cylinder] tambour *m*; **(concrete) mixing ~** tambour *m* mélangeur

(de béton). -**3.** ANAT [eardrum] tympan *m.* -**4.** [noise - of rain, fingers] tambourinement *m.*
◇ *vi* -**1.** MUS [on drum kit] jouer de la batterie; [on one drum] jouer du tambour. -**2.** [rain, fingers] tambouriner.
◇ *vt* [on instrument] tambouriner, jouer sur un tambour; to ~ one's fingers on the table tambouriner de ses doigts sur la table.
◆ **drum in** *vt sep* insister lourdement sur.
◆ **drum into** *vt sep*: to ~ sthg into sb enfoncer qqch dans la tête de qqn; **we had it drummed into us that...** on nous a enfoncé dans la tête que...; ~ **it into her that...** mets-lui bien dans la tête que...
◆ **drum out** *vt sep* expulser; to ~ sb out of a club/of the army expulser qqn d'un club/de l'armée.
◆ **drum up** *vt insep* [customers, support] attirer, rechercher; [supporters] battre le rappel de; [enthusiasm] chercher à susciter; to ~ **up business** rechercher des clients.

drumbeat ['drʌmbiːt] *n* battement *m* de tambour.

drum brake *n* AUT frein *m* à tambour.

drumfire ['drʌmfaɪəʳ] *n* MIL tir *m* de barrage, feu *m* roulant.

drumhead ['drʌmhed] *n* MUS peau *f* de tambour; ~ **court-martial** MIL conseil *m* de guerre.

drum kit *n* batterie *f.*

drum machine *n* boîte *f* à rythmes.

drum major *n* MIL tambour-major *m.*

drum majorette *n esp Am* chef-majorette *f.*

drummer ['drʌməʳ] *n* [in band] batteur *m*; [in native tribe] joueur *m* de tambour; MIL tambour *m.*

drumming ['drʌmɪŋ] *n (U)* [sound - of one drum] son *m* du tambour; [- of set of drums] son *m* de la batterie; [- of fingers, rain, in the ears] tambourinement *m*, tambourinage *m*; [- of woodpecker] tambourinement *m*, tambourinage *m*; **I really like his** ~ j'aime beaucoup sa façon de jouer de la batterie; **some really great** ~ un jeu de batterie superbe.

drum printer *n* COMPUT imprimante *f* à tambour.

drum roll *n* roulement *m* de tambour.

drumstick ['drʌmstɪk] *n* -**1.** MUS baguette *f.* -**2.** CULIN pilon *m.*

drunk [drʌŋk] ◇ *pp* → **drink.**
◇ *adj* -**1.** *literal* soûl, saoul, ivre; **to get** ~ **(on beer/on wine)** se soûler (à la bière/au vin); **to get sb** ~ soûler qqn; **he gets** ~ **on very little, it doesn't take much to make him** ~ il lui en faut très peu pour être soûl; ~ **and disorderly** JUR en état d'ivresse publique; **he was arrested for being** ~ **and disorderly** il s'est fait arrêter pour ivresse publique; **dead** OR **blind** ~ *inf* ivre mort ❑ **as** ~ **as a lord** soûl comme une grive; ~ **and incapable** en état d'ivresse manifeste. -**2.** *fig*: ~ **with power/success** ivre de pouvoir/succès.
◇ *n* [habitual] ivrogne *mf*; [on one occasion] homme *m* soûl OR ivre, femme *f* soûle OR ivre.

drunkard ['drʌŋkəd] *n* [habitual] ivrogne *mf.*

drunk driving = **drink driving.**

drunken ['drʌŋkn] *adj* [person] ivre; [laughter, sleep] d'ivrogne; [evening, party] très arrosé; ~ **brawl** querelle *f* d'ivrognes; ~ **orgy** beuverie *f*, soûlerie *f.*

drunkenly ['drʌŋkənlɪ] *adv* [speak, sing, shout etc] comme un ivrogne; **he slumped** ~ **into an armchair** complètement soûl, il s'affala dans un fauteuil; **he staggered** ~ **down the street/the stairs** il a descendu la rue/l'escalier en titubant.

drunkenness ['drʌŋkənnɪs] *n* [state] ivresse *f*; [habit] ivrognerie *f.*

drunkometer [drʌŋ'kɒmɪtəʳ] *n Am* Alcootest® *m.*

drupe [druːp] *n* drupe *f.*

Drury Lane ['drʊərɪ-] *pr n nom courant du Théâtre Royal de Londres.*

DRURY LANE:
«Drury Lane» est le plus ancien théâtre de Londres encore en activité; fondé en 1663, il est connu pour ses comédies musicales. Il doit son nom à la rue située derrière le bâtiment.

Druse [druːz] *n* Druze *mf*; the ~ les Druzes.

Drusean ['druːzɪən] *adj* druze.

dry [draɪ] (*compar* **drier**, *superl* **driest**, *pt* & *pp* **dried**) ◇ *adj* -**1.** [climate, season, clothing, skin] sec; ~ **spell** période *f* sèche; **to go** OR **to run** ~ [well, river] s'assécher, se tarir; **to be** ~ [be thirsty] mourir de soif *fig*, avoir soif; [cow] être tarie OR sèche; **to pump a well** ~ épuiser un puits; **to keep sthg** ~ garder qqch au sec; **'to be kept** ~**'** 'conserver à l'abri de l'humidité'; **her mouth had gone** OR **turned** ~ **with fear** elle avait la bouche sèche de peur ❑ **to be (as)** ~ **as a bone, to be bone** ~ [washing, earth etc] être très sec; **to be (as)** ~ **as a bone** [very thirsty] mourir de soif *fig*; **there wasn't a** ~ **eye in the house** tout le monde pleurait. -**2.** [vermouth, wine] sec; [champagne] brut; **medium** ~ [wine] demi-sec. -**3.** [where alcohol is banned] où l'alcool est prohibé; [where alcohol is not sold] où on ne vend pas d'alcool; **we've run** ~ [at party] il n'y a plus rien à boire; ~ **state** *Am État ayant adopté les lois de la prohibition.* -**4.** [boring - book, lecture] aride; ~ **as dust** ennuyeux comme la pluie. -**5.** [sarcasm, wit, sense of humour] caustique, mordant. -**6.** *inf Br* POL [hardline] *en faveur de la politique extrémiste du parti conservateur.*
◇ *n* -**1.** *inf Br* POL [hardliner] *conservateur en faveur de la politique extrémiste du parti.* -**2.** *inf Austr* [dry season] saison *f* sèche. -**3.** [dry place]: **come into the** ~ viens te mettre au sec. -**4.** [with towel, cloth] **to give sthg a** ~ essuyer qqch; **give your hair a** ~ sèche tes cheveux.
◇ *vt* [hair, clothes, fruit, leaves] (faire) sécher; [dishes] essuyer; **to** ~ **one's eyes** se sécher les yeux, sécher ses yeux; **to** ~ **one's tears** sécher ses larmes; **to** ~ **o.s.** se sécher, s'essuyer.
◇ *vi* -**1.** [clothes, hair, fruit, leaves] sécher; **you wash, I'll** ~ tu laves et moi j'essuie. -**2.** [cow] se tarir.
◆ **dry off** ◇ *vi insep* [clothes, person] = **dry out 1.**
◇ *vt sep* sécher; **to** ~ **o.s. off** se sécher.
◆ **dry out** ◇ *vi insep* -**1.** [clothes] sécher; [person] se sécher. -**2.** [alcoholic] se désintoxiquer.
◇ *vt sep* [alcoholic] désintoxiquer.
◆ **dry up** *vi insep* -**1.** [well, river] s'assécher, se tarir; [puddle, street] sécher; [inspiration] se tarir; [cow] se tarir. -**2.** [dry the dishes] essuyer la vaisselle. -**3.** *inf* [be quiet] la fermer, la boucler; ~ **up, will you?** ferme-la OR boucle-la, tu veux? -**4.** *inf* [actor, speaker] avoir un trou (de mémoire).

dryad ['draɪəd] (*pl* **dryads** OR **dryades** [-diːz]) *n* MYTH dryade *f.*

dry battery = **dry cell.**

dry-bulb thermometer *n* thermomètre *m* (à réservoir) sec.

dry cell *n* pile *f* sèche.

dry-clean *vt* nettoyer à sec; **to have sthg** ~**ed** faire nettoyer qqch (à sec); **to take sthg to be** ~**ed** emmener qqch au nettoyage (à sec) OR chez le teinturier OR à la teinturerie; **'**~ **only'** 'nettoyage à sec uniquement'.

dry-cleaner *n* [person] teinturier *m*, -ère *f*; ~**'s** [shop] teinturerie *f*; **to be in** OR **at the** ~**'s** être chez le teinturier OR à la teinturerie; **to take sthg to the** ~**'s** porter qqch chez le teinturier OR à la teinturerie.

dry-cleaning *n (U)* -**1.** [action] nettoyage *m* à sec. -**2.** [clothes - being cleaned] vêtements *mpl* laissés au nettoyage (à sec) OR chez le teinturier OR à la teinturerie; [- to be cleaned] vêtements à emmener au nettoyage (à sec) OR chez le teinturier OR à la teinturerie.

dry dock *n* cale *f* sèche; **in** ~ en cale sèche.

dryer ['draɪəʳ] = **drier.**

dry-eyed *adj* à l'œil sec.

dry farming *n* AGR culture *f* sèche, dry-farming *m.*

dry-fly fishing pêche *f* à la mouche sèche OR artificielle.

dry goods *npl Am* tissus et articles de bonneterie *mpl.*

dry ice *n* neige *f* carbonique.

drying ['draɪɪŋ] ◇ *n* [of clothes, hair] séchage *m*; [of skin, flowers, wood] dessèchement *m*; [with a cloth] essuyage *m.*
◇ *adj* [wind] desséchant.

drying cupboard *n* armoire *f* sèche-linge.

drying room *n* séchoir *m.*

drying up *n Br* [of dishes]: **to do the** ~ essuyer la vaisselle.

drying-up cloth *n* torchon *m* (à vaisselle), essuie-verres *m inv.*

dry land *n* terre *f* ferme.

dryly ['draɪlɪ] = **drily.**

dry martini *n* martini dry *m.*

dry measure *n unité de mesure des matières sèches.*

dryness ['draɪnɪs] *n* -**1.** [of region, weather, skin] sécheresse *f.* -**2.** [of wit, humour] mordant *m*, causticité *f.*

dry nurse *n* nourrice *f* sèche.

dry riser *n* colonne *f* sèche.

dry-roasted *adj* [peanuts] grillé à sec.

dry rot *n (U)* [in wood] moisissure *f* sèche; [in potatoes] pourriture *f* sèche.

dry run *n* -**1.** [trial, practice] coup *m* d'essai, test *m*; **to give sthg a** ~ tester qqch; **to have a** ~ faire un essai. -**2.** MIL entraînement *m* avec tir à blanc.

drysalter ['draɪˌsɔːltəʳ] *n arch* marchand *m*, -e *f* de salaisons et de couleurs.

dry-shod *adj lit* à pied sec.

dry ski slope *n* piste *f* de ski artificielle.

dry-stone *adj* [wall] en pierres sèches.

DSc (*abbr of* Doctor of Science) *n (titulaire d'un) doctorat en sciences.*

DSS (*abbr of* Department of Social Security) *pr n ministère britannique de la Sécurité sociale.*

DST *n abbr of* daylight saving time.

DT *n abbr of* data transmission.

DTI (*abbr of* Department of Trade and Industry) *pr n ministère britannique du Commerce et de l'Industrie.*

DTp (*abbr of* Department of Transports) *pr n Br* ≃ ministère *m* des Transports.

DTP (*abbr of* desktop publishing) *n* PAO *f.*

DT's *inf* [ˌdiː'tiːz] (*abbr of* **delirium tremens**) *n*: **to have the** ~ avoir une crise de delirium tremens.

dual ['djuːəl] *adj* [purpose, role, nationality] double; **to have a** ~ **purpose** OR **function** avoir une double fonction; **with the** ~ **aim of reducing inflation and stimulating demand** dans le but à la fois de réduire l'inflation et de stimuler la demande ❑ **to have a** ~ **personality** souffrir d'un dédoublement de la personnalité; ~ **controls** AERON & AUT double commande *f*; ~ **personality** PSYCH dédoublement *m* de la personnalité.

dual carriageway *n Br* AUT route *f* à quatre voies.

dual-control *adj* [car, plane] à double commande.

dualism ['djuːəlɪzm] *n* PHILOS & RELIG dualisme *m.*

dualist ['djuːəlɪst] *adj* PHILOS & RELIG dualiste.

duality [djuː'ælətɪ] *n* dualité *f.*

dual-purpose *adj* à double fonction.

dub [dʌb] (*pt* & *pp* **dubbed**, *cont* **dubbing**) *vt* -**1.** [nickname] surnommer. -**2.** CIN & TV [add soundtrack, voice] sonoriser; [in foreign language] doubler; **the film has been dubbed into French** le film a été doublé en français. -**3.** *lit* OR *arch* armer chevalier.

Dubai [ˌduːˈbaɪ] *pr n* Dubayy; in ~ à Dubayy.

dubbin [ˈdʌbɪn] ◇ *n* graisse *f* à chaussures, dégras *m*.
◇ *vt* graisser.

dubbing [ˈdʌbɪŋ] *n* CIN & TV [addition of soundtrack] sonorisation *f*; [in a foreign language] doublage *m*.

dubiety [djuːˈbaɪətɪ] *fml* = **dubiousness 1**.

dubious [ˈdjuːbjəs] *adj* -**1.** [unsure - reply, voice] dubitatif; [- expression] dubitatif, d'incertitude; [- outcome, value] incertain; to look ~ [person] avoir l'air dubitatif; **I'm rather ~ about the whole thing** j'ai des doutes sur toute cette affaire; **I'm a bit ~ about whether it will work** je ne suis pas très sûr que ça marche; **to be ~ (about) whether to do sthg** hésiter à faire qqch. -**2.** [suspect - person, nature, reputation, decision] douteux; **of ~ character** douteux; **he's a ~ character** c'est un type douteux; **a ~ distinction** OR **honour** un triste honneur.

dubiously [ˈdjuːbjəslɪ] *adv* -**1.** [unsurely] d'un air de doute. -**2.** [in suspect manner] d'une manière douteuse.

dubiousness [ˈdjuːbjəsnɪs] *n* -**1.** [uncertainty - in voice, of expression, reply] incertitude *f*; [- of outcome] nature *f* incertaine. -**2.** [suspect nature - of decision, proposal, reputation] nature *f* douteuse.

Dublin [ˈdʌblɪn] *pr n* Dublin.

Dublin Bay prawn *n* grosse crevette *f*.

Dubliner [ˈdʌblɪnəʳ] *n* Dublinois *m*, -e *f*; **'Dubliners'** *Joyce* 'Gens de Dublin'.

ducal [ˈdjuːkl] *adj* ducal.

ducat [ˈdʌkət] *n* ducat *m*.

duchess [ˈdʌtʃɪs] *n* duchesse *f*; **'The Duchess of Malfi'** *Webster* 'la Duchesse de Malfi'.

duchesse [ˈdjʊʃes] *n* CULIN: ~ **potatoes** pommes *fpl* (de terre) duchesse.

duchy [ˈdʌtʃɪ] (*pl* **duchies**) *n* duché *m*.

duck [dʌk] ◇ *n* -**1.** [bird] canard *m*; **to take to sthg like a ~ to water** [become good at very quickly] se mettre à qqch très rapidement; [develop a liking for] mordre à qqch; **it's like water off a ~'s back** [criticism, insult] ça glisse comme sur les plumes d'un canard. -**2.** [in cricket] score *m* nul; **to be out for a ~** ne marquer aucun point, faire un score nul; **to break one's ~** marquer son premier point. -**3.** MIL véhicule *m* amphibie. -**4.** [material] coutil *m*.
◇ *vt* -**1.** [dodge - blow] esquiver; **to ~ one's head (out of the way)** baisser vivement la tête. -**2.** [submerge in water] faire boire la tasse à. -**3.** [evade - question, responsibility] se dérober à, esquiver.
◇ *vi* -**1.** [move down quickly] se baisser vivement; [in boxing] esquiver un coup; ~! baisse-toi!; **to ~ under the water** plonger sous l'eau; **to ~ behind a hedge** se cacher derrière une haie. -**2.** [move quickly]: **to ~ out of a room** s'esquiver d'une pièce. -**3.** *inf* [avoid] se défiler; **to ~ out of doing sthg** se défiler pour ne pas faire qqch.

duckbilled platypus [ˌdʌkbɪldˈplætɪpəs] *n* ornithorynque *m*.

duckboards [ˈdʌkbɔːdz] *npl* caillebotis *m*.

duck-egg blue ◇ *n* bleu-vert *m* pâle.
◇ *adj* bleu-vert pâle.

duckie *inf* [ˈdʌkɪ] = **ducky**.

ducking [ˈdʌkɪŋ] *n*: **he got a ~** on lui a fait boire la tasse.

duckling [ˈdʌklɪŋ] *n* caneton *m*; [female] canette *f*; [older] canardeau *m*.

duckpond [ˈdʌkpɒnd] *n* mare *f* aux canards.

ducks [dʌks] ◇ *n* *inf Br* = **ducky** *n*.
◇ *npl* [trousers] pantalon *m* de coutil.

ducks and drakes *n Br* [game]: **to play ~** *literal* faire des ricochets; **to play ~ with sthg** gaspiller qqch; **to play ~ with one's money** jeter l'argent par les fenêtres, gaspiller son argent.

duck soup *inf n Am* [something easily done]: **it's ~** c'est du gâteau.

duckweed [ˈdʌkwiːd] *n* lentille *f* d'eau.

ducky *inf* [ˈdʌkɪ] ◇ *n Br* [term of endearment] mon canard; [in shop]: **what can I get you, ~?** [to woman] qu'est-ce qu'elle voulait la petite dame OR demoiselle?; [to man] qu'est-ce qu'il voulait le petit monsieur?
◇ *adj Am* -**1.** [perfect] impec; **that's just ~** c'est impec. -**2.** [cute] joli.

duct [dʌkt] *n* [for gas, liquid, electricity] conduite *f*; ANAT conduit *m*; BOT vaisseau *m*; **tear/hepatic ~** canal *m* lacrymal/hépatique.

ductile [ˈdʌktaɪl] *adj* [metal, plastic] ductile; *fig* [person] malléable, influençable.

ductless [ˈdʌktlɪs] *adj* ANAT: ~ **gland** glande *f* endocrine.

dud *inf* [dʌd] ◇ *adj* [false - coin, note] faux; [useless - drill, video] qui ne marche pas; [- shell, bomb] qui a raté; [- idea] débile; ~ **cheque** chèque *m* en bois.
◇ *n* [person] nullité *f*, tache *f*; [cheque] chèque *m* en bois; [coin] fausse pièce *f* de monnaie; [note] faux billet *m*; [shell] obus *m* qui a raté OR qui n'a pas explosé; **it's a ~** [firework] ça a raté, c'est pas parti; **to be a ~ at maths/sport** être nul en maths/sport.

dude *inf* [djuːd] *n Am* -**1.** [man] type *m*, mec *m*; **hi, ~!** salut mon vieux! -**2.** [city dweller] citadin *m*, -e *f*.

dude ranch *n Am ranch qui propose des activités touristiques*.

dudgeon [ˈdʌdʒən] *n*: **in high ~** *fml* très en colère, fort indigné.

due [djuː] ◇ *n* [what one deserves]: **but then, to give him his ~...** mais pour lui rendre justice...
◇ *adj* -**1.** [owed, payable - amount, balance, money] dû; **when's the next instalment ~?** quand le prochain versement doit-il être fait?; ~ **and payable now** [bill] payable dès maintenant; **he's ~ some money from me** je lui dois de l'argent; **I'm ~ some money next week** on doit me verser de l'argent la semaine prochaine; **repayment ~ on December 1st** remboursement à effectuer le 1er décembre; **to fall ~** [bill] arriver à échéance; ~ **date** [of bill, payment] échéance *f*; **to be ~ an apology** avoir droit à des excuses; **to be ~ a bit of luck/some good weather** mériter un peu de chance/du beau temps; **I'm ~ (for) a rise** [I will receive one] je vais être augmenté, je vais recevoir une augmentation; [I deserve one] je suis en droit d'attendre une augmentation; **(to give) credit where credit's ~** pour dire ce qui est, pour être juste. -**2.** [expected]: **we're ~ round there at 7:30** on nous attend à 7 h 30, nous devons y être à 7 h 30; **to be ~ to do sthg** devoir faire qqch; **we were ~ to meet at 10 p.m.** nous devions nous retrouver à 22 h; **the train is ~ (in** OR **to arrive) now** le train devrait arriver d'un instant à l'autre; **when is he/the train ~?** quand doit-il/quand le train doit-il arriver?; **she's ~ back next week** elle doit rentrer la semaine prochaine; **the next issue is ~ out next week** le prochain numéro doit sortir la semaine prochaine; **her baby is** OR **she's ~ any day now** elle doit accoucher d'un jour à l'autre. -**3.** [proper - care, respect] dû; **to give sthg ~ consideration** accorder mûre réflexion à qqch; **after ~ consideration** après mûre réflexion; **to fail to exercise ~ care and attention** ne pas prêter l'attention nécessaire; **to give sb ~ warning** prévenir qqn suffisamment tôt; ~ **process of law** garantie suffisante du droit ❑ **in ~ course** [at the proper time] en temps voulu; [in the natural course of events] à un certain moment; [at a later stage, eventually] plus tard; **to treat sb with ~ respect** traiter qqn avec le respect qui lui est dû; **with (all) ~ respect...** avec tout le respect que je vous dois..., sauf votre respect...; **with (all) ~ respect to the Prime Minister** avec tout le respect qui est dû au Premier ministre.
◇ *adv* [east, west etc] plein.
◆ **due to** *prep phr* -**1.** [owing to] à cause de, en raison de; ~ **to bad weather they arrived late** ils sont arrivés en retard à cause du mauvais temps. -**2.** [because of] grâce à; **it's all ~ to you** c'est grâce à toi; **her success was ~ in (large) part to hard work** elle doit sa réussite en grande partie à son travail acharné; **our late arrival was ~ to the bad weather** notre retard était dû au mauvais temps.

duel [ˈdjuːəl] (*Br pt & pp* **duelled**, *cont* **duelling**, *Am pt & pp* **dueled**, *cont* **dueling**) ◇ *n* duel *m*; **to fight a ~** se battre en duel; **to challenge sb to a ~** provoquer qqn en duel ❑ **'Duel in the Sun'** *Vidor* 'Duel au soleil'.
◇ *vi* se battre en duel.

duelling *Br*, **dueling** *Am* [ˈdjuːəlɪŋ] *adj*: ~ **pistols** pistolets *mpl* de duel.

duellist *Br*, **duelist** *Am* [ˈdjuːəlɪst] *n* duelliste *mf*.

dues [djuːz] *npl* droits *mpl*.

duet [djuːˈet] *n* duo *m*; **to sing/to play a ~** chanter/jouer en duo; **piano/violin ~** duo de piano/de violon.

duettist [djuːˈetɪst] *n* duettiste *mf*.

duff [dʌf] ◇ *adj* *inf Br* [useless] qui ne marche pas; [idea] débile; **to be ~ at sthg** être nul en qqch.
◇ *n* CULIN *variante du plum-pudding*.
◆ **duff up** *inf vt sep Br* [give a beating to] tabasser, démolir.

duffel [ˈdʌfl] *n* [fabric] tissu *m* de laine.

duffel bag *n* sac *m* marin.

duffel coat *n* duffel-coat *m*, duffle-coat *m*.

duffer *inf* [ˈdʌfəʳ] *n Br* -**1.** [useless person] gourde *f*; SCH nullité *f*, cancre *m*; **to be a ~ at sthg** être nul en qqch. -**2.** [old man] vieux bonhomme *m*.

duffle [ˈdʌfl] = **duffel**.

dug [dʌg] ◇ *pt & pp* → **dig**.
◇ *n* mamelle *f*; [of cow, goat] pis *m*.

dugong [ˈduːgɒŋ] *n* dugon *m*, dugong *m*.

dugout [ˈdʌgaʊt] *n* -**1.** MIL tranchée-abri *f*; SPORT banc *m* abri de touche. -**2.** [canoe] canoë *m* creusé dans un tronc.

duke [djuːk] *n* duc *m*.

dukedom [ˈdjuːkdəm] *n* [territory] duché *m*; [title] titre *m* de duc.

Duke of Edinburgh's Award Scheme *pr n*: **the ~** ≃ la bourse du duc d'Édimbourg.

> **DUKE OF EDINBURGH'S AWARD SCHEME:**
> Cette bourse récompense, par des médailles de bronze, d'argent et d'or, les projets d'intérêt collectif ou personnel réalisés par des jeunes de 14 à 23 ans.

dukes *inf* [djuːks] *npl* [fists] poings *mpl*; **to put up one's ~** se mettre en garde.

dulcet [ˈdʌlsɪt] *adj lit* doux, suave; **her ~ tones** ses intonations douces; *hum* sa douce voix.

dulcimer [ˈdʌlsɪməʳ] *n* MUS dulcimer *m*, tympanon *m*.

dull [dʌl] ◇ *adj* -**1.** [slow-witted - person] peu intelligent; [- reflexes] ralenti; **she's very ~ when it comes to maths** elle est très médiocre en maths; **to grow ~** [intellectual capacities] s'affaiblir, décliner. -**2.** [boring - book, person, lecture] ennuyeux, assommant; **there's never a ~ moment with him around** on ne s'ennuie jamais avec lui; **deadly ~** mortel, ennuyeux à mourir ❑ **(as) ~ as ditchwater** ennuyeux comme la pluie. -**3.** [not bright - colour] terne, fade; [- light, eyes] terne; [- weather, sky] sombre, maussade. -**4.** [not sharp - blade] émoussé; [- pain] sourd; [- sound] sourd, étouffé; **the knife is ~** le couteau ne coupe plus bien. -**5.** [listless - person] abattu.
◇ *vt* [sound] assourdir; [colour, metal] ternir; [blade, pleasure, senses, impression] émousser; [grief] endormir.
◇ *vi* [colour] se ternir, perdre son éclat; [pleasure] s'émousser; [pain] s'atténuer; [eyes] s'assombrir, perdre son éclat; [mind] s'affaiblir, décliner.

dullard [ˈdʌləd] *n lit* benêt *m*.

dullness ['dʌlnɪs] *n* -**1.** [slow-wittedness] lenteur *f* OR lourdeur *f* d'esprit. -**2.** [tedium - of book, speech] caractère *m* ennuyeux. -**3.** [dimness - of light] faiblesse *f*; [- of weather] caractère *m* maussade. -**4.** [of sound, pain] caractère *m* sourd; [of blade] manque *m* de tranchant. -**5.** [listlessness] apathie *f*.

dullsville *inf* ['dʌlzvɪl] *n* [boring place] trou *m*; **it's ~ round here** c'est un vrai trou ici.

dully ['dʌlɪ] *adv* -**1.** [listlessly] d'un air déprimé. -**2.** [tediously] de manière ennuyeuse. -**3.** [dimly] faiblement. -**4.** [not sharply] sourdement.

duly ['dju:lɪ] *adv* -**1.** [properly] comme il convient; [in accordance with the rules] dans les règles, dûment. -**2.** [as expected - arrive, call] comme prévu; **I was ~ surprised** comme de bien entendu, j'ai été surpris; **and he ~ did what he had promised** et il a bien fait ce qu'il avait promis.

dumb [dʌm] *adj* -**1.** [unable or unwilling to speak] muet; **to be struck ~ (with fear/surprise)** rester muet (de peur/surprise); **have you been struck ~?** tu es devenu muet?; **~ animal** bête *f*, animal *m*; **~ insolence** silence *m* OR mutisme *m* insolent. -**2.** *inf* [stupid] bête; **that was a ~ thing to do** c'est bête OR idiot d'avoir fait ça; **he's really ~** il est complètement abruti; **don't act ~ with me** ne joue pas les imbéciles avec moi; **~ blonde** *pej* blonde *f* évaporée.

dumbbell ['dʌmbel] *n* -**1.** SPORT haltère *m*. -**2.** *inf Am* [fool] abruti *m*, -e *f*.

dumbfound [dʌm'faʊnd] *vt* abasourdir, interloquer.

dumbfounded [dʌm'faʊndɪd] *adj* [person] muet de stupeur, abasourdi, interloqué; [silence] stupéfait; **to be ~ at** OR **by sthg** être abasourdi OR interloqué par qqch.

dumbly ['dʌmlɪ] *adv* silencieusement, sans prononcer un mot.

dumbness ['dʌmnɪs] *n* -**1.** [inability to speak] mutité *f*; [unwillingness to speak] mutisme *m*. -**2.** *inf* [stupidity] bêtise *f*, stupidité *f*, imbécillité *f*.

dumbo *inf* ['dʌmbəʊ] *n* [fool] abruti *m*, -e *f*.

dumb show *n pantomime faisant partie d'une pièce de théâtre*; **she told us to go in ~** *fig* elle nous a fait signe de partir.

dumbstruck ['dʌmstrʌk], **dumbstricken** ['dʌmstrɪkn] = **dumbfounded**.

dumb waiter *n Br* [lift] monte-plats *m inv*; [trolley] table *f* roulante; [revolving tray] plateau *m* tournant.

dumdum ['dʌmdʌm] *n* -**1.** MIL [bullet] balle *f* dum-dum. -**2.** *inf* [fool] imbécile *mf*.

dummy ['dʌmɪ] (*pl* **dummies**) ◇ *n* -**1.** [human figure - in shop window, for dressmaking] mannequin *m*; [- of ventriloquist] marionnette *f*; FIN [representative] prête-nom *m*, homme *m* de paille; [fake object] objet *m* factice; [book, model for display] maquette *f*; **all the bottles are dummies** toutes les bouteilles sont factices. -**2.** *Br* [for baby] tétine *f*. -**3.** [in bridge - cards] main *f* du mort; [- player] mort *m*; **he is ~** c'est lui le mort. -**4.** *pej* [mute] muet *m*, -ette *f*. -**5.** *inf* [fool] imbécile *mf*. -**6.** SPORT feinte *f*; **to sell sb a ~** feinter qqn.
◇ *adj* [fake] factice; **~ buyer** FIN acheteur *m* prête-nom; **this is just a ~ version** ce n'est qu'un modèle factice.
◇ *vi* & *vt* SPORT feinter.

dummy run *n* [trial] essai *m*; AERON & MIL attaque *f* simulée OR d'entraînement; **to give sthg a ~** faire l'essai de qqch.

dump [dʌmp] ◇ *vt* -**1.** [rubbish, waste] déverser, déposer; [sand, gravel] déverser; [car, corpse] abandonner; [oil - subj: ship] vidanger; **to ~ waste at sea** rejeter OR immerger des déchets dans la mer; **he just ~ed me off at the motorway exit** il m'a déposé à la sortie de l'autoroute; **to ~ sb** *inf* [boyfriend, girlfriend] plaquer qqn; [member of government, board] se débarrasser de qqn; **to ~ sb/sthg on sb** *inf* laisser qqn/qqch sur les bras de qqn. -**2.** [set down - bags, shopping, suitcase] poser. -**3.** COMM vendre en dumping. -**4.** COMPUT [memory] vider.
◇ *n* -**1.** [rubbish heap] tas *m* d'ordures; [place] décharge *f*, dépôt *m* d'ordures. -**2.** MIL dépôt *m*. -**3.** *inf pej* [town, village] trou *m*; [messy room, flat] dépotoir *m*; **it's a real ~ here** [town] c'est vraiment mortel ici; **this ~ of a school** cette école à la manque. -**4.** COMPUT [of memory] vidage *m*.

dumper ['dʌmpəʳ] *n* -**1.** [vehicle] = **dump truck**. -**2.** [of waste - person] personne *f* qui déverse des ordures; [- company] entreprise *f* déposant des déchets (toxiques). -**3.** COMM [of goods] entreprise *f* pratiquant le dumping.

dumper truck = **dump truck**.

dumping ['dʌmpɪŋ] *n* -**1.** [of rubbish, waste] dépôt *m* OR décharge *f* d'ordures OR de déchets; [of toxic or nuclear waste - at sea] déversement *m* OR immersion *f* de déchets; [- underground] entreposage *m* sous terre de déchets; [of oil from ship] vidange *f*; **'no ~'** 'dépôt d'ordures interdit', 'décharge interdite'. -**2.** COMM dumping *m*. -**3.** COMPUT [of memory] vidage *m*.

dumping ground *n* [for rubbish] décharge *f*, dépôt *m* d'ordures; *fig* [for inferior goods] dépotoir *m*.

dumpling ['dʌmplɪŋ] *n* -**1.** CULIN [savoury] boulette *f* de pâte, knödel *m*; *Scot* [sweet] *variante du plum-pudding*; **apple ~** pomme *f* en chausson. -**2.** *inf fig* [plump person] boulot *m*, -otte *f*.

dumps *inf* [dʌmps] *npl*: **to be down in the ~** avoir le cafard OR bourdon.

Dumpster® ['dʌmpstəʳ] *n Am* benne *f* à ordures.

dump truck *n* dumper *m*, tombereau *m*.

dumpy *inf* ['dʌmpɪ] *adj* [person] courtaud; [bottle] pansu.

dun [dʌn] (*pt* & *pp* **dunned**, *cont* **dunning**)
◇ *adj* brun gris *(inv)*.
◇ *n* [colour] brun *m* gris; [horse] cheval *m* louvet; [mare] jument *f* louvette.
◇ *vt* COMM presser, harceler; **to ~ sb for money** OR **payment** presser OR harceler qqn pour qu'il paye.

dunce [dʌns] *n* âne *m*, cancre *m*; **to be a ~ at sthg** être nul en qqch.

dunce cap, **dunce's cap** *n* bonnet *m* d'âne.

Dundee cake [dʌn'di:-] *n cake épicé aux fruits secs, décoré avec des amandes.*

dunderhead ['dʌndəhed] *n* âne *m*; **~!** espèce d'âne!

dune [dju:n] *n* dune *f*.

dune buggy *n* buggy *m*.

dung [dʌŋ] *n (U)* crotte *f*; [of cow] bouse *f*; [of horse] crottin *m*; [of wild animal] fumées *fpl*; [manure] fumier *m*.

dungarees [,dʌŋgə'ri:z] *npl Br* salopette *f*; *Am* [overalls] bleu *m* de travail; **a pair of ~** *Br* une salopette, *Am* un bleu de travail.

dung beetle, **dung chafer** *n* bousier *m*.

dungeon ['dʌndʒən] *n* [in castle] cachot *m* souterrain; [tower] donjon *m*.

dungheap ['dʌŋhi:p] *n* tas *m* de fumier.

dunghill ['dʌŋhɪl] *n* gros tas *m* de fumier.

dunk [dʌŋk] *vt* tremper; **to ~ one's bread** tremper son pain.

Dunkirk, **Dunkerque** [dʌn'kɜ:k] *pr n* -**1.** GEOG Dunkerque. -**2.** HIST *l'évacuation des troupes alliées de Dunkerque, en mai-juin 1940.*

dunlin ['dʌnlɪn] *n* bécasseau *m* variable, alouette *f* de mer.

dunno *inf* [də'nəʊ] = **I don't know**.

dunnock ['dʌnək] *n* accenteur *m* mouchet.

duo ['dju:əʊ] *n* MUS & THEAT duo *m*; [couple] couple *m*.

duodecimal [,dju:əʊ'desɪml] *adj* duodécimal.

duodenal [,dju:əʊ'di:nl] *adj* duodénal.

duodenum [,dju:əʊ'di:nəm] (*pl* **duodenums** OR **duodena** [-nə]) *n* duodénum *m*.

duopoly [djʊ'ɒpəlɪ] (*pl* **duopolies**) *n* duopole *m*.

dupe [dju:p] ◇ *vt* duper, leurrer; **to ~ sb into doing sthg** duper OR leurrer qqn pour qu'il/elle fasse qqch.
◇ *n* dupe *f*.

duple ['dju:pl] *adj* -**1.** *fml* [double] double. -**2.** MUS binaire, à deux temps; **~ time** rythme *m* binaire OR à deux temps.

duplex ['dju:pleks] ◇ *adj* -**1.** [double, twofold] double; **~ (apartment)** (appartement *m* en) duplex *m*. -**2.** ELEC & TELEC duplex; *Am* [house] *maison convertie en deux appartements.*
◇ *n* [apartment] (appartement *m* en) duplex *m*.

duplicate [*vb* 'dju:plɪkeɪt, *n* & *adj* 'dju:plɪkət]
◇ *vt* -**1.** [document] dupliquer, faire un double OR des doubles de; [key] faire un double OR des doubles de. -**2.** [repeat - work] refaire; [- feat] reproduire; **this bill merely ~s my proposal** ce projet de loi ne fait que reprendre ma proposition.
◇ *n* [of document, key] double *m*; ADMIN & JUR duplicata *m*, copie *f* conforme; **in ~** en double, en deux exemplaires.
◇ *adj* [key, document] en double; [receipt, certificate] en duplicata; **~ copy** [of key] double *m*; [of receipt, certificate] duplicata *m*.

duplicating machine ['dju:plɪkeɪtɪŋ-] *n* duplicateur *m*.

duplication [,dju:plɪ'keɪʃn] *n* -**1.** [on machine] reproduction *f*; [result] double *m*. -**2.** [repetition - of work, efforts] répétition *f*; **that would just be a ~ of what we've already done** ce ne serait que répéter OR refaire ce que nous avons déjà fait.

duplicator ['dju:plɪkeɪtəʳ] *n* duplicateur *m*.

duplicity [dju:'plɪsətɪ] *n* fausseté *f*, duplicité *f*.

Dur *Br written abbr of* Durham.

durability [,djʊərə'bɪlətɪ] *n* [of construction, relationship, peace] caractère *m* durable, durabilité *f*; [of fabric] résistance *f*; [of politician, athlete] longévité *f*.

durable ['djʊərəbl] *adj* [construction, friendship, peace] durable; [fabric, metal] résistant; [politician, athlete] qui jouit d'une grande longévité; COMM: **~ goods** biens *mpl* durables OR non périssables.
◆ **durables** *npl* biens *mpl* durables OR non périssables.

Duralumin® [djʊə'ræljʊmɪn] *n* Duralumin® *m*.

duration [djʊ'reɪʃn] *n* durée *f*; **of short ~** de courte durée; **to be of long ~** durer longtemps; **for the ~ of the summer holiday** pendant toute la durée des grandes vacances; **for the ~** *hum* pour l'instant.

duress [djʊ'res] *n* contrainte *f*; **under ~** sous la contrainte.

Durex® ['djʊəreks] *n* -**1.** *Br* [condom] préservatif *m*. -**2.** *Austr* Scotch® *m (ruban adhésif)*.

durian ['djʊərɪən] *n* durion *m*.

during ['djʊərɪŋ] *prep* pendant; **they met ~ the war** ils se sont rencontrés pendant la guerre ‖ [in the course of] au cours de; **~ the investigation it emerged that...** au cours de l'enquête, il est apparu que...

durst [dɜ:st] *arch* OR *lit pt* → **dare**.

durum (wheat) ['djʊərəm-] *n* blé *m* dur.

dusk [dʌsk] *n* crépuscule *m*; **at ~** au crépuscule.

duskiness ['dʌskɪnɪs] *n* [of complexion] matité *f*.

dusky ['dʌskɪ] (*compar* **duskier**, *superl* **duskiest**) *adj* -**1.** [light] crépusculaire; [colour] sombre, foncé; [room] sombre. -**2.** [skin] mat; **~ maiden** *lit* jeune fille au teint bistre.

dust [dʌst] ◇ *n* -**1.** *(U)* [on furniture, of gold, coal] poussière *f*; **a speck of ~** une poussière, un grain de poussière; **thick ~ covered the furniture** une poussière épaisse couvrait les meubles; **to shake the ~ off one's feet** secouer la poussière de ses souliers; **to gather ~** [ornaments] amasser la poussière; [plans, proposals] rester en plan; **to lay** OR **to settle the ~** mouiller la poussière ❑ **to allow the ~ to** OR **let the ~ settle** *fig* attendre que les choses se calment; **once the ~ has settled** *fig* quand les choses se seront calmées; **to trample sb in the ~** *fig* fouler qqn aux pieds; **to kick up** OR **to raise a ~** *inf* faire tout un cinéma OR foin; **to throw ~ in sb's eyes** tromper qqn; **we won't see him for**

~ [he'll leave] il partira en moins de temps qu'il n'en faut pour le dire. -**2.** [action]: **to give sthg a ~** épousseter qqch. -**3.** [earthly remains] poussière *f*.
◇ *vt* -**1.** [furniture, room] épousseter. -**2.** [with powder, flour] saupoudrer; **to ~ a field with insecticide** répandre de l'insecticide sur un champ.
◆ **dust down** *vt sep* [with brush] brosser; [with hand] épousseter.
◆ **dust off** *vt sep* [dust, crumbs, dandruff] nettoyer, enlever; *fig* [skill] se remettre à; [speech, lecture notes] ressortir.

dust bag *n* [for vacuum cleaner] sac *m* à poussière.

dust-bath *n*: **to take a ~** [bird] prendre un bain de poussière.

dustbin ['dʌstbɪn] *n Br* poubelle *f*.

dustbin man *Br* = **dustman**.

dust bowl *n* GEOG zone *f* semi-désertique; [in US]: **the Dust Bowl** le Dust Bowl.

THE DUST BOWL:
Nom donné à une région des Grandes Plaines aux États-Unis où sévissaient, dans les années 30, de redoutables tempêtes de poussière provoquées par la sécheresse et l'érosion. Ce phénomène fut la cause de la migration de milliers de paysans vers la Californie, thème du roman «les Raisins de la colère» de J. Steinbeck.

dustcart ['dʌstkɑːt] *n Br* camion *m* des éboueurs.

dustcloth ['dʌstklɒθ] *Am* = **duster 1**.

dustcloud ['dʌstklaʊd] *n* nuage *m* de poussière.

dust coat *n* cache-poussière *m inv*.

dust cover *n* -**1.** = **dust jacket**. -**2.** [for machine] housse *f* de rangement; [for furniture] housse *f* de protection.

dust devil *n* tourbillon *m* de poussière.

duster ['dʌstəʳ] *n* -**1.** [cloth] chiffon *m* (à poussière); [for blackboard] tampon *m* effaceur. -**2.** *Am* [garment - for doing housework] blouse *f*, tablier *m*; [- for driving] cache-poussière *m inv*. -**3.** [lightweight coat] manteau *m* léger. -**4.** AGR poudreuse *f*; [aircraft] *avion servant à répandre de l'insecticide sur les champs*.

dust-free *adj* [environment] protégé de la poussière.

dustheap ['dʌsthiːp] *n Am* [rubbish heap] tas *m* d'ordures; **to be consigned to the ~** *fig* être mis au rebut.

dustiness ['dʌstɪnɪs] *n* état *m* poussiéreux.

dusting ['dʌstɪŋ] *n* -**1.** [of room, furniture] époussetage *m*, dépoussiérage *m*; **to do the ~** épousseter, enlever OR faire la poussière. -**2.** [with sugar, insecticide] saupoudrage *m*; **give the cake a ~ of icing sugar** saupoudrez le gâteau de sucre glace.

dusting powder *n* talc *m*.

dust jacket *n* [for book] jaquette *f*.

dustman ['dʌstmən] (*pl* **dustmen** [-mən]) *n Br* éboueur *m*.

dustpan ['dʌstpæn] *n* pelle *f* à poussière.

dustproof ['dʌstpruːf] *adj* imperméable OR étanche à la poussière.

dust sheet *n Br* housse *f* de protection.

dust storm *n* tempête *f* de poussière.

dust trap *n* nid *m* à poussière.

dust-up *inf n* accrochage *m*, prise *f* de bec; **to have a bit of a ~ with sb** avoir une prise de bec avec qqn; **to have a ~ over** OR **about sthg** avoir une prise de bec à propos de qqch.

dust wrapper = **dust jacket**.

dusty ['dʌstɪ] (*compar* **dustier**, *superl* **dustiest**) *adj* -**1.** [room, furniture, road] poussiéreux; **to get ~** s'empoussiérer, se couvrir de poussière; **not so ~** *inf dated* pas si mal. -**2.** [colour] cendré. -**3.** *inf phr dated*: **to get a ~ answer** se faire envoyer balader OR paître, se faire recevoir.

dutch▽ [dʌtʃ] *n Br*: **the old ~** [wife] la patronne.

Dutch [dʌtʃ] ◇ *npl*: **the ~** les Hollandais *mpl*, les Néerlandais *mpl*.
◇ *n* LING néerlandais *m*.
◇ *adj* [bulbs, city] hollandais; [cheese] de Hollande; [embassy, government etc] néerlandais; [dictionary, teacher] de néerlandais.
◇ *adv*: **to go ~ (with sb)** *inf* [share cost equally] partager les frais (avec qqn).

Dutch auction *n* vente *f* à la baisse.

Dutch barn *n Br* hangar *m* à armature métallique.

Dutch cap *n* diaphragme *m (contraceptif)*.

Dutch courage *inf n courage trouvé dans la boisson*; **I need some ~** il faut que je boive un verre pour me donner du courage.

Dutch door *n Am* porte *f* à deux vantaux.

Dutch elm disease *n (U)* maladie *f* des ormes.

Dutchman ['dʌtʃmən] (*pl* **Dutchmen** [-mən]) *n* Hollandais *m*, Néerlandais *m*; **(then) I'm a ~!** *fig* je mange mon chapeau!

Dutch oven *n* [casserole] marmite *f*, fait-tout *m inv*.

Dutch treat *inf n sortie où chacun paye son écot*; **to go on a ~** partager les frais.

Dutch uncle *n* moralisateur *m*; **to talk (to sb) like a ~** faire la morale (à qqn).

Dutchwoman ['dʌtʃ,wʊmən] (*pl* **Dutchwomen** [-,wɪmɪn]) *n* Hollandaise *f*, Néerlandaise *f*.

dutiable ['djuːtjəbl] *adj* taxable.

dutiful ['djuːtɪfʊl] *adj* [child] obéissant, respectueux; [husband, wife] qui remplit ses devoirs conjugaux; [worker, employee] consciencieux.

dutifully ['djuːtɪflɪ] *adv* consciencieusement.

duty ['djuːtɪ] *n* -**1.** [moral or legal obligation] devoir *m*; **to do one's ~ (by sb)** faire son devoir (envers qqn); **to fail in one's ~** manquer à son devoir; **it is my ~ to say that...** il est de mon devoir de dire que...; **it is my painful ~ to inform you that...** j'ai la douloureuse tâche de vous informer que...; **to make it one's ~ to do sthg** se faire un devoir de faire qqch; **~ calls** le devoir m'appelle; **to do sthg out of a sense of ~** faire qqch par sens du devoir. -**2.** *(usu pl)* [responsibility] fonction *f*; **to take up one's duties** entrer en fonction; **to hand over one's duties (to sb)** transmettre ses fonctions (à qqn); **in the course of one's duties** dans l'exercice de ses fonctions; **public duties** responsabilités *fpl* publiques OR envers la communauté. -**3.** *phr*: **on ~** [soldier, doctor] de garde; [policeman] de service; **to go on/off ~** [soldier] prendre/laisser la garde; [doctor] prendre la/cesser d'être de garde; [policeman] prendre/quitter son service; **to do ~ for sb** remplacer qqn; **to do ~ for sthg** *fig* faire office de qqch ☐ **active ~** *Am* MIL service *m* actif, **tour of ~** MIL service *m*. -**4.** [tax] taxe *f*, droit *m*.

duty-bound *adj* tenu (par son devoir).

duty call *n* visite *f* de politesse.

duty doctor *n* médecin *m* de garde.

duty-free ◇ *adj* [goods] hors taxe, en franchise; [shop] hors taxe; **my ~ allowance** les marchandises hors taxe auxquelles j'ai droit.
◇ *adv* hors taxe, en franchise; **how much can I bring back ~?** combien de marchandises puis-je rapporter hors taxe OR en franchise?
◇ *n* marchandises *fpl* hors taxe OR en franchise.

duty officer *n* officier *m* de service.

duty roster, duty rota *n* tableau *m* de service.

duvet ['duːveɪ] *n* couette *f*; **~ cover** housse *f* de couette.

dux [dʌks] *n Scot* SCH premier *m* de la classe OR de l'école.

DV (*written abbr of* **Deo volente**) si Dieu le veut.

DVLC (*abbr of* **Driver and Vehicle Licensing Centre**) *pr n service des immatriculations et des permis de conduire en Grande-Bretagne*.

DVM (*abbr of* **Doctor of Veterinary Medicine**) *n docteur vétérinaire*.

dwarf [dwɔːf] (*pl inv* OR **dwarves** [dwɔːvz]) ◇ *n* -**1.** [person] nain *m*, -e *f*. -**2.** [tree] arbre *m* nain. -**3.** MYTH nain *m*, -e *f*.
◇ *adj* [plant, animal] nain.
◇ *vt* -**1.** *fig* [in size] écraser; [in ability] éclipser. -**2.** [make small - tree] rabougrir.

dwarfish ['dwɔːfɪʃ] *adj* [hands, feet] de nain; [person] de taille très petite.

dwarfism ['dwɔːfɪzm] *n* nanisme *m*.

dwarf star *n* ASTRON étoile *f* naine, naine *f*.

dwell [dwel] (*pt* & *pp* **dwelt** [dwelt] OR **dwelled**) *vi lit* résider, demeurer; **to ~ in sb's mind** [image, thought] rester dans l'esprit de qqn.
◆ **dwell on, dwell upon** *vt insep* [the past - think about] penser sans cesse à; [- talk about] parler sans cesse de; [problem, fact, detail] s'attarder sur; **don't ~ on it** [in thought] n'y pense pas trop; **to ~ on sthg at some length** [in speech] s'étendre assez longuement sur qqch.

-dweller ['dweləʳ] *in cpds* habitant *m*, -e *f*; **city~** citadin *m*, -e *f*; **cave~** troglodyte *mf*.

dwelling ['dwelɪŋ] *n hum* OR *lit* résidence *f*.

dwelling house *n* JUR maison *f* d'habitation.

dwelt [dwelt] *pt* & *pp* → **dwell**.

dwindle ['dwɪndl] *vi* [hopes, savings, population] se réduire, diminuer; **the island's population has ~d to 120** la population de l'île est descendue à 120 habitants; **to ~ (away) to nothing** [hopes, savings] se réduire à rien; [population] se réduire à presque rien.

dwindling ['dwɪndlɪŋ] ◇ *n* [of savings, hopes] diminution *f*; [of population, membership] baisse *f*, diminution *f*.
◇ *adj* [population, audience] en baisse, décroissant; [savings, hopes] décroissant.

dye [daɪ] ◇ *n* [substance] teinture *f*; [colour] teinte *f*, couleur *f*; **the ~ will run in the wash** la couleur partira au lavage; **it's the ~ from my shoes** ce sont mes chaussures qui déteignent; **it isn't taking the ~** la teinture ne prend pas; **~ powder** poudre *f* de teinture.
◇ *vt* [fabric, hair] teindre; **to ~ sthg yellow/green** teindre qqch en jaune/en vert; **to ~ one's hair** se teindre les cheveux; **~d blond hair** les cheveux teints en blond.
◇ *vi* [fabric] se teindre; **nylon doesn't ~ well** le nylon est difficile à teindre OR se teint difficilement.

dyed-in-the-wool [daɪd-] *adj* [uncompromising] bon teint *(inv)*.

dyeing ['daɪɪŋ] *n* [action] teinture *f*.

dyer ['daɪəʳ] *n* teinturier *m*, -ère *f*.

dyestuff ['daɪstʌf] *n* teinture *f*, colorant *m*.

dyeworks ['daɪwɜːks] (*pl inv*) *n* teinturerie *f*.

dying ['daɪɪŋ] ◇ *adj* [person, animal] mourant; *lit* agonisant; [tree, forest] mourant; [species] en voie de disparition; *fig* [art, craft] en train de disparaître; [industry] agonisant, en train de disparaître; **the ~ man** le mourant; **her ~ words** les mots qu'elle a prononcés en mourant, ses derniers mots; **it was her ~ wish that...** sa dernière volonté était que...; **to** OR **till my ~ day** jusqu'à ma mort, jusqu'à mon dernier jour; **men like him are a ~ breed** des hommes comme lui, on n'en fait plus.
◇ *n* [death] mort *f*.
◇ *npl*: **the ~** les mourants *mpl*, les agonisants *mpl*.

dyke [daɪk] *n* -**1.** [against flooding] digue *f*; [for carrying water away] fossé *m*; *Scot* [wall] mur *m*. -**2.** ▽ [lesbian] gouine *f*.

dynamic [daɪ'næmɪk] ◇ *adj* -**1.** [person, company] dynamique. -**2.** TECH dynamique; **~ RAM** COMPUT mémoire *f* RAM dynamique.
◇ *n* dynamique *f*.

dynamically [daɪ'næmɪklɪ] *adv* dynamiquement.

dynamics [daɪ'næmɪks] ◇ *npl* [of a situation, group] dynamique *f*.
◇ *n (U)* TECH dynamique *f*.

dynamism ['daɪnəmɪzm] *n* [of person, company] dynamisme *m*.

dynamite ['daɪnəmaɪt] ◇ *n* [explosive] dynamite *f*; **a stick of ~** un bâton de dynamite; **this**

story is ~! *fig* cette histoire, c'est de la dynamite!; **this band is** ~! *fig* ce groupe est génial!
◇ *vt* [blow up] dynamiter.
dynamo ['daɪnəməʊ] *n* TECH dynamo *f*; **a human** ~ *fig* une boule d'énergie.
dynastic [dɪ'næstɪk] *adj* dynastique.
dynasty [*Br* 'dɪnəstɪ, *Am* 'daɪnəstɪ] *n* dynastie *f*; **the Romanov/Bourbon** ~ la dynastie des Romanov/des Bourbon.
dyne [daɪn] *n* PHYS dyne *f*.
dysenteric [ˌdɪsn'terɪk] *adj* MED dysentérique.
dysentery ['dɪsntrɪ] *n (U)* MED dysenterie *f*.
dysfunction [dɪs'fʌŋkʃn] *n* MED dysfonction *f*, dysfonctionnement *m*.
dysfunctional [dɪs'fʌŋkʃənl] *adj* dysfonctionnel.
dyslexia [dɪs'leksɪə] *n* [word blindness] dyslexie *f*.
dyslexic [dɪs'leksɪk] ◇ *adj* dyslexique.
◇ *n* dyslexique *mf*.
dysmenorrhoea *Br*, **dysmenorrhea** *Am* [ˌdɪsmenə'rɪə] *n (U)* MED dysménorrhée *f*; **to have** ~ souffrir de dysménorrhée.
dyspepsia [dɪs'pepsɪə] *n (U)* MED dyspepsie *f*; **to have** ~ souffrir de dyspepsie.
dyspeptic [dɪs'peptɪk] ◇ *adj* -**1.** MED dyspeptique, dyspepsique. -**2.** *fig* [irritable] irritable.
◇ *n* MED dyspeptique *mf*, dyspepsique *mf*.
dysphasia [dɪs'feɪzjə] *n* dysphasie *f*.
dystrophy ['dɪstrəfɪ] *n* MED dystrophie *f*.

E

e (*pl* **e's** OR **es**), **E** (*pl* **E's** OR **Es**) [iː] *n* [letter] e *m*, E *m*.

E ◇ *n* **-1.** MUS mi *m*; **in E flat** en mi bémol. **-2.** *drugs sl* (*abbr of* **ecstasy**) [drug] ecstasy *m*; [pill] comprimé *m* d'ecstasy.
◇ (*written abbr of* **East**) E.

ea. (*written abbr of* **each**): £3.00 ~ 3 livres pièce.

EA *n abbr of* **educational age**.

each [iːtʃ] ◇ *det* chaque; **~ child has a different name** chaque enfant a un nom différent; **~ day** chaque jour, tous les jours; **~ (and every) one of us/you/them** chacun/chacune d'entre nous/vous/eux (sans exception); **you're mad, ~ and every one of you!** vous êtes fous, tous autant que vous êtes!
◇ *pron* [every one] chacun, chacune; **~ of his six children** chacun de ses six enfants; **a number of suggestions, ~ more crazy than the last** un certain nombre de suggestions toutes plus folles les unes que les autres; **or would you like some of ~?** ou bien voudriez-vous un peu de chaque? ☐ **to ~ his own** à chacun ses goûts.
◇ *adv* [apiece]: **we have a book/a room ~** nous avons chacun un livre/une pièce; **the tickets cost £20 ~** les billets coûtent 20 livres chacun.
◆ **each other** *pron phr*: **to hate ~ other** se détester (l'un l'autre); [more than two people] se détester (les uns les autres); **do you two know ~ other?** est-ce que vous vous connaissez?; **the children took ~ other's hand** les enfants se sont pris par la main; **the two sisters wear ~ other's clothes** les deux sœurs échangent leurs vêtements; **they walked towards ~ other** ils ont marché l'un vers l'autre; **we get on ~ other's nerves** nous nous portons mutuellement sur les nerfs; **we get on very well with ~ other's parents** nous nous entendons très bien avec les parents l'un de l'autre.

each way ◇ *adj*: **~ bet** pari sur un cheval gagnant, premier ou placé.
◇ *adv* [in betting] placé; **to put money ~ on a horse** jouer un cheval placé; **French Silk, £50 ~** French Silk, 50 livres placé.

eager ['iːgə^r] *adj* [impatient, keen] impatient; [learner, helper] enthousiaste, fervent; [crowd, face, look] passionné, enfiévré; **to be ~ to do sthg** [impatient] avoir hâte de faire qqch; [very willing] faire preuve d'enthousiasme OR de ferveur pour faire qqch; **I am ~ to help in any way I can** je tiens absolument à apporter mon aide; **to be ~ to please** avoir envie de faire plaisir; **to be ~ for affection/for success** être avide d'affection/de succès; **to be ~ for acceptance** tenir beaucoup à être accepté; **he's ~ for me to see his work** il a très envie que je voie son travail; **don't be too ~** ne te montre pas trop empressé.

eager beaver *inf n* travailleur *m* acharné, travailleuse *f* acharnée, mordu *m*, -e *f* du travail.

eagerly ['iːgəlɪ] *adv* [wait] impatiemment; [help] avec empressement; [say, look at] avec passion OR enthousiasme.

eagerness ['iːgənɪs] *n* [to know, see, find out] impatience *f*; [to help, please] empressement *m*; [in eyes, voice] excitation *f*, enthousiasme *m*; **~ to learn** soif *f* de savoir.

eagle ['iːgl] *n* **-1.** [bird] aigle *m*; **to have an ~ eye** avoir un œil d'aigle. **-2.** [standard, seal] aigle *f*. **-3.** [lectern] aigle *m*. **-4.** GOLF eagle *m*.

eagle-eyed ◇ *adj* aux yeux d'aigle.
◇ *adv* [watch] avec une grande attention.

eagle owl *n* grand-duc *m*.

eaglet ['iːglɪt] *n* aiglon *m*, -onne *f*.

Ealing comedy ['iːlɪŋ-] *n genre de film comique britannique produit dans les studios d'Ealing (Londres) vers 1950.*

E and OE (*written abbr of* **errors and omissions excepted**) *Br* s e & o.

ear [ɪə^r] *n* **-1.** [of person, animal] oreille *f*; **to have a good ~** avoir de l'oreille; **to have an ~ for music** avoir l'oreille musicale; **to have an ~ for poetry** être sensible à la poésie; **to keep an ~ OR one's ~s open** ouvrir les oreilles, tendre l'oreille; **keep an ~ open for the baby** ouvre l'oreille au cas où le bébé pleurerait; **to reach sb's ~s** [news] arriver aux oreilles de qqn; **it has reached my ~s that...** j'ai entendu dire que...; **to shut OR to close one's ~s** faire la sourde oreille; **he closed his ~s to her request for help** elle lui a demandé de l'aide mais il a fait la sourde oreille; **I've heard that until it's coming out of my ~s** *inf* je l'ai tellement entendu que ça me sort par les oreilles; **to have the ~ of sb** [have influence with] avoir l'oreille de qqn; **to be grinning from ~ to ~** sourire jusqu'aux oreilles ☐ **~ infection** otite *f*; **to be all ~s** être tout oreilles OR tout ouïe; **to be out on one's ~** *inf* [from job, school] être viré; **he's out on his ~** [been dismissed] il s'est fait virer; [from family home] il s'est fait flanquer dehors; **to chuck sb out on his/her ~** *inf* [from job, school] virer qqn; [from family home] flanquer qqn dehors; **to be up to one's ~s in work OR in it** *inf* être débordé (de travail); **his ~s are flapping** [he's listening closely] ses oreilles sont grandes ouvertes; **it just goes in one ~ and out the other** ça entre par une oreille et ça ressort par l'autre; **to keep one's ~ to the ground** ouvrir l'oreille, être à l'écoute; **my ~s are burning** j'ai les oreilles qui (me) sifflent; **to play by ~** MUS jouer à l'oreille; **to play it by ~** improviser. **-2.** [of grain] épi *m*.

earache ['ɪəreɪk] *n* mal *m* d'oreille; **to have ~** *Br* OR **an ~** *Am* avoir mal aux oreilles.

eardrops ['ɪədrɒps] *npl* gouttes *fpl* pour les oreilles.

eardrum ['ɪədrʌm] *n* tympan *m*.

-eared [ɪəd] *in cpds*: **long/short~** à oreilles *fpl* longues/courtes; **pointy~** *inf* aux oreilles en pointe.

ear flap *n* [on cap] oreillette *f*.

earful ['ɪəfʊl] *n*: **to get an ~ of water** prendre de l'eau plein l'oreille ☐ **to get an ~** *inf* [be told off] se faire passer un savon; **to give sb an ~** *inf* [tell off] passer un savon à qqn; **to give sb an ~ about sthg** *Am* [say a lot to] raconter qqch à qqn en long, en large et en travers.

earhole *inf* ['ɪəhəʊl] *n Br* [ear] esgourde *f*.

earl [ɜːl] *n* comte *m*.

earldom ['ɜːldəm] *n* [title] titre *m* de comte; [estates, land] comté *m*.

earlobe ['ɪələʊb] *n* lobe *m* de l'oreille.

Earls Court [ɜːlz-] *pr n grand centre d'exposition à Londres.*

early ['ɜːlɪ] (*compar* **earlier**, *superl* **earliest**)
◇ *adj* **-1.** [in the morning – hour, person] matinal; **I had an ~ breakfast** j'ai déjeuné de bonne heure; **to get off to an ~ start** partir de bonne heure; **the ~ shuttle to London** le premier avion pour Londres; **it's too ~ to get up** il est trop tôt pour se lever; **it's earlier than I thought** il est plus tôt que je ne pensais; **to be an ~ riser** être matinal OR un lève-tôt. **-2.** [of the beginning of a period of time – machine, film, poem] premier; [– Edwardian, Victorian etc] du début de l'époque; **in the ~ afternoon/spring/fifties** au début de l'après-midi/du printemps/des années cinquante; **the earlier applicants were better than the later ones** les premiers candidats étaient meilleurs que les derniers; **let's have an ~ lunch** déjeunons de bonne heure; **when was that? — ~ September** quand était-ce? — début septembre; **the ~ Roman Empire** l'Empire romain naissant; **an ~ 18th-century form of democracy** une forme de démocratie propre au début du XVIIIe siècle; **the ~ American settlers** les premiers pionniers américains; **~ music** [baroque] musique *f* ancienne; **from the earliest days of the century** depuis le tout début du siècle; **~ reports from the front indicate that...** les premières nouvelles du front semblent indiquer que...; **it's ~ days yet** *Br* [difficult to be definite] il est trop tôt pour se prononcer; [might yet be worse, better] il est encore tôt; **from the earliest times** depuis le début des temps; **I need an ~ night** je dois me coucher de bonne heure; **a couple of ~ nights wouldn't do you any harm** cela ne te ferait pas de mal de te coucher de bonne heure pendant quelques jours; **it's too ~** il est trop tôt; **the earliest human artefacts** les premiers objets fabriqués par l'homme; **an ~ Picasso** une des premières œuvres de Picasso; **he's in his ~ twenties** il a une vingtaine d'années; **in his youth** quand il était très jeune; **a man in ~ middle age** un homme d'une quarantaine d'années; **from an ~ age** dès l'enfance; **at an ~ age**

de bonne heure, très jeune; ~ **vegetables** légumes *mpl* précoces, primeurs *fpl*; ~ **fruit** fruits *mpl* précoces, primeurs *fpl*. -**3.** [ahead of time]: **to be** ~ [person, train, flight, winter] être en avance; **you're too** ~ vous arrivez trop tôt, vous êtes en avance; **Easter is** ~ **this year** Pâques est de bonne heure cette année. -**4.** [relating to the future - reply] prochain; **at an** ~ **date** de bonne heure; **at an earlier date** plus tôt; **we need an** ~ **meeting** il faut que nous-nous réunissions bientôt; **at your earliest convenience** COMM dans les meilleurs délais; **what is your earliest possible delivery date?** quelle est votre première possibilité de livraison?; **give us the earliest possible notice** avertissez-nous le plus tôt possible.
◇ *adv* -**1.** [in the morning - rise, leave] tôt, de bonne heure; **let's set off as** ~ **as we can** mettons-nous en route le plus tôt possible; **how** ~ **should I get there?** à quelle heure dois-je y être? -**2.** [relating to the beginning of a period of time]: ~ **in the evening/in the afternoon** tôt le soir/(dans) l'après-midi; ~ **in the year/winter** au début de l'année/de l'hiver; **I can't make it earlier than 2:30** je ne peux pas avant 14 h 30; **what's the earliest you can make it?** [be here] quand pouvez-vous être ici? ❑ ~ **on** au début; ~ **on in June** au début du mois de juin; **earlier on** plus tôt. -**3.** [ahead of schedule] en avance; [earlier than usual] de bonne heure; **I want to leave** ~ **tonight** [from work] je veux partir de bonne heure ce soir; **shop/post** ~ **for Christmas** faites vos achats/postez votre courrier à l'avance pour Noël. -**4.** [relating to the future]: **at the earliest** au plus tôt; **we can't deliver earlier than Friday** nous ne pouvons pas livrer avant vendredi.

early bird *n*: **to be an** ~ *inf* être matinal ❑ **it's the** ~ **that catches the worm** *prov* [it's good to get up early] le monde appartient à ceux qui se lèvent tôt *prov*; [it's good to arrive early] les premiers arrivés sont les mieux servis.

early call *n* [in hotel]: **could you give me an** ~ **at 6:30?** pouvez-vous me réveiller à 6 h 30?

early closing *n Br* COMM *jour où l'on ferme tôt*; **it's** ~ **today** [for all shops] les magasins ferment de bonne heure aujourd'hui; [for this shop] on ferme de bonne heure aujourd'hui.

early-warning *adj*: ~ **system** système *m* de préalerte.

earmark ['ɪəmɑːk] ◇ *vt* réserver; [money] affecter, assigner; **this money has been** ~**ed for research** cet argent a été affecté à la recherche; **I'll just** ~ **that for myself** je me le réserve; **this land is** ~**ed for development** ce terrain est réservé OR assigné à l'aménagement.
◇ *n* marque *f* à l'oreille.

earmuffs ['ɪəmʌfs] *npl* protège-oreille *m*.

earn [ɜːn] ◇ *vt* -**1.** [money] gagner; [interest] rapporter; **to** ~ **a living** gagner sa vie; **I certainly do** ~ **my living** [I work hard] je peux vraiment dire que je mérite mon salaire ❑ ~**ed income** revenu *m* salarial, revenus *mpl* salariaux. -**2.** [respect, reputation, punishment - subj: activities] valoir; [- subj: person] mériter; **it** ~**ed him ten years in prison** cela lui a valu dix ans de prison; **you're going to have to** ~ **your fame** tu vas devoir travailler à ta gloire; **you've** ~**ed it!** tu l'as mérité!
◇ *vi* [person] gagner de l'argent; [investment] rapporter; ~**ing capacity** [of person] potentiel *m* de revenu; [of firm] rentabilité *f*.

earner ['ɜːnəʳ] *n* -**1.** [person] salarié *m*, -e *f*; **one of the biggest** ~**s in the company** un des plus gros salaires de l'entreprise; **she's the main** ~ **in the family** c'est elle qui fait vivre la famille. -**2.** *inf Br* [source of income]: **it's a nice little** ~ [business, shop etc] c'est une bonne petite affaire; **interested in a little** ~**, mate?** ça te dirait de te faire un peu d'argent, mec?

earnest ['ɜːnɪst] ◇ *adj* -**1.** [person, expression, tone] sérieux. -**2.** [hope, request] ardent, fervent; [endeavour] fervent; [desire] profond.
◇ *n arch* OR *fml* [guarantee, deposit] gage *m*, garantie *f*.
◆ **in earnest** ◇ *adv phr* [seriously] sérieusement, sincèrement; [in a determined way] sérieusement; **it's raining in** ~ **now** il pleut pour de bon cette fois.
◇ *adj phr*: **to be in** ~ être sérieux.

earnestly ['ɜːnɪstlɪ] *adv* [behave] sérieusement; [study, work] sérieusement, avec ardeur; [speak, nod, look at] gravement; **we** ~ **hope that...** nous espérons sincèrement que...

earnestness ['ɜːnɪstnɪs] *n* [of person, tone] sérieux *m*, gravité *f*.

earnings ['ɜːnɪŋz] *npl* [of person, business] revenus *mpl*; **do you have** ~ **from any other sources?** avez-vous d'autres sources de revenus?; **to live off immoral** ~ gagner sa vie par des procédés immoraux.

earnings-related *adj* proportionnel au revenu.

ear, nose and throat *comp* [department, hospital] d'oto-rhino-laryngologie; ~ **doctor** oto-rhino *mf*, oto-rhino-laryngologiste *mf*.

earphones ['ɪəfəʊnz] *npl* écouteurs *mpl*, casque *m*.

earpiece ['ɪəpiːs] *n* [of telephone receiver, personal stereo] écouteur *m*.

ear piercing *n (U)*: 'ear piercing' 'ici, on perce les oreilles'.
◆ **ear-piercing** *adj* [noise] perçant, strident.

earplug ['ɪəplʌg] *n* [for sleeping] boule *f* Quiès®; [for protection against water, noise] protège-tympan *m*.

earring ['ɪərɪŋ] *n* boucle *f* d'oreille.

ear shell *n* ZOOL ormeau *m*.

earshot ['ɪəʃɒt] *n*: **out of/within** ~ hors de/à portée de voix.

ear-splitting *adj* [noise] assourdissant.

earth [ɜːθ] ◇ *n* -**1.** [the world, the planet] terre *f*; **the planet Earth** la planète Terre; **on** ~ sur terre; **here on** ~ [not in heaven] ici-bas ❑ **why/how/who on** ~**?** pourquoi/comment/qui diable?; **where on** ~ **did you find that?** où diable as-tu trouvé cela?, où as-tu bien pu trouver cela?; **what on** ~ **do you think you're doing?** non mais, où tu te crois?; **there's nowhere else on** ~ **I'd rather be** c'est le seul endroit sur terre où j'ai envie d'être; **there's nothing on** ~ **I'd like better** il n'y a rien au monde dont j'aie plus envie; **to cost the** ~ *inf* coûter les yeux de la tête OR la peau des fesses; **to promise the** ~ promettre la lune, promettre monts et merveilles. -**2.** [ground] terre *f*; **to fall to** ~ tomber par terre ❑ **to bring sb down to** ~ **(with a bump)** ramener qqn sur terre (brutalement); **to come back down to** ~ **again** revenir OR redescendre sur terre; **did the** ~ **move for you too, darling?** *inf hum* est-ce que tu es montée au septième ciel aussi, chérie? -**3.** [soil] terre *f*. -**4.** *Br* ELEC [connection, terminal] terre *f*; ~ **lead** conducteur *m* de terre. -**5.** [of fox] terrier *m*, tanière *f*; **to run a fox to** ~ chasser un renard jusqu'à son terrier OR sa tanière; **to run sb/sthg to** ~ [find] dénicher qqn/qqch; **to go to** ~ *literal* & *fig* aller se terrer.
◇ *comp*: ~ **floor** sol *m* en terre battue.
◇ *vt Br* ELEC mettre à la terre.
◆ **earth up** *vt sep* [plant] chausser, enchausser, butter.

earthborn ['ɜːθbɔːn] *adj lit* humain, mortel.

earthbound ['ɜːθbaʊnd] *adj* -**1.** [insects] non volant. -**2.** [spaceship] progressant en direction de la terre; [journey] en direction de la terre. -**3.** [unimaginative] terre à terre.

earth closet *n* fosse *f* d'aisance.

earthen ['ɜːθn] *adj* [dish] en OR de terre (cuite); [floor] en terre.

earthenware ['ɜːθnweəʳ] ◇ *n* [pottery] poterie *f*; [glazed] faïence *f*.
◇ *adj* en OR de terre (cuite), en OR de faïence.

earthiness ['ɜːθɪnɪs] *n* -**1.** [of humour] truculence *f*; [of person, character] nature *f* directe. -**2.** [of food] goût *m* de terre.

earthling ['ɜːθlɪŋ] *n* terrien *m*, -enne *f*.

earthly ['ɜːθlɪ] ◇ *adj* -**1.** [worldly] terrestre; ~ **possessions** biens *mpl* matériels. -**2.** *inf* [possible]: **there's no** ~ **reason why I should believe you** je n'ai absolument aucune raison de te croire; **she hasn't an** ~ **chance of succeeding** elle n'a pas la moindre chance OR la plus petite chance de réussir.
◇ *n inf Br* -**1.** [chance]: **he doesn't have an** ~ **of passing the exam** il n'a aucune chance de réussir à l'examen. -**2.** [idea]: **I haven't an** ~ **where he is** je ne sais vraiment pas où il se trouve.

earthman ['ɜːθmən] (*pl* **earthmen** [-mən]) *n* terrien *m*.

earth mother *n* -**1.** MYTH déesse *f* de la terre. -**2.** *inf fig* mère *f* nourricière.

earthmover ['ɜːθ,muːvəʳ] *n* bouteur *m offic*, bulldozer *m*.

earthmoving ['ɜːθ,muːvɪŋ] *adj*: ~ **equipment** engin *m* de terrassement.

earthquake ['ɜːθkweɪk] *n* tremblement *m* de terre.

earth sciences *npl* sciences *fpl* de la terre.

earth-shaking *inf* [-ʃeɪkɪŋ], **earth-shattering** *inf adj* [event, news, importance] capital; [discovery] révolutionnaire.

earth tremor *n* secousse *f* sismique.

earthward ['ɜːθwəd] ◇ *adj* [journey] en direction de la Terre; **in an** ~ **direction** [travel] en direction de la Terre, (avec) cap sur la Terre.
◇ *adv* en direction de la Terre.

earthwards ['ɜːθwədz] *adv* en direction de la Terre.

earth woman *n* terrienne *f*.

earthwork(s) ['ɜːθwɜːk(s)] *n* CONSTR terrassement *m*; ARCHEOL & MIL fortification *f* en terre.

earthworm ['ɜːθwɜːm] *n* ver *m* de terre, lombric *m*.

earthy ['ɜːθɪ] *adj* -**1.** [taste, smell] de terre. -**2.** [humour] truculent; [person, character] direct.

ear trumpet *n* cornet *m* acoustique.

ear wax *n* cire *f (sécrétée par les oreilles)*, cérumen *m*.

earwig ['ɪəwɪg] *n* perce-oreille *m*.

ease [iːz] ◇ *n* -**1.** [comfort] aise *f*; **to be** OR **to feel at** ~ être OR se sentir à l'aise; **to be** OR **to feel ill at** ~ être OR se sentir mal à l'aise; **we're at** ~ **with each other now** maintenant nous nous sentons à l'aise ensemble; **I feel at** ~ **about the new proposals** les nouvelles propositions me conviennent tout à fait; **to set sb's mind at** ~ tranquilliser qqn; **now that your mind's at** ~ maintenant que tu es tranquillisé; **to put sb at (his** OR **her)** ~ mettre qqn à l'aise; **(stand) at** ~**!** MIL repos!; **to take one's** ~ *dated* prendre ses aises, se mettre à l'aise. -**2.** [facility] facilité *f*; [of movements] aisance *f*; **to do sthg with** ~ faire qqch facilement OR aisément; **to speak with** ~ parler avec aisance; ~ **of access** facilité d'accès. -**3.** [affluence]: **to live a life of** ~ avoir la belle vie, mener une vie facile.
◇ *vt* -**1.** [alleviate - anxiety, worry] calmer; [- pain] calmer, soulager; [- pressure, tension] relâcher; [- traffic flow] rendre plus fluide; [- sb's workload] alléger; **to** ~ **sb's mind** rassurer qqn; **to** ~ **sb of a burden** décharger qqn d'un fardeau, retirer un fardeau des épaules de qqn; **to** ~ **sb of their anxiety/pain** calmer l'inquiétude/la douleur de qqn. -**2.** [move gently]: **to** ~ **o.s. into a chair** s'installer délicatement dans un fauteuil; **to** ~ **in the clutch** AUT embrayer en douceur; **she** ~**d the rucksack from her back** elle fit glisser le sac à dos de ses épaules; **they** ~**d him out of the car** ils l'ont aidé à sortir de la voiture; **to** ~ **sthg out** faire sortir qqch délicatement; **to** ~ **sb out** [from position, job] pousser qqn vers la sortie *fig*; **they** ~**d him out** ils se sont débarrassés de lui en douceur; **he** ~**d himself through the gap in the hedge** il s'est glissé OR faufilé à travers le trou dans la haie.
◇ *vi* [pain] se calmer, s'adoucir; [situation, tension, rain] se calmer; **the awkwardness between them** ~**d** le malaise qu'il y avait entre eux s'est dissipé.
◆ **ease back** *vt sep* [throttle, lever] tirer doucement.
◆ **ease off** ◇ *vt sep* [lid, bandage] enlever délicatement.

◇ *vi insep* [rain] se calmer; [business] ralentir; [traffic] diminuer; [tension] se relâcher; **work has ~d off** il y a moins de travail.

◆ **ease up** *vi insep* [slow down - in car] ralentir; [rain] se calmer; [business, work] ralentir; [traffic] diminuer; **to ~ up on sb/sthg** y aller doucement avec qqn/qqch.

easel ['iːzl] *n* chevalet *m*.

easily ['iːzɪlɪ] *adv* -**1.** [without difficulty] facilement; **that's ~ said/done** c'est facile à dire/faire; **she is ~ pleased** elle n'est pas difficile. -**2.** [undoubtedly] sans aucun doute; **she's ~ the best** c'est de loin la meilleure; **it's ~ two hours from here** c'est facilement à deux heures d'ici. -**3.** [very possibly]: **he could ~ change his mind** il pourrait bien changer d'avis. -**4.** [in a relaxed manner - talk] de manière décontractée; [- smile, answer] d'un air décontracté.

easiness ['iːzɪnɪs] *n* -**1.** [lack of difficulty] facilité *f*. -**2.** [relaxed nature] décontraction *f*.

easing ['iːzɪŋ] *n* [of discomfort] soulagement *m*; **the ~ of tension in the area** le relâchement de la tension dans la région.

east [iːst] ◇ *n* est *m*; **the East** [the Orient] l'Orient *m*; [Eastern Europe] l'Est *m*; [in US] l'Est *m* *(États situés à l'est du Mississippi)*; **East-West relations** relations *fpl* Est-Ouest; **room facing (the) ~** pièce donnant OR exposée à l'est; **on the ~ of the island** à l'est de l'île; **to the ~ of the mainland** à l'est OR au large de la côte est du continent; **the wind is (coming) from the ~** le vent vient de l'est.

◇ *adj* [coast, shore, face of mountain] est, oriental; [wind] d'est; **to live in ~ London** habiter dans l'est de Londres.

◇ *adv* [go, look, travel] en direction de l'est, vers l'est; [sail] cap sur l'est; **further ~** plus à l'est; **~ of** à l'est de; **~ by north/south** est quart nord/sud; **back ~** *Am inf* dans l'est *(des États-Unis)*.

East Africa *pr n* Afrique *f* orientale.

East African ◇ *adj* d'Afrique orientale.

◇ *n* Africain *m*, -e *f* de l'est.

East Berlin *pr n* Berlin-Est.

East Berliner *n* Berlinois *m*, -e *f* de l'Est.

eastbound ['iːstbaʊnd] *adj* [traffic, train] en direction de l'est; **there's a jam on the ~ carriageway** il y a un bouchon en direction de l'est.

East End *n* [of city] quartiers *mpl* est; **to live in the ~ of Glasgow** habiter dans l'est de Glasgow; **the ~** *quartier industriel de Londres, connu pour ses docks et, autrefois, pour sa pauvreté.*

East Ender [-'endəʳ] *n* habitant *m*, -e *f* de l'est de Londres.

Easter ['iːstəʳ] ◇ *n* Pâques *fpl*; **Happy ~!** joyeuses Pâques!; **last/next ~** à Pâques l'année dernière/l'année prochaine.

◇ *comp* [holiday, Monday, weekend] de Pâques; [week] de Pâques, pascal; [celebrations] pascal; **~ Day** (jour *m* de) Pâques; **~ Sunday** dimanche *m* de Pâques.

Easter egg *n* œuf *m* de Pâques.

Easter Island *pr n* l'île *f* de Pâques; **in** OR **on ~** à l'île de Pâques.

easterly ['iːstəlɪ] ◇ *adj* [in the east] situé à l'est; [from the east] d'est; [to the east] vers l'est, en direction de l'est.

◇ *n* vent *m* d'est.

eastern ['iːstən] *adj* [Europe] de l'Est; [France, Spain, Scotland etc] de l'Est; [region, seaboard] est, oriental; [culture, philosophy] oriental; **~ hemisphere** hémisphère *m* oriental; **the Eastern Church** l'Église d'Orient; **the Eastern Bloc** le bloc de l'Est; **the Eastern Townships** [of Canada] les Cantons *mpl* de l'Est.

Eastern Daylight Time *n* heure *f* d'été de New York.

Easterner ['iːstənəʳ] *n* -**1.** [in US] *personne qui vient de l'est des États-Unis.* -**2.** [oriental] Oriental *m*, -e *f*.

Eastern European Time *n* heure *f* d'Europe orientale.

easternmost ['iːstənməʊst] *adj* situé le plus à l'est.

Eastern Standard Time *n* heure *f* d'hiver de New York.

Eastertide ['iːstətaɪd] *n lit* (saison *f* de) Pâques *fpl*.

east-facing *adj* exposé OR donnant à l'est.

East German ◇ *adj* est-allemand, d'Allemagne de l'Est.

◇ *n* Allemand *m*, -e *f* de l'Est.

East Germany *pr n*: (former) **~** (l'ex-) Allemagne *f* de l'Est; **in ~** en Allemagne de l'Est.

East Indian HIST ◇ *adj* des Indes orientales.

◇ *n* natif *m*, -ive *f* des Indes orientales.

East Indies *pl pr n* HIST: **the ~** les Indes orientales.

east-northeast ◇ *n* est-nord-est *m*.

◇ *adj* [direction] est-nord-est; [wind] d'est-nord-est.

◇ *adv* en direction de l'est-nord-est; [blow] d'est-nord-est.

East Side *pr n*: **the ~** l'East Side *m* *(quartier situé à l'est de Manhattan)*.

east-southeast ◇ *n* est-sud-est *m*.

◇ *adj* [direction] est-sud-est; [wind] d'est-sud-est.

◇ *adv* en direction de l'est-sud-est; [blow] d'est-sud-est.

eastward ['iːstwəd] ◇ *adj* est.

◇ *adv* = **eastwards**.

eastwardly ['iːstwədlɪ] *adj* [direction] est.

eastwards ['iːstwədz] *adv* en direction de l'est, vers l'est; **facing ~** [building] exposé OR donnant à l'est; **to sail ~** naviguer cap sur l'est.

easy ['iːzɪ] (*compar* **easier**, *superl* **easiest**) ◇ *adj* -**1.** [not difficult] facile; **it's ~ to see why/that...** on voit bien pourquoi/que...; **it's ~ to say that...** c'est facile de dire que...; **it's ~ for her to say that...** c'est facile pour elle de dire que...; **this should make the job easier (to do)** cela devrait faciliter le travail; **she is (an) ~ (person) to please** c'est facile de lui faire plaisir; **it's an ~ mistake to make** c'est une erreur qui est facile à faire; **it's not ~ being the eldest child** ce n'est pas facile d'être l'aîné; **it's far from ~, it's none too ~** c'est loin d'être facile, ce n'est pas facile du tout; **in ~ stages** [travel] par petites étapes; [learn] sans peine; **learn Japanese in ten ~ stages!** apprenez le japonais en dix petites leçons!; **within ~ reach of** près de; **the shop is within ~ walking distance of here** d'ici, on peut facilement aller au magasin à pied; **the ~ way out** OR **option** la solution facile OR de facilité; **~ to get on with** facile à vivre; **to have an ~ time (of it)** [a good life] avoir la belle vie OR la vie facile; **she had an ~ time of it** [in exams] ç'a été facile pour elle; **she hadn't had an ~ time of it** elle n'avait pas eu une vie facile; **it's ~ money** *inf* c'est de l'argent gagné facilement OR sans se fatiguer; **to come in an ~ first** [in a race] gagner haut la main; **an ~ prey** OR **victim** une proie facile ❑ **~ game** OR **meat** *inf* bonne poire *f*; **as ~ as pie** OR **ABC** *inf* simple comme bonjour OR tout; **to be on ~ street** *inf* rouler sur l'or. -**2.** [at peace]: **to feel ~ in one's mind** être tranquille, avoir l'esprit tranquille. -**3.** [easy-going - person, atmosphere] décontracté; [- disposition, nature] facile; [- manner] décontracté, naturel; [- style] coulant, facile; **I'm ~** *inf* [I don't mind] ça m'est égal; **to be on ~ terms with sb** avoir des rapports plutôt amicaux avec qqn; **on ~ terms** COMM avec facilités de paiement; **to go at an ~ pace** aller tranquillement; **to be an ~ fit** [clothes] être confortable. -**4.** [sexually]: **a woman of ~ virtue** *lit* une femme de petite vertu OR aux mœurs légères; **she's an ~ lay**▽ *pej* elle couche avec tout le monde, c'est une Marie-couche-toi-là. -**5.** [pleasant]: **to be ~ on the eye** [film, painting] être agréable à regarder; [person] être un plaisir pour les yeux; **to be ~ on the ear** [music] être agréable à écouter. -**6.** ST. EX [market] calme.

◇ *adv* [in a relaxed or sparing way] doucement; **to go ~** y aller doucement; **to go ~ on** OR **with sb** y aller doucement avec qqn; **to go ~ on** OR **with sthg** y aller doucement avec OR sur qqch; **go ~ on the cream** vas-y doucement avec la crème; **he's got it ~** *inf* [has an easy life] il se la coule douce, il a la belle vie; **take it ~!** doucement!; **to take things** OR **it** OR **life ~** [relax] se reposer; **~ now!** *inf*, **~ does it!** *inf* doucement!; **to sleep ~ in one's bed** dormir sur ses deux oreilles; **stand ~!** MIL repos!; **easier said than done** plus facile à dire qu'à faire; **it's ~ come ~ go** l'argent, ça va ça vient.

easy-care *adj* d'entretien facile.

easy chair *n* fauteuil *m*.

easy-clean *adj* [garment, surface] facile à nettoyer, d'entretien facile.

easy-going *adj* [person] décontracté, facile à vivre; [lifestyle] décontracté.

eat [iːt] (*pt* ate [et, eɪt], *pp* eaten ['iːtn]) ◇ *vt* manger; **to ~ (one's) breakfast/lunch/dinner** prendre son petit déjeuner/déjeuner/dîner; **to ~ one's fill** manger tout son soûl OR content; **there's nothing to ~** il n'y a rien à manger; **to ~ one's way through a whole cake** manger un gâteau en entier; **it looks good enough to ~!** on en mangerait!; **he/she looks good enough to ~** il est beau/elle est belle à croquer; **go on, she's not going to ~ you** allez, elle ne va pas te manger ❑ **I could ~ a horse** j'ai une faim de loup; **I'll ~ my hat if he gets elected** s'il est élu, je mange mon chapeau; **he ~s people like you for breakfast** il ne fait qu'une bouchée des gens comme toi; **to ~ one's words** ravaler ses mots; **they ate us out of house and home** ils ont dévalisé notre frigo; **what's ~ing you?** *inf* qu'est-ce que tu as?

◇ *vi* manger; **I haven't eaten at all today** je n'ai pas mangé de toute la journée; **have you eaten yet?** as-tu déjà mangé?; **let's ~** à table; **to ~ for two** [pregnant woman] manger pour deux ❑ **to ~ like a horse/a bird** manger comme un ogre/un oiseau; **to have sb ~ing out of one's hand** faire ce qu'on veut de qqn.

◆ **eat away** ◇ *vt sep* [subj: waves] ronger; [subj: mice] ronger; [subj: acid, rust] ronger, corroder; *fig* [confidence] miner; [support, capital, resources] entamer.

◇ *vi insep* [person] manger.

◆ **eat away at** *vt insep* = **eat away** *vt sep*.

◆ **eat in** *vi insep* manger chez soi OR à la maison.

◆ **eat into** *vt insep* -**1.** [destroy] attaquer. -**2.** [use up - savings] entamer; [- time] empiéter sur.

◆ **eat out** ◇ *vi insep* sortir déjeuner OR dîner, aller au restaurant.

◇ *vt sep*: **to ~ one's heart out** se morfondre; **~ your heart out!** dommage pour toi!

◆ **eat up** ◇ *vi insep* manger.

◇ *vt sep* [food] terminer, finir; *fig* [electricity, gas, petrol] consommer beaucoup de; **to ~ up the miles** dévorer OR avaler les kilomètres; **eaten up with** [jealousy, hate, ambition] rongé OR dévoré par.

eatable ['iːtəbl] *adj* [fit to eat] mangeable; [edible] comestible.

eatables ['iːtəblz] *npl hum* vivres *mpl*, victuailles *fpl*.

eaten ['iːtn] *pp* → **eat**.

eater ['iːtəʳ] *n* -**1.** [person] mangeur *m*, -euse *f*; **big/small ~** gros/petit mangeur; **to be a messy ~** manger salement; **to be a fussy ~** être difficile (sur la nourriture). -**2.** *inf Br* [apple] pomme *f* à couteau.

eatery *inf* ['iːtərɪ] (*pl* **eateries**) *n* café-restaurant *m*.

eating ['iːtɪŋ] ◇ *n*: **~ is one of his favourite pastimes** manger constitue un de ses passe-temps favoris; **to make good ~** [be good to eat] être bon.

◇ *adj* -**1.** [for eating]: **~ apple/pear** pomme *f*/poire *f* à couteau; **~ place** OR **house** restaurant *m*. -**2.** [of eating]: **~ habits** habitudes *fpl* alimentaires; **~ disorder** trouble *m* du comportement alimentaire.

eats *inf* ['iːts] *npl* bouffe *f*; **what's for ~?** qu'est-ce qu'il y a à becqueter?

eau de Cologne [ˌəʊdəkəˈləʊn] *n* eau *f* de Cologne.

eaves [ˈiːvz] *npl* avant-toit *m*, corniche *f*.

eavesdrop [ˈiːvzdrɒp] (*pt* & *pp* **eavesdropped**, *cont* **eavesdropping**) *vi* écouter de manière indiscrète, espionner; **try and ~ on them** essaie d'espionner leur conversation; **to ~ on sb's conversation** espionner la conversation de qqn.

eavesdropper [ˈiːvzˌdrɒpəʳ] *n* indiscret *m*, -ète *f*, personne *f* qui écoute aux portes.

ebb [eb] ◇ *n* [of tide] reflux *m*; [of public opinion] variations *fpl*; **~ and flow** flux *m* et reflux; **to be on the ~** descendre; **to be at a low ~** *fig* [person] ne pas avoir le moral; [patient, enthusiasm, spirits] être bien bas; [business] aller mal, être OR tourner au ralenti; [finances, relations] aller mal; **to be at one's lowest ~** [person] avoir le moral à zéro; [patient] être au plus mal OR bas; **to be at its lowest ~** [enthusiasm, spirits] être au plus bas; [business, finances, relations] aller au plus mal.
◇ *vi* -**1.** [tide] baisser, descendre; **to ~ and flow** monter et baisser OR descendre. -**2.** *fig* = **ebb away**.
◆ **ebb away** *vi insep* [confidence, enthusiasm, strength etc] baisser peu à peu; [completely] disparaître.

ebb tide *n* marée *f* descendante.

ebonite [ˈebənaɪt] *n* ébonite *f*.

ebony [ˈebənɪ] ◇ *n* [tree] ébénier *m*; [wood] ébène *m*.
◇ *adj* [chair, table etc] en ébène; *fig* [eyes, hair] d'ébène.

EBRD (*abbr of* **European Bank of Reconstruction and Development**) *pr n* BERD *f*.

ebullience [ɪˈbʊljəns] *n* exubérance *f*.

ebullient [ɪˈbʊljənt] *adj* exubérant.

EC (*abbr of* **European Community**) *pr n* CE *f*.

eccentric [ɪkˈsentrɪk] ◇ *adj* -**1.** [person, clothes, behaviour] excentrique. -**2.** ASTRON, MATH & TECH excentrique, excentré.
◇ *n* -**1.** [person] excentrique *mf*. -**2.** TECH excentrique *m*.

eccentrically [ɪkˈsentrɪklɪ] *adv* -**1.** [dress, talk] de manière excentrique. -**2.** ASTRON, MATH & TECH excentriquement.

eccentricity [ˌeksenˈtrɪsətɪ] (*pl* **eccentricities**) *n* excentricité *f*.

Eccles cake [ˈeklz-] *n petit gâteau rond en pâte feuilletée fourré de fruits secs*.

Ecclesiastes [ɪˌkliːzɪˈæstiːz] *pr n* BIBLE: **(the book of) ~** l'Ecclésiaste *m*.

ecclesiastic [ɪˌkliːzɪˈæstɪk] ◇ *adj* = **ecclesiastical**.
◇ *n* ecclésiastique *m*.

ecclesiastical [ɪˌkliːzɪˈæstɪkl] *adj* [robes, traditions, calendar] ecclésiastique; [history] de l'Église; [music] d'église.

ECG *n* -**1.** (*abbr of* **electrocardiogram**) ECG *m*. -**2.** (*abbr of* **electrocardiograph**) ECG *m*.

ECGD (*abbr of* **Export Credits Guarantee Department**) *pr n organisme d'assurance pour le commerce extérieur*, ≃ COFACE *f*.

ECH *written abbr of* **electric central heating**.

echelon [ˈeʃəlɒn] *n* -**1.** [level] échelon *m*. -**2.** MIL échelon *m*.

echinoderm [ɪˈkaɪnəʊdɜːm] *n* échinoderme *m*.

echo [ˈekəʊ] (*pl* **echoes**) ◇ *n* écho *m*; **~es of Kafka** *fig* des éléments qui rappellent OR évoquent Kafka.
◇ *vt* [sound] répéter; *fig* [colour, theme] reprendre, rappeler; [architecture, style] rappeler, évoquer; **to ~ sb's opinions** [person] se faire l'écho des opinions de qqn; [editorial] reprendre les opinions de qqn.
◇ *vi* [noise, voice, music] résonner; [place] faire écho, résonner; **the corridor ~ed with shouts/footsteps** des cris/bruits de pas résonnèrent dans le couloir, le couloir résonna de cris/bruits de pas.
◆ **Echo** *pr n* Écho.

echo chamber *n* chambre *f* de réverbération.

echo sounder *n* échosondeur *m*, sondeur *m* par ultrasons.

éclair [eɪˈkleəʳ] *n* CULIN éclair *m*.

eclampsia [ɪˈklæmpsɪə] *n* MED éclampsie *f*.

éclat [eɪˈklɑː] *n* éclat *m*.

eclectic [ɪˈklektɪk] ◇ *n* éclectique *mf*.
◇ *adj* éclectique.

eclecticism [ɪˈklektɪsɪzm] *n* éclectisme *m*.

eclipse [ɪˈklɪps] ASTRON & *fig* ◇ *n* éclipse *f*; **an ~ of the sun/moon** une éclipse de soleil/lune; **to be in ~** être éclipsé; **to go into ~** [sun, moon] s'éclipser; **his career went into ~** *fig* il a connu une traversée du désert.
◇ *vt* éclipser.

ecliptic [ɪˈklɪptɪk] ASTRON ◇ *n* écliptique *m*.
◇ *adj* écliptique.

ecocide [ˈiːkəʊsaɪd] *n* écocide *m*.

eco-friendly [ˌiːkəʊ-] *adj* qui respecte l'environnement.

ecological [ˌiːkəˈlɒdʒɪkl] *adj* écologique.

ecologically [ˌiːkəˈlɒdʒɪklɪ] *adv* écologiquement; **~ (speaking)** du point de vue de l'écologie; **~ harmful/sound** qui est nuisible à/qui respecte l'environnement; **to be ~ conscious** OR **aware** se préoccuper OR se soucier de l'environnement.

ecologist [ɪˈkɒlədʒɪst] *n* écologiste *mf*.

ecology [ɪˈkɒlədʒɪ] *n* écologie *f*.

econometric [ɪˌkɒnəˈmetrɪk] *adj* économétrique.

econometrician [ɪˌkɒnəmeˈtrɪʃn] *n* économétricien *m*, -enne *f*.

econometrics [ɪˌkɒnəˈmetrɪks] *n (U)* économétrie *f*.

economic [ˌiːkəˈnɒmɪk] *adj* -**1.** ECON [growth, system, indicator] économique; **~ performance** [of a country] résultats *mpl* économiques. -**2.** [profitable] rentable; **~ rate of return** taux de rentabilité économique; **~ rent** loyer rentable; **it isn't ~, it doesn't make ~ sense** ce n'est pas économique OR avantageux.

economical [ˌiːkəˈnɒmɪkl] *adj* [person] économe; [machine, method, approach] économique; **it's more ~ to buy in bulk** c'est plus économique OR avantageux d'acheter par grandes quantités; **to be ~ to run** [car, heating] être économique; **to be ~ with sthg** économiser qqch; **to be ~ with the truth** *euph* dire la vérité avec parcimonie; **~ use of language** emploi sobre du langage.

economically [ˌiːkəˈnɒmɪklɪ] *adv* -**1.** ECON économiquement. -**2.** [live] de manière économe; [write] avec sobriété; [use] de manière économe, avec parcimonie.

economics [ˌiːkəˈnɒmɪks] ◇ *n (U)* [science] économie *f* (politique), sciences *fpl* économiques.
◇ *npl* [financial aspects] aspect *m* économique.

economist [ɪˈkɒnəmɪst] *n* économiste *mf*; **the Economist** PRESS *hebdomadaire britannique politique, économique et financier.*

economize [ɪˈkɒnəmaɪz] *vi* économiser, faire des économies; **to ~ on sthg** économiser sur qqch.

economy [ɪˈkɒnəmɪ] (*pl* **economies**) ◇ *n* -**1.** [system] économie *f*; **planned ~** économie planifiée. -**2.** [saving] économie *f*; **to practise ~** économiser, épargner; **with ~ of effort** sans effort inutile; **~ of language** sobriété *f* de langage ❑ **economies of scale** économies d'échelle; **false ~** fausse économie.
◇ *comp* [pack, size] économique; **~ car** *aux États-Unis, voiture de taille moyenne, consommant peu par rapport aux «grosses américaines»*; **~ class** classe *f* touriste; **~ drive** politique *f* de réduction des dépenses.
◇ *adv* [fly, travel] en classe touriste.

ecosphere [ˈiːkəʊˌsfɪə] *n* écosphère *f*.

ecosystem [ˈiːkəʊˌsɪstəm] *n* écosystème *m*.

ecotype [ˈiːkəʊtaɪp] *n* écotype *m*.

ecru [ˈeɪkruː] ◇ *n* écru *m*.
◇ *adj* écru.

ECSC (*abbr of* **European Coal & Steel Community**) *pr n* CECA *f*.

ecstasy [ˈekstəsɪ] (*pl* **ecstasies**) *n* -**1.** extase *f*, ravissement *m*; **to be in an ~ of delight** être transporté de joie; **to be in/to go into ecstasies** être/tomber en extase. -**2.** [drug] ecstasy *f*.

ecstatic [ekˈstætɪk] *adj* ravi; **to be ~ about sthg/sb** [in admiration] être en extase devant qqch/qqn; [with joy] être ravi de qqch/qqn; **I'm not ~ about it** cela ne m'enchante pas.

ecstatically [ekˈstætɪklɪ] *adv* avec extase; **to be ~ happy** être dans un bonheur extatique.

ECT *n abbr of* **electroconvulsive therapy**.

ectomorph [ˈektəʊmɔːf] *n* ectomorphe *mf*.

ectomorphic [ˌektəʊˈmɔːfɪk] *adj* ectomorphe.

ectopic [ekˈtɒpɪk] *adj*: **~ pregnancy** grossesse *f* extra-utérine OR ectopique.

ectoplasm [ˈektəplæzm] *n* ectoplasme *m*.

ECU [ˈekjuː] (*abbr of* **European Currency Unit**) *n* ECU *m*, écu *m*.

Ecuador [ˈekwədɔːʳ] *pr n* Équateur *m*; **in ~** en Équateur.

Ecuadoran [ˌekwəˈdɔːrən], **Ecuadorian** [ˌekwəˈdɔːrɪən] ◇ *n* Équatorien *m*, -enne *f*.
◇ *adj* équatorien.

ecumenical [ˌiːkjʊˈmenɪkl] *adj* œcuménique.

ecumenism [iːˈkjuːmənɪm], **ecumenicism** [ˌiːkjʊˈmenɪkɪzəm] *n* œcuménisme *m*.

eczema [ˈeksɪmə] *n* MED eczéma *m*; **to have ~** avoir de l'eczéma.

ed. ◇ -**1.** (*written abbr of* **edited**) sous la dir. de, coll. -**2.** (*written abbr of* **edition**) éd., édit. -**3.** (*written abbr of* **education**) éduc.
◇ *n* (*abbr of* **editor**) éd., édit.

ED *pr n abbr of* **Employment Department**.

Edam [ˈiːdæm] *n* édam *m*.

eddy [ˈedɪ] (*pl* **eddies**) ◇ *n* tourbillon *m*.
◇ *vi* tourbillonner.

eddy currents *npl* ELEC courants *mpl* de Foucault.

edelweiss [ˈeɪdlvaɪs] *n* edelweiss *m*, immortelle *f* des neiges.

edema *Am* = **œdema**.

Eden [ˈiːdn] *pr n* BIBLE Éden *m*; *fig* éden *m*; **'East of ~'** *Steinbeck, Kazan* 'À l'est d'Éden'.

edentate [iːˈdenteɪt] ◇ *n* édenté *m*.
◇ *adj* édenté.

edge [edʒ] ◇ *n* -**1.** [of blade] fil *m*, tranchant *m*; **knife with a sharp** OR **keen ~** couteau à la lame aiguisée OR affilée; **to put an ~ on** [knife, blade] aiguiser, affiler, affûter; **to take the ~ off** [blade] émousser; **seeing that accident has taken the ~ off my appetite** ça m'a coupé l'appétit de voir cet accident; **the sandwich took the ~ off my hunger** ce sandwich a calmé ma faim; **the walk gave an ~ to his appetite** la promenade lui a ouvert l'appétit; **to have the ~ on** [be better] avoir légèrement le dessus OR l'avantage sur; [be at an advantage] avoir l'avantage sur; **to give sb/sthg that extra ~** donner un plus à qqn/qqch; **the performance lacked ~** le spectacle manquait de ressort OR d'énergie; **I've lost my ~** [athlete] j'ai perdu mon brio; [writer] j'ai perdu mon mordant; **with an ~ in one's voice** d'un ton forcé. -**2.** [outer limit - of table, cliff, road] bord *m*; [- of page] bord *m*, marge *f*; [- of forest] lisière *f*, orée *f*; [- of cube, brick] arête *f*; [- of coin, book] tranche *f*; [- of ski] carre *f*; **at** OR **by the water's ~** au bord de l'eau; **to stand sthg on its ~** [coin, book] mettre qqch sur la tranche; [brick, stone] poser OR mettre qqch de OR sur chant; **to be on the ~ of** [war, disaster, madness] être au bord de; **I was on the ~ of my seat** *fig* [waiting for news] j'étais sur des charbons ardents; **this film will have you on the ~ of your seat** *fig* ce film est d'un suspense à vous faire frémir; **to be close to the ~** *literal* être près du bord; *fig* être au bord du précipice; **to push sb over the ~** *fig* faire craquer qqn.
◇ *vt* -**1.** [give a border to] border; **to ~ sthg with sthg** border qqch de qqch. -**2.** [sharpen] aiguiser, affiler, affûter. -**3.** [in skiing]: **to ~ one's skis** planter ses carres. -**4.** [move gradually]: **to ~ one's way** avancer OR progresser lentement; **to ~ one's way along a ledge** avancer OR

progresser lentement le long d'une corniche; to ~ one's chair nearer sb/sthg approcher peu à peu sa chaise de qqn/qqch.

◇ *vi* avancer OR progresser lentement; to ~ **through the crowd** se frayer un chemin à travers la foule; to ~ **past sb/sthg** se faufiler à côté de qqn/qqch; to ~ **into a room** se faufiler dans une pièce; to ~ **away (from sb/sthg)** s'éloigner doucement OR discrètement (de qqn/qqch); **the car ~d forward/backward** la voiture avança/recula doucement.

◆ **edge out** ◇ *vt sep*: to ~ **sb out of a job** pousser qqn vers la sortie en douceur.

◇ *vi insep* sortir lentement; to ~ **out of a room** se glisser hors d'une pièce.

◆ **edge up** ◇ *vt sep*: to ~ **prices up** faire monter les prix doucement.

◇ *vi insep* -**1.** [prices] monter doucement. -**2.** [approach slowly]: to ~ **up to sb/sthg** s'avancer lentement vers qqn/qqch.

◆ **on edge** *adj* & *adv phr*: to be on ~ être énervé OR sur les nerfs; **to set sb's teeth on ~** faire grincer les dents à qqn; **to set sb's nerves on ~** mettre les nerfs de qqn à fleur de peau.

-edged [edʒd] *in cpds*: **double~** à double tranchant; **sharp~** bien affilé OR aiguisé.

edge tool *n* outil *m* tranchant.

edgewise ['edʒwaɪz], **edgeways** ['edʒweɪz] *adv* de côté; **I couldn't get a word in ~** je n'ai pas pu placer un mot.

edginess ['edʒɪnɪs] *n* nervosité *f*; **there was an ~ about him** il était assez nerveux.

edging ['edʒɪŋ] *n* [border - on dress, of flowers etc] bordure *f*; ~ **shears** cisailles *fpl* à gazon.

edgy ['edʒɪ] (*compar* **edgier**, *superl* **edgiest**) *adj* nerveux, sur les nerfs.

edible ['edɪbl] *adj* [mushroom, berry] comestible; ~ **crab** tourteau *m*; **is it ~?** c'est bon à manger?; **this is very ~!** c'est délicieux!

◆ **edibles** *npl* comestibles *mpl*.

edict ['iːdɪkt] *n* POL décret *m*; *fig* ordre *m*; **the Edict of Nantes** HIST l'édit *m* de Nantes.

edification [,edɪfɪ'keɪʃn] *n fml* édification *f*, instruction *f*.

edifice ['edɪfɪs] *n literal* & *fig* édifice *m*.

edify ['edɪfaɪ] (*pt* & *pp* **edified**) *vt fml* édifier.

edifying ['edɪfaɪɪŋ] *adj fml* édifiant; **it was hardly an ~ spectacle/experience** *hum* le spectacle/l'expérience était loin d'être édifiant/édifiante.

Edinburgh ['edɪnbrə] *pr n* Édimbourg; **the ~ Festival** le Festival d'Édimbourg.

EDINBURGH FESTIVAL:
Le Festival international d'Édimbourg, créé en 1947, est aujourd'hui un des plus grands festivals de théâtre et de musique au monde; il se tient chaque année en août et en septembre. Le festival «off» (Fringe) est une grande rencontre du théâtre expérimental.

edit ['edɪt] ◇ *n* [of text] révision *f*, correction *f*.

◇ *vt* -**1.** [correct - article, book] corriger, réviser; COMPUT [- file] éditer; [prepare for release - book, article] éditer, préparer à la publication; [- film, TV programme, tape] monter; **the footnotes were ~ed from the book** les notes ont été coupées dans le OR retranchées du livre. -**2.** [be in charge of - review, newspaper] diriger la rédaction de.

◆ **edit down** *vt sep* raccourcir.

◆ **edit out** *vt sep* couper, supprimer.

editing ['edɪtɪŋ] *n* [of newspaper, magazine] rédaction *f*; [initial corrections] révision *f*, correction *f*; [in preparation for publication] édition *f*, préparation *f* à la publication; [of film, tape] montage *m*; COMPUT [of file] édition *f*.

edition [ɪ'dɪʃn] *n* [of book, newspaper] édition *f*; **first ~** première édition; **revised/limited ~** édition revue et corrigée/à tirage limité.

editor ['edɪtəʳ] *n* -**1.** [of newspaper, review] rédacteur *m*, -trice *f* en chef; [of author] éditeur *m*, -trice *f*; [of dictionary] rédacteur *m*, -trice *f*; [of book, article - who makes corrections] correcteur *m*, -trice *f*; [- who writes] rédacteur *m*, -trice *f*; [of film] monteur *m*, -euse *f*; **political ~** PRESS rédacteur *m*, -trice *f* politique; **sports ~** PRESS rédacteur *m* sportif, rédactrice *f* sportive; **~'s note** PRESS note *f* de la rédaction. -**2.** COMPUT éditeur *m*.

editorial [,edɪ'tɔːrɪəl] ◇ *adj* PRESS [decision, comment] de la rédaction; [job, problems, skills] de rédaction, rédactionnel; **the ~ staff** le personnel de rédaction; **from an ~ point of view** du point de vue de la rédaction; **~ freedom** [in publishing] liberté *f* de publier; [of columnist] liberté *f* d'expression; **~ changes** corrections *fpl*.

◇ *n* PRESS éditorial *m*.

editorialist [,edɪ'tɔːrɪəlɪst] *n* éditorialiste *mf*.

editorially [,edɪ'tɔːrɪəlɪ] *adv* du point de vue de la rédaction.

editor-in-chief *n* rédacteur *m*, -trice *f* en chef.

editorship ['edɪtəʃɪp] *n* rédaction *f*; **during her ~** quand elle dirigeait la rédaction.

EDP *n abbr of* **electronic data processing.**

EDT *n abbr of* **Eastern Daylight Time.**

educable ['edʒʊkəbl] *adj fml* éducable.

educate ['edʒʊkeɪt] *vt* [pupil] instruire, donner une éducation à; [mind, tastes, palate] éduquer, former; [customers, public] éduquer; **she was ~d in Edinburgh/at Birmingham University** elle a fait sa scolarité à Édimbourg/ses études à l'université de Birmingham.

educated ['edʒʊkeɪtɪd] *adj* [person] instruit; [voice] distingué; **to make an ~ guess** faire une supposition bien informée.

education [,edʒʊ'keɪʃn] ◇ *n* éducation *f*; [teaching] enseignement *m*; **a classical/scientific ~** une formation classique/scientifique; **the ~ of poor countries in modern farming techniques** la formation des pays pauvres aux techniques agricoles modernes; **to have** OR **to receive a good ~** recevoir une bonne éducation OR formation; **she completed her ~ in Italy** elle a terminé ses études en Italie; **standards of ~** niveau *m* scolaire; **to have gaps in one's ~** avoir des lacunes dans son éducation; **it was an ~** cela m'a beaucoup appris; *hum* c'était très édifiant ❑ **adult** OR **continuing ~** éducation *f* pour adultes, formation *f* continue; **Department of Education and Science** *Br dated* ≃ ministère *m* de l'Éducation nationale; **further ~** *enseignement postscolaire, mais non universitaire*; **higher** OR **university ~** enseignement *m* supérieur OR universitaire; **Minister of** OR **Secretary of State for Education** *Br* ministre *m* de l'Éducation; **physical ~** éducation *f* physique; **primary/secondary ~** (enseignement *m*) primaire *m*/secondaire *m*; **tertiary ~** enseignement *m* supérieur.

◇ *comp* [costs, budget] de l'éducation; **Education Act** ≃ réforme *f* (de l'Éducation); **~ correspondent** PRESS correspondant chargé, correspondante chargée des problèmes d'enseignement; **the ~ system** le système éducatif; **(local) ~ authority** *Br* ≃ académie *f* régionale.

educational [,edʒʊ'keɪʃənl] *adj* [programme, system] éducatif; [establishment] d'éducation, d'enseignement; [books, publisher] scolaire; [method, film, visit, TV] éducatif, pédagogique; **they talked about rising/falling ~ standards** ils ont évoqué la hausse/baisse du niveau scolaire; **~ qualifications** qualifications *fpl*, diplômes *mpl*; **it was very ~** c'était très instructif; *hum* c'était très édifiant ❑ **~ age** niveau *m* scolaire; **~ psychologist** psychopédagogue *mf*.

educationalist [,edʒʊ'keɪʃnəlɪst] *n* pédagogue *mf*.

educationally [,edʒʊ'keɪʃnəlɪ] *adv* d'un point de vue éducatif; **~ deprived child** *enfant qui n'a pas suivi une scolarité normale*; **~ subnormal** *dated* en retard sur le plan scolaire.

educationist [,edʒʊ'keɪʃnɪst] = **educationalist.**

educative ['edʒʊkətɪv] *adj* éducatif.

educator ['edʒʊkeɪtəʳ] *n esp Am* éducateur *m*, -trice *f*.

educe [ɪ'djuːs] *vt fml* dégager, tirer.

Edward ['edwəd] *pr n*: **~ the Confessor** Édouard le Confesseur; **Prince ~** le prince Edward.

Edwardian [ed'wɔːdɪən] ◇ *adj* [architecture, design] édouardien, de style Édouard VII, (des années) 1900; [society, gentleman] de l'époque d'Édouard VII, des années 1900; **~ style** style *m* Édouard VII; **the ~ era** ≃ la Belle Époque.

◇ *n Britannique qui vivait sous le règne d'Édouard VII.*

EE *n abbr of* **electrical engineer.**

EEC (*abbr of* **European Economic Community**) *pr n* CEE *f*.

EEG *n* -**1.** (*abbr of* **electroencephalogram**) EEG *m*. -**2.** (*abbr of* **electroencephalograph**) EEG *m*.

eek *inf* [iːk] *interj* hi.

eel [iːl] *n* anguille *f*; **jellied ~s** anguille en gelée; **to be as slippery as an ~** glisser comme une anguille.

eelworm ['iːlwɔːm] *n* anguillule *f*.

e'en [iːn] *lit* = **even** *adv*.

EEOC (*abbr of* **Equal Employment Opportunity Commission**) *pr n Commission pour l'égalité des chances d'emploi aux États-Unis.*

e'er [eəʳ] *lit* = **ever** *adv*.

eerie ['ɪərɪ] (*compar* **eerier**, *superl* **eeriest**) *adj* [house, silence, sound] inquiétant, sinistre; **it gave me an ~ feeling** ça m'a fait froid dans le dos.

eerily ['ɪərəlɪ] *adv* sinistrement, d'une manière sinistre; **it was ~ quiet in the house** un calme inquiétant régnait dans la maison; **to fall ~ silent** tomber dans un silence étrange.

eeriness ['ɪərɪnɪs] *n* caractère *m* étrange OR sinistre.

eery ['ɪərɪ] (*compar* **eerier**, *superl* **eeriest**) = **eerie.**

EET *n abbr of* **Eastern European Time.**

eff▽ [ef] *vi Br euph*: **to ~ and blind** jurer à tout va.

◆ **eff off**▽ *vi insep Br*: **~ off!** va te faire voir!; **I told him to ~ off** je lui ai dit d'aller se faire voir.

efface [ɪ'feɪs] *vt literal* & *fig* effacer; **to ~ o.s.** s'effacer.

effect [ɪ'fekt] ◇ *n* -**1.** [of action, law] effet *m*; [of chemical, drug, weather] effet *m*, action *f*; **to have an ~ on** avoir OR produire un effet sur; **feeling the ~s, are you?** *inf* [of over-indulgence] alors, on se ressent de ses excès?; **the ~ of the law will be to...** la loi aura pour effet de...; **the ~ of all this is that...** tout cela a pour résultat que...; **with ~ from January 1st** *Br* à partir OR à compter du 1er janvier; **with immediate ~** à compter d'aujourd'hui; **to no** OR **little ~** en vain; **to use** OR **to put sthg to good ~** [technique, talent] utiliser qqch avec succès; [money, inheritance] faire bon usage de qqch; **to such good ~ that...** tellement bien que...; **to put** OR **to bring** OR **to carry into ~** [law] mettre en pratique; **to come into** OR **to take ~** [law] entrer en vigueur; **to take ~** [drug] (commencer à) faire effet. -**2.** [meaning] sens *m*; **to this** OR **that ~** dans ce sens; **letters to the same ~** des lettres allant dans le même sens; **a rumour to the ~ that...** une rumeur selon laquelle...; **a telegram/an announcement to the ~ that...** un télégramme/une annonce disant que...; **or words to that ~** ou quelque chose dans le genre. -**3.** [impression] effet *m*; **(just) for ~** (juste) pour faire de l'effet. -**4.** THEAT: **stage ~s** effets *mpl* de scène. -**5.** *fml*: **household ~s** articles *mpl* ménagers; **personal ~s** effets *mpl* personnels.

◇ *vt fml* [reform] effectuer; [sale, purchase] réaliser, effectuer; [improvement] produire, apporter; [cure, rescue, reconciliation] mener à bien; **to ~ one's escape** s'échapper; **to ~ entry** JUR entrer; **to ~ a saving in** OR **of sthg** faire OR réaliser une économie de qqch.

◆ **in effect** ◇ *adj phr* [law, system] en vigueur.

◇ *adv phr* [in fact] en fait, en réalité.

effective [ɪ'fektɪv] *adj* -**1.** [which works well - measure, treatment, advertising etc] efficace; [- ar-

gument] qui porte; [- service, system] qui fonctionne bien; [- disguise] réussi; an ~ way of doing sthg un moyen efficace de faire qqch. -**2.** ADMIN & FIN: ~ date date *f* d'entrée en vigueur; ~ as from January 1st [law] en vigueur OR applicable à compter du 1er janvier; ~ January 1st à compter du 1er janvier; to cease to be ~ [policy, law] cesser d'être applicable; to become ~ entrer en vigueur. -**3.** [actual] véritable; to assume ~ command of a team assumer la direction réelle d'une équipe; ~ income revenu *m* réel. -**4.** [creating effect - colour, illustration] qui fait de l'effet.
◆ **effectives** *npl* effectifs *mpl*.

effectively [ɪ'fektɪvlɪ] *adv* -**1.** [efficiently - work, run, manage] efficacement. -**2.** [successfully] avec succès. -**3.** [in fact] en réalité, en fait. -**4.** [impressively] d'une manière impressionnante.

effectiveness [ɪ'fektɪvnɪs] *n* -**1.** [efficiency - of treatment, advertising] efficacité *f*; [- of undertaking, attempt] succès *m*. -**2.** [effect - of entrance, gesture, colour] effet *m*; to improve the ~ of your disguise pour rendre votre déguisement plus réussi.

effector [ɪ'fektəʳ] PHYSIOL ◇ *n* effecteur *m*.
◇ *adj* effecteur.

effectual [ɪ'fektʃʊəl] *adj fml* [action, plan, law] efficace.

effectuate [ɪ'fektjʊeɪt] *vt fml* effectuer, réaliser.

effeminacy [ɪ'femɪnəsɪ] *n* [of man] caractère *m* efféminé; the ~ of his voice sa voix efféminée.

effeminate [ɪ'femɪnət] *adj* [man, voice] efféminé.

effeminately [ɪ'femɪnətlɪ] *adv* [dress, behave] de manière efféminée; [speak] d'une voix efféminée.

effervesce [,efə'ves] *vi* [liquid] être en effervescence; [wine] pétiller; [gas] s'échapper (d'un liquide) par effervescence; *fig* [person] déborder de vie; when the mixture ~s quand le mélange entre en effervescence.

effervescence [,efə'vesəns] *n* [of liquid] effervescence *f*; [of wine] pétillement *m*; *fig* [of person] vitalité *f*, pétulance *f*; [of personality] pétulance *f*.

effervescent [,efə'vesənt] *adj* [liquid] effervescent; [wine] pétillant; *fig* [person] débordant de vie, pétulant; [personality] pétulant.

effete [ɪ'fiːt] *adj fml* [weak - person] mou; [- civilization, society] affaibli; [decadent] décadent.

effeteness [ɪ'fiːtnɪs] *n fml* [weakness - of person] mollesse *f*; [- of civilization, society] affaiblissement *m*; [decadence] décadence *f*.

efficacious [efɪ'keɪʃəs] *adj fml* efficace.

efficacy ['efɪkəsɪ] *n fml* efficacité *f*.

efficiency [ɪ'fɪʃənsɪ] *n* **1.** [of person, company, method] efficacité *f*; [of machine - in operation] fonctionnement *m*; [- in output] rendement *m*. -**2.** *Am* = **efficiency apartment**.

efficiency apartment *n Am* studio *m*.

efficiency expert *n* expert *m* en organisation.

efficient [ɪ'fɪʃənt] *adj* [person, staff, method, company] efficace; [piece of work] bien fait; [machine - in operation] qui fonctionne bien; [- in output] qui a un bon rendement; the machine is now at its most ~ [functions well] la machine a maintenant un fonctionnement optimal; [has high output] la machine a maintenant un rendement optimal; to make more ~ use of sthg utiliser qqch de manière plus efficace; the cast was ~ if not inspired sans être brillants, les acteurs ont fait preuve de professionnalisme.

efficiently [ɪ'fɪʃəntlɪ] *adv* [work - person] efficacement; the machine works ~ [functions well] la machine fonctionne bien; [has high output] la machine a un bon rendement.

effigy ['efɪdʒɪ] (*pl* **effigies**) *n* effigie *f*; to burn sb in ~ brûler qqn en effigie.

effing▽ ['efɪŋ] *Br* ◇ *adj* de merde; you ~ idiot! espèce de connard!
◇ *adv* foutrement; don't be so ~ stupid! qu'est-ce que tu peux être con!
◇ *n*: there was a lot of ~ and blinding on a eu droit à un chapelet de jurons.

efflorescence [eflɔː'resəns] *n lit* [flowering] floraison *f*; *fig* efflorescence *f*.

effluent ['eflʊənt] *n* -**1.** [waste] effluent *m*. -**2.** [stream] effluent *m*.

effluvium [ɪ'fluːvjəm] (*pl* **effluviums** OR **effluvia** [-vjə]) *n fml* émanation *f* pestilentielle.

effort ['efət] *n* -**1.** [physical or mental exertion] effort *m*; it will be a bit of an ~ ce sera un peu difficile; without much ~ sans trop d'effort OR de peine; with an ~ en faisant un effort; your ~s on our behalf les efforts que vous avez faits pour nous; it was an ~ for me to stay awake j'avais du mal à rester éveillé; [stronger] rester éveillé me coûtait; put some ~ into it! fais un effort!; I put a lot of ~ into that project je me suis donné beaucoup de mal OR de peine pour ce projet; well, make some ~ to help allons, fais un petit effort pour nous aider; in an ~ to do sthg dans le but de faire qqch; not to make the slightest ~ to do sthg ne pas faire le moindre effort pour faire qqch, ne pas s'efforcer le moins du monde de faire qqch; to make no ~ to do sthg ne pas essayer de faire qqch; to make every ~ to do sthg faire tout son possible pour faire qqch; it's not worth the ~ ça ne vaut pas la peine de se fatiguer. -**2.** [attempt] essai *m*; it's only my first ~ ce n'est que la première fois que j'essaie; it was a good ~ pour un essai, c'était bien.

effortless ['efətlɪs] *adj* [win] facile; [style, movement] aisé; it seems so ~ cela a l'air si facile.

effortlessly ['efətlɪslɪ] *adv* facilement, sans effort OR peine.

effrontery [ɪ'frʌntərɪ] *n* effronterie *f*.

effulgence [ɪ'fʌldʒəns] *n lit* rayonnement *m*.

effulgent [ɪ'fʌldʒənt] *adj lit* rayonnant.

effusion [ɪ'fjuːʒn] *n lit* -**1.** [of words] effusion *f*. -**2.** [of liquid] écoulement *m*; [of blood] hémorragie *f*.

effusive [ɪ'fjuːsɪv] *adj* [person] expansif; [welcome, thanks] chaleureux; *pej* exagéré.

effusively [ɪ'fjuːsɪvlɪ] *adv* avec effusion; *pej* avec une effusion exagérée.

EFL (*abbr of* English as a foreign language) *n anglais langue étrangère*.

eft [eft] *n* triton *m*.

EFT [eft] (*abbr of* electronic funds transfer) *n transfert électronique de fonds*.

EFTA ['eftə] (*abbr of* European Free Trade Association) *pr n* AELE *f*, AEL-E *f*.

EFTPOS ['eftpɒs] (*abbr of* electronic funds transfer at point of sale) *n transfert électronique de fonds au point de vente*.

EFTS [efts] (*abbr of* electronic funds transfer system) *n système électronique de transfert de fonds*.

e.g. (*abbr of* exempli gratia) *adv* par exemple.

egad [iː'gæd] *interj arch* sacredieu.

egalitarian [ɪ,gælɪ'teərɪən] ◇ *n* égalitariste *mf*.
◇ *adj* égalitaire.

egalitarianism [ɪ,gælɪ'teərɪənɪzm] *n* égalitarisme *m*.

egg [eg] *n* -**1.** CULIN œuf *m*; ~s and bacon œufs au bacon; fried ~ œuf sur le plat; hard-boiled ~ œuf dur; soft-boiled ~ œuf à la coque; ~ white/yolk blanc *m*/jaune *m* d'œuf; to be left with OR to get ~ on one's face avoir l'air ridicule; that's how you get ~ on your face c'est comme ça qu'on se couvre de ridicule. -**2.** [of bird, insect, fish] œuf *m*; [of woman] ovule *m*; to lay an ~ [bird] pondre un œuf; *Am*▽[person, performer] être nul; *Am*▽[play, film etc] faire un bide; to put all one's ~s in one basket mettre tous ses œufs dans le même panier. -**3.** *Br dated* [person]: he's a good ~ ce n'est pas un mauvais bougre, c'est un bon diable; a bad ~ un sale individu.
◆ **egg on** *vt sep* encourager, inciter; to ~ sb on to do sthg encourager OR inciter qqn à faire qqch.

egg-and-spoon race *n jeu consistant à courir en tenant un œuf dans une cuillère*.

eggbeater ['eg,biːtəʳ] *n* -**1.** = **egg whisk**. -**2.** *inf Am* [helicopter] hélico *m*.

eggcup ['egkʌp] *n* coquetier *m*.

egg custard *n* CULIN ≃ crème *f* anglaise.

egg flip = **eggnog**.

egghead *inf* ['eghed] *n* intello *mf*.

eggnog [eg'nɒg] *n boisson composée d'œufs, de lait, de sucre, d'épices, de brandy, de rhum etc*.

eggplant ['egplɑːnt] *n Am* aubergine *f*.

egg roll *n Am* CULIN pâté *m* impérial.

egg-shaped *adj* en forme d'œuf, ovoïde.

eggshell ['egʃel] ◇ *n* -**1.** coquille *f* d'œuf. -**2.** [colour] coquille *f* d'œuf.
◇ *adj* [finish, paint] coquille d'œuf *(inv)*.

eggshell china, **eggshell porcelain** *n* coquille *f* d'œuf.

egg spoon *n* cuillère *f* à œufs (à la coque).

egg timer *n* sablier *m*.

egg tooth *n* [of chicken, snake] dent *f* d'éclosion.

egg whisk *n* fouet *m* CULIN.

eglantine ['egləntaɪn] *n* BOT [bush] églantier *m*; [flower] églantine *f*.

ego ['iːgəʊ] *n* [self-esteem] amour-propre *m*; PSYCH ego *m inv*, moi *m inv*; to have an enormous ~ être imbu de soi-même; it's just your ~ that's hurt tu es seulement blessé dans ton amour-propre.

egocentric [,iːgəʊ'sentrɪk] *adj* égocentrique.

egocentricity [,iːgəʊsen'trɪsətɪ], **egocentrism** [,iːgəʊ'sentrɪzm] *n* égocentrisme *m*.

egoism ['iːgəʊɪzm] *n* [selfishness] égoïsme *m*.

egoist ['iːgəʊɪst] *n* égoïste *mf*.

egoistic(al) [,iːgəʊ'ɪstɪk(l)] *adj* égoïste.

egoistically [,iːgəʊ'ɪstɪklɪ] *adv* égoïstement.

egomania [,iːgəʊ'meɪnjə] *n* égocentrisme *m* extrême.

egomaniac [,iːgəʊ'meɪnɪæk] *n* égocentrique *mf*.

egotism ['iːgətɪzm] *n* égocentrisme *m*, égotisme *m*.

egotist ['iːgətɪst] *n* égocentrique *mf*, égotiste *mf*.

egotistic(al) [,iːgə'tɪstɪk(l)] *adj* égocentrique, égotiste.

egotistically [,iːgə'tɪstɪklɪ] *adv* de manière égocentrique OR égotiste.

ego trip *inf n*: she's just on an ~ c'est par vanité qu'elle le fait.
◆ **ego-trip** *inf vi*: you're just ego-tripping tu fais ça par vanité.

egregious [ɪ'griːdʒəs] *adj fml* [blatant - error, mistake] monumental, énorme; [- lie] énorme; [- cowardice, incompetence] extrême.

egress ['iːgres] *n fml* [way out, exit] sortie *f*, issue *f*; [action of going out] sortie *f*; means of ~ issue.

egret ['iːgrɪt] *n* [bird] aigrette *f*.

Egypt ['iːdʒɪpt] *pr n* Égypte *f*; in ~ en Égypte; Lower ~ Basse-Égypte *f*; Upper ~ Haute-Égypte *f*.

Egyptian [ɪ'dʒɪpʃn] ◇ *n* -**1.** [person] Égyptien *m*, -enne *f*. -**2.** LING égyptien *m*.
◇ *adj* égyptien.

Egyptologist [,iːdʒɪp'tɒlədʒɪst] *n* égyptologue *mf*.

Egyptology [,iːdʒɪp'tɒlədʒɪ] *n* égyptologie *f*.

eh [eɪ] *interj* -**1.** [what did you say?] hein? -**2.** [seeking agreement] hein? -**3.** [in astonishment] quoi? -**4.** [in doubt, hesitation] heu.

eider ['aɪdəʳ] *n* [bird] eider *m*.

eiderdown ['aɪdədaʊn] *n* -**1.** [feathers] duvet *m* d'eider. -**2.** [for bed] édredon *m*.

eider duck = **eider**.

eidetic [aɪ'detɪk] *adj* PSYCH eidétique.

Eiffel ['aɪfl] *pr n*: the ~ Tower la tour Eiffel.

eight [eɪt] ◇ *n* -**1.** [number, numeral] huit *m*; to live at number ~ habiter au huit ❑ to have had one over the ~ *Br* avoir bu plus que son compte; 'Butterfield 8' *O'Hara* 'Gloria'; 'Eight and a Half' *Fellini* 'Huit et demi'. -**2.** [in rowing] huit *m*.

◇ *adj* huit; to work an ~-hour day travailler huit heures par jour, faire des journées de huit heures.
◇ *pron* huit; I need ~ j'en ai besoin de huit.
eight ball *n Am* [ball] bille *f* numéro huit; [game] *variante du billard*; to be right behind the ~ *inf fig* être en mauvaise posture.
eighteen [ˌeɪˈtiːn] ◇ *pron* dix-huit.
◇ *adj* dix-huit.
◇ *n* dix-huit *m*; ~ is not enough dix-huit, ce n'est pas assez.
eighteenth [ˌeɪˈtiːnθ] ◇ *adj* dix-huitième.
◇ *n* [in series] dix-huitième *mf*; [fraction] dix-huitième *m*.
eighth [eɪtθ] ◇ *adj* huitième.
◇ *n* [in series] huitième *mf*; [fraction] huitième *m*.
eighth note *n Am* MUS croche *f*.
eightieth [ˈeɪtɪɪθ] ◇ *adj* quatre-vingtième.
◇ *n* [in series] quatre-vingtième *mf*; [fraction] quatre-vingtième *m*.
eightsome (reel) [ˈeɪtsəm-] *n danse folklorique écossaise pour huit danseurs.*
Eights Week [eɪts-] *n semaine de la course d'avirons aux universités de Cambridge et d'Oxford.*
eighty [ˈeɪtɪ] ◇ *pron* quatre-vingt.
◇ *adj* quatre-vingts; ~ one quatre-vingt-un; ~ two quatre-vingt-deux; ~ first quatre-vingt-unième; ~ second quatre-vingt-deuxième; page ~ page quatre-vingt; ~ million quatre-vingts millions.
◇ *n* quatre-vingt *m*.
Eilat [eɪˈlɑːt] *pr n* Eilat.
einsteinium [aɪnˈstaɪnɪəm] *n* einsteinium *m*.
Eire [ˈeərə] *pr n* Eire *f*.
EIS (*abbr of* Educational Institute of Scotland) *pr n syndicat écossais d'enseignants.*
eisteddfod [aɪˈstedfɒd] *n festival annuel de musique, littérature et théâtre au pays de Galles.*
either [*esp Br* ˈaɪðəʳ, *esp Am* ˈiːðəʳ] ◇ *det* -**1.** [one or the other] l'un ou l'autre, l'une ou l'autre; if you don't agree with ~ suggestion... si vous n'approuvez ni l'une ni l'autre OR aucune de ces suggestions...; you can take ~ route tu peux prendre l'un ou l'autre de ces chemins; ~ bus will get you there les deux bus y vont; he can write with ~ hand il peut écrire avec la main droite ou avec la main gauche ❑ ~ way d'une façon comme de l'autre. -**2.** [each] chaque; there were candles at ~ end of the table il y avait des bougies aux deux bouts OR à chaque bout de la table; there were people standing on ~ side of the road il y avait des gens de chaque côté OR de part et d'autre de la route.
◇ *pron* [one or the other] l'un ou l'autre, l'une ou l'autre; you can take ~ [bus, train etc] vous pouvez prendre l'un ou l'autre OR n'importe lequel (des deux); I don't like ~ of them je ne les aime ni l'un ni l'autre; if ~ of you two makes the slightest noise si l'un de vous deux fait le moindre bruit; which would you like? — ~ lequel voudriez-vous? — n'importe lequel.
◇ *adv* non plus; we can't hear anything ~ nous n'entendons rien non plus ‖ [emphatic use]: and don't take too long about it ~! et ne traîne pas, surtout!; he had a suggestion to make and not such a silly one ~ il avait une suggestion à faire et qui n'était pas bête en plus.
◆ **either... or** *conj phr* ou... ou, soit... soit; [with negative] ni... ni; ~ you stop complaining or I go home! ou tu arrêtes de te plaindre, ou je rentre chez moi; they're ~ very rich or very stupid ils sont soit très riches soit très bêtes; she usually goes out with ~ Ian or Simon d'habitude elle sort (ou) avec Ian ou avec Simon OR soit avec Ian soit avec Simon; ~ come in or go out! entre ou sors!; ~ pay up or be taken to court! tu payes ou sinon c'est le tribunal!; I've not met ~ him or his brother je n'ai rencontré ni lui ni son frère.
either-or *adj*: it's an ~ situation il n'y a que deux solutions possibles.
ejaculate [ɪˈdʒækjʊleɪt] ◇ *vi* -**1.** PHYSIOL éjaculer. -**2.** *fml* [call out] s'écrier, s'exclamer.
◇ *vt* -**1.** PHYSIOL éjaculer. -**2.** *fml* [utter] lancer, pousser.
ejaculatory [ɪˈdʒækjʊlətrɪ] *adj* PHYSIOL éjaculateur.
eject [ɪˈdʒekt] ◇ *vt* -**1.** [troublemaker] expulser. -**2.** [cartridge, pilot] éjecter; [lava] projeter.
◇ *vi* [pilot] s'éjecter.
ejection [ɪˈdʒekʃn] *n* -**1.** [of troublemaker] expulsion *f*. -**2.** [of cartridge, pilot] éjection *f*; [of lava] projection *f*.
ejection seat = **ejector seat**.
ejector [ɪˈdʒektəʳ] *n* [on gun] éjecteur *m*.
ejector seat *n* siège *m* éjectable.
eke [iːk]
◆ **eke out** *vt sep* -**1.** [make last] faire durer. -**2.** [scrape]: to ~ out a living gagner tout juste sa vie. -**3.** [by adding something] augmenter.
EKG (*abbr of* electrocardiogram) *n Am* ECG *m*.
el *inf* [el] (*abbr of* elevated railroad) *n Am* métro *m* aérien.
elaborate [*adj* ɪˈlæbrət, *vb* ɪˈlæbəreɪt] ◇ *adj* [system, preparations] élaboré; [style, costume] recherché, travaillé; [pattern] compliqué; [details] minutieux; [map, plans] détaillé; in ~ detail de manière très détaillée; the whole thing was an ~ joke c'était une vaste plaisanterie.
◇ *vt* [work out in detail – plan, scheme etc] élaborer; [describe in detail] décrire en détail.
◇ *vi* [go into detail] donner des détails; there's no need to ~ further inutile de donner plus de détails.
◆ **elaborate on** *vt insep* [idea, statement] développer.
elaborately [ɪˈlæbərətlɪ] *adv* [decorated, designed etc] minutieusement, avec recherche; [planned] minutieusement; [packaged] de manière élaborée.
elaborateness [ɪˈlæbərətnɪs] *n* [of system, preparations] caractère *m* élaboré, complexité *f*; [of costume] caractère *m* élaboré; [of details, decoration] minutie *f*; [of map] caractère *m* détaillé.
elaboration [ɪˌlæbəˈreɪʃn] *n* [working out – of scheme, plan] élaboration *f*; [details] exposé *m* minutieux.
élan [eɪˈlæn] *n* vigueur *f*, énergie *f*.
eland [ˈiːlənd] *n* éland *m*.
elapse [ɪˈlæps] *vi* s'écouler, passer.
elastic [ɪˈlæstɪk] ◇ *adj* -**1.** [material] élastique; ~ stockings bas *mpl* anti-varices. -**2.** *fig* [timetable, arrangements, concept] souple; [word, moral principles] élastique, souple; [working hours] élastique. -**3.** *lit* [step] élastique.
◇ *n* -**1.** [material] élastique *m*. -**2.** *Am* [rubber band] élastique *m*, caoutchouc *m*.
elasticated [ɪˈlæstɪkeɪtɪd] *adj* [stockings, waist] élastique.
elastic band *n Br* élastique *m*.
elasticity [ˌelæˈstɪsətɪ] *n* élasticité *f*.
elastomer [ɪˈlæstəməʳ] *n* élastomère *m*.
Elastoplast® [ɪˈlæstəplɑːst] *n Br* pansement *m* adhésif.
elate [ɪˈleɪt] *vt* remplir de joie, rendre euphorique.
elated [ɪˈleɪtɪd] *adj* fou de joie, exultant, euphorique; in an ~ mood d'une humeur exultante, dans un état euphorique; to feel ~ être fou de joie, exulter.
elation [ɪˈleɪʃn] *n* allégresse *f*, exultation *f*, euphorie *f*.
Elba [ˈelbə] *pr n* l'île *f* d'Elbe; on ~ sur l'île d'Elbe.
Elbe [elb] *pr n*: the (River) ~ l'Elbe *m*.
elbow [ˈelbəʊ] ◇ *n* [of arm, jacket, pipe, river] coude *m*; out at the ~s [jacket] troué aux coudes; with his ~s on the bar les coudes sur le bar, accoudé au bar; to have sthg at one's ~ [close by] avoir qqch sous la OR à portée de main ❑ to give sb the ~ *inf Br* [employee] virer qqn; [boyfriend, girlfriend] larguer OR jeter qqn; [tenant] mettre qqn à la porte; to get the ~ *inf Br* [employee] se faire virer; [boyfriend, girlfriend] se faire larguer OR jeter; [tenant] se faire mettre à la porte; to lift the ~ *inf Br* picoler, lever le coude.
◇ *vt* [hit] donner un coup de coude à; [push] pousser du coude; he ~ed his way up to the bar il s'est approché du bar en jouant des coudes; he just ~ed me aside il m'a écarté du coude.
◆ **elbow out** *vt sep* [from job] se débarrasser de.
elbow grease *inf n* huile *f* de coude.
elbowroom [ˈelbəʊrʊm] *n*: I don't have enough ~ je n'ai pas assez de place (pour me retourner); *fig* je n'ai pas suffisamment de liberté d'action.
elder [ˈeldəʳ] ◇ *adj* [brother, sister] aîné; Pitt the Elder le Premier Pitt; Brueghel the Elder Bruegel l'ancien.
◇ *n* -**1.** [of two children] aîné *m*, -e *f*. -**2.** [of tribe, the Church] ancien *m*. -**3.** [senior]: you should respect your ~s (and betters) vous devez le respect à vos aînés. -**4.** BOT sureau *m*.
elderberry [ˈeldəˌberɪ] *n* baie *f* de sureau; ~ wine vin *m* de sureau.
elderly [ˈeldəlɪ] ◇ *adj* âgé; my ~ uncle mon vieil oncle; she's getting rather ~ elle se fait bien vieille.
◇ *npl*: the ~ les personnes *fpl* âgées.
elder statesman *n* [gen] vétéran *m*; [politician] vétéran *m* de la politique.
eldest [ˈeldɪst] ◇ *adj* aîné.
◇ *n* aîné *m*, -e *f*.
Eldorado, El Dorado [ˌeldɒˈrɑːdəʊ] *pr n* l'Eldorado *m*.
Eleanor [ˈelɪnəʳ] *pr n*: ~ of Aquitaine Aliénor OR Éléonore d'Aquitaine.
elect [ɪˈlekt] ◇ *vt* -**1.** [by voting] élire; to ~ sb President élire qqn président; to ~ sb to office élire qqn; as an ~ed official of the society en tant que représentant élu de la société. -**2.** *fml* [choose] choisir; to ~ to do sthg choisir de faire qqch.
◇ *adj*: the President ~ le président élu.
◇ *npl* RELIG: the ~ les élus *mpl*.
election [ɪˈlekʃn] ◇ *n* élection *f*; to stand for ~ se présenter aux élections; the ~s les élections.
◇ *comp* [day, results] des élections; [campaign, speech] électoral.
electioneer [ɪlekʃəˈnɪəʳ] *vi* participer à la campagne électorale; *pej* faire de la propagande électorale.
electioneering [ɪˌlekʃəˈnɪərɪŋ] ◇ *n* campagne *f* électorale; *pej* propagande *f* électorale.
◇ *adj* [speech, campaign] électoral; *pej* propagandiste.
elective [ɪˈlektɪv] ◇ *adj* -**1.** [with power to elect – assembly] électoral. -**2.** [chosen – official, post] électif. -**3.** [optional – course, subject] optionnel, facultatif; ~ surgery chirurgie *f* de confort.
◇ *n Am* SCH & UNIV [subject] cours *m* optionnel OR facultatif.
elector [ɪˈlektəʳ] *n* -**1.** électeur *m*, -trice *f*. -**2.** HIST: the Elector l'Électeur.
electoral [ɪˈlektərəl] *adj* électoral; ~ college collège *m* électoral *(qui élit le président des États-Unis)*; on the ~ roll OR register sur la liste électorale.
electorate [ɪˈlektərət] *n* électorat *m*.
Electra [ɪˈlektrə] *pr n* Électre.
Electra complex *n* PSYCH complexe *m* d'Électre.
electric [ɪˈlektrɪk] ◇ *adj* [cooker, cable, current, musical instrument] électrique; *fig* [atmosphere] chargé d'électricité; [effect] électrisant; ~ blanket couverture *f* chauffante; ~ chair chaise *f* électrique; to go to the ~ chair être envoyé à la chaise électrique; ~ eel ZOOL anguille *f* électrique; ~ eye œil *m* électrique; ~ fence clôture *f* électrique; ~ field champ *m* électrique; ~ fire OR heater appareil *m* de chauffage électrique; ~ light [individual appliance] lumière *f* électrique; [lighting] éclairage *m* OR lumière *f* électrique; ~ motor moteur *m* électrique; ~

ray torpille *f*; ~ **storm** orage *m*; ~ **underblanket** protège-matelas *m* chauffant.
◇ *n inf Br* électricité *f*.
◆ **electrics** *npl Br* installation *f* électrique.

electrical [ɪ'lektrɪkl] *adj* [appliance] électrique; [failure, fault] au niveau de l'installation électrique; ~ **engineer** ingénieur *m* électricien; ~ **engineering** électrotechnique *f*.

electrically [ɪ'lektrɪklɪ] *adv* électriquement; ~ **operated** [machine] fonctionnant à l'électricité; [windows] à commande électrique; ~ **charged** chargé d'électricité.

electrical shock *Am* = **electric shock**.

electric blue ◇ *n* bleu *m* électrique.
◇ *adj* bleu électrique.

electrician [,ɪlek'trɪʃn] *n* électricien *m*, -enne *f*.

electricity [,ɪlek'trɪsətɪ] ◇ *n* électricité *f*; **to turn** OR **to switch the ~ off** couper le courant; **to turn** OR **to switch the ~ on** mettre le courant; **to connect the ~ up to a house** installer OR poser l'électricité dans une maison; **to be without ~** [because of power cut] être privé d'électricité; [not installed] ne pas avoir l'électricité; **there was ~ in the air** *fig* il y avait de l'électricité dans l'air.
◇ *comp*: ~ **bill** note *f* d'électricité; ~ **board** *Br* agence *f* régionale de distribution de l'électricité; ~ **supply** alimentation *f* en électricité.

electric shock *n* décharge *f* électrique; **to get an ~** prendre une décharge (électrique), prendre le courant ❑ ~ **treatment** traitement *m* par électrochocs.

electrification [ɪ,lektrɪfɪ'keɪʃn] *n* électrification *f*.

electrify [ɪ'lektrɪfaɪ] *vt* [railway line] électrifier; *fig* [audience] électriser.

electrifying [ɪ'lektrɪfaɪɪŋ] *adj fig* électrisant.

electrocardiogram [ɪ,lektrəʊ'kɑːdɪəgræm] *n* électrocardiogramme *m*.

electrocardiograph [ɪ,lektrəʊ'kɑːdɪəgrɑːf] *n* électrocardiographe *m*.

electroconvulsive [ɪ,lektrəʊkən'vʌlsɪv] *adj*: ~ **therapy** thérapie *f* par électrochocs.

electrocute [ɪ'lektrəkjuːt] *vt* électrocuter; **you'll ~ yourself** [give yourself a shock] tu vas prendre une décharge.

electrocution [ɪ,lektrə'kjuːʃn] *n* électrocution *f*.

electrode [ɪ'lektrəʊd] *n* électrode *f*.

electrodialysis [ɪ,lektrəʊdaɪ'ælɪsɪs] *n* électrodialyse *f*.

electroencephalogram [ɪ,lektrəʊen'sefələgræm] *n* électroencéphalogramme *m*.

electroencephalograph [ɪ,lektrəʊen'sefələgrɑːf] *n* électroencéphalographe *m*.

electrolysis [,ɪlek'trɒləsɪs] *n* électrolyse *f*.

electrolyte [ɪ'lektrəʊlaɪt] *n* électrolyte *m*.

electrolytic [ɪ,lektrəʊ'lɪtɪk] *adj* électrolytique.

electromagnet [ɪ,lektrəʊ'mægnɪt] *n* électroaimant *m*.

electromagnetic [ɪ,lektrəʊmæg'netɪk] *adj* électromagnétique.

electromagnetism [ɪ,lektrəʊ'mægnɪtɪzm] *n* électromagnétisme *m*.

electromechanical [ɪ,lektrəʊmɪ'kænɪkl] *adj* électromécanique.

electrometer [,ɪlek'trɒmɪtə^r] *n* électromètre *m*.

electromotive [ɪ,lektrəʊ'məʊtɪv] *adj* électromoteur.

electron [ɪ'lektrɒn] *n* électron *m*.

electron camera *n* caméra *f* électronique.

electron gun *n* canon *m* électronique OR à électrons.

electronic [,ɪlek'trɒnɪk] *adj* électronique; ~ **banking** opérations *fpl* bancaires électroniques; ~ **brain** cerveau *m* électronique; ~ **data processing** traitement *m* électronique de l'information; ~ **flash** PHOT flash *m* électronique; ~ **transfer of funds** transfert *m* de fonds électronique; ~ **ignition** allumage *m* électronique; ~ **mail** courrier *m* électronique; ~ **monetary systems** monétique *f*; ~ **music** musique *f* électronique; ~ **office** bureau *m* informatisé; ~ **organ** orgue *m* électronique; ~ **publishing** édition *f* électronique; ~ **surveillance** surveillance *f* électronique.
◆ **electronics** ◇ *n (U)* électronique *f*.
◇ *npl* composants *mpl* électroniques.
◇ *comp*: ~**s company** société *f* d'électronique; ~**s engineer** ingénieur *m* électronicien, électronicien *m*, -enne *f*; ~**s industry** industrie *f* électronique.

electronically [,ɪlek'trɒnɪklɪ] *adv* électroniquement; [operated] par voie électronique.

electron microscope *n* microscope *m* électronique.

electron telescope *n* télescope *m* électronique.

electron tube *n* tube *m* électronique.

electrophoresis [ɪ,lektrəʊfə'riːsɪs] *n* électrophorèse *f*.

electroplate [ɪ'lektrəʊpleɪt] ◇ *vt* plaquer par galvanoplastie; [with gold] dorer par galvanoplastie; [with silver] argenter par galvanoplastie.
◇ *n (U)* articles *mpl* plaqués (par galvanoplastie); [with silver] articles *mpl* argentés.

electroshock [ɪ'lektrəʊʃɒk] *n* électrochoc *m*; ~ **therapy** thérapie *f* par électrochocs.

electrostatic [ɪ,lektrəʊ'stætɪk] *adj* électrostatique.

electrostatics [ɪ,lektrəʊ'stætɪks] *n (U)* électrostatique *f*.

electrotherapy [ɪ,lektrəʊ'θerəpɪ] *n* électrothérapie *f*.

elegance ['elɪgəns] *n* élégance *f*.

elegant ['elɪgənt] *adj* [person, style, solution] élégant; [building, furniture] aux lignes élégantes.

elegantly ['elɪgəntlɪ] *adv* élégamment.

elegiac [,elɪ'dʒaɪək] ◇ *adj* élégiaque.
◇ *n* élégie *f*.

elegy ['elɪdʒɪ] (*pl* **elegies**) *n* élégie *f*; **'Elegy (Written) in a Country Churchyard'** *Gray* 'Élégie écrite dans un cimetière campagnard'.

element ['elɪmənt] *n* **-1.** [water, air etc] élément *m*; **the four ~s** les quatre éléments; **to be exposed to/to brave the ~s** être exposé aux/affronter les éléments; **to be in/out of one's ~** *fig* être/ne pas être dans son élément. **-2.** [in kettle, electric heater] résistance *f*. **-3.** [small amount - of danger, truth, the unknown] part *f*; **the ~ of chance** le facteur chance; **the ~ of surprise** l'élément de OR le facteur surprise. **-4.** *(usu pl)* [rudiment] rudiment *m*; **the ~s of computing** les rudiments de l'informatique. **-5.** [in society, group] élément *m*; **the hooligan ~** l'élément hooligan de la société; **a disruptive ~** [in class] un élément perturbateur.

elemental [,elɪ'mentl] ◇ *adj* **-1.** [basic] fondamental, de base; **the ~ needs of man** les besoins fondamentaux de l'homme. **-2.** [relating to the elements] propre aux éléments; **the ~ force of the storm** la force des éléments déchaînés dans la tempête. **-3.** CHEM élémentaire.
◇ *n lit* esprit *m*.

elementary [,elɪ'mentərɪ] *adj* élémentaire; **I only speak ~ Russian** mon russe est rudimentaire; **~, my dear Watson!** élémentaire, mon cher Watson! ❑ ~ **school/education** école *f*/enseignement *m* primaire; ~ **particle** particule *f* élémentaire.

elephant ['elɪfənt] *n* éléphant *m*; ~ **calf** éléphanteau *m*; **African/Indian ~** éléphant d'Afrique/d'Asie.

elephantiasis [,elɪfən'taɪəsɪs] *n* éléphantiasis *m*.

elephantine [,elɪ'fæntaɪn] *adj* [proportions, size] éléphantesque; [gait] lourd, pesant; [movement] gauche, maladroit.

elephant seal *n* éléphant *m* de mer.

elevate ['elɪveɪt] *vt* [raise - in height, rank etc] élever; **to ~ the Host** RELIG élever l'hostie; **to ~ sb to the rank of general** élever qqn au rang de général.

elevated ['elɪveɪtɪd] *adj* **-1.** [height, position, rank] haut, élevé; [thoughts] noble, élevé; [style] élevé, soutenu. **-2.** [raised - road] surélevé; ~ **railway** OR **railroad** *Am* métro *m* aérien.

elevation [,elɪ'veɪʃn] *n* **-1.** [of roof, in rank] élévation *f*; RELIG [of host] élévation *f*; [of style, language] caractère *m* élevé OR soutenu. **-2.** [height]: ~ **above sea-level** élévation *f* par rapport au niveau de la mer. **-3.** [hill] élévation *f*, hauteur *f*. **-4.** [of cannon] hausse *f*; **angle of ~** angle *m* de hausse OR d'élévation. **-5.** ARCHIT élévation *f*; **angle of ~** angle *m* d'élévation.

elevator ['elɪveɪtə^r] *n* **-1.** *Am* [lift] ascenseur *m*. **-2.** [for grain] élévateur *m*.

elevator shoes *npl* chaussures *fpl* à semelles compensées.

eleven [ɪ'levn] ◇ *pron* onze.
◇ *adj* onze.
◇ *n* onze *m*; SPORT équipe *f*; FTBL onze *m*, équipe *f*; **the English ~** SPORT l'équipe de football OR le onze d'Angleterre.

eleven-plus *n Br* SCH *examen de sélection pour l'entrée dans le secondaire en Grande-Bretagne.*

elevenses *inf* [ɪ'levnzɪz] *n Br boisson ou en-cas pour la pause de onze heures.*

eleventh [ɪ'levnθ] ◇ *adj* onzième.
◇ *n* [in series] onze *mf*; [fraction] onzième *m*.

eleventh hour *n*: **at the ~** à la dernière minute.
◆ **eleventh-hour** *adj* de dernière minute; **eleventh-hour talks** discussions *fpl* de dernière minute.

elf [elf] (*pl* **elves** [elvz]) *n* elfe *m*.

elfin ['elfɪn] *adj fig* [face, features] délicat.

elfish ['elfɪʃ] = **elfin**.

Elgin Marbles ['elgɪn-] *npl*: **the ~** les marbres d'Elgin *(sculptures du Parthénon, exposées au British Museum).*

El Gîzah [el'giːzə] = **Gîza**.

elicit [ɪ'lɪsɪt] *vt* [information, explanation, response] obtenir; [facts, truth] découvrir, mettre au jour; **to ~ sthg from sb** tirer qqch de qqn; **to ~ a smile from sb** tirer un sourire de qqn, arracher un sourire à qqn.

elide [ɪ'laɪd] *vt* élider.

eligibility [,elɪdʒə'bɪlətɪ] *n* [to vote] éligibilité *f*; [for a job] admissibilité *f*; **there was no doubt as to his ~** [for marriage] c'était sans aucun doute un bon parti; **to determine sb's ~ for promotion** décider si qqn présente les conditions requises pour bénéficier d'une promotion.

eligible ['elɪdʒəbl] *adj* [to vote] éligible; [for a job] admissible; [for promotion] pouvant bénéficier d'une promotion; [for marriage] mariable; **to be ~ for a pension/a tax rebate** avoir droit à une retraite/un dégrèvement fiscal; **to be ~** [as possible husband or boyfriend] être un bon OR beau parti; **an ~ bachelor** un bon OR beau parti; **there were lots of ~ men at the party** il y avait beaucoup de bons OR beaux partis à la fête.

Elijah [ɪ'laɪdʒə] *pr n* Élie.

eliminate [ɪ'lɪmɪneɪt] *vt* [competitor, alternative] éliminer; [stain, mark] enlever, faire disparaître; [item from diet] supprimer, éliminer; [possibility] écarter, éliminer; [kill] éliminer, supprimer; MATHS & PHYSIOL éliminer; **to ~ hunger and poverty from the world** éliminer OR supprimer la faim et la pauvreté dans le monde.

elimination [ɪ,lɪmɪ'neɪʃn] *n* élimination *f*; **by (a process of) ~** par élimination.

eliminatory [ɪ'lɪmɪnətrɪ] *adj* éliminatoire.

Elisha [ɪ'laɪʃə] *pr n* Élisée.

elision [ɪ'lɪʒn] *n* élision *f*.

elite [ɪ'liːt], **élite** [eɪ'liːt] ◇ *n* élite *f*; **the ~ of society** l'élite de la société; **to be one of the ~** faire partie de l'élite.
◇ *adj* d'élite.

elitism [ɪ'liːtɪzm] *n* élitisme *m*.

elitist [ɪ'liːtɪst] ◇ *n* élitiste *mf*.
◇ *adj* élitiste.

elixir [ɪ'lɪksə^r] *n* élixir *m*; ~ **of life** élixir *m* de vie.

Elizabeth [ɪ'lɪzəbəθ] *pr n*: **Saint ~** sainte Élisabeth; **Queen ~** la reine Élisabeth.

Elizabethan [ɪ,lɪzə'biːθn] ◇ *adj* élisabéthain.
◇ *n* Élisabéthain *m*, -e *f*.

elk [elk] *n* élan *m*; American ~ wapiti *m*.

El Khalil [ˌelkæ'liːl] *pr n* al-Khalil.

ell [el] *n arch* aune *f*.

ellipse [ɪ'lɪps] *n* MATH ellipse *f*.

ellipsis [ɪ'lɪpsɪs] (*pl* **ellipses** [-siːz]) *n* ellipse *f* GRAMM.

ellipsoid [ɪ'lɪpsɔɪd] MATH ◇ *adj* ellipsoïde.
◇ *n* ellipsoïde *m*.

elliptic(al) [ɪ'lɪptɪk(l)] *adj* elliptique.

elliptically [ɪ'lɪptɪklɪ] *adv* de manière elliptique, par ellipse.

Ellis Island ['elɪs-] *pr n* Ellis Island *(dans la première moitié du XXᵉ siècle, lieu de débarquement des immigrés, situé au large de New York)*.

elm [elm] *n* orme *m*; ~ **grove** ormaie *f*.

elocution [ˌelə'kjuːʃn] *n* élocution *f*, diction *f*; ~ **lessons** cours *mpl* d'élocution OR de diction.

elocutionist [ˌelə'kjuːʃənɪst] *n* professeur *m* d'élocution OR de diction.

elongate ['iːlɒŋgeɪt] ◇ *vt* allonger; [line] prolonger.
◇ *vi* s'allonger, s'étendre.

elongated ['iːlɒŋgeɪtɪd] *adj* [in space] allongé; [in time] prolongé.

elongation [ˌiːlɒŋ'geɪʃn] *n* allongement *m*; [of line] prolongement *m*.

elope [ɪ'ləʊp] *vi* s'enfuir pour se marier; **to ~ with sb** s'enfuir avec qqn pour l'épouser.

elopement [ɪ'ləʊpmənt] *n* fugue *f* amoureuse *(en vue d'un mariage)*.

eloquence ['eləkwəns] *n* éloquence *f*.

eloquent ['eləkwənt] *adj* éloquent.

eloquently ['eləkwəntlɪ] *adv* éloquemment, avec éloquence.

El Salvador [el'sælvədɔːʳ] *pr n* Salvador *m*; in ~ au Salvador.

Elsan® ['elsæn] *n W-C chimique portable*.

else [els] *adv* -**1.** [after indefinite pronoun] d'autre; **anybody** OR **anyone** ~ [at all] n'importe qui d'autre; [in addition] quelqu'un d'autre; **anyone ~ would have phoned the police** n'importe qui d'autre aurait appelé la police; **is there anybody ~?** y a-t-il quelqu'un d'autre?; **he's no cleverer than anybody ~** il n'est pas plus intelligent qu'un autre; **anything ~** [at all] n'importe quoi d'autre; [in addition] quelque chose d'autre; **would you like** OR **will there be anything ~?** [in shop] vous fallait-il autre chose?; [in restaurant] désirez-vous autre chose?; **I couldn't do anything ~ but** OR **except apologize** je ne pouvais (rien faire d'autre) que m'excuser; **anywhere ~** ailleurs; **I haven't got anywhere ~** OR **I've got nowhere ~ to go** je n'ai nulle part ailleurs où aller; **everybody ~** tous les autres; **everything ~** tout le reste; **everywhere ~** partout ailleurs; **there is little ~ we can do** nous ne pouvons pas faire grand-chose d'autre; **and much ~ (besides)** et beaucoup de choses encore; **nobody** OR **no one ~** personne d'autre; **nothing ~** rien d'autre; **we're alive, nothing ~ matters** nous sommes vivants, c'est tout ce qui compte; **there's nothing ~ for it** il n'y a rien d'autre à faire; **nowhere ~** nulle part ailleurs; **there's nowhere ~ I'd rather be but here** c'est ici et nulle part ailleurs que je veux être; **somebody** OR **someone ~** quelqu'un d'autre; **this is somebody ~'s** c'est à quelqu'un d'autre; **something ~** autre chose, quelque chose d'autre; **somewhere** OR *Am* **someplace ~** ailleurs, autre part ❑ **if all ~ fails** en dernier recours; **it'll teach him a lesson, if nothing ~** au moins, ça lui servira de leçon; **he's/she's/it's something ~!** *inf* il est/elle est/c'est incroyable!; **the price of petrol is something ~!** *inf* bonjour le prix de l'essence! -**2.** *(after interrogative pronoun)* [in addition] d'autre; **what/who ~?** quoi/qui d'autre?; **what ~ can I do?** que puis-je faire d'autre?; **who ~ but Frank?** qui d'autre que Frank?; [otherwise] autrement; **how/why ~ would I do it?** comment/pourquoi le ferais-je sinon?; **where ~ would he be?** où peut-il être à part là?; **so we're all meeting at Henry's — where ~?** alors, on se retrouve tous chez Henry — où d'autre?

elsewhere [els'weəʳ] *adv* ailleurs; **to go ~** aller ailleurs; ~ **in France the tradition has died out** ailleurs en France, la tradition n'existe plus.

ELT (*abbr of* **English language teaching**) *n enseignement de l'anglais*.

elucidate [ɪ'luːsɪdeɪt] ◇ *vt* [point, question] élucider, expliciter; [reasons] expliquer.
◇ *vi* expliquer, être plus clair; **could you ~?** pourrais-tu être plus clair?

elucidation [ɪˌluːsɪ'deɪʃn] *n* [of point, question] élucidation *f*, éclaircissement *m*; [of reasons] explication *f*.

elude [ɪ'luːd] *vt* [enemy, pursuers] échapper à; [question] éluder; [blow] esquiver; [sb's gaze] éviter, fuir; [obligation, responsibility] se dérober à, se soustraire à; [justice] se soustraire à; **his name/that word ~s me** son nom/ce mot m'échappe; **to ~ sb's grasp** échapper à (l'emprise de) qqn; **happiness/success has always ~d her** le bonheur/la réussite lui a toujours échappé.

elusive [ɪ'luːsɪv] *adj* [enemy, prey, happiness, thought] insaisissable; [word, concept] difficile à définir; [answer] élusif, évasif; **she's being rather ~** [difficult to find] elle se fait plutôt discrète ces derniers temps; [vague] elle se montre assez évasive.

elusively [ɪ'luːsɪvlɪ] *adv* [answer] de manière élusive; [move] de manière insaisissable.

elusiveness [ɪ'luːsɪvnɪs] *n* [of answer] caractère *m* élusif OR évasif; [of thoughts, happiness] caractère *m* insaisissable.

elver ['elvəʳ] *n* civelle *f*, pibale *f*.

elves [elvz] *pl* → **elf**.

Elysium [ɪ'lɪzɪəm] *n* MYTH Élysée *m*.

em [em] *n* TYPO cadratin *m*.

'em *inf* [em] = **them**.

emaciated [ɪ'meɪʃɪeɪtɪd] *adj* émacié, décharné; **to become ~** s'émacier, se décharner.

emaciation [ɪˌmeɪsɪ'eɪʃn] *n* émaciation *f*; **in a state of ~** émacié, décharné.

email, e-mail ['iːmeɪl] (*abbr of* **electronic mail**)
◇ *n* courrier *m* électronique.
◇ *vt* envoyer par courrier électronique.

emanate ['eməneɪt] ◇ *vi*: **to ~ from** émaner de.
◇ *vt* [love, affection] exsuder, rayonner de; [concern] respirer.

emanation [ˌemə'neɪʃn] *n* émanation *f*.

emancipate [ɪ'mænsɪpeɪt] *vt* [women] émanciper; [slaves] affranchir.

emancipated [ɪ'mænsɪpeɪtɪd] *adj* émancipé.

emancipation [ɪˌmænsɪ'peɪʃn] *n* émancipation *f*; **the Emancipation Proclamation** *Am* HIST la proclamation d'émancipation.

THE EMANCIPATION PROCLAMATION:
Allocution prononcée par le président américain Abraham Lincoln en 1863 et proclamant les esclaves de la Confédération (États sudistes) «libres à jamais». Bien qu'elle n'ait eu aucun effet concret (ces États échappaient au contrôle fédéral), c'est à cette proclamation que les Américains font référence en parlant de l'émancipation des esclaves par Lincoln.

---

emasculate [ɪ'mæskjʊleɪt] *vt* [castrate] émasculer; *fig* émasculer, affaiblir.

emasculation [ɪˌmæskjʊ'leɪʃn] *n* [castration] émasculation *f*; *fig* émasculation *f*, affaiblissement *m*.

embalm [ɪm'bɑːm] *vt* embaumer.

embalmer [ɪm'bɑːməʳ] *n* embaumeur *m*, thanatopracteur *m*.

embalming [ɪm'bɑːmɪŋ] *n* embaumement *m*; ~ **fluid** fluide *m* de thanatopraxie.

embankment [ɪm'bæŋkmənt] *n* [of concrete] quai *m*; [of earth] berge *f*; [to contain river] digue *f*; [along railway, road] talus *m*.
◆ **Embankment** *pr n*: **the Embankment** *nom abrégé du «Victoria Embankment», rue de la rive nord de la Tamise à Londres*.

embargo [em'bɑːgəʊ] (*pl* **embargoes**) ◇ *n* -**1.** COMM & POL embargo *m*; **to put** OR **to place** OR **to lay an ~ on sthg** mettre l'embargo sur qqch; **to lift/to break an ~** lever/enfreindre un embargo; **there is still an ~ on arms, arms are still under an ~** les armes sont encore sous embargo; **oil/arms ~** embargo pétrolier/sur les armes; **trade ~** embargo commercial. -**2.** *fig* [on spending] interdiction *f*; **to put an ~ on sthg** interdire OR bannir qqch.
◇ *vt* COMM & POL mettre l'embargo sur; *fig* interdire.

embark [ɪm'bɑːk] ◇ *vt* [passengers, cargo] embarquer.
◇ *vi* embarquer, monter à bord.
◆ **embark on, embark upon** *vt insep* [journey, career] commencer, entreprendre; [explanation, venture] se lancer dans; [risky operations] s'embarquer dans.

embarkation [ˌembɑː'keɪʃn], **embarkment** [ɪm'bɑːkmənt] *n* [of passengers, cargo] embarquement *m*; ~ **papers** OR **card** carte *f* d'embarquement.

embarrass [ɪm'bærəs] *vt* embarrasser, gêner; **to ~ the government/one's family** mettre le gouvernement/sa famille dans l'embarras; **to feel ~ed (about sthg)** être embarrassé OR se sentir gêné (à propos de qqch); **to look ~ed** avoir l'air embarrassé OR gêné; **to be (financially) ~ed** être gêné, avoir des problèmes d'argent.

embarrassing [ɪm'bærəsɪŋ] *adj* [experience, person] embarrassant, gênant; [situation] embarrassant, délicat; **how ~!** comme c'est gênant OR embarrassant!; **how ~ for you!** comme cela a dû être gênant OR embarrassant pour toi!; **this is rather ~ but...** cela me gêne beaucoup mais...

embarrassingly [ɪm'bærəsɪŋlɪ] *adv* de manière embarrassante; **it was ~ obvious** c'était évident au point d'en être embarrassant; **he gave an ~ bad performance** sa prestation était tellement mauvaise qu'on en était gêné pour lui; **to be ~ candid** être d'une franchise embarrassante.

embarrassment [ɪm'bærəsmənt] *n* embarras *m*, gêne *f*; **(much) to my ~** à mon grand embarras; **to cringe with ~** vouloir rentrer sous terre; **to cause sb ~** mettre qqn dans l'embarras; **to be in a state of financial ~** avoir des problèmes OR embarras financiers; **to be an ~** OR **a source of ~ to sb** être une source d'embarras pour qqn, faire honte à qqn.

embassy ['embəsɪ] (*pl* **embassies**) *n* ambassade *f*; **the British/French Embassy** l'ambassade de Grande-Bretagne/France.

embattled [ɪm'bætld] *adj* [army] engagé dans la bataille; [town] ravagé par les combats; *fig* en difficulté, aux prises avec des difficultés.

embed [ɪm'bed] (*pt* & *pp* **embedded**, *cont* **embedding**) *vt* [in wood] enfoncer; [in rock] sceller; [in cement] sceller, noyer; [jewels] enchâsser, incruster; **embedded in my memory** gravé dans ma mémoire; **the event has become embedded in my memory** l'événement s'est gravé dans ma mémoire ❑ **embedded command** COMPUT commande *f* intégrée; **embedded clause** GRAMM proposition *f* enchâssée.

embedding [ɪm'bedɪŋ] *n* [in wood] enfoncement *m*; [in rock, cement] scellement *m*; GRAMM enchâssement *m*.

embellish [ɪm'belɪʃ] *vt* [garment, building] embellir, décorer, orner; [account, story etc] enjoliver, embellir.

embellishment [ɪm'belɪʃmənt] *n* [of building] embellissement *m*; [of garment] décoration *f*; [of account, story etc] enjolivement *m*, embellissement *m*; [in handwriting] fioritures *fpl*.

ember ['embəʳ] *n* charbon *m* ardent, morceau *m* de braise; ~**s** braise *f*.

embezzle [ɪm'bezl] ◇ *vt* [money] détourner, escroquer; **to ~ money from sb** escroquer de l'argent à qqn.
◇ *vi*: **to ~ from a company** détourner les fonds d'une société.

embezzlement [ɪm'bezlmənt] *n* [of funds] détournement *m*; **to be convicted of ~** être reconnu coupable de détournement de fonds.

embezzler [ɪm'bezləʳ] *n* escroc *m*, fraudeur *m*, -euse *f*.

embitter [ɪm'bɪtəʳ] *vt* [person] remplir d'amertume, aigrir; [relations] altérer, détériorer.

embittered [ɪm'bɪtəd] *adj* aigri.

embitterment [ɪm'bɪtəmənt] *n* [of person] amertume *f*, aigreur *f*; [of relations] détérioration *f*, altération *f*.

emblazon [ɪm'bleɪzn] *vt* blasonner; **the shield is ~ed with dragons** le bouclier porte des dragons.

emblem ['embləm] *n* emblème *m*.

emblematic [,emblə'mætɪk] *adj* emblématique.

embodiment [ɪm'bɒdɪmənt] *n* -**1.** [epitome] incarnation *f*, personnification *f*; **to be the ~ of goodness/evil** [person] être la bonté même/le mal incarné; **the new building is the ~ of modernity** ce nouveau bâtiment est la modernité même. -**2.** [inclusion] intégration *f*, incorporation *f*.

embody [ɪm'bɒdɪ] (*pt* & *pp* **embodied**) *vt* -**1.** [epitomize - subj: person] incarner; [- subj: action] exprimer. -**2.** [include] inclure, intégrer.

embolden [ɪm'bəʊldən] *vt fml* enhardir, donner du courage à; **to ~ sb to do sthg** enhardir qqn à faire qqch, donner à qqn le courage de faire qqch; **to feel ~ed to do sthg** se sentir le courage de faire qqch.

embolism ['embəlɪzm] *n* MED embolie *f*; **to suffer** OR **to have an ~** faire OR avoir une embolie.

embolus ['embələs] (*pl* **emboli** [-laɪ]) *n* MED embole *m*, embolus *m*.

emboss [ɪm'bɒs] *vt* [metal] repousser, estamper; [leather] estamper, gaufrer; [cloth, paper] gaufrer.

embossed [ɪm'bɒst] *adj* [metal] repoussé; [leather] gaufré; [cloth, wallpaper] gaufré, à motifs en relief.

embouchure [,ɑːmbuː'ʃʊəʳ] *n* MUS embouchure *f*.

embrace [ɪm'breɪs] ◇ *vt* -**1.** [friend, child] étreindre; [lover] étreindre, enlacer; [official, visitor, statesman] donner l'accolade à. -**2.** [include] regrouper, comprendre, embrasser. -**3.** [adopt - religion, cause] embrasser; [- opportunity] saisir.
◇ *vi* [friends] s'étreindre; [lovers] s'étreindre, s'enlacer; [statesmen] se donner l'accolade.
◇ *n* [of friend, child] étreinte *f*; [of lover] étreinte *f*, enlacement *m*; [of official visitor, statesman] accolade *f*; **to hold** OR **to clasp sb in an ~** étreindre qqn; **to greet sb with an ~** accueillir qqn dans une étreinte.

embrasure [ɪm'breɪʒəʳ] *n* embrasure *f*.

embrocation [,embrə'keɪʃn] *n* embrocation *f*.

embroider [ɪm'brɔɪdəʳ] ◇ *vt* [garment, cloth] broder; *fig* [story, truth] embellir, enjoliver.
◇ *vi* [with needle] broder; *fig* [embellish] broder, enjoliver.

embroidery [ɪm'brɔɪdərɪ] (*pl* **embroideries**) *n* [on garment, cloth] broderie *f*; *fig* [of story, truth] enjolivement *m*, embellissement *m*.

embroil [ɪm'brɔɪl] *vt* mêler, impliquer; **to ~ sb in sthg** mêler qqn à qqch, impliquer qqn dans qqch; **to get ~ed in sthg** se retrouver mêlé à qqch; **to get ~ed with sb** [romantically] avoir une liaison avec qqn.

embroilment [ɪm'brɔɪlmənt] *n fml* [in matter, situation] implication *f*; [with lover] liaison *f*.

embryo ['embrɪəʊ] (*pl* **embryos**) *n* BIOL & *fig* embryon *m*; **I have the ~ of an idea** j'ai un embryon d'idée; **in ~** [foetus, idea] à l'état embryonnaire.

embryological [,embrɪə'lɒdʒɪkl] *adj* embryonnaire.

embryologist [,embrɪ'ɒlədʒɪst] *n* embryologiste *mf*.

embryology [,embrɪ'ɒlədʒɪ] *n* embryologie *f*.

embryonic [,embrɪ'ɒnɪk] *adj* BIOL embryonnaire; *fig* à l'état embryonnaire.

embus [ɪm'bʌs] MIL ◇ *vt* faire monter à bord d'un autocar.
◇ *vi* monter à bord d'un autocar.

emcee *inf* [,em'siː] ◇ *n abbr of* **master of ceremonies**.
◇ *vt* animer.

emend [iː'mend] *vt* corriger.

emendation [,iːmen'deɪʃn] *n fml* correction *f*.

emerald ['emərəld] ◇ *n* -**1.** [gem stone] émeraude *f*. -**2.** **~ (green)** [colour] (vert *m*) émeraude *m*.
◇ *comp* [brooch, ring] en émeraude; **~ necklace** collier d'émeraudes.

Emerald Isle *pr n lit* Île *f* d'Émeraude.

emerge [ɪ'mɜːdʒ] *vi* [person, animal] sortir; [sun] sortir, émerger; [truth, difficulty] émerger, apparaître; **to ~ from the water** [diver, submarine, island] émerger; **to ~ from hiding** sortir de sa cachette; **new playwrights have ~d on the scene** de nouveaux dramaturges ont fait leur apparition; **to ~ as favourite** apparaître comme le favori; **it ~s that...** il apparaît OR ressort que...; **it later ~d that...** il est apparu par la suite que...; **to ~ victorious** OR **the winner** sortir vainqueur; **to ~ unscathed** sortir indemne.

emergence [ɪ'mɜːdʒəns] *n* émergence *f*.

emergency [ɪ'mɜːdʒənsɪ] (*pl* **emergencies**) ◇ *n* -**1.** (cas *m* d') urgence *f*; **this is an ~!** c'est une urgence!; **in case of ~, in an ~** en cas d'urgence; **to provide for emergencies** parer à l'imprévu; **to be prepared for any ~** être prêt à toutes les éventualités ❑ **national ~, state of ~** état *m* d'urgence; **to declare a state of ~** déclarer l'état d'urgence. -**2.** MED [department] (service *m* des) urgences *fpl*.
◇ *comp* [measures, procedure, meeting] d'urgence; **~ brake** frein *m* de secours; **~ case** MED urgence *f*; **~ exit** sortie *f* de secours; **~ food aid** aide *f* alimentaire d'urgence; **~ landing** AERON atterrissage *m* forcé; **~ operation** MED opération *f* à chaud; **~ patient** urgence *f*; **~ powers** pouvoirs *mpl* extraordinaires; **~ rations** vivres *mpl* de secours OR de réserve; **~ repairs** réparations *fpl* d'urgence; **~ service** AUT service *m* de dépannage; MED service *m* des urgences; **~ services** services *mpl* d'urgence; **~ stop** AUT arrêt *m* d'urgence; **~ supply** réserve *f*; **~ tank** AERON réservoir *m* auxiliaire; **'for ~ use only'** 'à n'utiliser qu'en cas d'urgence'; **~ ward** *Br*, **~ room** *Am* MED salle *f* des urgences.

emergent [ɪ'mɜːdʒənt] *adj* [theory, nation] naissant.

emeritus [ɪ'merɪtəs] *adj* UNIV honoraire.

emery ['emərɪ] *n* émeri *m*.

emery board *n* lime *f* à ongles.

emery cloth *n* toile *f* (d') émeri.

emery paper *n* papier *m* (d') émeri.

emetic [ɪ'metɪk] ◇ *adj* émétique.
◇ *n* émétique *m*, vomitif *m*.

emigrant ['emɪgrənt] ◇ *n* émigrant *m*, -e *f*; [when established abroad] émigré *m*, -e *f*.
◇ *comp* [worker, population] émigré.

emigrate ['emɪgreɪt] *vi* émigrer.

emigration [,emɪ'greɪʃn] *n* émigration *f*.

émigré ['emɪgreɪ] *n* émigré *m*.

eminence ['emɪnəns] *n* -**1.** [prominence] rang *m* éminent; **to occupy a position of ~** avoir un rang éminent; **to achieve ~ in one's profession** atteindre un rang éminent dans sa profession. -**2.** [high ground] éminence *f*, hauteur *f*.
◆ **Eminence** *n* RELIG [title] Éminence *f*; **Your/His Eminence** Votre/Son Éminence.

Eminency ['emɪnənsɪ] = **Eminence**.

eminent ['emɪnənt] *adj* [distinguished] éminent; [conspicuous] éminent, remarquable, insigne.

eminently ['emɪnəntlɪ] *adv* éminemment; **to be ~ successful** réussir brillamment; **~ suitable** qui convient parfaitement; **it is ~ desirable that...** il est fort à souhaiter que..., il est éminemment souhaitable que...

emir [e'mɪəʳ] *n* émir *m*.

emirate ['emərət] *n* émirat *m*.

emissary ['emɪsərɪ] (*pl* **emissaries**) *n* émissaire *m*.

emission [ɪ'mɪʃn] *n* émission *f*.

emit [ɪ'mɪt] (*pt* & *pp* **emitted**, *cont* **emitting**) *vt* [sound, radiation, light] émettre; [heat] dégager, émettre; [gas] dégager; [sparks, cry] lancer.

emitter [ɪ'mɪtəʳ] *n* NUCL, PHYS & ELECTRON émetteur *m*.

Emmental, Emmenthal ['emən,tɑːl] *n* Emmental *m*.

Emmentaler, Emmenthaler ['emən,tɑːləʳ] = **Emmental**.

Emmy ['emɪ] *n*: **~ (award)** *distinction récompensant les meilleures émissions télévisées américaines de l'année*.

emollient [ɪ'mɒlɪənt] ◇ *adj* émollient; *fig* adoucissant, calmant.
◇ *n* émollient *m*.

emolument [ɪ'mɒljʊmənt] *n fml (usu pl)*: **~s** émoluments *mpl*, rémunération *f*.

emote [ɪ'məʊt] *vi* [on stage] faire dans le genre tragique; [in life] avoir un comportement théâtral.

emotion [ɪ'məʊʃn] *n* [particular feeling] sentiment *m*; [faculty] émotion *f*; **to be in control of one's ~s** contrôler OR maîtriser ses émotions; **to show no ~** ne laisser paraître aucune émotion; **to shake with ~** [person, voice] trembler d'émotion; **to appeal to the ~s** faire appel aux sentiments; **to express one's ~s** exprimer ses sentiments; **don't let your ~s get in the way** ne te laisse pas influencer par tes sentiments.

emotional [ɪ'məʊʃənl] *adj* -**1.** [stress] émotionnel; [life, problems] affectif. -**2.** [person - easily moved] sensible, qui s'émeut facilement; [- stronger] émotif; [appealing to the emotions - plea, speech, music] émouvant; [charged with emotion - issue] passionné, brûlant; [- reunion, scene] chargé d'émotion; [governed by emotions - person] passionné, ardent; [- reaction, state] émotionnel; **he got very ~ at the funeral** il était très ému à l'enterrement; **why do you always have to get so ~?** pourquoi faut-il toujours que tu te mettes dans de tels états?; **you shouldn't be so ~** tu es vraiment trop sensible; **~ blackmail** chantage *m* affectif.

emotionalism [ɪ'məʊʃnəlɪzm] *n pej* sensiblerie *f*.

emotionally [ɪ'məʊʃnəlɪ] *adv* [react, speak] avec émotion; **to feel ~ exhausted** OR **drained** se sentir vidé (sur le plan émotionnel); **to be ~ disturbed** souffrir de troubles affectifs; **an ~ charged atmosphere** une atmosphère chargée d'émotion; **~, he's not strong enough for the job** sur le plan émotionnel,il n'est pas assez solide pour ce travail; **to be ~ immature** manquer de maturité sur le plan affectif; **to be ~ involved with sb** avoir des liens affectifs avec qqn; **I don't want to get ~ involved** je ne veux pas m'attacher.

emotionless [ɪ'məʊʃnlɪs] *adj* [face, eyes] qui n'exprime aucune émotion, impassible; [person] impassible; [style] froid.

emotive [ɪ'məʊtɪv] *adj* [issue] sensible; [word, phrase] à forte teneur émotionnelle.

empanel [ɪm'pænl] (*Br pt* & *pp* **empanelled**, *cont* **empanelling**, *Am pt* & *pp* **empaneled**, *cont* **empaneling**) *vt* [jury] constituer; [juror] mettre sur la liste OR le tableau du jury.

empathetic [,empə'θetɪk] *adj* empathique.

empathize ['empəθaɪz] *vi*: **to ~ with sb** s'identifier à qqn; **in his case I find it difficult to ~** j'ai du mal à m'identifier à lui.

empathy ['empəθɪ] *n* [affinity - gen] affinité *f*, affinités *fpl*, sympathie *f*; PHILOS & PSYCH empathie *f*; [power, ability] capacité *f* à s'identifier à autrui; **the part calls for a good deal of ~** le rôle exige une grande capacité à s'identifier au personnage; **the ~ between them** les affinités qui existent entre eux; **our ~ with her pain** notre sympathie à sa douleur.

emperor ['empərəʳ] *n* empereur *m*; 'The Emperor's New Clothes' *Andersen* 'les Nouveaux Habits de l'empereur'.
emperor moth *n* saturnie *f*, paon de nuit *m*.
emperor penguin *n* manchot *m* empereur.
emphasis ['emfəsɪs] (*pl* emphases [-siːz]) *n* -**1.** [importance] accent *m*; to place OR to lay OR to put ~ on sthg mettre l'accent sur qqch; there is too much ~ on materialism in our society on accorde trop d'importance aux choses matérielles dans notre société; this year the ~ is on bright colours/steady growth cette année, l'accent est mis sur les couleurs vives/sur une croissance régulière; a change of ~ un changement de priorités; the ~ now is on winning votes ce qui est important maintenant c'est de gagner des voix. -**2.** LING [stress] accent *m*; the ~ comes on the last syllable l'accent est placé OR tombe sur la dernière syllabe; to say sthg with ~ dire qqch avec emphase OR emphatiquement.
emphasize ['emfəsaɪz] *vt* -**1.** [detail, need, importance] insister sur; I can't ~ this strongly enough je n'insisterai jamais assez sur cela. -**2.** [physical feature] accentuer; to ~ the waist [dress] marquer OR accentuer la taille. -**3.** LING [syllable] accentuer; [word] accentuer, appuyer sur.
emphatic [ɪm'fætɪk] *adj* [gesture, refusal] emphatique; [speaker, manner] énergique, vigoureux; LING emphatique; to be ~ insister; to be ~ in one's denials nier avec emphase.
emphatically [ɪm'fætɪklɪ] *adv* -**1.** [forcefully] emphatiquement, avec emphase; [deny] avec emphase. -**2.** [definitely] clairement; I most ~ do not agree with you je ne suis absolument pas d'accord avec vous.
emphysema [,emfɪ'siːmə] *n* emphysème *m*.
empire ['empaɪəʳ] *n* empire *m*; the Holy Roman Empire HIST le Saint-Empire romain; 'The Empire Strikes Back' *Kershner* 'l'Empire contre-attaque'.
◆ **Empire** *comp* [costume, furniture, style] Empire.
empire-build *vi*: he's ~ing again il est encore à jouer les bâtisseurs d'empires.
empire-builder *n fig* bâtisseur *m* d'empires.
empire-building ◇ *adj* de bâtisseur d'empires.
◇ *n*: there's too much ~ going on on joue trop les bâtisseurs d'empires.
empiric [ɪm'pɪrɪk] ◇ *adj* empirique.
◇ *n* empiriste *mf*.
empirical [ɪm'pɪrɪkl] *adj* empirique.
empirically [ɪm'pɪrɪklɪ] *adv* empiriquement.
empiricism [ɪm'pɪrɪsɪzm] *n* empirisme *m*.
empiricist [ɪm'pɪrɪsɪst] *n* empiriste *mf*.
emplacement [ɪm'pleɪsmənt] *n* MIL [of canon] emplacement *m*.
emplane [ɪm'pleɪn] ◇ *vt* embarquer (à bord d'un avion).
◇ *vi* embarquer (à bord d'un avion).
employ [ɪm'plɔɪ] ◇ *vt* -**1.** [give work to] employer; they ~ 245 staff ils ont 245 employés; to ~ sb as a receptionist employer qqn comme réceptionniste; he has been ~ed with the firm for twenty years il travaille pour cette entreprise depuis vingt ans. -**2.** [use - means, method, word] employer, utiliser; [- skill, diplomacy] faire usage de, employer; [- force] employer, avoir recours à. -**3.** [occupy]: to ~ oneself/to be ~ed in doing sthg s'occuper/être occupé à faire qqch; you'd be better ~ed doing your homework tu ferais mieux de faire tes devoirs; have you no better way of ~ing your time? tu n'as rien de mieux à faire?
◇ *n fml* service *m*; to be in sb's ~ travailler pour qqn, être au service de qqn; to have sb in one's ~ employer qqn, avoir qqn à son service.
employable [ɪm'plɔɪəbl] *adj* [person] susceptible d'être employé; [method] utilisable; a good education makes you more ~ une bonne formation donne plus de chances de trouver du travail.
employed [ɪm'plɔɪd] ◇ *adj* employé; I am not ~ at the moment je n'ai pas de travail en ce moment; to be gainfully ~ avoir un emploi rémunéré.
◇ *npl* personnes *fpl* qui ont un emploi; employers and ~ patronat *m* et salariat *m*.
employee [ɪm'plɔɪiː] ◇ *n* employé *m*, -e *f*, salarié *m*, -e *f*; she is an ~ of Company X, she is a Company X ~ c'est une employée de la Société X; management and ~s la direction et les employés OR le personnel; [in negociations] les partenaires *mpl* sociaux; ~'s contribution OR share [to benefits] cotisation *f* ouvrière.
◇ *comp*: ~ benefits avantages *mpl* accordés aux employés.
employer [ɪm'plɔɪəʳ] *n* employeur *m*, patron *m*; ADMIN employeur *m*; they are good ~s ce sont de bons employeurs OR patrons; who is your ~? pour qui travaillez-vous?; ~s [as a body] patronat *m*; ~'s contribution OR share [to employee benefits] cotisation *f* patronale.
employment [ɪm'plɔɪmənt] *n* -**1.** [work] emploi *m*; to be without ~ être sans emploi OR travail; to be in ~ avoir un emploi OR du travail; full ~ plein emploi; gainful ~ emploi *m* rémunéré; conditions of ~ conditions *fpl* de travail; to look for OR to seek ~ chercher du travail OR un emploi, être demandeur d'emploi; to give OR to provide ~ donner OR fournir du travail; ~ figures are up les chiffres de l'emploi ont progressé ❑ Department of Employment *Am* OR *dated Br*, Employment Department ≃ ministère *m* du Travail; Secretary (of State) for OR Minister of Employment *Br*, Secretary for Employment *Am* ≃ ministre *m* du Travail. -**2.** [recruitment] embauche *f*; [providing work] emploi *m*. -**3.** [use - of method, word] emploi *m*; [- of force, skill] usage *m*, emploi *m*.
employment agency, employment bureau *n* agence *f* OR bureau *m* de placement.
employment exchange, employment office *n Br dated* ≃ ANPE *f*.
emporium [em'pɔːrɪəm] (*pl* emporiums OR emporia [-rɪə]) *n* grand magasin *m*.
empower [ɪm'paʊəʳ] *vt fml* habiliter, autoriser; to ~ sb to do sthg habiliter OR autoriser qqn à faire qqch.
empress ['emprɪs] *n* impératrice *f*.
emptiness ['emptɪnɪs] *n* vide *m*; a feeling of ~ un sentiment de vide; the ~ of my life/days le vide de mon existence/mes journées.
empty ['emptɪ] (*pl* empties, *compar* emptier, *superl* emptiest) ◇ *adj* [glass, room, box etc] vide; [city, street] désert; [cinema] désert, vide; [job, post] vacant, à pourvoir; *fig* [words, talk] creux; [promise] en l'air, vain; [gesture] dénué de sens; [threat] en l'air; ~ of meaning vide OR dénué de sens; the house was ~ of people la maison était vide; my stomach is ~ [I'm hungry] j'ai un creux (à l'estomac); to do sthg on an ~ stomach faire qqch à jeun; to be taken on an ~ stomach MED à prendre à jeun; to feel ~ [drained of emotion] se sentir vidé (sur le plan émotionnel); the fuel gauge was at OR showing ~ le niveau du réservoir était à zéro ❑ ~ vessels make most noise *prov* moins on en sait, plus on parle.
◇ *n inf* [bottle] bouteille *f* vide; [glass] verre *m* vide.
◇ *vt* [glass, pocket, room] vider; [car, lorry] décharger.
◇ *vi* [building, street, container] se vider; [water] s'écouler; to ~ into the sea [river] se jeter dans la mer.
◆ **empty out** ◇ *vt sep* vider.
◇ *vi insep* [tank, container] se vider; [water, liquid] s'écouler.
empty-handed *adj* les mains vides; to return ~ rentrer bredouille OR les mains vides.
empty-headed *adj* écervelé, sans cervelle.
empyrean [,empaɪ'riːən] *n lit* empyrée *m*.
EMS (*abbr of* European Monetary System) *pr n* SME *m*.
EMT (*abbr of* emergency medical technician) *n technicien médical des services d'urgence.*
emu ['iːmjuː] *n* émeu *m*.
emulate ['emjʊleɪt] *vt* [person, action] imiter; COMPUT émuler.
emulation [,emjʊ'leɪʃn] *n* [gen & COMPUT] émulation *f*.
emulator ['emjʊleɪtəʳ] *n* COMPUT émulateur *m*.
emulsifier [ɪ'mʌlsɪfaɪəʳ] *n* émulsifiant *m*.
emulsify [ɪ'mʌlsɪfaɪ] *vt* émulsionner, émulsifier.
emulsion [ɪ'mʌlʃn] ◇ *n* -**1.** CHEM & PHOT émulsion *f*. -**2.** [paint] (peinture *f*) émulsion *f*.
◇ *vt* appliquer de la peinture émulsion sur.
emulsion paint = **emulsion** *n* **2**.
en [en] *n* TYPO demi-cadratin *m*.
EN (*abbr of* enrolled nurse) *n Br infirmière diplômée.*
enable [ɪ'neɪbl] *vt*: to ~ sb to do sthg permettre à qqn de faire qqch; JUR habiliter OR autoriser qqn à faire qqch.
enabling [ɪ'neɪblɪŋ] *adj* JUR habilitant.
enact [ɪ'nækt] *vt* -**1.** JUR [bill, law] promulguer. -**2.** [scene, play] jouer; to be ~ed *fig* se dérouler.
enactment [ɪ'næktmənt] *n* -**1.** JUR [of bill, law etc] promulgation *f*. -**2.** [of play] représentation *f*.
enamel [ɪ'næml] (*Br pt & pp* enamelled, *cont* enamelling, *Am pt & pp* enameled, *cont* enameling) ◇ *n* -**1.** ART [on clay, glass etc] émail *m*. -**2.** [paint] peinture *f* laquée OR vernie. -**3.** [on teeth] émail *m*.
◇ *comp* [mug, saucepan] en émail, émaillé; ~ paint peinture *f* laquée OR vernie; ~ painting peinture *f* sur émail.
◇ *vt* émailler.
enamelled *Br*, **enameled** *Am* [ɪ'næmld] *adj* [mug, saucepan] émaillé, en émail.
enamelling *Br*, **enameling** *Am* [ɪ'næməlɪŋ] *n* émaillage *m*.
enamelware [ɪ'næmlweəʳ] *n* ustensiles *mpl* en émail.
enamoured *Br*, **enamored** *Am* [ɪ'næməd] *adj*: to be ~ of *lit* [person] être amoureux OR épris de; [job, flat] être enchanté OR ravi de; he wasn't exactly ~ of our proposal notre proposition ne l'enchantait guère.
enc. -**1.** *written abbr of* enclosure. -**2.** *written abbr of* enclosed.
encamp [ɪn'kæmp] ◇ *vi* camper.
◇ *vt* faire camper; to be ~ed camper.
encampment [ɪn'kæmpmənt] *n* campement *m*.
encapsulate [ɪn'kæpsjʊleɪt] *vt* PHARM mettre en capsule; *fig* résumer.
encase [ɪn'keɪs] *vt* recouvrir, entourer.
encash [ɪn'kæʃ] *vt Br* encaisser.
encashment [ɪn'kæʃmənt] *n Br* encaissement *m*.
encaustic [en'kɔːstɪk] ◇ *adj* [brick, tile] émaillé; [painting] encaustique.
◇ *n* peinture *f* à l'encaustique.
encephalic [,enkə'fælɪk] *adj* encéphalique.
encephalitis [,enkefə'laɪtɪs] *n* encéphalite *f*.
encephalogram [en'sefələgræm] *n* encéphalogramme *m*.
enchain [ɪn'tʃeɪn] *vt* enchaîner.
enchant [ɪn'tʃɑːnt] *vt* -**1.** [delight] enchanter, ravir. -**2.** [put spell on] enchanter, ensorceler.
enchanted [ɪn'tʃɑːntɪd] *adj* enchanté; the ~ed wood le bois enchanté.
enchanter [ɪn'tʃɑːntəʳ] *n* enchanteur *m*.
enchanting [ɪn'tʃɑːntɪŋ] *adj* charmant.
enchantingly [ɪn'tʃɑːntɪŋlɪ] *adv* avec charme.
enchantment [ɪn'tʃɑːntmənt] *n* -**1.** [delight] enchantement *m*, ravissement *m*; to fill sb with ~ enchanter OR ravir qqn. -**2.** [casting of spell] enchantement *m*, ensorcellement *m*.
enchantress [ɪn'tʃɑːntrɪs] *n* enchanteresse *f*.
enchilada [,entʃɪ'lɑːdə] *n plat mexicain consistant en une galette de maïs frite, farcie à la viande et servie avec une sauce piquante.*

encircle [ɪn'sɜːkl] *vt* entourer; MIL & HUNT encercler, cerner.

encirclement [ɪn'sɜːklmənt] *n* encerclement *m*.

encircling [ɪn'sɜːklɪŋ] ◇ *n* encerclement *m*. ◇ *adj* MIL: ~ **movement** manœuvre *f* d'encerclement.

enclave ['enkleɪv] *n* enclave *f*.

enclose [ɪn'kləʊz] *vt* -**1.** [surround - with wall] entourer, ceinturer; [- with fence] clôturer; **an ~d space** un espace clos. -**2.** [in letter] joindre; **to ~ sthg with a letter** joindre qqch à une lettre; **please find ~d my CV** veuillez trouver ci-joint OR ci-inclus mon CV; **I ~ a cheque for £20** je joins un chèque de 20 livres; **the ~d cheque** le chèque ci-joint OR ci-inclus.

enclosed order [ɪn'kləʊzd-] *n* RELIG ordre *m* claustral.

enclosure [ɪn'kləʊʒəʳ] *n* -**1.** [enclosed area] enclos *m*, enceinte *f*; **public ~** [at sports ground, racecourse] pelouse *f*; **royal ~** enceinte *f* de la famille royale. -**2.** [with letter] pièce *f* jointe OR annexée OR incluse. -**3.** [action] action *f* de clôturer. -**4.** *Br* HIST enclosure *f*.

ENCLOSURE:
«Clôture des champs», dont l'apparition, vers la fin du XVᵉ siècle en Angleterre, a accéléré le passage d'une forme communautaire à une forme individualiste d'économie agraire, provoquant une importante crise sociale.

encode [en'kəʊd] *vt* coder, chiffrer; COMPUT encoder.

encoder [en'kəʊdəʳ] *n* [gen & COMPUT] encodeur *m*.

encoding [en'kəʊdɪŋ] *n* codage *m*; COMPUT encodage *m*.

encomium [en'kəʊmjəm] (*pl* **encomiums** OR **encomia** [-mjə]) *n fml* panégyrique *m*.

encompass [ɪn'kʌmpəs] *vt* -**1.** [include] englober, comprendre, regrouper. -**2.** *fml* [surround] entourer, encercler.

encore ['ɒŋkɔːʳ] ◇ *interj*: ~!, ~! bis!, bis! ◇ *n* bis *m*; **to call for an ~** bisser; **to give an ~** [performer] donner un bis; **to give an ~ of a song** rechanter OR rejouer une chanson en bis; **how many ~s were there?** combien de rappels y a-t-il eu? ◇ *vt* [singer, performer] rappeler, bisser; [song] bisser.

encounter [ɪn'kaʊntəʳ] ◇ *vt* [person, enemy] rencontrer; [difficulty, resistance, danger] rencontrer, se heurter à. ◇ *n* [gen & MIL] rencontre *f*; **'Brief Encounter'** *Lean* 'Brève rencontre'; **'Close Encounters of the Third Kind'** *Spielberg* 'Rencontres du troisième type'.

encounter group *n séance de psychothérapie de groupe*.

encourage [ɪn'kʌrɪdʒ] *vt* [person] encourager, inciter; [project, research, attitude] encourager; **to ~ sb to do sthg** encourager OR inciter qqn à faire qqch; **don't ~ him!** [in bad behaviour] ne l'encourage pas!; **to ~ sb in his/her belief that...** renforcer qqn dans sa conviction que..., conforter qqn dans son idée que...

encouragement [ɪn'kʌrɪdʒmənt] *n* encouragement *m*; **to give sb ~, to give ~ to sb** donner des encouragements à OR encourager qqn; **to get** OR **to receive ~ from sb** recevoir des encouragements de la part de qqn; **all he needs is a bit of ~** tout ce qu'il lui faut c'est un peu d'encouragement; **without your ~** sans vos encouragements; **shouts/words of ~** cris/mots d'encouragement.

encouraging [ɪn'kʌrɪdʒɪŋ] *adj* encourageant; [smile, words] d'encouragement.

encouragingly [ɪn'kʌrɪdʒɪŋlɪ] *adv* de manière encourageante; ~, **a working party has been set up** fait encourageant, un groupe de travail a été mis en place.

encroach [ɪn'krəʊtʃ]
◆ **encroach on, encroach upon** *vi insep*: **the sea is gradually ~ing on the land** la mer gagne progressivement du terrain; **the new buildings are ~ing on the countryside** les nouveaux bâtiments envahissent la campagne; **to ~ on sb's territory** *fig* marcher OR empiéter sur les plates-bandes de qqn.

encroachment [ɪn'krəʊtʃmənt] *n* [on freedom, property, time] empiétement *m*; [by sea, river] envahissement *m*, ingression *f spec*; [buildings] envahissement.

encrust [ɪn'krʌst] *vt* [with jewels] incruster; [with mud, snow, ice] couvrir; **to be ~ed with sthg** être incrusté OR couvert OR recouvert de qqch.

encrustation [ˌɪnkrʌst'eɪʃn] *n* incrustation *f*.

encrypt [en'krɪpt] *vt* coder, chiffrer; COMPUT encoder.

encumber [ɪn'kʌmbəʳ] *vt fml* [person, room] encombrer, embarrasser; **~ed with too many clothes** empêtré dans ses vêtements; **~ed estate** JUR [with debts] propriété *f* grevée de dettes; [with mortgage] propriété *f* grevée d'hypothèques.

encumbrance [ɪn'kʌmbrəns] *n fml* [burden] charge *f*, fardeau *m*; JUR charge *f* grevant une propriété.

encyclical [ɪn'sɪklɪkl] RELIG ◇ *adj* encyclique. ◇ *n* encyclique *f*.

encyclopaedia *etc* [ɪnˌsaɪklə'piːdjə] = **encyclopedia**.

encyclopedia [ɪnˌsaɪklə'piːdjə] *n* encyclopédie *f*; **she's a walking ~** c'est une encyclopédie ambulante OR vivante ❑ **the Encyclopaedia Britannica** l'Encyclopaedia Britannica.

encyclopedic [ɪnˌsaɪkləʊ'piːdɪk] *adj* encyclopédique.

encyclopedist [ɪnˌsaɪklə'piːdɪst] *n* encyclopédiste *mf*.

end [end] ◇ *n* -**1.** [furthermost part, tip, edge] bout *m*; **at the ~ of the garden** au bout OR fond du jardin; **the rope is frayed at this ~/at that ~/at one ~** la corde est effilochée à ce bout-ci/à ce bout-là/au bout; **at either ~ of the political spectrum/of the social scale** aux deux extrémités de l'éventail politique/de l'échelle sociale; **at the other ~ of the line** TELEC au bout de la ligne; **from one ~ of the country/of the town to the other** d'un bout à l'autre du pays/de la ville; **third from the ~** troisième en partant de la fin; **the deep/shallow ~** le grand/petit bain; **to change ~s** SPORT changer de côté ‖ [area, aspect] côté *m*; **how are things (at) your ~?** comment ça va de ton côté OR pour toi?; **the marketing/manufacturing ~ of the operation** le côté marketing/fabrication de l'opération, tout ce qui est marketing/fabrication ❑ **to be at the ~ of one's tether** être au bout du rouleau; **this is the ~ of the road** OR **line** c'est fini; **to get** OR **have one's ~ away**▽ *Br* tirer un OR son coup; **to go to the ~s of the earth** aller jusqu'au bout du monde; **to keep one's ~ of the bargain** tenir parole; **to keep one's ~ up** tenir bon; **he doesn't know** OR **can't tell one ~ of an ice axe/a word processor from the other** il ne sait même pas à quoi ressemble un piolet/un traitement de texte; **to make (both) ~s meet** [financially] joindre les deux bouts. -**2.** [conclusion, finish] fin *f*; **at the ~ of July/of spring/of the year** à la fin du mois de juillet/du printemps/de l'année; **from beginning to ~** du début à la fin, de bout en bout; **to read to the ~ of a book, to read a book to the ~** lire un livre jusqu'au bout OR jusqu'à la fin; **I waited until the ~ of the meeting** j'ai attendu la fin de la réunion; **to be at an ~** être terminé OR fini; **my patience is at** OR **has come to an ~** ma patience est à bout; **to be at the ~ of one's resources/one's strength** avoir épuisé ses ressources/ses forces; **to bring sthg to an ~** [meeting] clore qqch; [situation] mettre fin à qqch; [speech] achever qqch; **to come to an ~** s'achever, prendre fin; **to draw to an ~** arriver OR toucher à sa fin; **to put an ~ to sthg** mettre fin à qqch; **we want an ~ to the war** nous voulons que cette guerre cesse OR prenne fin; **the ~ of the world/of time** la fin du monde/des temps; **the ~ is nigh** la fin est proche; **and that was the ~ of that** et ça s'est terminé comme ça ❑ **he's/you're the ~!** *inf* [impossible] il est/tu es incroyable!; [extremely funny] il est/tu es trop (drôle)!; **to come to a bad ~** mal finir; **~ of story!** *inf* [stop arguing] plus de discussions!; [I don't want to talk about it] un point, c'est tout!; **it's not the ~ of the world** *inf* ce n'est pas la fin du monde; **we'll never hear the ~ of it** on n'a pas fini d'en entendre parler; **is there no ~ to his talents?** a-t-il donc tous les talents?, n'y a-t-il pas de limite à ses talents? -**3.** [aim] but *m*, fin *f*; **to achieve** OR **to attain one's ~** atteindre son but; **with this ~ in view** OR **mind, to this ~** dans ce but, à cette fin; **to what ~?** *fml* dans quel but?, à quelle fin?; **for political ~s** à des fins politiques ❑ **an ~ in itself** une fin en soi; **the ~ justifies the means** la fin justifie les moyens. -**4.** [remnant - of cloth, rope] bout *m*; [- of loaf] croûton *m*. -**5.** *euph* OR *lit* [death] mort *f*; **to meet one's ~** trouver la mort; **to be nearing one's ~** être à l'article de la mort; **I was with him at the ~** j'étais auprès de lui dans ses derniers moments.
◇ *vt* [speech, novel] terminer, conclure; [meeting, discussion] clore; [day] terminer, finir; [war, speculation, relationship] mettre fin OR un terme à; [work] terminer, finir, achever; **she ~ed the letter with a promise to write again soon** elle a terminé la lettre en promettant de récrire bientôt; **the war to ~ all wars** la dernière de toutes les guerres; **the joke to ~ all jokes** la meilleure blague qu'on ait jamais entendue ❑ **he decided to ~ it all** [life, relationship] il décida d'en finir; **she ~ed her days in a retirement home** elle a fini ses jours dans une maison de retraite.
◇ *vi* [story, film] finir, se terminer, s'achever; [path, road etc] se terminer, s'arrêter; [season, holiday] se terminer, toucher à sa fin; **how** OR **where will it all ~?** comment tout cela finira-t-il OR se terminera-t-il?; **where does society ~ and the individual begin?** où s'arrête la société et où commence l'individu?; **to ~ in a point** se terminer en pointe; **the discussion ~ed in an argument** la discussion s'est terminée en dispute; **to ~ in failure/divorce** se solder par un échec/un divorce; **the word ~s in -ed** le mot se termine par OR en -ed; **the book ~s with a quotation** le livre se termine par une citation ❑ **it'll ~ in tears** ça va mal finir; **all's well that ~s well** *prov* tout est bien qui finit bien *prov*.
◇ *comp* [house, seat, table] du bout.
◆ **at the end of the day** *adv phr literal* à la fin de la journée; *fig* au bout du compte, en fin de compte.
◆ **end on** *adv phr* par le bout.
◆ **end to end** *adv phr* -**1.** [with ends adjacent] bout à bout. -**2.** = **from end to end**.
◆ **from end to end** *adv phr* d'un bout à l'autre.
◆ **in the end** *adv phr* finalement; **we got there in the ~** finalement nous y sommes arrivés, nous avons fini par y arriver.
◆ **no end** *inf adv phr*: **it upset her/cheered her up no ~** ça l'a bouleversée/ravie à un point (inimaginable) ❑ **to think no ~ of sb** porter qqn aux nues.
◆ **no end of** *inf det phr*: **it'll do you no ~ of good** cela vous fera un bien fou; **to have no ~ of trouble doing sthg** avoir énormément de mal OR un mal fou OR un mal de chien à faire qqch; **we met no ~ of interesting people** on a rencontré des tas de gens intéressants.
◆ **on end** *adv phr* -**1.** [upright] debout; **to stand sthg on ~** mettre qqch debout; **her hair was standing on ~** elle avait les cheveux dressés sur la tête. -**2.** [in succession] entier; **for hours/days on ~** pendant des heures entières/des jours entiers; **for four hours on ~** pendant quatre heures de suite OR d'affilée.
◆ **end off** *vt sep* terminer; **they ~ed off the evening with a dance** ils ont terminé la soirée par une danse.
◆ **end up** *vi insep* finir; **they took a wrong turning and ~ed up in Manchester/back at the station** ils ont pris la mauvaise bifurcation

et se sont retrouvés à Manchester/à la gare; to ~ **up in hospital/in prison** finir à l'hôpital/en prison; **if you keep driving like that, you're going to ~ up killing yourself** si tu continues à conduire comme ça, tu finiras par te tuer; **to ~ up doing sthg** finir par faire qqch; **to ~ up (as) the boss/on the dole** finir patron/chômeur; **I wonder what he'll ~ up as/how he'll ~ up** je me demande ce qu'il deviendra/comment il finira.

end-all → **be-all**.

endanger [ɪn'deɪndʒəʳ] *vt* [life, country] mettre en danger; [health, reputation, future, chances] compromettre; **an ~ed species** une espèce en danger OR menacée (de disparition).

endear [ɪn'dɪəʳ] *vt* faire aimer; **what ~s him to me** ce qui le rend cher à mes yeux; **to ~ o.s. to sb** se faire aimer de qqn; **the Chancellor's decision did not ~ him to the voters** la décision du Chancelier ne lui a pas gagné la faveur des électeurs.

endearing [ɪn'dɪərɪŋ] *adj* [personality, person] attachant; [smile] engageant; **it's a very ~ characteristic of his** c'est un trait de caractère qui le rend très attachant.

endearingly [ɪn'dɪərɪŋlɪ] *adv* de manière attachante; [smile] de manière engageante.

endearment [ɪn'dɪəmənt] *n*: **~s, words of ~** mots *mpl* tendres; **term of ~** terme *m* affectueux.

endeavour *Br*, **endeavor** *Am* [ɪn'devəʳ] *fml*
◇ *n* effort *m*; **to make every ~ to obtain sthg** faire tout son possible pour obtenir qqch; **in an ~ to stop the strike** en tentant de mettre fin à la grève; **despite her best ~s** malgré tous ses efforts; **to use one's best ~s to do sthg** employer tous ses efforts à faire qqch; **a new field of human ~** une nouvelle perspective pour l'homme; **one of the greatest achievements of human ~** une des plus belles victoires OR conquêtes de l'homme.
◇ *vi*: **to ~ to do sthg** s'efforcer OR essayer de faire qqch.

endemic [en'demɪk] MED ◇ *adj* endémique.
◇ *n* endémie *f*.

endgame ['endgeɪm] *n* CHESS fin *f* de partie; **'Endgame'** *Beckett* 'Fin de partie'.

ending ['endɪŋ] *n* -**1.** [of story, book] fin *f*; **a story with a happy/sad ~** une histoire qui finit bien/mal. -**2.** LING terminaison *f*.

endive ['endaɪv] *n* -**1.** [curly-leaved] (chicorée *f*) frisée *f*. -**2.** *esp Am* [chicory] endive *f*.

endless ['endlɪs] *adj* [speech, road, job] interminable, sans fin; [patience] sans bornes, infini; [resources] inépuisable, infini; [desert] infini; **the possibilities are** les possibilités sont innombrables; **to ask ~ questions** poser des questions à n'en plus finir; **~ belt** TECH courroie *f* sans fin.

endlessly ['endlɪslɪ] *adv* [speak] continuellement, sans cesse; [extend] à perte de vue, interminablement; **to be ~ patient/generous** être d'une patience/générosité sans bornes.

endmost ['endməʊst] *adj* du bout.

endocarditis [ˌendəʊkɑː'daɪtɪs] *n* MED endocardite *f*.

endocardium [ˌendəʊ'kɑːdɪəm] *n* ANAT endocarde *m*.

endocarp ['endəʊkɑːp] *n* endocarpe *m*.

endocrine ['endəʊkraɪn] *adj* PHYSIOL [disorders, system] endocrinien; **~ gland** glande *f* endocrine.

endocrinologist [ˌendəʊkraɪ'nɒlədʒɪst] *n* MED endocrinologue *mf*, endocrinologiste *mf*.

endocrinology [ˌendəʊkraɪ'nɒlədʒɪ] *n* MED endocrinologie *f*.

endogamy [en'dɒgəmɪ] *n* ANTHR endogamie *f*.

endogenous [en'dɒdʒɪnəs] *adj* BIOL endogène.

endomorph ['endəʊmɔːf] *n* endomorphe *m*.

endomorphic [ˌendəʊ'mɔːfɪk] *adj* endomorphique.

endorphin [en'dɔːfɪn] *n* MED endorphine *f*.

endorse [ɪn'dɔːs] *vt* -**1.** [cheque] endosser; [document - sign] apposer sa signature sur; [- annotate] apposer une remarque sur. -**2.** *Br* JUR: **to ~ a driving licence** faire état d'une infraction sur un permis de conduire. -**3.** [approve - action, decision] approuver; [- opinion] soutenir, adhérer à; [- appeal, candidature] appuyer; **sportswear ~d by top athletes** vêtements de sport adoptés par les athlètes de haut niveau; **should footballers be seen to ~ alcoholic drinks?** est-il acceptable que les footballeurs fassent de la publicité pour les boissons alcoolisées?

endorsement [ɪn'dɔːsmənt] *n* -**1.** [of cheque] endossement *m*; [of document - signature] signature *f*; [- annotation] remarque *f*. -**2.** *Br* JUR [on driving licence] *infraction dont il est fait état sur le permis de conduire*. -**3.** [approval - of action, decision] approbation *f*; [- of claim, candidature] appui *m*; **their ~ of this opinion** leur adhésion à cette opinion.

endoscope ['endəʊskəʊp] *n* MED endoscope *m*.

endoscopy [en'dɒskəpɪ] *n* MED endoscopie *f*.

endoskeleton [ˌendəʊ'skelɪtn] *n* endosquelette *m*.

endothermic [ˌendəʊ'θɜːmɪk] *adj* endothermique.

endow [ɪn'daʊ] *vt* -**1.** [institution] doter; [university chair, hospital ward] fonder; **to ~ a hospice with £1 million** doter un hospice d'un million de livres. -**2.** *(usu pass)*: **to be ~ed with sthg** être doté de qqch; **well ~ed** *inf* [man] bien monté; **she's well ~ed** il y a du monde au balcon.

endowment [ɪn'daʊmənt] *n* -**1.** [action, money] dotation *f*. -**2.** *(usu pl) fml* [talent, gift] don *m*, talent *m*.

endowment assurance, **endowment insurance** *n* assurance *f* à dotation fixe.

endowment mortgage *n* emprunt-logement *m* garanti par une assurance-vie.

endowment policy *n* assurance *f* mixte.

endpaper ['endˌpeɪpə] *n* garde *f*, page *f* de garde.

end product *n* INDUST & COMM produit *m* final; *fig* résultat *m*.

end result *n* résultat *m* final.

endue [ɪn'djuː] *vt lit* doter.

endurable [ɪn'djʊərəbl] *adj* supportable, endurable.

endurance [ɪn'djʊərəns] ◇ *n* endurance *f*; **powers of ~** endurance; **it is beyond ~** c'est insupportable; **she was tried beyond ~** elle a été éprouvée au-delà des limites du supportable.
◇ *comp*: **~ race** SPORT course *f* d'endurance; **~ test** épreuve *f* d'endurance.

endure [ɪn'djʊəʳ] ◇ *vt* [bear - hardship] endurer, subir; [- pain] endurer; [- person, stupidity, laziness] supporter, souffrir; **she can't ~ being kept waiting** elle ne supporte OR ne souffre pas qu'on la fasse attendre; **he can't ~ seeing** OR **to see children mistreated** il ne supporte pas qu'on maltraite des enfants.
◇ *vi fml* [relationship, ceasefire, fame] durer; [memory] rester; **he won't be able to ~ for long in this weather** il ne résistera OR ne tiendra pas longtemps avec un temps pareil.

enduring [ɪn'djʊərɪŋ] *adj* [friendship, fame, peace] durable; [democracy, dictatorship] qui dure; [epidemic, suffering] tenace; [actor, politician] qui jouit d'une grande longévité *(en tant qu'acteur, homme politique etc)*.

enduringly [ɪn'djʊərɪŋlɪ] *adv* de manière durable.

end user *n* [gen & COMPUT] utilisateur *m* final.

endways ['endweɪz] *adv*: **put it ~ on** mets-le en long; **put them ~ on** mets-les bout à bout.

endwise ['endwaɪz] *Am* = **endways**.

enema ['enɪmə] *n* [act] lavement *m*; [liquid] produit *m* à lavement; **to give sb an ~** administrer un lavement à qqn.

enemy ['enɪmɪ] (*pl* **enemies**) ◇ *n* -**1.** ennemi *m*, -e *f*; **to make enemies** se faire des ennemis; **I made an ~ of her** je m'en suis fait une ennemie; **to be one's own worst ~** se nuire à soi-même; **deadly enemies** ennemis mortels OR jurés ❑ **'An Enemy of the People'** *Ibsen* 'Un ennemi du peuple'. -**2.** MIL: **the ~** l'ennemi *m*; **the ~ was** OR **were advancing** l'ennemi avançait; **boredom is the ~** l'ennui, voilà l'ennemi.
◇ *comp* [forces, missile, country] ennemi; [advance, strategy] de l'ennemi; **~ alien** ressortissant *m*, -e *f* d'un pays ennemi; **~ attack** attaque *f* ennemie; **~ fire** feu *m* de l'ennemi; **~-occupied territory** territoire *m* occupé par l'ennemi.

energetic [ˌenə'dʒetɪk] *adj* [person, measures] énergique; [music] vif, rapide; [activity] qui consomme de l'énergie; [campaigner, supporter] enthousiaste; **to feel ~** se sentir plein d'énergie; **after a very ~ day** après une journée très chargée; **do you feel ~ enough for it?** t'en sens-tu l'énergie?; **I don't want to do anything too ~** je ne veux rien faire qui demande trop d'énergie.

energetically [ˌenə'dʒetɪklɪ] *adv* énergiquement.

energize ['enədʒaɪz] *vt* [person] donner de l'énergie à, stimuler; ELEC exciter, envoyer de l'électricité dans.

energizing ['enədʒaɪzɪŋ] *adj* [food, effect] énergisant.

energy ['enədʒɪ] (*pl* **energies**) ◇ *n* -**1.** [vitality] énergie *f*; **to be/to feel full of ~** être/se sentir plein d'énergie; **to have no ~** se sentir sans énergie; **to conserve one's ~** économiser son énergie; **she didn't have the ~ for an argument** elle n'avait pas assez d'énergie pour se disputer; **glucose is full of ~** le glucose est très énergétique. -**2.** [effort] énergie *f*; **to devote** OR **to apply (all) one's energies to sthg** consacrer toute son énergie OR toutes ses énergies à qqch. -**3.** PHYS énergie *f*; **kinetic/potential ~** énergie cinétique/potentielle; **atomic ~** énergie nucléaire OR atomique. -**4.** [power] énergie *f*; **to save** OR **to conserve ~** faire des économies d'énergie; **to consume ~** consommer de l'énergie; **a source of ~** une source d'énergie ❑ **Minister of** OR **Secretary (of State) for Energy** ministre *m* de l'Énergie.
◇ *comp* [conservation, consumption] d'énergie; [supplies, programme, level] énergétique; **~ crisis** crise *f* énergétique OR de l'énergie; **~-giving** énergétique; **~-intensive** [appliance, industry] grand consommateur d'énergie; **~-saving** [device] d'économie d'énergie.

enervate ['enəveɪt] *vt* amollir, débiliter.

enervating ['enəveɪtɪŋ] *adj* amollissant, débilitant.

enfeeble [ɪn'fiːbl] *vt* affaiblir.

enfeeblement [ɪn'fiːblmənt] *n* affaiblissement *m*.

enfilade [ˌenfɪ'leɪd] MIL ◇ *n* enfilade *f*.
◇ *vt* prendre en enfilade.

enfold [ɪn'fəʊld] *vt* [embrace] étreindre; **to ~ sb in one's arms** étreindre qqn, entourer qqn de ses bras.

enforce [ɪn'fɔːs] *vt* [policy, decision] mettre en œuvre, appliquer; [law] mettre en vigueur; [subj: police] faire exécuter; [one's rights] faire valoir; [one's will, discipline] faire respecter; [contract] faire exécuter; **to ~ obedience** se faire obéir.

enforceable [ɪn'fɔːsəbl] *adj* exécutoire.

enforced [ɪn'fɔːst] *adj* forcé.

enforcement [ɪn'fɔːsmənt] *n* [of law] application *f*; [of contract] exécution *f*.

enfranchise [ɪn'fræntʃaɪz] *vt* [give vote to - women, workers] accorder le droit de vote à; [emancipate - slaves] affranchir.

enfranchisement [ɪn'fræntʃɪzmənt] *n* [of women, workers] octroi *m* du droit de vote; [of slaves] affranchissement *m*.

engage [ɪn'geɪdʒ] ◇ *vt* -**1.** [occupy, involve]: **to ~ sb in conversation** [talk to] discuter avec qqn; [begin talking to] engager la conversation avec qqn; **while we were ~d in conversation** pendant que nous discutions. -**2.** *fml* [employ - staff] engager; [- lawyer] engager les services de; **to ~ the services of sb** employer les services de qqn. -**3.** *fml* [attract, draw - interest, attention]

attirer; [- sympathy] susciter. -**4.** AUT & TECH engager; to ~ **the clutch** embrayer; to ~ **a gear** engager une vitesse. -**5.** MIL: to ~ **the enemy** engager (le combat avec) l'ennemi.
◇ *vi* -**1.** [take part]: to ~ **in** prendre part à; to ~ **in conversation** discuter. -**2.** MIL: to ~ **in battle with the enemy** engager le combat avec l'ennemi. -**3.** AUT & TECH s'engager; [cogs] s'engrener; [machine part] s'enclencher. -**4.** *fml* [promise]: to ~ **to do sthg** s'engager à faire qqch.

engaged [ɪn'geɪdʒd] *adj* -**1.** [of couple] fiancé; **to be ~ to be married** être fiancé; **to get ~** se fiancer; **the ~ couple** les fiancés *mpl*. -**2.** [busy, occupied] occupé; **I'm otherwise ~** je suis déjà pris; **to be ~ in discussions with sb** être engagé dans des discussions avec qqn; **to be ~ in a conversation** être en pleine discussion. -**3.** *Br* [telephone] occupé; **the line** OR **number is ~** la ligne est occupée; **I got the ~ tone** ça sonnait occupé. -**4.** [toilet] occupé.

engagement [ɪn'geɪdʒmənt] *n* -**1.** [betrothal] fiançailles *fpl*; **they announced their ~** ils ont annoncé leurs fiançailles. -**2.** [appointment] rendez-vous *m*; **dinner ~** rendez-vous pour dîner; **he couldn't come, owing to a prior** OR **previous ~** il n'a pas pu venir car il était déjà pris. -**3.** MIL engagement *m*. -**4.** AUT & TECH engagement *m*. -**5.** [recruitment] engagement *m*, embauche *f*. -**6.** *fml* [promise] obligation *f*, engagement *m*. -**7.** [for actor, performer] engagement *m*, contrat *m*.

engagement diary *n* agenda *m*.

engagement ring *n* bague *f* de fiançailles.

engaging [ɪn'geɪdʒɪŋ] *adj* [smile, manner, tone] engageant; [person, personality] aimable, attachant.

engagingly [ɪn'geɪdʒɪŋlɪ] *adv* de manière engageante.

engender [ɪn'dʒendəʳ] *vt* engendrer, créer; **to ~ sthg in sb** engendrer qqch chez qqn.

engine ['endʒɪn] ◇ *n* [in car, plane] moteur *m*; [in ship] machine *f*; (railway) ~ *Br* locomotive *f*; **to sit with one's back to the ~** être assis dans le sens opposé à OR inverse de la marche; **to sit facing the ~** être assis dans le sens de la marche.
◇ *comp* [failure, trouble] de moteur OR machine; ~ **block** AUT bloc-moteur *m*; ~ **oil** AUT huile *f* à OR de moteur.

-engined ['endʒɪnd] *in cpds*: **twin~** bimoteur.

engine driver *n Br* RAIL mécanicien *m*, conducteur *m*.

engineer [,endʒɪ'nɪəʳ] ◇ *n* -**1.** [for roads, machines, bridges] ingénieur *m*; [repairer] dépanneur *m*, réparateur *m*; MIL soldat *m* du génie; NAUT mécanicien *m*; **aircraft ~** AERON mécanicien *m* de piste OR d'avion; **flight ~** AERON ingénieur de vol, mécanicien *m* naviguant; **the Royal Engineers** MIL le génie *(britannique)*. -**2.** *Am* RAIL = **engine driver**. -**3.** *fig* [of plot, scheme etc] instigateur *m*, -trice *f*, artisan *m*.
◇ *vt* -**1.** [road, bridge, car] concevoir. -**2.** *pej* [bring about - event, situation] manigancer. -**3.** [work - goal, victory] amener.

engineering [,endʒɪ'nɪərɪŋ] ◇ *n* ingénierie *f*, engineering *m*; **to study ~** faire des études d'ingénieur; **an incredible feat of ~** une merveille de la technique; **an intricate piece of ~** une mécanique très complexe.
◇ *comp*: ~ **consultancy** [firm] compagnie *f* d'ingénieurs-conseils; ~ **consultant** ingénieur-conseil *m*; ~ **department** service *m* technique; ~ **and design department** bureau *m* d'études; ~ **firm** entreprise *f* de construction mécanique; ~ **work** [on railway line] travail *m* d'ingénierie.

engineman ['endʒɪnmæn] (*pl* **enginemen** [-men]) *Am* = **engine driver**.

engine room *n* NAUT salle *f* des machines.

engine shed *n* RAIL dépôt *m*.

England ['ɪŋglənd] *pr n* Angleterre *f*; **to live in ~** habiter l'Angleterre OR en Angleterre; **to go to ~** aller en Angleterre; **the ~ team** SPORT l'équipe d'Angleterre; **an ~ player** un joueur anglais; **an ~ victory** une victoire de OR pour l'Angleterre.

English ['ɪŋglɪʃ] ◇ *adj* anglais; [history, embassy] d'Angleterre; [dictionary, teacher] d'anglais; **the ~ disease** *terme faisant référence à la fréquence des grèves avant les lois anti-syndicales en Grande-Bretagne.*
◇ *n* LING anglais *m*; **do** OR **can you speak ~?** parlez-vous (l') anglais?; **to study ~** étudier OR apprendre l'anglais; **she speaks excellent ~** elle parle très bien (l') anglais; **we spoke (in) ~ to each other** nous nous sommes parlé en anglais; **that's not good ~** ce n'est pas du bon anglais; **in plain** OR **simple ~** clairement; **so what you mean, in plain** OR **simple ~, is that...** autrement dit OR en d'autres termes, ce que vous voulez dire, c'est que...; **can you put that in plain** OR **simple ~?** pouvez-vous vous exprimer plus clairement?; **why can't lawyers talk in plain** OR **simple ~?** pourquoi les hommes de loi ne parlent-ils pas comme vous et moi? ❑ ~ **as a Foreign Language** anglais langue étrangère; **the King's** OR **Queen's ~** l'anglais correct; ~ **as a Second Language** anglais deuxième langue.
◇ *npl*: **the ~** les Anglais *mpl*.

English breakfast *n* petit déjeuner *m* anglais OR à l'anglaise, breakfast *m*.

ENGLISH BREAKFAST:
Le petit déjeuner traditionnel anglais se compose d'un plat chaud (des œufs au bacon, par exemple), de céréales ou de porridge, et de toasts à la marmelade d'oranges, le tout accompagné de café ou de thé; aujourd'hui il est généralement remplacé par une collation plus légère.

English Channel *pr n*: **the ~** la Manche.

English Heritage *pr n organisme britannique de protection du patrimoine historique.*

English horn *n Am* cor *m* anglais.

Englishman ['ɪŋglɪʃmən] (*pl* **Englishmen** [-mən]) *n* Anglais *m*; **an ~'s home is his castle** *prov* charbonnier est maître dans sa maison *prov*.

English muffin *n Am sorte de gaufre.*

English rose *n* femme *f* au charme anglais, beauté *f* britannique.

English setter *n* setter *m* anglais.

English speaker *n* [as native speaker] anglophone *mf*; [as non-native speaker] personne *f* parlant anglais.

English-speaking *adj* [as native language] anglophone; [as learned language] parlant anglais.

Englishwoman ['ɪŋglɪʃ,wʊmən] (*pl* **Englishwomen** [-,wɪmɪn]) *n* Anglaise *f*.

engrave [ɪn'greɪv] *vt* graver; **~d on her memory** gravé dans sa mémoire.

engraver [ɪn'greɪvəʳ] *n* graveur *m*.

engraving [ɪn'greɪvɪŋ] *n* gravure *f*.

engross [ɪn'grəʊs] *vt* -**1.** *(usu pass)* [absorb] absorber; **to be ~ed in a book** être absorbé OR plongé dans un livre; **I was so ~ed in what I was doing** j'étais tellement absorbé par ce que je faisais. -**2.** JUR [make clear copy of - manuscript, document] grossoyer.

engrossing [ɪn'grəʊsɪŋ] *adj* absorbant.

engulf [ɪn'gʌlf] *vt* engloutir; **to be ~ed by the sea/in flames** être englouti par la mer/les flammes; **the little man was ~ed in** OR **by his overcoat** le petit bonhomme disparaissait sous son pardessus; **~ed in silence** plongé dans le silence.

enhance [ɪn'hɑːns] *vt* [quality, reputation, performance] améliorer; [value, chances, prestige] augmenter, accroître; [taste, beauty] rehausser, mettre en valeur.

enhanced [ɪn'hɑːnst] *adj* [quality, reputation, performance] amélioré, meilleur; [value, chances, prestige] augmenté, accru; [taste, beauty] rehaussé, mis en valeur.

-enhanced *in cpds*: **computer~** [graphics] optimisé par ordinateur; **protein~** enrichi en protéines.

enhancement [ɪn'hɑːnsmənt] *n* [of quality, reputation, performance] amélioration *f*; [of value, chances, prestige] augmentation *f*, accroissement *m*; [of taste, beauty] rehaussement *m*, mise *f* en valeur.

enigma [ɪ'nɪgmə] *n* énigme *f*; **he remains an ~ to us** il est encore une énigme pour nous.

enigmatic [,enɪg'mætɪk] *adj* énigmatique.

enigmatically [,enɪg'mætɪklɪ] *adv* [smile, speak] d'un air énigmatique; [worded] énigmatiquement, d'une manière énigmatique.

enjoin [ɪn'dʒɔɪn] *vt fml* -**1.** [urge strongly] exhorter, recommander fortement OR vivement à; [order, command] enjoindre, ordonner à; **to ~ sb to do sthg** [urge] exhorter qqn à faire qqch, recommander fortement OR vivement à qqn de faire qqch; [command] enjoindre OR ordonner à qqn de faire qqch; **to ~ silence on** OR **upon sb** [urge] exhorter qqn au silence; [command] enjoindre OR ordonner le silence à qqn. -**2.** *Am* [forbid] interdire à.

enjoy [ɪn'dʒɔɪ] ◇ *vt* -**1.** [like - in general] aimer; [- on particular occasion] apprécier; **to ~ sthg/doing sthg** aimer qqch/faire qqch; **to ~ a hot bath** aimer prendre des bains chauds; **to ~ a glass of wine with one's meal** aimer boire un verre de vin avec son repas; **to ~ life** aimer la vie; **he ~s swimming/going to the cinema** il aime la natation/aller au cinéma; **I don't ~ being made fun of** je n'aime pas qu'on se moque de moi; **~ your meal!** bon appétit!; **did you ~ your meal, sir?** avez-vous bien mangé, monsieur?; **I ~ed that** [book, film] cela m'a plu; [meal] je me suis régalé; **I thoroughly ~ed the weekend/party** j'ai passé un excellent week-end/une excellente soirée; **I ~ the various advantages the job has to offer** j'apprécie les divers avantages qu'offre ce poste; **I'm really ~ing this fine weather** quel plaisir, ce beau temps; **did you ~ it?** cela t'a plu?; **what did you ~ most?** qu'avez-vous préféré?, qu'est-ce qui vous a le plus plu?; **to ~ o.s.** s'amuser; **~ yourselves!** amusez-vous bien!; **did you ~ yourself?** alors, c'était bien?; **the Duke and Duchess, ~ing a joke with their daughter** le Duc et la Duchesse, riant avec leur fille d'une plaisanterie. -**2.** [possess - rights, respect, privilege, income, good health] jouir de; [profits] bénéficier de.
◇ *vi*: **~!** *Am* [enjoy yourself] amusez-vous bien!; [in restaurant] bon appétit!

enjoyable [ɪn'dʒɔɪəbl] *adj* [book, film, day] agréable; [match, contest] beau; [meal] excellent.

enjoyably [ɪn'dʒɔɪəblɪ] *adv* de manière agréable.

enjoyment [ɪn'dʒɔɪmənt] *n* -**1.** [pleasure] plaisir *m*; **to get ~ from sthg/doing sthg** tirer du plaisir de qqch/à faire qqch; **she doesn't get much ~** elle n'a pas beaucoup de distractions; **to get ~ out of life** jouir de la vie; **nothing could spoil his ~ of the meal** rien ne pouvait gâcher le plaisir que lui procurait ce repas; **I don't do this for ~** je ne fais pas cela pour le OR mon plaisir. -**2.** [of privileges, rights etc] jouissance *f*.

enlarge [ɪn'lɑːdʒ] ◇ *vt* -**1.** [expand - territory, house, business] agrandir; [- field of knowledge, group of friends] étendre, élargir; [- hole] agrandir, élargir; [- pores] dilater; MED [- organ] hypertrophier; **~d edition** édition *f* augmentée. -**2.** PHOT agrandir.
◇ *vi* -**1.** [pores] se dilater; MED [organ] s'hypertrophier. -**2.** PHOT: **the photo won't ~ well** la photo ne donnera pas un bon agrandissement OR ne rendra pas bien en agrandissement.
◆ **enlarge on, enlarge upon** *vt insep* [elaborate on] s'étendre sur, donner des détails sur.

enlargement [ɪn'lɑːdʒmənt] *n* [of territory, house, business] agrandissement *m*; [of group of friends, field of knowledge] élargissement *m*; [of hole] agrandissement, élargissement; [of pore] dilatation *f*; MED [of organ] hypertrophie *f*; PHOT agrandissement *m*.

enlarger [ɪn'lɑːdʒəʳ] *n* PHOT agrandisseur *m*.

enlighten [ɪn'laɪtn] *vt* éclairer; **to ~ sb on**

sthg/as to why... éclairer qqn sur qqch/sur la raison pour laquelle...

enlightened [ɪn'laɪtnd] *adj* [person, view, policy] éclairé; ~ self-interest magnanimité *f* intéressée; ~ despot HIST despote *m* éclairé.

enlightening [ɪn'laɪtnɪŋ] *adj* [book, experience] instructif; the film was very ~ about the subject le film en apprenait beaucoup sur le sujet; that's not very ~! ça ne m'apprend OR ne me dit pas grand-chose!

enlightenment [ɪn'laɪtnmənt] *n* [explanation, information] éclaircissements *mpl*; [state] édification *f*, instruction *f*; for your ~ pour votre édification OR instruction.

◆ **Enlightenment** *n* HIST: the (Age of) Enlightenment le Siècle des lumières.

enlist [ɪn'lɪst] *vt* -**1.** MIL enrôler. -**2.** [help, support etc] mobiliser, faire appel à.

enlisted [ɪn'lɪstɪd] *adj Am*: ~ man (simple) soldat *m*.

enlistment [ɪn'lɪstmənt] *n* MIL enrôlement *m*, engagement *m*.

enliven [ɪn'laɪvn] *vt* [conversation, party] animer.

enmesh [ɪn'meʃ] *vt literal* prendre dans un filet; *fig* mêler; he got ~ed in the plot il s'est trouvé mêlé au complot.

enmity ['enmətɪ] (*pl* enmities) *n fml* inimitié *f*, hostilité *f*; ~ for/towards sb inimitié pour/envers qqn; ~ among OR between people inimitié entre personnes.

ennoble [ɪ'nəʊbl] *vt* [confer title upon] anoblir; *fig* [exalt, dignify] ennoblir, grandir.

enology *etc* [iː'nɒlədʒɪ] *Am* = **oenology**.

enormity [ɪ'nɔːmətɪ] (*pl* enormities) *n* -**1.** [of action, crime] énormité *f*. -**2.** *fml* [atrocity] atrocité *f*; [crime] crime *m* très grave. -**3.** [great size] énormité *f*; they were aware of the ~ of the task ahead of them ils se rendaient compte de l'énormité de la tâche qui les attendait.

enormous [ɪ'nɔːməs] *adj* -**1.** [very large - thing] énorme; [- amount, number] énorme, colossal; they've got an ~ dog ils ont un chien énorme; ~ amounts of food une quantité énorme OR énormément de vivres; an ~ crowd had gathered un monde fou s'était rassemblé; he made one last ~ effort il fit un dernier effort démesuré; there's an ~ difference between the two estimates il y a une énorme différence entre les deux estimations; an ~ number of cars une énorme quantité de voitures. -**2.** [as intensifier] énorme, grand; the operation was an ~ success l'opération a été un très grand succès; it has given me ~ pleasure cela m'a fait énormément plaisir.

enormously [ɪ'nɔːməslɪ] *adv* énormément, extrêmement; demand has increased ~ la demande a énormément augmenté; an ~ big house une maison terriblement grande; it was ~ successful ce fut extrêmement réussi.

enough [ɪ'nʌf] ◇ *det* assez de; ~ money assez OR suffisamment d'argent; do you have ~ money to pay? avez-vous de quoi payer?; are there ~ copies for all the children? y a-t-il assez OR suffisamment d'exemplaires pour tous les enfants?; you've had more than ~ wine tu as bu plus qu'assez de vin; the report is proof ~ le rapport est une preuve suffisante; she's not fool ~ to believe that! elle n'est pas assez bête pour le croire!

◇ *pron*: do you need some money? – I've got ~ avez-vous besoin d'argent? – j'en ai assez OR suffisamment; we earn ~ to live on nous gagnons de quoi vivre; there's ~ for everybody il y en a assez pour tout le monde; ~/not ~ is known for us to be able to make a prediction on en sait assez/on n'en sait pas assez pour faire une prévision; not ~ of us are here to take a vote on n'est pas assez nombreux pour voter; he's had ~ to eat il a assez mangé; more than ~ plus qu'il n'en faut ☐ ~ is ~! ça suffit comme ça!, trop c'est trop!; ~ is as good as a feast mieux vaut assez que trop; ~ said! *inf* je vois!; that's ~! ça suffit!; it's ~ to drive you mad c'est à vous rendre fou; I can't get ~ of his films je ne me lasse jamais de ses films; to have had ~ (of sthg) en avoir assez de qqch; she's had ~ of working late elle en a assez de travailler tard le soir.

◇ *adv* -**1.** [sufficiently] assez, suffisamment; he's old ~ to understand il est assez grand pour comprendre; it's a good ~ reason c'est une raison suffisante; you know well ~ what I mean vous savez très bien ce que je veux dire. -**2.** [fairly] assez; to do sthg well ~ faire qqch passablement bien; she's honest ~ elle est assez honnête; it's good ~ in its own way ce n'est pas mal dans le genre. -**3.** [with adverb]: oddly OR strangely ~, nobody knows her chose curieuse, personne ne la connaît.

en passant [ɑ̃'pæsɑ̃] *adv* en passant.

enplane [ɪn'pleɪn] = **emplane**.

enquire *etc* [ɪn'kwaɪəʳ] = **inquire**.

enrage [ɪn'reɪdʒ] *vt* rendre furieux, mettre en rage; he was ~d to discover that... il enrageait de découvrir que...; ~d, I left furieux, je suis parti.

enrapture [ɪn'ræptʃəʳ] *vt* enchanter, ravir; we were ~d by the beauty of the island nous étions en extase devant la beauté de l'île.

enrich [ɪn'rɪtʃ] *vt* [mind, person, life] enrichir; [soil] fertiliser, amender; PHYS enrichir; breakfast cereals ~ed with vitamins céréales *fpl* enrichies en vitamines.

enriching [ɪn'rɪtʃɪŋ] *adj* enrichissant.

enrichment [ɪn'rɪtʃmənt] *n* [of mind, person, life] enrichissement *m*; [of soil] fertilisation *f*, amendement *m*; PHYS enrichissement *m*.

enrol *Br*, **enroll** *Am* [ɪn'rəʊl] (*pt* & *pp* enrolled, *cont* enrolling) ◇ *vt* -**1.** [student] inscrire, immatriculer; [member] inscrire; MIL [recruit] enrôler, recruter. -**2.** *Am* POL [prepare] dresser, rédiger; [register] enregistrer; ~ed bill projet *m* de loi enregistré.

◇ *vi* [student] s'inscrire; MIL s'engager, s'enrôler; to ~ on OR for a course s'inscrire à un cours; to ~ as a student s'inscrire à la faculté.

enrolment *Br*, **enrollment** *Am* [ɪn'rəʊlmənt] *n* [registration - of members] inscription *f*; [- of students] inscription *f*, immatriculation *f*; [- of workers] embauche *f*; MIL enrôlement *m*, recrutement *m*; the club has an ~ of 500 members le club compte 500 membres; a school with an ~ of 300 students une école avec un effectif de 300 élèves.

ensconce [ɪn'skɒns] *vt fml* OR *hum* installer; she ~d herself/was ~d in the armchair elle se cala/était bien calée dans le fauteuil.

ensemble [ɒn'sɒmbl] *n* [gen & MUS] ensemble *m*.

enshrine [ɪn'ʃraɪn] *vt literal* enchâsser; *fig* [cherish] conserver pieusement OR religieusement; our fundamental rights are ~d in the constitution nos droits fondamentaux font partie intégrante de la constitution.

enshroud [ɪn'ʃraʊd] *vt fml* ensevelir; the countryside was ~ed in mist le paysage était enseveli sous la brume; ~ed in mystery enveloppé de mystère.

ensign ['ensaɪn] *n* -**1.** [flag] drapeau *m*, enseigne *f*; NAUT pavillon *m*; the red ~ *Br* ≃ le pavillon marchand; the white ~ *Br le pavillon de la marine britannique et du Royal Yacht Squadron*. -**2.** [symbol] insigne *m*, emblème *m*. -**3.** *Br* MIL (officier *m*) porte-étendard *m*. -**4.** *Am* NAUT enseigne *m* de vaisseau de deuxième classe.

enslave [ɪn'sleɪv] *vt literal* réduire en esclavage, asservir; *fig* asservir, captiver; he was ~d by his conscience il était l'esclave de sa conscience.

enslavement [ɪn'sleɪvmənt] *n literal* asservissement *m*, assujettissement *m*; *fig* sujétion *f*, asservissement *m*, assujettissement *m*.

ensnare [ɪn'sneəʳ] *vt literal* & *fig* prendre au piège; ~d by her charms séduit par ses charmes.

ensue [ɪn'sjuː] *vi* s'ensuivre, résulter; the problems that have ~d from government cutbacks les problèmes qui ont résulté des restrictions gouvernementales.

ensuing [ɪn'sjuːɪŋ] *adj* [action, event] qui s'ensuit; [month, year] suivant.

en suite [,ɒn'swiːt] *adj* & *adv*: with ~ bathroom, with bathroom ~ avec salle de bain particulière.

ensure [ɪn'ʃɔːʳ] *vt* -**1.** [guarantee] assurer, garantir; I did everything I could to ~ that he would succeed OR to ~ his success j'ai fait tout ce que j'ai pu pour m'assurer qu'il réussirait OR pour assurer son succès. -**2.** [protect] protéger, assurer.

ENT (*abbr of* ear, nose & throat) ◇ *n* ORL *f*.
◇ *adj* ORL.

entail [ɪn'teɪl] *vt* -**1.** [imply - consequence, expense] entraîner; [- difficulty, risk] comporter; [- delay, expense] occasionner; LOGIC entraîner; starting a new job often ~s a lot of work prendre un nouveau poste exige souvent OR nécessite souvent beaucoup de travail. -**2.** JUR: to ~ an estate substituer un héritage; an ~ed estate un bien grevé.

entailment [ɪn'teɪlmənt] *n* -**1.** [of consequences] entraînement *m*; LOGIC enchaînement *m*. -**2.** JUR substitution *f*.

entangle [ɪn'tæŋgl] *vt* -**1.** [ensnare] empêtrer, enchevêtrer; the bird was ~d in the net l'oiseau était empêtré dans le filet. -**2.** [snarl - hair] emmêler; [- threads] emmêler, embrouiller. -**3.** *fig* [involve] entraîner, impliquer; she got ~d in the dispute elle s'est retrouvée impliquée dans la dispute; he became ~d with a group of drug dealers il s'est retrouvé mêlé à un groupe de dealers.

entanglement [ɪn'tæŋglmənt] *n* -**1.** [in net, undergrowth] enchevêtrement *m*. -**2.** [of hair, thread] emmêlement *m*. -**3.** *fig* [involvement] implication *f*; emotional ~s complications *fpl* sentimentales; his ~ with Marie/with the police son histoire avec Marie/avec la police.

entente [ɒn'tɒnt] *n* entente *f*.

enter ['entəʳ] ◇ *vt* -**1.** [go into - room] entrer dans; [- building] entrer dans, pénétrer dans; as I ~ed the building comme j'entrais dans le bâtiment; the ship ~ed the harbour le navire est entré au OR dans le port; where the bullet ~ed the body l'endroit où la balle a pénétré le corps; as we ~ a new decade alors que nous entrons dans une nouvelle décennie; the war ~ed a new phase la guerre est entrée dans une phase nouvelle; a note of sadness ~ed her voice une note de tristesse s'est glissée dans sa voix; the thought never ~ed my head l'idée ne m'est jamais venue à l'esprit. -**2.** [join - university] s'inscrire à, se faire inscrire à; [- profession] entrer dans; [- army] s'engager OR entrer dans; [- politics] se lancer dans; to ~ the church entrer dans les ordres. -**3.** [register] inscrire; the school ~ed the pupils for the exam/in the competition l'école a présenté les élèves à l'examen/au concours; to ~ a horse for a race engager OR inscrire un cheval dans une course. -**4.** [record - on list] inscrire; [- in book] noter; COMPUT [data] entrer, introduire; he ~ed the figures in the ledger il a porté les chiffres sur le livre de comptes. -**5.** [submit] présenter; to ~ a proposal présenter une proposition; to ~ a protest protester officiellement; to ~ an appeal JUR interjeter appel.

◇ *vi* -**1.** [come in] entrer; ~ Juliet THEAT entre Juliette. -**2.** [register] s'inscrire; she ~ed for the race/for the exam elle s'est inscrite pour la course/à l'examen.

◆ **enter into** *vt insep* -**1.** [begin - explanation] se lancer dans; [- conversation, relations] entrer en; [- negotiations] entamer; I won't ~ into details at this stage je ne vais pas entrer dans les détails à ce stade. -**2.** [become involved in]: to ~ into an agreement with sb conclure un accord avec qqn; I ~ed into the spirit of the game *fig* je suis entré dans le jeu. -**3.** [affect] entrer dans; an element of chance ~s into every business venture un facteur hasard entre en jeu dans toute entreprise commerciale; my feelings don't ~ into my decision mes sentiments n'ont rien à voir avec OR ne sont pour rien dans ma décision.

◆ **enter up** *vt sep* [amount] inscrire, porter.

◆ **enter upon** *vt insep* -**1.** [career] débuter OR entrer dans; [negotiations] entamer; [policy] commencer. -**2.** JUR [inheritance] prendre possession de.

enteric [en'terɪk] *adj* entérique; ~ **fever** (fièvre *f*) typhoïde *f*.

enteritis [,entə'raɪtɪs] *n (U)* entérite *f*.

enterobacterium [,entərəʊbæk'tɪərɪəm] (*pl* enterobacteria [-rɪə]) *n* entérobactérie *f*.

enterovirus [,entərəʊ'vaɪrəs] *n* entérovirus *m*.

enterprise ['entəpraɪz] *n* -**1.** [business, project] entreprise *f*. -**2.** [initiative] initiative *f*, esprit *m* entreprenant OR d'initiative; **men of** ~ des hommes entreprenants; **she showed great** ~ elle a fait preuve d'un esprit entreprenant.

enterprise zone *n Br zone d'encouragement à l'implantation d'entreprises dans les régions économiquement défavorisées.*

enterprising ['entəpraɪzɪŋ] *adj* [person] entreprenant, plein d'initiative; [project] audacieux, hardi; **she's very** ~ elle fait preuve d'initiative.

enterprisingly ['entəpraɪzɪŋlɪ] *adv* [boldly] audacieusement, hardiment; [independently] de sa propre initiative.

entertain [,entə'teɪn] ◇ *vt* -**1.** [amuse] amuser, divertir; **I** ~**ed them with a story** je leur ai raconté une histoire pour les distraire OR amuser. -**2.** [show hospitality towards] recevoir; **he** ~**ed them to dinner** [at restaurant] il leur a offert le dîner; [at home] il les a reçus à dîner. -**3.** [idea] considérer, penser à; **she had never** ~**ed hopes of becoming rich** elle n'avait jamais nourri OR caressé l'espoir de devenir riche; **he** ~**s grave doubts about it** il entretient de sérieux doutes à ce propos; **I refused to** ~ **such a suggestion** j'ai refusé d'admettre pareille suggestion.
◇ *vi* recevoir; **we** ~ **quite often** nous recevons (du monde) assez souvent.

entertainer [,entə'teɪnəʳ] *n* [comedian] comique *m*, amuseur *m*, -euse *f*; [in music hall] artiste *mf* (de music-hall), fantaisiste *mf*; **a well-known television** ~ un artiste de télévision bien connu.

entertaining [,entə'teɪnɪŋ] ◇ *n*: **she enjoys** ~ elle aime bien recevoir; **they do a lot of business** ~ ils donnent pas mal de réceptions d'affaires.
◇ *adj* amusant, divertissant.

entertainingly [,entə'teɪnɪŋlɪ] *adv* de façon amusante OR divertissante.

entertainment [,entə'teɪnmənt] *n* -**1.** [amusement] amusement *m*, divertissement *m*; **for your** ~**, we have organized...** pour vous distraire OR amuser, nous avons organisé...; **much to the** ~ **of the crowd** au grand amusement de la foule; **this film is** OR **provides good family** ~ ce film est un bon divertissement familial; **her favourite** ~ **is reading** la lecture est sa distraction préférée. -**2.** [performance] spectacle *m*, attraction *f*; **musical** ~**s will be provided** des attractions musicales sont prévues.

enthral *Br*, **enthrall** *Am* [ɪn'θrɔːl] (*pt* & *pp* **enthralled**, *cont* **enthralling**) *vt* -**1.** [fascinate] captiver, passionner; **she was** ~**ed by the idea** elle était séduite par l'idée. -**2.** *arch* [enslave] asservir.

enthralling [ɪn'θrɔːlɪŋ] *adj* [book, film] captivant, passionnant; [beauty, charm] séduisant.

enthrone [ɪn'θrəʊn] *vt* -**1.** [monarch] mettre sur le trône, introniser; [bishop] introniser. -**2.** *lit* [idea] révérer.

enthronement [ɪn'θrəʊnmənt] *n* intronisation *f*.

enthuse [ɪn'θjuːz] ◇ *vi* s'enthousiasmer; **she** ~**d over the plan** elle parlait du projet avec beaucoup d'enthousiasme.
◇ *vt* enthousiasmer, emballer; **you don't seem very** ~**d about it** tu n'as pas l'air emballé par l'idée.

enthusiasm [ɪn'θjuːzɪæzm] *n* -**1.** [interest] enthousiasme *m*; **she hasn't much** ~ **for the project** elle n'a pas beaucoup d'enthousiasme pour le projet; **the discovery has aroused** OR **stirred up considerable** ~ **among historians** la découverte a suscité un grand enthousiasme chez les historiens. -**2.** [hobby] passion *f*.

enthusiast [ɪn'θjuːzɪæst] *n* enthousiaste *mf*, fervent *m*, -e *f*; **she's a jazz** ~ elle est passionnée de OR elle se passionne pour le jazz; **football** ~**s** passionnés *mpl* de football.

enthusiastic [ɪn,θjuːzɪ'æstɪk] *adj* [person, response] enthousiaste; [shout, applause] enthousiaste, d'enthousiasme; **they gave me an** ~ **welcome** ils m'ont accueilli chaleureusement; **he's an** ~ **football player** c'est un footballeur passionné; **she's very** ~ **about the project** elle est très enthousiaste à l'idée de ce projet; **to be** ~ **about a suggestion** accueillir une proposition avec enthousiasme; **we're not very** ~ **about moving** déménager ne nous dit pas grand-chose, nous ne sommes pas enchantés de déménager.

enthusiastically [ɪn,θjuːzɪ'æstɪklɪ] *adv* [receive] avec enthousiasme; [speak, support] avec enthousiasme OR ferveur; [work] avec zèle.

entice [ɪn'taɪs] *vt* attirer, séduire; **to** ~ **sb away from sthg** éloigner qqn de qqch; **I managed to** ~ **him away from the television** j'ai réussi à l'arracher à la télévision; **they** ~**d him into a card game** ils l'ont attiré dans une partie de cartes; ~**d by their offer** alléché OR attiré par leur proposition.

enticement [ɪn'taɪsmənt] *n* -**1.** [attraction] attrait *m*, appât *m*. -**2.** [act] séduction *f*.

enticing [ɪn'taɪsɪŋ] *adj* [offer] attrayant, séduisant; [person] séduisant; [food] alléchant, appétissant.

enticingly [ɪn'taɪsɪŋlɪ] *adv* de façon séduisante; **delicious smells wafted** ~ **from the kitchen** de délicieuses odeurs de cuisine mettaient l'eau à la bouche.

entire [ɪn'taɪəʳ] *adj* -**1.** [whole] entier, tout; **my** ~ **life** toute ma vie, ma vie entière; **the** ~ **world** le monde entier. -**2.** [total] entier, complet; [absolute] total, absolu; **she has my** ~ **support** elle peut compter sur mon soutien sans réserve. -**3.** [intact] entier, intact.

entirely [ɪn'taɪəlɪ] *adv* entièrement, totalement; **I agree with you** ~ je suis entièrement d'accord avec vous; **that's** ~ **unnecessary** c'est absolument inutile; **I'm not** ~ **satisfied** je ne suis pas complètement satisfait; **they lived their lives** ~ **in the jungle** ils passèrent toute leur vie dans la jungle; **it's** ~ **my fault** c'est entièrement ma faute.

entirety [ɪn'taɪətɪ] (*pl* **entireties**) *n* -**1.** [completeness] intégralité *f*; **in its** ~ en (son) entier, intégralement; **the book tells the story in its** ~ le livre raconte l'histoire dans son entier. -**2.** [total] totalité *f*; **the** ~ **of his estate** la totalité de ses biens.

entitle [ɪn'taɪtl] *vt* -**1.** [give right to] autoriser; **the results** ~ **them to believe that...** les résultats les autorisent à croire que...; **his disability** ~**s him to a pension** son infirmité lui donne droit à une pension; **this ticket** ~**s the bearer to free admission** ce billet donne au porteur le droit à une entrée gratuite; **to be** ~**d to do sthg** [by status] avoir qualité pour OR être habilité à faire qqch; [by rules] avoir le droit OR être en droit de faire qqch; **you're** ~**d to your own opinion but...** vous avez le droit d'avoir votre avis mais...; **we're** ~**d to some fun!** nous avons bien le droit de nous amuser un peu!; **you're quite** ~**d to say that...** vous pouvez dire à juste titre que...; **to be** ~**d to vote** avoir le droit de vote || JUR habiliter; **to be** ~**d to act** être habilité à agir. -**2.** [film, painting etc] intituler; **the book is** ~**d...** le livre s'intitule... -**3.** [bestow title on] donner un titre à.

entitlement [ɪn'taɪtlmənt] *n* droit *m*; ~ **to social security** droit à la sécurité sociale.

entity ['entətɪ] (*pl* **entities**) *n* entité *f*; **legal** ~ personne *f* morale.

entomb [ɪn'tuːm] *vt literal* mettre au tombeau, ensevelir; *fig* ensevelir.

entombment [ɪn'tuːmmənt] *n literal* mise *f* au tombeau, ensevelissement *m*; *fig* ensevelissement *m*.

entomological [,entəmə'lɒdʒɪkl] *adj* entomologique.

entomologist [,entə'mɒlədʒɪst] *n* entomologiste *mf*.

entomology [,entə'mɒlədʒɪ] *n* entomologie *f*.

entopic [en'tɒpɪk] *adj* entopique.

entourage [,ɒntʊ'rɑːʒ] *n* entourage *m*.

entr'acte ['ɒntrækt] *n* entracte *m*.

entrails ['entreɪlz] *npl literal* & *fig* entrailles *fpl*.

entrain [ɪn'treɪn] ◇ *vi fml* monter dans un train.
◇ *vt* -**1.** *fml* [person] embarquer dans un train. -**2.** [subj: liquid, gas] entraîner.

entrance[1] ['entrəns] ◇ *n* -**1.** [means of entry] entrée *f*; [large] portail *m*; [foyer] entrée *f*, vestibule *m*; **the** ~ **to the store** l'entrée du magasin; **I'll meet you at the** ~ je te retrouverai à l'entrée. -**2.** [arrival] entrée *f*; **to make an** ~ [gen] faire une entrée; THEAT entrer en scène. -**3.** [admission] admission *f*; **'the management reserves the right to refuse** ~**'** 'la direction se réserve le droit de refuser l'entrée'; **passing this exam does not guarantee you** ~ **to the school** la réussite à cet examen ne te garantit pas l'admission à l'école; **he gained** ~ **to the university/profession** il a été admis à l'université/dans la profession. -**4.** [access] accès *m*, admission *f*; **the police gained** ~ **to the building from the back** la police a accédé au bâtiment par derrière.
◇ *comp* [card, ticket] d'entrée, d'admission; ~ **examination** [for school] examen *m* d'entrée; [for job] concours *m* de recrutement; ~ **requirements** qualifications *fpl* exigées à l'entrée.

entrance[2] [ɪn'trɑːns] *vt* -**1.** [hypnotize] hypnotiser, faire entrer en transe. -**2.** *fig* [delight] ravir, enchanter; **she was** ~**d by the beauty of the place** elle était en extase devant la beauté de l'endroit.

entrance fee ['entrəns-] *n* droit *m* OR frais *mpl* d'inscription.

entrance hall ['entrəns-] *n* [in house] vestibule *m*; [in hotel] hall *m*.

entrance ramp ['entrəns-] *n Am* bretelle *f* d'accès.

entrancing [ɪn'trɑːnsɪŋ] *adj* enchanteur, ravissant.

entrancingly [ɪn'trɑːnsɪŋlɪ] *adv* [smile] de façon ravissante OR séduisante; [dance, sing] à ravir; ~ **beautiful** beau à ravir.

entrant ['entrənt] *n* -**1.** [in exam] candidat *m*, -e *f*; [in race] concurrent *m*, -e *f*, participant *m*, -e *f*; **all** ~**s for the exam/competition** tous les candidats à l'examen/participants à la compétition. -**2.** [to profession, society] débutant *m*, -e *f*; **a training course for (new)** ~**s to the profession** un cours de formation pour ceux qui débutent dans la profession.

entrap [ɪn'træp] (*pt* & *pp* **entrapped**, *cont* **entrapping**) *vt fml* prendre au piège; **she had been entrapped into helping the thieves** elle avait été insidieusement amenée à aider les voleurs.

entrapment [ɪn'træpmənt] *n incitation au délit par un policier afin de justifier une arrestation.*

entreat [ɪn'triːt] *vt fml* implorer, supplier; **I** ~ **you to help me** je vous supplie de m'aider; **spare his life, I** ~ **you** épargnez sa vie, je vous en conjure; **I** ~**ed her not to be cross with him** je l'ai priée instamment de ne pas se fâcher contre lui.

entreating [ɪn'triːtɪŋ] *fml* ◇ *adj* suppliant, implorant.
◇ *n (U)* supplications *fpl*.

entreatingly [ɪn'triːtɪŋlɪ] *adv fml* [look] d'un air suppliant; [ask] d'un ton suppliant, d'une voix suppliante.

entreaty [ɪn'triːtɪ] (*pl* **entreaties**) *n fml* supplication *f*, prière *f*; **a look of** ~ un regard suppliant; **no one responded to her urgent entreaties** personne ne répondit à ses prières insistantes.

entrée ['ɒntreɪ] *n* **-1.** [right of entry] entrée *f*. **-2.** CULIN [course preceding main dish] entrée *f*; *Am* [main dish] plat *m* principal OR de résistance.

entrench [ɪn'trentʃ] *vt* MIL retrancher.

entrenched [ɪn'trentʃt] *adj* **-1.** MIL retranché. **-2.** *fig* [person] inflexible, inébranlable; [idea] arrêté; [power, tradition] implanté; **the two neighbours became ~ in a long-running feud** les deux voisins se retrouvèrent engagés dans une longue querelle; **attitudes that are firmly ~ in our society** des attitudes qui sont fermement ancrées dans notre société.

entrenchment [ɪn'trentʃmənt] *n* MIL OR *fig* retranchement *m*.

entrepreneur [,ɒntrəprə'nɜːʳ] *n* entrepreneur *m (homme d'affaires)*.

entrepreneurial [,ɒntrəprə'nɜːrɪəl] *adj* [spirit, attitude] d'entrepreneur; [society, person] qui a l'esprit d'entreprise; [skills] d'entrepreneur.

entropy ['entrəpɪ] *n* entropie *f*.

entrust [ɪn'trʌst] *vt* confier; **to ~ sthg to sb** confier qqch à qqn; **she ~ed her children to them** elle leur a confié ses enfants, elle a confié ses enfants à leur garde; **to ~ sb with a job** charger qqn d'une tâche, confier une tâche à qqn; **she ~ed him with the responsibility of selling it** elle l'a chargé de le vendre, elle lui a confié le soin de le vendre.

entry ['entrɪ] (*pl* **entries**) ◇ *n* **-1.** [way in] entrée *f*; [larger] portail *m*. **-2.** [act] entrée *f*; **to make an ~** [gen] faire une entrée; THEAT entrer en scène; **Spain's ~ into the EEC** l'entrée de l'Espagne dans la CEE. **-3.** [admission] entrée *f*, accès *m*; **this ticket gives you free ~ to the exhibition** ce billet te donne le droit d'entrer gratuitement à l'exposition; **she was refused ~ to the country** on lui a refusé l'entrée dans le pays; **'no ~'** [on door] 'défense d'entrer', 'entrée interdite'; [in street] 'sens interdit'. **-4.** [in dictionary] entrée *f*; [in diary] notation *f*; [in encyclopedia] article *m*; [on list] inscription *f*; COMPUT [of data] entrée (des données); [in account book, ledger] écriture *f*; **an ~ in the log** NAUT un élément du journal de bord; **single/double ~ bookkeeping** comptabilité *f* en partie simple/double. **-5.** [competitor] inscription *f*; [item submitted for competition] participant *m*, -e *f*, concurrent *m*, -e *f*; **a late ~** SPORT un participant de dernière minute. **-6.** *(U)* [number of entrants] taux *m* de participation; **the ~ is down this year** [in competition] le taux de participation est en baisse cette année; [in exam] les candidats sont moins nombreux cette année; [at school, university] le nombre d'inscriptions a baissé cette année.
◇ *comp* [fee, form] d'inscription.

entryism ['entrɪɪzm] *n* POL entrisme *m*, noyautage *m*.

entryist ['entrɪɪst] POL ◇ *adj* d'entrisme, de noyautage.
◇ *n* personne *f* qui pratique l'entrisme OR le noyautage.

Entryphone® ['entrɪ,fəʊn] *n* Interphone® *m (à l'entrée d'un immeuble ou de bureaux)*.

entryway ['entrɪ,weɪ] *n Am* entrée *f*; [larger] portail *m*; [foyer] foyer *m*, vestibule *m*.

entwine [ɪn'twaɪn] *vt* entrelacer; **the ivy had become ~d** OR **had ~d itself around the trellis** le lierre s'était entortillé autour du treillis.

E number *inf n Br* additif *m* code E; **there are a lot of ~s in this jam** il y a beaucoup d'additifs dans cette confiture.

enumerable [ɪ'njuːmərəbl] *adj* dénombrable.

enumerate [ɪ'njuːməreɪt] *vt* énumérer, dénombrer.

enumeration [ɪ,njuːmə'reɪʃn] *n* énumération *f*, dénombrement *m*.

enumerator [ɪ'njuːməreɪtəʳ] *n* ADMIN recenseur *m*, -euse *f (qui passe à domicile remplir le formulaire)*.

enunciate [ɪ'nʌnsɪeɪt] ◇ *vt* **-1.** [articulate] articuler, prononcer. **-2.** *fml* [formulate - idea, theory, policy] énoncer, exprimer.
◇ *vi* articuler.

enunciation [ɪ,nʌnsɪ'eɪʃn] *n* **-1.** [of sound, word] articulation *f*, prononciation *f*. **-2.** *fml* [of theory] énonciation *f*, exposition *f*; [of problem] énoncé *m*.

enuresis [,enjʊə'riːsɪs] *n* énurésie *f*.

enuretic [,enjʊ'retɪk] ◇ *adj* énurétique.
◇ *n* énurétique *mf*.

envelop [ɪn'veləp] *vt* envelopper; **~ed in a blanket** enveloppé dans une couverture; **~ed in mystery** entouré OR voilé de mystère; **the tops of the hills were ~ed in mist** le haut des collines était voilé de brume.

envelope ['envələʊp] *n* **-1.** [for letter] enveloppe *f*; **put the letter in an ~** mettez la lettre sous enveloppe; **in a sealed ~** sous pli cacheté; **they came in the same ~** ils sont arrivés dans le même pli. **-2.** BIOL enveloppe *f*, tunique *f*; MATH enveloppe *f*; ELECTRON enveloppe *f*. **-3.** [of balloon] enveloppe *f*.

envenom [ɪn'venəm] *vt literal* & *fig* envenimer.

enviable ['envɪəbl] *adj* enviable.

envious ['envɪəs] *adj* [person] envieux, jaloux; [look, tone] envieux, d'envie; **she's ~ of their new house** elle est envieuse de leur nouvelle maison; **I am very ~ of you!** comme je t'envie!; **her success only made people ~** son succès n'a fait que des envieux OR jaloux.

enviously ['envɪəslɪ] *adv* avec envie.

environment [ɪn'vaɪərənmənt] *n* **-1.** ECOL & POL [nature] environnement *m*; **the Secretary of State for the Environment** ≃ le ministre de l'Équipement. **-2.** [surroundings - physical] cadre *m*, milieu *m*; [- social] milieu *m*, environnement *m*; [- psychological] milieu *m*, ambiance *f*; BIOL, BOT & GEOG milieu *m*; LING & COMPUT environnement *m*; **an animal in its natural ~** un animal dans son milieu naturel; **a hostile ~** un climat d'hostilité, une ambiance hostile; **the novel examines the effect of ~ on character** le roman étudie les effets du milieu ambiant sur le caractère; **a pleasant working ~** des conditions de travail agréables.

environmental [ɪn,vaɪərən'mentl] *adj* **-1.** ECOL & POL écologique; **~ impact** impact *m* de l'environnement; **~ pressure groups** des groupes de pression pour la défense de l'environnement ❑ **Environmental Protection Agency** *Am* Agence *f* pour la protection de l'environnement; **~ science/studies** science *f*/études *fpl* de l'environnement. **-2.** [of surroundings] du milieu; **~ stimuli** stimuli *mpl* provenant du milieu ambiant.

environmentalism [ɪn,vaɪərən'mentəlɪzm] *n* **-1.** ECOL étude *f* de l'environnement. **-2.** PSYCH environnementalisme *m*.

environmentalist [ɪn,vaɪərən'mentəlɪst] *n* **-1.** ECOL écologiste *mf*. **-2.** PSYCH environnementaliste *mf*.

environmentally [ɪn,vaɪərən'mentəlɪ] *adv* ECOL écologiquement.

environment-friendly, **environmentally friendly** *adj* [policy] respectueux de l'environnement; [product] non polluant.

environs [ɪn'vaɪərənz] *npl fml* environs *mpl*, alentours *mpl*; **Paris and its ~** Paris et ses environs.

envisage [ɪn'vɪzɪdʒ] *vt* [imagine] envisager; [predict] prévoir; **I don't ~ (that there will be) any difficulty** je n'envisage pas (qu'il puisse y avoir) la moindre difficulté.

envision [ɪn'vɪʒn] *Am* = **envisage**.

envoy ['envɔɪ] *n* **-1.** [emissary] envoyé *m*, -e *f*, représentant *m*, -e *f*; **~ (extraordinary)** POL ministre *m* plénipotentiaire. **-2.** LITERAT envoi *m*.

envy ['envɪ] (*pl* **envies**, *pt* & *pp* **envied**) ◇ *n* **-1.** [jealousy] envie *f*, jalousie *f*; **out of ~** par envie OR jalousie; **filled with ~** dévoré de jalousie. **-2.** [object of jealousy] objet *m* d'envie; **she was the ~ of all her friends** elle excitait OR faisait l'envie de tous ses amis.
◇ *vt* envier; **I do ~ her** je l'envie vraiment; **I don't ~ you!** je ne t'envie pas!; **I can't say I ~ you** je ne peux pas dire que je t'envie; **I ~ him his success** je lui envie son succès.

enzyme ['enzaɪm] *n* enzyme *f*.

EOC *pr n abbr of* Equal Opportunities Commission.

Eocene ['iːəʊsiːn] ◇ *adj* éocène.
◇ *n* éocène *m*.

Eolian [iː'əʊlɪən] *Am* = **Aeolian**.

eolith ['iːəʊlɪθ] *n* éolithe *m*.

Eolithic [,iːəʊ'lɪθɪk] *adj* éolithique.

eon ['iːən] *Am* = **aeon**.

eosin(e) ['iːəʊsɪn] *n* éosine *f*.

Eozoic [,iːəʊ'zəʊɪk] *adj* précambrien.

EP (*abbr of* extended play) *n* **-1.** super 45 tours *m*, EP *m*. **-2.** *abbr of* European Plan.

EPA *pr n abbr of* Environmental Protection Agency.

epaulette *Br*, **epaulet** *Am* [,epə'let] *n* [gen & MIL] épaulette *f*.

epeirogeny [,epaɪ'rɒdʒənɪ] *n* mouvement *m* épeirogénique.

ephedrin(e) [*Br* 'efɪdriːn, *Am* ɪ'fedrən] *n* éphédrine *f*.

ephemera [ɪ'femərə] (*pl* **ephemeras** OR **ephemerae** [-,riː]) *n* **-1.** ZOOL éphémère *m*. **-2.** [short-lived thing] chose *f* éphémère.

ephemeral [ɪ'femərəl] *adj* [short-lived] éphémère, fugitif; ZOOL éphémère.

ephemerid [ɪ'femərɪd] *n* éphémère *m*.

ephemeris [ɪ'femərɪs] (*pl* **ephemerides** [,efɪ'merɪ,diːz]) *n* éphéméride *f*.

Ephesian [ɪ'fiːʒn] ◇ *n* [person] Éphésien *m*, -enne *f*; **the Epistle of Paul to the ~s** l'Épître de saint Paul aux Éphésiens.
◇ *adj* éphésien.
◆ **Ephesians** *npl (U)* BIBLE Éphésiens *mpl*.

Ephesus ['efəsəs] *pr n* Éphèse.

Ephraim ['iːfreɪɪm] *pr n* Éphraïm.

epic ['epɪk] ◇ *adj* **-1.** [impressive] héroïque, épique; *hum* épique, homérique. **-2.** LITERAT épique.
◇ *n* **-1.** LITERAT épopée *f*, poème *m* OR récit *m* épique. **-2.** [film] film *m* à grand spectacle.

epicarp ['epɪ,kɑːp] *n* épicarpe *m*.

epicene ['epɪsiːn] *adj* **-1.** [hermaphrodite] hermaphrodite; [sexless] asexué. **-2.** [effeminate] efféminé. **-3.** GRAMM épicène.

epicentre *Br*, **epicenter** *Am* ['epɪsentəʳ] *n* épicentre *m*.

epicure ['epɪ,kjʊəʳ] *n lit* gourmet *m*, gastronome *mf*.

epicurean [,epɪkjʊə'riːən] ◇ *adj* [gen] épicurien.
◇ *n* **-1.** [gen] épicurien *m*, -enne *f*. **-2.** [gourmet] gourmet *m*, gastronome *mf*.
◆ **Epicurean** PHILOS ◇ *adj* épicurien.
◇ *n* épicurien *m*, -enne *f*.

Epicureanism [,epɪkjʊə'riːənɪzm] *n* épicurisme *m*.

Epicurus [,epɪ'kjʊərəs] *pr n* Épicure.

epicyclic [,epɪ'saɪklɪk] *adj* épicycloïdal; **~ train** OR **gear train** *m* épicycloïdal.

Epidaurus [,epɪ'dɔːrəs] *pr n* Épidaure.

epidemic [,epɪ'demɪk] *literal* & *fig* ◇ *n* épidémie *f*.
◇ *adj* épidémique; **of ~ proportions** qui prend les proportions d'une épidémie.

epidemiologist ['epɪ,diːmɪ'ɒlədʒɪst] *n* épidémiologiste *mf*.

epidemiology ['epɪ,diːmɪ'ɒlədʒɪ] *n* épidémiologie *f*.

epidermis [,epɪ'dɜːmɪs] *n* épiderme *m*.

epidiascope [,epɪ'daɪəskəʊp] *n* épidiascope *m*.

epidural [,epɪ'djʊərəl] ◇ *adj* épidural.
◇ *n* anesthésie *f* épidurale, péridurale *f*.

epifocal [,epɪ'fəʊkl] *adj* épicentral.

epigenesis [,epɪ'dʒenɪsɪs] *n* BIOL épigenèse *f*; GEOL épigénie *f*.

epiglottis [,epɪ'glɒtɪs] (*pl* **epiglottises** OR **epiglotides** [-tɪ,diːz]) *n* épiglotte *f*.

epigram ['epɪgræm] *n* épigramme *f*.

epigrammatic(al) [,epɪgrə'mætɪk(l)] *adj* épigrammatique.

epigraph ['epɪgrɑːf] *n* épigraphe *f*.

epilepsy ['epɪlepsɪ] *n* épilepsie *f.*
epileptic [ˌepɪ'leptɪk] ◇ *adj* épileptique; an ~ fit une crise d'épilepsie.
◇ *n* épileptique *mf.*
epilogue ['epɪlɒg], **epilog** [e'pɪlɒg] *Am n* épilogue *m.*
epinephrine [ˌepɪ'nefrɪn] *n Am* adrénaline *f.*
Epiphany [ɪ'pɪfənɪ] *n* Épiphanie *f,* fête *f* des rois.
epiphenomenon [ˌepɪfɪ'nɒmɪnən] (*pl* **epiphenomena** [-nə]) *n* épiphénomène *m.*
epiphyte ['epɪˌfaɪt] *n* épiphyte *m.*
epiphytic [ˌepɪ'fɪtɪk] *adj* épiphyte.
Epirus [e'paɪərəs] *pr n* Épire.
episcopacy [ɪ'pɪskəpəsɪ] (*pl* **episcopacies**) *n* -**1.** [church government] gouvernement *m* d'une Église par les évêques. -**2.** = **episcopate.**
episcopal [ɪ'pɪskəpl] *adj* épiscopal.
Episcopal Church *n*: the ~ l'Église *f* épiscopale.
episcopalian [ɪˌpɪskəʊ'peɪljən] ◇ *adj* épiscopal, épiscopalien.
◇ *n* épiscopalien *m,* -enne *f;* the Episcopalians les épiscopaux *mpl,* les épiscopaliens *mpl.*
episcopate [ɪ'pɪskəpət] *n* épiscopat *m.*
episcope ['epɪskəʊp] *n Br* épiscope *m.*
episiotomy [ɪˌpɪzɪ'ɒtəmɪ] (*pl* **episiotomies**) *n* épisiotomie *f.*
episode ['epɪsəʊd] *n* [period, event] épisode *m;* [part of story] épisode *m;* an unhappy ~ in my life un épisode malheureux de ma vie; the first ~ will be broadcast on Sunday le premier épisode sera diffusé dimanche.
episodic [ˌepɪ'sɒdɪk] *adj* épisodique.
episodically [ˌepɪ'sɒdɪklɪ] *adv* épisodiquement.
epistemic [ˌepɪ'stiːmɪk] *adj* épistémique.
epistemological [eˌpɪstɪmə'lɒdʒɪkl] *adj* épistémologique.
epistemology [eˌpɪstiː'mɒlədʒɪ] *n* épistémologie *f.*
epistle [ɪ'pɪsl] *n* -**1.** *fml* OR *hum* [letter] lettre *f,* épître *f hum;* ADMIN courrier *m.* -**2.** LITERAT épître *f.*
◆ **Epistle** *n* BIBLE: the Epistle to the Romans l'Épître *f* aux Romains.
epistolary [ɪ'pɪstələrɪ] *adj fml* épistolaire.
epitaph ['epɪtɑːf] *n* épitaphe *f.*
epitaxial [ˌepɪ'tæksɪəl] *adj* épitaxial.
epithelium [ˌepɪ'θiːljəm] (*pl* **epitheliums** OR **epithelia** [-ljə]) *n* épithélium *m.*
epithet ['epɪθet] *n* épithète *f.*
epitome [ɪ'pɪtəmɪ] *n* -**1.** [typical example] modèle *m,* type *m* OR exemple *m* même; she's the ~ of generosity elle est l'exemple même de la générosité OR la générosité même; the house is the ~ of Baroque architecture la maison est l'exemple même de l'architecture baroque. -**2.** [of book] abrégé *m,* résumé *m.*
epitomize, -ise [ɪ'pɪtəmaɪz] *vt* -**1.** [typify] personnifier, incarner; this latest announcement ~s the government's attitude towards education cette dernière déclaration est caractéristique de l'attitude du gouvernement concernant l'éducation. -**2.** [book] abréger, résumer.
epizoic [ˌepɪ'zəʊɪk] *adj* épizoïque.
EPNS (*abbr of* **electroplated nickel silver**) *n* rudz *m.*
epoch ['iːpɒk] *n* époque *f;* the discovery marked a new ~ in the history of science cette découverte a fait date dans l'histoire de la science.
epoch-making *adj* qui fait époque, qui fait date.
eponym ['epənɪm] *n* éponyme *m.*
eponymous [ɪ'pɒnɪməs] *adj* du même nom, éponyme.
EPOS ['iːpɒs] (*abbr of* **electronic point of sale**) *n point de vente électronique.*
epoxy [ɪ'pɒksɪ] (*pl* **epoxies**) ◇ *adj* CHEM [function, group] époxy *inv.*
◇ *n* époxyde *m.*
epoxy resin *n* résine *f* époxyde OR époxy.
EPROM ['iːprɒm] (*abbr of* **erasable programmable read only memory**) *n* mémoire *f* morte effaçable.
Epsom ['epsəm] *pr n célèbre terrain de courses de chevaux en Angleterre.*
Epsom salts *npl* sel *m* d'Epsom, epsomite *f.*
equable ['ekwəbl] *adj* [character, person] égal, placide; [climate] égal, constant.
equably ['ekwəblɪ] *adv* tranquillement, placidement.
equal ['iːkwəl] (*Br pt* & *pp* **equalled**, *cont* **equalling**, *Am pt* & *pp* **equaled**, *cont* **equaling**) ◇ *adj* -**1.** [of same size, amount, degree, type] égal; ~ in number égal en nombre; ~ in size to an orange d'une taille égale à une orange; to be ~ to sthg égaler qqch; mix ~ parts of sand and cement mélangez du sable et du ciment en parts égales; an ~ amount of money une même somme d'argent; she speaks French and German with ~ ease elle parle français et allemand avec la même facilité; to be on an ~ footing with sb être sur un pied d'égalité avec qqn; to meet/to talk to sb on ~ terms rencontrer qqn/parler à qqn d'égal à égal; other OR all things being ~ toutes choses égales par ailleurs ☐ ~ opportunities, ~ op's *inf* chances *fpl* égales, égalité *f* des chances; ~ opportunity employer *entreprise s'engageant à respecter la législation sur la non-discrimination dans l'emploi;* ~ pay for ~ work à travail égal salaire égal; ~ rights égalité des droits; Equal Rights Amendment → **ERA**; ~ time RADIO & TV droit *m* de réponse. -**2.** [adequate]: ~ to: he proved ~ to the task il s'est montré à la hauteur de la tâche; the machine is not ~ to such heavy work la machine n'est pas faite pour fournir un si grand effort; to feel ~ to doing sthg se sentir le courage de faire qqch; I don't feel ~ to discussing it today je ne me sens pas le courage d'en parler aujourd'hui.
◇ *n* égal *m,* -e *f,* pair *m;* a woman who is your intellectual ~ une femme qui est votre égale intellectuellement; to talk to sb as an ~ parler à qqn d'égal à égal; we worked together as ~s nous avons travaillé ensemble sur un pied d'égalité; he has no ~ il est hors pair, il n'a pas son pareil.
◇ *vt* -**1.** [gen & MATH] égaler; 2 and 2 ~s 4 2 et 2 égalent OR font 4; let x ~ y si x égale y. -**2.** [match] égaler; no one in parliament could ~ his eloquence personne au parlement ne pouvait égaler son éloquence; there is nothing to ~ it il n'y a rien de comparable OR de tel; his arrogance is only equalled by his vulgarity son arrogance n'a d'égale que sa vulgarité.
equality [iː'kwɒlətɪ] (*pl* **equalities**) *n* égalité *f;* ~ of opportunity égalité des chances; ~ in the eyes of the law égalité devant la loi; women are still fighting for ~ les femmes se battent encore pour l'égalité.
equalization [ˌiːkwəlaɪ'zeɪʃn] *n* [gen] égalisation *f;* ELECTRON régularisation *f;* FIN péréquation *f.*
equalize, -ise ['iːkwəlaɪz] ◇ *vt* [chances] égaliser; [taxes, wealth] faire la péréquation de.
◇ *vi* SPORT égaliser.
equalizer ['iːkwəlaɪzəʳ] *n* -**1.** SPORT but *m* OR point *m* égalisateur. -**2.** ELECTRON égaliseur *m.*
equally ['iːkwəlɪ] *adv* -**1.** [evenly] également; divided ~ divisé en parts OR parties égales; ~ spaced également espacé. -**2.** [to same degree] également, aussi; they were ~ responsible ils étaient également responsables OR responsables au même degré; I was ~ surprised j'ai été tout aussi surpris; ~ well tout aussi bien; ~ talented students élèves également OR pareillement doués. -**3.** [by the same token]: efficiency is important, but ~ we must consider the welfare of the workforce l'efficacité, c'est important, mais nous devons tout autant considérer le bien-être du personnel.
Equal Opportunities Commission *pr n* commission *f* pour l'égalité des chances *(en Grande-Bretagne).*
equal sign, equals sign *n* signe *m* d'égalité OR d'équivalence.
equanimity [ˌekwə'nɪmətɪ] *n fml* sérénité *f,* équanimité *f lit;* to recover one's ~ se ressaisir; with ~ avec sérénité.
equatable [ɪ'kweɪtəbl] *adj* comparable, assimilable.
equate [ɪ'kweɪt] *vt* -**1.** [regard as equivalent] assimiler, mettre sur le même pied; some people wrongly ~ culture with elitism certaines personnes assimilent à tort culture et élitisme; you can't ~ Joyce with Homer on ne peut pas mettre Homère et Joyce sur le même pied. -**2.** [make equal] égaler, égaliser; our aim is to ~ exports and imports notre but est d'amener au même niveau les exportations et les importations; to ~ sthg to sthg MATH mettre qqch en équation avec qqch.
equation [ɪ'kweɪʒn] *n* -**1.** *fml* [association] assimilation *f.* -**2.** *fml* [equalization] égalisation *f.* -**3.** CHEM & MATH équation *f;* ~ of time ASTRON équation du temps.
equator [ɪ'kweɪtəʳ] *n* équateur *m;* at OR on the ~ sous OR à l'équateur.
equatorial [ˌekwə'tɔːrɪəl] *adj* équatorial.
Equatorial Guinea *pr n* Guinée-Équatoriale *f;* in ~ en Guinée-Équatoriale.
equerry ['ekwərɪ] (*pl* **equerries**) *n Br* [of household] intendant *m,* -e *f (de la maison du roi, de la reine);* [of stable] écuyer *m,* -ère *f.*
equestrian [ɪ'kwestrɪən] ◇ *adj* [event] hippique; [skills] équestre; [statue] équestre; [equipment, clothing] d'équitation.
◇ *n* [rider] cavalier *m,* -ère *f;* [in circus & MIL] écuyer *m,* -ère *f.*
equestrianism [ɪ'kwestrɪənɪzm] *n* équitation *f,* hippisme *m.*
equidistant [ˌiːkwɪ'dɪstənt] *adj* équidistant, à distance égale.
equilateral [ˌiːkwɪ'lætərəl] *adj* équilatéral; ~ triangle triangle *m* équilatéral.
equilibrium [ˌiːkwɪ'lɪbrɪəm] *n* équilibre *m;* in ~ en équilibre; how does the spinning top maintain its ~? comment la toupie garde-t-elle l'équilibre?; she lost her ~ elle a perdu l'équilibre.
equine ['ekwaɪn] *adj* [disease, family] équin; [profile] chevalin.
equinoctial [ˌiːkwɪ'nɒkʃl] *adj* [flower, line, point] équinoxial; [storm, tide] d'équinoxe.
equinox ['iːkwɪnɒks] *n* équinoxe *m;* autumnal ~ équinoxe d'automne; spring OR vernal ~ équinoxe de printemps, point *m* vernal.
equip [ɪ'kwɪp] (*pt* & *pp* **equipped**, *cont* **equipping**) *vt* -**1.** [fit out - factory] équiper, outiller; [- laboratory, kitchen] installer, équiper; [- army, ship] équiper; the hospital is not equipped to perform heart surgery l'hôpital n'est pas équipé pour pratiquer la chirurgie du cœur. -**2.** *fig* [prepare]: to be well-equipped to do sthg avoir tout ce qu'il faut pour faire qqch; it won't ~ her for life's hardships cela ne la préparera pas à affronter les épreuves de la vie; he is ill-equipped to handle the situation il est mal armé pour faire face à la situation. -**3.** [supply - person] équiper, pourvoir; [- army, machine, factory] équiper, munir; the fighter plane is equipped with the latest technology l'avion de combat est doté des équipements les plus modernes; she equipped herself for the hike with a tent and a sleeping bag elle s'est munie pour la randonnée d'une tente et d'un sac de couchage; if your computer is equipped with a hard disk si votre ordinateur est pourvu d'un disque dur.
equipage ['ekwɪpɪdʒ] *n* [carriage & MIL] équipage *m.*
equipment [ɪ'kwɪpmənt] *n (U)* -**1.** [gen] équipement *m;* [in laboratory, office, school] matériel *m;* MIL & SPORT équipement *m,* matériel *m;* camping ~ matériel de camping; electrical ~ appareillage *m* électrique; factory ~ outillage *m;* kitchen ~ ustensiles *mpl* de cuisine; lifesaving ~ matériel de sauvetage. -**2.** [act] équipement *m.*

equipoise ['ekwɪpɔɪz] *fml* ◇ *n* [equilibrium] équilibre *m*; [counterbalance] contrepoids *m*.
◇ *vt* contrebalancer, faire contrepoids à.
equitable ['ekwɪtəbl] *adj* équitable, juste.
equitably ['ekwɪtəblɪ] *adv* équitablement, avec justice.
equitation [,ekwɪ'teɪʃn] *n fml* équitation *f*.
equity ['ekwətɪ] (*pl* **equities**) *n* -**1.** [fairness] équité *f*. -**2.** JUR [system] équité *f*; [right] droit *m* équitable. -**3.** FIN [market value] fonds *mpl* OR capitaux *mpl* propres; [share] action *f* ordinaire; **the equities market** le marché des actions ordinaires.
◆ **Equity** *pr n principal syndicat britannique des gens du spectacle.*
equivalence [ɪ'kwɪvələns] *n* équivalence *f*.
equivalent [ɪ'kwɪvələnt] ◇ *adj* équivalent; **to be ~ to sthg** être équivalent à qqch, équivaloir à qqch; **is there an ~ organization in France?** y a-t-il une organisation équivalente en France?
◇ *n* équivalent *m*; **the French ~ for "pound"** l'équivalent français du mot « pound »; **it costs the ~ of £5 per week** cela coûte l'équivalent de 5 livres par semaine.
equivocal [ɪ'kwɪvəkl] *adj* -**1.** [ambiguous - words, attitude] ambigu, équivoque. -**2.** [dubious - behaviour, person] suspect, douteux; [- outcome] incertain, douteux.
equivocally [ɪ'kwɪvəklɪ] *adv* -**1.** [ambiguously] de manière équivoque OR ambiguë. -**2.** [dubiously] de manière douteuse.
equivocate [ɪ'kwɪvəkeɪt] *vi fml* user d'équivoques OR de faux-fuyants, équivoquer *lit*.
equivocation [ɪ,kwɪvə'keɪʃn] *n (U) fml* [words] paroles *fpl* équivoques; [prevarication] tergiversation *f*.
er [ɜːʳ] *interj* heu.
ER (*written abbr of* **Elizabeth Regina**) *emblème de la reine Élisabeth.*
era ['ɪərə] *n* [gen] époque *f*; GEOL & HIST ère *f*; **her election marked a new ~ in politics** son élection a marqué un tournant dans la vie politique; **the ~ of horse travel** l'époque OR le temps des voyages à cheval.
ERA ['ɪərə] (*abbr of* **Equal Rights Amendment**) *n projet de loi américain rejeté en 1982 qui posait comme principe l'égalité des individus quels que soient leur sexe, leur religion ou leur race.*
eradicate [ɪ'rædɪkeɪt] *vt* [disease] éradiquer, faire disparaître; [poverty, problem] faire disparaître, supprimer; [abuse, crime] extirper, supprimer; [practice] bannir, mettre fin à; [weeds] détruire, déraciner.
eradication [ɪ,rædɪ'keɪʃn] *n* [of disease] éradication *f*; [of poverty, problem] suppression *f*; [of abuse, crime] extirpation *f*, suppression *f*; [of practice] fin *f*; [of weeds] destruction *f*, déracinement *m*.
erase [ɪ'reɪz] ◇ *vt* [writing] effacer, gratter; [with rubber] gommer; *fig* & COMPUT effacer.
◇ *vi* s'effacer.
erase head *n* tête *f* d'effacement.
eraser [ɪ'reɪzəʳ] *n* gomme *f*.
erasing [ɪ'reɪzɪŋ] *n* effacement *m*.
Erasmus [ɪ'ræzməs] *pr n* Érasme.
erasure [ɪ'reɪʒəʳ] *n* -**1.** [act] effacement *m*, grattage *m*. -**2.** [mark] rature *f*, grattage *m*.
erbium ['ɜːbɪəm] *n* erbium *m*.
ere [eəʳ] ◇ *prep lit* avant; **~ long** sous peu; **~ now, ~ this** déjà, auparavant; **~ then** d'ici là.
◇ *conj arch* OR *lit* avant que; **~ I leave** avant que je ne parte.
erect [ɪ'rekt] ◇ *adj* -**1.** [upright] droit; [standing] debout; **man walks ~** l'homme marche debout; **she holds herself very ~** elle se tient bien droite; **with head ~** la tête haute; **the dog sat with ears ~** le chien était assis les oreilles dressées. -**2.** PHYSIOL [penis, nipples] dur.
◇ *vt* -**1.** [build - building, wall] bâtir, construire; [- statue, temple] ériger, élever; [- equipment] installer; [- roadblock, tent] dresser. -**2.** *fig* [system] édifier; [obstacle] élever.
erectile [ɪ'rektaɪl] *adj* érectile.
erection [ɪ'rekʃn] *n* -**1.** [of building, wall] construction *f*; [of statue, temple] érection *f*; [of equipment] installation *f*; [of roadblock, tent] dressage *m*; *fig* [of system, obstacle] édification *f*. -**2.** [building] bâtiment *m*, construction *f*. -**3.** PHYSIOL érection *f*; **to have** OR **to get an ~** avoir une érection.
erector [ɪ'rektəʳ] *n* -**1.** [muscle] érecteur *m*. -**2.** [builder] constructeur *m*, -trice *f*; **~ set** *Am* jeu *m* de construction.
erg [ɜːg] *n* PHYS & GEOG erg *m*.
ergative ['ɜːgətɪv] ◇ *adj* ergatif.
◇ *n* ergatif *m*.
ergo ['ɜːgəʊ] *adv fml* OR *hum* donc, par conséquent.
ergonomic [,ɜːgəʊ'nɒmɪk] *adj* ergonomique.
ergonomically [,ɜːgəʊ'nɒmɪkəlɪ] *adv* du point de vue ergonomique.
ergonomics [,ɜːgə'nɒmɪks] *n (U)* ergonomie *f*.
ergot ['ɜːgət] *n* AGR ergot *m*; PHARM ergot *m* de seigle.
ergotism ['ɜːgətɪzm] *n* ergotisme *m*.
Erie ['ɪərɪ] *pr n*: **Lake ~** le lac Érié; **the ~ Canal** le canal de l'Érié.
Erin ['ɪərɪn] *pr n arch* OR *lit* Irlande *f*.
ERISA [ə'riːsə] (*abbr of* **Employee Retirement Income Security Act**) *n loi américaine sur les pensions de retraite.*
Eritrea [,erɪ'treɪə] *pr n* Erythrée *f*; **in ~** en Erythrée.
Eritrean [,erɪ'treɪən] ◇ *n* Erythréen *m*, -enne *f*.
◇ *adj* érythréen.
ERM (*abbr of* **exchange rate mechanism**) *n* mécanisme *m* de change (du SME).
ermine ['ɜːmɪn] *n* [fur, robe, stoat] hermine *f*.
Ernie ['ɜːnɪ] (*abbr of* **Electronic Random Number Indicator Equipment**) *n en Grande-Bretagne, ordinateur qui sert au tirage des numéros gagnants des bons à lots.*
erode [ɪ'rəʊd] ◇ *vt* [subj: water, wind] éroder, ronger; [subj: acid, rust] ronger, corroder; *fig* [courage, power] ronger, miner; **the rock face had been ~d away** la paroi du rocher avait été érodée.
◇ *vi* [rock, soil] s'éroder; **the cliff is slowly eroding (away)** la falaise est lentement en train de s'éroder.
erogenous [ɪ'rɒdʒɪnəs] *adj* érogène; **~ zone** zone *f* érogène.
Eros ['ɪərɒs] *pr n* -**1.** MYTH Éros. -**2.** *Br surnom donné au monument en l'honneur du comte de Shaftesbury, à Piccadilly Circus.*
erosion [ɪ'rəʊʒn] *n* [of soil, rock] érosion *f*; [of metal] corrosion *f*; *fig* [of courage, power] érosion *f*, corrosion *f*.
erosive [ɪ'rəʊsɪv] *adj* érosif; [corrosive] corrosif.
erotic [ɪ'rɒtɪk] *adj* érotique.
erotica [ɪ'rɒtɪkə] *npl* ART art *m* érotique; LITERAT littérature *f* érotique.
erotically [ɪ'rɒtɪklɪ] *adv* érotiquement.
eroticism [ɪ'rɒtɪsɪzm] *n* érotisme *m*.
erotomania [ɪ,rɒtəʊ'meɪnjə] *n* érotomanie *f*.
err [ɜːʳ] *vi fml* -**1.** [make mistake] se tromper; **I ~ed on the side of caution** j'ai péché par excès de prudence ❑ **to ~ is human (to forgive divine)** *prov* l'erreur est humaine (le pardon divin). -**2.** [sin] pécher, commettre une faute.
errand ['erənd] *n* commission *f*, course *f*; **to go on** OR **to do** OR **to run an ~ (for sb)** faire une course (pour qqn); **I did** OR **ran all the ~s** j'ai fait toutes les commissions OR les courses; **I've come on an ~ of mercy** je suis venu en mission de charité; **she sent me on a fool's errand** elle m'y a envoyé pour rien.
errand boy *n* garçon *m* de courses.
errant ['erənt] *adj* -**1.** [wayward] dévoyé. -**2.** [roaming] errant.
errata [e'rɑːtə] ◇ *pl* → **erratum**.
◇ *npl* [list] errata *m inv*.
erratic [ɪ'rætɪk] ◇ *adj* -**1.** [irregular - results] irrégulier; [- performance] irrégulier, inégal; [- person] fantasque, excentrique; [- mood] changeant; [- movement, course] mal assuré; **he is a bit ~** on ne sait jamais comment il va réagir; **~ driving** conduite *f* déconcertante. -**2.** GEOL & MED erratique.
◇ *n* GEOL bloc *m* OR roche *f* erratique.
erratically [ɪ'rætɪklɪ] *adv* [act, behave] de manière fantasque OR capricieuse; [move, work] irrégulièrement, par à-coups; **he drives ~** il conduit de façon mal assurée OR déconcertante.
erratum [e'rɑːtəm] (*pl* **errata** [-tə]) *n* erratum *m*.
erroneous [ɪ'rəʊnjəs] *adj* erroné, inexact.
erroneously [ɪ'rəʊnjəslɪ] *adv* erronément, à tort.
error ['erəʳ] *n* -**1.** [mistake] erreur *f*, faute *f*; **to make** OR **to commit an ~** faire (une) erreur; **an ~ of judgment** une erreur de jugement; **it would be an ~ to assume that...** ce serait une erreur OR on aurait tort de supposer que...; **~s and omissions excepted** COMM sauf erreur ou omission. -**2.** MATH [mistake] faute *f*; [deviation] écart *m*. -**3.** [mistakenness] erreur *f*; **it was done in ~** cela a été fait par erreur OR méprise; **he was in ~ over** OR **on this point of law** il était dans l'erreur OR il avait tort sur ce point de loi; **I've seen the ~ of my ways** je suis revenu de mes erreurs; **to be in/to fall into ~** RELIG être/tomber dans l'erreur.
error correction *n* correction *f* d'erreur.
error message *n* message *m* d'erreur.
ersatz ['eəzæts] ◇ *adj*: **this is ~ coffee** c'est de l'ersatz OR du succédané de café; **this sugar is ~** ce sucre est un ersatz OR un succédané.
◇ *n* ersatz *m*, succédané *m*.
Erse [ɜːs] ◇ *adj* gaélique, erse.
◇ *n* gaélique *m*.
erstwhile ['ɜːstwaɪl] *lit* OR *hum* ◇ *adj* d'autrefois.
◇ *adv* autrefois, jadis.
eructation [,iːrʌk'teɪʃn] *n* éructation *f*.
erudite ['eruːdaɪt] *adj* [book, person] érudit, savant; [word] savant.
eruditely ['eruːdaɪtlɪ] *adv* de manière savante, avec érudition.
erudition [,eruː'dɪʃn] *n* érudition *f*.
erupt [ɪ'rʌpt] *vi* -**1.** [volcano - start] entrer en éruption; [- continue] faire éruption; **an ~ing volcano** un volcan en éruption. -**2.** [pimples] sortir, apparaître; [tooth] percer; **her face ~ed in spots** elle a eu une éruption de boutons sur le visage. -**3.** *fig* [fire, laughter, war] éclater; [anger] exploser; **the city ~ed into violence** il y eut une explosion de violence dans la ville.
eruption [ɪ'rʌpʃn] *n* -**1.** [of volcano] éruption *f*. -**2.** [of pimples] éruption *f*, poussée *f*; [of teeth] percée *f*. -**3.** *fig* [of laughter] éclat *m*, éruption *f*; [of anger] accès *m*, éruption *f*; [of violence] explosion *f*, accès *m*.
erysipelas [,erɪ'sɪpɪləs] *n* érysipèle *m*, érésipèle *m*.
erythema [,erɪ'θiːmə] *n* érythème *m*.
erythrocyte [ɪ'rɪθrəʊ,saɪt] *n* érythrocyte *m*.
ESA (*abbr of* **European Space Agency**) *pr n* ESA *f*, ASE *f*.
Esau ['iːsɔː] *pr n* Ésaü.
escalate ['eskəleɪt] ◇ *vi* [fighting, war] s'intensifier; [prices] monter en flèche.
◇ *vt* [fighting] intensifier; [problem] aggraver; [prices] faire grimper.
escalation [,eskə'leɪʃn] *n* [of fighting, war] escalade *f*, intensification *f*; [of prices] escalade *f*, montée *f* en flèche.
escalator ['eskəleɪtəʳ] *n* escalier *m* roulant OR mécanique, escalator *m*.
escalator clause *n* clause *f* d'indexation OR de révision.
escalope ['eskə,lɒp] *n* escalope *f*.
escapade [,eskə'peɪd] *n* [adventure] équipée *f*; [scrape] fredaine *f*, escapade *f*; [prank] frasque *f*.
escape [ɪ'skeɪp] ◇ *vi* -**1.** [get away - person, animal] échapper, s'échapper; [- prisoner] s'évader; **they ~d from the enemy/from the hands of their kidnappers** ils ont échappé à l'ennemi/des mains de leurs ravisseurs; **the thieves ~d after a police chase** les voleurs ont pris la fuite

après avoir été poursuivis par la police; she ~d **from the camp** elle s'est échappée du camp; to ~ **from the crowd** *fig* fuir la foule; he ~d **to Italy** il s'est enfui en Italie. -**2.** [gas, liquid, steam] s'échapper, fuir. -**3.** [survive, avoid injury] s'en tirer, en réchapper; **she ~d uninjured** elle s'en est tirée sans aucun mal; **they ~d with just a few cuts and bruises** ils en ont été quittes pour quelques coupures et des bleus; **he ~d with a reprimand** il en a été quitte pour une réprimande.
◇ *vt* -**1.** [avoid] échapper à; to ~ **doing sthg** éviter de faire qqch; **I narrowly ~d being killed** j'ai failli OR manqué me faire tuer; **he ~d detection** il ne s'est pas fait repérer; **she narrowly ~d death** elle a échappé de justesse à la mort; **there's no escaping the fact that...** il n'y a pas moyen d'échapper au fait que... -**2.** [elude notice, memory of] échapper à; **her name ~s me** son nom m'échappe; **nothing ~s them** rien ne leur échappe; **her blunder ~d notice** sa gaffe est passée inaperçue.
◇ *n* -**1.** [of person] fuite *f*, évasion *f*; [of prisoner] évasion *f*; [of animal] fuite *f*; **I made my ~** je me suis échappé OR évadé; **they planned their ~** ils ont combiné leur plan d'évasion; **he had a narrow ~** *fig* [from danger] il l'a échappé belle, il a eu chaud; [from illness] il revient de loin. -**2.** [diversion] évasion *f*; **an ~ from reality** une évasion hors de la réalité. -**3.** [of gas, liquid] fuite *f*; [of exhaust fumes, steam] échappement *m*.
◇ *comp* [plot, route] d'évasion; [device] de sortie, de secours; ~ **routine** COMPUT procédure *f* d'échappement.

escape clause *n* clause *f* échappatoire.

escaped [ɪ'skeɪpt] *adj* échappé; **an ~ prisoner** un évadé.

escapee [ɪ,skeɪ'piː] *n* évadé *m*, -e *f*.

escape hatch *n* trappe *f* de secours.

escape mechanism *n literal* mécanisme *m* de secours; PSYCH fuite *f* (devant la réalité).

escapement [ɪ'skeɪpmənt] *n* [of clock, piano] échappement *m*; MECH échappement *m*.

escape pipe *n* tuyau *m* d'échappement OR de refoulement, tuyère *f*.

escape road *n* talus *m* de protection.

escape valve *n* soupape *f* d'échappement.

escape velocity *n* vitesse *f* de libération.

escape wheel *n* roue *f* d'échappement.

escapism [ɪ'skeɪpɪzm] *n* évasion *f* hors de la réalité, fuite *f* devant la réalité.

escapist [ɪ'skeɪpɪst] ◇ *n* personne *f* cherchant à s'évader du réel.
◇ *adj* d'évasion.

escapologist [,eskeɪ'pɒlədʒɪst] *n virtuose de l'évasion dans les spectacles de magie.*

escapology [,eskeɪ'pɒlədʒɪ] *n art de l'évasion dans les spectacles de magie.*

escarpment [ɪ'skɑːpmənt] *n* escarpement *m*.

eschatological [,eskətə'lɒdʒɪkl] *adj* eschatologique.

eschatology [,eskə'tɒlədʒɪ] *n* eschatologie *f*.

escheat [ɪs'tʃiːt] *n* JUR dévolution *f* des biens à l'État *(en l'absence des héritiers).*

eschew [ɪs'tʃuː] *vt fml* [duty, work] éviter; [alcohol] s'abstenir de boire; [publicity, temptation, involvement] fuir; [activity, action] éviter.

escort [*n* & *comp* 'eskɔːt, *vb* ɪ'skɔːt]
◇ *n* -**1.** [guard] escorte *f*, cortège *m*; MIL & NAUT escorte *f*; **under the ~ of** sous l'escorte de; **under police ~** sous escorte policière; **they were given a police ~** on leur a donné une escorte de police. -**2.** [consort - male] cavalier *m*; [- female] hôtesse *f*.
◇ *comp* d'escorte; **an ~ vessel** un bâtiment d'escorte, un (vaisseau) escorteur.
◇ *vt fml* accompagner, escorter; **may I ~ you home?** permettez-moi de vous raccompagner; **kindly ~ these gentlemen to the door** veuillez raccompagner ces messieurs jusqu'à la porte ‖ [police & MIL] escorter; **they ~ed him in/out** ils l'ont fait entrer/sortir sous escorte.

escort agency *n* service *m* OR bureau *m* d'hôtesses.

escrow ['eskrəʊ] *n* JUR dépôt *m* fiduciaire OR conditionnel; **in ~** en dépôt fiduciaire, en main tierce.

escutcheon [ɪ'skʌtʃn] *n* -**1.** [shield] écu *m*, écusson *m*. -**2.** [on door, handle, light switch] écusson *m*.

ESE *written abbr of* **east-southeast.**

esker ['eskə^r] *n* os *m* GEOL.

Eskimo ['eskɪməʊ] (*pl inv* OR **Eskimos**)
◇ *n* -**1.** [person] Esquimau *m*, Esquimaude *f*. -**2.** LING esquimau *m*.
◇ *adj* esquimau; ~ **dog** chien *m* esquimau.

ESL (*abbr of* **English as a Second Language**) *n anglais langue seconde.*

ESN *adj abbr of* **educationally subnormal.**

esophagus [iː'sɒfəgəs] (*pl* **esophagi** [-gaɪ]) *Am* = **oesophagus.**

esoteric [,esə'terɪk] *adj* [obscure] ésotérique; [private] secret.

esp. *written abbr of* **especially.**

ESP *n* -**1.** (*abbr of* **extrasensory perception**) perception *f* extrasensorielle. -**2.** (*abbr of* **English for special purposes**) *anglais spécialisé.*

espadrille [,espə'drɪl] *n* espadrille *f*.

espalier [ɪ'spæljə^r] ◇ *n* [tree] arbre *m* en espalier; [trellis] espalier *m*; [method] culture *f* en espalier.
◇ *vt* cultiver en espalier.

esparto [e'spɑːtəʊ] (*pl* **espartos**) *n*: ~ **(grass)** alfa *m*.

especial [ɪ'speʃl] *adj fml* [notable] particulier, exceptionnel; [specific] particulier.

especially [ɪ'speʃəlɪ] *adv* -**1.** [to a particular degree] particulièrement, spécialement; [particularly] en particulier, surtout; **the condition usually affects women, ~ women over fifty** cette maladie touche généralement les femmes, et particulièrement celles de plus de 50 ans; **I can't mention it, ~ since OR as I'm not supposed to know anything about it** je ne peux pas en parler d'autant que OR surtout que je ne suis pas censé savoir quoi que ce soit à ce sujet; **you ~ ought to know better!** vous devriez le savoir mieux que personne!; **the food at this restaurant is ~ good** la cuisine de ce restaurant est particulièrement bonne; **be ~ careful with this one** faites particulièrement attention à celui-ci. -**2.** [for a particular purpose] exprès; **he went ~ to meet her** il est allé exprès pour la rencontrer.

Esperantist [,espə'ræntɪst] ◇ *adj* espérantiste.
◇ *n* espérantiste *mf*.

Esperanto [,espə'ræntəʊ] ◇ *n* espéranto *m*.
◇ *adj* en espéranto.

espionage ['espɪə,nɑːʒ] *n* espionnage *m*.

esplanade [,esplə'neɪd] *n* esplanade *f*.

espousal [ɪ'spaʊzl] *n* -**1.** *fml* [of belief, cause] adoption *f*. -**2.** *arch* [marriage] mariage *m*.

espouse [ɪ'spaʊz] *vt* -**1.** *fml* [belief, cause] épouser, adopter. -**2.** *arch* [marry] épouser.

espresso [e'spresəʊ] (*pl* **espressos**) *n* (café *m*) express *m*; ~ **machine** machine *f* à express.

espy [ɪ'spaɪ] (*pt* & *pp* **espied**) *vt lit* apercevoir, distinguer.

Esq. (*written abbr of* **esquire**): James Roberts, ~ M. James Roberts.

esquire [ɪ'skwaɪə^r] *n Br* -**1.** = **Esq.** -**2.** HIST écuyer *m*.

essay [*n* 'eseɪ, *vb* e'seɪ] ◇ *n* -**1.** LITERAT essai *m*; SCH composition *f*, dissertation *f*; UNIV dissertation *f*; **'Essay Concerning Human Understanding'** *Locke* 'Essai sur l'entendement humain'; **'An Essay on Man'** *Pope* 'Essai sur l'homme'. -**2.** *fml* [attempt] essai *m*, tentative *f*.
◇ *vt fml* -**1.** [try] essayer, tenter. -**2.** [test] mettre à l'épreuve.

essayist ['eseɪɪst] *n* essayiste *mf*.

essence ['esns] *n* -**1.** [gen] essence *f*, essentiel *m*; **the ~ of her speech was that...** l'essentiel de son discours tenait en ceci que...; **time is of the ~** il est essentiel de faire vite, la vitesse s'impose; **she's the ~ of generosity** elle est la générosité même. -**2.** PHILOS essence *f*, nature *f*; RELIG essence *f*. -**3.** CHEM essence *f*; ~ **of rosemary** essence de romarin. -**4.** CULIN extrait *m*; **vanilla ~** extrait de vanille.
◆ **in essence** *adv phr* essentiellement, surtout; **it is in ~ a question of...** c'est essentiellement OR surtout une question de...

essential [ɪ'senʃl] ◇ *adj* -**1.** [vital - action, equipment, services] essentiel, indispensable; [- point, role] essentiel, capital; [- question] essentiel, fondamental; **a well-trained workforce is ~ to the success of your business** un personnel qualifié est essentiel au succès de votre entreprise; **it is ~ to know whether...** il est essentiel OR il importe de savoir si...; **the ~ thing is to relax** l'essentiel est de rester calme; **a balanced diet is ~ for good health** un régime équilibré est essentiel pour être en bonne santé; ~ **goods** biens *m* de première nécessité. -**2.** [basic] essentiel, fondamental; **the ~ goodness of man** la bonté essentielle de l'homme; ~ **oils** huiles *fpl* essentielles.
◇ *n* objet *m* indispensable; **the ~s** l'essentiel; **we can only afford to buy the ~s** nous n'avons les moyens d'acheter que l'essentiel; **a dishwasher is an ~ of a modern kitchen** un lave-vaisselle est un élément indispensable dans une cuisine moderne; **the ~s of astronomy** les rudiments *mpl* de l'astronomie; **in (all) ~s** essentiellement.

essentially [ɪ'senʃəlɪ] *adv* [fundamentally] essentiellement, fondamentalement; [mainly] essentiellement, principalement; **it's ~ a question of taste** c'est avant tout une question de goût.

est [est] *n* (*abbr of* **Erhard Seminars Training**) *méthode de formation psychologique créée par Werner Erhard.*

est. -**1.** *written abbr of* **established.** -**2.** *written abbr of* **estimated.**

EST *n abbr of* **Eastern Standard Time.**

establish [ɪ'stæblɪʃ] *vt* -**1.** [create, set up - business] fonder, créer; [- government] constituer, établir; [- society, system] constituer; [- factory] établir, monter; [- contact] établir; [- relations] établir, nouer; [- custom, law] instaurer; [- precedent] créer; [- order, peace] faire régner. -**2.** [confirm - authority, power] affermir; [- reputation] établir; **she has already ~ed her reputation as a physicist/as an artist** elle s'est déjà fait une réputation de physicienne/comme artiste; **he ~ed himself as a computer consultant** il s'est établi conseiller en informatique. -**3.** [prove - fact, identity, truth] établir; [- cause, nature] déterminer, établir; [- guilt, need] établir, prouver; [- innocence] établir, démontrer; **it has been ~ed that there is no case against the defendant** il a été démontré qu'il n'y a pas lieu de poursuivre l'accusé.

established [ɪ'stæblɪʃt] *adj* **1.** [existing, solid - order, system] établi; [- government] établi, au pouvoir; [- business] établi, solide; [- law] établi, en vigueur; [- tradition] établi, enraciné; [- reputation] établi, bien assis; ~ **in 1890** COMM maison fondée en 1890; **the ~ Church** l'Église *f* officielle. -**2.** [proven - fact] acquis, reconnu; [- truth] établi, démontré.

establishment [ɪ'stæblɪʃmənt] *n* -**1.** [of business] fondation *f*, création *f*; [of government] constitution *f*; [of society, system] constitution *f*, création *f*; [of law] instauration *f*. -**2.** [institution] établissement *m*; **a business ~** un établissement commercial, une firme; **a research ~** un établissement de recherche. -**3.** [staff] personnel *m*; MIL & NAUT effectif *m*.
◆ **Establishment** *n* [ruling powers]: **the Establishment** les pouvoirs *mpl* établis, l'ordre *m* établi, l'establishment *m*; **the financial Establishment** ceux qui comptent dans le monde financier; **he's such an Establishment figure** il fait vraiment partie de l'establishment.

estate [ɪ'steɪt] *n* -**1.** [land] propriété *f*, domaine *m*; **her country ~** ses terres *fpl*. -**2.** *Br* [development - housing] lotissement *m*, cité *f*; [- trading] zone *f* commerciale. -**3.** JUR [property] biens *mpl*, fortune *f*; [of deceased] succession *f*; **she left a large ~** elle a laissé une grosse fortune (en héritage). -**4.** *fml* [state, position] état *m*, rang *m*; **men of low/high** ~ les hommes d'humble condition/de haut rang; **the** ~ **of matrimony** la condition du mariage; **the three** ~**s** les trois états.

estate agency *n Br* agence *f* immobilière.

estate agent *n Br* -**1.** [salesperson] agent *m* immobilier. -**2.** [manager] intendant *m*, régisseur *m*.

estate car *n Br* break *m*.

estate duty *n Br* droits *mpl* de succession.

estd., est'd. *written abbr of* **established.**

esteem [ɪ'stiːm] ◇ *vt* -**1.** [respect - person] avoir de l'estime pour, estimer; [- quality] estimer, apprécier. -**2.** *fml* [consider] estimer, considérer; **I** ~ **it a great honour** je m'estime très honoré.
◇ *n* estime *f*, considération *f*; **to hold sb/sthg in high** ~ tenir qqn/qqch en haute estime.

esteemed [ɪ'stiːmd] *adj fml* estimé; **our** ~ **president** notre (très) estimé président.

ester ['estəʳ] *n* ester *m*.

Esther ['estəʳ] *pr n* Esther.

esthete *etc* ['iːsθiːt] *Am* = **aesthete.**

Esthonia *etc* [e'stəʊnjə] = **Estonia.**

estimate [*n* 'estɪmət, *vb* 'estɪmeɪt] ◇ *n* -**1.** [evaluation] évaluation *f*, estimation *f*; **give me an** ~ **of how much you think it will cost** donnez-moi une idée du prix que cela coûtera, à votre avis; **his** ~ **of 500 tonnes is way off the mark** *inf* son estimation de 500 tonnes est très éloignée de la réalité; **at a rough** ~ approximativement; **these figures are only a rough** ~ ces chiffres ne sont que très approximatifs; **at the lowest** ~ **it will take five years** il faudra cinq ans au bas mot; **at an optimistic** ~ dans le meilleur des cas. -**2.** COMM [quote] devis *m*; **get several** ~**s before deciding who to employ** faites faire plusieurs devis avant de décider quelle entreprise choisir; **ask the garage to give you an** ~ **for the repairs** demandez au garage de vous établir un devis pour les réparations.
◇ *vt* -**1.** [calculate - cost, number] estimer, évaluer; [- distance, speed] estimer, apprécier; **the cost was** ~**d at £2,000** le coût était évalué à 2 000 livres; **an** ~**d 50,000 people attended the demonstration** environ 50 000 personnes auraient manifesté; **I** ~ **(that) it will take at least five years** à mon avis cela prendra au moins cinq ans, j'estime que cela prendra au moins cinq ans ❑ ~**d time of arrival/of departure** heure probable d'arrivée/de départ. -**2.** [judge] estimer, juger; **I don't** ~ **him very highly** je n'ai guère d'estime pour lui.

estimation [,estɪ'meɪʃn] *n* -**1.** [calculation] estimation *f*, évaluation *f*. -**2.** [judgment] jugement *m*, opinion *f*; **in my** ~ à mon avis, selon moi. -**3.** [esteem] estime *f*, considération *f*; **he went down/up in my** ~ il a baissé/monté dans mon estime.

estivate *etc* ['iːstɪ,veɪt] *Am* = **aestivate.**

Estonia [e'stəʊnjə] *pr n* Estonie *f*; **in** ~ en Estonie.

Estonian [e'stəʊnjən] ◇ *n* -**1.** [person] Estonien *m*, -enne *f*. -**2.** LING estonien *m*.
◇ *adj* estonien.

estrange [ɪ'streɪndʒ] *vt* aliéner, éloigner; **to become** ~**d from sb** se brouiller avec OR se détacher de qqn; **he is** ~**d from his wife** il est séparé de sa femme; **her** ~**d husband** son mari, dont elle est séparée.

estrangement [ɪ'streɪndʒmənt] *n* éloignement *m*; [from spouse] séparation *f*.

estrogen *Am* = **oestrogen.**

estrus *Am* = **oestrus.**

estuary ['estjʊərɪ] (*pl* **estuaries**) *n* estuaire *m*.

ET (*abbr of* **Employment Training**) *n programme gouvernemental en faveur des chômeurs de longue durée en Grande-Bretagne.*

ETA (*abbr of* **estimated time of arrival**) *n* HPA.

et al. [,et'æl] (*abbr of* **et alii**) et coll., et al.

etc. (*written abbr of* **et catera**) etc.

et cetera [ɪt'setərə] ◇ *adv* et cetera, et cætera.
◇ *n*: **the** ~**s** les et cætera *mpl*.

etch [etʃ] *vi* & *vt* graver; ART & TYPO graver à l'eau-forte; ~**ed on my memory** *fig* gravé dans ma mémoire.

etching ['etʃɪŋ] *n* -**1.** [print] (gravure *f* à l') eau-forte *f*. -**2.** [technique] gravure *f* à l'eau-forte.

ETD (*abbr of* **estimated time of departure**) *n* HPD *f*.

eternal [ɪ'tɜːnl] ◇ *adj* -**1.** [gen, PHILOS & RELIG] éternel. -**2.** [perpetual] continuel, perpétuel; [arguments, problems] éternel; [discussion, wrangling] continuel, sempiternel *pej*; ~ **complaints** perpétuelles récriminations *fpl*; **he's an** ~ **student** c'est l'étudiant éternel; **to my** ~ **shame** à ma grande honte.
◇ *n*: **the Eternal** l'Éternel *m*.

eternally [ɪ'tɜːnəlɪ] *adv* -**1.** [forever] éternellement; **I shall be** ~ **grateful** je serai infiniment reconnaissant. -**2.** *pej* [perpetually] perpétuellement, continuellement.

eternal triangle *n*: **the** ~ l'éternel trio *m (femme, mari, amant)*.

eternity [ɪ'tɜːnətɪ] (*pl* **eternities**) *n literal* & *fig* éternité *f*; **it seemed like an** ~ on aurait dit une éternité; **he kept me waiting for an** ~ il m'a fait attendre une éternité OR des éternités ❑ **'From Here to Eternity'** *Jones, Zinnemann* 'Tant qu'il y aura des hommes'.

eternity ring *n* bague *f* de fidélité.

ethane ['iːθeɪn] *n* éthane *m*.

ethanol ['eθənɒl] *n* alcool *m* éthylique, éthanol *m*.

ether ['iːθəʳ] *n* -**1.** CHEM & PHYS éther *m*. -**2.** *lit* & MYTH [sky]: **the** ~ l'éther *m*, la voûte céleste; **over** OR **through the** ~ RADIO sur les ondes.

ethereal [ɪ'θɪərɪəl] *adj* [fragile] éthéré, délicat; [spiritual] éthéré, noble.

ethic ['eθɪk] ◇ *n* éthique *f*, morale *f*.
◇ *adj* = **ethical.**

ethical ['eθɪkl] *adj* moral, éthique *fml*; **it is not** ~ c'est contraire à la morale; **an** ~ **code** un code déontologique.

ethically ['eθɪklɪ] *adv* d'un point de vue éthique.

ethics ['eθɪks] ◇ *n (U)* [study] éthique *f*, morale *f*.
◇ *npl* [principles] morale *f*; [morality] moralité *f*; **dubious** ~ morale douteuse ❑ **medical** ~ code *m* déontologique OR de déontologie.

Ethiopia [,iːθɪ'əʊpjə] *pr n* Éthiopie *f*; **in** ~ en Éthiopie.

Ethiopian [,iːθɪ'əʊpjən] ◇ *n* -**1.** [person] Éthiopien *m*, -enne *f*. -**2.** LING éthiopien *m*.
◇ *adj* éthiopien.

ethnic ['eθnɪk] ◇ *adj* -**1.** [of race] ethnique; ~ **cleansing** purification *f* ethnique. -**2.** [traditional] folklorique, traditionnel.
◇ *n Am* membre *m* d'une minorité ethnique.

ethnically ['eθnɪklɪ] *adv* du point de vue ethnique, ethniquement.

ethnicity [eθ'nɪsɪtɪ] *n* appartenance *f* ethnique.

ethnic minority *n* minorité *f* ethnique.

ethnocentric [,eθnəʊ'sentrɪk] *adj* ethnocentrique.

ethnocentrism [,eθnəʊ'sentrɪzm] *n* ethnocentrisme *m*.

ethnographer [eθ'nɒgrəfəʳ] *n* ethnographe *mf*.

ethnography [eθ'nɒgrəfɪ] *n* ethnographie *f*.

ethnolinguistics [,eθnəʊlɪŋ'gwɪstɪks] *n (U)* ethnolinguistique *f*.

ethnologist [eθ'nɒlədʒɪst] *n* ethnologue *mf*.

ethnology [eθ'nɒlədʒɪ] *n* ethnologie *f*.

ethology [ɪ'θɒlədʒɪ] *n* éthologie *f*, éthographie *f*.

ethos ['iːθɒs] *n* éthos *m*.

ethyl ['eθɪl, 'iːθaɪl] *n* éthyle *m*; ~ **acetate** acétate *m* d'éthyle.

ethyl alcohol *n* alcool *m* éthylique, éthanol *m*.

ethylene ['eθɪliːn] *n* éthylène *m*.

etiolate ['iːtɪəʊleɪt] ◇ *vt* étioler.
◇ *vi* s'étioler.

etiology [,iːtɪ'ɒlədʒɪ] *Am* = **aetiology.**

etiquette ['etɪket] *n (U)* [code of practice] étiquette *f*; [customs] bon usage *m*, convenances *fpl*; **according to** ~ selon l'usage; **courtroom** ~ cérémonial *m* de cour; **medical** ~ déontologie *f* médicale; **that's not professional** ~ c'est contraire à la déontologie OR aux usages de la profession.

Etna ['etnə] *pr n*: **(Mount)** ~ l'Etna *m*.

Eton ['iːtn] *pr n*: ~ **(College)** l'école d'Eton.

ETON:
Eton, l'une des plus anciennes et des plus célèbres «public schools», est fréquentée essentiellement par les enfants de la grande bourgeoisie et de l'aristocratie. Plusieurs anciens premiers ministres britanniques y ont fait leurs études.

Etonian [iː'təʊnjən] *n* élève *m* de l'école d'Eton.

Etruria [ɪ'truərɪə] *pr n* Étrurie *f*.

Etruscan [ɪ'trʌskən] ◇ *n* -**1.** [person] Étrusque *mf*. -**2.** LING étrusque *m*.
◇ *adj* étrusque.

ETU (*abbr of* **Electrical Trades Union**) *pr n syndicat britannique d'électriciens.*

ETV (*abbr of* **Educational Television**) *n Am* chaîne *f* de télévision éducative et culturelle.

etymological [,etɪmə'lɒdʒɪkl] *adj* étymologique.

etymologically [,etɪmə'lɒdʒɪklɪ] *adv* étymologiquement.

etymologist [,etɪ'mɒlədʒɪst] *n* étymologiste *mf*.

etymology [,etɪ'mɒlədʒɪ] *n* étymologie *f*.

etymon ['etɪmɒn] (*pl* **etymons** OR **etyma** [-mə]) *n* étymon *m*.

eucalyptus [,juːkə'lɪptəs] (*pl* **eucalyptuses** OR **eucalypti** [-taɪ]) *n* eucalyptus *m*.

eucalyptus oil *n* essence *f* d'eucalyptus.

Eucharist ['juːkərɪst] *n* Eucharistie *f*.

euchre ['juːkəʳ] *Am* ◇ *n* euchre *m (jeu de cartes)*.
◇ *vt* -**1.** CARDS empêcher de faire trois levées. -**2.** *inf fig* [cheat] carotter; **he** ~**d them out of $10** il leur a carotté 10 dollars.

Euclid ['juːklɪd] *pr n* Euclide.

Euclidian [juː'klɪdɪən] *adj* euclidien; ~ **geometry** la géométrie euclidienne.

eugenic [juː'dʒenɪk] *adj* eugénique.
◆ **eugenics** *n (U)* eugénique *f*, eugénisme *m*.

eulogistic [,juːlə'dʒɪstɪk] *adj* très élogieux, louangeur.

eulogize, -ise ['juːlədʒaɪz] *vt* faire l'éloge OR le panégyrique de.

eulogy ['juːlədʒɪ] (*pl* **eulogies**) *n* panégyrique *m*.

Eumenides [juː'menɪ,diːz] *npl*: **the** ~ les Euménides.

eunuch ['juːnək] *n* eunuque *m*.

eupepsia [juː'pepsɪə] *n* eupepsie *f*.

euphemism ['juːfəmɪzm] *n* euphémisme *m*.

euphemistic [,juːfə'mɪstɪk] *adj* euphémique.

euphemistically [,juːfə'mɪstɪklɪ] *adv* par euphémisme, euphémiquement *fml*.

euphonic [juː'fɒnɪk] *adj* euphonique.

euphonium [juː'fəʊnjəm] *n* euphonium *m*.

euphony ['juːfənɪ] *n* euphonie *f*.

euphorbia [juː'fɔːbɪə] *n* euphorbe *f*.

euphoria [juː'fɔːrɪə] *n* euphorie *f*.

euphoric [juː'fɒrɪk] *adj* euphorique.

Euphrates [juː'freɪtiːz] *pr n*: **the (River)** ~ l'Euphrate *m*.

euphuism ['juːfjuːɪzm] *n* euphuisme *m*, préciosité *f*.

Eurasia [jʊə'reɪʒjə] *pr n* Eurasie *f*.

Eurasian [jʊə'reɪʒjən] ◇ *n* Eurasien *m*, -enne *f*.
◇ *adj* [person] eurasien; [continent] eurasiatique.

Euratom [jʊər'ætəm] (*abbr of* **European Atomic Energy Community**) *pr n* CEEA *f*.

eureka [jʊə'riːkə] *interj*: ~! eurêka!

eurhythmics [juː'rɪðmɪks] *n (U)* gymnastique *f* rythmique.

Euripedes [jʊə'rɪpɪ,diːz] *pr n* Euripide.
Eurobank ['jʊərəʊ,bæŋk] *n* eurobanque *f.*
Eurobond ['jʊərəʊ,bɒnd] *n* euro-obligation *f.*
Eurocentric ['jʊərəʊ,sentrɪk] *adj* européocentrique.
Eurocheque ['jʊərəʊ,tʃek] *n* eurochèque *m.*
Eurocommunism [,jʊərəʊ'kɒmjʊ,nɪzm] *n* eurocommunisme *m.*
Eurocommunist [,jʊərəʊ'kɒmjʊnɪst] ◇ *adj* eurocommuniste.
◇ *n* eurocommuniste *mf.*
Eurocrat ['jʊərəʊ,kræt] *n* eurocrate *mf.*
Eurocurrency ['jʊərəʊ,kʌrənsɪ] *n* eurodevise *f,* euromonnaie *f.*
Eurodollar ['jʊərəʊ,dɒlə'] *n* eurodollar *m.*
Euro-MP (*abbr of* **European Member of Parliament**) ['jʊərəʊ-] *n* député *m* OR parlementaire *m* européen.
Europa [jʊ'rəʊpə] *pr n* MYTH Europe.
Europe ['jʊərəp] *pr n* Europe *f;* **in ~** en Europe.
European [,jʊərə'piːən] ◇ *n* [inhabitant of Europe] Européen *m,* -enne *f;* [pro-Europe] partisan *m* de l'Europe unie, Européen *m,* -enne *f.*
◇ *adj* européen; **the Single ~ Market** le marché unique (européen); **we must adopt a more ~ outlook** nous devons adopter un point de vue plus européen OR plus ouvert sur l'Europe ❑ **~ Bank of reconstruction and development** Banque *f* européenne de reconstruction et de développement; **~ plan** *Am* [in hotel] chambre *f* sans pension.
European Economic Community *pr n* Communauté *f* économique européenne.
European Free Trade Association *pr n* Association *f* européenne de libre-échange.
Europeanize, -ise [,jʊərə'piːənaɪz] *vt* européaniser.
European Parliament *pr n* Parlement *m* européen.
Europhile ['jʊərəʊ,faɪl] *n* partisan *m* de l'Europe unie.
europium [jʊ'rəʊpɪəm] *n* europium *m.*
Eurosceptic ['jʊərəʊ,skeptɪk] *n* eurosceptique *mf.*
Euroscepticism ['jʊərəʊ,skeptɪsɪzm] *n* euroscepticisme *m.*
Eurosterling ['jʊərəʊ,stɜːlɪŋ] *n* eurosterling *m.*
Eurovision® ['jʊərəʊ,vɪʒn] *n* Eurovision® *f;* **the ~ Song Contest** le concours Eurovision de la chanson.
Eurydice [jʊ'rɪdɪsɪ] *pr n* Eurydice.
eurythmics [juː'rɪðmɪks] *Am* = **eurhythmics**.
Eustachian tube [juː'steɪʃən-] *n* trompe *f* d'Eustache.
eustatic [juː'stætɪk] *adj* eustatique.
euthanasia [,juːθə'neɪzjə] *n* euthanasie *f.*
EVA (*abbr of* **extravehicular activity**) *n activité qui a lieu en dehors d'un engin spatial.*
evacuate [ɪ'vækjʊeɪt] *vt* [gen & PHYSIOL] évacuer.
evacuation [ɪ,vækjʊ'eɪʃn] *n* [gen & PHYSIOL] évacuation *f.*
evacuee [ɪ,vækjuː'iː] *n* évacué *m,* -e *f.*
evade [ɪ'veɪd] *vt* **-1.** [escape from - pursuers] échapper à; [- punishment] échapper à, se soustraire à. **-2.** [avoid - responsibility] éviter, esquiver; [- question] esquiver, éluder; [- eyes, glance] éviter; **to ~ the issue** éluder le problème; **people who try to ~ paying taxes risk imprisonment** ceux qui essaient de frauder le fisc risquent l'emprisonnement; **to ~ military service** se dérober à ses obligations militaires.
evaluate [ɪ'væljʊeɪt] *vt* **-1.** [value] évaluer, déterminer le montant de. **-2.** [assess - situation, success, work] évaluer, former un jugement sur la valeur de; [- evidence, reasons] peser, évaluer.
evaluation [ɪ,væljʊ'eɪʃn] *n* **-1.** [of damages, worth] évaluation *f.* **-2.** [of situation, work] évaluation *f,* jugement *m;* [of evidence, reasons] évaluation *f.*
evanescent [,iːvə'nesnt] *adj* évanescent, fugitif.
evangelical [,iːvæn'dʒelɪkl] ◇ *adj* évangélique.
◇ *n* évangélique *m.*
evangelicalism [,iːvæn'dʒelɪkəlɪzm] *n* évangélisme *m.*
evangelism [ɪ'vændʒəlɪzm] *n* évangélisme *m.*
evangelist [ɪ'vændʒəlɪst] *n* **-1.** BIBLE: **Evangelist** évangéliste *m.* **-2.** [preacher] évangélisateur *m,* -trice *f.* **-3.** *fig* [zealous advocate] prêcheur *m,* -euse *f.*
evangelize, -ise [ɪ'vændʒəlaɪz] ◇ *vt* évangéliser, prêcher l'Évangile à.
◇ *vi* **-1.** RELIG prêcher l'Évangile. **-2.** *fig* [advocate] prêcher.
evaporate [ɪ'væpəreɪt] ◇ *vi* [liquid] s'évaporer; *fig* [hopes, doubts] s'envoler, se volatiliser.
◇ *vt* faire évaporer.
evaporated milk [ɪ'væpəreɪtɪd-] *n* lait *m* condensé.
evaporation [ɪ,væpə'reɪʃn] *n* évaporation *f.*
evasion [ɪ'veɪʒn] *n* **-1.** [avoidance] fuite *f,* évasion *f;* [of duty] dérobade *f;* **~ of a responsibility** dérobade devant une responsabilité. **-2.** [deception, trickery] détour *m,* subterfuge *m,* échappatoire *f;* **to answer without ~** répondre sans détours OR sans biaiser.
evasive [ɪ'veɪsɪv] *adj* évasif; **an ~ answer** une réponse évasive OR de Normand; **to take ~ action** [gen] louvoyer; MIL effectuer une manœuvre dilatoire.
evasively [ɪ'veɪsɪvlɪ] *adv* évasivement; **he replied ~** il a répondu en termes évasifs.
eve [iːv] *n* veille *f;* RELIG vigile *f;* **on the ~ of the election** à la veille des élections.
Eve [iːv] *pr n* Ève; **'All About ~'** *Mankiewicz* 'Ève'.
even[1] ['iːvn] ◇ *adj* **-1.** [level] plat, plan; [smooth] uni; **to make sthg ~** égaliser OR aplanir qqch; **it's ~ with the desk** c'est au même niveau que le bureau. **-2.** [steady - breathing, temperature] égal; [- rate, rhythm] régulier. **-3.** [equal - distribution, spread] égal; **the score is** OR **the scores are ~** ils sont à égalité; **it's an ~ game** la partie est égale; **now we're ~** nous voilà quittes, nous sommes quittes maintenant; **there's an ~ chance he'll lose** il y a une chance sur deux qu'il perde; **the odds** OR **chances are about ~** les chances sont à peu près égales ❑ **to bet ~ money** [gen] donner chances égales; [in betting] parier le même enjeu; **to get ~ with sb** se venger de qqn; **I'll get ~ with you for that!** je vous revaudrai ça! **-4.** [calm - temper] égal; [- voice] égal, calme. **-5.** [number] pair.
◇ *adv* **-1.** [indicating surprise] même; **he ~ works on Sundays** il travaille même le dimanche; **~ the teacher laughed** même le professeur a ri, le professeur lui-même a ri; **she's ~ forgotten his name** elle a oublié jusqu'à son nom; **he ~ said so** il a été jusqu'à le dire, il l'a même dit; **without ~ apologizing** sans même OR sans seulement s'excuser; **he can't ~ walk** il ne peut même pas marcher; **not ~** même pas. **-2.** *(with comparative)* [still] encore; **~ better** encore mieux; **~ more tired** encore plus fatigué; **you know ~ less than I do** vous en savez encore moins que moi. **-3.** [qualifying]: **he seemed indifferent, ~ hostile** il avait l'air indifférent, hostile même.
◇ *vt* égaliser, aplanir.
◇ *vi* s'égaliser, s'aplanir.
◆ **even as** *conj phr* **-1.** *fml* [at the very moment that] au moment même où; **~ as we speak** au moment même où nous parlons. **-2.** *lit* OR *arch* [just as] comme; **it came to pass ~ as he had foretold** tout arriva comme il l'avait prédit.
◆ **even if** *conj phr* même si; **~ if I say so myself** sans fausse modestie; **~ if he did say that, what does it matter?** et même s'il a dit ça, quelle importance est-ce que ça a?
◆ **even now** *adv phr* **-1.** [despite what happened before] même maintenant. **-2.** *lit* [at this very moment] en ce moment même.
◆ **even so** *adv phr* [nevertheless] quand même, pourtant; **yes, but ~ so** oui, mais quand même.
◆ **even then** *adv phr* **-1.** [in that case also] quandmême; **but ~ then we wouldn't be able to afford it** mais nous ne pourrions quand même pas nous le permettre. **-2.** [at that time also] même à ce moment-là; **things were difficult enough ~ then** les choses étaient assez difficiles même à ce moment-là.
◆ **even though** *conj phr*: **~ though he tries** malgré ses efforts; **~ though she explained it in detail** bien qu'elle l'ait expliqué en détail.
◆ **even with** *prep phr* même avec, malgré.
◆ **even out** ◇ *vt sep* [surface] égaliser, aplanir; [prices] égaliser; [supply] répartir OR distribuer plus également.
◇ *vi insep* [road] s'égaliser, s'aplanir; [prices] s'égaliser; [supply] être réparti plus également.
◆ **even up** *vt sep* égaliser; **to ~ things up** rétablir l'équilibre.
even[2] ['iːvn] *n arch & lit* [evening] soir *m.*
even-handed *adj* équitable, impartial.
even-handedly [-'hændɪdlɪ] *adv* équitablement, impartialement.
evening ['iːvnɪŋ] ◇ *n* **-1.** [part of day] soir *m;* **(good) ~!** bonsoir!; **in the ~** le soir; **we went out in the ~** nous sommes sortis le soir; **it is 8 o'clock in the ~** il est 8 h du soir; **I'm hardly ever at home ~s** *Am* OR **in the ~** *Br* je suis rarement chez moi le soir; **this ~** ce soir; **that ~** ce soir-là; **tomorrow ~** demain soir; **on the ~ of the next day, on the following ~** le lendemain soir, le soir suivant; **on the ~ of the fifteenth** le quinze au soir; **on the ~ of her departure** le soir de son départ; **one fine spring ~** (par) un beau soir de printemps; **every ~** tous les soirs, chaque soir; **every Friday ~** tous les vendredis soir OR soirs; **the long winter ~s** les longues soirées OR veillées d'hiver; **I work ~s** je travaille le soir; **we've had several ~s out this week** nous sommes sortis plusieurs soirs cette semaine; **in the ~ of her life** *fig* au soir OR au déclin de sa vie. **-2.** [length of time] soirée *f;* **all ~** toute la soirée; **we spent the ~ playing cards** nous avons passé la soirée à jouer aux cartes. **-3.** [entertainment] soirée *f;* **a musical ~** une soirée musicale.
◇ *comp* [newspaper, train] du soir; **the ~ performance starts at 7.30** en soirée la représentation débute à 19 h 30; **she's going to an ~ performance of the ballet** elle va voir le ballet en soirée; **~ prayers/service** RELIG office *m*/service *m* du soir; **an ~ match** SPORT une nocturne ❑ **the Evening Standard** PRESS *quotidien populaire londonien de tendance conservatrice.*
evening class *n* cours *m* du soir.
evening dress *n* [for men] tenue *f* de soirée, habit *m;* [for women] robe *f* du soir; **in ~** [man] en tenue de soirée; [woman] en robe du soir, en toilette de soirée.
evening primrose *n* onagre *f,* herbe *f* aux ânes; **~ oil** huile *f* d'onagre.
evening star *n* étoile *f* du berger.
evening wear *n (U)* = **evening dress**.
evenly ['iːvnlɪ] *adv* **-1.** [breathe, move] régulièrement; [talk] calmement, posément. **-2.** [equally - divide] également, de façon égale; [- spread] de façon égale, régulièrement; **they are ~ matched** ils sont de force égale.
evenness ['iːvnnɪs] *n* **-1.** [of surface] égalité *f,* caractère *m* lisse. **-2.** [of competition, movement] régularité *f.*
evens *Br* ['iːvənz], **even odds** *Am* ◇ *npl*: **to lay ~** donner à égalité.
◇ *comp*: **~ favorite** favori *m,* -ite *f* à égalité.
evensong ['iːvnsɒŋ] *n* [Anglican] office *m* du soir; [Roman Catholic] vêpres *fpl.*
event [ɪ'vent] *n* **-1.** [happening] événement *m;* **a historical ~** un événement historique; **the course of ~s** la suite des événements, le déroulement des faits; **in the course of ~s** par la suite, au cours des événements; **in the normal course of ~s** normalement; **I realized after the ~** j'ai réalisé après coup; **the party was quite an ~** la soirée était un véritable événement. **-2.** [organized activity] manifestation *f;* **the society organizes a number of social ~s** l'association organise un certain nombre de soirées OR de rencontres. **-3.** SPORT [meeting] manifestation *f;* [competition] épreuve *f;* [in

horseracing] course *f*; field ~s épreuves d'athlétisme; track ~s épreuves sur piste; the sponsoring of sports ~s la sponsorisation des manifestations sportives.

◆ **at all events, in any event** *adv phr* en tout cas, de toute façon.

◆ **in either event** *adv phr* dans l'un ou l'autre cas.

◆ **in the event** *adv phr* en fait, en l'occurence; a result that in the ~ was most satisfying un résultat qui était en fait très satisfaisant.

◆ **in the event of** *prep phr*: in the ~ of rain en cas de pluie; in the ~ of her refusing au cas où OR dans le cas où elle refuserait.

◆ **in the event that** *conj phr* au cas où; in the unlikely ~ that he comes au cas OR dans le cas fort improbable où il viendrait.

even-tempered *adj* d'humeur égale.

eventful [ɪ'ventfʊl] *adj* -1. [busy - day, holiday, life] mouvementé, fertile en événements. -2. [important] mémorable, très important.

eventide ['iːvntaɪd] *n lit* soir *m*, tombée *f* du jour; ~ home *euph* résidence *f* de retraite.

eventing [ɪ'ventɪŋ] *n participation à toutes les épreuves d'un concours hippique.*

eventual [ɪ'ventʃʊəl] *adj* [final] final, ultime; [resulting] qui s'ensuit; bad management led to the ~ collapse of the company une mauvaise gestion a finalement provoqué la faillite de l'entreprise; the disease causes deterioration of the muscles and ~ paralysis la maladie entraîne la dégénérescence des muscles et la paralysie qui en résulte OR qui s'ensuit.

eventuality [ɪˌventʃʊ'ælətɪ] (*pl* eventualities) *n* éventualité *f*.

eventually [ɪ'ventʃʊəlɪ] *adv* finalement, en fin de compte; I'll get around to it ~ je le ferai un jour ou l'autre; she ~ became a lawyer elle a fini par devenir avocat; the people who will ~ benefit from these changes les personnes qui, en fin de compte OR en définitive, bénéficieront de ces changements; our arguments ~ persuaded him nos arguments ont fini par le convaincre OR l'ont finalement convaincu; ~, I decided to give up pour finir OR en fin de compte, j'ai décidé d'abandonner, j'ai finalement décidé d'abandonner.

eventuate [ɪ'ventʃʊeɪt] *vi fml* arriver, se produire; his illness ~d in death sa maladie a fini par l'emporter.

ever ['evəʳ] *adv* -1. [always] toujours; ~ more important de plus en plus important; ~-increasing influence influence toujours croissante OR qui croît de jour en jour; an ~-present fear une peur constante; ~ hopeful/the pessimist, he... toujours plein d'espoir/pessimiste, il...; yours , yours [in letter] amicalement vôtre. -2. [at any time] jamais; have you ~ met him? l'avez-vous jamais rencontré?; do you ~ meet him? est-ce qu'il vous arrive (jamais) de le rencontrer?; nothing ~ happens il n'arrive OR ne se passe jamais rien; all they ~ do is work ils ne font que travailler; he hardly OR scarcely ~ smokes il ne fume presque jamais; don't ~ come in here again! ne mettez plus jamais les pieds ici! || *(with comparatives)*: lovelier/more slowly than ~ plus joli/plus lentement que jamais; he's as sarcastic as ~ il est toujours aussi sarcastique || *(with superlatives)*: the first/biggest ~ le tout premier/plus grand qu'on ait jamais vu; she's my best friend ~ c'est la meilleure amie que j'aie jamais eue; the worst earthquake ~ le pire tremblement de terre qu'on ait jamais connu; the best vacation we've ~ had les meilleures vacances qu'on ait jamais eues. -3. *inf* [in exclamations]: is it ~ big! *Am* comme c'est grand!; was he ~ angry! *Am* qu'est-ce qu'il était furax!; do you enjoy dancing? – do I ~! *Am* aimez-vous danser? – et comment! ❑ well, did you ~! ça, par exemple! -4. [as intensifier]: as quickly as ~ you can aussi vite que vous pourrez; as soon as ~ she comes aussitôt OR dès qu'elle sera là; before ~ they OR before they ~ set out avant même qu'ils partent || [in questions]: how ~ did you manage that? comment donc y êtes-vous parvenu?; what ~ is the matter with you? mais qu'est-ce que vous avez donc?; when will they ~ stop? quand donc arrêteront-ils?; where ~ can it be? où diable peut-il être?; who ~ can it be? qui est-ce que ça peut bien être?; why ~ not? mais enfin, pourquoi pas?

◆ **ever after** *adv phr* pour toujours; they lived happily ~ after ils vécurent heureux jusqu'à la fin de leurs jours.

◆ **ever since** ◇ *conj phr* depuis que.

◇ *prep phr* depuis.

◇ *adv phr* depuis lors, depuis ce moment-là; I've been afraid of driving ~ since depuis lors OR depuis ce moment-là, j'ai peur de conduire.

◆ **ever so** *adv phr* -1. *inf* [extremely] vraiment; she's ~ so clever elle est vraiment intelligente; it's ~ so kind of you c'est vraiment aimable à vous; ~ so slightly off-centre un tout petit peu décentré; thanks ~ so (much) merci vraiment. -2. *fml* [however]: no teacher, be he ~ so patient... aucun enseignant, aussi patient soit-il...

◆ **ever such** *inf det phr* vraiment; they've got ~ such pretty curtains in the shop ils ont vraiment de jolis rideaux dans ce magasin; it's ~ such a shame c'est vraiment dommage.

Everest ['evərɪst] *pr n*: (Mount) ~ le mont Everest, l'Everest *m*; it was his ~ [goal] c'était son but ultime; [achievement] c'était sa plus grande réussite.

Everglades ['evəgleɪdz] *pl pr n*: the ~ les Everglades *mpl*; the ~ National Park le Parc national des Everglades.

evergreen ['evəgriːn] ◇ *n* -1. [tree] arbre *m* à feuilles persistantes; [conifer] conifère *m*; [bush] arbuste *m* à feuilles persistantes. -2. *fig* [song, story] chanson *f* OR histoire *f* qui ne vieillit jamais.

◇ *adj* -1. [bush, tree] à feuilles persistantes; the Evergreen State *Am* le Washington. -2. *fig* [song, story] qui ne vieillit pas.

everlasting [ˌevə'lɑːstɪŋ] *adj* -1. [eternal - hope, mercy] éternel, infini; [- fame] éternel, immortel; [- God, life] éternel. -2. [incessant] perpétuel, éternel; a life of ~ misery une vie de misère.

everlastingly [ˌevə'lɑːstɪŋlɪ] *adv* -1. [eternally] éternellement. -2. [incessantly] sans cesse, perpétuellement.

evermore [ˌevə'mɔːʳ] *adv* toujours; for ~ pour toujours, à jamais.

every ['evrɪ] *det* -1. [each] tout, chaque; ~ room has a view of the sea les chambres ont toutes vue OR toutes les chambres ont vue sur la mer; not ~ room is as big as this toutes les chambres ne sont pas aussi grandes que celle-ci; word he says tout ce qu'il dit; he drank drop il a bu jusqu'à la dernière goutte; ~ one of these apples chacune de OR toutes ces pommes; I've read ~ one je les ai lus tous; ~ one of them arrived late ils sont tous arrivés en retard; ~ (single) one of us was there nous étions tous là (au grand complet); ~ (single) one of these pencils is broken tous ces crayons (sans exception) sont cassés; ~ (single) person in the room tous ceux qui étaient dans la pièce (sans exception); ~ day tous les jours, chaque jour; she's feeling a little better ~ day elle se sent un peu mieux chaque jour; ~ time I go out chaque fois que je sors; that's what fools them ~ time c'est ce qui les trompe à tous les coups OR à chaque fois; of ~ age/~ sort/~ colour de tout âge/toute sorte/toutes les couleurs; in ~ way [by any means] par tous les moyens; [from any viewpoint] à tous (les) égards, sous tous les rapports ❑ ~ little helps *prov* les petits ruisseaux font les grandes rivières *prov*. -2. [with units of time, measurement etc] tout; ~ two days, ~ second day, ~ other day tous les deux jours, un jour sur deux; ~ quarter of an hour tous les quarts d'heure; ~ few days tous les deux ou trois jours; ~ few minutes toutes les cinq minutes; once ~ month une fois par mois; ~ 10 miles tous les 10 miles; ~ third man un homme sur trois; three women out of OR in ~ ten, three out of ~ ten women trois femmes sur dix ❑ ~ other Sunday un dimanche sur deux; write on ~ other line écrivez en sautant une ligne sur deux. -3. [indicating confidence, optimism] tout; I have ~ confidence that... je ne doute pas un instant que...; there's ~ chance that we'll succeed nous avons toutes les chances de réussir; you have ~ reason to be happy vous avez toutes les raisons OR tout lieu d'être heureux; we wish you ~ success nous vous souhaitons très bonne chance. -4. [with possessive adj] chacun, moindre; his ~ action bears witness to it chacun de ses gestes OR tout ce qu'il fait en témoigne; her ~ wish son moindre désir, tous ses désirs.

◆ **every now and again, every once in a while, every so often** *adv phr* de temps en temps, de temps à autre.

◆ **every which way** *adv phr Am* [everywhere] partout; [from all sides] de toutes parts; he came home with his hair ~ which way il est rentré les cheveux en bataille.

everybody ['evrɪˌbɒdɪ] = **everyone**.

everyday ['evrɪdeɪ] *adj* -1. [daily] de tous les jours, quotidien; my ~ routine mon train-train quotidien; ~ life la vie de tous les jours. -2. [ordinary] banal, ordinaire; an ~ expression une expression courante; in ~ use d'usage courant; it's not an ~ experience on ne vit pas ça tous les jours.

Everyman ['evrɪmæn] *n* l'homme *m* de la rue.

everyone ['evrɪwʌn] *pron* tout le monde, chacun; as ~ knows comme chacun OR tout le monde le sait; ~ knows that! tout le monde OR n'importe qui sait cela!; ~ here/in this room tout le monde ici/dans cette pièce; ~ else tous les autres; in a small town where ~ knows ~ (else) dans une petite ville où tout le monde se connaît ❑ ~ who was anyone was there tous les gens qui comptent étaient là.

everyplace ['evrɪpleɪs] *adv Am* = **everywhere**.

everything ['evrɪθɪŋ] *pron* -1. [all things] tout; ~ he says tout ce qu'il dit; they sell ~ ils vendent de tout; she means ~ to me elle est tout pour moi, je ne vis que pour elle; you can have ~ you ever wanted tu peux avoir tout ce que tu as toujours voulu ❑ a party with clowns, cakes and ~ *inf* une fête avec des clowns, des gâteaux et tout. -2. [the most important thing] l'essentiel *m*; winning is ~ l'essentiel, c'est de gagner; beauty/money isn't ~ il n'y a pas que la beauté/l'argent qui compte.

everywhere ['evrɪweəʳ] ◇ *adv* partout; I looked for it ~ je l'ai cherché partout; ~ she went partout où elle allait; cash dispensers are ~ these days on trouve des distributeurs (de billets) partout de nos jours; he's been ~ il est allé partout ❑ the card indexes were ~ *inf* [in complete disorder] les cartes étaient rangées n'importe comment.

◇ *pron inf* tout; ~'s in such a mess tout est sens dessus dessous.

evict [ɪ'vɪkt] *vt* -1. [person] expulser, chasser. -2. [property] récupérer par moyens juridiques.

eviction [ɪ'vɪkʃn] *n* expulsion *f*; an ~ notice un mandat d'expulsion.

evidence ['evɪdəns] ◇ *n* -1. [proof] évidence *f*, preuve *f*; [testimony] témoignage *m*; we have clear ~ that... on a la preuve manifeste que...; on the ~ of eye witnesses à en croire les témoins. -2. JUR [proof] preuve *f*; [testimony] témoignage *m*; to give ~ against/for sb témoigner contre/en faveur de qqn; her statement is being held in ~ sa déposition fait partie des témoignages; the ~ is against him les preuves pèsent contre lui ❑ to turn King's OR Queen's ~ *Br*, to turn State's ~ *Am* témoigner contre ses complices. -3. [indication] signe *m*, marque *f*; the building bears ~ of recent habitation il apparaît clairement que l'immeuble était encore occupé récemment; her face showed no ~ of her anger son visage ne témoignait pas de OR ne trahissait pas sa colère; to be in ~ [person]: his daughter was not in ~ sa fille n'était pas là OR n'était pas présente; a politician very

much in ~ these days un politicien très en vue ces temps-ci.
◇ *vt* manifester, montrer.

evident ['evɪdənt] *adj* évident, manifeste; **with ~ pleasure** avec un plaisir manifeste; **it is ~ from the way she talks** cela se voit à sa manière de parler; **it is quite ~ that he's not interested** on voit bien qu'il ne s'y intéresse pas, il ne s'y intéresse pas, c'est évident; **he's lying, that's ~** il ment, c'est évident.

evidently ['evɪdəntlɪ] *adv* -**1.** [apparently] apparemment; **did he refuse? — ~ not** a-t-il refusé? — non apparemment OR à ce qu'il paraît; **unemployment is ~ rising again** de toute évidence le chômage est à nouveau en hausse. -**2.** [clearly] évidemment, manifestement; **he was ~ in pain** il était évident OR clair qu'il souffrait.

evil ['iːvl] (*Br compar* **eviller**, *superl* **evillest**, *Am compar* **eviler**, *superl* **evilest**) ◇ *adj* -**1.** [wicked - person] malveillant, méchant; [- deed, plan, reputation] mauvais; [- influence] néfaste; [- doctrine, spell, spirit] malfaisant; **he's in an ~ mood** il est d'une humeur massacrante; **she has an ~ temper** elle a un sale caractère OR un caractère de chien ❑ **the Evil One** le Malin. -**2.** [smell, taste] infect, infâme.
◇ *n* mal *m*; **to speak ~ of sb** dire du mal de qqn; **I wish her no ~** je ne lui veux pas de mal; **social ~s** plaies sociales, maux sociaux; **the ~s of drink** les conséquences *fpl* funestes de la boisson; **a necessary ~** un mal nécessaire; **pollution is one of the ~s of our era** la pollution est un fléau de notre époque; **it's the lesser ~ OR of two ~s** c'est le moindre mal.

evildoer [ˌiːvl'duːəʳ] *n* méchant *m*, -e *f*, scélérat *m*, -e *f*.

evil eye *n*: **the ~** le mauvais œil; **to give sb the ~** jeter le mauvais œil à qqn; **to ward off the ~** se protéger du mauvais œil.

evil-looking *adj* [person] qui a l'air mauvais; [weapon] menaçant.

evilly ['iːvəlɪ] *adv* avec malveillance.

evil-minded *adj* malveillant, mal intentionné.

evil-smelling *adj* nauséabond.

evince [ɪ'vɪns] *vt fml* [show - interest, surprise] manifester, montrer; [- quality] faire preuve de, manifester.

eviscerate [ɪ'vɪsəreɪt] *vt* éventrer, étriper; MED éviscérer.

evocation [ˌevəʊ'keɪʃn] *n* évocation *f*.

evocative [ɪ'vɒkətɪv] *adj* -**1.** [picture, scent] évocateur. -**2.** [magic] évocatoire.

evoke [ɪ'vəʊk] *vt* -**1.** [summon up - memory, spirit] évoquer. -**2.** [elicit - admiration] susciter; [- response, smile] susciter, provoquer.

evolution [ˌiːvə'luːʃn] *n* -**1.** [of language, situation] évolution *f*; [of art, society, technology] développement *m*, évolution *f*; [of events] développement *m*, déroulement *m*. -**2.** BIOL, BOT & ZOOL évolution *f*. -**3.** [of dancers, troops] évolution *f*. -**4.** MATH extraction *f* (de la racine).

evolutionary [ˌiːvə'luːʃnərɪ] *adj* évolutionniste.

evolutionism [ˌiːvə'luːʃənɪzm] *n* évolutionnisme *m*.

evolutionist [ˌiːvə'luːʃənɪst] ◇ *adj* évolutionniste.
◇ *n* évolutionniste *mf*.

evolve [ɪ'vɒlv] ◇ *vi* évoluer, se développer; BIOL, BOT & ZOOL évoluer; **to ~ from sthg** se développer à partir de qqch; **the theory has ~d over the years** la théorie a évolué au fil des années.
◇ *vt* [system, theory] développer, élaborer.

ewe [juː] *n* brebis *f*; **a ~ lamb** une agnelle.

ewer ['juːəʳ] *n* aiguière *f*.

ex [eks] ◇ *prep* -**1.** COMM départ, sortie; **price ~ works** prix *m* départ OR sortie usine. -**2.** FIN sans; **~ interest** sans OR exonéré d'intérêts.
◇ *n* [gen] ex *mf*; [husband] ex-mari *m*; [wife] ex-femme *f*; **my ~** [girlfriend] mon ancienne petite amie; [boyfriend] mon ancien petit ami.

ex- *in cpds* ex-, ancien; **his ~wife** son ex-femme; **he's an ~teacher** c'est un ancien enseignant; **the ~president** l'ancien président, l'ex-président.

exacerbate [ɪg'zæsəbeɪt] *vt fml* -**1.** [make worse] exacerber, aggraver. -**2.** [annoy] énerver, exaspérer.

exact [ɪg'zækt] ◇ *adj* -**1.** [accurate, correct] exact, juste; **it's an ~ copy** [picture] c'est fidèle à l'original; [document] c'est une copie conforme OR textuelle; **she told me the ~ opposite** elle m'a dit exactement le contraire; **that's the ~ problem** c'est précisément le problème; **those were her ~ words** ce furent ses propres paroles, voilà ce qu'elle a dit textuellement. -**2.** [precise - amount, idea, value] exact, précis; [- directions, place, time] précis; **is it 5 o'clock? — 5:03 to be ~** est-il 5 h? — 5 h 03 plus exactement OR précisément; **I'm 35 and 2 days to be ~** j'ai exactement 35 ans et 2 jours; **she likes music, or to be ~, classical music** elle aime la musique, ou plus précisément la musique classique; **can you be more ~?** pouvez-vous préciser?; **we need ~ details** il nous faut des précisions. -**3.** [meticulous - work] rigoureux, précis; [- mind] rigoureux; [- science] exact; [- instrument] de précision.
◇ *vt* -**1.** [demand - money] extorquer. -**2.** [insist upon] exiger.

exacting [ɪg'zæktɪŋ] *adj* [person] exigeant; [activity, job] astreignant, exigeant.

exaction [ɪg'zækʃn] *n* -**1.** [act] exaction *f*, extorsion *f*. -**2.** [money] paiement *m*. -**3.** [demand] extorsion *f*, exigence *f*.

exactitude [ɪg'zæktɪtjuːd] *n* exactitude *f*.

exactly [ɪg'zæktlɪ] *adv* -**1.** [accurately] précisément, avec précision; **I followed her instructions ~** j'ai suivi ses instructions à la lettre OR avec précision; **the computer can reproduce this sound ~** l'ordinateur peut reproduire exactement ce son. -**2.** [entirely, precisely] exactement, justement; **I don't remember ~** je ne me rappelle pas au juste; **that's not ~ what I meant** ce n'est pas exactement ce que je voulais dire; **he did ~ the opposite of what I told him** il a fait exactement le contraire de ce que je lui ai dit; **it's ~ the same thing** c'est exactement la même chose; **it's ~ 5 o'clock** il est 5 h juste; **it's been six months ~** cela fait six mois jour pour jour; **the journey took ~ three hours** le voyage a duré très exactement trois heures; **are you ill? — not ~** êtes-vous malade? — pas exactement OR pas vraiment; **he's not ~ poor** il n'est pas exactement (ce que l'on appelle) pauvre; **~!** exactement!, parfaitement!

exactness [ɪg'zæktnɪs] *n* exactitude *f*, soin *m*.

exaggerate [ɪg'zædʒəreɪt] ◇ *vi* exagérer; **don't ~!** n'exagère pas!; **she always ~s** elle exagère toujours.
◇ *vt* -**1.** [overstate - quality, situation, size] exagérer; [- facts] amplifier; [- importance] s'exagérer; **he is exaggerating the seriousness of the problem** il s'exagère la gravité du problème. -**2.** [emphasize] accentuer; **she ~s her weakness to gain sympathy** elle se prétend plus faible qu'elle ne l'est réellement pour s'attirer la compassion; **tight trousers will ~ your thinness** des pantalons serrés accentueront ta minceur OR te feront paraître encore plus mince.

exaggerated [ɪg'zædʒəreɪtɪd] *adj* -**1.** [number, story] exagéré; [fashion, style] outré; **to have an ~ opinion of o.s.** OR **of one's own worth** avoir une trop haute opinion de soi-même. -**2.** MED exagéré.

exaggeratedly [ɪg'zædʒəreɪtɪdlɪ] *adv* d'une manière exagérée, exagérément.

exaggeration [ɪgˌzædʒə'reɪʃn] *n* exagération *f*.

exalt [ɪg'zɔːlt] *vt* -**1.** [praise highly] exalter, chanter les louanges de. -**2.** [in rank] élever (à un rang plus important).

exaltation [ˌegzɔːl'teɪʃn] *n* (*U*) -**1.** [praise] louange *f*, louanges *fpl*, exaltation *f*. -**2.** [elation] exultation *f*, exaltation *f*.

exalted [ɪg'zɔːltɪd] *adj* -**1.** [prominent - person] de haut rang, haut placé; [- position, rank] élevé. -**2.** [elated] exalté, passionné.

exam [ɪg'zæm] (*abbr of* **examination**) ◇ *n*: **to sit** OR **to take an ~** passer un examen; **to pass/to fail an ~** réussir à/échouer à un examen; **~ board** commission *f* d'examen.
◇ *comp* d'examen; **~ nerves** trac *m* des examens; **when do the ~ results come out?** quand les résultats de l'examen seront-ils connus?; **~ paper** [set of questions] sujet *m* d'examen; [written answer] copie *f* (d'examen).

examination [ɪgˌzæmɪ'neɪʃn] ◇ *n* -**1.** [of records, proposal etc] examen *m*; [of building - by official] inspection *f*; [- by potential buyer] visite *f*; **it doesn't stand up to ~** [argument, theory] cela ne résiste pas à l'examen; [alibi] cela ne tient pas; **to carry out** OR **to make an ~ of sthg** procéder à l'examen de qqch; **her latest novel is an ~ of the generation gap** son dernier roman est une analyse du fossé entre les générations; **the device was removed for ~** on a enlevé le mécanisme afin de l'examiner; **on ~** après examen; **the proposal is still under ~** la proposition est encore à l'étude. -**2.** MED examen *m* médical; [at school, work] visite *f* médicale; [regular] bilan *m* de santé; **I'm just going in for an ~** j'y vais juste pour passer un examen médical. -**3.** *fml*, SCH & UNIV examen *m*. -**4.** JUR [of witness] audition *f*; [of suspect] interrogatoire *m*.
◇ *comp* [question, results] d'examen.

examine [ɪg'zæmɪn] *vt* -**1.** [records, proposal etc] examiner, étudier; [building] inspecter; **the weapon is being ~d for fingerprints** on est en train d'examiner l'arme pour voir si elle porte des empreintes digitales. -**2.** MED examiner. -**3.** SCH & UNIV faire passer un examen à; **you'll be ~d in French/in all six subjects/on your knowledge of the subject** vous aurez à passer un examen de français/dans ces six matières/ pour évaluer vos connaissances sur le sujet. -**4.** JUR [witness] entendre; [suspect] interroger.

examinee [ɪgˌzæmɪ'niː] *n* candidat *m*, -e *f* (*à un examen*).

examiner [ɪg'zæmɪnəʳ] *n* [in school, driving test] examinateur *m*, -trice *f*; **the ~s** SCH & UNIV les examinateurs, le jury.

examining body [ɪg'zæmɪnɪŋ-] *n* jury *m* d'examen.

examining magistrate *n Br* JUR juge *m* d'instruction.

example [ɪg'zɑːmpl] *n* -**1.** [illustration] exemple *m*; **can you give us an ~?** pouvez-vous nous donner un exemple?; **to mention just a few ~s** pour ne citer que quelques exemples; **this is an excellent ~ of what I meant** ceci illustre parfaitement ce que je voulais dire; **it's a classic ~ of 1960's architecture** c'est un exemple classique de l'architecture des années 60. -**2.** [person or action to be imitated] exemple *m*, modèle *m*; **you're an ~ to us all** vous êtes un modèle pour nous tous; **to follow sb's ~** suivre l'exemple de qqn; **I followed your ~ and complained about the poor service** j'ai fait comme vous et me suis plaint de la médiocrité du service; **following France's ~, Britain has introduced sanctions** à l'exemple OR à l'instar de la France, la Grande-Bretagne a pris des sanctions; **to set an ~** montrer l'exemple; **she sets us all an ~** elle nous montre l'exemple à tous; **to set a good/bad ~** montrer le bon/ mauvais exemple; **you're setting your little brother a bad ~** tu montres le mauvais exemple à ton petit frère; **my mother's always holding my cousin up as an ~** ma mère cite tout le temps mon cousin en exemple. -**3.** [sample, specimen] exemple *m*, spécimen *m*; [of work] échantillon *m*. -**4.** [warning] exemple *m*; **let this be an ~ to you** que ça te serve d'exemple; **to make an ~ of sb** faire un exemple du cas de qqn.
◆ **for example** *adv phr* par exemple.

exarch ['eksɑːk] *n* RELIG exarque *m*.

exasperate [ɪg'zæspəreɪt] *vt* [irritate] exaspérer; **her father was so ~d with her that he lost his temper** elle a tellement exaspéré son père que celui-ci s'est mis en colère.

exasperating [ɪg'zæspəreɪtɪŋ] *adj* [person, situation] exaspérant; **it's been an ~ day** j'ai passé une journée exaspérante.

exasperatingly [ɪg'zæspəreɪtɪŋlɪ] *adv*: **the service is ~ slow in this restaurant** le service est d'une lenteur exaspérante OR désespérante dans ce restaurant; **he's ~ arrogant** son arrogance est exaspérante.

exasperation [ɪg,zæspə'reɪʃn] *n* [irritation, frustration] exaspération *f*; **to look at sb in ~** regarder qqn avec exaspération OR un air exaspéré; **she was nearly weeping with** OR **from ~** elle pleurait presque d'exaspération; **I did it out of sheer ~** j'ai fait cela parce que j'étais exaspéré OR je n'en pouvais plus.

ex cathedra [ekskə'θiːdrə] *adj* & *adv* ex cathedra.

excavate ['ekskəveɪt] *vt* -**1.** [hole, trench] creuser, excaver. -**2.** ARCHEOL [temple, building] mettre au jour; **to ~ a site** faire des fouilles sur un site.

excavation [,ekskə'veɪʃn] *n* -**1.** [of hole, trench] excavation *f*, creusement *m*. -**2.** ARCHEOL [of temple, building] mise *f* au jour; **the ~s at Knossos** les fouilles *fpl* de Knossos.

excavator ['ekskə,veɪtə^r] *n* -**1.** [machine] excavateur *m*, excavatrice *f*. -**2.** [archaeologist] personne qui conduit des fouilles.

exceed [ɪk'siːd] *vt* -**1.** [be more than] dépasser, excéder; **her salary ~s mine by £5,000 a year** son salaire annuel dépasse le mien de 5 000 livres. -**2.** [go beyond - expectations, fears] dépasser; [- budget] excéder, déborder; **to ~ one's authority** outrepasser ses pouvoirs; **to ~ the speed limit** dépasser la limite de vitesse, faire un excès de vitesse; **to be fined for ~ing the speed limit** avoir une amende pour excès de vitesse.

exceeding [ɪk'siːdɪŋ] *arch* = **exceedingly**.

exceedingly [ɪk'siːdɪŋlɪ] *adv* [extremely] extrêmement.

excel [ɪk'sel] (*pt* & *pp* **excelled**) ◇ *vi* exceller; **this is a field where Scots ~** c'est un domaine où les Écossais excellent; **to ~ at** OR **in music** exceller en musique; **I've never excelled at games** je n'ai jamais été très fort en sport; **the company ~s in the export field** la société excelle dans l'exportation; **the company doesn't exactly ~ at after-sales service** *hum* le service après-vente n'est pas vraiment le point fort de la société.
◇ *vt* surpasser; **to ~ o.s.** *literal* OR *iron* se surpasser; **you've really excelled yourself this time!** tu t'es vraiment surpassé cette fois-ci!

excellence ['eksələns] *n* [high quality] qualité *f* excellente; [commercially] excellence *f*; **a prize for general ~** SCH un prix d'excellence; **to strive for ~** s'efforcer d'atteindre une qualité excellente; **~ is our hallmark** l'excellence est notre signe distinctif; **awards for ~** prix d'excellence ❑ **centre of ~** centre *m* d'excellence.

Excellency ['eksələnsɪ] (*pl* **Excellencies**) *n* Excellence *f*; **Your/His ~** Votre/Son Excellence.

excellent ['eksələnt] *adj* excellent; [weather] magnifique; **~!** formidable!, parfait!

excellently ['eksələntlɪ] *adv* de façon excellente, superbement; **it was ~ done** cela a été fait de main de maître.

Excelsior® [ek'selsɪɔː^r] *n* *(U) Am* copeaux *mpl* de bois.

except [ɪk'sept] ◇ *prep* [apart from] à part, excepté, sauf; **everybody was there ~ him, everybody ~ him was there** tout le monde était là à part OR excepté OR sauf lui; **~ weekends** à part OR excepté OR sauf le weekend; **any day ~ Saturday and anywhere ~ here** n'importe quel jour sauf le samedi et n'importe où sauf ici; **I know nothing about it ~ what he told me** je ne sais rien d'autre que ce qu'il m'a raconté; **I remember nothing ~ that I was scared** je ne me souviens de rien sauf que OR excepté que j'avais peur.
◇ *conj* -**1.** [apart from]: **I'll do anything ~ sell the car** je ferai tout sauf vendre la voiture; **~ if** sauf OR à part si; **~ when** sauf OR à part quand. -**2.** [only] seulement, mais; **I would tell her ~ she wouldn't believe me** je le lui dirais bien, mais OR seulement elle ne me croirait pas; **we would stay longer ~ (that) we have no more money** nous resterions bien plus longtemps, mais OR seulement nous n'avons plus d'argent. -**3.** *arch* OR BIBLE [unless] à moins que.
◇ *vt* [exclude] excepter, exclure; **all countries, France ~ed** tous les pays, la France exceptée OR à l'exception de la France; **present company ~ed** à l'exception des personnes présentes, les personnes présentes exceptées.
◆ **except for** *prep phr* sauf, à part; **the typing's finished ~ for the last page** il ne reste plus que la dernière page à taper; **the office will be empty over Christmas ~ for the boss and me** il n'y aura que le patron et moi au bureau au moment de Noël; **he would have got away with it ~ for that one mistake** sans cette erreur il s'en serait tiré.

excepting [ɪk'septɪŋ] ◇ *prep* à part, excepté, sauf; **not ~ ...** y compris; **always ~ really outstanding candidates** à l'exception OR en dehors des candidats vraiment brillants.
◇ *conj arch* = **unless**.

exception [ɪk'sepʃn] *n* -**1.** [deviation, exemption] exception *f*; **the ~ proves the rule** l'exception confirme la règle; **I'll make an ~ this time/in your case** je ferai une exception cette fois/dans votre cas; **without ~** sans exception; **but she's an ~** mais elle n'est pas comme les autres; **the only ~ being Britain, Britain being the only ~** la seule exception étant la Grande-Bretagne; **with the ~ of Daniel** à l'exception de Daniel; **and you're no ~** et cela te concerne aussi; **all Western countries are feeling the effects of the oil crisis, and Britain is no ~** tous les pays occidentaux ressentent les effets de la crise pétrolière, et la Grande-Bretagne n'est pas épargnée. -**2.** *phr*: **to take ~ to sthg** s'offenser OR s'offusquer de qqch, être outré par qqch; **I take ~ to that remark** je suis outré par cette remarque; **he takes ~ to being kept waiting** il n'aime pas du tout qu'on le fasse attendre.

exceptionable [ɪk'sepʃnəbl] *adj* [objectionable] offensant, outrageant.

exceptional [ɪk'sepʃənl] *adj* exceptionnel; **in ~ circumstances** dans des circonstances exceptionnelles; **these are ~ times we live in** nous vivons une époque exceptionnelle.

exceptionally [ɪk'sepʃnəlɪ] *adv* exceptionnellement; **that's ~ kind of you** c'est extrêmement gentil de votre part; **~, some companies prefer to recruit people over 40** il y a des cas exceptionnels de sociétés qui préfèrent recruter des gens de plus de 40 ans; **she's an ~ bright child** c'est une enfant d'une intelligence exceptionnelle.

excerpt ['eksɜːpt] *n* [extract] extrait *m*; **an ~ from sthg** un extrait de qqch.

excess [*n* ɪk'ses, *adj* 'ekses] ◇ *n* -**1.** [unreasonable amount] excès *m*; **an ~ of salt/fat in the diet** un excès de sel/de graisses dans l'alimentation. -**2.** [difference between two amounts] supplément *m*, surplus *m*; [in insurance] franchise *f*. -**3.** [over-indulgence] excès *m*; **a life of ~** une vie d'excès. -**4.** *(usu pl)* [unacceptable action] excès *m*, abus *m*; **the ~es of the occupying troops** les excès OR abus commis par les soldats pendant l'occupation; **he is famous for his ~es** il est réputé pour ses excès.
◇ *adj* [extra] en trop, excédentaire; **you're carrying a lot of ~ weight** tu as beaucoup de kilos en trop OR à perdre.
◆ **in excess of** *prep phr* [a stated percentage, weight] au-dessus de; **she earns in ~ of £25,000 a year** elle gagne plus de 25 000 livres par an.
◆ **to excess** *adv phr*: **to carry sthg to ~** pousser qqch trop loin; **he does** OR **carries it to ~** il exagère, il dépasse les bornes; **to eat/to drink to ~** manger/boire à l'excès.

excess baggage ['ekses-] *n* *(U)* [on plane] excédent *m* de bagages; **I had 10 kilos of ~** j'avais 10 kilos d'excédent de bagages.

excess fare ['ekses-] *n* *Br* supplément *m* de prix.

excessive [ɪk'sesɪv] *adj* [unreasonable] excessif; [demand] excessif, démesuré; **that's a bit ~** c'est un peu excessif; **to show ~ interest in sb/sthg** faire preuve d'un intérêt excessif pour qqn/qqch; **in ~ detail** avec trop de détails.

excessively [ɪk'sesɪvlɪ] *adv* excessivement.

exchange [ɪks'tʃeɪndʒ] ◇ *vt* -**1.** [give and receive - gifts, letters, blows] échanger; **we didn't ~ more than a couple of words all evening** nous n'avons pas échangé plus de quelques mots de toute la soirée; **shots were ~d** il y a eu un échange de coups de feu; **to ~ sthg with sb** échanger qqch avec qqn; **to ~ places with sb** changer de place avec qqn; **we ~d places (with each other)** nous avons échangé nos places; **would you like to ~ places?** voulez-vous changer de place avec moi?; **we ~d addresses** nous avons échangé nos adresses; **I ~d addresses with Nadine** Nadine et moi avons échangé nos adresses. -**2.** [give in return for sthg else] échanger; **to ~ sthg for sthg** échanger qqch contre qqch; **I would not ~ my happiness for anything** je n'échangerais OR ne donnerais mon bonheur contre rien au monde.
◇ *n* -**1.** [of prisoners, ideas] échange *m*; **his old car for my new one didn't seem a fair ~** échanger sa vieille voiture contre ma neuve ne me semblait pas équitable ❑ **~ of contracts** échange *m* de contrats à la signature; **fair ~ is no robbery** *Br prov* donnant donnant; **Exchange and Mart** *hebdomadaire britannique de petites annonces*. -**2.** [discussion] échange *m*; **a heated ~** un échange enflammé. -**3.** [cultural, educational] échange *m*; **as part of an ~** dans le cadre d'un échange; **he took part in an ~ with a school in France** il a participé à un échange avec une école française; **she took up smoking on the French ~** elle a commencé à fumer lors de l'échange avec la France ❑ **~ student** *étudiant qui prend part à un échange avec l'étranger*; **the Spanish students are here on an ~ visit** les étudiants espagnols sont en visite ici dans le cadre d'un échange. -**4.** TELEC central *m* téléphonique. -**5.** COMM bourse *f*.
◆ **in exchange** *adv phr* en échange.
◆ **in exchange for** *prep phr* en échange de; **in ~ for helping with the housework she was given food and lodging** elle aidait aux travaux ménagers et en échange OR en contrepartie elle était nourrie et logée.

exchangeable [ɪks'tʃeɪndʒəbl] *adj* échangeable, qui peut être échangé; **goods are ~ only when accompanied by a valid receipt** les articles ne peuvent être échangés que s'ils sont accompagnés du ticket de caisse.

exchange rate *n* taux *m* de change.

Exchange Rate Mechanism *pr n* mécanisme *m* (des taux) de change (du SME).

exchequer [ɪks'tʃekə^r] *n* [finances] finances *fpl*.
◆ **Exchequer** *n* POL [department]: **the ~** le ministère des Finances *(en Grande-Bretagne)*.

excipient [ɪk'sɪpɪənt] *n* PHARM excipient *m*.

excisable [ɪk'saɪzəbl] *adj* [taxable] taxable, imposable.

excise[1] ['eksaɪz] *n* -**1.** [tax] taxe *f*, contribution *f* indirecte. -**2.** *Br* [government office] régie *f*, service *m* des contributions indirectes; **men from the ~** [customs officers] officiers *mpl* des douanes; [VAT inspectors] inspecteurs *mpl* de la TVA.

excise[2] [ek'saɪz] *vt* -**1.** *fml* [remove from a text] retrancher. -**2.** MED exciser.

excise duty ['eksaɪz-] *n* [taxation] contribution *f* indirecte; **~ on sthg** contribution indirecte sur qqch.

exciseman ['eksaɪzmæn] (*pl* **excisemen** [-men]) *n* *Br* employé *m* de la régie OR des contributions indirectes.

excise tax ['eksaɪz-] = **excise duty**.

excision [ek'sɪʒn] *n* -**1.** *fml* [of a piece of text] coupure *f*, retranchement *m*. -**2.** MED excision *f*.

excitability [ɪk,saɪtə'bɪlətɪ] *n* nervosité *f*, émotivité *f*.

excitable [ɪk'saɪtəbl] *adj* excitable, nerveux.

excitation [ˌeksɪ'teɪʃn] *n* -**1.** [process, state] excitation *f*. -**2.** TECH excitation *f*; **~ current** courant *m* d'excitation.

excite [ɪk'saɪt] *vt* -**1.** [agitate] exciter, énerver; **the doctor said you weren't to ~ yourself** le docteur a dit qu'il ne te fallait pas d'excitation OR qu'il ne fallait pas que tu t'énerves; **the sight of the rabbit had ~d the dogs** la vue du lapin avait excité les chiens; **~d by the gunfire, the horses bolted** excités OR énervés par les coups de feu, les chevaux se sont emballés. -**2.** [fill with enthusiasm] enthousiasmer; **it takes a lot to ~ her** il en faut beaucoup pour l'enthousiasmer; **I'm very ~d by this latest development** ce fait nouveau me remplit d'enthousiasme. -**3.** [sexually] exciter. -**4.** [arouse - interest, curiosity] exciter, soulever, éveiller. -**5.** PHYSIOL exciter.

excited [ɪk'saɪtɪd] *adj* -**1.** [enthusiastic, eager] excité; **to be ~ about** OR **at sthg** être excité par qqch; **the children were ~ at the prospect of going to the seaside** les enfants étaient tout excités à l'idée d'aller au bord de la mer; **you must be very ~ at being chosen to play for your country** vous devez être fou de joie d'avoir été choisi pour jouer pour votre pays; **don't get too ~** ne t'excite OR t'emballe pas trop; **well, don't sound too ~!** *iron* eh bien, quel enthousiasme!; **you don't seem very ~** ça n'a pas l'air de t'emballer. -**2.** [agitated]: **don't go getting ~, don't get ~** ne va pas t'énerver; **it doesn't do him any good getting ~ at his age** cela ne lui vaut rien de s'énerver OR s'agiter à son âge. -**3.** [sexually] excité. -**4.** PHYS excité.

excitedly [ɪk'saɪtɪdlɪ] *adv* [behave, watch] avec agitation; [say] sur un ton animé; [wait] fébrilement.

excitement [ɪk'saɪtmənt] *n* -**1.** [enthusiasm] excitation *f*, animation *f*, enthousiasme *m*; **in her ~ at the news she knocked over a vase** les nouvelles l'ont mise dans un tel état d'excitation OR d'enthousiasme qu'elle a renversé un vase; **her ~ at the news was obvious** elle était de toute évidence très excitée OR enthousiasmée par les nouvelles; **there was a look of ~ on the child's face** l'excitation OR l'enthousiasme se lisait sur le visage de l'enfant; **an atmosphere of intense ~** une grande effervescence OR animation; **when the ~ had died down** quand l'agitation OR l'effervescence fut retombée. -**2.** [agitation] excitation *f*, agitation *f*; **the doctor advised her to avoid ~** le médecin lui a déconseillé toute agitation OR toute surexcitation OR tout énervement; **I don't think I could stand the ~** *hum* je ne crois pas que je supporterais des sensations OR émotions aussi fortes; **the ~ would kill her** une telle émotion lui serait fatale; **I've had quite enough ~ for one day** j'ai eu assez de sensations fortes pour une seule journée. -**3.** [sexual] excitation *f*. -**4.** [exciting events] animation *f*; **there should be plenty of ~ in today's match** le match d'aujourd'hui devrait être très animé; **we don't get much ~ round here** il n'y a pas beaucoup d'animation par ici; **all the ~ seemed to have gone out of their marriage** leur mariage semblait maintenant totalement dénué de passion; **what's all the ~ about?** mais que se passe-t-il?; **you shouldn't have had yesterday off, you missed all the ~** c'est dommage que tu n'aies pas travaillé hier, il y a eu beaucoup d'animation OR c'était très animé; **I don't want to miss the ~** je ne veux pas rater ça.

exciting [ɪk'saɪtɪŋ] *adj* -**1.** [day, life, events, match] passionnant, palpitant; [prospect] palpitant; [person, novel, restaurant] formidable; [news] sensationnel; **we've had an ~ time (of it) recently** ces derniers temps ont été mouvementés; **nothing ~ ever happens around here** il ne se passe jamais rien d'excitant OR de palpitant par ici; **it was ~ to think that we'd soon be in New York** c'était excitant de penser que nous serions bientôt à New York; **it was an ~ place to live** c'était passionnant de vivre là-bas. -**2.** [sexually] excitant.

excl. (*written abbr of* **excluding**): **~ taxes** HT.

exclaim [ɪk'skleɪm] ◇ *vi* s'exclamer.
◇ *vt*: **"but why?", he ~ed** «mais pourquoi?», s'exclama-t-il.

exclamation [ˌekskləˈmeɪʃn] *n* exclamation *f*.

exclamation mark *Br*, **exclamation point** *Am n* point *m* d'exclamation.

exclamatory [ɪk'sklæmətrɪ] *adj* exclamatif.

exclude [ɪk'skluːd] *vt* -**1.** [bar] exclure; **to ~ sb from sthg** exclure qqn de qqch; **I felt that I was being ~d from the conversation** je sentais qu'on m'excluait de la conversation; **his disability ~d him from many leisure pursuits** son infirmité l'empêchait de pratiquer de nombreux loisirs. -**2.** [not take into consideration] exclure; **to ~ sthg/sb from sthg** exclure qqch/qqn de qqch; **submarine-launched missiles were ~d from the arms talks** les missiles sous-marins n'entraient pas dans le cadre des négociations sur les armements.

excluding [ɪk'skluːdɪŋ] *prep* à l'exclusion OR l'exception de, sauf, à part; **not ~ ...** y compris.

exclusion [ɪk'skluːʒn] *n* -**1.** [barring] exclusion *f*; **the ~ of sb from a society/conversation** l'exclusion de qqn d'une société/conversation. -**2.** [omission] exclusion *f*; **the ~ of sthg/sb from sthg** l'exclusion de qqch/qqn de qqch; **to the ~ of everything** OR **all else** à l'exclusion de toute autre chose.

exclusionist [ɪk'skluːʒənɪst] POL ◇ *adj* [action, measure] relevant d'une politique d'exclusion; [person] partisan d'une politique d'exclusion.
◇ *n* partisan *m*, -e *f* d'une politique d'exclusion.

exclusive [ɪk'skluːsɪv] ◇ *adj* -**1.** [select - restaurant, neighbourhood] chic; [- club] fermé; **they live at a very ~ address** ils vivent dans un quartier très chic. -**2.** [deal] exclusif; **to have an ~ contract with a company** avoir un contrat exclusif avec une société; **~ economic zone** zone *f* économique exclusive; **~ to** réservé (exclusivement) à. -**3.** [excluding taxes, charges etc]: **~ of VAT** TVA non comprise; **a single room is £30 a night, ~** une chambre pour une personne coûte 30 livres la nuit, hors taxe; **the rent is £100 a week ~** le loyer est de 100 livres par semaine sans les charges. -**4.** [excluding time]: **from the 14th to the 19th October, ~** du 14 au 19 octobre exclu. -**5.** [incompatible] exclusif; **the two propositions are/are not mutually ~** les deux propositions sont/ne sont pas incompatibles; **they are mutually ~** [propositions] l'une exclut l'autre, elles sont incompatibles. -**6.** [sole] unique; **their ~ concern** leur seul souci; **the ~ use of gold** l'emploi exclusif d'or.
◇ *n* PRESS exclusivité *f*; [interview] interview *f* exclusive; **a Tribune ~** une exclusivité de la Tribune.

exclusively [ɪk'skluːsɪvlɪ] *adv* [only] exclusivement; **published ~ in the Times** publié en exclusivité dans le Times.

exclusiveness [ɪk'skluːsɪvnɪs] *n* -**1.** [of restaurant, address, district] chic *m*. -**2.** [of contract] nature *f* exclusive.

exclusivity [ˌeksklu:'sɪvətɪ] = **exclusiveness**.

excommunicate [ˌekskə'mjuːnɪkeɪt] *vt* RELIG excommunier.

excommunication ['ekskəˌmjuːnɪ'keɪʃn] *n* RELIG excommunication *f*.

excoriate [eks'kɔːrɪeɪt] *vt fml* [censure, reprimand] condamner.

excrement ['ekskrɪmənt] *n* (U) *fml* excréments *mpl*.

excrescence [ɪk'skresəns] *n* [growth] excroissance *f*.

excreta [ɪk'skriːtə] *npl fml* excréments *mpl*.

excrete [ɪk'skriːt] *vt* excréter.

excretion [ɪk'skriːʃn] *n* -**1.** [action] excrétion *f*. -**2.** [substance] sécrétion *f*.

excretory [ɪk'skriːtərɪ] *adj* excréteur.

excruciating [ɪk'skruːʃɪeɪtɪŋ] *adj* -**1.** [extremely painful] extrêmement douloureux, atroce; **the pain was ~** la douleur était atroce. -**2.** *inf* [extremely bad] atroce, abominable; **it was ~** [embarrassing] c'était affreux; [boring] c'était atroce.

excruciatingly [ɪk'skruːʃɪeɪtɪŋlɪ] *adv* [painful, boring] atrocement, affreusement; **it was ~ funny** c'était à mourir de rire.

exculpate ['ekskʌlpeɪt] *vt fml* disculper; **to ~ sb from sthg** disculper qqn de qqch.

exculpation [ˌekskʌl'peɪʃn] *n fml* disculpation *f*.

excursion [ɪk'skɜːʃn] *n* -**1.** [organized trip] excursion *f*. -**2.** [short local journey] expédition *f*. -**3.** [into a different field] incursion *f*; **after a brief ~ into politics** après une brève incursion dans la politique.

excursion ticket *n Br* RAIL billet *m* circulaire *(bénéficiant de tarifs réduits)*.

excusable [ɪk'skjuːzəbl] *adj* excusable, pardonnable.

excusably [ɪk'skjuːzəblɪ] *adv*: **~ perhaps, she refused to speak to them** elle a refusé de leur parler, ce qui est peut-être excusable OR pardonnable.

excuse [*n* ɪk'skjuːs, *vb* ɪk'skjuːz] ◇ *n* -**1.** [explanation, justification] excuse *f*; **her ~ for not coming** son excuse pour n'être pas venue; **to give sthg as one's ~** donner qqch comme excuse; **that's no ~** ce n'est pas une excuse OR une raison; **that's no ~ for being rude** ce n'est pas une raison OR une excuse pour être grossier; **there's no ~ for that kind of behaviour** ce genre de comportement est sans excuse OR inexcusable; **there's no ~ for it** c'est sans excuse, c'est inexcusable; **he has no ~ for not finishing the job on time** il n'a pas d'excuse pour ne pas avoir terminé le travail à temps; **I don't want (to hear) any ~s!** je ne veux pas d'excuse!; **well, what's your ~ this time?** alors, quelle excuse as-tu trouvé cette fois?; **you'd better have a good ~!** tu as intérêt à avoir une bonne excuse!; **~s, ~s!** des excuses, toujours des excuses!; **he's always finding ~s for them/for their behaviour** il est tout le temps en train de leur trouver des excuses/d'excuser leur comportement; **I'm not making ~s for them** je ne les excuse pas; **to make one's ~s** s'excuser, présenter ses excuses; **make my ~s to them** présente-leur mes excuses; **ignorance is no ~** l'ignorance n'excuse pas tout; **by way of (an) ~** en guise d'excuse. -**2.** [example]: **a poor ~ for a father** un père lamentable; **this is a poor ~ for a bus service** ce service d'autobus est lamentable. -**3.** [pretext] excuse *f*, prétexte *m*; **an ~ to do** OR **for doing sthg** une excuse OR un prétexte pour faire qqch; **any ~ will do** n'importe quelle excuse OR n'importe quel prétexte fera l'affaire; **the government keeps finding ~s for not introducing reforms** le gouvernement n'arrête pas de trouver des excuses pour retarder l'introduction de réformes; **you know them, any ~ for a drink!** tu les connais, toutes les excuses sont bonnes pour boire un verre!
◇ *vt* -**1.** [justify - bad behaviour] excuser; **he tried to ~ himself by saying that...** il a essayé de se justifier en disant que... -**2.** [forgive - bad behaviour, person] excuser, pardonner; **you can ~ that in someone of his age** c'est pardonnable chez quelqu'un de son âge; **I'll ~ your lateness (just) this once** je te pardonne ton retard pour cette fois; **now, if you will ~ me** maintenant, si vous voulez bien m'excuser; **one could be ~d for thinking that he was much younger** on dirait OR croirait qu'il est beaucoup plus jeune; **~ my interrupting, but...** excusez-moi OR pardon de vous interrompre, mais...; **~ me** [to get past] pardon; [as interruption, to attract sb's attention] pardon, excusez-moi; *Am* [as apology] pardon, excusez-moi; **~ me, (but) aren't you...?** excusez-moi, vous ne seriez pas...?; **~ me for asking!** oh, ça va, je ne faisais que demander!, ce n'était qu'une question!; **well, ~ me for mentioning it!** oh, ça va, je n'en parlerai plus!; **to ~ o.s.** s'excuser. -**3.** [exempt] dispenser; **to ~ sb from sthg** dispenser qqn de qqch; **to ~ sb from doing sthg** dispenser qqn de faire qqch; **he is ~d gym** il est dispensé de gymnastique. -**4.** [allow to go] excuser; **please**

may I be ~d? [to go to lavatory] puis-je sortir, s'il vous plaît?; [from the table] puis-je sortir de table, s'il vous plaît?

excuse-me [ɪk'skjuːz-] *n danse pendant laquelle on peut prendre le ou la partenaire de quelqu'un d'autre.*

ex-directory *Br* ◇ *adj* sur la liste rouge; **an ~ number** un numéro ne figurant pas dans l'annuaire OR figurant sur la liste rouge.
◇ *adv*: **to go ~** se mettre sur la liste rouge.

ex dividend *adj* ST. EX ex-dividende.

exeat ['eksɪæt] *n Br* UNIV *fml* permission *f* de sortie.

exec. [ɪg'zek] *abbr of* **executive**.

execrable ['eksɪkrəbl] *adj fml* exécrable.

execrably ['eksɪkrəblɪ] *adv fml* exécrablement.

execrate ['eksɪkreɪt] *vt fml* -**1.** [loathe] exécrer. -**2.** [denounce] condamner, s'élever contre.

execration [,eksɪ'kreɪʃn] *n fml* -**1.** [loathing] exécration *f*. -**2.** [denunciation] condamnation *f*, accusation *f*.

executant [ɪg'zekjʊtənt] *n* -**1.** *fml* [of an order] exécutant *m*, -e *f*. -**2.** MUS exécutant *m*, -e *f*.

execute ['eksɪkjuːt] *vt* -**1.** [put to death] exécuter; **~d for murder/treason** exécuté pour meurtre/trahison. -**2.** *fml* [carry out] exécuter; **a superbly ~d carving** une sculpture superbement exécutée. -**3.** JUR [will, sentence, law] exécuter. -**4.** COMPUT exécuter.

execution [,eksɪ'kjuːʃn] *n* -**1.** [of person] exécution *f*. -**2.** *fml* [of order, plan, drawing] exécution *f*; **in the ~ of one's duty** dans l'exercice de ses fonctions; **to put sthg into ~** mettre qqch à exécution. -**3.** JUR [of will, sentence, law] exécution *f*. -**4.** COMPUT exécution *f*.

executioner [,eksɪ'kjuːʃnə^r] *n* bourreau *m*.

executive [ɪg'zekjʊtɪv] ◇ *n* -**1.** [person] cadre *m*; **a business ~** un cadre commercial; **she looked the ~ type** elle avait l'allure d'un cadre. -**2.** [body] corps *m* exécutif; POL [branch of government] exécutif *m*.
◇ *adj* -**1.** [dining room, washroom etc] des cadres, de la direction; [suite, chair] de cadre, spécial cadre; **~ model** OR **version** [of car] modèle *m* grand luxe ❑ **~ briefcase** attaché-case *m*; **~ toys** gadgets *mpl* pour cadres. -**2.** [function, role] exécutif; **an ~ officer in the civil service** un cadre de l'administration; **he's not good at making ~ decisions** il n'est pas doué pour prendre des décisions importantes; **we need an ~ decision** il faut trancher; **you'll have to make an ~ decision** *hum* il va falloir que tu prennes une décision capitale OR déterminante; **~ producer** producteur *m* délégué.

executor [ɪg'zekjʊtə^r] *n* JUR [of will] exécuteur *m*, -trice *f* testamentaire; **to make sb one's ~** désigner qqn comme son exécuteur testamentaire.

executrix [ɪg'zekjʊtrɪks] *n* JUR [of will] exécutrice *f* testamentaire.

exegesis [,eksɪ'dʒiːsɪs] *n* exégèse *f*.

exemplary [ɪg'zemplərɪ] *adj* -**1.** [very good - behaviour, pupil] exemplaire. -**2.** [serving as a warning] exemplaire; **~ punishment** châtiment exemplaire; **~ damages** JUR dommages-intérêts *mpl* exemplaires OR à titre exemplaire.

exemplification [ɪg,zemplɪfɪ'keɪʃn] *n* illustration *f*, illustrations *fpl*, exemplification *f*; **a few case studies serving as an ~ of the thesis** quelques études de cas servant d'illustration OR d'exemplification à la thèse; **this chapter could do with more ~** ce chapitre aurait besoin d'un peu plus d'illustrations OR d'une illustration plus riche.

exemplify [ɪg'zemplɪfaɪ] *vt* -**1.** [give example of] illustrer, exemplifier. -**2.** [be example of] illustrer.

exempt [ɪg'zempt] ◇ *adj* exempt; **to be ~ from sthg** être exempt de qqch.
◇ *vt* [gen] exempter; [from tax] exonérer; **to ~ sb/sthg from sthg** exempter qqn/qqch de qqch.

exemption [ɪg'zempʃn] *n* [action, state] exemption *f*; **tax ~** exonération *f* fiscale.

exercise ['eksəsaɪz] ◇ *n* -**1.** [physical] exercice *m*; **~ is good for you** l'exercice est bon pour la santé; **it's good ~** c'est un bon exercice; **I don't get much ~ these days** je ne fais pas beaucoup d'exercice ces temps-ci; **I'll walk, I need the ~** j'y vais à pied, j'ai besoin d'exercice; **the doctor has told him to take more ~** le docteur lui a dit de faire plus d'exercice; **this is a good ~ for the calf muscles** c'est un bon exercice pour les muscles des mollets. -**2.** [mental, in education] exercice *m*; **piano ~s** exercices de piano. -**3.** [use] exercice *m*; **in the ~ of one's duties** dans l'exercice de ses fonctions; **by the ~ of a little imagination** en usant d'un peu d'imagination, avec un peu d'imagination. -**4.** MIL exercice *m*; **they're on ~s** ils sont à l'exercice. -**5.** [activity, operation]: **a fact-finding ~** une mission d'enquête; **it was an interesting ~** cela a été une expérience intéressante; **this is more than just a PR ~** ce n'est pas seulement de la poudre aux yeux; **it was a pointless ~** cela n'a servi absolument à rien. -**6.** *Am* [ceremony] cérémonie *f*; **graduation ~s** cérémonie de remise des diplômes.
◇ *vt* -**1.** [body, muscle] exercer, faire travailler; [dog, horse] donner de l'exercice à; **if you were to ~ your brain on the problem** si tu faisais travailler tes méninges pour régler ce problème; **I'm not saying this just to ~ my voice!** je ne dis pas ça simplement pour le plaisir! -**2.** [troops] entraîner. -**3.** [use, put into practice - right, option, authority] exercer. -**4.** *fml* [preoccupy] préoccuper.
◇ *vi* -**1.** [take exercise] faire de l'exercice. -**2.** [train] s'exercer, s'entraîner; **he was exercising on the rings** il s'exerçait OR s'entraînait aux anneaux.

exercise bike *n* vélo *m* d'appartement.

exercise book *n* -**1.** [for writing in] cahier *m* d'exercices. -**2.** [containing exercises] livre *m* d'exercices.

exerciser ['eksəsaɪzə^r] *n* -**1.** [piece of equipment] appareil *m* de gymnastique; [bike] vélo *m* d'appartement. -**2.** [person] personne *f* qui fait de l'exercice.

exercise yard *n* [in prison] cour *f*, préau *m*.

exert [ɪg'zɜːt] *vt* -**1.** [pressure, force] exercer; **they were willing to ~ their influence on behalf of our campaign** ils étaient d'accord pour mettre leur influence au service de notre campagne. -**2. to ~ o.s.** [make effort] se donner de la peine OR du mal; **don't ~ yourself!** *iron* ne te donne pas trop de mal, surtout!

exertion [ɪg'zɜːʃn] *n* -**1.** [of force] exercice *m*; **the ~ of pressure on sb/sthg** la pression exercée sur qqn/qqch; **the ~ of influence on political figures by powerful industrialists** la manière dont certains puissants industriels utilisent leur influence sur les personnalités politiques. -**2.** [effort] effort *m*; **after the day's ~s** après les efforts de la journée; **by one's own ~s** par ses propres moyens.

exeunt ['eksɪʌnt] *vi* THEAT [in stage directions]: **~ the witches** les sorcières sortent.

exfoliate [eks'fəʊlɪeɪt] ◇ *vi* s'exfolier.
◇ *vt* exfolier.

ex gratia [eks'greɪʃə] *adj*: **~ payment** paiement *m* à titre gracieux.

exhalation [,ekshə'leɪʃn] *n* -**1.** [breathing out - of air] expiration *f*; [- of smoke, fumes] exhalation *f*. -**2.** [air breathed out] air *m* expiré, souffle *m*, exhalaison *f*.

exhale [eks'heɪl] ◇ *vt* [air] expirer; [gas, fumes] exhaler.
◇ *vi* [breathe out] expirer.

exhaust [ɪg'zɔːst] ◇ *n* -**1.** [on vehicle - system] échappement *m*; [- pipe] pot *m* OR tuyau *m* d'échappement. -**2.** *(U)* [fumes] gaz *mpl* d'échappement.
◇ *vt* -**1.** [use up - supplies, possibilities] épuiser; **you're ~ing my patience** tu mets ma patience à bout. -**2.** [tire out] épuiser, exténuer.

exhausted [ɪg'zɔːstɪd] *adj* -**1.** [person, smile] épuisé, exténué. -**2.** [used up - mine, land] épuisé; **my patience is ~** je suis à bout de patience.

exhaustedly [ɪg'zɔːstɪdlɪ] *adv* [move, smile, sigh] d'un air épuisé OR exténué.

exhaust fumes *npl* gaz *mpl* d'échappement.

exhausting [ɪg'zɔːstɪŋ] *adj* [job, climb, climate] épuisant, exténuant, éreintant; [person] fatigant, excédant.

exhaustion [ɪg'zɔːstʃn] *n* -**1.** [tiredness] épuisement *m*, éreintement *m*, grande fatigue *f*; **to be suffering from ~** être dans un état d'épuisement; **to be in a state of total ~** être dans un état d'épuisement total OR complet; **they worked to the point of ~** ils ont travaillé jusqu'à épuisement. -**2.** [of supplies, topic] épuisement *m*.

exhaustive [ɪg'zɔːstɪv] *adj* [analysis, treatment] exhaustif; [investigation, enquiry] approfondi, poussé; **the list is not ~** cette liste n'est pas exhaustive.

exhaustively [ɪg'zɔːstɪvlɪ] *adv* exhaustivement.

exhaustiveness [ɪg'zɔːstɪvnɪs] *n* [of analysis, treatment] caractère *m* exhaustif, exhaustivité *f*; [of investigation, enquiry] caractère *m* approfondi OR poussé.

exhaust manifold *n* MECH collecteur *m* d'échappement.

exhaust pipe *n Br* pot *m* OR tuyau *m* d'échappement.

exhaust stroke *n* MECH [in internal combustion engine] temps *m* d'échappement.

exhaust system *n* AUT échappement *m*.

exhibit [ɪg'zɪbɪt] ◇ *vt* -**1.** [subj: artist] exposer; [subj: companies] présenter. -**2.** [show, display - ID card, passport] montrer; **this permit must be clearly ~ed in the windscreen** ce permis doit être disposé bien en vue derrière le pare-brise. -**3.** [manifest - courage, self-control] montrer, manifester.
◇ *vi* [painter, company] exposer.
◇ *n* -**1.** [in an exhibition] objet *m* (exposé); **one of the most interesting ~s at the fair** l'une des pièces les plus intéressantes en exposition à la foire. -**2.** JUR pièce *f* à conviction. -**3.** *Am* [exhibition] exposition *f*.

exhibition [,eksɪ'bɪʃn] *n* -**1.** [of paintings, products] exposition *f*; [of film] présentation *f*; **he's having an ~ at the new gallery** il expose à la nouvelle galerie; **the Klee ~** l'exposition Klee; **trade ~** exposition commerciale ❑ **~ centre** centre *m* d'exposition. -**2.** [of bad manners, ingenuity] démonstration *f*; **to give sb an ~ of sthg** faire une démonstration de qqch à qqn; **did you see the way she behaved? what an ~!** avez-vous vu la manière dont elle s'est comportée? quel spectacle!; **to make an ~ of o.s.** se donner en spectacle. -**3.** *Br* UNIV bourse *f* d'études.

exhibitioner [,eksɪ'bɪʃnə^r] *n Br* UNIV boursier *m*, -ère *f*.

exhibitionism [,eksɪ'bɪʃnɪzm] *n* -**1.** [gen] besoin *m* OR volonté *f* de se faire remarquer. -**2.** PSYCH exhibitionnisme *m*.

exhibitionist [,eksɪ'bɪʃnɪst] *n* -**1.** [gen] *personne qui cherche toujours à se faire remarquer*; **he's a terrible ~** il faut toujours qu'il cherche à se faire remarquer. -**2.** PSYCH exhibitionniste *mf*.

exhibitionistic [,eksɪ,bɪʃə'nɪstɪk] *adj* [behaviour, person] démonstratif, exubérant.

exhibition match *n* match-exhibition *m*.

exhibitor [ɪg'zɪbɪtə^r] *n* [at gallery, trade fair] exposant *m*.

exhilarate [ɪg'zɪləreɪt] *vt* exalter, griser.

exhilarated [ɪg'zɪləreɪtɪd] *adj* [mood, laugh] exalté; **to feel ~** se sentir exalté.

exhilarating [ɪg'zɪləreɪtɪŋ] *adj* exaltant, grisant.

exhilaration [ɪg,zɪlə'reɪʃn] *n* exaltation *f*, griserie *f*.

exhort [ɪg'zɔːt] *vt fml* exhorter; **to ~ sb to do sthg** exhorter qqn à faire qqch.

exhortation [,egzɔː'teɪʃn] *n fml* [act, words] exhortation *f*.

exhumation [,ekshjuː'meɪʃn] *n fml* exhumation *f*; **~ order** ordre *m* d'exhumer.

exhume [eks'hjuːm] *vt fml* exhumer.

ex-husband *n* ex-mari *m*.

exigency ['eksɪdʒənsɪ] (*pl* **exigencies**), **exigence** ['eksɪdʒəns] *n fml* -**1.** *(usu pl)* [demand] exigence *f*; **the exigencies of the situation** les exigences de la situation. -**2.** [urgent situation] situation *f* urgente. -**3.** [urgency] urgence *f*; **a matter of some ~** une affaire assez urgente OR pressante.

exigent ['eksɪdʒənt] *adj fml* -**1.** [urgent] urgent, pressant. -**2.** [demanding, exacting] exigeant.

exiguity [eksɪ'gjuːətɪ] (*pl* **exiguities**) *n fml* exiguïté *f*.

exiguous [eg'zɪgjʊəs] *adj fml* [means, income, quarters] exigu.

exile ['eksaɪl] ◇ *n* -**1.** [banishment] exil *m*; **his self-imposed ~** son exil volontaire; **to live in ~** vivre en exil; **to send sb into ~** envoyer qqn en exil; **to go into ~** partir en exil; **they formed a government in ~** ils ont formé un gouvernement en exil; **to return from ~** rentrer d'exil. -**2.** [person] exilé *m*, -e *f*; **tax ~** *personne qui s'expatrie pour échapper au fisc.*
◇ *vt* exiler, expatrier; **he was ~d from his native Poland** il a été exilé OR expatrié de sa Pologne natale.

exiled ['eksaɪld] *adj* exilé; **the ~ government** le gouvernement en exil.

exist [ɪg'zɪst] *vi* exister; **do ghosts ~?** les fantômes existent-ils?; **the half-litre pack doesn't ~ any more** le carton d'un demi-litre n'existe OR ne se fait plus; **they ~ in three sizes** elles existent en trois tailles; **the species now only ~s in zoos** cette espèce n'existe que dans les zoos; **there ~s an ancient tradition which...** il existe une tradition ancienne qui...; **she treats me as if I don't ~** elle fait comme si je n'existais pas; **that's not living, that's just ~ing!** je n'appelle pas ça vivre, j'appelle ça subsister OR survivre; **can life ~ under these conditions?** la vie est-elle possible dans ces conditions?; **he earns enough to ~ on** il gagne suffisamment pour vivre; **the conditions that are necessary for life to ~** les conditions qui sont nécessaires à la vie; **we can't ~ without oxygen** nous ne pouvons pas vivre sans oxygène.

existence [ɪg'zɪstəns] *n* -**1.** [being] existence *f*; **ever since the ~ of man** depuis que l'homme existe; **the continued ~ of life on this planet/of these old-fashioned procedures** la survivance de la vie sur la planète/de ces procédures arriérées; **to come into ~** [species] apparaître; [the earth] se former; [law, institution] naître, être créé; **it didn't come into ~ until quite recently** cela n'existait pas il y a encore peu de temps; **to be in ~** exister; **the oldest steam engine still in ~** la plus vieille machine à vapeur encore existante; **the only whale left in ~** la dernière baleine encore en vie; **to go out of ~** cesser d'exister. -**2.** [life] existence *f*; **to lead a pleasant/wretched ~** mener une existence agréable/misérable.

existent [ɪg'zɪstənt] *adj* existant.

existential [ˌegzɪ'stenʃl] *adj* existentiel.

existentialism [ˌegzɪ'stenʃəlɪzm] *n* existentialisme *m*.

existentialist [ˌegzɪ'stenʃəlɪst] ◇ *n* existentialiste *mf*.
◇ *adj* existentialiste.

existing [ɪg'zɪstɪŋ] *adj* actuel; **under the ~ circumstances** dans les circonstances actuelles OR présentes.

exit ['eksɪt] ◇ *n* -**1.** [way out - from room, motorway] sortie *f*; **let's turn off at the next ~** prenons la prochaine sortie; '**~ only**' 'réservé à la sortie'. -**2.** THEAT sortie *f*, exit *m inv*; [act of going out - from a room] sortie *f*; **this was to be his final ~ from my life** il sortait alors définitivement de ma vie; **the bullet made its ~ through the shoulder** la balle est ressortie par l'épaule; **to make one's ~** THEAT OR *fig* faire sa sortie. -**3.** COMPUT sortie *f*.
◇ *vi* -**1.** THEAT sortir; **he then ~s stage left** puis il sort côté jardin; **~ Anne** [as stage direction] exit Anne, Anne sort. -**2.** [go out, leave] sortir; [bullet] ressortir; **he ~ed through the rear door** il est sorti OR parti par la porte de derrière. -**3.** COMPUT sortir.
◇ *vt* COMPUT sortir de; [leave] quitter, sortir de.

exit permit *n Br* permis *m* de sortie.

exit poll *n Br sondage réalisé auprès des votants à la sortie du bureau de vote.*

exit visa *n* visa *m* de sortie.

ex libris [eks'liːbrɪs] *n* [bookplate] ex-libris *m inv*.

exocrine ['eksəʊkraɪn] *adj* PHYSIOL exocrine.

exodus ['eksədəs] *n* exode *m*; **the ~ of capital abroad** l'exode des capitaux à l'étranger; **there was a general ~ to the bar** il y a eu un mouvement de masse en direction du bar.
◆ **Exodus** *n* -**1.** [book]: **(the Book of) Exodus** (l') Exode; **as it says in Exodus** comme il est dit dans l'Exode. -**2.** [journey] exode *m*.

ex officio [eksə'fɪʃɪəʊ] ◇ *adj* [member] de droit.
◇ *adv* [act, decide etc] de droit.

exogamy [ek'sɒgəmɪ] *n* SOCIOL exogamie *f*.

exogenous [ek'sɒdʒənəs] *adj* [gen & BIOL] exogène.

exonerate [ɪg'zɒnəreɪt] *vt* disculper, innocenter; **to ~ o.s.** se disculper.

exoneration [ɪgˌzɒnə'reɪʃn] *n* disculpation *f*.

exorbitance [ɪg'zɔːbɪtəns] *n* [of price, demands] énormité *f*, démesure *f*.

exorbitant [ɪg'zɔːbɪtənt] *adj* [price, demands, claims] exorbitant, démesuré, excessif; **£85 for that? that's ~!** 85 livres pour ça? c'est exorbitant!

exorbitantly [ɪg'zɔːbɪtəntlɪ] *adv* [priced] excessivement, démesurément; **it's so ~ expensive** c'est excessivement OR démesurément cher.

exorcism ['eksɔːsɪzm] *n* exorcisme *m*; **to carry out OR to perform an ~** pratiquer un exorcisme.

exorcist ['eksɔːsɪst] *n* exorciste *mf*.

exorcize, -ise ['eksɔːsaɪz] *vt* [evil spirits, place] exorciser.

exoskeleton ['eksəʊˌskelɪtn] *n* ZOOL exosquelette *m*, cuticule *f*.

exosphere ['eksəʊˌsfɪəʳ] *n* exosphère *f*.

exoteric [ˌeksəʊ'terɪk] *adj fml* exotérique.

exothermic [ˌeksəʊ'θɜːmɪk] *adj* CHEM exothermique.

exotic [ɪg'zɒtɪk] ◇ *adj* exotique; **an ~-sounding name** un nom à consonance exotique; **~-looking** exotique.
◇ *n* [plant] plante *f* exotique.

exotica [ɪg'zɒtɪkə] *npl* objets *mpl* exotiques; **a collection of literary ~** une collection de pièces littéraires rares.

exotically [ɪg'zɒtɪklɪ] *adv* [dressed, decorated] avec exotisme; **~ perfumed** [flower] aux senteurs exotiques; [person] au parfum exotique.

exoticism [ɪg'zɒtɪsɪzm] *n* exotisme *m*.

expand [ɪk'spænd] ◇ *vt* -**1.** [empire, army, staff] agrandir; [company, business] agrandir, développer; [chest, muscles, ideas] développer; [knowledge, influence] élargir, étendre; COMPUT [memory] étendre; [gas, metal] dilater; **to ~ ideas into a theory** développer des idées pour en faire une théorie; **this idea could do with a little ~ing** cette idée gagnerait à être un peu développée; **to ~ a company into a multinational** agrandir une société pour en faire une multinationale. -**2.** MATH [equation] développer.
◇ *vi* -**1.** [empire, army, staff] s'agrandir; [company, business] s'agrandir, se développer; [chest, muscles, market] se développer; [knowledge, influence] s'étendre, s'élargir; [gas, metal] se dilater; [volume of traffic] augmenter; [in business] se développer, s'agrandir; **we are looking to ~ into the cosmetics industry** nous envisageons de nous diversifier en nous lançant dans l'industrie des cosmétiques. -**2.** [on an idea] s'étendre.
◆ **expand on** *vt insep* développer; **in the next chapter I shall ~ further on these ideas** je développerai ces idées OR je m'étendrai davantage sur ces idées au chapitre suivant.

expandable [ɪk'spændɪbl] *adj* [gas, material] expansible; [idea, theory] qui peut être développé; [basic set] qui peut être complété; COMPUT [memory] extensible.

expanded [ɪk'spændɪd] *adj* [metal, gas] expansé; **~ polystyrene** polystyrène expansé.

expanding [ɪk'spændɪŋ] *adj* -**1.** [company, empire, gas, metal] en expansion; [influence] grandissant; [industry, market] en expansion, qui se développe; **the ~ universe** l'univers en expansion; **the ~ universe theory** la théorie de l'expansion de l'univers. -**2.** [extendable]: **~ watch strap** bracelet de montre extensible; **~ suitcase/briefcase** valise/serviette extensible.

expanse [ɪk'spæns] *n* étendue *f*; **the vast ~ of the plain** l'immensité de la plaine; **the huge ~ of his stomach** l'énormité de son ventre; **she was showing a large ~ of thigh** on lui voyait une bonne partie des cuisses.

expansion [ɪk'spænʃn] *n* [of empire] expansion *f*, élargissement *m*; [of army, staff] augmentation *f*, accroissement *m*; [of chest, muscles, ideas] développement *m*; [of knowledge, influence] élargissement *m*; [of gas, metal] expansion *f*, dilatation *f*; COMPUT [of memory] extension *f*; [of business] développement *m*, agrandissement *m*, extension *f*.

expansion bolt *n* CONSTR boulon *m* de scellement OR d'expansion; [in rock-climbing] boulon *m* d'expansion.

expansion bottle *n* [for car radiator] vase *m* d'expansion.

expansion card *n* COMPUT carte *f* d'extension.

expansionism [ɪk'spænʃənɪzm] *n* expansionnisme *m*.

expansionist [ɪk'spænʃənɪst] ◇ *adj* expansionniste.
◇ *n* expansionniste *mf*.

expansion joint *n* MECH joint *m* de dilatation.

expansion slot *n* COMPUT emplacement *m* OR logement *m* pour carte d'extension.

expansive [ɪk'spænsɪv] *adj* -**1.** [person, mood, gesture] expansif. -**2.** PHYS [gas] expansible, dilatable.

expansively [ɪk'spænsɪvlɪ] *adv* [talk, gesture] de manière expansive.

expansiveness [ɪk'spænsɪvnɪs] *n* [of person, mood] expansivité *f*.

expat *inf* [ˌeks'pæt] (*abbr of* **expatriate**)
◇ *n* expatrié *m*, -e *f*.
◇ *adj* [Briton, American] expatrié; [bar, community] des expatriés.

expatiate [eks'peɪʃɪeɪt] *vi fml* s'étendre, discourir; **to ~ on sthg** s'étendre OR discourir sur qqch.

expatriate [*n* & *adj* eks'pætrɪət, *vb* eks'pætrɪeɪt]
◇ *n* expatrié *m*, -e *f*.
◇ *adj* [Briton, American etc] expatrié; [bar, community] des expatriés.
◇ *vt* expatrier, exiler.

expatriation [eksˌpætrɪ'eɪʃn] *n* expatriation *f*.

expect [ɪk'spekt] ◇ *vt* -**1.** [anticipate] s'attendre à; **they are ~ing an increase in prices** ils s'attendent à une hausse des prix; **we ~ rain/bad weather** nous nous attendons à de la pluie/du mauvais temps; **we ~ed that it would be much bigger** nous nous attendions à ce qu'il soit beaucoup plus gros, nous pensions qu'il allait être beaucoup plus gros; **we ~ed you to bring your own** nous pensions que vous alliez apporter le vôtre; **to ~ sb to do sthg** s'attendre à ce que qqn fasse qqch; **she knew more Russian than I ~ed her to** elle était meilleure en russe que je ne m'y attendais; **I hadn't ~ed them to be French** je ne m'attendais pas à ce qu'ils soient français; **to ~ the worst** s'attendre au pire; **I ~ed as much!** je m'en doutais!, c'est bien ce que je pensais!; **it was better/worse than I ~ed** c'était mieux/pire que je ne m'y attendais; **she is as well as can be ~ed** elle va aussi bien que sa condition le permet; **I had ~ed better of OR from you** je n'aurais pas cru ça de vous; **what can you ~?** que voulez-vous?; **what can you ~ from a government like that?** que voulez-vous, avec un gouvernement pareil!; **as might have been ~ed, as was to be ~ed** comme on pouvait s'y attendre; **I never know what to ~ with you** je ne sais jamais à quoi m'attendre OR m'en tenir avec vous. -**2.** [count on]: **we're ~ing you to help us** nous comptons sur votre aide; **don't ~**

me to be there! ne t'attends pas à ce que j'y sois! -**3.** [demand]: to ~ **sb to do sthg** demander à qqn de faire qqch; **I ~ complete obedience** je demande une obéissance totale; **you ~ too much of him** tu lui en demandes trop; **it's no less than I would have ~ed from my own family** je ne me serais pas attendu à moins de la part de ma propre famille; **I'm ~ed to write all his speeches** je suis censé OR supposé rédiger tous ses discours. -**4.** [suppose, imagine] imaginer, penser, supposer; **I ~ so** je pense, j'imagine; **I don't ~ so** je ne pense pas, j'imagine que non; **I ~ you're right** tu dois avoir raison; **I ~ it's where you left it** il doit être là où tu l'as laissé; **I ~ you'll be wanting something to drink** vous boirez bien quelque chose; [grudgingly] j'imagine que vous voulez quelque chose à boire. -**5.** [baby] attendre. -**6.** [await] attendre; **I'm ~ing friends for dinner** j'attends des amis à dîner; **(at) what time should we ~ you then?** à quelle heure devons-nous vous attendre alors?; **I'll ~ you when I see you then** *inf Br* bon, alors je verrai bien quand tu arrives; **you'll just have to ~ me when you see me** *inf Br* tu verras bien quand j'arriverai; **we're ~ing them back any minute now** nous attendons leur retour d'une minute à l'autre.
◇ *vi*: **to be ~ing** [be pregnant] être enceinte, attendre un enfant.

expectancy [ɪk'spektənsɪ], **expectance** [ɪk'spektəns] *n* [anticipation]: **the look of ~ on his face** l'attente qui se lisait sur son visage; **in a tone of eager ~** sur un ton plein d'espérance OR d'espoir.

expectant [ɪk'spektənt] *adj* -**1.** [anticipating]: **with an ~ look in his eye** avec dans son regard l'air d'attendre quelque chose; **in an ~ tone of voice** la voix chargée d'espoir. -**2.** [pregnant]: **~ mother** future maman *f*.

expectantly [ɪk'spektəntlɪ] *adv* [enquire, glance] avec l'air d'attendre quelque chose; [wait] impatiemment.

expectation [ˌekspek'teɪʃn] *n* -**1.** *(U)* [anticipation]: **can there be any ~ that some of the miners will still be alive?** y a-t-il un espoir que certains mineurs soient encore en vie?; **with eager ~** avec l'air d'espérer quelque chose; **in a tone of gloomy ~** avec appréhension; **in ~ of** dans l'attente de; **in the sure ~ of life everlasting** RELIG dans la certitude d'une vie éternelle; **we live in ~** nous vivons dans l'attente OR l'expectative. -**2.** *(usu pl)* [sthg expected] attente *f*; **my ~s for its success were not that high** je n'espérais pas vraiment que ça réussirait; **their ~s that he would fail were not fulfilled** ils s'attendaient à ce qu'il échoue, mais finalement ils se sont trompés; **performance did not confirm City ~s** les résultats n'ont pas répondu à l'attente de la City; **these unrealistically high profit ~s** ces prévisions de bénéfices totalement fantaisistes; **this merely confirms our worst ~s** cela ne fait que confirmer nos prévisions les plus noires; **contrary to ~s** contrairement à OR contre toute attente; **to exceed sb's ~s** dépasser l'attente OR les espérances de qqn; **(not) to come up to ~s** (ne pas) être à la hauteur des espérances; **to have high ~s of sb/sthg** attendre beaucoup de qqn/qqch; **we have certain ~s of our employees** [requirements] nous avons certaines exigences envers nos employés; **to have great ~s** [prospects] avoir de grandes espérances; **what are your ~s?** [for salary, job prospects] quelles sont vos conditions OR exigences? ☐ **'Great Expectations'** *Dickens* 'les Grandes Espérances'.

expected [ɪk'spektɪd] *adj* attendu.

expectorant [ɪk'spektərənt] *n* expectorant *m*.

expectorate [ɪk'spektəreɪt] MED & *fml* ◇ *vi* rejeter des expectorations.
◇ *vt* expectorer.

expediency [ɪk'spiːdjənsɪ] *(pl* **expediencies***)*, **expedience** [ɪk'spiːdjəns] *n* [advisability - of measure, policy etc] opportunité *f*; [self-interest] opportunisme *m*.

expedient [ɪk'spiːdjənt] ◇ *adj* [advisable] indiqué, convenable, opportun; [involving self-interest] commode.
◇ *n* expédient *m*.

expedite ['ekspɪdaɪt] *vt fml* [work, legal process] hâter, activer, accélérer; [completion of contract, deal, conclusion of arrangement] hâter; **to ~ matters** accélérer OR activer les choses.

expedition [ˌekspɪ'dɪʃn] *n* -**1.** [scientific, of explorers, to shops etc] expédition *f*; **one (member) of the ~** un des membres de l'expédition; **to go on an ~** aller OR partir en expédition, aller faire une expédition; **~ leader** chef *m* d'expédition. -**2.** *arch* OR *lit* [speed] diligence *f*; **with all possible ~** avec la plus grande diligence.

expeditionary [ˌekspɪ'dɪʃnərɪ] *adj* MIL: **~ mission** mission *f* d'expédition; **~ force** force *f* expéditionnaire.

expeditious [ˌekspɪ'dɪʃəs] *adj fml* diligent.

expeditiously [ˌekspɪ'dɪʃəslɪ] *adv fml* diligemment.

expel [ɪk'spel] *vt* -**1.** [from school] renvoyer; [from country, club] expulser. -**2.** [gas, liquid] expulser.

expend [ɪk'spend] *vt* -**1.** [time, energy] consacrer; [resources] utiliser, employer; **to ~ time/energy on sthg** consacrer du temps/de l'énergie à qqch. -**2.** [use up] épuiser.

expendability [ɪkˌspendə'bɪlətɪ] *n* [of people, workforce, equipment] superfluité *f*; [of troops, spies] caractère *m* sacrifiable.

expendable [ɪk'spendəbl] *adj* [person, workforce, object] superflu; [troops, spies] qui peut être sacrifié; **they decided I'm ~** ils ont décidé qu'ils pouvaient se passer de moi; **none of them was ~** toutes étaient indispensables; **he thinks people are ~** il pense qu'il peut se débarrasser des gens comme bon lui semble.

expenditure [ɪk'spendɪtʃə^r] *n* -**1.** [act of spending] dépense *f*. -**2.** *(U)* [money spent] dépenses *fpl*; **~ on sthg** dépenses en qqch; **arms/defence ~** dépenses en armes/liées à la défense; **this will involve us in fairly heavy ~** cela va nous entraîner dans des dépenses assez considérables.

expense [ɪk'spens] *n* -**1.** [cost] coût *m*; **anything we can do to offset the ~** tout ce que nous pouvons faire pour compenser le coût OR les coûts OR les frais; **it's not so much the ~ I'm worried about** ce n'est pas tant le coût que cela représente qui m'inquiète; **that's an ~ I hadn't reckoned with** c'est une dépense que je n'avais pas prévue; **if it can really be done with such little ~** si cela peut vraiment se faire à si peu de frais; **the huge ~ of moving house** le coût énorme qu'entraîne un déménagement; **to go to considerable ~ to do sthg** faire beaucoup de frais pour faire qqch; **don't go to any ~ over it** ne vous mettez pas en frais pour cela; **they had gone to the ~ of hiring a firm of caterers** ils s'étaient mis en frais et avaient engagé des traiteurs; **no ~ was spared** on n'a pas regardé à la dépense; **I'll do it regardless of ~** je le ferai quel qu'en soit le prix OR sans regarder à la dépense; **without any thought for the ~** sans penser au coût que cela représentait; **to do sthg at great personal ~** faire qqch à grands frais personnels; **I'll do it at my own ~** je le ferai à mes frais; **she had the book published at her own ~** elle a publié le livre à ses frais OR à compte d'auteur. -**2.** [expensiveness] cherté *f*, coût *m* élevé. -**3.** *fig*: **a joke at somebody else's ~** une plaisanterie aux dépens de quelqu'un d'autre; **at the ~ of sthg** aux dépens de qqch; **to succeed at other people's ~** réussir aux dépens des autres; **not at my ~, you won't** pas à mes dépens, il n'en est pas question. -**4.** COMM: **no, that's my ~** non, c'est sur mon compte.
◆ **expenses** *npl* frais *mpl*; **it's on ~s** c'est l'entreprise qui paie, cela passe dans les notes de frais; **to live on ~s** vivre sur ses notes de frais, vivre aux frais de son entreprise; **to put sthg on ~s** mettre qqch dans les notes de frais; **to get ~s** [be paid expenses] être indemnisé de ses frais; **travelling ~s** frais de déplacement; **accommodation ~s** frais d'hôtel OR de séjour; **entertainment ~s** frais de représentation; **incidental ~s** faux frais; **all ~s paid** tous frais payés.

expense account ◇ *n* indemnité *f* OR allocation *f* pour frais professionnels; **the firm gives him an ~ for basic entertaining** l'entreprise lui attribue une allocation pour ses frais de représentation; **to put sthg on the ~** mettre qqch dans les (notes de) frais.
◇ *comp*: **an ~ dinner** un dîner passé dans les notes de frais; **after years of ~ living** après des années passées à vivre sur ses notes de frais OR aux frais de son entreprise.

expenses-paid *adj* [trip, holiday] tous frais payés.

expensive [ɪk'spensɪv] *adj* cher; **it's an ~ hobby** c'est un passe-temps coûteux OR qui coûte cher; **the central heating became too ~ to run** le chauffage central a commencé à revenir trop cher; **to have ~ tastes** avoir des goûts de luxe; **it's an ~ place to live** la vie y est chère; **exactly how ~ was it?** combien cela a-t-il coûté exactement?; **that could be an ~ mistake** *literal & fig* c'est une erreur qui pourrait coûter cher.

expensively [ɪk'spensɪvlɪ] *adv* à grands frais; **they entertain very ~** ils reçoivent à grands frais; **if we could all try to live less ~** si nous essayions tous de vivre à moindres frais.

expensiveness [ɪk'spensɪvnɪs] *n* cherté *f*; [of mistake] coût *m*; **she was famous for the ~ of her tastes** elle était réputée pour ses goûts de luxe; **if the quality of their service only matched the ~ of their prices** si au moins la qualité de leur service était à la hauteur de leurs prix.

experience [ɪk'spɪərɪəns] ◇ *n* -**1.** [in life, in a subject] expérience *f*; **he has lots of ~** il a beaucoup d'expérience OR une grande expérience; **I had no previous ~** je n'avais aucune expérience préalable; **do you have any ~ of working with animals?** avez-vous déjà travaillé avec des animaux?; **she has considerable management ~** elle a une expérience considérable de OR dans la gestion; **to lack ~** manquer d'expérience OR de pratique; **~ shows** OR **proves that...** l'expérience démontre OR montre OR prouve que...; **I know from ~ that he's not to be trusted** je sais par expérience qu'il ne faut pas lui faire confiance; **to know from bitter ~** savoir pour en avoir fait la cruelle expérience; **to speak from ~** parler en connaissance de cause; **in** OR **from my (own) ~, (speaking) from personal ~** d'après mon expérience personnelle; **my ~ has been** OR **it has been my ~ that...** d'après mon expérience...; **has that been your ~?** [do you agree?] avez-vous remarqué la même chose?; **to put sthg down to ~** tirer un enseignement OR une leçon de qqch; **let's just put it down to ~** prenons-en notre parti; **it's all good ~** [as consolation] à quelque chose malheur est bon; **~ is the best teacher** l'expérience est le meilleur des enseignements. -**2.** [event] expérience *f*; **I had so many exciting ~s** j'ai fait tellement d'expériences passionnantes; **how did you enjoy the American ~?** comment as-tu trouvé l'Amérique?; **my first ~ of French cooking/of a real Scottish New Year** la première fois que j'ai goûté à la cuisine française/que j'ai assisté à un vrai réveillon écossais; **the crossing promises to be quite an ~** la traversée promet d'être une expérience mémorable; **I hope it wasn't a nasty ~ for you** j'espère que cela n'a pas été trop désagréable pour toi.
◇ *vt* -**1.** [undergo - hunger, hardship, recession] connaître; **to ~ military combat** faire l'expérience du combat militaire; **he ~d great difficulty in opening the door** il a eu beaucoup de mal à ouvrir la porte. -**2.** [feel - thrill, emotion,

despair] sentir, ressentir; she ~d a certain feeling of fear elle a ressenti une certaine frayeur; he is experiencing a great deal of anxiety at the moment il est très angoissé en ce moment. -3. [have personal knowledge of]: come and ~ Manhattan venez découvrir Manhattan; if you've never ~d French cooking si vous n'avez jamais goûté à la cuisine française; to ~ a real Scottish New Year assister à un vrai réveillon écossais.

experienced [ɪk'spɪərɪənst] *adj* expérimenté; we're looking for someone a bit more ~ nous recherchons quelqu'un qui ait un peu plus d'expérience; to be ~ in sthg avoir l'expérience de qqch; to be ~ at doing sthg avoir l'habitude de faire qqch.

experiential [ɪkspɪərɪ'enʃəl] *adj fml* & PHILOS empirique, expérientiel.

experiment [ɪk'sperɪmənt] ◇ *n literal* & *fig* expérience *f*; to carry out OR to conduct an ~ réaliser OR effectuer une expérience; an ~ in sthg une expérience de qqch; ~s on animals des expériences sur les animaux; as an OR by way of ~ à titre d'expérience; it's a bit of an ~ actually [as modest apology] je vous préviens, c'est une innovation.
◇ *vi* faire une expérience OR des expériences; to ~ with a new technique expérimenter une nouvelle technique; to ~ with drugs essayer la drogue; to ~ on animals faire des expériences sur les animaux.

experimental [ɪk,sperɪ'mentl] *adj* expérimental.

experimentally [ɪk,sperɪ'mentəlɪ] *adv* [by experimenting] expérimentalement; [as an experiment] à titre expérimental.

experimentation [ɪk,sperɪmen'teɪʃn] *n* expérimentation *f*.

experimenter [ɪk'sperɪmentəʳ] *n* expérimentateur *m*, -trice *f*; I've always been a bit of an ~ j'ai toujours aimé faire des expériences.

expert ['ekspɜːt] ◇ *n* expert *m*, spécialiste *mf*; to be an ~ on one's subject/in one's field être un expert dans sa matière/dans son domaine; he's an ~ at archery c'est un expert au tir à l'arc; to look at sthg with the eye of an ~ regarder qqch avec l'œil d'un expert; I'm no ~, but... je ne suis pas expert OR spécialiste en la matière, mais...; do it yourself, you're the ~! fais-le toi-même, c'est toi l'expert!
◇ *adj* [person] expert; [advice, opinion] autorisé, d'expert; to be ~ at doing sthg être expert à faire qqch; to be ~ at sthg être expert en qqch; to run OR to cast an ~ eye over sthg jeter un œil expert sur qqch; ~ testimony JUR témoignage *m* d'expert; ~ panel commission *f* d'experts.

expertise [,ekspɜː'tiːz] *n* compétence *f* d'expert, expertise *f*; to do sthg with great ~ faire qqch avec beaucoup de compétence.

expertly ['ekspɜːtlɪ] *adv* d'une manière experte, expertement.

expertness ['ekspɜːtnɪs] = **expertise**.

expert system *n* COMPUT système *m* expert.

expert witness *n* JUR expert *m (appelé comme témoin)*; to appear OR to be called as an ~ paraître OR être appelé à la cour comme expert.

expiate ['ekspɪeɪt] *vt fml* expier.

expiation [,ekspɪ'eɪʃn] *n fml* expiation *f*; in ~ of one's sins en expiation de ses péchés.

expiatory ['ekspɪətərɪ] *adj fml* expiatoire.

expiration [,ekspɪ'reɪʃn] *n* -1. *fml* [expiry] expiration *f*. -2. *fml* [exhalation] expiration *f*. -3. *arch* OR *lit* [death] mort *f*.

expire [ɪk'spaɪəʳ] *vi* -1. [contract, lease, visa etc] expirer, arriver à terme. -2. [exhale] expirer. -3. *arch* OR *lit* [die] expirer.

expiry [ɪk'spaɪərɪ] *n* [of contract, lease, visa etc] expiration *f*, échéance *f*.

expiry date *n* [of contract, lease, visa etc] date *f* d'expiration OR d'échéance.

explain [ɪk'spleɪn] ◇ *vt* -1. [clarify] expliquer; he ~ed to us how the machine worked il nous a expliqué comment la machine marchait; to ~ sthg in full expliquer qqch en détail; she ~ed that she was a tourist in the city elle a expliqué qu'elle était dans la ville en touriste; that is easily ~ed, that is easy to ~ c'est facile à expliquer, cela s'explique facilement; that ~s everything cela explique tout. -2. [account for] expliquer; she's got a cold which ~s OR will ~ why she's off work today elle a un rhume, ce qui explique pourquoi elle ne travaille pas aujourd'hui; to ~ o.s. s'expliquer; I think you'd better ~ yourself je crois que tu ferais mieux de t'expliquer.
◇ *vi* [clarify] expliquer; I don't understand, you'll need to ~ je ne comprends pas, il va falloir que tu m'expliques; you've got a bit of OR a little OR some ~ing to do il va falloir que tu t'expliques.
◆ **explain away** *vt sep* [justify, excuse] justifier; ~ that away if you can! essayez donc de justifier cela!

explainable [ɪk'spleɪnəbl] *adj* [explicable]: it's easily ~ cela s'explique facilement, c'est facilement explicable.

explanation [,eksplə'neɪʃn] *n* -1. [clarification] explication *f*; the instructions for this new video need a bit of ~ les instructions de ce nouveau magnétoscope nécessitent des explications; to give OR to offer an ~ for sthg donner une explication à qqch; to find an ~ for sthg trouver une explication à qqch; the lecturer gave an ~ of the term le professeur a donné une explication de ce terme. -2. [justification] explication *f*; I want an ~! je veux une explication!; you'd better have a good ~! j'espère que tu as une bonne excuse OR une explication valable!

explanatory [ɪk'splænətrɪ] *adj* explicatif.

explant [eks'plɑːnt] ◇ *vt* explanter *(prélever en vue d'une culture in vitro)*.
◇ *n* explant *m*.

expletive [ɪk'spliːtɪv] ◇ *n* -1. [swearword] juron *m*; a string of ~s un chapelet de jurons. -2. GRAMM explétif *m*.
◇ *adj* GRAMM explétif.

explicable [ɪk'splɪkəbl] *adj* explicable.

explicate ['eksplɪkeɪt] *vt fml* éclaircir, clarifier.

explicit [ɪk'splɪsɪt] *adj* [denial, meaning, support] explicite; ~ sex and violence on the television le sexe et la violence montrés ouvertement à la télévision; sexually ~ cru.

explicitly [ɪk'splɪsɪtlɪ] *adv* explicitement.

explode [ɪk'spləʊd] ◇ *vt* [detonate] faire exploser OR sauter; *fig* [theory, myth etc] détruire, anéantir.
◇ *vi* [bomb, mine etc] exploser, sauter; *fig*: to ~ with laughter éclater de rire; to ~ into fits of giggles partir dans des fous rires; to ~ with anger exploser de colère; the game ~d into life le match s'est animé d'un seul coup; the boxer ~d into action le boxeur est entré en action d'une manière fulgurante; the population ~d with the advent of the industrial revolution l'avènement de la révolution industrielle a provoqué une explosion démographique.

exploded [ɪk'spləʊdɪd] *adj* -1. [bomb, mine etc] qu'on a fait exploser; *fig* [theory, myth etc] détruit, anéanti. -2. [view, diagram] éclaté.

exploit [*n* 'eksplɔɪt, *vb* ɪk'splɔɪt] ◇ *n* exploit *m*.
◇ *vt* -1. [workers] exploiter. -2. [natural resources] exploiter.

exploitable [ɪk'splɔɪtəbl] *adj* [resource] exploitable.

exploitation [,eksplɔɪ'teɪʃn] *n* [of workers, of natural resources] exploitation *f*.

exploitative [ɪk'splɔɪtətɪv] *adj* [practices] relevant de l'exploitation; the company's ~ attitude towards the workforce la manière dont l'entreprise exploite la main-d'œuvre.

exploiter [ɪk'splɔɪtəʳ] *n* -1. [of workers] exploiteur *m*, -euse *f*. -2. [of natural resources] exploitant *m*, -e *f*.

exploration [,eksplə'reɪʃn] *n* -1. [of place, problem] exploration *f*; to set off on an ~ of the world partir explorer le monde, se lancer à la découverte du monde; voyage of ~ voyage *m* d'exploration. -2. MED exploration *f*.

exploratory [ɪk'splɒrətrɪ] *adj* [journey] d'exploration; [talks, discussions] exploratoire; ~ drilling forage *m* d'exploration; ~ surgery chirurgie *f* exploratrice.

explore [ɪk'splɔːʳ] ◇ *vt* -1. [country] explorer; [town] découvrir; she ~d her new filling with the tip of her tongue elle a tâté son nouveau plombage du bout de la langue. -2. [issue, possibility, problem] explorer, examiner; to ~ every avenue *fig* explorer toutes les voies OR solutions possibles; to ~ the ground *fig* tâter le terrain. -3. MED explorer, sonder.
◇ *vi* faire une exploration; let's go exploring [in the woods, countryside etc] partons en exploration; [in a city] allons découvrir la ville.

explorer [ɪk'splɔːrəʳ] *n* -1. [person] explorateur *m*, -trice *f*. -2. [instrument] sonde *f*.

explosion [ɪk'spləʊʒn] *n* -1. [of bomb, gas] explosion *f*; an ~ ripped through the building une explosion a ébranlé le bâtiment || *fig*: an ~ of anger une explosion de colère; there was an ~ of laughter from the dining room une explosion OR une tempête de rires est arrivée de la salle à manger. -2. [act of exploding] explosion *f*; to carry out a carefully controlled ~ conduire une explosion soigneusement contrôlée.

explosive [ɪk'spləʊsɪv] ◇ *adj* -1. explosif; [gas] explosible; ~ device dispositif *m* explosif; ~ situation *fig* situation *f* explosive. -2. LING explosif.
◇ *n* -1. [in bomb] explosif *m*; high ~ explosif puissant. -2. LING explosive *f*.

expo ['ekspəʊ] (*pl* expos) *n* [exhibition] expo *f*.

exponent [ɪk'spəʊnənt] *n* -1. [of idea, theory] apôtre *m*, avocat *m*, -e *f*; [of skill] représentant *m*, -e *f*; he is a leading ~ of this theory il est l'un des plus fervents apôtres de cette théorie. -2. MATH exposant *m*.

exponential [,ekspə'nenʃl] *adj* exponentiel.

exponentially [,ekspə'nenʃəlɪ] *adv* de manière exponentielle.

export [*n* 'ekspɔːt, *vb* ɪk'spɔːt] ◇ *n* -1. [action] exportation *f*; for ~ only réservé à l'exportation. -2. [product] exportation *f*; visible/invisible ~s exportations visibles/invisibles.
◇ *comp* [duty, licence, trade] d'exportation; ~ drive campagne *f* visant à stimuler l'exportation; ~-driven [expansion, recovery] basé OR centré sur les exportations; ~ earnings revenus *mpl* OR recettes *fpl* de l'exportation; ~-intensive [country] fortement exportateur; ~ reject produit *m* impropre à l'exportation.
◇ *vt* -1. *literal* & *fig* exporter; to ~ goods to other countries exporter des marchandises vers d'autres pays. -2. COMPUT exporter.
◇ *vi* exporter; the firm ~s all over the world l'entreprise exporte dans le monde entier; ~ing company société exportatrice.

exportable [ɪk'spɔːtəbl] *adj* exportable.

exportation [,ekspɔː'teɪʃn] *n fml* exportation *f*.

exporter [ek'spɔːtəʳ] *n* exportateur *m*, -trice *f*.

expose [ɪk'spəʊz] *vt* -1. [uncover] découvrir; PHOT exposer; her low-cut dress leaves her shoulders ~d sa robe décolletée découvre OR laisse voir ses épaules; to ~ sb/sthg to sthg exposer qqn/qqch à qqch; to be ~d to attack être exposé aux attaques; he was ~d to German from the age of five il a été au contact de l'allemand depuis l'âge de cinq ans; to ~ sthg to view exposer qqch à la vue; to ~ o.s. [exhibitionist] s'exhiber; to ~ oneself is an offence l'exhibitionnisme est un délit; to ~ o.s. to sthg [to criticism, ridicule, risk] s'exposer à qqch. -2. [reveal, unmask - plot] découvrir; [- spy] découvrir, démasquer.

exposé [eks'pəʊzeɪ] *n* PRESS révélations *fpl*; the newspaper's ~ of the MP's activities les révélations du journal sur les activités du parlementaire.

exposed [ɪk'spəʊzd] *adj* [location, house, position etc] exposé; TECH [parts, gears] apparent, à découvert; ARCHIT [beam] apparent; **the troops are in an ~ position** les soldats sont à découvert; **the Chancellor is left in an ~ position after today's revelation** *fig* la révélation d'aujourd'hui a mis le Chancelier dans une position précaire.

exposition [,ekspə'zɪʃn] *n* -**1.** [explanation] exposition *f*. -**2.** [exhibition] exposition *f*.

expostulate [ɪk'spɒstʃʊleɪt] *vi fml* récriminer; **to ~ with sb about sthg** récriminer contre qqn à propos de qqch.

expostulation [ɪk,spɒstʃʊ'leɪʃn] *n fml* récrimination *f*.

exposure [ɪk'spəʊʒə^r] *n* -**1.** [to harm, radiation] exposition *f*; **~ to danger is something he encounters daily** il est quotidiennement exposé au danger. -**2.** [to cold]: **to suffer from the effects of ~** souffrir des effets d'une exposition au froid; **to die of ~** mourir de froid. -**3.** [unmasking, revealing - of crime, scandal] révélation *f*, divulgation *f*. -**4.** PHOT pose *f*; **a film with 24 ~s** une pellicule de 24 poses ❑ **time ~** pose; **~ time** temps *m* de pose; **~ counter** compteur *m* de prises de vue. -**5.** [position of house] exposition *f*; **the building has a southern ~** le bâtiment est exposé au sud. -**6.** [media coverage] couverture *f*; **to receive a lot of ~** [book, person] faire l'objet d'une couverture médiatique importante; **pop stars suffer from too much media ~** les stars de la musique pop sont l'objet d'une attention excessive des média.

exposure meter *n* exposimètre *m*, posemètre *m*.

expound [ɪk'spaʊnd] *vt* exposer.

express [ɪk'spres] ◇ *n* -**1.** [train] express *m*; **to travel by ~** voyager en express. -**2.** [system of delivery] exprès *m*; **the Express** PRESS *nom abrégé du Daily Express.*
◇ *adj* -**1.** [clear - instructions, purpose] clair; **with the ~ intention of...** avec la claire intention de... -**2.** [fast - delivery, messenger] express; **~ company** entreprise *f* de livraison exprès; **~ train** train *m* express, express *m*.
◇ *adv* [send] en exprès.
◇ *vt* -**1.** [voice, convey] exprimer; **to ~ an interest in (doing) sthg** manifester de l'intérêt pour (faire) qqch; **she ~es her feelings by painting** elle exprime ses sentiments par OR à travers la peinture; **the two men ~ed optimism that a peaceful solution would be found** les deux hommes se sont montrés optimistes quant à un règlement pacifique; **to ~ o.s.** s'exprimer; **to ~ o.s. through sthg** s'exprimer par OR à travers qqch. -**2.** [render in a different form] exprimer; **it's difficult to ~ this idea in Russian** cette idée est difficile à exprimer en russe; **to ~ sthg as a fraction** MATH exprimer qqch sous la forme d'une fraction. -**3.** *fml* [juice] extraire, exprimer; [milk] tirer. -**4.** [send] envoyer en exprès.

expression [ɪk'spreʃn] *n* -**1.** [of feelings, thoughts, friendship] expression *f*; **as an ~ of our thanks, we took her out for a meal** pour lui exprimer nos remerciements, nous l'avons emmenée dîner au restaurant; **we'd like you to have it as an ~ of our gratitude** nous vous l'offrons en témoignage de notre reconnaissance; **to give ~ to sthg** exprimer qqch; **her feelings found ~ in music** ses sentiments trouvèrent leur expression dans la musique; **freedom of ~** liberté *f* d'expression. -**2.** [feeling - in art, music] expression *f*; **to play/to paint with ~** jouer/peindre avec expression; **he puts a lot of ~ into what he plays** il met beaucoup d'expression dans ce qu'il joue. -**3.** [phrase] expression *f*; **set** OR **fixed ~** LING expression OR locution *f* figée OR toute faite; **algebraic ~** MATH expression algébrique. -**4.** [facial] expression *f*; **I could tell by her ~** je voyais bien à son expression.

expressionism [ɪk'spreʃənɪzm] *n* ART expressionnisme *m*.

expressionist [ɪk'spreʃənɪst] ART ◇ *adj* expressionniste.
◇ *n* expressionniste *mf*.

expressionistic [ɪk,spreʃə'nɪstɪk] *adj* ART expressionniste.

expressionless [ɪk'spreʃənlɪs] *adj* [face, person] inexpressif, sans expression; [voice] inexpressif, éteint, terne; **the accused sat ~ in the dock** l'inculpé était assis sans expression au banc des accusés.

expressive [ɪk'spresɪv] *adj* [face, gesture, smile] expressif; **to be ~ of sthg** être indicatif de qqch.

expressively [ɪk'spresɪvlɪ] *adv* [gesture, smile] avec expression.

expressiveness [ɪk'spresɪvnɪs] *n* [of face, gesture, smile] expressivité *f*.

expressly [ɪk'spreslɪ] *adv* expressément.

expressman [ɪk'spresmæn] (*pl* **expressmen** [-men]) *n Am* messager *m* d'une compagnie de livraison exprès.

expressway [ɪk'spresweɪ] *n Am* autoroute *f*.

expropriate [eks'prəʊprɪeɪt] *vt* exproprier.

expropriation [eks,prəʊprɪ'eɪʃn] *n* expropriation *f*.

expulsion [ɪk'spʌlʃn] *n* -**1.** [from party, country] expulsion *f*; [from school] renvoi *m*. -**2.** [of breath] expulsion *f*.

expunge [ɪk'spʌndʒ] *vt fml* [delete] supprimer, effacer; [from memory] effacer.

expurgate ['ekspəgeɪt] *vt* [book, play] expurger; **~d edition** édition *f* expurgée.

exquisite [ɪk'skwɪzɪt] *adj* -**1.** [food, beauty, manners] exquis; [jewellery, craftsmanship] raffiné; **a face of ~ beauty** un visage d'une beauté exquise. -**2.** [intense - pleasure, pain, thrill] intense.

exquisitely [ɪk'skwɪzɪtlɪ] *adv* -**1.** [superbly] de façon exquise, exquisément *lit*; **~ polite** d'une exquise courtoisie; **an ~ timed interjection** une interjection exquisément opportune. -**2.** [intensely] intensément.

ex-service *adj Br* retraité de l'armée.

ex-serviceman (*pl* **ex-servicemen**) *n* retraité *m* de l'armée.

ex-servicewoman (*pl* **ex-servicewomen**) *n* retraitée *f* de l'armée.

ext. (*written abbr of* **extension**): **~ 4174** p. 4174.

extant [ek'stænt] *adj fml* encore existant.

extemporaneous [ɪk,stempə'reɪnjəs], **extemporary** [ɪk'stemprərɪ] *adj* improvisé, impromptu.

extempore [ɪk'stempərɪ] ◇ *adj* improvisé, impromptu.
◇ *adv* [speak] impromptu.

extemporize [ɪk'stempəraɪz] ◇ *vt* [speech, piece of music] improviser.
◇ *vi* [speaker, musician] improviser.

extend [ɪk'stend] ◇ *vt* -**1.** [stretch out - arm, leg] étendre, allonger; [- wings] ouvrir, déployer; [- aerial] déplier, déployer; **to ~ one's hand to sb** tendre la main à qqn. -**2.** [in length, duration - guarantee, visa, news programme] prolonger; [- road, runway] prolonger, allonger; **they ~ed his visa by six months** on a prolongé son visa de six mois. -**3.** [make larger, widen - frontiers, law, enquiry, search] étendre; [- building] agrandir; [- vocabulary] enrichir, élargir; **the company decided to ~ its activities into the export market** la société a décidé d'étendre ses activités au marché de l'exportation. -**4.** [offer - friendship, hospitality] offrir; [- thanks, condolences, congratulations] présenter; [- credit] accorder; **to ~ an invitation to sb** faire une invitation à qqn; **to ~ a welcome to sb** souhaiter la bienvenue à qqn. -**5.** [stretch - horse, person] pousser au bout de ses capacités OR à son maximum; **to ~ o.s. in a race** se donner à fond dans une course.
◇ *vi* -**1.** [protrude - wall, cliff] avancer, former une avancée. -**2.** [stretch - country, forest, hills etc] s'étendre; **the queue ~ed all the way down the street** il y avait la queue jusqu'au bout de la rue ‖ *fig*: **the parliamentary recess ~s into October** les vacances parlementaires se prolongent jusqu'en octobre; **the laughter ~ed to the others in the room** le rire a gagné le reste de la salle; **the legislation does not ~ to single mothers** la législation ne concerne pas les mères célibataires.

extendable [ɪk'stendəbl] *adj* -**1.** [in space]: **~ aerial** antenne *f* télescopique; **~ ladder** échelle *f* à coulisse. -**2.** [in time - contract, visa] renouvelable; **tenancy ~ by one year** contrat de location pouvant être prolongé d'un an.

extended [ɪk'stendɪd] *adj* -**1.** [in time - contract, visit] prolongé; **the firm gave him an ~ contract** la société a reconduit son contrat; **to be on ~ leave** être en arrêt prolongé; **owing to the ~ news bulletin** en raison de la prolongation du bulletin d'informations ❑ **~ coverage** [on radio, TV] *informations détaillées sur un événement.* -**2.** [larger, wider - frontiers, enquiry, search] étendu; **the ~ family** la famille élargie; **~ coverage** [in insurance] couverture *f* multirisque; **the bank granted him ~ credit** la banque lui a accordé un crédit à long terme. -**3.** [in space] étendu, allongé; [building] agrandi.

extended-play *adj* [record] double.

extendible [ɪk'stendəbl] = **extendable**.

extending [ɪk'stendɪŋ] ◇ *adj* [table] à rallonge OR rallonges; [ladder] à coulisse.
◇ *n* -**1.** [of arm, leg, freedom] extension *f*. -**2.** [of contract, visa, road] prolongation *f*.

extensible [ɪk'stensəbl] = **extendable 1**.

extension [ɪk'stenʃn] *n* -**1.** [of arm, legislation, frontiers] extension *f*. -**2.** [of house, building]: **to build an ~ onto** agrandir; **do you like the new ~?** [to the house] la nouvelle partie de la maison vous plaît-elle?; [of library, museum etc] la nouvelle aile vous plaît-elle? -**3.** [of contract, visa, time period] prolongation *f*; **to ask for/to get an ~** [to pay, hand in work] demander/obtenir un délai; **the bar's been granted an ~** le bar a obtenu une prolongation de ses heures d'ouverture. -**4.** [telephone - in office building] poste *m*; [- in house] poste *m* supplémentaire; **can I have ~ 946?** pouvez-vous me passer le poste 946? -**5.** ELEC prolongateur *m*, rallonge *f*.
◆ **by extension** *adv phr* par extension.

extension college *n* collège *m* d'éducation permanente.

extension course *n* cours *m* d'éducation permanente.

extension ladder *n* échelle *f* à coulisse.

extension lead *n Br* prolongateur *m*, rallonge *f*.

extensive [ɪk'stensɪv] *adj* [desert, rash, powers, knowledge] étendu; [damage] important, considérable; [tests, research, investigation] approfondi; AGR extensif; **the area is remarkable for its ~ tree cover** cette région se distingue par l'étendue considérable de ses bois; **the issue has been given ~ coverage in the media** ce problème a été largement traité dans les médias; **to make ~ use of sthg** beaucoup utiliser qqch, faire un usage considérable de qqch.

extensively [ɪk'stensɪvlɪ] *adv* [damaged, altered, revised] considérablement; [quote] abondamment; [travel, read] beaucoup; [discuss] en profondeur; **the car has been ~ tested** la voiture a subi des tests approfondis OR poussés; **to research sthg ~** faire des recherches approfondies sur qqch; **to use sthg ~** beaucoup utiliser qqch, faire un usage considérable de qqch.

extensor [ɪk'stensə^r] *n* ANAT extenseur *m*.

extent [ɪk'stent] *n* -**1.** [size, range - of ground, damage, knowledge] étendue *f*; [- of debts] importance *f*; **trees ran along the entire ~ of the boulevard** des arbres longeaient le boulevard sur toute sa longueur; **debts to the ~ of £1,000** dettes d'une valeur OR d'un montant de 1 000 livres. -**2.** [degree] mesure *f*, degré *m*; **these figures show the ~ to which tourism has been affected** ces chiffres montrent à quel point le tourisme a été affecté; **to what ~?** dans quelle mesure ?; to that ~ sur ce point, à cet égard; to the ~ that..., to such an ~ that... à tel point que...

◆ **to a large extent, to a great extent** *adv phr* dans une grande mesure, à un haut point OR degré.

◆ **to an extent, to some extent, to a certain extent** *adv phr* dans une certaine mesure, jusqu'à un certain point OR degré.

extenuate [ɪk'stenjʊeɪt] *vt* atténuer.

extenuating [ɪk'stenjʊeɪtɪŋ] *adj*: ~ **circumstances** circonstances *fpl* atténuantes.

extenuation [ɪk,stenjʊ'eɪʃn] *n* atténuation *f*.

exterior [ɪk'stɪərɪə^r] ◇ *adj* extérieur; ~ **angle** MATH angle externe; ~ **to** extérieur à.

◇ *n* [of house, building] extérieur *m*; [of person] apparence *f*, dehors *m*; **our house has a white-washed** ~ notre maison a une façade blanchie à la chaux.

exterminate [ɪk'stɜːmɪneɪt] *vt* [pests] exterminer; [race, people] exterminer, anéantir.

extermination [ɪk,stɜːmɪ'neɪʃn] *n* [of pests] extermination *f*; [of race, people] extermination *f*, anéantissement *m*.

exterminator [ɪk'stɜːmɪneɪtə^r] *n* [person - gen] exterminateur *m*, -trice *f*; [- of rats, mice] dératiseur *m*; [poison] mort-aux-rats *f inv*.

extern ['ekstɜːn] *n Am* MED externe *mf*.

external [ɪk'stɜːnl] ◇ *adj* [events, relations, trade, wall] extérieur; ~ **ear** oreille *f* externe; **'for ~ use only'** PHARM 'à usage externe uniquement'; ~ **pressure** [on person] pression *f* de l'extérieur; [on device] pression *f* extérieure OR du dehors; ~ **examiner** UNIV examinateur *m*, -trice *f* venant de l'extérieur; ~ **device** COMPUT unité *f* extérieure OR non-intégrée; ~ **financing** FIN financement *m* externe.

◇ *n (usu pl)*: **he judges people by ~s** il juge les gens sur leur apparence.

externalize, -ise [ɪk'stɜːnəlaɪz] *vt* extérioriser.

externally [ɪk'stɜːnəlɪ] *adv* à l'extérieur; **'to be used ~'** PHARM 'à usage externe'.

externe ['ekstɜːn] = **extern**.

extinct [ɪk'stɪŋkt] *adj* [species, animal, race] disparu; ~ **volcano** volcan *m* éteint; **the horse and plough are nearly** ~ le cheval et la charrue sont en voie d'extinction; **to become** ~ [species, tradition] s'éteindre, disparaître; [method] disparaître.

extinction [ɪk'stɪŋkʃn] *n* [of race, species] extinction *f*, disparition *f*; [of fire] extinction *f*; **to be threatened with** ~ être menacé d'extinction; **to threaten sthg with** ~ menacer qqch d'extinction; **to hunt an animal to** ~ chasser un animal jusqu'à extinction de l'espèce.

extinguish [ɪk'stɪŋgwɪʃ] *vt* [fire, candle etc] éteindre; *fig* [memory] effacer.

extinguisher [ɪk'stɪŋgwɪʃə^r] *n* extincteur *m*.

extirpate ['ekstəpeɪt] *vt fml* extirper.

extirpation [,ekstə'peɪʃn] *n fml* extirpation *f*.

extn. = **ext.**

extol, extoll *Am* [ɪk'stəʊl] (*pt* & *pp* **extolled**, *cont* **extolling**) *vt fml* [person] chanter les louanges de; [system, virtues, merits] vanter.

extort [ɪk'stɔːt] *vt* [money] extorquer, soutirer; [confession, promise] extorquer, arracher; **to ~ money from sb** extorquer OR soutirer de l'argent à qqn.

extortion [ɪk'stɔːʃn] *n* [of money, promise, confession] extorsion *f*; **that's sheer** ~! [very expensive] c'est du vol pur et simple!

extortionate [ɪk'stɔːʃnət] *adj* [price, demand] exorbitant, démesuré; **that's** ~! [very expensive] c'est exorbitant OR du vol!

extortionately [ɪk'stɔːʃnətlɪ] *adv* démesurément, excessivement.

extortioner [ɪk'stɔːʃnə^r], **extortionist** [ɪk'stɔːʃnɪst] *n* extorqueur *m*, -euse *f*.

extra ['ekstrə] ◇ *adj* -**1.** [additional] supplémentaire; **there are some ~ questions overleaf** il y a des questions supplémentaires au dos; **I put an ~ jumper on** j'ai mis un pull en plus; ~ **revision classes** des cours de révision supplémentaires OR en plus; **he made an ~ effort to get there on time** il a redoublé d'efforts pour y arriver à l'heure; **as an ~ precaution** pour plus de précaution; **an ~ helping of cake** une autre part de gâteau; **no ~ charge/cost** aucun supplément de prix/frais supplémentaire; **service/VAT is** ~ le service/la TVA est en supplément; ~ **pay** supplément de salaire; **she asked for an ~ £2** elle a demandé 2 livres de plus; **at no ~ charge** sans supplément de prix □ ~ **time** [to pay, finish etc] délai *m*; SPORT prolongations *fpl*; **the game has gone into ~ time** les joueurs sont en train de jouer les prolongations. -**2.** [spare] en plus; **an ~ sheet of paper** une feuille en plus.

◇ *adv* -**1.** [extremely - polite, kind] extrêmement; [- strong, white] super-; **to work ~ hard** travailler d'arrache-pied; ~ **dry** [wine] très sec; [champagne, vermouth] extra-dry *(inv)*; ~ **fine** [flour, sugar] extrafin, surfin; ~ **smart** [dress, outfit] superchic, ultrachic; **for an ~ white wash** pour un linge extra-blanc. -**2.** [in addition] plus, davantage; **to pay ~ for a double room** payer plus OR un supplément pour une chambre double.

◇ *n* -**1.** [addition] supplément *m*; **the paper comes with a business** ~ le journal est vendu avec un supplément affaires; **a car with many ~s** une voiture avec de nombreux accessoires en option. -**2.** [in film] figurant *m*, -e *f*. -**3.** [additional charge] supplément *m*. -**4.** [luxury]: **little ~s** petits extras *mpl* OR luxes *mpl*.

extra- *in cpds* extra-; ~**large** grande taille; ~**special** ultra-spécial; **you'll have to take ~special care over it** il faudra que tu y fasses super attention.

extract [*vb* ɪk'strækt, *n* 'ekstrækt] ◇ *vt* -**1.** [take out - juice, oil, bullet] extraire; [- tooth] arracher, extraire; [- cork] ôter, enlever; **he ~ed a comb from his pocket** il tira un peigne de sa poche; **to ~ a quotation from a passage** extraire OR tirer une citation d'un passage. -**2.** [obtain - information] soutirer, arracher; [- money] soutirer; **to ~ a confession from sb** soutirer OR arracher un aveu à qqn.

◇ *n* -**1.** [from book, piece of music] extrait *m*. -**2.** [substance] extrait *m*; PHARM extrait *m*, essence *f*; **beef/malt/vegetable** ~ extrait de bœuf/de malt/de légumes.

extraction [ɪk'strækʃn] *n* -**1.** [removal - of juice, oil, bullet] extraction *f*; [- of tooth] extraction *f*, arrachage *m*. -**2.** [descent] extraction *f*; **of noble/humble** ~ de noble/modeste extraction; **he is of Scottish** ~ il est d'origine écossaise.

extractor [ɪk'stræktə^r] *n* [machine, tool] extracteur *m*; [fan] ventilateur *m*, aérateur *m*; **juice** ~ *Br* presse-fruits *m inv*.

extractor fan *n* ventilateur *m*, aérateur *m*.

extractor hood *n* [on stove] hotte *f* aspirante.

extracurricular [,ekstrəkə'rɪkjʊlə^r] *adj* SCH hors programme, extrascolaire; UNIV hors programme; ~ **activities** activités *fpl* extrascolaires.

extraditable ['ekstrədaɪtəbl] *adj* passible d'extradition.

extradite ['ekstrədaɪt] *vt* [send back] extrader; [procure extradition of] obtenir l'extradition de.

extradition [,ekstrə'dɪʃn] *n* extradition *f*; **to request/to obtain the ~ of sb** demander/obtenir l'extradition de qqn □ ~ **order** ordre *m* d'extrader OR d'extradition; ~ **treaty** traité *m* d'extradition.

extragalactic [,ekstrəgə'læktɪk] *adj* extragalactique.

extrajudicial [,ekstrədʒuː'dɪʃl] *adj* extrajudiciaire.

extramarital [,ekstrə'mærɪtl] *adj* extraconjugal; ~ **relations** relations *fpl* extraconjugales; ~ **sex** rapports *mpl* extraconjugaux.

extramural [,ekstrə'mjʊərəl] *adj* -**1.** UNIV [course, studies, activities]: **Department of Extramural Studies** ≃ Institut *m* d'éducation permanente. -**2.** [district] extra-muros.

extraneous [ɪk'streɪnjəs] *adj* -**1.** [irrelevant - idea, point, consideration, issue] étranger, extérieur; **to be ~ to sthg** [idea, point, issue] être étranger à qqch; [detail] être sans rapport avec qqch. -**2.** [from outside - noise, force] extérieur.

extraordinarily [ɪk'strɔːdnrəlɪ] *adv* -**1.** [as intensifier] extraordinairement, incroyablement; **what an ~ well taken goal!** quel tir extraordinaire!; **that play was ~ badly acted** cette pièce était incroyablement mal jouée; **it took an ~ long time to get there** nous avons mis un temps incroyable pour arriver. -**2.** [unusually] extraordinairement, d'une manière inhabituelle.

extraordinary [ɪk'strɔːdnrɪ] *adj* -**1.** [remarkable] extraordinaire; **quite** ~! absolument extraordinaire!; **(why,) that's OR how** ~! c'est extraordinaire OR incroyable! -**2.** [additional] extraordinaire; **to call an ~ session of Parliament** convoquer une session extraordinaire du Parlement.

extrapolate [ɪk'stræpəleɪt] ◇ *vt* [infer from facts] déduire par extrapolation; MATH établir par extrapolation; **if we ~ these figures** [use them as a basis] si nous extrapolons à partir de ces chiffres; [arrive at by extrapolation] si nous déduisons ces chiffres par extrapolation; **to ~ a curve on a graph** tracer une courbe par extrapolation.

◇ *vi* extrapoler; **to ~ from sthg** extrapoler à partir de qqch.

extrapolation [ɪk,stræpə'leɪʃn] *n* extrapolation *f*.

extrasensory [,ekstrə'sensərɪ] *adj* extrasensoriel; ~ **perception** perception *f* extrasensorielle.

extraterrestrial [,ekstrətə'restrɪəl] ◇ *adj* extraterrestre.

◇ *n* extraterrestre *mf*.

extraterritorial ['ekstrə,terɪ'tɔːrɪəl] *adj* [possessions] situé hors du territoire national; [rights] d'exterritorialité, d'extra-territorialité.

extraterritoriality ['ekstrəterɪ,tɔːrɪ'ælətɪ] *n* exterritorialité *f*, extraterritorialité *f*.

extrauterine [,ekstrə'juːtəraɪn] *adj* extra-utérin.

extravagance [ɪk'strævəgəns] *n* -**1.** [wasteful spending] dépenses *fpl* extravagantes; **a piece of** ~ une folie. -**2.** [extravagant purchase] folie *f*; **to allow o.s. little ~s** se permettre des petites folies.

extravagant [ɪk'strævəgənt] *adj* -**1.** [wasteful, profligate - person] dépensier, prodigue; [- tastes] coûteux, dispendieux; **that was much too ~ of you** tu as fait des folies; **I think you're being a bit ~, having the central heating on all the time** je trouve que c'est du gaspillage de laisser le chauffage central allumé en permanence comme tu le fais; **to be ~ with one's money** être gaspilleur OR dépensier, gaspiller son argent. -**2.** [exaggerated - idea, notion, opinion] extravagant; [- claim, behaviour, prices] extravagant, excessif; **to make ~ claims** avoir des prétentions exagérées OR excessives; **his ~ prose style** le style excessif de sa prose.

extravagantly [ɪk'strævəgəntlɪ] *adv* -**1.** [wastefully]: **to spend money** ~ jeter l'argent par les fenêtres; **to live** ~ vivre sur un grand pied; **to entertain** ~ recevoir sans regarder à la dépense; **an ~ furnished room** une pièce meublée à grands frais OR luxueusement meublée; ~ **overpriced goods** marchandises à des prix excessifs. -**2.** [exaggeratedly - behave, act, talk] de manière extravagante; [- praise] avec excès; **"I'm so hungry I could eat a horse", he claimed** ~ «j'ai si faim que je pourrais manger un cheval», exagéra-t-il; ~ **worded claims** des affirmations exagérées OR excessives.

extravaganza [ɪk,strævə'gænzə] *n* [lavish performance] œuvre *f* à grand spectacle.

extravehicular [,ekstrəvɪ'hɪkjʊlə^r] *adj* ASTRONAUT extravéhiculaire.

extravert ['ekstrəvɜːt] = **extrovert**.

extreme [ɪk'striːm] ◇ *adj* -**1.** [heat, pain, views, measures] extrême; **they live in ~ poverty** ils vivent dans une misère extrême; **to be in** ~

pain souffrir terriblement OR atrocement; to be ~ in one's beliefs être extrême dans ses convictions; the ~ left wing of the party l'aile d'extrême gauche du parti; ~ old age grand âge *m*. -2. [furthest away] extrême; at the ~ end of the platform à l'extrémité du quai; on the ~ right of the screen à l'extrême droite de l'écran; they are ~ opposites of the political spectrum ils sont aux deux extrémités de l'éventail politique.
◇ *n* extrême *m*; ~s of temperature extrêmes de température; to go to ~s exagérer; to take OR to carry sthg to ~s, to go to ~s with sthg pousser qqch à l'extrême; to be driven to ~s être poussé à bout; to go from one ~ to the other aller OR passer d'un extrême à l'autre; don't go to the opposite ~ ne tombe pas dans l'extrême inverse.
◆ **in the extreme** *adv phr* à l'extrême; polite/careful in the ~ poli/soigneux à l'extrême.

extremely [ɪk'striːmlɪ] *adv* [as intensifier] extrêmement.

extreme unction *n* RELIG extrême-onction *f*.

extremis [ɪk'striːmɪs]
◆ **in extremis** *adv phr* [in an extremity] en dernier recours, au pire; we'll use him in ~ nous ne ferons appel à lui qu'en dernier recours.

extremism [ɪk'striːmɪzm] *n* POL extrémisme *m*.

extremist [ɪk'striːmɪst] ◇ *adj* extrémiste.
◇ *n* extrémiste *mf*.

extremity [ɪk'streməti] (*pl* extremities) *n* -1. [furthermost tip] extrémité *f*; at the southernmost ~ of the peninsula à l'extrémité sud de la péninsule. -2. (*usu pl*) [hand, foot]: the extremities les extrémités *fpl*. -3. [extreme nature - of belief, view etc] extrémité *f*. -4. [adversity, danger] extrémité *f*; she was reduced to the ~ of selling the family house elle s'est vue réduite à vendre la maison familiale; to help sb in their ~ aider qqn dans son malheur. -5. (*usu pl*) [extreme measure] extrémité *f*; to resort to extremities en venir à des extrêmes; to drive sb to extremities pousser OR conduire qqn à des extrêmes.

extricate ['ekstrɪkeɪt] *vt* [thing] extirper, dégager; [person] dégager; to ~ o.s. from a tricky situation se sortir OR se tirer d'une situation délicate; to ~ o.s. from a boring conversation s'échapper d'une conversation ennuyeuse.

extrinsic [ek'strɪnsɪk] *adj* extrinsèque.

extrinsically [ek'strɪnsɪklɪ] *adv* extrinsèquement.

extroversion [,ekstrə'vɜːʃn] *n* PSYCH extraversion *f*, extroversion *f*.

extrovert ['ekstrəvɜːt] PSYCH ◇ *adj* extraverti, extroverti.
◇ *n* extraverti *m*, -e *f*, extroverti *m*, -e *f*; he's an ~ c'est un extraverti.

extrude [ɪk'struːd] ◇ *vt* -1. TECH [metals, plastics] extruder. -2. *fml* [force out - lava] extruder.
◇ *vi* [protrude] déborder, s'avancer.

extrusion [ɪk'struːʒn] *n* -1. TECH [of metal, plastic] extrusion *f*. -2. *fml* [action] extraction *f*. -3. [protrusion] extrusion *f*.

extrusive [ɪk'struːsɪv] *adj* [rock] effusif.

exuberance [ɪg'zjuːbərəns] *n* -1. [of person, writing] exubérance *f*; to be full of ~ être plein d'exubérance; youthful/natural ~ exubérance juvénile/naturelle. -2. [of vegetation] exubérance *f*.

exuberant [ɪg'zjuːbərənt] *adj* -1. [person, mood, style] exubérant. -2. [vegetation] exubérant.

exuberantly [ɪg'zjuːbərəntlɪ] *adv* avec exubérance.

exude [ɪg'zjuːd] ◇ *vi* [liquid, sap, blood etc] exsuder.
◇ *vt* [blood, sap] exsuder; *fig* [confidence, love] déborder de.

exult [ɪg'zʌlt] *vi* [rejoice] exulter, jubiler; [triumph] exulter; to ~ at OR in one's success [rejoice] se réjouir de son succès; to ~ over defeated opponents [triumph] exulter de la défaite de ses adversaires.

exultant [ɪg'zʌltənt] *adj* [feeling, shout, look] d'exultation; [mood, crowd] jubilant; to look ~ avoir l'air d'exulter; to be OR to feel ~ exulter.

exultantly [ɪg'zʌltəntlɪ] *adv* avec exultation.

exultation [,egzʌl'teɪʃn] *n* exultation *f*.

exurbia [eks'ɜːbɪə] *n Am* grande banlieue *f* résidentielle.

ex-voto [eks'vəʊtəʊ] RELIG ◇ *adj*: an ~ offering un ex-voto.
◇ *n* ex-voto *m inv*.

ex-wife *n* ex-femme *f*.

eye [aɪ] (*cont* eyeing OR eying) ◇ *n* -1. [organ] œil *m*; to have green ~s avoir les yeux verts; a girl with green ~s une fille aux yeux verts; before your very ~s! sous vos yeux!; look me in the ~ and say that regarde-moi bien dans les yeux et dis-le moi; I saw it with my own ~s je l'ai vu de mes yeux vu OR de mes propres yeux; with one's ~s closed/open les yeux fermés/ouverts; she can't keep her ~s open *fig* elle dort debout □ I could do it with my ~s closed je pourrais le faire les yeux fermés; he went into it with his ~s open il s'y est lancé en toute connaissance de cause. -2. [gaze] regard *m*; her ~s fell on the letter son regard est tombé sur la lettre; under the watchful ~ of his teacher sous l'œil vigilant de son professeur; the film looks at the world through the ~s of a child dans ce film, on voit le monde à travers les yeux d'un enfant; with a critical/an anxious ~ d'un œil critique/inquiet; I couldn't believe my ~s je n'en croyais pas mes yeux; he couldn't take his ~s off her il ne pouvait pas la quitter des yeux. -3. MIL: ~s left/right! tête à gauche/à droite!; ~s front! fixe! -4. SEW [of needle] chas *m*, œil *m*; [eyelet] œillet *m*. -5. [of potato, twig] œil *m*. -6. [of storm] œil *m*, centre *m*. -7. [photocell] œil *m* électrique. -8. *phr*: we can't close OR shut our ~s to the problem on ne peut pas fermer les yeux sur ce problème; to close one's ~s to the evidence se refuser à l'évidence; they can't close their ~s to the fact that the company's at fault ils sont bien obligés d'admettre que la société est en faute; the incident opened his ~s to the truth about her l'incident lui ouvrit les yeux sur ce qu'elle était vraiment; for your ~s only ultra-confidentiel; she has a good ~ for detail elle a l'œil pour ce qui est des détails; to get one's ~ in *Br* prendre ses repères; he only has ~s for her il n'a d'yeux que pour elle; the boss has his ~ on Smith for the job le patron a Smith en vue pour le poste; she has her ~ on the mayor's position elle vise la mairie; he always has an ~ for OR to the main chance il ne perd jamais de vue ses propres intérêts; in my/her ~s à mes/ses yeux; in the ~s of the law aux yeux OR au regard de la loi; to run OR to cast one's ~ over sthg jeter un coup d'œil à qqch; she ran an ~ over the contract elle a parcouru le contrat; to try to catch sb's ~ essayer d'attirer le regard de qqn; keep your ~ on the ball fixez OR regardez bien la balle; could you keep your ~ on the children/the house? pourriez-vous surveiller les enfants/la maison?; I have to keep an ~ on him il faut que je l'aie à l'œil; she keeps an ~ on things elle a l'œil à tout; to keep a close ~ on sthg surveiller qqch de près; keep an ~ on the situation suivez de près la situation; to keep one's ~ open for sthg être attentif à qqch; keep your ~s open OR an ~ out for a filling station essayez de repérer une station service; the children were all ~s les enfants n'en perdaient pas une miette; an ~ for an ~ (and a tooth for a tooth) œil pour œil, dent pour dent; his ~s are too big for his stomach il a les yeux plus grands que le ventre; to give sb the ~ *inf* [flirt] faire de l'œil à qqn; [give signal] faire signe à qqn (d'un clin d'œil); he has ~s in the back of his head il a des yeux derrière la tête; I've never set OR laid OR clapped *inf* ~s on her je ne l'ai jamais vue de ma vie; keep your ~s skinned *inf* OR peeled *inf* for trouble restez vigilant; to make ~s at sb faire de l'œil à qqn; my ~! *inf* mon œil!; she and I don't see ~ to ~ [disagree] elle ne voit pas les choses du même œil que moi, elle n'est pas de mon avis; [dislike one another] elle et moi, nous ne nous entendons pas; that's one in the ~ for him! *inf* ça lui fera les pieds!; there's more to this than meets the ~ [suspicious] on ne connaît pas les dessous de l'affaire; [difficult] c'est moins simple que cela n'en a l'air; we're up to our ~s in it! [overworked] on a du travail jusque là!; [in deep trouble] on est dans les ennuis jusqu'au cou!
◇ *comp* [hospital, specialist] des yeux; ~ bank banque *f* des yeux.
◇ *vt* regarder, mesurer du regard; the child ~d the man warily l'enfant dévisagea l'homme avec circonspection; she stood eyeing the sweets counter elle restait là à lorgner les bonbons; to ~ sthg hungrily dévorer qqch du regard.
◆ **with an eye to** *prep phr*: with an ~ to sthg/to doing sthg en vue de qqch/de faire qqch; with an ~ to the future en vue OR en prévision de l'avenir.
◆ **eye up**▽ *vt sep* reluquer.

eyeball ['aɪbɔːl] ◇ *n* globe *m* oculaire; drugged (up) to the ~s *fig* drogué à mort; ~ to ~ (with) nez à nez (avec).
◇ *vt inf* regarder fixement, reluquer.

eyeball-to-eyeball *inf adj* nez à nez; an ~ confrontation une confrontation entre quatre yeux OR quat'z'yeux, un face-à-face *(inv)*.

eyebath ['aɪbɑːθ] *n Br* œillère *f* MÉD.

eyebrow ['aɪbraʊ] *n* sourcil *m*; to raise one's ~s lever les sourcils; her behaviour raised a few ~s *fig* son comportement en a fait tiquer quelques-uns; to be up to one's ~s in sthg être dans qqch jusqu'au cou.

eyebrow pencil *n* crayon *m* à sourcils.

eye-catching *adj* [colour, dress] qui attire l'œil; [poster, title] accrocheur, tapageur.

eye contact *n* croisement *m* des regards; to establish ~ (with sb) croiser le regard (de qqn); to maintain ~ (with sb) regarder (qqn) dans les yeux.

eyecup ['aɪkʌp] *Am* = eyebath.

-eyed [aɪd] *in cpds* aux yeux...; blue~ aux yeux bleus; she stared at him, wide~ elle le regardait, les yeux écarquillés; one~ borgne, qui n'a qu'un œil.

eye drops *npl* gouttes *fpl* (pour les yeux).

eyeful ['aɪfʊl] *n* -1. [of dirt, dust]: I got an ~ of sand j'ai reçu du sable plein les yeux. -2. *inf* [look] regard *m*; get an ~ of that! visez un peu ça! -3. *inf* [woman] belle fille *f*.

eyeglass ['aɪglɑːs] *n* [monocle] monocle *m*.
◆ **eyeglasses** *npl Am* [spectacles] lunettes *fpl*.

eyehole ['aɪhəʊl] *n* -1. [peephole - in mask] trou *m* pour les yeux; [- in door, wall] judas *m*. -2. [eyelet] œillet *m*. -3. *inf* [eye socket] orbite *f*.

eyelash ['aɪlæʃ] *n* cil *m*.

eyeless ['aɪlɪs] *adj* [without eyes] sans yeux; [blind] aveugle; 'Eyeless in Gaza' *Huxley* 'la Paix des profondeurs'.

eyelet ['aɪlɪt] *n* -1. [gen & SEW] œillet *m*. -2. [peephole - in mask] trou *m* pour les yeux; [- in door, wall] judas *m*.

eye level ◇ *n*: at ~ au niveau des yeux.
◇ *adj* qui est au niveau des yeux; ~ grill gril *m* surélevé.

eyelid ['aɪlɪd] *n* paupière *f*.

eyeliner ['aɪ,laɪnəʳ] *n* eye-liner *m*.

eye-opener *inf n* -1. [surprise] révélation *f*, surprise *f*; her behaviour was a real ~ for him son comportement lui a ouvert les yeux; the experience proved a bit of an ~! l'expérience a été assez révélatrice! -2. *Am* [drink] *petit verre pris au réveil*.

eyepatch ['aɪpætʃ] *n* [after operation] cache *m*, pansement *m* *(sur l'œil)*; [permanent] bandeau *m*.

eyepiece ['aɪpiːs] *n* oculaire *m*.
eye rhyme *n* rime *f* pour l'œil.
eyeshade ['aɪʃeɪd] *n* visière *f*.
eye shadow *n* fard *m* à paupières.
eyesight ['aɪsaɪt] *n* vue *f*; **do you have good ~?** avez-vous une bonne vue OR de bons yeux?; **his ~ is failing** sa vue baisse; **to lose one's ~** perdre la vue.
eye socket *n* orbite *f*.
eyesore ['aɪsɔːʳ] *n* abomination *f*, horreur *f*.
eyestrain ['aɪstreɪn] *n* fatigue *f* des yeux; **computer screens can cause ~** les ordinateurs fatiguent les yeux; **to suffer from ~** avoir la vue fatiguée.
Eyetie▼ ['aɪtaɪ] *n Br terme injurieux désignant un Italien*, ≃ Rital *m*.
eyetooth ['aɪtuːθ] (*pl* **eyeteeth** [-tiːθ]) *n* canine *f* supérieure; **I'd give my eyeteeth for a bike like that/to beinvited** *inf* je donnerais n'importe quoi pour avoir un vélo comme ça/pour être invité.
eyewash ['aɪwɒʃ] *n* MED collyre *m*; **that's a load of ~!** *inf Br fig* [nonsense] c'est de la foutaise!; [boasting] ce n'est que de la frime!
eyewitness [ˌaɪ'wɪtnɪs] ◇ *n* témoin *m* oculaire. ◇ *comp* [account, description] d'un témoin oculaire.
eyot [eɪt] *n Br arch* îlot *m*.
eyrie ['ɪərɪ] *n* aire *f (d'aigle)*.
Ezekiel [ɪ'zɪkɪəl] *pr n* Ézéchiel.
Ezra ['ezrə] *pr n* Ezra.

F

f (*pl* **f's** OR **fs**), **F** (*pl* **F's** OR **Fs**) [ef] ◇ *n* [letter] f *m*, F *m*; **is that spelt with an f?** est-ce que ça s'écrit avec un f?; **how many fs are there in "buffoon"?** il y a combien d'f dans «buffoon»?; **f for Freddie** ≃ F comme François; **the F word** *Br euph le mot «fuck»,* ≃ le mot de Cambronne.
◇ -**1.** *written abbr of* **fathom**. -**2.** *written abbr of* **female**. -**3.** (*written abbr of* **feminine**) f, fém.

f -**1.** (*written abbr of* **function of**) MATH f de. -**2.** (*written abbr of* **forte**) MUS f.

F ◇ *n* -**1.** MUS fa *m*; **a concerto in F** un concerto en fa. -**2.** SCH [grade]: **to get an F** échouer.
◇ -**1.** (*written abbr of* **Fahrenheit**) F. -**2.** (*written abbr of* **franc**) F. -**3.** (*written abbr of* **fluorine**) CHEM F. -**4.** (*written abbr of* **farad**) PHYS F. -**5.** (*written abbr of* **force**) PHYS F. -**6.** (*written abbr of* **frequency**) PHYS F. -**7.** *written abbr of* **false**.

fa [fɑː] = **fah**.

f.a., FA *inf* (*abbr of* **fanny adams**) *n Br*: **sweet ~** que dalle.

FA (*abbr of* **Football Association**) *pr n*: **the ~** la Fédération britannique de football; **the ~ cup** *championnat de football dont la finale se joue à Wembley.*

FAA (*abbr of* **Federal Aviation Administration**) *pr n direction fédérale de l'aviation civile américaine.*

fab *inf* [fæb] *adj Br dated* sensass.

Fabian [ˈfeɪbjən] ◇ *adj* temporisateur.
◇ *n* Fabien *m*, -enne *f*.

Fabianism [ˈfeɪbjənɪzm] *n* fabianisme *m*.

Fabian Society *pr n*: **the ~** *groupe socialiste de la fin du XIXe siècle en Grande-Bretagne.*

THE FABIAN SOCIETY:
Association fondée en 1883 dans le cadre de l'émergence du socialisme en Grande-Bretagne. Composée en grande partie d'intellectuels, elle avait pour but de parvenir à un «changement graduel et pacifique» de la société capitaliste. Son influence se fit sentir jusque dans les années 30.

fable [ˈfeɪbl] *n* -**1.** [legend] fable *f*, légende *f*; LITERAT fable. -**2.** [false account] fable *f*.

fabled [ˈfeɪbld] *adj* [famous] légendaire, célèbre; [fictitious] légendaire, fabuleux.

fabric [ˈfæbrɪk] *n* -**1.** [cloth] tissu *m*, étoffe *f*. -**2.** [framework, structure] structure *f*, tissu *m*; **the ~ of society** *fig* la structure de la société.

fabricate [ˈfæbrɪkeɪt] *vt* -**1.** [make] fabriquer. -**2.** [story] inventer, fabriquer; [document] faire un faux, contrefaire.

fabrication [ˌfæbrɪˈkeɪʃn] *n* -**1.** [manufacture] fabrication *f*, production *f*. -**2.** [falsehood] fabrication *f*; **it's pure ~** c'est de la pure invention.

fabric softener *n* assouplissant *m* (textile).

fabulist [ˈfæbjʊlɪst] *n lit* [storyteller] fabuliste *mf*; [liar] fabulateur *m*, -trice *f*, menteur *m*, -euse *f*.

fabulous [ˈfæbjʊləs] *adj* -**1.** [astounding] fabuleux, incroyable; **~ wealth** une fortune fabuleuse OR incroyable. -**2.** *inf* [good] génial; **we had a ~ time** on s'est amusés comme des fous; **it's ~!** c'est super! -**3.** [fictitious] fabuleux, légendaire.

fabulously [ˈfæbjʊləslɪ] *adv* fabuleusement; **a ~ successful actor** un acteur qui a un succès fabuleux OR fou; **~ rich** fabuleusement riche.

facade, façade [fəˈsɑːd] *n* ARCHIT & *fig* façade *f*.

face [feɪs] ◇ *n* -**1.** ANAT visage *m*, figure *f*; **a handsome ~** un beau visage; **injuries to the ~** MED blessures *fpl* à la face OR au visage; **I know that ~** je connais cette tête-là, cette tête me dit quelque chose; **I have a good memory for ~s** j'ai une bonne mémoire des visages; **to fall flat on one's ~** tomber à plat ventre OR face contre terre; **she was lying ~ down** OR **downwards** elle était étendue à plat ventre OR face contre terre; **she was lying ~ up** OR **upwards** elle était étendue sur le dos; **he told her to her ~ what he thought of her** il lui a dit en face OR sans ambages ce qu'il pensait d'elle; **to look sb in the ~** *literal* regarder qqn en face OR dans les yeux; **I'll never be able to look him in the ~ again** *fig* je n'oserai plus jamais le regarder en face ❑ **to put on one's ~** *inf* [woman] se maquiller. -**2.** [expression] mine *f*, expression *f*; **to make** OR **to pull a ~ at sb** faire une grimace à qqn; **to pull a funny ~** faire des simagrées, faire le singe; **what a grumpy ~!** quel air renfrogné! ❑ **she put on a brave** OR **bold ~** elle a fait bon visage OR bonne contenance; **put a good** OR **brave ~ on it** vous n'avez qu'à faire contre mauvaise fortune bon cœur. -**3.** [appearance] apparence *f*, aspect *m*; **it changed the ~ of the town** cela a changé la physionomie de la ville; **this is the ugly ~ of capitalism** voici l'autre visage OR le mauvais côté du capitalisme. -**4.** [front – of building] façade *f*, devant *m*; [– of cliff] paroi *f*; [of mountain] face *f*. -**5.** [of clock] cadran *m*; [of coin] face *f*; [of page] recto *m*; [of playing card] face *f*, dessous *m*; [of the earth] surface *f*; **it fell ~ down/up** [gen] c'est tombé du mauvais/bon côté; [card, coin] c'est tombé face en dessous/en dessus; **she has vanished off the ~ of the earth** *fig* elle a complètement disparu de la circulation. -**6.** *inf Br* [impudence] culot *m*, toupet *m*. -**7.** MIN front *m* de taille. -**8.** TYPO [typeface] œil *m*; [fount] fonte *f*. -**9.** *phr*: **she laughed/shut the door in his ~** elle lui a ri/fermé la porte au nez; **to lose/to save ~** perdre/sauver la face; **to suffer a loss of ~** subir une humiliation; **he set his ~ against our marriage** il s'est élevé contre notre mariage; **he won't show his ~ here again!** il ne risque pas de remettre les pieds ici!; **her plans blew up in her ~** tous ses projets se sont retournés contre elle.
◇ *comp* [cream] pour le visage.
◇ *vt* -**1.** [turn towards] faire face à; **I turned and ~d him** je me retournai et lui fis face; **~ the wall** tournez-vous vers le mur. -**2.** [be turned towards] faire face à, être en face de; **he ~d the blackboard** il était face au OR faisait face au tableau; **she was facing him** elle était en face de lui; **facing one another** l'un en face de l'autre, en vis-à-vis; **we were facing one another** nous étions face à face, nous nous faisions face; **a room facing the courtyard** une chambre sur cour OR donnant sur la cour; **the house ~s south** la maison est orientée OR exposée au sud; **my chair ~d the window** ma chaise était OR faisait face à la fenêtre; **two rows of seats facing one another** deux rangées de sièges en vis-à-vis; **facing page 9** en regard OR en face de la page 9. -**3.** [confront] faire face OR front à, affronter; **to be ~d with sthg** être obligé de faire face à OR être confronté à qqch; **I was ~d with having to pay for the damage** j'ai été obligé OR dans l'obligation de payer les dégâts; **he was ~d with a difficult choice** il était confronté à un choix difficile; **~d with the evidence** devant l'évidence, confronté à l'évidence ❑ **we'll just have to ~ the music** *inf* il va falloir affronter la tempête OR faire front. -**4.** [deal with] faire face à; **to ~ a problem** faire face OR s'attaquer à un problème; **I can't ~ telling her** je n'ai pas le courage de le lui dire; **we must ~ facts** il faut voir les choses comme elles sont; **they won't ~ the fact that it's too late** ils ne veulent pas se rendre à l'évidence et admettre qu'il est trop tard; **let's ~ it, we're lost** admettons-le, nous sommes perdus. -**5.** [risk – disaster] être menacé de; [– defeat, fine, prison] encourir, risquer; **she ~s the possibility of having to move** elle risque d'être obligée de déménager; **~d with eviction, he paid his rent** face à OR devant la perspective d'une expulsion, il a payé son loyer; **thousands ~ unemployment** des milliers de personnes sont menacés de chômage. -**6.** [subj: problem, situation] se présenter à; **the problem facing us** le problème qui se pose (à nous) OR devant lequel on se trouve; **the difficulties facing the EC** les difficultés que rencontre la CEE OR auxquelles la CEE doit faire face. -**7.** [cover] revêtir de.
◇ *vi* -**1.** [turn] se tourner; [be turned] être tourné; **she was facing towards the camera** elle était tournée vers OR elle faisait face à l'appareil photo ‖ MIL: **right ~!** *Am* à droite, droite!; **about ~!** *Am* demi-tour! -**2.** [house, window] être orienté; [look over] faire face à, donner sur; **the terrace ~s towards the mountain** la terrasse donne sur la montagne; **facing forwards** [in bus, train] dans le sens de la marche; **facing backwards** dans le mauvais sens.

◆ **in the face of** *prep phr*: **she succeeded in the ~ of fierce opposition** elle a réussi malgré une opposition farouche; **in the ~ of adversity** face à l'adversité.

◆ **on the face of it** *adv phr* à première vue.

◆ **face down** *vt sep Am* tenir tête (à).

◆ **face out** *vt sep Br* surmonter.

◆ **face up to** *vt insep* faire face à, affronter; **he won't ~ up to the fact that he's getting older** il ne veut pas admettre qu'il vieillit.

face-ache *n* -**1.** *literal* névralgie *f* faciale. -**2.** *inf fig* face *f* de rat.

face card *n Am* figure *f (de jeu de cartes)*.

facecloth ['feɪsklɒθ] *n Br* ≃ gant *m* de toilette.

-faced [feɪst] *in cpds* au visage...; **round~** au visage rond; **white~** blême.

face flannel *n Br* gant *m* de toilette.

faceguard ['feɪsgɑːd] *n* visière *f* de protection.

faceless ['feɪslɪs] *adj* anonyme.

face-lift *n* -**1.** [surgery] lifting *m*; **to have a ~** se faire faire un lifting. -**2.** *inf* [renovation] restauration *f*; **the house could do with a ~** la maison a besoin d'être ravalée OR retapée; **the school has had a ~** l'école a fait peau neuve.

face mask *n* [cosmetic] masque *m* de beauté; SPORT masque *m*.

face-off *n* SPORT remise *f* en jeu; *fig* confrontation *f*.

face pack *n* masque *m* de beauté.

faceplate ['feɪspleɪt] *n* [on lathe] plateau *m* de tour.

face powder *n* poudre *f* de riz.

facer ['feɪsəʳ] *n* -**1.** [tool] planeuse *f*. -**2.** *inf Br* [problem] os *m*, tuile *f*.

face-saver *n* quelque chose qui sauve la face; **the new legislation is just a ~** le gouvernement passe ces nouvelles lois simplement pour sauver la face.

face-saving *adj* qui sauve la face; **a ~ measure** une mesure qui sauve la face.

facet ['fæsɪt] *n* -**1.** [gen, ANAT, ARCHIT & ENTOM] facette *f*. -**2.** [aspect] aspect *m*, facette *f*.

faceted ['fæsɪtɪd] *adj* à facettes.

facetious [fə'siːʃəs] *adj* [person] facétieux, moqueur; [remark] facétieux, comique.

facetiously [fə'siːʃəslɪ] *adv* de manière facétieuse, facétieusement.

facetiousness [fə'siːʃəsnɪs] *n* caractère *m* facétieux OR comique.

face to face *adv* face à face; **she brought him ~ with her father** elle l'a confronté avec son père; **it brought us ~ with the problem** cela nous a mis directement devant le problème.

◆ **face-to-face** *adj* [discussion, confrontation] face à face; **a face-to-face meeting** un face-à-face.

face towel *n* serviette *f* de toilette.

face value *n* FIN valeur *f* nominale; **I took her remark at ~** *fig* j'ai pris sa remarque au pied de la lettre OR pour argent comptant; **don't take him at ~** ne le jugez pas sur les apparences.

facia ['feɪʃə] = **fascia**.

facial ['feɪʃl] ◇ *adj* facial; **~ hair** poils *mpl* du visage; **to remove ~ hair** enlever les poils disgracieux (du visage); **~ scrub** lotion *f* exfoliante pour le visage.

◇ *n* soin *m* du visage; **to have a ~** se faire faire un soin du visage.

facially ['feɪʃəlɪ] *adv* de visage.

facies ['feɪʃɪiːz] (*pl inv*) *n* faciès *m*.

facile [*Br* 'fæsaɪl, *Am* 'fæsl] *adj* [solution, victory] facile; [remark, reasoning] facile, creux; [style] facile, coulant; [person] superficiel, complaisant.

facilitate [fə'sɪlɪteɪt] *vt* faciliter.

facilitator [fə'sɪlɪteɪtəʳ] *n* SOCIOL animateur *m*, -trice *f* de groupe.

facility [fə'sɪlətɪ] (*pl* **facilities**) *n* -**1.** [ease] facilité *f*; **with great ~** avec beaucoup de facilité. -**2.** [skill] facilité *f*, aptitude *f*; **to have a ~ for** OR **with languages** avoir des facilités OR des aptitudes pour les langues. -**3.** *(usu pl)* [equipment] équipement *m*; [means] moyen *m*; **feel free to use the facilities** n'hésitez pas à utiliser toutes les installations; **there are facilities for cooking** il y a la possibilité de OR il y a ce qu'il faut pour faire la cuisine; **books and other facilities for study** des livres et autres instruments de travail; **we don't have the facilities to hold a conference here** nous ne sommes pas équipés pour organiser une conférence ici; **washing facilities** installations sanitaires; **sports facilities** équipements sportifs; **transport facilities** moyens de transport; **the facilities** *euph* les toilettes *fpl*. -**4.** [building] installation *f*. -**5.** [device] mécanisme *m*; COMPUT fonction *f*; **the clock also has a radio ~** ce réveil fait aussi radio; **an automatic timing ~** un minuteur automatique. -**6.** [service] service *m*; **we offer easy credit facilities** nous offrons des facilités de paiement OR crédit; **an overdraft ~** *Br* une autorisation de découvert.

facing ['feɪsɪŋ] *n* CONSTR revêtement *m*; SEW revers *m*.

-facing *in cpds* orienté vers...; **north~** orienté OR exposé au nord.

facsimile [fæk'sɪmɪlɪ] *n* fac-similé *m*; **in ~** en fac-similé.

facsimile machine *n* télécopieur *m*.

facsimile transmission *n* télécopie *f*.

fact [fækt] *n* -**1.** [true item of data] fait *m*; **it's a (well-known) ~ that...** tout le monde sait (bien) que...; **just stick to the ~s** tenez-vous en aux faits; **let's get the ~s straight** mettons les choses au clair; **ten ~s about whales** dix choses à savoir sur les baleines; **I'll give you all the ~s and figures** je vous donnerai tous les détails voulus ‖ [known circumstance]: **the ~ that he left is in itself incriminating** le fait qu'il soit parti est compromettant en soi; **he broke his promise, there's no getting away from the ~** disons les choses comme elles sont, il n'a pas tenu sa promesse; **I'm her friend, a ~ you seem to have overlooked** vous semblez ne pas tenir compte du fait que je suis son ami ❑ **I know for a ~ that they're friends** je sais pertinemment qu'ils sont amis; **I know it for a ~** je le sais de source sûre, c'est un fait certain; **to teach sb the ~s of life** [sex] apprendre à qqn comment les enfants viennent au monde; [hard reality] apprendre à qqn la réalité des choses, mettre qqn devant la réalité de la vie; **there's something strange going on, (and) that's a ~** il se passe quelque chose de bizarre, c'est sûr; **is that a ~?** c'est pas vrai? -**2.** *(U)* [reality] faits *mpl*, réalité *f*; **based on ~** [argument] basé sur des faits; [book, film] basé sur des faits réels; **~ and fiction** le réel et l'imaginaire ❑ **the ~ (of the matter) is that I forgot all about it** la vérité, c'est que j'ai complètement oublié; **the ~ remains he's my brother** il n'en est pas moins mon frère. -**3.** JUR [act] fait *m*, action *f*.

◆ **in fact** *adv phr* -**1.** [giving extra information]: **he asked us, in ~ ordered us, to be quiet** il nous a demandé, ou plutôt ordonné, de nous taire. -**2.** [correcting, contradicting] en fait; **he claims to be a writer, but in (actual) ~ he's a journalist** il prétend être écrivain mais en fait c'est un journaliste. -**3.** [emphasizing, reinforcing]: **did she in ~ say when she was going to arrive?** est-ce qu'elle a dit quand elle arriverait en fait?; **he said it'd take two days and he was in ~ correct** il a dit que cela mettrait deux jours et en fait, il avait raison.

fact-finding *adj* d'information; **a ~ mission** une mission d'information; **he's on a ~ tour of the disaster area** il enquête sur la région sinistrée.

faction ['fækʃn] *n* -**1.** [group] faction *f*. -**2.** [strife] dissension *f*, discorde *f*. -**3.** [book, programme] docudrame *m*.

factional ['fækʃənl] *adj* de faction; **~ strife** luttes *fpl* intestines.

factious ['fækʃəs] *adj* factieux.

factitious [fæk'tɪʃəs] *adj lit* factice, artificiel.

factitive ['fæktɪtɪv] *adj* factitif.

factor ['fæktəʳ] *n* -**1.** [element] facteur *m*, élément *m*; **age is an important ~** l'âge joue un rôle important; **a determining ~** un facteur décisif OR déterminant; **the human ~** le facteur humain; **the safety ~** le facteur de sécurité; **the chill ~** le coefficient de froid; **~ 6** [in suntan cream] indice *m* 6. -**2.** BIOL & MATH facteur *m*. -**3.** [agent] agent *m*. -**4.** *Scot* [manager] syndic *m*.

factorage ['fæktərɪdʒ] *n* courtage *m*, commission *f*.

factor analysis *n* analyse *f* factorielle.

factorial [fæk'tɔːrɪəl] ◇ *adj* factoriel.

◇ *n* factorielle *f*.

factoring ['fæktərɪŋ] *n* affacturage *m*.

factorization [,fæktəraɪ'zeɪʃn] *n* mise *f* en facteurs.

factorize, -ise ['fæktəraɪz] *vt* mettre en facteurs.

factory ['fæktərɪ] (*pl* **factories**) ◇ *n* usine *f*; [smaller] fabrique *f*; **a car ~** une usine d'automobiles; **an arms ~** une fabrique d'armes; **a porcelain ~** une manufacture de porcelaine.

◇ *comp* [chimney, worker] d'usine; **~ work** travail *m* en usine OR d'usine; **on the ~ floor** dans les ateliers, parmi les ouvriers; **prices at the ~ gate** prix *mpl* départ usine.

factory act *n Br* législation *f* industrielle.

factory farm *n* ferme *f* industrielle.

factory farming *n* élevage *m* industriel.

factory inspector *n* inspecteur *m*, -trice *f* du travail.

factory ship *n* navire-usine *m*.

factotum [fæk'təʊtəm] *n* factotum *m*.

fact sheet *n* prospectus *m*, brochure *f*.

factual ['fæktʃʊəl] *adj* [account, speech] factuel, basé sur les OR des faits; [event] réel.

factually ['fæktʃʊəlɪ] *adv* en se tenant aux faits; **~ inaccurate** inexact dans les faits.

facultative ['fækltətɪv] *adj* -**1.** [optional] facultatif. -**2.** PHILOS casuel, contingent.

faculty ['fækltɪ] (*pl* **faculties**) ◇ *n* -**1.** [of reason, sight] faculté *f*; **she's in full command of her faculties** elle a toutes ses facultés; **his critical faculties** son sens critique. -**2.** UNIV [section] faculté *f*; [staff] corps *m* enseignant; **the Faculty of Arts/of Medicine** la faculté de lettres/de médecine.

◇ *comp* [member, staff] de faculté.

fad *inf* [fæd] *n* [craze] mode *f*, vogue *f*; [personal] lubie *f*, (petite) manie *f*; **it's just a (passing) ~** ce n'est qu'une lubie.

faddish *inf* ['fædɪʃ] *adj* [idea, taste] capricieux; [person] maniaque, capricieux.

faddy *inf* ['fædɪ] (*compar* **faddier**, *superl* **faddiest**) *adj Br* [idea, taste] capricieux; [person] maniaque, capricieux.

fade [feɪd] ◇ *vi* -**1.** [colour] pâlir, passer; [material] se décolorer, passer; [light] baisser, diminuer; **the light ~d from the sky** le jour baissa peu à peu; **guaranteed not to ~** TEX garanti bon teint. -**2.** [wither - flower] se faner, se flétrir; *fig* [- beauty] se faner. -**3.** [disappear - figure] disparaître; [- memory, sight] baisser; [- thing remembered, writing] s'effacer; [- sound] baisser, s'éteindre; [- anger, interest] diminuer; [- hope, smile] s'éteindre; **to ~ from sight** disparaître aux regards; **the sound keeps fading** RADIO & TV il y a du fading, le son s'en va. -**4.** *lit* [die] dépérir, s'éteindre; **he's fading fast** il dépérit à vue d'œil.

◇ *vt* -**1.** [discolour - material] décolorer; [- colour] faner. -**2.** [reduce] baisser; CIN & TV faire disparaître en fondu.

◇ *n* disparition *f*; CIN & TV disparition *f* en fondu.

◆ **fade away** *vi insep* [gen] disparaître; [memory, sight] baisser; [thing remembered, writing] s'effacer; [sound] s'éteindre; [anger, interest] diminuer; [hope, smile] s'éteindre; **he ~d away** il a peu à peu dépéri.

◆ **fade in** ◇ *vt sep* CIN & TV faire apparaître en fondu; RADIO monter.

◇ *vi insep* CIN & TV apparaître en fondu.

◆ **fade out** ◇ *vi insep* -**1.** [sound] disparaître, s'éteindre; *fig* [interest] diminuer, tomber; [fashion] passer. -**2.** CIN & TV disparaître en fondu; RADIO être coupé par un fondu sonore.

◇ *vt sep* CIN & TV faire disparaître en fondu; RADIO couper par un fondu sonore.

fade-away *n* CIN fondu *m* en fermeture; TV disparition *f* graduelle; RADIO évanouissement *m*, fading *m*.

faded ['feɪdɪd] *adj* [material] décoloré, déteint; [jeans] délavé; [flower] fané, flétri; [beauty] défraîchi, fané.

fade-in *n* CIN fondu *m* en ouverture; TV apparition *f* graduelle; RADIO fondu *m* sonore.

fade-out *n* CIN fondu *m* en fermeture; TV disparition *f* graduelle; RADIO fondu sonore.

fading ['feɪdɪŋ] *n* RADIO fading *m*, atténuation *f* (du son).

faecal *Br*, **fecal** *Am* ['fiːkl] *adj* fécal.

faeces *Br*, **feces** *Am* ['fiːsiːz] *npl* fèces *fpl*.

Faeroe ['feərəʊ] *pr n*: **the ~ Islands, the ~s** les îles Féroé *fpl*; **in the ~ Islands** aux îles Féroé.

Faeroese [ˌfeərəʊ'iːz] (*pl inv*) ◇ *n* -**1.** [person] Féroïen *m*, -enne *f*, Féringien *m*, -enne *f*. -**2.** LING féroïen *m*, féringien *m*.

◇ *adj* féroïen, féringien.

faff *inf* [fæf] *Br* ◇ *vi* faire la mouche du coche; **stop ~ing (about** OR **around)!** arrêtez de tourner en rond!

◇ *n* [panic] panique *f*; [effort]: **I can't be bothered, it's too much of a ~** je renonce, c'est trop compliqué.

fag [fæg] (*pt & pp* **fagged**, *cont* **fagging**) ◇ *n* -**1.** *Br* [at school] *jeune élève d'une «public school» assujetti à un «ancien»*. -**2.** *inf Br* [task] corvée *f*, barbe *f*. -**3.** *inf Br* [cigarette] clope *m or f*. -**4.** ▽ *Am pej* [homosexual] pédé *m*.

◇ *vi Br* [at school]: **to ~ for sb** faire les corvées de qqn.

◇ *vt* ▽ crever.

fag end *inf n Br* [remainder] reste *m*; [of cloth] bout *m*; [of conversation] dernières bribes *fpl*; [cigarette] mégot *m*.

fagged *inf* [fægd] *adj Br* -**1.** [exhausted] crevé, claqué; **we all ended up completely ~ (out)** nous étions tous complètement crevés OR claqués à la fin. -**2.** [bothered]: **I'm supposed to finish it today but I can't be ~** je suis censé terminer ça aujourd'hui mais j'ai trop la flemme.

fagging ['fægɪŋ] *n Br sujétion d'un jeune élève à un «ancien» dans une «public school»*.

FAGGING:
Cette pratique, jadis assez répandue dans les «public schools» en Grande-Bretagne, est maintenant interdite. Les «grands» avaient le droit de donner des ordres aux «petits», qui devaient porter leurs affaires, leur faire à manger etc.

---

faggot ['fægət] *n* -**1.** *Br* [of sticks] fagot *m*. -**2.** *Br* CULIN boulette *f* de viande. -**3.** ▽ *Am pej* [homosexual] pédé *m*, tapette *f*.

fagot ['fægət] *Am* = **faggot 1**.

fah [fɑː] *n* fa *m*.

Fahrenheit ['færənhaɪt] *adj* Fahrenheit *(inv)*; **the ~ scale** l'échelle *f* Fahrenheit; **it's 6° Centigrade — what's that in ~?** il fait 6° Centigrade — ça fait combien en Fahrenheit?

fail [feɪl] ◇ *vi* -**1.** [not succeed - attempt, plan] échouer, ne pas réussir; [- negotiations] échouer, ne pas aboutir; [- person] échouer; **he ~ed (in his efforts) to convince us** il n'a pas réussi OR il n'est pas arrivé à nous convaincre; **her attempt was bound to ~** sa tentative était vouée à l'échec; **to ~ by three votes/five minutes** échouer à trois voix près/cinq minutes près; **it never ~s** ça ne rate jamais; **if all else ~s** en désespoir de cause. -**2.** SCH & UNIV échouer, être recalé; **I ~ed in maths** j'ai été collé OR recalé en maths. -**3.** [stop working] tomber en panne, céder; [brakes] lâcher; **his heart ~ed** son cœur s'est arrêté; **the power ~ed** il y a eu une panne d'électricité. -**4.** [grow weak - eyesight, health, memory] baisser, faiblir; [- person, voice] s'affaiblir; [- light] baisser. -**5.** [be insufficient] manquer, faire défaut; **their crops ~ed because of the drought** ils ont perdu les récoltes à cause de la sécheresse; **she ~ed in her duty** elle a manqué OR failli à son devoir. -**6.** [go bankrupt] faire faillite.

◇ *vt* -**1.** [not succeed in] échouer à, ne pas réussir à; **he ~ed his driving test** il n'a pas eu son permis ‖ SCH & UNIV [exam] échouer à, être recalé à; [candidate] refuser, recaler; **he ~ed the exam/history** il a échoué à l'examen/en histoire; **she ~ed ten students** elle a refusé OR recalé dix étudiants. -**2.** [let down] décevoir, laisser tomber; **I won't ~ you** je ne vous laisserai pas tomber, vous pouvez compter sur moi; **his heart ~ed him** le cœur lui a manqué; **my memory ~s me** la mémoire me fait défaut, ma mémoire me trahit; **her courage ~ed her** le courage lui a fait défaut OR lui a manqué; **words ~ed me** je ne sais pas quoi dire. -**3.** [neglect] manquer, négliger; **he ~ed to mention he was married** il a omis de signaler qu'il était marié; **they never ~ to call** ils ne manquent jamais d'appeler; **he ~ed to keep his word** il a manqué à sa parole; **she ~ed to answer his letter** elle n'a pas répondu à sa lettre; **I ~ to see how I can help** je ne vois pas comment je peux aider; **I ~ to understand why she came** je n'arrive pas à comprendre pourquoi elle est venue; **such success never ~s to arouse jealousy** une telle réussite ne va jamais sans provoquer des jalousies; **to ~ to appear** JUR faire défaut.

◇ *n* SCH & UNIV échec *m*; **he only had one ~ and that was in maths** il n'a échoué OR été recalé qu'en maths; **out of a class of 25, I had 23 passes and 2 ~s** sur une classe de 25, 23 ont été reçus et 2 ont été recalés.

◆ **without fail** *adv phr* [for certain] sans faute, à coup sûr; [always] inévitablement, immanquablement.

failed [feɪld] *adj* qui n'a pas réussi, raté; **she's a ~ artist** c'est une artiste manquée; **a ~ marriage** un mariage manqué OR raté.

failing ['feɪlɪŋ] ◇ *n* défaut *m*.

◇ *prep* à défaut de; **~ this** à défaut; **~ which** faute OR à défaut de quoi; **~ any advice/evidence to the contrary** sauf avis contraire, sauf preuve du contraire.

◇ *adj* [health] défaillant; [business] qui fait faillite; [marriage] qui va à la dérive; *Am* [student] faible, mauvais.

fail-safe ◇ *adj* [device, machine] à sûreté intégrée; [plan] infaillible.

◇ *n* dispositif *m* de sécurité OR de sûreté (intégrée).

failure ['feɪljəʳ] *n* -**1.** [lack of success] échec *m*, insuccès *m*; **to end in ~** se terminer par un échec; **doomed to ~** voué à l'échec OR l'insuccès. -**2.** SCH & UNIV échec *m*; **~ in an exam/in maths** échec à un examen/en maths. -**3.** [fiasco] échec *m*, fiasco *m*; [of plan] échec *m*, avortement *m*; **the party was a total ~** la soirée a été un fiasco complet; **their plan was a complete ~** leur projet a été un échec total OR a échoué sur toute la ligne; **the play was a dismal ~** la pièce a été OR a fait un four noir. -**4.** [person] raté *m*, -e *f*; **he's a ~ as a father** il fait un mauvais père, il n'est pas doué pour la paternité; **I feel a complete ~** je me sens vraiment nulle, j'ai l'impression d'être complètement nulle; **I'm a complete ~ at maths** je suis totalement nul en maths. -**5.** [breakdown] panne *f*; **a power ~** une panne d'électricité. -**6.** [lack] manque *m*; **a ~ of nerve** un manque de courage; **crop ~** perte *f* des récoltes. -**7.** [non-performance] manquement *m*, défaut *m*; **~ to keep one's word** manquement à sa parole; **his ~ to arrive on time** le fait qu'il soit arrivé en retard; **his ~ to appear meant I had to take charge** du fait qu'il ne s'est pas montré, j'ai dû me charger de tout; **the press criticized the government's ~ to act** la presse a critiqué l'immobilité du gouvernement; **~ to observe the rules will result in a fine** le manquement au règlement est passible d'une amende; **~ to appear** JUR défaut *m* de comparution. -**8.** [bankruptcy] faillite *f*.

fain [feɪn] *adv arch* volontiers.

faint [feɪnt] ◇ *adj* -**1.** [slight - breeze, feeling, sound, smell] faible, léger; [- idea] flou, vague; [- breathing, light] faible; [- voice] faible, éteint; **there was a ~ glow on the horizon** il y avait une faible lueur à l'horizon; **he hasn't the ~est chance of winning** il n'a pas la moindre chance de gagner; **I haven't the ~est idea** je n'en ai pas la moindre idée; **her cries grew ~er** ses cris s'estompaient OR diminuaient. -**2.** [colour] pâle, délavé. -**3.** [half-hearted] faible, sans conviction; **a ~ smile** [feeble] un vague sourire; [sad] un pauvre OR triste sourire; **~ praise** éloges *mpl* tièdes. -**4.** [dizzy] prêt à s'évanouir, défaillant; **to feel ~** se sentir mal, être pris d'un malaise; **he was ~ with exhaustion** la tête lui tournait de fatigue. -**5.** *phr*: **~ heart never won fair lady** *Br prov* la pusillanimité n'a jamais conquis de cœur féminin.

◇ *vi* s'évanouir; **he ~ed from the pain** il s'est évanoui de douleur; **a ~ing fit** un évanouissement; **to be ~ing from** OR **with hunger** défaillir de faim; **I almost ~ed when they told me I'd got the job** *fig* j'ai failli m'évanouir quand on m'a dit que j'avais le poste.

◇ *n* évanouissement *m*, syncope *f*; **she fell to the floor in a (dead) ~** elle s'est évanouie OR est tombée en syncope.

faint-hearted ◇ *adj* [person] timoré, pusillanime; [attempt] timide, sans conviction.

◇ *npl*: **not for the ~** à déconseiller aux peureux.

faintly ['feɪntlɪ] *adv* -**1.** [breathe, shine] faiblement; [mark, write] légèrement; [say, speak] d'une voix éteinte, faiblement. -**2.** [slightly] légèrement, vaguement; **she smiled ~** elle esquissa un sourire; **the taste is ~ reminiscent of cinnamon** cela rappelle vaguement la cannelle; **~ absurd/ridiculous** quelque peu absurde/ridicule.

faintness ['feɪntnɪs] *n* -**1.** [of light, sound, voice] faiblesse *f*; [of breeze] légèreté *f*; [of image, writing] manque *m* de clarté. -**2.** [dizziness] malaise *m*, défaillance *f*.

fair [feəʳ] ◇ *adj* -**1.** [just - person, decision] juste, équitable; [- contest, match, player] loyal, correct; [- deal, exchange] équitable, honnête; [- price] correct, convenable; [- criticism, profit] justifié, mérité; **it's not ~** ce n'est pas juste; **it's not ~ to the others** ce n'est pas juste OR honnête vis-à-vis des autres; **that's a ~ point** c'est une remarque pertinente; **she's strict but ~** elle est sévère mais juste OR impartiale; **to be ~ (to them), they did contribute their time** rendons-leur cette justice, ils ont donné de leur temps; **it's only ~ to let him speak** ce n'est que justice de le laisser parler; **as is only ~** ce n'est que justice, comme de juste; **I gave him ~ warning** je l'ai prévenu à temps; **a ~ sample** un échantillon représentatif; **he got his ~ share of the property** il a eu tous les biens qui lui revenaient (de droit); **she's had more than her ~ share of problems** elle a largement eu sa part de problèmes ❑ **~ competition codes** règles *fpl* de concurrence loyale *(établies aux États-Unis pendant le New Deal -en 1933- entre les patrons et les salariés)*; **to have a ~ crack of the whip** *Br* ne pas être désavantagé par rapport aux autres; **the boss gave her a ~ deal** OR **a ~ go** *inf Am* OR **a ~ shake (of the dice)** *inf* le patron l'a traitée équitablement OR a été fair-play *(inv)* avec elle; **it's all ~ and above board, it's all ~ and square** tout est régulier OR correct; **all's ~ in love and war** tous les moyens sont bons; **by ~ means or foul** par tous les moyens, d'une manière ou d'une autre; **~ do's for all!** *Br* à chacun son dû!; **~ enough!** très bien!, d'accord!; **that's ~ enough but don't you think that...** très bien OR d'accord, mais est-ce que vous ne pensez pas que...; **~ exchange (is) no robbery** *Br* échange n'est pas vol; **~'s ~, it's her turn now** il faut être juste, c'est son tour maintenant. -**2.** [light - hair] blond; [- skin] clair, blanc; **he's very ~** il est très blond. -**3.** *lit* [lovely] beau; **his ~ lady** sa belle. -**4.** [weather] beau; [tide, wind] favorable, propice; **the wind's set**

~ **for France** le temps est au beau fixe sur la France. -**5.** [adequate] passable, assez bon; **in ~ condition** en assez bon état; **you have a ~ chance of winning** vous avez des chances de gagner; **he has achieved a ~ standard** il est arrivé à un assez bon niveau ❑ ~ **to middling** passable, pas mal; **how are you? – ~ to middling** comment allez-vous? – comme çi comme ça. -**6.** [substantial] considérable; **he makes a ~ amount of money** il gagne pas mal d'argent; **she reads a ~ amount** elle lit pas mal; **I have a ~ idea (of) why** je crois bien savoir pourquoi; **a ~ number** un nombre respectable; **at a ~ pace** à une bonne allure. -**7.** *inf Br* [real] véritable; **I had a ~ old time getting here** j'ai eu pas mal de difficultés à arriver jusqu'ici.
◇ *adv* -**1.** [act] équitablement, loyalement; **to play ~** jouer franc jeu ❑ **he told us ~ and square** il nous l'a dit sans détours OR carrément. -**2.** *inf Br dial* [completely] tout à fait, vraiment; **you ~ scared me to death** tu m'as vraiment fait une peur atroce. -**3.** *phr*: **the play bids ~ to being a success** cette pièce a de grandes chances d'être OR sera probablement un succès.
◇ *n* -**1.** [entertainment] foire *f*, fête *f* foraine; [for charity] kermesse *f*, fête *f*. -**2.** COMM foire *f*; **the Book Fair** la Foire du livre; [in Paris] le Salon du livre.

fair copy *n Br* copie *f* au propre OR au net; **I made a ~ of the report** j'ai recopié le rapport au propre.

fair game *n* proie *f* idéale; **after such behaviour he was ~ for an attack** *fig* après s'être comporté de cette façon, il méritait bien qu'on s'en prenne à lui.

fairground ['feəgraʊnd] *n* champ *m* de foire.

fair-haired *adj* [blond] blond, aux cheveux blonds; **the ~ girl** la blonde ❑ **the boss's ~ boy** *inf Am* le favori OR le chouchou du patron.

fairing ['feərɪŋ] *n* [on vehicle] carénage *m*.

fairish ['feərɪʃ] *adj* -**1.** [chances, salary, weather] assez bon; [number] respectable; **there's a ~ amount of work still to do** il y a encore pas mal de travail. -**2.** [blondish] plutôt blond.

Fair Isle, Fairisle ['feəraɪl] ◇ *adj* tricoté avec des motifs de couleurs vives.
◇ *pr n* GEOG Fair Isle *(dans les îles Shetland)*.
◇ *n* [sweater] *pull avec des motifs de couleurs vives*.

fairly ['feəlɪ] *adv* -**1.** [justly - treat] équitablement, avec justice; [- compare, judge] impartialement, avec impartialité. -**2.** [honestly] honnêtement, loyalement; **to fight/to play ~** se battre/jouer loyalement; **~ priced goods** articles à un prix honnête OR raisonnable. -**3.** [moderately] assez, passablement; **a ~ good book** un assez bon livre; **I'm ~ certain** je suis à peu près certain; **she sings ~ well** elle chante passablement bien; **he works ~ hard** il travaille plutôt dur. -**4.** *Br* [positively] absolument, vraiment; **he was ~ beside himself with worry** il était dans tous ses états.

fair-minded *adj* équitable, impartial.

fairness ['feənɪs] *n* -**1.** [justice] justice *f*, honnêteté *f*; **the report questions the ~ of the decision** le rapport met en cause l'honnêteté OR l'impartialité de cette décision; **in all ~** en toute justice; **in ~ OR out of ~ to you** pour être juste envers OR avec vous. -**2.** [of hair] blondeur *f*, blond *m*; [of skin] blancheur *f*.

fair play *n* fair-play *m inv*, franc-jeu *m offic*.

fair rent *n Br loyer fixé après un examen officiel du logement par l'administration*.

fair sex *n*: **the ~** le beau sexe.

fair-sized *adj* assez grand.

fair-skinned *adj* blanc de peau.

fair-spoken *adj lit* qui parle courtoisement.

fairway ['feəweɪ] *n* -**1.** [in golf] fairway *m*. -**2.** NAUT chenal *m*, passe *f*.

fair-weather *adj* [clothing, vessel] qui convient seulement au beau temps; **a ~ friend** un ami des beaux OR bons jours.

fairy ['feərɪ] (*pl* **fairies**) ◇ *n* -**1.** [sprite] fée *f*; **the bad ~** la fée Carabosse. -**2.** ▽ *pej* [homosexual] pédé *m*, tapette *f*.
◇ *adj* [enchanted] magique; [fairylike] féerique, de fée; **~ voices** des voix de fées; **~ footsteps** des pas légers.

fairy cycle *n Br* bicyclette *f* d'enfant.

fairy godmother *n* LITERAT & *fig* bonne fée *f*.

fairyland ['feərɪlænd] *n* LITERAT royaume *m* des fées, féerie *f*; *fig* féerie *f*.

fairy lights *npl* guirlande *f* électrique.

fairy queen *n* reine *f* des fées.

fairy ring *n* cercle *m* OR rond *m* des sorcières.

fairy story *n* LITERAT conte *m* de fées; [untruth] histoire *f* à dormir debout.

fairy tale *n* LITERAT conte *m* de fées; [untruth] histoire *f* invraisemblable OR à dormir debout.
◆ **fairy-tale** *adj*: **a fairy-tale ending** une fin digne d'un conte de fées; **a fairy-tale romance** une histoire d'amour digne d'un conte de fée.

fait accompli [ˌfeɪtəˈkɒmplɪ] *n* fait *m* accompli.

faith [feɪθ] *n* -**1.** [trust] confiance *f*; **I have ~ in him** je lui fais confiance; **she has lost (all) ~ in the doctors** elle n'a plus aucune confiance dans les médecins; **he's lost ~ in their promises** il ne croit plus à leurs promesses; **they put their ~ in British justice** ils ont mis tous leurs espoirs dans la justice britannique. -**2.** RELIG [belief] foi *f*; **~ in God** foi en Dieu; **Faith, Hope and Charity** la foi, l'espérance et la charité. -**3.** [particular religion] foi *f*, religion *f*; **the Buddhist ~** la religion bouddhiste. -**4.** [honesty]: **he did it in good ~** il l'a fait en toute bonne foi; **he acted in bad ~** il a agi de mauvaise foi. -**5.** [loyalty] fidélité *f*; **you must keep ~ with the movement** il faut tenir vos engagements envers le mouvement; **keep the ~!** *inf* bon courage!; **to break ~ with sb** manquer à sa parole envers qqn.

faithful ['feɪθfʊl] ◇ *adj* -**1.** [believer, friend, lover] fidèle; **~ to sb/sthg** fidèle à qqn/qqch. -**2.** [reliable] sûr, solide; **he's a ~ employee** c'est quelqu'un de sérieux OR sur qui on peut compter. -**3.** [accurate - account, translation] fidèle, exact; [- copy] conforme.
◇ *npl*: **the ~** [supporters] les fidèles *mpl*; RELIG les fidèles OR croyants *mpl*.

faithfully ['feɪθfʊlɪ] *adv* -**1.** [loyally] fidèlement, loyalement; **she promised ~ to come** elle a donné sa parole qu'elle viendrait; **yours ~** [in letter] veuillez agréer mes salutations distinguées. -**2.** [accurately] exactement, fidèlement.

faithfulness ['feɪθfʊlnɪs] *n* -**1.** [loyalty] fidélité *f*, loyauté *f*; **~ to the cause** fidélité à OR loyauté envers la cause. -**2.** [of report, translation] fidélité *f*, exactitude *f*; [of copy] conformité *f*.

faith healer *n* guérisseur *m*, -euse *f*.

faith healing *n* guérison *f* par la foi.

faithless ['feɪθlɪs] *adj* -**1.** [dishonest, unreliable] déloyal, perfide. -**2.** RELIG infidèle, non-croyant.

faithlessness ['feɪθlɪsnɪs] *n* -**1.** [dishonesty] déloyauté *f*, perfidie *f*. -**2.** RELIG manque *m* de foi.

fajitas [fɑːˈhiːtəz] *npl plat mexicain constitué d'une crêpe fine fourrée*.

fake [feɪk] ◇ *vt* -**1.** [make - document, painting] faire un faux de, contrefaire; [- style, furniture] imiter. -**2.** [alter - document] falsifier, maquiller; [- account] falsifier; [- election, interview, photograph] truquer. -**3.** [simulate] feindre; **he ~d a headache/sadness** il a fait semblant d'avoir mal à la tête/d'être triste; **to ~ a pass** SPORT feinter la passe. -**4.** [ad-lib] improviser.
◇ *vi* faire semblant; SPORT feinter.
◇ *n* -**1.** [thing] article *m* OR objet *m* truqué; [antique, painting] faux *m*. -**2.** [person] imposteur *m*; **she's a ~** elle n'est pas ce qu'elle prétend être.
◇ *adj* [antique, painting] faux; [account, document] falsifié, faux; [elections, interview, photograph] truqué; **the pearls are ~** les perles sont fausses.

fakir ['feɪˌkɪəʳ] *n* fakir *m*.

Falangist [fæˈlændʒɪst] ◇ *adj* phalangiste.
◇ *n* phalangiste *mf*.

falcon ['fɔːlkən] *n* faucon *m*.

falconer ['fɔːlkənəʳ] *n* fauconnier *m*.

falconry ['fɔːlkənrɪ] *n* fauconnerie *f*.

falderol ['fældɪˌrɒl] = **folderol**.

Falkland ['fɔːklənd] *pr n*: **the ~ Islands, the ~s** les (îles *fpl*) Falkland *fpl*, les (îles *fpl*) Malouines *fpl*; **in the ~ Islands** aux îles Falkland, aux Malouines; **the Falklands War** la guerre des Malouines.

THE FALKLANDS WAR:
Guerre qui opposa, en 1982, l'Argentine au Royaume-Uni. Elle fut provoquée par l'attaque des îles Malouines par la junte militaire argentine, qui se rendit deux mois après le début du conflit. Cette victoire, très populaire en Angleterre, renforça de manière significative la cote de popularité de son Premier ministre, Margaret Thatcher.

Falklander ['fɔːkləndəʳ] *n* habitant *m*, -e *f* des îles Malouines OR îles Falkland.

fall [fɔːl] (*pt* **fell** [fel], *pp* **fallen** ['fɔːln]) ◇ *vi* -**1.** [barrier, cup, napkin, person] tomber; **the napkin fell to the floor** la serviette est tombée par terre; **I slipped and fell on the ice** j'ai dérapé sur la glace et je suis tombé; **the child fell into the pond** l'enfant est tombé dans la mare; **she fell off the stool/out of the window** elle est tombée du tabouret/par la fenêtre; **he fell over the pile of books** il est tombé en butant contre le tas de livres; **just let your arms ~ to your sides** laissez simplement vos bras pendre OR tomber sur les côtés; **he fell in a heap on the floor** il s'est affaissé OR il est tombé comme une masse; **he fell full length** il est tombé de tout son long; **the crowd fell on OR to their knees** la foule est tombée à genoux; **he fell at her feet to ask forgiveness** il est tombé à genoux devant elle pour lui demander pardon; **she did let ~ a few hints** elle a fait effectivement quelques allusions; **the book fell open at page 20** le livre s'est ouvert à la page 20 ❑ **to ~ on one's feet** *literal* & *fig* retomber sur ses pieds; **a cat always ~s on its feet** un chat retombe toujours sur ses pattes; **I fell flat on my face** *literal* je suis tombé à plat ventre OR face contre terre; *fig inf* je me suis planté; **he fell flat on his ass**▽ *Am literal* & *fig* il s'est cassé la gueule; **his only joke fell flat** la seule plaisanterie qu'il a faite est tombée à plat; **despite all their efforts, the party fell flat** en dépit de leurs efforts, la soirée a fait un flop; **to ~ to bits OR to pieces** tomber en morceaux; **all her good intentions fell by the wayside** toutes ses bonnes intentions sont tombées à l'eau; **the job fell short of her expectations** le poste ne répondait pas à ses attentes. -**2.** [move deliberately] se laisser tomber; **I fell into the armchair** je me suis laissé tomber dans le fauteuil; **the two lovers fell into one another's arms** les deux amants sont tombés dans les bras l'un de l'autre. -**3.** [bridge, building] s'écrouler, s'effondrer. -**4.** [err, go astray] s'écarter du droit chemin; RELIG [sin] pécher; **to ~ from grace** RELIG perdre la grâce; *fig* tomber en disgrâce. -**5.** [ground] descendre, aller en pente. -**6.** [government] tomber, être renversé; [city, country] tomber; **after a long siege the city fell** après un long siège, la ville a capitulé; **Constantinople fell to the Turks** Constantinople est tombée aux mains des Turcs. -**7.** [darkness, light, night, rain, snow] tomber; **as night fell** à la tombée de la nuit; **the tree's shadow fell across the lawn** l'arbre projetait son ombre sur la pelouse. -**8.** [land, eyes, blow, weapon] tomber; **my eyes fell on the letter** mon regard est tombé sur la lettre. -**9.** [face, spirits] s'assombrir; **at the sight of her, his face fell** quand il l'a vue, son visage s'est assombri OR s'est allongé; **my spirits fell** tout d'un coup, j'ai perdu le moral. -**10.** [hang down] tomber, descendre; **the curtains ~ right to the floor** les rideaux tombent OR descendent jusqu'au sol; **the fabric ~s in gentle folds** ce tissu retombe en faisant de jolis plis. -**11.** [decrease in level, value - price, temperature] baisser, tomber; **their voices fell to a whisper** ils se sont mis à chuchoter; **the boss fell in our esteem** le patron a baissé dans notre estime. -**12.** [issue forth] tomber, s'échapper; **curses fell from her lips**

elle laissa échapper des jurons; **the tears started to ~** elle laissa échapper ses larmes. -**13.** [occur] tomber; **May Day ~s on a Tuesday this year** le Premier Mai tombe un mardi cette année; **the accent ~s on the third syllable** l'accent tombe sur la troisième syllabe. -**14.** [descend]: **a great sadness fell over the town** une grande tristesse s'abattit sur la ville; **a hush fell among** OR **over the crowd** tout d'un coup, la foule s'est tue. -**15.** [become]: **to ~ asleep** s'endormir; **the child fell fast asleep** l'enfant est tombé dans un profond sommeil; **the bill ~s due on the 6th** la facture arrive à échéance le 6; **he will ~ heir to a vast fortune** il va hériter d'une grande fortune; **to ~ ill** OR **sick** tomber malade; **to ~ pregnant** tomber enceinte; **to ~ in love with sb** tomber amoureux de qqn; **they fell in love** ils sont tombés amoureux l'un de l'autre; **to ~ silent** se taire; **it ~s vacant in February** [job] il se trouvera vacant au mois de février; [apartment] il se trouvera libre OR il se libérera au mois de février; **to ~ victim to sthg** être victime de qqch; **she fell victim to depression** elle a fait une dépression. -**16.** [die] mourir; **the young men who fell in battle** MIL les jeunes tombés au champ d'honneur. -**17.** [be classified]: **the athletes ~ into two categories** les sportifs se divisent en deux catégories; **that ~s outside my area of responsibility** cela ne relève pas de ma responsabilité; **that does not ~ within the scope of our agreement** ceci n'entre pas dans le cadre de OR ne fait pas partie de notre accord. -**18.** [inheritance]: **the fortune fell to his niece** c'est sa nièce qui a hérité de sa fortune. -**19.** SPORT [in cricket]: **two English wickets fell on the first day** deux batteurs anglais ont été éliminés le premier jour.

◇ *n* -**1.** [tumble] chute *f*; **have you had a ~?** êtes-vous tombé?, avez-vous fait une chute?; **a ~ from a horse** une chute de cheval; **a forty-metre ~** une chute de quarante mètres ❑ **the ~ of night** *lit* la tombée de la nuit; **the Fall (of Man)** RELIG la chute (de l'homme); **to be heading** OR **riding for a ~** courir à l'échec; **the government is riding for a ~** le gouvernement va au-devant de la défaite. -**2.** [of rain, snow] chute *f*; **there was a heavy ~ of snow overnight** il est tombé beaucoup de neige OR il y a eu de fortes chutes de neige dans la nuit. -**3.** [collapse - of building, wall] chute *f*, effondrement *m*; [- of dirt, rock] éboulement *m*, chute *f*; [- of city, country] chute *f*, capitulation *f*; [- of regime] chute *f*, renversement *m*; **the ~ of the Roman Empire** la chute de l'Empire romain ❑ **'The Fall of the House of Usher'** *Poe* 'la Chute de la maison Usher'. -**4.** [decrease - in price, temperature] baisse *f*; [- in currency] dépréciation *f*, baisse *f*; [more marked] chute *f*. -**5.** [drape]: **the ~ of her gown** le drapé de sa robe, la façon dont tombe sa robe. -**6.** [slope] pente *f*, inclinaison *f*. -**7.** *Am* [autumn] automne *m*; **in the ~** en automne. -**8.** SPORT [in judo] chute *f*; [in wrestling] chute *f*.

◇ *adj Am* [colours] automnal.

◆ **falls** *npl* [waterfall] cascade *f*, chute *f* d'eau; **Niagara Falls** les chutes du Niagara.

◆ **fall about** *inf vi insep Br* se tordre de rire; **they fell about (laughing)** ils se tordaient de rire.

◆ **fall apart** *vi insep* -**1.** [book, furniture] tomber en morceaux; *fig* [nation] se désagréger; [conference] échouer; [system] s'écrouler, s'effondrer; **her plans fell apart at the seams** ses projets sont tombés à l'eau; **her life was ~ing apart** toute sa vie s'écroulait; **their marriage is ~ing apart** leur mariage est en train de se briser OR va à vau-l'eau. -**2.** [person] s'effondrer; **he more or less fell apart after his wife's death** il a plus ou moins craqué après la mort de sa femme.

◆ **fall away** *vi insep* -**1.** [paint, plaster] s'écailler. -**2.** [diminish in size - attendance, figures] diminuer; [- fears] se dissiper, fondre. -**3.** [defect] déserter; **support for his policies is beginning to ~ away** dans la politique qu'il mène il commence à perdre ses appuis. -**4.** [land, slope] s'affaisser.

◆ **fall back** *vi insep* -**1.** [retreat, recede] reculer, se retirer; MIL se replier, battre en retraite. -**2.** [lag, trail] se laisser distancer, être à la traîne.

◆ **fall back on** *vt insep*: **to ~ back on sthg** avoir recours à qqch; **it's good to have sthg to ~ back on** [skill] c'est bien de pouvoir se raccrocher à qqch; [money] il vaut mieux avoir d'autres ressources.

◆ **fall behind** ◇ *vi insep* se laisser distancer, être à la traîne; SPORT se laisser distancer; [in cycling] décrocher; **she fell behind in** OR **with her work** elle a pris du retard dans son travail; **they've fallen behind with their reading** ils ont pris du retard dans leurs lectures; **we can't ~ behind in** OR **with the rent** nous ne pouvons pas être en retard pour le loyer.

◇ *vt insep* prendre du retard sur; **he's fallen behind the rest of the class** il a pris du retard sur le reste de la classe.

◆ **fall down** *vi insep* [book, person, picture] tomber (par terre); [bridge, building] s'effondrer, s'écrouler; [argument, comparison] s'écrouler, s'effondrer; **that house looks as if it's about to ~ down** on dirait que cette maison va s'écrouler.

◆ **fall down on** *vt insep*: **to ~ down on sthg** échouer à qqch; **he's been ~ing down on the job lately** il n'était pas OR ne s'est pas montré à la hauteur dernièrement.

◆ **fall for** *inf vt insep* -**1.** [become infatuated with] tomber amoureux de; **they fell for each other** ils sont tombés amoureux l'un de l'autre; **they really fell for Spain in a big way** ils ont vraiment été emballés par l'Espagne. -**2.** [be deceived by] se laisser prendre par; **they really fell for it!** ils ont vraiment mordu!, ils se sont vraiment fait avoir!; **don't ~ for that hard luck story of his** ne te fais pas avoir quand il te raconte qu'il a la poisse.

◆ **fall in** *vi insep* -**1.** [tumble] tomber; **you'll ~ in!** tu vas tomber dedans!; **he leant too far over the side of the boat and fell in** il s'est trop penché hors du bateau et il est tombé. -**2.** [roof] s'effondrer, s'écrouler; **then the roof fell in** *fig* puis tout s'est écroulé. -**3.** [line up] se mettre en rang, s'aligner; MIL [troops] former les rangs; [one soldier] rentrer dans les rangs; **~ in!** à vos rangs!

◆ **fall in with** *vt insep* -**1.** [frequent]: **to ~ in with sb** se mettre à fréquenter qqn; **she fell in with a bad crowd** elle s'est mise à fréquenter des gens louches. -**2.** [agree with]: **I'll ~ in with whatever you decide to do** *Br* je me rangerai à ce que tu décideras.

◆ **fall into** *vt insep* -**1.** [tumble into] tomber dans; **they fell into the trap** ils sont tombés dans le piège; **to ~ into sb's clutches** OR **sb's hands** tomber dans les griffes de qqn, tomber entre les mains de qqn; **the pieces began to ~ into place** *fig* les éléments ont commencé à se mettre en place. -**2.** [begin]: **she fell into conversation with the stranger** elle est entrée en conversation avec l'étranger; **to ~ into line with** se ranger à, se conformer à; **to ~ into step with sb** *literal* se mettre au pas de qqn; *fig* se ranger à l'avis de qqn.

◆ **fall off** *vi insep* -**1.** [drop off] tomber; [in mountain climbing] dévisser; **the leaves of this plant are ~ing off** les feuilles de cette plante tombent, cette plante perd ses feuilles; **she fell off the bicycle/horse** elle est tombée du vélo/de cheval. -**2.** [diminish - attendance, exports, numbers, sales] diminuer, baisser; [- enthusiasm, production] baisser, tomber; [- population, rate] baisser, décroître; [- interest, zeal] se relâcher.

◆ **fall on** *vt insep* -**1.** [drop on] tomber sur; **something fell on my head** j'ai reçu quelque chose sur la tête ❑ **to ~ on deaf ears** ne provoquer aucune réaction. -**2.** [attack] attaquer, se jeter sur; **the starving children fell on the food** les enfants, affamés, se sont jetés sur la nourriture; **the guerrillas fell on the unsuspecting troops** MIL les guérilleros ont fondu sur OR attaqué les troupes sans qu'elles s'y attendent. -**3.** [meet with] tomber sur, trouver; **they fell on hard times** ils sont tombés dans la misère, ils ont subi des revers de fortune. -**4.** [responsibility] revenir à, incomber à; **responsibility for looking after them ~s on me** c'est à moi qu'il incombe de prendre soin d'eux.

◆ **fall out** *vi insep* -**1.** [drop out] tomber; **the keys must have fallen out of my pocket** les clés ont dû tomber de ma poche; **his hair is ~ing out** ses cheveux tombent, il perd ses cheveux. -**2.** [quarrel] se brouiller, se disputer; **she's fallen out with her boyfriend** elle est OR s'est brouillée avec son petit ami. -**3.** [happen] se passer, advenir. -**4.** MIL rompre les rangs; **~ out!** rompez!

◆ **fall over** *vi insep* -**1.** [lose balance] tomber (par terre). -**2.** *inf phr*: **she was ~ing over herself to make us feel welcome** elle se mettait en quatre pour nous faire bon accueil; **the men were ~ing over each other to help her** les hommes ne savaient pas quoi inventer pour l'aider.

◆ **fall through** *vi insep* échouer; **the deal fell through** l'affaire n'a pas abouti; **all our plans fell through at the last minute** tous nos projets sont tombés à l'eau au dernier moment.

◆ **fall to** ◇ *vt insep* -**1.** *Br* [begin] se mettre à; **we fell to work** nous nous sommes mis à l'œuvre; **we all fell to talking about the past** nous nous sommes tous mis à parler du passé. -**2.** [devolve upon] appartenir à, incomber à; **the task that ~s to us is not an easy one** la tâche qui nous incombe OR revient n'est pas facile; **it fell to her to break the news to him** ce fut à elle de lui annoncer la nouvelle.

◇ *vi insep* [eat]: **he brought in the food and they fell to** il a apporté à manger et ils se sont jetés dessus; **she fell to as if she hadn't eaten for a week** elle a attaqué comme si elle n'avait rien mangé depuis huit jours.

◆ **fall upon** *vt insep* -**1.** [attack] attaquer, se jeter sur; **the army fell upon the enemy** MIL l'armée s'est abattue OR a fondu sur l'ennemi; **they fell upon the food** ils se sont jetés sur la nourriture. -**2.** [meet with] tomber sur, trouver; **the family fell upon hard times** la famille a subi des revers de fortune.

fallacious [fəˈleɪʃəs] *adj* [statement] fallacieux, faux; [hope] faux, illusoire.

fallaciousness [fəˈleɪʃəsnɪs] *n* caractère *m* fallacieux, fausseté *f*.

fallacy [ˈfæləsɪ] (*pl* fallacies) *n* [misconception] erreur *f*, idée *f* fausse; [false reasoning] mauvais raisonnement *m*, sophisme *m*; LOGIC sophisme *m*.

fallback [ˈfɔːlbæk] *n* -**1.** [retreat] retraite *f*, recul *m*. -**2.** [reserve] réserve *f*; **what's our ~ position?** sur quoi est-ce qu'on peut se rabattre?

fallen [ˈfɔːln] ◇ *pp* → **fall**.

◇ *adj* -**1.** [gen] tombé; [hero, soldier] tombé, mort; [leaf] mort. -**2.** [immoral] perdu; [angel, woman] déchu.

◇ *npl*: **the ~** ceux qui sont morts à la guerre.

fallen arches *npl* MED affaissement *m* de la voûte plantaire.

fall guy *inf n* [dupe] pigeon *m*; [scapegoat] bouc *m* émissaire.

fallibility [ˌfæləˈbɪlətɪ] *n* faillibilité *f*.

fallible [ˈfæləbl] *adj* faillible; **everyone is ~** tout le monde peut se tromper.

falling [ˈfɔːlɪŋ] *adj* [gen] qui tombe; [population] décroissant; [prices, value] en baisse.

falling-off *n* réduction *f*, diminution *f*; **a ~ in production** une baisse de production; **a gradual ~ of interest/of support** une baisse progressive d'intérêt/de soutien.

falling star *n* étoile *f* filante.

falloff [ˈfɔːlɒf] = **falling-off**.

Fallopian tube [fəˈləʊpɪən-] *n* trompe *f* utérine OR de Fallope.

fallout [ˈfɔːlaʊt] *n (U)* [radioactive] retombées *fpl* (radioactives); *fig inf* [consequences] retombées *fpl*, répercussions *fpl*; **~ shelter** abri *m* antiatomique.

fallow [ˈfæləʊ] ◇ *adj* -**1.** AGR [field, land] en jachère, en friche; **to lie ~** être en jachère; **a ~**

period in the composer's life *fig* une période non productive OR de repos dans la vie du compositeur. -**2.** [colour] fauve.
◇ *n* jachère *f*, friche *f*.

fallow deer *n* daim *m*.

false [fɔːls] ◇ *adj* -**1.** [wrong] faux; [untrue] erroné, inexact; a ~ idea une idée fausse OR erronée; a ~ statement une fausse déclaration; she put a ~ interpretation on his invitation elle a mal interprété son invitation; her lies lulled him into a ~ sense of security ses mensonges l'ont entretenu dans l'illusion de la sécurité; in a ~ position dans une position fausse; to strike a ~ note faire une fausse note ❑ ~ dawn lueurs annonciatrices de l'aube; don't make any ~ moves ne faites pas de faux pas; ~ pride vanité *f*; ~ start faux départ *m*. -**2.** [fake] faux; [artificial] artificiel; a ~ bottom un double fond; a suitcase with a ~ bottom une valise à double fond; ~ eyelashes faux cils *mpl*. -**3.** [deceptive] faux, mensonger; ~ promises promesses mensongères, fausses promesses; a ~ report OR rumour une fausse rumeur ‖ JUR: under ~ pretences par des moyens frauduleux; you've got me here under ~ pretences *fig* tu m'as bien piégé; to bear ~ witness porter un faux témoignage. -**4.** [insincere] perfide, fourbe; [disloyal] déloyal; a ~ friend un ami déloyal ❑ ~ modesty fausse modestie *f*.
◇ *adv* faux; her story rings ~ son histoire sonne faux; to play sb ~ trahir qqn.

false alarm *n* fausse alerte *f*.

falsehood ['fɔːlshʊd] *n fml* -**1.** [lie] mensonge *m*; to tell OR to utter a ~ mentir, dire des mensonges. -**2.** [lying] faux *m*; truth and ~ le vrai et le faux. -**3.** [falseness] fausseté *f*.

falsely ['fɔːlslɪ] *adv* [claim, state] faussement; [accuse, judge] à tort, injustement; [interpret] mal; [act] déloyalement; she sounded ~ cheerful on the telephone sa gaieté sonnait faux au téléphone.

falseness ['fɔːlsnɪs] *n* -**1.** [of belief, statement] fausseté *f*. -**2.** [of friend, lover] infidélité *f*. -**3.** [insincerity] fausseté *f*, manque *m* de sincérité.

false ribs *npl* fausses côtes *fpl*.

false teeth *npl* dentier *m*.

falsetto [fɔːl'setəʊ] (*pl* falsettos) ◇ *n* fausset *m*.
◇ *adj* de fausset, de tête.

falsies *inf* ['fɔːlsɪz] *npl* soutien-gorge *m* rembourré.

falsification [ˌfɔːlsɪfɪ'keɪʃn] *n* falsification *f*.

falsify ['fɔːlsɪfaɪ] (*pt* & *pp* falsified) *vt* -**1.** [document] falsifier; [evidence] maquiller; [accounts, figures] truquer. -**2.** [misrepresent] déformer, dénaturer. -**3.** [disprove] réfuter.

falsity ['fɔːlsətɪ] (*pl* falsities) *n* -**1.** [falseness] fausseté *f*, erreur *f*. -**2.** [lie] mensonge *m*.

falter ['fɔːltəʳ] ◇ *vi* -**1.** [waver] vaciller, chanceler; [courage, memory] faiblir; demand for luxury goods has begun to ~ la demande de produits de luxe a commencé à baisser. -**2.** [stumble] chanceler, tituber. -**3.** [in speech] hésiter, parler d'une voix mal assurée.
◇ *vt* balbutier, bredouiller; "I'm not sure, I don't... I can't... ", he ~ed «je ne suis pas sûr, je... non... non...», bredouilla-t-il OR balbutia-t-il.

faltering ['fɔːltərɪŋ] *adj* [attempt] timide, hésitant; [voice] hésitant; [steps] chancelant, mal assuré; [courage, memory] défaillant.

falteringly ['fɔːltərɪŋlɪ] *adv* avec hésitation; [move] d'un pas chancelant OR mal assuré; [speak] d'une voix hésitante OR mal assurée.

fame [feɪm] *n* célébrité *f*, renommée *f*; the television series brought her instant ~ la série télévisée l'a rendue immédiatement célèbre OR a fait immédiatement sa renommée; his thirst for ~ and fortune sa soif de gloire et d'argent; to rise to ~ se faire un nom; Mick Jagger of Rolling Stones ~ Mick Jagger, le chanteur du célèbre groupe The Rolling Stones.

famed [feɪmd] *adj* célèbre, renommé; ~ for his generosity connu OR célèbre pour sa générosité.

familial [fə'mɪlɪəl] *adj* familial.

familiar [fə'mɪljəʳ] ◇ *adj* -**1.** [well-known] familier; a ~ face un visage familier OR connu; his name is ~ j'ai déjà entendu son nom (quelque part), son nom me dit quelque chose; she's a ~ sight about town tout le monde la connaît de vue en ville; there's something ~ about the place il me semble connaître cet endroit; a ~ feeling un sentiment bien connu; it's a ~ story c'est toujours la même histoire; we're on ~ territory *fig* nous voilà en terrain de connaissance. -**2.** [acquainted]: to be ~ with sthg bien connaître qqch; she's ~ with the situation elle est au courant OR au fait de la situation; to become ~ with sthg se familiariser avec qqch. -**3.** [informal] familier, intime; to be on ~ terms with sb entretenir des rapports amicaux avec qqn; ~ language/tone langage *m*/ton *m* familier. -**4.** *pej* [presumptuous] trop entreprenant; don't let him get too ~ (with you) empêchez-le de se permettre des familiarités OR de se montrer familier avec vous.
◇ *n* -**1.** [friend] familier *m*, ami *m*, -e *f*. -**2.** [spirit] démon *m* familier.

familiarity [fəˌmɪlɪ'ærətɪ] (*pl* familiarities) *n* -**1.** [of face, place] caractère *m* familier. -**2.** [with book, rules, language] connaissance *f*; her ~ with his work sa connaissance de ses œuvres ❑ ~ breeds contempt *prov* la familiarité engendre le mépris. -**3.** [intimacy] familiarité *f*, intimité *f*. -**4.** (*usu pl*) *pej* [undue intimacy] familiarité *f*, privauté *f*.

familiarization [fəˌmɪljəraɪ'zeɪʃn] *n* familiarisation *f*.

familiarize, -ise [fə'mɪljəraɪz] *vt* -**1.** [inform] familiariser; to ~ o.s. with sthg se familiariser avec qqch; she ~d him with the rules elle l'a familiarisé avec les OR l'a initié aux règles. -**2.** [make widely known] répandre, vulgariser.

familiarly [fə'mɪljəlɪ] *adv* familièrement.

family ['fæmlɪ] (*pl* families) ◇ *n* [gen, BIOL, BOT & LING] famille *f*; have you any ~? [relatives] avez-vous de la famille?; [children] avez-vous des enfants?; to raise a ~ élever des enfants; a large ~ une famille nombreuse; all the children in the ~ are redheads tous les enfants de la famille sont roux; to start a ~ avoir un (premier) enfant; she's (just like) one of the ~ elle fait (tout à fait) partie OR elle est (tout à fait) de la famille; his musical talent runs in the ~ il tient son talent musical de la famille; of good ~ de bonne famille.
◇ *comp* [life] familial, de famille; [car, friend] de la famille; [dinner, likeness, quarrel] de famille; a ~ audience un public OR auditoire familial; a ~ business une affaire familiale; a ~ hotel une pension de famille; a ~ programme une émission familiale; ~ room [in hotel] chambre *f* familiale; a ~-size OR ~-sized jar of jam un pot de confiture familial ❑ ~ Bible Bible *f* familiale OR de famille; ~ butcher boucher *m* habituel; ~ circle cercle *m* de (la) famille; ~ doctor docteur *m* de famille; ~ law droit *m* de la famille; ~ practice *Am* médecine *f* générale; ~ practitioner *Am* médecin *m* de famille, (médecin) généraliste *m*; Family Restaurants *chaîne américaine de restaurants bon marché*; to be in the ~ way *inf euph* être enceinte, attendre un enfant.

family allowance *n Br* allocations *fpl* familiales *(aujourd'hui «child benefit»)*.

family court *n Am tribunal pour toute affaire concernant des enfants*.

family credit *n prestation complémentaire pour familles à faibles revenus ayant au moins un enfant*.

Family Division *n Br* JUR *division du «High Court» s'occupant des affaires matrimoniales*.

family income supplement *n* ≈ complément *m* familial *(aujourd'hui «family credit»)*.

family man *n* père *m* de famille; he's a ~ il aime la vie de famille, c'est un bon père de famille.

family name *n* nom *m* de famille.

family planning *n* planning *m* familial; a ~ clinic un centre de planning familial.

family tree *n* arbre *m* généalogique.

famine ['fæmɪn] *n* famine *f*.

famished ['fæmɪʃt] *adj* affamé; I'm ~! *inf* je meurs de faim!, j'ai une faim de loup!

famous ['feɪməs] *adj* -**1.** [renowned] célèbre, renommé; the stately home is ~ for its gardens le château est connu OR célèbre pour ses jardins; a ~ victory une victoire célèbre; so much for her ~ cooking! voilà ce que vaut OR on sait maintenant ce que vaut sa fameuse cuisine! ❑ ~ last words! c'est ce que tu crois! -**2.** *dated* [first-rate] fameux, formidable.

famously *inf* ['feɪməslɪ] *adv* fameusement, rudement bien; they get on ~ ils s'entendent à merveille OR comme larrons en foire; the project is coming along ~ l'opération marche comme sur des roulettes.

fan [fæn] (*pt* & *pp* fanned, *cont* fanning) ◇ *n* -**1.** [supporter] enthousiaste *mf*, passionné *m*, -e *f*; [of celebrity] fan *mf*; SPORT supporteur *m*, -trice *f*; she's a chess/jazz ~ elle se passionne pour les échecs/le jazz; a crowd of football ~s une foule de supporters de football; he's a ~ of Thai cooking c'est un amateur de cuisine thaïlandaise; I'm not one of her ~s, I'm not a great ~ of hers je suis loin d'être un de ses admirateurs; movie ~s des cinéphiles *mpl*. -**2.** [ventilator - mechanical] ventilateur *m*; [- hand-held] éventail *m*; shaped like a ~ en éventail. -**3.** AGR [machine] tarare *m*; [basket] van *m*.
◇ *vt* -**1.** [face, person] éventer; to ~ o.s. s'éventer. -**2.** [fire] attiser, souffler sur; things are bad enough already, don't ~ the flames *fig* ça suffit déjà OR ça va déjà assez mal comme ça, ne jetez pas de l'huile sur le feu; huge price increases fanned public hostility to the regime la hausse considérable des prix a attisé l'hostilité du peuple contre le régime. -**3.** = **fan out**.
◇ *vi* s'étaler (en éventail).
◆ **fan out** ◇ *vi insep* [spread out] s'étaler (en éventail); [army, search party] se déployer.
◇ *vt sep* étaler (en éventail).

fanatic [fə'nætɪk] ◇ *adj* fanatique.
◇ *n* fanatique *mf*.

fanatical [fə'nætɪkl] *adj* fanatique.

fanatically [fə'nætɪkəlɪ] *adv* fanatiquement.

fanaticism [fə'nætɪsɪzm] *n* fanatisme *m*.

fan belt *n* courroie *f* de ventilateur.

fanciable *inf* ['fænsɪəbl] *adj Br* plutôt bien, pas mal du tout.

fancied ['fænsɪd] *adj* -**1.** [imagined] imaginaire. -**2.** SPORT [favoured] coté, en vogue.

fancier ['fænsɪəʳ] *n* -**1.** [fan] amateur *m*, -trice *f*. -**2.** [breeder] éleveur *m*, -euse *f*; he's a pigeon ~ c'est un colombophile.

fanciful ['fænsɪfʊl] *adj* -**1.** [imaginary] imaginaire. -**2.** [imaginative] imaginatif, plein d'imagination. -**3.** [whimsical - person] capricieux, fantaisiste; [- notion] fantasque, excentrique; [- clothing] extravagant.

fancifully ['fænsɪfʊlɪ] *adv* -**1.** [draw, write] avec imagination. -**2.** [act] capricieusement; [dress] d'une façon extravagante OR fantaisiste.

fancily ['fænsɪlɪ] *adv* d'une façon recherchée OR raffinée; they were very ~ dressed ils étaient habillés avec soin, ils étaient endimanchés; ~ decorated décoré d'une manière compliquée OR avec recherche.

fanciness ['fænsɪnɪs] *n* caractère *m* raffiné.

fan club *n* cercle *m* OR club *m* de fans; her ~ is here *fig* ses admirateurs sont là.

fancy ['fænsɪ] (*compar* fancier, *superl* fanciest, *pl* fancies, *pt* & *pp* fancied) ◇ *adj* -**1.** [elaborate - clothes] recherché, raffiné; [- style] recherché, travaillé; [- excuse] recherché, compliqué; ~ cakes pâtisseries *fpl*; a ~ dog un chien de luxe. -**2.** [high-quality] de qualité supérieure, de luxe; ~ food denrées alimentaires de qualité supérieure. -**3.** *pej* [overrated - price] exorbitant; [- talk, words] extravagant; with all her ~ ways avec ses grands airs.
◇ *n* -**1.** [whim] caprice *m*, fantaisie *f*; as the ~ takes him comme ça lui chante; it's just a passing ~ ce n'est qu'une lubie. -**2.** *Br* [liking]

goût *m*, penchant *m*; I've taken a ~ to avocado pears lately je me suis mis depuis quelque temps à aimer les avocats; to take a ~ to sb se prendre d'affection pour qqn; the dress took OR caught her ~ la robe lui a fait envie OR lui a tapé dans l'œil ❑ the idea tickled my ~ *inf* l'idée m'a séduit. -**3.** [imagination] imagination *f*, fantaisie *f*; a flight of ~ un élan d'imagination; the realm of ~ *lit* le domaine de l'imaginaire, le royaume des chimères. -**4.** [notion] idée *f* fantasque, fantasme *m*; I have a ~ that... j'ai idée que...; one of my fancies as a child was to join the circus enfant, je rêvais de faire partie d'un cirque.

◇ *vt* -**1.** *inf Br* [want] avoir envie de; [like] aimer; do you ~ a cup of tea? voulez-vous une tasse de thé?; I don't ~ travelling je n'ai pas envie OR cela ne me dit rien de voyager; I've never fancied science fiction je n'ai jamais été attiré par la science-fiction; I don't ~ your chances of getting that job j'imagine mal que vous obteniez ce travail; to fancy sb s'enticher de qqn; she really fancies herself *inf* elle ne se prend vraiment pas pour rien; which horse do you ~? SPORT à votre avis, quel sera le cheval gagnant?, quel cheval donnez-vous gagnant? -**2.** *inf* [imagine] imaginer, s'imaginer; she fancies herself as an intellectual elle se prend pour une intellectuelle; ~ meeting you here! tiens! je ne m'attendais pas à vous voir ici!; ~ anyone wanting to do that! qu'est-ce que les gens vont chercher!; ~ her coming! qui aurait cru qu'elle allait venir! ❑ ~ that! tiens! voyez-vous cela! -**3.** *lit* [believe] croire, se figurer; he fancies he knows everything il se figure tout savoir; she fancied she heard the baby crying elle a cru entendre pleurer le bébé; I ~ we've met before j'ai l'impression que nous nous sommes déjà rencontrés.

fancy dress *n Br* déguisement *m*, costume *m*; in ~ déguisé; a ~ ball un bal masqué OR costumé; ~ party fête *f* déguisée.

fancy-free *adj* sans souci.

fancy goods *npl* nouveautés *fpl*, articles *mpl* de fantaisie.

fancy man *inf n pej* jules *m*; he's her new ~ c'est son nouveau jules OR mec.

fancy woman *inf n pej* maîtresse *f*, petite amie *f*.

fancywork ['fænsɪwɜːk] *n (U)* ouvrages *mpl* d'agrément.

fan dance *n* danse *f* des éventails.

fandangle *inf* [fæn'dæŋgl] *n* -**1.** [ornament] ornement *m* clinquant. -**2.** *(U)* [nonsense] sottises *fpl*.

fandango [fæn'dæŋgəu] (*pl* **fandangos**) *n* fandango *m*.

fanfare ['fænfeəʳ] *n* MUS fanfare *f*; *fig* [ostentation]: with much ~ avec des roulements de tambour, avec éclat.

fang [fæŋ] *n* [of snake] crochet *m*; [of wolf, vampire] croc *m*, canine *f*.

fan heater *n* radiateur *m* soufflant.

fan-jet *n* [engine] turboréacteur *m*; [plane] avion *m* à turboréacteurs.

fan letter *n* lettre *f* d'un admirateur.

fanlight ['fænlaɪt] *n* imposte *f* (semi-circulaire).

fan mail *n* courrier *m* des admirateurs.

fanny ['fænɪ] (*pl* **fannies**) *n* -**1.** ▼ *Br* [female genitals] chatte *f*. -**2.** *inf Am* [buttocks] fesses *fpl*.

fanny adams *inf n Br*: (sweet) ~ que dalle.

fanny pack *n Am* banane *f (sac)*.

fantabulous *inf* [fæn'tæbjʊləs] *adj* chic, chouette.

fantail (pigeon) ['fænteɪl-] *n* pigeon *m* paon.

fantasia [fæn'teɪzjə] *n* LITERAT & MUS fantaisie *f*.

fantasize, -ise ['fæntəsaɪz] *vi* fantasmer, se livrer à des fantasmes; she ~d about becoming rich and famous elle rêvait de devenir riche et célèbre.

fantastic [fæn'tæstɪk] *adj* -**1.** *inf* [wonderful] fantastique, sensationnel; what a ~ goal! quel but fantastique OR superbe! -**2.** *inf* [very large - success] inouï, fabuleux; [- amount, rate] phénoménal, faramineux. -**3.** [preposterous, strange - idea, plan, story] fantastique, bizarre.

fantastically [fæn'tæstɪklɪ] *adv* fantastiquement, extraordinairement; it's ~ expensive c'est incroyablement OR terriblement cher.

fantasy ['fæntəsɪ] (*pl* **fantasies**) *n* -**1.** [dream] fantasme *m*; PSYCH fantasme *m*; [notion] idée *f* fantasque; to indulge in ~ se livrer à des fantasmes OR rêveries. -**2.** [imagination] imagination *f*, fantaisie *f*; ~ and reality l'imaginaire *m* et la réalité; to live in a ~ world vivre dans un monde à soi. -**3.** LITERAT & MUS fantaisie *f*.

fan vaulting *n (U)* voûte *f* OR voûtes *fpl* en éventail.

fanzine ['fænziːn] *n* revue *f* spécialisée, fanzine *m*.

fao (*written abbr of* attention of) à l'attention de.

FAO (*abbr of* Food and Agriculture Organization) *pr n* FAO *f*.

FAQ (*abbr of* free alongside quay) *adv Br* FLQ.

far [fɑːʳ] (*compar* farther ['fɑːðəʳ] OR further ['fɜːðəʳ], *superl* farthest ['fɑːðɪst] OR furthest ['fɜːðɪst]) ◇ *adv* -**1.** [distant in space] loin; is it ~? est-ce (que c'est) loin?; how ~ is it to town? combien y a-t-il jusqu'à la ville?; how ~ is he going? jusqu'où va-t-il?; have you come ~? êtes-vous venu de loin?; the police are looking for them, they won't get very ~ la police est à leur recherche, ils n'iront pas très loin; he went as ~ north as Alaska il est allé au nord jusqu'en Alaska; ~ away OR off in the distance au loin, dans le lointain; he doesn't live ~ away OR off il n'habite pas loin; ~ above/below loin au-dessus/au-dessous; ~ beyond bien au-delà; ~ out at sea en pleine mer ‖ *fig*: his thoughts are ~ away son esprit est ailleurs; his work is ~ above the others' son travail est de loin supérieur à celui des autres; that's ~ beyond me [physically] c'est bien au-dessus de mes forces; [intellectually] ça me dépasse; how ~ can you trust him? jusqu'à quel point peut-on lui faire confiance?; how ~ (on) are you in the book? où en es-tu dans le livre?; how ~ have you got with the translation? où en es-tu de la traduction? ❑ ~ and wide de tous côtés; they came from ~ and wide ils sont venus de partout; he travels ~ and wide il court le monde; ~ be it from me to interfere! loin de moi l'idée d'intervenir!; to be ~ out *Br*, to be ~ off *Am* [person] se tromper complètement; [report, survey] être complètement erroné; [guess] être loin du compte; he's not ~ off OR wrong il n'a pas tout à fait tort; she's not ~ off being finished elle n'est pas loin d'avoir fini; to carry OR to take sthg too ~ pousser qqch trop loin; have you got ~ to go? *literal* avez-vous encore beaucoup de chemin à faire?; *fig* êtes-vous loin du but?; you won't get ~ with that attitude vous n'irez pas loin avec ce genre de comportement; sincerity won't get you very ~ la sincérité ne vous mènera pas loin. -**2.** [distant in time] loin; as ~ back as 1800 déjà en 1800, dès 1800; as ~ back as I can remember aussi loin que je m'en souvienne; I can't look ~ beyond August je ne sais pas ce qui se passera après le mois d'août; she worked ~ into the night elle a travaillé très avant OR jusque tard dans la nuit; don't look so ~ into the future ne vous préoccupez pas de ce qui se passera dans un avenir aussi lointain; the holidays aren't ~ off les vacances ne sont plus loin OR approchent; he's not ~ off sixty il n'a pas loin de la soixantaine. -**3.** (*with comparatives*) [much] beaucoup, bien; this is ~ better c'est beaucoup OR bien mieux; a ~ greater problem un problème bien OR autrement OR beaucoup plus grave; she is ~ more intelligent than I am elle est bien OR beaucoup plus intelligente que moi. -**4.** *phr*: to go ~ [person, idea] aller loin, faire son chemin; this has gone ~ enough trop, c'est trop; his policy doesn't go ~ enough sa politique ne va pas assez loin; I would even go so ~ as to say... j'irais même jusqu'à dire..., je dirais même...; he went so ~ as to claim that... il est allé jusqu'à prétendre que...; to go too ~ [exaggerate] dépasser les bornes, exagérer; you're going too ~! vous exagérez! ‖ [make progress]: she's gone too ~ to back out elle s'est trop engagée pour reculer; this goes quite ~ towards solving the problem on approche d'une solution ‖ [money]: £5 doesn't go ~ nowadays on ne va pas loin avec 5 livres de nos jours.

◇ *adj* -**1.** [distant] lointain, éloigné; [remote] éloigné; it's a ~ cry from what she expected ce n'est pas du tout OR c'est loin de ce qu'elle attendait. -**2.** [more distant] autre, plus éloigné; on the ~ side de l'autre côté; the ~ end of l'autre bout de, l'extrémité de; at the ~ end of the room au fond de la salle. -**3.** [extreme] extrême; the ~ north l'extrême nord *m*; the ~ left/right POL l'extrême gauche *f*/droite *f*.

◆ **as far as** ◇ *prep phr* jusqu'à; I'll walk with you as ~ as the end of the lane je vais vous accompagner jusqu'au bout du chemin.

◇ *conj phr* -**1.** [distance]: as ~ as the eye can see à perte de vue ❑ that's fine as ~ as it goes c'est très bien, jusqu'à un certain point. -**2.** [to the extent that] autant que; as ~ as possible autant que possible, dans la mesure du possible; as ~ as I can dans la mesure de mon possible; as ~ as I can judge (pour) autant que je puisse (en) juger; as ~ as I know (pour) autant que je sache; as ~ as she's/I'm concerned en ce qui la/me concerne, pour sa/ma part; as ~ as money goes OR is concerned pour ce qui est de l'argent.

◆ **by far** *adv phr* de loin, de beaucoup; she's by ~ the cleverest OR the cleverest by ~ c'est de loin OR de beaucoup la plus intelligente.

◆ **far and away** *adv phr* de loin.

◆ **far from** ◇ *adv phr* [not at all] loin de; ~ from clean loin d'être propre; the report was ~ from complimentary le rapport était loin d'être flatteur; I'm ~ from approving all he does je suis loin d'approuver tout ce qu'il fait ❑ he's not rich, ~ from it il n'est pas riche, loin de là OR tant s'en faut.

◇ *prep phr* [rather than] loin de; ~ from being generous, he is rather stingy loin d'être généreux, il est plutôt radin; ~ from improving, the situation got worse loin de s'améliorer, les choses ont empiré.

◆ **in so far as** *conj phr* dans la mesure où.

◆ **so far** *adv phr* jusqu'ici, jusqu'à présent; so ~ this month depuis le début du mois ❑ so ~ so good jusqu'ici ça va.

◆ **so far as** *conj phr* = **as far as 2**.

farad ['færəd] *n* farad *m*.

faraday ['færədeɪ] *n* faraday *m*.

faraway ['fɑːrəweɪ] *adj* [distant] lointain, éloigné; [isolated] éloigné; [sound, voice] lointain; [look] absent; her eyes had a ~ look son regard était perdu dans le vague.

farce [fɑːs] *n* -**1.** THEAT & *fig* farce *f*; this law is a ~ cette loi est grotesque OR dérisoire. -**2.** CULIN farce *f*.

farcical ['fɑːsɪkl] *adj* risible, ridicule; the election was completely ~ l'élection était grotesque OR était une pure comédie.

fare [feəʳ] ◇ *n* -**1.** [charge - for bus, underground] prix *m* du billet OR ticket; [- for boat, plane, train] prix *m* du billet; [- in taxi] prix *m* de la course; what is the ~? [gen] combien coûte le billet?; [in taxi] combien je vous dois?; ~s are going up les tarifs des transports augmentent; have you got the ~? avez-vous de quoi payer le billet?; (any more) ~s, please! [in bus, train] qui n'a pas son ticket? -**2.** [passenger] voyageur *m*, -euse *f*; [in taxi] client *m*, -e *f*. -**3.** [food] nourriture *f*, chère *f*; hospital ~ régime *m* d'hôpital.

◇ *comp*: ~ dodger resquilleur *m*, -euse *f*.

◇ *vi*: how did you ~ at the booking office? comment ça s'est passé au bureau de réservation?

Far East *pr n*: the ~ l'Extrême-Orient *m*.

Far Eastern *adj* extrême-oriental.

fare stage *n Br* [of bus] section *f*.

fare-thee-well *inf n Am*: to a ~ à la perfection.

farewell [ˌfeəˈwel] ◇ *n* adieu *m*; ~! adieu!; to bid sb ~ dire adieu à qqn; **we said our ~s and left** nous avons fait nos adieux et nous sommes partis; **you can say ~ to your chances of winning!** tu peux dire adieu à tes chances de victoire!, tu n'as plus aucune chance de gagner! ❑ **'A Farewell to Arms'** *Hemingway* 'l'Adieu aux armes'.
◇ *comp* [dinner, party] d'adieu.

far-fetched [-ˈfetʃt] *adj* bizarre, farfelu; **a ~ alibi** un alibi tiré par les cheveux; **a ~ story** une histoire à dormir debout.

far-flung *adj* [widespread] étendu, vaste; [far] lointain.

farinaceous [ˌfærɪˈneɪʃəs] *adj* farinacé.

farm [fɑːm] ◇ *n* ferme *f*, exploitation *f* (agricole); **to work on a ~** travailler dans une ferme.
◇ *comp* [equipment, worker] agricole; **~ produce** produits *mpl* agricoles OR de ferme; **~ shop** *magasin qui vend des produits de la ferme.*
◇ *vt* [land] cultiver, exploiter; [animals] élever.
◇ *vi* être fermier, être cultivateur.
◆ **farm out** *vt sep* -**1.** [shop] mettre en gérance; [work] donner OR confier à un sous-traitant; **she ~s some work out to local people** elle cède du travail à des sous-traitants locaux. -**2.** [child] confier; **she ~s her children out on an aunt** elle confie (la garde de) ses enfants à une tante.

farmer [ˈfɑːməʳ] *n* [of land] fermier *m*, -ère *f*, agriculteur *m*, -trice *f*; [of animals] éleveur *m*, -euse *f*.

farmhand [ˈfɑːmhænd] *n* ouvrier *m*, -ère *f* agricole.

farmhouse [ˈfɑːmhaʊs, *pl* -haʊzɪz] *n* (maison *f* de) ferme *f*.

farming [ˈfɑːmɪŋ] ◇ *n* agriculture *f*; **fish/mink ~** élevage *m* de poisson/vison; **fruit/vegetable ~** culture *f* fruitière/maraîchère.
◇ *comp* [methods] de culture, cultural; [equipment, machines] agricole; [community, region] rural.

farmland [ˈfɑːmlænd] *n (U)* terre *f* arable, terres *fpl* arables.

farmstead [ˈfɑːmsted] *n* ferme *f (et ses dépendances).*

farmyard [ˈfɑːmjɑːd] *n* cour *f* de ferme.

Far North *pr n*: **the ~** le Grand Nord.

faro [ˈfeərəʊ] *n jeu de cartes où l'on joue contre le donneur.*

Faroe *etc* [ˈfeərəʊ] = **Faeroe**.

far-off *adj* [place, time] lointain, éloigné.

far-out *inf adj* -**1.** [odd] bizarre, farfelu; [avant-garde] d'avant-garde. -**2.** [excellent] génial, super.

farrago [fəˈrɑːgəʊ] (*pl* **farragoes**) *n* amas *m*; **a ~ of lies** un fatras de mensonges.

far-reaching [-ˈriːtʃɪŋ] *adj* d'une grande portée; **to have ~ consequences** avoir des conséquences considérables OR d'une portée considérable.

farrier [ˈfærɪəʳ] *n Br* [blacksmith] maréchal-ferrant *m*; [vet] vétérinaire *mf*.

farrow [ˈfærəʊ] ◇ *vi* & *vt* mettre bas.
◇ *n* portée *f* (de cochons).

farseeing [ˌfɑːˈsiːɪŋ] *adj* [person] prévoyant, perspicace; [action] prévoyant; [décision] pris avec clairvoyance.

Farsi [ˌfɑːˈsiː] *n* farsi *m*.

farsighted [ˌfɑːˈsaɪtɪd] *adj* -**1.** [shrewd - person] prévoyant, perspicace; [- action] prévoyant; [decision] pris avec clairvoyance. -**2.** *Am* MED hypermétrope.

farsightedness [ˌfɑːˈsaɪtɪdnɪs] *n* -**1.** [of person] prévoyance *f*, perspicacité *f*; [of act, decision] clairvoyance *f*. -**2.** *Am* MED hypermétropie *f*, presbytie *f*.

fart▽ [fɑːt] ◇ *n* -**1.** [gas] pet *m*. -**2.** [person] birbe *m*; **he's a boring old ~** il est rasoir, c'est un raseur.
◇ *vi* péter.
◆ **fart about**▽, **fart around**▽ *vi insep* gaspiller OR perdre son temps, glander.

farther [ˈfɑːðəʳ] (*compar of* far) ◇ *adv* -**1.** [more distant] plus loin; **~ north** plus (loin) au nord; **how much ~ is it?** c'est encore à combien?; **have we much ~ to go?** avons-nous encore beaucoup de chemin à faire?; **~ than the shop** plus loin que le magasin; **~ ahead** loin devant; **~ along the corridor** plus loin dans le couloir; **~ away, ~ off** plus éloigné, plus loin; **to move ~ and ~ away** s'éloigner de plus en plus; **~ back** plus (loin) en arrière; **move ~ back** reculez (-vous); **~ back than 1900** avant 1900; **~ down/up** plus bas/haut; **~ on** OR **forward** plus loin. -**2.** [in addition] en plus, de plus.
◇ *adj* plus éloigné, plus lointain; **on the ~ side of the room** de l'autre côté OR au fond de la salle; **the ~ end of the tunnel** l'autre bout du tunnel.

farthermost [ˈfɑːðəˌməʊst] *adj* plus lointain, plus éloigné; **to the ~ ends of the earth** jusqu'aux confins de la terre.

farthest [ˈfɑːðɪst] (*superl of* far) ◇ *adj* le plus lointain, le plus éloigné; **in the ~ depths of Africa** au fin fond de l'Afrique.
◇ *adv* le plus loin; **it's 3 km at the ~** il y a 3 km au plus OR au maximum; **the ~ removed** le plus éloigné.

farthing [ˈfɑːðɪŋ] *n pièce de monnaie qui valait le quart d'un ancien penny*; **we haven't a ~** nous n'avons pas le sou.

FAS (*abbr of* **free alongside ship**) *adv Br* FLB.

fascia [*sense 1 & 2* ˈfeɪʃə, *sense 3* ˈfæʃɪə] (*pl* **fasciae** [-ʃiː]) *n* -**1.** [on building] panneau *m*. -**2.** *Br* [dashboard] tableau *m* de bord. -**3.** ANAT fascia *m*.

fascicle [ˈfæsɪkl] *n* -**1.** [gen, ANAT & BOT] faisceau *m*. -**2.** PRINT = **fascicule**.

fascicule [ˈfæsɪkjuːl] *n* fascicule *m*.

fascinate [ˈfæsɪneɪt] *vt* -**1.** [delight] fasciner, captiver; **she was ~d by** OR **with his story** elle était fascinée par son histoire. -**2.** [prey] fasciner.

fascinating [ˈfæsɪneɪtɪŋ] *adj* [country, idea, person] fascinant, captivant; [book, speaker, speech] fascinant, passionnant.

fascinatingly [ˈfæsɪneɪtɪŋlɪ] *adv* d'une façon fascinante OR passionnante.

fascination [ˌfæsɪˈneɪʃn] *n* fascination *f*, attrait *m*; **her ~ for the Orient** la fascination qu'exerce sur elle l'Orient.

fascism [ˈfæʃɪzm] *n* fascisme *m*.

fascist [ˈfæʃɪst] ◇ *adj* fasciste.
◇ *n* fasciste *mf*.

fascistic [fəˈʃɪstɪk] *adj* fasciste.

fashion [ˈfæʃn] ◇ *n* -**1.** [current style] mode *f*; **in ~** à la mode, en vogue; **miniskirts are coming back into ~** les minijupes reviennent à la mode; **big weddings are no longer in ~** ça ne se fait plus, les grands mariages; **she dresses in the latest ~** elle s'habille à la dernière mode; **the Paris ~s** les collections (de mode) parisiennes; **hats are the ~ again** les chapeaux reviennent à la mode; **to set the ~** donner le ton, lancer la mode; **it is the ~ to take a year out before university** il est bien vu OR de bon ton de prendre une année avant d'entrer à l'université; **out of ~** démodé, passé de mode; **to go out of ~** se démoder. -**2.** [manner] façon *f*, manière *f*; **in an orderly ~** d'une façon méthodique, méthodiquement; **after the ~ of Shakespeare** à la manière de Shakespeare; **after the French ~** à la française; **after a ~** tant bien que mal; **he can paint after a ~** il peint à sa manière.
◇ *comp* [editor, magazine] de mode; [industry] de la mode; **~ designer** modéliste *mf*; **the great ~ designers** les grands couturiers; **~ house** maison *f* de (haute) couture; **~ model** mannequin *m*; **~ show** présentation *f* des modèles OR des collections, défilé *m* de mode.
◇ *vt* [gen] fabriquer, modeler; [carving, sculpture] façonner; [dress] confectionner; *fig* [character, person] former, façonner; **to ~ sthg out of clay** façonner qqch en argile.

-fashion *in cpds*: **he wore his scarf pirate~** il portait son foulard comme les pirates.

fashionable [ˈfæʃnəbl] *adj* [clothing] à la mode; [café, neighbourhood] chic, à la mode; [subject, writer] à la mode, en vogue; **black is ~ this year** le noir se porte beaucoup cette année; **a café ~ with writers** un café fréquenté par des écrivains; **it is ~ to say** il est de bon ton OR bien vu de dire; **it is no longer ~ to eat red meat** cela ne se fait plus de manger de la viande rouge; **~ society** les gens à la mode.

fashionably [ˈfæʃnəblɪ] *adv* élégamment, à la mode; **her hair is ~ short** elle a les cheveux coupés court selon la mode.

fashion-conscious *adj* qui suit la mode.

fashion plate *n literal* gravure *f* de mode; *fig* élégant *m*, -e *f*.

fashion victim *n hum* victime *f* de la mode.

fast [fɑːst] ◇ *adj* -**1.** [quick] rapide; **a ~ film** une pellicule rapide; **she's a ~ runner** elle court vite; **at a ~ pace** d'un pas vif OR rapide; **a grass court is ~er than a hard one** [in tennis] le jeu est plus rapide sur gazon que sur un court en dur ❑ **~ bowler** [in cricket] lanceur *m* rapide; **~ train** rapide *m*; **to make a ~ buck** *inf* se remplir les poches, se faire plein de fric; **to pull a ~ one on sb** *inf* jouer un mauvais tour à qqn; **he's a ~ worker** *literal* il va vite en besogne; *fig* il ne perd pas de temps. -**2.** [clock] en avance; **my watch is (three minutes) ~** ma montre avance (de trois minutes). -**3.** [secure - knot, rope] solide; [- door, window] bien fermé; [- grip] ferme, solide; [- friend] sûr, fidèle; **to make a boat ~** amarrer un bateau. -**4.** [colour] bon teint *(inv)*, grand teint *(inv)*; **the colour is not ~** la couleur déteint OR s'en va. -**5.** [wild] libertin; **~ life, ~ living** vie dissolue OR de dissipation; **he's in with a ~ set** *inf* il fréquente une bande de viveurs OR de fêtards.
◇ *adv* -**1.** [quickly] vite, rapidement; **how ~ is the car going?** à quelle vitesse roule la voiture?; **he needs help ~** il lui faut de l'aide de toute urgence; **she ran off as ~ as her legs would carry her** elle s'est sauvée à toutes jambes, elle a pris ses jambes à son cou; **the insults came ~ and furious** les insultes volaient OR pleuvaient dru; **as ~ as I ate he gave me more** il me resservait à mesure que je mangeais; **he'll do it ~ enough if you pay well** il ne se fera pas prier si vous payez bien; **not so ~!** doucement!, pas si vite!; **not so ~, I haven't finished** une minute, je n'ai pas fini. -**2.** [ahead of correct time] en avance; **my watch is running ~** ma montre avance. -**3.** [securely] ferme, solidement; **shut ~** bien fermé; **to hold ~ (on) to sthg** tenir fermement qqch; **they held ~ despite the threats** *fig* ils ont tenu bon malgré les menaces. -**4.** [soundly] profondément; **to be ~ asleep** dormir à poings fermés OR profondément. -**5.** *arch* [near] tout près; **~ by the school** qui jouxte l'école, attenant à l'école.
◇ *n* jeûne *m*; **to break one's ~** rompre le jeûne; **a ~ day** RELIG un jour maigre OR de jeûne.
◇ *vi* [gen] jeûner, rester à jeun; RELIG jeûner, faire maigre.

fastback [ˈfɑːstbæk] *n* voiture *f* deux-volumes, voiture *f* à hayon arrière.

fast breeder reactor *n* surrégénérateur *m*, surgénérateur *m*.

fasten [ˈfɑːsn] ◇ *vt* -**1.** [attach] attacher; [close] fermer; **to ~ sthg with glue/nails/string to sthg** coller/clouer/lier qqch à qqch; **~ your seatbelts** attachez votre ceinture; **he ~ed the two ends together** il a attaché les deux bouts ensemble OR l'un à l'autre. -**2.** [attention, eyes] fixer; **he ~ed his eyes on the door** il a fixé la porte des yeux OR a fixé son regard sur la porte. -**3.** [ascribe - guilt, responsibility] attribuer; [- crime] imputer; **to ~ sthg on sb** attribuer qqch à qqn; **they ~ed the blame on him** ils ont rejeté la faute sur lui; **to ~ one's attention on sthg** fixer son attention sur qqch.
◇ *vi* [bra, dress] s'attacher; [bag, door, window] se fermer.
◆ **fasten down** *vt sep* [flap, shutter] fermer; [envelope, sticker] coller.
◆ **fasten on** *vt sep* [belt, holster] fixer.
◆ **fasten onto** *vt insep* -**1.** [seize upon] saisir; **to ~ onto an idea** se mettre une idée en tête.

-**2.** [grip] se cramponner à, s'accrocher à; **he ~ed onto our group** *fig* il s'est attaché à notre groupe.

◆ **fasten up** *vt sep* fermer, attacher.

◆ **fasten upon** *vt insep* -**1.** [gaze at] fixer; **her eyes ~ed upon the letter** elle fixait la lettre du regard OR des yeux. -**2.** [seize upon] saisir; **to ~ upon an excuse** saisir un prétexte; **she ~ed upon the idea of escaping** elle s'est mis en tête de s'échapper OR de s'évader.

fastener ['fɑːsnəʳ], **fastening** ['fɑːsnɪŋ] *n* [gen] attache *f*; [on box, door] fermeture *f*; [on bag, necklace] fermoir *m*; [on clothing] fermeture *f*; [button] bouton *m*; [hook] agrafe *f*; [press stud] pression *f*, bouton-pression *m*; [zip] fermeture *f* Éclair®; **what kind of ~ is it?** comment cela se ferme-t-il OR s'attache-t-il?

fast food *n* fast-food *m*, prêt-à-manger *m offic*.

◆ **fast-food** *comp* [place, restaurant] de restauration rapide, de fast-food; **fast-food restaurants** des fast-foods *mpl*.

fast-forward ◇ *vi* se dérouler en avance rapide.

◇ *vt*: **to ~ a tape** faire avancer OR défiler une cassette.

◇ *comp*: **~ button** touche *f* d'avance rapide.

fastidious [fə'stɪdɪəs] *adj* -**1.** [fussy about details] tatillon, pointilleux; [meticulous - person] méticuleux, minutieux; [- work] minutieux; **he is ~ about the way he dresses** il est d'une coquetterie méticuleuse; **the manager is really ~** le patron est vraiment exigeant OR pointilleux; **she is ~ about protocol** elle est pointilleuse OR à cheval sur le protocole. -**2.** [fussy about cleanliness] méticuleux, tatillon.

fastidiously [fə'stɪdɪəslɪ] *adv* -**1.** [meticulously] méticuleusement, minutieusement; [fussily] d'une façon pointilleuse. -**2.** [fussily about cleanliness] d'une façon tatillonne OR méticuleuse.

fastidiousness [fə'stɪdɪəsnɪs] *n* -**1.** [meticulousness] minutie *f*, méticulosité *f lit*; [fussiness about detail] caractère *m* pointilleux OR tatillon. -**2.** [fussiness about cleanliness] méticulosité *f*.

fastigiate [fæ'stɪdʒɪət] *adj* fastigié.

fast lane *n* [in the UK] voie *f* de droite; [on the continent, in the US etc] voie *f* de gauche; **life in the ~** *fig* vie *f* excitante.

fast-moving *adj* [film] plein d'action; **~ events** des évènements rapides.

fastness ['fɑːstnɪs] *n* -**1.** [secureness] solidité *f*. -**2.** [of colour] solidité *f*, résistance *f*. -**3.** [stronghold] place *f* forte, repaire *m*.

fast talk *inf n* baratin *m*.

◆ **fast-talk** *inf vt* baratiner; **he fast-talked me into it** il m'a persuadé grâce à son baratin.

fast-track *adj*: **~ executives** *des cadres qui gravissent rapidement les échelons.*

fat [fæt] (*compar* fatter, *superl* fattest, *pt* & *pp* fatted, *cont* fatting) ◇ *adj* -**1.** [heavy, overweight - person] gros, gras; [- cheeks, limb] gros; [- face] joufflu; **to get** OR **to grow ~** grossir, engraisser; **she's getting ~** elle prend de l'embonpoint; **they had grown ~ on their investments** *fig* ils s'étaient enrichis OR engraissés grâce à leurs investissements □ **he's a ~ cat** *inf* [rich] c'est un richard; [important] c'est une huile; **as ~ as a pig** gras comme un cochon OR un moine. -**2.** [meat] gras. -**3.** [thick, hefty] gros; **a ~ book** un gros livre, un livre épais; **he made a ~ profit** *inf* il a fait de gros bénéfices; **a ~ wallet** un portefeuille bien garni. -**4.** [productive - year] gras, prospère; [- land, soil] fertile, riche; **to be in ~ city** *inf Am* être plein aux as. -**5.** *inf phr*: **get this into your ~ head** mets-toi ça dans la tête une fois pour toutes; **I reckon you'll get it back — ~ chance!** je pense qu'on te le rendra – tu parles!; **~ chance you have of winning!** comme si tu avais la moindre chance de gagner!; **a ~ lot of good it did him!** ça l'a bien avancé!, le voilà bien avancé!; **a ~ lot he cares!** il s'en fout pas mal!; **a ~ lot you know about it!** comme si tu en savais quelque chose!

◇ *n* -**1.** [gen & ANAT] graisse *f*; **rolls of ~** des bourrelets *mpl* de graisse. -**2.** CULIN [on raw meat] graisse *f*, gras *m*; [on cooked meat] gras *m*; [as cooking medium] matière *f* grasse; [as part of controlled diet] lipide *m*; **we are trying to eat less ~** nous nous efforçons de manger moins de matières grasses OR corps gras; **margarine low in ~** margarine pauvre en matières grasses OR allégée; **beef/mutton ~** graisse de bœuf/de mouton; **pork ~** saindoux *m*; **fry in deep ~** faites frire; **fry in shallow ~** faites revenir; **~ content** (teneur *f* en) matières *fpl* grasses □ **the ~ is in the fire** *inf* ça va chauffer; **to live off the ~ of the land** vivre comme un coq en pâte.

◇ *vt* engraisser; **to kill the fatted calf** *fig* tuer le veau gras.

fatal ['feɪtl] *adj* -**1.** [deadly - disease, injury] mortel; [- blow] fatal, mortel; [- result] fatal. -**2.** [ruinous - action, consequences] désastreux, catastrophique; [- influence] néfaste, pernicieux; [- mistake] fatal, grave; **such a decision would be ~ to our plans** une décision de ce type porterait un coup fatal OR le coup de grâce à nos projets. -**3.** [crucial] fatal, fatidique.

fatalism ['feɪtəlɪzm] *n* fatalisme *m*.

fatalist ['feɪtəlɪst] ◇ *adj* fataliste.

◇ *n* fataliste *mf*.

fatalistic [,feɪtə'lɪstɪk] *adj* fataliste.

fatality [fə'tælətɪ] (*pl* **fatalities**) *n* -**1.** [accident] accident *m* mortel; [person killed] mort *m*, -e *f*; **bathing fatalities** noyades *fpl*; **road fatalities** morts sur la route; **a child was one of the fatalities** il y avait un enfant parmi les victimes. -**2.** *fml* [destiny] fatalité *f*.

fatally ['feɪtəlɪ] *adv* -**1.** [mortally] mortellement; **~ ill** condamné, perdu. -**2.** [inevitably] fatalement; **the plan was ~ flawed** le projet était fatalement OR forcément imparfait.

fatback ['fætbæk] *n* lard *m* salé.

fate [feɪt] *n* -**1.** [destiny] destin *m*, sort *m*; **what does ~ have in store for them?** qu'est-ce que le destin OR le sort leur réserve? -**2.** [of person, thing] sort *m*; **I left her to her ~** je l'ai abandonnée à son sort; **to meet one's ~** trouver la mort; **the new project met with a similar ~** le nouveau projet a connu un destin semblable; **a ~ worse than death** *fig* un sort pire que la mort.

◆ **Fates** *pl pr n*: **the ~** les Parques *fpl*.

fated ['feɪtɪd] *adj* -**1.** [destined] destiné; **they seem ~ to be unhappy** ils semblent destinés OR condamnés à être malheureux; **he was ~ never to return** il devait ne plus jamais revenir. -**2.** [doomed] voué au malheur.

fateful ['feɪtfʊl] *adj* -**1.** [decisive - day, decision] fatal, décisif; [disastrous] désastreux, catastrophique. -**2.** [prophetic] fatidique.

fat farm *inf n Am* centre *m* d'amaigrissement.

fat-free *adj* sans matières grasses, sans corps gras.

fathead *inf* ['fæthed] *n* imbécile *mf*.

fat-headed *inf adj* idiot, imbécile.

father ['fɑːðəʳ] ◇ *n* -**1.** [male parent] père *m*; **he's a good ~** c'est un bon père; **he's like a ~ to me** il est comme un père pour moi; **from ~ to son** de père en fils; **on my ~'s side** du côté de mon père; **yes, Father** oui, père, oui, papa; **she's her ~'s daughter** c'est bien la fille de son père □ **like ~, like son** *prov* tel père, tel fils *prov*, bon chien chasse de race *prov*; **'Fathers and Sons'** *Turgenev* 'Pères et fils'. -**2.** (*usu pl*) [ancestor] ancêtre *m*, père *m*. -**3.** [founder, leader] père *m*, fondateur *m*; **one of the founding ~s of the Society** l'un des pères fondateurs de la société.

◇ *vt* -**1.** [child] engendrer; *fig* [idea, science] concevoir, inventer. -**2.** [impose] attribuer; **to ~ sthg on sb** attribuer qqch à qqn; **they ~ed the blame on her** ils lui ont fait porter le blâme.

◆ **Father** *n* RELIG -**1.** [priest] père *m*; **Father Brown** le (révérend) père Brown; **yes, Father** oui, mon père. -**2.** [God]: **the Father, the Son and the Holy Ghost** le Père, le Fils et le Saint Esprit; **Our Father who art in Heaven** Notre Père qui êtes aux cieux; **to say the Our Father** dire le Notre Père. -**3.** POL: **the Father of the House** *titre traditionnel donné au doyen (par l'ancienneté) des parlementaires britanniques.*

Father Christmas *pr n Br* le Père Noël.

father confessor *n* directeur *m* de conscience, père *m* spirituel.

father figure *n* personne *f* qui joue le rôle du père; **he was a ~ for all the employees** le personnel le considérait un peu comme un père.

fatherhood ['fɑːðəhʊd] *n* paternité *f*.

father-in-law *n* beau-père *m*.

fatherland ['fɑːðəlænd] *n* patrie *f*, mère *f* patrie.

fatherless ['fɑːðəlɪs] *adj* sans père.

fatherly ['fɑːðəlɪ] *adj* paternel.

Father's Day *n* fête *f* des pères.

Father Time *n*: (Old) **~** le Temps.

fathom ['fæðəm] (*pl inv* OR **fathoms**) ◇ *n* brasse *f (mesure)*; **the ship lies 50 ~s down** le navire repose par 91 mètres de fond.

◇ *vt* -**1.** [measure depth of] sonder. -**2.** *inf* [understand] sonder, pénétrer; **I just can't ~ it** je n'y comprends rien.

fathomless ['fæðəmlɪs] *adj* -**1.** [unmeasurable] insondable. -**2.** [impenetrable] insondable, impénétrable.

fatigue [fə'tiːg] ◇ *n* -**1.** [exhaustion] fatigue *f*, épuisement *m*. -**2.** TECH [in material] fatigue *f*; **metal ~** fatigue du métal. -**3.** MIL [chore] corvée *f*; **I'm on ~s** je suis de corvée.

◇ *comp* -**1.** MIL [shirt, trousers] de corvée; **~ dress** OR **uniform** treillis *m* OR tenue *f* de corvée; **~ duty** corvée *f*; **a ~ party** une corvée. -**2.** TECH [limit] de fatigue.

◇ *vt* -**1.** *fml* [person] fatiguer, épuiser; **he felt ~d after a long day in the office** il se sentait las après une longue journée de bureau. -**2.** TECH [material] fatiguer.

◆ **fatigues** *npl* MIL [clothing] treillis *m*, tenue *f* de corvée.

fatiguing [fə'tiːgɪŋ] *adj* fatigant, épuisant.

fatless ['fætlɪs] *adj* sans matières grasses.

fatling ['fætlɪŋ] *n* jeune bête *f* à l'engrais.

fatness ['fætnɪs] *n* -**1.** [of person] embonpoint *m*, corpulence *f*. -**2.** [of meat] teneur *f* en graisse.

fatso *inf* ['fætsəʊ] (*pl* **fatsoes**) *n pej* gros lard *m*.

fat-soluble *adj* liposoluble.

fatstock ['fætstɒk] *n (U)* animaux *mpl* de boucherie.

fatten ['fætn] ◇ *vt* [animal, person] engraisser; [ducks, geese] gaver.

◇ *vi* [animals] engraisser; [person] engraisser, prendre de l'embonpoint.

◆ **fatten up** *vt sep* [person] engraisser, faire grossir; AGR [animal] mettre à l'engrais.

fattening ['fætnɪŋ] ◇ *adj* qui fait grossir.

◇ *n* [of animals] engraissement *m*; [of ducks, geese] gavage *m*.

fatty ['fætɪ] (*compar* fattier, *superl* fattiest, *pl* fatties) ◇ *adj* -**1.** [food] gras; **avoid ~ food** évitez les matières grasses OR les aliments gras. -**2.** [tissue] adipeux; **~ degeneration** MED dégénérescence *f* graisseuse.

◇ *n inf pej* gros *m* (bonhomme *m*), grosse *f* (bonne femme *f*).

fatty acid *n* acide *m* gras.

fatuity [fə'tjuːətɪ] (*pl* **fatuities**) *n* sottise *f*, niaiserie *f*.

fatuous ['fætjʊəs] *adj* [person, remark] sot, niais; [look, smile] niais, béat.

fatuously ['fætjʊəslɪ] *adv* [say] sottement, niaisement; [smile] niaisement, béatement.

fatuousness ['fætjʊəsnɪs] *n* sottise *f*, niaiserie *f*.

faucet ['fɔːsɪt] *n Am* robinet *m*.

faugh [fɔː] *interj*: **~!** pouah!

fault ['fɔːlt] ◇ *n* -**1.** *(U)* [blame, responsibility] faute *f*; **it's not my ~** ce n'est pas de ma faute; **whose ~ is it?** à qui la faute?, qui est fautif?; **whose ~ is it if you're unhappy?** et à qui la faute si vous êtes malheureux?; **it's nobody's ~ but your own** vous n'avez à vous en prendre qu'à vous-même; **it's through no ~ of mine** ce

n'est absolument pas de ma faute; **to be at ~** être fautif OR coupable; **he's at ~ this time** c'est lui le fautif OR il est fautif cette fois; **she's at ~ for not having taken action** elle est coupable de ne pas avoir agi OR de ne pas être intervenue; **the judge found him to be at ~** le juge lui a donné tort. -**2.** [mistake] erreur *f*; **a ~ in the addition** une erreur d'addition. -**3.** [flaw - in person] défaut *m*; [- in machine] défaut *m*, anomalie *f*; **an electrical ~** un défaut électrique; **a ~ in the air supply** un défaut dans l'arrivée d'air; **for all her ~s, in spite of her ~s** malgré tous ses défauts ❑ **honest to a ~** honnête à l'excès; **to find ~ with sthg** trouver à redire à qqch, critiquer qqch; **to find ~ with sb** critiquer qqn; **she finds ~ with everything** elle trouve toujours à redire. -**4.** GEOL faille *f*. -**5.** TENNIS faute *f*.
◇ *vt* critiquer; **to ~ sthg/sb** trouver des défauts à qqch/chez qqn; **you can't ~ her on her work** il n'y a rien à redire à son travail, vous ne pouvez pas prendre son travail en défaut; **you can't ~ her for effort** vous ne pouvez pas critiquer ses efforts; **I can't ~ her logic** je ne trouve aucune faille à sa logique.
◇ *vi* [make mistake] commettre une faute.

faultfinder ['fɔːlt,faɪndə^r] *n pej* mécontent *m*, -e *f*, chicaneur *m*, -euse *f*.

faultfinding ['fɔːlt,faɪndɪŋ] *pej* ◇ *n (U)* critiques *fpl*.
◇ *adj* chicanier, grincheux.

faultless ['fɔːltlɪs] *adj* [performance, work] impeccable, irréprochable; [behaviour, person] irréprochable; [logic, reasoning] sans faille.

faultlessly ['fɔːltlɪslɪ] *adv* impeccablement, parfaitement.

fault line *n* GEOL ligne *f* de faille.

faulty ['fɔːltɪ] (*compar* **faultier**, *superl* **faultiest**) *adj* [machine] défectueux; [work] défectueux, mal fait; [reasoning] défectueux, erroné; **the wiring is ~** il y a un défaut dans l'installation électrique.

faun [fɔːn] *n* faune *m*.

fauna ['fɔːnə] (*pl* **faunas** OR **faunae** [-niː]) *n* faune *f*.

Faunus ['fɔːnəs] *pr n* Faune.

Faustian ['faʊstɪən] *adj* faustien.

Fauvism ['fəʊvɪzm] *n* fauvisme *m*.

Fauvist ['fəʊvɪst] ◇ *adj* fauve.
◇ *n* fauve *m*.

faux pas [,fəʊ'pɑː] (*pl inv* [,fəʊ'pɑːz]) *n* bévue *f*, gaffe *f*.

favor *etc Am* = **favour**.

favorite *etc Am* = **favourite**.

favour *Br*, **favor** *Am* ['feɪvə^r] ◇ *n* -**1.** [approval] faveur *f*, approbation *f*; **to be in ~** [person] être bien en cour, être bien vu; [artist, fashion] être à la mode OR en vogue; **to be out of ~** [person] être mal en cour, ne pas être bien vu; [artist, book] ne pas être à la mode OR en vogue; [fashion] être démodé OR dépassé; **she's in ~ with the boss** elle est bien vue du patron; **he speaks in their ~** il parle en leur faveur; **to fall out of ~ with sb** perdre les bonnes grâces de qqn; **to find ~ with sb** trouver grâce aux yeux de qqn, gagner l'approbation de qqn; **he is prepared to look with ~ upon the suggestion** il est prêt à approuver OR à examiner favorablement la proposition; **he looks with ~ upon us** il est bien disposé à notre égard; **to be in ~ of sthg** être partisan de qqch, être pour qqch; **to be in ~ of doing sthg** être d'avis de OR être pour faire qqch. -**2.** [act of goodwill] service *m*, faveur *f*; **will you do me a ~** OR **do a ~ for me?** voulez-vous me rendre (un) service?; **may I ask a ~ of you** OR **ask you a ~?** puis-je vous demander un service OR solliciter une faveur de votre part?; **I did it as a ~ to her** je l'ai fait pour lui rendre service; **I ask you as a ~ not to say anything** je vous serais très reconnaissant de ne rien dire; **do me a ~ and play somewhere else** soyez gentil, allez jouer ailleurs ❑ **are you going to buy it? — do me a ~!** *inf* tu vas l'acheter? — je t'en prie! -**3.** [advantage]: **everything is in our ~** tout joue en notre faveur, nous avons tout pour nous; **the odds are in his ~** il est (donné) favori; **a point in her ~** un bon point pour elle, un point en sa faveur; **the magistrates decided in his ~** les juges lui ont donné raison OR gain de cause; **he dropped the idea in ~ of our suggestion** il a laissé tomber l'idée au profit de notre suggestion; **a will in ~ of the children** un testament en faveur des enfants; **a cheque in ~ of** un chèque payable à; **'credit in your ~'** 'à votre crédit'. -**4.** [partiality] faveur *f*, partialité *f*. -**5.** HIST faveur *f*; **a woman's ~s** *lit* les faveurs d'une femme. -**6.** [gift] petit cadeau *m (offert aux invités lors d'une fête)*. -**7.** *Br arch* & COMM [letter] communication *f*.
◇ *vt* -**1.** [prefer] préférer; [show preference for] montrer une préférence pour. -**2.** [support - suggestion, team] être partisan de, être pour; [- candidate, project] favoriser, appuyer; [- theory] soutenir. -**3.** [benefit] favoriser, faciliter; **the ground is quite firm, which ~s this horse** le terrain est très ferme, ce qui est favorable à ce cheval OR ce qui avantage ce cheval; **circumstances that would ~ a June election** des circonstances (qui seraient) favorables à une élection en juin. -**4.** [honour] favoriser, gratifier; **she ~ed him with a smile** elle l'a gratifié d'un sourire; **he ~ed us with his company** il nous a fait l'honneur de se joindre à nous; **~ed with talent** talentueux, doué; **~ed with good looks** avantagé par la nature. -**5.** [resemble] ressembler à; **he ~s his mother** il ressemble à OR tient de sa mère.

favourable *Br*, **favorable** *Am* ['feɪvrəbl] *adj* [answer, comparison, impression] favorable; [time, terms] bon, avantageux; [weather, wind] propice; **in a ~ light** sous un jour favorable; **to be ~ to an idea** approuver une idée; **the election will be held at the time most ~ to the government** les élections auront lieu au moment (qui sera) le plus favorable au gouvernement.

favourably *Br*, **favorably** *Am* ['feɪvrəblɪ] *adv* [compare, react] favorablement; [consider] d'un bon œil; **to be ~ disposed to** OR **towards sthg** voir qqch d'un bon œil; **to be ~ disposed to** OR **towards sb** être bien disposé envers qqn; **she speaks very ~ of you** elle parle de vous en très bons termes.

favoured *Br*, **favored** *Am* ['feɪvəd] *adj* favorisé; **the ~ few** les privilégiés *mpl*; **most ~ nation clause/status** clause *f*/statut *m* de la nation la plus favorisée.

favourite *Br*, **favorite** *Am* ['feɪvrɪt] ◇ *adj* favori, préféré; **he's not one of my ~ people** je ne le porte pas dans mon cœur.
◇ *n* -**1.** [gen] favori *m*, -ite *f*, préféré *m*, -e *f*; **he's the teacher's ~** c'est le chouchou du professeur; **she's everyone's ~** tout le monde l'adore; **that book is one of my ~s** c'est un de mes livres préférés; **let's listen to some old ~s** écoutons de vieilles chansons à succès. -**2.** SPORT favori *m*.

favouritism *Br*, **favoritism** *Am* ['feɪvrɪtɪzm] *n* favoritisme *m*.

fawn [fɔːn] ◇ *n* -**1.** [animal] faon *m*. -**2.** [colour] fauve *m*.
◇ *adj* (de couleur) fauve.
◇ *vi*: **to ~ on sb** [person] ramper devant qqn, passer de la pommade à qqn; [dog] faire la fête à qqn; **he ~s on the boss** il courbe l'échine OR il rampe devant le patron.

fawning ['fɔːnɪŋ] *adj* [attitude, person] flagorneur, servile; [dog] trop affectueux OR démonstratif.

fax [fæks] ◇ *n* [machine] fax *m*, télécopieur *m offic*; [document] fax *m*, télécopie *f offic*; **by ~** par télécopie; **~ message** fax.
◇ *vt* envoyer par télécopie OR par télécopieur; **~ me (through) the information** faxez-moi l'information.

fay [feɪ] *n lit* [fairy] fée *f*.

faze *inf* [feɪz] *vt* déconcerter, dérouter.

FBI (*abbr of* **Federal Bureau of Investigation**) *pr n*: **the ~** le FBI.

FC *n written abbr of* **Football Club**.

FCC (*abbr of* **Federal Communications Commission**) *pr n conseil fédéral de l'audiovisuel aux États-Unis*, ≃ CSA *m*.

FCO *pr n abbr of* **Foreign and Commonwealth Office**.

FD ◇ *Br* (*written abbr of* **Fidei Defensor**) *Défenseur de la foi*.
◇ *n Am abbr of* **Fire Department**.

FDA *pr n abbr of* **Food and Drug Administration**.

fealty ['fiːəltɪ] (*pl* **fealties**) *n* fidélité *f*, allégeance *f*.

fear [fɪə^r] ◇ *n* -**1.** [dread] crainte *f*, peur *f*; **many people have an irrational ~ of snakes** beaucoup de personnes ont une peur irrationnelle des serpents; **have no ~** ne craignez rien, soyez sans crainte; **he expressed his ~s about their future** il a exprimé son inquiétude en ce qui concerne leur avenir; **there are ~s that he has escaped** on craint fort qu'il ne se soit échappé; **to be** OR **to go in ~ for one's life** craindre pour sa vie; **she lives in a state of constant ~** elle vit dans la peur; **~ drove him to desperate action** sous l'effet de la peur, il a commis un acte désespéré; **for ~ of what people would think** par peur du qu'en-dira-t-on; **for ~ that she might find out** de peur qu'elle ne l'apprenne ❑ **without ~ or favour** impartialement; **overcome with ~** paralysé OR transi de peur; **(a) ~ of heights** (le) vertige. -**2.** [awe] crainte *f*, respect *m*; **the ~ of God** la crainte OR le respect de Dieu; **I put the ~ of God into him** *inf* [scared] je lui ai fait une peur bleue; [scolded] je lui ai passé un savon. -**3.** [risk] risque *m*, danger *m*; **there is no ~ of her leaving** elle ne risque pas de partir, il est peu probable qu'elle parte; **there's no ~ of that** ça ne risque pas d'arriver ❑ **will you tell him? — no ~!** *inf* lui direz-vous? — pas de danger OR pas question!
◇ *vt* -**1.** [be afraid of] craindre, avoir peur de; **she ~s nothing/no one** elle n'a peur de rien/de personne; **he ~ed asking again** il a eu peur de redemander OR de poser à nouveau la question; **to ~ the worst** craindre le pire; **he is a man to be ~ed** c'est un homme redoutable; **I ~ he's in danger** je crains OR j'ai peur qu'il ne soit en danger; **it is to be ~ed that...** *fml* il est à craindre que...; **never ~, ~ not** *fml* OR *dated* ne craignez rien, soyez tranquille. -**2.** *fml* [be sorry] regretter; **I ~ it's too late** je crois bien qu'il est trop tard. -**3.** [revere - God] révérer, craindre.
◇ *vi*: **I ~ for my children** je crains OR je tremble pour mes enfants; **he ~s for his life** il craint pour sa vie; **they ~ for the future** ils craignent OR sont inquiets pour l'avenir.

fearful ['fɪəfʊl] *adj* -**1.** [very bad] épouvantable, affreux; **he has a ~ temper** il a un caractère épouvantable. -**2.** *inf dated* [as intensifier] affreux; **he's a ~ bore!** c'est un raseur de première!; **they were making a ~ din** ils faisaient un bruit épouvantable OR un boucan infernal. -**3.** [afraid] peureux, craintif; **she is ~ of angering him** elle craint de le mettre en colère.

fearfully ['fɪəfʊlɪ] *adv* -**1.** [look, say] peureusement, craintivement. -**2.** *inf dated* [as intensifier] affreusement, horriblement; **he's ~ mean** il est méchant à faire peur.

fearfulness ['fɪəfʊlnɪs] *n* [fear] crainte *f*, peur *f*; [shyness] extrême timidité *f*.

fearless ['fɪəlɪs] *adj* intrépide, sans peur; **they set off, ~ of the danger** ils se mirent en route sans crainte du danger OR bravant le danger.

fearlessly ['fɪəlɪslɪ] *adv* avec intrépidité.

fearlessness ['fɪəlɪsnɪs] *n* audace *f*, absence *f* de peur.

fearsome ['fɪəsəm] *adj* -**1.** [frightening] redoutable, effroyable. -**2.** *lit* [afraid] peureux, craintif; [timid] extrêmement timide.

fearsomely ['fɪəsəmlɪ] *adv* redoutablement, effroyablement.

feasibility [,fiːzə'bɪlətɪ] *n*: **to show the ~ of a plan** démontrer qu'un plan est réalisable OR faisable; **the ~ of doing sthg** la possibilité de faire qqch.

feasibility study *n* étude *f* de faisabilité.

feasible ['fiːzəbl] *adj* [plan, suggestion] faisable, réalisable.

feast [fiːst] ◇ *n* -**1.** [large meal] festin *m*; **midnight ~** festin *m* nocturne; **a ~ for the eyes** *fig* un régal OR une fête pour les yeux; **a ~ of entertainment** *fig* une multitude de divertissements; **a ~ of music/poetry** *fig* une véritable fête de la musique/poésie. -**2.** RELIG fête *f*; **movable/immovable ~** fête mobile/fixe.
◇ *comp*: **~ day** (jour *m* de) fête *f*.
◇ *vi* festoyer; **to ~ on** OR **off sthg** se régaler de qqch.
◇ *vt* -**1.** *fig*: **to ~ o.s. on sthg** se régaler de qqch; **to ~ one's eyes on sthg** repaître ses yeux de qqch *lit*, se délecter à la vue de qqch. -**2.** [give feast to] donner un banquet en l'honneur de.

feasting ['fiːstɪŋ] *n* festin *m*.

feat [fiːt] *n* exploit *m*, prouesse *f*; **it was quite a ~ getting the boss to agree to the idea** ça a été un véritable exploit OR une véritable prouesse que de faire accepter cette idée au chef; **that was some ~!** quel exploit!, quelle prouesse!; **a ~ of courage** un acte courageux; **~ of arms** fait *m* d'armes; **~ of strength/of skill** tour *m* de force/d'adresse; **a ~ of engineering** une (véritable) prouesse technique, un chef-d'œuvre de la technique.

feather ['feðəʳ] ◇ *n* [of bird] plume *f*; [on tail, wing] penne *f*; [of arrow] penne *f*; **as light as a ~** léger comme une plume; **in fine ~** en pleine forme; **to show the white ~** manquer de courage; **that's a ~ in his cap** il peut en être fier; **that's another ~ in her cap** encore une chose dont elle peut être fière OR se vanter; **to make the ~s fly** mettre le feu aux poudres; **you could have knocked me down with a ~** les bras m'en sont tombés.
◇ *comp* [mattress] de plume; [headdress] de plumes.
◇ *vt* -**1.** [put feathers on - arrow] empenner; **to ~ one's (own) nest** *pej* faire son beurre. -**2.** AERON [propeller] mettre en drapeau.
◇ *vi* [in rowing] plumer.

featherbed ['feðəbed] (*pt & pp* **featherbedded**, *cont* **featherbedding**) *vt pej* [industry, business] protéger (excessivement).

feather bed *n* lit *m* de plumes.

featherbedding ['feðəbedɪŋ] *n pej* protection *f* excessive.

feather boa *n* boa *m* de plumes.

featherbrained *inf* ['feðəbreɪnd] *adj* étourdi, tête en l'air.

feather duster *n* plumeau *m*.

feathered ['feðəd] *adj* [headdress] de plumes; **our ~ friends** *hum* nos amis les oiseaux.

featherweight ['feðəweɪt] ◇ *n* -**1.** [boxer, category] poids plume *m inv*; **he started at ~** il a commencé (dans les) poids plume. -**2.** *fig* [person of little importance] poids plume *m inv*; **he's a (political/literary) ~** il n'a pas beaucoup de poids (sur le plan politique/littéraire).
◇ *adj* [contest, championship] poids plume; [champion] de la catégorie OR des poids plume.

feathery ['feðərɪ] *adj* -**1.** [bird] à plumes. -**2.** *fig* [light and soft - snowflake] doux et léger comme la plume; **~ strokes** [with pencil] traits *mpl* légers.

feature ['fiːtʃəʳ] ◇ *n* -**1.** [facial] trait *m*; **a woman with delicate ~s** une femme aux traits fins. -**2.** [characteristic - of style, landscape, play etc] caractéristique *f*, particularité *f*; [- of personality] trait *m*, caractéristique *f*; [- of car, machine, house, room] caractéristique *f*; **safety ~s** dispositifs *mpl* de sécurité; **this is a ~ of the novel** c'est un élément caractéristique du roman; **the most interesting ~ of the exhibition** l'élément OR l'aspect le plus intéressant de l'exposition; **seafood is a special ~ of the menu** les fruits de mer sont l'un des points forts du menu; **to make a ~ of sthg** mettre qqch en valeur; **the novel has just one redeeming ~** le roman est sauvé par un seul élément. -**3.** RADIO & TV reportage *m*; PRESS [special] article *m* de fond; [regular] chronique *f*. -**4.** CIN film *m*, long métrage *m*; **full-length ~** long métrage; **double-~ (programme)** programme *m* proposant deux films.
◇ *vt* -**1.** CIN [star - actor, actress] avoir pour vedette; **also featuring Mark Williams** avec Mark Williams. -**2.** PRESS [display prominently]: **the story/the picture is ~d on the front page** le récit/la photo est en première page; **all the papers ~ the disaster on the front page** tous les journaux présentent la catastrophe en première page. -**3.** COMM [promote] promouvoir, mettre en promotion. -**4.** [subj: car, appliance] comporter, être équipé OR doté de; [subj: house, room] comporter.
◇ *vi* -**1.** CIN figurer, jouer. -**2.** [appear, figure] figurer; **meat does not ~ on the menu** la viande ne figure pas au menu; **the millionaire ~d prominently in the scandal** le millionnaire était très impliqué dans le scandale; **do I ~ in your plans?** est-ce que je figure dans tes projets?

feature article *n* PRESS article *m* de fond.

feature film *n* CIN long métrage *m*.

feature-length *adj* CIN: **a ~ film** un long métrage; **a ~ cartoon** un film d'animation.

featureless ['fiːtʃəlɪs] *adj* [desert, city etc] sans traits distinctifs OR marquants.

features editor *n journaliste responsable d'une rubrique.*

feature story = **feature article**.

feature writer *n* PRESS journaliste *mf*.

Feb. (*written abbr of* **February**) févr.

febrile ['fiːbraɪl] *adj lit* fébrile, fiévreux.

February ['februərɪ] ◇ *n* février *m*; **I don't like ~** je n'aime pas le mois de février; **this has been the wettest ~ on record** cela a été le mois de février le plus pluvieux qu'on ait jamais vu; **~ was a difficult month** le mois de février a été difficile; **in ~** en février, au mois de février; **in the month of ~** au mois de février; **the first/ninth of ~, the first/ninth, ~ first/ninth** *Am* le premier/neuf février; **during (the month of) ~** pendant le mois de février; **last/next ~** en février dernier/prochain; **at the beginning/end of ~** au début/à la fin février; **in the middle of ~** au milieu du mois de février, à la mi-février; **early/late in ~, in early/late ~** au début/à la fin du mois de février; **every** OR **each ~** tous les ans en février.
◇ *comp* [weather] de février, du mois de février.

fecal *Am* = **faecal**.

feces *Am* = **faeces**.

feckless ['feklɪs] *adj* [ineffectual] incapable, qui manque d'efficacité; [irresponsible] irresponsable.

fecklessness ['feklɪsnɪs] *n* [ineffectuality] manque *m* d'efficacité; [irresponsibility] irresponsabilité *f*.

fecund ['fiːkənd] *adj lit.* -**1.** *literal* [woman, female animal] fécond. -**2.** *fig* [author] fécond; [imagination] fécond, fertile.

fecundity [fɪ'kʌndətɪ] *n lit.* -**1.** *literal* [of woman, female animal] fécondité *f*. -**2.** *fig* [of author] fécondité *f*; [of imagination] fécondité *f*, fertilité *f*.

fed [fed] ◇ *pt & pp* → **feed**.
◇ *n inf Am* agent *m* (du bureau) fédéral OR du FBI.

Fed [fed] ◇ *pr n* -**1.** *abbr of* Federal Reserve Board. -**2.** *abbr of* Federal Reserve System.
◇ -**1.** *written abbr of* federal. -**2.** *written abbr of* federation.

federal ['fedrəl] ◇ *adj* -**1.** [republic, system] fédéral; **there's no need to make a ~ case out of it** *Am fig* il n'y a pas de quoi en faire une affaire d'État ❑ **the Federal Republic of Germany** la République fédérale d'Allemagne; **the Federal Reserve Board** *organe de contrôle de la banque centrale américaine*; **the Federal Reserve System** *système bancaire fédéral américain*; **the Federal Trade Commission** *l'une des deux autorités fédérales chargées du respect de la loi antitrust aux États-Unis.* -**2.** [responsibility, funding] du gouvernement fédéral; [taxes] fédéral.
◇ *n Am* HIST nordiste *m*, fédéral *m*.

federalism ['fedrəlɪzm] *n* fédéralisme *m*.

federalist ['fedrəlɪst] ◇ *adj* fédéraliste.
◇ *n* fédéraliste *mf*.

federalize ['fedrəlaɪz] ◇ *vt* fédéraliser.
◇ *vi* se fédéraliser.

federally ['fedrəlɪ] *adv*: **to be ~ funded** être financé par le gouvernement fédéral.

federate [*vb* 'fedəreɪt, *adj & n* 'fedərət]
◇ *vt* fédérer.
◇ *vi* se fédérer.
◇ *adj* fédéré.

federation [ˌfedə'reɪʃn] *n* fédération *f*.

fedora [fɪ'dɔːrə] *n* [hat] chapeau *m* mou.

fed up *inf adj*: **to be ~** en avoir marre, en avoir ras le bol; **she's ~ with him** elle en a marre de lui; **she's ~ with it** elle en a marre; **to be ~ (to the back teeth) with sb/with sthg/with doing sthg** en avoir (vraiment) marre OR ras le bol de qqn/de qqch/de faire qqch; **I'm ~ with the way you don't pay any attention to me** j'en ai marre OR ras le bol que tu ne fasses pas attention à moi; **what are you looking so ~ about?** pourquoi as-tu l'air aussi écœuré?; **you sound ~** tu as l'air d'en avoir marre OR ras le bol.

fee [fiː] *n* -**1.** [for doctor, lawyer] honoraires *mpl*. -**2.** [for speaker, performer] cachet *m*; [retainer - for company director] jetons *mpl* de présence *(d'un administrateur)*; [for private tutor] appointements *mpl*; [for translator] tarif *m*; [for agency] commission *f*; **school ~s** frais *mpl* de scolarité; **registration ~** droits *mpl* d'inscription; **membership ~** cotisation *f*; **entrance ~** droit *m* d'entrée; **for a small ~** contre une somme modique; **could you post that letter for me? — OK, for a small ~** *hum* tu peux poster cette lettre pour moi? — d'accord, ça sera 100 balles. -**3.** JUR: **property held in ~ simple** propriété inconditionnelle.

feeble ['fiːbəl] *adj* -**1.** [lacking strength] faible; **don't be so ~!** ne sois pas une telle mauviette! -**2.** [lacking conviction, force - attempt, excuse] piètre; [- argument] léger; [- smile] timide; **that's a pretty ~ excuse** c'est une bien piètre excuse, c'est un peu léger comme excuse. -**3.** [silly - joke] qui manque de finesse, bête.

feeble-minded *adj* faible d'esprit.

feebly ['fiːblɪ] *adv* [say, shine] faiblement; [smile] timidement; [suggest] sans (grande) conviction.

feed [fiːd] (*pt & pp* **fed** [fed]) ◇ *vt* -**1.** [provide food for - person, family] nourrir; [- country] approvisionner; [- army] ravitailler; **she insisted on ~ing us** elle a tenu à nous faire manger; **there are ten mouths to ~** il y a dix bouches à nourrir; **there's enough here to ~ an army** *hum* il y a de quoi nourrir toute une armée; **the country is no longer able to ~ itself** le pays n'est plus capable de subvenir à ses besoins alimentaires; **he earns just enough money to ~ himself** il gagne juste de quoi se nourrir; **they were well fed at the restaurant** ils ont bien mangé au restaurant. -**2.** [give food to - person, animal] donner à manger à; [subj: bird] donner la becquée à; [breastfeed] allaiter; [bottlefeed] donner le biberon à; [fertilize - plant, soil, lawn etc] nourrir; **to ~ sthg to sb, to ~ sb sthg** donner qqch à manger à qqn; **she is so ill she isn't even able to ~ herself** elle est si malade qu'elle n'est pas capable de se nourrir OR de manger toute seule; **our little son has just learnt to ~ himself** notre petit garçon commence juste à manger tout seul; **'please do not ~ the animals'** 'prière de ne pas donner à manger aux animaux'; **how much do you ~ your cats?** quelle quantité de nourriture donnez-vous à vos chats?; **the chimps are fed a diet of nuts and bananas** on donne des noix et des bananes à manger aux chimpanzés. -**3.** *fig* [supply - fire, furnace] alimenter; [- lake, river] se jeter dans; [- imagination, hope, rumour] alimenter, nourrir; **to ~ a parking meter** mettre des pièces dans un parcmètre. -**4.** [transmit]: **the results are fed to the departments concerned** les résultats sont transmis aux services concernés; **to ~ information to sb, to ~ sb information** donner des informations à qqn; [in order to mislead] donner de fausses informations à qqn *(afin de le tromper)* ❑ to ~ sb a line *inf* faire avaler une histoire à qqn. -5. TECH [introduce - liquid] faire passer; [- solid] faire avancer; [insert - paper, wire etc] introduire; to ~ data into a computer entrer des données dans un ordinateur. -6. THEAT [give cue to] donner la réplique à. -7. SPORT passer la balle à, servir.

◇ *vi* [person, animal] manger; [baby - gen] manger; [- breastfeed] téter; to ~ on demand [nursing mother] donner la tétée chaque fois que le bébé le réclame OR à la demande; to put the cattle out to ~ mettre le bétail en OR au pâturage.

◇ *n* -1. [foodstuff for animal] nourriture *f*; [hay, oats etc] fourrage *m*. -2. [meal for baby - breast milk] tétée *f*; [- bottled milk] biberon *m*; the baby gets its last ~ at midnight le bébé boit sa dernière tétée OR son dernier biberon à minuit || [meal for animal]: the dog gets two ~s a day le chien a à manger deux fois par jour. -3. *inf* [meal] repas *m*; that was the best ~ I've ever had! je n'ai jamais aussi bien bouffé! -4. TECH [introduction - of liquid] alimentation *f*; [- of solid] avancement *m*; [device] dispositif *m* d'alimentation OR d'avancement; petrol ~ alimentation en essence; ~ pump pompe *f* d'alimentation OR de circulation || COMPUT: sheet ~ dispositif d'alimentation feuille à feuille; line ~ changement *m* de ligne. -5. *inf* THEAT [cue] réplique *f*; [comedian's partner] faire-valoir *m*.

◆ **feed back** *vt sep* [information, results] renvoyer.

◆ **feed in** *vt sep* [paper, wire] introduire; COMPUT [data] entrer.

◆ **feed on** *vt insep* se nourrir de; *fig* se repaître de.

◆ **feed up** *vt sep* [animal] engraisser; [goose] gaver; he needs ~ing up [person] il a besoin d'engraisser un peu.

feedback ['fi:dbæk] *n* -1. ELECTRON rétroaction *f*; [in microphone] effet *m* Larsen; COMPUT réaction *f*, rétroaction *f*, retour *m* OR remontée *f* de l'information; positive/negative ~ ELECTRON réactions positives/négatives. -2. *(U)* [information] réactions *fpl*, échos *mpl*; we haven't had much ~ from them nous n'avons pas eu beaucoup de réactions OR d'échos de leur part; we welcome ~ from customers nous sommes toujours heureux d'avoir les impressions OR les réactions de nos clients; we need more ~ nous avons besoin de plus d'informations OR d'informations en retour; this will provide us with much-needed ~ on public opinion ceci nous fournira des informations dont nous avons grand besoin sur l'opinion publique.

feedbag ['fi:dbæg] *n* -1. [container] sac *m* à nourriture; [containing food] sac *m* de nourriture. -2. *Am* [for horse] = **nosebag**.

feeder ['fi:dəʳ] ◇ *n* -1. [person] mangeur *m*; to be a heavy ~ [person, animal] manger beaucoup; the plant is a heavy ~ cette plante a besoin de beaucoup de nourriture. -2. [child's bottle] biberon *m*. -3. [feeding device - for cattle] nourrisseur *m*, mangeoire *f* automatique; [- for poultry] mangeoire *f* automatique; [- for machine] chargeur *m*. -4. [river] affluent *m*; [road] voie *f* OR bretelle *f* de raccordement; [air route] ligne *f* régionale de rabattement *(regroupant les passagers vers un aéroport principal)*. -5. ELEC câble *m* OR ligne *f* d'alimentation.

◇ *comp*: ~ primary school *école primaire fournissant des élèves à un collège*; Broughton has five ~ primary schools les élèves de Broughton viennent de cinq écoles primaires différentes; ~ road voie *f* OR bretelle *f* de raccordement; ~ route [in air transport] ligne *f* régionale de rabattement *(regroupant les passagers vers un aéroport principal)*.

feeding ['fi:dɪŋ] ◇ *n* [of person, baby, animal, machine] alimentation *f*.

◇ *comp*: ~ bottle biberon *m*; ~ cup MED canard *m*; to be in a ~ frenzy [sharks] être rendu fou OR frénétique par la présence de nourriture; ~ ground OR grounds *lieux où viennent se nourrir des animaux*; ~ mechanism INDUST mécanisme *m* d'avance OR d'avancement; [for sthg liquid] mécanisme *m* d'alimentation; ~ stuff nourriture *f* OR aliments *mpl* pour animaux; ~ time [for child, animal] heure *f* des repas; it must be (his) ~ time ce doit être l'heure de son repas; it's like ~ time at the zoo *hum* on dirait le moment du repas dans un zoo.

feed pipe *n* tuyau *m* d'alimentation.

feedstock ['fi:dstɒk] *n* matière *f* première.

feedstuff ['fi:dstʌf] *n* nourriture *f* OR aliments *mpl* pour animaux.

feel [fi:l] (*pt* & *pp* felt [felt]) ◇ *vi* *(with complement)* -1. [physically]: to ~ hot/cold/hungry/thirsty avoir chaud/froid/faim/soif; my hands/feet ~ cold j'ai froid aux mains/pieds; my leg ~s numb j'ai la jambe engourdie, ma jambe est engourdie; to ~ good/old/full of energy se sentir bien/vieux/plein d'énergie; how do you ~ OR are you ~ing today? comment te sens-tu aujourd'hui?; are you ~ing all right? [physically] est-ce que tu te sens bien? *also hum*; she's ~ing a lot better elle se sent beaucoup mieux; I felt really bad about it j'étais dans mes petits souliers; to ~ as though OR as if OR like *inf* croire que, avoir l'impression que; I ~ OR it ~s as if I've been hit on the head with a hammer j'ai l'impression qu'on m'a donné un coup de marteau sur la tête ❑ he's not ~ing himself today il n'est pas en forme aujourd'hui; you'll soon be ~ing (more) yourself OR your old self again tu iras bientôt mieux, tu seras bientôt remis; you're as old as you ~ on a l'âge que l'on veut bien avoir. -2. [emotionally]: to ~ glad/sad/undecided être heureux/triste/indécis; to ~ (like) a fool se sentir bête; to ~ (like) a failure avoir l'impression d'être un raté; I felt like a criminal j'ai eu l'impression d'être un criminel; I know how you ~ je sais ce que tu ressens; if that's how you ~... si c'est comme ça que tu vois les choses...; how do you think it makes ME ~? qu'est-ce que tu crois que je ressens, moi?; how would you ~ if it happened to you? comment te sentirais-tu OR qu'est-ce que ça te ferait si ça t'arrivait à toi?; how do you ~ about him/the plan? qu'est-ce que tu penses de lui/ce projet?, comment le trouves-tu/trouves-tu ce projet?; she ~s very strongly about it elle a une position très arrêtée là-dessus; how do you ~ about him coming to stay with us for a few months? qu'est-ce que ça te ferait s'il venait habiter chez nous pendant quelques mois? -3. [in impersonal constructions]: it ~s good to be alive/home c'est bon d'être en vie/chez soi; it ~s strange to be back ça fait drôle d'être de retour; does that ~ better? est-ce que c'est mieux comme ça?; it ~s all wrong for me to be doing this ça me gêne de faire ça; it ~s like rain/snow on dirait qu'il va pleuvoir/neiger; it ~s like spring ça sent le printemps; what does it ~ like OR how does it ~ to be Prime Minister? quelle impression ça fait d'être Premier ministre? -4. [give specified sensation]: to ~ hard/soft/smooth/rough être dur/doux/lisse/rêche (au toucher); the room felt hot/stuffy il faisait chaud/l'atmosphère était étouffante dans la pièce; your forehead ~s hot ton front est brûlant; your neck ~s swollen on dirait que ton cou est enflé. -5. [be capable of sensation] sentir. -6. [grope] = **feel about**. -7. *phr*: to ~ like [want, have wish for] avoir envie de; I ~ like a cup of coffee/something to eat j'ai envie d'une tasse de café/de manger quelque chose; do you ~ like going out tonight? ça te dit de sortir ce soir?; don't do it if you don't ~ like it ne le fais pas si tu n'en as pas envie OR si ça ne te dit rien.

◇ *vt* -1. [touch] toucher; [explore] tâter, palper; ~ it, it's so smooth touche-le, c'est tellement doux; ~ the quality of this cloth apprécie la qualité de ce tissu; I felt the lump on my arm j'ai tâté OR palpé la grosseur sur mon bras; he felt his pockets il tâta ses poches ❑ to ~ one's way avancer à tâtons; [in new job, difficult situation etc] avancer avec précaution; to ~ one's way into/out of/up entrer/sortir/monter à tâtons; I'm still ~ing my way je suis en train de m'habituer tout doucement. -2. [be aware of - wind, sunshine, atmosphere, tension] sentir; [- pain] sentir, ressentir; [be sensitive to - cold, beauty] être sensible à; I can't ~ anything in my foot je ne sens plus rien dans mon pied; I could ~ her foot touching mine je sentais son pied contre le mien; I could ~ myself blushing je me sentais rougir; ~ the weight of it! soupèse-moi ça!; he felt the full force of the blow il a reçu le coup de plein fouet; I bet he felt that! il a dû le sentir passer!; I can ~ a cold coming on je sens que je suis en train de m'enrhumer; I could ~ somebody else in the room je sentais qu'il y avait quelqu'un d'autre dans la pièce ❑ I can ~ it in my bones j'en ai le pressentiment. -3. [experience - sadness, happiness, joy, relief] ressentir, éprouver; [to be affected by - sb's absence, death] être affecté par; to ~ fear/regret avoir peur/des regrets; he ~s things very deeply il ressent les choses très profondément; to ~ the effects of sthg ressentir les effets de qqch. -4. [think] penser, estimer; I ~ it is my duty to tell you j'estime qu'il est de mon devoir de te le dire; she ~s very strongly that... elle est tout à fait convaincue que...; I can't help ~ing that... je ne peux pas m'empêcher de penser que...; I ~ that things have changed between us j'ai l'impression que les choses ont changé entre nous; you mustn't ~ you have to do it il ne faut pas que tu te sentes obligé de le faire.

◇ *n* -1. [tactile quality, sensation]: I could tell by the ~ of it je m'en étais rendu compte rien qu'au toucher; this garment has a really nice ~ to it ce vêtement est vraiment agréable au toucher; I like the ~ of cotton next to OR against my skin j'aime bien le contact du coton sur ma peau. -2. [act of feeling, touching]: to have a ~ of sthg toucher qqch; can I have a ~? je peux toucher?; he's always having a quick ~ ▽ [sexually] il a la main baladeuse. -3. [knack]: to get the ~ of sthg s'habituer à qqch; to have a real ~ for translation/music avoir la traduction/la musique dans la peau. -4. [atmosphere] atmosphère *f*; the room has a nice homely ~ (to it) on se sent vraiment bien dans cette pièce; his music has a really Latin ~ (to it) il y a vraiment une influence latine dans sa musique.

◆ **feel about** *vi insep* [in drawer, pocket] fouiller; to ~ about in one's pocket for the key fouiller dans sa poche pour trouver sa clé; to ~ about in the dark for sthg chercher qqch à tâtons dans le noir, tâtonner dans le noir pour trouver qqch.

◆ **feel for** *vt insep* -1. [sympathize with]: I ~ for you je compatis; *hum* comme je te plains!; that poor woman, I ~ for her la pauvre, ça me fait de la peine pour elle. -2. [in drawer, handbag, pocket] chercher.

◆ **feel up** *inf vt sep* [sexually] peloter, tripoter.

◆ **feel up to** *vt insep*: to ~ up to (doing) sthg [feel like] se sentir le courage de faire qqch; [feel physically strong enough] se sentir la force de faire qqch; [feel qualified, competent] se sentir capable OR à même de faire qqch; I don't really ~ up to it [feel like] je ne m'en sens pas le courage; [feel strong enough] je ne m'en sens pas la force; [feel competent enough] je ne me sens pas à la hauteur; if you ~ up to it, how about a weekend in London? si tu t'en sens le courage, que dirais-tu d'un week-end à Londres?

feeler ['fi:ləʳ] *n* [of insect] antenne *f*; [of snail] corne *f*; [of octopus] tentacule *m*; to put out ~s *fig* tâter le terrain.

feeler gauge *n* jauge *f* d'épaisseur.

feelgood *inf* ['fi:lgʊd] *adj*: it's a real ~ film c'est un film qui donne la pêche.

feeling ['fi:lɪŋ] ◇ *n* -1. [sensation] sensation *f*; she gets a tingling ~ in her fingers elle a une sensation de fourmillement dans les doigts; I don't have any ~ in my left foot je n'ai plus aucune sensation dans le pied gauche; there's a ~ of spring in the air ça sent le printemps; a ~ of unease came over her elle a commencé à se sentir mal à l'aise. -**2.** [opinion] avis *m*, opinion *f*; **she has very strong ~s about it** elle a des opinions très arrêtées là-dessus; **what is your ~ about...?** que pensez-vous de...?; **the ~ I have is that...** à mon avis...; **the general ~ is that..., there is a general ~ that...** l'opinion générale est que... -**3.** [awareness - relating to the future] pressentiment *m*; [- caused by external factors] impression *f*; **I had a ~ he would write** j'avais le pressentiment qu'il allait écrire; **I had a ~ you'd say that** j'étais sûr que tu allais dire ça; **I have a nasty ~ that...** j'ai le mauvais pressentiment que...; **it's just a ~** c'est un pressentiment, ce n'est qu'une impression; **I have a ~ that somebody's watching us** j'ai l'impression que quelqu'un nous observe; **I have the ~ you're trying to avoid me** j'ai l'impression que tu essaies de m'éviter. -**4.** [sensitivity, understanding] émotion *f*, sensibilité *f*; **a writer/a person of great ~** un écrivain/une personne d'une grande sensibilité; **to play the piano/to sing with ~** jouer du piano/chanter avec cœur OR sentiment; **to have a ~ for poetry/music** être sensible à OR apprécier la poésie/la musique; **she has a tremendous ~ for Latin-American rhythm** elle a vraiment le rythme de la musique latino-américaine dans la peau; **to show ~ for sb** faire preuve de sympathie pour qqn; **you have no ~ for other people** les autres te sont indifférents. -**5.** *(often pl)* [emotion] sentiment *m*; **to have mixed ~s about sb/sthg** avoir des sentiments mitigés à l'égard de qqn/qqch; **~s are running high** les passions sont déchaînées; **~s are running high about the new road** la nouvelle route déchaîne les passions; **to hurt sb's ~s** blesser qqn; **bad OR ill ~** hostilité *f*; **it has caused a lot of bad ~** cela a provoqué une grande hostilité; **I know the ~** je sais ce que c'est; **the ~ is mutual** c'est réciproque; **he spoke on the subject of poverty with great ~** il a parlé de la pauvreté avec énormément d'émotion; **to say sthg with ~** dire qqch avec émotion ❑ **no hard ~s?** sans rancune?

◇ *adj* [person, look] sympathique.

feelingly ['fiːlɪŋlɪ] *adv* avec émotion.

fee-paying *adj* [school] privé; **~ students** *étudiants qui paient tous les droits d'inscription.*

feet [fiːt] *pl* → **foot**.

feign [feɪn] *vt* [surprise, innocence] feindre; [madness, death] simuler; **to ~ sleep** faire semblant OR mine de dormir; **to ~ illness/interest** faire semblant OR mine d'être malade/intéressé; **with ~ed surprise/innocence** avec une surprise/innocence feinte.

feint [feɪnt] MIL & SPORT ◇ *n* feinte *f*.

◇ *vi* faire une feinte.

feint-ruled *adj* [paper] à réglure légère.

feistiness *inf* ['faɪstɪnɪs] *n* [liveliness] entrain *m*; [combativeness] cran *m*.

feisty *inf* ['faɪstɪ] *(compar* **feistier**, *superl* **feistiest)** *adj* [lively] plein d'entrain; [combative] qui a du cran.

feldspar ['feldspɑːʳ] *n* MINER feldspath *m*.

felicitous [fɪ'lɪsɪtəs] *adj fml* -**1.** [happy] heureux. -**2.** [word] bien trouvé, heureux; [colour combination] heureux.

felicity [fɪ'lɪsətɪ] *n fml* -**1.** [happiness] félicité *f*. -**2.** [aptness - of word, term] à-propos *m*, justesse *f*.

feline ['fiːlaɪn] ◇ *adj* [grace] félin; [characteristic] du chat.

◇ *n* félin *m*.

fell [fel] ◇ *pt* → **fall**.

◇ *vt* [tree] abattre, couper; *fig* [opponent] abattre, terrasser.

◇ *n* -**1.** *Br* GEOG montagne *f*, colline *f*; **the ~s** [high moorland] les landes *fpl* des plateaux. -**2.** [hide, pelt] fourrure *f*, peau *f*.

◇ *comp*: **~ walking** randonnée *f* en basse montagne; **~ walker** randonneur *m*, -euse *f* de basse montagne; **~ running** course *f* en basse montagne; **~ runner** coureur *m*, -euse *f* en basse montagne.

◇ *adj* -**1.** *arch* OR *lit* [fierce - person] féroce, cruel; [deadly - disease] cruel. -**2.** *phr*: **in OR at one ~ swoop** d'un seul coup.

fella *inf* ['felə] *n* [man] mec *m*, type *m*.

fellah ['felə] *n* -**1.** [Arab peasant] fellah *m*. -**2.** *inf* = **fellow 1**.

fellatio [fe'leɪʃɪəʊ] *n* fellation *f*.

feller *inf* ['feləʳ] *Br* = **fellow** *n* **1**.

felling ['felɪŋ] *n* [of tree] abattage *m*.

fellow ['feləʊ] ◇ *n* -**1.** *inf dated* [man] gars *m*, type *m*; **a good ~** un type OR gars bien; **an old ~** un vieux bonhomme; **poor old ~** pauvre vieux; **the poor ~'s just lost his job** le pauvre vient juste de perdre son travail; **the poor little ~** [animal] la pauvre bête; **hello, old ~** salut, mon vieux; **my dear ~** mon cher ami; **give a ~ a chance!** donne-moi une chance! -**2.** *lit* [comrade] ami *m*, -e *f*, camarade *mf*; [other human being] semblable *mf*; [person in same profession] confrère *m*, consœur *f*; **~s in misfortune** compagnons *mpl* d'infortune; **school ~** camarade d'école. -**3.** UNIV [professor] professeur *m (faisant également partie du conseil d'administration)*; [postgraduate student] étudiant *m*, -e *f* de troisième cycle *(souvent chargé de cours)*; **research ~** chercheur *m*, -euse *f* dans une université. -**4.** [of society] membre *m*. -**5.** [one of a pair]: **where is the ~ to this sock/glove?** où est la chaussette/le gant qui va avec celle-là/celui-là?

◇ *adj*: **~ prisoner/student** camarade *mf* de prison/d'études; **~ passenger/sufferer/soldier** compagnon *m* de voyage/d'infortune/d'armes; **~ being** OR **creature** semblable *mf*, pareil *m*, -eille *f*; **one's ~ man** son semblable; **~ worker** [in office] collègue *mf* (de travail); [in factory] camarade *mf* (de travail), compagnon *m* de travail; **~ citizen** concitoyen *m*, -enne *f*; **~ countryman/countrywoman** compatriote *mf*; **~ traveller** [companion on journey] compagnon *m* de voyage OR de route; *fig* compagnon *m* de route; POL communisant *m*, -e *f*; **it's rare to meet a ~ hang-glider** c'est rare de rencontrer un autre adepte du deltaplane; **an opportunity to meet your ~ translators** une occasion de rencontrer vos confrères traducteurs.

fellow feeling *n* sympathie *f*.

fellowship ['feləʊʃɪp] *n* -**1.** [friendship] camaraderie *f*; [company] compagnie *f*. -**2.** [organization] association *f*, société *f*; RELIG confrérie *f*. -**3.** UNIV [scholarship] bourse *f* d'études de l'enseignement supérieur; [position] poste *m* de chercheur.

felon ['felən] *n* JUR criminel *m*, -elle *f*.

felonious [fɪ'ləʊnjəs] *adj* JUR criminel.

felony ['felənɪ] *n* JUR crime *m*.

felspar ['felspɑːʳ] = **feldspar**.

felt [felt] ◇ *pt* & *pp* → **feel**.

◇ *n* TEX feutre *m*; **roofing ~** feutre *m* bitumé.

◇ *comp* de OR en feutre; **a ~ hat** un (chapeau de OR en) feutre; **~ pen** feutre *m*.

felt-tip (pen) *n* (stylo *m*) feutre *m*.

fem [fem] *abbr of* **feminine**.

female ['fiːmeɪl] ◇ *adj* -**1.** [animal, plant, egg] femelle; [sex, quality, voice, employee] féminin; [vote] des femmes; [equality] de la femme, des femmes; **a traditionally ~ job** un travail traditionnellement réservé aux femmes; **the young ~ giraffe** la jeune girafe femelle; **~ slave** femme esclave; **a study of the ~ character** une étude du caractère de la femme; **~ company** la compagnie féminine OR des femmes; **the ~ sex organs** les organes sexuels féminins OR de la femme; **more ~ students than male study languages** il y a plus d'étudiantes que d'étudiants en langues; **male and ~ clients** des clients et des clientes; **there are not enough ~ politicians** il n'y a pas assez de femmes sur la scène politique; **that's typical ~ thinking!** c'est un raisonnement typiquement féminin! -**2.** TECH femelle.

◇ *n* [animal, plant] femelle *f*; **the ~ of the species** la femelle ‖ *offensive* gonzesse *f*.

female impersonator *n* travesti *m (dans un spectacle)*.

feminine ['femɪnɪn] ◇ *adj* -**1.** [dress, woman, hands etc] féminin; **the bedroom is very ~** c'est une vraie chambre de femme; **this flat needs the ~ touch** cet appartement a besoin de la présence d'une femme. -**2.** GRAMM [ending, form] féminin.

◇ *n* GRAMM féminin *m*; **in the ~** au féminin.

femininity [,femɪ'nɪnətɪ] *n* féminité *f*.

feminism ['femɪnɪzm] *n* féminisme *m*; **I really admire her ~** j'admire vraiment la façon dont elle soutient la cause de la femme OR des femmes.

feminist ['femɪnɪst] ◇ *adj* féministe; **what will be the ~ reaction?** comment les féministes réagiront-elles?

◇ *n* féministe *mf*.

femoral ['femərəl] *adj* ANAT fémoral.

femur ['fiːməʳ] *n* ANAT fémur *m*.

fen [fen] *n* marais *m*, marécage *m*; **the Fens** *région de plaines anciennement marécageuses dans le sud de l'Angleterre.*

fence [fens] ◇ *n* -**1.** [gen] barrière *f*; [completely enclosing] barrière *f*, clôture *f*; [high and wooden] palissade *f*; **electric/barbed-wire ~** clôture électrique/en fil barbelé ❑ **to come down on the right/wrong side of the ~** choisir le bon/mauvais parti; **to be on the other side of the ~** être de l'opinion contraire; **to mend one's ~s** [with fans, electorate] se refaire une réputation; [with friends, colleagues] se regagner des faveurs; **to mend one's ~s with sb** [fans, electorate] se refaire une réputation auprès OR regagner les faveurs de qqn; [friends, colleagues] se réconcilier avec qqn; **to sit on the ~** ne pas se prononcer, rester neutre; **stop sitting on OR come down off the ~** prononce-toi. -**2.** [in show-jumping] obstacle *m*; **to rush one's ~s** [horse] arriver trop vite sur l'obstacle; *fig* aller trop vite en besogne. -**3.** ▽ [of stolen goods] receleur *m*, -euse *f*. -**4.** TECH protection *f*.

◇ *comp*: **~ post** piquet *m* de clôture.

◇ *vt* -**1.** [land] clôturer. -**2.** ▽ [stolen goods] receler.

◇ *vi* -**1.** SPORT faire de l'escrime. -**2.** [evade question] se dérober; [joust verbally] s'affronter verbalement. -**3.** ▽ [handle stolen goods] faire du recel.

◆ **fence in** *vt sep* -**1.** [garden] clôturer. -**2.** *fig* [restrict - person] enfermer, étouffer; **he feels pretty ~d in** il se sent enfermé, il étouffe; **to feel ~d in by sthg** étouffer sous le poids de qqch.

◆ **fence off** *vt sep* séparer à l'aide d'une clôture.

fencer ['fensəʳ] *n* SPORT escrimeur *m*, -euse *f*.

fencing ['fensɪŋ] ◇ *n* -**1.** SPORT escrime *f*. -**2.** [fences] clôture *f*, barrière *f*; [material] matériaux *mpl* pour clôture. -**3.** ▽ [handling stolen goods] recel *m*.

◇ *comp* [lesson, match] d'escrime.

fend [fend] *vi*: **to ~ for o.s.** se débrouiller tout seul; [financially] s'assumer, subvenir à ses besoins.

◆ **fend off** *vt sep* [blow] parer; [attack, attacker] repousser; *fig* [question] éluder, se dérober à; [person at door, on telephone] éconduire.

fender ['fendəʳ] *n* -**1.** [for fireplace] garde-feu *m inv*. -**2.** NAUT défense *f*. -**3.** *Am* [on car] aile *f*; [on bicycle] garde-boue *m inv*; [on train, tram - shock absorber] pare-chocs *m inv*; [- for clearing track] chasse-pierres *m inv*.

fender-bender *inf n Am* AUT [minor accident] petit accrochage *m*.

fenestration [fenɪ'streɪʃn] *n* -**1.** ARCHIT fenêtrage *m*. -**2.** MED fenestration *f*.

fennel ['fenl] *n* fenouil *m*.

fenugreek ['fenjʊgriːk] *n* fenugrec *m*.

feral ['fɪərəl] *adj* [cat, goat, sheep] devenu sauvage.

ferment [*vb* fə'ment, *n* 'fɜːment] ◇ *vt* faire fermenter; **to ~ trouble** *fig* fomenter des troubles.

◇ *vi* fermenter.

◇ *n* -**1.** [agent] ferment *m*; [fermentation] fermentation *f*. -**2.** *fig* [unrest] agitation *f*; to be in (a state of) ~ être en effervescence.
fermentation [,fɜːmən'teɪʃn] *n* fermentation *f*.
fern [fɜːn] *n* fougère *f*.
ferocious [fə'rəʊʃəs] *adj* [animal, appetite, criticism, fighting] féroce; [weapon] meurtrier; [competition] acharné; [heat] terrible, intense; [climate] rude; a ~ **war** une guerre sanguinaire.
ferociously [fə'rəʊʃəslɪ] *adv* [bark, criticize, attack] avec férocité, férocement; [look at sb] d'un œil féroce; **this business is ~ competitive** ce secteur est caractérisé par une concurrence acharnée.
ferociousness [fə'rəʊʃəsnɪs], **ferocity** [fə'rɒsətɪ] *n* [of person, animal, attack, criticism] férocité *f*; [of climate] rudesse *f*; [of heat] intensité *f*, caractère *m* torride; **the ~ of the competition for a place at university** la concurrence acharnée pour les places à l'université.
Ferrara [fə'rɑːrə] *pr n* Ferrare.
ferret ['ferɪt] ◇ *n* furet *m*.
◇ *vi* -**1.** [hunt with ferrets] chasser au furet; to go ~**ing** aller à la chasse au furet. -**2.** *fig* = **ferret about, ferret around**.
◆ **ferret about, ferret around** *vi insep* [in pocket, drawer] fouiller; [in room] fouiller, fureter; **to ~ about for information** fureter dans le but de trouver des renseignements; **to ~ about in sb's past** fureter dans le passé de qqn; **he's been ~ing about** il a fureté un peu partout.
◆ **ferret out** *vt sep* [information, truth] dénicher.
ferreting ['ferɪtɪŋ] *n* chasse *f* au furet.
ferric ['ferɪk] *adj* ferrique.
Ferris wheel ['ferɪs-] *n* grande roue *f*.
ferroconcrete [,ferəʊ'kɒŋkriːt] *n* béton *m* armé.
ferrous ['ferəs] *adj* ferreux.
ferrule ['feruːl] *n* [of umbrella, walking stick] virole *f*.
ferry ['ferɪ] (*pl* **ferries**, *pt* & *pp* **ferried**)
◇ *n* [large] ferry *m*; [small] bac *m*; **to take the ~** prendre le ferry OR le bac; **we took the ~ to France** nous sommes allés en France en ferry; **a ~ crossing** une traversée en ferry OR bac; **~ service** ligne *f* de ferry; **passenger ~** ferry *m* pour passagers piétons; **car ~** car-ferry *m*.
◇ *vt* -**1.** [by large boat - subj: company] transporter en ferry; [by small boat - subj: company] faire traverser en bac; [- subj: boat] transporter; **Donald will ~ you across in his rowing boat** Donald vous fera traverser dans sa barque. -**2.** *fig* [by vehicle - goods] transporter; [- people] conduire; **he spends most of his time ~ing the kids around** il passe la majeure partie de son temps à conduire les enfants à droite et à gauche.
ferryboat ['ferɪbəʊt] *n* ferry *m*.
ferryman ['ferɪmən] (*pl* **ferrymen** [-mən]) *n* passeur *m*.
fertile ['fɜːtaɪl] *adj* [land, soil] fertile; [person, couple, animal] fécond; *fig* [imagination] fertile, fécond; **a ~ egg** un œuf fécondé; **to fall on ~ ground** *fig* trouver un terrain propice.
fertility [fɜː'tɪlətɪ] ◇ *n* [of land, soil] fertilité *f*; [of person, animal] fécondité *f*; *fig* [of imagination] fertilité *f*, fécondité *f*.
◇ *comp* [rate] de fécondité; [rite, symbol] de fertilité; **~ clinic** centre *m* de traitement de la stérilité; **~ drug** médicament *m* pour le traitement de la stérilité.
fertilization [,fɜːtɪlaɪ'zeɪʃn] *n* -**1.** BIOL [of egg] fécondation *f*. -**2.** AGR [of soil] fertilisation *f*.
fertilize, -ise ['fɜːtɪlaɪz] *vt* -**1.** BIOL [animal, plant, egg] féconder. -**2.** AGR [land, soil] fertiliser.
fertilizer ['fɜːtɪlaɪzəʳ] *n* AGR engrais *m*.
ferule ['feruːl] = **ferrule**.
fervent ['fɜːvənt] *adj* [desire, supporter etc] fervent, ardent; **he is a ~ believer in reincarnation** il croit ardemment à la réincarnation.
fervently ['fɜːvəntlɪ] *adv* [beg, desire, speak etc] avec ferveur; [believe] ardemment.
fervid *etc* ['fɜːvɪd] *fml* = **fervent**.
fervour *Br*, **fervor** *Am* ['fɜːvəʳ] *n* ferveur *f*.
fester ['festəʳ] *vi* -**1.** [wound] suppurer; *fig* [memory, resentment] s'aigrir. -**2.** *inf Br* [do nothing] buller.
festering ['festrɪŋ] *adj* [wound] suppurant.
festival ['festəvl] *n* [of music, film etc] festival *m*; RELIG fête *f*; **street ~** festival de rue; **the Cannes Film Festival** le Festival de Cannes.
festive ['festɪv] *adj* [atmosphere] de fête; **their golden wedding celebration was a very ~ occasion** ils ont fait une grande fête pour célébrer leurs noces d'or; **there was a really ~ atmosphere** l'atmosphère était vraiment à la fête; **the ~ season** la période des fêtes; **to be in ~ mood** [person] se sentir d'une humeur de fête; **the village is in ~ mood** une ambiance de fête règne dans le village; **to look ~** [place] être décoré comme pour une fête.
festivity [fes'tɪvətɪ] (*pl* **festivities**) *n* [merriness] fête *f*.
◆ **festivities** *npl* festivités *fpl*; **the Christmas festivities** les fêtes *fpl* de Noël; **come and join the festivities** viens te joindre à la fête, viens faire la fête avec nous.
festoon [fe'stuːn] ◇ *n* feston *m*, guirlande *f*.
◇ *vt* orner de festons, festonner; **to be ~ed in sthg** *fig* [draped with] être couvert de qqch.
feta ['fetə] *n*: **~ (cheese)** feta *f*.
fetal *Am* = **foetal**.
fetch [fetʃ] ◇ *vt* -**1.** [go to get] aller chercher; [come to get] venir chercher; **to ~ sb back** aller chercher qqn; **to ~ sb from the station/from school** aller chercher qqn à la gare/à l'école; **go/run and ~ him** va/va vite le chercher; **to ~ sb in** faire rentrer qqn; **to ~ sthg in** rentrer qqch; **she ~ed him down from upstairs** elle est montée le chercher. -**2.** [generate]: **the speech ~ed a round of applause** le discours a été reçu par des applaudissements; **the joke ~ed a laugh** la plaisanterie a suscité des rires; **it ~ed no response** cela n'a suscité OR soulevé aucune réaction. -**3.** [be sold for - money] rapporter; [- price] atteindre; **it should ~ you £8,000** cela devrait vous rapporter 8 000 livres, vous devriez en tirer 8 000 livres; **the painting ~ed £8,000** le tableau a atteint la somme de 8 000 livres. -**4.** *fml* [utter - sigh, groan] pousser. -**5.** *inf* [deal - blow]: **he ~ed him one with his right fist** il lui a flanqué OR envoyé un droit; **move or I'll ~ you one!** dégage ou je t'en mets une!
◇ *vi* aller chercher; **~!** [to dog] va chercher!; **to ~ and carry for sb** faire le grouillot pour qqn, être le grouillot de qqn.
◆ **fetch up** *inf* ◇ *vi insep* -**1.** [end up] se retrouver; **to ~ up in hospital/in a ditch** se retrouver à l'hôpital/dans un fossé. -**2.** [vomit] rendre.
◇ *vt sep* [vomit] rendre.
fetching ['fetʃɪŋ] *adj* [smile, person, look] séduisant; [hat, dress] seyant.
fetchingly ['fetʃɪŋlɪ] *adv* [smile] d'un air séduisant; **with his hat balanced ~ on his head** avec son chapeau élégamment posé sur la tête.
fête [feɪt] ◇ *n* fête *f*, kermesse *f*; **village ~** fête du village.
◇ *vt* fêter.

FÊTE:
En Grande-Bretagne, les «village fêtes» sont des manifestations en plein air où l'on vend des produits faits maison et où l'on organise des manifestations sportives et des jeux pour enfants; elles sont généralement destinées à réunir des fonds pour une œuvre de charité.

---

fetid ['fetɪd] *adj* fétide.
fetish ['fetɪʃ] *n* PSYCH & RELIG fétiche *m*; **to have a ~ for sthg** PSYCH être un fétichiste de qqch; **to have a ~ for** OR **to make a ~ of sthg** être obsédé par qqch, être un maniaque de qqch; **there's no need to make a ~ of it** il ne faut pas que cela devienne une obsession.
fetishism ['fetɪʃɪzm] *n* PSYCH & RELIG fétichisme *m*; **food ~** obsession *f* pour la nourriture; **foot ~** fétichisme du pied.
fetishist ['fetɪʃɪst] *n* PSYCH & RELIG fétichiste *mf*; **food ~** personne *f* obsédée par la nourriture; **foot ~** fétichiste du pied.
fetishistic [,fetɪ'ʃɪstɪk] *adj* PSYCH fétichiste; **that borders on the ~** cela confine au fétichisme.
fetlock ['fetlɒk] *n* [of horse - part of leg] partie *f* postérieure du pied; [- joint] boulet *m*; [- hair] fanon *m*.
fetter ['fetəʳ] *vt* [slave, prisoner] enchaîner; [horse] entraver; *fig* entraver.
◆ **fetters** *npl* [of prisoner] fers *mpl*, chaînes *fpl*; [of horse] entraves *fpl*; *fig* [of marriage, job] chaînes *fpl*, sujétions *fpl*; **in ~s** [prisoner] enchaîné; *fig* entravé; **to put sb in ~s** mettre qqn aux fers; *fig* entraver qqn.
fettle *inf* ['fetl] *n*: **to be in fine** OR **good ~** aller bien.
fetus *Am* = **foetus**.
feu [fjuː] *n Scot* JUR bail *m* perpétuel; **~ duty** loyer *m* (de la terre).
feud [fjuːd] ◇ *n* [between people, families] querelle *f*; [more aggressive - between families] vendetta *f*; **a bloody ~** une vendetta; **to have a ~ with sb** être à couteaux tirés avec qqn.
◇ *vi* se quereller, se disputer; **to ~ with sb (over sthg)** se quereller OR se disputer avec qqn (pour qqch); **they were ~ing with each other over who owned the property** ils se disputaient la possession de la propriété.
feudal ['fjuːdl] *adj* [society, system] féodal; *pej* [extremely old-fashioned] moyenâgeux.
feudalism ['fjuːdəlɪzm] *n* féodalisme *m*.
feuding ['fjuːdɪŋ] *n (U)* querelle *f*, querelles *fpl*; [more aggressive] vendetta *f*.
fever ['fiːvəʳ] *n* -**1.** MED [illness] fièvre *f*; **a bout of ~** un accès OR une poussée de fièvre; **to have a ~** [high temperature] avoir de la température OR de la fièvre; **to have a high ~** avoir beaucoup de température OR de fièvre. -**2.** *fig* excitation *f* fébrile; **a ~ of anticipation** une attente fiévreuse OR fébrile; **football/election/gold ~** fièvre *f* du football/des élections/de l'or; **gambling ~** démon *m* du jeu; **the entire hall went into a ~ of excitement** la salle entière s'enfiévra; **to be in a ~ about sthg** [nervous, excited] être tout excité à cause de qqch.
fevered ['fiːvəd] *adj* [brow] fiévreux; *fig* [imagination] enfiévré.
feverish ['fiːvərɪʃ] *adj* MED fiévreux; *fig* [activity, atmosphere] fébrile.
feverishness ['fiːvərɪʃnɪs] *n* MED état *m* fébrile, fébrilité *f*.
fever pitch *n fig*: **things are at ~ here** l'excitation ici est à son comble; **excitement is rising to ~** l'excitation est de plus en plus fébrile.
few [fjuː] ◇ *det* -**1.** [not many] peu de; **~ people have done that** peu de gens ont fait cela; **there are very ~ suitable candidates for the post** très peu de candidats ont le profil requis; **so/too ~ books to read** si/trop peu de livres à lire; **there are four books too ~** il manque quatre livres; **we are ~ (in number)** nous sommes peu nombreux; **with ~ exceptions** à peu d'exceptions près, sauf de rares exceptions || *(with def art, poss adj etc)*: **on the ~ occasions that I have met him** les rares fois où je l'ai rencontré; **her ~ remaining possessions** le peu de biens qui lui restaient; **these ~ precious souvenirs** ces quelques précieux souvenirs; **it is one of the ~ surviving examples of...** c'est un des rares exemples qui restent de...; **she is one of the ~ women to have held the post** c'est une des rares femmes à avoir assumé ces fonctions ☐ **visitors are ~ and far between** les visiteurs sont rares; **grants will be ~ and far between in future** les bourses se feront rares à l'avenir. -**2.** [indicating an unspecified or approximate number]: **every ~ minutes** toutes les deux ou trois minutes; **the first ~ copies** les deux ou trois premiers exemplaires; **in the past/next ~ days** pendant les deux ou trois derniers/

prochains jours; **he's been living in London for the past ~ years** ça fait quelques années qu'il habite à Londres; **these past ~ weeks have been wonderful** ces dernières semaines ont été merveilleuses.
◇ *pron* [not many]: **how many of them are there? — very ~** combien sont-ils? — très peu nombreux; **I didn't realize how ~ there were** je ne m'étais pas rendu compte qu'ils étaient aussi peu nombreux; **~ could have predicted the outcome** peu de personnes OR rares sont ceux qui auraient pu prévoir le résultat; **the ~ who knew her** les quelques personnes qui la connaissaient ❑ **the chosen ~** les heureux élus; **the Few** *Br* HIST *les aviateurs britanniques qui ont défendu leur pays pendant la bataille d'Angleterre*; **many are called but ~ are chosen** BIBLE il y a beaucoup d'appelés mais peu d'élus.
◆ **a few** ◇ *det phr* quelques; **I have a ~ ideas** j'ai quelques idées; **he has a ~ more friends than I have** il a un peu plus d'amis que moi; **a ~ more days/months/years** quelques jours/mois/années de plus; **a ~ more days should see the job done** encore quelques jours et le travail devrait être fini.
◇ *pron phr* quelques-uns, quelques-unes; **do you have many friends? — I have a ~** est-ce que tu as beaucoup d'amis? — (j'en ai) quelques-uns; **we need a ~ more/less** il nous en faut un peu plus/moins; **a ~ of you** quelques-uns d'entre vous; **there are only a ~ of us who attend regularly** seuls quelques-uns parmi nous y vont régulièrement ❑ **he's had a ~** *inf* [drinks] il a bu un coup; **he's had a ~ too many** il a bu un coup de trop; **to name but a ~** pour n'en citer que quelques-uns; **not a ~** pas peu.
◆ **a good few, quite a few** ◇ *det phr* un assez grand nombre de; **there were a good ~** OR **quite a ~ mistakes in it** il y avait un assez grand nombre de OR pas mal de fautes dedans.
◇ *pron phr* un assez grand nombre; **quite a ~ agreed with me** ils étaient assez nombreux à être d'accord avec moi; **quite a ~ of us/of the books** un assez grand nombre d'entre nous/de livres; **I hadn't seen all her films, but I'd seen a good ~** je n'avais pas vu tous ses films, mais j'en avais vu un assez grand nombre.

fewer ['fju:əʳ] (*compar of* few) ◇ *det* moins de; **more applicants are competing for ~ jobs** il y a plus de candidats et moins de postes; **there have been ~ accidents than last year** il y a eu moins d'accidents que l'an dernier; **~ and ~ people** de moins en moins de gens; **the ~ people turn up the better** moins il y aura de monde et mieux ce sera ❑ **no ~ than** pas moins de.
◇ *pron* moins; **there are ~ of you than I thought** vous êtes moins nombreux que je ne le pensais; **I've got even/a lot ~ than you** j'en ai encore/beaucoup moins que toi; **the ~ the better** moins il y en a mieux c'est; **how many days are you going to spend there? — the ~ the better** combien de jours vas-tu passer là-bas? — le moins possible.

fewest ['fju:ɪst] (*superl of* few) ◇ *adj* le moins de; **the ~ mistakes possible** le moins d'erreurs possible; **this is the part where the ~ people live** c'est la région la moins peuplée.
◇ *pron*: **I had the ~** c'est moi qui en ai eu le moins; **who's got the ~?** qui en a le moins?

fey [feɪ] *adj* -**1.** [whimsical - person, behaviour] bizarre. -**2.** *Scot* [clairvoyant] extralucide. -**3.** *Scot* [having feeling of impending death] qui a des pressentiments de mort.

fez [fez] *n* fez *m*.

Fez [fez] *pr n* Fès.

FFA (*abbr of* Future Farmers of America) *pr n aux États-Unis, organisation nationale d'étudiants en agriculture*.

FH *Br written abbr of* **fire hydrant**.

FHA (*abbr of* Federal Housing Administration) *pr n organisme de gestion des logements sociaux aux États-Unis*.

fiancé [fɪ'ɒnseɪ] *n* fiancé *m*.

fiancée [fɪ'ɒnseɪ] *n* fiancée *f*.

fiasco [fɪ'æskəʊ] (*pl* **fiascos** OR **fiascoes**) *n* fiasco *m*; **it was a ~** ça a été un véritable fiasco; **to end in ~** se terminer par un fiasco.

fiat ['faɪæt] *n* [decree] décret *m*.

fib *inf* [fɪb] ◇ *n* petit mensonge *m*; **to tell ~s** raconter des histoires; **what a ~!** c'est des histoires!
◇ *vi* raconter des histoires.

fibber *inf* ['fɪbəʳ] *n* menteur *m*, -euse *f*.

fibre *Br*, **fiber** *Am* ['faɪbəʳ] *n* -**1.** [of cloth, wood] fibre *f*; **artificial/natural ~s** fibres artificielles/naturelles; **moral ~** *fig* force *f* morale; **to love sb/sthg with every ~ of one's being** *fig* aimer qqn/qqch de tout son être. -**2.** *(U)* [in diet] fibres *fpl*; **to be high in ~** [foodstuff] être riche en fibres; **high-~ diet** régime *m* OR alimentation *f* riche en fibres.

fibreboard *Br*, **fiberboard** *Am* ['faɪbəbɔ:d] *n* panneau *m* de fibres.

fibreglass *Br*, **fiberglass** *Am* ['faɪbəglɑ:s] ◇ *n* fibre *f* de verre; **it's (made of) ~** c'est en OR de la fibre de verre.
◇ *comp* [boat, hull etc] en fibre de verre.

fibre optic ◇ *n*: **~s** fibre *f* optique, fibres *fpl* optiques.
◇ *adj* [cable] en fibres optiques.

fibre-tip pen *n* feutre *m* pointe fibre.

fibrillation [,faɪbrɪ'leɪʃn] *n* fibrillation *f*.

fibroid ['faɪbrɔɪd] ◇ *adj* [tissue] fibreux; **~ tumour** fibrome *m*.
◇ *n* [tumour] fibrome *m*.

fibrosis [faɪ'brəʊsɪs] *n (U)* fibrose *f*.

fibrositis [,faɪbrə'saɪtɪs] *n (U)* fibrosite *f*.

fibrous ['faɪbrəs] *adj* fibreux.

fibula ['fɪbjʊlə] (*pl* **fibulas** OR **fibulae** [-li:]) *n* ANAT péroné *m*.

FICA (*abbr of* Federal Insurance Contributions Act) *pr n loi américaine régissant les cotisations sociales*.

fickle ['fɪkl] *adj* [friend, fan] inconstant; [weather] changeant, incertain; [lover] inconstant, volage.

fickleness ['fɪklnɪs] *n* [of friend, fan, public, lover] inconstance *f*; [of weather] instabilité *f*.

fiction ['fɪkʃn] ◇ *n* -**1.** *(U)* LITERAT ouvrages *mpl* OR œuvres *fpl* de fiction; **first prize for ~** premier prix de fiction; **a work** OR **piece of ~** un ouvrage OR une œuvre de fiction. -**2.** [invention] fiction *f*; **she has difficulty separating fact from ~** elle a du mal à distinguer la réalité de la fiction; **it's pure ~** c'est de la pure fiction; **we'll have to keep up the ~ a little longer** il nous faudra continuer encore un peu à faire semblant.
◇ *comp*: **~ writer** auteur *m* d'ouvrages de fiction.

fictional ['fɪkʃənl] *adj* fictif; **a well-known ~ character** un célèbre personnage de la littérature; **the ~ treatment of women** le thème de la femme dans les ouvrages de fiction.

fictionalize ['fɪkʃənəlaɪz] *vt* romancer.

fictitious [fɪk'tɪʃəs] *adj* [imaginary, invented] fictif.

fiddle ['fɪdl] ◇ *n* -**1.** MUS [instrument] violon *m*; **to be as fit as a ~** être en pleine forme, être frais comme un gardon; **her face was as long as a ~** elle faisait une tête d'enterrement; **to play second ~ to sb** jouer les seconds violons OR rôles auprès de qqn. -**2.** *inf* [swindle] truc *m*, combine *f*; **to work a ~** *Br* combiner quelque chose; **it's a ~** c'est un attrape-nigaud; **to be on the ~** traficoter; **tax ~** fraude *f* fiscale.
◇ *vi* -**1.** [be restless]: **stop fiddling!** tiens-toi tranquille!, arrête de remuer!; **to ~ with sthg** [aimlessly, nervously] jouer avec qqch; [interfere with] jouer avec OR tripoter qqch. -**2.** [tinker] bricoler; **he ~d with the knobs on the television** il a tourné les boutons de la télé dans tous les sens. -**3.** MUS jouer du violon; **to ~ while Rome burns** s'occuper de futilités alors qu'il est urgent d'agir. -**4.** *inf* [cheat] trafiquer.
◇ *vt* -**1.** *inf* [falsify - results, financial accounts] truquer, falsifier; [- election] truquer; **to ~ one's income tax** falsifier sa déclaration d'impôts; **he ~d it so that he got the results he wanted** il a trafiqué pour obtenir les résultats qu'il voulait. -**2.** *inf* [gain dishonestly - money, time off] carotter. -**3.** *inf* [swindle - person]: **he ~d me out of £20** il m'a refait de 20 livres; **I've been ~d!** je me suis fait escroquer! -**4.** [play - tune] jouer au violon.
◆ **fiddle about** *Br*, **fiddle around** *vi insep* -**1.** [fidget] jouer. -**2.** *inf* [mess about] bricoler; [loaf about, waste time] traînasser.

fiddlededee *inf* [,fɪdldi:'di:], **fiddle-faddle** *inf* [-,fædl] = **fiddlesticks**.

fiddler *inf* ['fɪdləʳ] *n* -**1.** MUS joueur *m*, -euse *f* de violon, violoniste *mf*. -**2.** [swindler] arnaqueur *m*, -euse *f*.

fiddlesticks *inf* ['fɪdlstɪks] *interj dated* [in disagreement] balivernes *fpl*, sornettes *fpl*; [in annoyance] bon sang de bonsoir.

fiddling ['fɪdlɪŋ] ◇ *adj* [trivial - job] futile, insignifiant.
◇ *n* -**1.** [fidgeting]: **stop your ~!** arrête de gigoter! -**2.** *inf* [swindling] trafic *m*, falsification *f*; **his ~ of the books** sa falsification des livres de comptes; **in spite of all his ~** malgré toutes ses combines.

fiddly *inf* ['fɪdlɪ] *adj* [awkward - job, task] délicat, minutieux; [- small object] difficile à manier, difficile à tenir entre les doigts; **it's a bit ~** ça demande de la minutie.

fidelity [fɪ'delətɪ] *n* -**1.** [of people] fidélité *f*; **they vowed ~ to one another** ils se sont juré fidélité. -**2.** [of translation] fidélité *f*. -**3.** ELECTRON fidélité *f*; **high ~** haute fidélité.

fidget *inf* ['fɪdʒɪt] ◇ *vi* [be restless] avoir la bougeotte, gigoter; **stop ~ing!** arrête de gigoter!; **to ~ with sthg** jouer avec qqch, tripoter qqch.
◇ *n* -**1.** [restless person]: **she's a little ~** elle ne tient pas en place, elle gigote tout le temps; **what a ~ you are today!** tu ne tiens pas en place OR tu as la bougeotte aujourd'hui!; **don't be such a ~!** arrête de gigoter! -**2.** *phr*: **to have** OR **to get the ~s** [be restless, nervous] ne pas tenir en place.

fidgety *inf* ['fɪdʒɪtɪ] *adj* qui ne tient pas en place; **I feel ~** je ne tiens plus en place.

fiduciary [fɪ'du:ʃjərɪ] JUR & FIN ◇ *adj* fiduciaire.
◇ *n* fiduciaire *m*.

fie [faɪ] *interj arch* OR *hum*: **~ on you!** vous devriez avoir honte!

fief [fi:f] *n* HIST & *fig* fief *m*.

fiefdom ['fi:fdəm] *n* HIST & *fig* fief *m*.

field [fi:ld] ◇ *n* -**1.** AGR champ *m*; **to work in the ~s** travailler dans les OR aux champs. -**2.** SPORT [pitch] terrain *m*; **the ~** [in baseball] les défenseurs *mpl*; **Smith is way ahead of the (rest of the) ~** Smith est loin devant OR devance largement les autres; **there's a very strong ~ for the 100 metres** il y a une très belle brochette de concurrents OR participants au départ du 100 mètres ❑ **football ~** terrain de football; **sports** OR **games ~** terrain de sport; **to take the ~** entrer sur le terrain; **to lead the ~** [in race] mener la course, être en tête; *fig* [in sales, area of study] être en tête; [subj: theory] faire autorité; **to play the ~** *inf* [romantically] jouer sur plusieurs tableaux. -**3.** [of oil, minerals etc] gisement *m*; **oil/coal/gas ~** gisement de pétrole/de charbon/de gaz; **to work in the oil ~s** travailler sur les lieux de forage pétrolier; **ice ~** surface *f* glacée; **snow ~** champ *m* de neige. -**4.** MIL: **~ (of battle)** champ *m* de bataille; **bravery in the ~** bravoure sur le champ de bataille; **to die on the ~ of honour** mourir OR tomber au champ d'honneur; **to hold the ~** ne pas lâcher de terrain, tenir; **the French now held the ~** les Français étaient maintenant maîtres du champ de bataille. -**5.** [sphere of activity, knowledge] domaine *m*; **experts from every ~** des experts provenant de tous les domaines; **to be an expert in one's ~** être expert dans son domaine; **in the political ~, in the ~ of politics** dans le domaine politique; **to contribute to the ~ of human knowledge** contribuer à la connaissance humaine; **what's your ~?, what ~ are you in?** quel est ton domaine?; **that's not my**

~ ce n'est pas de mon domaine OR dans mes compétences. -**6.** [practice rather than theory] terrain *m*; to **work/to study in the ~** travailler/étudier sur le terrain; **to go out into the ~** aller sur le terrain. -**7.** PHYS & OPTICS champ *m*; ~ **of vision** champ visuel OR de vision; **magnetic ~** champ magnétique ‖ MIL: ~ **of fire** champ *m* de tir. -**8.** COMPUT champ *m*. -**9.** HERALD [on coat of arms, coin] champ *m*; [on flag] fond *m*.
◇ *vt* -**1.** [team] présenter; [player] faire jouer; MIL [men, hardware] réunir; POL [candidate] présenter. -**2.** [in cricket, baseball - ball] arrêter (et renvoyer); **to ~ a question** *fig* savoir répondre à une question; **well ~ed** *fig* bien répondu.
◇ *vi* [in cricket, baseball] être en défense, tenir le champ.

field ambulance *n* MIL ambulance *f*.
field artillery *n* MIL artillerie *f* de campagne.
fieldcraft ['fiːldkrɑːft] *n (U)* connaissances *fpl* de la nature.
field day *n* SCH journée *f* en plein air; MIL jour *m* des grandes manœuvres; **to have a ~** *inf fig* s'en donner à cœur joie; [do good business] faire recette; **what a ~ they had!** ils s'en sont vraiment donné à cœur joie!
fielder ['fiːldəʳ] *n* [in cricket, baseball] joueur *m* de l'équipe défendante OR champ.
field event *n* SPORT compétition *f* d'athlétisme *(autre que course)*; **~s** concours *mpl*.
fieldfare ['fiːldfeəʳ] *n* ORNITH litorne *f*.
field glasses *npl* jumelles *fpl*.
field gun *n* MIL canon *m*.
field hockey *n Am* hockey *m* (sur gazon).
field hospital *n* MIL antenne *f* chirurgicale, hôpital *m* de campagne.
fielding ['fiːldɪŋ] *n* [in cricket, baseball] défense *f*.
field kitchen *n* MIL cuisine *f* roulante.
field marshal *n* MIL maréchal *m*.
fieldmouse ['fiːldmaʊs] (*pl* **fieldmice** [-maɪs]) *n* mulot *m*.
field officer *n* MIL officier *m* supérieur.
fieldsman ['fiːldzmən] (*pl* **fieldsmen** [-mən]) = **fielder**.
field sports *npl la chasse et la pêche.*
field study *n* étude *f* sur le terrain.
field test *n* essai *m* sur le terrain.
◆ **field-test** *vt* [machine] soumettre à des essais sur le terrain.
field trials *npl* [for machine] essais *mpl* sur le terrain.
field trip *n* SCH & UNIV voyage *m* d'études; [of one afternoon, one day] sortie *f* d'études; **geography ~** excursion *f* d'études de géographie.
fieldwork ['fiːldwɜːk] *n (U)* travaux *mpl* sur le terrain; [research] recherches *fpl* sur le terrain.
field worker *n* [social worker] travailleur *m* social, travailleuse *f* sociale; [researcher] chercheur *m*, -euse *f* de terrain.
fiend [fiːnd] *n* -**1.** [demon] démon *m*, diable *m*; [evil person] monstre *m*. -**2.** *inf* [fanatic, freak] mordu *m*, -e *f*, fana *mf*; **tennis ~** fana OR mordu de tennis; **a health ~** un maniaque de la santé; **dope** OR **drug ~** toxico *mf*; **sex ~** satyre *m*; [in newspaper headline] maniaque *m* sexuel.
fiendish ['fiːndɪʃ] *adj* -**1.** [fierce - cruelty, look] diabolique, démoniaque. -**2.** *inf* [plan, cunning] diabolique; [very difficult - problem] abominable, atroce; **a trick of ~ difficulty** un tour extrêmement difficile; **to take a ~ delight** OR **pleasure in doing sthg** prendre un plaisir diabolique à faire qqch.
fiendishly ['fiːndɪʃlɪ] *adv* -**1.** [cruelly] diaboliquement. -**2.** *inf* [extremely]: ~ **clever** d'une intelligence diabolique; ~ **difficult** abominablement OR atrocement difficile.
fierce [fɪəs] *adj* -**1.** [animal, person, look, words] féroce. -**2.** [heat, sun] torride; [competition, fighting, loyalty, resistance] acharné; [battle, criticism, desire, hatred, temper] féroce.
fiercely ['fɪəslɪ] *adv* -**1.** *literal* férocement; **to look ~ at sb** regarder qqn d'un air féroce. -**2.** *fig* [argue, attack, criticize, fight] violemment; [independent] farouchement; **to resist ~** résister avec acharnement; **to compete ~** se livrer à une concurrence acharnée; **it is a ~ competitive business** c'est un secteur où la concurrence est acharnée; **to be ~ loyal to sb** faire preuve d'une loyauté à toute épreuve OR farouche envers qqn.
fierceness ['fɪəsnɪs] *n* -**1.** [of animal, look, person] férocité *f*. -**2.** [of desire] violence *f*; [of sun] ardeur *f*; [of resistance] acharnement *m*; [of criticism] férocité *f*.
fiery ['faɪərɪ] *adj* [heat, sun, coals] ardent; [speech] violent, fougueux; [sky, sunset] embrasé; **a ~ red colour** une couleur rouge feu; ~ **red hair** cheveux d'un roux flamboyant; ~ **liquor** alcool très fort; **a ~ curry** un curry très épicé OR qui emporte la bouche; **to have a ~ temper** avoir un tempérament OR caractère fougueux ❑ **the ~ cross** *Am* la croix en flammes *(symbole du Ku Klux Klan)*.
fiesta [fɪ'estə] *n* fiesta *f*.
FIFA ['fiːfə] (*abbr of* **Fédération Internationale de Football Association**) *pr n* FIFA *f*.
fife [faɪf] *n* MUS fifre *m*.
fifteen [fɪf'tiːn] ◇ *adj* quinze; ~ **people** quinze personnes; **about ~ people** une quinzaine de personnes; **to be ~** avoir quinze ans.
◇ *n* -**1.** [numeral] quinze *m inv*; **about ~** une quinzaine. -**2.** [in rugby] quinze *m*; **the opposing ~** l'équipe rivale; **the school/Scottish ~** le quinze de l'école/d'Écosse.
◇ *pron* quinze; ~ **is not enough** quinze, ce n'est pas assez; **I need ~** il m'en faut quinze.
fifteenth [fɪf'tiːnθ] ◇ *adj* quinzième; **on the ~ day of the month** le quinze du mois; **Louis the Fifteenth** Louis Quinze.
◇ *n* [fraction] quinzième *m*; [in series] quinzième *mf*.
fifth [fɪfθ] ◇ *adj* cinquième; **a ~ part** un cinquième; **the ~ day of the month** le cinq du mois; **in ~ place** à la cinquième place; **she came** OR **was ~** [in race, exam etc] elle est arrivée cinquième; ~ **from the end/right** cinquième en partant de la fin/droite; **on the ~ floor** *Br* au cinquième étage; *Am* au quatrième étage; ~ **gear** AUT cinquième vitesse; ~ **form** *Br* SCH ≃ classe de seconde ❑ **to feel like a ~ wheel** *Am* avoir l'impression d'être la cinquième roue du carrosse; **Fifth Amendment** Cinquième Amendement *m (de la Constitution des États-Unis, permettant à un accusé de ne pas répondre à une question risquant de jouer en sa défaveur)*; **I plead the Fifth (Amendment)** *hum* ≃ je ne parlerai qu'en présence de mon avocat; **Fifth Avenue** la cinquième avenue; **she's very Fifth Avenue** elle est très cinquième avenue *(fait référence à l'élite sociale new-yorkaise)*; **the Fifth Republic** la Cinquième OR Ve République; **George the Fifth** Georges Cinq.
◇ *n* -**1.** [day of month] cinq *m inv*; **the ~**, **on the ~** le cinq; **the ~ of July, July the ~**, **July ~** *Am* le cinq juillet; **today is the ~** nous sommes le cinq aujourd'hui ❑ **the ~ of November** *jour anniversaire de la conspiration des poudres aussi appelé Guy Fawkes' Day* ‖ [fraction] cinquième *m*; [in series] cinquième *mf*. -**2.** MUS quinte *f*. -**3.** *Am* [Fifth Amendment]: **I'll take the Fifth** *Am expression utilisée par une personne appréhendée pour invoquer le Cinquième Amendement.*
fifth column *n* cinquième colonne *f*.
fifth columnist *n* membre *m* de la cinquième colonne.
fifth-generation *adj* COMPUT de cinquième génération.
fifthly ['fɪfθlɪ] *adv* cinquièmement.
fiftieth ['fɪftɪəθ] ◇ *adj* cinquantième.
◇ *n* [fraction] cinquantième *m*; [in series] cinquantième *mf*.
fifty ['fɪftɪ] ◇ *adj* cinquante; ~ **people** cinquante personnes; **about ~ people** une cinquantaine de personnes.
◇ *n* -**1.** [numeral] cinquante *m inv*; **there are ~ of them** il y en a cinquante; **he works a ~ hour week** il travaille cinquante heures par semaine; **about ~** une cinquantaine; **to be ~** avoir cinquante ans; **the fifties** les années cinquante; **in the early/late fifties** au début/à la fin des années cinquante; **the temperature will be in the high fifties** la température sera environ de quinze degrés; **she is in her fifties** elle a dans les cinquante ans; **to be in one's early/late fifties** avoir une petite cinquantaine/la cinquantaine bien sonnée; **to do ~** AUT ≃ faire du quatre-vingts. -**2.** *Am* [money] billet *m* de cinquante (dollars).
◇ *pron* cinquante; ~ **is not enough** cinquante, ce n'est pas assez; **I need ~** il m'en faut cinquante.
◇ *comp*: **~-one** cinquante et un; **~-two/-three** cinquante-deux/-trois; **~-first** cinquante et unième; **~-second** cinquante-deuxième; **there were ~-odd people at the party** il y avait une cinquantaine de personnes à la soirée.
fifty-fifty ◇ *adj*: **on a ~ basis** moitié-moitié, fifty-fifty; **his chances of winning/surviving are ~** il a une chance sur deux de gagner/de s'en tirer; **the animal's chances of survival are no more than ~** les chances de survie de l'animal ne dépassent pas cinquante pour cent.
◇ *adv* moitié-moitié, fifty-fifty; **let's go ~** partageons moitié-moitié OR fifty-fifty; **to go ~ (on sthg with sb)** se mettre de moitié (dans qqch avec qqn); **I went ~ with my brother on it** je me suis mis de moitié avec mon frère.
fig [fɪg] *n* [fruit] figue *f*; ~ **(tree)** figuier *m*; **it's not worth a ~** *inf dated* ça ne vaut pas un radis; **I don't give** OR **care a ~** *inf dated* je m'en moque comme de ma première chemise; **I don't give** OR **care a ~ what she thinks** je me contrefiche de ce qu'elle pense.
fight [faɪt] (*pt* & *pp* **fought** [fɔːt]) ◇ *n* -**1.** [physical] bagarre *f*; [verbal] dispute *f*; [of army, boxer] combat *m*, affrontement *m*; [against disease, poverty etc] lutte *f*, combat *m*; **do you want a ~?** tu veux te battre?; **he enjoys a good ~** [physical] il aime la bagarre OR les bagarres; [verbal] il aime les disputes; [boxing match] il aime les bons combats de boxe; **to have** OR **to get into a ~ with sb** [physical] se battre avec qqn; [verbal] se disputer avec qqn; **they are always having ~s** ils sont toujours en train de se bagarrer OR se disputer; **you've been in a ~ again** tu t'es encore battu OR bagarré; **to pick a ~ (with sb)** chercher la bagarre (avec qqn); **are you trying to pick a ~ (with me)?** tu me provoques?, tu cherches la bagarre?; **a ~ to the death** une lutte à mort; **are you going to the ~?** [boxing match] est-ce que tu vas voir le combat?; **to put up a (good) ~** (bien) se défendre; **the boxer put up a great ~** le boxeur s'est défendu avec acharnement; **to make a ~ of it** se défendre avec acharnement; **to give in without (putting up) a ~** capituler sans (opposer de) résistance; **he realized he would have a ~ on his hands** il s'est rendu compte qu'il allait devoir lutter. -**2.** [fighting spirit] combativité *f*; **there's not much ~ left in him** il a perdu beaucoup de sa combativité; **the news of the defeat took all the ~ out of us** la nouvelle de la défaite nous a fait perdre tout cœur à nous battre OR nous a enlevé le courage de nous battre; **to show ~** montrer de la combativité, ne pas se laisser faire.
◇ *vi* [physically - person, soldier] se battre; [- boxer] combattre; [- two boxers] s'affronter; [verbally] se disputer; [against disease, injustice etc] lutter; **to ~ to the death/the last** se battre à mort/jusqu'à la fin; **he fought in the war** il a fait la guerre; **they were ~ing with each other** ils étaient en train de se battre OR se disputer; **they were always ~ing over** OR **about money** ils se disputaient toujours pour des problèmes d'argent; **the children were ~ing over the last biscuit** les enfants se disputaient pour avoir le dernier biscuit; **to ~ for one's rights/to clear one's name** lutter pour ses droits/pour prouver son innocence; **they fought for the leadership of the party** ils se sont disputé la direction du parti; **he fought for breath** il se débattait OR il luttait pour respirer ❑ **to ~ for one's life** [ill person] lutter contre la mort; *fig* [in race, com-

petition] se battre avec la dernière énergie, se démener ❑ to go down ~ing se battre jusqu'au bout; to ~ shy of doing sthg tout faire pour éviter de faire qqch; to ~ shy of sb éviter qqn.
◇ *vt* [person, animal] se battre contre; [boxer] combattre (contre), se battre contre; [disease, terrorism etc] lutter contre, combattre; to ~ a duel se battre en duel; to ~ a battle livrer (une) bataille; I'm not going to ~ your battles for you *fig* c'est à toi de te débrouiller; to ~ a fire lutter contre un incendie; to ~ a court case [subj: lawyer] défendre une cause; [subj: plaintiff, defendant] être en procès; to ~ an election [politician] se présenter à une élection; to ~ an election campaign *Br* mener une campagne électorale; John Brown is ~ing Smithtown for the Tories *Br* John Brown se présente à Smithtown pour les conservateurs; I'll ~ you for it on réglera ça par une bagarre; to ~ a losing battle (against sthg) livrer une bataille perdue d'avance (contre qqch); she fought the urge to laugh elle essayait de réprimer une forte envie de rire; don't ~ it [pain, emotion] n'essaie pas de lutter; you've got to ~ it il faut que tu te battes; to ~ sb/a newspaper in court emmener qqn/un journal devant les tribunaux, faire un procès à qqn/à un journal; to ~ one's way through the crowd/the undergrowth se frayer un passage à travers la foule/les broussailles; to ~ one's way to the top of one's profession se battre pour atteindre le sommet de sa profession; he fought his way back to power c'est en luttant qu'il est revenu au pouvoir.
◆ **fight back** ◇ *vi insep* [in physical or verbal dispute] se défendre, riposter; [in boxing, football match] se reprendre; [in race] revenir.
◇ *vt sep* [tears] refouler; [despair, fear, laughter] réprimer.
◆ **fight off** *vt sep* [attack, enemy, advances] repousser; [sleep] combattre; [disease] résister à; she has to ~ men off [has a lot of admirers] elle a des admirateurs à la pelle OR à ne plus savoir qu'en faire.
◆ **fight on** *vi insep* continuer le combat.
◆ **fight out** *vt sep*: just leave them to ~ it out laisse-les se bagarrer et régler cela entre eux.

fightback ['faɪtbæk] *n* reprise *f*.

fighter ['faɪtəʳ] ◇ *n* -1. [person who fights] combattant *m*, -e *f*; [boxer] boxeur *m*; he's a ~ *fig* c'est un battant. -2. [plane] avion *m* de chasse, chasseur *m*.
◇ *comp* [pilot] de chasseur, d'avion de chasse; [squadron] de chasseurs, d'avions de chasse; [plane] de chasse.

fighter-bomber *n* MIL chasseur *m* bombardier.

fighting ['faɪtɪŋ] ◇ *n (U)* [physical] bagarre *f*, bagarres *fpl*; [verbal] dispute *f*, disputes *fpl*, bagarre *f*, bagarres *fpl*; MIL combat *m*, combats *mpl*; ~ broke out between police and fans une bagarre s'est déclenchée entre la police et les fans; the ~ is now at its height on est au plus fort du combat; there has been fierce ~ in all parts of the country des combats acharnés ont eu lieu dans l'ensemble du pays; ~ is not allowed in the playground il est interdit de se bagarrer dans la cour.
◇ *comp* [forces, unit] de combat; ~ cock coq *m* de combat; ~ men MIL combattants *mpl*; to be in with OR to have a ~ chance avoir de bonnes chances; to be ~ fit être dans une forme éblouissante, avoir la forme olympique; ~ spirit esprit *m* combatif; that's ~ talk! c'est un langage offensif!

fig leaf *n* BOT feuille *f* de figuier; [on statue, in painting] feuille *f* de vigne; *fig* camouflage *m*.

figment ['fɪgmənt] *n*: a ~ of the imagination un produit OR une création de l'imagination.

figurative ['fɪgərətɪv] *adj* -1. [language, meaning] figuré. -2. ART figuratif.

figuratively ['fɪgərətɪvlɪ] *adv* au (sens) figuré.

figure [*Br* 'fɪgəʳ, *Am* 'fɪgjər] ◇ *n* -1. [number, symbol] chiffre *m*; [amount] somme *f*; unemployment ~s chiffres du chômage; trade ~s résultats *mpl* financiers; four-/five-/six-~ number nombre de quatre/cinq/six chiffres; his salary is in OR runs to six ~s ≃ il gagne plus d'un million de francs; in round ~s en chiffres ronds; to be in double ~s [inflation, unemployment] dépasser la barre OR le seuil des 10 %; he refused to put a ~ on his proposals [give cost] il a refusé d'évaluer le coût de OR de chiffrer ses propositions; I couldn't put a ~ on the number of people there je ne pourrais pas dire combien de personnes il y avait; she's good at ~s elle est bonne en calcul; he has no head for ~s il n'est pas doué en calcul; have you done your ~s? as-tu fait tes calculs?; name your ~ [to purchaser, seller] quel est votre prix?; the boss told him to name his ~ [for pay rise] le patron lui a demandé combien il voulait. -2. [human shape] ligne *f*; she is always worrying about her ~ elle s'inquiète constamment pour sa ligne; she has a good ~ elle a une jolie silhouette, elle est bien faite; to look after one's ~ faire attention à sa ligne; think of your ~! pense à ta ligne!; to keep/to lose one's ~ garder/perdre la ligne ❑ a fine ~ of a woman/man une femme/un homme qui a de l'allure; to cut a fine/poor ~ faire bonne/mauvaise impression; he was a sorry ~ standing there on the doorstep [wet, dirty etc] il faisait piètre figure, debout sur les marches. -3. [human outline] silhouette *f*; a ~ appeared on the horizon une silhouette est apparue à l'horizon. -4. [character in novel, film etc] personnage *m*; the group of ~s on the left le groupe de personnes à gauche ❑ public/key ~ personnage public/central; ~ of fun objet *m* de risée OR ridicule. -5. [in geometry, skating, dancing] figure *f*; ~ of eight *Br*, ~ eight *Am* huit *m*. -6. [illustration, diagram] figure *f*. -7. [rhetorical]: ~ of speech figure *f* de rhétorique; it was just a ~ of speech ce n'était qu'une façon de parler. -8. [statuette] figurine *f*.
◇ *vi* -1. [appear] figurer, apparaître; does he ~ in your plans? est-ce qu'il figure dans tes projets?; where do I ~ in all this? quelle est ma place dans tout cela?; guilt ~s quite a lot in his novels la culpabilité a OR tient une place relativement importante dans ses romans; she ~d prominently in the scandal elle a été très impliquée dans le scandale. -2. *inf Am* [make sense] sembler logique OR normal; it just doesn't ~ ça n'a pas de sens; it ~s that he'd do that ça paraît logique OR normal qu'il ait fait ça; that ~s! c'était fatal!, ça devait arriver! ❑ go ~! qui aurait imaginé ça?
◇ *vt* -1. *inf* [reckon] penser; we ~d something like that must have happened nous pensions OR nous nous doutions bien que quelque chose de ce genre était arrivé. -2. *inf Am* = **figure out 1**. -3. [decorate - silk] brocher; ~d velvet *Br* velours *m* figuré. -4. MUS chiffrer.
◆ **figure on** *inf vt insep* [plan on] compter; when are you figuring on leaving? quand comptes-tu OR penses-tu partir?; you didn't ~ on that (happening), did you? tu ne comptais OR pensais pas que ça arriverait, hein?, tu ne comptais pas là-dessus, hein?
◆ **figure out** *vt sep* -1. [understand - person] arriver à comprendre; we couldn't ~ it out nous n'arrivions pas à comprendre OR saisir. -2. [work out - sum, cost etc] calculer; ~ it out for yourself réfléchis donc un peu; she still hasn't ~d out how to do it elle n'a toujours pas trouvé comment faire.

figurehead ['fɪgəhed] *n* NAUT figure *f* de proue; *fig* [of organization, society] représentant *m* nominal, représentante *f* nominale; *pej* homme *m* de paille.

figure-hugging [-ˌhʌgɪŋ] *adj* [dress] moulant.

figure-skate *vi* faire des figures en patinage, faire du patinage artistique.

figure-skater *n* patineur *m*, -euse *f* artistique.

figure-skating ◇ *n* patinage *m* artistique.
◇ *comp* [champion, championship] de patinage artistique.

figurine [*Br* 'fɪgəriːn, *Am* ˌfɪgjə'riːn] *n* figurine *f*.

Fiji ['fiːdʒiː] *pr n* Fidji; in ~ à Fidji; the ~ Islands les îles *fpl* Fidji; in the ~ Islands aux îles Fidji.

Fijian [ˌfiː'dʒiːən] ◇ *n* -1. [person] Fidjien *m*, -enne *f*. -2. LING fidjien *m*.
◇ *adj* fidjien.

filament ['fɪləmənt] *n* BOT & ELEC filament *m*.

filbert ['fɪlbət] *n* [nut] *espèce de grosse noisette*.

filch *inf* [fɪltʃ] *vt* [steal] piquer.

filching *inf* ['fɪltʃɪŋ] *n* [theft] fauche *f*; there's a lot of ~ from hotels les gens piquent beaucoup dans les hôtels.

file [faɪl] ◇ *n* -1. [folder] chemise *f*; [box] classeur *m*; accordeon ~ classeur accordéon. -2. [dossier, documents] dossier *m*; [series or system of files] fichier *m*; this ~ belongs in the customer ~ ce dossier va dans le fichier clients; to have/to keep sthg on ~ avoir/garder qqch dans ses dossiers; it's on ~ c'est dans les dossiers, c'est classé; we have placed your CV on ~ OR in our ~s nous avons classé votre CV dans nos dossiers; these papers are for the ~ ces papiers sont à mettre dans les dossiers OR sont à classer; to have/to keep a ~ on avoir/garder un dossier sur; to open/to close a ~ on ouvrir/fermer un dossier sur; the police have closed their ~ on the case la police a classé l'affaire; he's been on our ~ OR ~s for a long time cela fait longtemps qu'il est dans nos dossiers. -3. COMPUT fichier *m*; data on ~ données *fpl* sur fichier; data ~ fichier de données. -4. [row, line] file *f*; in single OR Indian ~ en OR à la file indienne. -5. [for metal, fingernails] lime *f*.
◇ *comp*: ~ copy copie *f* à classer; ~ name COMPUT nom *m* de fichier.
◇ *vt* -1. [documents, information] classer; to be ~d under a letter/subject être classé sous une lettre/dans une catégorie. -2. JUR: to ~ a suit against sb intenter un procès à qqn; to ~ a complaint (with the police/the manager) déposer une plainte (au commissariat/auprès du directeur); to ~ a claim déposer une demande; to ~ a claim for damages intenter un procès en dommages-intérêts; to ~ a petition in bankruptcy déposer son bilan. -3. [metal] limer; to ~ one's fingernails se limer les ongles; to ~ through sthg limer qqch.
◇ *vi* -1. [classify documents, information] faire du classement. -2. [walk one behind the other]: they ~d up the hill ils ont monté la colline en file (indienne) OR les uns derrière les autres; the troops ~d under the bridge les soldats sont passés sous le pont en file indienne OR à la file; the troops ~d past the general les troupes ont défilé devant le général; the crowd ~d slowly past the coffin la foule a défilé lentement devant le cercueil; to ~ into a room entrer dans une pièce à la OR en file; to ~ out of a room sortir d'une pièce à la OR en file; they all ~d in/out ils sont tous entrés/sortis à la file.
◆ **file away** *vt sep* -1. [documents] classer. -2. [rough edges] polir à la lime; [excess material] enlever à la lime.
◆ **file down** *vt sep* [metal, fingernails, rough surface] polir à la lime.
◆ **file for** *vt insep*: to ~ for divorce demander le divorce.

file cabinet *n Am* classeur *m*.

file card *n* fiche *f* (de classeur).

file clerk *n Am* documentaliste *mf*.

file management *n* COMPUT gestion *f* de fichiers.

file server *n* COMPUT serveur *m* de fichiers.

filet *Am* = **fillet**.

filial ['fɪljəl] *adj* [devotion, respect] filial.

filibuster ['fɪlɪbʌstəʳ] POL ◇ *n* obstruction *f* (parlementaire).
◇ *vi* faire de l'obstruction; ~ing tactics tactiques obstructionnistes.
◇ *vt* [legislation] faire obstruction à.

filibusterer ['fɪlɪbʌstərəʳ] *n* POL obstructionniste *mf*.

filibustering ['fɪlɪbʌstərɪŋ] *n* POL obstructionnisme *m*.

filigree ['fɪlɪgriː] ◇ *n* filigrane *m*.
◇ *adj* en OR de filigrane.

filing ['faɪlɪŋ] *n* -**1.** [of documents] classement *m*; I do the ~ je m'occupe du classement; I still have a lot of ~ to do j'ai encore beaucoup de choses à classer. -**2.** JUR [of complaint, claim] dépôt *m*.

filing cabinet *n* classeur *m*.

filing clerk *n* documentaliste *mf*.

filings ['faɪlɪŋz] *npl* [of metal] limaille *f*.

Filipino [,fɪlɪ'piːnəʊ] (*pl* Filipinos) ◇ *n* -**1.** [person] Philippin *m*. -**2.** LING = **Tagalog**.
◇ *adj* philippin.

fill [fɪl] ◇ *n*: to eat one's ~ manger à sa faim, se rassasier; to drink one's ~ boire tout son soûl; when they had eaten their ~ quand ils eurent mangé tout leur content; a ~ of tobacco [for pipe] une pipe de tabac ❑ I've had my ~ of it/her *inf* j'en ai assez/assez d'elle.
◇ *vt* -**1.** [cup, glass, bottle] remplir; [room, streets - subj: people, smoke, laughter] envahir; [chocolates] fourrer; [cake, pie] garnir; [vegetables] farcir; [pipe] bourrer; *fig*: to ~ a page with writing remplir une page d'écriture; wind ~ed the sails le vent a gonflé les voiles; she ~ed his head with nonsense elle lui a bourré le crâne de bêtises; to be ~ed with people [room, street] être plein OR rempli de gens; to be ~ed with horror/admiration être rempli d'horreur/d'admiration; she was ~ed with horror at the news cette nouvelle l'a remplie d'horreur; it ~ed me with sorrow cela m'a profondément peiné; such were the thoughts that ~ed his mind telles étaient les pensées qui occupaient son esprit. -**2.** [plug - hole] boucher; [- tooth] plomber; to have a tooth ~ed se faire plomber une dent; the product ~ed a gap in the market le produit a comblé un vide sur le marché ❑ ...or I'll ~ you full of lead! [shoot]...ou je te farcis le crâne de plomb!; that's ~ed a hole! *inf* [satisfied hunger] ça cale! -**3.** [position, vacancy - subj: employee] occuper; [- subj: employer] pourvoir; to ~ the office of president remplir les fonctions de président; the post has been ~ed le poste a été pris OR pourvu. -**4.** [occupy - time] occuper. -**5.** [meet - requirement] répondre à; to ~ the bill *inf* faire l'affaire. -**6.** [supply]: to ~ an order [in bar, restaurant] apporter ce qui a été commandé; [for stationery, equipment etc] livrer une commande; to ~ a prescription préparer une ordonnance.
◇ *vi* [room, bath, bus] se remplir; [sail] se gonfler; her eyes ~ed with tears ses yeux se sont remplis de larmes.
◆ **fill in** ◇ *vi insep* faire un remplacement; I'm often asked to ~ in on me demande souvent de faire des remplacements; to ~ in for sb remplacer qqn; I'll ~ in for you if necessary je te remplacerai si besoin est.
◇ *vt sep* -**1.** [hole, window, door] boucher; he ~ed it in in green [outline] il l'a colorié OR rempli en vert; to ~ in the gaps in one's knowledge combler ses lacunes. -**2.** [complete - form, questionnaire] compléter, remplir; [insert - name, missing word] insérer. -**3.** [bring up to date] mettre au courant; to ~ sb in on sthg mettre qqn au courant de qqch. -**4.** [use - time] occuper; he's just ~ing in time il fait ça pour s'occuper OR pour occuper son temps; I've got a couple of months to ~ in je dois occuper mon temps pendant environ deux mois.
◆ **fill out** ◇ *vi insep* -**1.** [cheeks] se remplir; [person] s'étoffer. -**2.** [sails] se gonfler.
◇ *vt sep* -**1.** [complete - form] remplir. -**2.** [pad out - essay, speech] étoffer.
◆ **fill up** ◇ *vi insep* se remplir; to ~ up with petrol faire le plein d'essence; don't ~ up on biscuits, you two! ne vous gavez pas de biscuits, vous deux!
◇ *vt sep* -**1.** [make full] remplir; [person with food] rassasier; he ~ed the car up il a fait le plein (d'essence); ~ her OR it up, please AUT le plein, s'il vous plaît. -**2.** [use - day, time] occuper. -**3.** = **fill out** *vt sep* **1**.

filler ['fɪlə^r] *n* -**1.** [for holes, cracks] mastic *m*; [for cavity, open space] matière *f* de remplissage. -**2.** [funnel] entonnoir *m*. -**3.** [in quilt, bean bag etc] matière *f* de rembourrage; [in cigar] tripe *f*. -**4.** PRESS & TV bouche-trou *m*. -**5.** LING: ~ (word) mot *m* de remplissage.

filler cap *n* bouchon *m* du réservoir d'essence.

fillet ['fɪlɪt] ◇ *n* CULIN filet *m*; two pieces of ~ steak deux biftecks dans le filet; ~ steak is expensive le filet de bœuf est cher.
◇ *vt* [meat, fish - prepare] préparer; [cut into fillets - fish] faire des filets dans, lever les filets de; [- meat] faire des steaks dans; ~ed sole filets *mpl* de sole.

fill-in *inf n* [person] remplaçant *m*, -e *f*.

filling ['fɪlɪŋ] ◇ *adj* [foodstuff] qui rassasie, nourrissant; it was very ~ cela m'a rassasié.
◇ *n* -**1.** [in tooth] plombage *m*; I had to have a ~ il a fallu qu'on me fasse un plombage. -**2.** CULIN [for cake, pie - sweet] garniture *f*; [for vegetables, poultry - savoury] farce *f*; they all have different ~s [chocolates] ils sont tous fourrés différemment.

filling station *n* station-service *f*, station *f* d'essence.

fillip ['fɪlɪp] *n* coup *m* de fouet; to give sb/sthg a ~ donner un coup de fouet à qqn/qqch.

filly ['fɪlɪ] (*pl* fillies) *n* -**1.** [horse] pouliche *f*. -**2.** *inf dated* OR *hum* [girl] fille *f*; she's a fine young ~, isn't she? c'est un beau brin de fille, non?

film [fɪlm] ◇ *n* -**1.** [thin layer - of oil, mist, dust] film *m*, pellicule *f*; plastic ~ film plastique. -**2.** PHOT pellicule *f*; I left a ~ to be developed j'ai laissé une pellicule à développer; a roll of ~ une pellicule. -**3.** CIN film *m*; the ~ of the book le film tiré du livre; full-length/short-length ~ (film) long/court métrage *m*; to shoot OR to make a ~ (about sthg) tourner OR faire un film (sur qqch); the ~'s on at the local cinema le film passe au cinéma du coin; to be in ~s faire du cinéma.
◇ *comp* [critic, studio, producer] de cinéma; [clip, premiere, sequence] d'un film; [archives, award] cinématographique; ~ buff *inf* cinéphile *mf*, fana *mf* de cinéma; the ~ crew les techniciens du film; a ~ crew une équipe de cinéma; ~ director metteur *m* en scène; the ~ industry l'industrie *f* cinématographique OR du cinéma; ~ library cinémathèque *f*; ~ maker cinéaste *mf*; ~ rights droits *mpl* d'adaptation cinématographique; ~ script scénario *m*; ~ set plateau *m* de tournage; ~ speed PHOT sensibilité *f* d'une pellicule; ~ star star *f* OR vedette *f* de cinéma; ~ strip bande *f* (de film) fixe.
◇ *vt* [event, people] filmer; CIN [scene] filmer, tourner.
◇ *vi* -**1.** [record] filmer; CIN tourner; they started ~ing at 7 a.m. ils ont commencé à tourner OR le tournage a commencé à 7 h; to ~ well [be photogenic] bien passer à l'écran. -**2.** = **film over**.
◆ **film over** *vi insep* s'embuer, se voiler; to ~ over with tears s'embuer de larmes.

filmgoer ['fɪlm,gəʊə^r] *n* amateur *m* de cinéma, cinéphile *mf*; she is a regular ~ elle va régulièrement au cinéma.

filmic ['fɪlmɪk] *adj* cinématographique.

filming ['fɪlmɪŋ] *n* CIN tournage *m*.

filmography [fɪl'mɒgrəfɪ] *n* filmographie *f*.

filmset ['fɪlmset] *vt Br* photocomposer.

filmsetter ['fɪlm,setə^r] *n Br* [machine] photocomposeuse *f*; [person] photocompositeur *m*.

filmsetting ['fɪlm,setɪŋ] *n Br* photocomposition *f*.

filmy ['fɪlmɪ] *adj* [material] léger, vaporeux, aérien.

filo ['fiːləʊ] *n* CULIN: ~ (pastry) *pâte feuilletée très fine utilisée dans les pâtisseries moyen-orientales.*

Filofax® ['faɪləʊfæks] *n* agenda *m* classeur.

filter ['fɪltə^r] ◇ *n* -**1.** CHEM, MECH & PHOT filtre *m*; coffee ~ filtre à café. -**2.** *Br* AUT flèche *f* lumineuse *(autorisant le dégagement des voitures à droite ou à gauche).*
◇ *comp*: ~ coffee café *m* filtre; ~ lane *Br* AUT voie *f* de dégagement.
◇ *vt* [coffee, oil, water etc] filtrer.
◇ *vi* -**1.** [liquid, light] filtrer. -**2.** *Br* AUT suivre la voie de dégagement; the cars ~ed to the left les voitures ont suivi la voie de dégagement vers la gauche.
◆ **filter in** *vi insep* [light, sound, information, news] filtrer; [people] entrer petit à petit.
◆ **filter out** ◇ *vt sep* [sediment, impurities] éliminer par filtrage OR filtration.
◇ *vi insep* [people] sortir petit à petit.
◆ **filter through** *vi insep literal* & *fig* filtrer.

filter bed *n* couche *f* de filtration.

filter paper *n* papier *m* filtre.

filter tip *n* [tip] (bout *m*) filtre *m*; [cigarette] cigarette *f* (bout) filtre.

filter-tipped *adj* [cigarette] (bout) filtre.

filth [fɪlθ] *n (U)* -**1.** [on skin, clothes] crasse *f*; [in street] saleté *f*. -**2.** [obscene books, films etc] ordures *fpl*, obscénités *fpl*; [obscene words, jokes] grossièretés *fpl*, obscénités *fpl*; it's sheer ~ [film, book] c'est un recueil d'ordures OR d'obscénités. -**3.** ▽ *Br*: the ~ [police] les flics *mpl*.

filthy ['fɪlθɪ] (*compar* filthier, *superl* filthiest) ◇ *adj* -**1.** [dirty] dégoûtant, crasseux; you ~ pig! espèce de gros dégoûtant! -**2.** [obscene, smutty - language, talk, jokes] grossier, obscène, ordurier; [- person] grossier, dégoûtant; [- film, book, photograph] obscène, dégoûtant; [- habit] dégoûtant; to have a ~ mind avoir l'esprit mal tourné; you ~ pig! espèce de gros dégoûtant! -**3.** *inf* [nasty - temper, day] atroce, abominable; [- trick] vicieux, méchant; [- look] méchant; what ~ weather! quel sale temps!; he's in a ~ mood il est de sale humeur, il est d'une humeur massacrante.
◇ *adv*: to be ~ rich *inf* être plein aux as.

filtrate ['fɪltreɪt] *n* filtrat *m*.

filtration [fɪl'treɪʃn] *n* filtrage *m*, filtration *f*.

fin [fɪn] *n* -**1.** [of fish] nageoire *f*; [of shark] aileron *m*; [of boat] dérive *f*. -**2.** [of aircraft, spacecraft] empennage *m*; [of rocket, bomb] ailette *f*. -**3.** AUT [of radiator] ailette *f*. -**4.** [for swimming]: ~s palmes *fpl*.

final ['faɪnl] ◇ *adj* -**1.** [last] dernier; the ~ instalment [of hire purchase agreement] le dernier versement, le versement libératoire; to put the ~ touches to sthg mettre la dernière main OR touche à qqch, mettre la touche finale à qqch; ~ demand dernier rappel *m*; ~ date date *f* limite; the ~ irony le comble de l'ironie; ~ examinations UNIV examens *mpl* de dernière année; a ~-year student UNIV un étudiant en OR de dernière année. -**2.** [definitive] définitif; [score] final; that's my ~ offer c'est ma dernière offre; I'm not moving, and that's ~! je ne bouge pas, un point c'est tout!; the referee's decision is ~ la décision de l'arbitre est sans appel; is that your ~ answer? c'est ta réponse définitive?; nothing's ~ yet il n'y a encore rien de définitif, rien n'est encore arrêté. -**3.** PHILOS [cause] final; GRAMM [clause] de but, final.
◇ *n* -**1.** SPORT finale *f*; to get to the ~ arriver en finale; are they in the ~ OR ~s? est-ce qu'ils sont en finale?; how far did they get in the ~s? jusqu'où sont-ils arrivés en finale OR dans les épreuves de finale? -**2.** PRESS dernière édition *f*; late ~ dernière édition du soir.
◆ **finals** *npl* UNIV examens *mpl* de dernière année; to sit one's ~s passer ses examens de dernière année; how did you do in your ~s? comment ça a marché à tes examens?

finale [fɪ'nɑːlɪ] *n* MUS finale *m*; *fig* final *m*, finale *m*; grand ~ apothéose *f*.

finalist ['faɪnəlɪst] *n* [in competition] finaliste *mf*; cup ~ finaliste de la coupe.

finality [faɪ'nælətɪ] *n* [of decision, death] irrévocabilité *f*, caractère *m* définitif; there was a note of ~ in his voice il y avait quelque chose d'irrévocable dans sa voix.

finalization [,faɪnəlaɪ'zeɪʃn] *n* [of details, plans, arrangements] mise *f* au point; [of deal, agreement] conclusion *f*; work involved in the ~ of preparations le travail nécessaire pour mettre la dernière main OR la dernière touche OR la touche finale aux préparatifs.

finalize, -ise ['faɪnəlaɪz] *vt* [details, plans] mettre au point; [deal, decision, agreement] mener à bonne fin; [preparations] mettre la dernière main OR touche à, mettre la touche finale à; [date] arrêter; **that hasn't been ~d yet** cela n'a pas encore été décidé OR arrêté; **nothing has been ~d yet** rien n'a encore été décidé OR arrêté.

finally ['faɪnəlɪ] *adv* -**1.** [eventually] finalement, enfin; **when he ~ arrived** finalement, quand il est arrivé; **she ~ agreed to come** elle a fini par accepter de venir; **~!** enfin! -**2.** [lastly] enfin; **and, ~, I would like to say...** et pour finir je voudrais dire que...; **we are, ~, only human** nous ne sommes, en fin de compte, que des hommes. -**3.** [irrevocably] définitivement; **no, she said ~** non, dit-elle fermement.

finance [*n* 'faɪnæns, *vb* faɪ'næns] ◇ *n (U)* [money management] finance *f*; [financing] financement *m*; **in the world of French ~** dans le monde français de la finance; **it's a problem of ~** c'est un problème de financement; **through lack of ~** à cause d'un manque de financement ❑ **high ~** la haute finance; **Minister/Ministry of Finance** ministre *m*/ministère *m* des Finances.

◇ *vt* financer; [project, enterprise] financer, trouver les fonds pour.

◆ **finances** *npl* finances *fpl*; **my ~s are a bit low just now** je ne suis pas très en fonds en ce moment.

finance bill *n* POL projet *m* de loi de finances.

finance company *n* établissement *m* de crédit.

finance director *n* directeur *m* financier.

finance house *n société britannique de financement pour les achats à crédit.*

financial [fɪ'nænʃl] *adj* financier; **but does it make ~ sense?** mais est-ce que c'est avantageux OR intéressant du point de vue financier?; **~ adviser** conseiller *m* financier; **~ backer** bailleur *m* de fonds; **~ director** directeur *m* financier.

financially [fɪ'nænʃəlɪ] *adv* financièrement; **are they ~ sound?** est-ce qu'ils ont une bonne assise financière?; **he's ~ naive** il est naïf sur les questions d'argent.

Financial Times *pr n*: **the ~** *quotidien britannique d'information financière.*

FINANCIAL TIMES:
Le «Financial Times» est un quotidien britannique de qualité spécialisé dans l'actualité financière et économique; il est reconnaissable à la couleur rose de son papier. Il existe une édition internationale, diffusée notamment en Allemagne et en France.

---

financial year *n*: **the ~** [in business] l'exercice *m* financier; [in politics] l'année *f* budgétaire.

FINANCIAL YEAR:
Pour les impôts sur le revenu en Grande-Bretagne, l'année fiscale commence le 5 avril.

---

financier [fɪ'nænsɪə^r] *n* financier *m*.

finch [fɪntʃ] *n* fringillidé *m spec*; [goldfinch] chardonneret *m*; [chaffinch] pinson *m*; [bullfinch] bouvreuil *m*.

find [faɪnd] (*pt* & *pp* **found** [faʊnd]) ◇ *vt* -**1.** [by searching] trouver; [lost thing, person] retrouver; **I can't ~ it anywhere** je ne le trouve nulle part; **did you ~ what you were looking for?** as-tu trouvé ce que tu cherchais?; **she couldn't ~ anything to say** elle ne trouvait rien à dire; **the police could ~ no reason** OR **explanation for his disappearance** la police n'arrivait pas à expliquer sa disparition; **I never did ~ those earrings** je n'ai jamais pu trouver ces boucles d'oreilles; **the missing airmen were found alive** les aviateurs disparus ont été retrouvés sains et saufs; **I can't ~ my place** [in book] je ne sais plus où j'en suis; **my wallet/he was nowhere to be found** mon portefeuille/il était introuvable || [look for, fetch] chercher; **~ and replace** COMPUT chercher OR rechercher et remplacer; **he went to ~ help/a doctor** il est allé chercher de l'aide/un médecin; **go and ~ me a pair of scissors** va me chercher une paire de ciseaux; **could you ~ me a cloth?** tu peux me trouver un chiffon?; **he said he'd try to ~ me a job** il a dit qu'il essaierait de me trouver un travail; **to ~ the time/money to do sthg** trouver le temps de/l'argent nécessaire pour faire qqch; **to ~ the courage/strength to do sthg** trouver le courage/la force de faire qqch ❑ **to ~ one's feet** [in new job, situation] prendre ses repères; **I'm still ~ing my feet** je ne suis pas encore complètement dans le bain; **she couldn't ~ it in her heart** OR **herself to say no** elle n'a pas eu le cœur de dire non; **the bullet found its mark** la balle a atteint son but; **to ~ one's way** trouver son chemin; **I'll ~ my own way out** je trouverai la sortie tout seul; **she found her way back home** elle a réussi à rentrer chez elle; **somehow, the book had found its way into my room** sans que je sache comment, le livre s'était retrouvé dans ma chambre. -**2.** [come across by chance - answer, solution, error] trouver; [- place, restaurant] trouver; **we left everything as we found it** nous avons tout laissé dans l'état où nous l'avions trouvé; **we found this wonderful little bistro on our last visit** nous avons découvert un adorable petit bistro lors de notre dernière visite; **you won't ~ a better bargain anywhere** nulle part, vous ne trouverez meilleur prix; **this bird is found all over Britain** on trouve cet oiseau dans toute la Grande-Bretagne; **the complete list is to be found on page 18** la liste complète se trouve page 18; **I found him at home** je l'ai trouvé chez lui; **I found her waiting outside** je l'ai trouvée qui attendait dehors; **you'll ~ someone else** tu trouveras quelqu'un d'autre; **to ~ happiness/peace** trouver le bonheur/la paix ❑ **I take people as I ~ them** je prends les gens comme ils sont; **I hope this letter ~s you in good health** j'espère que vous allez bien. -**3.** [expressing an opinion, personal view] trouver; **I don't ~ that funny at all** je ne trouve pas ça drôle du tout; **I ~ her very pretty** je la trouve très jolie; **she ~s it very difficult/impossible to talk about it** il lui est très difficile/impossible d'en parler; **he ~s it very hard/impossible to make friends** il a beaucoup de mal à/il n'arrive pas à se faire des amis; **I ~ it hot/cold in here** je trouve qu'il fait chaud/froid ici; **how did you ~ your new boss/your steak?** comment avez-vous trouvé votre nouveau patron/votre steak? ❑ **Rovers have been found wanting** OR **lacking in defence** les Rovers ont fait preuve de faiblesse au niveau de la défense. -**4.** [discover, learn] constater; **I found (that) the car wouldn't start** j'ai constaté que la voiture ne voulait pas démarrer; **they came back to ~ the house had been burgled** à leur retour, ils ont constaté que la maison avait été cambriolée; **I ~ I have time on my hands now that I am no longer working** je m'aperçois que j'ai du temps à moi maintenant que je ne travaille plus; **I think you'll ~ I'm right** je pense que tu t'apercevras que j'ai raison. -**5.** JUR: **to ~ sb guilty/innocent** déclarer qqn coupable/non coupable; **how do you ~ the accused?** déclarez-vous l'accusé coupable ou non coupable?; **the court found that the evidence was inconclusive** le tribunal a déclaré que les preuves n'étaient pas suffisantes. -**6.** *dated* OR *fml* [provide - one's own tools, uniform] fournir; **£65 a week all found** 65 livres par semaine nourri et logé. -**7.** [reflexive use]: **to ~ o.s.**: **I woke up to ~ myself on a ship** je me suis réveillé sur un bateau; **he found himself out of a job** il s'est retrouvé sans emploi; **I ~/found myself in an impossible situation** je me trouve/me suis retrouvé dans une situation impossible; **I ~ myself unable to agree to your request** *fml* je me vois dans l'impossibilité d'accéder à votre demande; **she found herself forced to retaliate** elle s'est trouvée dans l'obligation de riposter.

◇ *vi* JUR: **to ~ for/against the plaintiff** prononcer en faveur de l'accusation/de la défense.

◇ *n* [object] trouvaille *f*; [person] merveille *f*.

◆ **find out** ◇ *vi insep* -**1.** [investigate, make enquiries] se renseigner; **to ~ out about sthg** se renseigner sur qqch. -**2.** [learn, discover]: **his wife/his boss found out** sa femme/son chef a tout découvert; **his wife found out about his affair** sa femme a découvert qu'il avait une liaison; **what if the police ~ out?** et si la police l'apprend?; **I didn't ~ out about the party in time** on ne m'a pas mis au courant de la fête à temps; **I didn't ~ out about it in time** je ne l'ai pas su à temps.

◇ *vt sep* -**1.** [learn, discover - truth, real identity] découvrir; [- answer, phone number] trouver; [- by making enquiries, reading instructions] se renseigner sur; **what have you found out about him/it?** qu'est-ce que tu as découvert sur lui/là-dessus?; **can you ~ out the date of the meeting for me?** est-ce que tu peux te renseigner sur la date de la réunion?; **when I found out the date of the meeting** quand j'ai appris la date de la réunion; **to ~ out how to do sthg/what sb is really like** découvrir comment faire qqch/la véritable nature de qqn; **I found out where he'd put it** j'ai trouvé où il l'avait mis. -**2.** [catch being dishonest] prendre; [show to be a fraud] prendre en défaut; **make sure you don't get found out** veille à ne pas te faire prendre; **you've been found out** tu as été découvert.

finder ['faɪndə^r] *n* -**1.** [of lost object]: **it becomes the property of the ~** celui/celle qui l'a trouvé en devient propriétaire ❑ **~s keepers (, losers weepers)** celui qui le trouve le garde. -**2.** [of camera] viseur *m*.

finding ['faɪndɪŋ] *n* -**1.** [discovery, conclusion]: **~s** conclusions *fpl*, résultats *mpl*. -**2.** JUR verdict *m*.

fine [faɪn] (*compar* **finer**, *superl* **finest**) ◇ *adj* -**1.** [of high quality - meal, speech, view] excellent; [beautiful and elegant - clothes, house] beau; [- fabric] précieux; **this is very ~ workmanship** c'est un travail d'une grande qualité; **she is a very ~ athlete** c'est une excellente athlète; **this is a very ~ wine** c'est un vin vraiment excellent; **a ~ chap** *Br* un bon gars; **she is a ~ lady** [admirable character] c'est une femme admirable; [elegant] c'est une femme élégante; **to appeal to sb's finer feelings** faire appel aux nobles sentiments de qqn; **to play at being the ~ lady** jouer les grandes dames; **that was a ~ effort by Webb** superbe effort de la part de Webb; **a ~ example** un bel exemple; **of the finest quality** de première qualité; **made from the finest barley** fabriqué à base d'orge de la meilleure qualité; **her finest hour was winning the gold** elle a eu son heure de gloire quand elle a remporté la médaille d'or. -**2.** [very thin - hair, nib, thread] fin; **in this case there is a ~ line between fact and fiction** dans le cas présent la frontière est très mince entre la réalité et la fiction; **it's a ~ line** la différence OR la distinction est infime OR très subtile. -**3.** [not coarse - powder, grain, drizzle] fin; [- features, skin] fin, délicat; **to chop** OR **to cut sthg (up) ~** hacher qqch menu ❑ **to cut it ~** calculer juste; **that's cutting it a bit ~** tu calcules un peu juste. -**4.** [good, OK]: **how is everyone? — oh, they're all ~** comment va tout le monde? — tout le monde va bien; **I'm just ~, thanks** ça va très bien, merci; **how are you? — ~, thanks** comment ça va? — bien, merci; **more coffee? — no thanks, I'm ~** encore du café? — non, ça va, merci; **the tent's ~ for two, but too small for three** la tente convient pour deux personnes, mais elle est trop petite pour trois; **I'll be back in about an hour or so — ~** je serai de retour d'ici environ une heure — d'accord OR entendu OR très bien; **I was a bit worried about the new job, but it turned out ~ in the end** j'étais un peu inquiet à propos de mon nouveau travail mais ça s'est finalement bien passé; **that's ~ by** OR **with me** ça me va; **that's all very ~, but what about me?** tout ça c'est bien joli, mais moi qu'est-ce que je deviens dans l'affaire?; **this is ~ for those who can afford it** c'est très bien pour ceux qui peuvent se le permettre. -**5.** [well]:

that looks ~ to me cela m'a l'air d'aller; he looks ~ now [in health] il a l'air de bien aller maintenant; you look just ~, it's a very nice dress tu es très bien, c'est une très jolie robe; that sounds ~ [suggestion, idea] très bien, parfait; [way of playing music] cela rend très bien. -**6.** *Br* [weather] beau; a ~ day une belle journée; there will be ~ weather OR it will be ~ in all parts of the country il fera beau OR il y aura du beau temps dans tout le pays; it's turned out ~ again il fait encore beau; it was a bit cloudy in the morning, but it turned out ~ in the end le temps était un peu nuageux le matin, mais finalement ça a été une belle journée; I hope it keeps ~ for the barbecue pourvu que le beau temps continue pour le barbecue; I hope it keeps ~ for you j'espère que tu auras du beau temps; one of these ~ days un de ces jours; one ~ day un beau jour. -**7.** [subtle - distinction, language] subtil; [precise - calculations] minutieux, précis; ~ detail petit détail *m*; to make some ~ adjustments to sthg [to text, plan] peaufiner qqch; [to engine] faire des petits réglages sur qqch; there are still a few ~ adjustments to be made il reste quelques petits détails à régler ❑ not to put too ~ a point on it pour parler carrément. -**8.** *inf iron* [awful, terrible]: that's a ~ thing to say! c'est charmant de dire ça!; she was in a ~ state elle était dans un état épouvantable; look at you, you're in a ~ state! non mais tu t'es vu, ah tu es dans un bel état!; you picked a ~ time to leave me/tell me! tu as bien choisi ton moment pour me quitter/me le dire!; this is a ~ time to start that again! c'est bien le moment de remettre ça sur le tapis!; you're a ~ one to talk! ça te va bien de dire ça!; here's another ~ mess you've got me into! tu m'as encore mis dans un beau pétrin!; a ~ friend you are! eh bien, tu fais un bon copain/une bonne copine!; this is a ~ time to come in/get up! c'est à cette heure-ci que tu rentres/te lèves?

◇ *adv* [well] bien; yes, that suits me ~ oui, cela me va très bien; the baby is doing ~ le bébé va très bien; we get along ~ together on s'entend très bien.

◇ *n* [punishment] amende *f*, contravention *f*; to impose a ~ on sb infliger une amende à qqn; a parking ~ une contravention OR amende pour stationnement illégal; she was made to pay a ~ elle a dû payer une amende; a £25 ~ une amende de 25 livres.

◇ *vt* [order to pay] condamner à une amende, donner une contravention à; she was ~d heavily elle a été condamnée à une lourde amende OR contravention; she was ~d for speeding elle a reçu une contravention pour excès de vitesse; they ~d her £25 for illegal parking ils lui ont donné OR elle a eu une amende OR contravention de 25 livres pour stationnement illégal.

◆ **fine down** *vt sep* [smooth - wood] polir, poncer; *fig* [hone - theory, text] affiner.

fine art *n (U)* beaux-arts *mpl*; to study ~ étudier les beaux-arts ❑ he's got it down to a ~ *inf* il est expert en la matière.

fine-cut *adj* [tobacco] haché fin.

fine-drawn *adj fig* [distinction] subtil; [features] fin.

fine-grain *adj* PHOT [image] à grain fin; [developer] pour grain fin.

fine-grained *adj* [wood] à fibres fines, à fil fin; ~ leather cuir *m* à grain peu apparent.

finely ['faɪnlɪ] *adv* -**1.** [grated, ground, sliced] finement; ~ chopped haché menu, finement haché; ~ powdered en poudre fine. -**2.** [delicately, subtly - tuned] avec précision; the situation is very ~ balanced la situation est caractérisée par un équilibre précaire. -**3.** [carved, sewn etc] délicatement.

fineness ['faɪnnɪs] *n* -**1.** [of clothes, manners] raffinement *m*; [of work of art, features, handwriting] finesse *f*. -**2.** [of sand, sugar etc] finesse *f*. -**3.** [purity - of metal] pureté *f*. -**4.** [thinness - of thread, hair, nib] finesse *f*; *fig* [of detail, distinction] subtilité *f*.

finery ['faɪnərɪ] *n (U)* parure *f*; the princess in all her ~ la princesse dans OR parée de ses plus beaux atours; to be dressed in all one's ~ porter sa tenue d'apparat.

finespun [,faɪn'spʌn] *adj* [yarn, wool] (filé) fin; *fig* [argument, logic] subtil.

finesse [fɪ'nes] ◇ *n* -**1.** [skill] finesse *f*. -**2.** CARDS impasse *f*.

◇ *vi* CARDS: to ~ against a card faire l'impasse à une carte.

◇ *vt* CARDS: to ~ a card faire l'impasse en jouant une carte.

fine-tooth(ed) comb *n* peigne *m* fin; to go through sthg with a ~ *fig* passer qqch au peigne fin.

fine-tune *vt* [machine, engine, radio] régler avec précision; *fig* [plan] peaufiner; [economy] *régler grâce à des mesures fiscales et monétaires.*

fine-tuning [-'tjuːnɪŋ] *n* [of machine, engine, radio] réglage *m* fin; *fig* [of plan] peaufinage *m*; [of economy] *réglage obtenu par des mesures fiscales et monétaires.*

finger ['fɪŋgəʳ] ◇ *n* -**1.** ANAT doigt *m*; to wear a ring on one's ~ porter une bague au doigt; she ran her ~s through her hair elle s'est passé les doigts OR la main dans les cheveux; she ran her ~s through his hair elle a passé ses doigts OR sa main dans ses cheveux; to lick one's ~s se lécher les doigts; to hold sthg between ~ and thumb tenir qqch entre le pouce et l'index; to type with two ~s taper (à la machine) avec deux doigts; a ~'s breadth un doigt; to point a ~ at sb/sthg montrer qqn/qqch du doigt ❑ index ~ index *m*; middle ~ majeur *m*; ring ~ annulaire *m*; little ~ auriculaire *m*, petit doigt *m*; to twist sb round one's little ~ faire ce qu'on veut de qqn; I can twist him round my little ~ j'en fais ce que je veux; to be all ~s and thumbs avoir des mains de beurre, avoir deux mains gauches; get OR pull your ~ out! ▽ *Br* remue-toi!; to have a ~ in every pie jouer sur tous les tableaux; he has a ~ in the pie il a des intérêts dans l'affaire; if you lay a ~ on her si tu touches à un seul de ses cheveux; to keep one's ~s crossed croiser les doigts *(pour souhaiter bonne chance)*; I'll keep my ~s crossed for you je croiserai les doigts pour toi; to point the ~ (of suspicion) at sb diriger les soupçons sur qqn; the ~ of suspicion points at the accountant les soupçons pèsent sur le comptable; who are you to point the ~? qui es-tu pour accuser les autres?; to put the ~ on sb *inf* [inform against] balancer OR donner qqn; to put one's ~ on sthg [identify] mettre le doigt sur qqch; something has changed but I can't put my ~ on it il y a quelque chose de changé mais je n'arrive pas à dire ce que c'est; to have one's ~ on the pulse [person] être très au fait de ce qui se passe; [magazine, TV programme] être à la pointe de l'actualité; to put two ~s up at sb *inf Br*, to give sb the ~ *inf Am* ≃ faire un bras d'honneur à qqn; success/happiness/the suspect slipped through his ~s le succès/le bonheur/le suspect lui a glissé entre les doigts; to work one's ~s to the bone s'épuiser à la tâche; you never lift OR raise a ~ to help tu ne lèves jamais le petit doigt pour aider. -**2.** [of glove] doigt *m*. -**3.** [of alcohol] doigt *m*; [of land] bande *f*; to cut a cake into ~s couper un gâteau en petits morceaux rectangulaires.

◇ *comp*: ~ exercises MUS exercices *mpl* de doigté; ~ food *petits fours, petits sandwiches et légumes crus, servis à un buffet et que l'on mange avec les doigts*; ~ puppet marionnette *f* à doigt.◇

◇ *vt* -**1.** [feel] tâter du doigt; *pej* tripoter. -**2.** MUS doigter, indiquer le doigté de. -**3.** ▽ [inform on] balancer, donner.

fingerboard ['fɪŋgəbɔːd] *n* MUS touche *f*.

finger bowl *n* rince-doigts *m inv*.

finger buffet *n buffet où sont servis des petits sandwiches, des petits fours et des légumes crus.*

fingered ['fɪŋgəd] *adj* -**1.** [dirty, soiled] qui a été tripoté. -**2.** MUS doigté.

finger hole *n* MUS trou *m*.

fingering ['fɪŋgərɪŋ] *n* -**1.** MUS [technique, numerals] doigté *m*. -**2.** *pej* [touching] tripotage *m*. -**3.** [knitting wool] laine *f* fine à tricoter.

fingerless ['fɪŋgələs] *adj*: ~ glove mitaine *f*.

fingermark ['fɪŋgəmɑːk] *n* trace *f* OR marque *f* de doigt.

fingernail ['fɪŋgəneɪl] *n* ongle *m* (de la main); to hang on by one's ~s *literal* se retenir du bout des doigts; *fig* se raccrocher comme on peut.

finger paint *n* peinture *f* pour peindre avec les doigts.

finger painting *n* peinture *f* avec les doigts; children love ~ les enfants adorent peindre avec leurs doigts.

fingerplate ['fɪŋgəpleɪt] *n* plaque *f* de propreté *(pour protéger une porte des marques de doigts).*

fingerprint ['fɪŋgəprɪnt] ◇ *n* empreinte *f* digitale; five different sets of ~s cinq empreintes digitales différentes; his ~s are all over it *literal* c'est couvert de ses empreintes digitales; *fig* tout indique que c'est lui; to take sb's ~s prendre les empreintes digitales de qqn ❑ genetic ~ empreinte OR code *m* génétique.

◇ *comp*: ~ expert spécialiste *mf* en empreintes digitales OR en dactyloscopie.

◇ *vt* [person] prendre les empreintes digitales de; [object, weapon] relever les empreintes digitales sur; to ~ sb genetically identifier l'empreinte OR le code génétique de qqn.

fingerprinting ['fɪŋgə,prɪntɪŋ] *n (U)* [of person] prise *f* d'empreintes digitales; [of object] relevé *m* d'empreintes digitales; genetic ~ identification *f* de l'empreinte OR du code génétique.

fingerstall ['fɪŋgəstɔːl] *n* doigtier *m*.

fingertip ['fɪŋgətɪp] ◇ *n* bout *m* du doigt; he rolled a cigarette between his ~s il s'est roulé une cigarette entre les doigts ❑ to be Irish to one's ~s être irlandais jusqu'au bout des ongles; to have information at one's ~s [be conversant with] connaître des informations sur le bout des doigts; [readily available] avoir des informations à portée de main.

◇ *comp*: ~ controls commandes *fpl* à touches.

finicky ['fɪnɪkɪ] *adj* -**1.** [person] pointilleux, tatillon *pej*; [habit] tatillon; to be ~ about sthg être pointilleux OR *pej* tatillon sur qqch; to be a ~ eater être difficile sur la nourriture. -**2.** [job, task] minutieux.

finish ['fɪnɪʃ] ◇ *n* -**1.** [end, closing stage - of life, game etc] fin *f*; [- of race] arrivée *f*; a close ~ [in race] une arrivée serrée OR dans un mouchoir; from start to ~ du début à la fin ❑ to fight to the ~ se battre jusqu'au bout; it was a fight to the ~ la partie fut serrée; to be in at the ~ voir la fin. -**2.** [created with paint, varnish, veneer] finitions *fpl*; stained with a walnut ~ teinté imitation noyer. -**3.** [quality of workmanship, presentation etc] finition *f*; his prose/acting lacks ~ sa prose/son jeu manque de poli. -**4.** SPORT [of athlete] finish *m*. -**5.** [shot at goal] but *m*; a superb ~ un but magnifique.

◇ *vt* -**1.** [end, complete - work, meal, school] finir, terminer, achever; [- race] finir, terminer; [consume - supplies, food, drink] finir, terminer; to ~ doing sthg finir OR terminer de faire qqch; when do you ~ work? [time] à quelle heure est-ce que tu finis?; [date] quand OR à quelle date finis-tu?; to be in a hurry to get sthg ~ed être pressé de finir OR terminer qqch; ~ your drinks finissez OR videz vos verres. -**2.** [ruin - sb's career] mettre un terme à; [- sb's chances] détruire, anéantir. -**3.** [exhaust] achever, tuer. -**4.** [put finish on - wood, garment] finir, mettre les finitions à.

◇ *vi* [come to an end - concert, film etc] (se) finir, se terminer, s'achever; [complete activity - person] finir, terminer; to ~ by doing sthg finir OR terminer en faisant qqch; when does the concert ~? à quelle heure le concert (se) finit-il OR se termine-t-il OR s'achève-t-il?; please let me ~ [speaking] s'il te plaît, laisse-moi finir OR terminer; to ~ first/third [in race] arriver premier/troisième; where did he ~? [in race]

en quelle position est-il arrivé OR a-t-il fini?; **the runner ~ed strongly/well** [in race] le coureur a fini fort/a bien fini.

◆ **finish off** ◇ *vi insep* [in speech, meal] finir, terminer; **they ~ed off with a coffee/by singing the national anthem** ils ont terminé par un café/en chantant l'hymne national.

◇ *vt sep* -**1.** [complete - work, letter] finir, terminer, achever; [- passing move in sport] terminer, finir, conclure. -**2.** [consume - drink] finir, terminer. -**3.** [kill - person, wounded animal] achever; *fig* [exhaust - person] achever, tuer; **fierce competition ~ed the industry off** *fig* une concurrence féroce a eu raison de cette industrie.

◆ **finish up** ◇ *vi insep* [end up] finir; **to ~ up in jail/hospital** finir en prison/à l'hôpital; **they ~ed up arguing** ils ont fini par se disputer; **she ~ed up a nervous wreck** à la fin c'était une vraie boule de nerfs, elle a fini à bout de nerfs; **you might ~ up dead** tu risques de te faire tuer.

◇ *vt sep* [meal, food, drink] finir, terminer; **~ up your drink** finissez OR terminez OR videz votre verre.

◆ **finish with** *vt insep* -**1.** [have no further use for] ne plus avoir besoin de; **have you ~ed with the paper/milk?** tu n'as plus besoin du journal/du lait?, tu as fini avec le journal/le lait?; **I haven't ~ed with it yet** j'en ai encore besoin. -**2.** [want no more contact with] en finir avec; **I've ~ed with journalism for good** j'en ai fini à jamais avec le journalisme, moi et le journalisme, c'est fini. -**3.** [end relationship] rompre avec; **she ~ed with her boyfriend** elle a rompu avec son petit ami. -**4.** [stop punishing] régler son compte à; **just wait till I ~ with him** attends que je lui règle son compte, attends que j'en aie fini avec lui; **I haven't ~ed with you yet** je n'en ai pas encore fini avec toi.

finished ['fɪnɪʃt] *adj* -**1.** fini; *fig* [performance] parfaitement exécuté; [appearance] raffiné; **machine-~** fini à la machine, finitions machine; **it's beautifully ~** les finitions sont magnifiques, c'est magnifiquement fini. -**2.** *inf* [exhausted] mort, crevé. -**3.** [ruined - career] fini, terminé; **he's ~ as a politician** sa carrière d'homme politique est terminée OR finie, il est fini en tant qu'homme politique; **you're ~** c'est fini OR terminé pour vous; **you're ~ in this company** tu es fini dans cette société. -**4.** [completed - work, job] fini, terminé, achevé; [consumed - wine, cake] fini; **the butter is ~** il n'y a plus de beurre; **the plumber was ~ by 4 p.m.** le plombier avait terminé OR fini à 16 h ❑ **~ product** OR **article** produit *m* fini. -**5.** [over] fini; **you and I are ~** toi et moi, c'est fini; **I'm ~ with him/my boyfriend** lui/mon petit ami et moi, c'est fini; **I'm ~ with politics/journalism** la politique/le journalisme et moi, c'est fini, j'en ai fini avec la politique/le journalisme; **the headmaster was not ~ with him yet** le principal n'en avait pas encore fini avec lui.

finisher ['fɪnɪʃəʳ] *n* -**1.** SPORT finisseur *m*, -euse *f*; FTBL marqueur *m*; **he's a fast ~** [athlete] il finit vite, il est rapide au finish. -**2.** [thorough person]: **he's not a ~** il ne finit jamais complètement son travail. -**3.** INDUST finisseur *m*, -euse *f*.

finishing line ['fɪnɪʃɪŋ-] *Br*, **finish line** *Am* *n* SPORT ligne *f* d'arrivée.

finishing school *n école privée de jeunes filles surtout axée sur l'enseignement des bonnes manières.*

finishing touch *n*: **to put the ~es to sthg** mettre la dernière touche OR la dernière main à qqch.

finite ['faɪnaɪt] *adj* limité; PHILOS & MATH [number, universe] fini; GRAMM [verb] à aspect fini.

fink *inf* [fɪŋk] *Am* ◇ *n* [strikebreaker] jaune *m*; [informer] mouchard *m*, -e *f*; [to police] indic *m*, balance *f*; [nasty person] salaud *m*, salope *f*.

◇ *vi*: **to ~ on sb** [to police] donner OR balancer qqn; [to teacher, parent] moucharder qqn.

◆ **fink out** *inf vi insep Am* [withdraw - from undertaking] laisser tomber, se dégonfler; [- from promise] ne pas tenir parole; **to ~ out of doing sthg** laisser tomber OR se dégonfler et ne pas faire qqch.

Finland ['fɪnlənd] *pr n* Finlande *f*; **in ~** en Finlande.

Finlander ['fɪnləndəʳ] *n* Finlandais *m*, -e *f*.

Finn [fɪn] *n* -**1.** [inhabitant of Finland] Finlandais *m*, -e *f*. -**2.** HIST Finnois *m*, -e *f*.

Finnish ['fɪnɪʃ] ◇ *n* LING finnois *m*.

◇ *adj* -**1.** [gen] finlandais. -**2.** HIST finnois.

fiord [fjɔːd] *n* fjord *m*.

fir [fɜːʳ] ◇ *n* [tree, wood] sapin *m*.

◇ *comp*: **~ cone** *Br* pomme *f* de pin; **~ tree** sapin *m*.

fire ['faɪəʳ] ◇ *n* -**1.** [destructive] incendie *m*; **~!** au feu!; **to catch ~** prendre feu; **to set ~ to sthg, to set sthg on ~** mettre le feu à qqch; **be careful or you'll set ~ to yourself** fais attention ou tu vas mettre le feu à tes vêtements; **to cause** OR **to start a ~** [person, faulty wiring] provoquer un incendie; **I'm always worried about ~s** j'ai toujours peur d'un incendie; **that's how ~s start** c'est comme ça qu'on met le feu; **on ~** en feu; **the building/village was set on ~** le bâtiment/village a été incendié; **my throat's on ~** *fig* j'ai la gorge en feu; **his forehead/he is on ~** *fig* [because of fever] son front/il est brûlant ❑ **forest ~** incendie OR feu *m* de forêt; **to play with ~** jouer avec le feu; **fight ~ with ~** combattre le mal par le mal; **he would go through ~ and water for her** il se jetterait au feu pour elle; **this novel is not going to set the world** OR *Br* **the Thames on ~** *inf* ce roman ne casse pas des briques; **he'll never set the world** OR *Br* **the Thames on ~** il n'a jamais cassé trois pattes à un canard; **the Great Fire of London** le grand incendie de Londres *(qui, en 1666, détruisit les trois quarts de la ville, et notamment la cathédrale Saint-Paul).* -**2.** [in hearth, campsite] feu *m*; **a roaring ~** une belle flambée; **to lay a ~** préparer un feu; **to light** OR **to make a ~** allumer un feu, faire du feu ❑ **camp/open ~** feu de camp/de cheminée; **wood/coal ~** feu de bois/de charbon. -**3.** [element] feu *m*; **before man discovered ~** avant que l'homme ait découvert le feu; **to be afraid of ~** avoir peur du feu. -**4.** MIL feu *m*; **open ~!** ouvrez le feu!; **to open/to cease ~** ouvrir/cesser le feu; **to open ~ on sb** ouvrir le feu OR tirer sur qqn; **to draw the enemy's ~** faire diversion en attirant le feu de l'ennemi; **to return (sb's) ~** riposter (au tir de qqn); **hold your ~** [don't shoot] ne tirez pas; [stop shooting] cessez le feu ❑ **to be in the line of ~** être dans la ligne de tir; **to come under ~** *literal* essuyer le feu de l'ennemi; *fig* être vivement critiqué OR attaqué; **between two ~s** entre deux feux. -**5.** *Br* [heater] appareil *m* de chauffage; **to turn the ~ on/off** allumer/éteindre le chauffage. -**6.** [passion, ardour] flamme *f*; **the ~ of youth** la fougue de la jeunesse.

◇ *comp*: **~ appliance** *Br* camion *m* de pompiers; **~ prevention** mesures *fpl* de sécurité contre l'incendie; **~ prevention officer** personne *f* chargée des mesures de sécurité contre l'incendie; **~ regulations** consignes *fpl* en cas d'incendie; **~ sign** ASTROL signe *m* de feu; **~ worship** culte *m* du feu.

◇ *vt* -**1.** [shot, bullet] tirer; [gun, cannon, torpedo] décharger; [arrow] décocher; **only three bullets had been ~d from the gun** seulement trois balles avaient été tirées avec le pistolet; **without a shot being ~d** sans un seul coup de feu; **to ~ a twenty one-gun salute** tirer vingt et un coups de canon; **to ~ questions at sb** *fig* bombarder qqn de questions. -**2.** [inspire - person, an audience, supporters, the imagination] enflammer; **to ~ sb with enthusiasm/desire** remplir qqn d'enthousiasme/de désir. -**3.** [in kiln] cuire. -**4.** [power, fuel - furnace] chauffer. -**5.** *inf* [dismiss] virer; **you're ~d!** vous êtes viré!

◇ *vi* -**1.** [shoot - person] tirer, faire feu; **the rifle failed to ~** le coup n'est pas parti; **~!** MIL feu!; **~ at will!** MIL feu à volonté!; **to ~ at** OR **on sb** tirer sur qqn. -**2.** [engine] tourner; [spark plug] s'allumer; [pin on print head] se déclencher; **the engine is only firing on two cylinders** le moteur ne tourne que sur deux cylindres ❑ **to ~ on all cylinders** *literal* & *fig* marcher à pleins tubes.

◆ **fire away** *inf vi insep* [go ahead]: **~ away!** allez-y!

◆ **fire off** *vt sep* [round of ammunition] tirer; *fig* [facts, figures] balancer; **to ~ off questions at sb** bombarder qqn de questions.

fire alarm *n* alarme *f* d'incendie.

fire-and-brimstone *adj* [preacher, sermon] menaçant des feux de l'enfer.

firearm ['faɪərɑːm] *n* arme *f* à feu; **~s training** entraînement *m* à l'utilisation des armes à feu; **~s offence** JUR délit *m* lié à la détention d'armes à feu.

fireball ['faɪəbɔːl] *n* boule *f* de feu.

fireboat ['faɪəbəʊt] *n* bateau-pompe *m*.

firebomb ['faɪəbɒm] ◇ *n* bombe *f* incendiaire.

◇ *vt* [building] attaquer à la bombe incendiaire.

firebrand ['faɪəbrænd] *n fig* exalté *m*, -e *f*.

firebreak ['faɪəbreɪk] *n* [in forest] coupe-feu *m inv*.

firebrick ['faɪəbrɪk] *n* brique *f* réfractaire.

fire brigade *n* brigade *f* des pompiers OR sapeurs-pompiers; **have you called the ~?** as-tu appelé les pompiers?

firebug *inf* ['faɪəbʌg] *n* incendiaire *mf*, pyromane *mf*.

fire chief *n Am* capitaine *m* des pompiers OR sapeurs-pompiers.

fire clay *n* argile *f* réfractaire.

firecracker ['faɪə,krækəʳ] *n* pétard *m*.

fire curtain *n* THEAT rideau *m* de fer.

-fired ['faɪəd] *in cpds* chauffé à; **oil-~/gas-~ central heating** chauffage central au mazout/gaz.

firedamp ['faɪədæmp] *n* MIN grisou *m*; **~ explosion** coup *m* de grisou.

fire department *Am* = **fire brigade**.

firedog ['faɪədɒg] *n* chenet *m*.

fire door *n* porte *f* coupe-feu.

fire drill *n* exercice *m* de sécurité *(en cas d'incendie).*

fire-eater *n* [in circus] cracheur *m* de feu; *fig* personne *f* belliqueuse, bagarreur *m*, -euse *f*.

fire engine *n* voiture *f* de pompiers.

fire escape *n* escalier *m* de secours OR d'incendie.

fire exit *n* sortie *f* de secours.

fire extinguisher *n* extincteur *m*.

fire fighter *n* pompier *m*, sapeur-pompier *m* (volontaire).

fire-fighting ◇ *n* lutte *f* contre les incendies.

◇ *comp* [equipment, techniques] de lutte contre les incendies.

firefly ['faɪəflaɪ] (*pl* **fireflies**) *n* luciole *f*.

fireguard ['faɪəgɑːd] *n* [for open fire] garde-feu *m*.

fire hazard *n*: **all those empty boxes are a ~** toutes ces boîtes vides constituent OR représentent un risque d'incendie; **smoking is forbidden since it is a ~** il est interdit de fumer car cela pourrait provoquer un incendie.

fire hose *n* tuyau *m* de pompe à incendie.

fire hydrant *n* bouche *f* d'incendie.

fire insurance *n (U)* assurance-incendie *f*.

fire irons *npl* accessoires *mpl* de cheminée.

firelight ['faɪəlaɪt] *n* lueur *f* OR lumière *f* du feu; **in the ~** à la lueur OR lumière du feu.

firelighter ['faɪəlaɪtəʳ] *n* allume-feu *m*.

fireman ['faɪəmən] (*pl* **firemen** [-mən]) *n* -**1.** pompier *m*, sapeur-pompier *m*. -**2.** RAIL chauffeur *m* de locomotive.

fire marshal *Am* = **fire chief**.

fireplace ['faɪəpleɪs] *n* cheminée *f*.

fire-plug *n Am* -**1.** [fire hydrant] bouche *f* d'incendie. -**2.** *inf* [person] *personne petite et grosse.*

fire power *n* puissance *f* de feu.

fireproof ['faɪəpruːf] ◇ *adj* [door, safe] à l'épreuve du feu; [clothing, toys] ininflammable; [dish] allant au feu.
◇ *vt* ignifuger, rendre ininflammable.
fireproofing ['faɪəpruːfɪŋ] *adj* [spray, material] ignifuge, ignifugeant.
fire-raiser *n* pyromane *mf*, incendiaire *mf*.
fire-raising [-'reɪzɪŋ] *n* pyromanie *f*.
fire risk = **fire hazard**.
fire sale *n* *vente au rabais de marchandises ayant subi de légers dégâts à la suite d'un incendie.*
fire screen *n* écran *m* de cheminée.
fire service = **fire brigade**.
fireside ['faɪəsaɪd] *n* coin *m* du feu; **sitting by the ~** assis au coin du feu; **~ chat** [by politician] causerie *f* au coin du feu.
fire station *n* caserne *f* de pompiers.
firestone ['faɪəstəʊn] *n* pierre *f* réfractaire.
firetrap ['faɪətræp] *n*: **there are too many of these ~s** il y a trop de bâtiments qui sont de véritables pièges en cas d'incendie.
fire truck *n Am* voiture *f* de pompiers.
fire walker *n* *personne en transe qui marche sur des braises.*
fire walking *n*: **the ritual of ~** le rituel consistant à marcher sur des braises.
fire wall *n* cloison *f* pare-feu.
fire warden *n* [in forest] guetteur *m* d'incendie.
firewater *inf* ['faɪə,wɔːtəʳ] *n* gnôle *f*.
firewood ['faɪəwʊd] *n* bois *m* à brûler; [for use in home] bois *m* de chauffage.
firework ['faɪəwɜːk] *n* pièce *f* d'artifice; **~** OR **~s display** feu *m* d'artifice; **there were ~s at the meeting** *inf fig* il y a eu des étincelles à la réunion.
firing ['faɪərɪŋ] ◇ *n* -**1.** *(U)* MIL tir *m*; **~ has been heavy** de nombreux coups de feu ont été tirés; **burst of ~** fusillade *f*. -**2.** [of piece of pottery] cuisson *f*, cuite *f*. -**3.** *inf* [dismissal] renvoi *m*. -**4.** AUT [of engine, sparkplug] allumage *m*.
◇ *comp*: **~ order** OR **sequence** AUT [of engine] ordre *m* d'allumage; **~ pin** percuteur *m*; **~ practice** exercice *m* de tir; **~ range** champ *m* de tir.
firing line *n* MIL ligne *f* de tir; **to be in the ~** *fig* être dans la ligne de tir.
firing squad *n* peloton *m* d'exécution; **to be executed by ~** passer devant le peloton d'exécution.
firm [fɜːm] ◇ *n* [company] entreprise *f*; [of solicitors] étude *f*; [of lawyers, barristers, consultants] cabinet *m*; **it's a good ~ to work for** cette entreprise est un bon employeur.
◇ *adj* -**1.** [solid, hard - flesh, fruit, mattress etc] ferme; **on ~ ground** *literal* sur la terre ferme; *fig* sur un terrain solide. -**2.** [stable, secure - basis] solide; [- foundations] stable; COMM & FIN [currency, market etc] stable. -**3.** [strong - handshake, grip, leadership] ferme; **to have a ~ hold** OR **grasp** OR **grip of sthg** tenir qqch fermement; **to rule with a ~ hand** diriger avec de la poigne. -**4.** [unshakeable, definite - belief, evidence, friendship] solide; [- view, opinion] déterminé, arrêté; [- intention, voice, agreement, offer] ferme; [- date] définitif; **they are ~ friends** ce sont de bons amis; **he was very ~ about this** il a été très ferme à ce propos; **she gave a ~ denial** elle a nié fermement; **I am a ~ believer in women's equality** je crois fermement à l'égalité de la femme; **to be ~ with a child/dog** être ferme avec un enfant/chien; **he was polite but ~** il a été poli mais ferme.
◇ *adv*: **to stand ~ on sthg** ne pas céder sur qqch; **he stands ~ on this issue** il a une position bien arrêtée sur le sujet.
◇ *vt*: **to ~ the soil** tasser le sol.
◇ *vi* = **firm up** *vi insep*.
◆ **firm up** ◇ *vt sep* [make firm - muscles, prices] raffermir; **to ~ up an agreement** régler les derniers détails d'un accord.
◇ *vi insep* [muscles, prices] se raffermir.
firmament ['fɜːməmənt] *n arch* OR *lit* [sky] firmament *m*.
firmly ['fɜːmlɪ] *adv* -**1.** [securely - hold, grasp sthg] fermement; [- closed, secured] bien; **to keep one's feet ~ on the ground** *fig* bien garder les pieds sur terre, rester fermement ancré dans la réalité. -**2.** [say, deny, refuse, deal with] fermement, avec fermeté.
firmness ['fɜːmnɪs] *n* -**1.** [hardness - of flesh, fruit, mattress] fermeté *f*. -**2.** [stability - of basis] solidité *f*; [- of foundations] stabilité *f*; COMM & FIN [of currency, market, prices] stabilité *f*. -**3.** [strength -of grip, character, belief] fermeté *f*. -**4.** [of voice, denial, refusal] fermeté *f*.
firmware ['fɜːmweəʳ] *n* COMPUT microprogramme *m*.
first [fɜːst] ◇ *adj num* -**1.** [in series] premier; **the ~ few days** les deux ou trois premiers jours; **the ~ six months** les six premiers mois; **Louis the First** Louis Premier OR Iᵉʳ; **to be ~ in the queue** être le premier de la queue; **I'm ~** je suis OR c'est moi le premier; **she was ~ in English Literature** elle était première en littérature anglaise; **she's in ~ place** [in race] elle est en tête; **to win ~ prize** gagner le premier prix; **this is the ~ time I've been to New York** c'est la première fois que je viens à New York ❑ **~ floor** *Br* premier étage *m*; *Am* rez-de-chaussée *m*; **~ gear** AUT première *f* (vitesse *f*); **put the car into ~ gear** passe la première (vitesse); **~ year** *Br* UNIV première année *f*; SCH sixième *f*; **a ~-year university student** *Br* UNIV un étudiant de première année à l'université; **I learnt of it at ~ hand** je l'ai appris de la bouche de l'intéressé/l'intéressée, c'est lui-même/elle-même qui me l'a appris; **I learned of her resignation at ~ hand** c'est elle-même qui m'a appris sa démission; **I haven't (got) the ~ idea** je n'en ai pas la moindre idée; **I'll pick you up ~ thing (in the morning)** je passerai te chercher demain matin à la première heure; **I'm not at my best ~ thing in the morning** je ne suis pas au mieux de ma forme très tôt le matin; **there's a ~ time for everything** il y a un début à tout. -**2.** [immediately] tout de suite; **~ thing after lunch** tout de suite après le déjeuner; **I don't know the ~ thing about cars** je n'y connais absolument rien en voitures; **she's past her ~ youth** *lit* elle n'est plus de la première jeunesse. -**3.** [most important - duty, concern] premier; **the ~ priority** la priorité des priorités ❑ **to put ~ things ~** commencer par le commencement; **~ things ~!** prenons les choses dans l'ordre!
◇ *adv* -**1.** [before the others - arrive, leave, speak] le premier, la première, en premier; **I saw it ~!** c'est moi qui l'ai vu le premier OR en premier!; **you go ~** vas-y en premier; **ladies ~** les dames d'abord; **women and children ~** les femmes et les enfants d'abord; **~ in, ~ out** COMPUT premier entré premier sorti; **last in, ~ out** ADMIN dernier entré premier sorti ❑ **to come ~** [in race] arriver premier; [in exam] avoir la première place, être premier; **her career comes ~** sa carrière passe d'abord OR avant tout; **I've never come ~ with you, have I?** tu ne m'as jamais fait passer avant le reste, n'est-ce pas?; **~ come ~ served** *prov* les premiers arrivés sont les premiers servis; **to put one's family ~** faire passer sa famille d'abord OR avant tout. -**2.** [firstly, before anything else] d'abord; **~, I want to say thank you** tout d'abord, je voudrais vous remercier, je voudrais d'abord vous remercier; **~ prepare the meat** préparez d'abord la viande; **I need to go to the lavatory ~** il faut d'abord que j'aille aux toilettes; **what should I do ~?** qu'est-ce que je dois faire en premier?; **~ hear the arguments, then make up your mind** écoutez d'abord les arguments, ensuite vous vous déciderez; **she says ~ one thing then another** elle dit d'abord une chose, et puis une autre; **I'm a mother ~ and a wife second** je suis une mère avant d'être une épouse. -**3.** [for the first time] pour la première fois; **we ~ met in London** nous nous sommes rencontrés à Londres || [initially] au début; **when I ~ knew him** quand je l'ai connu. -**4.** [sooner, rather]: **I'd die ~** plutôt mourir; **I'll see him damned ~** OR **in hell ~** *inf* j'aimerais bien voir ça.
◇ *n* -**1.** [before all others]: **the ~** le premier, la première; **he was among the ~ to realise** il a été parmi les premiers à s'en rendre compte; **she was the ~ in our family to go to university** c'était la première de la famille à aller à l'université; **he came in an easy ~** [in race] il est arrivé premier haut la main. -**2.** [achievement] première *f*; **that's a notable ~ for France** c'est une grande première pour la France. -**3.** [first time]: **the ~ we heard/knew of it was when...** nous en avons entendu parler pour la première fois/l'avons appris quand...; **it's the ~ I've heard of it!** première nouvelle! -**4.** *Br* UNIV: **he got a ~ in economics** ≃ il a eu mention très bien en économie; **she got a double ~ in French and Russian** ≃ elle a eu mention très bien en français et en russe. -**5.** AUT première *f*.
◆ **at first** *adv phr* au début.
◆ **first and foremost** *adv phr* d'abord et surtout.
◆ **first and last** *adv phr* avant tout.
◆ **first of all** *adv phr* tout d'abord, pour commencer.
◆ **first off** *inf adv phr* pour commencer.
◆ **from first to last** *adv phr* du début à la fin.
◆ **from the (very) first** *adv phr* dès le début.
◆ **in the first instance** *adv phr* d'abord; **apply in the ~ instance to the personnel department** adressez d'abord votre demande au service du personnel.
◆ **in the first place** *adv phr* -**1.** [referring to a past action] d'abord; **why did you do it in the ~ place?** et puis d'abord, pourquoi as-tu fait cela?; **I don't understand why he married her in the ~ place** d'abord, je ne comprends pas ce qui a bien pu le pousser à se marier avec elle. -**2.** [introducing an argument] d'abord; **in the ~ place... and in the second place** d'abord... et ensuite.
first aid ◇ *n (U)* [technique] secourisme *m*; [attention] premiers soins *mpl*; **does anyone know any ~?** quelqu'un s'y connaît-il en secourisme?; **to give/to receive ~** donner/recevoir les premiers soins.
◇ *comp* [class, manual] de secourisme; **~ kit** OR **box** trousse *f* à pharmacie; **~ post** OR **station** *Br* poste *m* de secours.
first-aider [-'eɪdəʳ] *n* secouriste *mf*.
First Amendment *n Am*: **the ~** le Premier Amendement *(garantissant les libertés individuelles du citoyen américain, notamment la liberté d'expression).*
first-born ◇ *adj* premier-né.
◇ *n* premier-né *m*, première-née *f*.
first class *n* -**1.** [on train, plane] première classe *f*. -**2.** [for letter, parcel] tarif *m* normal.
◆ **first-class** ◇ *adj* -**1.** [seat] en première classe; [compartment, ticket] de première classe. -**2.** [letter, stamp] au tarif normal; **to send a letter by first-class mail** envoyer une lettre au tarif normal. -**3.** *Br* UNIV: **she got a first-class honours degree (in French)** elle a eu mention très bien (en français); **to graduate with first-class honours** obtenir son diplôme avec mention très bien. -**4.** [excellent] = **first-rate**.
◇ *adv* [travel] en première classe; [send letter] au tarif normal.
first cousin *n* cousin *m* germain, cousine *f* germaine.
first-day cover *n* [for stamp collector] émission *f* premier jour.
first-degree *adj* -**1.** MED [burn] au premier degré. -**2.** JUR [in US]: **~ murder** homicide *m* volontaire.
first-ever *inf n* tout premier *m*, toute première *f*.
first floor *n Br* premier étage *m*; *Am* rez-de-chaussée *m*; **on the ~** *Br* au premier étage; *Am* au rez-de-chaussée.
first-foot *vt Scot*: **to ~ sb** *être le premier à rendre visite à qqn pour lui souhaiter la bonne année la nuit de la Saint-Sylvestre.*
first-footer *n Scot* *premier visiteur venant souhaiter la bonne année, la nuit de la Saint-Sylvestre.*

first form *n Br* SCH sixième *f*.

first-former *n Br* SCH élève *mf* de sixième.

first fruits *npl literal* & *fig* premiers fruits *mpl*.

first-generation *adj* de première génération.

first-hand ◇ *adj* [knowledge, information, news] de première main; **I know from ~ experience what it is like to be poor** je sais d'expérience ce que c'est que d'être pauvre.
◇ *adv* [hear of sthg] de première main.

first lady *n* [in US] *femme du président des États-Unis*; **the ~ of rock/of the detective novel** *fig* la grande dame du rock/du roman policier.

first language *n* langue *f* maternelle.

first lieutenant *n* NAUT lieutenant *m* de vaisseau; *Am* MIL & AERON lieutenant *m*.

firstly ['fɜːstlɪ] *adv* premièrement.

first mate *n* NAUT second *m*.

first name *n* prénom *m*; **to be on ~ terms with sb** appeler qqn par son prénom; **we're on ~ terms** ≃ on se tutoie.

first night THEAT ◇ *n* première *f*.
◇ *comp*: **~ nerves** trac *m (du soir de la première)*.

first-nighter [-'naɪtəʳ] *n* THEAT spectateur *m*, -trice *f* assistant OR ayant assisté à la première.

first offender *n* délinquant *m*, -e *f* primaire.

first officer = **first mate**.

first-past-the-post *adj Br* POL [system] majoritaire à un tour; **the ~ electoral system** le scrutin majoritaire à un tour.

first person *n* GRAMM première personne *f*; **in the ~** à la première personne.
◆ **first-person** *adj* GRAMM [pronoun] de la première personne; **a first-person narrative** un récit à la première personne.

first principle *n* principe *m* fondamental OR de base.

first-rate *adj* [excellent - wine, meal, restaurant] de première qualité, excellent; [- idea, performance, student] excellent; **of ~ quality** d'excellente OR de première qualité; **he's a ~ badminton/chess player** il est excellent au badminton/aux échecs; **that's absolutely ~!** *Br* [idea, news etc] c'est formidable!

first reading *n* POL [of bill] première lecture *f*.

first refusal *n* préférence *f*; **to give sb ~ on sthg** donner la préférence à qqn pour qqch; **I promised Nadine ~** j'ai promis à Nadine que je lui donnerais la préférence.

first-strike *adj* MIL [missile] de première frappe; **a ~ capability** une force de frappe importante (permettant d'attaquer en premier).

first string *n* SPORT meilleur joueur *m*, meilleure joueuse *f (d'une équipe)*.
◆ **first-string** *adj* SPORT: **first-string player** [regular] joueur *m* régulier, joueuse *f* régulière *(d'une équipe)*; [best] meilleur joueur *m*, meilleure joueuse *f (d'une équipe)*.

first-time *adj*: **~ (house) buyer** personne *f* devenant propriétaire pour la première fois; **~ visitors to the country** les personnes visitant le pays pour la première fois.

first violin *n* MUS [person, instrument] premier violon *m*.

First World *n*: **the ~** les pays industrialisés.

firth [fɜːθ] *n Scot* estuaire *m*.

FIS *n abbr of* **Family Income Supplement**.

fiscal ['fɪskl] ◇ *adj* [measures, policy etc] fiscal; **~ year** *Am* [of company] exercice *m* (financier); ADMIN année *f* budgétaire.
◇ *n Scot* JUR: **procurator ~** ≃ procureur *m* de la République.

fish [fɪʃ] (*pl inv* OR **fishes**) ◇ *n* poisson *m*; **to catch a ~** pêcher un poisson; **he caught three ~** il a attrapé OR pris trois poissons; **I eat a lot of ~** je mange beaucoup de poisson ❑ **~ and chips** poisson frit avec des frites; **he's a queer ~** *inf* c'est un drôle de type; **a cold ~** [unemotional] un cœur de pierre; **to feel like a ~ out of water** ne pas se sentir dans son élément; **to drink like a ~** *inf* boire comme un trou; **there are plenty more ~ in the sea** un de perdu, dix de retrouvés; **to have other ~ to fry** avoir d'autres chats à fouetter; **to be a big ~ in a little pond** être le premier dans son village; **to be a little ~ in a big pond** être perdu dans la masse; **neither ~ nor fowl (nor good red herring)** ni chair ni poisson.
◇ *comp* [course, restaurant] de poisson.
◇ *vi* -**1.** SPORT pêcher; **to ~ with a line/a rod** pêcher à la ligne/avec une canne; **to go ~ing** aller à la pêche; **to go trout ~ing** OR **~ing for trout** aller à la pêche à la truite, aller pêcher la truite; **to ~ in troubled waters** *fig* pêcher en eau trouble. -**2.** [search, seek]: **he ~ed around for his pen under the papers** il a fouillé sous ses papiers pour trouver son crayon; **to ~ for information** essayer de soutirer des informations; **to ~ for compliments** rechercher les compliments.
◇ *vt* [river, lake etc] pêcher dans.
◆ **fish out** *vt sep* [from water] repêcher; **he ~ed out his wallet** *fig* il a sorti son portefeuille; [with difficulty] il a extrait son portefeuille; **she ~ed her keys out of her bag** elle a fouillé dans son sac et en a extrait ses clés.
◆ **fish up** *vt sep* [from water] repêcher; **to ~ up sthg from one's memory** ressortir qqch de sa mémoire; **where did you ~ that up from?** *inf* [object] où est-ce que tu as été dénicher ça?; [idea] où est-ce que tu as été pêcher ça?

fish-and-chip shop *n Br magasin vendant du poisson frit et des frites.*

fishbone ['fɪʃbəʊn] *n* arête *f* de poisson.

fishbowl ['fɪʃbəʊl] *n* bocal *m* à poissons.

fishcake ['fɪʃkeɪk] *n* CULIN croquette *f* de poisson.

fish eagle *n* ORNITH balbuzard *m*.

fisher ['fɪʃəʳ] *n* -**1.** *arch* [fisherman] pêcheur *m*; **~s of men** BIBLE pêcheurs d'hommes. -**2.** [bird, animal] pêcheur *m*.

fisherman ['fɪʃəmən] (*pl* **fishermen** [-mən]) *n* pêcheur *m*.

fishery ['fɪʃərɪ] (*pl* **fisheries**) *n* [fishing ground] pêcherie *f*; [fishing industry] industrie *f* de la pêche; **~ protection vessel** vedette *f* garde-pêche.

fish-eye-lens *n* PHOT fish-eye *m*.

fish farm *n* établissement *m* piscicole.

fish farmer *n* pisciculteur *m*, -trice *f*.

fish farming *n* pisciculture *f*.

fish finger *n* CULIN bâtonnet *m* de poisson pané.

fish glue *n* colle *f* de poisson.

fish hawk = **fish eagle**.

fish-hook *n* hameçon *m*.

fishing ['fɪʃɪŋ] ◇ *n* pêche *f*; **trout/salmon ~** pêche à la truite/au saumon; **there is some good ~ to be had along this river** il y a de bons coins de pêche dans cette rivière; **we can do some ~** nous pourrons aller à la pêche; **'no ~'** 'pêche interdite'.
◇ *comp* [vessel, permit, port, trip] de pêche; [season] de la pêche; [village, party] de pêcheurs.

fishing boat *n* bateau *m* de pêche.

fishing ground *n* zone *f* de pêche.

fishing line *n* ligne *f* de pêche.

fishing net *n* filet *m* de pêche.

fishing rod *n* canne *f* à pêche, gaule *f*.

fishing tackle *n* matériel *m* de pêche.

fish kettle *n* poissonnière *f*.

fish ladder *n* échelle *f* à poissons.

fish market *n* marché *m* au poisson.

fish meal *n* farine *f* de poisson.

fishmonger ['fɪʃˌmʌŋgəʳ] *n Br* poissonnier *m*, -ère *f*; **~'s** [shop] poissonnerie *f*; **to go to the ~'s** aller à la poissonnerie OR chez le poissonnier.

fishnet ['fɪʃnet] ◇ *n Am* [for catching fish] filet *m* (de pêche).
◇ *adj*: **~ stockings/tights** bas *mpl*/collants *mpl* résille.

fish paste *n* pâte *f* de poisson.

fishplate ['fɪʃpleɪt] *n* RAIL éclisse *f*.

fishpond ['fɪʃpɒnd] *n* étang *m* (à poissons).

fish shop *n* poissonnerie *f*.

fish slice *n* pelle *f* à poisson.

fish stick *Am* = **fish finger**.

fish tank *n* [in house] aquarium *m*; [in restaurant, on fish farm] vivier *m*.

fishway ['fɪʃweɪ] *Am* = **fish ladder**.

fishwife ['fɪʃwaɪf] (*pl* **fishwives** [-waɪvz]) *n* poissonnière *f*, marchande *f* de poisson; **she's a real ~** *fig* elle a un langage de charretier, elle parle comme un charretier.

fishy ['fɪʃɪ] (*compar* **fishier**, *superl* **fishiest**) *adj* -**1.** [smell] de poisson. -**2.** *inf* [suspicious] louche; **there's something ~ going on** il se passe quelque chose de louche; **there's something ~ about her alibi** il y a quelque chose qui ne colle pas dans son alibi.

fissile ['fɪsaɪl] *adj* fissible.

fission ['fɪʃn] *n* PHYS fission *f*; BIOL scissiparité *f*; **nuclear ~** fission nucléaire.

fissionable ['fɪʃnəbl] *adj* PHYS fissible.

fission bomb *n* bombe *f* atomique.

fission reactor *n* pile *f* atomique.

fissure ['fɪʃəʳ] ◇ *n* [crevice, crack] fissure *f*; *fig* fissure *f*, brèche *f*.
◇ *vi* se fissurer, se fendre.

fissured ['fɪʃəd] *adj* fissuré.

fist [fɪst] *n* poing *m*; **to clench one's ~s** serrer les poings; **he shook his ~ at me** il m'a menacé du poing; **to put one's ~s up** se mettre en garde; **make a ~** serrez le poing.

fistfight ['fɪstfaɪt] *n* bagarre *f* aux poings; **to have a ~ with sb** se battre aux poings contre qqn.

fistful ['fɪstfʊl] *n* poignée *f*; **'A Fistful of Dollars'** *Leone* 'Pour une poignée de dollars'.

fisticuffs ['fɪstɪkʌfs] *n (U) hum* bagarre *f*.

fistula ['fɪstjʊlə] *n* fistule *f*.

fit [fɪt] (*compar* **fitter**, *superl* **fittest**, *Br pt* & *pp* **fitted**, *Am pt* & *pp* **fit**, *cont* **fitting**) ◇ *adj* -**1.** [suitable] convenable; **that dress isn't ~ to wear** cette robe n'est pas mettable; **a country ~ for heroes to live in** un pays digne d'accueillir ses héros; **~ to eat** [edible] mangeable; [not poisonous] comestible; **~ to drink** [water] potable; **this coffee is not ~ to drink** ce café est imbuvable; **a meal ~ for a king** un repas digne d'un roi; **she's not ~ to look after children** elle ne devrait pas avoir le droit de s'occuper d'enfants; **she's not a ~ mother** c'est une mère indigne; **my grandmother is no longer ~ to drive** ma grand-mère n'est plus capable de conduire; **I'm not ~ to be seen** je ne suis pas présentable; **these programmes aren't ~ for children** ce ne sont pas des programmes pour les enfants; **throw it in the bin, that's all it's ~ for** jette-le à la poubelle, c'est tout ce que ça mérite; **that's all he's ~ for** c'est tout ce qu'il mérite; **to think** OR **to see ~ to do sthg** trouver OR juger bon de faire qqch; **do as you see** OR **think ~** fais comme tu penses OR juges bon. -**2.** *inf* [ready]: **to be ~ to drop** être mort de fatigue; **I feel ~ to burst** je me sens prêt à éclater; **to laugh ~ to burst** être plié en deux de rire ❑ **I was ~ to be tied** *Am* [extremely angry] j'étais furieux. -**3.** [healthy] en forme; **to get ~** *Br* retrouver la forme; **I've never felt fitter in my life** *Br* je ne me suis jamais senti en meilleure forme; **to keep** OR **to stay ~** entretenir sa forme; **the patient is not ~ enough to be discharged** le patient n'est pas en état de quitter l'hôpital; **she is not a ~ woman** [well] elle n'est pas en bonne santé; **the fittest member of the team** la personne la plus en forme de l'équipe; **it's a case of the survival of the fittest** ce sont les plus forts qui survivent ❑ **to be as ~ as a fiddle** se porter comme un charme.
◇ *n* -**1.** [size]: **it's a perfect ~** [item of clothing] cela me/vous *etc* va à merveille; [fridge, stove, piece of furniture] cela s'adapte parfaitement; [two interlocking pieces] cela s'emboîte bien; **it's not a very good ~** [too large] c'est trop grand; [too tight] c'est trop juste; **tight/loose/comfortable ~** [item of clothing] coupe *f* ajustée/ample/confortable; **these trousers are a bit of a tight ~** ce pantalon est un peu juste; **it was a bit of a tight ~** [in room, car] on était un peu à l'étroit; [parking car] il n'y avait pas beaucoup

de place. -**2.** MED [of apoplexy, epilepsy, hysterics] crise *f*; **~ of coughing, coughing ~** quinte *f* de toux; **~ of crying** crise de larmes ❑ **to have a ~** MED avoir une crise; **she'll have a ~ when she finds out** *fig* elle va faire une crise quand elle le saura; **to throw a ~** *inf* piquer une crise. -**3.** [outburst - of anger] mouvement *m*, accès *m*, moment *m*; [- of depression] crise *f*; [- of pique, generosity] moment *m*; **he did it in a ~ of rage** il a fait cela dans un mouvement de rage; **to be in ~s (of laughter)** avoir le fou rire; **he had us all in ~s** il nous a fait hurler OR mourir de rire; **to get a ~ of the giggles** être pris d'un OR piquer un fou rire; **in a sudden ~ of energy** dans un sursaut d'énergie ❑ **to work by** OR **in ~s and starts** travailler par à-coups.

◇ *vt* -**1.** [be of the correct size for]: **those trousers ~ you better than the other ones** ce pantalon te va mieux que l'autre; **none of the keys fitted the lock** aucune des clés n'entrait dans la serrure; **the nut doesn't ~ the bolt** l'écrou n'est pas de la même taille que le boulon; **doesn't the lid ~ the box/jar?** le couvercle ne va-t-il pas sur la boîte/le bocal?; **the lid doesn't ~ the pot very well** ce couvercle n'est pas très bien adapté à la casserole. -**2.** [correspond to, match - description] correspondre à; **to make the punishment ~ the crime** adapter le châtiment au crime; **the music fitted the occasion** la musique était de circonstance ❑ **to ~ the bill** faire l'affaire. -**3.** [make suitable for]: **what do you think ~s you for the job?** en quoi estimez-vous correspondre au profil de l'emploi? -**4.** [install - lock, door, window etc] installer; **to have double-glazing fitted** *Br* se faire installer OR mettre le double vitrage; **to ~ a carpet** *Br* poser une moquette; **to ~ a kitchen** *Br* installer une cuisine; **to ~ a key in a lock** engager OR mettre une clé dans une serrure; **I've got special tyres fitted** *Br* je me suis fait mettre des pneus spéciaux. -**5.** [attach, fix on] fixer; **then you ~ the parts together** puis vous assemblez les différentes pièces. -**6.** [equip] équiper; **to ~ sthg with sthg** équiper qqch de qqch; **fitted with electronic security devices** équipé de dispositifs de sécurité électroniques; **she has been fitted with a new hip replacement** elle s'est fait mettre une nouvelle hanche artificielle. -**7.** [take measurements of - person]: **to be fitted for a new suit** faire un essayage pour un nouveau costume; **the next time you come back to be fitted** lors de votre prochain essayage. -**8.** [adjust - idea, theory] adapter; **I'll ~ the dress on you** j'essaierai la robe sur vous.

◇ *vi* -**1.** [be of the correct size]: **the dress doesn't ~** la robe ne lui/me *etc* va pas; **this lid/key doesn't ~** ce couvercle/cette clé n'est pas le bon/la bonne; **the key won't ~ in the lock** la clé n'entre pas dans la serrure; **do these pieces ~ together?** est-ce que ces morceaux vont ensemble?; **it won't ~** cela n'ira pas; **this lid doesn't ~ very well** ce couvercle n'est pas très bien adapté; **we won't all ~ round one table** nous ne tiendrons pas tous autour d'une table; **cut the pieces to ~** couper les morceaux aux mesures adéquates. -**2.** [correspond, match - description] correspondre; **it all ~s** tout concorde; **to ~ with sthg** correspondre à qqch ❑ **my face didn't ~** *inf* je n'avais pas le profil de l'emploi.

◆ **fit in** ◇ *vi insep* -**1.** [go in space available] tenir; **we won't all ~ in** nous ne tiendrons pas tous; **that piece ~s in here** [jigsaw] ce morceau va là. -**2.** [in company, group etc] s'intégrer; **you don't ~ in here** tu n'es pas à ta place ici; **I feel that I don't ~ in** j'ai l'impression de ne pas être à ma place; **I've tried to ~ in** j'ai essayé de m'intégrer; **to ~ in with** [statement] correspondre à; [plans, arrangements] cadrer avec; [colour scheme] s'accorder avec; **she doesn't ~ in easily with other people** elle a du mal à s'entendre avec les autres; **I think you should ~ in with what I want to do** je pense que tu devrais t'adapter à ce que je veux faire.

◇ *vt sep* -**1.** [install] installer. -**2.** [find room for - clothes in suitcase] faire entrer; **can you ~ one more in?** [in car] peux-tu prendre une personne de plus?; **how on earth are you going to ~ everyone in?** [in room, car etc] comment diable vas-tu réussir à faire tenir tout le monde? -**3.** [find time for - patient] prendre; [- friend] trouver du temps pour; **could you ~ in this translation by the end of the week?** est-ce que vous pourriez faire cette traduction d'ici la fin de la semaine?; **could you ~ in lunch this week?** [with me] est-ce que tu seras libre pour déjeuner avec moi cette semaine?; **I hope we've got time to ~ in a visit to the Louvre** j'espère que nous aurons le temps de visiter le Louvre; **I don't know how he ~s it all in** je me demande comment il trouve le temps de tout faire.

◆ **fit into** ◇ *vt insep* [furniture into room, clothes into suitcase etc] entrer dans, tenir dans; [people into room, car] tenir dans; [piece into another] s'emboîter dans.

◇ *vt sep*: **to ~ sthg into sthg** faire entrer OR tenir qqch dans qqch; **he ~s a lot into one day** il en fait beaucoup en une journée.

◆ **fit on** ◇ *vi insep*: **this lid won't ~ on** ce couvercle ne va pas; **where does this part ~ on?** où va cette pièce?

◇ *vt sep* [attach] mettre.

◆ **fit out** *vt sep* [ship] armer; [person - with equipment] équiper; **to ~ a child out with new clothes** renouveler la garde-robe d'un enfant.

◆ **fit up** *vt sep* -**1.** [equip - house, car] équiper; [- person] munir; **to ~ sb/sthg up with sthg** munir qqn/équiper qqch de qqch. -**2.** *Br crime sl* monter un coup contre; **I've been fitted up** c'est un coup monté.

fitful ['fɪtfʊl] *adj* [sleep] intermittent; **attendance has been ~** les gens ne sont pas venus régulièrement.

fitfully ['fɪtfʊlɪ] *adv* [work] par à-coups; [attend] irrégulièrement; [sleep] de manière intermittente.

fitment ['fɪtmənt] *n Br* [in bathroom, kitchen etc] élément *m* démontable.

fitness ['fɪtnɪs] ◇ *n* -**1.** [health] forme *f* physique. -**2.** [suitability - of person for job] aptitude *f*; **your ~ as a mother is not in question** vos compétences de mère ne sont pas en cause.

◇ *comp*: **~ centre** *Br* club *m* de mise en forme; **~ freak** *inf* fana *mf* d'exercice physique; **~ room** salle *f* de mise en forme; **~ training** entraînement *m* physique.

fitted ['fɪtəd] *adj* -**1.** [jacket] ajusté. -**2.** *Br* [made to measure]: **the house has ~ carpets in every room** toutes les pièces de la maison sont moquettées, il y a de la moquette dans toutes les pièces de la maison; **to lay a ~ carpet in a room** moquetter OR poser une moquette dans une pièce; **~ sheet** drap-housse *m*. -**3.** *Br* [built-in - cupboard] encastré; **~ kitchen** cuisine *f* encastrée. -**4.** [suited]: **to be ~ for sthg/doing sthg** être apte à qqch/à faire qqch.

fitter ['fɪtəʳ] *n* -**1.** [of machine] monteur *m*, -euse *f*; [of carpet] poseur *m*, -euse *f*. -**2.** [of clothes] essayeur *m*, -euse *f*.

fitting ['fɪtɪŋ] ◇ *adj* [suitable - conclusion, remark] approprié; [- tribute] adéquat; [socially correct] convenable.

◇ *n* -**1.** [trying on - of clothes] essayage *m*. -**2.** *Br* [of shoe]: **have you got it in a wider/narrower ~?** l'avez-vous en plus large/plus étroit?

◇ *comp*: **~ room** salon *m* OR salle *f* d'essayage; [cubicle] cabine *f* d'essayage.

◆ **fittings** *npl Br*: **bathroom ~s** éléments *mpl* de salle de bains; **office ~s** équipement *m* de bureau; **electrical ~s** appareillage *m* électrique.

-fitting *in cpds*: **close~, tight~** [item of clothing] moulant; [screwtop lid] qui ferme bien; [lid of saucepan] adapté; **loose~** [item of clothing] ample.

fittingly ['fɪtɪŋlɪ] *adv* [dressed] convenablement; **~, the government has agreed to ratify the treaty** comme il le fallait, le gouvernement a accepté de ratifier le traité.

fit-up *n Br crime sl* coup *m* monté.

five [faɪv] ◇ *n* [number, numeral, playing card] cinq *m*; **~ times table** table *f* des cinq; **I'm waiting for a number ~ (bus)** j'attends le (bus numéro) cinq; **it's ~ o'clock** il est cinq heures; **it's ~ to/past ~** il est cinq heures moins cinq/cinq heures cinq; **to get ~ out of ten** avoir cinq sur dix; **a table for ~** une table pour cinq (personnes).

◇ *adj* cinq; **~ people** cinq personnes; **trains leave at ~ minutes to the hour** le train part toutes les heures à moins cinq; **to be ~ (years old)** avoir cinq ans ❑ **'Five Easy Pieces'** *Rafelson* 'Cinq pièces faciles'.

◇ *pron* cinq; **~ is not enough** cinq, ce n'est pas assez; **I need ~** il m'en faut cinq; **there are ~ of them** [people] ils sont cinq; [objects] il y en a cinq; **give me ~!**▽ tope là! *(pour conclure un marché, dire bonjour ou manifester son approbation).*

◆ **fives** *n sorte de squash où l'on utilise ses mains ou des battes en guise de raquettes.*

five and dime *n* bazar *m*, supérette *f*.

five-a-side *Br* SPORT ◇ *n* football *m* à dix.

◇ *comp*: **~ football** football *m* à dix; **~ tournament** tournoi *m* de football à dix.

five-finger *adj* MUS: **~ exercises** exercices *mpl* de doigté.

fivefold ['faɪvfəʊld] ◇ *adj* [increase] au quintuple.

◇ *adv* par cinq, au quintuple; **to increase ~** être multiplié par cinq, augmenter au quintuple, quintupler.

five-o'clock shadow *n* barbe *f* d'un jour, barbe *f* naissante; **he's always got ~** il a toujours l'air mal rasé.

fiver *inf* ['faɪvəʳ] *n* [five pounds] billet *m* de cinq livres; [five dollars] billet *m* de cinq dollars.

five spot *inf n Am* billet *m* de cinq dollars.

five-star *adj* [hotel] cinq étoiles.

five-year *adj* [plan] quinquennal.

five-yearly *adj* [election] quinquennal; [festival, event] qui a lieu tous les cinq ans.

fix [fɪks] ◇ *vt* -**1.** [fasten in position - mirror, sign] fixer; [attention, gaze] fixer; [sthg in mind] inscrire, graver; **to ~ a post in the ground** enfoncer un poteau dans le sol; **~ bayonets!** MIL baïonnettes aux canons!; **to ~ the blame on sb** attribuer OR imputer la faute à qqn; **to ~ one's hopes on sthg/sb** mettre tous ses espoirs en qqch/qqn. -**2.** [set - date, price, rate, limit] fixer; [- meeting place] convenir de; **nothing has been ~ed yet** rien n'a encore été fixé; **have you (got) anything ~ed for Friday?** as-tu quelque chose de prévu pour vendredi? -**3.** [arrange, sort out] s'occuper de; **I'll ~ it** je vais m'en occuper; **try to ~ it so we don't have to stay overnight** essaye de t'arranger pour que nous ne soyons pas obligés de passer la nuit là-bas; **I'll ~ it with your teacher** j'arrangerai cela avec ton professeur; **I've ~ed it for them to come tomorrow** je me suis arrangé pour qu'ils viennent demain. -**4.** *inf* [settle a score with] s'occuper de, régler son compte à; **I'll ~ him** je vais m'occuper de lui, je vais lui régler son compte; **that'll ~ him** ça devrait lui régler son compte. -**5.** *inf Am* [prepare - meal, drink] préparer; **can I ~ you a drink?** puis-je te servir un verre? -**6.** *inf* [adjust - make-up, tie] arranger; **to ~ one's hair** se coiffer; [redo] se recoiffer. -**7.** [mend, repair - car, puncture etc] réparer; **I've been meaning to get that ~ed for ages** ça fait une éternité que j'ai l'intention de faire réparer ça. -**8.** *inf* [race, fight, election, result] truquer; [interview] arranger; [jury, official, security guard etc - bribe] acheter. -**9.** *inf Am* [intend, plan] prévoir de; [be determined] être résolu à; **he's ~ing to go on holiday** [planning] il a prévu de partir en vacances; [determined] il est résolu à partir en vacances. -**10.** AERON & NAUT [position] déterminer. -**11.** CHEM [nitrogen] fixer. -**12.** ART & PHOT [drawing, photo] fixer.

◇ *n* -**1.** *inf* [tight spot, predicament] pétrin *m*; **to be in a ~** être dans une mauvaise passe; **to get into/out of a ~** se mettre dans une/sortir d'une mauvaise passe; **you've put me in a bit** of a ~ tu me mets dans l'embarras. -**2.** *drugs sl* dose *f*, fix *m*; **to give o.s. a ~** prendre un fix, se piquer; **to get one's ~ of coffee/news** *hum* avoir sa dose de café/d'informations. -**3.** AERON & NAUT: **to get a ~ on** [ship] déterminer la position de; *fig* [get clear idea of] se faire une idée de. -**4.** *inf* [unfair arrangement]: **the result/race was a ~** le résultat/la course avait été truqué/truquée.

◆ **fix on** ◇ *vt sep* [attach] fixer.
◇ *vt insep* [decide on - date, candidate] choisir.

◆ **fix up** ◇ *vt sep* -**1.** [install, erect] mettre en place, installer. -**2.** *inf* [arrange - date, meeting] fixer; [- deal, holiday] organiser, mettre au point; **~ me up with an appointment with the dentist** prends-moi un rendez-vous chez le dentiste; **he'll try to ~ something up for us** il va essayer de nous arranger quelque chose; **have you got anything ~ed up for this evening?** as-tu quelque chose de prévu pour ce soir?; **have you got ~ed up for your holidays?** est-ce que tu t'es organisé pour tes vacances?; **I've managed to ~ him up with some work** j'ai réussi à lui trouver du travail; **they ~ed me up in a hotel** ils m'ont pris une chambre dans un hôtel; **you can stay here until you get ~ed up (with a place to stay)** tu peux loger ici jusqu'à ce que tu trouves un endroit où habiter; **to ~ sb up with a date** trouver un partenaire/une partenaire à qqn. -**3.** [room] refaire; [flat, house] refaire, retaper; **we could always ~ the smallest bedroom up as a study** on pourrait toujours transformer la plus petite chambre en bureau.
◇ *vi insep* s'arranger pour que; **I've ~ed up for us to see the flat tomorrow** je me suis arrangé pour que nous visitions l'appartement demain.

fixated [fɪk'seɪtɪd] *adj* fixé; **to be ~ on sthg** être fixé sur qqch.

fixation [fɪk'seɪʃn] *n* -**1.** PSYCH fixation *f*; **to have a ~ about sthg** faire une fixation sur qqch; **you've got a ~!** c'est une idée fixe chez toi! -**2.** CHEM fixation *f*.

fixative ['fɪksətɪv] *n* PHOT fixateur *m*; ART fixatif *m*.

fixed [fɪkst] *adj* -**1.** [immovable - glare] fixe; [- idea] arrêté; [- smile] figé; **the seats are ~ to the floor** les sièges sont fixés au sol. -**2.** [set, unchangeable - price, rate, plans] fixe; **people on ~ incomes** des gens disposant de revenus fixes; **of no ~ abode** JUR sans domicile fixe; **~ assets** FIN immobilisations *fpl*; **~ capital** FIN capitaux *mpl* immobilisés; **~ costs** FIN coûts *mpl* fixes; **~ disk** COMPUT disque *m* non amovible; **~ property** FIN immeubles *mpl*; **~ star** ASTRON étoile *f* fixe. -**3.** *inf* [placed]: **how are you ~ for time/money?** [how much] combien de temps/d'argent as-tu?; [is it sufficient] as-tu suffisamment de temps/d'argent?

fixedly ['fɪksɪdlɪ] *adv* [stare] fixement.

fixer ['fɪksəʳ] *n* -**1.** *inf* [person] combinard *m*, -e *f*. -**2.** PHOT fixateur *m*. -**3.** [adhesive] adhésif *m*.

fixing bath *n* [container] cuvette *f* de fixage; [solution] bain *m* de fixage.

fixings ['fɪksɪŋz] *npl Am* CULIN accompagnement *m*.

fixing solution *n* solution *f* de fixage.

fixity ['fɪksətɪ] *n* [of gaze] fixité *f*; **~ of purpose** détermination *f*.

fixture ['fɪkstʃəʳ] ◇ *n* -**1.** [in building] installation *f* fixe; **she's become a ~ here** *fig* elle fait partie des meubles à présent; **the Christmas party is a ~ in most offices** *fig* faire une fête à Noël est une tradition dans la plupart des bureaux ❑ **bathroom ~s** installations *fpl* sanitaires; **'~s and fittings £2000'** 'reprise 2 000 livres'. -**2.** SPORT rencontre *f*.
◇ *comp*: **~ list** SPORT calendrier *m*.

fizz [fɪz] ◇ *vi* [drink] pétiller; [firework] crépiter; **to be ~ing** *inf fig* [extremely angry] bouillir (de rage).
◇ *n* -**1.** [of drink] pétillement *m*; **the champagne has lost its ~** le champagne est éventé; **their marriage has lost its ~** leur mariage a perdu de son piment. -**2.** [sound] sifflement *m*. -**3.** *inf* [soft drink] boisson *f* gazeuse; *Br* [champagne] champagne *m*.

◆ **fizz up** *vi insep* [drink] mousser, faire de la mousse.

fizziness ['fɪzɪnɪs] *n* [of drink] pétillement *m*; **the champagne has lost its ~** le champagne est éventé.

fizzle ['fɪzl] *vi* [drink] pétiller; [fire, firework] crépiter.

◆ **fizzle out** *vi insep fig* [interest, enthusiasm] tomber; [plan, project] tomber à l'eau; [book, film, party, strike etc] tourner OR partir en eau de boudin; [career] tourner court.

fizzy ['fɪzɪ] (*compar* **fizzier**, *superl* **fizziest**) *adj* [soft drink] gazeux; [wine] pétillant, mousseux.

fjord [fjɔːd] = **fiord**.

FL *written abbr of* Florida.

flab *inf* [flæb] *n* [of person] graisse *f*, lard *m*; [in text] délayage *m*, verbiage *m*; **to fight the ~** essayer de perdre sa graisse.

flabbergast *inf* ['flæbəgæst] *vt* sidérer; **I was ~ed at OR by the news** j'ai été sidéré par la nouvelle, la nouvelle m'a sidéré; **I was ~ed by how much he had improved** j'ai été sidéré OR époustouflé par ses progrès.

flabby *inf* ['flæbɪ] (*compar* **flabbier**, *superl* **flabbiest**) *adj* [arms, stomach] flasque, mou; [person] empâté; *fig* [argument, speech] qui manque de concision.

flaccid ['flæsɪd] *adj* flasque.

flag [flæg] (*pt* & *pp* **flagged**, *cont* **flagging**) ◇ *n* -**1.** [emblem of country, signal] drapeau *m*; [for celebration] banderole *f*, fanion *m*; NAUT pavillon *m*; **all the ~s are out in the city** la ville est pavoisée ❑ **black ~** [of pirate ship] drapeau noir; **~ of convenience** NAUT pavillon de complaisance; **red ~** POL drapeau rouge; **The Red Flag** *hymne du parti travailliste*; **yellow ~** NAUT pavillon de quarantaine; **to fly the ~** défendre les couleurs de son pays; **to go down with all ~s flying** NAUT couler pavillon haut; *fig* échouer la tête haute; **to keep the ~ flying** faire front; **to put out the ~s for sb** organiser une fête en l'honneur de qqn; **to show the ~** NAUT battre pavillon; *fig* faire acte de présence. -**2.** [for charity] *badge ou autocollant que l'on obtient lorsque l'on verse de l'argent à une œuvre de charité.* -**3.** [in taxi]: **the ~ was down/up** le taxi était pris/libre; **the driver put the ~ down** le chauffeur a éteint son signal lumineux pour indiquer qu'il n'était plus libre. -**4.** COMPUT drapeau *m*, fanion *m*. -**5.** [on floor] dalle *f*. -**6.** BOT iris *m*.
◇ *vt* -**1.** [put marker on - page of book] marquer; **to ~ an error** COMPUT indiquer OR signaler une erreur par un drapeau OR un fanion. -**2.** [floor] daller.
◇ *vi* [strength] faiblir; [energy, enthusiasm, interest, spirits] faiblir, tomber; [efforts] se relâcher; [conversation] tomber, s'épuiser; **I'm flagging** [becoming physically or mentally tired] je fatigue; [unable to eat any more] je commence à être rassasié, je cale.

◆ **flag down** *vt sep* [taxi, bus, motorist etc] faire signe de s'arrêter à.

◆ **flag up** *vt sep* [identify] marquer.

flag day *n* -**1.** [in UK] *jour de quête d'une œuvre de charité.* -**2.** [in US]: Flag Day le 14 juin *(fête nationale des États-Unis).*

FLAG DAY:
Les «flag days» britanniques, durant lesquels on sollicite des donations auprès des passants, ont généralement lieu le samedi. Les donateurs reçoivent un papillon en papier qu'ils portent tout au long de la journée.

---

flagellant ['flædʒələnt] *n* RELIG flagellant *m*; [sexual] adepte *mf* de la flagellation.

flagellate ['flædʒəleɪt] ◇ *vt fml* flageller; *fig* fustiger.
◇ *adj* BIOL & BOT flagellé.
◇ *n* BIOL & BOT flagellé *m*.

flagellation [ˌflædʒɪ'leɪʃn] *n* flagellation *f*.

flagellum [flə'dʒeləm] *n* BIOL & BOT flagelle *m*.

flagged [flægd] *adj* dallé.

flagging ['flægɪŋ] ◇ *n* [on floor] dallage *m*.
◇ *adj* [enthusiasm, spirits] qui baisse; [conversation] qui tombe OR s'épuise.

flag officer *n* NAUT contre-amiral *m*.

flagon ['flægən] *n* [jug] cruche *f*; [bottle] bouteille *f*.

flagpole ['flægpəʊl] *n* mât *m*; **let's run it up the ~** *inf* soumettons-le et voyons les réactions.

flagrant ['fleɪgrənt] *adj* [injustice, lie, abuse] flagrant; **a ~ disregard for the safety of others** un mépris flagrant OR évident pour la sécurité d'autrui.

flagrante delicto [flə'græntɪdɪ'lɪktəʊ] *adv phr*: **to be caught in ~** être surpris en flagrant délit.

flagrantly ['fleɪgrəntlɪ] *adv* [abuse, disregard, defy etc] d'une manière flagrante.

flagship ['flægʃɪp] ◇ *n* NAUT vaisseau *m* OR bâtiment *m* amiral; *fig* [product] tête *f* de gamme.
◇ *comp*: **~ restaurant/store** restaurant *m*/magasin *m* principal; **~ model/product** modèle *m*/produit *m* vedette, tête *f* de gamme.

flagstaff ['flægstɑːf] = **flagpole**.

flagstone ['flægstəʊn] = **flag** *n* **5**.

flag-waving *inf n (U) fig* discours *mpl* cocardiers.

flail [fleɪl] ◇ *n* AGR fléau *m*.
◇ *vt* AGR battre au fléau; [arms] agiter.
◇ *vi* [person, limbs] s'agiter violemment.

◆ **flail about** ◇ *vi insep* [person, limbs] s'agiter dans tous les sens.
◇ *vt sep* [arms, legs] battre.

flair [fleəʳ] *n* -**1.** [stylishness] style *m*. -**2.** [gift] don *m*; **to have a ~ for sthg** avoir un don pour qqch.

flak [flæk] ◇ *n* -**1.** [gunfire] tir *m* antiaérien OR de DCA. -**2.** *inf (U) fig* [criticism] critiques *fpl*; **I took a lot of ~ over it** on m'a beaucoup critiqué pour cela; **to come in for a lot of ~** se heurter à beaucoup de critiques.
◇ *comp*: **~ jacket** gilet *m* pare-balles.

flake [fleɪk] ◇ *n* -**1.** [of snow] flocon *m*; [of metal] paillette *f*; [of skin] peau *f* morte; [of paint] écaille *f*; **~s of dandruff** pellicules *fpl* ❑ **soap ~s** paillettes *fpl* de savon. -**2.** *inf Am* [person] barjo *mf*.
◇ *vi* [plaster] s'effriter, s'écailler; [paint] s'écailler; [skin] peler; [fish] s'émietter.
◇ *vt* CULIN [fish] émietter; **~d almonds** amandes *fpl* effilées.

◆ **flake off** *vi insep* = **flake** *vi*.

◆ **flake out** *inf vi insep* s'écrouler; [fall asleep] s'endormir; **she was ~d out on the couch** elle roupillait sur le canapé.

flakiness *inf* ['flækɪnəs] *n Am (U)* [of person] bizarreries *fpl*.

flaky ['fleɪkɪ] (*compar* **flakier**, *superl* **flakiest**) *adj* -**1.** [paint, rock] effrité; **~ pastry** CULIN pâte *f* feuilletée. -**2.** *inf Am* [person] barjo; [idea] loufoque.

flamboyance [flæm'bɔɪəns] *n* [of style, dress, behaviour etc] extravagance *f*.

flamboyant [flæm'bɔɪənt] *adj* [behaviour, lifestyle, personality] extravagant; [colour] éclatant; [clothes] aux couleurs éclatantes; *pej* voyant; ARCHIT flamboyant.

flamboyantly [flæm'bɔɪəntlɪ] *adv* de manière extravagante.

flame [fleɪm] ◇ *n* -**1.** [of fire, candle] flamme *f*; **to be in ~s** [building, car] être en flammes; **to burst into ~s** prendre feu, s'enflammer; **to go up in ~s** s'embraser; **~ red** rouge feu ❑ **to be shot down in ~s** *literal* & *fig* être descendu en flammes. -**2.** *lit* [of passion, desire] flamme *f*.
◇ *vi fig* [face, cheeks] s'empourprer; [passion, anger] brûler.
◇ *vt* CULIN flamber.

◆ **flame up** *vi insep* [fire] s'embraser; *fig* [person] s'enflammer.

flamenco [flə'meŋkəʊ] ◇ *n* [dance, music] flamenco *m*.
◇ *comp* [dancer] de flamenco; **~ music** flamenco *m*.

flameproof ['fleɪmpru:f] *adj* [clothing] ininflammable, à l'épreuve des flammes.

flame retardant ◇ *n* retardateur *m* de flamme, ignifuge *m*.
◇ *comp* [upholstery, sofa etc] ignifugé.

flamethrower ['fleɪmθrəʊəʳ] *n* lanceflammes *m inv*.

flaming ['fleɪmɪŋ] ◇ *adj* -**1.** [sun, sky] embrasé; [fire] flamboyant. -**2.** *inf Br* [extremely angry]: **to be in a ~ temper** être d'une humeur massacrante, être furax; **we had a ~ row about it** nous avons eu une belle engueulade là-dessus. -**3.** *inf* [as intensifier] fichu; **you ~ idiot!** espèce d'abruti!; **you're a ~ pain in the neck!** tu es un sacré enquiquineur!; **where are my ~ keys!** où sont mes fichues clés!
◇ *adv Br* [as intensifier] fichtrement; **don't be so ~ stupid!** ne sois donc pas aussi bête!; **you know ~ well what I mean** tu sais fichtrement bien ce que je veux dire.

flamingo [flə'mɪŋgəʊ] *n* flamant *m* rose.

flammable ['flæməbl] *adj* [material, substance] inflammable.

flan [flæn] CULIN ◇ *n* tarte *f*; [savoury] quiche *f*.
◇ *comp*: **~ case** fond *m* de tarte.

Flanders ['flɑ:ndəz] *pr n* Flandre *f*, Flandres *fpl*; **in ~** dans les Flandres, en Flandre.

flange [flændʒ] ◇ *n* [on pipe] bride *f*, collerette *f*; RAIL [on rail] patin *m*.
◇ *comp*: **~ girder** poutre *f* en I.

flanged [flændʒd] *adj* [with flanges] à brides; [attached by flanges] fixé par brides.

flank [flæŋk] ◇ *n* flanc *m*; **to protect one's ~s** MIL protéger ses flancs ❑ **~ of beef** CULIN flanchet *m*.
◇ *vt* -**1.** [be on either side of] encadrer; **~ed by his wife and daughter** entouré de sa femme et de sa fille. -**2.** MIL flanquer.

flanker ['flæŋkəʳ] *n* RUGBY avant-aile *m*, flanqueur *m*.

flannel ['flænl] (*Br pt & pp* **flannelled**, *cont* **flannelling**, *Am pt & pp* **flanneled**, *cont* **flanneling**) ◇ *n* -**1.** TEX flanelle *f*; **~s** [trousers] pantalon *m* en OR de flanelle. -**2.** *Br* [for washing] gant *m* de toilette. -**3.** *inf (U) Br* [empty words] baratin *m*, blabla *m*, blablabla *m*; **to talk a lot of ~** faire beaucoup de baratin OR de blabla.
◇ *comp* TEX [nightgown, sheet, trousers, suit] en OR de flanelle.
◇ *vi inf Br* [use empty words] faire du baratin OR du blabla OR du blablabla; **stop flannelling!** arrête ton baratin OR ton blablabla!

flannelette [flænə'let] TEX ◇ *n* pilou *m*.
◇ *comp* [nightgown, sheet] en OR de pilou.

flap [flæp] (*pt & pp* **flapped**, *cont* **flapping**) ◇ *n* -**1.** [of sails] claquement *m*; [of wings] battement *m*; **the bird gave a ~ of its wings** l'oiseau a battu des ailes. -**2.** [of counter, desk - hinged] abattant *m*; [- sliding] rallonge *f*; [of pocket, cap, tent, envelope] rabat *m*; [in floor, door] trappe *f*; [of aircraft] volet *m* (hypersustentateur); **a ~ of skin** un morceau de peau décollée. -**3.** *inf* [panic] panique *f*; **to be in a ~** être dans tous ses états, être paniqué; **to get into a ~** se mettre dans tous ses états, paniquer; **there's a ~ on at the office** c'est la panique au bureau.
◇ *vi* -**1.** [wings] battre; [sails, shutters, washing, curtains] claquer; **the seagull flapped away** la mouette est partie dans un battement d'ailes. -**2.** *inf* [panic] paniquer, s'affoler.
◇ *vt*: **the bird flapped its wings** l'oiseau a battu des ailes; **he was flapping his arms about to keep warm** il agitait ses bras pour se tenir chaud.

flapjack ['flæpdʒæk] *n* CULIN [in UK] biscuit *m* à l'avoine; [in US] *petite crêpe épaisse.*

flapper ['flæpəʳ] *n jeune fille dans le vent (dans les années 20).*

flare [fleəʳ] ◇ *n* -**1.** [bright flame - of gas fire, match] flamboiement *m*. -**2.** [signal] signal *m* lumineux; [rocket] fusée *f* éclairante. -**3.** [in clothes] évasement *m*; **a skirt with a ~ in it** une jupe à godets; **trousers with a ~** un pantalon à pattes d'éléphant.
◇ *vi* -**1.** [flame, match] flamboyer. -**2.** [tempers] s'échauffer; **tempers ~d** les esprits se sont échauffés. -**3.** [nostrils] frémir. -**4.** [dress, trousers] s'évaser.
◇ *vt* [dress, trousers] évaser.
◆ **flares** *npl*: (a pair of) **~s** un pantalon à pattes d'éléphant.
◆ **flare up** *vi insep* [fire] s'embraser; *fig* [dispute, quarrel, violence] éclater; [disease, epidemic, crisis] apparaître, se déclarer; [person] s'emporter; **he ~d up at me** il s'est emporté contre moi.

flared [fleəd] *adj* [trousers] à pattes d'éléphant; [dress] évasé; [skirt] évasé, à godets.

flare gun *n* pistolet *m* de détresse, lance-fusées *m inv*.

flare path *n* piste *f* à balises lumineuses.

flare-up *n* [of fire, light] flamboiement *m*; *fig* [of anger, violence] explosion *f*; [of tension] montée *f*; [of disease, epidemic] apparition *f*; [quarrel] dispute *f*; **renewed ~** [of anger, violence] reprise *f*, nouvelle explosion; [of tension] remontée *f*; [of disease, epidemic] réapparition *f*.

flash [flæʃ] ◇ *n* -**1.** [of light, diamond] éclat *m*; [of metal] reflet *m*, éclat *m*; **we saw a ~ of light in the distance** nous avons vu l'éclat d'une lumière au loin; **give three ~es of the torch** allume la torche trois fois; **~ of wit/humour** pointe *f* d'esprit/d'humour; **~ of inspiration** éclair *m* de génie; **in a ~** [very quickly] en un éclair, en un clin d'œil; **it came to me in a ~** cela m'est venu d'un seul coup ❑ **~ of lightning** éclair *m*; **a ~ in the pan** un feu de paille; **(as) quick as a ~** aussi rapide que l'éclair, rapide comme l'éclair. -**2.** [of news] flash *m* (d'information). -**3.** MIL [on uniform] écusson *m*. -**4.** [of colour] tache *f*. -**5.** PHOT flash *m*; **are you going to use a ~ for this one?** est-ce que tu vas la prendre au flash, celle-ci? -**6.** *inf Am* [flashlight] torche *f*.
◇ *vi* -**1.** [light, torch, sign] clignoter; [diamond] briller, lancer des éclats; **lightning ~ed directly overhead** il y a eu des éclairs juste au-dessus; **her eyes ~ed** ses yeux ont lancé des éclairs; **to ~ at sb** AUT faire un appel de phares à qqn. -**2.** [move fast] filer comme l'éclair, aller à la vitesse de l'éclair; **to ~ in/out/past** [person, car] entrer/sortir/passer comme un éclair; **to ~ past** OR **by** [time] passer à toute vitesse; **the day/the days seemed to ~ by** la journée a semblé passer/les jours ont semblé défiler à toute vitesse; **the thought ~ed through** OR **across her mind that...** la pensée que... lui a traversé l'esprit; **a smile ~ed across his face** un sourire éclaira soudain son visage; **information ~ed onto** OR **up on the screen** des informations sont apparues sur l'écran; **my life ~ed before me** ma vie a défilé devant mes yeux. -**3.** *inf Br* [expose o.s.] s'exhiber.
◇ *vt* -**1.** [torch - turn on and off] faire clignoter; **to ~ a light in sb's face** OR **eyes** diriger une lumière dans les yeux de qqn; **to ~ (one's headlights at) sb** AUT faire un appel de phares à qqn; **to ~ a smile at sb** *fig* lancer OR adresser un sourire à qqn; **she ~ed me a look of contempt** *fig* elle m'a décoché un regard méprisant. -**2.** [give brief glimpse of - passport, photograph etc] montrer rapidement; **to ~ one's money around** [to impress] dépenser son argent avec ostentation; [be indiscreet] montrer son argent. -**3.** [news, information] diffuser; **to ~ a message up on the screen** faire apparaître un message sur l'écran.
◇ *adj inf* = **flashy**.
◆ **flash back** ◇ *vi insep* [in novel, film etc]: **to ~ back to sthg** revenir en arrière sur qqch, faire un flash-back sur qqch; **my mind ~ed back to 1942** l'année 1942 m'est soudain revenue à l'esprit.
◇ *vt sep* [news] envoyer OR transmettre rapidement.

flashback ['flæʃbæk] *n* [in novel, film, etc] flash-back *m inv*, retour *m* en arrière; **a ~ to the war** un flash-back sur la guerre; **I had a ~ to when I was a child** mon enfance m'est revenue à l'esprit.

flashbulb ['flæʃbʌlb] *n* PHOT ampoule *f* de flash.

flash burn *n* brûlure *f (causée par un éclat très violent et brûlant, comme celui d'une bombe).*

flash card *n* SCH *carte portant un mot, une image etc utilisée dans l'enseignement comme aide à l'apprentissage.*

flashcube ['flæʃkju:b] *n* PHOT cube *m* de flash.

flasher ['flæʃəʳ] *n* -**1.** AUT [indicator] clignotant *m*. -**2.** *inf* [person] exhibitionniste *mf*.

flash flood *n* crue *f* subite.

flash freezing *n* surgélation *f*.

flash-fry *vt* saisir.

flash gun *n* PHOT flash *m*.

flash Harry *inf* [-'hærɪ] *n Br personne qui se comporte et s'habille tapageusement.*

flashily *inf* ['flæʃɪlɪ] *adv pej* d'une manière tapageuse OR tape-à-l'œil, tapageusement.

flashing ['flæʃɪŋ] ◇ *adj* [indicator, light, torch] clignotant; **with ~ eyes, she stormed out** elle sortit brutalement, les yeux ardents (de colère) ❑ **~ emergency lights** AUT feux *mpl* de détresse; **~ light** [on police car] gyrophare *m*.
◇ *n* -**1.** *inf* [indecent exposure] exhibitionnisme *m*. -**2.** [on roof] revêtement *m* de protection; [of lead] noue *f*.

flashlight ['flæʃlaɪt] *n* -**1.** PHOT ampoule *f* de flash. -**2.** *esp Am* [torch] torche *f* électrique, lampe *f* électrique OR de poche. -**3.** [flashing signal] fanal *m*.

flash photography *n* photographie *f* au flash.

flash point *n* -**1.** CHEM point *m* d'éclair. -**2.** *fig* [trouble spot] poudrière *f*; **the situation has reached ~** *fig* la situation est explosive OR sur le point d'exploser.

flashy *inf* ['flæʃɪ] *adj* [person, car, clothes, taste] tapageur, tape-à-l'œil *(inv)*; [colour] voyant, criard.

flask [flɑ:sk] *n* PHARM fiole *f*; CHEM ballon *m*; [for water, wine] gourde *f*; **vacuum** OR **Thermos® ~** (bouteille *f*) Thermos® *f*.

flat [flæt] ◇ *adj* -**1.** [countryside, feet, stomach] plat; [surface] plan; [roof] plat, en terrasse; [nose] épaté, camus; [tyre - deflated] à plat, dégonflé; [- punctured] crevé; [ball, balloon] dégonflé; **~ calm** NAUT calme *m* plat; **to stretch out ~** [person] s'allonger à plat; **to stand ~ against the wall** [person] se plaquer contre le mur; [item of furniture] être adossé contre le mur; **it folds up ~** c'est pliable; **to lie ~ on one's back** être allongé à plat sur le dos; **to be ~ on one's back** *fig* [with illness] être alité; **lay the book ~ on the desk** pose le livre à plat sur le bureau; **the blow laid him ~** le coup l'a assommé; **to fall ~ on one's back** tomber sur le dos; **to fall ~** [joke] tomber à plat ❑ **to fall ~ on one's face** *literal* tomber la tête la première; *fig* se casser le nez. -**2.** [soft drink, beer, champagne] éventé; *fig* [monotonous - style, voice] monotone, terne; [without emotion - voice] éteint; [stock market, business] au point mort; [social life] peu animé; **to feel ~** *fig* se sentir vidé OR à plat; **to go ~** [beer, soft drink] s'éventer, perdre ses bulles. -**3.** [battery] à plat. -**4.** MUS en dessous du ton; **to be ~** [singer] chanter en dessous du ton; [instrumentalist] jouer en dessous du ton; **E ~** mi bémol. -**5.** [categorical - refusal, denial] catégorique; **to give a ~ refusal** refuser catégoriquement; **you're not going, and that's ~!** tu n'iras pas, un point c'est tout! -**6.** COMM [rate, fare, fee] fixe. -**7.** *phr*: **to be in a ~ spin** *inf* être dans tous ses états.
◇ *adv* -**1.** [categorically] catégoriquement; **she turned me down ~** elle m'a opposé un refus catégorique. -**2.** [exactly]: **in thirty seconds ~** en trente secondes pile. -**3.** MUS en dessous du ton. -**4.** *inf phr*: **~ broke** complètement fauché.
◇ *n* -**1.** *Br* appartement *m*; **(block of) ~s** immeuble *m* (d'habitation). -**2.** [of hand, blade] plat *m*. -**3.** [in horse racing]: **the ~** [races] le plat; [season] la saison des courses de plat; **on the ~** sur le plat. -**4.** MUS bémol *m*. -**5.** *inf* [puncture]

crevaison *f*; [punctured tyre] pneu *m* crevé; [deflated tyre] pneu *m* à plat; we got a ~ [puncture] nous avons crevé. -**6.** THEAT ferme *f*.
◆ **flats** *npl* GEOG: **mud ~s** bancs *mpl* de boue; **salt ~s** marais *mpl* salants.
◆ **flat out** *adv phr*: **to work ~ out** travailler d'arrache-pied; **to be ~ out** [exhausted] être à plat, être vidé; [drunk] être fin saoul; [knocked out] être K-O; **to be going ~ out** [car] être à sa vitesse maximum; [driver, runner, horse] être au maximum OR à fond; **the car does 100 mph ~ out** la vitesse maximale OR de pointe de la voiture est de 160 km/h; **she's going ~ out to win the chairmanship** elle met tout en jeu pour obtenir la présidence.

flat-bed lorry *n* semi-remorque *m* à plateau.
flat-bottomed boat [-'bɒtəmd-] *n* bateau *m* à fond plat.
flat cap *n* casquette *f (traditionnellement perçue comme typique de l'ouvrier en Grande-Bretagne)*.
flat-chested [-'tʃestɪd] *adj*: **to be ~** ne pas avoir de poitrine; *pej* être plat comme une planche à pain OR une limande.
flat-dweller *n Br* personne *f* vivant en appartement.
flatfish ['flætfɪʃ] *n* poisson *m* plat.
flat-footed *adj* -**1.** MED aux pieds plats. -**2.** *inf* [clumsy] empoté; [tactless] maladroit, lourdaud. -**3.** *inf* [off guard]: **to catch sb ~** prendre qqn par surprise.
flat-hunt *vi (usu in progressive) Br* chercher un appartement; **I've spent the whole day ~ing** j'ai passé toute la journée à chercher un appartement.
flat-hunting *n Br* recherche *f* d'appartement; **~ takes up all my free time** la recherche d'un appartement occupe tout mon temps libre.
flatiron ['flætaɪən] *n* fer *m* à repasser *(non électrique)*.
flatland ['flætlænd] *n* plaine *f*.
flatlet ['flætlɪt] *n Br* studio *m*.
flatly ['flætlɪ] *adv* -**1.** [categorically - deny, refuse] catégoriquement. -**2.** [without emotion - say, speak] d'une voix éteinte; [monotonously] avec monotonie.
flatmate ['flætmeɪt] *n Br personne avec qui on partage un appartement*; **she and I were ~s in London** elle et moi partagions un appartement à Londres.
flat race *n* [in horse racing] course *f* de plat.
flat racing *n* [in horse racing - races] plat *m*; [- season] saison *f* des courses de plat.
flat-screen *adj* TV & COMPUT à écran plat.
flat season *n* [in horse racing] saison *f* des courses de plat.
flatten ['flætn] ◇ *vt* -**1.** [path, road, ground] aplanir; [dough, metal] aplatir; [animal, person - subj: vehicle] écraser; [house, village - subj: bulldozer, earthquake] raser; [crop - subj: wind, storm] écraser, aplatir; [piece of paper] étaler; **to ~ o.s. against a wall** se plaquer OR se coller contre un mur. -**2.** *inf* [defeat thoroughly] écraser, battre à plate couture. -**3.** *inf* [knock to the ground] démolir. -**4.** *inf* [subdue - person] clouer le bec à; **that'll ~ her** ça lui clouera le bec, ça la remettra à sa place. -**5.** MUS [note] baisser d'un demi-ton, bémoliser.
◇ *vi* = **flatten out**.
◆ **flatten out** ◇ *vi insep* -**1.** [countryside, hills] s'aplanir. -**2.** AERON [plane] se redresser; [pilot] redresser l'appareil.
◇ *vt sep* [piece of paper] étaler à plat; [bump, path, road] aplanir.
flatter ['flætəʳ] ◇ *vt* [subj: person] flatter; [subj: dress, photo, colour] avantager; **I'm ~ed to have been chosen** je suis flatté d'avoir été choisi OR que l'on m'ait choisi; **don't ~ yourself!, you ~ yourself!** non mais tu rêves!; **we ~ ourselves on offering a more efficient service** nous nous flattons d'offrir un service plus efficace; **he ~s himself (that) he's a good singer** il a la prétention d'être un bon chanteur.
◇ *vi* flatter.
flatterer ['flætərəʳ] *n* flatteur *m*, -euse *f*.
flattering ['flætərɪŋ] *adj* [remark, person, offer] flatteur; [picture, portrait, colour] avantageux, flatteur; [dress] seyant; **how ~!** comme c'est flatteur!
flatteringly ['flætərɪŋlɪ] *adv* [speak of, describe] en termes flatteurs, flatteusement.
flattery ['flætərɪ] (*pl* **flatteries**) *n* flatterie *f*; **to use ~** employer la flatterie OR des flatteries; **~ will get you nowhere** la flatterie ne vous mènera nulle part, vous n'obtiendrez rien par la flatterie.
flattie ['flætɪ] *n* chaussure *f* plate.
flat top *n* -**1.** [haircut] brosse *f*. -**2.** *inf Am* NAUT porte-avions *m inv*.
flatulence ['flætjʊləns] *n* flatulence *f*.
flatulent ['flætjʊlənt] *adj* flatulent.
flatware ['flætweəʳ] *n (U) Am* [cutlery] couverts *mpl*; [serving dishes] plats *mpl*; [plates] assiettes *fpl*.
flatways ['flætweɪz], **flatwise** ['flætwaɪz] *adv Am* à plat.
flatworm ['flæt,wɜːm] *n* plathelminthe *m*, ver *m* plat.
flaunt [flɔːnt] *vt* [wealth, beauty] étaler, faire étalage de; [car, jewellery] faire parade de, exhiber; **to ~ o.s.** s'afficher; **if you've got it, ~ it** si tu as ce qu'il faut, ne t'en cache pas.
flautist ['flɔːtɪst] *n Br* MUS flûtiste *mf*.
Flavius ['fleɪvjəs] *pr n*: **~ Josephus** Flavius Josèphe.
flavor *etc Am* = **flavour**.
flavour *Br*, **flavor** *Am* ['fleɪvəʳ] ◇ *n* [of food, drink] goût *m*; [of ice-cream, tea] parfum *m*; **chocolate/coffee ~ ice-cream** glace au chocolat/au café; **this coffee keeps its ~ well** ce café garde bien sa saveur; **it doesn't have much ~** cela n'a pas beaucoup de goût; **it's got quite a spicy ~** c'est assez épicé; **it gives the film a South American ~** *fig* cela donne une note sud-américaine au film ❑ **to be ~ of the month** [in vogue] être au goût du jour; **you're not exactly ~ of the month at the moment** *inf* tu n'es pas comme qui dirait en odeur de sainteté en ce moment, tu n'as pas vraiment la cote en ce moment.
◇ *comp*: **~ enhancers** agents *mpl* de sapidité.
◇ *vt* [with spices, herbs etc] assaisonner; [with fruit, alcohol] parfumer; **chocolate-~ed** au chocolat; **vanilla-~ed** à la vanille.
flavouring *Br*, **flavoring** *Am* ['fleɪvərɪŋ] *n* CULIN [savoury] assaisonnement *m*; [sweet] parfum *m*, arôme *m*; **'no artificial ~s'** [on tin, package] 'sans arômes artificiels'.
flavourless *Br*, **flavorless** *Am* ['fleɪvəlɪs] *adj* sans goût, insipide.
flaw [flɔː] ◇ *n* [in material, plan, character] défaut *m*; JUR vice *m* de forme.
◇ *vt* [object] endommager; [sb's character, beauty] altérer.
flawed [flɔːd] *adj* imparfait; **the argument is, however, ~** cette argumentation a cependant un défaut OR des défauts.
flawless ['flɔːlɪs] *adj* parfait.
flawlessly ['flɔːlɪslɪ] *adv* parfaitement.
flax [flæks] *n* lin *m*.
flaxen ['flæksn] *adj* [hair] blond pâle OR filasse.
flaxen-haired *adj* aux cheveux blond pâle OR filasse.
flay [fleɪ] *vt* [animal] dépouiller, écorcher; [person] fouetter; *fig* [criticize] éreinter; **to ~ sb alive** faire la peau à qqn.
flea [fliː] ◇ *n* puce *f*; **to have ~s** avoir des puces ❑ **to send sb off with a ~ in his/her ear** *inf* [dismiss] envoyer balader qqn; [scold] passer un savon à qqn.
◇ *comp*: **~ circus** cirque *m* de puces savantes.
fleabag *inf* ['fliːbæg] *n* -**1.** *Br* [animal, person] sac *m* à puces. -**2.** *Am* [cheap hotel] hôtel *m* miteux.
fleabite ['fliːbaɪt] *n* piqûre *f* OR morsure *f* de puce; *fig* [trifle] broutille *f*.
flea-bitten *adj* couvert de puces; *fig* [shabby] miteux.
flea collar *n* collier *m* anti-puces.
flea market *n* marché *m* aux puces.
fleapit *inf* ['fliːpɪt] *n* cinéma *m* OR théâtre *m* miteux; **the local ~** *hum* le cinéma du coin.
fleck [flek] ◇ *n* [of colour] moucheture *f*, tacheture *f*; [of sunlight] moucheture *f*; [of dust] particule *f*.
◇ *vt* [with colour] moucheter, tacheter; [with sunlight] moucheter; **hair ~ed with grey** cheveux *mpl* grisonnants; **white ~ed with brown** blanc moucheté OR tacheté de marron.
fled [fled] *pt* & *pp* → **flee**.
fledged [fledʒd] *adj* [bird] emplumé.
fledg(e)ling ['fledʒlɪŋ] ◇ *n* -**1.** [young bird] oisillon *m*. -**2.** *fig* novice *mf*, débutant *m*, -e *f*.
◇ *comp* [company, industry, political party etc] naissant; **a ~ doctor/lawyer** un docteur/avocat débutant.
flee [fliː] (*pt* & *pp* **fled** [fled]) ◇ *vi* s'enfuir, fuir; **to ~ from sb/sthg** fuir qqn/qqch; **to ~ from a house/country** s'enfuir d'une maison/d'un pays; **to ~ from temptation** fuir la tentation.
◇ *vt* [person, danger, temptation] fuir; [country, town] s'enfuir de.
fleece [fliːs] ◇ *n* -**1.** [of sheep] toison *f*; **the Golden Fleece** MYTH la Toison d'or. -**2.** TEX peau *f* de mouton.
◇ *comp* [lining] en peau de mouton; **~ lined** [coat, jacket, gloves] doublé en peau de mouton.
◇ *vt* -**1.** *inf* [cheat] escroquer; **I've been ~d** je me suis fait escroquer. -**2.** [shear - sheep] tondre.
fleecy ['fliːsɪ] *adj* [material] laineux; [clouds] cotonneux.
fleet [fliːt] ◇ *n* -**1.** NAUT flotte *f*; [smaller] flottille *f*. -**2.** [of buses, taxis] parc *m*; **a ~ of ambulances took the injured to hospital** plusieurs ambulances ont transporté les blessés à l'hôpital.
◇ *adj lit* rapide; **~ of foot** aux pieds ailés.
fleet admiral *n* NAUT ≃ amiral *m* de France.
Fleet Air Arm *pr n*: **the ~** *l'aéronavale britannique*.
fleeting ['fliːtɪŋ] *adj* [memory] fugace; [beauty, pleasure] passager; **for a ~ moment** l'espace d'un instant; **to catch a ~ glimpse of sthg/sb** apercevoir OR entrevoir qqch/qqn; **to pay sb a ~ visit** rendre visite à qqn en coup de vent.
fleetingly ['fliːtɪŋlɪ] *adv* [glimpse] rapidement.
Fleet Street [fliːt-] *pr n rue de Londres, dont le nom sert à désigner les grands journaux britanniques.*

FLEET STREET:
Cette rue de la City est traditionnellement celle des journaux. Aujourd'hui, beaucoup de journaux ont établi leur siège dans d'autres quartiers, notamment les Docklands. Cependant, le terme «Fleet Street» est encore employé pour désigner la presse et le monde du journalisme.

Fleming ['flemɪŋ] *n* Flamand *m*, -e *f*.
Flemish ['flemɪʃ] ◇ *n* LING flamand *m*.
◇ *npl*: **the ~** les Flamands *mpl*.
◇ *adj* flamand.
flesh [fleʃ] *n* -**1.** [of person, animal, fruit] chair *f*; **there's not much ~ on her** elle n'est pas très grasse; **to put on ~** [person] forcir; [animal] engraisser; **it needs a bit more ~** *fig* [proposal, essay etc] il a besoin d'être un peu étoffé; **she looks better on TV than she does in the ~** elle est plus jolie à la télé qu'en chair et en os ❑ **creatures of ~ and blood** êtres *mpl* de chair et de sang; **I'm only ~ and blood, you know** je suis comme tout le monde, tu sais; **it's more than ~ and blood can bear** OR **stand** c'est plus que ce que la nature humaine peut endurer; **she's my own ~ and blood** c'est ma chair et mon sang; **he wants his pound of ~** il veut ce qui lui est dû; **to press the ~** *inf* [politicians, royalty etc] serrer des mains. -**2.** RELIG chair *f*; **pleasures/sins of the ~** plaisirs de la/péchés de chair; **the spirit is willing but the ~ is weak** l'esprit est prompt mais la chair est faible; **to go the way of all ~** retourner à la OR redevenir poussière. -**3.** [colour] couleur *f* chair.

◆ **flesh out** ◇ *vt sep* [essay, report etc] étoffer.
◇ *vi insep* [person] s'étoffer, prendre de la carrure.

flesh-coloured *adj* [tights] couleur chair.

fleshpots ['fleʃpɒts] *npl hum* OR *pej* lieux *mpl* de plaisir.

flesh wound *n* blessure *f* superficielle OR légère.

fleshy ['fleʃɪ] (*compar* fleshier, *superl* fleshiest) *adj* [person] bien en chair; [part of the body, fruit, leaf] charnu.

fleur-de-lis, fleur-de-lys [ˌflɜːdə'liː] *n* HERALD fleur *f* de lis OR lys.

flew [fluː] *pt* → **fly**.

flex [fleks] ◇ *vt* [one's arms, knees] fléchir; to ~ one's muscles *literal* bander OR faire jouer ses muscles; *fig* faire étalage de sa force.
◇ *n* [wire] fil *m*; [heavy duty] câble *m*.

flexibility [ˌfleksə'bɪlətɪ] *n* [of object] flexibilité *f*, souplesse *f*; *fig* [of plan, approach] flexibilité *f*; [of person's character] souplesse *f*; **he has always shown a lot of ~** [in timing, arrangements] il s'est toujours montré très disponible OR arrangeant; **what I like about this software is its ~** ce qui me plaît dans ce logiciel, c'est sa flexibilité OR souplesse d'emploi.

flexible ['fleksəbl] *adj* flexible, souple; *fig* [approach, plans, timetable etc] flexible; [person's character] souple; [as regards timing, arrangements] arrangeant; **~ working hours** horaires *mpl* (de travail) à la carte OR flexibles; **my working hours are very ~** j'ai des horaires de travail très libres OR souples; **~ response** MIL riposte *f* graduée.

flexion ['flekʃn] *n* GRAM flexion *f*.

flexitime ['fleksɪtaɪm] *n* (*U*) horaires *m* à la carte OR flexibles; **to be on** OR **to work ~** avoir des horaires à la carte OR flexibles.

flexor ['fleksəʳ] ANAT ◇ *adj* [muscle] fléchisseur.
◇ *n* fléchisseur *m*.

flextime ['flekstaɪm] = **flexitime**.

flibbertigibbet [ˌflɪbətɪ'dʒɪbɪt] *n* écervelé *m*, -e *f*, tête *f* de linotte.

flick [flɪk] ◇ *n* [with finger] chiquenaude *f*; [with wrist] petit OR léger mouvement *m*; [with tail, whip, duster] petit OR léger coup *m*; **with a ~ of his finger** d'une chiquenaude; **give the table a quick ~ with a duster** donne un petit coup de chiffon à OR sur la table; **at the ~ of a switch** en appuyant simplement sur un interrupteur.
◇ *vt* [switch] appuyer sur; **he ~ed the horse with his whip** il a donné un petit coup de fouet au cheval; **don't ~ your ash on the floor** ne mets pas tes cendres par terre; **she ~ed the ash off the table** [with duster] d'un coup de chiffon, elle a enlevé la cendre de la table; [with finger] d'une chiquenaude, elle a enlevé la cendre de la table.
◆ **flicks** *inf npl dated*: **the ~s** le ciné, le cinoche.
◆ **flick off** *vt sep* [with finger - ash, paper etc] envoyer promener OR enlever d'une chiquenaude; [light, computer] éteindre.
◆ **flick on** *vt sep* [light, computer] allumer.
◆ **flick over** *vt sep* [pages of book, newspaper etc] tourner rapidement.
◆ **flick through** *vt insep* [book, newspaper] feuilleter; **to ~ through the channels** TV passer rapidement d'une chaîne à une autre.

flicker ['flɪkəʳ] ◇ *vi* [flame, light] vaciller, trembler; [eyelids, TV screen, snake's tongue] trembler; **the candle was ~ing** la flamme de la bougie vacillait.
◇ *n* [of flame, light] vacillement *m*, tremblement *m*; [of eyelids, TV screen] tremblement *m*.

flickering ['flɪkərɪŋ] ◇ *adj* [light] vacillant; [image] tremblotant.
◇ *n* -1. [of light, flame] vacillement *m*. -2. [of image] tremblement *m*.

flick-knife *n* (couteau *m* à) cran *m* d'arrêt.

flier ['flaɪəʳ] *n* -1. AERON [pilot] aviateur *m*, -trice *f*; [passenger]: **she's a good/bad ~** [likes/dislikes flying] elle supporte bien/ne supporte pas l'avion; **she's a frequent ~** elle prend souvent l'avion. -2. ORNITH: **the heron is a rather ungainly ~** le héron a un vol peu élégant. -3. *inf* SPORT [start to race] départ *m* lancé; [false start] faux départ *m*; **to get a ~** [good start] partir comme un boulet de canon. -4. *inf* [fall] vol *m* plané; **to take a ~** faire un vol plané. -5. *inf Am* [speculative venture] entreprise *f* à risques; **it's a bit of a ~, don't you think?** c'est un peu risqué, tu ne crois pas? -6. [leaflet] prospectus *m*.

flies [flaɪz] *npl* -1. = **fly** 2. -2. THEAT dessus *mpl*, cintres *mpl*.

flight [flaɪt] *n* -1. [flying] vol *m*; **capable of ~** capable de voler; **to be in ~** être en vol. -2. [journey - of bird, spacecraft, plane, missile] vol *m*; **manned ~** [of spacecraft] vol habité; **a ~ of 500 miles is nothing to a swallow** les hirondelles peuvent facilement effectuer des vols de 800 kilomètres. -3. AERON [journey in plane - by passenger] voyage *m*; [- by pilot] vol *m*; [plane itself] vol *m*; **how was your ~?** as-tu fait bon voyage?; **this is my first transatlantic ~** [passenger] c'est la première fois que je traverse l'Atlantique en avion; [pilot] c'est mon premier vol OR ma première traversée transatlantique; **~ BA 314 to New York is now boarding at gate 4** l'embarquement du vol BA 314 à destination de New York vient de commencer porte numéro quatre; **when is the next ~ to Newcastle?** à quelle heure part le prochain vol pour OR à destination de Newcastle?; **all ~s out of Charles de Gaulle** tous les vols en provenance de Charles-de-Gaulle. -4. [group of birds] vol *m*, volée *f*; [group of aircraft] flotte *f* aérienne. -5. [fleeing] fuite *f*; **to be in full ~** être en pleine retraite; **to take (to) ~** prendre la fuite; **to put sb/the enemy to ~** mettre qqn/l'ennemi en fuite; **the ~ of capital overseas** *fig* la fuite des capitaux à l'étranger ❑ **the Flight into Egypt** la fuite en Égypte. -6. [of stairs]: **~ (of stairs** OR **steps)** escalier *m*; **I had to walk up all ten ~s** j'ai dû monter les dix étages à pied; **it's another three ~s up** c'est trois étages plus haut; **I'm not carrying this wardrobe up all those ~s of stairs** je refuse de monter cette penderie tout là-haut; **a short ~ of steps** quelques marches. -7. *fig*: **a ~ of the imagination** une envolée de l'imagination; **it was just a ~ of fancy** ce n'était qu'une idée folle. -8. [on arrow, dart] penne *f*, empennage *m*. -9. *phr*: **to be in the first** OR **top ~** faire partie de l'élite.

flight attendant *n* [male] steward *m*; [female] hôtesse *f* de l'air; **one of our ~s** un des membres de l'équipage.

flight control *n* [place] contrôle *m* aérien; [people] contrôleurs *mpl* aériens.

flight crew *n* équipage *m* (*d'un avion*).

flight deck *n* [of aircraft] poste *m* OR cabine *f* de pilotage, habitacle *m*; [of aircraft carrier] pont *m* d'envol.

flight engineer *n* mécanicien *m* navigant (*d'avion*), ingénieur *m* de vol.

flightiness ['flaɪtɪnɪs] *n* inconstance *f*.

flightless ['flaɪtlɪs] *adj* [bird] coureur.

flight lieutenant *n* *capitaine de l'armée de l'air britannique.*

flight number *n* numéro *m* de vol.

flight path *n* trajectoire *f* de vol.

flight plan *n* plan *m* de vol.

flight recorder *n* enregistreur *m* de vol.

flight sergeant *n* *sergent-chef de l'armée de l'air britannique.*

flight simulator *n* simulateur *m* de vol.

flighty ['flaɪtɪ] (*compar* **flightier**, *superl* **flightiest**) *adj* inconstant; [in romantic relationships] volage, inconstant.

flimflam *inf* ['flɪmflæm] *n* (*U*) [deceitful talk] baratin *m*, blabla *m*, blablabla *m*.

flimsily ['flɪmzɪlɪ] *adv* [built, constructed] d'une manière peu solide, peu solidement.

flimsy ['flɪmzɪ] (*compar* **flimsier**, *superl* **flimsiest**) ◇ *adj* -1. [material] fin, léger; [clothes, shoes] léger; [sthg built] peu solide; [paper] peu résistant, fragile; [toys, books] fragile. -2. [argument, case, excuse etc] léger.
◇ *n* [paper] papier *m* pelure; [with typing on it] double *m* sur pelure.

flinch [flɪntʃ] *vi* -1. [wince, with pain] tressaillir; **without ~ing** sans broncher. -2. [shy away]: **to ~ from one's duty/obligations** reculer devant son devoir/ses obligations; **she didn't ~ from doing her duty** elle n'a pas reculé devant son devoir; **she ~ed at the thought** l'idée l'a fait reculer.

fling [flɪŋ] (*pt* & *pp* **flung** [flʌŋ]) ◇ *vt* lancer, jeter; **don't just ~ it, aim when you throw** ne le lance pas n'importe où, vise d'abord; **to ~ one's arms around sb's neck** jeter ses bras autour du cou de qqn; **~ it in the dustbin** jette-le à la poubelle; **he flung himself into an armchair** il s'est jeté dans un fauteuil; **to ~ oneself into a task** se lancer dans une tâche; **I flung a few things into a suitcase** j'ai fourré quelques affaires dans une valise; **you shouldn't just ~ yourself into these jobs/relationships** tu ne devrais pas te lancer sans réfléchir dans ce type de travail/relation; **to ~ sb into jail** jeter qqn en prison; **don't just ~ yourself at him** ne te jette pas dans ses bras; **he flung himself off the top of the cliff** il s'est jeté du haut de la falaise; **with his coat casually flung over his shoulders** avec son manteau négligemment jeté sur ses épaules; **she flung the windows wide open** elle ouvrit les fenêtres en grand; **just ~ in a bit of wine to give it taste** *inf* ajoute juste un peu de vin pour donner du goût; **she was ~ing insults left right and centre** elle lançait des insultes de toutes parts; **to ~ sthg in sb's face** *fig* envoyer qqch à la figure de qqn.
◇ *n* -1. *inf* [attempt, try]: **to have a ~ at sthg** essayer de faire qqch; **let's give it a ~** essayons un coup. -2. [wild behaviour]: **youth must have its ~** il faut que jeunesse se passe; **I enjoy a little ~** j'aime bien me payer du bon temps; **to have a ~ with sb** *inf* [affair] avoir une aventure avec qqn; **the two of them are having a ~** ils ont une aventure; [buying things] faire des folies. -3. [dance] *danse traditionnelle écossaise qui se danse en solo.*
◆ **fling about** *vt sep* [objects, ball] lancer; **the luggage got flung about a bit during the flight** les bagages ont été un peu secoués pendant le vol; **he flung his arms about wildly** [fighting] il se démenait violemment; [gesticulating] il gesticulait violemment.
◆ **fling away** *vt sep* [discard] jeter (de côté); **that's just ~ing your money away** c'est jeter ton argent par les fenêtres.
◆ **fling back** *vt sep* [ball] renvoyer; [curtains] ouvrir brusquement; **she flung back her head** elle a rejeté sa tête en arrière.
◆ **fling down** *vt sep* [object] jeter par terre; **don't just ~ the books down anywhere** ne jette pas les livres n'importe où; **to ~ down a challenge** lancer OR jeter un défi.
◆ **fling off** *vt sep* -1. [coat, dress] jeter. -2. [attacker] repousser violemment. -3. [casual remarks] dire avec désinvolture; [poems, article] écrire d'un trait.
◆ **fling out** *vt sep* [object] jeter, balancer; [person] mettre à la porte, jeter dehors.
◆ **fling up** *vt sep* [throw - in air] jeter en l'air; [- to sb in higher position] lancer, envoyer; **he flung up his hands in horror** horrifié, il leva les bras au ciel.

flint [flɪnt] ◇ *n* [substance] silex *m*; [for cigarette lighter] pierre *f* à briquet.
◇ *comp* [tools, axe] en silex.

flintlock ['flɪntlɒk] *n* [rifle] mousquet *m*; [pistol] pistolet *m* à fusil.

flinty ['flɪntɪ] (*compar* **flintier**, *superl* **flintiest**) *adj* [rocks, soil] siliceux; *fig* [heart] de pierre.

flip [flɪp] (*pt* & *pp* **flipped**, *cont* **flipping**) ◇ *n* -1. [little push, flick] petit coup *m*; **to give sthg a ~** donner un petit coup à qqch. -2. [turning movement] demi-tour *m* (*sur soi-même*); [somersault - in diving] saut *m* périlleux; [- in gymnastics] flip-flap *m*. -3. **to have a (quick) ~ through a magazine** feuilleter un magazine. -4. [drink] *boisson alcoolisée à l'œuf.*

◇ *vt* -**1.** [move with a flick] donner un petit coup sec à; **he flipped the packet shut** d'un petit coup sec il a refermé le paquet. -**2.** [throw] envoyer, balancer; **he casually flipped her back onto the trapeze** sans effort apparent, il l'a renvoyée sur le trapèze; **to ~ a coin (for sthg)** décider (qqch) à pile ou face. -**3.** *phr*: **to ~ one's lid** *inf* = **flip** *vi* **2**.

◇ *vi inf* -**1.** [become ecstatic] être emballé, flasher; **to ~ over sthg** être emballé par qqch, flasher sur qqch. -**2.** [get angry] exploser, piquer une crise; [go mad] devenir dingue, perdre la boule; [under effects of stress] craquer.

◇ *adj inf* [flippant, too casual] désinvolte.

◇ *interj inf* mince, zut.

◆ **flip off** *vt sep* [flick off - dirt, dust etc] faire tomber; **to ~ sthg off sthg** faire tomber qqch de qqch.

◆ **flip out** *vi insep* -**1.** *inf* [get angry] exploser, piquer une crise; [become ecstatic] être emballé, flasher. -**2.** [trailer of vehicle, racing car] faire un écart.

◆ **flip over** ◇ *vt sep* [turn over - stone, person] retourner; [- page] tourner.

◇ *vi insep* [turn over - plane, boat, fish] se retourner; [- page] tourner tout seul.

◆ **flip through** *vt insep* [magazine] feuilleter.

flip chart *n* tableau *m* à feuilles.

flip-flop ◇ *n* -**1.** [sandal] tong *f*. -**2.** ELECTRON bascule *f*. -**3.** *inf Am* [in attitude, policy] volte-face *f inv*, revirement *m*; **to do a ~** faire volte-face, retourner sa veste.

◇ *vi inf Am* faire volte-face, retourner sa veste.

flippancy ['flɪpənsɪ] *n* [of person, attitude] légèreté *f*, désinvolture *f*; [of remark] désinvolture *f*.

flippant ['flɪpənt] *adj* désinvolte; **he was just being ~** il ne parlait pas sérieusement.

flippantly ['flɪpəntlɪ] *adv* avec désinvolture.

flipper ['flɪpəʳ] *n* -**1.** [for swimming] palme *f*. -**2.** [of seal, penguin] nageoire *f*.

flipping *inf* ['flɪpɪŋ] *Br* ◇ *adj* [as intensifier] fichu; **you've got a ~ nerve!** tu as un fichu OR sacré culot!; **you ~ idiot!** espèce d'idiot!; **he's a ~ genius** c'est un super génie.

◇ *adv* [as intensifier] fichtrement; **it's ~ hot/cold in here** il fait fichtrement chaud/froid là-dedans; **it's too ~ late now** il est bien trop tard maintenant; **not ~ likely!** il n'y a pas de risque!; **isn't it just ~ marvellous!** *iron* c'est pas formidable!; **you can ~ well do it yourself!** tu n'as qu'à le faire toi-même si c'est comme ça!

flip side *inf n* [of record] face *f* B.

flip top *n* [of packet] couvercle *m* à rabat; **in the new flip-top pack** avec le nouveau couvercle à rabat.

flirt [flɜːt] ◇ *vi* flirter; **he ~s with everybody** il flirte avec tout le monde; **to ~ with danger/death** frayer avec le danger/la mort; **to ~ with an idea** jouer avec une idée.

◇ *n* -**1.** [person] personne *f* qui aime à badiner amoureusement OR à faire du charme, charmeur *m*, -euse *f*; **he's just a ~** il fait du charme à tout le monde, c'est un charmeur. -**2.** [act] badinage *m* amoureux.

flirtation [flɜː'teɪʃn] *n* badinage *m* amoureux; **his ~ with danger/the idea ended in disaster** il a frayé avec le danger/joué avec cette idée et cela a tourné au désastre.

flirtatious [flɜː'teɪʃəs] *adj* charmeur.

flirtatiously [flɜː'teɪʃəslɪ] *adv* d'un air charmeur.

flit [flɪt] (*pt* & *pp* **flitted**, *cont* **flitting**) ◇ *vi* -**1.** [bird, bat etc] voleter; **bats were flitting about** des chauves-souris voletaient de-ci de-là ‖ [person]: **people were constantly flitting in and out of his office** les gens n'arrêtaient pas d'entrer et de sortir de son bureau; **an idea flitted into my mind** une idée me vint soudain à l'esprit; **to ~ from one subject to another** sauter d'un sujet à un autre, passer du coq à l'âne; **to ~ from woman to woman/job to job** passer continuellement d'une femme à une autre/d'un emploi à un autre. -**2.** *inf Br* [move house without informing landlord etc] déménager à la cloche de bois. -**3.** *inf Br dial* [move house] déménager.

◇ *n Br*: **to do a (moonlight) ~** [move house secretly] déménager à la cloche de bois; [leave discreetly] partir en douce, filer à l'anglaise.

flitch [flɪtʃ] *n* [of pork] flèche *f*.

flitting *inf* ['flɪtɪŋ] *n Br dial* déménagement *m*.

float [fləʊt] ◇ *n* -**1.** [for fishing line] bouchon *m*, flotteur *m*; [on raft, seaplane, fishing net, in carburettor, toilet cistern] flotteur *m*; [for swimming] planche *f*. -**2.** [vehicle - in parade, carnival] char *m*; [- for milk delivery] voiture *f* du livreur de lait. -**3.** [cash advance] avance *f*; [business loan] prêt *m* de lancement; [money in cash register] encaisse *f*. -**4.** [drink] *soda avec une boule de glace.*

◇ *vi* -**1.** [on water] flotter; [be afloat - boat] flotter, être à flot; **the raft/log ~ed down the river** le radeau/le tronc d'arbre a descendu la rivière au fil de l'eau; **the bottle ~ed out to sea** la bouteille a été emportée vers le large; **the diver ~ed slowly up to the surface** le plongeur est remonté lentement à la surface; **we ~ed downstream** [in boat] le courant nous a portés. -**2.** [in the air - balloon, piece of paper] voltiger; [- mist, clouds] flotter; [- ghost, apparition] flotter, planer; **music/the sound of laughter ~ed in through the open window** de la musique est entrée/des bruits de rires sont entrés par la fenêtre ouverte. -**3.** [currency] flotter.

◇ *vt* -**1.** [put on water - ship, raft, platform] mettre à flot; **the timber is then ~ed downstream to the mill** le bois descend ensuite jusqu'à l'usine au fil de l'eau, le bois est ensuite flotté jusqu'à l'usine située en aval. -**2.** [launch - company] lancer, créer; FIN [bonds, share issue] émettre. -**3.** FIN [currency] faire flotter. -**4.** *fig* [idea] lancer, proposer; [plan] proposer.

◆ **float about** *inf*, **float around** *inf vi insep* [rumours] courir; [person - do nothing in particular] traîner; **she's/it's ~ing about somewhere** elle/il traîne dans les parages.

◆ **float off** ◇ *vt sep* [free - boat] remettre à flot.

◇ *vi insep* -**1.** [be carried away - log, ship etc] partir OR être emporté au fil de l'eau; [in the air - balloon, piece of paper] s'envoler. -**2.** *fig* [person] s'envoler, disparaître.

floatation [fləʊ'teɪʃn] = **flotation**.

float chamber *n* [in carburettor] cuve *f*.

floater ['fləʊtəʳ] *n Am* [floating voter] (électeur *m*) indécis *m*, électrice *f* indécise.

◆ **floaters** *npl* MED [in eye] mouches *fpl* volantes, corps *mpl* flottants.

floating ['fləʊtɪŋ] ◇ *adj* -**1.** [on water] flottant; **~ crane** ponton-grue *m*; **~ dock** dock *m* flottant. -**2.** [not fixed]: **he has led a sort of ~ existence** il a mené une vie assez vagabonde ❑ **~ population** [within country] population *f* migrante; **there's a fairly large ~ vote** les indécis sont assez nombreux; **the ~ vote will determine the outcome** les voix des indécis détermineront le résultat; **~ voter** (électeur *m*) indécis *m*, électrice *f* indécise. -**3.** FIN [currency, exchange rate] flottant; [capital] disponible. -**4.** COMPUT [accent] flottant; **~ point** virgule *f* flottante. -**5.** MED: **~ bodies** [in eye] mouches *fpl* volantes, corps *mpl* flottants; **~ kidney** rein *m* flottant.

◇ *n* -**1.** [putting on the water] mise *f* à flot; [getting afloat again] remise *f* à flot. -**2.** [of new company] lancement *m*, création *f*. -**3.** [of currency] flottement *m*. -**4.** [of new idea, plan] proposition *f*.

floating-point *adj* COMPUT à OR en virgule flottante.

flock [flɒk] ◇ *n* [of sheep] troupeau *m*; [of birds] vol *m*, volée *f*; [of people] *inf* foule *f*; RELIG ouailles *fpl*; **they came in ~s** ils sont venus en foule OR en masse ‖ TEX bourre *f* ❑ **~ wallpaper** papier *m* tontisse.

◇ *vi* aller OR venir en foule OR en masse, affluer; **people are ~ing to see it** les gens vont le voir en foule OR en masse, les gens affluent pour le voir; **audiences are ~ing in** les spectateurs viennent en foule OR en masse, les spectateurs affluent; **the people ~ed around him** les gens se sont massés OR attroupés autour de lui.

◆ **flock together** *vi insep* [sheep] se regrouper, s'attrouper.

floe [fləʊ] = **ice floe**.

flog [flɒg] (*pt* & *pp* **flogged**, *cont* **flogging**) *vt* -**1.** [beat] fouetter; **we're just flogging a dead horse** *inf* nous nous dépensons en pure perte, nous nous acharnons inutilement; **to ~ an idea/a joke to death** *inf* accommoder une idée/blague à toutes les sauces. -**2.** *inf Br* [sell] vendre.

◆ **flog off** *inf vt sep Br* [sell off] bazarder; **they're flogging them off cheap** ils les bazardent pour pas cher.

flogging ['flɒgɪŋ] *n* [beating] flagellation *f*; JUR supplice *m* du fouet OR de la flagellation.

flood [flʌd] ◇ *n* -**1.** *literal* inondation *f*; **the Flood** le déluge; **to be in ~** [river] être en crue; **you've caused a ~ in the bathroom** tu as inondé la salle de bains. -**2.** *fig* [of applications, letters, offers] déluge *m*; [of light] flot *m*; **~s of tears** un déluge OR torrent de larmes; **to be in ~s of tears** pleurer à chaudes larmes. -**3.** = **flood tide**. -**4.** = **floodlight**.

◇ *vt* -**1.** [unintentionally] inonder; [deliberately] inonder, noyer; **you've ~ed the bathroom** tu as inondé la salle de bains. -**2.** AUT [carburettor] noyer. -**3.** [river - subj: rain] faire déborder. -**4.** *fig (usu pass)* [person - with letters, replies] inonder, submerger; **to be ~ed with applications/letters** être submergé de demandes/lettres; **to be ~ed in light** [room, valley] être inondé de lumière. -**5.** COMM: **to ~ the market** inonder le marché.

◇ *vi* -**1.** [river] être en crue, déborder. -**2.** [land, area] être inondé. -**3.** *fig* [move in large quantities]: **to ~ into the streets** envahir les rues; **refugees are still ~ing across the border** les réfugiés continuent à passer la frontière en foule OR en masse; **the light was ~ing through the window** la lumière entrait à flots par la fenêtre; **new energy was ~ing through his veins** une énergie nouvelle coulait dans ses veines.

◆ **flood back** *vi insep* [people] revenir en foule OR en masse; [strength, energy, memories] revenir à flots, affluer; **suddenly it all came ~ing back to me** soudain tous mes souvenirs ont reflué en masse.

◆ **flood in** *vi insep* [people] entrer en foule OR en masse, affluer; [applications, letters] affluer; [light, sunshine] entrer à flots.

◆ **flood out** ◇ *vt sep* inonder; **hundreds of families have been ~ed out** [from homes] l'inondation a forcé des centaines de familles à quitter leurs maisons.

◇ *vi insep* [people] sortir en foule OR en masse; [words] sortir à flots; [ideas] se bousculer, affluer.

flood barrier *n* digue *f* de retenue.

flood control *n* contrôle *m* des crues.

flood-damaged *adj* abîmé OR endommagé par les eaux.

flooded ['flʌdɪd] *adj* [land, house] inondé; [engine] noyé.

floodgate ['flʌdgeɪt] *n* vanne *f*, porte *f* d'écluse; **to open the ~s** *fig*: **the new law will open the ~s to all kinds of fraudulent practices** cette nouvelle loi est la porte ouverte à toutes sortes de pratiques frauduleuses.

flooding ['flʌdɪŋ] *n (U)* inondation *f*; [of submarine's tanks] remplissage *m*; **~ is a major problem** les inondations sont un grand problème.

floodlight ['flʌdlaɪt] (*pt* & *pp* **floodlit** [-lɪt] OR **floodlighted**) ◇ *n* [lamp] projecteur *m*; [light] lumière *f* des projecteurs; **to play under ~s** jouer à la lumière des projecteurs.

◇ *vt* [football pitch, stage] éclairer (aux projecteurs); [building] illuminer *f*.

floodlighting ['flʌdlaɪtɪŋ] *n (U)* [of pitch, stage] éclairage *m* (aux projecteurs); [of building] illumination *f*.

floodlit ['flʌdlɪt] *adj* [match, stage] éclairé (aux projecteurs); [building] illuminé.

floodplain ['flʌdpleɪn] *n* lit *m* majeur.

flood tide *n* marée *f* montante.

floor [flɔːʳ] ◇ *n* -**1.** [ground - gen] sol *m*; [- wooden] plancher *m*, parquet *m*; [- tiled] carrelage *m*; **earthen ~** sol en terre battue; **to put sthg/to sit on the ~** poser qqch/s'asseoir par terre; **the forest ~** le sol de la forêt, la couverture *spec* ❑ **to wipe the ~ with sb** *inf* [in match, fight] battre qqn à plate couture, réduire qqn en miettes; [in argument] descendre qqn. -**2.** [bottom part - of lift, cage] plancher *m*; [- of sea, ocean] fond *m*. -**3.** [storey] étage *m*; **we live ten ~s up** nous habitons au dixième étage; **on the same ~** au même étage; **on the ~ below** à l'étage en-dessous; **on the second ~** *Br* au deuxième étage; *Am* au premier étage. -**4.** [for dancing] piste *f* (de danse); **to take the ~** aller sur la piste (de danse); **shall we take the ~?** voulez-vous m'accorder cette danse? -**5.** [in parliament, assembly etc] ≃ arène *f*; [of stock exchange] parquet *m*; **the ~ of the House** l'arène; **to have/to take the ~** [speaker] avoir/prendre la parole; **he had the ~ for twenty minutes** il a parlé OR a gardé la parole pendant vingt minutes; **to give sb the ~** accorder OR donner la parole à qqn; **questions from the ~** questions du public ❑ **to cross the ~** [in parliament] changer de parti.
◇ *vt* -**1.** [building, house] faire le sol de; [with linoleum] poser le revêtement de sol dans; [with parquet] poser le parquet OR plancher dans, parqueter; [with tiles] poser le carrelage dans, carreler. -**2.** *inf* [opponent] terrasser. -**3.** *inf* [puzzle, baffle] dérouter; [surprise, amaze] abasourdir.

floor area *n* [of room, office] surface *f*.

floorboard ['flɔːbɔːd] *n* latte *f* OR planche *f* (de plancher); **to take the ~s up** enlever les lattes du plancher.

floorcloth ['flɔːklɒθ] *n* serpillière *f*; [old rag] chiffon *m*.

floor covering *n* [linoleum, fitted carpet] revêtement *m* de sol; [rug] tapis *m*.

floor exercise *n* [in gymnastics] exercice *m* au sol.

flooring ['flɔːrɪŋ] *n* (U) -**1.** [act]: **the ~ has still to be done** il reste encore le plancher à faire. -**2.** [material] revêtement *m* de sol; **~ tiles** carreaux *mpl*.

floor lamp *n Am* lampadaire *m*.

floor leader *n* POL *chef de file d'un parti siégeant au Sénat ou à la Chambre des représentants aux États-Unis.*

floor manager *n* -**1.** [in department store] chef *m* de rayon. -**2.** TV régisseur *m*, -euse *f* de plateau.

floor-mounted [-'maʊntɪd] *adj* [gear lever] au plancher.

floor plan *n* plan *m*.

floor polish *n* encaustique *f*, cire *f*.

floor polisher *n* [machine] cireuse *f*.

floor show *n* spectacle *m* de cabaret.

floorspace ['flɔːspeɪs] *n* espace *m*.

floor tile *n* carreau *m*.

floorwalker ['flɔː,wɔːkəʳ] *n Am* ≃ chef *m* de rayon.

floor wax *n* cire *f*, encaustique *f*.

floozie *inf*, **floozy** *inf* ['fluːzɪ] (*pl* floozies) *n* traînée *f*.

flop [flɒp] (*pt* & *pp* flopped, *cont* flopping) ◇ *vi* -**1.** [fall slackly - head, arm etc] tomber; [- person] s'affaler, s'effondrer. -**2.** *inf* [attempt, idea, recipe] louper; [fail - play, film] faire un four OR un bide; [- actor] faire un bide.
◇ *n inf* [failure] fiasco *m*, bide *m*; **this cake is a ~** ce gâteau est complètement loupé; **he was a ~ as Othello** il était complètement nul dans le rôle d'Othello OR en Othello.
◇ *adv inf*: **it went ~ into the water** ça a fait plouf OR floc en tombant dans l'eau.
◆ **flop about** *vi insep*: **the fish flopped about on the deck** les poissons frétillaient sur le pont; **he flopped about all day in his slippers** il traînait toute la journée en chaussons.
◆ **flop down** *vi insep* se laisser tomber lourdement.
◆ **flop over** *vi insep* se renverser.

flophouse *inf* ['flɒphaʊs, *pl* -haʊzɪz] *n Am* asile *m* de nuit.

floppy ['flɒpɪ] (*compar* floppier, *superl* floppiest) ◇ *adj* [ears, tail, plant] pendant; [brim of hat] mou; [trousers, sweater] flottant, large; [collar] mou; **the jumper went all ~ when I washed it** le pull s'est complètement déformé au lavage; **this heat makes you feel all ~** *Br* cette chaleur vous rend tout mou.
◇ *n* COMPUT disquette *f*.

floppy disk *n* COMPUT disquette *f*.

flora ['flɔːrə] *npl* flore *f*.
◆ **Flora** *pr n* MYTH Flore.

floral ['flɔːrəl] *adj* [arrangement, display] floral; [pattern, fabric, dress] à fleurs, fleuri; **~ tribute** bouquet *m* OR gerbe *f* de fleurs; [funeral wreath] couronne *f* de fleurs.

Florence ['flɒrəns] *pr n* Florence.

Florentine ['flɒrəntaɪn] ◇ *adj* florentin.
◇ *n* -**1.** [person] Florentin *m*, -e *f*. -**2.** CULIN florentin *m*.

floret ['flɔːrɪt] *n* fleuron *m*.

florid ['flɒrɪd] *adj* -**1.** [complexion] coloré. -**2.** [style, architecture] chargé; [music] qui comporte trop de fioritures.

Florida ['flɒrɪdə] *pr n* Floride *f*; **in ~** en Floride.

florin ['flɒrɪn] *n* [British, Dutch] florin *m*.

florist ['flɒrɪst] *n* fleuriste *mf*; **~'s (shop)** fleuriste *m*.

floss [flɒs] ◇ *n* -**1.** [for embroidery] fil *m* de schappe OR de bourrette. -**2.** [for teeth] fil *m* OR soie *f* dentaire.
◇ *vt* [teeth] nettoyer au fil OR à la soie dentaire.

flotation [fləʊ'teɪʃn] *n* -**1.** [of ship - putting into water] mise *f* à flot; [- off sandbank] remise *f* à flot; [of logs] flottage *m*; **~ rings** flotteurs *mpl*; **~ tank** caisson *m* étanche. -**2.** [of new company] lancement *m*, création *f*; FIN [of loan by means of share issues] émission *f* d'actions *(permettant de financer la création d'une entreprise)*.

flotilla [flə'tɪlə] *n* flottille *f*.

flotsam ['flɒtsəm] *n* (U) morceaux *mpl* d'épave; **~ and jetsam** morceaux d'épave et détritus *mpl*; **the ~ and jetsam of society** *fig* les laissés-pour-compte *mpl* de la société.

flounce [flaʊns] ◇ *n* [in garment] volant *m*.
◇ *vi*: **to ~ into/out of a room** entrer dans une/sortir d'une pièce de façon très théâtrale; **she's been flouncing around all morning** elle s'est agitée toute la matinée.

flounced [flaʊnst] *adj* [skirt] à volants.

flounder ['flaʊndəʳ] ◇ *vi* -**1.** [in water, mud] patauger péniblement; **the dolphin was ~ing about in a few inches of water** le dauphin se débattait dans quelques centimètres d'eau. -**2.** [in speech, lecture etc] perdre pied, s'empêtrer; **I knew I had put my foot in it, but ~ed on regardless** je savais que j'avais gaffé mais j'ai continué à m'enfoncer lamentablement; **somehow he ~ed through his speech** il est allé tant bien que mal jusqu'à la fin de son discours; **the economy is still ~ing** l'économie est encore instable.
◇ *n* [fish] flet *m*.

flour ['flaʊəʳ] ◇ *n* farine *f*.
◇ *vt* saupoudrer de farine, fariner.

flour bin *n* boîte *f* à farine.

flour dredger = **flour shaker**.

flourish ['flʌrɪʃ] ◇ *vi* [business, economy, plant] prospérer; [arts, literature etc] fleurir, s'épanouir; [in health] être en pleine forme OR santé.
◇ *vt* [wave, brandish - sword, diploma] brandir.
◇ *n* -**1.** [in lettering, design] ornement *m*, fioriture *f*; [in signature] paraphe *m*, parafe *m*. -**2.** [wave] grand geste *m* de la main; **with an elaborate ~ of his hat** avec un grand mouvement de chapeau; **with a ~ of his sword** en faisant un moulinet avec son épée. -**3.** [in musical or written style] fioriture *f*; **a ~ of trumpets** MUS une fanfare; **a little literary ~** un petit effet de style.

flourishing ['flʌrɪʃɪŋ] *adj* [business, trade] florissant, prospère; [trader] prospère; [in health] en pleine forme OR santé; [plant] qui prospère.

flourmill ['flaʊəmɪl] *n* minoterie *f*.

flour shaker *n* saupoudreuse *f* à farine.

floury ['flaʊərɪ] *adj* -**1.** [covered in flour - hands] enfariné; [- clothes] couvert de farine. -**2.** [potatoes] farineux.

flout [flaʊt] *vt* [orders, instructions] passer outre à; [tradition, convention] se moquer de; [laws of physics] défier.

flow [fləʊ] ◇ *vi* -**1.** [liquid] couler; [electric current, air] circuler; **the river ~s into the sea** la rivière se jette dans la mer; **I let the waves ~ over me** j'ai laissé les vagues glisser sur moi; **blood was still ~ing from the wound** le sang continuait à couler OR s'écouler de la blessure; **a lot of blood will ~ before peace is established** beaucoup de sang sera versé avant que la paix ne soit rétablie; **I could feel a new vital force ~ing through my veins** je sentais un regain de force vitale m'envahir; **I let the sound of the music just ~ over me** *fig* j'ai laissé la musique m'envahir. -**2.** [traffic, crowd] circuler, s'écouler; **new measures designed to enable the traffic to ~ more freely** de nouvelles mesures destinées à rendre la circulation plus fluide; **the traffic isn't ~ing as it should** la circulation n'est pas aussi fluide qu'elle devrait l'être. -**3.** [hair, dress] flotter. -**4.** [prose, style, novel] couler; [work, project] avancer, progresser; **this essay doesn't ~ very well** cette dissertation n'est pas très fluide; **play it this way, it ~s better** MUS joue-le comme ça, ça coule mieux; **in order to keep the conversation ~ing** pour entretenir la conversation. -**5.** [appear in abundance]: **the whisky ~ed freely** le whisky a coulé à flots; **ideas ~ed fast and furious** les idées fusaient de tous côtés; **a land ~ing with milk and honey** une terre d'abondance. -**6.** [tide] monter. -**7.** [emanate] provenir; **decisions ~ing from head office** les décisions qui proviennent OR émanent du siège social.
◇ *n* -**1.** [of liquid] circulation *f*; [of river] écoulement *m*; [of lava] coulée *f*; [of tears] ruissellement *m*; **the decreasing ~ of oil from the North Sea** la quantité décroissante de pétrole en provenance de la mer du Nord. -**2.** [amount - of traffic, people, information, work] flux *m*; [movement from one person to another - of work] acheminement *m*; [- of information] circulation *f*; **there is normally a very heavy ~ of traffic here** il y a généralement beaucoup de circulation OR une circulation intense par ici. -**3.** [of dress, cape] drapé *m*. -**4.** [of prose, novel, piece of music] flot *m*; **to be in full ~** [orator] être en plein discours; **there's no stopping him once he's in full ~** il n'y a pas moyen de l'arrêter quand il est lancé. -**5.** [of the tide] flux *m*.
◆ **flow in** *vi insep* [water, liquid] entrer, s'écouler; [contributions, messages of sympathy, people] affluer.
◆ **flow out** *vi insep* [water, liquid] sortir, s'écouler; [people, crowds] s'écouler; **the sewage then ~s out of the pipe into the lake** les égouts se déversent ensuite du conduit dans le lac.

flowchart ['fləʊtʃɑːt] *n* organigramme *m*, graphique *m* d'évolution.

flow diagram = **flowchart**.

flower ['flaʊəʳ] ◇ *n* -**1.** BOT fleur *f*; **to be in ~** être en fleur OR fleurs; **to come into ~** fleurir; **the tree is coming into ~** l'arbre commence à fleurir; **no ~s please** [at funeral] ni fleurs ni couronnes; **to do the ~s** [arrange] s'occuper des compositions florales. -**2.** *fig*: **the ~ of the youth of Athens/of the army** *lit* la fine fleur de la jeunesse athénienne/de l'armée; **in the full ~ of youth** dans la fleur de la jeunesse. -**3.** CHEM: **~s of sulphur** fleur *f* de soufre.
◇ *vi* -**1.** [plant, tree] fleurir. -**2.** *lit* [artistic movement, genre] fleurir, s'épanouir.

flower arrangement *n* art *m* floral; [actual arrangement] composition *f* florale.

flower arranging [-əˈreɪndʒɪŋ] *n (U)* art *m* floral; the ~ **took no time at all** la composition florale a été réalisée en un rien de temps.

flowerbed [ˈflaʊəbed] *n* parterre *m* de fleurs.

flower child *n* hippy *mf*, hippie *mf (surtout des années soixante)*.

flowered [ˈflaʊəd] *adj* [dress, pattern] fleuri, à fleurs.

flower garden *n* jardin *m* d'agrément.

flower girl *n* -**1.** [selling flowers] marchande *f* de fleurs. -**2.** *Am & Scot* [at wedding] *petite fille qui porte des fleurs dans un mariage,* ≃ demoiselle *f* d'honneur.

flower head *n* capitule *m*.

flowering [ˈflaʊərɪŋ] ◇ *n* -**1.** [of plant, tree] floraison *f*. -**2.** [of artistic movement, talents] épanouissement *m*.
◇ *adj* [plant, tree - which flowers] à fleurs; [- which is in flower] en fleurs; ~ **cherry** cerisier *m* à fleurs.

flower people *n* hippies *mpl (surtout des années soixante)*.

flowerpot [ˈflaʊəpɒt] *n* pot *m* de fleurs.

flower power *n pacifisme prôné par les hippies, surtout dans les années soixante.*

flower-seller *n* vendeur *m*, -euse *f* de fleurs.

flower shop *n*: the ~ **on the corner** le fleuriste du coin; **she owns two** ~**s** elle est propriétaire de deux boutiques de fleurs.

flower show *n* exposition *f* de fleurs; [outdoors, on a large scale] floralies *fpl*.

flowery [ˈflaʊərɪ] *adj* -**1.** [fields, perfume] fleuri; [smell] de fleurs; [pattern, dress, carpet] à fleurs. -**2.** [language, compliments] fleuri.

flowing [ˈfləʊɪŋ] *adj* [style, prose] fluide; [beard, hair, robes] flottant; [movement] fluide, coulant.

flown [fləʊn] *pp* → **fly**.

fl. oz. *written abbr of* **fluid ounce**.

flu [fluː] *n* grippe *f*; **to have** ~ *Br*, **to have the** ~ avoir la grippe, être grippé.

fluctuate [ˈflʌktʃʊeɪt] *vi* [rate, temperature, results etc] fluctuer; [interest, enthusiasm, support] être fluctuant OR variable; [person - in enthusiasm, opinions etc] être fluctuant OR changeant; **our production** ~**s from week to week** notre production est fluctuante OR varie d'une semaine sur l'autre.

fluctuating [ˈflʌktʃʊeɪtɪŋ] *adj* [rate, figures, results etc] fluctuant; [enthusiasm, support etc] fluctuant, variable; [attitude, opinions etc] fluctuant, changeant.

fluctuation [ˌflʌktʃʊˈeɪʃn] *n* fluctuation *f*.

flue [fluː] *n* [chimney] conduit *m*; [for stove, boiler] tuyau *m*; MUS [of organ] tuyau *m*.

flue brush *n* hérisson *m*.

fluency [ˈfluːənsɪ] *n* -**1.** [in speaking, writing] facilité *f*, aisance *f*. -**2.** [in a foreign language]: ~ **in French is desirable** la connaissance du français parlé est souhaitable; **we can identify various levels of** ~ on peut distinguer différents niveaux de maîtrise de la langue; **the course aims at** ~ **rather than at explicit knowledge of grammar** le cours met l'accent sur l'expression plutôt que sur une connaissance formelle de la grammaire; **I doubt whether I'll ever achieve complete** ~ je doute d'arriver un jour à parler couramment. -**3.** SPORT [of play, strokes] facilité *f*, aisance *f*.

fluent [ˈfluːənt] *adj* -**1.** [prose, style] fluide; **he's a** ~ **speaker** il s'exprime aisément OR avec facilité. -**2.** [in a foreign language]: **to be** ~ **in French, to speak** ~ **French** parler couramment (le) français; **he replied in** ~ **Urdu** il a répondu dans un ourdou aisé OR coulant; **I'll never be** ~ je ne parlerai jamais couramment. -**3.** SPORT [play, strokes] facile, aisé.

fluently [ˈfluːəntlɪ] *adv* -**1.** [speak, write] avec facilité OR aisance. -**2.** [speak a foreign language] couramment. -**3.** SPORT [play] avec facilité OR aisance.

flue pipe *n* MUS [of organ] tuyau *m*.

fluff [flʌf] ◇ *n* -**1.** *(U)* [on baby animal, baby's head] duvet *m*; [from pillow, material etc] peluches *fpl*; [collected dust] moutons *mpl*; **a bit of** ~ des peluches; *inf Br* [pretty girl] une minette, une nana. -**2.** *inf Br* [mistake] raté *m*; **he made a complete** ~ **of the line** il a complètement raté sa réplique.
◇ *vt inf Br* [lines, entrance] rater, louper; **to** ~ **it** se planter.
◆ **fluff out** *vt sep* [feathers] hérisser, ébouriffer; [hair] faire bouffer; [pillows, cushions] secouer.
◆ **fluff up** *vt sep* [feathers] hérisser, ébouriffer; [pillows, cushions] secouer.

fluffy [ˈflʌfɪ] *(compar* **fluffier**, *superl* **fluffiest)** *adj* -**1.** [material, sweater] pelucheux; [chick, kitten, beard, hair] duveteux; [cake, sponge] léger; [clouds] cotonneux; ~ **toy** *Br* (jouet *m* en) peluche *f*. -**2.** [covered in fluff, dust] couvert de moutons.

flugelhorn [ˈfluːgəlhɔːn] *n* bugle *m*.

fluid [ˈfluːɪd] ◇ *adj* -**1.** [substance] fluide, liquide. -**2.** [flowing - style, play, match] fluide. -**3.** [liable to change - situation] indécis, indéterminé; [- plans] indéterminé.
◇ *n* fluide *m*, liquide *m*; **body** ~**s** sécrétions *fpl* corporelles; **to be on** ~**s** [patient] ne prendre que des liquides.

fluidity [fluːˈɪdətɪ] *n* -**1.** [of substance] fluidité *f*. -**2.** [of style, play] fluidité *f*. -**3.** [liability to change - of situation, plans] indétermination *f*.

fluid mechanics *n (U)* mécanique *f* des fluides.

fluid ounce *n Br* ≃ 0,028 litre; *Am* ≃ 0,03 litre.

fluke [fluːk] ◇ *n* -**1.** *inf* [piece of good luck] coup *m* de bol OR pot; [coincidence] hasard *m*; **by (a) sheer** ~ [coincidence] par un pur hasard. -**2.** [on anchor] patte *f*, bras *m*; [on whale's tail] lobe *m* de la nageoire caudale. -**3.** [flounder] flet *m*; [flatworm] douve *f*.
◇ *comp* [shot, discovery] heureux; **it was a** ~ **discovery** cela a été découvert par hasard.

fluky *inf* [ˈfluːkɪ] *adj* [lucky - shot, guess] heureux; [- person] chanceux; **what a** ~ **goal!** quel coup de bol, ce but!

flume [fluːm] *n* -**1.** [channel] buse *f*. -**2.** [at swimming pool] *sorte de toboggan dans lequel coule de l'eau.*

flummery [ˈflʌmərɪ] *n* -**1.** *Br* [dessert] *dessert à base de flocons d'avoine.* -**2.** *inf (U)* [flattering nonsense] baratin *m*.

flummox [ˈflʌməks] *vt* déconcerter, dérouter; **to get** ~**ed** perdre tous ses moyens.

flung [flʌŋ] *pt & pp* → **fling**.

flunk *inf* [flʌŋk] ◇ *vi* [in exam, course] se planter.
◇ *vt* [subj: student - French, maths] se planter en; [- exam] se planter à; **he** ~**ed his test** il s'est planté à son examen; **the professor** ~**ed her paper in geography** le prof ne lui a pas mis la moyenne à sa dissert' de géo.
◆ **flunk out** *inf Am* ◇ *vi insep* [from college, university] se faire virer *(à cause de la médiocrité de ses résultats)*.
◇ *n* raté *m*, -e *f*; **he's a complete** ~ c'est un vrai raté.

flunk(e)y [ˈflʌŋkɪ] *(pl* **flunkies** OR **flunkeys)** *n* [manservant] laquais *m*; *pej* [assistant] larbin *m*.

fluorescence [flʊəˈresəns] *n* fluorescence *f*.

fluorescent [flʊəˈresənt] *adj* [lighting, paint] fluorescent; ~ **tube** tube *m* fluorescent.

fluoridate [ˈflʊərɪdeɪt] *vt* [water] enrichir en fluor.

fluoridation [ˌflʊərɪˈdeɪʃn] *n* fluoration *f*, fluoruration *f*.

fluoride [ˈflʊəraɪd] *n* fluorure *m*; ~ **toothpaste** dentifrice *m* au fluor.

fluorine [ˈflʊəriːn] *n* fluor *m*.

fluorocarbon [ˌflʊərəʊˈkɑːbən] *n* hydrocarbone *m* fluoré, fluorocarbone *m*.

flurried [ˈflʌrɪd] *adj* paniqué; **to get** ~ perdre la tête, paniquer.

flurry [ˈflʌrɪ] *(pl* **flurries**, *pt & pp* **flurried**, *cont* **flurrying)** ◇ *n* -**1.** [of snow, wind] rafale *f*. -**2.** *fig*: **a** ~ **of activity** un branle-bas de combat; **to be in a** ~ **of excitement** être tout excité.
◇ *vt (usu pass)* [make excited and nervous] agiter, troubler.

flush [flʌʃ] ◇ *n* -**1.** [facial redness] rougeur *f*; **to bring a** ~ **to sb's cheeks** [compliment, crude joke] faire rougir qqn; [wine] mettre le feu aux joues à qqn ❑ **hot** ~**es** MED bouffées *fpl* de chaleur. -**2.** [of beauty, youth] éclat *m*; **in the full** ~ **of youth** dans tout l'éclat de la jeunesse; **in the first** ~ **of victory/success** dans l'ivresse de la victoire/du succès. -**3.** [on toilet - device] chasse *f* (d'eau); **with a single** ~ en tirant la chasse (d'eau) une seule fois; **to give sthg a (good)** ~ **(out)** [drains, pipes etc] nettoyer qqch à grande eau. -**4.** [in card games] flush *m*.
◇ *vi* -**1.** [face, person] rougir; **his face** ~**ed scarlet** il est devenu écarlate; **to** ~ **with embarrassment** rougir d'embarras; **I can't drink punch, it makes me** ~ je ne peux pas boire de punch, ça me met le feu aux joues. -**2.** [toilet]: **it's not** ~**ing properly** la chasse d'eau ne marche pas bien; **a public toilet which** ~**es automatically** des toilettes publiques avec chasse d'eau automatique; **the toilet keeps on** ~**ing** la chasse d'eau n'arrête pas de couler.
◇ *vt* -**1.** [cheeks, face] empourprer. -**2.** [with water]: **to** ~ **the toilet** tirer la chasse (d'eau); **you** ~ **it by pushing this button/pulling this chain** pour actionner la chasse d'eau, appuyez sur le bouton/tirez sur la chaîne; **to** ~ **sthg down the toilet/sink** jeter qqch dans les toilettes/l'évier. -**3.** HUNT lever, faire sortir.
◇ *adj* -**1.** [level] au même niveau; ~ **with the side of the cupboard** dans l'alignement du placard; ~ **with the ground** au niveau du sol, à ras de terre. -**2.** *inf* [with money] en fonds; **feeling** ~ **today, are you?** tu es en fonds aujourd'hui? -**3.** TYPO justifié.
◇ *adv* -**1.** [fit, be positioned]: **this piece has to fit** ~ **into the frame** ce morceau doit être de niveau avec la charpente. -**2.** TYPO: **set** ~ **left/right** justifié à gauche/droite.
◆ **flush away** *vt sep* [in toilet] jeter dans les toilettes; [in sink] jeter dans l'évier.
◆ **flush out** *vt sep* -**1.** [clean out - container, sink etc] nettoyer à grande eau; [- dirt, waste] faire partir. -**2.** HUNT [animals] faire sortir, lever; *fig* [gang of thieves, person from meeting] faire sortir; [undercover agents] forcer à se trahir; [the truth] faire éclater.

flushed [flʌʃt] *adj* -**1.** [person] rouge; [cheeks] rouge, en feu; **he was looking rather** ~ il était plutôt rouge. -**2.** *fig*: ~ **with success** enivré OR grisé par le succès.

fluster [ˈflʌstəʳ] ◇ *vt* [make agitated, nervous] troubler, rendre nerveux; **you're looking a bit** ~**ed** tu as l'air un peu agité; **to get** ~**ed** se troubler, devenir nerveux.
◇ *n*: **to be in a** ~ être troublé OR nerveux; **to get into a** ~ se troubler, devenir nerveux.

flute [fluːt] *n* -**1.** MUS flûte *f*. -**2.** ARCHIT [groove on column] cannelure *f*. -**3.** [glass] flûte *f*.

fluted [ˈfluːtɪd] *adj* ARCHIT cannelé.

fluting [ˈfluːtɪŋ] *n* ARCHIT cannelures *fpl*.

flutist [ˈfluːtɪst] *Am* = **flautist**.

flutter [ˈflʌtəʳ] ◇ *vi* -**1.** [wings] battre; [flag] flotter; [washing] flotter, voler; [heart] palpiter; [pulse] battre irrégulièrement; **sometimes I feel my heart** ~ MED j'ai parfois des palpitations. -**2.** [butterfly, bat, bird] voleter, voltiger; [leaf, piece of paper] voltiger; **a butterfly** ~**ed in through the window** un papillon est entré par la fenêtre en voletant OR voltigeant; **to** ~ **away** [bird, butterfly] s'envoler en voletant OR voltigeant; **what is she** ~**ing about for?** pourquoi est-ce qu'elle s'agite dans tous les sens comme ça?; **her mother kept** ~**ing in and out of the room** sa mère entrait et sortait de la pièce sans arrêt.
◇ *vt* [fan, piece of paper] agiter; [wings] battre; **to** ~ **one's legs** [swimmer] battre des jambes; **to** ~ **one's eyelashes at sb** aguicher qqn en battant des cils.
◇ *n* -**1.** [of heart] battement *m* irrégulier, pulsation *f* irrégulière; [of pulse] battement *m* irrégulier; MED palpitation *f*; [of wings] battement *m*; **with a** ~ **of her eyelashes** avec un battement de cils aguichant. -**2.** *inf* [nervous state]: **to be all in** OR **of a** ~ être dans tous ses

états. -**3.** AERON oscillation *f*. -**4.** *Br inf* [gamble] pari *m*; I have the odd little ~ from time to time [on horse] je fais un petit pari OR je parie de petites sommes de temps en temps; to have a ~ on the Stock Exchange tenter sa chance à la Bourse.

flutterboard ['flʌtəbɔːd] *n Am* planche *f (de natation)*.

flutter kick *n* [in swimming] battement *m* des jambes.

fluvial ['fluːvjəl] *adj fml* fluvial.

flux [flʌks] *n (U)* -**1.** [constant change]: to be in a state of constant ~ [universe] être en perpétuel devenir; [government, private life etc] être en proie à des changements permanents; all is ~ tout est devenir. -**2.** MED flux *m*. -**3.** METALL fondant *m*.

fly [flaɪ] (*pl* flies, *pt* flew [fluː], *pp* flown [fləʊn])
◇ *n* -**1.** ENTOM & FISHING mouche *f*; they're dropping like flies *inf* [dying, fainting] ils tombent comme des mouches; this illness is killing them off like flies *inf* cette maladie les fait tomber comme des mouches; the recession is killing companies off like flies *inf* la récession fait une véritable hécatombe parmi les entreprises; the ~ in the ointment *inf* [person] l'empêcheur *m* de tourner en rond; [problem] l'os *m*; there's a ~ in the ointment *inf* il y a un os; there are no flies on him *inf* il n'est pas fou; he wouldn't hurt a ~ il ne ferait pas de mal à une mouche; I wouldn't mind being a ~ on the wall *inf* j'aimerais bien être une petite souris; to catch flies *inf* [yawn, have mouth open] gober les mouches; to live on the ~ *inf Am* vivre à cent à l'heure. -**2.** *(often pl)* [on trousers] braguette *f*. -**3.** [entrance to tent] rabat *m*. -**4.** = **flysheet**. -**5.** = **flywheel**. -**6.** [in aeroplane]: to go for a ~ faire un tour en avion. -**7.** *inf Br phr*: to do sthg on the ~ [craftily, secretively] faire qqch en douce.
◇ *vi* -**1.** [bird, insect, plane, pilot] voler; [passenger] prendre l'avion; [arrow, bullet, missile] voler, filer; the first plane to ~ faster than the speed of sound le premier avion à dépasser la vitesse du son; it flies well [plane] il se pilote bien; I'm ~ing to Berlin tomorrow [passenger] je prends l'avion pour Berlin demain; [pilot] je vole à Berlin demain; he flies to Paris about twice a month [passenger] il va à Paris en avion environ deux fois par mois; soon we'll be ~ing over Manchester nous allons bientôt survoler Manchester; those who have flown in *Br* OR with *Am* Concorde ceux qui ont voyagé en Concorde, ceux qui ont pris le Concorde; he flies for an American airline il est pilote dans une compagnie aérienne américaine; which airline did you ~ with? avec quelle compagnie aérienne as-tu voyagé?; the trapeze artist flew through the air le trapéziste a voltigé ❑ the bird had already flown *inf* l'oiseau s'était envolé. -**2.** [move quickly - person] filer; [- time] passer à toute vitesse; [shoot into the air - sparks, dust, shavings] voler; I really must ~! il faut vraiment que je file OR que je me sauve!; she flew out of the room elle est sortie de la pièce comme un bolide; he came ~ing round the corner il a débouché du coin comme un bolide; he flew to her rescue il a volé à son secours; the time seems to have flown le temps est passé à une vitesse!; the past two years have just flown les deux dernières années ont passé à toute vitesse OR se sont envolées; time flies!, doesn't time ~! comme le temps passe!; the door flew open and there stood... la porte s'est ouverte brusquement sur...; to ~ into a rage OR temper s'emporter, sortir de ses gonds; to knock OR to send sb ~ing envoyer qqn rouler à terre; to knock OR to send sthg ~ing envoyer qqch voler; his hat went ~ing across the room son chapeau a volé OR voltigé à travers la pièce. -**3.** [kite] voler; [flag] être déployé; with the new flag ~ing proudly over the... avec le nouveau drapeau flottant fièrement au-dessus de...; with his coat ~ing in the breeze behind him avec son manteau flottant au vent derrière lui. -**4.** *phr*: to let ~ [physically] envoyer OR décocher un coup; [verbally] s'emporter; he let ~ with a powerful left hook il a décoché OR envoyé un puissant crochet du gauche; she then let ~ with a string of accusations elle a alors lancé un flot d'accusations; to (let) ~ at sb [physically] sauter OR se jeter sur qqn; [verbally] s'en prendre violemment à qqn; to ~ in the face of sthg [reason, evidence, logic] défier qqch; this flies in the face of our agreement cela contrecarre notre accord.
◇ *vt* -**1.** [plane, helicopter - subj: pilot] piloter; to ~ Concorde [pilot] piloter le Concorde; [passenger] prendre le Concorde, voyager en Concorde. -**2.** [passengers, people, goods] transporter en avion; [route - subj: pilot, passenger] emprunter; [airline] voyager avec; [distance - subj: passenger, pilot, plane] parcourir; [combat mission] effectuer; to ~ the Atlantic [pilot, passenger] traverser l'Atlantique en avion; [plane] traverser l'Atlantique. -**3.** [flag - subj: ship] arborer; [kite] faire voler; a flag is flown on public buildings when... tous les bâtiments publics arborent un drapeau quand... -**4.** [flee from - the country] fuir; to ~ the coop *inf* se faire la malle; to ~ the nest [baby bird] quitter le nid; *fig* quitter le foyer familial.
◇ *adj inf Br dated* [sharp] malin, rusé; a ~ guy un malin, un rusé.
◆ **fly about** *vi insep* [bird, insect] voleter, voltiger; [plane, helicopter, pilot] voler dans les parages, survoler les parages.
◆ **fly away** *vi insep* [bird, insect, plane] s'envoler.
◆ **fly back** ◇ *vi insep* [bird, insect] revenir; [plane] revenir; [passenger] rentrer en avion.
◇ *vt sep* [person, passengers - to an area] emmener en avion; [- from an area] ramener en avion; [- to own country] rapatrier en avion.
◆ **fly by** *vi insep* [time] passer à toute vitesse.
◆ **fly in** ◇ *vi insep* -**1.** [person] arriver en avion; [plane] arriver. -**2.** [bird, insect] entrer.
◇ *vt sep* [troops, reinforcements, food] envoyer en avion; [subj: pilot - to an area] emmener; [- from an area] amener.
◆ **fly off** ◇ *vi insep* -**1.** [bird, insect] s'envoler; [plane] décoller; [person] partir en avion; when do you ~ off to Paris? quand prenez-vous l'avion pour Paris?; she's always ~ing off somewhere elle est toujours entre deux avions. -**2.** [hat, lid] s'envoler; [button] sauter.
◇ *vt sep* -**1.** [from oil rig, island etc] évacuer en avion OR hélicoptère. -**2.** [transport by plane - to an area] emmener en avion; [- from an area] amener en avion.
◆ **fly out** ◇ *vi insep* -**1.** [person] partir (en avion), prendre l'avion; [plane] s'envoler; planes ~ out of the airport at a rate of 20 an hour les avions décollent de l'aéroport au rythme de 20 par heure; which airport did you ~ out of? de quel aéroport es-tu parti?; I'll ~ out to join you next Monday je prendrai l'avion pour te rejoindre lundi prochain; we flew out but we're going back by boat nous avons fait l'aller en avion mais nous rentrons en bateau. -**2.** [come out suddenly - from box, pocket] s'échapper.
◇ *vt sep* [person, troops, supplies - to an area] envoyer par avion; [- from an area] évacuer par avion; they flew the President out [to a place] ils ont emmené le président en avion; [from a place] ils ont ramené le président en avion.
◆ **fly past** *vi insep* -**1.** [plane, bird] passer; [plane - as part of display, ceremony] défiler. -**2.** [time, days] passer à toute vitesse.
◆ **fly up** *vi insep* -**1.** [plane, bird] s'envoler; the plane flew up to 10,000 metres l'avion est monté à 10 000 mètres. -**2.** [end of plank, lid] se soulever; glass flew up into the air des éclats de verre ont été projetés en l'air.

fly agaric *n* amanite *f* tue-mouches.

flyaway ['flaɪəˌweɪ] *adj* -**1.** [hair] fin, difficile. -**2.** [person] frivole, étourdi; [idea] frivole.

flyblown ['flaɪbləʊn] *adj literal* couvert OR plein de chiures de mouches; *fig* très défraîchi; ~ meat viande *f* avariée.

flyby ['flaɪˌbaɪ] (*pl* flybys) *n* -**1.** *passage d'un avion ou d'un engin spatial à proximité d'un objectif*. -**2.** *Am* = **flypast**.

fly-by-night *inf* ◇ *adj* -**1.** [unreliable] peu fiable, sur qui on ne peut pas compter; [firm, operation] véreux, louche. -**2.** [passing] éphémère.
◇ *n* -**1.** [person - irresponsible] écervelé *m*, -e *f*; [- in debt] débiteur *m*, -trice *f* qui décampe en douce. -**2.** [nightclubber] fêtard *m*, -e *f*, couche-tard *mf*.

fly-by-wire *n* commandes *fpl* informatisées.

flycatcher ['flaɪˌkætʃəʳ] *n* gobe-mouches *m inv*.

fly-drive *adj*: a ~ holiday package une formule avion plus voiture.

flyer ['flaɪəʳ] = **flier**.

fly-fish *vi* pêcher à la mouche; to go ~ing aller à la pêche à la mouche.

fly-fishing *n* pêche *f* à la mouche.

fly half *n* RUGBY demi *m* d'ouverture; to play ~ jouer (en) demi d'ouverture.

flying ['flaɪɪŋ] ◇ *n* [piloting plane] pilotage *m*; [travelling by plane] voyage *m* en avion; I love ~ [as traveller] j'adore prendre l'avion; to be afraid of ~ avoir peur de prendre l'avion; he goes ~ at the weekends le week-end, il fait de l'aviation.
◇ *adj* -**1.** [animal, insect] volant; ~ machine machine *f* volante. -**2.** [school] d'aviation; [staff] navigant; ~ club aéro-club *m*; ~ lessons leçons *fpl* de pilotage (aérien); ~ time heures *fpl* OR temps *m* de vol. -**3.** [fast] rapide; a ~ jump OR leap un saut avec élan; she took a ~ leap over the fence elle a sauté par-dessus la barrière.

flying boat *n* hydravion *m*.

flying bomb *n* bombe *f* volante.

flying buttress *n* arc-boutant *m*.

flying circus *n* [exhibition] voltige *f* aérienne; [group] groupe *m* de voltige aérienne.

flying colours *npl*: to pass with ~ réussir brillamment.

flying doctor *n* médecin *m* volant.

Flying Dutchman *n*: the ~ [legend] le Hollandais volant; 'The Flying Dutchman' *Wagner* 'le Vaisseau fantôme'.

flying fish *n* poisson *m* volant, exocet *m*.

flying fortress *n* forteresse *f* volante.

flying fox *n* roussette *f*.

flying officer *n* lieutenant *m* de l'armée de l'air.

flying picket *n* piquet *m* de grève volant.

flying saucer *n* soucoupe *f* volante.

Flying Squad *pr n*: the ~ *brigade de détectives britanniques spécialisés dans la grande criminalité*.

flying start *n* SPORT départ *m* lancé; the runner got off to a ~ le coureur est parti comme une flèche ‖ *fig*: she got off to a ~ in the competition lors de la compétition, elle est partie comme une flèche OR elle a pris un départ foudroyant; the campaign got off to a ~ la campagne a démarré sur les chapeaux de roues; his experience gives him a ~ over the others son expérience lui donne un très net avantage sur les autres.

flying visit *n* visite *f* éclair.

fly kick *n* coup *m* de pied à suivre.

flyleaf ['flaɪliːf] (*pl* flyleaves [-liːvz]) *n* page *f* de garde.

flyover ['flaɪˌəʊvəʳ] *n* -**1.** *Br* AUT pont *m* routier. -**2.** *Am* = **flypast**.

flypaper ['flaɪˌpeɪpəʳ] *n* papier *m* tue-mouches.

flypast ['flaɪˌpɑːst] *n Br* défilé *m* aérien.

flyposting ['flaɪˌpəʊstɪŋ] *n* affichage *m* illégal.

fly rod *n* canne *f* à mouche.

flyscreen ['flaɪskriːn] *n* moustiquaire *f*.

flysheet ['flaɪʃiːt] *n* -**1.** [on tent] auvent *m*. -**2.** [circular] feuille *f* volante; [instructions] mode *m* d'emploi.

flyspeck ['flaɪspek] *n* [of fly] chiure *f* de mouche; [gen] tache *f*.

flyspecked ['flaɪspekt] *adj* sali par les mouches.

fly spray *n* bombe *f* insecticide.

flyswat ['flaɪswɒt], **flyswatter** ['flaɪˌswɒtəʳ] *n* tapette *f (pour tuer les mouches)*.

fly-tipping *n* dépôt *m* d'ordures illégal.

flytrap ['flaɪtræp] *n* [plant] dionée *f*, tue-mouches *m inv*; [device] attrape-mouches *m inv*.

flyweight ['flaɪweɪt] ◇ *n* poids *m* mouche.
◇ *adj* de poids mouche.

flywheel ['flaɪwiːl] *n* volant *m* TECH.

flywhisk ['flaɪwɪsk] *n* chasse-mouches *m inv*.

FM *n* **-1.** (*abbr of* Frequency Modulation) FM *f*; ~ radio (radio *f*) FM; broadcast on ~ only diffusion en FM seulement. **-2.** *abbr of* Field Marshal.

FMB (*abbr of* Federal Maritime Board) *pr n Conseil supérieur de la Marine marchande aux États-Unis.*

FMCS (*abbr of* Federal Mediation and Conciliation Services) *pr n organisme américain de conciliation des conflits du travail.*

FO *n* **-1.** *abbr of* Field Officer. **-2.** *Br* MIL *abbr of* Flying Officer. **-3.** *Br abbr of* Foreign Office.

foal [fəʊl] ◇ *n* [of horse] poulain *m*; [of donkey] ânon *m*; **the mare is in ~** la jument est pleine.
◇ *vi* mettre bas, pouliner.

foam [fəʊm] ◇ *n* [gen] mousse *f*; [of mouth, sea] écume *f*; [in fire-fighting] mousse *f* (carbonique); **~ bath** bain *m* moussant.
◇ *vi* [soapy water] mousser, faire de la mousse; [sea] écumer, moutonner; **to ~ at the mouth** [animal] baver, écumer; [person] baver, avoir l'écume aux lèvres; **she was practically ~ing at the mouth** *inf fig* elle écumait de rage.

foam-backed *adj* avec envers de mousse.

foaming ['fəʊmɪŋ] = **foamy**.

foam rubber *n* caoutchouc *m* Mousse®.

foamy ['fəʊmɪ] (*compar* **foamier**, *superl* **foamiest**) *adj* [liquid] mousseux; [sea] écumeux.

fob[1] [fɒb] (*pt* & *pp* **fobbed**, *cont* **fobbing**) *n* [pocket] gousset *m*; [chain] chaîne *f* (de gousset); [ornament] breloque *f*.
◆ **fob off** *vt sep* se débarrasser de; **he fobbed her off with promises** il s'est débarrassé d'elle avec de belles promesses; **don't try to ~ that rubbish off on me!** n'essayez pas de me refiler cette camelote!

fob[2], **FOB** (*abbr of* free on board) *adj* FOB.

fob watch *n* montre *f* de gousset.

focal ['fəʊkl] *adj* focal.

focal distance = **focal length**.

focal length *n* distance *f* focale, focale *f*.

focal plane *n* **-1.** OPT plan *m* focal. **-2.** PHOT: **~ shutter** obturateur *m* focal OR à rideau.

focal point *n* OPT foyer *m*; *fig* [of room] point *m* de convergence; **the ~ of the debate** le point central du débat.

focal ratio *n* diaphragme *m*.

foci ['fəʊsaɪ] *pl* → **focus**.

fo'c'sle ['fəʊksl] = **forecastle**.

focus ['fəʊkəs] (*pl* **focuses** OR **foci** [-saɪ], *pt* & *pp* **focussed**, *cont* **focussing**) ◇ *n* **-1.** OPT foyer *m*; **the picture is in/out of ~** l'image est nette/floue, l'image est/n'est pas au point; **bring the image into ~** fais la mise au point, mets l'image au point. **-2.** [centre - of interest] point *m* central; [- of trouble] foyer *m*, siège *m*; **taxes are currently the ~ of attention** en ce moment, les impôts sont au centre des préoccupations; **the government is trying to shift the ~ of the debate** le gouvernement tente de déplacer le débat; **let's try and bring the problem into ~** essayons de préciser le problème; **the ~ of the conference is on human rights** le point central de la conférence, ce sont les droits de l'homme. **-3.** MED siège *m*, foyer *m*.
◇ *vt* **-1.** OPT mettre au point; **to ~ a camera (on sthg)** faire la mise au point d'un appareil photo (sur qqch). **-2.** [eyes] fixer; **he couldn't ~ his eyes** il voyait trouble; **all eyes were focussed on him** tous les regards étaient rivés sur lui. **-3.** [direct - heat, light] faire converger; [- beam, ray] diriger; *fig* [attention] concentrer.
◇ *vi* **-1.** OPT mettre au point. **-2.** [eyes] se fixer, accommoder *spec*; **to ~ on sthg** [eyes] se fixer sur qqch; [person] fixer le regard sur qqch; **I can't ~ properly** je vois trouble, je n'arrive pas à accommoder. **-3.** [converge - light, rays] converger; *fig* [- attention] se concentrer; **the debate focussed on unemployment** le débat était centré sur le problème du chômage; **his speech focussed on the role of the media** son discours a porté principalement sur le rôle des médias.

focussed ['fəʊkəst] *adj*: **she's very ~** elle sait où elle va.

fodder ['fɒdəʳ] *n (U)* [feed] fourrage *m*; *fig* & *pej* [material] substance *f*, matière *f*.

foe [fəʊ] *n lit* OR *fml* ennemi *m*, -e *f*, adversaire *mf*.

FOE *pr n* **-1.** (*abbr of* Friends of the Earth) AT *mpl*. **-2.** (*abbr of* Fraternal Order of Eagles) *organisation caritative américaine.*

foetal *Br*, **fetal** *Am* ['fiːtl] *adj* fœtal; **in the ~ position** en position fœtale, dans la position du fœtus; **~ heartbeat** rythme *m* cardiaque du fœtus; **~ distress** souffrance *f* fœtale.

foetid ['fiːtɪd] = **fetid**.

foetus *Br*, **fetus** *Am* ['fiːtəs] *n* fœtus *m*.

fog [fɒg] (*pt* & *pp* **fogged**, *cont* **fogging**) ◇ *n* **-1.** [mist] brouillard *m*, brume *f*. **-2.** *fig* [mental] brouillard *m*, confusion *f*; **my mind is in a ~ today** je suis dans le brouillard OR je ne sais plus où j'en suis aujourd'hui. **-3.** PHOT voile *f*.
◇ *vt* **-1.** [glass, mirror] embuer; PHOT [film] voiler. **-2.** [confuse] embrouiller; **studying for too long just ~s the mind** quand on travaille trop longtemps, ça embrouille les idées.
◇ *vi*: **to ~ (over** OR **up)** [glass, mirror] s'embuer; PHOT [film] se voiler.

fog bank *n* banc *m* de brume.

fogbound ['fɒgbaʊnd] *adj* pris dans le brouillard OR la brume.

fogey *inf* ['fəʊgɪ] *n* schnock *m*; **he's an old ~** c'est un vieux schnock; **she's a bit of an old ~** elle est un peu vieux jeu.

fogged [fɒgd] *adj* PHOT voilé.

foggy ['fɒgɪ] (*compar* **foggier**, *superl* **foggiest**) *adj* **-1.** [misty] brumeux; **it's ~** il y a du brouillard OR de la brume; **it's getting ~** le brouillard commence à tomber; **on a ~ day** par un jour de brouillard. **-2.** [confused] confus; **I haven't the foggiest idea** OR **notion** je n'ai aucune idée, je n'en ai pas la moindre idée. **-3.** PHOT [film] voilé.

Foggy Bottom *pr n surnom donné au ministère américain des Affaires étrangères.*

foghorn ['fɒghɔːn] *n* corne *f* OR sirène *f* de brume; **a voice like a ~** une voix tonitruante OR de stentor.

fog lamp *Br*, **foglight** ['fɒglaɪt] *Am n* feu *m* de brouillard.

fogy ['fəʊgɪ] (*pl* **fogies**) = **fogey**.

FOI *abbr of* **freedom of information**.

foible ['fɔɪbl] *n* [quirk] marotte *f*, manie *f*; [weakness] faiblesse *f*.

foil [fɔɪl] ◇ *n* **-1.** [metal sheet] feuille *f* OR lame *f* de métal; **(silver) ~** CULIN (papier *m*) aluminium *m*, papier *m* alu; **cooked in ~** en papillote CULIN. **-2.** [complement] repoussoir *m*; [person] faire-valoir *m inv*; **he's the perfect ~ to his wife** il sert de faire-valoir à sa femme; **it acts as a ~ to her beauty** cela met en valeur sa beauté. **-3.** [sword] fleuret *m*.
◇ *vt* [thwart - attempt] déjouer; [- plan, plot] contrecarrer.

foist [fɔɪst]
◆ **foist on** *vt sep* **-1.** [pass on]: **you're not ~ing (off) your old rubbish on** OR **onto me** il n'est pas question que j'hérite de ta vieille camelote. **-2.** [impose on]: **she ~ed her ideas on us** elle nous a imposé ses idées; **they ~ed themselves on us for the weekend** ils se sont imposés OR invités pour le week-end.

fold [fəʊld] ◇ *vt* [bend] plier; **~ the blanket in two** pliez la couverture en deux; **she sat with her legs ~ed under her** elle s'assit les jambes repliées sous elle; **he ~ed his arms** il s'est croisé les bras; **she sat with her hands ~ed in her lap** elle était assise, les mains jointes sur les genoux; **the bird ~ed its wings** l'oiseau replia ses ailes; **he ~ed her in his arms** il l'a serrée dans ses bras, il l'a enlacée.
◇ *vi* **-1.** [bed, chair] se plier, se replier. **-2.** *inf* [fail - business] faire faillite, fermer (ses portes); [- newspaper] disparaître, cesser de paraître; [- play] être retiré de l'affiche; **the bakery ~ed last year** le boulanger a mis la clef sous la porte l'année dernière.
◇ *n* **-1.** [crease] pli *m*; **the soft ~s of her dress** les plis soyeux de sa robe. **-2.** [enclosure] parc *m* à moutons; [flock] troupeau *m*. **-3.** *fig* [group] sein *m*; **the ~ of the Party/the Church** le sein du Parti/de l'Église; **to return to the ~** rentrer au bercail. **-4.** GEOL pli *m*.
◆ **folds** *npl* GEOL plissement *m*.
◆ **fold away** ◇ *vt sep* plier et ranger.
◇ *vi insep* se plier, se replier.
◆ **fold back** ◇ *vt sep* [sheet, sleeve] replier, rabattre; [door, shutter] rabattre.
◇ *vi insep* se rabattre, se replier.
◆ **fold down** ◇ *vt sep* [sheet] replier, rabattre; [chair, table] plier; **he ~ed down a corner of the page** il a corné la page.
◇ *vi insep* se rabattre, se replier.
◆ **fold in** *vt sep* CULIN incorporer; **~ in the sugar** incorporez le sucre.
◆ **fold over** ◇ *vt sep* [newspaper] plier, replier; [sheet] replier, rabattre.
◇ *vi insep* se rabattre, se replier.
◆ **fold up** ◇ *vt sep* plier, replier.
◇ *vi insep* **-1.** [chair, table] se plier, se replier. **-2.** = **fold** *vi* **2**.

-fold *in cpds*: **a ten~ increase** une multiplication par dix; **your investment should multiply six~** votre investissement devrait vous rapporter six fois plus.

foldaway ['fəʊldəˌweɪ] *adj* pliant.

folder ['fəʊldəʳ] *n* **-1.** [cover] chemise *f*; [binder] classeur *m*; [for drawings] carton *m*; **where's the ~ on the new project?** où est le dossier sur le nouveau projet? **-2.** [circular] dépliant *m*, brochure *f*. **-3.** TYPO [machine] plieuse *f*.

folderol ['fɒldərɒl] *n lit* **-1.** *(U)* [nonsense] absurdités *fpl*, sottises *fpl*. **-2.** [trifle] bibelot *m*, babiole *f*.

folding ['fəʊldɪŋ] *adj* pliant; **~ chair** [without arms] chaise *f* pliante; [with arms] fauteuil *m* pliant; **~ door** porte *f* (en) accordéon; **~ seat** OR **stool** [gen] pliant *m*; AUT & THEAT strapontin *m*.

folding money *inf n* billets *mpl* de banque.

foldout ['fəʊldaʊt] *n* encart *m*.

foliage ['fəʊlɪɪdʒ] *n* feuillage *m*; **~ plant** plante *f* verte.

foliate ['fəʊlɪeɪt] ◇ *vt* **-1.** [book] folioter. **-2.** [metal] battre; [mirror] étamer. **-3.** [decorate] orner de rinceaux.
◇ *vi* **-1.** BOT se garnir de feuilles, feuiller *spec*. **-2.** [split] se fendre.

foliation [ˌfəʊlɪ'eɪʃn] *n* **-1.** [of book] foliotage *m*. **-2.** [of metal] battage *m*; [of mirror] étamage *m*. **-3.** BOT foliation *f*, feuillaison *f*; GEOL foliation *f*. **-4.** [decoration] rinceaux *mpl*.

folic acid ['fəʊlɪk-] *n* acide *m* folique.

folio ['fəʊlɪəʊ] (*pl* **folios**) *n* **-1.** [of paper] folio *m*, feuillet *m*. **-2.** [book] (livre *m*) in-folio *m inv*.

folk [fəʊk] ◇ *npl* **-1.** [people] gens *mpl*; **they're good ~** ce sont de braves OR de bonnes gens; **most ~ just want a quiet life** la plupart des gens veulent avoir une vie tranquille; **what will ~ think?** qu'est-ce que les gens vont penser?, qu'est-ce qu'on va penser?; **the old ~** les vieux *mpl*; **the young ~** les jeunes *mpl* ❑ **city ~** les gens *mpl* de la ville; **country ~** les gens *mpl* de la campagne. **-2.** [race, tribe] race *f*, peuple *m*.
◇ *n* MUS [traditional] musique *f* folklorique; [contemporary] musique *f* folk, folk *m*.
◇ *adj*: **~ dance** OR **dancing** danse *f* folklorique; **~ wisdom** la sagesse populaire.
◆ **folks** *npl* **-1.** *esp Am* [family] famille *f*, parents *mpl*; **my ~s are from Chicago** ma famille vient OR est de Chicago. **-2.** *inf* [people]: **the old ~s** les vieux *mpl*; **the young ~s** les jeunes *mpl*; **hi ~s!** bonjour tout le monde!

folk etymology *n* étymologie *f* populaire.

folklore ['fəʊklɔːʳ] *n* folklore *m*.

folk medicine *n (U)* remèdes *mpl* de bonne femme.

folk memory *n* tradition *f* populaire.

folk music *n* [traditional] musique *f* folklorique; [contemporary] musique *f* folk, folk *m*.

folk rock *n* folk-rock *m*.

folk singer *n* [traditional] chanteur *m*, -euse *f* de chansons folkloriques; [contemporary] chanteur *m*, -euse *f* folk.

folk song *n* [traditional] chanson *f* OR chant *m* folklorique; [contemporary] chanson *f* folk.

folksy *inf* ['fəʊksɪ] (*compar* **folksier**, *superl* **folksiest**) *adj* -**1.** *Am* [friendly] sympa. -**2.** [casual - person] sans façon; [- speech] populaire. -**3.** [dress, manners, town] typique; [story] populaire.

follicle ['fɒlɪkl] *n* follicule *m*.

follicle-stimulating hormone *n* hormone *f* folliculo-stimulante.

follow ['fɒləʊ] ◇ *vt* -**1.** [come after] suivre; [in procession] aller OR venir à la suite de, suivre; ~ **me** suivez-moi; **he left, ~ed by his brother** il est parti, suivi de son frère; **the dog ~s her (about) everywhere** le chien la suit partout OR est toujours sur ses talons; **to ~ sb in/out** entrer/sortir à la suite de qqn; **he ~ed me into the house** il m'a suivi dans la maison; **his eyes ~ed her everywhere** il la suivait partout du regard OR des yeux; **she always ~s the crowd** elle suit toujours la foule OR le mouvement; **his talk will be ~ed by a discussion** son exposé sera suivi d'une discussion; **she ~ed this remark with a rather feeble joke** elle agrémenta cette remarque d'une plaisanterie un peu facile; **in the days that ~ed the accident** dans les jours qui suivirent l'accident; **he ~ed his father into politics** il est entré en politique sur les traces de son père; **she'll be a hard person** OR **hard act** *inf* **to ~** il sera difficile de lui succéder; **to ~ suit** [in cards] fournir; **she sat down and I ~ed suit** *fig* elle s'est assise, et j'en ai fait autant OR j'ai fait de même ❑ **just ~ your nose** [walk] continuez tout droit; [act] suivez votre instinct. -**2.** [pursue] suivre, poursuivre; [suspect] filer; **he ~ed them to Rome** il les a suivis OR il a suivi leurs traces jusqu'à Rome; **she had her husband ~ed** elle a fait filer son mari; **~ that car!** suivez cette voiture!; **I'm being ~ed** on me suit; **we're continuing to ~ this line of enquiry** nous continuons l'enquête dans la même direction. -**3.** [go along] suivre, longer; **~ the path** suivez le chemin; **~ the arrows** suivez les flèches; **the border ~s the river** la frontière suit OR longe le fleuve; **the streets ~ an irregular pattern** les rues suivent un schéma irrégulier. -**4.** [conform to - diet, instructions, rules] suivre; [- orders] exécuter; [- fashion] suivre, se conformer à; **I ~ed his advice/example** j'ai suivi son conseil/exemple. -**5.** [understand] suivre, comprendre; **do you ~ me?** vous me suivez?; **I don't quite ~ you** je ne vous suis pas vraiment. -**6.** [watch] suivre OR regarder attentivement; [listen] suivre OR écouter attentivement; **to ~ a score** suivre une partition. -**7.** [take an interest in] suivre, se tenir au courant de; **she ~ed the murder case in the papers** elle a suivi l'affaire de meurtre dans les journaux; **have you been ~ing that nature series on TV?** avez-vous suivi ces émissions sur la nature à la télé? -**8.** [accept - ideas] suivre; [- leader] appuyer, être partisan de; [- cause, party] être partisan de, être pour. -**9.** [practice - profession] exercer, suivre; [- career] poursuivre; [- religion] pratiquer; [- method] employer, suivre.

◇ *vi* -**1.** [come after] suivre; **in the years that ~ed** dans les années qui suivirent; **he answered as ~s** il a répondu comme suit; **my theory is as ~s** ma théorie est la suivante; **his sister ~ed hard on his heels** *fig* sa sœur le suivait de près OR était sur ses talons; **revolution ~ed hard on the heels of the elections** la révolution suivit de très près OR immédiatement les élections; **to ~ in sb's footsteps** *literal & fig* suivre les traces de qqn; **~ing in her father's footsteps, she became a writer** elle a suivi les traces de son père et est devenue écrivain. -**2.** [ensue] s'ensuivre, résulter; **it doesn't necessarily ~ that he'll die** cela ne veut pas forcément dire qu'il va mourir; **from what he says, it ~s that he'll be standing for Parliament** de ce qu'il a dit, il ressort qu'il sera candidat au Parlement; **that doesn't ~** ce n'est pas forcément OR nécessairement vrai; **a disturbing conclusion ~s (from this)** une conclusion inquiétante en découle. -**3.** [understand] suivre, comprendre. -**4.** [imitate] suivre, faire de même; **Paris sets the trend and the world ~s** Paris donne le ton et le reste du monde suit.

◆ **follow on** *vi insep* -**1.** [come after] suivre. -**2.** [in cricket] *reprendre la garde du guichet au début de la seconde partie faute d'avoir marqué le nombre de points requis.*

◆ **follow through** ◇ *vt sep* [idea, plan] poursuivre jusqu'au bout OR jusqu'à sa conclusion; **he didn't ~ our proposal through** il n'a pas donné suite à notre proposition.

◇ *vi insep* [in ball games] accompagner son coup OR sa balle; [in billiards] faire OR jouer un coulé.

◆ **follow up** ◇ *vt sep* -**1.** [pursue - advantage, success] exploiter, tirer parti de; [- offer] donner suite à. -**2.** [maintain contact] suivre; [subj: doctor] suivre, surveiller. -**3.** [continue, supplement] faire suivre, compléter; **~ up your initial phone call with a letter** confirmez votre coup de téléphone par écrit; **I ~ed up your suggestion for a research project** j'ai repris votre suggestion pour un projet de recherche.

◇ *vi insep* exploiter un avantage, tirer parti d'un avantage.

follower ['fɒləʊəʳ] *n* -**1.** [disciple] disciple *m*, partisan *m*, -e *f*; **a ~ of fashion** quelqu'un qui suit la mode. -**2.** SPORT [supporter] partisan *m*, fan *mf*; **a ~ of tennis** quelqu'un qui s'intéresse au tennis. -**3.** [attendant] domestique *mf*; **the king and his ~s** le roi et sa suite. -**4.** *arch* [male admirer] amoureux *m*.

following ['fɒləʊɪŋ] ◇ *adj* -**1.** [next] suivant; **the ~ day** le jour suivant, le lendemain; **the ~ names** les noms suivants, les noms que voici; **the ~ methods of payment are acceptable** sont acceptés les modes de paiement suivants. -**2.** [wind] arrière *(inv)*.

◇ *prep* après, suite à; **~ his accident, he walked with a limp** après OR suite à son accident, il est resté boiteux; **~ our conversation** suite à notre entretien; **~ your letter** COMM suite à OR en réponse à votre lettre.

◇ *n* -**1.** [supporters] partisans *mpl*, disciples *mpl*; [entourage] suite *f*; **she has a large ~** elle a de nombreux partisans OR fidèles. -**2.** [about to be mentioned]: **he said the ~** il a dit ceci; **her reasons are the ~** ses raisons sont les suivantes; **the ~ have been selected from among the candidates** les personnes suivantes ont été choisies parmi les candidats.

follow-my-leader *n Br jeu où tout le monde doit imiter tous les mouvements d'un joueur désigné.*

follow-on *n* [in cricket] *reprise de la garde du guichet par une équipe au début de la deuxième partie faute d'avoir marqué assez de points.*

follow-the-leader *Am* = **follow my-leader**.

follow-through *n* -**1.** [to plan] suite *f*, continuation *f*. -**2.** [in ball games] accompagnement *m (d'un coup)*; [in billiards] coulé *m*.

follow-up ◇ *n* -**1.** [to event, programme] suite *f*; [on case, file] suivi *m*; MED [appointment] visite *f* OR examen *m* de contrôle; **this meeting is a ~ to that held in May** cette réunion est la suite de celle tenue en mai. -**2.** [bill, letter] rappel *m*.

◇ *adj* [action, survey, work] complémentaire; **~ visit** visite *f* de contrôle; **a ~ letter/phone call** une lettre/un coup de téléphone de rappel OR de relance; **~ care** MED soins *mpl* post-hospitaliers.

folly ['fɒlɪ] (*pl* **follies**) *n* -**1.** *(U) fml* [foolishness] folie *f*, sottise *f*; **it would be ~ to continue** ce serait folie de continuer. -**2.** [building] folie *f* ARCHIT.

◆ **follies** *npl* THEAT folies *fpl*.

foment [fəʊ'ment] *vt* MED & *fig* fomenter.

fomentation [ˌfəʊmen'teɪʃn] *n* MED & *fig* fomentation *f*.

fond [fɒnd] *adj* -**1.** [loving - friend, wife] affectueux, tendre; [- parent] indulgent, bon; [- look] tendre; **to be ~ of sb** aimer beaucoup OR avoir de l'affection pour qqn; **to be ~ of sthg** aimer beaucoup OR être amateur de qqch; **I'm very ~ of sweet things** je suis très friande de sucreries, j'aime beaucoup les sucreries; **I'm rather ~ of her** je l'aime bien; **he's ~ of reading** il aime lire. -**2.** [hope] fervent; [ambition, wish] cher; **my ~est dream** mon rêve le plus cher. -**3.** *lit* [foolish] naïf.

fondant ['fɒndənt] *n* fondant *m*.

fondle ['fɒndl] *vt* caresser.

fondly ['fɒndlɪ] *adv* -**1.** [lovingly] tendrement, affectueusement. -**2.** [foolishly] naïvement; **he ~ believed she would accept** il avait la naïveté de croire OR il croyait naïvement qu'elle accepterait.

fondness ['fɒndnɪs] *n* [for person] affection *f*, tendresse *f*; [for things] prédilection *f*, penchant *m*; **~ for sb** affection pour OR envers qqn; **to have a ~ for drink** avoir un penchant pour la boisson.

fondue ['fɒndjuː] *n* fondue *f*; **~ set** service *m* à fondue.

font [fɒnt] *n* -**1.** RELIG fonts *mpl* baptismaux. -**2.** TYPO fonte *f*.

fontanelle *Br*, **fontanel** *Am* [ˌfɒntə'nel] *n* fontanelle *f*.

food [fuːd] ◇ *n* -**1.** *(U)* [nourishment] nourriture *f*, vivres *mpl*; **is there any ~ in the house?** y a-t-il de quoi manger à la maison?; **do you have enough ~ for everyone?** avez-vous assez à manger OR assez de nourriture pour tout le monde?; **they like spicy ~** ils aiment la cuisine épicée; **we need to buy some ~** il faut qu'on achète à manger OR qu'on fasse des provisions; **we gave them ~** nous leur avons donné à manger; **the ~ here is especially good** dans ce restaurant la cuisine est particulièrement bonne; **he's off his ~** il n'a pas d'appétit, il a perdu l'appétit; **the cost of ~** le prix de la nourriture OR des denrées (alimentaires); **~ for babies/for pets** aliments *mpl* pour bébés/pour animaux; **~s recommended for diabetics** aliments conseillés aux diabétiques; **cans of cat/dog/pet ~** des boîtes *fpl* de pâtée pour chats/chiens/animaux. -**2.** *fig* [material] matière *f*; **the accident gave her much ~ for thought** l'accident l'a fait beaucoup réfléchir; **the book provides the reader with ~ for reflection** ce livre donne au lecteur matière à réflexion. -**3.** HORT engrais *m*.

◇ *comp* [industry, product] alimentaire; [crop, grain] vivrier; **~ hall** [in shop] rayon *m* d'alimentation; **~ processing** [preparation] traitement *m* industriel des aliments; [industry] industrie *f* alimentaire; **~ stamp** *Am* bon *m* alimentaire *(accordé aux personnes sans ressources)*; **~ value** valeur *f* nutritive; **Food and Agriculture Organization** Organisation *f* des Nations Unies pour l'alimentation et l'agriculture; **Food and Drug Administration** *Am organisme officiel chargé de contrôler la qualité des aliments et de délivrer les autorisations de mise sur le marché pour les produits pharmaceutiques.*

food chain *n* chaîne *f* alimentaire.

foodie *inf* ['fuːdɪ] *n* fin gourmet *m*.

food mixer *n* mixeur *m*.

food parcel *n* colis *m* de vivres.

food poisoning *n* intoxication *f* alimentaire.

food processor *n* robot *m* ménager OR de cuisine.

foodstuff ['fuːdstʌf] *n* aliment *m*.

foody *inf* ['fuːdɪ] (*pl* **foodies**) = **foodie**.

fool [fuːl] ◇ *n* -**1.** [idiot] idiot *m*, -e *f*, imbécile *mf*; **you stupid ~!** espèce d'imbécile OR d'abruti!; **what a ~ I am!** suis-je idiot OR bête!; **don't be a ~!** ne fais pas l'idiot!; **she was a ~ to go** elle a été idiote d'y aller; **I felt such a ~** je me suis senti bête; **he was ~ enough to**

agree il a été assez bête pour accepter, il a fait la bêtise d'accepter; **he's more of a ~ than I thought** il est encore plus idiot que je ne pensais; **he's no ~** OR **nobody's ~** il n'est pas bête, il n'est pas né d'hier; **some ~ of a politician** un imbécile OR un abruti de politicien; **any ~ can do it** n'importe quel imbécile peut le faire; **to make a ~ of sb** [ridicule] ridiculiser qqn, se payer la tête de qqn; [trick] duper qqn; **she doesn't want to make a ~ of herself** elle ne veut pas passer pour une imbécile OR se ridiculiser ❑ **more ~ you!** tu n'as qu'à t'en prendre à toi-même!; **there's no ~ like an old ~** il n'y a pire imbécile qu'un vieil imbécile; **a ~ and his money are soon parted** *prov* aux idiots l'argent brûle les doigts *prov*. -**2.** [jester] bouffon *m*, fou *m*. -**3.** CULIN *sorte de mousse aux fruits*; **raspberry ~** mousse *f* aux framboises.

◇ *vt* [deceive] duper, berner; **(I) ~ed you!** je t'ai eu!; **don't try to ~ me** n'essayez pas de me faire marcher; **your excuses don't ~ me** vos excuses ne prennent pas avec moi; **he ~ed me into believing it** il a réussi à me le faire croire.

◇ *vi* -**1.** [joke] faire l'imbécile OR le pitre; **I'm only ~ing** je ne fais que plaisanter, c'est pour rire; **stop ~ing!** arrête de faire l'imbécile! -**2.** [trifle] traiter à la légère; **you'd better not ~ with him** on ne plaisante pas avec lui.

◇ *adj Am* idiot, sot; **that's just the kind of ~ thing he'd do** c'est tout à fait le genre de bêtise OR d'ânerie qu'il ferait; **that ~ son of yours** *inf* ton imbécile de fils; **what's all this (damn) ~ nonsense about getting married?** *inf* se marier? qu'est-ce que c'est que ces foutaises?

◆ **fool about** *Br*, **fool around** *vi insep* -**1.** [joke] faire l'imbécile OR le pitre; **I'm only ~ing around** je ne fais que plaisanter, c'est pour rire. -**2.** [waste time] perdre du temps; **stop ~ing around and get up!** arrête de traîner et lève-toi! -**3.** [trifle] traiter à la légère; **stop ~ing around with that computer!** arrête de jouer avec cet ordinateur!; **he's been ~ing around with a married woman** il batifole avec une femme mariée. -**4.** *inf Am* [have sex] avoir OR se payer des aventures.

foolery ['fuːlərɪ] (*pl* **fooleries**) *n* [behaviour] bouffonnerie *f*, pitrerie *f*, pitreries *fpl*; [act, remark] bêtise *f*, sottise *f*; [joke] farce *f*, tour *m*.

foolhardy ['fuːl,hɑːdɪ] *adj* [act, person] téméraire, imprudent; [remark] imprudent.

foolish ['fuːlɪʃ] *adj* -**1.** [unwise] insensé, imprudent; **it would be ~ to leave now** ce serait de la folie de partir maintenant; **that was very ~ of her** ce n'était pas très malin de sa part; **I was ~ enough to believe her** j'ai été assez bête pour la croire; **don't do anything ~** ne faites pas de bêtises. -**2.** [ridiculous] ridicule, bête; **I felt rather ~** je me sentais plutôt idiot OR ridicule; **I feel really ~ in this costume** je me sens vraiment ridicule dans ce costume; **the question made him look ~** la question l'a ridiculisé.

foolishly ['fuːlɪʃlɪ] *adv* [stupidly] bêtement, sottement; [unwisely] imprudemment; **~, I believed him** comme un imbécile OR un idiot, je l'ai cru.

foolishness ['fuːlɪʃnɪs] *n* bêtise *f*, sottise *f*.

foolproof ['fuːlpruːf] ◇ *adj* [machine] indéréglable; [plan] infaillible, à toute épreuve.

◇ *vt* [machine] rendre indéréglable, protéger contre les fausses manœuvres; [idea, plan] rendre infaillible.

foolscap ['fuːlzkæp] ◇ *n* ≃ papier *m* ministre.

◇ *comp* [paper, size] ministre *(inv)*; **~ envelope** enveloppe *f* longue; **~ pad** bloc *m* de papier ministre.

foot [fʊt] (*pl* **feet** [fiːt]) ◇ *n* -**1.** [of person, cow, horse, pig] pied *m*; [of bird, cat, dog] patte *f*; **I came on ~** je suis venu à pied; **to be on one's feet** [standing] être OR se tenir debout; [after illness] être sur pied OR rétabli OR remis; **she's on her feet all day** elle est debout toute la journée; **on your feet!** debout!; **the speech brought the audience to its feet** l'auditoire s'est levé pour applaudir le discours; **to get** OR **to rise to one's feet** se mettre debout, se lever; **put your feet up** reposez-vous un peu; **to put** OR **to set sb on their feet again** [cure] remettre qqn d'aplomb; [in business] remettre qqn en selle; **to set ~ on land** poser le pied sur la terre ferme; **I've never set ~ in her house** je n'ai jamais mis les pieds dans sa maison; **never set ~ in this house again!** ne remettez plus les pieds dans cette maison!; **we got the project back on its feet** *fig* on a relancé le projet; **it's slippery under ~** c'est glissant par terre; **the children are always under my feet** les enfants sont toujours dans mes jambes ❑ **~ passenger** piéton *m (passager sans véhicule)*. -**2.** *phr*: **feet first** *inf* les pieds devant; **the only way I'll leave this house is feet first** je ne quitterai cette maison que les pieds devant; **to run** OR **to rush sb off their feet** accabler qqn de travail, ne pas laisser à qqn le temps de souffler; **I've been rushed off my feet all day** je n'ai pas arrêté de toute la journée; **he claims he's divorced – divorced, my ~!** *inf* il prétend être divorcé – divorcé, mon œil!; **to fall** OR **to land on one's feet** retomber sur ses pieds; **to find one's feet** s'adapter; **to get a ~ in the door** poser des jalons, établir le contact; **to have a ~ in the door** être dans la place; **well at least it's a ~ in the door** au moins, c'est un premier pas OR contact; **to have a ~ in both camps** avoir un pied dans chaque camp; **to have one ~ in the grave** *inf* [person] avoir un pied dans la tombe; [business] être moribond; **to have one's** OR **both feet (firmly) on the ground** avoir les pieds sur terre; **to have two left feet** *inf* être pataud OR empoté; **to have feet of clay** avoir un point faible OR vulnérable, avoir une faiblesse de caractère; **to put one's best ~ forward** [hurry] se dépêcher, presser le pas; [do one's best] faire de son mieux; **right, best ~ forward now** [hurry] bon, dépêchons-nous; [do one's best] bon, faisons de notre mieux; **to put one's ~ down** faire acte d'autorité; AUT accélérer; **to put one's ~ in it** *inf Br* OR **in one's mouth** *inf Am* mettre les pieds dans le plat; **she didn't put a ~ wrong** *Br* elle n'a pas commis la moindre erreur; **I never seem able to put a ~ right** *Br* j'ai l'impression que je ne peux jamais rien faire comme il faut; **to get** OR **to start off on the right/wrong ~** être bien/mal parti; **the boot** *Br* OR **shoe** *Am* **is on the other ~** les rôles sont inversés. -**3.** [of chair, glass, lamp] pied *m*. -**4.** [lower end - of bed, stocking] pied *m*; [- of table] bout *m*; [- of cliff, mountain, hill] pied *m*; [- of page, stairs] bas *m*; **at the ~ of the page** au bas OR en bas de la page; **at the ~ of the stairs** en bas de l'escalier. -**5.** [measurement] pied *m* (anglais); **a 40-~ fall, a fall of 40 feet** une chute de 40 pieds ❑ **to feel ten feet tall** *inf* être aux anges OR au septième ciel. -**6.** LITERAT pied *m*. -**7.** *Br* MIL infanterie *f*.

◇ *vt* -**1.** [walk]: **he decided to ~ it home** *inf* il a décidé de rentrer à pied. -**2.** [pay]: **to ~ the bill** *inf* payer (l'addition); **who's going to ~ the bill?** qui va régler la douloureuse?

footage ['fʊtɪdʒ] *n* -**1.** [length] longueur *f* en pieds. -**2.** CIN [length] métrage *m*; [material filmed] séquences *fpl*; **the film contains previously unseen ~ on** OR **about the war** le film contient des séquences inédites sur la guerre.

foot-and-mouth disease *n* fièvre *f* aphteuse.

football ['fʊtbɔːl] ◇ *n* -**1.** *Br* football *m*; *Am* football américain. -**2.** [ball] ballon *m* (de football), balle *f*; **the abortion issue has become a political ~** *fig* les partis politiques n'arrêtent pas de se renvoyer la balle au sujet (du problème) de l'avortement.

◇ *comp* [match, team] de football; [season] du football; **~ ground** terrain *m* de football; **~ hooligans** hooligans *mpl*; **~ hooliganism** vandalisme *m*, hooliganisme *m*; **~ fan** fan *mf* de foot; **league ~** *Br* championnat *m* de football; **the Football League** *association réunissant la majorité des clubs de football professionnels en Angleterre.*

football coupon *n Br* grille *f* de loto sportif.

footballer ['fʊtbɔːləʳ] *n* joueur *m*, -euse *f* de football, footballeur *m*, -euse *f*.

football pools *npl Br* pronostics *mpl (sur les matchs de football)*; **to do the ~** parier sur les matchs de football; **he won £20 on the ~** il a gagné 20 livres en pariant sur les matchs de football.

footbath ['fʊtbɑːθ, *pl* -bɑːðz] *n* bain *m* de pieds.

footboard ['fʊtbɔːd] *n* [lever] pédale *f*; [on bed] panneau *m* de pied.

foot brake *n* frein *m* à pied.

footbridge ['fʊtbrɪdʒ] *n* passerelle *f*.

-footed [,fʊtɪd] *in cpds* au pied...; **swift~** au pied léger OR rapide.

footer *inf* ['fʊtəʳ] *n Br* foot *m*.

-footer *in cpds*: **the boat is a 15~** le bateau mesure 15 pieds OR environ 4,50 mètres.

footfall ['fʊtfɔːl] *n* bruit *m* de pas.

foot fault *n* faute *f* de pied TENNIS.

footgear ['fʊt,gɪəʳ] *n (U)* chaussures *fpl*.

foothill ['fʊthɪl] *n (usu pl)* contrefort *m*.

foothold ['fʊthəʊld] *n literal* prise *f* de pied; *fig* position *f* avantageuse; **to gain** OR **to get a ~** *literal* & *fig* prendre pied; **he gained a ~ in the jazz world** il a su s'imposer dans le monde du jazz; **to get** OR **to secure a ~ in a market** COMM prendre pied sur un marché.

footing ['fʊtɪŋ] *n* -**1.** [balance] prise *f* de pied; **to get one's ~** prendre pied; **to keep/to lose one's ~** garder/perdre l'équilibre. -**2.** [position]: **to be on an equal ~** être sur un pied d'égalité; **let's try to keep things on a friendly ~** essayons de rester en bons termes; **on a war ~** sur le pied de guerre; **the business is now on a firm ~** l'affaire est maintenant en bonne voie.

footle *inf* ['fuːtl]

◆ **footle about** *Br*, **footle around** *vi insep dated* -**1.** [potter] passer son temps à des futilités. -**2.** [talk nonsense] dire des bêtises, radoter.

footless ['fʊtlɪs] *adj* -**1.** [tights] sans pieds. -**2.** *Am fig* [stupid] idiot, stupide.

footlights ['fʊtlaɪts] *npl literal* rampe; *fig* [the stage] le théâtre, les planches *fpl*.

footling *inf* ['fuːtlɪŋ] *adj dated* [trivial] insignifiant, futile.

footloose ['fʊtluːs] *adj*: **~ and fancy-free** libre comme l'air.

footman ['fʊtmən] (*pl* **footmen** [-mən]) *n* valet *m* de pied.

footmark ['fʊtmɑːk] *n Br* empreinte *f* (de pied).

footmen ['fʊtmən] *pl* → **footman**.

footnote ['fʊtnəʊt] ◇ *n* [on page] note *f* en bas de page; [in speech] remarque *f* supplémentaire; **as a ~ I should just mention...** en dernière remarque, je signalerai que...; **he was doomed to become just a ~ in the history of events** *fig* il était destiné à rester en marge de l'histoire des événements OR à ne jouer qu'un rôle secondaire dans l'histoire des événements.

◇ *vt* annoter, mettre des notes de bas de page.

footpad ['fʊtpæd] *n* -**1.** *arch* [thief] voleur *m*. -**2.** TECH [of spacecraft] semelle *f*.

footpath ['fʊtpɑːθ, *pl* -pɑːðz] *n* [path] sentier *m*; [paved] trottoir *m*.

footplate ['fʊtpleɪt] *n Br* plate-forme *f (d'une locomotive)*.

footplateman ['fʊtpleɪtmən] (*pl* **footplatemen** [-mən]) *n Br* agent *m* de conduite.

footprint ['fʊtprɪnt] *n* -**1.** [of foot] empreinte *f* (de pied). -**2.** [of satellite] empreinte *f*. -**3.** COMPUT encombrement *m*.

footrest ['fʊtrest] *n* [gen] repose-pieds *m*; [stool] tabouret *m*.

foot rot *n* BOT & VETER piétin *m*.

footrule ['fʊtruːl] *n* règle *f* (d'un pied de long).

footsie *inf* ['fʊtsɪ] *n*: **to play ~ with sb** *Br* faire du pied à qqn; *Am* être le complice de qqn.

Footsie *inf* ['fʊtsɪ] *pr n nom familier de l'indice boursier du Financial Times.*

footslog *inf* ['fʊtslɒg] (*pt* & *pp* **footslogged**, *cont* **footslogging**) *vi Br* marcher (d'un pas lourd).

footslogging ['fʊt,slɒgɪŋ] *n* marche *f*; **this job involves a lot of ~** dans ce travail, il faut marcher beaucoup.

foot soldier *n* fantassin *m*.

footsore ['fʊtsɔːʳ] *adj* aux pieds endoloris OR meurtris; **I was tired and ~** j'étais fatigué et j'avais mal aux pieds.

footstep ['fʊtstep] *n* [action] pas *m*; [sound] bruit *m* de pas.

footstool ['fʊtstuːl] *n* tabouret *m*.

foot-up *n* faute *f* de pied.

footway ['fʊtweɪ] *n Br* [path] sentier *m*; [paved] passerelle *f*.

footwear ['fʊtweəʳ] *n (U)* chaussures *fpl*; **he's in ~** COMM il est dans la chaussure.

footwork ['fʊtwɜːk] *n* -**1.** SPORT jeu *m* de jambes; **good ~** bon jeu de jambes; **it took some fancy ~ to avoid legal action** *fig* il a fallu manœuvrer adroitement pour éviter un procès. -**2.** [walking] marche *f*; **the job entails a lot of ~** le travail oblige à beaucoup marcher.

fop [fɒp] *n* dandy *m*.

foppish ['fɒpɪʃ] *adj* [man] dandy; [dress] de dandy; [manner] de dandy.

for [fɔːʳ] ◇ *prep* **A.** -**1.** [expressing purpose or function] pour; **we were in Vienna ~ a holiday/~ work** nous étions à Vienne en vacances/pour le travail; **what ~?** pourquoi?; **I don't know what she said that ~** je ne sais pas pourquoi elle a dit ça; **what's this knob ~?** à quoi sert ce bouton?; **it's ~ adjusting the volume** ça sert à régler le volume; **what's this medicine ~?** à quoi sert ce médicament?; **an instrument ~ measuring temperature** un instrument pour mesurer la température; **clothes ~ tall men** vêtements pour hommes grands; **'not suitable ~ freezing'** 'ne pas congeler'. -**2.** [in order to obtain] pour; **write ~ a free catalogue** demandez votre catalogue gratuit *(par écrit)*; **~ further information write to...** pour de plus amples renseignements, écrivez à...; **they play ~ money** ils jouent pour de l'argent. -**3.** [indicating recipient or beneficiary] pour, à l'intention de; **these flowers are ~ her** ces fleurs sont pour elle; **there's a phone call ~ you** il y a un appel pour vous; **I've got some news ~ you** j'ai une nouvelle à vous annoncer; **he left a note ~ them** il leur a laissé un mot, il a laissé un mot à leur intention; **opera is not ~ me** l'opéra, ça n'est pas pour moi; **equal pay ~ women** un salaire égal pour les femmes; **'parking ~ customers only'** 'parking réservé à la clientèle'; **what can I do ~ you?** que puis-je faire pour vous?; **he's doing everything he can ~ us** il fait tout son possible pour nous; **a collection ~ the poor** une quête pour les OR en faveur des pauvres; **it's ~ your own good** c'est pour ton bien; **he often cooks ~ himself** il se fait souvent la cuisine; **see ~ yourself!** voyez par vous-même!; **she writes ~ a sports magazine** elle écrit des articles pour un magazine de sport; **I work ~ an advertising agency** je travaille pour une agence de publicité. -**4.** [indicating direction, destination] pour, dans la direction de; **they left ~ Spain** ils sont partis pour l'Espagne; **before leaving ~ the office** avant de partir au bureau; **she ran ~ the door** elle s'est précipitée vers la porte en courant; **he made ~ home** il a pris la direction de la maison; **the ship made ~ port** le navire a mis le cap sur le port; **trains ~ the suburbs** les trains pour la banlieue; **change trains here ~ Beaune** changez de train ici pour Beaune; **flight 402 bound ~ Chicago is now boarding** les passagers du vol 402 à destination de Chicago sont invités à se présenter à l'embarquement. -**5.** [available for] à; **'~ rent'** 'à louer'; **'~ sale'** 'à vendre'; **these books are ~ reference only** ces livres sont à consulter sur place.

B. -**1.** [indicating span of time - past, future] pour, pendant; [- action uncompleted] depuis; **they're going away ~ the weekend** ils partent pour le week-end; **they will be gone ~ some time** ils seront absents (pendant OR pour) quelque temps; **they were in Spain ~ two weeks** ils étaient en Espagne pour deux semaines; **I lived there ~ one month** j'y ai vécu pendant un mois; **I've lived here ~ two years** j'habite ici depuis deux ans; **I'd only lived there ~ a week when the heating went wrong** je n'habitais là que depuis une semaine quand la chaudière est tombée en panne; **my mother has been here ~ two weeks** ma mère est ici depuis deux semaines; **you haven't been here ~ a long time** il y a OR voilà OR ça fait longtemps que vous n'êtes pas venu; **we've known them ~ years** nous les connaissons depuis des années, il y a des années que nous les connaissons; **she won't be able to go out ~ another day or two** elle devra rester sans sortir pendant encore un jour ou deux; **can you stay ~ a while?** pouvez-vous rester un moment?; **it's the worst accident ~ years** c'est le pire accident qui soit arrivé depuis des années. -**2.** [indicating a specific occasion or time] pour; **I went home ~ Christmas** je suis rentré chez moi pour Noël; **he took me out to dinner ~ my birthday** il m'a emmené dîner au restaurant pour mon anniversaire; **we made an appointment ~ the 6th** nous avons pris rendez-vous pour le 6; **the meeting was set ~ five o'clock** la réunion était fixée pour cinq heures; **it's time ~ bed** c'est l'heure de se coucher OR d'aller au lit; **~ the last/third time** pour la dernière/troisième fois. -**3.** [indicating distance] pendant; **you could see ~ miles around** on voyait à des kilomètres à la ronde; **we walked ~ several miles** nous avons marché pendant plusieurs kilomètres; **they drove ~ miles without seeing another car** ils ont roulé (pendant) des kilomètres sans croiser une seule voiture. -**4.** [indicating amount]: **they paid him £100 ~ his services** ils lui ont donné 100 livres pour ses services; **it's £2 ~ a ticket** c'est 2 livres le billet; **he's selling it ~ £200** il le vend 200 livres; **I wrote a cheque ~ £15** j'ai fait un chèque de 15 livres.

C. -**1.** [indicating exchange, equivalence]: **do you have change ~ a pound?** vous avez la monnaie d'une livre?; **he exchanged the bike ~ another model** il a échangé le vélo contre OR pour un autre modèle; **what will you give me in exchange ~ this book?** que me donnerez-vous en échange de ce livre?; **he gave blow ~ blow** il a rendu coup pour coup; **"salvia" is the Latin term ~ "sage"** «salvia» veut dire «sauge» en latin; **what's the Spanish ~ "good"?** comment dit-on «bon» en espagnol?; **F ~ François** F comme François; **what's the M ~?** qu'est-ce que le M veut dire?; **red ~ danger** rouge veut dire danger; **he has cereal ~ breakfast** il prend des céréales au petit déjeuner; **I know it ~ a fact** je sais que c'est vrai; **I ~ one don't care** pour ma part, je m'en fiche; **do you take me ~ a fool?** me prenez-vous pour un imbécile? -**2.** [indicating ratio] pour; **there's one woman applicant ~ every five men** sur six postulants il y a une femme et cinq hommes; **~ every honest politician there are a hundred dishonest ones** pour un homme politique honnête, il y en a cent qui sont malhonnêtes. -**3.** [on behalf of] pour; **I'm speaking ~ all parents** je parle pour OR au nom de tous les parents; **the lawyer was acting ~ his client** l'avocat agissait au nom de OR pour le compte de son client; **I'll go to the meeting ~ you** j'irai à la réunion à votre place; **the representative ~ the union** le représentant du syndicat. -**4.** [in favour of] pour; **~ or against** pour ou contre; **vote ~ Smith!** votez (pour) Smith!; **they voted ~ the proposal** ils ont voté en faveur de la proposition; **he's ~ the ecologists** il est pour les écologistes; **I'm ~ shortening the hunting season** je suis pour une saison de chasse plus courte; **who's ~ a drink?** qui veut boire un verre?; **I'm ~ bed** je vais me coucher. -**5.** [because of] pour, en raison de; **candidates were selected ~ their ability** les candidats ont été retenus en raison de leurs compétences; **she couldn't sleep ~ the pain** la douleur l'empêchait de dormir; **he's known ~ his wit** il est connu pour son esprit; **the region is famous ~ its wine** la région est célèbre pour son vin; **she's in prison ~ treason** elle est en prison pour trahison; **he couldn't speak ~ laughing** il ne pouvait pas parler tellement il riait; **you'll feel better ~ a rest** vous vous sentirez mieux quand vous vous serez reposé; **if it weren't ~ you, I'd leave** sans vous, je partirais; **~ this reason** pour cette raison; **~ fear of waking him** de crainte de le réveiller; **do it ~ my sake** faites-le pour moi; **~ old time's sake** en souvenir du passé. -**6.** [indicating cause, reason] de; **the reason ~ his leaving** la raison de son départ; **there are no grounds ~ believing it's true** il n'y a pas de raison de croire que c'est vrai; **she apologized ~ being late** elle s'est excusée d'être en retard; **I thanked him ~ his kindness** je l'ai remercié de OR pour sa gentillesse. -**7.** [concerning, as regards] pour; **so much ~ that** voilà qui est classé; **it may be true ~ all I know** c'est peut-être vrai, je n'en sais rien; **~ my part, I refuse to go** pour ma part OR quant à moi, je refuse d'y aller; **I'm very happy ~ her** je suis très heureux pour elle; **what are her feelings ~ him?** quels sont ses sentiments pour lui? -**8.** [given normal expectations] pour; **it's warm ~ March** il fait bon pour un mois de mars; **that's a good score ~ him** c'est un bon score pour lui; **she looks very young ~ her age** elle fait très jeune pour son âge. -**9.** [in phrase with infinitive verbs]: **it's not ~ him to decide** il ne lui appartient pas OR ce n'est pas à lui de décider; **it's not ~ her to tell me what to do** ce n'est pas à elle de me dire ce que je dois faire; **it was difficult ~ her to apologize** il lui était difficile de s'excuser; **this job is too complicated ~ us to finish today** ce travail est trop compliqué pour que nous le finissions aujourd'hui; **there is still time ~ her to finish** elle a encore le temps de finir; **~ us to arrive on time we'd better leave now** si nous voulons être à l'heure, il vaut mieux partir maintenant; **the easiest thing would be ~ you to lead the way** le plus facile serait que vous nous montriez le chemin; **there's no need ~ you to worry** il n'y a pas de raison de vous inquiéter.

D. *phr*: **oh ~ a holiday!** ah, si je pouvais être en vacances!; **you'll be (in) ~ it if your mother sees you!** ça va être ta fête si ta mère te voit!; **now we're (in) ~ it!** qu'est-ce qu'on va prendre!; **there's nothing ~ it but to pay him** il n'y a qu'à OR il ne nous reste qu'à le payer; **that's the postal service ~ you!** ça c'est bien la poste!

◇ *conj fml* car, parce que; **I was surprised when he arrived punctually, ~ he was usually late** je fus surpris de le voir arriver à l'heure, car il était souvent en retard.

◆ **for all** ◇ *prep phr* malgré; **~ all their efforts** malgré tous leurs efforts; **~ all his success, he's very insecure** malgré sa réussite, il manque vraiment de confiance en soi.

◇ *conj phr*: **~ all she may say** quoi qu'elle en dise ‖ [as far as]: **~ all I know** autant que je sache.

◆ **for all that** ◇ *adv phr* pour autant, malgré tout.

◇ *conj phr* [whatever]: **~ all the good it does** pour tout l'effet que ça fait.

◆ **for ever** *adv phr* [last, continue] pour toujours; [leave] pour toujours, sans retour; **it'll take ~ ever** ça va prendre une éternité ❑ **~ ever and a day** jusqu'à la fin des temps; **~ ever and ever** à tout jamais, éternellement; **~ ever and ever, amen** pour les siècles des siècles, amen.

FOR *adv abbr of* free on rail.

fora ['fɔːrə] *pl* → **forum**.

forage ['fɒrɪdʒ] ◇ *n* -**1.** [search] fouille *f*; [food] fourrage *m*. -**2.** MIL [raid] raid *m*, incursion *f*.

◇ *vi* -**1.** [search] fourrager, fouiller; **to ~ for sthg** fouiller pour trouver qqch. -**2.** MIL [raid] faire un raid OR une incursion.

◇ *vt* -**1.** [obtain] trouver en fourrageant. -**2.** [feed] donner du fourrage à, donner à manger à.

forage cap *n* calot *m*.

forasmuch as [fərəz'mʌtʃ-] *conj arch* OR *lit* vu que.

foray ['fɒreɪ] ◇ *n* MIL [raid] raid *m*, incursion *f*; [excursion] incursion *f*; he made a ~ into politics il a fait une incursion dans la politique.
◇ *vi* faire un raid OR une incursion.

forbad(e) [fə'bæd] *pt* → **forbid**.

forbear [fɔː'beəʳ] (*pt* forbore [-'bɔːʳ], *pp* forborne [-'bɔːn]) *fml* ◇ *vi* [abstain] s'abstenir; to ~ from doing OR to do sthg se garder OR s'abstenir de faire qqch; she forbore to make any comment elle s'abstint de tout commentaire.
◇ *vt* renoncer à, se priver de.
◇ *n* = **forebear**.

forbearance [fɔː'beərəns] *n* -**1.** [patience] patience *f*, tolérance *f*. -**2.** [restraint] abstention *f*.

forbearing [fɔː'beərɪŋ] *adj* patient.

forbid [fə'bɪd] (*pt* forbad OR forbade [-'bæd], *pp* forbidden [-'bɪdn]) *vt* -**1.** [not allow] interdire, défendre; to ~ sb alcohol interdire l'alcool à qqn; to ~ sb to do sthg défendre OR interdire à qqn de faire qqch; students are forbidden to talk during exams les étudiants n'ont pas le droit de parler pendant les examens; it is strictly forbidden to smoke il est formellement interdit de fumer. -**2.** [prevent] empêcher; if she were to die, Heaven OR God ~, I don't know what I'd do si elle venait à mourir, Dieu (m'en) préserve, je ne sais pas ce que je ferais; Heaven ~ (that) all her family should come à Dieu ne plaise que toute sa famille vienne.

forbidden [fə'bɪdn] ◇ *pp* → **forbid**.
◇ *adj* interdit, défendu.

forbidden fruit *n* fruit *m* défendu.

forbidding [fə'bɪdɪŋ] *adj* [building, look, sky] menaçant; [person] sévère, menaçant.

forbore [fɔː'bɔːʳ] *pt* → **forbear**.

forborne [fɔː'bɔːn] *pp* → **forbear**.

force [fɔːs] ◇ *vt* -**1.** [compel] forcer, obliger; to ~ sb to do sthg contraindre OR forcer qqn à faire qqch; I ~d myself to be nice to them je me suis forcé à être aimable avec eux; don't ~ yourself! *hum* ne te force surtout pas!; they were ~d to admit I was right ils ont été obligés de reconnaître que j'avais raison; he was ~d to retire il a été mis à la retraite d'office ❑ to ~ sb's hand forcer la main à qqn. -**2.** [wrest] arracher, extorquer; I ~d a confession from OR out of him je lui ai arraché une confession. -**3.** [impose] imposer; to ~ sthg on OR upon sb imposer qqch à qqn; to ~ o.s. on sb imposer sa présence à qqn; he ~d himself OR his attentions on her il l'a poursuivie de ses assiduités. -**4.** [push] pousser; to ~ one's way into a building entrer OR pénétrer de force dans un immeuble; I ~d my way through the crowd je me suis frayé un chemin OR passage à travers la foule; don't ~ it ne force pas; the car ~d us off the road la voiture nous a forcés à quitter la route; to ~ a bill through Parliament forcer la Chambre à voter une loi ❑ to ~ sb into a corner *literal* pousser qqn dans un coin; *fig* mettre qqn au pied du mur. -**5.** [break open] forcer; to ~ open a door/lock forcer une porte/une serrure. -**6.** [answer, smile] forcer; she managed to ~ a smile elle eut un sourire forcé. -**7.** [hurry] forcer, hâter; to ~ flowers/plants forcer des fleurs/des plantes; we ~d the pace nous avons forcé l'allure OR le pas; I felt I had to ~ the issue j'ai senti qu'il fallait que je force la décision. -**8.** [strain - metaphor, voice] forcer; [- word] forcer le sens de.
◇ *n* -**1.** [power] force *f*; ~s of evil/nature forces du mal/de la nature; Europe is becoming a powerful economic ~ l'Europe devient une grande puissance économique; television could be a ~ for good la télévision pourrait avoir une bonne influence; France is a ~ to be reckoned with la France est une puissance OR force avec laquelle il faut compter; there are several ~s at work il y a plusieurs forces en jeu. -**2.** [strength] force *f*; [violence] force *f*, violence *f*; I'm against the use of ~ je suis contre le recours à la force; the ~ of the blow laid him out la violence du coup l'a mis K-O; they used ~ to control the crowd ils ont employé la force pour contrôler la foule; I hit it with as much ~ as I could muster je l'ai frappé aussi fort que j'ai pu. -**3.** [of argument, word] force *f*, poids *m*; I don't see the ~ of her argument je ne perçois pas la force de son argument. -**4.** *phr*: ~ of circumstances force *f* des choses; by OR from ~ of habit par la force de l'habitude; by sheer ~ de vive force; she managed it through sheer ~ of will elle y est arrivée uniquement à force de volonté; the law comes into ~ this year la loi entre en vigueur cette année. -**5.** PHYS force *f*; centrifugal/coercive ~ force centrifuge/coercitive; the ~ of gravity la pesanteur. -**6.** [of people] force *f*; our sales ~ COMM notre force de vente; the allied ~s les armées *fpl* alliées, les alliés *mpl*; the (armed) ~s les forces armées; the (police) ~ les forces de police.
◆ **in force** ◇ *adj phr* en application, en vigueur; the rules now in ~ le règlement en vigueur.
◇ *adv phr* en force; the demonstrators arrived in ~ les manifestants sont arrivés en force; the students were there in ~ les étudiants étaient là en force OR en grand nombre; in full ~ au grand complet.
◆ **force back** *vt sep* -**1.** [push back] repousser, refouler; MIL faire reculer, obliger à reculer. -**2.** [repress] réprimer; she ~d back the urge to laugh elle réprima une envie de rire; I ~d back my tears j'ai refoulé mes larmes.
◆ **force down** *vt sep* -**1.** [push down] faire descendre (de force); he ~d down the lid of the box il a fermé la boîte en forçant; to ~ down prices faire baisser les prix. -**2.** [plane] forcer à atterrir. -**3.** [food] se forcer à manger OR à avaler; more cake? — I expect I could ~ down another slice *hum* encore un peu de gâteau? — ma foi, je suis sûr que j'ai encore un peu de place pour un autre petit morceau.
◆ **force out** *vt sep* -**1.** [push out] faire sortir (de force); hunger eventually ~d them out la faim les a finalement obligés à sortir; the opposition ~d him out *fig* l'opposition l'a poussé dehors. -**2.** [remark]: he ~d out an apology il s'est excusé du bout des lèvres.
◆ **force up** *vt sep* faire monter (de force); to ~ prices up faire monter les prix.

forced [fɔːst] *adj* -**1.** [compulsory] forcé; ~ labour travail *m* forcé; a ~ landing un atterrissage forcé; ~ march MIL marche *f* forcée. -**2.** [smile] forcé, artificiel; he gave a ~ laugh il a ri du bout des lèvres. -**3.** [plant] forcé.

force-feed *vt* nourrir de force; [livestock] gaver.

forceful ['fɔːsfʊl] *adj* [person] énergique, fort; [argument, style] puissant, [impression] puissant, he's not very ~ il n'est pas très énergique.

forcefully ['fɔːsfʊlɪ] *adv* avec force, avec vigueur.

forcemeat ['fɔːsmiːt] *n* farce *f*.

forceps ['fɔːseps] *npl*: (a pair of) ~ un forceps; ~ delivery accouchement *m* au forceps.

forcible ['fɔːsəbl] *adj* -**1.** [by force] de OR par force; ~ entry JUR effraction *f*. -**2.** [powerful - argument, style] puissant; [- personality] puissant, fort; [- speaker] puissant. -**3.** [emphatic - opinion] catégorique; [- wish] vif.

forcibly ['fɔːsəblɪ] *adv* -**1.** [by force] de force, par la force; they were ~ removed from the house on les a fait sortir de force de la maison. -**2.** [argue, speak] énergiquement, avec vigueur OR force. -**3.** [recommend, remind] fortement.

forcing bid ['fɔːsɪŋ-] *n* annonce forcée OR de forcing.

forcing house *n* forcerie *f*, serre *f* chaude.

ford [fɔːd] ◇ *n* gué *m*.
◇ *vt* passer OR traverser à gué.

fordable ['fɔːdəbl] *adj* guéable.

fore [fɔːʳ] ◇ *adj* -**1.** [front] à l'avant, antérieur; the ~ and hind legs les pattes de devant et de derrière. -**2.** NAUT à l'avant.
◇ *n* NAUT avant *m*, devant *m*; *fig*: to come to the ~ percer, commencer à être connu; her courage came to the ~ son courage s'est manifesté OR révélé; the revolt brought these issues to the ~ la révolte a mis ces problèmes en évidence, la révolte a attiré l'attention sur ces problèmes.
◇ *adv* NAUT à l'avant; ~ and aft de l'avant à l'arrière.
◇ *interj* [in golf]: ~! attention!, gare!

fore-and-aft *adj* NAUT aurique; ~ rig gréement *m* aurique; ~ sail voile *f* aurique.

forearm [*n* 'fɔːrˌɑːm, *vb* fɔːr'ɑːm] ◇ *n* avant-bras *m*.
◇ *vt* prémunir.

forebear ['fɔːbeəʳ] *n* ancêtre *m*; our ~s nos aïeux *mpl*.

forebode [fɔː'bəʊd] *vt fml* augurer.

foreboding [fɔː'bəʊdɪŋ] *n* [feeling] pressentiment *m*, prémonition *f*; [omen] présage *m*, augure *m*; she had a ~ that things would go seriously wrong elle a eu le pressentiment que les choses allaient très mal tourner; her laughter filled me with ~ ses rires m'ont rendu très appréhensif.

forebrain ['fɔːbreɪn] *n* prosencéphale *m*.

forecast ['fɔːkɑːst] (*pt* & *pp* forecast OR forecasted) ◇ *vt* [gen & METEOR] prévoir; [in betting] pronostiquer.
◇ *n* -**1.** [gen & METEOR] prévision *f*; the ~ is not good [gen] les prévisions ne sont pas bonnes; [weather] la météo n'est pas bonne; sales ~s COMM prévisions de ventes; economic ~ prévisions économiques; the weather ~ le bulletin météorologique, la météo. -**2.** [in betting] pronostic *m*.

forecaster ['fɔːkɑːstəʳ] *n* pronostiqueur *m*, -euse *f*; weather ~ météorologiste *mf*, météorologue *mf*.

forecastle ['fəʊksl] *n* NAUT gaillard *m* d'avant; [in merchant navy] poste *m* d'équipage.

foreclose [fɔː'kləʊz] ◇ *vt* saisir; to ~ a mortgage saisir un bien hypothéqué.
◇ *vi* saisir le bien hypothéqué; to ~ on sb saisir les biens de qqn; to ~ on a mortgage saisir un bien hypothéqué.

foreclosure [fɔː'kləʊʒəʳ] *n* forclusion *f*.

forecourt ['fɔːkɔːt] *n* avant-cour *f*, cour *f* de devant; [of petrol station] devant *m*; ~ prices prix à la pompe.

foredoomed [fɔː'duːmd] *adj lit* voué à l'échec.

forefather ['fɔːˌfɑːðəʳ] *n* ancêtre *m*; our ~s nos aïeux *mpl*.

forefinger ['fɔːˌfɪŋgəʳ] *n* index *m*.

forefoot ['fɔːfʊt] (*pl* forefeet [-fiːt]) *n* [of cow, horse] pied *m* de devant OR antérieur; [of cat, dog] patte *f* de devant OR antérieure.

forefront ['fɔːfrʌnt] *n* premier rang *m*; she's in OR at the ~ of her field of research c'est une sommité dans son domaine de recherche.

foregather [fɔː'gæðəʳ] = **forgather**.

forego [fɔː'gəʊ] (*pt* forewent [-'went], *pp* foregone [-'gɒn]) = **forgo**.

foregoing [fɔː'gəʊɪŋ] ◇ *adj* précédent, susdit; the ~ study la susdite étude.
◇ *n* précédent *m*, -e *f*; if we are to believe the ~ si nous devons croire ce qui précède.

foregone [fɔː'gɒn] *pp* → **forego**.

foregone conclusion ['fɔːgɒn-] *n* issue *f* certaine OR prévisible; it was a ~ c'était gagné d'avance.

foreground ['fɔːgraʊnd] ◇ *n* [gen, ART & PHOT] premier plan; in the ~ au premier plan; the Mayor is in the ~ *fig* le maire est bien en évidence.
◇ *vt* privilégier.

forehand ['fɔːhænd] ◇ *n* -**1.** SPORT coup *m* droit. -**2.** [of horse] avant-main *m*.
◇ *adj*: ~ drive coup *m* droit; ~ volley volée *f* de face.

forehead ['fɔːhed] *n* front *m*.

foreign ['fɒrən] *adj* -**1.** [country, language, person] étranger; [aid, visit - to country] à l'étranger; [- from country] de l'étranger; [products] de l'étranger; [trade] extérieur; students from ~ countries des étudiants venant de l'étranger;

relations with ~ countries les relations avec l'étranger; a ~-owned company une firme sous contrôle étranger; ~ relations relations *fpl* avec l'étranger; ~ travel voyages *mpl* à l'étranger □ ~ affairs affaires *fpl* étrangères; ~ agent [spy] agent *m* étranger; COMM représentant *m*, -e *f* à l'étranger; ~ correspondent correspondant *m*, -e *f* à l'étranger; ~ currency OR exchange devises *fpl* étrangères; ~ exchange market marché *m* des changes; ~ policy politique *f* étrangère OR extérieure. -**2.** [alien] étranger; such thinking is ~ to them un tel raisonnement leur est étranger; a ~ body, ~ matter un corps étranger.

foreigner ['fɒrənəʳ] *n* étranger *m*, -ère *f*.

Foreign Legion *n*: the ~ la Légion (étrangère).

Foreign Office *n*: the Foreign (and Commonwealth) Office *le ministère britannique des Affaires étrangères.*

Foreign Secretary, Foreign and Commonwealth Secretary *n*: the ~ *le ministre britannique des Affaires étrangères.*

foreign service *n Am* service *m* diplomatique.

foreknowledge [,fɔː'nɒlɪdʒ] *n fml* connaissance *f* anticipée, prescience *f*; I had no ~ of her plans je ne savais pas à l'avance quels étaient ses projets.

foreland ['fɔːlənd] *n* promontoire *m*, cap *m*.

foreleg ['fɔːleg] *n* [of horse] jambe *f* de devant OR antérieure; [of dog, cat] patte *f* de devant OR antérieure.

forelock ['fɔːlɒk] *n* [of person] mèche *f*, toupet *m*; [of horse] toupet *m*; to touch OR to tug one's ~ saluer en portant la main au front.

foreman ['fɔːmən] (*pl* **foremen** [-mən]) *n* INDUST contremaître *m*, chef *m* d'équipe; JUR [of jury] président *m*, -e *f*.

foremast ['fɔːmɑːst] *n* mât *m* de misaine.

foremost ['fɔːməʊst] ◇ *adj* [first - in position] le plus en avant; [- in importance] principal, le plus important.
◇ *adv* en avant.

forename ['fɔːneɪm] *n Br* prénom *m*.

forenamed ['fɔːneɪmd] *adj* susdit, précité.

forenoon ['fɔːnuːn] *n arch, lit* OR *dial* matinée *f*.

forensic [fə'rensɪk] *adj* -**1.** [chemistry] légal; [expert] légiste; ~ department département de médecine légale; ~ evidence expertise médico-légale; ~ medicine OR science médecine *f* légale; ~ scientist médecin *m* légiste; ~ tests showed him to be the killer les tests médico-légaux ont prouvé qu'il était l'assassin. -**2.** [skill, term] du barreau.

forensics [fə'rensɪks] *n (U)* art *m* de la discussion OR du débat.

foreordain [,fɔːrɔː'deɪn] *vt fml* prédestiner.

forepart ['fɔːpɑːt] *n fml* [gen] devant *m*, avant *m*; [of century, day] début *m*.

forepaw ['fɔːpɔː] *n* patte de devant OR antérieure.

foreplay ['fɔːpleɪ] *n (U)* préliminaires *mpl*.

forequarters ['fɔː,kwɔːtəz] *npl* [of animal] avant-train *m*; [of carcass] quartiers *mpl* de devant.

forerunner ['fɔː,rʌnəʳ] *n* [precursor] précurseur *m*; [omen] présage *m*, signe *m* avant-coureur.

foresail ['fɔːseɪl] *n* (voile *f* de) misaine *f*.

foresee [fɔː'siː] (*pt* **foresaw** [-'sɔː], *pp* **foreseen** [-'siːn]) *vt* prévoir, présager.

foreseeable [fɔː'siːəbl] *adj* prévisible; in the ~ future dans un avenir prévisible.

foreseen [fɔː'siːn] *pp* → **foresee**.

foreshadow [fɔː'ʃædəʊ] *vt* présager, annoncer; her first novel ~ed this masterpiece son premier roman a laissé prévoir ce chef-d'œuvre.

foreshore ['fɔːʃɔːʳ] *n* [beach] plage *f*; GEOG laisse *f* de mer.

foreshorten [fɔː'ʃɔːtn] *vt* -**1.** ART faire un raccourci de; PHOT [horizontally] réduire; [vertically] écraser. -**2.** [reduce] réduire; [story] résumer.

foreshortening [fɔː'ʃɔːtnɪŋ] *n* -**1.** ART raccourci *m*; PHOT [horizontal] réduction *f*; [vertical] écrasement *m*. -**2.** [reduction] réduction *f*; [of story] résumé *m*.

foresight ['fɔːsaɪt] *n* prévoyance *f*; lack of ~ imprévoyance *f*.

foreskin ['fɔːskɪn] *n* prépuce *m*.

forest ['fɒrɪst] *n* forêt *f*; a ~ of hands *fig* une multitude de mains.

forestall [fɔː'stɔːl] *vt* -**1.** [prevent] empêcher, retenir; she wanted to leave but he ~ed her elle voulut partir mais il l'en empêcha. -**2.** [anticipate - desire, possibility] anticiper, prévenir; [- person] devancer, prendre les devants sur.

forestation [,fɒrɪ'steɪʃn] *n* boisement *m*.

forester ['fɒrɪstəʳ] *n* forestier *m*, -ère *f*.

forest ranger *n Am* garde *m* forestier.

forestry ['fɒrɪstrɪ] *n* sylviculture *f*; the Forestry Commission *organisme britannique de gestion des forêts domaniales*, ≃ les eaux et forêts *fpl*.

foretaste ['fɔːteɪst] *n* avant-goût *m*.

foretell [fɔː'tel] (*pt* & *pp* **foretold** [-'təʊld]) *vt* prédire.

forethought ['fɔːθɔːt] *n* [premeditation] préméditation *f*; [foresight] prévoyance *f*.

foretold [fɔː'təʊld] *pt* & *pp* → **foretell**.

forever [fə'revəʳ] *adv* -**1.** [eternally] (pour) toujours, éternellement; it won't last ~ ça ne durera pas toujours; I'll love you ~ je t'aimerai toujours; Europe ~! vive l'Europe! -**2.** [incessantly] toujours, sans cesse; he's ~ finding fault il trouve toujours à redire. -**3.** [for good] pour toujours; dinosaurs have vanished ~ les dinosaures ont disparu pour toujours. -**4.** *inf* [a long time] très longtemps; it'll take ~ ça va prendre des heures; he took ~ to get ready il a mis des heures à se préparer; we can't wait ~ nous ne pouvons pas attendre jusqu'à la saint-glinglin.

forewarn [fɔː'wɔːn] *vt* prévenir, avertir; he ~ed them that life there would be difficult il les a prévenus que là-bas la vie serait difficile □ ~ed is forearmed *prov* un homme averti en vaut deux *prov*.

forewent [fɔː'went] *pt* → **forego**.

foreword ['fɔːwɜːd] *n* avant-propos *m*, préface *f*.

forfeit ['fɔːfɪt] ◇ *vt* -**1.** [lose] perdre; [give up] renoncer à, abandonner; to ~ one's rights perdre OR être déchu de ses droits. -**2.** JUR [lose] perdre (par confiscation); [confiscate] confisquer.
◇ *n* -**1.** [penalty] prix *m*, peine *f*; COMM [sum] amende *f*, dédit *m*. -**2.** JUR [loss] perte *f* (par confiscation). -**3.** [game]: to play ~s jouer aux gages; to pay a ~ avoir un gage.
◇ *adj fml* [subject to confiscation] susceptible d'être confisqué; [confiscated] confisqué; her life could be ~ *fig* elle pourrait le payer de sa vie.

forfeiture ['fɔːfɪtʃəʳ] *n* -**1.** JUR [loss] perte *f* par confiscation; *fig* [surrender] renonciation *f*; ~ of rights renonciation aux droits. -**2.** [penalty] prix *m*, peine *f*; COMM [sum] amende *f*, dédit *m*.

forgather [fɔː'gæðəʳ] *vi fml* se réunir, s'assembler.

forgave [fə'geɪv] *pt* → **forgive**.

forge [fɔːdʒ] ◇ *vt* -**1.** [metal, sword] forger; to ~ an alliance/a friendship *fig* sceller une alliance/une amitié. -**2.** [counterfeit - money, signature] contrefaire; [- picture] faire un faux de, contrefaire; [- document] faire un faux de; a ~d passport un faux passeport; a ~d £20 note un faux billet de 20 livres.
◇ *vi* [go forward] avancer; we ~d on, hoping to reach the village by nightfall nous avons continué à toute allure dans l'espoir d'arriver au village avant la tombée de la nuit; to ~ into the lead prendre la tête.
◇ *n* [machine, place] forge *f*.
◆ **forge ahead** *vi insep* prendre de l'avance; *fig* faire son chemin, réussir, prospérer.

forger ['fɔːdʒəʳ] *n* [gen] faussaire *mf*; [of money] faux-monnayeur *m*, faussaire *mf*.

forgery ['fɔːdʒərɪ] (*pl* **forgeries**) *n* -**1.** [of money, picture, signature] contrefaçon *f*; [of document] falsification *f*; to prosecute sb for ~ poursuivre qqn pour faux (et usage de faux). -**2.** [object] faux *m*.

forget [fə'get] (*pt* **forgot** [-'gɒt], *pp* **forgotten** [-'gɒtn]) ◇ *vt* -**1.** [be unable to recall] oublier; he'll never ~ her il ne l'oubliera jamais; have you forgotten all your Latin? avez-vous oublié tout votre latin?; I'll never ~ seeing him play Lear je ne l'oublierai jamais OR je le reverrai toujours dans le rôle de Lear; I forgot (that) you had a sister j'avais oublié que tu avais une sœur; she's forgotten how to swim elle ne sait plus (comment) nager; I forgot which house is his je ne sais plus OR j'ai oublié quelle maison est la sienne; I never ~ a face j'ai la mémoire des visages; she'll never let him ~ his mistake elle n'est pas près de lui pardonner son erreur || [not think about] oublier; I forgot the time j'ai oublié l'heure; to ~ one's manners oublier ses manières; to ~ o.s. s'oublier; he was so overwhelmed by emotion that he quite forgot himself il était tellement ému qu'il perdit toute retenue; it's my idea and don't you ~ it! c'est moi qui ai eu cette idée, tâchez de ne pas l'oublier!; such things are best forgotten il vaut mieux ne pas penser à de telles choses; that never-to-be-forgotten day ce jour inoubliable OR mémorable. -**2.** [neglect, overlook] oublier, omettre; she forgot to mention that she was married elle a oublié OR a omis de dire qu'elle était mariée; he seems to have forgotten his old friends il semble avoir oublié ses anciens amis; don't ~ the poor at Christmas n'oubliez pas les pauvres à Noël; rent and food, not forgetting clothing, come to £200 le loyer et la nourriture, sans oublier les vêtements, font 200 livres; let's ~ our differences oublions nos différends; ~ it! *inf* [in reply to thanks] il n'y a pas de quoi!; [in reply to apology] ce n'est pas grave!, ne vous en faites pas!; [in irritation] laissez tomber!; what were we talking about? — oh, ~ it! de quoi parlions-nous? — oh, cela n'a aucune importance OR peu importe! -**3.** [leave behind] oublier, laisser; don't ~ your umbrella! n'oublie pas ton parapluie! -**4.** [give up - idea, plan] abandonner, renoncer à; if we don't get financial backing, we'll just have to ~ the whole thing si nous n'obtenons pas de soutien financier il nous faudra renoncer au projet.
◇ *vi*: to ~ about sb/sthg oublier qqn/qqch; sorry, I completely forgot about it désolé, j'avais complètement oublié; he agreed to ~ about the outburst il a accepté de fermer les yeux sur l'incartade.

forgetful [fə'getfʊl] *adj* [absent-minded] distrait; [careless] négligent, étourdi; she's so ~ elle oublie tout, elle est tellement distraite; to be ~ of sthg être oublieux de qqch.

forgetfulness [fə'getfʊlnɪs] *n* [absent-mindedness] manque *m* de mémoire; [carelessness] négligence *f*, étourderie *f*; in a moment of ~ dans un moment d'étourderie.

forget-me-not *n* myosotis *m*.

forgettable [fə'getəbl] *adj* qui ne présente pas d'intérêt.

forgivable [fə'gɪvəbl] *adj* pardonnable.

forgivably [fə'gɪvəblɪ] *adv*: she was, quite ~, rather annoyed with him! elle était plutôt en colère contre lui, et on la comprend!

forgive [fə'gɪv] (*pt* **forgave** [-'geɪv], *pp* **forgiven** [-'gɪvn]) *vt* -**1.** [pardon] pardonner; to ~ sb (for) sthg pardonner qqch à qqn; he asked me to ~ him il m'a demandé pardon; ~ my ignorance, but who exactly was Galsworthy? pardonnez mon ignorance, mais qui était Galsworthy exactement?; can you ever ~ me? pourras-tu jamais me pardonner?; ~ me, but haven't we met before? pardonnez-moi OR excusez-moi, mais est-ce qu'on ne s'est pas déjà rencontrés?; one might be forgiven for thinking that... on pourrait penser que...; ~ and forget pardonner et oublier. -**2.** [debt, payment]: to ~ (sb) a debt faire grâce (à qqn) d'une dette.

forgiveable [fə'gɪvəbl] = **forgivable**.

forgiveness [fə'gɪvnɪs] *n* -**1.** [pardon] pardon *m*; **to ask sb's ~** demander pardon à qqn. -**2.** [tolerance] indulgence *f*, clémence *f*.

forgiving [fə'gɪvɪŋ] *adj* indulgent, clément.

forgo [fɔː'gəʊ] (*pt* **forwent** [-'went], *pp* **forgone** [-'gɒn]) *vt* renoncer à, se priver de.

forgot [fə'gɒt] *pt* → **forget**.

forgotten [fə'gɒtn] *pp* → **forget**.

fork [fɔːk] ◇ *n* -**1.** [for eating] fourchette *f*. -**2.** AGR fourche *f*. -**3.** [junction - in road, railway] bifurcation *f*, embranchement *m*; **take the right ~** tournez OR prenez à droite à l'embranchement. -**4.** [on bicycle, motorbike] fourche *f*.

◇ *vt* -**1.** AGR fourcher. -**2.** [food] prendre avec une fourchette; **she was ~ing food into her mouth** elle enfournait la nourriture avec sa fourchette.

◇ *vi* -**1.** [river, road] bifurquer, fourcher; **the road ~s at Newton** la route fait une fourche à Newton. -**2.** [car, person] bifurquer, tourner; **he ~ed left** il a pris OR a tourné à gauche; **~ right for the airport** prenez à droite pour l'aéroport.

◆ **fork out** *inf* ◇ *vt sep* allonger, cracher.

◇ *vi insep* casquer.

◆ **fork over** *vt sep* -**1.** AGR fourcher. -**2.** *inf* [money] allonger, cracher.

◆ **fork up** *inf* = **fork out**.

forked [fɔːkt] *adj* [tongue] fourchu; [river, road] à bifurcation.

forked lightning *n* éclair *m* en zigzags.

forklift ['fɔːklɪft] *n*: **~ (truck)** chariot *m* élévateur.

forlorn [fə'lɔːn] *adj* -**1.** [wretched] triste, malheureux; **a ~ cry** un cri de désespoir. -**2.** [lonely - person] abandonné, délaissé; [- place] désolé, désert; **the empty house had a ~ look about it** la maison vide avait l'air abandonné. -**3.** [desperate] désespéré; **I went there in the ~ hope that she'd see me** j'y suis allé en espérant contre tout espoir OR sans trop y croire qu'elle accepterait de me voir; **they made one last ~ attempt to contact her** ils ont fait un dernier effort désespéré pour la contacter.

form [fɔːm] ◇ *n* -**1.** [shape] forme *f*; **in the ~ of a heart** en forme de cœur; **her plan began to take ~** son projet a commencé à prendre tournure OR forme. -**2.** [body, figure] forme *f*, silhouette *f*; **a slender ~ appeared at the door** une silhouette élancée apparut à la porte; **the human ~** la forme humaine. -**3.** [aspect, mode] forme *f*; **it's written in the ~ of a letter** c'est écrit sous forme de lettre; **the Devil appeared in the ~ of a goat** le diable apparut sous la forme d'une chèvre; **the same product in a new ~** le même produit présenté différemment; **what ~ should my questions take?** comment devrais-je formuler mes questions?; **the interview took the ~ of an informal chat** l'entrevue prit la forme d'une discussion informelle; **her anxiety showed itself in the ~ of anger** son inquiétude se manifesta par de la colère. -**4.** [kind, type] forme *f*, sorte *f*; **one ~ of cancer** une forme de cancer; **we studied three different ~s of government** nous avons examiné trois systèmes de gouvernement OR trois régimes différents; **all ~s of sugar** le sucre sous toutes ses formes; **she sent some flowers as a ~ of thanks** elle a envoyé des fleurs en guise de remerciements. -**5.** [document] formulaire *m*; [for bank, telegram] formule *f*; **to fill in** OR **out a ~** remplir un formulaire ❑ **order ~** bon *m* de commande; **printed ~** imprimé *m*; **tax ~** feuille *f* d'impôts. -**6.** [condition] forme *f*, condition *f*; **in good ~** en pleine forme, en excellente condition; **on ~** *Br*, **in ~** *Am* en forme; **John was on** *Br* OR **in** *Am* **good ~ at lunch** John était en forme OR plein d'entrain pendant le déjeuner; **he's off ~** *Br* OR **out of ~** *Am* il n'est pas en forme; **I'm on** *Br* OR **in** *Am* **top ~** je suis en pleine forme; **on** *Br* OR **in** *Am* **their current ~ they're unlikely to win** étant donné leur forme actuelle ils ont peu de chances de gagner; **to study ~** [in horse racing] examiner le tableau des performances des chevaux. -**7.** [gen, ART, LITERAT & MUS] forme *f*; **~ and content** la forme et le fond; **his writing lacks ~** ce qu'il écrit n'est pas clair; **her ideas lack ~** ses idées sont confuses. -**8.** [standard practice] forme *f*, règle *f*; **to do sthg for ~'s sake** OR **as a matter of ~** faire qqch pour la forme; **what's the usual ~ in these cases?** que fait-on d'habitude OR quelle est la marche à suivre dans ces cas-là?; **in due ~** JUR en bonne et due forme. -**9.** *dated* [etiquette] forme *f*, formalité *f*; **it's bad ~** cela ne se fait pas; **it's good ~** c'est de bon ton, cela se fait. -**10.** [formula] forme *f*, formule *f*; **~ of address** formule de politesse; **the correct ~ of address for a senator** la manière correcte de s'adresser à un sénateur; **it's only a ~ of speech** ce n'est qu'une façon de parler; **the ~ of the marriage service** les rites *mpl* du mariage. -**11.** [mould] forme *f*, moule *m*. -**12.** GRAMM & LING forme *f*; **the masculine ~** la forme du masculin, le masculin. -**13.** PHILOS [structure] forme *f*; [essence] essence *f*. -**14.** *Br* SCH [class] classe *f*; **she's in the first ~** ≃ elle est en sixième. -**15.** *Br* [bench] banc *m*. -**16.** *Br crime sl* [criminal record] casier *m* (judiciaire).

◇ *comp Br* SCH: **~ master, ~ mistress, ~ teacher** professeur *m* principal.

◇ *vt* -**1.** [shape] former, construire; [character, mind] former, façonner; **he ~ed the model out of** OR **from clay** il a sculpté OR façonné le modèle dans l'argile; **~ the dough into a ball** pétrissez la pâte en forme de boule; **she has trouble ~ing certain words** elle a du mal à prononcer certains mots; **to ~ a sentence** construire une phrase; **it was certainly a character-~ing experience** c'est sans aucun doute une expérience qui forme OR façonne le caractère. -**2.** [take the shape of] former, faire; **the coastline ~s a series of curves** la côte forme une série de courbes; **the children ~ed a circle** les enfants formèrent un cercle; **~ a line please** faites la queue s'il vous plaît; **the applicants ~ed a queue** les candidats firent la queue. -**3.** [develop - opinion] se former, se faire; [- plan] concevoir, élaborer; [- habit] contracter; **he's wary of ~ing friendships** il hésite à nouer des amitiés; **to ~ an impression** avoir une impression. -**4.** [organize - association, club] créer, fonder; [- committee, government] former; COMM [- company] fonder, créer. -**5.** [constitute] composer, former; **to ~ the basis of sthg** constituer la base de OR servir de base à qqch; **to ~ a part of sthg** faire partie de qqch; **the countries ~ing the alliance** les pays qui constituent l'alliance. -**6.** GRAMM former; **how to ~ the past tense** comment former le passé composé.

◇ *vi* -**1.** [materialize] se former, prendre forme; **doubts began to ~ in his mind** des doutes commencèrent à prendre forme dans son esprit, il commença à avoir des doutes. -**2.** [take shape] se former; **~ into a line!** alignez-vous!; **we ~ed into groups** nous nous sommes mis en groupes, nous avons formé des groupes.

◆ **form up** *vi insep Br* se mettre en ligne, s'aligner.

formal ['fɔːml] ◇ *adj* -**1.** [conventional - function] officiel, solennel; [- greeting] solennel, cérémonieux; **a ~ dance** un grand bal; **a ~ dinner** un dîner officiel; **~ dress** [for ceremony] tenue *f* de cérémonie; [for evening] tenue *f* de soirée. -**2.** [official - announcement, approval] officiel; [- order] formel, explicite; **~ agreement/contract** accord *m*/contrat *m* en bonne et due forme; **a ~ denial** un démenti formel OR catégorique; **she had no ~ education** elle n'a jamais fait d'études; **no ~ training is required** aucune formation spécifique n'est exigée; **we gave him a ~ warning** nous l'avons averti officiellement OR dans les règles. -**3.** [correct - person] solennel; [- behaviour, style] soigné, solennel, guindé *pej*; **she's very ~** elle est très à cheval sur les conventions; **don't be so ~** ne sois pas si sérieux, sois un peu plus détendu; **in ~ language** dans un style soigné OR soutenu; **"vous" is the ~ form** «vous» est la formule de politesse. -**4.** [ordered] formaliste, méthodique; **~ garden** jardin *m* à la française. -**5.** [nominal] de forme; **~ agreement** accord *m* de forme; **she is the ~ head of State** c'est elle le chef d'État officiel. -**6.** GRAMM & LING formaliste, formel. -**7.** PHILOS formel.

◇ *n Am* -**1.** [dance] bal *m*. -**2.** [suit] habit *m* de soirée.

formaldehyde [fɔː'mældɪhaɪd] *n* formaldéhyde *m*.

formalin(e) ['fɔːməlɪn] *n* formol *m*.

formalism ['fɔːməlɪzm] *n* formalisme *m*.

formalist ['fɔːməlɪst] ◇ *adj* formaliste.

◇ *n* formaliste *mf*.

formality [fɔː'mælətɪ] (*pl* **formalities**) *n* -**1.** [ceremoniousness] cérémonie *f*; [solemnity] solennité *f*, gravité *f*; [stiffness] froideur *f*, raideur *f*; [convention] formalité *f*, étiquette *f*. -**2.** [procedure] formalité *f*; **it's a mere ~** c'est une simple formalité; **let's forget the formalities** dispensons-nous des formalités.

formalize, -ise ['fɔːməlaɪz] *vt* formaliser.

formally ['fɔːməlɪ] *adv* -**1.** [conventionally] solennellement, cérémonieusement; **~ dressed** [for ceremony] en tenue de cérémonie; [for evening] en tenue de soirée. -**2.** [officially] officiellement, dans les règles; **an agreement was ~ drawn up** un accord a été rédigé en bonne et due forme. -**3.** [speak] de façon soignée; [behave] de façon solennelle OR guindée *pej*. -**4.** [study, research] de façon méthodique; [arrange] de façon régulière. -**5.** [nominally] pour la forme; **he did consult his father before proceeding, if only ~** il a demandé conseil à son père avant d'agir, ne serait-ce que pour la forme.

formant ['fɔːmənt] *n* formant *m*.

format ['fɔːmæt] (*cont* **formatting**, *pt* & *pp* **formatted**) ◇ *n* -**1.** [size] format *m*. -**2.** [layout] présentation *f*; **the news on TV now has a new ~** le journal télévisé a adopté une nouvelle présentation. -**3.** COMPUT format *m*.

◇ *vt* -**1.** [layout] composer la présentation de. -**2.** COMPUT formater.

formation [fɔː'meɪʃn] *n* -**1.** [establishment - of club] création *f*, fondation *f*; [- of committee, company] formation *f*, fondation *f*; [- of government] formation *f*. -**2.** [development - of character, person] formation *f*; [- of idea] développement *m*, élaboration *f*; [- of plan] élaboration *f*, mise *f* en place. -**3.** BOT, GEOL & MED formation *f*. -**4.** [arrangement] formation *f*, disposition *f*; MIL [unit] formation *f*, dispositif *m*; **battle ~** formation de combat; **in close ~** en ordre serré.

formation dancing *n* danse *f* en formation.

formation flying *n* vol *m* en formation.

formative ['fɔːmətɪv] ◇ *adj* formateur; **the ~ years** les années *fpl* formatrices.

◇ *n* formant *m*, élément *m* formateur.

formatting ['fɔːmætɪŋ] *n* COMPUT formatage *m*.

form class *n* catégorie *f* grammaticale.

forme *Br*, **form** *Am* [fɔːm] *n* PRINT forme *f*.

-formed [fɔːmd] *in cpds* formé; **badly/well~ letters** lettres mal/bien formées.

former ['fɔːmə^r] ◇ *adj* -**1.** [time] passé; **in ~ times** OR **days** autrefois, dans le passé. -**2.** [earlier, previous] ancien, précédent; **my ~ boss** mon ancien patron; **I'm a ~ student of his** je suis un de ses anciens élèves; **my ~ wife** mon ex-femme; **in a ~ life** dans une vie antérieure; **he's only a shadow of his ~ self** il n'est plus que l'ombre de lui-même. -**3.** [first] premier; **I prefer the ~ idea to the latter** je préfère la première idée à la dernière.

◇ *n* -**1.** [first] premier *m*, -ère *f*, celui-là *m*, celle-là *f*; **of the two methods I prefer the ~** des deux méthodes je préfère la première. -**2.** TECH gabarit *m*.

-former *in cpds Br* élève de; **first~** ≃ élève *mf* de sixième.

formerly ['fɔːməlɪ] *adv* autrefois, jadis.

form feed *n* COMPUT avancement *m* du papier.

formic ['fɔːmɪk] *adj* formique.

Formica® [fɔː'maɪkə] *n* Formica® *m*, plastique *m* laminé.

formidable ['fɔːmɪdəbl] *adj* -**1.** [inspiring fear] redoutable, terrible; [inspiring respect] remarquable; **she's a ~ athlete** c'est une athlète remarquable; **his book reveals a ~ intellect** son livre révèle un esprit brillant. -**2.** [difficult] redoutable, ardu; **a ~ problem** un problème difficile.

formidably ['fɔːmɪdəblɪ] *adv* redoutablement, terriblement.

formless ['fɔːmlɪs] *adj* [shape] informe; [fear, idea] vague.

form letter *n* lettre *f* circulaire.

Formosa [fɔː'məʊsə] *pr n* Formose; **in ~** à Formose.

formula ['fɔːmjʊlə] (*pl sense 1* **formulas** OR **formulae** [-liː], *pl senses 2 and 4* **formulas**) *n* -**1.** [gen, CHEM & MATH] formule *f*; **a ~ acceptable to both sides** une formule OR solution qui soit acceptable pour les deux parties; **a ~ for happiness** une recette qui assure le bonheur. -**2.** [expression] formule *f*. -**3.** AUT formule *f*; **~ 1 (racing)** la formule 1; **a ~ 1 car** une voiture de formule 1. -**4.** *Am* [for baby] ≃ bouillie *f (pour bébé)*.

formulaic [,fɔːmjʊ'leɪɪk] *adj*: **~ expression** formule *f*.

formulate ['fɔːmjʊleɪt] *vt* -**1.** [express] formuler. -**2.** [plan] élaborer.

formulation [,fɔːmjʊ'leɪʃn] *n* -**1.** [of idea] formulation *f*, expression *f*. -**2.** [of plan] élaboration *f*.

fornicate ['fɔːnɪkeɪt] *vi fml* forniquer.

fornication [,fɔːnɪ'keɪʃn] *n fml* fornication *f*.

forsake [fə'seɪk] (*pt* **forsook** [-'sʊk], *pp* **forsaken** [-'seɪkn]) *vt fml* -**1.** [abandon - family, spouse] abandonner; [- friend] délaisser; [- place] quitter; **her customary patience forsook her** sa patience habituelle lui fit défaut. -**2.** [give up] renoncer à.

forsaken [fə'seɪkn] ◇ *pp* → **forsake**.
◇ *adj lit* [person] abandonné; [place] abandonné, désert; **~ by all** abandonné de tous.

forsook [fə'sʊk] *pt* → **forsake**.

forsooth [fə'suːθ] *arch* ◇ *adv* à vrai dire, en vérité.
◇ *interj* ma foi, par exemple.

forswear [fɔː'sweəʳ] (*pt* **forswore** [-'swɔːʳ], *pp* **forsworn** [-'swɔːn]) *fml* ◇ *vt* -**1.** [renounce] abjurer. -**2.** [deny] désavouer; **to ~ o.s.** se parjurer.
◇ *vi* se parjurer, commettre un parjure.

forsythia [fɔː'saɪθjə] *n* forsythia *m*.

fort [fɔːt] *n* fort *m*; [smaller] fortin *m*; **to hold the ~** *Br*, **to hold down the ~** *Am* assurer la permanence.

forte[1] ['fɔːteɪ] *n* [strong point] fort *m*; **patience is hardly his ~** la patience n'est pas vraiment son (point) fort.

forte[2] ['fɔːtɪ] ◇ *adj & adv* MUS forte.
◇ *n* forte *m*.

fortepiano [,fɔːtɪpɪ'ænəʊ] *n* pianoforte *m*.

forth [fɔːθ] *adv lit* -**1.** [out, forward] en avant; **to go** OR **to set ~** se mettre en route; **to bring ~** produire; **to send ~** envoyer. -**2.** [forwards in time]: **from this moment ~** dorénavant, désormais; **from this day ~** à partir d'aujourd'hui OR de ce jour.

forthright ['fɔːθraɪt] *adj* [person] direct, franc; [remark, opposition] franc, direct; **she's very ~** elle ne mâche pas ses mots; **he has always been a ~ critic of the government** il a toujours critiqué le gouvernement ouvertement.

forthwith [,fɔːθ'wɪθ] *adv fml* incontinent *lit*, sur-le-champ.

fortieth ['fɔːtɪɪθ] ◇ *n* -**1.** [ordinal] quarantième *m*. -**2.** [fraction] quarantième *m*.
◇ *adj* quarantième.

fortification [,fɔːtɪfɪ'keɪʃn] *n* fortification *f*.

fortified ['fɔːtɪfaɪd] *adj* fortifié.

fortified wine *n Br* vin *m* de liqueur, vin *m* doux naturel.

fortify ['fɔːtɪfaɪ] (*pt & pp* **fortified**) *vt* -**1.** [place] fortifier, armer; *fig* [person] réconforter, remonter; **have a drink to ~ yourself** prenez un verre pour vous remonter. -**2.** [wine] augmenter la teneur en alcool, alcooliser; [food] renforcer en vitamines.

fortitude ['fɔːtɪtjuːd] *n* courage *m*, force *f* morale.

fortnight ['fɔːtnaɪt] *n Br* quinzaine *f*, quinze jours *mpl*; **for a ~** pour quinze jours; **a ~ ago** il y a quinze jours; **a ~ tomorrow** demain en quinze; **a ~'s holiday** quinze jours de vacances; **it's been postponed for a ~** cela a été remis à quinzaine.

fortnightly ['fɔːt,naɪtlɪ] (*pl* **fortnightlies**) *Br*
◇ *adj* bimensuel.
◇ *adv* tous les quinze jours.
◇ *n* bimensuel *m*.

Fortran, FORTRAN ['fɔːtræn] *n* fortran *m*.

fortress ['fɔːtrɪs] *n* [fort] fort *m*; [prison] forteresse *f*; [castle] château *m* fort; [place, town] place *f* forte.

fortuitous [fɔː'tjuːɪtəs] *adj* fortuit, imprévu.

fortuitously [fɔː'tjuːɪtəslɪ] *adv* fortuitement, par hasard.

Fortuna [fɔː'tjuːnə] *pr n* Fortune.

fortunate ['fɔːtʃnət] ◇ *adj* [person] heureux, chanceux; [choice, meeting] heureux, propice; **you are ~** vous avez de la chance; **I was ~ enough to get the job** j'ai eu la chance d'obtenir le travail; **he is ~ in his friends** il a de bons amis; **how ~!** quelle chance!
◇ *npl*: **we're collecting money for the less ~** nous faisons une collecte pour les déshérités.

fortunately ['fɔːtʃnətlɪ] *adv* heureusement, par bonheur.

fortune ['fɔːtʃuːn] *n* -**1.** [wealth] fortune *f*; **he came to London to make his ~** il est venu à Londres pour faire fortune; **she makes a ~** elle gagne beaucoup d'argent; **he made a ~ on the house** il a gagné beaucoup d'argent en vendant la maison; **to come into a ~** hériter d'une fortune, faire un gros héritage; **a man of ~** un homme fortuné; **to cost/to pay/to spend a (small) ~** coûter/payer/dépenser une (petite) fortune. -**2.** [future] destin *m*; **to tell sb's ~** dire la bonne aventure à qqn; **she tells ~s** elle dit la bonne aventure. -**3.** [chance, fate] sort *m*, fortune *f*; **~ smiled upon him** OR **has been kind to him** la chance lui a souri; **the novel traces its hero's changing ~s** le roman retrace les tribulations de son héros; **the ~s of war** les hasards de la guerre. -**4.** [luck] fortune *f*, chance *f*; **he had the good ~ to win** il a eu la chance de gagner; **by good ~** par chance, par bonheur; **to try one's ~** tenter sa chance.

fortune cookie *n Am biscuit chinois dans lequel est caché un horoscope.*

Fortune Five Hundred *npl les 500 plus grosses entreprises américaines (dont la liste est établie, chaque année, par le magazine Fortune).*

fortune-hunter *n pej* [man] coureur *m* de dot; [woman] aventurière *f*, femme *f* intéressée.

fortune-teller *n* [gen] diseur *m*, -euse *f* de bonne aventure, voyant *m*, -e *f*; [with cards] tireur *m*, -euse *f* de cartes, cartomancien *m*, -enne *f*.

fortune-telling *n* [gen] *fait de dire la bonne aventure*; [with cards] cartomancie *f*.

forty ['fɔːtɪ] (*pl* **forties**) ◇ *adj* quarante (*inv*); **about ~ children** une quarantaine d'enfants, environ quarante enfants.
◇ *n* quarante *m*; **about ~** environ quarante, une quarantaine; **the lower ~-eight** *Am* les quarante-huit États américains *(à part l'Alaska et Hawaï)*.

forty-five *n* -**1.** [record] quarante-cinq tours *m*. -**2.** *Am* [pistol] quarante-cinq *m*.

forty-niner [-'naɪnəʳ] *n Am*: **the ~s** *chercheurs d'or partis en Californie en 1849.*

forty winks *inf npl* petit somme *m*; **to have ~** faire un petit somme.

forum ['fɔːrəm] (*pl* **forums** OR **fora** [-rə]) *n* [gen & *fig*] forum *m*, tribune *f*; HIST forum *m*.

forward ['fɔːwəd] ◇ *adj* -**1.** [towards front - movement] en avant, vers l'avant; [- position] avant; **the seat is too far ~** le siège est trop avancé OR en avant; **~ line** SPORT ligne *f* des avants. -**2.** [advanced]: **the project is no further ~** le projet n'a pas avancé; **~ planning** planification *f* à long terme. -**3.** [brash] effronté, impertinent. -**4.** [buying, delivery] à terme.
◇ *adv* -**1.** [in space] en avant; NAUT à l'avant; **to move ~** avancer; **keep going straight ~** continuez tout droit; **he reached ~** il a tendu le bras en avant; **three witnesses came ~** *fig* trois témoins se sont présentés; **~, march!** MIL en avant, marche!; **clocks go ~ one hour at midnight** il faut avancer les pendules d'une heure à minuit. -**2.** *fml* [in time]: **from this moment ~** à partir de maintenant; **from this day ~** désormais, dorénavant.
◇ *vt* -**1.** [send on] faire suivre; COMM expédier, envoyer; **I've arranged to have my mail ~ed** j'ai fait le nécessaire pour qu'on fasse suivre mon courrier; **'please ~'** 'faire suivre SVP', 'prière de faire suivre'. -**2.** [advance, promote] avancer, favoriser.
◇ *n* avant *m*.

forwarding ['fɔːwədɪŋ] *n* -**1.** [sending] expédition *f*, envoi *m*. -**2.** TYPO collage *m* et endossage *m*.

forwarding address *n* adresse *f* pour faire suivre le courrier; COMM adresse *f* pour l'expédition; **he left no ~** il est parti sans laisser d'adresse.

forwarding agent *n* transitaire *m*.

forward-looking *adj* [person] tourné vers OR ouvert sur l'avenir; [plans] tourné vers l'avenir OR le progrès; [company, policy] qui va de l'avant, dynamique, entreprenant.

forward market *n* marché *m* à terme.

forwardness ['fɔːwədnɪs] *n* -**1.** [presumption] effronterie *f*, impertinence *f*; [eagerness] empressement *m*. -**2.** *Br* [of child, season] précocité *f*; [of project] état *m* avancé.

forward pass *n* en-avant *m inv*, passe *f* en avant.

forward roll *n* cabriole *f*, culbute *f*.

forwards ['fɔːwədz] *adv* = **forward**.

forwent [fɔː'went] *pt* → **forgo**.

Fosbury flop ['fɒzbərɪ-] *n* rouleau *m* dorsal.

fossa ['fɒsə] (*pl* **fossae** [-siː]) *n* ANAT fosse *f*.

fossil ['fɒsl] ◇ *n* fossile *m*; **he's an old ~!** *inf fig* c'est un vieux fossile!
◇ *adj* fossilisé.

fossil fuel *n* combustible *m* fossile.

fossilize, -ise ['fɒsɪlaɪz] ◇ *vt* fossiliser.
◇ *vi* se fossiliser.

fossilized ['fɒsɪlaɪzd] *adj* -**1.** *literal* fossilisé. -**2.** *fig* fossilisé, figé; LING figé.

foster ['fɒstəʳ] ◇ *vt* -**1.** *Br* JUR [subj: family, person] accueillir; [subj: authorities, court] placer; **the children were ~ed (out) at an early age** les enfants ont été placés dans une famille tout jeunes. -**2.** [idea, hope] nourrir, entretenir. -**3.** [promote] favoriser, encourager.
◇ *adj*: **~ child** enfant *m* placé dans une famille d'accueil; **~ home** OR **parents** famille *f* d'accueil; **~ mother/father** mère *f*/père *m* de la famille d'accueil.

fostering ['fɒstərɪŋ] *n* JUR accueil *m (d'un enfant)*.

fought [fɔːt] *pt & pp* → **fight**.

foul [faʊl] ◇ *adj* -**1.** [food, taste] infect; [smell] infect, fétide; [breath] fétide; **to smell ~** puer; **to taste ~** avoir un goût infect. -**2.** [filthy - linen] sale, souillé; [- place] immonde, crasseux; [- air] vicié, pollué; [- water] croupi. -**3.** *inf* [horrible - weather] pourri; [- person] infect, ignoble; **I've had a ~ day** j'ai eu une sale journée; **she's in a ~ mood** elle est d'une humeur massacrante; **he has a ~ temper** il a un sale caractère OR un caractère de chien; **~ weather** [gen] sale temps, temps de chien; NAUT gros temps; **he's being really ~ to me** il est absolument odieux OR ignoble avec moi. -**4.** [language] grossier, ordurier; **he has a ~ mouth** il est très grossier. -**5.** *lit* [vile] vil; [unfair] déloyal. -**6.** [clogged] obstrué, encrassé. -**7.** *phr*: **to fall** OR **to run ~ of sb** se brouiller avec qqn; **he fell ~ of the boss** il s'est mis le patron à dos; **they fell ~ of the law** ils ont eu des démêlés avec la justice; **to fall ~ of a reef/ship** entrer en collision avec un récif/un navire.

◇ *n* SPORT [in boxing] coup *m* bas; [in football, baseball] faute *f*; [in basketball]: **personal/technical ~** faute personnelle/technique.

◇ *vt* -**1.** [dirty] salir; [air, water] polluer, infecter; **it is an offence to allow a dog to ~ the pavement** *Br* il est contraire à la loi de laisser son chien souiller le trottoir. -**2.** [clog] obstruer, encrasser; [entangle] embrouiller, emmêler; [nets] se prendre dans. -**3.** [collide with] entrer en collision avec. -**4.** SPORT commettre une faute contre. -**5.** *fig* [reputation] salir.

◇ *vi* -**1.** [tangle] s'emmêler, s'embrouiller. -**2.** SPORT commettre une faute.

◆ **foul out** *vi insep* être exclu *(pour excès de fautes).*

◆ **foul up** *vt sep* -**1.** [contaminate] polluer; [clog] obstruer, encrasser. -**2.** *inf* [bungle] ficher en l'air, flanquer par terre.

foul line *n* [in baseball] ligne *f* de jeu; [in basketball] ligne *f* de lancer franc; [in bowling] ligne *f* de faute.

foul-mouthed *adj* au langage grossier.

foul play *n* SPORT jeu *m* irrégulier OR déloyal; [in cards, games] tricherie *f*; **the police suspect ~** *fig* la police croit qu'il y a eu meurtre OR croit au meurtre.

foul-smelling [-'smelɪŋ] *adj* puant, fétide.

foul-up *inf n* [mix-up] cafouillage *m*; [mechanical difficulty] problème *m* OR difficulté *f* mécanique.

found [faʊnd] ◇ *pt* & *pp* → **find**.

◇ *adj dated* -**1.** [furnished] équipé; **the flat is well ~** l'appartement est bien équipé. -**2.** *phr*: **all ~** *Br* tout compris; **£30 a week all ~** 30 livres la semaine tout compris.

◇ *vt* -**1.** [establish - organization, town] fonder, créer; [- business] fonder, établir. -**2.** [base] fonder, baser; **our society is ~ed on the idea of equality** notre société est fondée sur la notion d'égalité. -**3.** [cast] fondre.

foundation [faʊn'deɪʃn] *n* -**1.** [of business, organization, town] fondation *f*, création *f*. -**2.** [institution] fondation *f*, institution *f* dotée; [endowment] dotation *f*, fondation *f*. -**3.** [basis] base *f*, fondement *m*; **the ~ OR ~s of our society** les fondements de notre société; **his work laid the ~ OR ~s of modern science** son œuvre a jeté les bases de la science moderne; **the rumour is entirely without ~** la rumeur est dénuée de tout fondement. -**4.** [make-up] fond *m* de teint. -**5.** *Am* [of building] fondations *fpl*.

◆ **foundations** *npl* CONSTR fondations *fpl*; **to lay the ~s** poser les fondations.

foundation course *n* cours *m* introductif.

foundation cream *n* fond *m* de teint.

foundation garment *n* [girdle] gaine *f*, combiné *m*; [bra] soutien-gorge *m*.

foundation stone *n* pierre *f* commémorative; **to lay the ~** poser la première pierre.

founder ['faʊndəʳ] ◇ *n* fondateur *m*, -trice *f*; **~ member** *Br* membre *m* fondateur.

◇ *vi* -**1.** [ship] sombrer, chavirer. -**2.** *fig* [fail] s'effondrer, s'écrouler; **the project ~ed for lack of financial support** le projet s'est effondré faute de soutien financier. -**3.** [horse - in mud] s'embourber; [- go lame] se mettre à boîter.

founding ['faʊndɪŋ] ◇ *n* [of business, organization, town] fondation *f*, création *f*.

◇ *adj* fondateur.

founding father *n* père *m* fondateur.

Founding Fathers *pl pr n*: **the ~** *les «pères fondateurs» des États-Unis (qui ont rédigé la Constitution de 1787: Washington, Jefferson, Franklin).*

foundling ['faʊndlɪŋ] *n fml* enfant *mf* trouvé; **~ hospital** hospice *m* pour enfants trouvés.

foundry ['faʊndrɪ] (*pl* **foundries**) *n* [place] fonderie *f*; [of articles] fonderie *f*, fonte *f*; [articles] fonte *f*.

fount [faʊnt] *n* -**1.** *Br* TYPO fonte *f*. -**2.** *lit* [spring] source *f*; **a ~ of knowledge** un puits de science.

fountain ['faʊntɪn] *n* -**1.** [natural] fontaine *f*, source *f*; [man-made] fontaine *f*, jet *m* d'eau; **drinking ~** [in street] fontaine publique; [in building] fontaine d'eau potable. -**2.** *fig* [source] source *f*; **the ~ of youth** la source de la jeunesse.

fountainhead ['faʊntɪnhed] *n* [spring] source *f*; *fig* [source] source *f*, origine *f*.

fountain pen *n* stylo *m* à encre.

four [fɔːʳ] ◇ *n* -**1.** [number] quatre *m*; **on all ~s** à quatre pattes. -**2.** [in rowing] quatre *m*.

◇ *adj* quatre; **the ~ corners of the earth** les quatre coins du monde; **open to the ~ winds** ouvert à tous les vents OR aux quatre vents ❑ **the Four Horsemen of the Apocalypse** les quatre cavaliers de l'Apocalypse.

four-ball *n partie de golf se jouant avec deux équipes de deux joueurs, chacun ayant sa propre balle.*

four-colour *adj* quadrichrome; **~ printing process** TYPO quadrichromie *f*.

four-door *adj* à quatre portes.

four-engined *adj* à quatre moteurs.

four-eyes *inf n* binoclard *m*, -e *f*.

four-flusher *inf* [-'flʌʃəʳ] *n Am* bluffeur *m*, -euse *f*.

fourfold ['fɔːˌfəʊld] ◇ *adv* au quadruple.

◇ *adj* quadruple.

four-four *n* quatre-quatre *m*; **in ~ (time)** à quatre-quatre.

Four H (club) *pr n association éducative pour jeunes ruraux.*

four-handed *adj* à quatre mains.

four hundred, Four Hundred *npl Am*: **the ~** l'élite *f* sociale.

Fourierism ['fʊrɪərɪzm] *n* fouriérisme *m*.

four-in-hand *n* -**1.** [carriage] attelage *m* à quatre. -**2.** [tie] cravate *f*.

four-leaf clover, four-leaved clover *n* trèfle *m* à quatre feuilles.

four-legged *adj* quadrupède, à quatre pattes; **our ~ friends** *hum* nos compagnons à quatre pattes.

four-letter word *n* gros mot *m*, obscénité *f*.

fourpence ['fɔːpəns] *n* -**1.** [sum of money] quatre pence. -**2.** [coin] *ancienne pièce de monnaie anglaise qui valait quatre pence.*

four-ply *adj* [wool] à quatre fils; [wood] contreplaqué *(à quatre plis).*

four-poster (bed) *n* lit *m* à baldaquin OR à colonnes.

fourscore [ˌfɔː'skɔːʳ] *arch* ◇ *adj* quatre-vingts; **~ years and ten** quatre-vingt-dix ans.

◇ *n* quatre-vingts *m*.

four-seater *n* voiture *f* à quatre places.

foursome ['fɔːsəm] *n* -**1.** [people] groupe *m* de quatre personnes; [two couples] deux couples *mpl*; **we went as a ~** nous y sommes allés à quatre. -**2.** [game] partie *f* à quatre; **will you make up a ~ for bridge?** voulez-vous faire le quatrième au bridge?

foursquare [ˌfɔː'skweəʳ] ◇ *adj* -**1.** [square] carré. -**2.** [position, style] solide; [approach, decision] ferme, inébranlable. -**3.** [forthright] franc.

◇ *adv* [solidly] fermement, solidement; [resolutely] résolument, fermement.

four-star *adj* [gen & MIL] à quatre étoiles; **~ hotel** hôtel *m* quatre étoiles OR de première catégorie; **~ petrol** *Br* super *m*, supercarburant *m*.

four-stroke ◇ *adj* à quatre temps.

◇ *n* moteur *m* à quatre temps.

fourteen [ˌfɔː'tiːn] ◇ *adj* quatorze.

◇ *n* quatorze *m*.

fourteenth [ˌfɔː'tiːnθ] ◇ *n* -**1.** [ordinal] quatorzième *mf*; **the Fourteenth of July** le quatorze juillet *(fête nationale française).* -**2.** [fraction] quatorzième *m*.

◇ *adj* quatorzième; **Louis the Fourteenth** Louis Quatorze.

◇ *adv* quatorzièmement; **he came ~ in the marathon** il est arrivé en quatorzième position OR quatorzième dans le marathon.

fourth [fɔːθ] ◇ *n* -**1.** [ordinal] quatrième *mf*; **the Fourth of July** le quatre juillet *(fête nationale de l'Indépendance aux États-Unis).* -**2.** [fraction] quart *m*. -**3.** MUS quarte *f*.

◇ *adj* quatrième; **~-class mail** *Am* paquet-poste *m* ordinaire; **the ~ finger** l'annulaire *m*; **to go OR to change into ~ (gear)** AUT passer en quatrième.

◇ *adv* quatrièmement; **she finished ~ in the race** elle a fini la course à la quatrième place.

fourth dimension *n*: **the ~** la quatrième dimension.

fourth estate *n*: **the ~** le quatrième pouvoir, la presse.

fourthly ['fɔːθlɪ] *adv* quatrièmement, en quatrième lieu.

Fourth World *pr n*: **the ~** le quart-monde.

four-way stop *n Am* carrefour *m* à quatre stops.

four-wheel *vi Am* faire du quatre-quatre.

four-wheel drive *n* propulsion *f* à quatre roues motrices; **with ~** à quatre roues motrices.

four-wheeler *n* véhicule *m* à quatre roues.

fowl [faʊl] (*pl inv* OR **fowls**) ◇ *n* -**1.** [for eating - collectively] volaille *f*; [- one bird] volaille *f*, volatile *m*. -**2.** *arch* OR *lit* [bird] oiseau *m*; **all the ~s of the air** tous les oiseaux.

◇ *vi* chasser le gibier à plumes.

fowling piece ['faʊlɪŋ-] *n* carabine *f*, fusil *m* de chasse léger.

fowl pest *n* peste *f* aviaire.

fox [fɒks] (*pl inv* OR **foxes**) ◇ *n* -**1.** [animal, fur] renard *m*; **he's a sly old ~** *fig* c'est un vieux renard; **~ cub** renardeau *m*; **as sly as a ~** rusé comme un renard; **it's like setting the ~ to mind the chickens** c'est faire entrer le loup dans la bergerie. -**2.** *inf Am dated* [woman] canon *m*.

◇ *vt* -**1.** [outwit] duper, berner. -**2.** *inf* [baffle] souffler. -**3.** [paper] marquer OR tacher de rousseurs.

foxed [fɒkst] *adj* [paper] marqué OR taché de rousseurs.

foxglove ['fɒksglʌv] *n* digitale *f* (pourprée).

foxhole ['fɒkshəʊl] *n* -**1.** [of fox] terrier *m* de renard, renardière *f*. -**2.** MIL gourbi *m*.

foxhound ['fɒkshaʊnd] *n* fox-hound *m*, chien *m* courant.

foxhunt ['fɒkshʌnt] *n* chasse *f* au renard.

foxhunter ['fɒksˌhʌntəʳ] *n* chasseur *m*, -euse *f* de renard.

foxhunting ['fɒksˌhʌntɪŋ] *n* chasse *f* au renard; **to go ~** aller chasser le renard OR à la chasse au renard.

foxtail ['fɒksteɪl] *n* BOT [grass] vulpin *m*; [flower] queue-de-renard *f*.

fox terrier *n* fox *m inv*, fox-terrier *m*.

foxtrot ['fɒkstrɒt] ◇ *n* fox-trot *m*.

◇ *vi* danser le fox-trot.

foxy ['fɒksɪ] (*compar* **foxier**, *superl* **foxiest**) *adj* -**1.** [wily] rusé, malin. -**2.** [colour] roux. -**3.** [paper] marqué OR taché de rousseurs. -**4.** *inf Am dated* [sexy] sexy *(inv).*

foyer ['fɔɪeɪ] *n* -**1.** [of cinema, hotel] hall *m*, vestibule *m*; [of theatre] foyer *m*. -**2.** *Am* [of house] entrée *f*, vestibule *m*.

FP *n* -**1.** *abbr of* **former pupil**. -**2.** *Am abbr of* **fire-plug**.

FPA (*abbr of* **Family Planning Association**) *pr n association pour le planning familial.*

Fr. -**1.** (*written abbr of* **father**) P. -**2.** (*written abbr of* **friar**) F.

fracas [*Br* 'frækɑː, *Am* 'freɪkæs] (*Br pl inv* [-kɑːz], *Am pl* **fracases** [-kəsɪz]) *n* [brawl] rixe *f*, bagarre *f*; [noise] fracas *m*.

fraction ['frækʃn] *n* -**1.** MATH fraction *f*. -**2.** *fig* [bit] fraction *f*, petite partie *f*; **at a ~ of the cost** pour une fraction du prix; **for a ~ of a second** pendant une fraction de seconde; **move back just a ~** reculez un tout petit peu.

fractional ['frækʃənl] *adj* -**1.** MATH fractionnaire. -**2.** *fig* [tiny] tout petit, infime; **~ part** fraction *f*; **a ~ difference** une différence minime.

fractional currency *n* petite monnaie *f*.

fractional distillation *n* distillation *f* fractionnée.

fractionally ['frækʃnəlɪ] *adv* -**1.** [slightly] un tout petit peu. -**2.** CHEM par fractionnement.

fractious ['frækʃəs] *adj fml* -**1.** [unruly] indiscipliné, turbulent. -**2.** [irritable - child] grognon, pleurnicheur; [- adult] irascible, revêche.

fracture ['fræktʃəʳ] ◇ *n* fracture *f*.
◇ *vt* [break] fracturer; **he ~d his arm** il s'est fracturé le bras; **their withdrawal ~d the alliance** *fig* leur retrait brisa l'alliance.
◇ *vi* [break] se fracturer.

frag∇ [fræg] (*pt & pp* **fragged**, *cont* **fragging**) *Am mil sl* ◇ *n* grenade *f* offensive.
◇ *vt tuer ou blesser intentionnellement un officier ou un compagnon d'armes avec une grenade.*

fragile [*Br* 'frædʒaɪl, *Am* 'frædʒl] *adj* -**1.** [china, glass] fragile; *fig*: **a ~ peace/happiness** une paix/un bonheur précaire OR fragile; **a ~ relationship** des relations fragiles OR précaires; **a ~ link with the past** un lien fragile avec le passé. -**2.** [person] fragile, frêle; **I'm feeling a bit ~ today** *hum* je ne suis pas dans mon assiette OR je ne me sens pas très bien ce matin.

fragility [frə'dʒɪlətɪ] *n* fragilité *f*.

fragment [*n* 'frægmənt, *vb* fræg'ment] ◇ *n* [of china, text] fragment *m*, morceau *m*; [of bomb] éclat *m*; **I overheard only ~s of their conversation** je n'ai entendu que des bribes de leur conversation; **the report contains not a ~ of truth** le rapport ne contient pas un atome OR une once de vérité.
◇ *vt* [break] fragmenter, briser; [divide] fragmenter, morceler.
◇ *vi* se fragmenter.

fragmental [fræg'mentl] *adj* fragmentaire; GEOL clastique, détritique.

fragmentary ['frægməntrɪ] *adj* fragmentaire.

fragmentation [,frægmen'teɪʃn] *n* [breaking] fragmentation *f*; [division] fragmentation *f*, morcellement *m*; **~ bomb** bombe *f* à fragmentation; **~ grenade** grenade *f* offensive.

fragmented [fræg'mentɪd] *adj* fragmentaire, morcelé.

fragrance ['freɪgrəns] *n* parfum *m*; **our new ~** COMM notre nouveau parfum.

fragrant ['freɪgrənt] *adj* parfumé; **a garden ~ with flowers** *lit* un jardin où embaument les fleurs.

frail [freɪl] *adj* -**1.** [object] fragile; [person] fragile, frêle; [health] délicat, fragile; **she's rather ~** elle a une petite santé. -**2.** [happiness, hope] fragile, éphémère; **human nature is very ~** *fig* la nature humaine est très fragile.

frailty ['freɪltɪ] (*pl* **frailties**) *n* [of health, hope, person] fragilité *f*; [of character] faiblesse *f*.

frame [freɪm] ◇ *n* -**1.** [border - gen] cadre *m*; [- of canvas, picture etc] cadre *m*, encadrement *m*; [- of window] cadre *m*, châssis *m*; [- of door] encadrement *m*; [- for spectacles] monture *f*; **glasses with red ~s** des lunettes avec une monture rouge. -**2.** [support, structure - gén] cadre *m*; CONSTR charpente *f*; [- of bicycle] cadre *m*; [- of car] châssis *m*; [- of lampshade, racket, tent] armature *f*; [- of machine] bâti *m*; TEX métier *m*; [- for walking] déambulateur *m*; **the bed has a wooden ~** le lit est muni d'un cadre en bois. -**3.** [body] charpente *f*; **the wrestler heaved his massive ~ up from the floor** le lutteur releva sa masse imposante; **his slender ~ was shaken by sobs** son corps menu OR fluet était secoué par des sanglots. -**4.** [setting, background] cadre *m*; [area, scope] cadre *m*. -**5.** PHOT image *f*; CIN image *f*, photogramme *m*; TV trame *f*.
◇ *vt* -**1.** [enclose, encase] encadrer; **she's had all her diplomas ~d** elle a fait encadrer tous ses diplômes; **her face was ~d by a white silk scarf** *fig* un foulard de soie blanc encadrait son visage. -**2.** *fml* [design, draft] élaborer; [formulate, express] formuler; **to ~ a plan/system** élaborer un projet/système; **the contract was ~d in legal jargon** le contrat était formulé en jargon juridique. -**3.** *inf* [incriminate falsely]: **to ~ sb** monter un (mauvais) coup contre qqn; **I've been ~d** j'ai été victime d'un coup monté.

frame house *n* maison *f* en bois.

frame of mind *n* état *m* d'esprit; **I'm not in the right ~ for celebrating** je ne suis pas d'humeur à faire la fête.

frame of reference *n* système *m* de référence.

framer ['freɪməʳ] *n* encadreur *m*.

frame rucksack *Br*, **frame backpack** *Am* *n* sac *m* à dos à armature.

frame-up *inf n* coup *m* monté.

framework ['freɪmwɜːk] *n* -**1.** [structure] cadre *m*, structure *f*; CONSTR charpente *f*; TECH bâti *m*. -**2.** *fig*: **the bill seeks to provide a legal ~ for divorce** le projet de loi vise à instaurer un cadre juridique pour les procédures de divorce.

framing ['freɪmɪŋ] *n* encadrement *m*.

franc [fræŋk] *n* franc *m*.

France [frɑːns] *pr n* France *f*; **in ~** en France.

franchise ['fræntʃaɪz] ◇ *n* -**1.** POL suffrage *m*, droit *m* de vote. -**2.** COMM & JUR franchise *f*.
◇ *vt* accorder une franchise à.

franchisee [,fræntʃaɪ'ziː] *n* COMM franchisé *m*.

franchiser ['fræntʃaɪzəʳ] *n* COMM franchiseur *m*.

franchising ['fræntʃaɪzɪŋ] *n* franchisage *m*.

Francis ['frɑːnsɪs] *pr n*: **Saint ~ (of Assisi)** saint François (d'Assise).

Franciscan [fræn'sɪskən] ◇ *adj* franciscain.
◇ *n* franciscain *m*, -e *f*.

francium ['frænsɪəm] *n* francium *m*.

Franco- ['fræŋkəʊ] *in cpds* franco-.

Francophile ['fræŋkəfaɪl] ◇ *adj* francophile.
◇ *n* francophile *mf*.

Francophobe ['fræŋkəfəʊb] ◇ *adj* francophobe.
◇ *n* francophobe *mf*.

Francophone ['fræŋkəfəʊn] ◇ *adj* francophone.
◇ *n* francophone *mf*.

frangipane ['frændʒɪpeɪn] *n* frangipane *f*.

frangipani [,frændʒɪ'pɑːnɪ] *n* frangipanier *m*.

Franglais ['frɒŋgleɪ] *n* franglais *m*.

frank [fræŋk] ◇ *adj* franc; **I'll be ~ with you** je vais vous parler franchement OR être franc avec vous; **to be (perfectly) ~, I think you're wrong** franchement OR sincèrement, je crois que vous avez tort.
◇ *vt Br* affranchir.
◇ *n Br* -**1.** [on letter] affranchissement *m*. -**2.** *inf Am* [sausage] saucisse *f* (de Francfort); [hot dog] hot-dog *m*.

Frank [fræŋk] *n* HIST Franc *m*, Franque *f*.

Frankenstein ['fræŋkənstaɪn] *pr n* Frankenstein.

Frankfurt ['fræŋkfət] *pr n*: **~ (am Main)** Francfort (-sur-le-Main).

frankfurter ['fræŋkfɜːtəʳ] *n* saucisse *f* de Francfort.

frankincense ['fræŋkɪnsens] *n* encens *m*.

franking machine ['fræŋkɪŋ-] *n* machine *f* à affranchir.

Frankish ['fræŋkɪʃ] ◇ *adj* franc.
◇ *n* francique *m*.

frankly ['fræŋklɪ] *adv* franchement; **can I speak ~?** puis-je parler franchement OR en toute franchise?; **(quite) ~, I think he's wrong** franchement OR sincèrement, je crois qu'il a tort.

frankness ['fræŋknɪs] *n* franchise *f*; **I admire his ~** j'admire sa franchise OR son franc-parler.

frantic ['fræntɪk] *adj* -**1.** [distraught, wild] éperdu, affolé; **she was ~ with worry** elle était folle d'inquiétude; **~ screams** des cris éperdus OR d'affolement. -**2.** [very busy]: **a scene of ~ activity** une scène d'activité frénétique; **things are pretty ~ at the office just now** *inf* il y a un travail fou au bureau en ce moment.

frantically ['fræntɪklɪ] *adv* désespérément; **she worked ~ to finish the dress** elle travailla comme une forcenée pour terminer la robe; **the shop is ~ busy just before Christmas** il y a un monde fou au magasin juste avant Noël.

frappe [*Br* 'fræpeɪ, *Am* fræ'peɪ] *n* [drink] milk-shake *m (épais)*.

fraternal [frə'tɜːnl] *adj* fraternel; **~ twins** des faux jumeaux.

fraternally [frə'tɜːnəlɪ] *adv* fraternellement.

fraternity [frə'tɜːnətɪ] (*pl* **fraternities**) *n* -**1.** [friendship] fraternité *f*. -**2.** [association] confrérie *f*; **the medical ~** la confrérie des médecins. -**3.** *Am* UNIV ≃ club *m* d'étudiants.

fraternity pin *n Am* UNIV insigne *m* de confrérie.

fraternization [,frætənaɪ'zeɪʃn] *n* fraternisation *f*.

fraternize, -ise ['frætənaɪz] *vi* fraterniser.

fratricidal [,frætrɪ'saɪdl] *adj* fratricide.

fratricide ['frætrɪsaɪd] *n* fratricide *mf*.

fraud [frɔːd] *n* -**1.** JUR fraude *f*; FIN escroquerie *f*; **she's been charged with ~** elle a été inculpée de fraude; **tax ~** fraude fiscale; **he obtained the painting by ~** il a eu le tableau en fraude. -**2.** [dishonest person] imposteur *m*. -**3.** [product, work] supercherie *f*.

Fraud Squad *n Br*: **the ~** *section de la police britannique spécialisée dans les fraudes des entreprises.*

fraudulence ['frɔːdjʊləns] *n* caractère *m* frauduleux.

fraudulent ['frɔːdjʊlənt] *adj* frauduleux; JUR fraudatoire.

fraudulently ['frɔːdjʊləntlɪ] *adv* frauduleusement.

fraught [frɔːt] *adj* -**1.** [filled] chargé, lourd; **~ with danger** rempli de dangers. -**2.** *inf Br* [tense] tendu; **I'm feeling a bit ~** je me sens un peu angoissé OR tendu; **things got rather ~ at work today** l'atmosphère était plutôt tendue au bureau aujourd'hui; **I've had a particularly ~ week** j'ai eu une semaine particulièrement stressante.

fray [freɪ] ◇ *vt* (*usu pass*) -**1.** [clothing, fabric, rope] effilocher. -**2.** [nerves] mettre à vif; **her nerves were ~ed** elle avait les nerfs à vif.
◇ *vi* -**1.** [clothing, fabric, rope] s'effilocher; **her dress is ~ing at the hem** l'ourlet de sa robe s'effiloche. -**2.** *fig*: **tempers began to ~** les gens commençaient à s'énerver OR perdre patience.
◇ *n*: **the ~** la mêlée; **to enter** OR **to join the ~** se jeter dans la mêlée.

frayed [freɪd] *adj* -**1.** [garment] élimé; **her jacket was ~ at the cuffs** sa veste était élimée aux poignets. -**2.** *fig*: **tempers were increasingly ~** les gens étaient de plus en plus irritables.

frazzle *inf* ['fræzl] ◇ *vt* [exhaust] tuer, crever.
◇ *n*: **worn to a ~** crevé; **burnt to a ~** carbonisé, calciné.

frazzled *inf* ['fræzld] *adj* [exhausted] crevé.

FRCO (*abbr of* **Fellow of the Royal College of Organists**) *n membre du RCO.*

FRCP (*abbr of* **Fellow of the Royal College of Physicians**) *n membre du RCP.*

FRCS (*abbr of* **Fellow of the Royal College of Surgeons**) *n membre du RCS.*

freak [friːk] ◇ *n* -**1.** [abnormal event] caprice *m* de la nature; [abnormal person] phénomène *m* de foire; [eccentric person] phénomène *m*, farfelu *m*, -e *f*; **by a ~ of nature** par un caprice de la nature; **by some ~ (of chance)** par un hasard inouï; **just because I choose not to eat meat, that doesn't make me a ~** ce n'est pas parce que je ne mange pas de viande que je suis anormal ❑ **~ show** exhibition *f* de monstres *(à la foire)*. -**2.** *inf* [fanatic] fana *mf*; **a health ~** un fana de la forme. -**3.** ∇ [hippie] hippie *mf*. -**4.** *lit* [caprice, whim] foucade *f*.
◇ *adj* [accident, result, storm] insolite, anormal; **~ weather conditions** des conditions atmosphériques anormales.
◇ *vi* ∇ = **freak out** *vi insep.*

◆ **freak out**∇ ◇ *vi insep* -**1.** [on drugs] flipper. -**2.** [lose control of one's emotions] perdre les pédales.

◇ *vt sep* -**1.** [cause to hallucinate] faire flipper. -**2.** [upset emotionally] déboussoler.

freakish ['friːkɪʃ] *adj* -**1.** [abnormal, strange] étrange, insolite; a **~-looking man** un homme d'aspect bizarre OR insolite. -**2.** *lit* [capricious, changeable] changeant.

freaky *inf* ['friːkɪ] *adj* bizarre, insolite.

freckle ['frekl] ◇ *n* tache *f* de rousseur OR son.
◇ *vt* marquer de taches de rousseur.
◇ *vi* se couvrir de taches de rousseur.

freckled ['frekld] *adj* taché de son, marqué de taches de rousseur; a **~ face/nose** un visage/nez couvert de taches de rousseur.

Frederick ['fredrɪk] *pr n*: **~ the Great** Frédéric le Grand.

free [friː] ◇ *adj* -**1.** [unconfined, unrestricted - person, animal, passage, way] libre; **the hostage managed to get ~** l'otage a réussi à se libérer; **to cut sb ~** délivrer qqn en coupant ses liens; **to let sb go ~** relâcher qqn, remettre qqn en liberté; **to set ~** [prisoner, animal] remettre en liberté; [slave] affranchir; [hostage] libérer; **you are ~ to leave** vous êtes libre de partir; **you are ~ to refuse** libre à vous de refuser; **they gave us ~ access to their files** ils nous ont donné libre accès à leurs dossiers; **feel ~ to visit us any time** ne vous gênez pas pour nous rendre visite quand vous voulez; **can I use the phone? — yes, feel ~** puis-je téléphoner? — mais certainement ❑ **~ pardon** JUR grâce *f*. -**2.** [unattached] libre, sans attaches; **grab the ~ end of the rope** attrape le bout libre de la corde. -**3.** [democratic] libre; **it's a ~ country!** on est en république!; **a ~ press** une presse libre ❑ **the Free World** POL le monde libre. -**4.** [at no cost] gratuit; **~ admission** entrée *f* gratuite OR libre ❑ **~ gift** COMM cadeau *m*; **~ sample** COMM échantillon *m* gratuit; **there's no such thing as a ~ lunch** les gens sont tous intéressés. -**5.** [not in use, unoccupied] libre; **is that seat ~?** est-ce que ce siège est libre?; **she doesn't have a ~ moment** elle n'a pas un moment de libre; **are you ~ for lunch today?** êtes-vous libre pour déjeuner aujourd'hui?; **could you let us know when you're ~?** pourriez-vous nous faire savoir quand vous êtes libre OR disponible?; **what do you do in your ~ time?** que faites-vous pendant vos loisirs?; **she has very little ~ time** elle a peu de temps libre. -**6.** [unhampered]: **the jury was not entirely ~ of** OR **from prejudice** les jurés n'étaient pas entièrement sans préjugés OR parti pris; **to be ~ from care** être sans souci; **to be ~ from pain** ne pas souffrir; **I just want to be ~ of him!** je veux être débarrassé de lui!; **they're trying to keep Antarctica ~ from pollution** ils essaient de préserver l'Antarctique de la pollution ❑ **~ and easy** désinvolte, décontracté; **she has a very ~ and easy attitude to life** elle prend la vie de façon très décontractée; **~ love** union *f* libre. -**7.** [generous]: **she's very ~ with her criticism** elle ne ménage pas ses critiques. -**8.** [disrespectful] trop familier; **he's a bit ~ in his manners for my liking** il est un peu trop sans gêne à mon goût. -**9.** CHEM libre, non combiné; **~ nitrogen** azote *m* à l'état libre.
◇ *adv* -**1.** [at no cost] gratuitement; **they will deliver ~ of charge** ils livreront gratuitement; **children under twelve travel (for) ~** les enfants de moins de douze ans voyagent gratuitement. -**2.** [without restraint] librement; **wolves roamed ~ through the forests** les loups rôdaient librement à travers les forêts; **to make ~ with sthg** se servir de qqch sans se gêner; **he made very ~ with his wife's money** il ne se gênait pas pour dépenser l'argent de sa femme.
◇ *vt* -**1.** [release - gen] libérer; [- prisoner] libérer, relâcher; [- tied-up animal] détacher; [- caged animal] libérer; [- serf, slave] affranchir; **giving up work has ~d me to get on with my painting** arrêter de travailler m'a permis de continuer à peindre ‖ COMM [prices, trade] libérer; **the government has undertaken to ~ more funds for the arts** le gouvernement a promis de débloquer d'autres crédits pour les arts. -**2.** [disengage, disentangle] dégager; **it took two hours to ~ the driver from the wreckage** il a fallu deux heures pour dégager le conducteur de sa voiture; **she tried to ~ herself from his grasp** elle essaya de se libérer OR dégager de son étreinte; **he cannot ~ himself of guilt** *fig* il ne peut pas se débarrasser d'un sentiment de culpabilité. -**3.** [unblock - pipe] déboucher; [- passage] libérer.

-free *in cpds*: **additive~** sans additifs; **salt~** sans sel; **trouble~** sans ennuis OR problèmes.

free agent *n* personne *f* libre OR indépendante; **she's a ~ now** elle est libre d'agir comme bon lui semble OR libre de ses mouvements maintenant.

free association *n* association *f* libre.

freebase ['friːbeɪs] *vi drugs sl* [purify cocaine] purifier de la cocaïne.

freebie *inf*, **freebee** *inf* ['friːbɪ] ◇ *n* fleur *f*.
◇ *adj* gratis *(inv)*.

freeboard ['friːbɔːd] *n* franc-bord *m*.

freebooter ['friːˌbuːtəʳ] *n* flibustier *m*.

freeborn ['friːbɔːn] *adj* né libre.

freedom ['friːdəm] *n* liberté *f*; **the students were ready to die for ~** les étudiants étaient prêts à mourir pour la liberté; **the journalists were given complete ~ to talk to dissidents** les journalistes ont pu parler aux dissidents en toute liberté; **~ of speech/association** liberté d'expression/de réunion; **~ of information** liberté d'information; **~ of worship** liberté du culte; **~ from hunger** le droit de manger à sa faim; **~ from persecution** le droit de vivre sans persécution; **~ from responsibility** le fait d'être dégagé de toute responsabilité; **she had the ~ of the whole house** elle avait la maison à son entière disposition ❑ **to be given** OR **granted the ~ of the city** être nommé citoyen d'honneur de la ville; **~ of the seas** liberté de la haute mer.

freedom fighter *n* combattant *m*, -e *f* de la liberté.

free enterprise *n* libre entreprise *f*.

free-fall *n* chute *f* libre.

free-floating *adj* en mouvement libre.

Freefone® ['friːfəʊn] *n Br appel gratuit*, ≃ numéro *m* vert; **call ~ 800** appelez le numéro vert 800.

free-for-all *inf n* mêlée *f* générale.

free hand *n* liberté *f* d'action; **to give sb a ~ to do sthg** donner carte blanche à qqn pour faire qqch; **they gave me a completely ~** ils m'ont donné toute liberté d'action.
◆ **freehand** *adj* & *adv* à main levée.

freehanded [ˌfriː'hændɪd] *adj* libéral, large.

freehearted [ˌfriː'hɑːtɪd] *adj* [frank] franc; [generous] large.

freehold ['friːhəʊld] ◇ *n* ≃ propriété *f* foncière inaliénable.
◇ *adv*: **to buy/to sell sthg ~** acheter/vendre qqch en propriété inaliénable.
◇ *adj*: **~ property** propriété *f* inaliénable.

freeholder ['friːhəʊldəʳ] *n* ≃ propriétaire *m* foncier, ≃ propriétaire *f* foncière *(à perpétuité)*.

free house *n Br pub libre de ses approvisionnements (et non lié à une brasserie particulière)*.

freeing ['friːɪŋ] *n* [of prisoner] libération *f*, délivrance *f*; [of slave] affranchissement *m*.

free kick *n* coup *m* franc.

freelance ['friːlɑːns] ◇ *n* travailleur *m* indépendant, travailleuse *f* indépendante, free-lance *mf inv*; [journalist, writer] pigiste *mf*.
◇ *adj* indépendant, free-lance.
◇ *adv* en free-lance, en indépendant.
◇ *vi* travailler en free-lance OR indépendant.

freelancer ['friːlɑːnsəʳ] *n* travailleur *m* indépendant, travailleuse *f* indépendante, free-lance *mf inv*.

freeload *inf* ['friːləʊd] *vi* vivre aux crochets des autres.

freeloader *inf* ['friːləʊdəʳ] *n* pique-assiette *mf*, parasite *mf*.

freeloading *inf* ['friːləʊdɪŋ] *adj* parasite.

freely ['friːlɪ] *adv* -**1.** [without constraint] librement; **can I speak ~?** puis-je parler librement?; **she made her confession ~** elle a avoué de son plein gré; **traffic is moving ~ again** la circulation est redevenue fluide; **the book is now ~ available** on peut se procurer le livre facilement maintenant. -**2.** [liberally, lavishly - spend] largement; [- perspire, weep] abondamment; **the plant grows ~ in hot countries** cette plante pousse en abondance dans les pays chauds.

freeman ['friːmən] (*pl* **freemen** [-mən]) *n* HIST homme *m* libre; [citizen] citoyen *m*; **he's a ~ of the city** il est citoyen d'honneur de la ville.

free-market *adj*: **~ economy** économie *f* de marché.

freemason, Freemason ['friːˌmeɪsn] *n* franc-maçon *m*.

freemasonry, Freemasonry ['friːˌmeɪsnrɪ] *n* franc-maçonnerie *f*.

free on board *adv* franco à bord.

free on rail *adv* franco wagon.

free port *n* port *m* franc.

Freepost® ['friːpəʊst] *n Br* port *m* payé.

free-range *adj* fermier; **~ eggs** œufs *mpl* de poules élevées en plein air.

freesia ['friːzjə] *n* freesia *m*.

free speech *n* liberté *f* de parole OR d'expression.

free spirit *n* non-conformiste *mf*.

free-spoken *adj* franc.

free-standing *adj* isolé; GRAMM indépendant.

freestone ['friːstəʊn] *n* pierre *f* de taille.

freestyle ['friːstaɪl] *n* [in swimming] nage *f* libre.

freethinker [ˌfriː'θɪŋkəʳ] *n* libre-penseur *m*.

Freetown ['friːtaʊn] *pr n* Freetown.

free trade *n* libre-échange *m*.

free verse *n* vers *m* libre.

free vote *n* vote *m* libre.

freeway ['friːweɪ] *n Am* autoroute *f*.

freewheel [ˌfriː'wiːl] ◇ *n* [on bicycle] roue *f* libre.
◇ *vi* -**1.** [cyclist] être en roue libre; **to ~ down a slope** descendre une pente en roue libre. -**2.** [motorist] rouler au point mort.

freewheeling *inf* [ˌfriː'wiːlɪŋ] *adj* désinvolte, sans-gêne *(inv)*.

free will *n* libre arbitre *m*; **to do sthg of one's own ~** faire qqch de son plein gré.

freeze [friːz] (*pt* **froze** [frəʊz], *pp* **frozen** ['frəʊzn]) ◇ *vi* -**1.** [earth, pipes, water] geler; [food] se congeler; **to ~ to death** mourir de froid; **we'll ~ if you open the window!** nous allons geler si vous ouvrez la fenêtre! -**2.** *fig* [stop moving]: **(everybody) ~!** que personne ne bouge!; **she froze (in her tracks)** elle est restée figée sur place; **her blood froze** son sang se figea OR se glaça dans ses veines.
◇ *vt* -**1.** [water] geler, congeler; [food] congeler; [at very low temperatures] surgeler; MED [blood, human tissue] congeler. -**2.** ECON & FIN [assets] geler; [prices, wages] bloquer. -**3.** CIN: **~ it!** arrêtez l'image!
◇ *n* METEOR gel *m*; ECON & FIN gel *m*, blocage *m*; **we're in for another big ~** METEOR il va y avoir une période de très grand froid; ECON il va y avoir une crise économique; **they called for a ~ in the production of nuclear weapons** ils ont appelé à un gel de la production d'armes nucléaires ❑ **pay ~** gel OR blocage des salaires.
◆ **freeze out** *inf vt sep Br* [eliminate] se débarrasser de.
◆ **freeze over** *vi insep* geler.
◆ **freeze up** *vi insep* -**1.** [turn to ice] geler. -**2.** *inf* [become immobilized] rester pétrifié.

freeze-dry *vt* lyophiliser.

freeze-frame *n* arrêt *m* sur image.

freezer ['friːzəʳ] *n* congélateur *m*; [in refrigerator] freezer *m*; **~ compartment** compartiment *m* congélateur *(d'un réfrigérateur)*; **in the ~ section of your supermarket** au rayon surgelés de votre supermarché.

freeze-up *inf n* gel *m*.

freezing ['fri:zɪŋ] ◇ *adj* METEOR glacial; [person] gelé, glacé; **I'm ~** je suis gelé; **~ rain** neige *f* fondue; **a ~ wind was blowing** un vent glacial soufflait; **it's ~ in this room!** on gèle dans cette pièce!; **your hands are ~** vous avez les mains gelées OR glacées.
◇ *n*: **it's two degrees above/below ~** il fait deux degrés au-dessus/au-dessous de zéro.
◇ *adv*: **a ~ cold day** une journée glaciale; **it's ~ cold outside** il fait un froid glacial dehors.

freezing point *n* point *m* de congélation.

freight [freɪt] ◇ *n* -**1.** [goods] fret *m*. -**2.** [transport]: **to send goods by ~** envoyer des marchandises en régime ordinaire; **air ~** fret *m* par avion.
◇ *vt* transporter.
◇ *comp* [aircraft, transport] de fret; **~ charges** frais *mpl* de port; **~ note** bordereau *m* d'expédition.

freightage ['freɪtɪdʒ] *n* fret *m*.

freight car *n Am* wagon *m* de marchandises, fourgon *m*.

freighter ['freɪtə^r] *n* NAUT navire *m* de charge; AERON avion-cargo *m*, avion *m* de fret.

Freightliner® ['freɪt,laɪnə^r] *n* train *m* de transport de conteneurs.

freight train *n Am* train *m* de marchandises.

French [frentʃ] ◇ *npl* [people]: **the ~** les Français.
◇ *n* LING français *m*; **pardon my ~** *hum* excusez la grossièreté de mon langage.
◇ *adj* [person, cooking, customs] français; [ambassador, embassy, king] de France; **'The French Lieutenant's Woman'** *Fowles* 'Sarah et le lieutenant français'.

French bean *n* haricot *m* vert.

French bread *n* baguette *f*.

French Canadian ◇ *adj* canadien français.
◇ *n* -**1.** [person] Canadien *m* français, Canadienne *f* française. -**2.** LING français *m* canadien.

French chalk *n* craie *f* de tailleur.

French cricket *n version simplifiée du cricket surtout pratiquée par les enfants.*

French curve *n* pistolet *m* (de dessinateur).

French door *Am* = **French window**.

French dressing *n* [in UK] vinaigrette *f*; [in US] *sauce de salade à base de mayonnaise et de ketchup.*

French fried potatoes *npl* pommes *fpl* frites.

French fries *npl* frites *fpl*.

French horn *n* cor *m* d'harmonie.

Frenchie *inf* ['frentʃɪ] ◇ *adj* français.
◇ *n* Français *m*, -e *f*.

frenchify *inf* (*pt* & *pp* frenchified), **Frenchify** *inf* (*pt* & *pp* **Frenchified**) ['frentʃɪfaɪ] *vt* franciser.

French kiss ◇ *n* baiser *m* profond.
◇ *vt* embrasser sur la bouche *(avec la langue)*.
◇ *vi* s'embrasser sur la bouche *(avec la langue)*.

French knickers *npl* ≃ caleçon *m (culotte pour femme)*.

French leave *n*: **to take ~** *inf Br* filer à l'anglaise.

French letter *inf n Br* [condom] capote *f* anglaise.

French loaf *n* baguette *f*.

Frenchman ['frentʃmən] (*pl* **Frenchmen** [-mən]) *n* Français *m*.

French marigold *n* œillet *m* d'Inde.

French polish *n Br* vernis *m* (à l'alcool).
◆ **French-polish** *vt Br* vernir (à l'alcool).

French Riviera *pr n*: **the ~** la Côte d'Azur.

French seam *n* couture *f* anglaise.

French-speaking *adj* francophone.

French stick *n Br* baguette *f*.

French toast *n* [in UK] *pain grillé d'un seul côté*; [in US] pain *m* perdu.

French Triangle *pr n*: **the ~** *région du sud des États-Unis comprise entre La Nouvelle-Orléans, Alexandria et Cameron.*

French window *n Br* porte-fenêtre *f*.

Frenchwoman ['frentʃ,wʊmən] (*pl* **Frenchwomen** [-,wɪmɪn]) *n* Française *f*.

Frenchy *inf* ['frentʃɪ] (*pl* **Frenchies**) = **Frenchie**.

frenetic [frə'netɪk] *adj* frénétique.

frenetically [frə'netɪklɪ] *adv* frénétiquement.

frenzied ['frenzɪd] *adj* [activity] frénétique, forcené; [crowd] déchaîné; [person] forcené, déchaîné.

frenzy ['frenzɪ] *n* -**1.** [fury, passion] frénésie *f*; **to work o.s. (up) into a ~ (over sthg)** se mettre dans une colère noire. -**2.** [fit, outburst] accès *m*, crise *f*; **in a ~ of anger** dans un accès OR une crise de colère.

frequency ['fri:kwənsɪ] *n* fréquence *f*.

frequency distribution *n* distribution *f* des fréquences.

frequency modulation *n* modulation *f* de fréquence.

frequent [*adj* 'fri:kwənt, *vb* frɪ'kwent] ◇ *adj* fréquent; **a ~ visitor** un habitué.
◇ *vt lit* fréquenter.

frequentative [frɪ'kwentətɪv] *adj* LING fréquentatif.

frequently ['fri:kwəntlɪ] *adv* fréquemment, souvent.

fresco ['freskəʊ] (*pl* **frescoes** OR **frescos**) *n* fresque *f*; **~ painter** fresquiste *mf*.

fresh [freʃ] ◇ *adj* -**1.** [recently made or produced] frais; **~ bread/butter** pain *m*/beurre *m* frais; **there's some ~ coffee in the pot** il y a du café (tout) frais dans la cafetière; **~ flowers** fleurs *fpl* fraîches; **the vegetables are ~ from the garden** les légumes viennent directement du jardin; **there were ~ tracks in the snow** il y avait des traces toutes fraîches dans la neige; **young graduates ~ from** OR **out of university** de jeunes licenciés (tout) frais émoulus de l'université. -**2.** [new - idea, problem] nouveau, original; [- news, paint, supplies] frais; [vivid - impression] frais; **I need some ~ air** j'ai besoin de prendre l'air; **a ~ approach** une approche nouvelle; **management and unions have agreed to ~ talks** la direction et les syndicats ont accepté de reprendre leurs négociations; **to make a ~ start** prendre un nouveau départ; **he put on a ~ shirt** il mit une chemise propre; **start on a ~ page** prenez une nouvelle page; **the incident was still ~ in his mind** le souvenir de l'incident était encore tout frais dans sa mémoire; **the memory of her loss was still ~** le souvenir de sa mort était encore tout frais. -**3.** [not salt - water] doux. -**4.** [rested] frais; **she looked ~ and relaxed** elle avait l'air fraîche et reposée ❑ **as ~ as a daisy** frais comme une rose. -**5.** [clean] frais, pur; **a ~ complexion** un teint frais; **the ~ scent of lemons** le parfum frais des citrons. -**6.** [bright]: **~ colours** des couleurs fraîches. -**7.** METEOR [gen] frais; [on Beaufort scale]: **~ breeze** bonne brise *f*; **~ gale** coup *m* de vent. -**8.** [refreshing - taste] rafraîchissant. -**9.** *inf Am* [impudent] insolent; [child] mal élevé; **don't you get ~ with me, young man!** pas d'insolence avec moi, jeune homme! -**10.** *inf Am* [sexually forward] effronté; **he started to get ~ so she hit him** il commença à prendre des libertés avec elle alors elle le frappa.
◇ *adv* fraîchement; **~ cut flowers** des fleurs fraîchement cueillies; **to be ~ out of sthg** *inf* être à court de OR manquer de qqch.

freshen ['freʃn] ◇ *vt* rafraîchir.
◇ *vi* NAUT [wind] fraîchir.
◆ **freshen up** ◇ *vi insep* faire un brin de toilette.
◇ *vt sep* -**1.** [person] faire un brin de toilette à. -**2.** [house, room] donner un petit coup de peinture à. -**3.** [drink]: **let me ~ up your drink** laisse-moi te resservir à boire.

fresher *inf* ['freʃə^r] *n* UNIV bizut *m*, bizuth *m*, étudiant *m*, -e *f* de première année.

freshet ['freʃɪt] *n* -**1.** *lit* [stream] ruisseau *m*, ruisselet *m*. -**2.** [rise in water level] crue *f*; [flood] inondation *f*.

freshly ['freʃlɪ] *adv* récemment; **~ made coffee** du café qui vient d'être fait; **~ squeezed orange juice** jus *m* d'oranges pressées; **the grave had been ~ dug** la fosse avait été fraîchement creusée.

freshman ['freʃmən] (*pl* **freshmen** [-mən]) *Am* = **fresher**.

freshness ['freʃnɪs] *n* fraîcheur *f*.

freshwater ['freʃ,wɔ:tə^r] *adj*: **~ fish** poisson *m* d'eau douce.

fret [fret] (*pt* & *pp* **fretted**, *cont* **fretting**) ◇ *vi* [worry] tracasser; **she's always fretting about** OR **over her children** elle se fait toujours du souci pour ses enfants; **don't ~, I'll be alright** ne te tracasse pas pour moi, tout ira bien; **the small boy was fretting for his mother** le petit garçon réclamait sa mère en pleurant; **the dog fretted for its owner** le chien s'agitait parce que son maître n'était pas là.
◇ *vt* -**1.** [worry]: **to ~ one's life away** passer sa vie à se tourmenter OR à se faire du mauvais sang. -**2.** [erode, wear down] ronger; **a fretted rope** une corde effilochée. -**3.** [decorate - metal, wood] chantourner.
◇ *n* -**1.** *inf* [state]: **to get in a ~ about sthg** se faire du mauvais sang OR se ronger les sangs à propos de qqch. -**2.** [on a guitar] touchette *f*, frette *f*.

fretful ['fretfʊl] *adj* [anxious] soucieux; [irritable, complaining] grincheux, maussade; **a ~ child** un enfant grognon; **the baby's ~ crying** les pleurs du bébé.

fretfully ['fretfʊlɪ] *adv* -**1.** [anxiously - ask, say] avec inquiétude; **the dog waited ~ by the door** le chien attendait impatiemment à la porte. -**2.** [irritably] d'une manière maussade; [ask, say] d'un ton grincheux OR maussade.

fretsaw ['fretsɔ:] *n* scie *f* à chantourner.

fretwork ['fretwɜ:k] *n* chantournement *m*.

Freudian ['frɔɪdɪən] ◇ *adj* freudien.
◇ *n* disciple *mf* de Freud.

Freudian slip *n* lapsus *m*.

FRG (*abbr of* Federal Republic of Germany) *pr n* RFA *f*.

Fri. (*written abbr of* **Friday**) ven.

friable ['fraɪəbl] *adj* friable.

friar ['fraɪə^r] *n* frère *m*, moine *m*.

friar's balsam *n* benjoin *m*.

friary ['fraɪərɪ] (*pl* **friaries**) *n* monastère *m*.

fricassee ['frɪkəsi:] ◇ *n* fricassée *f*.
◇ *vt* fricasser.

fricative ['frɪkətɪv] ◇ *adj* constrictif, fricatif.
◇ *n* constrictive *f*, fricative *f*.

friction ['frɪkʃn] *n* -**1.** PHYS friction *f*. -**2.** [discord] friction *f*, conflit *m*; **it's an issue that often causes ~ between neighbours** c'est un problème qui est souvent cause de frictions entre voisins.

friction clutch *n* embrayage *m* à friction.

friction drive *n* entraînement *m* par friction.

frictionless ['frɪkʃənlɪs] *adj* sans friction.

friction tape *n Am* chatterton *m*.

Friday ['fraɪdɪ] *n* vendredi *m*; **it's ~ today** nous sommes OR on est vendredi aujourd'hui; **I'll see you (on) ~** je te verrai vendredi; **he leaves on ~, he leaves ~** *Am* il part vendredi; **the cleaning woman comes on ~s** la femme de ménage vient le vendredi; **I work ~s** je travaille le vendredi; **there's a market each ~** OR **every ~** il y a un marché tous les vendredis OR chaque vendredi; **every other ~, every second ~** un vendredi sur deux; **the first/last ~ of every month** le premier/dernier vendredi de chaque mois; **we arrive on the ~ and leave on the Sunday** nous arrivons le vendredi et repartons le dimanche; **the programme's usually shown on a ~** généralement cette émission passe le vendredi; **the following ~** le vendredi suivant; **she saw the doctor last ~** elle a vu le médecin vendredi dernier; **I have an appointment next ~** j'ai un rendez-vous vendredi prochain; **the ~ after next** vendredi en huit; **the ~ before last** l'autre vendredi; **a week from ~, a week on ~** *Br*, **~ week** *Br* vendredi en huit; **a fortnight on ~, ~ fortnight** *Br* vendredi en quinze; **a week/fortnight ago ~** il y a eu huit/quinze jours vendredi; **~ morning** vendredi matin; **~ afternoon** vendredi après-midi; **~ evening** vendredi soir; **we're going out (on)**

~ **night** nous sortons vendredi soir; **she spent ~ night at her friend's house** elle a passé la nuit de vendredi chez son amie; **we caught the ~ morning boat** nous avons pris le bateau du vendredi matin; ~ **26 February** vendredi 26 février; **they were married on ~ June 12th** ils se sont mariés le vendredi 12 juin; ~ **the thirteenth** vendredi treize.

fridge [frɪdʒ] *n* frigidaire *m*.

fridge-freezer *n* réfrigérateur-congélateur *m*.

fried [fraɪd] *adj* frit; ~ **eggs** œufs *mpl* poêlés OR sur le plat; ~ **food** friture *f*; ~ **potatoes** pommes *fpl* frites; (special) ~ **rice** riz *m* cantonais.

friend [frend] *n* -**1.** [gen] ami *m*, -e *f*; **his school ~s** ses camarades d'école; **Bill's a good ~ of mine** Bill est un grand ami à moi; **we're just good ~s** nous sommes bons amis sans plus; **my best ~** mon meilleur ami, ma meilleure amie; **he's a ~ of the family** c'est un ami de la famille; **she's someone I used to be ~s with** nous avons été amies; **to make ~s** se faire des amis; **he tried to make ~s with her brother** il essaya d'être ami avec son frère; **shall we be ~s?** on est amis?; [after a quarrel] on fait la paix?; **she's no ~ of mine** elle ne fait pas partie de mes amis; **I tell you this as a ~** je vous dis ça en ami; **she doesn't realize what a good ~ you are** elle n'apprécie pas votre amitié à sa juste valeur; **they wanted to part ~s** ils voulaient se quitter en amis; **you're among ~s here** tu es entre amis ici; **I've always been a good ~ to her** j'ai toujours été un bon ami pour elle ❑ **she has ~s in high places** elle a des amis en haut lieu OR bien placés; **Friends of the Earth** les Amis de la Terre; **the (Society of) Friends** RELIG la Société des Amis, les Quakers; **a ~ in need is a ~ indeed** *prov* c'est dans le besoin qu'on reconnaît ses vrais amis. -**2.** [colleague] collègue *mf*; **~s, we are gathered here tonight...** chers amis OR collègues, nous sommes réunis ici ce soir... -**3.** [patron] mécène *m*, ami *m*, -e *f*; **the Friends of the Tate Gallery** les Amis de la Tate Gallery.

friendless ['frendlɪs] *adj* sans amis.

friendliness ['frendlɪnɪs] *n* [kindness, warmth] gentillesse *f*; **an atmosphere of warmth and ~** une ambiance chaleureuse et sympathique.

friendly ['frendlɪ] (*compar* **friendlier**, *superl* **friendliest**) ◇ *adj* -**1.** [kind, pleasant - person] aimable, gentil; [- animal] gentil; [amicable - advice, game, smile] amical; **to be ~ to** OR **towards sb** être gentil OR aimable avec qqn; **a ~ welcome** OR **reception** un accueil chaleureux; **that wasn't very ~ of him!** ce n'était pas très gentil de sa part! -**2.** [close, intimate] ami; [allied] ami; **they've become very ~ lately** elles sont devenues très amies dernièrement; **Anne is still on ~ terms with her brother** Anne est toujours en bons termes avec son frère; **a ~ nation** un pays ami; **don't let him get too ~** *inf* garde tes distances avec lui.
◇ *n* [match] match *m* amical.

friendly society *n Br* société *f* mutuelle OR de secours mutuels.

friendship ['frendʃɪp] *n* amitié *f*; **I would never jeopardize my ~ with him** pour rien au monde je ne compromettrais notre amitié; **to form a ~ with sb** se lier d'amitié avec qqn, nouer une amitié avec qqn; **to strike up a ~ with sb** lier amitié avec qqn; **he did it out of ~ for her** il l'a fait par amitié pour elle; **to live in peace and ~** vivre en paix et bonne intelligence; **the aim is to promote ~ between nations** le but est de promouvoir l'amitié entre les nations.

frier ['fraɪəʳ] = **fryer**.

Friesian ['fri:zjən] *n* frisonne *f*.

frieze [fri:z] *n* -**1.** ARCHIT frise *f*. -**2.** TEX ratine *f*.

frig▽ [frɪg] (*pt* & *pp* **frigged**, *cont* **frigging**) *vi Br*: **to ~ about** OR **around** déconner, faire l'imbécile; **stop frigging about and get in the car** arrête de déconner OR de faire l'imbécile et monte dans la voiture.

frigate ['frɪgət] *n* frégate *f*.

frigging▽ ['frɪgɪŋ] *adj*: **move your ~ car!** enlève-moi cette foutue bagnole!

fright [fraɪt] *n* -**1.** [sudden fear] frayeur *f*, peur *f*; **his face was pale with ~** il était vert de peur; **to take ~ at sthg** avoir peur de qqch; **to give sb a ~** faire une frayeur à qqn; **you gave me a terrible ~!** vous m'avez fait une de ces frayeurs!; **I got the ~ of my life when he said that** j'ai eu la peur de ma vie quand il a dit ça. -**2.** *inf* [mess]: **you look an absolute ~** tu fais vraiment peur à voir.

frighten ['fraɪtn] *vt* effrayer, faire peur à; **stop it, you're ~ing me!** arrête, tu me fais peur!; **to ~ sb out of doing sthg** dissuader qqn de faire qqch en lui faisant peur; **to ~ sb into doing sthg** obliger qqn à faire qqch en lui faisant peur; **to ~ sb to death** OR **out of their wits, to ~ the life out of sb** faire une peur bleue à qqn.
◆ **frighten away** *vt sep* faire fuir (par la peur); [animal] effaroucher; **the burglars were ~ed away by the police siren** effrayés par la sirène de police, les cambrioleurs ont pris la fuite.
◆ **frighten off** *vt sep* -**1.** [cause to flee] faire fuir; [animal] effaroucher. -**2.** [intimidate, scare] chasser, faire peur à; **rising inflation has ~ed off potential investors** l'inflation croissante a fait fuir les investisseurs potentiels.

frightened ['fraɪtnd] *adj* effrayé; **to be ~ of sthg** avoir peur de qqch; **I was too ~ to speak** je n'arrivais pas à parler tellement j'avais peur; **there's nothing to be ~ of** il n'y a rien à craindre; **he looked ~** il avait l'air d'avoir peur; ~ **faces/children** des visages/des enfants apeurés.

frightener ['fraɪtnəʳ] *n phr*: **to put the ~s on sb**▽ filer la trouille à qqn.

frightening ['fraɪtnɪŋ] *adj* effrayant; **the consequences are too ~ to think of** on n'ose pas imaginer les conséquences; **it's ~ to think what might have happened** ça fait peur de penser à ce qui aurait pu arriver.

frighteningly ['fraɪtnɪŋlɪ] *adv* à faire peur; **the story was ~ true to life** l'histoire était d'un réalisme effrayant.

frightful ['fraɪtfʊl] *adj* -**1.** [horrible] affreux, horrible; **the soldier had ~ wounds** le soldat avait d'affreuses blessures. -**2.** *inf Br* [unpleasant]: **we had a ~ time parking the car** on a eu un mal fou à garer la voiture; **he's a ~ bore** [as intensifier] il est horriblement OR affreusement casse-pieds.

frightfully *inf* ['fraɪtfʊlɪ] *adv Br*: **he's a ~ good dancer** il danse remarquablement bien; **it was ~ generous of you to buy me lunch** c'était vraiment très généreux à vous de m'inviter à déjeuner; **I'm ~ sorry about missing the meeting** je suis absolument désolé d'avoir manqué la réunion.

frigid ['frɪdʒɪd] *adj* -**1.** [very cold] glacial, glacé; GEOG & METEOR glacial. -**2.** [sexually] frigide.

frigidity [frɪ'dʒɪdətɪ] *n* -**1.** [coldness] froideur *f*. -**2.** PSYCH frigidité *f*.

Frigid Zone *pr n* régions *fpl* polaires.

frijoles [frɪ'həʊlɪz] *npl purée de haricots rouges frits.*

frill [frɪl] *n* TEX ruche *f*, volant *m*; CULIN papillote *f*; ORNITH collerette *f*.
◆ **frills** *npl* [ornamentation, luxuries]: **without ~s** sans façon; **a cheap, basic package holiday with no ~s** des vacances organisées simples et pas chères.

frilly ['frɪlɪ] *adj* -**1.** TEX orné de fanfreluches. -**2.** [style] affecté, apprêté.

fringe [frɪndʒ] ◇ *n* -**1.** [decorative edge] frange *f*; **a ~ of trees** une bordure d'arbres. -**2.** [of hair] frange *f*. -**3.** [periphery] périphérie *f*, frange *f*; **the gamekeeper lives in a cottage on the ~** OR **~s of the estate** le garde-chasse vit dans une maisonnette en bordure de la propriété ; **to live on the ~s of society** *fig* vivre en marge de la société; **she's on the ~** OR **~s of the party** *fig* elle est en marge du parti ❑ ~ **area** zone *f* limitrophe; ~ **group** frange *f*; **she belongs to a ~ group of the Labour Party** elle fait partie d'une frange du parti travailliste. -**4.** THEAT: **the Fringe (festival)** *Br* le festival off.
◇ *vt* franger; **the path was ~d with rosebushes** le sentier était bordé de rosiers; **palm-~d beaches** des plages bordées de palmiers.

fringe benefit *n* avantage *m* annexe OR en nature.

fringe theatre *n Br* théâtre *m* d'avant-garde OR expérimental.

fringing reef ['frɪndʒɪŋ-] *n* récif *m* frangeant.

frippery ['frɪpərɪ] (*pl* **fripperies**) *n* -**1.** [showy objects] colifichets *mpl*, babioles *fpl*; [on clothing] fanfreluches *fpl*. -**2.** [ostentation] mignardises *fpl*, chichi *m*.

Frisbee® ['frɪzbɪ] *n* Frisbee® *m*.

Frisco *inf* ['frɪskəʊ] *pr n* San Francisco.

Frisian ['fri:ʒən] ◇ *n* -**1.** [person] Frison *m*, -onne *f*. -**2.** LING frison *m*.
◇ *adj* frison.

Frisian Islands *pl pr n*: **the ~** l'archipel *m* frison.

frisk [frɪsk] ◇ *vi* [play] gambader; **the two kittens ~ed about in the garden** les deux chatons gambadaient dans le jardin.
◇ *vt* [search] fouiller.
◇ *n* [search] fouille *f*.

frisky ['frɪskɪ] (*compar* **friskier**, *superl* **friskiest**) *adj* [animal] fringant; [person] gaillard.

fritillary [frɪ'tɪlərɪ] *n* fritillaire *f*.

fritter ['frɪtəʳ] ◇ *n* CULIN beignet *m*; **banana ~s** beignets *mpl* de banane.
◇ *vt* = **fritter away**.
◆ **fritter away** *vt sep* gaspiller.

frivolity [frɪ'vɒlətɪ] (*pl* **frivolities**) *n* frivolité *f*.

frivolous ['frɪvələs] *adj* frivole.

frizz [frɪz] ◇ *n*: **she had a ~ of blond hair** elle avait des cheveux blonds tout frisés.
◇ *vt* faire friser.
◇ *vi* friser.

frizzle ['frɪzl] ◇ *vt* -**1.** CULIN [overcook] griller; [burn] calciner, carboniser. -**2.** [curl] faire friser.
◇ *vi* -**1.** [cook noisily] grésiller. -**2.** [curl] friser.

frizzly ['frɪzlɪ] (*compar* **frizzlier**, *superl* **frizzliest**), **frizzy** ['frɪzɪ] (*compar* **frizzier**, *superl* **frizziest**) *adj* crépu.

fro [frəʊ] → **to and fro**.

frock [frɒk] *n* [dress] robe *f*; RELIG froc *m*.

frock coat *n* redingote *f*.

frog [frɒg] *n* -**1.** ZOOL grenouille *f*; **~'s legs** CULIN cuisses *fpl* de grenouille; **to have a ~ in one's throat** *inf* avoir un chat dans la gorge. -**2.** [on uniform] brandebourg *m*; [on women's clothing] soutache *f*.
◆ **Frog**▽ *n Br* [French person] *terme injurieux désignant un Français.*

frogged [frɒgd] *adj* à brandebourgs.

frogging ['frɒgɪŋ] *n* (U) soutaches *fpl*.

Froggy▽ ['frɒgɪ] *n Br terme injurieux désignant un Français.*

frogman ['frɒgmən] (*pl* **frogmen** [-mən]) *n* homme-grenouille *m*.

frogmarch ['frɒgmɑ:tʃ] *vt Br porter par les bras et les jambes, le visage vers le sol;* **the protesters were ~ed to a police van** les manifestants furent entraînés jusqu'au fourgon de police; **they ~ed us out of the building** [moved forcibly] ils nous ont délogés du bâtiment sans ménagement.

frogspawn ['frɒgspɔ:n] *n* frai *m* de grenouilles.

frog spit, frog spittle *n* crachat *m* de coucou.

fro-ing ['frəʊɪŋ] → **to-ing and fro-ing**.

frolic ['frɒlɪk] (*pt* & *pp* **frolicked**, *cont* **frolicking**) ◇ *vi* s'ébattre, gambader; **the children frolicked about on the grass** les enfants gambadaient sur la pelouse.
◇ *n* [run] gambades *fpl*, ébats *mpl*; [game] jeu *m*; **we let the dogs have a ~ in the park** on a laissé les chiens s'ébattre dans le parc.

frolicsome ['frɒlɪksəm] *adj* enjoué, badin.

from [*weak form* frəm, *strong form* frɒm] *prep* -**1.** [indicating starting point - in space] de; [- in time] de, à partir de, depuis; [- in price, quantity] à partir de; **Einstein came to this country ~ Germany** Einstein a quitté l'Allemagne pour s'établir ici; **her parents came ~ Russia** ses parents venaient de Russie; **where's your friend ~?** d'où est OR vient votre ami?; **I've just come back ~ there** j'en reviens; **there are no direct flights ~ Hobart** il n'y a pas de vol direct à partir d'Hobart; **the 11:10 ~ Cambridge** le train de 11 h 10 en provenance de Cambridge; **the airport is about 15 kilometres ~ the city centre** l'aéroport se trouve à 15 kilomètres environ du centre-ville; **it rained all the way ~ Calais to Paris** il a plu pendant tout le trajet de Calais à Paris; **it takes 15 minutes ~ here to my house** il faut 15 minutes pour aller d'ici à chez moi; **~ now on** désormais, dorénavant; **~ the age of four** à partir de quatre ans; **she was unhappy ~ her first day at boarding school** elle a été malheureuse dès son premier jour à l'internat; **~ the start** dès OR depuis le début; **a week ~ today** dans huit jours; **where will we be a year ~ now?** où serons-nous dans un an?; **we've got food left over ~ last night** nous avons des restes d'hier soir; **potatoes ~ 50 pence a kilo** des pommes de terre à partir de 50 pence le kilo; **knives ~ £2 each** des couteaux à partir de 2 livres la pièce; **6 ~ 14 is 8** 6 ôté de 14 donne 8; **we went ~ 3 employees to 15 in a year** nous sommes passés de 3 à 15 employés en un an. -**2.** [indicating origin, source] de; **who's the letter ~?** de qui est la lettre?; **don't tell her that the flowers are ~ me** ne lui dites pas que les fleurs viennent de moi; **I got a phone call ~ her yesterday** j'ai reçu un coup de fil d'elle hier; **he got the idea ~ a book he read** il a trouvé l'idée dans un livre qu'il a lu; **where did you get the ring ~?** où avez-vous eu la bague?; **you can get a money order ~ the post office** vous pouvez avoir un mandat à la poste; **I bought my piano ~ a neighbour** j'ai acheté mon piano à un voisin; **you mustn't borrow money ~ them** vous ne devez pas leur emprunter de l'argent; **she stole some documents ~ the ministry** elle a volé des documents au ministère; **who stole the key ~ her?** qui lui a volé la clef?; **I heard about it ~ the landlady** c'est la propriétaire qui m'en a parlé; **a scene ~ a play** une scène d'une pièce; **he translates ~ English into French** il traduit d'anglais en français; **she still has injuries resulting ~ the crash** elle a encore des blessures qui datent de l'accident; **she's been away ~ work for a week** ça fait une semaine qu'elle n'est pas allée au travail; **they returned ~ their holidays yesterday** ils sont rentrés de vacances hier; **the man ~ the Inland Revenue** le monsieur du fisc. -**3.** [off, out of]: **she took a book ~ the shelf** elle a pris un livre sur l'étagère; **he drank straight ~ the bottle** il a bu à même la bouteille; **she drew a gun ~ her pocket** elle sortit un revolver de sa poche; **he took a beer ~ the fridge** il a pris une bière dans le frigo; **'guaranteed to remove stains ~ all surfaces'** 'enlève les taches sur toutes les surfaces'. -**4.** [indicating position, location] de; **~ the top you can see the whole city** du haut on voit toute la ville; **you get a great view ~ the bridge** on a une très belle vue du pont; **the rock juts out ~ the cliff** le rocher dépasse de la falaise. -**5.** [indicating cause, reason]: **you can get sick ~ drinking the water** vous pouvez tomber malade en buvant l'eau; **his back hurt ~ lifting heavy boxes** il avait mal au dos après avoir soulevé des gros cartons; **I guessed she was Australian ~ the way she spoke** j'ai deviné qu'elle était australienne à sa façon de parler; **he died ~ grief** il est mort de chagrin. -**6.** [using]: **they are made ~ flour** ils sont faits à base de farine; **Calvados is made ~ apples** le calvados est fait avec des pommes; **she played the piece ~ memory** elle joua le morceau de mémoire; **I speak ~ personal experience** je sais de quoi je parle. -**7.** [judging by] d'après; **~ the way she talks you'd think she was the boss** à l'entendre, on croirait que c'est elle le patron; **~ the way she sings you'd think she were a professional** à l'entendre chanter on dirait que c'est son métier; **~ what I gather...** d'après ce que j'ai cru comprendre... -**8.** [in comparisons] de; **it's no different ~ riding a bike** c'est comme faire du vélo; **how do you tell one ~ the other?** comment les reconnais-tu l'un de l'autre? -**9.** [indicating prevention, protection] de; **she saved me ~ drowning** elle m'a sauvé de la noyade; **we sheltered ~ the rain in a cave** nous nous sommes abrités de la pluie dans une caverne; **they were hidden ~ view** on ne les voyait pas.

frond [frɒnd] *n* fronde *f*; [on palm tree] feuille *f*.

front [frʌnt] ◇ *n* -**1.** [forward part] devant *m*; [of vehicle] avant *m*; **I'll be at the ~ of the train** je serai en tête de OR à l'avant du train; **he sat up ~ near the driver** il s'est assis à l'avant près du conducteur; **our seats were at the ~ of the theatre** nous avions des places aux premiers rangs (du théâtre); **come to the ~ of the class** venez devant; **she went to the ~ of the queue** elle alla se mettre au début de la queue; **the actors stood at the ~ of the stage** les comédiens étaient debout sur le devant de la scène; **the ~ of the house has been repainted** la façade de la maison a été repeinte; **the Times's theatre critic is out ~ tonight** le critique dramatique du Times est dans la salle ce soir; **she wrote her name on the ~ of the envelope** elle écrivit son nom sur le devant de l'enveloppe; **he got wine down his ~ OR the ~ of his shirt** du vin a été renversé sur le devant de sa chemise; **his portrait was in the ~ of every schoolbook** son portrait figurait sur la couverture de tous les livres de classe. -**2.** [seashore] bord *m* de mer, front *m* de mer; **the hotel is on the ~** l'hôtel est au bord de la OR sur le front de mer; **a walk along OR on the ~** une promenade au bord de la mer. -**3.** MIL front *m*; **on the Eastern/Western ~** sur le front Est/Ouest; **he fought at the ~** il a combattu au front || *fig*: **the Prime Minister is being attacked on all ~s** on s'en prend au Premier ministre de tous côtés; **little had been achieved on the domestic OR home ~** on avait accompli peu de choses sur le plan intérieur ❑ **'All Quiet on the Western Front'** *Remarque* 'À l'Ouest, rien de nouveau'. -**4.** [joint effort] front *m*; **to present a united ~ (on sthg)** faire front commun (devant qqch). -**5.** [appearance] façade *f*; **his apparent optimism was only a ~** son optimisme apparent n'était qu'une façade; **to put on a bold OR brave ~** faire preuve de courage. -**6.** [cover] façade *f*, couverture *f*; **the shop is just a ~ for a drugs ring** le magasin n'est qu'une couverture pour des trafiquants de drogue. -**7.** METEOR front *m*; **cold/warm ~** front *m* froid/chaud. -**8.** ARCHIT façade *f*; **the north/south ~** la façade nord/sud. -**9.** *phr*: **up ~** *inf* d'avance; **they want £5,000 up ~** ils veulent 5 000 livres d'avance.

◇ *adj* -**1.** [in a forward position] de devant; **~ seat/wheel** AUT siège *m*/roue *f* avant; **she was sitting in the ~ row** elle était assise au premier rang; **the ~ page** PRESS la première page; **his picture is on the ~ page** sa photo est en première page; **he came in through a ~ window** il est entré par une fenêtre de devant; **I'll be in the ~ end of the train** je serai en tête de OR à l'avant du train; **his name is on the ~ cover** son nom est en couverture; **a ~ view** une vue de face. -**2.** [bogus, fake] de façade. -**3.** LING: **a ~ vowel** une voyelle avant OR antérieure.

◇ *adv* par devant; **eyes ~!** MIL fixe!

◇ *vi* -**1.** *Br* [face]: **the hotel ~s onto the beach** l'hôtel donne sur la plage. -**2.** [cover]: **the newspaper ~ed for a terrorist organization** le journal servait de façade à une organisation terroriste.

◇ *vt* -**1.** [stand before]: **lush gardens ~ed the building** il y avait des jardins luxuriants devant le bâtiment. -**2.** CONSTR: **the house was ~ed with stone** la maison avait une façade en pierre. -**3.** [lead] être à la tête de, diriger; TV [present] présenter.

◆ **in front** *adv phr* [in theatre, vehicle] à l'avant; [ahead, leading] en avant; **there was a very tall man in the row in ~** il y avait un très grand homme assis devant moi; **the women walked in ~ and the children behind** les femmes marchaient devant et les enfants derrière; **to be in ~** SPORT être en tête OR premier.

◆ **in front of** *prep phr* devant; **she was sitting in ~ of the TV** elle était assise devant la télé; **he was right in ~ of me** il était juste devant moi; **not in ~ of the children!** pas devant les enfants!

frontage ['frʌntɪdʒ] *n* -**1.** [wall] façade *f*; [shopfront] devanture *f*. -**2.** [land] terrain *m* en bordure.

frontage road *n Am* contre-allée *f*.

frontal ['frʌntl] ◇ *adj* MIL [assault, attack] de front; ANAT & MED frontal; **~ system** METEOR système *m* de fronts.

◇ *n* RELIG parement *m*.

frontbench [,frʌnt'bentʃ] *n Br* POL [members of the government] ministres *mpl*; [members of the Opposition] ministres *mpl* du cabinet fantôme; **he's never been on the ~** [Government] il n'a jamais été ministre; [Opposition] il n'a jamais été membre du cabinet fantôme; **the ~es** [in Parliament] *à la Chambre des communes, bancs situés à droite et à gauche du Président et occupés respectivement par les ministres du gouvernement en exercice et ceux du gouvernement fantôme.*

frontbencher [,frʌnt'bentʃəʳ] *n Br* POL [member of the Government] ministre *m*; [member of the Opposition] membre *m* du cabinet fantôme.

front door *n* [of house] porte *f* d'entrée; [of vehicle] portière *f* avant.

front-end processor *n* processeur *m* frontal.

frontier [*Br* 'frʌn,tɪəʳ, *Am* frʌn'tɪər] ◇ *n* -**1.** *literal* & *fig* [border] frontière *f*; **the ~s of science** les frontières OR limites de la science. -**2.** *Am*: **the ~** la Frontière *(nom donné à la limite des terres habitées par les colons pendant la colonisation de l'Amérique du Nord).*

◇ *comp* -**1.** [dispute] de frontière; [post] frontière. -**2.** *Am* [spirit] de pionnier; **a ~ town** *une bourgade d'une région limitrophe du pays.*

frontiersman [*Br* 'frʌntɪəzmən, *Am* frʌn'tɪrzmən] (*pl* **frontiersmen** [-mən]) *n* pionnier *m*.

frontispiece ['frʌntɪspiːs] *n* frontispice *m*.

front line *n*: **the ~** MIL la première ligne; **she is in the ~ in the fight against drug abuse** *fig* elle joue un rôle important dans la lutte contre la toxicomanie.

◆ **front-line** *adj* -**1.** MIL [soldiers, troops] en première ligne; [ambulance] de zone de combat. -**2.** POL: **the ~ states** les États *mpl* limitrophes. -**3.** *Am* SPORT: **~ player** avant *m*.

front-loading *adj* [washing machine] à chargement frontal.

front man *n* -**1.** [representative, spokesman] porte-parole *m inv*, représentant *m*. -**2.** *pej* [figurehead] prête-nom *m*. -**3.** TV [presenter] présentateur *m*.

front matter *n pages préliminaires (avant le texte) d'un livre.*

front of house *n* THEAT *partie d'un théâtre où peuvent circuler les spectateurs.*

front-page *adj* [article, story] de première page; **it wasn't exactly ~ news** ça n'a pas fait la une des journaux.

front room *n* [at front of house] *pièce qui donne sur le devant de la maison*; [sitting room] salon *m*.

front-runner *n* favori *m*, -ite *f*.

frontwards ['frʌntwədz] *adv* en avant, vers l'avant.

front-wheel drive *n* traction *f* avant.

frost [frɒst] ◇ *n* -**1.** [freezing weather] gel *m*, gelée *f*; **there was a ~ last night** il a gelé hier soir; **a late ~** des gelées tardives; **eight degrees of ~** huit degrés au-dessous de zéro. -**2.** [frozen dew] givre *m*, gelée *f* blanche; **the grass was covered in ~** le gazon était couvert de givre. -**3.** *inf* [cold manner] froideur *f*. -**4.** *inf Am* [fiasco] four *m*, fiasco *m*.

◇ *vt* -**1.** [freeze] geler; [cover with frost] givrer; **the rim of the glass was ~ed with sugar** le bord du verre avait été givré avec du sucre. -**2.** *Am* [cake] glacer. -**3.** TECH [glass pane] dépolir.

◇ *vi* [freeze] geler; [become covered with frost] se givrer.

◆ **frost over, frost up** ◇ *vi insep* se givrer. ◇ *vt sep* givrer.

frostbite ['frɒstbaɪt] *n (U)* gelure *f*; **he got ~ in his toes** il a eu les orteils gelés; **the climber died of ~** l'alpiniste est mort gelé.

frostbitten ['frɒst,bɪtn] *adj* [hands, nose] gelé; [plant] gelé, grillé par le gel.

frosted ['frɒstɪd] *adj* -**1.** [frozen] gelé; [covered with frost] givré. -**2.** [pane of glass] dépoli. -**3.** *Am* [cake] glacé. -**4.** [lipstick, nail varnish] nacré. -**5.** [hair] grisonnant; **his hair was ~ with white** ses cheveux grisonnaient.

frostily ['frɒstɪlɪ] *adv* de manière glaciale, froidement.

frosting ['frɒstɪŋ] *n Am* glaçage *m*, glace *f*.

frosty ['frɒstɪ] (*compar* **frostier**, *superl* **frostiest**) *adj* -**1.** [weather, air] glacial; **we had several ~ nights** il a gelé plusieurs nuits. -**2.** [ground, window] couvert de givre. -**3.** [answer, manner] glacial, froid.

froth [frɒθ] ◇ *n (U)* -**1.** [foam] écume *f*, mousse *f*; [on beer] mousse *f*; [on lips] écume *f*. -**2.** [trivialities, empty talk] futilités *fpl*.

◇ *vi* [liquid] écumer, mousser; [beer, soap] mousser; **the detergent ~ed out of the washing machine** la mousse a débordé de la machine à laver; **to ~ at the mouth** écumer, baver; **he was so angry he was practically ~ing at the mouth** *hum* il écumait de rage.

◇ *vt* faire mousser.

frothy ['frɒθɪ] (*compar* **frothier**, *superl* **frothiest**) *adj* -**1.** [liquid] mousseux, écumeux; [beer] mousseux; [sea] écumeux. -**2.** [entertainment, literature] creux. -**3.** [dress, lace] léger, vaporeux.

frown [fraʊn] ◇ *vi* froncer les sourcils, se renfrogner; **she ~ed at my remark** mon observation lui a fait froncer les sourcils; **to ~ at sb** regarder qqn de travers, faire les gros yeux à qqn.

◇ *n* froncement *m* de sourcils; **she looked up with a disapproving/worried ~** elle leva les yeux avec un froncement de sourcils désapprobateur/inquiet; **he gave a ~** il fronça les sourcils.

◇ *comp*: **~ lines** rides *fpl* intersourcilières.

◆ **frown on, frown upon** *vt insep* désapprouver; **her parents ~ upon their friendship** ses parents voient leur amitié d'un mauvais œil; **such behaviour is rather ~ed upon** ce type de comportement n'est pas vu d'un très bon œil.

frowsty ['fraʊstɪ] (*compar* **frowstier**, *superl* **frowstiest**) *adj* qui sent le renfermé.

frowsy ['fraʊzɪ] (*compar* **frowsier**, *superl* **frowsiest**) *adj Br* -**1.** [shabby - person] négligé; [- clothing] élimé, rapé. -**2.** = **frowsty**.

frowzy ['fraʊzɪ] (*compar* **frowzier**, *superl* **frowziest**) = **frowsy**.

froze [frəʊz] *pt* → **freeze**.

frozen ['frəʊzn] ◇ *pp* → **freeze**.

◇ *adj* -**1.** [ground, lake, pipes] gelé; [person] gelé, glacé; **the lake is ~ solid** le lac est complètement gelé; **my hands are ~** j'ai les mains gelées OR glacées; **I'm ~ stiff** je suis gelé jusqu'à la moelle (des os); **~ with terror** *fig* mort de peur ❑ **~ food** [in refrigerator] aliments *mpl* congelés; [industrially frozen] surgelés *mpl*; **~ food compartment** congélateur *m*. -**2.** [prices, salaries] bloqué; FIN [assets, credit] gelé, bloqué. -**3.** MED: **~ shoulder** épaule *f* ankylosée.

FRS ◇ *n* (*abbr of* **Fellow of the Royal Society**) ≃ membre *m* de l'Académie des sciences.

◇ *pr n abbr of* **Federal Reserve System**.

fructification [,frʌktɪfɪ'keɪʃn] *n fml* fructification *f*.

fructify ['frʌktɪfaɪ] (*pt* & *pp* **fructified**) *fml* ◇ *vi* fructifier. ◇ *vt* faire fructifier.

fructose ['frʌktəʊs] *n* fructose *m*.

frugal ['fruːgl] *adj* -**1.** [person] économe, frugal; **she's very ~ with her money** elle est près de ses sous; **a ~ life** une vie frugale OR simple. -**2.** [meal] frugal.

frugality [fruː'gælətɪ] *n* -**1.** [of person] parcimonie *f*, frugalité *f*; [of life] frugalité *f*, simplicité *f*. -**2.** [of meal] frugalité *f*.

frugally ['fruːgəlɪ] *adv* [live] simplement, frugalement; [distribute, give] parcimonieusement; **we dined ~ on bread and cheese** nous avons dîné simplement de pain et de fromage.

fruit [fruːt] (*pl sense 1 inv* OR **fruits**) ◇ *n* -**1.** *literal* fruit *m*; **to eat ~** manger des fruits; **a piece of ~** un fruit; **would you like ~ or cheese?** voulez-vous un fruit ou du fromage?; **we eat a lot of ~** nous mangeons beaucoup de fruits; **a tree in ~** un arbre qui porte des fruits; **the ~** OR **~s of the earth** les fruits de la terre ‖ *fig*: **the ~ of her womb** le fruit de ses entrailles; **their plans have never borne fruit** leurs projets ne se sont jamais réalisés; **his book is the ~ of much research** son livre est le fruit de longues recherches. -**2.** *inf Br dated* [term of address]: **old ~** mon vieux. -**3.** ▽*Am pej* [homosexual] pédé *m*, tante *f*.

◇ *comp* [basket, bowl, knife] à fruits; [diet, farm, stall] fruitier; **~ dish** [individual] coupe *f*, coupelle *f*; [large] coupe *f* à fruits, compotier *m*; **~ farmer** arboriculteur *m* (fruitier); **~ farming** arboriculture *f* (fruitière); **~ juice/salad** jus *m*/salade *f* de fruits; **~ tree** arbre *m* fruitier.

◇ *vi* BOT donner.

fruit bat *n* chauve-souris *f* frugivore.

fruit cake *n* -**1.** [cake] cake *m*. -**2.** *inf* [lunatic] cinglé *m*, -e *f*.

fruit cocktail *n* macédoine *f* de fruits.

fruit cup *n* [dessert] coupe *f* de fruits; [drink] boisson *f* aux fruits *(parfois alcoolisée)*.

fruit drop *n* bonbon *m* aux fruits.

fruiterer ['fruːtərə^r] *n Br* marchand *m*, -e *f* de fruits, fruitier *m*, -ère *f*.

fruit fly *n* mouche *f* du vinaigre, drosophile *f*.

fruitful ['fruːtfʊl] *adj* -**1.** [discussion, suggestion] fructueux, utile; [attempt, collaboration] fructueux. -**2.** [soil] fertile, fécond; [plant, tree] fécond, productif.

fruitfully ['fruːtfʊlɪ] *adv* fructueusement.

fruit gum *n Br* boule *f* de gomme.

fruition [fruː'ɪʃn] *n fml* réalisation *f*; **to come to ~** se réaliser; **to bring sthg to ~** réaliser qqch, concrétiser qqch.

fruitless ['fruːtlɪs] *adj* -**1.** [discussion, effort] vain, sans résultat. -**2.** [plant, tree] stérile, inféconde; [soil] stérile.

fruitlessly ['fruːtlɪslɪ] *adv* en vain, vainement.

fruit machine *n Br* machine *f* à sous.

fruit salts *npl* sels *mpl* purgatifs.

fruit sugar *n* fructose *m*.

fruity ['fruːtɪ] (*compar* **fruitier**, *superl* **fruitiest**) *adj* -**1.** [flavour, sauce] fruité, de fruit; [perfume, wine] fruité; **the wine has a ~ taste** le vin a un goût fruité; **it has a ~ smell** ça a une odeur fruitée. -**2.** [voice] étoffé, timbré. -**3.** *inf* [joke, story] corsé, salé.

frump [frʌmp] *n* femme *f* mal habillée; **she looks a bit of a ~ these days** elle s'habille vraiment mal ces temps-ci.

frumpish ['frʌmpɪʃ], **frumpy** ['frʌmpɪ] *adj* mal habillé; **she wears rather ~ clothes** elle s'habille plutôt mal; **she was dressed in a ~ skirt and jumper** elle portait une jupe et un pull sans aucune allure.

frustrate [frʌ'streɪt] *vt* [person] frustrer, agacer; [efforts, plans] contrecarrer, faire échouer; [plot] déjouer, faire échouer; **the rain ~d our plans** la pluie a contrarié nos projets; **the prisoner was ~d in his attempt to escape** le prisonnier a raté sa tentative d'évasion.

frustrated [frʌ'streɪtɪd] *adj* -**1.** [annoyed] frustré, agacé; [disappointed] frustré, déçu; [sexually] frustré; **a ~ poet** un poète manqué. -**2.** [attempt, effort] vain; **all our efforts to contact her were ~** tous nos efforts pour la contacter ont été vains OR ont échoué.

frustrating [frʌ'streɪtɪŋ] *adj* agaçant, frustrant; **it's very ~ having to wait** c'est vraiment pénible de devoir attendre; **a ~ person** une personne agaçante OR pénible.

frustration [frʌ'streɪʃn] *n* [gen & PSYCH] frustration *f*; **it's one of the ~s of the job** c'est un des aspects frustrants du travail.

fry [fraɪ] (*pt* & *pp* **fried**, *pl* **fries**) ◇ *vt* CULIN faire frire, frire; **he fried himself an egg** il s'est fait un œuf sur le plat ❑ **go ~ an egg!** *inf Am* va te faire cuire un œuf!

◇ *vi* -**1.** [food] frire; *fig* [person] griller. -**2.** ▽*Am* [be electrocuted] être exécuté sur la chaise électrique.

◇ *n* -**1.** *(U)* ZOOL [fish] fretin *m*; [frogs] têtards *mpl*. -**2.** *Am sorte de pique-nique où on mange de la friture.*

◆ **fries** *npl Am* = **french fries**.

◆ **fry up** *vt sep* faire frire, frire.

fryer ['fraɪə^r] *n* -**1.** [pan] poêle *f* (à frire); [for deep-fat frying] friteuse *f*. -**2.** [chicken] poulet *m* à frire.

frying ['fraɪɪŋ] *n* friture *f*.

frying pan *Br*, **fry pan** *Am n* poêle *f* (à frire); **to jump out of the ~ into the fire** tomber de Charybde en Scylla, changer un cheval borgne pour un cheval aveugle.

fry-up *inf n Br plat constitué de plusieurs aliments frits ensemble.*

FSH *n abbr of* **follicle-stimulating hormone**.

f-stop *n* ouverture *f* (du diaphragme); **~ scale** échelle *f* des diaphragmes.

ft -**1.** *written abbr of* **foot**. -**2.** *written abbr of* **fort**.

FT *pr n abbr of* **Financial Times**.

FTC *pr n abbr of* **Federal Trade Commission**.

FT Index (*abbr of* **Financial Times Industrial Ordinary Share Index**) *n Br* indice *m* du «Financial Times» *(moyenne quotidienne des principales valeurs boursières britanniques)*.

fuchsia ['fjuːʃə] *n* [colour] fuchsia *m*; BOT fuchsia *m*.

fuchsine ['fuːksiːn] *n* fuchsine *f*.

fuck▽ [fʌk] ◇ *vt* baiser; **~ you!** va te faire enculer OR foutre!; **~ it!** putain de merde!; **~ me!** putain!

◇ *vi* baiser; **don't ~ with me!** *fig* essaie pas de te foutre de ma gueule!

◇ *n* -**1.** [act] baise *f*. -**2.** [sexual partner]: **he's a good ~** il baise bien. -**3.** *Am* [idiot]: **you stupid ~!** espèce de connard! -**4.** *phr*: **I don't give a ~** j'en ai rien à branler. -**5.** [as intensifier]: **what the ~ do you want me to do about it?** mais qu'est-ce que tu veux que j'y fasse, putain de merde?

◇ *interj* putain de merde!

◆ **fuck about**▽ *Br*, **fuck around**▽ ◇ *vi insep* déconner; **stop ~ing about with the radio!** mais laisse donc cette putain de radio tranquille!

◇ *vt* faire chier.

◆ **fuck off**▽ *vi insep* foutre le camp; **~ off!** va te faire enculer OR foutre!

◆ **fuck up**▽ ◇ *vt sep* [plan, project] foutre la merde dans; [person] foutre dans la merde; **he's really ~ed up emotionally** il est complètement paumé.

◇ *vi insep* merder.

fuck all▽ *n* que dalle; **it's got ~ to do with you!** occupe-toi donc de tes fesses!

fucker▽ ['fʌkə^r] *n*: **you stupid ~!** mais qu'est-ce que tu peux être con!

fucking▽ ['fʌkɪŋ] ◇ *adj*: **I'm fed up with this ~ car!** j'en ai plein le cul de cette putain de bagnole!; **you ~ idiot!** pauvre con!; **~ hell!** putain de merde!

◇ *adv*: **he's ~ stupid!** tu parles d'un con!; **it was a ~ awful day!** tu parles d'une putain de journée!

fuck-up▼ *n* -**1.** [situation] merde *f*. -**2.** [bungler] bousilleur *m*, -euse *f*; **he's a real ~** il fout sa merde partout.

fuddle ['fʌdl] *vt* [confuse - ideas, person] embrouiller; [intoxicate] griser.

fuddled ['fʌdld] *adj* [ideas, mind] embrouillé, confus; [person - confused] confus; [- tipsy] gris, éméché.

fuddy-duddy *inf* ['fʌdɪˌdʌdɪ] (*pl* **fuddy-duddies**) *n*: **she's a bit of a ~** c'est un drôle d'oiseau.

fudge [fʌdʒ] ◇ *n* -**1.** *(U)* [sweet] caramel *m*; **a piece of ~** un caramel; **I made some ~** j'ai fait des caramels. -**2.** *(U)* [nonsense] balivernes *fpl*, âneries *fpl*. -**3.** *(U)* [dodging] faux-fuyant *m*, échappatoire *f*. -**4.** TYPO [stop press box] emplacement *m* de la dernière heure; [stop press news] (insertion *f* de) dernière heure *f*, dernières nouvelles *fpl*.

◇ *vi* [evade, hedge] esquiver le problème; **the President ~d on the budget issue** le président a esquivé les questions sur le budget.

◇ *vt* -**1.** [make up - excuse] inventer; [- story] monter; [- figures, results] truquer. -**2.** [avoid, dodge] esquiver.

◇ *interj dated*: **~!** balivernes!

fuel [fjʊəl] (*Br pt* & *pp* **fuelled**, *cont* **fuelling**, *Am pt* & *pp* **fueled**, *cont* **fueling**) ◇ *n* -**1.** [gen & AERON] combustible *m*; [coal] charbon *m*; [oil] mazout *m*, fuel *m*, fioul *m*; [wood] bois *m*; AUT carburant *m*; **what ~ do you use?** quel combustible utilisez-vous?; **coal is not a very efficient ~** le charbon n'est pas une source d'énergie très efficace ❑ **nuclear ~** combustible *m* nucléaire. -**2.** *fig*: **to add ~ to the flames** jeter de l'huile sur le feu; **his words were merely ~ to her anger** ses paroles n'ont fait qu'attiser OR qu'aviver sa colère.

◇ *comp* [bill, costs] de chauffage; **~ injector** injecteur *m* de carburant; **~ pump** pompe *f* d'alimentation; **~ tank** [in home] cuve *f* à mazout; [in car] réservoir *m* de carburant OR d'essence; [in ship] soute *f* à mazout OR à fuel.

◇ *vt* -**1.** [furnace] alimenter (en combustible); [car, plane, ship] approvisionner en carburant. -**2.** *fig* [controversy] aviver; **his words only fuelled their anger/their suspicions** ses paroles n'ont servi qu'à aviver leur colère/leurs soupçons.

◆ **fuel up** *vi insep* s'approvisionner OR se ravitailler en carburant OR combustible.

fuel cell *n* élément *m* de conversion.

fuel-efficient *adj* économique, qui ne consomme pas beaucoup.

fuel element *n* élément *m* combustible.

fuel injection *n* injection *f* (de carburant).

fuel oil *n* mazout *m*, fuel *m*, fioul *m*.

fug [fʌg] *n Br* renfermé *m*; **there's a terrible ~ in here** ça sent vraiment le renfermé ici.

fuggy ['fʌgɪ] (*compar* **fuggier**, *superl* **fuggiest**) *adj Br* [house, room] qui sent le renfermé; [space] confiné.

fugitive ['fju:dʒətɪv] ◇ *n* [escapee] fugitif *m*, -ive *f*, évadé *m*, -e *f*; [refugee] refugié *m*, -e *f*; **she's a ~ from justice** elle fuit la justice, elle est recherchée par la justice.

◇ *adj* -**1.** [debtor, slave] fugitif; **~ slave law** *loi qui obligeait tout citoyen à livrer les esclaves fugitifs à leur propriétaire, avant l'abolition de l'esclavage aux États-Unis.* -**2.** *lit* [beauty, happiness] éphémère, passager; [impression, thought, vision] fugitif, passager.

fugue [fju:g] *n* MUS & PSYCH fugue *f*.

Fuji ['fu:dʒɪ] *pr n*: **Mount ~** le Fuji-Yama.

Fula(h) ['fu:lə] (*pl inv* OR **Fulahs** OR **Fulas**), **Fulani** [fu:'lɑ:nɪ] (*pl inv* OR **Fulanis**) *n* -**1.** [person] Peul *m*, -e *f*. -**2.** LING peul *m*, foulani *m*.

fulcrum ['fʊlkrəm] (*pl* **fulcrums** OR **fulcra** [-krə]) *n* [pivot] pivot *m*, point *m* d'appui; *fig* [prop, support] point *m* d'appui.

fulfil *Br*, **fulfill** *Am* [fʊl'fɪl] (*pt* & *pp* **fulfilled**, *cont* **fulfilling**) *vt* -**1.** [carry out - ambition, dream, plan] réaliser; [- prophecy, task] accomplir, réaliser; [- promise] tenir; [- duty, obligation] remplir, s'acquitter de. -**2.** [satisfy - condition] remplir; [- norm, regulation] répondre à, obéir à; [- desire, need] satisfaire, répondre à; [- prayer, wish] exaucer; **to ~ o.s.** se réaliser; **she fulfilled herself both as an artist and as a mother** elle s'est épanouie à la fois comme artiste et comme mère; **it's important to feel fulfilled** il est important de se réaliser (dans la vie). -**3.** [complete, finish - prison sentence] achever, terminer. -**4.** COMM [order] exécuter; [contract] remplir, respecter.

fulfilled [fʊl'fɪld] *adj* [life] épanoui, heureux; [person] épanoui, comblé.

fulfilling [fʊl'fɪlɪŋ] *adj* extrêmement satisfaisant.

fulfilment *Br*, **fulfillment** *Am* [fʊl'fɪlmənt] *n* -**1.** [of ambition, dream, wish] réalisation *f*; [of desire] satisfaction *f*; [of plan, condition, contract] exécution *f*; [of duty, prophecy] accomplissement *m*; [of prayer] exaucement *m*. -**2.** [satisfaction] (sentiment *m* de) contentement *m* OR satisfaction *f*; **she gets a sense** OR **feeling of ~ from her work** son travail la comble. -**3.** [of prison sentence] achèvement *m*, fin *f*. -**4.** COMM [of order] exécution *f*.

fulgent ['fʌldʒənt] *adj lit* fulgurant.

full [fʊl] ◇ *adj* -**1.** [completely filled] plein, rempli; **the cup was ~ to the brim** OR **~ to overflowing with coffee** la tasse était pleine à ras bord de café; **this box is only half ~** cette boîte n'est remplie qu'à moitié OR n'est qu'à moitié pleine; **will you open the door for me, my hands are ~** vous voulez bien m'ouvrir la porte, j'ai les mains occupées; **don't talk with your mouth ~** ne parle pas la bouche pleine; **you shouldn't go swimming on a ~ stomach** tu ne devrais pas nager après avoir mangé; **I've got a ~ week ahead of me** j'ai une semaine chargée devant moi. -**2.** *fig*: **(to be) ~ of** [filled with] (être) plein de; **her arms were ~ of flowers** elle portait des brassées de fleurs, elle avait des fleurs plein les bras; **her eyes were ~ of tears** elle avait les yeux pleins de larmes; **a look ~ of gratitude** un regard plein OR chargé de reconnaissance; **his look was ~ of admiration** son regard était plein d'admiration; **the children were ~ of excitement** les enfants étaient très excités; **her parents were ~ of hope** ses parents étaient remplis d'espoir; **she's ~ of good ideas** elle est pleine de bonnes idées; **the day was ~ of surprises** la journée a été pleine de surprises; **her letters are ~ of spelling mistakes** ses lettres sont truffées de fautes d'orthographe; **~ of energy** OR **of life** plein de vie; **to be ~ of o.s.** être plein de soi-même OR imbu de sa personne; **he's ~ of his own importance** il est pénétré de sa propre importance; **they/the papers were ~ of news about China** ils/les journaux ne parlaient que de la Chine ❑ **to be ~ of shit**▼ OR **~ of it** *inf* brasser du vent. -**3.** [crowded - room, theatre] comble, plein; [- hotel, restaurant, train] complet; **the hotel was ~ (up)** l'hôtel était complet; **'house ~'** THEAT 'complet'. -**4.** [satiated] rassasié, repu; **I'm ~ (up)!** *Br* je n'en peux plus! -**5.** [complete, whole] tout, complet; **she listened to him for three ~ hours** elle l'a écouté pendant trois heures entières; **the house is a ~ 10 miles from town** la maison est à 15 bons kilomètres OR est au moins à 15 kilomètres de la ville; **in ~ sunlight** en plein soleil; **~ fare** [for adult] plein tarif; [for child] une place entière; **he rose to his ~ height** il s'est dressé de toute sa hauteur; **to fall ~ length** tomber de tout son long; **he leads a very ~ life** il a une vie bien remplie; **I don't want a ~ meal** je ne veux pas un repas entier; **~ member** membre *m* à part entière; **give him your ~ name and address** donnez-lui vos nom, prénom et adresse; **in ~ uniform** en grande tenue; **in ~ view of the cameras/of the teacher** devant les caméras/le professeur ❑ **~ marks: to get ~ marks** avoir vingt sur vingt; **I got ~ marks in my maths test** j'ai eu vingt sur vingt à mon examen de maths; **~ marks!** *fig* bravo!; **~ marks for observation!** bravo, vous êtes très observateur! -**6.** [maximum] plein; **make ~ use of this opportunity** mettez bien cette occasion à profit, tirez bien profit de cette occasion; **they had the music on ~ volume** ils avaient mis la musique à fond; **peonies in ~ bloom** des pivoines épanouies; **the trees are in ~ bloom** les arbres sont en fleurs; **it was going ~ blast** [heating] ça chauffait au maximum; [radio, TV] ça marchait à pleins tubes; [car] ça roulait à toute allure; **the orchestra was at ~ strength** l'orchestre était au grand complet; **~ employment** ECON plein emploi *m*; **she caught the ~ force of the blow** elle a reçu le coup de plein fouet. -**7.** [detailed] détaillé; **I didn't get the ~ story** je n'ai pas entendu tous les détails de l'histoire; **he gave us a ~ report** il nous a donné un rapport détaillé; **I asked for ~ information** j'ai demandé des renseignements complets. -**8.** [plump - face] plein, rond; [- figure] rondelet, replet; [- lips] charnu; **dresses designed to flatter the ~er figure** des robes qui mettent en valeur les silhouettes épanouies. -**9.** [ample, wide - clothes] large, ample; **a ~ skirt** une jupe ample OR large. -**10.** [sound] timbré; [voice] étoffé, timbré. -**11.** [flavour] parfumé; [wine] robuste, qui a du corps. -**12.** [brother, sister] germain. -**13.** *Br* MIL: **~ colonel** colonel *m*; **~ general** ≃ général *m* à cinq étoiles.

◇ *adv* -**1.** [entirely, completely] complètement, entièrement; **I turned the heat ~ on** *Br* OR **on ~** *Am* j'ai mis le chauffage à fond; **he put the radio ~ on** *Br* il a mis la radio à fond. -**2.** [directly, exactly] carrément; **the blow caught her ~ in the face** elle a reçu le coup en pleine figure. -**3.** *phr*: **you know ~ well I'm right** tu sais très bien OR parfaitement que j'ai raison; **~ out** *Br* à toute vitesse, à pleins gaz; **to ride ~ out** filer à toute vitesse, foncer.

◆ **in full** *adv phr* intégralement; **she paid in ~** elle a tout payé; **we paid the bill in ~** nous avons payé la facture dans son intégralité; **they refunded my money in ~** ils m'ont entièrement remboursé; **write out your name in ~** écrivez votre nom en toutes lettres; **they published the book in ~** ils ont publié le texte intégral OR dans son intégralité.

◆ **to the full** *adv phr* au plus haut degré, au plus haut point; **enjoy life to the ~** *Br* profitez de la vie au maximum.

fullback ['fʊlbæk] *n* arrière *m*.

full-blooded *adj* -**1.** [hearty - person] vigoureux, robuste; [- effort] vigoureux, puissant; [- argument] violent; **you have our ~ support** vous avez notre soutien inconditionnel. -**2.** [purebred] de pure race, pur sang; **a ~ Socialist** *fig* un socialiste pur et dur.

full-blown *adj* -**1.** [flower] épanoui. -**2.** *fig* [complete] à part entière; **a ~ doctor** *Br* un médecin diplômé; **~ war** la guerre totale; **the discussion developed into a ~ argument** la discussion a dégénéré en véritable dispute. -**3.** MED: **~ AIDS** *Br* sida *m* avéré.

full board *n* pension *f* complète.

full-bodied *adj* [wine] qui a du corps, corsé.

full dress *n* [evening clothes] tenue *f* de soirée; [uniform] grande tenue *f*.

◆ **full-dress** *adj*: **full-dress uniform** tenue *f* de cérémonie, grande tenue *f*; **full-dress rehearsal** THEAT répétition *f* générale.

fuller's earth ['fʊləz-] *n* terre *f* à foulon.

full-face(d) *adj* -**1.** [person] au visage rond. -**2.** [photograph] de face. -**3.** TYPO gras.

full-fashioned *Am* = **fully-fashioned**.

full-fledged *Am* = **fully-fledged**.

full frontal *n photographie montrant une personne nue de face.*

◆ **full-frontal** *adj*: **full-frontal photograph** nu *m* de face *(photographie)*; **full-frontal nudity** [in show] nu *m* intégral.

full-grown *adj* adulte.

full house *n* -**1.** CARDS full *m*. -**2.** THEAT salle *f* comble; **to play to a ~** jouer à guichets fermés.

full-length ◇ *adj* [mirror, portrait] en pied; [curtain, dress] long; a ~ **film** un long métrage.
◇ *adv*: **he stretched out ~ on the floor** il s'est couché de tout son long par terre.
full moon *n* pleine lune *f*; **at ~** à la pleine lune.
fullness ['fʊlnɪs] *n* -**1.** [state] état *m* plein, plénitude *f*; MED [of stomach] plénitude *f*; **in the ~ of time** avec le temps. -**2.** [of details, information] abondance *f*. -**3.** [of face, figure] rondeur *f*; **the ~ of his lips** ses lèvres charnues. -**4.** [of skirt, sound, voice] ampleur *f*.
full-page *adj* pleine page; **~ advertisement** annonce *f* pleine page.
full professor *n Am* professeur *m* d'université *(titulaire d'une chaire)*.
full sail *adv* toutes voiles dehors; **in ~** *fig* toutes voiles dehors, à toute vapeur.
full-scale *adj* -**1.** [model, plan] grandeur nature *(inv)*. -**2.** [all-out - strike, war] total; [- attack, investigation] de grande envergure; **the factory starts ~ production this week** l'usine commence a tourner à plein rendement cette semaine; **~ fighting** MIL bataille *f* rangée.
full score *n* grande partition *f*.
full-size(d) *adj* [animal, plant] adulte; [drawing, model] grandeur nature *(inv)*; **~ car** *Am* grosse voiture *f*.
full stop *n Br* -**1.** [pause] arrêt *m* complet; **the parade came to a ~** le défilé s'est arrêté; **the whole airport came to a ~** toute activité a cessé dans l'aéroport. -**2.** GRAMM point *m*; **I won't do it, ~!** je ne le ferai pas, un point c'est tout!
full-term ◇ *adj* né à terme.
◇ *adv* à terme.
full-throated [-'θrəʊtɪd] *adj* à pleine gorge.
full time *n* [of working week] temps *m* complet; SPORT fin *f* de match.
◆ **full-time** ◇ *adj* -**1.** [job] à plein temps; **she's a full-time translator** elle est traductrice à plein temps; **it's a full-time job taking care of a baby!** ça prend beaucoup de temps de s'occuper d'un bébé! -**2.** SPORT: **full-time score** score *m* final.
◇ *adv* à plein temps, à temps plein.
full-timer *n personne qui travaille à plein temps.*
fully ['fʊlɪ] *adv* -**1.** [totally - automatic, dressed, satisfied, trained] complètement, entièrement; **I ~ understand** je comprends très bien OR parfaitement; **I ~ agree** je suis tout à fait d'accord. -**2.** [thoroughly - answer, examine, explain] à fond, dans le détail. -**3.** [at least] au moins, bien; **it was ~ two hours before he arrived** au moins deux heures ont passé avant qu'il n'arrive; **~ half of the planes were faulty** la moitié des avions au moins OR une bonne moitié des avions étaient défectueux.
fully-fashioned *adj Br* moulant.
fully-fledged *adj* -**1.** [bird] qui a toutes ses plumes. -**2.** *fig* à part entière; **a ~ doctor** un médecin diplômé; **a ~ member** un membre à part entière; **a ~ atheist** un athée pur et dur.
fulmar ['fʊlməʳ] *n* fulmar *m*.
fulminate ['fʌlmɪneɪt] ◇ *vi fml* fulminer, pester; **he ~d against** OR **at his students** il fulminait OR pestait contre ses étudiants; **the preacher ~d against the abuse of drugs** le pasteur fulminait contre l'abus de stupéfiants.
◇ *n* fulminate *m*; **~ of mercury** fulminate *m* de mercure.
fulness ['fʊlnɪs] = **fullness**.
fulsome ['fʊlsəm] *adj* [apology, thanks] excessif, exagéré; [welcome] plein d'effusions; [compliments, praise] dithyrambique.
fumarole ['fju:mərəʊl] *n* fumerolle *f*.
fumble ['fʌmbl] ◇ *vi* [grope - in the dark] tâtonner; [- in pocket, purse] fouiller; **he ~d (about** OR **around) in the dark for the light switch** il a cherché l'interrupteur à tâtons dans l'obscurité; **she ~d in her bag for a pen** elle a fouillé dans son sac pour trouver un stylo; **to ~ for words** *fig* chercher ses mots.
◇ *vt* -**1.** [handle awkwardly] manier gauchement OR maladroitement; **she ~d her way down the dark corridor** elle chercha son chemin à tâtons le long du couloir sombre; **he ~d his lines** il récita son texte en bafouillant. -**2.** SPORT [miss - catch] attraper OR arrêter maladroitement.
◇ *n* -**1.** [grope] tâtonnements *mpl*. -**2.** SPORT [bad catch] prise *f* de balle maladroite.
fume [fju:m] ◇ *n (usu pl)*: **~s** [gen] exhalaisons *fpl*, émanations *fpl*; [of gas, liquid] vapeurs *fpl*; **factory ~s** fumées *fpl* d'usine; **tobacco ~s** fumée *f* (de cigarette).
◇ *vi* -**1.** [gas] émettre OR exhaler des vapeurs; [liquid] fumer. -**2.** [person] rager; **I'm fuming because I haven't been invited** je suis furieux de ne pas avoir été invité; **the boss is fuming** le patron est furieux.
◇ *vt* -**1.** [treat with fumes] fumer, fumiger. -**2.** [rage]: **"this is your fault", she ~d** «c'est de ta faute», dit-elle d'un ton rageur.
fume cupboard *n* sorbonne *f* (de laboratoire).
fumigate ['fju:mɪgeɪt] *vi* & *vt* désinfecter par fumigation, fumiger *fml*.
fun [fʌn] *(pt* & *pp* **funned**, *cont* **funning**) ◇ *n* -**1.** [amusement] amusement *m*; [pleasure] plaisir *m*; **to have ~** s'amuser; **we had ~ at the party** nous nous sommes bien amusés à la soirée; **have ~!** amusez-vous bien!; **what ~!** ce que c'est drôle OR amusant!; **I don't see the ~ in kicking a ball round a field** je ne trouve pas ça drôle de faire le tour d'un terrain en donnant des coups de pied dans un ballon; **skiing is good** OR **great ~** c'est très amusant de faire du ski; **it's ~ to go cycling** c'est marrant de faire du vélo; **she's tremendous ~** elle est drôlement marrante; **her brother is a lot of ~** son frère est très drôle; **the children got a lot of ~ out of the bicycle** les enfants se sont bien amusés avec le vélo; **I'm learning Chinese for ~** OR **for the ~ of it** j'apprends le chinois pour mon plaisir; **he only went for the ~ of it** il n'y est allé que pour s'amuser; **just for the ~ of it he pretended to be the boss** histoire de rire, il a fait semblant d'être le patron; **are you reading Marx for ~?** c'est par plaisir que tu lis Marx?; **his sister spoiled the ~** sa sœur a joué les trouble-fête OR les rabat-joie; **I don't want to spoil your ~, but could you keep the noise down?** je ne veux pas jouer les trouble-fête, mais est-ce que vous pourriez faire un peu moins de bruit?; **having to wear a crash helmet takes all the ~ out of motorcycling** devoir porter un casque gâche tout le plaisir qu'on a à faire de la moto; **her boyfriend walked in and that's when the ~ began** *iron* son copain est entré et c'est là qu'on a commencé à rire; **the president has become a figure of ~** le président est devenu la risée de tous; **to make ~ of** OR **to poke ~ at sb** se moquer de qqn; **~ and games: we'll have a children's party with lots of ~ and games** on va organiser une fête pour les enfants avec des tas de jeux OR divertissements; **I've had enough of your ~ and games** [foolish behaviour] j'en ai assez de tes blagues OR farces; **there'll be some ~ and games if his wife finds out** ça va mal aller si sa femme l'apprend. -**2.** [playfulness] enjouement *m*, gaieté *f*; **to be full of ~** être plein d'entrain OR très gai; **he said it in ~** il l'a dit pour rire OR en plaisantant.
◇ *adj inf* rigolo, marrant; **he's a ~ guy** OR **person** il est rigolo OR marrant.
◇ *vi inf Am* plaisanter, badiner; **I was just funning!** c'était pour rire!
funambulist [fju:'næmbjʊlɪst] *n* funambule *mf*.
Funchal [fʊn'ʃɑ:l] *pr n* Funchal.
function ['fʌŋkʃn] ◇ *vi* fonctionner, marcher; **this room ~s as a study** cette pièce sert de bureau OR fait fonction de bureau.
◇ *n* -**1.** [role - of machine, organ] fonction *f*; [- of person] fonction *f*, charge *f*; **vital ~s** MED fonctions vitales; **it is the ~ of a lawyer to provide sound legal advice** l'avocat a pour fonction OR tâche de donner de bons conseils juridiques. -**2.** [working] fonctionnement *m*; **they tested the heart ~** ils ont examiné le fonctionnement du cœur. -**3.** [ceremony] cérémonie *f*; [reception] réception *f*; [meeting] réunion *f*. -**4.** [gen, LING & MATH] fonction *f*; **x is a ~ of y** x est une fonction de y. -**5.** COMPUT fonction *f*.
functional ['fʌŋkʃnəl] *adj* -**1.** [gen, MATH & PSYCH] fonctionnel; **~ illiterate** *personne qui, sans être tout à fait analphabète, est incapable de faire face à la vie de tous les jours dans une société industrialisée.* -**2.** [in working order]: **the machine is no longer ~** la machine ne marche plus OR ne fonctionne plus.
functionalism ['fʌŋkʃnəlɪzm] *n* fonctionnalisme *m*.
functionalist ['fʌŋkʃnəlɪst] ◇ *adj* fonctionnaliste.
◇ *n* fonctionnaliste *mf*.
functionary ['fʌŋkʃnərɪ] (*pl* **functionaries**) *n* [employee] employé *m*, -e *f (dans une administration)*; [civil servant] fonctionnaire *mf*.
function key *n* touche *f* de fonction.
function room *n* salle *f* de réception.
function word *n* mot *m* fonctionnel.
fund [fʌnd] ◇ *n* -**1.** [reserve of money] fonds *m*, caisse *f*; **they've set up a ~ for the earthquake victims** ils ont ouvert une souscription en faveur des victimes du séisme. -**2.** *fig* fond *m*, réserve *f*; **she has a large ~ of amusing anecdotes** elle a tout un répertoire d'anecdotes amusantes; **a ~ of knowledge** un trésor de connaissances.
◇ *vt* -**1.** [provide money for] financer. -**2.** FIN [debt] consolider.
◆ **funds** *npl* [cash resources] fonds *mpl*; **public ~s** fonds public; **secret ~s** une caisse noire; **we spent all of our scarce ~s on housing** nous avons dépensé le peu de capitaux dont nous disposions pour le logement; **to be in/out of ~s** être/ne pas être en fonds; **I'm a bit short of ~s** je n'ai pas beaucoup d'argent; **insufficient ~s** [in banking] défaut *m* de provision.
fundament ['fʌndəmənt] *n* -**1.** [of building] fondation *f*. -**2.** *lit* [principle] principe *m* de base, fondement *m*. -**3.** *hum* [buttocks] fondement *m*.
fundamental [,fʌndə'mentl] ◇ *adj* -**1.** [basic - concept, principle, rule] fondamental, de base; [- difference, quality] fondamental, essentiel; [- change, mistake] fondamental; **a knowledge of economics is ~ to a proper understanding of this problem** il est essentiel OR fondamental d'avoir des connaissances en économie pour bien comprendre ce problème; **~ research** recherche *f* fondamentale. -**2.** [central] fondamental, principal; **it's of ~ importance** c'est d'une importance capitale. -**3.** MUS fondamental.
◇ *n* -**1.** *(usu pl)*: **the ~s of chemistry** les principes *mpl* de base de la chimie; **when it comes to the ~s** quand on en vient à l'essentiel. -**2.** MUS fondamentale *f*.
fundamentalism [,fʌndə'mentəlɪzm] *n* [gen & RELIG] fondamentalisme *m*; [Muslim] intégrisme *m*.
fundamentalist [,fʌndə'mentəlɪst] ◇ *adj* [gen & RELIG] fondamentaliste; [Muslim] intégriste.
◇ *n* [gen & RELIG] fondamentaliste *mf*; [Muslim] intégriste *mf*.
fundamentally [,fʌndə'mentəlɪ] *adv* -**1.** [at bottom] fondamentalement, essentiellement; **she seems hard but ~ she's good-hearted** elle a l'air dure, mais au fond elle a bon cœur. -**2.** [completely]: **I disagree ~ with his policies** je suis radicalement OR fondamentalement opposé à sa politique.
fundamental particle *n* particule *f* élémentaire.
fundholder ['fʌndhəʊldəʳ] *n cabinet médical ayant obtenu le droit de gérer son propre budget auprès du système de sécurité sociale britannique.*
funding ['fʌndɪŋ] *n (U)* fonds *mpl*, financement *m*.
fundraiser ['fʌnd,reɪzəʳ] *n* [person] collecteur *m*, -trice *f* de fonds; [event] *projet organisé pour collecter des fonds.*

fund-raising ◇ *n* collecte *f* de fonds.
◇ *adj* [dinner, project, sale] organisé pour collecter des fonds.

funeral ['fjuːnərəl] ◇ *n* -**1.** [service] enterrement *m*, obsèques *fpl*; [more formal] funérailles *fpl*; [in announcement] obsèques *fpl*; [burial] enterrement *m* ❑ **it's** OR **that's your ~!** *inf* débrouille-toi!, c'est ton affaire! -**2.** [procession - on foot] cortège *m* funèbre; [- in cars] convoi *m* mortuaire.
◇ *adj* funèbre.

funeral director *n* entrepreneur *m* de pompes funèbres.

funeral home *Am* = **funeral parlour**.

funeral march *n* marche *f* funèbre.

funeral parlour *n* entreprise *f* de pompes funèbres.

funeral procession *n* [on foot] cortège *m* funèbre; [in cars] convoi *m* mortuaire.

funeral pyre *n* bûcher *m* (funéraire).

funeral service *n* service *m* OR office *m* funèbre.

funerary ['fjuːnərərɪ] *adj fml* funéraire.

funereal [fjuː'nɪərɪəl] *adj* [atmosphere, expression] funèbre, lugubre; [voice] sépulcral, lugubre; [pace] lent, mesuré.

funfair ['fʌnfeəʳ] *n* fête *f* foraine.

fun fur *n* similifourrure *f*.

fungal ['fʌŋgl] *adj* fongique.

fungi ['fʌŋgaɪ] *pl* → **fungus**.

fungicide ['fʌndʒɪsaɪd] *n* fongicide *m*.

fungoid ['fʌŋgɔɪd] *adj* fongique.

fungus ['fʌŋgəs] (*pl* **fungi** [-gaɪ]) ◇ *n* BOT champignon *m*; [mould] moisissure *f*; MED fongus *m*.
◇ *comp*: **~ infection** fongus *m*.

funicular [fjuː'nɪkjʊləʳ] ◇ *adj* funiculaire; **~ railway** funiculaire *m*.
◇ *n* funiculaire *m*.

funk [fʌŋk] ◇ *n* -**1.** MUS musique *f* funk, funk *m inv*. -**2.** *inf dated* [fear] trouille *f*, frousse *f*; [depression] découragement *m*; **to be in a ~** [afraid] avoir la trouille; [depressed] avoir le cafard; **to be in a blue ~** avoir une peur bleue. -**3.** *dated* [coward] froussard *m*, -e *f*. -**4.** *inf Am* [stink] puanteur *f*, odeur *f* infecte; **what a ~!** ce que ça pue!
◇ *vt* -**1.** [be afraid of] ne pas avoir le courage de; **she had her chance and she ~ed it** elle a eu sa chance mais elle s'est dégonflée; **I ~ed telling him** je n'ai pas eu le courage de lui dire. -**2.** *(usu pass)* [make afraid] ficher la frousse à.
◇ *adj* funky *(inv)*.

funky *inf* ['fʌŋkɪ] (*compar* **funkier**, *superl* **funkiest**) *adj* -**1.** *esp Am* [excellent] génial, super; [fashionable] branché, dans le vent. -**2.** MUS funky *(inv)*; **~ jazz** jazz *m* funky. -**3.** *Am* [foul] qui pue.

fun-loving *adj* qui aime s'amuser OR rire.

funnel ['fʌnl] (*Br pt* & *pp* **funnelled**, *cont* **funnelling**, *Am pt* & *pp* **funneled**, *cont* **funneling**) ◇ *n* -**1.** [utensil] entonnoir *m*. -**2.** [smokestack] cheminée *f*.
◇ *vt* [liquid] (faire) passer dans un entonnoir; [crowd, funds] canaliser.
◇ *vi*: **the crowd funnelled out of the gates** la foule s'est écoulée par les grilles.

funnies ['fʌnɪz] *npl*: **the ~** les bandes *fpl* dessinées *(dans un journal)*.

funnily ['fʌnɪlɪ] *adv* -**1.** [oddly] curieusement, bizarrement; **~ enough, I was just thinking of you** c'est drôle OR chose curieuse, je pensais justement à toi. -**2.** [in a funny manner] drôlement, comiquement.

funny ['fʌnɪ] ◇ *adj* -**1.** [amusing] amusant, drôle, comique; **I don't think that's ~** je ne trouve pas ça drôle; **it's not ~** ce n'est pas drôle; **you looked so ~ in that hat** tu étais si drôle OR amusant avec ce chapeau; **she didn't see the ~ side of it** elle n'a pas vu le côté comique de la situation; **he's trying to be ~** il cherche à faire de l'esprit; **stop trying to be ~!** ce n'est pas le moment de plaisanter!; **was it ~ ha-ha or ~ peculiar?** *inf* c'était drôle-rigolo ou drôle-bizarre? -**2.** [odd] bizarre, curieux, drôle; **she has some ~ ideas about work** elle a de drôles d'idées sur le travail; **the wine tastes ~** le vin a un drôle de goût; **I think it's ~ that he should turn up now** je trouve (ça) bizarre qu'il arrive maintenant; **the ~ thing (about it) is that she claimed she was away** ce qu'il y a de bizarre OR de curieux c'est qu'elle ait prétendu ne pas être là; **the ~ thing is I just phoned you** c'est drôle, je viens juste de t'appeler; **she's ~ that way** *inf* elle est comme ça; **that's ~, I thought I heard the phone ring** c'est curieux OR drôle, j'ai cru entendre le téléphone; **the whole conversation left me with a ~ feeling** la conversation m'a fait un drôle d'effet; **I've got a ~ feeling that's not the last we've seen of her** j'ai comme l'impression qu'on va la revoir; **I feel a bit ~** *inf* [odd] je me sens tout drôle OR tout chose; [ill] je ne suis pas dans mon assiette, je suis un peu patraque; **he went all ~ when he heard the news** *inf* la nouvelle l'a rendu tout chose; **the computer went all ~** *inf* l'ordinateur s'est détraqué. -**3.** [dubious, suspicious] louche; **none of your ~ business!** *inf*, **don't try anything ~!** ne fais pas le malin!; **there's something ~** OR **there's some ~ business** *inf* **going on** il se passe quelque chose de louche OR de pas très catholique; **there's something ~ about her wanting to see him** ça me paraît louche qu'elle veuille le voir; **there's something ~ about that man** cet homme n'a pas l'air très catholique. -**4.** *inf Br* [mad] fou; **he went ~ in the head** il a perdu la tête.
◇ *n inf* [joke] blague *f*; **to pull a ~ on sb** *Am* jouer un tour à qqn, faire une farce à qqn.

funny bone *inf n* ANAT petit juif *m*.

funny farm *inf n euph* maison *f* de fous.

fun run *n* course *f* à pied pour amateurs *(pour collecter des fonds)*.

fur [fɜːʳ] (*pt* & *pp* **furred**, *cont* **furring**) ◇ *n* -**1.** [on animal] poil *m*, pelage *m*, fourrure *f*; **her remark made the ~ fly** OR **set the ~ flying** ça a fait du grabuge quand elle a dit ça; **the ~ really flew!** ça a bardé! -**2.** [coat, pelt] fourrure *f*; **she was dressed in expensive ~s** elle portait des fourrures de prix. -**3.** [in kettle, pipe] incrustation *f*, (dépôt *m* de) tartre *m*. -**4.** MED [on tongue] enduit *m*.
◇ *vt* -**1.** [person] habiller de fourrures. -**2.** [kettle, pipe] entartrer, incruster. -**3.** MED [tongue] empâter.
◇ *vi*: **to ~ (up)** [kettle, pipe] s'entartrer, s'incruster.

furbelow ['fɜːbɪləʊ] *n* falbala *m pej*; **frills and ~s** des falbalas, des fanfreluches *fpl pej*.

furbish ['fɜːbɪʃ] *vt* [polish] fourbir, astiquer; [renovate] remettre à neuf.

furious ['fjʊərɪəs] *adj* -**1.** [angry] furieux; **she was ~ with me for being late** elle m'en voulait de mon retard; **he was ~ when he saw the car** il s'est mis en colère quand il a vu la voiture; **a ~ look** un regard furibond. -**2.** [raging, violent - sea, storm] déchaîné; [- effort, struggle] acharné; [- pace, speed] fou.

furiously ['fjʊərɪəslɪ] *adv* -**1.** [answer, look] furieusement. -**2.** [fight, work] avec acharnement; [drive, run] à une allure folle.

furl [fɜːl] *vt* [flag, umbrella] rouler; NAUT [sail] ferler, serrer.

furlong ['fɜːlɒŋ] *n* furlong *m (= 201,17 mètres)*.

furlough ['fɜːləʊ] ◇ *n Am* -**1.** MIL [leave of absence] permission *f*, congé *m*; **to be on ~** être en permission. -**2.** [laying off] mise *f* à pied provisoire.
◇ *vt* -**1.** MIL [grant leave of absence] accorder une permission à. -**2.** *Am* [lay off] mettre à pied provisoirement.

furnace ['fɜːnɪs] *n* [for central heating] chaudière *f*; INDUST fourneau *m*, four *m*; **the office was like a ~** *fig* le bureau était une vraie fournaise.

furnish ['fɜːnɪʃ] *vt* -**1.** [supply - food, provisions] fournir; [- information, reason] fournir, donner; **they ~ed us with the translation** il nous ont donné la traduction; **they ~ed the ship with provisions** ils ont ravitaillé le navire. -**2.** [house, room] meubler; **she ~ed her house with antiques** elle a meublé sa maison avec des antiquités; **a comfortably ~ed house** une maison confortablement aménagée.

furnished ['fɜːnɪʃt] *adj* [room, apartment] meublé.

furnishing fabric *n* tissu *m* d'ameublement.

furnishings ['fɜːnɪʃɪŋz] *npl* -**1.** [furniture] meubles *mpl*, mobilier *m*, ameublement *m*. -**2.** *Am* [clothing] habits *mpl*, vêtements *mpl*; [accessories] accessoires *fpl*.

furniture ['fɜːnɪtʃəʳ] ◇ *n (U)* -**1.** [for house] meubles *mpl*, mobilier *m*, ameublement *m*; **a piece of ~** un meuble; **antique ~** des meubles anciens, du mobilier ancien; **living room ~** un salon, des meubles OR du mobilier de salon; **the room has little ~** il n'y a pas beaucoup de meubles dans la chambre; **Louis XV ~** du mobilier OR des meubles Louis XV; **she feels as though she's just part of the ~** *inf* elle a l'impression de faire partie des meubles; **he treats me like I was part of the ~** *inf* pour lui, je fais partie des meubles. -**2.** NAUT & TYPO garniture *f*. -**3.** [accessories]: **street ~** mobilier *m* urbain; **door ~** *éléments décoratifs pour portes d'entrée*.
◇ *comp* [shop, store] d'ameublement, de meubles; **~ van** camion *m* de déménagement; **~ polish** encaustique *f*, cire *f*.

furniture beetle *n* vrillette *f*.

furore [fjʊ'rɔːrɪ] *Br*, **furor** ['fjʊrər] *Am n* scandale *m*, tumulte *m*; **to cause** OR **to create a ~** faire un scandale.

furred [fɜːd] *adj* -**1.** [animal] à poils. -**2.** [kettle, pipe] entartré; [tongue] pâteux, chargé.

furrier ['fʌrɪəʳ] *n* fourreur *m*.

furrow ['fʌrəʊ] ◇ *n* [in field] sillon *m*; [in garden] rayon *m*, sillon *m*; [on forehead] ride *f*, sillon *m*; [on sea] sillage *m*.
◇ *vt* -**1.** [soil, surface] sillonner. -**2.** [brow] rider.
◇ *vi* se plisser; **her brow ~ed** son front se plissa.

furrowed ['fʌrəʊd] *adj* ridé, sillonné de rides; **he looked up with ~ed brow** il a levé les yeux en plissant le front.

furry ['fɜːrɪ] (*compar* **furrier**, *superl* **furriest**) *adj* -**1.** [animal] à poils; [fabric] qui ressemble à de la fourrure; [toy] en peluche. -**2.** [kettle, pipe] entartré; [tongue] pâteux, chargé.

fur seal *n* loutre *f*.

further ['fɜːðəʳ] ◇ *adv* -**1.** [at a greater distance in space, time] plus loin; **I walked ~ than I intended to** je suis allé plus loin que je n'en avais l'intention; **~ to the south** plus au sud; **she's never been ~ north than Leicester** elle n'est jamais allée plus au nord que Leicester; **~ along the beach** plus loin sur la plage; **how much ~ is it?** c'est encore loin?; **have you much ~ to go?** vous allez encore loin?; **he got ~ and ~ away from the shore** il a continué à s'éloigner de la rive; **she moved ~ back** elle a reculé encore plus; **~ back than 1960** avant 1960; **~ forward, ~ on** plus en avant, plus loin; **she's ~ on than the rest of the students** *fig* elle est en avance sur les autres étudiants; **I've got no ~ with finding a nanny** mes recherches pour trouver une nourrice n'ont pas beaucoup avancé; **nothing could be ~ from the truth** rien n'est moins vrai; **nothing could be ~ from my mind** j'étais bien loin de penser à ça. -**2.** [more] plus, davantage; **I have nothing ~ to say** je n'ai rien à ajouter, je n'ai rien d'autre OR rien de plus à dire; **don't try my patience any ~** ne pousse pas ma patience à bout, n'abuse pas de ma patience; **the police want to question him ~** la police veut encore l'interroger; **she heard nothing ~ from her sister** elle n'a pas eu d'autres nouvelles de sa sœur; **I want nothing ~ to do with him** je ne veux plus avoir affaire à lui; **until you hear ~** jusqu'à nouvel avis; **unless you hear ~** sauf avis contraire. -**3.** [to a greater degree]: **her**

arrival only complicated things ~ son arrivée n'a fait que compliquer les choses; play was ~ interrupted by rain le jeu fut à nouveau interrompu par la pluie. -4. *fml* [moreover] de plus, en outre; and ~ I think it best we don't see each other again et de plus OR et en outre je crois qu'il vaut mieux que nous ne nous voyions plus. -5. *phr*: I would go even ~ and say he's a genius j'irais même jusqu'à dire que c'est un génie; we need to go ~ into the matter il faut approfondir davantage la question; I'll go no ~ [move] je n'irai pas plus loin; [say nothing more] je vais en rester là; this information must go no ~ cette information doit rester entre nous OR ne doit pas être divulguée.

◇ *adj* -1. [more distant] plus éloigné, plus lointain; she walked to the ~ end of the room elle est allée à l'autre bout de la pièce. -2. [additional - comments, negotiations] additionnel, autre; [- information, news] supplémentaire, complémentaire; do you have any ~ questions? avez-vous d'autres questions à poser?; I need a ~ nine hundred pounds j'ai encore besoin de neuf cents livres; upon ~ consideration à la réflexion, après plus ample réflexion; I have no ~ use for it je ne m'en sers plus, je n'en ai plus besoin OR l'usage; she needs one or two ~ details elle a besoin d'un ou deux autres petits renseignements; I would like ~ details of the programme j'aimerais avoir quelques précisions OR indications supplémentaires sur le programme; for ~ information, phone this number pour tout renseignement complémentaire, appelez ce numéro; please send me ~ information concerning the project veuillez m'envoyer de plus amples renseignements sur OR concernant le projet; without ~ delay sans autre délai, sans plus attendre; until ~ notice jusqu'à nouvel ordre ❑ without ~ ado sans plus de cérémonie.

◇ *vt* [cause, one's interests] avancer, servir, favoriser; [career] servir, favoriser; to ~ one's chances augmenter ses chances.

◆ **further to** *prep phr fml* suite à; ~ to your letter of July 12 suite à votre lettre du 12 juillet; ~ to our discussion/conversation suite à notre discussion/conversation.

furtherance ['fɜːðərəns] *n fml*: in ~ of their policy pour servir leur politique.

further education ◇ *n Br* enseignement *m* postscolaire.

◇ *comp* [class, college] d'éducation permanente.

furthermore [,fɜːðə'mɔːʳ] *adv* en outre, par ailleurs.

furthermost ['fɜːðəməʊst] *adj lit* le plus éloigné, le plus lointain.

furthest ['fɜːðɪst] ◇ *adv* le plus loin; her house is the ~ away sa maison est la plus éloignée.

◇ *adj* le plus lointain, le plus éloigné; it's 10 miles at the ~ il y a 16 kilomètres au plus OR au maximum.

furtive ['fɜːtɪv] *adj* [behaviour, look] furtif; [person] sournois.

furtively ['fɜːtɪvlɪ] *adv* furtivement, en douce.

fury ['fjʊərɪ] (*pl* furies) *n* -1. [anger] fureur *f*, furie *f*; to be in a ~ être dans une colère noire OR en furie; he was beside himself with ~ il était hors de lui. -2. [violence - of storm, wind] violence *f*; [- of fight, struggle] acharnement *m*; to work like ~ *Br* travailler d'arrache-pied OR avec acharnement; to run like ~ *Br* courir ventre à terre; it's raining like ~ *Br* il pleut des cordes. -3. [frenzy] frénésie *f*; a ~ of activity une période d'activité débordante.

◆ **Furies** *npl* MYTH: the Furies les Furies *fpl*, les Érynies *fpl*.

furze [fɜːz] *n (U)* ajoncs *mpl*.

fuse [fjuːz] ◇ *vi* -1. [melt] fondre; [melt together] fusionner; the two metals ~d (together) les deux métaux ont fusionné. -2. [join] s'unifier, fusionner; at some point the aims of the parties ~d à un moment donné les objectifs des partis se sont rejoints OR confondus. -3. *Br* ELEC: the lights OR the appliance ~d les plombs ont sauté.

◇ *vt* -1. [melt] fondre; [melt together] fondre, mettre en fusion. -2. [unite] fusionner, unifier, amalgamer; an attempt to ~ traditional and modern methods une tentative pour associer les méthodes modernes et traditionnelles. -3. *Br* ELEC: to ~ the lights faire sauter les plombs. -4. [explosive] amorcer.

◇ *n* -1. ELEC plomb *m*, fusible *m*; to blow a ~ faire sauter un plomb OR un fusible; the ~ keeps blowing les plombs n'arrêtent pas de sauter; there's a ~ blown un des fusibles a sauté ‖ *fig*: to blow a ~ se mettre dans une colère noire; she nearly blew a ~ when we broke the window elle a failli exploser quand on a cassé le carreau. -2. [of explosive] amorce *f*, détonateur *m*; MIN cordeau *m*; to have a short ~ *inf* être soupe au lait, se mettre facilement en rogne.

fuse box *n* boite *f* à fusibles, coupe-circuit *m inv*; AUT porte-fusible *m*.

fused [fjuːzd] *adj* [kettle, plug] avec fusible incorporé.

fuselage ['fjuːzəlɑːʒ] *n* fuselage *m*.

fusel oil [,fjʊːzl-] *n* fusel *m*, huile *f* de fusel.

fuse wire *n* fusible *m*.

fusible ['fjuːzəbl] *adj* fusible; ~ alloy OR metal alliage *m* fusible.

fusilier [,fjuːzə'lɪəʳ] *n* fusilier *m*.

fusillade [,fjuːzə'leɪd] *n* fusillade *f*.

fusion ['fjuːʒn] *n* METALL fonte *f*, fusion *f*; PHYS fusion *f*; *fig* [of ideas, parties] fusion *f*, fusionnement *m*.

fusion bomb *n* bombe *f* thermonucléaire OR à hydrogène.

fusion reactor *n* réacteur *m* nucléaire.

fuss [fʌs] ◇ *n* -1. *(U)* [bother] histoires *fpl*; what a lot of ~ about nothing! que d'histoires pour rien!; all that ~ over a game of football! tout ça pour un match de foot!; after a great deal of ~ she accepted après avoir fait toutes sortes de manières, elle a accepté. -2. [state of agitation] panique *f*; don't get into a ~ over it! ne t'affole pas pour ça! -3. *phr*: to make OR to kick up *inf* a ~ about OR over sthg faire des histoires OR tout un plat au sujet de qqch; he kicked up quite a ~ about the bill il a fait toute une histoire pour la facture; people are making a ~ about the new road les gens protestent contre la nouvelle route; you should have made a ~ about it tu n'aurais pas dû laisser passer ça; to make a ~ of OR over sb être aux petits soins pour qqn; they made quite a ~ over her when she went to visit them ils ont été aux petits soins pour elle quand elle est allée les voir; he likes to be made a ~ over il aime bien qu'on fasse grand cas de lui.

◇ *vi* -1. [become agitated] s'agiter; [worry] s'inquiéter, se tracasser; [rush around] s'affairer; she kept ~ing with her hair elle n'arrêtait pas de tripoter ses cheveux; to ~ over sb être aux petits soins pour qqn; he ~ed over his grandchildren il était aux petits soins pour ses petits-enfants; stop ~ing over me! laisse-moi tranquille!; don't ~, we'll be on time ne t'en fais pas, on sera à l'heure. -2. *inf Br phr*: do you want meat or fish? — I'm not ~ed veux-tu de la viande ou du poisson? — ça m'est égal; I don't think he's particularly ~ed whether we go or not je crois que cela lui est égal qu'on y aille ou pas.

◇ *vt esp Am* agacer, embêter.

◆ **fuss about** *Br*, **fuss around** *vi insep* [rush around] s'affairer.

fussbudget ['fʌs,bʌdʒət] *Am* = **fusspot**.

fussily ['fʌsɪlɪ] *adv* -1. [fastidiously] de façon méticuleuse OR tatillonne; [nervously] avec anxiété. -2. [over-ornate] de façon tarabiscotée.

fussiness ['fʌsɪnɪs] *n* -1. [fastidiousness] côté *m* tatillon. -2. [ornateness - of decoration] tarabiscotage *m*.

fusspot *inf* ['fʌspɒt] *n* -1. [worrier] anxieux *m*, -euse *f*; don't be such a ~ arrête de te faire du mauvais sang. -2. [fastidious person] tatillon *m*, -onne *f*; she's such a ~! qu'est-ce qu'elle peut être difficile!

fussy ['fʌsɪ] (*compar* fussier, *superl* fussiest) *adj* -1. [fastidious] tatillon, pointilleux; her daughter is very ~ about what she eats sa fille est très difficile sur la nourriture; he's ~ about his food/about what he wears il fait très attention à ce qu'il mange/à ce qu'il porte; where shall we go? — I'm not ~ où est-ce qu'on va? — ça m'est égal. -2. [over-ornate - decoration] trop chargé, tarabiscoté; [- style] ampoulé, qui manque de simplicité.

fustian ['fʌstɪən] *n* [fabric] futaine *f*; *fig* & *lit* [bombast] grandiloquence *f*.

fusty ['fʌstɪ] (*compar* fustier, *superl* fustiest) *adj* [room] qui sent le renfermé; [smell] de renfermé, de moisi; *fig* [idea, outlook] vieux jeu.

futile [*Br* 'fjuːtaɪl, *Am* 'fuːtl] *adj* [action, effort] vain; [remark, question] futile, vain; [idea] futile, creux; it's ~ trying to reason with him il est inutile d'essayer de lui faire entendre raison; all our attemps were ~ toutes nos tentatives ont été inutiles OR vaines.

futility [fjuː'tɪlətɪ] (*pl* futilities) *n* [of action, effort] futilité *f*, inutilité *f*; [of remark, question] inanité *f*; [of gesture] futilité *f*.

futon ['fuːtɒn] *n* futon *m*.

future ['fjuːtʃəʳ] ◇ *n* -1. [time ahead] avenir *m*; in (the) ~ à l'avenir; sometime in the near ~ OR in the not so distant ~ [gen] bientôt; [more formal] dans un avenir proche; in the distant ~ dans un avenir lointain; the ~ is still uncertain l'avenir est encore incertain; young people today don't have much of a ~ les jeunes d'aujourd'hui n'ont pas beaucoup d'avenir; he has a great ~ ahead of him as an actor c'est un comédien plein d'avenir; she wants to assure her son's ~ elle veut assurer un bon avenir à son fils; there is a ~ ahead for bilingual people in publishing le monde de l'édition offre des possibilités d'avenir pour les personnes bilingues; there's no ~ in farming l'agriculture n'est pas un métier d'avenir; I'll have to see what the ~ holds OR has in store on verra ce que l'avenir me réserve; you have to think of the ~ il faut songer à l'avenir. -2. GRAMM futur *m*; the ~ of the verb "to be" le futur du verbe «être».

◇ *adj* -1. futur; ~ generations les générations futures OR à venir; my ~ wife ma future épouse OR femme; current and ~ needs les besoins actuels et futurs; at a ~ date à une date ultérieure; I kept it for ~ reference je l'ai conservé comme document; the ~ tense GRAMM le futur. -2. COMM [delivery, estate] à terme.

◆ **in future** *adv phr* à l'avenir; I shan't offer my advice in ~! je ne donnerai plus de conseils désormais!; in ~, please ask before taking anything à l'avenir, je vous prie de demander la permission avant de prendre quoi que ce soit.

futureless ['fjuːtʃəlɪs] *adj* sans avenir.

future perfect *n* futur *m* antérieur.

futures ['fjuːtʃəz] *npl* ST. EX marchandises *fpl* achetées à terme; the ~ market le marché à terme; sugar ~ sucre *m* (acheté) à terme.

futurism ['fjuːtʃərɪzm] *n* futurisme *m*.

futurist ['fjuːtʃərɪst] ◇ *adj* futuriste.

◇ *n* futuriste *mf*.

futuristic [,fjuːtʃə'rɪstɪk] *adj* futuriste.

futurity [fjuː'tjʊərətɪ] (*pl* futurities) *n fml* -1. [future time] avenir *m*, futur *m*. -2. [event] événement *m* futur OR à venir.

futurologist [,fjuːtʃə'rɒlədʒɪst] *n* futurologue *mf*.

futurology [,fjuːtʃə'rɒlədʒɪ] *n* futurologie *f*, prospective *f*.

fuze [fjuːz] *Am* = **fuse** *n*.

fuzz [fʌz] ◇ *n (U)* -1. [down - on peach] duvet *m*; [- on body] duvet *m*, poils *mpl* fins; [- on head]

duvet *m*, cheveux *mpl* fins. -**2.** [frizzy hair] cheveux *mpl* crépus OR frisottants. -**3.** [on blanket, sweater] peluches *fpl*. -**4.** ▽ [police]: the ~ les flics *mpl*. -**5.** *Am* [lint] peluches *fpl*.
◇ *vt* -**1.** [hair] frisotter. -**2.** [image, sight] rendre flou.
◇ *vi* -**1.** [hair] frisotter. -**2.** [image, sight] devenir flou. -**3.** [blanket, sweater] pelucher.

fuzzball ['fʌzbɔːl] *n* [on garment] peluche *f*; [on floor] mouton *m*.

fuzzy ['fʌzɪ] (*compar* **fuzzier**, *superl* **fuzziest**) *adj* -**1.** [cloth, garment] peluché, pelucheux. -**2.** [image, picture] flou. -**3.** [confused - ideas] confus; **my head feels a bit ~ today** j'ai un peu la tête qui tourne aujourd'hui. -**4.** [hair] crépu, frisottant.

fuzzy-wuzzy▼ ['fʌzɪ,wʌzɪ] *n Br terme raciste et vieilli désignant un Noir.*

fwd. *written abbr of* **forward**.

fwy *written abbr of* **freeway**.

FY *n abbr of* **fiscal year**.

FYI (*written abbr of* **for your information**) à titre indicatif.

G

g (*pl* **g's** OR **gs**), **G** (*pl* **G's** OR **Gs**) [dʒiː] *n* [letter] g *m*, G *m*.

g -**1.** (*written abbr of* **gram**) g. -**2.** (*written abbr of* **gravity**) g.

G ◇ *n* -**1.** MUS [note] sol *m*. -**2.** *inf Am* (*abbr of* **grand**) *mille dollars*.
◇ -**1.** (*written abbr of* **good**) B. -**2.** *Am* (*written abbr of* **general (audience)**) *tous publics*.

GA *written abbr of* **Georgia**.

gab *inf* [gæb] (*pt* & *pp* **gabbed**, *cont* **gabbing**) ◇ *n* (*U*) [chatter] parlotte *f*, parlote *f*.
◇ *vi* papoter.

gabardine [ˌgæbəˈdiːn] = **gaberdine**.

gabble [ˈgæbl] ◇ *vi* -**1.** [idly] faire la parlote, papoter; **they ~ (away) for hours** ils papotent pendant des heures. -**2.** [inarticulately] bredouiller, balbutier.
◇ *vt* bredouiller, bafouiller; **she ~d (out) her story** elle a raconté son histoire en bredouillant.
◇ *n* baragouin *m*, flot *m* de paroles; **a ~ of voices** un bruit confus de conversations; **to talk at a ~** parler vite OR avec volubilité, jacasser.

gabbler [ˈgæbləʳ] *n* bavard *m*, -e *f*.

gabbling [ˈgæblɪŋ] *n* caquetage *m*, jacasserie *f*; **stop your ~!** arrêtez de jacasser!

gabbro [ˈgæbrəʊ] *n* GEOL gabbro *m*.

gabby *inf* [ˈgæbɪ] (*compar* **gabbier**, *superl* **gabbiest**) *adj* bavard.

gaberdine [ˌgæbəˈdiːn] ◇ *n* gabardine *f*.
◇ *comp*: **~ raincoat** gabardine *f*.

gabfest *inf* [ˈgæbfest] *n Am* réunion *f* (*où l'on parle beaucoup*).

gable [ˈgeɪbl] *n* [wall] pignon *m*; [over arch, door etc] gâble *m*, gable *m*.

gabled [ˈgeɪbld] *adj* [house] à pignon OR pignons; [wall] en pignon; [roof] sur pignon OR pignons; [arch] à gâble.

gable-end *n* pignon *m*.

gable window *n* fenêtre *f* sur pignon.

Gabon [gæˈbɒn] *pr n* Gabon *m*; **in ~** au Gabon.

Gabonese [ˌgæbɒˈniːz] ◇ *n* Gabonais *m*, -e *f*.
◇ *npl*: **the ~** les Gabonais.
◇ *adj* gabonais.

Gabriel [ˈgeɪbrɪəl] *pr n* Gabriel.

gad [gæd] (*pt* & *pp* **gadded**, *cont* **gadding**) ◇ *vi*: **to ~ about** OR **around** se balader; **she goes gadding all over the world** elle court le monde.
◇ *vt* MIN casser au coin OR au picot.
◇ *n* -**1.** MIN [chisel] coin *m*; [pick] picot *m*. -**2.** [goad] aiguillon *m*. -**3.** *Am* [spur] éperon *m*.

Gad [gæd] *interj arch* OR *hum*: **(by) ~!** sapristi!, sacrebleu!

gadabout *inf* [ˈgædəbaʊt] *n Br* vadrouilleur *m*, -euse *f*.

Gadarene swine [gædəˈriːn-] *npl* BIBLE: **the ~** les moutons de Panurge.

gadfly [ˈgædflaɪ] (*pl* **gadflies**) *n* -**1.** [insect] taon *m*. -**2.** [annoying person] enquiquineur *m*, -euse *f*, casse-pieds *mf inv*.

gadget [ˈgædʒɪt] *n* gadget *m*; **a kitchen with all the latest ~s** une cuisine avec tous les derniers gadgets.

gadgetry [ˈgædʒɪtrɪ] *n* (*U*) gadgets *mpl*.

gadid [ˈgeɪdɪd] *n* ZOOL gadidé *m*, gade *m*.

gadolinium [ˌgædəˈlɪnɪəm] *n* gadolinium *m*.

gadzooks *inf* [ˌgædˈzuːks] *arch* OR *hum* = **Gad**.

Gael [geɪl] *n*: **the ~s** les Gaëls *mpl*.

Gaelic [ˈgeɪlɪk] ◇ *adj* gaélique.
◇ *n* LING gaélique *m*.

Gaelic coffee *n* Irish coffee *m*.

Gaelic football *n* football *m* gaélique.

Gaeltacht [ˈgeɪltæxt] *n*: **the ~** *les régions d'Irlande où l'on parle le gaélique*.

gaff [gæf] ◇ *n* -**1.** [fishhook] gaffe *f*. -**2.** NAUT [spar] corne *f*. -**3.** *inf Br* (*U*) [nonsense] foutaise *f*, foutaises *fpl*. -**4.** *phr*: **to blow the ~** *inf* vendre la mèche; **to blow the ~ on sb** vendre qqn.
◇ *vt* [fish] gaffer.

gaffe [gæf] *n* [blunder] bévue *f*; **to commit** OR **to make a ~** commettre une bévue; **a social ~** un faux pas, un impair.

gaffer *inf* [ˈgæfəʳ] *n* -**1.** *Br* [boss]: **the ~** le patron, le chef. -**2.** [old man] vieux *m*.

gaff-rigged *adj* à gréement aurique.

gaff-sail *n* voile *f* aurique OR à corne.

gag [gæg] (*pt* & *pp* **gagged**, *cont* **gagging**) ◇ *n* -**1.** [over mouth] bâillon *m*; **they want to put a ~ on the press** *fig* ils veulent bâillonner la presse. -**2.** *inf* [joke] gag *m*; **the funniest ~ in the film** le gag le plus drôle du film. -**3.** MED ouvre-bouche *m*.
◇ *vt* [silence] bâillonner; *fig* bâillonner, museler.
◇ *vi* -**1.** [retch] avoir un haut-le-cœur; **he gagged on a fishbone** il a failli s'étrangler avec une arête de poisson. -**2.** *inf* [joke] blaguer, rigoler. -**3.** THEAT faire des improvisations comiques.

gaga *inf* [ˈgɑːgɑː] *adj* [senile, crazy] gaga; **he's absolutely ~ about her** il est complètement fou d'elle.

Gagarin [gəˈgɑːrɪn] *pr n*: **Yuri ~** Iouri Gagarine.

gag-bit *n* mors *m* de force.

gage [geɪdʒ] ◇ *n* -**1.** *Am* = **gauge**. -**2.** [pledge] gage *m*. -**3.** [challenge] défi *m*. -**4.** *arch* [glove] gant *m*.
◇ *vt arch* [pledge, wager] gager.

gaggle [ˈgægl] ◇ *n literal* & *fig* troupeau *m*.
◇ *vi* cacarder.

gag resolution, **gag rule** *n Am* règle *f* du bâillon (*procédure parlementaire permettant de limiter le temps de parole et d'éviter l'obstruction systématique*).

gaiety [ˈgeɪətɪ] (*pl* **gaieties**) *n* gaieté *f*; **it brought a bit of ~ into their lives** ça a apporté un peu de gaieté dans leur vie.
◆ **gaieties** *npl lit* [merry-making] réjouissances *fpl*.

gaily [ˈgeɪlɪ] *adv* -**1.** [brightly] gaiement; **~ coloured clothes** des vêtements aux couleurs vives. -**2.** [casually] tranquillement.

gain [geɪn] ◇ *n* -**1.** [profit] gain *m*, profit *m*, bénéfice *m*; *fig* avantage *m*, gain *m*; **to do sthg for personal ~** faire qqch par intérêt; **their loss is our ~** ce n'est pas perdu pour tout le monde. -**2.** [acquisition] gain *m*; **there were large Conservative ~s** le parti conservateur a gagné de nombreux sièges. -**3.** [increase] augmentation *f*; **a ~ in speed/weight** une augmentation de vitesse/poids. -**4.** ELECTRON gain *m*.
◇ *vt* -**1.** [earn, win, obtain] gagner; **what would we (have to) ~ by joining?** quel intérêt avons-nous à adhérer?; **to ~ friends (by doing sthg)** se faire des amis (en faisant qqch); **they're trying to ~ our sympathy** ils essaient de gagner notre sympathie; **they managed to ~ entry to the building** ils ont réussi à s'introduire dans le bâtiment; **he managed to ~ a hearing** il a réussi à se faire écouter. -**2.** [increase] gagner; **the share index has ~ed two points** l'indice des actions a gagné deux points. -**3.** [obtain more] gagner, obtenir; **to ~ weight/speed** prendre du poids/de la vitesse; **to ~ experience** acquérir de l'expérience; **to ~ ground** gagner du terrain; **to ~ time** gagner du temps. -**4.** [subj: clock, watch] avancer de; **my watch ~s ten minutes a day** ma montre avance de dix minutes par jour. -**5.** *lit* [reach] atteindre, gagner; **we finally ~ed the shore** nous avons fini par atteindre la rive.
◇ *vi* -**1.** [profit] profiter, gagner; **who stands to ~ by this deal?** qui y gagne dans cette affaire? -**2.** [clock] avancer.
◆ **gain on, gain upon** *vt insep* [catch up] rattraper; **his pursuers are ~ing on him** ses poursuivants sont en train de le rattraper.

gain control *n* réglage *m* du gain.

gainer [ˈgeɪnəʳ] *n* gagnant *m*, -e *f*.

gainful [ˈgeɪnfʊl] *adj* -**1.** [profitable] profitable, rémunérateur. -**2.** [paid] rémunéré; **~ employment** un emploi rémunéré.

gainfully [ˈgeɪnfʊlɪ] *adv* de façon profitable, avantageusement; **to be ~ employed** avoir un emploi rémunéré.

gainsay [ˌgeɪnˈseɪ] (*pt* & *pp* **gainsaid** [-ˈsed]) *vt fml* [deny] nier; [contradict] contredire; **you can't ~ the facts** tu ne peux pas nier l'évidence; **there's no ~ing her skill as an artist** on ne peut pas nier son talent artistique.

gainsayer [ˌgeɪnˈseɪəʳ] *n* [contradictor] contradicteur *m*; [opponent] opposant *m*, -e *f*.

gainst [geɪnst], **'gainst** [genst] *lit* = **against** *prep*.

gait [geɪt] *n* démarche *f*, allure *f*; to walk with an unsteady ~ marcher d'un pas chancelant.
gaiter ['geɪtəʳ] *n* guêtre *f*.
Gaius ['gaɪəs] *pr n* Gaius.
gal [gæl] *n* -1. *inf* [girl] fille *f*. -2. PHYS [unit of acceleration] gal *m*.
gal. *written abbr of* gallon.
gala ['gɑːlə] ◇ *n* -1. [festivity] gala *m*. -2. *Br* SPORT réunion *f* sportive; swimming ~ concours *m* de natation.
◇ *comp* [dress, day, evening] de gala; a ~ occasion une grande occasion.
galactic [gə'læktɪk] *adj* galactique; ~ plane plan *m* galactique; ~ poles pôles *mpl* galactiques.
galactometer [ˌgælək'tɒmɪtəʳ] *n* galactomètre *m*, pèse-lait *m inv*.
galactopoiesis [gəˌlæktəʊpɔɪ'iːsɪs] *n* galactopoïèse *f*.
galactose [gə'læktəʊs] *n* galactose *m*.
galago [gə'lɑːgəʊ] (*pl* galagos) *n* galago *m*.
Galahad ['gæləhæd] ◇ *pr n*: Sir ~ Galaad.
◇ *n*: he's a real Sir ~ *inf Br* c'est un vrai gentleman.
galantine ['gæləntiːn] *n* CULIN galantine *f*.
Galapagos Islands [gə'læpəgəs-] *pl pr n*: the ~ les (îles *fpl*) Galapagos *fpl*; in the ~ aux (îles) Galapagos.
Galatian [gə'leɪʃjən] *n*: the Epistle of Paul to the ~s l'Épître de saint Paul aux Galates.
galaxy ['gæləksɪ] (*pl* galaxies) *n* -1. ASTRON galaxie *f*; the Galaxy la Voie lactée. -2. [gathering] constellation *f*, pléiade *f*; a ~ of film stars une pléiade de vedettes de cinéma.
gale [geɪl] *n* -1. [wind] coup *m* de vent, grand vent *m*; a force 9 ~ un vent de force 9; it's blowing a ~ outside! quel vent! ❑ ~ warning avis *m* de coup de vent. -2. [outburst] éclat *m*; ~s of laughter des éclats de rire.
gale force *n* force *f* 8 à 9; gale-force winds coups *mpl* de vent.
galena [gə'liːnə] *n* galène *f*.
galenical [gə'lenɪkl] PHARM ◇ *adj* galénique.
◇ *n* médicament *m*.
galenite [gə'liːnaɪt] = **galena**.
Galicia [gə'lɪʃɪə] *pr n* -1. [Central Europe] Galicie *f*; in ~ en Galicie. -2. [Spain] Galice *f*; in ~ en Galice.
Galician [gə'lɪʃɪən] ◇ *adj* galicien.
◇ *n* -1. [person] Galicien *m*, -enne *f*. -2. LING galicien *m*.
Galilean [ˌgælɪ'liːən] ◇ *adj* galiléen.
◇ *n* Galiléen *m*, -enne *f*.
Galilee ['gælɪliː] Galilée *f*; in ~ en Galilée; the Sea of ~ le lac de Tibériade, la mer de Galilée.
Galileo [ˌgælɪ'leɪəʊ] *pr n* Galilée.
galingale ['gælɪŋgeɪl] *n* souchet *m*.
gall [gɔːl] ◇ *n* -1. ANAT [human] bile *f*; [animal] fiel *m*. -2. [bitterness] fiel *m*, amertume *f*. -3. [nerve] culot *m*; he had the ~ to say it was my fault! il a eu le culot de dire que c'était de ma faute! -4. BOT galle *f*. -5. MED & VETER écorchure *f*, excoriation *f*.
◇ *vt* -1. [annoy] énerver; it ~ed him to have to admit he was wrong ça l'a énervé de devoir reconnaître qu'il avait tort. -2. MED & VETER excorier.
◇ *comp*: ~ duct ANAT voie *f* biliaire.
gall. *written abbr of* gallon.
gallant [*adj sense 1* & 3 'gælənt, *adj sense 2* gə'lænt, 'gælənt, *n* 'gælənt] ◇ *adj* -1. [brave] courageux, vaillant; ~ deeds des actions d'éclat, des prouesses. -2. [chivalrous] galant. -3. *lit* [noble] noble; [splendid] superbe, splendide.
◇ *n lit* galant *m*.
gallantly ['gæləntlɪ] *adv* -1. [bravely] courageusement, vaillamment. -2. [chivalrously] galamment.
gallantry ['gæləntrɪ] (*pl* gallantries) *n* -1. [bravery] courage *m*, vaillance *f*. -2. [brave deed] prouesse *f*, action *f* d'éclat. -3. [chivalry, amorousness] galanterie *f*.
gall bladder *n* vésicule *f* biliaire.
galleon ['gælɪən] *n* galion *m*.
galleria [gælə'rɪə] *n* puits *m* *(aménagé dans un grand magasin à plusieurs étages)*.
galleried ['gælərɪd] *adj* ARCHIT à galerie OR galeries.
gallery ['gælərɪ] (*pl* galleries) ◇ *n* -1. [of art] musée *m* (des beaux-arts); private ~ galerie *f*. -2. [balcony] galerie *f*; [for spectators] tribune *f*; the press ~ la tribune de la presse. -3. [covered passageway] galerie *f*. -4. THEAT [upper balcony] dernier balcon *m*; [audience] galerie *f*; to play to the ~ *fig* poser pour la galerie. -5. [tunnel] galerie *f*. -6. GOLF [spectators] public *m*.
◇ *comp*: ~ forest forêt-galerie *f*, galerie *f* forestière.
galley ['gælɪ] ◇ *n* -1. [ship] galère *f*; [ship's kitchen] cambuse *f*; [aircraft kitchen] office *m or f*. -2. TYPO [container] galée *f*; [proof] placard *m*.
◇ *comp*: ~ kitchen kitchenette *f*, cuisinette *f offic*.
galley proof *n* TYPO placard *m*.
galley slave *n* galérien *m*.
galley-west *inf* ['gælɪwest] *adv Am*: to knock sb ~ [knock out] mettre qqn K-O; [stupefy] renverser qqn; I was knocked ~! j'en suis resté baba!; to knock sthg ~ [send flying] envoyer valser qqch; [mess up] chambouler qqch, mettre qqch sens dessus dessous.
gallic ['gælɪk] *adj* CHEM gallique.
Gallic ['gælɪk] *adj* -1. [French] français; ~ charm charme *m* latin. -2. [of Gaul] gaulois; the ~ Wars la guerre des Gaules.
gallic acid *n* acide *m* gallique.
gallicism ['gælɪsɪzm] *n* gallicisme *m*.
gallicize, -ise ['gælɪsaɪz] *vt* franciser.
gallimaufry [ˌgælɪ'mɔːfrɪ] (*pl* gallimaufries) *n lit* fatras *m*, fouillis *m*.
gallinaceous [ˌgælɪ'neɪʃəs] *adj* ZOOL gallinacé.
galling ['gɔːlɪŋ] *adj* [annoying] irritant; [humiliating] humiliant, vexant.
gallingly ['gɔːlɪŋlɪ] *adv* de façon irritante.
gallinule ['gælɪnjuːl] *n* ZOOL poule *f* d'eau.
gallium ['gælɪəm] *n* gallium *m*.
gallivant [ˌgælɪ'vænt] *vi hum*: to ~ about OR around se balader; he's off ~ing around Europe il se balade quelque part en Europe.
gallon ['gælən] *n* gallon *m*.
gallonage ['gælənɪdʒ] *n* TECH capacité *f* (en gallons).
galloon [gə'luːn] *n* SEW galon *m*.
gallop ['gæləp] ◇ *vi* galoper; we ~ed across the fields nous avons galopé à travers les champs; to ~ away OR off partir au galop; he came ~ing down the stairs *fig* il a descendu l'escalier au galop.
◇ *vt* faire galoper; to ~ a horse faire galoper un cheval.
◇ *n* galop *m*; the pony broke into a ~ le poney a pris le galop; we decided to go for a ~ in the woods nous décidâmes d'aller faire un galop dans les bois; to do sthg at a ~ *fig* faire qqch à toute vitesse.
◆ **gallop through** *vt insep* faire à toute vitesse; she ~ed through her homework elle a expédié ses devoirs; I positively ~ed through the book j'ai vraiment lu ce livre à toute allure.
galloping ['gæləpɪŋ] *adj* [horse] au galop; *fig* galopant; ~ inflation inflation *f* galopante.
Gallo-Roman [ˌgæləʊ'rəʊmən] ◇ *adj* [dialects] gallo-roman; [civilization, remains] gallo-romain.
◇ *n* LING gallo-roman *m*.
gallows ['gæləʊz] (*pl inv*) *n* potence *f*, gibet *m*.
gallows humour *n Br* humour *m* noir.
gallows tree = **gallows**.
gallstone ['gɔːlstəʊn] *n* calcul *m* biliaire.
Gallup Poll ['gæləp-] *n* sondage *m* (d'opinion) *(réalisé par l'institut Gallup)*.
galore [gə'lɔːʳ] *adv* en abondance; we've got food ~ nous avons de la nourriture en abondance.
galoshes [gə'lɒʃɪz] *npl* caoutchoucs *mpl* *(pour protéger les chaussures)*.
galumph *inf* [gə'lʌmf] *vi* courir lourdement OR comme un pachyderme; he came ~ing down the stairs il a descendu l'escalier avec la légèreté d'un éléphant OR d'un hippopotame.
galvanic [gæl'vænɪk] *adj* -1. ELEC galvanique. -2. [convulsive] convulsif. -3. [stimulating] galvanisant.
galvanism ['gælvənɪzm] *n* galvanisme *m*.
galvanize, -ise ['gælvənaɪz] *vt* MED, METALL & *fig* galvaniser; it ~d the workers into action ça a poussé les travailleurs à agir.
galvanometer [ˌgælvə'nɒmɪtəʳ] *n* galvanomètre *m*.
galvanoscope [gæl'vænəʊskəʊp] *n* galvanoscope *m*.
galvanotropism [ˌgælvə'nɒtrəpɪzm] *n* galvanotropisme *m*.
Gambia ['gæmbɪə] *pr n*: (the) ~ (la) Gambie; in (the) ~ en Gambie.
Gambian ['gæmbɪən] ◇ *n* Gambien *m*, -enne *f*.
◇ *adj* gambien.
gambit ['gæmbɪt] *n* [chess] gambit *m*; king's/queen's ~ gambit du roi/de la reine ❑ opening ~ *literal* gambit *m*; *fig* manœuvre *f*, ruse *f*.
gamble ['gæmbl] ◇ *vi* jouer; to ~ on the stock exchange jouer à la Bourse, boursicoter.
◇ *vt* parier, miser.
◇ *n* -1. [wager] pari *m*; I like an occasional ~ on the horses j'aime bien jouer aux courses de temps en temps. -2. [risk] coup *m* de poker; his ~ paid off son coup de poker a payé; it's a ~ we have to take c'est un risque qu'il faut prendre; it's a bit of a ~ whether it'll work or not nous n'avons aucun moyen de savoir si ça marchera.
◆ **gamble away** *vt sep* perdre au jeu.
◆ **gamble on** *vt insep* miser OR tabler OR compter sur; we'd ~d on having fine weather on avait misé sur le beau temps; I wouldn't ~ on the plan succeeding je ne tablerais pas sur la réussite du projet.
gambler ['gæmbləʳ] *n* joueur *m*, -euse *f*.
gambling ['gæmblɪŋ] ◇ *n* *(U)* jeu *m*, jeux *mpl* d'argent; ~ debts dettes *fpl* de jeu; 'no ~' 'les jeux d'argent sont interdits'.
◇ *adj* joueur; I'm not a ~ man but I would guess that they will accept the offer je ne suis pas homme à parier mais je crois qu'il vont accepter la proposition.
gambling den *n pej* maison *f* de jeu, tripot *m*.
gambling house *n* maison *f* de jeu.
gamboge [gæm'buːʒ] ◇ *n* gomme-gutte *f*.
◇ *adj* [light] jaune.
gambol ['gæmbl] (*Br pt* & *pp* gambolled, *cont* gambolling, *Am pt* & *pp* gamboled, *cont* gamboling) ◇ *vi* gambader, cabrioler.
◇ *n* gambade *f*, cabriole *f*.
game [geɪm] ◇ *n* -1. [gen] jeu *m*; card/party ~s jeux de cartes/de société; a ~ of chance/of skill un jeu de hasard/d'adresse; ball ~s are forbidden il est interdit de jouer au ballon; the rules of the ~ la règle du jeu; she plays a good ~ of chess c'est une bonne joueuse d'échecs, elle joue bien aux échecs; it's only a ~! ce n'est qu'un jeu!; I'm off my ~ today je joue mal aujourd'hui; it put me right off my ~ ça m'a complètement déconcerté; to play sb's ~ entrer dans le jeu de qqn; you're not playing the ~! tu ne joues pas le jeu!; politics is just a ~ to him pour lui, la politique n'est qu'un jeu ❑ the ~ is not worth the candle *Br* le jeu n'en vaut pas la chandelle. -2. [contest] partie *f*; [esp professional] match *m*; do you fancy a ~ of chess? ça te dit de faire une partie d'échecs?; tonight's big ~ le grand match de ce soir. -3. [division of match – in tennis, bridge] jeu *m*; ~, set and match jeu, set et match; (one) ~ all un jeu partout. -4. [playing equipment, set] jeu *m*. -5. *inf* [scheme, trick] ruse *f*, stratagème *m*; what's your (little) ~? qu'est-ce que tu manigances?, à quel jeu joues-tu? ❑ to play a double ~ jouer un double jeu; to beat sb at his/her own game battre qqn sur son propre terrain; the ~'s up! tout est perdu!; two can

play at that ~, you know! moi aussi je peux jouer à ce petit jeu-là, tu sais!; **don't come that ~ with me!** tu ne m'auras pas à ce petit jeu-là!; **to give the ~ away** vendre la mèche; **that gave the ~ away** c'est comme ça qu'on a découvert le pot aux roses. -**6.** *inf* [undertaking, operation]: **at this stage in the ~** à ce stade des opérations □ **to be ahead of the ~** mener le jeu *fig*. -**7.** [activity] travail *m*; **I'm new to this ~** je suis novice en la matière; **when you've been in this ~ as long as I have, you'll understand** quand tu auras fait ça aussi longtemps que moi, tu comprendras. -**8.** CULIN & HUNT gibier *m*. -**9.** *phr*: **to be on the ~**▽ *Br* faire le tapin.

◇ *adj* -**1.** [plucky] courageux, brave. -**2.** [willing] prêt, partant; **they're ~ for anything** ils sont toujours partants; **I'm ~ if you are!** si tu es partant, moi aussi! -**3.** *Br* [lame] estropié; **he's got a ~ leg** il a une jambe estropiée.

◇ *comp* de chasse; **~ bag** gibecière *f*; **~ laws** réglementation *f* de la chasse.

◇ *vi fml* [gamble] jouer (de l'argent).

◆ **games** *npl* [international] jeux *mpl*; *Br* SCH sport *m*; **they have ~s on Wednesdays** le mercredi ils ont sport □ **the Olympic Games** les jeux Olympiques.

game bird *n*: **the partridge is a ~** on chasse la perdrix; **~s** gibier *m* à plumes.

gamecock [ˈgeɪmkɒk] *n Br* coq *m* de combat.

game fish *n* poisson *m* noble *(saumon, brochet)*.

game-fishing *n* pêche *f (au saumon, à la truite, au brochet)*.

game fowl = **game bird**.

gamekeeper [ˈgeɪm,kiːpəʳ] *n* garde-chasse *m*.

game laws *npl* réglementation *f* de la chasse.

gamely [ˈgeɪmlɪ] *adv* courageusement, vaillamment.

game park *n* [in Africa] réserve *f*.

game pie *n* tourte *f* au gibier, ≃ pâté *m* en croûte.

game plan *n* stratégie *f*, plan *m* d'attaque.

game point *n* balle *f* de jeu.

game reserve *n* réserve *f (pour animaux sauvages)*.

gamesmanship [ˈgeɪmzmənʃɪp] *n art de gagner (aux jeux) en déconcertant son adversaire*.

gamester [ˈgeɪmstəʳ] *n* [game-player, gambler] joueur *m*, -euse *f*.

gamete [ˈgæmiːt] *n* gamète *m*.

game theory *n* théorie *f* des jeux.

gametic [gəˈmetɪk] *adj* gamétique.

gametocyte [gəˈmiːtəʊsaɪt] *n* gamétocyte *m*.

gametogenesis [,gæmɪtəʊˈdʒenɪsɪs] *n* gamétogenèse *f*.

gametophyte [gəˈmiːtəʊfaɪt] *n* gamétophyte *m*.

game warden *n* -**1.** [gamekeeper] garde-chasse *m*. -**2.** [in safari park] garde *m* (d'une réserve).

gamey [ˈgeɪmɪ] (*compar* gamier, *superl* gamiest) = **gamy**.

gamine [ˈgæmiːn] *Br* ◇ *n* [impish girl] jeune fille *f* espiègle; [tomboy] garçon *m* manqué.

◇ *adj* gamin; **a ~ haircut** une coupe à la garçonne.

gaming [ˈgeɪmɪŋ] *fml* = **gambling** *n*.

gaming laws *npl lois réglementant les jeux de hasard*.

gaming table *n* table *f* de jeu.

gamma [ˈgæmə] *n* gamma *m*.

gamma globulin *n* gammaglobuline *f*.

gamma radiation *n (U)* rayons *mpl* gamma.

gamma ray *n* rayon *m* gamma.

gammon [ˈgæmən] ◇ *n* -**1.** *Br* [cut] jambon *m*; [meat] jambon *m* fumé. -**2.** [in backgammon] *victoire avant que l'adversaire ne puisse retirer aucune de ses pièces*.

◇ *vt* battre en réalisant un «gammon».

gammon steak *n Br* (épaisse) tranche *f* de jambon fumé.

gammy *inf* [ˈgæmɪ] (*compar* gammier, *superl* gammiest) *adj Br* estropié; **to have a ~ leg** avoir une jambe estropiée, avoir une patte folle.

gamogenesis [,gæməʊˈdʒenɪsɪs] *n* gamogénèse *f*.

gamp *inf* [gæmp] *n Br arch* pébroque *m*.

gamut [ˈgæmət] *n* MUS & *fig* gamme *f*; **to run the (whole) ~ of sthg** passer par toute la gamme de qqch.

gamy [ˈgeɪmɪ] (*compar* gamier, *superl* gamiest) *adj* [meat] faisandé.

gander [ˈgændəʳ] *n* -**1.** [goose] jars *m*. -**2.** *inf Br* [simpleton] nigaud *m*, -e *f*, andouille *f*. -**3.** *inf Br* [look]: **to have** OR **to take a ~ at sthg** jeter un coup d'œil sur qqch; **have a ~ at this!** jette un coup là-dessus!

gang [gæŋ] ◇ *n* -**1.** [gen] bande *f*; [of criminals] gang *m*; **a ~ of young thugs** une bande de jeunes voyous; **she went out with a ~ of friends** elle est sortie avec une bande de copains; **he's one of the ~ now** il fait partie de la bande maintenant. -**2.** [of workmen] équipe *f*; [of convicts] convoi *m*. -**3.** TECH [of tools] série *f*.

◇ *vt* TECH [tools, instruments] coupler.

◆ **gang together** *vi insep* se réunir (en bande), se mettre à plusieurs.

◆ **gang up** *vi insep* se mettre à plusieurs; **to ~ up against** OR **on sb** se liguer contre qqn.

gang-bang▼ *n* viol *m* collectif.

ganger [ˈgæŋəʳ] *n Br* [foreman] contremaître *m*, chef *m* d'équipe.

Ganges [ˈgændʒiːz] *pr n*: **the (River) ~** le Gange.

gangland [ˈgæŋlænd] ◇ *n* le milieu.

◇ *comp*: **a ~ killing** un règlement de comptes *(dans le milieu)*.

ganglia [ˈgæŋglɪə] *pl* → **ganglion**.

gangling [ˈgæŋglɪŋ] *adj* dégingandé; **a tall, ~ young lad** un grand jeune homme dégingandé.

ganglion [ˈgæŋglɪən] (*pl* **ganglia** [-glɪə]) *n* -**1.** ANAT ganglion *m*. -**2.** [centre, focus] centre *m*, foyer *m*.

gangly [ˈgæŋlɪ] = **gangling**.

gangplank [ˈgæŋplæŋk] *n* passerelle *f*; **to walk the ~** être soumis au supplice de la planche *(par des pirates)*.

gangrene [ˈgæŋgriːn] ◇ *n* MED & *fig* gangrène *f*.

◇ *vi* se gangrener.

gangrenous [ˈgæŋgrɪnəs] *adj* gangreneux; **the wound went ~** la blessure s'est gangrenée.

gang saw *n* scie *f* multiple.

gang show *n spectacle de variétés organisé par les scouts*.

gangster [ˈgæŋstəʳ] ◇ *n* gangster *m*.

◇ *comp* [film, story] de gangsters.

gangue [gæŋg] *n* MINER gangue *f*.

gangway [ˈgæŋweɪ] ◇ *n* -**1.** NAUT = **gangplank**. -**2.** [passage] passage *m*; *Br* [in theatre] allée *f*.

◇ *interj*: **~!** dégagez le passage!

gannet [ˈgænɪt] *n* -**1.** ORNITH fou *m* de Bassan. -**2.** *inf Br* [greedy person] glouton *m*, -onne *f*.

gantry [ˈgæntrɪ] (*pl* **gantries**) *n* [for crane] portique *m*; **(launching) ~** ASTRON portique (de lancement); **(signal) ~** RAIL portique (à signaux).

gantry crane *n* grue *f* (à) portique.

Ganymede [ˈgænɪmiːd] *pr n* Ganymède.

GAO (*abbr of* **General Accounting Office**) *pr n Cour des comptes américaine*.

gaol *etc* [dʒeɪl] *Br* = **jail**.

gap [gæp] *n* -**1.** [hole, breach] trou *m*, brèche *f*; **a ~ in the wall** un trou dans le mur; **the sun shone through a ~ in the clouds** le soleil perça à travers les nuages. -**2.** [space between objects] espace *m*; [narrower] interstice *m*, jour *m*; **there was a ~ of a few metres between each car** il y avait une distance de quelques mètres entre chaque voiture; **he has a ~ between his front teeth** il a les dents de devant écartées; **I could see through a ~ in the curtains** je voyais par la fente entre les rideaux. -**3.** [blank] blanc *m*; **fill in the ~s with the missing letters** remplissez les blancs avec les lettres manquantes. -**4.** [in time] intervalle *m*; **there's a perceptible ~ between stimulus and response** il y a un intervalle sensible entre le stimulus et la réponse; **she returned to work after a ~ of six years** elle s'est remise à travailler après une interruption de six ans. -**5.** [lack] vide *m*; **to bridge** OR **to fill a ~** combler un vide; **his death left a ~ in our lives** sa mort a laissé un vide dans notre vie; **a ~ in the market** un créneau sur le marché. -**6.** [omission] lacune *f*; **there are several ~s in his story** il y a plusieurs lacunes dans son histoire. -**7.** [silence] pause *f*, silence *m*. -**8.** [disparity] écart *m*, inégalité *f*; **we need to reduce the ~ between theory and practice** il nous faut réduire l'écart entre la théorie et la pratique; **there's a technology ~ between our two countries** il y a un écart technologique entre nos deux pays. -**9.** [mountain pass] col *m*.

gape [geɪp] ◇ *vi* -**1.** [stare] regarder bouche bée; **he ~d at me** il m'a regardé bouche bée; **what are you gaping at?** qu'est-ce que tu regardes avec cet air bête? -**2.** [open one's mouth wide] ouvrir la bouche toute grande. -**3.** [be open] être béant, béer *lit*; **a chasm ~d at our feet** un gouffre béant s'ouvrait à nos pieds.

◇ *n* [stare] regard *m* ébahi.

gaper [ˈgeɪpəʳ] *n* -**1.** [starer] badaud *m*, -e *f*. -**2.** [clam] mye *f*.

gaping [ˈgeɪpɪŋ] *adj* -**1.** [staring] bouche bée *(inv)*. -**2.** [wide open] béant; **a ~ wound** une blessure béante.

gappy [ˈgæpɪ] (*compar* gappier, *superl* gappiest) *adj* -**1.** [account, knowledge] plein de lacunes. -**2.** **~ teeth** des dents écartées.

gap-toothed *adj* [with spaces between teeth] aux dents écartées; [with missing teeth] à qui il manque des dents.

garage [*n Br* ˈgærɑːʒ, ˈgærɪdʒ, *Am* gəˈrɑːʒ, *vb Br* ˈgærɑːʒ, *Am* gəˈrɑːʒ] ◇ *n* garage *m*.

◇ *vt* mettre au garage.

garage hand *n* mécanicien *m*, -enne *f*.

garage man *n* [mechanic] mécanicien *m*, -enne *f*; [owner] garagiste *mf*.

garage sale *n vente d'occasion chez un particulier*.

garb [gɑːb] *lit* ◇ *n* costume *m*, mise *f*; **she was in gipsy ~** elle était en costume de gitane, elle était déguisée en gitane; **a man dressed in very strange ~** un homme bizarrement accoutré.

◇ *vt* vêtir.

garbage [ˈgɑːbɪdʒ] *n (U)* -**1.** *Am* [waste matter] ordures *fpl*, détritus *mpl*; **throw it in the ~** jette-le à la poubelle. -**2.** *inf* [nonsense] bêtises *fpl*, âneries *fpl*; **you're talking ~!** tu racontes des bêtises!; **this newspaper is ~!** ce journal est nul! -**3.** COMPUT données *fpl* erronées; **~ in, ~ out** la qualité des résultats est fonction de la qualité des données à l'entrée.

garbage can *n Am* poubelle *f*.

garbage chute *n Am* vide-ordures *m inv*.

garbage collector *n Am* éboueur *m*.

garbage disposal unit *n Am* broyeur *m* d'ordures.

garbage dump *n Am* décharge *f*.

garbage man *Am* = **garbage collector**.

garbage truck *n Am* camion *m* des éboueurs.

garbanzo [gɑːˈbɑːnzəʊ] (*pl* **garbanzos**) *n Am* pois *m* chiche.

garble [ˈgɑːbl] *vt* [involuntarily - story, message] embrouiller; [- quotation] déformer; [deliberately - facts] dénaturer, déformer.

garbled [ˈgɑːbld] *adj* [story, message, explanation - involuntarily] embrouillé, confus; [- deliberately] dénaturé, déformé.

garda [ˈgɑːdə] (*pl* **gardai** [-diː]) *n* policier *m (en République d'Irlande)*.

garden [ˈgɑːdn] ◇ *n* -**1.** [with flowers] jardin *m*; [with vegetables] (jardin *m*) potager *m*; **to do the ~** jardiner, faire du jardinage □ **the Garden of Eden** le jardin *m* d'Éden, l'Éden *m*; **everything in the ~ is rosy** OR **lovely** tout va bien. -**2.** [fertile region] jardin *m*; **the Garden of England** *surnom du comté de Kent, célèbre pour ses vergers et ses champs de houblon*.

◇ *comp* de jardinage, de jardin; **~ path** allée *f (dans un jardin)*; **he ran down the ~ path** il a

descendu l'allée du jardin en courant; ~ **produce** produits *mpl* maraîchers; ~ **seat** banc *m* de jardin; ~ **shears** cisaille *f* OR cisailles *fpl* de jardin; ~ **shed** resserre *f*; ~ **tools** outils *mpl* de jardinage; ~ **wall** mur *m* du jardin.
◇ *vi* jardiner, faire du jardinage.
◆ **gardens** *npl* [park] jardin *m* public.

garden centre *n* jardinerie *f*.

garden city *n* cité-jardin *f*.

gardener ['gɑːdnəʳ] *n* jardinier *m*, -ère *f*.

garden flat *n* rez-de-jardin *m inv*.

garden gnome *n* gnome *m* (décoratif).

gardenia [gɑː'diːnjə] *n* gardénia *m*.

gardening ['gɑːdnɪŋ] ◇ *n* jardinage *m*; **he's fond of** ~ il aime jardiner.
◇ *comp* [book, programme] de OR sur le jardinage; [gloves] de jardinage.

garden party *n Br* garden-party *f*.

garden suburb *n* banlieue *f* verte.

garden-variety *adj Am* ordinaire.

garfish ['gɑːfɪʃ] *n* orphie *f*, aiguille *f* de mer.

gargantuan [gɑː'gæntjʊən] *adj* gargantuesque.

gargle ['gɑːgl] ◇ *vi* se gargariser, faire des gargarismes.
◇ *n* gargarisme *m*.

gargoyle ['gɑːgɔɪl] *n* gargouille *f*.

garibaldi [ˌgærɪ'bɔːldɪ] *n Br biscuit aux raisins secs.*

garish ['geərɪʃ] *adj* [colour] voyant, criard; [clothes] voyant, tapageur; [light] cru, aveuglant.

garishly ['geərɪʃlɪ] *adv*: ~ **dressed** vêtu de manière tapageuse; ~ **made-up** outrageusement fardé OR maquillé.

garishness ['geərɪʃnɪs] *n* [of appearance] tape-à-l'œil *m inv*; [of colour] crudité *f*, violence *f*.

garland ['gɑːlənd] ◇ *n* -**1.** [on head] couronne *f* de fleurs; [round neck] guirlande *f* OR collier *m* de fleurs; [hung on wall] guirlande *f*. -**2.** LITERAT [of poems] guirlande *f*, florilège *m*.
◇ *vt* [decorate] décorer avec des guirlandes, enguirlander; [crown] couronner de fleurs.

garlic ['gɑːlɪk] *n* ail *m*; **clove of** ~ gousse *f* d'ail; ~ **bread** *pain beurré frotté d'ail et servi chaud*; ~ **butter** beurre *m* d'ail; ~ **salt** sel *m* d'ail; ~ **sausage** saucisson *m* à l'ail.

garlicky ['gɑːlɪkɪ] *adj* [taste] d'ail; [breath] qui sent l'ail; **it smells** ~ ça sent l'ail.

garlic mustard *n* alliaire *f*.

garlic press *n* presse-ail *m inv*.

garment ['gɑːmənt] *n* vêtement *m*; **the** ~ **industry** la confection.

garner ['gɑːnəʳ] ◇ *n lit* grenier *m* (à grain), grange *f*.
◇ *vt* [grain] rentrer, engranger; *fig* [information] glaner, grappiller; [compliments] recueillir.
◆ **garner in, garner up** *vt sep* engranger.

garnet ['gɑːnɪt] ◇ *n* [stone, colour] grenat *m*.
◇ *adj* -**1.** [in colour] grenat *(inv)*. -**2.** [jewellery] de OR en grenat.

garnish ['gɑːnɪʃ] ◇ *vt* CULIN garnir; [decorate] embellir; ~**ed with slices of lemon and tomato** garni de rondelles de citron et de tomate.
◇ *n* garniture *f*.

garnishing ['gɑːnɪʃɪŋ] *n* CULIN garniture *f*; *fig* embellissement *m*.

garnishment ['gɑːnɪʃmənt] *n* -**1.** JUR saisie-arrêt *f*. -**2.** CULIN garniture *f*.

garotte [gə'rɒt] = **garrot(t)e**.

garret ['gærət] *n* [room] mansarde *f*; **to live in a** ~ habiter une chambre sous les combles.

garrison ['gærɪsn] ◇ *n* garnison *f*.
◇ *vt* -**1.** [troops] mettre en garnison; **they were** ~**ed in Scotland** ils étaient en garnison en Écosse. -**2.** [town] placer une garnison dans.

garrison town *n* ville *f* de garnison.

garrison troops *npl* (troupes *fpl* de) garnison *f*.

garrot(t)e [gə'rɒt] ◇ *n* -**1.** [execution] (supplice *m* du) garrot *m*. -**2.** [collar] garrot *m*.
◇ *vt* garrotter.

garrulous ['gærələs] *adj* -**1.** [person] loquace, bavard. -**2.** [style] prolixe, verbeux.

garrulously ['gærələslɪ] *adv* verbeusement.

garryowen [ˌgærɪ'əʊɪn] *n Br* SPORT [in rugby] (coup *m* de pied en) chandelle *f*.

garter ['gɑːtəʳ] *n* -**1.** *Br* [for stockings] jarretière *f*; [for socks] fixe-chaussette *m*; **Order of the Garter** ordre *m* de la Jarretière; **Knight of the Garter** chevalier *m* de l'ordre de la Jarretière. -**2.** *Am* [suspender] jarretelle *f*.

garter belt *n Am* porte-jarretelles *m inv*.

garter snake *n* couleuvre *f (d'Amérique du Nord)*.

garter stitch *n* point *m* mousse.

gas [gæs] (*pl* gasses) ◇ *n* -**1.** [domestic] gaz *m*; **to turn on/off the** ~ allumer/éteindre le gaz; **to use** ~ **for cooking** faire la cuisine OR cuisiner au gaz; **a street lit by** ~ une rue éclairée au gaz ❑ ~ **bracket** applique *f* à gaz; ~ **industry** industrie *f* du gaz. -**2.** CHEM gaz *m*. -**3.** MIN grisou *m*. -**4.** MED gaz *m* anesthésique OR anesthésiant; **to have** ~ subir une anesthésie gazeuse OR par inhalation; **the dentist gave me** ~ le dentiste m'a endormi au gaz. -**5.** *Am* AUT essence *f*; ~ **gauge** jauge *f* d'essence; ~ **pedal** accélérateur *m*; **step on the** ~! *inf literal* appuie sur le champignon!; *fig* grouille!, grouille-toi! -**6.** *inf Am* [amusement]: **the party was a real** ~ on s'est bien marrés OR on a bien rigolé à la soirée. -**7.** *inf Br* [chatter] bavardage *m*; **they had a good** ~ **on the phone** ils ont taillé une bonne bavette au téléphone. -**8.** *(U) Am* [in stomach] gaz *mpl*.
◇ *vt* -**1.** [poison] asphyxier OR intoxiquer au gaz; **to** ~ **o.s.** [poison] s'asphyxier au gaz; [suicide] se suicider au gaz. -**2.** MIL gazer.
◇ *vi* -**1.** *inf* [chatter] bavarder, jacasser. -**2.** CHEM dégager des gaz.
◆ **gas up** *Am* ◇ *vt sep*: **to** ~ **the automobile up** faire le plein d'essence.
◇ *vi insep* faire le plein d'essence.

gasbag *inf* ['gæsbæg] *n Br pej* OR *hum* moulin *m* à paroles, pie *f*.

gas burner *n* brûleur *m*.

gas chamber *n* chambre *f* à gaz.

gas chromatography *n* chromatographie *f* en phase gazeuse.

Gascon ['gæskən] ◇ -**1.** [person] Gascon *m*, -onne *f*. -**2.** LING gascon *m*.
◇ *adj* gascon.

Gascony ['gæskənɪ] *pr n* Gascogne *f*; **in** ~ en Gascogne.

gas cooker *n Br* cuisinière *f* à gaz, gazinière *f*.

gas-cooled reactor *n* réacteur *m* graphite-gaz.

gaseous ['gæsjəs] *adj* PHYS gazeux.

gas fire *n Br* (appareil *m* de) chauffage *m* au gaz.

gas-fired *adj Br*: ~ **central heating** chauffage *m* central au gaz.

gas fitter *n* installateur *m* d'appareils à gaz.

gas gangrene *n (U)* gangrène *f* gazeuse.

gas guzzler *inf n Am* AUT voiture *f* qui consomme beaucoup.

gash [gæʃ] ◇ *vt* -**1.** [knee, hand] entailler; [face] balafrer, taillader; **she fell and** ~**ed her knee** elle est tombée et s'est entaillé OR ouvert le genou. -**2.** [material] déchirer, lacérer.
◇ *n* -**1.** [on knee, hand] entaille *f*; [on face] balafre *f*, estafilade *f*; **there was a great** ~ **in the side of the ship** il y avait une profonde entaille OR une large brèche dans le flanc du navire. -**2.** [in material] (grande) déchirure *f*, déchiqueture *f*.
◇ *adj* ∇ [surplus] superflu, en trop.

gas heater *n* [radiator] radiateur *m* à gaz; [for water] chauffe-eau *m inv* à gaz.

gasholder ['gæsˌhəʊldəʳ] *n* gazomètre *m*.

gasify ['gæsɪfaɪ] (*pt* & *pp* **gasified**) *vt* gazéifier.

gas jet *n* brûleur *m*.

gasket ['gæskɪt] *n* -**1.** MECH joint *m* (d'étanchéité); **(cylinder) head** ~ AUT joint *m* de culasse. -**2.** NAUT raban *m* de ferlage.

gaslight ['gæslaɪt] *n* -**1.** [lamp] lampe *f* à gaz, appareil *m* d'éclairage à gaz; [in street] bec *m* de gaz. -**2.** [light produced] lumière *f* produite par du gaz; **by** ~ à la lumière d'une lampe à gaz.

gas lighter *n* [for cooker] allume-gaz *m*; [for cigarettes] briquet *m* à gaz.

gaslit ['gæslɪt] *adj* éclairé au gaz.

gas main *n* conduite *f* de gaz.

gasman ['gæsmæn] (*pl* **gasmen** [-men]) *n* employé *m* du gaz, gazier *m vieilli*.

gas mantle *n* manchon *m* à incandescence.

gas mask *n* masque *m* à gaz.

gas meter *n* compteur *m* à gaz.

gas oil *n* gas-oil *m*, gazole *m*.

gasoline, gasolene ['gæsəliːn] *n Am* AUT essence *f*.

gasometer [gæ'sɒmɪtəʳ] *n* gazomètre *m*.

gas oven *n* [domestic] four *m* à gaz; [cremation chamber] four *m* crématoire.

gasp [gɑːsp] ◇ *vi* -**1.** [be short of breath] haleter, souffler; **to** ~ **for breath** OR **for air** haleter, suffoquer. -**2.** [in shock, surprise] avoir le souffle coupé; **to** ~ **in** OR **with amazement** avoir le souffle coupé par la surprise. -**3.** *inf Br fig*: **I'm** ~**ing for a cigarette** je meurs d'envie de fumer une cigarette; **I'm** ~**ing for a drink** je meurs de soif.
◇ *vt*: **what? he** ~**ed** quoi? dit-il d'une voix pantelante; **she** ~**ed out an explanation** elle s'est expliquée d'une voix haletante.
◇ *n* halètement *m*; **she gave** OR **she let out a** ~ **of surprise** elle a eu un hoquet de surprise; **to give a** ~ **of horror** avoir le souffle coupé par l'horreur; **he was at his last** ~ [dying] il allait rendre son dernier souffle OR soupir; [exhausted] il était à bout de souffle; **to the last** ~ jusqu'au dernier souffle.

gasper *inf* ['gɑːspəʳ] *n Br dated* sèche *f*, clope *m or f*.

gas pipe *n* tuyau *m* à gaz.

gas pipeline *n* gazoduc *m*.

gas range *n* fourneau *m* à gaz.

gas ring *n* [part of cooker] brûleur *m*; [small cooker] réchaud *m* à gaz.

gas station *n Am* poste *m* d'essence, station-service *f*.

gas stove *n Br* [in kitchen] cuisinière *f* à gaz, gazinière *f*; [for camping] réchaud *m* à gaz.

gassy ['gæsɪ] (*compar* **gassier**, *superl* **gassiest**) *adj* -**1.** CHEM gazeux. -**2.** [drink] gazeux. -**3.** *inf* [person] bavard. -**4.** MIN grisouteux.

gas tank *n* -**1.** [domestic] cuve *f* à gaz. -**2.** *Am* AUT réservoir *m* à essence.

gas tap *n* [on cooker] bouton *m* de cuisinière à gaz; [at mains] robinet *m* de gaz.

gasteropod ['gæstrəpɒd] = **gastropod**.

gastrectomy [gæs'trektəmɪ] (*pl* **gastrectomies**) *n* gastrectomie *f*.

gastric ['gæstrɪk] *adj* gastrique.

gastric flu *n (U)* grippe *f* intestinale OR gastro-intestinale.

gastric juice *n* suc *m* gastrique.

gastric ulcer *n* ulcère *m* de l'estomac, gastrite *f* ulcéreuse.

gastritis [gæs'traɪtɪs] *n* gastrite *f*.

gastroenteritis ['gæstrəʊˌentə'raɪtɪs] *n (U)* gastro-entérite *f*; **to have** ~ avoir une gastro-entérite.

gastronome ['gæstrənəʊm] *n* gastronome *mf*.

gastronomic(al) [ˌgæstrə'nɒmɪk(l)] *adj* gastronomique.

gastronomist [gæs'trɒnəmɪst] = **gastronome**.

gastronomy [gæs'trɒnəmɪ] *n* gastronomie *f*.

gastropod ['gæstrəpɒd] ◇ *n* gastéropode *m*, gastropode *m*.
◇ *adj* de gastéropode.

gas turbine *n* turbine *f* à gaz.

gasworks ['gæswɜːks] (*pl inv*) *n* usine *f* à gaz.

gat [gæt] ◇ *arch pt* → **get**.
◇ *n* ∇ *Am* flingue *m*, pétard *m*.

gate [geɪt] ◇ *n* -**1.** [into garden] porte *f*; [into driveway, field] barrière *f*; [bigger - of mansion] portail *m*; [- into courtyard] porte *f* cochère; [low] portillon *m*; [wrought iron] grille *f*; **the main** ~ la porte OR l'entrée principale; **the** ~**s of heaven/hell** les portes du paradis/de l'enfer;

to pay at the ~ [for match] payer à l'entrée ❑ to give sb the ~ *inf Am* flanquer qqn à la porte; 'The Gates of Hell' *Rodin* 'la Porte de l'enfer'. -**2.** [at airport] porte *f*; **proceed to ~ 22** embarquement porte 22; **departure ~** porte d'embarquement. -**3.** [on ski slope] porte *f*. -**4.** [on canal]: **lock ~s** écluse *f*, portes *fpl* d'écluse. -**5.** SPORT [spectators] nombre *m* de spectateurs (admis); [money] recette *f*, entrées *fpl*; **there was a good/poor ~** il y a eu beaucoup/peu de spectateurs; **the match needed a ~ of 50,000 to break even** il fallait 50 000 spectateurs au match pour que le club rentre dans ses frais. -**6.** ELECTRON gâchette *f*. -**7.** PHOT fenêtre *f*. -**8.** [in horse racing] starting-gate *f*.
◇ *vt Br* SCH consigner, mettre en retenue.

gateau ['gætəʊ] (*pl* **gateaux** [-təʊz]) *n* gros gâteau *m* (*décoré et fourré à la crème*).

gate-crash *inf* ◇ *vi* [at party] s'inviter, jouer les pique-assiette; [at paying event] resquiller.
◇ *vt*: **to ~ a party** aller à une fête sans invitation; **to ~ a concert** aller à un concert sans payer.

gate-crasher *inf* [-'kræʃəʳ] *n* [at party] pique-assiette *mf*; [at paying event] resquilleur *m*, -euse *f*.

gatefold ['geɪtfəʊld] *n* encart *m* dépliant (*dans un magazine*).

gatehouse [-'geɪthaʊs, *pl* -haʊzɪz] *n* [of estate] loge *f* du portier; [of castle] corps *m* de garde.

gatekeeper ['geɪt,kiːpəʳ] *n* portier *m*, -ère *f*; RAIL garde-barrière *mf*.

gate-leg table, gate-legged table *n* table *f* pliante.

gate money *n* recette *f*, montant *m* des entrées.

gatepost ['geɪtpəʊst] *n* montant *m* de barrière OR de porte; **between you, me and the ~** *inf Br* soit dit entre nous.

gateway ['geɪtweɪ] *n* porte *f*, entrée *f*; **Istanbul, ~ to the East** Istanbul, la porte de l'Orient; **the ~ to success/happiness** la porte du succès/du bonheur.

gather ['gæðəʳ] ◇ *vt* -**1.** [pick, collect - mushrooms, wood] ramasser; [- flowers, fruit] cueillir. -**2.** [bring together - information] recueillir; [- taxes] percevoir, recouvrer; **to ~ a crowd** attirer une foule de gens; **~ your things, we're leaving now** ramasse tes affaires, on s'en va. -**3.** [gain] prendre; **to ~ strength** prendre des forces; **to ~ speed** prendre de la vitesse. -**4.** [prepare]: **to ~ one's thoughts** se concentrer; **to ~ one's wits** rassembler ses esprits. -**5.** [embrace] serrer; **he ~ed the children to him** il serra les enfants dans ses bras OR sur son cœur. -**6.** [clothes] ramasser; **she ~ed her skirts about her** elle ramassa ses jupes. -**7.** [deduce] déduire, comprendre; **from what she told me, I ~ there will be an enquiry** à l'en croire, il y aura une enquête; **I ~ he isn't coming** j'en déduis qu'il ne vient pas, donc il ne vient pas; **as far as I can ~** d'après ce que j'ai cru comprendre. -**8.** SEW froncer; **the dress is ~ed at the waist** la robe est froncée à la taille. -**9.** TYPO [signatures] assembler. -**10.** *phr*: **to ~ dust** ramasser la poussière; **these books are just ~ing dust** ces livres ne servent qu'à ramasser OR prendre la poussière.
◇ *vi* -**1.** [people] se regrouper, se rassembler; [crowd] se former; [troops] se masser; **they all ~ed round the fire** ils se sont rassemblés autour du feu. -**2.** [clouds] s'amonceler; [darkness] s'épaissir; [storm] menacer, se préparer. -**3.** MED [abscess] mûrir; [pus] se former.
◆ **gathers** *npl* SEW fronces *fpl*.
◆ **gather in** *vt sep* -**1.** [harvest] rentrer; [wheat] récolter; [money, taxes] recouvrer; [books, exam papers] ramasser. -**2.** SEW: **~ed in at the waist** froncé à la taille.
◆ **gather round** *vi insep* se regrouper, se rassembler; **~ round and listen** approchez (-vous) et écoutez.
◆ **gather together** ◇ *vi insep* se regrouper, se rassembler.
◇ *vt sep* [people] rassembler, réunir; [books, belongings] rassembler, ramasser.
◆ **gather up** *vt sep* -**1.** [objects, belongings] ramasser; **he ~ed up the toys and put them away** il ramassa les jouets et les mit de côté. -**2.** [skirts] ramasser, retrousser; [hair] ramasser, relever; **her hair was ~ed up into a bun** ses cheveux étaient ramassés OR relevés en chignon.

gatherer ['gæðərəʳ] *n* ramasseur *m*, -euse *f*.

gathering ['gæðərɪŋ] ◇ *n* -**1.** [group] assemblée *f*, réunion *f*; **a ~ of top scientists** une réunion de scientifiques de haut niveau. -**2.** [accumulation] accumulation *f*; [of clouds] amoncellement *m*. -**3.** [bringing together - of people] rassemblement *m*; [- of objects] accumulation *f*, amoncellement *m*. -**4.** [harvesting] récolte *f*; [picking] cueillette *f*. -**5.** [increase - in speed, force] accroissement *m*. -**6.** *(U)* SEW froncis *m*, fronces *fpl*. -**7.** *(U)* MED [abscess] abcès *m*.
◇ *adj lit*: **the ~ darkness** l'obscurité grandissante; **the ~ storm** l'orage qui se prépare OR qui menace.

GATT [gæt] (*abbr of* **General Agreement on Tariffs and Trade**) *pr n* GATT *m*.

gauche [gəʊʃ] *adj* gauche, maladroit.

gaucherie ['gəʊʃərɪ] *n* gaucherie *f*, maladresse *f*.

gaucho ['gaʊtʃəʊ] (*pl* **gauchos**) *n* gaucho *m*.

gaudily ['gɔːdɪlɪ] *adv* [dress] de manière voyante, tapageusement; [decorate] de couleurs criardes.

gaudiness ['gɔːdɪnɪs] *n* [of colours] violence *f*; [of clothes, décor] style *m* voyant, mauvais goût *m*.

gaudy ['gɔːdɪ] (*compar* **gaudier**, *superl* **gaudiest**) ◇ *adj* [dress] voyant; [colour] voyant, criard, tape-à-l'œil *(inv)*; [display] tapageur.
◇ *n Br* UNIV fête *f* annuelle (*des étudiants*).

gauge *Br*, **gage** *Am* [geɪdʒ] ◇ *n* -**1.** [instrument] jauge *f*, indicateur *m*; **petrol** OR **fuel ~** jauge à essence; **pressure ~** manomètre *m*; **temperature ~** indicateur de température. -**2.** [standard measurement] calibre *m*, gabarit *m*; [diameter - of wire, cylinder, gun] calibre *m*. -**3.** RAIL [of track] écartement *m*; AUT [of wheels] écartement *m*. -**4.** TECH [of steel] jauge *f*. -**5.** CIN [of film] pas *m*. -**6.** *fig*: **the survey provides an accurate ~ of current trends** le sondage permet d'évaluer avec précision les tendances actuelles.
◇ *vt* -**1.** [measure, calculate] mesurer, jauger; **to ~ the wind** mesurer la vitesse du vent; **to ~ the temperature of the political situation** jauger la situation politique; **she tried to ~ how much it would cost her** elle a essayé d'évaluer combien ça lui coûterait. -**2.** [predict] prévoir; **he tried to ~ what her reaction would be** il essaya de prévoir sa réaction. -**3.** [standardize] normaliser.

Gaul [gɔːl] ◇ *pr n* GEOG Gaule *f*.
◇ *n* [person] Gaulois *m*, -e *f*.

Gaullism ['gəʊlɪzm] *n* POL Gaullisme *m*.

Gaullist ['gəʊlɪst] POL ◇ *adj* Gaulliste.
◇ *n* Gaulliste *mf*.

gaunt [gɔːnt] *adj* -**1.** [emaciated - face] creux, émacié; [- body] décharné, émacié. -**2.** [desolate - landscape] morne, lugubre, désolé; [- building] lugubre, désert.

gauntlet ['gɔːntlɪt] *n* [medieval glove] gantelet *m*; [for motorcyclist, fencer] gant *m* (à crispin OR à manchette); **to throw down/to take up the ~** jeter/relever le gant; **to run the ~** *literal* passer par les baguettes; *fig* se faire fustiger; **to run the ~ of an angry mob** se forcer OR se frayer un passage à travers une foule hostile; **she had to run the ~ of their anger** elle a dû affronter leur colère.

gauntness ['gɔːntnɪs] *n* -**1.** [of face, body] maigreur *f*; **the ~ of his face** la maigreur de son visage. -**2.** [of landscape] aspect *m* morne OR lugubre, désolation *f*; [of house] aspect *m* lugubre.

gauss [gaʊs] *n* gauss *m*.

gauze [gɔːz] *n* gaze *f*.

gave [geɪv] *pt* → **give**.

gavel ['gævl] *n* marteau *m* (*de magistrat etc*).

gavotte [gə'vɒt] *n* gavotte *f*.

Gawd *inf* [gɔːd] *interj Br* mon Dieu!

gawk *inf* [gɔːk] ◇ *vi* être OR rester bouche bée; **to ~ at sb** regarder qqn bouche bée.
◇ *n* [person] godiche *f*, grand dadais *m*.

gawkish ['gɔːkɪʃ] *adj* gauche, emprunté.

gawky *inf* ['gɔːkɪ] (*compar* **gawkier**, *superl* **gawkiest**) *adj* gauche, emprunté.

gawp *inf* [gɔːp] *vi Br* rester bouche bée; **don't just stand there ~ing!** ne reste pas là à bayer aux corneilles OR à rêvasser!

gay [geɪ] ◇ *adj* -**1.** [cheerful, lively - appearance, temperament, party, atmosphere] gai, joyeux; [- laughter] enjoué, joyeux; [- music, rhythm] gai, entraînant, allègre; **she led a ~ life** elle a mené joyeuse vie; **to have a ~ time** prendre du bon temps; **with ~ abandon** avec une totale OR parfaite désinvolture. -**2.** [bright - colours, lights] gai, vif, éclatant; **the streets were ~ with coloured flags/flowers** les rues étaient égayées de drapeaux/de fleurs aux couleurs vives. -**3.** [homosexual] gay, homosexuel.
◇ *n* homosexuel *m*, -elle *f*, gay *m*; **we support ~ rights** nous défendons les droits des homosexuels; **the Gay Liberation Movement** le mouvement de libération des homosexuels.

Gay Gordons [-'gɔːdnz] *n*: **the ~** *quadrille écossais*.

Gay Lib *n abbr of* **Gay Liberation movement**.

gayness ['geɪnɪs] *n* -**1.** [of appearance, mood] gaieté *f*; [of colours] gaieté *f*, éclat *m*. -**2.** [homosexuality] homosexualité *f*.

Gaza ['gɑːzə] *pr n* Gaza.

Gaza Strip *pr n*: **the ~** la bande de Gaza.

gaze [geɪz] ◇ *vi*: **to ~ at sthg** regarder qqch fixement OR longuement; **he was gazing at the ceiling** il regardait fixement le plafond, il fixait le plafond du regard; **she ~d at the landscape dreamily** elle regarda le paysage d'un air rêveur; **to ~ into space** avoir le regard perdu dans le vague, regarder dans le vide.
◇ *n* regard *m* fixe.
◆ **gaze about** *Br*, **gaze around** *vi insep* regarder autour de soi.

gazebo [gə'ziːbəʊ] (*pl* **gazebos**) *n* belvédère *m*.

gazelle [gə'zel] *n* gazelle *f*.

gazette [gə'zet] ◇ *n* [newspaper] journal *m*; [official publication] journal *m* officiel.
◇ *vt Br* publier OR faire paraître au journal officiel.

gazetteer [,gæzɪ'tɪəʳ] *n* index *m* OR nomenclature *f* géographique.

gazpacho [gə'spɑːtʃəʊ] *n* gaspacho *m*.

gazump *inf* [gə'zʌmp] *Br* ◇ *vt augmenter le prix d'une maison après une promesse de vente orale*; **we've been ~ed** la maison nous est passée sous le nez.
◇ *vi rompre une promesse de vente (d'une maison) à la suite d'une surenchère*.

GB (*abbr of* **Great Britain**) *pr n* G-B *f*.

GBH *n abbr of* **grievous bodily harm**.

GC (*abbr of* **George Cross**) *n distinction honorifique britannique*.

GCE (*abbr of* **General Certificate of Education**) *n certificat de fin d'études secondaires en deux étapes (0 level et A level) dont la première est aujourd'hui remplacée par le GCSE*.

GCH *Br written abbr of* **gas central heating**.

GCHQ (*abbr of* **Government Communications Headquarters**) *pr n centre d'interception des télécommunications étrangères en Grande-Bretagne*.

GCSE (*abbr of* **General Certificate of Secondary Education**) *n premier examen de fin de scolarité en Grande-Bretagne*.

GCSE:

Cet examen a remplacé le GCE 0 level et le CSE. On le passe après cinq ans de scolarité dans l'enseignement secondaire. Chaque élève choisit les matières dans lesquelles il veut se présenter (généralement entre 5 et 10) selon un système d'unités de valeur. Le nombre d'unités et les notes obtenues déterminent le passage dans la classe supérieure.

Gdansk [gə'dænsk] *pr n* Gdansk.

Gdns. *written abbr of* Gardens.

GDP (*abbr of* **gross domestic product**) *n Br* PNB *m*.

GDR (*abbr of* **German Democratic Republic**) *pr n* RDA *f*.

gear [gɪəʳ] ◇ *n* -**1.** *(U)* [accessories, equipment - for photography, camping, fishing] equipement *m*, matériel *m*; [- for manual work] outils *mpl*, matériel *m*; [- for household, kitchen] ustensiles *mpl*; **he brought along all his skiing ~** il a apporté tout son équipement OR toutes ses affaires de ski; **gardening ~** matériel de jardinage. -**2.** *(U)* [personal belongings] effets *mpl* personnels, affaires *fpl*; [luggage] bagages *mpl*. -**3.** *(U)* [clothes] vêtements *mpl*, tenue *f*; **she was in her jogging/swimming ~** elle était en (tenue de) jogging/en maillot de bain. -**4.** *inf (U) Br* [fashionable clothes] fringues *fpl*; **I like the ~** j'aime bien les fringues. -**5.** *(U)* [apparatus] mécanisme *m*, dispositif *m*. -**6.** [in car, on bicycle] vitesse *f*; **to change ~** changer de vitesse; **put the car in ~** passez une vitesse; **to be in first/second ~** être en première/seconde; **'use** OR **engage low ~'** utiliser le frein moteur, rétrograder; **I'm back in ~ again now** *fig* c'est reparti pour moi maintenant. -**7.** MECH [cogwheel] roue *f* dentée, pignon *m*; [system of cogs] engrenage *m*.
◇ *vt* -**1.** [adapt] adapter; **the army was not ~ed for modern warfare** l'armée n'était pas prête pour la guerre moderne; **her work schedule is ~ed to fit in with her holiday plans** son programme de travail concorde avec ses projets de vacances; **the government's policies were not ~ed to cope with an economic recession** la politique mise en place par le gouvernement n'était pas prévue pour faire face à une récession économique; **the city's hospitals were not ~ed to cater for such an emergency** les hôpitaux de la ville n'étaient pas équipés pour répondre à une telle situation d'urgence. -**2.** AUT & TECH engrener.
◆ **gear down** *vt sep* -**1.** [reduce] réduire. -**2.** MECH démultiplier.
◆ **gear up** *vt sep* [prepare]: **to be ~ed up** être paré OR fin prêt; **the sprinters were all ~ed up and ready to go** les sprinters étaient fin prêts à partir; **she'd ~ed herself up to meet them** elle s'était mise en condition pour les rencontrer.

gearbox ['gɪəbɒks] *n* boîte *f* de vitesses.

gear change *n* changement *m* de vitesse.

gearing ['gɪərɪŋ] *n* -**1.** MECH engrenage *m*. -**2.** *Br* FIN effet *m* de levier.

gear lever *Br*, **gear shift** *Am n* levier *m* de vitesse.

gear shift *Am* = **gear lever**.

gear stick *n* levier *m* de changement de vitesse.

gear wheel *n* roue *f* dentée, pignon *m*.

gecko ['gekəʊ] *n* gecko *m*.

GED (*abbr of* **general equivalency diploma**) *n aux États-Unis, diplôme d'études secondaires pour adultes souvent obtenu par correspondance.*

gee *inf* [dʒiː] *interj Am* ça alors!; **~ whiz!** super!, génial!

gee-gee ['dʒiːdʒiː] *n Br baby talk* dada *m*.

geese [giːs] *pl* → **goose**.

gee up ◇ *interj* hue!
◇ *vt sep inf Br* faire avancer.

geezer *inf* ['giːzəʳ] *n Br* bonhomme *m*, coco *m*.

Geiger counter ['gaɪgəʳ-] *n* compteur *m* Geiger.

geisha (girl) ['geɪʃə-] *n* geisha *f*.

gel[1] [dʒel] (*pt & pp* **gelled**, *cont* **gelling**) ◇ *n* -**1.** [CHEM & gen] gel *m*. -**2.** THEAT filtre *m* coloré.
◇ *vi* -**1.** [idea, plan - take shape] prendre forme OR tournure, se cristalliser. -**2.** [jellify] se gélifier.

gel[2] [gel] *Br hum* = **girl**.

gelatin ['dʒelətɪn], **gelatine** [ˌdʒelə'tiːn] *n* -**1.** [substance] gélatine *f*. -**2.** THEAT filtre *m* coloré.

gelatinous [dʒə'lætɪnəs] *adj* gélatineux.

gelation [dʒɪ'leɪʃn] *n* -**1.** [forming a gel] gélification *f*. -**2.** [freezing] gélation *f*.

geld [geld] *vt* [bull] châtrer; [horse] hongrer.

gelding ['geldɪŋ] *n* (cheval *m*) hongre *m*.

gelid ['dʒelɪd] *adj lit* glacial.

gelignite ['dʒelɪgnaɪt] *n* gélignite *f*.

gem [dʒem] ◇ *n* -**1.** [precious stone] gemme *f*, pierre *f* précieuse; [semiprecious stone] gemme *f*, pierre *f* fine. -**2.** [masterpiece] joyau *m*, bijou *m*, merveille *f*; **the Petit Trianon is an architectural ~** le Petit Trianon est un joyau architectural; **that antique table is a real ~** cette table d'époque est une vraie merveille; **the ~ of the collection** le joyau de la collection. -**3.** [person]: **you're a ~!** tu es un ange!; **our baby-sitter is a real ~** notre baby-sitter est une perle. -**4.** [in printing] diamant *m*.
◇ *vt* orner, parer.

geminate ['dʒemɪneɪt] ◇ *adj* géminé.
◇ *vt* géminer.

gemination [ˌdʒemɪ'neɪʃn] *n* gémination *f*.

Gemini ['dʒemɪnaɪ] *pr n* ASTROL & ASTRON Gémeaux *mpl*; **he's a ~** il est Gémeaux.

Gemini Program *pr n*: **the ~** *le programme spatial américain Gemini.*

gemma ['dʒemmə] (*pl* **gemmae** [-miː]) *n* BOT gemme *f*.

gemmology [dʒem'ɒlədʒɪ] *n* gemmologie *f*.

gemstone ['dʒemstəʊn] *n* [precious] gemme *f*, pierre *f* précieuse; [semiprecious] gemme *f*, pierre *f* fine.

gen *inf* [dʒen] (*pt & pp* **genned**, *cont* **genning**) *n (U) Br* tuyaux *mpl*, renseignements *mpl*; **she gave me the latest ~ on our new assignment** elle m'a donné les derniers renseignements concernant notre nouvelle mission; **what's the ~ on the new neighbours?** qu'est-ce qu'on raconte sur les nouveaux voisins?
◆ **gen up** *inf Br* ◇ *vi insep* se rencarder; **I'm genning up on computers** je me rencarde sur les ordinateurs.
◇ *vt sep* rencarder, mettre au parfum; **she genned me up on the latest developments** elle m'a renseigné sur les OR elle m'a mis au parfum des derniers événements.

gen. (*written abbr of* **general, generally**) gén.

Gen. (*written abbr of* **general**) Gal.

gender ['dʒendəʳ] *n* -**1.** GRAMM genre *m*; **common ~** genre commun. -**2.** [sex] sexe *m*; **~ studies** *à l'université, matière issue des mouvements féministes et qui formule une critique des rôles de l'homme et de la femme tels qu'ils sont établis par la société.*

gender-bender▽ *n* travelo *m*.

gene [dʒiːn] *n* gène *m*; **dominant/recessive ~** gène dominant/récessif.

genealogical [ˌdʒiːnjə'lɒdʒɪkl] *adj* généalogique.

genealogical tree *n* arbre *m* généalogique.

genealogist [ˌdʒiːnɪ'ælədʒɪst] *n* généalogiste *mf*.

genealogy [ˌdʒiːnɪ'ælədʒɪ] *n* généalogie *f*.

gene flow *n* flux *m* génétique.

gene frequency *n* fréquence *f* génétique.

gene pool *n* patrimoine *m* OR bagage *m* héréditaire.

genera ['dʒenərə] *pl* → **genus**.

general ['dʒenərəl] ◇ *adj* -**1.** [common] général; **as a ~ rule** en règle générale, en général; **in ~ terms** en termes généraux; **in the ~ interest** dans l'intérêt de tous; **the ~ feeling was that he should have won** le sentiment général était qu'il aurait dû gagner; **there was a ~ movement to leave the room** la plupart des gens se sont levés pour sortir. -**2.** [approximate] général; **a ~ resemblance** une vague ressemblance. -**3.** [widespread] général, répandu; **a ~ opinion** une opinion générale OR répandue; **to be in ~ use** être d'usage courant OR répandu; **this word is no longer in ~ use** ce mot est tombé en désuétude; **there is ~ agreement on the matter** il y a consensus sur la question; **this kind of attitude is fairly ~ in Europe** ce genre d'attitude est assez répandu en Europe. -**4.** [overall - direction]: **to go in the ~ direction of sthg** se diriger plus ou moins vers qqch; **their house is over in that ~ direction** leur maison se trouve vers là-bas. -**5.** [outline, plan, view] d'ensemble; **the ~ effect is quite pleasing** le résultat général est assez agréable; **to have a ~ impression of sthg** avoir une impression globale OR d'ensemble de qqch; **I get the ~ idea** je vois en gros; **he gave her a ~ idea** OR **outline of his work** il lui a décrit son travail dans les grandes lignes. -**6.** [ordinary]: **this book is for the ~ reader** ce livre est destiné au lecteur moyen; **the ~ public** le grand public *m*. -**7.** ADMIN [after title]: **secretary ~** secrétaire *m* général.
◇ *n* -**1.** [in reasoning]: **in ~** en général; **to go from the ~ to the particular** aller du général au particulier. -**2.** MIL général *m*. -**3.** [domestic servant] bonne *f* à tout faire.

general anaesthetic *n* anesthésie *f* générale.

general assembly *n* assemblée *f* générale.

general dealer *Am* = **general store**.

general degree *n* UNIV licence *f* comportant plusieurs matières.

general delivery *n Am* poste *f* restante.

general election *n* élections *fpl* législatives.

general headquarters *n* (grand) quartier *m* général.

general hospital *n* centre *m* hospitalier.

generalissimo [ˌdʒenərə'lɪsɪməʊ] (*pl* **generalissimos**) *n* généralissime *m*.

generalist ['dʒenərəlɪst] *n* non-spécialiste *mf*, généraliste *mf*.

generality [ˌdʒenə'rælətɪ] (*pl* **generalities**) *n* -**1.** [generalization] généralité *f*; **the Minister's speech was full of generalities** lors de son discours le Ministre n'a évoqué que des généralités; **a principle of great ~** un principe très général; **in the ~** en règle générale. -**2.** *fml* [majority] plupart *f*; **the ~ of people is** OR **are against euthanasia** la plupart des gens sont hostiles à l'euthanasie.

generalization [ˌdʒenərəlaɪ'zeɪʃn] *n* -**1.** [general comment] généralisation *f*. -**2.** [spread] généralisation *f*.

generalize, -ise ['dʒenərəlaɪz] ◇ *vt* généraliser.
◇ *vi* -**1.** [speak in generalities] généraliser. -**2.** MED [disease] se généraliser.

generalized ['dʒenərəlaɪzd] *adj* -**1.** [involving many] généralisé. -**2.** [non-specific] général.

general knowledge *n* culture *f* générale.

generally ['dʒenərəlɪ] *adv* -**1.** [usually] en général, d'habitude; **he ~ comes in the afternoon** d'habitude, il vient l'après-midi. -**2.** [in a general way] en général, de façon générale; **~ speaking** en général, en règle générale. -**3.** [by most] dans l'ensemble; **it is ~ agreed that it cannot be done** on s'accorde en général à penser que c'est infaisable.

general manager *n* directeur *m* général, directrice *f* générale.

general meeting *n* assemblée *f* générale.

general officer *n* général *m* en chef.

General Post Office = **GPO**.

general practice *n* médecine *f* générale.

general practitioner *n* médecin *m* généraliste, omnipraticien *m*, -enne *f*.

general purpose *adj* polyvalent.

generalship ['dʒenərəlʃɪp] *n (U)* -**1.** MIL [skill, duties] tactique *f*. -**2.** ADMIN capacités *fpl* administratives.

general staff *n* état-major *m*.

general store *n* bazar *m*.

general strike *n* grève *f* générale; **the General Strike** *la grève de mai 1926 en Grande-Bretagne, lancée par les syndicats par solidarité avec les mineurs.*

General Studies *n* SCH ≃ cours *m* de culture générale.

General Synod *pr n le Synode général de l'Église d'Angleterre.*

generate ['dʒenəreɪt] *vt* [produce - electricity, power] produire, générer; [- emotion] susciter, donner naissance à; [- offspring] engendrer; LING générer.

generating station *n* centrale *f* électrique.

generating unit *n* groupe *m* électrogène.

generation [ˌdʒenəˈreɪʃn] *n* -**1.** [age group] génération *f*; **the present ~ is** OR **are anxious about the future** la génération actuelle est inquiète face à l'avenir; **the 1960s saw the appearance of the hippie ~** la génération hippie est apparue au cours des années 60; **the rising ~** la jeune OR nouvelle génération; **a new ~ of writers** une nouvelle génération d'écrivains; **from ~ to ~** de génération en génération, de père en fils. -**2.** [by birth]: **she is second ~ Irish** elle est née de parents irlandais; **third ~ black Britons still face racial prejudice** les noirs britanniques de la troisième génération sont encore confrontés au racisme. -**3.** [period of time] génération *f*; **the house has been in the family for three ~s** la maison est dans la famille depuis trois générations; **traditions that have been practised for ~s** des traditions en vigueur depuis des générations. -**4.** [model - of machine] génération *f*; **a third-~ micro processor** un microprocesseur de la troisième génération. -**5.** *(U)* [of electricity] génération *f*, production *f*; LING génération *f*.

generation gap *n* écart *m* entre les générations; [conflict] conflit *m* des générations.

generative [ˈdʒenərətɪv] *adj* génératif; **~ cell** cellule *f* générative.

generative grammar *n* grammaire *f* générative.

generative semantics *n* sémantique *f* générative.

generator [ˈdʒenəreɪtəʳ] *n* -**1.** [electric] générateur *m*, groupe *m* électrogène; [of steam] générateur *m*, chaudière *f* (à vapeur); [of gas] gazogène *m*. -**2.** [person] générateur *m*, -trice *f*.

generatrix [ˈdʒenəreɪtrɪks] (*pl* **generatrices** [-trɪsiːz]) *n* génératrice *f*.

generic [dʒɪˈnerɪk] *adj* générique.

generically [dʒɪˈnerɪklɪ] *adv* génériquement.

generosity [ˌdʒenəˈrɒsətɪ] *n* générosité *f*.

generous [ˈdʒenərəs] *adj* -**1.** [unsparing, liberal]: **he's a very ~ person** c'est quelqu'un de très généreux; **she's always ~ with her time** elle n'est pas avare de son temps; **he was very ~ in his praise** il ne tarissait pas d'éloges; **she has a ~ nature** elle est d'une nature généreuse. -**2.** [in value - gift] généreux; [in quantity - sum, salary] généreux, élevé. -**3.** [copious] copieux, abondant; [large] bon, abondant; **a ~ portion** une part copieuse OR généreuse; **food and drink were in ~ supply** il y avait à boire et à manger; **she cut him a ~ slice of cake** elle lui a servi une bonne tranche de gâteau; **they serve ~ helpings of cream** ils ne lésinent pas sur la crème; **a ~ harvest** une récolte abondante. -**4.** *Br* [strong - wine] généreux. -**5.** [physically - size] généreux, ample; **to have ~ curves** *euph* avoir des formes généreuses.

generously [ˈdʒenərəslɪ] *adv* -**1.** [unsparingly] généreusement, avec générosité. -**2.** [with magnanimity - agree, offer] généreusement; [- forgive] généreusement, avec magnanimité. -**3.** [copiously]: **a plate of fish and chips ~ sprinkled with salt and vinegar** une assiette de «fish and chips» généreusement salée et vinaigrée; **the soup was rather ~ salted** [oversalted] la soupe était très généreusement salée. -**4.** [in size] amplement; **to be ~ built** *euph* avoir des formes généreuses.

genesis [ˈdʒenəsɪs] (*pl* **geneses** [-siːz]) *n* genèse *f*, origine *f*.

◆ **Genesis** *n* BIBLE la Genèse.

genet [ˈdʒenɪt] *n* genette *f*.

genetic [dʒɪˈnetɪk] *adj* génétique; **~ map/marker** carte *f*/marqueur *m* génétique.

genetical [dʒɪˈnetɪkl] = **genetic**.

genetically [dʒɪˈnetɪklɪ] *adv* génétiquement.

genetic code *n* code *m* génétique.

genetic engineer *n* généticien *m*, -enne *f*.

genetic engineering *n* génie *m* génétique.

geneticist [dʒɪˈnetɪsɪst] *n* généticien *m*, -enne *f*.

genetics [dʒɪˈnetɪks] *n (U)* génétique *f*.

Geneva [dʒɪˈniːvə] *pr n* Genève; **Lake ~** le lac Léman.

Geneva Convention *pr n*: **the ~** la Convention de Genève.

Genevan [dʒɪˈniːvn], **Genevese** [ˌdʒenɪˈviːz] (*pl inv*) ◇ *n* Genevois *m*, -e *f*.

◇ *adj* genevois.

Genghis Khan [ˌgeŋgɪsˈkɑːn] *pr n* Gengis Khan.

genial [ˈdʒiːnjəl] *adj* -**1.** [friendly - person] aimable, affable; [- expression, voice] cordial, chaleureux. -**2.** *lit* [clement - weather] clément.

geniality [ˌdʒiːnɪˈælətɪ] *n* -**1.** [of person, expression] cordialité *f*, amabilité *f*. -**2.** *lit* [of weather] clémence *f*.

genially [ˈdʒiːnjəlɪ] *adv* affablement, cordialement, chaleureusement.

genie [ˈdʒiːnɪ] (*pl* **genii** [-nɪaɪ]) *n* génie *m*, djinn *m*.

genii [ˈdʒiːnɪaɪ] *pl* → **genie, genius**.

genital [ˈdʒenɪtl] *adj* génital; **the ~ organs** les organes *mpl* génitaux.

◆ **genitals** *npl* organes *mpl* génitaux.

genitalia [ˌdʒenɪˈteɪlɪə] *npl* organes *mpl* génitaux, parties *fpl* génitales.

genitival [ˌdʒenɪˈtaɪvl] *adj* du génitif.

genitive [ˈdʒenɪtɪv] ◇ *n* génitif *m*; **in the ~** au génitif.

◇ *adj* du génitif; **the ~ case** le génitif.

genito-urinary [ˌdʒenɪtəʊˈjʊərɪnərɪ] *adj* génito-urinaire; **the ~ tract** l'appareil *m* génito-urinaire.

genius [ˈdʒiːnjəs] (*pl senses 1, 2 & 3* **geniuses**, *pl sense 4* **genii** [-nɪaɪ]) *n* -**1.** [person] génie *m*; **she's a ~ at music** c'est un génie en musique. -**2.** [special ability] génie *m*; **a work/writer of ~** une œuvre/un écrivain de génie; **he has a ~ for public relations** il a le génie des relations publiques; **some people have great natural ~** il y a des gens très doués de naissance; **her ~ lies in her power to evoke atmosphere** son génie, c'est de savoir recréer une atmosphère; **she has a ~ for remembering people's faces** elle a le génie OR le don de se souvenir des visages. -**3.** [special character - of system, idea] génie *m* (particulier), esprit *m*. -**4.** [spirit, demon] génie *m*; **good/evil ~** bon/mauvais génie.

genoa [ˈdʒenəʊə] *n* NAUT génois *m*.

Genoa [ˈdʒenəʊə] *pr n* Gênes.

genocidal [ˌdʒenəˈsaɪdl] *adj* génocide.

genocide [ˈdʒenəsaɪd] *n* génocide *m*.

Genoese [ˌdʒenəʊˈiːz] (*pl inv*), **Genovese** [ˌdʒenəˈviːz] (*pl inv*) ◇ *n* Génois *m*, -e *f*.

◇ *adj* génois.

genotype [ˈdʒenəʊtaɪp] *n* génotype *m*.

genre [ˈʒɑ̃rə] ◇ *n* genre *m*.

◇ *comp*: **~ painting** peinture *f* de genre.

gent *inf* [dʒent] (*abbr of* **gentleman**) *n esp Br* monsieur *m*; **to behave like a (real) ~** agir en gentleman; **~s' outfitters** magasin *m* de confection OR d'habillement pour hommes.

◆ **gents** *inf n*: **the ~s** les toilettes *fpl* (pour hommes); **where's the ~s?** où sont les toilettes?

genteel [dʒenˈtiːl] *adj* -**1.** [refined] comme il faut, distingué; **to live in ~ poverty** vivre dans une misère respectable OR une misère qui s'efforce de sauver les apparences. -**2.** [affected - speech] maniéré, affecté; [- manner] affecté; [- language] précieux.

gentian [ˈdʒenʃɪən] *n* gentiane *f*.

gentian blue *n* bleu *m* gentiane.

gentian violet *n* violet *m* gentiane.

Gentile [ˈdʒentaɪl] ◇ *n* gentil *m*.

◇ *adj* des gentils.

gentility [dʒenˈtɪlətɪ] *n (U)* -**1.** [good breeding] distinction *f*. -**2.** [gentry] petite noblesse *f*. -**3.** [affected politeness] manières *fpl* affectées.

gentle [ˈdʒentl] ◇ *adj* -**1.** [mild - person, smile, voice] doux; [- landscape] agréable; **he is of a ~ disposition** il est facile à vivre; **a ~ soul** une bonne âme, une âme charitable; **~ reader** *lit* aimable lecteur; **to use ~ methods** employer la douceur ❑ **the ~ sex** le sexe *m* faible; **as ~ as a lamb** doux comme un agneau. -**2.** [light - knock, push, breeze] léger; [- rain] fin, léger; [- exercise] modéré. -**3.** [discreet - rebuke, reminder] discret; **to try ~ persuasion on sb** essayer de convaincre qqn par la douceur; **we gave him a ~ hint** nous l'avons discrètement mis sur la voie. -**4.** [gradual - slope, climb] doux; **a ~ transition** une transition progressive OR sans heurts; **to come to a ~ halt** s'arrêter sans à-coup. -**5.** *arch* [noble] noble, de bonne naissance; **of ~ birth** de bonne famille. -**6.** *iron*: **the ~ art of persuasion** l'art subtil de la persuasion.

◇ *vt* [animal] apaiser, calmer.

◇ *n* [maggot] asticot *m*.

gentlefolk [ˈdʒentlfəʊk] *npl arch* personnes *fpl* de bonne famille OR de la petite noblesse.

gentleman [ˈdʒentlmən] (*pl* **gentlemen** [-mən]) *n* -**1.** [man] monsieur *m*; **show the ~ in** faites entrer monsieur; **come in, gentlemen!** entrez, messieurs! -**2.** [well-bred man] homme *m* du monde, gentleman *m*; **he's a real ~** c'est un vrai gentleman; **to act like a ~** agir en gentleman; **that's not how a ~ would behave** c'est (une conduite) indigne d'un gentleman; **a born ~** un gentleman né; **the word of a ~** la parole (d'honneur) d'un gentleman ❑ **'Gentlemen Prefer Blondes'** *Hawks* 'les Hommes préfèrent les blondes'. -**3.** [man of substance] rentier *m*; [at court] gentilhomme *m*.

gentleman-at-arms *n Br* gentilhomme *m* à la garde.

gentleman farmer *n* gentleman-farmer *m*.

gentleman-in-waiting *n Br* gentilhomme *m* (au service du roi).

gentlemanly [ˈdʒentlmənlɪ] *adj* [person] bien élevé; [appearance, behaviour] distingué; [status] noble; **to behave in a ~ way** agir en gentleman.

gentleman's agreement *n* gentleman's agreement *m*, accord *m* reposant sur l'honneur.

gentleman's gentleman *n Br* domestique personnel d'un gentleman.

gentlemen [ˈdʒentlmən] *pl* → **gentleman**.

gentlemen's club *n* club *m* de gentlemen.

gentleness [ˈdʒentlnɪs] *n (U)* douceur *f*, légèreté *f*.

gentlewoman [ˈdʒentlˌwʊmən] (*pl* **gentlewomen** [-ˌwɪmɪn]) *n* -**1.** [of noble birth] dame *f*. -**2.** [refined] femme *f* du monde. -**3.** [lady-in-waiting] dame *f* d'honneur OR de compagnie.

gently [ˈdʒentlɪ] *adv* -**1.** [mildly - speak, smile] avec douceur; [discreetly - remind, reprimand, suggest] discrètement; [kindly]: **he broke the news to her as ~ as possible** il fit de son mieux pour lui annoncer la nouvelle avec tact OR ménagement. -**2.** [lightly]: **a light breeze blew the curtains ~ to and fro** une légère brise faisait onduler les rideaux; **the rain was falling ~** la pluie tombait doucement. -**3.** [gradually] doucement, progressivement; **the hill slopes ~ down to the sea** la colline descend doucement OR en pente douce vers la mer; **~ rolling hills** des collines qui ondoient (doucement). -**4.** [slowly - move, heat] doucement; **a ~ flowing river** une rivière qui coule paisiblement; **~ does it!** doucement!

gentrification [ˌdʒentrɪfɪˈkeɪʃn] *n* embourgeoisement *m*.

gentrify [ˈdʒentrɪfaɪ] (*pt & pp* **gentrified**) *vt* [suburb] embourgeoiser, rendre chic OR élégant; **the area has been gentrified** le quartier est devenu chic.

gentry [ˈdʒentrɪ] (*pl* **gentries**) *n* petite noblesse *f*; **the landed ~** la noblesse terrienne.

genuflect [ˈdʒenjuːflekt] *vi* faire une génuflexion.

genuflection, genuflexion [ˌdʒenjuːˈflekʃn] *n* génuflexion *f*.

genuine [ˈdʒenjʊɪn] *adj* -**1.** [authentic - antique] authentique; [- gold, mahogany] véritable, vrai; **a ~ Van Gogh** un Van Gogh authentique; **it's a ~ article** c'est une pièce authentique; **he's the ~ article** *fig* c'est un vrai de vrai. -**2.** [sincere - person] naturel, franc; [- emotion] sincère, vrai;

[- smile, laugh] vrai, franc; **it is my ~ belief that he is innocent** je suis intimement persuadé de son innocence; **her regret seemed ~** elle semblait sincèrement désolée. -**3.** [real - mistake] fait de bonne foi. -**4.** [not impersonated - repairman, official] vrai, véritable. -**5.** [serious - buyer] sérieux; '**~ enquiries only**' [in advert] 'pas sérieux s'abstenir'.

genuinely ['dʒenjʊɪnlɪ] *adv* [truly] authentiquement; [sincerely] sincèrement, véritablement.

genus ['dʒiːnəs] (*pl* **genera** ['dʒenərə]) *n* BIOL genre *m*.

geocentric [ˌdʒiːəʊ'sentrɪk] *adj* géocentrique.

geochemistry [ˌdʒiːəʊ'kemɪstrɪ] *n* géochimie *f*.

geode ['dʒiːəʊd] *n* géode *f*.

geodesic [ˌdʒiːəʊ'desɪk] *adj* géodésique; **~ line** (ligne *f*) géodésique *f*.

geodesic dome *n* dôme *m* géodésique.

geodesy [dʒiː'ɒdɪsɪ] *n* géodésie *f*.

geodetic [ˌdʒiːəʊ'detɪk] = **geodesic**.

geographer [dʒɪ'ɒgrəfəʳ] *n* géographe *mf*.

geographic(al) [dʒɪə'græfɪk(l)] *adj* géographique.

geographically [dʒɪə'græfɪklɪ] *adv* géographiquement.

geographical mile *n* mille *m* marin.

geography [dʒɪ'ɒgrəfɪ] (*pl* **geographies**) *n* -**1.** [science] géographie *f*; **physical/social ~** géographie physique/humaine. -**2.** [lay-out]: **I don't know the ~ of the building** je ne connais pas le plan du bâtiment.

geological [ˌdʒɪə'lɒdʒɪkl] *adj* géologique; **~ time** temps *m* géologique.

geologically [ˌdʒɪə'lɒdʒɪklɪ] *adv* du point de vue géologique.

geologist [dʒɪ'ɒlədʒɪst] *n* géologue *mf*.

geology [dʒɪ'ɒlədʒɪ] *n* géologie *f*.

geomagnetic [ˌdʒiːəʊmæg'netɪk] *adj* géomagnétique; **a ~ storm** un orage magnétique.

geomagnetism [ˌdʒiːəʊ'mægnɪtɪzm] *n* géomagnétisme *m*, magnétisme *m* terrestre.

geometer [dʒɪ'ɒmɪtəʳ] *n* géomètre *mf*.

geometric [ˌdʒɪə'metrɪk] *adj* géométrique; **~ distribution** distribution *f* géométrique.

geometrical [ˌdʒɪə'metrɪkl] *adj* géométrique.

geometrically [ˌdʒɪə'metrɪklɪ] *adv* géométriquement.

geometrician [ˌdʒɪəʊmə'trɪʃn] *n* géomètre *mf*.

geometric mean *n* moyenne *f* géométrique.

geometric progression *n* progression *f* géométrique.

geometric series *n* série *f* géométrique.

geometry [dʒɪ'ɒmətrɪ] *n* géométrie *f*.

geomorphic [ˌdʒiːəʊ'mɔːfɪk] *adj* géomorphologique.

geomorphology [ˌdʒiːəʊmɔː'fɒlədʒɪ] *n* géomorphologie *f*.

geophysical [ˌdʒiːəʊ'fɪzɪkl] *adj* géophysique.

geophysicist [ˌdʒiːəʊ'fɪzɪsɪst] *n* géophysicien *m*, -enne *f*.

geophysics [ˌdʒiːəʊ'fɪzɪks] *n (U)* géophysique *f*.

geopolitical [ˌdʒiːəʊpə'lɪtɪkl] *adj* géopolitique.

geopolitics [ˌdʒiːəʊ'pɒlətɪks] *n (U)* géopolitique *f*.

Geordie *inf* ['dʒɔːdɪ] *Br* ◇ *n* -**1.** [person] *surnom des habitants de Tyneside, dans le Nord-Est de l'Angleterre.* -**2.** [dialect] *dialecte parlé par les habitants de Tyneside.*
◇ *adj caractéristique du Tyneside.*

George [dʒɔːdʒ] *pr n* -**1.** Saint **~** saint Georges; **King ~ V** le roi George V; **by ~!** *inf dated* sapristi! *dated*, mon Dieu! -**2.** *inf Br* AERON *le pilote automatique.*

georgette [dʒɔː'dʒet] *n* crêpe *m* georgette.

Georgia ['dʒɔːdʒjə] *pr n* [in US, CIS] Géorgie *f*; **in ~** en Géorgie.

Georgian ['dʒɔːdʒjən] ◇ *n* -**1.** [inhabitant of Georgia] Géorgien *m*, -enne *f*. -**2.** LING géorgien *m*.
◇ *adj* -**1.** [of Georgia] géorgien. -**2.** HIST géorgien *(du règne des rois George I-IV (1714-1830)*; **~ architecture** architecture *f* de style géorgien. -**3.** LITERAT: **~ poetry** poésie *f* géorgienne *(poésie britannique des années 1912-1922).*

geoscience [ˌdʒiːəʊ'saɪəns] *n* -**1.** [particular] science *f* de la terre. -**2.** *(U)* [collectively] sciences *fpl* de la terre.

geostationary [ˌdʒiːəʊ'steɪʃnərɪ] *adj* géostationnaire; **in ~ orbit** en orbite géostationnaire.

geosyncline [ˌdʒiːəʊ'sɪŋklaɪn] *n* géosynclinal *m*.

geotectonic [ˌdʒiːəʊtek'tɒnɪk] *adj* géotectonique.

geothermal [ˌdʒiːəʊ'θɜːml], **geothermic** [ˌdʒiːəʊ'θɜːmɪk] *adj* géothermique.

geotropism [dʒɪ'ɒtrəˌpɪzm] *n* géotropisme *m*.

geranium [dʒɪ'reɪnjəm] ◇ *n* géranium *m*.
◇ *adj* rouge géranium *(inv)*, incarnat.

gerbil(le) ['dʒɜːbɪl] *n* gerbille *f*.

geriatric [ˌdʒerɪ'ætrɪk] ◇ *adj* MED gériatrique; **~ hospital** hospice *m*; **~ medicine** gériatrie *f*; **~ nurse** infirmier *m* (spécialisé), infirmière *f* (spécialisée) en gériatrie; **~ ward** service *m* de gériatrie.
◇ *n* -**1.** [patient] malade *mf* en gériatrie. -**2.** *pej* vieux *m*, vieille *f*.

geriatrician [ˌdʒerɪə'trɪʃn] *n* gériatre *mf*.

geriatrics [ˌdʒerɪ'ætrɪks] *n (U)* gériatrie *f*.

germ [dʒɜːm] *n* -**1.** [microbe] microbe *m*, germe *m*. -**2.** BIOL germe *m*. -**3.** *fig* germe *m*, ferment *m*; **the ~ of an idea** le germe d'une idée.

german ['dʒɜːmən] ◇ *adj fml* -**1.** [cousin, brother] germain. -**2.** = **germane**.
◇ *n Am* [dance] allemande *f*.

German ['dʒɜːmən] ◇ *n* -**1.** [person] Allemand *m*, -e *f*. -**2.** LING allemand *m*.
◇ *adj* allemand.

German Democratic Republic *pr n*: **the ~** la République démocratique allemande, la RDA.

germane [dʒɜː'meɪn] *adj fml* pertinent; **~ to** en rapport avec; **it is not ~ to my argument** cela n'a aucun rapport avec mon argument.

Germanic [dʒɜː'mænɪk] ◇ *adj* germanique.
◇ *n* LING germanique *m*.

germanium [dʒɜː'meɪnɪəm] *n* germanium *m*.

germanize, -ise ['dʒɜːmənaɪz] *vt* germaniser.

German measles *n (U)* rubéole *f*.

Germanophile [dʒɜː'mænəfaɪl] *n* germanophile *mf*.

Germanophobe [dʒɜː'mænəfəʊb] *n* germanophobe *mf*.

German shepherd (dog) *n* berger *m* allemand.

Germany ['dʒɜːmənɪ] *pr n* Allemagne *f*; **in ~** en Allemagne; **East ~** Allemagne de l'Est; **West ~** Allemagne fédérale OR de l'Ouest.

germ cell *n* cellule *f* germinale OR reproductrice.

germfree [ˌdʒɜːm'friː] *adj* stérilisé, aseptisé.

germicidal [ˌdʒɜːmɪ'saɪdl] *adj* germicide, bactéricide.

germicide ['dʒɜːmɪsaɪd] *n* bactéricide *m*.

germinal ['dʒɜːmɪnl] *adj* -**1.** BIOL germinal. -**2.** *fig* & *fml* embryonnaire.

germinate ['dʒɜːmɪneɪt] ◇ *vi* -**1.** BIOL germer. -**2.** *fig* [originate] germer, prendre naissance.
◇ *vt* -**1.** BIOL faire germer. -**2.** *fig* faire germer, donner naissance à.

germination [ˌdʒɜːmɪ'neɪʃn] *n* germination *f*.

germ killer *n* germicide *m*, microbicide *m*.

germ warfare *n (U)* guerre *f* bactériologique.

Gerona [dʒə'rəʊnə] *pr n* Gérone.

gerontocracy [ˌdʒerɒn'tɒkrəsɪ] (*pl* **gerontocracies**) *n* gérontocratie *f*.

gerontologist [ˌdʒerɒn'tɒlədʒɪst] *n* gérontologue *mf*.

gerontology [ˌdʒerɒn'tɒlədʒɪ] *n* gérontologie *f*.

gerrymander ['dʒerɪmændəʳ] *pej* ◇ *vi* faire du charcutage électoral, rédécouper des circonscriptions.
◇ *vt* redécouper (à des fins électorales).
◇ *n* charcutage *m* électoral.

gerrymandering ['dʒerɪmændərɪŋ] *n pej* charcutage *m* électoral.

gerund ['dʒerənd] *n* gérondif *m*.

gerundive [dʒɪ'rʌndɪv] ◇ *n* adjectif *m* verbal.
◇ *adj* du gérondif.

gesso ['dʒesəʊ] *n* [for painting] enduit *m* (au plâtre); [for sculpture] plâtre *m* (de Paris).

gestalt [gə'ʃtælt] *n* gestalt *f*.

gestalt psychology *n* gestaltisme *m*, théorie *f* de la forme.

Gestapo [ge'stɑːpəʊ] *pr n* Gestapo *f*.

gestate [dʒe'steɪt] ◇ *vi* être en gestation; *fig* mûrir; **my ideas need time to ~** mes idées ont besoin de mûrir.
◇ *vt* -**1.** BIOL [young] porter. -**2.** *fig* [idea, plan] laisser mûrir.

gestation [dʒe'steɪʃn] *n* gestation *f*; **~ period** période *f* de gestation.

gesticulate [dʒe'stɪkjʊleɪt] ◇ *vi* gesticuler.
◇ *vt* [answer, meaning] mimer.

gesticulation [dʒeˌstɪkjʊ'leɪʃn] *n* gesticulation *f*.

gesture ['dʒestʃəʳ] ◇ *n* -**1.** [expressive movement] geste *m*; **to make a ~** faire un geste; **a ~ of acknowledgement** un signe de reconnaissance; **he made a ~ of dismissal** il les a congédiés d'un geste. -**2.** [sign, token] geste *m*; **as a ~ of friendship** en signe OR témoignage d'amitié; **they offered him a salary rise as a ~ of goodwill** ils lui ont offert une augmentation en gage de leur bonne volonté.
◇ *vi*: **to ~ with one's hands/head** faire un signe de la main/de la tête; **he ~d to me to stand up** il m'a fait signe de me lever; **he ~d to his wife** il fit signe à sa femme; **she ~d towards the pile of books** elle désigna OR montra la pile de livres d'un geste.
◇ *vt* mimer.

get [get] (*Br pt* & *pp* **got** [gɒt], *cont* **getting** [getɪŋ], *Am pt* **got** [gɒt], *pp* **gotten** [gɒtn], *cont* **getting** [getɪŋ]) ◇ *vt* **A.** -**1.** [receive - gift, letter, phone call] recevoir, avoir; [- benefits, pension] recevoir, toucher; MED [- treatment] suivre; **I got a bike for my birthday** on m'a donné OR j'ai eu OR reçu un vélo pour mon anniversaire; **I ~ "The Times" at home** je reçois le «Times» à la maison; **this part of the country doesn't ~ much rain** cette région ne reçoit pas beaucoup de pluie, il ne pleut pas beaucoup dans cette région; **the living room ~s a lot of sun** le salon est très ensoleillé; **I rang and rang but I got no answer** [at door] j'ai sonné et resonné mais je n'ai pas obtenu OR eu de réponse; [on phone] j'ai appelé je ne sais combien de fois sans obtenir de réponse; **many students ~ grants** beaucoup d'étudiants ont une bourse; **he got 5 years for smuggling** il a écopé de OR il a pris 5 ans (de prison) pour contrebande ☐ **you're really going to ~ it!** *inf* qu'est-ce que tu vas prendre OR écoper!; **I'll see that you ~ yours!** *inf* je vais te régler ton compte! -**2.** [obtain - gen] avoir, trouver, obtenir; [- through effort] se procurer, obtenir; [- licence, loan, permission] obtenir; [- diploma, grades] avoir, obtenir; **where did you ~ that book?** où avez-vous trouvé ce livre?; **they got him a job** ils lui ont trouvé du travail; **I got the job!** ils m'ont embauché!; **can you ~ them the report?** pouvez-vous leur procurer le rapport?; **I got a glimpse of her face** j'ai pu apercevoir son visage; **the town ~s its water from the reservoir** la ville reçoit son eau du réservoir; **we ~ our wine directly from the vineyard** en vin OR pour le vin, nous nous fournissons directement chez le producteur; **they stopped in town to ~ some lunch** [had lunch there] ils se sont arrêtés en ville pour déjeuner; [bought sthg to eat] ils se sont arrêtés en ville pour acheter de quoi déjeuner; **I'm going out to ~ a breath of fresh air** je sors prendre l'air; **I'm going to ~ something to drink/eat** [fetch] je vais chercher quelque chose à boire/manger; [eat] je vais boire/manger

quelque chose; **can I ~ a coffee?** *Am* je pourrais avoir un café, s'il vous plaît?; **~ yourself a good lawyer** trouvez-vous un bon avocat; **~ advice from your doctor** demandez conseil à votre médecin; **to ~ (o.s.) a wife/husband** se trouver une femme/un mari; **to ~ sb to o.s.** avoir qqn pour soi tout seul; **to ~ a divorce** obtenir le divorce; **~ plenty of exercise** faites plein d'exercice; **~ plenty of sleep** dormez beaucoup; **try and ~ a few days off work** essayez de prendre quelques jours de congé; **I got a lot from** OR **out of my trip to China** mon voyage en Chine m'a beaucoup apporté; **he didn't ~ a chance to introduce himself** il n'a pas eu l'occasion de se présenter. -**3.** [inherit - characteristic] tenir; **she ~s her shyness from her father** elle tient sa timidité de son père. -**4.** [obtain in exchange] recevoir; **they got a lot of money for their flat** la vente de leur appartement leur a rapporté beaucoup d'argent; **they got a good price for the painting** le tableau s'est vendu à un bon prix; **he got nothing for his trouble** il s'est donné de la peine pour rien; **you don't ~ something for nothing** on n'a rien pour rien. -**5.** [offer as gift] offrir, donner; **what did she ~ him for Christmas?** qu'est-ce qu'elle lui a offert OR donné pour Noël?; **I don't know what to ~ Jill for her birthday** je ne sais pas quoi acheter à Jill pour son anniversaire. -**6.** [buy] acheter, prendre; **~ your father a magazine when you go out** achète une revue à ton père quand tu sortiras; **~ the paper too** prends OR achète le journal aussi; **we got the house cheap** on a eu la maison (à) bon marché. -**7.** [learn - information, news] recevoir, apprendre; **we turned on the radio to ~ the news** nous avons allumé la radio pour écouter les informations; **she just got news** OR **word of the accident** elle vient juste d'apprendre la nouvelle de l'accident; **he broke down when he got the news** en apprenant la nouvelle il a fondu en larmes. -**8.** [reach by calculation or experimentation - answer, solution] trouver; [- result] obtenir; **multiply 5 by 2 and you ~ 10** multipliez 5 par 2 et vous obtenez 10. -**9.** [earn, win - salary] recevoir, gagner, toucher; [- prize] gagner; [- reputation] se faire; **plumbers ~ £20 an hour** un plombier gagne OR touche 20 livres de l'heure; **he got a good name** OR **a reputation as an architect** il s'est fait une réputation dans le milieu de l'architecture; **someone's trying to ~ your attention** [calling] quelqu'un vous appelle; [waving] quelqu'un vous fait signe. -**10.** [bring, fetch] (aller) chercher; **~ me my coat** va me chercher OR apporte-moi mon manteau; **we had to ~ a doctor** nous avons dû faire venir un médecin; **he went to ~ a taxi** il est parti chercher un taxi; **what can I ~ you to drink?** qu'est-ce que je vous sers à boire?; **they sent him to ~ help** ils l'ont envoyé chercher de l'aide. -**11.** [catch - ball] attraper; [- bus, train] prendre, attraper; **did you ~ your train?** est-ce que tu as eu ton train? -**12.** [capture] attraper, prendre; [seize] prendre, saisir; **the Mounties always ~ their man** les Mounties attrapent toujours ceux qu'ils cherchent; **he got me by the arm** il m'a attrapé par le bras; **the dog got him by the leg** le chien l'a attrapé à la jambe; **(I've) got you!** je te tiens! -**13.** [book, reserve] réserver, retenir; **we're trying to ~ a flight to Budapest** nous essayons de réserver un vol pour Budapest. -**14.** [answer - door, telephone] répondre; **the doorbell's ringing — I'll ~ it!** quelqu'un sonne à la porte — j'y vais!; **will you ~ the phone?** peux-tu répondre au téléphone?
B. -**1.** [become ill with] attraper; **he got a chill** il a pris OR attrapé froid; **I ~ a headache when I drink red wine** le vin rouge me donne mal à la tête ❑ **to ~ it bad for sb** *inf* avoir quelqu'un dans la peau. -**2.** [experience, feel - shock] recevoir, ressentir, avoir; [- fun, pain, surprise] avoir; **I got the feeling something horrible would happen** j'ai eu l'impression OR le pressentiment que quelque chose d'horrible allait arriver; **I ~ the impression he doesn't like me** j'ai l'impression que je ne lui plais pas; **to ~ a thrill out of (doing) sthg** prendre plaisir à (faire) qqch; **to ~ religion** *inf* devenir croyant. -**3.** [encounter]: **you ~ some odd people on these tours** il y a de drôles de gens dans ces voyages organisés.
C. -**1.** *(with adj or past participle)* [cause to be]: **she managed to ~ the window closed/open** elle a réussi à fermer/ouvrir la fenêtre; **I got the car started** j'ai démarré la voiture; **don't ~ your feet wet!** ne te mouille pas les pieds!; **~ the suitcases ready** préparez les bagages; **the children are getting themselves ready for school** les enfants se préparent pour (aller à) l'école; **we managed to ~ him in a good mood** nous avons réussi à le mettre de bonne humeur; **let me ~ this clear** que ce soit bien clair; **to ~ things under control** prendre les choses en main; **he likes his bath as hot as he can ~ it** il aime que son bain soit aussi chaud que possible; **the flat is as clean as I'm going to ~ it** j'ai nettoyé l'appartement le mieux que j'ai pu; **he got himself nominated president** il s'est fait nommer président; **don't ~ yourself all worked up** ne t'en fais pas. -**2.** *(with infinitive)* [cause to do or carry out]: **we couldn't ~ her to leave** on n'a pas pu la faire partir; **~ him to move the car** demande-lui de déplacer la voiture; **I got it to work** OR **working** j'ai réussi à le faire marcher; **we have to ~ the government to tighten up on pollution control** il faut que l'on obtienne du gouvernement qu'il renforce les lois contre la pollution; **he got the other members to agree** il a réussi à obtenir l'accord des autres membres; **I can always ~ someone else to do it** je peux toujours le faire faire par quelqu'un d'autre; **I got her to talk about life in China** je lui ai demandé de parler de la vie en Chine; **they can't ~ the landlord to fix the roof** ils n'arrivent pas à obtenir du propriétaire qu'il fasse réparer le toit; **how do you ~ jasmine to grow indoors?** comment peut-on faire pousser du jasmin à l'intérieur? -**3.** *(with past participle)* [cause to be done or carried out]: **to ~ sthg done/repaired** faire faire/réparer qqch; **to ~ one's hair cut** se faire couper les cheveux; **I didn't ~ anything done today** je n'ai rien fait aujourd'hui; **it's impossible to ~ anything done around here** [by oneself] il est impossible de faire quoi que ce soit ici; [by someone else] il est impossible d'obtenir quoi que ce soit ici. -**4.** [cause to come, go, move]: **how are you going to ~ this package to them?** comment allez-vous leur faire parvenir ce paquet?; **they eventually got all the boxes downstairs/upstairs** ils ont fini par descendre/monter toutes leurs boîtes; **I managed to ~ the old man downstairs/upstairs** j'ai réussi à faire descendre/monter le vieil homme; **I managed to ~ him away from the others** j'ai réussi à l'éloigner des autres; **~ him away from me** débarrassez-moi de lui; **can you ~ me home?** pouvez-vous me raccompagner?; **his friends managed to ~ him home** ses amis ont réussi à le ramener (à la maison); **how are we going to ~ the bike home?** comment est-ce qu'on va ramener le vélo à la maison?; **he can't ~ the kids to bed** il n'arrive pas à mettre les enfants au lit; **I can't ~ my boots off/on** je n'arrive pas à enlever/mettre mes bottes; **we couldn't ~ the bed through the door** nous n'avons pas pu faire passer le lit par la porte; **that won't ~ you very far!** ça ne te servira pas à grand-chose!, tu ne seras pas beaucoup plus avancé!
D. -**1.** [prepare] préparer; **he's in the kitchen getting dinner** il est à la cuisine en train de préparer le dîner; **who's going to ~ the children breakfast?** qui va préparer le petit déjeuner pour les enfants? -**2.** [hear correctly] entendre, saisir; **I didn't ~ his name** je n'ai pas saisi son nom. -**3.** [establish telephone contact with]: **I got her father on the phone** j'ai parlé à son père OR j'ai eu son père au téléphone; **did you ~ the number you wanted?** avez-vous obtenu le numéro que vous vouliez?; **~ me extension 3500** passez-moi OR donnez-moi le poste 3500. -**4.** *inf* [understand] comprendre, saisir; **I don't ~ it, I don't ~ the point** je ne comprends OR ne saisis pas, je n'y suis pas du tout; **I don't ~ you** OR **your meaning** je ne comprends pas ce que vous voulez dire; **don't ~ me wrong** comprenez-moi bien; **I think he's got the message now** je crois qu'il a compris maintenant; **I don't ~ the joke** je ne vois pas ce qui est (si) drôle; **~ it?, ~ me?, ~ my drift?** tu saisis?, tu piges?; **(I've) got it!** ça y est!, j'y suis! -**5.** [take note of] remarquer; **did you ~ his address?** lui avez-vous demandé son adresse? -**6.** ▿ [look at] viser; **~ him! who does he think he is?** vise un peu ce mec, mais pour qui il se prend?; **~ (a load of) that!** vise-ça un peu!
E. -**1.** *inf* [hit] atteindre; [hit and kill] tuer; **she got him in the face with a pie** elle lui a jeté une tarte à la crème à la figure; **the bullet got him in the back** il a pris la balle OR la balle l'a atteint dans le dos; **a car got him** il a été tué par une voiture. -**2.** *inf* [harm, punish]: **everyone's out to ~ me** tout le monde est après moi. -**3.** *inf* [take vengeance on] se venger de; **we'll ~ you for this!** on te revaudra ça!; **I'll ~ him for that!** je lui revaudrai ça! -**4.** *inf* [affect - physically]: **the pain ~s me in the back** j'ai des douleurs dans le dos; [- emotionally] émouvoir; **that song really ~s me** cette chanson me fait vraiment quelque chose. -**5.** *inf* [baffle, puzzle]: **you've got me there** alors là, aucune idée. -**6.** *inf* [irritate] énerver, agacer; **it really ~s me when you're late** qu'est-ce que ça peut m'énerver quand tu es en retard! -**7.** *Am* [learn] apprendre; **to ~ sthg by heart** apprendre qqch par cœur. -**8.** *arch* [beget] engendrer; **to ~ sb with child** faire un enfant à qqn. -**9.** RADIO & TV [signal, station] capter, recevoir. -**10.** *phr*: **he got his in Vietnam** *inf* il est mort au Viêt-nam.
◇ *vi* **A.** -**1.** [become] devenir; **I'm getting hungry/thirsty** je commence à avoir faim/soif; **~ dressed!** habille-toi!; **to ~ fat** grossir; **to ~ married** se marier; **to ~ divorced** divorcer; **don't ~ lost!** ne vous perdez pas!; **how did that vase ~ broken?** comment se fait-il que ce vase soit cassé?; **to ~ old** vieillir; **it's getting late** il se fait tard; **this is getting boring** ça devient ennuyeux; **to ~ used to (doing) sthg** s'habituer à (faire) qqch; **will you ~ with it!** *Am* mais réveille-toi un peu! -**2.** [used to form passive]: **to ~ elected** se faire élire, être élu; **suppose he ~s killed** et s'il se fait tuer?; **we got paid last week** on a été payés la semaine dernière; **I'm always getting invited to parties** on m'invite toujours à des soirées. -**3.** *(with present participle)* [start] commencer à, se mettre à; **let's ~ going** OR **moving!** [let's leave] allons-y!; [let's hurry] dépêchons (-nous)!, grouillons-nous!; [let's start to work] au travail!; **I'll ~ going on that right away** je m'y mets tout de suite; **I can't seem to ~ going today** je n'arrive pas à m'activer aujourd'hui; **she got talking to the neighbours** elle s'est mise à discuter avec les voisins; **we got talking about racism** nous en sommes venus à parler de racisme; **he got to thinking about it** il s'est mis à réfléchir à la question.
B. -**1.** [go] aller, se rendre; [arrive] arriver; **when did you ~ home?** quand es-tu rentré?; **it's nice to ~ home** ça fait du bien de rentrer chez soi; **how do you ~ to the museum?** comment est-ce qu'on fait pour aller au musée?; **how did you ~ in here?** comment êtes-vous entré?; **they should ~ here today** ils devraient arriver ici aujourd'hui; **how did you ~ here?** comment es-tu venu?; **how did that bicycle ~ here?** comment se fait-il que ce vélo se trouve ici?; **I took the train from Madrid to ~ there** j'ai pris le train de Madrid pour y aller; **she's successful now but it took her a while to ~ there** elle a une bonne situation maintenant, mais ça ne s'est pas fait du jour au lendemain; **he got as far as buying the tickets** il est allé jusqu'à acheter les billets; **I'd hoped things wouldn't ~ this far** j'avais espéré qu'on n'en arriverait pas là; **are you getting anywhere with that report?** il avance, ce rapport?; **now you're getting somewhere!** enfin tu avances!;

I'm not getting anywhere OR I'm getting nowhere (fast *inf*) with this project je fais du sur place avec ce projet; we're not getting anywhere with this meeting cette réunion est une perte de temps; she won't ~ anywhere OR she'll ~ nowhere if she's rude to people elle n'arrivera à rien en étant grossière avec les gens; where's your sister got to? où est passée ta sœur?; where did my keys ~ to? où sont passées mes clés? -2. [move in specified direction]: he got along the ledge as best he could il a avancé le long du rebord du mieux qu'il pouvait; to ~ into bed se coucher; ~ in OR into the car! monte dans la voiture!; ~ over here! viens ici!; we couldn't ~ past the truck nous ne pouvions pas passer le camion. -3. *(with infinitive)* [start] commencer à, se mettre à; each city is getting to look like another toutes les grandes villes commencent à se ressembler; to ~ to know sb apprendre à connaître qqn; we got to like her husband nous nous sommes mis à apprécier OR à aimer son mari; you'll ~ to like it in the end ça finira par te plaire; his father got to hear of the rumours son père a fini par entendre les rumeurs; he's getting to be known il commence à être connu, il se fait connaître; they got to talking about the past ils en sont venus OR ils se sont mis à parler du passé. -4. [become] devenir; it's getting to be impossible to find a flat ça devient impossible de trouver un appartement; she may ~ to be president one day elle pourrait devenir OR être président un jour. -5. [manage] réussir à; we never got to see that film nous n'avons jamais réussi à OR nous ne sommes jamais arrivés à voir ce film. -6. *inf* [be allowed to]: he never ~s to stay up late on ne le laisse jamais se coucher tard; I never ~ to drive on ne me laisse jamais conduire. -7. *inf Am* [leave] se tirer; ~! fous le camp!, tire-toi!

◆ **get about** *vi insep* -1. [be up and about, move around] se déplacer; how do you ~ about town? comment vous déplacez-vous en ville?; she ~s about on crutches/in a wheelchair elle se déplace avec des béquilles/en chaise roulante; I don't ~ about much these days je ne me déplace pas beaucoup ces temps-ci. -2. [travel] voyager; I ~ about quite a bit in my job je suis assez souvent en déplacement pour mon travail. -3. [be socially active]: she certainly ~s about elle connaît beaucoup de monde. -4. [story, rumour] se répandre, circuler; the news got about that they were splitting up la nouvelle de leur séparation s'est répandue.

◆ **get across** ◇ *vi insep* pénétrer, passer; the river was flooded but we managed to ~ across la rivière était en crue mais nous avons réussi à traverser.

◇ *vt sep* communiquer; I can't seem to ~ the idea across to them je n'arrive pas à leur faire comprendre ça; he managed to ~ his point across il a réussi à faire passer son message.

◆ **get after** *vt insep* poursuivre.

◆ **get ahead** *vi insep* [succeed] réussir, arriver; to ~ ahead in life OR in the world réussir dans la vie; if you want to ~ ahead at the office, you have to work si tu veux de l'avancement au bureau, il faut que tu travailles.

◆ **get along** *vi insep* -1. [fare, manage] aller; how are you getting along? comment vas-tu?, comment ça va?; she's getting along well in her new job elle se débrouille bien dans son nouveau travail; we can ~ along without him nous pouvons nous passer de lui OR nous débrouiller sans lui. -2. [advance, progress] avancer, progresser; the patient is getting along nicely le patient est en bonne voie OR fait des progrès. -3. [be on good terms] s'entendre; we ~ along fine nous nous entendons très bien, nous faisons bon ménage; she doesn't ~ along with my mother elle ne s'entend pas avec ma mère; she's easy to ~ along with elle est facile à vivre. -4. [move away] s'en aller, partir; [go] aller, se rendre; I must be getting along to the office il faut que j'aille au bureau ❑ ~ along with you now! ne restez pas là!; ~ along with you! *Br* [leave] va-t-en!, fiche le camp!; [I don't believe you] *inf* à d'autres!

◆ **get around** ◇ *vt insep* [obstacle, problem] contourner; [law, rule] tourner.

◇ *vi insep* = **get about**.

◆ **get around to** *vt insep*: she won't ~ around to reading it before tomorrow elle n'arrivera pas à (trouver le temps de) le lire avant demain; he finally got around to fixing the radiator il a fini par OR il est finalement arrivé à réparer le radiateur; it was some time before I got around to writing to her j'ai mis pas mal de temps avant de lui écrire.

◆ **get at** *vt insep* -1. [reach - object, shelf] atteindre; [- place] parvenir à, atteindre; I've put the pills where the children can't ~ at them j'ai mis les pilules là où les enfants ne peuvent pas les prendre. -2. [discover, find] trouver; to ~ at the truth connaître la vérité. -3. [mean, intend] entendre; I see what you're getting at je vois où vous voulez en venir; just what are you getting at? qu'est-ce que vous entendez par là?, où voulez-vous en venir?; what I'm getting at is why did she leave now? ce que je veux dire, c'est pourquoi est-elle partie maintenant? -4. *inf* [criticize, nag] s'en prendre à, s'attaquer à; you're always getting at me tu t'en prends toujours à moi. -5. *inf* [bribe, influence] acheter, suborner; the witnesses had been got at les témoins avaient été achetés.

◆ **get away** *vi insep* -1. [leave] s'en aller, partir; she has to ~ away from home/her parents il faut qu'elle parte de chez elle/s'éloigne de ses parents; I was in a meeting and couldn't ~ away j'étais en réunion et je ne pouvais pas m'échapper OR m'en aller; will you be able to ~ away at Christmas? allez-vous pouvoir partir (en vacances) à Noël?; to ~ away from the daily grind échapper au train-train quotidien; ~ away from it all, come to Florida! quittez tout, venez en Floride!; she's gone off for a couple of weeks to ~ away from it all elle est partie quelques semaines loin de tout. -2. [move away] s'éloigner; ~ away from that door! éloignez-vous OR écartez-vous de cette porte!; ~ away from me! fichez-moi le camp! -3. [escape] s'échapper, se sauver; the murderer got away l'assassin s'est échappé; the thief got away with all the jewels le voleur est parti OR s'est sauvé avec tous les bijoux ❑ there's no getting away from OR you can't ~ away from the fact that the other solution would have been cheaper on ne peut pas nier (le fait) que l'autre solution aurait coûté moins cher; you can't ~ away from it, there's no getting away from it c'est comme ça, on n'y peut rien. -4. *Br phr*: ~ away (with you)! *inf* à d'autres!

◆ **get away with** *vt insep*: he got away with cheating on his taxes [escaped notice] personne ne s'est aperçu qu'il avait fraudé le fisc; I can't believe you got away with it! je n'arrive pas à croire que personne ne t'ait rien dit! ❑ he lets his son ~ away with murder *fig* il passe tout à son fils; with his charm, he can ~ away with murder il a un tel charme qu'on lui pardonne tout.

◆ **get back** ◇ *vi insep* -1. [move backwards] reculer; ~ back! éloignez-vous!, reculez! -2. [return] revenir, retourner; I can't wait to ~ back home je suis impatient de rentrer (à la maison); ~ back in bed! va te recoucher!, retourne au lit!; I got back in the car/on the bus je suis remonté dans la voiture/dans le bus; to ~ back to sleep se rendormir; to ~ back to work [after break] se remettre au travail; [after holiday, illness] reprendre le travail; things eventually got back to normal les choses ont peu à peu repris leur cours (normal); getting OR to ~ back to the point pour en revenir au sujet qui nous préoccupe; let's ~ back to your basic reasons for leaving revenons aux raisons pour lesquelles vous voulez partir; I'll ~ back to you on that [call back] je vous rappelle pour vous dire ce qu'il en est; [discuss again] nous reparlerons de cela plus tard. -3. [return to political power] revenir; do you think the Democrats will ~ back in? croyez-vous que le parti démocrate reviendra au pouvoir?

◇ *vt sep* -1. [recover - something lost or lent] récupérer; [- force, strength] reprendre, récupérer; [- health, motivation] retrouver; he got his job back il a été repris; I got back nearly all the money I invested j'ai récupéré presque tout l'argent que j'avais investi; you'll have to ~ your money back from the shop il faut que vous vous fassiez rembourser par le magasin. -2. [return] rendre; we have to ~ this book back to her il faut que nous lui rendions ce livre. -3. [return to original place] remettre, replacer; I can't ~ it back in the box je n'arrive pas à le remettre OR le faire rentrer dans le carton; I want to ~ these suitcases back down to the cellar je veux redescendre ces valises à la cave; he managed to ~ the children back to bed il a réussi à remettre les enfants au lit. -4. *phr*: to ~ one's own back (on sb) *inf* se venger (de qqn).

◆ **get back at** *vt insep* se venger de; he only said it to ~ back at him il n'a dit ça que pour se venger de lui.

◆ **get behind** *vi insep* [gen] rester à l'arrière, se laisser distancer; SPORT se laisser distancer; *fig*: he got behind with his work il a pris du retard dans son travail; we mustn't ~ behind with the rent il ne faut pas qu'on soit en retard pour le loyer.

◆ **get by** *vi insep* -1. [pass] passer; let me ~ by laissez-moi passer. -2. [be acceptable] passer, être acceptable; their work just about ~s by leur travail est tout juste passable OR acceptable. -3. [manage, survive] se débrouiller, s'en sortir; how do you ~ by on that salary? comment tu te débrouilles OR tu t'en sors avec un salaire comme ça?; they ~ by as best they can ils se débrouillent OR s'en sortent tant bien que mal; we can ~ by without him nous pouvons nous passer de lui OR nous débrouiller sans lui.

◆ **get down** ◇ *vi insep* descendre; ~ down off that chair! descends de cette chaise!; may I ~ down (from the table)? [leave the table] puis-je sortir de table?; they got down on their knees ils se sont mis à genoux; ~ down! [hide] couchez-vous!; [to dog] bas les pattes!

◇ *vt sep* -1. [write down] noter; I didn't manage to ~ down what she said je n'ai pas réussi à noter ce qu'elle a dit. -2. [depress] déprimer, démoraliser; work is really getting me down at the moment le travail me déprime vraiment en ce moment; this rainy weather ~s him down cette pluie lui fiche le cafard; don't let it ~ you down ne te laisse pas abattre. -3. [swallow] avaler, faire descendre.

◆ **get down to** *vt insep* se mettre à; I have to ~ down to balancing the books il faut que je me mette à faire les comptes; it's not so difficult once you ~ down to it ce n'est pas si difficile une fois qu'on s'y met; he got down to working on it this morning il s'y est mis OR s'y est attelé ce matin; it's hard getting down to work after the weekend c'est difficile de reprendre le travail après le week-end.

◆ **get in** ◇ *vi insep* -1. [into building] entrer; the thief got in through the window le cambrioleur est entré par la fenêtre ‖ [into vehicule]: a car pulled up and she got in une voiture s'est arrêtée et elle est montée dedans. -2. [return home] rentrer; we got in about 4 a.m. nous sommes rentrés vers 4 h du matin. -3. [arrive] arriver; what time does your plane ~ in? à quelle heure ton avion arrive-t-il? -4. [be admitted - to club] se faire admettre; [- to school, university] entrer, être admis OR reçu; he applied to Oxford but he didn't ~ in il voulait entrer à Oxford mais il n'a pas pu. -5. [be elected - person] être élu; [- party] accéder au pouvoir. -6. *inf* [become involved] participer; she got in at the beginning elle est arrivée au début. -7. [interject] glisser; "what about me?" she managed to ~ in «et moi?», réussit-elle à glisser.

◇ *vt sep* -1. [fit in]: I hope to ~ in a bit of reading on holiday j'espère pouvoir lire OR que je trouverai le temps de lire pendant mes vacances. -**2.** [collect, gather - crops] rentrer, engranger; [- debts] recouvrer; [- taxes] percevoir. -**3.** [lay in]: **I must ~ in some more coal** je dois faire une provision de charbon; **to ~ in supplies** s'approvisionner. -**4.** [call in - doctor, plumber] faire venir. -**5.** [hand in, submit] rendre, remettre; **did you ~ your application in on time?** as-tu remis ton dossier de candidature à temps? -**6.** [cause to be admitted - to club, university] faire admettre OR accepter; [cause to be elected] faire élire. -**7.** [plant - seeds] planter, semer; [- bulbs, plants] planter. -**8.** *inf Br* [pay for, stand] payer, offrir; **he got the next round** in il a payé la tournée suivante.

◇ *vt insep* [building] entrer dans; [vehicle] monter dans; **he had just got in the door when the phone rang** il venait juste d'arriver OR d'entrer quand le téléphone a sonné.

◆ **get in on** ◇ *vt insep*: **to ~ in on a deal** prendre part à un marché; **to ~ in on the fun** se mettre de la partie.

◇ *vt sep* faire participer; **he got me in on the deal** il m'a intéressé à l'affaire.

◆ **get into** ◇ *vt insep* -**1.** [arrive in] arriver à; **we ~ into Madrid at 3 o'clock** nous arrivons à Madrid à 3 h; **the train got into the station** le train est entré en gare. -**2.** [put on - dress, shirt, shoes] mettre; [- trousers, stockings] enfiler, mettre; [- coat] endosser; **she got into her clothes** elle a mis ses vêtements OR s'est habillée; **can you still ~ into your jeans?** est-ce que tu rentres encore dans ton jean? -**3.** [be admitted to - club] entrer dans; [- school, university] entrer dans; **he'd like to ~ into the club** il voudrait devenir membre du club; **her daughter got into medical school** sa fille a été admise dans OR est entrée dans une école de médecine; **to ~ into office** être élu. -**4.** [become involved in]: **he wants to ~ into politics** il veut se lancer dans la politique; **they got into a conversation about South Africa** ils se sont mis à parler de l'Afrique du Sud; **we got into a fight over who had to do the dishes** nous nous sommes disputés pour savoir qui devait faire la vaisselle; **this is not the moment to ~ into that** ce n'est pas le moment de parler de ça. -**5.** *inf* [take up] s'intéresser à; **he got into Eastern religions** il a commencé à s'intéresser aux religions orientales. -**6.** [become accustomed to]: **he soon got into her way of doing things** il s'est vite fait OR s'est vite mis à sa façon de faire les choses. -**7.** [experience a specified condition or state]: **to ~ into debt** s'endetter; **he got into a real mess** il s'est mis dans un vrai pétrin; **the children were always getting into mischief** les enfants passaient leur temps à faire des bêtises, **I got into a real state about the test** j'étais dans tous mes états à cause du test; **she got into trouble with the teacher** elle a eu des ennuis avec le professeur. -**8.** [cause to act strangely] prendre; **what's got into you?** qu'est-ce qui te prend?, quelle mouche te pique?; **I wonder what got into him to make him act like that** je me demande ce qui l'a poussé à réagir comme ça.

◇ *vt sep* -**1.** [cause to be admitted to - club] faire entrer à; [- school, university] faire entrer dans; **he got his friend into the club** il a permis à son ami de devenir membre du club; **the president got his son into Harvard** le président a fait entrer OR accepter OR admettre son fils à Harvard. -**2.** [cause to be in a specified condition or state] mettre; **she got herself into a terrible state** elle s'est mis dans tous ses états; **he got them into a lot of trouble** il leur a attiré de gros ennuis. -**3.** [involve in] impliquer dans, entraîner dans; **you're the one who got us into this** c'est toi qui nous as embarqués dans cette histoire. -**4.** *inf* [make interested in] faire découvrir; [accustom to] habituer à, faire prendre l'habitude de; **he got me into jazz** il m'a initié au jazz.

◆ **get in with** *vt insep* s'insinuer dans les bonnes grâces de, se faire bien voir de; **they tried to ~ in with the new director** ils ont essayé de se faire bien voir du nouveau directeur.

◆ **get off** ◇ *vi insep* -**1.** [leave bus, train etc] descendre; **~ off at the next stop** descendez au prochain arrêt ❑ **I told him where to ~ off!** *inf* je l'ai envoyé sur les roses!, je l'ai envoyé promener!; **where do you ~ off telling me what to do?** *inf Am* qu'est-ce qui te prend de me dicter ce que je dois faire? -**2.** [depart - person] s'en aller, partir; [- car] démarrer; [- plane] décoller; [- letter, parcel] partir; **I have to be getting off to work** il faut que j'aille au travail; **the project got off to a bad/good start** *fig* le projet a pris un mauvais/bon départ. -**3.** [leave work] finir, s'en aller; [take time off] se libérer; **what time do you ~ off?** à quelle heure finissez-vous?; **can you ~ off early tomorrow?** peux-tu quitter le travail de bonne heure demain? -**4.** [escape punishment] s'en sortir, s'en tirer, en être quitte; **she didn't think she'd ~ off so lightly** elle n'espérait pas s'en tirer à si bon compte; **the students got off with a fine/warning** les étudiants en ont été quittes pour une amende/un avertissement. -**5.** [go to sleep] s'endormir.

◇ *vt insep* -**1.** [leave - bus, train etc] descendre de; **she got off the bicycle/train/plane** elle est descendue du vélo/du train/de l'avion; **he got off his horse** il est descendu de cheval ❑ **if only the boss would ~ off my back** si seulement le patron me fichait la paix. -**2.** [depart from] partir de, décamper de; **~ off my property** fichez le camp de chez moi; **we got off the road to let the ambulance pass** nous sommes sortis de la route pour laisser passer l'ambulance. -**3.** [escape from] se libérer de; [avoid] échapper à; **she managed to ~ off work** elle a réussi à se libérer; **how did you ~ off doing the housework?** comment as-tu fait pour échapper au ménage?

◇ *vt sep* -**1.** [cause to leave, climb down] faire descendre; **~ the cat off the table** fais descendre le chat de (sur) la table; **the conductor got the passengers off the train** le conducteur a fait descendre les passagers du train; **try to ~ her mind off her troubles** *fig* essaie de lui changer les idées. -**2.** [send] envoyer, faire partir; **I want to ~ this letter off** je veux expédier cette lettre OR mettre cette lettre à la poste; **she got the boys off to school** elle a expédié OR envoyé les garçons à l'école; **we got him off on the morning train** nous l'avons mis au train du matin. -**3.** [remove - clothing, lid] enlever, ôter; [- stains] faire partir OR disparaître, enlever; **I can't ~ this ink off my hands** je n'arrive pas à faire partir cette encre de mes mains; **~ your hands off that cake!** ne touche pas à ce gâteau!; **~ your hands off me!** ne me touche pas!; **he'd like to ~ that house off his hands** *fig* il aimerait bien se débarrasser de cette maison. -**4.** [free from punishment] tirer d'affaire; [in court] faire acquitter; **he'll need a good lawyer to ~ him off** il lui faudra un bon avocat pour se tirer d'affaire. -**5.** [put to sleep] endormir; **I've just managed to ~ the baby off (to sleep)** je viens de réussir à endormir le bébé.

◆ **get off on** *vt insep* -**1.** *inf* [sexually]: **he ~s off on pornographic films** il prend son pied en regardant des films porno; **is that what you ~ off on?** c'est comme ça que tu prends ton pied?‖*fig*: **he ~s off on teasing people** il adore taquiner les gens; **I really ~ off on jazz!** j'adore le jazz! -**2.** *drugs sl*: **he ~s off on heroin** il se défonce à l'héroïne.

◆ **get off with** *inf vt insep Br* sortir avec; **did you ~ off with anyone last night?** est-ce que tu as fait des rencontres hier soir?

◆ **get on** ◇ *vi insep* -**1.** [bus, plane, train] monter; [ship] monter à bord. -**2.** [fare, manage]: **how's your husband getting on?** comment va votre mari?; **how did he ~ on at the interview?** comment s'est passé son entretien?, comment ça a marché pour son entretien?; **you'll ~ on far better if you think about it first** tout ira mieux si tu réfléchis avant. -**3.** [make progress] avancer, progresser; **John is getting on very well in maths** John se débrouille très bien en maths; **how's your work getting on?** ça avance, ton travail? -**4.** [succeed] réussir, arriver; **to ~ on in life** OR **in the world** faire son chemin OR réussir dans la vie; **some say that in order to ~ on, you often have to compromise** il y a des gens qui disent que pour réussir (dans la vie), il faut souvent faire des compromis. -**5.** [continue] continuer; **we must be getting on** il faut que nous partions; **do you think we can ~ on with the meeting now?** croyez-vous que nous puissions poursuivre notre réunion maintenant?; **~ on with your work!** allez! au travail!; **they got on with the job** ils se sont remis au travail. -**6.** [be on good terms] s'entendre; **my mother and I ~ on well** je m'entends bien avec ma mère; **they don't ~ on** ils ne s'entendent pas; **she's never got on with him** elle ne s'est jamais entendue avec lui; **to be difficult/easy to ~ on with** être difficile/facile à vivre. -**7.** [grow late - time]: **time's getting on** il se fait tard; **it was getting on in the evening, the evening was getting on** la soirée tirait à sa fin. -**8.** [grow old - person] se faire vieux; **she's getting on (in years)** elle commence à se faire vieille. -**9.** *phr*: **~ on with it!** [continue speaking] continuez!; [continue working] allez! au travail!; [hurry up] mais dépêchez-vous enfin!; **~ on with you!** [I don't believe you] à d'autres!

◇ *vt insep* [bus, train] monter dans; [plane] monter dans, monter à bord de; [ship] monter à bord de; [bed, horse, table] monter sur; **he got on his bike** il est monté sur OR il a enfourché son vélo; **~ on your feet** levez-vous, mettez-vous debout; **it took the patient a while to ~ (back) on his feet** *fig* le patient a mis longtemps à se remettre sur pied.

◇ *vt sep* -**1.** [help onto - bus, train] faire monter dans; [- bed, bike, horse, table] faire monter sur; **they got him on his feet** ils l'ont mis debout; **the doctor got her on her feet** *fig* le médecin l'a remise sur pied. -**2.** [coat, gloves, shoes] mettre, enfiler; [lid] mettre.

◆ **get on for** *vt insep*: **the president is getting on for sixty** le président approche la soixantaine OR a presque soixante ans; **it's getting on for midnight** il est presque minuit, il n'est pas loin de minuit; **it's getting on for three weeks since we saw her** ça va faire bientôt trois semaines que nous ne l'avons pas vue; **there were getting on for ten thousand demonstrators** il n'y avait pas loin OR il y avait près de dix mille manifestants.

◆ **get onto** ◇ *vt insep* -**1.** = **get on** *vt insep*. -**2.** [turn attention to]: **to ~ onto a subject** OR **onto a topic** aborder un sujet; **how did we ~ onto reincarnation?** comment est-ce qu'on en est venus à parler de réincarnation?; **I'll ~ right onto it!** je vais m'y mettre tout de suite! -**3.** *inf* [contact] prendre contact avec, se mettre en rapport avec; [speak to] parler à; [call] téléphoner à, donner un coup de fil à. -**4.** *inf* [become aware of] découvrir; **the plan worked well until the police got onto it** le plan marchait bien jusqu'à ce que la police tombe dessus. -**5.** [nag, rebuke] harceler; **his father is always getting onto him to find a job** son père est toujours à le harceler pour qu'il trouve du travail. -**6.** [be elected to]: **he got onto the school board** il a été élu au conseil d'administration de l'école.

◇ *vt sep* -**1.** = **get on** *vt sep* **1.** -**2.** [cause to talk about] faire parler de, amener à parler de; **we got him onto (the subject of) his activities in the Resistance** nous l'avons amené à parler de ses activités dans la Résistance.

◆ **get out** ◇ *vi insep* -**1.** [of building, room] sortir; [of car, train] descendre; [of organization, town] quitter; **he got out of the car** il est sorti de la voiture; **to ~ out of bed** se lever, sortir de son lit; **you'd better ~ out of here** tu ferais bien de partir OR sortir; **~ out!** sortez! ❑ **~ out of here!** [leave] sortez d'ici!; *Am* [I don't believe it] *inf* mon œil!; **to ~ out while the going is good** partir au bon moment. -**2.** [go out] sortir; **they don't ~ out much** ils ne sortent pas beaucoup. -**3.** [information, news] se répandre, s'ébruiter; **the secret got out** le secret a été

éventé. -**4.** [escape] s'échapper; **the prisoner got out of his cell** le prisonnier s'est échappé de sa cellule; **he was lucky to ~ out alive** il a eu de la chance de s'en sortir vivant.
◇ *vt sep* -**1.** [champagne, furniture] sortir; [person] (faire) sortir. -**2.** [produce, publish - book] publier, sortir; [- list] établir, dresser. -**3.** [speak with difficulty] prononcer, sortir; **I could barely ~ a word out** c'est à peine si je pouvais dire OR prononcer OR sortir un mot ❑ **to ~ out from under** *inf* s'en sortir, s'en tirer.
◆ **get out of** ◇ *vt insep* -**1.** [avoid] éviter, échapper à; **how did you ~ out of doing the dishes?** comment as-tu pu échapper à la vaisselle?; **he tried to ~ out of helping me** il a essayé de se débrouiller pour ne pas devoir m'aider; **to ~ out of an obligation** se dérober OR se soustraire à une obligation; **we have to go, there's no getting out of it** il faut qu'on y aille, il n'y a rien à faire OR il n'y a pas moyen d'y échapper; **there's no getting out of it, you were the better candidate** il faut le reconnaître OR il n'y a pas à dire, vous étiez le meilleur candidat. -**2.** [escape from]: **to ~ out of trouble** se tirer d'affaire; **they managed to ~ out of the clutches of the mafia** ils ont réussi à se tirer des griffes de la mafia; **how can I ~ out of this mess?** comment puis-je me tirer de ce pétrin?
◇ *vt sep* -**1.** [take out of]: **~ the baby out of the house every now and then** sors le bébé de temps en temps; **she got a handkerchief out of her handbag** elle a sorti un mouchoir de son sac à main; **how many books did you ~ out of the library?** combien de livres as-tu emprunté à OR sorti de la bibliothèque? -**2.** [help to avoid]: **the lawyer got his client out of jail** l'avocat a fait sortir son client de prison; **the phone call got her out of having to talk to me** *fig* le coup de fil lui a évité d'avoir à me parler; **he'll never ~ himself out of this one!** il ne s'en sortira jamais!; **my confession got him out of trouble** ma confession l'a tiré d'affaire. -**3.** [extract - cork] sortir de; [- nail, splinter] enlever de; [- stain] faire partir de, enlever de; **I can't ~ the cork out of the bottle** je n'arrive pas à déboucher la bouteille; **the police got a confession/the truth out of him** la police lui a arraché une confession/la vérité; **we got the money out of him** nous avons réussi à obtenir l'argent de lui; **I can't ~ anything out of him** je ne peux rien tirer de lui. -**4.** [gain from] gagner, retirer; **to ~ a lot out of sthg** tirer (un) grand profit de qqch; **I didn't ~ much out of that class** ce cours ne m'a pas apporté grand-chose, je n'ai pas retiré grand-chose de ce cours; **the job was difficult but she got something out of it** la tâche était difficile, mais elle y a trouvé son compte OR en a tiré profit.
◆ **get over** ◇ *vt insep* -**1.** [cross - river, street] traverser, franchir; [- fence, wall] franchir, passer par-dessus. -**2.** [recover from - illness] se remettre de, guérir de; [- accident] se remettre de; [- loss] se remettre de, se consoler de; **I'll never ~ over her** je ne l'oublierai jamais; **he can't ~ over her death** il n'arrive pas à se remettre de sa mort OR disparition; **we couldn't ~ over our surprise** nous n'arrivions pas à nous remettre de notre surprise; **I can't ~ over how much he's grown!** qu'est-ce qu'il a grandi, je n'en reviens pas!; **I can't ~ over it!** je n'en reviens pas!; **he couldn't ~ over the fact that she had come back** il n'en revenait pas qu'elle soit revenue; **I can't ~ over your having refused** je n'en reviens pas que vous ayez refusé; **he'll ~ over it!** il n'en mourra pas! -**3.** [master, overcome - obstacle] surmonter; [- difficulty] surmonter, venir à bout de; **they soon got over their shyness** ils ont vite oublié OR surmonté leur timidité.
◇ *vt sep* -**1.** [cause to cross] faire traverser, faire passer. -**2.** [communicate - idea, message] faire passer.
◇ *vi insep* -**1.** [cross] traverser. -**2.** [idea, message] passer.
◆ **get over with** *vt insep* [finish with] en finir avec; **let's ~ it over (with)** finissons-en; **I expect you'll be glad to ~ it over (with)** j'imagine que vous serez soulagé quand ce sera terminé.
◆ **get round** ◇ *vt insep* = **get around**.
◇ *vt sep* = **get around**.
◇ *vi insep* = **get about**.
◆ **get round to** = **get around to**.
◆ **get through** ◇ *vi insep* -**1.** [reach destination] parvenir; **they managed to ~ through to the wounded** ils ont réussi à parvenir jusqu'aux blessés; **the letter got through to her** la lettre lui est parvenue; **the message didn't ~ through** le message n'est pas arrivé; **despite the crowds, I managed to ~ through** malgré la foule, j'ai réussi à passer. -**2.** [candidate, student - succeed] réussir; [- in exam] être reçu, réussir; **the team got through to the final** l'équipe s'est classée pour la finale. -**3.** [bill, motion] passer, être adopté OR voté. -**4.** [make oneself understood] se faire comprendre; **I can't seem to ~ through to her** elle et moi ne sommes pas sur la même longueur d'onde. -**5.** [contact] contacter; TELEC obtenir la communication; **I can't ~ through to his office** je n'arrive pas à avoir son bureau. -**6.** *Am* [finish] finir, terminer; **call me when you ~ through** appelez-moi quand vous aurez OR avez fini.
◇ *vt insep* -**1.** [come through - hole, window] passer par; [- crowd] se frayer un chemin à travers OR dans; [- military lines] percer, franchir. -**2.** [survive - storm, winter] survivre à; [- difficulty] se sortir de, se tirer de; **he got through it alive** il s'en est sorti (vivant). -**3.** [complete, finish - book] finir, terminer; [- job, project] achever, venir à bout de; **I got through an enormous amount of work** j'ai abattu beaucoup de travail; **it took us one week to ~ through the entire play** il nous a fallu une semaine pour venir à bout de la pièce. -**4.** [consume, use up] consommer; **we ~ through a litre of olive oil a week** nous utilisons un litre d'huile d'olive par semaine; **they got through their monthly salary in one week** en une semaine ils avaient dépensé tout leur salaire du mois. -**5.** [endure, pass - time] faire passer; **how will I ~ through this without you?** comment pourrai-je vivre cette épreuve sans toi? -**6.** [exam] réussir, être reçu à. -**7.** [subj: bill, motion] passer; **the bill got through both Houses** le projet de loi a été adopté par les deux Chambres.
◇ *vt sep* -**1.** [transmit - message] faire passer, transmettre, faire parvenir; **can you ~ this letter through to my family?** pouvez-vous transmettre OR faire parvenir cette lettre à ma famille? -**2.** [make understood] faire comprendre; **when will you ~ it through your thick head that I don't want to go?** *inf* quand est-ce que tu vas enfin comprendre que je ne veux pas y aller? -**3.** [bill, motion] faire adopter, faire passer; **the party got the bill through the Senate** le parti a fait voter OR adopter le projet de loi par le Sénat.
◆ **get together** ◇ *vi insep* -**1.** [meet] se réunir, se rassembler; **can we ~ together after the meeting?** on peut se retrouver après la réunion? -**2.** [reach an agreement] se mettre d'accord; **the committee got together on the date** les membres du comité se sont entendus OR se sont mis d'accord sur la date; **you'd better ~ together with him on the proposal** vous feriez bien de vous entendre avec lui au sujet de la proposition.
◇ *vt sep* [people] réunir, rassembler; [things] rassembler, ramasser; **let me ~ my thoughts together** laissez-moi rassembler mes idées; **to ~ one's act together** *inf* se secouer.
◆ **get to** *vt insep* -**1.** [reach] arriver à; **where have you got to in the book?** où en es-tu dans le livre?; **it got to the point where he couldn't walk another step** il en est arrivé au point de ne plus pouvoir faire un pas. -**2.** [deal with] s'occuper de; **I'll ~ to you in a minute** je suis à toi OR je m'occupe de toi dans quelques secondes; **he'll ~ to it tomorrow** il va s'en occuper demain. -**3.** *inf* [have an effect on]: **that music really ~s to me** [moves me] cette musique me touche vraiment; [annoys me] cette musique me tape sur le système; **don't let it ~ to you!** ne t'énerve pas pour ça! -**4.** *inf Am*: **they got to the witness** [bribed] ils ont acheté le témoin; [killed] ils ont descendu le témoin.
◆ **get up** ◇ *vi insep* -**1.** [arise from bed] se lever; **it was 6 o'clock when we got up** il était 6 h quand nous nous sommes levés; **I like to ~ up late on Sundays** j'aime faire la grasse matinée le dimanche; **~ up!** sors du lit!, debout!, lève-toi! -**2.** [rise to one's feet] se lever, se mettre debout; **she had to ~ up from her chair** elle a été obligée de se lever de sa chaise; **to ~ up from the table** se lever OR sortir de table; **~ up off the floor!** relève-toi!; **please don't bother getting up** restez assis, je vous prie. -**3.** [climb up] monter; **they got up on the roof** ils sont montés sur le toit; **she got up behind him on the motorcycle** elle est montée derrière lui sur la moto. -**4.** [subj: wind] se lever. -**5.** [to horse]: **~ up!** allez!
◇ *vt insep* [stairs] monter; [ladder, tree] monter à; [hill] gravir.
◇ *vt sep* -**1.** [cause to rise to feet] faire lever; [awaken] réveiller. -**2.** [generate, work up]: **to ~ up speed** gagner de la vitesse; **to ~ one's courage up** rassembler son courage; **I can't ~ up any enthusiasm for the job** je n'arrive pas à éprouver aucun enthousiasme pour ce travail. -**3.** *inf* [organize - entertainment, party] organiser, monter; [- petition] organiser; [- play] monter; [- excuse, story] fabriquer, forger. -**4.** [dress up] habiller; [in costume] déguiser; **their children are always so nicely got up** leurs enfants sont toujours si bien habillés; **to ~ o.s. up** se mettre sur son trente et un. -**5.** *inf* [study - subject] travailler, bûcher; [- notes, speech] préparer. -**6.** ▽ *phr*: **to ~ it up** bander.
◆ **get up to** *vt insep* faire; **he ~s up to all kinds of mischief** il fait des tas de bêtises; **what have you been getting up to lately?** qu'est-ce que tu fais de beau ces derniers temps?

getatable *inf* [get'ætəbl] *adj* [place, shelf] accessible, d'accès facile; [person] accessible.

getaway ['getəweɪ] ◇ *n* -**1.** [escape] fuite *f*; **to make one's ~** s'enfuir, filer; **they made a quick ~** ils ont vite filé. -**2.** AUT [start] démarrage *m*; [in racing] départ *m*.
◇ *adj*: **a ~ car/vehicle** une voiture/un véhicule de fuyard.

Gethsemane [geθ'semənɪ] *pr n* Gethsémani.

get-rich-quick *inf adj*: **a ~ scheme** un projet pour faire fortune rapidement.

get-together *n* [meeting] (petite) réunion *f*; [party] (petite) fête *f*.

Gettysburg Address ['getɪzbɜːg-] *pr n*: **the ~** *discours prononcé par Abraham Lincoln pendant la guerre de Sécession.*

THE GETTYSBURG ADDRESS:
Ce fameux discours, prononcé sur le site de la bataille du même nom, appelle à la volonté de construire une nation libre, dirigée «par le peuple, pour le peuple» («a government of the people, by the people, for the people»); cette formule est souvent utilisée comme définition de la démocratie.

getup *inf* ['getʌp] *n* -**1.** [outfit] toilette *f*, tenue *f*; [disguise] déguisement *m*; **you're not going out in that ~!** tu ne vas pas sortir (habillé) comme ça OR dans cet accoutrement! -**2.** [of book, product] présentation *f*.

get-up-and-go *inf n* allant *m*, dynamisme *m*; **to have plenty of ~** avoir beaucoup d'allant, être très dynamique; **my ~ has got up and gone** *hum* je suis vanné.

get-well card *n carte de vœux pour un bon rétablissement.*

geum ['dʒiːəm] *n* benoîte *f*.

gewgaw ['gjuːgɔː] *n Br* bibelot *m*, babiole *f*, colifichet *m*.

geyser [*Br* 'giːzəʳ, *Am* 'gaɪzər] *n* -**1.** GEOL geyser *m*. -**2.** *Br* [domestic] chauffe-eau *m inv* (à gaz).

Ghana ['gɑːnə] *pr n* Ghana *m*; **in ~** au Ghana.

Ghanaian [gɑːˈneɪən], **Ghanian** [ˈgɑːnɪən]
◇ *n* Ghanéen *m*, -enne *f*.
◇ *adj* ghanéen.

ghastliness [ˈgɑːstlɪnɪs] *n* -**1.** [of crime] horreur *f*, atrocité *f*. -**2.** [of place, building, sight] aspect *m* sinistre OR épouvantable; [of experience, situation] caractère *m* horrible OR affreux.

ghastly [ˈgɑːstlɪ] (*compar* **ghastlier**, *superl* **ghastliest**) *adj* -**1.** [awful - crime, news] affreux, épouvantable, atroce; **it was a ~ experience** c'était une expérience horrible; **she wore the most ~ outfit!** elle était accoutrée d'une façon indescriptible!; **we went to a really ~ party** nous sommes allés à une soirée vraiment épouvantable; **the interview was ~** l'interview s'est très mal passée. -**2.** [pale, ill] blême, blafard, livide; **~ pale** OR **white** d'une pâleur mortelle; **you look ~! – I feel ~!** vous avez l'air d'un déterré! – je me sens effectivement très mal! -**3.** [frightening, unnatural] horrible, effrayant; **a ~ silence** un silence effrayant. -**4.** [serious] sérieux, grave; **there's been a ~ mistake** une terrible erreur a été commise.

Ghent [gent] *pr n* Gand.

gherkin [ˈgɜːkɪn] *n* cornichon *m*.

ghetto [ˈgetəʊ] (*pl* **ghettos** OR **ghettoes**) *n* ghetto *m*.

ghetto-blaster *inf* [-ˌblɑːstəʳ] *n* grand radiocassette *m* portatif.

ghettoization [getəʊaɪˈzeɪʃn] *n* ghettoïsation *f*.

ghost [gəʊst] ◇ *n* -**1.** [phantom] revenant *m*, fantôme *m*, spectre *m*; **to believe in ~s** croire aux fantômes; **you look as if you've just seen a ~!** on dirait que vous venez de voir un fantôme! -**2.** [shadow] ombre *f*; **the ~ of a smile** l'ombre d'un sourire, un vague sourire; **you don't have the ~ of a chance** vous n'avez pas la moindre chance OR l'ombre d'une chance. -**3.** TV image *f* secondaire OR résiduelle. -**4.** *phr*: **to give up the ~** *literal* rendre l'âme; **this typewriter has given up the ~** *fig* & *hum* cette machine à écrire a rendu l'âme. -**5.** [writer] nègre *m*.
◇ *vt*: **to ~ a book for an author** servir de nègre à l'auteur d'un livre.
◇ *adj* [story, film] de revenants, de fantômes; **a ~ ship/train** un vaisseau/un train fantôme.

ghostly [ˈgəʊstlɪ] (*compar* **ghostlier**, *superl* **ghostliest**) *adj* spectral, fantomatique; **a ~ figure** une véritable apparition; **a ~ silence** un silence de mort.

ghost town *n* ville *f* fantôme.

ghostwrite [ˈgəʊstraɪt] (*pt* **ghostwrote** [-rəʊt], *pp* **ghostwritten** [-ˌrɪtn]) ◇ *vt* écrire OR rédiger (comme nègre); **I'm sure his books are ghostwritten** je suis sûr qu'il n'a écrit aucun des livres publiés sous son nom.
◇ *vi*: **to ~ for sb** servir de nègre à qqn.

ghostwriter [ˈgəʊstˌraɪtəʳ] *n* nègre *m*.

ghostwritten [ˈgəʊstˌrɪtn] *pp* → **ghostwrite**.

ghostwrote [ˈgəʊstrəʊt] *pt* → **ghostwrite**.

ghoul [guːl] *n* -**1.** [evil spirit] goule *f*. -**2.** [macabre person] amateur *mf* de macabre; **don't be such a ~!** tu es vraiment morbide!

ghoulish [ˈguːlɪʃ] *adj* -**1.** [ghostly] de goule, vampirique. -**2.** [person, humour] morbide, macabre.

GHQ (*abbr of* **general headquarters**) *n* GQG *m*.

GI (*abbr of* **Government Issue**) ◇ *n* [soldier]: **~ (Joe)** GI *m*, soldat *m* américain.
◇ *comp*: **~ bride** épouse *f* (étrangère) d'un GI.

giant [ˈdʒaɪənt] ◇ *n* géant *m*, -e *f*; **a literary ~** un géant de la littérature; **an industrial ~** un magnat de l'industrie.
◇ *adj* géant, gigantesque; **with ~ footsteps** à pas de géant; **~-size pack** COMM paquet *m* géant.

giantess [ˈdʒaɪəntes] *n* géante *f*.

giantism [ˈdʒaɪəntɪzm] *n* MED gigantisme *m*.

giantkiller [ˈdʒaɪəntˌkɪləʳ] *n* SPORT *petite équipe victorieuse d'une équipe plus forte.*

giant panda *n* panda *m* géant.

Giant's Causeway *pr n*: **the ~** la Chaussée des Géants.

giant sequoia *n* séquoia *m* géant.

giant star *n* étoile *f* géante.

gibber [ˈdʒɪbəʳ] *vi* [person] bredouiller, bafouiller; **to ~ with fear** bafouiller de peur; **stop ~ing and tell me exactly what happened!** arrête de bafouiller et explique-toi clairement!

gibbering [ˈdʒɪbərɪŋ] *adj*: **I was a ~ wreck!** j'étais dans un de ces états!; **he's a ~ idiot** *inf* c'est un sacré imbécile.

gibberish [ˈdʒɪbərɪʃ] *n (U)* baragouin *m*, charabia *m*; **it's complete ~ to me** je ne comprends absolument rien; **this instruction leaflet is a load of ~** *inf* ce mode d'emploi, c'est du vrai charabia; **the man's talking ~** ce que dit cet homme est totalement incompréhensible OR n'a ni queue ni tête.

gibbet [ˈdʒɪbɪt] ◇ *n* potence *f*, gibet *m*.
◇ *vt* [execute] pendre.

gibbon [ˈgɪbən] *n* gibbon *m*.

gibbous [ˈgɪbəs] *adj* -**1.** ASTRON gibbeux. -**2.** [humpbacked] bossu.

gibe [dʒaɪb] ◇ *vt* [taunt] railler, se moquer de.
◇ *vi*: **to ~ at sb** railler qqn, se moquer de qqn.
◇ *n* [remark] raillerie *f*, moquerie *f*.

giblets [ˈdʒɪblɪts] *npl* abats *mpl* de volaille.

Gibraltar [dʒɪˈbrɔːltəʳ] *pr n* Gibraltar; **in ~** à Gibraltar; **the Rock of ~** le rocher de Gibraltar.

giddily [ˈgɪdɪlɪ] *adv* -**1.** [dizzily] vertigineusement. -**2.** [frivolously] à la légère, avec insouciance.

giddiness [ˈgɪdɪnɪs] *n (U)* -**1.** [dizziness] vertiges *mpl*, étourdissements *mpl*. -**2.** [frivolousness] légèreté *f*, étourderie *f*.

giddy [ˈgɪdɪ] (*compar* **giddier**, *superl* **giddiest**) *adj* -**1.** [dizzy - person]: **to be** OR **to feel ~** [afraid of height] avoir le vertige, être pris de vertige; [unwell] avoir un étourdissement; **I feel ~ just watching them** j'ai la tête qui tourne OR le vertige rien que de les regarder. -**2.** [lofty] vertigineux, qui donne le vertige; **the ~ heights of success** les hautes cimes de la réussite. -**3.** [frivolous - person, behaviour] frivole, écervelé; **she behaves just like a ~ schoolgirl** elle se comporte vraiment comme une jeune idiote OR écervelée; **a ~ round of parties and social events** un tourbillon de soirées et de sorties mondaines; **my ~ aunt!** *inf Br* oh la la!

giddy up *interj* [to horse]: **~!** hue!

Gideon [ˈgɪdɪən] *pr n* Gédéon.

Gideon('s) Bible *n bible placée dans les chambres d'hôtel.*

gift [gɪft] ◇ *n* -**1.** [present - personal] cadeau *m*; [- official] don *m*; **to make sb a ~ of sthg** offrir qqch à qqn, faire cadeau de qqch à qqn; **is it a ~?** c'est pour offrir?; **I wouldn't have it as a ~!** je n'en voudrais pas même si on m'en faisait cadeau!; **he thinks he's God's ~ to mankind** *inf*/**to women** *inf* il se prend pour le Messie/pour Don Juan; **he's God's ~ to advertising** c'est le roi de la pub; **her offer of help came like a ~ from the gods** l'aide qu'elle nous offrait OR sa proposition d'aide était un cadeau tombé du ciel; **the ~ of friendship/of tears** *lit* le don de l'amitié/des larmes; **free ~** COMM cadeau. -**2.** [talent] don *m*; **he has a great ~ for telling jokes** il n'a pas son pareil pour raconter des plaisanteries; **she has a ~ for music** elle a un don OR elle est douée pour la musique ❑ **to have the ~ of the gab** *inf* avoir la langue bien pendue, avoir du bagou(t). -**3.** *inf* [bargain] affaire *f*; **at £5, it's a ~** 5 livres, c'est donné. -**4.** *inf* [easy thing]: **that exam question was a ~** ce sujet d'examen, c'était du gâteau. -**5.** [donation] don *m*, donation *f*; **as a ~** JUR à titre d'avantage OR gracieux; **the posts abroad are in the ~ of the French department** l'attribution des postes à l'étranger relève du département de français. -**6.** RELIG: **the ~ of faith** la grâce de la foi; **the ~ of tongues** le don des langues.
◇ *vt Am fml* donner, faire don de; **'~ed by Mr Evans'** [on plaque] 'don de M. Evans'.

GIFT [gɪft] (*abbr of* **gamete in fallopian transfer**) *n* FIVETE *f*.

gift coupon *n* bon *m* de réduction, point-cadeau *m*.

gifted [ˈgɪftɪd] *adj* [person] doué; [performance] talentueux; **highly ~ children** des enfants surdoués; **she's ~ with a fantastic memory** elle a une mémoire fantastique.

gift horse *n*: **don't** OR **never look a ~ in the mouth** *prov* à cheval donné on ne regarde pas la bouche *prov*.

gift shop *n* boutique *f* de cadeaux.

gift token *n* bon *m* d'achat.

gift voucher *Br* -**1.** = **gift token**. -**2.** = **gift coupon**.

gift-wrap *vt* faire un paquet cadeau de; **do you want it gift-wrapped?** je vous fais un paquet cadeau?

gift wrapping *n* papier-cadeau *m*.

gig [gɪg] *n* -**1.** [carriage] cabriolet *m*. -**2.** [boat] yole *f*, guigue *f*. -**3.** *inf* [concert] concert *m (de rock, de jazz)*.

gigabyte [ˈgɪgəbaɪt] *n* gigaoctet *m*.

gigahertz [ˈgɪgəhɜːts] *n* gigahertz *m*.

gigantic [dʒaɪˈgæntɪk] *adj* géant, gigantesque.

gigantism [dʒaɪˈgæntɪzm] *n* gigantisme *m*.

giggle [ˈgɪgl] ◇ *vi* [stupidly] rire bêtement, ricaner; [nervously] rire nerveusement; **they couldn't stop giggling** ils ne pouvaient pas se retenir de glousser OR de pouffer.
◇ *n* [uncontrollable] fou rire *m*; [nervous] petit rire *m* nerveux; [stupid] ricanement *m*; **to have a fit of the ~s** avoir le fou rire; **to do sthg for a ~** *inf Br* faire qqch pour rigoler.

giggling [ˈgɪglɪŋ] ◇ *adj* = **giggly**.
◇ *n (U)* fou rire *m*.

giggly [ˈgɪglɪ] *adj* qui rit bêtement; **they're like ~ schoolgirls** elles n'arrêtent pas de rire comme des gamines.

GIGO [ˈgaɪgəʊ] *n abbr of* **garbage in, garbage out**.

gigolo [ˈʒɪgələʊ] (*pl* **gigolos**) *n* gigolo *m*.

GI Joe *n surnom collectif des soldats américains, notamment pendant la Deuxième Guerre mondiale.*

Gilbert and Sullivan [ˈgɪlbətənˈsʌlɪvn] *pr n*: **~ opera** *opérettes satiriques dues au compositeur Sullivan et au librettiste Gilbert (fin du XIXᵉ siècle).*

gild [gɪld] (*pt* **gilded**, *pp* **gilded** OR **gilt** [gɪlt])
◇ *n* = **guild**.
◇ *vt* dorer; **~ed youth** jeunesse *f* dorée ❑ **it would be ~ing the lily** ce serait du peaufinage.

gilding [ˈgɪldɪŋ] *n* dorure *f*.

gill¹ [dʒɪl] *n* [measure] quart *m* de pinte.

gill² [gɪl] *n* -**1.** [of mushroom] lamelle *f*. -**2.** *Br dial* [ravine] ravin *m*; [stream] ruisseau *m (de montagne)*.
◆ **gills** *npl* [of fish] ouïes *fpl*, branchies *fpl*; **to be/to go green around the ~s** [from shock] être/devenir vert (de peur); [from illness] avoir mauvaise mine.

gillie [ˈgɪlɪ] *n Scot* [for hunting] guide *m*, accompagnateur *m*; [for fishing] accompagnateur *m*.

gillion [ˈdʒɪljən] *n Br* milliard *m*.

gill slit *n* fente *f* branchiale.

gillyflower [ˈdʒɪlɪˌflaʊəʳ] *n* giroflée *f*.

gilt [gɪlt] ◇ *pp* → **gild**.
◇ *adj* doré.
◇ *n* -**1.** [gilding] dorure *f*; **to take the ~ off the gingerbread** *Br* gâcher le plaisir. -**2.** [security] valeur *f* de tout repos.

gilt-edged *adj* -**1.** ST. EX [securities] de père de famille, sans risque. -**2.** [page] doré sur tranche.

gimbal ring [ˈdʒɪmbl-] *n*, **gimbals** [ˈdʒɪmbəlz] *npl* AERON & NAUT cardan *m*.

gimcrack [ˈdʒɪmkræk] *adj* [jewellery] en toc; [ornament, car] de pacotille; [theory, idea] bidon.

gimlet [ˈgɪmlɪt] *n* vrille *f*; **to have eyes like ~s** avoir des yeux perçants; **his ~ eyes stared at her** il la fixa de ses yeux perçants.

gimlet-eyed *adj* à l'œil perçant, aux yeux perçants.

gimme *inf* [ˈgɪmɪ] = **give me**.

gimmick *inf* [ˈgɪmɪk] *n* -**1.** [sales trick] truc *m*, astuce *f*; [in politics] astuce *f*, gadget *m*; **advertising ~** trouvaille *f* publicitaire; **it's just a sales ~** c'est un truc pour faire vendre; **the voters**

aren't fooled by election ~s les électeurs ne sont pas dupes des gadgets électoralistes. -2. [gadget, device] gadget *m*. -3. [personal trick] truc *m*; **he does a tapdance in the middle of the show purely as a** ~ il fait un numéro de claquettes au milieu du spectacle simplement pour l'effet.

gimmickry *inf* ['gɪmɪkrɪ] *n (U)* truquage *m*, astuces *fpl*, gadgets *mpl*; **I'm sick of all this commercial** ~ j'en ai assez de tout ce tape-à-l'œil commercial.

gimmicky *inf* ['gɪmɪkɪ] *adj* qui relève du procédé; **the show was too** ~ le spectacle relevait trop du procédé.

gimp *inf* [gɪmp] *n Am* -1. *pej* [person] gogol *mf*. -2. [object] scoubidou *m*.

gin [dʒɪn] (*pt & pp* **ginned**, *cont* **ginning**) ◇ *n* -1. [drink] gin *m*; ~ **and tonic** gin-tonic *m*; ~ **and it** *Br* martini-gin *m*. -2. [trap] piège *m*. -3. INDUST [machine] égreneuse *f* (de coton).
◇ *vt* attraper, piéger.

ginger ['dʒɪndʒəʳ] ◇ *n* -1. [spice] gingembre *m*; **crystallized** ~ gingembre confit; **ground** ~ gingembre en poudre; **root** OR **fresh** ~ gingembre en racine OR frais. -2. *inf fig* entrain *m*, allant *m*, dynamisme *m*. -3. [colour] brun roux *m*. -4. *inf* [nickname]: Ginger Poil de Carotte.
◇ *adj* [hair] roux, rouquin; [cat] roux.
◆ **ginger up** *vt sep* [activity, group, meeting] animer; [speech, story] relever, pimenter, égayer.

ginger ale *n boisson gazeuse aux extraits de gingembre.*

ginger beer *n boisson légèrement alcoolisée obtenue par la fermentation de gingembre.*

gingerbread ['dʒɪndʒəbred] ◇ *n* pain *m* d'épices; ~ **man** sujet *m* en pain d'épices.
◇ *adj* [ornament, style] tarabiscoté.

ginger group *n dans une organisation politique ou autre, faction dynamique cherchant à faire bouger les choses en incitant à l'action.*

gingerly ['dʒɪndʒəlɪ] ◇ *adv* [cautiously] avec circonspection, précautionneusement; [delicately] délicatement.
◇ *adj* [cautious] circonspect, prudent; [delicate] délicat; **to do sthg in a** ~ **fashion** faire qqch avec beaucoup de précaution.

ginger nut *n* biscuit *m* au gingembre.

ginger pop = **ginger ale**.

ginger snap = **ginger nut**.

ginger wine *n boisson alcoolisée à base de gingembre.*

gingery ['dʒɪndʒərɪ] *adj* -1. [taste] de gingembre; [colour] roux. -2. *fig* [full of vigour] animé; [biting] acerbe.

gingham ['gɪŋəm] *n* (toile *f* de) vichy *m*.

gingival [dʒɪn'dʒaɪvl] *adj* gingival.

gingivitis [,dʒɪndʒɪ'vaɪtɪs] *n (U)* MED gingivite *f*.

gink▽ [gɪŋk] *n Br* type *m*, bonhomme *m*.

ginormous *inf* [,dʒaɪ'nɔːməs] *adj* gigantesque.

gin palace *Br*, **gin mill** *Am n* tripot *m*.

gin rummy *n* gin-rummy *m*, gin-rami *m*.

ginseng ['dʒɪnseŋ] *n* ginseng *m*.

gin sling *n* gin-fizz *m inv*.

gippo▼ ['dʒɪpəʊ] (*pl* **gippoes**) *n Br terme injurieux désignant un gitan.*

gippy *inf* ['dʒɪpɪ] *adj Br*: **to have a** ~ **tummy** avoir la courante.

gipsy ['dʒɪpsɪ] (*pl* **gipsies**) ◇ *n* gitan *m*, -e *f*, bohémien *m*, -enne *f*; *fig* [wanderer] vagabond *m*, -e *f*; **she's a** ~ **at heart** c'est une bohème dans l'âme.
◇ *adj* [camp] de gitans; [dance, music] gitan; ~ **caravan** roulotte *f*.

gipsy moth *n* zigzag *m*, bombyx *m* disparate.

giraffe [dʒɪ'rɑːf] *n* girafe *f*; **a young** OR **baby** ~ un girafeau, un girafon.

gird [gɜːd] (*pt & pp* **girded** OR **girt** [gɜːt]) *vt lit* -1. [waist] ceindre; **a sea-girt country** *fig* un pays encerclé par la mer; **to** ~ **(up) one's loins** se préparer à l'action. -2. [clothe]: **to** ~ **with ceremonial robes** revêtir d'une robe de cérémonie.
◆ **gird on** *vt sep arch* OR *lit*: **to** ~ **on one's sword** ceindre l'épée.

girder ['gɜːdəʳ] *n* poutre *f* (métallique), fer *m* profilé; [light] poutrelle *f*.

girdle ['gɜːdl] ◇ *n* -1. [corset] gaine *f*. -2. *lit* [belt] ceinture *f*. -3. [in tree] incision *f* annulaire.
◇ *vt* -1. *lit*: **to** ~ **sthg with sthg** ceindre qqch de qqch. -2. [tree] baguer.

girdle cake, **girdle scone** *n Br sorte de petite galette.*

girl [gɜːl] *n* -1. [child] (petite) fille *f*; **a little** ~ une fillette, une petite fille; **a** ~**s' school** une école de filles; **I knew her when she was a** ~ je l'ai connue toute petite; **poor little** ~**!** pauvre petite! -2. [daughter] fille *f*; **the Murphy** ~ la fille des Murphy. -3. [young woman] (jeune) fille *f*; **the other** ~**s at the office** les autres filles du bureau; **come in,** ~**s!** entrez, mesdemoiselles!; **she's having an evening with the** ~**s** elle passe la soirée dehors avec les filles; **he married a French** ~ il a épousé une Française; **my dear** ~ ma chère. -4. *inf* [girlfriend] (petite) amie *f*, copine *f*. -5. SCH [pupil] élève *f*. -6. [employee] (jeune) employée *f*; [maid] bonne *f*; [in shop] vendeuse *f*; [in factory] ouvrière *f*.

girl Friday *n employée de bureau affectée à des tâches diverses.*

girlfriend ['gɜːlfrend] *n* [of boy] copine *f*, (petite) amie *f*; *Am* [of girl] copine *f*, amie *f*.

Girl Guide *Br*, **Girl Scout** *Am n* éclaireuse *f*.

girlhood ['gɜːlhʊd] *n* [as child] enfance *f*; [as adolescent] adolescence *f*.

girlie *inf* ['gɜːlɪ] *adj*: ~ **magazine** magazine *m* masculin, revue *f* érotique.

girlish ['gɜːlɪʃ] *adj* [appearance, smile, voice] de fillette, de petite fille; *pej* [boy] efféminé.

girlishly ['gɜːlɪʃlɪ] *adv* comme une petite fille.

Girl Scout *Am* = **Girl Guide**.

giro ['dʒaɪrəʊ] *n* -1. [system] *système de virement interbancaire introduit par la Poste britannique*; ~ **account** compte *m* chèque postal; **(bank)** ~ virement *m* bancaire; **to pay by bank** ~ payer par virement bancaire; ~ **cheque** chèque *m* postal; **National Giro** ≃ Comptes Chèques Postaux. -2. *inf* [for unemployed] chèque *m* d'allocation de chômage.

girt [gɜːt] *pt & pp* → **gird**.

girth [gɜːθ] ◇ *n* -1. [circumference] circonférence *f*, tour *m*. -2. [stoutness] corpulence *f*, embonpoint *m*. -3. [of saddle] sangle *f*.
◇ *vt* [horse] sangler.

gist [dʒɪst] *n* essentiel *m*; **I get the** ~ **of your argument** je comprends OR saisis l'essentiel de ton argument; **give me the** ~ **of the discussion** expliquez-moi les grandes lignes du débat.

git▽ [gɪt] *n Br* connard *m*, connasse *f*.

give [gɪv] (*pt* **gave** [geɪv], *pp* **given** ['gɪvn]) ◇ *vt* **A.** -1. [hand over] donner; [as gift] donner, offrir; **I gave him the book, I gave the book to him** je lui ai donné le livre; **we gave our host a gift** nous avons offert un cadeau à notre hôte; **the family gave the paintings to the museum** la famille a fait don des tableaux au musée; **he gave his daughter in marriage** il a donné sa fille en mariage; **she gave him her hand** [to hold] elle lui a donné OR tendu la main; [in marriage] elle lui a accordé sa main; **to** ~ **o.s. to sb** *lit* se donner à qqn; **I** ~ **you the newlyweds!** [in toast] je lève mon verre au bonheur des nouveaux mariés!; **I gave him my coat to hold** je lui ai confié mon manteau; **she gave them her trust** elle leur a fait confiance, elle leur a donné sa confiance; **in any relationship you have to learn to** ~ **and take** dans toutes les relations, il faut apprendre à prendre et à donner ❑ **to** ~ **as good as one gets** *inf* rendre coup pour coup; ~ **it all you've got!** *inf* mets-y le paquet!; **I'll** ~ **you something to cry about!** *inf* je vais te donner une bonne raison de pleurer, moi! -2. [grant - right, permission, importance etc] donner; ~ **the matter your full attention** prêtez une attention toute particulière à cette affaire; **he gave your suggestion careful consideration** il a considéré votre suggestion avec beaucoup d'attention; **the court gave her custody of the child** JUR la cour lui a accordé la garde de l'enfant; **she hasn't given her approval yet** elle n'a pas encore donné son consentement. -3. [provide with - drink, food] donner, offrir; [- lessons, classes] donner; [- help] prêter; ~ **our guests something to eat/drink** donnez à manger/à boire à nos invités; **we gave them lunch** nous les avons invités OR nous leur avons fait à déjeuner; **I think I'll** ~ **them beef for lunch** je crois que je vais leur faire du bœuf au déjeuner; **let me** ~ **you some advice** laissez-moi vous donner un conseil; **I gave her the biggest bedroom** je lui ai donné la plus grande chambre; **they're giving us a pay rise** ils nous donnent une augmentation de salaire; **the children can wash up, it will** ~ **them something to do** les enfants peuvent faire la vaisselle, ça les occupera; **she gave him two lovely daughters** elle lui a donné deux adorables filles; **to** ~ **sb/sthg one's support** soutenir qqn/qqch; **do you** ~ **a discount?** faites-vous des tarifs préférentiels?; ~ **me time to think** donnez-moi OR laissez-moi le temps de réfléchir; **she didn't** ~ **him time to say no** elle ne lui a pas laissé le temps de dire non; **just** ~ **me time!** sois patient!; **such talent is not given to us all** nous n'avons pas tous un tel talent ❑ ~ **me jazz any day!** *inf* à mon avis rien ne vaut le jazz!
B. -1. [confer - award] conférer; **they gave her an honorary degree** ils lui ont conféré un diplôme honorifique. -2. [dedicate] donner, consacrer; **she gave all she had to the cause** elle s'est entièrement consacrée à cette cause; **can you** ~ **me a few minutes?** pouvez-vous m'accorder OR me consacrer quelques instants?; **he gave his life to save the child** il est mort OR il a donné sa vie pour sauver l'enfant. -3. [in exchange] donner; [pay] payer; **I gave him my sweater in exchange for his gloves** je lui ai échangé mon pull contre ses gants; **I'll** ~ **you a good price for the table** je vous donnerai OR payerai un bon prix pour la table; **how much will you** ~ **me for it?** combien m'en donneras-tu? -4. [transmit] donner, passer; **I hope I don't** ~ **you my cold** j'espère que je ne vais pas te passer mon rhume.
C. -1. [cause] donner, causer; [headache] donner; [pleasure, surprise] faire; **the walk gave him an appetite** la promenade l'a mis en appétit OR lui a ouvert l'appétit; **the news gave me a shock** la nouvelle m'a fait un choc. -2. [impose - task] imposer; [- punishment] infliger; **the teacher gave us three tests this week** le professeur nous a donné trois interrogations cette semaine; **to** ~ **sb a black mark** infliger un blâme à qqn; **he was given (a sentence of) 15 years** JUR il a été condamné à 15 ans de prison. -3. [announce - verdict, judgment]: **the court** ~**s its decision today** la cour prononce OR rend l'arrêt aujourd'hui; **the court gave the case against/for the management** la cour a décidé contre/en faveur de la direction; **given this third day of March** délivré le trois mars; **given under my hand and seal** reçu par-devant moi et sous mon sceau; **the umpire gave the batsman out** l'arbitre a déclaré le joueur hors jeu. -4. [communicate - impression, order, signal] donner; [- address, information] donner, fournir; [- news] annoncer; **to** ~ **sb a message** communiquer un message à qqn; **she gave her age as 45** elle a déclaré avoir 45 ans; **he is to** ~ **his decision tomorrow** il devra faire connaître OR annoncer sa décision demain; **I gave a description of the suspect** j'ai donné OR fourni une description du suspect; **you gave me to believe he was trustworthy** vous m'avez laissé entendre qu'on pouvait lui faire confiance; **I was given to understand she was ill** on m'a donné à croire qu'elle était malade; **she gave no sign of life** elle n'a donné aucun signe de vie. -5. [suggest, propose - explanation, reason] donner, avancer; [- hint] donner; **that's given me an idea** ça me donne une idée; ~ **us a clue** donne-nous un indice; **let me** ~ **you an**

example laissez-moi vous donner un exemple; **don't ~ me any nonsense about missing your train!** ne me raconte pas que tu as raté ton train!; **don't ~ me that (rubbish)!** *inf* ne me raconte pas d'histoires! -**6.** [admit, concede] reconnaître, accorder; **she's certainly intelligent, I'll ~ you that** elle est très intelligente, ça, je te l'accorde; **he gave me the game** SPORT il m'a concédé la partie.
D. -**1.** [utter - sound] rendre, émettre; [- answer] donner, faire; [- cry, sigh] pousser; **he gave a laugh** il a laissé échapper un rire; **he gave a loud laugh** il a éclaté de rire; **~ us a song** chantez-nous quelque chose. -**2.** [make - action, gesture] faire; **she gave them an odd look** elle leur a jeté OR lancé un regard curieux; **he gave her hand a squeeze** il lui a pressé la main; **~ me a kiss** [gen] fais-moi la bise; [lover] embrasse-moi; **I gave the boy a push** j'ai poussé le garçon; **the train gave a lurch** le train a cahoté; **she gave him a slap** elle lui a donné une claque; **she gave him a flirtatious smile** elle lui a adressé OR fait un sourire séducteur; **he gave an embarrassed smile** il a eu un sourire gêné. -**3.** [perform in public - concert] donner; [- lecture, speech] faire; [- interview] accorder; **that evening, she gave the performance of a lifetime** ce soir-là, elle était au sommet de son art . -**4.** [hold - lunch, party, supper] donner, organiser; **they gave a dinner for the professor** ils ont donné un dîner en l'honneur du professeur. -**5.** [estimate the duration of] donner, estimer; **I ~ him one week at most** je lui donne une semaine (au) maximum; **I'd ~ their marriage about a year if that** je donne un an maximum à leur mariage. -**6.** [care]: **the manager doesn't ~ a damn about the workers' problems** *inf* le directeur se fiche des problèmes des ouvriers; **I don't ~ a hoot about what he thinks** *inf* je n'ai rien à faire OR je me fiche de ce qu'il pense. -**7.** MATH [produce] donner, faire; **17 minus 4 ~s 13** 17 moins 4 font OR égalent 13; **that ~s a total of 26** ça donne un total de 26. -**8.** *phr*: **to ~ way** [ground] s'affaisser; [bridge, building, ceiling] s'effondrer, s'affaisser; [ladder, rope] céder, (se) casser; **the ground gave way beneath** OR **under our feet** le terrain s'est affaissé sous nos pieds; **her legs gave way (beneath her)** ses jambes se sont dérobées sous elle; **his health finally gave way** sa santé a fini par se détériorer OR se gâter; **their strength gave way** leurs forces leur ont manqué; **it's easier to ~ way to his demands than to argue** il est plus commode de céder à ses exigences que de lui résister; **don't ~ way if he cries** ne cède pas s'il pleure; **I gave way to tears/to anger** je me suis laissé aller à pleurer/ emporter par la colère; **he gave way to despair** il s'est abandonné au désespoir; **the fields gave way to factories** les champs ont fait place aux usines; **his joy gave way to sorrow** sa joie a fait place à la peine; **'~ way to vehicles on your right'** 'priorité aux véhicules qui viennent de droite'; **'~ way to pedestrians'** 'priorité aux piétons'; **'~ way'** 'cédez le passage'.
◇ *vi* -**1.** [contribute] donner; **please ~ generously** nous nous en remettons à votre générosité. -**2.** [collapse, yield - ground, wall] s'affaisser; **the fence gave beneath** OR **under my weight** la barrière a cédé OR s'est affaissée sous mon poids; **something's got to ~** quelque chose va lâcher; [- cloth, elastic] se relâcher; [- person] céder. -**3.** *inf Am* [talk]: **now ~!** accouche!, vide ton sac! -**4.** *inf Am*: **what ~s?** qu'est-ce qui se passe?
◇ *n* [of metal, wood] élasticité *f*, souplesse *f*; **there's not enough ~ in this sweater** ce pull n'est pas assez ample.
◆ **give or take** *prep phr* à... près; **~ or take a few days** à quelques jours près.
◆ **give away** *vt sep* -**1.** [hand over] donner; [as gift] donner, faire cadeau de; **to ~ prizes away** distribuer des prix; **it's so cheap they're practically giving it away** c'est tellement bon marché, c'est comme s'ils en faisaient cadeau. -**2.** [bride] conduire à l'autel. -**3.** [throw away - chance, opportunity] gâcher, gaspiller. -**4.** [reveal - information] révéler; [- secret] révéler, trahir; **he didn't ~ anything away** il n'a rien dit. -**5.** [betray] trahir; **her accent gave her away** son accent l'a trahie; **no prisoner would ~ another prisoner away** aucun prisonnier n'en trahirait un autre.
◆ **give back** *vt sep* -**1.** [return] rendre; [property, stolen object] restituer; **~ the book back to her** rendez-lui le livre; **the store gave him his money back** le magasin l'a remboursé. -**2.** [reflect - image, light] refléter, renvoyer; [sound] renvoyer.
◆ **give in** ◇ *vi insep* [relent, yield] céder; **to ~ in to sthg/sb** céder à qqch/qqn; **the country refused to ~ in to terrorist threats** le pays a refusé de céder aux menaces des terroristes.
◇ *vt sep* [hand in - book, exam paper] rendre; [- found object, parcel] remettre; [- application, name] donner.
◆ **give off** *vt sep* -**1.** [emit, produce - gas, smell] émettre. -**2.** BOT [shoots] former.
◆ **give onto** *vt insep* donner sur.
◆ **give out** ◇ *vt sep* -**1.** [hand out] distribuer. -**2.** [emit] émettre, faire entendre. -**3.** [make known] annoncer, faire savoir; **the hospital gave out information on her condition to them** l'hôpital les a renseignés sur son état de santé; **it was given out that he was leaving** on a dit OR annoncé qu'il partait.
◇ *vi insep* -**1.** [break down - machine] tomber en panne; [- brakes] lâcher; [- heart] flancher; **the old car finally gave out** la vieille voiture a fini par rendre l'âme *hum*. -**2.** [run out] s'épuiser, manquer; **her strength was giving out** elle était à bout de forces, elle n'en pouvait plus; **his mother's patience gave out** sa mère a perdu patience; **my luck gave out** la chance m'a abandonné.
◆ **give over** ◇ *vt sep* -**1.** [entrust] donner, confier; **he gave the children over to his mother** il a confié les enfants à sa mère. -**2.** [set aside for] donner, consacrer; ADMIN affecter; **the land was given over to agriculture** la terre a été consacrée à l'agriculture; **she gave herself over to helping the poor** elle s'est consacrée à l'aide aux pauvres.
◇ *vt insep inf Br* cesser de, arrêter de; **~ over crying!** cesse de pleurer!
◇ *vi insep inf Br* cesser, arrêter; **~ over!** assez!, arrête!
◆ **give up** ◇ *vt sep* -**1.** [renounce - habit] renoncer à, abandonner; [- friend] abandonner, délaisser; [- chair, place] céder; [- activity] cesser; **she'll never ~ him up** elle ne renoncera jamais à lui; **he's given up smoking** il a arrêté de fumer, il a renoncé au tabac; **I haven't given up the idea of going to China** je n'ai pas renoncé à l'idée d'aller en Chine; **he gave up his seat to the old woman** il a cédé sa place à la vieille dame; **don't ~ up hope** ne perdez pas espoir; **he was ready to ~ up his life for his country** il était prêt à mourir pour la patrie; **they gave up the game** OR **the struggle** ils ont abandonné la partie; **we gave her brother up for dead** nous avons conclu que son frère était mort; **they gave the cause up for lost** ils ont considéré que c'était une cause perdue; **to ~ up the throne** renoncer au trône. -**2.** [resign from - job] quitter; [- position] démissionner de; **they gave up the restaurant business** ils se sont retirés de la restauration. -**3.** [hand over - keys] rendre, remettre; [- prisoner] livrer; [- responsibility] se démettre de; **the murderer gave himself up (to the police)** le meurtrier s'est rendu OR livré (à la police); **he gave his accomplices up to the police** il a dénoncé OR livré ses complices à la police.
◇ *vi insep*: **I ~ up** [in game, project] je renonce; [in guessing game] je donne ma langue au chat; **we can't ~ up now!** on ne va pas laisser tomber maintenant!
◆ **give up on** *vt insep*: **to ~ up on sb** [stop waiting for] renoncer à attendre qqn; [stop expecting sthg from] ne plus rien attendre de qqn; **I ~ up on him, he won't even try** j'abandonne, il ne fait pas le moindre effort.
◆ **give up to** *vt sep*: **to ~ o.s. up to sthg** se livrer à qqch; **they gave themselves up to a life of pleasure** ils se sont livrés à une vie de plaisir; **he gave his life up to caring for the elderly** il a consacré sa vie à soigner les personnes âgées.

give-and-take *n* -**1.** [compromise] concessions *fpl* (mutuelles); **in a relationship there has to be some ~** pour fonder une relation, il faut que chacun fasse des concessions OR que chacun y mette du sien. -**2.** [in conversation] échange; **to encourage the ~ of ideas and opinions** favoriser l'échange d'idées.

giveaway ['gɪvə,weɪ] ◇ *n* -**1.** [free gift] cadeau *m*; COMM prime *f*, cadeau *m* publicitaire. -**2.** *Am* RADIO & TV jeu *m* (doté de prix). -**3.** *inf* [revelation] révélation *f* (involontaire); **her guilty expression was a dead ~** son air coupable l'a trahie; **the fact that he knew her address was a ~** le fait qu'il sache son adresse était révélateur OR en disait long.
◇ *adj* -**1.** [free] gratuit; [price] dérisoire. -**2.** *Am*: **~ program** RADIO jeu *m* radiophonique; TV jeu *m* télévisé. -**3.** *inf* [revealing] révélateur.

given ['gɪvn] ◇ *pp* → **give**.
◇ *adj* -**1.** [specified] donné; [precise] déterminé; **at a ~ moment** à un moment donné. -**2.** [prone]: **to be ~ to sthg** avoir une tendance à qqch; **to be ~ to doing sthg** être enclin à faire qqch; **he's ~ to attacks of depression** il a des tendances dépressives; **I'm not ~ to telling lies** je n'ai pas l'habitude de mentir ‖ [on official statement]: **~ in Melbourne on the sixth day of March** fait à Melbourne le six mars.
◇ *prep* -**1.** [considering] étant donné; **~ the circumstances** étant donné les circonstances, les circonstances étant ce qu'elles sont; **~ the rectangle ABCD** MATH soit le rectangle ABCD. -**2.** *phr*: **~ the chance** OR **opportunity** si l'occasion se présentait; **she could be a good teacher, ~ the opportunity** elle ferait un bon professeur si l'occasion se présentait; **~ the chance, I'd emigrate to Canada** si l'occasion se présentait, j'émigrerais au Canada.
◆ **given that** *conj phr* étant donné que.

given name *n Am* prénom *m*.

giver ['gɪvə^r] *n* donateur *m*, -trice *f*.

Gîza ['gi:zə] *pr n*: (El) ~ Gizeh, Guizèh.

gizmo *inf* ['gɪzməʊ] (*pl* **gizmos**) *n Am* gadget *m*, truc *m*.

gizzard ['gɪzəd] *n* gésier *m*; **it sticks in my ~** *fig* ça me reste en travers de la gorge.

glacé ['glæseɪ] *adj* -**1.** [cherries] glacé, confit; **~ icing** glaçage *m (d'un gâteau)*. -**2.** [leather, silk] glacé. -**3.** *Am* [frozen] glacé, gelé.

glacial ['gleɪsjəl] *adj* -**1.** [weather, wind] glacial. -**2.** [politeness, atmosphere] glacial. -**3.** GEOL glaciaire. -**4.** CHEM cristallisé, en cristaux.

glacially ['gleɪsjəlɪ] *adv* glacialement.

glaciation [,gleɪsɪ'eɪʃn] *n* glaciation *f*.

glacier ['glæsjə^r] *n* glacier *m*.

glaciology [,glæsɪ'ɒlədʒɪ] *n* glaciologie *f*.

glacis ['glæsɪs] (*pl inv* [-sɪz] OR **glacises** ['glæsi:z]) *n* glacis *m*.

glad [glæd] ◇ *adj* -**1.** [person] heureux, content; **(I'm) ~ you came** (je suis) heureux OR bien content que tu sois venu; **I'm feeling a lot better today – oh, I am ~!** je me sens beaucoup mieux aujourd'hui – j'en suis ravi!; **he's decided not to go – I'm ~ about that** il a décidé de ne pas partir – tant mieux; **I was ~ to hear the news** j'étais ravi d'apprendre la nouvelle; **he was only too ~ to be asked** il n'attendait qu'une chose, c'est qu'on le lui demande; **I'd be only too ~ to help** je ne demanderais pas mieux que d'aider; **could you do me a favour? – I'd be ~ to** pourriez-vous me rendre service? – avec plaisir OR volontiers; **(I'm) ~ to meet you!** enchanté!; **they were ~ of the money** cet argent tombait à point nommé OR à pic; **we were ~ of the opportunity to meet her** nous avons été heureux de pouvoir faire sa connaissance; **I was ~ of your help** votre aide a été la bienvenue. -**2.** *lit* [news, occasion] joyeux, heureux; [laughter] de bonheur; [shout] joyeux; **it's a ~ day for all of us**

c'est un jour de fête pour nous tous. -**3.** *phr*: to **give sb the ~ eye** faire les yeux doux à qqn, faire de l'œil à qqn.

◇ *n inf* = **gladiolus.**

gladden ['glædn] *vt* rendre heureux, réjouir; it **~s my heart to think of it** c'est une pensée qui me réjouit le cœur.

glade [gleɪd] *n lit* clairière *f.*

glad hand *inf n*: to **give sb the ~** accueillir qqn chaleureusement OR à bras ouverts.

◆ **glad-hand** *inf vt*: to **~ sb** serrer la main de qqn avec de grands sourires.

gladiator ['glædɪeɪtəʳ] *n* gladiateur *m.*

gladiatorial [,glædɪə'tɔːrɪəl] *adj* de gladiateurs.

gladiolus [,glædɪ'əʊləs] (*pl* **gladioli** [-laɪ] OR **gladioluses**) *n* glaïeul *m.*

gladly ['glædlɪ] *adv* avec plaisir, avec joie, de bon cœur.

gladness ['glædnɪs] *n* contentement *m*, joie *f.*

glad rags *inf npl* vêtements *mpl* chic; **to put on one's ~** se mettre sur son trente et un, se saper.

gladsome ['glædsəm] *adj arch* OR *lit* joyeux, gai.

Gladstone bag ['glædstən-] *n sacoche de voyage en cuir.*

glair(e) [gleəʳ] *n* glaire *f.*

glam *inf* [glæm] (*pt* & *pp* glammed, *cont* glamming) *Br* ◇ *adj* = **glamorous.**

◇ *n* = **glamour.**

◆ **glam up** *inf vt sep* -**1.** [person]: **to get glammed up** [with clothes] mettre ses belles fringues, se saper; [with make-up] se faire une beauté, se faire toute belle. -**2.** [building] retaper; [town] embellir.

glamor *Am* = **glamour.**

glamorization [,glæməraɪ'zeɪʃn] *n* idéalisation *f.*

glamorize, -ise ['glæməraɪz] *vt* idéaliser, montrer OR présenter sous un jour séduisant; **the film ~s peasant life** le film idéalise la vie des paysans.

glamorous ['glæmərəs] *adj* -**1.** [alluring - person, appearance] séduisant, fascinant, éblouissant; **a ~ actress** une actrice éblouissante OR resplendissante; **~ dresses** robes éblouissantes OR d'un chic inouï. -**2.** [exciting - lifestyle] brillant; [- career] brillant, prestigieux; [- show] splendide; **the ~ parts of the French Riviera** les endroits chics de la Côte d'Azur.

glamorously ['glæmərəslɪ] *adv* brillamment, de manière éblouissante.

glamour *Br*, **glamor** *Am* ['glæməʳ] ◇ *n* -**1.** [allure - of person] charme *m*, fascination *f*; [- of appearance, dress] élégance *f*, chic *m*. -**2.** [excitement - of lifestyle, show, career] éclat *m*, prestige *m*; **the novel captures all the ~ of London in the 1920s** le roman dépeint tout l'éclat du Londres des années vingt; **there isn't much ~ in my job** mon travail n'a rien de bien excitant OR passionnant.

◇ *comp* de charme; **~ boy** *inf* beau gosse *m*; **~ girl** *inf* pin-up *f inv*; [model] mannequin *m.*

glamourize, -ise ['glæməraɪz] = **glamorize.**

glamourless ['glæməlɪs] *adj* [person] sans charme, sans élégance, fade; [life] sans éclat, terne; [job] terne, peu intéressant.

glamourous ['glæmərəs] = **glamorous.**

glance [glɑːns] ◇ *vi* -**1.** [look]: **to ~ at sthg** jeter un coup d'œil (rapide) sur qqch; **to ~ at sb** jeter un coup d'œil à qqn; **he ~d at his watch** il jeta un coup d'œil sur sa montre; **he ~d at her quickly** il lui jeta un rapide coup d'œil. -**2.** [read quickly]: **she ~d through** OR **over the letter** elle parcourut rapidement la lettre; **to ~ through a book** feuilleter un livre; **to ~ through a newspaper** lire un journal en diagonale, feuilleter un journal. -**3.** [look in given direction]: **he ~d back** OR **behind** il a jeté un coup d'œil en arrière; **she opened the door and ~d round the room** elle ouvrit la porte et jeta un coup d'œil autour de la pièce; **they ~d towards the door** leurs regards se sont tournés vers la porte. -**4.** [gleam] étinceler.

◇ *n* -**1.** [look] coup *m* d'œil, regard *m*; **to have** OR **to take a ~ at** jeter un coup d'œil sur; **at first ~** au premier coup d'œil, à première vue; **I could tell** OR **see at a ~** je m'en suis aperçu tout de suite; **one ~ was enough** il m'a suffi d'un regard; **I didn't give it a second ~** je n'y ai guère prêté attention; **she walked away without a backward ~** elle est partie sans se retourner; **to give sb a sidelong ~** lancer un regard oblique à qqn; **he cast an affectionate/ anxious ~ in her direction** il jeta un regard affectueux/inquiet dans sa direction. -**2.** [gleam] lueur *f*, éclat *m*; [in water] reflet *m.*

◆ **glance away** *vi insep* détourner les yeux.

◆ **glance off** ◇ *vi insep* [arrow, bullet] ricocher, faire ricochet; [sword, spear] être dévié, ricocher; **the arrow hit a tree and ~d off** la flèche a ricoché sur un arbre.

◇ *vt insep*: **to ~ off sthg** [subj: arrow, bullet] ricocher sur qqch; [subj: sword, spear] dévier sur qqch.

◆ **glance up** *vi insep* -**1.** [look upwards] regarder en l'air OR vers le haut. -**2.** [from book, newspaper] lever les yeux; **he ~d up from (reading) his book** il leva les yeux de son livre.

glancing ['glɑːnsɪŋ] *adj* -**1.** [blow]: **he struck me a ~ blow** il m'asséna un coup oblique. -**2.** [gleaming - sunlight] étincelant. -**3.** [indirect - allusion] indirect, fortuit.

gland [glænd] *n* -**1.** PHYSIOL glande *f*. -**2.** MECH presse-étoupe *m inv.*

glanders ['glændəz] *n (U)* VETER morve *f.*

glandes ['glændiːz] *pl* → **glans.**

glandular ['glændjʊləʳ] *adj* glandulaire, glanduleux.

glandular fever *n (U)* mononucléose *f* (infectieuse).

glans [glæns] (*pl* glandes ['glændiːz]) *n* ANAT gland *m.*

glare [gleəʳ] ◇ *vi* -**1.** [sun, light] briller d'un éclat éblouissant; **the sun ~d down from the cloudless sky** il faisait un soleil éclatant OR éblouissant dans un ciel sans nuage; **the sun ~d down on them** un soleil de plomb les aveuglait. -**2.** [person]: **to ~ at sb** regarder qqn avec colère; **they ~d at each other** ils échangèrent un regard menaçant; **he ~d angrily at me** il m'a lancé un regard furieux.

◇ *vt*: **to ~ hatred/defiance at sb** lancer un regard plein de haine/de défi à qqn.

◇ *n* -**1.** [light] lumière *f* éblouissante OR aveuglante; [of sun] éclat *m*; **he stood in the ~ of the headlights** il était pris dans la lumière (aveuglante) des phares. -**2.** [of publicity] feux *mpl*; **politicians lead their lives in the (full) ~ of publicity** la vie des hommes politiques est toujours sous les feux des projecteurs. -**3.** [angry stare] regard *m* furieux; **she looked at him with a ~ of contempt** elle lui a lancé un regard méprisant. -**4.** *Am* [sheet of ice] plaque *f* de verglas.

glare ice *n Am* verglas *m.*

glaring ['gleərɪŋ] *adj* -**1.** [dazzling - light] éblouissant, éclatant; [- car headlights] éblouissant; [- sun] aveuglant. -**2.** [bright - colour] vif; *pej* criard, voyant. -**3.** [angry] furieux. -**4.** [obvious - error] qui saute aux yeux, qui crève les yeux, patent; [- injustice, lie] flagrant, criant; **a ~ abuse of public funds** un détournement manifeste des fonds publics.

glaringly ['gleərɪŋlɪ] *adv*: **it's ~ obvious** ça crève les yeux.

Glasgow ['glɑːzgəʊ] *pr n* Glasgow.

glass [glɑːs] ◇ *n* -**1.** [substance] verre *m*; **made of ~** en verre; **a pane of ~** un carreau, une vitre; **these plants are grown under ~** ces plantes sont cultivées en serre. -**2.** [vessel, contents] verre *m*; **a ~ of water/beer** un verre d'eau/de bière; **a ~ of champagne** une coupe de champagne; **to raise one's ~ to sb** [in toast] lever son verre à qqn; **beer ~** verre à bière, bock *m*. -**3.** [in shop, museum] vitrine *f*; **displayed under ~** exposé en vitrine. -**4.** [glassware] verrerie *f*. -**5.** [mirror]: **(looking) ~** glace *f*, miroir *m*. -**6.** [telescope] longue-vue *f*. -**7.** [barometer] baromètre *m*; **the ~ is falling** le baromètre baisse.

◇ *comp* [ornament, bottle] en verre; [door] vitré; [industry] du verre; **'The Glass Menagerie'** *Williams* 'la Ménagerie de verre'.

◇ *vt* [bookcase, porch] vitrer; [photograph] mettre sous verre.

◆ **glasses** *npl* -**1.** [spectacles] lunettes *fpl*; **to wear ~es** porter des lunettes; **~ case** étui *m* à lunettes. -**2.** [binoculars] jumelles *fpl.*

◆ **glass in** *vt sep* = **glass** *vt.*

glassblower ['glɑːs,bləʊəʳ] *n* souffleur *m (de verre).*

glassblowing ['glɑːs,bləʊɪŋ] *n* soufflage *m (du verre).*

glass case *n* [for display] vitrine *f.*

glass cloth *n* essuie-verres *m inv.*

glasscutter ['glɑːs,kʌtəʳ] *n* -**1.** [person] vitrier *m*. -**2.** [implement] coupe-verre *m inv*, diamant *m.*

glass eye *n* œil *m* de verre.

glass factory *n* verrerie *f (usine).*

glass fibre ◇ *n* fibre *m* de verre.

◇ *adj* en fibre de verre.

glassful ['glɑːsfʊl] *n* (plein) verre *m.*

glasshouse ['glɑːshaʊs, *pl* -haʊzɪz] *n* -**1.** *Br* [greenhouse] serre *f*. -**2.** *Am* [factory] verrerie *f (usine)*. -**3.** *Br mil sl* [prison] prison *f* militaire, trou *m.*

glassily ['glɑːsɪlɪ] *adv* d'un œil vitreux OR terne.

glassine [glæ'siːn] *n* papier *m* cristal.

glass jaw *inf n* [in boxing]: **to have a ~** avoir la mâchoire fragile.

glasspaper ['glɑːs,peɪpəʳ] ◇ *n* papier *m* de verre.

◇ *vt* poncer au papier de verre.

glass slipper *n* pantoufle *f* de verre.

glass snake *n* serpent *m* de verre.

glassware ['glɑːsweəʳ] *n* [glass objects] verrerie *f*; [tumblers] verrerie *f*, gobeleterie *f.*

glass wool *n* laine *f* de verre.

glasswork ['glɑːswɜːk] *n* vitrerie *f.*

glassworks ['glɑːswɜːks] (*pl inv*) *n* verrerie *f (usine).*

glasswort ['glɑːswɜːt] *n* [marsh samphire] salicorne *f*; [saltwort] kali *m.*

glassy ['glɑːsɪ] (*compar* glassier, *superl* glassiest) *adj* -**1.** [eye, expression] vitreux, terne. -**2.** [smooth - surface] uni, lisse; **a ~ sea** une mer d'huile.

glassy-eyed *adj* à l'œil terne OR vitreux; **to be ~** avoir le regard vitreux OR terne; **he looked at me ~** il me fixa d'un œil vitreux.

Glaswegian [glæz'wiːdʒjən] ◇ *n* [inhabitant] habitant *m*, -e *f* de Glasgow; [by birth] natif *m*, -ive *f* de Glasgow; [dialect] dialecte *m* de Glasgow.

◇ *adj* de Glasgow.

glaucoma [glɔː'kəʊmə] *n (U)* glaucome *m.*

glaucous ['glɔːkəs] *adj lit* glauque.

glaze [gleɪz] ◇ *vt* -**1.** [floor, tiles] vitrifier; [pottery, china] vernisser; [leather, silk] glacer. -**2.** [photo, painting] glacer. -**3.** CULIN glacer. -**4.** [window] vitrer.

◇ *n* -**1.** [on pottery] vernis *m*; [on floor, tiles] vernis *m*, enduit *m* vitrifié; [on cotton, silk] glacé *m*. -**2.** [on painting, on paper, photo] glacé *m*, glacis *m*. -**3.** CULIN glace *f*. -**4.** *Am* [ice] verglas *m.*

◆ **glaze over** *vi insep*: **his eyes ~d over** ses yeux sont devenus vitreux.

glazed [gleɪzd] *adj* -**1.** [floor, tiles] vitrifié; [pottery] vernissé, émaillé; [leather, silk] glacé. -**2.** [photo, painting] glacé. -**3.** CULIN glacé. -**4.** [window] vitré; [picture] sous verre. -**5.** [eyes] vitreux, terne; **there was a ~ look in her eyes** elle avait le regard vitreux OR absent.

glaze ice *n Br* verglas *m.*

glazier ['gleɪzjəʳ] *n* vitrier *m.*

glazing ['gleɪzɪŋ] *n* -**1.** [of pottery] vernissage *m*; [of floor, tiles] vitrification *f*; [of leather, silk] glaçage *m*. -**2.** CULIN [process] glaçage *m*; [substance] glace *f.*

GLC (*abbr of* **Greater London Council**) *pr n ancien organe administratif du grand Londres.*

gleam [gliːm] ◇ *vi* -**1.** [metal, polished surface] luire, reluire; [stronger] briller; [cat's eyes] luire;

[water] miroiter. -**2.** *fig*: **her eyes ~ed with anticipation/mischief** ses yeux brillaient d'espoir/de malice.

◇ *n* -**1.** [on surface] lueur *f*, miroitement *m*. -**2.** *fig*: a ~ **of hope** une lueur d'espoir; **she had a strange ~ in her eye** il y avait une lueur étrange dans son regard.

gleaming ['gliːmɪŋ] *adj* [metal] luisant, brillant; [furniture] reluisant; [kitchen] étincelant.

glean [gliːn] *vt* -**1.** [collect - information, news] glaner, grappiller. -**2.** AGR glaner.

gleaner ['gliːnəʳ] *n* glaneur *m*, -euse *f*.

gleanings ['gliːnɪŋz] *npl* -**1.** [information] bribes *fpl* de renseignements (glanées çà et là). -**2.** AGR glanure *f*, glanures *fpl*.

glebe [gliːb] *n* -**1.** *poet* glèbe *f*, terre *f*. -**2.** *Br* RELIG *terres faisant partie d'un bénéfice ecclésiastique.*

glee [gliː] *n* -**1.** [joy] joie *f*, allégresse *f*; **to jump up and down/to rub one's hands with ~** sauter/se frotter les mains de joie; **with great ~** avec allégresse. -**2.** MUS chant *m* a capella *(à plusieurs voix)*.

glee club *n Am* chorale *f*.

gleeful ['gliːfʊl] *adj* joyeux, radieux.

gleefully ['gliːfʊlɪ] *adv* joyeusement, avec allégresse OR joie.

glen [glen] *n* vallon *m*, vallée *f* étroite et encaissée *(en Écosse ou en Irlande)*.

glib [glɪb] *adj* [answer, excuse] (trop) facile, désinvolte; [lie] éhonté, désinvolte; **he's rather too ~** il parle trop facilement, il est trop volubile; **a ~ talker** [as salesman] un beau parleur; **he has a ~ tongue** il a la langue bien pendue.

glibly ['glɪblɪ] *adv* [talk, argue, reply] avec aisance, facilement; [lie] avec désinvolture, sans sourciller.

glibness ['glɪbnɪs] *n* -**1.** [of person] facilité *f* de parole. -**2.** [of argument, excuse] facilité *f*, désinvolture *f*.

glide [glaɪd] ◇ *vi* -**1.** [gen] glisser; [person]: **to ~ in/out/past** [noiselessly] entrer/sortir/passer sans bruit; [gracefully] entrer/sortir/passer avec grâce; [stealthily] entrer/sortir/passer furtivement; **the swans ~d across the lake** les cygnes traversaient le lac avec grâce OR glissaient sur le lac; **the clouds ~d across the sky** les nuages passaient dans le ciel; **the boat ~d silently down the river** le bateau glissait sans bruit sur la rivière OR descendait la rivière sans bruit; **the actress ~d majestically into the room** la comédienne entra dans la salle d'un pas majestueux; **the motorcade ~d past** le cortège de voitures passa sans bruit. -**2.** *fig* [time, weeks]: **to ~ by** s'écouler. -**3.** AERON planer; **to go gliding** faire du vol à voile. -**4.** [in skating, skiing] glisser.

◇ *vt* (faire) glisser.

◇ *n* -**1.** [gen] glissement *m*. -**2.** DANCE glissade *f*. -**3.** MUS port *m* de voix. -**4.** AERON vol *m* plané. -**5.** LING [in diphthong] glissement *m*; [between two vowels] semi-voyelle *f* de transition.

glide path *n* AERON ligne *f* d'approche.

glider ['glaɪdəʳ] *n* -**1.** AERON planeur *m*. -**2.** *Am* [swing] balançoire *f*.

glide slope = **glide path**.

gliding ['glaɪdɪŋ] *n* AERON vol *m* à voile.

glimmer ['glɪməʳ] ◇ *vi* [moonlight, candle] jeter une faible lueur, luire faiblement.

◇ *n* -**1.** [of light] (faible) lueur *f*. -**2.** *fig*: a ~ **of hope/interest** une (faible) lueur d'espoir/d'intérêt; **he showed not the faintest ~ of intelligence** il n'y avait pas la moindre étincelle d'intelligence chez lui OR dans son regard.

glimmering ['glɪmərɪŋ] *adj* [light] qui luit faiblement.

glimpse [glɪmps] ◇ *vt* entrevoir, entrapercevoir.

◇ *n*: **to catch a ~ of sthg** entrevoir OR entrapercevoir qqch.

glint [glɪnt] ◇ *vi* -**1.** [knife] étinceler, miroiter; [water] miroiter. -**2.** *fig* [eyes] étinceler.

◇ *n* -**1.** [of light] reflet *m*, miroitement *m*. -**2.** *fig*: **there was a strange ~ in his eye** il y avait une lueur étrange dans son regard; **"perhaps not" he said, with a ~ in his eye** «peut-être que non» dit-il, une lueur dans le regard; **a ~ of humour/anger** une lueur d'humour/de colère.

glissade [glɪ'sɑːd] ◇ *vi* -**1.** [in climbing] glisser, descendre en ramasse. -**2.** DANCE faire une glissade.

◇ *n* glissade *f*.

glissando [glɪ'sændəʊ] (*pl* **glissandos** OR **glissandi** [-diː]) *n* glissando *m*.

glisten ['glɪsn] *vi* [wet or damp surface] luire, miroiter; **his eyes ~ed with tears** des larmes brillaient dans ses yeux; **dewdrops ~ed in the grass** des gouttes de rosée luisaient dans l'herbe.

glistening ['glɪsnɪŋ] *adj* luisant.

glister ['glɪstəʳ] *arch* OR *lit* = **glisten**.

glitch *inf* [glɪtʃ] *n* [in plan] pépin *m*; [in machine] *signal indiquant une baisse de tension du courant.*

glitter ['glɪtəʳ] ◇ *vi* -**1.** [bright object] étinceler, scintiller, miroiter; [jewel] chatoyer, étinceler; [metal] reluire; **her fingers ~ed with jewels** ses doigts brillaient de l'éclat des bijoux ❑ **all that ~s is not gold** *prov* tout ce qui brille n'est pas or *prov*. -**2.** [eyes] briller.

◇ *n* -**1.** [of bright object] scintillement *m*. -**2.** [of glamour] éclat *m*, splendeur *f*. -**3.** [decoration, make-up] paillettes *fpl*.

glitterati *inf* [,glɪtə'rɑːtiː] *n*: **the ~** *hum* le beau monde *m inv*.

glittering ['glɪtərɪŋ] *adj* -**1.** [jewels] scintillant, étincelant, brillant. -**2.** [glamorous] éclatant, resplendissant.

glittery ['glɪtərɪ] *adj* -**1.** [light] scintillant, brillant. -**2.** *pej* [jewellery] clinquant; [make-up, décor] voyant, tape-à-l'œil.

glitz *inf* [glɪts] *n* tape-à-l'œil *m*, clinquant *m*; **Hollywood ~** le clinquant d'Hollywood.

glitzy *inf* ['glɪtsɪ] (*compar* **glitzier**, *superl* **glitziest**) *adj* tape-à-l'œil *(inv)*; **the premiere was one of the year's glitziest occasions** la première fut l'un des événements les plus tape-à-l'œil de l'année.

gloaming ['gləʊmɪŋ] *n Scot* OR *lit* crépuscule *m*.

gloat [gləʊt] ◇ *vi* exulter, se délecter, jubiler; **to ~ over sthg** se réjouir de qqch; **they ~ed over their treasures** ils dévoraient leurs trésors des yeux; **he ~ed over his success** son succès l'enivrait OR le faisait jubiler; **she ~ed over the downfall of her enemy** elle se réjouissait de la chute de son ennemi.

◇ *n* exultation *f*, jubilation *f*; **to have a ~** exulter.

gloating ['gləʊtɪŋ] *adj* [smile, look] triomphant.

gloatingly ['gləʊtɪŋlɪ] *adv* avec exultation, avec jubilation; [over defeated enemy] triomphalement.

glob [glɒb] *n* globule *m*, (petite) boule *f*; **a ~ of spittle** un crachat.

global ['gləʊbl] *adj* -**1.** [world-wide] mondial, planétaire; **~ warming** réchauffement *m* de la planète. -**2.** [overall - system, view] global.

globalize, -ise ['gləʊbəlaɪz] *vt* -**1.** [make world-wide] rendre mondial; **a ~d conflict** un conflit mondial. -**2.** [generalize] globaliser.

globally ['gləʊbəlɪ] *adv* -**1.** [world-wide] mondialement, à l'échelle planétaire. -**2.** [generally] globalement.

globe [gləʊb] *n* -**1.** GEOG globe *m* (terrestre), terre *f*; **all over the ~** [surface] sur toute la surface du globe; [in all parts] dans le monde entier. -**2.** [model] globe *m*, mappemonde *f*. -**3.** [spherical object] globe *m*, sphère *f*; [as lampshade] globe; [as goldfish bowl] bocal *m*; [of eye] globe. -**4.** *Austr* & *NZ* [bulb] ampoule *f (électrique)*.

globe artichoke *n* artichaut *m*.

globetrotter ['gləʊb,trɒtəʳ] *n* globe-trotter *m*.

globetrotting ['gləʊb,trɒtɪŋ] *n (U)* voyages *mpl* aux quatre coins du monde.

globular ['glɒbjʊləʳ] *adj* globulaire, globuleux.

globule ['glɒbjuːl] *n* globule *m*.

globulin ['glɒbjʊlɪn] *n* globuline *f*.

glockenspiel ['glɒkənʃpiːl] *n* glockenspiel *m*.

gloom [gluːm] ◇ *n (U)* -**1.** [darkness] obscurité *f*, ténèbres *fpl*. -**2.** [despondency] tristesse *f*, mélancolie *f*; **the news filled me with ~** la nouvelle me plongea dans la consternation; **the announcement cast ~ over the meeting** l'annonce jeta un froid sur la réunion; **~ fell over the household** un voile de tristesse s'abattit sur la maison; **the news is all ~ and doom these days** les nouvelles sont des plus sombres ces temps-ci.

◇ *vi* [person] être mélancolique, broyer du noir.

gloomily ['gluːmɪlɪ] *adv* sombrement, mélancoliquement, tristement; **he looked around him ~** il regarda autour de lui d'un air sombre OR morose.

gloominess ['gluːmɪnɪs] = **gloom** *n*.

gloomy ['gluːmɪ] (*compar* **gloomier**, *superl* **gloomiest**) *adj* -**1.** [person - depressed] triste, mélancolique; [- morose] sombre, lugubre; **to feel ~** broyer du noir, avoir le cafard; **don't look so ~** ne prends pas cet air malheureux. -**2.** [pessimistic - outlook] sombre; [- news] triste; **she always takes a ~ view of things** elle voit toujours tout en noir; **the future looks ~** l'avenir se présente sous des couleurs sombres; **he paints a ~ view of life** sa vision de la vie est assez noire. -**3.** [sky] obscur, sombre; [weather] morne, triste; **to become ~** s'assombrir. -**4.** [place, landscape] morne, lugubre.

glop *inf* [glɒp] *n Am* -**1.** [gooey matter] matière *f* visqueuse, mixture *f*; [sentimentality] mièvrerie *f*. -**2.** = **glob**.

glorification [,glɔːrɪfɪ'keɪʃn] *n* glorification *f*.

glorified ['glɔːrɪfaɪd] *adj*: **he's called an engineer but he's really just a ~ mechanic** on a beau l'appeler ingénieur, il n'est que mécanicien, il n'a d'ingénieur que le nom, en réalité c'est un mécanicien; **they call it a health club but it's just a ~ swimming pool** en fait de centre de remise en forme, il ne s'agit que d'une vulgaire piscine.

glorify ['glɔːrɪfaɪ] (*pt* & *pp* **glorified**) *vt* -**1.** RELIG glorifier, rendre gloire à. -**2.** [praise - hero, writer] exalter; **the film glorifies war** le film fait l'apologie de OR magnifie la guerre.

glorious ['glɔːrɪəs] *adj* -**1.** [illustrious - reign, saint, victory] glorieux; [- hero] glorieux, illustre; [- deed] glorieux, éclatant; **the Glorious Twelfth** [in Ireland] *célébration de la victoire des Protestants sur les Catholiques (le 12 juillet 1690) en Irlande*; [in UK] *date d'ouverture de la chasse à la grouse (le 12 août)*. -**2.** [wonderful - sunset, view, place] merveilleux, splendide; [- weather, day] splendide, superbe, magnifique; [- colours] superbe; [- holiday, party] merveilleux, sensationnel; **everything was in a ~ mess!** tout était dans le plus beau désordre!

gloriously ['glɔːrɪəslɪ] *adv* glorieusement.

Glorious Revolution *pr n*: **the ~** *Br* HIST la glorieuse Révolution.

THE GLORIOUS REVOLUTION:
Face à la politique religieuse menée par le roi catholique Jacques II, ses adversaires protestants firent appel à Guillaume d'Orange pour le renverser, en 1688. Jacques II ayant fui en France, le Parlement proclama son abdication et couronna sa fille Mary conjointement à Guillaume en 1689.

glory ['glɔːrɪ] (*pl* **glories**, *pt* & *pp* **gloried**) *n* -**1.** [honour, fame] gloire *f*; [magnificence] magnificence *f*, éclat *m*; **to be covered in ~** être couvert de gloire; **a garden at the height of its ~** un jardin au plus beau moment; **to have one's hour of ~** avoir son heure de gloire. -**2.** [splendour] gloire *f*, splendeur *f*; **the ~ of a midsummer's day** la splendeur d'un jour au cœur de l'été; **in all her ~** dans toute sa splendeur OR gloire; **Hollywood in all its ~** Hollywood dans toute sa splendeur. -**3.** [masterpiece] gloire *f*, joyau *m*; **the palace is one of the greatest glories of the age** le palais est un des joyaux OR des chefs-d'œuvre de cette époque. -**4.** RELIG: **to give ~ to God** rendre gloire à Dieu; **Christ in ~** le Christ en majesté OR en gloire; **to the greater ~ of God** pour la plus grande gloire de Dieu; ~ be! *inf* mon Dieu! -**5.** *euph* [death]: to go to ~ passer de vie à trépas; to send sb to ~ expédier qqn ad patres. -**6.** *Am*: Old Glory *le drapeau américain*.

◆ **glory in** *vt insep*: to ~ in (doing) sthg se glorifier de OR s'enorgueillir de (faire) qqch; he glories in it il s'en glorifie, il en est très fier; she was ~ing in her new-found freedom elle jouissait de OR elle savourait sa nouvelle liberté; he glories in the title of King of Hollywood il se donne le titre ronflant de roi d'Hollywood.

glory box *n Austr & NZ* trousseau *m (pour le mariage)*.

glory hole *n* -**1.** *inf Br* [cupboard] débarras *m*; [untidy place] capharnaüm *m*. -**2.** NAUT [locker] petit placard *m*; [storeroom] soute *f*.

Glos *written abbr of* Gloucestershire.

gloss [glɒs] ◇ *n* -**1.** [sheen] lustre *m*, brillant *m*, éclat *m*; [on paper, photo] glacé *m*, brillant *m*; [on furniture] vernis *m*. -**2.** [appearance] apparence *f*, vernis *m*; a ~ of politeness/respectability un vernis de politesse/de respectabilité. -**3.** [charm] charme *m*, attrait *m*; to take the ~ off sthg gâcher OR gâter qqch. -**4.** [annotation, paraphrase] glose *f*, commentaire *m*. -**5.** = **gloss paint**.

◇ *vt* -**1.** [paper] satiner, glacer; [metal] faire briller, lustrer. -**2.** [explain, paraphrase] gloser.

◆ **gloss over** *vt insep* -**1.** [minimize - failure, fault, mistake] glisser sur, passer sur, atténuer. -**2.** [hide - truth, facts] dissimuler, passer sous silence.

glossary ['glɒsərɪ] (*pl* glossaries) *n* glossaire *m*.

glossematics [,glɒsɪ'mætɪks] *n (U)* glossématique *f*.

glosseme ['glɒsiːm] *n* glossème *m*.

gloss finish *n* -**1.** [painted] brillant *m*. -**2.** PHOT glaçage *m*.

glossiness ['glɒsɪnɪs] *n* lustre *m*, brillant *m*, éclat *m*.

glossolalia [,glɒsə'leɪlɪə] *n* glossolalie *f*.

gloss paint *n* peinture *f* brillante.

glossy ['glɒsɪ] (*compar* glossier, *superl* glossiest, *pl* glossies) ◇ *adj* -**1.** [shiny - fur] lustré, luisant; [- hair] brillant; [- leather, satin] lustré, luisant, glacé; [- leaves] luisant; [surface - polished] brillant, poli; [- painted] brillant, laqué. -**2.** *fig* [display, presentation, spectacle] brillant, scintillant, clinquant *pej*. -**3.** [photo] glacé, sur papier glacé; [paper] glacé.

◇ *n inf* = **glossy magazine**.

glossy magazine *n* magazine *m (sur papier glacé)*.

glottal ['glɒtl] *adj* -**1.** ANAT glottique. -**2.** LING glottal; ~ stop coup *m* de glotte.

glottis ['glɒtɪs] *n* glotte *f*.

glove [glʌv] ◇ *n* gant *m*; I take size 7 in ~s je prends du 7 pour les gants, je gante du 7 ❑ it fits like a ~ ça me/te/lui *etc* va comme un gant; the ~s are off plus la peine de prendre des gants; once the campaign started the ~s were off! une fois la campagne partie, plus question de prendre des gants OR tous les coups étaient permis!

◇ *comp* à gants, de gants; ~ factory ganterie *f (usine)*; ~ maker gantier *m*, -ère *f*; ~ shop ganterie *f (magasin)*.

glove box *n* AUT & NUCL boîte *f* à gants.

glove compartment *n* AUT boîte *f* à gants.

gloved [glʌvd] *adj* ganté.

glove puppet *n* marionnette *f (à gaine)*.

glover ['glʌvəʳ] *n* gantier *m*, -ère *f*.

glow [gləʊ] ◇ *vi* -**1.** [embers, heated metal] rougeoyer; [sky, sunset] s'embraser, flamboyer; [jewel] briller, rutiler. -**2.** [person] rayonner; [eyes] briller, flamboyer; to ~ with health éclater OR rayonner de santé; her face ~ed in the cold wind le vent froid lui avait fouetté le visage; to ~ with pleasure/happiness rayonner de plaisir/de bonheur; his words made her ~ with pride ses mots la firent rayonner de fierté.

◇ *n* -**1.** [of fire, embers] rougeoiement *m*; [of heated metal] lueur *f*; [of sky, sunset] embrasement *m*, flamboiement *m*; [of sun] feux *mpl*; [of colours, jewel] éclat *m*; it gives off a blue ~ cela émet une lumière bleue. -**2.** [of health, beauty] éclat *m*; the compliments brought a ~ to her cheeks les compliments la faisaient rougir de plaisir. -**3.** [pleasure] plaisir *m*; he gets a ~ out of helping others il prend plaisir à aider les autres.

glower ['glaʊəʳ] *vi* avoir l'air furieux, lancer des regards furieux; to ~ at sb [angrily] lancer à qqn un regard noir; [threateningly] jeter à qqn un regard menaçant; she sat ~ing in a corner elle restait assise dans un coin, l'air furieux.

glowering ['glaʊərɪŋ] *adj* [expression] mauvais, méchant, hostile; [person] à l'air mauvais OR méchant.

glowing ['gləʊɪŋ] *adj* -**1.** [fire, embers] rougeoyant; [heated metal] incandescent; [sky, sunset] radieux, flamboyant; [jewel] brillant. -**2.** [complexion] éclatant; [eyes] brillant, flamboyant; ~ with health rayonnant OR florissant (de santé); ~ with happiness rayonnant de joie. -**3.** [laudatory] élogieux, dithyrambique; I had read ~ reports of the play j'avais lu des critiques dithyrambiques de la pièce; he spoke of you in ~ terms il a chanté tes louanges; to paint sthg in ~ colours présenter qqch sous un jour favorable.

glowingly ['gləʊɪŋlɪ] *adv*: to speak ~ of sb/sthg parler de qqn/qqch en termes enthousiastes OR chaleureux.

glow-worm *n* ver *m* luisant.

glucose ['gluːkəʊs] *n* glucose *m*.

glucoside ['gluːkəsaɪd] *n* glucoside *m*.

glue [gluː] ◇ *vt* -**1.** [stick] coller; to ~ sthg to/onto sthg coller qqch à/sur qqch; you'll have to ~ it (back) together again il faudra le recoller; can't you ~ it down? vous ne pouvez pas le faire tenir avec de la colle? -**2.** *fig* coller; to be ~d to the spot être OR rester cloué sur place; he kept his eyes ~d on the ball il garda les yeux rivés sur la balle; they're always ~d to the TV screen ils sont en permanence plantés devant la télé; he's always ~d to her side il ne la quitte pas d'un pas OR d'une semelle.

◇ *n* colle *f*.

glue-sniffer [-,snɪfəʳ] *n*: to be a ~ inhaler OR sniffer (de la colle).

glue-sniffing [-,snɪfɪŋ] *n* inhalation *f* de colle.

gluey ['gluːɪ] *adj* collant, gluant.

glum [glʌm] *adj* triste, morose; to be OR to feel ~ avoir le cafard, broyer du noir; to look ~ avoir l'air triste OR sombre; don't look so ~! ne fais pas cette tête-là!, ne sois pas si triste!

glumly ['glʌmlɪ] *adv* tristement, avec morosité; he watched them ~ il les regarda d'un œil triste OR morose.

glumness ['glʌmnɪs] *n* tristesse *f*, morosité *f*.

gluon ['gluːɒn] *n* gluon *m*.

glut [glʌt] (*pt* & *pp* glutted, *cont* glutting) ◇ *vt* -**1.** [with food]: to ~ o.s. with OR on sthg se gorger OR se gaver de qqch; to be glutted with television *fig* être saturé de télévision. -**2.** [saturate - market] saturer, inonder, surcharger; the growers glutted the market with tomatoes les producteurs de tomates ont saturé le marché; the market is glutted with luxury goods il y a surabondance d'objets de luxe sur le marché.

◇ *n* excès *m*, surabondance *f*, surplus *m*; there's a ~ of fruit on the market il y a surabondance de fruits sur le marché; there's a ~ of apples this year il y a surproduction de pommes cette année.

glutamate ['gluːtəmeɪt] *n* glutamate *m*.

glutamic [gluː'tæmɪk] *adj* glutamique; ~ acid acide *m* glutamique.

glutamine ['gluːtəmiːn] *n* glutamine *f*.

gluten ['gluːtən] *n* gluten *m*; ~ bread pain *m* au gluten.

gluten-free *adj* sans gluten.

glutinous ['gluːtɪnəs] *adj* glutineux.

glutton ['glʌtn] *n* glouton *m*, -onne *f*, goulu *m*, -e *f*; to be a ~ for punishment *fig* être un peu masochiste; he's a ~ for work c'est un bourreau OR un forcené de travail.

gluttonous ['glʌtənəs] *adj* glouton, goulu.

gluttonously ['glʌtənəslɪ] *adv* gloutonnement, goulûment.

gluttony ['glʌtənɪ] *n* gloutonnerie *f*, goinfrerie *f*.

glyceric [glɪ'serɪk] *adj* glycérique; ~ acid acide *m* glycérique.

glycerin ['glɪsərɪn], **glycerine** ['glɪsəriːn] *n* glycérine *f*.

glycerol ['glɪsərɒl] *n* glycérol *m*.

glycine ['glaɪsiːn] *n* glycine *f*, glycocolle *m*.

glycogen ['glaɪkəʊdʒən] *n* glycogène *m*.

glycol ['glaɪkɒl] *n* glycol *m*.

glycolic [glaɪ'kɒlɪk] *adj* glycolique; ~ acid acide *m* glycolique.

glycolysis [glaɪ'kɒlɪsɪs] *n* glycolyse *f*.

glycosuria [,glaɪkəʊ'sjʊərɪə] *n* glycosurie *f*.

Glyndebourne ['glaɪnd,bɔːn] *pr n lieu d'un festival annuel d'opéra dans le Sussex*.

glyph [glɪf] *n* glyphe *m*.

gm (*written abbr of* gram) g.

G-man *inf n Am* agent *m* du FBI.

GMAT (*abbr of* Graduate Management Admissions Test) *n test d'admission dans le 2ᵉ cycle de l'enseignement supérieur aux États-Unis*.

GMB (*abbr of* General, Municipal, Boilermakers and Allied Trades Union) *pr n important syndicat britannique*.

GMT (*abbr of* Greenwich Mean Time) *n* GMT *m*.

GMWU (*abbr of* General and Municipal Workers' Union) *pr n syndicat britannique des employés des collectivités locales*.

gnarl [nɑːl] *n* BOT nœud *m*.

gnarled [nɑːld] *adj* -**1.** [tree, fingers] noueux. -**2.** [character] grincheux, hargneux.

gnash [næʃ] ◇ *vt*: to ~ one's teeth grincer des dents; there was much wailing and ~ing of teeth il y a eu des pleurs et des grincements de dents.

◇ *n* grincement *m* (de dents).

gnat [næt] *n* moustique *m*.

gnaw [nɔː] ◇ *vt* [bone] ronger; to ~ one's fingernails se ronger les ongles; the rats have ~ed their way into the cupboard les rats ont fini par percer un trou dans le placard.

◇ *vi*: to ~ (away) at sthg ronger qqch; to ~ through sthg ronger qqch jusqu'à le percer; guilt and sorrow ~ed at his heart *fig* la culpabilité et le chagrin lui rongeaient le cœur; hunger ~ed at him *fig* il était tenaillé par la faim.

◆ **gnaw away** *vt sep* -**1.** [animal] ronger. -**2.** [erode] ronger, miner.

◆ **gnaw off** *vt sep*: to ~ sthg off ronger qqch jusqu'à le détacher.

gnawing ['nɔːɪŋ] *adj* -**1.** [pain] lancinant, tenaillant; [hunger] tenaillant; the ~ pains of hunger les affres OR les tiraillements de la faim. -**2.** [anxiety, doubt] tenaillant, torturant.

gneiss [naɪs] *n* gneiss *m*.

gnocchi ['nɒkɪ] *npl* gnocchi *mpl*, gnocchis *mpl*.

gnome [nəʊm] *n* -**1.** MYTH gnome *m*; the ~s of Zurich *pej* les grands banquiers OR financiers suisses. -**2.** [aphorism] aphorisme *m*.

gnomic ['nəʊmɪk] *adj* gnomique.

gnomish ['nəʊmɪʃ] *adj* de gnome.

gnostic, **Gnostic** ['nɒstɪk] ◇ *adj* gnostique.

◇ *n* gnostique *mf*.

gnosticism, **Gnosticism** ['nɒstɪsɪzm] *n* gnosticisme *m*.

GNP (*abbr of* gross national product) *n* PNB *m*.

gnu [nuː] *n* gnou *m*.

go[1] [gəʊ] *n* [game] go *m*.

go[2] [gəʊ] (*3rd pres sing* goes [gəʊz], *pt* went [went], *pp* gone [gɒn], *pl* goes [gəʊz])

◇ *vi* **A.** -**1.** [move, travel - person] aller; [- vehicle] aller, rouler; we're going to Paris/Japan/Spain nous allons à Paris/au Japon/en Espagne; he went to the office/a friend's house il est allé au bureau/chez un ami; **I want to go home** je veux rentrer; **the salesman went from house to house** le vendeur est allé de maison en maison; **we went by car/on foot** nous y sommes allés en voiture/à pied; **there goes the train!** voilà le train (qui passe)!; **the bus goes by way of** OR **through Dover** le bus passe par Douvres; **does this train go to Glasgow?** ce train va-t-il à Glasgow?; **the truck was going at 150 kilometres an hour** le camion roulait à OR faisait 150 kilomètres par heure; **go behind those bushes** va derrière ces arbustes; **where do we go from here?** *literal* où va-t-on maintenant?; *fig* qu'est-ce qu'on fait maintenant?; **to go to the doctor** aller voir OR aller chez le médecin; **he went straight to the director** il est allé directement voir OR trouver le directeur; **to go to sb for advice** aller demander conseil à qqn; **they discussed it as they went (along)** ils en ont parlé chemin faisant OR en chemin; **let the children go first** laissez les enfants passer devant, laissez passer les enfants d'abord; **I'll go next** c'est à moi après; **who goes next?** [in game] c'est à qui (le tour)?; **who goes there?** MIL qui va là?, qui vive?; **here we go again!** ça y est! ça recommence!; **there he goes!** le voilà!; **there he goes again!** [there he is again] le revoilà!; [he's doing it again] ça y est, il est reparti! -**2.** [engage in a specified activity] aller; **to go shopping** aller faire des courses; **to go fishing/hunting** aller à la pêche/à la chasse; **to go riding** aller faire du cheval; **let's go for a walk/bike ride/swim** allons nous promener/faire un tour à vélo/nous baigner; **they went on a trip** ils sont partis en voyage; **go and buy the paper** *Br*, **go buy the paper** *Am* va acheter le journal; **I'll go to see her** OR *Am* **go see her tomorrow** j'irai la voir demain; **don't go and tell him!, don't go telling him!** ne va pas le lui dire!, ne le lui dis pas!; **don't go bothering your sister** ne va pas embêter ta sœur; **you had to go and tell him!** il a fallu que tu le lui dises!; **he's gone and locked us out!** il nous a enfermés dehors! -**3.** [proceed to specified limit] aller; **he'll go as high as £300** il ira jusqu'à 300 livres; **the temperature went as high as 36° C** la température est montée jusqu'à 36° C; **he went so far as to say it was her fault** il est allé jusqu'à dire que c'était de sa faute à elle; **now you've gone too far!** là tu as dépassé les bornes!; **I'll go further and say he should resign** j'irai plus loin et je dirai qu'il OR j'irai jusqu'à dire qu'il devrait démissionner; **the temperature sometimes goes below zero** la température descend OR tombe parfois au-dessous de zéro; **her attitude went beyond mere impertinence** son comportement était plus qu'impertinent. -**4.** [depart, leave] s'en aller, partir; **I must be going** il faut que je m'en aille OR que je parte; **they went early** ils sont partis tôt; **you may go** vous pouvez partir; **what time does the train go?** à quelle heure part le train?; **get going!** *inf* vas-y!, file!; **be gone!** *arch* allez-vous-en!; **either he goes or I go** l'un de nous deux doit partir. -**5.** [indicating regular attendance] aller, assister; **to go to church/school** aller à l'église/l'école; **to go to a meeting** aller OR assister à une réunion; **to go to work** [to one's place of work] aller au travail. -**6.** [indicating direction or route] aller, mener; **that road goes to the market square** cette route va OR mène à la place du marché.

B. -**1.** [be or remain in specified state] être; **to go barefoot/naked** se promener pieds nus/tout nu; **to go armed** porter une arme; **her family goes in rags** sa famille est en haillons; **the job went unfilled** le poste est resté vacant; **to go unnoticed** passer inaperçu; **such crimes must not go unpunished** de tels crimes ne doivent pas rester impunis. -**2.** [become] devenir; **my father is going grey** mon père grisonne; **she went white with rage** elle a blêmi de colère; **my hands went clammy** mes mains sont devenues moites; **have you gone mad?** tu es devenu fou?; **to go bankrupt** faire faillite; **the country has gone Republican** le pays est maintenant républicain. -**3.** [stop working - engine] tomber en panne; [- fuse] sauter; [- bulb, lamp] sauter, griller; **the battery's going** la pile commence à être usée. -**4.** [wear out] s'user; [split] craquer; **his trousers are going at the knees** ses pantalons s'usent aux genoux; **the jacket went at the seams** la veste a craqué aux coutures. -**5.** [deteriorate, fail - health] se détériorer; [- hearing, sight] baisser; **all his strength went and he fell to the floor** il a perdu toutes ses forces et il est tombé par terre; **his voice is going** il devient aphone; **his voice is gone** il est aphone, il a une extinction de voix; **her mind has started to go** elle n'a plus toute sa tête OR toutes ses facultés.

C. -**1.** [begin an activity] commencer; **what are we waiting for? let's go!** qu'est-ce qu'on attend? allons-y!; **here we go!, here goes!** *inf* allez! on y va!; **go!** partez!; **you'd better get going on** OR **with that report!** tu ferais bien de te mettre à OR de t'attaquer à ce rapport!; **it won't be so hard once you get going** ça ne sera pas si difficile une fois que tu seras lancé; **go to it!** *inf* [get to work] au boulot!; [in encouragement] allez-y! -**2.** [expressing intention]: **to be going to do sthg** [be about to] aller faire qqch, être sur le point de faire qqch; [intend to] avoir l'intention de faire qqch; **you were just going to tell me about it** vous étiez sur le point de OR vous alliez m'en parler; **I was going to visit her yesterday but her mother arrived** j'avais l'intention de OR j'allais lui rendre visite hier mais sa mère est arrivée. -**3.** [expressing immediate future]: **are you going to be at home tonight?** est-ce que vous serez chez vous ce soir?; **we're going to do exactly as we please** nous ferons ce que nous voulons; **she's going to be a doctor** elle va être médecin; **there's going to be a storm** il va faire un orage; **he's going to have to work really hard** il va falloir qu'il travaille très dur. -**4.** [function - clock, machine] marcher, fonctionner; [start functioning] démarrer; **is the fan going?** est-ce que le ventilateur est en marche OR marche?; **the car won't go** la voiture ne veut pas démarrer; **he had the television and the radio going** il avait mis la télévision et la radio en marche; **the washing machine is still going** la machine à laver tourne encore, la lessive n'est pas terminée; **to get sthg going** [car, machine] mettre qqch en marche; [business, project] lancer qqch; **her daughter kept the business going** sa fille a continué à faire marcher l'affaire; **to keep a conversation/fire going** entretenir une conversation/un feu. -**5.** [sound - alarm clock, bell] sonner; [- alarm, siren] retentir. -**6.** [make movement]: **she went like this with her eyebrows** elle a fait comme ça avec ses sourcils. -**7.** [appear]: **to go on radio/television** passer à la radio/à la télévision.

D. -**1.** [disappear] disparaître; **the snow has gone** la neige a fondu OR disparu; **all the sugar's gone** il n'y a plus de sucre; **my coat has gone** mon manteau n'est plus là OR a disparu; **all our money has gone** [spent] nous avons dépensé tout notre argent; [lost] nous avons perdu tout notre argent; [stolen] on a volé tout notre argent; **I don't know where the money goes these days** l'argent disparaît à une vitesse incroyable ces temps-ci; **gone are the days when he took her dancing** elle est bien loin, l'époque où il l'emmenait danser. -**2.** [be eliminated]: **the last paragraph must go** il faut supprimer le dernier paragraphe; **I've decided that car has to go** j'ai décidé de me débarrasser de cette voiture; **that new secretary has got to go** il va falloir se débarrasser de la nouvelle secrétaire. -**3.** *euph* [die] disparaître, s'éteindre; **he is (dead and) gone** il nous a quittés; **after I go...** quand je ne serai plus là...

E. -**1.** [extend, reach] aller, s'étendre; **our property goes as far as the forest** notre propriété va OR s'étend jusqu'au bois; **the path goes right down to the beach** le chemin descend jusqu'à la mer || *fig*: **her thinking didn't go that far** elle n'a pas poussé le raisonnement aussi loin; **my salary doesn't go very far** je ne vais pas loin avec mon salaire; **money doesn't go very far these days** l'argent part vite à notre époque; **their difference of opinion goes deeper than I thought** leur différend est plus profond que je ne pensais. -**2.** [belong] aller, se mettre, se ranger; **the dictionaries go on that shelf** les dictionnaires se rangent OR vont sur cette étagère; **where do the towels go?** où est-ce qu'on met les serviettes?; **that painting goes here** ce tableau se met OR va là. -**3.** [be contained in, fit] aller; **this last sweater won't go in the suitcase** ce dernier pull n'ira pas OR n'entrera pas dans la valise; **the piano barely goes through the door** le piano entre OR passe de justesse par la porte; **this belt just goes round my waist** cette ceinture est juste assez longue pour faire le tour de ma taille; **the lid goes on easily enough** le couvercle se met assez facilement. -**4.** [develop, turn out] se passer; **how did your interview go?** comment s'est passé ton entretien?; **I'll see how things go** je vais voir comment ça se passe; **we can't tell how things will go** on ne sait pas comment ça se passera; **everything went well** tout s'est bien passé; **the meeting went badly/well** la réunion s'est mal/bien passée; **the negotiations are going well** les négociations sont en bonne voie; **the vote went against them/in their favour** le vote leur a été défavorable/favorable; **there's no doubt as to which way the decision will go** on sait ce qui sera décidé; **everything was going fine until she showed up** tout allait OR se passait très bien jusqu'à ce qu'elle arrive; **everything went wrong** ça a mal tourné; **how's it going?** *inf*, **how are things going?** (comment) ça va? ❑ **the way things are going, we might both be out of a job soon** au train où vont OR vu comment vont les choses, nous allons bientôt nous retrouver tous les deux au chômage. -**5.** [time - elapse] s'écouler, passer; [- last] durer; **the journey went quickly** je n'ai pas vu le temps passer pendant le voyage; **time goes so slowly when you're not here** le temps me paraît tellement long quand tu n'es pas là; **how's the time going?** combien de temps reste-t-il?

F. -**1.** [be accepted]: **what your mother says goes!** fais ce que dit ta mère!; **whatever the boss says goes** c'est le patron qui fait la loi. -**2.** [be valid, hold true] s'appliquer; **that rule goes for everyone** cette règle s'applique à tout le monde; **that goes for us too** [that applies to us] ça s'applique à nous aussi; [we agree with that] nous sommes aussi de cet avis. -**3.** [be expressed, run - report, story]: **the story** OR **rumour goes that she left him** le bruit court qu'elle l'a quitté; **so the story goes** du moins c'est ce que l'on dit OR d'après les on-dit; **how does the story go?** comment c'est cette histoire?; **I forget how the poem goes now** j'ai oublié le poème maintenant; **the tune goes like this** l'air c'est ça; **her theory goes something like this** sa théorie est plus ou moins la suivante. -**4.** [be identified as]: **to go by** OR **under the name of** répondre au nom de; **he now goes by** OR **under another name** il se fait appeler autrement maintenant. -**5.** [be sold] se vendre; **flats are going cheap at the moment** les appartements ne se vendent pas très cher en ce moment; **the necklace went for £350** le collier s'est vendu 350 livres; **going, going, gone!** une fois, deux fois, adjugé!

G. -**1.** [be given - award, prize] aller, être donné; [- inheritance, property] passer; **the contract is to go to a private firm** le contrat ira à une entreprise privée; **credit should go to the teachers** le mérite en revient aux enseignants; **every penny will go to charity** tout l'argent va OR est destiné à une œuvre de bienfaisance. -**2.** [be spent]: **a small portion of the budget went on education** une petite part du budget a été consacrée OR est allée à l'éducation; **all his money goes on drink** tout son argent part dans la boisson. -**3.** [contribute] contribuer, servir; **all that just goes to prove my point** tout ça confirme bien ce que j'ai dit; **it has all the qualities that go to make a good film** ça a toutes les qualités d'un bon film. -**4.** [have recourse] avoir recours, recourir; **to go to arbitration** recourir à l'arbitrage.

H. -**1.** [be compatible - colours, flavours] aller ensemble; **orange and mauve don't really go** l'orange et le mauve ne vont pas vraiment ensemble. -**2.** [be available]: **let me know if you hear of any jobs going** faites-moi savoir si vous entendez parler d'un emploi; **are there any flats going for rent in this building?** y a-t-il des appartements à louer dans cet immeuble?; **any whisky going?** *inf* tu as un whisky à m'offrir? -**3.** [endure] supporter, tenir le coup; **we can't go much longer without water** nous ne pourrons pas tenir beaucoup plus longtemps si nous n'avons pas d'eau. -**4.** *euph* [go to the toilet]: **we'll only stop if you're really desperate to go** on ne s'arrête que si vraiment tu ne tiens plus. -**5.** MATH: **5 into 60 goes 12** 60 divisé par 5 égale 12; **6 into 5 won't go** 5 n'est pas divisible par 6. -**6.** *phr*: **she isn't bad, as teachers go** elle n'est pas mal comme enseignante; **as houses go, it's pretty cheap** ce n'est pas cher pour une maison; **there goes my chance of winning a prize** je peux abandonner tout espoir de gagner un prix; **there you go again, always blaming other people** ça y est, toujours à rejeter la responsabilité sur les autres!; **there you go!** [here you are] tiens!; [I told you so] voilà!; **there you go, two hamburgers and a coke** et voici, deux hamburgers et un coca; **there you go, what did I tell you?** voilà OR tiens, qu'est-ce que je t'avais dit!
◇ *vt* -**1.** [follow, proceed along] aller, suivre; **if we go this way, we'll get there much more quickly** si nous passons par là, nous arriverons bien plus vite. -**2.** [travel] faire, voyager; **we've only gone 5 kilometres** nous n'avons fait que 5 kilomètres; **she went the whole length of the street before coming back** elle a descendu toute la rue avant de revenir. -**3.** [say] faire; [make specified noise] faire; **the ducks go "quack"** les canards font «coin-coin»; **the clock goes "tick tock"** l'horloge fait «tic tac»; **the gun went bang** et pan! le coup est parti; **then he goes "hand it over"** *inf* puis il fait «donne-le-moi». -**4.** *phr*: **to go it** *dated* [go fast] filer; [behave wildly] se défoncer; **how goes it?** *inf* ça marche?
◇ *n* -**1.** *Br* [attempt, try] coup *m*, essai *m*; **to have a go at sthg/doing sthg** essayer qqch/de faire qqch; **he had another go** il a fait une nouvelle tentative, il a ressayé; **let's have a go!** essayons!; **have another go!** encore un coup!; **she passed her exams at first go** elle a eu ses examens du premier coup; **he knocked down all the skittles at one go** il a renversé toutes les quilles d'un coup. -**2.** *Br* GAMES [turn] tour *m*; **it's your go** c'est ton tour OR c'est à toi (de jouer); **whose go is it?** à qui de jouer?, à qui le tour? -**3.** *inf* [energy, vitality] dynamisme *m*, entrain *m*; **to be full of go** avoir plein d'énergie, être très dynamique; **she's got plenty of go** elle est pleine d'entrain; **the new man has no go in him** le nouveau manque d'entrain. -**4.** *inf* [success] succès *m*, réussite *f*; **he's made a go of the business** il a réussi à faire marcher l'affaire; **to make a go of a marriage** réussir un mariage ❑ **I tried to persuade her but it was no go** j'ai essayé de la convaincre mais il n'y avait rien à faire. -**5.** [fashion] mode *f*; **short hair is all the go** les cheveux courts sont le dernier cri OR font fureur. -**6.** *inf phr*: **to have a go at sb** [physically] rentrer dans qqn; [verbally] passer un savon à qqn; **they had a real go at one another!** qu'est-ce qu'ils se sont mis!; **she had a go at her boyfriend** elle a passé un de ces savons à son copain. -**7.** *inf Br phr*: **to have a go** [tackle a criminal]: **police have warned the public not to have a go, the fugitive may be armed** la police a prévenu la population de ne pas s'en prendre au fugitif car il pourrait être armé. -**8.** *inf phr*: **it's all go** ça n'arrête pas!; **all systems go!** c'est parti!; **the shuttle is go for landing** la navette est bonne OR est parée OR a le feu vert pour l'atterrissage.

◆ **going on** *adv phr*: **he must be going on fifty** il doit approcher la OR aller sur la cinquantaine; **it was going on (for) midnight by the time we finished** il était près de minuit quand on a terminé.

◆ **on the go** *inf adj phr* -**1.** [busy]: **I've been on the go all day** je n'ai pas arrêté de toute la journée. -**2.** [in hand]: **I have several projects on the go at present** j'ai plusieurs projets en route en ce moment.

◆ **to go** ◇ *adv phr* à faire; **there are only three weeks/five miles to go** il ne reste plus que trois semaines/cinq miles; **five done, three to go** cinq de faits, trois à faire.
◇ *adj phr esp Am*: **two hamburgers to go** deux hamburgers à emporter!

◆ **go about** ◇ *vi insep* -**1.** [socially]: **her son goes about with an older crowd** son fils fréquente des gens plus âgés que lui; **he's going about with Mary these days** il sort avec Mary en ce moment. -**2.** NAUT [change tack] virer de bord.
◇ *vt insep* -**1.** [get on with] s'occuper de; **to go about one's business** vaquer à ses occupations. -**2.** [set about] se mettre à; **she showed me how to go about it** elle m'a montré comment faire OR comment m'y prendre; **how do you go about applying for the job?** comment doit-on s'y prendre OR faire pour postuler l'emploi?

◆ **go across** ◇ *vt insep* traverser.
◇ *vi insep* traverser; **your brother has just gone across to the shop** ton frère est allé faire un saut au magasin d'en face.

◆ **go after** *vt insep* -**1.** [follow] suivre. -**2.** [pursue, seek - criminal] poursuivre; [- prey] chasser; [- job, prize] essayer d'obtenir; **he goes after all the women** il court après toutes les femmes; **I'm going after that job** je vais essayer d'obtenir cet emploi.

◆ **go against** *vt insep* -**1.** [disregard] aller contre, aller à l'encontre de; **she went against my advice** elle n'a pas suivi mon conseil; **I went against my mother's wishes** je suis allé contre OR j'ai contrarié les désirs de ma mère. -**2.** [conflict with] contredire; **that goes against what he told me** c'est en contradiction avec OR ça contredit ce qu'il m'a dit; **the decision went against public opinion** la décision est allée à l'encontre de OR a heurté l'opinion publique; **it goes against my principles** c'est contre mes principes. -**3.** [be unfavourable to - subj: luck, situation] être contraire à; [- subj: opinion] être défavorable à; [- subj: behaviour, evidence] nuire à, être préjudiciable à; **the verdict went against the defendant** le verdict a été défavorable à l'accusé OR a été prononcé contre l'accusé; **if luck should go against him** si la chance lui était contraire; **her divorce may go against her winning the election** son divorce pourrait nuire à ses chances de gagner les élections.

◆ **go ahead** *vi insep* -**1.** [precede] passer devant; **Mary went (on) ahead of us** Mary est partie avant nous; **I let him go ahead of me in the queue** je l'ai fait passer devant moi dans la queue. -**2.** [proceed] aller de l'avant, mettre à exécution; **go ahead! tell me!** vas-y! dis-le-moi!; **the mayor allowed the demonstrations to go ahead** le maire a permis aux manifestations d'avoir lieu; **the move had gone ahead as planned** le déménagement s'était déroulé comme prévu. -**3.** [advance, progress] progresser, faire des progrès.

◆ **go along** *vi insep* -**1.** [move from one place to another] aller, avancer; **go along and ask your mother** va demander à ta mère; **she went along with them to the fair** elle les a accompagnés OR elle est allée avec eux à la foire; **we can talk it over as we go along** nous pouvons en discuter en chemin OR en cours de route ❑ **I just make it up as I go along** j'invente au fur et à mesure. -**2.** [progress] se dérouler, se passer; **things were going along nicely** tout allait OR se passait bien.

◆ **go along with** *vt insep* [decision, order] accepter, s'incliner devant; [rule] observer, respecter; **that's what they decided and I went along with it** c'est la décision qu'ils ont prise et je l'ai acceptée; **I go along with the committee on that point** je suis d'accord avec OR je soutiens le comité sur ce point; **I can't go along with you on that** je ne suis pas d'accord avec vous là-dessus; **he went along with his father's wishes** il s'est conformé aux OR a respecté les désirs de son père.

◆ **go around** *vi insep* -**1.** [habitually] passer son temps à; **he goes around mumbling to himself** il passe son temps à radoter; **she just goes around annoying everyone** elle passe son temps à énerver tout le monde; **he goes around in black leather** il se promène toujours en OR il est toujours habillé en cuir noir. -**2.** [document, illness] circuler; [gossip, rumour] courir, circuler. -**3.** [be long enough for]: **will that belt go around your waist?** est-ce que cette ceinture sera assez grande pour toi?

◆ **go around with** *vt insep* sortir avec, fréquenter; **her son goes around with some very odd people** son fils sort avec OR fréquente des gens bizarres; **he goes around with my sister** il sort avec ma sœur.

◆ **go at** *inf vt insep literal & fig* [attack - food] attaquer, se jeter sur; [- job, task] s'attaquer à; **they were still going at it the next day** ils y étaient encore le lendemain; **she went at the cleaning with a will** elle s'est attaquée au nettoyage avec ardeur.

◆ **go away** *vi insep* partir, s'en aller; **go away!** va-t-en!; **I'm going away for a few days** je pars pour quelques jours; **she's gone away to think about it** elle est partie réfléchir.

◆ **go back** *vi insep* -**1.** [return] revenir, retourner; **she went back to bed** elle est retournée au lit, elle s'est recouchée; **to go back to sleep** se rendormir; **they went back home** ils sont rentrés (chez eux OR à la maison); **I went back downstairs/upstairs** je suis redescendu/remonté; **to go back to work** [continue interrupted task] se remettre au travail; [return to place of work] retourner travailler; [return to employment] reprendre le travail; **to go back on one's steps** rebrousser chemin, revenir sur ses pas; **let's go back to chapter two** revenons OR retournons au deuxième chapitre; **we went back to the beginning** nous avons recommencé; **let's go back to why you said that** revenons à la question de savoir pourquoi vous avez dit ça; **the clocks go back one hour today** on retarde les pendules d'une heure aujourd'hui. -**2.** [retreat] reculer; **go back!** recule! -**3.** [revert] revenir; **we went back to the old system** nous sommes revenus à l'ancien système; **he went back to his old habits** il a repris ses anciennes habitudes; **the conversation kept going back to the same subject** la conversation revenait sans cesse sur le même sujet; **men are going back to wearing their hair long** les hommes reviennent aux cheveux longs OR se laissent à nouveau pousser les cheveux. -**4.** [in time] remonter; **our records go back to 1850** nos archives remontent à 1850; **this building goes back to the Revolution** ce bâtiment date de OR remonte à la Révolution; **we go back a long way, Sam and me** *inf* ça remonte à loin, Sam et moi. -**5.** [extend, reach] s'étendre; **the garden goes back 150 metres** le jardin s'étend sur 150 mètres.

◆ **go back on** *vt insep* [fail to keep - agreement] rompre, violer; [- promise] manquer à, revenir sur; **they went back on their decision** ils sont revenus sur leur décision; **he won't go back on his word** il ne manquera pas à sa parole.

◆ **go before** ◇ *vi insep* [precede] passer devant; [happen before] précéder; **that question has nothing to do with what went before** cette question n'a rien à voir avec ce qui précède OR avec ce qui a été dit avant; **the election was like nothing that had gone before** gol'élection ne ressemblait en rien aux précédentes.
◇ *vt insep* -**1.** [precede] précéder; **we are indebted to those who have gone before us** nous devons beaucoup à ceux qui nous ont précédés. -**2.** [appear before]: **your suggestion will go before the committee** votre suggestion sera soumise au comité; **to go before a judge/jury**

passer devant un juge/un jury; **the matter went before the court** l'affaire est allée devant les tribunaux.

◆ **go below** *vi insep* NAUT descendre dans l'entrepont.

◆ **go by** ◇ *vi insep* [pass - car, person] passer; [- time] passer, s'écouler; **as the years go by** avec les années, à mesure que les années passent; **in days** OR **in times** OR **in years gone by** autrefois, jadis.

◇ *vt insep* -**1.** [act in accordance with, be guided by] suivre, se baser sur; **don't go by the map** ne vous fiez pas à la carte; **I'll go by what the boss says** je me baserai sur ce que dit le patron; **he goes by the rules** il suit le règlement. -**2.** [judge by] juger d'après; **going by her accent, I'd say she's from New York** si j'en juge d'après son accent, je dirais qu'elle vient de New York; **you can't go by appearances** on ne peut pas juger d'après OR sur les apparences.

◆ **go down** ◇ *vi insep* -**1.** [descend, move to lower level] descendre; [from a vertical position]: **he went down on all fours** OR **on his hands and knees** il s'est mis à quatre pattes. -**2.** [proceed, travel] aller; **we're going down to Tours/the country/the shop** nous allons à Tours/à la campagne/au magasin. -**3.** [set - moon, sun] se coucher, tomber. -**4.** [sink - ship] couler, sombrer; [- person] couler, disparaître (sous l'eau). -**5.** [decrease, decline - level, price, quality] baisser; [- amount, numbers] diminuer; [- rate, temperature] baisser, s'abaisser; [- fever] baisser, tomber; [- tide] descendre; **the dollar is going down in value** le dollar perd de sa valeur, le dollar baisse; **eggs are going down (in price)** le prix des œufs baisse; **he's gone down in my estimation** il a baissé dans mon estime; **the neighbourhood's really gone down since then** le quartier ne s'est vraiment pas arrangé depuis. -**6.** [become less swollen - swelling] désenfler, dégonfler; [- balloon, tyre] se dégonfler. -**7.** [food, medicine] descendre; **this wine goes down very smoothly** ce vin se laisse boire (comme du petit lait). -**8.** [produce specified reaction] être reçu; **a cup of coffee would go down nicely** une tasse de café serait la bienvenue; **his speech went down badly/well** son discours a été mal/bien reçu; **how will the proposal go down with the students?** comment les étudiants vont-ils prendre la proposition?; **that kind of talk doesn't go down well with me** je n'apprécie pas du tout ce genre de propos. -**9.** [lose] être battu; **Mexico went down to Germany** le Mexique s'est incliné devant l'Allemagne; **Madrid went down to Milan by three points** Milan a battu Madrid de trois points. -**10.** [be relegated] descendre; **our team has gone down to the second division** notre équipe est descendue en deuxième division. -**11.** [be noted, recorded] être noté; [in writing] être pris OR couché par écrit; **this day will go down in history** ce jour restera une date historique; **she will go down in history as a woman of great courage** elle entrera dans l'histoire grâce à son grand courage. -**12.** [reach as far as] descendre, s'étendre; **this path goes down to the beach** ce sentier va OR descend à la plage. -**13.** [continue as far as] aller, continuer; **go down to the end of the street** allez OR continuez jusqu'en bas de la rue. -**14.** *Br* UNIV entrer dans la période des vacances. -**15.** [in bridge] chuter. -**16.** COMPUT tomber en panne; **the computer's gone down** l'ordinateur est en panne. -**17.** MUS [lower pitch] descendre. -**18.** ▽ *Br* [be sent to prison]: **how long do you think he'll go down for?** il écopera de combien, à ton avis?; **he went down for three years** il a écopé de trois ans. -**19.** *inf* [happen] se passer.

◇ *vt insep* descendre de; **my food went down the wrong way** j'ai avalé de travers; **the pianist went down an octave** MUS le pianiste a joué une octave plus bas OR a descendu d'une octave; **to go down a class** *Br* SCH descendre d'une classe.

◆ **go down on**▼ *vt insep* sucer.

◆ **go down with** *vt insep* tomber malade de; **he went down with pneumonia** il a attrapé une pneumonie.

◆ **go for** *vt insep* -**1.** [fetch] aller chercher; **he went for a doctor** il est allé OR parti chercher un médecin. -**2.** [try to obtain] essayer d'obtenir, viser; **she's going for his job** elle va essayer d'obtenir son poste; **go for it!** *inf* vas-y!; **I'd go for it if I were you!** à ta place, je n'hésiterais pas! -**3.** [attack - physically] tomber sur, s'élancer sur; [- verbally] s'en prendre à; **dogs usually go for the throat** en général, les chiens attaquent à la gorge; **they went for each other** [physically] ils se sont jetés l'un sur l'autre; [verbally] ils s'en sont pris l'un à l'autre; **the newspapers really went for the senator** les journaux s'en sont pris au sénateur sans retenue; **go for him!** [to dog] attaque! -**4.** *inf* [like] aimer, adorer; **I don't really go for that idea** l'idée ne me dit pas grand-chose; **he really goes for her in a big way** il est vraiment fou d'elle. -**5.** [choose, prefer] choisir, préférer. -**6.** [apply to, concern] concerner, s'appliquer à; **what I said goes for both of you** ce que j'ai dit vaut pour OR s'applique à vous deux; **pollution is a real problem in Paris — that goes for Rome too** la pollution pose un énorme problème à Paris — c'est la même chose à Rome; **and the same goes for me** et moi aussi. -**7.** [have as result] servir à; **his twenty years of service went for nothing** ses vingt ans de service n'ont servi à rien. -**8.** [be to the advantage of]: **she has a lot going for her** elle a beaucoup d'atouts; **that idea hasn't got much going for it, frankly** cette idée n'est franchement pas très convaincante.

◆ **go forth** *vi insep arch* OR *lit* -**1.** [leave] sortir; **the army went forth into battle** l'armée s'est mise en route pour la bataille; **go forth and multiply** BIBLE croissez et multipliez-vous. -**2.** [be pronounced] être prononcé; [be published] paraître; **the command went forth that...** il fut décrété que...

◆ **go in** *vi insep* -**1.** [enter] entrer, rentrer; **it's cold — let's go in** il fait froid — entrons. -**2.** [disappear - moon, sun] se cacher.

◆ **go in for** *vt insep* -**1.** [engage in - activity, hobby, sport] pratiquer, faire; [- occupation] se consacrer à; [- politics] s'occuper de, faire; **she went in for company law** elle s'est lancée dans le droit commercial; **he thought about going in for teaching** il a pensé devenir enseignant. -**2.** *inf* [be interested in] s'intéresser à; [like] aimer; **I don't go in much for opera** je n'aime pas trop l'opéra, l'opéra ne me dit rien; **he goes in for special effects in a big way** il est très effets spéciaux; **we don't go in for that kind of film** nous n'aimons pas ce genre de film. -**3.** [take part in - competition, race] prendre part à; [- examination] se présenter à. -**4.** [apply for - job, position] poser sa candidature à, postuler.

◆ **go into** *vt insep* -**1.** [enter - building, house] entrer dans; [- activity, profession] entrer à OR dans; **to go into politics** se lancer dans la politique; **to go into the army** [as profession] devenir militaire de carrière; [as conscript] partir au service; **to go into business** se lancer dans les affaires; **he went into medicine** il a choisi la médecine. -**2.** [be invested, expended - subj: effort, money, time]: **a lot of care had gone into making her feel at home** on s'était donné beaucoup de peine pour la mettre à l'aise; **two months of research went into our report** nous avons mis OR investi deux mois de recherche dans notre rapport. -**3.** [embark on - action] commencer à; [- explanation, speech] se lancer OR s'embarquer dans, (se mettre à) donner; **I'll go into the problem of your taxes later** j'aborderai le problème de vos impôts plus tard; **the car went into a skid** la voiture a commencé à déraper; **to go into hysterics** avoir une crise de nerfs. -**4.** [examine, investigate] examiner, étudier; **you need to go into the question more deeply** vous devez examiner le problème de plus près; **the matter is being gone into** l'affaire est à l'étude. -**5.** [explain in depth] entrer dans; **the essay goes into the moral aspects of the question** l'essai aborde les aspects moraux de la question; **I won't go into details** je ne vais pas entrer dans les détails; **let's not go into that** ne parlons pas de ça. -**6.** [begin to wear] se mettre à porter; **to go into mourning** prendre le deuil. -**7.** [hit, run into] entrer dans; **a car went into him** une voiture lui est rentrée dedans.

◆ **go off** ◇ *vi insep* -**1.** [leave] partir, s'en aller; **she went off to work** elle est partie travailler; **her husband has gone off and left her** son mari l'a quittée; **the actors went off** THEAT les acteurs ont quitté la scène. -**2.** [stop operating - light, radio] s'éteindre; [- heating] s'éteindre, s'arrêter; [- pain] partir, s'arrêter; **the electricity went off** l'électricité a été coupée. -**3.** [become activated - bomb] exploser; [- gun] partir; [- alarm] sonner; **the grenade went off in her hand** la grenade a explosé dans sa main; **the gun didn't go off** le coup n'est pas parti; **to go off into fits of laughter** *fig* être pris d'un fou rire. -**4.** [have specified outcome] se passer; **the interview went off badly/well** l'entretien s'est mal/bien passé; **her speech went off well** son discours a été bien reçu. -**5.** [fall asleep] s'endormir. -**6.** *Br* [deteriorate - food] s'avarier, se gâter; [- milk] tourner; [- butter] rancir; **the play goes off in the second half** la pièce se gâte pendant la seconde partie.

◇ *vt insep inf Br* [stop liking] perdre le goût de; **he's gone off jazz/smoking** il n'aime plus le jazz/fumer, le jazz/fumer ne l'intéresse plus; **she's gone off her boyfriend** son copain ne l'intéresse plus.

◆ **go off with** *vt insep* -**1.** [leave with] partir avec; **they went off with my sister** ils sont partis avec ma sœur. -**2.** [make off with] partir avec; **someone has gone off with his keys** quelqu'un est parti avec ses clés; **he went off with the jewels** il s'est enfui avec les bijoux.

◆ **go on** ◇ *vi insep* -**1.** [move, proceed] aller; [without stopping] poursuivre son chemin; [after stopping] repartir, se remettre en route; **you go on, I'll catch up** allez-y, je vous rattraperai (en chemin); **they went on without us** ils sont partis sans nous; **after dinner they went on to Susan's house** après le dîner, ils sont allés chez Susan; **we went on home** nous sommes rentrés. -**2.** [continue action] continuer; **she went on (with her) reading** elle a continué à OR de lire; **the chairman went on speaking** le président a continué son discours; **you can't go on being a student for ever!** tu ne peux pas être étudiant toute ta vie!; **go on looking!** cherchez encore!; **go on, ask her** vas-y, demande-lui; **go on, be a devil** *inf* vas-y, laisse-toi tenter!; **go on, I'm listening** continuez, je vous écoute; **I can't go on like this!** je ne peux plus continuer comme ça!; **if he goes on like this, he'll get the sack** s'il continue comme ça, il va se faire renvoyer; **their affair has been going on for years** leur liaison dure depuis des années; **the party went on into the small hours** la soirée s'est prolongée jusqu'à très tôt le matin; **life goes on** la vie continue OR va son train ❑ **go on (with you)!** *inf Br* allons, arrête de me faire marcher!; **they have enough (work) to be going on with** ils ont du pain sur la planche OR de quoi faire pour le moment; **here's £25 to be going on with** voilà 25 livres pour te dépanner. -**3.** [proceed to another action]: **he went on to explain why** il a ensuite expliqué pourquoi; **she went on to become a doctor** elle est ensuite devenue médecin. -**4.** [be placed, fit] aller; **the lid goes on this way** le couvercle se met comme ça; **I can't get the lid to go on** je n'arrive pas à mettre le couvercle; **the cap goes on the other end** le bouchon se met OR va sur l'autre bout. -**5.** [happen, take place] se passer; **what's going on here?** qu'est-ce qui se passe ici?; **there was a fight going on** il y avait une bagarre; **a lot of cheating goes on during the exams** on triche beaucoup pendant les examens; **several conversations were going on at once** il y avait plusieurs conversations à la fois; **while the war was going on** pendant la guerre. -**6.** [elapse] passer, s'écouler; **as the week went on** au fur et à mesure que la semaine passait; **as time goes on** avec le temps, à mesure que le temps passe. -**7.** *inf* [chatter, talk] parler, jacasser; **she does go on!** elle n'arrête pas de parler!, c'est un vrai moulin à paroles!; **to go on about sthg: he goes on and on about politics** il parle politique sans cesse; **don't go on about it!** ça va, on a compris! -**8.** [act, behave] se conduire, se comporter; **what a way to go on!** en voilà des manières! -**9.** [start operating - light, radio, television] s'allumer; [- heating, motor, power] s'allumer, se mettre en marche. -**10.** SPORT [player] prendre sa place, entrer en jeu. -**11.** THEAT [actor] entrer en scène.

◇ *vt insep* -**1.** [be guided by] se laisser guider par, se fonder OR se baser sur; **the detective didn't have much to go on** le détective n'avait pas grand-chose sur quoi s'appuyer OR qui puisse le guider; **she goes a lot on instinct** elle se fie beaucoup à OR se fonde beaucoup sur son instinct. -**2.** *inf Br (usu neg)* [appreciate, like] aimer; **I don't go much on abstract art** l'art abstrait ne me dit pas grand-chose.

◆ **go on at** *inf vt insep* [criticize] critiquer; [nag] s'en prendre à; **the boss went on and on at her at the meeting** le patron n'a pas cessé de s'en prendre à elle pendant la réunion; **he's always going on at his wife about money** il est toujours sur le dos de sa femme avec les questions d'argent; **I went on at my mother to go and see the doctor** j'ai embêté ma mère pour qu'elle aille voir le médecin; **don't go on at me!** laisse-moi tranquille!

◆ **go out** *vi insep* -**1.** [leave] sortir; **my parents made us go out of the room** mes parents nous ont fait sortir de la pièce OR quitter la pièce; **to go out to dinner** sortir dîner; **to go out for a walk** aller se promener, aller faire une promenade; **they went out to the country** ils sont allés OR ils ont fait une sortie à la campagne; **she goes out to work** elle travaille en dehors de la maison OR hors de chez elle; **he went out of her life** il est sorti de sa vie. -**2.** [travel] partir; [emigrate] émigrer; **they went out to Africa** [travelled] ils sont partis en Afrique; [emigrated] ils sont partis vivre OR ils ont émigré en Afrique. -**3.** [date] sortir; **to go out with sb** sortir avec qqn; **we've been going out together for a month** ça fait un mois que nous sortons ensemble. -**4.** [fire, light] s'éteindre. -**5.** [disappear] disparaître; **the joy went out of her eyes** la joie a disparu de son regard; **the spring went out of his step** il a perdu sa démarche légère; **all the heart went out of her** elle a perdu courage. -**6.** [cease to be fashionable] passer de mode, se démoder; **to go out of style/fashion** ne plus être le bon style/à la mode; **that hair style went out with the ark** *inf* cette coiffure remonte au déluge. -**7.** [tide] descendre, se retirer; **the tide has gone out** la marée est descendue, la mer s'est retirée; **the tide goes out 6 kilometres** la mer se retire sur 6 kilomètres. -**8.** *fig* [set out]: **I went out to see for myself** j'ai décidé de voir par moi-même; **we have to go out and do something about this** il faut que nous prenions des mesures OR que nous fassions quelque chose. -**9.** [be published - brochure, pamphlet] être distribué; [be broadcast - radio or television programme] être diffusé. -**10.** [feelings, sympathies] aller; **our thoughts go out to all those who suffer** nos pensées vont vers tous ceux qui souffrent; **my heart goes out to her** je suis de tout cœur avec elle dans son chagrin. -**11.** CARDS terminer. -**12.** *phr*: **to go all out** *inf* mettre le paquet; **she went all out to help us** elle a fait tout son possible pour nous aider.

◆ **go over** ◇ *vi insep* -**1.** [move overhead] passer; **I just saw a plane go over** je viens de voir passer un avion. -**2.** [move in particular direction] aller; [cross] traverser; **I went over to see her** je suis allé la voir; **they went over to talk to her** ils sont allés lui parler; **to go over to Europe** aller en Europe ‖ [capsize - boat] chavirer, capoter. -**3.** [change, switch] changer; **I've gone over to another brand of washing powder** je viens de changer de marque de lessive; **when will we go over to the metric system?** quand est-ce qu'on va passer au système métrique? -**4.** [change allegiance] passer, se joindre; **he's gone over to the Socialists** il est passé dans le camp des socialistes; **she went over to the enemy** elle est passée à l'ennemi. -**5.** [be received] passer; **the speech went over badly/well** le discours a mal/bien passé.

◇ *vt insep* -**1.** [move, travel over] passer par-dessus; **the horse went over the fence** le cheval a sauté (par-dessus) la barrière; **we went over a bump** on a pris une bosse. -**2.** [examine - argument, problem] examiner, considérer; [- accounts, report] examiner, vérifier; **would you go over my report?** voulez-vous regarder mon rapport? -**3.** [repeat] répéter; [review - notes, speech] réviser, revoir; [- facts] récapituler, revoir; SCH réviser; **she went over the interview in her mind** elle a repassé l'entretien dans son esprit; **I kept going over everything leading up to the accident** je continuais de repenser à tous les détails qui avaient conduit à l'accident; **let's go over it again** reprenons, récapitulons; **he goes over and over the same stories** il rabâche les mêmes histoires. -**4.** TV & RADIO: **let's go over now to our Birmingham studios** passons l'antenne à notre studio de Birmingham; **we're going over live now to Paris** nous allons maintenant à Paris où nous sommes en direct.

◆ **go past** *vt insep* [move in front of] passer devant; [move beyond] dépasser.

◆ **go round** *vi insep* -**1.** [be enough]: **is there enough cake to go round?** est-ce qu'il y a assez de gâteau pour tout le monde? -**2.** [visit] aller; **we went round to his house** nous sommes allés chez lui; **I'm going round there later on** j'y vais plus tard. -**3.** [be continuously present - idea, tune]: **that song keeps going round in my head** j'ai cette chanson dans la tête. -**4.** [spin - wheel] tourner; **my head's going round** *fig* j'ai la tête qui tourne.

◆ **go through** ◇ *vt insep* -**1.** [crowd, tunnel] traverser; **a shiver went through her** *fig* un frisson l'a parcourue OR traversée. -**2.** [endure, experience] subir, souffrir; **he's going through hell** c'est l'enfer pour lui; **we all have to go through it sometime** on doit tous y passer un jour ou l'autre; **I can't face going through all that again** je ne supporterais pas de passer par là une deuxième fois; **after everything she's gone through** après tout ce qu'elle a subi OR enduré; **we've gone through a lot together** nous avons vécu beaucoup de choses ensemble. -**3.** [consume, use up - supplies] épuiser; [- money] dépenser; [wear out] user; **he goes through a pair of socks a week** il use une paire de chaussettes par semaine; **I've gone through the toes of my socks** j'ai usé OR troué mes chaussettes au bout; **how many assistants has he gone through now?** *hum* combien d'assistants a-t-il déjà eus?; **his novel has gone through six editions** il y a déjà eu six éditions de son roman. -**4.** [examine - accounts, document] examiner, vérifier; [- list, proposal] éplucher; [- mail] dépouiller; [- drawer, pockets] fouiller dans; [- files] chercher dans; [sort] trier; **we went through the contract together** nous avons regardé OR examiné le contrat ensemble; **did customs go through your suitcase?** est-ce qu'ils ont fouillé votre valise à la douane?; **he went through her pockets** il a fouillé ses poches. -**5.** [subj: bill, law] être voté; **the bill went through Parliament last week** le projet de loi a été voté la semaine dernière au Parlement. -**6.** [carry out, perform - movement, work] faire; [- formalities] remplir, accomplir; **let's go through the introduction again** MUS reprenons l'introduction; **we had to go through the whole business of applying for a visa** nous avons dû nous farcir toutes les démarches pour obtenir un visa. -**7.** [participate in - course of study] étudier; [- ceremony] participer à. -**8.** [practise - lesson, poem] réciter; THEAT [- role, scene] répéter; **let's go through it again from the beginning** reprenons dès le début.

◇ *vi insep* [offer, proposal] être accepté; [business deal] être conclu, se faire; [bill, law] passer, être voté; **the adoption finally went through** l'adoption s'est faite finalement.

◆ **go through with** *vt insep*: **to go through with sthg** aller jusqu'au bout de qqch, exécuter qqch; **he'll never go through with it** il n'ira jamais jusqu'au bout; **they went through with their plan/threat** ils ont exécuté leur projet/leur menace.

◆ **go together** *vi insep* -**1.** [colours, flavours] aller bien ensemble; [characteristics, ideas] aller de pair; **the two things often go together** les deux choses vont souvent de pair. -**2.** *Am* [people] sortir ensemble.

◆ **go towards** *vt insep* -**1.** [move towards] aller vers. -**2.** [effort, money] être consacré à; **all her energy went towards fighting illiteracy** elle a dépensé toute son énergie à combattre l'analphabétisme.

◆ **go under** ◇ *vi insep* -**1.** [go down - ship] couler, sombrer; [- person] couler, disparaître (sous l'eau). -**2.** *fig* [fail - business] couler, faire faillite; [- project] couler, échouer; [- person] échouer, sombrer.

◇ *vt insep* passer par-dessous.

◆ **go up** ◇ *vi insep* -**1.** [ascend, climb - person] monter, aller en haut; [- lift] monter; **to go up to town** aller en ville; **I'm going up to bed** je monte me coucher; **have you ever gone up in an aeroplane?** êtes-vous déjà monté en avion?; **going up!** on monte! -**2.** [reach as far as] aller, s'étendre; **the road goes up to the house** la route mène OR va à la maison. -**3.** [increase - amount, numbers] augmenter, croître; [- price] monter, augmenter; [- temperature] monter, s'élever; **rents are going up** les loyers sont en hausse; **meat is going up (in price)** (le prix de) la viande augmente. -**4.** [sudden noise] s'élever; **a shout went up** un cri s'éleva. -**5.** [appear - notices, posters] apparaître; [be built] être construit; **new buildings are going up all over town** de nouveaux immeubles surgissent dans toute la ville. -**6.** [explode, be destroyed] sauter, exploser. -**7.** MUS [raise pitch] monter. -**8.** THEAT [curtain] se lever; **before the curtain goes up** avant le lever du rideau. -**9.** *Br* UNIV entrer à l'université; **she went up to Oxford in 1950** elle est entrée à Oxford en 1950. -**10.** ▽ *Am* [be sent to prison]: **he went up for murder** il a fait de la taule pour meurtre. -**11.** SPORT [be promoted]: **they look set to go up to the First Division** ils ont l'air prêts à entrer en première division.

◇ *vt insep* monter; **to go up a hill/ladder** monter une colline/sur une échelle; **the pianist went up an octave** MUS le pianiste a monté d'une octave; **to go up a class** *Br* SCH monter d'une classe.

◆ **go with** *vt insep* -**1.** [accompany, escort] accompagner, aller avec; *fig*: **to go with the crowd** suivre la foule OR le mouvement; **you have to go with the times** il faut vivre avec son temps. -**2.** [be compatible - colours, flavours] aller avec; **that hat doesn't go with your suit** ce chapeau ne va pas avec ton ensemble; **a white Burgundy goes well with snails** le bourgogne blanc se marie bien OR va bien avec les escargots. -**3.** [be part of] aller avec; **the flat goes with the job** l'appartement va avec le poste; **the sense of satisfaction that goes with having done a good job** le sentiment de satisfaction qu'apporte le travail bien fait. -**4.** *inf* [spend time with] sortir avec; *euph* [have sex with]: **he's been going with other women** il a été avec d'autres femmes.

◆ **go without** ◇ *vt insep* se passer de, se priver de; **he went without sleep** OR **without sleeping for two days** il n'a pas dormi pendant deux jours.

◇ *vi insep* s'en passer; **we'll just have to go without** il faudra s'en passer, c'est tout!

goad [gəʊd] ◇ *n* aiguillon *m*.

◇ *vt* -**1.** [cattle] aiguillonner, piquer. -**2.** [person] harceler, provoquer; **stop ~ing the poor child!** cesse de houspiller ce petit!; **to ~ sb into doing sthg** pousser qqn à faire qqch, harceler

qqn jusqu'à ce qu'il fasse qqch; **he ~ed me into losing my temper** il m'a harcelé jusqu'à ce que je me mette en colère; **the threat of redundancy ~ed the men into action** la peur d'un licenciement incita les hommes à l'action.
◆ **goad on** *vt sep* aiguillonner; **she was ~ed on by the prospect of wealth and power** elle était stimulée par la perspective des richesses et du pouvoir.

go-ahead ◇ *n* feu *m* vert; **to give sb the ~ to do sthg** donner le feu vert à qqn pour (faire) qqch.
◇ *adj* [dynamic - person] dynamique, entreprenant, qui va de l'avant; [- attitude, business] dynamique.

goal ['gəʊl] ◇ *n* -**1.** [aim] but *m*, objectif *m*; **what's your ~ in life?** quel est ton but OR quelle est ton ambition dans la vie?; **she had achieved** OR **attained her ~ of becoming Prime Minister** elle avait atteint OR réalisé son but de devenir Premier ministre; **commercial and financial ~s need to be clearly defined** les objectifs commerciaux et financiers doivent être clairement définis. -**2.** SPORT but *m*; **to score a ~** marquer un but; **they won by five ~s to two** ils ont gagné par cinq buts à deux; **who plays in** OR **keeps ~ for Liverpool?** qui est gardien de but dans l'équipe de Liverpool?; **~!** but!
◇ *comp* de but.

goal area *n* (zone *f* des) six mètres *mpl*.

goal average *n* goal-average *m*.

goal difference *n* différence *f* de buts.

goalie *inf* ['gəʊlɪ] *n* SPORT goal *m*, gardien *m* (de but).

goalkeeper ['gəʊl,kiːpəʳ] *n* gardien *m* (de but), goal *m*.

goalkeeping ['gəʊl,kiːpɪŋ] *n* jeu *m* du gardien de but; **we saw some great ~ on both sides** les deux gardiens de but ont très bien joué.

goal kick *n* coup *m* de pied de but, dégagement *m* aux six mètres.

goalless ['gəʊllɪs] *adj*: **a ~ draw** un match sans but marqué OR zéro à zéro.

goal line *n* ligne *f* de but.

goalminder ['gəʊl,maɪndəʳ] *n* gardien *m* (de but).

goalmouth ['gəʊl,maʊθ, *pl* -,maʊðz] *n*: **in the ~** directement devant le but; **a ~ scuffle** un cafouillage devant le but.

goalpost ['gəʊlpəʊst] *n* poteau *m* (de but); **to move the ~s** *fig* changer les règles du jeu.

goalscorer ['gəʊl,skɔːrəʳ] *n* buteur *m*.

go-around *n*: **to give sb the ~** faire une réponse de Normand OR répondre en Normand à qqn.

goat [gəʊt] *n* -**1.** ZOOL chèvre *f*. -**2.** *inf* [lecher]: **old ~** vieux satyre *m*. -**3.** *inf dated* [foolish person] andouille *f*; **you silly ~!** espèce d'andouille!; **to act** OR **to play the (giddy) ~** faire l'andouille. -**4.** *phr*: **to get sb's ~** *inf* taper sur les nerfs OR le système à qqn; **it gets my ~** ça me tape sur les nerfs.

goatee [gəʊ'tiː] *n* barbiche *f*, bouc *m*.

goatherd ['gəʊthɜːd] *n* chevrier *m*, -ère *f*.

goatskin ['gəʊtskɪn] *n* -**1.** [hide] peau *f* de chèvre. -**2.** [container] outre *f* (en peau de chèvre).

goatsucker ['gəʊt,sʌkəʳ] *n* ORNITH engoulevent *m*, tète-chèvre *m*.

gob [gɒb] (*pt* & *pp* gobbed, *cont* gobbing) ◇ *n* -**1.** ▽ *Br* [mouth] gueule *f*; **shut your ~!** ferme-la! -**2.** *inf* [lump - of mud, clay] motte *f*; [- of spittle] crachat *m*, mollard *m*. -**3.** *inf* = **gobs**.
◇ *vi* ▽ [spit] mollarder.
◆ **gobs** *inf npl*: **~s of** un tas de, des masses de.

gobbet *inf* ['gɒbɪt] *n* morceau *m*.

gobble ['gɒbl] ◇ *vi* [turkey] glouglouter.
◇ *vt inf* [eat greedily] enfourner, engloutir; **he ~d (down** OR **up) his lunch** il a englouti son déjeuner à toute vitesse; **don't ~ your food!** ne mange pas si vite!
◇ *n* glouglou *m*.

gobbledegook *inf*, **gobbledygook** *inf* ['gɒbldɪguːk] *n* charabia *m*.

gobbler *inf* ['gɒbləʳ] *n* [male turkey] dindon *m*.

go-between *n* intermédiaire *mf*.

gobful ▽ ['gɒbful] *n Br* [mouthful] bouchée *f* pleine.

Gobi ['gəʊbɪ] *pr n*: **the ~ Desert** le désert de Gobi.

goblet ['gɒblɪt] *n* coupe *f*, verre *m* à pied; HIST gobelet *m*.

goblin ['gɒblɪn] *n* esprit *m* maléfique, lutin *m*.

gobo ['gəʊbəʊ] *n* -**1.** [on camera lens, spotlight etc] volet *m* (coupe-flux), écran *m* (de protection). -**2.** [on microphone] bonnette *f* de micro.

gobsmacked *inf* ['gɒbsmækt] *adj*: **I was ~** j'en suis resté baba.

gobstopper ['gɒb,stɒpəʳ] *n Br gros bonbon rond qui change de couleur à mesure qu'on le suce.*

goby ['gəʊbɪ] (*pl* gobies) *n* gobie *m*.

GOC (*abbr of* **General Officer Commanding/Commanding-in-Chief**) *n général commandant en chef.*

go-cart *n* -**1.** = **go-kart**. -**2.** *Am* [toy wagon] chariot *m*. -**3.** *Am* [babywalker] trotteur *m*.

god [gɒd] *n* dieu *m*; **the ~ of War** le dieu de la Guerre; **profit is their only ~** leur seul dieu, c'est le profit; **ye ~s!** *hum* grands dieux!
◆ **God** *n* -**1.** RELIG Dieu *m*; **Almighty God** Dieu Tout-Puissant; **God the Father, the Son and the Holy Ghost** Dieu le Père, le Fils, le Saint-Esprit ❑ **God's acre** *lit* cimetière *m*; **God slot** *inf expression humoristique désignant les émissions religieuses à la télévision.* -**2.** [in interjections and expressions]: **God bless you!** Dieu vous bénisse!; **thank God!** grâce à Dieu!, Dieu soit loué!; **(my** OR **by) God!** *inf* mon Dieu!; **in the name of God!** *inf* (nom de) Dieu!; **for the love of God** *inf* pour l'amour de Dieu; **for God's sake, don't go!** pour l'amour de Dieu, ne partez pas!; **God knows why/how** Dieu sait pourquoi/comment; **God (only) knows** Dieu seul le sait; **God forbid!** à Dieu ne plaise!; **God forbid that it should rain tomorrow!** plaise à Dieu qu'il ne pleuve pas demain!; **God willing** s'il plaît à Dieu.
◆ **gods** *npl Br* THEAT: **the ~s** *inf* le poulailler.

god-awful ▽ *adj* atroce, affreux; **what ~ weather!** quel sale temps!

godchild ['gɒdtʃaɪld] (*pl* godchildren [-,tʃɪldrən]) *n* filleul *m*, -e *f*.

goddam(n) ▽ ['gɒdæm] *Am* ◇ *interj*: **~!** zut!
◇ *n*: **he doesn't care** OR **give a ~** il s'en fout.
◇ *adj* sacré, fichu; **that ~ dog!** ce sacré chien!; **you ~ fool!** pauvre imbécile!
◇ *adv* vachement; **it's ~ hot** il fait vachement chaud.

goddamned ▽ ['gɒdæmd] = **goddam(n)** *adj* & *adv*.

goddaughter ['gɒd,dɔːtəʳ] *n* filleule *f*.

goddess ['gɒdɪs] *n* déesse *f*.

godet ['gəʊdeɪ] *n* SEW godet *m*.

godetia [gə'diːʃə] *n* godetia *m*.

godfather ['gɒd,fɑːðəʳ] *n* parrain *m*; **'The Godfather'** *Coppola* 'le Parrain'.

god-fearing *adj* croyant, pieux.

godforsaken *inf* ['gɒdfə,seɪkn] *adj* paumé.

godhead ['gɒdhed] *n* divinité *f*; **the ~** Dieu.

godless ['gɒdlɪs] *adj* irréligieux, impie.

godlike ['gɒdlaɪk] *adj* divin, céleste.

godliness ['gɒdlɪnɪs] *n* sainteté *f* (de l'âme), dévotion *f*.

godly ['gɒdlɪ] *adj* -**1.** [pious] pieux. -**2.** [divine] divin.

godmother ['gɒd,mʌðəʳ] *n* marraine *f*.

godown ['gəʊdaʊn] *n* entrepôt *m (en Asie, surtout en Inde).*

godparent ['gɒd,peərənt] *n* parrain *m*, marraine *f*.

godsend ['gɒdsend] *n* aubaine *f*, bénédiction *f*.

godson ['gɒdsʌn] *n* filleul *m*.

godspeed [,gɒd'spiːd] *interj arch*: **~!** à-Dieu-vat!

godsquad *inf* ['gɒdskwɒd] *n pej*: **the ~** les soldats de Dieu.

goer ['gəʊəʳ] *n Br* -**1.** *inf* [fast person, vehicle, animal] fonceur *m*, -euse *f*; **this horse is a real ~** *inf* il file OR il fonce, ce cheval. -**2.** *inf* [sexually active person]: **he's/she's a real ~** il/elle n'y va pas par quatre chemins *(pour séduire qqn).*

gofer *inf* ['gəʊfəʳ] *n esp Am* [office employee] *personne qui fait les menues tâches dans un bureau.*

go-getter *inf* [-'getəʳ] *n* fonceur *m*, -euse *f*, battant *m*, -e *f*.

goggle ['gɒgl] ◇ *vi* ouvrir de grands yeux OR des yeux ronds; **to ~ at sb/sthg** regarder qqn/qqch avec des yeux ronds.
◇ *adj*: **to have ~ eyes** avoir les yeux saillants OR exorbités OR globuleux.
◆ **goggles** *npl* -**1.** [protective] lunettes *fpl* (de protection); [for motorcyclist] lunettes *fpl* (de motocycliste); [for diver] lunettes *fpl* de plongée; [for swimmer] lunettes *fpl*. -**2.** *inf* [glasses] bésicles *fpl*.

goggle box *inf n Br hum* télé *f*.

goggle-eyed *adj* les yeux saillants OR exorbités OR globuleux; **to stare ~** regarder en écarquillant les yeux.

goggly ['gɒglɪ] = **goggle** *adj*.

go-go *adj* [music, dancing] go-go.

go-go dancer *n* danseur *m* de go-go.

Goidelic [gɔɪ'delɪk] ◇ *n* goïdélique *m*.
◇ *adj* relatif au goïdélique.

going ['gəʊɪŋ] ◇ *n* -**1.** [leaving] départ *m*. -**2.** [progress] progrès *m*; **we made good ~ on the return journey** on est allés vite pour le retour; **that's pretty good ~!** c'est plutôt rapide!; **it was slow ~, but we got the work done** il nous a fallu du temps, mais on a réussi à finir le travail. -**3.** [condition of ground] état *m* du terrain; **the ~ was heavy at Ascot racecourse yesterday** le terrain était lourd à l'hippodrome d'Ascot hier; **it's rough** OR **heavy ~ on these mountain roads** c'est dur de rouler sur ces routes de montagne; **this novel is heavy ~** *fig* ce roman ne se lit pas facilement; **he left while the ~ was good** *fig* il est parti au bon moment.
◇ *adj* -**1.** [profitable]: **her company is a ~ concern** son entreprise est en pleine activité; **'for sale as a ~ concern'** 'à vendre avec fonds'. -**2.** [current] actuel; **the ~ price** le prix actuel, le prix sur le marché; **she's getting the ~ rate for the job** elle touche le tarif en vigueur OR normal pour ce genre de travail; **the best computer/novelist ~** le meilleur ordinateur/romancier du moment.

going-over *inf* (*pl* goings-over) *n* -**1.** [checkup] révision *f*, vérification *f*; [cleanup] nettoyage *m*; **the house needs a good ~** il faudrait nettoyer la maison à fond. -**2.** *fig*: **to give sb a (good) ~** [scolding] passer un savon à qqn; [beating] passer qqn à tabac.

goings-on *inf npl* -**1.** *pej* [behaviour] conduite *f*, activités *fpl*; **there are some funny ~ in that house** il s'en passe de drôles dans cette maison; **what ~!** il s'en passe des choses! -**2.** [events] événements *mpl*.

goitre *Br*, **goiter** *Am* ['gɔɪtəʳ] *n* goitre *m*.

go-kart *n* kart *m*.

Golan Heights ['gəʊ,læn-] *pl pr n*: **the ~** le plateau du Golan.

gold [gəʊld] ◇ *n* -**1.** [metal, colour] or *m*; **1,000 French francs in ~** 1 000 francs français en or ❑ **to be as good as ~** être sage comme une image; **he has a heart of ~** il a un cœur d'or; **to be worth its weight in ~** valoir son pesant d'or. -**2.** [gold medal] médaille *f* d'or; **we won two ~s and a silver** nous avons remporté deux médailles d'or et une (médaille) d'argent; **to go for ~** viser la médaille d'or.
◇ *adj* -**1.** [made of gold - coin, ingot, medal] d'or; [- tooth, watch] en or; **~ lettering** lettres *fpl* d'or. -**2.** [gold-coloured] or *(inv)*, doré.

goldbeater ['gəʊld,biːtəʳ] *n* batteur *m* d'or.

gold braid *n* galon *m* d'or.

goldbrick *inf* ['gəʊldbrɪk] *n Am*: **to sell sb a ~** rouler qqn.

gold bullion *n* or *m* en barre OR en lingots; ~ standard étalon-or-lingot *m*.

gold card *n* carte *f* de crédit illimité.

gold-coloured *adj* or *(inv)*, doré.

gold-digger *n* chercheur *m* d'or; *fig* & *pej* aventurier *m*, -ère *f*.

gold disc *n* disque *m* d'or.

gold dust *n* poudre *f* d'or; **jobs are like ~ around here** *fig* le travail est rare OR ne court pas les rues par ici.

golden ['gəʊldən] *adj* -**1.** *literal* & *fig* [made of gold] en or, d'or; **a ~ opportunity** une occasion en or; **~ hours** des heures précieuses OR merveilleuses ❑ 'The Golden Bowl' *James* 'la Coupe d'or'. -**2.** [colour] doré, (couleur) d'or; **she has long ~ hair** elle a de longs cheveux dorés; **~ yellow** jaune *m* d'or. -**3.** *inf* [very successful]: **~ boy** OR **girl** enfant *mf* prodige.

Golden Age *n*: **the ~** l'âge *m* d'or.

golden calf *n* veau *m* d'or.

Golden Delicious (*pl inv*) *n* golden *f*.

golden eagle *n* aigle *m* royal.

Golden Fleece *n*: **the ~** la Toison d'or.

golden handcuffs *inf npl* primes *fpl (versées à un cadre à intervalles réguliers pour le dissuader de partir)*.

golden handshake *inf n* gratification *f* de fin de service.

golden hello *inf n* gratification *f* de début de service.

golden jubilee *n* (fête *f* du) cinquantième anniversaire *m*.

golden mean *n*: **the ~** le juste milieu.

golden number *n* nombre *m* d'or.

golden oldie *inf n* vieux tube *m*.

golden oriole *n* loriot *m* (jaune).

golden parachute *inf n* COMM prime *f* de licenciement *(versé à certains cadres supérieurs en cas de rachat de l'entreprise)*.

golden pheasant *n* faisan *m* doré.

golden retriever *n* golden retriever *m*.

goldenrod ['gəʊldənrɒd] *n* verge *f* d'or, solidago *m*.

golden rule *n* règle *f* d'or.

golden section *n* section *f* d'or OR dorée.

golden share *n* participation *f* majoritaire *(souvent détenue par le gouvernement britannique dans les entreprises privatisées)*.

golden syrup *n Br* mélasse *f* raffinée.

golden triangle *n* triangle *m* d'or.

golden wedding *n* noces *fpl* d'or.

gold fever *n* fièvre *f* de l'or.

goldfield ['gəʊldfiːld] *n* terrain *m* aurifère.

gold filling *n* obturation *f* OR incrustation *f* en or.

goldfinch ['gəʊldfɪntʃ] *n* chardonneret *m*.

goldfish ['gəʊldfɪʃ] *n* -**1.** [as pet] poisson *m* rouge. -**2.** ZOOL cyprin *m* doré.

goldfish bowl *n* bocal *m* (à poissons rouges); **it's like living in a ~** *fig* on ne se sent OR on n'est plus chez soi.

Goldilocks ['gəʊldɪlɒks] *pr n* Boucles d'or.

gold leaf *n* or *m* en feuille.

gold lettering *n (U)* lettres *fpl* d'or.

gold medal *n* médaille *f* d'or.

goldmine ['gəʊldmaɪn] *n literal* & *fig* mine *f* d'or.

gold plate *n* -**1.** [utensils] orfèvrerie *f*, vaisselle *f* d'or. -**2.** [plating] plaque *f* d'or.

gold-plated *adj* plaqué or.

gold reserves *npl* réserves *fpl* d'or.

gold-rimmed *adj*: **~ spectacles** lunettes *fpl* à montures en or.

gold rush *n* ruée *f* vers l'or; **the Gold Rush** *Am* HIST la ruée vers l'or; 'The Gold Rush' *Chaplin* 'la Ruée vers l'or'.

THE GOLD RUSH:
Des milliers de personnes partirent pour la Californie, à la suite de la découverte de gisements d'or, en 1848. En un an, près de 80 000 pionniers atteignirent la côte ouest par terre ou par mer, échappant à la maladie et aux dangers du voyage.

---

goldsmith ['gəʊldsmɪθ] *n* orfèvre *m*.

gold standard *n* étalon-or *m*.

golf [gɒlf] ◇ *n* golf *m*.
◇ *vi* jouer au golf.
◇ *comp*: **~ bag** sac *m* de golf; **~ cart** caddie *m* (de golf).

golf ball *n* -**1.** SPORT balle *f* de golf. -**2.** [for typewriter] boule *f*; **~ typewriter** machine *f* à écrire à boule.

golf club *n* -**1.** [stick] club *m* OR crosse *f* OR canne *f* de golf. -**2.** [building, association] club *m* de golf.

golf course *n* (terrain *m* de) golf *m*.

golfer ['gɒlfəʳ] *n* joueur *m*, -euse *f* de golf, golfeur *m*, -euse *f*.

golfing ['gɒlfɪŋ] *n* golf *m (activité)*.

golf links *npl* links *mpl*.

golf widow *inf n femme délaissée par un mari qui est toujours au golf*.

Golgotha ['gɒlgəθə] *pr n* Golgotha *m*.

Goliath [gə'laɪəθ] *pr n* Goliath.

golliwog ['gɒlɪwɒg] *n poupée de chiffon, au visage noir et aux cheveux hérissés*.

golly *inf* ['gɒlɪ] (*pl* gollies) ◇ *n Br* = **golliwog**.
◇ *interj dated*: (good) ~! ciel!, mince (alors)!, flûte!

gollywog ['gɒlɪwɒg] = **golliwog**.

goloshes [gə'lɒʃɪz] = **galoshes**.

GOM *pr n abbr of* Grand Old Man.

gonad ['gəʊnæd] *n* gonade *f*.

gondola ['gɒndələ] *n* -**1.** [boat] gondole *f*. -**2.** [on airship or balloon, for window cleaner] nacelle *f*. -**3.** [in supermarket] gondole *f*. -**4.** [ski lift] cabine *f* (de téléphérique).

gondolier [ˌgɒndə'lɪəʳ] *n* gondolier *m*.

Gondwanaland [gɒnd'wɑːnəlænd] *pr n* continent *m* du Gondwana.

gone [gɒn] ◇ *pp* → **go**.
◇ *adj* -**1.** [past] passé, révolu; **those days are ~ now** c'est bien fini tout ça; **~ is the time when...** le temps n'est plus où... -**2.** [away]: **be ~ with you!** disparaissez de ma vue! ❑ 'Gone with the Wind' *Mitchell* 'Autant en emporte le vent'. -**3.** *inf* [high] parti; **to be really ~** être parti, planer. -**4.** *inf* [pregnant]: **she is 4 months ~** elle est enceinte de 4 mois. -**5.** *inf* [infatuated]: **to be ~ on sb/sthg** être (complètement) toqué de qqn/qqch. -**6.** *euph* [dead] mort. -**7.** *phr*: **to be far ~** *inf* [weak] il est bien faible; [drunk] il est bien parti.
◇ *prep Br*: **it's ~ 11** il est 11 h passées OR plus de 11 h.

goner *inf* ['gɒnəʳ] *n*: **to be a ~** être fichu OR cuit.

gong [gɒŋ] *n* -**1.** [instrument] gong *m*. -**2.** *inf Br hum* & MIL médaille *f*.

goniometer [ˌgəʊnɪ'ɒmɪtəʳ] *n* goniomètre *m*.

gonna *inf* ['gɒnə] *esp Am* = **going to**.

gonorrh(o)ea [ˌgɒnə'rɪə] *n* blennorragie *f*.

gonzo *inf* ['gɒnzəʊ] *adj Am* subjectif, partial.

goo *inf* [guː] *n* -**1.** [sticky stuff] matière *f* poisseuse. -**2.** *fig* & *pej* sentimentalisme *m*.

good [gʊd] (*compar* better ['betəʳ], *superl* best [best]) ◇ *adj* **A.** -**1.** [enjoyable, pleasant - book, feeling, holiday] bon, agréable; [- weather] beau; **we had ~ weather during the holidays** il faisait beau pendant nos vacances; **we're ~ friends** nous sommes très amis; **we're just ~ friends** on est des amis, c'est tout; **she has a ~ relationship with her staff** elle a un bon contact avec ses employés; **they have a ~ sex life** sexuellement, tout va bien entre eux; **they had a ~ time** ils se sont bien amusés; **~ to eat/to hear** bon à manger/à entendre; **it's ~ to be home** ça fait du bien OR ça fait plaisir de rentrer chez soi; **it's ~ to be alive** il fait bon vivre ‖ [agreeable] bon; **wait until he's in a ~ mood** attendez qu'il soit de bonne humeur; **they took advantage of his ~ nature** ils ont profité de son bon naturel OR caractère; **to feel ~** être en forme; **he doesn't feel ~ about leaving her alone** [worried] ça le gêne de la laisser seule; [ashamed] il a honte de la laisser seule ❑ **it's too ~ to be true** c'est trop beau pour être vrai OR pour y croire; **the ~ life** la belle vie; **she's never had it so ~!** elle n'a jamais eu la vie si belle!; **have a ~ day!** bonne journée!; **you can have too much of a ~ thing** on se lasse de tout, même du meilleur. -**2.** [high quality - clothing, dishes] bon, de bonne qualité; [- painting, film] bon; [- food] bon; **it's a ~ school** c'est une bonne école; **he speaks ~ English** il parle bien anglais; **she put her ~ shoes on** elle a mis ses belles chaussures; **I need a ~ suit** j'ai besoin d'un bon costume; **this house is ~ enough for me** cette maison me suffit; **this isn't ~ enough** ça ne va pas; **this work isn't ~ enough** ce travail laisse beaucoup à désirer; **nothing is too ~ for her family** rien n'est trop beau pour sa famille; **it makes ~ television** c'est télévisuel. -**3.** [competent, skilful] bon, compétent; **do you know a ~ lawyer?** connaissez-vous un bon avocat?; **she's a very ~ doctor** c'est un excellent médecin; **he's a ~ swimmer** c'est un bon nageur; **she's a ~ listener** c'est quelqu'un qui sait écouter; **to be ~ at sthg** être doué pour OR bon en qqch; **they're ~ at everything** ils sont bons en tout; **he's ~ with children** il sait s'y prendre avec les enfants; **to be ~ with one's hands** être habile OR adroit de ses mains; **they're not ~ enough to direct the others** ils ne sont pas à la hauteur pour diriger les autres; **you're as ~ as he is** tu le vaux bien, tu vaux autant que lui; **she's as ~ an artist as you are** elle vous vaut en tant qu'artiste; **the ~ gardening guide** le guide du bon jardinier. -**4.** [useful] bon; **to be ~ for nothing** être bon à rien; **this product is also ~ for cleaning windows** ce produit est bien aussi pour nettoyer les vitres.

B. -**1.** [kind] bon, gentil; [loyal, true] bon, véritable; [moral, virtuous] bon; **~ behaviour** OR **conduct** bonne conduite *f*; **she's a ~ person** c'est quelqu'un de bien; **he's a ~ sort** c'est un brave type; **she proved to be a ~ friend** elle a prouvé qu'elle était une véritable amie; **he's been a ~ husband to her** il a été pour elle un bon mari; **you're too ~ for him** tu mérites mieux que lui; **he's a ~ Christian/communist** c'est un bon chrétien/communiste; **to lead a ~ life** [comfortable] avoir une belle vie; [moral] mener une vie vertueuse OR exemplaire; **they've always been ~ to me** ils ont toujours été gentils avec moi; **that's very ~ of you** c'est très aimable de votre part; **it's ~ of you to come** c'est aimable OR gentil à vous d'être venu; **would you be ~ enough to ask him?** auriez-vous la bonté de lui demander?, seriez-vous assez aimable pour lui demander?; **would you be ~ enough to reply by return of post?** voudriez-vous avoir l'obligeance de répondre par retour du courrier?; **and how's your ~ lady?** *dated* OR *hum* et comment va madame?; **~ men and true** *lit* des hommes vaillants. -**2.** [well-behaved] sage; **be ~!** sois sage!; **be a ~ boy and fetch Mummy's bag** sois mignon, va chercher le sac de maman; **~ dog!** t'es un gentil chien, toi!

C. -**1.** [desirable, positive] bon, souhaitable; [cause] bon; **it's a ~ thing she's prepared to talk about it** c'est une bonne chose qu'elle soit prête à en parler; **she had the ~ fortune to arrive just then** elle a eu la chance d'arriver juste à ce moment-là; **it's a ~ job** OR **~ thing he decided not to go** c'est une chance qu'il ait décidé de OR heureusement qu'il a décidé de ne pas y aller; **all ~ wishes for the New Year** tous nos meilleurs vœux pour le nouvel an. -**2.** [favourable - contract, deal] avantageux, favorable; [- opportunity, sign] bon, favorable; **to buy sthg at a ~ price** acheter qqch bon marché OR à un prix avantageux; **she's in a ~ position to help**

us elle est bien placée pour nous aider; there are ~ times ahead l'avenir est prometteur; he put in a ~ word for me with the boss il a glissé un mot en ma faveur au patron. -3. [convenient, suitable - place, time] bon, propice; [- choice] bon, convenable; it's a ~ holiday spot for people with children c'est un lieu de vacances idéal pour ceux qui ont des enfants; is this a ~ moment to ask him? est-ce un bon moment pour lui demander?; this is as ~ a time as any autant le faire maintenant; it's as ~ a way as any to do it c'est une façon comme une autre de le faire. -4. [beneficial] bon, bienfaisant; protein-rich diets are ~ for pregnant women les régimes riches en protéines sont bons pour les femmes enceintes; eat your spinach, it's ~ for you mange tes épinards, c'est bon pour toi; hard work is ~ for the soul! le travail forme le caractère!; whisky is ~ for a cold le whisky est bon pour les rhumes; this cold weather isn't ~ for your health ce froid n'est pas bon pour ta santé OR est mauvais pour toi; it's ~ for him to spend time outdoors ça lui fait du bien OR c'est bon pour lui de passer du temps dehors; he works more than is ~ for him il travaille plus qu'il ne faudrait OR devrait; he doesn't know what's ~ for him *fig* il ne sait pas ce qui est bon pour lui; if you know what's ~ for you, you'll listen *fig* si tu as le moindre bon sens, tu m'écouteras.

D. -1. [sound, strong] bon, valide; I can do a lot with my ~ arm je peux faire beaucoup de choses avec mon bras valide; my eyesight/hearing is ~ j'ai une bonne vue/l'ouïe fine. -2. [attractive - appearance] bon, beau; [- features, legs] beau, joli; you're looking ~! [healthy] tu as bonne mine!; [well-dressed] tu es très bien!; that colour looks ~ on him cette couleur lui va bien; he has a ~ figure il est bien fait. -3. [valid, well-founded] bon, valable; she had a ~ excuse/reason for not going elle avait une bonne excuse pour/une bonne raison de ne pas y aller; I wouldn't have come without ~ reason je ne serais pas venu sans avoir une bonne raison; they made out a ~ case against drinking tap water ils ont bien expliqué pourquoi il ne fallait pas boire l'eau du robinet. -4. [reliable, trustworthy - brand, car] bon, sûr; COMM & FIN [- cheque] bon; [- investment, securities] sûr; [- debt] bon, certain; my passport is ~ for 5 years mon passeport est bon OR valable pour 5 ans; this coat is ~ for another year ce manteau fera encore un an; she's ~ for another ten years *inf* elle en a bien encore pour dix ans; he's always ~ for a laugh *inf* il sait toujours faire rire; how much money are you ~ for? [do you have] de combien d'argent disposez-vous?; they are OR their credit is ~ for £500 on peut leur faire crédit jusqu'à 500 livres. -5. [honourable, reputable] bon, estimé; they live at a ~ address ils habitent un quartier chic; to protect their ~ name pour défendre leur réputation; the firm has a ~ name la société a (une) bonne réputation; she's from a ~ family elle est de bonne famille; a family of ~ standing une famille bien.

E. -1. [ample, considerable] bon, considérable; a ~ amount OR deal of money beaucoup d'argent; a ~-sized room une assez grande pièce; a ~ (round) sum une somme rondelette; take ~ care of your mother prends bien soin de ta mère; to make ~ money bien gagner sa vie; I make ~ money je gagne bien ma vie; we still have a ~ way to go nous avons encore un bon bout de chemin à faire; a ~ thirty years ago il y a bien trente ans; the trip will take you a ~ two hours il vous faudra deux bonnes heures pour faire le voyage; she's been gone a ~ while ça fait un bon moment qu'elle est partie; they came in a ~ second ils ont obtenu une bonne deuxième place; there's a ~ risk of it happening il y a de grands risques que ça arrive. -2. [proper, thorough] bon, grand; I gave the house a ~ cleaning j'ai fait le ménage à fond; have a ~ cry pleure un bon coup; we had a ~ laugh on a bien ri; I managed to get a ~ look at his face j'ai pu bien regarder son visage; take a ~ look at her regardez-la bien; he got a ~ spanking il a reçu une bonne fessée ❑ ~ and: we were ~ and mad *inf* on était carrément furax; she'll call when she's ~ and ready *inf* elle appellera quand elle le voudra bien; I was ~ and sorry to have invited her j'ai bien regretté de l'avoir invitée. -3. [acceptable] bon, convenable; we made the trip in ~ time le voyage n'a pas été trop long; that's all very ~ OR all well and ~ but... c'est bien joli OR bien beau tout ça mais... -4. [indicating approval] bon, très bien; I'd like a new suit – very ~, sir! j'ai besoin d'un nouveau costume – (très) bien, monsieur!; she left him – ~! elle l'a quitté – tant mieux!; he's feeling better – ~, let him go il va mieux – très bien, laissez-le partir; ~, that's settled bon OR bien, voilà une affaire réglée; that's a ~ question c'est une bonne question ❑ that's a ~ one! *inf* [joke] elle est (bien) bonne, celle-là!; *iron* [far-fetched story] à d'autres!; ~ for you OR on you! *inf* bravo!, très bien!

◇ *adv* -1. [as intensifier] bien, bon; a ~ hard bed un lit bien dur; I'd like a ~ hot bath j'ai envie de prendre un bon bain chaud; he needs a ~ sound spanking il a besoin d'une bonne fessée; the two friends had a ~ long chat les deux amis ont longuement bavardé; we took a ~ long walk nous avons fait une bonne OR une grande promenade. -2. *inf (not standard)* [well] bien; she writes ~ elle écrit bien; the boss gave it to them ~ and proper *inf* le patron leur a passé un de ces savons; their team beat us ~ and proper *inf* leur équipe nous a battus à plate couture OR à plates coutures. -3. *phr*: to make ~ [succeed] réussir; [reform] changer de conduite, se refaire une vie; a local boy made ~ un garçon du pays OR du coin qui a fait son chemin; the prisoner made ~ his escape le prisonnier est parvenu à s'échapper OR a réussi son évasion; they made ~ their promise ils ont tenu parole OR ont respecté leur promesse; he made ~ his position as leader il a assuré sa position de leader; to make sthg ~ [mistake] remédier à qqch; [damages, injustice] réparer qqch; [losses] compenser qqch; [deficit] combler qqch; [wall, surface] apporter des finitions à qqch; we'll make ~ any expenses you incur nous vous rembourserons toute dépense; to make ~ on sthg *Am* honorer qqch.

◇ *n* -1. [morality, virtue] bien *m*; they do ~ ils font le bien; that will do more harm than ~ ça fera plus de mal que de bien; to return ~ for evil rendre le bien pour le mal; that organization is a power for ~ cet organisme exerce une influence salutaire; she recognized the ~ in him elle a vu ce qu'il y avait de bon en lui; to be up to no ~ préparer un mauvais coup; their daughter came to no ~ leur fille a mal tourné; for ~ or evil, for ~ or ill pour le bien et pour le mal. -2. [use]: this book isn't much ~ to me ce livre ne me sert pas à grand-chose; if it's any ~ to him si ça peut lui être utile OR lui rendre service; I was never any ~ at mathematics je n'ai jamais été doué pour les maths, je n'ai jamais été bon OR fort en maths; he'd be no ~ as a teacher il ne ferait pas un bon professeur; what's the ~? à quoi bon?; what ~ would it do to leave now? à quoi bon partir maintenant?; what ~ will it do you to see her? ça te servira à quoi OR t'avancera à quoi de la voir?; a fat lot of ~ that did you! *inf* te voilà bien avancé maintenant!; that will do you a lot of ~! *iron* tu seras bien avancé!, ça te fera une belle jambe!; it's no ~, I give up ça ne sert à rien, j'abandonne; it's no ~ worrying about it ça ne sert à rien de OR ce n'est pas la peine de OR inutile de vous inquiéter; I might as well talk to the wall for all the ~ it does je ferais aussi bien de parler au mur, pour tout l'effet que ça fait. -3. [benefit, welfare] bien *m*; I did it for your own ~ je l'ai fait pour ton (propre) bien; a holiday will do her ~ des vacances lui feront du bien; she resigned for the ~ of her health elle a démissionné pour des raisons de santé; it does my heart ~ to see you so happy ça me réchauffe le cœur de vous voir si heureux; much ~ may it do you! grand bien vous fasse!; the common ~ l'intérêt *m* commun.

◇ *npl* [people]: the ~ les bons *mpl*, les gens *mpl* de bien; the ~ and the bad les bons et les méchants; only the ~ die young ce sont toujours les meilleurs qui partent les premiers ❑ 'the Good, the Bad and the Ugly' *Leone* 'le Bon, la bête et le truand'.

◆ **as good as** *adv phr* pour ainsi dire, à peu de choses près; I'm as ~ as blind without my glasses sans lunettes je suis pour ainsi dire aveugle; he's as ~ as dead c'est comme s'il était mort; the job is as ~ as finished la tâche est pour ainsi dire OR est pratiquement finie; it's as ~ as new c'est comme neuf; he as ~ as admitted he was wrong il a pour ainsi dire reconnu qu'il avait tort; they as ~ as called us cowards ils n'ont pas dit qu'on était des lâches mais c'était tout comme.

◆ **for good** *adv phr* pour de bon; she left for ~ elle est partie pour de bon; they finally settled down for ~ ils se sont enfin fixés définitivement; for ~ and all une (bonne) fois pour toutes, pour de bon; I'm warning you for ~ and all! c'est la dernière fois que je te le dis!

◆ **to the good** *adv phr*: that's all to the ~ tant mieux; he finished up the card game £15 to the ~ il a fait 15 livres de bénéfice OR il a gagné 15 livres aux cartes.

Good Book *n*: the ~ la Bible.

goodbye [gʊd'baɪ] ◇ *interj*: ~! au revoir!; ~ for now à bientôt, à la prochaine.
◇ *n* adieu *m*, au revoir *m*; I hate ~s j'ai horreur des adieux; we said our ~s and left on a fait nos adieux et on est partis; to say ~ to sb dire au revoir OR faire ses adieux à qqn, prendre congé de qqn; if you fail these exams, you can say ~ to a career as a doctor *fig* si tu rates ces examens, tu peux dire adieu à ta carrière de médecin ❑ 'Goodbye To All That' *Graves* 'Adieu à tout cela'; 'Goodbye to Berlin' *Isherwood* 'Adieux à Berlin'.

good day *interj* -1. *Br dated* OR *Am* [greeting] bonjour. -2. *Br dated* [goodbye] adieu.

good evening *interj*: ~! [greeting or saying goodbye] bonsoir!

good-for-nothing ◇ *adj* bon OR propre à rien; he's a ~ layabout! c'est un bon à rien et un fainéant!; that ~ husband of hers son vaurien de mari.
◇ *n* vaurien *m*, -enne *f*, propre-à-rien *mf*.

Good Friday *n* le Vendredi saint.

GOOD FRIDAY:
En Grande-Bretagne, il est traditionnel, le jour du Vendredi saint, de manger des «hot cross buns» (petits pains ronds aux fruits secs, marqués d'une croix).

---

good-hearted *adj* [person] bon, généreux; [action] fait avec les meilleures intentions.

good-humoured *adj* [person] qui a bon caractère; [discussion] amical; [joke, remark] sans malice.

good-humouredly *adv* avec bonne humeur.

goodie *inf* ['gʊdɪ] = **goody**.

good looker *inf n* [man] bel homme *m*; [younger] beau garçon *m*; [woman] belle femme *f*; [younger] belle fille *f*.

good-looking *adj* [person] beau; a ~ woman une belle OR jolie femme.

good looks *npl* [attractive appearance] beauté *f*.

goodly ['gʊdlɪ] *adj* -1. *dated* [amount, size] considérable, important; a ~ sum of money une belle somme d'argent. -2. *arch* [attractive] charmant, gracieux.

good morning *interj*: ~! [greeting] bonjour!; [goodbye] au revoir!, bonne journée!

good-natured *adj* [person] facile à vivre, qui a un bon naturel; [face, smile] bon enfant *(inv)*; [remark] sans malice.

good-naturedly *adv* avec bonne humeur, avec bonhomie.

goodness ['gʊdnɪs] *n* -**1.** [of person] bonté *f*, bienveillance *f*, bienfaisance *f*; [of thing] (bonne) qualité *f*, excellence *f*, perfection *f*; **he believes in people's essential ~** il croit en la bonté naturelle des gens; **she didn't even have the ~ to say thank you!** elle n'a même pas eu la bonté de dire merci! -**2.** [nourishment] valeur *f* nutritive; **there's a lot of ~ in fresh vegetables** les légumes frais sont pleins de bonnes choses. -**3.** *inf* [in interjections]: **(my) ~!** mon Dieu!; **~ gracious (me)!** Seigneur!, mon Dieu!; **for ~' sake** pour l'amour de Dieu, par pitié; **~ knows!** Dieu seul le sait!; **~ knows why** Dieu sait pourquoi; **I wish to ~ he would shut up!** si seulement il pouvait se taire!

good night ◇ *interj*: **~!** [when leaving] bonsoir!; [when going to bed] bonne nuit!
◇ *n*: **they said ~ and left** ils ont dit bonsoir et sont partis; **she kissed her mother ~ and went to bed** elle a dit bonsoir à sa mère et est allée se coucher.
◇ *comp*: **give your mother a ~ kiss** embrasse ta mère *(pour lui dire bonsoir)*.

goods [gʊdz] *npl* -**1.** [possessions] biens *mpl*; **he gave up all his worldly ~** il a renoncé à tous ses biens matériels ❑ **~ and chattels** biens et effets *mpl*. -**2.** COMM marchandises *fpl*, articles *mpl*; **send us the ~ by rail** envoyez-nous la marchandise par chemin de fer; **these ~ are not for sale** ces articles ne sont pas à vendre; **leather ~** articles de cuir, maroquinerie *f* ❑ **to deliver the ~** *inf* tenir parole; **have you got the ~?** vous avez ce qu'il faut?; **he thinks she's the ~** *inf* il pense qu'elle est géniale. -**3.** *inf Am* [information] renseignements *mpl*; **can you give me the ~ on him?** pouvez-vous me rencarder sur lui?

good Samaritan *n* bon Samaritain *m*, bonne Samaritaine *f*; **she's a real ~** elle a tout du bon Samaritain; **the ~ laws** *Am* JUR *lois qui protègent un sauveteur de toutes poursuites éventuelles engagées par le blessé.*
◆ **Good Samaritan** *n* BIBLE: **the Good Samaritan** le bon Samaritain.

Good Shepherd *n*: **the ~** le bon Pasteur.

goods train *n* train *m* de marchandises.

goods wagon *n* wagon *m* de marchandises.

goods yard *n* dépôt *m* de marchandises.

good-tempered *adj* [person] qui a bon caractère, d'humeur égale.

good-time girl *inf n pej* fille *f* qui ne pense qu'à se donner du bon temps, noceuse *f*.

goodwill [,gʊd'wɪl] ◇ *n* -**1.** [benevolence] bienveillance *f*; **to show ~ towards sb** faire preuve de bienveillance à l'égard de qqn. -**2.** [willingness] bonne volonté *f*; **there needs to be ~ on both sides** il faut que chacun fasse preuve de bonne volonté OR y mette du sien. -**3.** COMM clientèle *f*, (biens *mpl*) incorporels *mpl*.
◇ *comp* d'amitié, de bienveillance; **a ~ gesture** un geste OR témoignage d'amitié; **a ~ mission** OR **visit** une visite d'amitié.

Goodwood ['gʊdwʊd] *pr n champ de courses en Angleterre.*

goody *inf* ['gʊdɪ] (*pl* **goodies**) ◇ *interj*: **~!** génial!, chouette!, chic!
◇ *n (usu pl)* -**1.** [good thing] bonne chose *f*; [sweet] bonbon *m*, friandise *f*; **her latest film's a ~** son dernier film est un régal. -**2.** [good person] bon *m*; **the goodies and the baddies** les bons et les méchants.

goody-goody *inf* (*pl* **goody-goodies**) *pej*
◇ *adj*: **he's too ~** il est trop parfait.
◇ *n* âme *f* charitable *hum*, modèle *m* de vertu *hum*.

gooey *inf* ['gu:ɪ] *adj* -**1.** [substance] gluant, visqueux, poisseux; [sweets] qui colle aux dents. -**2.** [sentimental] sentimental; **she goes all ~ over babies** elle devient gâteuse quand elle voit un bébé.

goof *inf* [gu:f] ◇ *n* -**1.** [fool] imbécile *mf*, andouille *f*. -**2.** [blunder] gaffe *f*.
◇ *vi* [blunder] faire une gaffe.
◆ **goof off** *inf vi insep Am* [waste time] flemmarder; [malinger] tirer au flanc.
◆ **goof on** *inf vt insep Am* se moquer de.
◆ **goof up** *inf vt sep* bousiller, saloper; **he ~ed the job up** il a salopé le travail.

goofball▽ ['gu:fbɔ:l] *Am* ◇ *n* -**1.** [drug] barbiturique *m*. -**2.** [fool] crétin *m*, -e *f*, andouille *f*.
◇ *vi* gaffer, mettre les pieds dans le plat.

goof-off *n Am* tire-au-flanc *m inv*.

goofy *inf* ['gu:fɪ] (*compar* **goofier**, *superl* **goofiest**) *adj* -**1.** [stupid] dingo. -**2.** *Br* [teeth] en avant.

googly ['gu:glɪ] *n* [in cricket] balle *f* déviée; **to bowl a ~** *literal* faire dévier une balle; **the boss bowled us a ~** *fig* le patron nous a joué un sale tour.

googol ['gu:gɒl] *n* dix *m* puissance cent.

goo-goo *inf adj*: **to make ~ eyes at sb** faire des yeux de velours OR les yeux doux à qqn.

gook▼ [gu:k] *n Am terme raciste désignant un Asiatique.*

goolies▽ ['gu:lɪ] *npl* roupettes *fpl*.

goon *inf* [gu:n] *n* -**1.** [fool] abruti *m*, -e *f*; **the Goons** *groupe de comédiens loufoques très populaires dans les années 50 en Grande-Bretagne.* -**2.** *Am* [hired thug] casseur *m (au service de quelqu'un)*; **~ squad** [strike-breakers] milice *f* patronale.

Goonhilly [,gu:n'hɪlɪ] *pr n station de communications par satellite en Angleterre.*

goosander [gu:'sændəʳ] *n* harle *m*.

goose [gu:s] (*pl* **geese** [gi:s]) ◇ *n* -**1.** [bird] oie *f*; **~ egg** *inf Am* zéro *m*; **to kill the ~ that lays the golden egg** tuer la poule aux œufs d'or. -**2.** *inf* [fool]: **don't be such a ~!** ne sois pas si bête!; **what a little ~ she is!** quelle petite dinde!
◇ *vt inf Am* [prod]: **to ~ sb** *donner un petit coup sur les fesses de quelqu'un pour le faire sursauter.*

gooseberry ['gʊzbərɪ] *n* -**1.** BOT groseille *f* à maquereau. -**2.** [unwanted person]: **to be** OR **to play ~** tenir la chandelle.

gooseberry bush *n* groseillier *m*; **we found you under a ~** *hum* on t'a trouvé dans un chou.

goose bumps *inf esp Am* = **goose pimples**.

goose fat *n* graisse *f* d'oie.

gooseflesh ['gu:sfleʃ] *n (U)* = **goose pimples**.

goosegog *inf* ['gu:zgɒg] *n Br* groseille *f* à maquereau.

goose grass *n* grateron *m*, potentille *f*, ansérine *f*.

gooseneck ['gu:snek] *n* -**1.** [shape] col *m* de cygne. -**2.** NAUT [joint] vit-de-mulet *m*.

goose pimples *npl Br* la chair de poule; **to get** OR **to come out in ~** avoir la chair de poule; **horror films give me ~** les films d'horreur me donnent la chair de poule.

goosestep ['gu:s,step] (*pt & pp* **goosestepped**, *cont* **goosestepping**) ◇ *n* pas *m* de l'oie.
◇ *vi* faire le pas de l'oie; **they goosestepped across the parade ground** ils ont traversé le terrain de manœuvres au pas de l'oie.

GOP (*abbr of* **Grand Old Party**) *pr n le parti républicain aux États-Unis.*

gopher ['gəʊfəʳ] *n* -**1.** [pocket gopher] gaufre *m*, gauphre *m*. -**2.** [ground squirrel] spermophile *m*. -**3.** [tortoise] *espèce de tortues qui s'enfouissent dans le sol.* -**4.** *inf* = **gofer**.

Gorbachov ['gɔ:bətʃɒf] *pr n*: **Mikhail ~** Mikhaïl Gorbatchev.

Gorbals ['gɔ:blz] *pl pr n*: **the ~** *quartier du sud de Glasgow autrefois connu pour ses taudis.*

gorblimey *inf* [gɔ:'blaɪmɪ] *Br* ◇ *interj*: **~!** mon Dieu!, mince!
◇ *n*: **he's got a real ~ accent** il a un bon accent cockney.

Gordian knot ['gɔ:djən-] *n* nœud *m* gordien; **to cut the ~** couper OR trancher le nœud gordien.

Gordonstoun ['gɔ:dnstən] *pr n*: **~ (School)** *école privée en Écosse, fréquentée notamment par la famille royale.*

gore [gɔ:ʳ] ◇ *n* -**1.** [blood] sang *m* (coagulé); **his films are always full of blood and ~** il y a beaucoup de sang dans ses films. -**2.** SEW godet *m*; NAUT pointe *f* (de voile); [land] langue *f* de terre.
◇ *vt* -**1.** [wound] blesser à coups de cornes, encorner; **the matador was ~d by the bull** le matador a été encorné par le taureau; **he was ~d to death** il a été tué d'un coup de corne. -**2.** NAUT [sail] mettre une pointe à.

gored [gɔ:d] *adj* [skirt] à godets.

gorge [gɔ:dʒ] ◇ *n* -**1.** GEOG défilé *m*, gorge *f*. -**2.** *arch* [throat] gorge *f*, gosier *m*; **it made my ~ rise** *fig* cela m'a rendu malade OR m'a soulevé le cœur.
◇ *vt*: **to ~ o.s.** se gaver, se gorger, se bourrer; **don't ~ yourself with** OR **on sweets** ne vous bourrez OR gavez pas de bonbons.

gorgeous ['gɔ:dʒəs] *adj* -**1.** *inf* [wonderful - person, weather] magnifique, splendide, superbe; [- flat, clothing] magnifique, très beau; [- food, meal] délicieux. -**2.** [magnificent - fabric, clothing] somptueux.

Gorgon ['gɔ:gən] *pr n* MYTH: **the ~s** les Gorgones *fpl*.
◆ **gorgon** *n* [fierce woman] harpie *f*, dragon *m*.

gorilla [gə'rɪlə] *n* -**1.** ZOOL gorille *m*. -**2.** *inf* [thug] voyou *m*; [bodyguard] gorille *m*.

Gorki, Gorky ['gɔ:kɪ] *pr n* Gorki.

Gorky ['gɔ:kɪ] *pr n*: **Maxim ~** Maxime Gorki.

gormandize, -ise ['gɔ:məndaɪz] *vi fml* engloutir, dévorer.

gormless *inf* ['gɔ:mlɪs] *adj Br* [person, expression] stupide, abruti; **don't look so ~!** ne prends pas cet air d'abruti!

gorse [gɔ:s] *n (U)* ajoncs *mpl*; **a ~ bush** un ajonc.

gory ['gɔ:rɪ] (*compar* **gorier**, *superl* **goriest**) *adj* [battle, scene, sight, death] sanglant; **a ~ film** un film sanglant OR très violent; **give me all the ~ details** *hum* vas-y, raconte-moi tout; **spare me all the ~ details** *hum* épargne-moi les détails.

gosh *inf* [gɒʃ] *interj*: **~!** oh dis donc!, ça alors!, hé ben!

goshawk ['gɒshɔ:k] *n* autour *m*.

gosling ['gɒzlɪŋ] *n* oison *m*.

go-slow *n Br* grève *f* du zèle, grève *f* perlée.

gospel ['gɒspl] ◇ *n* -**1.** *fig*: **to take sthg as ~** prendre qqch pour parole d'évangile. -**2.** MUS gospel *m*.
◇ *comp* -**1.** *fig*: **the ~ truth** la vérité vraie. -**2.** MUS: **~ music** gospel *m*; **~ song** negro spiritual *m*.
◆ **Gospel** ◇ *n* BIBLE: **the Gospel** l'Évangile *m*; **the Gospel according to St Mark** l'Évangile selon saint Marc.
◇ *comp*: **Gospel book** évangéliaire *m*.

gospel(l)er ['gɒspələʳ] *n* évangéliste *m*.

gospel oath *n* serment *m* prêté sur l'Évangile.

gossamer ['gɒsəməʳ] ◇ *n (U)* [cobweb] fils *mpl* de la vierge, filandres *fpl*; [gauze] gaze *f*; [light cloth] étoffe *f* transparente.
◇ *comp* arachnéen, très léger, très fin.

gossip ['gɒsɪp] ◇ *n* -**1.** *(U)* [casual chat] bavardage *m*, papotage *m*; *pej* [rumour] commérage *m*, ragots *mpl*, racontars *mpl*; [in newspaper] potins *mpl*; **to have a good ~** bien papoter; **have you heard the latest (bit of) ~?** vous connaissez la dernière (nouvelle)?; **that's just (idle) ~** ce ne sont que des bavardages (futiles); **don't listen to ~** n'écoutez pas les racontars; **the paper gives all the local ~** il y a tous les petits potins du coin dans le journal. -**2.** *pej* [person] bavard *m*, -e *f*, pie *f*, commère *f*; **he's such a ~!** quelle commère!
◇ *vi* bavarder, papoter; [maliciously] faire des commérages, dire du mal des gens; **people are always ~ing about their neighbours** les gens ont toujours des ragots à raconter sur leurs voisins.

gossip column *n* échos *mpl*; **in the ~s** dans les échos.

gossip columnist *n* échotier *m*, -ère *f*.

gossiping ['gɒsɪpɪŋ] ◇ *adj* bavard; *pej* cancanier.
◇ *n (U)* bavardage *m*, papotage *m*; *pej* commérage *m*.

gossip writer = **gossip columnist**.

gossipy *inf* ['gɒsɪpɪ] *adj* [person] bavard; *pej* cancanier; [style] anecdotique; a ~ **letter** une lettre pleine de bavardages.

got [gɒt] *pt* & *pp* → **get**.

gotcha *inf* ['gɒtʃə] *interj* -**1.** [I understand]: ~! pigé! -**2.** [cry of success]: ~! ça y est (je l'ai)!; [cry when catching sb] je te tiens!

Goth [gɒθ] *n*: the ~s les Goths *mpl*.

Gothenburg ['gɒθən,bɜːg] *pr n* Göteborg.

Gothic ['gɒθɪk] ◇ *adj* [ARCHIT & gen] gothique; ~ **type** PRINT caractère *m* gothique; ~ **novel** roman *m* gothique.

◇ *n* [ARCHIT & gen] gothique *m*; LING gotique *m*, gothique *m*.

GOTHIC NOVEL:

Le roman gothique est une histoire d'horreur pseudoromantique ayant généralement pour cadre un château gothique; le genre fut popularisé au XVIIIe siècle par Walpole.

---

gotta *inf* ['gɒtə] *Am* -**1.** [have got a]: I ~ **dog** j'ai un chien. -**2.** [have got to]: I ~ **work Saturday** je dois bosser samedi.

gotten ['gɒtn] *Am* & *Scot pp* → **get**.

gouache [gʊ'ɑːʃ] *n* gouache *f*.

gouge [gaʊdʒ] ◇ *n* gouge *f*.

◇ *vt* [with gouge] gouger; to ~ **a hole** [intentionally] creuser un trou; [accidentally] faire un trou; **you've ~d a great hole in the top of the table!** vous avez fait un gros trou sur le dessus de la table!

◆ **gouge out** *vt sep* [with gouge] gouger, creuser (à la gouge); [with thumb] évider, creuser; **to ~ sb's eyes out** crever les yeux à qqn.

goulash ['guːlæʃ] *n* goulache *m*, goulasch *m*.

gourd [gʊəd] *n* [plant] gourde *f*, cucurbitacée *f*; [fruit] gourde *f*, calebasse *f*; [container] gourde *f*, calebasse *f*.

gourmand ['gʊəmənd] *n* [glutton] gourmand *m*, -e *f*; [gourmet] gourmet *m*.

gourmet ['gʊəmeɪ] ◇ *n* gourmet *m*, gastronome *mf*.

◇ *comp* gastronomique; ~ **food** cuisine *f* gastronomique; a ~ **restaurant** un restaurant gastronomique.

gout [gaʊt] *n* -**1.** *(U)* MED goutte *f*. -**2.** *fml* OR *lit* [blob] goutte *f*.

gouty ['gaʊtɪ] *adj* [leg, person] goutteux.

gov *inf* [gʌv] *abbr of* governor **2**.

govern ['gʌvən] ◇ *vt* -**1.** [country] gouverner, régner sur; [city, region, bank etc] gouverner; [affairs] administrer, gérer; [company, organization] diriger, gérer; **the politicians who ~ Britain** les politiciens qui gouvernent la Grande-Bretagne; **when Louis XIV [illegible]ed France** quand Louis XIV gouvernait la France OR régnait sur la France. -**2.** [determine – behaviour, choice, events, speed] déterminer. -**3.** [restrain – passions] maîtriser, dominer. -**4.** GRAMM [case, mood] gouverner, régir. -**5.** TECH régler.

◇ *vi* COMM & POL gouverner, commander, diriger.

governable ['gʌvnəbl] *adj* gouvernable.

governance ['gʌvnəns] *n* gouvernement *m*, régime *m*.

governess ['gʌvənɪs] *n* gouvernante *f*.

governing ['gʌvənɪŋ] *adj* -**1.** COMM & POL gouvernant, dirigeant; **the ~ party** le parti au pouvoir; ~ **body** conseil *m* d'administration. -**2.** [factor] dominant; **the ~ principle** le principe directeur.

government ['gʌvnmənt] ◇ *n* -**1.** [process of governing – country] gouvernement *m*, direction *f*; [– company] administration *f*, gestion *f*; [– affairs] conduite *f*. -**2.** POL [governing authority] gouvernement *m*; [type of authority] gouvernement *m*, régime *m*; [the State] gouvernement *m*, État *m*; **the Conservative ~** le gouvernement conservateur; **to form a ~** constituer OR former un gouvernement; **the ~ has fallen** le gouvernement est tombé; **the socialists have joined the coalition ~** les socialistes sont entrés dans le gouvernement de coalition; **democratic ~** la démocratie; **a stable ~** un gouvernement stable; **the project is financed by the ~** le projet est financé par l'État OR le gouvernement.

◇ *comp* [measure, policy] gouvernemental, du gouvernement; [borrowing, expenditure] de l'État, public; [minister, department] du gouvernement; **a ~-funded project** un projet subventionné par l'État ❑ ~ **bonds** obligations *fpl* d'État, bons *mpl* du Trésor; ~ **health warning** *avertissement officiel contre les dangers du tabac figurant sur les paquets de cigarettes et dans les publicités pour le tabac*; **'The Government Inspector'** *Gogol* 'le Revizor'.

governmental [,gʌvn'mentl] *adj* gouvernemental, du gouvernement; ~ **responsibilities** des responsabilités gouvernementales; **a ~ organization** une organisation gouvernementale.

Government House *n Br* palais *m* du gouverneur.

government issue *n* émission *f* d'État OR par le gouvernement; ~ **uniform** uniforme *m* fourni par l'État.

governor ['gʌvənə^r] *n* -**1.** [of bank, country] gouverneur *m*; *Br* [of prison] directeur *m*, -trice *f*; *Br* [of school] membre *m* du conseil d'établissement; **State ~** *Am* gouverneur *m* d'État. -**2.** *inf Br* [employer] patron *m*, boss *m*. -**3.** TECH régulateur *m*.

governor-general, **Governor-General** (*pl* governor-generals) *n* gouverneur *m* général.

governor-generalship *n* poste *m* de gouverneur général.

governorship ['gʌvənəʃɪp] *n* fonctions *fpl* de gouverneur.

govt (*written abbr of* government) gvt.

gown [gaʊn] *n* -**1.** [gen] robe *f*. -**2.** SCH & UNIV toge *f*.

goy [gɔɪ] (*pl* goys OR goyim ['gɔɪɪm]) *n* goy *mf*, goï *mf*.

GP (*abbr of* general practitioner) *n* (médecin *m*) généraliste *m*.

GPMU (*abbr of* Graphical, Paper and Media Union) *pr n syndicat britannique des ouvriers du livre*.

GPO (*abbr of* General Post Office) *pr n* -**1.** [in Britain]: **the ~** *titre officiel de la Poste britannique avant 1969*. -**2.** [in US]: **the ~** *les services postaux américains*.

gr. *written abbr of* gross.

grab [græb] (*pt* & *pp* grabbed, *cont* grabbing) ◇ *vt* -**1.** [with hands] saisir; **he grabbed the book out of my hand** il m'a arraché le livre des mains; **he grabbed my purse and ran** il s'est emparé de mon porte-monnaie et est parti en courant. -**2.** *fig* [opportunity] saisir; [power] prendre; [land] s'emparer de; [quick meal] avaler, prendre (en vitesse); **I'll ~ a sandwich and work through the lunch hour** je vais me prendre un sandwich en vitesse et je travaillerai pendant l'heure du déjeuner ❑ **how does that ~ you?** *inf* qu'est-ce que tu en dis?; **the film didn't really ~ me** le film ne m'a pas vraiment emballé.

◇ *vi*: **to ~ at sb/sthg** essayer d'agripper qqn/qqch; **don't ~!** pas touche!; **I grabbed at the chance** *fig* j'ai sauté sur l'occasion.

◇ *n* -**1.** [movement] mouvement *m* vif; [sudden theft] vol *m* (à l'arraché); **to make a ~ at OR for sthg** essayer de saisir OR faire un mouvement vif pour saisir qqch ❑ **to be up for ~s** *inf* être disponible. -**2.** *Br* TECH benne *f* preneuse.

grab bag *n Am* -**1.** = **lucky dip**. -**2.** [assortment] fourre-tout *m inv*.

grabber ['græbə^r] *n* -**1.** [greedy person] personne *f* qui se précipite sur tout. -**2.** [attention-seeker] personne *f* qui cherche à attirer l'attention.

grabby *inf* ['græbɪ] *adj pej* radin, pingre; **don't be so ~** ne sois pas aussi pingre.

grace [greɪs] ◇ *n* -**1.** [physical] grâce *f*; [decency, politeness, tact] tact *m*; **social ~s** bonnes manières *fpl*; **to do sthg with good/bad ~** faire qqch de bonne/mauvaise grâce; **at least he had the (good) ~ to apologize** il a au moins eu la décence de s'excuser. -**2.** RELIG grâce *f*; **by the ~ of God** par la grâce de Dieu; **in a state of ~** en état de grâce ❑ **to fall from ~** RELIG perdre la grâce; *fig* tomber en disgrâce; **to be in sb's good/bad ~s** être bien/mal vu par qqn; **there but for the ~ of God (go I)** ça aurait très bien pu m'arriver aussi. -**3.** [amnesty] grâce *f*; [respite] grâce *f*, répit *m*; **as an act of ~, the King...** JUR en exerçant son droit de grâce, le Roi...; **we have two days' ~** nous disposons de deux jours de répit; **days of ~** COMM jours *mpl* de grâce. -**4.** [prayer]: **to say ~** [before meals] dire le bénédicité; [after meals] dire les grâces.

◇ *vt* -**1.** [honour] honorer; **she ~d us with her presence** *hum* elle nous a honorés de sa présence. -**2.** [adorn] orner, embellir; **some exquisite watercolours ~d the walls** les murs étaient ornés de très jolies aquarelles.

◆ **Grace** *n* [term of address]: **Your Grace** [to Archbishop] Monseigneur OR (Votre) Excellence (l'Archevêque); [to Duke] Monsieur le duc; [to Duchess] Madame la duchesse; **His Grace the Duke** Monsieur le duc; **Her Grace the Duchess** Madame la duchesse; **His Grace the Archbishop** Monseigneur OR Son Excellence l'Archevêque.

◆ **Graces** *npl* MYTH: **the three Graces** les trois Grâces *fpl*.

grace-and-favour *adj Br*: ~ **residence** *logement appartenant à la Couronne et prêté à une personne que le souverain souhaite honorer.*

graceful ['greɪsfʊl] *adj* [person, movement] gracieux; [language, style] élégant.

gracefully ['greɪsfʊlɪ] *adv* [dance, move] avec grâce, gracieusement.

gracefulness ['greɪsfʊlnɪs] *n* grâce *f*, élégance *f*.

graceless ['greɪslɪs] *adj* [behaviour, person, movement] gauche.

gracelessly ['greɪslɪslɪ] *adv* avec maladresse, de façon peu élégante.

grace note *n* note *f* d'agrément, ornement *m*.

gracious ['greɪʃəs] ◇ *adj* -**1.** [generous, kind – gesture, smile] gracieux, bienveillant; [– action] généreux; **to be ~ to OR towards sb** faire preuve de bienveillance envers qqn; **Your Gracious Majesty** Votre gracieuse Majesté; **by the ~ consent of...** par la grâce de...; **God has been ~ to us** Dieu s'est montré miséricordieux OR bienveillant envers nous. -**2.** [luxurious]: ~ **living** vie *f* facile.

◇ *interj*: **(good) ~ (me)!** mon Dieu!, bonté divine!; **goodness ~!** Seigneur Dieu!, bonté divine!

graciously ['greɪʃəslɪ] *adv* [smile] gracieusement; [accept, agree, allow] avec bonne grâce; *fml* gracieusement; RELIG miséricordieusement.

graciousness ['greɪʃəsnɪs] *n* [of person] bienveillance *f*, générosité *f*, gentillesse *f*; [of action] grâce *f*, élégance *f*; [of lifestyle, surroundings] élégance *f*, raffinement *m*; RELIG miséricorde *f*, clémence *f*.

grackle [grækl] *n* -**1.** [American songbird] quiscale *m*. -**2.** [starling] mainate *m*.

grad *inf* [græd] *n abbr of* graduate.

gradable ['greɪdəbl] *adj* -**1.** [capable of being graded] qui peut être classé. -**2.** LING comparatif.

gradate [grə'deɪt] ◇ *vt* graduer.

◇ *vi* être gradué.

gradation [grə'deɪʃn] *n* gradation *f*, progression *f*, échelonnement *m*; [stage] gradation *f*, degré *m*, palier *m*; LING alternance *f* (vocalique), apophonie *f*.

gradational [grə'deɪʃənl] *adj* -**1.** [gen] graduel, progressif, échelonné. -**2.** LING comparatif.

grade [greɪd] ◇ *n* -**1.** [level] degré *m*, niveau *m*; [on scale] échelon *m*, grade *m*; [on salary scale] indice *m*; **the top ~s of the civil service** les échelons supérieurs OR les plus élevés de la fonction publique. -**2.** MIL grade *m*, rang *m*, échelon *m*; [in hierarchy] échelon *m*, catégorie *f*. -**3.** [quality – of product] qualité *f*, catégorie *f*; [– of petrol] grade *m*; [size of products] calibre *m*; **a high ~ of coal** un charbon de haute qualité; **there are two ~s of eggs** il y a des œufs de deux calibres; **grade A potatoes** pommes de terre de qualité A. -**4.** *Am* SCH [mark] note *f*; [year] année *f*, classe *f*; **she gets good ~s at school** elle a de bonnes notes à l'école; **a ~ A student** un excellent élève; **he's in fifth ~** ≃ il est en CM2. -**5.** *Am* = **grade school**. -**6.** MATH grade *m*. -**7.** *Am* [gradient] déclivité *f*, pente *f*; RAIL rampe *f*. -**8.** *phr*: **to make the ~** être à la hauteur; **do you think she'll make the ~?** vous pensez qu'elle est OR sera à la hauteur?

◇ *vt* -**1.** [classify - by quality] classer; [- by size] calibrer; [arrange in order] classer; **to ~ food/questions** classer de la nourriture/des questions. -**2.** SCH [mark] noter. -**3.** [cross - livestock] améliorer par sélection. -**4.** [level] niveler; **to ~ the ground** niveler le terrain.

◆ **grade down** *vt sep* mettre dans une catégorie inférieure.

◆ **grade up** *vt sep* -**1.** mettre dans une catégorie supérieure. -**2.** [level] = **grade** *vt* **4.**

grade crossing *n Am* RAIL passage *m* à niveau.

grader ['greɪdəʳ] *n* -**1.** *Am* SCH [marker of exams] correcteur *m*, -trice *f*; [member of a grade]: **fourth ~** élève *mf* de 4ᵉ année *(CM1)*. -**2.** TECH grader *m*, niveleuse *f*.

grade school *n Am* école *f* primaire.

grade separation *n Am* AUT séparation *f* des niveaux de circulation.

grade teacher *n Am* instituteur *m*, -trice *f*.

gradient ['greɪdjənt] *n* -**1.** *Br* [road] déclivité *f*, pente *f*, inclinaison *f*; RAIL rampe *f*, pente *f*, inclinaison *f*; **a steep ~** une ligne à forte pente; **a ~ of three in ten** OR **30%** une pente de 30%. -**2.** METEOR & PHYS gradient *m*; **pressure ~** gradient de pression.

gradient post *n* RAIL indicateur *m* de pente.

grading ['greɪdɪŋ] *n* [classification] classification *f*; [by size] calibration *f*; SCH notation *f*.

gradiometer [,greɪdɪ'ɒmɪtəʳ] *n* clinomètre *m*.

gradual ['grædʒʊəl] ◇ *adj* [change, improvement, movement] graduel, progressif; [slope] doux.

◇ *n* RELIG graduel *m*.

gradualism ['grædʒʊəlɪzm] *n* gradualisme *m*; POL réformisme *m*.

gradually ['grædʒʊəlɪ] *adv* progressivement, petit à petit, peu à peu.

gradualness ['grædʒʊəlnɪs] *n* progressivité *f*.

graduand ['grædʒʊənd] *n Br* UNIV candidat *m*, -e *f*, postulant *m*, -e *f*, prétendant *m*, -e *f*.

graduate [*n* 'grædʒʊət, *vb* 'grædjʊeɪt] ◇ *n* -**1.** UNIV licencié *m*, -e *f*, diplômé *m*, -e *f*; *Am* SCH bachelier *m*, -ère *f*; **she's an Oxford ~** OR **a ~ of Oxford** elle a fait ses études à Oxford ❑ 'The Graduate' *Nichols* 'le Lauréat'. -**2.** *Am* [container] récipient *m* gradué.

◇ *adj* UNIV diplômé, licencié; **~ school** *Am école où l'on poursuit ses études après la licence*; **~ student** étudiant de deuxième/troisième cycle.

◇ *vi* -**1.** UNIV ≃ obtenir son diplôme/sa licence; *Am* SCH ≃ obtenir le OR être reçu au baccalauréat; **she ~d from the Sorbonne** elle a un diplôme de la Sorbonne; **he ~d in linguistics** il a une licence de linguistique. -**2.** [gain promotion] être promu, passer; **he ~d from the post of foreman to that of manager** il est passé du poste de contremaître à celui de directeur; **I've ~d from cheap plonk to good wines** *inf* je suis passé du gros rouge aux bons vins.

◇ *vt* -**1.** [calibrate] graduer; **the ruler is ~d in millimetres** la règle est graduée en millimètres. -**2.** [change, improvement, movement] graduer; **the teacher ~d the exercises** le professeur a gradué les exercices. -**3.** *Am* SCH & UNIV conférer OR accorder un diplôme à.

graduated ['grædjʊeɪtɪd] *adj* [tax] progressif; [measuring container, exercise, thermometer] gradué; [colours] dégradé.

graduation [,grædʒʊ'eɪʃn] ◇ *n* -**1.** [gen] graduation *f*. -**2.** UNIV & *Am* SCH [ceremony] (cérémonie *f* de) remise *f* des diplômes.

◇ *comp*: **~ day** jour *m* de la remise des diplômes.

Graeco-, Greco- [,griːkəʊ] *in cpds* gréco-; **~ Latin** gréco-latin; **~Roman** gréco-romain; **~Roman wrestling** SPORT lutte *f* gréco-romaine.

graffiti [grə'fiːtɪ] *n* OU *npl* graffiti *mpl*.

graft [grɑːft] ◇ *n* -**1.** HORT greffe *f*, greffon *m*; MED greffe *f*; **they performed a cornea ~** ils ont effectué une greffe de la cornée; **skin ~** greffe de la peau. -**2.** *inf (U)* [corruption] magouilles *fpl*. -**3.** *inf (U) Br* [hard work] travail *m* pénible.

◇ *vt* -**1.** HORT & MED greffer; **they ~ed a piece of skin onto his face** ils lui ont greffé un bout de peau sur le visage. -**2.** [obtain by corruption] obtenir par la corruption.

◇ *vi* -**1.** [be involved in bribery] donner OR recevoir des pots-de-vin. -**2.** HORT & MED: **pears ~ fairly easily** les poires se greffent assez facilement. -**3.** *inf Br* [work hard] bosser dur.

grafter ['grɑːftəʳ] *n* -**1.** BOT [instrument] greffoir *m*. -**2.** *inf* [hard worker] bourreau *m* de travail. -**3.** *inf* [corrupt person] corrupteur *m*, escroc *m*; [corrupt official] fonctionnaire *m* corrompu, concussionnaire *m*.

graham flour ['greɪəm-] *n Am* farine *f* brute.

grail [greɪl] *n*: **the Holy Grail** le Saint-Graal.

grain [greɪn] ◇ *n* -**1.** *(U)* [seeds of rice, wheat] grain *m*; [cereal] céréales *fpl*; *Am* blé *m*; **a cargo of ~** une cargaison de céréales. -**2.** [single] grain *m*; **~s of rice/wheat** grains *mpl* de riz/de blé ‖ [particle] grain *m*; **a ~ of salt/sand** un grain de sel/de sable. -**3.** *fig* [of madness, sense, truth etc] grain *m*, brin *m*; **a few ~s of comfort** une petite consolation. -**4.** [in leather, stone, wood etc] grain *m*; PHOT grain *m*; **I'll help you, but it goes against the ~** je vous aiderai, mais ce n'est pas de bon cœur; **it goes against the ~ for him to accept that they are right** ce n'est pas dans sa nature d'admettre qu'ils aient raison. -**5.** *Br* [weight] ≃ grain *m (poids)*.

◇ *vt* -**1.** [salt] cristalliser. -**2.** [leather, paper] greneler; [to paint to imitate wood] veiner.

◇ *vi* se cristalliser.

grain alcohol *n* alcool *m* de grains.

grained [greɪnd] *adj* -**1.** [salt] cristallisé. -**2.** [leather, paper] grenu, grené; [painted imitation of wood] veiné.

grain elevator *n* silo *m* à céréales.

grainy ['greɪnɪ] (*compar* **grainier**, *superl* **grainiest**) *adj* [surface, texture - of wood] veineux; [- of stone] grenu, granuleux; [- of leather, paper] grenu, grené; PHOT qui a du grain.

gram [græm] *n* -**1.** [metric unit] gramme *m*. -**2.** BOT [plant] pois *m*; [seed] pois *m*, graine *f* de pois; **~ flour** farine *f* de pois chiches.

gram atom *n* atome-gramme *m*.

gramineous [grə'mɪnɪəs] *adj* BOT graminée.

grammar ['græməʳ] *n* -**1.** LING grammaire *f*; **that's not very good ~** ce n'est pas très correct du point de vue grammatical. -**2.** [book] grammaire *f*; **a German ~** une grammaire OR un livre de grammaire allemande.

grammarian [grə'meərɪən] *n* grammairien *m*, -enne *f*.

grammar school *n* [in UK] *type d'école secondaire*; [in US] *école primaire*.

GRAMMAR SCHOOL:
En Grande-Bretagne, ce terme désigne une école secondaire recevant une aide de l'État mais pouvant être privée, réputée dispenser un enseignement de qualité de type traditionnel et préparant aux études supérieures. L'admission se fait sur concours («eleven-plus») ou sur dossier. Moins de cinq pour cent des élèves du pays fréquentent ce type d'école.

---

grammatical [grə'mætɪkl] *adj* grammatical.

grammaticality [grə,mætɪ'kælətɪ] *n* grammaticalité *f*.

grammatically [grə'mætɪklɪ] *adv* grammaticalement, du point de vue grammatical.

grammaticalness [grə'mætɪkəlnɪs] = **grammaticality**.

gramme [græm] = **gram 1**.

gram molecule *n* molécule-gramme *f*.

Grammy ['græmɪ] *n*: **~ (award)** *distinction récompensant les meilleures œuvres musicales américaines de l'année (classique exclu)*.

gramophone ['græməfəʊn] *Br dated* ◇ *n* gramophone *m*, phonographe *m*.

◇ *comp*: **~ needle** aiguille *f* de phonographe OR de gramophone; **~ record** disque *m*.

gramps *inf* [græmps] *n* grand-père *m*, papy *m*, pépé *m*.

grampus ['græmpəs] *n* épaulard *m*, orque *f*.

gran *inf* [græn] *n esp Br* grand-mère *f*, mamie *f*, mémé *f*.

Granada [grə'nɑːdə] *pr n* Grenade.

granary ['grænərɪ] ◇ *n* grenier *m* à blé, silo *m* (à céréales).

◇ *comp*: **~ bread, ~ loaf** pain *m* aux céréales.

grand [grænd] ◇ *adj* -**1.** [impressive - house] magnifique; [- style] grand, noble; [- music, occasion] grand; [pretentious, self-important] suffisant, prétentieux; [dignified, majestic] majestueux, digne; **to do sthg in ~ style** faire qqch en grande pompe; **to live in ~ style** mener la grande vie; **she likes to do things on a ~ scale** elle aime faire les choses en grand; **that dress is a bit too ~ for me** cette robe est un peu trop chic pour moi ❑ **the Grand Old Man** *surnom de William Gladstone*. -**2.** *inf Br dated* OR *dial* [wonderful] super; **I had a ~ time last night** je me suis super bien amusé hier soir. -**3.** *phr*: **that comes to a ~ total of £536** ça fait en tout 536 livres.

◇ *n inf Br* mille livres *fpl*; *Am* mille dollars *mpl*.

grandad *inf* ['grændæd] *n* grand-père *m*, pépé *m*, papy *m*.

grandaddy *inf* [,græn'dædɪ] *n* -**1.** = **grandad**. -**2.** [most ancient] ancêtre *m*; **it's the ~ of them all** c'est leur ancêtre à tous.

Grand Canary *pr n* Grande Canarie *f*; **in ~** à la Grande Canarie.

Grand Canyon *pr n*: **the ~** le Grand Canyon.

grandchild ['grændtʃaɪld] (*pl* **grandchildren** [-,tʃɪldrən]) *n* petit-fils *m*, petite-fille *f*; **is it your first ~?** vous étiez déjà grand-père/grand-mère?; **she has six grandchildren** elle a six petits-enfants.

granddad *inf* ['grændæd] = **grandad**.

granddaddy *inf* [,græn'dædɪ] = **grandaddy**.

granddaughter ['græn,dɔːtəʳ] *n* petite-fille *f*.

grand duchess *n* grande-duchesse *f*.

grand duchy *n* grand-duché *m*.

grand duke *n* grand-duc *m*.

grandee [græn'diː] *n* grand *m* d'Espagne.

grandeur ['grændʒəʳ] *n* [of person] grandeur *f*, noblesse *f*; [of building, scenery] splendeur *f*, magnificence *f*; **an air of ~** un air de grandeur.

grandfather ['grænd,fɑːðəʳ] *n* grand-père *m*.

grandfather clause *n aux États-Unis, clause de la constitution de plusieurs États du sud qui, jusqu'en 1915, n'accordait le droit de vote qu'à ceux dont un parent votait avant le 1er janvier 1861, excluant ainsi les Noirs puisqu'ils n'étaient pas encore affranchis à cette date.*

grandfather clock *n* horloge *f* (de parquet).

grandfatherly ['grænd,fɑːðəlɪ] *adj* de grand-père.

grandiloquence [græn'dɪləkwəns] *n fml* grandiloquence *f*.

grandiloquent [græn'dɪləkwənt] *adj fml* grandiloquent.

grandiose ['grændɪəʊz] *adj pej* [building, style, plan] grandiose.

grand jury *n* [in US] jury *m* d'accusation.

grand larceny *n Am* vol *m* qualifié.

grandly ['grændlɪ] *adv* [behave, say] avec grandeur; [live] avec faste; [dress] avec panache.

grandma *inf* ['grænmɑː], **grandmama** *inf* ['grænmə,mɑː] *n* grand-mère *f*, mémé *f*, mamie *f*.

grandmaster ['grænd,mɑːstəʳ] *n* [of chess] grand maître *m*.

Grand Master *n* [of masonic lodge] Grand Maître *m*.

grandmother ['græn,mʌðəʳ] *n* grand-mère *f*.

grandmother clock *n* petite horloge *f.*

grandmotherly ['græn,mʌðəlɪ] *adj* de grand-mère.

Grand National *pr n*: the ~ *la plus importante course d'obstacles de Grande-Bretagne, qui se déroule à Aintree, dans la banlieue de Liverpool.*

grandnephew ['græn,nefju:] *n* petit-neveu *m.*

grandness ['grændnɪs] *n* [of behaviour] grandeur *f*, noblesse *f*; [of lifestyle] faste *m*; [of appearance] panache *m.*

grandniece ['grænni:s] *n* petite-nièce *f.*

grand opera *n* grand opéra *m.*

grandpa *inf* ['grænpɑ:], **grandpapa** *inf* ['grænpə,pɑ:] = **grandad**.

grandparent ['græn,peərənt] *n*: my ~s mes grands-parents *mpl.*

grand piano *n* piano *m* à queue.

grand prix *n* grand prix *m*; ~ racing course *f* de grand prix; last year's ~ winner le vainqueur du dernier grand prix.

grandsire ['græn,saɪə^r] *n arch* OR *lit* [grandfather] grand-père *m*, aïeul *m*; [forefather] aïeul *m.*

grand slam *n* grand chelem *m.*

grandson ['grænsʌn] *n* petit-fils *m.*

grandstand ['grændstænd] ◇ *n* tribune *f.*
◇ *vi Am* faire l'intéressant.

grandstand view *n*: to have a ~ (of sthg) être aux premières loges (pour voir qqch).

grand tour *n*: she did OR went on a ~ of Italy *inf* elle a fait OR visité toute l'Italie ❑ the Grand Tour le tour d'Europe.

grand vizier *n* HIST Grand Vizir *m.*

grange [greɪndʒ] *n* **-1.** *Br* [country house] manoir *m*; [farmhouse] ferme *f.* **-2.** *Am* [farm] ferme *f.* **-3.** *arch* [granary] grenier *m* à blé, grange *f.*

granger ['greɪndʒə^r] *n Am* fermier *m.*

granite ['grænɪt] ◇ *n* granit *m*, granite *m.*
◇ *comp* de granit OR granite.

granitic [græ'nɪtɪk] *adj* granitique, graniteux.

granny *inf*, **grannie** *inf* ['grænɪ] *n* grand-mère *f*, mamie *f*, mémé *f.*

granny bond *inf n Br type d'obligation visant le marché des retraités.*

granny dumping *n abandon d'une personne âgée qu'on a à charge.*

granny flat *n Br* appartement *m* indépendant *(dans une maison).*

granny knot *n* nœud *m* de vache.

Granny Smith *n* granny-smith *f inv.*

granola [grə'nəʊlə] *n Am* muesli *m.*

grant [grɑ:nt] ◇ *vt* **-1.** [permission, wish] accorder; [request] accorder, accéder à; [goal, point] SPORT accorder; [credit, loan, pension] accorder; [charter, favour, privilege, right] accorder, octroyer, concéder; [property] céder; to ~ sb permission to do sthg accorder à qqn l'autorisation de faire qqch; to ~ sb their request accéder à la requête de qqn; God ~ you good fortune *lit* que Dieu vous protège. **-2.** [accept as true] accorder, admettre, concéder; ~ed, he's not very intelligent, but... d'accord, il n'est pas très intelligent, mais...; will you at least ~ that he is honest? admettrez-vous au moins qu'il est honnête?; I ~ you I made an error of judgement je vous accorde que j'ai fait une erreur de jugement; I'll ~ you that point je vous concède ce point; ~ed! d'accord!, soit! **-3.** *phr*: to take sthg for ~ed considérer que qqch va de soi, tenir qqch pour certain OR établi; you seem to take it for ~ed he'll agree/help you vous semblez convaincu qu'il sera d'accord/vous aidera; to take sb for ~ed ne plus faire cas de qqn; he takes her for ~ed il la traite comme si elle n'existait pas; you take me too much for ~ed vous ne vous rendez pas compte de tout ce que je fais pour vous.
◇ *n* **-1.** [money given] subvention *f*, allocation *f*; [to student] bourse *f.* **-2.** [transfer - of property] cession *f*; [- of land] concession *f*; [permission] octroi *m*; ~ of probate validation *f* OR homologation *f* d'un testament.

grant-aided *adj* = **grant-maintained**.

grant-in-aid *n* subvention *f (de l'État).*

grant-maintained *adj* subventionné *(par l'État)*; ~ school école privée *f* subventionnée *(acceptant en échange un droit de regard de l'État sur la gestion de ses affaires).*

grantor [grɑ:n'tɔ:^r] *n* cessionnaire *mf.*

granular ['grænjʊlə^r] *adj* [surface] granuleux, granulaire; [structure] grenu.

granulate ['grænjʊleɪt] *vt* [lead, powder, tin] granuler; [salt, sugar] grener, grainer; [surface] grener, greneler, rendre grenu.

granulated sugar ['grænjʊleɪtɪd] *n* sucre *m* semoule.

granulation [,grænjʊ'leɪʃn] *n* [texture] granulation *f*; [action] granulation *f*, grenage *m.*

granule ['grænju:l] *n* granule *m.*

grape [greɪp] *n* **-1.** [fruit] grain *m* de raisin; black/white ~s du raisin noir/blanc ❑ 'The Grapes of Wrath' *Steinbeck* 'les Raisins de la colère'. **-2.** *(U)* = **grapeshot**.

grapefruit ['greɪpfru:t] *n* pamplemousse *m or f.*

grape harvest *n* vendanges *fpl.*

grape hyacinth *n* muscari *m.*

grape juice *n* jus *m* de raisin.

grapeshot ['greɪpʃɒt] *n* mitraille *f.*

grapevine ['greɪpvaɪn] *n* vigne *f*; to hear sthg through OR on the ~ entendre dire qqch.

grapey ['greɪpɪ] = **grapy**.

graph [grɑ:f] ◇ *n* **-1.** [diagram] graphique *m*, courbe *f.* **-2.** LING graphie *f.*
◇ *vt* mettre en graphique, tracer.

grapheme ['græfi:m] *n* LING graphème *m.*

graphic ['græfɪk] *adj* **-1.** MATH graphique. **-2.** [vivid] imagé.
◆ **graphics** ◇ *n (U)* [drawing] art *m* graphique.
◇ *npl* MATH (utilisation *f* des) graphiques *mpl*; [drawings] représentations *fpl* graphiques; COMPUT infographie *f.*

graphical ['græfɪkl] = **graphic**.

graphically ['græfɪklɪ] *adv* **-1.** MATH graphiquement. **-2.** [vividly] de façon très imagée.

graphic arts *npl* arts *mpl* graphiques.

graphic design *n* conception *f* graphique.

graphic designer *n* graphiste *mf*, maquettiste *mf.*

graphic display *n* graphisme *m.*

graphic equalizer *n* égaliseur *m* graphique.

graphics card ['græfɪks-] *n* COMPUT carte *f* graphique.

graphic solution *n* analyse *f* OR évaluation *f* graphique.

graphite ['græfaɪt] *n* graphite *m*, plombagine *f*, mine *f* de plomb.

graphologist [græ'fɒlədʒɪst] *n* graphologue *mf.*

graphology [græ'fɒlədʒɪ] *n* graphologie *f.*

graph paper *n* papier *m* quadrillé; [in millimetres] papier *m* millimétré.

grapnel ['græpnl] *n* grappin *m.*

grapple ['græpl] ◇ *n* TECH grappin *m.*
◇ *vt* **-1.** TECH saisir avec un grappin. **-2.** *Am* [person]: to ~ sb saisir qqn contre soi.
◇ *vi* **-1.** [physically]: to ~ with sb en venir aux mains avec qqn. **-2.** *fig*: to ~ with a problem être aux prises avec un problème.

grappling iron ['græplɪŋ-] = **grapnel**.

grapy ['greɪpɪ] *adj* [wine] fruité.

grasp [grɑ:sp] ◇ *vt* **-1.** [physically] saisir; to ~ (hold of) sthg saisir qqch; to ~ (hold of) sb's hand saisir la main de qqn ‖ [opportunity] saisir; [power] se saisir de, s'emparer de; to ~ the nettle prendre le taureau par les cornes. **-2.** [understand] saisir, comprendre; I didn't quite ~ what she meant je n'ai pas bien compris OR saisi ce qu'elle a voulu dire.
◇ *n* **-1.** [grip] (forte) poigne *f*; [action of holding] prise *f*, étreinte *f*; to have sb in one's ~ *fig* avoir OR tenir qqn en son pouvoir; to have sthg in one's ~ avoir prise sur qqch. **-2.** *fig* [reach] portée *f*; within sb's ~ à la portée de qqn; beyond sb's ~ hors de (la) portée de qqn; success is now within her ~ le succès est désormais à sa portée. **-3.** [understanding] compréhension *f*; she has a thorough ~ of the subject elle a une connaissance approfondie de la question. **-4.** [handle] poignée *f.*
◆ **grasp at** *vt insep* [attempt to seize] chercher à saisir, essayer de saisir; [accept eagerly] saisir; to ~ at an opportunity sauter sur OR saisir l'occasion ❑ to ~ at straws se raccrocher à n'importe quoi.

grasping ['grɑ:spɪŋ] *adj* avare, avide.

grass [grɑ:s] ◇ *n* **-1.** [gen] herbe *f*; a blade of ~ un brin d'herbe ‖ [lawn] pelouse *f*, gazon *m*; 'keep off the ~' 'défense de marcher sur la pelouse', 'pelouse interdite'; to cut OR to mow the ~ tondre la pelouse; to put a field down to OR under ~ mettre en pré OR enherber un champ ❑ to put out to ~: to put cattle/sheep out to ~ mettre le bétail/les moutons au pré; to put sb out to ~ mettre qqn au repos; he doesn't let the ~ grow under his feet il ne perd pas de temps; the ~ is always greener (on the other side of the fence) *prov* on n'est jamais content de son sort, on jalouse toujours le sort du voisin. **-2.** BOT: ~es graminées *fpl.* **-3.** ▽ [marijuana] herbe *f.* **-4.** ▽ *Br* [informer] mouchard *m*, indic *m.*
◇ *vt* **-1.** to ~ (over) [field] enherber, mettre en pré; [garden] gazonner, engazonner. **-2.** *Am* [animals] mettre au vert. **-3.** TEX herber, blanchir au pré.
◇ *vi* ▽ *Br* cafarder; to ~ on sb donner OR vendre qqn.

grass court *n* court *m* (en gazon).

grasshopper ['grɑ:s,hɒpə^r] *n* sauterelle *f*, grillon *m.*

grassland ['grɑ:slænd] *n* prairie *f*, pré *m.*

grassless ['grɑ:slɪs] *adj* sans herbe.

grass roots POL ◇ *npl*: the ~ la base.
◇ *comp*: at (the) ~ level au niveau de la base; ~ opposition/support résistance *f*/soutien *m* de la base.

grass skirt *n* pagne *m (de feuilles).*

grass snake *n* couleuvre *f.*

grass widow *n femme séparée de son mari.*

grass widower *n homme séparé de sa femme.*

grassy ['grɑ:sɪ] *adj* herbu, herbeux.

grate [greɪt] ◇ *n* [fireplace] foyer *m*, âtre *m*; [for holding coal] grille *f* de foyer.
◇ *vt* **-1.** CULIN râper. **-2.** [chalk, metal] faire grincer.
◇ *vi* **-1.** [machine, metal] grincer; to ~ on the ears écorcher les oreilles. **-2.** *fig*: the baby's crying began to ~ les pleurs du bébé ont commencé à l'agacer; his behaviour ~s after a while son comportement est agaçant au bout d'un moment.

grateful ['greɪtfʊl] *adj* reconnaissant; to be ~ towards OR to sb for sthg être reconnaissant envers qqn de qqch; I am extremely ~ to you je vous suis extrêmement reconnaissant; I am ~ for your help je vous suis reconnaissant de votre aide; I would be most OR very ~ if you would help me je vous serais très reconnaissant de m'aider; a ~ letter une lettre de remerciements; with ~ thanks avec toute ma reconnaissance, avec mes sincères remerciements; be ~ for what you've got estime-toi heureux avec ce que tu as.

gratefully ['greɪtfʊlɪ] *adv* avec reconnaissance OR gratitude.

gratefulness ['greɪtfʊlnɪs] *n* reconnaissance *f*, gratitude *f.*

grater ['greɪtə^r] *n* râpe *f*; cheese ~ râpe *f* à fromage.

graticule ['grætɪkju:l] *n* [on map] quadrillage *m* cartographique; [in microscope, telescope] croisée *f* de fils.

gratification [,grætɪfɪ'keɪʃn] *n* [state or action] satisfaction *f*, plaisir *m*; PSYCH gratification *f*; he has the ~ of knowing that... il a la satisfaction OR le plaisir de savoir que...; I noticed to my ~ that... à ma grande satisfaction, j'ai remarqué que...; sexual ~ plaisir *m* sexuel, satisfaction *f* sexuelle.

gratify ['grætɪfaɪ] *vt* -**1.** [person] faire plaisir à, être agréable à; **it gratified him** OR **he was gratified to learn that...** ça lui a fait plaisir OR lui a été agréable d'apprendre que...; **I was gratified with** OR **at the result** j'ai été très content OR satisfait du résultat. -**2.** [whim, wish] satisfaire.

gratifying ['grætɪfaɪɪŋ] *adj* agréable, plaisant; PSYCH gratifiant; **it's ~ to know that...** c'est agréable OR ça fait plaisir de savoir que...

gratifyingly ['grætɪfaɪɪŋlɪ] *adv* [with pleasure] agréablement; [with attention] de manière flatteuse.

grating ['greɪtɪŋ] ◇ *n* grille *f*, grillage *m*.
◇ *adj* [irritating] agaçant, irritant, énervant; [sound] grinçant, discordant; [voice] discordant.

gratis ['grætɪs] ◇ *adj* gratuit.
◇ *adv* gratuitement.

gratitude ['grætɪtju:d] *n* gratitude *f*, reconnaissance *f*; **to show/to express one's ~ towards sb for sthg** témoigner/exprimer sa gratitude envers qqn pour qqch.

gratuitous [grə'tju:ɪtəs] *adj* -**1.** [unjustified] gratuit, sans motif, injustifié; **~ violence** violence *f* gratuite. -**2.** *arch* [costing nothing] gratuit.

gratuitously [grə'tju:ɪtəslɪ] *adv* -**1.** [without good reason] gratuitement, sans motif. -**2.** *arch* [at no charge] gracieusement, gratuitement.

gratuity [grə'tju:ətɪ] *n* -**1.** *fml* [tip] gratification *f*, pourboire *m*. -**2.** *Br* [payment to employee] prime *f*; MIL peine *f* de démobilisation.

grave[1] [greɪv] ◇ *n* [hole] fosse *f*; [burial place] tombe *f*; **when I'm in my ~** quand je serai mort et enterré; **a mass ~** une fosse commune; **from beyond the ~** d'outre-tombe ❑ **to turn in one's ~** se retourner dans sa tombe; **somebody has just walked over my ~** j'ai le frisson.
◇ *adj* grave, sérieux.

grave[2] [grɑ:v] LING ◇ *n* accent *m* grave.
◇ *adj* grave.

gravedigger ['greɪv,dɪgə^r] *n* fossoyeur *m*.

gravel ['grævl] (*Br pt & pp* **gravelled**, *cont* **gravelling**, *Am pt & pp* **graveled**, *cont* **graveling**)
◇ *n* gravier *m*; [finer] gravillon *m*; MED gravelle *f*.
◇ *vt* gravillonner, répandre du gravier sur.
◇ *comp*: **~ path** chemin *m* de gravier; **~ pit** gravière *f*, carrière *f* de gravier.

gravelled *Br*, **graveled** *Am* ['grævld] *adj* couvert de gravier.

gravelly ['grævəlɪ] *adj* -**1.** [like or containing gravel] graveleux; [road] de gravier; [riverbed] caillouteux. -**2.** [voice] rauque, râpeux.

gravely ['greɪvlɪ] *adv* -**1.** [speak] gravement, sérieusement. -**2.** [as intensifier]: **she is ~ ill/wounded** elle est gravement malade/grièvement blessée.

graven ['greɪvn] *adj arch* OR *lit*: **~ on my memory** gravé dans ma mémoire.

graveness ['greɪvnɪs] *n* gravité *f*.

graven image *n* RELIG idole *f*, image *f*.

grave robber [greɪv-] *n* voleur *m* de cadavres *(qui les déterre et les vend pour dissection)*.

graveside ['greɪvsaɪd] *n*: **at sb's ~** sur la tombe de qqn.

gravestone ['greɪvstəʊn] *n* pierre *f* tombale.

graveyard ['greɪvjɑ:d] *n literal & fig* cimetière *m*.

gravid ['grævɪd] *adj* gravide.

gravimetric(al) [,grævɪ'metrɪk(l)] *adj* gravimétrique.

graving dock ['greɪvɪŋ-] *n* NAUT bassin *m* de radoub.

gravitate ['grævɪteɪt] *vi* graviter; **to ~ towards sthg/sb** graviter vers qqch/qqn; **many young people ~ to the big cities** beaucoup de jeunes sont attirés par les grandes villes.

gravitation [,grævɪ'teɪʃn] *n* gravitation *f*.

gravitational [,grævɪ'teɪʃənl] *adj* gravitationnel, de gravitation.

gravitational field *n* champ *m* de gravitation.

gravitational force *n* force *f* de gravitation OR gravitationnelle.

gravity ['grævətɪ] *n* -**1.** [seriousness] gravité *f*; **I don't think you appreciate the ~ of the situation** je n'ai pas l'impression que tu te rendes compte de OR que tu réalises la gravité de la situation. -**2.** PHYS [force] pesanteur *f*; [phenomenon] gravitation *f*; **the law of ~** la loi de la pesanteur.

gravity feed *n* alimentation *f* par gravité.

gravy ['greɪvɪ] *n* -**1.** CULIN sauce *f* *(au jus de viande)*. -**2.** ▽ *Am* [easy money] bénef *m*; **it's ~** [easy] c'est du gâteau.

gravy boat *n* saucière *f*.

gravy train *inf n* assiette *f* au beurre; **to get on the ~** être à la recherche d'un bon filon.

gray *etc Am* = **grey**.

grayling ['greɪlɪŋ] *n* [fish] ombre *m*.

graze [greɪz] ◇ *vi* [animals] brouter, paître, pâturer.
◇ *vt* -**1.** [touch lightly] frôler, effleurer, raser; **the boat just ~d the bottom** le bateau a effleuré le fond. -**2.** [skin] érafler, écorcher; **the bullet ~d his cheek** la balle lui a éraflé la joue; **she ~d her elbow on the wall** elle s'est écorché le coude sur le mur. -**3.** [animals] faire paître; [grass] brouter, paître; [field] pâturer.
◇ *n* écorchure *f*, éraflure *f*; **it's just a ~** c'est juste un peu écorché.

grazier ['greɪzjə^r] *n* herbager *m*.

grazing ['greɪzɪŋ] *n* [grass for animals] pâturage *m*; [land] pâture *f*, pâturage *m*.

grease [gri:s] ◇ *n* [gen] graisse *f*; [lubricant] AUT graisse *f*, lubrifiant *m*; [used lubricant] cambouis *m*; [dirt] crasse *f*; **to remove ~ from sthg** dégraisser qqch; **a collar covered in ~** un col couvert de crasse.
◇ *vt* [gen] graisser; AUT graisser, lubrifier; **to ~ sb's palm** *inf* graisser la patte à qqn; **like ~d lightning** en quatrième vitesse, à toute allure.

grease gun *n* (pistolet *m*) graisseur *m*, pompe *f* à graisse.

grease monkey *inf n* mécano *m*.

grease nipple *n* graisseur *m*.

greasepaint ['gri:speɪnt] *n* THEAT fard *m* (gras); **a stick of ~** un crayon gras.

greaseproof ['gri:spru:f] *adj Br* imperméable à la graisse; **~ paper** CULIN papier *m* sulfurisé.

greaser *inf* ['gri:sə^r] *n* -**1.** [mechanic] graisseur *m*, mécano *m*. -**2.** *Br* [rocker] rocker *m*. -**3.** ▼ *Am terme injurieux désignant une personne d'origine latino-américaine.*

grease-stained *adj* taché de graisse, graisseux.

greasiness ['gri:zɪnɪs] *n* -**1.** [gen] état *m* graisseux, nature *f* graisseuse; [of cosmetics] onctuosité *f*; [of hair, hands] nature *f* grasse. -**2.** [of road] surface *f* glissante.

greasy ['gri:zɪ] *adj* -**1.** [food, substance] graisseux, gras; [tools] graisseux; [cosmetics, hair, hands] gras; **the ~ pole** SPORT & *fig* le mât de cocagne. -**2.** [pavement, road] gras, glissant. -**3.** [clothes - dirty] crasseux, poisseux; [- covered in grease marks] taché de graisse, plein de graisse. -**4.** [obsequious] obséquieux; **a ~ manner** des manières obséquieuses; **a ~ smile** un sourire obséquieux.

greasy spoon *inf n* gargote *f*.

great [greɪt] (*compar* **greater**, *superl* **greatest**)
◇ *adj* -**1.** [in size, scale] grand; **the ~ fire of London** le grand incendie de Londres; **he made a ~ effort to be nice** il a fait un gros effort pour être agréable. -**2.** [in degree]: **a ~ friend** un grand ami; **they're ~ friends** ce sont de grands amis; **~ ignorance** une grande ignorance, une ignorance complète; **there's ~ ignorance about the problem** les gens ne sont pas conscients du problème; **~ willpower** une grande OR forte volonté; **she's got ~ willpower** elle est très volontaire; **to my ~ satisfaction** à ma grande satisfaction; **a ~ surprise** une grande surprise; **with ~ care** avec grand soin, avec beaucoup de soin; **with ~ pleasure** avec grand plaisir; **to be in ~ pain** souffrir (beaucoup); **to have a ~ opinion of** avoir une haute opinion de; **I have a ~ liking for that country** j'aime beaucoup ce pays. -**3.** [in quantity]: **a ~ quantity of** une grande quantité de; **a ~ number of** un grand nombre de; **a ~ crowd** une grande OR grosse foule, une foule nombreuse; **to a ~ extent** en grande partie; **the ~ majority** la grande majorité. -**4.** [important - person, event]: **a ~ man** un grand homme; **Alfred the Great** Alfred le Grand; **the Great War** la Grande Guerre; **a ~ poet** un grand poète; **a ~ lady** une grande dame; **a ~ moment** un grand moment; **a ~ occasion** une grande occasion. -**5.** [main]: **the ~ hall** la grande salle, la salle principale; **France's ~est footballer** le plus grand footballeur français. -**6.** [term of approval]: **she has a ~ voice** elle a une voix magnifique; **he's a ~ guy** *inf* c'est un type super OR génial; **she's ~!** [nice person] elle est super!, je l'adore!; **we had a ~ holiday** nous avons passé des vacances merveilleuses; **what's that film like? — ~!** *inf* comment est ce film? — génial!; **it would be ~ to have lots of money** ce serait super d'avoir beaucoup d'argent; **you look ~ tonight!** [appearance] tu es magnifique ce soir!; **he's coming too — oh, ~** *iron* il vient aussi — oh, génial OR super! -**7.** [keen]: **she's a ~ reader** elle adore lire, elle lit beaucoup; **she's a ~ one for television** elle adore la télévision. -**8.** [good at or expert on]: **he's ~ at languages** il est très doué pour les langues; **she's ~ on sculpture** elle s'y connaît vraiment en sculpture. -**9.** [in exclamations]: **Great Scott!** grands dieux! -**10.** ZOOL: **the ~ apes** les grands singes.
◇ *n*: **it's one of the all-time ~s** c'est un des plus grands classiques; **she's one of the all-time ~s** c'est une des plus grandes stars.
◇ *adv* [as intensifier]: **a ~ big fish** un énorme poisson; **an enormous ~ house** une maison immense.

great auk *n* manchot *m* royal.

great-aunt *n* grand-tante *f*.

Great Australian Bight *pr n* Grande Baie *f* Australienne.

Great Barrier Reef *pr n*: **the ~** la Grande Barrière.

Great Basin *pr n*: **the ~** le Grand Bassin.

Great Bear *pr n*: **the ~** la Grande Ourse.

Great Bear Lake *pr n* le grand lac de l'Ours.

Great Britain *pr n* Grande-Bretagne *f*; **in ~** en Grande-Bretagne.

great circle *n* grand cercle *m*.

greatcoat ['greɪtkəʊt] *n* pardessus *m*, manteau *m*; MIL manteau *m*, capote *f*.

Great Dane *n* danois *m*.

great divide *n*: **the ~** [significant point of division] la grande différence.
◆ **Great Divide** *pr n* GEOG: **the Great Divide** *ligne de partage des montagnes Rocheuses.*

greater ['greɪtə^r] *compar* → **great**.

Greater Antilles *pl pr n*: **the ~** les Grandes Antilles *fpl*.

Greater London *pr n* le Grand Londres.

greatest ['greɪtɪst] *superl* → **great**.

greatest common divisor *n* plus grand commun diviseur *m*.

great-grandchild *n* arrière-petit-fils *m*, arrière-petite-fille *f*; **great-grandchildren** arrière-petits-enfants *mpl*.

great-granddaughter *n* arrière-petite-fille *f*.

great-grandfather *n* arrière-grand-père *m*.

great-grandmother *n* arrière-grand-mère *f*.

great-grandparents *npl* arrière-grands-parents *mpl*.

great-grandson *n* arrière-petit-fils *m*.

great-great-granddaughter *n* arrière-arrière-petite-fille *f*.

great-great-grandfather *n* arrière-arrière-grand-père *m*.

great-great-grandmother *n* arrière-arrière-grand-mère *f*.

great-great-grandparents *npl* arrière-arrière-grands-parents *mpl*.

great-great-grandson *n* arrière-arrière-petit-fils *m*.

great-hearted *adj lit* au grand cœur, magnanime.

Great Lakes *pl pr n*: the ~ les Grands Lacs *mpl*.
greatly [ˈgreɪtlɪ] *adv* très, beaucoup, fortement; I was ~ **impressed by her work** j'ai été très impressionné par son travail, son travail m'a beaucoup impressionné; ~ **improved** beaucoup amélioré; **you'll be ~ missed** vous nous manquerez beaucoup; ~ **irritated** très irrité; ~ **surprised** très OR énormément surpris.
great-nephew *n* petit-neveu *m*.
greatness [ˈgreɪtnɪs] *n* -**1.** [size] grandeur *f*, énormité *f*, immensité *f*; [intensity] intensité *f*. -**2.** [eminence] grandeur *f*, importance *f*; **he never achieved ~ as an artist** il n'est jamais devenu un grand artiste.
great-niece *n* petite-nièce *f*.
great organ *n* grand orgue *m*; [in church] grandes orgues *fpl*.
Great Plains *pl pr n*: the ~ les Grandes Plaines *fpl*.
great power *n* grande puissance *f*; **the Great Powers** les grandes puissances.
Great Salt Lake *pr n*: the ~ le Grand Lac Salé.
great tit *n* mésange *f* charbonnière.
great-uncle *n* grand-oncle *m*.
Great Wall of China *pr n*: the ~ la Grande Muraille (de Chine).
Great War *n*: the ~ la Grande Guerre, la guerre de 14 OR de 14-18.
grebe [griːb] *n* grèbe *m*.
Grecian [ˈgriːʃn] ◇ *adj* grec; a ~ **profile** un profil grec.
◇ *n* Grec *m*, Grecque *f*.
Greco [ˈgrekəʊ] *pr n*: El ~ le Greco; **a painting by El ~** un tableau du Greco.
Greco- [ˌgriːkəʊ] = **Graeco-**.
Greece [griːs] *pr n* Grèce *f*; in ~ en Grèce.
greed [griːd] *n* [for fame, power, wealth] avidité *f*; [for food] gloutonnerie *f*.
greedily [ˈgriːdɪlɪ] *adv* [gen] avidement; [consume food] gloutonnement, voracement.
greediness [ˈgriːdɪnɪs] = **greed**.
greedy [ˈgriːdɪ] *adj* [for food] glouton, gourmand; [for fame, power, wealth] avide; ~ **for money** avide d'argent; ~ **for power** avide de pouvoir; **don't be so ~!** ne sois pas si gourmand!
greedy-guts *inf n* glouton *m*, -onne *f*, goinfre *mf*.
Greek [griːk] ◇ *n* -**1.** [person] Grec *m*, Grecque *f*; **'Zorba the ~'** *Kazantzakis* 'Alexis Zorba'. -**2.** LING grec *m*; **ancient ~** grec ancien; **modern ~** grec moderne; **it's all ~ to me** *inf* tout ça, c'est du chinois OR de l'hébreu pour moi.
◇ *adj* grec; **the ~ Islands** les îles *fpl* grecques.
Greek cross *n* croix *f* grecque.
Greek Orthodox ◇ *n* orthodoxe grec *m*, orthodoxe grecque *f*.
◇ *comp*: **the ~ Church** l'Église *f* orthodoxe grecque.
green [griːn] ◇ *adj* -**1.** [colour] vert; [field, valley] vert, verdoyant; **the wall was painted ~** le mur était peint en vert; **to go** OR **to turn ~** [tree] devenir vert, verdir; [traffic light] passer au vert; [person] devenir blême, blêmir; **to be** OR **to go ~ with envy** être vert de jalousie ❑ **as ~ as grass** vert cru; **Green Shield stamps** *timbres donnant droit à des cadeaux, distribués par certains magasins en fonction du montant des achats*; ~ **wellies** *inf bottes de caoutchouc vertes (le terme évoque les classes bourgeoises ou aristocratiques habitant à la campagne)*. -**2.** [unripe fruit] vert, pas mûr; [undried timber] vert; [unsmoked bacon] frais, non fumé. -**3.** [naive] naïf; [inexperienced] inexpérimenté; **I'm not as ~ as I might seem** je ne suis pas aussi naïf que j'en ai l'air; **a ~ young reporter** un jeune reporter inexpérimenté. -**4.** [ecological] écologique, vert; **to go ~** virer écolo. -**5.** *lit* [alive] vivant, vivace; **to keep sb's memory ~** chérir la mémoire de qqn.
◇ *n* -**1.** [colour] vert *m*; ~ **suits you** le vert te va bien; **the girl in ~** la fille en vert; **dressed in ~** habillé de OR en vert. -**2.** [grassy patch] pelouse *f*, gazon *m*; **village ~** ≃ place *f* du village, ≃ terrain *m* communal. -**3.** *Br*: (**bowling**) ~ ≃ terrain *m* de boules *(sur gazon)*. -**4.** GOLF green *m*; **on the ~** sur le green.
◆ **Green** *adj Br* ECON & POL vert; **the Green party** le parti écologiste, les Verts *mpl*; **Green politics** la politique des Verts.
◆ **greens** *npl* -**1.** [vegetables] légumes *mpl* verts; **you should eat more ~s** tu devrais manger plus de légumes verts. -**2.** *Am* [foliage] feuillage *m (dans un bouquet)*.
◆ **Greens** *npl Br* POL: **the Greens** les Verts *mpl*, les écologistes *mpl*.
greenback *inf* [ˈgriːnbæk] *n Am* dollar *m*.
green bean *n* haricot *m* vert.
green belt *n* ceinture *f* verte.
Green Beret *n* marine *m*; **the ~s** les bérets *mpl* verts.
green card *n* -**1.** [insurance] carte *f* verte *(prouvant qu'un véhicule est assuré pour un voyage à l'étranger)*. -**2.** [work permit] carte *f* de séjour *(temporaire, aux États-Unis)*.
green cross code *n Br*: the ~ le code de sécurité routière *(pour apprendre aux piétons à traverser la route avec moins de risques d'accident)*.
greenery [ˈgriːnərɪ] *n* verdure *f*.
green-eyed *adj* aux yeux verts; [jealous] jaloux.
greenfield [ˈgriːnfiːld] *comp*: ~ **site** *terrain jamais construit*.
greenfinch [ˈgriːnfɪntʃ] *n* verdier *m*.
green-fingered [-ˈfɪŋgəd] *adj Br* qui a la main verte.
green fingers *npl Br*: **to have ~** avoir le pouce vert, avoir la main verte.
greenfly [ˈgriːnflaɪ] *n* puceron *m* (vert).
greengage [ˈgriːngeɪdʒ] *n* reine-claude *f*.
greengrocer [ˈgriːnˌgrəʊsəʳ] *n Br* marchand *m* de fruits et légumes; **to go to the ~'s** aller chez le marchand de fruits et légumes.
Greenham Common [ˈgriːnəm-] *pr n village en Angleterre*.

GREENHAM COMMON:
La base aérienne qui se trouve près de ce village a été le siège de nombreuses manifestations (menées notamment par des groupes de femmes) hostiles aux armements nucléaires.

---

greenhorn *inf* [ˈgriːnhɔːn] *n* blanc-bec *m*.
greenhouse [ˈgriːnhaʊs, *pl* -haʊzɪz] ◇ *n* serre *f*.
◇ *comp*: ~ **plants** plantes *fpl* de serre; ~ **gases** gaz *mpl* à effet de serre.
greenhouse effect *n*: the ~ l'effet *m* de serre.
greenish [ˈgriːnɪʃ] *adj* tirant sur le vert; *pej* verdâtre.
greenkeeper [ˈgriːnˌkiːpəʳ] *n personne qui entretient les pelouses des terrains de sport*.
Greenland [ˈgrinlənd] *pr n* Groenland *m*; in ~ au Groenland.
Greenlander [ˈgriːnləndəʳ] *n* Groenlandais *m*, -e *f*.
green light *n literal & fig* feu *m* vert; **to give the ~ to sb/sthg** donner le feu vert à qqn/pour qqch; **to get the ~ from sb** obtenir le feu vert de qqn.
greenmail [ˈgriːnmeɪl] *n Am* chantage *m* à coup de dollars.
greenness [ˈgriːnnɪs] *n* -**1.** [colour] couleur *f* verte, vert *m*; [of field, valley] verdure *f*; [of fruit] verdeur *f*. -**2.** [of person - inexperience] inexpérience *f*, manque *m* d'expérience; [- naivety] naïveté *f*. -**3.** ECON & POL côté *m* écologique.
green onion *n Am* ciboule *f*, cive *f*.
green paper *n* POL *document formulant des propositions destinées à orienter la politique gouvernementale*.
green peas *npl* petits pois *mpl*.
green pepper *n* poivron *m* vert.
green pound *n* ECON livre *f* verte.
greenroom [ˈgriːnrʊm] *n* THEAT foyer *m* des artistes.
green salad *n* salade *f* (verte).
greenshank [ˈgriːnʃæŋk] *n* chevalier *m*.
greenstick fracture *n* MED fracture *f* incomplète.
greenstuff [ˈgriːnstʌf] *n* -**1.** *(U)* [vegetables] légumes *mpl* verts. -**2.** *inf Am* [money] fric.
greensward [ˈgriːnswɔːd] *n arch* OR *lit* pelouse *f*, gazon *m*, tapis *m* de verdure.
green tea *n* thé *m* vert.
green thumb *Am* = **green fingers**.
green-thumbed [-ˈθʌmd] *Am* = **green-fingered**.
green vegetables *npl* légumes *mpl* verts.
Greenwich Mean Time [ˈgrenɪdʒ-] *n* heure *f* (du méridien) de Greenwich.
greenwood [ˈgriːnwʊd] *n arch* forêt *f* verdoyante.
green woodpecker *n* pivert *m*, pic-vert *m*.
greet [griːt] ◇ *vt* [meet, welcome] saluer, accueillir; **to ~ sb with a wave of the hand** saluer qqn de la main; **to ~ sb/sthg with open arms** accueillir qqn/qqch les bras ouverts; **the news was ~ed with a sigh of relief** les nouvelles furent accueillies avec un soupir de soulagement; **a strange sound ~ed our ears** un son étrange est parvenu à nos oreilles; **the sight that ~ed her (eyes) defied description** la scène qui s'offrit à ses regards défiait toute description.
◇ *vi Scot* [weep] pleurer.
◇ *n Scot*: **to have a ~** pleurer.
greeting [ˈgriːtɪŋ] *n* salut *m*, salutation *f*; [welcome] accueil *m*.
◆ **greetings** *npl* [good wishes] compliments *mpl*, salutations *fpl*; **to send one's ~s to sb** envoyer son bon souvenir OR le bonjour à qqn; **birthday ~s** vœux *mpl* d'anniversaire.
greetings card *Br*, **greeting card** *Am n* carte *f* de vœux.
gregarious [grɪˈgeərɪəs] *adj* [animal, bird] grégaire; [person] sociable.
gregariousness [grɪˈgeərɪəsnɪs] *n* [of animal, bird] grégarisme *m*; [of person] sociabilité *f*.
Gregorian [grɪˈgɔːrɪən] *adj* grégorien.
Gregorian calendar *n*: the ~ le calendrier grégorien.
Gregorian chant *n* chant *m* grégorien.
Gregory [ˈgregərɪ] *pr n*: **Saint ~** saint Grégoire; ~ **the Great** Grégoire le Grand.
gremlin *inf* [ˈgremlɪn] *n hum diablotin malfaisant que l'on dit responsable de défauts mécaniques ou d'erreurs typographiques*.
Grenada [grəˈneɪdə] *pr n* Grenade *f*; in ~ à la Grenade.
grenade [grəˈneɪd] *n* MIL grenade *f*.
Grenadian [grəˈneɪdɪən] ◇ *n* Grenadin *m*, -e *f*.
◇ *adj* grenadin.
grenadier [ˌgrenəˈdɪəʳ] *n* [soldier] grenadier *m*.
Grenadier Guards *pl pr n*: the ~ *régiment d'infanterie de la Garde Royale britannique*.
grenadine [ˈgrenədiːn] *n* grenadine *f*.
Gretna Green [ˈgretnə-] *pr n village en Écosse*.

GRETNA GREEN:
Le forgeron de ce village écossais fut, jusqu'en 1940, habilité à célébrer les mariages sans formalités juridiques.

---

grew [gruː] *pt* → **grow**.
grey *Br*, **gray** *Am* [greɪ] ◇ *adj* -**1.** [colour, weather] gris; **to paint sthg ~** peindre qqch en gris; ~ **weather** temps gris; ~ **skies** ciel gris OR couvert; **a cold ~ day** un jour de froid et de grisaille. -**2.** [hair] gris, grisonnant; **to go ~** grisonner; **it's enough to make your hair go** OR **turn ~** il y a de quoi se faire des cheveux blancs. -**3.** [complexion] gris, blême; **she looked ~ and ill** elle avait un teint gris de malade. -**4.** [life, situation] morne; **John leads a very ~ existence** John mène une vie très morne.
◇ *n* -**1.** [colour] gris *m*. -**2.** [horse] (cheval *m*) gris *m*.
◇ *vi* [hair] grisonner, devenir gris; **Jacques is beginning to ~ at the temples** Jacques commence à avoir les tempes grisonnantes.

grey area *n* zone *f* d'incertitude OR de flou; the ~ between right and wrong la frontière indistincte qui sépare le bien du mal.

greybeard *Br*, **graybeard** *Am* ['greɪˌbɪəd] *n lit* vieil homme *m*.

Grey Friar *n* franciscain *m*.

grey-haired *adj* aux cheveux gris, grisonnant.

greyhound ['greɪhaʊnd] *n* lévrier *m*, levrette *f*; ~ racing course *f* de lévriers; a ~ (racing) track un cynodrome.

Greyhound® *pr n*: ~ buses *réseau d'autocars couvrant tous les États-Unis.*

greying *Br*, **graying** *Am* ['greɪɪŋ] *adj* grisonnant.

greyish *Br*, **grayish** *Am* ['greɪɪʃ] *adj* tirant sur le gris; [beard] grisonnant; *pej* grisâtre.

greylag ['greɪlæg] *n*: ~ (goose) oie *f* cendrée.

grey matter *n* matière *f* grise.

grey mullet *n* muge *m*.

greyness *Br*, **grayness** *Am* ['greɪnɪs] *n* [of paint, skin] teinte *f* grise; [of sky, weather] grisaille *f*.

grey seal *n* phoque *m* gris.

grey squirrel *n* écureuil *m* gris, petit-gris *m*.

grey whale *n* baleine *f* grise.

grey wolf *n* loup *m* (gris).

grid [grɪd] ◇ *n* -**1.** [grating] grille *f*, grillage *m*. -**2.** [electrode] grille *f*; *Br* ELEC réseau *m*; the national ~ le réseau (électrique national). -**3.** [on chart, map] grille *f*; [lines on map] quadrillage *m*; the earth's ~ le quadrillage terrestre. -**4.** [in nuclear reactor] grille *f*. -**5.** THEAT gril *m*. -**6.** *Am* AUT zone quadrillée; 'do not enter ~ unless exit is clear' ne pas s'arrêter dans la zone quadrillée.
◇ *comp*: the city was built on a ~ pattern la ville était construite en quadrillé.

gridded ['grɪdɪd] *adj* -**1.** [grating] grillé, grillagé. -**2.** [chart, map] quadrillé.

griddle ['grɪdl] ◇ *n* [iron plate] plaque *f* en fonte; [on top of stove] plaque *f* chauffante.
◇ *vt* cuire sur une plaque *(à galette)*.

griddle cake *n sorte de galette épaisse.*

grid(iron) ['grɪd-] *n* -**1.** CULIN gril *m*. -**2.** THEAT gril *m*. -**3.** *Am* [game] football *m* américain; [football] terrain *m* de football.

gridlock ['grɪdlɒk] *n Am literal* embouteillage *m*; *fig* blocage *m*.

grid marking *n* [on charts, maps] repères *mpl* de quadrillage.

grid reference *n* coordonnées *fpl* de la grille.

grief [griːf] *n* -**1.** [sorrow] chagrin *m*, peine *f*, (grande) tristesse *f*; he was driven almost mad with ~ son chagrin l'a presque rendu fou; to die of ~ mourir de chagrin. -**2.** *phr*: to come to ~ [person] avoir de graves ennuis; [project, venture] échouer, tomber à l'eau. -**3.** [as interjection]: good ~! mon Dieu!, ciel!

grief-stricken *adj* accablé de chagrin OR de douleur, affligé.

grievance ['griːvns] *n* -**1.** [cause for complaint] grief *m*, sujet *m* de plainte; [complaint] réclamation *f*, revendication *f*; my only ~ (against him) is... le seul grief que j'ai (contre lui), c'est...; the workers put forward a list of ~s les travailleurs ont présenté un cahier de revendications ❑ ~ procedure *procédure permettant aux salariés de faire part de leurs revendications.* -**2.** [grudge]: to nurse a ~ entretenir OR nourrir une rancune OR un ressentiment. -**3.** [injustice] injustice *f*, tort *m*; to redress a ~ redresser un tort OR une injustice. -**4.** [discontent] mécontentement *m*; they voiced their ~s ils ont exprimé leur mécontentement.

grieve [griːv] ◇ *vt* peiner, chagriner; it ~d me to see him so ill/unhappy ça m'a fait de la peine de le voir si malade/si malheureux; I was ~d to discover that... cela m'a fait beaucoup de peine d'apprendre que..
◇ *vi* [feel grief] avoir de la peine OR du chagrin, être peiné; to ~ at OR over OR about sthg avoir de la peine à cause de qqch ‖ [express grief] pleurer; to ~ for the dead pleurer les morts; the grieving process le (processus de) deuil.

grievous ['griːvəs] *adj* -**1.** *fml* [causing pain] affreux, cruel, atroce; a ~ loss une perte cruelle. -**2.** *lit* [grave, serious] grave, sérieux; ~ injury des blessures graves; he committed a ~ error il a commis une grave erreur. -**3.** JUR: ~ bodily harm coups *mpl* et blessures *fpl*.

grievously ['griːvəslɪ] *adv fml* gravement, sérieusement; ~ mistaken tout à fait dans l'erreur; ~ wounded grièvement blessé.

griffin ['grɪfɪn] *n* MYTH griffon *m*.

griffon ['grɪfn] *n* MYTH & ZOOL griffon *m*.

grift▽ [grɪft] *Am* ◇ *n* [graft] corruption *f*; [cunning trickery] escroquerie *f*, filouterie *f*.
◇ *vi* filouter, vivre de l'arnaque.

grifter▽ ['grɪftəʳ] *n Am* arnaqueur *m*, -euse *f*, escroc *m*.

grill [grɪl] ◇ *vt* -**1.** CULIN (faire) griller. -**2.** *inf* [interrogate] cuisiner.
◇ *vi* CULIN griller.
◇ *n* CULIN [device] gril *m*; [dish] grillade *f*; to cook sthg under the ~ faire cuire qqch au gril.

grill(e) [grɪl] *n* -**1.** [grating] grille *f*, grillage *m*. -**2.** AUT: (radiator) ~ calandre *f*.

grillroom ['grɪlrʊm] *n* grill *m (restaurant)*.

grilse [grɪls] *n* grilse *m*.

grim [grɪm] *adj* -**1.** [hard, stern] sévère; a ~ look un regard sévère; to look ~ avoir l'air sévère; the ~ reality/necessity la dure réalité/nécessité; the ~ truth la dure vérité; with ~ determination avec une volonté inflexible. -**2.** [gloomy] sinistre, lugubre; ~ prospects de sombres perspectives; a ~ story une histoire sinistre OR macabre; it was a ~ reminder of his years in prison c'était un sinistre souvenir de ses années en prison; the economic situation is looking pretty ~ la situation économique n'est pas très encourageante ❑ to hold on to sthg like ~ death tenir à qqch de toutes ses forces. -**3.** [unpleasant]: his new film is pretty ~ son nouveau film n'est pas terrible ‖ [unwell] patraque; [depressed] déprimé, abattu; I felt pretty ~ this morning [unwell] je ne me sentais pas bien du tout ce matin; [depressed] je n'avais vraiment pas le moral ce matin.

grimace [grɪ'meɪs] ◇ *n* grimace *f*; to make a ~ faire une grimace.
◇ *vi* [in disgust, pain] grimacer, faire la grimace; [to amuse] faire des grimaces.

grime [graɪm] *n (U)* crasse *f*, saleté *f*.

grimly ['grɪmlɪ] *adv* -**1.** [threateningly] d'un air menaçant; [unhappily] d'un air mécontent. -**2.** [defend, struggle] avec acharnement; [hold on] inflexiblement, fermement; [with determination] d'un air résolu, fermement.

grimness ['grɪmnɪs] *n* -**1.** [sternness] sévérité *f*, gravité *f*. -**2.** [of story] côté *m* sinistre OR macabre; [of prospects, situation] côté *m* difficile.

grimy ['graɪmɪ] *adj* sale, crasseux.

grin [grɪn] ◇ *n* grand sourire *m*; a broad ~ un large sourire.
◇ *vi* sourire; to ~ at sb faire OR adresser un grand sourire à qqn; what are you grinning at? qu'est-ce que tu as à sourire comme ça? ❑ we'll just have to ~ and bear it il faudra le prendre avec le sourire; to ~ like a Cheshire cat avoir un sourire jusqu'aux oreilles.

grind [graɪnd] (*pt* & *pp* ground [graʊnd]) ◇ *n* -**1.** *inf* [monotonous work] corvée *f*; the daily ~ le train-train quotidien; what a ~! quelle corvée!, quelle barbe! -**2.** *inf Am* [hard worker] bûcheur *m*, -euse *f*, bosseur *m*, -euse *f*. -**3.** ▼ [copulation]: to have a good ~ bien baiser.
◇ *vt* -**1.** [coffee, corn, pepper] moudre; [stones] concasser; [meat] *Am* hacher; [into powder] pulvériser, réduire en poudre; [crush] broyer, écraser; he ground his feet into the sand il a enfoncé ses pieds dans le sable. -**2.** [rub together] écraser l'un contre l'autre; to ~ one's teeth grincer des dents; to ~ sthg between one's teeth broyer qqch entre ses dents; to ~ the gears AUT faire grincer les vitesses. -**3.** [polish - lenses] polir; [- stones] polir, égriser; [sharpen - knife] aiguiser OR affûter (à la meule). -**4.** [turn handle] tourner; to ~ a pepper mill tourner un moulin à poivre; to ~ a barrel-organ tourner la manivelle de OR jouer de l'orgue de Barbarie.
◇ *vi* -**1.** [crush]: this barley ~s well cet orge est facile à moudre; this pepper mill doesn't ~ very well ce moulin à poivre ne moud pas très bien. -**2.** [noisily] grincer; to ~ to a halt/to a standstill [machine, vehicle] s'arrêter/s'immobiliser en grinçant; [company, economy, production] s'immobiliser peu à peu, s'arrêter progressivement. -**3.** *inf Am* [work hard and long] bûcher OR bosser (dur). -**4.** ▼ [copulate] baiser.
◆ **grind away** *inf vi insep*: I've been ~ing away at this essay all weekend j'ai bûché sur cette dissertation tout le week-end.
◆ **grind down** *vt sep* -**1.** *literal* pulvériser, réduire en poudre; [lens] meuler. -**2.** *fig* [oppress] opprimer, écraser; don't let your job ~ you down ne te laisse pas abattre par ton boulot; the people were ground down by years of poverty la population était écrasée par des années de misère.
◆ **grind in** *vt sep*: to ~ in a valve roder une soupape.
◆ **grind on** *inf vi insep* [speaker] parler à n'en plus finir; [lecture, week] traîner en longueur.
◆ **grind out** *vt sep* -**1.** [extinguish by grinding]: she ground out her cigarette in the ashtray elle a écrasé sa cigarette dans le cendrier. -**2.** *fig* [produce slowly]: to ~ out a tune on the barrel-organ jouer un air sur l'orgue de Barbarie; she's just ground out another blockbuster elle vient de pondre un nouveau best-seller.
◆ **grind up** *vt sep* pulvériser; to ~ sthg up into powder réduire qqch en poudre.

grinder ['graɪndəʳ] *n* -**1.** [tooth] molaire *f*. -**2.** [person - of minerals] broyeur *m*, -euse *f*; [- of knives, blades etc] rémouleur *m*. -**3.** [machine - for crushing] moulin *m*, broyeur *m*; [- for sharpening] affûteuse *f*, machine *f* à aiguiser.

grinding ['graɪndɪŋ] ◇ *n* [sound] grincement *m*.
◇ *adj* -**1.** [sound]: a ~ noise un bruit grinçant. -**2.** [oppressive]: ~ poverty misère *f* écrasante.

grindstone ['graɪndstəʊn] *n* meule *f*; to keep one's nose to the ~ travailler sans relâche.

gringo▽ ['grɪŋgəʊ] (*pl* gringos) *n offensive* gringo *m*.

grip [grɪp] (*pt* & *pp* gripped, *cont* gripping) ◇ *n* -**1.** [strong hold] prise *f*, étreinte *f*; [on racket] tenue *f*; [of tyres on road] adhérence *f*; to lose one's ~ lâcher prise; he tightened his ~ on the rope il a serré la corde plus fort; to get a ~ of sthg/sb empoigner qqch/qqn. -**2.** [handclasp] poigne *f*; a strong ~ une forte poigne; she held his hand in a vice-like ~ elle lui serrait la main comme un étau OR tenait la main d'une poigne d'acier. -**3.** *inf* [self-control]: he's losing his ~ il perd les pédales; Grandad is starting to lose his ~ grand-père commence à baisser; get a ~ (of yourself)! secoue-toi un peu! -**4.** [understanding]: he has a good ~ of the subject il connaît OR domine bien son sujet. -**5.** [handle] poignée *f*. -**6.** CIN & THEAT machiniste *mf*. -**7.** *dated* [bag] sac *m* de voyage. -**8.** *phr*: to come OR to get to ~s with a problem s'attaquer à un problème; to come OR to get to ~s with the enemy être confronté à l'ennemi, être aux prises avec l'ennemi.
◇ *vt* -**1.** [grasp - rope, rail] empoigner, saisir; he gripped my arm il m'a saisi le bras. -**2.** [hold tightly] serrer, tenir serré; he gripped my hand il m'a serré la main très fort. -**3.** [subj: tyres] adhérer; to ~ the road [car] coller à la route. -**4.** [hold interest] passionner; the trial gripped the nation le procès a passionné OR captivé le pays.
◇ *vi* [tyres] adhérer.

gripe [graɪp] ◇ *n* -**1.** *inf* [complaint] ronchonnements *mpl*. -**2.** MED = **gripes**.
◇ *vi inf* [complain] ronchonner, rouspéter; he's been griping at me all day il a ronchonné contre moi toute la journée.
◆ **gripes** *npl* MED coliques *fpl*.

gripe water *n* calmant *m (pour coliques)*.

griping *inf* ['graɪpɪŋ] *n (U)* ronchonnements *mpl*, rouspétance *f*.

gripping ['grɪpɪŋ] *adj* [story, play] captivant, passionnant, palpitant.

grippingly ['grɪpɪŋlɪ] *adv* [written, told] de manière captivante OR passionnante.

grisly ['grɪzlɪ] *adj* épouvantable, macabre, sinistre.

grist [grɪst] *n* blé *m* (à moudre); **it's all ~ to the mill** c'est toujours ça de pris.

gristle ['grɪsl] *n (U)* [cartilage] cartilage *m*, tendons *mpl*; [in meat] nerfs *mpl*.

gristly ['grɪslɪ] *adj pej* nerveux, tendineux.

grit [grɪt] (*pt & pp* **gritted**, *cont* **gritting**) ◇ *n* -**1.** [gravel] gravillon *m*. -**2.** [sand] sable *m*. -**3.** [for fowl] gravier *m*. -**4.** = **gritstone**. -**5.** [dust] poussière *f*; **I have a piece of ~ in my eye** j'ai un grain de poussière dans l'œil. -**6.** *inf* [courage] cran *m*; **she's got real ~** elle a vraiment du cran.
◇ *vt* -**1.** [road, steps] gravillonner, répandre du gravillon sur. -**2.** *phr*: **to ~ one's teeth** serrer les dents.
◆ **grits** *npl Am* gruau *m* de maïs.

gritstone ['grɪtstəʊn] *n* grès *m*.

gritting ['grɪtɪŋ] *n* [of roads] sablage *m*; **~ lorry** camion *m* de sablage.

gritty ['grɪtɪ] (*compar* **grittier**, *superl* **grittiest**) *adj* -**1.** [road] couvert de gravier. -**2.** *inf* [person] qui a du cran. -**3.** [incisive - remark, comment] incisif, mordant. -**4.** [play, film] naturaliste.

grizzle *inf* ['grɪzl] *vi Br* -**1.** [cry fretfully] pleurnicher, geindre. -**2.** [complain] ronchonner.

grizzled ['grɪzld] *adj* [person, beard] grisonnant.

grizzly ['grɪzlɪ] (*compar* **grizzlier**, *superl* **grizzliest**) ◇ *adj* [greyish] grisâtre; [hair] grisonnant.
◇ *n* = **grizzly bear**.

grizzly bear *n* grizzli *m*, grizzly *m*, ours *m* brun *(des montagnes Rocheuses)*.

groan [grəʊn] ◇ *n* -**1.** [of pain] gémissement *m*, plainte *f*. -**2.** [of disapproval] grognement *m*; **he gave a ~ of annoyance** il a poussé un grognement d'exaspération. -**3.** [complaint] ronchonnement *m*.
◇ *vi* -**1.** [in pain] gémir. -**2.** [in disapproval] grogner; **everybody ~ed at his corny jokes** tout le monde levait les yeux au ciel quand il sortait ses plaisanteries éculées. -**3.** [be weighed down by] gémir; **the table ~ed under the weight of the food** la table ployait sous le poids de la nourriture. -**4.** [complain] ronchonner.

groat [grəʊt] *n ancienne pièce de monnaie britannique.*

groats [grəʊts] *npl* gruau *m* (d'avoine).

grocer ['grəʊsəʳ] *n* épicier *m*; **at the ~'s (shop)** à l'épicerie, chez l'épicier.

grocery ['grəʊsərɪ] (*pl* **groceries**) *n* [shop] épicerie *f*.
◆ **groceries** *npl* [provisions] épicerie *f (U)*, provisions *fpl*; **what groceries do we need?** qu'est-ce qu'il nous faut comme épicerie OR provisions?

grog [grɒg] *n* grog *m*.

groggily *inf* ['grɒgɪlɪ] *adv* -**1.** [weakly] faiblement. -**2.** [unsteadily - from exhaustion, from blows] de manière chancelante OR groggy.

groggy *inf* ['grɒgɪ] (*compar* **groggier**, *superl* **groggiest**) *adj* -**1.** [weak] faible, affaibli; **~ with flu** affaibli par la grippe. -**2.** [unsteady - from exhaustion] groggy *(inv)*, vacillant, chancelant; [- from blows] groggy *(inv)*, sonné.

groin [grɔɪn] *n* -**1.** ANAT aine *f*. -**2.** *Br euph* [testicles] bourses *fpl*. -**3.** ARCHIT arête *f*. -**4.** *Am* = **groyne**.

groined vault [grɔɪnd-] *n* ARCHIT voûte *f* d'arête.

grommet ['grɒmɪt] *n* -**1.** [metal eyelet] œillet *m*. -**2.** MECH virole *f*, rondelle *f*. -**3.** NAUT erse *f*, estrope *f*, bague *f* en corde.

Groningen ['grəʊnɪŋən] *pr n* Groningue.

groom [gru:m] ◇ *n* -**1.** [for horses] palefrenier *m*, -ère *f*, valet *m* d'écurie. -**2.** = **bridegroom**.
◇ *vt* -**1.** [clean - horse] panser; [- dog] toiletter; [- subj: monkeys, cats]: **cats ~ themselves** les chats font leur toilette. -**2.** [prepare - candidate] préparer, former; **Ray is being ~ed for an executive position** on prépare OR forme Ray pour un poste de cadre; **I'm ~ing him to take over from me** c'est mon poulain.

groomed [gru:md] *adj* soigné; **to be well-~** être soigné (de sa personne).

grooming ['gru:mɪŋ] *n* -**1.** [of person] toilette *f*; [neat appearance] présentation *f*. -**2.** [of horse] pansage *m*; [of dog] toilettage *m*.

groove [gru:v] ◇ *n* -**1.** [for pulley, in column] cannelure *f*, gorge *f*; [in folding knife] onglet *m*. -**2.** [in piston] gorge *f*. -**3.** [for sliding door] rainure *f*. -**4.** [on record] sillon *m*. -**5.** [notch] encoche *f*. -**6.** [of sword] gouttière *f*. -**7.** *inf* [rut]: **to get into** OR **to be stuck in a ~** s'encroûter, être pris dans la routine.
◇ *vt* [make a groove] canneler, rainurer, rainer.
◇ *vi inf dated* [enjoy oneself] s'éclater.

groovy *inf* ['gru:vɪ] (*compar* **groovier**, *superl* **grooviest**) *dated* ◇ *adj* -**1.** [excellent] sensationnel, sensass, super. -**2.** [trendy] dans le vent.
◇ *interj*: **~!** chouette!, génial!, super!

grope [grəʊp] ◇ *vi* [seek - by touch] tâtonner, aller à l'aveuglette; [- for answer] chercher; **to ~ (about** OR **around) for sthg** chercher qqch à tâtons OR à l'aveuglette; **to ~ for words** chercher ses mots.
◇ *vt* -**1. to ~ one's way in the dark** avancer à tâtons dans l'obscurité; **to ~ one's way in/out** entrer/sortir à tâtons. -**2.** *inf* [sexually] tripoter, peloter.

grosgrain ['grəʊgreɪn] *n* gros-grain *m*.

gross [grəʊs] (*pl sense 1* **grosses**, *pl sense 2 inv*) ◇ *adj* -**1.** [vulgar, loutish - person] grossier, fruste; [- joke] cru, grossier. -**2.** [flagrant - inefficiency, incompetence]: **~ injustice** injustice *f* flagrante; **~ ignorance** ignorance *f* crasse. -**3.** [fat] obèse, énorme. -**4.** [overall total] brut; **~ profits** bénéfices *mpl* bruts; **~ wage** salaire *m* brut. -**5.** *inf* [disgusting] dégueulasse.
◇ *n* -**1.** [whole amount]: **the ~** le gros. -**2.** [twelve dozen] grosse *f*, douze douzaines *fpl*.
◇ *vt* COMM faire OR obtenir une recette brute de; **our firm ~ed $800,000 last year** notre société a fait OR obtenu une recette brute de 800 000 dollars l'année dernière.
◆ **gross out** *inf vt sep Am* dégoûter, débecter; **it really ~ed me out** ça m'a vraiment débecté.

gross domestic product *n* produit *m* intérieur brut.

grossly ['grəʊslɪ] *adv* -**1.** [coarsely] grossièrement. -**2.** [as intensifier] outre mesure, excessivement; **~ unfair** extrêmement injuste.

gross national product *n* produit *m* national brut.

Grosvenor Square ['grəʊvnəʳ-] *pr n grande place à Londres où se trouve notamment l'ambassade des États-Unis.*

grot *inf* [grɒt] *n Br* crasse *f*, saleté *f*.

grotesque [grəʊ'tesk] ◇ *adj* grotesque.
◇ *n* grotesque *m*.

grotesquely [grəʊ'tesklɪ] *adv* grotesquement, absurdement.

grotto ['grɒtəʊ] (*pl* **grottos** OR **grottoes**) *n* grotte *f*.

grotty *inf* ['grɒtɪ] (*compar* **grottier**, *superl* **grottiest**) *adj Br* -**1.** [unattractive] moche; [unsatisfactory] nul. -**2.** [unwell]: **to feel ~** ne pas se sentir bien, être mal fichu.

grouch *inf* [graʊtʃ] ◇ *vi* rouspéter, ronchonner, grogner; **to ~ about sthg** rouspéter OR ronchonner après qqch, grogner contre qqch.
◇ *n* rouspéteur *m*, -euse *f*.

grouchy *inf* ['graʊtʃɪ] (*compar* **grouchier**, *superl* **grouchiest**) *adj* grincheux, ronchon, grognon.

ground [graʊnd] ◇ *pt & pp* → **grind**.
◇ *n* -**1.** [earth] terre *f*; [surface] sol *m*; **the ~ is often frozen in winter** la terre est souvent gelée en hiver; **at ~ level** au niveau du sol; **the children sat on the ~** les enfants se sont assis par terre; **drive the stakes firmly into the ~** enfoncez solidement les pieux dans le sol; **above ~** en surface; **below ~** sous terre; **to burn sthg to the ~** réduire qqch en cendres; **to fall to the ~** tomber par OR à terre ☐ **to go to ~** se terrer; **to be on firm ~** être sûr de son fait; **to get off the ~** *literal* [aeroplane] décoller; *fig* [project] démarrer; **to have one's feet (firmly) on the ~** avoir (bien) les pieds sur terre; **it suits him down to the ~** ça lui va à merveille, ça lui convient parfaitement; **to run a car into the ~** utiliser une voiture jusqu'à ce qu'elle rende l'âme; **to run a company into the ~** faire couler une entreprise. -**2.** *(U)* [land] terrain *m*; [region] région *f*, coin *m*; **there's a lot of hilly ~ in Scotland** il y a beaucoup de coins vallonnés en Écosse. -**3.** *Br* [piece of land] terrain *m*; [stadium] stade *m*; **football/cricket ~** terrain de foot/cricket; **the crowds are leaving the ~** la foule des spectateurs sort du stade. -**4.** [area used for specific purpose]: **fishing ~s** zones *fpl* réservées à la pêche; **training ~** terrain *m* d'entraînement OR d'exercice. -**5.** MIL terrain *m*; **to give/to lose ~** céder/perdre du terrain; **to stand** OR **to hold one's ~** tenir bon; **firm ~** terrain bien assis, terre ferme ☐ **to gain ~** [in battle] gagner du terrain; [idea, concept] faire son chemin, progresser; [news] se répandre. -**6.** = **ground floor**. -**7.** *(U)* [area of reference] domaine *m*, champ *m*; **his article covers a lot of ~** dans son article, il aborde beaucoup de domaines; **this is new ~ for me** pour moi, c'est un domaine nouveau; **they were unable to find any common ~** [for discussion] ils n'ont pas pu trouver un terrain d'entente; [in interests] ils n'ont pas pu trouver un intérêt commun. -**8.** [subject] terrain *m*, sujet *m*; **you're on dangerous ~** vous êtes sur un terrain glissant; **for them, politics is forbidden ~** pour eux, la politique est un sujet tabou OR un domaine interdit. -**9.** [background] fond *m*; **on a green ~** [of painting] sur fond vert; **the middle ~** le second plan. -**10.** [of sea] fond *m*. -**11.** *Am* ELEC terre *f*, masse *f*; **a ~ connection** une prise de terre. -**12.** MUS: **~ (bass)** basse *f* contrainte.
◇ *comp* au sol; **~ cover** végétation *f* basse; **~ crew** équipe *f* au sol; **~ fire** *feu de forêt ne consumant que les broussailles*; **~ frost** gelée *f* blanche; **~ staff** *personnel qui s'occupe de l'entretien d'un terrain de sport.*
◇ *vt* -**1.** [base] fonder, baser; **my fears proved well ~ed** mes craintes se sont révélées fondées, il s'est avéré que mes craintes étaient fondées. -**2.** [train] former; **the students are well ~ed in computer sciences** les étudiants ont une bonne formation OR de bonnes bases en informatique. -**3.** [plane, pilot]: **to be ~ed** être interdit de vol; **the plane was ~ed for mechanical reasons** l'avion a été interdit de vol à cause d'un incident mécanique. -**4.** [ship] échouer. -**5.** *Am* ELEC mettre à la terre OR à la masse. -**6.** *inf* [child] interdire de sortie.
◇ *vi* [ship] échouer; **the submarine had ~ed on a sandbank** le sous-marin s'était échoué OR avait échoué sur un banc de sable.
◇ *adj* [wheat, coffee] moulu; [pepper] concassé; [steel] meulé; [meat] haché.
◆ **grounds** *npl* -**1.** [around house] parc *m*, domaine *m*; [around block of flats, hospital] terrain *m*; [more extensive] parc *m*; **the house has extensive ~s** la maison est entourée d'un grand parc; **the ~s are patrolled by dogs** le terrain est gardé par des chiens. -**2.** [reason] motif *m*, raison *f*; [cause] cause *f*, raison *f*; [basis] base *f*, raison *f*; [pretext] raison *f*, prétexte *m*; **you have no ~s for believing that he's lying** vous n'avez aucune raison de croire qu'il ment; **there are ~s for suspecting arson** il y a lieu de penser qu'il s'agit d'un incendie criminel; **he was excused on the ~s of poor health** il a été exempté en raison de sa mauvaise santé; **on medical/moral ~s** pour (des) raisons médicales/morales ‖ JUR: **~s for appeal** voies *fpl* de recours; **~s for complaint** grief *m*; **~s for divorce** motifs *mpl* de divorce. -**3.** [of coffee] marc *m*.

groundcloth ['graʊndklɒθ] *Am* = **groundsheet**.

ground control *n* AERON contrôle *m* au sol.

ground floor *n* rez-de-chaussée *m*.

ground glass *n* -**1.** [glass] verre *m* dépoli. -**2.** [as abrasive] verre *m* pilé.
ground hog *n* marmotte *f* d'Amérique; Ground Hog Day *Am le 2 février, jour où les marmottes sont censées avoir fini leur hibernation.*
grounding ['graʊndɪŋ] *n* -**1.** [training] formation *f*; [knowledge] connaissances *fpl*, bases *fpl*. -**2.** [of argument] assise *f*. -**3.** *Am* ELEC mise *f* à la terre OR à la masse. -**4.** NAUT échouage *m*. -**5.** [of balloon] atterrissage *m*. -**6.** [of plane] interdiction *f* de vol.
groundless ['graʊndlɪs] *adj* sans fondement, sans motif; **her fears proved ~** ses craintes s'avérèrent sans fondement.
groundlessly ['graʊndlɪslɪ] *adv* sans raison.
ground level *n* -**1.** [ground floor] rez-de-chaussée *m*. -**2.** [lowest level in organization] base *f*.
groundling ['graʊndlɪŋ] *n* -**1.** [fish] poisson *m* de fond. -**2.** [plant] plante *f* rampante. -**3.** THEAT ≃ spectateur *m*, -trice *f* du parterre; *fig* personne *f* sans culture, philistin *m*.
groundnut ['graʊndnʌt] = **peanut**.
ground plan *n* -**1.** [plan of ground floor] plan *m* au sol. -**2.** [plan of action] plan *m* d'action.
ground rent *n* redevance *f* foncière.
ground rice *n* farine *f* de riz.
ground rule *n* procédure *f*, règle *f*; **to lay down the ~s** établir les règles du jeu *fig*.
groundsel ['graʊnsl] *n* séneçon *m*.
groundsheet ['graʊndʃiːt] *n* tapis *m* de sol.
groundsman ['graʊndzmən] (*pl* **groundsmen** [-mən]) *n* gardien *m* de stade.
ground stroke *n* TENNIS: **to hit a ~** frapper la balle au rebond.
groundswell ['graʊndswel] *n* lame *f* de fond; **there was a ~ of public opinion in favour of the president** *fig* l'opinion publique a basculé massivement en faveur du président.
groundwork ['graʊndwɜːk] *n (U)* travail *m* préparatoire, canevas *m*.
group [gruːp] ◇ *n* -**1.** [of people] groupe *m*; POL [party] groupement *m*; [literary] groupe *m*, cercle *m*. -**2.** [of objects] groupe *m*, ensemble *m*; [of mountains] massif *m*. -**3.** [in business] groupe *m*; **they're in** OR **part of the Larousse ~** ils font partie du groupe Larousse. -**4.** [blood] groupe *m*; **what (blood) ~ are you? — ~ AB** quel est votre groupe sanguin? — le groupe AB. -**5.** MUS groupe *m*; **a pop/rock ~** un groupe pop/rock. -**6.** LING groupe *m*, syntagme *m*. -**7.** MIL groupe *m*.
◇ *comp* [work] de groupe; **~ action/decision** action/décision collective.
◇ *vt* -**1.** [bring together] grouper, réunir; [put in groups] disposer en groupes; **the teacher ~ed all the eight-year-olds together** l'institutrice a groupé OR regroupé tous les enfants de huit ans. -**2.** [combine] combiner.
◇ *vi* se grouper, se regrouper; **they all ~ed round their leader** ils se groupèrent tous autour de leur chef.
group captain *n* colonel *m* de l'armée de l'air; Group Captain Ross le colonel Ross.
groupie *inf* ['gruːpɪ] *n* groupie *f*.
grouping ['gruːpɪŋ] *n* groupement *m*.
group practice *n* MED cabinet *m* médical; **to be in ~** faire partie d'un cabinet médical.
group therapy *n* thérapie *f* de groupe.
grouse [graʊs] ◇ *n* -**1.** [bird] grouse *f*, lagopède *m* d'Écosse. -**2.** *inf* [grumble] rouspétance *f*; [complaint] grief *m*; **we were just having a ~ about work/the boss** on était en train de rouspéter contre le travail/le patron.
◇ *vi inf* rouspéter, râler; **what are you grousing about?** pourquoi rouspètes-tu?
◇ *comp*: **~ beating** rabattage *m*; **~ moor** chasse *f* réservée (à la chasse à la grouse); **~ shooting** chasse *f* à la grouse.
grouser *inf* ['graʊsəʳ] *n* [complainer] grognon *m*, rouspéteur *m*, -euse *f*.
grout [graʊt] ◇ *n* coulis *m* au ciment.
◇ *vt* jointoyer.
grouting ['graʊtɪŋ] *n* jointoiement *m*.
grove [grəʊv] *n* bosquet *m*; **olive ~** oliveraie *f* ❑ **the ~s of Academe** le milieu *m* universitaire, l'Université *f*.
grovel ['grɒvl] (*Br pt* & *pp* **grovelled**, *cont* **grovelling**, *Am pt* & *pp* **groveled**, *cont* **groveling**) *vi* -**1.** [act humbly] ramper, s'aplatir; **to ~ to sb (for sthg)** s'aplatir devant qqn (pour obtenir qqch); **to ~ before sb** ramper devant qqn. -**2.** [crawl on floor] se vautrer OR se traîner par terre; **stop grovelling around on the floor** arrête de te traîner par terre.
groveller *Br*, **groveler** *Am* ['grɒvləʳ] *n* flagorneur *m*, -euse *f fml*, lèche-bottes *mf inv*.
grovelling *Br*, **groveling** *Am* ['grɒvlɪŋ]
◇ *adj* rampant, servile; **a ~ letter** une lettre obséquieuse; **a ~ apology** de viles excuses.
◇ *n (U)* flagornerie *f*.
grovellingly *Br*, **grovelingly** *Am* ['grɒvlɪŋlɪ] *adv* servilement, en rampant.
grow [grəʊ] (*pt* **grew** [gruː], *pp* **grown** [grəʊn])
◇ *vi* -**1.** [plants] croître, pousser; [hair] pousser; [seeds] germer; **orange trees ~ best in a warm climate** les orangers poussent mieux en climat chaud; **money doesn't ~ on trees** l'argent ne pousse pas sur les arbres. -**2.** [person - in age, height] grandir; **hasn't he grown!** qu'est-ce qu'il a grandi! ‖ [develop]: **to ~ in wisdom/understanding** devenir plus sage/compréhensif. -**3.** [originate]: **this custom grew from** OR **out of a pagan ceremony** cette coutume est née d'une OR a pour origine une cérémonie païenne. -**4.** [increase] s'accroître, augmenter; **the crime rate in the big cities is ~ing** le taux de criminalité augmente dans les grandes villes; **our love/friendship grew over the years** notre amour/amitié a grandi au fil des ans; **he has grown in my esteem** il a grandi OR est monté dans mon estime; **the town grew in importance** la ville a gagné en importance. -**5.** [become] devenir; **to ~ angry** se mettre en colère; **to ~ bigger** grandir, s'agrandir; **it's beginning to ~ dark** il commence à faire nuit; **to ~ old** devenir vieux, vieillir. -**6.** (+ *infin*) [come gradually]: **I've grown to respect him** j'ai appris à le respecter; **to ~ to like/to dislike** finir par aimer/détester.
◇ *vt* -**1.** [crops, plants] cultiver. -**2.** [beard, hair] laisser pousser; **he's trying to ~ a beard** il essaye de se laisser pousser la barbe; **she's ~ing her hair (long)** elle se laisse pousser les cheveux.
◆ **grow apart** *vi insep* [couple] s'éloigner l'un de l'autre.
◆ **grow away** *vi insep*: **they began to ~ away from each other** ils ont commencé à s'éloigner l'un de l'autre *fig*.
◆ **grow back** *vi insep* [hair, nail] repousser.
◆ **grow into** *vt insep* -**1.** [become] devenir (en grandissant); **both her sons grew into fine-looking men** ses deux fils sont devenus de beaux jeunes gens. -**2.** [clothes]: **the pullover's too big for him, but he'll ~ into it** le pull est trop grand pour lui, mais il pourra le mettre un jour; **he'll soon ~ into those shoes** il pourra bientôt mettre ces chaussures, bientôt ces chaussures lui iront. -**3.** [become used to]: **to ~ into a job** s'habituer à OR s'adapter à un travail.
◆ **grow on** *vt insep* plaire de plus en plus à; **the song began to ~ on him after a while** au bout d'un certain temps, la chanson commença à lui plaire de plus en plus; **it ~s on you** on s'y fait.
◆ **grow out of** *vt insep* -**1.** [clothes]: **he's grown out of most of his clothes** la plupart de ses vêtements ne lui vont plus, il ne rentre plus dans la plupart de ses vêtements. -**2.** [habit] perdre (avec le temps); **he never grew out of (the habit of) biting his nails** il n'a jamais perdu cette habitude de se ronger les ongles.
◆ **grow up** *vi insep* -**1.** [person] grandir, devenir adulte; **what do you want to be when you ~ up?** que veux-tu faire quand tu seras grand?; **I hope he won't ~ up to be a liar/thief** j'espère qu'il ne sera pas un menteur/voleur plus tard; **~ up!** sois un peu adulte!; **when are you going to ~ up?** quand est-ce que tu seras un peu raisonnable? -**2.** [emotions, friendship] naître, se développer; **a strong feeling of hatred grew up between them** un puissant sentiment de haine est né entre eux.
grow bag *n sac plastique rempli d'engrais dans lequel on fait pousser une plante.*
grower ['grəʊəʳ] *n* -**1.** [producer] producteur *m*, -trice *f*; [professional] cultivateur *m*, -trice *f*; [amateur gardener] amateur *m* de jardinage; **vegetable ~** maraîcher *m*, -ère *f*; **rose ~** [professional] rosiériste *mf*; [amateur]: **he's a keen rose ~** il se passionne pour la culture des roses. -**2.** [plant, tree]: **a slow ~** une plante qui pousse lentement.
growing ['grəʊɪŋ] ◇ *adj* -**1.** [plant] croissant, qui pousse; [child] grandissant, en cours de croissance; **a ~ child needs a well balanced diet** un enfant en pleine croissance a besoin d'une alimentation bien équilibrée. -**2.** [increasing - debt] qui augmente; [- amount, number] grandissant, qui augmente; [- friendship, impatience] grandissant; **~ numbers of people are out of work** de plus en plus de gens sont OR un nombre croissant de gens est au chômage; **a ~ population** une population qui s'accroît; **there are ~ fears of a nuclear war** on craint de plus en plus une guerre nucléaire.
◇ *comp*: **wine ~ region** région vinicole; **wheat/potato ~ region** région qui produit du blé/de la pomme de terre, région à blé/pommes de terre.
◇ *n* [of agricultural products] culture *f*.
growing pains *npl* -**1.** [of children] douleurs *fpl* de croissance. -**2.** [of business, project] difficultés *fpl* de croissance, problèmes *mpl* de départ.
growing season *n* saison *f* nouvelle.
growl [graʊl] ◇ *vi* [animal] grogner, gronder; [person] grogner, grommeler; [thunder] tonner, gronder; **to ~ at sb** grogner contre qqn.
◇ *vt* [answer, instructions] grommeler, grogner.
◇ *n* grognement *m*, grondement *m*.
grown [grəʊn] ◇ *pp* → **grow**.
◇ *adj* -**1.** [person] adulte; **you don't expect ~ adults to behave so stupidly** on ne s'attend pas à ce que des adultes se comportent de manière si stupide; **he's a ~ man** il est adulte; **the children are fully ~ now** les enfants sont grands maintenant. -**2.** [garden]: **the garden is all ~ over** le jardin est tout envahi par les mauvaises herbes.
-grown *in cpds* -**1.** [of size, development] grand, qui a fini sa croissance, qui est arrivé à maturité; **half~** à mi-croissance. -**2.** [of plants] que l'on fait pousser, que l'on cultive; **tub~** en bac.
grown-up ◇ *n* adulte *mf*, grande personne *f*.
◇ *adj* adulte; **our children are ~ now** nos enfants sont grands maintenant.
growth [grəʊθ] *n* -**1.** *(U)* [development - of child, plant] croissance *f*; [- of friendship] développement *m*, croissance *f*; [- of organization] développement *m*; **lack of certain vitamins can hinder ~** la carence en certaines vitamines peut entraver la croissance; **intellectual/spiritual ~** développement intellectuel/spirituel. -**2.** *(U)* [increase - in numbers, amount] augmentation *f*, croissance *f*; [- of market, industry] croissance *f*, expansion *f*; [- of influence, knowledge] développement *m*, croissance *f*; **the experts predict a 2% ~ in tourism/imports** les experts prédisent une croissance du tourisme/des importations de 2 % ❑ **economic ~** développement OR croissance économique; **population ~** croissance de la population. -**3.** [of beard, hair, weeds] pousse *f*; **two days' ~ of beard** une barbe de deux jours. -**4.** MED excroissance *f*, tumeur *f*, grosseur *f*.
growth factor *n* facteur *m* de croissance.
growth hormone *n* hormone *f* de croissance.
growth industry *n* industrie *f* en plein essor OR de pointe.
growth ring *n* anneau *m* de croissance.
growth shares *npl*, **growth stock** *n* ST. EX *actions susceptibles d'une hausse rapide.*
groyne *Br*, **groin** *Am* [grɔɪn] *n* brise-lames *m inv*.

grub [grʌb] ◇ *vi* -**1.** [animal] fouir. -**2.** [rummage] fouiller; **they grubbed around for clues** *fig* ils fouinaient à la recherche d'indices.
◇ *n* -**1.** [insect] asticot *m*. -**2.** *inf* [food] bouffe *f*; ~ OR ~**'s up!** à la soupe!
◆ **grub up** *vt sep* [bone] déterrer; [root] extirper; [plant] déraciner; [insects] déloger.
grubbiness *inf* ['grʌbɪnɪs] *n (U)* saleté *f*.
grubby ['grʌbɪ] *adj* sale, crasseux, malpropre.
grub-kick *n* [in rugby] coup *m* qui reste au sol.
grub screw *n* vis *f* noyée, vis *f* sans tête.
grubstake *inf* ['grʌbsteɪk] *n Am* investissement *m*.
grudge [grʌdʒ] ◇ *n* rancune *f*; **to bear** OR **to hold a ~ against sb** en vouloir à qqn, avoir de la rancune contre qqn; **he still bears me a ~** il m'en veut toujours.
◇ *vt* = **begrudge**.
grudging ['grʌdʒɪŋ] *adj* [compliment, praise] fait OR donné à contrecœur; [agreement] réticent.
grudgingly ['grʌdʒɪŋlɪ] *adv* à contrecœur, avec réticence.
gruel [grʊəl] *n* bouillie *f* d'avoine.
gruelling *Br*, **grueling** *Am* ['grʊəlɪŋ] *adj* [race] éreintant, épuisant; [punishment] sévère; [experience] très difficile, très dur.
gruellingly *Br*, **gruelingly** *Am* ['grʊəlɪŋlɪ] *adv* de manière épuisante.
gruesome ['gru:səm] *adj* horrible, macabre; **a ~ discovery** une découverte macabre; **a ~ sight** un spectacle horrible.
gruff [grʌf] *adj* -**1.** [of manner] brusque. -**2.** [of speech, voice] bourru; **a ~ voice** une grosse voix.
gruffly ['grʌflɪ] *adv* -**1.** [of manner] avec brusquerie. -**2.** [of speech, voice] : **to speak ~** parler d'un ton bourru.
gruffness ['grʌfnɪs] *n* -**1.** [of manner] brusquerie *f*. -**2.** [of speech, voice] ton *m* bourru.
grumble ['grʌmbl] ◇ *vi* -**1.** [complain] grogner, grommeler; **he's always grumbling about something** il rouspète constamment contre quelque chose; **why are you grumbling at me?** pourquoi rouspètes-tu contre moi?; **stop grumbling!** arrête de te plaindre!; **how are you? – oh, mustn't ~!** ça va? – on fait aller! -**2.** [thunder, artillery] gronder; **my stomach kept grumbling loudly** mon estomac n'arrêtait pas de gargouiller bruyamment.
◇ *n* -**1.** [complaint] ronchonnement *m*, sujet *m* de plainte; **what's his latest ~?** pourquoi se plaint-il cette fois? -**2.** [of thunder, artillery] grondement *m*; **a distant ~ of thunder** un lointain grondement de tonnerre.
grumbler ['grʌmblə^r] *n* grincheux *m*, -euse *f*, mécontent *m*, -e *f*.
grumbling ['grʌmblɪŋ] ◇ *adj* grincheux, grognon; **a ~ stomach** un estomac qui gargouille; **~ appendix** MED appendicite *f* chronique.
◇ *n* plaintes *fpl*, protestations *fpl*.
grummet ['grʌmɪt] = **grommet**.
grump *inf* [grʌmp] *n* bougon *m*, -onne *f*, ronchon *m*, -onne *f*; **you are an old ~ this morning!** t'es qu'un vieux ronchon, ce matin!; **to have the ~s** être de mauvais poil.
grumpily *inf* ['grʌmpɪlɪ] *adv* en ronchonnant, d'un ton OR air ronchon.
grumpiness *inf* ['grʌmpɪnɪs] *n* mauvaise humeur *f*, maussaderie *f*, caractère *m* désagréable.
grumpy *inf* ['grʌmpɪ] *adj* ronchon, bougon; **a ~ old woman** une vieille grincheuse; **don't be so ~!** ne sois pas si ronchon!
grunge *inf* [grʌndʒ] *n* -**1.** *Am* [dirt] crasse *f*. -**2.** [fashion] grunge *m*.
grungy *inf* ['grʌndʒɪ] *adj Am* crasseux.
grunt [grʌnt] ◇ *vi* grogner, pousser un grognement.
◇ *vt* [reply] grommeler, grogner; **"what?", he ~ed** «quoi?», grogna-t-il.
◇ *n* -**1.** [sound] grognement *m*; **to give a ~** pousser un grognement; **the pig gave a loud ~** le cochon grogna bruyamment. -**2.** *inf Am* [soldier] trouffion *m*.
Gruyère ['gru:jeə^r] *n* gruyère *m*.
gryphon ['grɪfn] *n* griffon *m*.
GS *n abbr of* **General Staff**.
G-string *n* -**1.** MUS (corde *f* de) sol *m*. -**2.** [item of clothing] cache-sexe *m*, string *m*.
GU *written abbr of* **Guam**.
guac(h)amole [,gwɑ:kə'məʊlɪ] *n (U)* guacamole *m*, purée *f* d'avocat.
Guadeloupe [,gwɑ:də'lu:p] *pr n* Guadeloupe *f*; **in ~** à la OR en Guadeloupe.
guaiac ['gwaɪæk] *n* gaïac *m*.
guaiacum ['gwaɪəkəm] *n* bois *m* de gaïac.
Guam [gwɑ:m] *pr n* Guam; **in ~** à Guam.
guano ['gwɑ:nəʊ] *n* guano *m*.
guarantee [,gærən'ti:] ◇ *n* -**1.** COMM garantie *f*; **a ~ against defective workmanship** une garantie contre les malfaçons; **money-back ~** remboursement *m* garanti; **to be under ~** être sous garantie; **this washing machine has a five-year ~** cette machine à laver est garantie cinq ans. -**2.** JUR [pledge] caution *f*, garantie *f*, gage *m*; **to give sthg as a ~** donner qqch en caution OR en gage. -**3.** [person] garant *m*, -e *f*; **to act as ~** se porter garant. -**4.** [firm promise] garantie *f*; **what ~ do I have that you'll bring it back?** comment puis-je être sûr que vous le rapporterez?; **there's no ~ it will arrive today** il n'est pas garanti OR dit que ça arrivera aujourd'hui.
◇ *vt* -**1.** [goods] garantir; **the watch is ~d waterproof** la montre est garantie étanche; **the car is ~d against rust for 10 years** la voiture est garantie contre la rouille pendant 10 ans. -**2.** [loan, cheque] garantir, cautionner; **to ~ sb against loss** garantir des pertes de qqn. -**3.** [assure] certifier, assurer; **I can't ~ that everything will go to plan** je ne peux pas vous certifier OR garantir que tout se passera comme prévu; **our success is ~d** notre succès est garanti ❑ **~d seat** *Am place assurée sur le vol suivant pour un passager en stand-by qui cède sa place à quelqu'un payant plein tarif mais n'ayant pas réservé.*
◇ *comp*: **~ agreement** garantie *f*; **~ form** formulaire *m* OR fiche *f* de garantie.
guarantor [,gærən'tɔ:^r] *n* garant *m*, -e *f*; **to stand ~ for sb** se porter garant pour qqn.
guaranty ['gærəntɪ] *n* -**1.** [security] caution *f*, garantie *f*. -**2.** [guarantor] garant *m*, -e *f*. -**3.** [written guarantee] garantie *f*.
guard [gɑ:d] ◇ *n* -**1.** [person] gardien *m*, garde *m*; [group] garde *f*; **prison ~** gardien de prison; **call out the ~!** appelez la garde!; **~ of honour** garde *f* d'honneur. -**2.** [watch] garde *f*; **to be on ~ (duty)** être de garde; **to mount (a) ~** monter la garde; **the military kept ~ over the town** les militaires gardaient la ville; **to stand ~** monter la garde; **the changing of the ~** la relève de la garde; **there was a heavy police ~ for the president's visit** il y avait d'importantes forces de police pour la visite du président. -**3.** [supervision] garde *f*, surveillance *f*; **to keep a prisoner under ~** garder un prisonnier sous surveillance; **to put a ~ on sb/sthg** faire surveiller qqn/qqch; **the prisoners were taken under ~ to the courthouse** les prisonniers furent emmenés sous escorte au palais de justice. -**4.** [attention] garde *f*; **on ~!** [in fencing] en garde!; **to be on one's ~** être sur ses gardes; **we must warn him to be on ~ against robbers** nous devons lui dire de faire attention aux voleurs; **how can you put him on (his) ~?** comment le mettre en garde?; **to catch sb off ~** prendre qqn au dépourvu; **keep your ~ up!** méfiez-vous!; **to drop** OR **to lower one's ~** relâcher sa surveillance. -**5.** *Br* RAIL chef *m* de train. -**6.** [protective device - on machine] dispositif *m* de sûreté OR de protection; [- personal] protection *f*.
◇ *vt* -**1.** [watch over - prisoner] garder; **~ your tongue!** surveille ta langue! -**2.** [defend - fort, town] garder, défendre; **the house was heavily ~ed** la maison était étroitement surveillée. -**3.** [protect - life, reputation] protéger; **to ~ sb against danger** protéger qqn d'un danger; **~ the letter with your life** veille bien sur cette lettre. -**4.** GAMES garder.
◆ **Guards** *npl* MIL [regiment] garde *f* royale *(britannique)*; **he's in the Guards** il est dans les régiments de la Garde Royale.
◆ **guard against** *vt insep* se protéger contre OR de, se prémunir contre; **to ~ against doing sthg** se garder de faire qqch; **plastic sheets help ~ against frost** des housses en plastique aideront à protéger du gel; **how can we ~ against such accidents (happening)?** comment éviter OR empêcher (que) de tels accidents (arrivent)?
guard dog *n* chien *m* de garde.
guard duty *n*: **to be on ~** être de garde OR de faction.
guarded ['gɑ:dɪd] *adj* prudent, circonspect, réservé; **to give a ~ reply** répondre avec réserve.
guardedly ['gɑ:dɪdlɪ] *adv* avec réserve OR circonspection, prudemment.
guardhouse ['gɑ:dhaʊs, *pl* -haʊzɪz] *n* MIL [for guards] corps *m* de garde; [for prisoners] salle *f* de garde.
guardian ['gɑ:djən] *n* -**1.** [gen] gardien *m*, -enne *f*; [of museum] conservateur *m*, -trice *f*; **the Guardian** PRESS *quotidien britannique de qualité, plutôt de gauche*; **Guardian reader** *lecteur du Guardian (représentatif de la gauche intellectuelle)*. -**2.** JUR [of minor] tuteur *m*, -trice *f*.
guardian angel *n* ange *m* gardien.
guardianship ['gɑ:djənʃɪp] *n* -**1.** [gen] garde *f*. -**2.** JUR tutelle *f*; **the child was put under the ~ of his aunt** l'enfant fut placé sous la tutelle de sa tante.
guardrail ['gɑ:dreɪl] *n* -**1.** [on ship] bastingage *m*, garde-corps *m inv*. -**2.** RAIL contre-rail *m*. -**3.** *Am* [on road] barrière *f* de sécurité.
guardroom ['gɑ:drʊm] *n* -**1.** MIL [for guards] corps *m* de garde. -**2.** [for prisoners] salle *f* de garde.
guardsman ['gɑ:dzmən, *pl* -mən] *n* MIL *Br* soldat *m* de la garde royale; *Am* soldat *m* de la garde nationale.
guard's van *n Br* fourgon *m* du chef de train.
Guatemala [,gwɑ:tə'mɑ:lə] *pr n* Guatemala *m*; **in ~** au Guatemala.
Guatemalan [,gwɑ:tə'mɑ:lən] ◇ *n* Guatémaltèque *mf*.
◇ *adj* guatémaltèque.
guava ['gwɑ:və] *n* [tree] goyavier *m*; [fruit] goyave *f*.
gubbins *inf* ['gʌbɪnz] *n* -**1.** *(U)* [rubbish] déchets *mpl*, saletés *fpl*. -**2.** [thing] truc *m*, machin *m*.
gubernatorial [,gu:bənə'tɔ:rɪəl] *adj Am* de OR du gouverneur; **~ elections** élections des gouverneurs.
gudgeon ['gʌdʒn] *n* -**1.** [socket] tourillon *m*. -**2.** [fish] goujon *m*.
gudgeon pin *n* axe *m* de piston.
guelder rose [,geldə^r-] *n* [shrub] boule-de-neige *f*, obier *m*.
guer(r)illa [gə'rɪlə] ◇ *n* guérillero *m*.
◇ *comp*: **~ band** OR **group** guérilla *f*, groupe *m* de guérilleros; **~ strike** grève *f* sauvage; **~ warfare** guérilla *f (combat)*.
Guernsey ['gɜ:nzɪ] ◇ *pr n* [island] Guernesey; **in ~** à Guernesey.
◇ *n* -**1.** [cow] vache *f* de Guernesey. -**2.** [sweater] jersey *m*, tricot *m*. -**3.** *inf Austr phr*: **to get a ~** être sélectionné.
guess [ges] ◇ *n* -**1.** [at facts, figures] : **to have** *Br* OR **to take** *Am* **a ~ at sthg** (essayer de) deviner qqch; **if you don't know, have a ~** si tu ne sais pas, essaie de deviner; **at a (rough) ~, I'd say 200** à vue de nez, je dirais 200; **he made a good/a wild ~** il a deviné juste/à tout hasard; **I'll give you three ~es** devine un peu. -**2.** [hypothesis] supposition *f*, conjecture *f*; **it's anybody's ~** Dieu seul le sait, impossible de prévoir; **my ~ is that he won't come** à mon avis il ne viendra pas, je pense qu'il ne viendra pas; **your ~ is as good as mine** tu en sais autant que moi, je n'en sais pas plus que toi.

◇ *vt* -**1.** [attempt to answer] deviner; ~ **what!** devine un peu!; ~ **who!** devine qui c'est!; ~ **who I saw in town** devine (un peu) qui j'ai vu en ville; I ~**ed as much** je m'en doutais, c'est bien ce que je pensais ❑ **'Guess Who's Coming to Dinner?'** *Kramer* 'Devine qui vient dîner?'. -**2.** [imagine] croire, penser, supposer; I ~ **you're right** je suppose que vous avez raison; I ~ **he isn't coming** je suppose qu'il ne viendra pas; I ~ **so** je pense que oui; I ~ **not** je ne crois pas.
◇ *vi* deviner; to ~ **at sthg** deviner qqch; **how did you** ~? comment avez-vous deviné?; **try to** ~! devine un peu!; **you'll never** ~ tu ne devineras jamais; **the police** ~**ed right** la police a deviné OR vu juste; **we** ~**ed wrong** nous nous sommes trompés; **to keep sb** ~**ing** laisser qqn dans le doute; **don't keep me** ~**ing!** ne me laissez pas dans le doute!

guesstimate *inf* ['gestɪmət] *n* calcul *m* au pifomètre.

guesswork ['geswɜːk] *n (U)* conjecture *f*, hypothèse *f*; **to do sthg by** ~ faire qqch au hasard; **it's pure** OR **sheer** ~ c'est une simple hypothèse OR supposition.

guest [gest] *n* -**1.** [visitor - at home] invité *m*, -e *f*, hôte *mf*; [at table] invité *m*, -e *f*, convive *mf*; ~ **of honour** invité d'honneur, invitée d'honneur; **be my** ~! fais donc!, je t'en prie! -**2.** [in hotel] client *m*, -e *f*; [in boarding-house] pensionnaire *mf*.

guest artist *n* vedette *f* invitée.

guest book *n* livre *m* d'or.

guesthouse ['gesthaʊs, *pl* -haʊzɪz] *n* pension *f* de famille.

guest list *n* liste *f* des invités.

guestroom ['gestrʊm] *n* chambre *f* d'amis.

guest speaker *n* conférencier *m*, -ère *f (invité à parler par une organisation, une association)*.

guest worker *n* travailleur immigré *m*, travailleuse immigrée *f*.

guff *inf* [gʌf] *n (U)* bêtises *fpl*, idioties *fpl*.

guffaw [gʌ'fɔː] ◇ *n* gros éclat *m* de rire.
◇ *vi* rire bruyamment, s'esclaffer.
◇ *vt*: **"of course!"**, **he** ~**ed** «bien sûr!», s'esclaffa-t-il.

Guiana [gaɪ'ænə] *pr n* Guyane *f*; **the** ~**s** les Guyanes; **in** ~ en Guyane ❑ **French** ~ Guyane française; **Dutch** ~ Guyane hollandaise.

Guianan [gaɪ'ɑːnən], **Guianese** [ˌgaɪə'niːz]
◇ *n* Guyanais *m*, -e *f*.
◇ *adj* guyanais.

guidance ['gaɪdəns] *n* -**1.** [advice] conseils *mpl*; **she needs** ~ **concerning her education** elle a besoin de conseils pour son éducation; **vocational** ~ orientation *f* professionnelle. -**2.** [instruction] direction *f*, conduite *f*; [supervision] direction *f*, supervision *f*; **to do sthg under** ~ faire qqch avec les conseils OR sous la direction de qqn; **he's writing the book under the** ~ **of his former professor** il écrit ce livre sous la direction de son ancien professeur. -**3.** [information] information *f*; **electrical diagrams are given for your** ~ les schémas électriques sont donnés à titre d'information OR à titre indicatif. -**4.** AERON guidage *m*.

guide [gaɪd] ◇ *n* -**1.** [for tourists] guide *mf*; **Gino was our** ~ **during our tour of Rome** Gino nous servait de guide pendant notre visite de Rome. -**2.** [influence, direction] guide *m*, indication *f*; **let your conscience be your** ~ laissez-vous guider par votre conscience; **to take sthg as a** ~ prendre qqch comme règle de conduite. -**3.** [indication] indication *f*, idée *f*; **as a rough** ~ en gros, approximativement; **are these tests a good** ~ **to intelligence?** ces tests fournissent-ils une bonne indication OR donnent-ils une bonne idée de l'intelligence?; **conversions are given as a** ~ les conversions sont données à titre indicatif. -**4.** [manual] guide *m*, manuel *m* pratique; **a** ~ **to better French** un guide pour améliorer votre français; **a** ~ **to France** un guide de la France. -**5.** *Br* [girl scout]: **(Girl) Guide** éclaireuse *f*; **she's in the Guides** elle est éclaireuse. -**6.** [machine part] guide *m*.
◇ *vt* -**1.** [show the way] guider, conduire; **to** ~ **sb in/out** conduire qqn jusqu'à l'entrée/la sortie; **to** ~ **sb upstairs** conduire qqn en haut; **the children** ~**d us through the old city** les enfants nous ont guidés à travers la vieille ville. -**2.** [instruct] diriger, conduire. -**3.** [advise] conseiller, guider, orienter; **he** ~**d the country through some difficult times** il a su conduire le pays durant des périodes difficiles; **I'll be** ~**d by you** je me laisserai guider par vous. -**4.** AERON guider.

guidebook ['gaɪdbʊk] *n* guide *m* touristique *(manuel)*.

guided ['gaɪdɪd] *adj* guidé, sous la conduite d'un guide.

guided missile *n* missile *m* téléguidé.

guide dog *n* chien *m* d'aveugle.

guided tour *n* visite *f* guidée.

guideline ['gaɪdlaɪn] *n* -**1.** [for writing] ligne *f*. -**2.** [hint, principle] ligne *f* directrice, directives *fpl*.

guide movement *n* *mouvement féminin de scoutisme*.

guidepost ['gaɪdpəʊst] *n* poteau *m* indicateur.

guide rope *n* [for hoist] corde *f* de guidage; [for hot-air balloon] guiderope *m*.

guiding ['gaɪdɪŋ] ◇ *adj* [principle] directeur; **she gave me a** ~ **hand** *fig* elle m'a donné un coup de main; **he's been a** ~ **light in my career** il m'a toujours guidé dans ma carrière ❑ ~ **star** guide *m*.
◇ *n* guidage *m*, conduite *f*.

guild [gɪld] *n* -**1.** [professional] guilde *f*, corporation *f*; **the** ~ **of goldsmiths** la guilde des orfèvres. -**2.** [association] confrérie *f*, association *f*, club *m*; **women's/church** ~ cercle *m* féminin/paroissial.

guilder ['gɪldəʳ] *n* florin *m* (hollandais).

guildhall ['gɪldhɔːl] *n* palais *m* des corporations; **The Guildhall** *l'hôtel de ville de la City de Londres, célèbre pour sa grande salle de réception.*

guile [gaɪl] *n (U) fml* [trickery] fourberie *f*, tromperie *f*; [cunning] ruse *f*, astuce *f*.

guileful ['gaɪlfʊl] *adj fml* [deceitful] fourbe, trompeur; [cunning] rusé, astucieux.

guileless ['gaɪllɪs] *adj fml* [innocent, ingenuous] candide, ingénu.

guillemot ['gɪlɪmɒt] (*pl inv* OR **guillemots**) *n* guillemot *m*.

guillotine [ˌgɪlə'tiːn] ◇ *n* -**1.** [for executions] guillotine *f*. -**2.** [for paper] massicot *m*. -**3.** POL *procédure parlementaire consistant à fixer des délais stricts pour l'examen de chaque partie d'un projet de loi.*
◇ *vt* -**1.** [person] guillotiner. -**2.** [paper] massicoter. -**3.** [discussion] clôturer.

guilt [gɪlt] *n* culpabilité *f*; **a sense of** ~ un sentiment de culpabilité; ~ **drove him to suicide** un sentiment de culpabilité l'a poussé au suicide.

guilt complex *n* complexe *m* de culpabilité.

guiltily ['gɪltɪlɪ] *adv* d'un air coupable.

guiltless ['gɪltlɪs] *adj* innocent.

guilty ['gɪltɪ] (*compar* **guiltier**, *superl* **guiltiest**) *adj* coupable; ~ **of murder** coupable de meurtre; **to plead** ~/**not** ~ plaider coupable/non coupable; **the judge found her** ~ le juge l'a déclarée coupable; **a verdict of** ~/**not** ~ un verdict de culpabilité/d'acquittement; **they're** ~ **of an appalling lack of sensitivity** ils font preuve d'un manque terrible de sensibilité; **to have a** ~ **conscience** avoir mauvaise conscience; **there's no need to feel** ~ il n'y a pas de raison de culpabiliser; **she gave me a** ~ **look** elle me jeta un regard coupable; **I'm sure she has some** ~ **secret** je suis sûr qu'elle a un secret inavouable ❑ **the** ~ **party** le coupable, la coupable.

guinea ['gɪnɪ] *n* [money] guinée *f (ancienne monnaie britannique)*.

Guinea ['gɪnɪ] ◇ *pr n* Guinée *f*; **in** ~ en Guinée ❑ **Equatorial** ~ Guinée-Équatoriale *f*.
◇ *n* ▼ *Am terme injurieux désignant un Italien*, ≃ Rital *m*.

Guinea-Bissau [-bɪ'səʊ] *pr n* Guinée-Bissau *f*; **in** ~ en Guinée-Bissau.

guinea fowl (*pl inv*) *n* pintade *f*.

guinea hen *n* pintade *f* (femelle).

Guinean ['gɪnɪən] ◇ *n* Guinéen *m*, -enne *f*.
◇ *adj* guinéen.

guinea pig *n* cochon *m* d'Inde, cobaye *m*; [used in experiments] cobaye *m*; **to use sb as a** ~ se servir de qqn comme d'un cobaye, prendre qqn comme cobaye.

guise [gaɪz] *n* -**1.** [appearance] apparence *f*, aspect *m*; **the same old policies in a new** ~ la même politique sous des dehors différents; **under** OR **in the** ~ **of** sous l'apparence de. -**2.** *arch* [costume] costume *m*.

guitar [gɪ'tɑːʳ] *n* guitare *f*; **electric** ~ guitare *f* électrique.

guitarist [gɪ'tɑːrɪst] *n* guitariste *mf*.

Gujarati [ˌguːdʒə'rɑːtɪ] *n* gujarati *m*.

gulag ['guːlæg] *n* goulag *m*; **'The Gulag Archipelago'** *Solzhenitzyn* 'l'Archipel du goulag'.

gulch [gʌlʃ] *n Am* ravin *m*.

gulf [gʌlf] ◇ *n* -**1.** [bay] golfe *m*; **the Gulf of Aden** le golfe d'Aden; **the Gulf of Bothnia** le golfe de Botnie; **the Gulf of California** le golfe de Californie; **the Gulf of Mexico** le golfe du Mexique; **the Gulf of Siam** le golfe de Thaïlande. -**2.** [chasm] gouffre *m*, abîme *m*; **a huge** ~ **has opened up between the two parties** *fig* il y a désormais un énorme fossé entre les deux partis. -**3.** GEOG: **the Gulf** le golfe Persique.
◇ *comp* [country, oil] du Golfe; **the Gulf War** la guerre du Golfe.

Gulf States *pl pr n*: **the** ~ [in US] les États du golfe du Mexique; [round Persian Gulf] les États du Golfe.

Gulf Stream *pr n*: **the** ~ le Gulf Stream.

gulfweed ['gʌlfwiːd] *n* sargasse *f*.

gull [gʌl] ◇ *n* -**1.** [bird] mouette *f*, goéland *m*; **black headed** ~ mouette rieuse; **herring** ~ goéland argenté. -**2.** *arch* [dupe] dupe *f*.
◇ *vt arch* duper.

gullet ['gʌlɪt] *n* [œsophagus] œsophage *m*; [throat] gosier *m*.

gulley ['gʌlɪ] (*pl* **gulleys**) = **gully**.

gullibility [ˌgʌlə'bɪlətɪ] *n* crédulité *f*, naïveté *f*.

gullible ['gʌləbl] *adj* crédule, naïf.

gull-wing *adj* AUT: ~ **door** portière *f* en papillon.

gully ['gʌlɪ] (*pl* **gullies**) *n* -**1.** [valley] ravin *m*. -**2.** [drain] caniveau *m*, rigole *f*.

gulp [gʌlp] ◇ *vt*: **to** ~ **(down)** [food] engloutir; [drink] avaler à pleine gorge; [air] avaler.
◇ *vi* [with emotion] avoir un serrement de gorge; **he** ~**ed in surprise** la surprise lui a serré la gorge.
◇ *n* [act of gulping]: **she swallowed it in one** ~ elle l'a avalé d'un seul coup ‖ [with emotion] serrement *m* de gorge; **"oh dear", he said with a** ~ «mon Dieu», dit-il, la gorge serrée.
◆ **gulp back** *vt sep* avaler; **she** ~**ed back her tears** elle a ravalé OR refoulé ses larmes.

gum [gʌm] (*pt* & *pp* **gummed**, *cont* **gumming**)
◇ *n* -**1.** [chewing gum] chewing-gum *m*; **to chew** ~ mâcher du chewing-gum. -**2.** [adhesive] gomme *f*, colle *f*. -**3.** BOT [substance] gomme *f*. -**4.** *Br* = **gumdrop**. -**5.** ANAT gencive *f*.
◇ *vt* -**1.** [cover with gum] gommer; **gummed paper** papier gommé. -**2.** [stick] coller; ~ **down the flap** collez le rabat; ~ **the two edges together** collez les deux bords ensemble.
◇ *vi* BOT exsuder de la gomme.
◇ *interj inf Br dated*: **by** ~! nom d'un chien!, mince alors!
◆ **gum up** *inf vt sep* [mechanism] bousiller; [plan] ficher en l'air; **that's gummed up the works!** ça a tout fichu en l'air!; **the kitten's eyes were all gummed up** les yeux du chaton étaient tout collés.

gum arabic *n* gomme *f* arabique.

gumbo ['gʌmbəʊ] (*pl* **gumbos**) *n* **-1.** [dish] *soupe épaisse aux fruits de mer.* **-2.** *Am* [okra] gombo *m*.

gumboil ['gʌmbɔɪl] *n* parulie *f*, abcès *m* gingival.

gumboot ['gʌmbuːt] *n Br* botte *f* de caoutchouc.

gumdrop ['gʌmdrɒp] *n* boule *f* de gomme.

gummy ['gʌmɪ] (*compar* **gummier**, *superl* **gummiest**) *adj* **-1.** [sticky] collant, gluant. **-2.** [gumlike] gommeux.

gumption *inf* ['gʌmpʃn] *n (U)* **-1.** *Br* [common sense] jugeote *f*; **he didn't even have the ~ to call the police** il n'a même pas eu la présence d'esprit d'appeler la police. **-2.** [initiative] initiative *f*; **at least he had the ~ to start up business on his own** au moins il a pris l'initiative de monter sa propre affaire.

gum resin *n* gomme-résine *f*.

gumshield ['gʌmʃiːld] *n* protège-dents *m inv*.

gumshoe▽ ['gʌmʃuː] *Am dated* ◇ *n* [detective] privé *m*.
◇ *vi* aller à pas feutrés.
◆ **gumshoes** *npl* [overshoes] caoutchoucs *mpl*.

gum tree *n* gommier *m*; **to be up a ~** *inf* être dans le pétrin.

gun [gʌn] (*pt & pp* **gunned**, *cont* **gunning**) ◇ *n* **-1.** arme *f* à feu; [pistol] pistolet *m*; [revolver] revolver *m*; [rifle] fusil *m*; [cannon] canon *m*; **the burglar had a ~** le cambrioleur était armé; **to draw a ~ on sb** braquer une arme sur qqn; **a 21-~ salute** une salve de 21 coups de canon; **the ~s** MIL l'artillerie *f* ❑ **machine ~** mitrailleuse *f*; **to be going great ~s** *inf* [enterprise] marcher à merveille; **she's going great ~s** ça boume pour elle; **the big ~s** *inf* les huiles *fpl*; **to bring out one's big ~s** *inf* mettre le paquet; **to jump the ~** brûler le feu; **to spike sb's ~s** mettre des bâtons dans les roues de qqn; **to stick to one's ~s** tenir bon. **-2.** [hunter] fusil *m*. **-3.** *inf* [gunman] gangster *m*; **hired ~** tueur *m* à gages. **-4.** [dispenser] pistolet *m*; **paint ~** pistolet *m* à peinture. **-5.** ELECTRON canon *m*.
◇ *vt* AUT: **to ~ the engine** accélérer.
◆ **gun down** *vt sep* abattre.
◆ **gun for** *vt insep* **-1.** [look for] chercher; **the boss is gunning for you** le patron te cherche OR est après toi. **-2.** [try hard for] faire des pieds et des mains pour obtenir.

gunboat ['gʌnbəʊt] *n* cannonière *f*.

gunboat diplomacy *n* diplomatie *f* imposée par la force, politique *f* de la cannonière.

gun carriage *n* affût *m* de canon.

gun cotton *n* fulmicoton *m*, coton-poudre *m*.

gun crew *n* servants *mpl* de pièce.

gundog ['gʌndɒg] *n* chien *m* de chasse.

gunfight ['gʌnfaɪt] *n* fusillade *f*.

gunfire ['gʌnfaɪəʳ] *n (U)* coups *mpl* de feu, fusillade *f*; [of cannon] tir *m* d'artillerie.

gunge *inf* [gʌndʒ] *n (U)* substance *f* collante, amas *m* visqueux.

gung-ho [gʌŋ'həʊ] *adj* tout feu tout flamme, enthousiaste.

gungy *inf* ['gʌndʒɪ] *adj* poisseux.

gunk *inf* [gʌŋk] *n (U)* substance *f* visqueuse, amas *m* répugnant.

gun licence *n* permis *m* de port d'armes.

gunman ['gʌnmən] (*pl* **gunmen** [-mən]) *n* gangster *m* (armé); [terrorist] terroriste *m* (armé).

gunmetal ['gʌn,metl] *n* **-1.** [metal] bronze *m* à canon. **-2.** [colour] vert-de-gris *m inv*.

gun-metal grey ◇ *adj* vert-de-gris *(inv)*.
◇ *n* vert-de-gris *m inv*.

gunnel ['gʌnl] = **gunwale**.

gunner ['gʌnəʳ] *n* artilleur *m*, canonnier *m*.

gunnery ['gʌnərɪ] *n (U)* artillerie *f*.

gunnery officer *n* officier *m* d'artillerie.

gunnery sergeant *n* sergent *m* d'artillerie.

gunny ['gʌnɪ] *n* toile *f* de jute (grossière).

gunnysack ['gʌnɪsæk] *n* sac *m* de jute.

gunplay ['gʌnpleɪ] *n Am* échange *m* de coups de feu.

gunpoint ['gʌnpɔɪnt] *n*: **to have** OR **to hold sb at ~** menacer qqn d'un pistolet OR d'un revolver OR d'un fusil; **a confession obtained at ~** une confession obtenue sous la menace d'un revolver.

gunpowder ['gʌn,paʊdəʳ] *n* poudre *f* à canon.

Gunpowder Plot *n*: **the~** *Br* HIST la conspiration des poudres.

THE GUNPOWDER PLOT:
Complot organisé par des catholiques, menés par Guy Fawkes, pour faire sauter le Parlement britannique et tuer le roi Jacques Ier et sa famille, le 5 novembre 1605, en réaction au refus royal d'instaurer la liberté de culte. Le complot fut déjoué. On commémore cette journée, appelée «Guy Fawkes' Day», par des feux d'artifice et des feux de joie.

---

gun room *n* [in house] armurerie *f*; [on warship] poste *m* des aspirants.

gunrunner ['gʌn,rʌnəʳ] *n* trafiquant *m*, -e *f* d'armes.

gunrunning ['gʌn,rʌnɪŋ] *n (U)* trafic *m* d'armes.

gunsel *inf* ['gʌnsəl] *n Am* **-1.** [criminal] criminel *m* armé. **-2.** [boy] *jeune homme qui a des rapports sexuels avec un homme plus âgé.*

gunship ['gʌnʃɪp] *n* [helicopter] hélicoptère *m* armé.

gunshot ['gʌnʃɒt] *n* **-1.** [shot] coup *m* de feu; **a ~ wound** une blessure de OR par balle. **-2.** [range]: **to be out of/within ~** être hors de portée de/à portée de fusil.

gunshy ['gʌnʃaɪ] *adj*: **to be ~** avoir peur des coups de feu.

gunslinger *inf* ['gʌn,slɪŋəʳ] *n* bandit *m* armé.

gunsmith ['gʌnsmɪθ] *n* armurier *m*.

gun turret *n* tourelle *f*.

gunwale ['gʌnl] *n* NAUT plat-bord *m*.

guppy ['gʌpɪ] (*pl* **guppies**) *n* guppy *m*.

gurgle ['gɜːgl] ◇ *vi* [liquid] glouglouter, gargouiller; [stream] murmurer; [person - with delight] glousser, roucouler; [baby] gazouiller.
◇ *n* [of liquid] glouglou *m*, gargouillis *m*; [of stream] murmure *m*, gazouillement *m*; [of laughter] gloussement *m*, roucoulement *m*; [of baby] gazouillis.

Gurkha ['gɜːkə] *n* Gurkha *m*.

gurnard ['gɜːnəd] *n* grondin *m*.

guru ['gʊruː] *n* gourou *m*.

gush [gʌʃ] ◇ *vi* **-1.** [flow] jaillir; **blood was ~ing from his arm** le sang jaillissait de son bras; **water ~ed forth** OR **out** l'eau jaillissait. **-2.** [talk effusively] parler avec animation; **everyone was ~ing over the baby** tout le monde se répandait en compliments sur le bébé; **"darling, you were wonderful", he ~ed** «chérie, tu as été formidable», lança-t-il avec exubérance.
◇ *n* **-1.** [of liquid, gas] jet *m*, flot *m*; **a ~ of words** *fig* un flot de paroles. **-2.** [of emotion] vague *f*, effusion *f*; **a sudden ~ of enthusiasm** une soudaine vague d'enthousiasme.

gusher ['gʌʃəʳ] *n* [oil well] puits *m* jaillissant OR éruptif.

gushing ['gʌʃɪŋ] *adj* **-1.** [liquid] jaillissant, bouillonnant. **-2.** [person] trop exubérant; **~ compliments/praise** compliments/éloges sans fin.

gushy *inf* ['gʌʃɪ] (*compar* **gushier**, *superl* **gushiest**) *adj pej* [person] exubérant.

gusset ['gʌsɪt] *n* **-1.** SEW soufflet *m*. **-2.** CONSTR gousset *m*.

gust [gʌst] ◇ *n*: **a ~ (of wind)** un coup de vent, une rafale; **a ~ of anger** *fig* un accès de colère.
◇ *vi* [wind] souffler en bourrasques; [rain] faire des bourrasques; **winds ~ing up to 50 mph were recorded** on a enregistré des pointes de vent à 80 km/h.

gustatory ['gʌstətrɪ] *adj* gustatif.

Gustav ['gʊstɑːv] *pr n* Gustave.

Gustavus Adolphus [gʊs'tɑːvəsə'dɒlfəs] *pr n* Gustave Adolphe.

gusto ['gʌstəʊ] *n* délectation *f*, enthousiame *m*; **to do sthg with ~** faire qqch avec enthousiasme.

gusty ['gʌstɪ] (*compar* **gustier**, *super* **gustiest**) *adj*: **it's a bit ~ out** il y a des rafales (de vent) OR des bourrasques dehors; **a ~ wind** un vent qui souffle en rafales, des rafales de vent; **a ~ day** un jour de grand vent.

gut [gʌt] ◇ *n* **-1.** (*usu pl*) ANAT boyau *m*, intestin *m*; **~s** instestins *mpl*, boyaux *mpl*, entrailles *fpl*; **I've got a pain in the ~** *inf* j'ai mal au bide ❑ **~ feeling** pressentiment *m*; **~ reaction** réaction *f* instinctive OR viscérale. **-2.** *inf (usu pl)* [of machine] intérieur *m*. **-3.** *(U)* [thread - for violins] corde *f* de boyau; [- for rackets] boyau *m*. **-4.** [in sea port] goulet *m*, passage *m* étroit.
◇ *vt* **-1.** [fish, poultry etc] étriper, vider. **-2.** [building] ne laisser que les quatre murs de. **-3.** [book] résumer, extraire l'essentiel de.
◆ **guts** *inf* ◇ *n* [glutton] morfal *m*, -e *f*; **don't be such a (greedy) ~s** ne sois pas si morfal.
◇ *npl phr*: **to have ~s** avoir du cran OR du cœur au ventre; **he has no ~s** il n'a rien dans le ventre; **to work** OR **to sweat one's ~s out** se casser les reins, se tuer au travail; **to hate sb's ~s** ne pas pouvoir blairer qqn; **I'll have your ~s for garters** je vais faire de toi de la chair à pâté.

gutless *inf* ['gʌtlɪs] *adj* [cowardly] trouillard, dégonflé.

gutsy *inf* ['gʌtsɪ] (*compar* **gutsier**, *superl* **gutsiest**) *adj* **-1.** [courageous] qui a du cran; **she's one ~ woman** c'est vraiment une femme qui a du cran. **-2.** [powerful - film, language, novel] qui a du punch, musclé; **a ~ singer** un chanteur qui a des tripes.

gutta-percha [,gʌtə'pɜːtʃə] *n* gutta-percha *f*.

gutted▽ ['gʌtɪd] *adj Br*: **to be** OR **to feel ~** en être malade.

gutter ['gʌtəʳ] ◇ *n* **-1.** [on roof] gouttière *f*; [in street] caniveau *m*, ruisseau *m*; *fig*: **to end up in the ~** tomber OR rouler dans le ruisseau; **to rescue sb from** OR **to drag sb out of the ~** tirer qqn du ruisseau; **to speak the language of the ~** parler le langage des rues. **-2.** [ditch] rigole *f*, sillon *m (creusé par la pluie)*; [in bookbinding] petits fonds *mpl*.
◇ *vi* [candle flame] vaciller, trembler.

guttering ['gʌtərɪŋ] *n (U)* [of roof] gouttières *fpl*.

gutter press *n pej* presse *f* de bas étage, presse *f* à scandale.

guttersnipe ['gʌtəsnaɪp] *n pej* gosse *mf* des rues.

guttural ['gʌtərəl] ◇ *adj* guttural.
◇ *n* LING gutturale *f*.

guv *inf* [gʌv], **guvnor** ['gʌvnəʳ] *n Br*: **the ~** [boss] le chef, le boss; *dated* [my father] le pater, le paternel; **got a fag, ~?** n'auriez pas un mégot, patron?

guy [gaɪ] *n* **-1.** *inf* [man] gars *m*, type *m*; **a good ~** un mec OR un type bien; **tough ~** dur *m*; **ok ~s, let's go** allez les gars, on y va; *Am* [to both men and women] allez les copains, on y va; **are you ~s ready?** vous êtes prêts, les gars?; *Am* [to both men and women] tout le monde est prêt? **-2.** *Br* [for bonfire] *effigie de Guy Fawkes.* **-3.** [for tent] corde *f* de tente.

Guyana [gaɪ'ænə] *pr n* Guyana *m*; **in ~** au Guyana.

Guyanese [,gaɪə'niːz] ◇ *adj* guyanais.
◇ *n* Guyanais *m*, -e *f*.

Guy Fawkes' Night [-'fɔːks-] *pr n fête célébrée le 5 novembre en commémoration de la conspiration des poudres.*

GUY FAWKES' NIGHT:
Cette fête se déroule en plein air autour d'un grand feu de joie sur lequel on est censé brûler une effigie («the Guy») de Guy Fawkes, l'instigateur de la conspiration des poudres. Des feux d'artifice sont également organisés.

---

guy rope = **guy 3**.

guzzle *inf* ['gʌzl] ◇ *vt* [food] bouffer, bâfrer; [drink] siffler; **he's ~d the whole lot!** [food] il a tout bouffé OR bâfré!; [drink] il a tout sifflé!; **this car really ~s the gas** cette voiture bouffe vraiment beaucoup (d'essence).

◇ *vi* [eat] s'empiffrer, se goinfrer; [drink] boire trop vite.
◇ *n:* I had a good ~ je me suis bien empiffré.

guzzler *inf* ['gʌzlə^r] *n* [person] goinfre *mf*; [car] → **gas guzzler**.

gym [dʒɪm] *n* [hall, building] gymnase *m*; [activity] gymnastique *f*, gym *f*.

gymkhana [dʒɪm'kɑːnə] *n* gymkhana *m*.

gymnasium [dʒɪm'neɪzjəm] (*pl* **gymnasiums** OR **gymnasia** [-zɪə]) *n* gymnase *m*.

gymnast ['dʒɪmnæst] *n* gymnaste *mf*; **I've never been much of a ~** je n'ai jamais été très fort en gymnastique.

gymnastic [dʒɪm'næstɪk] *adj* [exercises] de gymnastique; [ability] de gymnaste.

gymnastics [dʒɪm'næstɪks] *n (U)* gymnastique *f*; **~ display** exhibition *f* de gymnastique; **mental ~** gymnastique cérébrale.

gym shoe *n* chaussure *f* de gymnastique OR gym.

gymslip ['dʒɪm,slɪp], **gym tunic** *n* [part of uniform] blouse *f* d'écolière.

gynaecology *etc* [,gaɪnə'kɒlədʒɪ] *Br* = **gynecology**.

gynecological [,gaɪnəkə'lɒdʒɪkl] *adj* gynécologique.

gynecologist [,gaɪnə'kɒlədʒɪst] *n* gynécologue *mf*.

gynecology [,gaɪnə'kɒlədʒɪ] *n* gynécologie *f*.

gyp *inf* [dʒɪp] (*pt* & *pp* **gypped**, *cont* **gypping**)
◇ *n Br* - **1.** **to give sb ~** [cause pain] dérouiller qqn. - **2.** UNIV [cleaning lady] femme *f* de ménage.
◇ *vt* [cheat] rouler; **you've been gypped** tu t'es fait rouler OR avoir.

gyppo▼ ['dʒɪpəʊ] (*pl* **gyppos**) = **gippo**.

gypsum ['dʒɪpsəm] *n* gypse *m*.

gypsy ['dʒɪpsɪ] (*pl* **gypsies**) = **gipsy**.

gyrate [dʒaɪ'reɪt] *vi* tournoyer.

gyration [dʒaɪ'reɪʃən] *n* giration *f*.

gyratory ['dʒaɪrətrɪ] *adj* giratoire.

gyro ['dʒaɪrəʊ] = **gyrocompass**, **gyroscope**.

gyrocompass ['dʒaɪrəʊ,kʌmpəs] *n* gyrocompas *m*.

gyromagnetic [,dʒaɪrəʊmæg'netɪk] *adj* gyromagnétique.

gyroscope ['dʒaɪrəskəʊp] *n* gyroscope *m*.

gyroscopic [,dʒaɪrəʊ'skɒpɪk] *adj* gyroscopique.

gyrostabilizer [,dʒaɪrəʊ'steɪbɪlaɪzə^r] *n* stabilisateur *m* gyroscopique.

gyrostat ['dʒaɪrəʊstæt] *n* gyrostat *m*.

H

h (*pl* **h's** OR **hs**), **H** (*pl* **H's** OR **Hs**) [eɪtʃ] *n* [letter] h *m*, H *m*; **to drop one's h's** avaler ses h *(et révéler par là ses origines populaires)*.

ha [hɑː] *interj* [in triumph, sudden comprehension] ha!, ah!; [in contempt] peuh!; ~ ~, **very funny!** *iron* ha ha ha, très drôle!

habeas corpus [ˌheɪbjəsˈkɔːpəs] *n* JUR habeas corpus *m*; **to issue a writ of** ~ délivrer un (acte d') habeas corpus.

THE HABEAS CORPUS ACT:

Loi votée en Angleterre en 1679 et selon laquelle toute personne arrêtée est en droit de faire examiner par un juge la légalité de son emprisonnement. Complétée par plusieurs lois postérieures (1816 et 1960), la procédure est encore applicable en Grande-Bretagne et dans tous les pays soumis à la «Common Law» (sauf l'Écosse). Elle fut également intégrée à la Constitution américaine.

---

haberdasher [ˈhæbədæʃəʳ] *n* -**1.** *Br* mercier *m*, -ère *f*. -**2.** *Am* chemisier *m*, -ère *f*.

haberdashery [ˈhæbədæʃərɪ] *n* -**1.** *Br* mercerie *f*. -**2.** *Am* marchand *m*, -e *f* de vêtements d'hommes *(en particulier de gants et de chapeaux)*.

habit [ˈhæbɪt] *n* -**1.** [custom] habitude *f*; **to be in the ~ of doing sthg** avoir l'habitude de faire qqch; **to get into the ~ of doing sthg** prendre l'habitude de faire qqch; **you'd better get into the ~ of being more punctual** il vaudrait mieux que tu prennes l'habitude d'être plus ponctuel; **to get sb into the ~ of doing sthg** faire prendre à qqn OR donner à qqn l'habitude de faire qqch, habituer qqn à faire qqch; **to make a ~ of sthg/of doing sthg** prendre l'habitude de qqch/de faire qqch; **don't worry, I'm not going to make a ~ of it** ne t'en fais pas, cela ne deviendra pas une habitude; **just don't make a ~ of it!** ne recommence pas!, que cela ne se reproduise pas!; **to get out of a ~** perdre une habitude; **to get sb out of the ~ of doing sthg** faire perdre à qqn l'habitude de faire qqch; **he has a very strange ~ of pulling his ear when he talks** il a un tic très étrange consistant à se tirer l'oreille quand il parle; **from force of ~** par habitude; **it's just force of ~** c'est l'habitude; **he's very much a creature of ~** il est esclave de ses habitudes. -**2.** *inf* [drug dependency]: **to have a ~** être accro; **to have a heroin ~** être accro à l'héroïne; **he steals to pay for his ~** il vole pour payer sa drogue; **to kick the ~** [drugs, tobacco] décrocher. -**3.** [dress - of monk, nun] habit *m*; [- for riding] tenue *f* de cheval.

habitable [ˈhæbɪtəbl] *adj* habitable.

habitat [ˈhæbɪtæt] *n* habitat *m*.

habitation [ˌhæbɪˈteɪʃn] *n* -**1.** [occupation] habitation *f*; **there were signs of recent ~** l'endroit semblait avoir été habité dans un passé récent; **fit for ~** habitable; **unfit for ~** inhabitable; [from sanitary point of view] salubre/insalubre. -**2.** [place] habitation *f*, résidence *f*, demeure *f*.

habit-forming [-ˌfɔːmɪŋ] *adj* [drug] qui crée une accoutumance OR une dépendance; **I'd better not have another, it could be ~** *hum* il vaut mieux que je n'en prenne pas d'autre, je risquerais de ne plus pouvoir m'en passer.

habitual [həˈbɪtʃʊəl] *adj* [customary - generosity, lateness, good humour] habituel, accoutumé; [- liar, drinker] invétéré; ~ **offender** JUR récidiviste *mf*.

habitually [həˈbɪtʃʊəlɪ] *adv* habituellement, ordinairement.

habituate [həˈbɪtʃʊeɪt] *vt fml*: **to ~ o.s./sb to sthg** s'habituer/habituer qqn à qqch; **to become ~d to sthg** s'habituer à qqch.

hack [hæk] ◇ *n* -**1.** [sharp blow] coup *m* violent; [kick] coup *m* de pied; **to take a ~ at sb** [kick] donner un coup de pied à qqn. -**2.** [cut] entaille *f*. -**3.** *pej* [writer] écrivaillon *m*; [politician] politicard *m*. -**4.** [horse for riding] cheval *m* de selle; [horse for hire] cheval *m* de louage; [old horse, nag] rosse *f*, carne *f*. -**5.** [ride]: **to go for a ~** aller faire une promenade à cheval. -**6.** [cough] toux *f* sèche. -**7.** *inf Am* [car] tacot *m*.

◇ *comp*: ~ **writer** écrivaillon *m*, écrivain *m* médiocre; ~ **writing** travail *m* d'écrivaillon.

◇ *vt* -**1.** [cut] taillader, tailler; **to ~ sb/sthg to pieces** tailler qqn/qqch en pièces; *fig* [opponent, manuscript] mettre OR tailler qqn/qqch en pièces; **to ~ sb to death** tuer qqn à coups de couteau OR de hache; **he ~ed his way through the jungle** il s'est taillé un passage à travers la jungle à coups de machette. -**2.** [kick - ball] donner un coup de pied sec dans; **to ~ sb on the shins** donner un coup de pied dans les tibias à qqn. -**3.** COMPUT: **to ~ one's way into a system** entrer dans un système par effraction. -**4.** *inf phr*: **I can't ~ it** [can't cope] je n'en peux plus, je craque; **the new guy can't ~ it** le nouveau ne tient pas le choc.

◇ *vi* -**1.** [cut] donner des coups de couteau *(de hache etc)*; **to ~ (away) at sthg** taillader qqch. -**2.** [kick]: **to ~ at the ball** donner un coup de pied sec dans le ballon; **to ~ at sb's shins** donner des coups de pied dans les tibias à qqn. -**3.** COMPUT: **to ~ into a system** entrer dans un système par effraction. -**4.** [on horseback] aller à cheval; **to go ~ing** aller faire une promenade à cheval.

◆ **hack down** *vt sep* [tree] abattre à coups de hache; [person] massacrer à coups de couteau *(de hache etc)*.

◆ **hack into** *vt sep* [body, corpse] taillader; *fig* [text, article] massacrer.

◆ **hack off** *vt sep* [branch, sb's head] couper.

◆ **hack out** *vt sep* [centre of fruit, rotten parts] couper; [hole, clearing] tailler.

◆ **hack up** *vt sep* [meat, wood] tailler OR couper en menus morceaux; [body, victim] mettre en pièces, découper en morceaux.

hacker [ˈhækəʳ] *n* COMPUT pirate *m* informatique.

hacking [ˈhækɪŋ] ◇ *n (U)* -**1.** [in football, rugby etc] coups *mpl* de pied dans les tibias. -**2.** [coughing] toux *f* sèche. -**3.** COMPUT piratage *m (informatique)*.

◇ *adj*: ~ **cough** toux *f* sèche.

hacking jacket *n* veste *f* de cheval.

hackle [ˈhækl] *n* [of bird] plume *f* du cou.

hackles [ˈhæklz] *npl* [of dog] poils *mpl* du cou; **when a dog has its ~ up** quand un chien a le poil hérissé ‖ *fig*: **my ~ rose** ça m'a hérissé le poil; **it gets my ~ up, it makes my ~ rise** ça me hérisse; **don't go getting your ~ up** ne t'énerve pas.

hackney [ˈhæknɪ] = **hackney carriage 1**.

hackney carriage *n* -**1.** [horse-drawn] fiacre *m*. -**2.** *fml* [taxi] *taxi officiellement agréé*.

hackneyed [ˈhæknɪd] *adj* [subject] réchauffé, rebattu; [turn of phrase] banal, commun; ~ **expression** cliché *m*, lieu *m* commun.

hacksaw [ˈhæksɔː] *n* scie *f* à métaux.

hackwork [ˈhækwɜːk] *n* écrivaillerie *f*.

had [*weak form* həd, *strong form* hæd] *pt & pp* → **have**.

haddock [ˈhædək] *n* aiglefin *m*, églefin *m*; [smoked] haddock *m*.

Hades [ˈheɪdiːz] *pr n* Hadès.

hadn't [ˈhædnt] = **had not**.

Hadrian [ˈheɪdrɪən] *pr n* Hadrien; **~'s Wall** le Mur d'Hadrien.

haematological *Br*, **hematological** *Am* [ˌhiːmətəˈlɒdʒɪkl] *adj* hématologique.

haematologist *Br*, **hematologist** *Am* [ˌhiːməˈtɒlədʒɪst] *n* hématologiste *mf*, hématologue *mf*.

haematology *Br*, **hematology** *Am* [ˌhiːməˈtɒlədʒɪ] *n* hématologie *f*.

haematoma *Br*, **hematoma** *Am* [ˌhiːməˈtəʊmə] *n* hématome *m*.

haemoglobin *Br*, **hemoglobin** *Am* [ˌhiːməˈgləʊbɪn] *n* hémoglobine *f*.

haemophilia *Br*, **hemophilia** *Am* [ˌhiːməˈfɪlɪə] *n* hémophilie *f*.

haemophiliac *Br*, **hemophiliac** *Am* [ˌhiːməˈfɪlɪæk] *n* hémophile *mf*.

haemorrhage *Br*, **hemorrhage** *Am* [ˈhemərɪdʒ] ◇ *n* hémorragie *f*.

◇ *vi* faire une hémorragie; **there's still some haemorrhaging** l'hémorragie n'est pas encore arrêtée.

haemorrhoids *Br*, **hemorrhoids** *Am* [ˈhemərɔɪdz] *npl* hémorroïdes *fpl*.

hafnium [ˈhæfnɪəm] *n* CHEM hafnium *m*.

haft [hæft] *n* [of knife] manche *m*; [of sword] poignée *f*.
hag [hæg] *n* [witch] sorcière *f*; *pej* [old woman] vieille sorcière *f*, vieille chouette *f*; [unpleasant woman] harpie *f*; **she's a real old ~** ce n'est qu'une vieille chouette.
Hagar ['heɪgɑːʳ] *pr n* Agar.
Haggai ['hægaɪ] *pr n* Aggée.
haggard ['hægəd] *adj* [tired, worried] hâve.
haggis ['hægɪs] *n plat typique écossais fait d'une panse de brebis farcie, le plus souvent servie avec des navets et des pommes de terre.*
haggle ['hægl] ◇ *vi* -**1.** [bargain] marchander; **to ~ over the price** marchander sur le prix. -**2.** [argue over details] chicaner, chipoter; **to ~ over** OR **about sthg** chicaner OR chipoter sur qqch.
◇ *n*: **after a long ~ over the price** après un long marchandage sur le prix.
haggler ['hægləʳ] *n* -**1.** [over price] marchandeur *m*, -euse *f*. -**2.** [over details, wording] chicaneur *m*, -euse *f*, chipoteur *m*, -euse *f*.
haggling ['hæglɪŋ] *n* *(U)* -**1.** [over price] marchandage *m*. -**2.** [about details, wording etc] chicanerie *f*, chipotage *m*.
hagiographer [ˌhægɪ'ɒgrəfəʳ] *n* hagiographe *mf*.
hagiography [ˌhægɪ'ɒgrəfɪ] *n* hagiographie *f*.
hag-ridden *adj lit* [tormented] tourmenté, ravagé; *hum* [tormented by women] persécuté par les femmes.
Hague [heɪg] *pr n*: **The ~** La Haye.
hah [hɑː] = **ha**.
ha-ha ◇ *interj* [mock amusement] ha ha; [representing laughter: in comic, novel] ha ha ha, hi hi hi.
◇ *n* [wall, fence] *mur ou clôture installé dans un fossé.*
hahnium ['hɑːnɪəm] *n* CHEM hahnium *m*.
Haifa ['haɪfə] *pr n* Haïfa, Haiffa.
hail [heɪl] ◇ *n* -**1.** METEOR grêle *f*; *fig* [of stones] grêle *f*, pluie *f*; [of abuse] avalanche *f*, déluge *m*; **he went down under a ~ of blows** il est tombé sous une grêle de coups; **he died in a ~ of bullets** il est tombé sous une pluie de balles. -**2.** *lit* [call] appel *m*; **within ~** à portée de voix.
◇ *vi* METEOR grêler.
◇ *vt* -**1.** [call to - taxi, ship, person] héler; **within ~ing distance** à portée de voix. -**2.** [greet - person] acclamer, saluer. -**3.** [acclaim - person, new product, invention etc] acclamer, saluer; **her book has been ~ed as the most significant new novel this year** son livre a été acclamé comme le nouveau roman le plus marquant de cette année; **to ~ sb emperor** proclamer qqn empereur. -**4.** *phr*: **to ~ blows on sb** faire pleuvoir les coups sur qqn; **to ~ insults on sb** accabler qqn d'injures.
◇ *interj arch* salut à vous OR toi.
◆ **hail down** ◇ *vi insep* [blows, stones etc] pleuvoir; **blows/rocks were ~ing down on us** des coups/pierres nous pleuvaient dessus.
◇ *vt sep*: **to ~ down curses on sb** *lit* déverser un déluge de malédictions sur qqn.
◆ **hail from** *vt insep* [ship] être en provenance de; [person] venir de, être originaire de; **where does she ~ from?** [ship] quelle est sa provenance?
hail-fellow-well-met *adj dated & pej*: **he's always very ~** il fait toujours montre d'une familiarité joviale.
Hail Mary *n* RELIG [prayer] Je vous salue Marie *m inv*, Ave (Maria) *m inv*; **to say five ~s** dire cinq Je vous salue Marie, dire cinq Ave (Maria).
hailstone ['heɪlstəʊn] *n* grêlon *m*.
hailstorm ['heɪlstɔːm] *n* averse *f* de grêle.
hair [heəʳ] ◇ *n* -**1.** *(U)* [on person's head] cheveux *mpl*; **to have long/short ~** avoir les cheveux longs/courts; **she's got such beautiful ~** elle a vraiment de beaux cheveux; **to get one's ~ cut** se faire couper les cheveux; **to get one's ~ done** se faire coiffer; **who does your ~?** qui vous coiffe?; **I like the way you've done your ~** j'aime bien la façon dont tu t'es coiffé; **to wash one's ~** se laver les cheveux OR la tête; **to brush one's ~** se brosser (les cheveux); **to comb one's ~** se peigner (les cheveux); **she put her ~ up** elle a relevé ses cheveux; **she let her ~ down** elle a défait ses cheveux; **your ~ looks nice** tu es bien coiffée; **my ~'s a mess** je suis vraiment mal coiffé. -**2.** [single hair - on person's head] cheveu *m*; [- on person's or animal's face or body] poil *m*; **move it a ~ over to the right** *inf Am* déplace-le un chouia vers la droite. -**3.** *(U)* [on body, face] poils *mpl*; **to remove unwanted ~** épiler les poils superflus || [on animal] poils *mpl*; **a dog with smooth ~** un chien au pelage lisse. -**4.** *phr*: **it makes your ~ stand on end** [is frightening] c'est à vous faire dresser les cheveux sur la tête; **it would make your ~ curl** *inf* [ride, journey] c'est à vous faire dresser les cheveux sur la tête; [prices, bad language] c'est à vous faire tomber à la renverse; [drink] ça arrache; **keep your ~ on!** *inf Br* ne t'excite pas!; **to let one's ~ down** se laisser aller, se défouler; **to get in sb's ~** *inf* taper sur les nerfs de qqn; **keep him out of my ~** *inf* fais en sorte que je ne l'aie pas dans les jambes; **I'll keep out of your ~** *inf* je ne vais pas t'embêter; **to have a ~ of the dog (that bit you)** reprendre un verre (pour faire passer sa gueule de bois); **here, a ~ of the dog is what you need** bois ça, il faut guérir le mal par le mal; **to split ~s** couper les cheveux en quatre, chercher la petite bête; **not one ~ of her head was harmed** elle s'en est sortie sans une égratignure; **if you harm one single ~ of his head** si tu touches à un seul de ses cheveux; **she never has a ~ out of place** [is immaculate] elle n'a jamais un cheveu de travers; **to win by a ~** gagner d'un cheveu OR d'un quart de poil; **to lose by a ~** perdre d'un cheveu OR à un quart de poil près; **she didn't turn a ~** elle n'a pas cillé; **this will put ~s on your chest** *inf hum* [strong drink, good steak etc] ça va te redonner du poil de la bête.
◇ *comp* -**1.** [cream, conditioner, lotion] capillaire, pour les cheveux; **~ appointment** rendez-vous *m* chez le coiffeur; **~ lacquer** laque *f* (pour les cheveux); **~ straightener** produit *m* défrisant. -**2.** [colour] de cheveux. -**3.** [mattress] de crin.
hairball ['heəbɔːl] *n* [of cat's fur] boule *f* de poils.
hairband ['heəbænd] *n* bandeau *m*.
hairbreadth ['heəbretθ] = **hair's breadth**.
hairbrush ['heəbrʌʃ] *n* brosse *f* à cheveux.
hairclip ['heəklɪp] *n* barrette *f*.
hair clippers *npl* tondeuse *f*; **a pair of ~** une tondeuse.
hair curlers *npl Br* bigoudis *mpl*.
haircut ['heəkʌt] *n* coupe *f* (de cheveux); **I like your ~** j'aime bien ta coupe (de cheveux); **I need a ~** j'ai besoin de me faire couper les cheveux; **to have a ~** se faire couper les cheveux; **to give sb a ~** couper les cheveux à qqn; **where did you get that ~!** où est-ce que tu t'es fait couper les cheveux!; **some ~!** quelle drôle de coupe!
hairdo *inf* ['heəduː] *n* coiffure *f*.
hairdresser ['heəˌdresəʳ] *n* [shop] salon *m* de coiffure; **to go to the ~'s** aller chez le coiffeur.
hairdressing ['heəˌdresɪŋ] *n* -**1.** [skill] coiffure *f*; **~ salon** salon *m* de coiffure. -**2.** [product for the hair] produit *m* capillaire.
hair drier, hair dryer *n* [hand-held] sèche-cheveux *m inv*, séchoir *m*; [over the head] casque *m*.
-haired [heəd] *in cpds*: **long/short~** [person] aux cheveux longs/courts; [animal] à poil(s) long(s)/court(s); **wire~** [dog] à poil(s) dur(s).
hair follicle *n* follicule *m* pileux.
hair gel *n* gel *m* pour les cheveux.
hairgrip ['heəgrɪp] *n Br* pince *f* à cheveux.
hairless ['heəlɪs] *adj* [head] chauve, sans cheveux; [face] glabre; [body] peu poilu; [animal] sans poils; [leaf] glabre.
hairline ['heəlaɪn] ◇ *n* -**1.** [of the hair] naissance *f* des cheveux; **to have a receding ~** [above forehead] avoir le front qui se dégarnit; [at temples] avoir les tempes qui se dégarnissent. -**2.** [in telescope, gun sight] fil *m*. -**3.** TYPO filet *m* ultra-fin; [in calligraphy] délié *m*.
◇ *comp*: **~ crack** fêlure *f*; **~ fracture** MED fêlure *f*.
hairnet ['heənet] *n* résille *f*, filet *m* à cheveux.
hair oil *n* huile *f* capillaire.
hairpiece ['heəpiːs] *n* [toupee] perruque *f (pour hommes)*; [extra hair] postiche *m*.
hairpin ['heəpɪn] *n* -**1.** [for hair] épingle *f* à cheveux. -**2. ~ (bend)** virage *m* en épingle à cheveux.
hair-raising *inf* [-ˌreɪzɪŋ] *adj* [adventure, experience, story, account] à faire dresser les cheveux sur la tête, effrayant; [prices, expenses] affolant, exorbitant; **driving in London traffic can be a ~ experience** conduire à Londres peut être une expérience terrifiante; **it was pretty ~** c'était à vous faire dresser les cheveux sur la tête.
hair remover *n* crème *f* dépilatoire.
hair restorer *n* produit *m* pour la repousse des cheveux.
hair's breadth *n*: **the truck missed us by a ~** le camion nous a manqués d'un cheveu OR de justesse; **we came within a ~ of going bankrupt/of winning first prize** nous avons été à deux doigts de la faillite/de gagner le premier prix.
hair shirt *n* haire *f*, cilice *m*.
hair slide *n* barrette *f*.
hairsplitting ['heəˌsplɪtɪŋ] ◇ *adj*: **that's a ~ argument** OR **distinction** c'est de la chicanerie, c'est couper les cheveux en quatre.
◇ *n (U)* chicanerie *f*; **that's just ~** tu es vraiment en train de couper les cheveux en quatre.
hair spray *n* laque *f* OR spray *m* (pour les cheveux).
hairspring ['heəsprɪŋ] *n* [in clock] spiral *m (de montre)*.
hairstyle ['heəstaɪl] *n* coiffure *f*.
hairstyling salon ['heəˌstaɪlɪŋ-] *n* salon *m* de coiffure.
hairstylist ['heəˌstaɪlɪst] *n* styliste *mf* en coiffure.
hair transplant *n* implant *m* de cheveux.
hair trigger *n* [in firearm] détente *f* OR gâchette *f* sensible.
◆ **hair-trigger** *adj fig*: **to have a hair-trigger temper** [lose one's temper easily] s'emporter facilement.
hairy ['heərɪ] (*compar* hairier, *superl* hairiest) *adj* -**1.** [arms, chest] poilu, velu; [person, animal] poilu; [stalk of plant] velu. -**2.** *inf* [frightening] à faire dresser les cheveux sur la tête; [difficult, daunting] qui craint; **"that was a bit ~", he said** «j'ai eu un peu la frousse», dit-il; **there were a few ~ moments when the brakes seemed to be failing** il y a eu des moments craignos où les freins semblaient lâcher; **he gave a pretty ~ description of his two hours at the dentist** il a fait une description assez horrible OR atroce des deux heures qu'il a passées chez le dentiste; **he did some pretty ~ stunts** il a fait quelques cascades assez impressionnantes; **things are getting a bit ~ at the office** [because of workload] ça devient un peu la folie au bureau; [because of personal or financial tension] ça commence à craindre au bureau.
Haiti ['heɪtɪ] *pr n* Haïti; **in ~** à Haïti.
Haitian ['heɪʃn] ◇ *adj* haïtien.
◇ *n* Haïtien *m*, -enne *f*.
hake [heɪk] *n* merlu *m*, colin *m*.
halal [hə'lɑːl] ◇ *n* [meat] viande *f* halal.
◇ *adj* halal.
halberd ['hælbɜːd] *n* hallebarde *f*.
halcyon ['hælsɪən] *adj*: **in those ~ days** *lit* en ces temps heureux.
hale [heɪl] *adj*: **~ and hearty** en pleine santé.
half [*Br* hɑːf, *Am* hæf] (*pl* **halves** [*Br* hɑːvz, *Am* hævz]) ◇ *n* -**1.** moitié *f*; [of standard measured amount] demi *m*, -e *f*; [of ticket, coupon] souche *f*; **to cut/to break sthg in ~** couper/casser

qqch en deux; **what's ~ of 13.72?** quelle est la moitié de 13,72?; **two and two halves, please** [on bus, train etc] deux billets tarif normal et deux billets demi-tarif, s'il vous plaît; **you can have the smaller ~** la plus petite moitié est pour toi; **it cuts the journey time in ~** cela diminue la durée du voyage de moitié; **three and a ~ pieces** trois morceaux et demi; **three and a ~ years old** trois ans et demi; **bigger by ~** *Br* plus grand de moitié; **two halves make a whole** deux moitiés OR demis font un tout; **to go halves with sb** partager avec qqn; **we'll go halves on** partage; **they don't do things by halves** ils ne font pas les choses à moitié ❑ **he always was too clever by ~** *Br* il a toujours été un peu trop malin; **you're too cheeky by ~!** *Br* tu es bien trop effronté OR culotté!; **that was a walk and a ~!** *inf* c'était une sacrée promenade!; **I've got a headache and a ~ this morning!** *inf* j'ai un sacré mal de tête ce matin!; **and that's not the ~ of it** et ce n'est que le début; **it's sort of ~ and ~** c'est un peu de chaque; **my better OR other ~** *hum* ma (chère) moitié; **to see how the other ~ lives** *hum* voir comment on vit de l'autre côté de la barrière, voir comment vivent les autres. -**2.** [period of sports match] mi-temps *f inv*; **France was in the lead in the first ~** la France menait pendant la première mi-temps. -**3.** [area of football or rugby pitch] camp *m*. -**4.** [rugby or football player] demi *m*. -**5.** *Br* [half pint of beer] demi *m* (de bière).

◇ *pron*: **leave ~ of it for me** laisse-m'en la moitié; **~ of us were students** la moitié d'entre nous étaient des étudiants.

◇ *adj*: **a ~ chicken** un demi-poulet; **at ~ speed** au ralenti; **at ~ price** à moitié prix; **~ fare** demi-tarif *m*; **to travel ~ fare** voyager à demi-tarif.

◇ *predet*: **~ the time he seems to be asleep** on a l'impression qu'il est endormi la moitié du temps; **he's ~ a year older than me** il a six mois de plus que moi; **~ a minute!** *inf* une (petite) minute!; **I'll be down in ~ a second** *inf* je suis en bas dans une seconde; **I'll be there in ~ an hour** j'y serai dans une demi-heure; **just ~ a cup for me** juste une demi-tasse pour moi ❑ **he's not ~ the man he used to be** il n'est plus que l'ombre de lui-même; **to have ~ a mind to do sthg** *inf* avoir bien envie de faire qqch.

◇ *adv* -**1.** [finished, asleep, dressed] à moitié; [full, empty, blind] à moitié, à demi; **to be ~ full of sthg** être à moitié rempli de qqch; **you're only ~ right** tu n'as qu'à moitié raison; **a strange colour, ~ green, ~ blue** une couleur bizarre, entre le vert et le bleu; **to be ~ English and ~ French** être moitié anglais moitié français; **I ~ think that...** je suis tenté de penser que...; **for a minute I ~ thought that...** pendant une minute, j'ai presque pensé que...; **I was ~ afraid you wouldn't understand** j'avais un peu peur que vous ne compreniez pas; **I was only ~ joking** je ne plaisantais qu'à moitié. -**2.** *inf Br* [as intensifier]: **they're not ~ fit** ils sont en superforme; **he's not ~ lazy** il est drôlement OR rudement paresseux; **it's not ~ cold today!** il fait rudement OR sacrément froid aujourd'hui!; **he didn't ~ yell** il a hurlé comme un fou; **she can't ~ run** elle court comme un lièvre; **you don't ~ put your foot in it sometimes!** tu mets vraiment les pieds dans le plat parfois!; **they didn't ~ complain** ils se sont plaints, et pas qu'un peu; **did you complain? — I didn't ~!** OR **not ~!** est-ce que vous vous êtes plaint? — et comment! OR pas qu'un peu!; **he's/it's not ~ bad** il est/c'est vraiment bon. -**3.** [time]: **it's ~ past two** *Br*, **it's ~ two** *inf* il est deux heures et demie; **~ after six** *Am* six heures et demie. -**4.** *phr*: **to be ~ as big/fast as sb/sthg** être moitié moins grand/rapide que qqn/qqch; **the radio was only ~ as loud as before** le son de la radio était moitié moins fort qu'avant; **to earn ~ as much as sb** gagner moitié moins que qqn; **to be ~ as big again (as sb/sthg)** être moitié plus grand (que qqn/qqch); **he earns ~ as much again as you do** il gagne moitié plus que toi.

half-a-crown *n Br* demi-couronne *f*.

half-and-half ◇ *n Br* [beer] *mélange de deux bières*; *Am* [for coffee] *mélange de crème et de lait.* ◇ *adv* moitié-moitié; **it's ~** c'est moitié-moitié.

half-arsed▽ *Br* [-'ɑːst], **half-assed**▽ *Am* [-'æst] *adj* [incompetent] nul à chier.

halfback ['hɑːfbæk] *n* [hockey, rugby, soccer player] demi *m*.

half-baked *inf* [-'beɪkt] *adj fig* [scheme, proposal] qui ne tient pas debout; [person] niais.

half-binding *n* demi-reliure *f*.

half-blood *n* métis *m*, -isse *f*.

half-board *Br* ◇ *n* demi-pension *f*.
◇ *adv* en demi-pension.

half-breed ◇ *n* -**1.** [animal] hybride *m*; [horse] cheval *m* demi-sang. -**2.** *dated & offensive* [person] métis *m*, -isse *f*.
◇ *adj* -**1.** [animal] hybride; [horse] demi-sang. -**2.** *dated & offensive* [person] métis.

half-brother *n* demi-frère *m*.

half-caste *dated & offensive* ◇ *n* [person] métis *m*, -isse *f*.
◇ *adj* métis.

half-century *n* demi-siècle *m*.

half-circle *n* demi-cercle *m*.

half-cock *n*: **to go off at ~** [plan, arrangements] avorter; **we don't want to go off at ~ on this one** il ne faut pas nous laisser prendre au dépourvu cette fois-ci.

half-cocked [-'kɒkt] *adj* [gun, pistol] à moitié armé.

half-crazy *adj* à moitié fou.

half-crown *n Br arch* demi-couronne *f*.

half-cup *adj*: **~ bra** soutien-gorge *m* à balconnet.

half-day ◇ *n* [at school, work] demi-journée *f*; **tomorrow is my ~** [work] demain c'est ma demi-journée de congé; **to work ~s** faire des demi-journées.
◇ *adj*: **a ~ holiday** une demi-journée de congé.

half-dead *inf adj Br* [very tired] complètement crevé.

half-deck *n* NAUT demi-pont *m*.

half-dollar *n* pièce *f* de 50 cents.

half-dozen *n* demi-douzaine *f*; **a ~ eggs** une demi-douzaine d'œufs.

half-drowned [-'draʊnd] *adj* à moitié OR à demi noyé.

half-eaten *adj* à moitié mangé.

half-fill *vt* [glass] remplir à moitié OR à demi.

half-full *adj* à moitié OR à demi plein.

half-grown *adj* à mi-croissance.

half-hardy *adj* BOT semi-rustique.

half-hearted *adj* [attempt, attitude] qui manque d'enthousiasme OR de conviction, timide, hésitant; [acceptance] tiède, qui manque d'enthousiasme OR de conviction; **he was very ~ about** it il était vraiment peu enthousiaste à ce propos; **they were very ~ about accepting** ils ont accepté sans grand enthousiasme OR du bout des lèvres.

half-heartedly [-'hɑːtɪdlɪ] *adv* [accept, agree, say] sans enthousiasme OR conviction, du bout des lèvres.

half-hitch *n* demi-clef *f*.

half-holiday *n* demi-journée *f* de congé.

half-hour ◇ *n* [period] demi-heure *f*; **I'll wait a ~** *Am* j'attendrai une demi-heure; **on the ~** à la demie.
◇ *comp*: **at ~ intervals** toutes les demi-heures.

half-hourly *adj & adv* toutes les demi-heures.

half-joking *adj* mi-figue, mi-raisin.

half-jokingly *adv* d'un air mi-figue, mi-raisin.

half-landing *n* [on staircase] palier *m (entre deux étages)*.

half-length *adj* [portrait] en buste.

half-life *n* PHYS demi-vie *f*, période *f*.

half-light *n* demi-jour *m*.

half-marathon *n* semi-marathon *m*.

half-mast *n*: **at ~** [flag] en berne; *hum* [trousers] arrivant à mi-mollet.

half measure *n* demi-mesure *f*.

half-miler *n* [runner] coureur *m*, -euse *f* de demi-mile.

half-moon *n* demi-lune *f*; [on fingernail] lunule *f*.

half-naked *adj* à moitié nu.

half-nelson *n* clef *f* de cou.

half-note *n Am* [minim] blanche *f*.

half-open ◇ *adj* [eyes, door, window] entrouvert.
◇ *vt* [eyes, door, window] entrouvrir.

half-pay *n* demi-salaire *m*; [in civil service] demi-traitement *m*; MIL demi-solde *f*; **to be on ~** toucher un demi-salaire OR un demi-traitement; MIL toucher une demi-solde.

halfpenny ['heɪpnɪ] (*pl* **halfpennies**) *Br dated*
◇ *n* demi-penny *m*.
◇ *comp* d'un demi-penny.

halfpennyworth ['heɪpəθ] *n Br dated*: **a ~ of ice cream** ≃ de la glace pour un sou.

half-pint ◇ *n* -**1.** [measurement] ≃ quart *m* de litre; **I'll just have a ~** [of beer] je prendrai juste un demi. -**2.** *inf* [small person] demi-portion *f*.
◇ *comp*: **a ~ glass** ≃ un verre de 25 cl.

half-price ◇ *n* demi-tarif *m*; **reduced to ~** réduit de moitié; **these goods are going at ~** ces produits sont vendus à moitié prix.
◇ *adj* [goods] à moitié prix; [ticket] (à) demi-tarif.
◇ *adv*: **children get in ~** les enfants payent demi-tarif; **I got it ~** [purchase] je l'ai eu à moitié prix.

half-rest *n Am* MUS demi-pause *f*.

half-seas over *inf adj dated* [drunk] pompette, rond.

half-shut *adj* [eyes, door, window] mi-clos, à moitié fermé.

half-sister *n* demi-sœur *f*.

half-size ◇ *adj* [model] réduit de moitié.
◇ *n* [in shoes] demi-pointure *f*; [in clothing] demi-taille *f*.

half-staff *Am* = **half-mast**.

half-starved *adj* à moitié mort de faim, affamé.

half step *n Am* MUS demi-ton *m*.

half term *n Br* SCH *congé scolaire en milieu de trimestre.*
◆ **half-term** *adj*: **half-term holiday** petites vacances *fpl*.

half-timbered [-'tɪmbəd] *adj* [house] à colombages, à pans de bois.

half time ◆ *n* -**1.** SPORT mi-temps *f inv*; **at** à la mi-temps; **that's the whistle for ~** on siffle la mi-temps. -**2.** [in work] mi-temps *m*; **to put sb on ~** mettre qqn à mi-temps; **to be on ~** être OR travailler à mi-temps.
◇ *comp* SPORT [whistle] de la mi-temps; [score] à la mi-temps.

half-title *n* faux-titre *m*.

halftone ['hɑːftəʊn] *n* -**1.** ART & PHOT similigravure *f*. -**2.** *Am* MUS demi-ton *m*.

half-track *n* [vehicle] half-track *m*.

half-truth *n* demi-vérité *f*.

half-volley ◇ *n* [in tennis] demi-volée *f*.
◇ *vt* [in tennis]: **he ~ed the ball to the baseline** d'une demi-volée, il a envoyé la balle sur la ligne de fond.
◇ *vi* [in tennis] faire une demi-volée.

halfway [hɑːf'weɪ] ◇ *adv* -**1.** [between two places] à mi-chemin; **it's ~ between Rennes and Cherbourg** c'est à mi-chemin entre Rennes et Cherbourg; **we had got ~ to Manchester** nous étions arrivés à mi-chemin de Manchester; **they have now travelled ~ to the moon** ils sont maintenant à mi-chemin de leur voyage vers la lune; **we had climbed ~ up the mountain** nous avions escaladé la moitié de la montagne; **we had got ~ down the mountain** nous avions descendu la moitié de la montagne; **the path stops ~ up** le chemin s'arrête à mi-côte; **there's a blockage ~ up the pipe** il y a un bouchon à mi-hauteur du tuyau; **the ivy reaches ~ up the wall** le lierre monte jusqu'à la moitié du mur; **her hair hangs ~ down her back** ses cheveux lui arrivent jusqu'au milieu du dos; **he kicked the ball ~ into the French half** il a shooté dans le ballon et l'a envoyé à la moitié du camp français; **I've got ~ through chapter six** je suis arrivé à la moitié du chapitre six; **~ through the programme/film** à la moitié de l'émission/du film; **to meet sb ~** retrouver qqn à mi-chemin; *fig* couper la poire en deux, faire un compromis; **I'm willing to meet you ~** *fig* je veux bien couper la poire en deux, je suis prêt à t'accorder un compromis; **we're almost ~ there** [in travelling, walking etc] nous sommes presque à mi-chemin, nous avons fait presque la moitié du chemin; [in work, negotiations] nous sommes presque à mi-chemin; **this will go ~ towards covering the costs** cela couvrira la moitié des dépenses; **it's ~ between an alsatian and a collie** c'est (à mi-chemin) entre le berger allemand et le colley. **-2.** *inf* [more or less]: **a ~ decent salary** un salaire à peu près décent; **don't you have something ~ presentable to wear?** tu n'as rien d'à peu près présentable à porter?

◇ *comp*: **work has reached the ~ stage** le travail est à mi-chemin; **at the ~ point of his career** au milieu de sa carrière; **they're at the ~ mark** [in race] ils sont à mi-course; **~ line** SPORT ligne *f* médiane.

halfway house *n* **-1.** [on journey] (auberge *f*) relais *m*. **-2.** [for rehabilitation] centre *m* de réadaptation *(pour anciens détenus, malades mentaux, drogués etc)*. **-3.** *fig* [halfway stage] (stade *m* de) transition *f*; [compromise] compromis *m*.

half-wit *n* faible *m* OR simple *m* d'esprit; **some ~ has parked right in front of the gate** il y a un imbécile qui s'est garé juste devant la grille; **only a ~ would do something like that** il faut être débile pour faire un truc comme ça.

half-witted *adj* [person] faible OR simple d'esprit; [idea, suggestion, behaviour] idiot; **sometimes I think he's ~** parfois je le trouve débile.

half-yearly ◇ *adj* semestriel.
◇ *adv* tous les six mois.

halibut ['hælɪbət] *n* flétan *m*.

halitosis [ˌhælɪ'təʊsɪs] *n (U)* mauvaise haleine *f*; MED halitose *f*.

hall [hɔːl] *n* **-1.** [of house] entrée *f*, vestibule *m*; [of hotel, very large house] hall *m*; [corridor] couloir *m*. **-2.** [large room] salle *f*; **dining ~** SCH & UNIV réfectoire *m*; [of stately home] salle *f* à manger; **to eat in ~** *Br* UNIV *manger à la cantine ou au restaurant universitaire*; **(assembly) ~** SCH *grande salle où se rassemblent tous les élèves et les professeurs*; **prayers were held in ~ every morning** toute l'école se réunissait chaque matin dans la grande salle pour prier. **-3.** [building]: **town ~** mairie *f*, hôtel *m* de ville; **village ~** salle *f* des fêtes, salle *f* polyvalente; **~ of residence** *Br* UNIV résidence *f* universitaire; **I'm living in ~** *Br* UNIV je loge à l'université; **~ of fame** *fig* panthéon *m*; **baseball's ~ of fame** le panthéon de l'histoire du baseball; **his name will go down in the ~ of fame** son nom entrera au panthéon. **-4.** [mansion, large country house] château *m*, manoir *m*; **she works up at the ~** elle travaille au château OR au manoir; **Fotheringham Hall** le château OR le manoir de Fotheringham.

hallelujah [ˌhælɪ'luːjə] ◇ *interj* alléluia.
◇ *n* alléluia *m*; **the Hallelujah Chorus** MUS l'Alléluia.

hallmark ['hɔːlmɑːk] ◇ *n* **-1.** *literal* poinçon *m*. **-2.** *fig* marque *f*; **it carries his ~** cela porte sa marque; **the ~ of a creative mind** la marque OR le sceau d'un esprit créatif; **to have the ~ of genius** porter la marque OR le sceau OR l'empreinte *f* du génie; **the ~ of any good author** ce qui caractérise tout bon auteur.
◇ *vt* [precious metals] poinçonner.

hallo [hə'ləʊ] *interj* = **hello**.

halloo [hə'luː] (*pl* **halloos**, *pt* & *pp* **hallooed**, *cont* **hallooing**) HUNT ◇ *interj* taïaut, tayaut.
◇ *vi* crier taïaut OR tayaut.
◇ *n* taïaut *m*, tayaut *m*.

hallow ['hæləʊ] *vt fml* sanctifier, consacrer; **~ed be Thy name** que Ton nom soit sanctifié.

hallowed ['hæləʊd] *adj* saint, béni; **~ ground** RELIG terre *f* sainte OR bénie; *fig* lieu *m* de culte.

Hallowe'en [ˌhæləʊ'iːn] *pr n veille de la Toussaint, où les enfants se déguisent en fantômes et en sorcières.*

hall porter *n* [in hotel] portier *m*.

hallstand ['hɔːlstænd] *n* portemanteau *m*.

hall tree *Am* = **hallstand**.

hallucinate [hə'luːsɪneɪt] *vi* avoir des hallucinations; **it made her ~** cela lui a donné des hallucinations; **I must be hallucinating!** je dois avoir des hallucinations!

hallucination [həˌluːsɪ'neɪʃn] *n* hallucination *f*.

hallucinatory [hə'luːsɪnətrɪ] *adj* hallucinatoire.

hallucinogen [ˌhæluː'sɪnədʒən] *n* hallucinogène *m*.

hallucinogenic [həˌluːsɪnə'dʒenɪk] *adj* hallucinogène.

hallway ['hɔːlweɪ] *n* [of house] vestibule *m*, entrée *f*; [corridor] couloir *m*.

halo ['heɪləʊ] (*pl* **halos** OR **haloes**) *n* [of saint] auréole *f*, nimbe *m*; ASTRON halo *m*; *fig* auréole *f*; **her ~ never slips** *hum* c'est un modèle de vertu.

halogen ['hælədʒen] *n* CHEM halogène *m*; **~ headlights/lamps** phares *mpl*/lampes *fpl* à halogène.

halt [hɔːlt] ◇ *n* **-1.** [stop] halte *f*; **to bring to a ~** [vehicle] arrêter, immobiliser; [horse] arrêter; [production, project] interrompre; **the strike has brought production to a complete ~** la grève a complètement interrompu la production; **to call a ~ to sthg** mettre fin à qqch; **let's call a ~ for today** arrêtons-nous pour aujourd'hui; **to come to a ~** [vehicle, horse] s'arrêter, s'immobiliser; **the project has come to a ~** [temporarily] le projet s'est interrompu; [for good] le projet s'est définitivement arrêté; **until the aircraft comes to a complete ~** jusqu'à l'arrêt complet de l'appareil; **this decline in education standards must come to a ~** cette baisse des niveaux scolaires doit cesser. **-2.** *Br* [small railway station] halte *f*.
◇ *npl* BIBLE: **the ~ and the lame** les estropiés *mpl*.
◇ *vi* **-1.** [stop] s'arrêter; **~! (, who goes there?)** MIL halte! (, qui va là?). **-2.** *arch* [limp] boiter; *fig* [style, writing, verse] être boiteux.
◇ *vt* arrêter; [troops] faire faire halte à, stopper; [production - temporarily] interrompre; [- for good] arrêter définitivement.

halter ['hɔːltə^r] *n* **-1.** [for horse] licou *m*, collier *m*. **-2.** [on women's clothing] = **halter neck**. **-3.** *arch* [noose] corde *f* (de pendaison).

halter neck *n*: **a dress with a ~** une robe dos nu OR bain de soleil.
◆ **halter-neck** *comp* [dress] dos nu, bain de soleil.

halter top *n* bain *m* de soleil.

halting ['hɔːltɪŋ] *adj* [verse, style] boiteux, heurté; [voice, step, progress] hésitant; [growth] discontinu.

haltingly ['hɔːltɪŋlɪ] *adv* [say, speak] de façon hésitante.

halt sign *n* AUT stop *m*.

halve [*Br* hɑːv, *Am* hæv] *vt* **-1.** [separate in two - apple, cake etc] couper OR diviser OR partager en deux. **-2.** [reduce by half - workload, pay, journey time etc] réduire OR diminuer de moitié.

halves [*Br* hɑːvz, *Am* hævz] *pl* → **half**.

halyard ['hæljəd] *n* NAUT drisse *f*.

ham [hæm] (*pt* & *pp* **hammed**, *cont* **hamming**) ◇ *n* **-1.** [meat] jambon *m*; **a ~** un jambon; **~ and eggs** œufs *mpl* au jambon; **~ sandwich** sandwich *m* au jambon. **-2.** [radio operator] radioamateur *m*; **~ licence** permis *m* de radioamateur. **-3.** [actor] cabot *m*, cabotin *m*, -e *f*. **-4.** [of leg] cuisse *f*.
◇ *comp*: **~ acting** cabotinage *m*.
◇ *vi* = **ham up**.
◆ **ham up** *vt sep*: **to ~ it up** *inf* en faire trop.

Ham [hæm] *pr n* BIBLE Cham.

Hamburg ['hæmbɜːg] *pr n* Hambourg.

hamburger ['hæmbɜːgə^r] *n* **-1.** [beefburger] hamburger *m*. **-2.** *Am* [minced beef] viande *f* hachée.

Hamburger University *pr n centre mondial de formation du personnel de la société MacDonald's, situé dans la banlieue de Chicago.*

ham-fisted [-'fɪstɪd], **ham-handed** [-'hændɪd] *adj* [person] empoté, maladroit; [behaviour] maladroit.

Hamitic [hæ'mɪtɪk] *adj* chamitique.

hamlet ['hæmlɪt] *n* [small village] hameau *m*; **'Hamlet'** *Shakespeare* 'Hamlet'.

hammer ['hæmə^r] ◇ *n* **-1.** [tool] marteau *m*; **(throwing the) ~** SPORT (lancer *m* du) marteau ❑ **the ~ and sickle** [flag] la faucille et le marteau; **to come** OR **to go under the ~** être vendu aux enchères; **to be** OR **to go at it ~ and tongs** [argue] se disputer comme des chiffonniers; [in work, match] y aller à fond OR de bon cœur, mettre le paquet. **-2.** [of piano] marteau *m*; [of firearm] chien *m*. **-3.** [in ear] marteau *m*.
◇ *vt* **-1.** [nail, spike etc] enfoncer au marteau; [metal] marteler; **to ~ a nail into sthg** enfoncer un clou dans qqch; **to ~ sthg flat/straight** aplatir/redresser qqch à coups de marteau; **to ~ home** [nail] enfoncer à fond au marteau; *fig* [point of view] insister lourdement sur; **she ~ed it home with the heel of her shoe** elle l'a enfoncé avec le talon de sa chaussure; **I had it ~ed into me that I mustn't do that type of thing** on m'a enfoncé dans la tête que je ne devais pas faire ce genre de choses; **they're always ~ing it into us that...** ils nous rabâchent sans arrêt que...; **to ~ an agreement into shape** réussir à mettre un accord au point. **-2.** *inf* [defeat] battre à plate couture; [criticize] descendre en flammes.
◇ *vi* **-1.** frapper OR taper au marteau; *fig* [heart] battre fort; **the rain ~ed at the window** la pluie tambourinait contre la fenêtre; **to ~ on the table** [with fist] taper du poing sur la table; **to ~ at the door** tambouriner à la porte. **-2.** *inf* [go fast, drive fast] foncer, aller à fond de train; **he came ~ing round the final bend** il a débouché à fond de train du dernier virage; **the French champion was really ~ing along the track when he tripped** le champion français était en pleine vitesse quand il a trébuché.
◆ **hammer away** *vi insep* [with hammer] donner des coups de marteau; **to ~ away at sthg** taper sur qqch avec un marteau, donner des coups de marteau sur qqch; *fig* [at agreement, contract] travailler avec acharnement à la mise au point de qqch; [problem] travailler avec acharnement à la solution de qqch; **he ~ed away at the door** [with fists] il a tambouriné à la porte; **to ~ away at the piano/on the typewriter** marteler le piano/la machine à écrire.
◆ **hammer down** *vt sep* [nail, spike] enfoncer (au marteau); [door] défoncer.
◆ **hammer in** *vt sep* [nail, spike] enfoncer (au marteau); **it's no good telling him just once, you'll have to ~ it in** *fig* le lui dire une bonne fois ne suffira pas, il faudra le lui répéter sans cesse.
◆ **hammer out** *vt sep* [dent] aplatir au marteau; *fig* [solution, agreement] mettre au point, élaborer; [tune, rhythm] marteler.

hammer drill *n* perceuse *f* à percussion.

hammerhead ['hæməhed] *n* [shark] requin-marteau *m*.

hammering ['hæmərɪŋ] *n* **-1.** [noise] martèlement *m*; *fig* [of heart] battement *m*; [of rain] tambourinement *m*. **-2.** *inf fig* [defeat] raclée *f*, pâtée *f*; **to give sb a ~** battre qqn à plate couture, mettre une raclée OR une pâtée à qqn;

to take a ~ se faire battre à plate couture, prendre une raclée OR pâtée.

hammerlock ['hæməlɒk] *n* [in wrestling] clé *f* de bras; to get sb in a ~ faire une clé de bras à qqn.

hammertoe ['hæmətəʊ] *n* orteil *m* en marteau.

hammock ['hæmək] *n* hamac *m*.

hammy *inf* ['hæmɪ] (*compar* **hammier**, *superl* **hammiest**) *adj* [acting] de cabot, exagéré.

hamper ['hæmpəʳ] ◇ *vt* [impede - work, movements, person] gêner; [- project] gêner la réalisation de, entraver.

◇ *n* [for picnic] panier *m*; [for laundry] panier *m* à linge sale; a **Christmas** ~ un panier de friandises de Noël.

hamster ['hæmstəʳ] *n* hamster *m*.

hamstring ['hæmstrɪŋ] (*pt* & *pp* **hamstrung** [-strʌŋ]) ◇ *n* tendon *m*; to **pull a** ~ se claquer un tendon.

◇ *vt* [cripple - animal, person] couper les tendons à; *fig* handicaper; the **project is hamstrung** le projet est bloqué; **we are hamstrung** nous sommes bloqués.

hand [hænd] ◇ *n* -**1.** [of person] main *f*; **to hold sb's** ~ tenir la main de qqn; **I held her** ~ je lui ai tenu la main; **she's asked me to go along and hold her** ~ *fig* elle m'a demandé de l'accompagner pour lui donner du courage; **to hold** ~**s** se tenir par la main; **to take sb's** ~, **to take sb by the** ~ prendre qqn par la main, prendre la main de qqn; **to lead sb by the** ~ conduire qqn par la main; **to put one's** ~**s over one's eyes** se couvrir les yeux de ses mains; **to be on one's** ~**s and knees** être à quatre pattes; **to go down on one's** ~**s and knees** *fig* se mettre à genoux OR à plat ventre; **to put one's** ~ **in one's pocket** *fig* mettre la main au portefeuille; **to be good with one's** ~**s** être adroit de ses mains; **my** ~**s are full** j'ai les mains occupées OR prises; **to have one's** ~**s full** *fig* avoir beaucoup à faire, avoir du pain sur la planche; **to lay one's** ~**s on sthg** [find] mettre la main sur qqch; **to get** OR **to lay one's** ~**s on sthg** [obtain] dénicher qqch; **just wait till I get** OR **lay my** ~**s on her!** *fig* attends un peu que je l'attrape!; **to lift** OR **to raise a** ~ **to sb** lever la main sur qqn; **he never lifts a** ~ **to help** il ne lève jamais le petit doigt pour aider; ~**s off!** bas les pattes!, pas touche!; ~**s off the unions/education system!** pas touche aux syndicats/au système éducatif!; **he can't keep his** ~**s to himself** il a la main baladeuse; **take your** ~**s off me!** ne me touche pas!; **(put your)** ~**s up!** les mains en l'air!, haut les mains!; ~**s up anyone who knows the answer** SCH que ceux qui connaissent la réponse lèvent le doigt OR la main; ~**s up all those who agree** que ceux qui sont d'accord lèvent la main; **to tie sb's** ~**s** attacher les mains de qqn; **to sit on one's** ~**s** [applaud half-heartedly] applaudir sans enthousiasme; [do nothing] ne rien faire; **to ask for sb's** ~ **in marriage** demander la main de qqn, demander qqn en mariage; **at** ~, **near** OR **close at** ~ [about to happen] proche; [nearby] à proximité; **to suffer at the** ~**s of sb** souffrir aux mains OR dans les mains de qqn; **to pass sthg from** ~ **to** ~ faire passer qqch de mains en mains; ~ **in** ~ la main dans la main; **to go** ~ **in** ~ **(with sthg)** *fig* aller de pair (avec qqch) ❑ **the motion was adopted by a show of** ~**s** la motion a été adoptée après un vote à main levée; **to be** ~ **in glove with sb** travailler en étroite collaboration avec qqn; **to make money** ~ **over fist** gagner de l'argent par millions; **my** ~**s are tied** j'ai les mains liées; **she doesn't do a** ~**'s turn** *inf Br* elle n'en fiche pas une; **to live from** ~ **to mouth** arriver tout juste à joindre les deux bouts; **I could do it with one** ~ **tied behind my back** je pourrais le faire sans aucun effort OR les doigts dans le nez; **many** ~**s make light work** *prov* à beaucoup d'ouvriers la tâche devient aisée; **on the one** ~... **but on the other** ~... [used in the same sentence] d'un côté... mais de l'autre...; **on the other** ~ [when beginning new sentence] d'un autre côté. -**2.** [assistance]: **to give sb a** ~ **(with sthg)** donner un coup de main à qqn; **do you need a** ~ **(with that)?** as-tu besoin d'un coup de main? -**3.** [control, management]: **to need a firm** ~ avoir besoin d'être sérieusement pris en main; **to take sb/sthg in** ~ prendre qqn/qqch en main; **to be out of** ~ [dog, child] ne rien écouter; **to get out of** ~ [dog, child] devenir indocile; [meeting, situation] échapper à tout contrôle; **the garden is getting out of** ~ le jardin à l'air d'une vraie jungle; **to change** ~**s** [company, restaurant etc] changer de propriétaire; **it's out of my** ~**s** cela ne m'appartient plus, ce n'est plus ma responsabilité OR de mon ressort; **the matter is in the** ~**s of the headmaster** la question relève maintenant OR est maintenant du ressort du principal; **I have put the matter in the** ~**s of a lawyer** j'ai mis l'affaire entre les mains d'un avocat; **the answer lies in your own** ~**s** la solution est entre tes mains; **to have too much time on one's** ~**s** avoir trop de temps à soi; **to have sthg/sb on one's** ~**s** avoir qqch/qqn sur les bras; **now that that's off my** ~**s** à présent que je suis débarrassé de cela; **to fall into the** ~**s of the enemy** tomber entre les mains de l'ennemi; **to fall into the wrong** ~**s** [information, secret, document etc] tomber en de mauvaises mains; **in the right** ~**s** en de bonnes mains; **to be in good** ~**s** être en de bonnes mains; **they/it will be safe in my** ~**s** avec moi, ils seront/ce sera en de bonnes mains; **can I leave this in your** ~**s?** puis-je te demander de t'en occuper?; **it leaves too much power in the** ~**s of the police** cela laisse trop de pouvoir à la police ❑ **to give sb a free** ~ donner carte blanche à qqn; **to take the law into one's own** ~**s** faire justice soi-même; **to take matters into one's own** ~**s** prendre les choses en main. -**4.** [applause]: **to give sb a (big)** ~ applaudir qqn (bien fort). -**5.** [influence, involvement]: **to have a** ~ **in sthg** avoir quelque chose à voir dans qqch; **I had no** ~ **in it** je n'avais rien à voir là-dedans, je n'y étais pour rien; **I see** OR **detect your** ~ **in this** j'y vois ta marque. -**6.** [skill, ability]: **to have a light** ~ **with pastry** réussir une pâte légère ❑ **she can turn her** ~ **to anything** elle peut tout faire; **to keep one's** ~ **in** garder la main; **I was never much of a** ~ **at it** je n'ai jamais été très doué pour cela; **to try one's** ~ **at sthg** s'essayer à qqch. -**7.** [in cards - cards held] main *f*, jeu *m*; [- round, game] partie *f*; **to show** OR **to reveal one's** ~ *fig* dévoiler son jeu; **to throw in one's** ~ *fig* jeter l'éponge. -**8.** [of clock] aiguille *f*. -**9.** [handwriting] écriture *f*; **to have a good** ~ avoir une belle écriture. -**10.** [measurement of horse] paume *f*. -**11.** [worker] ouvrier *m*, -ère *f*; [on ship] homme *m*, membre *m* de l'équipage; **she was lost with all** ~**s** [ship] il a coulé avec tous les hommes à bord OR tout l'équipage; **old** ~ expert *m*, vieux *m* de la vieille; **to be an old** ~ **at sthg** avoir une vaste expérience de qqch ❑ **all** ~**s to the pump** *literal* & *fig* tout le monde à la rescousse. -**12.** CULIN [of bananas] régime *m*; ~ **of pork** jambonneau *m*.

◇ *vt* passer, donner; **to** ~ **sthg to sb** passer OR donner qqch à qqn; **you have to** ~ **it to her, she IS a good mother** *fig* c'est une bonne mère, il faut lui accorder cela.

◆ **by hand** *adv phr* [written] à la main; [made, knitted, sewn] (à la) main; **to wash sthg by** ~ laver qqch à la main; **to send sthg by** ~ faire porter qqch; **to rear an animal by** ~ élever un animal au biberon.

◆ **in hand** *adv phr* -**1.** [available money] disponible; [- time] devant soi; **do we have any time in** ~? *Br* avons-nous du temps devant nous? -**2.** [being dealt with] en cours; **the matter is in** ~ on s'occupe de l'affaire; **I have the situation well in** ~ j'ai la situation bien en main; **keep your mind on the job in** ~ concentre-toi sur le travail en cours.

◆ **on hand** *adj phr* [person] disponible.

◆ **out of hand** *adv phr* [immediately] sur-le-champ.

◆ **to hand** *adv phr* [letter, information etc] sous la main; **use what comes to** ~ prends ce que tu as sous la main; **he took the first one that came to** ~ il a pris le premier qui lui est tombé sous la main.

◆ **hand around** = **hand round**.

◆ **hand back** *vt sep* [return] rapporter, rendre; **I now** ~ **you back to the studio/John Smith** RAD & TV je rends maintenant l'antenne au studio/John Smith.

◆ **hand down** *vt sep* -**1.** [pass, give from high place] passer, donner; ~ **me down the hammer** passe-moi OR donne-moi le marteau (qui est là-haut). -**2.** [heirloom, story] transmettre; **the necklace/property has been** ~**ed down from mother to daughter for six generations** le collier est transmis/la propriété est transmise de mère en fille depuis six générations. -**3.** JUR [decision, sentence] annoncer; [judgment] rendre; **to** ~ **down the budget** *Am* annoncer le budget.

◆ **hand in** *vt sep* [return, surrender - book] rendre; [- ticket] remettre; [- exam paper] rendre, remettre; [something found - to authorities, police etc] déposer, remettre; **to** ~ **in one's resignation** remettre sa démission.

◆ **hand off** *vt sep* RUGBY raffûter.

◆ **hand on** *vt sep* -**1.** [give to someone else] passer; **to** ~ **sthg on to sb** passer qqch à qqn. -**2.** = **hand down 2**.

◆ **hand out** *vt sep* [distribute] distribuer; **we** ~ **out 200 free meals a day** nous servons 200 repas gratuits par jour; **he's very good at** ~**ing out advice** il est très fort pour ce qui est de distribuer des conseils; **the French boxer** ~**ed out a lot of punishment** le boxeur français a frappé à coups redoublés.

◆ **hand over** ◇ *vt sep* -**1.** [pass, give - object] passer, donner; **we now** ~ **you over to the weather man/Bill Smith in Moscow** RAD & TV nous passons maintenant l'antenne à notre météorologue/Bill Smith à Moscou; **I'm** ~**ing him over now** TELEC je te le passe tout de suite. -**2.** [surrender - weapons, hostage] remettre; [- criminal] livrer; [- power, authority] transmettre; **he was** ~**ed over to the French police** il a été livré à la OR aux mains de la police française; **to** ~ **over the reins** passer les rênes; ~ **it over!** donne!

◇ *vi insep*: **to** ~ **over to** [government minister, chairman etc] passer le pouvoir à; [in meeting] donner la parole à ‖ TELEC passer OR donner le combiné à.

◆ **hand round** *vt sep* [distribute] distribuer.

◆ **hand up** *vt sep* [pass, give from low place] passer, donner; ~ **me up the hammer** passe-moi OR donne-moi le marteau (qui est là en bas).

hand- *in cpds* (à la) main; ~**stitched** cousu main; ~**knitted** tricoté à la main.

handbag ['hændbæg] *n* sac à main.

hand-baggage = **hand-luggage**.

handball [*sense 1* 'hændbɔːl, *sense 2* hænd'bɔːl] *n* -**1.** [game] handball *m*. -**2.** FTBL main *f*.

handbasin ['hændbeɪsn] *n* lavabo *m*.

handbell ['hændbel] *n* clochette *f*.

handbill ['hændbɪl] *n Br* prospectus *m*.

handbook ['hændbʊk] *n* [for car, machine] guide *m*, manuel *m*; [for tourist's use] guide *m*.

handbrake ['hændbreɪk] *n Br* frein *m* à main.

handcart ['hændkɑːt] *n* charrette *f* à bras.

handclap ['hændklæp] *n*: **to get the slow** ~ *Br* [performer] se faire siffler; **to give sb the slow** ~ *Br* siffler qqn.

handclasp ['hændklɑːsp] *n Am* poignée *f* de main.

handcraft ['hændkrɑːft] *vt* fabriquer à la main.

hand cream *n* crème *f* pour les mains.

handcuff ['hændkʌf] *vt* passer les menottes à; **to** ~ **sb to sthg** attacher qqn à qqch avec des menottes; **he was** ~**ed** il avait les menottes aux poignets.

handcuffs ['hændkʌfs] *npl* menottes *fpl*; **to be in** ~ avoir les menottes (aux mains).

hand-drier *n* sèche-mains *m inv*.

hand-drill *n* perceuse *f* à main.

-handed ['hændɪd] *in cpds*: **right**~ droitier; **single**~ tout seul; **empty**~ les mains vides, bredouille; **two~ sword** épée *f* (que l'on tient) à deux mains; **four~ game of cards** jeu *m* de cartes pour quatre personnes; **one~ catch** interception *f* à une main.

Handel ['hændl] *pr n* Haendel.

-hander ['hændəʳ] *in cpds*: **two-/three-~** [play] pièce *f* pour deux/trois personnes.

handfeed [hænd'fi:d] (*pt* & *pp* **handfed** [-'fed]) *vt* nourrir à la main.

handful ['hændfʊl] *n* -**1.** [amount] poignée *f*; **a ~ of** *fig* [a few] quelques; **a ~ of people** quelques personnes; **how many people were there? — only a ~** combien de personnes y avait-il? — seulement quelques-unes ❑ **'A Handful of Dust'** *Waugh* 'Une poignée de cendre'. -**2.** *inf* [uncontrollable person]: **to be a ~** être difficile; **he's proving to be a real ~ for the defence** il donne du fil à retordre à la défense adverse.

hand grenade *n* grenade *f* à main.

handgrip ['hændgrɪp] *n* -**1.** [on racket] grip *m*; [on bicycle] poignée *f*. -**2.** [handshake] poignée *f* de main. -**3.** [holdall] fourre-tout *m inv*.

handgun ['hændgʌn] *n Am* revolver *m*, pistolet *m*.

hand-held *adj* [appliance] à main; [camera] portatif.

handhold ['hændhəʊld] *n* prise *f* (de main).

handicap ['hændɪkæp] (*pt* & *pp* **handicapped**) ◇ *n* -**1.** [physical, mental] handicap *m*; *fig* [disadvantage] handicap *m*, désavantage *m*; **people with a (physical/mental) ~** les gens qui souffrent d'un handicap (physique/mental); **do you find it a ~ being so small?** trouvez-vous que c'est un handicap OR un désavantage d'être aussi petit? -**2.** SPORT handicap *m*.
◇ *vt* -**1.** *fig* handicaper, désavantager; **they were always handicapped by a lack of money** ils ont toujours été handicapés par le manque d'argent. -**2.** SPORT handicaper.

handicapped ['hændɪkæpt] ◇ *adj* handicapé; **to be mentally/physically ~** être handicapé mental/physique; **'~ parking'** *Am* 'parking réservé aux handicapés'.
◇ *npl*: **the ~** les handicapés *mpl*.

handicraft ['hændɪkrɑ:ft] *n* -**1.** [items] objets *mpl* artisanaux, artisanat *m*. -**2.** [skill] artisanat *m*.

handily ['hændɪlɪ] *adv* -**1.** [conveniently] de façon commode OR pratique; **the shop is ~ situated only 100 metres from the house** le magasin n'est qu'à 100 mètres de la maison, ce qui est pratique OR commode. -**2.** *Am* [easily]: **to win ~** gagner haut la main.

handiwork ['hændɪwɜ:k] *n (U)* [work] travail *m* manuel; [result] œuvre *f*; **the graffiti is the ~ of vandals** les graffiti sont l'œuvre de vandales; **this is YOUR ~, is it?** c'est toi qui as fait ça?

handkerchief ['hæŋkətʃɪf] *n* mouchoir *m*.

hand-knitted *adj* tricoté main, tricoté à la main.

handle ['hændl] ◇ *n* -**1.** [of broom, knife, screwdriver] manche *m*; [of suitcase, box, drawer, door] poignée *f*; [of cup] anse *f*; [of saucepan] queue *f*; [of stretcher] bras *m*; **starting ~** AUT manivelle *f*; **to fly off the ~ (at sb)** *inf Br* piquer une colère (contre qqn). -**2.** *inf* [name - of citizens band user] nom *m* de code; [- which sounds impressive] titre *m* de noblesse. -**3.** *inf phr*: **to get a ~ on sthg** piger qqch; **I'll get back to you once I've got a ~ on the situation** je vous recontacterai quand j'aurai la situation en main; **the first thing to do is to get a ~ on the export market** la première chose à faire est de nous familiariser avec le marché à l'exportation.
◇ *vt* -**1.** [touch] toucher à, manipuler; **'please do not ~ the goods'** 'ne pas toucher'; **'~ with care!'** 'manipuler avec précaution'; **pesticides should be ~d with caution** les pesticides doivent être manipulés avec précaution; **to ~ the ball** [in football] faire une main. -**2.** [control, operate - ship] manœuvrer, gouverner; [- car] conduire; [- gun] se servir de, manier; [- words, numbers] manier; **have you any experience of handling horses?** savez-vous vous y prendre avec les chevaux? -**3.** [cope with - crisis, problem] traiter; [- situation] faire face à; [- crowd, traffic, death] supporter; **you ~d that very well** tu as réglé la chose comme un chef; **I couldn't have ~d it better myself** je n'aurais pas mieux fait; **he's good at handling people** il sait s'y prendre avec les gens; **I don't know how to ~ her** je ne sais pas comment la prendre; **leave this to me, I'LL ~ him** laisse-moi m'en occuper, je me charge de lui; **four babies are a lot for one person to ~** quatre bébés, cela fait beaucoup pour une seule personne; **do you think you can ~ the job?** penses-tu être capable de faire le travail?; **I couldn't ~ it if Dad died** si papa mourait, je ne le supporterais pas; **how is she handling it?** comment s'en sort-elle?; **he can't ~ his drink** *inf* il ne tient pas l'alcool; **it's nothing I can't ~** je me débrouille. -**4.** [manage, process] s'occuper de; [address - topic, subject] aborder, traiter; **she ~s my tax for me** elle s'occupe de mes impôts; **we're too small to ~ an order of that size** notre entreprise est trop petite pour traiter une commande de cette importance; **could you ~ this task as well?** pourriez-vous également vous charger de ce travail?; **the airport ~s two hundred planes a day** chaque jour deux cents avions passent par l'aéroport; **to ~ stolen goods** receler des objets volés.
◇ *vi* [car, ship] répondre; **how does she ~?** [car] est-ce qu'elle répond bien?

handlebar ['hændlbɑ:ʳ] *comp*: **~ moustache** moustache *f* en guidon de vélo; **~ tape** Guidoline® *f*.
◆ **handlebars** *npl* guidon *m*; **she went right over the ~s** elle est passée par-dessus le guidon.

-handled ['hændld] *in cpds* [broom, screwdriver, knife] à manche de; [suitcase, box, drawer, door] à poignée de; **a short~ screwdriver** un tournevis à manche court; **ivory~ knives** des couteaux à manche d'ivoire.

handler ['hændləʳ] *n* [of dogs] maître-chien *m*; [of baggage] bagagiste *m*.

handling ['hændlɪŋ] ◇ *n* -**1.** [of pesticides, chemicals] manipulation *f*; **a penalty was awarded for ~** FTBL un penalty a été accordé pour main; **~ of stolen goods** recel *m* d'objets volés. -**2.** [of tool, weapon] maniement *m*; **the size of the car makes for easy ~** la taille de la voiture permet une grande maniabilité. -**3.** [of situation, operation]: **my ~ of the problem** la façon dont j'ai traité le problème; **her ~ of the interview was very professional** elle a conduit OR mené l'entretien en professionnelle. -**4.** [of order, contract] traitement *m*, exécution *f*; [of goods, baggage] manutention *f*.
◇ *comp*: **~ charges** frais *mpl* de traitement; [for physically shifting goods] frais *mpl* de manutention.

handloom ['hændlu:m] *n* métier *m* à tisser.

hand lotion *n* lotion *f* pour les mains.

hand luggage *n (U)* bagages *mpl* à main.

handmade [,hænd'meɪd] *adj* fabriqué OR fait (à la) main.

handmaid(en) ['hændmeɪd(n)] *n arch* servante *f*, bonne *f*; *fig* bonne *f*.

hand-me-down *inf* ◇ *n* vêtement *m* de seconde main; **this suit is a ~ from my father** ce costume appartenait à mon père; **why do I always have to wear his ~s?** pourquoi dois-je toujours porter ses vieux vêtements?
◇ *adj* [clothes] de seconde main; *fig* [ideas] reçu.

hand-off *n* RUGBY raffut *m*.

handout ['hændaʊt] *n* -**1.** [donation] aide *f*, don *m*; **to live off ~s** vivre de dons; **it's not a ~** ce n'est pas de la charité; **government ~s** subventions *fpl* gouvernementales. -**2.** [printed sheet or sheets] polycopié *m*; **press ~** communiqué *m* pour la presse. -**3.** [leaflet] prospectus *m*.

handover ['hændəʊvəʳ] *n* [of power] passation *f*, transmission *f*, transfert *m*; [of territory] transfert *m*; [of hostage, prisoner] remise *f*; [of baton] transmission *f*, passage *m*.

handpick [hænd'pɪk] *vt* -**1.** [fruit, vegetables] cueillir à la main. -**2.** *fig* [people] sélectionner avec soin, trier sur le volet.

handpicked [,hænd'pɪkt] *adj* [people] trié sur le volet.

handrail ['hændreɪl] *n* [on bridge] rambarde *f*, garde-fou *m*; NAUT rambarde *f*; [of stairway - gen] rampe *f*; [- against wall] main *f* courante.

handsaw ['hændsɔ:] *n* scie *f* à main; [small] (scie *f*) égoïne *f*.

handset ['hændset] *n* TELEC combiné *m*.

handsewn [,hænd'səʊn] *adj* cousu main, cousu à la main.

handshake ['hændʃeɪk] *n* -**1.** poignée *f* de main. -**2.** COMPUT établissement *m* de liaison, poignée *f* de main.

handshaking ['hændʃeɪkɪŋ] = **handshake 2**.

hand signal *n* signal *m* de la main.

hands-off [hændz'ɒf] *adj* [policy] non interventionniste, de non-intervention; [manager] non interventionniste.

handsome ['hænsəm] *adj* -**1.** [good-looking - person, face, room] beau; [- building, furniture] élégant; **a ~ man** un bel homme; **a ~ woman** une belle femme. -**2.** [generous - reward, compliment] beau; [- conduct, treatment] généreux; [- apology] sincère; **that's very ~ of you** c'est très généreux de votre part, vous êtes bien bon. -**3.** [substantial - profit, price] bon; [- fortune] joli; **a ~ amount** une coquette OR jolie somme, une somme rondelette.

handsomely ['hænsəmlɪ] *adv* -**1.** [beautifully] avec élégance, élégamment. -**2.** [generously] généreusement, avec générosité; [sincerely] sincèrement. -**3.** [substantially]: **to win ~** gagner haut la main.

hands-on [hændz'ɒn] *adj* [training, experience] pratique; [exhibition] *où le public peut toucher les objets exposés*; **I go for a ~ style of management** je suis le genre de patron à contribuer concrètement au fonctionnement de mon entreprise OR à mettre la main à la pâte.

handspring ['hændsprɪŋ] *n* saut *m* de mains.

handstand ['hændstænd] *n* appui *m* renversé, équilibre *m* sur les mains.

handstitched [hænd'stɪtʃt] *adj* cousu main.

hand-to-hand *adj* & *adv* au corps à corps.

hand-to-mouth ◇ *adj*: **to lead** OR **to have a ~ existence** tirer le diable par la queue.
◇ *adv*: **to live ~** tirer le diable par la queue.

hand towel *n* serviette *f*, essuie-mains *m inv*.

handwash ['hændwɒʃ] ◇ *vt* laver à la main.
◇ *n*: **to do a ~** faire une lessive à la main.

handwork ['hændwɜ:k] *n* travail *m* à la main.

handwoven [,hænd'wəʊvn] *adj* tissé main.

handwriting ['hænd,raɪtɪŋ] *n* écriture *f*; **~ expert** graphologue *mf*.

handwritten ['hænd,rɪtn] *adj* manuscrit, écrit à la main.

handy *inf* ['hændɪ] (*compar* **handier**, *superl* **handiest**) *adj* -**1.** [near at hand] proche; **I always keep my glasses ~** je range toujours mes lunettes à portée de main; **have you got a pen and paper ~?** as-tu un stylo et du papier sous la main? -**2.** [person - good with one's hands] adroit de ses mains; **he's ~ about the house** il est bricoleur; **he's not the handiest man in the world** ce n'est pas un très bon bricoleur; **to be ~ at doing sthg** être doué pour faire qqch, bien savoir faire qqch; **she's ~ with a drill** elle sait se servir d'une perceuse; **he's a bit ~ with his fists** il sait se servir de ses poings. -**3.** [convenient, useful] commode, pratique; **living in the centre is ~ for work** pour le travail c'est pratique d'habiter en ville; **that's ~!** c'est pratique OR commode!; **he's a ~ guy to have around** il peut rendre des tas de services; **she's a ~ person to have around in a crisis** c'est quelqu'un qu'il est bon d'avoir OR c'est quelqu'un d'utile en cas de crise; **a ~ piece of advice** un conseil utile; to come in ~ être utile; don't throw it away, it might come in ~ one day ne le jette pas, ça pourrait servir un jour.

handyman ['hændɪmæn] (*pl* **handymen** [-men]) *n* [employee] homme *m* à tout faire; [odd job expert] bricoleur *m*.

hang [hæŋ] (*pt* & *pp vt* & *vi senses 1 & 2* **hung** [hʌŋ], *pt* & *pp vt sense 3* **hanged**) ◇ *vt* -**1.** [suspend - curtains, coat, decoration, picture] accrocher, suspendre; [- door] fixer, monter; [- art exhibition] mettre en place; [- wallpaper] coller, poser; CULIN [- game, meat] faisander; to ~ sthg from OR on sthg accrocher qqch à qqch; to ~ one's head (in shame) baisser la tête (de honte) ❑ to ~ one on sb *inf Am* [punch] balancer un coup de poing à qqn; to ~ fire [project] être en suspens; [person] mettre les choses en suspens. -**2.** *(usu pass)* [adorn] décorer; a tree hung with lights un arbre décoré OR orné de lumières. -**3.** [criminal] pendre; to be ~ed for one's crime être pendu pour son crime; to ~ o.s. se pendre; ~ed OR hung, drawn and quartered pendu, éviscéré et écartelé ❑ ~ him! *inf* qu'il aille se faire voir!; I'll be ~ed if I know *inf Br* je veux bien être pendu si je le sais; I'll be ~ed if I'm going out in that weather *inf* il n'y a pas de danger que je sorte par ce temps; ~ it (all)! *inf Br* ras le bol!; (you) might as well be ~ed for a sheep as a lamb *Br* quitte à être puni, autant l'être pour quelque chose qui en vaille la peine. -**4.** *Am* [turn]: to ~ a left prendre à gauche.

◇ *vi* -**1.** [be suspended - rope, painting, light] être accroché, être suspendu; [- clothes on clothes line] être étendu, pendre; to ~ from sthg être accroché OR suspendu à qqch; to ~ on sb's arm être accroché au bras de qqn; her pictures are now ~ing in several art galleries ses tableaux sont maintenant exposés dans plusieurs galeries d'art; his suit ~s well son costume tombe bien; the way her hair ~s down her back la façon dont ses cheveux lui tombent le long du dos; time ~s heavy (on my/his hands) le temps me/lui semble long ❑ how's it ~ing? *inf Am* ça gaze? -**2.** [float - mist, smoke etc] flotter, être suspendu; the ball seemed to ~ in the air le ballon semblait suspendu en l'air. -**3.** [criminal] être pendu; you'll ~ for your crime vous serez pendu pour votre crime ❑ she can go ~ *inf Br* elle peut aller se faire voir.

◇ *n inf* -**1.** [knack, idea]: to get the ~ of doing sthg prendre le coup pour faire qqch; I never did get the ~ of skiing je n'ai jamais réussi à prendre le coup pour skier; to get the ~ of sthg [understand] piger qqch; I can't get the ~ of this computer je n'arrive pas à piger comment marche cet ordinateur; are you getting the ~ of your new job? est-ce que tu te fais à ton nouveau travail?; you'll soon get the ~ of it tu vas bientôt t'y faire. -**2.** *phr*: he doesn't give OR care a ~ *Br* [couldn't care less] il n'en a rien à taper OR à cirer.

◆ **hang about** *inf Br*, **hang around** *inf* ◇ *vi insep* -**1.** [wait] attendre; he kept me ~ing about OR around for half an hour il m'a fait poireauter pendant une demi-heure; I've been ~ing about OR around, waiting for her to come je tourne en rond à l'attendre; I hate all this ~ing about OR around je déteste toute cette attente, je déteste attendre comme ça; ~ about (a bit)! *Br* attends!; ~ about, that's not what I mean! attends OR doucement, ce n'est pas ce que je veux dire! -**2.** [be idle, waste time] traîner (à ne rien faire); to ~ about OR around on street corners traîner dans les rues; we can't afford to ~ about if we want that contract nous ne pouvons pas nous permettre de traîner si nous voulons obtenir ce contrat; she doesn't ~ about OR around [soon gets what she wants] elle ne perd pas de temps. -**3.** [be an unwanted presence]: Mum doesn't want me ~ing around when the guests arrive Maman ne veut pas que je sois là quand les invités arriveront; that kid's been ~ing around for the past hour ça fait une heure que ce gamin traîne dans les parages.

◇ *vt insep*: to ~ about OR around a place traîner dans un endroit.

◆ **hang about with** *inf vt insep Br* traîner avec; I don't like the boys she ~s about with je n'aime pas les garçons avec qui elle traîne.

◆ **hang back** *vi insep* [wait behind] rester un peu plus longtemps; [not go forward] se tenir OR rester en arrière; he hung back from saying what he really thought *Br fig* il s'est retenu de dire ce qu'il pensait vraiment.

◆ **hang down** *vi insep* [light] pendre; [hair] descendre, tomber.

◆ **hang in** *inf vi insep*: ~ in there! tiens bon!, accroche-toi!

◆ **hang on** ◇ *vi insep* -**1.** [hold tight] se tenir, s'accrocher; ~ on tight tiens-toi OR accroche-toi bien. -**2.** *inf* [wait] attendre; ~ on! [wait] attends!; [indicating astonishment, disagreement etc] une minute!; ~ on and I'll get him for you [on phone] ne quitte pas, je te le passe; do you mind ~ing on for a minute or two? ça ne te dérange pas de patienter quelques minutes?; I've been ~ing on for the past quarter of an hour! [on phone] ça fait un quart d'heure que j'attends! -**3.** [hold out, survive] résister, tenir (bon); ~ on in there! *inf* [don't give up] tiens bon!, tiens le coup!

◇ *vt insep* -**1.** [listen to]: she hung on his every word elle buvait ses paroles, elle était suspendue à ses lèvres. -**2.** [depend on] dépendre de; it all ~s on whether we get the loan pour nous, tout dépend de l'obtention ou non du prêt; this is what it all ~s on tout dépend de cela.

◆ **hang onto** *vt insep* -**1.** [cling to] s'accrocher à. -**2.** *inf* [keep] garder, conserver; I'd ~ onto that table if I were you à ta place, je garderais cette table.

◆ **hang out** ◇ *vi insep* -**1.** [protrude] pendre; his shirt tails were ~ing out sa chemise pendait; to ~ out of the window [flags] être déployé à la fenêtre; [person] se pencher par la fenêtre ❑ to let it all ~ out *inf* [person] se relâcher complètement, se laisser aller; [speak without restraint] se défouler. -**2.** *inf* [frequent] traîner; where does she ~ out? quels sont les endroits qu'elle fréquente? -**3.** [survive, not give in] résister, tenir bon; they won't be able to ~ out for more than another two days ils ne résisteront OR ne tiendront pas plus de deux jours; the strikers are ~ing out in their demands les grévistes tiennent bon dans leurs revendications; they're ~ing out for 10% ils insistent pour obtenir 10 %.

◇ *vt sep* [washing] étendre; [flags] déployer.

◆ **hang out with** *inf vt insep* fréquenter; she ~s out with a group of artists elle fréquente un groupe d'artistes.

◆ **hang over** *vt insep* être suspendu au-dessus de, planer sur; (a) thick fog hung over the town un brouillard épais flottait au-dessus de la ville; a question mark ~s over his future/the project un point d'interrogation plane sur son avenir/le projet; she has got the threat of redundancy ~ing over her head OR her une menace de licenciement plane sur elle; I can't go out with exams ~ing over me avec les examens qui approchent, je ne peux pas sortir.

◆ **hang together** *vi insep* -**1.** [be united - people] se serrer les coudes. -**2.** [be consistent - alibi, argument, plot etc] (se) tenir; [- different alibis, statements] concorder.

◆ **hang up** ◇ *vt sep* [coat, hat etc] accrocher; TELEC [receiver] raccrocher; to ~ up one's boots/skates/dancing shoes [retire] raccrocher ses chaussures de foot/patins/chaussons de danse.

◇ *vi insep* -**1.** TELEC raccrocher; to ~ up on sb raccrocher au nez de qqn. -**2.** COMPUT [cease functioning] s'arrêter.

◆ **hang with** *inf vt insep Am*: to ~ with sb traîner avec qqn.

hangar ['hæŋəʳ] *n* AERON hangar *m*.

hangdog ['hændɒg] *adj*: to have a ~ look OR expression avoir un air penaud OR de chien battu.

hanger ['hæŋəʳ] *n* [hook] portemanteau *m*; [coat hanger] portemanteau *m*, cintre *m*; [loop on garment] cordon *m* OR ganse *f* d'accrochage *(à l'intérieur d'un vêtement)*.

hanger-on (*pl* **hangers-on**) *n pej* parasite *m*.

hang-glide *vi* faire du deltaplane; to ~ down Mont Blanc descendre le mont Blanc en deltaplane.

hang-glider *n* [aircraft] deltaplane *m*; [person] libériste *mf*, adepte *mf* du deltaplane.

hang-gliding *n* deltaplane *m*.

hanging ['hæŋɪŋ] ◇ *adj* -**1.** [suspended] suspendu; ~ wardrobe penderie *f*; the Hanging Gardens of Babylon les jardins suspendus de Babylone. -**2.** JUR: ~ judge juge *m* à la main lourde; ~ offence crime *m* passible de pendaison; it's not a ~ offence *fig* ce n'est pas une affaire d'État.

◇ *n* -**1.** [death penalty] pendaison *f*; ~'s too good for him la pendaison, c'est encore trop bon pour lui. -**2.** [of wallpaper] pose *f*; [of decorations, pictures] accrochage *m*, mise *f* en place. -**3.** [tapestry]: wall ~s tentures *fpl* (murales).

hangman ['hæŋmən] (*pl* **hangmen** [-mən]) *n* [executioner] bourreau *m*; to play ~ [word game] jouer au pendu.

hangnail ['hæŋneɪl] *n* envie *f (peau)*.

hang-out *inf n*: this is one of my favourite ~s j'adore traîner dans ce coin; this is one of his ~s c'est l'un des endroits où on le trouve le plus souvent.

hangover ['hæŋ,əʊvəʳ] *n* -**1.** [from alcohol] gueule *f* de bois; to have a ~ avoir la gueule de bois. -**2.** [relic] reste *m*, vestige *m*, survivance *f*.

hang-up *n* -**1.** *inf* [complex] complexe *m*, blocage *m*; she has a ~ about flying elle a peur de prendre l'avion. -**2.** COMPUT blocage *m*, interruption *f*; ~ loop boucle *f* sans fin.

hank [hæŋk] *n* pelote *f*.

hanker ['hæŋkəʳ] *vi*: to ~ after OR for sthg rêver de qqch, avoir énormément envie de qqch; to ~ after an easy life rêver d'une vie tranquille.

hankering ['hæŋkərɪŋ] *n* rêve *m*, envie *f*; to have a ~ after OR for sthg rêver de qqch, avoir énormément envie de qqch.

hankie *inf*, **hanky** *inf* ['hæŋkɪ] (*pl* **hankies**) *n abbr of* **handkerchief**.

hanky-panky *inf* [-'pæŋkɪ] *n (U)* -**1.** [sexual activity] galipettes *fpl*; to have a bit of OR a little ~ faire des galipettes. -**2.** [mischief] entourloupettes *fpl*, blagues *fpl*; to get up to (a bit of) ~ faire des entourloupettes OR des blagues.

Hannah ['hænə] *pr n* BIBLE Anne.

Hannibal ['hænɪbl] *pr n* Hannibal, Annibal.

Hanoi [hæ'nɔɪ] *pr n* Hanoi.

Hanover ['hænəvəʳ] *pr n* Hanovre.

Hanoverian [,hænə'vɪərɪən] ◇ *adj* hanovrien.
◇ *n* Hanovrien *m*, -enne *f*.

Hansard ['hænsɑːd] *pr n Br* POL *compte rendu quotidien des débats de la Chambre des communes*.

Hanseatic [,hænsɪ'ætɪk] *adj* HIST: the ~ League la ligue hanséatique.

hansom (cab) ['hænsəm-] *n* fiacre *m*.

Hants *written abbr of* **Hampshire**.

ha'penny *inf* ['heɪpnɪ] (*pl* **ha'pence** [-pəns]) *Br* = **halfpenny**.

haphazard [,hæp'hæzəd] *adj* mal organisé; it was done in a ~ fashion ça a été fait un peu n'importe comment; the whole thing was a bit ~ c'était un peu n'importe quoi; the city grew in a ~ fashion la ville s'est agrandie au gré des circonstances; to choose in a ~ fashion choisir au petit bonheur la chance, choisir au hasard.

haphazardly [,hæp'hæzədlɪ] *adv* sans organisation, n'importe comment; there were objects lying ~ on the table des choses traînaient sur la table; to choose ~ choisir au petit bonheur la chance, choisir au hasard.

hapless ['hæplɪs] *adj lit* malchanceux.

ha'p'orth ['heɪpəθ] *Br* = **halfpennyworth**.

happen ['hæpən] ◇ *vi* -**1.** [occur] arriver, se passer, se produire; what's ~ed? qu'est-il arrivé?, que s'est-il passé?; when did this ~? quand cela s'est-il produit OR passé?, quand cela est-il arrivé?; where did the accident ~? où l'accident s'est-il produit OR est-il arrivé OR a-t-il eu lieu?; don't let it ~ again faites en sorte que cela ne se reproduise pas; as if nothing had ~ed comme si de rien n'était; I pulled the lever, but nothing ~ed j'ai tiré sur le manche, mais il ne s'est rien passé OR ça n'a rien fait; whatever ~s quoi qu'il arrive OR advienne; as (so) often ~s comme c'est bien souvent le cas; it all ~ed so quickly tout s'est passé si vite; these things ~ ce sont des choses qui arrivent; what ~ed next? que s'est-il passé ensuite?; to find out what ~s next... RAD & TV pour connaître la suite...; it's all been ~ing this morning ça n'a pas arrêté ce matin; it's all ~ing here ça bouge ici; I wonder what has ~ed to her [what has befallen her] je me demande ce qui a bien pu lui arriver; [what she is doing now] je me demande ce qu'elle est devenue; whatever ~ed to him? qu'est-il devenu?; if anything ~s OR should ~ to me s'il m'arrivait quelque chose; it couldn't ~ to a nicer person elle le mérite bien; a funny thing ~ed to me last night il m'est arrivé une drôle d'aventure hier soir; what's ~ed to my coat? [cannot be found] où est passé mon manteau?; what's ~ing to us? qu'est-ce qui nous arrive? -2. [chance]: do you ~ to have his address? auriez-vous son adresse, par hasard?; it just so ~s that I do eh bien justement, oui; you wouldn't ~ to know where I could find him, would you? vous ne sauriez pas où je pourrais le trouver?; as it ~s justement; I ~ to know her, it so ~s that I know her, I know her, as it ~s il se trouve que je la connais; the man you're talking about ~s to be my father il se trouve que l'homme dont vous parlez est mon père; if you ~ to see him si jamais tu le vois.

◇ *adv inf Br dial* [maybe] peut-être.

◆ **happen along** *inf*, **happen by** *inf vi insep Am* passer par hasard.

◆ **happen on, happen upon** *vt insep*: I ~ed on an old friend/a good pub je suis tombé sur un vieil ami/un bon pub.

happening ['hæpənɪŋ] ◇ *n* [occurrence] événement *m*; THEAT happening *m*.

◇ *adj* ▽: he's a ~ kind of guy avec lui on ne s'ennuie pas une minute; this is a ~ kind of place il se passe toujours des tas de trucs ici.

happenstance ['hæpənstæns] *n Am* hasard *m*; we met by ~ nous nous sommes rencontrés par hasard.

happily ['hæpɪlɪ] *adv* -1. [contentedly - say, smile] d'un air heureux; [- play, chat] tranquillement; I could live here very ~ je serais très heureux ici; they lived ~ ever after ~ ils vécurent heureux et eurent beaucoup d'enfants; I thought that when you got married you lived ~ ever after je croyais que quand on se mariait, on vivait heureux jusqu'à la fin de ses jours; to be ~ married [man] être un mari comblé; [woman] être une épouse comblée; I always thought you two were ~ married j'ai toujours pensé que vous étiez un couple heureux. -2. [gladly] volontiers; she said she would ~ give her consent elle a dit qu'elle donnerait volontiers son accord OR qu'elle serait heureuse de donner son accord; I could quite ~ live here je me verrais très bien vivre ici; I could quite ~ strangle him j'ai bien envie de l'étrangler. -3. [luckily] heureusement, par chance. -4. [appropriately] heureusement, avec bonheur; a very ~ chosen turn of phrase une tournure de phrase très heureuse.

happiness ['hæpɪnɪs] *n* bonheur *m*; money can't buy you ~ l'argent ne fait pas le bonheur *prov*.

happy ['hæpɪ] (*compar* happier, *superl* happiest) *adj* -1. [content] heureux; to make sb ~ rendre qqn heureux; I want you to be ~ je veux que tu sois heureux, je veux ton bonheur; I'm the happiest man in the world je suis l'homme le plus heureux du monde; I hope you'll both be very ~ je vous souhaite beaucoup de bonheur OR d'être très heureux; I'm very ~ for you je suis très heureux pour toi; if you're ~, I'm ~ si tu es satisfait, moi aussi; would you be ~ living here? serais-tu heureux ici?; in happier times à une époque plus heureuse; in happier circumstances dans des circonstances plus heureuses; those were ~ days c'était le bon temps; I'm not at all ~ about your decision je ne suis pas du tout content de votre décision; I'm still not ~ about it je n'en suis toujours pas content; that should keep the kids ~ cela devrait occuper les enfants; their ~ smiling faces leurs visages heureux et souriants; it's a ~ office il y a une bonne ambiance dans ce bureau; ~ ending [in book, film] fin *f* heureuse, dénouement *m* heureux; to have a ~ ending [book, film] bien finir; ~ birthday OR anniversary! joyeux anniversaire!; Happy Christmas! Joyeux Noël!; Happy New Year! Bonne Année! ❑ ~ families [card game] jeu *m* des sept familles; many ~ returns (of the day)! joyeux anniversaire!; to be as ~ as a lark OR a sandboy *Br* être heureux comme tout. -2. [willing]: I'm only too ~ to help je suis ravi de rendre service; I would be ~ to do it je le ferais volontiers; we'd be ~ to put you up nous serions heureux de vous loger, nous vous logerions volontiers; I'd be ~ to live here/move to Scotland j'aimerais bien habiter ici/aller habiter en Écosse. -3. [lucky, fortunate - coincidence] heureux; the ~ few les privilégiés *mpl*. -4. [apt, appropriate - turn of phrase, choice of words] heureux. -5. *inf* [drunk] gris, pompette.

happy event *n* [birth] heureux événement *m*.

happy-go-lucky *adj* décontracté; *pej* insouciant.

happy hour *n* [in pub, bar] *heure, généralement en début de soirée, pendant laquelle les boissons sont moins chères.*

happy hunting ground *n* paradis *m* des Indiens; *fig* mine *f* d'or; the market is a ~ for collectors le marché est une vraie mine d'or pour les collectionneurs.

happy medium *n* équilibre *m*, juste milieu *m*; to strike a ~ trouver un équilibre OR un juste milieu.

hara-kiri [ˌhærəˈkɪːrɪ] *n* hara-kiri *m*; to commit ~ faire hara-kiri.

harangue [həˈræŋ] ◇ *vt* [person, crowd etc] haranguer; to ~ sb about sthg haranguer qqn au sujet de qqch.

◇ *n* harangue *f*.

Harare [həˈrɑːrɪ] *pr n* Harare.

harass ['hærəs] *vt* [torment] tourmenter; [with questions, demands] harceler; MIL harceler; he claimed that the police had ~ed him il a déclaré que la police l'avait harcelé; to sexually ~ an employee harceler une employée sexuellement.

harassed ['hærəst] *adj* stressé; to be sexually ~ être victime de harcèlement sexuel.

harassment ['hærəsmənt] *n* [tormenting] tracasserie *f*; [with questions, demands] harcèlement *m*; [stress] stress *m*; MIL harcèlement *m*; police ~ harcèlement policier; sexual ~ harcèlement sexuel.

harbinger ['hɑːbɪndʒəʳ] *n lit* signe *m* avant-coureur; swallows are a ~ of spring les hirondelles annoncent le printemps; a ~ of doom [event, incident etc] un mauvais présage; [person] un oiseau de malheur.

harbour *Br*, **harbor** *Am* ['hɑːbəʳ] ◇ *n* [for boats] port *m*; *fig* havre *m*.

◇ *comp*: ~ dues droits *mpl* de port; ~ master capitaine *m* de port.

◇ *vt* -1. [person] abriter, héberger; [criminal] donner asile à, receler. -2. [grudge, suspicion] nourrir, entretenir en soi; to ~ a grudge against sb garder rancune à qqn, nourrir de la rancune envers qqn. -3. [conceal - fleas, dirt, germs] renfermer, receler.

hard [hɑːd] ◇ *adj* -1. [not soft - substance, light, colour] dur; LING [consonant] dur; to get OR to become ~ durcir ❑ ~ drug drogue *f* dure; ~ water eau *f* calcaire OR dure; a ~ nut *inf* OR man un dur; he's a ~ nut to crack [difficult to persuade] il n'est pas facile à convaincre; it's a ~ nut to crack [difficult to solve] c'est dur à résoudre; a glass of wine, or would you prefer a drop of the ~ stuff? un verre de vin, ou bien préféreriez-vous une goutte de quelque chose de plus fort?; keep off the ~ stuff évitez les boissons fortes; she is (as) ~ as nails [emotionally] elle est dure, elle n'a pas de cœur; [physically] c'est une dure à cuire; rock ~, (as) ~ as rock dur comme la pierre; his muscles are rock ~ OR (as) ~ as rock ses muscles sont durs comme le fer, il a des muscles d'acier; no ~ feelings? sans rancune? -2. [concrete - facts] concret, tangible; [- evidence] tangible; the ~ fact is that... le fait est que...; ~ news PRESS nouvelles *fpl* sûres OR vérifiées. -3. [difficult - question, problem etc] difficile, dur; it's ~ to explain c'est difficile OR dur à expliquer; I find it ~ to understand/believe that... je n'arrive pas à comprendre/croire que...; it's ~ to say c'est difficile à dire; he's ~ to get on with il n'est pas facile à vivre; she is ~ to please [never satisfied] elle est difficile; [difficult to buy gifts for etc] c'est difficile de lui faire plaisir; it's ~ to beat [value for money] pour le prix, c'est imbattable; it's ~ to beat a good Bordeaux il n'y a rien de meilleur qu'un bon bordeaux; life is ~ c'est dur, la vie; these are ~ times for all of us c'est une période difficile pour tout le monde; to fall on ~ times [financially] connaître des temps difficiles OR une période de vaches maigres; [have difficult times] connaître des temps difficiles, en voir de dures ❑ to give sb a ~ time en faire voir de dures à qqn; the boss has just been giving me a ~ time le patron vient de me faire passer un mauvais quart d'heure; come on, don't give me a ~ time! allez, laisse-moi tranquille!; you'll have a ~ time (of it) persuading him to do that tu vas avoir du mal à le convaincre de faire cela; she had a ~ time of it after her mother's death elle a traversé une période difficile après la mort de sa mère; she had a ~ time of it when she was a child la vie n'était pas drôle pour elle quand elle était enfant; she had a ~ time of it [in childbirth, operation] elle a souffert; to learn sthg the ~ way [involving personal loss, suffering etc] apprendre qqch à ses dépens; [in a difficult way] faire le rude apprentissage de qqch; I learnt the ~ way not to be underinsured j'ai appris à mes dépens qu'il ne faut pas être sous-assuré; I learnt skiing the ~ way j'ai appris à skier à la dure; I learnt my seamanship the ~ way j'ai fait le rude apprentissage du métier de marin; some people always have to do things the ~ way il y a des gens qui choisissent toujours la difficulté; to play ~ to get [flirt] jouer les insaisissables; their financial expert is playing ~ to get *hum* leur expert financier semble jouer à cache-cache; 'Hard Times' *Dickens* 'les Temps difficiles'. -4. [severe - voice, face, eyes] dur, froid; [- climate, winter] rigoureux, rude; [- frost] fort, rude; to be ~ on sb être dur avec qqn; children are ~ on their shoes les enfants font subir de mauvais traitements à leurs chaussures; it's ~ on the nerves c'est dur pour les nerfs; it was ~ on the others ça a été dur pour les autres; it will be ~ luck if he doesn't get the job ça ne sera pas de veine OR de bol s'il n'obtient pas le travail; don't give me any of your ~ luck stories ne me raconte pas tes malheurs; he gave me some ~ luck story about having lost his investments il a essayé de m'apitoyer en me racontant qu'il avait perdu l'argent qu'il avait investi; to be a ~ taskmaster être dur à la tâche; to take a long ~ look at sthg examiner qqch de près; you should take a long ~ look at yourself tu devrais bien te regarder; the ~ left/right POL l'extrême gauche/droite ❑ he's taken a few ~ knocks *literal* il a pris quelques mauvais coups; *fig* il en a vu de dures; ~ cheese! *Br*, ~ lines! *inf Br*, ~ luck! pas de chance!, pas de veine!, pas de bol! -5. [strenuous]: it's ~ work c'est dur; it's been a long ~

day la journée a été longue; **she's ~ work** [difficult to get on with] elle n'est pas facile à vivre; [difficult to make conversation with] elle n'est pas causante; **she's not afraid of ~ work** le travail ne lui fait pas peur; **she's a ~ worker** c'est un bourreau de travail; **he's a ~ drinker** c'est un gros buveur, il boit beaucoup; **he's a ~ charger** c'est un fonceur; **the climb was ~ going** la montée était rude; **it's ~ going making conversation with him** c'est difficile de discuter avec lui; **give it a good ~ shove** pousse-le un bon coup, pousse-le fort. -**6.** TYPO [hyphen, return] imposé.

◇ *adv* -**1.** [strenuously - pull, push, hit, breathe] fort; [- work] dur; [- run] à toutes jambes; [- listen] attentivement; **to work ~ at sthg** beaucoup travailler qqch; **to work ~ at improving one's service/French** beaucoup travailler pour améliorer son service/français; **to work sb ~** faire travailler qqn dur; **work ~, play ~, that's what I say!** beaucoup travailler pour beaucoup s'amuser, telle est ma devise!; **you'll have to try ~er** il faudra que tu fasses plus d'efforts; **to try ~ to do sthg** essayer de son mieux de faire qqch; **try ~!** fais de ton mieux!; **to think ~** beaucoup réfléchir; **think ~!** réfléchis bien!; **think ~er!** réfléchis un peu plus!; **to look ~ at sb** regarder qqn bien en face; **to look ~ at sthg** examiner qqch; **as ~ as possible, as ~ as one can** [work, try] le plus qu'on peut; [push, hit, squeeze] de toutes ses forces; **~ astern!** NAUT arrière, toute!; **she hauled the wheel ~ over** AUT elle a braqué à fond ❑ **they're ~ at it** *Br* [working] ils sont plongés dans leur travail; [engaged in sex] *inf* ils s'en donnent à cœur joie. -**2.** [with difficulty] difficilement; **to be ~ put (to it) to do sthg** avoir du mal à faire qqch; **old habits die ~** les vieilles habitudes ont la vie dure. -**3.** [harshly, severely - treat sb] durement, sévèrement; **he's feeling ~ done by** il a l'impression d'avoir été injustement traité || [heavily, strongly - rain] à verse; [- freeze, snow] fort; **to be ~ hit by sthg** être durement touché par qqch; **she took the news/his death pretty ~** la nouvelle/sa mort l'a beaucoup éprouvée; **it'll go ~ with him if he keeps telling lies** ça va aller mal pour lui s'il continue à raconter des mensonges. -**4.** [solid]: **the ground was frozen ~** le gel avait complètement durci la terre; **to set ~** [concrete, mortar] prendre. -**5.** [close]: **to follow ~ on the heels of sb** être sur les talons de qqn; **to follow** OR **to come ~ on the heels of sthg** suivre qqch de très près.

◇ *n phr*: **to try one's ~est** faire de son mieux.

◆ **hard by** *prep phr* près de.

hard-and-fast *adj* [rule] strict, absolu; [information] correct, vrai; **there's no ~ rule about it** il n'existe pas de règle absolue là-dessus.

hardassed▽ ['hɑːdæst] *adj Am* vache.

hardback ['hɑːdbæk] ◇ *n* [book] livre *m* cartonné; **available in ~** disponible en version cartonnée.

◇ *adj* cartonné.

hardball ['hɑːdbɔːl] *n Am* [game] baseball *m*; [ball] balle *f* de baseball; **to play ~** *inf fig* employer les grands moyens.

hard-bitten [-'bɪtən] *adj* endurci.

hardboard ['hɑːdbɔːd] *n* panneau *m* de fibres; **a sheet of ~** un panneau dur.

hard-boil *vt*: **to ~ an egg** faire un œuf dur.

hard-boiled [-'bɔɪld] *adj* -**1.** [egg] dur. -**2.** *inf* [person] dur.

hard case *inf n* dur *m* à cuire.

hard cash *n* (argent *m*) liquide *m*.

hard cider *n Am* cidre *m*.

hard coal *n* anthracite *m*.

hard copy *n* COMPUT copie *f* papier.

hardcore ['hɑːdkɔːʳ] *n* [for roads, buildings] blocaille *f*.

hard core *n* -**1.** [nucleus] noyau *m* dur. -**2.** MUS hard rock *m*, hard *m*. -**3.** [pornography] porno *m* hard.

◆ **hard-core** *adj* [belief in political system] dur; [believer] endurci; [support] ferme; [pornography, rock music] hard.

hard court *n Br* [for tennis] court *m* en ciment.

hardcover ['hɑːd,kʌvəʳ] = **hardback**.

hard currency *n* monnaie *f* OR devise *f* forte; **a ~ shop** un magasin où on paye en devises.

hard disk *n* COMPUT disque *m* dur.

hard-drinking *adj* qui boit beaucoup.

hard-earned [-'ɜːnt] *adj* [money] durement gagné; [victory] durement OR difficilement remporté; [reputation] durement acquis; [holiday, reward] bien mérité.

harden ['hɑːdn] ◇ *vt* [person - physically, emotionally] endurcir; [steel] tremper; LING [consonant] durcir; MED [arteries] durcir, scléroser; **to ~ o.s. to sthg** s'endurcir à qqch; **to ~ one's heart** endurcir son cœur; **she ~ed her heart against him** elle lui a fermé son cœur.

◇ *vi* -**1.** [snow, skin, steel] durcir; [concrete, mortar] prendre; MED [arteries] durcir, se scléroser; [person - emotionally] s'endurcir, se durcir; [- physically] s'endurcir; [attitude] se durcir. -**2.** FIN [prices, market] s'affermir.

◆ **harden off** ◇ *vt sep* [plant] mettre en jauge, habituer à des conditions plus dures.

◇ *vi insep* [plant] s'habituer à des conditions plus dures.

◆ **harden up** ◇ *vi insep* FIN [shares] se raffermir.

◇ *vt sep* [toughen - person] endurcir.

hardened ['hɑːdnd] *adj* [snow, skin] durci; [steel] trempé, durci; [arteries] sclérosé; **a ~ criminal** un criminel endurci OR invétéré; **to become ~ to sthg** se blinder contre qqch.

hardener ['hɑːdnəʳ] *n* [for glue, fingernails] durcisseur *m*.

hardening ['hɑːdnɪŋ] *n* [of snow, skin, attitudes] durcissement *m*; [of steel] trempe *f*; [of person - physical] endurcissement *m*; [- emotional] durcissement *m*; FIN [of prices] affermissement *m*; **~ of the arteries** MED durcissement OR sclérose *f* des artères.

hard-faced [-'feɪst] *adj* au visage dur.

hard-fought [-'fɔːt] *adj* [game, competition, battle] rudement disputé.

hard hat ◇ *n* -**1.** [of construction worker] casque *m*. -**2.** *inf Am* [construction worker] ouvrier *m* du bâtiment.

◇ *comp*: **~ area** *zone où le port du casque est obligatoire*; '**~ area**' 'port du casque obligatoire'.

◆ **hard-hat** *adj Am caractéristique des attitudes conservatrices des ouvriers du bâtiment.*

hard-headed [-'hedɪd] *adj* -**1.** [tough, shrewd - person] à la tête froide; [- realism] froid, brut; [- bargaining] dur; [- decision] froid. -**2.** *Am* [stubborn - person] qui a la tête dure; [- attitude] entêté.

hardhearted [,hɑːd'hɑːtɪd] *adj* [person] insensible, dur, au cœur de pierre; [attitude] dur; **to be ~ towards sb** être dur avec OR envers qqn.

hard-hitting [-'hɪtɪŋ] *adj* -**1.** [verbal attack] rude; [speech, report] implacable, sans indulgence. -**2.** [boxer] qui frappe dur.

hardiness ['hɑːdɪnɪs] *n* [of person] résistance *f*, robustesse *f*; [of plant, tree] résistance *f*.

hard labour *n (U)* travaux *mpl* forcés.

hardline ['hɑːdlaɪn] *n* ligne *f* de conduite dure; **to take a ~ on sb/sthg** adopter une ligne de conduite dure avec qqn/sur qqch.

◆ **hard-line** *adj* [policy, doctrine] dur; [politician] intransigeant, endurci, intraitable.

hardliner [,hɑːd'laɪnəʳ] *n* partisan *m*, -e *f* de la manière forte.

hardly ['hɑːdlɪ] *adv* -**1.** [barely] à peine, ne... guère; **he can ~ read** il sait à peine OR tout juste lire; **you can ~ move in here for furniture** c'est à peine si on peut bouger ici tellement il y a de meubles; **I have ~ started** je viens à peine OR tout juste de commencer; **I ~ get a minute to myself these days** c'est tout juste si j'ai une minute à moi ces jours-ci; **I can ~ believe it** j'ai du mal à le croire; **~ had I said these words when he arrived** *lit* à peine eus-je *lit* OR avais-je prononcé ces mots qu'il arriva; **~ anyone** presque personne; **~ anywhere** presque nulle part; **I ~ ever see you these days** je ne te vois presque jamais ces temps-ci; **there's ~ anything in the fridge** il n'y a presque rien dans le frigo; **I paid ~ anything for it** ça m'a coûté trois fois rien; **you've ~ touched your food** tu n'as presque rien mangé; **I can ~ wait to see her** je suis très impatient de la voir; **I can ~ wait!** *iron* j'en frémis d'avance!; **she ~ ever goes out** elle ne sort presque jamais; **~ a week goes by without a telephone call from her** il se passe rarement une semaine sans qu'elle téléphone; **I need ~ say that...** ai-je besoin de vous dire que...?, je n'ai pas besoin de vous dire que... -**2.** [expressing negative opinion]: **it's ~ MY fault!** ce n'est quand même pas de ma faute!; **it's ~ any of your business** cela ne te regarde absolument pas; **this is ~ the time to be selling your house** ce n'est vraiment pas le moment de vendre votre maison; **it's ~ surprising, is it?** ça n'a rien de surprenant, ce n'est guère surprenant; **it's ~ surprising that she left him** ce n'est pas surprenant qu'elle l'ait quitté, il n'est guère surprenant qu'elle l'ait quitté; **~!** [not in the slightest] bien au contraire!, loin de là!; **she's ~ likely to agree** elle ne risque pas d'accepter; **he'd ~ have said that** cela m'étonnerait qu'il ait dit cela.

hard-mouthed [-'maʊθd] *adj* -**1.** [horse] qui ne prend pas le mors OR la bride. -**2.** [person] têtu.

hardness ['hɑːdnɪs] *n* -**1.** [of snow, skin, water] dureté *f*; [of steel] trempe *f*, dureté *f*. -**2.** [difficulty] difficulté *f*; **~ of hearing** MED surdité *f* partielle. -**3.** [severeness - of personality] dureté *f*; [- of heart] dureté *f*, froideur *f*. -**4.** [strenuousness] difficulté *f*. -**5.** FIN affermissement *m*.

hard-nosed *inf* [-'nəʊzd] = **hard-headed**.

hard of hearing ◇ *npl*: **the ~** les malentendants *mpl*.

◇ *adj*: **to be ~** être dur d'oreille.

hard-on▼ *n*: **to have** OR **to get a ~** bander.

hard-packed [-'pækt] *adj* [snow, soil] tassé.

hard pad *n* VETER coussinet *m* dur.

hard palate *n* voûte *f* du palais, palais *m* dur.

hard-pressed [-'prest], **hard-pushed** [-'pʊʃt] *adj*: **to be ~ for money/ideas/suggestions** être à court d'argent/d'idées/de suggestions; **to be ~ for time** manquer de temps; **to be ~ to do sthg** avoir du mal à faire qqch.

hard rock *n* hard rock *m*, hard *m*.

hard sauce *n* CULIN sauce *f* au cognac.

hard sell ◇ *n* vente *f* agressive; **the salesman gave us the ~** le vendeur a essayé de nous forcer la main.

◇ *comp*: **~ approach** OR **tactics** méthode *f* de vente agressive.

hardship ['hɑːdʃɪp] ◇ *n* épreuves *fpl*; **to go through a time of ~** traverser de terribles épreuves; **to suffer great ~** OR **~s** subir OR traverser de rudes épreuves; **a life of ~** une vie pleine d'épreuves; **further ~ is in store** d'autres épreuves nous attendent.

◇ *comp*: **~ allowance** [for student] *aide accordée à un étudiant en cas de graves problèmes financiers.*

hard shoulder *n* AUT bande *f* d'arrêt d'urgence.

hardtack ['hɑːdtæk] *n* NAUT biscuit *m* sans sel.

hardtop ['hɑːdtɒp] *n* AUT [of car] hard-top *m*; [car] voiture *f* à hard-top.

hard up *inf adj* [short of money] fauché, à sec; **to be ~ for ideas** manquer d'idées, être à court d'idées; **to be ~ for volunteers** manquer de volontaires; **you must be ~ if you're going out with him!** *fig* il faut vraiment que tu n'aies rien à te mettre sous la dent pour sortir avec lui!

hardware ['hɑːdweəʳ] ◇ *n (U)* -**1.** COMM quincaillerie *f*. -**2.** COMPUT matériel *m*, hardware *m*. -**3.** MIL matériel *m* de guerre, armement *m*. -**4.** *inf* [guns] armes *fpl*; **he wasn't carrying any ~** il ne portait pas d'armes, il n'était pas armé.

◇ *comp* COMPUT [company, manufacturer] de matériel informatique; [problem] de matériel OR hardware.

hardware shop, hardware store *n* quincaillerie *f*.

hardwearing [ˌhɑːdˈweərɪŋ] *adj* robuste, résistant.

hard-wired [-ˈwaɪəd] *adj* COMPUT câblé.

hard-won [-ˈwʌn] *adj* [victory, trophy, independence] durement gagné; [reputation] durement acquis.

hardwood [ˈhɑːdwʊd] ◇ *n* [wood] bois *m* dur; [tree] arbre *m* à feuilles caduques.
◇ *comp* [floor] en bois dur.

hard-working *adj* travailleur; [engine, machine, printer] robuste.

hardy [ˈhɑːdɪ] (*comp* **hardier**, *superl* **hardiest**) *adj* -**1.** [strong - person, animal] robuste, résistant; [- plant] résistant; ~ **annual** BOT plante *f* annuelle; ~ **perennial** BOT plante vivace; *fig* serpent *m* de mer. -**2.** [intrepid - explorer, pioneer] intrépide, courageux.

hare [heəʳ] (*pl inv* OR **hares**) ◇ *n* -**1.** CULIN & ZOOL lièvre *m*; **to raise** OR **to start a** ~ *Br* mettre une question sur le tapis; **'The Hare and the Tortoise'** *La Fontaine* 'le Lièvre et la tortue'. -**2.** SPORT [at dog race] lièvre *m*. -**3.** *Br* GAMES: ~ **and hounds** jeu *m* de piste.
◇ *vi inf*: **to** ~ **across/down/out** traverser/descendre/sortir à toutes jambes; **she came haring down the stairs** elle a dévalé les escaliers à fond de train.
◆ **hare off** *inf vi insep* prendre ses jambes à son cou, s'enfuir à toutes jambes.

harebell [ˈheəˌbel] *n* campanule *f*.

harebrained [ˈheəˌbreɪnd] *adj* [reckless, mad - person] écervelé; [- scheme] insensé, fou.

harelip [ˌheəˈlɪp] *n* bec-de-lièvre *m*.

harem [*Br* hɑːˈriːm, *Am* ˈhærəm] *n literal* & *fig* harem *m*.

haricot (bean) [ˈhærɪkəʊ-] *n* haricot *m* blanc.

hark [hɑːk] *vi lit* prêter l'oreille, ouïr; ~, **I hear voices!** écoutez OR chut, j'entends des voix!; **just** ~ **at him!** *inf Br* écoutez-le donc!
◆ **hark back to** *vt insep* [recall] revenir à; **to** ~ **back to sthg** revenir (tout le temps) à qqch; **the style** ~**s back to the 1940s** le style rappelle celui des années 40.

harken [ˈhɑːkn] *vi lit* prêter l'oreille.

Harlequin [ˈhɑːlɪkwɪn] *pr n* Arlequin.
◆ **harlequin** *adj* [costume] bigarré; [dog's coat] tacheté.

harlequinade [ˌhɑːlɪkwɪˈneɪd] *n* arlequinade *f*.

Harley Street [ˈhɑːlɪ-] *pr n rue du centre de Londres célèbre pour ses spécialistes en médecine.*

harlot [ˈhɑːlət] *n arch* prostituée *f*.

harm [hɑːm] ◇ *n (U)* [physical] mal *m*; [psychological] tort *m*, mal *m*; **to do sb** ~ faire du mal à qqn; **I hope Ed won't come to (any)** ~ j'espère qu'il n'arrivera rien à Ed; **a bath wouldn't do him any** ~ un bain ne lui ferait pas de mal; **she has done you no** ~ elle ne vous a fait aucun mal; **they didn't mean any** ~ ils ne voulaient pas (faire) de mal; **Ted means no** ~ Ted n'est pas méchant; **I know you didn't mean any** ~ **when you said it** je sais que tu ne l'as pas dit méchamment; **the incident did a great deal of** ~ **to his reputation** cet incident a beaucoup nui à sa réputation; **no** ~ **done** il n'y a pas de mal; **there's no** ~ **in trying** il n'y a pas de mal à essayer, on ne perd rien à essayer; **I see no** ~ **in their going** je ne vois pas d'inconvénient à ce qu'ils y aillent; **what** ~ **is there in it?** qu'est-ce qu'il y a de mal (à cela)?; **no** ~ **will come of it** ça n'est pas grave; **too much adverse publicity will do their cause a great deal of** ~ trop de mauvaise publicité nuira énormément à leur cause; **to do more** ~ **than good** faire plus de mal que de bien ❑ **out of** ~**'s way** [person] en sûreté, en lieu sûr; [things] en lieu sûr.
◇ *vt* -**1.** [person - physically] faire du mal à; [- psychologically] faire du tort à, nuire à; **Clive wouldn't** ~ **a hair on her head** Clive ne lui ferait aucun mal; **he wasn't** ~**ed by the experience** ça ne lui a pas fait de mal. -**2.** [surface] abîmer, endommager; [crops] endommager. -**3.** [cause, interests] causer du tort à, être préjudiciable à; [reputation] salir.

harmful [ˈhɑːmfʊl] *adj* -**1.** [person, influence] nuisible, malfaisant. -**2.** [chemicals] nocif; [effects] nuisible; ~ **to plants** nuisible pour les plantes.

harmless [ˈhɑːmlɪs] *adj* -**1.** [person] inoffensif, qui n'est pas méchant; [animal] inoffensif. -**2.** [joke] sans malice, anodin; [pastime] innocent.

harmlessly [ˈhɑːmlɪslɪ] *adv* sans faire de mal, sans dommage OR dommages.

harmonic [hɑːˈmɒnɪk] ◇ *n* MATH & MUS harmonique *m*.
◇ *adj* [gen, MATH & MUS] harmonique.

harmonica [hɑːˈmɒnɪkə] *n* harmonica *m*.

harmonic analysis *n* analyse *f* harmonique.

harmonic mean *n* moyenne *f* harmonique.

harmonic progression *n* progression *f* harmonique.

harmonics [hɑːˈmɒnɪks] *n (U)* harmoniques *mpl*.

harmonic series *n* série *f* harmonique.

harmonious [hɑːˈməʊnjəs] *adj* harmonieux.

harmoniously [hɑːˈməʊnjəslɪ] *adv* harmonieusement.

harmonist [ˈhɑːmənɪst] *n* harmoniste *mf*.

harmonium [hɑːˈməʊnjəm] *n* harmonium *m*.

harmonization [ˌhɑːmənaɪˈzeɪʃn] *n* harmonisation *f*.

harmonize, -ise [ˈhɑːmənaɪz] ◇ *vt* -**1.** MUS [instrument, melody] harmoniser. -**2.** [colours] harmoniser, assortir. -**3.** [views, statements] harmoniser, faire concorder; [people] concilier, amener à un accord.
◇ *vi* -**1.** MUS [sing in harmony] chanter en harmonie; [be harmonious] être harmonieux OR en harmonie; [write harmony] harmoniser, faire des harmonies. -**2.** [colours] aller (bien) ensemble, se marier (bien); **choose colours that** ~ **with the background** choisissez des couleurs qui soient assorties au décor.

harmony [ˈhɑːmənɪ] (*pl* **harmonies**) *n* -**1.** MUS harmonie *f*; **to study** ~ étudier l'harmonie; **to sing in** ~ chanter en harmonie; **a three-part** ~ une harmonie en trois parties; **unusual harmonies** des harmonies inhabituelles. -**2.** [agreement - of colours] harmonie *f*; [- of temperaments] harmonie *f*, accord *m*; **to live in** ~ **with sb** vivre en harmonie avec qqn; **her choice is in perfect** ~ **with mine** ses choix sont parfaitement en harmonie OR en accord avec les miens; **the scene was one of perfect** ~ une harmonie parfaite se dégageait de cette scène.

harness [ˈhɑːnɪs] ◇ *n* -**1.** [for horse, oxen] harnais *m*, harnachement *m*; [for parachute, car seat] harnais *m*; [for child] harnais *m*. -**2.** *phr*: **to get** OR **to be back in** ~ reprendre le collier.
◇ *vt* -**1.** [horse] harnacher, mettre le harnais à; [oxen, dogs] atteler; **the pony was** ~**ed to the cart** le poney était attelé à la charrette. -**2.** *fig* [resources] exploiter, maîtriser.

harness racing *n (U)* course *f* de trotteurs.

Harold [ˈhærəld] *pr n* Harold.

harp [hɑːp] MUS ◇ *n* harpe *f*.
◇ *vi* jouer de la harpe.
◆ **harp on** *inf* ◇ *vi insep* chanter (toujours) le même refrain OR la même rengaine; **to** ~ **on about sthg** rabâcher qqch, revenir sans cesse sur qqch; **to** ~ **on at sb about sthg** rebattre les oreilles à qqn au sujet de qqch; **don't keep** ~**ing on!** arrêtez de rabâcher!
◇ *vt insep*: **to** ~ **on sthg** revenir sans cesse sur qqch, rabâcher qqch.

harpist [ˈhɑːpɪst] *n* harpiste *mf*.

harpoon [hɑːˈpuːn] ◇ *n* harpon *m*.
◇ *vt* harponner.

harpsichord [ˈhɑːpsɪkɔːd] *n* clavecin *m*.

harpsichordist [ˈhɑːpsɪˌkɔːdɪst] *n* claveciniste *mf*.

harpy [ˈhɑːpɪ] (*pl* **harpies**) *n fig* harpie *f*, mégère *f*.
◆ **Harpy** *n* MYTH: **the Harpies** les Harpyes *fpl* OR Harpies *fpl*.

harpy eagle *n* harpie *f* ORNITH.

harridan [ˈhærɪdn] *n* harpie *f*, vieille sorcière *f*.

harried [ˈhærɪd] *adj* [person] tracassé, harcelé; **a** ~ **husband** un mari harcelé (par sa femme) || [expression, look] tourmenté.

harrier [ˈhærɪəʳ] *n* -**1.** [dog] harrier *m*. -**2.** SPORT [runner] coureur *m* (de cross); **Plymouth Harriers** l'équipe d'athlétisme de Plymouth. -**3.** ORNITH busard *m*.

Harris tweed® [ˈhærɪs-] ◇ *n* tweed *m* (des Hébrides).
◇ *comp* [jacket] en tweed.

Harrovian [həˈrəʊvjən] *n Br* SCH [present] élève *m* de Harrow; [past] ancien élève *m* de Harrow.

harrow [ˈhærəʊ] ◇ *n* herse *f*.
◇ *vt* -**1.** AGR labourer à la herse. -**2.** *fig* torturer, déchirer le cœur à. -**3.** RELIG: **Christ** ~**ing Hell** la descente aux enfers du Christ.
◆ **Harrow** *pr n prestigieuse «public school» dans la banlieue de Londres.*

harrowing [ˈhærəʊɪŋ] ◇ *adj* [story] poignant, navrant, angoissant; [cry] déchirant; [experience] pénible, angoissant; **the report makes** ~ **reading** le rapport raconte des faits pénibles à lire.
◇ *n* hersage *m*; **the** ~ **of Hell** RELIG la descente aux enfers du Christ.

harrumph [həˈrʌmf] ◇ *n* & *onomat bruit que l'on fait en se raclant la gorge.*
◇ *vi* se racler la gorge.

harry [ˈhærɪ] (*pt* & *pp* **harried**) *vt* -**1.** [harass - person] harceler, tourmenter; **he was harried by creditors** il était harcelé par ses créanciers. -**2.** [pillage - village] dévaster, mettre à sac. -**3.** MIL [enemy, troops] harceler.

harsh [hɑːʃ] *adj* -**1.** [cruel, severe - person] dur, sévère, cruel; [- punishment, treatment] dur, sévère; [- fate] cruel; [- criticism, judgement, words] dur, sévère; **to be** ~ **with sb** être dur envers OR avec qqn. -**2.** [conditions, weather] rude, rigoureux. -**3.** [bitter - struggle] âpre, acharné. -**4.** [cry, voice] criard, strident; [tone] dur. -**5.** [colour, contrast] choquant; [light] cru. -**6.** [bleak - landscape, desert] dur, austère.

harshly [ˈhɑːʃlɪ] *adv* -**1.** [treat, punish] sévèrement, avec rigueur. -**2.** [answer, speak] avec rudesse OR dureté; [judge] sévèrement, durement; **don't speak so** ~ **of him** ne parlez pas de lui si durement. -**3.** [cry, shout] d'un ton strident.

harshness [ˈhɑːʃnɪs] *n* -**1.** [of person] dureté *f*, sévérité *f*; [of punishment, treatment] sévérité *f*; [of judgement] dureté *f*, sévérité *f*; [of statement, words, tone] dureté *f*. -**2.** [of climate] rigueur *f*, rudesse *f*. -**3.** [of cry, voice] discordance *f*. -**4.** [of light, contrast] dureté *f*.

hart [hɑːt] (*pl inv* OR **harts**) *n* cerf *m*.

harum-scarum *inf* [ˌheərəmˈskeərəm] *adj* [wild, reckless] casse-cou *(inv)*.

harvest [ˈhɑːvɪst] ◇ *n* -**1.** [gathering - of cereal, crops] moisson *f*; [- of fruit, mushrooms] récolte *f*, cueillette *f*; [- of grapes] vendange *f*, vendanges *fpl*. -**2.** [yield] récolte *f*. -**3.** *fig* [from experience, research] moisson *f*; **a bitter** ~ une moisson amère.
◇ *vt* -**1.** AGR [cereal, crops] moissonner; [fruit, mushrooms] cueillir, récolter; [grapes] vendanger. -**2.** *fig* [benefits] moissonner; [consequences] récolter.
◇ *vi* [for cereal, crops] moissonner, faire la moisson; [for fruit] faire les récoltes; [for grapes] vendanger.

harvester [ˈhɑːvɪstəʳ] *n* -**1.** [machine] moissonneuse *f*. -**2.** [person] moissonneur *m*, -euse *f*.

harvest festival *n* fête *f* des moissons.

HARVEST FESTIVAL:
A l'occasion de cette célébration de la moisson, les églises en Grande-Bretagne sont souvent décorées de fruits, de légumes etc.

---

harvest home *n* -**1.** *Br* [supper] fête *f* de la moisson. -**2.** [harvesting] moisson *f*.

harvesting ['hɑːvɪstɪŋ] ◇ *n (U)* moisson *f*, moissons *fpl*.
◇ *adj* [season] des moissons.

harvestman ['hɑːvɪstmæn] (*pl* **harvestmen** [-men]) *n* -**1.** AGR moissonneur *m*. -**2.** ENTOM faucheur *m*.

harvest mite *n* aoûtat *m*.

harvest moon *n* pleine lune *f* (de l'équinoxe d'automne).

harvest mouse *n* rat *m* des champs.

harvest supper *n* *en Grande-Bretagne, dîner réunissant une communauté villageoise à la fin de la moisson.*

Harvest Thanksgiving *n Am* fête *f* des moissons.

harvest time *n* période *f* de la moisson; at ~ à la moisson.

has [*weak form* həz, *strong form* hæz] → **have**.

has-been *inf* ['hæzbiːn] *n* has been *m inv*.

hash [hæʃ] ◇ *n* -**1.** *inf Br* [muddle, mix-up] pagaille *f*, embrouillamini *m*; [mess, botch] gâchis *m*; to make a ~ of sthg bousiller qqch, ficher qqch en l'air; **he certainly made a ~ of putting that shelf up!** il a certainement fait un beau gâchis en installant cette étagère!; **I made a real ~ of the interview** j'ai complètement merdé à l'entretien. -**2.** CULIN hachis *m*. -**3.** *inf* [marijuana] hasch *m*. -**4.** *inf phr*: **to fix** OR **to settle sb's ~** *Br* [in revenge, punishment] régler son compte à qqn; [reduce to silence] clouer le bec à qqn.
◇ *vt* CULIN hacher.
◆ **hash up** *vt sep* -**1.** *inf Br* [mess up] bâcler, bousiller; **I'm afraid I completely ~ed up the interview** j'ai bien peur d'avoir complètement merdé à l'entretien. -**2.** CULIN hacher.

hash browns *npl sorte de croquettes de pommes de terre.*

hash house *inf n Am* gargote *f*.

hashish ['hæʃiːʃ] *n* haschisch *m*.

hash mark *n symbole typographique ressemblant au dièse servant à indiquer un espace ou, aux États-Unis, un numéro.*

hash slinger *inf* [-ˌslɪŋəʳ] *n Am* serveur *m*, -euse *f* dans une gargote.

hash-up *inf n Br* [mess] gâchis *m*; to make a ~ of sthg bousiller OR gâcher qqch.

haslet ['hæzlɪt] *n (U)* abats *mpl (de porc)*, fressure *f*.

hasn't ['hæznt] = **has not**.

hasp [hɑːsp] ◇ *n* [for door] loquet *m*, loqueteau *m*, moraillon *m*; [for jewellery, lid, clothing] fermoir *m*.
◇ *vt* [door] fermer au loquet; [lid] fermer; [with padlock] cadenasser.

hassle *inf* ['hæsl] ◇ *n* -**1.** [difficulty, irritation] embêtement *m*, emmerdement *m*; **I don't want any ~** je ne veux pas d'embêtements; **it's too much ~** c'est trop compliqué; **it won't be any ~** ça ne posera pas de problèmes; **finding their house was quite a ~** trouver leur maison n'a pas été de la tarte, on a eu un mal fou à trouver leur maison. -**2.** [quarrel] dispute *f*, chamaillerie *f*; **there was a big ~ over who should drive** il y a eu une grosse dispute OR bagarre pour savoir qui allait conduire.
◇ *vt* [annoy, nag] embêter, harceler; **don't ~ me about it** ne m'embête pas avec ça; **Yvonne's always hassling him to stop smoking** Yvonne est toujours après lui pour qu'il arrête de fumer.
◇ *vi* [argue] se quereller, se chamailler.

hassock ['hæsək] *n* -**1.** RELIG coussin *m* d'agenouilloir. -**2.** [of grass] touffe *f* d'herbe. -**3.** *Am* [pouffe] pouf *m*.

hast [*weak form* həst, *strong form* hæst] *arch* OR BIBLE *2nd pers sing* → **have**.

haste [heɪst] *n* [speed] hâte *f*; [rush] précipitation *f*; **to do sthg in ~** faire qqch à la hâte, se dépêcher de faire qqch; **to act in ~** agir à la hâte OR précipitamment; **to make ~** se hâter, se dépêcher; **in my ~, I forgot my hat** dans ma hâte, j'ai oublié mon chapeau ❑ **more ~ less speed** *prov* hâtez-vous lentement.

hasten ['heɪsn] ◇ *vt* -**1.** [speed up - event, decline] précipiter, hâter; **the accident ~ed his death** l'accident précipita OR accéléra sa mort; **stress can ~ the ageing process** le stress peut accélérer le vieillissement. -**2.** [urge on - person] presser; **we were ~ed along a corridor** on nous a entraînés précipitamment dans un couloir. -**3.** [say quickly]: **she ~ed to assure us that all would be well** elle s'empressa de nous assurer que tout irait bien; **it wasn't me, I ~ed to add** ce n'était pas moi, m'empressai-je d'ajouter.
◇ *vi lit* [verb of movement]: **to ~ away** partir à la hâte, se hâter de partir; **to ~ back** revenir à la hâte, se dépêcher de revenir.

hastily ['heɪstɪlɪ] *adv* -**1.** [hurriedly] précipitamment, avec précipitation, à la hâte. -**2.** [impetuously, rashly] hâtivement, sans réfléchir.

Hastings ['heɪstɪŋz] *pr n* Hastings; **the Battle of ~** la bataille de Hastings.

hasty ['heɪstɪ] *adj* -**1.** [quick, hurried] précipité, à la hâte; **they made a ~ departure** ils sont partis à la hâte OR précipitamment; **she beat a ~ retreat** elle a rapidement battu en retraite. -**2.** [rash] irréfléchi, hâtif; **a ~ decision** une décision prise à la hâte OR à la légère; **let's not jump to any ~ conclusions** ne concluons pas à la légère OR hâtivement; **let's not be over-~** ne nous précipitons pas.

hasty pudding *n Br* semoule *f* au lait; *Am* bouillie *f* de maïs *(servie avec de la mélasse)*.

hat [hæt] *n* -**1.** chapeau *m*; **he always wears a ~** il porte toujours le OR un chapeau ❑ **keep your ~ on!** *inf* ne t'énerve pas!; **keep this under your ~** *inf* gardez ceci pour vous, n'en soufflez mot à personne; **to pass the ~ round** faire la quête; **to throw one's ~ into the ring** POL se mettre sur les rangs; **my ~!** *inf* mon œil!; **that's old ~** *inf* c'est dépassé; **I take my ~ off to him!** chapeau! -**2.** *fig* [role] rôle *m*, casquette *f*; **I'm wearing three different ~s at the moment** je porte trois casquettes différentes OR j'ai trois rôles différents en ce moment.

hatband ['hætbænd] *n* ruban *m* de chapeau.

hatbox ['hætbɒks] *n* boîte *f* à chapeau.

hatch [hætʃ] ◇ *vt* -**1.** ZOOL [eggs] faire éclore. -**2.** *fig* [plan, plot] tramer, manigancer. -**3.** ART hachurer.
◇ *vi* [eggs] éclore; [chicks] sortir de l'œuf.
◇ *n* -**1.** [hatching of egg] éclosion *f*. -**2.** [brood] couvée *f*. -**3.** NAUT écoutille *f*; **to batten down the ~es** *literal* fermer les descentes; *fig* se préparer *(pour affronter une crise)*; **down the ~!** *inf* à la vôtre! -**4.** [trapdoor] trappe *f*; [for inspection, access] trappe, panneau *m*; [in aircraft, spaceship] sas *m*; [in dam, dike] vanne *f (d'écluse)*. -**5.** [hatchway - for service] passe-plat *m*.
◆ **hatch up** *vt sep* [plot, scheme] tramer, manigancer.

hatchback ['hætʃˌbæk] *n* -**1.** [door] hayon *m*. -**2.** [model] voiture *f* à hayon, cinq portes *f*.

hatcheck girl ['hættʃek-] *n* fille *f* du vestiaire.

hatchery ['hætʃərɪ] (*pl* **hatcheries**) *n* -**1.** [for chickens, turkeys] couvoir *m*. -**2.** [for fish] station *f* d'alevinage.

hatchet ['hætʃɪt] *n* hachette *f*, hache *f* (à main).

hatchet-faced *adj* au visage en lame de couteau.

hatchet job *inf n*: **to do a ~ on sb/sthg** démolir qqn/qqch.

hatchet man *inf n* -**1.** [killer] tueur *m* à gages. -**2.** INDUST & POL homme *m* de main.

hatching ['hætʃɪŋ] *n* -**1.** [of eggs] éclosion *f*. -**2.** [brood] couvée *f*. -**3.** *(U)* ART hachures *fpl*.

hatchling ['hætʃlɪŋ] *n* [bird] oisillon *m*; [chick] poussin *m*; [duckling] caneton *m*.

hatchway ['hætʃˌweɪ] *n* NAUT écoutille *f*; [gen] trappe *f*.

hate [heɪt] ◇ *vt* (*no cont*) [gen] détester, avoir horreur de; [intensely] haïr, abhorrer; **I ~ Sundays** je déteste les dimanches; **I ~ getting up early** j'ai horreur de me lever tôt; **she ~ having to wear school uniform** elle a horreur d'avoir à porter un uniforme scolaire; **I ~ his guts** *inf* je ne peux pas le sentir; **I ~ her for what she has done** je lui en veux vraiment pour ce qu'elle a fait; **I ~ myself for letting them down** je m'en veux beaucoup de les avoir laissés tomber || [polite use]: **I would ~ you to think I was avoiding you** je ne voudrais surtout pas vous donner l'impression que je cherchais à vous éviter; **I ~ to mention it, but you still owe me £5** je suis désolé d'avoir à vous le faire remarquer, mais vous me devez toujours 5 livres; **I ~ to bother you, but could I use your phone?** je ne voudrais surtout pas vous déranger, mais puis-je utiliser votre téléphone?
◇ *n* -**1.** [emotion] haine *f*; **I feel nothing but ~ for him** je ne ressens que de la haine pour lui. -**2.** [person hated] personne *f* que l'on déteste; [thing hated] chose *f* que l'on déteste; **it's one of my pet ~s** c'est une de mes bêtes noires.

hated ['heɪtɪd] *adj* détesté.

hateful ['heɪtfʊl] *adj* odieux, détestable, abominable; **the very idea is ~ to him** l'idée même lui est insupportable.

hatesheet *inf* ['heɪtˌʃiːt] *n Am* PRESS torchon *m* qui incite à la haine.

Hatfields and McCoys ['hætfiːldz-] *pl pr n Am*: **the ~** *noms fictifs représentant des familles rivales.*

hath [hæθ] *arch* OR BIBLE = **has**.

hatless ['hætlɪs] *adj* tête nue, sans chapeau.

hatmaker ['hætˌmeɪkəʳ] *n* [for men] chapelier *m*, -ère *f*; [for women] modiste *mf*.

hatpin ['hætˌpɪn] *n* épingle *f* à chapeau.

hat rack *n* porte-chapeaux *m inv*.

hatred ['heɪtrɪd] *n* haine *f*; **to feel ~ for sb** avoir de la haine pour qqn, haïr qqn; **he had an intense ~ of the police** il avait une haine profonde de la police.

hat stand *n* portemanteau *m*.

hatter ['hætəʳ] *n* chapelier *m*, -ère *f*.

hat trick *n Br* [three goals] hat-trick *m*; [three wins] trois victoires *fpl* consécutives.

haughtily ['hɔːtɪlɪ] *adv* avec arrogance, de manière hautaine.

haughtiness ['hɔːtɪnɪs] *n* arrogance *f*, caractère *m* hautain.

haughty ['hɔːtɪ] (*compar* **haughtier**, *superl* **haughtiest**) *adj* hautain, arrogant.

haul [hɔːl] ◇ *vt* -**1.** [pull] tirer, traîner; [tow] tirer, remorquer; **they ~ed the boat out of the water** ils ont tiré le bateau hors de l'eau; **she has to ~ her little brother everywhere with her** *fig* elle doit traîner son petit frère partout avec elle; **they were ~ed in front of** OR **before a judge** on les traîna devant un tribunal ❑ **to ~ sb over the coals** passer un savon à qqn. -**2.** [transport] transporter; [by truck] camionner, transporter. -**3.** [move with effort] hisser; **he ~ed himself out of bed** il s'est péniblement sorti du lit; **he ~ed himself into a sitting position** il s'est hissé en position assise. -**4.** ▽ *Am phr*: **to ~ ass** se magner.
◇ *vi* -**1.** [pull] tirer; **they ~ed on the cable** ils ont tiré sur le câble. -**2.** NAUT [boat] lofer.
◇ *n* -**1.** [catch, takings - of fisherman, customs] prise *f*, coup *m* de filet; [- of robbers] butin *m*; **the thieves have made a good ~** les voleurs ont rapporté un beau butin. -**2.** [pull]: **to give a ~ on a rope/fishing net** tirer sur une corde/un filet de pêche. -**3.** [distance] parcours *m*, trajet *m*; **it was a long ~ from Madrid to Paris** la route fut longue de Madrid à Paris; **long-/short-~ flights** vols *mpl* long courrier/moyen courrier. -**4.** [in time]: **training to be a doctor is a long ~** les études de médecine sont très longues.
◆ **haul down** *vt sep* -**1.** [pull down] descendre, faire descendre; **his parents had to ~ him down from the tree** ses parents ont dû le faire descendre de l'arbre. -**2.** [lower - flag, sail] descendre, amener.

◆ **haul in** *vt sep* [catch, net, rope] tirer, amener; **the ship was ~ed in for repairs** le bateau a été mis en cale pour réparations; **Tom was ~ed in** *inf* **on a drink-driving charge** Tom a été épinglé pour conduite en état d'ivresse.

◆ **haul off** ◇ *vt sep* [take away] conduire, amener; **her mother ~ed her off to the dentist's** sa mère l'a traînée chez le dentiste; **he was ~ed off to prison** on l'a flanqué en prison. ◇ *vi insep inf Am* lever le bras OR le poing; **she ~ed off and slugged him** elle a levé le bras et lui a asséné un coup de poing.

◆ **haul up** *vt sep* [pull up] tirer, hisser; **the boat was ~ed up onto the beach** on a tiré le bateau sur le sable; **to ~ sb up before a judge** traîner qqn devant le tribunal OR le juge.

haulage ['hɔːlɪdʒ] ◇ *n* *(U)* -**1.** [as business] transports *mpl*, transport *m* (routier). -**2.** [act] transport *m*. -**3.** [cost] (frais *mpl* de) transport *m*. ◇ *comp* [company] de transport routier, de transports routiers; **she's in the ~ business** elle travaille dans le transport routier.

haulier ['hɔːljəʳ] *Br*, **hauler** ['hɔːləʳ] *Am* *n* -**1.** [business] entreprise *f* de transports routiers. -**2.** [owner] entrepreneur *m* de transports routiers. -**3.** [driver] routier *m*, camionneur *m*.

haunch [hɔːntʃ] *n* CULIN [of venison] cuissot *m*; [of beef] quartier *m*.

◆ **haunches** *npl* -**1.** [of human] hanche *f*; **to squat down on one's ~es** s'accroupir. -**2.** *(usu pl)* [of animal] arrière-train *m*, derrière *m*.

haunt [hɔːnt] ◇ *vt* -**1.** [subj: ghost, spirit] hanter. -**2.** [subj: problems] hanter, tourmenter; **the memory still ~s me** le souvenir me hante encore; **she is ~ed by her unhappy childhood** elle est hantée OR tourmentée par son enfance malheureuse; **his past continues to ~ him** son passé ne cesse de le poursuivre OR hanter. -**3.** *inf* [frequent - bar] hanter, fréquenter; [- streets] hanter, traîner dans.
◇ *n* -**1.** [place] lieu *m* que l'on fréquente beaucoup, lieu *m* de prédilection; **it's one of his favourite ~s** c'est un des endroits qu'il préfère; **we couldn't find her in any of her usual ~s** nous ne l'avons pas trouvée dans les endroits qu'elle fréquente d'habitude. -**2.** [refuge - for animals, criminals] repaire *m*.

haunted ['hɔːntɪd] *adj* -**1.** [house, castle] hanté. -**2.** [look] hagard, égaré.

haunting ['hɔːntɪŋ] *adj* [memory, sound] obsédant; [tune] qui vous trotte dans la tête; **she has a ~ beauty** elle est d'une beauté obsédante.

Hausa ['haʊsə] *(pl inv* OR **Hausas***)* ◇ *n* -**1.** [person]: **the ~** les Haoussas *mpl*, les Hausas *mpl*. -**2.** LING haoussa *m*.
◇ *comp* des Haoussas.

Havana [hə'vænə] ◇ *pr n* [city] la Havane.
◇ *n* [cigar] havane *m*, cigare *m* de Havane; [tobacco] havane *m*.
◇ *comp* [tobacco, cigar] de Havane.

have [hæv] *(3rd pers sing pres* **has** [hæz], *pt & pp* **had** [hæd]) ◇ *aux vb* -**1.** [used to form perfect tenses] avoir, être; **to ~ finished** avoir fini; **to ~ left** être parti; **to ~ sat down** s'être assis; **to ~ been/had** avoir été/eu; **has she slept?** a-t-elle dormi?; **~ they arrived?** sont-ils arrivés?; **he has been ill** il a été malade; **when you've calmed down** quand vous vous serez calmé; **I will ~ forgotten by next week** j'aurai oublié d'ici la semaine prochaine; **the children will ~ gone to bed by the time we arrive** les enfants seront couchés quand nous arriverons; **you were silly not to ~ accepted** tu es bête de ne pas avoir accepté; **after** OR **when you ~ finished, you may leave** quand vous aurez fini, vous pourrez partir; **she was ashamed of having lied** elle avait honte d'avoir menti; **she felt she couldn't change her mind, having already agreed to go** elle sentait qu'elle ne pouvait pas changer d'avis, étant donné qu'elle avait dit être d'accord pour y aller; **I ~ been thinking** j'ai réfléchi; **he has been working here for two months** il travaille ici depuis deux mois, il y a deux mois qu'il travaille ici; **I ~ known her for three years/since childhood** je la connais depuis trois ans/depuis mon enfance; **I had known her for years** cela faisait des années que je la connaissais, je la connaissais depuis des années; **she claimed she hadn't heard the news** elle a prétendu ne pas avoir entendu la nouvelle; **I had already gone to bed when he arrived** j'étais déjà couché quand il est arrivé; **we had gone to bed early** nous nous étions couchés de bonne heure; **when he had given his speech, I left** une fois qu'il eut terminé son discours, je partis; **had I known I wouldn't ~ insisted** si j'avais su, je n'aurais pas insisté; **if I had known, I wouldn't ~ said anything** si j'avais su, je n'aurais rien dit; **they would ~ been happy if it hadn't been for the war** ils auraient vécu heureux si la guerre n'était pas survenue; **why don't you just leave him and ~ done with it?** pourquoi donc est-ce que vous ne le quittez pas, pour en finir? ❑ **I'd as soon not** j'aimerais mieux pas; **he'd rather** OR **sooner stay at home than go out dancing** il aimerait mieux rester OR il préférerait rester à la maison qu'aller danser; **he's had it** *inf* [is in trouble] il est fichu OR foutu; [is worn out] il est à bout; **I've had it with all your complaining!** *inf* j'en ai jusque-là de tes jérémiades!; **this plant has had it** *inf* cette plante est fichue. -**2.** [elliptical uses]: **~ you ever had the measles? — yes, I ~/no, I haven't** avez-vous eu la rougeole? — oui/non; **she hasn't finished — yes, she has!** elle n'a pas fini — (mais) si!; **you've forgotten his birthday — no, I haven't!** tu as oublié son anniversaire — mais non!; **~ you ever considered going into politics? if you ~.../if you haven't...** avez-vous déjà envisagé de rentrer dans la vie politique? si oui.../si non... -**3.** [in tag questions]: **you've read "Hamlet", haven't you?** vous avez lu «Hamlet», n'est-ce pas?; **he hasn't arrived, has he?** il n'est pas arrivé, si?; **so she's got a new job, has she?** elle a changé de travail alors?
◇ *vt* **A.** -**1.** [be in possession of, own] avoir, posséder; **do you ~** OR **~ you got a car?** avez-vous une voiture?; **they ~ (got) a lot of friends/money** ils ont beaucoup d'amis/d'argent; **they don't ~** OR **they haven't got any more** ils n'en ont plus; **she shares everything she has (got) with them** elle partage tout ce qu'elle a avec eux; **he has (got) £10 left** il lui reste 10 livres; **we ~ (got) six of them left** il nous en reste six; **do you ~ any children? if you ~...** avez-vous des enfants? si vous en avez OR si oui...; **they ~ a 50% interest in the business** ils ont OR détiennent 50 % des intérêts dans l'affaire; **do we ~ any milk in the house?** est-ce qu'on a du lait OR est-ce qu'il y a du lait à la maison?; **she has a baker's shop/bookshop** elle tient une boulangerie/librairie; **do you ~** OR **~ you got the time?** avez-vous l'heure?; **he has no job** il n'a pas de travail, il est sans travail ❑ **give it all you ~** OR **all you've got!** *inf* mets-y le paquet!; **I've got it!** ça y est, j'ai trouvé OR j'y suis!; **paper, envelopes and what ~ you** du papier, des enveloppes et je ne sais quoi encore; **you can't ~ your cake and eat it** on ne peut pas avoir le beurre et l'argent du beurre. -**2.** [enjoy the use of] avoir, disposer de; **we had a couple of hours to do our errands** nous disposions de OR nous avions quelques heures pour faire nos courses; **I don't ~ time** OR **I haven't got time to stop for lunch** je n'ai pas le temps de m'arrêter pour déjeuner; **he has (got) a month to finish** il a un mois pour finir; **he hasn't (got) long to live** il ne lui reste pas longtemps à vivre; **do you ~** OR **~ you (got) a minute (to spare)?** tu as une minute?; **she had the house to herself** elle avait la maison pour elle toute seule; **such questions ~ an important place in our lives** ce genre de questions occupe une place importante dans notre vie. -**3.** [possess as quality or attribute] avoir; **she has (got) red hair** elle a les cheveux roux, elle est rousse; **you ~ beautiful eyes** tu as de beaux yeux; **the ticket has a name on it** il y a un nom sur le billet; **to ~ good taste/a bad temper** avoir bon goût/mauvais caractère; **she has a reputation for being difficult** elle a la réputation d'être difficile; **the house has a beautiful view of the mountains** de la maison, on a une belle vue sur les montagnes; **she has what it takes** OR **she has it in her to succeed** elle a ce qu'il faut pour réussir; **you've never had it so good!** vous n'avez jamais eu la vie si belle! -**4.** [possess knowledge or understanding of]: **do you ~ any experience of teaching?** avez-vous déjà enseigné?; **she has a clear sense of what matters** elle sait très bien ce qui est important; **he has some Greek and Latin** il connaît un peu le grec et le latin; **I ~ a little Spanish** je parle un peu espagnol.
B. -**1.** [indicating experience of a specified situation]: **to ~ a dream/nightmare** faire un rêve/cauchemar; **I ~ no regrets** je n'ai aucun regret OR pas de regrets; **we ~ nothing** OR **we don't ~ anything against dogs** on n'a rien contre les chiens; **I've had my appendix taken out** je me suis fait opérer de l'appendicite; **he had all his money stolen** il s'est fait voler OR on lui a volé tout son argent; **I love having my back rubbed** j'adore qu'on me frotte le dos; **they had some strange things happen to them** il leur est arrivé de drôles de choses. -**2.** [be infected with, suffer from] avoir; **to ~ a cold** avoir un rhume, être enrhumé; **do you ~** OR **~ you got a headache?** avez-vous mal à la tête?; **he has (got) problems with his back** il a des problèmes de dos. -**3.** *(delexicalized use)* [perform, take part in - bath, lesson] prendre; [- meeting] avoir; **to ~ an effect on sthg** agir sur qqch; **we had our first argument last night** nous nous sommes disputés hier soir pour la première fois; **to ~ a stroll** se promener, faire un tour; **I want to ~ a think about it** je veux y réfléchir; **to ~ a party** [organize] organiser une fête; [celebrate] faire la fête; **I'll ~ no part in it** je refuse de m'en mêler. -**4.** [pass, spend] passer, avoir; **I had a horrible day at work** j'ai passé une journée atroce au travail; **~ a nice day!** bonne journée!; **to ~ a good time** s'amuser; **did you ~ a good time?** c'était bien?; **a good time was had by all** tout le monde s'est bien amusé; **she's had a hard time of it lately** elle vient de traverser une mauvaise passe. -**5.** [exhibit, show] avoir, montrer; **~ mercy on us!** ayez pitié de nous!; **he had the nerve to refuse** il a eu le culot de refuser; **he didn't even ~ the decency to apologize** il n'a même pas eu la décence de s'excuser. -**6.** [feel obligation or necessity in regard to]: **I ~ (got) a lot of work to finish** j'ai beaucoup de travail à finir; **he has (got) nothing to do/to read** il n'a rien à faire/à lire; **we ~ (got) a deadline to meet** nous avons un délai à respecter.
C. -**1.** [obtain, receive] avoir, recevoir; **I'd like him to ~ this picture** j'aimerais lui donner cette photo; **I'd like to ~ your advice on something** j'aimerais que vous me donniez un conseil à propos de quelque chose; **we had a phone call from the mayor** nous avons reçu OR eu un coup de fil du maire; **they've still had no news of the lost plane** ils n'ont toujours pas de nouvelles de l'avion (qui a) disparu; **I ~ it on good authority** je le tiens de bonne source; **I must ~ your answer by tomorrow** il me faut votre réponse pour demain; **let me ~ your answer by next week** donnez-moi votre réponse avant la semaine prochaine; **let me ~ the book back when you've finished** rends-moi le livre quand tu auras fini; **she let them ~ the wardrobe for £300** elle leur a laissé OR cédé l'armoire pour 300 livres; **there are plenty of nice flats to be had** il y a plein de jolis appartements; **stamps can be had at any newsagent's** on peut acheter des timbres chez le marchand de journaux ❑ **I let him ~ it** *inf* [attacked him] je lui ai réglé son compte; [told him off] je lui ai passé un savon; **you had it coming!** *inf* tu ne l'as pas volé! -**2.** [invite] recevoir, avoir; **she's having some people (over) for** OR **to dinner** elle reçoit OR elle a du monde à dîner; **let's ~ him round for a drink** et si on l'invitait à prendre un pot?; **did you ~**

any visitors? avez-vous eu de la visite?; **we're having his family down for the weekend** sa famille vient passer le week-end chez nous. -**3.** [accept, take] vouloir; **he'd like to marry but nobody will ~ him!** il aimerait se marier mais personne ne veut de lui!; **do what you want, I'm having nothing more to do with your schemes** fais ce que tu veux, je ne veux plus être mêlé à tes combines.

D. -**1.** [clutch] tenir; **the teacher had (got) him by the arm/the ear** le maître le tenait par le bras/l'oreille; **he had (got) his assailant round the neck/by the throat** il tenait son agresseur au cou/à la gorge. -**2.** *fig* [gain control or advantage of]: **you ~ me there!** là vous me tenez!; **I ~ (got) you right where I want you now!** je vous tiens! ❑ **the Celtics ~ it!** SPORT les Celtics ont gagné! -**3.** [bewilder, perplex]: **who won? — you've got me there** qui a gagné? — là, tu me poses une colle.

E. -**1.** [cause to be]: **the news had me worried** la nouvelle m'a inquiété; **I'll ~ this light fixed in a minute** j'en ai pour une minute à réparer cette lampe; **we'll ~ everything ready** tout sera prêt. -**2.** *(with past participle)* [cause to be done]: **to ~ sthg done** faire faire qqch; **I had my hair cut** je me suis fait couper les cheveux; **we must ~ the curtains cleaned** nous devons faire nettoyer les rideaux OR donner les rideaux à nettoyer; **she had coffee brought up to the room** elle a fait monter du café dans la chambre. -**3.** *(with infinitive)* [cause to do]: **to ~ sb do sthg** faire faire qqch à qqn; **she had him invite all the neighbours round** elle lui a fait inviter tous les voisins; **~ them come in** faites-les entrer; **the boss had him up to his office** le patron l'a convoqué dans son bureau; **he soon had them all laughing** il eut tôt fait de les faire tous rire; **I had the children go to bed early** j'ai couché les enfants de bonne heure; **as he would ~ us believe** comme il voudrait nous le faire croire.

F. -**1.** [consume - food, meal] avoir, prendre; **we were having lunch** nous étions en train de déjeuner; **we're having dinner out tonight** nous sortons dîner ce soir; **to ~ breakfast in bed** prendre le petit déjeuner au lit; **would you like to ~ coffee?** voulez-vous (prendre) un café?; **do you ~ coffee or tea in the morning?** prenez-vous du café ou du thé le matin?; **I had tea with her** j'ai pris le thé avec elle; **we stopped and had a drink** nous nous sommes arrêtés pour boire quelque chose; **what will you ~? — I'll ~ the lamb** [in restaurant] qu'est-ce que vous prenez? — je vais prendre de l'agneau; **we had fish for dinner** nous avons mangé OR eu du poisson au dîner; **he always has a cigarette after dinner** il fume toujours une cigarette après le dîner; **will you ~ a cigarette?** voulez-vous une cigarette? -**2.** [indicating location, position] placer, mettre; **we'll ~ the wardrobe here and the table in there** nous mettrons l'armoire ici et la table par là; **she had her arm around his shoulders** elle avait mis le bras autour de ses épaules; **I had my back to the window** je tournais le dos à la fenêtre; **he had his head down** il avait la tête baissée. -**3.** [be accompanied by]: **she had her mother with her** sa mère était avec elle; **I can't talk right now, I ~ someone with me** je ne peux pas parler, je ne suis pas seul OR je suis avec quelqu'un. -**4.** [give birth to]: **she's had a baby** elle a eu un bébé; **she had her baby last week** elle a accouché la semaine dernière; **she's going to ~ a baby** elle attend OR elle va avoir un bébé; **he's had three children by her** il a eu trois enfants d'elle; **our dog has just had puppies** notre chien vient d'avoir des petits. -**5.** [assert, claim] soutenir, maintenir; **rumour has it that they're married** le bruit court qu'ils sont mariés; **as the government would ~ it** comme dirait le gouvernement. -**6.** *(with 'will' or 'would')* [wish for] vouloir; **what would you ~ me do?** que voudriez-vous que je fasse?; **I'll ~ you know I ~ a degree in French** je vous fais remarquer que j'ai une licence de français; **as luck would ~ it her father was there** la chance voulut que son père fût là. -**7.** *(in negative)* [allow, permit]: **I will not ~ him in my house!** il ne mettra pas les pieds chez moi!; **I won't ~ it!** ça ne va pas se passer comme ça!; **we can't ~ you sleeping on the floor** nous ne pouvons pas vous laisser dormir par terre. -**8.** *inf (in passive)* [cheat, outwit] avoir; **you've been had!** tu t'es fait avoir! -**9.** *inf* [sleep with] avoir.

G. WITH INFINITIVE -**1.** [indicating obligation]: **to ~ (got) to do sthg** devoir faire qqch, être obligé de faire qqch; **do you ~ to OR ~ you got to leave so soon?** êtes-vous obligé de partir OR faut-il que vous partiez si tôt?; **I ~ (got) to go to the meeting** il faut que j'aille OR je dois aller OR je suis obligé d'aller à la réunion; **don't you ~ to OR haven't you got to phone the office?** est-ce que tu ne dois pas appeler le bureau?; **he'll do it if he's got to** il le fera s'il est obligé de le faire; **you don't ~ to OR you haven't got to go** tu n'es pas obligé d'y aller; **we had to take physics at school** nous étions obligés de suivre des cours de physique à l'école; **she had to take a blood test** elle a été obligée de OR elle a dû faire un examen sanguin; **I hate having to get up early** j'ai horreur de devoir me lever tôt; **I won't apologize — you ~ to** je ne m'excuserai pas — il le faut || [expressing disbelief, dismay etc]: **you've got to be joking!** vous plaisantez!, c'est une plaisanterie!; **you didn't ~ to tell your father what happened!** tu n'avais pas besoin d'aller dire à ton père ce qui s'est passé!; **the train would ~ to be late today of all days!** il fallait que le train soit en retard aujourd'hui!; **that has (got) to be the stupidest idea I've ever heard!** *inf* ça doit être l'idée la plus idiote que j'aie jamais entendue! -**2.** [indicating necessity] devoir; **you ~ (got) to get some rest** il faut que vous vous reposiez, vous devez vous reposer; **I'll ~ to think about it** il va falloir que j'y réfléchisse; **I ~ to know** il faut que je le sache; **we ~ to be careful about what we say** on doit faire attention OR il faut qu'on fasse attention à ce qu'on dit; **some problems still ~ to be worked out** il reste encore des problèmes à résoudre; **if you finish the report this evening you won't ~ to come in to work tomorrow** si vous finissez le rapport ce soir, vous n'aurez pas besoin de venir travailler demain; **the plumbing has to be redone** la plomberie a besoin d'être refaite; **you'd ~ to be deaf not to hear that noise** il faudrait être sourd pour ne pas entendre ce bruit; **do you ~ to turn the music up so loud?** vous ne pourriez pas baisser un peu la musique? -**3.** *phr*: **the book has to do with archaeology** ce livre traite de l'archéologie; **their argument had to do with money** ils se disputaient à propos d'argent; **this has nothing to do with you** ça ne te concerne OR regarde pas; **I'll ~ nothing more to do with her** je ne veux plus avoir affaire à elle; **they had nothing to do with her being fired** ils n'avaient rien à voir avec son licenciement.

◆ **haves** *npl*: **the ~s** les riches *mpl*, les nantis *mpl*; **the ~s and the ~-nots** les riches et les pauvres, les nantis et les démunis.

◆ **have at** *vt insep Br* FENCING attaquer.

◆ **have away** *vt sep Br phr*: **to ~ it away with sb** ▽ coucher avec qqn.

◆ **have in** *vt sep* -**1.** [cause to enter] faire entrer; **she had him in for a chat** elle l'a fait entrer pour discuter. -**2.** [invite]: **to ~ friends in for a drink** inviter des amis à prendre un pot. -**3.** [doctor, plumber] faire venir; **they've got workmen in at the moment** ils ont des ouvriers en ce moment. -**4.** *phr*: **to ~ it in for sb** *inf* avoir une dent contre qqn.

◆ **have off** *vt sep Br phr*: **to ~ it off with sb** ▽ coucher avec qqn.

◆ **have on** *vt sep* -**1.** [wear] porter; **what does she ~ on?** qu'est-ce qu'elle porte?, comment est-elle habillée?; **the child had nothing on** l'enfant était tout nu. -**2.** [radio, television]: **~ you got the radio on?** avez-vous allumé la radio?, est-ce que la radio est allumée?; **he has the radio/television on all night** sa radio/sa télévision est allumée toute la nuit. -**3.** [commitment, engagement]: **we ~ a lot on today** nous avons beaucoup à faire aujourd'hui; **do you ~ anything on for tonight?** avez-vous des projets pour OR êtes-vous pris ce soir?; **I ~ nothing on for the weekend** je n'ai rien de prévu ce week-end. -**4.** *inf Br* [tease, trick] faire marcher; **you're having me on!** tu me fais marcher! -**5.** *phr*: **they ~ nothing on me** ils n'ont aucune preuve contre moi; **she must ~ something on the boss** elle doit savoir quelque chose de compromettant sur le patron.

◆ **have out** *vt sep* -**1.** [tooth] se faire arracher. -**2.** [settle]: **to ~ it out with sb** s'expliquer avec qqn; **she had it OR the matter OR the whole thing out with him** elle a eu une longue explication avec lui.

◆ **have over** *vt sep* -**1.** [invite] inviter. -**2.** *phr*: **to ~ one over on sb** avoir le dessus sur qqn.

◆ **have up** *inf vt sep* [bring before the authorities]: **I'll ~ you up for blackmail** je vais vous poursuivre (en justice) pour chantage; **they were had up by the police for vandalism** ils ont été arrêtés pour vandalisme; **he was had up (before the court) for breaking and entering** il a comparu (devant le tribunal) pour effraction.

haven ['heɪvn] *n* -**1.** [refuge] abri *m*, refuge *m*; **a safe ~** un abri sûr; **the garden is a ~ of peace and tranquillity** *lit* le jardin est un havre de paix et de tranquillité. -**2.** *arch* OR *lit* [harbour] havre *m*.

have-nots *npl*: **the ~** les démunis *mpl*, les défavorisés *mpl*.

haven't ['hævnt] = **have not**.

haver ['heɪvəʳ] *vi Br* -**1.** [dither] tergiverser. -**2.** *dial* [talk nonsense] dire des sottises.

haversack ['hævəsæk] *n* havresac *m*.

havoc ['hævək] *n (U)* ravages *mpl*, chaos *m*; **to wreak ~ on sthg** ravager qqch; **the strike played ~ with our plans** la grève a mis nos projets par terre; **a scene of ~** un vrai capharnaüm.

haw [hɔː] ◇ *n* BOT [berry] baie *f* d'aubépine, cenelle *f*; [shrub] aubépine *f*.
◇ *vi*: **to hum and ~** tergiverser, tourner autour du pot.
◇ *interj*: **~!** euh!

Hawaii [hə'waɪː] *pr n* Hawaii; **in ~** à Hawaii.

Hawaiian [hə'waɪən] ◇ *n* -**1.** [person] Hawaïen *m*, -enne *f*. -**2.** LING hawaïen *m*.
◇ *adj* hawaïen.

Hawaiian guitar *n* guitare *f* hawaïenne.

Hawaiian Standard Time *n* heure *f* de Hawaii.

haw-haw *interj*: **~!** ha, ha!

hawk [hɔːk] ◇ *n* -**1.** [bird] faucon *m*; **to watch sb/sthg like a ~** regarder qqn/qqch d'un œil perçant. -**2.** POL faucon *m*. -**3.** [cough] raclement *m* de gorge. -**4.** = **mortarboard 2**.
◇ *vi* -**1.** HUNT chasser au faucon. -**2.** [clear throat] se racler la gorge.
◇ *vt* -**1.** [sell - from door to door] colporter; [- in market, street] vendre à la criée. -**2.** *fig* [news, gossip] colporter. -**3.** [cough up] cracher.

hawker ['hɔːkəʳ] *n* [street vendor] marchand *m* ambulant; [door-to-door] démarcheur *m*, colporteur *m*; **'no ~s'** 'démarchage interdit'.

hawk-eyed *adj* -**1.** [keen-sighted] au regard d'aigle. -**2.** *fig* [vigilant] qui a l'œil partout.

hawking ['hɔːkɪŋ] *n* HUNT chasse *f* au faucon.

hawkish ['hɔːkɪʃ] *adj* POL dur.

hawkmoth ['hɔːk,mɒθ] *n* sphinx *m* ENTOM.

hawksbill ['hɔːks,bɪl] *n* tortue *f* (à écailles).

hawse [hɔːz] *n* NAUT écubier *m*.

hawser ['hɔːzəʳ] *n* NAUT grelin *m*, aussière *f*.

hawthorn ['hɔːθɔːn] ◇ *n* aubépine *f*.
◇ *comp* [hedge, berry] d'aubépine.

hay [heɪ] *n* foin *m*; **to make ~** AGR faire les foins ❑ **to make ~ while the sun shines** *prov* battre le fer pendant qu'il est chaud *prov*.

hay fever *n* rhume *m* des foins; **to suffer from/to have ~** souffrir du/avoir le rhume des foins.

hayloft ['heɪlɒft] *n* grenier *m* à foin.

haymaker ['heɪˌmeɪkəʳ] *n* -**1.** AGR [worker] faneur *m*, -euse *f*; [machine] faneuse *f*. -**2.** [punch] grand coup *m*.
haymaking ['heɪˌmeɪkɪŋ] *n (U)* fenaison *f*, foins *mpl*.
hayrack ['heɪˌræk] *n* [in barn] râtelier *m*; [on cart] ridelle *f*.
hayrick ['heɪˌrɪk] *n* meule *f* de foin.
hayseed ['heɪˌsiːd] *n* -**1.** BOT graine *f* de foin. -**2.** *inf Am pej* [yokel] péquenaud *m*, -e *f*.
haystack ['heɪˌstæk] *n* meule *f* de foin.
haywain ['heɪˌweɪn] *n*: 'The Haywain' *Constable* 'la Charrette à foin'.
haywire *inf* ['heɪˌwaɪəʳ] *adj* [system, person] détraqué; to go ~ [machine] débloquer, se détraquer; [plans] mal tourner.
hazard ['hæzəd] ◇ *n* -**1.** [danger, risk] risque *m*, danger *m*; the ~s of smoking les dangers du tabac; the ~s of life as a soldier les risques OR dangers de la vie de militaire; a health/fire ~ un risque pour la santé/d'incendie. -**2.** [in golf] obstacle *m*.
◇ *vt* -**1.** [risk - life] risquer, hasarder; [- reputation] risquer. -**2.** [venture - statement, advice, suggestion] hasarder, se risquer à faire; to ~ a guess: would you care to ~ a guess as to the weight? voulez-vous essayer de deviner combien ça pèse? -**3.** [stake, bet - fortune] risquer, miser.
◆ **hazards** *npl* AUT feux *mpl* de détresse.
hazardous ['hæzədəs] *adj* -**1.** [dangerous] dangereux, risqué; ~ waste déchets *mpl* dangereux; a ~ stretch of road une partie de la route qui est dangereuse. -**2.** [uncertain] hasardeux, incertain.
hazard warning AUT ◇ *n* signal *m* de danger.
◇ *comp*: ~ triangle triangle *m* de présignalisation; ~ lights feux *mpl* de détresse.
haze [heɪz] ◇ *n* -**1.** METEOR brume *f*; a heat ~ une brume de chaleur. -**2.** *(U)* [steam] vapeur *f*, vapeurs *fpl*; [smoke] nuage *m*. -**3.** [confusion] brouillard *m*; to be in a ~ être dans le brouillard.
◇ *vt Am* -**1.** [harass] harceler. -**2.** MIL faire subir des brimades à; SCH bizuter.
◆ **haze over** *vi insep* [sky] s'embrumer, devenir brumeux.
hazel ['heɪzl] ◇ *n* noisetier *m*.
◇ *adj* [colour] noisette *(inv)*; ~ eyes yeux *mpl* (couleur) noisette.
hazel grove *n* coudraie *f*.
hazelnut ['heɪzlˌnʌt] ◇ *n* [nut] noisette *f*; [tree] noisetier *m*.
◇ *comp* [flavour] de noisette; [ice cream, yoghurt] à la noisette.
hazelwood ['heɪzlˌwʊd] *n* (bois *m* de) noisetier *m*.
haziness ['heɪzɪnɪs] *n* -**1.** [of sky, weather] état *m* brumeux. -**2.** [of memory, thinking] flou *m*, imprécision *f*. -**3.** PHOT flou *m*.
hazing ['heɪzɪŋ] *n (U) Am* MIL brimades *fpl*; SCH bizutage *m*; ~ week (semaine *f* du) bizutage.
hazy ['heɪzɪ] (*compar* **hazier**, *superl* **haziest**) *adj* -**1.** [weather, sky] brumeux. -**2.** [memory] flou, vague; [thinking, ideas] flou, embrouillé; she's rather ~ about the details of what happened elle n'a qu'un vague souvenir de ce qui s'est passé. -**3.** PHOT flou. -**4.** [colour] pâle.
HB (*abbr of* **hard-black**) *n Br* [on pencils] HB.
H-block *n*: the ~s *les bâtiments construits en forme de H faisant partie de la prison de Maze, près de Belfast.*
H-bomb (*abbr of* **hydrogen bomb**) *n* bombe *f* H.
h & c *written abbr of* **hot and cold (water)**.
HCF *abbr of* **highest common factor**.
he [hiː] ◇ *pron* il; he works in London il travaille à Londres; he and I lui et moi; there he is! le voilà!; she is older than he is *fml* elle est plus âgée que lui; every politician should do what he thinks best chaque homme politique devrait faire ce qu'il pense être le mieux; that's what HE thinks! c'est ce qu'il croit!
◇ *n* [animal] mâle *m*; [boy] garçon *m*.
HE -**1.** *written abbr of* **high explosive**. -**2.** (*written abbr of* **His/Her Excellency**) S Exc, SE.
head [hed] (*pl sense 12 inv, pl other senses* **heads**)
◇ *n* -**1.** [of human, animal] tête *f*; she has a lovely ~ of hair elle a de très beaux cheveux OR une très belle chevelure; he's already a ~ taller than his mother il dépasse déjà sa mère d'une tête; Sea Biscuit won by a ~ [in horseracing] Sea Biscuit a gagné d'une tête; from ~ to toe OR foot de la tête aux pieds; he was covered in mud from ~ to foot il était couvert de boue de la tête aux pieds; she was dressed in black from ~ to foot elle était tout en noir OR entièrement vêtue de noir; to fall ~ over heels tomber la tête la première; to fall ~ over heels in love with sb tomber éperdument amoureux de qqn; to have one's ~ in the clouds avoir la tête dans les nuages; he wanders around with his ~ in the clouds il est toujours dans les nuages; to give a horse its ~ lâcher la bride à un cheval; wine always goes to my ~ le vin me monte toujours à la tête; all this praise has gone to his ~ toutes ces louanges lui ont tourné la tête ❑ give him his ~ and put him in charge lâchez-lui la bride et laissez-le prendre des responsabilités; I could do it standing on my ~ c'est simple comme bonjour; she's got her ~ screwed on (the right way) elle a la tête sur les épaules; she's ~ and shoulders above the rest les autres ne lui arrivent pas à la cheville; to keep one's ~ above water s'en sortir; to laugh one's ~ off rire à gorge déployée; to shout OR to scream one's ~ off crier à tue-tête; ~s will roll des têtes tomberont. -**2.** [mind, thoughts] tête *f*; to take it into one's ~ to do sthg se mettre en tête de faire qqch; the idea never entered my ~ ça ne m'est jamais venu à l'esprit; don't put silly ideas into his ~ ne lui mettez pas des idées stupides en tête; I can't get these dates into my ~ je n'arrive pas à retenir ces dates; she got it into her ~ that she was being persecuted elle s'est mis en tête OR dans l'idée qu'on la persécutait; the answer has gone right out of my ~ j'ai complètement oublié la réponse; use your ~! fais travailler tes méninges! ❑ it's doing my ~ in! *inf* ça me tape sur le système!; I just can't get my ~ round the idea that she's gone *inf* je n'arrive vraiment pas à me faire à l'idée qu'elle est partie; to get one's ~ straight *inf* se ressaisir. -**3.** [aptitude]: in my job, you need a good ~ for figures pour faire mon métier, il faut savoir manier les chiffres; she has no ~ for business elle n'a pas le sens des affaires; to have a (good) ~ for heights ne pas avoir le vertige; I've no ~ for heights j'ai le vertige. -**4.** [clear thinking, common sense]: keep your ~! gardez votre calme!, ne perdez pas la tête!; to keep a cool ~ garder la tête froide; you'll need a clear ~ in the morning vous aurez besoin d'avoir l'esprit clair demain matin ❑ he's off his ~ *inf Br* il est malade, il est pas net. -**5.** [intelligence, ability] tête *f*; we'll have to put our ~s together and find a solution nous devrons nous y mettre ensemble pour trouver une solution ❑ off the top of my ~: off the top of my ~, I'd say it would cost about £1,500 à vue de nez, je dirais que ça coûte dans les 1 500 livres; I don't know off the top of my ~ je ne sais pas, il faudrait que je vérifie; her lecture was completely over my ~ sa conférence m'a complètement dépassé; to talk over sb's ~ s'exprimer de manière trop compliquée pour qqn; two ~s are better than one *prov* deux avis valent mieux qu'un. -**6.** *inf* [headache] mal *m* de tête; I've got a bit of a ~ this morning j'ai un peu mal à la tête ce matin. -**7.** [chief, boss - of police, government] chef *m*; [- of school, of company] directeur *m*, -trice *f*; the European ~s of government les chefs de gouvernement européens; the crowned ~s of Europe les têtes couronnées de l'Europe. -**8.** [authority, responsibility]: she went over my ~ to the president elle est allée voir le président sans me consulter; they were promoted over my ~ ils ont été promus avant moi ❑ on your (own) ~ be it! c'est toi qui en prends la responsabilité!, à tes risques et périls! -**9.** [top, upper end, extremity - of racquet, pin, hammer] tête *f*; [- of staircase] haut *m*, tête *f*; [- of bed] chevet *m*, tête *f*; [- of arrow] pointe *f*; [- of page] tête *f*; [- of letter] en-tête *m*; [- of cane] pommeau *m*; [- of valley] tête *f*; [- of river] source *f*; at the ~ of the procession/queue en tête de (la) procession/de (la) queue; sitting at the ~ of the table assis au bout de la OR en tête de table. -**10.** BOT & CULIN [of corn] épi *m*; [of garlic] tête *f*, gousse *f*; [of celery] pied *m*; [of asparagus] pointe *f*; a ~ of cauliflower un chou-fleur. -**11.** [of coin] côté *m* pile; ~s or tails? pile ou face? ❑ I can't make ~ nor tail of this pour moi ça n'a ni queue ni tête. -**12.** [of livestock] tête *f*; 50 ~ of cattle 50 têtes de bétail. -**13.** [in prices, donations]: tickets cost £50 a ~ les billets valent 50 livres par personne. -**14.** ELECTRON [of tape recorder, VCR] tête *f*. -**15.** [title - of chapter] tête *f*; under this ~ sous ce titre. -**16.** [on beer] mousse *f*. -**17.** [of pressure] pression *f*; to get up OR to work up a ~ of steam *fig* s'énerver. -**18.** [of drum] peau *f*. -**19.** [of ship] proue *f*. -**20.** GRAMM tête *f*. -**21.** MED [of abscess, spot] tête *f*; to come to a ~ [abscess, spot] mûrir; *fig* [problem] arriver au point critique; his resignation brought things to a ~ sa démission a précipité les choses. -**22.** ▼ [fellatio]: to give sb ~ tailler une pipe à qqn. -**23.** *inf Am* [toilet] toilettes *fpl*; I'm going to the ~ je vais pisser.
◇ *comp* chef; ~ porter chef-portier *m*.
◇ *vt* -**1.** [command - group, organization] être à la tête de; [- project, revolt] diriger, être à la tête de; [chair - discussion] mener; [- commission] présider. -**2.** [be first] être OR venir en tête de; Madrid ~s the list of Europe's most interesting cities Madrid vient OR s'inscrit en tête des villes les plus intéressantes d'Europe; she ~ed the pack from the start SPORT elle était en tête du peloton dès le départ. -**3.** [steer - vehicle] diriger; [- person] guider, diriger; we ~ed the sheep down the hill nous avons fait descendre les moutons de la colline; to ~ a ship westwards NAUT mettre le cap à l'ouest. -**4.** [provide title for] intituler; [be title of] être en tête de; the essay is ~ed "Democracy" l'essai s'intitule OR est intitulé «Démocratie». -**5.** FTBL: he ~ed the ball into the goal il a marqué de la tête. -**6.** [plant] écimer, étêter.
◇ *vi* [car, crowd, person] aller, se diriger; NAUT mettre le cap sur; where are you ~ed? où vas-tu?; we ~ed back to the office nous sommes retournés au bureau; I'm going to ~ home je vais rentrer; when are you ~ing back? quand comptez-vous rentrer?; the train ~ed into/out of a tunnel le train est entré dans un/sorti d'un tunnel.
◇ *adj* -**1.** [main - person] principal; [- office] central, principal; the ~ cook/gardener le cuisinier/jardinier en chef; send it to ~ office *Br* OR the ~ office *Am* envoyez-le au siège social OR au bureau central. -**2.** [first in series] premier.
◆ **head for** *vt insep* [car, person] se diriger vers; NAUT mettre le cap sur; she ~ed for home elle rentra (à la maison); he's ~ing for trouble il va (tout droit) à la catastrophe; to be ~ing for a fall *fig* courir à l'échec ❑ to ~ for the hills *inf* filer.
◆ **head off** ◇ *vt sep* -**1.** [divert - animal, vehicle, person] détourner de son chemin; [- enemy] forcer à reculer; she ~ed off all questions about her private life *fig* elle a éludé toute question sur sa vie privée. -**2.** [crisis, disaster] prévenir, éviter; [rebellion, revolt, unrest] éviter.
◇ *vi insep* partir; the children ~ed off to school les enfants sont partis pour OR à l'école.
headache ['hedeɪk] *n* -**1.** [pain] mal *m* de tête; [migraine] migraine *f*; to have a ~ [gen] avoir mal à la tête, avoir la migraine; white wine gives me a ~ le vin blanc me donne mal à la tête; he suffers a lot from ~s il a souvent des maux de tête OR mal à la tête. -**2.** *fig* [problem] problème *m*; the trip was one big ~ le voyage a été un casse-tête du début à la fin; convincing

her is your ~ pour ce qui est de la convaincre, c'est ton problème.

headachy *inf* ['hedeɪkɪ] *adj*: **I'm feeling a bit ~** j'ai un peu mal à la tête.

headband ['hedbænd] *n* bandeau *m*.

headboard ['hed,bɔːd] *n* tête *f* de lit.

head boy *n Br élève chargé d'un certain nombre de responsabilités et qui représente son école aux cérémonies publiques.*

headbutt ['hedbʌt] ◇ *n* coup *m* de tête, coup *m* de boule.
◇ *vt* donner un coup de tête OR de boule à.

head case *inf n* dingue *mf*.

headcheese ['hed,tʃiːz] *n Am* fromage *m* de tête.

head cold *n* rhume *m* de cerveau.

head count *n* vérification *f* du nombre de personnes présentes; **the teacher did a ~** la maîtresse a compté les élèves.

headdress ['hed,dres] *n* [gen] coiffure *f*; [belonging to regional costume] coiffe *f*.

-headed ['hedɪd] *in cpds* à tête...; **a silver~ cane** une canne à pommeau d'argent; **a three~ dragon** un dragon à trois têtes.

headed notepaper ['hedɪd-] *n Br* papier *m* à en-tête.

header ['hedəʳ] *n* **-1.** [fall] chute *f* (la tête la première); [dive] plongeon *m* (la tête la première); **he took a ~ into the ditch** il est tombé la tête la première dans le fossé. **-2.** FTBL (coup *m* de) tête *f*; **he scored with a ~** il a marqué de la tête. **-3.** COMPUT en-tête *m*; **~ block** en-tête; **~ card** carte *f* en-tête. **-4.** *Br* AUT: **~ (tank)** collecteur *m* de tête. **-5.** CONSTR (pierre *f* en) boutisse *f*.

headfirst [,hed'fɜːst] *adv* **-1.** [dive, fall, jump] la tête la première; **he dived ~ into the pool** il a piqué une tête dans la piscine. **-2.** [rashly] sans réfléchir, imprudemment; **to jump ~ into sthg** se jeter tête baissée dans qqch.

headgear ['hed,gɪəʳ] *n (U)* coiffure *f*; **they were wearing some very odd ~** *hum* ils avaient tous un drôle de chapeau.

head girl *n Br élève chargée d'un certain nombre de responsabilités et qui représente son école aux cérémonies publiques.*

headhunt ['hedhʌnt] ◇ *vi* recruter des cadres (pour une entreprise).
◇ *vt*: **to be ~ed** être recruté par un chasseur de têtes.

headhunter ['hed,hʌntəʳ] *n* ANTHR & *fig* chasseur *m* de têtes.

headhunting ['hed,hʌntɪŋ] *n* ANTHR & *fig* chasse *f* aux têtes; [recruiting] chasse *f* aux têtes, recrutement *m* de cadres.

headiness ['hedɪnɪs] *n* **-1.** [of wine] bouquet *m* capiteux; **the ~ of her perfume** son parfum capiteux; **the ~ of sudden success** la griserie OR l'ivresse qu'apporte un succès imprévu. **-2.** [excitement] exaltation *f*, excitation *f*; **the ~ of the early sixties** l'euphorie du début des années 60.

heading ['hedɪŋ] *n* **-1.** [title - of article, book] titre *m*; [- of chapter] titre *m*, intitulé *m*; **page ~** tête *f* de page. **-2.** [subject] rubrique *f*; **their latest record comes under the ~ of jazz** leur dernier disque se trouve sous la rubrique jazz. **-3.** [letterhead] en-tête *m*. **-4.** AERON & NAUT [direction] cap *m*. **-5.** MIN [tunnel] galerie *f* d'avancement.

headlamp ['hedlæmp] *n* **-1.** *Br* = **headlight**. **-2.** MIN lampe-chapeau *f*.

headland ['hedlənd] *n* promontoire *m*, cap *m*.

headless ['hedlɪs] *adj* **-1.** [arrow, body, screw] sans tête; **he was running around like a ~ chicken** *hum* il courait dans tous les sens. **-2.** [company, commission] sans chef.

headlight ['hedlaɪt] *n* [on car] phare *m*; [on train] fanal *m*, feu *m* avant.

headline ['hedlaɪn] ◇ *n* **-1.** [in newspaper] (gros) titre *m*, manchette *f*; **the hijacking made all the ~s** le détournement a fait la une de tous les journaux; **I just glanced at the ~s** j'ai juste jeté un coup d'œil sur les gros titres; **news of their marriage hit the ~s** l'annonce de leur mariage a fait les gros titres OR a défrayé la chronique. **-2.** RADIO & TV [news summary] grand titre *m*; **here are today's news ~s** voici les principaux titres de l'actualité.
◇ *vt* **-1.** PRESS mettre en manchette. **-2.** [provide heading for] intituler; **the article was ~d "The New Poor"** l'article avait pour titre «Les Nouveaux Pauvres». **-3.** *Am* [have top billing in] avoir le rôle principal dans; **headlining the show is Jane Brown** Jane Brown est la vedette du spectacle.
◇ *vi Am* [have top billing] avoir le rôle principal.

headliner ['hedlaɪnəʳ] *n Am* vedette *f*.

headlock ['hedlɒk] *n* cravate *f*.

headlong ['hedlɒŋ] ◇ *adv* **-1.** [dive, fall] la tête la première; **she dived ~ into the lake** elle a piqué une tête dans le lac. **-2.** [rush - head down] tête baissée; [- at great speed] à toute allure OR vitesse; **he threw himself ~ against the door** il s'est littéralement jeté contre la porte. **-3.** [rashly] sans réfléchir, imprudemment; **she rushed ~ to her downfall** elle courait tout droit à sa perte; **he plunged ~ into the story** il s'est lancé dans l'histoire.
◇ *adj* **-1.** [dive, fall] la tête la première. **-2.** [impetuous - action] imprudent, impétueux; **~ flight** sauve-qui-peut *m inv*, débandade *f*; **the crowd made a ~ dash for the exit** la foule s'est ruée vers la sortie.

headman ['hedmæn] (*pl* **headmen** [-men]) *n* chef *m*.

headmaster [,hed'mɑːstəʳ] *n* SCH proviseur *m*, directeur *m*, chef *m* d'établissement.

headmastership [,hed'mɑːstəʃɪp] *n* SCH poste *m* de proviseur OR de directeur.

headmistress [,hed'mɪstrɪs] *n* SCH directrice *f*, chef *m* d'établissement.

head office *n* siège *m* social, bureau *m* central.

head-on ◇ *adv* **-1.** [collide, hit] de front, de plein fouet; **he ran ~ into the tree** il a heurté l'arbre de plein fouet; **the ship ran ~ into the wharf** le navire a heurté le quai par l'avant. **-2.** [confront, meet] de front; **to meet a problem ~** aborder un problème de front; **management confronted the union ~** la direction a affronté le syndicat.
◇ *adj* **-1.** [collision - of car, plane] de front, de plein fouet; [- of ships] par l'avant. **-2.** [confrontation, disagreement] violent.

headphones ['hedfəʊnz] *npl* casque *m (à écouteurs)*.

headpiece ['hedpiːs] *n* **-1.** [helmet] casque *m*. **-2.** TYPO vignette *f*, en-tête *m*.

headpin ['hedpɪn] *n* quille *f* de tête.

headquarters [,hed'kwɔːtəz] *npl* **-1.** [base - of bank, office] siège *m* social, bureau *m* central; [- of army, police] quartier *m* général; **police ~** le quartier général de la police. **-2.** MIL [commanding officers] quartier *m* général; **~ staff** état-major *m*.

headrest ['hedrest] *n* appuie-tête *m*, repose-tête *m*.

head restraint *n Br* appuie-tête *m*, repose-tête *m*.

headroom ['hedrʊm] *n* place *f*, hauteur *f*; **there's not much ~ in the attic** le plafond du grenier n'est pas très haut, le grenier n'est pas très haut de plafond; **does the car have enough ~?** est-ce qu'il y a assez de place dans la voiture pour ne pas se cogner la tête?; **'max ~ 10 metres'** 'hauteur limite 10 mètres'.

headsail ['hedseɪl] *n* foc *m*.

headscarf ['hedskɑːf] (*pl* **headscarves** [-skɑːvz]) *n* foulard *m*.

headset ['hedset] *n* [with microphone] casque *m (à écouteurs et à micro)*; *Am* [headphones] casque *m (à écouteurs)*.

headship ['hedʃɪp] *n* **-1.** [leadership] direction *f*; **under the ~ of** sous la direction de. **-2.** SCH poste *m* de directeur OR de directrice.

headshrinker ['hed,ʃrɪŋkəʳ] *n* **-1.** ANTHR réducteur *m* de têtes. **-2.** *inf* [psychiatrist] psy *mf*.

headsquare ['hedskweəʳ] *n* foulard *m*, carré *m*.

headstand ['hedstænd] *n*: **to do a ~** faire le poirier.

head start *n* **-1.** [lead] avance *f*; **he had a ten-minute ~ over the others** il a commencé dix minutes avant les autres; **I got a ~** j'ai pris de l'avance sur les autres; **go on, I'll give you a ~** allez, vas-y, je te donne un peu d'avance. **-2.** [advantage] avantage *m*; **being bilingual gives her a ~ over the others** étant bilingue, elle est avantagée par rapport aux autres.

headstone ['hedstəʊn] *n* **-1.** [of grave] pierre *f* tombale. **-2.** ARCHIT [keystone] clef *f* de voûte.

headstream ['hedstriːm] *n* source *f* (d'un fleuve).

headstrong ['hedstrɒŋ] *adj* **-1.** [wilful] têtu, entêté. **-2.** [rash] impétueux, imprudent.

head teacher *n* [man] proviseur *m*, directeur *m*, chef *m* d'établissement; [woman] directrice *f*, chef *m* d'établissement.

head-up *adj* [in aeroplane, car]: **~ display** affichage *m* tête-haute.

head waiter *n* maître *m* d'hôtel.

headwaters ['hed,wɔːtəz] *npl* sources *fpl* (d'un fleuve).

headway ['hedweɪ] *n* **-1.** [progress]: **to make ~** [gen] avancer, faire des progrès; NAUT faire route; **they're making some/no ~ in their plans** leurs projets avancent/n'avancent pas; **I'm not making much ~ with this guest list** je n'avance pas dans la préparation de cette liste d'invités, je n'ai toujours pas fini cette liste d'invités. **-2.** [headroom] place *f*, hauteur *f*. **-3.** [between buses, trains]: **there is a ten-minute ~ between buses** il y a dix minutes d'attente entre les bus.

headwind ['hedwɪnd] *n* [gen & AERON] vent *m* contraire; NAUT vent *m* debout.

headword ['hedwɜːd] *n* entrée *f*, adresse *f*.

heady ['hedɪ] (*compar* **headier**, *superl* **headiest**) *adj* **-1.** [intoxicating - wine] capiteux, qui monte à la tête; [- perfume] capiteux; **the punch was a ~ blend of wines and spirits** le punch était un mélange capiteux de vins et d'alcools; **she breathed in a ~ draught of mountain air** elle respira l'air grisant OR enivrant des montagnes. **-2.** [intoxicated] grisé, enivré; **he felt quite ~ with success** il se sentait complètement grisé par le succès. **-3.** [exciting - experience, time] excitant, passionnant; [- atmosphere] excitant, enivrant; **she recalled her ~ days as a young reporter** elle se rappelait l'époque excitante où elle était jeune reporter.

heal [hiːl] ◇ *vt* **-1.** [make healthy - person] guérir; [- wound] guérir, cicatriser; **time ~s all wounds** le temps guérit toutes les blessures. **-2.** [damage, division] remédier à, réparer; [disagreement] régler; **I'd do anything to ~ the breach between them** je ferais n'importe quoi pour les réconcilier OR pour les raccommoder.
◇ *vi* [person] guérir; [wound] se cicatriser, se refermer; [fracture] se consolider.
◆ **heal over** *vi insep* se cicatriser.
◆ **heal up** *vi insep* [wound] se cicatriser, guérir; [burn] guérir; [fracture] se consolider.

healer ['hiːləʳ] *n* guérisseur *m*, -euse *f*.

healing ['hiːlɪŋ] ◇ *n* [of person] guérison *f*; [of wound] cicatrisation *f*, guérison *f*; [of fracture] consolidation *f*.
◇ *adj* **-1.** [remedy, treatment] curatif; [ointment] cicatrisant; **~ hands** mains *fpl* de guérisseur. **-2.** [wound] qui se cicatrise, qui guérit; [fracture] qui se consolide, qui guérit. **-3.** [soothing - influence] apaisant.

health [helθ] *n* **-1.** [general condition] santé *f*; **to be in good/poor ~** être en bonne/mauvaise santé; **his ~ has never been good** il a toujours été fragile; **smoking is bad for your ~** le tabac est mauvais pour OR nuisible à ta santé; **the economic ~ of the nation** *fig* la (bonne) santé économique de la nation ❑ **mental ~** santé mentale; **Health and Safety Executive** ≃ inspection *f* du travail; **Department of Health and Social Security** *Br*, **Department of Health and Human Services** *Am* ≃ ministère de la Santé et des Affaires sociales. **-2.** [good condition] (bonne) santé *f*; has he regained his ~? s'est-il remis?, a-t-il recouvré la santé?, a-t-il guéri?; she's the picture of ~ elle respire la santé; I'm not doing this (just) for the good of my ~! *hum* je ne fais pas ça pour le plaisir OR pour m'amuser! -3. [in toast]: (to your) good ~! à votre santé!; we drank (to) the ~ of the bride and groom nous avons porté un toast en l'honneur des mariés.

health centre *n* centre *m* médico-social.

health farm *n* centre *m* de remise en forme.

health food *n* aliments *mpl* diététiques OR biologiques.

healthful ['helθfʊl] *dated* OR *lit* = **healthy 1, 4**.

health hazard *n* risque *m* pour la santé.

healthily ['helθɪlɪ] *adv* [eat, live] sainement.

health insurance *n* assurance *f* maladie.

health risk *n* risque *m* pour la santé.

health service *n* -1. [of firm, school] infirmerie *f*. -2. = **national health service**.

healthy ['helθɪ] (*compar* healthier, *superl* healthiest) *adj* -1. [in good health - person] sain, en bonne santé; [- animal, plant] en bonne santé; he's very ~ il se porte très bien, il est bien portant. -2. [showing good health - colour, skin] sain; [appetite] robuste, bon. -3. [beneficial - air, climate] salubre; [- diet, food] sain; [- exercise] bon pour la santé, salutaire. -4. [thriving - economy] sain; [- business] prospère, bien assis; the new measures are designed to make the economy healthier les nouvelles lois sont destinées à assainir l'économie. -5. [substantial - profits] considérable; [- sum] considérable, important; [- difference] appréciable. -6. [sensible - attitude] sain; [- respect] salutaire; he shows a ~ disrespect for opinion polls il fait montre d'un dédain salutaire pour les sondages.

heap [hi:p] ◇ *n* -1. [pile] tas *m*, amas *m*; her things were piled in a ~ ses affaires étaient (mises) en tas; he collapsed in a ~ on the floor il s'écroula OR tomba par terre comme une masse; he started at the bottom of the ~ and worked his way up il a commencé au bas de l'échelle et a peu à peu grimpé les échelons ❑ to be struck OR knocked all of a ~ *inf Br dated* être soufflé, en rester comme deux ronds de flan. -2. *inf* [large quantity] tas *m*, masse *f*; a ~ OR ~s of money un paquet de fric; I have a ~ OR ~s of work to do j'ai un boulot monstre; you've got ~s of time tu as largement le temps OR tout ton temps; he's helped us out ~s of times il nous a rendu service mille fois OR des tas de fois; they have ~s of room ils ont de la place à ne plus savoir qu'en faire. -3. *inf* [old car] vieux clou *m*.
◇ *vt* -1. [collect into a pile] entasser, empiler; she ~ed roast beef onto his plate elle l'a généreusement servi en (tranches de) rosbif. -2. *fig* [lavish] couvrir de; her fiancé ~ed flowers on her son fiancé l'a couverte de fleurs; to ~ praise on OR upon sb couvrir OR combler qqn d'éloges OR de compliments; the teacher ~ed homework on the students le professeur a submergé ses élèves de devoirs.

◆ **heap up** *vt sep* [pile - books, furniture] entasser, empiler; [- money, riches] amasser; she ~ed up our plates with food elle a rempli nos assiettes.

heaped [hi:pt] *Br*, **heaping** ['hi:pɪŋ] *Am adj* gros; a ~ teaspoonful une cuiller à café bombée OR pleine.

heaps *inf* [hi:ps] *adv* drôlement; it's ~ faster to go by train ça va drôlement plus vite en train; I feel ~ better je me sens drôlement OR rudement mieux.

hear [hɪəʳ] (*pt* & *pp* heard [hɜ:d]) ◇ *vt* -1. [perceive with sense of hearing] entendre; can you ~ me? m'entendez-vous (bien)?; we can't ~ you nous ne vous entendons pas, nous n'entendons pas ce que vous dites; he could ~ someone crying il entendait (quelqu'un) pleurer; I can ~ someone at the door j'entends sonner à la porte; a shout was heard un cri se fit entendre; he was heard to observe OR remark that he was against censorship *fml* on l'a entendu dire qu'il était opposé à la censure; I've heard it said that... j'ai entendu dire que...; I've heard tell that they're engaged j'ai entendu dire qu'ils étaient fiancés; I've heard tell of such things j'ai entendu parler de choses de ce genre; I couldn't make myself heard above the noise je n'arrivais pas à me faire entendre dans le bruit; to ~ my sister talk you'd think we were poor à entendre ma sœur, vous pourriez croire que nous sommes pauvres; he went on and on about it — I can just ~ him! il n'a pas arrêté d'en parler — c'est comme si j'y étais OR pas la peine de me faire un dessin; don't believe everything you ~ n'écoutez pas tous les bruits qui courent, ne croyez pas tout ce qu'on raconte; you're ~ing things tu t'imagines des choses; I can hardly ~ myself think je n'arrive pas à me concentrer (tant il y a de bruit) ❑ you could have heard a pin drop on aurait pu entendre une mouche voler; let's ~ it for the Johnson sisters! un grand bravo pour les sœurs Johnson!, et on applaudit bien fort les sœurs Johnson! -2. [listen to - music, person] écouter; [- concert, lecture, mass] assister à, écouter; be quiet, d'you ~! taisez-vous, vous entendez!; let's ~ what you think dites voir OR un peu ce que vous pensez; so let's ~ it! allez, dis ce que tu as à dire!; I've never heard such nonsense! qu'est-ce qu'il ne faut pas entendre!; I heard her rehearse her lines je l'ai fait répéter OR réciter son rôle; the Lord heard our prayers le Seigneur a écouté OR exaucé nos prières. -3. [subj: authority, official]: the priest ~s confession on Saturdays le prêtre confesse le samedi; the court will ~ the first witness today JUR la cour entendra le premier témoin aujourd'hui; the case will be heard in March l'affaire se plaidera au mois de mars. -4. [understand, be told] entendre, apprendre; I ~ you're leaving j'ai appris OR j'ai entendu (dire) que tu partais; I ~ you've lived in Thailand il paraît que tu as vécu en Thaïlande; have you heard the latest? connaissez-vous la dernière?; have you heard anything more about the accident? avez-vous eu d'autres nouvelles de l'accident? ❑ have you heard the one about the Scotsman and the Irishman? connaissez-vous l'histoire de l'Écossais et de l'Irlandais?; I've heard that one before! on ne me la fait plus!; she's heard it all before elle connaît la musique; I've heard good things about that school j'ai eu des échos favorables de cette école; you haven't heard the last of this! [gen] vous n'avez pas fini d'en entendre parler!; [threat] vous aurez de mes nouvelles!
◇ *vi* -1. [able to perceive sound] entendre; she doesn't ~ very well elle n'entend pas très bien, elle est un peu dure d'oreille. -2. [be aware of] être au courant; haven't you heard? he's dead vous n'êtes pas au courant? il est mort. -3. *phr*: ~, ~! bravo!

◆ **hear about** *vt insep* -1. [learn] entendre; have you heard about the accident? êtes-vous au courant pour OR de l'accident?; yes, I heard about that oui, je suis au courant; have you heard about the time she met Churchill? connaissez-vous l'histoire de sa rencontre avec Churchill? -2. [have news of] avoir OR recevoir des nouvelles de; I ~ about her through her sister j'ai de ses nouvelles par sa sœur.

◆ **hear from** *vt insep* -1. [receive news of] avoir OR recevoir des nouvelles de; they'd be delighted to ~ from you ils seraient ravis d'avoir de tes nouvelles; he never heard from her again il n'a plus jamais eu de ses nouvelles; you'll be ~ing from me [gen] je vous donnerai de mes nouvelles; [threat] vous allez avoir de mes nouvelles, vous allez entendre parler de moi; (I am) looking forward to ~ing from you [in letters] dans l'attente de vous lire. -2. [listen to] écouter; we ~ first from one of the survivors nous allons d'abord écouter OR entendre l'un des survivants.

◆ **hear of** *vt insep* -1. [know of] entendre parler de, connaître; I've never heard of her je ne la connais pas. -2. [receive news of] entendre parler de; the whole town had heard of his success la ville entière était au courant de son succès OR sa réussite; the director was never heard of again on n'a plus jamais entendu parler du directeur; the missing boy was never heard of again on n'a jamais retrouvé la trace du garçon qui avait disparu; have you ever heard of such a thing? avez-vous déjà entendu parler d'une chose pareille?; who ever heard of eating pizza for breakfast! quelle (drôle d') idée de manger de la pizza au petit déjeuner!; we ~ of nothing these days but rocketing interest rates! ces temps-ci, on nous rebat les oreilles avec la montée en flèche OR la croissance folle des taux d'intérêt! -3. (*usu neg*) [accept, allow]: her father won't ~ of it son père ne veut pas en entendre parler OR ne veut rien savoir; I won't ~ of you walking home je ne veux absolument pas que tu rentres à pied; may I pay for dinner? — I wouldn't ~ of it! puis-je payer OR vous offrir le dîner? — (il n'en est) pas question!

◆ **hear out** *vt sep* écouter sans interruption; at least ~ me out before you refuse my offer au moins écoutez-moi jusqu'au bout avant de refuser ma proposition.

heard [hɜ:d] *pt* & *pp* → **hear**.

hearer ['hɪərəʳ] *n* auditeur *m*, -trice *f*.

hearing ['hɪərɪŋ] *n* -1. [sense of] ouïe *f*; to have good/bad ~ entendre bien/mal; a keen sense of ~ l'oreille *f* OR l'ouïe fine; his ~ gradually deteriorated petit à petit il est devenu dur d'oreille; cats have better ~ than humans les chats entendent mieux OR ont l'ouïe plus fine que les humains. -2. [earshot]: within ~ à portée de voix; you shouldn't have said that in OR within ~ of his mother tu n'aurais pas dû le dire devant OR en présence de sa mère. -3. [act of listening] audition *f*; I didn't enjoy the symphony at (the) first ~ je n'ai pas aimé la symphonie à la première audition OR la première fois que je l'ai écoutée. -4. [chance to be heard] audition *f*; they were the only ones to get a ~ ils furent les seuls à être entendus; at least give me a ~ laissez-moi au moins parler; they judged the architect without a ~ ils ont jugé l'architecte sans l'entendre OR sans entendre sa défense; to give sb a fair ~ laisser parler qqn, écouter ce que qqn a à dire. -5. JUR audition *f*; the ~ of witnesses l'audition des témoins; the ~ of a trial l'audience *f*; the case will come up for ~ in March l'affaire sera entendue OR plaidée en mars. -6. [official meeting] séance *f*.

hearing aid *n* appareil *m* acoustique, audiophone *m*.

hearken ['hɑ:kn] *vi dated* OR *lit*: to ~ to sthg écouter qqch.

hearsay ['hɪəseɪ] *n* ouï-dire *m inv*, rumeur *f*; it's only ~ ce ne sont que des rumeurs; I only know it by OR from ~ je ne le sais que par ouï-dire.

hearsay evidence *n* déposition *f* sur la foi d'un tiers OR d'autrui.

hearse [hɜ:s] *n* corbillard *m*, fourgon *m* mortuaire.

heart [hɑ:t] ◇ *n* -1. ANAT [organ] cœur *m*; he has a weak ~ il est cardiaque, il a le cœur malade || *fig*: when she heard the news her ~ leapt en apprenant la nouvelle, son cœur a bondi; her ~ sank elle eut un serrement de cœur; my ~ sinks every time I think about leaving j'ai un pincement au cœur OR un serrement de cœur chaque fois que je pense au départ; two ~s that beat as one *lit* deux cœurs qui battent à l'unisson ❑ he sat there, his ~ in his boots *Br* il était là, la mort dans l'âme; she waited, her ~ in her mouth elle attendait, son cœur battant la chamade OR rongée par l'angoisse. -2. [bosom] poitrine *f*; she clutched him to her ~ elle l'a serré contre sa poitrine OR sur son cœur. -3. [seat of feelings, love] cœur *m*; he has a ~ of gold/of stone il a un cœur d'or/de pierre; it does my ~ good to see them together cela me réchauffe le cœur de les voir ensemble; to lose one's ~ to sb donner son cœur à qqn, tomber amoureux de qqn; her words went straight to his ~ ses paroles lui sont allées droit au cœur; the letter was written straight from the ~ la lettre était écrite du fond du cœur; to have one's ~ set on sthg s'être mis qqch dans la tête; he has his ~ set on winning il veut à tout prix gagner; they have their ~ set on that house ils ont jeté leur dévolu sur cette maison; they have your welfare at ~ ils ne pensent qu'à ton bien, c'est pour ton bien qu'ils font cela; they have everything their ~s could desire ils ont tout ce qu'ils peuvent désirer; my ~'s desire is to see Rome again *lit* mon plus cher désir est OR ce que je désire le plus au monde c'est de revoir Rome; she hardened OR steeled her ~ against him elle s'est endurcie contre lui; dear ~ *arch* OR *hum* mon cœur, mon chéri ❑ to wear one's ~ on one's sleeve montrer OR laisser paraître ses sentiments. -**4.** [innermost thoughts] fond *m*; in his ~ of ~s au fond de lui-même OR de son cœur, en son for intérieur; in my ~ I knew it was true au fond de moi-même je savais que c'était la vérité; there's a woman/a man after my own ~ voilà une femme/un homme selon mon cœur; I thank you from the bottom of my ~ OR with all my ~ je vous remercie du fond du cœur OR de tout mon cœur; do you love him? — with all my ~ vous l'aimez? — de tout mon cœur; to take sthg to ~ prendre qqch à cœur; she takes criticism too much to ~ elle prend les critiques trop à cœur; don't take it to ~ ne le prenez pas trop à cœur; she opened OR poured out her ~ to me elle m'a dévoilé son cœur. -**5.** [disposition, humour]: to have a change of ~ changer d'avis. -**6.** [interest, enthusiasm]: I worked hard but my ~ wasn't in it j'ai beaucoup travaillé mais je n'avais pas le cœur à l'ouvrage OR le cœur n'y était pas; I can tell that your ~ isn't in it je vois bien que tu n'y tiens pas tellement; she read to her ~'s content elle a lu tout son soûl; a subject close to one's ~ un sujet qui tient à cœur; she puts her ~ OR she throws herself ~ and soul into her work elle se donne à son travail corps et âme. -**7.** [courage]: to lose ~ perdre courage, se décourager; take ~! courage!; she took ~ from the fact that others shared her experience elle était encouragée par le fait que d'autres partageaient son expérience; the prospect of winning the prize put new ~ into them la perspective de gagner le prix leur a redonné du courage OR du cœur (au ventre); to be in good ~ [person] avoir bon moral; *Br* [land] être fécond OR productif. -**8.** [compassion] cœur *m*; he has no ~ il n'a pas de cœur, il manque de cœur; she didn't have the ~ to refuse, she couldn't find it in her ~ to refuse elle n'a pas eu le courage OR le cœur de refuser; can you find it in your ~ to forgive me? est-ce que vous pourrez jamais me pardonner? ❑ her ~'s in the right place elle a bon cœur; have a ~! pitié! -**9.** [core, vital part - of matter, topic] fond *m*, vif *m*; [- of city, place] centre *m*, cœur *m*; the ~ of the matter le fond du problème; the speaker went straight to the ~ of the matter le conférencier est allé droit au cœur du sujet OR du problème; the law strikes at the ~ of the democratic system la loi porte atteinte aux fondements du régime démocratique; in the ~ of the financial district au centre OR au cœur du quartier financier; in the ~ of winter en plein hiver, au cœur de l'hiver; in the ~ of the forest au cœur OR au beau milieu OR au fin fond de la forêt, en pleine forêt ❑ the Heart of Dixie *Am* l'Alabama *m*; 'Heart of Darkness' *Conrad* 'Au cœur des ténèbres'; 'The Heart of the Matter' *Greene* 'le Fond du problème'. -**10.** [of cabbage, celery, lettuce] cœur *m*; [of artichoke] cœur *m*, fond *m*. -**11.** CARDS cœur *m*; the king of ~s le roi de cœur; to play a ~ jouer un OR du cœur; ~s are trumps atout cœur; have you got any ~s? avez-vous du cœur?; game of ~s *jeu de cartes dont l'objet est de faire des plis ne comprenant ni des cœurs ni la dame de pique*. -**12.** [shape] cœur *m*; a pattern of little red ~s un motif de petits cœurs rouges; she had drawn ~s all over the letter elle avait dessiné des cœurs sur toute la lettre.

◇ *comp*: ~ disease maladie *f* de cœur, maladie *f* cardiaque; ~ is on the increase les maladies de cœur OR cardiaques sont en augmentation; smoking increases the incidence of ~ le tabagisme augmente le taux de maladies de cœur OR cardiaques; ~ patient cardiaque *mf*; ~ surgeon chirurgien *m* cardiologue; ~ surgery chirurgie *f* du cœur; ~ transplant greffe *f* du cœur; ~ trouble *(U)* maladie *f* du cœur, troubles *mpl* cardiaques; to have OR to suffer from ~ trouble souffrir du cœur, être cardiaque.

◆ **at heart** *adv phr* au fond; at ~ she was a good person elle avait un bon fond; my sister's a gypsy at ~ ma sœur est une bohémienne dans l'âme; to feel sad at ~ avoir le cœur triste; to be sick at ~ avoir la mort dans l'âme.

◆ **by heart** *adv phr* par cœur; to learn/to know sthg by ~ apprendre/savoir qqch par cœur.

heartache ['hɑːteɪk] *n* chagrin *m*, peine *f*; he caused her a lot of ~ il lui a causé beaucoup de chagrin.

heart attack *n* MED crise *f* cardiaque; to have a ~ avoir une crise cardiaque, faire un infarctus; she nearly had a ~ when she heard about it *fig* en apprenant la nouvelle, elle a failli avoir une attaque.

heartbeat ['hɑːtbiːt] *n* battement *m* de cœur, pulsation *f*; an irregular ~ un battement arythmique OR irrégulier; to be a ~ away from sthg être à deux doigts de qqch.

heartbreak ['hɑːtbreɪk] *n* [grief - gen] (immense) chagrin *m*, déchirement *m*; [- in love] chagrin *m* d'amour; 'Heartbreak House' *Shaw* 'la Maison des cœurs brisés'.

heartbreaker ['hɑːtˌbreɪkəʳ] *n* bourreau *m* des cœurs.

heartbreaking ['hɑːtˌbreɪkɪŋ] *adj* qui fend le cœur, déchirant, navrant; it was ~ to see children starving c'était à vous fendre le cœur de voir des enfants mourir de faim; ~ scenes des scènes déchirantes OR navrantes.

heartbroken ['hɑːtˌbrəʊkn] *adj* [person - gen] qui a un immense chagrin; [- stronger] qui a le cœur brisé; [sigh, sob] à fendre le cœur; she's ~ over losing the job elle n'arrive pas à se consoler OR à se remettre d'avoir perdu ce travail; the child was ~ l'enfant avait un gros chagrin.

heartburn ['hɑːtbɜːn] *n* *(U)* brûlures *fpl* d'estomac.

heart condition *n* maladie *f* de cœur; to have a ~ souffrir du cœur, être cardiaque.

-hearted [ˌhɑːtɪd] *in cpds* qui a le cœur...; cold~ impitoyable, sans pitié; kind~ bon, qui a bon cœur; faint~ pusillanime, timide.

hearten ['hɑːtn] *vt* encourager, donner du courage à; we were ~ed to learn of the drop in interest rates nous avons été contents d'apprendre que les taux d'intérêt avaient baissé.

heartening ['hɑːtnɪŋ] *adj* encourageant, réconfortant; I found the news ~ la nouvelle m'a donné du courage OR m'a encouragé.

heart failure *n* [condition] défaillance *f* cardiaque; [cessation of heartbeat] arrêt *m* du cœur; I nearly had ~ when they told me I'd got the job *fig* j'ai failli me trouver mal OR avoir une syncope quand ils m'ont dit que j'avais le poste.

heartfelt ['hɑːtfelt] *adj* [apology, thanks] sincère; a ~ wish un souhait qui vient (du fond) du cœur; she expressed a ~ wish to see her country again elle exprima le souhait sincère de revoir son pays; with our ~ wishes for a speedy recovery avec nos vœux sincères de prompt rétablissement.

hearth [hɑːθ] *n* -**1.** [of fireplace] foyer *m*, âtre *m*; a fire was burning in the ~ il y avait du feu dans la cheminée. -**2.** [home] foyer *m*; to leave ~ and home quitter le foyer.

hearthrug ['hɑːθrʌg] *n* devant *m* de foyer.

hearthstone ['hɑːθstəʊn] *n* foyer *m*, âtre *m*.

heartily ['hɑːtɪlɪ] *adv* -**1.** [enthusiastically - joke, laugh] de tout son cœur; [- say, thank, welcome] chaleureusement, de tout cœur; they ate ~ ils ont mangé de bon appétit OR avec appétit. -**2.** [thoroughly]: I ~ recommend it je vous le conseille vivement; she ~ dislikes him elle le déteste cordialement; to be ~ disgusted with sthg être on ne peut plus dégoûté de qqch; they were ~ sick of the work ils en avaient pardessus la tête OR ils en avaient plus qu'assez du travail.

heartiness ['hɑːtɪnɪs] *n* -**1.** [of thanks, welcome] cordialité *f*, chaleur *f*; [of agreement] sincérité *f*; [of appetite] vigueur *f*; [of dislike] ardeur *f*. -**2.** [enthusiasm] zèle *m*, empressement *m*.

heartland ['hɑːtlænd] *n* cœur *m*, centre *m*; the ~ of France la France profonde; the industrial ~ of Europe le principal centre industriel de l'Europe; the Socialist ~ le fief des socialistes.

heartless ['hɑːtlɪs] *adj* [person] sans cœur, impitoyable; [laughter, treatment] cruel.

heartlessly ['hɑːtlɪslɪ] *adv* sans pitié.

heartlessness ['hɑːtlɪsnɪs] *n* [of person] manque *m* de cœur, caractère *m* impitoyable; [of laughter, treatment] cruauté *f*.

heart-lung machine *n* cœur-poumon *m* artificiel.

heart murmur *n* souffle *m* au cœur.

heartrending ['hɑːtˌrendɪŋ] *adj* déchirant, qui fend le cœur; ~ scenes of homeless refugees des images navrantes OR déchirantes de réfugiés sans abri.

heart-searching [-ˌsɜːtʃɪŋ] *n* examen *m* de conscience; you need to do some ~ before deciding tu ferais mieux de réfléchir avant de te décider; after much ~ she decided to leave après s'être longuement interrogée OR tâtée, elle décida de partir.

heart-shaped *adj* en forme de cœur.

heartsick ['hɑːtsɪk] *adj* découragé, démoralisé; a ~ lover un amoureux transi; to be ~ avoir la mort dans l'âme; ~ and disillusioned, he gave up his search démoralisé OR abattu et désenchanté, il abandonna ses recherches.

heartstrings ['hɑːtstrɪŋz] *npl*: to play on OR to pull on OR to tug at sb's ~ faire vibrer OR toucher la corde sensible de qqn; he certainly knows how to play on an audience's ~ il n'y a pas de doute, il sait faire vibrer la corde sensible d'un auditoire OR il sait toucher la sensibilité d'un auditoire; that song always tugs at my ~ cette chanson me serre toujours le cœur.

heartthrob ['hɑːtθrɒb] *n* coqueluche *f*, idole *f*; he's her ~ elle a le béguin pour lui; he's the office ~ il est la coqueluche des secrétaires.

heart-to-heart ◇ *adj* & *adv* à cœur ouvert *fig*. ◇ *n* conversation *f* intime OR à cœur ouvert; it's time we had a ~ il est temps qu'on se parle (à cœur ouvert).

heartwarming ['hɑːtˌwɔːmɪŋ] *adj* réconfortant, qui réchauffe le cœur.

heartwood ['hɑːtwʊd] *n* cœur *m* du bois, bois *m* de cœur, duramen *m spec*.

hearty ['hɑːtɪ] (*pl* **hearties**, *compar* **heartier**, *superl* **heartiest**) ◇ *adj* -**1.** [congratulations, welcome] cordial, chaleureux; [thanks] sincère; [approval, recommendation] sans réserves; [laugh] gros, franc; [knock, slap] vigoureux; they're ~ eaters ils ont un bon coup de fourchette, ce sont de gros mangeurs. -**2.** [person - robust] vigoureux, robuste, solide; [- cheerful] jovial; they're a bit too ~ for my liking ils sont un peu trop bruyants OR tapageurs à mon goût. -**3.** [meal] copieux, abondant. -**4.** [thorough] absolu; I have a ~ dislike of hypocrisy j'ai horreur de l'hypocrisie.
◇ *n inf* -**1.** *arch* & NAUT: my hearties! les gars! -**2.** [loud person] chahuteur *m*, -euse *f*.

heat [hiːt] ◇ *n* -**1.** [gen & PHYSIOL] chaleur *f*; [of fire, sun] ardeur *f*, chaleur *f*; you should avoid excessive ~ and cold il faudrait que vous évitiez les trop grosses chaleurs et les trop grands froids; the radiator gives off a lot of ~

le radiateur chauffe bien; **you shouldn't go out in this ~** tu ne devrais pas sortir par cette chaleur; **the ~ of summer** le plus fort de l'été; **in the ~ of the day** au (moment le) plus chaud de la journée; **the ~ of the day has passed** le plus chaud de la journée est passé; **I couldn't take the ~ of the tropics** je ne pourrais pas supporter la chaleur des tropiques ❑ **if you can't stand** OR **take the ~, get out of the kitchen** que ceux qui ne sont pas contents s'en aillent; **'In The Heat of the Night'** *Jewison* 'Dans la chaleur de la nuit'. -**2.** [temperature] température *f*, chaleur *f*; **body ~** chaleur animale ‖ CULIN: **turn up the ~** mettre le feu plus fort; **reduce the ~** réduire le feu OR la chaleur; **cook at a high/low ~** faire cuire à feu vif/doux. -**3.** [heating] chauffage *m*; **to turn the ~ on** allumer OR mettre le chauffage; **to turn off the ~** éteindre OR arrêter le chauffage; **the building was without ~ all week** l'immeuble est resté toute la semaine sans chauffage OR n'a pas été chauffé de toute la semaine. -**4.** [intensity of feeling, fervour] feu *m*, passion *f*; **she replied with (some) ~** elle a répondu avec feu OR avec passion. -**5.** [high point of activity] fièvre *f*, feu *m*; **in the ~ of argument** dans le feu de la discussion; **in the ~ of the moment she forgot herself and kissed him** dans l'agitation OR l'excitation du moment, elle l'a spontanément embrassé; **in the ~ of battle** dans le feu du combat. -**6.** *inf* [coercion, pressure]: **the mafia turned the ~ on the mayor** la mafia a fait pression sur le maire; **I'm lying low until the ~ is off** je me tiens à carreau jusqu'à ce que les choses se calment; **the new deadline took the ~ off him** le nouveau délai lui a permis de souffler un peu. -**7.** SPORT [round of contest] manche *f*; [preliminary round] (épreuve *f*) éliminatoire *f*. -**8.** ZOOL chaleur *f*, rut *m*; **on ~** *Br*, **in ~** *Am* en chaleur, en rut. -**9.** ▽ *Am* [police]: **the ~** les flics *mpl*.

◇ *vi* [food, liquid] chauffer; [air, house, room] se réchauffer.

◇ *vt* -**1.** [gen & PHYSIOL] chauffer; [overheat] échauffer; **wine ~s the blood** le vin échauffe le sang. -**2.** *fig* [inflame] échauffer, enflammer.

◆ **heat up** ◇ *vt sep* réchauffer.

◇ *vi insep* [food, liquid] chauffer; [air, house, room] se réchauffer; *fig* [situation] se dégrader, s'aggraver.

heat capacity *n* capacité *f* calorifique.

heated ['hiːtɪd] *adj* -**1.** [room, swimming pool] chauffé. -**2.** [argument, discussion] passionné; [words] vif; [person] échauffé; **he became quite ~ about it** il s'est emporté OR échauffé à ce propos; **the discussion became ~** le ton de la conversation a monté; **she made a ~ reply** elle a répondu avec emportement; **there were a few ~ exchanges** ils échangèrent quelques propos vifs.

heatedly ['hiːtɪdlɪ] *adv* [debate, talk] avec passion; [argue, deny, refuse] avec passion OR emportement, farouchement.

heater ['hiːtə^r] *n* -**1.** [for room] appareil *m* de chauffage; [for water] chauffe-eau *m inv*; [for car] (appareil de) chauffage *m*; **I turned the ~ on this morning** j'ai mis le chauffage ce matin. -**2.** ▽ *Am* [gun] flingue *m*.

heat exhaustion *n* épuisement *m* dû à la chaleur.

heath [hiːθ] *n* -**1.** [moor] lande *f*. -**2.** [plant] bruyère *f*.

heat haze *n* brume *f* de chaleur.

heathen ['hiːðn] (*pl inv* OR **heathens**) ◇ *n* [pagan] païen *m*, -enne *f*; [barbaric person] barbare *mf*.

◇ *adj* [pagan] païen; [barbaric] barbare.

heathenish ['hiːðənɪʃ] *adj pej* -**1.** [pagan - beliefs, rites] païen, barbare, idolâtre. -**2.** [barbaric] barbare, grossier.

heathenism ['hiːðənɪzm] *n* paganisme *m*.

heather ['heðə^r] *n* bruyère *f*.

heathery ['heðərɪ] *adj* de bruyère.

heathland ['hiːθlænd] *n* lande *f*.

Heath Robinson [hiːθ'rɒbɪnsn] ◇ *pr n nom évoquant une machine d'une complexité absurde (d'après le nom d'un dessinateur qui imagina de nombreux dispositifs de ce genre).*

◇ *adj* alambiqué.

heating ['hiːtɪŋ] ◇ *n* chauffage *m*.

◇ *comp* [apparatus, appliance, system] de chauffage.

heating element *n* [burner on stove] plaque *f* chauffante; [in dishwasher, kettle] élément *m* chauffant, résistance *f*.

heating engineer *n* chauffagiste *m*.

heat loss *n* perte *f* OR déperdition *f* de chaleur.

heatproof ['hiːtpruːf] *adj* [gen] résistant à la chaleur; [dish] qui va au four.

heat rash *n* irritation *f* OR inflammation *f* due à la chaleur.

heat-resistant *adj* [gen] résistant à la chaleur, thermorésistant *spec*; [dish] qui va au four.

heat-seeking [-ˌsiːkɪŋ] *adj* [missile] thermoguidé.

heat shield *n* AERON bouclier *m* thermique.

heatstroke ['hiːtstrəʊk] *n (U)* coup *m* de chaleur.

heat-treat *vt* traiter par la chaleur.

heat treatment *n* traitement *m* par la chaleur, thermothérapie *f spec*.

heat wave *n* vague *f* de chaleur, canicule *f*.

heave [hiːv] (*pt & pp vt all senses + vi senses 1-3* **heaved**, *pt & pp vi sense 4* **hove** [həʊv], *cont* **heaving**) ◇ *vt* -**1.** [lift] lever OR soulever avec effort; [pull] tirer fort; [drag] traîner avec effort; **I ~d myself out of the chair** je me suis arraché OR extirpé de ma chaise. -**2.** [throw] jeter, lancer; **he ~d a rock at the bear** il a lancé une pierre sur l'ours. -**3.** *fig*: **to ~ a sigh of relief** pousser un soupir de soulagement.

◇ *vi* -**1.** [rise and fall - sea, waves, chest] se soulever; [- ship] tanguer; **his shoulders ~d with suppressed laughter** il était secoué par un rire étouffé. -**2.** [lift] lever, soulever; [pull] tirer; **~! ho! hisse!** -**3.** [retch] avoir des haut-le-cœur; [vomit] vomir; **the sight made my stomach ~** le spectacle m'a soulevé le cœur OR m'a donné des nausées. -**4.** NAUT aller, se déplacer; **the ship hove alongside the quay** le navire a accosté le quai; **to ~ into sight** OR **into view** NAUT & *fig* paraître OR poindre *lit* à l'horizon.

◇ *n* -**1.** [attempt to move]: **one more ~ and we're there** encore un coup OR un petit effort et ça y est; **I gave the rope one more ~** j'ai tiré une fois de plus sur la corde; **with a ~ he dragged the table against the door** dans un effort il traîna la table jusqu'à la porte ❑ **to give sb the ~** OR **~-ho** *inf* [subj: employer] virer qqn, [boyfriend, girlfriend] plaquer qqn. -**2.** [retching] haut-le-cœur *m inv*, nausée *f*; [vomiting] vomissement *m*.

◆ **heaves** *npl* VETER pousse *f*; **this horse has the ~s** ce cheval a la pousse OR est poussif; **John had the ~s** *inf fig* John avait des haut-le-cœur.

◆ **heave down** ◇ *vt sep* mettre OR abattre en carène, caréner.

◇ *vi insep* caréner.

◆ **heave to** ◇ *vi insep* se mettre en panne.

◇ *vt sep* mettre en panne.

heaven ['hevn] *n* -**1.** RELIG ciel *m*, paradis *m*; **to go to ~** aller au ciel, aller au OR en paradis; **in ~** au ciel, au OR en paradis; **Our Father, who art in Heaven** notre Père qui es aux cieux. -**2.** *fig*: **the Caribbean was like ~ on earth** les Caraïbes étaient un véritable paradis sur terre; **this is sheer ~!** c'est divin OR merveilleux!, c'est le paradis!; **I wish to ~ I'd never said it** comme je regrette de l'avoir dit ‖ [in interjections]: **~ forbid!** pourvu que non!, j'espère bien que non!; **~ forbid that I should see her** que Dieu me garde de la voir; **~ help us if they catch us** que le ciel nous vienne en aide s'ils nous attrapent; **~ knows I've tried!** Dieu sait si j'ai essayé!; **she bought books, magazines and ~ knows what (else)** elle a acheté des livres, des revues et je ne sais OR Dieu sait quoi encore; **what in ~'s name is that?** au nom du ciel, qu'est-ce que c'est que ça?; **who in ~'s name told you that?** qui diable vous a dit ça?, mais qui a donc pu vous dire cela?; **good ~s!** ciel!, mon dieu!; **(good) ~s, is that the time?** mon dieu OR juste ciel, il est si tard que ça?; **for ~'s sake!** [in annoyance] mince!; [in pleading] pour l'amour du ciel! ❑ **it smells** OR **stinks to high ~ in here!** qu'est-ce que ça peut puer ici!; **she's in ~** OR **in seventh ~ when she's with him** elle est au septième ciel OR aux anges quand elle est avec lui; **to move ~ and earth to do sthg** remuer ciel et terre pour faire qqch.

◆ **heavens** *npl* [sky]: **the ~s** *lit* le ciel, le firmament *lit*; **the ~s opened** il s'est mis à pleuvoir à torrents.

heavenly ['hevnlɪ] *adj* -**1.** [of space] céleste, du ciel; [holy] divin; **Heavenly Father** Père *m* céleste. -**2.** [wonderful] divin, merveilleux.

heavenly body *n* corps *m* céleste.

heaven-sent *adj* providentiel; **a ~ opportunity** une occasion providentielle OR qui tombe à pic.

heavenward ['hevnwəd] ◇ *adv* [ascend, point] vers le ciel; [glance] au ciel.

◇ *adj* vers le ciel; **with a ~ glance** en levant les yeux au ciel.

heavenwards ['hevnwədz] *Br* = **heavenward** *adv*.

heavily ['hevɪlɪ] *adv* -**1.** [fall, land] lourdement, pesamment; [walk] d'un pas lourd OR pesant, lourdement; **she leaned ~ on my arm** elle s'appuya de tout son poids sur mon bras ‖ *fig*: **time hangs ~ on her** elle trouve le temps long, le temps lui pèse; **it weighed ~ on my conscience** cela me pesait sur la conscience. -**2.** [laboriously - move] avec difficulté, péniblement; [- breathe] péniblement, bruyamment. -**3.** [deeply - sleep] profondément; **she left the room, sighing ~** en poussant un énorme OR gros soupir, elle a quitté la pièce. -**4.** [as intensifier - bet, drink, smoke] beaucoup; [- fine, load, tax] lourdement; [- stress] fortement, lourdement; **it was raining ~** il pleuvait des cordes; **it was snowing ~** il neigeait très fort OR dru OR à gros flocons; **they lost ~** [team] ils se sont fait écraser; [gamblers] ils ont perdu gros; **they're ~ into yoga** *inf* ils donnent à fond dans le yoga; **they're ~ dependent on foreign trade** ils sont fortement tributaires du commerce extérieur; **~ populated** très peuplé, à forte densité de population; **~ wooded** très boisé.

heavily-built *adj* solidement bâti; **a ~ man** un homme costaud OR bien charpenté.

heavily-laden *adj* lourdement chargé; **~ with books** lourdement chargé de livres.

heaviness ['hevɪnɪs] *n* -**1.** [weight - of object, physique] lourdeur *f*, pesanteur *f*, poids *m*; [- of movement, step] lourdeur, pesanteur; **a feeling of ~** une lourdeur, des lourdeurs. -**2.** [depression] abattement *m*, découragement *m*; [sadness] tristesse *f*; **~ of heart** tristesse. -**3.** [of weather] lourdeur *f*. -**4.** [of humour] manque *m* de subtilité; [of style] lourdeur *f*. -**5.** [of food] caractère *m* indigeste; **what I don't like about their cooking is its ~** ce que je n'aime pas dans leur cuisine, c'est qu'elle est lourde.

heavy ['hevɪ] (*compar* **heavier**, *superl* **heaviest**, *pl* **heavies**) ◇ *adj* -**1.** [in weight] lourd; [box, parcel] lourd, pesant; **how ~ is he?** combien pèse-t-il?; **it's too ~ for me to lift** je ne peux pas le soulever, c'est OR ça pèse trop lourd; **~ luggage** gros bagages, bagages lourds; **~ machinery** matériel *m* lourd ❑ **~ (goods) vehicle** *Br* poids *m* lourd. -**2.** [burdened, laden] chargé, lourd; **the branches were ~ with fruit** les branches étaient chargées OR lourdes de fruits; **her eyes were ~ with sleep** elle avait les yeux lourds de sommeil; **she was ~ with child** *arch* OR *lit* elle était enceinte; **~ with young** ZOOL gravide, grosse. -**3.** [in quantity - expenses, payments] important, considérable; [- fine, losses] gros, lourd; [- taxes] lourd; [- casualties, damages] énorme, important; [- crop] abondant, gros; [- dew] abondant; **she has a ~ cold** elle a un gros rhume, elle est fortement enrhumée;

there's a ~ demand for teachers il y a une forte OR grosse demande d'enseignants; her students make ~ demands on her ses étudiants sont très exigeants avec elle OR exigent beaucoup d'elle; ~ rain forte pluie; ~ seas grosse mer; ~ showers grosses OR fortes averses; ~ sleep sommeil profond OR lourd; ~ snow neige abondante, fortes chutes de neige; to be a ~ sleeper avoir le sommeil profond OR lourd; they expect ~ trading on the Stock Exchange ils s'attendent à ce que le marché soit très actif; ~ traffic circulation dense, grosse circulation. -4. [using large quantities]: he's a ~ drinker/smoker il boit/fume beaucoup, c'est un grand buveur/fumeur; a ~ gambler un flambeur; the car's very ~ on petrol *inf Br* la voiture consomme énormément d'essence; you've been a bit ~ on the pepper *inf* tu as eu la main un peu lourde avec le poivre. -5. [ponderous - movement] lourd; [- step] pesant, lourd; [- sigh] gros, profond; [- thud] gros; he was dealt a ~ blow [hit] il a reçu un coup violent; [from fate] ça a été un rude coup OR un gros choc pour lui; ~ breathing [from effort, illness] respiration *f* pénible; [from excitement] respiration haletante; ~ fighting is reported in the Gulf on signale des combats acharnés dans le Golfe; we could hear his ~ tread on the stairs nous l'entendions monter l'escalier d'un pas lourd; a ~ landing un atterrissage brutal ❑ ~ breather *personne qui donne des coups de téléphone anonymes obscènes.* -6. [thick - coat, sweater] gros; [- soil] lourd, gras; ~ cream *Am* CULIN crème *f* fraîche épaisse. -7. [person - fat] gros, corpulent; [- solid] costaud, fortement charpenté; a man of ~ build un homme solidement bâti. -8. [coarse, solid - line, lips] gros, épais; [thick - beard] gros, fort; ~ features gros traits, traits épais OR lourds; ~ type TYPO caractères gras. -9. [grave, serious - news] grave; [- responsibility] lourd; [- defeat] lourd, grave; things got a bit ~ *inf* ça commençait à tourner mal. -10. [depressed - mood, spirits] abattu, déprimé; with a ~ heart, ~ at heart le cœur gros. -11. [tiring - task] lourd, pénible; [- work] pénible; [- day, schedule, week] chargé, difficile; I've got a ~ day ahead of me j'ai une journée chargée devant moi; ~ going [in horseracing] terrain lourd; *fig*: they found it ~ going ils ont trouvé cela pénible OR difficile; the rain made the trip ~ going la pluie a rendu le voyage pénible; it was ~ going getting them to agree j'ai eu du mal à le leur faire accepter; I found his last novel very ~ going j'ai trouvé son dernier roman très indigeste. -12. [difficult to understand - not superficial] profond, compliqué, sérieux; [- tedious] indigeste; the report makes for ~ reading le rapport n'est pas d'une lecture facile OR est ardu. -13. [clumsy - humour, irony] peu subtil, lourd; [- style] lourd. -14. [food, meal] lourd, indigeste; [wine] corsé, lourd; these scones are a bit on the ~ side ces scones sont un peu lourds OR indigestes. -15. [ominous, oppressive - air, cloud, weather] lourd; [- sky] couvert, chargé, lourd; [- silence] lourd, pesant, profond; [- smell, perfume] lourd, fort; to make ~ weather of sthg se compliquer l'existence; don't make such ~ weather of it! ne te complique pas tant l'existence! -16. [important] important; she was getting ready for a ~ date elle se préparait pour le rendez-vous de sa vie. -17. [stress] accentué; [rhythm] aux accents marqués. -18. MIL: ~ artillery artillerie *f* lourde OR de gros calibre. -19. ST. EX: the market is ~ le marché est lourd OR orienté vers la baisse. -20. THEAT [part - difficult] lourd, difficile; [- dramatic] tragique.

◇ *adv* -1. [lie, weigh] lourd, lourdement; the lie weighed ~ on her conscience le mensonge pesait lourd sur sa conscience; time hangs ~ on his hands il trouve le temps long. -2. [harshly]: to come on ~ with sb être dur avec qqn.

◇ *n* -1. THEAT [serious part] rôle *m* tragique; [part of villain] rôle du traître; he usually plays the ~ d'habitude il joue des rôles de traître. -2. *inf* [tough guy] dur *m*; he sent round the heavies il a envoyé les brutes OR les casseurs; don't come the ~ with me ne joue pas au dur avec moi. -3. *inf* [boxer, wrestler] (poids *m*) lourd *m*. -4. MIL gros calibre *m*. -5. *Scot* [beer] bière *f* très alcoolisée. -6. *inf Br* PRESS: the heavies *les quotidiens de qualité.*

heavy-duty *adj* -1. [clothing, furniture] résistant; [cleanser, equipment] à usage industriel. -2. *inf* [serious] sérieux; we've got to do some ~ socialising nous sommes obligés d'assister à de nombreuses réceptions.

heavy-footed *adj* qui marche lourdement, au pas lourd.

heavy-handed *adj* -1. [clumsy - person] maladroit; [- style, writing] lourd. -2. [tactless - remark] qui manque de tact; [- joke] lourd, qui manque de subtilité; [- compliment] lourd, (trop) appuyé. -3. [harsh - person] dur, sévère; [- action, policy] arbitraire.

heavy-handedness [-'hændɪdnɪs] *n* -1. [clumsiness - of person] maladresse *f*; [- of style, writing] lourdeur *f*. -2. [harshness - of person] caractère *m* dur OR sévère; [- of action, policy] caractère arbitraire. -3. [of remark] manque *m* de tact; [of joke] manque *m* de subtilité; [of compliment] lourdeur *f*, maladresse *f*.

heavyhearted [,hevɪ'hɑːtɪd] *adj* abattu, découragé; she felt sad and ~ elle se sentait triste et avait le cœur gros.

heavy hydrogen *n* hydrogène *m* lourd, deutérium *m*.

heavy industry *n* industrie *f* lourde.

heavy-laden *adj* [physically] très chargé; [emotionally] accablé; ~ with worries accablé de soucis; come unto me all those who are ~ BIBLE venez à moi vous qui souffrez.

heavy metal *n* -1. PHYS métal *m* lourd. -2. MUS heavy metal *m*.

heavy mob *inf n*: the ~ les casseurs *mpl*, les durs *mpl*.

heavy oil *n* huile *f* lourde.

heavy petting [-'petɪŋ] *n* *(U)* caresses *fpl* très poussées.

heavy-set *adj* [solidly built - woman] fort; [- man] bien charpenté, costaud; [fat] gros, corpulent.

heavy water *n* eau *f* lourde.

heavyweight ['hevɪweɪt] ◇ *n* -1. [large person, thing] colosse *m*; *fig inf* [important person] personne *f* de poids OR d'envergure, ponte *m*; a literary ~ un écrivain profond OR sérieux, un grand écrivain. -2. SPORT poids *m* lourd.

◇ *adj* -1. [cloth, wool] lourd; [coat, sweater] gros. -2. *inf fig* [important] important; a ~ industrialist un grand OR gros industriel. -3. SPORT [championship, fight] poids lourd; the ~ title le titre (des) poids lourds; he's a ~ fighter c'est un poids lourd.

Hebraic [hiː'breɪɪk] *adj* hébraïque.

Hebrew ['hiːbruː] ◇ *n* -1. [person] Hébreu *m*, Israélite *mf*; the ~s les Hébreux *mpl*; the Epistle of Paul to the ~s l'Épître de saint Paul aux Hébreux. -2. LING Hébreu *m*.

◇ *adj* hébreu *m only*, hébraïque.

Hebrides ['hebrɪdiːz] *pl pr n*: the ~ les (îles *fpl*) Hébrides; in the ~ aux Hébrides.

Hebron ['hebrɒn] *pr n* Hébron.

hecatomb ['hekətuːm] *n* hécatombe *f*.

heck *inf* [hek] ◇ *n*: that's a ~ of a lot of money! c'est une sacrée somme d'argent!; what the ~ are you doing here? qu'est-ce que tu fous là?; where the ~ did he go? où diable est-il allé?; we saw a ~ of a good film on a vu un vachement bon film; I went just for the ~ of it j'y suis allé, histoire de rire OR de rigoler; oh, what the ~! et puis flûte!

◇ *interj* zut, flûte.

heckle ['hekl] ◇ *vt* [interrupt] interrompre bruyamment; [shout at] interpeller, harceler.

◇ *vi* crier *(pour gêner un orateur).*

heckler ['heklər] *n* chahuteur *m*, -euse *f*.

heckling ['heklɪŋ] ◇ *n (U)* harcèlement *m*, interpellations *fpl*.

◇ *adj* qui fait du harcèlement, qui interpelle.

hectare ['hekteər] *n* hectare *m*.

hectic ['hektɪk] *adj* -1. [turbulent] agité, bousculé; [eventful] mouvementé; I've had a ~ day j'ai eu une journée mouvementée, j'ai été bousculé toute la journée; we spent three ~ weeks preparing the play ç'a été la course folle pendant les trois semaines où on préparait la pièce; they lead a ~ life [busy] ils mènent une vie trépidante; [eventful] ils mènent une vie très mouvementée. -2. [flushed] fiévreux; MED [fever, flush] hectique.

hectically ['hektɪklɪ] *adv* fiévreusement.

hectogram(me) ['hektəgræm] *n* hectogramme *m*.

hectolitre *Br*, **hectoliter** *Am* ['hektə,liːtər] *n* hectolitre *m*.

hector ['hektər] ◇ *vt* harceler, tyranniser.

◇ *vi* être tyrannique, être une brute.

◇ *n* brute *f*, tyran *m*.

◆ **Hector** *pr n* Hector.

hectoring ['hektərɪŋ] ◇ *n (U)* harcèlement *m*, torture *f*.

◇ *adj* [behaviour] tyrannique; [tone, voice] impérieux, autoritaire.

he'd [hiːd] = **he had, he would**.

hedge [hedʒ] ◇ *n* -1. [shrubs] haie *f*; hawthorn ~ haie d'aubépine. -2. *fig* [protection] sauvegarde *f*; a ~ against inflation une sauvegarde OR une couverture contre l'inflation. -3. [statement] déclaration *f* évasive.

◇ *comp* [clippers, saw] à haie.

◇ *vt* -1. [enclose] entourer d'une haie, enclore; the field was ~d with beech le champ était entouré d'une haie de hêtres. -2. [guard against losing] couvrir; to ~ one's bets se couvrir.

◇ *vi* -1. [plant] planter une haie; [trim] tailler une haie. -2. [in action] essayer de gagner du temps, atermoyer; they are hedging slightly on the trade agreement ils essaient de gagner du temps avant de conclure l'accord commercial || [in answering] éviter de répondre, répondre à côté; [in explaining] expliquer avec des détours; stop hedging! dis-le franchement!, au fait! -3. [protect] se protéger; it's a way of hedging against inflation c'est un moyen de vous protéger OR vous couvrir contre l'inflation.

◆ **hedge about** *Br*, **hedge around** *vt sep* entourer; the offer was ~d about with conditions *fig* l'offre était assortie de conditions.

◆ **hedge in** *vt sep* entourer d'une haie, enclore; ~d in by restrictions *fig* assorti de restrictions; I'm feeling ~d in je ne me sens pas libre.

◆ **hedge off** *vt sep* [area] entourer d'une haie; [part of area] séparer par une haie.

hedgehog ['hedʒhɒg] *n* hérisson *m*.

hedgehop ['hedʒhɒp] (*pt & pp* hedgehopped, *cont* hedgehopping) *vi* voler en rase-mottes, faire du rase-mottes.

hedgehopper ['hedʒhɒpər] *n* [pilot] pilote *m* qui vole en rase-mottes; [aeroplane] avion *m* qui fait du rase-mottes.

hedgerow ['hedʒrəʊ] *n* haies *fpl*.

hedge sparrow *n* (accenteur *m*) mouchet *m*.

hedonism ['hiːdənɪzm] *n* hédonisme *m*.

hedonist ['hiːdənɪst] *n* hédoniste *mf*.

hedonistic [,hiːdə'nɪstɪk] *adj* hédoniste.

heebie-jeebies *inf* [,hiːbɪ'dʒiːbɪz] *npl*: to have the ~ avoir la frousse OR les chocottes; the film gave me the ~ [revulsion] le film m'a donné la chair de poule; [fright] le film m'a donné la trouille OR la frousse; he gives me the ~ il me met mal à l'aise.

heed [hiːd] ◇ *n*: to take ~ of sthg, to pay OR to give ~ to sthg tenir bien compte de qqch; he pays little ~ to criticism il ne se soucie guère OR il ne fait pas grand cas des critiques; I took no ~ of her advice je n'ai pas écouté OR je n'ai tenu aucun compte de ses conseils; pay no ~ to him ne faites pas attention à lui; take ~! prenez garde!

◇ *vt* -1. [warning, words] faire bien attention à, tenir compte de, prendre garde à. -2. [person - listen to] bien écouter; [- obey] obéir à.

heedful ['hiːdfʊl] *adj* attentif; she's ~ of the importance of secrecy elle est consciente qu'il est important de garder le secret; they seemed ~ of what they were doing ils semblaient attentifs à ce qu'ils faisaient.

heedless ['hiːdlɪs] *adj*: ~ of: ~ of the danger sans se soucier du danger; ~ of my warning sans tenir compte de mon avertissement; she seemed ~ of what was going on around her elle ne semblait pas prêter attention à ce qui se passait autour d'elle.

heedlessly ['hiːdlɪslɪ] *adv* -**1.** [without thinking] sans faire attention, à la légère. -**2.** [inconsiderately] avec insouciance, négligemment.

hee-haw [,hiː'hɔː] ◇ *n* -**1.** [of donkey] hi-han *m*. -**2.** [guffaw] gros rire *m*.
◇ *vi* -**1.** [donkey] braire, faire hi-han. -**2.** [person] rire bruyamment.
◇ *interj* hi-han.

heel [hiːl] ◇ *n* -**1.** ANAT talon *m*; she spun OR turned on her ~ and walked away elle a tourné les talons; under the ~ of fascism *fig* sous le joug OR la botte du fascisme ❑ we followed hard on her ~s [walked] nous lui emboîtâmes le pas; [tracked] nous étions sur ses talons; famine followed hard on the ~s of drought la sécheresse fut suivie de près par la famine; he brought the dog to ~ il a fait venir le chien à ses pieds; to bring sb to ~ mettre qqn au pas; to take to one's ~s, to show a clean pair of ~s se sauver à toutes jambes, prendre ses jambes à son cou. -**2.** [of shoe] talon *m*. -**3.** [of glove, golf club, hand, knife, sock, tool] talon *m*. -**4.** [of bread] talon *m*, croûton *m*; [of cheese] talon *m*, croûte *f*. -**5.** ▽ *dated* [contemptible man] salaud *m*. -**6.** NAUT [of keel] talon *m*; [of mast] caisse *f*. -**7.** [incline - of ship] bande *f*; [- of vehicle, tower] inclinaison *f*.
◇ *vt* -**1.** [boot, shoe] refaire le talon de. -**2.** SPORT [ball] talonner.
◇ *vi* -**1.** [to dog]: ~! au pied! -**2.** [ship] gîter, donner de la bande; [vehicle, tower] s'incliner, se pencher.
◆ **heel over** *vi insep* [ship] gîter, donner de la bande; [vehicle, tower] s'incliner, se pencher; [cyclist] se pencher.

heel-and-toe ◇ *adj* -**1.** [walking]: ~ walking *façon de marcher où le talon d'un pied est posé avant que les doigts de l'autre pied quittent le sol.* -**2.** [driving]: ~ driving *façon de conduire utilisant le talon et les orteils du même pied pour actionner l'accélérateur et le frein.*
◇ *vi* AUT *conduire en se servant du talon et des orteils du même pied pour appuyer sur l'accélérateur et le frein.*

heel bar *n* talon-minute *m*, réparations-minute *fpl*.

heels [hiːlz] = **high heels**.

heft *inf* [heft] ◇ *n* -**1.** [weight] poids *m*. -**2.** *Am* [main part] gros *m*.
◇ *vt* -**1.** [lift] soulever; [hoist] hisser. -**2.** [test weight of] soupeser.

hefty *inf* ['heftɪ] (*compar* heftier, *superl* heftiest) *adj* -**1.** [package - heavy] lourd; [- bulky] encombrant, volumineux; [book] épais, gros; [person] costaud. -**2.** [part, profit] gros; a ~ sum une jolie somme; he paid a ~ price for them il les a payés drôlement cher; she earns a ~ salary elle se fait une bonne OR sacrée paie. -**3.** [blow, slap] puissant.

Hegelian [heɪ'giːljən] *adj* hégélien.

hegemony [hɪ'gemənɪ] *n* hégémonie *f*.

Hegira, Hejira ['hedʒɪrə] *n* hégire *f*.

heifer ['hefəʳ] *n* génisse *f*.

heigh-ho ['heɪ'həʊ] *interj* -**1.** [weariness] eh bien; [sadness] hélas. -**2.** *dated* & *lit* [of surprise] ça alors, ça par exemple; [of happiness] chouette alors.

height [haɪt] *n* -**1.** [tallness - of person] taille *f*, grandeur *f*; [- of building, tree] hauteur *f*; what ~ are you? combien mesurez-vous?; ~: 1 m 80 [on form] taille: 1 m 80; I'm of average ~ je suis de taille moyenne; redwoods grow to a ~ of 100 metres les séquoias peuvent atteindre 100 mètres (de haut). -**2.** [distance above ground - of mountain, plane] altitude *f*; [- of ceiling, river, stars] hauteur *f*; to be at a ~ of 3 metres above the ground être à 3 mètres au-dessus du sol ❑ ~ of land *Am* ligne *f* de partage des eaux. -**3.** [high position] hauteur *f*; to fall from a great ~ tomber de haut; the ~s GEOG les hauteurs; fear of ~s [gen] vertige *m*; MED acrophobie *f*; I'm afraid of ~s j'ai le vertige; to reach new ~s *fig* augmenter encore ❑ 'Wuthering Heights' *Emily Brontë* 'les Hauts de Hurlevent'. -**4.** *fig* [peak - of career, success] point *m* culminant; [- of fortune, fame] apogée *m*; [- of arrogance, stupidity] comble *m*; at the ~ of her powers en pleine possession de ses moyens; at its ~ the group had 300 members à son apogée, le groupe comprenait 300 membres; the tourist season is at its ~ la saison touristique bat son plein; at the ~ of summer en plein été, au plus chaud de l'été; at the ~ of the battle/storm au plus fort de la bataille/de l'orage; to dress in the ~ of fashion s'habiller à la dernière mode; it's the ~ of fashion c'est le dernier cri.

heighten ['haɪtn] ◇ *vt* -**1.** [make higher - building, ceiling, shelf] relever, rehausser. -**2.** [increase - effect, fear, pleasure] augmenter, intensifier; [- flavour] relever; MED [fever] faire monter, aggraver; the incident has ~ed public awareness of environmental problems l'incident a sensibilisé encore plus le public aux problèmes de l'environnement; the colour ~ed the deathly pallor of her skin cette couleur faisait ressortir OR accentuait sa pâleur cadavérique.
◇ *vi* [fear, pleasure] augmenter, monter.

heightened ['haɪtnd] *adj* -**1.** [building, ceiling, shelf] relevé, rehaussé. -**2.** [fear, pleasure] intensifié; [colour] plus vif.

heightening ['haɪtnɪŋ] *n* -**1.** [of building, ceiling] rehaussement *m*, surélévation *f*. -**2.** [of fear, pleasure] accroissement *m*, intensification *f*.

heinie▽ ['hiːnɪ] *n Am* fesses *fpl*.

heinous ['heɪnəs] *adj lit* OR *fml* odieux, atroce; a ~ crime un crime abominable OR odieux.

heir [eəʳ] *n* [gen] héritier *m*; JUR héritier *m*, légataire *mf*; he is ~ to a vast fortune il est l'héritier d'une immense fortune; the ~ to the throne l'héritier du trône OR de la couronne ❑ ~ apparent JUR héritier *m* présomptif; ~ at law, rightful ~ JUR héritier légitime OR naturel; ~ presumptive JUR héritier présomptif *(sauf naissance d'un héritier en ligne directe)*.

heiress ['eərɪs] *n* héritière *f*.

heirloom ['eəluːm] *n* -**1.** [family property] objet *m* de famille; a family ~ un objet de famille. -**2.** JUR [legacy] legs *m*.

heist *inf* [haɪst] *Am* ◇ *n* [robbery] vol *m*; [in bank] braquage *m*; [stolen objects] butin *m*.
◇ *vt* [steal] voler; [commit armed robbery] braquer.

held [held] *pt* & *pp* → **hold**.

Helen ['helɪn] *pr n* [of Troy] Hélène.

helical ['helɪkl] *adj* hélicoïdal.

helical gear *n* engrenage *m* hélicoïdal.

helicoid(al) ['helɪkɔɪd(l)] ◇ *adj* [gen] hélicoïdal; GEOM hélicoïde.
◇ *n* hélicoïde *m*.

helicopter ['helɪkɒptəʳ] ◇ *n* hélicoptère *m*; the wounded were transported by ~ les blessés on été héliportés.
◇ *vt* transporter en hélicoptère; they managed to ~ in provisions ils ont réussi à amener des provisions par hélicoptère.
◇ *vi* voyager en hélicoptère.
◇ *comp* [patrol, rescue] en hélicoptère; [pilot] d'hélicoptère; ~ transfer OR transport héliportage *m*.

helidrome ['helɪdrəʊm] *n* hélidrome *m*.

heliocentric [,hiːlɪəʊ'sentrɪk] *adj* héliocentrique.

heliograph ['hiːlɪəʊgrɑːf] ◇ *n* -**1.** [transmitter] héliographe *m*. -**2.** [camera] photohéliographe *m*.
◇ *vt* transmettre par héliographe.

heliometer [,hiːlɪ'ɒmɪtəʳ] *n* héliomètre *m*.

Helios ['hiːlɪɒs] *pr n* Hélios.

heliostat ['hiːlɪəʊstæt] *n* héliostat *m*.

heliotrope ['heljətrəʊp] ◇ *n* -**1.** BOT héliotrope *m*. -**2.** [colour] violet *m* clair.
◇ *adj* violet clair.

heliotropism [,hiːlɪəʊ'trəʊpɪzm] *n* héliotropisme *m*.

helipad ['helɪpæd] *n* héliport *m*.

heliport ['helɪpɔːt] *n* héliport *m*.

helistop ['helɪstɒp] *n* héliport *m*.

helium ['hiːlɪəm] *n* hélium *m*.

helix ['hiːlɪks] (*pl* **helices** ['helɪsiːz] OR **helixes**) *n* -**1.** ARCHIT & GEOM [spiral] hélice *f*. -**2.** ANAT & ZOOL hélix *m*.

hell [hel] *n* -**1.** RELIG enfer *m*; MYTH [underworld] les enfers; to go to ~ [Christianity] aller en enfer; MYTH descendre aux enfers ❑ it's (as) hot as ~ in there il fait une chaleur de tous les diables OR infernale là-dedans; go to ~! *inf* va te faire voir!; to ~ with society! *inf* au diable la société!; to ~ with what they think! *inf* leur avis, je m'assois dessus!; come ~ or high water *inf* contre vents et marées, envers et contre tout; when ~ freezes over à la saint-glinglin; it'll be a cold day in ~ before I apologize je m'excuserai quand les poules auront des dents; it was the journey from ~ *inf* ce voyage, c'était l'horreur; all ~ broke loose *inf* ça a bardé; to give sb ~ *inf* passer un savon OR faire sa fête à qqn; give them ~! *inf* rentre-leur dedans!, fais-leur en baver!; the damp weather plays ~ with my arthritis *inf* ce temps humide me fait rudement souffrir de mon arthrite!, par ces temps humides, qu'est-ce que je déguste avec mon arthrite!; there'll be ~ to pay when he finds out *inf* ça va barder OR chauffer quand il l'apprendra; they went into town to raise (a little) ~ *inf* ils sont allés faire la bringue en ville; the boss raised ~ when he saw the report *inf* le patron a fait une scène de tous les diables en voyant le rapport; I went along just for the ~ of it *inf* j'y suis allé histoire de rire OR de rigoler; he ran off ~ for leather *inf* il est parti ventre à terre; to ride ~ for leather aller au triple galop OR à bride abattue; ~'s bells!, ~'s teeth! *inf* mince alors! -**2.** [torture] enfer *m*; it's ~ in here c'est infernal ici; working there was ~ on earth c'était l'enfer de travailler là-bas; he made her life ~ il lui a fait mener une vie infernale. -**3.** *inf* [used as emphasis]: it's colder/hotter than ~ il fait vachement froid/chaud; he's as happy/tired as ~ il est vachement heureux/fatigué; the government is in a ~ of a mess le gouvernement est dans un sacré pétrin; a ~ of a wind un vent du diable OR de tous les diables; a ~ of a lot of books tout un tas OR un paquet de livres; we had a ~ of a good time nous nous sommes amusés comme des fous; they had a ~ of a time getting the car started ils en ont bavé pour faire démarrer la voiture; my arm started to hurt like ~ mon bras a commencé à me faire vachement mal; he worked like ~ il a travaillé comme une brute OR une bête; to run/to shout like ~ courir/crier comme un fou; will you lend me £50? — like ~ I will! peux-tu me prêter 50 livres? — tu peux toujours courir!; I'm leaving — like ~ you are! je pars — n'y compte pas!; I just hope to ~ he leaves j'espère de tout mon cœur qu'il partira; get the ~ out of here! fous OR fous-moi le camp!; what the ~ are you doing? qu'est-ce que tu fous?; why the ~ did you go? qu'est-ce qui t'a pris d'y aller?; how the ~ would I know? comment veux-tu que je le sache?; where the ~ are my keys? où diable sont mes clefs?; who the ~ do you think you are? mais tu te prends pour qui?; oh well, what the ~! oh qu'est-ce que ça peut bien faire?; did you agree? — ~, no! as-tu accepté? — tu plaisantes! -**4.** *inf Am* [high spirits]: there's ~ in that boy ce garçon respire la joie de vivre; full of ~ plein d'entrain OR de vivacité.
◆ **Hell** = **hell 1**.

he'll [hiːl] = **he will**.

hell-bent *inf adj* acharné; he's ~ on going il veut à tout prix y aller, il veut y aller coûte que coûte; society seems ~ on self-destruction la société semble décidée à aller tout droit à sa propre destruction.

hellcat ['helkæt] *n* harpie *f*, mégère *f*.

hellebore ['helɪbɔːʳ] *n* ellébore *m*.

Hellene ['heliːn] *n* Hellène *mf*.

Hellenic [he'liːnɪk] ◇ *adj* hellène, hellénique.
◇ *n* langue *f* hellénique.

hellfire ['helfaɪəʳ] ◇ *n literal* feu *m* de l'enfer; *fig* [punishment] châtiment *m* divin.
◇ *interj inf*: ~! bon sang!, sacré nom de Dieu!
◇ *comp*: ~ **preacher** prédicateur *m*.

hellhole *inf* ['helhəʊl] *n* bouge *m*.

hellhound ['helhaʊnd] *n literal* chien *m* des Enfers; *fig* [fiend] monstre *m*, démon *m*.

hellion *inf* ['heljən] *n Am* [child] galopin *m*, polisson *m*, -onne *f*; [adult] chahuteur *m*, trublion *m*.

hellish ['helɪʃ] ◇ *adj* -**1.** [cruel - action, person] diabolique. -**2.** *inf* [dreadful] infernal; **she's had a pretty ~ life** elle a eu une vie absolument infernale, sa vie a été un véritable enfer.
◇ *adv inf* = **hellishly**.

hellishly *inf* ['helɪʃlɪ] *adv Br* atrocement, épouvantablement.

hello [hə'ləʊ] (*pl* **hellos**) ◇ *interj* -**1.** [greeting] bonjour, salut; [in the evening] bonsoir; [on answering telephone] allô. -**2.** [to attract attention] hé, ohé. -**3.** [in surprise] tiens.
◇ *n* [greeting] bonjour *m*, salutation *f*; **he gave me a cheery ~** il m'a salué joyeusement OR avec entrain; **say ~ to the lady** dis bonjour à la dame; **he asked me to say ~ to you** il m'a demandé de vous donner le bonjour.

Hell's Angels *pl pr n nom d'un groupe de motards au comportement violent.*

helluva *inf* ['heləvə] *adj*: **a ~ noise** un sacré boucan; **a ~ wind** un de ces vents; **a ~ lot of money** un paquet de fric; **a ~ lot of kids** des tas d'enfants; **he's a ~ guy** c'est un type vachement bien; **I had a ~ time** [awful] je me suis emmerdé; [wonderful] je me suis vachement marré; **they had a ~ time convincing her** ils ont eu vachement de mal à la convaincre.

helm [helm] ◇ *n* -**1.** NAUT barre *f*, gouvernail *m*; **to be at the ~** *literal* tenir la barre OR le gouvernail; *fig* tenir la barre OR les rênes; **to take the ~** *literal & fig* prendre la barre, prendre la direction des opérations; **he's at the ~ of the company now** c'est lui qui dirige la société maintenant. -**2.** *arch* [helmet] casque *m*.
◇ *vt* -**1.** NAUT gouverner, barrer; *fig* diriger. -**2.** *arch* [supply with helmet] coiffer d'un casque.

helmet ['helmɪt] *n* [gen] casque *m*; [medieval] heaume *m*.

helmeted ['helmɪtɪd] *adj* casqué, portant un casque.

helmsman ['helmzmən] (*pl* **helmsmen** [-mən]) *n* timonier *m*, homme *m* de barre.

helot ['helət] *n* ilote *mf*.

help [help] ◇ *vt* -**1.** [assist, aid - gen] aider, venir en aide à; [- elderly, poor, wounded] secourir, venir en aide à; **come and ~ me** viens m'aider; **can I ~ you with the dishes?** puis-je t'aider à faire la vaisselle?; **they got their neighbours to ~ them move** ils se sont fait aider par leurs voisins pour le déménagement; **they ~ one another take care of the children** ils s'entraident pour s'occuper des enfants; **we want to ~ poorer countries to ~ themselves** nous voulons aider les pays sous-développés à devenir autonomes OR à se prendre en main; **he ~ed me on/off with my coat** il m'a aidé à mettre/enlever mon manteau; **she ~ed the old man to his feet/across the street** elle a aidé le vieux monsieur à se lever/à traverser la rue; **let me ~ you up/down** laissez-moi vous aider à monter/descendre; **it might ~ if you took more exercise** ça irait peut-être mieux si tu faisais un peu plus d'exercice ❑ **so ~ me God!** je le jure devant Dieu!; **I'll get you for this, so ~ me** *inf* j'aurai ta peau, je le jure!; **God ~s those who ~ themselves** *prov* aide-toi, le ciel t'aidera *prov*. -**2.** [contribute to] contribuer à; [encourage] encourager, favoriser; **the rain ~ed firefighters to bring the flames under control** la pluie a permis aux pompiers de maîtriser l'incendie. -**3.** [remedy - situation] améliorer; [- pain] soulager; **it ~ed to ease my headache** cela a soulagé mon mal de tête; **to ~ matters, it started to pour with rain** *iron* pour tout arranger, il s'est mis à pleuvoir des cordes; **crying won't ~ anyone** cela ne sert à rien OR n'arrange rien de pleurer. -**4.** [serve] servir; **she ~ed me to more rice** elle m'a servi du riz une deuxième fois; **I ~ed myself to the cheese** je me suis servi en fromage; **~ yourself!** servez-vous!; **they ~ed themselves to more meat** ils ont repris de la viande; **he ~ed himself to the petty cash** *euph* il a pioché OR il s'est servi dans la caisse. -**5.** (*with can, usu neg*) [avoid, refrain from]: **I can't ~ thinking that we could have done more** je ne peux pas m'empêcher de penser qu'on aurait pu faire plus; **we couldn't ~ laughing** OR **but laugh** nous ne pouvions pas nous empêcher de rire; **I tried not to laugh but I couldn't ~ myself** j'essayais de ne pas rire mais c'était plus fort que moi; **she never writes any more than she can ~** elle ne se foule pas pour écrire, elle écrit un minimum de lettres OR le moins possible. -**6.** (*with can, usu neg*) [control]: **he can't ~ it if she doesn't like it** il n'y est pour rien OR ce n'est pas de sa faute si cela ne lui plaît pas; **can he ~ it if the train is late?** est-ce que c'est de sa faute si le train est en retard?; **she can't ~ her temper** elle ne peut rien à ses colères; **I can't ~ it** je n'y peux rien, ce n'est pas de ma faute; **it can't be ~ed** tant pis! on n'y peut rien OR on ne peut pas faire autrement; **are they coming? — not if I can ~ it!** est-ce qu'ils viennent? — pas si j'ai mon mot à dire!
◇ *vi* être utile; **she ~s a lot around the house** elle se rend très utile à la maison, elle rend souvent service à la maison; **is there anything I can do to ~?** puis-je être utile?; **losing your temper isn't going to ~** ça ne sert à rien OR n'arrange rien de perdre ton calme; **every little bit ~s** les petits ruisseaux font les grandes rivières *prov*; **every penny ~s** il n'y a pas de petites économies.
◇ *n* -**1.** [gen] aide *f*, assistance *f*; [to drowning or wounded person] secours *m*, assistance *f*; **thank you for your ~** merci de votre aide; **can I be of any ~?** puis-je vous aider quelque chose pour vous?, puis-je vous rendre service?; **we're happy to have been of ~** nous sommes contents d'avoir pu rendre service; **he went to get ~** il est allé chercher du secours; **we yelled for ~** nous avons crié au secours; **we moved house with the ~ of a neighbour** nous avons déménagé avec l'aide d'un voisin; **he opened the window with the ~ of a crowbar** il a ouvert la fenêtre à l'aide d'un levier; **she did it without any ~** elle l'a fait toute seule; **I could never have done it without your ~** jamais je n'aurais pu le faire sans vous OR votre aide; **she needs ~ going upstairs** il faut qu'elle se fasse aider pour OR elle a besoin qu'on l'aide à monter l'escalier; **the situation is now beyond ~** la situation est désespérée OR irrémédiable maintenant; **there's no ~ for it** on n'y peut rien. -**2.** [something that assists] aide *f*, secours *m*; **you've been a great ~** vous m'avez été d'un grand secours, vous m'avez beaucoup aidé; **he's a great ~!** *iron* il est d'un précieux secours *iron*. -**3.** (*U*) *Am* [employees] personnel *m*, employés *mpl*; **it's hard to get good ~** il est difficile de trouver des employés sérieux; **'~ wanted'** 'cherchons employés'. -**4.** [domestic aid] femme *f* de ménage.
◇ *interj*: **~!** [in distress] au secours!, à l'aide!; [in dismay] zut!, mince!

◆ **help along** *vt sep* [person] aider à marcher OR avancer; [plan, project] faire avancer.

◆ **help out** ◇ *vt sep* [gen] aider, venir en aide à; [with supplies, money] dépanner; **the scholarship really ~ed her out** la bourse lui a été d'un grand secours; **she ~s us out in the shop from time to time** elle vient nous donner un coup de main au magasin de temps en temps; **they ~ each other out** ils s'entraident; **she ~s him out with his homework** elle l'aide à faire ses devoirs.
◇ *vi insep* aider, donner un coup de main.

helper ['helpəʳ] *n* -**1.** [gen] aide *mf*, assistant *m*, -e *f*; [professional] auxiliaire *mf*. -**2.** *Am* [home help] femme *f* de ménage.

helpful ['helpfʊl] *adj* -**1.** [person] obligeant, serviable; **his secretary was very ~** sa secrétaire nous a été très utile OR nous a été d'un grand secours. -**2.** [advice, suggestion] utile; [gadget, information, map] utile; [medication] efficace, salutaire; **it's often ~ to talk to your doctor about it** il peut s'avérer utile d'en parler à votre médecin; **this book isn't very ~** ce livre ne sert pas à grand-chose; **~ hints** conseils utiles.

helpfully ['helpfʊlɪ] *adv* avec obligeance, obligeamment.

helpfulness ['helpfʊlnɪs] *n* -**1.** [of person] obligeance *f*, serviabilité *f*. -**2.** [of gadget, map etc] utilité *f*.

helping ['helpɪŋ] *n* portion *f*; **to ask for a second ~** demander à en reprendre; **who's for a second ~?** qui en reprend?; **he had four ~s** il en a repris trois fois.

helping hand *n* main *f* secourable; **to give** OR **lend (sb) a ~** donner un coup de main OR prêter main-forte (à qqn).

helpless ['helplɪs] *adj* -**1.** [vulnerable] désarmé, sans défense; **~ children** des enfants sans défense. -**2.** [physically] faible, impotent; [mentally] impuissant; **he lay ~ on the ground** il était allongé par terre sans pouvoir bouger. -**3.** [powerless - person] impuissant, sans ressource; [- anger, feeling] impuissant; [- situation] sans recours, désespéré; **he gave me a ~ look** il m'a jeté un regard désespéré; **he was ~ to stop her leaving** il était incapable de l'empêcher de partir; **I feel so ~** je ne sais vraiment pas quoi faire, je me sens vraiment désarmé; **I'm ~ in the matter** je n'y peux rien; **they were ~ with laughter** ils n'en pouvaient plus de rire, ils étaient morts de rire.

helplessly ['helplɪslɪ] *adv* -**1.** [without protection] sans défense, sans ressource. -**2.** [unable to react] sans pouvoir réagir; [argue, struggle, try] en vain; **he looked on ~** il a regardé sans pouvoir intervenir; **she was lying ~ on the floor** elle était allongée par terre sans pouvoir bouger; **she smiled ~** elle a eu un sourire où se lisait son impuissance; **"I don't know what to say" he said ~** «je ne sais pas quoi vous dire» dit-il d'un ton où se sentait OR qui trahissait son impuissance; **they giggled ~** ils n'ont pas pu s'empêcher de glousser.

helplessness ['helplɪsnɪs] *n* -**1.** [defencelessness] incapacité *f* de se défendre, vulnérabilité *f*. -**2.** [physical] incapacité *f*, impotence *f*; [mental] incapacité. -**3.** [powerlessness - of person] impuissance *f*, manque *m* de moyens; [- of anger, feeling] impuissance *f*; **a feeling of ~** un sentiment d'impuissance.

helpline ['helplaɪn] *n* service *m* d'assistance téléphonique; **AIDS ~** SOS SIDA.

helpmate ['helpmeɪt] *n* [companion] compagnon *m*, compagne *f*; [helper] aide *mf*, assistant *m*, -e *f*; [spouse] époux *m*, épouse *f*.

helpmeet ['helpmiːt] *arch* = **helpmate**.

Helsinki ['helsɪŋkɪ] *pr n* Helsinki.

helter-skelter [,heltə'skeltəʳ] ◇ *adv* [run, rush] en désordre, à la débandade; [organize, throw] pêle-mêle, en vrac.
◇ *adj* [rush] à la débandade; [account, story] désordonné.
◇ *n Br* [ride in fairground] toboggan *m*.

Helvetia [hel'viːʃjə] *pr n* Suisse *f*, Helvétie *f*.

Helvetian [hel'viːʃjən] ◇ *n* Suisse *m*, Suissesse *f*; **the ~s** les Suisses *mpl*, les Helvètes *mpl*.
◇ *adj* suisse, helvétique; HIST helvète.

hem [hem] (*pt & pp* **hemmed**, *cont* **hemming**) ◇ *n* -**1.** [of trousers, skirt] ourlet *m*; [of handkerchief, sheet] bord *m*, ourlet *m*; **she let the ~ down on her skirt** elle a défait l'ourlet pour rallonger OR elle a rallongé sa jupe; **your ~'s coming down** ton ourlet s'est défait OR dé

cousu. -**2.** [hemline] (bas *m* de l') ourlet *m.* -**3.** METALL ourlet *m.*
◇ *vt* ourler, faire l'ourlet de.
◇ *interj*: **~!** [to call attention] hem!; [to indicate hesitation, pause] euh!
◇ *vi* faire hem; **to ~ and haw** bafouiller; **he hemmed and hawed before getting to the point** il a bafouillé OR hésité avant d'en venir au fait.
◆ **hem about** *vt sep* entourer, encercler; **hemmed about by trees** entouré d'arbres.
◆ **hem in** *vt sep* [house, people] entourer, encercler; [enemy] cerner; **he felt hemmed in** [in room] il faisait de la claustrophobie, il se sentait oppressé; [in relationship] il se sentait prisonnier OR pris au piège; **hemmed in by rules** *fig* entravé par des règles OR règlements.

he-man *inf* ['hiːmæn] *n* homme *m* viril; **he thinks he's a real ~** il se croit viril.

hematological *Am* = **haematological**.

hematologist *Am* = **haematologist**.

hematology *Am* = **haematology**.

hemicycle ['hemɪˌsaɪkl] *n* hémicycle *m.*

hemidemisemiquaver ['hemɪˌdemɪ'semɪˌkweɪvəʳ] *n Br* quadruple croche *f.*

hemiplegia [ˌhemɪ'pliːdʒɪə] *n* hémiplégie *f.*

hemiplegic [ˌhemɪ'pliːdʒɪk] ◇ *adj* hémiplégique.
◇ *n* hémiplégique *mf.*

hemisphere ['hemɪˌsfɪəʳ] *n* hémisphère *m.*

hemispheric(al) [ˌhemɪ'sferɪk(l)] *adj* hémisphérique.

hemistich ['hemɪstɪk] *n* hémistiche *m.*

hemline ['hemlaɪn] *n* (bas *m* de l') ourlet *m*; **~s are going up** les jupes vont raccourcir.

hemlock ['hemlɒk] *n* -**1.** [poison & BOT] ciguë *f.* -**2.** = **hemlock spruce**.

hemlock spruce *n* sapin *m* du Canada, sapin-ciguë *m.*

hemoglobin *Am* = **haemoglobin**.

hemophilia *Am* = **haemophilia**.

hemorrhage *Am* = **haemorrhage**.

hemorrhoids *Am* = **haemorrhoids**.

hemp [hemp] *n* -**1.** [fibre, plant] chanvre *m.* -**2.** [marijuana] marijuana *f*; [hash] haschisch *m*, hachisch *m.*

hemstitch ['hemstɪtʃ] ◇ *n* [stitch] jour *m*; **a row of ~** un jour.
◇ *vt* ourler à jour.

hen [hen] *n* -**1.** [chicken] poule *f.* -**2.** [female] femelle *f*; **~ bird** oiseau *m* femelle; **~ lobster** homard *m* femelle; **~ pheasant** poule *f* faisane. -**3.** *inf* [woman] mémère *f.* -**4.** *inf Scot dial* [term of address]: **hello, ~** bonjour, ma poule OR cocotte.

henbane ['henbeɪn] *n* jusquiame *f* (noire), herbe *f* à poules.

hence [hens] *adv* -**1.** [therefore] donc, d'où; **they are cheaper and ~ more popular** ils sont moins chers et donc plus demandés; **he was born on Christmas Day, ~ the name Noël** il est né le jour de Noël, d'où son nom. -**2.** *fml* [from this time] d'ici; **three days ~** dans OR d'ici trois jours. -**3.** *fml* [from here] d'ici; **5 kilometres ~** à 5 kilomètres d'ici; **(get thee) ~!** *arch* OR *hum* hors d'ici OR de ma vue!

henceforward [ˌhens'fɔːwəd], **henceforth** [ˌhens'fɔːθ] *adv* dorénavant, désormais.

henchman ['hentʃmən] (*pl* **henchmen** [-mən]) *n* -**1.** [follower] partisan *m*, adepte *m pej*; [right-hand man] homme *m* de main, suppôt *m pej.* -**2.** [squire, page] écuyer *m.*

hen coop *n* mue *f*, cage *f* à poules.

hen house *n* poulailler *m.*

Henley ['henlɪ] *pr n* *ville dans le Oxfordshire*; **~ Regatta** *importante épreuve internationale d'aviron.*

HENLEY REGATTA:
Cette compétition, qui a lieu chaque année sur la Tamise à Henley, au mois de juin, est une manifestation autant mondaine que sportive.

---

henna ['henə] ◇ *n* henné *m.*
◇ *vt* teindre au henné.

hennaed ['henəd] *adj* teint au henné.

hen party, hen night *inf n* [gen] soirée *f* entre copines; [before wedding]: **she's having a ~** elle enterre sa vie de célibataire.

henpecked ['henpekt] *adj* dominé; **a ~ husband** un mari dominé par sa femme; **he's very ~** sa femme le mène par le bout du nez.

henry ['henrɪ] (*pl* **henrys** OR **henries**) *n* ELEC henry *m.*

Henry ['henrɪ] *pr n* Henri.

hep *inf* [hep] (*compar* **hepper**, *superl* **heppest**) *adj dated* dans le coup; **he's ~ to your plan** il est au courant de tes projets.

hepatic [hɪ'pætɪk] *adj* hépatique.

hepatitis [ˌhepə'taɪtɪs] *n* (*U*) hépatite *f*; **infectious ~** hépatite A OR infectieuse; **serum ~** hépatite B OR sérique.

hepcat *inf* ['hepkæt] *n dated* jeune homme *m* dans le vent, jeune femme *f* dans le vent.

heptagon ['heptəgən] *n* heptagone *m.*

heptagonal [hep'tægənl] *adj* heptagonal.

heptameter [hep'tæmɪtəʳ] *n* heptamètre *m.*

heptane ['hepteɪn] *n* heptane *m.*

heptathlon [hep'tæθlɒn] *n* heptathlon *m.*

her [hɜːʳ] ◇ *det* son *m*, sa *f*, ses *mfpl*; **~ book** son livre; **~ secretary** sa secrétaire; **~ glasses** ses lunettes; **~ university** son université; **she has broken ~ arm/~ leg** elle s'est cassé le bras/la jambe.
◇ *pron* -**1.** [direct object - unstressed] la, l' *(before vowel)*; [- stressed] elle; **I recognize ~** je la reconnais; **I heard ~** je l'ai entendue; **why did you have to choose HER?** pourquoi l'as-tu choisie elle? -**2.** [indirect object - unstressed] lui; [- stressed] à elle; **give ~ the money** donne-lui l'argent; **he only told ~, no-one else** il ne l'a dit qu'à elle, c'est tout; **why do they always give HER the interesting jobs?** pourquoi est-ce que c'est toujours à elle qu'on donne le travail intéressant? -**3.** [after preposition] elle; **I was in front of ~** j'étais devant elle; **as rich as/richer than ~** aussi riche/plus riche qu'elle; **she closed the door behind ~** elle a fermé la porte derrière elle. -**4.** [with 'to be']: **it's ~** c'est elle; **if I were ~** si j'étais elle, si j'étais à sa place. -**5.** *fml* [with relative pronoun] celle; **(to) ~ whom we adore** (à) celle que nous adorons.

Hera ['hɪərə] *pr n* Héra.

Heracles ['herəkliːz] *pr n* Héraclès.

Heraclitus [ˌherə'klaɪtəs] *pr n* Héraclite.

Heraklion [hɪ'rækliən] *pr n* Héraklion.

herald ['herəld] ◇ *vt* -**1.** [announce] annoncer, proclamer; **his rise to power ~ed a new era** son ascension au pouvoir a annoncé une nouvelle ère. -**2.** [hail] acclamer.
◇ *n* -**1.** [medieval messenger] héraut *m*; **the ~ of morn** *lit* le messager de l'aube. -**2.** [forerunner] héraut *m*, avant-coureur *m.*

heraldic [he'rældɪk] *adj* héraldique.

heraldry ['herəldrɪ] *n* -**1.** [system, study] héraldique *f.* -**2.** [coat of arms] blason *m.* -**3.** [pageantry] faste *m*, pompe *f* (héraldique).

herb [hɜːb, *Am* ɜːrb] *n* -**1.** BOT & CULIN herbe *f*; **~s** CULIN fines herbes, herbes aromatiques; **medicinal ~s** herbes médicinales OR officinales, simples *mpl.* -**2.** *inf* [marijuana] herbe *f.*

herbaceous [hɜː'beɪʃəs, *Am* ɜːr'beɪʃəs] *adj* [plant, stem] herbacé.

herbaceous border *n* bordure *f* de plantes herbacées.

herbage ['hɜːbɪdʒ, *Am* 'ɜːrbɪdʒ] *n* (*U*) [herbaceous plants] plantes *fpl* herbacées, herbages *mpl*; [vegetation] herbage *m.*

herbal ['hɜːbl, *Am* 'ɜːrbl] ◇ *adj* aux herbes; **~ tea** tisane *f*; **~ medicine** [practice] phytothérapie *f*; [medication] médicament *m* à base de plantes.
◇ *n* traité *m* sur les plantes, herbier *m arch.*

herbalist ['hɜːbəlɪst, *Am* 'ɜːrbəlɪst] *n* herboriste *mf.*

herbarium [hɜː'beərɪəm, *Am* ɜːr'beərɪəm] (*pl* **herbaria** [-rɪə]) *n* herbier *m (collection)*.

herb garden *n* jardin *m* d'herbes aromatiques.

herbicide ['hɜːbɪsaɪd, *Am* 'ɜːrbɪsaɪd] *n* herbicide *m.*

herbivore ['hɜːbɪvɔːʳ, *Am* 'ɜːrbɪvɔːʳ] *n* herbivore *m.*

herbivorous [hɜː'bɪvərəs, *Am* ɜːr'bɪvərəs] *adj* herbivore.

herculean, Herculean [ˌhɜːkjʊ'liːən] *adj* herculéen; **a ~ task** un travail de Titan OR herculéen.

Hercules ['hɜːkjʊliːz] *pr n* Hercule; **he's a veritable ~** *fig* c'est un vrai OR véritable hercule.

herd [hɜːd] ◇ *n* -**1.** [of cattle, goats, sheep] troupeau *m*; [of wild animals] troupe *f*; [of horses] troupe *f*, bande *f*; [of deer] harde *f.* -**2.** *inf* [of people] troupeau *m pej*, foule *f*; **the ~** *pej* le peuple, la populace. -**3.** *arch* OR *dial* [herdsman] gardien *m* de troupeau, pâtre *m lit.*
◇ *vt* -**1.** [bring together] rassembler (en troupeau); [look after] garder. -**2.** [drive] mener, conduire; **he ~ed the students back into the classroom** il a reconduit les élèves dans la salle de cours.
◇ *vi* s'assembler en troupeau, s'attrouper.
◆ **herd together** ◇ *vi insep* s'assembler en troupeau, s'attrouper.
◇ *vt sep* rassembler en troupeau.
◆ **herd up** *vt sep* rassembler en troupeau.

herd instinct *n* instinct *m* grégaire.

herdsman ['hɜːdzmən] (*pl* **herdsmen** [-mən]) *n* [gen] gardien *m* de troupeau; [of cattle] vacher *m*, bouvier *m*; [of sheep] berger *m.*

here [hɪəʳ] ◇ *adv* -**1.** [at, in this place]: **she left ~ yesterday** elle est partie d'ici hier; **I've lived ~ for two years** ça fait deux ans que j'habite ici, j'habite ici depuis deux ans; **is Susan ~?** est-ce que Susan est là?; **he won't be ~ next week** il ne sera pas là la semaine prochaine; **they're ~** [I've found them] ils sont ici; [they've arrived] ils sont arrivés; **winter is ~** c'est l'hiver, l'hiver est arrivé; **the miniskirt is ~ to stay** la minijupe n'est pas près de disparaître; **where do I switch on the light? — ~** où est l'interrupteur? — ici; **sign ~** signez ici; **it is a question ~ of finances** il s'agit ici d'argent; **'~ lies Tom Smith'** 'ci-gît Tom Smith' ‖ *(after preposition)*: **around ~** par ici; **it's 2 km from ~** c'est à 2 km d'ici; **from ~ to ~** d'ici jusqu'ici; **bring them in ~** apportez-les (par) ici; **I'm in ~** je suis là OR ici; **they're over ~** ils sont ici; **where are you? — over ~!** où êtes-vous? — (par) ici!; **the water came up to ~** l'eau est montée jusqu'ici ❑ **I've had it up to ~** j'en ai jusque là; **~ today, gone tomorrow** tout passe; **any money he gets is ~ today and gone tomorrow** tout l'argent qu'il gagne disparaît au fur et à mesure. -**2.** [drawing attention to sthg] voici; **~'s the key!** voilà la clef!; **~ they come!** les voilà!; **~'s a man who knows what he wants** voilà un homme qui sait ce qu'il veut; **~ we are in San Francisco** nous voici à San Francisco; **have you got the paper? — ~ you are** vous avez le journal? — le voilà ❑ **~ goes** *inf*, **~ goes nothing** *inf Am* allons-y!; **~ we go!** [excitedly] c'est parti!; [wearily] et voilà, c'est reparti!; **~ we go again!** ça y est, c'est reparti pour un tour! -**3.** [emphasizing specified object, person etc]: **ask the lady ~** demandez à cette dame ici; **it's this one ~ that I want** c'est celui-ci que je veux; **my friend ~ saw it** mon ami (que voici) l'a vu; **this ~ book** *inf* [that I am pointing to] ce livre-ci; **this ~ book you've all been talking about** *inf* ce bouquin dont vous n'arrêtez pas de parler tous. -**4.** [at this point] maintenant; [at that point] alors, à ce moment-là; **~ I should like to remind you...** maintenant je voudrais vous rappeler...; **~ she paused** à ce moment-là, elle s'est arrêtée. -**5.** *phr*: **~'s to** [in toasts] à; **~'s to the newlyweds!** aux nouveaux mariés!; **~'s to your exams!** à tes examens!; **~'s to us!** à nous!, à nos amours!
◇ *interj* -**1.** [present]: **Alex Perrin? — ~!** Alex Perrin? — présent!; **Emma Lindsay? — ~!** Emma Lindsay? — présente! -**2.** [giving, taking etc]: **~!** tiens!, tenez!; **~, give me that!** tiens, donne-moi ça! -**3.** [protesting]: **~! what do you think**

you're doing? hé! qu'est-ce que tu fais?; —, I never said that! mais dites donc, je n'ai jamais dit ça!

◆ **here and now** *adv phr* sur-le-champ; *(as noun)*: the — and now le présent.

◆ **here and there** *adv phr* ça et là; the paintwork needs retouching — and there la peinture a besoin d'être refaite par endroits.

◆ **here, there and everywhere** *adv phr hum* un peu partout; her things were scattered —, there and everywhere ses affaires étaient éparpillées un peu partout.

hereabouts [ˈhɪərəˌbaʊts] *Br*, **hereabout** [ˈhɪərəˌbaʊt] *Am adv* par ici, près d'ici, dans les environs; it must be somewhere — ça doit être quelque part par ici.

hereafter [ˌhɪərˈɑːftəʳ] ◇ *n* -**1.** [life after death] au-delà *m inv*; in the — dans l'autre monde. -**2.** *lit* [future] avenir *m*, futur *m*.

◇ *adv* -**1.** *fml* & JUR [in document] ci-après. -**2.** *lit* [after death] dans l'au-delà. -**3.** *lit* [in the future] désormais, dorénavant.

hereby [ˌhɪəˈbaɪ] *adv fml* & JUR [in statement] par la présente (déclaration); [in document] par le présent (document); [in letter] par la présente; [in act] par le présent acte, par ce geste; [in will] par le présent testament; I — declare you man and wife en vertu des pouvoirs qui me sont conférés, je vous déclare mari et femme.

hereditament [ˌherɪˈdɪtəmənt] *n tout bien qui peut être transmis par héritage.*

hereditary [hɪˈredɪtrɪ] *adj* héréditaire.

heredity [hɪˈredətɪ] *n* hérédité *f*.

herein [ˌhɪərˈɪn] *adv fml* -**1.** [in this respect] en ceci, en cela. -**2.** JUR [in this document] ci-inclus.

hereinafter [ˌhɪərɪnˈɑːftəʳ] *adv fml* ci-après; JUR ci-après, dans la suite des présentes.

hereof [ˌhɪərˈɒv] *adv fml* de ceci, de cela; JUR des présentes.

hereon [ˌhɪərˈɒn] *adv fml* sur ce, là-dessus.

heresy [ˈherəsɪ] (*pl* heresies) *n* hérésie *f*; an act of — une hérésie.

heretic [ˈherətɪk] *n* hérétique *mf*.

heretical [hɪˈretɪkl] *adj* hérétique.

hereto [ˌhɪəˈtuː] *adv fml* à ceci, à cela; JUR aux présentes.

heretofore [ˌhɪətʊˈfɔːʳ] *adv fml* jusqu'ici, auparavant; JUR ci-devant.

hereunder [ˌhɪərˈʌndəʳ] *adv fml* & JUR -**1.** [hereafter] ci-après. -**2.** [under the authority of this] selon les modalités de ceci OR des présentes.

hereupon [ˌhɪərəˈpɒn] *adv fml* -**1.** [immediately following] sur ce, là-dessus. -**2.** [on this point] sur ce point, là-dessus.

herewith [ˌhɪəˈwɪð] *adv fml* -**1.** [enclosed] ci-joint, ci-inclus; I enclose my curriculum vitae — veuillez trouver ci-joint mon curriculum vitae. -**2.** = **hereby**.

heritable [ˈherɪtəbl] *adj* JUR [property] dont on peut hériter; [person] qui peut hériter.

heritage [ˈherɪtɪdʒ] *n* héritage *m*, patrimoine *m*; the national — le patrimoine national.

hermaphrodite [hɜːˈmæfrədaɪt] ◇ *adj* hermaphrodite.

◇ *n* hermaphrodite *m*.

hermaphroditism [hɜːˈmæfrədaɪtɪzm] *n* hermaphrodisme *m*.

hermeneutic(al) [ˌhɜːməˈnjuːtɪk(l)] *adj* herméneutique.

hermeneutics [ˌhɜːməˈnjuːtɪks] *n (U)* herméneutique *f*.

Hermes [ˈhɜːmiːz] *pr n* Hermès.

hermetic [hɜːˈmetɪk] *adj* hermétique.

hermetically [hɜːˈmetɪkəlɪ] *adv* hermétiquement.

Hermione [hɜːˈmaɪənɪ] *pr n* Hermione.

hermit [ˈhɜːmɪt] *n* [gen] ermite *m*, solitaire *m*; RELIG ermite *m*.

hermitage [ˈhɜːmɪtɪdʒ] *n* ermitage *m*.

hermit crab *n* bernard-l'ermite *m inv*, pagure *m*.

hernia [ˈhɜːnɪə] (*pl* hernias OR herniae [-nɪiː]) *n* hernie *f*.

herniated [ˈhɜːnɪeɪtɪd] *adj* hernié.

hero [ˈhɪərəʊ] (*pl* heroes) *n* -**1.** [person] héros *m*. -**2.** *Am* [sandwich] *sorte de gros sandwich.*

◆ **Hero** *pr n* Héro.

Herod [ˈherəd] *pr n* Hérode.

Herodias [heˈrəʊdɪæs] *pr n* Hérodiade.

Herodotus [hɪˈrɒdətəs] *pr n* Hérodote.

heroic(al) [hɪˈrəʊɪk(l)] *adj* -**1.** [act, behaviour, person] héroïque. -**2.** *lit* épique, héroïque.

heroically [hɪˈrəʊɪklɪ] *adv* héroïquement.

heroic couplet *n* distique *m* héroïque.

heroics [hɪˈrəʊɪks] *npl* -**1.** [language] emphase *f*, déclamation *f*; [behaviour] affectation *f*, emphase *f*; none of your — inutile de chercher à nous impressionner. -**2.** LITERAT [heroic verse] (vers *m*) héroïques *m*.

heroic stanza *n* quatrain *m* en vers croisés.

heroic verse *n* *(U)* vers *m* héroïque, (vers *m*) décasyllabe *m*.

heroin [ˈherəʊɪn] ◇ *n* héroïne *f*.

◇ *comp*: — addict OR user héroïnomane *mf*; — addiction héroïnomanie *f*.

heroine [ˈherəʊɪn] *n* héroïne *f (femme)*.

heroism [ˈherəʊɪzm] *n* héroïsme *m*.

heron [ˈherən] (*pl inv* OR herons) *n* héron *m*.

hero worship *n* [admiration] adulation *f*, culte *m* (du héros); ANTIQ culte *m* des héros.

◆ **hero-worship** *vt* aduler, idolâtrer.

hero-worshipper *n personne qui voue une admiration excessive aux idoles.*

herpes [ˈhɜːpiːz] *n (U)* herpès *m*; to have — avoir de l'herpès.

herpes simplex *n* *(U)* herpès *m*.

herring [ˈherɪŋ] (*pl inv* OR herrings) ◇ *n* hareng *m*; pickled — rollmops *m inv*.

◇ *comp*: — boat harenguier *m*.

herringbone [ˈherɪŋbəʊn] ◇ *n* -**1.** [bone] arête *f* de hareng. -**2.** TEX [pattern] (dessin *m* à) chevrons *mpl*; [fabric] tissu *m* à chevrons. -**3.** CONSTR appareil *m* en épi. -**4.** [in skiing] montée *f* en ciseaux OR en pas de canard.

◇ *comp*: — tweed tweed *m* à chevrons.

◇ *vt* -**1.** SEW & TEX faire au point d'épine (en chevron). -**2.** ARCHIT faire un appareil en épi.

◇ *vi* monter en ciseaux OR en pas de canard.

herringbone stitch *n* point *m* d'épine (en chevron).

herring gull *n* goéland *m* argenté.

hers [hɜːz] *pron* -**1.** [gen] le sien *m*, la sienne *f*, les siens *mpl*, les siennes *fpl*; this is my book, — is over there ça, c'est mon livre, le sien est là-bas; this car is — cette voiture lui appartient OR est à elle; — was the best photograph sa photographie était la meilleure; most speeches lasted 10 minutes, but — lasted half an hour la plupart des gens ont fait un discours de 10 minutes, mais le sien a duré une demi-heure; — is not an easy task elle n'a pas la tâche facile. -**2.** [after preposition]: she took his hand in — elle a pris sa main dans la sienne; he's an old friend of — c'est un vieil ami à elle, c'est un de ses vieux amis; no suggestion of — could possibly interest him aucune suggestion venant d'elle ne risquait de l'intéresser; when's that book of — coming out? quand est-ce qu'il sort, son livre?; I blame that husband of hers *pej* moi je dis que c'est de la faute de son sacré mari; I can't stand that boyfriend/dog of — je ne supporte pas son copain/chien; that (dreadful) voice of — sa voix (insupportable); that (dreadful) habit of — cette habitude (insupportable) qu'elle a. -**3.** [indicating authorship] d'elle; are these paintings —? ces tableaux sont-ils d'elle?

herself [hɜːˈself] *pron* -**1.** [reflexive form] se, s' *(before vowel)*; she introduced — elle s'est présentée; she bought — a car elle s'est acheté une voiture; she considers — lucky elle considère qu'elle a de la chance. -**2.** [emphatic form] elle-même; she built the shelves — elle a monté les étagères elle-même; I spoke with the teacher — j'ai parlé au professeur en personne. -**3.** [with preposition] elle; she took it upon — to tell us elle a pris sur elle de nous le dire; she has a room to — elle a sa propre chambre OR sa chambre à elle; the old woman was talking to — la vieille femme parlait toute seule; "that's odd", she thought to — «c'est bizarre», se dit-elle; she did it all by — elle l'a fait toute seule. -**4.** [her usual self]: she isn't quite — elle n'est pas dans son état habituel; she's feeling more — now elle va mieux maintenant.

Herts *written abbr of* Hertfordshire.

hertz [hɜːts] (*pl inv*) *n* hertz *m*.

hertzian, **Hertzian** [ˈhɜːtsɪən] *adj* hertzien.

hertzian wave, **Hertzian wave** *n* onde *f* hertzienne.

he's [hiːz] = **he is**, **he has**.

hesitance [ˈhezɪtəns], **hesitancy** [ˈhezɪtənsɪ] *n* hésitation *f*, indécision *f*.

hesitant [ˈhezɪtənt] *adj* -**1.** [person - uncertain] hésitant, indécis; [- cautious] réticent; I'm — about sending her to a new school j'hésite à l'envoyer dans une nouvelle école. -**2.** [attempt, speech, voice] hésitant.

hesitantly [ˈhezɪtəntlɪ] *adv* [act, try] avec hésitation, timidement; [answer, speak] d'une voix hésitante.

hesitate [ˈhezɪteɪt] *vi* hésiter; don't — to call me n'hésitez pas à m'appeler; she wrote to them after hesitating for some time elle leur a écrit après avoir longuement hésité; he will — at nothing il ne recule devant rien, rien ne l'arrête ❑ he who —s is lost *prov* un moment d'hésitation peut coûter cher.

hesitation [ˌhezɪˈteɪʃn] *n* hésitation *f*; after much — après bien des hésitations, après avoir longuement hésité; she answered with some — elle a répondu d'une voix hésitante; I would have no — in recommending him for promotion je n'hésiterais pas à le recommander pour de l'avancement; she accepted without a moment's — elle a accepté sans la moindre hésitation.

Hesperides [heˈsperɪdiːz] *pl pr n*: the — les Hespérides.

Hesperus [ˈhespərəs] *pr n* [evening star] étoile *f* du berger; [Venus] Vénus.

Hesse [hes] *pr n* Hesse *f*.

hessian [ˈhesɪən] ◇ *n* (toile *f* de) jute *m*.

◇ *comp* [fabric, sack] de jute.

het▽ [het] ◇ *adj* hétéro.

◇ *n* hétéro *mf*.

hetero *inf* [ˈhetərəʊ] (*pl* heteros) ◇ *adj* hétéro.

◇ *n* hétéro *mf*.

heteroclite [ˈhetərəklaɪt] ◇ *adj* hétéroclite.

◇ *n* mot *m* hétéroclite.

heterodox [ˈhetərədɒks] *adj* hétérodoxe.

heterodoxy [ˈhetərədɒksɪ] *n* hétérodoxie *f*.

heterodyne [ˈhetərədaɪn] ◇ *adj* hétérodyne.

◇ *n* hétérodyne *f*.

heterogeneous [ˌhetərəˈdʒiːnjəs] *adj* hétérogène.

heteromorphic [ˌhetərəˈmɔːfɪk], **heteromorphous** [ˌhetərəˈmɔːfəs] *adj* hétéromorphe.

heteronym [ˈhetərənɪm] *n* homographe *m* à prononciation différente.

heterosexual [ˌhetərəˈsekʃʊəl] ◇ *adj* hétérosexuel.

◇ *n* hétérosexuel *m*, -elle *f*.

heterosexuality [ˈhetərəˌsekʃʊˈælətɪ] *n* hétérosexualité *f*.

het up *inf adj* [angry] énervé; [excited] excité, agité; to get all — (about sthg) se mettre dans tous ses états OR s'énerver (pour qqch).

heuristic [hjʊəˈrɪstɪk] *adj* heuristique.

heuristics [hjʊəˈrɪstɪks] *n (U)* heuristique *f*.

hew [hjuː] (*pt* hewed, *pp* hewed OR hewn [hjuːn]) ◇ *vt* [wood] couper; [stone] tailler; [coal] abattre; to — away OR off a branch élaguer une branche; to — down a tree abattre un arbre; they —ed a path through the undergrowth ils se sont taillé OR frayé un chemin à travers le sous-bois (à coups de hache); he —ed a statue out of the marble il a taillé une statue dans le marbre.

◇ *vi* -**1.** [strike with blows] frapper (à coups de

hache). -**2.** *Am* [conform] se conformer; they **~ed to the company line** ils se sont pliés à la politique de la société.
HEW (*abbr of* **(Department of) Health, Education and Welfare**) *pr n* *ancien ministère américain de l'Éducation et de la Santé publique.*
hewer ['hjuːəʳ] *n* [of tree] abatteur *m*; [of stone, wood] tailleur *m*; [of coal] haveur *m*.
hex [heks] *Am* ◇ *n* -**1.** [spell] sort *m*, sortilège *m*; to put a **~** on sb jeter un sort à qqn. -**2.** [witch] sorcière *f*.
◇ *vt* jeter un sort à.
hexachlorophene [,heksə'klɔːrəfiːn] *n* hexachlorophène *m*.
hexachord ['heksəkɔːd] *n* hexacorde *m*.
hexadecimal (notation) [,heksə'desɪml-] *n* COMPUT codes *mpl* hexadécimaux, notation *f* hexadécimale.
hexagon ['heksəgən] *n* hexagone *m*.
hexagonal [hek'sægənl] *adj* hexagonal.
hexahedron [,heksə'hedrən] (*pl* **hexahedrons** OR **hexahedra** [-drə]) *n* hexaèdre *m*.
hexameter [hek'sæmɪtəʳ] *n* hexamètre *m*.
hexapod ['heksəpɒd] *n* hexapode *m*.
hey [heɪ] *interj*: **~!** [to draw attention] hé!, ohé!; [to show surprise] tiens!; **~ presto!** [magician] passez muscade!, et hop!
heyday ['heɪdeɪ] *n* [of cinema, movement] âge *m* d'or, beaux jours *mpl*; [of nation, organization] zénith *m*, apogée *m*; in her **~** [youth] quand elle était dans la force de l'âge; [success] à l'apogée de sa gloire, au temps de sa splendeur; **Hollywood in its ~** l'âge d'or d'Hollywood; **the ~ of British theatre** l'âge d'or du théâtre britannique.
Hezekiah [,hezɪ'kaɪə] *pr n* Ézéchias.
HF (*abbr of* **high frequency**) HF.
HGV (*abbr of* **heavy goods vehicle**) *n Br* PL *m*; an **~ licence** un permis PL.
hi *inf* [haɪ] *interj* -**1.** [hello] salut. -**2.** [hey] hé, ohé.
HI *written abbr of* **Hawaii**.
hiatus [haɪ'eɪtəs] (*pl inv* OR **hiatuses**) *n* ANAT, LING & LITERAT hiatus *m*; [in manuscript] lacune *f*; [break, interruption] pause *f*, interruption *f*.
hiatus hernia *n* hernie *f* hiatale.
hibernal [haɪ'bɜːnl] *adj* hibernal.
hibernate ['haɪbəneɪt] *vi* hiberner.
hibernation [,haɪbə'neɪʃn] *n* hibernation *f*.
Hibernian [haɪ'bɜːnjən] ◇ *adj* irlandais.
◇ *n* Irlandais *m*, -e *f*.
hibiscus [hɪ'bɪskəs] *n* hibiscus *m*.
hiccough ['hɪkʌp], **hiccup** ['hɪkʌp] ◇ *n* -**1.** [sound] hoquet *m*; **to have (the) ~s** avoir le hoquet; **it gave me the ~s** cela m'a donné le hoquet. -**2.** [problem] contretemps *m*.
◇ *vi* hoqueter.
hick *inf* [hɪk] *Am* ◇ *n* péquenaud *m*, -e *f*, plouc *mf*.
◇ *adj* de péquenaud; **~ town** bled *m pej*.
hickey *inf* ['hɪkɪ] *n Am* -**1.** [gadget] bidule *m*. -**2.** [lovebite] suçon *m*.
hickory ['hɪkərɪ] (*pl* **hickories**) ◇ *n* [tree] hickory *m*, noyer *m* blanc d'Amérique; [wood] (bois *m* de) hickory.
◇ *comp* en (bois de) hickory; **a ~ table** une table en hickory; **~ nut** fruit *m* du hickory, noix *f* d'Amérique.
hid [hɪd] *pt* → **hide**.
hidden ['hɪdn] ◇ *pp* → **hide**.
◇ *adj* caché; **~ from sight** à l'abri des regards indiscrets, caché; **a village ~ away in the mountains** un village caché OR niché dans les montagnes; **a ~ meaning** un sens caché; **she has ~ talents** elle a des talents cachés; **a ~ agenda** un plan secret ❑ **~ tax** impôt *m* indirect OR déguisé.
hide [haɪd] (*pt* **hid** [hɪd], *pp* **hidden** ['hɪdn]) ◇ *vt* -**1.** [conceal - person, thing] cacher; [- disappointment, dismay, fright] dissimuler; **to ~ sthg from sb** [ball, letter] cacher qqch à qqn; [emotion] dissimuler qqch à qqn; **we have nothing to ~** nous n'avons rien à cacher OR à dissimuler; **the boy hid himself behind the door** le garçon s'est caché derrière la porte; **she hid her face** elle s'est caché le visage; **he hid it from sight** il l'a dissimulé OR l'a dérobé aux regards ❑ **to ~ one's light under a bushel** cacher ses talents; **she doesn't ~ her light under a bushel** ce n'est pas la modestie qui l'étouffe. -**2.** [keep secret] taire, dissimuler; **to ~ the truth (from sb)** taire OR dissimuler la vérité (à qqn).
◇ *vi* se cacher; **he's hiding from the police** il se cache de la police; **the ambassador hid behind his diplomatic immunity** *fig* l'ambassadeur s'est réfugié derrière son immunité diplomatique.
◇ *n* -**1.** *Br* cachette *f*; [in hunting] affût *m*. -**2.** [animal skin - raw] peau *f*; [- tanned] cuir *m*. -**3.** *fig inf* [of person] peau *f*; **I'll have your ~ for that** tu vas me le payer cher ❑ **I haven't seen ~ nor hair of them** je n'ai eu aucune nouvelle d'eux.
◇ *adj* de OR en cuir.
◆ **hide away** ◇ *vi insep* se cacher; **to ~ away (from sb/sthg)** se cacher (de qqn/qqch).
◇ *vt sep* cacher.
◆ **hide out** *vi insep* se tenir caché; **he's hiding out from the police** il se cache de la police.
hide-and-seek *n* cache-cache *m*; **to play (at) ~** jouer à cache-cache.
hideaway ['haɪdəweɪ] *n* cachette *f*.
hidebound ['haɪdbaʊnd] *adj* [person] obtus, borné; [attitude, view] borné, rigide.
hideous ['hɪdɪəs] *adj* -**1.** [physically ugly] hideux, affreux. -**2.** [ghastly - conditions, situation] atroce, abominable.
hideously ['hɪdɪəslɪ] *adv* -**1.** [deformed, wounded] hideusement, atrocement, affreusement. -**2.** *fig* [as intensifier] terriblement, horriblement; **~ expensive** horriblement cher.
hideout ['haɪdaʊt] *n* cachette *f*.
hidey-hole *inf* ['haɪdɪhəʊl] *n* planque *f*.
hiding ['haɪdɪŋ] *n* -**1.** [concealment]: **to be in ~** se tenir caché; **to go into ~** [criminal] se cacher, se planquer; [spy, terrorist] entrer dans la clandestinité. -**2.** *inf* [thrashing] rossée *f*; **to give sb a good ~** donner une bonne raclée à qqn. -**3.** [defeat] raclée *f*, dérouillée *f*; **they got a good ~ in the election** ils ont pris une raclée aux élections. -**4.** *Br phr*: **to be on a ~ to nothing** être voué à l'échec.
hiding place *n* cachette *f*.
hidy-hole *inf* ['haɪdɪhəʊl] = **hidey-hole**.
hie [haɪ] (*cont* **hieing** OR **hying**) *arch* OR *hum*
◇ *vi* se hâter, se presser.
◇ *vt* hâter, presser; **~ thee hence!** hors d'ici!
hierarchic(al) [,haɪə'rɑːkɪk(l)] *adj* hiérarchique.
hierarchically [,haɪə'rɑːkɪklɪ] *adv* hiérarchiquement.
hierarchy ['haɪərɑːkɪ] (*pl* **hierarchies**) *n* -**1.** [organization into grades] hiérarchie *f*; [of animals, plants] classification *f*, classement *m*. -**2.** [upper levels of authority] dirigeants *mpl*, autorités *fpl*.
hieratic [,haɪə'rætɪk] *adj* hiératique.
hieroglyph ['haɪərəglɪf] *n* hiéroglyphe *m*.
hieroglyphic [,haɪərə'glɪfɪk] ◇ *adj* hiéroglyphique.
◇ *n* hiéroglyphe *m*.
hieroglyphics [,haɪərə'glɪfɪks] *npl* écriture *f* hiéroglyphique.
hi-fi *inf* ['haɪfaɪ] (*abbr of* **high fidelity**) ◇ *n* -**1.** *(U)* hi-fi *f inv*. -**2.** [stereo system] chaîne *f* (hi-fi); [radio] radio *f* (hi-fi).
◇ *comp* [equipment, recording, system] hi-fi *(inv)*; **a ~ set** OR **system** une chaîne (hi-fi).
higgledy-piggledy *inf* [,hɪgldɪ'pɪgldɪ] ◇ *adv* pêle-mêle, en désordre.
◇ *adj* en désordre, pêle-mêle.
high [haɪ] ◇ *adj* -**1.** [tall] haut; **how ~ is that building?** quelle est la hauteur de ce bâtiment?; **the walls are three metres ~** les murs ont OR font trois mètres de haut, les murs sont hauts de trois mètres; **the building is eight storeys ~** c'est un immeuble de OR à huit étages; **when I was only so ~** quand je n'étais pas plus grand que ça. -**2.** [above ground level - river, tide] haut; [- altitude, shelf] haut, élevé; **the sun was ~ in the sky** le soleil était haut. -**3.** [greater than normal - number] grand, élevé; [- speed, value] grand; [- cost, price, rate] élevé; [- salary] élevé, gros; [- pressure] élevé, haut; [- polish] brillant; **to the ~est degree** au plus haut degré, à l'extrême; **she suffers from ~ blood pressure** elle a de la tension; **the equipment is built to withstand ~ temperatures** le matériel est conçu pour résister à des températures élevées; **he has a ~ temperature** il a beaucoup de température OR fièvre; **he paid a ~ price for refusing** *fig* il a payé cher le fait d'avoir refusé; **areas of ~ unemployment** des régions à fort taux de chômage; **milk is ~ in calcium** le lait contient beaucoup de calcium; **~ winds** des vents violents, de grands vents; **the ~est common factor** MATH le plus grand facteur commun. -**4.** [good, better than average - quality] grand, haut; [- standard] haut, élevé; [- mark, score] élevé, bon; [- reputation] bon; **~-quality goods** articles de qualité supérieure OR de première qualité; **our chances of success remain ~** nos chances de succès restent très bonnes; **to have a ~ opinion of sb** avoir une bonne OR haute opinion de qqn; **he has a ~ opinion of himself** il a une haute idée de lui-même; **she speaks of you in the ~est terms** elle dit beaucoup de bien OR le plus grand bien de vous; **one of the ~est honours in the arts** l'un des plus grands honneurs dans le monde des arts. -**5.** [honourable - ideal, thought] noble, élevé; [- character] noble; **a man of ~ principles** un homme qui a des principes (élevés); **he took a very ~ moral tone** il prit un ton très moralisateur. -**6.** [of great importance or rank] haut, important; **a ~ official** un haut fonctionnaire; **we have it on the ~est authority** nous le tenons de la source la plus sûre; **to have friends in ~ places** avoir des relations haut placées, avoir le bras long; **of ~ rank** de haut rang. -**7.** [sound, voice] aigu; MUS [note] haut. -**8.** [at peak, zenith]: **~ summer** plein été *m*; **it was ~ summer** c'était au cœur de l'été OR en plein été; **it's ~ time we were leaving** il est grand temps qu'on parte ❑ **the High Middle Ages** le Haut Moyen Âge. -**9.** [intensely emotional]: **resentment was ~** il y avait énormément de ressentiment; **moments of ~ drama** des moments extrêmement dramatiques; **~ adventure** grande aventure; **~ tragedy** THEAT grande tragédie. -**10.** *Br* [complexion] rougeaud, rubicond; **to have a ~ colour** être haut en couleur. -**11.** [elaborate, formal - language, style] élevé, soutenu; **~ register language** langage élevé OR soutenu. -**12.** [prominent - cheekbones] saillant. -**13.** CARDS haut; **the ~est card** la carte maîtresse. -**14.** *Br* [meat] avancé, faisandé; [butter, cheese] rance. -**15.** [remote] haut; **High Antiquity** Haute Antiquité. -**16.** GEOG [latitude] haut. -**17.** [conservative]: **a ~ Tory** un tory ultra-conservateur; **a ~ Anglican** un anglican de tendance conservatrice. -**18.** LING [vowel] fermé. -**19.** [excited] excité, énervé; [cheerful] plein d'entrain, enjoué; **spirits are ~ amongst the staff** la bonne humeur règne parmi le personnel; **we had a ~ old time** *dated* on s'est amusés comme des fous. -**20.** *inf* [drunk] parti, éméché; **he gets ~ on sailing** *fig* il prend son pied en faisant de la voile; **they were feeling (as) ~ as kites** [drunk] ils étaient bien partis; [drugged] ils planaient; [happy] ils avaient la pêche.
◇ *adv* -**1.** [at, to a height] haut, en haut; [at a great altitude] à haute altitude, à une altitude élevée; **up ~** en haut; **~er up** plus haut; **~er and ~er** de plus en plus haut; **he raised both hands ~** il a levé les deux mains en l'air; **the kite flew ~ up in the sky** le cerf-volant est monté très haut dans le ciel; **she threw the ball ~ into the air** elle a lancé le ballon très haut; **the geese flew ~ over the fields** les oies volaient très haut au-dessus des champs; **the shelf was ~ above her head** l'étagère était bien au-dessus de sa tête; **he rose ~ in the company**

il a accédé aux plus hauts échelons de la société || *fig*: **we looked ~ and low for him** nous l'avons cherché partout; **to set one's sights ~, to aim ~** viser haut; **they're flying ~** ils visent haut, ils voient grand ❑ **to hold one's head ~** *literal & fig* porter la tête haute; **to leave sb ~ and dry** laisser qqn en plan. -**2.** [at, to a greater degree than normal] haut; **they set the price/standards too ~** ils ont fixé un prix/niveau trop élevé; **I turned the heating up ~** j'ai mis le chauffage à fond; **he rose ~er in my esteem** il est monté encore plus dans mon estime; **salaries can go as ~ as £30,000** les salaires peuvent monter jusqu'à OR atteindre 30 000 livres; **I had to go as ~ as £50** il a fallu que j'aille OR que je monte jusqu'à 50 livres; **the card players played ~** les joueurs de cartes ont joué gros (jeu); **to run ~** [river] être en crue; [sea] être houleuse OR grosse; **feelings were running ~** les esprits se sont échauffés. -**3.** *inf Am phr*: **to live ~ off** OR **on the hog** vivre comme un roi OR nabab.

◇ *n* -**1.** [height] haut *m*; **on ~** [at a height] en haut; *fig* [in heaven] au ciel; **the decision came from on ~** *hum* la décision fut prononcée en haut lieu. -**2.** [great degree or level] haut *m*; **the stock market reached a new ~** la bourse a atteint un nouveau record OR maximum; **prices are at an all-time ~** les prix ont atteint leur maximum OR un record; **the ~s and lows** ST. EX les hausses et les baisses. -**3.** [setting - on iron, stove] : **I put the oven on ~** j'ai mis le four sur très chaud. -**4.** AUT [fourth gear] quatrième *f*; [fifth gear] cinquième *f*. -**5.** METEOR [anticyclone] anticyclone *m*. -**6.** *inf* [state of excitement] : **she's been on a permanent ~ since he came back** elle voit tout en rose depuis son retour; **to be on a ~** [drunk] être (complètement) parti; [on drugs] planer (complètement).

◆ **High** *n* RELIG: **the Most High** le Très-Haut.

-high *in cpds* à la hauteur de...; **shoulder~** à la hauteur de l'épaule; **waist~** à la hauteur de la taille.

high altar *n* maître-autel *m*.

high-and-mighty *adj* arrogant, impérieux; **to be ~** se donner de grands airs; **don't act so ~** descends de tes grands chevaux, ne prends pas tes airs de grand seigneur/grande dame.

highball ['haɪ,bɔːl] *Am* ◇ *n boisson à base d'un alcool avec de l'eau et des glaçons.*

◇ *vi* aller grand train OR à toute vitesse, foncer.

◇ *vt* conduire à toute vitesse OR à toute allure.

high board *n* plongeoir *m* le plus haut.

highborn ['haɪbɔːn] *adj* bien né, de bonne OR haute naissance.

highboy ['haɪbɔɪ] *n Am* commode *f* (haute).

highbrow ['haɪbraʊ] ◇ *adj* [literature, film] pour intellectuels; [taste] intellectuel.

◇ *n* intellectuel *m*, -elle *f*, grosse tête *f*.

high camp *n* -**1.** [affectation] affectation *f*, cabotinage *m*. -**2.** [effeminate behaviour] manières *fpl* efféminées. -**3.** [style] kitsch *m*.

high chair *n* chaise *f* haute (pour enfants).

High Church ◇ *n fraction de l'Église d'Angleterre accordant une grande importance à l'autorité du prêtre, au rituel etc.*

◇ *adj de tendance conservatrice dans l'Église anglicane.*

High Churchman *n membre du mouvement conservateur à l'intérieur de l'Église anglicane.*

high-class *adj* [person] de la haute société, du grand monde; [flat, neighbourhood] de grand standing; [job, service] de premier ordre; [car, hotel, restaurant] de luxe; **a ~ prostitute** une prostituée de luxe.

high-coloured *adj* rougeaud, rubicond.

high comedy *n* THEAT comédie *f* au dialogue brillant; **the debate ended in scenes of ~** le débat se termina par des scènes du plus haut comique.

high command *n* haut commandement *m*.

high commissioner *n* [gen & ADMIN] haut commissaire *m*.

High Court ◇ *n*: **the ~ (of Justice)** ≃ le tribunal de grande instance *(principal tribunal civil en Angleterre et au pays de Galles).*

◇ *comp*: **~ judge** ≃ juge *m* du tribunal de grande instance.

high-density *adj* -**1.** [housing] à grande densité de population. -**2.** COMPUT haute densité.

high-energy *adj* à haut rendement énergétique; **a ~ diet** un régime hypercalorique OR riche en calories.

higher ['haɪəʳ] ◇ *adj* -**1.** [at greater height] plus haut. -**2.** [advanced] supérieur; **~ animals** animaux supérieurs; **any sum ~ than 50** toute somme supérieure à 50; **people in the ~ income brackets** les gens appartenant aux tranches de revenus supérieurs; **institute of ~ learning** institut *m* de hautes études; **the ~ forms** OR **classes** SCH les grandes classes, les classes supérieures.

◇ *adv* plus haut.

◇ *n Scot* = **Higher Grade**.

higher degree *n* diplôme *m* d'études supérieures.

higher education *n* enseignement *m* supérieur; **to go on to ~** faire des études supérieures.

Higher Grade *n Scot* diplôme *m* de fin d'études secondaires, ≃ baccalauréat *m*.

higher mathematics *n (U)* mathématiques *fpl* supérieures.

Higher National Certificate *n brevet de technicien en Grande-Bretagne*, ≃ BTS *m*.

Higher National Diploma *n brevet de technicien supérieur en Grande-Bretagne*, ≃ DUT *m*.

higher-up *inf n* supérieur *m*, -e *f*.

highest ['haɪɪst] *superl* → **high**.

high explosive *n* explosif *m* puissant.

highfalutin *inf* [,haɪfə'luːtɪn] *adj* affecté, prétentieux; **I'm tired of her ~ ways** j'en ai assez de ses airs de grande dame.

high fashion *n* haute couture *f*.

high fidelity *n* haute-fidélité *f*.

◆ **high-fidelity** *adj* haute-fidélité; **~ equipment** matériel *m* hi-fi.

high finance *n* haute finance *f*.

high-five *inf n geste que font deux personnes pour se féliciter ou se dire bonjour et qui consiste à se taper dans la main.*

high-flier *n* [ambitious person] ambitieux *m*, -euse *f*, jeune loup *m*; [talented person] cerveau *m*, grosse tête *f*, crack *m*.

high-flown *adj* -**1.** [ideas, plans] extravagant. -**2.** [language] ampoulé, boursouflé; [style] ampoulé.

high-flyer = **high-flier**.

high-flying *adj* -**1.** [aircraft] qui vole à haute altitude; [birds] qui vole haut. -**2.** [person] ambitieux; [behaviour, goal] extravagant.

high frequency *n* haute fréquence *f*.

◆ **high-frequency** *adj* à OR de haute fréquence.

high gear *n* AUT [fourth] quatrième *f* (vitesse *f*); [fifth] cinquième *f* (vitesse *f*); **they moved into ~** *fig* ils se sont dépêchés.

High German *n* haut allemand *m*.

high-grade *adj* de haute qualité, de premier ordre; **~ beef/fruit** bœuf/fruits de premier choix; **~ minerals** minéraux *mpl* à haute teneur; **a ~ idiot** *fig* un imbécile de premier ordre.

high-handed *adj* [overbearing] autoritaire, despotique; [inconsiderate] cavalier.

high-handedness [-'hændɪdnɪs] *n* [overbearing attitude - of person] caractère *m* autoritaire, despotisme *m*; [- of behaviour] caractère *m* arbitraire; [lack of consideration] caractère *m* cavalier.

high-hat *inf* ◇ *adj* snob, hautain.

◇ *vt Am* snober, traiter de haut.

◇ *n* snob *m*.

high-heeled [-'hiːld] *adj* à talons hauts, à hauts talons.

high heels *npl* hauts talons *mpl*.

highjack *etc* ['haɪdʒæk] = **hijack**.

high jinks *inf npl* chahut *m*; **they're up to their usual ~** ils font les imbéciles comme d'habitude; **there were some ~ at the party last night** on s'est amusés comme des fous à la soirée d'hier.

high jump *n* SPORT saut *m* en hauteur; **you're for the ~ when he finds out!** *inf Br fig* qu'est-ce que tu vas prendre quand il l'apprendra!

high jumper *n* sauteur *m (qui fait du saut en hauteur).*

high-key *adj* comprenant peu de contraste, high-key.

highland ['haɪlənd] ◇ *n* région *f* montagneuse.

◇ *adj* des montagnes.

◆ **Highland** *adj Br* [air, scenery] des Highlands; [holiday] dans les Highlands.

◆ **Highlands** *npl Scot* GEOG: **the Highlands** les Highlands *fpl*.

Highland cattle *npl* race *f* bovine des Highlands.

Highland Clearances *npl aux XVIIIᵉ et XIXᵉ siècles, déplacement souvent forcé des populations d'une partie des Highlands d'Écosse dans le but d'affecter les terres à l'élevage de moutons.*

highlander ['haɪləndəʳ] *n* [mountain dweller] montagnard *m*, -e *f*.

◆ **Highlander** *n Scot* habitant *m*, -e *f* des Highlands, Highlander *m*.

Highland fling *n danse des Highlands traditionnellement exécutée en solo.*

Highland games *npl* jeux *mpl* écossais.

HIGHLAND GAMES:
En Écosse, sorte de kermesse locale en plein air où se déroulent simultanément toutes sortes de concours (danse, cornemuse) et d'épreuves sportives (courses, lancer du marteau, mais aussi «tossing the caber», «tug o' war» etc).

---

high-level *adj* -**1.** [discussion, meeting] à un haut niveau; [diplomat, official] de haut niveau, de rang élevé; **~ officers** [of company] cadres supérieurs; MIL officiers supérieurs. -**2.** COMPUT: **~ language** langage *m* évolué OR de haut niveau.

high life *n*: **the ~** la grande vie; **she has a taste for the ~** elle a des goûts de luxe; **to lead** OR **to live the ~** mener la grande vie.

highlight ['haɪlaɪt] ◇ *vt* -**1.** [emphasize] souligner, mettre en relief; **the report ~s the desperate plight of the refugees** le rapport fait ressortir OR souligne la situation désespérée des réfugiés. -**2.** [with pen] surligner. -**3.** ART & PHOT rehausser. -**4.** [hair] faire des mèches dans.

◇ *n* -**1.** [major event - of news] événement *m* le plus marquant; [- of evening, holiday] point *m* culminant, grand moment *m*; **the news ~s** les grands titres *mpl* de l'actualité; **the ~ of the party** le clou de la soirée. -**2.** [in hair - natural] reflet *m*; [- bleached] mèche *f*; **she has had ~s (put in her hair)** elle s'est fait faire des mèches. -**3.** ART & PHOT rehaut *m*.

highlighter ['haɪlaɪtəʳ] *n* surligneur *m*.

highly ['haɪlɪ] *adv* -**1.** [very] très, extrêmement; **it's ~ improbable** c'est fort peu probable; **a ~ polished table** une table d'un beau poli; **the dish was ~ seasoned** le plat était fortement relevé OR épicé. -**2.** [very well] très bien; **his employees are very ~ paid** ses employés sont très bien payés OR touchent de gros salaires. -**3.** [favourably] : **to speak/think ~ of sb** dire/penser beaucoup de bien de qqn; **he praised her work ~** il a chanté (haut) les louanges de son travail; **I ~ recommend it** je vous le conseille vivement OR chaudement. -**4.** [at an important level] haut; **a ~ placed source** une source haut placée; **a ~ placed official** [gen] un officiel de haut rang; ADMIN un haut fonctionnaire.

highly-strung *adj* nerveux, tendu.

high mass, High Mass *n* grand-messe *f*.

high-minded *adj* de caractère noble, qui a des principes (élevés).

high-necked [-nekt] *adj* à col haut OR montant.

highness ['haɪnɪs] *n* [of building, wall] hauteur *f*.

◆ **Highness** *n* [title] : **His/Her Highness** son Altesse *f*.

high noon *n* plein midi *m*; at ~ à midi pile; 'High Noon' *Zinnemann* 'le Train sifflera trois fois'.

high-octane *adj* à haut degré d'octane; ~ petrol supercarburant *m*, super *m*.

high-performance *adj* performant.

high-pitched *adj* -**1.** [sound, voice] aigu; MUS [note] haut. -**2.** [argument, discussion] passionné; [style] ampoulé; [excitement] intense. -**3.** [roof] à forte pente.

high place *n* RELIG haut lieu *m*.

high point *n* [major event - of news] événement *m* le plus marquant; [- of evening, holiday] point *m* culminant, grand moment *m*; [- of film, novel] point *m* culminant; the ~ of the party le clou de la soirée.

high-powered [-'paʊəd] *adj* -**1.** [engine, rifle] puissant, de forte puissance; [microscope] à fort grossissement. -**2.** [dynamic - person] dynamique, entreprenant; [- advertising, course, method] dynamique. -**3.** [important] très important.

high-pressure ◇ *adj* -**1.** [cylinder, gas] à haute pression; ~ area METEOR anticyclone *m*, zone *f* de hautes pressions (atmosphériques). -**2.** *fig* [methods, selling] agressif; [job, profession] stressant; a ~ salesman un vendeur de choc.
◇ *vt* *inf Am* forcer la main à; she ~d me to do it OR into doing it elle m'a forcé la main pour que je le fasse.

high priest *n* grand prêtre *m*; the ~s of fashion *fig* les gourous de la mode.

high priestess *n* grande prêtresse *f*; the ~ of rock *fig* la grande prêtresse du rock.

high profile *n*: to have a ~ être très en vue.
◆ **high-profile** *adj* [job, position] qui est très en vue; [campaign] qui fait beaucoup de bruit.

high-ranking *adj* de haut rang, de rang élevé; a ~ official ADMIN un haut fonctionnaire.

high relief *n* haut-relief *m*.

high-resolution *adj* à haute résolution.

high-rise *adj* [flat] qui est dans une tour; [skyline] composé de tours.
◆ **high rise** *n* tour *f (immeuble)*.

high-risk *adj* à haut risque, à hauts risques.

high road *n* -**1.** [main road] route *f* principale, grand-route *f*. -**2.** *fig* [most direct route] bonne voie *f*; he's on the ~ to success il est en bonne voie de réussir; the ~ to fame la voie de la gloire.

high roller *inf n Am* [spendthrift] dépensier *m*, -ère *f*; [gambler] flambeur *m*.

high school ◇ *n* [in UK] lycée *m*; [in US] établissement *m* d'enseignement secondaire; she's still at ~ elle est toujours scolarisée OR va toujours au lycée.
◇ *comp* [diploma] de fin d'études secondaires.

high seas *npl* haute mer *f*; on the ~ en haute OR pleine mer.

high season *n* haute OR pleine saison *f*; during the ~ en haute OR pleine saison.
◆ **high-season** *comp* [prices] de haute saison.

high sign *n Am* signe *m*; to give sb the ~ faire signe à qqn.

high society *n* haute société *f*, grand monde *m*.

high-sounding *adj* [ideas] grandiloquent, extravagant; [language, title] grandiloquent, ronflant *pej*.

high-speed *adj* ultra-rapide; ~ train train *m* à grande vitesse, TGV *m*.

high-spirited *adj* -**1.** [person] plein d'entrain OR de vivacité; [activity, fun] plein d'entrain. -**2.** [horse] fougueux, nerveux.

high spirits *npl* pétulance *f*, vitalité *f*, entrain *m*; to be in ~ avoir de l'entrain, être plein d'entrain; to put sb in ~ mettre qqn de bonne humeur.

high spot *n* -**1.** = **high point**. -**2.** *Am* [place] endroit *m* intéressant; we hit all the ~s [tourists] nous avons vu toutes les attractions touristiques.

high-stepping *adj* -**1.** [horse] qui lève haut les pieds. -**2.** *fig* [person] qui aime se divertir; [town] qui offre beaucoup de divertissements.

high street *n Br*: the ~ la grand-rue, la rue principale; the ~ has been badly hit by the recession les commerçants ont été durement touchés par la récession.
◆ **high-street** *comp Br*: the high-street banks les grandes banques *(britanniques)*; high-street shops le petit commerce; high-street fashion prêt-à-porter *m*.

high-strung = **highly-strung**.

high table *n Br* [for guests of honour] table *f* d'honneur; SCH & UNIV table *f* des professeurs.

hightail *inf* ['haɪteɪl] *vt esp Am* filer; I ~ed it out of there j'ai foutu le camp; you'd better ~ it back home tu as intérêt à rentrer le plus vite possible.

high tea *n repas léger pris en début de soirée et accompagné de thé (surtout dans le nord de l'Angleterre et en Écosse)*.

high tech *n* -**1.** [technology] technologie *f* avancée OR de pointe. -**2.** [style] hi-tech *m*.
◆ **high-tech** *comp* -**1.** [industry, sector] de pointe; [equipment] de haute technicité. -**2.** [furniture, style] hi-tech *(inv)*.

high-tension *adj* à haute tension.

high tide *n* -**1.** [of ocean, sea] marée *f* haute; at ~ à marée haute. -**2.** *fig* [of success] point *m* culminant.

high-tops *npl chaussures de sport montantes*.

high treason *n* haute trahison *f*.

high-up *inf* ◇ *n* [important person] gros bonnet *m*, huile *f*; [hierarchical superior] supérieur *m*, -e *f*.
◇ *adj* haut placé.

high water *n* [of ocean, sea] marée *f* haute; [of river] crue *f*; the river is at ~ le fleuve est en crue.

high water mark *n* -**1.** [of ocean, river] niveau *m* des hautes eaux. -**2.** *fig* [of success] point *m* culminant.

highway ['haɪweɪ] *n* [road] route *f*; *Am* [main road] grande route, route nationale; [public road] voie *f* publique; [interstate] autoroute *f*; all the ~s and byways tous les chemins.

Highway Code *n Br*: the ~ le code de la route.

highwayman ['haɪweɪmən] (*pl* **highwaymen** [-mən]) *n* bandit *m* de grand chemin.

highway robbery *n* banditisme *m* de grand chemin; that's ~! *inf fig* c'est du vol!

high wire *n* corde *f* raide OR de funambule; to walk the ~ marcher sur la corde raide.

hijack ['haɪdʒæk] ◇ *vt* -**1.** [plane] détourner; [car, train] s'emparer de, détourner. -**2.** [rob] voler.
◇ *n* détournement *m*.

hijacker ['haɪdʒækə^r] *n* -**1.** [of plane] pirate *m* (de l'air); [of car, train] gangster *m*. -**2.** [robber] voleur *m*.

hijacking ['haɪdʒækɪŋ] *n* -**1.** [of car, plane, train] détournement *m*. -**2.** [robbery] vol *m*.

hike [haɪk] ◇ *vi* faire de la marche à pied; we went hiking in the mountains nous avons fait des excursions OR des randonnées à pied dans les montagnes; he ~d through Spain il a parcouru l'Espagne à pied.
◇ *vt* -**1.** [walk] faire à pied, marcher; to ~ 5 kilometres faire 5 kilomètres à pied; we ~d all the way home on a dû faire tout le chemin du retour à pied. -**2.** [price] augmenter (brusquement).
◇ *n* -**1.** [gen & MIL] marche *f* à pied; [long walk] randonnée *f* à pied, marche *f* à pied; [short walk] promenade *f*; they went for a four-hour ~ ils ont fait une excursion OR une randonnée de quatre heures à pied; it's a bit of a ~ into town *inf* ça fait une petite trotte pour aller en ville. -**2.** [increase] hausse *f*, augmentation *f*; price ~ hausse des prix.
◆ **hike up** *vt sep* -**1.** [hitch up - skirt] relever; [- trousers] remonter; she ~d herself up over the wall elle s'est hissée au-dessus du mur. -**2.** [price, rent] augmenter (brusquement).

hiker ['haɪkə^r] *n* [gen & MIL] marcheur *m*, -euse *f*; [in mountains, woods] randonneur *m*, -euse *f*, promeneur *m*, -euse *f*.

hiking ['haɪkɪŋ] *n (U)* [gen & MIL] marche *f* à pied; [in mountains, woods] randonnée *f*, trekking *m*.

hilarious [hɪ'leərɪəs] *adj* [funny - person, joke, story] hilarant; his stories are ~ ses histoires sont à se tordre de rire; we had a ~ time last night nous nous sommes amusés comme des fous hier soir.

hilariously [hɪ'leərɪəslɪ] *adv* joyeusement, gaiement; the film's ~ funny le film est à se tordre de rire OR désopilant.

hilarity [hɪ'lærətɪ] *n* hilarité *f*.

Hilary term ['hɪlərɪ-] *n Br* UNIV trimestre *m* de printemps *(à Oxford)*.

hill [hɪl] *n* -**1.** colline *f*, coteau *m*; we walked up the ~ nous avons gravi la colline ❑ up ~ and down dale, over ~ and dale par monts et par vaux; the soldiers fought up ~ and down dale les soldats ont mené le combat avec force et persévérance; as old as the ~s vieux comme le monde OR Mathusalem. -**2.** [slope] côte *f*, pente *f*; 'steep ~' [up] montée OR côte raide; [down] 'descente abrupte OR raide'. -**3.** [mound - of earth] levée *f* de terre, remblai *m*; [- of things] tas *m*, monceau *m*; that car isn't worth a ~ of beans *inf Am* cette voiture ne vaut rien OR ne vaut pas un clou; on the Hill *Am* au parlement *(par allusion à Capitol Hill, siège du Congrès)*.

hillbilly ['hɪl,bɪlɪ] (*pl* **hillbillies**) *Am* ◇ *n* montagnard *m*, -e *f* des Appalaches; *pej* péquenaud *m*, -e *f*, plouc *mf*.
◇ *adj* des Appalaches; ~ music folk *m* (des Appalaches).

hill climb *n* course *f* de côtes.

hill farmer *n* éleveur *m* de moutons dans les alpages.

hillfort ['hɪlfɔːt] *n endroit fortifié se trouvant au sommet d'une colline*.

hilliness ['hɪlɪnɪs] *n* vallonnement *m*, caractère *m* accidenté.

hillock ['hɪlək] *n* [small hill] mamelon *m*, butte *f*; [artificial hill] monticule *m*, amoncellement *m*.

hillside [,hɪl'saɪd] *n* (flanc *m* de) coteau *m*; vines grew on the ~ des vignes poussaient à flanc de coteau.

hilltop ['hɪl,tɒp] ◇ *n* sommet *m* de la colline; they built their house on the ~ ils ont construit leur maison au sommet OR en haut de la colline.
◇ *adj* [village] au sommet OR en haut de la colline; [view] d'en haut de la colline.

hilly ['hɪlɪ] (*compar* **hillier**, *superl* **hilliest**) *adj* [country, land] vallonné; [road] accidenté, à fortes côtes.

hilt [hɪlt] *n* [of dagger, knife] manche *m*; [of sword] poignée *f*, garde *f*; [of gun] crosse *f*; (up) to the ~ au maximum; to back sb up to the ~ soutenir qqn à fond; to be up to the ~ in debt être endetté jusqu'au cou.

him [hɪm] *pron* -**1.** [direct object - unstressed] le, l' *(before vowel)*; [- stressed] lui; I recognize ~ je le reconnais; I heard ~ je l'ai entendu; why did you have to choose HIM? pourquoi l'as-tu choisi lui? -**2.** [indirect object - unstressed] lui; [- stressed] à lui; give ~ the money donne-lui l'argent; she only told ~, no one else elle ne l'a dit qu'à lui, c'est tout; why do they always give HIM the interesting jobs? pourquoi est-ce toujours à lui qu'on donne le travail intéressant? -**3.** [after preposition] lui; I was in front of ~ j'étais devant lui; as rich as/richer than ~ aussi riche/plus riche que lui; he closed the door behind ~ il a fermé la porte derrière lui. -**4.** [with 'to be']: it's ~ c'est lui; if I were ~ si j'étais lui, si j'étais à sa place. -**5.** *fml* [with relative pronoun] celui; ~ who hesitates... celui qui hésite...

Himalayan [,hɪmə'leɪən] *adj* himalayen.

Himalayas [,hɪmə'leɪəz] *pl pr n*: the ~ l'Himalaya *m*; in the ~ dans l'Himalaya.

himself [hɪm'self] *pron* -**1.** [reflexive form] se, s' *(before vowel)*; he introduced ~ il s'est présenté; he bought ~ a car il s'est acheté une voiture; he considers ~ lucky il considère qu'il a de la chance. -**2.** [emphatic form] lui-même; **he built the shelves ~** il a monté les étagères lui-même; **I spoke with the teacher ~** j'ai parlé au professeur en personne. -**3.** [with preposition] lui; **he took it upon ~ to tell us** il a pris sur lui de nous le dire; **he has a room to ~** il a sa propre chambre OR sa chambre à lui; **the old man was talking to ~** le vieil homme parlait tout seul; **"that's odd", he thought to ~** «c'est bizarre», se dit-il; **he did it all by ~** il l'a fait tout seul. -**4.** [his usual self]: **he isn't quite ~** il n'est pas dans son état habituel; **he's feeling more ~ now** il va mieux maintenant.

hind [haɪnd] ◇ *n* [deer] biche *f*.
◇ *adj* de derrière; **~ leg** patte *f* de derrière; **he could talk the ~ legs off a donkey** *hum* il est bavard comme une pie; **to get up on one's ~ legs** prendre la parole.

Hindenburg ['hɪndənˌbɜːg] *pr n*: **the ~** le Hindenburg.

THE HINDENBURG:
Dirigeable américain ayant inauguré, en 1936, la traversée transatlantique par les airs. Le 6 mai 1937, à son arrivée aux États-Unis, il prit feu et se désintégra en quelques secondes, tragédie qui mit définitivement fin à l'utilisation de ce moyen de transport.

hinder ['hɪndəʳ] *vt* [obstruct - person] gêner; [- progress] entraver, gêner; **to ~ sb in his/her work** gêner qqn dans son travail; **to ~ sb from doing sthg** empêcher qqn de faire qqch.

Hindi ['hɪndɪ] ◇ *n* LING hindi *m*.
◇ *adj* hindi.

hindmost ['haɪndməʊst] *adj* dernier, du bout.

hindquarters ['haɪndkwɔːtəz] *npl* arrière-train *m*.

hindrance ['hɪndrəns] *n* -**1.** [person, thing] obstacle *m*, entrave *f*; **you'll be more of a ~ than a help** tu vas gêner plus qu'autre chose. -**2.** *(U)* [action]: **without any ~ from the authorities** [referring to person] sans être gêné par les autorités; [referring to project] sans être entravé par les autorités; **without any ~ from the children/my husband** sans avoir les enfants/mon mari dans les jambes; **his illness has been something of a ~ to the project** sa maladie a quelque peu retardé le projet.

hindsight ['haɪndsaɪt] *n* sagesse *f* acquise après coup; **with the benefit** OR **wisdom of ~** avec du recul, après coup.

Hindu ['hɪnduː] ◇ *n* Hindou *m*, -e *f*.
◇ *adj* hindou.

Hinduism ['hɪnduːɪzm] *n* hindouisme *m*.

Hindustan [ˌhɪndʊ'stɑːn] *pr n* Hindoustan *m*; **in ~** dans l'Hindoustan.

Hindustani [ˌhɪndʊ'stɑːnɪ] ◇ *n* LING hindoustani *m*.
◇ *adj* hindoustani.

hinge [hɪndʒ] ◇ *n* [of door] gond *m*, charnière *f*; [of box] charnière *f*; **the door has come off its ~s** la porte est sortie de ses gonds.
◇ *vt* [door] munir de gonds OR charnières; [box] munir de charnières; **the door can be ~d to open either left or right** la porte peut être montée de façon à s'ouvrir soit à gauche soit à droite.
◆ **hinge on, hinge upon** *vt insep* dépendre de; **the company's future ~s on whether we get the contract** l'avenir de l'entreprise dépend de OR tient à OR repose sur ce contrat.

hinged [hɪndʒd] *adj* à charnière OR charnières; **~ flap** [of counter] abattant *m*.

hint [hɪnt] ◇ *n* -**1.** [indirect suggestion] allusion *f*; [clue] indice *m*; **to drop a ~ (about sthg)** faire une allusion (à qqch); **you could try dropping a ~ that if his work doesn't improve...** tu pourrais essayer de lui faire comprendre que si son travail ne s'améliore pas...; **he can't take a ~** il ne comprend pas les allusions; **OK, I can take a ~** oh ça va, j'ai compris; **I took the ~** j'ai saisi ce qu'on essayait de me faire comprendre; **give me a ~** donne-moi un indice ❑ **I just love plain chocolate, ~, ~** j'adore le chocolat noir, si tu vois où je veux en venir. -**2.** [helpful suggestion, tip] conseil *m*, truc *m*. -**3.** [small amount, trace - of emotion] note *f*; [- of colour] touche *f*; [- of flavouring] soupçon *m*; **there's a ~ of spring/rain in the air** ça sent le printemps/la pluie, il y a du printemps/de la pluie dans l'air.
◇ *vt* insinuer; **that was what he ~ed** c'est ce qu'il a insinué OR laissé entendre.
◇ *vi*: **to ~ at sthg** faire allusion à qqch; **what are you ~ing at?** qu'est-ce que tu insinues?; [in neutral sense] à quoi fais-tu allusion?; **the speech seemed to ~ at the possibility of agreement being reached soon** le discours semblait laisser entendre qu'un accord pourrait être conclu prochainement; **remember, no ~ing in this game** souvenez-vous que vous n'avez droit à aucun indice dans ce jeu.

hinterland ['hɪntəlænd] *n* arrière-pays *m*.

hip [hɪp] ◇ *n* -**1.** [part of body] hanche *f*; **with one's hands on one's ~s** les mains sur les hanches; **to be big/small around the ~s** avoir les hanches larges/étroites; **to break one's ~** se casser le col du fémur. -**2.** [berry] fruit *m* de l'églantier/du rosier, cynorhodon *m*, gratte-cul *m*.
◇ *comp*: **~ measurement** OR **size** tour *m* de hanches.
◇ *interj*: **~ ~, hooray!** hip hip hip, hourra!
◇ *adj inf* [fashionable] branché; **to be ~ to sthg** être branché sur qqch.

hip bath *n* bain *m* de siège.

hipbone ['hɪpbəʊn] *n* os *m* iliaque.

hip flask *n* flasque *f*.

hiphuggers ['hɪpˌhʌgəz] *npl Am* pantalon *m* à taille basse.

hip joint *n* articulation *f* de la hanche.

hippie ['hɪpɪ] ◇ *n* hippie *mf*, hippy *mf*.
◇ *adj* hippie, hippy.

hippo *inf* ['hɪpəʊ] *n* hippopotame *m*.

hip pocket *n* poche *f* revolver.

Hippocrates [hɪ'pɒkrətiːz] *pr n* Hippocrate.

Hippocratic [ˌhɪpə'krætɪk] *adj*: **the ~ oath** le serment d'Hippocrate.

Hippolyta [hɪ'pɒlɪtə] *pr n* Hippolyté.

Hippolytus [hɪ'pɒlɪtəs] *pr n* Hippolyte.

hippopotamus [ˌhɪpə'pɒtəməs] (*pl* **hippopotamuses** OR **hippopotami** [-maɪ]) *n* hippopotame *m*.

hippy ['hɪpɪ] (*pl* **hippies**) = **hippie**.

hip replacement *n* [operation] remplacement *m* de la hanche par une prothèse; [prosthesis] prothèse *f* de la hanche.

hipsters ['hɪpstəz] *npl Br* pantalon *m* à taille basse.

hire ['haɪəʳ] ◇ *n* -**1.** *Br* [of car, room, suit etc] location *f*; **'for ~'** 'à louer'; [taxi] 'libre'; **it's out on ~** il a été loué. -**2.** [cost - of car, boat etc] (prix *m* de) location *f*; [- of worker] paye *f*.
◇ *comp*: **~ charges** (frais *mpl* OR prix *m* de) location *f*.
◇ *vt* -**1.** *Br* [car, room, suit etc] louer; **to ~ sb's services** employer les services de qqn; **to ~ sthg from sb** louer qqch à qqn. -**2.** [staff] engager; [labourer] embaucher, engager; **~d hand** *Am* [on farm] ouvrier *m*, -ère *f* agricole; [employee] employé *m*, -e *f*; **~d killer** OR **assassin** tueur *m* à gages.
◇ *vi* engager du personnel, embaucher (des ouvriers); **with authority to ~ and fire** qui a pouvoir en matière d'embauche et de licenciement.
◆ **hire out** *vt sep Br* [car, room, suit etc] louer; **to ~ out one's services** offrir OR proposer ses services; **to ~ o.s. out** se faire engager; [labourer] se faire engager OR embaucher.

hire car *n Br* voiture *f* de location.

hireling ['haɪəlɪŋ] *n pej* [menial] larbin *m*; [illegal or immoral] mercenaire *mf*.

hire purchase *n Br* location-vente *f*, vente *f* à tempérament; **to buy** OR **to get sthg on ~** acheter qqch en location-vente; **I don't own it, it's on ~** ce n'est pas encore à moi, je l'achète en location-vente; **~ agreement** contrat *m* de location; **~ goods** biens achetés en location-vente OR à tempérament.

hiring ['haɪərɪŋ] *n* -**1.** [of car] location *f*. -**2.** [of employee] embauche *f*.

Hiroshima [hɪ'rɒʃɪmə] *pr n* Hiroshima.

hirsute ['hɜːsjuːt] *adj fml* poilu, velu.

his [hɪz] ◇ *det* son *m*, sa *f*, ses *mfpl*; **~ table** sa table; **~ glasses** ses lunettes; **~ university** son université; **it's HIS fault not mine** c'est de sa faute à lui, pas de la mienne; **he has broken ~ arm/~ leg** il s'est cassé le bras/la jambe; **with ~ hands in ~ pockets** les mains dans les poches; **everyone must do ~ best** *fml* chacun doit faire de son mieux; **one has ~ pride** *Am* on a sa fierté.
◇ *pron* -**1.** [gen] le sien *m*, la sienne *f*, les siens *mpl*, les siennes *fpl*; **it's ~** c'est à lui, c'est le sien; **the responsibility is ~** c'est lui qui est responsable, la responsabilité lui revient; **is this coat ~?** ce manteau est-il à lui?, ce manteau est-il le sien?; **no, THIS one is ~** non, le sien c'est celui-ci; **whose fault is it? — ~!** qui est le responsable? — lui! -**2.** [after preposition]: **a friend of ~** un de ses amis; **that dog of ~ is a nuisance** son sacré chien est vraiment embêtant; **it's always been a fault of ~** ça a toujours été son défaut OR un de ses défauts; **everyone wants what is ~** *fml* chacun veut ce qui lui revient.

Hispanic [hɪ'spænɪk] ◇ *n* Hispano-Américain *m*, -e *f*.
◇ *adj* hispanique.

Hispaniola [ˌhɪspænɪ'əʊlə] *pr n* Hispaniola *f*; **in ~** en Hispaniola.

Hispano-American [hɪ'spɑːnəʊ-] ◇ *n* Hispano-Américain *m*, -e *f*.
◇ *adj* hispano-américain.

hiss [hɪs] ◇ *n* [of gas, steam] sifflement *m*, chuintement *m*; [of person, snake] sifflement *m*; [of cat] crachement *m*; **"be quiet", she said in a ~** «tais-toi!», dit-elle nerveusement; **there was an angry ~ from the bystanders** l'assistance émit un sifflement de colère; **he was greeted with ~es** il est arrivé sous les sifflets (du public); **the cat backed away with a ~** le chat a reculé en crachant.
◇ *vt* [say quietly] souffler; [bad performer, speaker etc] siffler; **the audience ~ed its disapproval** les spectateurs ont sifflé en signe de mécontentement; **the speaker was ~ed off the platform** l'orateur quitta la tribune sous les sifflets (du public).
◇ *vi* [gas, steam] siffler, chuinter; [snake] siffler; [cat] cracher; [person - speak quietly] souffler; [- in disapproval, anger] siffler; **there was a loud ~ing noise** il y a eu un bruit ressemblant a un fort sifflement; **why is the radiator making all these ~ing noises?** pourquoi est-ce que le radiateur siffle comme ça?

hist [hɪst] *interj dated* chut.

histamine ['hɪstəmiːn] *n* histamine *f*.

histogram ['hɪstəgræm] *n* histogramme *m*.

histologist [hɪs'tɒlədʒɪst] *n* histologiste *mf*.

histology [hɪ'stɒlədʒɪ] *n* histologie *f*.

historian [hɪ'stɔːrɪən] *n* historien *m*, -enne *f*.

historic [hɪ'stɒrɪk] *adj* -**1.** [memorable - day, occasion, meeting etc] historique. -**2.** [of time past] révolu, passé; [fear] ancestral; **in ~ times** en des temps révolus; **~ building** monument *m* historique.

historical [hɪ'stɒrɪkəl] *adj* historique; **it's a ~ fact** c'est un fait historique; **to be of ~ interest** présenter un intérêt historique ❑ **~ linguistics** linguistique *f* diachronique; **~ present** GRAMM présent *m* historique.

historically [hɪ'stɒrɪklɪ] *adv* historiquement; [traditionally] traditionnellement.

historiographer [ˌhɪstɔːrɪ'ɒgrəfəʳ] *n* historiographe *mf*.

historiography [ˌhɪstɔːrɪ'ɒgrəfɪ] *n* historiographie *f*.

history ['hɪstərɪ] (*pl* **histories**) ◇ *n* -**1.** *(U)* [the past] histoire *f*; **ancient/modern ~** histoire ancienne/moderne; **the ~ of France, French**

~ l'histoire de France; to study ~ étudier l'histoire; I find ~ fascinating l'histoire me fascine; a character in ~ un personnage historique OR de l'histoire; throughout ~ tout au long de l'histoire; the ~ plays of Shakespeare les pièces historiques de Shakespeare; tell me news, not ~! tu n'aurais pas de nouvelles un peu plus fraîches?; to make ~ entrer dans l'histoire; a day that has gone down in ~ une journée qui est entrée dans l'histoire ❑ that's ancient ~ [forgotten, in the past] c'est de l'histoire ancienne; [everyone knows that] c'est bien connu; the rest is ~ tout le monde connaît la suite. -2. (U) [development, lifespan] histoire f; the worst disaster in aviation ~ OR in the ~ of aviation le plus grand désastre de l'histoire de l'aviation. -3. [account] histoire f; Shakespeare's histories les pièces historiques de Shakespeare. -4. (U) [record]: employment ~ expérience f professionnelle; medical ~ antécédents mpl médicaux; there is a ~ of heart disease in my family il y a des antécédents de maladie cardiaque dans ma famille; the entire family has a ~ of political activity toute la famille a fait de la politique; he has a ~ of attempted rape il a plusieurs tentatives de viol à son actif.

◇ comp [book, teacher, lesson] d'histoire.

histrionic [,hɪstrɪ'ɒnɪk] adj pej [person, behaviour, gesture] théâtral.

histrionics [,hɪstrɪ'ɒnɪks] npl pej comédie f, simagrées fpl.

hit [hɪt] (pt & pp hit, cont hitting) ◇ n -1. [blow] coup m; we scored a direct ~ on the palace nous avons touché le palais en plein dans le mille; the tank won't withstand a direct ~ le char ne résistera pas à un coup direct OR s'il est touché de plein fouet; that was a ~ at me fig ça m'était destiné, c'est moi qui étais visé. -2. SPORT [in ball game] coup m; [in shooting] tir m réussi; [in fencing] touche f; to score a ~ [in shooting] faire mouche, toucher la cible; [in fencing] faire OR marquer une touche; he got three ~s and one miss il a réussi trois tirs et en a manqué un; it only counts as a ~ if the bullet goes inside the red line le tir ne compte que si la balle se trouve à l'intérieur de la ligne rouge; that was a ~ [in fencing] il y a eu touche; we sent the mailshot to fifty companies and got thirteen ~s fig nous avons contacté cinquante entreprises par publipostage et avons eu treize réponses favorables. -3. [success - record, play, book] succès m; [- song] succès m, hit m, tube m; to be a big ~ [book, record etc] faire OR être un grand succès; a ~ with the public/the critics un succès auprès du public/des critiques; to make a ~ with sb [person] conquérir qqn; she's a ~ with everyone elle a conquis tout le monde; I think you've made a ~ with him je crois que tu l'as conquis; [romantically] je crois que tu as fait une touche. -4. ▽ [murder] meurtre m, liquidation f; a ~ by the Mafia un meurtre perpétré par la Mafia. -5. drugs sl [injection of heroin] dose f, shoot m.

◇ comp: ~ record (disque m à) succès m; ~ single OR song succès, hit m, tube m; ~ tune air m à succès.

◇ vt -1. [strike with hand, fist, stick etc - person] frapper; [- ball] frapper OR taper dans; [- nail] taper sur; to ~ sb in the face/on the head frapper qqn au visage/sur la tête; they ~ him over the head with a baseball bat ils lui ont donné un coup de batte de baseball sur la tête; to ~ a ball over the net envoyer un ballon par-dessus le filet; to ~ sb where it hurts most fig toucher qqn là où ça fait mal ❑ to ~ a man when he's down literal & fig frapper un homme quand il est à terre; to ~ the nail on the head mettre le doigt dessus. -2. [come or bring forcefully into contact with - subj: ball, stone] heurter; [- subj: bullet, arrow] atteindre, toucher; the bottle ~ the wall and smashed la bouteille a heurté le mur et s'est cassée; the bullet ~ him in the shoulder la balle l'a atteint OR touché à l'épaule; I've been ~! j'ai été touché!; the boat was ~ by a missile le bateau a été touché par un missile; the windscreen was ~ by a stone une pierre a heurté le pare-brise; he was ~ by a stone il a reçu une pierre; the car ~ a tree la voiture a heurté OR est rentrée dans un arbre; the dog was ~ by a car le chien a été heurté par une voiture; to ~ one's head/knee (against sthg) se cogner la tête/le genou (contre qqch); to ~ sb's head against sthg frapper OR cogner la tête de qqn contre qqch; it suddenly ~ me that... fig il m'est soudain venu à l'esprit que... -3. [attack - enemy] attaquer. -4. [affect] toucher; the company has been ~ by the recession l'entreprise a été touchée par la récession; how badly did the postal strike ~ you? dans quelle mesure avez-vous été touchés par la grève des postes?; the region worst ~ by the earthquake la région la plus sévèrement touchée par le tremblement de terre; the child's death has ~ them all very hard la mort de l'enfant les a tous beaucoup éprouvés OR durement touchés OR frappés; it ~s everyone in the pocket inf tout le monde en subit financièrement les conséquences, tout le monde le sent passer. -5. inf [reach] arriver à; the new model can ~ 130 mph on the straight le nouveau modèle peut atteindre les 210 (km/h) OR faire des pointes à 210 (km/h) en ligne droite; to ~ a problem se heurter à un problème OR une difficulté; to ~ a note MUS [singer] chanter une note; [instrumentalist] jouer une note; he didn't quite ~ the note cleanly la note n'est pas sortie tout à fait nettement; we'll stop for dinner when we ~ town Am nous nous arrêterons pour dîner quand nous arriverons dans la ville; when it ~s the shops [product] quand il sera mis en vente; to ~ an all-time high/low [unemployment, morale etc] atteindre son plus haut/bas niveau; you'll ~ the rush hour traffic tu vas te retrouver en plein dans la circulation de l'heure de pointe. -6. SPORT [score - runs] marquer; [in fencing] toucher; to ~ three runs [cricket] marquer trois points; to ~ a home-run [baseball] faire un tour complet de circuit. -7. ▽ [kill] descendre, liquider. -8. inf Am [borrow money from] taper; to ~ sb for $10 taper qqn de 10 dollars; to ~ sb for a loan emprunter de l'argent à qqn. -9. phr: to ~ the books inf Am se mettre à étudier; to ~ the bottle inf [drink] picoler; [start to drink] se mettre à picoler; to ~ the ceiling inf OR roof inf sortir de ses gonds, piquer une colère folle; to ~ the deck inf [lie down] se mettre à terre; ~ the deck! tout le monde à terre!; [get out of bed] debout là-dedans!; to ~ the gas inf Am appuyer sur le champignon; to ~ the hay inf OR the sack inf aller se mettre au pieu, aller se pieuter; to ~ the headlines faire les gros titres; if ever this ~s the headlines we're in trouble si jamais cela paraît dans les journaux nous aurons des problèmes; to ~ home [remark, criticism] faire mouche; to ~ the jackpot gagner le gros lot; to ~ the road se mettre en route; ~ the road! [go away] fiche le camp!; that really ~s the spot [food, drink] c'est juste ce dont j'avais besoin.

◇ vi -1. frapper, taper; don't ~ so hard, we're only playing ne frappe OR tape pas si fort, ce n'est qu'un jeu; the door was hitting against the wall la porte cognait contre le mur; the two cars didn't actually ~ en fait les deux voitures ne se sont pas heurtées; the atoms ~ against each other les atomes se heurtent. -2. [inflation, recession etc] se faire sentir.

◆ **hit back** ◇ vi insep [reply forcefully, retaliate] riposter, rendre la pareille; he ~ back with accusations that they were giving bribes il a riposté en les accusant de verser des pots-de-vin; to ~ back at sb/sthg [in speech] répondre à qqn/qqch; to ~ back at the enemy riposter, répondre à l'ennemi; our army ~ back with a missile attack notre armée a riposté en envoyant des missiles.

◇ vt sep: to ~ the ball back renvoyer le ballon; he ~ me back il m'a rendu mon coup.

◆ **hit off** vt sep -1. [in words] décrire OR dépeindre à la perfection; [in paint] représenter de manière très ressemblante; [in mimicry] imiter à la perfection. -2. phr: to ~ it off [get on well] bien s'entendre; to ~ it off with sb bien s'entendre avec qqn; we ~ it off immediately le courant est tout de suite passé entre nous.

◆ **hit on** vt insep -1. [find - solution, plan etc] trouver. -2. inf Am [try to pick up] draguer.

◆ **hit out** vi insep -1. [physically - once] envoyer un coup; [- repeatedly] envoyer des coups; he started hitting out at me il s'est mis à envoyer des coups dans ma direction. -2. [in speech, writing]: to ~ out at OR against s'en prendre à, attaquer; he ~s out in his new book il lance l'offensive dans son nouveau livre.

◆ **hit upon** vt insep = hit on 1.

hit-and-miss = hit-or-miss.

hit-and-run n accident m avec délit de fuite; a child died in a ~ (accident) yesterday un enfant est mort hier dans un accident causé par un chauffard qui a pris la fuite; he's confessed to the ~ il s'est reconnu coupable du délit de fuite; ~ driver conducteur m, -trice f coupable de délit de fuite; ~ attack MIL attaque f éclair; ~ suit Am JUR poursuites fpl pour délit de fuite (après avoir provoqué un accident de la route).

hitch [hɪtʃ] ◇ vt -1. inf to ~ a lift [gen] se faire emmener en voiture; [hitchhiker] se faire prendre en stop; can I ~ a lift, Dad? tu m'emmènes, papa?; I ~ed a lift from the woman next door je me suis fait emmener par la voisine; she has ~ed her way round Europe elle a fait toute l'Europe en stop OR auto-stop. -2. [railway carriage] attacher, atteler; [horse - to fence] attacher; [- to carriage] atteler; [rope] attacher, nouer. -3. inf phr: to get ~ed [one person] se caser; [couple] passer devant Monsieur le Maire.

◇ vi = hitchhike.

◇ n -1. [difficulty] problème m, anicroche f; there's been a ~ il y a eu un problème; a technical ~ un incident technique; it went off without a ~ OR any ~es tout s'est passé sans anicroche. -2. inf Am MIL: he's doing a five year ~ in the navy il s'est engagé pour cinq ans dans la marine. -3. [knot] nœud m. -4. [pull]: to give sthg a ~ (up) remonter OR retrousser qqch.

◆ **hitch up** vt sep -1. [trousers, skirt etc] remonter, retrousser. -2. [horse, oxen etc] atteler.

hitcher inf ['hɪtʃəʳ] = hitchhiker.

hitchhike ['hɪtʃhaɪk] ◇ vi faire du stop OR de l'auto-stop; to ~ to London aller à Londres en stop; I spent the summer hitchhiking in the South of France j'ai passé l'été à voyager dans le sud de la France en auto-stop.

◇ vt: to ~ one's way round Europe faire l'Europe en auto-stop.

hitchhiker ['hɪtʃhaɪkəʳ] n auto-stoppeur m, -euse f, stoppeur m, -euse f; I picked up a couple of ~s on the way j'ai pris quelques auto-stoppeurs OR stoppeurs en chemin.

hitchhiking ['hɪtʃhaɪkɪŋ] n auto-stop m, stop m.

hi-tech, hitech ['haɪ,tek] ◇ n -1. [in industry] technologie f de pointe. -2. [style of interior design] high-tech m.

◇ adj -1. [equipment, industry] de pointe. -2. [design, furniture] high-tech.

hither ['hɪðəʳ] adv arch ici; ~ and thither lit & hum çà et là, de ci de là.

hitherto [,hɪðə'tuː] adv fml jusqu'ici, jusqu'à présent; a ~ incurable disease une maladie jusqu'ici OR jusqu'à présent incurable; the man who had ~ been considered guilty l'homme qui avait jusqu'alors été tenu pour coupable.

hit list inf n liste f noire; to be on sb's ~ être sur la liste noire de qqn.

hitman inf ['hɪtmæn] (pl hitmen [-men]) n tueur m à gages.

hit-or-miss inf adj [method, approach] basé sur le hasard; [work] fait n'importe comment OR à la va comme je te pousse; the service here is a bit ~ le service ici est fait un peu n'importe comment.

hit parade n dated hit-parade m.

hit rate n MIL taux m de tirs réussis; fig taux m de réussite.

hit squad inf n commando m de tueurs.

Hittite ['hɪtaɪt] ◇ *n* **-1.** [person] Hittite *mf*. **-2.** LING hittite *m*.
◇ *adj* hittite.

HIV (*abbr of* **human immunodeficiency virus**) *n* VIH *m*, HIV *m*; **to be ~ positive** être séropositif.

hive [haɪv] ◇ *n* [for bees] ruche *f*; [group of bees] essaim *m*; **a ~ of industry** OR **activity** *fig* une vraie OR véritable ruche.
◇ *vt* mettre en ruche.
◇ *vi* entrer dans une ruche.
◆ **hive off** ◇ *vt sep* transférer.
◇ *vi insep inf* [go away, slip off] se tirer, se casser.

hives [haɪvz] *n* (*U*) MED urticaire *f*; **to have ~** avoir de l'urticaire.

hiya *inf* ['haɪjə] *interj* salut.

hl (*written abbr of* **hectolitre**) hl.

h'm [hm] *interj* hum, mmm.

HM (*abbr of* **His/Her Majesty**) SM.

HMG (*abbr of* **His/Her Majesty's Government**) *n expression utilisée sur des documents officiels en Grande-Bretagne.*

HMI (*abbr of* **His/Her Majesty's Inspector**) *n inspecteur de l'éducation nationale en Grande-Bretagne.*

HMO (*abbr of* **Health Maintenance Organization**) *n aux États-Unis, clinique de médecine préventive où l'on peut aller lorsqu'on a certains contrats d'assurance.*

HMS (*abbr of* **His/Her Majesty's Ship**) *n dénomination officielle précédant le nom de tous les bâtiments de guerre de la marine britannique.*

HMSO (*abbr of* **His/Her Majesty's Stationery Office**) *pr n maison d'édition publiant les ouvrages ou documents approuvés par le Parlement, les ministères et autres organismes officiels,* ≃ l'Imprimerie nationale.

HNC *n abbr of* **Higher National Certificate**.

HND *n abbr of* **Higher National Diploma**.

ho [həʊ] *interj* **-1.** [attracting attention] hé ho. **-2.** [imitating laughter]: **~ ~!** ha ha ha!

hoagie ['həʊgɪ] *n Am sorte de gros sandwich.*

hoar [hɔːʳ] = **hoarfrost**.

hoard [hɔːd] ◇ *n* [of goods] réserve *f*, provisions *fpl*; [of money] trésor *m*, magot *m*.
◇ *vt* [goods] faire provision OR des réserves de, stocker; [money] accumuler, thésauriser.
◇ *vi* faire des réserves, stocker.

hoarder ['hɔːdə] *n* [gen] *personne ou animal qui fait des réserves*; [of money] thésauriseur *m*, -euse *f*; **you're such a ~!** quel conservateur tu fais!

hoarding ['hɔːdɪŋ] *n* **-1.** (*U*) [of goods] mise *f* en réserve OR en stock; [of money] thésaurisation *f*, accumulation *f*; **~ is forbidden** il est interdit de faire des réserves OR des stocks. **-2.** *Br* [fence] palissade *f*. **-3.** *Br* [billboard] panneau *m* publicitaire OR d'affichage.

hoarfrost ['hɔːfrɒst] *n* givre *m*.

hoarse [hɔːs] *adj* [person] enroué; [voice] rauque, enroué; **to sound ~** être enroué, avoir la voix enrouée; **to shout o.s. ~** s'enrouer à force de crier.

hoarsely ['hɔːslɪ] *adv* d'une voix rauque OR enrouée.

hoary ['hɔːrɪ] (*compar* **hoarier**, *superl* **hoariest**) *adj* **-1.** [greyish white - hair] blanc; [- person] aux cheveux blancs, chenu. **-2.** [old - problem, story] vieux; **a ~ old joke** une blague usée.

hoax [həʊks] ◇ *n* canular *m*; **to play a ~ on sb** jouer un tour à qqn, monter un canular à qqn; **(bomb) ~** fausse alerte *f* à la bombe.
◇ *comp*: **~ (telephone) call** canular *m* téléphonique.
◇ *vt* jouer un tour à, monter un canular à.

hoaxer ['həʊksəʳ] *n* mauvais plaisant *m*.

hob [hɒb] *n* [on stove top] plaque *f* (chauffante); [by open fire] plaque *f*.

hobble ['hɒbl] ◇ *vi* boitiller; **she ~d across the street** elle a traversé la rue en boitillant.
◇ *vt* [horse] entraver.
◇ *n* **-1.** [limp] boitillement *m*; **to walk with a ~** marcher en boitillant. **-2.** [for horse] entrave *f*.
◇ *comp*: **~ skirt** jupe *f* entravée.

hobbledehoy [ˌhɒbldɪ'hɔɪ] *n arch* dadais *m*, empoté *m*.

hobby ['hɒbɪ] (*pl* **hobbies**) *n* passe-temps *m*, hobby *m*.

hobbyhorse ['hɒbɪhɔːs] *n* **-1.** [toy] cheval *m* de bois *(composé d'une tête sur un manche)*. **-2.** [favourite topic] sujet *m* favori, dada *m*; **she's off on her ~ again** la voilà repartie sur son sujet favori OR son dada; **to get sb on his/her ~** brancher qqn sur son sujet favori OR dada.

hobgoblin [hɒb'gɒblɪn] *n* diablotin *m*.

hobnail ['hɒbneɪl] *n* clou *m* à grosse tête, caboche *f*; **~ boots** chaussures *fpl* ferrées.

hobnob ['hɒbnɒb] (*pt* & *pp* **hobnobbed**, *cont* **hobnobbing**) *vi*: **to ~ with sb** frayer avec qqn, fréquenter qqn.

hobo *inf* ['həʊbəʊ] (*pl* **hobos** OR **hoboes**) *n Am* **-1.** [tramp] clochard *m*, -e *f*, vagabond *m*, -e *f*. **-2.** [itinerant labourer] saisonnier *m*, -ère *f*.

Hobson's choice ['hɒbsnz-] *n*: **it's (a case of) ~** il n'y a pas vraiment le choix.

Ho Chi Minh ['həʊˌtʃiː'mɪn] *pr n* Hô Chi Minh.

Ho Chi Minh City *pr n* Hô Chi Minh-Ville.

hock [hɒk] ◇ *n* **-1.** [joint] jarret *m*. **-2.** [wine] vin *m* du Rhin. **-3.** *inf phr*: **in ~** [in pawn] au clou; [in debt] endetté; **how much are you in ~ for?** de combien es-tu endetté?; **I'm in ~ for $500** j'ai 500 dollars de dettes; **I'm in ~ to him for $500** je lui dois 500 dollars; **to get sthg out of ~** retirer qqch du clou; **he was finally out of ~** enfin il n'avait plus de dettes.
◇ *vt* [pawn] mettre au clou.

hockey ['hɒkɪ] ◇ *n* **-1.** *Br* hockey *m* sur gazon. **-2.** *Am* hockey *m* sur glace.
◇ *comp* [ball, match, pitch, team] *Br* de hockey; *Am* de hockey sur glace; **~ player** *Br* joueur *m*, -euse *f* de hockey, hockeyeur *m*, -euse *f*; *Am* joueur *m*, -euse *f* de hockey sur glace; **~ stick** *Br* crosse *f* de hockey; *Am* crosse de hockey sur glace.

hocus-pocus [ˌhəʊkəs'pəʊkəs] *n* **-1.** [of magician] tours *mpl* de passe-passe. **-2.** [trickery] tricherie *f*, supercherie *f*; [deceptive talk] paroles *fpl* trompeuses; [deceptive action] trucage *m*, supercherie *f*; **it's just ~** ce n'est que de la supercherie.

hod [hɒd] ◇ *n* [for bricks] *ustensile utilisé par les maçons pour porter les briques*; [for mortar] auge *f*, oiseau *m*; [for coal] seau *m* à charbon.
◇ *comp*: **~ carrier** apprenti *m* OR aide *m* maçon.

hodgepodge ['hɒdʒpɒdʒ] *Am* = **hotchpotch**.

hoe [həʊ] ◇ *n* houe *f*, binette *f*.
◇ *vt* biner, sarcler.

hoedown ['həʊdaʊn] *n Am* bal *m* populaire.

hog [hɒg] (*pt* & *pp* **hogged**, *cont* **hogging**)
◇ *n* [castrated pig] cochon *m* OR porc *m* châtré; *Am* [pig] cochon *m*, porc *m*; *fig* [greedy person] goinfre *mf*; [dirty person] porc *m*; **to go the whole ~** *inf* ne pas faire les choses à moitié; **why don't we go the whole ~ and order champagne?** pourquoi ne pas faire les choses en grand et commander du champagne?; **to live high on** OR **off the ~** *inf Am* mener la grande vie.
◇ *vt inf* monopoliser; **to ~ the limelight** accaparer OR monopoliser l'attention, se mettre en vedette; **to ~ the middle of the road** prendre toute la route; **stop hogging all the wine for yourself** ne garde pas tout le vin pour ta poire.

hoggish ['hɒgɪʃ] *adj* [habits] de porc; [person - dirty] sale; [- greedy] goulu; **he's very ~** c'est un vrai porc.

Hogmanay ['hɒgmәneɪ] *n Scot les fêtes de la Saint-Sylvestre en Écosse.*

hogshead ['hɒgzhed] *n* tonneau *m*, barrique *f*.

hogtie ['hɒgtaɪ] *vt Am*: **this has ~d us** nous voici pieds et poings liés; **to be ~d** être pieds et poings liés.

hogwash ['hɒgwɒʃ] *n* (*U*) **-1.** *inf* [nonsense] bêtises *fpl*, imbécillités *fpl*; **to talk ~** raconter des bêtises; **~!** n'importe quoi! **-2.** [pigswill] eaux *fpl* grasses.

hogweed ['hɒgwiːd] *n* berce *f*.

hoick *inf* [hɔɪk] *vt* soulever; **to ~ o.s. up onto a wall** se hisser sur un mur; **the helicopter ~ed him out of the sea** l'hélicoptère l'a tiré de la mer avec une secousse.

hoi polloi [ˌhɔɪpə'lɔɪ] *npl pej*: **the ~** la populace.

hoist [hɔɪst] ◇ *vt* [sails, flag] hisser; [load, person] lever, hisser; **to be ~ with one's own petard** être pris à son propre piège.
◇ *n* **-1.** [elevator] monte-charge *m*; [block and tackle] palan *m*. **-2.** [upward push, pull]: **to give sb a ~ up** [lift] soulever qqn; [pull] tirer qqn.

hoity-toity *inf* [ˌhɔɪtɪ'tɔɪtɪ] *adj pej* prétentieux, péteux; **she's very ~** c'est une vraie bêcheuse; **to go all ~** prendre ses grands airs.

hoke up [həʊk-] *vt sep Am* agrémenter.

hokey ['həʊkɪ] *adj Am* à l'eau de rose.

hokey cokey [-'kəʊkɪ] *n Br danse et chanson traditionnelles londoniennes.*

hokum *inf* ['həʊkəm] *n* (*U*) *Am* [nonsense] fadaises *fpl*, foutaises *fpl*; [sentimentality in play, film etc] niaiseries *fpl*, sentimentalisme *m*.

hold [həʊld] (*pt* & *pp* **held** [held]) ◇ *vt* **A. -1.** [clasp, grasp] tenir; **to ~ sthg in one's hand** [book, clothing, guitar] avoir qqch à la main; [key, money] tenir qqch dans la main; **to ~ sthg with both hands** tenir qqch à deux mains; **will you ~ my coat a second?** peux-tu prendre OR tenir mon manteau un instant?; **to ~ the door for sb** tenir la porte à OR pour qqn; **to ~ sb's hand** *literal* & *fig* tenir la main à qqn; **to ~ hands** se donner la main, se tenir (par) la main; **~ my hand while we cross the street** donne-moi la main pour traverser la rue; **to ~ sb in one's arms** tenir qqn dans ses bras; **to ~ sb close** OR **tight** serrer qqn contre soi; **~ it tight and don't let go** tiens-le bien et ne le lâche pas; **to ~ one's nose** se boucher le nez. **-2.** [keep, sustain]: **to ~ sb's attention** retenir l'attention de qqn; **to ~ an audience** tenir un auditoire; **to ~ one's serve** [in tennis] défendre son service; **to ~ a seat** POL [to be an MP] occuper un siège de député; [to be re-elected] être réélu ❑ **to ~ one's own** tenir bon OR ferme; **the Prime Minister held her own during the debate** le Premier ministre a tenu bon OR ferme pendant le débat; **she is well able to ~ her own** elle sait se défendre; **he can ~ his own in chess** il se défend bien aux échecs; **our products ~ their own against the competition** nos produits se tiennent bien par rapport à la concurrence; **to ~ the floor**: **the senator held the floor for an hour** le sénateur a gardé la parole pendant une heure. **-3.** [have, possess - degree, permit, ticket] avoir, posséder; [- job, position] avoir, occuper; **do you ~ a clean driving licence?** avez-vous déjà été sanctionné pour des infractions au code de la route?; **she ~s the post of treasurer** elle occupe le poste de trésorière; **to ~ office** [chairperson, deputy] être en fonction, remplir sa fonction; [minister] détenir OR avoir un portefeuille; [political party, president] être au pouvoir OR au gouvernement; **to ~ a living** RELIG jouir d'un bénéfice; **to ~ stock** FIN détenir OR avoir des actions; **to ~ a record** *literal* & *fig* détenir un record; **she ~s the world record for the javelin** elle détient le record mondial du javelot. **-4.** [keep control or authority over]: **the guerrillas held the bridge for several hours** MIL les guérilleros ont tenu le pont plusieurs heures durant ❑ **to ~ centre stage** *fig* & THEAT occuper le centre de la scène; **~ it!, ~ everything!** [stop and wait] attendez!; [stay still] arrêtez!, ne bougez plus!; **~ your horses!** *inf* pas si vite! **-5.** [reserve, set aside] retenir, réserver; **we'll ~ the book for you until next week** nous vous réserverons le livre OR nous vous mettrons le livre de côté jusqu'à la semaine prochaine; **will the restaurant ~ the table for us?** est-ce que le restaurant va nous garder la table? **-6.** [contain] contenir, tenir; **this bottle ~s two litres** cette bouteille contient deux litres; **will this suitcase ~ all our clothes?** est-ce que cette valise sera assez grande pour tous nos vêtements?; **the car is too**

small to ~ us all la voiture est trop petite pour qu'on y tienne tous; **the hall ~s a maximum of 250 people** la salle peut accueillir OR recevoir 250 personnes au maximum, il y a de la place pour 250 personnes au maximum dans cette salle; **to ~ one's drink** bien supporter l'alcool; **the letter ~s the key to the murder** la lettre contient la clé du meurtre. -**7.** [have, exercise] exercer; **the subject ~s a huge fascination for some people** le sujet exerce une énorme fascination sur certaines personnes. -**8.** [have in store] réserver; **who knows what the future may ~?** qui sait ce que nous réserve l'avenir? -**9.** [conserve, store] conserver, détenir; COMPUT stocker; **we can't ~ this data forever** nous ne pouvons pas conserver OR stocker ces données éternellement; **how much data will this disk ~?** quelle quantité de données cette disquette peut-elle stocker?; **the commands are held in the memory/in a temporary buffer** les instructions sont gardées en mémoire/sont enregistrées dans une mémoire intermédiaire; **my lawyer ~s a copy of my will** mon avocat détient OR conserve un exemplaire de mon testament; **this photo ~s fond memories for me** cette photo me rappelle de bons souvenirs. -**10.** AUT: **the new car ~s the road well** la nouvelle voiture tient bien la route.

B. -**1.** [maintain in position] tenir, maintenir; **she held her arms by her sides** elle avait les bras le long du corps; **her hair was held in place with hairpins** des épingles (à cheveux) retenaient OR maintenaient ses cheveux; **what's ~ing the picture in place?** qu'est-ce qui tient OR maintient le tableau en place?; **~ the picture a bit higher** tenez le tableau un peu plus haut. -**2.** [carry] tenir; **to ~ o.s. upright** OR **erect** se tenir droit.

C. -**1.** [confine, detain] détenir; **the police are ~ing him for questioning** la police l'a gardé à vue pour l'interroger; **they're ~ing him for murder** ils l'ont arrêté pour meurtre. -**2.** [keep back, retain] retenir; **to ~ sthg in trust for sb** tenir qqch par fidéicommis pour qqn; **the post office will ~ my mail for me while I'm away** la poste gardera mon courrier pendant mon absence; **once she starts talking politics there's no ~ing her!** *fig* dès qu'elle commence à parler politique, rien ne peut l'arrêter!; **one burger, ~ the mustard!** *Am* [in restaurant] un hamburger, sans moutarde! -**3.** [delay]: **don't ~ dinner for me** ne m'attendez pas pour dîner; **they held the plane another thirty minutes** ils ont retenu l'avion au sol pendant encore trente minutes; **~ all decisions on the project until I get back** attendez mon retour pour prendre des décisions concernant le projet; **~ the front page!** ne lancez pas la une tout de suite! -**4.** [keep in check]: **we have held costs to a minimum** nous avons limité nos frais au minimum; **inflation has been held at the same level for several months** le taux d'inflation est maintenu au même niveau depuis plusieurs mois; **they held their opponents to a goalless draw** ils ont réussi à imposer le match nul.

D. -**1.** [assert, claim] maintenir, soutenir; [believe] croire, considérer; **I ~ that teachers should be better paid** *fml* je considère OR j'estime que les enseignants devraient être mieux payés; **the Constitution ~s that all men are free** la Constitution stipule que tous les hommes sont libres; **to ~ a belief** croire; **she ~s strong views on the subject** elle a une opinion bien arrêtée sur le sujet; **her statement is held to be true** sa déclaration passe pour vraie. -**2.** [consider, regard] tenir, considérer; **to ~ sb responsible for sthg** tenir qqn pour responsable de qqch; **I'll ~ you responsible if anything goes wrong** je vous tiendrai pour responsable OR je vous considérerai responsable s'il y a le moindre incident; **the president is to be held accountable for his actions** le président doit répondre de ses actes; **to ~ sb in contempt** mépriser OR avoir du mépris pour qqn; **to ~ sb in high esteem** avoir beaucoup d'estime pour qqn, tenir qqn en haute estime. -**3.** JUR [judge] juger; **the appeal court held the evidence to be insufficient** la cour d'appel a considéré que les preuves étaient insuffisantes.

E. -**1.** [carry on, engage in - conversation, meeting] tenir; [- party] donner; [organize] organiser; **to ~ an election/elections** procéder à une élection/à des élections; **the book fair is held in Frankfurt** la foire du livre se tient OR a lieu à Francfort; **the classes are held in the evening** les cours ont lieu le soir; **interviews will be held in early May** les entretiens auront lieu au début du mois de mai OR début mai; **to ~ talks** être en pourparlers; **the city is ~ing a service for Armistice Day** la ville organise un office pour commémorer le 11 Novembre; **mass is held at 11 o'clock** la messe est célébrée à 11 h. -**2.** [continue without deviation] continuer; **we held our southerly course** nous avons maintenu le cap au sud, nous avons continué notre route vers le sud; **to ~ a note** MUS tenir une note. -**3.** TELEC: **will you ~ (the line)?** voulez-vous patienter?; **~ the line!** ne quittez pas!; **the line's busy just now — I'll ~** le poste est occupé pour le moment — je patiente OR je reste en ligne.

◇ *vi* -**1.** [cling - person] se tenir, s'accrocher; **she held tight to the railing** elle s'est cramponnée OR accrochée à la rampe; **~ fast!, ~ tight!** accrochez-vous bien!; **their resolve held fast** OR **firm in the face of fierce opposition** *fig* ils ont tenu bon face à une opposition acharnée ‖ [remain in place - nail, fastening] tenir bon; **the rope won't ~ for long** la corde ne tiendra pas longtemps. -**2.** [last - luck] durer; [- weather] durer, se maintenir; **prices held at the same level as last year** les prix se sont maintenus au même niveau que l'année dernière; **the pound held firm against the dollar** la livre s'est maintenue par rapport au dollar; **we might buy him a guitar if his interest in music ~s** nous lui achèterons peut-être une guitare s'il continue à s'intéresser à la musique. -**3.** [remain valid - invitation, offer] tenir; [- argument, theory] valoir, être valable; **to ~ good** [invitation, offer] tenir; [promises] tenir, valoir; [argument, theory] rester valable; **the principle still ~s good** le principe tient OR vaut toujours; **that theory only ~s if you consider...** cette théorie n'est valable que si vous prenez en compte...; **the same ~s for Spain** il en est de même pour l'Espagne. -**4.** [stay, remain]: **~ still!** *inf* ne bougez pas!

◇ *n* -**1.** [grasp, grip] prise *f*; [in wrestling] prise *f*; **to catch** OR **to grab** OR **to seize** OR **to take ~ of sthg** se saisir de OR saisir qqch; **she caught ~ of the rope** elle a saisi la corde; **grab (a) ~ of that towel** tiens! prends cette serviette; **there was nothing for me to grab ~ of** il n'y avait rien à quoi m'accrocher OR me cramponner; **get a good** OR **take a firm ~ on** OR **of the railing** tenez-vous bien à la balustrade; **I still had ~ of his hand** je le tenais toujours par la main; **to get ~ of sthg** [find] se procurer qqch; **we got ~ of the book you wanted** nous avons trouvé le livre que tu voulais; **where did you get ~ of that idea?** où est-ce que tu es allé chercher cette idée?; **to get ~ of sb** trouver qqn; **I've been trying to get ~ of you all week!** je t'ai cherché toute la semaine!; **just wait till the newspapers get ~ of the story** attendez un peu que les journaux s'emparent de la nouvelle; **she kept ~ of the rope** elle n'a pas lâché la corde; **you'd better keep ~ of the tickets** tu ferais bien de garder les billets; **get a ~ on yourself** ressaisis-toi, ne te laisse pas aller; **to take ~** [fire] prendre; [idea] se répandre ❑ **no ~s barred** SPORT & *fig* tous les coups sont permis. -**2.** [controlling force or influence] prise *f*, influence *f*; **the church still exerts a strong ~ on the country** l'Église a toujours une forte mainmise sur le pays; **to have a ~ over sb** avoir de l'influence sur qqn; **I have no ~ over him** je n'ai aucune prise OR influence sur lui; **the mafia obviously has some kind of ~ over him** de toute évidence, la mafia le tient d'une manière ou d'une autre. -**3.** [in climbing] prise *f*. -**4.** [delay, pause] pause *f*, arrêt *m*; **the company has put a ~ on all new orders** l'entreprise a suspendu OR gelé toutes les nouvelles commandes. -**5.** *Am* [order to reserve] réservation *f*; **the association put a ~ on all the hotel rooms** l'association a réservé toutes les chambres de l'hôtel. -**6.** [prison] prison *f*; [cell] cellule *f*; [fortress] place *f* forte. -**7.** [store - in plane] soute *f*; [- in ship] cale *f*. -**8.** MUS point *m* d'orgue.

◆ **on hold** *adv phr* [gen & TELEC] en attente; **we've put the project on ~** nous avons mis le projet en attente; **the operator kept me on ~ for ten minutes** le standardiste m'a mis en attente pendant dix minutes.

◆ **hold against** *vt sep*: **to ~ sthg against sb** en vouloir à qqn de qqch; **his collaboration with the enemy will be held against him** sa collaboration avec l'ennemi lui sera préjudiciable; **he lied to her and she still ~s it against him** il lui a menti et elle lui en veut toujours; **I hope you won't ~ it against me if I decide not to accept** j'espère que tu ne m'en voudras pas si je décide de ne pas accepter.

◆ **hold back** ◇ *vt sep* -**1.** [control, restrain - animal, person] retenir, tenir; [- crowd, enemy forces] contenir; [- anger, laughter, tears] retenir, réprimer; **the government has succeeded in ~ing back inflation** le gouvernement a réussi à contenir l'inflation. -**2.** [keep - money, supplies] retenir; *fig* [- information, truth] cacher, taire; **she's ~ing something back from me** elle me cache quelque chose. -**3.** *Am* SCH: **they held her back a year** ils lui ont fait redoubler une classe, ils l'ont fait redoubler. -**4.** [prevent progress of] empêcher de progresser; **his difficulties with maths are ~ing him back** ses difficultés en maths l'empêchent de progresser.

◇ *vi insep literal* [stay back] rester en arrière; *fig* [refrain] se retenir; **he has held back from making a commitment** il s'est abstenu de s'engager; **the president held back before sending in the army** le président a hésité avant d'envoyer les troupes; **don't ~ back, tell me everything** vas-y, dis-moi tout.

◆ **hold down** *vt sep* -**1.** [keep in place - paper, carpet] maintenir en place; [- person] forcer à rester par terre, maintenir au sol; **it took four men to ~ him down** il a fallu quatre hommes pour le maîtriser OR pour le maintenir au sol. -**2.** [keep to limit] restreindre, limiter; **they're ~ing unemployment down to 4%** ils maintiennent le taux de chômage à 4 %; **to ~ prices down** empêcher les prix de monter, empêcher la montée des prix. -**3.** [employee]: **to ~ down a job** garder un emploi; **he's never managed to ~ down a job** il n'a jamais pu garder un emploi bien longtemps.

◆ **hold forth** *vi insep* pérorer, disserter; **he held forth on the evils of drink** il a fait un long discours sur les conséquences néfastes de l'alcool.

◆ **hold in** *vt sep* [emotion] retenir; **I don't know how I managed to ~ in my anger** je ne sais pas comment j'ai réussi à contenir ma colère; **~ your stomach in!** rentre ton ventre!

◆ **hold off** ◇ *vt sep* -**1.** [keep at distance] tenir à distance OR éloigné; **the troops held off the enemy** les troupes ont tenu l'ennemi à distance; **they managed to ~ off the attack** ils ont réussi à repousser l'attaque; **I can't ~ the reporters off any longer** je ne peux plus faire attendre OR patienter les journalistes. -**2.** [delay, put off] remettre à plus tard; **he held off going to see the doctor until May** il a attendu le mois de mai pour aller voir le médecin; **I held off making a decision** j'ai remis la décision à plus tard.

◇ *vi insep* -**1.** [rain]: **at least the rain held off** au moins il n'a pas plu. -**2.** [abstain] s'abstenir; **~ off from smoking for a few weeks** abstenez-vous de fumer OR ne fumez pas pendant quelques semaines.

◆ **hold on** ◇ *vi insep* -**1.** [grasp, grip] tenir bien, s'accrocher; **to ~ on to sthg** bien tenir qqch, s'accrocher à qqch, se cramponner à qqch; **~ on!** accrochez-vous!; **~ on to your hat!** tenez votre chapeau (sur la tête)! -**2.** [keep possession

of] garder; ~ on to this contract for me [keep it] garde-moi ce contrat; all politicians try to ~ on to power tous les hommes politiques essaient de rester au pouvoir; ~ on to your dreams/ideals accrochez-vous à vos rêves/idéaux. -3. [continue, persevere] tenir, tenir le coup; how long can you ~ on? combien de temps pouvez-vous tenir (le coup)?; I can't ~ on much longer je ne peux pas tenir (le coup) beaucoup plus longtemps. -4. [wait] attendre; [stop] arrêter; ~ on just one minute! [stop] arrêtez!; [wait] attendez!, pas si vite!; ~ on, how do I know I can trust you? attends un peu! qu'est-ce qui me prouve que je peux te faire confiance? || TELEC: ~ on please! ne quittez pas!; I had to ~ on for several minutes before he answered j'ai dû patienter plusieurs minutes avant qu'il ne réponde.
◇ *vt sep* [maintain in place] tenir OR maintenir en place; her hat is held on with pins son chapeau est maintenu (en place) par des épingles.
◆ **hold out** ◇ *vi insep* -1. [last - supplies, stocks] durer; will the car ~ out till we get home? la voiture tiendra-t-elle (le coup) jusqu'à ce qu'on rentre? -2. [refuse to yield] tenir bon, tenir le coup; the garrison held out for weeks la garnison a tenu bon pendant des semaines; the management held out against any suggested changes la direction a refusé tous les changements proposés.
◇ *vt sep* [extend] tendre; she held out the book to him elle lui a tendu le livre; to ~ out one's hand to sb *literal* & *fig* tendre la main à qqn; I held out my hand j'ai tendu la main; his mother held her arms out to him sa mère lui a ouvert OR tendu les bras.
◇ *vt insep* [offer, present] offrir; I can't ~ out any promise of improvement je ne peux promettre aucune amélioration; the doctors ~ out little hope for him les médecins ont peu d'espoir pour lui; science ~s out some hope for cancer patients la science offre un espoir pour les malades du cancer.
◆ **hold out for** *vt insep* exiger; the workers held out for a shorter working week les ouvriers réclamaient une semaine de travail plus courte.
◆ **hold out on** *inf vt insep*: you're ~ing out on me! tu me caches quelque chose!
◆ **hold over** *vt sep* -1. [position] tenir sur; she held the glass over the sink elle tenait le verre au-dessus de l'évier; they ~ the threat of redundancy over their workers *fig* ils maintiennent la menace de licenciement sur leurs ouvriers. -2. [postpone] remettre, reporter; we'll ~ these items over until the next meeting on va remettre ces questions à la prochaine réunion. -3. [retain] retenir, garder; they're ~ing the show over for another month ils vont laisser le spectacle à l'affiche encore un mois. -4. MUS tenir.
◆ **hold to** ◇ *vt insep* [promise, tradition] s'en tenir à, rester fidèle à; [decision] maintenir, s'en tenir à; you must ~ to your principles vous devez rester fidèle à vos principes.
◇ *vt sep*: we held him to his promise nous lui avons fait tenir parole; if I win, I'll buy you lunch — I'll ~ you to that! si je gagne, je t'invite à déjeuner — je te prends au mot!
◆ **hold together** *vt sep* [book, car] maintenir; [community, family] maintenir l'union de; we need a leader who can ~ the workers together il nous faut un chef qui puisse rallier les ouvriers.
◆ **hold up** ◇ *vt sep* -1. [lift, raise] lever, élever; I held up my hand j'ai levé la main; ~ the picture up to the light tenez la photo à contre-jour; to ~ up one's head redresser la tête; she felt she would never be able to ~ her head up again *fig* elle pensait qu'elle ne pourrait plus jamais marcher la tête haute. -2. [support] soutenir; my trousers were held up with safety pins mon pantalon était maintenu par des épingles de sûreté. -3. [present as example]: they were held up as an example of efficient local government on les présentaient comme un exemple de gouvernement local compétent; to ~ sb up to ridicule tourner qqn en ridicule. -4. [delay] retarder; [stop] arrêter; the traffic held us up la circulation nous a mis en retard; the accident held up traffic for an hour l'accident a bloqué la circulation pendant une heure; I was held up j'ai été retenu; the project was held up for lack of funds [before it started] le projet a été mis en attente faute de financement; [after it started] le projet a été interrompu faute de financement. -5. [rob] faire une attaque à main armée; to ~ up a bank faire un hold-up dans une banque.
◇ *vi insep* [clothing, equipment] tenir; [supplies] tenir, durer; [weather] se maintenir; the car held up well during the trip la voiture a bien tenu le coup pendant le voyage.
◆ **hold with** *vt insep Br* [agree with] être d'accord avec; [approve of] approuver; I don't ~ with her ideas on socialism je ne suis pas d'accord avec OR je ne partage pas ses idées concernant le socialisme; his mother doesn't ~ with private schools sa mère est contre OR désapprouve les écoles privées.

holdall ['həʊldɔːl] *n Br* (sac *m*) fourre-tout *m inv*.

holder ['həʊldəʳ] *n* -1. [for lamp, plastic cup etc] support *m*; cigarette ~ fume-cigarette *m inv*; candle ~ bougeoir *m*. -2. [person - of ticket] détenteur *m*, -trice *f*; [- of passport, post, diploma] titulaire *mf*; [- of lease] locataire *mf*; SPORT [- of record, cup] détenteur *m*, -trice *f*; [- of title] détenteur *m*, -trice *f*, tenant *m*, -e *f*; FIN [- of stock] porteur *m*, -euse *f*, détenteur *m*, -trice *f*.

holding ['həʊldɪŋ] ◇ *n* -1. [of meeting] tenue *f*. -2. [in boxing]: ~ is against the rules il est contraire au règlement de tenir son adversaire. -3. [land] propriété *f*. -4. FIN participation *f*; ~s [lands] propriétés *fpl*, terres *fpl*; [stocks] participation *f*, portefeuille *m*.
◇ *comp*: ~ company FIN (société *f* en) holding *m*; ~ operation opération *f* de maintien; we were in a ~ pattern over Heathrow for two hours AERON nous avons eu une attente de deux heures au-dessus de Heathrow.

holdover ['həʊld,əʊvəʳ] *n Am* vestige *m*; CIN & THEAT *film ou pièce de théâtre qui reste à l'affiche plus longtemps que prévu*; a ~ from the war un vestige de la guerre.

hold-up *n* -1. [robbery] hold-up *m*, vol *m* à main armée. -2. [delay - on road, railway track etc] ralentissement *m*; [- in production, departure etc] retard *m*.

hole [həʊl] ◇ *n* -1. [in the ground] trou *m*; [in wall, roof etc] trou *m*; [in clouds] éclaircie *f*; to dig a ~ creuser un trou; his socks were full of OR in ~s ses chaussettes étaient pleines de trous; his sock's got a ~ in it il a un trou à sa chaussette; to wear a ~ in sthg faire un trou à qqch; to make a ~ in one's savings/a bottle of whisky *fig* bien entamer ses économies/une bouteille de whisky; money burns a ~ in my pocket l'argent me file entre les doigts; to pick ~s in an argument trouver des failles à une argumentation; to try to pick ~s in an argument chercher des failles à une argumentation; his argument's full of ~s son argumentation est pleine de défauts OR failles ❑ a ~ in the wall un café OR restaurant minuscule; [cash dispenser] un distributeur de billets; I need that like a ~ in the head *inf* c'est vraiment la dernière chose dont j'aie besoin; you're talking through a ~ in your head *inf* tu racontes n'importe quoi; that's filled a ~! *inf* ça m'a bien calé! -2. *inf pej* [boring place] trou *m*; what a ~! [town] quel trou!; this is an awful ~! [house, pub, disco] c'est mortel ici! -3. *inf* [tricky situation] pétrin *m*; to be in a ~ être dans le pétrin; to get sb out of a ~ sortir qqn du pétrin. -4. SPORT [in golf] trou *m*; to get a ~ in one faire un trou en un; an 18-~ (golf) course un parcours de 18 trous; we played a few ~s of golf together nous avons fait quelques trous ensemble au golf.
◇ *vt* -1. [make hole in] trouer. -2. [in golf]: to ~ the ball faire le trou; he ~d the fourteenth in four il a fait le quatorzième trou en quatre (coups).
◇ *vi* -1. [sock, stocking] se trouer. -2. [in golf] faire le trou; to ~ in four faire le trou en quatre (coups).
◆ **hole out** *vi insep* [in golf] finir le trou.
◆ **hole up** ◇ *vi insep* -1. [animal] se terrer. -2. *inf* [hide] se planquer.
◇ *vt sep (usu pass)*: they're ~d up in a hotel ils se planquent OR ils sont planqués dans un hôtel.

hole-and-corner *inf adj* [meeting, love affair etc] clandestin, secret.

hole in the heart *n* malformation *f* du cœur; to have a ~ avoir une malformation du cœur, avoir la maladie bleue; a baby born with a ~ un enfant bleu.
◆ **hole-in-the-heart** *adj* [baby] bleu; a hole-in-the-heart operation une opération d'une malformation du cœur.

holey ['həʊlɪ] *adj* troué, plein de trous.

holiday ['hɒlɪdeɪ] ◇ *n* -1. *Br* [period without work] vacances *fpl*; Christmas ~ vacances de Noël; summer ~ OR ~s vacances d'été; SCH grandes vacances; on ~ en vacances; to go on ~ aller OR partir en vacances; to go on a camping ~ aller passer ses vacances en camping; I'm going on ~ in a week je pars en vacances dans une semaine; we went to Greece for our ~s last year nous sommes allés passer nos vacances en Grèce l'année dernière; to take a ~/two months' ~ prendre des vacances/deux mois de vacances; how much OR how long a ~ do you get? combien de vacances as-tu?; ~ with pay, paid ~s congés *mpl* payés; I need OR could do with a ~ j'ai besoin de vacances; take a ~ from the housework oublie un peu les travaux ménagers; I wish I could take a ~ from the children for a few days si seulement je pouvais passer quelques jours sans les enfants; it's no ~! ce n'est pas des vacances! -2. [day off] jour *m* de congé; tomorrow is a ~ demain c'est férié; public ~ jour *m* férié.
◇ *comp* [mood, feeling, destination] de vacances; [pay] versé pendant les vacances; the ~ traffic la circulation des départs en vacances; the ~ rush has started la folie OR cohue des départs en vacances a commencé.
◇ *vi Br* passer les vacances.

holiday camp *n Br centre de vacances familial (avec animations et activités diverses).*

holiday home *n Br* maison *f* de vacances, résidence *f* secondaire.

holidaymaker ['hɒlɪdeɪ,meɪkəʳ] *n Br* vacancier *m*, -ère *f*.

holiday resort *n Br* lieu *m* de vacances OR de séjour.

holiday season *n Br* saison *f* des vacances.

holier-than-thou ['həʊlɪəðən'ðaʊ] *adj pej* [attitude, tone, person] moralisateur; to be ~ towards other people se comporter en pharisien avec les autres.

holiness ['həʊlɪnɪs] *n* sainteté *f*; His/Your Holiness Sa/Votre Sainteté.

holism ['həʊlɪzm] *n* MED & PHILOS holisme *m*.

holistic [həʊ'lɪstɪk] *adj* MED & PHILOS holistique.

holland ['hɒlənd] *n* TEX hollande *f*.

Holland ['hɒlənd] *pr n* -1. [country] Hollande *f*, Pays-Bas *mpl*; in ~ en Hollande, aux Pays-Bas. -2. *arch* [gin]: ~s genièvre *m* de Schiedam.

holler *inf* ['hɒləʳ] ◇ *vi* brailler, beugler.
◇ *vt* brailler.
◇ *n* braillement *m*; to give OR to let out a ~ brailler.
◆ **holler out** *inf vi insep* & *vt sep* = **holler**.

hollow ['hɒləʊ] ◇ *adj* -1. [not solid - tree, container] creux; to have a ~ feeling in one's stomach avoir une sensation de vide dans l'estomac ❑ to feel ~ [hungry] avoir le ventre OR l'estomac creux; you must have ~ legs! *inf* [able to eat a lot] tu dois avoir le ver solitaire!; [able to drink a lot] qu'est-ce que tu peux boire!, tu as une sacrée descente! -2. [sunken - eyes, cheeks] creux, cave. -3. [empty - sound] creux, caverneux; [- laugh, laughter] faux, forcé; in a ~

voice d'une voix éteinte; she gave a ~ laugh elle a ri d'un air un peu faux OR forcé, elle a ri jaune. -4. [worthless - promise, words] vain; it was a ~ victory for her cette victoire lui semblait dérisoire.
◇ *adv*: to sound ~ [tree, wall] sonner creux; [laughter, excuse, promise] sonner faux ❑ to beat sb ~ *inf Br* battre qqn à plate couture.
◇ *n* -1. [in tree] creux *m*, cavité *f*. -2. [in ground] enfoncement *m*, dénivellation *f*. -3. [in hand, back] creux *m*.
◇ *vt* creuser.
◆ **hollow out** *vt sep* creuser.

Holloway ['hɒləweɪ] *pr n*: ~ (Prison) *grande prison pour femmes dans le nord de Londres.*

hollow-cheeked *adj* aux joues creuses.

hollow-eyed *adj* aux yeux caves OR enfoncés.

hollowness ['hɒləʊnɪs] *n* -1. [of tree] creux *m*, cavité *f*. -2. [of features]: the ~ of his eyes ses yeux enfoncés; the ~ of his cheeks ses joues creuses. -3. [of sound] timbre *m* caverneux; [of laughter] fausseté *f*; the ~ of her voice sa voix éteinte. -4. [of promise, excuse] fausseté *f*, manque *m* de sincérité; the ~ of a victory une victoire qui ne veut rien dire.

holly ['hɒlɪ] ◇ *n* [tree, leaves] houx *m*.
◇ *comp*: ~ berry baie *f* de houx, cenelle *f*; ~ tree houx *m*.

hollyhock ['hɒlɪhɒk] *n* rose *f* trémière.

Hollywood ['hɒlɪwʊd] ◇ *pr n* Hollywood.
◇ *adj* hollywoodien.

holm [həʊm] = **holm oak**.

holmium ['hɒlmɪəm] *n* holmium *m*.

holm oak *n* chêne *m* vert, yeuse *f*.

holocaust ['hɒləkɔːst] *n* holocauste *m*; the Holocaust l'Holocauste.

hologram ['hɒləgræm] *n* hologramme *m*.

holograph ['hɒləgræf] ◇ *n* document *m* olographe OR holographe.
◇ *adj* olographe, holographe.

holography [hɒ'lɒgrəfɪ] *n* holographie *f*.

hols *inf* [hɒlz] *npl Br* SCH vacances *fpl*.

Holstein ['hɒlstaɪn] *n Am* [cow] frisonne *f*.

holster ['həʊlstəʳ] *n* [for gun - on waist, shoulder] étui *m* de revolver; [- on saddle] fonte *f*; [for piece of equipment] étui *m*.

holy ['həʊlɪ] (*compar* holier, *superl* holiest)
◇ *adj* -1. [sacred - bread, water] bénit; [- place, ground, day] saint; the Holy Bible la Sainte Bible; the Holy City [Jerusalem] la Ville sainte; to take Holy Communion communier, recevoir la Sainte Communion; the Holy Family la Sainte Famille; the Holy Father le saint-père; the Holy Ghost OR Spirit le Saint-Esprit, l'Esprit saint; the Holy Grail le Graal OR Saint-Graal; the quest for the Holy Grail la quête du Graal OR Saint-Graal; a quest for the Holy Grail *fig* une quête du Graal, une croisade; the Holy Land la Terre sainte; ~ orders ordres *mpl*; to take ~ orders entrer dans les ordres; the Holy Roman Empire le Saint-Empire romain; the Holy Rood la Sainte Croix; Holy Saturday Samedi *m* saint; Holy Scripture OR Writ Écriture *f* sainte, les Saintes Écritures; it's not ~ writ! *fig* ce n'est pas parole d'évangile!; the Holy See le Saint-Siège; the Holy Sepulchre le Saint-Sépulcre; the Holy Synod le saint-synode; the Holy Trinity la Sainte Trinité; ~ war guerre *f* sainte; Holy Week Semaine *f* sainte; to swear by all that is ~ jurer par tous les saints. -2. [devout] saint; Holy Joe *inf* bigot *m*. -3. *inf* [as intensifier]: that child is a ~ terror [mischievous] cet enfant est un vrai démon; the new headmaster is a ~ terror [intimidating] le nouveau principal est redoutable; to have a ~ fear of sthg avoir une sainte peur de qqch ❑ ~ smoke!, ~ mackerel!, ~ cow! mince alors!, ça alors!, Seigneur!
◇ *n*: the Holy of Holies RELIG le saint des saints; *hum* & *fig* [inner sanctum] sanctuaire *m*, antre *m* sacré; [special place] lieu *m* saint.

homage ['hɒmɪdʒ] *n* hommage *m*; to pay OR to do ~ to sb, to do sb ~ rendre hommage à qqn; in silent ~ en hommage silencieux.

homburg ['hɒmbɜːg] *n* chapeau *m* mou, feutre *m* souple.

home [həʊm] ◇ *n* -1. [one's house] maison *f*; [more subjectively] chez-soi *m inv*; a ~ from ~ un second chez-soi; I left ~ at 16 j'ai quitté la maison à 16 ans; her ~ is not far from mine sa maison n'est pas loin de chez moi; to have a ~ of one's own avoir un foyer OR un chez-soi; how long has he been missing from ~? depuis combien de temps a-t-il disparu de la maison?; he was found far away from ~ on l'a trouvé loin de chez lui; his ~ is in Nice il habite Nice; New York will always be ~ for me! c'est toujours à New York que je me sentirai chez moi!; when did she make her ~ in Hollywood? quand s'est-elle installée à Hollywood?; emigrants came to make their ~s in Canada des émigrés sont venus s'installer au Canada; to give sb a ~ recueillir qqn chez soi; they have a lovely ~! c'est très agréable chez eux! ❑ at ~ chez soi, à la maison; come and see me at ~ passez me voir à la maison; Mrs Carr is not at ~ on Mondays *fml* Mme Carr ne reçoit pas le lundi; make yourself at ~ faites comme chez vous; he made himself at ~ in the chair il s'est mis à l'aise dans le fauteuil; she feels at ~ everywhere! elle est à l'aise partout!; to be OR to feel at ~ with sb se sentir à l'aise avec qqn; he doesn't yet feel at ~ with the machine il n'est pas encore à l'aise avec la machine; I work out of OR at ~ je travaille à domicile OR chez moi; there's no place like ~ *prov* on n'est vraiment bien que chez soi; ~ is where the heart is *prov* où le cœur aime, là est le foyer. -2. [family unit] foyer *m*; ADMIN habitation *f*, logement *m*; the father left ~ le père a abandonné le foyer; to start OR to set up a ~ fonder un foyer; are you having problems at ~? est-ce que tu as des problèmes chez toi?; he comes from a good ~ il vient d'une famille comme il faut. -3. [native land] patrie *f*, pays *m* natal; it's the same at ~ c'est la même chose chez nous OR dans notre pays ‖ *fig*: this discussion is getting a bit close to ~! on aborde un sujet dangereux!; let's look at a situation closer to OR nearer ~ examinons une situation qui nous concerne plus directement; Kentucky, the ~ of bourbon Kentucky, le pays du bourbon; the ~ of jazz le berceau du jazz. -4. BOT & ZOOL habitat *m*. -5. [mental hospital] maison *f* de repos; [old people's home] maison *f* de retraite; [children's home] foyer *m* pour enfants. -6. GAMES & SPORT [finishing line] arrivée *f*; [on board game] case *f* départ; [goal] but *m*; they play better at ~ ils jouent mieux sur leur terrain; to be at ~ to recevoir; the Rams meet the Braves at ~ les Rams jouent à domicile contre les Braves.
◇ *adv* -1. [to or at one's house] chez soi, à la maison; to go OR to get ~ rentrer (chez soi OR à la maison); she'll be ~ tonight elle sera à la maison ce soir; to see sb ~ raccompagner qqn jusque chez lui/elle; to take sb ~ ramener qqn chez lui; Fido, ~! Fido, rentre OR à la maison! ❑ it's nothing to write ~ about *inf* il n'y a pas de quoi en faire un plat; ~ and dry *Br*, ~ free *inf Am* sauvé. -2. [from abroad] au pays natal, au pays; when did you get OR come ~? quand es-tu rentré?; to send sb ~ rapatrier qqn; the grandparents want to go OR to return ~ les grands-parents veulent rentrer dans leur pays. -3. [all the way] à fond; to drive a nail ~ enfoncer un clou jusqu'au bout; the remark really went ~ le commentaire a fait mouche; to bring sthg ~ to sb faire comprendre OR voir qqch à qqn.
◇ *adj* -1. [concerning family, household - life] de famille, familial; [- for family consumption] familial, à usage familial; ~ remedy remède *m* de bonne femme; ~ comforts confort *m* du foyer. -2. [to, for house] à OR pour la maison; ~ visit/delivery visite *f*/livraison *f* à domicile; ~ banking la banque à domicile; ~ decorating décoration *f* intérieure; ~ cleaning products produits *mpl* ménagers. -3. [national - gen] national, du pays; [- market, policy, sales] intérieur. -4. SPORT [team - national] national; [- local] local; the ~ team today is... l'équipe qui reçoit aujourd'hui est...; ~ game match *m* à domicile.
◇ *vi* [person, animal] revenir OR rentrer chez soi; [pigeon] revenir au colombier.
◆ **home in on** *vt insep* -1. [subj: missile] se diriger (automatiquement) sur OR vers; [proceed towards - goal] se diriger vers; *fig* mettre le cap sur. -2. [direct attention to - problem, solution] mettre l'accent sur; [- difficulty, question] viser, cerner.
◆ **home on to** = **home in on**.

home address *n* [on form] domicile *m* (permanent); [not business address] adresse *f* personnelle.

home automation *n* domotique *f*.

home-baked *adj* -1. [in home] maison *(inv)*, fait à la maison; ~ bread pain *m* fait à la maison. -2. [on premises] maison *(inv)*, fait maison.

homebody *inf* ['həʊm,bɒdɪ] (*pl* **homebodies**) *n* pantouflard *m*, -e *f*.

homebound ['həʊmbaʊnd] *adj* -1. [going home] sur le chemin du retour. -2. [confined to home] obligé de rester à la maison; [of sick people] qui garde la chambre.

homebred ['həʊmbred] *adj* -1. *literal* élevé à la maison; [homemade] fait à la maison. -2. [manner] naturel, rustique; [humour, language, tastes] peu raffiné, populaire. -3. [not foreign] du pays; he's a ~ version of Sinatra *inf* c'est notre Sinatra à nous.

home brew *n* [beer] bière *f* faite à la maison; [wine] vin *m* fait à la maison.

home brewing [-'bruːɪŋ] *n Am* [illegal distilling] *distillation clandestine d'alcool à domicile.*

homecoming ['həʊm,kʌmɪŋ] *n* [to family] retour *m* au foyer OR à la maison; [to country] retour *m* au pays; 'The Homecoming' *Pinter* 'le Retour'.
◆ **Homecoming** *Am* SCH & UNIV *fête donnée en l'honneur de l'équipe de football d'une université ou d'une école et à laquelle sont invités les anciens élèves.*

home computer *n* ordinateur *m* personnel, micro-ordinateur *m*.

home cooking *n* cuisine *f* familiale.

Home Counties *pl pr n*: the ~ *l'ensemble des comtés limitrophes de Londres.*

home country *n* pays *m* natal; the ~ le pays.

home economics *n (U)* économie *f* domestique.

home fries *npl Am* CULIN pommes de terre *fpl* sautées.

home front *n* -1. [during war] arrière *m*; on the ~ à l'arrière. -2. [in the home country]: what's the news on the ~? quelles sont les nouvelles du pays? -3. [at home]: how are things on the ~? comment ça va à la maison?

home ground *n* -1. to be on ~ [near home] être en pays de connaissance; *fig* [familiar subject] être sur son terrain. -2. SPORT: our ~ notre terrain; when they play at their ~ quand ils jouent sur leur terrain, quand ils reçoivent.

homegrown [,həʊm'grəʊn] *adj* [not foreign] du pays; [from own garden] du jardin.

Home Guard *n*: the ~ *les volontaires pour la défense du territoire en Grande-Bretagne en 1940-45, 1951-57.*

home help *n Br* aide *f* ménagère.

homeland ['həʊmlænd] *n* -1. [native country] patrie *f*. -2. [South African political territory] homeland *m*; the ~s policy la politique des homelands.

home leave *n Br* congé *m* au foyer.

homeless ['həʊmlɪs] ◇ *adj* sans foyer; [pet] abandonné, sans foyer.
◇ *npl*: the ~ les sans-abri *mpl*.

homelessness ['həʊmlɪsnəs] *n*: the problem of ~ le problème des sans-abri; ~ is an increasing problem les sans-abri représentent un problème de plus en plus grave.

home life *n* vie *f* de famille.

home loan *n* prêt *m* immobilier.

home-lover *n* casanier *m*, -ère *f*; [woman] femme *f* d'intérieur.

home-loving *adj* casanier.

homely ['həʊmlɪ] (*compar* **homelier**, *superl* **homeliest**) *adj* -**1.** [unpretentious] simple, modeste; **they offer good but ~ fare** on y mange bien mais sans façon; **they're ~ folk** ce sont des gens sans prétention. -**2.** [kind] aimable, plein de bonté; **my aunt was a ~ old sort** *inf* ma tante était une de ces bonnes vieilles dames. -**3.** *Am* [ugly - person]: **what a ~ baby!** il n'est vraiment pas beau ce bébé!

homemade [,həʊm'meɪd] *adj* -**1.** [made at home] fait à la maison *(inv)*; **it's hard to believe your dress is ~** c'est difficile à croire que tu as fait ta robe toi-même; **a ~ bomb** une bombe de fabrication artisanale. -**2.** [made on premises] maison *(inv)*, fait maison; **~ apple pie** [on menu] tarte *f* aux pommes (fait) maison.

homemaker ['həʊm,meɪkə] *n* femme *f* au foyer.

home movie *n* film *m* d'amateur.

Home Office *n*: **the ~** *le ministère britannique de l'Intérieur.*

homeopath ['həʊmɪəʊpæθ] *n* homéopathe *mf*.

homeopathic [,həʊmɪəʊ'pæθɪk] *adj* homéopathique; **a ~ doctor** un (médecin) homéopathe; **a ~ remedy** un remède homéopathique.

homeopathy [,həʊmɪ'ɒpəθɪ] *n* homéopathie *f*.

homeostasis [,həʊmɪəʊ'steɪsɪs] *n* homéostasie *f*.

homeowner ['həʊm,əʊnə^r] *n* propriétaire *mf*.

home plate *n* [in baseball] *plaque qui marque le début et la fin du parcours que doit effectuer le batteur pour marquer un point.*

home port *n* NAUT port *m* d'attache.

Homer ['həʊmə^r] *pr n* Homère.

Homeric [həʊ'merɪk] *adj* homérique.

homeroom ['həʊm,ru:m] *n Am* -**1.** [place] *salle où l'on fait l'appel.* -**2.** [group] *élèves rassemblés pour l'appel.*

Home Rule *pr n* [in Ireland] *gouvernement autonome de l'Irlande.*

HOME RULE:
Régime d'autonomie revendiqué par l'Irlande entre 1870 et 1914. Après plusieurs tentatives, une loi sur l'autonomie fut votée en 1914, établissant un Parlement composé de deux chambres chargées des affaires locales, mais cette mesure ne satisfaisait plus l'Irlande, qui réclamait l'indépendance.

---

home run *n* -**1.** [in baseball] *coup de batte qui permet au batteur de marquer un point en faisant un tour complet en une seule fois.* -**2.** [last leg of trip] dernière étape *f* du circuit; **the ship/the delivery truck is on its ~** le navire/le camion rentre à son port d'attache/au dépôt.

Home Secretary *n* ministre *m* de l'Intérieur en Grande-Bretagne.

Home Show *n Am* ≃ salon *m* des arts ménagers et de la décoration.

homesick ['həʊmsɪk] *adj* nostalgique; **to be ~** avoir le mal du pays; **to be ~ for sb** s'ennuyer de qqn; **to be ~ for sthg** avoir la nostalgie de qqch; **he's ~ for his family** sa famille lui manque.

homesickness ['həʊm,sɪknɪs] *n* mal *m* du pays.

homespun ['həʊmspʌn] ◇ *adj* -**1.** [wool] filé à la maison, de fabrication domestique; [cloth] de homespun. -**2.** [simple] simple, sans recherche.
◇ *n* homespun *m*.

homestead ['həʊmsted] ◇ *n* -**1.** *Am* HIST *terre dont la propriété est attribuée à un colon sous réserve qu'il y réside et l'exploite*; **the Homestead Act** *décret de 1862 par lequel le Congrès américain donnait 160 acres de terre à tout nouvel arrivant qui s'engageait à s'installer dans l'ouest.* -**2.** [buildings and land] propriété *f*; [farm] ferme *f*; *Austr* & *NZ* [house] maison *f (d'un ranch)*. -**3.** *Am* [birthplace]: **he's returning to the ~ after a ten-year absence** il rentre au pays après dix ans d'absence.
◇ *vt Am* [acquire] acquérir; [settle] s'installer à, coloniser.
◇ *vi Am s'installer sur une terre pour en devenir propriétaire.*

homesteader ['həʊmstedə^r] *n* -**1.** *Am* HIST *personne qui acquiert une propriété en vertu du Homestead Act.* -**2.** [farm-owner] propriétaire *mf* d'une ferme; [ranch-owner] propriétaire *mf* d'un ranch.

home straight, home stretch *n* SPORT & *fig* dernière ligne *f* droite; **they're on** OR **in the ~** ils sont dans la dernière ligne droite.

home time *n heure où l'on rentre à la maison.*

home town *n* -**1.** [of birth] ville *f* natale. -**2.** [of upbringing]: **his ~** la ville où il a grandi.

home truth *n* vérité *f* désagréable; **to tell sb a few ~s** dire ses (quatre) vérités à qqn; **I learnt some ~s about myself** j'ai appris quelques vérités désagréables sur moi-même.

homeward ['həʊmwəd] ◇ *adj* du retour; **on the ~ trip, he took the bus** pour son (voyage de) retour, il a pris le bus.
◇ *adv* = **homewards**.

homeward-bound *adj* [commuters] qui rentre chez soi; [ship] sur le chemin du retour; **to be homeward bound** être sur le chemin du retour.

homewards ['həʊmwədz] *adv* -**1.** [to house] vers la maison; **to head ~** se diriger vers la maison. -**2.** [to homeland] vers la patrie; **to be ~ bound** prendre le chemin du retour; **the plane flew ~** l'avion faisait route vers sa base; **the ship sailed ~** le navire faisait route vers son port d'attache.

home waters *npl* [territorial] eaux *fpl* territoriales; [near home port] eaux *fpl* voisines du port d'attache.

homework ['həʊmwɜ:k] ◇ *n (U)* SCH devoirs *mpl* (à la maison); [research] travail *m* préparatoire; **the minister hadn't done his ~** le ministre n'avait pas préparé son sujet.
◇ *comp*: **a ~ exercise** un devoir (à la maison).

homeworker ['həʊm,wɜ:kə^r] *n* travailleur *m*, -euse *f* à domicile.

homey *inf* ['həʊmɪ] (*pl* **homies**, *compar* **homier**, *superl* **homiest**) ◇ *n Am* -**1.** *Noir originaire du Sud récemment arrivé dans le Nord.* -**2.** [friend] pote *m*.
◇ *adj* = **homy**.

homicidal ['hɒmɪsaɪdl] *adj* JUR homicide; **a ~ maniac** un maniaque à tendances homicides OR meurtrières.

homicide ['hɒmɪsaɪd] *n* JUR -**1.** [act] homicide *m*; **accidental ~** homicide par imprudence, **felonious/justifiable ~** homicide prémédité/par légitime défense. -**2.** [person] homicide *mf*.

homie *inf* ['həʊmɪ] = **homey** *n*.

homily ['hɒmɪlɪ] (*pl* **homilies**) *n* -**1.** RELIG homélie *f*. -**2.** *pej* [lecture] sermon *m*, homélie *f*; **to read sb a ~** sermonner qqn.

homing ['həʊmɪŋ] *adj* [pre-programmed] autoguidé; [heat-seeking] à tête chercheuse; **~ device** mécanisme *m* d'autoguidage; **~ guidance systems** systèmes *mpl* d'autoguidage; **~ missile** missile *m* à tête chercheuse.

homing pigeon *n* pigeon *m* voyageur.

hominid ['hɒmɪnɪd] ◇ *n* hominidé *m*.
◇ *adj* hominidien; **the ~ family** les hominidés.

hominoid ['hɒmɪnɔɪd] ◇ *n* humanoïde *m*.
◇ *adj* humanoïde.

hominy ['hɒmɪnɪ] *n Am* bouillie *f* de semoule de maïs.

homo ▽ ['həʊməʊ] *pej* ◇ *n* pédé *m*, homo *mf*.
◇ *adj* pédé, homo.

homoeopath *etc* ['həʊmɪəʊpæθ] = **homeopath**.

homoeotasis [,həʊmɪəʊ'steɪsɪs] = **homeostasis**.

homogamy [hə'mɒgəmɪ] *n* homogamie *f*.

homogenate [həʊ'mɒdʒəneɪt] *n* résultat *m* de l'homogénéisation.

homogeneity [,hɒməʊdʒə'ni:ɪtɪ] *n* homogénéité *f*.

homogeneous [,hɒmə'dʒi:njəs] *adj* homogène; **a ~ population** une population homogène.

homogenization [hə,mɒdʒənaɪ'zeɪʃən] *n* homogénéisation *f*.

homogenize, -ise [hə'mɒdʒənaɪz] *vt* homogénéiser, homogénéifier; **~d milk** lait *m* homogénéisé.

homogenous [hə'mɒdʒənɪs] = **homogeneous**.

homogeny [hə'mɒdʒənɪ] *n ressemblance due à un ancêtre génétique commun.*

homograph ['hɒməgrɑ:f] *n* LING homographe *m*.

homographic [hɒmə'græfɪk] *adj* LING homographe.

homologate [hɒ'mɒləgeɪt] *vt* homologuer.

homologous [hɒ'mɒləgəs] *adj* homologue.

homologue ['hɒməlɒg] *n* BIOL & CHEM homologue *m*.

homonym ['hɒmənɪm] *n* homonyme *m*; **the words are ~s (of each other)** ces mots sont homonymes (entre eux).

homonymous [hɒ'mɒnɪməs] *adj* homonyme.

homonymy [hɒ'mɒnɪmɪ] *n* homonymie *f*.

homophile ['hɒməfaɪl] *adj* homosexuel.

homophobe ['həʊməʊ,fəʊb] *n* homophobe *mf*.

homophobia [,həʊməʊ'fəʊbjə] *n intolérance vis-à-vis des homosexuels.*

homophobic [,həʊməʊ'fəʊbɪk] *adj intolérant vis-à-vis des homosexuels.*

homophone ['hɒməfəʊn] *n* LING homophone *m*.

homophonic [,hɒmə'fɒnɪk] *adj* MUS homophonique.

homophonous [hɒ'mɒfənəs] *adj* LING homophone.

homophony [hɒ'mɒfənɪ] (*pl* **homophonies**) *n* MUS homophonie *f*.

homosexual [,hɒmə'sekʃʊəl] ◇ *n* homosexuel *m*, -elle *f*.
◇ *adj* homosexuel.

homosexuality [,hɒmə,sekʃʊ'ælətɪ] *n* homosexualité *f*; **male/female ~** homosexualité masculine/féminine.

homunculus [hɒ'mʌnkjʊləs] (*pl* **homunculi** [-laɪ]) *n* -**1.** [small man] homuncule *m*, homoncule *m*. -**2.** [in alchemy] homuncule *m*, homunculus *m*.

homy *inf* ['həʊmɪ] (*compar* **homier**, *superl* **homiest**) *adj* -**1.** [comfortable] accueillant, confortable; **you've made your place very ~** tu t'es fait un vrai chez-toi. -**2.** *Br* [home-loving] casanier; **he's the ~ type** c'est un pantouflard. -**3.** *Br* [private] intime; **a ~ little chat** une conversation intime.

hon *inf* [hʌn] *n Am* chéri *m*, -e *f*.

hon. *written abbr of* **honorary**.

Hon. *written abbr of* **honourable**.

Honduran [hɒn'djʊərən] ◇ *n* Hondurien *m*, -enne *f*.
◇ *adj* hondurien.

Honduras [hɒn'djʊərəs] *pr n* Honduras *m*; **in ~** au Honduras.

hone [həʊn] ◇ *vt* -**1.** [sharpen] aiguiser, affûter, affiler; [re-sharpen] repasser; **he ~d the knife to a razor sharp edge** il a affûté le couteau pour qu'il coupe comme un rasoir. -**2.** [refine - analysis, thought] affiner; **finely ~d arguments** arguments *mpl* d'une grande finesse; **practice will ~ your reflexes** la pratique OR l'entraînement améliorera tes réflexes.
◇ *n* pierre *f* à aiguiser.
◆ **hone down** *vt sep* [reduce] tailler; [make slim] faire maigrir.

honest ['ɒnɪst] ◇ *adj* -**1.** [not deceitful] honnête, probe; [trustworthy] intègre; **an ~ answer** une réponse honnête; **the ~ truth** la pure vérité; **it pays to be ~** ça paie d'être honnête; **they are ~ workers** ce sont des ouvriers consciencieux

❑ **he's (as) ~ as the day is long** il n'y a pas plus honnête que lui. -**2.** [decent, upright] droit; [virtuous] honnête; **he's an ~ bloke** *inf Br* c'est un brave type ❑ **he's decided to make an ~ woman of her** *hum* il a décidé de régulariser sa situation. -**3.** [not fraudulent] honnête; **he charges an ~ price** ses prix ne sont pas excessifs; **an ~ day's work** une bonne journée de travail; **they just want to make an ~ profit** ils ne veulent qu'un profit légitime; **to earn an ~ living** gagner honnêtement sa vie. -**4.** [frank - face] franc, sincère; **let's be ~ with each other** allons, soyons francs; **to be ~, I don't think it will work** à vrai dire, je ne crois pas que ça marchera; **give me your ~ opinion** dites-moi sincèrement ce que vous en pensez.
◇ *adv inf*: **I didn't mean it, ~!** je plaisantais, je te le jure!; **~ to goodness** OR **to God!** parole d'honneur!

honest broker *n Br* médiateur *m*, -trice *f* neutre.

honestly ['ɒnɪstlɪ] *adv* honnêtement; **quite ~, I don't see the problem** très franchement, je ne vois pas le problème; **it's not my fault, ~!** ce n'est pas ma faute, je te le jure!; **~?** c'est vrai?

honest-to-goodness *adj*: **a cup of ~ English tea** une tasse de bon thé anglais.

honesty ['ɒnɪstɪ] *n* -**1.** [truthfulness - of person] honnêteté *f*; [- of text, words] véracité *f*, exactitude *f*; **~ is the best policy** *prov* l'honnêteté paie toujours. -**2.** [incorruptibility] intégrité *f*; **we have never doubted his ~** nous n'avons jamais douté de son intégrité. -**3.** [upright conduct] droiture *f*; **a man of irreproachable ~** un homme d'une droiture irréprochable. -**4.** [sincerity] sincérité *f*, franchise *f*; **the ~ of his intentions is self-evident** la sincérité de ses intentions est évidente; **in all ~** en toute sincérité. -**5.** BOT monnaie-du-pape *f*.
◆ **in all honesty** *adv phr* en toute sincérité.

honey ['hʌnɪ] (*pl* honies) ◇ *n* -**1.** miel *m*; **clear/wildflower ~** miel liquide/de fleurs sauvages || *fig* miel, douceur *f*. -**2.** *inf Am* [sweetheart] chou *m*; [addressing man] mon chéri; [addressing woman] ma chérie; **you're such a ~!** tu es un chou!; **OK, ~!** OK, chéri!; **a ~ of a dress** *inf* une super robe; **a ~ of a boat** un amour de bateau.
◇ *adj* miellé; **~-coloured** couleur de miel; **~ cake** gâteau *m* d'épices au miel.

honey bear *n* -**1.** [in Europe, Asia] ours *m* brun *(d'Europe et d'Asie)*. -**2.** [in South America] kinkajou *m*.

honeybee ['hʌnɪbiː] *n* abeille *f*.

honeybun(ch) ['hʌnɪbʌn(tʃ)] *n inf* [person] chou *m* (à la crème).

honeycomb ['hʌnɪkəʊm] ◇ *n* -**1.** [in wax] rayon *m* OR gâteau *m* de miel. -**2.** [material] structure *f* alvéolaire. -**3.** [pattern] nid *m* d'abeille; TEX nid *m* d'abeille. -**4.** METALL soufflure *f*.
◇ *vt* -**1.** [surface] cribler. -**2.** [interior] miner; **the hills are ~ed with secret tunnels** les collines sont truffées de passages secrets.

honeydew ['hʌnɪdjuː] *n* BOT [produced by insects] miellat *m*; [produced by plants] miellée *f*.

honeydew melon *n* melon *m* d'hiver OR d'Espagne.

honeyed ['hʌnɪd] *adj fig* mielleux; **he spoke in ~ tones** il parlait d'un ton mielleux.

honeymoon ['hʌnɪmuːn] ◇ *n* -**1.** [period] lune *f* de miel; [trip] voyage *m* de noces; **they're on ~** ils sont en voyage de noces. -**2.** *fig* état *m* de grâce; **the new Prime Minister's ~ is over** l'état de grâce du nouveau Premier ministre est terminé.
◇ *comp* [couple, suite] en voyage de noces; **a ~ period** *fig* une lune de miel, un état de grâce.
◇ *vi* passer sa lune de miel.

honeymooner ['hʌnɪmuːnəʳ] *n* nouveau OR jeune marié *m*, nouvelle OR jeune mariée *f*.

honeypot ['hʌnɪpɒt] *n* -**1.** [container] pot *m* à miel; **to have one's fingers in the ~** *inf* se sucrer. -**2.** ▼ *Am* [vagina] chatte *f*.

honeysuckle ['hʌnɪˌsʌkl] *n* chèvrefeuille *m*.

Hong Kong [ˌhɒŋ'kɒŋ] *pr n* Hong Kong, Hongkong; **in ~** à Hongkong.

honied ['hʌnɪd] = **honeyed**.

honk [hɒŋk] ◇ *vi* -**1.** [car] klaxonner. -**2.** [goose] cacarder.
◇ *vt*: **to ~ one's horn** donner un coup de Klaxon; **~ your horn at him!** klaxonne-le!
◇ *n* -**1.** [of car horn] coup *m* de Klaxon; **~, ~!** tut-tut! -**2.** [of geese] cri *m*; **~, ~!** couin-couin!

honkie▽, **honky**▽ ['hɒŋkɪ] (*pl* honkies) *n Am* *terme injurieux désignant un Blanc.*

honky-tonk ['hɒŋkɪˌtɒŋk] ◇ *n* -**1.** MUS musique *f* de bastringue. -**2.** *inf Am* [brothel] maison *f* close, clandé *m*; *dated* [nightclub] beuglant *m*; [bar] bouge *m*; [gambling den] tripot *m*.
◇ *adj* -**1.** MUS de bastringue. -**2.** *Am* [unsavoury] louche; **a ~ district** un quartier chaud; **a ~ woman** une putain; **a ~ bar/night club** un bar/une boîte de nuit louche.

Honolulu [ˌhɒnə'luːluː] *pr n* Honolulu.

honor *etc Am* = **honour**.

honorarium [ˌɒnə'reərɪəm] (*pl* honorariums OR honoraria [-rɪə]) *n* honoraires *mpl*.

honorary [*Br* 'ɒnərərɪ, *Am* ɒnə'reərɪ] *adj* [titular position] honoraire; [in name only] à titre honorifique, honoraire; [unpaid position] à titre gracieux; **~ member/professor** membre/professeur honoraire; **~ degree** grade honoris causa; **~ secretary** secrétaire honoraire.

honorary diploma *n* diplôme *m* honoris causa.

honorific [ˌɒnə'rɪfɪk] ◇ *adj* honorifique.
◇ *n* [general] témoignage *m* d'honneur; [title] titre *m* d'honneur.

honor roll *n Am* tableau *m* d'honneur.

honour *Br*, **honor** *Am* ['ɒnəʳ] ◇ *n* -**1.** [personal integrity] honneur *m*; **on my ~!** parole d'honneur!; **he's on his ~ to behave himself** il s'est engagé sur l'honneur OR sur son honneur à bien se tenir; **it's a point of ~ (with me) to pay my debts on time** je me fais un point d'honneur de OR je mets un OR mon point d'honneur à rembourser mes dettes; **the affair cost him his ~** l'affaire l'a déshonoré ❑ **(there is) ~ amongst thieves** *prov* les loups ne se mangent pas entre eux *prov*. -**2.** [public, social regard] honneur *m*; **they came to do her ~** ils sont venus pour lui faire OR rendre honneur; **peace with ~!** la paix sans le déshonneur! -**3.** *fml* [pleasure]: **it is a great ~ to introduce Mr Reed** c'est un grand honneur pour moi de vous présenter Monsieur Reed; **may I have the ~ of your company/the next dance?** pouvez-vous me faire l'honneur de votre compagnie/de la prochaine danse? ❑ **to do the ~s** [serve drinks, food] faire le service; [make introductions] faire les présentations (entre invités). -**4.** [credit] honneur *m*, crédit *m*; **she's an ~ to her profession** elle fait honneur à sa profession. -**5.** [mark of respect] honneur *m*; **military ~s** honneurs militaires; **to receive sb with full ~s** recevoir qqn avec tous les honneurs; **all ~ to him!** honneur à lui!; **Your Honour** Votre Honneur; JUR ≃ Monsieur le Juge, ≃ Monsieur le Président. -**6.** GAMES [face card] honneur *m*; **it's your ~** [starter's right] à vous l'honneur.
◇ *vt* -**1.** [person] honorer, faire honneur à; **she ~ed him with her friendship** elle l'a honoré de son amitié; **my ~ed colleague** mon cher collègue; **I'm most ~ed to be here tonight** *fml* je suis très honoré d'être parmi vous ce soir. -**2.** [fulfil the terms of] honorer; [observe - boycott, rule] respecter; **he always ~s his obligations** il honore toujours ses obligations. -**3.** [pay - debt] honorer. -**4.** [dance partner] saluer.
◆ **honours** *npl Br* UNIV [degree] ≃ licence *f*; **to take ~s in History** ≃ faire une licence d'histoire; **he was an ~s in university/in high school** *Am* ≃ il a toujours eu mention très bien/le tableau d'honneur; **she got first-/second-class ~s** elle a eu sa licence avec mention très bien/mention bien.
◆ **in honour of** *prep phr* en honneur de.

honourable *Br*, **honorable** *Am* ['ɒnrəbl] *adj* -**1.** honorable; **the profession is still an ~ one** la profession reste en honneur; **he got an ~ discharge** il a été rendu à la vie civile. -**2.** [title] **the (Right) Honourable** le (très) honorable; **my ~ friend the member for Calderdale** mon collègue l'honorable député du Calderdale; **the ~ member will no doubt recall...** mon honorable collègue se rappellera sans doute...

HONOURABLE:

Cet appellatif s'utilise avant le nom de certains membres de l'aristocratie britannique: «the Honourable James Porter» ou «the Hon. James Porter». Il est également employé à la Chambre des communes lorsqu'un député parle d'un autre député: «the honourable member for Oxford». Lorsqu'un député désigne un collègue du même parti, il emploie l'expression «my honourable friend»; lorsque son interlocuteur appartient au parti opposé, le terme consacré est «the honourable gentleman ou lady».

---

honourable mention *n* mention *f (décernée par un jury à un bon projet qui ne gagne pas de prix)*.

honourably *Br*, **honorably** *Am* ['ɒnərəblɪ] *adv* honorablement.

honour-bound *adj*: **to be ~ (to)** être tenu par l'honneur (à).

honours degree *n diplôme universitaire obtenu avec mention.*

honours list *n Br liste de distinctions honorifiques conférées par le monarque deux fois par an.*

Hons. *written abbr of* honours degree.

Hon. Sec. *written abbr of* honorary secretary.

hooch▽ [huːtʃ] *n Am* -**1.** [drink] gnôle *f*. -**2.** [marijuana] herbe *f*.

hood [hʊd] ◇ *n* -**1.** [garment] capuchon *m*; [with collar] capuche *f*; [with eye-holes] cagoule *f*; UNIV épitoge *f*; **a rain ~** une capuche ❑ **Little Red Riding Hood** le Petit Chaperon rouge. -**2.** *Br* AUT [cover] capote *f*; *Am* AUT capot *m*; [of pram] capote *f*; [for fumes, smoke] hotte *f*; **lens ~** PHOT pare-soleil *m*. -**3.** [of animals, plants] capuchon *m*; [for falcons] chaperon *m*, capuchon *m*. -**4.** *Am crime sl* [gangster] gangster *m*, truand *m*. -**5.** *inf* = **hoodlum**.
◇ *vt* mettre le capuchon; [falcon] chaperonner, enchaperonner.

hooded ['hʊdɪd] *adj* [clothing] à capuchon; [person] encapuchonné; **~ eyes** *fig* yeux *mpl* tombants.

hooded crow *n* corneille *f* mantelée.

hoodlum *inf* ['huːdləm] *n* voyou *m*; **a young ~** un (petit) loubar OR loubard, un blouson noir.

hoodoo *inf* ['huːduː] ◇ *n Am* porte-malheur *mf inv*.
◇ *vt* porter la poisse OR la guigne à.

hoodwink ['hʊdwɪŋk] *vt* tromper, avoir; **he ~ed me into coming** par un tour de passe-passe il m'a fait venir.

hooey *inf* ['huːɪ] *n* foutaise *f*; **that's ~** c'est du bidon; **to talk a load of ~** raconter des bêtises.

hoof [huːf, hʊf] (*pl* hoofs OR hooves [huːvz]) ◇ *n* sabot *m (d'animal)*; **on the ~** [alive] sur pied.
◇ *vt inf phr*: **to ~ it** [go on foot] aller à pinces; [flee] se cavaler; [dance] guincher.

hoofbeat ['hʊfbiːt] *n* bruit *m* de sabots *(d'animal)*; **the (horse's) ~s came closer** on entendait s'approcher des pas (de cheval).

hoofed [huːft] *adj* à sabots; ZOOL ongulé.

hoofer *inf* ['huːfəʳ] *n* danseur *m*, -euse *f (de music-hall)*.

hoofprint ['hʊfprɪnt] *n* empreinte *f* de sabot *(d'animal)*.

hoo-ha *inf* ['huːˌhɑː] *n* -**1.** [noise] boucan *m*, potin *m*; [chaos] pagaille *f*, tohu-bohu *m*; [fuss] bruit *m*, histoires *fpl*; **there was a lot of ~ about it** ça en a fait des histoires. -**2.** *Am* [party] fête *f* charivarique.

hook [hʊk] ◇ *n* -**1.** [gen] crochet *m*; [for coats] patère *f*; [on clothes] agrafe *f*; NAUT gaffe *f*; **~s and eyes** agrafes (et œillets); **the phone is off the ~** le téléphone est décroché ❑ **by ~ or by crook** coûte que coûte. -**2.** [fishing] hameçon *m*; **he swallowed the story, ~, line and sinker** *inf* il a gobé tout le paquet. -**3.** [in advertising] accroche *f*. -**4.** *inf phr*: **to get sb off the ~** tirer qqn d'affaire; **to let** OR **to get sb off the ~** [obligation] libérer qqn de sa responsabilité; **I'll let you off the ~ this time** je laisse passer cette fois-ci. -**5.** *inf Am* [dismissal]: **to give sb the ~** flanquer qqn à la porte, vider qqn; **he'll get the ~ one day** il sera flanqué à la porte OR vidé un jour. -**6.** [in golf] hook *m*; [in cricket] coup *m* tourné; **a right/left ~** [in boxing] un crochet (du) droit/gauche.
◇ *vt* -**1.** [snag] accrocher; [seize - person, prey] attraper; [- floating object] gaffer, crocher; **he ~ed his arm through hers** il lui a pris le bras. -**2.** [loop]: **~ the rope around the tree** passez la corde autour de l'arbre; **she ~ed one leg round the leg of the chair** elle passa OR enroula une jambe autour du pied de la chaise. -**3.** FISHING [fish] prendre; TECH hameçonner. -**4.** [in golf] hooker; [in boxing] donner un crochet à; [in rugby] talonner *(le ballon)*; [in cricket] renvoyer *(la balle)* d'un coup tourné. -**5.** *inf* [steal] piquer. -**6.** *inf hum* [marry] passer la corde au cou à. -**7.** SEW [rug] fabriquer *(un tapis)* en nouant au crochet.
◇ *vi* -**1.** [fasten] s'agrafer. -**2.** GOLF hooker.
◆ **hook on** ◇ *vi insep* s'accrocher; **this strap ~s on at the back** cette bride s'accroche OR s'agrafe par derrière.
◇ *vt sep* accrocher.
◆ **hook up** ◇ *vt sep* -**1.** [trailer] accrocher; [dress] agrafer; [boat] amarrer; **they ~ed up an extra coach to the train** on a accroché un wagon supplémentaire au train. -**2.** *inf* [install] installer; [plug in] brancher. -**3.** RADIO & TV faire un duplex entre. -**4.** = **hitch up**.
◇ *vi insep* -**1.** [dress] s'agrafer. -**2.** *inf Am* [meet] se rencontrer, se donner rendez-vous; [work together] faire équipe. -**3.** *inf Am* [be in relationship]: **to ~ up with sb** sortir avec qqn. -**4.** RADIO & TV: **to ~ up with** faire une émission en duplex avec.

hookah ['hʊkə] *n* narguilé *m*, houka *m*.

hooked [hʊkt] *adj* -**1.** [hook-shaped] recourbé; **a ~ nose** un nez crochu. -**2.** [having hooks] muni de crochets; [fishing line] muni d'un hameçon. -**3.** *inf fig* [addicted]: **he got ~ on hard drugs** il est devenu accro aux drogues dures; **she's really ~ on TV soaps** c'est une mordue des feuilletons télévisés; **to get ~ on chess/computers** devenir fana d'échecs/d'informatique.

hooker ['hʊkəʳ] *n* -**1.** RUGBY talonneur *m*. -**2.** ▽ *Am* [prostitute] pute *f*.

hookey *inf*, **hooky** *inf* ['hʊkɪ] *n Am, Austr & NZ*: **to play ~** sécher les cours, faire l'école buissonnière.

hook-nosed *adj* au nez recourbé OR crochu.

hook shot *n* [in basketball] bras roulé *m*; [in cricket] coup *m* tourné.

hookup *inf* ['hʊkʌp] *n* RADIO & TV relais *m* temporaire.

hookworm ['hʊkwɜːm] *n* anylostome *m*.

hooligan ['huːlɪgən] *n* hooligan *m*, vandale *m*.

hooliganism ['huːlɪgənɪzm] *n* vandalisme *m*.

hoop [huːp] ◇ *n* cerceau *m*; **I had to jump through ~s to get the job** j'ai dû faire des pieds et des mains pour obtenir ce travail; **to put sb through the ~s** *inf* [interrogate] mettre qqn sur la sellette; [test] mettre qqn à l'épreuve.
◇ *comp*: **~ earrings** (anneaux *mpl*) créoles *fpl*.

hooped [huːpt] *adj* [barrel] cerclé; [skirt] à cerceaux; [earrings] en anneau.

hoopla ['huːplɑː] *n* -**1.** *Br* jeu *m* d'anneaux *(dans les foires)*. -**2.** *inf Am* = **hoo-ha 1**. -**3.** *inf Am* [advertising] publicité *f* tapageuse.

hoopoe ['huːpuː] *n* huppe *f*.

hooray [hʊ'reɪ] *interj* hourra, hurrah.

Hooray Henry *n Br BCBG bruyant et malappris.*

hoosegow▽ ['huːsgaʊ] *n Am* tôle *f*, bloc *m*.

hoot [huːt] ◇ *n* -**1.** [shout - of delight, pain] cri *m*; [jeer] huée *f*; **~s of laughter** éclats *mpl* de rire. -**2.** [of owl] hululement *m*. -**3.** AUT coup *m* de klaxon; [of train] sifflement *m*; [of siren] mugissement *m*. -**4.** *inf* [least bit]: **I don't give** OR **care a ~** OR **two ~s** je m'en fiche, mais alors complètement, je m'en contrefiche. -**5.** *inf* [amusing event] bonne partie *f* de rigolade; **he's a real ~!** *inf* c'est un sacré rigolo!, il est tordant!
◇ *vi* -**1.** *inf* [person]: **to ~ with laughter** s'esclaffer; **to ~ with anger** rugir de colère. -**2.** [owl] hululer. -**3.** AUT klaxonner; [train] siffler; [siren] mugir.
◆ **hoot down** *inf vt sep* [person, show] huer, conspuer; **they ~ed him down** ils l'ont fait taire par leurs huées.

hootch▽ [huːtʃ] = **hooch**.

hootenanny ['huːtnænɪ] (*pl* **hootenannies**) *n Am fête populaire animée par des chanteurs de chansons folkloriques.*

hooter ['huːtəʳ] *n esp Br* -**1.** [car horn] klaxon *m*; [in factory, ship] sirène *f*. -**2.** [party toy] mirliton *m*. -**3.** *inf* [nose] pif *m*.

Hoover® ['huːvəʳ] *n* aspirateur *m*.
◆ **hoover** *vt Br*: **to ~ a carpet** passer l'aspirateur sur un tapis; **he ~ed the whole house** il a passé l'aspirateur dans toute la maison.

hoovering ['huːvrɪŋ] *n Br*: **to do the ~** passer l'aspirateur.

hooves [huːvz] *pl* → **hoof**.

hop [hɒp] (*pt* & *pp* **hopped**, *cont* **hopping**) ◇ *n* -**1.** [jump] saut *m*; [in rapid series] sautillement *m*; **the ~, skip** OR **step and jump** SPORT le triple saut; **to catch sb on the ~** *Br* prendre qqn au dépourvu. -**2.** AERON étape *f*; **it's just a short ~ from New York to Boston by plane** Boston n'est qu'à quelques minutes d'avion de New York. -**3.** *inf dated* [dance] sauterie *f*; [for young people] boum *f*, surpatte *f vieilli*. -**4.** BOT houblon *m*; **to pick ~s** cueillir le houblon.
◇ *vt* -**1.** [jump] sauter; **to ~ it** *inf* décamper, décaniller; **~ it!** *inf* allez, dégage! -**2.** *inf Am* [bus, subway etc - legally] sauter dans; [- illegally] prendre en resquillant.
◇ *vi* -**1.** [jump] sauter; [in rapid series] sautiller; **to ~ on/off the bus** *inf* sauter dans le/du bus; **birds hopped about in the garden** les oiseaux sautillaient dans le jardin. -**2.** [jump on one leg] sauter à cloche-pied; **he hopped over to the door** il est allé à cloche-pied jusqu'à la porte. -**3.** *inf* [travel by plane] aller en avion; **we hopped across to Paris for the weekend** nous sommes allés à Paris en avion pour le week-end.
◆ **hop off** *inf vi insep* [leave] décamper.
◆ **hop up** *vt sep Am* -**1.** [excite] exciter, stimuler; **all that coffee hopped him up** tout ce café l'a excité; **the crowd is really hopped up** le public est vraiment exubérant. -**2.** [make angry, nervy] énerver, exciter. -**3.** [drug user] défoncer; [athlete, racehorse] doper. -**4.** AUT = **hot up**.

hope [həʊp] ◇ *n* -**1.** [desire, expectation] espoir *m*; *fml* espérance *f*; **his ~ is that...** ce qu'il espère OR son espoir c'est que...; **in the ~ of a reward/of leaving early** dans l'espoir d'une récompense/de partir tôt; **I have every ~ (that) he'll come** j'ai bon espoir qu'il viendra; **there's ~ for him yet** il reste de l'espoir en ce qui le concerne; **don't get your ~s up** ne comptez pas là-dessus; **to give up ~ (of)** perdre l'espoir (de); **the situation is past** OR **beyond ~** la situation est sans espoir; **she is past** OR **beyond all ~** *euph* [of dying person] il n'y a plus aucun espoir; **to raise sb's ~s** [for first time] susciter OR faire naître l'espoir de qqn OR chez qqn; [anew] faire renaître l'espoir de qqn; [increase] renforcer l'espoir de qqn; **don't raise his ~s too much** ne lui donne pas trop d'espoir; **with high ~s** avec un grand espoir ❑ **the Cape of Good Hope** le cap de Bonne Espérance; **some ~!** *inf iron* tu parles! -**2.** [chance] espoir *m*, chance *f*; **he's got little ~ of winning** il a peu de chances OR d'espoir de gagner; **one's last/only ~** le dernier/l'unique espoir de quelqu'un. -**3.** RELIG espérance *f*.
◇ *vi* espérer; **to ~ for sthg** espérer qqch; **to ~ against ~** espérer contre toute attente; **we just have to ~ for the best** espérons que tout finira OR se passera bien; **you shouldn't ~ for a high return** vous ne devez pas vous attendre à un rendement élevé.
◇ *vt* espérer; **he ~s** OR **is hoping to go** il espère y aller; **he's hoping (that) she'll be there** il espère qu'elle sera là; **hoping** OR **I ~ to hear from you soon** j'espère avoir de tes nouvelles bientôt; **I really ~ so!** je l'espère bien!; **I ~ not** j'espère que non; **I ~ you don't mind me calling** j'espère que cela ne te dérange pas si je passe (te voir).

hope chest *n Am literal* coffre *m* à trousseau; *fig* trousseau *m*.

hopeful ['həʊpfʊl] ◇ *adj* -**1.** [full of hope] plein d'espoir; **we're ~ that we'll reach an agreement** nous avons bon espoir d'aboutir à un accord; **he's still ~ that she'll come** il garde bon espoir qu'elle viendra; **he says he'll come, but I'm not that ~** il dit qu'il viendra mais je n'y compte pas trop; **I am ~ about the outcome** je suis optimiste quant au résultat. -**2.** [inspiring hope] encourageant, prometteur; **the news is ~** les nouvelles sont encourageantes OR laissent de l'espoir; **the situation/weather looks ~** la situation/le temps s'annonce meilleure/meilleur.
◇ *n* aspirant *m*, candidat *m*; **a young ~** un jeune loup; **Davis Cup ~s** les prétendants à la coupe Davis.

hopefully ['həʊpfəlɪ] *adv* -**1.** [smile, speak, work] avec espoir, avec optimisme. -**2.** [with luck] on espère que...; **~, they'll leave tomorrow** on espère qu'ils partiront demain; **will you get it finished today? — ~!** est-ce que tu l'auras terminé pour aujourd'hui? — je l'espère! OR oui, avec un peu de chance!

hopeless ['həʊplɪs] *adj* -**1.** [desperate - person] sans espoir, désespéré; [- situation] désespéré, irrémédiable, qui ne laisse aucun espoir; **it's ~!** c'est impossible OR désespérant! -**2.** [incurable - addiction, ill person] incurable; **a ~ case** un cas désespéré. -**3.** [inveterate - drunk, liar] invétéré, incorrigible. -**4.** *inf* [incompetent - person] nul; [- at job] incompétent; **he's a ~ dancer** il est nul comme danseur; **she's ~!** c'est un cas désespéré!; **a ~ case** un bon à rien, un fainéant; **I'm ~ at this** je n'y arriverai jamais; **he's ~ at swimming** il est nul en natation. -**5.** [pointless]: **it's ~ trying to explain to him** il est inutile d'essayer de lui expliquer.

hopelessly ['həʊplɪslɪ] *adv* -**1.** [speak] avec désespoir. -**2.** [irremediably]: **they are ~ in debt/in love** ils sont complètement endettés/éperdument amoureux; **by this time we were ~ late/lost** nous étions maintenant irrémédiablement en retard/complètement perdus.

hopelessness ['həʊplɪsnɪs] *n* -**1.** [despair] désespoir *m*. -**2.** [of position, situation] caractère *m* désespéré. -**3.** [pointlessness] inutilité *f*.

hopfield ['hɒpfiːld] *n* houblonnière *f*.

hophead▽ ['hɒphed] *n Am* défoncé *m*, -e *f*.

hopper ['hɒpəʳ] *n* -**1.** [jumper] sauteur *m*, -euse *f*; *Austr inf* kangourou *m*. -**2.** [feeder bin] trémie *f*; **grain ~** trémie à blé; **~ car** RAIL wagon-trémie *m*; **~ barge** marie-salope *f*. -**3.** = **hop picker**.

hop picker *n* cueilleur *m*, -euse *f* de houblon.

hop picking *n* cueillette *f* du houblon.

hopping *inf* ['hɒpɪŋ] *adv* [as intensifier]: **he was ~ mad** il était fou furieux.

-hopping *in cpds*: **to go bar~** aller de bar en bar, faire la tournée des bars; **to go island~** aller d'île en île, faire le tour des îles.

hopscotch ['hɒpskɒtʃ] *n* marelle *f*.

Horace ['hɒrɪs] *pr n* Horace.

horde [hɔːd] *n* -**1.** [nomadic] horde *f*. -**2.** *fig* [crowd] essaim *m*; [of agitators] horde *f*; **~s of tourists** des hordes de touristes; **the ~** *pej* la horde, la foule.

horizon [hə'raɪzn] *n* horizon *m*; **the sun was sinking below the ~** le soleil descendait au-dessous de l'horizon; **we saw a boat on the ~**

nous vîmes un bateau à l'horizon; **a new star on the political ~** *fig* une nouvelle vedette à OR sur l'horizon politique.

◆ **horizons** *npl* [perspectives] horizons *mpl*; **to broaden one's ~s** élargir ses horizons; **a man of limited ~s** un homme aux vues étroites OR à l'esprit étroit; **China presents new ~s for investment** la Chine offre de nouveaux horizons pour les investisseurs.

horizontal [ˌhɒrɪˈzɒntl] ◇ *adj* -**1.** horizontal; **turn the lever to the ~ position** mettez le levier à l'horizontale. -**2.** ADMIN & COMM [communication, integration] horizontal; **he asked for a ~ move** il a demandé une mutation.
◇ *n* horizontale *f*.

horizontal bar *n* SPORT barre *f* fixe.

horizontally [ˌhɒrɪˈzɒntəlɪ] *adv* horizontalement; **extend your arms ~** tendez vos bras à l'horizontale; **to move sb ~ (to)** ADMIN & COMM muter qqn (à).

hormonal [hɔːˈməʊnl] *adj* hormonal.

hormone [ˈhɔːməʊn] *n* hormone *f*; **~ replacement therapy** traitement *m* hormonal substitutif.

Hormuz [ˌhɔːˈmuːz] *pr n* Hormuz, Ormuz; **the Strait of ~** le détroit d'Ormuz.

horn [hɔːn] ◇ *n* -**1.** [gen] corne *f*; [pommel] pommeau *m*; **the ~ of plenty** la corne d'abondance; **the Horn of Africa** la Corne de l'Afrique, la péninsule des Somalis; **to draw** OR **to pull in one's ~s** *Br* [back off] se calmer; [spend less] restreindre son train de vie; **to be on the ~s of a dilemma** *Br* être pris dans un dilemme. -**2.** MUS cor *m*; **he blows a mean ~**▽ [jazz trumpet] il touche à la trompette; [saxophone] il touche au saxo; **~ section** les cors *mpl*. -**3.** AUT klaxon *m*; [manual] corne *f*; **to sound** OR **to blow the ~** klaxonner, corner. -**4.** NAUT sirène *f*; **to sound** OR **to blow the ~** donner un coup de sirène. -**5.** HUNT corne *f*, cor *m*, trompe *f*. -**6.** *Br* CULIN cornet *m*; **a cream ~** *pâtisserie en forme de cornet remplie de crème*.
◇ *adj* [handle, bibelot] en corne.
◆ **horn in** *inf vi insep* [on conversation] mettre son grain de sel; [on a deal] s'immiscer.

hornbeam [ˈhɔːnbiːm] *n* charme *m*.

hornbill [ˈhɔːnbɪl] *n* calao *m*.

horned [hɔːnd] *adj* cornu; **a two-~ rhinoceros** un rhinocéros (d'Afrique) à deux cornes.

horned owl *n* duc *m*.

horned toad *n* crapaud *m* cornu.

horned viper *n* vipère *f* cornue (d'Égypte).

hornet [ˈhɔːnɪt] *n* frelon *m*; **to stir up a ~'s nest** *fig* mettre le feu aux poudres.

hornless [ˈhɔːnlɪs] *adj* sans cornes.

hornpipe [ˈhɔːnpaɪp] *n* matelote *f (danse)*; **to dance a ~** danser une matelote.

horn-rimmed *adj* à monture d'écaille.

hornswoggle▽ [ˈhɔːnˌswɒgl] *vt* blouser, embobiner.

horny [ˈhɔːnɪ] *adj* -**1.** [calloused - nail, skin] calleux; VETER encorné. -**2.** ▽ [randy] excité (sexuellement); **he's ~ as a toad** *Am* il est en rut. -**3.** ▽ [having sex appeal] sexy.

horology [hɔːˈrɒlədʒɪ] *n* horlogerie *f*.

horoscope [ˈhɒrəskəʊp] *n* horoscope *m*.

horrendous [hɒˈrendəs] *adj* -**1.** *literal* terrible. -**2.** *fig* [very bad] affreux, horrible.

horrendously [hɒˈrendəslɪ] *adv* horriblement.

horrible [ˈhɒrəbl] *adj* -**1.** [horrific] horrible, affreux; [morally repulsive] abominable; **a ~ tragedy/scream** une tragédie/un cri horrible. -**2.** [dismaying] horrible, effroyable; **in a ~ mess** dans une effroyable OR horrible confusion; **I've a ~ feeling that things are going to go wrong** j'ai l'horrible pressentiment que les choses vont mal se passer. -**3.** [very unpleasant] horrible, atroce; [food] infect.

horribly [ˈhɒrəblɪ] *adv* -**1.** [nastily] horriblement, atrocement, affreusement; **he treated her ~** il se conduisit d'une manière atroce OR atrocement mal envers elle; **the story of a woman who was ~ murdered** l'histoire d'une femme qui fut assassinée de manière atroce. -**2.** [as intensifier] affreusement; **it's ~ extravagant but...** c'est de la folie douce mais...; **things went ~ wrong** les choses ont affreusement mal tourné.

horrid [ˈhɒrɪd] *adj* -**1.** [unkind] méchant; [ugly] vilain; **he was ~ to me** il a été méchant avec moi. -**2.** = **horrible 3**.

horridly [ˈhɒrɪdlɪ] *adv* [as intensifier] atrocement, affreusement.

horrific [hɒˈrɪfɪk] *adj* -**1.** *literal* horrible, terrifiant; *lit* horrifique. -**2.** *fig* [very unpleasant] horrible.

horrifically [hɒˈrɪfɪklɪ] *adv* -**1.** [gruesomely] atrocement. -**2.** [as intensifier]: **~ expensive** affreusement cher.

horrify [ˈhɒrɪfaɪ] (*pt* & *pp* **horrified**) *vt* -**1.** [terrify] horrifier. -**2.** [weaker use] horrifier, scandaliser.

horrifying [ˈhɒrɪfaɪɪŋ] *adj* -**1.** [terrifying] horrifiant, terrifiant. -**2.** [weaker use] scandaleux.

horror [ˈhɒrəʳ] *n* -**1.** [feeling] horreur *f*; **he has a ~ of snakes** il a horreur des serpents || [weaker use]: **to my ~, I discovered...** c'est avec horreur que j'ai découvert... ☐ **he** OR **it gives me the ~s!** *inf Br* il OR ça me donne le frisson!; **~ story** *literal* histoire *f* d'horreur; **they told some real ~ stories about their holiday** *inf fig* ils ont raconté quelques histoires effrayantes sur leurs vacances; **Chamber of Horrors** Chambre *f* des horreurs. -**2.** [unpleasantness] horreur *f*; **I began to see the ~ of it all** j'ai commencé à en mesurer toute l'horreur. -**3.** *inf* [person, thing] horreur *f*; **that child is a little ~** cet enfant est un petit monstre; **~ of ~s!** l'horreur!; **oh, ~s!** *inf Br* quelle horreur!

horror film, horror movie *n* film *m* d'épouvante.

horror-stricken, horror-struck *adj* glacé OR frappé d'horreur.

hors d'œuvre [ɔːˈdɜːvr] *n* hors-d'œuvre *m inv*; [cocktail snack] amuse-gueule *m*; **for** OR **as an ~, a salad** en hors-d'œuvre, une salade.

horse [hɔːs] ◇ *n* -**1.** [animal] cheval *m*; **to ride a ~** monter à cheval; **he fell off his ~** il a fait une chute de cheval; **to play the ~s** jouer aux courses ☐ **to back the wrong ~** *fig* & *literal* miser sur le mauvais cheval; **I could eat a ~!** *inf* j'ai une faim de loup!; **to eat like a ~** manger comme quatre; **(straight) from the ~'s mouth** de source sûre; **that's a ~ of a different colour** *Br* c'est une autre paire de manches; **to get on one's high ~** monter sur ses grands chevaux; **wild ~s couldn't drag it out of me** je serai muet comme une tombe. -**2.** [trestle] tréteau *m*; GYMNASTICS cheval *m* d'arçons. -**3.** *drugs sl* [heroin] neige *f*, blanche *f*.
◇ *comp*: **~ breeder** éleveur *m*, -euse *f* de chevaux; **~ butcher** boucher *m* hippophagique; **~ manure** crottin *m* de cheval; [as fertilizer] fumier *m* de cheval; **~ race** course *f* de chevaux; **~ show** OR **trials** concours *m* hippique.
◇ *npl* MIL cavalière *f*.
◆ **horse about** *inf Br*, **horse around** *inf vi insep* [noisily] chahuter.

horse-and-buggy *adj Am* qui date d'avant l'automobile; [old-fashioned] vieillot.

horseback [ˈhɔːsbæk] ◇ *n*: **on ~** à cheval.
◇ *comp Am*: **~ riding** équitation *f*; **do you like ~ riding?** tu aimes monter à cheval?

horsebox [ˈhɔːsbɒks] *n Br* [van] fourgon *m* à chevaux; [stall] box *m*.

horse brass *n* médaillon *m* de bronze *(fixé à une martingale)*.

horsebreaker [ˈhɔːsˌbreɪkəʳ] *n Br* dresseur *m*, -euse *f* de chevaux.

horsecar [ˈhɔːskɑːʳ] *n Am* fourgon *m* à chevaux.

horse chestnut *n* [tree] marronnier *m* (d'Inde); [nut] marron *m* (d'Inde).

horse doctor *inf n* vétérinaire *m*.

horse-drawn *adj* tiré par des chevaux, à chevaux.

horseflesh *inf* [ˈhɔːsfleʃ] *n (U)* -**1.** [horses] chevaux *mpl*; **he's a good judge of ~** il s'y connaît bien en chevaux. -**2.** = **horsemeat**.

horsefly [ˈhɔːsflaɪ] (*pl* **horseflies**) *n* taon *m*.

Horse Guards *pl pr n*: **the ~** [regiment] *régiment de cavalerie attaché à la reine et remplissant certaines fonctions officielles*; [building] *le bâtiment de Whitehall où se fait chaque jour la relève de la garde*.

horsehair [ˈhɔːsheəʳ] ◇ *n* crin *m* (de cheval).
◇ *adj* de crin (de cheval); **a ~ sofa/mattress** un canapé/un matelas de crin (de cheval).

horse latitudes *npl* NAUT pot *m* au noir.

horselaugh [ˈhɔːslɑːf] *n* gros rire *m*, rire *m* tonitruant.

horseman [ˈhɔːsmən] (*pl* **horsemen** [-mən]) *n* -**1.** [rider] cavalier *m*, écuyer *m*. -**2.** [breeder] éleveur *m* de chevaux.

horsemanship [ˈhɔːsmənʃɪp] *n* -**1.** [activity] équitation *f*. -**2.** [skill] talent *m* de cavalier.

horsemeat [ˈhɔːsmiːt] *n* viande *f* de cheval.

horse nuts *npl* avoine *f* enrichie *(pour l'alimentation des chevaux)*.

horse opera *inf n Am hum* western *m*.

horseplay [ˈhɔːspleɪ] *n (U)* chahut *m* brutal, jeux *mpl* tapageurs OR brutaux.

horsepower [ˈhɔːsˌpaʊəʳ] *n* [unit] cheval-vapeur *m*, cheval *m*; **a 10-~ motor** un moteur de 10 chevaux; **it's a 4-~ car** c'est une 4 chevaux.

horse racing *n (U)* courses *fpl* (de chevaux).

horseradish [ˈhɔːsˌrædɪʃ] ◇ *n* BOT raifort *m*, radis *m* noir.
◇ *comp*: **~ sauce** sauce *f* au raifort.

horse riding *n* équitation *f*.

horse sense *inf n* (gros) bon sens *m*.

horseshit▼ [ˈhɔːsˌʃɪt] *n (U)* connerie *f*, conneries *fpl*; **he's full of ~** il déconne complètement.

horseshoe [ˈhɔːsʃuː] *n* fer *m* à cheval.
◆ **horseshoes** *n* [game] jeu *m* de fer à cheval.

horse trader *n* -**1.** *literal* maquignon *m*. -**2.** *inf Br* [hard bargainer] négociateur *m*, -trice *f* redoutable.

horse trading *inf n Br* négociation *f* dure; *pej* maquignonnage *m*; **after much ~ an agreement was reached** un accord a été obtenu à l'arraché.

horsewhip [ˈhɔːswɪp] (*pt* & *pp* **horsewhipped**, *cont* **horsewhipping**) ◇ *n* cravache *f*.
◇ *vt* cravacher; **I'll have him horsewhipped** je le ferai fouetter.

horsewoman [ˈhɔːsˌwʊmən] (*pl* **horsewomen** [-ˌwɪmɪn]) *n* cavalière *f*, écuyère *f*; [sidesaddled] amazone *f*; **she's a good ~** elle est bonne cavalière, elle monte bien.

horsey *inf*, **horsy** *inf* [ˈhɔːsɪ] *adj* -**1.** [horse-like] chevalin. -**2.** [fond of horses] féru de cheval; **he mixes with a very ~ crowd** il fréquente des (gens) passionnés de chevaux; **the ~ set** le monde OR le milieu du cheval.

horticultural [ˌhɔːtɪˈkʌltʃərəl] *adj* horticole; **~ show** exposition *f* horticole OR d'horticulture.

horticulturalist [ˌhɔːtɪˈkʌltʃərəlɪst] = **horticulturist**.

horticulture [ˈhɔːtɪkʌltʃəʳ] *n* horticulture *f*.

horticulturist [ˌhɔːtɪˈkʌltʃərɪst] *n* horticulteur *m*, -trice *f*.

hosanna [həʊˈzænə] ◇ *n* hosanna *m*.
◇ *interj*: **~!** hosanna!

hose [həʊz] ◇ *n* -**1.** [tube] tuyau *m*; AUT Durit® *f*; **a length of rubber ~** un bout de tuyau en caoutchouc; **turn off the ~** arrêtez le jet; **fire ~** tuyau d'incendie; TECH manche *f* à incendie; **garden ~** tuyau d'arrosage. -**2.** *(U)* [stockings] bas *mpl*; [tights] collant *m*, collants *mpl*; COMM articles *mpl* chaussants *(de bonneterie)*; HIST chausses *fpl*; [knee breeches] haut-de-chausse *m*, haut-de-chausses *m*, culotte *f* courte.
◇ *vt* [lawn] arroser au jet; [fire] arroser à la lance.
◆ **hose down** *vt sep* -**1.** [wash] laver au jet. -**2.** [with fire hose] arroser à la lance.
◆ **hose out** *vt sep* = **hose down 1**.

hosepipe [ˈhəʊzpaɪp] ◇ *n* tuyau *m*.
◇ *comp*: **a ~ ban** une interdiction d'arroser.

hosier ['həʊzɪəʳ] *n* bonnetier *m*, -ère *f*.

hosiery ['həʊzɪərɪ] *n (U)* -**1.** [trade] bonneterie *f*. -**2.** [stockings] bas *mpl*; [socks] chaussettes *fpl*; COMM articles *mpl* chaussants *(de bonneterie)*; **the (women's) ~ department** le rayon des bas; **the (men's) ~ department** le rayon des chaussettes.

hospice ['hɒspɪs] *n* -**1.** [for travellers] hospice *m*. -**2.** [for the terminally ill] *hôpital pour grands malades en phase terminale.*

hospitable [hɒ'spɪtəbl] *adj* hospitalier; **a ~ climate** *fig* un climat hospitalier.

hospitably [hɒ'spɪtəblɪ] *adv* avec hospitalité.

hospital ['hɒspɪtl] ◇ *n* hôpital *m*; **in ~** à l'hôpital; **to ~** *Br*, **to the ~** *Am* à l'hôpital; **to go into ~** aller à l'hôpital; **a children's ~** un hôpital pour enfants.

◇ *comp* [centre, service, staff, treatment] hospitalier; [bed, ward] d'hôpital; **~ care** soins *mpl* hospitaliers; **a ~ case** un patient hospitalisé; **~ doctor** médecin *m* hospitalier; **~ nurse** infirmier *m*, -ère *f (d'hôpital)*; **~ train** train *m* sanitaire.

hospitality [,hɒspɪ'tælətɪ] *n* -**1.** hospitalité *f*; **thank you for your ~** merci pour votre hospitalité. -**2.** [room for guests] salon *m*.

hospitalization [,hɒspɪtəlaɪ'zeɪʃn] *n* hospitalisation *f*; **does he have ~ insurance?** *Am* a-t-il une assurance couvrant l'hospitalisation?

hospitalize, -ise ['hɒspɪtəlaɪz] *vt* hospitaliser.

hospital ship *n* navire-hôpital *m*.

host [həʊst] ◇ *n* -**1.** [person] hôte *m (qui reçoit)*; TV animateur *m*, -trice *f*; [innkeeper] aubergiste *mf*; **he acted as our ~ for the evening** il a été notre hôte pour la soirée; **Japan will be the next ~ for the conference** c'est le Japon qui accueillera la prochaine conférence. -**2.** BIOL & ZOOL hôte *m*. -**3.** [large number] foule *f*; **a ~ of complaints** toute une série de plaintes. -**4.** *lit* RELIG armée *f*; **the Lord God of Hosts** le Dieu des armées. -**5.** *lit* [denizen] hôte *m*.

◇ *adj* [cell, country] hôte; [team] qui reçoit; **the ~ city for the Olympic Games** la ville organisatrice des jeux Olympiques; **~ computer** ordinateur *m* principal; [in network] serveur *m*.

◇ *vt* [TV show] animer; [event] organiser; **she adores ~ing dinner parties** elle adore recevoir à dîner.

◆ **Host** *n* RELIG: **the Host** l'hostie *f*.

hostage ['hɒstɪdʒ] *n* otage *m*; **to take** OR **to hold sb ~** prendre qqn en otage; **they released the parents but kept the child as (a) ~** ils ont libéré les parents et gardé l'enfant en otage ☐ **a ~ to fortune** le jouet du hasard.

hostel ['hɒstl] *n* -**1.** [residence] foyer *m*; **(youth) ~** auberge *f* de jeunesse. -**2.** *arch* [inn] auberge *f*.

hosteller *Br*, **hosteler** *Am* ['hɒstələʳ] *n* -**1.** [youth] ≃ ajiste *mf*. -**2.** *arch* [innkeeper] aubergiste *mf*.

hostelling ['hɒstəlɪŋ] *n Br* mouvement *m* des auberges de jeunesse.

hostelry ['hɒstəlrɪ] *n* hôtellerie *f*; *arch* hostellerie *f*; **the local ~** *inf hum* le bistrot du coin.

hostess ['həʊstes] *n* -**1.** [at home] hôtesse *f*; **the ~ with the mostest** *inf hum* la plus chouette des hôtesses. -**2.** [in nightclub] entraîneuse *f*; **a ~ agency** une agence d'hôtesses. -**3.** [inkeeper] hôtelière *f*, aubergiste *f*.

Hostess Trolley® *n table roulante avec chauffe-plats.*

hostile [*Br* 'hɒstaɪl, *Am* 'hɒstl] ◇ *adj* hostile; **he's ~ to our plans** il est hostile à nos projets; **people who are ~ to change** les gens qui n'aiment pas le changement.

◇ *n inf Am* ennemi *m*.

hostility [hɒs'tɪlətɪ] (*pl* **hostilities**) *n* hostilité *f*; **to show ~ to** OR **towards sb** manifester de l'hostilité OR faire preuve d'hostilité envers qqn; **the outbreak/cessation of hostilities** l'ouverture/la cessation des hostilités; **we want to avoid further hostilities** nous voulons éviter de nouvelles hostilités OR la poursuite des hostilités.

hostler ['ɒsləʳ] = **ostler**.

hot [hɒt] (*compar* **hotter**, *superl* **hottest**, *pt & pp* **hotted**, *cont* **hotting**) ◇ *adj* -**1.** [high in temperature] chaud; **to be ~** avoir (très OR trop) chaud; **a ~, stuffy room** une pièce où il fait une chaleur étouffante OR où l'on étouffe; **the engine/glass/oven is ~** le moteur/verre/four est chaud; **I'm getting ~** je commence à avoir chaud; **the water is getting ~** l'eau devient chaude; **how ~ should the oven be?** le four doit être à quelle température?; **it was ~ work** le travail donnait chaud; **there's ~ and cold running water** il y a l'eau courante chaude et froide; **we sat in the ~ sun** nous étions assis sous un soleil brûlant; **I'd like a ~ bath** j'aimerais prendre un bain bien chaud; **the doctor said not to have any ~ drinks** le médecin m'a conseillé de ne pas boire chaud OR m'a déconseillé les boissons chaudes; **keep the meat ~** tenez la viande au chaud; **serve the soup while it's ~** servez la soupe bien chaude; **the bread was ~ from the oven** le pain sortait tout chaud du four; **'~ food always available'** 'plats chauds à toute heure'; **you're getting ~!** *fig* [in guessing game] tu brûles! ☐ **I've done this job more times than you've had ~ dinners!** *inf Br* j'ai fait ce boulot plus souvent que tu ne changes de chemise!; **to be** OR **to get (all) ~ and bothered about sthg** *inf* être dans tous ses états OR se faire du mauvais sang au sujet de qqch; **to be** OR **to get ~ under the collar (about sthg)** *inf* être en colère OR en rogne au sujet de qqch; **too ~ to handle** *literal* trop chaud pour le prendre OR saisir avec les mains; *fig* brûlant; **the books were selling like ~ cakes** les livres se vendaient comme des petits pains. -**2.** METEOR: **it's ~** il fait très chaud; **it's really ~!** il fait vraiment très chaud!; **it's getting hotter** il commence à faire très chaud; **I can't sleep when it's so ~** je ne peux pas dormir par cette chaleur; **it was very ~ that day** il faisait très chaud ce jour-là, c'était un jour de grande OR forte chaleur; **one ~ afternoon in August** (par) une chaude après-midi d'août; **in (the) ~ weather** pendant les chaleurs; **we had a ~ spell last week** c'était la canicule la semaine dernière; **the hottest day of the year** la journée la plus chaude de l'année. -**3.** [clothing] qui tient chaud; **this jacket's too ~** cette veste tient trop chaud. -**4.** [colour] chaud, vif. -**5.** [pungent, spicy - food] épicé, piquant, relevé; [- spice] fort; **a ~ curry** un curry relevé OR épicé. -**6.** [fresh, recent] tout frais; **the news is ~ off the presses** ce sont des informations de toute dernière minute; **this book is ~ off the press** ce livre vient juste de paraître. -**7.** [close, following closely]: **to be ~ on the trail** être sur la bonne piste; **the police were ~ on their heels** OR **on their trail** la police les talonnait OR était à leurs trousses; **he fled with the police in ~ pursuit** il s'est enfui avec la police à ses trousses. -**8.** [fiery, vehement] violent; **she has a ~ temper** elle s'emporte facilement, elle est très soupe au lait. -**9.** [intense - anger, shame] intense, profond. -**10.** [keen] enthousiaste, passionné; **he's ~ on my sister** *inf Am* il en pince pour ma sœur. -**11.** *inf* [exciting] chaud; **the reporter was onto a ~ story** le journaliste était sur un coup (fumant); **this book is ~ stuff** c'est un livre très audacieux. -**12.** *inf* [difficult, unpleasant] chaud, difficile; **we could make it** OR **things very ~ for you if you don't cooperate** nous pourrions vous mener la vie dure OR vous en faire voir de toutes les couleurs si vous ne vous montrez pas coopératif; **the town had got too ~ for the drug dealers** l'atmosphère de la ville était devenue irrespirable pour les trafiquants de drogue; **this issue is ~ stuff, I wouldn't touch it** c'est un sujet brûlant, je n'y toucherais pas. -**13.** *inf Br* [severe, stringent] sévère, dur; **the police are really ~ on drunk driving** la police ne badine vraiment pas avec la conduite en état d'ivresse. -**14.** *inf* [very good] génial, terrible; [skilful] fort, calé; **how is he? — not so ~** [unwell] comment va-t-il? — pas trop bien; **I don't feel so ~** je ne suis pas dans mon assiette; **I'm not so ~ at maths** je ne suis pas très calé en maths; **she's ~ stuff at golf** c'est un as OR un crack au golf; **his latest book isn't so ~** son dernier livre n'est pas terrible OR fameux; **a ~ tip** un tuyau sûr OR increvable; **a ~ favourite** SPORT un grand favori. -**15.** *inf* [in demand, popular] très recherché; **she's really ~ just now** elle a vraiment beaucoup de succès en ce moment; **windsurfing is ~ stuff in this area** la planche à voile est très en vogue dans cette région. -**16.** *inf* MUS: **~ jazz** (jazz *m*) hot *m*. -**17.** *inf* [sexually attractive]: **to be ~ (stuff)** être sexy *(inv)*; **he's ~** [sexually aroused] il a le feu au derrière; **to be ~ to trot** *Am* avoir le feu aux fesses. -**18.** *inf* [stolen] volé. -**19.** *inf Br* [sought by police] recherché par la police. -**20.** ELEC [wire] sous tension. -**21.** METALL: **~ drawing/rolling** tirage *m*/laminage *m* à chaud. -**22.** NUCL [atom] chaud; [radioactive] *inf* chaud, radioactif.

◇ *adv* chaudement; **I went ~ and cold at the thought of what might have happened** je me faisais un sang d'encre à l'idée de OR rien que de penser à ce qui aurait pu arriver.

◆ **hots** *inf npl*: **to have the ~s for sb** craquer pour qqn.

◆ **hot up** *inf Br* ◇ *vt sep* -**1.** [intensify - argument, contest] échauffer; [- bombing, fighting] intensifier; [- party] mettre de l'animation dans; [- music] faire balancer, faire chauffer; **they hotted up the pace** ils ont forcé l'allure. -**2.** AUT: **to ~ up a car** gonfler le moteur d'une voiture; **a hotted-up car** une voiture au moteur gonflé.

◇ *vi insep* [intensify - discussion] s'échauffer; [- fighting, situation] chauffer, s'intensifier; **the price war has hotted up** les prix sont montés en flèche.

hot air *inf n*: **he's full of ~** c'est une grande gueule; **all her promises are just a lot of ~** toutes ses promesses ne sont que des paroles en l'air; **that's nothing but ~!** tout ça n'est que du vent!

hot-air balloon *n* montgolfière *f*.

hotbed ['hɒtbed] *n* HORT couche *f* chaude, forcerie *f*; *fig* pépinière *f*, foyer *m*; **a ~ of crime/intrigue** un foyer de crime/d'intrigue.

hot-blooded *adj* -**1.** [person - excitable, passionate] fougueux, au sang chaud. -**2.** [horse - thoroughbred] de sang pur.

hotcake ['hɒtkeɪk] *n Am* crêpe *f*.

hotchpotch ['hɒtʃpɒtʃ] *n Br* -**1.** [jumble] fatras *m*, salmigondis *m*; **a ~ of ideas** un fatras d'idées. -**2.** CULIN ≃ hochepot *m*, ≃ salmigondis *m*.

hot cross bun *n petit pain brioché aux raisins secs et marqué d'une croix que l'on vend traditionnellement aux environs de Pâques.*

hot damn▽ *interj*: **~!** *Am* [in excitement] bon sang!, nom d'un chien!; [in anger] merde!

hot dog ◇ *n* -**1.** [sausage] hot-dog *m*, frankfurter *m*. -**2.** [in skiing] ski *m* acrobatique; [in surfing] surf *m* acrobatique. -**3.** *inf Am* [show-off] m'as-tu-vu *mf inv*.

◇ *vi* -**1.** [in skiing] faire du ski acrobatique; [in surfing] faire du surf acrobatique. -**2.** *inf Am* [show off] crâner, poser (pour la galerie).

◇ *interj Am*: **~!** génial!, super!

hotel [həʊ'tel] ◇ *n* hôtel *m*; **a two-star ~** un hôtel deux étoiles; **a luxury ~** un hôtel de luxe.

◇ *comp* [prices, reservation, room] d'hôtel; **~ accommodation** hébergement *m* en hôtel; **~ accommodation not included** frais d'hôtel non inclus; **the town needs more ~ accommodation** la ville a besoin d'augmenter sa capacité hôtelière OR de développer ses ressources hôtelières; **the ~ business** l'hôtellerie *f*; **~ chain** chaîne *f* d'hôtels; **~ desk** réception *f (d'un hôtel)*; **leave a message at** OR **with the ~ desk** laissez un message à la réception; **the ~ industry** OR **trade** l'industrie *f* hôtelière; **~ staff** personnel *m* hôtelier OR de l'hôtel.

hotelier [həʊ'telɪeɪ] *n* hôtelier *m*, -ère *f*.

hotelkeeper [həʊ'tel,kiːpəʳ] *n* hôtelier *m*, -ère *f*.

hotel management *n* -**1.** [training] gestion *f* hôtelière. -**2.** [people] direction *f (de l'hôtel)*.

hotel manager *n* gérant *m*, -e *f* d'hôtel, directeur *m*, -trice *f* d'hôtel.

hot flush *Br*, **hot flash** *Am n* bouffée *f* de chaleur.

hotfoot ['hɒt,fʊt] ◇ *adv inf* à toute vitesse.
◇ *vt phr*: **to ~ it** galoper à toute vitesse.

hot gospeller *n prêcheur évangéliste qui harangue les foules.*

hothead ['hɒthed] *n* tête *f* brûlée, exalté *m*, -e *f*.

hotheaded [,hɒt'hedɪd] *adj* [person] impétueux, exalté; [attitude] impétueux; **she's very ~** c'est une exaltée OR une tête brûlée.

hothouse ['hɒthaʊs, *pl* -haʊzɪz] ◇ *n* -**1.** HORT serre *f* (chaude). -**2.** *fig* [hotbed] foyer *m*; **a ~ of creativity/of decadence** un foyer de création/de décadence.
◇ *adj* de serre (chaude); **~ tomatoes** tomates *fpl* de serre; **a ~ plant** *literal & fig* une plante de serre (chaude).

hot line *n* TELEC *ligne directe ouverte vingt-quatre heures sur vingt-quatre*; POL téléphone *m* rouge; **he has a ~ to the president** il a une ligne directe avec le président; **she's on the ~ to the director** elle téléphone au directeur; **the ~ to the Kremlin** la ligne rouge avec le Kremlin.

hotly ['hɒtlɪ] *adv* [dispute] vivement; [pursue] avec acharnement; [say] avec flamme; **it was a ~ debated issue** c'était une question très controversée.

hot money *inf n (U)* [stolen] argent *m* volé; FIN capitaux *mpl* flottants OR fébriles.

hot pants *npl* mini-short *m (très court et moulant).*

hot pepper *n* piment *m*.

hotplate ['hɒtpleɪt] *n* [on stove] plaque *f* chauffante; [portable] chauffe-plats *m inv*.

hotpot ['hɒtpɒt] *n Br ragoût de viande et de pommes de terre.*

hot potato *n literal* pomme de terre *f* chaude; *fig inf* sujet *m* brûlant et délicat; **a political ~** un sujet brûlant OR une question brûlante de politique.

hot rod *inf n* AUT voiture *f* gonflée.

hot seat *inf n* -**1.** [difficult situation]: **to be in the ~** être sur la sellette. -**2.** *Am* [electric chair] chaise *f* électrique.

hot shoe *n* griffe *f* du flash, pied-sabot *m*.

hotshot *inf* ['hɒtʃɒt] ◇ *n* [expert] as *m*, crack *m*; [VIP] gros bonnet *m*.
◇ *adj* super; **they've hired some ~ lawyer** ils ont pris un as du barreau.

hot spot *n* -**1.** [dangerous area] point *m* chaud OR névralgique. -**2.** *inf* [night club] boîte *f* de nuit; **let's hit the town's ~s** si on faisait la tournée des boîtes? -**3.** TECH point *m* chaud.

hot spring *n* source *f* chaude.

hot-tempered *adj* colérique, emporté; **he's very ~** il est très soupe au lait.

Hottentot ['hɒtntɒt] ◇ *n* -**1.** [person] Hottentot *m*, -e *f*. -**2.** LING hottentot *m*.
◇ *adj* hottentot.

hot tub *n sorte de Jacuzzi® qu'on installe dehors.*

hot war *n* guerre *f* chaude OR ouverte.

hot water *n literal* eau *f* chaude; *fig*: **their latest prank got them into ~** OR **landed them in ~** leur dernière farce leur a attiré des ennuis; **you'll be in ~ when she finds out** tu passeras un mauvais quart d'heure quand elle s'en apercevra.

hot-water bottle *n* bouillotte *f*.

hot wire *n* fil *m* sous tension.
◆ **hot-wire** *inf vt*: **to hot-wire a car** *faire démarrer une voiture en bricolant les fils de contact.*

houmous, **houmus** ['hʊməs] = **hummus**.

hound [haʊnd] ◇ *n* -**1.** [dog - gen] chien *m*; [- for hunting] chien *m* courant, chien *m* de meute; **the ~s, a pack of ~s** HUNT la meute; **to ride to** OR **to follow the ~s** HUNT chasser à courre ❑ **'The Hound of the Baskervilles'** *Conan Doyle* 'le Chien des Baskerville'. -**2.** *pej & dated* [person] canaille *f*, crapule *f*.
◇ *vt* -**1.** [give chase] traquer, pourchasser. -**2.** [harass] s'acharner sur, harceler; **she was ~ed by reporters** elle était pourchassée OR harcelée par les journalistes.
◆ **hound down** *vt sep* prendre dans des rets, coincer; HUNT forcer.
◆ **hound out** *vt sep* chasser de; **he was ~ed out of town** il a été chassé de la ville.

houndstooth, **hound's-tooth** ['haʊndztuːθ] *n* TEX pied-de-poule *m*; **a ~ (check) jacket** une veste en pied-de-poule.

hour ['aʊəʳ] *n* -**1.** [unit of time] heure *f*; **a quarter of an ~** un quart d'heure; **half an ~, a half ~** une demi-heure; **an ~ and three-quarters** une heure trois quarts; **at 60 km an** OR **per ~** à 60 km à l'heure; **check it at least three times an ~** vérifie-le au moins trois fois par heure; **it's a two-~ drive/walk from here** c'est à deux heures de voiture/de marche d'ici; **the play is an ~ long** la pièce dure une heure, c'est une pièce d'une heure; **he gets £10 an ~** il touche 10 livres (de) l'heure; **are you paid by the ~?** êtes-vous payé à l'heure?; **a 35-~ week** une semaine de 35 heures; **the shop is open 24 ~s a day** le magasin est ouvert 24 heures sur 24; **he was an ~ late** il était en retard d'une heure; **we arrived with ~s to spare** nous sommes arrivés avec plusieurs heures devant nous OR en avance de plusieurs heures; **the situation is deteriorating by the ~** la situation s'aggrave d'heure en heure; **it will save you ~s** cela te fera gagner des heures; **we waited for ~s and ~s** on a attendu des heures; **Miami is three ~s ahead of Fresno** Miami a trois heures d'avance sur Fresno; **output per ~** TECH puissance *f* horaire. -**2.** [time of day] heure *f*; **it chimes on the ~** ça sonne à l'heure juste; **every ~ on the ~** toutes les heures justes; **in the early** OR **small ~s (of the morning)** au petit matin, au petit jour; **at this late ~** vu l'heure avancée. -**3.** *fig* [specific moment] heure *f*, moment *m*; **the ~ has come** l'heure est venue, c'est l'heure OR le moment; **the man of the ~** l'homme de l'heure; **in one's ~ of need** quand on est dans le besoin; **the burning questions of the ~** l'actualité brûlante.
◆ **hours** *npl* heures *fpl*; **flexible working ~s** INDUST des horaires mobiles OR souples; **opening ~s** heures d'ouverture; **you'll have to make up the ~s next week** il faudra que vous rattrapiez la semaine prochaine; **do you work long ~s?** as-tu de longues journées de travail?; **he keeps late ~s** c'est un couche-tard, il veille tard; **to keep regular ~s** avoir une vie réglée ❑ **he was out until all ~s** il est rentré à une heure indue; **after ~s** *Br* [in a pub, shops] après l'heure de fermeture; [offices] après les heures de bureau; **they were convicted for after-~s drinking** *Br* ils ont été condamnés pour avoir consommé de l'alcool dans un pub après l'heure légale de fermeture; **an after-~s bar** *Am* un bar de nuit.

hourglass ['aʊəglɑːs] ◇ *n* sablier *m*.
◇ *adj* en forme d'amphore; **an ~ figure** une taille de guêpe.

hour hand *n* petite aiguille *f*.

hour-long *adj* d'une heure.

hourly ['aʊəlɪ] ◇ *adj* -**1.** [each hour - flights, trains]: **~ departures** départs toutes les heures ‖ COMM & TECH horaire; **the ~ wage has been increased** le salaire horaire a été augmenté. -**2.** [continual - anticipation] constant, perpétuel.
◇ *adv* -**1.** [each hour] une fois par heure, chaque heure, toutes les heures; **~ paid workers** ouvriers *mpl* payés à l'heure. -**2.** [continually] sans cesse; **we expect them ~** on les attend d'une minute à l'autre OR à tout moment.

house [*n* haʊs, *vb* haʊz] (*pl* **houses** ['haʊzɪz]) ◇ *n* -**1.** maison *f*; **at** OR **to his ~** chez lui; **'~ for sale'** 'propriété à vendre'; **a ~ of cards** un château de cartes; **to clean the ~** faire le ménage; **does he look after the ~ himself?** est-ce que c'est lui qui s'occupe de son ménage?; **to keep ~ (for sb)** tenir la maison OR le ménage (de qqn); **to move ~** *Br* déménager; **to set up ~** monter son ménage, s'installer; **they set up ~ together** ils se sont mis en ménage; **don't wake up the whole ~!** ne réveille pas toute la maison! ❑ **detached ~** pavillon *m*; **semi-detached ~** maison *f* jumelée OR double; **we got on** OR **along like a ~ on fire** nous nous entendions à merveille OR comme larrons en foire; **to set** OR **to put one's ~ in order** mettre de l'ordre dans ses affaires. -**2.** COMM [establishment] maison *f (de commerce)*, compagnie *f*; RELIG maison *f* religieuse; *Br* SCH maison *f*; **banking ~** établissement *m* bancaire; **publishing ~** maison *f* d'édition; **a bottle of ~ red (wine)** une bouteille de (vin) rouge de la maison OR de l'établissement; **drinks are on the ~!** la tournée est aux frais de la maison! -**3.** [family line] maison *f*; **the House of York** la maison de York. -**4.** THEAT salle *f*, auditoire *m*; **is there a good ~ tonight?** est-ce que la salle est pleine ce soir?; **a decent ~** une salle moyenne; **they played to an empty ~** ils ont joué devant les banquettes (vides); **there wasn't a soul in the ~** il n'y avait personne dans la salle; **to have a full ~** jouer à guichets fermés OR à bureaux fermés; **'~ full'** 'complet'; **the second ~** *Br* la deuxième séance ❑ **to bring the ~ down** faire crouler la salle sous les applaudissements; *fig* casser la baraque. -**5. the House** *Br* POL la Chambre; *Am* POL la Chambre des représentants; ST. EX la Bourse. -**6.** [in debate]: **this ~ believes...** la motion à débattre est la suivante...
◇ *vt* [accommodate - subj: organization, person] héberger, loger; [- subj: building] recevoir; **we can ~ them temporarily in tents** nous pouvons les loger provisoirement dans des tentes; **many families are still badly ~d** de nombreuses familles sont encore mal logées; **this wing ~s a laboratory/five families** cette aile abrite un laboratoire/cinq familles; **the library cannot ~ any more books** la bibliothèque ne peut pas abriter plus de livres; **his boat is ~d in the garage during winter** son bateau est (remisé) au garage pendant l'hiver; **the archives are ~d in the basement** on garde les archives dans les caves.
◇ *interj* [in bingo]: **~!** ≃ carton!

HOUSE:
Dans certaines écoles en Grande-Bretagne (particulièrement dans les «grammar schools» et les «public schools»), les élèves sont répartis en plusieurs «houses», désignées chacune par un nom, entre lesquelles se développe un certain esprit de compétition.

house agent *n Br* agent *m* immobilier.

house arrest *n* assignation *f* à domicile OR à résidence; **to put sb under ~** assigner qqn à domicile OR à résidence; **he is under ~** il est assigné à domicile, il est en résidence surveillée.

houseboat ['haʊsbəʊt] *n* house-boat *m*, péniche *f* (aménagée).

housebound ['haʊsbaʊnd] *adj* qui ne peut quitter la maison.

houseboy ['haʊsbɔɪ] *n* domestique *m*, valet *m*; [colonial] boy *m*.

housebreaker ['haʊs,breɪkəʳ] *n* cambrioleur *m*, -euse *f*.

housebreaking ['haʊs,breɪkɪŋ] *n* cambriolage *m*.

housebroken ['haʊs,brəʊkn] *adj Am* [pet] propre.

housecoat ['haʊskəʊt] *n* robe *f* d'intérieur.

housecraft ['haʊskrɑːft] *n* économie *f* ménagère.

house detective *n* responsable *m* de la sécurité, détective *m* de l'hôtel.

housefather ['haʊs,fɑːðəʳ] *n* responsable *m* (de groupe) *(dans un foyer).*

housefly ['haʊsflaɪ] (*pl* **houseflies**) *n* mouche *f* (commune OR domestique).

houseful ['haʊsfʊl] *n*: **a ~ of guests** une pleine maisonnée d'invités; **we've got a real ~ this weekend** la maison est vraiment pleine (de monde) ce week-end.

houseguest ['haʊsgest] *n* invité *m*, -e *f*.

household ['haʊshəʊld] ◇ *n* ménage *m*, (gens *mpl* de la) maison *f*, maisonnée *f*; ADMIN

& ECON ménage; **she grew up as part of a large ~** elle a grandi au sein d'une famille nombreuse; **the head of the ~** le chef de famille; **indicate your relationship to the other members of your ~** indiquez les liens de parenté existant entre vous et les autres personnes qui résident avec vous OR de votre foyer; **~s with more than two children** ménages OR familles de plus de deux enfants; **95 per cent of ~s have a television set** 95 pour cent des ménages possèdent un poste de télévision ❑ **the Royal Household** la maison royale.
◇ *adj* [products, expenses] de ménage; ADMIN & ECON des ménages; **'for ~ use only'** 'à usage domestique seulement'; **~ appliance** appareil *m* ménager; **~ chores** travaux *mpl* ménagers, tâches *fpl* ménagères; **label your boxes "~ goods"** accolez l'étiquette «objets personnels» sur vos cartons.

Household Cavalry *pr n division de cavalerie de la Garde Royale britannique.*

householder ['haʊs,həʊldəʳ] *n* [occupant] occupant *m*, -e *f*; [owner] propriétaire *mf*; [tenant] locataire *mf*.

household gods *npl* HIST dieux *mpl* du foyer.

household name *n* mot *m* que tout le monde connaît; **we want to make our brand a ~** nous voulons que notre marque soit connue de tous; **the TV series made her a ~** depuis cette série télévisée, tout le monde la connaît OR sait qui elle est.

household troops *npl* garde *f* personnelle; HIST garde *f* du palais; [in UK] Garde *f* Royale.

household word = **household name**.

house-hunt *vi* chercher un OR être à la recherche d'un logement; **I spent two months ~ing** j'ai passé deux mois à chercher une maison OR à la recherche d'une maison.

house husband *n* père *m* au foyer.

house journal *n* journal *m* interne, bulletin *m*.

housekeeper ['haʊs,kiːpəʳ] *n* [institutional] économe *f*, intendante *f*; [private] gouvernante *f*.

housekeeping ['haʊs,kiːpɪŋ] *n* *(U)* -**1.** [of household - skill] économie *f* domestique; [- work] ménage *m*; **~ (money)** argent *m* du ménage. -**2.** [of organization] services *mpl* généraux. -**3.** COMPUT opérations *fpl* de nettoyage et d'entretien.

house lights *npl* THEAT lumières *fpl* OR éclairage *m* de la salle.

house magazine = **house journal**.

housemaid ['haʊsmeɪd] *n* bonne *f*, femme *f* de chambre.

housemaid's knee *n* MED inflammation *f* du genou.

houseman ['haʊsmən] (*pl* **housemen** [-mən]) *n* -**1.** *Br* MED ≃ interne *m*. -**2.** = **houseboy**.

house manager *n* THEAT directeur *m*, -trice *f* de théâtre.

house martin *n* hirondelle *f* de fenêtre.

housemaster ['haʊs,mɑːstəʳ] *n Br* SCH *professeur responsable d'une «house».*

housemen ['haʊsmən] *pl* → **houseman**.

housemistress ['haʊs,mɪstrɪs] *n Br* SCH *professeur responsable d'une «house».*

housemother ['haʊs,mʌðəʳ] *n* responsable *f* (de groupe) *(dans un foyer).*

house music *n* house *f* (music).

House of Commons *pr n*: **the ~** la Chambre des communes.

HOUSE OF COMMONS:
La Chambre des communes est composée de 650 députés («MPs») élus pour cinq ans et qui siègent environ 175 jours par an.

House of God *n* maison *f* de Dieu, église *f*, chapelle *f*.

House of Lords *pr n*: **the ~** la Chambre des lords.

HOUSE OF LORDS:
La Chambre des lords est composée de pairs et d'hommes d'Église. Il s'agit de la plus haute cour au Royaume-Uni (en excluant l'Écosse). Elle a le pouvoir d'amender certains projets de loi qui ont été votés par la Chambre des communes.

House of Representatives *pr n*: **the ~** la Chambre des représentants *(aux États-Unis).*

HOUSE OF REPRESENTATIVES:
La Chambre des représentants constitue, avec le Sénat, l'organe législatif américain; ses membres sont élus par le peuple, en proportion de la population de chaque État.

house painter *n* peintre *m* en bâtiment.

houseparent ['haʊs,peərənt] *n* responsable *mf* (de groupe) *(dans un foyer).*

house party *n* -**1.** [social occasion] fête *f* de plusieurs jours *(dans une maison de campagne).* -**2.** [guests] invités *mpl*.

house physician *n* [in hospital] ≃ interne *m*; [in hotel] médecin *m (attaché à un hôtel).*

houseplant ['haʊsplɑːnt] *n* plante *f* d'intérieur.

house-proud *adj*: **he's very ~** il attache beaucoup d'importance à l'aspect intérieur de sa maison, tout est toujours impeccable chez lui.

houseroom ['haʊsrʊm] *n Br* place *f (pour loger qqn ou qqch)*; **he has ~ for two** il a de la place pour deux; **I wouldn't give that table ~!** je ne voudrais pas de cette table chez moi!

house rule *n* règle *f* de la maison; GAMES règle du jeu particulière.

house-sit *vi*: **to ~ for sb** *s'occuper de la maison de qqn pendant son absence.*

Houses of Parliament *pl pr n*: **the ~** le Parlement *m* (britannique) *(où se réunissent la Chambre des communes et la Chambre des lords).*

house sparrow *n* moineau *m* domestique.

house surgeon *n* chirurgien *m* de garde.

house-to-house *adj* [enquiry] de porte en porte; **to make a ~ search for sb/sthg** aller de porte en porte à la recherche de qqn/qqch, fouiller chaque maison à la recherche de qqn/qqch.

housetop ['haʊstɒp] *n* toit *m*; **to shout** OR **to proclaim sthg from the ~s** crier qqch sur les toits.

house trailer *n Am* caravane *f*.

house-train *vt* dresser à la propreté; **has the dog been ~ed?** est-ce que le chien est propre?; **he used to be really untidy, but she soon got him ~ed!** *inf hum* avant, il était très brouillon, mais elle a eu tôt fait de le dresser!

housewarming ['haʊs,wɔːmɪŋ] *n* pendaison *f* de crémaillère; **to give** OR **to have a ~ (party)** pendre la crémaillère.

housewife ['haʊswaɪf] (*pl* **housewives** [-waɪvz]) *n* ménagère *f*; [not career woman] femme *f* au foyer.

housewifely ['haʊs,waɪflɪ] *adj* de ménagère.

housewifery ['haʊswɪfərɪ] *n* économie *f* domestique.

house wine *n* vin *m* de la maison.

housewives ['haʊswaɪvz] *pl* → **housewife**.

housework ['haʊswɜːk] *n* (travaux *mpl* de) ménage *m*; **to do the ~** faire le ménage; **we share the ~** nous nous partageons le ménage, nous faisons le ménage à tour de rôle.

housey-housey [,haʊzɪ'haʊzɪ] *n Br* ≃ loto *m (joué pour de l'argent).*

housing ['haʊzɪŋ] ◇ *n* -**1.** [accommodation] logement *m*; **the government has promised to provide more low-cost ~** le gouvernement a promis de fournir plus de logements à loyer modéré; **the budget allocation for ~ has been cut** la part du budget réservée au logement a été réduite; **two per cent still live in substandard ~** deux pour cent habitent encore des logements qui ne sont pas aux normes; **there's a lot of new ~ going up in the area** il y a beaucoup de logements nouveaux en construction dans le quartier; **four ~ units** quatre logements *mpl* OR habitations *fpl*. -**2.** TECH [of mechanism] carter *m*; PHOT boîtier *m*; **wheel ~** boîte *f* de roue; **watch ~** boîtier de montre. -**3.** CONSTR encastrement *m*.
◇ *comp*: **~ shortage** crise *f* du logement; **the local ~ department** ≃ l'antenne logement (de la commune); **the government has no long-term ~ strategy** le gouvernement n'a aucune stratégie à long terme en matière de logement.

housing association *n association britannique à but non lucratif qui construit ou rénove des logements pour les louer à ses membres.*

housing benefit *n Br allocation de logement versée par l'État aux familles justifiant de revenus faibles.*

housing development *n* -**1.** [estate] lotissement *m*. -**2.** [activity] construction *f* de logements.

housing estate *n Br* [of houses] lotissement *m*; [of flats] cité *f*.

housing list *n Br liste d'attente pour bénéficier d'un logement social.*

housing project *n* -**1.** *Am* = **housing estate**. -**2.** [plan] plan *m* d'aménagement immobilier.

housing scheme *n* -**1.** [plan] programme *m* municipal de logement. -**2.** [houses] = **housing estate**.

hove [həʊv] *pt* & *pp* → **heave**.

hovel ['hɒvl] *n* taudis *m*, masure *f*.

hover ['hɒvəʳ] *vi* -**1.** [in air - smoke] stagner; [- balloon, scent] flotter; [- insects] voltiger; [- helicopter, hummingbird] faire du surplace; **bees ~ed around the roses** des abeilles voltigeaient autour des roses. -**2.** [linger - person] rôder; [- smile] flotter; [- danger] planer; **the waitress ~ed over/round him** la serveuse rôdait/tournait autour de lui; **it's no use ~ing over the phone like that** ce n'est pas la peine de guetter la sonnerie du téléphone comme ça; **she was ~ing between life and death** elle restait suspendue entre la vie et la mort. -**3.** [hesitate] hésiter; **his finger ~ed over the button** son doigt hésita à appuyer sur le bouton; **I'm ~ing between the two possible options** j'hésite entre les deux options possibles.

hovercraft ['hɒvəkrɑːft] *n* aéroglisseur *m*.

hoverfly ['hɒvəflaɪ] (*pl* **hoverflies**) *n* syrphe *m*.

hoverport ['hɒvəpɔːt] *n* hoverport *m*.

hovertrain ['hɒvətreɪn] *n* train *m* à coussin d'air.

Hovis® ['həʊvɪs] *n marque de pain complet.*

how [haʊ] ◇ *adv* -**1.** [in what way] comment; **~ do you write it?** comment est-ce que ça s'écrit?; **~ shall we go about it?** comment faire?; **~ could you be so careless?** comment as-tu pu être aussi étourdi? ❑ **~ is it that...?** comment se fait-il que...?; **~ so?**, **~ can that be?** comment cela (se fait-il)?; **~'s that (again)?** comment?; **~'s that for results?** alors ces résultats, qu'est-ce que vous en pensez?; **~ the heck should I know?** *inf* mais enfin, comment veux-tu que je sache? -**2.** [in greetings, friendly enquiries etc] comment; **~ are you?** comment allez-vous?; **~ are you doing?** comment ça va?; **~ are things?** ça marche?; **~ did it go?** comment ça s'est passé?; **~'s the dollar (doing)?** comment va le dollar?; **~ did you like** OR **~ was the film?** comment as-tu trouvé le film?; **~ was your trip?** avez-vous fait bon voyage?; **~'s the water?** l'eau est bonne? ❑ **~ do you do?** bonjour!; **~'s tricks?** *inf* ça gaze? -**3.** [in exclamations] que, comme; **~ sad she is!** qu'elle est triste!, comme elle est triste!; **~ nice of you!** comme c'est aimable à vous!; **~ decadent!** quelle décadence!; **~ incredible!** c'est incroyable!; **~ easily they forget!** comme ils oublient facilement!; **~ I wish I could!** si seulement je pouvais! ❑ **~ stupid can you get!** *inf* est-il possible d'être bête à ce point-là! -**4.** *(with adj, adv)* [referring to measurement, rate, degree]: **~ wide is the room?** quelle est la largeur de la pièce?; **~ tall are you?** combien mesures-tu?; **~ old is she?** quel âge a-t-elle?; **~ well can you see it?** est-ce que tu le vois bien?; **~ angry**

is **he?** il est vraiment fâché?; ~ **fast/slowly was he walking?** à quelle vitesse marchait-il? || [referring to time, distance, quantity]: ~ **far is it from here to the sea?** combien y a-t-il d'ici à la mer?; ~ **much does this bag cost?** combien coûte ce sac?; ~ **much is it/do I owe you?** combien est-ce que ça coûte/vous dois-je?; ~ **often did she come? — about three or four times** combien de fois est-elle venue? — trois ou quatre fois; ~ **often did he write? — every week** est-ce qu'il écrivait souvent? — toutes les semaines; ~ **long has he been here?** depuis quand OR depuis combien de temps est-il ici?; ~ **soon can you deliver it?** à partir de quand pouvez-vous le livrer?; ~ **late will you stay?** jusqu'à quelle heure resteras-tu?
◇ *conj* -**1.** [in what way] comment; **tell me ~ you do it** dites-moi comment vous faites; **he's learning ~ to read** il apprend à lire; **we know ~ to extract it** nous savons comment l'extraire; **I need more information on ~ the network functions** j'ai besoin de plus de renseignements sur le fonctionnement du réseau. -**2.** [the fact that] que; **he told us ~ he had seen his child born** il nous a raconté qu'il avait vu naître son enfant; **you know ~ he always gets his own way** tu sais bien comment il est, il finit toujours par obtenir ce qu'il veut; **we all know ~ smell can influence taste** tout le monde sait que l'odorat peut avoir une influence sur le goût; **I remember ~ he always used to turn up late** je me souviens qu'il était toujours en retard. -**3.** *inf* [however] comme; **arrange the furniture ~ you like** installe les meubles comme tu veux ❑ **did you like it? — and ~!** ça t'a plu? — et comment!
◇ *n* comment *m inv*; **the ~ and the why of it don't interest me** le pourquoi et le comment ne m'intéressent pas.
◇ *interj hum* [greeting]: ~! salut!
◆ **how about** *inf adv phr*: ~ **about a beer?** et si on prenait une bière?; ~ **about going out tonight?** si on sortait ce soir?; ~ **about you: what do you think?** et toi, qu'est-ce que tu en penses?
◆ **how come** *inf adv phr*: ~ **come?** comment ça se fait?; ~ **come you left?** comment ça se fait que tu sois parti?

howbeit [,haʊ'biːɪt] *arch conj* bien que.

howdy *inf* ['haʊdɪ] *interj Am*: ~! salut!

however [haʊ'evəʳ] ◇ *adv* -**1.** [indicating contrast or contradiction] cependant, pourtant, toutefois; **I didn't see him,** ~ cependant OR pourtant je ne l'ai pas vu; **if, ~, you have a better suggestion...** si toutefois vous avez une meilleure suggestion (à faire)... -**2.** *(with adj or adv)* [no matter how] si... que, quelque... que; ~ **nice he tries to be...** si gentil qu'il essaie d'être...; **all contributions will be welcome,** ~ **small** si petites soient-elles, toutes les contributions seront les bienvenues; **he'll never do it,** ~ **much** OR **hard he tries** quelque effort qu'il fasse, il n'y arrivera jamais; ~ **cold/hot the weather** même quand il fait très froid/chaud; ~ **late/early you arrive, call me** quelle que soit l'heure à laquelle tu arrives, appelle-moi; ~ **long it takes (you)** quel que soit le temps que cela (te) prend; ~ **much he complains** même s'il se plaint beaucoup. -**3.** *(in questions)* [emphatic use] comment; ~ **did he find it?** comment a-t-il bien pu le trouver?
◇ *conj* [in whatever way] de quelque manière que; **it'll be fine,** ~ **you do it** de quelque manière que vous le fassiez, ça ira; **we can present it ~ you like** OR **want** on peut le présenter comme vous voulez.

howitzer ['haʊɪtsəʳ] *n* obusier *m*.

howl [haʊl] ◇ *n* -**1.** [of person, animal] hurlement *m*; [of child] braillement *m*, hurlement *m*; [of wind] mugissement *m*; **to let out a ~ of pain** pousser un hurlement de douleur; **the speech was greeted with ~s of derision** le discours a été accueilli par des huées. -**2.** ELECTRON effet *m* Larsen.
◇ *vi* -**1.** [person, animal] hurler; [child] brailler; [wind] mugir; **to ~ with laughter** hurler de rire; **to ~ in** OR **with rage** hurler de rage. -**2.** *inf* [cry] chialer; [complain] gueuler.
◇ *vt* crier, hurler; **they ~ed their defiance at the guards** ils ont hurlé leur colère aux gardes.
◆ **howl down** *vt sep* [speaker]: **they ~ed him down** ils l'ont réduit au silence par leurs huées.
◆ **howl out** *vt sep* crier, hurler.

howler ['haʊləʳ] *n* -**1.** *inf* [blunder] gaffe *f*, bourde *f*. -**2.** [monkey] hurleur *m*, alouate *m*.

howling ['haʊlɪŋ] ◇ *n* [of person, animal] hurlement *m*, hurlements *mpl*; [of child] braillement *m*, braillements *mpl*; [of wind] mugissement *m*, mugissements *mpl*.
◇ *adj inf* [error] énorme; **a ~ success** un succès fou.

howsoever [,haʊsəʊ'evəʳ] = **however** *adv*.

howzat *inf* [haʊ'zæt] *interj* [in cricket]: ~! sortez le batteur!

hoy [hɔɪ] *interj Br*: ~! [to people] ohé!, hep!; [to animals] hue!

hoyden ['hɔɪdn] *n* garçon *m* manqué.

hoydenish ['hɔɪdənɪʃ] *adj* garçonnier.

hp, HP ◇ *n* (*abbr of* **hire purchase**): **to buy sthg on ~** acheter qqch à crédit.
◇ (*written abbr of* **horsepower**) CV.

HP Sauce® *n sauce épicée vendue en bouteille.*

HQ (*abbr of* **headquarters**) *n* QG *m*.

hr(s) (*written abbr of* **hour(s)**) h.

HRH (*written abbr of* **His/Her Royal Highness**) SAR.

HRT *n abbr of* **hormone replacement therapy**.

HS *Am written abbr of* **high school**.

HST *n* -**1.** (*abbr of* **high speed train**) ≃ TGV *m*. -**2.** *abbr of* **Hawaiian Standard Time**.

hub [hʌb] *n* [of wheel] moyeu *m*; *fig* centre *m*.

hub airport *n Am* aéroport important.

hubble-bubble ['hʌbl,bʌbl] *n Br* -**1.** = **hookah**. -**2.** = **hubbub**. -**3.** [bubbling sound] glouglou *m*.

hubbub ['hʌbʌb] *n* [of voices] brouhaha *m*; [uproar] vacarme *m*, tapage *m*.

hubby *inf* ['hʌbɪ] (*pl* **hubbies**) *n* bonhomme *m*, petit mari *m*.

hubcap ['hʌbkæp] *n* AUT enjoliveur *m* (de roue).

hubris ['hjuːbrɪs] *n* orgueil *m* (démesuré).

huckleberry ['hʌklbərɪ] (*pl* **huckleberries**) *n* airelle *f*, myrtille *f*; 'The Adventures of Huckleberry Finn' *Twain* 'les Aventures de Huckleberry Finn'.

huckster ['hʌkstəʳ] *n* -**1.** [pedlar] colporteur *m*, -euse *f*. -**2.** *Am pej* [in advertising] publicitaire *m* agressif; **political ~** politicard *m*, -e *f*.

HUD (*abbr of* **Department of Housing and Urban Development**) *pr n ancien ministère américain de l'Urbanisme et du Logement.*

huddle ['hʌdl] ◇ *n* -**1.** [of people] petit groupe *m* (serré); [of objects] tas *m*, amas *m*; [of roofs] enchevêtrement *m*; **to go into a ~** *inf* se réunir en petit comité. -**2.** *Am* SPORT concentration *f (d'une équipe).*
◇ *vi* -**1.** [crowd together] se blottir; **the sheep ~d under the trees** les moutons se blottissaient les uns contre les autres sous les arbres; **they ~d round the fire** ils se sont blottis autour du feu. -**2.** [crouch] se recroqueviller, se blottir; **he ~d in a corner of his cell** il s'est recroquevillé dans un coin de sa cellule; **she was huddling under a blanket** elle était blottie sous une couverture.
◆ **huddle down** *vi insep* -**1.** [hunch] se recroqueviller; [out of the way] se faire tout petit. -**2.** [nestle] se blottir, se pelotonner.
◆ **huddle together** *vi insep* se serrer OR se blottir les uns contre les autres; [for talk] se mettre en petit groupe OR cercle serré; **they ~d together for warmth** ils se serraient OR se blottissaient les uns contre les autres pour se tenir chaud.

huddled ['hʌdld] *adj* -**1.** [for shelter] blotti; [curled up] pelotonné; **I found him ~ in a ditch** je l'ai trouvé blotti dans un fossé; **they lay ~ under the blanket** ils étaient blottis OR pelotonnés les uns contre les autres sous la couverture; **the houses lay ~ in the valley** les maisons étaient blotties dans la vallée. -**2.** [hunched] recroquevillé; **he spends hours ~ over those maps** il passe des heures penché sur ces cartes.

Hudson Bay ['hʌdsn-] *pr n* la baie d'Hudson.

Hudson River *pr n*: **the ~** l'Hudson *m*.

hue [hjuː] *n* -**1.** [colour] teinte *f*, nuance *f*. -**2.** [aspect] nuance *f*; **that puts a different ~ on the matter** cela donne à l'affaire une autre coloration, cela fait voir l'affaire sous un autre jour. -**3.** *phr*: **a ~ and cry** *Br* une clameur (de haro); **to raise a ~ and a cry against sb/sthg** crier haro sur qqn/qqch.

-hued [hjuːd] *in cpds*: **dark/light~** de couleur foncée/claire; **many~** multicolore, bigarré.

huff [hʌf] ◇ *vi phr*: **to ~ and puff** [with exertion] haleter; [with annoyance] maugréer; **they'll ~ and puff a bit but they won't stop us** *Br fig* ils protesteront, mais ils nous laisseront faire.
◇ *vt* GAMES souffler (un pion).
◇ *n inf*: **to be in a ~** être froissé OR fâché; **to take the ~** *Br* prendre la mouche, s'offusquer; **it's no use getting into a ~ about it** ça ne vaut pas la peine de t'en offusquer; **he went off in a ~** il est parti froissé OR fâché.

huffed *inf* [hʌft] *adj* froissé, fâché.

huffily ['hʌfɪlɪ] *adv* [reply] d'un ton vexé OR fâché; [behave] avec (mauvaise) humeur.

huffy ['hʌfɪ] *adj* [piqued] froissé, vexé; [touchy] susceptible.

hug [hʌg] (*pt & pp* **hugged**, *cont* **hugging**)
◇ *vt* -**1.** [in arms] serrer dans ses bras, étreindre; **to ~ o.s. with delight (over** OR **about sthg)** *fig* se réjouir vivement (de qqch), jubiler. -**2.** *fig* [idea] tenir à, chérir; **she hugged the memory of that moment to herself** elle chérissait le souvenir de cet instant. -**3.** [keep close to] serrer; **to ~ the shore** serrer la côte; **don't ~ the kerb** AUT ne serrez pas le trottoir; **this car ~s the corners well** cette voiture prend bien les virages; **to ~ the ground** AERON suivre le relief du terrain.
◇ *n* étreinte *f*; **to give sb a ~** serrer qqn dans ses bras, étreindre qqn; **they greeted each other with ~s and kisses** ils se sont accueillis avec de grandes embrassades.

huge [hjuːdʒ] *adj* [in size, degree] énorme, immense; [in extent] vaste, immense; [in volume] énorme, gigantesque.

hugely ['hjuːdʒlɪ] *adv* [a lot] énormément; [as intensifier] énormément, extrêmement; **the project has been ~ successful/expensive** le projet a été un succès complet/a coûté extrêmement cher.

hugeness ['hjuːdʒnɪs] *n* immensité *f*; [of error, demands] énormité *f*.

hugger-mugger ['hʌgə,mʌgəʳ] *arch* ◇ *n* **1.** [disorder] fatras *m*, fouillis *m*, désordre *m*. -**2.** [secrecy] secret *m*.
◇ *adj* désordonné.
◇ *adv* en désordre.

Huguenot ['hjuːgənəʊ] ◇ *n* Huguenot *m*, -e *f*.
◇ *adj* huguenot.

huh [hʌ] *interj* [surprise]: ~? hein? || [scepticism]: ~! hum!

hula ['huːlə], **hula-hula** *n* danse *f* polynésienne; **a ~ skirt** une jupe en paille.

Hula-Hoop® *n* Hula-Hoop® *m*.

hulk [hʌlk] *n* -**1.** [ship] épave *f*; *pej* vieux rafiot *m*; [used as prison, storehouse] ponton *m*; **to be sent to the ~s** être envoyé au ponton. -**2.** [person, thing] mastodonte *m*; **a great ~ of a man** un malabar *m*.

hulking ['hʌlkɪŋ] *adj* [person] balourd, massif; [thing] gros, imposant; [as intensifier]: **you ~ great oaf!** espèce de malotru!

hull [hʌl] ◇ *n* -**1.** [of ship] coque *f*; MIL [of tank] caisse *f*. -**2.** [of peas, beans] cosse *f*, gousse *f*; [of nut] écale *f*; [of strawberry] pédoncule *m*.
◇ *vt* -**1.** [peas] écosser; [nuts] écaler, décortiquer; [grains] décortiquer; [strawberries] équeuter. -**2.** [ship] percer la coque de.

hullabaloo *inf* [,hʌləbə'luː] *n* raffut *m*, chambard *m*, barouf *m*; **the press made a real ~ about it** la presse en a fait tout un foin.

hullo [həˈləʊ] *interj Br* **-1.** ~! [on meeting] salut!; [on phone] allô! **-2.** [for attention]: ~! ohé!, holà!; ~ **there!** holà, vous! **-3.** [in surprise]: ~! tiens!

hum [hʌm] (*pt* & *pp* **hummed**, *cont* **humming**) ◇ *vi* **-1.** [audience, bee, wires] bourdonner; [person] fredonner, chantonner; [top, fire] ronfler; ELECTRON ronfler; [air conditioner] ronronner; **the motors hummed into action** les moteurs se sont mis à ronfler OR vrombir; **everything was humming along nicely** *fig* tout marchait comme sur des roulettes. **-2.** [be lively] grouiller; **the airport/town was humming with activity** l'aéroport/la ville bourdonnait d'activité; **to make things** ~ mener les choses rondement; **the party was just beginning to** ~ **when the police arrived** la fête commençait à s'animer quand la police est arrivée. **-3.** *inf Br* [stink] cocotter. **-4.** *phr*: **to** ~ **and haw** *literal* bafouiller; *fig* hésiter.
◇ *vt* [tune] fredonner, chantonner.
◇ *n* **-1.** [of bees, voices] bourdonnement *m*; [of vehicle] vrombissement *m*; [of fire, top] ronflement *m*; ELECTRON ronflement; [of machine] ronronnement *m*; **the distant** ~ **of traffic** le ronronnement lointain de la circulation. **-2.** *inf Br* [stench] puanteur *f*, mauvaise odeur *f*; **there's a bit of a** ~ **in here!** ça cocotte là-dedans!
◇ *interj*: ~! hem!, hum!

human [ˈhjuːmən] ◇ *adj* humain; **the** ~ **race** le genre humain; **they were treated as less than** ~ ils étaient traités comme des bêtes; **he's only** ~ personne n'est parfait; **I can't do all that work alone, I'm only** ~! je ne peux pas faire tout ce travail tout seul, je ne suis pas une bête de somme!; **the crash was found to have been caused by** ~ **error** on a découvert que l'accident était dû à une erreur OR défaillance humaine; **it's those little** ~ **touches that make all the difference** ce sont les petites touches personnelles qui font toute la différence ❑ **'Of Human Bondage'** *Maugham* 'Servitude humaine'.
◇ *n* (être *m*) humain *m*.

human being *n* être *m* humain.

humane [hjuːˈmeɪn] *adj* **-1.** [compassionate - action, person] humain, plein d'humanité; [- treatment] humain; **a** ~ **method of killing animals** une façon humaine de tuer les animaux. **-2.** *fml* & *dated* [education] humaniste.

humanely [hjuːˈmeɪnlɪ] *adv* humainement.

human engineering *n* INDUST gestion *f* des relations humaines; [ergonomics] ergonomie *f*.

humane society *n* [for animals] société *f* protectrice des animaux; [for good works] société *f* OR association *f* humanitaire.

human interest *n* PRESS dimension *f* humaine; **a** ~ **story** un reportage qui met l'accent sur OR privilégie la dimension humaine.

humanism [ˈhjuːmənɪzm] *n* humanisme *m*.

humanist [ˈhjuːmənɪst] ◇ *n* humaniste *m*.
◇ *adj* humaniste.

humanistic [ˌhjuːməˈnɪstɪk] *adj* humaniste.

humanitarian [hjuːˌmænɪˈteərɪən] ◇ *n* humanitaire *mf*.
◇ *adj* humanitaire.

humanitarianism [hjuːˌmænɪˈteərɪənɪzm] *n* [philanthropy] humanitarisme *m*; [in theology] monophysisme *m*.

humanity [hjuːˈmænətɪ] *n* **-1.** [mankind] humanité *f*; **for the good of** ~ pour le bien de l'humanité. **-2.** [compassion] humanité *f*; **to treat sb with** ~ traiter qqn avec humanité; **the prison camps stripped the inmates of their** ~ les détenus perdaient toute humanité dans les camps de prisonniers.
◆ **humanities** *npl* [arts] lettres *fpl*; [classical culture] lettres *fpl* classiques; **humanities students** étudiants en lettres OR humanités.

humanize, -ise [ˈhjuːmənaɪz] *vt* humaniser.

humankind [ˌhjuːmənˈkaɪnd] *n* l'humanité *f*, le genre humain.

humanly [ˈhjuːmənlɪ] *adv* humainement; **I'll do all that is** ~ **possible to help her** je ferai tout ce qui est humainement possible pour l'aider.

human nature *n* nature *f* humaine; **it's only** ~ **to be jealous** c'est normal OR humain d'être jaloux.

humanoid [ˈhjuːmənɔɪd] ◇ *n* humanoïde *mf*.
◇ *adj* humanoïde.

human rights *npl* droits *mpl* de l'homme; **a** ~ **organization** une organisation pour les droits de l'homme.

humble [ˈhʌmbl] ◇ *adj* **-1.** [meek] humble; **in my** ~ **opinion** à mon humble avis; **please accept my** ~ **apologies** veuillez accepter mes humbles excuses; **your** ~ **servant** [in letters] veuillez agréer, Monsieur, l'assurance de mes sentiments les plus respectueux ❑ **to eat** ~ **pie** faire de plates excuses, faire amende honorable; **to force sb to eat** ~ **pie** forcer qqn à se rétracter. **-2.** [modest] modeste; **she came from** ~ **origins** elle a des origines modestes; **to come from a** ~ **background** venir d'un milieu modeste; **welcome to my** ~ **abode** *hum* bienvenue dans mon humble OR ma modeste demeure; **the** ~ **violet** *lit* l'humble violette.
◇ *vt* humilier, mortifier; **to** ~ **o.s. before sb** s'humilier devant qqn; **a severe defeat may** ~ **his pride** un échec sérieux servira peut-être à le rendre moins orgueilleux; **it was a humbling experience** c'était une expérience humiliante.

humbleness [ˈhʌmblnɪs] *n* humilité *f*.

humbly [ˈhʌmblɪ] *adv* **-1.** [speak, ask] humblement, avec humilité; **most** ~ en toute humilité. **-2.** [live] modestement; ~ **born** d'origine modeste OR humble.

humbug [ˈhʌmbʌg] (*pt* & *pp* **humbugged**, *cont* **humbugging**) ◇ *n* **-1.** [person] charlatan *m*, fumiste *mf*; *(U)* [deception] charlatanisme *m*. **-2.** *(U)* [nonsense] balivernes *fpl*. **-3.** *Br* [sweet] berlingot *m*.
◇ *vt* tromper.

humdinger *inf* [ˌhʌmˈdɪŋəʳ] *n* **-1.** [person]: **she's a real** ~! elle est vraiment extra OR sensass OR terrible! **-2.** [thing]: **that was a** ~ **of a game!** quel match extraordinaire!; **they had a real** ~ **of a row!** ils se sont engueulés, quelque chose de bien!

humdrum [ˈhʌmdrʌm] ◇ *adj* [person, story] banal; [task, life] monotone, banal, routinier; **I'm sick of this** ~ **routine** j'en ai marre de ce traintrain.
◇ *n* monotonie *f*, banalité *f*.

humectant [hjʊˈmektənt] *n* hydratant *m*.

humeral [ˈhjuːmərəl] *adj* huméral.

humerus [ˈhjuːmərəs] (*pl* **humeri** [-raɪ]) *n* humérus *m*.

humid [ˈhjuːmɪd] *adj* humide.

humidifier [hjuːˈmɪdɪfaɪəʳ] *n* humidificateur *m*.

humidify [hjuːˈmɪdɪfaɪ] (*pt* & *pp* **humidified**) *vt* humidifier.

humidity [hjuːˈmɪdətɪ] *n* humidité *f*.

humidor [ˈhjuːmɪdɔːʳ] *n* humidificateur *m*.

humiliate [hjuːˈmɪlɪeɪt] *vt* humilier; **he refused to** ~ **himself by apologizing to them** il a refusé de s'humilier en leur présentant des excuses.

humiliating [hjuːˈmɪlɪeɪtɪŋ] *adj* humiliant.

humiliatingly [hjuːˈmɪlɪeɪtɪŋlɪ] *adv* d'une façon humiliante; **they were** ~ **close to failure** ils étaient au bord d'un échec humiliant.

humiliation [hjuːˌmɪlɪˈeɪʃn] *n* humiliation *f*.

humility [hjuːˈmɪlətɪ] *n* humilité *f*.

humming [ˈhʌmɪŋ] *n* [of bees, voices] bourdonnement *m*; [of air conditioner, traffic] ronronnement *m*; [of tune] fredonnement *m*.

hummingbird [ˈhʌmɪŋbɜːd] *n* oiseau-mouche *m*, colibri *m*.

humming top *n* toupie *f* ronflante.

hummock [ˈhʌmək] *n* [knoll] monticule *m*, mamelon *m*, tertre *m*; [in ice field] hummock *m*.

hummus [ˈhʊmʊs] *n* houmous *m*.

humor *etc Am* = **humour**.

humorist [ˈhjuːmərɪst] *n* humoriste *mf*.

humorous [ˈhjuːmərəs] *adj* [witty - remark] plein d'humour, amusant; [- person] plein d'humour, drôle; **he replied in (a)** ~ **vein** il a répondu sur le mode humoristique.

humorously [ˈhjuːmərəslɪ] *adv* avec humour.

humour *Br*, **humor** *Am* [ˈhjuːməʳ] ◇ *n* **-1.** [wit, fun] humour *m*; **the play is devoid of** ~ la pièce est dénuée OR dépourvue d'humour; **I like her sense of** ~ j'aime son sens de l'humour; **he's got no sense of** ~ il n'a aucun sens de l'humour; **he has a very dry sense of** ~ il est très pince-sans-rire. **-2.** *fml* [mood] humeur *f*, disposition *f*; **in a good/bad** ~ de bonne/mauvaise humeur; **he's in no** ~ **to talk to anybody** il n'est pas d'humeur à parler à qui que ce soit; **to be out of** ~ *lit* être de mauvaise humeur. **-3.** *arch* & MED humeur *f*; **the four** ~**s** les quatre humeurs.
◇ *vt* [person - indulge, gratify] faire plaisir à; [- treat tactfully] ménager; [whim, fantasy] se prêter à; **don't try to** ~ **me** n'essaie pas de m'amadouer.

-humoured *Br*, **-humored** *Am* [ˈhjuːməd] *in cpds*: **he's a pleasant good~ man** c'est un homme plaisant et d'humeur agréable; **he responded in a good~ enough way** il a répondu plutôt avec bonne humeur; **she seemed unpleasant and ill~** elle paraissait déplaisante et de mauvaise humeur.

humourless *Br*, **humorless** *Am* [ˈhjuːməlɪs] *adj* [person] qui manque d'humour; [book, situation, speech] sans humour; **totally** ~ totalement dépourvu d'humour; **a** ~ **smile** un sourire pincé.

hump [hʌmp] ◇ *n* **-1.** [on back of animal or person] bosse *f*; [hillock] bosse *f*, mamelon *m*; [bump] tas *m*; **we're over the** ~ **now** *inf* on a fait le plus dur OR gros maintenant. **-2.** *inf Br phr*: **to get the** ~ avoir le cafard OR le bourdon; **he gives me the** ~ il me donne le cafard OR le bourdon.
◇ *vt* **-1.** [back] arrondir, arquer. **-2.** *inf Br* [carry] trimbaler, trimballer. **-3.** ▽ [have sex with] baiser. **-4.** *inf phr*: **to** ~ **it** tenir le coup; **he hasn't the nerve to** ~ **it through to the end** il n'a pas le cran de tenir le coup jusqu'au bout.
◇ *vi* ▽[have sex] baiser.

humpback [ˈhʌmpbæk] *n* **-1.** = **hunchback**. **-2.** = **humpback whale**.

humpback(ed) bridge *n* pont *m* en dos d'âne.

humpbacked [ˈhʌmpbækt] = **hunchbacked**.

humpback whale *n* baleine *f* à bosse.

humph [mm, hʌmf] *interj*: ~! hum!

Humpty Dumpty [ˌhʌmptɪˈdʌmptɪ] *pr n personnage en forme d'oeuf figurant dans une comptine (désigne métaphoriquement une chose impossible à réparer).*

humus [ˈhjuːməs] *n* humus *m*.

Hun [hʌn] (*pl inv* OR **Huns**) *n* **-1.** ANTIQ Hun *m*. **-2.** ▽ *dated* & *offensive* Boche *m*.

hunch [hʌntʃ] ◇ *n* [inkling] pressentiment *m*, intuition *f*; **I have a** ~ **we'll meet again** j'ai comme un pressentiment que nous nous reverrons; **to play** OR **to follow one's** ~ suivre son intuition; **to act on a** ~ suivre son instinct; **my** ~ **paid off, he was there** mon intuition s'est vérifiée, il était là; **it's only a** ~ c'est une idée que j'ai.
◇ *vt* [back] arrondir; [shoulders] voûter; **he was** ~**ed against the cold** il se recroquevillait sur lui-même pour se protéger du froid; **he sat** ~**ed in a corner** il était assis recroquevillé dans un coin; **don't** ~ **(up) your shoulders like that!** ne rentre pas la tête dans les épaules comme ça!; **she was sitting** ~**ed (up) over her papers** elle était assise penchée sur ses papiers.

hunchback [ˈhʌntʃbæk] *n* **-1.** [person] bossu *m*, -e *f*; **'The Hunchback of Notre Dame'** *Hugo* 'Notre-Dame de Paris'. **-2.** ANAT bosse *f*.

hunchbacked [ˈhʌntʃbækt] *adj* bossu.

hundred [ˈhʌndrəd] ◇ *adj* cent; **a** ~ **guests** cent invités; **six** ~ **pages** six cents pages; **about a** ~ **metres** une centaine de mètres; **if I've told you once, I've told you a** ~ **times!** je te l'ai dit cent fois! ❑ **'One Hundred Years of Solitude'** *Garciá Márquez* 'Cent ans de solitude'.

◇ *n* cent *m*; he has a ~ (of them) il en a cent; ~ and one cent un; two ~ deux cents; two ~ and one deux cent un; about a ~, a ~ odd une centaine; one OR a ~ per cent cent pour cent; in nineteen ~ en dix-neuf cents; in nineteen ~ and ten en dix-neuf cent dix; I'll never forget him (even) if I live to be a ~ même si je deviens centenaire, je ne l'oublierai jamais; the theatre seats five ~ la salle contient cinq cents places (assises); in the ~'s place MATH dans la colonne des centaines; give me $500 in ~s donnez-moi 500 dollars en billets de cent; the temperature is in the ~s today il fait plus de 30 aujourd'hui; in the seventeen ~s au dix-septième siècle; ~s of des centaines de; I've asked you ~s of times! je te l'ai demandé cent fois!; ~s and thousands of people des milliers de gens; they were dying in their ~s OR by the ~ ils mouraient par centaines; to be ~ per cent behind sb *fig* soutenir qqn à fond; to give a ~ per cent *fig* se donner à fond.

Hundred Days *npl*: the ~ les Cent Jours *mpl*.

hundredfold ['hʌndrədfəʊld] ◇ *adj* centuple.
◇ *adv* au centuple; he has increased his initial investment a ~ il a multiplié par cent son investissement initial.

hundred-percenter *inf* [-pə'sentəʳ] *n Am* nationaliste *mf* extrémiste.

hundreds and thousands *npl paillettes de sucre colorées servant à décorer les gâteaux.*

hundredth ['hʌndrədθ] ◇ *n* centième *mf*; [fraction] centième *m*.
◇ *adj* centième.

hundredweight ['hʌndrədweɪt] *n Br* (poids *m* de) cent douze livres *(50,8 kg)*; *Am* (poids *m* de) cent livres *(45,4 kg)*; a metric ~ un poids de 50 kg.

hundred-year-old *adj* centenaire.

Hundred Years' War *n*: the ~ la guerre de Cent Ans.

hung [hʌŋ] ◇ *pt & pp* → **hang**.
◇ *adj* [situation] bloqué; a ~ parliament/jury un parlement/un jury sans majorité.

Hungarian [hʌŋ'geərɪən] ◇ *n* -**1.** [person] Hongrois *m*, -e *f*. -**2.** LING hongrois *m*.
◇ *adj* hongrois; 'Hungarian Rhapsodies' *Liszt* 'Rhapsodies hongroises'.

Hungary ['hʌŋgərɪ] *pr n* Hongrie *f*; in ~ en Hongrie.

hunger ['hʌŋgəʳ] ◇ *n* faim *f*; a conference on world ~ une conférence sur la faim dans le monde; to satisfy one's ~ (for sthg) satisfaire sa faim (de qqch); he was driven by a ~ for truth/knowledge *fig* il était poussé par une soif de vérité/de savoir.
◇ *vi fig*: to ~ after OR for sthg avoir faim OR soif de qqch; he ~ed for revenge il avait faim OR soif de vengeance.

hunger march *n* marche *f* de la faim.

hunger strike *n* grève *f* de la faim; to go on (a) ~ faire la grève de la faim.

hunger striker *n* gréviste *mf* de la faim.

hung over *inf adj*: to be ~ avoir une OR la gueule de bois; he was too ~ to go to work il avait une telle gueule de bois qu'il ne pouvait pas aller au travail.

hungrily ['hʌŋgrəlɪ] *adv* [eat] voracement, avidement; *fig* [read, listen] avidement; she eyed his lunch ~ elle jeta un regard de convoitise sur son déjeuner.

hungry ['hʌŋgrɪ] (*compar* hungrier, *superl* hungriest) *adj* -**1.** [for food]: to be ~ avoir faim; we're very ~ nous avons très faim, nous sommes affamés; he still felt ~ il avait encore faim; she looked tired and ~ elle avait l'air fatiguée et affamée; are you getting ~? est-ce que tu commences à avoir faim?; to go ~ souffrir de la faim; he'd rather go ~ than cook for himself il se passerait de manger plutôt que de faire la cuisine; that night he went ~ cette nuit-là il est resté sur sa faim ❑ this is ~ work! ce travail donne faim! -**2.** *fig* [desirous] avide; a child ~ for affection un enfant avide d'affection; she was ~ for news of her family elle attendait avec impatience des nouvelles de sa famille; you have to be ~ to make it to the top *inf fig* ce sont les battants qui réussissent.

hung-up *adj* bourré de complexes.

hunk [hʌŋk] *n* -**1.** [piece] gros morceau *m*. -**2.** *inf* [man] beau mec *m* OR mâle *m*; he's a real ~ il est beau mec.

hunker ['hʌŋkəʳ] *vi*: to ~ (down)[crouch] s'accroupir; [squat] s'asseoir sur ses talons, s'accroupir; [animal] se tapir; I have to ~ down and work this term *fig* je dois donner un bon coup de collier ce trimestre.

hunkers *inf* ['hʌŋkəz] *npl* hanches *fpl*; sitting on his ~ assis sur ses talons.

hunky ['hʌŋkɪ] (*pl* hunkies) ◇ *n* ▼ *Am terme injurieux désignant un travailleur d'origine slave, balte ou hongroise.*
◇ *adj inf*: she likes ~ men elle aime les costauds.

hunky-dory *inf* [,hʌŋkɪ'dɔːrɪ] *adj*: to be ~ être au poil; everything is just ~! tout baigne (dans l'huile)!

hunt [hʌnt] ◇ *vt* -**1.** [for food, sport - subj: person] chasser, faire la chasse à; [- subj: animal] chasser; to ~ whales pêcher la baleine; they were ~ed to extinction ils ont été chassés jusqu'à extinction de l'espèce. -**2.** *Br* SPORT [area] chasser dans; to ~ the pack diriger la meute; he ~s his horse all winter il monte son cheval à la chasse tout l'hiver. -**3.** [pursue] pourchasser, poursuivre; he was being ~ed by the police il était pourchassé OR recherché par la police. -**4.** [search] fouiller; I've ~ed the whole office for it j'ai retourné tout le bureau pour le retrouver. -**5.** [drive out] chasser; people were ~ed from their homes des gens étaient chassés de leurs foyers. -**6.** *phr*: to play ~ the slipper OR thimble ≃ jouer à cache-tampon.
◇ *vi* -**1.** [for food, sport] chasser; they ~ by night/in packs ils chassent la nuit/en bande; to go ~ing aller à la chasse; do you ~? chassez-vous?; to ~ for sthg [person] chasser OR faire la chasse à qqch; [animal] chasser qqch. -**2.** [search] chercher (partout); she ~ed (around OR about) in her bag for her keys elle a fouillé dans son sac à la recherche de ses clefs; you'll just have to ~ until you find it vous n'aurez qu'à chercher jusqu'à ce que vous le trouviez; I've ~ed for it high and low j'ai remué ciel et terre pour le retrouver; I've ~ed all over town for a linen jacket j'ai parcouru OR fait toute la ville pour trouver une veste en lin. -**3.** TECH [gauge] osciller; [engine] pomper.
◇ *n* -**1.** SPORT [activity] chasse *f*; [hunters] chasse *f*, chasseurs *mpl*; [area] chasse *f*; [fox-hunt] chasse *f* au renard; a tiger/bear ~ une chasse au tigre/à l'ours; ~ ball *bal réunissant les notables locaux amateurs de chasse.* -**2.** [search] chasse *f*, recherche *f*; the ~ is on for the terrorists la chasse aux terroristes est en cours; the ~ for the assassin continues la chasse à l'assassin se poursuit; I've had a ~ for your scarf j'ai cherché ton écharpe partout, j'ai tout retourné pour trouver ton écharpe.

◆ **hunt down** *vt sep* [animal] forcer, traquer; [person] traquer; [thing, facts] dénicher; [abuses, errors] faire la chasse à; [truth] débusquer.

◆ **hunt out** *vt sep Br* dénicher, découvrir; I've ~ed out that book you wanted to borrow j'ai déniché le livre que vous vouliez emprunter.

◆ **hunt up** *vt sep Br* [look up] rechercher; I'm going to the library to ~ up that article she mentioned je vais à la bibliothèque rechercher cet article dont elle parlait.

hunted ['hʌntɪd] *adj* traqué; he has a ~ look about him il a un air persécuté OR traqué.

hunter ['hʌntəʳ] *n* -**1.** SPORT [person] chasseur *m*; [horse] cheval *m* de chasse, hunter *m*; [dog] chien *m* courant OR de chasse. -**2.** [gen] chasseur *m*; [pursuer] poursuivant *m*; an autograph ~ un chasseur d'autographes; bargain ~s des dénicheurs *mpl* de bonnes affaires. -**3.** [watch] (montre *f* à) savonnette *f*.

hunter-gatherer *n* chasseur-cueilleur *m*.

hunter-killer *adj* MIL d'attaque; a ~ submarine un sous-marin d'attaque.

hunter's moon *n pleine lune qui suit celle de l'équinoxe d'automne.*

hunting ['hʌntɪŋ] ◇ *n* -**1.** SPORT chasse *f*; *Br* [fox-hunting] chasse *f* au renard; HIST [mounted deer-hunt] chasse *f* à courre; HIST [as an art] vénerie *f* ❑ huntin' shootin' and fishin' *expression employée pour parodier l'aristocratie rurale, en insinuant que sa principale activité est la chasse et la pêche.* -**2.** [pursuit] chasse *f*, poursuite *f*; bargain ~ la chasse aux soldes; to be/to go job-~ être/aller à la recherche d'un emploi.
◇ *adj* [boots, gun, knife, licence] de chasse; he's a ~ man c'est un grand chasseur.

hunting ground *n* SPORT & *fig* terrain *m* de chasse.

hunting horn *n* cor *m* OR trompe *f* de chasse.

hunting lodge *n* pavillon *m* de chasse.

hunting pink ◇ *adj* rouge chasseur *inv*.
◇ *n (U) Br* habit *m* rouge de chasse à courre.

hunting season *n* saison *f* de la chasse.

Huntington's chorea ['hʌntɪŋtənz-] *n* chorée *f* de Huntington.

huntress ['hʌntrɪs] *n* chasseuse *f*; Diana the Huntress *lit* Diane chasseresse.

huntsman ['hʌntsmən] (*pl* huntsmen [-mən]) *n* -**1.** [hunter] chasseur *m*. -**2.** [master of hounds] veneur *m*.

hurdle ['hɜːdl] ◇ *n* -**1.** SPORT haie *f*; the 400 metre ~s le 400 mètres haies; to run a ~ OR ~s race faire OR courir une course de haies; she's the British ~s champion elle est la championne britannique de course de haies; to take OR to clear a ~ franchir une haie. -**2.** *fig* obstacle *m*; she took that ~ in her stride elle a franchi cet obstacle sans le moindre effort; the next ~ will be getting funding for the project la prochaine difficulté sera d'obtenir des fonds pour le projet. -**3.** [for fences] claie *f*.
◇ *vt* [jump] sauter, franchir; [overcome] franchir.
◇ *vi* SPORT faire de la course de haies.

hurdler ['hɜːdləʳ] *n* coureur *m*, -euse *f (qui fait des courses de haies).*

hurdy-gurdy ['hɜːdɪ,gɜːdɪ] *n* -**1.** [barrel organ] orgue *m* de Barbarie; a ~ man un joueur d'orgue de Barbarie. -**2.** [medieval instrument] vielle *f*.

hurl [hɜːl] *vt* -**1.** [throw] lancer, jeter (avec violence); to ~ o.s. at sb/sthg se ruer sur qqn/qqch; he ~ed a vase at him il lui a lancé un vase à la figure; they were ~ed to the ground ils ont été précipités OR jetés à terre; she ~ed herself off the top of the tower elle s'est précipitée OR jetée (du haut) de la tour; he ~ed himself into the fight il s'est jeté dans la bagarre; the boat was ~ed onto the rocks le bateau a été projeté sur les rochers; they were ~ed into the crisis *fig* ils ont été précipités dans la crise. -**2.** [yell] lancer, jeter; to ~ abuse at sb lancer des injures à qqn, accabler qqn d'injures.

hurling ['hɜːlɪŋ] *n* SPORT *jeu irlandais voisin du hockey sur gazon.*

hurly-burly ['hɜːlɪ,bɜːlɪ] *Br* ◇ *n* tohu-bohu *m*; the ~ of city life le tourbillon de la vie urbaine.
◇ *adj* turbulent.

hurrah *Br* [hʊ'rɑː], **hurray** [hʊ'reɪ] ◇ *n* hourra *m*.
◇ *interj*: ~! hourra!; ~ for the cook! pour le chef, hip hip hip hourra!

hurricane ['hʌrɪkən] *n* ouragan *m*; [in Caribbean] hurricane *m*; Hurricane Mabel l'ouragan Mabel.

hurricane force *n* force *f* douze (sur l'échelle Beaufort).

◆ **hurricane-force** *comp*: hurricane-force winds TECH des vents de force douze.

hurricane lamp *n* lampe-tempête *f*.

hurried ['hʌrɪd] *adj* [meeting, reply, gesture, trip] rapide; [departure, steps] précipité; [judgment, decision] hâtif; [work] fait à la hâte; to have a ~ meal manger à la hâte; I wrote a ~ note to

reassure her j'ai écrit un mot à la hâte OR un mot bref pour la rassurer; **they only had time for a few ~ words** ils ont juste eu le temps d'échanger quelques mots rapides.

hurriedly [ˈhʌrɪdlɪ] *adv* [examine] à la hâte; [leave] précipitamment; **she passed ~ over the unpleasant details** elle passa en vitesse sur les détails désagréables; **he ~ excused himself** il s'est empressé de s'excuser.

hurry [ˈhʌrɪ] (*pl* **hurries**, *pt* & *pp* **hurried**) ◇ *n* -**1.** [rush] hâte *f*, précipitation *f*; **to be in a ~ to do sthg** avoir hâte de faire qqch; **not now, I'm in (too much of) a ~** pas maintenant, je suis (trop) pressé; **he needs it in a ~** il en a besoin tout de suite; **to be in a tearing** OR **an awful ~** être très pressé; **in his** OR **the ~ to leave he forgot his umbrella** dans sa hâte de partir il a oublié son parapluie; **there's no big** OR **great ~** rien ne presse; **there's no ~ for it** cela ne presse pas; **what's the** OR **your ~?** qu'est-ce qui (vous) presse?; **it was obviously written in a ~** de toute évidence, cela a été écrit à la hâte; **he won't try that again in a ~!** *inf Br* il ne ressaiera pas de sitôt!, il n'est pas près de ressayer! -**2.** [eagerness] empressement *m*; **he's in no ~ to see her again** il n'est pas pressé OR il n'a aucune hâte de la revoir; **a young man in a ~** *Br* un jeune homme pressé de réussir OR ambitieux.
◇ *vi* se dépêcher, se presser, se hâter; **he's ~ing to finish some work** il se dépêche OR se presse OR se hâte de finir un travail; **I must** OR **I'd better ~** il faut que je me dépêche; **you don't have to ~ over that report** vous pouvez prendre votre temps pour faire ce rapport; **he hurried into/out of the room** il est entré dans/sorti de la pièce en toute hâte OR précipitamment; **he hurried down the stairs** il a descendu l'escalier en toute hâte OR précipitamment; **don't ~ back, I'll take care of everything** ne te presse pas de revenir, je me chargerai de tout; **he hurried (over) to the bank** il s'est précipité à la banque, il s'est rendu à la banque en toute hâte; **~! it's already started** dépêche-toi! c'est déjà commencé.
◇ *vt* -**1.** [chivvy along] faire se dépêcher, presser, bousculer; **don't ~ him** ne le bouscule pas; **he was hurried into making a choice** on l'a pressé de faire un choix; **she won't be hurried, you can't ~ her** vous ne la ferez pas se dépêcher; **they hurried him through customs** ils lui ont fait passer la douane à la hâte. -**2.** [preparations, work] activer, presser, hâter; **this decision can't be hurried** cette décision exige d'être prise sans hâte. -**3.** [transport hastily] emmener d'urgence; **aid was hurried to the stricken town** des secours ont été envoyés d'urgence à la ville sinistrée.
◆ **hurry along** ◇ *vi insep* marcher d'un pas pressé; **~ along now!** pressons, pressons!; **we'd better be ~ing along** on ferait mieux de se presser.
◇ *vt sep* [person] faire presser le pas à, faire se dépêcher OR s'activer; [work] activer, accélérer; **he wants the investigation hurried along** il veut faire accélérer OR faire avancer plus rapidement l'enquête.
◆ **hurry on** *vi insep* se dépêcher, continuer à la hâte OR en hâte; **he hurried on to the next shelter** il s'est pressé de gagner l'abri suivant; **can we ~ on to the next item on the agenda?** peut-on vite passer OR passer sans tarder à la prochaine question inscrite à l'ordre du jour?
◆ **hurry up** ◇ *vi insep* se dépêcher, se presser; **~ up!** dépêchez-vous!
◇ *vt sep* [person] faire se dépêcher; [production, work] activer, pousser.

hurt [hɜːt] (*pt* & *pp* **hurt**) ◇ *vt* -**1.** [cause physical pain to] faire mal à; **to ~ o.s.** se faire mal; **mind you don't ~ yourself** faites attention de ne pas vous faire mal OR vous blesser; **I ~ my elbow on the door** je me suis fait mal au coude contre la porte; **is your back ~ing you today?** est-ce que tu as mal au dos aujourd'hui?; **where does it ~ you?** où est-ce que vous avez mal?, où cela vous fait-il mal?; **it hardly ~s (me) at all!** ça ne me fait presque pas mal!; **the fall didn't ~ him** il ne s'est pas fait mal en tombant. -**2.** [injure] blesser; **two people were ~ in the crash** deux personnes ont été blessées dans la collision; **no one was ~ in the accident** personne n'a été blessé dans l'accident; **do as I say and no one gets ~!** *inf* faites ce que je dis et il n'y aura pas de casse! ❑ **he wouldn't ~ a fly** il ne ferait pas de mal à une mouche. -**3.** [upset] blesser, faire de la peine à; **he was very ~ by your criticism** il a été très blessé par vos critiques; **it ~ her pride to have to ask him for money** ça la blessait dans son amour-propre d'avoir à lui demander de l'argent; **to ~ sb's feelings** blesser OR froisser qqn; **what ~ me most was his silence on the subject** ce qui me faisait le plus mal c'était son silence à ce propos. -**4.** [disadvantage] nuire à; **the new tax will ~ the middle classes most** ce sont les classes moyennes qui seront les plus touchées par le nouvel impôt; **it won't ~ you to miss the next meeting** cela ne vous nuira pas de manquer la prochaine réunion; **a bit of fresh air won't ~ him** un peu d'air frais OR de grand air ne lui fera pas de mal. -**5.** [damage - crops, machine] abîmer, endommager; [- eyesight] abîmer.
◇ *vi* faire mal; **my head ~s** ma tête me fait mal; **where does it ~?** où est-ce que vous avez mal?; **a holiday certainly wouldn't ~** ça ne ferait certainement pas de mal de prendre des vacances; **he's ~ing** *Am* il a mal; **nothing ~s like the truth** il n'y a que la vérité qui blesse.
◇ *n* -**1.** [physical pain] mal *m*; [wound] blessure *f*. -**2.** [mental pain] peine *f*; **he wanted to make up for the ~ he had caused them** il voulait réparer la peine qu'il leur avait faite. -**3.** [damage] tort *m*.
◇ *adj* -**1.** [physically] blessé; **he's more frightened than ~** il a eu plus de peur que de mal; **several people were seriously/slightly ~** plusieurs personnes ont été sérieusement/légèrement blessées. -**2.** [offended] froissé, blessé; **I'm deeply ~ that you didn't tell me first** que vous ne me l'ayez pas dit en premier m'a profondément blessé; **a ~ expression** un regard meurtri OR blessé; **don't feel ~** ne le prends pas mal; **he's feeling a bit ~ about it all** il se sent quelque peu peiné par tout ça. -**3.** *Am* [damaged]: **~ books** livres endommagés.

hurtful [ˈhɜːtfʊl] *adj* [event] préjudiciable, nuisible; [memory] pénible; [remark] blessant, offensant; **they ended up saying ~ things to each other** ils ont fini par se dire des méchancetés; **what a ~ thing to say!** comme c'est méchant OR cruel de dire cela!

hurtle [ˈhɜːtl] *vi*: **to ~ along** avancer à toute vitesse OR allure; **the cars ~d round the track** les voitures tournaient autour de la piste à toute allure; **he went hurtling down the stairs** il dévala les escaliers; **the motorbike came hurtling towards him** la moto fonça sur lui à toute vitesse; **a rock ~d through the air** une pierre a fendu l'air.

husband [ˈhʌzbənd] ◇ *n* mari *m*, époux *m*; **are they ~ and wife?** sont-ils mari et femme?; **they lived (together) as ~ and wife** ils vivaient maritalement OR comme mari et femme.
◇ *vt* [resources, strength] ménager, économiser.

husbandry [ˈhʌzbəndrɪ] *n* -**1.** AGR agriculture *f*; [as science] agronomie *f*; **animal ~** élevage *m*. -**2.** *fml* [thrift] économie *f*; **good ~** bonne gestion *f*.

hush [hʌʃ] ◇ *n* silence *m*, calme *m*; **a ~ fell over the room** un silence s'est installé OR s'est fait dans la salle; **in the ~ of the early morning** dans le silence du petit matin.
◇ *interj*: **~!** [gen] silence!; [stop talking] chut!
◇ *vt* -**1.** [silence] faire taire; **she ~ed the murmurs/the crowd with a gesture** elle a fait taire les murmures/la foule d'un geste. -**2.** [appease] apaiser, calmer.
◇ *vi* se taire.
◆ **hush up** *vt sep* -**1.** [affair] étouffer; [witness] faire taire, empêcher de parler. -**2.** [noisy person] faire taire.

hushed [hʌʃt] *adj* [whisper, voice] étouffé; [silence] profond, grand; **to speak in ~ tones** parler à voix basse.

hush-hush *inf adj* secret, archi-secret; **it's all very ~** tout cela c'est archi-secret OR top secret.

hush money *inf n* (U) pot-de-vin *m (pour acheter le silence)*; **to pay sb ~** acheter le silence de qqn.

husk [hʌsk] ◇ *n* [of wheat, oats] balle *f*; [of corn, rice] enveloppe *f*; [of nut] écale *f*.
◇ *vt* [oats, barley] monder; [corn] éplucher; [rice] décortiquer; [wheat] vanner; [nuts] écaler.

huskily [ˈhʌskɪlɪ] *adv* [speak] d'une voix rauque; [sing] d'une voix voilée.

huskiness [ˈhʌskɪnɪs] *n* enrouement *m*.

husky [ˈhʌskɪ] (*compar* **huskier**, *superl* **huskiest**, *pl* **huskies**) ◇ *adj* -**1.** [of voice - hoarse] rauque, enroué; [- breathy] voilé; **his voice was ~ with emotion** il avait la voix voilée par l'émotion. -**2.** *inf* [burly] costaud.
◇ *n* [dog] chien *m* esquimau OR de traîneau.

hussar [hʊˈzɑːʳ] *n* hussard *m*.

hussy [ˈhʌsɪ] (*pl* **hussies**) *n arch* OR *hum* [shameless woman] garce *f*, gourgandine *f dated*; **you shameless** OR **brazen ~!** espèce de garce!

hustings [ˈhʌstɪŋz] *npl Br* -**1.** [campaign] campagne *f* électorale; **to go/to be out on the ~** partir/être en campagne électorale. -**2.** [occasion for speeches] ≃ débat *m* public *(pendant la campagne électorale)*; **at the ~** au cours du débat public.

hustle [ˈhʌsl] ◇ *vt* -**1.** [cause to move - quickly] presser; [- roughly] bousculer, pousser; **to ~ sb in/out** faire entrer/sortir qqn énergiquement; **they ~d him into an alley** ils l'ont poussé dans une ruelle; **he ~d us into the president's office** il nous a pressés d'entrer chez le président; **after that, I was ~d off to boarding school** après cela, j'ai été expédié au pensionnat; **the doctor was ~d through the crowd** on a frayé un chemin au médecin dans la foule; **he was ~d away** OR **off by two men** il a été emmené de force par deux hommes. -**2.** *inf* [obtain - resourcefully] faire tout pour avoir; [- underhandedly] magouiller pour avoir; **he's been hustling jobs since he was 16** il s'est décarcassé OR bagarré pour trouver des boulots depuis l'âge de 16 ans; **they ~d that building permit** ils ont magouillé pour obtenir ce permis de construire. -**3.** *inf Am* [swindle] rouler, arnaquer; **he ~d me out of $100** il m'a roulé OR arnaqué de 100 dollars; **he ~d the old lady for her savings** il a arnaqué la vieille dame de ses économies‖ [pressure]: **to ~ sb into doing sthg** forcer la main à qqn pour qu'il fasse qqch. -**4.** *inf Am* [steal] piquer. -**5.** ▽ *Am* [subj: prostitute] racoler; **she ~s the bars** elle racole dans les bars.
◇ *vi* -**1.** *Br* [shove] bousculer; **don't ~ in the back!** ne bousculez pas derrière! -**2.** = **hurry**. -**3.** *inf Am* [work hard] se bagarrer (pour réussir); **they want that market and they're ready to ~ for it** ils veulent ce marché et ils sont prêts à tout (faire) OR à se bagarrer pour l'avoir. -**4.** ▽ *Am* [engage in suspect activity] monter des coups, trafiquer; [politically] magouiller; **so he's hustling in Washington now?** alors il magouille à Washington maintenant? -**5.** ▽ *Am* [prostitute] faire le tapin, tapiner.
◇ *n* -**1.** [crush] bousculade *f*. -**2.** [bustle] grande activité *f*; **the ~ and bustle of the big city** le tourbillon d'activité des grandes villes. -**3.** ▽ *Am* [swindle] arnaque *f*.
◆ **hustle through** *inf vt sep* [deal rapidly with] expédier; **they ~d the legislation through in a single day** ils ont expédié le vote de la loi en une seule journée.
◆ **hustle up** *inf Am* ◇ *vt sep* [prepare quickly] préparer en cinq sec.
◇ *vi insep* & *vt sep* = **hurry up**.

hustler *inf* [ˈhʌsləʳ] *n* -**1.** [dynamic person] type *m* dynamique, débrouillard *m*, -e *f*, magouilleur *m*, -euse *f*. -**2.** [swindler] arnaqueur *m*, -euse *f*. -**3.** ▽ *Am* [prostitute] belle *f* de nuit OR de jour.

hut [hʌt] *n* [primitive dwelling] hutte *f*; [shed] cabane *f*, baraque *f*; [alpine] refuge *m*, chalet-refuge *m*; MIL baraquement *m*.

hutch [hʌtʃ] *n* -**1.** [cage] cage *f*; rabbit ~ *literal* & *fig* clapier *m*. -**2.** [chest] coffre *m*. -**3.** TECH [kneading trough] pétrin *m*, huche *f*. -**4.** MIN [wagon] wagonnet *m*, benne *f* (roulante).
hutment ['hʌtmənt] *n* MIL baraquements *mpl*.
hyacinth ['haɪəsɪnθ] *n* -**1.** BOT jacinthe *f*; wild ~ jacinthe sauvage OR des bois, endymion *m*. -**2.** [gem] hyacinthe *f*. -**3.** [colour] bleu jacinthe *inv*, bleu violet *inv*.
Hyades ['haɪədiːz] *pl pr n*: the ~ les Hyades.
hyaena [haɪ'iːnə] = **hyena**.
hybrid ['haɪbrɪd] ◇ *n* hybride *m*.
◇ *adj* hybride.
hybrid bill *n Br* POL *loi dont certaines dispositions sont d'application générale et d'autres d'application restreinte.*
hybridize, -ise ['haɪbrɪdaɪz] ◇ *vt* hybrider.
◇ *vi* s'hybrider.
hydra ['haɪdrə] (*pl* **hydras** OR **hydrae** [-driː]) *n fig* & ZOOL hydre *f*.
◆ **Hydra** *pr n* MYTH Hydre *f* (de Lerne).
hydra-headed *adj* à tête d'hydre.
hydrangea [haɪ'dreɪndʒə] *n* hortensia *m*.
hydrant ['haɪdrənt] *n* prise *f* d'eau; (fire) ~ bouche *f* d'incendie.
hydrate ['haɪdreɪt] ◇ *n* hydrate *m*.
◇ *vt* hydrater.
◇ *vi* s'hydrater.
hydration [haɪ'dreɪʃn] *n* hydratation *f*.
hydraulic [haɪ'drɔːlɪk] *adj* hydraulique; ~ engineer ingénieur *m* hydraulicien, hydraulicien *m*, -enne *f*.
hydraulic brake *n* frein *m* hydraulique.
hydraulic press *n* presse *f* hydraulique.
hydraulics [haɪ'drɔːlɪks] *n (U)* hydraulique *f*.
hydraulic suspension *n* suspension *f* hydraulique.
hydro ['haɪdrəʊ] ◇ *n* -**1.** *Br* [spa] établissement *m* thermal *(hôtel)*. -**2.** *Can* [power] énergie *f* hydro-électrique; [plant] centrale *f* hydro-électrique.
◇ *adj* hydro-électrique; my ~ bill has gone up *Can* ma facture d'électricité a augmenté.
hydrocarbon [ˌhaɪdrə'kɑːbən] *n* hydrocarbure *m*.
hydrocephalic [ˌhaɪdrəsɪ'fælɪk] *adj* hydrocéphale.
hydrochloric [ˌhaɪdrə'klɒrɪk] *adj* chlorhydrique.
hydrochloride [ˌhaɪdrə'klɔːraɪd] *n* chlorhydrate *m*.
hydrocortisone [ˌhaɪdrə'kɔːtɪzəʊn] *n* hydrocortisone *f*.
hydrodynamics [ˌhaɪdrədaɪ'næmɪks] *n (U)* hydrodynamique *f*.
hydroelectric [ˌhaɪdrəɪ'lektrɪk] *adj* hydroélectrique; ~ power énergie *f* hydro-électrique.
hydroelectricity [ˌhaɪdrəɪlek'trɪsətɪ] *n* hydroélectricité *f*.
hydrofoil ['haɪdrəfɔɪl] *n* hydrofoil *m*, hydroptère *m*.
hydrogen ['haɪdrədʒən] *n* hydrogène *m*.
hydrogenate [haɪ'drɒdʒɪneɪt], **hydrogenize, -ise** [haɪ'drɒdʒənaɪz] ◇ *vt* hydrogéner.
◇ *vi* s'hydrogéner.
hydrogen bomb *n* bombe *f* à hydrogène.
hydrogen bond *n* liaison *f* hydrogène.
hydrogen peroxide *n* eau *f* oxygénée.
hydrogen sulphide *n* acide *m* sulfhydrique, hydrogène *m* sulfuré.
hydrography [haɪ'drɒgrəfɪ] *n* hydrographie *f*.
hydrologist [haɪ'drɒlədʒɪst] *n* hydrologiste *mf*, hydrologue *mf*.
hydrology [haɪ'drɒlədʒɪ] *n* hydrologie *f*.
hydrolysis [haɪ'drɒlɪsɪs] *n* hydrolyse *f*.
hydrometer [haɪ'drɒmɪtə^r] *n* hydromètre *m*.
hydrometry [haɪ'drɒmɪtrɪ] *n* hydrométrie *f*.
hydropathic [ˌhaɪdrə'pæθɪk] *adj* hydrothérapique.
hydropathy [haɪ'drɒpəθɪ] *n* hydropathie *f*.
hydrophobia [ˌhaɪdrə'fəʊbjə] *n* hydrophobie *f*.
hydroplane ['haɪdrəpleɪn] ◇ *n* -**1.** [boat] hydroglisseur *m*. -**2.** [seaplane] hydravion *m*. -**3.** [pontoon] flotteur *m (d'un hydravion)*. -**4.** [on submarine] stabilisateur *m* d'assiette *(d'un sous-marin)*.
◇ *vi* se dresser comme un hydroglisseur.
hydroponics [ˌhaɪdrə'pɒnɪks] *n (U)* culture *f* hydroponique.
hydrosphere ['haɪdrəˌsfɪə^r] *n* hydrosphère *f*.
hydrostatics [ˌhaɪdrə'stætɪks] *n (U)* hydrostatique *f*.
hydrotherapy [ˌhaɪdrə'θerəpɪ] *n* hydrothérapie *f*.
hydrous ['haɪdrəs] *adj* CHEM hydraté; [gen - containing water] aqueux.
hydroxide [haɪ'drɒksaɪd] *n* hydroxyde *m*.
hyena [haɪ'iːnə] *n* hyène *f*.
hygiene ['haɪdʒiːn] *n* hygiène *f*; personal ~ hygiène personnelle OR corporelle.
hygienic [haɪ'dʒiːnɪk] *adj* hygiénique.
hygienically [haɪ'dʒiːnɪklɪ] *adv* de façon hygiénique.
hygienics [haɪ'dʒiːnɪks] *n (U)* hygiène *f*.
hygienist [haɪ'dʒiːnɪst] *n* hygiéniste *mf*; (dental) ~ ≃ assistant *m* OR assistante *f* dentaire *(qui s'occupe du détartrage etc)*.
hygrograph ['haɪgrəgrɑːf] *n* hygromètre *m* enregistreur.
hygrometer [haɪ'grɒmɪtə^r] *n* hygromètre *m*.
hygrometry [haɪ'grɒmɪtrɪ] *n* hygrométrie *f*.
hymen ['haɪmen] *n* ANAT hymen *m*.
◆ **Hymen** *pr n* Hymen.
hymn [hɪm] ◇ *n* -**1.** RELIG hymne *f*, cantique *m*. -**2.** [gen - song of praise] hymne *m*; a ~ to nature un hymne à la nature.
◇ *vt lit* chanter un hymne à la gloire de.
hymnal ['hɪmnəl], **hymn book** *n* livre *m* de cantiques.
hype [haɪp] ◇ *n* -**1.** *inf (U)* [publicity] battage *m* publicitaire; the film got a lot of ~ il y a eu une publicité monstre autour de ce film; it's all ~ ce n'est que du bla-bla; I was put off by all the ~ toute cette pub me dégoûtait. -**2.** *inf Am* [put-on] baratin *m*; don't give me any ~ ne me baratine pas, ne me fais pas d'esbroufe. -**3.** ▽ *Am* [hypodermic] shooteuse *f*. -**4.** ▽ *Am* [addict] camé *m*, -e *f*.
◇ *vt inf* -**1.** [falsify] baratiner. -**2.** [publicize] monter un gros coup de pub autour de; her latest novel has been heavily ~d son dernier roman a été lancé à grand renfort de publicité.
hyped up *inf* [haɪpt-] *adj* speed *(inv)*, speedé.
hyper *inf* ['haɪpə^r] *adj* -**1.** = **hyperactive**. -**2.** [angry] furax *(inv)*; he got OR went really ~ about it ça l'a mis dans une colère noire.
hyperacidity [ˌhaɪpərə'sɪdətɪ] *n* hyperacidité *f*.
hyperactive [ˌhaɪpər'æktɪv] *adj* hyperactif.
hyperactivity [ˌhaɪpəræk'tɪvətɪ] *n* hyperactivité *f*.
hyperaemia *Br*, **hyperemia** *Am* [ˌhaɪpər'iːmɪə] hyperémie *f*.
hyperbola [haɪ'pɜːbələ] *n* MATH hyperbole *f*.
hyperbole [haɪ'pɜːbəlɪ] *n* hyperbole *f*.
hyperbolic(al) [ˌhaɪpə'bɒlɪk(l)] *adj* hyperbolique.
hyperboloid [haɪ'pɜːbəlɔɪd] *n* hyperboloïde *m*.
hypercharge ['haɪpətʃɑːdʒ] *n* hypercharge *f*.
hyperconscious *inf* [ˌhaɪpə'kɒnʃəs] *adj Am* [aware] hyperconscient; [sensitive] hypersensible.
hypercritical [ˌhaɪpə'krɪtɪkl] *adj* hypercritique.
hyperglycaemia *Br*, **hyperglycemia** *Am* [ˌhaɪpəglaɪ'siːmɪə] *n* hyperglycémie *f*.
hypergolic [ˌhaɪpə'gɒlɪk] *adj* hypergolique.
hyperinflation [ˌhaɪpərɪn'fleɪʃn] *n* hyperinflation *f*.
Hyperion [haɪ'pɪərɪən] *pr n* Hypérion.
hypermarket [ˌhaɪpə'mɑːkɪt] *n Br* hypermarché *m*.
hypermetropia [ˌhaɪpəme'trəʊpɪə], **hypermetropy** [ˌhaɪpə'metrəpɪ] *n* hypermétropie *f*.
hyperon ['haɪpərɒn] *n* hypéron *m*.
hyperrealism [ˌhaɪpə'rɪəlɪzm] *n* hyperréalisme *m*.
hyperrealist [ˌhaɪpə'rɪəlɪst] ◇ *n* hyperréaliste *mf*.
◇ *adj* hyperréaliste.
hypersensitive [ˌhaɪpə'sensɪtɪv] *adj* hypersensible.
hypersensitivity ['haɪpəˌsensɪ'tɪvətɪ] *n* hypersensibilité *f*.
hypersonic [ˌhaɪpə'sɒnɪk] *adj* hypersonique.
hyperspace ['haɪpəspeɪs] *n* hyperespace *m*.
hypertension [ˌhaɪpə'tenʃn] *n* hypertension *f*.
hypertext ['haɪpətekst] *n* COMPUT hypertexte *m*.
hyperthyroid [ˌhaɪpə'θaɪrɔɪd] *adj* hyperthyroïdien.
hypertrophy [haɪ'pɜːtrəfɪ] (*pl* **hypertrophies**) ◇ *n* hypertrophie *f*.
◇ *vt* hypertrophier.
◇ *vi* s'hypertrophier.
hyperventilate [ˌhaɪpə'ventɪleɪt] *vi* faire de l'hyperventilation OR de l'hyperpnée.
hyperventilation ['haɪpəˌventɪ'leɪʃn] *n* hyperventilation *f*, hyperpnée *f*.
hyphen ['haɪfn] ◇ *n* trait *m* d'union.
◇ *vt* = **hyphenate**.
hyphenate ['haɪfəneɪt] *vt* mettre un trait d'union à; a ~ed word un mot à trait d'union.
hypnosis [hɪp'nəʊsɪs] *n* hypnose *f*; to be under ~ être en état hypnotique OR d'hypnose; to put sb under ~ mettre qqn sous hypnose.
hypnotherapy [ˌhɪpnəʊ'θerəpɪ] *n* hypnothérapie *f*.
hypnotic [hɪp'nɒtɪk] ◇ *adj* hypnotique.
◇ *n* [drug] hypnotique *m*; [person] hypnotique *mf*.
hypnotism ['hɪpnətɪzm] *n* hypnotisme *m*.
hypnotist ['hɪpnətɪst] *n* hypnotiseur *m*, -euse *f*.
hypnotize, -ise ['hɪpnətaɪz] *vt* hypnotiser.
hypoallergenic ['haɪpəˌælə'dʒenɪk] *adj* hypoallergique.
hypocentre *Br*, **hypocenter** *Am* ['haɪpəʊˌsentə^r] *n* -**1.** [of earthquake] hypocentre *m*. -**2.** NUCL *point de la surface terrestre à la verticale d'une explosion atomique atmosphérique.*
hypochondria [ˌhaɪpə'kɒndrɪə] *n* hypocondrie *f*.
hypochondriac [ˌhaɪpə'kɒndrɪæk] ◇ *adj* hypocondriaque.
◇ *n* hypocondriaque *mf*, malade *mf* imaginaire; she's such a ~ c'est une véritable malade imaginaire.
hypocoristic [ˌhaɪpəkɔː'rɪstɪk] *adj* LING hypocoristique.
hypocrisy [hɪ'pɒkrəsɪ] (*pl* **hypocrisies**) *n* hypocrisie *f*.
hypocrite ['hɪpəkrɪt] *n* hypocrite *mf*.
hypocritical [ˌhɪpə'krɪtɪkl] *adj* hypocrite; a ~ remark une remarque hypocrite; it would be ~ of me to get married in church ce serait hypocrite de ma part de me marier à l'église.
hypocritically [ˌhɪpə'krɪtɪklɪ] *adv* hypocritement.
hypodermic [ˌhaɪpə'dɜːmɪk] ◇ *adj* hypodermique; ~ needle aiguille *f* hypodermique; ~ syringe seringue *f* hypodermique.
◇ *n* -**1.** [syringe] seringue *f* hypodermique. -**2.** [injection] injection *f* hypodermique.
hypoglycaemia *Br*, **hypoglycemia** *Am* [ˌhaɪpəʊglaɪ'siːmɪə] *n* hypoglycémie *f*.
hypoglycaemic *Br*, **hypoglycemic** *Am* [ˌhaɪpəʊglaɪ'siːmɪk] *adj* hypoglycémiant.
hypostasis [haɪ'pɒstəsɪs] (*pl* **hypostases** [-siːz]) *n* MED, PHILOS & RELIG hypostase *f*.
hypotension [ˌhaɪpəʊ'tenʃn] *n* hypotension *f*.
hypotenuse [haɪ'pɒtənjuːz] *n* hypoténuse *f*.
hypothalamus [ˌhaɪpəʊ'θæləməs] *n* hypothalamus *m*.

hypothermia [ˌhaɪpəʊˈθɜːmɪə] *n* hypothermie *f*.

hypothesis [haɪˈpɒθɪsɪs] (*pl* **hypotheses** [-siːz]) *n* hypothèse *f*; **according to your ~** selon OR suivant votre hypothèse; **to put forward** OR **to advance a ~** émettre OR énoncer une hypothèse; **this confirms my ~ that...** cela confirme mon hypothèse selon OR d'après laquelle...

hypothesize, -ise [haɪˈpɒθɪsaɪz] ◇ *vt* supposer; **let's ~ the following** faisons les hypothèses suivantes; **he ~d that she was not in fact the killer** il a formulé l'hypothèse selon laquelle ce ne serait pas elle l'assassin.
◇ *vi* faire des hypothèses OR des suppositions.

hypothetical [ˌhaɪpəˈθetɪkl] *adj* hypothétique; **it's purely ~** c'est purement hypothétique.

hypothetically [ˌhaɪpəˈθetɪklɪ] *adv* hypothétiquement.

hypothyroid [ˌhaɪpəʊˈθaɪrɔɪd] *adj* hypothyroïdien.

hypsography [hɪpˈsɒgrəfɪ] (*pl* **hypsographies**) *n* -**1.** [science of mapping] hypsométrie *f*, hypsographie *f*. -**2.** [relief - of a region] hypsométrie *f*. -**3.** [representation] carte *f* hypsographique.

hypsometer [hɪpˈsɒmɪtəʳ] *n* GEOG hypsomètre *m*.

hypsometry [hɪpˈsɒmɪtrɪ] *n* hypsométrie *f*.

hysterectomy [ˌhɪstəˈrektəmɪ] (*pl* **hysterectomies**) *n* hystérectomie *f*.

hysteresis [ˌhɪstəˈriːsɪs] *n* hystérésis *f*.

hysteria [hɪsˈtɪərɪə] *n* -**1.** PSYCH hystérie *f*. -**2.** [hysterical behaviour] crise *f* de nerfs; **his voice betrayed his mounting ~** sa voix trahissait la montée d'une crise de nerfs; **an atmosphere of barely controlled ~ reigned in the office** une atmosphère de folie à peine contenue régnait dans le bureau; **the crowd was on the edge** OR **verge of ~** *fig* la foule était au bord de l'hystérie; **a country in the grip of war ~** un pays en proie à une hystérie guerrière; **mass ~** hystérie collective.

hysteric [hɪsˈterɪk] *n* PSYCH hystérique *mf*.

hysterical [hɪsˈterɪk(l)] *adj* -**1.** PSYCH hystérique. -**2.** [sobs, voice] hystérique; [laugh] hystérique, nerveux; **~ passengers fought to reach the emergency exits** des passagers hystériques se battaient pour atteindre la sortie de secours; **he's the ~ type** c'est un grand nerveux; **he was ~ with grief** il était fou de chagrin. -**3.** [overexcited]: **it's nothing to get ~ about!** ce n'est pas la peine de faire une crise (de nerfs)! -**4.** *inf* [very funny] tordant, hilarant.

hysterically [hɪsˈterɪklɪ] *adv* hystériquement; **it was ~ funny!** c'était super drôle!

hysterics [hɪsˈterɪks] *npl* -**1.** = **hysteria 1**. -**2.** [fit] (violente) crise *f* de nerfs; **to go into** OR **to have ~** avoir une (violente) crise de nerfs. -**3.** *inf* [laughter] crise *f* de rire; **to go into** OR **to have ~** attraper un OR avoir le fou rire; **we were in ~ about** OR **over it** on était pliés en deux de rire; **he had me in ~** il m'a fait mourir de rire.

Hz (*written abbr of* **hertz**) Hz.

I

i (*pl* i's OR is), **I** (*pl* I's OR Is) [aɪ] *n* [letter] i *m*, I *m*; I as in Ivor ≃ I comme Irma.

I [aɪ] *pron* [gen] je, j' (*before vowel or mute 'h'*); [emphatic] moi; I like skiing j'aime skier; Ann and I have known each other for years Ann et moi nous connaissons depuis des années; I found it, not you c'est moi qui l'ai trouvé, pas vous; it is I who should be apologizing *fml* c'est moi qui devrais m'excuser.

I. *written abbr of* island.

IA *written abbr of* Iowa.

IAEA (*abbr of* International Atomic Energy Agency) *pr n* AIEA *f.*

iambic [aɪ'æmbɪk] *adj* iambique; ~ pentameter pentamètre *m* iambique.

IATA [aɪ'ɑːtə] (*abbr of* International Air Transport Association) *pr n* IATA *f.*

iatrogenic [aɪ,ætrəʊ'dʒenɪk] *adj* iatrogène, iatrogénique.

IBA (*abbr of* Independent Broadcasting Authority) *pr n* *organisme d'agrément et de coordination des stations de radio et chaînes de télévision du secteur privé en Grande-Bretagne.*

I beam *n* CONSTR fer *m* en I OR en double T.

Iberia [aɪ'bɪərɪə] *pr n* Ibérie *f*; in ~ en Ibérie.

Iberian [aɪ'bɪərɪən] ⋄ *n* -**1.** [person] Ibère *mf.* -**2.** LING ibère *m*.
⋄ *adj* ibérique.

Iberian Peninsula *pr n*: the ~ la péninsule Ibérique.

IBEW (*abbr of* International Brotherhood of Electrical Workers) *pr n* *syndicat international d'électriciens.*

ibex ['aɪbeks] (*pl inv* OR ibexes) *n* bouquetin *m*.

ibis ['aɪbɪs] (*pl* ibis OR ibises) *n* ibis *m*.

Ibiza [ɪ'biːθə] *pr n* Ibiza; in ~ à Ibiza.

i/c *written abbr of* in charge.

IC (*abbr of* integrated circuit) *n* CI *m*.

ICA (*abbr of* Institute of Contemporary Arts) *pr n* *centre d'art moderne à Londres.*

Icarus ['ɪkərəs] *pr n* Icare.

ICBM (*abbr of* intercontinental ballistic missile) *n* ICBM *m*.

ICC *pr n* -**1.** (*abbr of* International Chamber of Commerce) CCI *f.* -**2.** (*abbr of* Interstate Commerce Commission) *commission fédérale américaine réglementant le commerce entre les États.*

ice [aɪs] ⋄ *n* -**1.** *(U)* [frozen water] glace *f*; [ice cube] glaçon *m*, glaçons *mpl*; her feet were like ~ elle avait les pieds gelés ❑ to put sthg on ~: the reforms have been put on ~ les réformes ont été gelées; to walk OR to be on thin ~ avancer en terrain miné. -**2.** [on road] verglas *m*. -**3.** [in ice rink] glace *f*; come out onto the ~ venez patiner OR sur la piste. -**4.** [ice-cream] glace *f*. -**5.** ▽ *(U) Am* [diamonds] diams *mpl*, cailloux *mpl*.
⋄ *vt* -**1.** [chill - drink] rafraîchir; [- with ice cubes] mettre des glaçons dans. -**2.** [cake] glacer. -**3.** ▽ *Am* [kill] liquider.
⋄ *vi* (se) givrer.
◆ **ice over** ⋄ *vi insep* [lake, river etc] geler; [window, propellers] (se) givrer.
⋄ *vt sep*: to be ~d over [lake, river etc] être gelé; [window, propellers] être givré.
◆ **ice up** ⋄ *vi insep* -**1.** [lock, windscreen, propellers] (se) givrer, se couvrir de givre. -**2.** [road] se couvrir de verglas.
⋄ *vt sep*: to be ~d up [lock, windscreen, propellers] être givré; [road] être verglacé.

ice age *n* période *f* glaciaire.
◆ **ice-age** *adj* (datant) de la période glaciaire.

ice axe *n* piolet *m*.

ice bag *n* sac *m* à glaçons.

iceberg ['aɪsbɜːg] *n* -**1.** iceberg *m*. -**2.** *inf* [cold person] glaçon *m*.

iceberg lettuce *n* *salade aux feuilles serrées et croquantes très répandue en Grande-Bretagne.*

ice blue ⋄ *n* bleu métallique *m*.
⋄ *adj* bleu métallique *(inv)*.

iceboat ['aɪsbəʊt] *n* -**1.** [ice yacht] char *m* à voile (sur patins). -**2.** [icebreaker] brise-glace *m inv*.

icebound ['aɪsbaʊnd] *adj* bloqué par les glaces.

icebox ['aɪsbɒks] *n* -**1.** *Br* [freezer compartment] freezer *m*. -**2.** *Am dated* [refrigerator] réfrigérateur *m*, frigo *m*. -**3.** [coolbox] glacière *f*. -**4.** *fig* glacière *f*; their house is like an ~ c'est une vraie glacière OR on gèle chez eux.

icebreaker ['aɪs,breɪkəʳ] *n* -**1.** [vessel] brise-glace *m inv*. -**2.** [at party] façon *f* de briser la glace.

ice bucket *n* seau *m* à glace.

ice cap *n* calotte *f* glacière.

ice-cold *adj* [hands, drink] glacé; [house, manners] glacial.

ice cream *n* glace *f*; chocolate/strawberry ~ glace au chocolat/à la fraise.

ice-cream cone, ice-cream cornet *n* cornet *m* de glace.

ice-cream parlour *n* salon *m* de dégustation de glaces.

ice-cream soda *n* soda *m* avec de la glace.

ice-cream van *n* camionnette *f* de vendeur de glaces.

icecube ['aɪskjuːb] *n* glaçon *m*.

iced [aɪst] *adj* -**1.** [chilled - drink] glacé. -**2.** [decorated - cake, biscuit] glacé.

ice dancing *n* danse *f* sur glace.

icefield ['aɪsfiːld] *n* champ *m* de glace, icefield *m*.

ice floe *n* glace *f* flottante.

ice hockey *n* hockey *m* sur glace.

icehouse ['aɪshaʊs, *pl* -haʊzɪz] *n* glacière *f* *(local)*.

Iceland ['aɪslənd] *pr n* Islande *f*; in ~ en Islande.

Icelander ['aɪsləndəʳ] *n* Islandais *m*, -e *f*.

Icelandic [aɪs'lændɪk] ⋄ *n* islandais *m*.
⋄ *adj* islandais.

ice lolly (*pl* ice lollies) *n* *Br* ≃ sucette *f* glacée.

ice machine *n* machine *f* à glace.

iceman ['aɪsmæn] (*pl* icemen [-men]) *n* *Am* livreur *m* de glace à domicile.

ice pack *n* -**1.** [pack ice] banquise *f*. -**2.** [ice bag] sac *m* à glaçons; MED poche *f* à glace.

ice pick *n* pic *m* à glace.

ice point *n* point *m* de congélation.

ice rink *n* patinoire *f*.

ice sheet *n* nappe *f* de glace.

ice show *n* spectacle *m* sur glace.

ice skate *n* patin *m* (à glace).
◆ **ice-skate** *vi* patiner; [professionally] faire du patinage (sur glace); [for pleasure] faire du patin (à glace).

ice-skater *n* patineur *m*, -euse *f*.

ice-skating *n* patinage *m* (sur glace); to go ~ faire du patin (à glace).

ice-tray *n* bac *m* à glace OR à glaçons.

ice water *n* *Am* eau *f* glacée.

ice yacht *n* *Br* char *m* à voile (sur patins).

I Ching [,iː'tʃɪŋ] *n* Yijing *m*, Yi-king *m*.

ichthyology [,ɪkθɪ'ɒlədʒɪ] *n* ichtyologie *f*.

ichthyosaurus [,ɪkθɪə'sɔːrəs] *n* (*pl inv* OR ichthyosauri [-raɪ]) ichtyosaure *m*.

icicle ['aɪsɪkl] *n* glaçon *m* *(qui pend d'une gouttière etc)*.

icily ['aɪsɪlɪ] *adv* d'une manière glaciale; to answer ~ répondre d'un ton OR sur un ton glacial; he looked at her ~ il lui lança un regard glacial.

icing ['aɪsɪŋ] *n* -**1.** CULIN glace *f* *(de sucre)*; it's the ~ on the cake c'est la cerise sur le gâteau. -**2.** [on aeroplane - process] givrage *m*; [- ice] givre *m*.

icing sugar *n* *Br* sucre *m* glace.

ICJ (*abbr of* International Court of Justice) *pr n* CIJ *f*.

ick *inf* [ɪk] *Am* ⋄ *n* *(U)* cochonneries *fpl*.
⋄ *interj* beurk.

icky *inf* ['ɪkɪ] (*compar* ickier, *superl* ickiest) *adj* [revolting] dégueulasse.

icon ['aɪkɒn] *n* icône *f*.

iconoclasm [aɪ'kɒnəklæzm] *n* iconoclasme *m*.

iconoclast [aɪ'kɒnəklæst] *n* iconoclaste *mf*.

iconoclastic [aɪ,kɒnə'klæstɪk] *adj* iconoclaste.

iconography [,aɪkɒ'nɒgrəfɪ] *n* iconographie *f*.

ICR (*abbr of* Institute for Cancer Research) *pr n* *institut américain de recherche sur le cancer.*

ICU *n abbr of* intensive care unit.

icy ['aɪsɪ] (*compar* icier, *superl* iciest) *adj* -**1.** [weather] glacial; [hands] glacé; [ground] gelé. -**2.** [covered in ice - road] verglacé; [- window, propeller] givré, couvert de givre; RAIL [points] gelé. -**3.** *fig* [reception, stare] glacial; **his ~ manner** sa froideur.

id [ɪd] *n* PSYCH ça *m.*

I'd [aɪd] = **I had, I would.**

ID ◇ *n* *(U)* *(abbr of* **identification)** papiers *mpl;* **do you have any ~?** vous avez une pièce d'identité?
◇ *vt:* **to be** OR **to get ID'd** subir un contrôle d'identité.
◇ *written abbr of* **Idaho.**

Idaho ['aɪdəhəʊ] *pr n* Idaho *m;* **in ~** dans l'Idaho.

ID card *n* carte *f* d'identité.

IDD *(abbr of* **international direct dialling)** *n* indicatif *m* du pays.

idea [aɪ'dɪə] *n* -**1.** [plan, suggestion, inspiration] idée *f;* **what a good ~!** quelle bonne idée!; **I've had an ~** j'ai une idée; **it wasn't MY ~!** l'idée n'était pas de moi!; **the ~ of leaving you never entered my head** l'idée de te quitter ne m'a jamais effleuré; **where did you get the ~ for your book?** d'où vous est venue l'idée de votre livre? ❑ **that's an ~!** ça, c'est une bonne idée!; **that's the ~!** c'est ça!; **what's the ~?** [showing disapproval] qu'est-ce que ça veut dire OR signifie?; **the very ~!** en voilà une idée! -**2.** [notion] idée *f;* **our ~s about the universe** notre conception de l'univers; **he has some strange ~s** il a de drôles d'idées; **I have my own ~s on the subject** j'ai mes idées personnelles sur la question; **sorry, but this is not my ~ of fun** désolé, mais je ne trouve pas ça drôle OR ça ne m'amuse pas; **don't put ~s into his head** ne va pas lui fourrer OR lui mettre des idées dans la tête; **she hasn't an ~ in her head** elle n'a pas un grain de jugeote; **it was a nice ~ to phone** c'est gentil d'avoir pensé à téléphoner; **you've no ~ how difficult it was** tu n'imagines pas à quel point c'était difficile; **you've no ~ of the conditions in which they lived** tu ne peux pas t'imaginer les conditions dans lesquelles ils vivaient; **has anyone any ~ how the accident occurred?** est-ce qu'on a une idée de la façon dont l'accident est arrivé?; **I have a rough ~ of what happened** je m'imagine assez bien ce qui est arrivé; **she had no ~ what the time was** elle n'avait aucune idée de l'heure; **I haven't the slightest** OR **foggiest ~** je n'en ai pas la moindre idée; **I've no ~ where it came from** je ne sais vraiment pas d'où ça vient; **what gave him the ~ that it would be easy?** qu'est-ce qui lui a laissé croire que ce serait facile? -**3.** [estimate] indication *f,* idée *f;* **can you give me an ~ of how much it will cost?** est-ce que vous pouvez m'indiquer à peu près combien ça va coûter? -**4.** [suspicion] soupçon *m,* idée *f;* **she had an ~ that something was going to happen** elle se doutait que quelque chose allait arriver; **I've an ~ that he'll succeed** j'ai dans l'idée qu'il finira par réussir. -**5.** [objective, intention] but *m;* **the ~ of the game** le but du jeu; **the ~ is to provide help for people in need** il s'agit d'aider ceux qui sont dans le besoin.

ideal [aɪ'dɪəl] ◇ *adj* idéal; **an ~ couple** un couple idéal; **that's ~!** c'est parfait! ❑ **the Ideal Home Exhibition** ≃ le salon de l'habitat.
◇ *n* idéal *m.*

idealism [aɪ'dɪəlɪzm] *n* idéalisme *m.*

idealist [aɪ'dɪəlɪst] ◇ *n* idéaliste *mf.*
◇ *adj* idéaliste.

idealistic [aɪ,dɪə'lɪstɪk] *adj* idéaliste.

idealize, -ise [aɪ'dɪəlaɪz] *vt* idéaliser.

ideally [aɪ'dɪəlɪ] *adv* -**1.** [perfectly] parfaitement; **they're ~ suited** c'est un couple parfaitement assorti; **the shop is ~ situated** l'emplacement du magasin est idéal. -**2.** [in a perfect world] dans l'idéal; **~, this wine should be served at room temperature** normalement, ce vin doit être servi chambré; **~, accidents like this wouldn't happen** l'idéal serait que de tels accidents ne se produisent pas; **~, I would like to work in advertising** mon rêve ce serait de travailler dans la publicité.

identical [aɪ'dentɪkl] *adj* identique; **your hairstyle is ~ to** OR **with Jean's** tu as exactement la même coiffure que Jean; **they were wearing ~ dresses** elles portaient la même robe.

identically [aɪ'dentɪklɪ] *adv* identiquement.

identical twins *npl* vrais jumeaux *mpl,* vraies jumelles *fpl.*

identifiable [aɪ'dentɪfaɪəbl] *adj* identifiable.

identification [aɪ,dentɪfɪ'keɪʃn] *n* -**1.** [gen] identification *f.* -**2.** *(U)* [identity papers] papiers *mpl;* **the police asked me for ~** la police m'a demandé mes papiers OR une pièce d'identité.

identification card *n* carte *f* d'identité.

identification papers *npl* papiers *mpl* d'identité.

identification parade *n Br* séance *f* d'identification *(au cours de laquelle on demande à un témoin de reconnaître une personne).*

identifier [aɪ'dentɪfaɪəʳ] *n* COMPUT identificateur *m,* identifieur *m.*

identify [aɪ'dentɪfaɪ] *(pt & pp* **identified)** ◇ *vt* -**1.** [recognize, name] identifier; **he was identified as one of the ringleaders** il fut identifié comme étant l'un des meneurs; **the winner has asked not to be identified** le gagnant a tenu à garder l'anonymat. -**2.** [distinguish - subj: physical feature, badge etc]: **she wore a red rose to ~ herself** elle portait une rose rouge pour se faire reconnaître OR pour qu'on la reconnaisse; **his accent immediately identified him to the others** les autres l'ont immédiatement reconnu à son accent. -**3.** [acknowledge - difficulty, issue etc] relever; **the report identifies two major problems** le rapport met en lumière deux problèmes principaux. -**4.** [associate - people, ideas etc]: **he has long been identified with right-wing groups** il y a longtemps qu'il est assimilé OR identifié aux groupuscules de droite; **she identifies herself with the activists** elle s'identifie avec les militants.
◇ *vi:* **to ~ with** s'identifier à OR avec.

Identikit® [aɪ'dentɪkɪt] *n:* **~ (picture)** portrait-robot *m.*

identity [aɪ'dentətɪ] *(pl* **identities)** ◇ *n* -**1.** [name, set of characteristics] identité *f;* **only afterwards did they reveal his ~** ce n'est qu'après qu'ils ont révélé son identité; **it was a case of mistaken ~** il y a eu erreur sur la personne. -**2.** [sense of belonging] identité *f.*
◇ *comp* [bracelet, papers] d'identité.

identity card *n* carte *f* d'identité.

identity crisis *n* crise *f* d'identité.

identity parade = **identification parade.**

ideogram ['ɪdɪəʊgræm], **ideograph** ['ɪdɪəʊgrɑːf] *n* idéogramme *m.*

ideographic [,ɪdɪəʊ'græfɪk] *adj* idéographique.

ideological [,aɪdɪə'lɒdʒɪkl] *adj* idéologique.

ideologically [,aɪdɪə'lɒdʒɪklɪ] *adv* du point de vue idéologique; **~ sound** [idea] défendable sur le plan idéologique; [person] dont les idées sont défendables sur le plan idéologique.

ideologist [,aɪdɪ'ɒlədʒɪst] *n* idéologue *mf.*

ideologue ['aɪdɪəlɒg] *n* idéologue *mf.*

ideology [,aɪdɪ'ɒlədʒɪ] *(pl* **ideologies)** *n* idéologie *f.*

ides [aɪdz] *n* ides *fpl.*

idiocy ['ɪdɪəsɪ] *n* -**1.** [stupidity] stupidité *f,* idiotie *f.* -**2.** PSYCH & *arch* [mental retardation] idiotie *f.*

idiolect ['ɪdɪəlekt] *n* idiolecte *m.*

idiom ['ɪdɪəm] *n* -**1.** [expression] locution *f,* expression *f* idiomatique. -**2.** [language] idiome *m.* -**3.** [style - of music, writing etc] style *m.*

idiomatic [,ɪdɪə'mætɪk] *adj* idiomatique; **~ expression** expression *f* idiomatique; **his Italian is fluent and ~** il parle un italien tout à fait idiomatique.

idiomatically [,ɪdɪə'mætɪklɪ] *adv* de manière idiomatique.

idiosyncrasy [,ɪdɪə'sɪŋkrəsɪ] *(pl* **idiosyncrasies)** *n* [peculiarity] particularité *f;* [foible] manie *f.*

idiosyncratic [,ɪdɪəsɪŋ'krætɪk] *adj* [style, behaviour] caractéristique.

idiot ['ɪdɪət] *n* -**1.** [fool] idiot *m,* -e *f,* imbécile *mf;* **(you) stupid ~!** espèce d'idiot!; **don't be an ~!** ne sois pas idiot!; **to behave like an ~** se comporter comme un imbécile OR un idiot; **that ~ Harry** cet imbécile de Harry ❑ **'The Idiot'** *Dostoevsky* 'l'Idiot'. -**2.** PSYCH & *arch* idiot *m,* -e *f.*

idiot board *inf n* prompteur *m,* téléprompteur *m,* télésouffleur *m.*

idiot box *inf n pej* télé *f.*

idiotic [,ɪdɪ'ɒtɪk] *adj* idiot; **he looks absolutely ~!** il a l'air complètement idiot!

idiotically [,ɪdɪ'ɒtɪklɪ] *adv* stupidement, bêtement; **he behaved ~** il s'est comporté comme un imbécile; **he smiled ~** il a souri bêtement.

idiot-proof *inf* ◇ *adj* COMPUT à l'épreuve de toute fausse manœuvre.
◇ *vt* rendre infaillible.

idle ['aɪdl] ◇ *adj* -**1.** [person - inactive] inoccupé, désœuvré; [- lazy] oisif, paresseux; **in her ~ moments** à ses moments perdus; **1,500 men have been made ~** 1 500 hommes ont été mis au chômage; **he's an ~ good-for-nothing** c'est un fainéant et un bon à rien; **the ~ rich** les riches désœuvrés OR oisifs. -**2.** [not in use - factory, equipment] arrêté, à l'arrêt; **to stand ~** [machine] être arrêté OR au repos; **to lie ~** [factory] chômer; [money] dormir, être improductif. -**3.** [futile, pointless] inutile, vain; [empty - threat, promise etc] vain, en l'air; **it would be ~ to speculate** il ne servirait à rien de se livrer à de vaines conjectures || [casual]: **an ~ glance** un regard distrait; **~ gossip** ragots *mpl;* **out of ~ curiosity** par pure curiosité; **~ pleasure** plaisir *m* futile; **an ~ rumour** une rumeur sans fondement.
◇ *vi* [engine] tourner au ralenti.
◇ *vt Am* [make unemployed - permanently] mettre au chômage; [- temporarily] mettre en chômage technique.
◆ **idle about, idle around** *vi insep Br* traîner.
◆ **idle away** *vt sep:* **to ~ away one's time** tuer le temps.

idleness ['aɪdlnɪs] *n* -**1.** [laziness] oisiveté *f,* paresse *f;* [inactivity] désœuvrement *m;* **to live in ~** vivre dans l'oisiveté, mener une vie oisive. -**2.** [futility] futilité *f.*

idler ['aɪdləʳ] *n* -**1.** [lazy person] paresseux *m,* -euse *f,* fainéant *m,* -e *f.* -**2.** TECH [pulley] poulie *f* folle; [wheel] roue *f* folle.

idling speed ['aɪdlɪŋ-] *n* ralenti *m.*

idly ['aɪdlɪ] *adv* -**1.** [lazily] paresseusement. -**2.** [casually] négligemment; **why not? she said ~** pourquoi pas? dit-elle négligemment. -**3.** [unresponsively] sans réagir; **we will not stand ~ by** nous n'allons pas rester sans réagir OR sans rien faire.

idol ['aɪdl] *n* idole *f;* **a 1970s pop ~** une idole (pop) des années 1970.

idolater [aɪ'dɒlətəʳ] *n* idolâtre *mf.*

idolatrous [aɪ'dɒlətrəs] *adj* idolâtre.

idolatry [aɪ'dɒlətrɪ] *n* idolâtrie *f.*

idolize, -ise ['aɪdəlaɪz] *vt* idolâtrer.

Idomeneus [aɪ'dɒmɪnjuːs] *pr n* Idoménée.

idyll ['ɪdɪl] *n* idylle *f.*

idyllic [ɪ'dɪlɪk] *adj* idyllique.

i.e. *adv* c'est-à-dire, à savoir.

if [ɪf] ◇ *conj* -**1.** [supposing that] si; **if he comes, we'll ask him** s'il vient, on lui demandera; **if possible** si (c'est) possible; **have it done by Tuesday, if at all possible** faites-le pour mardi si possible; **if necessary** si (c'est) nécessaire; **if so** si c'est le cas; **if all goes well, we'll be there by midnight** si tout va bien, nous y serons pour minuit; **if anyone wants me, I'm** OR **I'll be in my office** si quelqu'un veut me voir, je suis dans mon bureau; **if she hadn't introduced herself, I would never have recognized her** si elle ne s'était pas présentée, je ne l'aurais pas reconnue; **if I'd known you were coming, I'd have baked a cake** si j'avais su que tu venais, j'aurais fait un gâteau; **if you'd told me the truth, this would never have happened** si tu m'avais dit la vérité, ça ne serait jamais arrivé; **if I was older, I'd leave home** si j'étais plus âgé, je quitterais la maison; **if you could have anything you wanted, what would you ask for?** si tu pouvais avoir tout ce que tu désires, qu'est-ce que tu demanderais?; **if I were a millionaire, I'd buy a yacht** si j'étais millionnaire, j'achèterais un yacht; **would you mind if I invited Angie too?** ça te dérangerait si j'invitais aussi Angie? -**2.** [whenever] si; **if you mix blue and yellow you get green** si on mélange du bleu et du jaune, on obtient du vert; **if you ever come** OR **if ever you come to London, do visit us** si jamais tu passes à Londres, viens nous voir; **if you are gratified by something, you are pleased by it** si (on dit que) quelque chose nous «satisfait», cela veut dire que ça nous fait plaisir; **he gets angry if I so much as open my mouth** si j'ai seulement le malheur d'ouvrir la bouche, il se fâche. -**3.** [given that] si; **if Paul was the brains in the family, then Anne was the organizer** si Paul était le cerveau de la famille, alors Anne en était l'esprit organisateur. -**4.** [whether]: **to ask/to know/to wonder if** demander/savoir/se demander si; **it doesn't matter if he comes or not** peu importe qu'il vienne ou (qu'il ne vienne) pas; **I'll see if she's up yet** je vais voir si elle est levée. -**5.** [with verbs or adjectives expressing emotion]: **I'm sorry if I upset you** je suis désolé si je t'ai fait de la peine; **if I gave you that impression, I apologize** je m'excuse si c'est l'impression que je vous ai donnée; **we'd be so pleased if you could come** ça nous ferait tellement plaisir si vous pouviez venir. -**6.** [used to qualify a statement]: **few, if any, readers will have heard of him** peu de lecteurs auront entendu parler de lui, ou même aucun; **he was intelligent if a little arrogant** il était intelligent, mais quelque peu arrogant. -**7.** [introducing comments or opinions]: **if I could just come in here...** si je puis me permettre d'intervenir...; **it's rather good, if I say so myself** c'est assez bon, sans fausse modestie; **I'll leave it there, if I may, and go on to my next point** j'en resterai là, si vous voulez bien et passerai au point suivant; **I thought you were rather rude, if you don't mind my saying so** je vous ai trouvé assez grossier, si je peux me permettre; **well, if you want my opinion** OR **if you ask me, I thought it was dreadful** eh bien, si vous voulez mon avis, c'était affreux; **if you think about it, it is rather odd** si vous y réfléchissez, c'est plutôt bizarre; **if I remember rightly, she was married to a politician** si j'ai bonne mémoire, elle était mariée à un homme politique. -**8.** [in polite requests] si; **if you could just write your name here...** si vous voulez bien inscrire votre nom ici...; **if you could all just wait in the hall, I'll be back in a second** si vous pouviez tous attendre dans l'entrée, je reviens tout de suite; **would you like me to wrap it for you? — if you would, please** vous voulez que je vous l'emballe? — oui, s'il vous plaît. -**9.** [expressing surprise, indignation] tiens, ça alors; **well, if it isn't my old mate Jim!** tiens OR ça alors, c'est ce vieux Jim!

◇ *n* si *m*; **if you get the job - and it's a big if - you'll have to move to London** si tu obtiens cet emploi, et rien n'est moins sûr, tu devras aller t'installer à Londres; **no ifs and buts, we're going** il n'y a pas de «mais» qui tienne OR pas de discussions, on y va.

◆ **if and when** *conj phr* au cas où; **if and when he phones, I'll simply tell him to leave me alone** au cas où il appellerait, je lui dirais tout simplement de me laisser tranquille.

◆ **if anything** *adv phr* plutôt; **he doesn't look any slimmer, if anything, he's put on weight** il n'a pas l'air plus mince, il a même plutôt grossi; **I am, if anything, even keener to be involved** j'ai peut-être encore plus envie d'y participer.

◆ **if ever** *conj phr*: **there's a hopeless case if ever I saw one!** voilà un cas désespéré s'il en est!; **if ever I saw a man driven by ambition, it's him** si quelqu'un est poussé par l'ambition, c'est bien lui.

◆ **if I were you** *adv phr* à ta place; **if I were you I'd accept the offer** si j'étais toi OR à ta place, j'accepterais la proposition.

◆ **if not** *conj phr* sinon; **I'm happy to eat out if you want to, if not, I'll just rustle something up here** on peut aller manger quelque part si tu veux, sinon je préparerai juste quelque chose ici; **are you going to read this book? if not, I will** tu vas lire ce livre? sinon, je vais le lire moi; **did you finish on time? and if not, why not?** avez-vous terminé à temps? sinon, pourquoi?

◆ **if only** *conj phr* -**1.** [providing a reason] au moins; **I think I should come along too, if only to make sure you don't get into mischief** je crois que je devrais venir aussi, au moins pour m'assurer que vous ne faites pas de bêtises; **all right, I'll let you go to the party, if only to keep you quiet** bon d'accord, tu peux aller à la fête, comme ça au moins, j'aurai la paix. -**2.** [expressing a wish] si seulement; **if only I could drive** si seulement je savais conduire; **if only someone would tell us what has happened** si seulement quelqu'un nous disait ce qui s'est passé; **if only we'd known** si seulement nous avions su.

iffy *inf* ['ɪfɪ] (*compar* **iffier**, *superl* **iffiest**) *adj* incertain, tangent.

if-then operation *n* COMPUT inclusion *f*.

igloo ['ɪgluː] *n* igloo *m*, iglou *m*.

igneous ['ɪgnɪəs] *adj* igné.

ignite [ɪg'naɪt] ◇ *vt* [set fire to] mettre le feu à, enflammer; [light] allumer.
◇ *vi* [catch fire] prendre feu, s'enflammer; [be lit] s'allumer.

ignition [ɪg'nɪʃn] *n* -**1.** AUT allumage *m*; **to turn on/off the ~** mettre/couper le contact. -**2.** PHYS & CHEM ignition *f*.

ignition coil *n* bobine *f* d'allumage.

ignition key *n* clef *f* de contact.

ignition switch *n* contact *m*.

ignoble [ɪg'nəʊbl] *adj* infâme.

ignominious [,ɪgnə'mɪnɪəs] *adj* ignominieux.

ignominiously [,ɪgnə'mɪnɪəslɪ] *adv* ignominieusement.

ignominy ['ɪgnəmɪnɪ] *n* ignominie *f*.

ignoramus [,ɪgnə'reɪməs] (*pl* **ignoramuses**) *n* ignare *mf*.

ignorance ['ɪgnərəns] *n* -**1.** [lack of knowledge, awareness] ignorance *f*; **out of** OR **through sheer ~** par pure ignorance; **they kept him in ~ of his sister's existence** ils lui ont caché l'existence de sa sœur; **forgive my ~, but...** excuse mon ignorance, mais...; **~ of the law is no excuse** nul n'est censé ignorer la loi. -**2.** *pej* [bad manners] grossièreté *f*.

ignorant ['ɪgnərənt] *adj* -**1.** [uneducated] ignorant; **I'm really ~ about classical music/politics** je ne connais absolument rien à la musique classique/la politique. -**2.** [unaware] ignorant; **I was ~ as to his whereabouts** j'ignorais où il se trouvait; **he was ~ of the facts** il ignorait les faits. -**3.** *pej* [bad-mannered] mal élevé; **don't be so ~, take your hat off!** tiens-toi bien, enlève ton chapeau!

ignorantly ['ɪgnərəntlɪ] *adv* [behave] d'une manière grossière.

ignore [ɪg'nɔːʳ] *vt* -**1.** [pay no attention to - person, remark] ne pas prêter attention à, ignorer; **she completely ~d me** elle a fait semblant de ne pas me voir; **~ him and he'll go away** fais comme s'il n'était pas là et il te laissera tranquille; **we can't continue to ~ these objections** on ne peut pas continuer à ne tenir aucun compte de ces objections. -**2.** [take no account of - warning, request etc] ne pas tenir compte de; **he ~d the doctor's advice and continued smoking** il n'a pas suivi les conseils de son médecin et a continué de fumer. -**3.** [overlook]: **they can no longer ~ what is going on here** il ne leur est plus possible d'ignorer OR de fermer les yeux sur ce qui se passe ici; **the report ~s certain crucial facts** le rapport passe sous silence des faits cruciaux; **they seemed to ~ the fact that I was there** ils semblaient ignorer ma présence.

ignore character *n* COMPUT caractère *m* d'effacement.

Iguaçu Falls [,iːgwə'suː-] *pl pr n*: **the ~** les chutes *fpl* d'Iguaçu.

iguana [ɪ'gwɑːnə] *n* iguane *m*.

ikon ['aɪkɒn] = **icon**.

IL *written abbr of* Illinois.

ILA (*abbr of* International Longshoremen's Association) *pr n syndicat international de dockers.*

ILEA ['ɪlɪə] (*abbr of* Inner London Education Authority) *pr n*: **(the) ~** *organisme qui, jusqu'en 1990, était chargé de gérer les services londoniens de l'enseignement.*

ileum ['ɪlɪəm] *n* iléon *m*.

ilex ['aɪleks] (*pl* **ilexes**) *n* yeuse *f*, chêne *m* vert.

ILGWU (*abbr of* International Ladies' Garment Workers Union) *pr n syndicat des employés de l'habillement féminin.*

Iliad ['ɪlɪəd] *pr n*: **'The ~'** *Homer* 'l'Iliade'.

ilk [ɪlk] *n* [type]: **people of that ~** ce genre de personnes; **books of that ~** des livres de ce genre.

ill [ɪl] ◇ *adj* -**1.** [sick, unwell] malade; **to fall** OR **to be taken ~** tomber malade; **seriously ~** gravement malade; **the smell makes me ~** l'odeur me rend malade; **I feel ~ just thinking about it** rien que d'y penser, j'en suis malade. -**2.** *Br* [injured]: **he is critically ~ with stab wounds** il est dans un état critique après avoir reçu de nombreux coups de couteau. -**3.** *lit* [bad] mauvais, néfaste; **~ fortune** malheur *m*, malchance *f*; **the ~ effects of alcohol** les effets néfastes de l'alcool; **~ deeds** méfaits *mpl*; **a house of ~ repute** une maison mal famée ❑ **it's an ~ wind that blows nobody any good** *prov* à quelque chose malheur est bon *prov*.
◇ *n* -**1.** *lit* [evil] mal *m*; **to think/speak ~ of sb** penser/dire du mal de qqn; **for good or ~** [better or worse] pour le meilleur et pour le pire; [whatever happens] quoi qu'il arrive. -**2.** [difficulty, trouble] malheur *m*; **the nation's ~s** les malheurs du pays.
◇ *adv* -**1.** [hardly] à peine, difficilement; **we can ~ afford these luxuries** ce sont des luxes que nous pouvons difficilement nous permettre; **we can ~ afford to wait** nous ne pouvons vraiment pas nous permettre d'attendre. -**2.** *fml* [badly] mal; **it ~ becomes** OR **befits you to criticize** il vous sied mal de critiquer; **to augur** OR **to bode ~** être de mauvais augure.

ill. (*written abbr of* **illustration**) ill.

I'll [aɪl] = **I shall, I will**.

ill-advised *adj* [remark, action] peu judicieux; **he was ~ to go away** il a eu tort de partir.

ill-assorted *adj* mal assorti.

ill-at-ease *adj* gêné, mal à l'aise.

illative [ɪ'leɪtɪv] ◇ *adj* illatif.
◇ *n* illatif *m*.

ill-bred *adj* mal élevé.

ill-breeding *n* manque *m* de savoir-vivre.

ill-concealed *adj* mal dissimulé.

ill-conceived [-kən'siːvd] *adj* mal pensé.

ill-considered *adj* [hasty] hâtif; [thoughtless] irréfléchi.

ill-defined [-dɪ'faɪnd] *adj* mal défini.

ill-disposed [-dɪs'pəʊzd] *adj* mal disposé; **they are ~ towards young people** ils ne portent pas les jeunes dans leur cœur.

illegal [ɪ'liːgl] *adj* -**1.** JUR illégal; **~ entry** violation *f* de domicile; **~ immigrant** immigré *m*, -e *f*, clandestin *m*, -e *f*; **~ substances** stupéfiants *mpl*. -**2.** COMPUT interdit; **~ character** caractère *m* interdit; **~ instruction** instruction *f* erronée.

illegality [,ɪliː'gælətɪ] (*pl* **illegalities**) *n* illégalité *f*.

illegally [ɪ'liːgəlɪ] *adv* illégalement, d'une manière illégale; **to be ~ parked** être en stationnement interdit.

illegible [ɪ'ledʒəbl] *adj* illisible.

illegibly [ɪ'ledʒəblɪ] *adv* illisiblement.

illegitimacy [,ɪlɪ'dʒɪtɪməsɪ] *n* illégitimité *f*.

illegitimate [ˌɪlɪ'dʒɪtɪmət] ◇ *adj* -**1.** [child] naturel, illégitime JUR. -**2.** [activity] illégitime, interdit. -**3.** [argument] illogique.
◇ *n* enfant naturel *m*, enfant naturelle *f*.
illegitimately [ˌɪlɪ'dʒɪtɪmətlɪ] *adv* -**1.** [outside marriage] hors du mariage. -**2.** [illegally] illégitimement.
ill-equipped *adj* -**1.** [lacking equipment] mal équipé, mal préparé. -**2.** [lacking qualities – for job, situation]: **to be ~ (for)** ne pas être à la hauteur (de); **he felt ~ to cope with the pressures of the job** il ne se sentait pas capable d'affronter les problèmes posés par son travail.
ill-fated *adj* [action] malheureux, funeste; [person] qui joue de malheur, malheureux; [day] néfaste, de malchance; [journey] funeste, fatal.
ill-favoured *Br*, **ill-favored** *Am adj* -**1.** [ugly] laid. -**2.** [unpleasant] désagréable.
ill feeling *n* ressentiment *m*, animosité *f*.
ill-founded *adj* [hopes, confidence] mal fondé; [suspicions] sans fondement.
ill-gotten *adj*: **~ gains** biens *mpl* mal acquis.
ill-health *n* mauvaise santé *f*; **to suffer from ~** être en mauvaise santé; **because of ~** pour des raisons de santé.
illiberal [ɪ'lɪbərəl] *adj* -**1.** [bigoted, intolerant] intolérant; POL [regime] arbitraire, oppressif; [legislation] restrictif. -**2.** [mean] avare.
illicit [ɪ'lɪsɪt] *adj* illicite.
illicitly [ɪ'lɪsɪtlɪ] *adv* illicitement.
illicitness [ɪ'lɪsɪtnɪs] *n* caractère *m* illicite.
illimitable [ɪ'lɪmɪtəbl] *adj* illimité, infini.
ill-informed *adj* [person] mal renseigné; [remark] inexact, faux.
Illinois [ˌɪlɪ'nɔɪ] *pr n* Illinois *m*; **in ~** dans l'Illinois.
illiteracy [ɪ'lɪtərəsɪ] *n* illétrisme *m*, analphabétisme *m*.
illiterate [ɪ'lɪtərət] ◇ *adj* -**1.** [unable to read] analphabète, illettré. -**2.** [uneducated] ignorant, sans éducation; **many young people are scientifically ~** de nombreux jeunes gens n'ont aucune formation OR connaissance scientifique.
◇ *n* analphabète *mf*.
ill-judged [-dʒʌdʒd] *adj* [remark, attempt] peu judicieux.
ill-mannered *adj* [person] mal élevé, impoli; [behaviour] grossier, impoli.
ill-natured [-neɪtʃəd] *adj* qui a mauvais caractère.
illness ['ɪlnɪs] *n* maladie *f*.
illocution [ˌɪlə'kjuːʃn] *n* illocution *f*, acte *m* illocutoire.
illocutionary [ˌɪlə'kjuːʃnrɪ] *adj* illocutoire, illocutionnaire.
illogical [ɪ'lɒdʒɪkl] *adj* illogique; **that's ~** ce n'est pas logique; **she knew it was ~, but she felt very bitter** elle savait que c'était absurde, mais elle éprouvait une vive amertume.
illogicality [ˌɪlɒdʒɪ'kælətɪ] (*pl* **illogicalities**) *n* illogisme *m*.
illogically [ɪ'lɒdʒɪklɪ] *adv* d'une manière illogique; **he assumed, ~, that he meant nothing to her** il supposait, sans raison, qu'il n'était rien pour elle.
ill-prepared *adj* mal préparé.
ill-starred [-stɑːd] *adj lit* [person] né sous une mauvaise étoile; [day] néfaste, funeste.
ill-tempered *adj* [by nature] grincheux, qui a mauvais caractère; [temporarily] de mauvaise humeur; [remark, outburst etc] plein de mauvaise humeur.
ill-timed *adj* [arrival, visit] inopportun, intempestif, qui tombe mal; [remark, question] déplacé, mal à propos *(inv)*; **the meeting was very ~** cette réunion ne pouvait plus mal tomber.
ill-treat *vt* maltraiter.
ill-treatment *n* mauvais traitement *m*.
illuminate [ɪ'luːmɪneɪt] ◇ *vt* -**1.** [light up] illuminer, éclairer. -**2.** [make clearer] éclairer; **this book ~s many difficult problems** ce livre éclaire de nombreux problèmes complexes. -**3.** [manuscript] enluminer.
◇ *vi* s'illuminer.
illuminated [ɪ'luːmɪneɪtɪd] *adj* -**1.** [lit up – sign, notice] lumineux. -**2.** [decorated – manuscript] enluminé.
illuminati [ɪˌluːmɪ'nɑːtiː] *npl* illuminés *mpl*.
illuminating [ɪ'luːmɪneɪtɪŋ] *adj* [book, speech] éclairant.
illumination [ɪˌluːmɪ'neɪʃn] *n* -**1.** [light] éclairage *m*; [of building] illumination *f*; **a candle was the only means of ~** il n'y avait pour tout éclairage qu'une bougie. -**2.** [of manuscript] enluminure *f*.
◆ **illuminations** *npl* [coloured lights] illuminations *fpl*.
illuminator [ɪ'luːmɪneɪtə^r] *n* -**1.** ELEC source *f* lumineuse. -**2.** [artist] enlumineur *m*, -euse *f*.
illumine [ɪ'luːmɪn] *vt lit* illuminer.
ill-use [*vb* ˌɪl'juːz, *n* ˌɪl'juːs] *lit* ◇ *vt* [ill-treat] maltraiter.
◇ *n* [cruel treatment] mauvais traitement *m*.
illusion [ɪ'luːʒn] *n* -**1.** [false impression] illusion *f*; **mirrors give an ~ of space** les miroirs donnent une illusion d'espace ❑ **optical ~** illusion d'optique. -**2.** [false belief] illusion *f*; **we were living under an ~** nous étions victimes d'une illusion; **she has no ~s about her chances of success** elle ne se fait aucune illusion sur ses chances de succès OR de réussir. -**3.** [magic trick] illusion *f*.
illusionist [ɪ'luːʒənɪst] *n* [conjurer, magician] illusionniste *mf*.
illusory [ɪ'luːsərɪ] *adj* illusoire.
illustrate ['ɪləstreɪt] *vt* -**1.** [with pictures] illustrer; **an ~d children's book** un livre pour enfants illustré. -**2.** [show, demonstrate] illustrer; **it clearly ~s the need for improvement** cela montre bien que des améliorations sont nécessaires.
illustration [ˌɪlə'streɪʃn] *n* -**1.** [picture] illustration *f*. -**2.** [demonstration] illustration *f*; **it's a clear ~ of a lack of government interest** cela illustre bien un manque d'intérêt de la part du gouvernement; **by way of ~** à titre d'exemple.
illustrative ['ɪləstrətɪv] *adj* [picture, diagram] qui illustre, explicatif; [action, event, fact] qui démontre, qui illustre; **the demonstrations are ~ of the need for reform** les manifestations montrent que des réformes sont nécessaires; **~ examples** des exemples illustratifs.
illustrator ['ɪləstreɪtə^r] *n* illustrateur *m*, -trice *f*.
illustrious [ɪ'lʌstrɪəs] *adj* illustre.
ill will *n* malveillance *f*; **I bear them no ~** je ne leur garde pas rancune, je ne leur en veux pas.
ILO (*abbr of* **International Labour Organization**) *pr n* OIT *f*.
ILWU (*abbr of* **International Longshoremen's and Warehousemen's Union**) *pr n syndicat international de dockers et de magasiniers.*
I'm [aɪm] = **I am**.
image ['ɪmɪdʒ] *n* -**1.** [mental picture] image *f*; **I still have an ~ of her as a child** je la vois encore comme une enfant; **many people have the wrong ~ of her/of life in New York** beaucoup de gens se font une fausse idée d'elle/de la vie à New York. -**2.** [public appearance]: **(public) ~** image *f* de marque; **the party tried to change its ~** le parti a essayé de changer son image de marque. -**3.** [likeness] image *f*; **man was made in God's ~** l'homme a été créé à l'image de Dieu ❑ **you are the (spitting** *inf* OR **very** OR **living) ~ of your mother** tu es tout le portrait OR le portrait craché de ta mère. -**4.** [in literature, painting] image *f*; **I tried to create an ~ of wartime Britain** j'ai essayé de brosser un tableau de la vie en Grande-Bretagne pendant la guerre. -**5.** OPT & PHOT image *f*.
image file *n* COMPUT fichier *m* vidéo OR image.
image intensifier *n* intensificateur *m* d'image, amplificateur *m* de luminance.
image processing *n* COMPUT traitement *m* des images.
image processor *n* COMPUT unité *f* de traitement d'images.
imagery ['ɪmɪdʒrɪ] *n (U)* -**1.** [in literature] images *fpl*. -**2.** [visual images] imagerie *f*.
imaginable [ɪ'mædʒɪnəbl] *adj* imaginable; **the worst thing ~ happened** ce qu'on pouvait imaginer de pire est arrivé.
imaginary [ɪ'mædʒɪnrɪ] *adj* -**1.** [in one's imagination – sickness, danger] imaginaire. -**2.** [fictional – character, situation] fictif.
imagination [ɪˌmædʒɪ'neɪʃn] *n* [creativity] imagination *f*; [mind]: **she tends to let her ~ run away with her** elle a tendance à se laisser emporter par son imagination; **it's all in her ~** elle se fait des idées; **don't worry, it was only (my) ~** ne t'inquiète pas, c'est mon imagination qui me jouait des tours.
imaginative [ɪ'mædʒɪnətɪv] *adj* [person] imaginatif; [writing, idea, plan] original.
imaginatively [ɪ'mædʒɪnətɪvlɪ] *adv* avec imagination; **an ~ illustrated book** un livre illustré avec beaucoup d'imagination.
imaginativeness [ɪ'mædʒɪnətɪvnɪs] *n* imagination *f*.
imagine [ɪ'mædʒɪn] *vt* -**1.** [picture – scene, person] imaginer, s'imaginer, se représenter; **I'd ~d him to be a much smaller man** je l'imaginais plus petit; **I can't ~ (myself) getting the job** je n'arrive pas à imaginer que je puisse être embauché; **~ yourself in his situation** imaginez-vous dans sa situation, mettez-vous à sa place; **you can't ~ how awful it was** vous ne pouvez pas (vous) imaginer OR vous figurer combien c'était horrible; **just ~ my disgust** imaginez combien j'étais dégoûté; **(you can) ~ his delight!** vous pensez s'il était ravi!; **just ~!** tu t'imagines!; **you're imagining things** tu te fais des idées. -**2.** [suppose, think] supposer, imaginer; **I ~ you're tired** je suppose OR j'imagine que vous êtes fatigué; **an intelligent child, I'd ~** un enfant intelligent, j'imagine; **~ (that) you're on a beach** imagine-toi sur une plage; **~ (that) you've won** imagine que tu as gagné, suppose que tu aies gagné; **don't ~ I'll help you again** ne t'imagine pas que je t'aiderai encore.
imagines [ɪ'meɪdʒɪniːz] *pl* → **imago**.
imaginings [ɪ'mædʒɪnɪŋz] *npl* [fears, dreams]: **never in my worst ~ did I think it would come to this** je n'aurais jamais pensé que les choses en arriveraient là.
imagism ['ɪmədʒɪzm] *n* LITERAT imagisme *m*.
imago [ɪ'meɪgəʊ] (*pl* **imagoes** OR **imagines** [-dʒɪniːz]) *n* -**1.** ZOOL imago *m*. -**2.** PSYCH imago *f*.
imam [ɪ'mɑːm] *n* imam *m*.
imbalance [ˌɪm'bæləns] ◇ *n* déséquilibre *m*.
◇ *vt* déséquilibrer; **~d growth** ECON croissance *f* déséquilibrée.
imbecile ['ɪmbɪsiːl] ◇ *n* -**1.** [idiot] imbécile *mf*, idiot *m*, -e *f*; **to act the ~** faire l'imbécile; **you ~!** espèce d'imbécile OR d'idiot! -**2.** PSYCH imbécile *mf*.
◇ *adj* imbécile, idiot.
imbecility [ˌɪmbɪ'sɪlətɪ] (*pl* **imbecilities**) *n* -**1.** [stupidity] idiotie *f*, imbécillité *f*. -**2.** [stupid action] idiotie *f*, imbécillité *f*. -**3.** PSYCH imbécillité *f*.
imbed [ɪm'bed] = **embed**.
imbibe [ɪm'baɪb] ◇ *vt* -**1.** *fml* OR *hum* [drink] absorber. -**2.** *lit* [knowledge] assimiler. -**3.** PHYS absorber.
◇ *vi hum* boire.
imbroglio [ɪm'brəʊlɪəʊ] *n* imbroglio *m*.
imbue [ɪm'bjuː] *vt*: **her parents had ~d her with high ideals** ses parents lui avaient inculqué de nobles idéaux; **his words were ~d with resentment** ses paroles étaient pleines de ressentiment.
IMF (*abbr of* **International Monetary Fund**) *pr n* FMI *m*.
imitable ['ɪmɪtəbl] *adj* imitable.
imitate ['ɪmɪteɪt] *vt* imiter.

imitation [,ɪmɪ'teɪʃn] ◇ *n* -**1.** [copy] imitation *f*; **it's a cheap ~** c'est du toc; **a poor ~ of the real thing** une pâle imitation de l'original; **'beware of ~s'** 'méfiez-vous des contrefaçons'. -**2.** [act of imitating] imitation *f*; **to learn by ~** apprendre par mimétisme; **he does everything in ~ of his brother** il imite OR copie son frère en tout ❑ **'The Imitation of Christ'** *Thomas à Kempis* 'l'Imitation de Jésus-Christ'.
◇ *comp* faux; **an ~ diamond necklace** un collier en faux diamants; **~ fur** fourrure *f* synthétique; **~ jewellery** bijoux *mpl* (de) fantaisie; **~ leather** imitation *f* cuir, similicuir *m*.
imitative ['ɪmɪtətɪv] *adj* [behaviour, sound] imitatif; [person, style] imitateur.
imitator ['ɪmɪteɪtə^r] *n* imitateur *m*, -trice *f*.
immaculate [ɪ'mækjʊlət] *adj* -**1.** [clean - house, clothes] impeccable, d'une propreté irréprochable; **he's always ~** il est toujours impeccable OR tiré à quatre épingles. -**2.** [faultless - work, behaviour etc] parfait, impeccable. -**3.** [morally pure] irréprochable.
Immaculate Conception *n*: **the ~** l'Immaculée Conception *f*.
immaculately [ɪ'mækjʊlətlɪ] *adv* -**1.** [spotlessly - clean, tidy] impeccablement; **~ dressed** tiré à quatre épingles; **~ clean/white** d'une propreté parfaite/blancheur éclatante. -**2.** [faultlessly - behave, perform etc] d'une manière irréprochable, impeccablement; **she played ~ throughout the match** elle a joué d'une manière remarquable pendant tout le match.
immanence ['ɪmənəns] *n* immanence *f*.
immanent ['ɪmənənt] *adj* immanent.
immaterial [,ɪmə'tɪərɪəl] *adj* -**1.** [unimportant] sans importance; **whether I was there or not is ~** que j'aie été présent ou non est sans importance; **that point is ~ to what we are discussing** cela n'a rien à voir avec ce dont nous sommes en train de parler; **the truth is ~ to him** la vérité est sans importance à ses yeux. -**2.** PHILOS immatériel.
immature [,ɪmə'tjʊə^r] *adj* -**1.** [childish] immature; **she's very ~** elle manque vraiment de maturité. -**2.** BOT & ZOOL immature, jeune.
immaturity [,ɪmə'tjʊərətɪ] *n* -**1.** [of person] manque *m* de maturité, immaturité *f*. -**2.** PSYCH, BOT & ZOOL immaturité *f*.
immeasurable [ɪ'meʒrəbl] *adj* -**1.** *literal* incommensurable. -**2.** *fig* illimité, incommensurable.
immeasurably [ɪ'meʒrəblɪ] *adv* -**1.** [long, high] incommensurablement. -**2.** [as intensifier] infiniment, extrêmement.
immediacy [ɪ'mi:djəsɪ] *n* impact *m* immédiat; **the ~ of the famine as seen on television** l'impact immédiat des images de la famine montrées à la télévision; **the ~ of the crisis** les effets immédiats de la crise.
immediate [ɪ'mi:djət] *adj* -**1.** [instant] immédiat, urgent; **the problem needs ~ attention** il est urgent de régler le problème; **we need an ~ answer** il nous faut une réponse immédiate; **this pill gives ~ relief** ce cachet soulage instantanément, l'effet de ce cachet est instantané ‖ [close in time] immédiat; **in the ~ future** dans les heures OR les jours qui viennent. -**2.** [nearest] immédiat, proche; **my ~ relatives** mes parents les plus proches; **my ~ neighbours** mes voisins immédiats ❑ **~ constituent** LING constituant *m* immédiat. -**3.** [direct - cause, influence] immédiat, direct.
immediate access *n* COMPUT accès *m* direct.
immediately [ɪ'mi:djətlɪ] ◇ *adv* -**1.** [at once] tout de suite, immédiatement; **come ~** viens tout de suite; **I left ~ after** je suis parti tout de suite après. -**2.** [directly] directement. -**3.** [just] juste; **~ above the window** juste au-dessus de la fenêtre.
◇ *conj Br* dès que; **let me know ~ he arrives** dès qu'il sera là, prévenez-moi.
immemorial [,ɪmɪ'mɔ:rɪəl] *adj* immémorial; **from time ~** de temps immémorial.
immense [ɪ'mens] *adj* immense, considérable.
immensely [ɪ'menslɪ] *adv* immensément, extrêmement; **I'm ~ grateful to you** je vous suis extrêmement reconnaissant.
immensity [ɪ'mensətɪ] *n* immensité *f*.
immerse [ɪ'mɜ:s] *vt* -**1.** [plunge into liquid] immerger, plonger; **I'm going to ~ myself in a hot bath** je vais me plonger dans un bain chaud. -**2.** *fig*: **I ~d myself in my work** je me suis plongé dans mon travail; **they were ~d in a game of chess** ils étaient plongés dans une partie d'échecs; **she went to London to ~ herself in the English language** elle est allée à Londres en séjour linguistique. -**3.** RELIG baptiser par immersion.
immerser *inf* [ɪ'mɜ:sə^r] *Br* = **immersion heater**.
immersion [ɪ'mɜ:ʃn] *n* -**1.** [in liquid] immersion *f*. -**2.** *fig* [in reading, work] absorption *f*. -**3.** ASTRON & RELIG immersion *f*.
immersion heater *n* chauffe-eau *m inv* électrique.
immigrant ['ɪmɪgrənt] ◇ *n* immigré *m*, -e *f*.
◇ *adj* immigré; **~ children** enfants d'immigrés ❑ **~ worker** travailleur *m* immigré.
immigrate ['ɪmɪgreɪt] *vi* immigrer.
immigration [,ɪmɪ'greɪʃn] ◇ *n* -**1.** [act of immigrating] immigration *f*; **the government wants to reduce ~** le gouvernement veut restreindre l'immigration ❑ **the Immigration Control Act** *loi de 1986 permettant aux immigrés illégaux résidant aux États-Unis depuis 1982 de recevoir un visa*. -**2.** [control section]: **~ (control)** services *mpl* de l'immigration; **to go through ~ (control)** passer l'immigration.
◇ *comp* de l'immigration; **~ authorities** services *mpl* de l'immigration; **~ regulations** réglementation *f* relative à l'immigration.
imminence ['ɪmɪnəns] *n* imminence *f*.
imminent ['ɪmɪnənt] *adj* imminent.
immiscible [ɪ'mɪsəbl] *adj* non miscible.
immobile [ɪ'məʊbaɪl] *adj* immobile.
immobility [,ɪmə'bɪlətɪ] *n* immobilité *f*.
immobilization [ɪ,məʊbɪlaɪ'zeɪʃn] *n* [gen & FIN] immobilisation *f*.
immobilize, -ise [ɪ'məʊbɪlaɪz] *vt* [gen & FIN] immobiliser.
immoderate [ɪ'mɒdərət] *adj* immodéré, excessif.
immoderately [ɪ'mɒdərətlɪ] *adv* immodérément.
immodest [ɪ'mɒdɪst] *adj* -**1.** [indecent] impudique. -**2.** [vain] prétentieux.
immodestly [ɪ'mɒdɪstlɪ] *adv* -**1.** [indecently] impudiquement, de façon indécente. -**2.** [vainly] sans modestie; **he rather ~ claims to be the best** il déclare non sans prétention qu'il est le meilleur.
immodesty [ɪ'mɒdɪstɪ] *n* -**1.** [indecency] indécence *f*, impudeur *f*. -**2.** [vanity] manque *m* de modestie, prétention *f*.
immolate ['ɪməleɪt] *vt lit* immoler.
immoral [ɪ'mɒrəl] *adj* immoral.
immorality [,ɪmə'rælətɪ] *n* immoralité *f*.
immorally [ɪ'mɒrəlɪ] *adv* immoralement.
immortal [ɪ'mɔ:tl] ◇ *adj* immortel.
◇ *n* immortel *m*, -elle *f*.
immortality [,ɪmɔ:'tælətɪ] *n* immortalité *f*.
immortalize, -ise [ɪ'mɔ:təlaɪz] *vt* immortaliser.
immov(e)able [ɪ'mu:vəbl] *adj* -**1.** [fixed] fixe; [impossible to move] impossible à déplacer. -**2.** [determined - person] inébranlable. -**3.** JUR: **~ property** biens *mpl* immeubles OR immobiliers.
◆ **immovables** *npl* JUR biens *mpl* immobiliers.
immune [ɪ'mju:n] *adj* -**1.** MED immunisé; **~ to measles** immunisé contre la rougeole ❑ **~ serum** immun-sérum *m*, antisérum *m*. -**2.** *fig*: **~ to** [unaffected by] à l'abri de, immunisé contre; **to be ~ to temptation/flattery** être immunisé contre les tentations/la flatterie ‖ [exempt]: **~ from** exempt de, exonéré de; **~ from taxation** exonéré d'impôts; **~ from prosecution** inviolable JUR.
immune response *n* réaction *f* immunitaire.
immune system *n* système *m* immunitaire.
immunity [ɪ'mju:nətɪ] *n* -**1.** MED immunité *f*, résistance *f*; **~ to** OR **against measles** immunité contre la rougeole. -**2.** [exemption]: **~ from** exonération *f* de, exemption *f* de; **~ from taxation** exonération d'impôts. -**3.** [diplomatic, parliamentary] immunité *f*; **~ from prosecution** immunité, inviolabilité *f*.
immunization [,ɪmju:naɪ'zeɪʃn] *n* immunisation *f*.
immunize, -ise ['ɪmju:naɪz] *vt* immuniser, vacciner.
immunochemistry [,ɪmju:nəʊ'kemɪstrɪ] *n* immunochimie *f*.
immunodeficiency [,ɪmju:nəʊdɪ'fɪʃənsɪ] *n* immunodéficience *f*.
immunodeficient [,ɪmju:nəʊdɪ'fɪʃnt] *adj* immunodéficitaire.
immunodepressant [,ɪmju:nəʊdɪ'presnt] *n* immunodépresseur *m*.
immunodepressive [,ɪmju:nəʊdɪ'presɪv] *adj* immunodépressif.
immunogenic [,ɪmju:nəʊ'dʒenɪk] *adj* immunogène.
immunoglobulin [,ɪmju:nəʊ'glɒbjʊlɪn] *n* immunoglobuline *f*.
immunological [,ɪmju:nəʊ'lɒdʒɪkl] *adj* immunologique.
immunologist [,ɪmju:n'ɒlədʒɪst] *n* immunologiste *mf*.
immunology [,ɪmju:n'ɒlədʒɪ] *n* immunologie *f*.
immunopathology [,ɪmju:nəʊpə'θɒlədʒɪ] *n* immunopathologie *f*.
immunoreaction [,ɪmju:nəʊrɪ'ækʃn] *n* réaction *f* immunitaire, immunoréaction *f*.
immunosuppressant [,ɪmju:nəʊsə'presnt] ◇ *adj* immunosuppresseur.
◇ *n* immunosuppresseur *m*.
immunosuppressive [,ɪmju:nəʊsə'presɪv] *adj* immunosuppressif.
immunotherapy [,ɪmju:nəʊ'θerəpɪ] *n* immunothérapie *f*.
immure [ɪ'mjʊə^r] *vt* emmurer; **to ~ o.s. in silence** *fig* se murer OR s'enfermer dans le silence.
immutability [ɪ,mu:tə'bɪlətɪ] *n* immuabilité *f*.
immutable [ɪ'mju:təbl] *adj* immuable.
immutably [ɪ'mju:təblɪ] *adv* immuablement.
imp [ɪmp] *n* [devil] lutin *m*; [child] coquin *m*, -e *f*; **she's a little ~!** c'est une petite coquine!, elle est très espiègle!
impact [*n* 'ɪmpækt, *vb* ɪm'pækt] ◇ *n* -**1.** *literal* impact *m*; **on ~** au moment de l'impact. -**2.** *fig* impact *m*, impression *f*; **the scandal had little on the election results** le scandale n'a eu que peu d'impact sur les résultats de l'élection; **you made** OR **had quite an ~ on him** vous avez fait une forte impression sur lui; **she made quite an ~ (at the meeting)** son intervention (lors de la réunion) a été très remarquée.
◇ *vt* -**1.** [collide with] entrer en collision avec. -**2.** [influence] avoir un impact sur.
◇ *vi* -**1.** [affect]: **to ~ on** produire un effet sur. -**2.** COMPUT frapper.
impact adhesive *n Br* colle *f* instantanée.
impacted [ɪm'pæktɪd] *adj* [tooth] inclus; [fracture] avec impaction.
impact printer *n* COMPUT imprimante *f* à impact.
impair [ɪm'peə^r] *vt* -**1.** [weaken] diminuer, affaiblir. -**2.** [damage] détériorer, endommager.
impaired [ɪm'peəd] *adj* -**1.** [weakened] affaibli, diminué. -**2.** [damaged] détérioré, endommagé; **~ hearing/vision** ouïe *f*/vue *f* affaiblie. -**3.** *Can*: **~ driving** conduite *f* en état d'ivresse.
impairment [ɪm'peəmənt] *n* -**1.** [weakening] affaiblissement *m*, diminution *f*. -**2.** [damage] détérioration *f*.
impala [ɪm'pɑ:lə] *n* impala *m*.
impale [ɪm'peɪl] *vt* empaler; **to ~ o.s. on sthg** s'empaler sur qqch.
impalpable [ɪm'pælpəbl] *adj* impalpable.

impanel [ɪm'pænl] *Am* = **empanel**.

impart [ɪm'pɑːt] *vt* -**1.** [communicate - news, truth] apprendre. -**2.** [transmit - knowledge, wisdom] transmettre. -**3.** [give - quality, flavour] donner.

impartial [ɪm'pɑːʃl] *adj* impartial.

impartiality [ɪm,pɑːʃɪ'ælətɪ] *n* impartialité *f.*

impartially [ɪm'pɑːʃəlɪ] *adv* impartialement.

impassable [ɪm'pɑːsəbl] *adj* [road] impraticable; [stream, frontier] infranchissable.

impasse [æm'pɑːs] *n* impasse *f*; **the talks have reached an ~** les pourparlers sont dans une impasse; **there's no way out of this ~** c'est une situation sans issue.

impassioned [ɪm'pæʃnd] *adj* passionné; [plea] fervent.

impassive [ɪm'pæsɪv] *adj* impassible.

impassively [ɪm'pæsɪvlɪ] *adv* impassiblement; **to look at sb/sthg ~** regarder qqn/qqch d'un air impassible.

impasto [ɪm'pæstəʊ] *n* ART empâtement *m.*

impatience [ɪm'peɪʃns] *n* -**1.** [lack of patience] impatience *f*; **with ~** avec impatience, impatiemment. -**2.** [irritation] irritation *f*; **I fully understand your ~ at the delay** je comprends parfaitement que ce retard vous irrite. -**3.** [intolerance] intolérance *f.*

impatient [ɪm'peɪʃnt] *adj* -**1.** [eager, anxious] impatient; **I'm ~ to see her again** je suis impatient de la revoir; **they were ~ for the results** ils attendaient les résultats avec impatience; **the people were ~ for reform** le peuple réclamait des réformes. -**2.** [easily irritated]: **she's ~ with her children** elle n'a aucune patience avec ses enfants; **I'm getting ~** je commence à m'impatienter OR à perdre patience. -**3.** [intolerant] intolérant; **he's ~ with people who always ask the same questions** il ne supporte pas les gens qui lui posent toujours les mêmes questions.

impatiently [ɪm'peɪʃntlɪ] *adv* impatiemment, avec impatience.

impeach [ɪm'piːtʃ] *vt* -**1.** [accuse] accuser, inculper. -**2.** ADMIN & POL [in US] entamer une procédure d'impeachment contre. -**3.** *Br fml* [doubt - motives, honesty] mettre en doute; [- character] attaquer. -**4.** JUR: **to ~ a witness** récuser un témoin.

impeachable [ɪm'piːtʃəbl] *adj* qui peut donner lieu à une procédure d'impeachment.

impeachment [ɪm'piːtʃmənt] *n* JUR [accusation] mise *f* en accusation; [in US] *mise en accusation d'un élu devant le Congrès.*

impeccable [ɪm'pekəbl] *adj* impeccable.

impeccably [ɪm'pekəblɪ] *adv* impeccablement; **~ dressed** tiré à quatre épingles.

impecunious [,ɪmpɪ'kjuːnjəs] *adj fml* nécessiteux.

impedance [ɪm'piːdəns] *n* impédance *f.*

impede [ɪm'piːd] *vt* -**1.** [obstruct - traffic, player] gêner. -**2.** [hinder - progress] ralentir; [- plan] faire obstacle à; [- person] gêner.

impediment [ɪm'pedɪmənt] *n* -**1.** [obstacle] obstacle *m.* -**2.** [handicap] défaut *m* (physique); **speech ~** défaut d'élocution. -**3.** JUR empêchement *m.*

impedimenta [ɪm,pedɪ'mentə] *npl fig* & MIL impedimenta *mpl.*

impel [ɪm'pel] (*pt* & *pp* **impelled**, *cont* **impelling**) *vt* -**1.** [urge, incite] inciter; [compel] obliger, contraindre; **I felt impelled to intervene** je me sentais obligé d'intervenir. -**2.** [propel] pousser.

impend [ɪm'pend] *vi* [be imminent] être imminent; [threaten - subj: danger] menacer.

impending [ɪm'pendɪŋ] *adj (before n)* imminent; **the ~ visit by the President** la visite imminente du Président; **the ~ arrival of all my relations** l'arrivée prochaine de ma famille au grand complet; **the ~ crisis** la crise imminente OR qui couve; **there was an atmosphere of ~ doom** il planait une atmosphère de désastre imminent.

impenetrable [ɪm'penɪtrəbl] *adj* -**1.** [wall, forest, fog] impénétrable; *fig* [mystery] insondable, impénétrable. -**2.** [incomprehensible - jargon, system etc] incompréhensible.

impenitence [ɪm'penɪtəns] *n* impénitence *f.*

impenitent [ɪm'penɪtənt] *adj* impénitent; **he is still utterly ~** il n'a toujours pas le moindre remords.

impenitently [ɪm'penɪtəntlɪ] *adv* avec impénitence.

imperative [ɪm'perətɪv] ◇ *adj* -**1.** [essential] (absolument) essentiel, impératif; **it's ~ that you reply immediately** il faut absolument que vous répondiez tout de suite; **it was ~ to finalize the deal** il fallait impérativement conclure l'affaire. -**2.** [categorical - orders, voice] impérieux, impératif. -**3.** GRAMM impératif.
◇ *n* impératif *m*; **in the ~** à l'impératif.

imperatively [ɪm'perətɪvlɪ] *adv* -**1.** [absolutely] impérativement. -**2.** [imperiously] impérieusement, impérativement.

imperceptible [,ɪmpə'septəbl] *adj* imperceptible; **~ to the human eye/ear** invisible/inaudible (pour l'homme).

imperceptibly [,ɪmpə'septəblɪ] *adv* imperceptiblement.

imperceptive [,ɪmpə'septɪv] *adj* peu perspicace.

imperfect [ɪm'pɜːfɪkt] ◇ *adj* -**1.** [flawed - work, argument] imparfait; [faulty - machine] défectueux; [- goods] de second choix. -**2.** [incomplete] incomplet, inachevé. -**3.** GRAMM imparfait. -**4.** JUR inapplicable (pour vice de forme).
◇ *n* GRAMM imparfait *m*; **in the ~** à l'imparfait.

imperfection [,ɪmpə'fekʃn] *n* [imperfect state] imperfection *f*; [fault] imperfection *f*, défaut *m.*

imperfective [,ɪmpə'fektɪv] ◇ *adj* imperfectif.
◇ *n* imperfectif *m.*

imperfectly [ɪm'pɜːfɪktlɪ] *adv* imparfaitement.

imperial [ɪm'pɪərɪəl] ◇ *adj* -**1.** [in titles] impérial; **His Imperial Majesty** Sa Majesté Impériale. -**2.** [majestic] majestueux, auguste. -**3.** [imperious] impérieux. -**4.** [size - of clothes] grande taille *(inv)*; [- of paper] grand format *(inv) (Br = 762 mm x 559 mm, Am= 787 mm x 584 mm)*. -**5.** *Br* [measure]: **~ pint** pinte *f* (britannique).
◇ *n* [beard] impériale *f*, barbe *f* à l'impériale.

imperial gallon *n Br* gallon *m* (britannique).

imperialism [ɪm'pɪərɪəlɪzm] *n* impérialisme *m.*

imperialist [ɪm'pɪərɪəlɪst] ◇ *adj* impérialiste.
◇ *n* impérialiste *mf.*

imperialistic [ɪm,pɪərɪəl'ɪstɪk] *adj* impérialiste.

imperially [ɪm'pɪərɪəlɪ] *adv* [majestically] majestueusement; [authoritatively] impérieusement.

imperil [ɪm'perəl] (*Br pt* & *pp* **imperilled**, *cont* **imperilling**, *Am pt* & *pp* **imperiled**, *cont* **imperiling**) *vt* mettre en péril.

imperious [ɪm'pɪərɪəs] *adj* [authoritative] impérieux, autoritaire.

imperiously [ɪm'pɪərɪəslɪ] *adv* [authoritatively] impérieusement, autoritairement.

imperishable [ɪm'perɪʃəbl] *adj* [quality, truth] impérissable; [goods] non perissable.

impermanence [ɪm'pɜːmənəns] *n* fugacité *f.*

impermanent [ɪm'pɜːmənənt] *adj* fugace.

impermeable [ɪm'pɜːmɪəbl] *adj* [soil, cell, wall] imperméable; [container] étanche.

impersonal [ɪm'pɜːsnl] *adj* -**1.** [objective] objectif. -**2.** [cold] froid, impersonnel. -**3.** GRAMM impersonnel.

impersonally [ɪm'pɜːsnəlɪ] *adv* de façon impersonnelle.

impersonate [ɪm'pɜːsəneɪt] *vt* -**1.** [imitate] imiter. -**2.** [pretend to be] se faire passer pour.

impersonation [ɪm,pɜːsə'neɪʃn] *n* -**1.** [imitation] imitation *f.* -**2.** [pretence of being] imposture *f.*

impersonator [ɪm'pɜːsəneɪtə^r] *n* -**1.** [mimic] imitateur *m*, -trice *f.* -**2.** [impostor] imposteur *m.*

impertinence [ɪm'pɜːtɪnəns] *n* impertinence *f.*

impertinent [ɪm'pɜːtɪnənt] *adj* -**1.** [rude] impertinent, insolent; **to be ~ to sb** être impertinent envers qqn. -**2.** [irrelevant] hors de propos.

impertinently [ɪm'pɜːtɪnəntlɪ] *adv* avec impertinence.

imperturbable [,ɪmpə'tɜːbəbl] *adj* imperturbable.

imperturbably [,ɪmpə'tɜːbəblɪ] *adv* imperturbablement.

impervious [ɪm'pɜːvjəs] *adj* -**1.** [unreceptive, untouched - person] imperméable, fermé; **they are ~ to new ideas** ils sont imperméables OR inaccessibles aux idées nouvelles; **~ to criticism** imperméable à la critique; **he was ~ to her charm** il était insensible à son charme; **he remained ~ to our suggestions** il est resté sourd à nos propositions. -**2.** [resistant - material]: **~ to heat** résistant à la chaleur; **~ to water** imperméable.

impetigo [,ɪmpɪ'taɪgəʊ] *n* impétigo *m.*

impetuosity [ɪm,petjʊ'ɒsətɪ] *n* impétuosité *f.*

impetuous [ɪm'petʃʊəs] *adj* impétueux.

impetuously [ɪm'petʃʊəslɪ] *adv* avec impétuosité.

impetuousness [ɪm'petʃʊəsnɪs] = **impetuosity**.

impetus ['ɪmpɪtəs] *n* -**1.** [force] force *f* d'impulsion; [speed] élan *m*; [weight] poids *m*; **to be carried by** OR **under one's own ~** être entraîné par son propre élan OR par son propre poids. -**2.** *fig* [incentive, drive] impulsion *f*, élan *m*; **to give new ~ to sthg** donner un nouvel élan à qqch, relancer qqch.

impiety [ɪm'paɪətɪ] (*pl* **impieties**) *n* -**1.** RELIG impiété *f.* -**2.** [disrespect] irrévérence *f.*

impinge [ɪm'pɪndʒ] *vi* -**1.** [affect]: **to ~ on** OR **upon** affecter. -**2.** [encroach]: **to ~ on** OR **upon** empiéter sur; **to ~ on sb's rights/time** empiéter sur les droits/le temps de qqn.

impingement [ɪm'pɪndʒmənt] *n* empiètement *m.*

impious ['ɪmpɪəs] *adj lit* impie.

impish ['ɪmpɪʃ] *adj* espiègle, taquin, malicieux.

implacable [ɪm'plækəbl] *adj* implacable.

implacably [ɪm'plækəblɪ] *adv* implacablement.

implant [*vb* ɪm'plɑːnt, *n* 'ɪmplɑːnt] ◇ *vt* -**1.** [instil - idea, feeling] inculquer; **they tried to ~ their own beliefs in their children's minds** ils ont essayé d'inculquer leurs propres convictions à leurs enfants. -**2.** MED [graft] greffer; [place under skin] implanter.
◇ *n* [under skin] implant *m*; [graft] greffe *f.*

implausible [ɪm'plɔːzəbl] *adj* invraisemblable.

implement [*n* 'ɪmplɪmənt, *vb* 'ɪmplɪment]
◇ *n* -**1.** [tool] outil *m*; **agricultural ~s** matériel *m* agricole; **gardening ~s** outils de jardinage, **kitchen ~s** ustensiles *mpl* de cuisine. -**2.** *fig* [means] instrument *m.*
◇ *vt* [plan, orders] exécuter; [ideas, policies] appliquer, mettre en œuvre.

implementation [,ɪmplɪmen'teɪʃn] *n* [of ideas, policies] application *f*, mise *f* en œuvre; [of plan, orders] exécution *f.*

implicate ['ɪmplɪkeɪt] *vt* impliquer; **to be ~d in sthg** être impliqué dans qqch.

implication [,ɪmplɪ'keɪʃn] *n* -**1.** [possible repercussion] implication *f*; **what are the ~s of the survey?** quelles sont les implications de ce sondage?; **I don't think you understand the ~s of what you are saying** je ne suis pas sûr que vous mesuriez la portée de vos propos; **the full ~s of the report are not yet clear** il est encore trop tôt pour mesurer pleinement les implications de ce rapport. -**2.** [suggestion] suggestion *f*; [insinuation] insinuation *f*; [hidden meaning] sous-entendu *m*; **by ~** par voie de conséquence; **the ~ was that we would be punished** tout portait à croire que nous serions punis. -**3.** [involvement] implication *f.*

implicit [ɪm'plɪsɪt] *adj* -**1.** [implied] implicite; **his feelings were ~ in his words** ses paroles laissaient deviner ses sentiments. -**2.** [total - confidence, obedience] total, absolu.

implicitly [ɪm'plɪsɪtlɪ] *adv* -**1.** [by implication] implicitement. -**2.** [totally] absolument.

implied [ɪm'plaɪd] *adj* implicite, sous-entendu.

implode [ɪm'pləʊd] ◇ *vi* imploser.
◇ *vt* LING: **~d consonant** consonne *f* implosive.
implore [ɪm'plɔːʳ] *vt* supplier; **he ~d me to give him the money** il m'a supplié de lui donner l'argent; **I ~ you!** je vous en supplie!
imploring [ɪm'plɔːrɪŋ] *adj* suppliant.
imploringly [ɪm'plɔːrɪŋlɪ] *adv*: **he looked at me ~** il me suppliait du regard.
implosion [ɪm'pləʊʒn] *n* implosion *f*.
implosive [ɪm'pləʊsɪv] ◇ *adj* implosif.
◇ *n* implosive *f*.
imply [ɪm'plaɪ] (*pt* & *pp* **implied**) *vt* -**1.** [insinuate] insinuer; [give impression] laisser entendre OR supposer; **are you ~ing that I'm mistaken?** voulez-vous insinuer que je me trompe?; **she implied that it wouldn't take long** elle a laissé entendre que cela ne prendrait pas longtemps. -**2.** [presuppose] impliquer; [involve] comporter; **it implies that one of them is lying** cela implique OR veut dire que l'un d'eux ment; **it implies a lot of hard work** cela implique beaucoup de travail.
impolite [,ɪmpə'laɪt] *adj* impoli; **to be ~ to sb** être OR se montrer impoli envers qqn.
impolitely [,ɪmpə'laɪtlɪ] *adv* impoliment.
impoliteness [,ɪmpə'laɪtnɪs] *n* impolitesse *f*.
impolitic [ɪm'pɒlətɪk] *adj* peu OR mal avisé, maladroit.
imponderable [ɪm'pɒndrəbl] ◇ *adj* impondérable.
◇ *n* impondérable *m*.
import [*n* 'ɪmpɔːt, *vb* ɪm'pɔːt] ◇ *n* -**1.** COMM importation *f*. -**2.** [imported article] importation *f*, article *m* importé; **the government has put a tax on ~s** le gouvernement a instauré une taxe sur les produits d'importation OR les produits importés. -**3.** *fml* [meaning - of speech, action] signification *f*; [content] teneur *f*. -**4.** *fml* [importance] importance *f*.
◇ *vt* -**1.** COMM importer; **lamb ~ed from New Zealand into Britain** agneau de Nouvelle-Zélande importé en Grande-Bretagne. -**2.** [imply] signifier.
◇ *comp* [licence, surcharge] d'importation; [duty] de douane, sur les importations; [trade] des importations.
importance [ɪm'pɔːtns] *n* importance *f*; **to be of ~** avoir de l'importance; **it is of great ~ to act now** il est très important d'agir maintenant; **it's of no ~ whatsoever** cela n'a aucune espèce d' importance; **to give ~ to sthg** attacher de l'importance à qqch; **to be promoted to a position of ~** être promu à un poste important ❑ **'The Importance of being Earnest'** *Wilde* 'De l'importance d'être constant'.
important [ɪm'pɔːtnt] *adj* -**1.** [essential] important; **it's not ~** ça n'a pas d'importance; **it is ~ that you (should) get the job** il est important que vous obteniez cet emploi OR ce boulot; **it is ~ for her to know the truth** il est important pour elle de connaître OR il est important qu'elle connaisse la vérité; **my job is ~ to me** mon travail compte beaucoup pour moi; **to play an ~ part** jouer un rôle important OR capital; **stop trying to look ~** cesse de te donner des airs importants. -**2.** [influential]: **an ~ book/writer** un livre-/écrivain-clef.
importantly [ɪm'pɔːtntlɪ] *adv* d'un air important; **and, more ~...** et, ce qui est plus important...
importation [,ɪmpɔː'teɪʃn] *n* importation *f*.
importer [ɪm'pɔːtəʳ] *n* -**1.** [person] importateur *m*, -trice *f*. -**2.** [country] pays *m* importateur; **an oil ~** un pays importateur de pétrole.
import-export *n* import-export *m*; **an ~ company** une société d'import-export.
importunate [ɪm'pɔːtjʊnət] *adj fml* [visitor, beggar] importun; [demands, questions] incessant.
importune [ɪm'pɔːtjuːn] *fml* ◇ *vt* -**1.** [gen] importuner, harceler; **to ~ sb with questions** harceler OR presser qqn de questions. -**2.** *Br* [subj: prostitute] racoler.
◇ *vi Br* [prostitute] racoler.
importunity [,ɪmpɔː'tjuːnətɪ] *n* [harassment] sollicitation *f*.
impose [ɪm'pəʊz] ◇ *vt* [price, tax, attitude, belief] imposer; [fine, penalty] infliger; **to ~ a task on sb** imposer une tâche à qqn; **to ~ sanctions on sb** infliger des sanctions à qqn; **he tried to ~ his opinions on us** il a essayé de nous imposer ses opinions; **to ~ o.s. on sb** imposer sa présence à qqn.
◇ *vi* s'imposer; **I'm sorry to ~** je suis désolé de vous déranger; **to ~ on sb** abuser de la gentillesse de qqn; **they ~ upon his hospitality** ils abusent de son hospitalité.
imposing [ɪm'pəʊzɪŋ] *adj* [person, building] impressionnant; **of ~ stature** d'une taille imposante OR impressionnante.
imposingly [ɪm'pəʊzɪŋlɪ] *adv* d'une manière imposante.
imposition [,ɪmpə'zɪʃn] *n* -**1.** [of tax, sanction] imposition *f*. -**2.** [burden] charge *f*, fardeau *m*; **I don't want to be an ~ (on you)** je ne veux pas abuser de votre gentillesse OR de votre bonté. -**3.** TYPO imposition *f*. -**4.** *Br* SCH punition *f*.
impossibility [ɪm,pɒsə'bɪlətɪ] (*pl* **impossibilities**) *n* impossibilité *f*; **it's a physical ~ for us to arrive on time** nous sommes dans l'impossibilité matérielle d'arriver à l'heure; **it's a total ~** c'est totalement impossible.
impossible [ɪm'pɒsəbl] ◇ *adj* -**1.** [not possible] impossible; **it's ~ for me to leave work before 6 p.m.** il m'est impossible de quitter mon travail avant 18 h; **you make it ~ for me to be civil to you** tu me mets dans l'impossibilité d'être poli envers toi; **I'm afraid that's quite ~** je regrette, mais ça n'est vraiment pas possible. -**2.** [difficult to believe - story, adventure] impossible, invraisemblable; **but that's ~!** mais ce n'est pas possible!; **it is ~ that he should be lying** il est impossible qu'il mente. -**3.** [unbearable] impossible, insupportable; **he's absolutely ~** il est vraiment impossible OR insupportable; **he made their lives ~** il leur a rendu la vie insupportable OR impossible; **you're putting me in an ~ situation** vous me mettez dans une situation impossible.
◇ *n* impossible *m*; **to attempt/to ask the ~** tenter/demander l'impossible.
impossibly [ɪm'pɒsəblɪ] *adv* -**1.** [extremely] extrêmement; **~ difficult** extrêmement difficile; **the film is ~ long** le film n'en finit pas; **the coach was travelling ~ slowly** le car roulait incroyablement lentement. -**2.** [unbearably] insupportablement; **they behave ~** ils sont totalement insupportables.
impost ['ɪmpəʊst] *n* -**1.** FIN impôt *m*. -**2.** ARCHIT imposte *f*.
impostor, imposter [ɪm'pɒstəʳ] *n* imposteur *m*.
imposture [ɪm'pɒstʃəʳ] *n fml* imposture *f*.
impotence ['ɪmpətəns] *n* [gen & MED] impuissance *f*.
impotent ['ɪmpətənt] *adj* -**1.** [powerless] faible. -**2.** [sexually] impuissant.
impound [ɪm'paʊnd] *vt* [gen] saisir; [car] mettre en fourrière.
impoverish [ɪm'pɒvərɪʃ] *vt* appauvrir.
impoverished [ɪm'pɒvərɪʃt] *adj* appauvri, très pauvre.
impoverishment [ɪm'pɒvərɪʃmənt] *n* appauvrissement *m*.
impracticable [ɪm'præktɪkəbl] *adj* [not feasible] irréalisable, impraticable.
impractical [ɪm'præktɪkl] *adj* [plan] irréaliste; [person] qui manque d'esprit pratique.
imprecation [,ɪmprɪ'keɪʃn] *n fml* imprécation *f*.
imprecise [,ɪmprɪ'saɪs] *adj* imprécis.
imprecision [,ɪmprɪ'sɪʒn] *n* imprécision *f*.
impregnable [ɪm'pregnəbl] *adj* -**1.** [fortress] imprenable. -**2.** *fig* [argument] irréfutable; **his position is ~** sa position est inattaquable.
impregnate ['ɪmpregneɪt] *vt* -**1.** [fill] imprégner; **~d with water/smoke** imprégné d'eau/de fumée. -**2.** *fml* [make pregnant] féconder.
impregnation [,ɪmpreg'neɪʃn] *n* -**1.** *fml* [fertilization] fécondation *f*. -**2.** [saturation] imprégnation *f*.
impresario [,ɪmprɪ'sɑːrɪəʊ] (*pl* **impresarios**) *n* impresario *m*.
imprescriptible [,ɪmprə'skrɪptəbl] *adj fml* imprescriptible.
impress [*vb* ɪm'pres, *n* 'ɪmpres] ◇ *vt* -**1.** [influence, affect - mind, person] faire impression sur, impressionner; **I was favourably ~ed by her appearance** son apparence m'a fait bonne impression; **I'm not in the least ~ed** ça ne m'impressionne pas du tout; **he ~ed the jury** il a fait une forte impression sur le jury; **I wasn't ~ed by her friend** son ami ne m'a pas fait grande impression. -**2. to ~ sthg on sb** [make understand] faire comprendre qqch à qqn. -**3.** [print] imprimer, marquer; **the clay was ~ed with a design, a design was ~ed onto the clay** un motif était imprimé dans l'argile; **her words are ~ed on my memory** *fig* ses paroles sont gravées dans ma mémoire.
◇ *n* empreinte *f*.
impression [ɪm'preʃn] *n* -**1.** [impact - on person, mind, feelings] impression *f*; **he made a strong ~ on them** il leur a fait une forte impression; **he always tries to make an ~** il essaie toujours d'impressionner les gens; **my words made no ~ on him whatsoever** mes paroles n'ont eu absolument aucun effet sur lui; **they got a good ~ of my brother** mon frère leur a fait bonne impression. -**2.** [idea, thought] impression *f*; **you should never trust first ~s** il ne faut pas se fier aux premières impressions; **it's my ~** OR **I have the ~ that she's rather annoyed with us** j'ai l'impression qu'elle est en colère contre nous; **what were your ~s of Tokyo?** quelles ont été vos impressions de Tokyo?; **I was under the ~ that you were unable to come** j'étais persuadé que vous ne pouviez pas venir. -**3.** [mark, imprint] marque *f*, empreinte *f*. -**4.** [printing] impression *f*; [edition] tirage *m*. -**5.** [impersonation] imitation *f*; **to do ~s** faire des imitations; **she does a very good ~ of the Queen** elle imite très bien la reine.
impressionable [ɪm'preʃnəbl] *adj* impressionnable; **he is at a very ~ age** il est à l'âge où on se laisse facilement impressionner; **an ~ young man** un jeune homme impressionnable.
Impressionism [ɪm'preʃənɪzm] *n* ART & LITERAT impressionnisme *m*.
impressionist [ɪm'preʃənɪst] *n* [entertainer] imitateur *m*, -trice *f*; ART & LITERAT impressionniste.
◆ **Impressionist** ◇ *n* impressionniste *mf*.
◇ *adj* impressionniste.
impressionistic [ɪm,preʃə'nɪstɪk] *adj* [vague] vague, imprécis.
impressive [ɪm'presɪv] *adj* impressionnant.
impressively [ɪm'presɪvlɪ] *adv* remarquablement.
imprimatur [,ɪmprɪ'meɪtəʳ] *n* imprimatur *m inv*.
imprint [*n* 'ɪmprɪnt, *vb* ɪm'prɪnt] ◇ *n* -**1.** [mark] empreinte *f*, marque *f*; **the ~ of a hand** l'empreinte d'une main; **the ~ of suffering on her face** les marques de la souffrance sur son visage; **the war had left its ~ on all of us** la guerre nous avait tous marqués. -**2.** TYPO [name]: **published under the Larousse ~** édité chez Larousse. -**3.** [design] logo *m*.
◇ *vt* -**1.** [print] imprimer. -**2.** [in sand, clay, mud] imprimer; **to be ~ed in** être imprimé dans. -**3.** *fig* [fix] implanter, graver; **her face was ~ed on my mind** son visage est resté gravé dans mon esprit.
imprinting [ɪm'prɪntɪŋ] *n* ZOOL empreinte *f*.
imprison [ɪm'prɪzn] *vt* -**1.** [put in prison] mettre en prison, incarcérer; **he has been ~ed several times** il a fait plusieurs séjours en prison. -**2.** [sentence] condamner; **she was ~ed for 15 years** elle a été condamnée à 15 ans de prison OR de réclusion criminelle.
imprisonment [ɪm'prɪznmənt] *n* emprisonnement *m*; **to be sentenced to six months'**

~ être condamné à six mois de prison ❑ **a sentence of life** ~ une condamnation à perpétuité OR à vie.

improbability [ɪmˌprɒbəˈbɪlətɪ] (*pl* **improbabilities**) *n* -**1.** [of event] improbabilité *f*. -**2.** [of story] invraisemblance *f*.

improbable [ɪmˈprɒbəbl] *adj* -**1.** [unlikely] improbable; **I think it highly ~ that he ever came here** il me paraît fort peu probable qu'il soit jamais venu ici. -**2.** [hard to believe] invraisemblable; **an ~ story** une histoire invraisemblable.

improbably [ɪmˈprɒbəblɪ] *adv* invraisemblablement.

impromptu [ɪmˈprɒmptjuː] ◇ *adj* impromptu; **an ~ speech** un discours improvisé.
◇ *adv* impromptu; **to speak ~** *Br* parler impromptu.
◇ *n* impromptu *m*.

improper [ɪmˈprɒpəʳ] *adj* -**1.** [rude, shocking - words, action] déplacé; **his behaviour was most ~** il a eu un comportement tout à fait déplacé; **to make ~ suggestions (to sb)** faire des propositions malhonnêtes (à qqn). -**2.** [unsuitable] peu convenable. -**3.** [dishonest] malhonnête. -**4.** [incorrect - method, equipment] mauvais, inadéquat.

improperly [ɪmˈprɒpəlɪ] *adv* -**1.** [indecently] de manière déplacée; **he behaved most ~** il s'est comporté d'une manière tout à fait déplacée. -**2.** [unsuitably]: **he was ~ dressed** il n'était pas habillé comme il faut. -**3.** [dishonestly] malhonnêtement. -**4.** [incorrectly] incorrectement, de manière incorrecte.

impropriety [ˌɪmprəˈpraɪətɪ] (*pl* **improprieties**) *n* -**1.** [of behaviour] inconvenance *f*; **to commit an ~** commettre une indélicatesse. -**2.** [of language] impropriété *f*.

improvable [ɪmˈpruːvəbl] *adj* perfectible.

improve [ɪmˈpruːv] ◇ *vt* -**1.** [make better - work, facilities, result] améliorer; **to ~ one's chances** augmenter ses chances; **if you cut your hair it would ~ your looks** tu serais mieux avec les cheveux plus courts; **a little basil will greatly ~ the flavour** ce sera nettement meilleur avec un peu de basilic; **she's gone to Madrid to ~ her Spanish** elle est allée à Madrid pour améliorer son espagnol. -**2.** [increase - knowledge, productivity] accroître, augmenter. -**3.** [cultivate]: **to ~ one's mind** se cultiver l'esprit; **reading ~s the mind** on se cultive en lisant.
◇ *vi* [get better] s'améliorer; [increase] augmenter; [make progress] s'améliorer, faire des progrès; **her health is improving** son état (de santé) s'améliore; **business is improving** les affaires reprennent; **your maths has ~d** vous avez fait des progrès en maths; **to ~ with age/use** s'améliorer en vieillissant/à l'usage; **he ~s on acquaintance** il gagne à être connu.

◆ **improve on, improve upon** *vt insep* -**1.** [result, work] améliorer; **it's difficult to see how the performance can be ~d on** il semble difficile d'améliorer cette performance. -**2.** [offer]: **to ~ on sb's offer** enchérir sur qqn.

improved [ɪmˈpruːvd] *adj* [gen] amélioré; [services] amélioré, meilleur; [offer, performance] meilleur.

improvement [ɪmˈpruːvmənt] *n* -**1.** amélioration *f*; [in person's work, performance] progrès *m*; **what an ~!** c'est nettement mieux!; **this is a great ~ on her previous work** c'est bien mieux que ce qu'elle faisait jusqu'à présent; **there has been some ~** il y a un léger mieux; **there has been a slight ~ in his work** son travail s'est légèrement amélioré; **there is no ~ in the weather** le temps ne s'est pas arrangé; **to show some ~** [in condition] aller un peu mieux; [in work] faire quelques progrès; **there's room for ~** on peut faire mieux. -**2.** [in building, road etc] rénovation *f*, aménagement *m*; **(home) ~s** travaux *mpl* de rénovation; **to carry out ~s** effectuer des travaux de rénovation; **motorway ~s** travaux de réfection des autoroutes.

improvidence [ɪmˈprɒvɪdəns] *n fml* imprévoyance *f*.

improvident [ɪmˈprɒvɪdənt] *adj fml* [thriftless] dépensier; [heedless - person] imprévoyant; [- life] insouciant.

improvidently [ɪmˈprɒvɪdəntlɪ] *adv fml* [thriftlessly] dispendieusement; [heedlessly] avec imprévoyance.

improvisation [ˌɪmprəvaɪˈzeɪʃn] *n* improvisation *f*.

improvise [ˈɪmprəvaɪz] *vt* & *vi* improviser.

imprudence [ɪmˈpruːdəns] *n* imprudence *f*.

imprudent [ɪmˈpruːdənt] *adj* imprudent.

imprudently [ɪmˈpruːdəntlɪ] *adv* imprudemment.

impudence [ˈɪmpjʊdəns] *n* effronterie *f*, impudence *f*.

impudent [ˈɪmpjʊdənt] *adj* effronté, impudent; **he is ~ to his teachers** il est effronté avec ses professeurs.

impudently [ˈɪmpjʊdəntlɪ] *adv* effrontément, impudemment.

impugn [ɪmˈpjuːn] *vt fml* contester.

impulse [ˈɪmpʌls] *n* -**1.** [desire, instinct] impulsion *f*, besoin *m*, envie *f*; **I felt an irresistible ~ to hit him** j'ai éprouvé une irrésistible envie de le frapper; **to act on ~** agir par impulsion; **I bought it on ~** je l'ai acheté sur un coup de tête; **I'm sorry, I did it on ~** je m'excuse, je l'ai fait sans réfléchir; **on a sudden ~, he kissed her** pris d'une envie irrésistible, il l'a embrassée. -**2.** *fml* [impetus] impulsion *f*, poussée *f*; **government grants have given an ~ to trade** les subventions gouvernementales ont relancé les affaires. -**3.** ELEC & PHYSIOL impulsion *f*.

impulse buy *n* achat *m* impulsif.

impulse buyer *n* acheteur *m* impulsif, acheteuse *f* impulsive.

impulse buying *n (U)* achats *mpl* impulsifs.

impulsion [ɪmˈpʌlʃn] *n* impulsion *f*.

impulsive [ɪmˈpʌlsɪv] *adj* -**1.** [instinctive, spontaneous] impulsif; [thoughtless] irréfléchi. -**2.** [force] impulsif.

impulsively [ɪmˈpʌlsɪvlɪ] *adv* par OR sur impulsion, impulsivement; **he kissed her ~** pris d'une envie irrésistible, il l'embrassa; **I acted ~** j'ai agi par impulsion.

impulsiveness [ɪmˈpʌlsɪvnɪs] *n* caractère *m* impulsif.

impunity [ɪmˈpjuːnətɪ] *n fml* impunité *f*; **to act with ~** agir en toute impunité OR impunément.

impure [ɪmˈpjʊəʳ] *adj* -**1.** [unclean - air, milk] impur. -**2.** *lit* [sinful - thought] impur, mauvais; [- motive] bas. -**3.** ARCHIT [style] bâtard.

impurity [ɪmˈpjʊərətɪ] (*pl* **impurities**) *n* impureté *f*.

imputable [ɪmˈpjuːtəbl] *adj* imputable.

imputation [ˌɪmpjuːˈteɪʃn] *n fml* -**1.** [attribution] attribution *f*. -**2.** [accusation] imputation *f*.

impute [ɪmˈpjuːt] *vt fml* [attribute] imputer, attribuer; **the blame must be ~d to them** la responsabilité leur en revient.

in [ɪn] ◇ *prep* **A.** -**1.** [within a defined area or space] dans; **in a box** dans une boîte; **what have you got in your pockets?** qu'est-ce que tu as dans tes poches?; **she was sitting in an armchair** elle était assise dans un fauteuil; **in the house** dans la maison; **in Catherine's house** chez Catherine; **they're playing in the garden/living room/street** ils jouent dans le jardin/le salon/la rue; **we live in a village** nous habitons un village; **he's still in bed/in the bath** il est encore au lit/dans son bain; **she shut herself up in her bedroom** elle s'est enfermée dans sa chambre; **the light's gone in the fridge** la lumière du réfrigérateur ne marche plus. -**2.** [within an undefined area or space] dans; **she trailed her hand in the water** elle laissait traîner sa main dans l'eau; **there's a smell of spring in the air** ça sent le printemps; **we swam in the sea** nous nous sommes baignés dans la mer. -**3.** [indicating movement] dans; **put it in your pocket** mets-le dans ta poche; **throw the letter in the bin** jette la lettre à la poubelle; **we headed in the direction of the port** nous nous sommes dirigés vers le port. -**4.** [contained by a part of the body] dans; **he had a knife in his hand** il avait un couteau dans OR à la main; **she held her tight in her arms** elle la serrait dans ses bras; **with tears in his eyes** les larmes aux yeux. -**5.** [on or behind a surface] dans; **a hole in the wall** un trou dans le mur; **there were deep cuts in the surface** la surface était marquée de profondes entailles; **a reflection in the mirror** un reflet dans la glace; **how much is that pullover in the window?** combien coûte ce pull dans la vitrine?; **who's that man in the photo?** qui est cet homme sur la photo? -**6.** [in a specified institution]: **she's in hospital/in prison** elle est à l'hôpital/en prison; **he teaches in a language school** il enseigne dans une école de langues. -**7.** [with geographical names]: **in Paris** à Paris; **in France** en France; **in Afghanistan** en Afghanistan; **in the States** aux États-Unis; **in Portugal** au Portugal; **in the Pacific** dans l'océan Pacifique; **in the Third World** dans les pays du tiers-monde. -**8.** [wearing] en; **he was in a suit** il était en costume; **she was still in her dressing gown** elle était encore en robe de chambre; **he always dresses in green** il s'habille toujours en vert; **who's that woman in the hat?** qui est la femme avec le OR au chapeau?; **in uniform/mourning** en uniforme/deuil. -**9.** [covered by]: **sardines in tomato sauce** des sardines à la sauce tomate; **we were up to our waists in mud** nous étions dans la boue jusqu'à la taille.
B. -**1.** [during a specified period of time] en; **in 1992** en 1992; **in March** en mars, au mois de mars; **in (the) summer/autumn/winter** en été/automne/hiver; **in (the) spring** au printemps; **he doesn't work in the afternoon/morning** il ne travaille pas l'après-midi/le matin; **I'll come in the afternoon/morning** je viendrai l'après-midi/le matin; **at 5 o'clock in the afternoon/morning** à 5 h de l'après-midi/du matin; **in the future** un jour; **in the past** autrefois. -**2.** [within a specified period of time] en; **he cooked the meal in ten minutes** il prépara le repas en dix minutes. -**3.** [after a specified period of time] dans; **I'll be back in five minutes** je reviens dans cinq minutes, j'en ai pour cinq minutes. -**4.** [indicating a long period of time]: **we haven't had a proper talk in ages** nous n'avons pas eu de véritable conversation depuis très longtemps; **I hadn't seen her in years** ça faisait des années que je ne l'avais pas vue. -**5.** [during a specified temporary situation]: **in my absence** en OR pendant mon absence; **in the ensuing chaos** OR **confusion** dans la confusion qui s'ensuivit.
C. -**1.** [indicating arrangement, shape] en; **in five rows/parts** en cinq rangées/parties; **stand in a ring** mettez-vous en cercle; **cut the cake in three/in half** coupe le gâteau en trois/en deux; **she had her hair up in a ponytail** ses cheveux étaient relevés en queue de cheval. -**2.** [indicating form, method]: **in cash** en liquide; **in English/French/code** en anglais/français/code; **written in ink** écrit à l'encre. -**3.** [indicating state of mind]: **she's in a bit of a state** elle est dans tous ses états; **to be in love/in despair** être amoureux/désespéré; **don't keep us in suspense** ne nous tiens pas en haleine plus longtemps; **he watched in wonderment** il regardait avec émerveillement. -**4.** [indicating state, situation] dans, en; **in the present circumstances** dans les circonstances actuelles; **in the dark** dans l'obscurité; **in this weather** par OR avec ce temps; **in the sun** au soleil; **in the rain/snow** sous la pluie/neige; **in danger/silence** en danger/silence; **in my presence** en ma présence; **she's got her leg in plaster** elle a une jambe plâtrée OR dans le plâtre. -**5.** [referring to plants and animals]: **in blossom** en fleur OR fleurs; **in pup/calf/cub** plein; **in heat** *Am* en chaleur. -**6.** [among] chez; **a disease common in five-year-olds** une maladie très répandue chez les enfants de cinq ans; **the sense of smell is more developed in dogs** l'odorat est plus développé chez les chiens.
D. -**1.** [forming part of] dans; **in chapter six** dans le chapitre six; **we were standing in a queue**

nous faisions la queue; **she's appearing in his new play/film** elle joue dans sa nouvelle pièce/son nouveau film; **he has two Picassos in his collection** il a deux Picasso dans sa collection; **the best player in the team** le meilleur joueur de l'équipe; **how many feet are there in a metre?** combien de pieds y a-t-il dans un mètre?; **service is included in the charge** le service est inclus dans le prix. -**2.** [indicating a personality trait]: **she hasn't got it in her to be nasty** elle est bien incapable de méchanceté; **it's the Irish in me** c'est mon côté irlandais. -**3.** [indicating feelings about a person or thing]: **she has no confidence in him** elle n'a aucune confiance en lui; **they showed no interest in my work** mon travail n'a pas eu l'air de les intéresser le moins du monde. -**4.** [according to]: **in my opinion** OR **view** à mon avis.
E. -**1.** [indicating purpose, cause]: **he charged the door in an effort to get free** dans un effort pour se libérer, il donna un grand coup dans la porte; **in reply** OR **response to your letter...** en réponse à votre lettre...; **there's no point in complaining** il est inutile de OR ça ne sert à rien de se plaindre. -**2.** [as a result of] en; **in doing so, you only encourage him** en faisant cela, vous ne faites que l'encourager; **in attempting to save her son's life, she almost died** en essayant de sauver son fils, elle a failli mourir. -**3.** [as regards]: **it's five feet in length** ça fait cinq pieds de long; **the town has grown considerably in size** la ville s'est beaucoup agrandie; **a change in direction** un changement de direction; **he's behind in maths** il ne suit pas en maths; **spinach is rich in iron** les épinards sont riches en fer; **we've found the ideal candidate in Richard** nous avons trouvé en Richard le candidat idéal. -**4.** [indicating source of discomfort]: **I've got a pain in my arm** j'ai une douleur au OR dans le bras.
F. -**1.** [indicating specified field, sphere of activity] dans; **to be in the army/navy** être dans l'armée/la marine; **she's in advertising** elle est dans la publicité; **he's in business with his sister** il dirige une entreprise avec sa sœur; **there have been tremendous advances in the treatment of cancer** de grands progrès ont été faits dans le traitement du cancer; **a degree in Italian and French** un diplôme d'italien et de français. -**2.** [indicating activity engaged in]: **our days were spent in swimming and sailing** nous passions nos journées à nager et à faire de la voile; **they spent hours (engaged) in complex negotiations** ils ont passé des heures en négociations difficiles; **you took your time in getting here!** tu en as mis du temps à venir!
G. -**1.** [indicating approximate number, amount]: **people arrived in droves/in dribs and drabs** les gens sont arrivés en foule/par petits groupes; **they came in their thousands** ils sont venus par milliers; **he's in his forties** il a la quarantaine. -**2.** [in ratios] sur; **one child in three** un enfant sur trois; **a one-in-five hill** une pente de 20 %.
◇ *adv* **A.** -**1.** [into an enclosed space] à l'intérieur, dedans; **she opened the door and looked in** elle ouvrit la porte et regarda à l'intérieur; **he jumped in** il sauta dedans. -**2.** [indicating movement from outside to inside]: **breathe in then out** inspirez puis expirez; **we can't take in any more refugees** nous ne pouvons pas accueillir plus de réfugiés; **she's been in and out of mental hospitals all her life** elle a passé presque toute sa vie dans des hôpitaux psychiatriques. -**3.** [at home or place of work]: **is your wife/the boss in?** est-ce que votre femme/le patron est là?; **it's nice to spend an evening in** c'est agréable de passer une soirée chez soi; **to eat/to stay in** manger/rester à la maison; **he usually comes in about 10 o'clock** en général, il est là vers 10 h.
B. -**1.** [indicating entry]: **to go in** entrer; **come in!** entrez!; **to saunter/to run in** entrer d'un pas nonchalant/en courant; **in we go!** on y va! -**2.** [indicating arrival]: **the bus isn't in yet** le bus n'est pas encore arrivé; **what time does your train get in?** quand est-ce que votre train arrive? -**3.** [towards the centre]: **the walls fell in** les murs se sont écroulés; **the edges bend in** le bord est recourbé. -**4.** [towards the shore]: **the tide is in** la marée est haute.
C. -**1.** [indicating transmission]: **write in for further information** écrivez-nous pour plus de renseignements; **entries must be in by May 1st** les bulletins doivent nous parvenir avant le 1er mai; **offers of help poured in** les propositions d'aide sont arrivées en masse. -**2.** [indicating participation, addition]: **we asked if we could join in** nous avons demandé si nous pouvions participer; **stir in the chopped onions** ajouter les oignons en lamelles; **fill in the blanks** remplissez les espaces vides.
D. -**1.** SPORT [within area of court]: **the umpire said that the ball was in** l'arbitre a dit que la balle était bonne. -**2.** [in cricket] à l'attaque; **the other side went in first** c'est l'autre équipe qui était d'abord à l'attaque.
E. -**1.** POL [elected]: **he failed to get in at the last election** il n'a pas été élu aux dernières élections. -**2.** [in fashion] à la mode; **short skirts are coming back in** les jupes courtes reviennent à la mode.
F. *phr*: **to be in for sthg**: **you're in for a bit of a disappointment** tu vas être déçu; **he's in for a surprise/shock** il va avoir une surprise/un choc; **they don't know what they're in for** *inf* ils ne savent pas ce qui les attend; **now he's really in for it** *inf* cette fois-ci, il va y avoir droit; **to be in on sthg** *inf* [involved] être dans le coup; [informed] être au courant; **we were all in on the plot** on était tous au courant; **I wasn't in on that particular conversation** je n'étais pas là pendant cette conversation; **to be in with sb** *inf* être en bons termes avec qqn; **he's trying to get in with the boss** il essaie de se faire bien voir du patron.
◇ *adj* -**1.** [fashionable] à la mode, branché; **that nightclub is very in** cette boîte est très à la mode; **it's the in place to go** c'est l'endroit branché du moment; **to be the in thing** être à la mode. -**2.** [for a select few]: **it's an in joke** c'est une plaisanterie entre nous/elles *etc.*
◆ **ins** *npl*: **the ins and outs (of an affair/of a situation)** les tenants et les aboutissants (d'une affaire/d'une situation).
◆ **in all** *adv phr* en tout; **there are 30 in all** il y en a 30 en tout.
◆ **in between** ◇ *adv phr* -**1.** [in intermediate position]: **a row of bushes with little clumps of flowers in between** une rangée d'arbustes séparés par des petites touffes de fleurs; **he's neither right nor left but somewhere in between** il n'est ni de droite ni de gauche mais quelque part entre les deux; **she either plays very well or very badly, never in between** elle joue très bien ou très mal, jamais entre les deux. -**2.** [in time] entretemps, dans l'intervalle.
◇ *prep phr* entre.
◆ **in itself** *adv phr* en soi; **the town is not in itself beautiful but it has style** la ville n'est pas belle en soi mais elle a de l'allure; **this was in itself an achievement** c'était déjà un exploit en soi.
◆ **in that** *conj phr* puisque; **I'm not badly off in that I have a job and a flat but...** je ne peux pas me plaindre puisque j'ai un emploi et un appartement mais...; **we are lucky in that there are only a few of us** nous avons de la chance d'être si peu nombreux.

-in *in cpds exprime l'aspect collectif d'une activité*: **love-in** célébration *f* de l'amour en commun.

in- *in cpds*: **in-car** installé dans la voiture; **in-flight** pendant le vol; **in-house** interne.

in. *written abbr of* **inch(es)**.

IN *written abbr of* **Indiana**.

inability [ˌɪnəˈbɪlətɪ] *n* incapacité *f*; **our ~ to help them** notre incapacité à les aider.

in absentia [ɪnæbˈsentɪə] *adv* in absentia; JUR par contumace.

inaccessibility [ˈɪnəkˌsesɪˈbɪlətɪ] *n* inaccessibilité *f*.

inaccessible [ˌɪnəkˈsesəbl] *adj* -**1.** [impossible to reach] inaccessible; **the ~ parts of Antarctica** les régions inaccessibles de l'Antarctique; **the village is ~ by car** le village n'est pas accessible en voiture. -**2.** [unavailable - person] inaccessible, inabordable; [- information] inaccessible. -**3.** [obscure - film, book, music] inaccessible, incompréhensible.

inaccuracy [ɪnˈækjʊrəsɪ] (*pl* **inaccuracies**) *n* [of translation, calculation, information] inexactitude *f*; [of word, expression] inexactitude *f*, impropriété *f*.

inaccurate [ɪnˈækjʊrət] *adj* [incorrect - figures] inexact; [- term] impropre; [- result] erroné; [- description] inexact.

inaccurately [ɪnˈækjʊrətlɪ] *adv* inexactement; **the events have been ~ reported** les événements ont été présentés de façon inexacte.

inaction [ɪnˈækʃn] *n* inaction *f*.

inactivate [ɪnˈæktɪveɪt] *vt* rendre inactif, désactiver.

inactive [ɪnˈæktɪv] *adj* -**1.** [person, animal - resting] inactif, peu actif; [- not working] inactif. -**2.** [lazy] paresseux, oisif. -**3.** [inoperative - machine] au repos, à l'arrêt. -**4.** [dormant - volcano] qui n'est pas en activité; [- disease, virus] inactif. -**5.** CHEM & PHYS inerte.

inactivity [ˌɪnækˈtɪvətɪ] *n* inactivité *f*, inaction *f*.

inadequacy [ɪnˈædɪkwəsɪ] (*pl* **inadequacies**) *n* -**1.** [of resources, facilities] insuffisance *f*. -**2.** [social] incapacité *f*, inadaptation *f*; [sexual] impuissance *f*, incapacité *f*; **feelings of ~** un sentiment d'impuissance. -**3.** [failing] défaut *m*, faiblesse *f*.

inadequate [ɪnˈædɪkwət] *adj* -**1.** [insufficient] insuffisant; **our resources are ~ to meet our needs** nos ressources ne correspondent pas à nos besoins. -**2.** [unsatisfactory] médiocre; **his performance in the test was ~** il n'a pas bien réussi son examen; **their response to the problem was ~** ils n'ont pas su trouver de réponse satisfaisante au problème. -**3.** [unsuitable - equipment] inadéquat; **our machinery is ~ for this type of work** notre outillage n'est pas adapté à ce genre de travail. -**4.** [incapable] incapable; [sexually] impuissant; **he's hopelessly ~ for the job** il n'est vraiment pas fait pour ce travail; **being unemployed often makes people feel ~** les gens au chômage se sentent souvent inutiles; **he's socially ~** c'est un inadapté.

inadequately [ɪnˈædɪkwətlɪ] *adv* de manière inadéquate; [fund, invest] insuffisamment.

inadmissible [ˌɪnədˈmɪsəbl] *adj* inacceptable; **~ evidence** JUR témoignage *m* irrecevable.

inadvertence [ˌɪnədˈvɜːtəns] *n* manque *m* d'attention, étourderie *f*, inadvertance *f*; **by ~** par mégarde OR inadvertance.

inadvertent [ˌɪnədˈvɜːtnt] *adj* -**1.** [not deliberate] accidentel, involontaire. -**2.** [careless]: **an ~ error** une erreur commise par inadvertance.

inadvertently [ˌɪnədˈvɜːtəntlɪ] *adv* par mégarde OR inadvertance.

inadvisability [ˈɪnədˌvaɪzəˈbɪlətɪ] *n* inopportunité *f*.

inadvisable [ˌɪnədˈvaɪzəbl] *adj* déconseillé; **this plan is ~** ce projet est à déconseiller; **it's ~ to invest all your money in one place** il est déconseillé d'investir tout son argent dans une seule entreprise.

inalienable [ɪnˈeɪljənəbl] *adj* inaliénable.

inamorata [ɪnˌæməˈrɑːtə] *n lit* OR *hum* amoureuse *f*.

inamorato [ɪnˌæməˈrɑːtəʊ] *n lit* OR *hum* amoureux *m*.

inane [ɪˈneɪn] *adj* [person] idiot, imbécile; [behaviour] stupide, inepte; [remark] idiot, stupide, inepte.

inanely [ɪˈneɪnlɪ] *adv* de façon idiote OR stupide OR inepte.

inanimate [ɪnˈænɪmət] *adj* inanimé.

inanition [ˌɪnəˈnɪʃn] *n* -**1.** [debility] inanition *f*. -**2.** [lethargy] léthargie *f*, torpeur *f*.

inanity [ɪˈnænətɪ] (*pl* **inanities**) *n* -**1.** [stupidity] stupidité *f*. -**2.** [stupid remark] ineptie *f*, bêtise *f*.

inapplicable [ˌɪnəˈplɪkəbl] *adj* inapplicable; **the rule is ~ to this case** dans ce cas, la règle ne s'applique pas.

inapposite [ɪnˈæpəzɪt] *adj* inopportun, inapproprié.

inappropriate [ˌɪnəˈprəʊprɪət] *adj* [unsuitable - action, remark] inopportun, mal à propos; [- time, moment] inopportun; [- clothing, equipment] peu approprié, inadéquat; [- name] mal choisi; **you've come at an ~ time** vous arrivez au mauvais moment, vous tombez mal; **principles which are ~ to modern life** des principes qui ne sont pas adaptés à la vie moderne.

inappropriately [ˌɪnəˈprəʊprɪətlɪ] *adv* de manière peu convenable OR appropriée; **she was ~ dressed** elle n'était pas vêtue pour la circonstance.

inapt [ɪnˈæpt] *adj* -**1.** [unsuitable - remark] mal choisi; [- behaviour] peu convenable. -**2.** [incapable] inapte, incapable.

inaptitude [ɪnˈæptɪtjuːd] *n* -**1.** [unsuitability - of remark] manque *m* d'à-propos; [- of dress, behaviour] inconvenance *f*. -**2.** [incapability] incapacité *f*, inaptitude *f*.

inarticulate [ˌɪnɑːˈtɪkjʊlət] *adj* -**1.** [person] qui bredouille; **an ~ old man** un vieil homme qui a du mal à s'exprimer; **to be ~ with fear/rage** bégayer de peur/de rage; **his ~ suffering** la souffrance qu'il ne pouvait exprimer. -**2.** [words, sounds] indistinct; **~ expressions of love** des mots d'amour bredouillés. -**3.** ANAT & BIOL inarticulé.

inarticulately [ˌɪnɑːˈtɪkjʊlətlɪ] *adv* [express o.s.] de manière confuse OR peu claire; [mumble] de façon indistincte, indistinctement.

inartistic [ˌɪnɑːˈtɪstɪk] *adj* -**1.** [painting, drawing etc] dénué de toute valeur artistique. -**2.** [person - lacking artistic taste] sans goût artistique; [- unskilled] sans talent.

inasmuch as [ˌɪnəzˈmʌtʃ-] *conj fml* [given that] étant donné que, vu que; [insofar as] dans la mesure où.

inattention [ˌɪnəˈtenʃn] *n* manque *m* d'attention, inattention *f*; **your essay shows ~ to detail** il y a beaucoup d'erreurs de détail dans votre travail.

inattentive [ˌɪnəˈtentɪv] *adj* -**1.** [paying no attention] inattentif. -**2.** [neglectful] peu attentionné, négligent; **to be ~ towards sb** être peu attentionné envers qqn, négliger qqn.

inattentively [ˌɪnəˈtentɪvlɪ] *adv* sans prêter OR faire attention.

inaudible [ɪˈnɔːdɪbl] *adj* inaudible; **she spoke in an almost ~ whisper** elle s'exprimait de façon presque inaudible.

inaudibly [ɪˈnɔːdɪblɪ] *adv* indistinctement; **"yes" she answered ~** «oui» répondit-elle d'une voix inaudible.

inaugural [ɪˈnɔːgjʊrəl] ◇ *adj* inaugural, d'inauguration.
◇ *n Am* discours *m* inaugural *(d'un président des États-Unis)*.

inaugurate [ɪˈnɔːgjʊreɪt] *vt* -**1.** [open ceremoniously] inaugurer. -**2.** [commence formally] inaugurer; **to ~ a new policy** instaurer OR inaugurer une nouvelle politique. -**3.** [herald - era] inaugurer. -**4.** [instate - official] installer (dans ses fonctions), investir; [- king, bishop] introniser.

inauguration [ɪˌnɔːgjʊˈreɪʃn] *n* -**1.** [of building] inauguration *f*, cérémonie *f* d'ouverture; [of policy, era etc] inauguration. -**2.** [of official] investiture *f*.

Inauguration Day *n jour de l'investiture du président des États-Unis (le 20 janvier).*

inauspicious [ˌɪnɔːˈspɪʃəs] *adj* défavorable, peu propice; **things got off to an ~ start** les choses ont pris un mauvais départ; **an ~ event** un événement de mauvais augure OR de sinistre présage.

inauspiciously [ˌɪnɔːˈspɪʃəslɪ] *adv* défavorablement; **to start ~** prendre un mauvais départ.

in-between *adj* intermédiaire.

inboard [ˈɪnbɔːd] *adj* NAUT: **~ motor** en-bord *m inv*.

inborn [ˌɪnˈbɔːn] *adj* [characteristic, quality] inné; MED congénital, héréditaire.

inbred [ˌɪnˈbred] *adj* -**1.** [characteristic, quality] inné; **their hatred of violence is ~** leur horreur de la violence est innée. -**2.** BIOL [trait] acquis par sélection génétique; [strain] produit par le croisement d'individus consanguins; [person] de parents consanguins; [family, group] consanguin.

inbreeding [ˌɪnˈbriːdɪŋ] *n* croisement *m* d'individus ayant les mêmes caractères génétiques; **generations of ~** des générations d'alliances consanguines.

in-built *adj* -**1.** [device] incorporé, intégré. -**2.** [quality, defect] inhérent.

inc. (*written abbr of* inclusive): **12-15 April ~** du 12 au 15 avril inclus.

Inc. (*written abbr of* incorporated) *Am* ≃ SARL.

Inca [ˈɪŋkə] (*pl inv* OR **Incas**) *n* Inca *mf*.

incalculable [ɪnˈkælkjʊləbl] *adj* incalculable.

in camera [ˌɪnˈkæmərə] *adj & adv fml* à huis clos; 'In Camera' *Sartre* 'Huis clos'.

incandescence [ˌɪnkænˈdesns] *n* incandescence *f*.

incandescent [ˌɪnkænˈdesnt] *adj* incandescent.

incandescent lamp *n* lampe *f* à incandescence.

incantation [ˌɪnkænˈteɪʃn] *n* incantation *f*.

incapability [ɪnˌkeɪpəˈbɪlətɪ] *n* incapacité *f*.

incapable [ɪnˈkeɪpəbl] *adj* -**1.** [unable] incapable; **he's ~ of showing emotion** il est incapable de montrer ce qu'il ressent; **she's ~ of such an act** elle est incapable de faire une chose pareille; **he's ~ of speech** il ne peut pas parler; **feelings ~ of expression** *lit* des sentiments impossibles à exprimer. -**2.** [incompetent] incapable; **to be declared ~** JUR être déclaré incapable, être frappé d'incapacité juridique.

incapacitant [ˌɪnkəˈpæsɪtənt] *n* incapacitant *m*.

incapacitate [ˌɪnkəˈpæsɪteɪt] *vt* -**1.** [cripple] rendre infirme OR invalide; **he was temporarily ~d by the accident** à la suite de l'accident, il a été temporairement immobilisé. -**2.** JUR frapper d'incapacité légale.

incapacity [ˌɪnkəˈpæsətɪ] (*pl* **incapacities**) *n* [gen & JUR] incapacité *f*; **his ~ for work** son incapacité à travailler; **her ~ to adapt** son incapacité à s'adapter.

in-car *adj* AUT: **~ stereo** autoradio *f* (à cassette).

incarcerate [ɪnˈkɑːsəreɪt] *vt* incarcérer.

incarceration [ɪnˌkɑːsəˈreɪʃn] *n* incarcération *f*.

incarnate [ɪnˈkɑːneɪt] *lit* ◇ *adj* -**1.** incarné; **he's stupidity ~** c'est la bêtise incarnée OR personnifiée. -**2.** [colour] incarnat.
◇ *vt* incarner.

incarnation [ˌɪnkɑːˈneɪʃn] *n* incarnation *f*; **he's the very ~ of humility** il est l'incarnation même de l'humilité, il est l'humilité incarnée; **I must have known her in a previous ~** *hum* j'ai dû la connaître dans une vie antérieure.
◆ **Incarnation** *n*: **the Incarnation** l'Incarnation *f*.

incautious [ɪnˈkɔːʃəs] *adj* imprudent.

incautiously [ɪnˈkɔːʃəslɪ] *adv* imprudemment.

incendiarism [ɪnˈsendjərɪzm] *n* -**1.** [arson] incendie *m* volontaire OR criminel. -**2.** POL sédition *f*.

incendiary [ɪnˈsendjərɪ] (*pl* **incendiaries**) ◇ *n* -**1.** [arsonist] incendiaire *mf*. -**2.** [bomb] bombe *f* incendiaire. -**3.** *fig* [agitator] fauteur *m* de troubles.
◇ *adj* -**1.** [causing fires] incendiaire; **~ bomb/device** bombe *f*/dispositif *m* incendiaire. -**2.** [combustible] inflammable. -**3.** *fig* [speech, statement] incendiaire, séditieux.

incense [ˈɪnsens] ◇ *n* encens *m*.
◇ *vt* -**1.** [anger] rendre furieux, excéder; **he was ~d by** OR **at her indifference** son indifférence l'a rendu furieux; **I was absolutely ~d** j'étais hors de moi. -**2.** [perfume] encenser.

incense bearer *n* thuriféraire *m*.

incense burner *n* encensoir *m*.

incense stick *n* bâtonnet *m* d'encens.

incentive [ɪnˈsentɪv] ◇ *n* -**1.** [motivation] motivation *f*; **they have lost their ~** ils ne sont plus très motivés; **he has no ~ to work harder** rien ne le motive à travailler plus dur; **to give sb the ~ to do sthg** motiver qqn à faire qqch. -**2.** FIN & INDUST incitation *f*, encouragement *m*; **the firm offers various ~s** la société offre diverses primes; **tax ~s** avantages *mpl* fiscaux.
◇ *comp* incitateur, incitatif; **~ bonus** *Br* prime *f* de rendement; **~ scheme** *Br* programme *m* d'encouragement.

inception [ɪnˈsepʃn] *n* création *f*.

inceptive [ɪnˈseptɪv] ◇ *adj* -**1.** [beginning] initial. -**2.** LING inchoatif.
◇ *n* LING inchoatif *m*.

incertitude [ɪnˈsɜːtɪtjuːd] *n* incertitude *f*.

incessant [ɪnˈsesnt] *adj* incessant.

incessantly [ɪnˈsesntlɪ] *adv* continuellement, sans cesse.

incest [ˈɪnsest] *n* inceste *m*.

incestuous [ɪnˈsestjʊəs] *adj* incestueux; **publishing is a very ~ business** *fig* le monde de l'édition est très fermé.

incestuously [ɪnˈsestjʊəslɪ] *adv* incestueusement.

inch [ɪntʃ] ◇ *n* pouce *m*; **it's about 6 ~es wide** cela fait à peu près 15 centimètres de large; **it's a few ~es shorter** c'est plus court de quelques centimètres; **the car missed me by ~es** la voiture m'a manqué de peu; **every ~ of the wall was covered with posters** il n'y avait pas un centimètre carré du mur qui ne fût couvert d'affiches, le mur était entièrement couvert d'affiches ❑ **give him an ~ and he'll take a yard** OR **a mile** on lui donne le doigt et il vous prend le bras; **~ by ~** petit à petit, peu à peu; **we'll have to fight every ~ of the way** MIL nous devrons nous battre pour chaque pouce de terrain; *fig* nous ne sommes pas au bout de nos peines; **he's every ~ a Frenchman** il est français jusqu'au bout des ongles; **the unions won't budge** OR **give an ~** les syndicats ne céderont pas d'un pouce; **to be within an ~ of doing sthg** être à deux doigts de faire qqch.
◇ *vt*: **to ~ one's way in/out/past** entrer/sortir/passer petit à petit; **he ~ed his way to the door** petit à petit, il s'approcha de la porte; **she ~ed the car forward slowly** elle fit avancer la voiture très lentement.
◇ *vi*: **to ~ in/out/past** entrer/sortir/passer petit à petit; **he ~ed along the ledge** il avançait petit à petit le long du rebord.

-inch *in cpds*: **a five~ floppy disk** une disquette cinq pouces.

inchoate [ɪnˈkəʊeɪt] *adj fml* [incipient] naissant; [unfinished] inachevé.

inchoative [ˈɪnkəʊeɪtɪv] *adj* -**1.** LING inchoatif. -**2.** *fml* [incipient] naissant.

inchtape [ˈɪntʃteɪp] *n Br* mètre *m* (de couturier), mètre-ruban *m*.

inchworm [ˈɪntʃwɜːm] *n* arpenteuse *f*.

incidence [ˈɪnsɪdəns] *n* -**1.** [rate] taux *m*; **there is a higher/lower ~ of crime** le taux de criminalité est plus élevé/plus faible; **the ~ of the disease in adults** la fréquence de la maladie chez les adultes. -**2.** GEOM & PHYS incidence *f*; **angle/point of ~** angle *m*/point *m* d'incidence.

incident [ˈɪnsɪdənt] ◇ *n* incident *m*; **the meeting went off without ~** la réunion s'est déroulée sans incident; **the match was full of ~** de nombreux incidents ont eu lieu pendant le match ❑ **border** OR **frontier ~** incident de frontière; **diplomatic ~** incident diplomatique.
◇ *adj* -**1.** *fml* lié, attaché; **~ to** lié à. -**2.** PHYS incident.

incidental [ˌɪnsɪˈdentl] ◇ *adj* -**1.** [minor] secondaire, accessoire; [additional] accessoire; **the project will have other ~ benefits** ce projet aura encore d'autres avantages; **~ expenses** faux frais *mpl*. -**2.** [related]: **~ to** en rapport avec, occasionné par; **the fatigue ~ to such**

work la fatigue occasionnée par un tel travail.
◇ *n* [chance happening] événement *m* fortuit; [minor detail] détail *m* secondaire.
◆ **incidentals** *npl* [expenses] faux frais *mpl*.

incidentally [ˌɪnsɪ'dentəlɪ] *adv* -**1.** [by chance] incidemment, accessoirement. -**2.** [by the way] à propos. -**3.** [additionally] accessoirement.

incidental music *n* musique *f* d'accompagnement.

incident room *n Br* [in police station] salle *f* des opérations.

incinerate [ɪn'sɪnəreɪt] *vt* incinérer.

incineration [ɪnˌsɪnə'reɪʃn] *n* incinération *f*.

incinerator [ɪn'sɪnəreɪtə'] *n* incinérateur *m*.

incipient [ɪn'sɪpɪənt] *adj* naissant.

incised [ɪn'saɪzd] *adj* -**1.** ART gravé. -**2.** MED incisé. -**3.** BOT découpé, incisé.

incision [ɪn'sɪʒn] *n* incision *f*.

incisive [ɪn'saɪsɪv] *adj* [mind] perspicace, pénétrant; [wit, remark] incisif.

incisively [ɪn'saɪsɪvlɪ] *adv* [think] de façon incisive; [ask, remark] de manière perspicace OR pénétrante.

incisiveness [ɪn'saɪsɪvnɪs] *n* [of thought] perspicacité *f*, acuité *f*; [of remark, wit] perspicacité *f*.

incisor [ɪn'saɪzə'] *n* incisive *f*.

incite [ɪn'saɪt] *vt*: to ~ sb to do sthg inciter qqn à faire qqch; to ~ sb to violence inciter qqn à la violence; **they were accused of inciting racial hatred** on les accusa d'incitation à la haine raciale.

incitement [ɪn'saɪtmənt] *n* incitation *f*; ~ to riot/violence incitation à la révolte/à la violence.

incivility [ˌɪnsɪ'vɪlətɪ] (*pl* **incivilities**) *n fml* -**1.** [rudeness] impolitesse *f*, manque *m* de savoir-vivre, incivilité *f lit*. -**2.** [act, remark] impolitesse *f*, indélicatesse *f*.

incl. (*written abbr of* **including**): ~ VAT TTC.

inclemency [ɪn'klemənsɪ] *n lit* rigueur *f*, inclémence *f lit*.

inclement [ɪn'klemənt] *adj lit* [weather] rigoureux, inclément *lit*.

inclination [ˌɪnklɪ'neɪʃn] *n* -**1.** [tendency] disposition *f*, prédisposition *f*, tendance *f*; **a decided ~ towards laziness** une nette prédisposition à la paresse. -**2.** [liking] penchant *m*, inclination *f*; **you should follow your own ~ in the matter** tu devrais suivre ta propre inclination; **I do it from necessity, not from ~** je le fais par nécessité, pas par inclination OR par goût. -**3.** [slant, lean] inclinaison *f*; [of body] inclination *f*; **a slight ~ of the head** une légère inclination de la tête. -**4.** [hill] pente *f*, inclinaison *f*. -**5.** ASTRON & MATH inclinaison *f*.

incline [*vb* ɪn'klaɪn, *n* 'ɪnklaɪn] ◇ *vt* -**1.** [dispose] disposer, pousser; **it's unlikely to ~ them to work harder** il est peu probable que cela les pousse OR incite à travailler davantage; **his unhappy childhood ~d him towards cynicism** OR **to be cynical** c'est à cause de son enfance malheureuse qu'il a tendance à être cynique. -**2.** [lean, bend] incliner; **to ~ one's head** incliner la tête.
◇ *vi* -**1.** [tend] tendre, avoir tendance; **he ~s towards exaggeration** il a tendance à exagérer, il exagère facilement. -**2.** [lean, bend] s'incliner.
◇ *n* inclinaison *f*; [slope] pente *f*, déclivité *f*; RAIL rampe *f*.

inclined [ɪn'klaɪnd] *adj* -**1.** [tending, disposed]: **I'm ~ to agree** j'aurais tendance à être d'accord; **he's ~ to exaggeration** il a tendance à exagérer, il exagère facilement; **the drawers are ~ to stick** les tiroirs ont tendance à se coincer; **to be well ~ towards sb** être bien disposé envers qqn; **if you are so ~** si ça vous dit, si le cœur vous en dit; **I'm not that way ~** je ne suis pas comme ça. -**2.** [slanting, leaning] incliné.

inclined plane *n* plan *m* incliné.

inclined railway *n Am* (chemin *m* de fer) funiculaire *m*.

inclose [ɪn'kləʊz] = **enclose**.

inclosure [ɪn'kləʊʒə'] = **enclosure**.

include [ɪn'kluːd] *vt* comprendre, inclure; **each team ~s eight forwards** chaque équipe comprend huit avants; **the price ~s VAT** la TVA est comprise (dans le prix); **everyone was in favour, myself ~d** tout le monde était pour, moi y compris; **don't forget to ~ the cheque** n'oubliez pas de joindre le chèque; **batteries not ~d** les piles ne sont pas fournies; **my duties ~ sorting the mail** trier le courrier entre dans mes attributions OR fait partie de mon travail; **the children refused to ~ him in their games** les enfants ont refusé de l'inclure dans leurs jeux.
◆ **include in** *inf vt sep Br*: ~ **me in!** comptez-moi aussi!
◆ **include out** *inf vt sep Br*: **you can ~ me out** ne comptez pas sur moi.

included [ɪn'kluːdɪd] *adj*: **myself ~** y compris moi; **'service not ~'** 'service non compris'; **service charge ~** service *m* compris.

including [ɪn'kluːdɪŋ] *prep* (y) compris; **14 guests ~ the children** 14 invités y compris les enfants; **14 guests not ~ the children** 14 invités sans compter les enfants; **up to and ~ page 40** jusqu'à la page 40 incluse; **five books, ~ one I hadn't read** cinq livres, dont un que je n'avais pas lu.

inclusion [ɪn'kluːʒn] *n* [gen, GEOL & MATH] inclusion *f*.

inclusive [ɪn'kluːsɪv] *adj* -**1.** inclus, compris; ~ **of service charge** service *m* compris; ~ **of tax** taxes *fpl* comprises; **from July to September ~** de juillet à septembre inclus; ~ **prices** prix *mpl* nets; **all-~ holidays** voyages *mpl* organisés *(où tout est compris)*. -**2.** [list] exhaustif; [survey] complet, poussé. -**3.** PHILOS inclusif; ~ **or** ou *m* inclusif.

inclusively [ɪn'kluːsɪvlɪ] *adv* inclusivement.

incognito [ˌɪnkɒg'niːtəʊ] (*pl* **incognitos**)
◇ *adv* incognito; **to remain ~** [witness] garder l'anonymat; [star, politician] garder l'incognito.
◇ *n* incognito *m*.

incognizant [ɪn'kɒgnɪzənt] *adj fml* ignorant, inconscient; ~ **of the danger** inconscient du danger.

incoherence [ˌɪnkəʊ'hɪərəns] *n* incohérence *f*.

incoherency [ˌɪnkəʊ'hɪərənsɪ] (*pl* incoherencies) *n* incohérence *f*.

incoherent [ˌɪnkəʊ'hɪərənt] *adj* [person, argument] incohérent; [thought] incohérent, décousu.

incoherently [ˌɪnkəʊ'hɪərəntlɪ] *adv* de manière incohérente; **he was muttering ~** il marmonnait des paroles incohérentes.

income ['ɪnkʌm] *n* revenu *m*; **a high/low ~** un revenu élevé/faible; **to declare one's ~** déclarer ses revenus; **the ~ from her shares** les revenus de ses actions; **unearned ~** rente *f*, rentes *fpl*.

income bracket = **income tax**.

income group *n* tranche *f* de revenus; **most people in this area belong to the lower/higher ~** la plupart des habitants de ce quartier sont des économiquement faibles/ont des revenus élevés.

incomer ['ɪnˌkʌmə'] *n* nouveau venu *m*, nouvelle venue *f*.

incomes policy *n Br* politique *f* des revenus OR des salaires.

income support *n prestation complémentaire en faveur des personnes justifiant de faibles revenus.*

income tax *n* impôt *m* sur le revenu (des personnes physiques); ~ **is deducted at source** les impôts sont prélevés à la source; ~ **inspector** inspecteur *m* des contributions directes OR des impôts; ~ **return** déclaration *f* de revenus, feuille *f* d'impôts.

incoming ['ɪnˌkʌmɪŋ] *adj* -**1.** [in direction]: ~ **train/flight** train *m*/vol *m* à l'arrivée; ~ **passengers** passagers *mpl* à l'arrivée; ~ **mail** courrier *m* (du jour); ~ **calls** appels *mpl* téléphoniques (reçus); **please make a note of any ~ calls** veuillez noter tous les appels que vous recevez; **the ~ tide** la marée montante. -**2.** [cash, interest] qui rentre. -**3.** [official, administration, tenant] nouveau.
◆ **incomings** *npl* [revenue] rentrée *f*, rentrées *fpl*, recettes *fpl*.

incommensurable [ˌɪnkə'menʃərəbl] ◇ *adj* [gen & MATH] incommensurable.
◇ *n* MATH quantité *f* incommensurable.

incommensurate [ˌɪnkə'menʃərət] *adj fml* -**1.** [disproportionate] disproportionné, inadéquat; **it is ~ with our needs** cela ne correspond pas à nos besoins. -**2.** = **incommensurable**.

incommode [ˌɪnkə'məʊd] *vt fml* incommoder, indisposer.

incommodious [ˌɪnkə'məʊdjəs] *adj fml* -**1.** [cramped] exigu, étriqué. -**2.** [troublesome] ennuyeux, fâcheux.

incommunicable [ˌɪnkə'mjuːnɪkəbl] *adj* incommunicable, indicible.

incommunicado [ˌɪnkəmjuːnɪ'kɑːdəʊ] *adj & adv* sans communication avec le monde extérieur; **the prisoners are being kept** OR **held ~** les prisonniers sont (gardés) au secret.

incomparable [ɪn'kɒmpərəbl] *adj* incomparable.

incomparably [ɪn'kɒmpərəblɪ] *adv* incomparablement, infiniment.

incompatibility ['ɪnkəmˌpætə'bɪlətɪ] *n* incompatibilité *f*; [grounds for divorce] incompatibilité *f* d'humeur.

incompatible [ˌɪnkəm'pætɪbl] *adj* incompatible.

incompetence [ɪn'kɒmpɪtəns], **incompetency** [ɪn'kɒmpɪtənsɪ] *n* incompétence *f*.

incompetent [ɪn'kɒmpɪtənt] ◇ *adj* incompétent.
◇ *n* incompétent *m*, -e *f*, incapable *mf*.

incomplete [ˌɪnkəm'pliːt] *adj* -**1.** [unfinished] inachevé. -**2.** [lacking something] incomplet.

incompletely [ˌɪnkəm'pliːtlɪ] *adv* incomplètement; **her plan was ~ thought out** son projet était incomplètement préparé.

incompleteness [ˌɪnkəm'pliːtnɪs] *n* -**1.** caractère *m* incomplet; **there's a feeling of ~ about his paintings** ses tableaux donnent l'impression de ne pas être finis OR achevés. -**2.** LOGIC incomplétude *f*.

incomprehensible [ˌɪnkɒmprɪ'hensəbl] *adj* incompréhensible.

incomprehensibly [ˌɪnkɒmprɪ'hensəblɪ] *adv* incompréhensiblement, de manière incompréhensible; **they were ~ absent** chose incompréhensible, ils étaient absents.

incomprehension [ˌɪnkɒmprɪ'henʃn] *n* incompréhension *f*.

inconceivable [ˌɪnkən'siːvəbl] *adj* inconcevable, inimaginable.

inconceivably [ˌɪnkən'siːvəblɪ] *adv* incroyablement; ~ **rich** incroyablement riche.

inconclusive [ˌɪnkən'kluːsɪv] *adj* peu concluant; **the results are ~** les résultats sont peu concluants; ~ **data** données *fpl* peu probantes; **the talks have been ~** les pourparlers n'ont pas abouti.

inconclusively [ˌɪnkən'kluːsɪvlɪ] *adv* de manière peu concluante; **the meeting ended ~** la réunion n'a abouti à aucune conclusion.

incongruent [ɪn'kɒŋgrʊənt] *fml* = **incongruous**.

incongruity [ˌɪnkɒŋ'gruːətɪ] (*pl* **incongruities**) *n* -**1.** [strangeness, discordancy] incongruité *f*. -**2.** [disparity, discrepancy] disparité *f*; **their statements were full of incongruities** leurs témoignages contenaient un grand nombre d'incohérences.

incongruous [ɪn'kɒŋgrʊəs] *adj* [strange, discordant] incongru; [disparate] incohérent; **he was an ~ figure among the factory workers** on le remarquait tout de suite au milieu des ouvriers de l'usine.

inconsequent [ɪn'kɒnsɪkwənt], **inconsequential** [ˌɪnkɒnsɪ'kwenʃl] *adj* sans importance; **an ~ detail** un détail insignifiant; **an ~ little man** un bonhomme sans importance.

inconsiderable [ˌɪnkənˈsɪdərəbl] *adj* insignifiant, négligeable; **a not ~ amount of money** une somme d'argent non négligeable.

inconsiderate [ˌɪnkənˈsɪdərət] *adj* [person] qui manque de prévenance; [action, remark] irréfléchi; **he's ~ of other people's feelings** peu lui importe ce que pensent les autres; **that was very ~ of you** vous avez agi sans aucun égard pour les autres; **to be ~ towards sb** manquer d'égards envers qqn.

inconsiderately [ˌɪnkənˈsɪdərətlɪ] *adv* sans aucune considération.

inconsistency [ˌɪnkənˈsɪstənsɪ] (*pl* **inconsistencies**) *n* -**1.** [incoherence] manque *m* de cohérence, incohérence *f*. -**2.** [contradiction] contradiction *f*; **there are several inconsistencies in your argument** votre argumentation présente OR laisse apparaître plusieurs contradictions.

inconsistent [ˌɪnkənˈsɪstənt] *adj* -**1.** [person] incohérent *(dans ses comportements)*. -**2.** [performance] inégal. -**3.** [reasoning] incohérent. -**4.** [incompatible] incompatible; **~ with** incompatible avec.

inconsolable [ˌɪnkənˈsəʊləbl] *adj* inconsolable.

inconsolably [ˌɪnkənˈsəʊləblɪ] *adv* de façon inconsolable; **he cried ~** il était inconsolable.

inconspicuous [ˌɪnkənˈspɪkjʊəs] *adj* [difficult to see] à peine visible, qui passe inaperçu; [discreet] peu voyant, discret; **she tried to make herself as ~ as possible** elle fit tout son possible pour passer inaperçue.

inconspicuously [ˌɪnkənˈspɪkjʊəslɪ] *adv* discrètement.

inconstancy [ɪnˈkɒnstənsɪ] *n* -**1.** [of phenomenon] variabilité *f*, instabilité *f*. -**2.** [of person] versatilité *f*, inconstance *f*.

inconstant [ɪnˈkɒnstənt] *adj* -**1.** [weather] variable. -**2.** [person] inconstant, volage.

incontestable [ˌɪnkənˈtestəbl] *adj* incontestable.

incontestably [ˌɪnkənˈtestəblɪ] *adv* incontestablement, sans conteste.

incontinence [ɪnˈkɒntɪnəns] *n* incontinence *f*.

incontinent [ɪnˈkɒntɪnənt] *adj* incontinent.

incontrovertible [ˌɪnkɒntrəˈvɜːtəbl] *adj* indiscutable; **~ evidence** une preuve irréfutable.

incontrovertibly [ˌɪnkɒntrəˈvɜːtəblɪ] *adv* indiscutablement, indéniablement.

inconvenience [ˌɪnkənˈviːnjəns] ◇ *n* -**1.** [disadvantage] inconvénient *m*; **the language barrier was a major ~ to the participants** la barrière de la langue a beaucoup gêné les participants. -**2.** [trouble]: **to cause ~** déranger, gêner; **I hope it's not putting you to too much ~** j'espère que cela ne vous dérange pas trop ‖ [disadvantages] incommodité *f*, inconvénients *mpl*; **the ~ of a small flat** les désagréments d'un petit appartement.
◇ *vt* déranger, incommoder.

inconvenient [ˌɪnkənˈviːnjənt] *adj* -**1.** [inopportune, awkward] inopportun; **at an ~ time** au mauvais moment; **if it's not ~** si cela ne vous dérange pas; **he has chosen to ignore any ~ facts** il a choisi d'ignorer tout ce qui pouvait poser problème. -**2.** [impractical - tool, kitchen] peu pratique.

inconveniently [ˌɪnkənˈviːnjəntlɪ] *adv* -**1.** [happen, arrive] au mauvais moment, inopportunément. -**2.** [be situated] de façon malcommode, mal; **the switch was ~ placed above the door** l'interrupteur était placé à un endroit très peu pratique au-dessus de la porte.

inconvertible [ˌɪnkənˈvɜːtəbl] *adj* inconvertible, non convertible.

incorporate [ɪnˈkɔːpəreɪt] ◇ *vt* incorporer; **she ~d many folk tunes into her performance** son programme comprenait de nombreux airs folkloriques; **the territory was ~d into Poland** le territoire fut incorporé OR annexé à la Pologne; **~ the butter into the flour** incorporez le beurre à la farine; **to ~ amendments into a text** apporter des modifications à un texte.
◇ *vi* COMM [form a corporation] se constituer en société commerciale; [merge] fusionner.

incorporated [ɪnˈkɔːpəreɪtɪd] *adj* constitué en société commerciale; **Bradley & Jones Incorporated** ≃ Bradley & Jones SARL.

incorporation [ɪnˌkɔːpəˈreɪʃn] *n* -**1.** incorporation *f*, intégration *f*. -**2.** COMM constitution *f* en société commerciale.

incorporeal [ˌɪnkɔːˈpɔːrɪəl] *adj lit* incorporel.

incorrect [ˌɪnkəˈrekt] *adj* -**1.** [wrong - answer, result] erroné, faux; [- sum, statement] incorrect, inexact; **~ use of a word** usage *m* impropre d'un mot. -**2.** [improper] incorrect; **~ behaviour** comportement *m* déplacé.

incorrectly [ˌɪnkəˈrektlɪ] *adv* -**1.** [wrongly]: **she answered ~** elle a mal répondu; **I was ~ quoted** j'ai été cité de façon incorrecte; **the illness was ~ diagnosed** il y a eu erreur de diagnostic; **you're using that tool ~** vous utilisez mal cet outil. -**2.** [improperly] incorrectement; **he behaved most ~** il s'est conduit de façon déplacée, sa conduite était tout à fait déplacée.

incorrigible [ɪnˈkɒrɪdʒəbl] *adj* incorrigible.

incorruptible [ˌɪnkəˈrʌptəbl] *adj* incorruptible.

increase [*vb* ɪnˈkriːs, *n* ˈɪnkriːs] ◇ *vi* augmenter, croître; **to ~ by 10 %** augmenter de 10 %; **production/demand/inflation has ~d** la production/la demande/l'inflation a augmenté; **the growth rate is likely to ~** le taux de croissance va probablement augmenter OR s'accélérer; **the attacks have ~d in frequency** la fréquence des attaques a augmenté; **to ~ in size** grandir; **to ~ in intensity** s'intensifier.
◇ *vt* augmenter; **to ~ output to 500 units a week** augmenter OR faire passer la production à 500 unités par semaine; **recent events have ~d speculation** des événements récents ont renforcé les rumeurs.
◇ *n* augmentation *f*; **the ~ in productivity/in the cost of living** l'augmentation de la productivité/du coût de la vie; **a 10 % pay ~** une augmentation de salaire de 10 %; **an ~ in population** un accroissement de la population; **an ~ in the number of patients** une augmentation OR un accroissement du nombre des malades.
◆ **on the increase** *adj phr*: **tourism/crime is on the ~** le tourisme/la criminalité est en hausse; **shoplifting is on the ~** les vols à l'étalage sont de plus en plus nombreux.

increased [ɪnˈkriːst] *adj* accru; **~ investment will lead to ~ productivity** un accroissement des investissements entraînera un accroissement OR une augmentation de la productivité.

increasing [ɪnˈkriːsɪŋ] *adj* croissant, grandissant; **there have been an ~ number of complaints** les réclamations sont de plus en plus nombreuses; **they make ~ use of computer technology** ils ont de plus en plus souvent recours à OR ils font de plus en plus souvent appel à l'informatique.

increasingly [ɪnˈkriːsɪŋlɪ] *adv* de plus en plus.

incredible [ɪnˈkredəbl] *adj* -**1.** [unbelievable] incroyable, invraisemblable. -**2.** *inf* [fantastic, amazing] fantastique, incroyable.

incredibly [ɪnˈkredəblɪ] *adv* -**1.** [amazingly]: **~, we were on time** aussi incroyable que cela puisse paraître, nous étions à l'heure. -**2.** [extremely] incroyablement; **she was ~ beautiful** elle était incroyablement belle.

incredulity [ˌɪnkrɪˈdjuːlətɪ] *n* incrédulité *f*.

incredulous [ɪnˈkredjʊləs] *adj* incrédule; **an ~ look** un regard incrédule.

incredulously [ɪnˈkredjʊləslɪ] *adv* avec incrédulité.

incredulousness [ɪnˈkredjʊləsnɪs] = **incredulity**.

increment [ˈɪnkrɪmənt] ◇ *n* -**1.** [increase] augmentation *f*; **a salary with yearly ~s of £500** un salaire assorti d'augmentations annuelles de 500 livres. -**2.** COMPUT incrément *m*. -**3.** MATH accroissement *m*.
◇ *vt* COMPUT incrémenter.

incremental [ˌɪnkrɪˈmentl] *adj* -**1.** [increasing] croissant; **~ increases** augmentations *fpl* régulières. -**2.** COMPUT incrémentiel, incrémental.

incriminate [ɪnˈkrɪmɪneɪt] *vt* incriminer, mettre en cause; **to ~ o.s.** se compromettre; **all the evidence seems to ~ the maid** tous les indices semblent accuser la bonne.

incriminating [ɪnˈkrɪmɪneɪtɪŋ] *adj* accusateur, compromettant; **~ evidence** pièce *f* OR pièces *fpl* à conviction.

incrimination [ɪnˌkrɪmɪˈneɪʃn] *n* mise *f* en cause, incrimination *f*.

incriminatory [ɪnˈkrɪmɪnətrɪ] = **incriminating**.

in-crowd *inf n* coterie *f*; **to be in with the ~** être branché.

incrust [ɪnˈkrʌst] = **encrust**.

incubate [ˈɪnkjʊbeɪt] ◇ *vt* -**1.** BIOL [eggs - subj: bird] couver; [- subj: fish] incuber; [- in incubator] incuber. -**2.** *fig* [plot, idea] couver.
◇ *vi* -**1.** BIOL [egg] être en incubation. -**2.** MED [virus] incuber; **the disease ~s for several days** la maladie a une période d'incubation de plusieurs jours. -**3.** *fig* [plan, idea] couver.

incubation [ˌɪnkjʊˈbeɪʃn] *n* [of egg, virus, disease] incubation *f*; **~ period** (période *f* d') incubation.

incubator [ˈɪnkjʊbeɪtəʳ] *n* [for premature baby] couveuse *f*, incubateur *m*; [for eggs, bacteria] incubateur *m*.

incubus [ˈɪnkjʊbəs] (*pl* **incubuses** OR **incubi** [-baɪ]) *n* -**1.** [demon] incube *m*. -**2.** *lit* [nightmare] cauchemar *m*.

inculcate [ˈɪnkʌlkeɪt] *vt* inculquer; **to ~ sb with an idea, to ~ an idea in sb** inculquer une idée à qqn.

inculcation [ˌɪnkʌlˈkeɪʃn] *n* inculcation *f*.

incumbency [ɪnˈkʌmbənsɪ] (*pl* **incumbencies**) *n* [office] office *m*, fonction *f*; **during my predecessor's ~** pendant l'exercice de mon prédécesseur.

incumbent [ɪnˈkʌmbənt] ◇ *adj fml* -**1.** [obligatory]: **it is ~ on OR upon the manager to check the takings** il incombe OR il appartient au directeur de vérifier la recette. -**2.** [in office] en fonction, en exercice; **the ~ mayor** [current] le maire en exercice; [during election campaign] le maire sortant.
◇ *n* [office holder] titulaire *mf*.

incunabula [ˌɪnkjuːˈnæbjʊlə] *npl* incunables *mpl*.

incur [ɪnˈkɜːʳ] (*pt* & *pp* **incurred**, *cont* **incurring**) *vt* [blame, loss, penalty] s'exposer à, encourir; [debt] contracter; [losses] subir; **the expenses incurred** les dépenses encourues; **to ~ sb's wrath** s'attirer les foudres de qqn.

incurable [ɪnˈkjʊərəbl] ◇ *adj* [illness] incurable, inguérissable; *fig* [optimist] inguérissable, infatigable.
◇ *n* incurable *mf*.

incurably [ɪnˈkjʊərəblɪ] *adv*: **to be ~ ill** avoir une maladie incurable; **to be ~ lazy** *fig* être irrémédiablement paresseux.

incurious [ɪnˈkjʊərɪəs] *adj lit* incurieux *lit*, sans curiosité.

incursion [*Br* ɪnˈkɜːʃn, *Am* ɪnˈkɜːʒn] *n* incursion *f*; **an ~ into enemy territory** une incursion en territoire ennemi.

indebted [ɪnˈdetɪd] *adj* -**1.** [for help] redevable; **to be ~ to sb for sthg: I am greatly ~ to you for doing me this favour** je vous suis extrêmement reconnaissant de m'avoir rendu ce service; **I am ~ to you for your loyal support** je vous suis reconnaissant de votre soutien loyal. -**2.** [owing money] endetté; **heavily ~** fortement endetté.

indebtedness [ɪnˈdetɪdnɪs] *n* -**1.** [for help] dette *f*, obligation *f*; **my ~ to her** ma dette envers elle. -**2.** [owing of money] endettement *m*. -**3.** [amount owed] dette *f*, dettes *fpl*.

indecency [ɪnˈdiːsnsɪ] (*pl* **indecencies**) *n* indécence *f*; **an act of gross ~** JUR un grave outrage à la pudeur.

indecent [ɪn'diːsnt] *adj* -**1.** [obscene] indécent; an ~ **proposition** une proposition indécente. -**2.** [unseemly] indécent, inconvenant, déplacé; **with** ~ **haste** avec une précipitation déplacée; **an** ~ **display of wealth** un étalage indécent de richesse.

indecent assault *n* attentat *m* à la pudeur.

indecent exposure *n* outrage *m* public à la pudeur.

indecently [ɪn'diːsntlɪ] *adv* indécemment.

indecipherable [ˌɪndɪ'saɪfərəbl] *adj* indéchiffrable.

indecision [ˌɪndɪ'sɪʒn] *n* indécision *f*.

indecisive [ˌɪndɪ'saɪsɪv] *adj* -**1.** [hesitating - person] indécis, irrésolu. -**2.** [inconclusive] peu concluant.

indecisively [ˌɪndɪ'saɪsɪvlɪ] *adv* -**1.** [hesitatingly] de manière indécise, avec hésitation. -**2.** [inconclusively] de manière peu convaincante OR concluante; **the argument ended** ~ la discussion s'est terminée de façon peu concluante.

indecisiveness [ˌɪndɪ'saɪsɪvnɪs] = **indecision**.

indeclinable [ˌɪndɪ'klaɪnəbl] *adj* indéclinable.

indecorous [ɪn'dekərəs] *adj* inconvenant, malséant.

indecorously [ɪn'dekərəslɪ] *adv* de manière inconvenante.

indeed [ɪn'diːd] *adv* -**1.** [used to confirm] effectivement, en effet; **there was** ~ **a problem** il y avait effectivement OR bien un problème; **we are aware of the problem;** ~, **we are already investigating it** nous sommes conscients du problème; en fait, nous sommes déjà en train de l'étudier. -**2.** [used to qualify]: **the problem, if** ~ **there is one, is theirs** c'est leur problème, si problème il y a; **it is difficult,** ~ **virtually impossible, to get in** il est difficile, pour ne pas dire impossible OR voire impossible, d'entrer. -**3.** [used as intensifier] vraiment; **I'm very tired** ~ je suis vraiment très fatigué; **thank you very much** ~ merci beaucoup; **that's praise** ~! ça, c'est un compliment!, voilà ce qui s'appelle un compliment! ‖ [in replies] en effet; **I believe you support their policy — I do** ~ je crois que vous soutenez leur politique — en effet. -**4.** [as surprised, ironic response]: **he asked us for a pay rise —** ~! il nous a demandé une augmentation — eh bien! OR vraiment?; **I've bought a new car — have you** ~! j'ai acheté une nouvelle voiture — vraiment?

indefatigable [ˌɪndɪ'fætɪgəbl] *adj* infatigable.

indefatigably [ˌɪndɪ'fætɪgəblɪ] *adv* infatigablement, sans se fatiguer, inlassablement.

indefensible [ˌɪndɪ'fensəbl] *adj* -**1.** [conduct] injustifiable, inexcusable; [argument] insoutenable, indéfendable. -**2.** MIL indéfendable.

indefensibly [ˌɪndɪ'fensəblɪ] *adv* de façon indéfendable.

indefinable [ˌɪndɪ'faɪnəbl] *adj* indéfinissable.

indefinably [ˌɪndɪ'faɪnəblɪ] *adv* indescriptiblement.

indefinite [ɪn'defɪnɪt] *adj* [indeterminate] indéterminé, illimité; **for an** ~ **period** pour une période indéterminée; **an** ~ **strike** une grève illimitée; **of** ~ **origin** d'origine incertaine ‖ [vague, imprecise] flou, peu précis; **an** ~ **answer** une réponse floue OR vague.

indefinite article *n* article *m* indéfini.

indefinitely [ɪn'defɪnətlɪ] *adv* -**1.** [without limit] indéfiniment; **we can't go on** ~ on ne peut pas continuer indéfiniment; **'closed** ~**'** 'fermé jusqu'à nouvel avis OR ordre'. -**2.** [imprecisely] vaguement.

indefinite pronoun *n* pronom *m* indéfini.

indelible [ɪn'deləbl] *adj* [ink, stain] indélébile; [memory] impérissable; ~ **marker** *Br* marqueur *m* indélébile.

indelibly [ɪn'deləblɪ] *adv* de manière indélébile; **her face remained** ~ **fixed in his memory** son visage resta à jamais gravé dans sa mémoire.

indelicacy [ɪn'delɪkəsɪ] (*pl* **indelicacies**) *n* -**1.** [of behaviour, remark] indélicatesse *f*. -**2.** [tactless remark, action] manque *m* de tact.

indelicate [ɪn'delɪkət] *adj* [action] déplacé, indélicat; [person, remark] indélicat, qui manque de tact.

indemnification [ɪnˌdemnɪfɪ'keɪʃn] *n* -**1.** [act of compensation] indemnisation *f*, dédommagement *m*. -**2.** [sum reimbursed] indemnité *f*.

indemnify [ɪn'demnɪfaɪ] (*pt* & *pp* **indemnified**) *vt* -**1.** [compensate] indemniser, dédommager; **you will be indemnified for any losses incurred** vous serez indemnisé OR dédommagé de toutes les pertes subies. -**2.** [insure] assurer, garantir; **to be indemnified for** OR **against sthg** être assuré contre qqch.

indemnity [ɪn'demnətɪ] (*pl* **indemnities**) *n* -**1.** [compensation] indemnité *f*, dédommagement *m*; **war indemnities** réparations *fpl* de guerre. -**2.** [insurance] assurance *f*. -**3.** [exemption - from prosecution, liability] immunité *f*.

indent [*vb* ɪn'dent, *n* 'ɪndent] ◇ *vt* -**1.** [line of text] mettre en retrait; ~ **the first line** commencez la première ligne en retrait OR avec un alinéa. -**2.** [edge] denteler, découper; [more deeply] échancrer. -**3.** [surface] marquer, faire une empreinte dans. -**4.** *Br* COMM [goods] commander. -**5.** = **indenture**.

◇ *vi* -**1.** [at start of paragraph] faire un alinéa. -**2.** *Br* COMM passer commande; **to** ~ **on sb for sthg** commander qqch à qqn.

◇ *n* -**1.** *Br* COMM [order] commande *f*; [order form] bordereau *m* de commande. -**2.** = **indentation 1**.

indentation [ˌɪnden'teɪʃn] *n* -**1.** [in line of text] renfoncement *m*. -**2.** [in edge] dentelure *f*; [deeper] échancrure *f*; [in coastline] découpure *f*. -**3.** [on surface] empreinte *f*. -**4.** = **indenture**.

indented [ɪn'dentɪd] *adj* [edge] découpé, dentelé; [coastline] découpé.

indenture [ɪn'dentʃəʳ] ◇ *n (often pl)* contrat *m*; [of apprentice] contrat *m* d'apprentissage.

◇ *vt* engager par contrat; [apprentice] mettre OR placer comme apprenti; **he was** ~**d to a carpenter** on le mit comme apprenti OR en apprentissage chez un menuisier; ~**d labour/labourer** *Br* main-d'œuvre *f*/travailleur *m* sous contrat.

independence [ˌɪndɪ'pendəns] *n* [gen & POL] indépendance *f*; **the country has recently gained its** ~ le pays vient d'accéder à l'indépendance; **the (American) War of Independence** la guerre d'Indépendance (américaine).

THE AMERICAN WAR OF INDEPENDENCE: Guerre menée par les 13 colonies de la Nouvelle-Angleterre pour accéder à l'indépendance, en réaction à la dureté de l'administration britannique, qui leur imposait de lourdes taxes. Marqué par la Déclaration d'indépendance du 4 juillet 1776, le conflit dura 5 ans et le nouvel État fut reconnu en 1783.

Independence Day *n* fête *f* nationale de l'Indépendance *(aux États-Unis)*.

independency [ˌɪndɪ'pendənsɪ] (*pl* **independencies**) *n* -**1.** [country] État *m* indépendant. -**2.** = **independence**.

independent [ˌɪndɪ'pendənt] ◇ *adj* -**1.** indépendant; **to become** ~ [country] accéder à l'indépendance; **she is** ~ **of her parents** elle ne dépend pas OR plus de ses parents; **two** ~ **studies have been made** deux études indépendantes ont été menées; **two** ~ **sources have confirmed the rumour** deux sources indépendantes ont confirmé la rumeur; **he is incapable of** ~ **thought** il est incapable de penser par lui-même ❑ ~ **income** revenus *mpl* indépendants, rentes *fpl*; **a man of** ~ **means** un rentier; **an** ~ **inquiry has been set up** une enquête indépendante a été ouverte. -**2.** GRAMM, PHILOS & MATH indépendant.

◇ *n* -**1.** [gen] indépendant *m*, -e *f*; **The Independent** PRESS *quotidien britannique de qualité sans affiliation politique particulière*. -**2.** POL indépendant *m*, -e *f*, non-inscrit *m*, -e *f*.

independently [ˌɪndɪ'pendəntlɪ] *adv* de manière indépendante, de manière autonome; ~ **of** indépendamment de; **to be** ~ **wealthy** vivre de sa fortune personnelle.

independent school *n Br* école *f* privée.

in-depth *adj* en profondeur.

indescribable [ˌɪndɪ'skraɪbəbl] *adj* indescriptible.

indescribably [ˌɪndɪ'skraɪbəblɪ] *adv* incroyablement.

indestructible [ˌɪndɪ'strʌktəbl] *adj* indestructible.

indeterminable [ˌɪndɪ'tɜːmɪnəbl] *adj* -**1.** [fact, amount, distance] indéterminable. -**2.** [controversy, problem] insoluble.

indeterminacy [ˌɪndɪ'tɜːmɪnəsɪ] *n* indétermination *f*.

indeterminate [ˌɪndɪ'tɜːmɪnət] *adj* -**1.** [undetermined, indefinite] indéterminé; **for an** ~ **period** pour une période indéterminée; ~ **sentence** peine *f* (de prison) de durée indéterminée. -**2.** [vague, imprecise] flou, vague. -**3.** LING, MATH & PHILOS indéterminé.

indeterminately [ˌɪndɪ'tɜːmɪnətlɪ] *adv* -**1.** [indefinitely] de façon indéterminée. -**2.** [vaguely] de manière floue, imprécisément.

indeterminism [ˌɪndɪ'tɜːmɪnɪzm] *n* indéterminisme *m*.

index ['ɪndeks] (*pl senses 1-3 & 7* **indexes**, *pl senses 4-6* **indices** [-dɪsiːz]) ◇ *n* -**1.** [in book, database] index *m*; **name/subject** ~ index des noms propres/matières. -**2.** [in library] catalogue *m*, répertoire *m*; [on index cards] fichier *m*. -**3.** [finger] index *m*. -**4.** ECON & PHYS indice *m*; **the Dow-Jones** ~ l'indice Dow Jones; **the cost of living** ~ l'indice du coût de la vie. -**5.** [pointer on scale] aiguille *f*, indicateur *m*; *fig* [sign] indice *m*, indicateur *m*; **it is a good** ~ **of the current political mood** c'est un bon indicateur du climat politique actuel. -**6.** MATH [subscript] indice *m*; [superscript] exposant *m*. -**7.** TYPO [pointing fist] renvoi *m*. -**8.** RELIG: **Index** Index *m*.

◇ *vt* -**1.** [word, book, database] indexer; **all geographical names are** ~**ed** tous les noms géographiques sont indexés; **you'll find it** ~**ed under "science"** vous trouverez ça indexé à «science» OR dans l'index sous (l'entrée) «science». -**2.** ECON indexer; ~**ed to** indexé sur. -**3.** MECH indexer.

indexation [ˌɪndek'seɪʃn] *n* indexation *f*.

index card *n* fiche *f*.

index finger *n* index *m*.

index-linked *adj Br* indexé.

index linking *n Br* indexation *f*.

index number *n* [in statistics] indice *m*.

index register *n* registre *m* d'index.

India ['ɪndjə] *pr n* Inde *f*; **in** ~ en Inde.

India ink *Am* = **Indian ink**.

Indiaman ['ɪndjəmən] (*pl* **Indiamen** [-mən]) *n Br grand voilier assurant le commerce avec les Indes*.

Indian ['ɪndjən] ◇ *n* -**1.** [person - in America, Asia] Indien *m*, -enne *f*. -**2.** LING [in America] langue *f* amérindienne.

◇ *adj* [American or Asian] indien.

Indiana [ˌɪndɪ'ænə] *pr n* Indiana *m*; **in** ~ dans l'Indiana.

Indian agent *n Am* & *Can* délégué *m*, -e *f* aux affaires indiennes.

Indianapolis [ˌɪndɪə'næpəlɪs] *pr n* Indianapolis.

Indian club *n* massue *f (pour la gymnastique)*.

Indian corn *n Am* maïs *m*.

Indian elephant *n* éléphant *m* d'Asie.

Indian file *n*: **in** ~ en file *f* indienne.

Indian hemp *n Br* chanvre *m* indien, cannabis *m*.

Indian ink *n Br* encre *f* de Chine.

Indian Mutiny *pr n*: **the** ~ *grande révolte indienne contre les Britanniques en 1857*.

THE INDIAN MUTINY:
Cette violente révolte de la population indienne contre l'Empire britannique et l'occidentalisation du pays éclata en 1857 dans une garnison et se propagea dans tout le pays. Elle dura deux ans et aboutit principalement à la fin de l'influence politique de l'East India Company.

Indian Ocean *pr n*: the ~ l'océan *m* Indien.
Indian red *n* colcotar *m*, rouge *m* de Prusse.
Indian sign *n Am* sort *m (jeté sur qqn)*.
Indian summer *n* été *m* de la Saint-Martin, été *m* indien; *fig* vieillesse *f* heureuse.
Indian wrestling *n* bras *m* de fer.
India paper *n* papier *m* bible.
India rubber *n Br* [substance] caoutchouc *m*; [eraser] gomme *f*.
indicate [ˈɪndɪkeɪt] ◇ *vt* -**1.** [show, point to] indiquer; to ~ **the way** indiquer OR montrer le chemin; **the footprints would seem to** ~ **that someone has been here** les traces de pas semblent indiquer que quelqu'un est passé par ici; **this dial** ~**s the temperature** ce cadran indique la température; **all the pointers** ~ **a rise in unemployment** tous les indicateurs font état d'une montée du chômage. -**2.** [make clear, point out] signaler, indiquer; **as I have already** ~**d** comme je l'ai déjà signalé OR fait remarquer; **he** ~**d his willingness to help** il nous a fait savoir qu'il était prêt à nous aider; **she** ~**d that the interview was over** elle a fait comprendre que l'entretien était terminé. -**3.** *Br* AUT: **to** ~ **(that one is turning) left/right** mettre son clignotant à gauche/à droite (pour tourner). -**4.** [recommend, require] indiquer; **surgery is** ~**d** l'opération semble tout indiquée.
◇ *vi Br* AUT mettre son clignotant.
indication [ˌɪndɪˈkeɪʃn] *n* -**1.** [sign] indication *f*; **she gave no** ~ **that she had seen me** rien ne pouvait laisser supposer qu'elle m'avait vu; **he gave us a clear** ~ **of his intentions** il nous a clairement fait comprendre OR clairement indiqué ses intentions; **all the** ~**s are that...**, **there is every** ~ **that...** tout porte à croire que... -**2.** [act of indicating] indication *f*.
indicative [ɪnˈdɪkətɪv] ◇ *adj* -**1.** [symptomatic] indicatif; ~ **of**: **his handwriting is** ~ **of his mental state** son écriture est révélatrice de OR en dit long sur son état mental; **it is** ~ **of a strong personality** cela témoigne d'une forte personnalité. -**2.** GRAMM indicatif; **the** ~ **mood** le mode indicatif, l'indicatif *m*.
◇ *n* GRAMM indicatif *m*; **in the** ~ à l'indicatif.
indicator [ˈɪndɪkeɪtəʳ] *n* -**1.** [instrument] indicateur *m*; [warning lamp] voyant *m*; **temperature** ~ indicateur *m* de température. -**2.** AUT clignotant *m*. -**3.** [at station, in airport]: **arrivals/departures** ~ panneau *m* des arrivées/des départs. -**4.** *fig* indicateur *m*; **economic** ~**s** indicateurs *mpl* économiques. -**5.** CHEM indicateur *m*. -**6.** LING indicateur *m*.
indices [ˈɪndɪsiːz] *pl* → **index**.
indict [ɪnˈdaɪt] *vt* JUR inculper, mettre en examen *spec*.
indictable [ɪnˈdaɪtəbl] *adj* JUR -**1.** [person] passible de poursuites. -**2.** [crime] passible des tribunaux.
indictment [ɪnˈdaɪtmənt] *n* -**1.** JUR inculpation *f*, mise *f* en examen *spec*; ~ **for fraud** inculpation pour fraude. -**2.** *fig*: **a damning** ~ **of government policy** un témoignage accablant contre la politique gouvernementale.
indie *inf* [ˈɪndɪ] *adj* [band, charts] indépendant *(dont les disques sont produits par des maisons indépendantes)*.
Indies [ˈɪndɪz] *npl*: the ~ les Indes *fpl*; in the ~ aux Indes.
indifference [ɪnˈdɪfrəns] *n* -**1.** [unconcern] indifférence *f*; **with total** ~ avec une indifférence totale; **his** ~ **towards any suggestion** son manque d'intérêt face à toutes les suggestions qui lui sont faites. -**2.** [mediocrity] médiocrité *f*. -**3.** [unimportance] insignifiance *f*; **it is a matter of great** ~ **to me** c'est une question qui me laisse totalement indifférent. -**4.** PHILOS indifférence *f*.
indifferent [ɪnˈdɪfrənt] *adj* -**1.** [unconcerned, cold] indifférent; **she was** ~ **to the beauty of the landscape** elle était indifférente à la beauté du paysage; **he was** ~ **to her pleas** il est resté sourd à ses suppliques; ~ **to the danger** insouciant du danger. -**2.** [unimportant] indifférent; **it's** ~ **to me whether they go or stay** qu'ils partent ou qu'ils restent, cela m'est égal. -**3.** [mediocre] médiocre, quelconque; **good, bad or** ~ bon, mauvais ou ni l'un ni l'autre. -**4.** BIOL [cell, tissue] indifférencié.
indifferently [ɪnˈdɪfrəntlɪ] *adv* -**1.** [coldly, unconcernedly] indifféremment, avec indifférence. -**2.** [not well] médiocrement.
indigence [ˈɪndɪdʒəns] *n fml* indigence *f*.
indigenous [ɪnˈdɪdʒɪnəs] *adj* -**1.** [animal, plant, custom] indigène; [population] autochtone; **rabbits are not** ~ **to Australia** à l'origine, il n'y avait pas de lapins en Australie. -**2.** [innate] inné, natif *lit*.
indigent [ˈɪndɪdʒənt] *fml* ◇ *adj* indigent, nécessiteux.
◇ *n* indigent *m*, -e *f*.
indigestible [ˌɪndɪˈdʒestəbl] *adj* indigeste.
indigestion [ˌɪndɪˈdʒestʃn] *n* indigestion *f*; **to have** ~ avoir une indigestion.
indignant [ɪnˈdɪgnənt] *adj* indigné, outré; **he was** ~ **at her attitude** il était indigné par son attitude; **an** ~ **look** un regard outré.
indignantly [ɪnˈdɪgnəntlɪ] *adv* avec indignation.
indignation [ˌɪndɪgˈneɪʃn] *n* indignation *f*; **public** ~ indignation générale; **righteous** ~ indignation justifiée.
indignity [ɪnˈdɪgnətɪ] (*pl* **indignities**) *n* indignité *f*; **he suffered the** ~ **of having to ask for a loan** il a dû s'abaisser à solliciter un prêt.
indigo [ˈɪndɪgəʊ] (*pl* **indigos** OR **indigoes**) ◇ *n* -**1.** [dye, colour] indigo *m*. -**2.** [plant] indigotier *m*.
◇ *adj* indigo *(inv)*.
indigo blue = **indigo 1**.
indirect [ˌɪndɪˈrekt] *adj* indirect; **by an** ~ **route** par un chemin indirect OR détourné; **the** ~ **effects of radioactivity** les effets indirects OR secondaires de la radioactivité; **an** ~ **reference** une allusion voilée; ~ **free kick** FTBL coup *m* franc indirect.
indirectly [ˌɪndɪˈrektlɪ] *adv* indirectement; **I heard about it** ~ je l'ai appris indirectement OR par personnes interposées OR par un tiers; **she felt** ~ **responsible** elle se sentait indirectement responsable.
indirectness [ˌɪndɪˈrektnɪs] *n* caractère *m* indirect.
indirect object *n* objet *m* indirect.
indirect question *n* question *f* indirecte.
indirect speech *n* discours *m* indirect.
indirect tax *n* impôts *mpl* indirects.
indirect taxation *n* fiscalité *f* indirecte.
indiscernible [ˌɪndɪˈsɜːnəbl] *adj* indiscernable, imperceptible.
indiscipline [ɪnˈdɪsɪplɪn] *n* indiscipline *f*.
indiscreet [ˌɪndɪˈskriːt] *adj* indiscret.
indiscreetly [ˌɪndɪˈskriːtlɪ] *adv* indiscrètement.
indiscretion [ˌɪndɪˈskreʃn] *n* indiscrétion *f*.
indiscriminate [ˌɪndɪˈskrɪmɪnət] *adj*: **it was** ~ **slaughter** ce fut un massacre aveugle; **to distribute** ~ **punishment/praise** distribuer des punitions/des éloges à tort et à travers; **children are** ~ **in their television viewing** les enfants regardent la télévision sans discernement; **her** ~ **admiration for everything American** son admiration inconditionnelle pour tout ce qui est américain.
indiscriminately [ˌɪndɪˈskrɪmɪnətlɪ] *adv*: **he reads** ~ il lit tout ce qui lui tombe sous la main; **the plague struck rich and poor** ~ la peste a frappé indifféremment les riches et les pauvres; **she admired everything** ~ elle admirait tout sans discernement; **I use the two terms** ~ j'utilise indifféremment les deux termes.
indiscrimination [ˈɪndɪsˌkrɪmɪˈneɪʃn] *n* manque *m* de discernement.
indispensable [ˌɪndɪˈspensəbl] *adj* indispensable; ~ **to** indispensable à OR pour; **to make o.s.** ~ **to sb** se rendre indispensable à qqn.
indisposed [ˌɪndɪˈspəʊzd] *adj fml* -**1.** *euph* [sick] indisposé, souffrant. -**2.** [unwilling] peu enclin, peu disposé; **to be** ~ **to do sthg** être peu enclin OR peu disposé à faire qqch.
indisposition [ˌɪndɪspəˈzɪʃn] *n fml* -**1.** *euph* [illness] indisposition *f*. -**2.** [unwillingness] dispositions *fpl* peu favorables, manque *m* d'empressement.
indisputable [ˌɪndɪˈspjuːtəbl] *adj* incontestable, indiscutable.
indisputably [ˌɪndɪˈspjuːtəblɪ] *adv* incontestablement, indiscutablement.
indissoluble [ˌɪndɪˈsɒljʊbl] *adj* indissoluble.
indissolubly [ˌɪndɪˈsɒljʊblɪ] *adv* indissolublement.
indistinct [ˌɪndɪˈstɪŋkt] *adj* indistinct.
indistinctly [ˌɪndɪˈstɪŋktlɪ] *adv* indistinctement.
indistinguishable [ˌɪndɪˈstɪŋgwɪʃəbl] *adj* -**1.** [alike] impossible à distinguer; **his handwriting is** ~ **from his brother's** son écriture est impossible à distinguer de celle de son frère; **the twins are** ~ les jumeaux se ressemblent à s'y méprendre. -**2.** [imperceptible] imperceptible.
indistinguishably [ˌɪndɪˈstɪŋgwɪʃəblɪ] *adv* imperceptiblement.
indium [ˈɪndɪəm] *n* indium *m*.
individual [ˌɪndɪˈvɪdʒʊəl] ◇ *adj* -**1.** [for one person] individuel; ~ **portions** portions *fpl* individuelles OR pour une personne; **she has** ~ **tuition** elle prend des cours particuliers; ~ **rights** droits *mpl* de l'individu OR de la personne. -**2.** [single, separate] particulier; **we cannot consider each** ~ **case** nous ne pouvons pas considérer tous les cas particuliers OR chaque cas en particulier; **it's impossible to investigate each** ~ **complaint** il est impossible d'étudier séparément chaque réclamation; **each** ~ **case is different** chaque cas est différent; **everyone will have his** ~ **copy** chacun aura son exemplaire personnel OR son propre exemplaire. -**3.** [distinctive] personnel, particulier; **she has a very** ~ **way of working** elle a une façon très particulière OR personnelle de travailler.
◇ *n* [gen, BIOL & LOGIC] individu *m*; **who's that strange** ~? qui est cet individu bizarre?
individualism [ˌɪndɪˈvɪdʒʊəlɪzm] *n* [gen, PHILOS & POL] individualisme *m*.
individualist [ˌɪndɪˈvɪdʒʊəlɪst] *n* individualiste *mf*.
individualistic [ˈɪndɪˌvɪdʒʊəˈlɪstɪk] *adj* individualiste.
individuality [ˈɪndɪˌvɪdʒʊˈælətɪ] (*pl* **individualities**) *n* individualité *f*.
individualize, -ise [ˌɪndɪˈvɪdʒʊəlaɪz] *vt* individualiser.
individually [ˌɪndɪˈvɪdʒʊəlɪ] *adv* -**1.** [separately] individuellement; ~ **wrapped fruit** fruits emballés individuellement OR séparément. -**2.** [distinctively] de façon distinctive; **he dresses very** ~ il s'habille de façon très originale, il a une façon très personnelle de s'habiller.
individuate [ˌɪndɪˈvɪdʒʊeɪt] *vt* différencier.
indivisible [ˌɪndɪˈvɪzəbl] *adj* indivisible; **17 is** ~ **by 3** 17 n'est pas divisible par 3.
Indo- [ˈɪndəʊ] *in cpds* indo-; **an** ~**Pakistani agreement** un accord indo-pakistanais.
Indochina [ˌɪndəʊˈtʃaɪnə] *pr n* Indochine *f*; **in** ~ en Indochine.
Indochinese [ˌɪndəʊtʃaɪˈniːz] ◇ *n* Indochinois *m*, -e *f*.
◇ *adj* indochinois.
indoctrinate [ɪnˈdɒktrɪneɪt] *vt* endoctriner; **they were** ~**d with revolutionary ideas** on leur a inculqué des idées révolutionnaires.
indoctrination [ɪnˌdɒktrɪˈneɪʃn] *n* endoctrinement *m*.

Indo-European [ˈɪndəʊˌjʊərəˈpiːən] ◇ *n* indo-européen *m*.
◇ *adj* indo-européen.

indolence [ˈɪndələns] *n* **-1.** [laziness] paresse *f*, indolence *f*. **-2.** MED indolence *f*.

indolent [ˈɪndələnt] *adj* **-1.** [lazy] paresseux, indolent. **-2.** MED indolent.

indolently [ˈɪndələntlɪ] *adv* paresseusement, indolemment.

Indology [ɪnˈdɒlədʒɪ] *n* étude *f* de la civilisation indienne.

indomitable [ɪnˈdɒmɪtəbl] *adj* indomptable, irréductible.

indomitably [ɪnˈdɒmɪtəblɪ] *adv* de façon indomptable, irréductiblement.

Indonesia [ˌɪndəˈniːzjə] *pr n* Indonésie *f*; **in ~** en Indonésie.

Indonesian [ˌɪndəˈniːzjən] ◇ *n* **-1.** [person] Indonésien *m*, -enne *f*. **-2.** LING indonésien *m*.
◇ *adj* indonésien.

indoor [ˈɪnˌdɔːʳ] *adj* [toilet] à l'intérieur; [clothing] d'intérieur; [swimming pool, tennis court] couvert; [sport] pratiqué en salle; **~ athletics** athlétisme *m* en salle; **~ games** [sports] jeux *mpl* pratiqués en salle; [board-games, charades etc] jeux *mpl* d'intérieur; **~ plants** plantes *fpl* d'intérieur OR d'appartement; **~ scene** CIN & TV scène *f* tournée en intérieur.

indoors [ˌɪnˈdɔːz] *adv* à l'intérieur; **let's go ~** rentrons (à l'intérieur); **it's much cooler ~** il fait beaucoup plus frais à l'intérieur; **I don't like being ~ all day** je n'aime pas rester enfermée toute la journée.

indorse [ɪnˈdɔːs] = **endorse**.

indraught *Br*, **indraft** *Am* [ˈɪndrɑːft] *n* [of liquid, air] afflux *m*.

indrawn [ˌɪnˈdrɔːn] *adj* **-1.** [air]: **~ breath** aspiration *f*, inspiration *f*. **-2.** [person] replié sur soi-même, renfermé.

indubitable [ɪnˈdjuːbɪtəbl] *adj* indubitable.

indubitably [ɪnˈdjuːbɪtəblɪ] *adv* assurément, indubitablement.

induce [ɪnˈdjuːs] *vt* **-1.** [cause] entraîner, provoquer; **this drug sometimes ~s sleepiness** ce médicament peut provoquer la somnolence. **-2.** [persuade] persuader, décider; **nothing will ~ me to change my mind** rien ne me décidera à OR ne me fera changer d'avis. **-3.** MED [labour] déclencher (artificiellement). **-4.** PHILOS [infer] induire. **-5.** ELEC induire.

-induced [ɪnˈdjuːst] *in cpds*: **work~ injury** accident *m* du travail; **drug~ sleep** sommeil *m* provoqué par des médicaments.

inducement [ɪnˈdjuːsmənt] *n* **-1.** [encouragement] persuasion *f*. **-2.** [reward] incitation *f*, récompense *f*; [bribe] pot de vin *m*; **he was offered considerable financial ~s to leave his company** on lui a offert des sommes considérables pour l'inciter à quitter son entreprise.

induct [ɪnˈdʌkt] *vt* **-1.** [into office, post] installer. **-2.** [into mystery, unknown field] initier. **-3.** *Am* MIL appeler (sous les drapeaux). **-4.** ELEC = **induce 5**.

inductance [ɪnˈdʌktəns] *n* ELEC **-1.** [property] inductance *f*. **-2.** [component] inducteur *m*.

inductee [ˌɪndʌkˈtiː] *n* *Am* MIL conscrit *m*, appelé *m*.

induction [ɪnˈdʌkʃn] *n* **-1.** [into office, post] installation *f*; [into mystery, new field] initiation *f*. **-2.** [causing] provocation *f*, déclenchement *m*; **~ of sleep by drugs** sommeil *m* provoqué par des médicaments. **-3.** MED [of labour] déclenchement *m* (artificiel). **-4.** PHILOS induction *f*. **-5.** *Am* MIL conscription *f*, appel *m* sous les drapeaux. **-6.** BIOL, ELEC & TECH induction *f*.

induction coil *n* bobine *f* d'inductance.

induction course *n* stage *m* préparatoire OR de formation.

induction motor *n* moteur *m* à induction.

inductive [ɪnˈdʌktɪv] *adj* inductif.

inductor [ɪnˈdʌktəʳ] *n* inducteur *m*.

indulge [ɪnˈdʌldʒ] ◇ *vi*: **to ~ in** se livrer à; **let us ~ in a little speculation** livrons-nous à quelques suppositions; **I occasionally ~ in a cigar/drink** je me permets un cigare/verre de temps en temps; **no thank you, I don't ~** [drink] non merci, je ne bois pas; [smoke] non merci, je ne fume pas.
◇ *vt* **-1.** [person] gâter; **she ~s her children** elle gâte ses enfants, elle passe tout à ses enfants; **to ~ o.s.** se faire plaisir; **we really ~d ourselves** on s'est vraiment fait plaisir. **-2.** [desire, vice] assouvir; **she ~d her passion for skiing** elle a satisfait sa passion pour le ski; **he ~s her every whim** il se prête à OR il lui passe tous ses caprices. **-3.** COMM [debtor] accorder un délai de paiement à.

indulgence [ɪnˈdʌldʒəns] *n* **-1.** [tolerance, kindness] indulgence *f*. **-2.** [gratification] assouvissement *m*; **the ~ of his every desire** l'assouvissement de tous ses désirs; **~ in bad habits** fait *m* de se complaire dans de mauvaises habitudes. **-3.** [privilege] privilège *m*; [treat] gâterie *f*; **we allow ourselves a few small ~s from time to time** nous nous offrons quelques petites gâteries de temps en temps; **smoking is my only ~** mon seul vice, c'est le tabac. **-4.** RELIG indulgence *f*.

indulgent [ɪnˈdʌldʒənt] *adj* [liberal, kind] indulgent, complaisant; **you shouldn't be so ~ with your children** vous ne devriez pas vous montrer aussi indulgent envers vos enfants.

indulgently [ɪnˈdʌldʒəntlɪ] *adv* avec indulgence.

indulin [ˈɪndjʊlɪn], **induline** [ˈɪndjʊlaɪn] *n* induline *f*.

Indus [ˈɪndəs] *pr n*: **the (River) ~** l'Indus *m*.

industrial [ɪnˈdʌstrɪəl] *adj* [gen] industriel; [unrest] social; **an ~ city** une ville industrielle
□ **~ accident** accident *m* du travail; **~ archaeology** archéologie *f* industrielle; **~ diamond** diamant *m* industriel OR de nature; **~ dispute** conflit *m* social; **~ espionage** espionnage *m* industriel; **the Industrial Revolution** la révolution industrielle; **~ school** *Am* école *f* technique; **~ workers** travailleurs *mpl* de l'industrie.
◆ **industrials** *npl* ST. EX titres *mpl* industriels.

THE INDUSTRIAL REVOLUTION:
Processus d'industrialisation qui, au XVIIIe siècle, apporta de profonds changements dans la société britannique en bouleversant ses structures et son fonctionnement traditionnel. Si la richesse nationale augmenta rapidement, transformant la Grande-Bretagne en phare économique mondial, elle fut synonyme de misère pour la classe ouvrière jusqu'au XIXe siècle.

---

industrial action *n* *(U)* *Br* grève *f*, grèves *fpl*; **they threatened (to take) ~** ils ont menacé de faire grève.

industrial design *n* dessin *m* industriel.

industrial estate *n* *Br* zone *f* industrielle.

industrialism [ɪnˈdʌstrɪəlɪzm] *n* industrialisme *m*.

industrialist [ɪnˈdʌstrɪəlɪst] *n* industriel *m*.

industrialization [ɪnˌdʌstrɪəlaɪˈzeɪʃn] *n* industrialisation *f*.

industrialize, -ise [ɪnˈdʌstrɪəlaɪz] ◇ *vt* industrialiser.
◇ *vi* s'industrialiser.

industrialized [ɪnˈdʌstrɪəlaɪzd] *adj* industrialisé; **the ~ countries** les pays *mpl* industrialisés.

industrial relations *npl* relations *fpl* entre le patronat et les travailleurs; **~ have deteriorated** le climat social s'est dégradé.

industrial tribunal *n* ≃ conseil *m* de prud'hommes.

industrious [ɪnˈdʌstrɪəs] *adj* travailleur.

industriously [ɪnˈdʌstrɪəslɪ] *adv* avec application, industrieusement *lit*.

industriousness [ɪnˈdʌstrɪəsnɪs] *n* application *f*, diligence *f*.

industry [ˈɪndəstrɪ] (*pl* **industries**) *n* **-1.** [business] industrie *f*; **both sides of ~** syndicats *mpl* et patronat *m*, les partenaires *mpl* sociaux; **the oil/film ~** l'industrie pétrolière/cinématographique. **-2.** = **industriousness**.

inebriate [*vb* ɪˈniːbrɪeɪt, *adj* & *n* ɪˈniːbrɪət] *fml*
◇ *vt* enivrer, griser.
◇ *adj* ivre.
◇ *n* ivrogne *mf*, alcoolique *mf*.

inebriated [ɪˈniːbrɪeɪtɪd] *adj* *fml* ivre; **~ by his success** *fig* grisé par son succès.

inebriation [ɪˌniːbrɪˈeɪʃn], **inebriety** [ˌɪniːˈbraɪətɪ] *n* *fml* enivrement *m*; [habitual] ivrognerie *f*, alcoolisme *m*.

inedible [ɪnˈedɪbl] *adj* **-1.** [unsafe to eat] non comestible; **~ mushrooms** des champignons non comestibles. **-2.** [unpleasant to eat] immangeable.

ineducable [ɪnˈedjʊkəbl] *adj* inéducable.

ineffable [ɪnˈefəbl] *adj* *lit* ineffable, indicible.

ineffably [ɪnˈefəblɪ] *adv* *lit* ineffablement, indiciblement.

ineffective [ˌɪnɪˈfektɪv] *adj* **-1.** [person] inefficace, incapable, incompétent; **an ~ leader** un dirigeant incompétent. **-2.** [action] inefficace, sans effet; **the drug is ~ against the new virus** le médicament est inefficace OR n'a aucun effet contre le nouveau virus.

ineffectively [ˌɪnɪˈfektɪvlɪ] *adv* sans résultat.

ineffectiveness [ˌɪnɪˈfektɪvnɪs] *n* inefficacité *f*.

ineffectual [ˌɪnɪˈfektʃʊəl] *adj* incompétent.

inefficacious [ˌɪnefɪˈkeɪʃəs] *adj* inefficace, sans effet.

inefficacity [ˌɪnefɪˈkæsətɪ], **inefficacy** [ɪnˈefɪkəsɪ] *n* inefficacité *f*.

inefficiency [ˌɪnɪˈfɪʃnsɪ] (*pl* **inefficiencies**) *n* inefficacité *f*, manque *m* d'efficacité; **the ~ of the old machines** le manque de rendement OR le faible rendement des anciennes machines.

inefficient [ˌɪnɪˈfɪʃnt] *adj* inefficace; **an ~ use of resources** une mauvaise utilisation des ressources; **these old machines are too ~** le rendement de ces vieilles machines est vraiment insuffisant.

inefficiently [ˌɪnɪˈfɪʃntlɪ] *adv* inefficacement.

inelastic [ˌɪnɪˈlæstɪk] *adj* **-1.** [material] rigide, inélastique; [schedule] rigide, inflexible. **-2.** PHYS [collision] inélastique.

inelegant [ɪnˈelɪgənt] *adj* inélégant.

inelegantly [ɪnˈelɪgəntlɪ] *adv* de façon peu élégante.

ineligibility [ɪnˌelɪdʒəˈbɪlətɪ] *n* **-1.** [gen]: **his ~ for unemployment benefit** le fait qu'il n'ait pas droit aux allocations de chômage; **the ~ of most of the applications** l'irrecevabilité *f* de la plupart des demandes. **-2.** [for election] inéligibilité *f*.

ineligible [ɪnˈelɪdʒəbl] *adj* **-1.** [unqualified] non qualifié; **he is ~ for the post** il n'est pas qualifié pour le poste; **to be ~ for military service** être inapte au service militaire; **they are ~ for unemployment benefit** ils n'ont pas droit aux allocations de chômage; **they are ~ to vote** ils n'ont pas le droit de voter. **-2.** [for election] inéligible.

ineluctable [ˌɪnɪˈlʌktəbl] *adj* *fml* inéluctable.

inept [ɪˈnept] *adj* inepte.

ineptitude [ɪˈneptɪtjuːd] *n* ineptie *f*.

ineptly [ɪˈneptlɪ] *adv* absurdement, stupidement.

ineptness [ɪˈneptnɪs] = **ineptitude**.

inequality [ˌɪnɪˈkwɒlətɪ] (*pl* **inequalities**) *n* inégalité *f*.

inequitable [ɪnˈekwɪtəbl] *adj* inéquitable.

inequity [ɪnˈekwətɪ] (*pl* **inequities**) *n* *fml* injustice *f*, iniquité *f*.

ineradicable [ˌɪnɪˈrædɪkəbl] *adj* indéracinable.

inert [ɪˈnɜːt] *adj* inerte.

inert gas *n* gaz *m* inerte.

inertia [ɪˈnɜːʃə] *n* inertie *f*.

inertial [ɪˈnɜːʃəl] *adj* inertiel.

inertia-reel seat belt *n* ceinture *f* de sécurité à enrouleur.

inertia selling *n* *(U)* *Br* vente *f* forcée.

inescapable [ˌɪnɪˈskeɪpəbl] *adj* [outcome] inévitable, inéluctable; [fact] indéniable.

inescapably [ˌɪnɪ'skeɪpəblɪ] *adv* inévitablement, indéniablement.

inessential [ˌɪnɪ'senʃl] *adj* non essentiel.
◆ **inessentials** *npl* superflu *m*; **to do without ~s** se passer du superflu.

inestimable [ɪn'estɪməbl] *adj* inestimable, incalculable.

inestimably [ɪn'estɪməblɪ] *adv*: **they're ~ rich** ils ont une fortune incalculable; **he's been ~ lucky** il a eu une chance absolument incroyable.

inevitability [ɪnˌevɪtə'bɪlətɪ] *n* inévitabilité *f*.

inevitable [ɪn'evɪtəbl] ◇ *adj* [outcome, consequence] inévitable, inéluctable; [end] inévitable, fatal; **war seems ~** la guerre semble inévitable; **it's ~ that someone will feel left out** il est inévitable OR on ne pourra empêcher que quelqu'un se sente exclu; **the ~ cigarette in his mouth** l'éternelle OR l'inévitable cigarette au coin des lèvres.
◇ *n* inévitable *m*; **we had to resign ourselves to the ~** il fallut nous résoudre à accepter l'inévitable.

inevitably [ɪn'evɪtəblɪ] *adv* inévitablement, fatalement.

inexact [ˌɪnɪg'zækt] *adj* [imprecise] imprécis; [wrong] inexact, erroné; **our figures are still ~** nos chiffres sont encore imprécis.

inexactitude [ˌɪnɪg'zæktɪtjuːd] *n* -**1.** [imprecision] imprécision *f*; [incorrectness] inexactitude *f*. -**2.** [mistake] inexactitude *f*.

inexactly [ˌɪnɪg'zæktlɪ] *adv* [imprecisely] de façon imprécise; [incorrectly] inexactement, incorrectement.

inexcusable [ˌɪnɪk'skjuːzəbl] *adj* inexcusable, impardonnable.

inexcusably [ˌɪnɪk'skjuːzəblɪ] *adv*: **~ rude** d'une grossièreté impardonnable; **he behaved quite ~ at the party** la façon dont il s'est comporté à la soirée est inexcusable.

inexhaustible [ˌɪnɪg'zɔːstəbl] *adj* -**1.** [source, energy, patience] inépuisable, illimité. -**2.** [person] infatigable.

inexorable [ɪn'eksərəbl] *adj* inexorable.

inexorably [ɪn'eksərəblɪ] *adv* inexorablement.

inexpedient [ˌɪnɪk'spiːdjənt] *adj* peu judicieux, malavisé.

inexpensive [ˌɪnɪk'spensɪv] *adj* bon marché *(inv)*, peu cher.

inexpensively [ˌɪnɪk'spensɪvlɪ] *adv* [sell] (à) bon marché, à bas prix; [live] à peu de frais.

inexperience [ˌɪnɪk'spɪərɪəns] *n* inexpérience *f*, manque *m* d'expérience.

inexperienced [ˌɪnɪk'spɪərɪənst] *adj* inexpérimenté.

inexpert [ɪn'ekspɜːt] *adj* inexpérimenté, inexpert *lit*.

inexpertly [ɪn'ekspɜːtlɪ] *adv* maladroitement.

inexplicable [ˌɪnɪk'splɪkəbl] *adj* inexplicable.

inexplicably [ˌɪnɪk'splɪkəblɪ] *adv* inexplicablement.

inexpressible [ˌɪnɪk'spresəbl] *adj* inexprimable, indicible.

inexpressive [ˌɪnɪk'spresɪv] *adj* inexpressif.

inextinguishable [ˌɪnɪk'stɪŋgwɪʃəbl] *adj* [fire] impossible à éteindre, inextinguible *lit*; [need, desire] insatiable; [thirst] inextinguible; [passion] irrépressible, incontrôlable.

in extremis [ɪnɪk'striːmɪs] *adv* in extremis, de justesse.

inextricable [ˌɪnɪk'strɪkəbl] *adj* inextricable.

inextricably [ˌɪnɪk'strɪkəblɪ] *adv* inextricablement.

infallibility [ɪnˌfælə'bɪlətɪ] *n* infaillibilité *f*.

infallible [ɪn'fæləbl] *adj* infaillible.

infallibly [ɪn'fæləblɪ] *adv* infailliblement, immanquablement.

infamous ['ɪnfəməs] *adj* -**1.** [notorious] tristement célèbre, notoire. -**2.** [shocking - conduct] déshonorant, infamant.

infamy ['ɪnfəmɪ] (*pl* **infamies**) *n* -**1.** [notoriety] triste notoriété *f*. -**2.** [notorious act, event] infamie *f*.

infancy ['ɪnfənsɪ] (*pl* infancies) *n* -**1.** [early childhood] petite enfance *f*; **a child in its ~** un enfant en bas âge. -**2.** *fig* débuts *mpl*, enfance *f*; **when electronics was still in its ~** quand l'électronique n'en était qu'à ses balbutiements. -**3.** JUR minorité *f* (légale).

infant ['ɪnfənt] ◇ *n* -**1.** [young child] petit enfant *m*, petite enfant *f*, enfant *mf* en bas âge; [baby] bébé *m*; [new-born] nouveau-né *m*. -**2.** *Br* SCH *élève dans les premières années d'école primaire*. -**3.** JUR mineur *m*, -e *f*.
◇ *adj* [organization] naissant; **the ~ Church** l'Église des origines OR des premiers jours.
◇ *comp* -**1.** [food] pour bébés; [disease, mortality] infantile. -**2.** *Br* [teacher, teaching] des premières années d'école primaire.

infanticide [ɪn'fæntɪsaɪd] *n* -**1.** [act] infanticide *m*. -**2.** [person] infanticide *mf*.

infantile ['ɪnfəntaɪl] *adj* -**1.** *pej* [childish] infantile, puéril. -**2.** [of, for infants] infantile.

infantile paralysis *n (U) dated* paralysie *f* infantile.

infantilism [ɪn'fæntɪlɪzm] *n* infantilisme *m*.

infantry ['ɪnfəntrɪ] ◇ *n* infanterie *f*.
◇ *adj* de l'infanterie.

infantryman ['ɪnfəntrɪmən] (*pl* **infantrymen** [-mən]) *n* soldat *m* d'infanterie, fantassin *m*.

infant school *n Br* école *f* maternelle *(5-7 ans)*.

infarct [ɪn'fɑːkt], **infarction** [ɪn'fɑːkʃn] *n* infarctus *m (du myocarde)*.

infatuate [ɪn'fætjʊeɪt] *vt*: **he was ~d with her** il s'était entiché d'elle.

infatuation [ɪnˌfætjʊ'eɪʃn] *n* engouement *m*; **his ~ for** OR **with her** son engouement pour elle.

infect [ɪn'fekt] *vt* -**1.** MED [wound, organ, person, animal] infecter; **is the liver ~ed?** est-ce que le foie est infecté OR atteint?; **I hope that cut won't get ~ed** j'espère que cette coupure ne s'infectera pas; **to ~ sb with sthg** transmettre qqch à qqn; **he ~ed all his friends with the flu** il a transmis OR donné sa grippe à tous ses amis. -**2.** [food, water] contaminer. -**3.** *fig* [subj: vice] corrompre, contaminer; [subj: emotion] se communiquer à; **they ~ed us with their enthusiasm** ils nous ont communiqué leur enthousiasme.

infected [ɪn'fektɪd] *adj* [wound] infecté; [area] contaminé.

infection [ɪn'fekʃn] *n* -**1.** MED infection *f*; **a throat ~** une infection de la gorge, une angine. -**2.** *fig* contagion *f*, contamination *f*.

infectious [ɪn'fekʃəs] *adj* -**1.** MED [disease] infectieux; [person] contagieux. -**2.** *fig* contagieux, communicatif.

infectious hepatitis *n (U)* hépatite *f* infectieuse, hépatite *f* virale A.

infectious mononucleosis *n (U)* MED mononucléose *f* infectieuse.

infectiousness [ɪn'fekʃəsnɪs] *n* -**1.** MED caractère *m* infectieux. -**2.** *fig* caractère *m* contagieux OR communicatif, contagiosité *f lit*.

infelicitous [ˌɪnfɪ'lɪsɪtəs] *adj lit* malheureux, malchanceux.

infelicity [ˌɪnfɪ'lɪsɪtɪ] (*pl* **infelicities**) *n lit* -**1.** [state of misfortune] malchance *f*, infortune *f lit*. -**2.** [piece of bad luck] malchance *f*. -**3.** [remark] parole *f* malheureuse, maladresse *f*.

infer [ɪn'fɜː^r] (*pt & pp* **inferred**, *cont* **inferring**) *vt* -**1.** [deduce] conclure, inférer, déduire; **what are we to ~ from their absence?** que devons-nous conclure de leur absence?; **I inferred from his look that I had done something wrong** à son regard, j'ai compris que j'avais fait quelque chose de mal. -**2.** [imply] suggérer, laisser supposer; **what are you inferring by that?** qu'insinuez-vous par là?

inference ['ɪnfrəns] *n* déduction *f*; LOGIC inférence *f*; **what ~s can we draw from it?** quelles conclusions pouvons-nous en tirer?, que pouvons-nous en déduire?

inferential [ˌɪnfə'renʃl] *adj* [reasoning] par inférence; [proof] déduit par inférence; [belief] basé sur l'inférence.

inferior [ɪn'fɪərɪə^r] ◇ *adj* -**1.** [quality, worth, social status] inférieur; **he always felt ~ to his brother** il a toujours éprouvé un sentiment d'infériorité par rapport à son frère; **to make sb feel ~** donner un sentiment d'infériorité à qqn; **~ imported goods** marchandises *fpl* importées de qualité inférieure. -**2.** [in rank] subalterne; **she holds an ~ position in the company** elle a un poste subalterne dans la société. -**3.** ANAT & SCI [in space, position] inférieur; **the ~ maxillary** la mâchoire inférieure. -**4.** TYPO: **~ character** (caractère *m* en) indice *m*. -**5.** BOT: **~ ovary** ovaire *m* infère OR adhérent.
◇ *n* [in social status] inférieur *m*, -e *f*; [in rank, hierarchy] subalterne *mf*, subordonné *m*, -e *f*; **he never speaks to his ~s** il n'adresse jamais la parole à ses subordonnés.

inferior court *n* cour *f* de juridiction inférieure.

inferiority [ɪnˌfɪərɪ'ɒrətɪ] (*pl* **inferiorities**) *n* infériorité *f*.

inferiority complex *n* complexe *m* d'infériorité.

inferior planet *n* planète *f* inférieure.

infernal [ɪn'fɜːnl] *adj* -**1.** *inf* [awful] infernal; **stop that ~ racket** OR **din!** arrêtez ce raffut OR boucan infernal!; **that ~ fuse has blown again!** ce satané fusible a encore sauté! -**2.** [of hell] infernal; [diabolical] infernal, diabolique.

infernally *inf* [ɪn'fɜːnəlɪ] *adv* terriblement, épouvantablement; **it's ~ hot** il fait une chaleur d'enfer.

inferno [ɪn'fɜːnəʊ] (*pl* infernos) *n* -**1.** [fire] brasier *m*; **the hotel was a blazing ~** l'hôtel n'était qu'un gigantesque brasier. -**2.** [hell] enfer *m*.

infertile [ɪn'fɜːtaɪl] *adj* [person, animal] stérile; [land, soil] stérile, infertile *lit*.

infertility [ˌɪnfə'tɪlətɪ] *n* stérilité *f*, infertilité *f lit*.

infest [ɪn'fest] *vt* infester; **~ed with rats/vermin** infesté de rats/vermine; **shark-~ed waters** eaux infestées de requins.

infestation [ˌɪnfe'steɪʃn] *n* infestation *f*.

infibulation [ɪnˌfɪbjʊ'leɪʃn] *n* infibulation *f*.

infidel ['ɪnfɪdəl] ◇ *n* infidèle *mf*.
◇ *adj* infidèle, incroyant.

infidelity [ˌɪnfɪ'delətɪ] (*pl* **infidelities**) *n* -**1.** [betrayal] infidélité *f*. -**2.** [lack of faith] incroyance *f*, irréligion *f*.

infield ['ɪnfiːld] *n* SPORT [in cricket, baseball] champ *m* intérieur.

infighting ['ɪnˌfaɪtɪŋ] *n (U)* -**1.** *Br* [within group] conflits *mpl* internes, luttes *fpl* intestines. -**2.** [in boxing] corps à corps *m*.

infill ['ɪnfɪl] ◇ *vt* remplir, combler.
◇ *n* matériau *m* de remplissage.

infiltrate ['ɪnfɪltreɪt] ◇ *vt* -**1.** [organization] infiltrer, noyauter; **the police had ~d the terrorist group** la police avait infiltré OR noyauté le groupe terroriste; **they ~d spies into the organization** ils ont envoyé des espions pour infiltrer l'organisation. -**2.** [subj: liquid] s'infiltrer dans.
◇ *vi* s'infiltrer.

infiltration [ˌɪnfɪl'treɪʃn] *n* -**1.** [of group] infiltration *f*, noyautage *m*. -**2.** [by liquid] infiltration *f*.

infiltrator ['ɪnfɪltreɪtə^r] *n* agent *m* infiltré; **there are ~s in the party** le parti a été infiltré OR noyauté.

infinite ['ɪnfɪnət] ◇ *adj* -**1.** infini; **~ set** MATH ensemble *m* infini. -**2.** *fig* infini, incalculable; **it will do ~ harm to us all** cela nous fera à tous un mal incalculable; **the government, in its ~ wisdom, has decided to close the factory** *iron* le gouvernement, dans son infinie sagesse, a décidé de fermer l'usine.
◇ *n* infini *m*.

infinitely ['ɪnfɪnətlɪ] *adv* infiniment.

infinitesimal [ˌɪnfɪnɪ'tesɪml] *adj* -**1.** MATH infinitésimal. -**2.** [tiny] infinitésimal, infime.

infinitesimally [ˌɪnfɪnɪ'tesɪməlɪ] *adv* infiniment.

infinitival [ɪnˌfɪnɪ'taɪvl] *adj* infinitif; **~ clause** proposition *f* infinitive.

infinitive [ɪn'fɪnɪtɪv] ◇ *n* infinitif *m*.
◇ *adj* infinitif.

infinity [ɪnˈfɪnətɪ] (*pl* infinities) *n* -1. infinité *f*, infini *m*; **there is an ~ of names to choose from** *fig* on peut choisir parmi une infinité de noms; **it stretches to ~** cela s'étend jusqu'à l'infini. -2. MATH & PHOT infini *m*.

infirm [ɪnˈfɜːm] ◇ *adj* -1. [in health, body] invalide, infirme. -2. *lit* [in moral resolution] indécis, irrésolu; **to be ~ of purpose** manquer de détermination. -3. JUR invalide.
◇ *npl*: **the ~** les infirmes *mpl*.

infirmary [ɪnˈfɜːmərɪ] (*pl* **infirmaries**) *n* [hospital] hôpital *m*, dispensaire *m*; [sickroom] infirmerie *f*.

infirmity [ɪnˈfɜːmətɪ] (*pl* **infirmities**) *n* -1. [physical] infirmité *f*. -2. [moral] défaut *m*, faiblesse *f*.

infix [*vb* ɪnˈfɪks, *n* ˈɪnfɪks] ◇ *vt* -1. [instil] instiller, implanter. -2. LING insérer (comme infixe).
◇ *n* LING infixe *m*.

inflame [ɪnˈfleɪm] ◇ *vt* -1. [rouse - person, crowd] exciter, enflammer; [anger, hatred, passion] attiser, exacerber; **the argument became ~d** la discussion s'est enflammée; **she was ~d with anger/passion** elle brûlait de colère/de passion. -2. MED [wound, infection] enflammer; [organ, tissue] irriter, infecter. -3. [set fire to] enflammer, mettre le feu à. -4. *lit* [redden] enflammer.
◇ *vi* -1. [person, heart, passion] s'enflammer. -2. MED [wound, infection] s'enflammer; [organ, tissue] s'irriter, s'infecter. -3. [catch fire] s'enflammer, s'embraser.

inflamed [ɪnˈfleɪmd] *adj* -1. MED [eyes, throat, tendon] enflammé, irrité. -2. *fig* [passions, hatred] enflammé, ardent.

inflammable [ɪnˈflæməbl] ◇ *adj* inflammable; **an ~ situation** *fig* une situation explosive.
◇ *n* matière *f* inflammable.

inflammation [ˌɪnfləˈmeɪʃn] *n* inflammation *f*.

inflammatory [ɪnˈflæmətrɪ] *adj* -1. [speech, propaganda] incendiaire. -2. MED inflammatoire.

inflatable [ɪnˈfleɪtəbl] ◇ *adj* [toy] gonflable; [mattress, boat] pneumatique.
◇ *n* [boat] canot *m* pneumatique, bateau *m* gonflable.

inflate [ɪnˈfleɪt] ◇ *vt* -1. [tyre, balloon, boat] gonfler; [lungs] emplir d'air; [chest] gonfler, bomber. -2. [opinion, importance] gonfler, exagérer; **to ~ the importance of an event** exagérer OR grossir l'importance d'un événement. -3. ECON [prices] faire monter, augmenter; [economy] provoquer l'inflation de; **to ~ the currency** provoquer une inflation monétaire.
◇ *vi* -1. [tyre] se gonfler; [lungs] s'emplir d'air; [chest] se gonfler, se bomber. -2. ECON [prices, money] subir une inflation; **the government decided to ~** le gouvernement a décidé d'avoir recours à des mesures inflationnistes.

inflated [ɪnˈfleɪtɪd] *adj* -1. [tyre] gonflé. -2. [opinion, importance] exagéré; [style] emphatique, pompier; **he has an ~ sense of his own importance** il se fait une idée exagérée de sa propre importance. -3. [price] exagéré.

inflation [ɪnˈfleɪʃn] *n* -1. ECON inflation *f*. -2. [of tyre, balloon, boat] gonflement *m*; [of idea, importance] grossissement *m*, exagération *f*.

inflationary [ɪnˈfleɪʃnrɪ] *adj* inflationniste; **~ spiral** spirale *f* inflationniste OR de l'inflation.

inflationism [ɪnˈfleɪʃənɪzm] *n* inflationnisme *m*.

inflationist [ɪnˈfleɪʃənɪst] *adj* inflationniste.

inflation-proof *adj* protégé contre les effets de l'inflation.

inflect [ɪnˈflekt] ◇ *vt* -1. LING [verb] conjuguer; [noun, pronoun, adjective] décliner; **~ed form** forme *f* fléchie. -2. [tone, voice] moduler. -3. [curve] infléchir.
◇ *vi* LING: **adjectives do not ~ in English** les adjectifs ne prennent pas de désinence en anglais.

inflection [ɪnˈflekʃn] *n* -1. [of tone, voice] inflexion *f*, modulation *f*. -2. LING désinence *f*, flexion *f*. -3. [curve] flexion *f*, inflexion *f*, courbure *f*. -4. MATH inflexion *f*; **point of ~** point *m* d'inflexion.

inflectional [ɪnˈflekʃənl] *adj* flexionnel.

inflexibility [ɪnˌfleksəˈbɪlətɪ] *n* inflexibilité *f*, rigidité *f*.

inflexible [ɪnˈfleksəbl] *adj* inflexible, rigide.

inflexion *etc* [ɪnˈflekʃn] *Br* = **inflection**.

inflict [ɪnˈflɪkt] *vt* infliger; **to ~ pain/suffering on sb** faire mal à/faire souffrir qqn; **to ~ a punishment/defeat on sb** infliger un châtiment/une défaite à qqn; **I don't want to ~ myself OR my company on you** je ne veux pas vous imposer OR infliger ma compagnie.

in-flight *adj* en vol; **~ meals** repas *mpl* servis à bord; **~ video** vidéo *f* projetée en vol; **~ refuelling** ravitaillement *m* en vol.

inflorescence [ˌɪnfləˈresəns] *n* BOT -1. inflorescence *f*. -2. [blossoming] floraison *f*.

inflow [ˈɪnfləʊ] *n* [of water, gas] arrivée *f*, afflux *m*; **the ~ of capital/of cheap imports** l'afflux de capitaux/de produits importés de mauvaise qualité; **cash ~** rentrées *fpl* d'argent.

influence [ˈɪnflʊəns] ◇ *n* influence *f*; **to have ~** avoir de l'influence; **to bring one's ~ to bear on sthg** exercer son influence sur qqch; **he is a man of ~** c'est un homme influent; **foreign ~ in Africa** l'influence étrangère en Afrique; **I have no ~ over them** je n'ai aucune influence sur eux; **he is a bad ~ on them** il a une mauvaise influence sur eux; **she is a disruptive ~** c'est un élément perturbateur; **you can see the ~ of Bacon in his paintings** on voit l'influence de Bacon dans ses tableaux; **his music has a strong reggae ~** sa musique est fortement influencée par le reggae; **they acted under his ~** ils ont agi sous son influence; **she was under the ~ of drink/drugs** elle était sous l'emprise de l'alcool/de la drogue; **driving under the ~ of alcohol** conduite en état d'ivresse; **to be under the ~** *inf* [drunk] être soûl.
◇ *vt* influencer, influer sur; **~d by cubism** influencé par le cubisme; **don't let yourself be ~d by them** ne te laisse pas influencer par eux; **to ~ sb to the good** exercer une bonne influence sur qqn; **he is easily ~d** il se laisse facilement influencer, il est très influençable; **how can the stars ~ our lives?** comment les étoiles peuvent-elles influer sur notre vie?

influential [ˌɪnflʊˈenʃl] *adj* influent, puissant; [newspaper, TV programme] influent, qui a de l'influence; **she's an ~ woman** c'est une femme qui a de l'influence.

influenza [ˌɪnflʊˈenzə] *n* *(U)* *fml* grippe *f*; **to have ~** avoir la grippe.

influx [ˈɪnflʌks] *n* -1. [inflow] afflux *m*; **an ~ of capital** un afflux de capitaux. -2. [of river] embouchure *f*.

info *inf* [ˈɪnfəʊ] *n* *(U)* tuyaux *mpl*.

infomercial [ˌɪnfəʊˈmɜːʃl] *n* *Am publicité télévisée sous forme de débat sur l'annonceur et son produit.*

inform [ɪnˈfɔːm] ◇ *vt* informer; **will you ~ him of your decision?** allez-vous l'informer de votre décision?; **I have been ~ed that the funds have arrived** on m'a informé que les fonds étaient arrivés; **I'll keep you ~ed** je vous tiendrai au courant.
◇ *vi*: **to ~ on OR against sb** dénoncer qqn.

informal [ɪnˈfɔːml] *adj* -1. [gathering, discussion, meeting] informel; [dinner] décontracté. -2. [clothes]: **his dress was ~** il était habillé simplement; **~ or evening dress?** tenue de ville ou tenue de soirée? -3. [unofficial - arrangement, agreement] officieux; [- visit] non officiel; **they had ~ talks with the Russians** ils ont eu des entretiens non officiels avec les Russes. -4. [colloquial] familier.

informality [ˌɪnfɔːˈmælətɪ] (*pl* **informalities**) *n* -1. [of gathering, meal] simplicité *f*; [of discussion, interview] absence *f* de formalité; [of manners] naturel *m*. -2. [of expression, language] familiarité *f*, liberté *f*.

informally [ɪnˈfɔːməlɪ] *adv* -1. [casually - entertain, discuss] sans cérémonie; [- behave] simplement, avec naturel; [- dress] simplement. -2. [unofficially] officieusement. -3. [colloquially] familièrement, avec familiarité.

informant [ɪnˈfɔːmənt] *n* [gen, SOCIOL & LING] informateur *m*, -trice *f*.

informatics [ˌɪnfəˈmætɪks] *n* *(U)* sciences *fpl* de l'information.

information [ˌɪnfəˈmeɪʃn] *n* -1. *(U)* [facts] renseignements *mpl*, informations *fpl*; **a piece OR bit of ~** un renseignement, une information; **if my ~ is correct** si mes informations sont exactes; **do you have any ~ on OR about the new model?** avez-vous des renseignements concernant OR sur le nouveau modèle?; **I'd like some ~ about train times** je voudrais des renseignements sur les horaires des trains; **for more ~, call this number** pour plus de renseignements OR de précisions, appelez ce numéro; **the government is operating an ~ blackout** le gouvernement fait de la rétention d'information. -2. [communication] information *f*; **they discussed the importance of ~ in our time** ils ont parlé de l'importance de l'information à notre époque. -3. *(U)* [knowledge] connaissances *fpl*; **her ~ on the subject is unequalled** elle connaît ce sujet mieux que personne; **for your ~, please find enclosed...** ADMIN à titre d'information, vous trouverez ci-joint...; **for your ~, it happened in 1938** je vous signale que cela s'est passé en 1938. -4. COMPUT & SCI information *f*; **the transmission of genetic ~** la transmission de l'information génétique. -5. *(U)* [service, department] (service *m* des) renseignements *mpl*; **ask at the ~ desk** adressez-vous aux renseignements; **to call ~** *Am* appeler les renseignements. -6. *Br* JUR acte *m* d'accusation; **to lay an ~ against sb** porter une accusation contre qqn.

information bureau *Br*, **information office** *n* bureau *m* OR service *m* des renseignements.

information processing *n* -1. [action] traitement *m* de l'information. -2. [domain] informatique *f*; **~ error** erreur *f* dans le traitement de l'information.

information retrieval *n* recherche *f* documentaire; COMPUT recherche *f* d'information.

information science *n* science *f* de l'information.

information technology *n* technologie *f* de l'information, informatique *f*.

information theory *n* théorie *f* de l'information.

informative [ɪnˈfɔːmətɪv] *adj* [lecture, book, TV programme] instructif; [person]: **he wasn't very ~ about his future plans** il ne nous a pas dit grand-chose de ses projets.

informed [ɪnˈfɔːmd] *adj* -1. [having information] informé, renseigné; **according to ~ sources** selon des sources bien informées; **she's very well ~** elle est très bien informée OR renseignée. -2. [based on information]: **an ~ choice** un choix fait en toute connaissance de cause; **it will allow us to make ~ decisions** cela nous permettra de prendre des décisions en toute connaissance de cause; **he made an ~ guess** il a essayé de deviner en s'aidant de ce qu'il sait. -3. [learned, cultured] cultivé.

informer [ɪnˈfɔːməʳ] *n* -1. [denouncer] informateur *m*; **police ~** indicateur (de police). -2. [information source] informateur *m*, -trice *f*.

infraction [ɪnˈfrækʃn] *n* infraction *f*; **~ of the code/regulations** infraction au code/règlement.

infra dig *inf* [ˌɪnfrəˈdɪg] *adj Br* dégradant.

infrared [ˌɪnfrəˈred] ◇ *adj* infrarouge; **~ photography** photographie *f* (à l') infrarouge.
◇ *n* infrarouge *m*.

infrasonic [ˌɪnfrəˈsɒnɪk] *adj* infrasonore.

infrasound [ˈɪnfrəˌsaʊnd] *n* infrason *m*.

infrastructure [ˈɪnfrəˌstrʌktʃəʳ] *n* infrastructure *f*.

infrequency [ɪnˈfriːkwənsɪ] *n* rareté *f*.

infrequent [ɪnˈfriːkwənt] *adj* [event] peu fréquent, rare; [visitor] épisodique.

infrequently [ɪnˈfriːkwəntlɪ] *adv* rarement, peu souvent.

infringe [ɪnˈfrɪndʒ] ◇ *vt* [agreement, rights] violer, enfreindre; [law] enfreindre, contrevenir à; [patent] contrefaire; to ~ **copyright** enfreindre les lois de copyright.
◇ *vi*: to ~ **on** OR **upon** empiéter sur.

infringement [ɪnˈfrɪndʒmənt] *n* [violation] infraction *f*, atteinte *f*; [encroachment] empiètement *m*; an ~ **of the treaty conditions** une violation des termes du traité; an ~ **on freedom of speech** une atteinte à la liberté d'expression; **that's an** ~ **of my rights** c'est une atteinte à mes droits.

infuriate [ɪnˈfjʊərɪeɪt] *vt* [enrage] rendre furieux; [exasperate] exaspérer.

infuriated [ɪnˈfjʊərɪeɪtɪd] *adj* furieux.

infuriating [ɪnˈfjʊərɪeɪtɪŋ] *adj* agaçant, exaspérant; **it's/he's** ~! c'est/il est exaspérant!

infuriatingly [ɪnˈfjʊərɪeɪtɪŋlɪ] *adv*: ~ **stubborn** d'un entêtement exaspérant; **she remained** ~ **polite** elle restait d'une politesse exaspérante.

infuse [ɪnˈfjuːz] ◇ *vt* -**1.** [inspire, instill] inspirer, insuffler, infuser *lit*; to ~ **sb with sthg, to** ~ **sthg into sb** inspirer OR insuffler qqch à qqn; **her speech** ~**d them with courage** son discours leur a inspiré OR insufflé du courage. -**2.** CULIN (faire) infuser.
◇ *vi* CULIN infuser.

infuser [ɪnˈfjuːzəʳ] *n*: **tea** ~ boule *f* à thé.

infusion [ɪnˈfjuːʒn] *n* infusion *f*.

ingenious [ɪnˈdʒiːnjəs] *adj* [person, idea, device] ingénieux, astucieux.

ingeniously [ɪnˈdʒiːnjəslɪ] *adv* ingénieusement.

ingenuity [ˌɪndʒɪˈnjuːətɪ] (*pl* **ingenuities**) *n* ingéniosité *f*.

ingenuous [ɪnˈdʒenjʊəs] *adj* [naive] ingénu; [frank] candide.

ingenuously [ɪnˈdʒenjʊəslɪ] *adv* [naively] ingénument; [frankly] franchement.

ingenuousness [ɪnˈdʒenjʊəsnɪs] *n* [naivety] ingénuité *f*, naïveté *f*; [frankness] franchise *f*, candeur *f*.

ingest [ɪnˈdʒest] *vt* [food, liquid] ingérer.

ingestion [ɪnˈdʒestʃn] *n* ingestion *f*.

inglenook [ˈɪŋglnʊk] *n* coin *m* du feu; ~ **fireplace** vaste cheminée *f* à l'ancienne.

inglorious [ɪnˈglɔːrɪəs] *adj* [shameful] déshonorant; an ~ **defeat** une défaite déshonorante OR ignominieuse.

ingloriously [ɪnˈglɔːrɪəslɪ] *adv* sans gloire.

ingoing [ˈɪnˌgəʊɪŋ] *adj* [tenant, president] nouveau.

ingot [ˈɪŋgət] *n* lingot *m*; **gold/cast-iron** ~ lingot d'or/de fonte.

ingrained [ˌɪnˈgreɪnd] *adj* [attitude, fear, prejudice] enraciné, inébranlable; [habit] invétéré, tenace; [belief] inébranlable; ~ **dirt** crasse *f*.

ingratiate [ɪnˈgreɪʃɪeɪt] *vt*: to ~ **o.s. (with sb)** s'insinuer dans les bonnes grâces (de qqn).

ingratiating [ɪnˈgreɪʃɪeɪtɪŋ] *adj* [manners, person] insinuant; [smile] mielleux.

ingratitude [ɪnˈgrætɪtjuːd] *n* ingratitude *f*.

ingredient [ɪnˈgriːdjənt] *n* -**1.** CULIN ingrédient *m*; '~**s: fruit juice, water**' 'composition: jus de fruit, eau'. -**2.** [element] élément *m*, ingrédient *m lit*.

ingress [ˈɪngres] *n* -**1.** *fml* OR *lit* entrée *f*; **to have free** ~ avoir accès libre. -**2.** ASTRON immersion *f*.

ingressive [ɪnˈgresɪv] *adj* LING ingressif.

in-group *n* groupe *m* d'initiés.

ingrowing toenail [ˈɪnˌgrəʊɪŋ-] *n Br* ongle *m* incarné.

ingrown [ˈɪnˌgrəʊn] *adj* -**1.** [toenail] incarné. -**2.** [ingrained - habit] enraciné, tenace. -**3.** [introverted] renfermé, réservé.

inhabit [ɪnˈhæbɪt] *vt* habiter; **the island is no longer** ~**ed** l'île n'est plus habitée OR est maintenant inhabitée.

inhabitable [ɪnˈhæbɪtəbl] *adj* habitable.

inhabitant [ɪnˈhæbɪtənt] *n* habitant *m*, -e *f*.

inhalant [ɪnˈheɪlənt] *n* inhalation *f*.

inhalation [ˌɪnhəˈleɪʃn] *n* -**1.** [of air] inspiration *f*. -**2.** [of gas, glue] inhalation *f*.

inhalator [ˈɪnhəleɪtəʳ] *n* inhalateur *m*.

inhale [ɪnˈheɪl] ◇ *vt* [fumes, gas] inhaler; [fresh air, scent] respirer; [smoke] avaler.
◇ *vi* [smoker] avaler la fumée; [breathe in] aspirer.

inhaler [ɪnˈheɪləʳ] = **inhalator**.

inhere [ɪnˈhɪəʳ] *vi fml* être inhérent; **the powers that** ~ **in the state** les pouvoirs (qui sont) inhérents OR propres à l'État.

inherent [ɪnˈhɪərənt, ɪnˈherənt] *adj* inhérent; ~ **in** OR **to** inhérent à.

inherently [ɪnˈhɪərəntlɪ, ɪnˈherəntlɪ] *adv* intrinsèquement, par nature; **the system is** ~ **inefficient** le système est inefficace par nature.

inherit [ɪnˈherɪt] ◇ *vt* -**1.** [property, right] hériter (de); [title, peerage] accéder à; **she** ~**ed a million dollars** elle a hérité d'un million de dollars. -**2.** [situation, tradition, attitude] hériter; **the problems** ~**ed from the previous government** les problèmes hérités du gouvernement précédent ‖ [characteristic, feature] hériter (de); **she** ~**ed her father's intelligence** elle a hérité (de) l'intelligence de son père.
◇ *vi* hériter; **she stands to** ~ **when her aunt dies** elle doit hériter à la mort de sa tante.

inheritance [ɪnˈherɪtəns] *n* -**1.** [legacy] héritage *m*; **to come into an** ~ faire OR toucher un héritage. -**2.** [succession] succession *f*; **to claim sthg by right of** ~ revendiquer qqch en faisant valoir son droit à la succession. -**3.** SCI hérédité *f*; **genetic** ~ **does not explain this phenomenon** ce phénomène ne peut s'expliquer par l'héritage génétique. -**4.** [heritage] héritage *m*, patrimoine *m*; **our cultural** ~ notre héritage culturel.

inheritance tax *n* droits *mpl* de succession.

inheritor [ɪnˈherɪtəʳ] *n* héritier *m*, -ère *f*.

inhibit [ɪnˈhɪbɪt] *vt* -**1.** [hinder - person, freedom] gêner, entraver; **were you** ~**ed by him being there?** est-ce que sa présence vous a gêné?; **a law which** ~**s free speech** une loi qui constitue une entrave à la liberté d'expression. -**2.** [check - growth, development] freiner, entraver; **to** ~ **progress** entraver la marche du progrès. -**3.** [suppress - desires, emotions] inhiber, refouler; PSYCH inhiber. -**4.** [forbid] interdire. -**5.** CHEM inhiber.

inhibited [ɪnˈhɪbɪtɪd] *adj* inhibé.

inhibiting [ɪnˈhɪbɪtɪŋ] *adj* inhibant.

inhibition [ˌɪnhɪˈbɪʃn] *n* [gen] inhibition *f*.

inhibitor, inhibiter [ɪnˈhɪbɪtəʳ] *n* inhibiteur *m*.

inhibitory [ɪnˈhɪbɪtərɪ] *adj* -**1.** CHEM & PSYCH inhibiteur. -**2.** [prohibitory] prohibitif.

inhospitable [ˌɪnhɒˈspɪtəbl] *adj* -**1.** [person] peu accueillant; **I don't wish to appear** ~, **but...** je ne voudrais pas vous mettre à la porte, mais... -**2.** [weather] rude, rigoureux.

inhospitably [ˌɪnhɒˈspɪtəblɪ] *adv* d'une manière peu accueillante.

in-house ◇ *adj* interne *(à une entreprise)*; ~ **journal** journal *m* interne; **a very small** ~ **staff** un personnel permanent très peu nombreux; ~ **training** formation *f* interne.
◇ *adv* sur place.

inhuman [ɪnˈhjuːmən] *adj* [behaviour] inhumain, barbare; [person, place, process] inhumain.

inhumane [ˌɪnhjuːˈmeɪn] *adj* cruel.

inhumanity [ˌɪnhjuːˈmænətɪ] (*pl* **inhumanities**) *n* -**1.** [quality] inhumanité *f*, barbarie *f*, cruauté *f*; **man's** ~ **to man** la cruauté de l'homme pour l'homme. -**2.** [act] atrocité *f*, brutalité *f*.

inhumation [ˌɪnhjuːˈmeɪʃn] *n fml* inhumation *f*.

inhume [ɪnˈhjuːm] *vt fml* inhumer.

inimical [ɪˈnɪmɪkl] *adj* -**1.** [unfavourable]: ~ **to** peu favorable à. -**2.** [unfriendly] inamical.

inimitable [ɪˈnɪmɪtəbl] *adj* inimitable.

inimitably [ɪˈnɪmɪtəblɪ] *adv* d'une façon inimitable.

iniquitous [ɪˈnɪkwɪtəs] *adj* inique.

iniquity [ɪˈnɪkwətɪ] *n* iniquité *f*.

initial [ɪˈnɪʃl] (*Br pt & pp* **initialled**, *cont* **initialling**, *Am pt & pp* **initialed**, *cont* **initialing**)
◇ *adj* initial; **my** ~ **reaction** ma première réaction; **we expect a few problems in the** ~ **stages** dans un premier temps, nous nous attendons à quelques difficultés; **the project is still in its** ~ **stages** le projet en est encore à ses débuts ❑ ~ **letter** initiale *f*.
◇ *n* -**1.** [letter] initiale *f*; **it's got his** ~**s on it** il y a ses initiales dessus. -**2.** TYPO [of chapter] lettrine *f*.
◇ *vt* [memo, page] parapher, parafer, signer de ses initiales.

initialization [ɪˌnɪʃəlaɪˈzeɪʃn] *n* COMPUT initialisation *f*.

initialize, -ise [ɪˈnɪʃəlaɪz] *vt* COMPUT initialiser.

initially [ɪˈnɪʃəlɪ] *adv* initialement, à l'origine; **the carpet was white** ~ à l'origine, le tapis était blanc.

initiate [*vb* ɪˈnɪʃɪeɪt, *n* ɪˈnɪʃɪət] ◇ *vt* -**1.** [talks, debate] amorcer, engager; [policy] lancer; [quarrel, reaction] provoquer, déclencher; **the pilot has** ~**d landing procedures** le pilote a entamé OR amorcé les procédures d'atterrissage; **I find it hard to** ~ **conversation with him** je trouve difficile d'engager la conversation avec lui. -**2.** [person] initier; **to** ~ **sb into sthg** initier qqn à qqch.
◇ *n* initié *m*, -e *f*.

initiation [ɪˌnɪʃɪˈeɪʃn] ◇ *n* -**1.** [start] commencement *m*, début *m*; **he fought for the** ~ **of new policies** il s'est battu pour la mise en œuvre de politiques différentes. -**2.** [of person] initiation *f*; **her** ~ **into politics** son initiation à la politique; **his** ~ **into the world of crime** sa première expérience de la pègre.
◇ *comp*: ~ **ceremony** cérémonie *f* d'initiation.

initiative [ɪˈnɪʃətɪv] ◇ *n* -**1.** [drive] initiative *f*; **she's certainly got** ~ elle a de l'initiative, il n'y a pas de doute; **to act on one's own** ~ agir de sa propre initiative; **you'll have to use your** ~ vous devrez prendre des initiatives ❑ **citizen's** ~ *Am* POL initiative *f* populaire. -**2.** [first step] initiative *f*; **to take the** ~ prendre l'initiative; **some new** ~**s have been suggested** de nouvelles initiatives ont été proposées. -**3.** [lead] initiative *f*; **to have the** ~ avoir l'initiative; **they lost the** ~ **to foreign competition** ils ont été dépassés par la concurrence étrangère.
◇ *adj* -**1.** [preliminary] préliminaire. -**2.** [ritual] initiatique.

initiator [ɪˈnɪʃɪeɪtəʳ] *n* initiateur *m*, -trice *f*, instigateur *m*, -trice *f*.

inject [ɪnˈdʒekt] *vt* MED & *fig* injecter; **to** ~ **sb with penicillin** injecter de la pénicilline à qqn; **have you been** ~**ed against tetanus?** êtes-vous vacciné contre le tétanos?; **he** ~**ed novocaine into my gum** il m'a fait une injection OR une piqûre de novocaïne dans la gencive; **the resin is** ~**ed into the mould** la résine est injectée dans le moule; **they've** ~**ed billions of dollars into the economy** *fig* ils ont injecté des milliards de dollars dans l'économie; **he tried to** ~ **some humour into the situation** *fig* il a tenté d'introduire un peu d'humour dans la situation.

injectant [ɪnˈdʒektənt] *n* substance *f* injectée.

injection [ɪnˈdʒekʃn] *n* MED & *fig* injection *f*; **to give sb an** ~ MED faire une injection OR une piqûre à qqn; **an** ~ **of capital** une injection de capitaux ❑ ~ **moulding** moulage *m* par injection.

injector [ɪnˈdʒektəʳ] *n* injecteur *m*.

injudicious [ˌɪndʒuːˈdɪʃəs] *adj* peu judicieux, imprudent.

injudiciously [ˌɪndʒuːˈdɪʃəslɪ] *adv* peu judicieusement.

Injun *inf* [ˈɪndʒən] *n Am offensive* Peau-Rouge *mf*; **honest** ~! *dated* parole de scout!, juré craché!

injunction [ɪnˈdʒʌŋkʃn] *n* -**1.** JUR ordonnance *f*. -**2.** [warning] injonction *f*, recommandation *f* formelle; **she smokes despite her father's** ~**s**

against it elle fume malgré les injonctions de son père OR bien que son père lui ait enjoint de ne pas le faire.

injure ['ɪndʒəʳ] *vt* -**1.** [physically] blesser; **he ~d his knee skiing** il s'est blessé au genou en faisant du ski; **ten people were ~d in the accident** l'accident a fait dix blessés; **you could ~ yourself lifting that box** vous pourriez vous faire mal en soulevant cette caisse. -**2.** [damage - relationship, interests] nuire à. -**3.** [offend] blesser, offenser; **only his pride was ~d** seul son amour-propre a été blessé; **try not to ~ her feelings** faites en sorte de ne pas l'offenser OR la blesser. -**4.** [wrong] faire du tort à.

injured ['ɪndʒəd] ◇ *adj* -**1.** [physically - person, limb] blessé; **his ~ left foot** son pied gauche blessé; **her head is badly ~** elle est grièvement blessée à la tête. -**2.** [offended - person] offensé; **to feel ~** être offensé; **it's just his ~ pride** il est blessé dans son amour-propre, c'est tout ❑ **the ~ party** JUR la partie lésée.
◇ *npl*: **the ~** les blessés *mpl*.

injurious [ɪn'dʒʊərɪəs] *adj fml* -**1.** [detrimental] nuisible, préjudiciable; **a campaign that would be highly ~ to the party's image** une campagne qui porterait un grand préjudice à l'image du parti. -**2.** [insulting] offensant, injurieux.

injury ['ɪndʒərɪ] (*pl* **injuries**) *n* -**1.** [physical] blessure *f*; **to sustain internal injuries** MED subir des lésions internes; **the explosion caused serious injuries** l'explosion a fait des blessés graves; **the team has had very few injuries this season** SPORT il n'y a eu que très peu de blessés dans l'équipe cette saison; **he escaped without ~** il s'en est sorti indemne; **be careful, you'll do yourself an ~!** *Br* fais attention, tu vas te blesser! -**2.** *fml* OR *lit* [wrong] tort *m*, préjudice *m*; **you do him ~** vous lui faites du tort. -**3.** [offence] offense *f*. -**4.** JUR préjudice *m*.

injury time *n* (*U*) SPORT arrêts *mpl* de jeu; **to play ~** jouer les arrêts de jeu; **they scored during ~** ils ont marqué un but pendant les arrêts de jeu.

injustice [ɪn'dʒʌstɪs] *n* injustice *f*; **to do sb an ~** être injuste envers qqn.

ink [ɪŋk] ◇ *n* -**1.** encre *f*; **in ~** à l'encre ❑ **~ drawing** dessin *m* à l'encre. -**2.** [of squid, octopus etc] encre *f*, noir *m*.
◇ *vt* encrer.
◆ **ink in** *vt sep* [drawing] repasser à l'encre; [lines] retracer à l'encre; [writing] réécrire à l'encre.
◆ **ink up** *vt sep* -**1.** *Am* [stain with ink] faire une tache d'encre à OR sur. -**2.** TYPO encrer.

inkblot ['ɪŋkblɒt] *n* tache *f* d'encre, pâté *m*; **~ test** test *m* de Rorschach OR des taches d'encre.

ink cap *n* BOT coprin *m*.

ink eraser *n* gomme *f* à encre.

inkjet printer ['ɪŋkdʒet-] *n* TECH imprimante *f* à jet d'encre.

inkling ['ɪŋklɪŋ] *n* vague OR petite idée *f*; **I had some ~ of the** OR **as to the real reason** j'avais bien une petite idée de la véritable raison; **you must have an ~** tu dois bien avoir une petite idée; **I had no ~** je ne m'en doutais pas du tout; **she didn't have the slightest ~ that her husband had been unfaithful** elle était à cent lieues de se douter que son mari l'avait trompée.

inkpad ['ɪŋkpæd] *n* tampon *m* (encreur).

ink pen *n* stylo *m* à encre.

inkpot ['ɪŋkpɒt] *n* encrier *m*.

ink rubber *Br* = **ink eraser**.

inkslinger ['ɪŋk,slɪŋəʳ] *n pej* écrivaillon *m*.

inkstain ['ɪŋksteɪn] *n* tache *f* d'encre.

inkstand ['ɪŋkstænd] *n* encrier *m*.

inkwell ['ɪŋkwel] *n* encrier *m* (encastré).

inky ['ɪŋkɪ] (*compar* **inkier**, *superl* **inkiest**) *adj* -**1.** [inkstained] taché d'encre. -**2.** [dark] noir comme l'encre.

inlaid [,ɪn'leɪd] ◇ *pt* & *pp* → **inlay**.
◇ *adj* incrusté; [wood] marqueté, incrusté; **an ~ table** une table en marqueterie.

inland [*adj* 'ɪnlənd, *adv* ɪn'lænd] ◇ *adj* -**1.** [not coastal - town, sea] intérieur; **~ waterways** voies *fpl* navigables; **~ navigation** navigation *f* fluviale. -**2.** *Br* [not foreign] intérieur; **~ trade/mail** commerce *m*/courrier *m* intérieur.
◇ *adv* [travelling] vers l'intérieur; [located] à l'intérieur.

Inland Revenue *n Br*: **the ~** ≃ le fisc.

Inland Sea *pr n*: **the ~** la mer Intérieure.

in-laws *inf npl* [gen] belle-famille *f*; [parents-in-law] beaux-parents *mpl*.

inlay [*vb* 'ɪnleɪ, *n* ,ɪn'leɪ] (*pt* & *pp* **inlaid**) ◇ *n* -**1.** [gen] incrustation *f*; [in woodwork] marqueterie *f*; [in metalwork] damasquinage *m*; **the brooch has very fine ~ work** la broche a de très belles incrustations; **with ivory ~** incrusté d'ivoire. -**2.** MED incrustation *f*.
◇ *vt* incruster; **gold inlaid with rubies** or incrusté de rubis; **the table was inlaid with ivory** la table avait des incrustations OR était incrustée d'ivoire.

inlet ['ɪnlet] ◇ *n* -**1.** [in coastline] anse *f*, crique *f*; [between offshore islands] bras *m* de mer. -**2.** TECH [intake] arrivée *f*, admission *f*; **to regulate the ~ of steam** régler l'admission de (la) vapeur || [opening] (orifice *m* d') entrée *f*; [for air] prise *f* (d'air).
◇ *comp* d'arrivée; **~ pipe** tuyau *m* d'arrivée; **~ valve** soupape *f* d'admission.

in loco parentis [ɪn,ləʊkəʊpə'rentɪs] *adv*: **to act ~** agir en lieu et place des parents.

inmate ['ɪnmeɪt] *n* [of prison] détenu *m*, -e *f*; [of mental institution] interné *m*, -e *f*; [of hospital] malade *mf*; [of house] occupant *m*, -e *f*, résident *m*, -e *f*.

in memoriam [,ɪnmɪ'mɔːrɪəm] *prep* à la mémoire de; [on gravestone] in memoriam.

inmost ['ɪnməʊst] = **innermost**.

inn [ɪn] *n* -**1.** [pub, small hotel] auberge *f*. -**2.** *Br* JUR: **the Inns of Court** *associations auxquelles appartiennent les avocats et les juges et dont le siège se trouve dans le quartier historique du même nom à Londres.*

innards *inf* ['ɪnədz] *npl* entrailles *fpl*.

innate [ɪ'neɪt] *adj* [inborn] inné, naturel; **her ~ gift for music** son don inné pour la musique.

innately [ɪ'neɪtlɪ] *adv* naturellement; **nobody is ~ evil** aucun être n'est naturellement méchant.

inner ['ɪnəʳ] ◇ *adj* -**1.** [interior - courtyard, pocket, walls, lane] intérieur; [- structure, workings] interne; **the ~ wall of the stomach** la paroi interne de l'estomac; **Inner London** *partie centrale de l'agglomération londonienne.* -**2.** [inward - feeling, conviction] intime; [- life, voice, struggle, warmth] intérieur; **~ calm** paix intérieure; **the ~ meaning** le sens profond; **the ~ man** OR **woman** [spiritual self] l'être *m* intérieur; *hum* [stomach] l'estomac *m*. -**3.** [privileged]: **in the ~ circles of power** dans les milieux proches du pouvoir; **her ~ circle of advisers/friends** le cercle de ses conseillers/amis les plus proches.
◇ *n* [in archery, darts] *zone rouge entourant le centre de la cible*; **he got three ~s** il a mis trois fois dans le rouge.

inner city (*pl* **inner cities**) *n quartier défavorisé à l'intérieur d'une grande ville.*

inner ear *n* oreille *f* interne.

Inner Mongolia *pr n* Mongolie-Intérieure *f*; **in ~** en Mongolie-Intérieure.

innermost ['ɪnəməʊst] *adj* -**1.** [feeling, belief] intime; **my ~ thoughts** mes pensées les plus secrètes; **in her ~ being** au plus profond d'elle-même. -**2.** [central - place, room] le plus au centre; **in the ~ depths of the cave** au plus profond de la grotte.

innerspring mattress ['ɪnə,sprɪŋ-] *n Am* matelas *m* à ressorts.

Inner Temple *pr n*: **the ~** *la plus ancienne des «Inns of Court».*

inner tube *n* [of tyre] chambre *f* à air.

inning ['ɪnɪŋ] *n* [in baseball] tour *m* de batte.

innings ['ɪnɪŋz] (*pl inv*) ◇ *n* [in cricket] tour *m* de batte; **he's had a good ~** *Br fig* il a bien profité de la vie.
◇ *npl* [reclaimed land] polders *mpl*.

innkeeper ['ɪn,kiːpəʳ] *n* aubergiste *mf*.

innocence ['ɪnəsəns] *n* innocence *f*.

innocent ['ɪnəsənt] ◇ *adj* -**1.** [not guilty] innocent; **to be ~ of a crime** être innocent d'un crime; **to be proven ~ of sthg** être reconnu innocent de qqch. -**2.** [naïve] innocent, naïf; **an ~ remark** une remarque innocente. -**3.** *fml* [devoid]: **~ of** dépourvu de, sans.
◇ *n* innocent *m*, -e *f*; **what an ~ you are!** quel innocent tu fais!; **don't play the ~!** ne fais pas l'innocent! ❑ **'The Innocents Abroad'** *Twain* 'le Voyage des innocents'.

innocently ['ɪnəsəntlɪ] *adv* innocemment.

innocuous [ɪ'nɒkjʊəs] *adj* inoffensif.

innovate ['ɪnəveɪt] *vi* & *vt* innover.

innovation [,ɪnə'veɪʃn] *n* innovation *f*; **~s in management techniques** des innovations en matière de gestion.

innovative ['ɪnəvətɪv] *adj* innovateur, novateur.

innovator ['ɪnəveɪtəʳ] *n* innovateur *m*, -trice *f*, novateur *m*, -trice *f*.

innovatory ['ɪnəvətərɪ] = **innovative**.

Innsbruck ['ɪnzbrʊk] *pr n* Innsbruck.

innuendo [,ɪnjuː'endəʊ] (*pl* **innuendos** OR **innuendoes**) *n* [insinuation] insinuation *f*, sous-entendu *m*; [remark, taunt] allusion *f*, sous-entendu *m*; **sexual ~es** insinuations d'ordre sexuel.

innumerable [ɪ'njuːmərəbl] *adj* innombrable; **~ times** un nombre incalculable de fois.

innumeracy [ɪ'njuːmərəsɪ] *n* incapacité *f* à compter.

innumerate [ɪ'njuːmərət] ◇ *adj* qui ne sait pas compter; **he's completely ~** il est incapable d'additionner deux et deux.
◇ *n* personne *f* qui ne sait pas compter.

inoculate [ɪ'nɒkjʊleɪt] *vt* MED [person, animal] vacciner; **to ~ sb against sthg** vacciner qqn contre qqch; **they ~d guinea pigs with the virus** ils ont inoculé le virus à des cobayes.

inoculation [ɪ,nɒkjʊ'leɪʃn] *n* inoculation *f*.

in-off *n* [in billiards] *boule qui entre dans un trou après en avoir touché une autre.*

inoffensive [,ɪnə'fensɪv] *adj* inoffensif.

inoperable [ɪn'ɒprəbl] *adj* -**1.** MED inopérable. -**2.** [unworkable] impraticable.

inoperative [ɪn'ɒprətɪv] *adj* inopérant.

inopportune [ɪn'ɒpətjuːn] *adj* [remark] déplacé, mal à propos; [time] mal choisi, inopportun; [behaviour] inconvenant, déplacé.

inopportunely [ɪn'ɒpətjuːnlɪ] *adv fml* inopportunément *lit*, mal à propos.

inordinate [ɪn'ɔːdɪnət] *adj* [immense - size] démesuré; [- pleasure, relief] incroyable; [- amount of money] exorbitant; **they spent an ~ amount of time on it** ils y ont consacré énormément de temps.

inordinately [ɪn'ɔːdɪnətlɪ] *adv* démesurément, excessivement.

inorganic [,ɪnɔː'gænɪk] *adj* inorganique.

inorganic chemistry *n* chimie *f* inorganique OR minérale.

in-patient *n* hospitalisé *m*, -e *f*, malade *mf*.

input ['ɪnpʊt] (*pt* & *pp* **input**, *cont* **inputting**) ◇ *n* (*U*) -**1.** [during meeting, discussion] contribution *f*; **we'd like some ~ from marketing before committing ourselves** nous aimerions consulter le service marketing avant de nous engager plus avant. -**2.** COMPUT [data] données *fpl* (en entrée); [entering] entrée *f* (de données); **the program requires ~ from the user** ce programme exige que l'utilisateur entre des données. -**3.** ELEC énergie *f*, puissance *f*; **to reduce the voltage ~ to a circuit** réduire la tension d'un circuit. -**4.** ECON input *m*, intrant *m*.
◇ *vt* [gen] (faire) entrer, introduire; COMPUT saisir.
◇ *comp* [device, file, program] d'entrée.

input/output *n* COMPUT entrée-sortie *f*; ~ device périphérique d'entrée-sortie.

inquest ['ɪnkwest] *n* JUR enquête *f*; [into death] *enquête menée pour établir les causes des morts violentes, non naturelles ou mystérieuses.*

inquire [ɪn'kwaɪəʳ] ◇ *vt* [ask] demander; to ~ **sthg of sb** s'enquérir de qqch auprès de qqn; **she ~d how to get to the park** elle a demandé qu'on lui indique le chemin du parc; **may I ~ what brings you here?** puis-je vous demander l'objet de votre visite?
◇ *vi* [seek information] se renseigner, demander; **'~ within'** se renseigner à l'intérieur; **to ~ about sthg** demander des renseignements OR se renseigner sur qqch.
◆ **inquire after** *vt insep Br* demander des nouvelles de; **she ~d after you** elle a demandé de vos nouvelles.
◆ **inquire into** *vt insep* se renseigner sur; [investigate] faire des recherches sur; ADMIN & JUR enquêter sur; **they should ~ into how the money was spent** ils devraient enquêter sur la façon dont l'argent a été dépensé.

inquirer [ɪn'kwaɪərəʳ] *n* investigateur *m*, -trice *f*.

inquiring [ɪn'kwaɪərɪŋ] *adj* [voice, look] interrogateur; [mind] curieux.

inquiringly [ɪn'kwaɪərɪŋlɪ] *adv* d'un air interrogateur; **she looked at him ~** elle le regarda d'un air interrogateur, elle l'interrogea du regard.

inquiry [*Br* ɪn'kwaɪərɪ, *Am* 'ɪnkwərɪ] (*pl* **inquiries**) *n* **-1.** [request for information] demande *f* (de renseignements); **we have received hundreds of inquiries** nous avons reçu des centaines de demandes de renseignements; **to make inquiries about sthg** se renseigner sur qqch; **could you make a few discreet inquiries?** pourriez-vous vous renseigner discrètement? **-2.** [investigation] enquête *f*; **the management is holding** OR **conducting an ~ into the affair** la direction fait une enquête sur l'affaire; **the police are making inquiries** la police enquête, une enquête (policière) est en cours; **he is helping police with their inquiries** la police est en train de l'interroger; **upon further ~** après vérification ❑ **commission** OR **court of ~** commission *f* d'enquête; **public ~** enquête *f* officielle. **-3.** [questioning]: **a look/tone of ~** un regard/ton interrogateur.
◆ **inquiries** *npl* [information desk, department] renseignements *mpl*.

inquiry agent *n* détective *m* (privé).

inquiry desk, inquiry office *n* accueil *m*.

inquisition [,ɪnkwɪ'zɪʃn] *n* **-1.** [gen & *pej*] inquisition *f*. **-2.** HIST: **the Inquisition** l'Inquisition *f*. **-3.** JUR enquête *f*.

inquisitive [ɪn'kwɪzətɪv] *adj* [curious] curieux; *pej* [nosy] indiscret.

inquisitively [ɪn'kwɪzətɪvlɪ] *adv* [curiously] avec curiosité; *pej* [nosily] de manière indiscrète; **he stared ~ into the room** il jeta dans la pièce un regard inquisiteur.

inquisitiveness [ɪn'kwɪzətɪvnɪs] *n* [curiosity] curiosité *f*; *pej* [nosiness] indiscrétion *f*.

inquisitor [ɪn'kwɪzɪtəʳ] *n* **-1.** [investigator] enquêteur *m*, -euse *f*; [interrogator] interrogateur *m*, -trice *f*. **-2.** HIST inquisiteur *m*.

inquisitorial [ɪn,kwɪzɪ'tɔːrɪəl] *adj* inquisitorial.

inquorate [ɪn'kwɔːreɪt] *adj Br* sans quorum; **the meeting is ~** la réunion n'a pas atteint le quorum.

inroad ['ɪnrəʊd] *n* [raid] incursion *f*; [advance] avance *f*.
◆ **inroads** *npl* **-1.** MIL: **to make ~s into enemy territory** avancer en territoire ennemi. **-2.** *fig*: **to make ~s in** OR **into** OR **on** [supplies, popularity, funds] entamer; [spare time, sb's rights] empiéter sur; **they have made significant ~s into our market share** ils ont considérablement mordu sur notre part du marché; **they've made great ~s on the work** ils ont bien avancé le travail.

inrush ['ɪnrʌʃ] *n* afflux *m*.

insalubrious [,ɪnsə'luːbrɪəs] *adj fml* [district, climate] insalubre, malsain.

insane [ɪn'seɪn] ◇ *adj* **-1.** [mentally disordered] fou; **temporarily ~** en état de démence temporaire; **to go ~** perdre la raison. **-2.** *fig* [person] fou; **it's driving me ~!** ça me rend fou! ‖ [scheme, price] démentiel.
◇ *npl*: **the ~** les malades *mpl* mentaux.

insanely [ɪn'seɪnlɪ] *adv* **-1.** [crazily - laugh, behave, talk] comme un fou; **they clapped ~** ils applaudissaient comme des fous. **-2.** [as intensifier - funny, rich] follement; **he was ~ jealous** il était fou de jalousie.

insanitary [ɪn'sænɪtrɪ] *adj* insalubre, malsain.

insanity [ɪn'sænətɪ] *n* folie *f*, démence *f*; **temporary ~** démence temporaire.

insatiable [ɪn'seɪʃəbl] *adj* insatiable.

inscribe [ɪn'skraɪb] *vt* **-1.** [on list] inscrire; [on plaque, tomb etc] graver, inscrire; **he had the ring ~d with her name** OR **her name ~d on the ring** il a fait graver son nom sur la bague; **his cigar case was ~d with his name** son étui à cigares était gravé à son nom; **it's ~d on my memory** *fig* c'est inscrit OR gravé dans ma mémoire. **-2.** [dedicate] dédicacer; **an ~d copy of the book** un exemplaire dédicacé du livre. **-3.** GEOM inscrire. **-4.** FIN: **~d securities** titres *mpl* nominatifs.

inscription [ɪn'skrɪpʃn] *n* [on plaque, tomb] inscription *f*; [in book] dédicace *f*.

inscrutability [ɪn,skruːtə'bɪlətɪ] *n* impénétrabilité *f*.

inscrutable [ɪn'skruːtəbl] *adj* [person] énigmatique, impénétrable; [remark] énigmatique.

insect ['ɪnsekt] *n* insecte *m*; **~ bite** piqûre *f* d'insecte; **~ repellent** produit *m* insectifuge.

insecticide [ɪn'sektɪsaɪd] *n* insecticide *m*.

insectivore [ɪn'sektɪvɔːʳ] *n* insectivore *m*.

insectivorous [,ɪnsek'tɪvərəs] *adj* insectivore.

insecure [,ɪnsɪ'kjʊəʳ] *adj* **-1.** [person - temporarily] inquiet; [- generally] pas sûr de soi, qui manque d'assurance; **he's so ~** il est vraiment mal dans sa peau. **-2.** [chair, nail, scaffolding etc] peu solide. **-3.** [place] peu sûr. **-4.** [future, market] incertain; [peace, job, relationship] précaire; **recent events have made her position/the regime ~** les récents événements ont rendu sa position/le régime plus précaire.

insecurely [,ɪnsɪ'kjʊəlɪ] *adv*: **~ balanced** en équilibre instable; **~ closed/bolted/attached** mal fermé/verrouillé/attaché.

insecurity [,ɪnsɪ'kjʊərətɪ] (*pl* **insecurities**) *n* **-1.** [lack of confidence] manque *m* d'assurance; [uncertainty] incertitude *f*; **job ~** précarité *f* de l'emploi. **-2.** [lack of safety] insécurité *f*.

inseminate [ɪn'semɪneɪt] *vt* inséminer.

insemination [ɪn,semɪ'neɪʃn] *n* insémination *f*.

insensate [ɪn'senseɪt] *adj fml* **-1.** [unfeeling] insensible. **-2.** [foolish] insensé.

insensibility [ɪn,sensə'bɪlətɪ] (*pl* **insensibilities**) *n fml* **-1.** [unconsciousness] inconscience *f*. **-2.** [indifference] insensibilité *f*; **his ~ to music** son manque de sensibilité pour la musique.

insensible [ɪn'sensəbl] *adj fml* **-1.** [unconscious] inconscient, sans connaissance; **she was knocked ~ by her fall** sa chute lui a fait perdre connaissance ‖ [numb] insensible; **her body was ~ to any pain** son corps était insensible à toute douleur. **-2.** [cold, indifferent] insensible, indifférent; **~ to the suffering of others** insensible OR indifférent à la souffrance d'autrui. **-3.** [unaware] inconscient *fig*; **~ of the risks** inconscient des risques. **-4.** [imperceptible] insensible, imperceptible.

insensitive [ɪn'sensətɪv] *adj* **-1.** [cold-hearted] insensible, dur; **they are ~ brutes** ce sont des brutes épaisses; **the government's reaction was highly ~** le gouvernement a fait preuve d'une indifférence extrême. **-2.** [unaware] insensible; **to be ~ to sthg** être insensible à qqch. **-3.** [physically] insensible; **~ to pain** insensible à la douleur.

insensitively [ɪn'sensətɪvlɪ] *adj* avec un grand manque de tact.

insensitivity [ɪn,sensə'tɪvətɪ], **insensitiveness** [ɪn'sensətɪvnɪs] *n* insensibilité *f*.

inseparable [ɪn'seprəbl] *adj* inséparable.

inseparably [ɪn'seprəblɪ] *adv* inséparablement.

insert [*vb* ɪn'sɜːt, *n* 'ɪnsɜːt] ◇ *vt* introduire, insérer; **~ your coin/card into the machine** introduisez votre pièce/carte dans la machine; **she ~ed a small ad in the local paper** elle a mis une petite annonce dans le journal local; **before ~ing your contact lenses** avant de mettre vos verres de contact; **to ~ a name on a list** ajouter un nom à une liste.
◇ *n* **-1.** [gen] insertion *f*; [extra text] encart *m*. **-2.** SEW pièce *f* rapportée; [decorative] incrustation *f*.

insertion [ɪn'sɜːʃn] *n* **-1.** [act] insertion *f*. **-2.** [thing inserted] = **insert**. **-3.** ANAT & BOT insertion *f*; **point of ~** point *m* d'insertion.

in-service *adj*: **~ training** formation *f* permanente OR continue.

inset ['ɪnset] (*pt* & *pp* **inset**, *cont* **insetting**) ◇ *vt* **-1.** [detail, map, diagram] insérer en encadré; **town plans are ~ in the main map** des plans de ville figurent en encadrés sur la carte principale. **-2.** SEW [extra material] rapporter; **~ pocket** poche *f* couture. **-3.** TYPO rentrer. **-4.** [jewel] incruster; **~ with diamonds** incrusté de diamants.
◇ *n* **-1.** [in map, text] encadré *m*; [on video, TV screen] incrustation *f*. **-2.** [in newspaper, magazine - extra pages] encart *m*. **-3.** SEW panneau *m* rapporté; **lace ~** incrustation *f* de dentelle.

inshore [*adj* 'ɪnʃɔːʳ, *adv* ɪn'ʃɔːʳ] ◇ *adj* **-1.** [near shore] côtier; **~ fishing** pêche *f* côtière. **-2.** [towards shore]: **~ wind** vent *m* de mer; **~ current** courant *m* qui porte vers la côte.
◇ *adv* [near shore] près de la côte; [towards shore] vers la côte; **the boat was keeping close ~** le bateau longeait OR restait près de la côte.

inside [ɪn'saɪd] ◇ *adv* **-1.** [within enclosed space] dedans, à l'intérieur; **it's hollow ~** c'est creux à l'intérieur, l'intérieur est creux. **-2.** [indoors] à l'intérieur; **bring the chairs ~** rentre les chaises; **she opened the door and went ~** elle ouvrit la porte et entra; **go and play ~** va jouer à l'intérieur ‖ *Br* [in bus]: **plenty of room ~!** il y a plein de place à l'intérieur!; **move along ~ there!** avancez jusqu'au fond! **-3.** *inf* [in prison] en taule; **he's been ~** il a fait de la taule. **-4.** [in one's heart] au fond (de soi-même); **~ I was furious** au fond de moi-même, j'étais furieux.
◇ *prep* **-1.** [within] à l'intérieur de, dans; **~ the house** à l'intérieur de la maison ‖ *fig*: **what goes on ~ his head?** qu'est-ce qui se passe dans sa tête?; **I'll be all right once I've got a few drinks ~ me** *inf* tout ira bien quand j'aurai descendu quelques verres; **a little voice ~ me kept saying "no"** une petite voix intérieure n'arrêtait pas de me dire «non»; **it's just ~ the limit** c'est juste (dans) la limite; **the attack took place ~ Turkey itself** l'assaut a eu lieu sur le territoire turc même; **someone ~ the company must have told them** quelqu'un de l'entreprise a dû le leur dire. **-2.** [in less than] en moins de; **I'll have it finished ~ 6 days** je l'aurai terminé en moins de 6 jours.
◇ *n* **-1.** [inner part] intérieur *m*; **the ~ of the box** l'intérieur de la boîte; **the door doesn't open from the ~** la porte ne s'ouvre pas de l'intérieur; **she has a scar on the ~ of her wrist** elle a une cicatrice à l'intérieur du poignet. **-2.** [of pavement, road]: **walk on the ~** marchez loin du bord; **to overtake on the ~** AUT [driving on left] doubler à gauche; [driving on right] doubler à droite; **coming up on the ~ is Bob Green/Golden Boy** Bob Green/Golden Boy remonte à la corde. **-3.** *fig*: **on the ~**: **only someone on the ~ would know that** seul quelqu'un de la maison saurait ça.
◇ *adj* **-1.** [door, wall] intérieur; **~ toilet** toilettes *fpl* à l'intérieur; **~ leg measurement** hauteur *f* de l'entrejambe; **the ~ pages** [of newspaper] les pages intérieures; **the ~ lane** [in athletics] la corde; [driving on left] la voie de gauche; [driving on right] la voie de droite; **to be on the ~ track** [in horse-racing] tenir la corde;

fig être bien placé. **-2.** *fig*: **he has ~ information** il a quelqu'un dans la place; **find out the ~ story** essaie de découvrir les dessous de l'histoire; **it looks like an ~ job** on dirait que c'est quelqu'un de la maison qui a fait le coup. **-3.** FTBL: **~ forward** inter *m*, intérieur *m*; **~ left/right** inter *m* gauche/droit. **-4.** AUT: **the ~ wheel/door** la roue/portière côté trottoir.

◆ **insides** *inf npl* [stomach] estomac *m*; [intestines] intestins *mpl*, tripes *fpl*.

◆ **inside of** *inf prep phr* **-1.** [in less than] en moins de. **-2.** *Am* [within] à l'intérieur de, dans.

◆ **inside out** *adv phr* **-1.** [with inner part outwards]: **your socks are on ~ out** tu as mis tes chaussettes à l'envers; **he turned his pockets ~ out** il a retourné ses poches; **they turned the room ~ out** *fig* ils ont mis la pièce sens dessus dessous. **-2.** [thoroughly]: **he knows this town ~ out** il connaît cette ville comme sa poche; **she knows her job ~ out** elle connaît parfaitement son travail.

insider [ˌɪnˈsaɪdəʳ] *n* initié *m*, -e *f*; **according to an ~** selon une source bien informée; **I got a hot tip from an ~** quelqu'un dans la place m'a donné un bon tuyau.

insider dealing, insider trading *n* ST. EX opérations *fpl* d'initiés; **to be accused of ~** être accusé de délit d'initié.

insidious [ɪnˈsɪdɪəs] *adj* insidieux.

insidiously [ɪnˈsɪdɪəslɪ] *adv* insidieusement.

insight [ˈɪnsaɪt] *n* **-1.** [perspicacity] perspicacité *f*; **she has great ~** elle est très fine; **his book shows remarkable ~ into the problem** son livre témoigne d'une compréhension très fine du problème. **-2.** [idea, glimpse] aperçu *m*, idée *f*; **I managed to get** OR **gain an ~ into her real character** j'ai pu me faire une idée de sa véritable personnalité; **his book offers us new ~s into human behaviour** son livre nous propose un nouveau regard sur le comportement humain.

insightful [ˈɪnsaɪtfʊl] *adj* pénétrant, perspicace.

insignia [ɪnˈsɪgnɪə] (*pl inv* OR **insignias**) *n* insigne *m*, insignes *mpl*; **he wore the ~ of his office** il portait les insignes de sa fonction.

insignificance [ˌɪnsɪgˈnɪfɪkəns] *n* insignifiance *f*.

insignificant [ˌɪnsɪgˈnɪfɪkənt] *adj* **-1.** [unimportant] insignifiant, sans importance. **-2.** [negligible] insignifiant, négligeable.

insincere [ˌɪnsɪnˈsɪəʳ] *adj* peu sincère; **his grief turned out to be ~** il s'avéra que son chagrin n'était que feint; **did you think I was being ~?** croyais-tu que je n'étais pas sincère?

insincerely [ˌɪnsɪnˈsɪəlɪ] *adv* sans sincérité, de manière hypocrite.

insincerity [ˌɪnsɪnˈserətɪ] *n* manque *m* de sincérité.

insinuate [ɪnˈsɪnjʊeɪt] *vt* **-1.** [imply] insinuer, laisser entendre; **he ~d that you were lying** il a insinué que vous mentiez. **-2.** [introduce] insinuer; **he ~d himself into their favour** il s'est insinué dans leurs bonnes grâces.

insinuation [ɪnˌsɪnjʊˈeɪʃn] *n* **-1.** [hint] insinuation *f*, allusion *f*. **-2.** [act, practice] insinuation *f*.

insipid [ɪnˈsɪpɪd] *adj* insipide, fade.

insipidity [ˌɪnsɪˈpɪdətɪ] *n* insipidité *f*, fadeur *f*, manque *m* de saveur.

insist [ɪnˈsɪst] ◇ *vi* **-1.** [demand] insister; **if you ~** si tu insistes; **to ~ on sthg/doing sthg**: **he ~ed on a new contract** il a exigé un nouveau contrat; **I ~ on seeing the manager** j'exige de voir le directeur; **she ~s on doing it her way** elle tient à le faire à sa façon; **he ~ed on my taking the money** il a insisté pour que je prenne l'argent. **-2.** [maintain]: **to ~ on** maintenir; **she ~s on her innocence** elle maintient qu'elle est innocente. **-3.** [stress]: **to ~ on** insister sur; **I must ~ on this point** je dois insister sur ce point.

◇ *vt* **-1.** [demand] insister; **I ~ that you tell no-one** j'insiste pour que vous ne le disiez à personne; **you should ~ that you be paid** vous devriez exiger qu'on vous paye. **-2.** [maintain] maintenir, soutenir; **she ~s that she locked the door** elle maintient qu'elle a fermé la porte à clef.

insistence [ɪnˈsɪstəns] *n*: **their ~ on secrecy has hindered negotiations** en exigeant le secret, ils ont entravé les négociations; **her ~ on her innocence** ses protestations d'innocence; **his ~ on his rights** la revendication répétée de ses droits; **at** OR **on my ~** sur mon insistance; **I came here at her ~** je suis venu ici parce qu'elle a insisté.

insistent [ɪnˈsɪstənt] *adj* [person] insistant; [demand] pressant; [denial, refusal] obstiné; **she was most ~** elle a beaucoup insisté; **the child's ~ cries** les pleurs incessants de l'enfant.

insistently [ɪnˈsɪstəntlɪ] *adv* [stare, knock] avec insistance; [ask, urge] avec insistance, instamment.

in situ [ˌɪnˈsɪtjuː] *adv phr* sur place, in situ MÉD & BOT.

insobriety [ˌɪnsəˈbraɪətɪ] *n fml* [drunkenness] ébriété *f*; [intemperance] intempérance *f*.

insofar as [ˌɪnsəʊˈfɑːʳ-] *conj* dans la mesure où; **I'll help her ~ I can** je l'aiderai dans la mesure de mes capacités; **~ it's possible** dans la limite OR mesure du possible.

insolation [ˌɪnsəʊˈleɪʃn] *n* insolation *f*.

insole [ˈɪnsəʊl] *n* semelle *f* intérieure.

insolence [ˈɪnsələns] *n* insolence *f*.

insolent [ˈɪnsələnt] *adj* insolent; **he's ~ to his teachers** il est insolent OR il fait preuve d'insolence envers ses professeurs.

insolently [ˈɪnsələntlɪ] *adv* insolemment, avec insolence.

insolubility [ɪnˌsɒljʊˈbɪlətɪ] *n* insolubilité *f*.

insoluble [ɪnˈsɒljʊbl] *adj* [problem, substance] insoluble.

insolvable [ɪnˈsɒlvəbl] *adj* insoluble.

insolvency [ɪnˈsɒlvənsɪ] *n* insolvabilité *f*; **they're going to declare ~** ils vont se déclarer insolvables; [firm] ils vont déposer leur bilan.

insolvency provision *n* fonds *m* de garantie salariale.

insolvent [ɪnˈsɒlvənt] ◇ *adj* insolvable; **he was ~ by ten million dollars** il laissait une dette de dix millions de dollars.

◇ *n* insolvable *mf*.

insomnia [ɪnˈsɒmnɪə] *n* (*U*) insomnie *f*.

insomniac [ɪnˈsɒmnɪæk] ◇ *adj* insomniaque.

◇ *n* insomniaque *mf*.

insomuch as [ˌɪnsəʊˈmʌtʃ-] = **inasmuch as**.

insouciant [ɪnˈsuːsjənt] *adj lit* insoucieux.

inspect [ɪnˈspekt] ◇ *vt* **-1.** [scrutinize] examiner, inspecter; **she ~ed her body for bruises** elle examina son corps à la recherche de bleus. **-2.** [check officially - school, product, prison] inspecter; [- ticket] contrôler; [- accounts] contrôler; **the customs officer ~ed our luggage** le douanier a inspecté nos bagages. **-3.** MIL [troops] passer en revue.

◇ *vi* faire une inspection.

inspection [ɪnˈspekʃn] *n* **-1.** [of object] examen *m* (minutieux); [of place] inspection *f*; **on closer ~** en regardant de plus près. **-2.** [official check] inspection *f*; [of ticket, passport] contrôle *m*; [of school, prison] (visite *f* d') inspection *f*; **customs ~** contrôle douanier; **~ tour, tour of ~** tournée *f* d'inspection; **product quality ~** contrôle de qualité des produits. **-3.** MIL [of troops] revue *f*, inspection *f*.

inspection chamber *n* bouche *f* d'égout.

inspection pit *n* AUT fosse *f* (de réparations).

inspector [ɪnˈspektəʳ] *n* **-1.** [gen] inspecteur *m*, -trice *f*; [on public transport] contrôleur *m*, -euse *f*; **factory ~** inspecteur *m*, -trice *f* du travail; **public health ~** inspecteur *m*, -trice *f* sanitaire OR de l'hygiène; **~ of taxes** *Br* ≃ inspecteur *m*, -trice *f* des impôts; **tax ~** *Br* [sent to firms] polyvalent *m*. **-2.** *Br* SCH inspecteur *m*, -trice *f*. **-3.** [in police force]: **(police) ~** ≃ inspecteur *m* (de police) ❑ **'An Inspector Calls'** *Priestley* 'Un inspecteur vous demande'.

inspectorate [ɪnˈspektərət] *n* [body of inspectors] inspection *f*; [duties, term of office] inspection *f*, inspectorat *m*.

inspector general (*pl* **inspectors general**) *n* **-1.** [gen] inspecteur *m* général. **-2.** MIL ≃ général *m* inspecteur.

inspiration [ˌɪnspəˈreɪʃn] *n* **-1.** [source of ideas] inspiration *f*; **her art draws** OR **takes its ~ from desert landscapes** son art s'inspire des paysages désertiques; **to be an ~ to sb** être une source d'inspiration pour qqn; **your generosity has been an ~ for us all** votre générosité nous a tous inspirés; **the ~ for her screenplay** l'idée de son scénario. **-2.** [bright idea] inspiration *f*; **hey, I've had an ~!** hé! j'ai une idée géniale!

inspirational [ˌɪnspəˈreɪʃənl] *adj* **-1.** [inspiring] inspirant. **-2.** [inspired] inspiré.

inspire [ɪnˈspaɪəʳ] *vt* inspirer; **Moore's sculptures ~d her early work** les sculptures de Moore lui ont inspiré ses œuvres de jeunesse; **to ~ sb to do sthg** inciter OR pousser qqn à faire qqch; **he ~d her to become a doctor** il suscita en elle une vocation de médecin; **whatever ~d you to do that?** qu'est-ce qui a bien pu te donner l'idée de faire ça?; **the decision was ~d by the urgent need for funds** la décision a dû être prise pour répondre à un besoin urgent de fonds; **to ~ confidence/respect** inspirer (la) confiance/le respect; **a man who once ~d fear** un homme qui jadis inspirait la crainte; **his success ~d me with confidence** sa réussite m'a donné confiance en moi; **to ~ courage/hope in sb** insuffler du courage/donner de l'espoir à qqn.

inspired [ɪnˈspaɪəd] *adj* [artist, poem] inspiré; [moment] d'inspiration; [performance] extraordinaire; [choice, decision] bien inspiré, heureux; **an ~ idea** une inspiration; **to make an ~ guess** deviner OR tomber juste.

inspiring [ɪnˈspaɪərɪŋ] *adj* [speech, book] stimulant; [music] exaltant; **it wasn't a very ~ debate** ce débat n'avait rien de bien passionnant.

inst. (*written abbr of* **instant**) COMM courant; **of the 9th ~** du 9 courant OR de ce mois.

instability [ˌɪnstəˈbɪlətɪ] (*pl* **instabilities**) *n* instabilité *f*.

instal *Am* = **install**.

install [ɪnˈstɔːl] *vt* **-1.** [machinery, equipment] installer; **we're having central heating ~ed** nous faisons installer le chauffage central. **-2.** [settle - person] installer; **she ~ed herself in an armchair** elle s'installa dans un fauteuil. **-3.** [appoint - manager, president] nommer; **the Tories were ~ed with a huge majority** les conservateurs ont été élus avec une écrasante majorité.

installation [ˌɪnstəˈleɪʃn] *n* installation *f*.

installment plan *n Am* *système de paiement à tempérament*; **to buy sthg on an ~** acheter qqch à crédit.

instalment *Br*, **installment** *Am* [ɪnˈstɔːlmənt] *n* **-1.** [payment] acompte *m*, versement *m* partiel; **monthly ~s** mensualités *fpl*; **to pay in** OR **by ~s** payer par versements échelonnés; **to pay off a loan in** OR **by ~s** rembourser un prêt en plusieurs versements OR tranches. **-2.** [of serial, story] épisode *m*; [of book] fascicule *m*; **the last ~ of our special report on Brazil** [on TV] le dernier volet de notre reportage spécial sur le Brésil; **published in ~s** publié par fascicules. **-3.** = **installation**.

instance [ˈɪnstəns] ◇ *n* **-1.** [example] exemple *m*; **as an ~ of** comme exemple de ‖ [case] occasion *f*, circonstance *f*; **he agrees with me in most ~s** la plupart du temps OR dans la plupart des cas il est d'accord avec moi; **our policy, in that ~, was to raise interest rates** notre politique en la circonstance a consisté à augmenter les taux d'intérêt; **what would you have decided in that ~?** qu'auriez-vous décidé en pareil cas? **-2.** [stage]: **in the first/second ~** en premier/second lieu ❑ **court of first ~** JUR tribunal *m* de première instance. **-3.** *fml* [request]

demande *f*, instances *fpl*; **at the ~ of** à la demande de.
◇ *vt* donner OR citer en exemple.
◆ **for instance** *adv phr* par exemple.

instant ['ɪnstənt] ◇ *adj* -**1.** [immediate] immédiat; **this wound needs ~ attention** cette blessure doit être soignée immédiatement; **for ~ weight loss** pour perdre du poids rapidement; **give yourself an ~ new look** changez de look en un clin d'œil ❑ **~ replay** TV ralenti *m*. -**2.** CULIN [coffee] instantané, soluble; [soup, sauce] instantané, en sachet; [milk] en poudre; [mashed potato] en flocons; [dessert] à préparation rapide.
◇ *n* instant *m*, moment *m*; **at that ~** à ce moment-là; **the next ~ he'd disappeared** l'instant d'après il avait disparu; **do it this ~** fais-le tout de suite OR immédiatement OR à l'instant; **she read it in an ~** elle l'a lu en un rien de temps; **I'll be with you in an ~** je serai à vous dans un instant; **call me the ~ you arrive** appelle-moi dès que OR aussitôt que tu seras arrivé; **I didn't believe it for one ~** je ne l'ai pas cru un seul instant; **he left on the ~** il est parti immédiatement OR sur-le-champ.

instantaneous [,ɪnstən'teɪnjəs] *adj* instantané.

instantaneously [,ɪnstən'teɪnjəslɪ] *adv* instantanément.

instantly ['ɪnstəntlɪ] *adv* [immediately] immédiatement, instantanément; **he was killed ~** il a été tué sur le coup; **cleans and refreshes ~!** nettoie et rafraîchit instantanément!

instead [ɪn'sted] *adv*: **he didn't go to the office, he went home ~** au lieu d'aller au bureau, il est rentré chez lui; **I don't like sweet things, I'll have cheese ~** je n'aime pas les sucreries, je prendrai plutôt du fromage; **since I'll be away, why not send Mary ~?** puisque je ne serai pas là, pourquoi ne pas envoyer Mary à ma place?
◆ **instead of** *prep phr* au lieu de, à la place de; **~ of reading a book** au lieu de lire un livre; **her son came ~ of her** son fils est venu à sa place; **I had an apple ~ of lunch** j'ai pris une pomme en guise de déjeuner.

instep ['ɪnstep] *n* -**1.** ANAT cou-de-pied *m*; **to have a high ~** avoir le pied très cambré. -**2.** [of shoe] cambrure *f*.

instigate ['ɪnstɪgeɪt] *vt* -**1.** [initiate - gen] être à l'origine de; [- project] promouvoir; [- strike] provoquer; [- revolt] provoquer, fomenter; [- plot] ourdir. -**2.** [urge] inciter, pousser; **to ~ sb to do sthg** pousser OR inciter qqn à faire qqch.

instigation [,ɪnstɪ'geɪʃn] *n* [urging] instigation *f*, incitation *f*; **at her ~** à son instigation.

instigator ['ɪnstɪgeɪtəʳ] *n* instigateur *m*, -trice *f*

instil *Br*, **instill** *Am* [ɪn'stɪl] *vt* [principles, ideals] inculquer; [loyalty, courage, fear] insuffler; [idea] faire comprendre.

instinct ['ɪnstɪŋkt] *n* instinct *m*; **by ~** d'instinct; **she has an ~ for business/for gambling** elle a le sens des affaires/l'instinct du jeu; **he has an ~ for the right word** il a le don pour trouver le mot juste; **her first ~ was to run away** sa première réaction a été de s'enfuir; **to follow one's ~** suivre OR obéir à son instinct.

instinctive [ɪn'stɪŋktɪv] *adj* instinctif.

instinctively [ɪn'stɪŋktɪvlɪ] *adv* instinctivement; **animals are ~ afraid of fire** les animaux ont une peur instinctive du feu.

institute ['ɪnstɪtju:t] ◇ *vt* -**1.** [establish - system, guidelines] instituer, établir; [- change] introduire, apporter; [- committee] créer, constituer; [- award, organization] fonder, créer. -**2.** [take up - proceedings] engager, entamer; [- inquiry] ouvrir; **he threatened to ~ legal action against them** il a menacé de leur intenter un procès. -**3.** [induct] installer; RELIG instituer.
◇ *n* institut *m*; **research ~** institut de recherche.

institution [,ɪnstɪ'tju:ʃn] *n* -**1.** [of rules] institution *f*, établissement *m*; [of committee] création *f*, constitution *f*; [of change] introduction *f*; JUR [of action] début *m*; [of official] installation *f*. -**2.** [organization] organisme *m*, établissement *m*; [governmental] institution *f*; [educational, penal, religious] établissement *m*; [private school] institution *f*; [hospital] hôpital *m*, établissement *m* hospitalier; *euph* [mental hospital] établissement *m* psychiatrique. -**3.** [custom, political or social structure] institution *f*; **the ~ of marriage** l'institution du mariage. -**4.** *hum* [person] institution *f*; **she's a national ~** elle est devenue une véritable institution nationale.

institutional [,ɪnstɪ'tju:ʃənl] *adj* -**1.** [hospital, prison, school etc] institutionnel; **~ care** soins *mpl* hospitaliers; **he'd be better off in ~ care** il serait mieux dans un établissement OR centre spécialisé; **after years of ~ life they can't look after themselves** après des années d'internement, ils sont incapables de se prendre en charge. -**2.** [belief, values] séculaire. -**3.** COMM institutionnel; **~ investors** investisseurs *mpl* institutionnels; **~ advertising** publicité *f* institutionnelle.

institutionalism [,ɪnstɪ'tju:ʃənlɪzm] *n* institutionnalisme *m*.

institutionalize, -ise [,ɪnstɪ'tju:ʃən,laɪz] *vt* -**1.** [establish] institutionnaliser; **to become ~d** s'institutionnaliser. -**2.** [place in a hospital, home] placer dans un établissement *(médical ou médico-social)*; **to be ~d** être interné; **he's been ~d all his life** il a passé toute sa vie dans des établissements spécialisés; **to become ~d** ne plus être capable de se prendre en charge *(après des années passées dans des établissements spécialisés)*.

instruct [ɪn'strʌkt] *vt* -**1.** [command, direct] charger; **we have been ~ed to accompany you** nous sommes chargés de OR nous avons mission de vous accompagner. -**2.** [teach] former; **to ~ sb in sthg** enseigner OR apprendre qqch à qqn. -**3.** [inform] informer; **I have been ~ed that the meeting has been cancelled** on m'a informé OR avisé que la réunion a été annulée. -**4.** JUR [jury, solicitor] donner des instructions à.

instruction [ɪn'strʌkʃn] *n* -**1.** [order] instruction *f*; **follow my ~s carefully** suis bien mes instructions OR indications; **she gave ~s for the papers to be destroyed** elle a donné des instructions pour qu'on détruise les documents; **they were given ~s not to let him out of their sight** ils avaient reçu l'ordre de ne pas le perdre de vue ❑ **~s (for use)** mode *m* d'emploi; **operating ~s** mode *m* d'emploi. -**2.** *(U)* [teaching] instruction *f*, leçons *fpl*; MIL instruction *f*.

instruction book, instruction manual *n* COMM & TECH manuel *m* (d'utilisation et d'entretien).

instructive [ɪn'strʌktɪv] *adj* instructif.

instructor [ɪn'strʌktəʳ] *n* -**1.** [gen] professeur *m*; MIL instructeur *m*; **music ~** professeur de musique; **sailing ~** moniteur *m*, -trice *f* de voile; **swimming ~** maître-nageur *m*. -**2.** *Am* UNIV ≃ assistant *m*, -e *f*.

instrument ['ɪnstrʊmənt] ◇ *n* -**1.** MED, MUS & TECH instrument *m*; **to fly by** OR **on ~s** naviguer à l'aide d'instruments ❑ **~ error** erreur due aux instruments; **precision ~** instrument de précision. -**2.** *fig* [means] instrument *m*, outil *m*; **~ of propaganda** outil de propagande. -**3.** FIN effet *m*, titre *m*; JUR instrument *m*, acte *m* juridique; **an ~ of payment** un moyen de paiement.
◇ *vt* -**1.** MUS orchestrer. -**2.** TECH munir OR équiper d'instruments.
◇ *comp* AERON [flying, landing] aux instruments (de bord).

instrumental [,ɪnstrʊ'mentl] ◇ *adj* -**1.** [significant]: **her work was ~ in bringing about the reforms** elle a largement contribué à faire passer les réformes; **an ~ role** un rôle déterminant. -**2.** MUS instrumental. -**3.** TECH d'instruments; **~ check** [of devices] vérification des instruments; [by devices] vérification par instruments. -**4.** LING: **~ phrase** complément *m* d'instrument; **~ case** (cas *m*) instrumental *m*.
◇ *n* -**1.** MUS morceau *m* instrumental; **they played a few ~s** ils ont joué quelques morceaux de musique instrumentale. -**2.** LING instrumental *m*.

instrumentalist [,ɪnstrʊ'mentəlɪst] *n* MUS instrumentiste *mf*.

instrumentation [,ɪnstrʊmen'teɪʃn] *n* -**1.** [musical arrangement] orchestration *f*, instrumentation *f*; [musical instruments] instruments *mpl*. -**2.** TECH instrumentation *f*.

instrument panel, instrument board *n* AERON & AUT tableau *m* de bord; TECH tableau *m* de contrôle.

insubordinate [,ɪnsə'bɔ:dɪnət] *adj* insubordonné; **~ behaviour** conduite *f* insubordonnée OR rebelle.

insubordination ['ɪnsə,bɔ:dɪ'neɪʃn] *n* insubordination *f*.

insubstantial [,ɪnsəb'stænʃl] *adj* -**1.** [structure] peu solide; [book] facile, peu substantiel; [garment, snack, mist] léger; [claim] sans fondement; [reasoning] faible, sans substance. -**2.** [imaginary] imaginaire, chimérique.

insufferable [ɪn'sʌfərəbl] *adj* insupportable, intolérable.

insufferably [ɪn'sʌfərəblɪ] *adv* insupportablement, intolérablement; **he's ~ arrogant** il est d'une arrogance insupportable.

insufficiency [,ɪnsə'fɪʃnsɪ] (*pl* **insufficiencies**) *n* insuffisance *f*.

insufficient [,ɪnsə'fɪʃnt] *adj* insuffisant; **there is ~ evidence** les preuves sont insuffisantes.

insufficiently [,ɪnsə'fɪʃntlɪ] *adv* insuffisamment.

insular ['ɪnsjʊləʳ] *adj* -**1.** [island - tradition, authorities] insulaire; [isolated] isolé; **he leads a very ~ existence** il vit comme un ermite. -**2.** *fig* & *pej* [mentality] limité, borné; **she's very ~** elle est très bornée OR a l'esprit très étroit.

insularity [,ɪnsjʊ'lærətɪ] *n* insularité *f*; [isolation] isolement *m*.

insulate ['ɪnsjʊleɪt] *vt* -**1.** [against cold, heat, radiation] isoler; [hot water pipes, tank] calorifuger; [soundproof] insonoriser; **~d sleeping bag** sac de couchage isolant. -**2.** ELEC isoler; **~d screwdriver** tournevis isolant. -**3.** *fig* [protect] protéger; **they are no longer ~d from the effects of inflation** ils ne sont plus à l'abri des effets de l'inflation; **his cynicism ~s him from any feelings of pity** son cynisme le protège contre tout sentiment de pitié.

insulating tape ['ɪnsjʊleɪtɪŋ-] *n* chatterton *m*.

insulation [,ɪnsjʊ'leɪʃn] *n* -**1.** [against cold] isolation *f* (calorifuge), calorifugeage *m*; [soundproofing] insonorisation *f*, isolation *f*; **loft ~** isolation thermique du toit. -**2.** ELEC isolation *f*. -**3.** [feathers, foam etc] isolant *m*. -**4.** *fig* [protection] protection *f*.

insulator ['ɪnsjʊleɪtəʳ] *n* [material] isolant *m*; [device] isolateur *m*.

insulin ['ɪnsjʊlɪn] *n* insuline; **~ reaction** OR **shock** choc *m* insulinique.

insult [*vb* ɪn'sʌlt, *n* 'ɪnsʌlt] ◇ *vt* [abuse] insulter, injurier; [offend] faire (un) affront à, offenser; **don't be ~ed if I don't tell you everything** ne le prends pas mal OR ne t'offense pas si je ne te dis pas tout.
◇ *n* insulte *f*, injure *f*, affront *m*; **they were hurling ~s at each other** ils se lançaient des insultes à la figure; **his remarks were an ~ to my intelligence** ses commentaires étaient une insulte à mon intelligence; **their ads are an ~ to women** leurs pubs sont insultantes OR une insulte pour les femmes.

insulting [ɪn'sʌltɪŋ] *adj* [language] insultant, injurieux; [attitude] insultant, offensant; [behaviour] grossier.

insultingly [ɪn'sʌltɪŋlɪ] *adv* [speak] d'un ton insultant OR injurieux; [act] d'une manière insultante; **he behaved most ~ towards her** son comportement a été très injurieux à son égard.

insuperable [ɪn'su:prəbl] *adj* insurmontable.

insuperably [ɪn'suːprəblɪ] *adv* de façon insurmontable; ~ **difficult** d'une difficulté insurmontable.

insupportable [,ɪnsə'pɔːtəbl] *adj* -**1.** [unbearable] insupportable, intolérable. -**2.** [indefensible] insoutenable.

insurable [ɪn'ʃɔːrəbl] *adj* assurable.

insurance [ɪn'ʃɔːrəns] ◇ *n* -**1.** *(U)* [against fire, theft, accident] assurance *f*; [cover] garantie *f* (d'assurance), couverture *f*; [premium] prime *f* (d'assurance); **to take out ~ (against sthg)** prendre OR contracter une assurance, s'assurer (contre qqch); **to have ~ against sthg** être assuré pour OR contre qqch; **extend the ~ when you renew the policy** faites augmenter le montant de la garantie quand vous renouvelez le contrat d'assurance; **he bought himself a stereo out of the ~** il s'est acheté une chaîne stéréo avec (une partie de) l'argent de l'assurance; **she got £2,000 in ~** elle a reçu 2 000 livres de l'assurance; **how much do you pay in ~?** combien payez-vous (de prime) d'assurance? -**2.** *fig* [means of protection] garantie *f*, moyen *m* de protection; **take Sam with you, just as an ~** emmenez Sam avec vous, on ne sait jamais OR au cas où.
◇ *comp* [premium, scheme] d'assurance; [company] d'assurances.

insurance broker *n* courtier *m* d'assurance OR d'assurances.

insurance claim *n* demande *f* d'indemnité.

insurance policy *n* police *f* d'assurance, contrat *m* d'assurance.

insure [ɪn'ʃɔːʳ] *vt* -**1.** [car, building, person] assurer; **he ~d himself** OR **his life** il a pris OR contracté une assurance-vie; **we're ~d against flooding** nous sommes assurés contre les inondations. -**2.** *fig* [protect]: **what strategy can ~ (us) against failure?** quelle stratégie peut nous prévenir contre l'échec OR nous garantir que nous n'échouerons pas?; **to ~ one's future** assurer son avenir.

insured [ɪn'ʃɔːd] (*pl inv*) ◇ *adj* assuré; ~ **risk** risque *m* couvert.
◇ *n* assuré *m*, -e *f*.

insurer [ɪn'ʃɔːrəʳ] *n* assureur *m*.

insurgency [ɪn'sɜːdʒənsɪ], **insurgence** [ɪn'sɜːdʒəns] *n* insurrection *f*.

insurgent [ɪn'sɜːdʒənt] ◇ *n* insurgé *m*, -e *f*.
◇ *adj* insurgé.

insurmountable [,ɪnsə'maʊntəbl] *adj* insurmontable.

insurrection [,ɪnsə'rekʃn] *n* insurrection *f*; **armed ~** soulèvement *m* armé, insurrection armée.

insurrectionary [,ɪnsə'rekʃnərɪ] (*pl* **insurrectionaries**) ◇ *adj* insurrectionnel.
◇ *n* insurgé *m*, -e *f*.

insurrectionist [,ɪnsə'rekʃnɪst] = **insurrectionary**.

intact [ɪn'tækt] *adj* intact.

intaglio [ɪn'tɑːlɪəʊ] (*pl* **intaglios** OR **intagli** [-ljiː]) *n* [gem] intaille *f*; [design] dessin *m* en intaille.

intake ['ɪnteɪk] *n* -**1.** SCH & UNIV admission *f*, inscription *f*; MIL recrutement *m*; **the ~ of refugees** l'accueil des réfugiés; **they've increased their ~ of medical students** ils ont décidé d'admettre davantage d'étudiants en médecine; **this year's ~ of pupils is** OR **are of a higher standard than usual** cette année les nouveaux élèves sont d'un niveau plus élevé que d'habitude ❑ ~ **class** *Br* cours *m* préparatoire. -**2.** TECH [of water] prise *f*, arrivée *f*; [of gas, steam] admission *f*; **an ~ rate of 10 litres per second** un débit d'admission de 10 litres par seconde; **a high energy ~** une consommation importante d'énergie ❑ **air ~** admission d'air; ~ **valve** soupape *f* d'admission. -**3.** [of food] consommation *f*; **a daily ~ of 2,000 calories** une ration quotidienne de 2 000 calories; **there was a sharp ~ of breath** tout le monde retint son souffle ❑ **oxygen ~** absorption *f* d'oxygène.

intangible [ɪn'tændʒəbl] ◇ *adj* [quality, reality] intangible, impalpable; [idea, difficulty] indéfinissable, difficile à cerner; ~ **assets** COMM immobilisations *fpl* incorporelles; ~ **property** JUR biens *mpl* incorporels.
◇ *n* impondérable *m*.

integer ['ɪntɪdʒəʳ] *n* MATH (nombre *m*) entier *m*; [whole unit] entier.

integral ['ɪntɪgrəl] ◇ *adj* -**1.** [essential - part, element] intégrant, constitutif; **it's an ~ part of your job** cela fait partie intégrante de votre travail. -**2.** [entire] intégral, complet. -**3.** MATH intégral.
◇ *n* MATH intégrale *f*.

integral calculus *n* calcul *m* intégral.

integrand ['ɪntɪgrænd] *n* expression *f* à intégrer.

integrate ['ɪntɪgreɪt] ◇ *vt* -**1.** [combine]: **the two systems have been ~d** on a combiné les deux systèmes. -**2.** [include in a larger unit] intégrer; **to ~ sb in a group** intégrer qqn dans un groupe; **his brief was to ~ the new building into the historic old quarter** il avait pour mission de concevoir un bâtiment qui soit en harmonie avec la vieille ville. -**3.** [end segregation of]: **the law was intended to ~ racial minorities** cette loi visait à l'intégration des minorités raciales; **to ~ a school** mettre fin à la ségrégation raciale dans une école. -**4.** MATH intégrer.
◇ *vi* -**1.** [fit in] s'intégrer; **to ~ into** s'intégrer dans; **at first they found it hard to ~ with the local community** au début, ils ont eu du mal à s'intégrer dans la collectivité locale. -**2.** [desegregate] ne plus pratiquer la ségrégation raciale.

integrated ['ɪntɪgreɪtɪd] *adj* [gen] intégré; **vertically ~ company** société à intégration verticale; ~ **port facilities** complexe portuaire intégré ❑ ~ **studies** SCH études *fpl* interdisciplinaires; ~ **neighborhood** *Am* quartier *m* multiracial; ~ **school** *Am école où se pratique l'intégration (raciale).*

integrated circuit *n* circuit *m* intégré.

integration [,ɪntɪ'greɪʃn] *n* intégration *f*; **racial ~** déségrégation *f*; **school ~** *Am* déségrégation des établissements scolaires; **vertical/horizontal ~** ECON intégration verticale/horizontale.

integrator ['ɪntɪgreɪtəʳ] *n* [device] intégrateur *m*.

integrity [ɪn'tegrətɪ] *n* -**1.** [uprightness] intégrité *f*, probité *f*; **she's a woman of great ~** c'est une femme d'une grande intégrité. -**2.** [wholeness] totalité *f*; **cultural ~** identité *f* culturelle.

integument [ɪn'tegjʊmənt] *n* tégument *m*.

intellect ['ɪntəlekt] *n* -**1.** [intelligence] intelligence *f*. -**2.** [mind, person] esprit *m*.

intellectual [,ɪntə'lektjʊəl] ◇ *adj* [mental] intellectuel; [attitude, image] d'intellectuel; **an ~ set** un petit groupe d'intellectuels.
◇ *n* intellectuel *m*, -elle *f*.

intellectualism [,ɪntə'lektjʊəlɪzm] *n* intellectualisme *m*.

intellectualize, -ise [,ɪntə'lektjʊəlaɪz] ◇ *vt* intellectualiser.
◇ *vi* tenir des discours intellectuels.

intellectually [,ɪntə'lektjʊəlɪ] *adv* intellectuellement.

intelligence [ɪn'telɪdʒəns] *n* *(U)* -**1.** [mental ability] intelligence *f*; **to have the ~ to do sthg** avoir l'intelligence de faire qqch; **her decision shows ~** elle a fait preuve d'intelligence en prenant cette décision; **use your ~!** réfléchis un peu! -**2.** [information] renseignements *mpl*, information *f*, informations *fpl*; ~ **is** OR **are working on it** les services de renseignements y travaillent ❑ **army ~** service *m* de renseignements de l'armée. -**3.** [intelligent being] intelligence *f*.

intelligence officer *n* officier *m* de renseignements.

intelligence quotient *n* quotient *m* intellectuel.

intelligence service *n* POL service *m* de renseignements.

intelligence test *n* test *m* d'aptitude intellectuelle.

intelligent [ɪn'telɪdʒənt] *adj* intelligent.

intelligent card *n Br* carte *f* à mémoire OR à puce.

intelligently [ɪn'telɪdʒəntlɪ] *adv* intelligemment.

intelligentsia [ɪn,telɪ'dʒentsɪə] *n* intelligentsia *f*.

intelligibility [ɪn,telɪdʒə'bɪlətɪ] *n* intelligibilité *f*.

intelligible [ɪn'telɪdʒəbl] *adj* intelligible.

intelligibly [ɪn'telɪdʒəblɪ] *adj* intelligiblement.

intemperance [ɪn'tempərəns] *n fml* [overindulgence] intempérance *f*, manque *m* de modération.

intemperate [ɪn'tempərət] *adj fml* -**1.** [overindulgent] intempérant; ~ **drinking** consommation excessive d'alcool. -**2.** [uncontrolled - behaviour, remark] excessif, outrancier; **her ~ refusal** la violence de son refus. -**3.** [harsh - climate] rigoureux, rude.

intend [ɪn'tend] *vt* -**1.** [plan, have in mind]: **to ~ to do sthg, to ~ doing** OR **on doing** *Am* **sthg** avoir l'intention de OR projeter de faire qqch; **how do you ~ to do it?** comment avez-vous l'intention de vous y prendre?; **we arrived later than (we had) ~ed** nous sommes arrivés plus tard que prévu; **his statement was ~ed to mislead** la déclaration visait à induire en erreur; **I had ~ed staying** OR **to stay longer** j'avais l'intention OR prévu de rester plus longtemps; **he didn't ~ her to see the letter** il n'avait pas l'intention de lui laisser voir la lettre; **we ~ to increase our sales** nous entendons développer nos ventes; **the board ~s her to become managing director** le conseil d'administration souhaite qu'elle soit nommée P-DG; **to ~ marriage** *lit* avoir l'intention de se marier; **no harm was ~ed** c'est sans mauvaise intention; **I'm sorry, no criticism/insult was ~ed** je suis désolé, je ne voulais pas vous critiquer/offenser; **I ~ed it to be a joke!** je voulais plaisanter!; **no pun ~ed!** sans jeu de mots! -**2.** [destine] destiner; **a book ~ed for the general public** un livre destiné OR qui s'adresse au grand public; **the funds were ~ed for disabled children** les fonds étaient destinés à l'enfance handicapée; **the device is ~ed to reduce pollution** ce dispositif a été mis au point dans le but de réduire la pollution; **the reform is ~ed to limit the dumping of toxic waste** cette réforme vise à limiter le déversement de déchets toxiques.

intended [ɪn'tendɪd] ◇ *adj* -**1.** [planned - event, trip] prévu; [- result, reaction] voulu; [- market, public] visé. -**2.** [deliberate] intentionnel, délibéré.
◇ *n arch* OR *hum*: **his ~** sa future, sa promise *arch*; **her ~** son futur, son promis *arch*.

intense [ɪn'tens] *adj* -**1.** [gen] intense; [battle, debate] acharné; [hatred] violent, profond; [enthusiasm] vif; **a period of ~ activity** une période d'activité intense; **to my ~ satisfaction/dissatisfaction** à ma très grande satisfaction/mon grand déplaisir. -**2.** [person] extrême, passionné; **he's so ~** [serious] il prend tout très au sérieux; [emotional] il prend tout très à cœur.

intensely [ɪn'tenslɪ] *adv* -**1.** [with intensity - work, stare] intensément, avec intensité; [- love] profondément, passionnément. -**2.** [extremely - hot, painful, curious] extrêmement; [- moving, affected, bored] profondément.

intensification [ɪn,tensɪfɪ'keɪʃn] *n* intensification *f*.

intensifier [ɪn'tensɪfaɪəʳ] *n* -**1.** LING intensif *m*. -**2.** PHOT renforçateur *m*.

intensify [ɪn'tensɪfaɪ] (*pt* & *pp* **intensified**) ◇ *vt* [feeling, impression, colour] renforcer; [sound] intensifier; **the police have intensified their search for the child** la police redouble d'efforts pour retrouver l'enfant.
◇ *vi* s'intensifier, devenir plus intense.

intensity [ɪn'tensətɪ] (*pl* **intensities**) *n* intensité *f*; **the emotional ~ of his paintings** la force des sentiments exprimés dans ses tableaux; **the ~ of the debate** la véhémence du débat.

intensive [ɪn'tensɪv] ◇ *adj* intensif; **~ security measures** mesures de sécurité draconiennes ❑ **~ farming** culture *f* intensive; **~ security prison** *Am* prison *f* où la surveillance est renforcée.
◇ *n* LING intensif *m*.
-intensive *in cpds* qui utilise beaucoup de...; **labour~** qui nécessitent une main-d'œuvre importante; **capital~** qui mobilise beaucoup de capitaux; **energy~** qui consomme beaucoup d'énergie.
intensive care *n* *(U)* MED soins *mpl* intensifs; **in ~** en réanimation.
intensive care unit *n* unité *f* de soins intensifs.
intensively [ɪn'tensɪvlɪ] *adv* intensivement.
intent [ɪn'tent] ◇ *n* intention *f*, but *m*; **with good/evil ~** dans une bonne/mauvaise intention; **with criminal ~** JUR dans un but délictueux ❑ **declaration of ~** déclaration *f* d'intention.
◇ *adj* -**1.** [concentrated] attentif, absorbé; **with ~ application** avec une concentration extrême; **he was silent, ~ on the meal** il était silencieux, tout à son repas. -**2.** [determined] résolu, déterminé; **to be ~ on doing sthg** être déterminé OR résolu à faire qqch.
◆ **to all intents and purposes** *adv phr* en fait.
intention [ɪn'tenʃn] *n* intention *f*; **despite my ~ to say** OR **of saying nothing** malgré mon intention de ne rien dire; **I have absolutely no ~ of spending my life here** je n'ai aucune intention de passer ma vie ici; **he went to Australia with the ~ of making his fortune** il est parti en Australie dans l'intention de OR dans le but de faire fortune; **it was with this ~ that I wrote to him** c'est dans cette intention OR à cette fin que je lui ai écrit.
intentional [ɪn'tenʃənl] *adj* intentionnel, voulu.
intentionally [ɪn'tenʃənəlɪ] *adv* intentionnellement.
intently [ɪn'tentlɪ] *adv* [alertly - listen, watch] attentivement; [thoroughly - question, examine] minutieusement.
inter [ɪn'tɜːʳ] (*pt* & *pp* **interred**, *cont* **interring**) *vt fml* enterrer, inhumer.
interact [ˌɪntər'ækt] *vi* -**1.** [person]: **they ~ very well together** le courant passe bien (entre eux), ils s'entendent très bien. -**2.** [forces] interagir; [substances] avoir une action réciproque; **the cold air ~s with the warm** il se produit une réaction entre l'air chaud et l'air froid. -**3.** COMPUT dialoguer.
interaction [ˌɪntər'ækʃn] *n* interaction *f*.
interactive [ˌɪntər'æktɪv] *adj* interactif; **~ mode** COMPUT mode conversationnel OR interactif.
inter alia [ˌɪntər'eɪlɪə] *adv phr fml* notamment.
interbreed [ˌɪntə'briːd] (*pt* & *pp* **interbred** [-bred]) ◇ *vt* [crossbreed - animals] croiser; [- races] métisser.
◇ *vi* -**1.** [crossbreed - animals] se croiser; [- races] se métisser. -**2.** [within family, community] contracter des mariages consanguins.
interbreeding [ˌɪntə'briːdɪŋ] *n* -**1.** [crossbreeding - of animals] croisement *m*; [- of races] métissage *m*. -**2.** [within breed] croisement *m* d'animaux de même souche; [within family, community] union *f* consanguine, unions *fpl* consanguines.
intercalate [ɪn'tɜːkəleɪt] *vt* intercaler.
intercalation [ɪnˌtɜːkə'leɪʃn] *n* intercalation *f*.
intercede [ˌɪntə'siːd] *vi* intercéder; **she ~d with the boss on my behalf** elle a intercédé en ma faveur auprès du patron.
intercellular [ˌɪntə'seljʊləʳ] *adj* intercellulaire.
intercept [*vb* ˌɪntə'sept, *n* 'ɪntəsept] ◇ *vt* intercepter; **to ~ a blow** parer un coup.
◇ *n* interception *f*.
intercepter [ˌɪntə'septəʳ] = **interceptor**.
interception [ˌɪntə'sepʃn] *n* interception *f*.
interceptor [ˌɪntə'septəʳ] *n* [plane] intercepteur *m*.
intercession [ˌɪntə'seʃn] *n* intercession *f*.
interchange [*vb* ˌɪntə'tʃeɪndʒ, *n* 'ɪntətʃeɪndʒ] ◇ *vt* -**1.** [exchange - opinions, information] échanger. -**2.** [switch round] intervertir, permuter; **these tyres can be ~d** ces pneus sont interchangeables.
◇ *n* -**1.** [exchange] échange *m*. -**2.** [road junction] échangeur *m*.
interchangeable [ˌɪntə'tʃeɪndʒəbl] *adj* interchangeable.
intercity [ˌɪntə'sɪtɪ] (*pl* **intercities**) *adj* [travel] d'une ville à l'autre, interurbain; **~ train** *Br* (train *m*) rapide *m*.
intercollegiate [ˌɪntəkə'liːdʒɪət] *adj* entre collèges; *Am* [between universities] interuniversitaire.
intercom ['ɪntəkɒm] *n* Interphone® *m*; **to call sb on** OR **over the ~** appeler qqn à OR par l'Interphone.
intercommunicate [ˌɪntəkə'mjuːnɪkeɪt] *vi* communiquer.
intercommunication ['ɪntəkəˌmjuːnɪ'keɪʃn] *n* intercommunication *f*.
intercommunion [ˌɪntəkə'mjuːnjən] *n* RELIG intercommunion *f*.
interconnect [ˌɪntəkə'nekt] ◇ *vt* [gen] connecter; **~ed corridors** couloirs *mpl* communicants; **the buildings are ~ed by underground walkways** les immeubles sont reliés par des passages souterrains; **the ~ing wall** le mur mitoyen; **~ed ideas** *fig* idées étroitement reliées.
◇ *vi* [rooms, buildings] communiquer; [circuits] être connecté.
interconnection [ˌɪntəkə'nekʃn] *n* connection *f*, lien *m*; ELEC interconnexion *f*.
intercontinental ['ɪntəˌkɒntɪ'nentl] *adj* intercontinental.
intercontinental ballistic missile *n* missile *m* balistique intercontinental.
intercostal [ˌɪntə'kɒstl] *adj* intercostal; **~ muscles** muscles *mpl* intercostaux.
intercourse ['ɪntəkɔːs] *n* -**1.** [sexual intercourse] rapports *mpl* (sexuels); **to have ~ (with sb)** avoir des rapports sexuels (avec qqn). -**2.** *fml* [communication] relations *fpl*, rapports *mpl*; **commercial ~** relations commerciales; **social ~** communication *f*.
interdenominational ['ɪntədɪˌnɒmɪ'neɪʃənl] *adj* interconfessionnel.
interdepartmental ['ɪntəˌdiːpɑːt'mentl] *adj* [in company, hospital] entre services; [in university, ministry] interdépartemental.
interdependence [ˌɪntədɪ'pendəns] *n* interdépendance *f*.
interdependent [ˌɪntədɪ'pendənt] *adj* interdépendant.
interdict [*n* 'ɪntədɪkt, *vb* ˌɪntə'dɪkt] ◇ *vt* -**1.** JUR interdire. -**2.** RELIG jeter l'interdit sur.
◇ *n* -**1.** JUR interdiction *f*. -**2.** RELIG interdit *m*.
interdiction [ˌɪntə'dɪkʃn] *n* JUR & RELIG interdiction *f*.
interdisciplinary [ˌɪntə'dɪsɪˌplɪnərɪ] *adj* interdisciplinaire.
interest ['ɪntrəst] ◇ *n* -**1.** [curiosity, attention] intérêt *m*; **centre of ~** centre *m* d'intérêt; **she takes a great/an active ~ in politics** elle s'intéresse beaucoup/activement à la politique; **he has** OR **takes no ~ whatsoever in music** il ne s'intéresse absolument pas à la musique; **to show (an) ~ in sthg** manifester de l'intérêt pour qqch; **he lost all ~ in his work** il a perdu tout intérêt pour son travail; **pupils can often lose ~** il arrive souvent que les élèves décrochent; **to hold sb's ~** retenir l'attention de qqn. -**2.** [appeal] intérêt *m*; **of no ~** sans intérêt; **politics has** OR **holds no ~ for me** la politique ne présente aucun intérêt pour moi; **to be of ~ to sb** intéresser qqn; **this information would be of great ~ to the police** cette information intéresserait sûrement la police. -**3.** [pursuit, hobby] centre d'intérêt *m*; **we share the same ~s** nous avons les mêmes centres d'intérêt; **his only ~s are television and comic books** la télévision et les bandes dessinées sont les seules choses qui l'intéressent. -**4.** [advantage, benefit] intérêt *m*; **it's in your own ~** OR **~s** c'est dans votre propre intérêt; **she helps us purely out of ~** elle ne nous aide que par intérêt; **to act against one's own ~s** agir à l'encontre de ses propres intérêts; **I have your ~s at heart** tes intérêts me tiennent à cœur; **a conflict of ~s** un conflit d'intérêts; **of public ~** d'intérêt public; **in the ~s of hygiene** par mesure d'hygiène; **in the ~s of accuracy** par souci d'exactitude. -**5.** [group with common aim] intérêt *m*; **big business ~s** de gros intérêts commerciaux; **~ group** groupe *m* d'intérêt. -**6.** [share, stake] intérêts *mpl*; **he has an ~ in a sawmill** il a des intérêts dans une scierie; **our firm's ~s in Europe** les intérêts de notre société en Europe. -**7.** FIN intérêts *mpl*; **to pay ~ on a loan** payer des intérêts sur un prêt; **the investment will bear 6 % ~** le placement rapportera 6 %; **he'll get it back with ~!** *fig* il va le payer cher! ❑ **simple/compound ~** intérêts simples/composés.
◇ *vt* intéresser; **to be ~ed in sthg** s'intéresser à qqch; **she is ~ed in fashion** elle s'intéresse à la mode, la mode l'intéresse; **would you be ~ed in meeting him?** ça t'intéresserait de le rencontrer?; **can I ~ you in our new model?** puis-je attirer votre attention sur notre nouveau modèle?; **I'm ~ed to see how they do it** je suis curieux de voir comment ils le font.
interest-bearing *adj* productif d'intérêts.
interested ['ɪntrestɪd] *adj* -**1.** [showing interest] intéressé; **she seems ~ in the offer** elle semble intéressée par la proposition; **a group of ~ passers-by** un groupe de passants curieux. -**2.** [involved, concerned] intéressé; **~ party** partie *f* intéressée.
interest-free *adj* FIN sans intérêt.
interesting ['ɪntrəstɪŋ] *adj* intéressant.
interestingly ['ɪntrəstɪŋlɪ] *adv* de façon intéressante; **~ enough, they were out** chose intéressante, ils étaient sortis.
interest rate *n* taux *m* d'intérêt.
interface [*n* 'ɪntəfeɪs, *vb* ˌɪntə'feɪs] ◇ *n* [gen & COMPUT] interface *f*.
◇ *vt* -**1.** [connect] connecter. -**2.** SEW entoiler.
interfacing [ˌɪntə'feɪsɪŋ] *n* SEW entoilage *m*.
interfere [ˌɪntə'fɪəʳ] *vi* -**1.** [intrude] s'immiscer, s'ingérer; **to ~ in sb's life** s'immiscer OR s'ingérer dans la vie de qqn; **I warned him not to ~** je l'ai prévenu de ne pas s'en mêler OR de rester à l'écart; **I hate the way he always ~s** je déteste sa façon de se mêler de tout; **don't ~ between them** ne vous mêlez pas de leurs affaires. -**2.** [clash, conflict]: **to ~ with** entraver; **to ~ with the course of justice** entraver le cours de la justice; **it [illegible] with my work** cela me gêne dans mon travail; **he lets his pride ~ with his judgment** il laisse son orgueil troubler son jugement. -**3.** [meddle]: **to ~ with** toucher (à); **don't ~ with those wires!** laisse ces fils tranquilles!; **to ~ with a child** *euph* se livrer à des attouchements sur un enfant. -**4.** PHYS interférer. -**5.** LING interférence *f*; **local radio sometimes ~s with police transmissions** la radio locale brouille OR perturbe parfois les transmissions de la police.
interference [ˌɪntə'fɪərəns] *n* -**1.** [gen] ingérence *f*, intervention *f*; **she won't tolerate ~ in** OR **with her plans** elle ne supportera pas qu'on s'immisce dans ses projets. -**2.** PHYS interférence *f*. -**3.** *(U)* RADIO parasites *mpl*, interférence *f*. -**4.** LING interférence *f*.
interfering [ˌɪntə'fɪərɪŋ] *adj* [person] importun.
interferometer [ˌɪntəfə'rɒmɪtəʳ] *n* interféromètre *m*.
intergalactic [ˌɪntəgə'læktɪk] *adj* intergalactique.
intergovernmental ['ɪntəˌgʌvən'mentl] *adj* intergouvernemental.
interim ['ɪntərɪm] ◇ *n* intérim *m*.
◇ *adj* [government, measure, report] provisoire; [post, function] intérimaire; **the ~ minister** le ministre par intérim OR intérimaire; **~ payment** versement *m* provisionnel.
◆ **in the interim** *adv phr* entretemps.

interior [ɪn'tɪərɪə^r] ◇ *adj* intérieur; ~ **doors** portes *fpl* intérieures; ~ **monologue** monologue *m* intérieur; ~ **angle** MATH angle *m* interne; ~ **shot** CIN intérieur *m*, scène *f* d'intérieur.
◇ *n* -**1.** [gen] intérieur *m*; **the French Minister of the Interior** le ministre français de l'Intérieur; **Secretary/Department of the Interior** *ministre/ministère chargé de l'administration des domaines et des parcs nationaux aux États-Unis.* -**2.** ART (tableau *m* d') intérieur *m*.

interior decoration *n* décoration *f* (d'intérieurs).

interior decorator *n* décorateur *m*, -trice *f* (d'intérieurs).

interior design *n* architecture *f* d'intérieurs.

interior designer *n* architecte *mf* d'intérieurs.

interiorize, -ise [ɪn'tɪərɪəraɪz] *vt* intérioriser.

interior-sprung mattress *n Br* matelas *m* à ressorts.

interject [ˌɪntə'dʒekt] *vt* [question, comment] placer; **"not like that", he** ~**ed** «pas comme ça», coupa-t-il.

interjection [ˌɪntə'dʒekʃn] *n* -**1.** LING interjection *f*. -**2.** [interruption] interruption *f*.

interlace [ˌɪntə'leɪs] ◇ *vt* -**1.** [entwine] entrelacer. -**2.** [intersperse] entremêler.
◇ *vi* s'entrelacer, s'entrecroiser.

interlanguage ['ɪntəˌlæŋgwɪdʒ] *n* LING interlangue *f*.

interlard [ˌɪntə'lɑːd] *vt* entrelarder.

interleaf ['ɪntəliːf] (*pl* **interleaves** [-liːvz]) *n* feuillet *m* intercalé.

interleave [ˌɪntə'liːv] *vt* [book] interfolier; [sheet] intercaler.

interline [ˌɪntə'laɪn] *vt* -**1.** [text] interligner. -**2.** SEW poser une doublure intermédiaire à.

interlining [ˌɪntə'laɪnɪŋ] *n* SEW doublure *f* intermédiaire.

interlinked [ˌɪntə'lɪŋkt] *adj*: **the problems are** ~ les problèmes sont liés.

interlock [*vb* ˌɪntə'lɒk, *n* 'ɪntəlɒk] ◇ *vt* -**1.** TECH enclencher. -**2.** [entwine] entrelacer.
◇ *vi* -**1.** TECH [mechanism] s'enclencher; [cogwheels] s'engrener; ~**ing chairs** *chaises qui s'accrochent les unes aux autres.* -**2.** [groups, issues] s'imbriquer.
◇ *n* -**1.** TECH enclenchement *m*. -**2.** TEX interlock *m*.

interlocutor [ˌɪntə'lɒkjʊtə^r] *n* interlocuteur *m*, -trice *f*.

interloper ['ɪntələʊpə^r] *n* intrus *m*, -e *f*.

interlude ['ɪntəluːd] *n* -**1.** [period of time] intervalle *m*; **a brief** ~ un bref intervalle; **a pleasant** ~ **in her troubled life** un moment de répit dans sa vie mouvementée. -**2.** THEAT intermède *m*, MUS & TV interlude *m*.

intermarriage [ˌɪntə'mærɪdʒ] *n* -**1.** [within family, clan] endogamie *f*. -**2.** [between different groups] mariage *m* mixte; ~ **between Jews and Christians** mariage mixte entre juifs et chrétiens.

intermarry [ˌɪntə'mærɪ] (*pt* & *pp* **intermarried**) *vi* -**1.** [within family, clan] pratiquer l'endogamie; **the tribe no longer intermarries** la tribu ne pratique plus l'endogamie. -**2.** [between different groups]: **members of different religions intermarried freely** les mariages mixtes se pratiquaient librement.

intermediary [ˌɪntə'miːdjərɪ] (*pl* **intermediaries**) ◇ *adj* intermédiaire.
◇ *n* intermédiaire *mf*.

intermediate [ˌɪntə'miːdjət] ◇ *adj* -**1.** [gen] intermédiaire; ~ **range missile** missile *m* de moyenne portée OR de portée intermédiaire. -**2.** SCH [class] moyen; ~ **students** étudiants *mpl* de niveau moyen OR intermédiaire; **an** ~ **English course** un cours d'anglais de niveau moyen OR intermédiaire; ~ **school** *NZ école qui ne comprend que les classes de sixième et de cinquième.*
◇ *n* -**1.** *Am* [car] voiture *f* de taille moyenne. -**2.** CHEM produit *m* intermédiaire.

interment [ɪn'tɜːmənt] *n* enterrement *m*, inhumation *f*.

intermezzo [ˌɪntə'metsəʊ] (*pl* **intermezzos** OR **intermezzi** [-'metsiː]) *n* THEAT intermède *m*; MUS intermezzo *m*.

interminable [ɪn'tɜːmɪnəbl] *adj* interminable.

interminably [ɪn'tɜːmɪnəblɪ] *adv* interminablement; **the play seemed** ~ **long** la pièce semblait interminable; **the discussions dragged on** ~ les discussions s'éternisaient.

intermingle [ˌɪntə'mɪŋgl] *vi* se mêler; **the different groups** ~**d freely** les différents groupes se mêlaient librement.

intermission [ˌɪntə'mɪʃn] *n* -**1.** [break] pause *f*, trêve *f*; [in illness, fever] intermission *f*; **without** ~ sans relâche. -**2.** CIN & THEAT entracte *m*.

intermittent [ˌɪntə'mɪtənt] *adj* intermittent; ~ **rain** pluies *fpl* intermittentes, averses *fpl*.

intermittently [ˌɪntə'mɪtəntlɪ] *adv* par intervalles, par intermittence; **the journal has been published only** ~ la revue n'a connu qu'une parution irrégulière.

intermodal [ˌɪntə'məʊdl] *adj* [container] intermodal; ~ **transport system** réseau *m* de transport intermodal; ~ **points** points *mpl* de rupture de charge.

intermolecular [ˌɪntəmə'lekjʊlə^r] *adj* intermoléculaire.

intern [*vb* ɪn'tɜːn, *n* 'ɪntɜːn] ◇ *vt* POL interner.
◇ *vi Am* MED faire son internat; SCH faire son stage pédagogique; [with firm] faire un stage en entreprise.
◇ *n* -**1.** MED interne *mf*; *Am* SCH (professeur *m*) stagiaire *mf*; *Am* [in firm] stagiaire *mf*. -**2.** [internee] interné *m*, -e *f* (politique).

internal [ɪn'tɜːnl] ◇ *adj* -**1.** [gen] interne, intérieur; ~ **bleeding** hémorragie *f* interne; ~ **examination** MED examen *m* interne; ~ **injuries** lésions *fpl* internes; ~ **rhyme** rime *f* intérieure. -**2.** [inside country] intérieur; ~ **affairs** affaires *fpl* intérieures. -**3.** [inside organization, institution] interne; ~ **memo** note *f* à circulation interne; ~ **disputes are crippling the party** des luttes intestines paralysent le parti; ~ **examiner** SCH examinateur *m*, -trice *f* d'un établissement scolaire.
◇ *n* MED examen *m* gynécologique.

internal-combustion engine *n* moteur *m* à explosion OR à combustion interne.

internalization [ɪnˌtɜːnəlaɪ'zeɪʃn] *n* [of values, behaviour] intériorisation *f*.

internalize, -ise [ɪn'tɜːnəlaɪz] *vt* -**1.** [values, behaviour] intérioriser. -**2.** INDUST & FIN internaliser.

internally [ɪn'tɜːnəlɪ] *adv* intérieurement; **'not to be taken** ~**'** PHARM 'à usage externe', 'ne pas avaler'.

Internal Revenue Service *pr n Am* fisc *m*.

international [ˌɪntə'næʃənl] ◇ *adj* international; **an** ~ **singing star** une vedette internationale de la chanson ❑ ~ **law** droit *m* international; ~ **relations** relations *fpl* internationales; ~ **waters** eaux *fpl* internationales.
◇ *n* -**1.** SPORT [match] match *m* international; [player] international *m*, -e *f*. -**2.** POL: **the International** l'Internationale *f*; **the First International** la Première Internationale.

International Court of Justice *pr n* Cour *f* internationale de justice.

International Date Line *pr n* ligne *f* de changement de date.

Internationale [ˌɪntənæʃə'nɑːl] *n*: **the** ~ l'Internationale *f*.

internationalism [ˌɪntə'næʃnəlɪzm] *n* internationalisme *m*.

internationalist [ˌɪntə'næʃnəlɪst] ◇ *adj* internationaliste.
◇ *n* internationaliste *mf*.

internationalization ['ɪntəˌnæʃnəlaɪ'zeɪʃn] *n* internationalisation *f*.

internationalize, -ise [ˌɪntə'næʃnəlaɪz] *vt* internationaliser.

International Labour Organization *pr n* Bureau *m* international du travail.

internationally [ˌɪntə'næʃnəlɪ] *adv* internationalement; ~ **famous** de renommée internationale; ~ **(speaking), the situation is improving** sur le OR au plan international, la situation s'améliore.

International Monetary Fund *pr n* Fonds *m* monétaire international.

internecine [*Br* ˌɪntə'niːsaɪn, *Am* ˌɪntər'niːsn] *adj fml* [within a group] intestin; ~ **struggles** luttes *fpl* intestines; ~ **warfare** guerre *f* qui ravage les deux camps.

internee [ˌɪntɜː'niː] *n* interné *m*, -e *f* (politique).

internist [ɪn'tɜːnɪst] *n Am* MED interniste *mf*, spécialiste *mf* de médecine interne.

internment [ɪn'tɜːnmənt] *n* -**1.** [gen] internement *m* (politique); ~ **without trial** internement sans jugement; ~ **camp** camp *m* d'internement. -**2.** [in Ireland] *système de détention des personnes suspectées de terrorisme en Irlande du Nord.*

INTERNMENT:
En Irlande du Nord, ce terme désigne l'emprisonnement forcé de terroristes présumés, méthode employée par les autorités britanniques pour tenter de contrôler les activités de l'IRA (Irish Republican Army), au début des années 70; cette mesure fut abandonnée en 1975.

---

internship ['ɪntɜːnʃɪp] *n Am* MED internat *m*; [with firm] stage *m* en entreprise.

interpellate [ɪn'tɜːpeleɪt] *vt* POL interpeller.

interpenetrate [ˌɪntə'penɪtreɪt] *vt* [permeate] imprégner, pénétrer.

interpenetration ['ɪntəˌpenɪ'treɪʃn] *n* [permeation] imprégnation *f*, pénétration *f*.

interpersonal [ˌɪntə'pɜːsənl] *adj* interpersonnel; ~ **relationships** relations *fpl* interpersonnelles; ~ **skills** qualités *fpl* relationnelles.

interplanetary [ˌɪntə'plænɪtrɪ] *adj* interplanétaire.

interplay ['ɪntəpleɪ] *n* [between forces, events, people] interaction *f*; **the** ~ **of colours** le jeu des couleurs.

Interpol ['ɪntəpɒl] *pr n* Interpol.

interpolate [ɪn'tɜːpəleɪt] *vt* -**1.** *fml* [passage of text] interpoler; **he** ~**d several revised passages into the new edition** dans la nouvelle édition, il a interpolé plusieurs passages révisés. -**2.** *fml* [interrupt] interrompre; **"that's utter nonsense" she** ~**d** «c'est complètement absurde» interrompit-elle. -**3.** MATH interpoler.

interpolation [ɪnˌtɜːpə'leɪʃn] *n* -**1.** *fml* [gen] interpolation *f*. -**2.** MATH interpolation *f*.

interpose [ˌɪntə'pəʊz] ◇ *vt* -**1.** [between objects] interposer, intercaler. -**2.** [interject] lancer; **he** ~**d a few apt comments** il lança OR plaça quelques remarques pertinentes.
◇ *vi* intervenir, s'interposer; **"that simply isn't true!" he** ~**d** «c'est tout simplement faux!» lança-t-il.

interpret [ɪn'tɜːprɪt] ◇ *vt* interpréter.
◇ *vi* servir d'interprète, interpréter.

interpretation [ɪnˌtɜːprɪ'teɪʃn] *n* interprétation *f*; **she puts quite a different** ~ **on the facts** l'interprétation qu'elle donne des faits est assez différente; **his comments were very much open to** ~ ses remarques donnaient vraiment lieu à interprétation.

interpretative [ɪn'tɜːprɪtətɪv] *adj* interprétatif.

interpreter [ɪn'tɜːprɪtə^r] *n* -**1.** [person] interprète *mf*. -**2.** COMPUT interpréteur *m*.

interpretive [ɪn'tɜːprɪtɪv] = **interpretative**.

interracial [ˌɪntə'reɪʃl] *adj* [relations] interracial; ~ **harmony** harmonie interraciale.

interregnum [ˌɪntə'regnəm] (*pl* **interregnums** OR **interregna** [-'regnə]) *n* interrègne *m*; **the Interregnum** *Br* HIST l'Interrègne *m* *(intervalle (1649-1660) pendant lequel l'Angleterre, sous l'autorité de Cromwell, fut une république).*

interrelate [ˌɪntərɪ'leɪt] ◇ *vt* mettre en corrélation; ~**d questions** questions interdépendantes OR intimement liées.
◇ *vi* être interdépendant, interagir.

interrelation [ˌɪntərɪ'leɪʃn], **interrelationship** [ˌɪntərɪ'leɪʃnʃɪp] *n* corrélation *f*; **there's an ~ between poverty levels and inflation** il y a une corrélation entre les niveaux de pauvreté et l'inflation.

interrogate [ɪn'terəgeɪt] *vt* [gen & COMPUT] interroger.

interrogation [ɪnˌterə'geɪʃn] *n* [gen, LING & COMPUT] interrogation *f*; [by police] interrogatoire *m*; **to undergo (an) ~** subir un interrogatoire; **she's been under ~** elle a subi un interrogatoire.

interrogation mark *n* point *m* d'interrogation.

interrogative [ˌɪntə'rɒgətɪv] ◇ *adj* -**1.** [inquiring] interrogateur. -**2.** LING interrogatif.
◇ *n* [word] interrogatif *m*; [grammatical form] interrogative *f*; **in the ~** à la forme interrogative.

interrogatively [ˌɪntə'rɒgətɪvlɪ] *adv* -**1.** [look] interrogativement, d'un air interrogateur; [remark] d'un OR sur un ton interrogateur. -**2.** LING interrogativement.

interrogator [ɪn'terəgeɪtə^r] *n* -**1.** [person] interrogateur *m*, -trice *f*. -**2.** *dated* & RADIO intervieweur *m*, journaliste *mf*.

interrogatory [ˌɪntə'rɒgətrɪ] *adj* interrogateur.

interrupt [ˌɪntə'rʌpt] ◇ *vt* -**1.** [person, lecture, conversation] interrompre; **don't ~ me when I'm speaking to you!** ne m'interromps pas lorsque je te parle! -**2.** [process, activity] interrompre; **work on the project has been ~ed** les travaux sur le projet ont été interrompus; **we ~ this programme for a news flash** nous interrompons notre émission pour un flash d'information. -**3.** [uniformity] rompre; **only an occasional tree ~ed the monotony of the landscape** seul un arbre ici et là venait rompre la monotonie du paysage.
◇ *vi* interrompre; **he tried to explain but you kept ~ing** il a essayé de s'expliquer mais vous n'avez cessé de l'interrompre OR de lui couper la parole; **sorry to ~ but...** désolé de vous interrompre mais...
◇ *n* COMPUT interruption *f*.

interrupter [ˌɪntəˌrʌptə^r] = **interruptor**.

interruption [ˌɪntə'rʌpʃn] *n* interruption *f*; **without ~** sans interruption, sans arrêt; **he hates ~s** il a horreur d'être interrompu.

interruptor [ˌɪntə'rʌptə^r] *n* ELECTRON interrupteur *m*.

intersect [ˌɪntə'sekt] ◇ *vi* se couper, se croiser; **~ing lines** MATH lignes intersectées.
◇ *vt* couper, croiser; **the valley is ~ed by a network of small roads** la vallée est quadrillée d'innombrables petites routes.

intersection [ˌɪntə'sekʃn] *n* -**1.** [road junction] carrefour *m*, croisement *m*. -**2.** MATH intersection *f*; **point of ~** point *m* d'intersection.

interspace [ˌɪntə'speɪs] *vt* TYPO espacer.

intersperse [ˌɪntə'spɜːs] *vt* parsemer, semer; **our conversation was ~d with long silences** notre conversation était ponctuée de longs silences; **there were small blue flowers ~d amongst the daisies** les marguerites étaient parsemées de petites fleurs bleues; **sunny weather ~d with the odd shower** temps ensoleillé entrecoupé de quelques averses.

interstate ['ɪntəsteɪt] ◇ *adj* [commerce, railway] entre États.
◇ *n Am* autoroute *f*.

interstellar [ˌɪntə'stelə^r] *adj* interstellaire; **~ space** espace *m* interstellaire.

interstice [ɪn'tɜːstɪs] *n* interstice *m*.

interstitial [ˌɪntə'stɪʃl] *adj* interstitiel.

intertwine [ˌɪntə'twaɪn] ◇ *vt* entrelacer; **their lives are inextricably ~d** leurs vies sont inextricablement liées.
◇ *vi* s'entrelacer; **intertwining branches** branches entrelacées.

interurban [ˌɪntə'ɜːbn] *adj* interurbain.

interval ['ɪntəvl] *n* -**1.** [period of time] intervalle *m*; **there was an ~ of three months between applying for the job and being accepted** trois mois se sont écoulés entre la candidature et l'embauche; **I saw him again after an ~ of six months** je l'ai revu après un intervalle de six mois; **at ~s** par intervalles, de temps en temps; **at regular ~s** à intervalles réguliers; **at short ~s** à intervalles rapprochés; **at weekly ~s** toutes les semaines, chaque semaine. -**2.** [interlude] pause *f*; *Br* THEAT entracte *m*; SPORT mi-temps *f*. -**3.** [distance] intervalle *m*, distance *f*; **trees planted at regular ~s** des arbres plantés à intervalles réguliers. -**4.** METEOR: **sunny ~s** éclaircies *fpl*. -**5.** MATH & MUS intervalle *m*.

interval ownership *n Am* multipropriété *f*.

intervene [ˌɪntə'viːn] *vi* -**1.** [person, government] intervenir; **they were unwilling to ~ in the conflict** ils ne souhaitaient pas intervenir dans le conflit; **I warned him not to ~** [in fight] je lui avais bien dit de ne pas intervenir OR s'interposer; [in argument] je lui avais bien dit de ne pas s'en mêler; **the government ~d to save the dollar from falling** le gouvernement est intervenu pour arrêter la chute du dollar. -**2.** [event] survenir; **he was about to go to college when war ~d** il allait entrer à l'université lorsque la guerre a éclaté. -**3.** [time] s'écouler; **three months ~d between the agreement and actually signing the contract** trois mois se sont écoulés entre l'accord et la signature du contrat. -**4.** [interrupt] intervenir; **if I might just ~ here...** si je peux me permettre d'intervenir sur ce point...

intervening [ˌɪntə'viːnɪŋ] *adj* [period of time] intermédiaire; **during the ~ period** dans l'intervalle, entre-temps.

intervention [ˌɪntə'venʃn] *n* intervention *f*; **armed ~** intervention armée; **~ price** ECON prix *m* d'intervention.

interventionism [ˌɪntə'venʃənɪzm] *n* interventionnisme *m*.

interventionist [ˌɪntə'venʃənɪst] ◇ *adj* interventionniste.
◇ *n* interventionniste *mf*.

intervertebral [ˌɪntə'vɜːtəbrəl] *adj* intervertébral.

interview ['ɪntəvjuː] ◇ *n* -**1.** [for job, university place etc] entrevue *f*, entretien *m*; **~s will be held at our London offices** les entretiens se dérouleront dans nos bureaux de Londres; **he's already had several ~s** il a déjà eu plusieurs entretiens; **to invite** OR **to call sb for ~** convoquer qqn pour une entrevue. -**2.** PRESS, RADIO & TV interview *f*; **she gave him an exclusive ~** elle lui a accordé une interview en exclusivité.
◇ *vt* -**1.** [for university place, job etc] avoir une entrevue OR un entretien avec; **shortlisted applicants will be ~ed in March** les candidats sélectionnés seront convoqués pour un entretien en mars; **we have ~ed ten people for the post** nous avons déjà vu dix personnes pour ce poste ‖ [for opinion poll] interroger, sonder; **900 voters were ~ed** 900 électeurs ont été interrogés, l'enquête a été effectuée auprès de 900 électeurs. -**2.** PRESS, RADIO & TV interviewer; **she's being ~ed by their top reporter** leur meilleur journaliste l'interviewe OR l'interroge en ce moment. -**3.** [subj: police] interroger, questionner; **he is being ~ed in connection with a series of thefts** on l'interroge pour une série de vols.
◇ *vi* faire passer un entretien; **I'm ~ing all day** je fais passer des entretiens toute la journée.

interviewee [ˌɪntəvjuː'iː] *n* interviewé *m*, -e *f*.

interviewer ['ɪntəvjuːə^r] *n* -**1.** [for media] intervieweur *m*, intervieweur *m*, -euse *f*; [for opinion poll] enquêteur *m*, -euse OR -trice *f*. -**2.** [for job]: **the ~ asked me what my present salary was** la personne qui m'a fait passer l'entretien OR l'entrevue m'a demandé quel était mon salaire actuel.

intervocalic [ˌɪntəvə'kælɪk] *adj* intervocalique.

interwar [ˌɪntə'wɔː^r] *adj*: **the ~ period** OR **years** l'entre-deux-guerres *m*.

interweave [ˌɪntə'wiːv] (*pt* **interwove** [-'wəʊv] OR **interweaved**, *pp* **interwoven** [-'wəʊvn] OR **interwove** OR **interweaved**) ◇ *vt* entrelacer; **the red and gold threads were interwoven with silver** les fils rouge et or étaient entrelacés de fil d'argent; **our lives have become closely interwoven** *fig* nos deux vies sont devenues intimement liées.
◇ *vi* s'entrelacer, s'entremêler.

intestate [ɪn'testeɪt] ◇ *adj* intestat *(inv)*; **to die ~** décéder intestat.
◇ *n* intestat *mf*.

intestinal [ɪn'testɪnl] *adj* intestinal.

intestine [ɪn'testɪn] *n (usu pl)* intestin *m*; **an infection of the ~** OR **~s** une infection intestinale ❑ **large ~** gros intestin; **small ~** intestin grêle.

intimacy ['ɪntɪməsɪ] (*pl* **intimacies**) *n* -**1.** [closeness, warmth] intimité *f*. -**2.** [privacy] intimité *f*; **in the ~ of one's own home** dans l'intimité du foyer. -**3.** *(U) euph* & *fml* [sexual relations] relations *fpl* sexuelles, rapports *mpl*; **~ took place on more than one occasion** ils ont eu des rapports à plusieurs reprises.
◆ **intimacies** *npl* [familiarities] familiarités *fpl*; **they never really exchanged intimacies** ils ont toujours gardé une certaine réserve l'un envers l'autre.

intimate[1] ['ɪntɪmət] ◇ *adj* -**1.** [friend, relationship] intime; **we were never very ~** nous n'avons jamais été (des amis) intimes; **we're on ~ terms with them** nous sommes très amis, ils font partie de nos amis intimes. -**2.** [small and cosy] intime; **an ~ little bar** un petit bar intime; **an ~ dinner for two** [lovers] un dîner en amoureux; **an ~ (little) dinner party** un dîner en tête-à-tête, un petit dîner à deux. -**3.** *euph* & *fml* [sexually]: **they were ~ on more than one occasion** ils ont eu des rapports (intimes) à plusieurs reprises; **he admitted to having had ~ relations with her** il a reconnu avoir eu des rapports avec elle. -**4.** [personal, private] intime; **spare me the ~ details!** *hum* fais-moi grâce de tous ces détails! -**5.** [thorough] profond, approfondi; **she has an ~ knowledge of the field** elle connaît le sujet à fond. -**6.** [close, direct] étroit; **an ~ link** un lien étroit.
◇ *n* intime *mf*.

intimate[2] ['ɪntɪmeɪt] *vt* [hint, imply] laisser entendre, insinuer; **he ~d that he had had an affair with her** il a laissé entendre qu'il avait eu une liaison avec elle; **her speech ~d strong disapproval** son discours laissait paraître son profond désaccord.

intimately ['ɪntɪmətlɪ] *adv* -**1.** [talk, behave - in a friendly way] intimement; **to know sb ~** connaître qqn intimement. -**2.** [know - thoroughly] à fond, [closely, directly] étroitement; **the two questions are ~ related** les deux questions sont intimement liées; **I am ~ acquainted with the details of the matter** je connais l'affaire dans ses moindres détails.

intimation [ˌɪntɪ'meɪʃn] *n fml* [suggestion] suggestion *f*; [sign] indice *m*, indication *f*; [premonition] pressentiment *m*; **we had no ~ that disaster was imminent** rien ne laissait pressentir l'imminence d'une catastrophe; **her letter was the first ~ we had that she was in any danger** sa lettre a été pour nous le premier indice du danger qu'elle courait.

intimidate [ɪn'tɪmɪdeɪt] *vt* intimider; **don't let him ~ you** ne le laisse pas t'intimider, ne te laisse pas intimider par lui.

intimidating [ɪn'tɪmɪdeɪtɪŋ] *adj* intimidant.

intimidation [ɪnˌtɪmɪ'deɪʃn] *n (U)* intimidation *f*, menaces *fpl*.

into ['ɪntʊ] *prep* -**1.** [indicating direction, movement etc] dans; **come ~ my office** venez dans mon bureau; **to run/stroll ~ a room** entrer dans une pièce en courant/d'un pas nonchalant; **they sank deeper ~ debt** ils se sont endettés de plus en plus; **Britain's entry ~ the Common Market** l'entrée de la Grande-Bretagne dans le Marché commun; **to feed data ~ a computer** entrer des données dans un ordinateur; **planes take off ~ the wind** les avions décollent face au vent. -**2.** [indicating collision] dans; **the truck**

ran OR crashed ~ the wall le camion est rentré dans OR s'est écrasé contre le mur. -3. [indicating transformation] en; the frog changed ~ a prince la grenouille s'est transformée en prince; he's grown ~ a man c'est un homme maintenant; mix the ingredients ~ a paste mélangez les ingrédients jusqu'à ce qu'ils forment une pâte. -4. [indicating result]: to frighten sb ~ confessing faire avouer qqn en lui faisant peur; they were shocked ~ silence le choc leur a fait perdre la parole. -5. [indicating division] en; cut it ~ three coupe-le en trois; 7 ~ 63 goes 9 63 divisé par 7 donne 9; 6 ~ 10 won't go on ne peut pas diviser 10 par 6. -6. [indicating elapsed time]: we worked well ~ the night nous avons travaillé (jusque) tard dans la nuit; he must be well ~ his forties il doit avoir la quarantaine bien passée OR sonnée; a week ~ her holiday and she's bored already il y a à peine une semaine qu'elle est en vacances et elle s'ennuie déjà. -7. *inf* [fond of]: to be ~ sthg être passionné par qqch; I was never really ~ pop music je n'ai jamais été un fana de musique pop; is he ~ drugs? est-ce qu'il se drogue? -8. [curious about]: the baby's ~ everything le bébé est curieux de tout.

intolerable [ɪn'tɒlrəbl] *adj* intolérable, insupportable; I find it ~ that... je trouve intolérable que...

intolerably [ɪn'tɒlrəblɪ] *adv* intolérablement, insupportablement; he had been ~ rude il avait été d'une grossièreté intolérable.

intolerance [ɪn'tɒlərəns] *n* [gen & MED] intolérance *f*.

intolerant [ɪn'tɒlərənt] *adj* intolérant; she is very ~ of fools elle ne supporte absolument pas les imbéciles.

intolerantly [ɪn'tɒlərəntlɪ] *adv* avec intolérance.

intonation [,ɪntə'neɪʃn] *n* intonation *f*; ~ pattern LING intonation.

intone [ɪn'təʊn] *vt* entonner; the priest ~d a hymn le prêtre entonna un cantique.

intoxicant [ɪn'tɒksɪkənt] ◇ *n fml* [alcohol] alcool *m*, boisson *f* alcoolisée; [drug] stupéfiant *m*.
◇ *adj* enivrant, grisant.

intoxicate [ɪn'tɒksɪkeɪt] *vt* -1. *literal* & *fig* enivrer, griser. -2. MED [poison] intoxiquer.

intoxicated [ɪn'tɒksɪkeɪtɪd] *adj* -1. [drunk] ivre, en état d'ébriété *fml*. -2. *fig* ivre; he was ~ with joy il était ivre de joie; she was ~ by success son succès l'avait grisée OR lui avait fait tourner la tête.

intoxicating [ɪn'tɒksɪkeɪtɪŋ] *adj literal* enivrant; *fig* grisant, enivrant, excitant; ~ liquor boisson *f* alcoolisée; an ~ perfume un parfum enivrant OR capiteux.

intoxication [ɪn,tɒksɪ'keɪʃn] *n* -1. *literal* & *fig* ivresse *f*. -2. MED [poisoning] intoxication *f*.

intractability [ɪn,træktə'bɪlətɪ] *n* -1. [of person] intransigeance *f*, fermeté *f*, opiniâtreté *f*. -2. [of problem] insolubilité *f*.

intractable [ɪn'træktəbl] *adj* -1. [person] intraitable, intransigeant. -2. [problem] insoluble; [situation] inextricable, sans issue.

intramural [,ɪntrə'mjʊərəl] *adj* SCH & UNIV [courses, sports] interne (à l'établissement); ~ teams *équipes sportives d'un même établissement jouant les unes contre les autres.*

intramuscular [,ɪntrə'mʌskjʊlə^r] *adj* intramusculaire.

intransigence [ɪn'trænzɪdʒəns] *n* intransigeance *f*.

intransigent [ɪn'trænzɪdʒənt] ◇ *adj* intransigeant.
◇ *n* intransigeant *m*, -e *f*.

intransitive [ɪn'trænzətɪv] ◇ *adj* intransitif.
◇ *n* intransitif *m*.

intransitively [ɪn'trænzətɪvlɪ] *adv* intransitivement.

intrastate [,ɪntrə'steɪt] *adj* à l'intérieur d'un même État.

intrauterine [,ɪntrə'ju:təraɪn] *adj* intra-utérin.

intrauterine device *n* stérilet *m*.

intravenous [,ɪntrə'vi:nəs] *adj* intraveineux; ~ drugs user toxicomane *mf* qui s'injecte sa drogue; ~ injection (injection *f*) intraveineuse *f*.

intravenously [,ɪntrə'vi:nəslɪ] *adv* par voie intraveineuse; he's being fed ~ on l'alimente par perfusion; to take drugs ~ s'injecter de la drogue.

in-tray *n* corbeille *f* de courrier à traiter OR «arrivée»; put it in my ~ posez-ça sur le courrier à traiter.

intrepid [ɪn'trepɪd] *adj* intrépide.

intrepidly [ɪn'trepɪdlɪ] *adv* intrépidement.

intricacy ['ɪntrɪkəsɪ] (*pl* **intricacies**) *n* -1. [complicated detail] complexité *f*; he knows all the legal intricacies il connaît toutes les subtilités du droit; I couldn't follow all the intricacies of her argument je n'ai pas suivi toutes les subtilités de son raisonnement. -2. [complexity] complexité *f*; I admire the ~ of her drawings je suis en admiration devant la complexité de ses dessins.

intricate ['ɪntrɪkət] *adj* complexe, compliqué; ~ patterns des motifs complexes OR très élaborés; an ~ argument un raisonnement complexe.

intricately ['ɪntrɪkətlɪ] *adv* de façon complexe OR compliquée; an ~ carved chair une chaise aux sculptures complexes OR très travaillées.

intrigue [ɪn'tri:g] ◇ *n* -1. [plotting] intrigue *f*; the boardroom was rife with ~ la salle du conseil d'administration sentait l'intrigue. -2. [plot, treason] complot *m*; he was involved in various ~s against the state il a participé à plusieurs complots contre l'État.
◇ *vt* intriguer; her silence ~s me son silence m'intrigue; I'd be ~d to know where they met je serais curieux de savoir où ils se sont rencontrés.
◇ *vi* intriguer, comploter; they ~d with republicans against the throne ils ont comploté avec des Républicains contre le roi.

intriguing [ɪn'tri:gɪŋ] *adj* bizarre, curieux; I find the whole thing most ~ tout cela me paraît très bizarre; it's an ~ idea! c'est une idée bizarre!

intriguingly [ɪn'tri:gɪŋlɪ] *adv* bizarrement, curieusement; did he turn up on time? — ~ enough, he did est-il arrivé à l'heure? — curieusement, oui.

intrinsic [ɪn'trɪnsɪk] *adj* intrinsèque; the picture has little ~ value ce tableau a peu de valeur en soi; such ideas are ~ to my argument de telles idées sont essentielles OR inhérentes à mon raisonnement.

intrinsically [ɪn'trɪnsɪklɪ] *adv* intrinsèquement.

intro *inf* ['ɪntrəʊ] (*pl* **intros**) *n* introduction *f*, intro *f*.

introduce [,ɪntrə'dju:s] *vt* -1. [present - one person to another] présenter; she ~d me to her sister elle m'a présenté à sa sœur; may I ~ you? permettez-moi de OR laissez-moi vous présenter; let me ~ myself, I'm John je me présente, John; has everyone been ~d? les présentations ont été faites?; I don't think we've been ~d, have we? nous n'avons pas été présentés, je crois?; to ~ a speaker présenter un conférencier. -2. [radio or TV programme] présenter. -3. [bring in] introduire; when were rabbits ~d into Australia? quand a-t-on introduit les lapins en Australie?; I'd like to ~ a new topic into the debate, if I may si vous le permettez, j'aimerais introduire dans le débat un nouveau sujet; her arrival ~d a note of sadness into the festivities son entrée mit une note de tristesse dans la fête. -4. [laws, legislation] déposer, présenter; the government hopes to ~ the new bill next week le gouvernement espère déposer son nouveau projet de loi la semaine prochaine; to ~ a reform introduire une réforme. -5. [initiate] initier; she ~d me to the pleasures of French cooking elle m'a initié aux OR révélé les délices de la cuisine française; it was my sister who ~d me to yoga c'est ma sœur qui m'a initiée au yoga OR fait découvrir le yoga. -6. [start] ouvrir, donner le départ; a fanfare ~d the start of the ceremony une fanfare a ouvert la cérémonie. -7. *fml* [insert, put in] introduire; ~ the wire carefully into the cavity introduisez doucement le fil dans le trou.

introduction [,ɪntrə'dʌkʃn] *n* -1. [of one person to another] présentation *f*; would you make OR do *inf* the ~s? peux-tu faire les présentations?; our next guest needs no ~ inutile de vous présenter l'invité suivant. -2. [first part - of book, speech, piece of music] introduction *f*. -3. [basic textbook, course] introduction *f*, initiation *f*; an ~ to linguistics une introduction à la linguistique; the short stories provide an easy ~ to his more difficult work les nouvelles constituent une introduction facile aux parties difficiles de son œuvre. -4. [bringing in] introduction *f*; the ~ of computer technology into schools l'introduction de l'informatique à l'école. -5. [of bill, law] introduction *f*, présentation *f*. -6. [insertion] introduction *f*.

introductory [,ɪntrə'dʌktrɪ] *adj* [remarks] préliminaire; [chapter, course] d'introduction; ~ offer COMM offre *f* de lancement.

introit ['ɪntrɔɪt] *n* MUS & RELIG introït *m*.

intron ['ɪntrɒn] *n* intron *m*.

introspection [,ɪntrə'spekʃn] *n* introspection *f*.

introspective [,ɪntrə'spektɪv] *adj* introspectif.

introversion [,ɪntrə'vɜ:ʃn] *n* introversion *f*.

introvert ['ɪntrəvɜ:t] ◇ *n* PSYCH introverti *m*, -e *f*.
◇ *vt* introvertir.

introverted ['ɪntrəvɜ:tɪd] *adj* PSYCH introverti.

intrude [ɪn'tru:d] ◇ *vi* -1. [disturb] déranger, s'imposer; I hope I'm not intruding j'espère que je ne vous dérange pas. -2. [interfere with]: I don't let my work ~ on my private life je ne laisse pas mon travail empiéter sur ma vie privée; they're intruding on our private lives ils se mêlent de OR ils s'immiscent dans notre vie privée; she didn't let the news ~ on her good mood elle ne laissa pas cette nouvelle gâcher sa bonne humeur; I felt I was intruding on their grief j'ai eu l'impression de les déranger dans leur chagrin.
◇ *vt fml* [gen] imposer; a doubt ~d itself into my mind un doute m'est venu à l'esprit.

intruder [ɪn'tru:də^r] *n* [criminal] cambrioleur *m*; [outsider] intrus *m*, -e *f*, importun *m*, -e *f*; they made us feel like ~s nous avons eu l'impression de déranger OR d'être de trop.

intrusion [ɪn'tru:ʒn] *n* -1. [gen] intrusion *f*, ingérence *f*; it's an ~ into our privacy c'est une intrusion dans notre vie privée. -2. GEOL intrusion *f*.

intrusive [ɪn'tru:sɪv] *adj* -1. [person] importun; he was an ~ presence in the house sa présence dans la maison était importune; far away from the ~ sounds of the city loin de la rumeur importune de la ville. -2. GEOL intrusif. -3. LING: ~ consonant consonne *f* d'appui.

INTUC ['ɪntʌk] (*abbr of* Indian National Trade Union Congress) *pr n confédération de syndicats indiens.*

intuit [ɪn'tju:ɪt] *vt fml* savoir OR connaître intuitivement; I could only ~ what had happened between them je n'ai pu que deviner ce qui s'était passé entre eux.

intuition [,ɪntju:'ɪʃn] *n* intuition *f*; (my) ~ tells me he won't be coming mon intuition me dit qu'il ne viendra pas; I had an ~ something was wrong j'avais le sentiment que quelque chose n'allait pas.

intuitive [ɪn'tju:ɪtɪv] *adj* intuitif; an ~ understanding une connaissance intuitive; he's very ~ c'est un intuitif.

intuitively [ɪn'tju:ɪtɪvlɪ] *adv* intuitivement; I knew ~ that she was lying je savais intuitivement qu'elle mentait, je sentais bien qu'elle ne disait pas la vérité.

intumescence [,ɪntju:'mesns] *n* intumescence *f*.

Inuit ['ɪnʊɪt] (*pl inv* OR **Inuits**) ◇ *n* Inuit *mf*.
◇ *adj* inuit.

inundate [ˈɪnʌndeɪt] *vt literal* & *fig* inonder; **the whole area was ~d** toute la région a été inondée; **we've been ~d with phone calls/letters** nous avons été submergés de coups de fil/courrier; **I'm ~d with work just now** pour l'instant je suis débordé (de travail) OR je croule sous le travail.

inundation [ˌɪnʌnˈdeɪʃn] *n* inondation *f*.

inure [ɪˈnjʊəʳ] ◇ *vt* aguerrir; **he became ~d to the pain** il s'est habitué OR fait à la douleur.
◇ *vi* [law] entrer en vigueur.

invade [ɪnˈveɪd] *vt* -**1.** MIL envahir. -**2.** *fig* envahir; **the village was ~d by reporters** les journalistes ont envahi le village; **her mind was ~d by sudden doubts** le doute s'empara soudain de son esprit; **to ~ sb's privacy** s'immiscer dans la vie privée de qqn.

invader [ɪnˈveɪdəʳ] *n* envahisseur *m*, -euse *f*; **to repel ~s** repousser l'envahisseur.

invading [ɪnˈveɪdɪŋ] *adj* -**1.** [army] d'invasion; **the ~ barbarians** l'envahisseur barbare. -**2.** [plants, insects] envahissant.

invalid[1] [*n* & *adj* ˈɪnvəlɪd, *vb* ˈɪnvəliːd]
◇ *n* [disabled person] infirme *mf*, invalide *mf*; [ill person] malade *mf*.
◇ *adj* [disabled] infirme, invalide; [ill] malade; **he has to look after his ~ mother** il doit s'occuper de sa mère infirme; **~ chair** fauteuil *m* roulant.
◇ *vt* -**1.** [disable] rendre infirme. -**2.** *Br* MIL: **he was ~ed home** il a été rapatrié pour raisons médicales.
◆ **invalid out** *vt sep* MIL: **to ~ sb out of the army** réformer qqn pour raisons médicales.

invalid[2] [ɪnˈvælɪd] *adj* -**1.** [passport, ticket] non valide, non valable; **your passport will soon be ~** votre passeport sera bientôt périmé. -**2.** [law, marriage, election] nul. -**3.** [argument] non valable; **your reasoning is ~** votre raisonnement n'est pas valable OR ne tient pas.

invalidate [ɪnˈvælɪdeɪt] *vt* -**1.** [contract, agreement etc] invalider, annuler. -**2.** [argument] infirmer.

invalid car, invalid carriage *n Br* voiture *f* d'infirme.

invalidity [ˌɪnvəˈlɪdətɪ] *n* -**1.** MED invalidité *f*. -**2.** [of contract, agreement etc] manque *m* de validité, nullité *f*. -**3.** [of argument] manque *m* de fondement; **to demonstrate the ~ of an argument** prouver qu'un argument n'est pas valable.

invalidity benefit *n Br* prestation *f* d'invalidité.

invaluable [ɪnˈvæljʊəbl] *adj* inestimable, très précieux; **your help has been ~ (to me)** votre aide m'a été très précieuse; **she's an ~ asset (to the company)** elle représente un atout inestimable (pour l'entreprise).

invariable [ɪnˈveərɪəbl] ◇ *adj* invariable.
◇ *n* MATH constante *f*.

invariably [ɪnˈveərɪəblɪ] *adv* invariablement; **she was almost ~ dressed in black** elle était presque toujours habillée en noir.

invariant [ɪnˈveərɪənt] ◇ *adj* invariant.
◇ *n* invariant *m*.

invasion [ɪnˈveɪʒn] *n* -**1.** MIL invasion *f*, envahissement *m*; **the Roman ~ of England** l'invasion de l'Angleterre par les Romains. -**2.** *fig* invasion *f*, intrusion *f*; **we expect the usual ~ of tourists this summer** nous nous attendons à l'habituelle invasion de touristes cet été; **he considered it an ~ of privacy** il l'a ressenti comme une intrusion dans sa vie privée.

invasive [ɪnˈveɪsɪv] *adj* MIL [armies] d'invasion; *fig* envahissant.

invective [ɪnˈvektɪv] *n* *(U)* invective *f*, invectives *fpl*; **he let out a stream of ~** il a lâché un torrent d'invectives.

inveigh [ɪnˈveɪ] *vi fml*: **to ~ against sb/sthg** invectiver qqn/qqch, pester contre qqn/qqch.

inveigle [ɪnˈveɪgl] *vt* manipuler; **he had been ~d into letting them in** on l'avait adroitement manipulé pour qu'il les laisse entrer; **she ~d him into giving her a lift** elle l'a habilement persuadé de la conduire en voiture.

invent [ɪnˈvent] *vt* -**1.** [new machine, process] inventer. -**2.** [lie, excuse] inventer.

invention [ɪnˈvenʃn] *n* -**1.** [discovery, creation] invention *f*; **television is a wonderful ~** la télévision est une invention merveilleuse; **she has great powers of ~** elle a de grandes facultés d'invention. -**2.** [untruth] invention *f*, fabrication *f*; **the whole thing was an ~ of the press** la presse a inventé OR monté cette histoire de bout en bout; **it was pure ~** ce n'était que pure invention, c'était complètement faux.

inventive [ɪnˈventɪv] *adj* [person, mind] inventif; [plan, solution] ingénieux.

inventiveness [ɪnˈventɪvnɪs] *n* esprit *m* d'invention, inventivité *f*.

inventor [ɪnˈventəʳ] *n* inventeur *m*, -trice *f*.

inventory [ˈɪnvəntrɪ] (*pl* inventories, *pt* & *pp* inventoried) ◇ *n* -**1.** [list] inventaire *m*; **to draw up OR to make an ~** dresser un inventaire; **to take the ~** faire l'inventaire. -**2.** *(U) Am* [stock] stock *m*, stocks *mpl*; **our ~ is low** nos stocks sont bas; **~ control OR management** gestion *f* des stocks.
◇ *vt* inventorier.

inverse [ɪnˈvɜːs] ◇ *adj* inverse; **to be in ~ proportion to** être inversement proportionnel à; **in ~ video** COMPUT en vidéo inverse.
◇ *n* inverse *m*, contraire *m*; MATH inverse *m*.

inversely [ɪnˈvɜːslɪ] *adv* inversement.

inversion [ɪnˈvɜːʃn] *n* -**1.** [gen] inversion *f*; [of roles, relations] renversement *m*. -**2.** MUS [of chord] renversement *m*; [in counterpoint] inversion *f*. -**3.** ANAT, ELEC & MATH inversion *f*.

invert [*vb* ɪnˈvɜːt, *n* ˈɪnvɜːt] ◇ *vt* -**1.** [turn upside down or inside out] inverser, retourner; [switch around] intervertir; [roles] intervertir, renverser; **the two letters have been ~ed** les deux lettres ont été interverties. -**2.** MUS [chord] renverser; [interval] inverser. -**3.** CHEM [sugar] invertir.
◇ *n* PSYCH inverti *m*, -e *f*.

invertebrate [ɪnˈvɜːtɪbreɪt] ◇ *adj* invertébré.
◇ *n* invertébré *m*.

inverted commas [ɪnˈvɜːtɪd-] *npl Br* guillemets *mpl*; **in ~** entre guillemets; **her "best friend", in ~, ran off with her husband** sa «meilleure amie», entre guillemets, est partie avec son mari.

inverted snob *n Br personne d'origine modeste qui affiche du mépris pour les valeurs bourgeoises.*

inverter, invertor [ɪnˈvɜːtəʳ] *n* -**1.** ELEC onduleur *m* (de courant). -**2.** COMPUT inverseur *m*.

invert sugar *n* sucre *m* inverti.

invest [ɪnˈvest] ◇ *vi* investir; **to ~ in shares/in the oil industry** investir en actions/dans l'industrie pétrolière; **she's been ~ing on the stock market** elle a investi en Bourse; **they decided to ~ in an automated system** ils ont décidé d'investir dans un système automatisé; **you ought to ~ in a new coat** *inf* tu devrais t'offrir OR te payer un nouveau manteau.
◇ *vt* -**1.** [money] investir, placer; **they ~ed five million dollars in new machinery** ils ont investi cinq millions de dollars dans de nouveaux équipements. -**2.** [time, effort] investir; **we've ~ed a lot of time and energy in this project** nous avons investi beaucoup de temps et d'énergie dans ce projet. -**3.** *fml* [confer on] investir; **~ed with the highest authority** investi de la plus haute autorité. -**4.** MIL [besiege, surround] investir. -**5.** *arch* OR *lit* [clothe, cover] revêtir.

investigate [ɪnˈvestɪgeɪt] ◇ *vt* [allegation, crime, accident] enquêter sur; [problem, situation] examiner, étudier.
◇ *vi* enquêter, mener une enquête.

investigation [ɪnˌvestɪˈgeɪʃn] *n* [into crime, accident] enquête *f*; [of problem, situation] examen *m*, étude *f*; **months of ~ turned up no clues** après des mois d'enquête, aucun indice n'a été découvert; **his activities are under ~** une enquête a été ouverte sur ses activités; **your case is currently under ~** nous étudions actuellement votre cas.

investigative [ɪnˈvestɪgətɪv] *adj* PRESS, RADIO & TV d'investigation; **~ journalism** journalisme *m* d'investigation OR d'enquête; **~ reporter** journaliste *mf* OR reporter *m* d'investigation.

investigator [ɪnˈvestɪgeɪtəʳ] *n* enquêteur *m*, -euse OR -trice *f*.

investigatory [ɪnˈvestɪgeɪtərɪ] *adj* d'investigation.

investiture [ɪnˈvestɪtʃəʳ] *n* investiture *f*.

investment [ɪnˈvestmənt] *n* -**1.** [of money, capital] investissement *m*, placement *m*; **are these shares a good ~?** ces actions sont-elles un bon placement?; **property is no longer such a safe ~** l'immobilier n'est plus un placement aussi sûr; **I'd prefer a better return on ~** je préférerais un investissement plus rentable; **the company has ~s all over the world** la société a des capitaux investis dans le monde entier. -**2.** [of time, effort] investissement *m*. -**3.** = **investiture**. -**4.** MIL [of fortress] investissement *m*.

investment account *n* compte *m* d'investissement.

investment analyst *n* analyste *mf* en placements.

investment bank *n* ≃ banque *f* d'affaires.

investment trust *n* société *f* de placement.

investor [ɪnˈvestəʳ] *n* investisseur *m*; [shareholder] actionnaire *mf*.

inveterate [ɪnˈvetərət] *adj* -**1.** [habit, dislike] invétéré; [hatred] tenace. -**2.** [drinker, gambler] invétéré; [bachelor, liar, smoker] impénitent.

invidious [ɪnˈvɪdɪəs] *adj* [unfair] injuste; **~ comparisons** des comparaisons injustes ‖ [unpleasant] ingrat, pénible; **an ~ task** une tâche pénible.

invigilate [ɪnˈvɪdʒɪleɪt] *vi* & *vt Br* SCH & UNIV surveiller *(pendant un examen)*.

invigilator [ɪnˈvɪdʒɪleɪtəʳ] *n Br* SCH & UNIV surveillant *m*, -e *f (d'un examen)*.

invigorate [ɪnˈvɪgəreɪt] *vt* revigorer, vivifier; **she felt ~d by the cold wind** le vent frais la revigorait.

invigorating [ɪnˈvɪgəreɪtɪŋ] *adj* revigorant, vivifiant, tonifiant; **an ~ climate** un climat vivifiant; **it's ~ just talking to her** il suffit de lui parler pour se sentir revigoré; **an ~ walk** une promenade revigorante.

invincibility [ɪnˌvɪnsɪˈbɪlətɪ] *n* invincibilité *f*.

invincible [ɪnˈvɪnsɪbl] *adj* [army, troops] invincible; [belief] inébranlable.

inviolability [ɪnˌvaɪələˈbɪlətɪ] *n* inviolabilité *f*.

inviolable [ɪnˈvaɪələbl] *adj* inviolable.

inviolate [ɪnˈvaɪələt] *adj lit* inviolé.

invisibility [ɪnˌvɪzɪˈbɪlətɪ] *n* invisibilité *f*.

invisible [ɪnˈvɪzɪbl] *adj* -**1.** invisible; **~ to the naked eye** invisible à l'œil nu ❑ **~ mending** stoppage *m*; **'The Invisible Man'** *Wells* 'l'Homme invisible'. -**2.** COMM [unrecorded]: **~ imports** importations *fpl* invisibles; **~ earnings** revenus *mpl* occultes.

invisible ink *n* encre *f* invisible OR sympathique.

invisibly [ɪnˈvɪzɪblɪ] *adv* invisiblement.

invitation [ˌɪnvɪˈteɪʃn] *n* invitation *f*; **have you sent out the wedding ~s?** as-tu envoyé les invitations au mariage?; **she's here at my ~** c'est moi qui l'ai invitée; **we went to the congress at the ~ of the President himself** nous sommes allés au congrès à l'invitation du président en personne; **by ~ only** sur invitation seulement; **your son is included in the ~** votre fils est invité lui aussi; **a standing ~** une invitation permanente; **prison conditions are an (open) ~ to violence** *fig* les conditions de détention sont une véritable incitation à la violence.

invite [*vb* ɪnˈvaɪt, *n* ˈɪnvaɪt] ◇ *vt* -**1.** [ask to come] inviter; **to ~ sb for lunch** inviter qqn à déjeuner; **the Thomsons have ~d us over** les Thomson nous ont invités chez eux; **I ~d him up for a coffee** je l'ai invité à monter prendre un café; **the discussion took place in front of a**

specially ~d audience la discussion s'est déroulée devant un public spécialement invité OR invité pour l'occasion. -2. [ask to do sthg] demander, solliciter; they ~d her to become president ils lui ont demandé de devenir présidente; I've been ~d for interview j'ai été convoqué à un entretien. -3. [solicit]: he ~d comment on his book il a demandé aux gens leur avis sur son livre; we ~ applications from all qualified candidates nous invitons tous les candidats ayant le profil requis à postuler; we ~ suggestions from readers toute suggestion de la part de nos lecteurs est la bienvenue. -4. [trouble, defeat, disaster] aller au devant de; you're just inviting failure tu vas au devant de l'échec || [doubt, sympathy] appeler, attirer; his garbled answers simply ~d disbelief ses réponses embrouillées ne faisaient que susciter la méfiance.

◇ *n inf* invitation *f*.

◆ **invite out** *vt sep* inviter (à sortir); **she's ~d me out tonight** elle m'a invité à sortir (avec elle) ce soir; **he's always getting ~d out** il est toujours invité quelque part.

inviting [ɪn'vaɪtɪŋ] *adj* [gesture] d'invitation; [eyes, smile] engageant; [display] attirant, attrayant; [idea] tentant, séduisant; [place, fire] accueillant.

invitingly [ɪn'vaɪtɪŋlɪ] *adv* d'une manière attrayante; **the page was ~ blank** la blancheur de la page OR la page blanche était une invitation; **he gestured ~** il eut un geste d'invitation; **she spoke ~ of blue seas and white sand** elle parlait de mer bleue et de sable blanc, c'était plutôt tentant.

in vitro [,ɪn'viːtrəʊ] ◇ *adj* in vitro; **~ fertilization** fécondation *f* in vitro.

◇ *adv* in vitro.

invocation [,ɪnvə'keɪʃn] *n* -1. JUR & POL invocation *f*. -2. RELIG invocation *f*; **~s to the gods** l'invocation des dieux.

invoice ['ɪnvɔɪs] ◇ *n* COMM facture *f*; **to make out an ~** établir une facture; **~s should be settled within 30 days** les factures doivent être réglées sous 30 jours.

◇ *vt* [goods] facturer; **to ~ sb for sthg** facturer qqch à qqn.

invoice clerk *n* facturier *m*, -ère *f*.

invoke [ɪn'vəʊk] *vt* -1. [cite] invoquer; **they ~d the non-intervention treaty** ils ont invoqué le traité de non-intervention; **she ~d the principle of free speech** elle a invoqué le principe de la liberté d'expression. -2. [call upon] en appeler à, faire appel à; **to ~ sb's help** requérir l'aide de qqn; **they ~d the might of the gods** ils invoquèrent la puissance des dieux. -3. [conjure up] invoquer; **to ~ evil spirits** invoquer les mauvais esprits.

involuntarily [ɪn'vɒləntrəlɪ] *adv* involontairement; **she smiled ~** elle ne put réprimer un sourire OR s'empêcher de sourire.

involuntary [ɪn'vɒləntrɪ] *adj* involontaire.

involute(d) ['ɪnvəluːt(ɪd)] *adj* -1. [intricate] compliqué. -2. BOT involuté.

involution [,ɪnvə'luːʃn] *n* -1. [intricacy] complexité *f*. -2. BOT, MATH, MED & ZOOL involution *f*.

involve [ɪn'vɒlv] *vt* -1. [entail] impliquer, comporter; **it ~s a lot of work** cela implique OR nécessite OR veut dire beaucoup de travail; **what does the job ~?** en quoi consiste le travail?; **a job which ~s meeting people** un travail où l'on est amené à rencontrer beaucoup de gens; **it won't ~ you in much expense** cela ne t'entraînera pas dans de grosses dépenses; **there's a lot of work ~d in launching a new product** le lancement d'un nouveau produit implique beaucoup de travail. -2. [concern, affect] concerner, toucher; **there are too many accidents involving children** il y a trop d'accidents dont les enfants sont les victimes. -3. [bring in, implicate] impliquer; **it was a huge operation involving thousands of helpers** c'était une opération gigantesque qui a nécessité l'aide de milliers de gens; **several vehicles were ~d in the accident** plusieurs véhicules étaient impliqués dans cet accident; **it's not necessary to ~ anyone else in this matter** il n'est pas nécessaire d'impliquer quelqu'un d'autre dans OR d'associer quelqu'un d'autre à cette affaire; **we try to ~ the parents in the running of the school** nous essayons de faire participer les parents à la vie de l'école; **I'm not going to ~ myself in their private affairs** je ne vais pas me mêler de leur vie privée OR de leurs affaires. -4. [absorb, engage] absorber; **a book which really ~s the reader** un livre dont le lecteur n'arrive pas à se détacher OR qui passionne le lecteur.

involved [ɪn'vɒlvd] *adj* -1. [complicated] compliqué, complexe; **I can't explain, it's all terribly ~** je ne peux pas expliquer, c'est terriblement compliqué. -2. [implicated] impliqué; **were the CIA ~?** est-ce que la CIA était impliquée?; **I don't want to get ~** je ne veux pas être impliqué, je ne veux rien avoir à faire avec cela; **they became ~ in a long war** ils se sont trouvés entraînés dans une longue guerre; **the amount of work ~ is enormous** la quantité de travail à fournir est énorme; **there are important principles ~** les principes en cause OR en jeu sont importants; **he had no idea of the problems ~** il n'avait aucune idée des problèmes en jeu OR en cause; **over 100 companies are ~ in the scheme** plus de 100 sociétés sont associées à OR parties prenantes dans ce projet; **I think he's ~ in advertising** je crois qu'il est dans la publicité; **to be ~ in politics** prendre part à la vie politique. -3. [absorbed] absorbé; **she's always too deeply ~ in her work to notice** elle est bien trop absorbée par son travail pour remarquer quoi que ce soit. -4. [emotionally]: **to be ~ with sb** avoir une liaison avec qqn; **she's heavily ~ with him** elle est très éprise de lui, elle est très accrochée; **he doesn't want to get ~** il ne veut pas s'engager.

involvement [ɪn'vɒlvmənt] *n* -1. [participation] participation *f*; **my ~ in the project is strictly limited** ma participation au projet est strictement limitée; **they were against American ~ in the war** ils étaient opposés à toute participation américaine au conflit. -2. [commitment] investissement *m*, engagement *m*; **she's looking for work that requires total ~** elle cherche un emploi qui demanderait un investissement total. -3. [relationship] liaison *f*; **their ~ was short-lived** leur liaison fut de courte durée; **he's frightened of emotional ~** il a peur de s'engager sentimentalement, il redoute tout engagement affectif. -4. [complexity] complexité *f*, complication *f*.

invulnerability [ɪn,vʌlnərə'bɪlətɪ] *n* invulnérabilité *f*.

invulnerable [ɪn'vʌlnərəbl] *adj* invulnérable; **she seems ~ to attack** elle semble invulnérable à toute attaque OR inattaquable.

inward ['ɪnwəd] ◇ *adj* -1. [thoughts, satisfaction] intime, secret. -2. [movement] vers l'intérieur.

◇ *adv Am* = **inwards**.

inward-bound *adj* [flight] à l'arrivée; [traffic] en direction de la ville.

inward-looking *adj* [introspective] introverti, refermé sur soi; **he's become very ~ lately** il s'est beaucoup refermé OR replié sur lui-même ces derniers temps; **it tends to be an ~ philosophy** c'est une philosophie plutôt introspective.

inwardly ['ɪnwədlɪ] *adv* [pleased, disgusted] secrètement; **she said nothing but was ~ rejoicing** elle n'a rien dit mais elle se réjouissait secrètement; **he smiled ~** il sourit intérieurement; **~ I was still convinced that I was right** en mon for intérieur, j'étais toujours convaincu d'avoir raison; **we all groaned ~ at the thought** à cette idée nous avons tous réprimé un mouvement d'humeur.

inwards ['ɪnwədz] *adv* -1. [turn, face] vers l'intérieur; **the doors open ~** les portes s'ouvrent vers l'intérieur. -2. [into one's own heart, soul etc]: **my thoughts turned ~** je me suis replié sur moi-même; **he said we should look ~ to find our true selves** il a dit que c'est en nous-mêmes qu'il fallait chercher notre véritable identité.

Io ['aɪəʊ] *pr n* Io.

I/O (*written abbr of* **input/output**) E/S.

IOC (*abbr of* **International Olympic Committee**) *pr n* CIO *m*.

iodine [*Br* 'aɪədiːn, *Am* 'aɪədaɪn] *n* iode *m*; PHARM teinture *f* d'iode.

iodize, -ise ['aɪədaɪz] *vt* ioder.

iodoform [aɪ'ɒdəfɔːm] *n* iodoforme *m*.

IOM *written abbr of* **Isle of Man**.

ion ['aɪən] *n* ion *m*.

ion accelerator *n* accélérateur *m* d'ions.

ion engine *n* moteur *m* ionique.

Ionian [aɪ'əʊnjən] ◇ *n* -1. [person] Ionien *m*, -enne *f*. -2. LING ionien *m*.

◇ *adj* ionien; **~ mode** MUS mode *m* ionien.

Ionian Islands *pl pr n*: **the ~** les îles *fpl* Ioniennes; **in the ~** aux îles Ioniennes.

Ionian Sea *pr n*: **the ~** la mer Ionienne.

ionic [aɪ'ɒnɪk] *adj* CHEM & PHYS ionique.

Ionic [aɪ'ɒnɪk] *adj* ARCHIT ionique.

ion implantation *n* implantation *f* d'ions.

ionize, -ise ['aɪənaɪz] *vt* ioniser.

ionizer ['aɪənaɪzəʳ] *n* ioniseur *m*.

ionosphere [aɪ'ɒnə,sfɪəʳ] *n* ionosphère *f*.

iota [aɪ'əʊtə] *n* -1. [Greek letter] iota *m*. -2. [tiny bit] brin *m*, grain *m*, iota *m*; **she doesn't have an ~ of sense** elle n'a pas un sou OR une once de jugeotte; **there's not one ~ of truth in the letter** il n'y a pas un mot de vrai dans cette lettre; **I don't care one ~** cela m'est complètement égal, je m'en fiche complètement; **they haven't changed one ~** ils n'ont absolument pas changé.

IOU (*abbr of* **I owe you**) *n reconnaissance de dette.*

IOW *written abbr of* **Isle of Wight**.

Iowa ['aɪəʊə] *pr n* Iowa *m*; **in ~** dans l'Iowa.

IPA (*abbr of* **International Phonetic Alphabet**) *n* API *m*.

Iphigenia [ɪ,fɪdʒɪ'naɪə] *pr n* Iphigénie; **'~ in Tauris'** *Euripides* 'Iphigénie en Tauride'.

IQ (*abbr of* **intelligence quotient**) *n* QI *m*.

IRA ◇ *pr n* (*abbr of* **Irish Republican Army**) IRA *f*.

◇ *n Am* (*abbr of* **individual retirement account**) *compte d'épargne retraite (à avantages fiscaux).*

IRA:

L'IRA est une organisation qui lutte pour la réunification de l'Irlande. En 1969, elle s'est scindée en deux factions: la «Provisional IRA», qui a recours à la violence, et la «Official IRA», qui utilise des moyens politiques.

Iran [ɪ'rɑːn] *pr n* Iran *m*; **in ~** en Iran.

Irangate [ɪ'rɑːngeɪt] *pr n*: **the ~ scandal** *scandale politique sous le mandat Reagan: le Président aurait autorisé la vente d'armes à l'Iran contre la mise en liberté d'otages américains, et versé une partie des revenus de ces opérations aux contras du Nicaragua.*

Iranian [ɪ'reɪnjən] ◇ *n* -1. [person] Iranien *m*, -enne *f*. -2. LING iranien *m*.

◇ *adj* iranien.

Iraq [ɪ'rɑːk] *pr n* Iraq *m*, Irak *m*; **in ~** en Iraq.

Iraqi [ɪ'rɑːkɪ] ◇ *n* Irakien *m*, -enne *f*, Iraquien *m*, -enne *f*.

◇ *adj* irakien.

irascibility [ɪ,ræsə'bɪlətɪ] *n* irascibilité *f*.

irascible [ɪ'ræsəbl] *adj* irascible, coléreux.

irate [aɪ'reɪt] *adj* furieux; **she got most ~ about it** cela l'a rendue furieuse; **an ~ letter** une lettre courroucée.

IRBM (*abbr of* **intermediate range ballistic missile**) *n* IRBM *m*.

ire ['aɪəʳ] *n lit* colère *f*, courroux *m lit*.

Ireland ['aɪələnd] *pr n* Irlande *f*; **in ~** en Irlande; **the Republic of ~** la République d'Irlande.

iridescence [,ɪrɪ'desəns] *n* irisation *f*.

iridescent [ˌɪrɪ'desənt] *adj* irisé, iridescent *lit*.
iridium [ɪ'rɪdɪəm] *n* iridium *m*.
iridology [ˌɪrɪ'dɒlədʒɪ] *n* iridologie *f*, iridodiagnostic *m*.
iris ['aɪərɪs] (*pl sense 1* irises OR irides [-rɪdiːz], *pl sense 2* irises) *n* -**1.** ANAT iris *m*. -**2.** BOT iris *m*.
Iris ['aɪərɪs] *pr n* MYTH Iris.
Irish ['aɪrɪʃ] ◇ *npl*: the ~ les Irlandais.
◇ *n* LING irlandais *m*.
◇ *adj* irlandais; the ~ Free State l'État *m* libre d'Irlande.

THE IRISH FREE STATE:
En 1922, la division administrative de l'Irlande donna naissance, en même temps qu'à l'Irlande du Nord, à cet État autonome mais néanmoins membre du Commonwealth qui devint la République d'Irlande en 1949.

Irish coffee *n* irish-coffee *m*.
Irishism ['aɪrɪʃɪzm] *n* [idiom] locution *f* irlandaise; [custom] coutume *f* irlandaise.
Irishman ['aɪrɪʃmən] (*pl* **Irishmen** [-mən]) *n* Irlandais *m*.
Irish Sea *pr n*: the ~ la mer d'Irlande.
Irish setter *n* setter *m* irlandais.
Irish stew *n* ≃ ragoût *m* de mouton.
Irish wolfhound *n* lévrier *m* irlandais.
Irishwoman ['aɪrɪʃˌwʊmən] (*pl* **Irishwomen** [-ˌwɪmɪn]) *n* Irlandaise *f*.
irk [ɜːk] *vt* irriter, agacer; **it really ~s me that he won't do the washing up** cela m'agace vraiment qu'il ne fasse jamais la vaisselle.
irksome ['ɜːksəm] *adj* irritant, agaçant.
IRN (*abbr of* **Independent Radio News**) *pr n agence de presse radiophonique.*
IRO (*abbr of* **International Refugee Organization**) *pr n organisation humanitaire pour les réfugiés.*
iron ['aɪən] ◇ *adj* -**1.** [made of, containing iron] de fer, en fer; **an ~ grating** une grille en fer; **spinach has a high ~ content** les épinards contiennent beaucoup de fer; **~ deficiency** MED carence *f* en fer. -**2.** *fig* [strong] de fer, d'acier; **an ~ will** une volonté de fer; **~ discipline** une discipline de fer ☐ **the Iron Lady** *Br* POL la Dame de Fer; **the ~ hand** OR **fist in a velvet glove** une main de fer dans un gant de velours.
◇ *vt* [laundry] repasser.
◇ *vi* [laundry] se repasser.
◇ *n* -**1.** [mineral] fer *m*; **made of ~** de OR en fer; **she has a will of ~** elle a une volonté de fer ☐ **the ~ and steel industry** la sidérurgie; (as) **hard as ~** dur comme OR aussi dur que le fer. -**2.** [for laundry] fer *m* (à repasser); **steam ~** fer à vapeur ‖ [action]: **your shirt needs an ~** ta chemise a besoin d'un coup de fer OR d'être repassée. -**3.** [tool, appliance] fer *m*; **branding ~** fer à marquer; **to have many ~s in the fire** avoir plusieurs fers au feu, jouer sur plusieurs tableaux. -**4.** [golf club] fer *m*; **try a (number) five ~** essayez un (fer) cinq.
◆ **irons** *npl* [chains] fers *mpl*; **clap them in ~s!** mettez-les aux fers!
◆ **iron out** *vt sep* -**1.** [crease] repasser. -**2.** *fig* [problem, difficulty] aplanir; **they've ~ed out their differences** ils ont fait disparaître les différences qui existaient entre eux.
Iron Age *n*: the ~ l'âge *m* du fer; **an ~ tool** un outil de l'âge du fer.
ironbound ['aɪənbaʊnd] *adj* -**1.** [cask] cerclé de fer. -**2.** [rule, tradition] sévère, inflexible.
ironclad ['aɪənklæd] ◇ *adj* -**1.** [ship] cuirassé. -**2.** [argument] inattaquable. -**3.** [rule] inflexible.
◇ *n* cuirassé *m*.
Iron Curtain ◇ *n*: the ~ le rideau *m* de fer.
◇ *adj*: **the ~ countries** les pays *mpl* de l'Est.
iron foundry *n* fonderie *f* (*de fonte*).
iron-grey *adj* gris acier.
ironic(al) [aɪ'rɒnɪk(l)] *adj* ironique.
ironically [aɪ'rɒnɪklɪ] *adv* -**1.** [smile, laugh] ironiquement. -**2.** [paradoxically]: **~ enough, he was the only one to remember** paradoxalement, il était le seul à s'en souvenir.
ironing ['aɪənɪŋ] *n* repassage *m*; **she does the ~ on Sundays** elle fait son repassage OR elle repasse le dimanche.
ironing board *n* planche *f* OR table *f* à repasser.
ironize, -ise ['aɪrənaɪz] *vi* ironiser.
iron lung *n* MED poumon *m* d'acier.
ironmonger ['aɪənˌmʌŋgəʳ] *n Br* quincailler *m*; **available at the ~'s** disponible en quincaillerie.
ironmongery ['aɪənˌmʌŋgərɪ] *n Br* quincaillerie *f*.
iron ore *n* minerai *m* de fer.
iron oxide *n* oxyde *m* de fer.
iron pyrites *n* (*U*) pyrite *f* (de fer).
ironstone ['aɪənstəʊn] *n* minerai *m* de fer.
iron tablet *n* MED comprimé *m* de fer.
ironwork ['aɪənwɜːk] *n* ferronnerie *f*.
ironworker ['aɪənwɜːkəʳ] *n* [in plant] (ouvrier *m*, -ère *f*) métallurgiste *mf*; [in wrought iron] ferronnier *m*, -ère *f*.
ironworks ['aɪənwɜːks] *n* usine *f* sidérurgique.
irony ['aɪrənɪ] (*pl* **ironies**) *n* [gen & LITERAT] ironie *f*; **the ~ is that it might be true** ce qui est ironique OR ce qu'il y a d'ironique, c'est que cela pourrait être vrai.
Iroquois ['ɪrəkwɔɪ] ◇ *n* -**1.** [person] Iroquois *m*, -e *f*; **the ~** les Iroquois. -**2.** LING iroquois *m*.
◇ *adj* iroquois.
irradiate [ɪ'reɪdɪeɪt] *vt* -**1.** MED & PHYS [expose to radiation] irradier; [food] irradier. -**2.** [light up] illuminer, éclairer.
irradiation [ɪˌreɪdɪ'eɪʃn] *n* -**1.** MED & PHYS [exposure to radiation] irradiation *f*; [X-ray therapy] radiothérapie *f*; [of food] irradiation *f*. -**2.** OPTICS irradiation *f*.
irrational [ɪ'ræʃənl] *adj* -**1.** [person, behaviour, feeling] irrationnel; [fear] irraisonné; [creature, being] incapable de raisonner; **don't be so ~!** sois raisonnable! -**2.** MATH irrationnel.
irrationality [ɪˌræʃə'nælətɪ] *n* irrationalité *f*.
irrationally [ɪ'ræʃnəlɪ] *adv* irrationnellement.
irrational number *n* nombre *m* irrationnel.
irreconcilable [ɪ'rekənsaɪləbl] *adj* -**1.** [aims, views, beliefs] inconciliable, incompatible; **his beliefs are ~ with his work** ses convictions sont incompatibles avec son travail. -**2.** [conflict, disagreement] insoluble; **to be ~ enemies** être ennemis jurés.
irrecoverable [ˌɪrɪ'kʌvərəbl] *adj* -**1.** [thing lost] irrécupérable; [debt] irrécouvrable. -**2.** [loss, damage, wrong] irréparable.
irredeemable [ˌɪrɪ'diːməbl] *adj* -**1.** [share, bond] non remboursable; [paper money] non convertible. -**2.** [person] incorrigible, impénitent. -**3.** [loss, damage, wrong] irréparable.
irredeemably [ˌɪrɪ'diːməblɪ] *adv* irrémédiablement; **to be ~ wicked** être foncièrement méchant.
irreducible [ˌɪrɪ'djuːsəbl] *adj* irréductible.
irrefutable [ˌɪrɪ'fjuːtəbl] *adj* [argument, proof] irréfutable; **an ~ fact** un fait certain OR indéniable.
irregular [ɪ'regjʊləʳ] ◇ *adj* -**1.** [object, shape etc] irrégulier; [surface] inégal; **an ~ polygon** un polygone irrégulier. -**2.** [intermittent, spasmodic] irrégulier; **her visits became increasingly ~** ses visites se firent de plus en plus irrégulières; **she works ~ hours** elle a des horaires de travail irréguliers; **~ breathing** respiration irrégulière OR saccadée. -**3.** *fml* [unorthodox] irrégulier; **~ conduct** conduite irrégulière; **your request is highly ~** votre demande n'est absolument pas régulière. -**4.** LING irrégulier.
◇ *n* -**1.** MIL irrégulier *m*. -**2.** *Am* COMM article *m* de second choix.
irregularity [ɪˌregjʊ'lærətɪ] (*pl* **irregularities**) *n* [of surface, work, breathing] irrégularité *f*.
◆ **irregularities** *npl* JUR irrégularités *fpl*; **there were some irregularities in the paperwork** il y avait quelques irrégularités dans les écritures.
irregularly [ɪ'regjʊləlɪ] *adv* -**1.** [spasmodically] irrégulièrement. -**2.** [unevenly] inégalement; **~ shaped triangles** des triangles aux formes irrégulières.
irrelevance [ɪ'reləvəns] *n* -**1.** [of fact, comment] manque *m* de rapport, non-pertinence *f*; **the ~ of your remarks on the subject is all too obvious** il est évident que vos remarques n'ont pas de rapport avec le sujet. -**2.** [pointless fact or matter] inutilité *f*; **don't waste your time on ~s** ne perdez pas votre temps avec des choses sans importance; **the committee has become an ~** le comité n'a plus de raison d'être.
irrelevancy [ɪ'reləvənsɪ] (*pl* **irrelevancies**) = **irrelevance**.
irrelevant [ɪ'reləvənt] *adj* sans rapport, hors de propos; **your question is totally ~ to the subject in hand** votre question n'a aucun rapport OR n'a rien à voir avec le sujet qui nous intéresse; **~ information** information non pertinente; **our personal feelings on the matter are ~** nos sentiments personnels n'ont rien à voir ici; **age is ~** l'âge est sans importance OR n'est pas un critère.
irreligious [ˌɪrɪ'lɪdʒəs] *adj* irréligieux.
irremediable [ˌɪrɪ'miːdjəbl] *adj* irrémédiable; **~ damage** dégâts *mpl* irrémédiables.
irremediably [ˌɪrɪ'miːdjəblɪ] *adv* irrémédiablement.
irreparable [ɪ'repərəbl] *adj* irréparable; **he's done ~ harm to his career** il a compromis sa carrière de façon irréparable.
irreparably [ɪ'repərəblɪ] *adv* irréparablement.
irreplaceable [ˌɪrɪ'pleɪsəbl] *adj* irremplaçable.
irrepressible [ˌɪrɪ'presəbl] *adj* -**1.** [need, desire] irrépressible; [good humour] à toute épreuve. -**2.** [person] jovial, plein d'entrain.
irreproachable [ˌɪrɪ'prəʊtʃəbl] *adj* irréprochable; **his behaviour has always been ~** sa conduite a toujours été irréprochable.
irresistible [ˌɪrɪ'zɪstəbl] *adj* irrésistible; **she's got an ~ smile** elle a un sourire irrésistible; **the ~ force of their argument** la force irrésistible de leur argument.
irresistibly [ˌɪrɪ'zɪstəblɪ] *adv* irrésistiblement.
irresolute [ɪ'rezəluːt] *adj* irrésolu, indécis.
irrespective [ˌɪrɪ'spektɪv]
◆ **irrespective of** *prep phr* sans tenir compte de; **~ of race or religion** sans discrimination de race ou de religion; **~ of what has been said before** indépendamment de ce qui a été dit auparavant.
irresponsibility ['ɪrɪˌspɒnsə'bɪlətɪ] *n* irresponsabilité *f*.
irresponsible [ˌɪrɪ'spɒnsəbl] *adj* [person] irresponsable; [act] irréfléchi; **you're so ~!** tu n'as aucun sens des responsabilités!
irresponsibly [ˌɪrɪ'spɒnsəblɪ] *adv* -**1.** [act, behave] de manière irresponsable. -**2.** JUR irresponsablement.
irretrievable [ˌɪrɪ'triːvəbl] *adj* [object] introuvable; [loss, harm] irréparable; **the damage is ~** les dégâts sont irréparables.
irretrievably [ˌɪrɪ'triːvəblɪ] *adv* irréparablement, irrémédiablement; **~ lost** perdu pour toujours OR à tout jamais.
irreverence [ɪ'revərəns] *n* irrévérence *f*.
irreverent [ɪ'revərənt] *adj* irrévérencieux; **~ remarks** remarques irrévérencieuses OR insolentes; **an ~ sense of humour** un sens de l'humour insolent OR impertinent.
irreverently [ɪ'revərəntlɪ] *adv* irrévérencieusement.
irreversible [ˌɪrɪ'vɜːsəbl] *adj* irréversible.
irreversibly [ˌɪrɪ'vɜːsəblɪ] *adv* irréversiblement.
irrevocable [ɪ'revəkəbl] *adj* irrévocable.
irrevocably [ɪ'revəkəblɪ] *adv* irrévocablement.
irrigable ['ɪrɪgəbl] *adj* irrigable.
irrigate ['ɪrɪgeɪt] *vt* [gen & MED] irriguer.
irrigation [ˌɪrɪ'geɪʃn] *n* [gen & MED] irrigation *f*; **~ canal** canal *m* d'irrigation.
irritability [ˌɪrɪtə'bɪlətɪ] *n* irritabilité *f*.
irritable ['ɪrɪtəbl] *adj* [gen & MED] irritable.
irritably ['ɪrɪtəblɪ] *adv* avec irritation.
irritant ['ɪrɪtənt] ◇ *adj* irritant.
◇ *n* irritant *m*.

irritate ['ɪrɪteɪt] *vt* -**1.** [annoy] irriter, contrarier, énerver. -**2.** MED irriter.

irritated ['ɪrɪteɪtɪd] *adj* -**1.** [annoyed] irrité, agacé; **don't get ~!** ne t'énerve pas! -**2.** MED [eyes, skin] irrité.

irritating ['ɪrɪteɪtɪŋ] *adj* -**1.** [annoying] irritant, contrariant, énervant. -**2.** MED irritant, irritatif.

irritatingly ['ɪrɪteɪtɪŋlɪ] *adv* de façon agaçante OR irritante; **he's ~ slow** il est d'une lenteur irritante.

irritation [ɪrɪ'teɪʃn] *n* -**1.** [annoyance] irritation *f*, agacement *m*; **she tried to hide her ~** elle tenta de cacher son agacement; **it's just one of life's little ~s** ce n'est qu'une de ces petites choses énervantes de la vie. -**2.** MED irritation *f*.

irruption [ɪ'rʌpʃn] *n* irruption *f*.

IRS (*abbr of* Internal Revenue Service) *pr n*: **the ~** *le fisc américain*.

is [ɪz] → **be**.

Isaac ['aɪzək] *pr n* Isaac.

Isaiah [aɪ'zaɪə] *pr n* Isaïe.

isallobar [aɪ'sæləbɑːʳ] *n* isallobare *f*.

ISBN (*abbr of* International Standard Book Number) *n* ISBN *m*.

ISDN (*abbr of* integrated services data network) *n* RNIS *m*.

Isfahan [ˌɪsfə'hɑːn] *pr n* Ispahan.

isinglass ['aɪzɪŋglɑːs] *n* -**1.** [glue] ichtyocolle *f*. -**2.** [mica] mica *m*.

Isis ['aɪsɪs] *pr n* Isis.

Islam ['ɪzlɑːm] *n* Islam *m*.

Islamabad [ɪz'lɑːməbæd] *pr n* Islamabad.

Islamic [ɪz'læmɪk] *adj* islamique.

Islamize, -ise ['ɪzləmaɪz] *vt* islamiser.

island ['aɪlənd] ◇ *n* -**1.** GEOG île *f*; **the Channel Islands** les îles Anglo-Normandes; **they are an ~ race** c'est une race insulaire; **an ~ of peace** *fig* une oasis de tranquillité. -**2.** TRANSP: **(traffic) ~** [for pedestrians] refuge *m*; [roundabout] rond-point *m*; [centre of roundabout] terre-plein *m* central.
◇ *vt* [isolate] isoler.

islander ['aɪləndəʳ] *n* insulaire *mf*; **the Channel Islanders** les habitants *mpl* des îles Anglo-Normandes.
◆ **Islander** *n NZ* habitant *m*, -e *f* des îles du Pacifique.

isle [aɪl] *n* île *f*; **the British Isles** les îles Britanniques.

Isle of Man *pr n*: **the ~** l'île *f* de Man; **in the ~, on the ~** à l'île de Man.

Isle of Wight [-waɪt] *pr n*: **the ~** l'île *f* de Wight; **in** OR **on the ~** à l'île de Wight.

islet ['aɪlɪt] *n* îlot *m*.

ism *inf* ['ɪzm] *n pej* doctrine *f*, idéologie *f*.

isn't ['ɪznt] = **is not**.

isobar ['aɪsəbɑːʳ] *n* isobare *f*.

isochronal [aɪ'sɒkrənl], **isochronous** [aɪ'sɒkrənəs] *adj* isochrone, isochronique.

isogloss ['aɪsəʊglɒs] *n* isoglosse *f*.

isolate ['aɪsəleɪt] *vt* [gen & MED] isoler.

isolated ['aɪsəleɪtɪd] *adj* -**1.** [alone, remote] isolé. -**2.** [single] unique, isolé; **an ~ incident** un incident isolé.

isolation [aɪsə'leɪʃn] *n* isolement *m*; **a sense of complete ~** un sentiment d'isolement total; **in ~** en soi, isolément; **you cannot consider the problem in ~** on ne peut pas considérer le problème isolément.

isolation hospital *n* hôpital *m* d'isolement.

isolationism [ˌaɪsə'leɪʃənɪzm] *n* isolationnisme *m*.

isolationist [ˌaɪsə'leɪʃənɪst] *adj* isolationniste.

isolation ward *n* service *m* des contagieux.

isomer ['aɪsəməʳ] *n* isomère *m*.

isomerism [aɪ'sɒmərɪzm] *n* isomérie *f*.

isometric [ˌaɪsəʊ'metrɪk] *adj* isométrique; **~ exercises** exercices *mpl* isométriques.

isometrics [ˌaɪsəʊ'metrɪks] *n (U)* exercices *mpl* isométriques.

isomorph ['aɪsəmɔːf] *n* isomorphe *m*.

isomorphism [ˌaɪsə'mɔːfɪzm] *n* isomorphisme *m*.

isosceles [aɪ'sɒsɪliːz] *adj* isocèle; **an ~ triangle** un triangle isocèle.

isotherm ['aɪsəθɜːm] *n* isotherme *f*.

isotope ['aɪsətəʊp] *n* isotope *m*.

I-spy *n jeu d'enfant où l'un des joueurs donne la première lettre d'un objet qu'il voit et les autres doivent deviner de quoi il s'agit.*

Israel ['ɪzreɪəl] *pr n* Israël; **in ~** en Israël.

Israeli [ɪz'reɪlɪ] (*pl inv* OR **Israelis**) ◇ *n* Israélien *m*, -enne *f*.
◇ *adj* israélien.

Israelite ['ɪzrəlaɪt] *n* Israélite *mf*.

issue ['ɪʃuː] ◇ *n* -**1.** [matter, topic] question *f*, problème *m*; **where do you stand on the abortion ~?** quel est votre point de vue sur (la question de) l'avortement?; **the ~ was raised at the meeting** le problème a été soulevé à la réunion; **your personal feelings are not the ~** vos sentiments personnels n'ont rien à voir là-dedans; **that's not the ~** il ne s'agit pas de ça; **it's become an international ~** le problème a pris une dimension internationale; **the important ~s of the day** les grands problèmes du moment; **at ~** en question; **the point at ~ is not the coming election** le problème n'est pas l'élection à venir; **her competence is not at ~** sa compétence n'est pas en cause; **to cloud** OR **confuse the ~** brouiller les cartes; **to avoid** OR **duck** OR **evade the ~** esquiver la question; **to force the ~** forcer la décision. -**2.** [cause of disagreement] différend *m*; **the subject has now become a real ~ between us** ce sujet est maintenant source de désaccord entre nous; **they are at ~ with the Japanese over import quotas** ils sont en désaccord avec les Japonais au sujet des quotas d'importations; **to make an ~ of sthg** monter qqch en épingle; **don't make such an ~ of it!** inutile d'en faire toute une histoire!; **to take ~ with sb/sthg** s'inscrire en faux contre qqn/qqch; **I take ~ with him on only one point** je suis en désaccord avec lui sur un point seulement. -**3.** [edition - of newspaper, magazine etc] numéro *m*; **the latest ~ of the magazine** le dernier numéro du magazine; **back ~** vieux OR ancien numéro. -**4.** [distribution - of supplies] distribution *f*; [- of tickets, official document] délivrance *f*; [- of shares, money, stamps] émission *f*; **write your passport number and date of ~** écrivez le numéro et la date de délivrance de votre passeport ❑ **standard ~** modèle *m* standard; **army ~** modèle *m* de l'armée. -**5.** *fml* [result, outcome] issue *f*, résultat *m*; **I hope your request has a favourable ~** j'espère que votre demande connaîtra une issue OR recevra une réponse favorable. -**6.** *arch* OR JUR [progeny] descendance *f*, progéniture *f lit*; **he died without ~** il est mort sans héritiers.
◇ *vt* -**1.** [book, newspaper] publier, sortir; [record] sortir; **the magazine is ~d on Wednesdays** le magazine sort OR paraît le mercredi ‖ [official document] délivrer; JUR [warrant, writ] lancer; **where was the passport ~d?** où le passeport a-t-il été délivré? ‖ [statement, proclamation] publier; **the government has ~d a denial** le gouvernement a publié un démenti ‖ [shares, money, stamps] émettre; **the Bank of Scotland ~s its own notes** la Bank of Scotland émet ses propres billets. -**2.** [distribute - supplies, tickets etc] distribuer; **the magazine is ~d free to every household** le magazine est distribué gratuitement à OR dans tous les foyers; **we were all ~d with rations** on nous a distribué à tous des rations.
◇ *vi fml* -**1.** [come or go out] sortir; **delicious smells ~d from the kitchen** des odeurs délicieuses provenaient de la cuisine. -**2.** [result, originate]: **to ~ from** provenir de; **all our difficulties ~ from that first mistake** c'est de cette première erreur que proviennent tous nos ennuis.
◆ **issue forth** *vi insep lit* jaillir.

issuing ['ɪʃuɪŋ] *adj* FIN [company] émetteur; **~ bank** *Br* banque *f* d'émission OR émettrice.

Istanbul [ˌɪstæn'bʊl] *pr n* Istanbul.

isthmus ['ɪsməs] (*pl* **isthmuses** OR **isthmi** [-maɪ]) *n* isthme *m*.

it [ɪt] ◇ *pron* -**1.** [referring to specific thing, animal etc - as subject] il, elle; [- as direct object] le, la, l' (*before vowel* OR *mute 'h'*); [- as indirect object] lui; **is it a boy or a girl?** c'est un garçon ou une fille?; **the building's dangerous, it should be pulled down** le bâtiment est dangereux, il devrait être démoli; **I'd lend you my typewriter but it's broken** je te prêterais bien ma machine à écrire mais elle est cassée; **I took my hat off and now I can't find it** j'ai enlevé mon chapeau et je ne le trouve plus; **take this plate and put it on the table** prends cette assiette et mets-la sur la table; **give it a tap with a hammer** donnez un coup de marteau dessus. -**2.** [after preposition]: **he told me all about it** il m'a tout raconté; **there was nothing inside it** il n'y avait rien dedans OR à l'intérieur; **he walked on it** il a marché dessus; **I went over to it** je m'en suis approché; **I left the bag under it** j'ai laissé le sac dessous. -**3.** [impersonal uses]: **it's me!** c'est moi!; **it's raining/snowing** il pleut/neige; **it's cold/dark today** il fait froid/sombre aujourd'hui; **it's Friday today** nous sommes OR c'est vendredi aujourd'hui; **it seemed like a good idea** cela OR ça semblait être une bonne idée; **it's 500 miles from here to Vancouver** Vancouver est à 800 kilomètres d'ici; **I like it here** je me plais beaucoup ici; **I love it when we go on a picnic** j'adore quand on va pique-niquer; **I couldn't bear it if she left** je ne supporterais pas qu'elle parte; **she found it easy to make new friends** ça lui a été facile de se faire de nouveaux amis; **it's not easy for me to say this, but...** je n'aime pas dire ce genre de chose, mais...; **it'll take us hours to get there** on va mettre des heures pour y arriver; **it'll cost (us) a fortune to have it repaired** ça va (nous) coûter une fortune pour le faire réparer; **it was agreed that we should move out** il a été convenu que nous déménagerions; **it's vital to plan ahead** il est indispensable de prévoir les choses à l'avance; **it might look rude if I don't go** si je n'y vais pas cela pourrait être considéré comme une impolitesse; **it seems** OR **appears** OR **would appear that there's been some trouble** il semble qu'il y ait eu des problèmes; **it's the Johnny Carson Show!** voici le Johnny Carson Show!; **it's a goal!** but!; **it was tipping it down** *inf* il pleuvait des cordes; **it's his constant complaining I can't stand** ce que je ne supporte pas c'est sa façon de se plaindre constamment.
◇ *n inf* -**1.** [in games]: **you're it!** c'est toi le chat!, c'est toi qui y es! -**2.** [most important person]: **he thinks he's it** il s'y croit. -**3.** [with drinks]: **gin and it** martini-gin *m*.

IT *n abbr of* information technology.

ITA (*abbr of* Initial Teaching Alphabet) *n*: **the ~** *alphabet en partie phonétique parfois utilisé pour l'enseignement de la lecture*.

Italian [ɪ'tæljən] ◇ *n* -**1.** [person] Italien *m*, -enne *f*. -**2.** LING italien *m*.
◇ *adj* italien; **the ~ embassy** l'ambassade *f* d'Italie.

Italianate [ɪ'tæljəneɪt] *adj* italianisant.

Italianize, -ise [ɪ'tæljənaɪz] *vt* italianiser.

italic [ɪ'tælɪk] ◇ *adj* italique; **in ~ script** en italique.
◇ *n* italique *m*; **in ~s** en italique.
◆ **Italic** ◇ *adj* [of ancient Italy] italique.
◇ *n* LING italique *m*.

italicize, -ise [ɪ'tælɪsaɪz] *vt* mettre en italique; **the ~d words** les mots en italique.

Italo- [ɪ'tæləʊ] *in cpds* italo-; **~American** italo-américain.

Italy ['ɪtəlɪ] *pr n* Italie *f*; **in ~** en Italie.

itch [ɪtʃ] ◇ *n* -**1.** *literal* démangeaison *f*; **I've got an ~ between my shoulder blades** ça me démange OR me gratte entre les omoplates. -**2.** *inf fig* [desire] envie *f*; **to have the ~ to do sthg** brûler OR mourir d'envie de faire qqch.
◇ *vi* -**1.** [physically] avoir des démangeaisons; **I'm ~ing all over** j'ai des démangeaisons

partout, je suis couvert de démangeaisons || [insect bite, part of body]: **does it ~?** est-ce que cela te démange?; **my back ~es** mon dos me démange OR me gratte; **that sweater ~es** ce pull me gratte. -**2.** *inf fig* [desire]: **to ~ to do sthg: I was ~ing to tell her** ça me démangeait de lui dire; **we're ~ing to go** nous ne tenons plus en place.

itching [ˈɪtʃɪŋ] *n* démangeaison *f*.

itching powder *n* poil *m* à gratter.

itchy [ˈɪtʃɪ] (*compar* **itchier**, *superl* **itchiest**) *adj* qui gratte, qui démange; **an ~ pullover** un pull qui gratte; **I've got an ~ leg** ma jambe me démange ❑ **to have ~ feet** *inf* avoir la bougeotte.

it'd [ˈɪtəd] -**1.** = **it would**. -**2.** = **it had**.

item [ˈaɪtəm] *n* -**1.** [object] article *m*; **the ~s in the shop window** les articles en vitrine; **the only ~ he bought was a lighter** la seule chose qu'il ait achetée, c'est un briquet; **an ~ of clothing** un vêtement. -**2.** [point, issue] point *m*, question *f*; **there are two important ~s on the agenda** il y a deux points importants à l'ordre du jour; **I've several ~s of business to attend to** j'ai plusieurs affaires à régler. -**3.** [in newspaper] article *m*; **an ~ in the Times** un article dans le «Times» || [on T.V. or radio] point *m* OR sujet *m* d'actualité; **and here are today's main news ~s** et voici les principaux points de l'actualité. -**4.** COMPUT article *m*. -**5.** LING item *m*; **lexical ~** item lexical. -**6.** [in book-keeping] écriture *f*.

itemize, -ise [ˈaɪtəmaɪz] *vt* détailler; **an ~d list** une liste détaillée.

iterative [ˈɪtərətɪv] *adj* [gen, LING & MATH] itératif.

Ithaca [ˈɪθəkə] *pr n* Ithaque.

itinerant [ɪˈtɪnərənt] ◇ *adj* itinérant; [actors] ambulant, itinérant; **~ preacher** prédicateur *m* itinérant; **~ teacher** *Am* professeur *m* remplaçant.
◇ *n* nomade *mf*.

itinerary [aɪˈtɪnərərɪ] (*pl* **itineraries**) *n* itinéraire *m*.

it'll [ɪtl] = **it will**.

ITN (*abbr of* **Independent Television News**) *pr n service d'actualités télévisées pour les chaînes relevant de l'IBA.*

its [ɪts] *det* son *m*, sa *f*, ses *mfpl*; **the committee has ~ first meeting on Friday** le comité se réunit pour la première fois vendredi; **the dog wagged ~ tail** le chien a remué la queue; **the jug's lost ~ handle** le pichet n'a plus de poignée.

it's [ɪts] -**1.** = **it is**. -**2.** = **it has**.

itself [ɪtˈself] *pron* -**1.** [reflexive use] se; **the cat was licking ~ clean** le chat faisait sa toilette. -**2.** [emphatic use] lui-même *m*, elle-même *f*; **the town ~ is quite small** la ville elle-même est assez petite; **she's kindness ~** c'est la gentillesse même. -**3.** [after preposition]: **it switches off by ~** ça s'éteint tout seul; **it's not dangerous in ~** ce n'est pas dangereux en soi; **working with her was in ~ fascinating** le seul fait de travailler avec elle était fascinant.

itsy-bitsy *inf* [ˌɪtsɪˈbɪtsɪ], **itty-bitty** *inf* [ˌɪtɪˈbɪtɪ] *adj* tout petit, minuscule.

ITV (*abbr of* **Independent Television**) *pr n sigle désignant les programmes diffusés par les chaînes relevant de l'IBA.*

IUCD (*abbr of* **intrauterine contraceptive device**) *n* stérilet *m*.

IUD (*abbr of* **intrauterine device**) *n* stérilet *m*.

Ivan [ˈaɪvn] *pr n*: **~ the Great** Ivan le Grand; **~ the Terrible** Ivan le Terrible.

Ivanhoe [ˈaɪvnhəʊ] *pr n* Ivanhoé.

I've [aɪv] = **I have**.

IVF (*abbr of* **in vitro fertilization**) *n* FIV *f*.

ivied [ˈaɪvɪd] *adj* couvert de lierre.

Ivorian [aɪˈvɔːrɪən] ◇ *n* Ivoirien *m*, -enne *f*.
◇ *adj* ivoirien.

ivory [ˈaɪvərɪ] (*pl* **ivories**) ◇ *adj* -**1.** [made of ivory] d'ivoire, en ivoire; **an ~ carving** une sculpture d'ivoire. -**2.** [ivory-coloured] (couleur) ivoire *(inv)*.
◇ *n* -**1.** [substance] ivoire *m*. -**2.** [object] ivoire *m*.
◆ **ivories** *inf npl* [piano keys] touches *fpl*; **to tickle the ivories** *hum* toucher du piano.

Ivory Coast *pr n*: **the ~** la Côte-d'Ivoire; **in the ~** en Côte-d'Ivoire.

ivory tower *n* tour *f* d'ivoire.

ivy [ˈaɪvɪ] (*pl* **ivies**) *n* lierre *m*.

Ivy League *n groupe des huit universités les plus prestigieuses du nord-est des États-Unis.*
◆ **Ivy-League** *adj*: **he had an Ivy-League education** il a fait ses études dans une grande université; **her boyfriend's very Ivy-League** *inf* son petit ami est très BCBG.

IWW (*abbr of* **Industrial Workers of the World**) *pr n ancien syndicat luttant contre le capitalisme.*

Izmir [ˈɪzmɪəʳ] *pr n* Izmir.

J

j (*pl* j's OR js), **J** (*pl* J's OR Js) [dʒeɪ] *n* j *m*, J *m*.
JA *n* (*abbr of* judge advocate).
J/A *written abbr of* joint account.
jab [dʒæb] (*pt* & *pp* jabbed, *cont* jabbing)
◇ *vt* [pierce] piquer; **he jabbed my arm with a needle, he jabbed a needle into my arm** il m'a piqué le bras avec une aiguille, il m'a enfoncé une aiguille dans le bras || [poke] pousser; **you almost jabbed me in the eye with that knife!** tu as failli m'éborgner avec ce couteau! || [brandish] pointer, brandir *(d'une façon menaçante)*; **she kept jabbing her finger at the defendant** elle ne cessait de pointer le doigt vers l'accusé OR de désigner l'accusé du doigt.
◇ *vi* -**1.** [stick] s'enfoncer; **something jabbed into my ribs** j'ai reçu un coup sec dans les côtes. -**2.** [gesture]: **he jabbed at me with his umbrella** il essaya de me donner un coup de parapluie; **she jabbed wildly at the buttons** elle appuyait frénétiquement sur les boutons. -**3.** [in boxing]: **he's jabbing with (his) right and left** il lui envoie un direct du droit et du gauche.
◇ *n* -**1.** [poke] coup *m* *(donné avec un objet pointu)*; [in boxing] (coup *m*) droit *m* OR direct *m*. -**2.** *inf* MED piqûre *f*; **I've got to get a tetanus ~** je dois me faire vacciner contre le tétanos.
jabber *inf* ['dʒæbəʳ] ◇ *vi* [idly] jacasser, caqueter *pej*; [inarticulately] bredouiller, bafouiller; **they ~ (away) for hours on the phone** ils passent des heures à jacasser au téléphone; **they were all ~ing away in different languages** chacun baragouinait dans sa langue.
◇ *vt*: **to ~ (out)** bredouiller, bafouiller; **I managed to ~ a few words of thanks** j'ai réussi à bredouiller OR bafouiller quelques mots de remerciements.
◇ *n* *(U)* brouhaha *m*.
jabbering *inf* ['dʒæbərɪŋ] *n* [idle chatter] bavardage *m*, papotage *m*; [in foreign tongue] baragouin *m*.
jacaranda [ˌdʒækə'rændə] *n* jacaranda *m*.
jack [dʒæk] ◇ *vt* MECH soulever avec un vérin; AUT mettre sur cric.
◇ *n* -**1.** [tool] MECH & MIN vérin *m*; AUT cric *m*. -**2.** [playing card] valet *m*. -**3.** [in bowls] cochonnet *m*. -**4.** ELEC [male] = **jack plug**; [female] = **jack socket**. -**5.** *phr*: **every man ~ (of them)** *inf Br* tous autant qu'ils sont; **I didn't understand ~ shit**▽ *Am* j'ai pigé que dalle.
◆ **Jack** *pr n*: Jack the Ripper Jack l'Éventreur; **I'm all right Jack** *inf Br* moi ça va; **hey, Jack!** *Am* [to call stranger] hé, vous là-bas!
◆ **jacks** *n* *(U)* [game] osselets *mpl*.
◆ **jack in** *inf vt sep Br* plaquer; **I've ~ed my job in** j'ai plaqué mon boulot; **oh, ~ it in, will you!** oh, ferme-la, tu veux!
◆ **jack up** *vt sep* -**1.** [car] lever avec un cric. -**2.** *inf* [price, wage] augmenter, monter.
jackal ['dʒækəl] *n literal* & *fig* chacal *m*.
jackanapes ['dʒækəneɪps] *n arch* OR *lit* [arrogant person] fat *m*, arrogant *m*, -e *f*, faquin *m lit*; [mischievous child] polisson *m*, -onne *f*, galopin *m*.
jackass ['dʒækæs] *n* -**1.** [donkey] âne *m*, baudet *m*. -**2.** *inf* [imbecile] imbécile *mf*.
jackboot ['dʒækbuːt] *n* botte *f* (de militaire); **life under the ~** *fig* la vie sous la botte de l'ennemi; **~ tactics** des tactiques dictatoriales.
jackbooted ['dʒækbuːtɪd] *adj* botté.
jackdaw ['dʒækdɔː] *n* choucas *m*.
jacket ['dʒækɪt] *n* -**1.** [for men] veste *f*; [for women] veste *f*, jaquette *f*; **leather ~** blouson *m* de cuir. -**2.** [of book] jaquette *f*; *Am* [of record] pochette *f*. -**3.** CULIN: **~ potato, potato (cooked) in its ~** pomme de terre *f* en robe des champs OR en robe de chambre. -**4.** TECH [of boiler] chemise *f*.
Jack Frost *n personnage imaginaire symbolisant l'hiver.*
jackfruit ['dʒækfruːt] *n* jaque *m*.
jackhammer ['dʒækˌhæməʳ] *n* marteau-piqueur *m*.
jack-in-office *n Br pej* petit chef *m*.
jack-in-the-box *n* diable *m* (à ressort).
jackknife ['dʒæknaɪf] (*pl* jackknives [-naɪvz])
◇ *n* couteau *m* de poche.
◇ *vi*: **the truck ~d** le camion s'est mis en travers de la route.
jack-of-all-trades *n pej* homme *m* à tout faire; **~ and master of none** *prov* propre à tout et bon à rien.
jack-o'-lantern *n* feu follet *m*.
jack plug *n* jack *m* (mâle), fiche *f* jack.
jackpot ['dʒækpɒt] *n* gros lot *m*; [in cards] pot *m*; **you hit the ~!** tu as décroché le gros lot!
jack rabbit *n gros lièvre d'Amérique.*
Jack Robinson *inf n Br*: **before you could say ~** avant d'avoir pu dire «ouf».
Jack Russell [-'rʌsl] *n* Jack Russell (terrier) *m*.
jack socket *n* jack *m* (femelle), prise *f* jack.
jackstraws ['dʒækstrɔːz] *n* jonchets *mpl*.
jack tar *inf n dated* marin *m*, matelot *m*.
Jack-the-Lad *inf n* jeune frimeur *m*.
Jacob ['dʒeɪkəb] *pr n* Jacob.
Jacobean [ˌdʒækə'bɪən] *adj* jacobéen *m*, -enne *f*, de l'époque de Jacques Ier (d'Angleterre).
Jacobin ['dʒækəbɪn] ◇ *n* Jacobin *m*, -e *f*.
◇ *adj* jacobin.
Jacobite ['dʒækəbaɪt] ◇ *adj* jacobite.
◇ *n* Jacobite *mf*.

THE JACOBITES:
Membres du parti légitimiste anglais qui soutint, après la révolution de 1688, d'abord la cause de Jacques II contre Guillaume d'Orange, puis celle des derniers Stuarts contre la maison des Hanovre.

Jacuzzi® [dʒə'kuːzɪ] (*pl* Jacuzzis) *n* Jacuzzi® *m*, bain *m* à remous.
jade [dʒeɪd] ◇ *n* -**1.** [stone] jade *m*. -**2.** [colour] vert jade *m inv*. -**3.** *arch* [horse] rosse *f*, haridelle *f*. -**4.** *arch* [woman - shrewish] mégère *f*; [- disreputable] friponne *f*.
◇ *adj* -**1.** [made of jade] de OR en jade. -**2.** [colour] vert jade *(inv)*.
jaded ['dʒeɪdɪd] *adj* [person] désabusé, blasé, éreinté; [appetite] écœuré, saturé; **I'm feeling a bit ~ today** je ne suis pas très en forme aujourd'hui.
jadeite ['dʒeɪdaɪt] *n* jadéite *f*.
jag [dʒæg] (*pt* & *pp* jagged, *cont* jagging)
◇ *vt* déchiqueter; [fabric] taillader.
◇ *n* -**1.** pointe *f*, aspérité *f*; [of saw] dent *f*. -**2.** *Am inf* [party] orgie *f*; **to go on a drinking ~** faire les bars.
JAG *n abbr of* judge advocate general.
jagged ['dʒægɪd] *adj* [edge, coastline] déchiqueté; [tear] irrégulier; [rock] râpeux, rugueux; **pieces of ~ metal** des bouts de métal déchiqueté.
jaguar ['dʒægjʊəʳ] *n* jaguar *m*.
jai alai [ˌhaɪə'laɪ] *n jeu qui ressemble à la pelote basque, pratiqué surtout en Floride.*
jail [dʒeɪl] ◇ *n* prison *f*; **to be in ~** être en prison; **the burglar was sent to ~** le cambrioleur a été incarcéré OR emprisonné; **sentenced to 15 years in ~** condamné à 15 ans de prison.
◇ *vt* emprisonner, mettre en prison, incarcérer; **to be ~ed for life** être condamné à perpétuité OR à vie.
jailbait *inf* ['dʒeɪlbeɪt] *n (U) Am* mineur *m*, -e *f*; **she's ~** c'est un coup à se retrouver en taule *(pour détournement de mineur)*.
jailbird *inf* ['dʒeɪlbɜːd] *n* récidiviste *mf*.
jailbreak ['dʒeɪlbreɪk] *n* évasion *f*.
jailbreaker ['dʒeɪlˌbreɪkəʳ] *n* évadé *m*, -e *f*.
jailer ['dʒeɪləʳ] *n* geôlier *m*, -ère *f*.
jailhouse ['dʒeɪlhaʊs, *pl* -haʊzɪz] *n Am* prison *f*.
Jain [dʒaɪn] ◇ *n* jaïn *m*, -e *f*.
◇ *adj* jaïn.
Jaipur [ˌdʒaɪ'pʊəʳ] *pr n* Jaipur.
Jakarta [dʒə'kɑːtə] *pr n* Djakarta, Jakarta.
jakes▽ [dʒeɪks] *npl Br arch* [toilet]: **the ~** les cabinets *mpl*.
jalopy *inf* [dʒə'lɒpɪ] (*pl* jalopies) *n* tacot *m*, guimbarde *f*.
jam [dʒæm] (*pt* & *pp* jammed, *cont* jamming)
◇ *n* -**1.** [preserve] confiture *f*; **strawberry ~**

confiture de fraises; **he wants ~ on it** *inf Br* et avec ça, on est difficile!; **it's a case of ~ tomorrow** *inf Br* ce sont des promesses en l'air. -**2.** [congestion] encombrement *m*; **there was a ~ of people at the exit** ça se bousculait à la sortie; **traffic ~** embouteillage *m*. -**3.** *inf* [predicament] pétrin *m*; **I'm in a bit of a ~** je suis plutôt dans le pétrin. -**4.** *inf* = **jam session**.
◇ *comp* [tart, pudding, sandwich] à la confiture.
◇ *vt* -**1.** [crowd, cram] entasser, tasser; **we were jammed in like sardines** on était entassés OR serrés comme des sardines; **all my clothes are jammed into one drawer** tous mes vêtements sont entassés dans un seul tiroir; **I was jammed (up) against the wall** j'étais coincé contre le mur || [push roughly, ram] fourrer; **he jammed the gun into his pocket** il fourra le pistolet dans sa poche; **she jammed her hat on** elle enfonça OR vissa son chapeau sur sa tête. -**2.** [make stick] coincer, bloquer; **she jammed the window shut with a wedge** elle coinça OR bloqua la fenêtre avec une cale. -**3.** [congest] encombrer, bloquer, boucher; **a crowd of late arrivals jammed the entrance** une foule de retardataires bloquait l'entrée; **the streets were jammed with cars** les rues étaient embouteillées. -**4.** RADIO brouiller.
◇ *vi* -**1.** [crowd] se tasser, s'entasser; **thousands of people jammed in for the concert** des milliers de personnes se sont entassées pour assister au concert. -**2.** [become stuck - gen] se coincer, se bloquer; [- gun] s'enrayer; [- brakes] se bloquer. -**3.** *inf* [play in a jam session] faire un bœuf.
◆ **jam on** *inf vt sep*: **to ~ on the brakes** piler.

Jamaica [dʒə'meɪkə] *pr n* Jamaïque *f*; **in ~** à la Jamaïque; **~ rum** rhum *m* jamaïquain OR jamaïcain OR de la Jamaïque.

Jamaican [dʒə'meɪkn] ◇ *n* Jamaïcain *m*, -e *f*, Jamaïquain *m*, -e *f*.
◇ *adj* jamaïcain, jamaïquain.

jamb(e) [dʒæm] *n* montant *m*.

jambalaya [,dʒæmbə'laɪə] *n plat cajun à base de fruits de mer et de poulet.*

jamboree [,dʒæmbə'riː] *n* -**1.** [gathering] grande fête *f*. -**2.** [scout rally] jamboree *m*.

James [dʒeɪmz] *pr n* Jacques; **Saint ~** saint Jacques.

jam-full *inf adj* bourré, archiplein.

jamjar ['dʒæmdʒɑːʳ] *n* pot *m* à confiture.

jamming ['dʒæmɪŋ] *n* -**1.** coincement *m*; [of brakes] blocage *m*. -**2.** RADIO brouillage *m*.

jammy *inf* ['dʒæmɪ] (*compar* **jammier**, *superl* **jammiest**) *adj Br* -**1.** [sticky with jam] poisseux; **~ fingers** des doigts poisseux de confiture. -**2.** [lucky] chanceux; **you ~ beggar!** espèce de veinard!

jam-packed = **jam-full**.

jampot ['dʒæmpɒt] = **jamjar**.

jam session *inf n* bœuf *m*, jam-session *f*.

Jan. (*written abbr of* **January**) janv.

jangle ['dʒæŋgl] ◇ *vi* retentir (avec un bruit métallique OR avec fracas); [more quietly] cliqueter; **his keys ~d in his pocket** ses clés cliquetaient dans sa poche.
◇ *vt* faire retentir; [more quietly] faire cliqueter; **my nerves are all ~d** *fig* j'ai les nerfs en boule OR en pelote.
◇ *n*: **the ~ of bells** le tintamarre des cloches; **the ~ of keys** le cliquetis des clés; **the ~ of loose change** le bruit OR cliquetis des pièces de monnaie.

jangling ['dʒæŋglɪŋ] ◇ *adj* [bells] retentissant; [keys] qui tintent; **a ~ noise** un bruit métallique.
◇ *n* vacarme *m*, tintamarre *m*; [quieter] bruit *m*; **a ~ of keys** un bruit de clés.

janitor ['dʒænɪtəʳ] *n* [caretaker] *Am & Scot* gardien *m*, concierge *m*; [doorkeeper] *dated* portier *m*.

janitress ['dʒænɪtrɪs] *n* [caretaker] *Am & Scot* concierge *f*, gardienne *f*; [doorkeeper] *dated* portière *f*.

Jansenism ['dʒænsənɪzm] *n* jansénisme *m*.

Jansenist ['dʒænsənɪst] ◇ *adj* janséniste.
◇ *n* janséniste *mf*.

January ['dʒænjʊərɪ] *n* janvier *m*.

Janus ['dʒeɪnəs] *pr n* Janus.

Janus-faced *adj* à deux visages, hypocrite.

Jap *inf* [dʒæp] *n offensive* Jap *n*.

JAP *inf* (*abbr of* **Jewish American princess**) *n Am pej riche Juive américaine.*

japan [dʒə'pæn] ◇ *n* ART laque *f*.
◇ *vt* laquer.

Japan [dʒə'pæn] *pr n* Japon *m*; **in ~** au Japon.

Japanese [,dʒæpə'niːz] (*pl inv*) ◇ *n* -**1.** [person] Japonais *m*, -e *f*. -**2.** LING japonais *m*.
◇ *adj* japonais; **the ~ embassy** l'ambassade *f* du Japon.

jape *inf* [dʒeɪp] *n dated* farce *f*, blague *f*.

japonica [dʒə'pɒnɪkə] *n* cognassier *m* du Japon.

jar [dʒɑːʳ] (*pt & pp* **jarred**, *cont* **jarring**)
◇ *n* -**1.** [container - glass] bocal *m*; [- for jam] pot *m*; [- earthenware] pot *m*, jarre *f*. -**2.** *inf Br* [drink] pot *m*; **to have a few ~s with the lads** aller prendre un pot OR un verre avec les copains. -**3.** [jolt] secousse *f*, choc *m*.
◇ *vi* -**1.** [make harsh noise] grincer, crisser; **there's something about her voice which really ~s** sa voix a quelque chose qui vous écorche les oreilles. -**2.** [not be in harmony - note] détonner; [- colour] jurer; **it ~s with your red dress** cela jure avec ta robe rouge; **his constant complaining ~s on my nerves** ses lamentations continuelles me hérissent.
◇ *vt* [shake - structure] secouer, ébranler; **the fall jarred my bones** cette chute m'a secoué.
◆ **on the jar** *adj phr* [door] entrouvert.

jargon ['dʒɑːgən] *n* jargon *m*.

jarring ['dʒɑːrɪŋ] *adj* [sound] discordant; [colour] criard; **a loud ~ noise** un bruit discordant.

Jarrow Marches ['dʒærəʊ'mɑːtʃɪz] *pl pr n*: **the ~** *«marches de la faim», du nord-est de l'Angleterre à Londres, organisées par les chômeurs pour protester contre leur condition, au milieu des années trente.*

Jas. *written abbr of* **James**.

jasmine ['dʒæzmɪn] *n* jasmin *m*.

Jason ['dʒeɪsn] *pr n* Jason.

jasper ['dʒæspəʳ] *n* jaspe *m*.

jaundice ['dʒɔːndɪs] *n* -**1.** (*U*) MED jaunisse *f*. -**2.** *fig* [bitterness] amertume *f*.

jaundiced ['dʒɔːndɪst] *adj* [bitter] aigri, cynique; [disapproving] désapprobateur; **she has a very ~ view of English society** elle a une vision très négative de la société anglaise.

jaunt [dʒɔːnt] ◇ *n* balade *f*.
◇ *vi* se balader; **she's always ~ing off to Paris** elle est toujours en balade entre ici et Paris.

jauntily ['dʒɔːntɪlɪ] *adv* [cheerfully] joyeusement, jovialement; [in a sprightly way] lestement; **he was walking ~ down the street** il descendait la rue d'un pas leste OR allègre.

jauntiness ['dʒɔːntɪnɪs] *n* [cheerfulness] joie *f*, jovialité *f*; [sprightliness] légèreté *f*.

jaunty ['dʒɔːntɪ] (*compar* **jauntier**, *superl* **jauntiest**) *adj* [cheerful] joyeux, enjoué, jovial; [sprightly] leste, allègre.

Java ['dʒɑːvə] *pr n* Java; **in ~** à Java.

Javanese [,dʒɑːvə'niːz] (*pl inv*) ◇ *n* -**1.** [person] Javanais *m*, -e *f*. -**2.** LING javanais *m*.
◇ *adj* javanais.

javelin ['dʒævlɪn] *n* [weapon] javelot *m*, javeline *f*; SPORT javelot *m*; **~ thrower** lanceur *m*, -euse *f* de javelot.

jaw [dʒɔː] ◇ *n* -**1.** ANAT mâchoire *f*; **she has a very square ~** elle a une mâchoire très carrée; **his ~ dropped in astonishment** il en est resté bouche bée; **snatched from the ~s of death** *fig* arraché aux griffes de la mort; **the ~s of hell** *fig* les portes *fpl* de l'enfer; **upper/lower ~** mâchoire supérieure/inférieure ❑ **'Jaws'** *Spielberg* 'les Dents de la mer'. -**2.** [of tool] mâchoire *f*. -**3.** *inf* [chat]: **to have a good old ~** tailler une petite bavette, papoter. -**4.** *inf* [moralizing speech] sermon *m*.
◇ *vi* *inf* [chat] papoter, tailler une bavette.
◇ *vt* *inf* [remonstrate with] sermonner.

jawbone ['dʒɔːbəʊn] ◇ *n* maxillaire *m*.
◇ *vt* *inf Am* POL exercer des pressions sur.

jawbreaker *inf* ['dʒɔː,breɪkəʳ] *n* -**1.** [word] mot *m* difficile à prononcer; [name] nom *m* à coucher dehors. -**2.** *Am* [sweet] *sorte de bonbon dur.*

jawline ['dʒɔːlaɪn] *n* menton *m*; **a strong ~** un menton saillant.

jay [dʒeɪ] *n* ORNITH geai *m*.

jaywalk ['dʒeɪwɔːk] *vi Am marcher en dehors des passages pour piétons.*

jaywalker ['dʒeɪwɔːkəʳ] *n Am piéton qui traverse en dehors des passages pour piétons.*

jaywalking ['dʒeɪwɔːkɪŋ] *n Am délit mineur qui consiste à traverser une rue en dehors des clous ou au feu vert.*

jazz [dʒæz] ◇ *n* -**1.** MUS jazz *m*; **the Jazz Age** *l'âge d'or du jazz américain*; **'The Jazz Singer'** *Crosland* 'le Chanteur de jazz'. -**2.** *inf* [rigmarole] baratin *m*, blabla *m*; **don't give me that ~!** ne me raconte pas de salades! ❑ **and all that ~** et tout le bataclan.
◇ *comp* [club, record, singer] de jazz; **~ band** jazz-band *m*; **they've done a ~ version of her song** ils ont fait une version jazz de sa chanson.
◇ *vt* ▽ *Am* [have sex with] baiser avec.
◆ **jazz up** *vt sep* -**1.** MUS: **to ~ up a song** mettre une chanson sur un rythme (de) jazz; **it's ~ed up Beethoven** c'est du Beethoven sur un rythme de jazz. -**2.** *inf* [enliven] égayer; **they've ~ed the hotel up** ils ont refait la déco de l'hôtel.

jazzman ['dʒæzmæn] (*pl* **jazzmen** [-men]) *n* musicien *m* de jazz.

jazz rock *n* jazz-rock *m*.

jazzy ['dʒæzɪ] (*compar* **jazzier**, *superl* **jazziest**) *adj* -**1.** [music] (de) jazz (*inv*), sur un rythme de jazz; **a ~ version of "Carmen"** une version jazz de «Carmen». -**2.** *inf* [gaudy] tapageur, voyant; [smart, snazzy] chic (*inv*).

JCB® *n* tractopelle *f*.

JCR (*abbr of* **junior common room**) *n Br* UNIV ≃ foyer *m* des étudiants.

JCS *pl pr n* *abbr of* **Joint Chiefs of Staff**.

JD *pr n* *abbr of* **Justice Department**.

jealous ['dʒeləs] *adj* -**1.** [envious] jaloux; **he gets terribly ~** il a des crises de jalousie terribles; **she's ~ of her sister** elle est jalouse de sa sœur; **he became very ~ of her sudden success** sa réussite soudaine l'a rendu très jaloux. -**2.** [possessive] jaloux, possessif; **to be ~ of one's reputation** être jaloux de OR veiller à sa réputation.

jealously ['dʒeləslɪ] *adv* jalousement.

jealousy ['dʒeləsɪ] (*pl* **jealousies**) jalousie *f*.

jeans [dʒiːnz] *npl* jean *m*, blue-jean *m*; **a pair of ~** un jean.

Jedda ['dʒedə] *pr n* Djedda.

Jeep® [dʒiːp] *n* Jeep® *f*.

jeepers *inf* ['dʒiːpəz] *interj Am*: **~ (creepers)!** oh la la!

jeer [dʒɪəʳ] ◇ *vi* [scoff] railler, se moquer; [boo, hiss] pousser des cris hostiles OR de dérision; **everybody ~ed at me** ils se sont tous moqués de moi.
◇ *vt* huer, conspuer.
◇ *n* [scoffing] raillerie *f*; [boo, hiss] huée *f*.

jeering ['dʒɪərɪŋ] ◇ *adj* railleur, moqueur.
◇ *n (U)* [scoffing] railleries *fpl*; [boos, hisses] huées *fpl*.

Jehovah [dʒɪ'həʊvə] *pr n* Jéhovah; **~'s Witness** témoin de Jéhovah.

jejune [dʒɪ'dʒuːn] *adj lit* -**1.** [puerile] naïf, puéril. -**2.** [dull] ennuyeux, morne; [unrewarding] ingrat.

Jekyll and Hyde [,dʒekɪlənd'haɪd] *n*: **he's a real ~** c'est un véritable docteur Jekyll.

jell [dʒel] ◇ *vi* = **gel**.
◇ *n* *inf Am* = **jelly**.

jellied ['dʒelɪd] *adj* CULIN en gelée; **~ eels** anguilles *fpl* en gelée.

Jell-o® ['dʒeləʊ] *n Am* = **jelly 2**.

jelly ['dʒelɪ] (*pl* jellies) ◇ *n* -**1.** [gen] gelée *f*; **royal ~** gelée royale; **my legs feel like ~** j'ai les jambes en coton OR comme du coton; **my legs just turned to ~** j'en ai eu les jambes coupées, je n'avais plus de jambes. -**2.** *Br* CULIN [dessert] ≃ gelée *f*. -**3.** *Am* CULIN [jam] confiture *f*. -**4.** *mil sl* [gelignite] gélignite *f*.
◇ *vt* gélifier.

jelly baby (*pl* jelly babies) *n Br* bonbon *m (en forme de bébé)*.

jelly bean *n* dragée *f* à la gelée de sucre.

jellyfish ['dʒelɪfɪʃ] (*pl inv* OR **jellyfishes**) *n* méduse *f*.

jelly roll *n Am* (gâteau *m*) roulé *m*.

jemmy *inf* ['dʒemɪ] (*pl* **jemmies**, *pt* & *pp* **jemmied**) *Br* ◇ *n* pince-monseigneur *f*.
◇ *vt*: **to ~ a door (open)** ouvrir une porte avec une pince-monseigneur.

jenny ['dʒenɪ] (*pl* jennies) *n* -**1.** [female of bird or animal]: **~ wren** roitelet *m* femelle; **~** (ass) ânesse *f*. -**2.** [machine] = **spinning jenny**.

jeopardize, -ise ['dʒepədaɪz] *vt* compromettre, mettre en péril.

jeopardy ['dʒepədɪ] *n* danger *m*, péril *m*; **our future is in ~** notre avenir est en péril OR menacé OR compromis.

Jerba ['dʒɜːbə] = **Djerba**.

jerbil ['dʒɜːbɪl] = **gerbil**.

jerboa [dʒɜː'bəʊə] *n* gerboise *f*.

jeremiad [,dʒerɪ'maɪəd] *n lit* jérémiade *f*, lamentation *f*.

Jeremiah [,dʒerɪ'maɪə] ◇ *pr n* BIBLE Jérémie.
◇ *n fig* prophète *m* de malheur.

Jericho ['dʒerɪkəʊ] *pr n* Jéricho.

jerk [dʒɜːk] ◇ *vt* -**1.** [pull] tirer d'un coup sec, tirer brusquement; **the door was ~ed open** la porte s'ouvrit brusquement OR d'un coup sec. -**2.** [shake] secouer.
◇ *vi* -**1.** [jolt] cahoter, tressauter; **the train began to ~ violently** le train se mit à cahoter OR bringuebaler dans tous les sens; **to ~ to a halt** s'arrêter en cahotant. -**2.** [person - jump] sursauter; **to ~ awake** se réveiller en sursaut ‖ [person, muscle - twitch] se contracter; **her hand ~ed up instinctively** instinctivement, elle leva la main.
◇ *n* -**1.** [bump] secousse *f*, saccade *f*; **the train came to a halt with a ~** le train s'arrêta brutalement. -**2.** [wrench] coup *m* sec; **she gave the handle a ~** elle a tiré d'un coup sec sur la poignée. -**3.** [brusque movement] mouvement *m* brusque; **with a ~ of his head he indicated that I should leave** d'un brusque signe de la tête, il me fit comprendre qu'il me fallait partir; **to wake up with a ~** se réveiller en sursaut. -**4.** ▽ [person] con *m*. -**5.** = **jerky** *n*.
◆ **jerk off**▼ *vi insep* se branler.

jerkily ['dʒɜːkɪlɪ] *adv* par à-coups.

jerkin ['dʒɜːkɪn] *n* blouson *m*; HIST pourpoint *m*.

jerkoff▼ ['dʒɜːkɒf] *n* branleur *m*.

jerky ['dʒɜːkɪ] (*compar* **jerkier**, *superl* **jerkiest**) ◇ *n* viande *f* séchée; **beef ~** bœuf *m* séché.
◇ *adj* -**1.** [bumpy] saccadé; **a ~ ride** un trajet cahotant; **we got off to a ~ start** *fig* nos débuts ont été houleux. -**2.** ▽ *Am* [stupid] imbécile, con.

jeroboam [,dʒerə'bəʊəm] *n* jéroboam *m*.

Jeroboam [,dʒerə'bəʊəm] *pr n* Jéroboam.

Jerome [dʒə'rəʊm] *pr n*: **Saint ~** saint Jérôme.

jerry *inf* ['dʒerɪ] (*pl* **jerries**) *n Br* pot *m* de chambre.

Jerry▽ ['dʒerɪ] (*pl* **Jerries**) *n dated* & *offensive* [German] Fritz *m*, Boche *m*.

jerry-builder *n pej marchand de biens peu scrupuleux qui fait construire des maisons de mauvaise qualité.*

jerry-built *adj pej* [house, building] construit en carton-pâte, peu solide.

jerry can *n* jerrican *m*.

jersey ['dʒɜːzɪ] *n* -**1.** [pullover] pull-over *m*, tricot *m*; SPORT maillot *m*. -**2.** [fabric] jersey *m*.

Jersey ['dʒɜːzɪ] ◇ *pr n* Jersey; **in ~** à Jersey.
◇ *n* = **Jersey cow**.

Jersey cow *n* vache *f* jersiaise.

Jerusalem [dʒə'ruːsələm] *pr n* Jérusalem.

Jerusalem artichoke *n* topinambour *m*.

jest [dʒest] ◇ *n* plaisanterie *f*; **to say sthg in ~** dire qqch pour rire OR pour plaisanter ❑ **there's many a true word spoken in ~** *prov* il n'y a pas de meilleures vérités que celles dites en riant.
◇ *vi* plaisanter.

jester ['dʒestəʳ] *n* bouffon *m*, fou *m* (du roi); **court ~** bouffon de cour.

jesting ['dʒestɪŋ] *n (U)* plaisanterie *f*, plaisanteries *fpl*.

Jesuit ['dʒezjʊɪt] ◇ *n* jésuite *m*.
◇ *adj* jésuite; **~ priest** prêtre *m* jésuite.

jesuitic(al) [,dʒezjʊ'ɪtɪk(l)] *adj* jésuitique.

jesuitism ['dʒezjʊɪtɪzm] *n* jésuitisme *m*.

jesuitry ['dʒezjʊɪtrɪ] *n pej* jésuitisme *m*.

Jesus ['dʒiːzəs] ◇ *pr n* Jésus; **~ Christ** Jésus-Christ.
◇ *interj*: **~ (Christ)!**, **~ wept!**▽ nom de Dieu!

Jesus creepers▽ *npl Br* sandales *fpl*.

jet [dʒet] (*pt* & *pp* **jetted**, *cont* **jetting**) ◇ *n* -**1.** [aircraft] avion *m* à réaction, jet *m*. -**2.** [stream - of liquid] jet *m*, giclée *f*; [- of gas, steam] jet *m*. -**3.** [nozzle, outlet] gicleur *m*; [on gas cooker] brûleur *m*. -**4.** [gem] jais *m*.
◇ *vi* -**1.** *inf* [travel by jet] voyager en avion (à réaction); **they jetted (over) to Paris for the weekend** ils ont pris l'avion pour passer le week-end à Paris. -**2.** [issue forth - liquid] gicler, jaillir.
◇ *vt* -**1.** [transport by jet] transporter par avion (à réaction); **supplies are being jetted into** OR **to the disaster area** des avions apportent des vivres à la zone sinistrée. -**2.** [direct - liquid] faire gicler.
◇ *comp* -**1.** [fighter, bomber] à réaction; [transport, travel] en avion (à réaction); **~ fuel** kérosène *m*. -**2.** [made of jet - earrings, necklace] en jais.

jet black *adj* jais (*inv*), noir de jais.

jet engine *n* moteur *m* à réaction.

jetfoil ['dʒetfɔɪl] *n* hydroglisseur *m*.

jetlag ['dʒetlæg] *n* fatigue *f* due au décalage horaire; **I'm still suffering from ~** je suis encore sous le coup du décalage horaire.

jet-lagged [-lægd] *adj* fatigué par le décalage horaire; **I'm still a bit ~** je ne suis pas complètement remis du décalage horaire.

jetliner ['dʒetlaɪnəʳ] *n* avion *m* de ligne.

jet plane *n* avion *m* à réaction.

jet-powered, **jet-propelled** *adj* à réaction.

jetsam ['dʒetsəm] *n (U)* jet *m* à la mer.

jet set *inf n* jet-set *m*.

jet-setter *inf n* membre *m* du jet-set.

jet stream *n* jet-stream *m*, courant-jet *m*.

jettison ['dʒetɪsən] *vt* -**1.** NAUT jeter à la mer, jeter par-dessus bord; AERON [bombs, cargo] larguer. -**2.** *fig* [unwanted possession] se débarrasser de; [theory, hope] abandonner.

jetty ['dʒetɪ] (*pl* **jetties**) *n* [landing stage] embarcadère *m*, débarcadère *m*; [breakwater] jetée *f*, môle *m*.

Jew [dʒuː] *n* Juif *m*, -ive *f*; **the Wandering ~** le Juif errant.

jewel ['dʒuːəl] *n* -**1.** [precious stone] bijou *m*, joyau *m*, pierre *f* précieuse; **~ box** coffret *m* à bijoux ‖ [in clockmaking] rubis *m*; **a three-~ wristwatch** une montre trois rubis. -**2.** *fig* [person, thing] bijou *m*, perle *f*; **the new receptionist is an absolute ~** la nouvelle réceptionniste est une vraie perle.

jeweled *Am* = **jewelled**.

jeweler *Am* = **jeweller**.

jewelled *Br*, **jeweled** *Am* ['dʒuːəld] *adj* orné de bijoux; [watch] à rubis.

jeweller *Br*, **jeweler** *Am* ['dʒuːələʳ] *n* bijoutier *m*, -ère *f*, joaillier *m*, -ère *f*; **~'s (shop)** bijouterie *f*.

jewellery *Br*, **jewelry** *Am* ['dʒuːəlrɪ] *n (U)* bijoux *mpl*; **a piece of ~** un bijou.

Jewess ['dʒuːɪs] *n* Juive *f*.

Jewish ['dʒuːɪʃ] *adj* juif.

Jewry ['dʒʊərɪ] *n* [Jews collectively] la communauté juive.

jew's-harp *n* guimbarde *f*.

Jezebel ['dʒezəbl] ◇ *pr n* BIBLE Jézabel.
◇ *n lit* OR *hum* dévergondée *f*.

JFK (*abbr of* **John Fitzgerald Kennedy International Airport**) *pr n aéroport de New York.*

jib [dʒɪb] (*pt* & *pp* **jibbed**, *cont* **jibbing**) ◇ *n* -**1.** NAUT foc *m*; **I don't like the cut of his ~** [look] je n'aime pas son allure; [manner, behaviour] je n'aime pas ses façons de faire. -**2.** [of crane] flèche *f*, bras *m*.
◇ *vi Br* [horse] regimber; [person]: **to ~ (at sthg)** regimber OR rechigner (à qqch); **to ~ at doing sthg** rechigner à faire qqch.

jib boom *n* bâton *m* de foc.

jibe [dʒaɪb] ◇ *vi* -**1.** *inf Am* [agree] s'accorder, coller. -**2.** = **gibe**.
◇ *n* = **gibe**.

Jibouti [dʒɪ'buːtɪ] = **Djibouti**.

Jidda ['dʒɪdə] = **Jedda**.

jiffy *inf* ['dʒɪfɪ] (*pl* **jiffies**), **jiff** *inf* [dʒɪf] *n*: **to do sthg in a ~** faire qqch en un rien de temps OR en moins de deux; **I'll be back in a ~** je serai de retour dans une minute; **half a ~** une petite minute.

Jiffy bag® *n* enveloppe *f* matelassée.

jig [dʒɪg] (*pt* & *pp* **jigged**, *cont* **jigging**) ◇ *n* -**1.** [dance] gigue *f*. -**2.** TECH gabarit *m*. -**3.** FISHING leurre *m*.
◇ *vi* -**1.** [dance] danser allègrement. -**2.** *Br*: **to ~ (around** OR **about)** sautiller, se trémousser.
◇ *vt* [shake] secouer (légèrement).

jigger ['dʒɪgəʳ] *n* -**1.** [spirits measure] mesure *f (42 ml)*; **a ~ of gin/whisky** un petit verre de gin/whisky. -**2.** [golf club] fer *m* quatre. -**3.** [in billiards] chevalet *m*, appui-queue *m inv*. -**4.** NAUT tapecul *m*. -**5.** *inf Am* [thing] machin *m*, truc *m*. -**6.** *Br* [flea] chique *f*, puce-chique *f*.

jiggered *inf* ['dʒɪgəd] *adj* -**1.** [exhausted] crevé, vidé. -**2.** *Br* [as expletive]: **well, I'll be ~!** mince alors!; **I'm ~ if I'll do it!** pas question que je le fasse!

jiggery-pokery *inf* [,dʒɪgərɪ'pəʊkərɪ] *n (U) Br* micmacs *mpl*; **there's some ~ going on** il se passe des choses pas très catholiques.

jiggle ['dʒɪgl] ◇ *vt* secouer (légèrement); **you have to ~ the key a bit to get it in** il faut tourner et retourner un peu la clef pour la faire entrer dans la serrure.
◇ *vi*: **to ~ (about** OR **around)** se trémousser.
◇ *n* secousse *f*; **give it a ~** secoue-le un peu.

jigsaw ['dʒɪgsɔː] *n* -**1.** [game]: **the pieces of the ~ were beginning to fall into place** *fig* peu à peu tout devenait clair ❑ **~ (puzzle)** puzzle *m*. -**2.** [tool] scie *f* sauteuse.

jihad [dʒɪ'hɑːd] *n* djihad *m*.

jilt [dʒɪlt] *vt* quitter; **he ~ed her for someone else** il l'a plaquée pour une autre.

Jim Crow *n Am* -**1.** ▼ [person] *terme raciste et vieilli désignant un Noir*, ≃ nègre *m*. -**2.** [policy] politique *f* raciste; **~ laws** lois *fpl* ségrégationnistes.

jim-dandy *inf adj Am dial* chouette.

jimjams ['dʒɪmdʒæmz] *npl Br* -**1.** ▽ [excitement] agitation *f*; [nervousness] frousse *f*; **to have the ~** [excited] être excité comme une puce; [nervous] avoir la frousse OR les foies. -**2.** *inf* [pyjamas] *baby talk* pyjama *m*.

jimmy *inf* ['dʒɪmɪ] (*pl* **jimmies**, *pt* & *pp* **jimmied**) *Am* = **jemmy**.

jimson weed ['dʒɪmsn-] *n Am* stramoine *f*.

jingle ['dʒɪŋgl] ◇ *n* -**1.** [sound] tintement *m*. -**2.** RADIO & TV jingle *m*.
◇ *vi* tinter.
◇ *vt* faire tinter.

jingo *inf* ['dʒɪŋgəʊ] *n dated*: **by ~!** crénom de nom!

jingoism ['dʒɪŋgəʊɪzm] *n pej* chauvinisme *m*.

jingoist [ˈdʒɪŋgəʊɪst] *pej* ◇ *n* chauvin *m*, -e *f*, cocardier *m*, -ère *f*.
◇ *adj* = **jingoistic**.

jingoistic [ˌdʒɪŋgəʊˈɪstɪk] *adj pej* chauvin, cocardier.

jink [dʒɪŋk] ◇ *n* [movement] esquive *f*.
◇ *vi* zigzaguer, se faufiler; **he ~ed through the defence** SPORT il s'est faufilé à travers la défense adverse.

jinni [ˈdʒɪnɪ] (*pl* jinn [dʒɪn]) *n* djinn *m*.

jinx *inf* [dʒɪŋks] ◇ *n* malchance *f*, sort *m*; **there's a ~ on this car** cette voiture porte malheur OR la guigne; **to put a ~ on sb** jeter un sort à qqn.
◇ *vt* porter malheur à, jeter un sort à; **to be ~ed** être frappé par le sort OR poursuivi par le mauvais sort.

jitterbug [ˈdʒɪtəbʌg] ◇ *n* -**1.** [dance] jitterbug *m*. -**2.** *inf* [nervous person] nerveux *m*, -euse *f*.
◇ *vi* [dance] danser le jitterbug.

jitters *inf* [ˈdʒɪtəz] *npl* frousse *f*; **to have the ~** avoir la frousse OR le trac; **to give sb the ~** flanquer la frousse à qqn.

jittery *inf* [ˈdʒɪtərɪ] *adj* [person] nerveux; [situation] tendu, délicat; **he's always ~ before exams** il a toujours le trac avant un examen.

jiu-jitsu [dʒuːˈdʒɪtsuː] = **ju-jitsu**.

Jivaro [ˈhiːvərəʊ] (*pl inv*) *n* Jivaro *mf*.

jive [dʒaɪv] ◇ *n* -**1.** [dance] swing *m*. -**2.** [slang]: **~ (talk)** argot *m (employé par les Noirs américains, surtout les musiciens de jazz)*. -**3.** ▽ *Am* [lies, nonsense] baratin *m*, blabla *m*; **don't give me all that ~** arrête ton char.
◇ *vt* ▽ *Am* [deceive, mislead] baratiner, charrier; **stop jiving him** arrête de le charrier.
◇ *vi* -**1.** [dance] danser le swing. -**2.** ▽ *Am* [fool around] déconner; **stop jiving and get to work!** assez déconné, au boulot!
◇ *adj* ▽ *Am* [phoney, insincere] bidon *(inv)*.

Jnr (*written abbr of* Junior): **Michael Roberts ~** Michael Roberts fils.

Joan of Arc [ˌdʒəʊnəvˈɑːk] *pr n* Jeanne d'Arc.

job [dʒɒb] (*pt* & *pp* **jobbed**, *cont* **jobbing**)
◇ *n* -**1.** [occupation, employment] emploi *m*, travail *m*; **to find a ~** trouver du travail OR un emploi; **to look for a ~** chercher un emploi OR du travail; **to be out of a ~** être sans emploi OR au chômage; **a Saturday/summer ~** un boulot OR un job pour le samedi/l'été; **what's your ~?** quelle est votre profession?, que faites-vous (dans la vie)?; **what kind of ~ does she do?** qu'est-ce qu'elle fait comme travail?; **she's got a very good ~** elle a une très bonne situation OR place; **he took a ~ as a rep** il a pris un emploi de représentant; **hundreds of ~s have been lost** des centaines d'emplois ont été supprimés, des centaines de personnes ont été licenciées; **he really knows his ~** il connaît bien son métier OR son boulot; **he was sleeping on the ~** il dormait pendant le travail OR à son poste; **it's more than my ~'s worth** je risquerais ma place (si je faisais ça) ❑ **~s for the boys** *Br* copinage *m*. -**2.** [piece of work, task] travail *m*, tâche *f*; **the ~ took longer than expected** le travail a pris plus longtemps qu'on ne pensait; **to do a good ~** faire du bon travail OR du bon boulot; **try to do a better ~ next time** essayez de faire mieux la prochaine fois; **she made a good ~ of fixing the car** elle s'en est bien sortie pour réparer la voiture; **we need to concentrate on the ~ in hand** il faut se concentrer sur ce que nous sommes en train de faire; **the car needs a paint ~** *inf* la voiture aurait besoin d'un (bon) coup de peinture; **it's not perfect but it does the ~** *fig* ce n'est pas parfait mais ça fera l'affaire ❑ **to be on the ~** [working] être en train (de travailler); ▽ *Br* [having sex] être en train de faire l'amour. -**3.** [role, responsibility] travail *m*; **he was only doing his ~** il ne faisait que son travail; **it's not my ~** ce n'est pas mon travail; **it's not my ~ to answer questions** je ne suis pas là pour répondre à des questions; **she had the ~ of breaking the bad news** c'est elle qui était chargée d'annoncer les mauvaises nouvelles; **it's the children's ~ to do the dishes** c'est aux enfants de faire la vaisselle. -**4.** [difficult time]: **to have a ~ doing sthg** avoir du mal à faire qqch; **you've got quite a ~ ahead of you** tu as du travail en perspective OR de quoi faire. -**5.** [state of affairs]: **he's left the company, and a good ~ too!** il a quitté la société et personne ne s'en plaindra!; **it's a good ~ they were home** heureusement qu'ils étaient à la maison; **thanks for the map, it's just the ~** merci pour la carte, c'est exactement ce qu'il me fallait; **to give sb/sthg up as a bad ~** laisser tomber qqn/qqch qui n'en vaut pas la peine; **we decided to make the best of a bad ~** nous avons décidé de faire avec ce que nous avions. -**6.** *inf* [crime] coup *m*; **to pull a ~** faire un casse; **to do a ~ on sb** passer qqn à tabac; **the police think he was in on the ~** la police croit qu'il était dans le coup. -**7.** *inf* [item, specimen]: **he drives a flashy Italian ~** il conduit un petit bolide italien. -**8.** COMPUT tâche *f*.
◇ *vi* -**1.** [do piecework] travailler à la pièce; [work irregularly] faire des petits travaux OR boulots. -**2.** *Br* COMM: **he ~s in used cars** il revend des voitures d'occasion.
◇ *vt* -**1.** *Br* ST. EX négocier; **she ~s government securities** elle négocie des fonds d'État. -**2.** ▽ *Am* [swindle] arnaquer, truander; [betray] vendre.
◆ **job out** *vt sep* sous-traiter; **they jobbed out the work to three different firms** ils ont confié le travail à trois sous-traitants.

Job [dʒəʊb] *pr n* BIBLE Job; **she has the patience of ~** elle a une patience à toute épreuve ❑ **he's a real ~'s comforter** pour remonter le moral, tu peux lui faire confiance *iron*; **as poor as ~** pauvre comme Job.

job analysis *n* analyse *f* des tâches OR du travail.

jobber [ˈdʒɒbəʳ] *n Br* -**1.** ST.EX courtier *m*, -ère *f* (en Bourse). -**2.** [pieceworker] ouvrier *m*, -ère *f* à la pièce; [casual worker] journalier *m*, -ère *f*. -**3.** COMM [wholesaler] grossiste *mf*.

jobbery [ˈdʒɒbərɪ] *n Br* concussion *f*.

jobbing [ˈdʒɒbɪŋ] *adj Br*: **~ gardener** jardinier *m* à la journée; **~ tailor** tailleur *m* à façon; **~ workman** ouvrier *m* à la tâche.

Jobcentre [ˈdʒɒbˌsentəʳ] *n Br agence locale pour l'emploi*, ≃ ANPE *f*.

job creation *n* création *f* d'emplois; **~ scheme** programme *m* de création d'emplois.

job description *n* description *f* de poste.

job evaluation *n* ADMIN analyse *f* des postes.

jobholder [ˈdʒɒbˌhəʊldəʳ] *n* salarié *m*, -e *f*.

job hunting *n* recherche *f* d'un emploi.

jobless [ˈdʒɒblɪs] ◇ *adj* au chômage, sans emploi.
◇ *npl*: **the ~** les chômeurs *mpl*, les demandeurs *mpl* d'emploi.

joblessness [ˈdʒɒblɪsnɪs] *n* chômage *m*.

job lot *n Br* COMM lot *m*; **they sold off the surplus as a ~** ils ont vendu tout l'excédent en un seul lot.

job queue *n Br* COMPUT file *f* d'attente des tâches.

job satisfaction *n* satisfaction *f* professionnelle.

job security *n* sécurité *f* de l'emploi.

job sharing *n* partage *m* du travail.

job spec *inf n* description *f* d'emploi.

jobsworth *inf* [ˈdʒɒbzwəθ] *n Br* petit chef *m (qui invoque le règlement pour éviter toute initiative)*.

job title *n* titre *m* (de fonction).

Joburg, **Jo'burg** [ˈdʒəʊbɜːg] *abbr of* Johannesburg.

Jocasta [dʒəˈkæstə] *pr n* Jocaste.

jock *inf* [dʒɒk] *n* -**1.** *Am* sportif *m*. -**2.** [jockey] jockey *m*. -**3.** [disc jockey] disc-jockey *m*, animateur *m*, -trice *f*.

Jock *inf* [dʒɒk] *n* -**1.** *Scot* [term of address]: **hello, ~!** salut, vieux! -**2.** [Scottish soldier] soldat *m* écossais.

jockey [ˈdʒɒkɪ] ◇ *n* -**1.** SPORT jockey *m*. -**2.** *inf Am* [driver] conducteur *m*, -trice *f*; [operator] opérateur *m*, -trice *f*; **desk ~** *hum* rond-de-cuir *m*; **elevator ~** liftier *m*; **truck ~** routier *m*.
◇ *vt* -**1.** [horse] monter. -**2.** [trick] manipuler, manœuvrer; **they ~ed him into lending them money** ils l'ont adroitement OR habilement amené à leur prêter de l'argent.
◇ *vi*: **to ~ for position** [in race] essayer de se placer avantageusement; **the companies were all ~ing for position** *fig* toutes les entreprises essayaient de se placer.

jockey cap *n* casquette *f* de jockey.

Jockey shorts® *npl* caleçon *m*.

jockstrap [ˈdʒɒkstræp] *n* suspensoir *m*.

jocose [dʒəˈkəʊs] *lit* = **jocular 1**.

jocular [ˈdʒɒkjʊləʳ] *adj* -**1.** [jovial] gai, jovial, enjoué. -**2.** [facetious] facétieux, badin; **a ~ remark** une remarque facétieuse.

jocularity [ˌdʒɒkjʊˈlærɪtɪ] *n* jovialité *f*.

jocularly [ˈdʒɒkjʊləlɪ] *adv* jovialement.

jocund [ˈdʒɒkənd] *adj lit* gai, jovial.

Jodhpur [ˌdʒɒdˈpʊəʳ] *pr n* Jodhpur.

jodhpurs [ˈdʒɒdpəz] *npl* jodhpurs *mpl*.

Joe *inf* [dʒəʊ] *n Am* -**1.** [man] type *m*, gars *m*. -**2.** [GI] soldat *m*, GI *m*.

Joe Bloggs *inf* [-blɒgz] *Br*, **Joe Blow** *inf Am* & *Austr n* Monsieur Tout le Monde.

Joe College *inf n Am* UNIV l'étudiant *m* type.

Joe Public *inf n* Monsieur Tout le Monde.

Joe Six-pack *n* l'Américain *m* moyen.

Joe Soap *inf n Br* Monsieur Tout le Monde.

joey *inf* [ˈdʒəʊɪ] *n Austr* -**1.** [kangaroo] jeune kangourou *m*. -**2.** [child] môme *mf*, marmot *m*.

jog [dʒɒg] (*pt* & *pp* **jogged**, *cont* **jogging**) ◇ *n* -**1.** [slow run] jogging *m*; EQUIT petit trot *m*; **to go for a ~** aller faire un jogging. -**2.** [push] légère poussée *f*; [nudge] coup *m* de coude.
◇ *vi* -**1.** [run] courir à petites foulées; [for fitness] faire du jogging; **she ~s to work every morning** tous les matins, elle va travailler en joggant. -**2.** [bump] se balancer; **his rifle jogged against his back** son fusil se balançait dans son dos.
◇ *vt* [nudge] donner un léger coup à; **to ~ sb's memory** *fig* rafraîchir la mémoire de qqn.
◆ **jog along** *vi insep* -**1.** EQUIT trottiner, aller au petit trot. -**2.** *fig* suivre son cours; **my work is jogging along pretty steadily** mon travail avance assez bien.

jogger [ˈdʒɒgəʳ] *n* jogger *mf*, joggeur *m*, -euse *f*.

jogging [ˈdʒɒgɪŋ] *n* jogging *m*; **to go ~** faire du jogging ❑ **~ suit** jogging *m*.

joggle [ˈdʒɒgl] ◇ *vt* -**1.** [shake] secouer (légèrement). -**2.** CONSTR fixer, assembler *(au moyen d'une cheville ou d'un goujon)*.
◇ *vi* cahoter, ballotter; **the truck ~d along the track** le camion cahotait sur la piste.
◇ *n* -**1.** [shake, jolt] secousse *f*. -**2.** CONSTR cheville *f*, goujon *m*.

jog trot *n* petit trot *m*.
◆ **jog-trot** *vi* trottiner, aller au petit trot.

Johannesburg [dʒəˈhænɪsbɜːg] *pr n* Johannesburg.

john [dʒɒn] *n Am* -**1.** *inf* [lavatory] waters *mpl*, W-C *mpl*. -**2.** ▽ [prostitute's client] micheton *m*.

John [dʒɒn] *pr n*: **Saint ~** saint Jean; **the Gospel According to (Saint) ~** l'Évangile selon saint Jean; **(Saint) ~ the Baptist** (saint) Jean-Baptiste; **~ Lackland** Jean sans Terre.

John Birch Society [-bɜːtʃ-] *pr n organisation conservatrice américaine, particulièrement hostile au communisme, influente dans les années 50-60.*

John Bull *pr n* John Bull *(personnification de la nation anglaise, du peuple anglais)*.

John Doe [-dəʊ] *pr n Am* l'Américain *m* moyen.

John Dory [-ˈdɔːrɪ] *n* saint-pierre *m inv*.

John Hancock *inf* [-ˈhænkɒk] *n Am* signature *f*; **to lay one's ~** *apposer sa signature au bas d'un document*.

johnny [ˈdʒɒnɪ] (*pl* **johnnies**) *n Br* -**1.** *inf dated* [man] type *m*, gars *m*. -**2.** ▽ *Br* [condom]: **(rubber) ~** capote *f* anglaise.

Johnny-come-lately *inf n* [newcomer] nouveau venu *m*; *pej* [upstart] parvenu *m*.

John o'Groats [-ə'grəʊts] *pr n village d'Écosse qui marque le point le plus septentrional de la Grande-Bretagne continentale.*

join [dʒɔɪn] ◇ *vt* -**1.** [political party, club etc] adhérer à; **so you've been burgled too? ~ the club!** alors, toi aussi tu as été cambriolé? tu n'es pas le seul! || [armed forces] s'engager dans; **~ the army!** engagez-vous! -**2.** [join company with, meet] rejoindre; **I'll ~ you later** je vous rejoindrai OR retrouverai plus tard; **she ~ed the procession** elle se joignit au cortège; **I ~ed the queue at the ticket office** j'ai fait la queue au guichet; **to ~ one's ship** rallier son navire; **to ~ one's regiment** rejoindre son régiment; **they ~ed us for lunch** ils nous ont retrouvés pour déjeuner; **will you ~ me for** OR **in a drink?** vous prendrez bien un verre avec moi? || [in activity or common purpose] se joindre à; **he didn't want to ~ the dancing** il n'a pas voulu se joindre OR se mêler aux danseurs; **my wife ~s me in offering our sincere condolences** ma femme se joint à moi pour vous adresser nos sincères condoléances. -**3.** [attach, fasten] joindre, raccorder; **to ~ (up) the two ends of a rope** nouer les deux bouts d'une corde; **you have to ~ these two electric wires** il faut raccorder ces deux fils électriques; **the workmen ~ed the pipes (together)** les ouvriers ont raccordé les tuyaux. -**4.** [unite] relier, unir; **to be ~ed in marriage** OR **matrimony** être uni par les liens du mariage; **to ~ hands** [in prayer] joindre les mains; [link hands] se donner la main; **we must ~ forces (against the enemy)** nous devons unir nos forces (contre l'ennemi); **she ~ed forces with her brother** elle s'est alliée à son frère; **to ~ battle (with)** entrer en lutte (avec), engager le combat (avec). -**5.** [intersect with] rejoindre; **does this path ~ the main road?** est-ce que ce chemin rejoint la grand-route?; **we camped where the stream ~s the river** nous avons campé là où le ruisseau rejoint la rivière.

◇ *vi* -**1.** [become a member] devenir membre. -**2.** [meet, come together] se rejoindre. -**3.** [form an alliance] s'unir, se joindre; **they ~ed together to fight drug trafficking** ils se sont unis pour lutter contre le trafic de drogue; **we all ~ with you in your sorrow** [sympathize] nous nous associons tous à votre douleur.

◇ *n* [in broken china, wallpaper] (ligne *f* de) raccord *m*; SEW couture *f*.

◆ **join in** ◇ *vi insep*: **she started singing and the others ~ ed in** elle a commencé à chanter et les autres se sont mis à chanter avec elle.

◇ *vt insep* participer à; **she never ~s in the conversation** elle ne participe jamais à la conversation; **he ~ed in the protest** il s'associa aux protestations; **all ~ in the chorus!** reprenez tous le refrain en chœur!

◆ **join on** ◇ *vi insep* s'attacher; **where does this part ~ on?** où cette pièce vient-elle se rattacher?

◇ *vt sep* attacher, ajouter; **we got off the train while they were ~ing on more coaches** nous sommes descendus du train pendant que l'on accrochait de nouveaux wagons.

◆ **join up** ◇ *vi insep* MIL s'engager.

◇ *vt sep* = **join** *vt* **3**.

joiner ['dʒɔɪnə^r] *n* -**1.** [carpenter] menuisier *m*. -**2.** *inf* [member of many clubs]: **he's a real ~** il est de toutes les bonnes causes; **he's not really a ~** il n'est pas très sociable.

joinery ['dʒɔɪnərɪ] *n* menuiserie *f*.

joint [dʒɔɪnt] ◇ *n* -**1.** [gen & CONSTR] assemblage *m*; MECH joint *m*. -**2.** ANAT articulation *f*, jointure *f*; **to put one's shoulder out of ~** se démettre OR se déboîter l'épaule; **the change in schedule has put everything out of ~** *fig* le changement de programme a tout chamboulé. -**3.** *Br* CULIN rôti *m*. -**4.** *inf* [night club] boîte *f*; [bar] troquet *m*, boui-boui *m*; [gambling house] tripot *m pej*. -**5.** *inf Am* [house] baraque *f*; **nice ~ you have here!** c'est pas mal chez toi! -**6.** *drugs sl* joint *m*.

◇ *adj* -**1.** [united, combined] conjugué, commun; **to take ~ action** mener une action commune; **thanks to their ~ efforts...** grâce à leurs efforts conjugués... -**2.** [shared, collective] joint, commun; **~ account** BANK compte *m* joint; **~ agreement** [gen] accord *m* commun; INDUST convention *f* collective; **~ committee** [gen] commission *f* mixte; INDUST comité *m* paritaire; **~ custody** JUR garde *f* conjointe; **~ ownership** copropriété *f*; **~ property** biens *mpl* communs; **~ resolution** *Am* POL ≃ projet *m* de loi; **~ responsibility** OR **liability** responsabilité *f* conjointe; **~ tenancy** location *f* commune; **~ venture** entreprise *f* commune, joint-venture *m*. -**3.** [associate]: **~ author** coauteur *m*; **~ heir** cohéritier *m*; **~ owner** copropriétaire *mf*.

◇ *vt* -**1.** MECH assembler, emboîter. -**2.** *Br* CULIN découper.

Joint Chiefs of Staff *pl pr n*: **the ~** *organe consultatif du ministère américain de la Défense, composé des chefs d'état-major des trois armes.*

jointed ['dʒɔɪntɪd] *adj* articulé.

join-the-dots *n (U) Br jeu qui consiste à relier des points numérotés pour découvrir un dessin.*

jointly ['dʒɔɪntlɪ] *adv* conjointement; **the house is ~ owned** la maison est en copropriété; **~ liable** JUR coresponsable, conjointement responsable.

joint-stock company *n Br* société *f* par actions.

jointure ['dʒɔɪntʃə^r] *n* JUR douaire *m*.

joist [dʒɔɪst] *n* solive *f*.

jojoba [həʊ'həʊbə] *n* jojoba *m*.

joke [dʒəʊk] ◇ *n* -**1.** [verbal] plaisanterie *f*; **to tell a ~** raconter une plaisanterie; **to make a ~ of** OR **about sthg** plaisanter sur OR à propos de qqch; **we did it for a ~** nous l'avons fait pour rire OR pour rigoler; **I don't get** OR **see the ~** je ne comprends pas l'astuce; **he can't take a ~** il ne comprend pas la plaisanterie; **it's gone beyond a ~** la plaisanterie a assez duré; **it's a private ~** c'est une plaisanterie entre nous/eux; **the test was a ~!** [easy] ce test, c'était de la rigolade!; **it was no ~ climbing that cliff!** escalader cette falaise, ce n'était pas de la tarte OR de la rigolade!; **the new legislation is just a ~** la nouvelle législation est une plaisanterie. -**2.** [prank] plaisanterie *f*, farce *f*; **to play a ~ on sb** jouer un tour à qqn, faire une farce à qqn; **the ~ is on you** la plaisanterie s'est retournée contre toi. -**3.** [laughing stock] risée *f*; **his staff just regard him as a ~** il est la risée de tous ses employés.

◇ *vi* plaisanter; **I was only joking** je ne faisais que plaisanter; **you must be joking, you have (got) to be joking!** vous plaisantez!, vous n'êtes pas sérieux!; **Tom's passed his driving test — you're joking!** Tom a eu son permis de conduire — sans blague! OR tu veux rire?; **they often ~ about his accent** ils se moquent souvent de son accent.

joker ['dʒəʊkə^r] *n* -**1.** [funny person] farceur *m*, -euse *f*; *pej* [frivolous person] plaisantin *m*. -**2.** [in cards] joker *m*. -**3.** ▽ [man] type *m*, mec *m*. -**4.** [clause] clause *f* contradictoire; **the contract contained a ~** le contrat contenait une clause piège.

jokey *inf* ['dʒəʊkɪ] (*compar* **jokier**, *superl* **jokiest**) *adj* comique.

joking ['dʒəʊkɪŋ] ◇ *adj* badin.

◇ *n (U)* plaisanterie *f*, plaisanteries *fpl*; **~ apart** OR **aside** plaisanterie mise à part, blague à part.

jokingly ['dʒəʊkɪŋlɪ] *adv* en plaisantant, pour plaisanter.

joky *inf* ['dʒəʊkɪ] = **jokey**.

jollifications [dʒɒlɪfɪ'keɪʃnz] *npl hum* réjouissances *fpl*.

jollify ['dʒɒlɪfaɪ] (*pt & pp* **jollified**) *vt* égayer.

jollity ['dʒɒlətɪ] (*pl* **jollities**) *n* entrain *m*, gaieté *f*.

jolly ['dʒɒlɪ] (*compar* **jollier**, *superl* **jolliest**, *pt & pp* **jollied**) ◇ *adj* -**1.** [person] gai, joyeux, jovial; **what are you so ~ about?** qu'est-ce qui te met de si bonne humeur? -**2.** *Br* [enjoyable] agréable, plaisant; **we had a very ~ time** nous nous sommes bien amusés ❑ **~ hockey sticks** *expression parodique utilisée en parlant d'une femme bourgeoise, éduquée dans une public school, caractérisée par un enthousiasme débordant et une certaine naïveté.*

◇ *adv Br* rudement, drôlement; **it's a ~ good thing he came** c'est rudement bien qu'il soit venu; **a ~ good fellow** un chic type; **you'll ~ well do what you're told!** tu feras ce qu'on te dit de faire, un point c'est tout!; **it ~ well serves them right!** c'est vraiment bien fait pour eux!

◇ *vt Br* [coax] enjôler, entortiller; **she jollied me into going** avec ses paroles enjôleuses, elle a fini par me convaincre d'y aller; **he'll come if you ~ him along a bit** il viendra si tu le pousses un peu.

◆ **jolly up** *vt sep Br* égayer; **we jollied up the room with some posters** nous avons égayé la pièce avec des affiches.

jolly boat ['dʒɒlɪ-] *n* chaloupe *f*, canot *m*.

Jolly Roger [-'rɒdʒə^r] *n* pavillon *m* noir, drapeau *m* de pirate.

jolt [dʒəʊlt] ◇ *vt* -**1.** [physically] secouer; **the passengers were ~ed about in the bus** les passagers étaient secoués dans le bus. -**2.** [mentally] secouer, choquer; **to ~ sb into action** pousser qqn à agir.

◇ *vi* cahoter; **the jeep ~ed along the track** la jeep avançait en cahotant sur la piste.

◇ *n* -**1.** [jar] secousse *f*, coup *m*; **the fall gave his spine a ~** dans sa chute, il a reçu un choc à la colonne vertébrale. -**2.** [start] sursaut *m*, choc *m*; **to wake up with a ~** se réveiller en sursaut.

Jonah ['dʒəʊnə] *pr n* Jonas.

Jonathan ['dʒɒnəθən] *pr n* Jonathan.

Joneses ['dʒəʊnzɪz] *npl*: **to keep up with the ~** *inf* vouloir faire aussi bien que le voisin, ne pas vouloir être en reste.

jonquil ['dʒɒŋkwɪl] *n* (petite) jonquille *f*.

Jordan ['dʒɔːdn] *pr n* Jordanie *f*; **in ~** en Jordanie; **the (River) ~** le Jourdain.

Jordanian [dʒɔː'deɪnjən] ◇ *n* Jordanien *m*, -enne *f*.

◇ *adj* jordanien.

Joseph ['dʒəʊzɪf] *pr n* Joseph; **~ of Aramathea** Joseph d'Arimathie.

Josephine ['dʒəʊzəfiːn] *pr n*: **the Empress ~** l'impératrice *f* Joséphine.

josh *inf* [dʒɒʃ] ◇ *vi* blaguer; **I'm only ~ing** je plaisante.

◇ *vt* charrier.

◇ *n* quolibet *m*, moquerie *f*.

Joshua ['dʒɒʃʊə] *pr n* Josué.

Josiah [dʒəʊ'saɪə] *pr n* Josias.

joss stick [dʒɒs-] *n* bâtonnet *m* d'encens.

jostle ['dʒɒsl] ◇ *vi* se bousculer; **they were jostling for seats** ils se bousculaient pour avoir des places.

◇ *vt* bousculer, heurter; **she was ~d by the demonstrators** elle a été bousculée par les manifestants.

◇ *n* bousculade *f*.

jot [dʒɒt] (*pt & pp* **jotted**, *cont* **jotting**) *n*: **it won't change his mind one ~** ça ne le fera absolument pas changer d'avis; **there isn't a ~ of truth in what he says** il n'y a pas un brin de vérité dans ce qu'il raconte; **it doesn't matter a ~** cela n'a pas la moindre importance; **not one ~ or tittle** pas un iota.

◆ **jot down** *vt sep* noter, prendre note de; **she jotted a few ideas down before the meeting** elle a rapidement noté quelques idées avant la réunion.

jotter ['dʒɒtə^r] *n Br* [exercise book] cahier *m*, carnet *m*; [pad] bloc-notes *m*.

jotting ['dʒɒtɪŋ] *n* note *f*; **her private ~s** ses notes personnelles.

joual [ʒwaːl] *n* joual *m*.

joule [dʒuːl] *n* joule *m*.

journal ['dʒɜːnl] *n* -**1.** [publication] revue *f*. -**2.** [diary] journal *m* intime. -**3.** NAUT [logbook] journal *m* de bord. -**4.** JUR procès-verbal *m*. -**5.** MECH tourillon *m*; ~ **bearing** palier *m* (de tourillon).

journalese [ˌdʒɜːnə'liːz] *n pej* jargon *m* journalistique.

journalism ['dʒɜːnəlɪzm] *n* journalisme *m*.

journalist ['dʒɜːnəlɪst] *n* journaliste *mf*.

journalistic [dʒɜːnə'lɪstɪc] *adj* journalistique.

journey ['dʒɜːnɪ] ◇ *n* -**1.** [gen] voyage *m*; **to set out on a ~** partir en voyage; **she went on a ~ to Europe** elle a fait un voyage en Europe; **the ~ back** OR **home** le (voyage du) retour; **to break one's ~** [in plane, bus] faire escale; [in car] faire une halte, s'arrêter; **to reach (one's) ~'s end** [arrive] arriver à destination; [die] arriver au bout du voyage; **the ~ into adulthood** *fig* le passage à l'âge adulte. -**2.** [shorter distance] trajet *m*; **a short tube ~** un court trajet en métro; **the ~ to work takes me ten minutes** je mets dix minutes pour aller à mon travail.
◇ *vi fml* voyager.

journeyman ['dʒɜːnɪmən] (*pl* **journeymen** [-mən]) *n* -**1.** [qualified apprentice] compagnon *m*. -**2.** *arch* [day-worker] journalier *m*.

journo *inf* ['dʒɜːnəʊ] *n* *abbr of* journalist.

joust [dʒaʊst] ◇ *n* joute *f*.
◇ *vi* jouter.

Jove [dʒəʊv] *pr n* Jupiter; **by ~!** *inf Br dated* par Jupiter!

jovial ['dʒəʊvjəl] *adj* jovial, enjoué.

joviality [ˌdʒəʊvɪ'ælətɪ] *n* jovialité *f*, entrain *m*.

jovially ['dʒəʊvjəlɪ] *adv* jovialement.

jowl [dʒaʊl] *n* -**1.** [jaw] mâchoire *f*. -**2.** [cheek] joue *f*; **he has heavy ~s** il a les joues flasques.

-jowled [dʒaʊld] *in cpds*: **a heavy~ man** un homme aux joues flasques.

joy [dʒɔɪ] *n* -**1.** [pleasure] joie *f*; **to shout with** OR **for ~** crier de joie; **she moved out, to the great ~ of her neighbours** elle a déménagé, à la grande joie de ses voisins; **her grandchildren are a great ~ to her** ses petits-enfants sont la joie de sa vie; **it was a ~ to see him laughing again** c'était un plaisir de le voir rire à nouveau; **the ~s of gardening** les plaisirs OR les charmes du jardinage. -**2.** *inf* [luck, satisfaction]: **they had no ~ at the casino** ils n'ont pas eu de chance au casino; **any ~ at the job centre?** tu as trouvé quelque chose à l'agence pour l'emploi?; **you'll get no ~ out of her** tu n'as pas grand-chose à attendre d'elle.

Joycean ['dʒɔɪsɪən] *adj* de (James) Joyce.

joyful ['dʒɔɪfʊl] *adj* joyeux, enjoué.

joyfully ['dʒɔɪfʊlɪ] *adv* joyeusement.

joyfulness ['dʒɔɪfʊlnɪs] *n* joie *f*, allégresse *f*.

joyless ['dʒɔɪlɪs] *adj* [unhappy] triste, sans joie; [dull] morne, maussade.

joyous ['dʒɔɪəs] *adj lit* joyeux.

joyously ['dʒɔɪəslɪ] *adv* joyeusement.

joyride ['dʒɔɪraɪd] ◇ *n*: **they went for a ~** ils ont volé une voiture pour aller faire un tour.
◇ *vi*: **to go joyriding** faire une virée dans une voiture volée; **they were had up for joyriding** ils ont été convoqués devant les tribunaux pour vol de voiture.

joyrider ['dʒɔɪraɪdəʳ] *n personne qui vole une voiture pour faire un tour.*

joystick ['dʒɔɪstɪk] *n* -**1.** AERON manche *m* à balai. -**2.** COMPUT manette *f* (de jeux).

JP (*abbr of* Justice of the Peace) *n Br* ≃ juge d'instance.

JUSTICE OF THE PEACE:
Les «JPs» sont nommés par le Lord Chancellor. Ce sont en général des notables locaux (médecins, propriétaires terriens) jouissant d'une bonne réputation.

Jr. (*written abbr of* Junior) junior, fils.

jubilant ['dʒuːbɪlənt] *adj* débordant de joie, radieux; **the Prime Minister was ~ at the election results** le Premier ministre fut transporté de joie à la vue des résultats du scrutin; **the ~ champion** le champion radieux; **he gave a ~ shout** il poussa un cri de joie.

jubilation [ˌdʒuːbɪ'leɪʃn] *n (U)* [rejoicing] joie *f*, jubilation *f*; [celebration] réjouissances *fpl*.

jubilee ['dʒuːbɪliː] *n* jubilé *m*; **the Queen's silver ~** les 25 ans de règne de la Reine.

Judaea [dʒuː'dɪə] *pr n* Judée *f*; **in ~** en Judée.

Judaeo-Christian [dʒuː'diːəʊ-] *adj* judéo-chrétien.

Judah ['dʒuːdə] *pr n* Juda.

Judaic [dʒuː'deɪɪk] *adj* judaïque.

Judaica [dʒuː'deɪkə] *npl* [literature] littérature *f* judaïque; [objects] objets *mpl* ayant trait à la culture judaïque.

Judaism ['dʒuːdeɪɪzm] *n* judaïsme *m*.

judas ['dʒuːdəs] *n* [peephole] judas.

Judas ['dʒuːdəs] ◇ *pr n* BIBLE Judas; **~ Iscariot** Judas Iscariote.
◇ *n* [traitor] judas *m*.

Judas tree *n* arbre *m* de Judée, gainier *m*.

judder ['dʒʌdəʳ] ◇ *vi Br* [gen] vibrer; [brakes, clutch] brouter; **the bus ~ed to a halt** le bus s'est arrêté en cahotant.
◇ *n* trépidation *f*; [of vehicle, machine] broutement *m*.

Jude [dʒuːd] *pr n* Jude; **'~ the Obscure'** *Hardy* 'Jude l'obscur'.

Judea [dʒuː'dɪə] = **Judaea**.

Judeo-Christian [dʒuː'diːəʊ-] = **Judaeo-Christian**.

judge [dʒʌdʒ] ◇ *n* -**1.** JUR juge *m*; **presiding ~** président *m* du tribunal. -**2.** [in a competition] membre *m* du jury; SPORT juge *m*; **the ~s were divided** le jury était partagé. -**3.** *fig* juge *m*; **I'll let you be the ~ of that** je vous laisse juge; **he's a bad ~ of character** il manque de psychologie; **Bob is an excellent ~ of** OR **in such matters** Bob est un excellent juge en la matière.
◇ *vt* -**1.** [pass judgment on, adjudicate] juger; **the case will be ~d tomorrow** l'affaire sera jugée demain; **a panel of critics ~d the competition** le concours a été jugé par un panel de critiques; **don't ~ him too harshly** ne le juge pas trop sévèrement. -**2.** [consider] juger, considérer; **she ~d it her duty to protest** elle a considéré qu'il était de son devoir de protester || [estimate] juger de, estimer; **can you ~ the distance?** peux-tu estimer OR évaluer la distance?; **I'd ~ him to be about thirty** je lui donnerais la trentaine.
◇ *vi* juger; **if you don't believe me, ~ for yourself** si vous ne me croyez pas, jugez-en par vous-même; **it isn't for me to ~** ce n'est pas à moi d'en juger; **you're in no position to ~** vous n'êtes pas en mesure d'en juger; **as far as I can** pour autant que je puisse en juger; **judging from** OR **by what he said** si j'en juge par ce qu'il a dit; **to ~ from** OR **by her accent** à en juger par son accent, d'après son accent.
◆ **Judges** *n*: (the book of) Judges BIBLE (le livre des) Juges.

judge advocate (*pl* judge advocates) *n* MIL assesseur *m (d'un tribunal militaire)*; **~ general** assesseur *m* général.

judgement *etc* ['dʒʌdʒmənt] = **judgment**.

judgment ['dʒʌdʒmənt] *n* -**1.** JUR & RELIG jugement *m*; **to pass ~ on sb/sthg** porter un jugement sur qqn/qqch; **to pass ~ on a prisoner** juger un prisonnier; **to sit in ~ on a case** juger une affaire; **they have no right to sit in ~ over us!** ils n'ont pas le droit de nous juger! ❑ **'The Judgment'** *Kafka* 'le Verdict'. -**2.** [opinion] jugement *m*, opinion *f*, avis *m*; **we will have to reserve ~ on the new arrangements** *fig* nous devrons attendre avant de nous prononcer sur les nouvelles dispositions; **against my better ~ we decided to go** malgré mon avis, nous avons décidé d'y aller. -**3.** [discernment] jugement *m*, discernement *m*; **he is a man of ~** c'est un homme perspicace.

judgmental [dʒʌdʒ'mentl] *adj* [person - by nature] enclin à juger OR à critiquer; **I'm not being ~** ce n'est pas une critique que je vous fais.

Judgment Day *n* (jour *m* du) Jugement *m* dernier.

judicature ['dʒuːdɪkətʃəʳ] *n* JUR -**1.** [judge's authority] justice *f*. -**2.** [court's jurisdiction] juridiction *f*; **court of ~** cour *f* de justice. -**3.** [judges collectively] magistrature *f*.

judicial [dʒuː'dɪʃl] *adj* -**1.** JUR judiciaire; **to take** OR **to bring ~ proceedings against sb** attaquer qqn en justice ❑ **~ inquiry** enquête *f* judiciaire; **~ review** *Am* [of ruling] examen *m* d'une décision de justice *(par une juridiction supérieure)*; [of law] examen de la constitutionnalité d'une loi; **~ separation** séparation *f* de corps. -**2.** [impartial] impartial, critique; **a ~ mind** un esprit critique.

judicially [dʒuː'dɪʃəlɪ] *adv* judiciairement.

judiciary [dʒuː'dɪʃərɪ] ◇ *adj* judiciaire.
◇ *n* -**1.** [judicial authority] pouvoir *m* judiciaire. -**2.** [judges collectively] magistrature *f*.

judicious [dʒuː'dɪʃəs] *adj* judicieux.

judiciously [dʒuː'dɪʃəslɪ] *adv* judicieusement.

Judith ['dʒuːdɪθ] *pr n* Judith.

judo ['dʒuːdəʊ] *n* judo *m*.

judoka ['dʒuːdəʊkə] *n* judoka *mf*.

Judy▽ ['dʒuːdɪ] (*pl* **Judies**) *n Br dated* nana *f*, gonzesse *f*.

jug [dʒʌg] (*pt* & *pp* **jugged**, *cont* **jugging**) ◇ *n* -**1.** *Br* [small - for milk] pot *m*; [- for water] carafe *f*; [- for wine] pichet *m*, carafe *f*; [large - earthenware] cruche *f*; [- metal, plastic] broc *m*; **a ~ of wine** une carafe de vin ❑ **wine ~** carafe *f* à vin. -**2.** ▽ *Br* [jail] tôle *f*, taule *f*, cabane *f*; **five years in ~** cinq ans en tôle. -**3.** *Am* [narrow-necked] bonbonne *f*.
◇ *vt* -**1.** CULIN cuire à l'étouffée OR à l'étuvée. -**2.** ▽[imprison] mettre en taule OR en cabane, coffrer.

jug band *n Am* orchestre *m* de folk ou de jazz *(jouant avec des instruments de fortune)*.

jugful ['dʒʌgfʊl] *n* (contenu *m* d'un) pot *m*, (contenu *m* d'une) carafe *f*; **he drank a whole ~ of water** il a bu toute une carafe d'eau.

jugged hare [dʒʌgd-] *n* lièvre *m* à l'étouffée.

juggernaut ['dʒʌgənɔːt] *n* -**1.** *Br* [large lorry] gros poids lourd *m*. -**2.** [force] force *f* fatale; **the ~ of history** la force aveugle de l'histoire; **the ~ of war** le pouvoir destructeur de la guerre.

juggle ['dʒʌgl] ◇ *vi* [as entertainment] jongler; **to ~ with** [figures, dates] jongler avec.
◇ *vt literal* & *fig* jongler avec; **he ~d all the different possibilities** *fig* il envisagea toutes les possibilités.
◇ *n* jonglerie *f*.

juggler ['dʒʌgləʳ] *n* -**1.** [entertainer] jongleur *m*, -euse *f*. -**2.** [deceitful person] tricheur *m*, -euse *f*.

juggling ['dʒʌglɪŋ], **jugglery** ['dʒʌglərɪ] *n literal* & *fig* jonglerie *f*.

Jugoslavia *etc* [ˌjuːgəʊ'slɑːvjə] = **Yugoslavia**.

jugular ['dʒʌgjʊləʳ] ◇ *adj* jugulaire; **~ vein** jugulaire *f*.
◇ *n* jugulaire *f*; **to go for the ~** *inf* attaquer qqn sur ses points faibles.

juice [dʒuːs] ◇ *n* -**1.** CULIN jus *m*; **apple ~** jus de pomme; **meat ~** jus de viande. -**2.** BIOL suc *m*; **gastric ~** suc gastrique. -**3.** *inf* [electricity] jus *m*; [petrol] essence *f*. -**4.** *inf Am* [spirits] tord-boyaux *m*; [wine] pinard *m*.
◇ *vt* [fruit] presser.
◆ **juice up** *vt sep Am* -**1.** *inf* [battery] recharger. -**2.** *inf* [enliven] égayer, animer. -**3.** ▽ [intoxicate] soûler; **he got ~d up on whisky** il s'est soûlé au whisky.

juice extractor *n* presse-fruits *m inv*.

juicer ['dʒuːsəʳ] *n* presse-fruits *m inv*.

juiciness ['dʒuːsɪnɪs] *n* -**1.** [of fruit]: **I chose these oranges for their ~** j'ai choisi ces oranges parce qu'elles sont juteuses. -**2.** *inf* [of story] piquant *m*.

juicy ['dʒuːsɪ] (*compar* **juicier**, *superl* **juiciest**) *adj* -**1.** [fruit] juteux. -**2.** *inf* [profitable] juteux; **a ~ deal** une affaire juteuse. -**3.** *inf* [racy] savoureux; **a ~ story** une histoire osée OR piquante; **let's hear all the ~ details** raconte-nous les détails croustillants.

ju-jitsu [dʒuː'dʒɪtsuː] *n* jiu-jitsu *m inv*.

juju ['dʒuːdʒuː] *n* [charm] amulette *f*.

jujube ['dʒuːdʒuːb] *n* jujube *m*.
jukebox ['dʒuːkbɒks] *n* juke-box *m*.
Jul. (*written abbr of* July) juill.
julep ['dʒuːlɪp] *n* -**1.** [soft drink] boisson *f* sucrée. -**2.** [alcoholic drink]: (mint) ~ cocktail *m* à la menthe. -**3.** PHARM julep *m*.
Julian ['dʒuːljən] *pr n*: ~ the Apostate Julien l'Apostat.
Julian calendar *n* calendrier *m* julien.
Julius Caesar [,dʒuːljəs'siːzəʳ] *pr n* Jules César.
July [dʒuː'laɪ] *n* juillet *m*.
jumble ['dʒʌmbl] ◇ *n* -**1.** [confusion, disorder] fouillis *m*, désordre *m*; **my things are all in a ~** mes affaires sont tout en désordre; **a ~ of colours** un kaléidoscope de couleurs. -**2.** *Br* [articles for jumble sale] bric-à-brac *m*.
◇ *vt* -**1.** [objects, belongings] mélanger; **her clothes were all ~d (up** OR **together) in a suitcase** ses vêtements étaient fourrés pêle-mêle dans une valise. -**2.** [thoughts, ideas] embrouiller; **his essay was just a collection of ~d ideas** sa dissertation n'était qu'un fourre-tout d'idées confuses.
jumble sale *n Br vente de charité où sont vendus des articles d'occasion et des produits faits maison.*
jumbo *inf* ['dʒʌmbəʊ] (*pl* jumbos) ◇ *n* -**1.** [elephant] éléphant *m*, pachyderme *m*. -**2.** = **jumbo jet**.
◇ *adj* énorme, géant; **a ~(-sized) packet of washing powder** un paquet de lessive familial.
jumbo jet *n* (avion *m*) gros-porteur *m*, jumbo *m*, jumbo-jet *m*.
jump [dʒʌmp] ◇ *vi* -**1.** [leap] sauter, bondir; **they ~ed across the crevasse** ils ont traversé la crevasse d'un bond; **to ~ back** faire un bond en arrière; **can you ~ over the hedge?** peux-tu sauter par-dessus la haie?; **she ~ed into/out of her car** elle a sauté dans/hors de sa voiture; **he ~ed (down) off the train** il a sauté du train; **she ~ed off** [from wall, bicycle] elle a sauté; **he ~ed off the bridge** il s'est jeté du haut du pont; **he ~ed up, he ~ed to his feet** il se leva d'un bond; **the frog ~ed from stone to stone** la grenouille bondissait de pierre en pierre; **why did he ~ out of the window?** pourquoi a-t-il sauté par la fenêtre? || *fig*: **the answer suddenly ~ed out at me** la réponse m'a subitement sauté aux yeux; **this record ~s** ce disque saute; **the lecturer ~ed from one topic to another** le conférencier passait rapidement d'un sujet à un autre; **to ~ for joy** sauter de joie; **she was ~ing up and down with rage** elle trépignait de rage; **to ~ to conclusions** tirer des conclusions hâtives ❑ **~ to it!** *inf* grouille!; **to ~ down sb's throat** *inf* houspiller OR enguirlander qqn; **when she saw me she nearly ~ed out of her skin** quand elle m'a vu elle a failli sauter au plafond. -**2.** [start] sursauter, tressauter; **the noise made her ~** le bruit l'a fait sursauter; **when the phone rang his heart ~ed** il tressaillit en entendant la sonnerie du téléphone. -**3.** [rise abruptly] grimper OR monter en flèche; **prices ~ed dramatically in 1974** les prix ont grimpé de façon spectaculaire en 1974. -**4.** *inf Am* [be lively] être très animé; **by nightfall the joint was ~ing** à la tombée de la nuit, ça chauffait dans la boîte.
◇ *vt* -**1.** [leap over] sauter; **to ~ a fence** sauter OR franchir un obstacle; **to ~ rope** *Am* sauter à la corde; **to ~ a piece** [in draughts] prendre un pion. -**2.** [horse] faire sauter; **she ~ed her horse over the stream** elle a fait sauter OR franchir le ruisseau à son cheval. -**3.** [omit, skip] sauter; **to ~ a line** sauter une ligne. -**4.** *inf* [attack] sauter sur, agresser; **two men ~ed him in the park** deux hommes lui ont sauté dessus dans le parc. -**5.** *inf* [leave, abscond from]: **to ~ ship** abandonner son navire; **to ~ bail** ne pas comparaître au tribunal *(après avoir été libéré sous caution)*; **the fugitive ~ed town** *Am* le fugitif a réussi à quitter la ville. -**6.** [not wait one's turn at]: **to ~ the queue** ne pas attendre son tour, resquiller; **she ~ed the lights** elle a grillé OR brûlé le feu (rouge). -**7.** *inf* [not pay for, take illegally]: **to ~ a train** *esp Am* voyager sans billet; **he ~ed a (mining) claim** *Am* il s'est approprié une concession (minière).
◇ *n* -**1.** [leap, bound] saut *m*, bond *m*; **she got up with a ~** elle se leva d'un bond; **we need to keep one ~ ahead of the competition** *fig* nous devons garder une longueur d'avance sur nos concurrents ❑ **to get the ~ on sb** *inf* devancer qqn; **to be on the ~** *inf Am* être pressé OR débordé. -**2.** [sharp rise] bond *m*, hausse *f*; **there has been a sudden ~ in house prices** il y a eu une flambée des prix de l'immobilier. -**3.** EQUIT [fence, obstacle] obstacle *m*. -**4.** COMPUT saut *m*. -**5.** GAMES prise *f* (de pion).
◆ **jump about** *Br*, **jump around** *vi insep* sautiller.
◆ **jump at** *vt insep* sauter sur, saisir; **he ~ed at the chance to go abroad** il sauta sur l'occasion de partir à l'étranger.
◆ **jump in** *vi insep* -**1.** *literal* [into vehicle] monter; **go on, ~ in!** vas-y, monte!; **if you want a lift, ~ in!** si tu veux que je te dépose, monte! || [into water, hole] sauter. -**2.** *inf fig* [intervene] intervenir; **he ~ed in to defend her** il est intervenu pour la défendre, il est venu à sa rescousse.
◆ **jump on** *inf vt insep literal & fig* sauter sur; **the boss ~s on every little mistake** aucune faute n'échappe au patron.
jump ball *n* [in basketball] entre-deux *m inv*.
jumped-up *inf adj Br* parvenu; **she's just a ~ shop assistant** ce n'est qu'une petite vendeuse qui se donne de grands airs OR qui se prend au sérieux.
jumper ['dʒʌmpəʳ] *n* -**1.** *Br* [sweater] pull-over *m*. -**2.** *Am* [dress] robe-chasuble *f*. -**3.** [person] sauteur *m*, -euse *f*.
jumper cables *Am* = **jump leads**.
jumping ['dʒʌmpɪŋ] *n* EQUIT jumping *m*.
jumping bean *n* pois *m* sauteur.
jumping jack *n* -**1.** [firework] pétard *m* mitraillette. -**2.** [puppet] pantin *m*.
jumping-off point, **jumping-off place** *n* point *m* de départ, tremplin *m*; **his success could be a ~ for a new career** *fig* sa réussite pourrait être le point de départ d'une nouvelle carrière.
jumping rope *n Am* corde *f* à sauter.
jump-jet *n Br* avion *m* à décollage vertical.
jump leads *npl Br* câbles *mpl* de démarrage.
jump-off *n* EQUIT dernière épreuve *f (d'un concours hippique)*.
jump rope *n Am* corde *f* à sauter.
jump seat *n Br* strapontin *m*.
jump-start *vt*: **to ~ a car** [by pushing or rolling] faire démarrer une voiture en la poussant OR en la mettant dans une pente; [with jump leads] faire démarrer une voiture avec des câbles *(branchés sur la batterie d'une autre voiture)*.
jump suit *n* combinaison-pantalon *f*.
jumpy ['dʒʌmpɪ] (*compar* jumpier, *superl* jumpiest) *adj* -**1.** *inf* [edgy] nerveux. -**2.** ST.EX instable, fluctuant.
Jun. -**1.** *written abbr of* June. -**2.** (*written abbr of* Junior) junior, fils.
junction ['dʒʌŋkʃn] *n* -**1.** [of roads] carrefour *m*, croisement *m*; [of railway lines, traffic lanes] embranchement *m*; [of rivers, canals] confluent *m*. -**2.** ELEC [of wires] jonction *f*, raccordement *m*.
junction box *n Br* boîte *f* de dérivation.
juncture ['dʒʌŋktʃəʳ] *n* -**1.** *fml* [moment] conjoncture *f*; **at this ~** dans la conjoncture actuelle, dans les circonstances actuelles; **at a crucial ~** à un moment critique. -**2.** LING joncture *f*, jointure *f*, frontière *f*. -**3.** TECH jointure *f*.
June [dʒuːn] *n* juin *m*.
June beetle, **June bug** *n* hanneton *m*.
Jungian ['jʊŋɪən] ◇ *adj* jungien.
◇ *n* jungien *m*, -enne *f*.
jungle ['dʒʌŋgl] ◇ *n* -**1.** [tropical forest] jungle *f*; **'The Jungle Book'** *Kipling* 'le Livre de la jungle'. -**2.** *fig*: **the world of business is a real ~** le monde des affaires est une véritable jungle; **it's a ~ out there** c'est la jungle là-bas; **the ~ of tax laws** le labyrinthe du droit fiscal.
◇ *comp* [animal] de la jungle.
jungle fever *n* *(U)* paludisme *m*.
jungle gym *n Am* cage *f* d'écureuil.
jungle juice *inf n* gnôle *f*.
junior ['dʒuːnjəʳ] ◇ *n* -**1.** [younger person] cadet *m*, -ette *f*; **he is five years her ~** il est de cinq ans son cadet, il a cinq ans de moins qu'elle. -**2.** [subordinate] subordonné *m*, -e *f*, subalterne *mf*. -**3.** *Br* [pupil] écolier *m*, -ère *f (entre 7 et 11 ans)*; **she teaches ~s** elle est institutrice. -**4.** *Am* SCH élève *mf* de troisième année; *Am* UNIV étudiant *m*, -e *f* de troisième année. -**5.** *inf Am* [term of address] fiston *m*.
◇ *adj* -**1.** [younger] cadet, plus jeune. -**2.** [lower in rank] subordonné, subalterne; **a ~ member of staff** un employé subalterne; **he's ~ to her in the department** il est son subalterne dans le service ❑ **~ executive** cadre *m* débutant, jeune cadre; **the ~ faculty** *Am* UNIV les enseignants non titulaires; **~ minister** sous-secrétaire *m* d'État; **~ partner** associé *m* adjoint. -**3.** [juvenile] jeune.
◇ *comp Br* [teaching, teacher] dans le primaire.
◆ **Junior** = **Jnr**.
Junior College *n* [in US] *établissement d'enseignement supérieur où l'on obtient un diplôme en deux ans.*
junior common room *n Br* UNIV salle *f* des étudiants.
Junior League *pr n association américaine de jeunes femmes de droite.*
junior school *n Br* école *f* élémentaire *(pour les enfants de 7 à 11 ans)*.
juniper ['dʒuːnɪpəʳ] *n* genévrier *m*; **~ berry** baie *f* de genièvre.
junk [dʒʌŋk] ◇ *n* -**1.** *inf (U)* [anything poor-quality or worthless] pacotille *f*, camelote *f*; **this watch is a real piece of ~** cette montre, c'est vraiment de la camelote OR c'est de la vraie camelote; **all his so-called antiques were just a pile of ~** ses prétendues antiquités n'étaient en fait qu'un ramassis de vieilleries; **his latest film is utter ~** *fig* son dernier film est absolument nul OR un vrai navet. -**2.** *(U)* [second-hand, inexpensive goods] bric-à-brac *m*. -**3.** *inf (U)* [stuff] trucs *mpl*, machins *mpl*; **can you get your ~ off the table?** tu peux enlever tes trucs OR ton bazar de la table?; **what's all that ~ in the hall?** qu'est-ce que c'est que ce bric-à-brac OR ce bazar dans l'entrée? -**4.** [boat] jonque *f*. -**5.** *(U) drugs sl* came *f*.
◇ *vt inf* jeter (à la poubelle), balancer.
junk bond *n* junk bond *m*.
junket ['dʒʌŋkɪt] ◇ *n* -**1.** *inf pej* [official journey] voyage *m* aux frais de la princesse. -**2.** *inf* [festive occasion] banquet *m*, festin *m*. -**3.** CULIN ≃ fromage *m* frais (sucré et parfumé).
◇ *vi inf* voyager aux frais de la princesse.
junketing *inf* ['dʒʌŋkɪtɪŋ] *n (U) pej* voyages *mpl* OR réceptions *fpl* aux frais de la princesse.
junk food *inf n* nourriture *f* de mauvaise qualité; **their kids eat nothing but ~** leurs gosses ne mangent que des cochonneries.
junk heap *n* dépotoir *m*.
junkie *inf* ['dʒʌŋkɪ] *n* -**1.** [drug addict] drogué *m*, -e *f*, junkie *mf*. -**2.** *fig* dingue *mf*, accro *mf*; **a television/football ~** un dingue de la télé/du football.
junk jewellery *n (U)* bijoux *mpl* fantaisie.
junk mail *n* publicité *f* (reçue par courrier).
junkman ['dʒʌŋkmæn] (*pl* junkmen [-men]) *n Am* [dealer in old furniture] brocanteur *m*; [ragman] chiffonnier *m*; [scrap metal dealer] ferrailleur *m*, marchand *m* de ferraille.
junk shop *n* magasin *m* de brocante; **at the ~** chez le brocanteur.
junky ['dʒʌŋkɪ] = **junkie**.
junkyard ['dʒʌŋkjɑːd] *n* -**1.** [for scrap metal] entrepôt *m* de ferraille; **at the ~** chez le ferrailleur. -**2.** [for discarded objects] dépotoir *m*.
Juno ['dʒuːnəʊ] *pr n* Junon.

junoesque [,dʒu:nəʊ'esk] *adj* [woman] imposant.

junta [*Br* 'dʒʌntə, *Am* 'hʊntə] *n* junte *f*.

Jupiter ['dʒu:pɪtə^r] *pr n* -1. ASTRON Jupiter *f*. -2. MYTH Jupiter.

Jurassic [dʒʊ'ræsɪk] ◇ *adj* jurassique.
◇ *n* jurassique *m*.

juridical [dʒʊə'rɪdɪkl] *adj* juridique.

jurisdiction [,dʒʊərɪs'dɪkʃn] *n* JUR & ADMIN juridiction *f*; the federal government has no ~ over such cases de tels cas ne relèvent pas de la compétence OR des attributions du gouvernement fédéral; to come OR to fall within the ~ of relever de la juridiction de; it comes within our ~ *fig* cela relève de nos compétences, c'est de notre ressort; this territory is within the ~ of the United States ce territoire est soumis à l'autorité judiciaire des États-Unis.

jurisdictional [,dʒʊərɪs'dɪkʃənl] *adj* juridictionnel; ~ dispute *Am* querelle *f* d'attributions.

jurisprudence [,dʒʊərɪs'pru:dəns] *n* jurisprudence *f*.

jurist ['dʒʊərɪst] *n* juriste *mf*.

juror ['dʒʊərə^r] *n* juré *m*.

jury ['dʒʊərɪ] (*pl* juries) ◇ *n* -1. JUR jury *m*; to serve on a ~ faire partie d'un jury; Ladies and Gentlemen of the ~ Mesdames et Messieurs les jurés ❑ the ~ is still out on that one ça reste à voir. -2. [in contest] jury *m*.
◇ *adj* NAUT de fortune, improvisé.

jury box *n* sièges *mpl* des jurés; she was in the ~ elle faisait partie des jurés.

juryman ['dʒʊərɪmən] (*pl* jurymen [-mən]) *n* juré *m*.

jury-rigged *adj* NAUT avec un gréement de fortune.

jury-rigging *n* JUR truquage *m* d'un jury.

jury shopping *n Am* choix *m* vétilleux des jurés (par les avocats de la défense).

jurywoman ['dʒʊərɪ,wʊmən] (*pl* jurywomen [-,wɪmɪn]) *n* jurée *f*.

just[1] [dʒʌst] *adv* -1. [indicating immediate past] juste; ~ the other day pas plus tard que l'autre jour; ~ last week pas plus tard que la semaine dernière; she has ~ gone out elle vient juste de sortir; they had (only) ~ arrived ils venaient (tout) juste d'arriver; I've ~ been speaking to him on the phone je viens juste de lui parler au téléphone, je lui parlais au téléphone à l'instant; she's ~ this moment OR minute left the office elle vient de sortir du bureau à l'instant; he's ~ been to Mexico il revient OR rentre du Mexique. -2. [indicating present or immediate future] juste; I was ~ going to phone you j'allais juste OR justement te téléphoner, j'étais sur le point de te téléphoner; I'm ~ off *inf* je m'en vais; ~ coming! *inf* j'arrive tout de suite!; I was ~ about to tell you j'allais justement te le dire; I'm ~ making tea, do you want some? je suis en train de faire du thé, tu en veux? -3. [only, merely] juste, seulement; ~ a few quelques-uns/quelques-unes seulement; ~ a little juste un peu; ~ a minute OR a moment OR a second, please une (petite) minute OR un (petit) instant, s'il vous plaît; do you want some whisky? — ~ a drop est-ce que tu veux du whisky? — juste une goutte; it was ~ a dream ce n'était qu'un rêve; he's ~ a clerk ce n'est qu'un simple employé; we're ~ friends nous sommes amis, c'est tout; he was ~ trying to help il voulait juste OR simplement rendre service; if he could ~ work a little harder! si seulement il pouvait travailler un peu plus!; if the job is so unpleasant you should ~ leave si le travail est désagréable à ce point, tu n'as qu'à démissionner; don't argue, ~ do it! ne discute pas, fais-le, c'est tout!; ~ because I'm your friend, it doesn't mean I have to agree with you ce n'est pas parce que je suis ton ami que je dois être d'accord avec toi; if you can ~ sign here please juste une petite signature ici, s'il vous plaît; you can't ask ~ anybody to present the prizes tu ne peux pas demander au premier venu de présenter les prix; this is not ~ any horse race, this is the Derby! ça n'est pas n'importe quelle course de chevaux, c'est le Derby! -4. [exactly, precisely] exactement, juste; ~ here/there juste ici/là; ~ at that moment juste à ce moment-là; that's ~ what I needed c'est exactement OR juste ce qu'il me fallait; *iron* il ne me manquait plus que ça; ~ what are you getting at? où veux-tu en venir exactement?; he's ~ like his father c'est son père tout craché; she's ~ the person for the job elle a exactement le profil requis pour ce poste; that dress is ~ the same as yours cette robe est exactement la même que la tienne; oh, I can ~ picture it! oh, je vois tout à fait!; that hat is ~ you ce chapeau te va à merveille; you speak French ~ as well as I do ton français est tout aussi bon que le mien; I'd ~ as soon go tomorrow j'aimerais autant y aller demain; (it's) ~ my luck! *iron* c'est bien ma chance!; don't come in ~ yet n'entre pas tout de suite. -5. [barely] (tout) juste, à peine; I could ~ make out what they were saying je parvenais tout juste à entendre ce qu'ils disaient; you came ~ in time! tu es arrivé juste à temps!; I ~ missed a lorry j'ai failli heurter un camion; the trousers ~ fit me je rentre tout juste dans le pantalon ‖ [a little]: it costs ~ over £50 ça coûte un tout petit peu plus de 50 livres; it's ~ after/before two o'clock il est un peu plus/moins de deux heures; ~ afterwards juste après; it's ~ to the right of the painting c'est juste à droite du tableau. -6. [possibly]: I may OR might ~ be able to do it il n'est pas impossible que je puisse le faire; his story might OR could ~ be true son histoire pourrait être vraie, il est possible que son histoire soit vraie. -7. [emphatic use]: ~ think what might have happened! imagine un peu ce qui aurait pu arriver!; ~ wait till I find the culprit! attends un peu que je trouve le coupable!; now ~ you wait a minute, John! hé, une petite minute, John!; I ~ won't do it il n'est pas question que je le fasse; it ~ isn't good enough c'est loin d'être satisfaisant, c'est tout; he looks terrible in that suit — doesn't he ~! ce costume ne lui va pas du tout — je te le fais pas dire!; don't you ~ love that hat? adorable, ce chapeau, non? ‖ [with adjective]: the meal was ~ delicious le repas était tout simplement OR vraiment délicieux; everything is ~ fine tout est parfait; this is ~ ridiculous c'est vraiment ridicule.

◆ **just about** *adv phr* -1. [very nearly] presque, quasiment; dinner is ~ about ready le dîner est presque prêt; she's ~ about as tall as you elle est presque aussi grande que toi; I've ~ about had enough of your sarcasm! j'en ai franchement assez de tes sarcasmes! -2. [barely] (tout) juste; can you reach the shelf? — ~ about! est-ce que tu peux atteindre l'étagère? — (tout) juste!; his handwriting is ~ about legible son écriture est tout juste OR à peine lisible. -3. [approximately]: their plane should be taking off ~ about now leur avion devrait être sur le point de décoller.

◆ **just as** *conj phr* -1. [at the same time as] juste au moment où; they arrived ~ as we were leaving ils sont arrivés juste au moment où nous partions. -2. [exactly as]: he did steal the money, ~ as I thought il a bien volé l'argent comme je le pensais; ~ as you like OR wish comme vous voulez OR voudrez; why not come ~ as you are? pourquoi ne viens-tu pas comme tu es?

◆ **just in case** ◇ *conj phr* juste au cas où; ~ in case we don't see each other juste au cas où nous ne nous verrions pas.
◇ *adv phr* au cas où; take a sandwich, ~ in case apporte un sandwich, on ne sait jamais OR au cas où.

◆ **just like that** *inf adv phr* comme ça; he told me to clear off, ~ like that! il m'a dit de me tirer, carrément!

◆ **just now** *adv phr* -1. [at this moment]: I'm busy ~ now je suis occupé pour le moment; not ~ now pas en ce moment. -2. [a short time ago]: I heard a noise ~ now je viens juste d'entendre un bruit; I've ~ now come from there j'en viens à l'instant; when did this happen? — ~ now quand cela s'est-il passé? — à l'instant.

◆ **just on** *adv phr Br* exactement; they've been married ~ on thirty years ça fait exactement trente ans qu'ils sont mariés; the fish weighed ~ on three kilos le poisson pesait exactement trois kilos.

◆ **just so** ◇ *adv phr fml* [expressing agreement]: are you a magistrate? — ~ so vous êtes magistrat? — c'est exact.
◇ *adj phr Br* [properly arranged] parfait; she likes everything (to be) ~ so elle aime que tout soit parfait.

◆ **just then** *adv phr* à ce moment-là; I was ~ then getting ready to go out je me préparais justement à sortir; ~ then a strange figure appeared à ce moment-là une silhouette étrange apparut.

◆ **just the same** *adv phr* [nonetheless] quand même; ~ the same, it's as well to check il vaut quand même mieux vérifier.

just[2] [dʒʌst] ◇ *adj* -1. [fair, impartial] juste, équitable; a ~ law une loi juste OR équitable; a ruler who was ~ to OR towards all men un souverain qui a su faire preuve d'équité (envers tous) ‖ [reasonable, moral] juste, légitime; a ~ cause une juste cause; he has ~ cause for complaint il a de bonnes raisons pour se plaindre. -2. [deserved] juste, mérité; a ~ reward une juste récompense, une récompense bien méritée ❑ he got his ~ deserts il n'a eu que ce qu'il méritait, ce n'est que justice. -3. [accurate] juste, exact; a ~ account of the facts un compte-rendu exact des faits. -4. RELIG [righteous] juste.
◇ *npl*: the ~ les justes *mpl*; to sleep the sleep of the ~ dormir du sommeil du juste.

justice ['dʒʌstɪs] *n* -1. JUR justice *f*; a court of ~ une cour de justice; to dispense ~ rendre la justice; to bring sb to ~ traduire qqn en justice ❑ the Justice Department, the Department of Justice *Am* ≃ le ministère de la Justice. -2. [fairness] justice *f*, équité *f*; where's your sense of ~? qu'est-il advenu de ton sens de la justice?; they believe in the ~ of their cause ils croient à la justesse de leur cause; there's no ~ in their claim leur demande est dénuée de fondement; to do sb/sthg ~ [represent fairly] rendre justice à qqn/qqch; the portrait didn't do her ~ son portrait ne lui rendait pas justice; to do him ~, he wasn't informed of the decision il faut lui rendre cette justice que OR il faut reconnaître que l'on ne l'avait pas mis au courant de la décision; to do ~ to a meal faire honneur à un repas. -3. [punishment, vengeance] justice *f*; the whole town called for ~ la ville entière réclamait vengeance. -4. [judge] juge *m*; Justice of the Peace → **JP**.

justifiable ['dʒʌstɪ,faɪəbl] *adj* justifiable; JUR légitime.

justifiable homicide *n* -1. [killing in self-defence] légitime défense *f*. -2. [state execution] application *f* de la peine de mort.

justifiably ['dʒʌstɪ,faɪəblɪ] *adv* légitimement, à juste titre; she was ~ angry elle était fâchée, et à juste titre.

justification [,dʒʌstɪfɪ'keɪʃn] *n* -1. [gen] justification *f*; what ~ do you have for such a statement? comment justifiez-vous une telle affirmation?; poverty is no ~ for theft la pauvreté ne saurait justifier le vol; he was accused of cheating, with some ~ il fut accusé d'avoir triché, non sans raison; he spoke out in ~ of his actions il a parlé pour justifier ses actes. -2. COMPUT & TYPO justification *f*; left/right ~ justification à gauche/à droite.

justified ['dʒʌstɪfaɪd] *adj* -1. [right, fair - action] justifié, légitime; [- person]: to be ~ in doing sthg avoir raison de faire qqch. -2. COMPUT & TYPO [aligned] justifié.

justify ['dʒʌstɪfaɪ] (*pt & pp* justified) *vt* -1. [gen] justifier; nothing can ~ such cruelty rien ne saurait excuser OR justifier une telle cruauté; she tried to ~ her behaviour to her parents elle a essayé de justifier son comportement aux yeux de ses parents. -**2.** COMPUT & TYPO justifier. -**3.** JUR: **to ~ a lawsuit** justifier une action en justice.

justly ['dʒʌstlɪ] *adv* -**1.** [fairly] justement, avec justice. -**2.** [accurately, deservedly] à juste titre; **a ~ unpopular decision** une décision impopulaire à juste titre.

jut [dʒʌt] (*pt* & *pp* **jutted**, *cont* **jutting**) *vi*: **to ~ out** dépasser, faire saillie; **a rocky peninsula ~s (out) into the sea** une péninsule rocheuse avance dans la mer; **a large rock jutted out over the path** un gros rocher surplombait le sentier.

jute [dʒuːt] *n* [textile] jute *m*.

Jute [dʒuːt] *n* Jute *mf*.

Jutland ['dʒʌtlənd] *pr n* Jütland *m*, Jylland *m*; **in ~** dans le Jütland.

juvenile ['dʒuːvənaɪl] ◇ *adj* -**1.** [young, for young people] jeune, juvénile *fml*; **~ literature** livres *mpl* pour enfants OR pour la jeunesse. -**2.** [immature] puéril, enfantin; **don't be so ~!** ne sois pas si puéril!
◇ *n* -**1.** *fml* mineur *m*, -e *f*. -**2.** THEAT jeune acteur *m*, -trice *f*.

juvenile court *n* tribunal *m* pour enfants *(10-16 ans)*.

juvenile delinquency *n* délinquance *f* juvénile.

juvenile delinquent *n* jeune délinquant *m*, -e *f*, mineur *m* délinquant, mineure *f* délinquante.

juvenilia [ˌdʒuːvəˈnɪlɪə] *npl* œuvres *fpl* de jeunesse.

juxtapose [ˌdʒʌkstəˈpəʊz] *vt* juxtaposer.

juxtaposition [ˌdʒʌkstəpəˈzɪʃn] *n* juxtaposition *f*.

K

k (*pl* k's OR ks), **K** (*pl* K's OR Ks) [keɪ] *n* [letter] k *m*, K *m*.

K ◇ -**1.** (*written abbr of* kilobyte) K, Ko. -**2.** *written abbr of* Knight.
◇ *n* (*abbr of* thousand) K.

K2 [,keɪ'tuː] *pr n* K2 *m*; they climbed ~ ils ont escaladé le (pic) K2.

kabob [kə'bɒb] = **kebab**.

Kabul ['kɑːbl] *pr n* Kaboul, Kabul.

Kabyle [kə'baɪl] (*pl inv* OR Kabyles) *n* -**1.** [person] Kabyle *mf*. -**2.** LING kabyle *m*.

Kabylia [kə'bɪlɪə] *pr n* Kabylie *f*.

Kabylian [kə'bɪlɪən] *adj* kabyle.

Kaf(f)ir ['kæfə^r] *n* -**1.** ▼ *SAfr terme raciste désignant un Noir,* ≃ nègre *m*, négresse *f*. -**2.** ETHN Cafre *mf*.

Kafkaesque [,kæfkə'esk] *adj* kafkaïen.

kaftan ['kæftæn] *n* caftan *m*, cafetan *m*.

kail [keɪl] = **kale**.

kainite ['kaɪnaɪt] *n* kaïnite *f*.

Kaiser ['kaɪzə^r] *n* Kaiser *m*.

Kalahari Desert [,kælə'hɑːrɪ-] *pr n*: the ~ le (désert du) Kalahari.

kale [keɪl] *n* chou *m* frisé.

kaleidoscope [kə'laɪdəskəʊp] *n literal & fig* kaléidoscope *m*.

kaleidoscopic [kə,laɪdə'skɒpɪk] *adj* kaléidoscopique.

Kalinin [kə'lɪnɪn] *pr n* Kalinine.

kamikaze [,kæmɪ'kɑːzɪ] ◇ *n* kamikaze *m*.
◇ *adj* -**1.** *literal*: ~ pilot kamikaze *m*; ~ plane kamikaze *m*, avion-suicide *m*. -**2.** *fig* suicidaire.

Kampala [kæm'pɑːlə] *pr n* Kampala.

Kampuchea [,kæmpuː'tʃɪə] *pr n* Kampuchéa *m*; in ~ au Kampuchéa.

Kampuchean [,kæmpuː'tʃɪən] ◇ *n* Cambodgien *m*, -enne *f*.
◇ *adj* cambodgien.

Kandinsky [kæn'dɪnskɪ] *pr n* Kandinsky.

kangaroo [,kæŋgə'ruː] *n* kangourou *m*.

kangaroo court *n* tribunal *m* illégal; [held by strikers, prisoners etc] ≃ tribunal *m* populaire.

kangaroo rat *n* rat-kangourou *m*.

Kansas ['kænzəs] *pr n* Kansas *m*; in ~ dans le Kansas.

Kantian ['kæntɪən] *adj* kantien.

kaolin ['keɪəlɪn] *n* kaolin *m*.

kaon ['keɪɒn] *n* kaon *m*.

kapok ['keɪpɒk] ◇ *n* kapok *m*.
◇ *comp* de kapok.

kaput *inf* [kə'pʊt] *adj* fichu, foutu.

Karachi [kə'rɑːtʃɪ] *pr n* Karachi.

karat *Am* = **carat**.

karate [kə'rɑːtɪ] *n* karaté *m*; ~ chop coup *m* de karaté *(donné avec le tranchant de la main)*.

Karelia [kə'riːlɪə] *pr n* Carélie *f*.

karma ['kɑːmə] *n* karma *m*, karman *m*.

Karnak ['kɑːnæk] *pr n* Carnac, Karnac.

kart [kɑːt] ◇ *n* kart *m*.
◇ *vi*: to go ~ing faire du karting.

karyotype ['kærɪətaɪp] *n* caryotype *m*.

Kashmir [,kæʃ'mɪə^r] *n* GEOG Cachemire *m*, Kashmir *m*.

Kashmiri [kæʃ'mɪərɪ] ◇ *n* -**1.** [person] Cachemirien *m*, -enne *f*. -**2.** LING kashmiri *m*.
◇ *adj* cachemirien.

Katar ['kætɑː^r] *pr n* Katar *m*, Qatar *m*; in ~ au Qatar.

Katmandu [,kætmæn'duː] *pr n* Katmandou, Katmandu.

katydid ['keɪtɪdɪd] *n* sauterelle *f* (d'Amérique du Nord).

kauri ['kaʊrɪ] *n* kauri *m*, kaori *m*.

kayak ['kaɪæk] *n* kayak *m*.

kayo *inf* [keɪ'əʊ] (*pl* kayos, *pt & pp* kayoed)
◇ *n* SPORT K-O *m*.
◇ *vt* mettre K-O.

Kazakh [kæ'zæk] ◇ *n* Kasakh *m*, -e *f*.
◇ *adj* kasakh.

Kazakhstan [,kæzæk'stɑːn] *pr n* Kazakhstan *m*; in ~ au Kazakhstan.

kazoo [kə'zuː] *n* mirliton *m*.

KC (*abbr of* King's Counsel) *n Br avocat de la Couronne.*

kcal (*written abbr of* kilocalorie) Kcal.

kd (*abbr of* knocked down) *adj livré en kit, à monter soi-même.*

kebab [kɪ'bæb] *n* chiche-kebab *m*; ~ house *restaurant grec ou turc.*

keck *inf* [kek] *vi Am* avoir des haut-le-cœur, avoir mal au cœur.

kedge [kedʒ] ◇ *n* ancre *f* à jet.
◇ *vt* haler, touer.
◇ *vi* se haler, se touer.

kedgeree ['kedʒəriː] *n Br plat à base de riz, de poisson et d'œufs.*

keel [kiːl] ◇ *n* -**1.** NAUT quille *f*; on an even ~ *literal* à tirant d'eau égal; *fig* en équilibre. -**2.** *lit* [ship] navire *m*.
◇ *vi* chavirer.
◇ *vt* faire chavirer, cabaner.
♦ **keel over** ◇ *vi insep* -**1.** NAUT chavirer. -**2.** [fall] s'effondrer; [faint] s'évanouir.
◇ *vt sep* NAUT faire chavirer, cabaner.

keelhaul ['kiːlhɔːl] *vt* -**1.** NAUT faire passer sous la quille. -**2.** *inf fig* [rebuke] houspiller, enguirlander.

keen [kiːn] ◇ *adj* -**1.** *Br* [eager, enthusiastic] passionné, enthousiaste; she's a ~ gardener c'est une passionnée de jardinage; he was ~ to talk to her il tenait à OR voulait absolument lui parler; I'm ~ that they should get a second chance je tiens à ce qu'ils aient une deuxième chance; I'm not so ~ on the idea l'idée ne m'enchante OR ne m'emballe pas vraiment; they aren't so ~ on going out tonight ils n'ont pas (très) envie OR ça ne leur dit pas grand-chose de sortir ce soir; Susan is really ~ on Tom Susan a vraiment le béguin pour Tom ❑ to be as ~ as mustard *inf* [enthusiastic] être très enthousiaste; [clever] avoir l'esprit vif. -**2.** [senses, mind, wit] fin, vif; to have a ~ sense of smell avoir un odorat subtil; to have a ~ eye avoir le coup d'œil. -**3.** [fierce - competition, rivalry] acharné. -**4.** *Br* [cold - wind] glacial. -**5.** *Br* [sharp - blade, knife] affilé. -**6.** [intense] intense, profond; she felt a ~ desire to break free elle ressentit une profonde envie de partir. -**7.** *Br* [very competitive]: ~ prices des prix *mpl* imbattables.
◇ *vi & vt dial* [mourn] pleurer.
◇ *n dial* [dirge] mélopée *f* funèbre.

keenly ['kiːnlɪ] *adv Br.* -**1.** [deeply, intensely] vivement, profondément; she's ~ interested in the project elle s'intéresse vivement OR elle porte un vif intérêt au projet; he felt her death ~ sa mort l'a profondément affecté || [fiercely] âprement; a ~ contested game un match âprement disputé. -**2.** [eagerly] ardemment, avec enthousiasme; [attentively] attentivement.

keenness ['kiːnnɪs] *n* -**1.** *Br* [enthusiasm] enthousiasme *m*, empressement *m*, ardeur *f*; there's no doubting her ~ to help son empressement à rendre service ne fait aucun doute. -**2.** [sharpness - of blade, senses] acuité *f*, finesse *f*; ~ of eye acuité *f* visuelle; ~ of mind perspicacité *f*, finesse *f*. -**3.** [intensity, fierceness] intensité *f*, âpreté *f*.

keep [kiːp] (*pt & pp* kept [kept]) ◇ *vt* **A.** -**1.** [retain - receipt, change] garder; she's kept her English accent elle a gardé son accent anglais; please ~ your seats veuillez rester assis; he's never kept a job for more than a year il n'a jamais gardé OR conservé le même emploi plus d'un an; to ~ a secret garder un secret; to ~ one's temper garder son calme; to ~ sthg to o.s. garder qqch pour soi; they kept the discovery to themselves ils ont gardé la découverte pour eux; ~ it to yourself! garde-ça pour toi!; you can ~ your snide remarks to yourself! tu peux garder tes remarques déplaisantes pour toi! ❑ to ~ o.s. to o.s. rester dans son coin; they ~ themselves very much to themselves ce sont des gens plutôt discrets; if that's your idea of a holiday, you can ~ it! *inf* si c'est ça ton idée des vacances, tu peux te la garder!; tell him he can ~ his rotten job! *inf* dis-lui qu'il peut se le garder, son sale boulot! -**2.** [save] garder; we've kept some cake for you on t'a gardé du gâteau; can you ~ my seat? pouvez-vous (me) garder ma place?; we'll ~ the tickets for you until Wednesday nous vous garderons les tickets jusqu'à mercredi; I'm ~ing this cigar for later je garde ce cigare pour plus tard. -**3.** [store, put] mettre, garder; she ~s

her money in the bank elle met son argent à la banque; **I ~ my comb in my pocket** je mets toujours mon peigne dans ma poche; **how long can you ~ fish in the freezer?** combien de temps peut-on garder OR conserver du poisson au congélateur?; **where do you ~ the playing cards?** où est-ce que vous rangez les cartes à jouer?; **I've got nowhere to ~ my books** je n'ai nulle part où mettre mes livres.
B. -**1.** *(with adj complement)* [maintain in the specified state or place]: **to ~ sb quiet** faire tenir qqn tranquille; **to ~ sthg warm** garder qqch au chaud; **the noise kept me awake** le bruit m'a empêché de dormir, le bruit m'a tenu éveillé; **the doors are kept locked** les portes sont toujours fermées à clef; **to ~ sthg up to date** tenir qqch à jour || *(with adv complement)*: **a well-/badly-kept office** un bureau bien/mal tenu; **the weather kept us indoors** le temps nous a empêchés de sortir; **he kept his hands in his pockets** il a gardé les mains dans les poches; **~ your eyes on the red dot** ne quittez pas le point rouge des yeux; **~ the noise to a minimum** essayez de ne pas faire trop de bruit || *(with present participle)*: **to ~ sb waiting** faire attendre qqn; **~ the engine running** n'arrêtez pas le moteur; **we kept the fire burning all night** nous avons laissé le feu allumé toute la nuit; **to ~ sthg going** [organization, business] faire marcher qqch; [music, conversation] ne pas laisser qqch s'arrêter; **alcohol is the only thing that ~s me going** l'alcool est la seule chose qui me permette de tenir. -**2.** [delay] retenir; **I hope I've not kept you** j'espère que je ne vous ai pas retenu; **what kept you?** qu'est-ce qui t'a retenu? || [distract]: **I don't want to ~ you from your work** je ne veux pas vous empêcher de travailler. -**3.** [not allow to leave] garder; **to ~ sb in hospital/prison** garder qqn à l'hôpital/en prison.
C. -**1.** [support]: **he hardly earns enough to ~ himself** il gagne à peine de quoi vivre; **she has a husband and six children to ~** elle a un mari et six enfants à nourrir; **it ~s me in cigarette money** ça paie mes cigarettes. -**2.** [have as dependant or employee] avoir; **he ~s a mistress** il a une maîtresse; **they ~ a maid and a gardener** ils ont une bonne et un jardinier. -**3.** [run - shop, business] tenir; **to ~ house for sb** tenir la maison de qqn. -**4.** COMM [have in stock] vendre; **I'm afraid we don't ~ that article** je regrette, nous ne vendons pas OR nous ne faisons pas cet article. -**5.** [farm animals] élever; **they ~ pigs/bees** ils élèvent des porcs/des abeilles. -**6.** [diary, list etc] tenir; **my secretary ~s my accounts** ma secrétaire tient OR s'occupe de ma comptabilité.
D. -**1.** [fulfil - a promise, one's word] tenir. -**2.** [observe - silence] observer; [- the Sabbath] respecter; [- law] respecter, observer. -**3.** [uphold, maintain] maintenir; **to ~ order/the peace** maintenir l'ordre/la paix; **to ~ a lookout** faire le guet. -**4.** [guard] garder; **to ~ goal** être gardien de but; **God ~ you!** *arch* Dieu vous garde!
E. -**1.** [prevent]: **to ~ sb from doing sthg** empêcher qqn de faire qqch; **nothing will ~ me from going** rien ne m'empêchera d'y aller. -**2.** [withhold]: **to ~ sthg from sb** cacher qqch à qqn; **to ~ information from sb** dissimuler des informations à qqn; **I can't ~ anything from her** je ne peux rien lui cacher; **they deliberately kept the news from his family** ils ont fait exprès de cacher les nouvelles à sa famille.
◇ *vi* -**1.** *(with present participle)* [continue] continuer; **letters ~ pouring in** les lettres continuent d'affluer; **don't ~ apologizing** arrête de t'excuser; **they ~ teasing him** ils n'arrêtent pas de le taquiner; **she had several failures but kept trying** elle a essuyé plusieurs échecs mais elle a persévéré; **to ~ going**: **~ going till you get to the crossroads** allez jusqu'au croisement; **she kept going when everyone else had given up** elle a continué alors que tous les autres avaient abandonné; **with so few customers, it's a wonder the shop ~s going** avec si peu de clients, c'est un miracle que le magasin ne ferme pas. -**2.** [stay, remain] rester, se tenir; **~ calm!** restez calmes!, du calme!; **she kept warm by jumping up and down** elle se tenait chaud en sautillant sur place; **~ to the path** ne vous écartez pas du chemin; **to ~ in touch with sb** rester en contact avec qqn; **to ~ to o.s.** se tenir à l'écart. -**3.** [last, stay fresh] se conserver, se garder; **it will ~ for a week in the refrigerator** vous pouvez le garder OR conserver au réfrigérateur pendant une semaine; **the news will ~ (until tomorrow)** *fig* la nouvelle peut attendre (jusqu'à demain). -**4.** [in health] aller; **how are you ~ing?** comment allez-vous?, comment ça va?; **I'm ~ing well** je vais bien, ça va (bien).
◇ *n* -**1.** [board and lodging]: **the grant is supposed to be enough to pay your ~** la bourse est censée vous permettre de vous nourrir et de vous loger; **he gives his mother £50 a week for his ~** il donne 50 livres par semaine à sa mère pour sa pension; **to earn one's ~** *payer ou travailler pour être nourri et logé*; **our cat certainly earns his ~** notre chat vaut bien ce qu'il nous coûte. -**2.** [in castle] donjon *m*. -**3.** *phr*: **for ~s** *inf* pour de bon.
◆ **keep at** ◇ *vt insep* -**1.** [pester] harceler; **she kept at him until he agreed** elle l'a harcelé jusqu'à ce qu'il accepte. -**2.** *phr*: **to ~ at it** persévérer; **he kept at it until he found a solution** il a persévéré jusqu'à trouver une solution.
◇ *vt sep*: **to ~ sb at it**: **the sergeant kept us hard at it all morning** le sergent nous a fait travailler toute la matinée.
◆ **keep away** ◇ *vt sep* tenir éloigné, empêcher d'approcher; **~ the baby away (from the fire)** empêche le bébé d'approcher (du feu); **spectators were kept away by the fear of violence** la peur de la violence tenait les spectateurs à distance.
◇ *vi insep* ne pas s'approcher; **~ away from the cooker** ne t'approche pas de la cuisinière; **I'd ~ away from those people if I were you** j'éviterais ces gens-là si j'étais vous; **I felt my visits were unwelcome and so I kept away** je n'avais pas l'impression que mes visites étaient bienvenues, alors je n'y suis plus allé.
◆ **keep back** ◇ *vt sep* -**1.** [keep at a distance - crowd, spectators] tenir éloigné, empêcher de s'approcher. -**2.** [not reveal - names, facts] cacher; **I'm sure he's ~ing something back (from us)** je suis sûr qu'il (nous) cache quelque chose. -**3.** [retain] retenir; **part of our salary is kept back every month** une partie de notre salaire est retenue tous les mois. -**4.** [detain] retenir; **to be kept back after school** être en retenue. -**5.** [restrain] retenir; **he struggled to ~ back the tears** il s'est efforcé de retenir ses larmes.
◇ *vi insep* rester en arrière, ne pas s'approcher; **~ back!** restez où vous êtes!, n'approchez pas!
◆ **keep behind** *vt sep* [after meeting, class] retenir.
◆ **keep down** ◇ *vt sep* -**1.** [not raise] ne pas lever; **~ your head down!** ne lève pas la tête!, garde la tête baissée!; **~ your voices down!** parlez doucement! -**2.** [prevent from increasing] limiter; **we must ~ our expenses down** il faut que nous limitions nos dépenses; **our aim is to ~ prices down** notre but est d'empêcher les prix d'augmenter; **to ~ one's weight down** garder la ligne. -**3.** [repress] réprimer; **the army kept the population/the revolt down** l'armée a tenu la population en respect/a maté la révolte || [control - vermin, weeds] empêcher de proliférer; **you can't ~ a good man down** rien n'arrêtera un homme de mérite. -**4.** [food] garder; **she can't ~ solid foods down** son estomac ne garde aucun aliment solide. -**5.** SCH faire redoubler; **to be kept down a year** redoubler une année.
◇ *vi insep* ne pas se lever; **~ down!** ne vous relevez pas!
◆ **keep from** *vt insep* s'empêcher de, se retenir de; **I couldn't ~ from laughing** je n'ai pas pu m'empêcher de rire.
◆ **keep in** ◇ *vt sep* -**1.** [not allow out] empêcher de sortir; SCH donner une consigne à, garder en retenue; **the bad weather kept us in** le mauvais temps nous a empêchés de sortir. -**2.** [fire] entretenir. -**3.** [stomach] rentrer.
◇ *vi insep* [not go out] ne pas sortir, rester chez soi.
◆ **keep in with** *vt insep*: **to ~ in with sb** rester en bons termes avec qqn.
◆ **keep off** ◇ *vt sep* -**1.** [dogs, birds, trespassers] éloigner; [rain, sun]: **this cream will ~ the mosquitoes off** cette crème vous/le/te *etc* protégera contre les moustiques; **~ your hands off!** pas touche!, bas les pattes! -**2.** [coat, hat] ne pas remettre.
◇ *vt insep* -**1.** [avoid] éviter; **~ off drink and tobacco** évitez l'alcool et le tabac; **we tried to ~ off the topic** on a essayé d'éviter le sujet. -**2.** [keep at a distance from] ne pas s'approcher de; **'~ off the grass'** 'pelouse interdite'.
◇ *vi insep* -**1.** [keep at a distance] ne pas s'approcher; **that's mine, ~ off!** c'est à moi, n'y touchez pas! -**2.** [weather]: **the rain/snow kept off** il n'a pas plu/neigé; **if the storm ~s off** si l'orage n'éclate pas.
◆ **keep on** ◇ *vt sep* -**1.** [coat, hat] garder. -**2.** [employee] garder.
◇ *vi insep* -**1.** [continue] continuer; **~ on until you come to a crossroads** continuez jusqu'à ce que vous arriviez à un carrefour; **they kept on talking** ils ont continué à parler; **I ~ on making the same mistakes** je fais toujours les mêmes erreurs. -**2.** *inf* [talk continually] parler sans cesse; **he ~s on about his wife and kids** il n'arrête pas de parler de sa femme et de ses gosses; **don't ~ on about it!** ça suffit, j'ai compris!
◆ **keep on at** *vt insep* [pester] harceler.
◆ **keep out** ◇ *vt sep* empêcher d'entrer; **a guard dog to ~ intruders out** un chien de garde pour décourager les intrus; **a scarf to ~ the cold out** une écharpe pour vous protéger du froid.
◇ *vi insep* ne pas entrer; **'~ out'** 'défense d'entrer', 'entrée interdite'; **to ~ out of an argument** ne pas intervenir dans une discussion.
◆ **keep to** *vt insep* -**1.** [observe, respect] respecter; **you must ~ to the deadlines** vous devez respecter les délais. -**2.** [not deviate from] ne pas s'écarter de; **~ to the point** OR **the subject!** ne vous écartez pas du sujet! -**3.** [stay in] garder; **to ~ to one's room/bed** garder la chambre/le lit.
◆ **keep together** ◇ *vt sep* ne pas séparer; **I'd like them to be kept together** j'aimerais qu'ils ne soient pas séparés.
◇ *vi insep* rester ensemble.
◆ **keep under** *vt sep* -**1.** [repress] réprimer. -**2.** [with drug]: **he's being kept under with Penthotal®** on le garde sous Penthotal®.
◆ **keep up** ◇ *vt sep* -**1.** [prevent from falling - shelf, roof] maintenir; **I need a belt to ~ my trousers up** j'ai besoin d'une ceinture pour empêcher mon pantalon de tomber || *fig*: **it will ~ prices up** ça empêchera les prix de baisser; **it's to ~ the troops' morale up** c'est pour maintenir le moral des troupes; **~ your spirits up!** ne te laisse pas abattre! -**2.** [maintain - attack, bombardment] poursuivre; [- correspondence, contacts, conversation] entretenir; **you have to ~ up the payments** on ne peut pas interrompre les versements; **she kept up a constant flow of questions** elle ne cessait de poser des questions; **it's a tradition which hasn't been kept up** c'est une tradition qui s'est perdue ❑ **~ up the good work!** c'est du bon travail, continuez!; **you're doing well, ~ it up!** c'est bien, continuez!; **once they start talking politics, they can ~ it up all night** une fois lancés sur la politique, ils sont capables d'y passer la nuit. -**3.** [prevent from going to bed] empêcher de dormir; **the baby kept us up all night** nous n'avons pas pu fermer l'œil de la nuit à cause du bébé. -**4.** [not allow to deteriorate - house,

garden] entretenir; **the lawns haven't been kept up** les pelouses n'ont pas été entretenues; **she goes to evening classes to ~ up her French** elle suit des cours du soir pour entretenir son français.
◇ *vi insep* -**1.** [continue] continuer; **if this noise ~s up much longer, I'll scream** si ce bruit continue, je crois que je vais hurler. -**2.** [not fall] se maintenir; **if prices ~ up** si les prix se maintiennent; **how are their spirits ~ing up?** est-ce qu'ils gardent le moral? -**3.** [not fall behind] suivre; **he's finding it hard to ~ up in his new class** il a du mal à suivre dans sa nouvelle classe; **things change so quickly I can't ~ up** les choses bougent si vite que j'ai du mal à suivre.
◆ **keep up with** *vt insep* -**1.** [stay abreast of]: **to ~ up with the news** se tenir au courant de OR suivre l'actualité. -**2.** [keep in touch with] rester en contact avec; **have you kept up with your cousin in Australia?** est-ce que tu es resté en contact avec ton cousin d'Australie?

keeper ['kiːpəʳ] *n* -**1.** [gen] gardien *m*, -enne *f*; [in museum] conservateur *m*, -trice *f*; **am I my brother's ~?** BIBLE suis-je le gardien de mon frère? -**2.** [goal keeper] goal *m*, gardien *m* de but. -**3.** TECH [safety catch] cran *m* de sûreté.

-keeper *in cpds*: **shop~** commerçant *m*, -e *f*; **bee~** apiculteur *m*, -trice *f*.

keep-fit *n* culture *f* physique, gymnastique *f* (d'entretien); **she goes to ~ (classes) every week** toutes les semaines elle va à son cours de gymnastique.

keeping ['kiːpɪŋ] *n* -**1.** [care, charge] garde *f*; **he left the manuscript in his wife's ~** il a confié le manuscrit à son épouse; **in safe ~** en sécurité, sous bonne garde. -**2.** [observing - of rule, custom etc] observation *f*, observance *f*.
◆ **in keeping** *adj phr* conforme à; **their dress was not at all in ~ with the seriousness of the occasion** leur tenue ne convenait pas du tout à la gravité de la circonstance.
◆ **in keeping with** *prep phr* conformément à; **in ~ with government policy** conformément à la politique du gouvernement.
◆ **out of keeping** *adj phr*: **to be out of ~ with** être en désaccord avec.

keepsake ['kiːpseɪk] *n* souvenir *m*.

kef [kef] = **kif**.

keg [keg] *n* -**1.** [barrel] tonnelet *m*, baril *m*; [of fish] baril; [of beer] tonnelet; [of herring] caque *f*. -**2.** [beer] bière *f* (à la) pression.

kelly-green ['kelɪ-] *adj Am* vert-pomme.

kelp [kelp] *n* varech *m*.

kelvin ['kelvɪn] *n* kelvin *m*.

Kempton Park ['kemptən-] *pr n* *champ de courses dans le Surrey.*

ken [ken] (*pt* & *pp* **kenned**, *cont* **kenning**)
◇ *n dated* OR *hum*: **it is beyond my ~** cela dépasse mon entendement.
◇ *vi* & *vt Scot* connaître, savoir.

Kennedy ['kenɪdɪ] *pr n* Kennedy; **the ~ assassination** l'assassinat *m* de Kennedy.

THE KENNEDY ASSASSINATION:
Assassinat, le 22 novembre 1963, du jeune président américain J.F. Kennedy, à Dallas, dans le Texas. Le meurtrier présumé, Lee Harvey Oswald, fut arrêté mais assassiné à son tour deux jours plus tard. Bien qu'officiellement close, cette affaire suscite encore aujourd'hui une controverse, en particulier de la part de ceux qui y voient un complot mettant en cause la CIA.

kennel ['kenl] (*Br pt* & *pp* **kennelled**, *Am pt* & *pp* **kenneled**) ◇ *n* -**1.** *Br* [doghouse] niche *f*. -**2.** *Am* [for boarding or breeding] chenil *m*.
◇ *vt* mettre dans un chenil.
◆ **kennels** *n Br* [for boarding or breeding] chenil *m*.

Kentish ['kentɪʃ] *adj* du Kent.

Kent State ['kentˌsteɪt] *pr n* Kent State.

THE KENT STATE INCIDENT:
Incident qui eut lieu le 4 mai 1970 sur le campus de Kent State University (dans l'Ohio) entre des étudiants manifestant contre la guerre du Viêt-nam et la Garde nationale américaine. Celle-ci riposta par balles aux jets de pierres, tuant quatre personnes et en blessant une dizaine.

Kentucky [ken'tʌkɪ] *pr n* Kentucky *m*; **in ~** dans le Kentucky.

Kenya ['kenjə] *pr n* Kenya *m*; **in ~** au Kenya.

Kenyan ['kenjən] ◇ *n* Kenyan *m*, -e *f*.
◇ *adj* kenyan.

kepi ['keɪpɪ] *n* képi *m*.

kept [kept] ◇ *pt* & *pp* → **keep**.
◇ *adj hum* OR *pej*: **a ~ man** un homme entretenu; **a ~ woman** une femme entretenue.

keratin ['kerətɪn] *n* kératine *f*.

kerb [kɜːb] *n* bord *m* du trottoir; **he stepped off the ~** il est descendu du trottoir; **the bus pulled into the ~** l'autobus s'est arrêté le long du trottoir.

kerb crawler *n personne qui longe le trottoir en voiture à la recherche d'une prostituée.*

kerb crawling *n recherche d'une prostituée en voiture.*

kerb market *n* ST. EX marché *m* officieux *(où les valeurs sont échangées en dehors des heures d'ouverture de la Bourse).*

kerbstone ['kɜːbstəʊn] *n* bordure *f* de trottoir.

kerb weight *n* poids *m* à vide.

kerchief ['kɜːtʃɪf] *n dated* foulard *m*, fichu *m*.

kerfuffle *inf* [kə'fʌfl] *n Br* [disorder] désordre *m*, chahut *m*; [fight] bagarre *f*; **there was a ~ at the exit** il y a eu des remous à la sortie.

kernel ['kɜːnl] *n* -**1.** [of nut, fruit stone] amande *f*; [of cereal] graine *f*. -**2.** *fig* [heart, core] cœur *m*, noyau *m*.

kerosene, **kerosine** ['kerəsiːn] ◇ *n Am* [for aircraft] kérosène *m*; [for lamps, stoves] pétrole *m*.
◇ *comp* [lamp, stove] à pétrole.

kestrel ['kestrəl] *n* crécerelle *f*.

ketch [ketʃ] *n* ketch *m*.

ketchup ['ketʃəp] *n* ketchup *m*.

ketone ['kiːtəʊn] *n* cétone *f*.

kettle ['ketl] *n* -**1.** [for water] bouilloire *f*; **to put the ~ on** mettre de l'eau à chauffer; **the ~'s boiling** l'eau bout. -**2.** [for fish] poissonnière *f*; **that's another** OR **a different ~ of fish** *inf* c'est une autre paire de manches; **this is a fine** OR **pretty ~ of fish!** *inf Br* quelle salade!, quel sac de nœuds!

kettledrum ['ketldrʌm] *n* timbale *f*.

key [kiː] ◆ *n* -**1.** [for lock] clé *f*, clef *f*; [for clock, mechanism etc] clé *f*, remontoir *m*; **the ~ to the drawer** la clé du tiroir; **where are the car ~s?** où sont les clés de la voiture?; **he was given the ~s to the city** on lui a remis les clés de la ville ❑ **to have the ~ of the door** atteindre sa majorité; **the (House of) Keys** *une des deux chambres du parlement de l'île de Man.* -**2.** *fig* [means] clé *f*, clef *f*; **the ~ to happiness** la clé du bonheur; **communication is the ~ to a good partnership** la communication est la clef d'une bonne association. -**3.** [on typewriter, computer, piano, organ] touche *f*; [on wind instrument] clé *f*, clef *f*. -**4.** MUS ton *m*; **in the ~ of B minor** en si mineur; **to play in/off ~** jouer dans le ton/dans le mauvais ton; **to sing in/off ~** chanter juste/faux. -**5.** [on map, diagram] légende *f*. -**6.** [answers] corrigé *m*, réponses *fpl*; **the ~ to the exercises is on page 155** le corrigé des exercices se trouve page 155. -**7.** TECH clé *f* OR clef *f* (de serrage). -**8.** [island] îlot *m*; [reef] (petit) récif *m (au large de la Floride).* -**9.** *drugs sl* kilo *m (de marijuana).*
◇ *adj* clé, clef; **~ industries** industries clés, industries-clés; **she was appointed to a ~ post** elle a été nommée à un poste clé; **a ~ factor** un élément décisif; **the ~ conspirator** la cheville ouvrière du complot; **one of the ~ issues in the election** un des enjeux fondamentaux de ces élections.
◇ *vt* -**1.** [data, text] saisir, entrer. -**2.** [adjust, adapt] adapter; **his remarks were ~ed to the occasion** ses commentaires étaient adaptés aux circonstances.
◆ **key in** *vt sep* COMPUT [word, number] entrer; [data, text] saisir.

key bar *n* [in shop] stand *m* de clef-minute.

keyboard ['kiːbɔːd] ◇ *n* [of instrument, typewriter, computer] clavier *m*; **who's on ~s?** qui est aux claviers? ❑ **~ instrument** instrument *m* à clavier; **~ operator** claviste *mf*.
◇ *vt* saisir.

keyboarder ['kiːbɔːdəʳ] *n* TYPO claviste *mf*.

keyboardist ['kiːbɔːdɪst] *n* [pianist] pianiste *mf*; [on synthesizer] joueur *m*, -euse *f* de synthétiseur.

keyed up [kiːd-] *adj* surexcité; **the fans were all ~ for the match** les supporters attendaient le match dans un état de surexcitation.

key grip *n* CIN technicien *m*, -enne *f* en chef *(chargé(e) de l'installation des décors et des rails de caméra au cinéma).*

keyhole ['kiːhəʊl] *n* trou *m* de serrure; **he looked through the ~** il regarda par le trou de la serrure.

keying ['kiːɪŋ] *n* saisie *f*.

key money *n* pas *m* de porte.

Keynesian ['keɪnzɪən] *adj* keynésien.

keynote ['kiːnəʊt] ◇ *n* -**1.** [main point] point *m* capital; **industrial recovery is the ~ of government policy** le redressement industriel constitue l'axe central de la politique gouvernementale. -**2.** MUS tonique *f*.
◇ *adj* [address] introductif; [speaker] principal; **~ speech** discours *m* introductif OR liminaire.
◇ *vt* insister sur, mettre en relief; **she ~d the need for party unity** elle a insisté sur la nécessité de cohésion au sein du parti.

keypad ['kiːpæd] *n* pavé *m* numérique.

keyphone ['kiːfəʊn] *n* téléphone *m* à touches.

keypunch ['kiːpʌntʃ] *n* perforatrice *f* à clavier.

key ring *n* porte-clés *m inv*.

key signature *n* MUS armature *f*, armure *f*.

keystone ['kiːstəʊn] *n* CONSTR & *fig* clé *f* OR clef *f* de voûte.

keystroke ['kiːstrəʊk] *n* touche *f*; **codes are entered with a single ~** une seule touche suffit pour entrer les codes.

key word *n* mot-clef *m*.

kg (*written abbr of* **kilogram**) kg.

KGB *pr n* KGB *m*.

khaki ['kɑːkɪ] ◇ *adj* kaki *(inv)*.
◇ *n* [colour] kaki *m*; [material] treillis *m*.

khaki election *n Br élection dont la date est fixée dans la foulée d'une victoire militaire, assurant le succès du gouvernement au pouvoir.*

khan [kɑːn] *n* khan *m*.

Khania [xɑː'njə] *pr n* Khania, La Canée.

Khartoum [kɑː'tuːm] *pr n* Khartoum.

Khmer [kmeəʳ] ◇ *n* -**1.** [person] Khmer *m*, -ère *f*; **~ Rouge** Khmer rouge. -**2.** LING khmer *m*.
◇ *adj* khmer.

kibbutz [kɪ'bʊts] (*pl* **kibbutzes** OR **kibbutzim** [kɪbʊt'sɪm]) *n* kibboutz *m*.

kibitz *inf* ['kɪbɪts] *vi Am* [gen] mettre son grain de sel; [during card game] *commenter une partie sans y avoir été invité.*

kibitzer *inf* ['kɪbɪtsəʳ] *n Am* [gen] mouche *f* du coche; **he's a real ~** il fourre son nez partout ‖ [at card game] donneur *m*, -euse *f* de conseils.

kibosh *inf* ['kaɪbɒʃ] *n*: **to put the ~ on sthg** ficher qqch en l'air.

kick [kɪk] ◇ *vt* -**1.** donner un coup de pied à OR dans; **she ~ed the ball over the wall** elle a envoyé la balle par-dessus le mur (d'un coup de pied); **I ~ed the door open** j'ai ouvert la porte d'un coup de pied; **he had been ~ed to death** il avait été tué à coups de pieds; **the dancers ~ed their legs in the air** les danseurs lançaient les jambes en l'air; **to ~ a penalty** [in rugby] marquer OR réussir une pénalité; **to ~ a ball**

into touch mettre la balle en touche, botter (la balle) en touche ❑ **to ~ the bucket** *inf* passer l'arme à gauche, casser sa pipe; **to ~ sb into touch** *inf Br* mettre qqn sur la touche; **you shouldn't ~ a man when he's down** il ne faut pas s'attaquer à quelqu'un sans défense; **I could have ~ed myself!** je me serais donné des gifles!; **they must be ~ing themselves** ils doivent s'en mordre les doigts; **he was ~ed upstairs** *inf Br* [promoted] on l'a promu pour se débarrasser de lui; *Br* POL on s'est débarrassé de lui en l'envoyant siéger à la chambre des Lords; **to ~ one's heels** *inf* faire le pied de grue, poireauter. -**2.** *phr*: **to ~ the habit** *inf*: **I used to smoke but I've managed to ~ the habit** je fumais, mais j'ai réussi à m'arrêter.

◇ *vi* -**1.** donner OR lancer un coup de pied; **I told you not to ~!** je t'ai dit de ne pas donner de coups de pied!; **they dragged him away ~ing and screaming** il se débattait comme un beau diable quand ils l'ont emmené; **the baby lay on its back ~ing** le bébé gigotait, allongé sur le dos ‖ [in rugby]: **to ~ for touch** chercher une touche ❑ **to ~ over the traces** *Br* ruer dans les brancards. -**2.** [in dance] lancer les jambes en l'air. -**3.** [gun] reculer.

◇ *n* -**1.** coup *m* de pied; **a long ~ upfield** un long coup de pied en avant; **to aim a ~ at sb/sthg** lancer OR donner un coup de pied en direction de qqn/qqch ❑ **it was a real ~ in the teeth for him** *inf* ça lui a fait un sacré coup; **she needs a ~ up the backside** *inf* OR **in the pants** *inf* elle a besoin d'un coup de pied aux fesses. -**2.** *inf* [thrill] plaisir *m*; **to get a ~ from** OR **out of doing sthg** prendre son pied à faire qqch; **to do sthg for ~s** faire qqch pour rigoler OR pour s'amuser. -**3.** *inf* [strength - of drink]: **his cocktail had quite a ~** son cocktail était costaud; **this beer's got no ~ in it** cette bière est un peu plate OR manque de vigueur. -**4.** *inf* [vitality, force] entrain *m*, allant *m*; **she's still got plenty of ~ in her** elle a encore du ressort. -**5.** *inf* [fad] engouement *m*; **she's on a yoga ~ at the moment** elle est emballée OR elle ne jure que par le yoga en ce moment. -**6.** [recoil - of gun] recul *m*.

◆ **kick about** ◇ *vi insep inf Br* traîner; **don't just leave your clothes ~ing about anywhere** ne laisse donc pas traîner tes vêtements n'importe où.

◇ *vt sep* = **kick around**.

◆ **kick against** *inf vt insep* regimber contre; **he was always trying to ~ against the system** il n'arrêtait pas de regimber contre le système ❑ **to ~ against the pricks** se rebeller en pure perte.

◆ **kick around** ◇ *vt sep* -**1.** *literal*: **to ~ a ball around** jouer au ballon; **they were ~ing a tin can around** ils jouaient au foot avec une boîte de conserves. -**2.** *inf fig* [idea] débattre; **we ~ed a few ideas around** on a discuté à bâtons rompus. -**3.** *inf fig* [mistreat] malmener, maltraiter; **I'm not going to let her ~ me around any more** je ne vais plus me laisser faire par elle.

◇ *vi insep inf* traîner; **who are you ~ing around with these days?** avec qui tu traînes en ce moment?; **I know my old overalls are ~ing around here somewhere** je suis sûr que mon vieux bleu de travail traîne quelque part par là.

◆ **kick at** = **kick against**.

◆ **kick back** *vt sep* -**1.** [ball] renvoyer du pied. -**2.** *inf Am* [money] verser; **he got 10 % ~ed back on the contract** il a touché 10 % du contrat en dessous-de-table.

◆ **kick down** *vt sep* [person] abattre OR faire tomber à coups de pied; [door] défoncer à coups de pied.

◆ **kick in** ◇ *vt sep* défoncer à coups de pied; **I'll ~ his teeth in!** *inf* je vais lui casser la figure!

◇ *vi insep inf* entrer en action.

◆ **kick off** ◇ *vt sep* -**1.** [shoes] enlever d'un coup de pied. -**2.** *inf fig* [start] démarrer. -**3.** SPORT donner le coup d'envoi à.

◇ *vi insep* -**1.** SPORT donner le coup d'envoi; **they ~ed off an hour late** le match a commencé avec une heure de retard. -**2.** *inf fig* [start] démarrer, commencer.

◆ **kick out** ◇ *vt sep inf* [person] *literal* chasser à coups de pied; *fig* foutre dehors.

◇ *vi insep* -**1.** [person] lancer des coups de pieds; [horse, donkey] ruer. -**2.** *inf* [complain] râler, rouspéter; [revolt] se révolter.

◆ **kick over** *vt sep* renverser du pied OR d'un coup de pied.

◆ **kick up** *vt sep* -**1.** [dust, sand] faire voler (du pied). -**2.** *inf fig*: **to ~ up a fuss** OR **a row (about sthg)** faire toute une histoire OR tout un plat(au sujet de qqch); **to ~ up a din** OR **a racket** faire un boucan d'enfer.

kickback ['kɪkbæk] *n* -**1.** *inf* [bribe] dessous-de-table *m inv*, pot-de-vin *m*. -**2.** TECH recul *m*. -**3.** [backlash] contrecoup *m*.

kickoff ['kɪkɒf] *n* -**1.** SPORT coup *m* d'envoi; **the ~ is at 3pm** le coup d'envoi sera donné à 15h. -**2.** *inf Br fig*: **for a ~** pour commencer.

kickpleat ['kɪkpliːt] *n* [in skirt] pli *m* d'aisance.

kickstand ['kɪkstænd] *n* béquille *f* (de moto).

kick-start ◇ *n* = **kick-starter**.

◇ *vt* démarrer (au kick); **measures to ~ the economy** *fig* des mesures pour faire repartir l'économie.

kick-starter *n* kick *m*, kick-starter *m*.

kick turn *n* [in skiing] conversion *f*.

kid [kɪd] (*pt* & *pp* **kidded**, *cont* **kidding**) ◇ *n* -**1.** *inf* [child, young person] gosse *mf*, môme *mf*, gamin *m*, -e *f*; **she's just a ~** ce n'est qu'une gamine OR enfant; **listen to me, ~!** écoute-moi bien, petit!; **that's ~s' stuff** c'est pour les bébés; **college ~s** *Am* étudiants *mpl* ❑ **'The Kid'** *Chaplin* 'le Gosse'; **'Butch Cassidy and the Sundance Kid'** *Hill* 'Butch Cassidy et le kid'. -**2.** [young goat] chevreau *m*, chevrette *f*. -**3.** [hide] chevreau *m*.

◇ *adj* -**1.** *inf* [young]: **~ brother** petit frère *m*, frérot *m*; **~ sister** petite sœur *f*, sœurette *f*. -**2.** [coat, jacket] en chevreau.

◇ *vi inf* [joke] blaguer; **I won it in a raffle — no kidding!** OR **you're kidding!** je l'ai gagné dans une tombola — sans blague! OR tu rigoles!; **don't get upset, I was just kidding** ne te fâche pas, je plaisantais OR c'était une blague.

◇ *vt inf* -**1.** [tease] taquiner, se moquer de; **they kidded him about his accent** ils se moquaient de lui à cause de son accent. -**2.** [deceive, mislead] charrier, faire marcher; **don't ~ yourself!** il ne faut pas te leurrer OR te faire d'illusions!; **who do you think you're kidding?** tu te fous de moi?; **you're not kidding!** je ne te le fais pas dire!; **I ~ you not** *inf* sans blague, sans rigoler.

◆ **kid around** *inf vi insep* raconter des blagues, rigoler.

◆ **kid on** *inf Br* ◇ *vi insep* faire semblant; **they were kidding on that I'd won** ils voulaient me faire croire que j'avais gagné.

◇ *vt sep* charrier, faire marcher.

kiddie *inf* ['kɪdɪ] = **kiddy**.

kidding *inf* ['kɪdɪŋ] *n (U)* plaisanterie *f*, plaisanteries *fpl*, blague *f*, blagues *fpl*; **~ aside** blague à part, sans rigoler.

kiddy *inf* ['kɪdɪ] (*pl* **kiddies**) *n* gosse *mf*, gamin *m*, -e *f*.

kid gloves *npl* gants *mpl* de chevreau; **to handle** OR **to treat sb with ~** prendre des gants avec qqn.

kidnap ['kɪdnæp] (*Br pt* & *pp* **kidnapped**, *cont* **kidnapping**, *Am pt* & *pp* **kidnaped**, *cont* **kidnaping**) ◇ *vt* enlever, kidnapper; **'Kidnapped'** *Stevenson* 'Enlevé'.

◇ *n* enlèvement *m*, rapt *m*, kidnapping *m*.

kidnaping ['kɪdnæpɪŋ] *Am* = **kidnapping**.

kidnapper ['kɪdnæpəʳ] *n* ravisseur *m*, -euse *f*, kidnappeur *m*, -euse *f*.

kidnapping ['kɪdnæpɪŋ] *n* enlèvement *m*, rapt *m*, kidnapping *m*.

kidney ['kɪdnɪ] ◇ *n* -**1.** ANAT rein *m*. -**2.** CULIN rognon *m*; **pork ~s** rognons de porc. -**3.** *Br lit* [temperament] nature *f*, caractère *f*; **a man of (quite) a different ~** un homme d'un (tout) autre caractère.

◇ *comp* ANAT [ailment, trouble] des reins, rénal; **~ specialist** néphrologue *mf*; **~ transplant** greffe *f* du rein.

kidney bean *n* haricot *m* rouge OR de Soissons.

kidney machine *n* rein *m* artificiel; **he's on a ~** il est sous rein artificiel OR en dialyse OR en hémodialyse.

kidology *inf* [kɪ'dɒlədʒɪ] *n Br* esbroufe *f*, bluff *m*.

kidskin ['kɪdskɪn] *n* (peau *f* de) chevreau *m*.

Kiev ['kiːev] *pr n* Kiev.

kif *inf* [kɪf, kiːf] *n* kif *m*.

kike▼ [kaɪk] *n Am terme antisémite désignant un juif*, ≃ youpin *m*, -e *f*.

Kilimanjaro [ˌkɪlɪmən'dʒɑːrəʊ] *pr n* Kilimandjaro *m*.

kill [kɪl] ◇ *vt* -**1.** [person, animal] tuer; **to ~ o.s.** se tuer, se donner la mort *fml*; **they ~ed him in cold blood** ils l'ont tué OR abattu de sang-froid; **the frost ~ed the flowers** le gel a tué les fleurs ‖ *fig* tuer; **I'll finish it even if it ~s me** j'en viendrai à bout même si je dois me tuer à la tâche; **don't ~ yourself working** ne te tue pas au travail; **he didn't exactly ~ himself to find a job** *hum* il ne s'est pas trop fatigué pour trouver du travail; **don't ~ yourself!** *hum* ne te fatigue pas trop!, ne te tue pas à la tâche!; **if you tell them, I'll ~ you!** si tu leur dis, je te tue!; **this joke will ~ you** cette plaisanterie va te faire mourir de rire; **they were ~ing themselves laughing** OR **with laughter** ils étaient morts de rire ❑ **to ~ two birds with one stone** *prov* faire d'une pierre deux coups; **to ~ time** tuer le temps. -**2.** *inf fig* [cause pain to] faire très mal à; **these shoes are ~ing me** ces chaussures me font souffrir le martyre; **my back's ~ing me** j'ai très OR horriblement mal au dos; **the heat will ~ you** tu vas crever de chaleur. -**3.** [put an end to] tuer, mettre fin à; **the accident ~ed all his hopes of becoming a dancer** avec son accident ses espoirs de devenir danseur se sont évanouis OR envolés. -**4.** [alleviate, deaden] atténuer, soulager; **this injection should ~ the pain** cette piqûre devrait atténuer la douleur; **to ~ the sound** étouffer OR amortir le son. -**5.** *inf* POL [defeat] rejeter, faire échouer; **the Senate ~ed the appropriations bill** le Sénat a fait échouer le projet de loi de finances. -**6.** *inf* [cancel, remove] supprimer, enlever; [computer file] effacer; **the editor had to ~ the story** PRESS le rédacteur en chef a dû supprimer l'article. -**7.** *inf* [switch off] arrêter, couper; **to ~ the engine** arrêter le moteur; **to ~ the lights** éteindre les lumières.

◇ *vi* tuer; **to shoot to ~** tirer dans l'intention de tuer; **thou shalt not ~** BIBLE tu ne tueras point ❑ **she was dressed to ~** *inf* elle était sur son trente et un; **it's a case of ~ or cure** c'est un remède de cheval.

◇ *n* -**1.** mise *f* à mort; **the tiger had made three ~s that week** le tigre avait tué à trois reprises OR avait fait trois victimes cette semaine-là ❑ **to be in at the ~** assister au coup de grâce; **to move in for the ~** donner OR porter le coup de grâce. -**2.** [prey - killed by animal] proie *f*; [- killed by hunter] chasse *f*; **the ~ was plentiful** la chasse a été bonne.

◆ **kill off** *vt sep* tuer, exterminer; **high prices could ~ off the tourist trade** *fig* des prix élevés pourraient porter un coup fatal au tourisme.

killer ['kɪləʳ] ◇ *n* -**1.** *literal* tueur *m*, -euse *f*; **a convicted ~** une personne reconnue coupable d'homicide; **tuberculosis was once a major ~** jadis, la tuberculose faisait de nombreuses victimes OR des ravages. -**2.** *phr*: **a real ~** *inf*: **the exam was a real ~** l'examen était d'une difficulté incroyable; **that walk was a real ~** cette promenade était vraiment crevante; **this joke is a real ~** cette histoire est à mourir de rire.

◇ *comp* [disease] meurtrier; **a ~ shark** un requin tueur.

killer instinct *n fig*: **he's got the ~** c'est un battant; **he lacks the ~** il manque d'agressivité OR de combativité, il a trop de scrupules.

killer whale *n* épaulard *m*, orque *m*.

killing ['kɪlɪŋ] ◇ *n* -**1.** assassinat *m*, meurtre *m*; **a wave of ~s** une vague d'assassinats; **the ~ of endangered species is forbidden** il est interdit de tuer un animal appartenant à une espèce en voie de disparition. -**2.** *inf* [profit]: **to make a ~** se remplir les poches, s'en mettre plein les poches.
◇ *adj inf Br* -**1.** [tiring] crevant, tuant. -**2.** *dated* [hilarious] tordant, bidonnant; **it was absolutely ~** c'était à se tordre OR à mourir de rire.

killingly *inf* ['kɪlɪŋlɪ] *adv Br*: **it was ~ funny** c'était à se tordre OR à mourir de rire.

killjoy ['kɪldʒɔɪ] *n* trouble-fête *mf inv*; **don't be such a ~!** ne sois pas rabat-joie!

kiln [kɪln] *n* four *m (à céramique, à briques etc).*

Kilner jar® ['kɪlnəʳ-] *n Br* bocal *m* (à conserves).

kilo ['kiːləʊ] (*pl* **kilos**) (*abbr of* **kilogram**) *n* kilo *m*.

kilobyte ['kɪləbaɪt] *n* kilobyte *m*, kilo-octet *m*.

kilocalorie ['kɪlə,kælərɪ] *n* kilocalorie *f*, grande calorie *f*.

kilocycle ['kɪlə,saɪkəl] *n* kilocycle *m*, kilohertz *m*.

kilogram(me) *Br*, **kilogram** *Am* ['kɪləgræm] *n* kilogramme *m*.

kilohertz ['kɪlə,hɜːts] *n* kilohertz *m*.

kilolitre *Br*, **kiloliter** *Am* ['kɪlə,liːtəʳ] *n* kilolitre *m*.

kilometre *Br*, **kilometer** *Am* ['kɪlə,miːtəʳ, kɪ'lɒmɪtəʳ] *n* kilomètre *m*.

kiloton ['kɪlətʌn] *n* kilotonne *f*.

kilovolt ['kɪləvəʊlt] *n* kilovolt *m*.

kilowatt ['kɪləwɒt] *n* kilowatt *m*.

kilowatt-hour *n* kilowatt-heure *m*.

kilt [kɪlt] *n* kilt *m*.

kilted ['kɪltɪd] *adj* -**1.** [person] en kilt. -**2.** [pleated]: **~ skirt** kilt *m*.

kilter ['kɪltəʳ]
◆ **out of kilter** *adj phr* en dérangement, en panne.

kimono [kɪ'məʊnəʊ] (*pl* **kimonos**) *n* kimono *m*.

kin [kɪn] *npl* parents *mpl*, famille *f*.

kind[1] [kaɪnd] *n* -**1.** [sort, type] sorte *f*, type *m*, genre *m*; **hundreds of different ~s of books** des centaines de livres de toutes sortes; **they have every ~ of bird imaginable** ils ont tous les oiseaux possibles et imaginables; **have you got any other ~?** en avez-vous d'autres?; **all ~s of people** toutes sortes de gens; **what ~ of people go there? — oh, all ~s** quel type de gens y va? — oh, des gens très différents; **the place was packed with paintings of all ~s** il y avait là toutes sortes de tableaux; **it's a different ~ of problem** c'est un tout autre problème, c'est un problème d'un autre ordre; **I think he's some ~ of specialist** OR **a specialist of some ~** je crois que c'est un genre de spécialiste; **are you some ~ of nut?** *inf* tu es malade ou quoi?; **what ~ of fish is this?** quel type OR quelle sorte de poisson est-ce?; **what ~ of computer have you got?** qu'est-ce que vous avez comme (marque d') ordinateur?; **what ~ of person do you think I am?** pour qui me prenez-vous?; **it's all right, if you like that ~ of thing** c'est bien si vous aimez ce genre de choses; **his books are not the ~ to become best-sellers** ses livres ne sont pas du genre à devenir des best-sellers; **he's not the ~ that would betray his friends** il n'est pas du genre à trahir ses amis; **they're not our ~ of people** [not the sort we mix with] nous ne sommes pas du même monde; **Las Vegas is my ~ of town** Las Vegas est le genre de ville que j'aime; **she's not the marrying ~** elle n'est pas du genre à se marier ❑ **I said nothing of the ~!** je n'ai rien dit de pareil OR de tel!; **you were drunk last night — I was nothing of the ~!** tu étais ivre hier soir — absolument pas OR mais pas du tout!; **'A Kind of Loving'** *Barstow, Schlesinger* 'Un amour pas comme les autres'. -**2.** [class of person, thing]: **he's a traitor to his ~** il a trahi les siens; **it's one of the finest of its ~** [animal] c'est l'un des plus beaux spécimens de son espèce; [object] c'est l'un des plus beaux dans son genre. -**3.** *phr*: **a ~ of** une sorte de, une espèce de; **a hat with a ~ of (a) veil** un chapeau avec une espèce de voilette; **she had a ~ of fit** elle a eu une sorte d'attaque; **I had a ~ of (a) feeling you'd come** j'avais comme l'impression que tu viendrais; **~ of** plutôt; **it's ~ of big and round** c'est plutôt OR dans le genre grand et rond; **I'm ~ of sad about it** ça me rend un peu triste; **did you hit him? — well, ~ of** tu l'as frappé? — oui, si on veut; **we just ~ of wandered about** on s'est un peu baladés; **of a ~**: **they're two of a ~** ils sont de la même espèce; **one of a ~** unique (en son genre); **did he give you any tips? — of a ~** vous a-t-il donné des conseils? — si on peut appeler ça des conseils; **it's work of a ~, but only as a stopgap** c'est un emploi, d'accord, mais pas pour très longtemps.
◆ **in kind** *adv phr* -**1.** [with goods, services] en nature; **to pay sb in ~** payer qqn en nature. -**2.** [in similar fashion] de même; **he insulted me, and I replied in ~** il m'a insulté, et je lui ai rendu la monnaie de sa pièce.

kind[2] [kaɪnd] *adj* -**1.** [good-natured, considerate] gentil, aimable; **she's a very ~ woman** c'est une femme très gentille OR une femme d'une grande bonté; **to be ~ to sb** être gentil avec qqn; **it's very ~ of you to take an interest** c'est très gentil à vous de vous y intéresser; **how ~!** comme c'est gentil!; **she was ~ enough to say nothing** elle a eu la gentillesse de ne rien dire; **would you be so ~ as to post this for me?** auriez-vous l'amabilité de mettre ceci à la poste pour moi?; **most of the reviews were ~ to the actors** la plupart des critiques étaient favorables aux acteurs ❑ **'Kind Hearts and Coronets'** *Hamer* 'Noblesse oblige'. -**2.** [delicate, not harmful] doux; **a detergent that is ~ to your hands** une lessive qui n'abîme pas les mains.

kinda▽ ['kaɪndə] *Am* = **kind of**.

kindergarten ['kɪndə,gɑːtn] *n* jardin *m* d'enfants, (école *f*) maternelle *f*.

kind-hearted *adj* bon, généreux; **she's very ~** elle a bon cœur, elle est d'une grande générosité.

kind-heartedly [-'hɑːtɪdlɪ] *adv* avec bonté, généreusement.

kind-heartedness [-'hɑːtɪdnɪs] *n* bonté *f*, générosité *f*.

kindle ['kɪndl] ◇ *vt* -**1.** [wood] allumer, faire brûler. -**2.** *fig* [interest] susciter; [passion] embraser, enflammer; [hatred, jealousy] attiser, susciter.
◇ *vi* -**1.** [wood] s'enflammer, brûler. -**2.** *fig* [passion, desire] s'embraser, s'enflammer; [interest] s'éveiller.

kindliness ['kaɪndlɪnɪs] *n* gentillesse *f*, amabilité *f*, bonté *f*.

kindling ['kɪndlɪŋ] *n* petit bois *m*, bois *m* d'allumage.

kindly ['kaɪndlɪ] (*compar* **kindlier**, *superl* **kindliest**) ◇ *adv* -**1.** [affably, warmly] chaleureusement, affablement; **he has always treated me ~** il a toujours été gentil avec moi. -**2.** [obligingly] gentiment, obligeamment; **she ~ offered to help us** elle a gentiment offert de nous aider. -**3.** [favourably]: **to look ~ on sthg** voir qqch d'un bon œil; **they don't take ~ to people arriving late** ils n'apprécient pas beaucoup OR tellement qu'on arrive en retard; **I have always thought ~ of him** j'ai toujours eu une bonne opinion de lui. -**4.** [in polite requests]: **would** OR **will you ~ pass the salt?** auriez-vous la gentillesse OR l'amabilité de me passer le sel?; **~ reply by return of post** prière de répondre par retour du courrier; **~ refrain from smoking** prière de ne pas fumer || [in anger or annoyance]: **will you ~ sit down!** asseyez-vous, je vous prie!
◇ *adj* [person, attitude] gentil; [smile] bienveillant.

kindness ['kaɪndnɪs] *n* -**1.** [thoughtfulness] bonté *f*, gentillesse *f*; **an act of ~** un acte de bonté; **she did it out of the ~ of her heart** elle l'a fait par bonté d'âme. -**2.** *Br* [considerate act] service *m*; **to do sb a ~** rendre service à qqn; **please do me the ~ of replying** *fml* pourriez-vous être assez gentil pour OR pourriez-vous avoir l'amabilité de me donner une réponse?

kindred ['kɪndrɪd] ◇ *n arch* OR *lit* [relationship] parenté *f*; [family] famille *f*, parents *mpl*.
◇ *adj* [related] apparenté; [similar] similaire, analogue; **~ spirits** âmes *fpl* sœurs.

kinematics [,kɪnɪ'mætɪks] *n (U)* cinématique *f*.

kinesics [kɪ'niːzɪks] *n (U)* kinésique *f*.

kinetic [kɪ'netɪk] *adj* cinétique.

kinetic art *n* art *m* cinétique.

kinetic energy *n* énergie *f* cinétique.

kinetics [kɪ'netɪks] *n (U)* cinétique *f*.

kinfolk ['kɪnfəʊk] *Am* = **kinsfolk**.

king [kɪŋ] *n* -**1.** roi *m*; **King Henry the Eighth** le roi Henri VIII; **the King of Spain/Belgium** le roi d'Espagne/des Belges; **the Three Kings** les trois Mages, les Rois mages; **the ~ of (the) beasts** *fig* le roi des animaux; **the fast-food ~** *fig* le roi OR magnat de la restauration rapide ❑ **to live like a ~** vivre en grand seigneur; **to pay a ~'s ransom (for sthg)** payer une fortune OR un prix fou (pour qqch); **I'm the ~ of the castle!** *inf* [in children's games] c'est moi le plus fort!; **'King John'** *Shakespeare* 'le Roi Jean'; **'King Lear'** *Shakespeare* 'le Roi Lear'; **'King Solomon's Mines'** *Haggard* 'les Mines du roi Salomon'. -**2.** [in cards & chess] roi *m*; [in draughts] dame *f*; **the ~ of hearts** le roi de cœur.
◆ **Kings** *n*: (the book of) Kings BIBLE (le livre des) Rois.

kingbolt ['kɪŋbəʊlt] *n* MECH pivot *m*.

King Charles spaniel *n* king-charles *m (inv)*.

king cobra *n* cobra *m* royal, hamadryade *f*.

kingcup ['kɪŋkʌp] *n Br* populage *m*, souci *m* d'eau.

kingdom ['kɪŋdəm] *n* -**1.** [realm] royaume *m*; **the ~ of God/Heaven** BIBLE le royaume de Dieu/des cieux ❑ **till ~ come** jusqu'à la fin des temps; **they were blown to ~ come** ils ont été expédiés dans l'autre monde OR dans l'au-delà. -**2.** [division] règne *m*; **the animal/vegetable/mineral ~** le règne animal/végétal/minéral.

kingfisher ['kɪŋ,fɪʃəʳ] *n* martin-pêcheur *m*.

kingly ['kɪŋlɪ] (*compar* **kinglier**, *superl* **kingliest**) *adj* royal, majestueux; **to behave in a ~ manner** [be like a king] se conduire en roi; [be generous] se conduire comme un prince.

kingmaker ['kɪŋ,meɪkəʳ] *n* HIST faiseur *m* de rois; *fig* & POL *personne qui fait ou défait les candidats politiques.*

king penguin *n* manchot *m* royal.

kingpin ['kɪŋpɪn] *n* -**1.** TECH pivot *m*. -**2.** *fig* pivot *m*, cheville *f* ouvrière.

king prawn *n* (grosse) crevette *f*.

King's Bench (Division) *n* ≃ cour *f* d'assises *(en Grande-Bretagne et au Canada).*

King's Counsel *n* avocat *m* de la couronne *(en Grande-Bretagne).*

King's English *n Br*: **the ~** le bon anglais.

King's evidence *n Br*: **to turn ~** témoigner contre ses complices.

King's highway *n Br*: **the ~** la voie publique.

kingship ['kɪŋʃɪp] *n* royauté *f*.

king-size(d) *adj* [bed, mattress] (très) grand; [cigarette] long; [packet, container] géant; **I've got a ~ hangover** *inf fig* j'ai une gueule de bois carabinée.

kink [kɪŋk] ◇ *n* -**1.** [in rope, wire] nœud *m*; [in hair] boucle *f*, frisette *f*. -**2.** *inf fig* [sexual deviation] perversion *f*, aberration *f*; [quirk] bizarrerie *f*, excentricité *f*. -**3.** *inf Am* [flaw] problème *m*.
◇ *vt* [rope, cable] entortiller, emmêler.
◇ *vi* [rope, cable] s'entortiller, s'emmêler.

kinky ['kɪŋkɪ] (*compar* **kinkier**, *superl* **kinkiest**) *adj* -**1.** *inf* [behaviour] farfelu; [sexually] vicieux, pervers; **he likes ~ sex** il a des goûts sexuels un peu spéciaux; **she wears ~ clothes** elle a une façon très spéciale de s'habiller. -**2.** [rope, cable] entortillé, emmêlé; [hair] crépu, frisé.

kinsfolk [ˈkɪnzfəʊk] *npl* parents *mpl*, famille *f*.
Kinshasa [kɪnˈʃæsə] *pr n* Kinshasa.
kinship [ˈkɪnʃɪp] *n* [relationship] parenté *f*; *fig* [closeness] intimité *f*; **I feel no real ~ with my colleagues** je ne me sens pas du tout proche de mes collègues.
kinsman [ˈkɪnzmən] (*pl* **kinsmen** [-mən]) *n* parent *m*.
kinswoman [ˈkɪnz,wʊmən] (*pl* **kinswomen** [-,wɪmɪn]) *n* parente *f*.
kiosk [ˈkiːɒsk] *n* [for newspapers, magazines] kiosque *m*; *Am* [for advertisements] ≃ colonne *f* Morris; **telephone ~** *Br* cabine *f* téléphonique.
kip *inf* [kɪp] (*pt* & *pp* **kipped**, *cont* **kipping**) ◇ *n* *Br* [sleep] roupillon *m*; **to have** OR **to get some ~** faire OR piquer un roupillon; **I got no ~ last night** je n'ai pas fermé l'œil de la nuit.
◇ *vi* roupiller.
◆ **kip down** *inf vi insep Br* se pieuter.
kipper [ˈkɪpəʳ] ◇ *n* hareng *m* fumé, kipper *m*.
◇ *vt* [fish] fumer; **~ed herring** hareng *m* fumé, kipper *m*.
kipper tie *n* large cravate *f*.
KIPS [kɪps] (*abbr of* **kilo instructions per second**) *n* COMPUT *millier d'instructions par seconde.*
Kirgizia [kɜːˈgɪzɪə] *pr n* Kirghizie *f*; **in ~** en Khirgizie.
kirk [kɜːk] *n* *Scot* église *f*.
kirsch [kɪəʃ] *n* Kirsch *m*.
kiss [kɪs] ◇ *n* **-1.** baiser *m*; **they gave her a ~** ils l'ont embrassée; **give us a ~!** *inf* fais-moi un (gros) bisou!; **she gave him a goodnight ~** elle lui a souhaité une bonne nuit en l'embrassant, elle l'a embrassé pour lui souhaiter (une) bonne nuit ❑ **to give sb the ~ of life** faire du bouche-à-bouche à qqn; **it could be the ~ of life for the building trade** cela pourrait permettre à l'industrie du bâtiment de retrouver un OR son second souffle; **~ of death** coup fatal; **the new supermarket was the ~ of death for local shopkeepers** l'ouverture du supermarché a entraîné la ruine des petits commerçants; 'The Kiss' *Rodin* 'le Baiser'. **-2.** [sweet]: **chocolate ~** (petit) bonbon *m* au chocolat. **-3.** [in snooker] touche *f*, contre *m*.
◇ *vt* **-1.** embrasser; **he ~ed her on the lips/forehead** il l'embrassa sur la bouche/sur le front; **he ~ed her hand** il lui a baisé la main, il lui a fait le baise-main *lit*; **to ~ sb goodnight**: **I ~ed her goodnight** je l'ai embrassée OR je lui ai fait une bise pour lui souhaiter (une) bonne nuit; **~ your dad goodnight!** embrasse ton père OR fais une bise à ton père avant d'aller te coucher! ❑ **you can ~ your money goodbye!** *inf* tu peux faire ton deuil de OR tu peux faire une croix sur ton fric!; 'Kiss me, Kate!' *Porter* 'Embrasse-moi, Kate!'. **-2.** *lit* [touch lightly] caresser; **the sunlight ~ed her hair** le soleil lui caressait les cheveux. **-3.** [in snooker] toucher.
◇ *vi* **-1.** s'embrasser; **they ~ed goodbye** ils se sont dit au revoir en s'embrassant; **to ~ and make up** s'embrasser et faire la paix. **-2.** [in snooker] se toucher.
◆ **kiss away** *vt sep*: **she ~ed away my tears** ses baisers ont séché mes larmes.
◆ **kiss off**▽ *Am* ◇ *vt sep* **-1.** [dismiss] envoyer promener. **-2.** [kill] descendre, buter.
◇ *vi insep*: **~ off!** va te faire voir!
kissagram [ˈkɪsəgræm] *n* baiser *m* par porteur spécial *(service utilisé à l'occasion d'un anniversaire etc).*
kiss-and-tell *adj* PRESS: **another ~ story by an ex-girlfriend** encore des révélations intimes faites OR des secrets d'alcôve dévoilés par une ancienne petite amie.
kiss curl *n* *Br* accroche-cœur *m*.
kisser [ˈkɪsəʳ] *n* **-1.** [person]: **is he a good ~?** est-ce qu'il embrasse bien? **-2.** *inf* [face, mouth] tronche *f*.
kiss-off▽ *n* *Am*: **to give sb the ~** envoyer promener qqn.
kit [kɪt] (*pt* & *pp* **kitted**, *cont* **kitting**) *n* **-1.** [set] trousse *f*; **tool/sewing ~** trousse à outils/à couture. **-2.** [equipment] affaires *fpl*, matériel *m*; **have you got your squash ~?** as-tu tes affaires de squash?; **get your ~ off!**▽ *hum* à poil! ❑ **the whole ~ and caboodle** *inf* tout le bazar OR bataclan. **-3.** [soldier's gear] fourniment *m*; **in full battle ~** en tenue de combat; **~ inspection** revue *f* de détail. **-4.** [parts to be assembled] kit *m*; **it's sold in ~ form** c'est vendu en kit; **model aircraft ~** maquette *f* d'avion.
◆ **kit out** *inf*, **kit up** *inf vt sep Br* équiper; **we kitted ourselves out for a long trip** nous nous sommes équipés pour un long voyage; **he was kitted out for golf** il était en tenue de golf.
kit bag *n* *Br* musette *f*, sac *m* de toile.
kitchen [ˈkɪtʃɪn] ◇ *n* cuisine *f*.
◇ *comp* [salt, scissors, table] de cuisine.
kitchen cabinet *n* **-1.** [furniture] buffet *m* (de cuisine). **-2.** *Br* POL cabinet *m* restreint *(conseillers proches du chef du gouvernement).*
kitchenette [,kɪtʃɪˈnet] *n* kitchenette *f*, cuisinette *f offic*.
kitchen foil *n* aluminium *m* ménager, papier *m* d'aluminium OR d'alu.
kitchen garden *n* *Br* (jardin *m*) potager *m*.
kitchen paper *n* *Br* essuie-tout *m*, Sopalin® *m*.
kitchen sink *n* évier *m*; **everything but the ~** *fig* & *hum* tout sauf les murs; **~ drama** *théâtre et cinéma réalistes des années 50-60 ayant pour thème l'ennui et la misère des gens ordinaires.*
kitchen unit *n* élément *m* (de cuisine).
kitchenware [ˈkɪtʃɪnweəʳ] *n* vaisselle *f* et ustensiles *mpl* de cuisine.
kite [kaɪt] ◇ *n* **-1.** [toy] cerf-volant *m*; **to fly a ~** *literal* faire voler un cerf-volant; *fig* lancer un ballon d'essai. **-2.** ORNITH milan *m*. **-3.** *inf Br dated* [aeroplane] zinc *m*.
◇ *vi* s'envoler.
Kite mark *n* *label représentant un petit cerf-volant apposé sur les produits conformes aux normes officielles britanniques.*
kith [kɪθ] *npl*: **~ and kin** amis *mpl* et parents *mpl*; **he's one of our own ~ and kin** il est l'un des nôtres.
kitsch [kɪtʃ] ◇ *adj* kitsch.
◇ *n* kitsch *m*.
kitschy [ˈkɪtʃɪ] (*compar* **kitschier**, *superl* **kitschiest**) = **kitsch** *adj*.
kitten [ˈkɪtn] *n* chaton *m*; **our cat has had ~s** notre chatte a eu des petits ❑ **he was having ~s** *inf Br* il était dans tous ses états OR aux cent coups.
kittenish [ˈkɪtənɪʃ] *adj* [playful] joueur, espiègle; [flirtatious] coquet.
kittiwake [ˈkɪtɪweɪk] *n* mouette *f* tridactyle.
kitty [ˈkɪtɪ] (*pl* **kitties**) *n* **-1.** *inf* [kitten] chaton *m*; **here, ~ ~** viens, mon minou OR minet. **-2.** [funds held in common] cagnotte *f*, caisse *f* (commune); [in gambling] cagnotte *f*.
kiwi [ˈkiːwiː] *n* **-1.** ORNITH kiwi *m*, aptéryx *m*. **-2.** [fruit] kiwi *m*.
◆ **Kiwi** *inf* [New Zealander] Néo-Zélandais *m*, -e *f*; **the Kiwis** [rugby team] les Kiwis.
kiwi fruit *n* kiwi *m*.
KKK *pr n* *abbr of* Ku Klux Klan.
Klan [klæn] = **Ku Klux Klan**.
Klansman [ˈklænzmən] (*pl* **Klansmen** [-mən]) *n* membre *m* du Ku Klux Klan.
Klaxon® [ˈklæksn] *n* *Br* AUT Klaxon® *m*.
Kleenex® [ˈkliːneks] *n* Kleenex® *m inv*, mouchoir *m* en papier.
kleptomania [,kleptəˈmeɪnɪə] *n* kleptomanie *f*, cleptomanie *f*.
kleptomaniac [,kleptəˈmeɪnɪæk] ◇ *adj* kleptomane, cleptomane.
◇ *n* kleptomane *mf*, cleptomane *mf*.
klieg light [kliːg-] *n* *Am* lampe *f* à arc.
Klondike [ˈklɒndaɪk] *pr n*: **the ~ (River)** le Klondike; **the ~ gold rush** *la ruée vers l'or, aux États-Unis.*
klutz *inf* [klʌts] *n* *Am* balourd *m*, -e *f*, godiche *f*.
klystron [ˈklaɪstrɒn] *n* klystron *m*.
km (*written abbr of* **kilometre**) km.
km/h (*written abbr of* **kilometres per hour**) km/h.
knack [næk] *n* tour *m* de main, truc *m*; **it's easy, once you get the ~ (of it)** c'est facile, une fois qu'on a compris le truc; **she's got a ~ of finding the right word** elle sait toujours trouver le mot juste; **he's got a ~ of turning up at meal-times** *hum* il a le chic pour arriver aux heures des repas.
knacker [ˈnækəʳ] *Br* ◇ *vt* ▽ crever; **that run completely ~ed me** cette course m'a mis sur les genoux.
◇ *n* **-1.** [slaughterer] équarrisseur *m*; **~'s yard** équarrissoir *m*, abattoir *m*. **-2.** [in real estate] démolisseur *m*.
◆ **knackers**▼ *npl Br* [testicles] couilles *fpl*.
knackered▽ [ˈnækəd] *adj* [tired] crevé; [engine] mort.
knapsack [ˈnæpsæk] *n* havresac *m*, sac *m* à dos.
knave [neɪv] *n* **-1.** *arch* [rogue] fripon *m lit*, canaille *f*. **-2.** CARDS valet *m*.
knavery [ˈneɪvərɪ] (*pl* **knaveries**) *n arch* friponnerie *f*, canaillerie *f*, malhonnêteté *f*.
knavish [ˈneɪvɪʃ] *adj arch* [person] fripon; [trick, deed] de fripon, de canaille.
knead [niːd] *vt* [dough, clay] pétrir, malaxer; [massage - body] pétrir, malaxer.
knee [niː] ◇ *n* **-1.** ANAT genou *m*; **the snow was up to our ~s, we were up to our ~s in snow** on avait de la neige jusqu'aux genoux; **to go down on one's ~s, to fall to one's ~s** se mettre à genoux ❑ **to be on one's ~s** *literal* & *fig* être à genoux; **to bring sb to his/her ~s** faire capituler qqn; **the war nearly brought the country to its ~s** la guerre a failli entraîner la ruine du pays. **-2.** [of trousers] genou *m*; **worn at the ~s** usé aux genoux. **-3.** [lap] genoux *mpl*; **come and sit on my ~** viens t'asseoir sur mes genoux; **to put sb over one's ~** donner la fessée à OR corriger qqn ❑ **I learnt it at my mother's ~** c'est ma mère qui me l'a appris lorsque je n'étais qu'un enfant; **on bended ~** à genoux; **to go down on bended ~** se mettre à genoux. **-4.** TECH [in a pipe] genou *m*, coude *m*; [device] rotule *f*.
◇ *vt* donner un coup de genou à; **he ~d me in the groin** il m'a donné un coup de genou dans l'aine.
knee breeches *npl Br* knickers *mpl*.
kneecap [ˈniːkæp] (*pt* & *pp* **kneecapped**, *cont* **kneecapping**) ◇ *n* ANAT rotule *f*.
◇ *vt*: **he was kneecapped** on lui a brisé les rotules.
kneecapping [ˈniːkæpɪŋ] *n* mutilation *f* des rotules.
knee-deep *adj*: **the snow was ~** on avait de la neige jusqu'aux genoux; **the water was only ~** l'eau ne nous arrivait qu'aux genoux; **we were ~ in water** l'eau nous arrivait OR nous étions dans l'eau jusqu'aux genoux; **he was ~ in trouble** *fig* il était dans les ennuis jusqu'au cou.
knee drop *n* [in wrestling] projection *f* sur le genou.
knee-high *adj* [grass] à hauteur de genou; **~ socks** chaussettes *fpl* montantes; **the grass was ~** l'herbe nous arrivait (jusqu') aux genoux ❑ **~ to a grasshopper** *inf hum* haut comme trois pommes.
knee jerk *n* réflexe *m* rotulien.
◆ **knee-jerk** *adj* automatique; **~ reaction** *fig* & *pej* réflexe *m*, automatisme *m*; **~ support** POL soutien *m* systématique OR inconditionnel.
knee joint *n* articulation *f* du genou.
kneel [niːl] (*pt* & *pp* **knelt** [nelt] OR **kneeled**) *vi* s'agenouiller, se mettre à genoux; **she was ~ing on the floor** elle était agenouillée OR à genoux par terre; **to ~ in prayer** s'agenouiller pour prier; **to ~ before sb** se mettre à genoux devant qqn.
◆ **kneel down** *vi insep* se mettre à genoux, s'agenouiller.
knee-length *adj*: **a ~ skirt** une jupe qui descend jusqu'au genou.
knee level *n*: **at ~** à hauteur du genou.
kneeling [ˈniːlɪŋ] *adj* agenouillé, à genoux; **in a ~ position** à genoux.

knee pad *n* genouillère *f*.

kneepan ['ni:pæn] *n* ANAT patelle *f*, rotule *f*.

knee reflex *n* réflexe *m* rotulien.

kneeroom ['ni:rʊm] *n*: have you got enough ~? avez-vous assez de place pour vos genoux OR vos jambes?

knees-up *inf n Br* [dance] danse *f* (agitée); [party] fête *f*.

knell [nel] *n lit* glas *m*; to toll the ~ sonner le glas.

knelt [nelt] *pt* & *pp* → **kneel**.

knew [nju:] *pt* → **know**.

knickerbocker glory ['nɪkəbɒkəʳ-] *n coupe de glace avec fruits et crème Chantilly.*

knickerbockers ['nɪkəbɒkəz] *npl* knickers *mpl*; [for golf] culotte *f* de golf.

knickers ['nɪkəz] ◇ *npl* -**1.** *Br* [underwear] culotte *f*, slip *m* *(de femme)*; don't get your ~ in a twist! *inf* [don't panic] ne t'affole pas!; [don't get angry] du calme!, calme-toi! -**2.** *Am* = **knickerbockers**.
◇ *interj inf Br dated*: ~! mon œil!

knick-knack ['nɪknæk] *n* [trinket] bibelot *m*; [brooch] colifichet *m*.

knife [naɪf] (*pl* knives [naɪvz]) ◇ *n* -**1.** [for eating] couteau *m*; a ~ and fork une fourchette et un couteau; her words cut me like a ~ ses paroles m'ont piqué au vif OR profondément blessé ❑ fish ~ couteau *m* à poisson; like a ~ through butter comme dans du beurre; to be OR to go under the ~ *inf* passer sur le billard. -**2.** [as a weapon] couteau *m*; to carry a ~ porter un couteau sur soi ❑ she really got her ~ into them elle en avait drôlement après eux, elle leur en voulait drôlement; the knives are out ils sont à couteaux tirés OR en guerre ouverte; you really stuck the ~ in! *inf* tu ne l'as pas loupé!; to turn OR to twist the ~ (in the wound) retourner le couteau dans la plaie.
◇ *comp*: a ~ wound/attack une blessure/une attaque à coups de couteau.
◇ *vt* donner un coup de couteau à; to ~ sb to death tuer qqn à coups de couteau; he was ~d il a reçu un coup de couteau; he was ~d in the back *literal* il a reçu un coup de couteau OR on lui a planté un couteau dans le dos; *fig* on lui a tiré dans le dos OR dans les pattes.

knife-edge *n* -**1.** [blade] fil *m* d'un couteau; we were on a ~ *fig* on était sur des charbons ardents; his decision was (balanced) on a ~ sa décision ne tenait qu'à un fil. -**2.** [of scales] couteau *m*.

knife-grinder *n* rémouleur *m*.

knife pleat *n* pli *m* plat.

knife-point *n*: at ~ sous la menace du couteau.

knife-rest *n* porte-couteau *m*.

knife-sharpener *n* [automatic] aiguisoir *m*; [manual] fusil *m* (à aiguiser).

knifing ['naɪfɪŋ] *n* agression *f* à coups de couteau.

knight [naɪt] ◇ *n* -**1.** HIST chevalier *m*; the Knights of the Round Table les Chevaliers de la Table ronde; a ~ in shining armour [romantic hero] un prince charmant; [saviour] un sauveur, un redresseur de torts. -**2.** *Br* [honorary title] chevalier *m*; Laurence Olivier was made a ~ Laurence Olivier a été anobli OR fait chevalier. -**3.** [chess piece] cavalier *m*.
◇ *vt* faire chevalier.

knight-errant (*pl* knights-errant) *n* HIST & *lit* chevalier *m* errant.

knighthood ['naɪthʊd] *n* -**1.** *Br* [title] titre *m* de chevalier; to receive a ~ être fait chevalier, être anobli. -**2.** HIST chevalerie *f*.

knightly ['naɪtlɪ] *adj* chevaleresque.

Knightsbridge ['naɪtsbrɪdʒ] *pr n quartier chic de Londres connu pour ses magasins de luxe.*

Knight Templar (*pl* Knights Templar) *n* Templier *m*.

knit [nɪt] (*pt* & *pp* knit OR knitted, *cont* knitting) ◇ *vt* -**1.** tricoter; he knitted himself a scarf il s'est tricoté une écharpe. -**2.** [in instructions]: ~ 2 purl 2 (tricoter) 2 mailles à l'endroit, 2 mailles à l'envers; ~ 2 together tricoter 2 mailles ensemble. -**3.** [unite] unir. -**4.** *phr*: to ~ one's brows froncer les sourcils.
◇ *vi* tricoter; I like to ~ in the evenings j'aime bien tricoter OR faire du tricot le soir.
◆ **knit together** ◇ *vi insep* [heal - bones] se souder.
◇ *vt sep* [unite] unir; MED [bones] souder.
◆ **knit up** ◇ *vi insep* [yarn]: this wool ~s up easily cette laine se tricote facilement.
◇ *vt sep* [garment] tricoter; she knitted up a scarf from the spare wool elle a fait une écharpe avec la laine qui restait.

-knit *in cpds* -**1.** [of woollen garment]: a chunky~ sweater un gros pull, un pull en grosse laine. -**2.** [united]: a close~ family une famille très unie.

knitted ['nɪtɪd] *adj* tricoté, en tricot.

knitter ['nɪtəʳ] *n* tricoteur *m*, -euse *f*; she's a good/a quick ~ elle tricote bien/vite.

knitting ['nɪtɪŋ] ◇ *n* -**1.** [garment] tricot *m*; have you seen my ~? avez-vous vu mon tricot? -**2.** [activity] tricot *m*; [on industrial scale] tricotage *m*; to do some ~ faire du tricot; ~ helps me relax le tricot m'aide à me détendre ❑ machine ~ tricots faits à la machine.
◇ *comp* [wool] à tricoter; [pattern] de tricot; [factory] de tricotage.

knitting machine *n* machine *f* à tricoter.

knitting needle, **knitting pin** *n* aiguille *f* à tricoter.

knitwear ['nɪtweəʳ] *n* [garments] tricots *mpl*, pulls *mpl*; [in department store] rayon *m* pulls.

knives [naɪvz] *pl* → **knife**.

knob [nɒb] *n* -**1.** [handle - of door, drawer] poignée *f*, bouton *m*; the same to you with ~s on! *inf Br* toi-même! -**2.** [control - on appliance] bouton *m*. -**3.** [ball-shaped end - of walking stick] pommeau *m*; [- on furniture] bouton *m*. -**4.** [of butter] noix *f*. -**5.** [hillock] monticule *m*. -**6.** ▼ *Br* [penis] queue *f*, bite *f*.

knobbly *Br* ['nɒblɪ], **knobby** *Am* ['nɒbɪ] (*Br compar* knobblier, *superl* knobbliest, *Am compar* knobbier, *superl* knobbiest) *adj* noueux; ~ knees genoux couverts de bosses.

knock [nɒk] ◇ *vt* -**1.** [hit]: to ~ a nail in enfoncer un clou; she ~ed a nail into/she ~ed a hole in the wall elle a planté un clou/elle a fait un trou dans le mur; I ~ed the vase off the shelf j'ai fait tomber le vase de l'étagère; he was ~ed off his bicycle le choc l'a fait tomber de sa bicyclette; he was ~ed into the ditch il a été projeté dans le fossé; the boy was ~ing the ball against the wall le garçon lançait OR envoyait la balle contre le mur; the force of the explosion ~ed us to the floor la force de l'explosion nous a projetés à terre; to ~ sb unconscious OR cold *inf* assommer qqn; the boom ~ed him off balance la bôme, en le heurtant, l'a déséquilibré OR lui a fait perdre l'équilibre; the news ~ed me off balance *fig* la nouvelle m'a sidéré OR coupé le souffle || [bump] heurter, cogner; I ~ed my head on OR against the low ceiling je me suis cogné la tête contre le OR au plafond. -**2.** *fig*: to ~ holes in a plan/an argument démolir un projet/un argument; maybe it will ~ some sense into him cela lui mettra peut-être du plomb dans la cervelle, cela le ramènera peut-être à la raison; the crisis has ~ed the bottom out of the market COMM la crise a entraîné l'effondrement du marché; he ~ed all our hopes on the head *Br* il a réduit nos espoirs à néant; it really ~ed me sideways *inf* OR for six *inf* cela m'a scié OR soufflé; he can ~ spots off me at chess/tennis *Br* il me bat à plate couture aux échecs/au tennis. -**3.** *inf* [criticize - author, film] éreinter; [- driving, cooking] critiquer; ~ing your colleagues isn't going to help ce n'est pas en débinant vos collègues OR en cassant du sucre sur le dos de vos collègues que vous changerez quoi que ce soit; they're always ~ing the trade unions ils n'arrêtent pas de taper sur les syndicats. -**4.** ▽ *Br* [have sex with] se faire, se taper.
◇ *vi* -**1.** [hit] frapper; to ~ on OR at the door frapper (à la porte); she came in without ~ing elle est entrée sans frapper; they ~ on the wall when we're too noisy ils tapent OR cognent contre le mur quand on fait trop de bruit; it was a branch ~ing against the window c'était une branche qui cognait contre la fenêtre. -**2.** [bump]: to ~ against OR into heurter, cogner; she ~ed into the desk elle s'est heurtée OR cognée contre le bureau; my elbow ~ed against the door frame je me suis cogné OR heurté le coude contre le chambranle de la porte. -**3.** [make symptomatic sound] cogner; my heart was ~ing je sentais mon cœur cogner dans ma poitrine, j'avais le cœur qui cognait; the car engine is ~ing le moteur cogne; the pipes ~ when you run the taps les tuyaux cognent quand on ouvre les robinets.
◇ *n* -**1.** [blow] coup *m*; give it a ~ with a hammer donne un coup de marteau dessus; there was a ~ at the door/window on a frappé à la porte/fenêtre; she gave three ~s on the door elle a frappé trois fois OR coups à la porte; no one answered my ~ personne n'a répondu quand j'ai frappé; ~! ~! toc! toc!; can you give me a ~ tomorrow morning? est-ce que vous pouvez (venir) frapper à ma porte demain matin? || [bump] coup *m*; I got a nasty ~ on the elbow [in fight, accident] j'ai reçu un sacré coup au coude; [by one's own clumsiness] je me suis bien cogné le coude; the car's had a few ~s, but nothing serious la voiture est un peu cabossée mais rien de grave. -**2.** [setback] coup *m*; his reputation has taken a hard ~ sa réputation en a pris un sérieux coup; I've taken a few ~s in my time *inf* j'ai encaissé des coups moi aussi. -**3.** *inf* [criticism] critique *f*; she's taken a few ~s from the press la presse n'a pas toujours été très tendre avec elle. -**4.** AUT [in engine] cognement *m*.
◆ **knock about** *Br*, **knock around** ◇ *vi insep inf* -**1.** [associate]: to ~ about with sb fréquenter qqn. -**2.** [loiter] traîner; Ray must be ~ing about here somewhere Ray doit traîner quelque part dans le coin; I ~ed about in Australia for a while j'ai bourlingué OR roulé ma bosse en Australie pendant quelque temps.
◇ *vt insep inf* traîner dans; I ~ed about town all day j'ai traîné en ville toute la journée; she spent a year ~ing about Europe elle a passé une année à se balader en Europe; these clothes are OK for ~ing about the house in ces vêtements, ça va pour traîner à la maison.
◇ *vt sep* -**1.** [beat] battre; [ill-treat] malmener; he used to ~ his wife about a lot il tapait sur sa femme; the old car's been ~ed about a bit la vieille voiture a pris quelques coups ici et là. -**2.** [jolt, shake] balloter; we were really ~ed about in the back of the truck nous étions ballotés à l'arrière du camion. -**3.** *inf* [discuss] débattre; we ~ed the idea about for a while nous en avons vaguement discuté pendant un certain temps.
◆ **knock back** *inf vt sep* -**1.** [drink] descendre; she could ~ back five cognacs in an hour elle pouvait s'envoyer cinq cognacs en une heure; he certainly ~s it back! qu'est-ce qu'il descend! -**2.** [cost] coûter; that car must have ~ed him back a few thousand pounds cette voiture a bien dû lui coûter quelques milliers de livres. -**3.** [surprise, shock] secouer, bouleverser; the news really ~ed me back la nouvelle m'a vraiment abasourdi OR m'a laissé pantois.
◆ **knock down** *vt sep* -**1.** [person] renverser; [in fight] envoyer par terre, étendre; she was ~ed down by a bus elle a été renversée par un bus; he ~ed the champion down in the first round il a envoyé le champion au tapis OR il a mis le champion knock-down dans la première reprise ❑ you could have ~ed me down with a feather! *inf* j'en suis resté assis OR comme deux ronds de flan! -**2.** [hurdle, vase, pile of books] faire tomber, renverser. -**3.** [demolish - building] démolir; [- wall] démolir, abattre; to ~ down sb's argument démolir l'argument de qqn. -**4.** [price] baisser; [salesman] faire baisser; I managed to ~ him down to $500 j'ai réussi à

le faire baisser jusqu'à 500 dollars. -**5.** *Br* [at auction] adjuger; **it was ~ed down to her for £300** on le lui a adjugé pour 300 livres.

◆ **knock off** ◇ *vt sep* -**1.** [from shelf, wall etc] faire tomber; **the statue's arm had been ~ed off** la statue avait perdu un bras; **he ~ed the earth off the spade** il fit tomber la terre qui était restée collée à la bêche ❑ **to ~ sb's block off** *inf* casser la figure à qqn. -**2.** [reduce by] faire une réduction de; **the salesman ~ed 10 % off (for us)** le vendeur nous a fait un rabais OR une remise de 10 %. -**3.** *inf* [write rapidly] torcher; **she can ~ off an article in half an hour** elle peut pondre un article en une demi-heure. -**4.** ▽ [kill] descendre, buter. -**5.** ▽ *Br* [steal] piquer, faucher; [rob] braquer; **they ~ed off a bank** ils ont braqué une banque. -**6.** *inf phr*: **~ it off!** [stop] arrête tes conneries OR ton char! -**7.** ▼ *Br* [have sex with] baiser.

◇ *vi insep inf* [stop work] cesser le travail; **we ~ off at 5** on finit à 17 h.

◆ **knock on** ◇ *vi insep* -**1.** RUGBY faire un en-avant. -**2.** ▽ *Br* [age]: **my dad's ~ing on a bit now** mon père commence à prendre de la bouteille.

◇ *vt sep* RUGBY: **to ~ the ball on** faire un en-avant.

◇ *vt insep inf Br*: **he's ~ing on 60** il va sur la soixantaine; **there were ~ing on 50 people in the hall** il n'y avait pas loin de 50 personnes dans la salle.

◆ **knock out** *vt sep* -**1.** [nail] faire sortir; [wall] abattre; **one of his teeth was ~ed out** il a perdu une dent. -**2.** [make unconscious] assommer; [in boxing] mettre K-O; **the sleeping pill ~ed her out for ten hours** *inf* le somnifère l'a assommée OR mise K-O pendant dix heures. -**3.** *inf* [astound] épater; **her performance really ~ed me out!** *inf* son interprétation m'a vraiment épaté! -**4.** [eliminate] éliminer; **our team was ~ed out in the first round** notre équipe a été éliminée au premier tour. -**5.** [put out of action] mettre hors service; **it can ~ out a tank at 2,000 metres** cela peut mettre un tank hors de combat à 2 000 mètres. -**6.** *inf* [exhaust] crever; **I'm not going to ~ myself out working for him** je ne vais pas m'esquinter à travailler pour lui. -**7.** [pipe]: **he ~ed out his pipe** il a débourré sa pipe.

◆ **knock over** *vt sep* renverser, faire tomber; **I ~ed a pile of plates over** j'ai renversé OR fait tomber une pile d'assiettes; **she was ~ed over by a bus** elle a été renversée par un bus.

◆ **knock together** ◇ *vt sep* [hit together] cogner l'un contre l'autre; **they make music by ~ing bamboo sticks together** ils font de la musique en frappant des bambous l'un contre l'autre; **they need their heads ~ing together, those two** *inf* ces deux-là auraient bien besoin qu'on leur secoue les puces.

◇ *vi insep* s'entrechoquer.

◆ **knock up** ◇ *vt sep* -**1.** *inf* [make hurriedly] faire à la hâte; **these buildings were ~ed up after the war** ces bâtiments ont été construits à la hâte après la guerre; **he ~ed up a delicious meal in no time** en un rien de temps, il a réussi à nous préparer quelque chose de délicieux. -**2.** *Br* [waken] réveiller (en frappant à la porte). -**3.** *inf Br* [exhaust] crever; **that walk yesterday really ~ed me up** la promenade d'hier m'a complètement crevé || [make ill] rendre malade; **he's ~ed up with the flu** il a chopé la grippe. -**4.** *inf Am* [damage] esquinter; **the furniture is pretty ~ed up** les meubles sont plutôt esquintés OR amochés. -**5.** ▽ [make pregnant] mettre en cloque; **she got ~ed up** elle s'est fait mettre en cloque. -**6.** [in cricket] marquer; **he ~ed up 50 runs before tea** il a marqué 50 points avant le thé.

◇ *vi insep Br* [in ball games] faire des balles.

knockabout ['nɒkəbaʊt] ◇ *adj* turbulent, violent; **a ~ comedy** OR **farce** une grosse farce; **a ~ comedian** un clown.

◇ *n* NAUT dériveur *m*.

knockdown ['nɒkdaʊn] ◇ *adj* -**1.** [forceful]: **a ~ blow** un coup à assommer un bœuf; **a ~ argument** un argument massue. -**2.** *Br* [reduced]: **for sale at ~ prices** en vente à des prix imbattables OR défiant toute concurrence; **I got it for a ~ price** je l'ai eu pour trois fois rien. -**3.** [which can be dismantled] démontable; **sold in ~ form** vendu en kit.

◇ *n* -**1.** [in boxing] knock-down *m*. -**2.** *inf Am dated* [introduction] présentation *f*; **I'll give you a ~ to him** je te le présenterai.

knocker ['nɒkəʳ] *n* -**1.** [on door] heurtoir *m*, marteau *m* (de porte). -**2.** *inf* [critic] débineur *m*, -euse *f*.

◆ **knockers**▽ *npl* [breasts] nichons *mpl*.

knocker-up (*pl* **knockers-up**) *n Br autrefois, personne qui réveillait les gens en frappant à leur porte.*

knock-for-knock *adj* [in insurance]: **~ agreement** *accord à l'amiable selon lequel, lors d'un accident, chaque compagnie d'assurance paie les dégâts de son propre assuré.*

knocking ['nɒkɪŋ] *n* -**1.** [noise] bruit *m* de coups, cognement *m*; AUT cognement *m*, cliquetis *m*. -**2.** *inf Br* [injury, defeat]: **to take a ~** [in fight] se faire rouer de coups; [in match] se faire battre à plate couture OR plates coutures; **their prestige took a ~** leur prestige en a pris un coup.

knocking copy *n (U)* contre-publicité *f*.

knocking-off time *inf n Br*: **it's ~** c'est l'heure de se tirer.

knocking shop▽ *n Br* bordel *m*.

knock-kneed [-'niːd] *adj* cagneux.

knock-knees *npl*: **to have ~** avoir les genoux cagneux.

knock-on ◇ *n* RUGBY en-avant *m inv*.

◇ *adj*: **~ effect** répercussion *f*; **to have a ~ effect** déclencher une réaction en chaîne.

knockout ['nɒkaʊt] ◇ *n* -**1.** [in boxing] knock-out *m*, K-O *m*; **to win by a ~** gagner par K-O; **technical ~** knock-out technique. -**2.** *inf* [sensation]: **to be a ~** être sensationnel OR génial. -**3.** SPORT tournoi *m* (par élimination directe).

◇ *adj* -**1.** **~ blow** coup *m* qui met K-O; **~ drops** *inf* soporifique *m*, somnifère *m*. -**2.** SPORT: **~ competition** tournoi *m* par élimination.

knock-up *n Br* SPORT [in ball games] échauffement *m*; **to have a ~** faire des balles.

knoll [nəʊl] *n* monticule *m*, tertre *m*.

Knossos ['knɒsəs] *pr n* Cnossos, Knossos.

knot [nɒt] (*pt & pp* **knotted**, *cont* **knotting**) ◇ *n* -**1.** [fastening] nœud *m*; *fig* [bond] lien *m*; **to tie sthg in a ~** nouer qqch; **to tie/to untie a ~** faire/défaire un nœud ❑ **to tie the (marriage) ~** se marier. -**2.** [tangle] nœud *m*; **the wool is full of ~s** la laine est toute emmêlée; **my stomach was in ~s** *fig* j'avais l'estomac noué. -**3.** [in wood] nœud *m*. -**4.** ANAT & MED nœud *m*, nodule *m*. -**5.** [cluster of people] petit groupe *m*. -**6.** NAUT nœud *m*; **we are doing 15 ~s** nous filons 15 nœuds ❑ **at a rate of ~s** à toute allure, à un train d'enfer.

◇ *vt* [string] nouer, faire un nœud dans; [tie] nouer; **he knotted the rope around his waist** il s'est attaché OR noué la corde autour de la taille.

◇ *vi* [stomach] se nouer; [muscles] se contracter, se raidir; **my stomach knotted up with fear** j'avais l'estomac noué par la peur.

knothole ['nɒthəʊl] *n* trou *m (laissé par un nœud dans du bois)*.

knotted ['nɒtɪd] *adj* noué; **get ~!**▽ va te faire voir!

knotty ['nɒtɪ] (*compar* **knottier**, *superl* **knottiest**) *adj* [wood, hands] noueux; [wool, hair] plein de nœuds; [problem] épineux.

knout [naʊt] *n* knout *m*.

know [nəʊ] (*pt* **knew** [njuː], *pp* **known** [nəʊn]) ◇ *vt* -**1.** [person] connaître; **to ~ sb by sight/by reputation** connaître qqn de vue/de réputation; **we've known each other for years** ça fait des années que nous nous connaissons; **I don't ~ him to speak to** je ne le connais pas assez pour lui parler; **~ing him, he'll still be in bed** tel que je le connais, il sera encore au lit; **to get to ~ sb**: **you'll like her once you get to ~ her better** elle vous plaira une fois que vous la connaîtrez mieux. -**2.** [place] connaître; **I ~ Budapest well** je connais bien Budapest. -**3.** [fact, information]: **do you ~ her phone number?** vous connaissez son numéro de téléphone?; **civilization as we ~ it** la civilisation telle que nous la connaissons; **how was I to ~ she wouldn't come?** comment aurais-je pu savoir OR deviner qu'elle ne viendrait pas?; **I ~ for a fact that he's lying** je sais pertinemment qu'il ment; **I don't ~ that it's the best solution** je ne suis pas certain OR sûr que ce soit la meilleure solution; **you don't ~** OR **you'll never ~ how glad I am that it's over** tu ne peux pas savoir combien OR à quel point je suis content que ce soit terminé; **I ~ what I'm talking about** je sais de quoi je parle; **I'll let you ~ how it turns out** je te dirai comment ça s'est passé; **any problems, let me ~** au moindre problème, n'hésitez pas; **do you ~ anything about him that could help us?** est-ce que vous savez quelque chose à son sujet qui pourrait nous aider?; **she ~s a lot about politics** elle s'y connaît en politique; **she ~s a thing or two about business** *inf* elle s'y connaît en affaires; **she ~s her own mind** elle sait ce qu'elle veut ❑ **it's not an easy job — don't I ~ it!** *inf* ce n'est pas un travail facile — à qui le dis-tu!; **you ~ what I mean** tu vois ce que je veux dire; **he was just sort of lying there, ~ what I mean?** *inf* il était allongé là, tu vois; **well, what do you ~!** *inf* ça alors!, ça par exemple!; **you ~ what you can do with it!**▽ tu sais où tu peux te le mettre!; **there's no ~ing how he'll react** on ne peut pas savoir comment il réagira; **God** OR **Heaven ~s why!** *inf* Dieu sait pourquoi! -**4.** [language, skill]: **he ~s French** il comprend le français; **I ~ a few words of Welsh** je connais quelques mots de gallois; **she really ~s her job/subject** elle connaît son boulot/sujet; **to ~ how to do sthg** savoir faire qqch; **does he ~ how to cook?** sait-il cuisiner?; **they knew how to make cars in those days!** en ce temps-là, les voitures, c'était du solide! -**5.** [recognize] reconnaître; **I knew her the moment I saw her** je l'ai reconnue dès que je l'ai vue; **the town centre has changed so much you wouldn't ~ it** le centre ville a tellement changé que vous auriez du mal à le reconnaître; **she ~s a bargain when she sees one** elle sait reconnaître une bonne affaire; **he wouldn't ~ a good novel if it hit him** il est tout à fait incapable de reconnaître un bon roman. -**6.** [distinguish] distinguer, discerner; **she doesn't ~ right from wrong** elle ne sait pas discerner le bien du mal OR faire la différence entre le bien et le mal. -**7.** [experience] connaître; **I've known poverty/failure** j'ai connu la pauvreté/l'échec; **I've never known him to be wrong** je ne l'ai jamais vu se tromper; **such coincidences have been known** de telles coïncidences se sont déjà vues. -**8.** [nickname, call]: **Ian White, known as "Chalky"** Ian White, connu sous le nom de «Chalky»; **they're known as June bugs in America** on les appelle des «June bugs» en Amérique. -**9.** [regard] considérer; **she's known as one of our finest singers** elle est considérée comme l'une de nos meilleures chanteuses. -**10.** *arch* OR BIBLE [have sex with] connaître.

◇ *vi* savoir; **who ~s?** qui sait?; **not that I ~** pas que je sache; **you never ~** on ne sait jamais; **he might** OR **should have known better** ce n'était pas très sage de sa part; **he always thinks he ~s best** il croit toujours avoir raison; **Mother ~s best** maman sait de quoi elle parle; **to ~ about sthg** être au courant de qqch; **I've known about it for a week** je le sais OR je suis au courant depuis une semaine; **do you ~ about the new arrangements?** est-ce que vous êtes au courant OR avez-vous entendu parler des nouvelles dispositions?; **he ~s about cars** il s'y connaît en voitures; **I don't ~ about you, but I'm exhausted** toi, je ne sais pas, mais moi, je suis épuisé; **to ~ of sb/sthg** avoir entendu parler de qqn/qqch; **do you ~ her? — well, I**

~ of her est-ce que tu la connais? – non, mais j'ai entendu parler d'elle; do you ~ of a good bookshop? vous connaissez une bonne librairie?; have they got much money? – not that I ~ of ont-ils beaucoup d'argent? – pas que je sache; it's just so difficult – oh, I ~ c'est tellement difficile – oh, je sais; it's difficult, I ~, but not impossible c'est difficile, je sais, mais pas impossible; what's his name? – I don't ~ comment s'appelle-t-il? – je ne sais pas; are you going to accept? – I don't ~ tu vas accepter? – je ne sais pas.
◇ *n phr*: to be in the ~ *inf* être au courant.
◆ **as far as I know** *adv phr* (pour) autant que je sache; not as far as I ~ pas que je sache; as far as I ~, he lives in London autant que je sache, il vit à Londres.
◆ **you know** *adv phr* -**1.** [for emphasis]: I was right, you ~ j'avais raison, tu sais. -**2.** [indicating hesitancy]: he was just, you ~, a bit boring il était juste un peu ennuyeux, si tu vois ce que je veux dire. -**3.** [to add information]: it was that blonde woman, you ~, the one with the dog c'était la femme blonde, tu sais, celle qui avait un chien. -**4.** [to introduce a statement]: you ~, sometimes I wonder why I do this tu sais, parfois je me demande pourquoi je fais ça.

knowable ['nəʊəbl] *adj* connaissable.

know-all *inf Br*, **know-it-all** *inf Am n pej* je-sais-tout *mf*, monsieur *m* OR madame *f* OR mademoiselle *f* je-sais-tout; she's a real ~ c'est une vraie (madame) je-sais-tout.

know-how *n* savoir-faire *m*, know-how *m*.

knowing ['nəʊɪŋ] *adj* [look, laugh] entendu, complice; she gave him a ~ look elle l'a regardé d'un air entendu.

knowingly ['nəʊɪŋlɪ] *adv* -**1.** [act] sciemment, consciemment. -**2.** [smile, laugh] d'un air entendu.

know-it-all *inf Am* = **know-all**.

knowledgable ['nɒlɪdʒəbl] = **knowledgeable**.

knowledge ['nɒlɪdʒ] *n* -**1.** [learning] connaissance *f*, savoir *m*; [total learning] connaissances *fpl*; she has a good ~ of English elle a une bonne connaissance de l'anglais; he has a basic ~ of computing il a un minimum de connaissances en informatique; to have a thorough ~ of sthg connaître qqch à fond. -**2.** [awareness] connaissance *f*; I have no ~ of what happened je ne sais absolument rien de OR j'ignore totalement ce qui s'est passé; it has come to my ~ that... j'ai appris que...; he brought the theft to my ~ il a porté le vol à ma connaissance, il m'a fait part du vol; to (the best of) my ~ (pour) autant que je sache, à ma connaissance; not to my ~ pas que je sache; without my ~ à mon insu, sans que je le sache; it's (a matter of) common ~ c'est de notoriété publique, personne ne l'ignore.

knowledgeable ['nɒlɪdʒəbl] *adj* -**1.** [well researched] bien documenté. -**2.** [expert] bien informé; he's very ~ about computing il connaît bien l'informatique, il s'y connaît en informatique.

knowledgeably ['nɒlɪdʒəblɪ] *adv* en connaisseur; he speaks very ~ about art il parle d'art en connaisseur.

knowledge engineer *n* COMPUT cogniticien *m*, -ienne *f*.

known [nəʊn] ◇ *pp* → **know**.
◇ *adj* [notorious] connu, notoire; he's a ~ drugs dealer c'est un revendeur de drogue notoire ‖ [recognized] reconnu; she's a ~ expert in the field c'est un expert reconnu OR qui fait autorité dans ce domaine; it's a ~ fact c'est un fait établi; to make o.s. ~ se faire connaître; to let it be ~ faire savoir.

knuckle ['nʌkl] *n* -**1.** [of human] articulation *f* OR jointure *f* (du doigt); [of animal] première phalange *f*; I grazed my ~s on the wall je me suis écorché les doigts contre le mur ❑ near the ~ [joke, remark] osé. -**2.** [joint of meat] jarret *m*.
◆ **knuckles** *npl Am* = **knuckle-duster**.
◆ **knuckle down** *vi insep Br* s'y mettre; we'd better ~ down to some work il vaudrait mieux se mettre OR s'atteler au travail.
◆ **knuckle under** *vi insep* céder, se soumettre; don't ~ under to the pressure/management ne cédez pas à la pression/la direction.

knucklebone ['nʌklbəʊn] *n* articulation *f* du doigt.

knuckle-duster *n* coup-de-poing *m* américain.

knucklehead *inf* ['nʌklhed] *n* andouille *f*.

knuckle sandwich▽ *n* coup *m* de poing; I gave him a ~ je lui ai mis mon poing sur la gueule.

knurl [nɜːl] ◇ *n* -**1.** [in wood] nœud *m*. -**2.** [on screw] moletage *m*.
◇ *vt* TECH moleter; ~ed ring bague *f* moletée.

KO (*pl* KO's, *pt* & *pp* KO'd, *cont* KO'ing) (*abbr of* knockout) ◇ *vt* mettre K-O; [in boxing] battre par K-O.
◇ *n* K-O *m*.

koala [kəʊ'ɑːlə] *n*: ~ (bear) koala *m*.

kohl [kəʊl] *n* kohol *m*, khôl *m*.

kohlrabi [kəʊl'rɑːbɪ] *n* chou-rave *m*.

koine ['kɔɪneɪ] *n* koinè *f*.

kola ['kəʊlə] = **cola**.

kook *inf* [kuːk] *n Am* dingo *m*, cinglé *m*, -e *f*.

kookaburra ['kʊkəbʌrə] *n* martin-chasseur *m* (australien), kookaburra *m*.

kookie *inf*, **kooky** *inf* ['kuːkɪ] (*compar* kookier, *superl* kookiest) *adj Am* fêlé, malade.

kopeck, kopek ['kəʊpek] *n* kopeck *m*.

Koran [kɒ'rɑːn] *n*: the ~ le Coran.

Koranic [kɒ'rænɪk] *adj* coranique.

Korea [kə'rɪə] *pr n* Corée *f*; in ~ en Corée; the Democratic People's Republic of ~ la République démocratique populaire de Corée.

Korean [kə'rɪən] ◇ *n* -**1.** [person] Coréen *m*, -enne *f*. -**2.** LING coréen *m*.
◇ *adj* coréen; the ~ War la guerre de Corée.

THE KOREAN WAR:
Conflit qui opposa, de 1950 à 1953, la Corée du Nord (régime communiste) aux forces des Nations unies (soutenant la Corée du Sud), qui, dirigées par le général MacArthur, étaient largement composées d'Américains. Un traité mit fin à cette guerre en établissant la frontière entre les deux pays sur la ligne de front.

kosher ['kəʊʃəʳ] ◇ *adj* -**1.** RELIG kasher, cacher (*inv*). -**2.** *inf* [honest] honnête, régulier; it's not ~ c'est louche, c'est pas catholique.
◇ *n* nourriture *f* kasher.

Kowait [kə'weɪt] = **Kuwait**.

kowtow [,kaʊ'taʊ] *vi*: to ~ to sb faire des courbettes à qqn.

kph (*written abbr of* kilometres per hour) km/h.

kraal [krɑːl] *n* kraal *m*.

Krakow ['krækɒv] = **Cracow**.

K ration *n Am* MIL ration *f* (alimentaire).

Kraut▽ [kraʊt] *offensive* ◇ *n* Boche *mf*.
◇ *adj* boche.

Kremlin ['kremlɪn] *pr n* Kremlin *m*.

krill [krɪl] *n* krill *m*.

kris(s) [krɪs] *n* kriss *m*, criss *m*.

krona ['krəʊnə] *n* couronne *f* suédoise.

krone ['krəʊnə] *n* [in Norway] couronne *f* norvégienne; [in Denmark] couronne *f* danoise.

Krugerrand ['kruːgərænd] *n* Krugerrand *m*.

Krushchev ['krʊstʃɒf] *pr n*: Nikita ~ Nikita Khrouchtchev.

krypton ['krɪptɒn] *n* krypton *m*.

KS *written abbr of* Kansas.

KT *written abbr of* Knight.

Kuala Lumpur [,kwɑːlə'lʊm,pʊəʳ] *pr n* Kuala Lumpur.

kudos ['kjuːdɒs] *n* gloire *f*, prestige *m*.

kudzu vine ['kʊdzuː-] *n plante fourragère très envahissante qui pousse dans le sud des États-Unis.*

Ku Klux Klan [,kuːklʌks'klæn] *pr n* Ku Klux Klan *m*.

kumquat ['kʌmkwɒt] *n* kumquat *m*.

kung fu [,kʌŋ'fuː] *n* kung-fu *m*.

Kurd [kɜːd] *n* Kurde *mf*.

Kurdish ['kɜːdɪʃ] ◇ *n* LING kurde *m*.
◇ *adj* kurde.

Kurdistan [,kɜːdɪ'stɑːn] *pr n* Kurdistan *m*; in ~ au Kurdistan.

Kuril Islands, **Kurile Islands** [kʊ'riːl-] *pl pr n*: the ~ les îles *f* Kouriles; in the ~ aux îles Kouriles.

Kuwait [kʊ'weɪt] *pr n* -**1.** [country] Koweït *m*; in ~ au Koweït. -**2.** [town] Koweït City.

Kuwaiti [kʊ'weɪtɪ] ◇ *n* Koweïtien *m*, -enne *f*.
◇ *adj* koweïtien.

kvetch *inf* [kvetʃ] *vi* rouspéter.

kW (*written abbr of* kilowatt) kW.

kwashiorkor [,kwɒʃɪ'ɔːkɔːʳ] *n* kwashiorkor *m*.

KY *written abbr of* Kentucky.

kymograph ['kaɪməgrɑːf] *n* LING & MED kymographe *m*; AERON indicateur *m* de virage.

Kyoto ['kjəʊtəʊ] *pr n* Kyoto.

Kyrgyzstan [,kɜːgɪ'stɑːn] *pr n*: the Republic of ~ la république du Kyrghyzstan.

L

l (*pl* l's OR ls), **L** (*pl* L's OR Ls) [el] *n* [letter] l *m*, L *m*.
l (*written abbr of* litre) l.
L -**1.** *written abbr of* lake. -**2.** *written abbr of* large. -**3.** (*written abbr of* left) g. -**4.** (*written abbr of* learner) *lettre apposée sur une voiture et signalant un apprenti conducteur (en Grande-Bretagne).*
la [lɑː] *n* MUS la *m*.
LA ◇ *pr n abbr of* Los Angeles.
◇ *written abbr of* Louisiana.
laager ['lɑːgəʳ] *n* MIL camp *m*.
lab *inf* [læb] ◇ *n* (*abbr of* laboratory) labo *m*.
◇ *comp* [book, coat] de laboratoire; a ~ assistant un laborantin, une laborantine, un assistant de laboratoire, une assistante de laboratoire.
Lab [læb] *written abbr of* Labour/Labour Party.
label ['leɪbl] (*Br pt & pp* labelled, *cont* labelling, *Am pt & pp* labeled, *cont* labeling) ◇ *n literal & fig* étiquette *f*; they brought out the record on the Mega ~ ils ont sorti le disque chez Mega; it's a good ~ c'est une bonne marque ❑ designer ~ marque *f*, griffe *f*.
◇ *vt* -**1.** [suitcase, jar] étiqueter; you must ~ your clothes clearly tous vos vêtements doivent être clairement marqués à votre nom; the bottle was labelled "shake before use" la bouteille portait l'étiquette «agiter avant de s'en servir OR avant l'emploi». -**2.** *fig* [person] étiqueter, cataloguer; he's been labelled (as) a troublemaker on l'a étiqueté OR catalogué comme fauteur de troubles.
labelling *Br*, **labeling** *Am* ['leɪblɪŋ] *n* étiquetage *m*.
labia ['leɪbɪə] *npl* ANAT lèvres *fpl*; ~ minora/majora petites/grandes lèvres.
labial ['leɪbjəl] LING ◇ *adj* labial.
◇ *n* labiale *f*.
labile ['leɪbaɪl] *adj* labile.
labiodental [ˌleɪbɪəʊ'dentl] LING ◇ *adj* labiodental.
◇ *n* labiodentale *f*.
labionasal [ˌleɪbɪəʊ'neɪzl] LING ◇ *adj* labionasal.
◇ *n* labionasale *f*.
labiovelar [ˌleɪbɪəʊ'viːləʳ] LING ◇ *adj* labiovélaire.
◇ *n* labiovélaire *f*.
labor *etc Am* = **labour**.
laboratory [*Br* lə'bɒrətrɪ, *Am* 'læbrəˌtɔːrɪ] (*pl* laboratories) ◇ *n* laboratoire *m*.
◇ *comp* [assistant, equipment] de laboratoire.
Labor Code *n* code *m* du travail *(aux États-Unis)*.
Labor Day *n* fête *f* du travail *(aux États-Unis, célébrée le premier lundi de Septembre)*.
laborious [lə'bɔːrɪəs] *adj* laborieux.
laboriously [lə'bɔːrɪəslɪ] *adv* laborieusement.
labor union *n Am* syndicat *m*.
labour *Br*, **labor** *Am* ['leɪbəʳ] ◇ *n* -**1.** [work] travail *m*; [hard effort] labeur *m*; a ~ of love un travail fait pour le plaisir; her book was the result of five years' hard ~ son livre était le fruit de cinq ans de dur labeur OR de travail acharné. -**2.** INDUST [manpower] main-d'œuvre *f*; [workers] ouvriers *mpl*, travailleurs *mpl*. -**3.** POL: Labour le parti travailliste britannique; to vote Labour voter travailliste. -**4.** MED travail *m*; to be in ~ être en travail; to go into ~ commencer le travail ❑ ~ pains douleurs *fpl* de l'accouchement; ~ ward salle *f* d'accouchement.
◇ *vi* -**1.** [work] travailler dur. -**2.** [struggle - person]: he ~ed up the stairs il monta péniblement l'escalier; to ~ under a misapprehension OR a delusion *fig* se méprendre, être dans l'erreur || [move with difficulty - vehicle] peiner; the car ~ed up the slope la voiture peinait dans la montée; the ship was ~ing through heavy seas le bateau avançait péniblement dans la mer démontée.
◇ *vt* [stress] insister sur; to ~ a point insister OR s'étendre sur un point.
◇ *comp* -**1.** [dispute, movement] social; [market] du travail; [shortage] de main-d'œuvre. -**2.** POL [government, victory] travailliste.
labour camp *n* camp *m* de travail.
laboured *Br*, **labored** *Am* ['leɪbəd] *adj* -**1.** [breathing] pénible, difficile. -**2.** [clumsy] lourd, laborieux.
labourer *Br*, **laborer** *Am* ['leɪbərəʳ] *n* [gen] ouvrier *m*, -ère *f*; [on building site] manœuvre *m*.
labour exchange *n Br dated* agence *f* pour l'emploi.
labour force *n* [in country] population *f* active; [in firm] main-d'œuvre *f*.
labour-intensive *adj*: a ~ industry une industrie à forte main-d'œuvre; craftwork is very ~ le travail artisanal nécessite une main-d'œuvre considérable.
Labourite ['leɪbəraɪt] ◇ *adj* POL travailliste.
◇ *n* travailliste *mf*.
Labour Party *n* parti *m* travailliste.
labour relations *npl* relations *fpl* sociales.
laboursaving *Br*, **laborsaving** *Am* ['leɪbəˌseɪvɪŋ] *adj*: ~ device [in home] appareil *m* ménager; [at work] appareil permettant un gain de temps.
Labrador ['læbrədɔːʳ] *pr n* GEOG Labrador *m*; in ~ au Labrador.
◆ **labrador** *n* [dog] labrador *m*.
laburnum [lə'bɜːnəm] *n*: ~ (tree) cytise *m*, faux ébénier *m*.
labyrinth ['læbərɪnθ] *n* labyrinthe *m*, dédale *m*.
labyrinthine [ˌlæbə'rɪnθaɪn] *adj* labyrinthique.
lace [leɪs] ◇ *n* -**1.** TEX dentelle *f*. -**2.** [in shoe, corset] lacet *m*.
◇ *vt* -**1.** [tie] lacer; [put laces in] mettre des lacets à; he's already learned to ~ his own shoes il a déjà appris à lacer ses souliers. -**2.** [add alcohol to]: he ~d my orange juice with gin il a mis du gin dans mon jus d'orange.
◇ *comp* [handkerchief, tablecloth etc] en dentelle.
◆ **lace into** *inf vt insep Br* [physically] rosser; [in criticism] attaquer violemment.
◆ **lace up** *vt sep Br* [shoes] lacer.
lacemaker ['leɪsˌmeɪkəʳ] *n* dentellier *m*, -ère *f*.
lacemaking ['leɪsˌmeɪkɪŋ] *n* industrie *f* dentellière.
lacerate ['læsəreɪt] ◇ *vt* lacérer; his hands were ~d by the broken glass il avait les mains lacérées par le verre brisé; the encounter left her emotions ~d *fig* la rencontre lui avait déchiré le cœur OR l'avait meurtrie.
◇ *adj* BOT: ~ leaves feuilles *fpl* dentées OR dentelées.
laceration [ˌlæsə'reɪʃn] *n* -**1.** [action] lacération *f*. -**2.** MED [gash]: he had deep ~s on his back il avait le dos profondément lacéré OR entaillé.
lace-up *adj* [shoe, boot] à lacets.
◆ **lace-ups** *npl Br* chaussures *fpl* à lacets.
lachrymal ['lækrɪml] *adj* lacrymal.
lachrymose ['lækrɪməʊs] *adj lit* larmoyant.
lacing ['leɪsɪŋ] *n* -**1.** [on shoe, garment] laçage *m*. -**2.** *inf Br* [beating] raclée *f*; he took a real ~ il a pris une bonne raclée.
lack [læk] ◇ *n* manque *m*; through OR for ~ of par manque de, faute de; there's no ~ of volunteers ce ne sont pas les volontaires qui manquent.
◇ *vt* manquer de; they certainly don't ~ confidence ils ne manquent certes pas de confiance en eux; we ~ the necessary resources nous n'avons pas les ressources nécessaires.
◆ **lack for** *vt insep* manquer de; he ~s for nothing il ne manque de rien, il a tout ce qu'il lui faut.
lackadaisical [ˌlækə'deɪzɪkl] *adj* [person - apathetic] apathique; [- lazy] indolent; [work] tranquille.
lackaday ['lækədeɪ] *interj arch* hélas!
lackey ['lækɪ] ◇ *n* laquais *m*; *pej* larbin *m*.
◇ *vi*: I refuse to ~ for him je refuse d'être son larbin.
lacking ['lækɪŋ] *adj* -**1.** [wanting] qui manque de; ~ in confidence qui manque de confiance en soi; originality is sadly ~ in his new novel son nouveau roman manque malheureusement d'originalité. -**2.** *inf euph* [stupid] demeuré, simple d'esprit.
lacklustre *Br*, **lackluster** *Am* ['lækˌlʌstəʳ] *adj* terne.
laconic [lə'kɒnɪk] *adj* laconique.
laconically [lə'kɒnɪklɪ] *adv* laconiquement.

lacquer ['lækəʳ] ◇ *n* -**1.** [varnish, hairspray] laque *f*. -**2.** [varnished object] laque *m*.
◇ *vt* [wood] laquer; [hair] mettre de la laque sur; **she ~s her hair** elle se met de la laque (sur les cheveux).

lacquered ['lækəd] *adj* laqué; **a ~ box** une boîte laquée.

lacquerware ['lækəweəʳ] *n (U)* laques *mpl*.

lacrimal ['lækrɪml] = **lachrymal**.

lacrosse [lə'krɒs] ◇ *n* lacrosse *f*, crosse *f*; **~ stick** crosse.
◇ *comp* [player] de crosse.

lactase ['lækteɪz] *n* lactase *f*.

lactate [*n* 'lækteɪt, *vb* læk'teɪt] ◇ *n* CHEM lactate *m*.
◇ *vi* sécréter du lait.

lactation [ˌlæk'teɪʃn] *n* lactation *f*.

lacteal ['læktɪəl] ◇ *adj* lacté.
◇ *n* ANAT & MED veine *f* lactée.

lactic acid ['læktɪk-] *n* CHEM acide *m* lactique.

lactobacillus [ˌlæktəʊbə'sɪləs] (*pl* **lactobacilli** [-laɪ]) *n* lactobacille *m*, lactobacillus *m*.

lactogenic [ˌlæktə'dʒenɪk] *adj* lactogène.

lactose ['læktəʊs] *n* lactose *m*.

lacuna [lə'kjuːnə] (*pl* **lacunas** OR **lacunae** [-niː]) *n* lacune *f*.

lacustrine [lə'kʌstraɪn] *adj* lacustre.

lacy ['leɪsɪ] (*compar* **lacier**, *superl* **laciest**) *adj* [lace-like] semblable à de la dentelle; [made of lace] en dentelle.

lad [læd] *n* -**1.** [young boy] garçon *m*; [son] fils *m*; **he's only a ~** c'est seulement un gamin; **when I was a ~** quand j'étais jeune; **come here, ~** viens ici, mon gars OR mon garçon. -**2.** *inf Br* [friend] copain *m*; **he went out for a drink with the ~s** il est allé boire un coup avec des copains ‖ [colleague] collègue *m*, gars *m*; **the ~s from work** les copains de travail; **morning ~s!** salut les gars! -**3.** *inf Br* [rake] noceur *m*; **he was a bit of a ~ when he was young** il a eu une jeunesse assez tumultueuse.

ladder ['lædəʳ] ◇ *n* -**1.** *literal & fig* échelle *f*; **to be at the top of the ~** *literal & fig* être arrivé au sommet OR en haut de l'échelle. -**2.** *Br* [in stocking] maille *f* filée; **you've got a ~ in your stocking** ton bas a filé, tu as filé ton bas.
◇ *vi & vt Br* filer.

ladder back *n* chaise *f* à barrettes.

ladderproof ['lædəpruːf] *adj Br* indémaillable.

laddie *inf* ['lædɪ] *n Scot* gars *m*; **come here, ~** viens là, mon petit gars.

lade [leɪd] (*pt* **laded**, *pp* **laden** ['leɪdn] OR **laded**) *vt fml* [ship] charger.

laden ['leɪdn] ◇ *pp* → **lade**.
◇ *adj* chargé; **~ with** chargé de; **apple-~ trees** arbres couverts de pommes; **a heavily ~ ship** un navire à forte charge.

la-di-da *inf* [ˌlɑːdɪ'dɑː] *adj pej* [manner] snob, prétentieux; [voice] maniéré; **she speaks in a very ~ way** elle est assez pimbêche.

ladies ['leɪdɪz] *n Br* toilettes *fpl* pour dames.

ladies fingers *n* okra *m*.

ladies' man *n* don Juan *m*, homme *m* à femmes.

ladies room *Am* = **ladies**.

lading ['leɪdɪŋ] *n* [cargo] cargaison *f*, chargement *m*.

ladle ['leɪdl] ◇ *n* louche *f*.
◇ *vt* servir (à la louche).
◆ **ladle out** *vt sep Br* -**1.** [soup] servir (à la louche). -**2.** *inf fig* [money] distribuer à gogo; **he's always ladling out advice** il n'arrête pas de distribuer des conseils à droite et à gauche.

lady ['leɪdɪ] (*pl* **ladies**) ◇ *n* -**1.** [woman] dame *f*; **Ladies and Gentlemen** Mesdames et Messieurs; **the ~ of the house** la maîtresse de maison; **young ~** [girl] jeune fille; [young woman] jeune femme; **ask the young ~ over there** [in shop] demandez à la demoiselle que vous voyez là-bas; **well, young ~, what have you got to say for yourself?** eh bien, ma fille, qu'avez-vous à répondre?; **his young ~** *dated* sa petite amie ‖ [by birth or upbringing] dame *f*; **she's a real ~** c'est une vraie dame; **she's no ~** elle n'a aucune classe ‖ [term of address]: **my Lady** Madame ‖ [as title]: **Lady Patricia** Lady Patricia ❑ **the Lady of the Lake** la Dame du lac; **the Lady of the Lamp** la Dame à la Lampe *(Florence Nightingale, célèbre infirmière anglaise)*; **'Lady and the Tramp'** *Disney* 'la Belle et le clochard'; **'Lady Chatterley's Lover'** *Lawrence* 'l'Amant de Lady Chatterley'; **'Lady Windermere's Fan'** *Wilde* 'l'Éventail de Lady Windermere'; **'The Lady of the Camelias'** *Dumas* 'la Dame aux camélias'; **'The Lady's Not for Burning'** *Fry* 'la Dame ne brûlera pas'; **'The Lady Vanishes'** *Hitchcock* 'Une femme disparaît'. -**2.** *inf Am* [term of address] madame *f*; **hey ~!** eh, ma petite dame! -**3.** RELIG: **Our Lady** Notre-Dame *f*.
◇ *comp* femme; **a ~ doctor** une femme médecin.

ladybird ['leɪdɪbɜːd] *n Br* coccinelle *f*.

lady bountiful *n pej* OR *hum* généreuse bienfaitrice *f*.

ladybug ['leɪdɪbʌg] *n Am* coccinelle *f*.

Lady Chapel *n* chapelle *f* de la Sainte-Vierge.

Lady Day *n* (fête *f* de) l'Annonciation *f*.

ladyfriend ['leɪdɪfrend] *n dated* petite amie *f*.

lady-in-waiting *n* dame *f* d'honneur.

ladykiller *inf* ['leɪdɪˌkɪləʳ] *n* bourreau *m* des cœurs; **'The Ladykillers'** *Mackendrick* 'Tueurs de dames'.

ladylike ['leɪdɪlaɪk] *adj* [person] distingué, bien élevé; [manners] raffiné, élégant; **it's not very ~ to smoke in the street!** une fille comme il faut ne fume pas dans la rue!

ladylove ['leɪdɪlʌv] *n lit*: **his ~** sa bien-aimée.

Lady Mayoress *n Br* femme *f* du maire.

Lady Muck *n Br pej se dit d'une femme qui se prend pour une grande dame.*

ladyship ['leɪdɪʃɪp] *n*: **Your** OR **Her Ladyship** *literal* Madame (la baronne/la vicomtesse/la comtesse); *fig* OR *hum* la maîtresse de ces lieux.

lady's maid *n* femme *f* de chambre.

lag [læg] (*pt & pp* **lagged**, *cont* **lagging**) ◇ *n* -**1.** [gap] décalage *m*; **there is a two-hour time-~** il y a un décalage horaire de deux heures; **there was a ~ between completion and publication** il y a eu un décalage entre l'achèvement de l'œuvre et sa publication. -**2.** ▽ *Br* [convict] taulard *m*, -e *f*; [habitual offender] récidiviste *mf*; **an old ~** un cheval de retour.
◇ *vi* rester en arrière, traîner.
◇ *vt* [pipe] calorifuger.
◆ **lag behind** ◇ *vi insep* [dawdle] traîner, lambiner; [be at the back] rester derrière; **the youngest children were lagging behind** les enfants les plus jeunes restaient en arrière ‖ [be outdistanced] se laisser distancer; **our country is lagging behind in medical research** notre pays a du retard en matière de recherche médicale.
◇ *vt insep* [competitor] traîner derrière, avoir du retard sur.

lager ['lɑːgəʳ] *n* -**1.** = **laager**. -**2.** *Br* bière *f* blonde; **~ lout** *jeune qui, sous l'influence de l'alcool, cherche la bagarre ou commet des actes de vandalisme.*

laggard ['lægəd] *n* traînard *m*, -e *f*.

lagging ['lægɪŋ] *n* isolant *m*, calorifuge *m*.

lagniappe [læn'jæp] *n Am* COMM prime *f*.

lagoon [lə'guːn] *n* [gen] lagune *f*; [in coral reef] lagon *m*.

Lagos ['leɪgɒs] *pr n* Lagos.

lah [lɑː] = **la**.

lah-di-dah [ˌlɑːdɪ'dɑː] = **la-di-da**.

laic(al) ['leɪɪk(l)] *adj* laïque.

laicism ['leɪɪsɪzm] *n* laïcisme *m*.

laicize, -ise ['leɪɪsaɪz] *vt* laïciser.

laid [leɪd] *pt & pp* → **lay**.

laid-back *inf adj* décontracté, cool.

lain [leɪn] *pp* → **lie**.

lair [leəʳ] *n* [for animals] tanière *f*; *fig* repaire *m*, tanière *f*.

laird [leəd] *n* laird *m*, propriétaire *m* foncier *(en Écosse)*.

laity ['leɪətɪ] *n (U)* -**1.** RELIG laïcs *mpl*. -**2.** [non-specialists] profanes *mpl*.

lake [leɪk] *n* -**1.** lac *m*; **the Lakes** *Br* = **Lake District**; **a wine ~** *fig* des excédents *mpl* de vin ❑ **go jump in a ~!** *inf* va te faire cuire un œuf! -**2.** [pigment] laque *f*.

LAKES:
Lake Baikal le lac Baïkal;
Lake Balaton le lac Balaton;
Lake Constance le lac de Constance;
Lake Como le lac de Côme;
Lake Erie le lac Érié;
Lake Garda le lac de Garde;
Lake Geneva le lac Léman or de Genève;
Lake Huron le lac Huron;
Lake Ladoga le lac Ladoga;
Lake Maggiore le lac Majeur;
Lake Malawi le lac Malawi;
Lake Michigan le lac Michigan;
Lake Nasser le lac Nasser;
Lake Ontario le lac Ontario;
Lake Superior le lac Supérieur;
Lake Tanganyika le lac Tanganyika;
Lake Tiberias le lac de Tibériade;
Lake Titicaca le lac Titicaca;
Lake Victoria le lac Victoria;
Lake Winnipeg le lac Winnipeg.

Lake District *pr n* Lake District *m*, région *f* des lacs *(dans le nord-ouest de l'Angleterre)*.

lake dwelling *n* habitation *f* lacustre.

Lakeland ['leɪklənd] *adj* [of or in Lake District] de la région des lacs.

Lake Poets *npl* lakistes *mpl (poètes anglais du début du XIXe siècle, dont Wordsworth et Coleridge)*.

lakeside ['leɪksaɪd] ◇ *n* rive *f* OR bord *m* d'un lac.
◇ *comp* [hotel] (situé) au bord d'un lac.

la-la land *inf pr n Los Angeles.*

Lallans ['lælənz] *n* lallans *m (dialecte du sud de l'Écosse)*.

lallation [læ'leɪʃn] *n* LING lallation *f*, lambdacisme *m*.

lallygag *inf* ['lælɪgæg] (*pt & pp* **lallygagged**, *cont* **lallygagging**) *vi Am* traîner.

lam [læm] (*pt & pp* **lammed**, *cont* **lamming**)
◇ *vt inf* [beat] rosser.
◇ *n* ▽*Am* [escape] cavale *f*; **on the ~** en cavale; **to take it on the ~** faire la belle.
◆ **lam into** *inf vt insep Br* -**1.** [physically] rentrer dans; **he lammed into me** il m'est rentré dedans. -**2.** [verbally] enguirlander, sonner les cloches à.

lama ['lɑːmə] *n* RELIG lama *m*.

lamb [læm] ◇ *n* -**1.** ZOOL agneau *m*; **like ~s to the slaughter** comme des veaux à l'abattoir. -**2.** [meat] agneau *m*. -**3.** *fig* [innocent person] agneau *m*; [lovable person]: **she's a ~** c'est un ange, elle est adorable; **be a ~ and fetch my glasses** sois un ange OR sois gentil, va me chercher mes lunettes; **you poor little ~!** mon pauvre chou! -**4.** RELIG: **the Lamb of God** l'Agneau de Dieu.
◇ *vi* agneler, mettre bas.
◇ *comp* [chop, cutlet] d'agneau.

lambast [læm'bæst], **lambaste** [læm'beɪst] *vt* [scold] réprimander; [thrash] battre, rosser.

lambda ['læmdə] *n* lambda *m*.

lambent ['læmbənt] *adj lit* [glowing] chatoyant, brillant; [sparkling] étincelant.

lambert ['læmbət] *n* PHYS lambert *m*.

Lambeth Palace ['læmbəθ-] *pr n résidence londonienne de l'archevêque de Cantorbéry.*

lambing ['læmɪŋ] *n* agnelage *m*; **at ~ time** au moment de l'agnelage.

lambkin ['læmkɪn] *n* agnelet *m*; [term of affection]: **my little ~** mon petit chou.

lambskin ['læmskɪn] ◇ *n* (peau *f* d')agneau *m*.
◇ *comp* [coat, gloves] en agneau.

lambswool ['læmzwʊl] *comp* [scarf, sweater etc] en laine d'agneau, en lambswool.

lame [leɪm] ◇ *adj* -**1.** [person, horse] boiteux; to be ~ boiter; to go ~ se mettre à boiter; **his left leg is ~, he's ~ in his left leg** il boite de la jambe gauche. -**2.** [weak - excuse] piètre, bancal; [- argument, reasoning] boiteux; [- plot] boiteux, bancal; **what a ~ joke!** quelle blague idiote!, quelle astuce vaseuse! -**3.** *inf Am* [conventional] vieux jeu *(inv)*.
◇ *vt* estropier.
◇ *npl*: **the ~** les boiteux *mpl*.

lamé ['lɑːmeɪ] *n* lamé *m*.

lamebrain *inf* ['leɪmbreɪn] *n* crétin *m*, -e *f*.

lame duck *n fig* -**1.** [gen & INDUST] canard *m* boiteux. -**2.** *Am* POL *candidat sortant non réélu qui attend l'arrivée de son successeur.*
◆ **lame-duck** *comp*: **a lame-duck president** *un président sortant non réélu.*

lamella [lə'melə] (*pl* **lamellas** OR **lamellae** [-liː]) *n* ANAT & BOT lame *f*.

lamely ['leɪmlɪ] *adv* de façon peu convaincante, maladroitement.

lameness ['leɪmnɪs] *n* -**1.** [limping] boiterie *f*, claudication *f spec*; **his ~ is the result of a childhood accident** il boite à la suite d'un accident qu'il a eu dans son enfance. -**2.** [weakness - of excuse, argument etc] faiblesse *f*.

lament [lə'ment] ◇ *vt* [feel sorrow for] regretter, pleurer; [complain about] se lamenter sur, se plaindre de; **she ~ed the passing of her youth** elle pleurait sa jeunesse perdue; **"I'll never finish in time!", she ~ed** «je n'aurai jamais fini à temps!», gémit-elle.
◇ *vi* se lamenter; **she was ~ing loudly over the loss of her jewels** elle se lamentait bruyamment OR à grands cris d'avoir perdu ses bijoux.
◇ *n* -**1.** [lamentation, complaint] lamentation *f*. -**2.** [poem] élégie *f*; [song] complainte *f*.

lamentable ['læməntəbl] *adj* [regrettable] regrettable; [poor] lamentable; **the ~ state of the economy** l'état lamentable OR déplorable de l'économie.

lamentably ['læməntəblɪ] *adv* lamentablement.

lamentation [ˌlæmen'teɪʃn] *n* lamentation *f*; **the Lamentations (of Jeremiah)** les Lamentations (de Jérémie).

lamina ['læmɪnə] (*pl* **laminas** OR **laminae** [-niː]) *n* ANAT & BOT lame *f*.

laminal ['læmɪnl] *adj* LING laminal.

laminate ['læmɪneɪt] ◇ *vt* TECH [bond in layers] laminer; [veneer] plaquer.
◇ *n* stratifié *m*; **a table covered in white ~** une table recouverte de stratifié blanc.

laminated ['læmɪneɪtɪd] *adj* [wood] stratifié; [glass] feuilleté; **~ windscreen** pare-brise *m inv* (en verre) feuilleté.

lamp [læmp] *n* -**1.** [gen] lampe *f*; [street-lamp] réverbère *m*; [on car, train] lumière *f*, feu *m*. -**2.** MED lampe *f*; **infrared ~** lampe à infrarouges.

lampblack ['læmpblæk] *n* noir *m* de carbone OR de fumée.

lamp bracket *n* applique *f*.

lamplight ['læmplaɪt] *n*: **her hair shone in the ~** la lumière de la lampe faisait briller ses cheveux; **to read by ~** lire à la lumière d'une OR de la lampe.

lamplighter ['læmplaɪtəʳ] *n* -**1.** [person] allumeur *m* de réverbères. -**2.** *Am* [device] programmeur *m* d'éclairage.

lamplit ['læmplɪt] *adj* éclairé par une lampe.

lampoon [læm'puːn] ◇ *n* [satire] satire *f*; [written] pamphlet *m*.
◇ *vt* ridiculiser, tourner en dérision.

lampoonist [læm'puːnɪst] *n* [satirist] satiriste *mf*; [in writings] pamphlétaire *mf*.

lamppost ['læmppəʊst] *n* réverbère *m*.

lamprey ['læmprɪ] *n* lamproie *f*.

lampshade ['læmpʃeɪd] *n* abat-jour *m inv*.

lampstand ['læmpstænd] *n* pied *m* de lampe.

lamp standard *n* lampadaire *m*.

Lancaster ['læŋkəstəʳ] *pr n* -**1.** GEOG Lancaster *m*. -**2.** HIST Lancastre *f*.

Lancastrian [læŋ'kæstrɪən] *n* -**1.** GEOG habitant *m*, -e *f* de Lancaster. -**2.** HIST lancastrien *m*, -enne *f*.

lance [lɑːns] ◇ *n* -**1.** [weapon] lance *f*; **to break a ~ with sb** *Br fig* se disputer avec qqn. -**2.** MED lancette *f*, bistouri *m*.
◇ *vt* MED percer, inciser.

lance corporal *n* caporal *m (dans l'armée britannique)*.

Lancelot ['lɑːnslɒt] *pr n* Lancelot.

lancer ['lɑːnsəʳ] *n* HIST & MIL lancier *m*.
◆ **lancers** *npl* [dance] (quadrille *m* des) lanciers *mpl*.

lancet ['lɑːnsɪt] *n* MED lancette *f*, bistouri *m*.

lancet arch *n* arc *m* lancéolé OR en lancette.

lancet window *n* fenêtre *f* en ogive.

Lancs *written abbr of* **Lancashire**.

land [lænd] ◇ *vi* -**1.** AERON & ASTRONAUT atterrir; **they ~ at 7 pm** ils atterrissent OR leur avion arrive à 19 h; **to ~ on the moon** atterrir sur la Lune, alunir; **to ~ in the sea** amerrir; **to ~ on an aircraft carrier** apponter (sur un porte-avions). -**2.** NAUT [boat] arriver à quai; [passengers] débarquer. -**3.** [ball, high jumper] tomber, retomber; [falling object, bomb, parachutist] tomber; [bird] se poser; **an apple ~ed on her head** elle a reçu une pomme sur la tête ❑ **to ~ on one's feet** *literal* & *fig* retomber sur ses pieds. -**4.** *inf* [finish up] finir, atterrir; **I hope that problem doesn't ~ on my desk** j'espère que ce problème ne va pas atterrir sur mon bureau; **the car ~ed (up) in the ditch** la voiture a terminé sa course dans le fossé; **he ~ed in jail** il s'est retrouvé en prison; **you'll ~ up in jail!** tu finiras en prison!; **the letter ~ed up in Finland** la lettre a atterri en Finlande; **I ~ed up at a friend's house** j'ai atterri OR échoué chez un ami.
◇ *vt* -**1.** [plane] poser; [cargo, passengers] débarquer; **they have succeeded in ~ing men on the moon** ils ont réussi à envoyer des hommes sur la lune. -**2.** [fish - onto bank] hisser sur la rive; [- onto boat] hisser dans le bateau. -**3.** *inf* [job, contract] décrocher. -**4.** *inf* [put, place] ficher; **he caught me a blow that nearly ~ed me in the lake** il m'a flanqué un tel coup que j'ai bien failli me retrouver dans le lac; **this could ~ us in real trouble** ça pourrait nous attirer de gros ennuis OR nous mettre dans le pétrin; **it will ~ you in prison!** tu finiras en prison! -**5.** [blow] flanquer; **I ~ed him a blow** OR **~ed him one on the nose** je lui ai flanqué OR collé mon poing dans la figure. -**6.** *inf* [encumber]: **to get ~ed with sthg: I got ~ed with the job of organizing the party** c'est moi qui me suis retrouvé avec la fête à organiser, c'est moi qui me suis tapé l'organisation de la fête; **we got ~ed with their children for the weekend** ils nous ont refilé leurs gosses OR il a fallu se farcir leurs gosses tout le week-end; **as usual, I got ~ed with all the work** comme d'habitude, c'est moi qui me suis tapé tout le travail; **they ~ed me with the bill** c'est moi qui ai écopé de l'addition.
◇ *n* -**1.** [for farming, building etc] terre *f*; **he works on the ~** il travaille la terre; **this is good farming ~** c'est de la bonne terre; **building ~** terrain constructible; **'~ for sale'** 'terrain à vendre'; **a piece of ~** [for farming] un lopin de terre; [for building] un terrain (à bâtir); **to live off the ~** vivre des ressources naturelles de la terre ❑ **to see how the ~ lies, to find out the lie** OR **lay of the ~** tâter le terrain. -**2.** [property] terre *f*, terres *fpl*; **their ~s were confiscated** leurs terres ont été confisquées; **get off my ~!** sortez de mes terres! -**3.** [area, region] région *f*; **the desert ~s of Northern Australia** les régions désertiques du nord de l'Australie. -**4.** [not sea] terre *f*; **they sighted ~** ils aperçurent la terre; **we travelled by ~ to Cairo** nous sommes allés au Caire par la route; **over ~ and sea** sur terre et sur mer. -**5.** [nation, country] pays *m*; **to travel in distant ~s** voyager dans des pays lointains; **the victory was celebrated throughout the ~** le pays tout entier a fêté la victoire. -**6.** *fig* [realm] royaume *m*, pays *m*; **he is no longer in the ~ of the living** il n'est plus de ce monde; **she lives in a ~ of make-believe** elle vit dans un monde de chimères.
◇ *comp* [prices - in town] du terrain; [- in country] de la terre; [reform] agraire; [tax, ownership] foncier; *Br* HIST [army] de terre; [worker] agricole.
◆ **lands** *npl* = **land 2, 3**.
◆ **land up** *vi insep* = **land** *vi* **4**.

land agent *n* -**1.** [administrator] régisseur *m*, intendant *m*, -e *f*. -**2.** *Br* [estate agent] agent *m* immobilier.

landau ['lændɔː] *n* landau *m*.

land-based *adj* -**1.** ECON basé sur la propriété terrienne. -**2.** MIL: **~ forces** forces *fpl* terrestres, armée *f* de terre.

land breeze *n* brise *f* de terre.

landed ['lændɪd] *adj Br* foncier; **the ~ gentry** la noblesse terrienne.

landfall ['lændfɔːl] *n* NAUT: **to make ~** apercevoir la terre, arriver en vue d'une côte.

landfill ['lændfɪl] *n* ensevelissement *m* de déchets.

landholder ['lændˌhəʊldəʳ] *n* propriétaire *m* terrien, propriétaire *f* terrienne.

landholding ['lændˌhəʊldɪŋ] ◇ *adj* foncier.
◇ *n* propriété *f*.

landing ['lændɪŋ] *n* -**1.** [of plane, spacecraft] atterrissage *m*; [on moon] alunissage *m*; [of passengers, foods] débarquement *m*; **the plane made a crash/emergency ~** l'avion s'est posé en catastrophe/a fait un atterrissage forcé ‖ SPORT [of skier, high jumper] réception *f*; **he made a bad ~** il s'est mal reçu ❑ **the Normandy ~s** HIST le Débarquement (de Normandie). -**2.** [in staircase] palier *m*; [floor] étage *m*. -**3.** [jetty] débarcadère *m*, embarcadère *m*.

landing beacon *n* AERON balise *f* d'atterrissage.

landing card *n* carte *f* de débarquement.

landing craft *n* navire *m* de débarquement.

landing field = **landing strip**.

landing gear *n* AERON train *m* d'atterrissage.

landing lights *npl* [on plane] phares *mpl* d'atterrissage; [at airport] balises *fpl* (d'atterrissage).

landing net *n* épuisette *f*.

landing stage *n* débarcadère *m*.

landing strip *n* piste *f* d'atterrissage.

landlady ['lændˌleɪdɪ] (*pl* **landladies**) *n* [owner] propriétaire *f*; [in lodgings] logeuse *f*; [in pub, guesthouse] patronne *f*.

landless ['lændlɪs] *adj* sans terre.

land-line *n* TELEC ligne *f* terrestre.

landlocked ['lændlɒkt] *adj* [country] enclavé, sans accès à la mer; [sea] intérieur.

landlord ['lændlɔːd] *n* [owner] propriétaire *m*; [in lodgings] logeur *m*; [in pub, guesthouse] patron *m*.

landlubber *inf* ['lændˌlʌbəʳ] *n hum* & *pej* marin *m* d'eau douce.

landmark ['lændmɑːk] ◇ *n* -**1.** *literal* point *m* de repère; **major Paris ~s** les principaux monuments de Paris. -**2.** *fig* étape *f* décisive, jalon *m*; **the trial was a ~ in legal history** *fig* le procès a fait date dans les annales juridiques.
◇ *comp* [decision] qui fait date.

landmass ['lændmæs] *n* zone *f* terrestre; **the American ~** le continent américain.

landmine ['lændmaɪn] *n* mine *f* (terrestre).

landowner ['lændˌəʊnəʳ] *n* propriétaire *m* foncier, propriétaire *f* foncière.

landowning ['lændˌəʊnɪŋ] *adj*: **the ~ classes** la classe des propriétaires fonciers.

land reform *n* réforme *f* agraire.

land registry *n* cadastre *m*.

Land Rover® *n* Land-Rover® *f*.

landscape ['lændskeɪp] ◇ *n* -**1.** [gen] paysage *m*; **the political ~** *fig* le paysage politique. -**2.** PRINT: **to print in ~** imprimer à l'italienne.
◇ *adj* PRINT à l'italienne.
◇ *vt* [garden] dessiner; [waste land] aménager; **they had their garden ~d** ils ont fait dessiner leur jardin par un paysagiste.

landscape architect *n* architecte *mf* paysagiste.
landscape gardener *n* jardinier *m* paysagiste, jardinière *f* paysagiste.
landscape gardening *n* paysagisme *m*.
landscape painter *n* (peintre *m*) paysagiste *mf*.
landscaping ['lænd,skeɪpɪŋ] *n* aménagement *m* paysager.
Land's End *pr n pointe en Cornouailles qui marque l'extrémité sud-ouest de la Grande-Bretagne.*
landslide ['lændslaɪd] ◇ *n* glissement *m* de terrain.
◇ *comp* [election victory] écrasant.
landslip ['lændslɪp] *n* éboulement *m*.
land tax *n* impôt *m* foncier.
landward ['lændwəd] ◇ *adj* du côté de la terre; **on the ~ side** du côté terre; **~ breeze** vent *m* marin OR qui souffle de la mer.
◇ *adv* = **landwards**.
landwards ['lændwədz] *adv* NAUT en direction de la terre; [on land] vers l'intérieur (des terres).
lane [leɪn] *n* -**1.** [road - in country] chemin *m*; [- in street names] rue *f*, allée *f*. -**2.** [for traffic] voie *f*; [line of vehicles] file *f*; [for shipping, aircraft] couloir *m*; [in athletics, swimming] couloir *m*; **get into the right-hand ~** mettez-vous dans la file OR sur la voie de droite; **keep in ~** ne changez pas de file; **a 4-~ road** une route à 4 voies; **to be in the wrong ~** être dans la mauvaise file.
lane closure *n* fermeture *f* de voies; **the traffic was held up by ~s** la circulation a été ralentie par des rétrécissements (dûs à des travaux).
lane markings *npl* -**1.** [on road] signalisation *f* au sol OR horizontale des voies. -**2.** SPORT [on track] lignes *fpl* de marquage des couloirs; [in swimming-pool] lignes *fpl* d'eau.
lang [læŋ] SCH & UNIV *written abbr of* **language**.
langlauf ['læŋlaʊf] *n* ski *m* de fond.
language ['læŋgwɪdʒ] ◇ *n* -**1.** langage *m*; **I prefer ~ to literature** je préfère l'étude des langues à celle de la littérature; **the child's acquisition of ~** l'acquisition du langage par l'enfant; **spoken/written ~** expression *f* parlée/écrite. -**2.** [specific tongue] langue *f*; SCH & UNIV [area of study] langue *f*; **the French ~** la langue française; **to study ~s** faire des études de langue; **she speaks three ~s fluently** elle parle trois langues couramment □ **modern ~s** langues vivantes; **to speak the same ~** parler le même langage; **you speak my ~** nous parlons le même langage. -**3.** [code] langage *m*; **a computer ~** un langage machine; **the ~ of love/flowers** le langage de l'amour/des fleurs. -**4.** [terminology] langue *f*, langage *m*; **medical/legal ~** langage médical/juridique; **the ~ of diplomacy** [jargon] le langage diplomatique || [manner of expression] expression *f*, langue *f*; **I find his ~ very pompous** je trouve qu'il s'exprime avec emphase OR de façon très pompeuse || [rude words] gros mots *mpl*, grossièretés *fpl*; **mind your ~!** surveille ton langage!; **to use bad** OR **strong ~** dire des gros mots OR des grossièretés.
◇ *comp* [acquisition] du langage; [course] de langues; [barrier] linguistique; [student] en langues.
language laboratory, **language lab** *n* laboratoire *m* de langues.
languid ['læŋgwɪd] *adj* langoureux, alangui.
languidly ['læŋgwɪdlɪ] *adv* langoureusement.
languish ['læŋgwɪʃ] *vi* -**1.** [suffer] languir; **to ~ in prison** croupir en prison. -**2.** [become weak] dépérir; **to ~ in the heat** [plant] dépérir à la chaleur; [person] souffrir de la chaleur; **the project was ~ing for lack of funds** le projet traînait, faute d'argent. -**3.** *lit* [pine] languir; **he ~ed for love of his lady** il languissait d'amour pour sa bien-aimée.
languishing ['læŋgwɪʃɪŋ] = **languid**.
languor ['læŋgəʳ] *n* langueur *f*.
languorous ['læŋgərəs] *adj* langoureux.
languorously ['læŋgərəslɪ] *adv* langoureusement.
laniard ['lænjəd] = **lanyard**.

lank [læŋk] *adj* [hair] terne, mou; [plant] étiolé, grêle.
lanky ['læŋkɪ] (*compar* **lankier**, *superl* **lankiest**) *adj* dégingandé.
lanolin(e) ['lænəlɪn] *n* lanoline *f*.
lantern ['læntən] *n* lanterne *f*.
lantern fish *n* poisson-lanterne *m*.
lantern-jawed [-dʒɔːd] *adj* aux joues creuses.
lanternslide ['læntənslaɪd] *n* plaque *f* de lanterne magique.
lanthanide series ['lænθənaɪd-] *n* lanthanides *mpl*.
lanthanum ['lænθənəm] *n* lanthane *m*.
lanyard ['lænjəd] *n* corde *f*, cordon *m*; NAUT ride *f*.
Lanzarote [,lænzə'rɒtɪ] *pr n* Lanzarote; **in ~** à Lanzarote.
Lao [laʊ] = **Laotian**.
Laos ['lɑːɒs] *pr n* Laos *m*; **in ~** au Laos.
Laotian ['lɑːɒʃn] ◇ *n* -**1.** [person] Laotien *m*, -enne *f*. -**2.** LING laotien *m*.
◇ *adj* laotien.
lap [læp] (*pt* & *pp* **lapped**, *cont* **lapping**) ◇ *n* -**1.** [knees] genoux *mpl*; **come and sit on my ~** viens t'asseoir sur mes genoux □ **don't think it's just going to fall into your ~!** *inf* ne t'imagine pas que ça va te tomber tout cuit dans le bec!; **it's in the ~ of the gods** c'est entre les mains des dieux; **the ~ of luxury** le grand luxe; **to live in the ~ of luxury** vivre dans le plus grand luxe. -**2.** SPORT tour *m* de piste; **we ran 2 ~s** nous avons fait 2 tours de piste; **a 30-~ race** une course sur 30 tours. -**3.** [of journey] étape *f*; **to be on the last ~: we're on the last ~** *literal* c'est le dernier tour; *fig* on arrive au bout de nos peines.
◇ *vt* -**1.** SPORT [competitor, car] dépasser, prendre un tour d'avance sur; **the slower drivers were soon lapped by the leaders** les pilotes les plus rapides n'ont pas tardé à prendre un tour d'avance sur les autres concurrents || [time] chronométrer; **Kelly was lapped at over 200 mph** Kelly a été chronométré sur un tour à plus de 300 km/h. -**2.** [wrap] enrouler, envelopper. -**3.** [milk] laper. -**4.** [subj: waves] clapoter contre; **the waves lapped the hull** les vagues clapotaient contre la coque.
◇ *vi* -**1.** SPORT tourner, faire un tour de circuit; **Kelly was lapping at over 200 mph** Kelly tournait à plus de 300 km/h de moyenne. -**2.** [waves] clapoter; **the waves lapped against the boat** les vagues clapotaient contre le bateau.
◆ **lap over** ◇ *vt insep* [tiles] chevaucher sur.
◇ *vi insep* se chevaucher.
◆ **lap up** *vt sep* -**1.** [milk] laper. -**2.** *inf fig* [praise] boire; [information] avaler, gober; **he ~s up every word she says** il gobe tout ce qu'elle dit; **to ~ it up: he told a joke and the audience lapped it up** il a raconté une blague et le public était suspendu à ses lèvres.
laparoscope ['læpərəskəʊp] *n* endoscope *m*.
laparoscopy [,læpə'rɒskəpɪ] *n* laparoscopie *f*, péritonéoscopie *f*.
La Paz [læ'pæz] *pr n* La Paz.
lapdog ['læpdɒg] *n* -**1.** *literal* petit chien *m* d'appartement. -**2.** *pej* toutou *m*, caniche *m*.
lapel [lə'pel] *n* revers *m*; **he grabbed me by the ~s** il m'a saisi par le revers de ma veste.
lap-held *adj* [typewriter, computer] portatif *(que l'on peut poser sur ses genoux)*.
lapidary ['læpɪdərɪ] (*pl* **lapidaries**) ◇ *adj* [cut in stone] lapidaire.
◇ *n* lapidaire *m*.
lapidate ['læpɪdeɪt] *vt lit* lapider.
lapis lazuli [,læpɪs'læzjʊlaɪ] *n* lapis *m*, lapis-lazuli *m inv*.
lap joint *n* enchevauchure *f*, assemblage *m* par recouvrement.
Lapland ['læplænd] *pr n* Laponie *f*; **in ~** en Laponie.
Laplander ['læplændəʳ] *n* Lapon *m*, -one *f*.
lap of honour *n* SPORT tour *m* d'honneur.

Lapp [læp] ◇ *n* -**1.** [person] Lapon *m*, -one *f*. -**2.** LING lapon *m*.
◇ *adj* lapon *m*.
lapping ['læpɪŋ] *n* [of waves] clapotis *m*.
lapse [læps] ◇ *n* -**1.** [failure]: **~ of memory** trou *m* de mémoire; **~ in concentration** moment *m* d'inattention. -**2.** [in behaviour] écart *m* (de conduite); **she has occasional ~s** elle fait des bêtises de temps en temps; **the slightest ~ was punished harshly** la moindre faute était sévèrement punie; **a ~ from virtue** un manquement à la vertu. -**3.** [interval] laps *m* de temps, intervalle *m*; **after a ~ of six months** au bout de six mois. -**4.** [of contract] expiration *f*; [of custom] disparition *f*; [of legal right] déchéance *f*.
◇ *vi* -**1.** [decline] baisser, chuter; **to ~ from grace** RELIG pécher. -**2.** [drift] tomber; **she ~d into a coma** elle est tombée dans le coma; **to ~ into bad habits** prendre de mauvaises habitudes; **to ~ into silence** garder le silence, s'enfermer dans le silence; **she kept lapsing into Russian** elle se remettait sans cesse à parler russe. -**3.** [pass - time] passer; **weeks ~d before I saw her again** il se passa plusieurs semaines avant que je ne la revoie. -**4.** [law, custom] tomber en désuétude; [licence, passport] se périmer; [subscription] prendre fin, expirer; **he let his insurance ~** il a laissé périmer son assurance. -**5.** RELIG [lose faith] abandonner OR perdre la foi.
lapsed [læpst] *adj* [law] caduc; [passport] périmé; **a ~ Catholic** un catholique qui ne pratique plus.
laptop ['læptɒp] *adj* [typewriter, computer] portable.
lapwing ['læpwɪŋ] *n* vanneau *m*.
larboard ['lɑːbəd] *n arch* bâbord *m*.
larceny ['lɑːsənɪ] (*pl* **larcenies**) *n* JUR vol *m* simple.
larch [lɑːtʃ] *n* mélèze *m*.
lard [lɑːd] ◇ *n* saindoux *m*.
◇ *vt* larder; **an essay ~ed with quotations** *fig* une rédaction truffée de citations.
larder ['lɑːdəʳ] *n* [room] cellier *m*; [cupboard] garde-manger *m inv*; **to raid the ~** *inf* faire une razzia dans le garde-manger.
large [lɑːdʒ] ◇ *adj* -**1.** [in size] grand; [family] grand, nombreux; [person] gros, grand; [organization] gros, grand; [of clothes] la grande taille; [of product] le grand modèle; **a ~ coat** un grand manteau; **on a ~ scale** à grande échelle; **to a ~ extent** dans une large mesure; **he lives in a ~ house** il habite une grande maison; **she's a ~ woman** c'est une femme plutôt grosse OR forte || [in number, amount] grand, important; **a ~ proportion** une grande proportion, une part importante; **she wrote him a ~ cheque** elle lui a fait un chèque pour une somme importante OR une grosse somme; **a ~ helping of potatoes/apple pie** une grosse portion de pommes de terre/part de tarte aux pommes; **there are a ~ number of entrants this year** il y a beaucoup de participants OR candidats cette année, les participants OR candidats sont nombreux cette année; **to get ~** grossir □ **he was standing there as ~ as life** il était là, en chair et en os; **larger than life** exagéré, outrancier. -**2.** [extensive - changes] considérable, important. -**3.** [liberal - views, ideas] libéral, large; [generous - heart] grand, généreux.
◇ *adv*: **to loom ~** menacer, sembler imminent; **to be writ ~** être évident.
◆ **at large** ◇ *adj phr* [at liberty] en liberté; [prisoner] en fuite; **the rapist is at ~ somewhere in the city** le violeur se promène en (toute) liberté quelque part dans cette ville.
◇ *adv phr* [as a whole] dans son ensemble; **the country at ~** le pays dans son ensemble.
◆ **by and large** *adv phr* de manière générale, dans l'ensemble.
large-hearted *adj* au grand cœur.
large intestine *n* gros intestin *m*.
largely ['lɑːdʒlɪ] *adv* [mainly] en grande partie, pour la plupart; [in general] en général, en gros.

large-minded *adj* large d'esprit, ouvert.

largeness ['lɑːdʒnɪs] *n* [in size] grandeur *f*, (grande) taille *f*; [of sum] importance *f*; [of number] grandeur *f*, importance *f*.

large-scale *adj* à grande échelle.

large-size(d) *adj* [clothes] grande taille; [product] grand modèle; [envelope] grand format.

largesse [lɑː'dʒes] *n (U)* largesse *f*, largesses *fpl*.

large white *n* ENTOM piéride *f* (du chou).

largish ['lɑːdʒɪʃ] *adj* [in size] assez grand; [in amount] assez grand, assez gros; [in number] assez nombreux.

largo ['lɑːgəʊ] ◇ *n* largo *m*.
◇ *adj* & *adv* largo.

lariat ['lærɪət] *Am* ◇ *n* lasso *m*.
◇ *vt* prendre au lasso.

lark [lɑːk] *n* -**1.** ZOOL alouette *f*; **to rise** OR **to be up with the ~** se lever avec les poules OR au chant du coq. -**2.** *inf* [joke] rigolade *f*; [prank] blague *f*, farce *f*; **for a ~** pour blaguer, pour rigoler; **what a ~!** quelle rigolade!, quelle bonne blague! -**3.** *inf* [rigmarole, business] histoire *f*; **I don't like the sound of this fancy dress ~** je n'aime pas beaucoup cette histoire de déguisement, cette idée de déguisement ne me dit rien qui vaille.
◆ **lark about** *inf*, **lark around** *inf vi insep Br* faire le fou; **stop ~ing about!** arrêtez de faire les fous OR les imbéciles!

larkspur ['lɑːkspɜːʳ] *n* pied-d'alouette *m*, delphinium *m*.

larva ['lɑːvə] (*pl* larvae [-viː]) *n* larve *f*.

larval ['lɑːvl] *adj* larvaire.

laryng(e)al [ˌlærɪn'dʒiːəl] *adj* MED laryngé, laryngien; LING laryngal, glottal.

laryngectomy [ˌlærɪn'dʒektəmɪ] (*pl* laryngectomies) *n* laryngectomie *f*.

laryngitis [ˌlærɪn'dʒaɪtɪs] *n (U)* laryngite *f*; **to have ~** avoir une laryngite.

laryngoscope [lə'rɪŋgəskəʊp] *n* laryngoscope *m*.

larynx ['lærɪŋks] *n* larynx *m*.

lasagne [lə'zænjə] *n* lasagnes *fpl*.

lascar ['læskəʳ] *n* matelot *m* indien.

lascivious [lə'sɪvɪəs] *adj* lascif, lubrique.

lasciviously [lə'sɪvɪəslɪ] *adv* lascivement.

laser ['leɪzəʳ] *n* laser *m*; **~ surgery** chirurgie *f* (au) laser.

laser beam *n* rayon *m* OR faisceau *m* laser.

laser card *n* carte *f* à puce.

laser printer *n* imprimante *f* (à) laser.

lash [læʃ] ◇ *n* -**1.** [whip] lanière *f*; [blow from whip] coup *m* de fouet; **he was given 60 ~es** on lui a donné OR il a reçu 60 coups de fouet. -**2.** *fig* [of scorn, criticism]: **he'd often felt the ~ of her tongue** il avait souvent été la cible de ses propos virulents. -**3.** [of rain, sea]: **the ~ of the rain on the windows** le bruit de la pluie qui fouette les vitres; **the ~ of the waves against the shore** le déferlement des vagues sur la grève. -**4.** [eyelash] cil *m*.
◇ *vt* -**1.** [with whip] fouetter. -**2.** [subj: rain, waves] battre, fouetter; **the waves ~ed the shore** les vagues venaient se fracasser sur la grève; **the cold rain ~ed my face** la pluie froide me cinglait OR me fouettait le visage; **the hail ~ed the window** la grêle s'abattait sur la vitre; **he ~ed them with his tongue** *fig* il leur adressa quelques remarques cinglantes. -**3.** [move]: **the tiger ~ed its tail** le tigre fouettait l'air de sa queue. -**4.** [tie] attacher; **they ~ed him to the chair** ils l'ont attaché solidement à la chaise; **they ~ed the cargo to the deck** ils arrimèrent la cargaison sur le pont.
◇ *vi*: **its tail ~ed wildly** il fouettait l'air furieusement de sa queue; **the hail ~ed against the window** la grêle cinglait la vitre.
◆ **lash down** ◇ *vt sep* [cargo] arrimer, fixer; **the crates were ~ed down** les caisses étaient solidement arrimées.
◇ *vi insep* [rain, hail] s'abattre, tomber avec violence.
◆ **lash into** *vt insep Br* [criticize] se déchaîner contre; **she really ~ed into them** elle était véritablement déchaînée contre eux.
◆ **lash out** *vi insep* -**1.** [struggle - with fists] donner des coups de poing; [- with feet] donner des coups de pied; **she ~ed out in all directions** elle se débattit de toutes ses forces. -**2.** *fig* [verbally]: **he ~ed out at his critics** il a fustigé ses détracteurs. -**3.** *inf Br* [spend]: **to ~ out (on sthg)** dépenser un fric monstre (pour qqch); **he ~ed out and bought himself a new suit** il a claqué son fric pour s'acheter un nouveau costume.

lashing ['læʃɪŋ] *n* -**1.** [with whip] flagellation *f*, fouet *m*; **to give sb a ~** donner des coups de fouet à qqn. -**2.** *fig* [scolding] réprimandes *fpl*, correction *f*. -**3.** [rope] corde *f*; NAUT amarre *f*.
◆ **lashings** *npl Br* [in amount] des montagnes; **with ~s of chocolate sauce** couvert de sauce au chocolat.

Las Palmas [ˌlæs'pælməs] *pr n* Las Palmas.

lass [læs] *n Scot* [girl] fille *f*.

Lassa ['læsə] = **Lhasa**.

Lassa fever *n* fièvre *f* de Lhassa.

lassie ['læsɪ] *n Scot* & *Ir* fillette *f*, gamine *f*.

lassitude ['læsɪtjuːd] *n* lassitude *f*.

lasso, lassoo [læ'suː] ◇ *n* lasso *m*.
◇ *vt* prendre au lasso.

last[1] [lɑːst] ◇ *adj* -**1.** [with dates, times of day] dernier; **~ Monday** lundi dernier; **~ week/year** la semaine/l'année dernière; **~ July** en juillet dernier, l'année dernière au mois de juillet; **~ night** [at night] cette nuit; [in the evening] hier soir. -**2.** [final] dernier; **the ~ train** le dernier train; **that was the ~ time I saw him** c'était la dernière fois que je le voyais; **that's the ~ time I do him a favour** c'est la dernière fois que je lui rends service; **it's your ~ chance** c'est votre dernière chance; **at the ~ minute** OR **moment** à la dernière minute; **it's our ~ day here** c'est notre dernière journée ici; **I'm down to my ~ cigarette** il ne me reste plus qu'une seule cigarette; **they were down to their ~ few bullets** il ne leur restait pratiquement plus de munitions; **one of the ~ few survivors** un des tout derniers survivants; **the ~ two pages** les deux dernières pages; **I'll sack every ~ one of them!** je vais les virer tous!; **she used up every ~ ounce of energy** elle a utilisé tout ce qui lui restait d'énergie; **to the ~ detail** dans les moindres détails; **they were prepared to fight to the ~ man** ils étaient prêts à se battre jusqu'au dernier ❑ **she was on her ~ legs** elle était au bout du rouleau; **your car is on its ~ legs** votre voiture ne va pas tarder à vous lâcher; **the regime is on its ~ legs** le régime vit ses derniers jours OR est au bord de l'effondrement; **I'll get my money back if it's the ~ thing I do** je récupérerai mon argent coûte que coûte; **I always clean my teeth ~ thing at night** je me brosse toujours les dents juste avant de me coucher; **we finished the work ~ thing on Tuesday afternoon** on a terminé le travail juste avant de partir mardi après-midi. -**3.** [most recent]: **you said that ~ time** c'est ce que tu as dis la dernière fois; **I've been here for the ~ five years** je suis ici depuis cinq ans, cela fait cinq ans que je suis ici; **I didn't like her ~ film** je n'ai pas aimé son dernier film. -**4.** [least likely]: **he's the ~ person I expected to see** c'est bien la dernière personne que je m'attendais à voir; **that's the ~ place I'd have looked** c'est bien le dernier endroit où j'aurais cherché; **that's the ~ thing I wanted** je n'avais vraiment pas besoin de ça.
◇ *adv* -**1.** [finally]: **she arrived ~** elle est arrivée la dernière OR en dernier; **~ but not least** enfin. -**2.** [most recently]: **when did you ~ see him?** quand l'avez-vous vu pour la dernière fois?; **they ~ came to see us in 1989** leur dernière visite remonte à 1989; **it's ~ in, first out** dernier entré, premier sorti. -**3.** = **lastly**.
◇ *n* & *pron* -**1.** [final one] dernier *m*, -ère *f*; **the ~ in the class** le dernier de la classe; **she was the ~ to arrive** elle est arrivée la dernière; **the ~ of the Romanovs** le dernier des Romanov; **the next to ~, the ~ but one** l'avant-dernier. -**2.** [previous one]: **each more handsome than the ~** tous plus beaux les uns que les autres; **the day before ~** avant-hier; **the night before ~** [at night] la nuit d'avant-hier; [in the evening] avant-hier soir; **the winter before ~** l'hiver d'il y a deux ans; **the Prime Minister before ~** l'avant-dernier Premier ministre. -**3.** [end]: **that was the ~ I saw of her** c'était la dernière fois que je la voyais; **I hope that's the ~ we see of them** j'espère qu'on ne les reverra plus; **I'll never see the ~ of this!** je n'en verrai jamais la fin!, je n'en viendrai jamais à bout!; **you haven't heard the ~ of this!** vous aurez de mes nouvelles! ❑ **till ~**: **leave the pans till ~** gardez les casseroles pour la fin, lavez les casseroles en dernier. -**4.** [remainder] reste *m*; **we drank the ~ of the wine** on a bu ce qui restait de vin.
◆ **at last** *adv phr* enfin; **free at ~** enfin libre; **at long ~ she's found a job she enjoys** elle a enfin trouvé un emploi qui lui plaît; **at ~! where on earth have you been?** enfin! mais où étais-tu donc?; **at ~ he said: "do you forgive me?"** enfin il demanda: «tu me pardonnes?».
◆ **at the last** *adv phr fml* à la dernière minute; **at the ~ the judges came out in her favour** à la dernière minute, les juges ont décidé en sa faveur; **she was there at the ~** elle est restée jusqu'au bout.
◆ **to the last** *adv phr* jusqu'au bout; **she insisted to the ~ that she was not guilty** elle a dit jusqu'au bout qu'elle n'était pas coupable.

last[2] [lɑːst] ◇ *vi* -**1.** [continue to exist or function] durer; **it ~ed (for) ten days** cela a duré dix jours; **how long did the film ~?** combien de temps le film a-t-il duré?, quelle était la durée du film?; **how long can we ~ without water?** combien de temps tiendrons-nous sans eau?; **he didn't ~ more than a year as a singer** il n'a pas tenu plus d'un an dans la chanson; **their romance didn't ~ (for) long** leur idylle n'a pas duré longtemps; **he won't ~ long** [in job] il ne tiendra pas longtemps; [will soon die] il n'en a plus pour longtemps; **the batteries didn't ~ (for) long** les piles n'ont pas duré longtemps; **built/made to ~** construit/fait pour durer. -**2.** [be enough]: **we've got enough food to ~ another week** nous avons assez à manger pour une semaine encore. -**3.** [keep fresh - food] se conserver; **these flowers don't ~ (long)** ces fleurs ne tiennent OR ne durent pas (longtemps).
◇ *vt*: **his money didn't ~ him to the end of the holiday** il n'a pas eu assez d'argent pour tenir jusqu'à la fin des vacances; **have we got enough to ~ us until tomorrow?** en avons-nous assez pour tenir OR aller jusqu'à demain?, **my camera's ~ed me ten years** mon appareil photo a duré dix ans; **that fountain pen will ~ you a lifetime** vous pourrez garder ce stylo-plume toute votre vie.
◇ *n* [for shoes] forme *f*.
◆ **last out** ◇ *vi insep* -**1.** [survive] tenir; **I'm not sure I'll ~ out at this job** je ne sais pas si je pourrai faire ce travail longtemps; **how long will he ~ out?** combien de temps peut-il tenir? -**2.** [be enough] suffire; **will our supplies ~ out till the end of the month?** les provisions suffiront-elles jusqu'à la fin du mois?
◇ *vt sep*: **he didn't ~ the night out** il n'a pas passé la nuit, il est mort pendant la nuit; **will the play ~ out the month?** est-ce que la pièce tiendra le mois?

last-ditch *adj* [ultimate] ultime; [desperate] désespéré; **a ~ attempt** OR **effort** un ultime effort.

lasting ['lɑːstɪŋ] *adj* durable; **to their ~ regret/shame** à leur plus grand regret/plus grande honte.

Last Judgment *n*: **the ~** le Jugement dernier.

lastly ['lɑːstlɪ] *adv* enfin, en dernier lieu.

last-minute *adj* de dernière minute.

last post *n Br* MIL [at night] extinction *f* des feux; [at funeral] sonnerie *f* aux morts.

last rites *npl* derniers sacrements *mpl*.

Last Supper *n*: the ~ la (sainte) Cène.

last word *n* -**1.** [final decision] dernier mot *m*; **the Treasury has the ~ on defence spending** le ministère des Finances a le dernier mot en matière de dépenses militaires. -**2.** [latest style] dernier cri *m*; **she was wearing the very ~ in hats** elle portait un chapeau du dernier cri.

Las Vegas [,læs'veɪgəs] *pr n* Las Vegas.

latch [lætʃ] ◇ *n* loquet *m*; **leave the door on the ~** ne fermez pas la porte à clé; **the door was on the ~** la porte n'était pas fermée à clé.
◇ *vt* fermer au loquet.
◇ *vi* se fermer.
◆ **latch on** *inf vi insep* piger.
◆ **latch onto** *inf vt insep* -**1.** [seize] s'accrocher à; **to ~ onto an idea** s'accrocher à une idée || [attach o.s. to]: **she always ~es onto older children** elle s'accroche toujours à des enfants plus âgés. -**2.** *Br* [understand] piger; **I suddenly ~ed onto the fact that they were following me** d'un seul coup j'ai pigé qu'ils me suivaient. -**3.** *Am* [obtain] se procurer, obtenir.

latchkey ['lætʃkiː] *n* clef *f* (de la porte d'entrée).

latchkey child *n* *enfant dont les parents travaillent et ne sont pas là quand il rentre de l'école.*

late [leɪt] ◇ *adj* -**1.** [behind schedule] en retard; **to be ~** être en retard; **to be 10 minutes ~** avoir 10 minutes de retard; **she's often ~** elle est OR elle arrive souvent en retard; **to make sb ~** retarder qqn, mettre qqn en retard; **we apologize for the ~ arrival of flight 906** nous vous prions d'excuser le retard du vol 906. -**2.** [in time] tardif; **at a ~ hour** à une heure tardive; **to keep ~ hours** veiller, se coucher tard; **in the ~ afternoon** tard dans l'après-midi; **she's in her ~ fifties** elle approche la soixantaine; **in the ~ seventies** à la fin des années soixante-dix; **in ~ 1970** fin 1970; **at this ~ date** à cette date avancée; **at this ~ stage** à ce stade avancé; **to have a ~ lunch** déjeuner tard; **he was a ~ developer** [physically] il a eu une croissance tardive; [intellectually] son développement intellectuel fut un peu tardif || [news, edition] dernier; **there have been some ~ developments in the talks** il y a du nouveau dans les discussions. -**3.** [former] ancien, précédent; [deceased]: **the ~ lamented president** le regretté président; **the ~ Mr Fox** le défunt M. Fox, feu M. Fox *fml*; **her ~ husband** son défunt mari, feu son mari *fml*; **his ~ wife** feue sa femme *fml*. -**4.** [recent] récent, dernier.
◇ *adv* -**1.** [in time] tard; **to arrive/to go to bed ~** arriver/se coucher tard; **to arrive 10 minutes ~** arriver avec 10 minutes de retard; **it's getting ~** il se fait tard; **~ in the afternoon** tard dans l'après-midi; **she came to poetry ~ in life** elle est venue à la poésie sur le tard; **they came too ~** ils sont arrivés trop tard ☐ **~ in the day** *literal* vers la fin de la journée; **it's rather ~ in the day to be thinking about that** *fig* c'est un peu tard pour penser à ça. -**2.** [recently] récemment; **even as ~ as last year he was still painting** pas plus tard que l'année dernière, il peignait encore. -**3.** *fml* [formerly] autrefois, anciennement; **Mr Fox, ~ of Delhi** M. Fox, anciennement domicilié à Delhi.
◆ **of late** *adv phr* récemment; **I haven't seen him of ~** je ne l'ai pas vu récemment OR ces derniers temps.

latecomer ['leɪt,kʌmə^r] *n* retardataire *mf*; **~s must wait in the foyer** les retardataires doivent attendre dans le foyer; **he was a ~ to football** il est venu au football sur le tard.

lateen [lə'tiːn] *n*: **~ (sail)** voile *f* latine.

lateen-rigged [-rɪgd] *adj* gréé avec une voile latine; **~ boat** bâtiment *m* latin.

lately ['leɪtlɪ] *adv* récemment, ces derniers temps, dernièrement; **until ~** jusqu'à ces derniers temps, jusqu'à récemment.

latency ['leɪtənsɪ] *n* latence *f*.

lateness ['leɪtnɪs] *n* -**1.** [of bus, train, person] retard *m*; **I find persistent ~ infuriating** les gens qui sont toujours en retard m'exaspèrent. -**2.** [late time] heure *f* tardive; **given the ~ of the hour** étant donné OR vu l'heure tardive.

late-night *adj* [play, show, film] ≃ de minuit; **what's tonight's ~ movie?** [on TV] qu'est-ce qu'il y a au ciné-club ce soir?; **a ~ film** [in cinema] une séance de minuit; **a ~ bus service** un bus de nuit; **~ opening** COMM nocturne *f*; **~ shopping** courses *fpl* en nocturne.

latent ['leɪtənt] *adj* latent.

latent heat *n* chaleur *f* latente.

latent image *n* image *f* latente.

latent period *n* -**1.** MED incubation *f*. -**2.** = **latent time**.

latent time *n* latence *f*, état *m* latent, temps *m* de latence.

later ['leɪtə^r] (*compar of* late) ◇ *adj* ultérieur; **we can always catch a ~ train** on peut toujours prendre un autre train, plus tard; **a collection of her ~ poems** un recueil de ses derniers poèmes; **at a ~ date** à une date ultérieure; **at a ~ stage** à un stade plus avancé; **in ~ life** plus tard dans la vie.
◇ *adv* plus tard; **~ that day** plus tard dans la journée; **~ on** plus tard; **see you ~!** à plus tard!; **no ~ than tomorrow** demain dernier délai, demain au plus tard.

lateral ['lætərəl] ◇ *adj* latéral.
◇ *n* LING (consonne *f*) latérale *f*.

laterally ['lætrəlɪ] *adv* latéralement.

lateral thinking *n* approche *f* originale; **we need a bit of ~ on this problem** il nous faut adopter une approche du problème plus originale.

laterite ['lætəraɪt] *n* latérite *f*.

latest ['leɪtɪst] ◇ *adj* (*superl of* late) dernier; **the ~ date/time** la date/l'heure limite; **the ~ news** les dernières nouvelles; **the ~ model** le dernier modèle; **let's hope her ~ novel won't be her last** espérons que le roman qu'elle vient de publier ne sera pas le dernier.
◇ *n* -**1.** [most recent - news]: **have you heard the ~?** vous connaissez la dernière?; **what's the ~ on the trial?** qu'y a-t-il de nouveau sur le procès?; **tune in at 7 p.m. for the ~ on the elections** soyez à l'écoute à 19 h pour les dernières informations sur les élections; **have you met his/her ~?** [boyfriend, girlfriend] avez-vous fait la connaissance de sa dernière conquête? -**2.** [in time]: **at the ~** au plus tard; **when is the ~ you can come?** jusqu'à quelle heure pouvez-vous venir?

latex ['leɪteks] *n* latex *m*.

lath [lɑːθ] *n* [wooden] latte *f*; [in venetian blind] lame *f*.

lathe [leɪð] ◆ *n* tour *m* (*à bois ou à métal*); **lathe operator** tourneur *m*.
◇ *vt* tourner.

lather ['lɑːðə^r] ◇ *n* -**1.** [from soap] mousse *f*. -**2.** [foam - on horse, seawater] écume *f*; **to get into a ~ about** OR **over sthg** *Br* s'énerver OR se mettre dans tous ses états à propos de qqch; **he got into a real ~ over the unpaid bills** les factures impayées l'ont mis dans tous ses états.
◇ *vt* [clean] savonner.
◇ *vi* -**1.** [soap] mousser. -**2.** [horse] écumer.

Latin ['lætɪn] ◇ *n* -**1.** [person] Latin *m*, -e *f*; **the ~s** [in Europe] les Latins; [in US] les Latino-américains *mpl*. -**2.** LING latin *m*.
◇ *adj* latin; [alphabet] latin; **the ~ Quarter** le Quartier latin.

Latin America *pr n* Amérique *f* latine; **in ~** en Amérique latine.

Latin American ◇ *n* Latino-américain *m*, -e *f*.
◇ *adj* latino-américain.

Latinate ['lætɪneɪt] *adj* [vocabulary] d'origine latine; [style] empreint de latinismes.

Latinist ['lætɪnɪst] *n* latiniste *mf*.

Latinize, -ise ['lætɪnaɪz] *vt* latiniser.

Latino [læ'tiːnəʊ] (*pl* Latinos) *n Am* Latino *mf*.

latish ['leɪtɪʃ] ◇ *adj*: **at a ~ hour** à une heure assez avancée OR tardive.
◇ *adv*: **it was getting ~** il commençait à se faire tard.

latitude ['lætɪtjuːd] *n* -**1.** ASTRON & GEOG latitude *f*; **at a ~ of 50° south** à 50° de latitude sud; **few animals live in these ~s** rares sont les animaux qui vivent sous ces latitudes. -**2.** [freedom] latitude *f*; **they don't allow** OR **give the children much ~ for creativity** ils n'encouragent pas les enfants à être créatifs.

latitudinal [,lætɪ'tjuːdɪnl] *adj* latitudinal.

latitudinarian [,lætɪtjuːdɪ'neərɪən] ◇ *adj* latitudinaire.
◇ *n* latitudinaire *mf*.

Latium ['leɪʃjəm] *pr n* Latium.

latrines [lə'triːnz] *npl* latrines *fpl*.

latter ['lætə^r] ◇ *adj* -**1.** [in relation to former] dernier, second; **the ~ proposal is unrealistic** la seconde OR cette dernière proposition est irréaliste; **the ~ half of the book was better** la seconde moitié du livre était meilleure. -**2.** [later] dernier, second; **in the ~ years of her life** au cours des dernières années de sa vie; **the ~ part of the holiday** la seconde partie des vacances.
◇ *n*: **the former... the ~** le premier... le second, celui-là... celui-ci; **the ~ is definitely the better book** le second livre est sans aucun doute le meilleur; **of tigers and cheetahs, the ~ are by far the faster runners** des tigres et des guépards, ces derniers sont de loin les plus rapides.

latter-day *adj* d'aujourd'hui; **a ~ St Francis** un saint François moderne; **Church of the ~ Saints** Église *f* de Jésus-Christ des saints des derniers jours.

latterly ['lætəlɪ] *adv* [recently] récemment, dernièrement; [towards the end] vers la fin.

lattice ['lætɪs] *n* [fence, frame] treillage *m*; [design] treillis *m*.

latticed ['lætɪst] *adj* [fence] à claire-voie; [ceramics] treillissé; [pastry] en croisillons; [dress] ajouré.

lattice window *n* fenêtre *f* à croisillons.

latticework ['lætɪswɜːk] *n* (*U*) treillis *m*.

Latvia ['lætvɪə] *pr n* Lettonie *f*; **in ~** en Lettonie.

Latvian ['lætvɪən] ◇ *n* -**1.** [person] Letton *m*, -onne *f*. -**2.** LING letton *m*.
◇ *adj* letton.

laud [lɔːd] *vt fml* OR *lit* louer, chanter les louanges de, glorifier.

laudable ['lɔːdəbl] *adj* louable, digne de louanges.

laudably ['lɔːdəblɪ] *adv* de manière louable; **you behaved ~** votre comportement a été admirable.

laudanum ['lɔːdənəm] *n* laudanum *m*.

laudatory ['lɔːdətrɪ] *adj fml* laudatif, élogieux.

laugh [lɑːf] ◇ *vi* -**1.** [in amusement] rire; **she was ~ing about his gaffe all day** sa gaffe l'a fait rire toute la journée; **you have to ~** mieux vaut en rire; **to burst out ~ing** éclater de rire; **we ~ed until we cried** on a ri aux larmes, on a pleuré de rire; **we ~ed about it afterwards** après coup, cela nous a fait bien rire, on en a ri après coup; **it's easy for you to ~!** vous pouvez rire!; **to ~ aloud** OR **out loud** rire aux éclats; **he was ~ing to himself** il riait dans sa barbe; **they didn't know whether to ~ or cry** ils ne savaient pas s'ils devaient en rire ou en pleurer ☐ **to ~ one's head off** rire comme un fou; **to ~ up one's sleeve** *Br* rire sous cape; **I'll make him ~ on the other side of his face** *Br* je lui ferai passer l'envie de rire, moi; **he who ~s last ~s longest** *Br* OR **best** *Am prov* rira bien qui rira le dernier *prov*; **'The Laughing Cavalier'** *Hals* 'le Chevalier souriant'. -**2.** [in contempt, ridicule] rire; **they ~ed in my face** ils m'ont ri au nez; **he ~ed about his mistakes** il a ri de ses erreurs. -**3.** *fig* [be confident]: **once we get the contract, we're ~ing** une fois qu'on aura empoché le contrat, on sera tranquilles; **she's ~ing all the way to the bank** elle s'en met plein les poches.
◇ *vt* -**1.** [in amusement]: **to ~ o.s. silly** se tordre de rire, être plié en deux de rire. -**2.** [in ridicule]: **he was ~ed off the stage/out of the room** il a quitté la scène/la pièce sous les rires mo-

queurs; they ~ed him to scorn ils se sont moqués de lui ❑ to ~ sthg out of court tourner qqch en dérision. -3. [express]: she ~ed her scorn elle eut un petit rire méprisant.
◇ *n* -1. [of amusement] rire *m*; [burst of laughter] éclat *m* de rire; to give a ~ rire; we had a good ~ about it ça nous a bien fait rire; she left the room with a ~ elle sortit en riant OR dans un éclat de rire || [of contempt] rire *m*; we all had a good ~ at his expense nous nous sommes bien moqués de lui ❑ to have the last ~ avoir le dernier mot. -2. *inf Br* [fun] rigolade *f*; to have (a bit of) a ~ rigoler OR se marrer un peu; he's always good for a ~ avec lui, on se marre bien; he's a ~ a minute il est très marrant. -3. *inf* [joke]: we did it for a ~ OR just for ~s on l'a fait pour rigoler; what a ~! qu'est-ce qu'on s'est marré!; home-made cakes? — that's a ~! *iron* gâteaux faits maison? — c'est une blague OR ils plaisantent!
◆ **laugh at** *vt insep* -1. [in amusement] rire de; we all ~ed at the joke la blague nous a tous fait rire. -2. [mock] se moquer de, rire de; to ~ at someone else's misfortunes se moquer des malheurs des autres; to ~ at one's own mistakes rire de ses propres erreurs. -3. [disregard] rire de, rester indifférent à; they ~ed at the dangers ils (se) riaient des dangers.
◆ **laugh away** *vt sep*: she ~ed away her tears/cares ça l'a amusée et elle a séché ses larmes/oublié ses soucis.
◆ **laugh down** *vt sep* [objection] ridiculiser.
◆ **laugh off** *vt sep* [difficulty] rire de, se moquer de; I managed to ~ off an awkward situation j'ai réussi à éviter une situation fâcheuse en plaisantant; how can they just ~ it off like that? comment osent-ils prendre ça à la légère?; he tried to ~ off the defeat il s'efforça de ne pas prendre sa défaite trop au sérieux.

laughable ['lɑːfəbl] *adj* ridicule, dérisoire; the whole situation is just ~ tout ça est parfaitement ridicule; he made a ~ attempt at reconciliation il fit une tentative de réconciliation pitoyable.

laughing ['lɑːfɪŋ] *adj* [eyes] riant, rieur; this is no ~ matter il n'y a pas de quoi rire.

laughing gas *n* gaz *m* hilarant.

laughing hyena *n* hyène *f* tachetée.

laughing jackass *n* martin-chasseur *m (d'Australie)*, kookaburra *m*.

laughingly ['lɑːfɪŋlɪ] *adv* -1. [cheerfully] en riant. -2. [inappropriately]: this noise is ~ called folk music c'est ce bruit qu'on appelle le plus sérieusement du monde de la musique folk.

laughing stock *n*: they were the ~ of the whole neighbourhood ils étaient la risée de tout le quartier; they made ~s of themselves ils se sont couverts de ridicule.

laughter ['lɑːftəʳ] *n (U)* rire *m*, rires *mpl*; a burst of ~ un éclat de rire; to roar with ~ rire aux éclats; there was much ~ over the misunderstanding le malentendu provoqua des éclats de rire; she continued to speak amid loud ~ elle a continué à parler au milieu des éclats de rire.

launch [lɔːntʃ] ◇ *n* -1. [boat] vedette *f*; [long boat] chaloupe *f*; (pleasure) ~ bateau *m* de plaisance. -2. [of ship, spacecraft, new product] lancement *m*; a book ~ le lancement d'un livre; the ~ of a new job creation scheme le lancement d'un nouveau programme de création d'emplois.
◇ *vt* -1. [boat - from ship] mettre à la mer; [- from harbour] faire sortir; [- for first time] lancer. -2. COMM lancer; FIN [shares] émettre; our firm has ~ed a new perfume on OR onto the market notre société a lancé un nouveau parfum. -3. [start]: that was the audition that ~ed me on my career cette audition a donné le coup d'envoi de ma carrière; to ~ a military offensive déclencher OR lancer une attaque.
◆ **launch forth** *vi insep* -1. [set off]: to ~ forth on a new career se lancer dans une nouvelle carrière. -2. [start speaking]: he ~ed forth into a long explanation il s'est lancé dans une longue explication.
◆ **launch into** *vt insep* [start] se lancer dans; she ~ed into her work with vigour elle s'est lancée dans son travail avec énergie.
◆ **launch out** *vi insep* se lancer; Blakes have ~ed out into distilling Blakes s'est lancé dans la distillation; she's just ~ed out on her own elle vient de se mettre à son compte.

launch complex *n* ASTRONAUT base *f* OR station *f* de lancement.

launcher ['lɔːntʃəʳ] *n* ASTRONAUT & MIL lanceur *m*.

launching ['lɔːntʃɪŋ] *n* -1. [of ship, spacecraft] lancement *m*; [of lifeboat - from ship] mise *f* à la mer; [- from shore] sortie *f*. -2. [of new product] lancement *m*.

launching ceremony *n* cérémonie *f* de lancement.

launching pad = **launch pad**.

launching site *n* aire *f* de lancement.

launching vehicle = **launch vehicle**.

launch pad *n* rampe *f* de lancement.

launch vehicle *n* fusée *f* de lancement.

launder ['lɔːndəʳ] *vt* -1. [clothes] laver; [at laundry] blanchir; the sheets have been freshly ~ed [at home] les draps viennent d'être lavés; [at laundry] les draps reviennent de chez le blanchisseur OR le teinturier. -2. *fig* [money] blanchir.

Launderette® [ˌlɔːndəˈret] = **laundrette**.

laundering ['lɔːndrɪŋ] *n* -1. [of clothes] blanchissage *m*. -2. *fig* [of money] blanchiment *m*.

laundress ['lɔːndrɪs] *n* blanchisseuse *f*.

laundrette [lɔːn'dret] *n Br* laverie *f* automatique.

Laundromat® ['lɔːndrəmæt] *n Am* laverie *f* automatique.

laundry ['lɔːndrɪ] (*pl* laundries) *n* -1. [shop] blanchisserie *f*; [in house] buanderie *f*. -2. [washing] linge *m*; to do the ~ faire la lessive.

laundry basket *n* panier *m* à linge.

laundryman ['lɔːndrɪmən] (*pl* laundrymen [-mən]) *n* -1. [van-driver] livreur *m* de blanchisserie. -2. [worker in laundry] blanchisseur *m*.

laundry mark *n* étiquette *f* de la blanchisserie.

laundry van *n* camionnette *f* du blanchisseur.

laundrywoman ['lɔːndrɪˌwʊmən] (*pl* laundrywomen [-ˌwɪmɪn]) *n* blanchisseuse *f*.

laureate ['lɔːrɪət] *n* -1. [prize winner] lauréat *m*; a Nobel ~ un prix Nobel. -2. [poet] poète *m* lauréat.

laurel ['lɒrəl] ◇ *n* [tree] laurier *m*.
◇ *comp* [crown, wreath] de lauriers.
◆ **laurels** *npl* [honours] lauriers *mpl*; to look to one's ~s ne pas s'endormir sur ses lauriers; to rest on one's ~s se reposer sur ses lauriers.

lav *inf* [læv] *n Br* cabinets *mpl*, W-C *mpl*.

lava ['lɑːvə] *n* lave *f*; ~ bed champ *m* de lave.

lavage [læ'vɑːʒ] *n* MED lavement *m*.

lavalier(e) [ˌlævəlɪ'eəʳ] *n Am* pendentif *m*.

lavatorial [ˌlævə'tɔːrɪəl] *adj* [style, humour] scatologique.

lavatory ['lævətrɪ] (*pl* lavatories) ◇ *n Br* toilettes *fpl*, cabinets *mpl*; [bowl] cuvette *f*; to go to the ~ aller aux toilettes.
◇ *adj* des W-C; [humour] scatologique.

lavatory bowl, **lavatory pan** *n Br* cuvette *f* (de W-C).

lavatory paper *n Br* papier *m* hygiénique.

lavender ['lævəndəʳ] ◇ *n* lavande *f*.
◇ *adj* [colour] lavande.

lavender bag *n* sachet *m* de lavande.

lavender blue ◇ *n* bleu lavande *m inv*.
◇ *adj* bleu lavande *(inv)*.

lavender water *n* eau *f* de lavande.

laver ['leɪvəʳ] *n* porphyra *f*.

laver bread ['lɑːvəʳ-] *n* galette *f* d'algues.

lavish ['lævɪʃ] ◇ *adj* -1. [abundant] copieux, abondant; [luxurious] somptueux, luxueux. -2. [generous] généreux, magnanime; he can afford to be ~ il peut se permettre d'être généreux; he was ~ in his praise il ne tarissait pas d'éloges.
◇ *vt* prodiguer; they ~ all their attention on their son ils sont aux petits soins pour leur fils; he ~ed praise on the book il ne tarissait pas d'éloges sur le livre.

lavishly ['lævɪʃlɪ] *adv* -1. [generously, extravagantly] généreusement, sans compter; she spends ~ elle dépense sans compter, elle ne regarde pas à la dépense; he praised us ~ il n'a pas tari d'éloges à notre égard. -2. [luxuriously] luxueusement, avec luxe; ~ decorated/furnished somptueusement décoré/meublé.

lavishness ['lævɪʃnɪs] *n* -1. [generosity] générosité *f*; [extravagance] extravagance *f*. -2. [luxuriousness] luxe *m*, somptuosité *f*.

law [lɔː] ◇ *n* -1. [legal provision] loi *f*; a ~ against gambling une loi qui interdit les jeux d'argent; there's no ~ against it! il n'y a pas de mal à cela!; there ought to be a ~ against it *hum* ça devrait être interdit par la loi ❑ Law Lords *membres de la chambre des Lords siégeant en tant que cour d'appel de dernière instance*; the Law Society *conseil de l'ordre des avocats chargé de faire respecter la déontologie*; to be a ~ unto o.s. ne connaître ni foi ni loi. -2. [legislation] loi *f*; it's against the ~ to sell alcohol la vente d'alcool est illégale; by ~ selon la loi; in OR under British ~ selon la loi britannique; to break/to uphold the ~ enfreindre/respecter la loi; the bill became ~ le projet de loi a été voté OR adopté; the ~ of the land la loi, les lois; the ~ of the jungle la loi de la jungle; to lay down the ~ *fig* imposer sa loi, faire la loi; her word is ~ *fig* ses décisions sont sans appel. -3. [legal system] droit *m*; a student of ~ un étudiant en droit; constitutional/civil ~ le droit constitutionnel/civil. -4. [justice] justice *f*, système *m* juridique; to go to ~ *Br* aller en justice; to take a case to ~ *Br* porter une affaire en justice OR devant les tribunaux; to take the ~ into one's own hands (se) faire justice soi-même|| [police]: the ~ *inf* les flics *mpl*; the ~ soon arrived les flics n'ont pas tardé à rappliquer; I'll have the ~ on you! je vais appeler les flics! -5. [rule - of club, sport] règle *f*; the ~s of rugby les règles du rugby. -6. SCI [principle] loi *f*; the ~s of gravity les lois de la pesanteur; the ~ of supply and demand ECON la loi de l'offre et de la demande.
◇ *comp* [faculty, school] de droit; he's a ~ student il est étudiant en droit.

law-abiding *adj* respectueux de la loi; a ~ citizen un honnête citoyen.

law and order *n* l'ordre public *m*; law-and-order issues questions *fpl* d'ordre public; he presents himself as the law-and-order candidate il se présente comme le candidat de l'ordre (public).

law-breaker *n* personne *f* qui transgresse la loi.

law-breaking *n* infraction *f* à la loi.

law centre *n* bureau *m* d'aide judiciaire.

law court *n* tribunal *m*, cour *f* de justice.

law-enforcement *adj Am* chargé de faire respecter la loi; ~ officer *représentant d'un service chargé de faire respecter la loi*.

lawful ['lɔːfʊl] *adj* [legal] légal; [legitimate] légitime; [valid] valide; by all ~ means par tous les moyens légaux; my ~ wedded wife mon épouse légitime.

lawfully ['lɔːfʊlɪ] *adv* légalement, de manière légale; did you come by that money ~? est-ce que vous avez gagné cet argent par des moyens légaux?

lawgiver ['lɔːˌgɪvəʳ] *n* législateur *m*, -trice *f*.

lawless ['lɔːlɪs] *adj* [person] sans foi ni loi; [activity] illégal; [country] livré à l'anarchie; a ~ frontier territory un territoire sauvage situé aux confins du monde civilisé.

lawlessness ['lɔːlɪsnɪs] *n* non-respect *m* de la loi; [anarchy] anarchie *f*; [illegality] illégalité *f*.

lawmaker ['lɔːˌmeɪkəʳ] *n* législateur *m*, -trice *f*.

lawman ['lɔːmæn] (*pl* lawmen [-men]) *n Am* [policeman] policier *m*; [sheriff] shérif *m*.

lawn [lɔːn] *n* -1. [grass] pelouse *f*, gazon *m*. -2. TEX linon *m*.

lawn chair *n Am* chaise *f* de jardin.

lawnmower ['lɔːn,məʊəʳ] *n* tondeuse *f* (à gazon).
lawn party *n Am* garden party *f*.
lawn tennis ◇ *n* tennis *m* sur gazon.
◇ *comp* [club] de tennis.
Lawrence ['lɒrəns] *pr n*: ~ of Arabia Lawrence d'Arabie.
lawrencium [lə'rensɪəm] *n* lawrencium *m*.
Lawrentian [lə'renʃɪən] *adj* lawrencien.
lawsuit ['lɔːsuːt] *n* action *f* en justice; **to bring a ~ against sb** intenter une action (en justice) contre qqn.
lawyer ['lɔːjəʳ] *n* **-1.** [barrister] avocat *m*, homme *m* de loi. **-2.** [solicitor - for wills, conveyancing etc] notaire *m*. **-3.** [legal expert] juriste *mf*; [adviser] conseil *m* juridique.
lax [læks] *adj* **-1.** [person] négligent; [behaviour, discipline] relâché; [justice] laxiste; **to be ~ about sthg** négliger qqch. **-2.** [not tense - string] lâche, relâché; LING [phoneme] lâche, relâché; MED [bowels] relâché. **-3.** [imprecise - definition] imprécis, vague.
laxative ['læksətɪv] ◇ *adj* laxatif.
◇ *n* laxatif *m*.
laxity ['læksətɪ], **laxness** ['læksnɪs] *n* [slackness] relâchement *m*; [negligence] négligence *f*; **moral ~** relâchement moral.
lay [leɪ] (*pt* & *pp* laid [leɪd]) ◇ *pt* → **lie**.
◇ *vt* **-1.** [in specified position] poser, mettre; **~ the cards face upwards** posez les cartes face en l'air; **~ the photos on the shelf to dry** mettez les photos à plat sur l'étagère pour qu'elles sèchent; **he laid the baby on the bed** il a couché l'enfant sur le lit; **she laid her head on my shoulder** elle a posé sa tête sur mon épaule; **to ~ sb to rest** *euph* enterrer qqn ‖ [spread out] étendre; **she laid the blanket on the ground** elle a étendu la couverture par terre ❑ **to ~ it on the line** *inf* ne pas y aller par quatre chemins. **-2.** [tiles, bricks, pipes, cable, carpet] poser; [foundations] poser; [wreath] déposer; [mine] poser, mouiller; **to ~ lino on the floor, to ~ the floor with lino** poser du linoléum; **a roof laid with zinc** un toit recouvert de zinc; **the plan ~s the basis** OR **the foundation for economic development** *fig* le projet jette les bases du développement économique. **-3.** [set - table] mettre; **~ the table for six** mettez la table pour six (personnes), mettez six couverts; **they hadn't laid enough places** ils n'avaient pas mis assez de couverts, il manquait des couverts. **-4.** [prepare, arrange - fire] préparer; **to ~ a trail** tracer un chemin; **they laid a trap for him** ils lui ont tendu un piège. **-5.** [egg] pondre; **'new-laid eggs'** 'œufs frais'. **-6.** [impose - burden, duty] imposer; **to ~ emphasis** OR **stress on sthg** mettre l'accent sur qqch. **-7.** JUR [lodge] porter; **to ~ an accusation against sb** porter une accusation contre qqn; **charges have been laid against five men** cinq hommes ont été inculpés. **-8.** [present, put forward]: **she laid the scheme before him** elle lui soumit le projet. **-9.** [allay - fears] dissiper; [exorcize - ghost] exorciser; [refute - rumour] démentir. **-10.** [bet] parier; **I'll ~ you ten to one that she won't come** je te parie à dix contre un qu'elle ne viendra pas. **-11.** ▼ [have sex with] baiser; **to get laid** baiser. **-12.** *lit* [strike]: **to ~ a whip across sb's back** fouetter qqn. **-13.** *lit* [cause to settle] faire retomber; **the rain helped to ~ the dust** la pluie a fait retomber la poussière. **-14.** [with adjective complements]: **to ~ o.s. open to criticism** s'exposer à la critique.
◇ *vi* **-1.** [bird, fish etc] pondre. **-2.** *inf* = **lie** *vi* **2**.
◇ *adj* **-1.** [non-clerical] laïque; **in ~ dress** en habit laïque. **-2.** [not professional] profane, non-spécialiste; **~ people** les profanes *mpl*; **the book is intended for a ~ audience** le livre est destiné à un public de profanes.
◇ *n* **-1.** *phr*: **the ~ of the land** la configuration du terrain. **-2.** ▼ [person]: **he's/she's a good ~** il/elle baise bien. **-3.** [poem, song] lai *m*.
◆ **lay about** *vt insep lit* attaquer, taper sur; **she laid about him with her umbrella** elle l'a attaqué à coups de parapluie, elle lui a tapé dessus avec son parapluie.
◆ **lay aside** *vt sep* **-1.** [put down] mettre de côté; **she laid her knitting aside to watch the news** elle posa son tricot pour regarder les informations; **you should ~ aside any personal opinions you might have** *fig* vous devez faire abstraction de toute opinion personnelle. **-2.** [save] mettre de côté; **we have some money laid aside** nous avons de l'argent de côté.
◆ **lay by** *vt sep Br* [provisions] mettre de côté.
◆ **lay down** *vt sep* **-1.** [put down] poser; **she laid her knife and fork down** elle posa son couvert; **to ~ down one's arms** déposer les armes. **-2.** [renounce, relinquish] renoncer à; **to ~ down one's life** se sacrifier. **-3.** [formulate, set out - plan, rule] formuler, établir; [- condition] imposer; **as laid down in the contract, the buyer keeps exclusive rights** il est stipulé OR il est bien précisé dans le contrat que l'acheteur garde l'exclusivité. **-4.** [store - wine] mettre en cave. **-5.** *inf* MUS [record - song, track] enregistrer. **-6.** AGR [field, land]: **he has laid down five acres of barley** il a semé deux hectares et demi d'orge.
◆ **lay in** *vt sep* [stores] faire provision de.
◆ **lay into** *inf vt insep* **-1.** [attack - physically] tomber (à bras raccourcis) sur; [- verbally] prendre à partie, passer un savon à; **he really laid into his opponent** il est tombé à bras raccourcis sur son adversaire; **she laid into the government for their hard-line attitude** elle a pris le gouvernement à partie pour son attitude intransigeante. **-2.** *inf* [eat greedily] se jeter sur.
◆ **lay off** ◇ *vt sep* **-1.** [employees] licencier. **-2.** [in gambling - bet] couvrir.
◇ *vt insep* laisser tomber; **~ off it, will you!** laisse tomber, tu veux!; **I told her to ~ off my husband** je lui ai dit de laisser mon mari tranquille.
◇ *vi insep inf* laisser tomber.
◆ **lay on** *vt sep* **-1.** [provide] fournir; **drinks will be laid on** les boissons seront fournies; **the meal was laid on by our hosts** le repas nous fut offert par nos hôtes; **they had transport laid on for us** ils s'étaient occupés de nous procurer un moyen de transport. **-2.** *Br* [install] installer, mettre; **the caravan has electricity laid on** la caravane a l'électricité. **-3.** [spread - paint, plaster] étaler; **to ~ it on thick** *inf fig* en rajouter. **-4.** ▽*Am*: **to ~ sthg on sb** [give] filer qqch à qqn; [tell] raconter qqch à qqn; **let me ~ some advice on you** je vais te filer un bon conseil; **did she ~ a heavy one on me!** elle n'a pas mâché ses mots! **-5.** *phr*: **if you're not careful, I'll ~ one on you!**▽ [hit] fais gaffe ou je t'en mets une!
◆ **lay out** *vt sep* **-1.** [arrange, spread out] étaler; **he laid his wares out on the ground** il a étalé OR déballé sa marchandise sur le sol. **-2.** [present, put forward] exposer, présenter; **her ideas are clearly laid out in her book** ses idées sont clairement exposées dans son livre. **-3.** [design] concevoir; **the house is badly laid out** la maison est mal conçue. **-4.** [corpse] faire la toilette de. **-5.** *inf* [spend] mettre; **we've already laid out a fortune on the project** nous avons déjà mis une fortune dans ce projet. **-6.** *inf* [knock out] assommer, mettre K-O; **he was laid out cold** il a été mis K-O. **-7.** TYPO faire la maquette de, monter.
◆ **lay over** *vi insep Am* [stop off] faire une halte, faire escale.
◆ **lay to** NAUT ◇ *vi insep* se mettre en panne.
◇ *vt sep* mettre en panne.
◆ **lay up** *vt sep Br* **-1.** [store, save] mettre de côté; **you're just ~ing up trouble for yourself** *fig* tu te prépares des ennuis. **-2.** *inf* [confine to bed] aliter; **she's laid up with mumps** elle est au lit avec les oreillons. **-3.** [ship] désarmer; [car] mettre au garage; **my car is laid up** ma voiture est au garage.
layabout *inf* ['leɪəbaʊt] *n Br* paresseux *m*, -euse *f*, fainéant *m*, -e *f*.
lay analyst *n* psychanalyste *mf* sans diplôme de médecin.
lay brother *n* frère *m* lai.
lay-by (*pl* lay-bys) *n* **-1.** *Br* AUT aire *f* de stationnement. **-2.** RAIL voie *f* de garage. **-3.** *Austr, Can* & *NZ* [deposit] arrhes *fpl*; **to buy sthg on ~** retenir qqch en versant des arrhes.
layer ['leɪəʳ] ◇ *n* **-1.** [of skin, paint, wood] couche *f*; [of fabric, clothes] épaisseur *f*; **the poem has many ~s of meaning** *fig* le poème peut être lu de différentes façons. **-2.** GEOL strate *f*, couche *f*. **-3.** HORT marcotte *f*. **-4.** [hen] pondeuse *f*.
◇ *vt* [hair] couper en dégradé; HORT marcotter.
layer cake *n* génoise *f*; **chocolate ~** génoise au chocolat.
layered ['leɪəd] *adj* SEW: **a ~ skirt** une jupe à volants.
layette [leɪ'et] *n* layette *f*.
lay figure *n* ART mannequin *m*.
laying ['leɪɪŋ] ◇ *n* **-1.** [of egg] ponte *f*. **-2.** [of cables, carpets] pose *f*; [of mine] pose *f*, mouillage *m*; [of wreath] dépôt *m*; **a wreath-~ ceremony** un dépôt de gerbe ❑ **~ on of hands** RELIG imposition *f* des mains.
◇ *adj*: **~ hen** poule *f* pondeuse.
layman ['leɪmən] (*pl* laymen [-mən]) *n* **-1.** [non-specialist] profane *mf*, non-initié *m*, -e *f*; **the book is incomprehensible to the ~** le livre est incompréhensible pour le profane; **a ~'s guide to the stock market** un manuel d'initiation au système boursier. **-2.** [non-clerical] laïc *m*, laïque *f*.
lay-off *n* **-1.** [sacking] licenciement *m*. **-2.** [inactivity] chômage *m* technique.
layout ['leɪaʊt] *n* **-1.** [gen] disposition *f*; [of building, park] disposition *f*, agencement *m*; [of essay] plan *m*; **the ~ of the controls is very straightforward** la disposition des commandes est très simple; **you've got quite a ~ here!** *inf* c'est pas mal chez vous! **-2.** TYPO maquette *f*; **~ artist** maquettiste *mf*. **-3.** [diagram] schéma *m*.
layover ['leɪəʊvəʳ] *n Am* escale *f*, halte *f*; **we had a 3-hour ~ in Miami** nous avons eu OR fait une escale de 3 heures à Miami.
lay person *n* profane *mf*, non-initié *m*, -e *f*.
lay preacher *n* prédicateur *m* laïque.
lay reader *n* prédicateur *m* laïque.
lay sister *n* sœur *f* converse.
laywoman ['leɪ,wʊmən] (*pl* **laywomen** [-,wɪmɪn]) *n* [non-clerical clergywoman] laïque *f*.
Lazarus ['læzərəs] *pr n* Lazare.
laze [leɪz] ◇ *vi* [relax] se reposer; [idle] paresser; **to ~ in bed** traîner au lit; **we spent the holidays lazing on the beach** nous avons passé nos vacances à paresser sur la plage.
◇ *n* farniente *m*; **to have a ~ in bed** traîner au lit.
◆ **laze about** *Br*, **laze around** *vi insep* paresser, fainéanter; **we just ~d about** on n'a rien fait de spécial.
◆ **laze away** *vt sep*: **to ~ one's time away** passer son temps à ne rien faire.
lazily ['leɪzɪlɪ] *adv* paresseusement, avec paresse.
laziness ['leɪzɪnɪs] *n* paresse *f*, fainéantise *f*.
lazy ['leɪzɪ] (*compar* **lazier**, *superl* **laziest**) *adj* **-1.** [idle] paresseux, fainéant; [relaxed] indolent, nonchalant; **he's always been ~ about getting up** il a toujours eu du mal à se lever; **we spent a ~ afternoon on the beach** on a passé l'après-midi à paresser sur la plage. **-2.** [movement] paresseux, lent.
lazybones *inf* ['leɪzɪbəʊnz] *n* fainéant *m*, -e *f*; **come on, ~!** allez, secoue-toi OR remue-toi un peu!
lazy eye *n* amblyopie *f*; **to have a ~** être amblyope.
lazy Susan *n* [on table] plateau *m* tournant.
lb (*written abbr of* **pound**): **3 ~** OR **~s** 3 livres.
LB *written abbr of* **Labrador**.
lbw (*abbr of* **leg before wicket**) *n au cricket, faute d'un joueur qui met une jambe devant le guichet.*

lc (*written abbr of* **lower case**) bdc.
LC *pr n* *abbr of* **Library of Congress.**
L/C *written abbr of* **letter of credit.**
LCD (*abbr of* **liquid crystal display**) *n* LCD *m*.
LCM (*abbr of* **lowest common multiple**) *n* PPCM *m*.
Ld *written abbr of* **lord.**
L-dopa [ˌel'dəʊpə] *n* L-dopa *f*, lévo-dopa *f*.
L-driver (*abbr of* **learner-driver**) *n Br personne qui apprend à conduire.*

L-DRIVER:
En Grande-Bretagne, la lettre «L» apposée sur l'arrière d'un véhicule indique que le conducteur n'a pas encore son permis mais qu'il est en conduite accompagnée.

LDS (*abbr of* **Licentiate in Dental Surgery**) *n (titulaire d'un) diplôme en chirurgie dentaire.*
lea [liː] *n lit* pré *m*.
LEA *n* *abbr of* **local education authority.**
leach [liːtʃ] *vt* -**1.** TECH lessiver, extraire par lessivage. -**2.** CHEM & PHARM lixivier.
leaching ['liːtʃɪŋ] *n* -**1.** TECH lessivage *m*. -**2.** CHEM & PHARM lixiviation *f*.
lead[1] [liːd] (*pt* & *pp* led [led]) ◇ *vt* -**1.** [take, guide] mener, emmener, conduire; **to ~ sb somewhere** mener OR conduire qqn quelque part; **I was led into the garden** on m'a emmené OR conduit dans le jardin; **he led them across the lawn** il leur fit traverser la pelouse; **she led him down the stairs** elle lui fit descendre l'escalier; **to ~ an army into battle** mener une armée au combat; **the captain led the team onto the field** le capitaine a conduit son équipe sur le terrain; **she led them through the garden** [to get out] elle les fit passer par le jardin; [to visit] elle leur fit visiter le jardin; **he led her to the altar** *lit* il la prit pour épouse; **to ~ the way** montrer le chemin; **police motorcyclists led the way** des motards de la police ouvraient la route; **to ~ sb astray** [misinform] mettre OR diriger qqn sur une fausse piste; [morally] détourner qqn du droit chemin ❑ **to ~ sb a merry dance** *Br* mener la vie dure à qqn; **to ~ sb by the nose** mener qqn par le bout du nez; **to ~ sb up the garden path** mener qqn en bateau. -**2.** [be leader of] être à la tête de, diriger; SPORT [be in front of] mener; **to ~ the prayers/singing** diriger la prière/les chants; **Stardust is ~ing Black Beauty by 10 lengths** Stardust a pris 10 longueurs d'avance sur Black Beauty ❑ **to ~ the field** *literal* [in race] être en tête; *fig* [in research, development etc] être à l'avant-garde. -**3.** [induce] amener; **to ~ sb to do sthg** amener qqn à faire qqch; **despair led him to commit suicide** le désespoir l'a poussé au suicide; **he led me to believe (that) he was innocent** il m'a amené à croire qu'il était innocent; **everything ~s us to believe (that) she is still alive** tout porte à croire OR nous avons toutes les raisons de croire qu'elle est encore en vie; **he is easily led** il se laisse facilement influencer || *fig*: **subsequent events led the country into war** des événements ultérieurs ont entraîné le pays dans la guerre; **this ~s me to my second point** ceci m'amène à mon second point; **he led the conversation round to money again** il a ramené la conversation sur la question de l'argent. -**4.** [life] mener. -**5.** [in cards] demander, jouer; **to ~ trumps** demander OR jouer atout; **what was led?** qu'est-ce qui a été demandé? -**6.** JUR [witness] influencer.
◇ *vi* -**1.** [go] mener; **this path ~s to the village** ce chemin mène au village; **where does this door ~ to?** sur quoi ouvre cette porte?; **the stairs lead to the cellar** l'escalier mène OR conduit à la cave; **take the street that ~s away from the station** prenez la rue qui part de la gare; **that road ~s nowhere** cette route ne mène nulle part; **this is ~ing nowhere!** *fig* cela ne rime à rien! -**2.** SPORT mener, être en tête; **to ~ by 2 metres** avoir 2 mètres d'avance; **to ~ by 3 points to 1** mener par 3 points à 1; **Black Beauty is ~ing** Black Beauty est en tête || [in cards]: **hearts led** cœur (a été) demandé; **Peter to ~** c'est à Peter de jouer. -**3.** [go in front] aller devant; **if you ~, I'll follow** allez-y, je vous suis. -**4.** *Br* PRESS: **to ~ with sthg** mettre qqch à la une; **the "Times" led with news of the plane hijack** le détournement d'avion faisait la une OR était en première page du «Times». -**5.** [in boxing]: **he ~s with his right** il attaque toujours du droit OR de la droite. -**6.** [in dancing] conduire.
◇ *n* -**1.** SPORT tête *f*; **to be in the ~** être en tête, mener; **to go into** OR **to take the ~** [in race] prendre la tête; [in match] mener; **to have a 10-point/10-length ~** avoir 10 points/10 longueurs d'avance; **to have a good ~ over the rest of the field** avoir une bonne avance sur les autres concurrents. -**2.** [initiative] initiative *f*; **he took the ~ in asking questions** il fut le premier à poser des questions; **take your ~ from me** prenez exemple sur moi; **to follow sb's ~** suivre l'exemple de qqn; **it's up to the government to give a ~ on housing policy** c'est au gouvernement (qu'il revient) de donner l'exemple en matière de politique du logement. -**3.** [indication, clue] indice *m*, piste *f*; **the police have several ~s** la police tient plusieurs pistes. -**4.** *Br* PRESS gros titre *m*; **the news made the ~ in all the papers** la nouvelle était à la une de tous les journaux; **the "Telegraph" opens with a ~ on the Middle East crisis** le «Telegraph» consacre sa une à la crise au Proche-Orient. -**5.** CIN & THEAT [role] rôle *m* principal; [actor] premier rôle *m* masculin; [actress] premier rôle *m* féminin. -**6.** [in cards] première carte *f* demandée; **whose ~ is it?** c'est à qui de jouer?; **you must follow the ~** il faut fournir à la couleur demandée; **a heart ~** une ouverture à cœur. -**7.** [for dog] laisse *f*; **'dogs must be kept on a ~'** 'les chiens doivent être tenus en laisse'. -**8.** ELEC fil *m*; **extension ~** *Br* rallonge *f*.
◇ *adj* [actor, singer] principal, premier; PRESS [article] de tête.
◆ **lead away** *vt sep* emmener; **the guards led him away** les gardes l'ont emmené; **he led her away from the scene of the accident** il l'éloigna du lieu de l'accident.
◆ **lead back** ◇ *vt sep* ramener, reconduire; **they led him back to his room** ils l'ont ramené OR reconduit à sa chambre; **she led the conversation back to the question of money** elle a ramené la conversation sur la question de l'argent.
◇ *vi insep*: **this path ~s back to the beach** ce chemin ramène à la plage.
◆ **lead off** ◇ *vi insep* [in conversation] commencer, débuter; [at dance] ouvrir le bal.
◇ *vt insep* -**1.** [begin] commencer, entamer. -**2.** [go from] partir de; **several avenues ~ off the square** plusieurs avenues partent de la place.
◇ *vt sep* conduire; **they were led off to jail** ils ont été conduits OR emmenés en prison.
◆ **lead on** ◇ *vi insep* aller OR marcher devant; **~ on!** allez-y!
◇ *vt sep* -**1.** [trick]: **to ~ sb on** faire marcher qqn; **you shouldn't ~ him on like that** vous ne devriez pas le faire marcher comme ça. -**2.** [bring on] faire entrer; **~ on the horses!** faites entrer les chevaux! -**3.** [in progression] amener; **this ~s me on to my second point** ceci m'amène à mon deuxième point.
◆ **lead to** *vt insep* [result in, have as consequence] mener OR aboutir à; **what's all this ~ing to?** sur quoi tout ceci va-t-il déboucher?; **the decision led to panic on Wall Street** la décision a semé la panique à Wall Street; **one thing led to another** une chose en amenait une autre; **a course ~ing to a degree** un cursus qui débouche sur un diplôme; **several factors led to his decision to leave** plusieurs facteurs le poussèrent OR l'amenèrent à décider de partir; **this could ~ to some confusion** ça pourrait provoquer une certaine confusion; **her research led to nothing** ses recherches n'ont abouti à rien OR n'ont rien donné.
◆ **lead up to** *vt insep* -**1.** [path, road] conduire à, mener à; **a narrow path led up to the house** un étroit sentier menait jusqu'à la maison; **those stairs ~ up to the attic** cet escalier mène au grenier. -**2.** [in reasoning]: **she's ~ing up to something** je me demande où elle veut en venir; **what are you ~ing up to?** où voulez-vous en venir? -**3.** [precede, cause]: **the events ~ing up to the war** les événements qui devaient déclencher la guerre; **in the months ~ing up to her death** pendant les mois qui précédèrent sa mort.
lead[2] [led] ◇ *n* -**1.** [metal] plomb *m*; **it's made of ~** c'est en plomb; **~ oxide** oxyde *m* de plomb. -**2.** *inf* [bullets] plomb *m*; **they pumped him full of ~** ils l'ont flingué. -**3.** [in pencil] mine *f*; **black ~** mine de plomb. -**4.** [piece of lead - for sounding] plomb *m* (de sonde); [- on car wheel, fishing line] plomb *m*; TYPO interligne *m*.
◇ *vt* -**1.** [seal] plomber. -**2.** TYPO interligner.
◇ *adj* [made of lead] de OR en plomb; [containing lead] plombifère; **~ pipe/shot** tuyau *m*/grenaille *f* de plomb; **red ~ paint** minium *m*.
◆ **leads** *npl* [on roof] plombs *mpl* (de couverture); [on window] plombures *fpl*, plombs *mpl*.
leaded ['ledɪd] *adj* -**1.** [door, box, billiard cue] plombé; **~ window** fenêtre *f* avec verre cathédrale. -**2.** [petrol] au plomb. -**3.** TYPO interligné.
leaden ['ledn] *adj* -**1.** [made of lead] de OR en plomb. -**2.** [dull - sky] de plomb, plombé; [heavy - sleep] de plomb; [- heart] lourd; **he walked with ~ steps** il marchait d'un pas lourd || [oppressive - atmosphere] lourd, pesant; **there was a ~ silence** il régnait un silence de mort.
leaden-eyed *adj* aux yeux ternes OR morts.
leader ['liːdəʳ] *n* -**1.** [head] chef *m*; POL chef *m*, leader *m*, dirigeant *m*, -e *f*; [of association] dirigeant *m*, -e *f*; [of strike, protest] meneur *m*, -euse *f*; **the ~s of the march were arrested** les organisateurs de la manifestation ont été arrêtés ❑ **the Leader of the House** [in the Commons] *parlementaire de la majorité chargé de certaines fonctions dans la mise en place du programme gouvernemental*; [in the Lords] *porte-parole du gouvernement*; **the Leader of the Opposition** *chef du principal parti d'opposition à la Chambre des communes.* -**2.** SPORT [horse] cheval *m* de tête; [athlete] coureur *m* de tête; [in championship] leader *m*; **she was up with the ~s** elle était parmi les premiers OR dans le peloton de tête || [main body or driving force]: **the institute is a world ~ in cancer research** l'institut occupe une des premières places mondiales en matière de recherche contre le cancer; **the ~s of fashion** ceux qui font la mode. -**3.** MUS: **~ of the orchestra** *Br* premier violon *m*; *Am* chef *m* d'orchestre. -**4.** [in newspapers - editorial] éditorial *m*. -**5.** COMM produit *m* d'appel. -**6.** [for film, tape] amorce *f*. -**7.** [in climbing] premier *m* de cordée.
leaderless ['liːdəlɪs] *adj* sans chef, dépourvu de chef.
leadership ['liːdəʃɪp] *n* -**1.** [direction] direction *f*; **during** OR **under her ~** sous sa direction; **he was offered the party ~** on lui a offert la direction du parti; **she is clearly cut out for ~** elle est manifestement née pour diriger; **he has great ~ qualities** c'est un excellent meneur d'hommes; **they looked to us for ~** ils comptaient sur nous pour leur montrer le chemin. -**2.** [leaders] direction *f*, dirigeants *mpl*; **the ~ of the movement is divided on this issue** les chefs OR les dirigeants du mouvement sont divisés sur cette question.
leader writer *n Br* éditorialiste *mf*.
lead-free [led-] *adj* [paint, petrol] sans plomb; [toy] (garanti) sans plomb.
lead glass [led-] *n* verre *m* de OR au plomb.
lead-in [liːd-] *n Br* -**1.** [introductory remarks] introduction *f*, remarques *fpl* préliminaires. -**2.** [wire] descente *f* d'antenne.
leading[1] ['liːdɪŋ] *adj* -**1.** [prominent] premier, de premier plan; [major] majeur, principal; **he was a ~ figure in the resistance movement** c'était un des principaux OR grands chefs de la résistance; **they played a ~ part in the discussions** ils ont joué un rôle prépondérant dans le débat;

he is the ~ actor in the company c'est le meilleur acteur de la troupe; to play the ~ role in a film être la vedette d'un film; ~ technology technologie *f* de pointe. -**2.** SPORT [in race] de tête; [in championship] premier; to be in the ~ position être en tête; the ~ runners/riders les coureurs/cavaliers de tête; the ~ cyclists, the ~ motorcyclists le peloton de tête. -**3.** MATH [coefficient] premier.

leading[2] ['ledɪŋ] *n* TYPO [process] interlignage *m*; [space] interligne *m*.

leading article ['li:dɪŋ-] *n Br* éditorial *m*; *Am* article *m* leader OR de tête.

leading edge ['li:dɪŋ-] *n* -**1.** AERON bord *m* d'attaque. -**2.** *fig*: they are on OR at the ~ of technology ils sont à la pointe de la technologie.

◆ **leading-edge** *comp* de pointe.

leading lady ['li:dɪŋ-] *n* CIN & THEAT premier rôle *m* (féminin); Vivian Leigh was the ~ Vivian Leigh tenait le premier rôle féminin.

leading light ['li:dɪŋ-] *n* personnage *m* (de marque).

leading man ['li:dɪŋ-] *n* CIN & THEAT premier rôle *m* (masculin); he was the ~ il tenait le premier rôle masculin.

leading note ['li:dɪŋ-] *n* MUS sensible *f*.

leading question ['li:dɪŋ-] *n* question *f* orientée.

leading reins ['li:dɪŋ-] *npl Br* harnais *m (pour enfant)*.

lead pencil [led-] *n* crayon *m* noir OR à papier OR à mine de plomb.

lead poisoning [led-] *n* -**1.** MED intoxication *f* par le plomb, saturnisme *m*. -**2.** ▽ *Am* [death] mort *f* par balles; [injury] blessure *f* par balles.

lead time [li:d-] *n* INDUST délai *m* de préparation; COMM délai *m* de livraison.

leaf [li:f] (*pl* leaves [li:vz]) ◇ *n* -**1.** [on plant, tree] feuille *f*; to come into ~ se couvrir de feuilles; the tree has lost its leaves l'arbre a perdu son feuillage OR ses feuilles; the trees are in ~ les arbres sont en feuilles. -**2.** [page] feuillet *m*, page *f*; to take a ~ out of sb's book prendre exemple OR modèle sur qqn. -**3.** [on table - dropleaf] abattant *m*; [- inserted board] allonge *f*, rallonge *f*. -**4.** [of metal] feuille *f*.

◇ *vi* [tree] se feuiller.

◆ **leaf through** *vt insep* [book, magazine] feuilleter, parcourir.

leaf beet *n* bette *f*.

leafless ['li:flɪs] *adj* sans feuilles; the ~ trees les arbres dénudés.

leaflet ['li:flɪt] ◇ *n* -**1.** [brochure] prospectus *m*, dépliant *m*; [political] tract *m*; ~ drop largage *m* de prospectus OR de tracts *(par avion)*. -**2.** [instruction sheet] notice *f* (explicative), mode *m* d'emploi. -**3.** BOT foliole *f*.

◇ *vt* distribuer des prospectus OR des tracts à; has the area been ~ed? est-ce qu'on a distribué des tracts dans le quartier?

leaf mould *n* terreau *m* de feuilles.

leaf spot *n (U)* (maladie *f* des) taches *fpl* noires.

leaf spring *n* ressort *m* à lames; ~ suspension suspension *f* à lames.

leafy ['li:fɪ] (*compar* leafier, *superl* leafiest) *adj* [tree] feuillu; [woodland] boisé, vert; a ~ avenue une avenue bordée d'arbres.

league [li:g] ◇ *n* -**1.** [alliance] ligue *f*; to be in ~ (with sb) être de mèche (avec qqn); they are in ~ together ils sont complices OR de mèche; they're all in ~ against me ils se sont tous ligués contre moi □ the League of Nations HIST la Société des Nations. -**2.** SPORT [competition] championnat *m*; United are ~ leaders at the moment United est en tête du championnat en ce moment || [division] division *f*. -**3.** *fig* [class] classe *f*; he's not in the same ~ as his father il n'a pas la classe de son père; to be in the top ~ être parmi les meilleurs. -**4.** *arch* [distance] lieue *f*.

◇ *vi* se liguer.

◇ *vt*: to be ~d with sb être allié à OR avec qqn.

league champion *n* champion *m*; to become ~s remporter le championnat.

league championship *n* championnat *m*; ~ match match *m* de championnat OR comptant pour le championnat.

league table *n* (classement *m* du) championnat *m*.

Leah ['lɪə] *pr n* Lia.

leak [li:k] ◇ *n* -**1.** [in pipe, tank, roof] fuite *f*; [in boat] voie *f* d'eau. -**2.** [disclosure - of information, secret] fuite *f*. -**3.** *phr*: to go for OR to take a ~ ▽ [urinate] pisser un coup.

◇ *vi* [pen, pipe, roof] fuir; [boat, shoe] prendre l'eau; the roof ~s il y a une fuite dans le toit; his pen ~ed in his pocket son stylo a fui OR coulé dans sa poche || [gas, liquid] fuir, s'échapper; the rain ~s through the ceiling la pluie s'infiltre par le plafond.

◇ *vt* -**1.** [liquid] répandre, faire couler; the can ~ed oil onto my trousers de l'huile du bidon s'est répandue sur mon pantalon. -**2.** [information] divulguer; to ~ news to the press divulguer des informations à la presse; the budget details were ~ed il y a eu des fuites sur le budget; the documents had been ~ed to a local councillor quelqu'un avait communiqué OR avait fait parvenir les documents à un conseiller municipal.

◆ **leak in** *vi insep* s'infiltrer; the rain had ~ed in through a crack in the wall la pluie s'était infiltrée par une lézarde dans le mur.

◆ **leak out** *vi insep* -**1.** [liquid, gas] fuir, s'échapper. -**2.** [news, secret] filtrer, transpirer; the truth finally ~ed out la vérité a fini par se savoir.

leakage ['li:kɪdʒ] *n (U)* fuite *f*; damage caused by ~ des dégâts dus à des fuites.

leakproof ['li:kpru:f] *adj* étanche.

leaky ['li:kɪ] (*compar* leakier, *superl* leakiest) *adj* [boat, shoes] qui prend l'eau; [pen, roof, bucket] qui fuit.

lean [li:n] (*Br pt & pp* leaned OR leant [lent], *Am pt & pp* leaned) ◇ *vi* [be on incline] pencher, s'incliner; she/a ladder was ~ing (up) against the wall elle/une échelle était appuyée contre le mur; he was ~ing with his back to OR against the wall il était adossé au mur; she leant down to speak to me elle s'est penchée pour me parler; to ~ in through the window pencher la tête par la fenêtre; ~ on my arm appuyez-vous OR prenez appui sur mon bras; she was ~ing with her elbows on the window sill elle était accoudée à la fenêtre.

◇ *vt* -**1.** [prop - ladder, bicycle] appuyer; he leant the ladder/bike (up) against the tree il appuya l'échelle/le vélo contre un arbre. -**2.** [rest - head, elbows] appuyer; to ~ one's elbows on sthg s'accouder à qqch; she leant her head on his shoulder elle posa sa tête sur son épaule. -**3.** [incline] pencher; to ~ one's head to one side pencher OR incliner la tête.

◇ *adj* -**1.** [animal, meat] maigre; [person - thin] maigre; [- slim] mince. -**2.** [poor - harvest] maigre, pauvre; [- period of time] difficile. -**3.** [deficient - ore, mixture] pauvre.

◇ *n* -**1.** [slope] inclinaison *f*. -**2.** [meat] maigre *m*.

◆ **lean back** ◇ *vi insep* -**1.** [person] se pencher en arrière; he ~ed back against the wall il s'est adossé au mur; don't ~ back on your chair! ne te balance pas sur ta chaise!; he ~t back in his armchair il s'est renversé dans son fauteuil. -**2.** [chair] basculer; this chair ~s back if you pull that lever on peut incliner OR faire basculer le siège en poussant ce levier.

◇ *vt sep* pencher en arrière; to ~ one's head back pencher OR renverser la tête en arrière; to ~ one's chair back pencher sa chaise en arrière.

◆ **lean forward** ◇ *vi insep* se pencher en avant.

◇ *vt sep* pencher en avant.

◆ **lean on, lean upon** *vt insep* -**1.** [depend] s'appuyer sur; to ~ on sb's advice/friendship compter sur les conseils/l'amitié de qqn; she ~s heavily on her family for elle dépend beaucoup de sa famille. -**2.** *inf Br* [pressurize] faire pression sur; they ~ed on him for more information ils ont fait pression sur lui pour qu'il parle; they kept ~ing on him until they got him to agree ils ne l'ont pas lâché avant qu'il ait dit oui.

◆ **lean out** ◇ *vi insep* se pencher au dehors; don't ~ out of the window! ne te penche pas par la fenêtre!; 'do not ~ out of the window' 'interdiction de se pencher au dehors'.

◇ *vt sep* pencher au dehors; he ~ed his head out of the window il a passé la tête par la fenêtre.

◆ **lean over** *vi insep* [person] se pencher en avant; [tree, wall] pencher, être penché; he ~ed over to speak to me il s'est penché vers moi pour me parler □ to ~ over backwards *literal* se pencher en arrière; *fig* remuer ciel et terre, se mettre en quatre.

◆ **lean towards** *vt insep* [tend] pencher pour; I rather ~ towards the view that we should sell je pencherais plutôt pour la vente, j'ai tendance à penser que nous devrions vendre; politically she ~s towards the right politiquement, elle se situe plutôt à droite.

lean-burn *adj* [engine] fonctionnant avec un mélange pauvre.

leaning ['li:nɪŋ] ◇ *n (usu pl)* tendance *f*, penchant *m*; she has communist/literary ~s elle a des penchants communistes/aimerait être écrivain.

◇ *adj* [tree, wall] penché; the Leaning Tower of Pisa la tour de Pise.

leanness ['li:nnɪs] *n* maigreur *f*.

leant [lent] *Br pt & pp* → **lean**.

lean-to *n Br*: a ~ (shed) un appentis.

leap [li:p] (*Br pt & pp* leaped OR leapt [lept], *Am pt & pp* leaped) ◇ *vi* -**1.** [person, animal] bondir, sauter; [flame] jaillir; she leapt a good four feet elle a sauté un bon mètre vingt; to ~ to one's feet se lever d'un bond; to ~ for joy [person] sauter de joie; [heart] faire un bond; we leapt back in fright de frayeur, nous fîmes un bond en arrière; to ~ into the air sauter en l'air; the cat leapt off the chair onto the table le chat sauta de la chaise sur la table; we had to ~ over the stream nous avons dû sauter par-dessus le ruisseau □ look before you ~ il faut réfléchir à deux fois avant d'agir. -**2.** *fig* faire un bond; the price of petrol leapt by 10% le prix du pétrole a fait un bond de 10 %; the answer almost leapt off the page at me la réponse m'a pour ainsi dire sauté aux yeux; the idea suddenly leapt into my mind l'idée m'est soudain venue à l'esprit; she leapt to the wrong conclusion elle a conclu trop hâtivement.

◇ *vt* -**1.** [fence, stream] sauter (par-dessus), franchir d'un bond. -**2.** [horse] faire sauter.

◇ *n* -**1.** [jump] saut *m*, bond *m*; to take a ~ forward *literal & fig* faire un bond en avant, sauter en avant; it's a great ~ forward in medical research c'est un grand bond en avant pour la recherche médicale □ by ~s and bounds à pas de géant; a ~ in the dark un saut dans l'inconnu. -**2.** [in prices] bond *m*.

◆ **leap about** *Br*, **leap around** ◇ *vt insep* gambader dans; he kept ~ing about the room il n'a cessé de gambader dans la pièce.

◇ *vi insep* gambader.

◆ **leap at** *vt insep* -**1.** [in attack] sauter sur; the dog leapt at me le chien m'a sauté dessus. -**2.** *fig*: to ~ at an opportunity sauter sur l'occasion; she leapt at the chance elle a sauté sur l'occasion.

◆ **leap out** *vi insep* bondir; to ~ out at sb bondir sur qqn; they leapt out from behind the bushes ils ont surgi de derrière les buissons || *fig*: a familiar face leapt out at me from the newspaper soudain, je remarquai dans le journal un visage que je connaissais; he almost leapt out of his skin il a failli tomber à la renverse.

◆ **leap up** *vi insep* [into the air] sauter (en l'air); [to one's feet] se lever d'un bond; to ~ up in surprise sauter au plafond, sursauter; to ~ up in indignation bondir d'indignation; the dog leapt up at him le chien lui a sauté dessus.

leapfrog ['li:pfrɒg] (*pt* & *pp* leapfrogged, *cont* leapfrogging) ◇ *n* saute-mouton *m*; to play ~ jouer à saute-mouton.
◇ *vi Br*: to ~ over sb sauter par-dessus qqn; to ~ into the computer age *fig* se trouver propulsé à l'ère de l'informatique.
◇ *vt Br fig* dépasser.

leapt [lept] *Br pt* & *pp* → **leap**.

leap year *n* année *f* bissextile.

learn [lɜ:n] (*Br pt* & *pp* learned OR learnt [lɜ:nt], *Am pt* & *pp* learned) ◇ *vt* -**1.** [by instruction] apprendre; to ~ (how) to do sthg apprendre à faire qqch; to ~ sthg by heart apprendre qqch par cœur; he's learnt his lesson now *fig* cela lui a servi de leçon. -**2.** [discover, hear] apprendre; I subsequently learnt that he wouldn't be coming j'ai appris par la suite qu'il ne viendrait pas. -**3.** *hum* [teach] apprendre; that'll ~ you! ça t'apprendra!
◇ *vi* -**1.** [by instruction, experience] apprendre; to ~ about sthg apprendre qqch; to ~ by OR from one's mistakes tirer la leçon de ses erreurs; they learnt the hard way ils ont été à dure école; it's never too late to ~ il n'est jamais trop tard pour apprendre. -**2.** [be informed]: to ~ of sthg apprendre qqch; we only learnt of her death today ce n'est qu'aujourd'hui que nous avons appris sa mort.
◆ **learn off** *vt sep Br* apprendre par cœur.
◆ **learn up** *inf vt sep Br* bûcher, potasser; I've been ~ing up all about the town's history j'ai potassé tout ce qui a trait à l'histoire de la ville.

learned [*senses 1 and 2* 'lɜ:nɪd, *sense 3* lɜ:nd] *adj* -**1.** [erudite - person] savant, érudit; [- subject, book, society] savant. -**2.** JUR [lawyer]: my ~ friend mon éminent confrère. -**3.** PSYCH [behaviour] acquis.

learnedly ['lɜ:nɪdlɪ] *adv* savamment, avec érudition.

learner ['lɜ:nə^r] *n* apprenti *m*, -e *f*, débutant *m*, -e *f*; to be a quick ~ apprendre vite ❑ ~ (driver) *Br* conducteur *m* débutant, conductrice *f* débutante.

learning ['lɜ:nɪŋ] *n* -**1.** [erudition] érudition *f*, savoir *m*; a man of great ~ [in sciences] un grand savant; [in arts] un homme d'une grande érudition OR culture. -**2.** [acquisition of knowledge] étude *f*; language ~ l'étude OR l'apprentissage *m* des langues ❑ adults/children with ~ difficulties adultes *mpl*/enfants *mpl* inadaptés (à la vie en société).

learning curve *n* courbe *f* d'assimilation.

learnt [lɜ:nt] *Br* ◇ *pt* & *pp* → **learn**.
◇ *adj* PSYCH acquis.

lease [li:s] ◇ *n* -**1.** JUR bail *m*; a 99-year ~ un bail de 99 ans; to take (out) a ~ on a house, to take a house on ~ prendre une maison à bail; to sign a ~ signer un bail. -**2.** *phr*: the trip has given her a new ~ of *Br* OR on *Am* life le voyage l'a remise en forme OR lui a redonné du tonus; to take on a new ~ of life retrouver une nouvelle jeunesse.
◇ *vt* [house] louer à bail; [car, sailboard] louer.
◆ **lease out** *vt sep* = **lease** *vt*.

leaseback ['li:sbæk] *n* cession-bail *f*.

leasehold ['li:shəʊld] ◇ *n* [lease] bail *m*; [property] location *f* à bail.
◇ *adj* loué à bail.

leaseholder ['li:s,həʊldə^r] *n* [tenant] locataire *mf*.

leash [li:ʃ] *n* [for dog] laisse *f*; 'dogs must be kept on a ~' 'les chiens doivent être tenus en laisse'.

leasing ['li:sɪŋ] *n* crédit-bail *m*, leasing *m*.

least [li:st] ◇ *det* & *pron* (*superl of* little) -**1.** [in quantity, size]: he's the one who drank the ~ (wine) c'est lui qui a bu le moins (de vin); he's got the ~ c'est lui qui en a le moins. -**2.** [slightest]: I haven't the ~ idea je n'en ai pas la moindre idée; the ~ thing upsets her un rien la contrarie; I'm not the ~ bit interested cela ne m'intéresse pas le moins du monde; it was the ~ we could do c'était la moindre des choses ❑ that's the ~ of our worries c'est le moindre OR c'est le cadet de nos soucis; ~ said, soonest mended *prov* moins on en parle, mieux on se porte.
◇ *adv* (le) moins; which do you find (the) ~ useful? à votre avis, lequel est le moins utile?; it's just about the ~ interesting film I've ever seen je crois que c'est le film le moins intéressant que j'aie jamais vu; it's what we ~ expected c'est ce à quoi nous nous attendions le moins.
◆ **at least** *adv phr* -**1.** [not less than] au moins; at ~ $500 au moins 500 dollars; he smokes at ~ forty cigarettes a day il fume au moins quarante cigarettes par jour; she's at ~ as tall as you elle est au moins aussi grande que toi. -**2.** [as a minimum] au moins; you could at ~ have phoned vous auriez pu au moins téléphoner; at the very ~ he might have phoned us la moindre des choses aurait été de nous téléphoner. -**3.** [indicating an advantage] au moins, du moins; at ~ we've got an umbrella au moins OR du moins on a un parapluie. -**4.** [used to qualify] du moins; I didn't like him, at ~ not at first il ne m'a pas plu, en tout cas OR du moins pas au début; I understand now, at ~ I think I do ça y est, je comprends, du moins je crois.
◆ **in the least** *adv phr* (*with negative*): not in the ~ pas du tout, pas le moins du monde; am I boring you? — not in the ~ je t'ennuie? — pas du tout; she's not in the ~ angry elle n'est pas du tout fâchée; she didn't seem to mind in the ~ ça ne semblait pas la déranger le moins du monde.
◆ **least of all** *adv phr* surtout pas; nobody could understand it, Jim ~ of all OR ~ of all Jim personne ne comprenait, surtout pas Jim OR Jim encore moins que les autres.
◆ **not least** *adv phr*: many politicians, not ~ the Foreign Secretary, are in favour de nombreux hommes politiques, le ministre des Affaires étrangères le premier, y sont favorables.

least common denominator *n Br*: the ~ le plus petit dénominateur commun.

leastways *inf* ['li:stweɪz] *adv* du moins.

leastwise *inf* ['li:stwaɪz] *Am* = **leastways**.

leather ['leðə^r] ◇ *n* -**1.** [material] cuir *m*; real ~ cuir véritable; made of ~ de OR en cuir. -**2.** [for polishing]: (wash OR window) ~ peau *f* de chamois. -**3.** *inf* [sexual fetish]: he's into ~ c'est un fétichiste du cuir.
◇ *comp* -**1.** [jacket, shoes, sofa, bag] de OR en cuir; ~ goods [ordinary] articles *mpl* en cuir; [finer] maroquinerie *f*. -**2.** [bar, club] cuir *(inv)*.
◇ *vt inf* [punish] tanner le cuir à.

leatherback ['leðəbæk] *n* tortue *f* luth, fausse tortue *f*.

leatherbound ['leðəbaʊnd] *adj* relié (en) cuir.

leatherette [,leðə'ret] ◇ *n* similicuir *m*.
◇ *adj* en similicuir.

leathering *inf* ['leðərɪŋ] *n Br* raclée *f*; to give sb a ~ tanner le cuir à qqn.

leatherjacket ['leðə,dʒækɪt] *n* ZOOL larve *f* de la tipule.

leatherneck *inf* ['leðənek] *n Am* marine *m (américain)*.

leathery ['leðərɪ] *adj* [meat] coriace; [skin] parcheminé, tanné.

leave[1] [li:v] (*pt* & *pp* left [left]) ◇ *vi* -**1.** [depart] partir; my flight ~s at ten mon avion part à dix heures; when did you ~? quand est-ce que vous êtes partis?; we're leaving for Mexico tomorrow nous partons pour le Mexique demain; which station do you ~ from? vous partez de quelle gare?; he's just left for lunch il vient de partir déjeuner; if you'd rather I left... si vous voulez que je vous laisse... -**2.** [quit] partir; half of the staff have left la moitié du personnel est partie; fewer schoolchildren are now leaving at 16 les élèves sont aujourd'hui moins nombreux à quitter l'école à 16 ans. -**3.** [end relationship]: Charles, I'm leaving! Charles, je te quitte!
◇ *vt* -**1.** [depart from - place] quitter; she left London yesterday elle est partie de OR elle a quitté Londres hier; he left the room il est sorti de OR il a quitté la pièce; I ~ home at 8 every morning je pars OR je sors de chez moi tous les matins à 8 h; to ~ the table se lever de table; the boat finally left port at 6 le bateau quitta finalement le port à 6 h; his brakes failed and the car left the road ses freins ont lâché et la voiture a quitté la route. -**2.** [quit - job, institution] quitter; she left the firm last year elle a quitté l'entreprise l'année dernière; I left home at 18 je suis parti de chez moi OR de chez mes parents à 18 ans; to ~ school quitter l'école. -**3.** [in specified place or state] laisser; you can't ~ them alone for a minute on ne peut pas les laisser seuls une minute; he left her asleep on the sofa elle était endormie sur le canapé lorsqu'il la quitta; I left him to his reading je l'ai laissé à sa lecture; I left him to himself je l'ai laissé seul; just ~ me alone! laissez-moi tranquille! -**4.** [abandon - person] quitter; she left him (for another man) after 15 years of marriage elle l'a quitté (pour un autre) après 15 ans de mariage; the prisoners were left to die les prisonniers furent abandonnés à la mort ‖ *fml* [take leave of - person] quitter; it's getting late, I must ~ you now il se fait tard, je dois vous laisser; you may ~ us now vous pouvez disposer maintenant. -**5.** [deposit, set down] laisser; it's no trouble to ~ you at the station ça ne me dérange pas de vous laisser OR déposer à la gare. -**6.** [for sb's use, information etc] laisser; I've left your dinner in the oven for you je t'ai laissé de quoi dîner dans le four; ~ your name with the receptionist laissez votre nom à la réception; he's out, do you want to ~ a message? il n'est pas là, voulez-vous laisser un message?; she left word for you to call her back elle a demandé que vous la rappeliez. -**7.** [forget] laisser, oublier; I must have left my gloves at the café j'ai dû oublier mes gants au café. -**8.** [allow or cause to remain] laisser; ~ some cake for your brother laisse du gâteau pour ton frère; if you don't like your dinner, then ~ it si tu n'aimes pas ton dîner, laisse-le; ~ enough space for the address laissez assez de place pour l'adresse; ~ the stew to cook for two hours laissez mijoter le ragoût pendant deux heures; ~ yourself an hour to get to the airport prévoyez une heure pour aller à l'aéroport; I only left myself £20 a week to live on je n'avais plus que 20 livres par semaine pour me nourrir; don't ~ things to the last minute n'attendez pas la dernière minute (pour faire ce que vous avez à faire); he left his work unfinished il n'a pas terminé son travail; please ~ the windows closed veuillez laisser les fenêtres fermées; to ~ sthg unsaid passer qqch sous silence; their behaviour ~s a lot to be desired leur conduite laisse beaucoup à désirer; her words left me curious to know more le peu qu'elle a dit m'a donné l'envie d'en savoir plus; the decision ~s me in a bit of a quandary cette décision me place devant un dilemme; I want to be left on/off the list je veux que mon nom reste/je ne veux pas que mon nom figure sur la liste; I was left with the bill c'est moi qui ai dû payer l'addition ‖ *(passive use)*: to be left rester; we finished what was left of the cake on a fini ce qui restait du gâteau; there's nothing left il ne reste (plus) rien; there wasn't enough left to go round il n'en restait pas assez pour tout le monde; I've got £10/10 minutes left il me reste 10 livres/10 minutes; there's no doubt left in my mind il n'y a plus le moindre doute dans mon esprit; he had nothing left to do but lock up the house il ne lui restait (plus) qu'à fermer la maison ‖ [mark, trace] laisser; the wine left a stain le vin a fait une tache. -**9.** [allow]: can I ~ you to deal with it, then? vous vous en chargez, alors?; she ~s me to get on with things elle me laisse faire; right then, I'll ~ you to it bon, eh bien, je te laisse. -**10.** [entrust] laisser; can I ~ my suitcase with you for a few minutes? puis-je vous confier ma valise quelques instants?; she left the detailed arrangements to her secretary elle a laissé à sa secrétaire le soin de régler les

détails; you should ~ such tasks to a specialist vous devriez laisser OR confier ce genre de travail à un spécialiste; I'll ~ it to you to finish it off je vous laisse (le soin de) finir; ~ it to me! je m'en occupe!, je m'en charge!; ~ it with me laissez-moi faire, je m'en charge. -**11.** *Br* MATH: 9 from 16 ~s 7 16 moins 9 égale 7; what does 29 from 88 ~? 29 ôté de 88 égale combien? -**12.** [bequeath] léguer; she left all her money to charity elle légua toute sa fortune à des œuvres de charité. -**13.** [be survived by]: he ~s a wife and two children il laisse une femme et deux enfants.

◇ *n* -**1.** [from work] congé *m*; MIL permission *f*; to be/to go on ~ [gen] être/partir en congé; MIL être/partir en permission ❑ sick ~ congé (de) maladie; ~ of absence congé (exceptionnel); [without pay] congé sans solde. -**2.** [permission] permission *f*, autorisation *f*; he asked ~ to address the meeting il a demandé la permission de prendre la parole devant l'assemblée; by OR with your ~ avec votre permission. -**3.** [farewell] congé *m*; to take one's ~ (of sb) prendre congé (de qqn); to take ~ of sb prendre congé de qqn; to take ~ of one's senses *fig* perdre la tête OR la raison.

◆ **leave about** *Br*, **leave around** *vt sep* laisser traîner.

◆ **leave aside** *vt sep* laisser de côté; leaving aside the question of cost for the moment si on laisse de côté pour le moment la question du coût.

◆ **leave behind** *vt sep* -**1.** [not take] laisser; it's hard to ~ all your friends and relations behind c'est dur de laisser tous ses amis et sa famille derrière soi ‖ [forget] laisser, oublier; somebody left their watch behind quelqu'un a laissé OR oublié sa montre. -**2.** [leave as trace] laisser; the cyclone left behind a trail of destruction le cyclone a tout détruit sur son passage. -**3.** [outstrip] distancer, devancer; she soon left the other runners behind elle a vite distancé tous les autres coureurs; if you don't work harder you'll soon get left behind si tu ne travailles pas plus, tu vas vite te retrouver loin derrière les autres.

◆ **leave in** *vt sep* [word, paragraph] garder, laisser.

◆ **leave off** ◇ *vi insep* [stop] s'arrêter; we'll carry on from where we left off nous allons reprendre là où nous nous étions arrêtés; ~ off, will you! *inf Br* arrête, tu veux!

◇ *vt insep inf Br* [stop]: to ~ off doing sthg s'arrêter de faire qqch; if it ~s off raining, we'll go for a walk s'il s'arrête de pleuvoir OR si la pluie cesse, nous irons nous promener.

◇ *vt sep* -**1.** [not put on] ne pas remettre; who left the top of the toothpaste off? qui a laissé le tube de dentifrice débouché?; you can ~ your jacket off ce n'est pas la peine de remettre ta veste. -**2.** [not switch or turn on - tap, gas] laisser fermé; [- light] laisser éteint; [not plug in - iron] laisser débranché; we left the heating off while we were away nous avons arrêté OR coupé le chauffage pendant notre absence.

◆ **leave on** *vt sep* -**1.** [not take off - garment] garder; [- top, cover] laisser; don't ~ the price tag on enlève l'étiquette. -**2.** [not switch or turn off - tap, gas] laisser ouvert; [- light] laisser allumé; [not unplug - iron] laisser branché; I hope I didn't ~ the gas on j'espère que j'ai éteint le gaz.

◆ **leave out** *vt sep* -**1.** [omit] omettre; several names have been left out plusieurs noms ont été omis; ~ out any reference to her husband in your article dans votre article, évitez toute allusion à son mari. -**2.** [exclude] exclure; I felt completely left out at the party j'ai eu le sentiment d'être totalement tenu à l'écart OR exclu de leur petite fête. -**3.** [not put away - by accident] ne pas ranger; [- on purpose] laisser sorti, ne pas ranger; he left a meal out for the children il a laissé un repas tout prêt pour les enfants ‖ [leave outdoors] laisser dehors; to ~ the washing out to dry mettre le linge à sécher (dehors). -**4.** *phr*: ~ it out!▽ *Br* lâche-moi!

◆ **leave over** *vt sep* [allow or cause to remain] laisser; to be left over rester; there are still one or two left over il en reste encore un ou deux.

leave[2] [liːv] (*pt* & *pp* leaved, *cont* leaving) *vi* BOT [produce leaves] feuiller.

leaven ['levn] ◇ *n* [yeast] levain *m*; he brought a ~ of humour to the dullest occasion *fig* il apportait une touche OR pointe d'humour dans les occasions les plus sinistres.

◇ *vt* -**1.** CULIN faire lever. -**2.** *fig* [occasion] égayer.

leavened bread ['levnd-] *n* pain *m* au levain.

leavening ['levnɪŋ] *n literal* & *fig* levain *m*.

leaves [liːvz] *pl* → **leaf**.

leave-taking *n (U)* adieux *mpl*.

leaving ['liːvɪŋ] *n* départ *m*.

leavings ['liːvɪŋz] *npl* restes *mpl*.

Lebanese [ˌlebə'niːz] (*pl inv*) ◇ *n* Libanais *m*, -e *f*.

◇ *adj* libanais.

Lebanon ['lebənən] *pr n* Liban *m*; in (the) ~ au Liban.

lech *inf* [letʃ] *vi*: stop ~ing! ne prends pas ce regard lubrique!; he's always ~ing after my secretary il n'arrête pas de reluquer ma secrétaire.

lecher ['letʃəʳ] *n* débauché *m*, obsédé *m* (sexuel).

lecherous ['letʃərəs] *adj* lubrique.

lecherously ['letʃərəslɪ] *adv* lubriquement, avec lubricité; to look at sb ~ regarder qqn d'un œil lubrique.

lechery ['letʃərɪ] *n* lubricité *f*.

lectern ['lektən] *n* lutrin *m*.

lector ['lektəʳ] *n* RELIG & UNIV lecteur *m*, -trice *f*.

lecture ['lektʃəʳ] ◇ *n* -**1.** [talk] conférence *f*, exposé *m*; UNIV [as part of course] cours *m* (magistral); she gave a very good ~ on Yeats elle a fait un très bon cours sur Yeats; have you been to his linguistics ~s? avez-vous suivi ses cours de linguistique? -**2.** *fig* [sermon] sermon *m*, discours *m*; I'm tired of his ~s about the virtues of healthy living j'en ai assez de ses discours OR de ses sermons sur les vertus d'une vie saine; to give sb a ~ sermonner qqn, faire des remontrances à qqn; she gave the children a ~ on how to behave elle a donné aux enfants une leçon de bonne conduite.

◇ *vi* [talk] faire OR donner une conférence; [teach] faire (un) cours; he ~s twice a week il fait cours deux fois par semaine; she ~s in linguistics elle enseigne la OR donne des cours de linguistique; she ~s on Dante elle donne des cours sur Dante.

◇ *vt* [reprimand] réprimander, sermonner; he's always lecturing his children about their manners il est toujours à sermonner OR réprimander ses enfants sur leurs manières.

◇ *comp* [notes] de cours.

lecture hall *n* salle *f* de cours, amphithéâtre *m*.

lecturer ['lektʃərəʳ] *n* [speaker] conférencier *m*, -ère *f*; UNIV [teacher] assistant *m*, -e *f*; she's a ~ in English at the University of Dublin elle est professeur d'anglais à l'université de Dublin ❑ assistant ~ ≃ maître-assistant *m*; senior ~ ≃ maître *m* de conférences.

lecture room *n* salle *f* de cours OR de conférences.

lectureship ['lektʃəʃɪp] *n* UNIV poste *m* d'assistant; he got a ~ at the University of Oxford il a été nommé assistant à l'université d'Oxford ❑ senior ~ ≃ poste de maître de conférences.

led [led] *pt* & *pp* → **lead** *(guide)*.

LED (*abbr of* light-emitting diode) *n* LED *f*; ~ display affichage *m* (par) LED.

ledge [ledʒ] *n* -**1.** [shelf] rebord *m*; (window) ~ rebord de fenêtre. -**2.** GEOG [on mountain] saillie *f*; [on rock or cliff face] corniche *f*; [on seabed] haut-fond *m*. -**3.** GEOL [vein] filon *m*.

ledger ['ledʒəʳ] *n* -**1.** COMM & FIN grand livre *m*. -**2.** TECH longrine *f*.

ledger line *n* MUS ligne *f* supplémentaire.

lee [liː] ◇ *n* -**1.** NAUT bord *m* sous le vent. -**2.** [shelter] abri *m*; in the ~ of a rock à l'abri d'un rocher.

◇ *adj* sous le vent.

leech [liːtʃ] ◇ *n literal* & *fig* sangsue *f*; to cling to sb like a ~ s'accrocher OR coller à qqn comme une sangsue.

◇ *vt* MED saigner (avec des sangsues).

leek [liːk] *n* poireau *m*.

leer [lɪəʳ] ◇ *n* [malevolent] regard *m* méchant; [lecherous] regard *m* concupiscent OR lubrique.

◇ *vi*: to ~ at sb lorgner qqn.

leery *inf* ['lɪərɪ] (*compar* leerier, *superl* leeriest) *adj* méfiant; to be ~ of sthg se méfier de qqch.

lees [liːz] *npl* [sediment] lie *f*; to drink OR to drain sthg to the ~ *fig* boire qqch jusqu'à la lie.

leeward ['liːwəd] ◇ *adj* sous le vent.

◇ *n* bord *m* sous le vent; to ~ NAUT sous le vent.

Leeward Islands *pl pr n*: the ~ les îles *fpl* Sous-le-Vent; in the ~ aux îles Sous-le-Vent.

leeway ['liːweɪ] *n (U)* -**1.** [margin] marge *f* (de manœuvre); it doesn't give us much ~ cela ne nous laisse pas une grande marge de manœuvre; a quarter of an hour should be enough ~ une marge de sécurité d'un quart d'heure devrait suffire. -**2.** [lost time] retard *m*. -**3.** AERON & NAUT [drift] dérive *f*.

left[1] [left] *pt* & *pp* → **leave**.

left[2] [left] ◇ *adj* [foot, eye] gauche; on the ~ side sur la gauche, du côté gauche; I always sleep on my ~ side je dors toujours sur le côté gauche; with her ~ hand de la main gauche; ~ hand down a bit! AUT braquez un peu à gauche!; to make a ~ turn tourner à gauche; take the ~ fork prenez à gauche à l'embranchement ❑ ~ back/half SPORT arrière *m*/demi *m* gauche; ~ hook crochet *m* du gauche.

◇ *adv* -**1.** [gen] à gauche; turn ~ at the junction tournez OR prenez à gauche au croisement; eyes ~! MIL tête à gauche!; ~ turn! MIL à gauche! gauche! -**2.** POL à gauche; to vote ~ voter à gauche.

◇ *n* -**1.** [gen] gauche *f*; on the ~ sur la gauche, à gauche; to drive on the ~ rouler à gauche; the building on the ~ le bâtiment de gauche; on your ~ à OR sur votre gauche; it's to the ~ of the fireplace c'est à gauche de la cheminée; it's to OR on the ~ of the picture [in the picture] c'est sur la gauche du tableau; [next to the picture] c'est à gauche du tableau; move a bit to the ~ déplacez-vous un peu vers la gauche; to keep to the ~ tenir sa gauche; the second figure from the ~ le deuxième chiffre en partant de la gauche; he doesn't know his ~ from his right il ne reconnaît pas sa droite de sa gauche. -**2.** POL gauche *f*; the far OR extreme ~ l'extrême gauche; the parties of the ~ les partis de (la) gauche; she is further to the ~ than her husband elle est (politiquement) plus à gauche que son mari. -**3.** [in boxing] gauche *m*; he knocked him out with a ~ to the chin il l'a étendu d'un gauche au menton.

left-footed [-'fʊtɪd] *adj* gaucher (du pied).

left-hand *adj* gauche; on the ~ side à gauche, sur la gauche; on my ~ side, the Grand Palace à OR sur ma gauche, le Grand Palais; a ~ bend un virage à gauche; ~ drive conduite *f* à gauche; my car is ~ drive ma voiture a le volant à gauche.

left-handed [-'hændɪd] ◇ *adj* -**1.** [person] gaucher; she's ~ elle est gauchère. -**2.** [scissors, instrument, golf club] pour gauchers. -**3.** *Am*: a ~ compliment un faux compliment.

◇ *adv* de la main gauche.

left-handedness [-'hændɪdnɪs] *n* gaucherie *f*, latéralité *f* de gauche; do you find ~ a problem? est-ce qu'être gaucher vous pose des problèmes?

left-hander [-'hændəʳ] *n* [person] gaucher *m*, -ère *f*; [blow] coup *m* (donné de la main gauche).

leftie *inf* ['leftɪ] = **lefty**.

leftism ['leftɪzm] *n* [gen] idées *fpl* de gauche; [extreme left] gauchisme *m*.

leftist ['leftɪst] ◇ *n* [gen] homme *m* de gauche, femme *f* de gauche; [extreme left-winger] gauchiste *mf*.
◇ *adj* [gen] de gauche; [extremely left-wing] gauchiste.

left luggage *n (U) Br* [cases] bagages *mpl* en consigne; [office] consigne *f*.

left-luggage office *n* consigne *f*.

left-of-centre *adj* POL de centre-gauche; **his views are slightly ~** ses opinions sont plutôt de centre-gauche.

leftover ['leftəʊvəʳ] ◇ *adj* [food, material] qui reste; [stock] en surplus; **she used the ~ wool to knit a scarf** elle a tricoté une écharpe avec la laine qui restait.
◇ *n* [throwback, vestige] vestige *m*; **the gun is a ~ from the war** le fusil est un souvenir de la guerre.

leftovers ['leftəʊvəz] *npl* [food] restes *mpl*.

leftward ['leftwəd] ◇ *adj* de gauche.
◇ *adv Am* = **leftwards**.

leftwards ['leftwədz] *adv* à gauche.

left wing *n* -**1.** POL gauche *f*; **the ~ of the party** l'aile *f* gauche du parti. -**2.** SPORT [position] aile *f* gauche; [player] ailier *m* gauche.
◆ **left-wing** *adj* POL de gauche; **a left-wing publication** une publication de gauche; **she's very left-wing** elle est très à gauche.

left-winger *n* -**1.** POL homme *m* de gauche, femme *f* de gauche. -**2.** SPORT ailier *m* gauche.

lefty *inf* ['leftɪ] (*pl* lefties) *n* -**1.** *pej* homme *m* de gauche, femme *f* de gauche. -**2.** *Am* [left-handed person] gaucher *m*, -ère *f*.

leg [leg] (*pt* & *pp* legged, *cont* legging) ◇ *n* -**1.** ANAT [of human, horse] jambe *f*; [of smaller animals and birds] patte *f*; **his ~s went from under him** ses jambes se sont dérobées sous lui ❑ **he hasn't got a ~ to stand on** sa position est indéfendable; **to get one's ~ over**▽ se faire quelqu'un; **to pull sb's ~** faire marcher qqn. -**2.** CULIN [of lamb] gigot *m*; [of pork, beef] rôti *m*; [of chicken] cuisse *f*; **frog's ~s** cuisses de grenouille. -**3.** [of chair, table] pied *m*; [of compasses] branche *f*. -**4.** [of trousers, pyjamas] jambe *f*. -**5.** [stage - of journey] étape *f*; [- of competition] manche *f*; **they won the first/second ~** SPORT ils ont gagné le match aller/retour.
◇ *vt*: **to ~ it** *inf* [run] courir; [walk] aller à pied; [flee] se sauver, se tirer.

legacy ['legəsɪ] (*pl* legacies) *n* -**1.** JUR legs *m*; **to leave sb a ~** faire un legs OR laisser un héritage à qqn; **the money is a ~ from my aunt** j'ai hérité cet argent de ma tante, ma tante m'a légué cet argent. -**2.** *fig* héritage *m*.

legal ['liːgl] *adj* -**1.** [lawful] légal; [legitimate] légal, légitime; **they're below the ~ age** ils n'ont pas atteint l'âge légal; **to be above the ~ limit** [for drinking] dépasser le taux légal (d'alcoolémie); **to make sthg ~** légaliser qqch ❑ **'~, decent, honest, truthful'** *devise de la Advertising Standards Authority*. -**2.** [judicial - mind, matter, question] juridique; [- power, investigation, error] judiciaire; **to take ~ action** engager des poursuites judiciaires, intenter un procès; **to take ~ advice** consulter un juriste OR un avocat; **he's a member of the ~ profession** c'est un homme de loi; **this is the ~ procedure** c'est la procédure à suivre; **~ system** système *m* juridique.

legal adviser *n* conseil *m* juridique.

legal aid *n* assistance *f* judiciaire.

legal department *n* [in bank, company] (service *m* du) contentieux *m*.

legal eagle *inf n hum* avocat *m*, -e *f*.

legalese [ˌliːgə'liːz] *n pej* jargon *m* juridique.

legal holiday *n Am* jour *m* férié, fête *f* légale.

legalism ['liːgəˌlɪzm] *n* -**1.** [strict respect of law] légalisme *m*. -**2.** [technicality] argutie *f* juridique.

legalistic [ˌliːgə'lɪstɪk] *adj* légaliste, formaliste.

legalistically [ˌliːgə'lɪstɪklɪ] *adv* avec légalisme, de façon légaliste.

legality [liː'gælətɪ] *n* légalité *f*.

legalization [ˌliːgəlaɪ'zeɪʃn] *n* légalisation *f*.

legalize, -ise ['liːgəlaɪz] *vt* légaliser, rendre légal.

legally ['liːgəlɪ] *adv* légalement; **to act ~** agir légalement OR dans la légalité; **to be ~ binding** avoir force de loi, être juridiquement contraignant; **to be held ~ responsible for sthg** être tenu légalement OR juridiquement responsable de qqch; **~ you're not responsable** légalement OR du point de vue légal, vous n'êtes pas responsable; **they were not ~ married** ils vivaient maritalement.

legal medicine *n* médecine *f* légale.

legal tender *n* monnaie *f* légale; **these coins are no longer ~** ces pièces n'ont plus cours OR ont été démonétisées.

legate ['legɪt] *n* RELIG légat *m*; [gen] messager *m*, -ère *f*.

legatee [ˌlegə'tiː] *n* légataire *mf*.

legation [lɪ'geɪʃn] *n* légation *f*.

legend ['ledʒənd] *n* -**1.** [myth] légende *f*; **she became a ~ in her own lifetime** elle est entrée dans la légende de son vivant. -**2.** [inscription] légende *f*.

legendary ['ledʒəndrɪ] *adj* légendaire.

legerdemain [ˌledʒədə'meɪn] *n (U)* [conjuring] (tours *mpl* de) prestidigitation *f*; [cunning] tours *mpl* de passe-passe.

-legged ['legɪd] *in cpds* aux jambes...; **bare~** aux jambes nues; **to sit cross~** s'asseoir en tailleur; **two~** bipède.

leggings ['legɪŋz] *npl* caleçon *m* (*porté comme pantalon*).

leggo▽ [le'gəʊ] *interj* = **let go**.

leggy ['legɪ] (*compar* leggier, *superl* leggiest) *adj* [person] tout en jambes; [colt, young animal] haut sur pattes.

Leghorn [ˌleg'hɔːn] *pr n* Livourne.

legibility [ˌledʒɪ'bɪlətɪ] *n* lisibilité *f*.

legible ['ledʒəbl] *adj* lisible.

legibly ['ledʒəblɪ] *adv* lisiblement.

legion ['liːdʒən] ◇ *n* MIL & *fig* légion *f*.
◇ *adj fml* légion (*inv*).

legionary ['liːdʒənərɪ] (*pl* legionaries) ◇ *n* légionnaire *m*.
◇ *adj* de la légion.

legionnaire [ˌliːdʒə'neəʳ] *n* légionnaire *m*.

legionnaire's disease *n* maladie *f* du légionnaire.

leg iron *n* MED appareil *m* orthopédique.

legislate ['ledʒɪsleɪt] *vi* légiférer; **to ~ in favour of/against sthg** légiférer en faveur de/contre qqch; **you can't ~ for everything** *fig* on ne peut pas tout prévoir.

legislation [ˌledʒɪs'leɪʃn] *n* législation *f*; **the ~ on immigration** la législation sur l'immigration; **a piece of ~** une loi; **to bring in ~ in favour of/against sthg** légiférer en faveur de/contre qqch.

legislative ['ledʒɪslətɪv] *adj* législatif; **~ assembly** assemblée *f* législative.

legislator ['ledʒɪsleɪtəʳ] *n* législateur *m*, -trice *f*.

legislature ['ledʒɪsleɪtʃəʳ] *n* (corps *m*) législatif *m*.

legit *inf* [lə'dʒɪt] *adj* réglo.

legitimacy [lɪ'dʒɪtɪməsɪ] *n* légitimité *f*.

legitimate [*adj* lɪ'dʒɪtɪmət, *vb* lɪ'dʒɪtɪmeɪt] ◇ *adj* -**1.** [legal, lawful] légitime; **~ child** enfant *mf* légitime. -**2.** [valid] légitime, valable; **his criticisms are perfectly ~** ses critiques sont parfaitement légitimes OR fondées; **it would be perfectly ~ to ask them to pay** on serait tout à fait en droit d'exiger qu'ils paient. -**3.** [theatre] sérieux.
◇ *vt* légitimer.

legitimately [lɪ'dʒɪtɪmətlɪ] *adv* -**1.** [legally, lawfully] légitimement; **both ~ and effectively** de droit comme de fait. -**2.** [justifiably] légitimement, avec raison; **it could ~ be argued that...** on peut soutenir, non sans raison, que...

legitimize, -ise [lɪ'dʒɪtəmaɪz] *vt* légitimer.

legless ['leglɪs] *adj* -**1.** [without legs] cul-de-jatte. -**2.** *inf Br* [drunk] bourré, soûl.

leg-pull *inf n* canular *m*, farce *f*; **it was only a ~!** on te faisait marcher!

leg-pulling *inf n (U)* blagues *fpl*, mise *f* en boîte; **he got a lot of ~ about his marriage** on l'a beaucoup charrié sur son mariage.

legroom ['legrʊm] *n* place *f* pour les jambes.

leg show *inf n* revue *f* légère.

legume [le'gjuːm] *n* légumineuse *f*.

leguminous [le'gjuːmɪnəs] *adj* légumineux.

leg-up *n*: **to give sb a ~** *literal* faire la courte échelle à qqn; *fig* donner un coup de main OR de pouce à qqn.

legwarmer ['legˌwɔːməʳ] *n* jambière *f*.

legwork *inf* ['legwɜːk] *n*: **who's going to do the ~?** qui va se taper la marche?

Leicester Square ['lestəʳ-] *pr n place populaire de Londres connue pour ses grands cinémas.*

Leics *written abbr of* **Leicestershire**.

Leipzig ['laɪpzɪg] *pr n* Leipzig.

leisure [*Br* 'leʒəʳ, *Am* 'liːʒər] ◇ *n (U)* -**1.** [spare time] loisir *m*, loisirs *mpl*, temps *m* libre; **during my ~ (time)** pendant mes loisirs, à mes heures perdues; **to be at ~ to do sthg** avoir (tout) le loisir de faire qqch; **I'll read it at (my) ~** je le lirai à tête reposée. -**2.** [relaxation] loisir *m*; **to lead a life of ~** mener une vie oisive; **he's a man of ~** il mène une vie de rentier.
◇ *comp* [activity, clothes] de loisir OR loisirs; **~ industry** industrie *f* des loisirs.

leisure centre *n* centre *m* de loisirs.

leisured [*Br* 'leʒəd, *Am* 'liːʒərd] *adj* oisif, qui mène une vie oisive.

leisurely [*Br* 'leʒəlɪ, *Am* 'liːʒərlɪ] ◇ *adj* [gesture] mesuré, nonchalant; [lifestyle] paisible, indolent; **we went for a ~ stroll through the park** nous sommes allés faire une petite balade dans le parc; **at a ~ pace** sans se presser; **he spoke in a ~ way** il parlait en prenant son temps.
◇ *adv* [calmly] paisiblement, tranquillement; [unhurriedly] sans se presser.

leitmotiv, leitmotif ['laɪtməʊˌtiːf] *n* [gen & MUS] leitmotiv *m*.

LEM [lem] (*abbr of* **lunar excursion module**) *n* module *m* lunaire.

lemma ['lemə] (*pl* **lemmas** OR **lemmata** [-mətə]) *n* lemme *m*.

lemmatize, -ise ['lemətaɪz] *vt* lemmatiser.

lemme▽ ['lemɪ] *interj* = **let me**.

lemming ['lemɪŋ] *n* lemming *m*.

lemon ['lemən] ◇ *n* -**1.** [fruit] citron *m*; [tree] citronnier *m*; **~ juice** jus *m* de citron; [lemon squash] citronnade *f*; [freshly squeezed] citron pressé; **~ squash** citronnade *f*, sirop *m* de citron; **~ tea** thé *m* au citron. -**2.** [colour] jaune citron *m inv*. -**3.** *inf Br* [awkward person] idiot *m*, -e *f*; **I'm going to look a right ~** je vais avoir l'air plutôt débile. -**4.** *inf* [useless object]: **she got sold a ~** elle s'est fait rouler.
◇ *adj* [colour] (jaune) citron (*inv*); [flavour] citron (*inv*); **~ ice cream** glace *f* au citron.

lemonade [ˌlemə'neɪd] *n Br* limonade *f*; *Am* citron *m* pressé.

lemon balm *n* BOT mélisse *f*, citronnelle *f*.

lemon cheese, lemon curd *n* lemon curd *m*, crème *f* au citron.

lemon drop *n* bonbon *m* au citron.

lemongrass ['lemənɡrɑːs] *n* lemon-grass *m*.

lemon sole *n* limande-sole *f*.

lemon squeezer *n* presse-citron *m*.

lemon thyme *n* thym *m* citronné.

lemon verbena *n* verveine *f* citronnelle.

lemur ['liːməʳ] *n* lémur *m*, maki *m*.

lend [lend] (*pt* & *pp* lent [lent]) ◇ *vt* -**1.** [money, book] prêter; **to ~ sthg to sb, to ~ sb sthg** prêter qqch à qqn. -**2.** [contribute] apporter, conférer; **her presence lent glamour to the occasion** sa présence a conféré un certain éclat à l'événement; **the bright uniforms lent colour to the ceremony** les uniformes éclatants apportaient une touche de couleur à la cérémonie. -**3.** [give - support] apporter; [- name] prêter; **to ~ sb a hand** donner un coup de main à qqn; **you can't expect me to ~ my name to such an**

enterprise ne comptez pas sur moi pour prêter mon nom à OR cautionner cette affaire; to ~ an ear *fig* prêter l'oreille. -**4.** [adapt - to circumstances, interpretation]: the novel doesn't ~ itself to being filmed le roman ne se prête pas à une adaptation cinématographique.
◇ *n inf Br*: can I have a ~ of your book? tu peux me prêter ton livre?

lender ['lendəʳ] *n* prêteur *m*, -euse *f*.

lending ['lendɪŋ] *n* prêt *m*.

lending library *n* bibliothèque *f* de prêt.

lending rate *n* taux *m (d'un prêt)*.

length [leŋθ] *n* -**1.** [measurement, distance] longueur *f*; what ~ is the room? quelle est la longueur de la pièce?; the room is 20 metres in ~ la pièce fait 20 mètres de long OR de longueur; a river 200 kilometres in ~ un fleuve long de 200 kilomètres; we walked the ~ of the garden nous sommes allés jusqu'au bout du jardin; flower beds ran the ~ of the boulevard il y avait des massifs de fleurs tout le long du boulevard; the ship can turn in its own ~ *Br* le navire peut virer sur place; throughout the ~ and breadth of the continent partout sur le continent; what ~ skirts are in this year? [in fashion] quelle est la longueur des jupes cette année? -**2.** [effort]: to go to considerable OR great ~s to do sthg se donner beaucoup de mal pour faire qqch; he would go to any ~s to meet her il ferait n'importe quoi pour la rencontrer. -**3.** [duration] durée *f*, longueur *f*; the ~ of time required to do sthg le temps qu'il faut pour faire qqch; the wine is kept in casks for a great ~ of time le vin séjourne très longtemps dans des fûts; bonuses are given for ~ of service les primes sont accordées selon l'ancienneté. -**4.** [of written material] longueur *f*; articles must be less than 5,000 words in ~ les articles doivent faire moins de 5 000 mots. -**5.** SPORT [in racing, rowing] longueur *f*; to win by a ~ gagner d'une longueur; to have a three-~ lead avoir trois longueurs d'avance || [in swimming] longueur *f* (de bassin); I swam ten ~s j'ai fait dix longueurs. -**6.** [piece - of string, tubing] morceau *m*, bout *m*; [- of wallpaper] lé *m*; [- of fabric] pièce *f*; a ~ of curtain material une pièce de tissu pour faire des rideaux. -**7.** LING [of syllable, vowel] longueur *f*.
◆ **at length** *adv phr* [finally] finalement, enfin; [in detail, for a long time] longuement; she went on OR spoke at some ~ about her experience elle a parlé assez longuement de son expérience.

-length *in cpds* à hauteur de; knee~ socks chaussettes *fpl* (montantes), mi-bas *mpl*.

lengthen ['leŋθən] ◇ *vi* [shadow] s'allonger; [day] rallonger; [holiday, visit] se prolonger.
◇ *vt* [garment] allonger, rallonger; [holiday, visit] prolonger; LING [vowel] allonger.

lengthily ['leŋθɪlɪ] *adv* longuement.

lengthways ['leŋθweɪz], **lengthwise** ['leŋθwaɪz] ◇ *adv* dans le sens de la longueur, longitudinalement.
◇ *adj* en longueur, longitudinal.

lengthy ['leŋθɪ] (*compar* lengthier, *superl* lengthiest) *adj* (très) long; after a ~ wait après avoir attendu très longtemps, après une attente interminable; his speech was a bit ~ son discours n'en finissait plus.

lenience ['liːnjəns], **leniency** ['liːnjənsɪ] *n* clémence *f*, indulgence *f*.

lenient ['liːnjənt] *adj* [jury, sentence] clément; [attitude, parent] indulgent; his parents are too ~ with him ses parents sont trop indulgents avec lui; you shouldn't be so ~ with them vous devriez être plus strict avec eux.

leniently ['liːnjəntlɪ] *adv* avec clémence OR indulgence; the magistrate had treated him ~ le magistrat s'était montré indulgent OR avait fait preuve d'indulgence à son égard.

Lenin ['lenɪn] *pr n* Lénine.

Leningrad ['lenɪngræd] *pr n* Leningrad.

Leninism ['lenɪnɪzm] *n* léninisme *m*.

Leninist ['lenɪnɪst] ◇ *adj* léniniste.
◇ *n* léniniste *mf*.

lenitive ['lenɪtɪv] ◇ *adj* lénitif.
◇ *n* lénitif *m*.

lenity ['lenətɪ] (*pl* lenities) *n lit* clémence *f*.

lens [lenz] *n* -**1.** OPT [in microscope, telescope] lentille *f*; [in spectacles] verre *m*; [in camera] objectif *m*; [contact lens] lentille *f* OR verre *m* (de contact). -**2.** ANAT [in eye] cristallin *m*.

lens cap *n* bouchon *m* d'objectif.

lens hood *n* pare-soleil *m inv*.

lens paper *n* papier *m* pour surfaces optiques.

lent [lent] *pt* & *pp* → **lend**.

Lent [lent] *n* RELIG le carême; to keep ~ faire carême, observer le carême; I've given up sugar for ~ j'ai renoncé au sucre pour le carême.

Lenten ['lentən] *adj* de carême.

lentil ['lentɪl] *n* BOT & CULIN lentille *f*; ~ soup soupe *f* aux lentilles.

Lent term *n Br* UNIV deuxième trimestre *m (de janvier à Pâques)*.

Leo ['liːəʊ] ◇ *pr n* ASTROL & ASTRON Lion *m*.
◇ *n*: he's a ~ il est (du signe du) Lion.

Leonardo da Vinci [ˌliːə'nɑːdəʊdə'vɪntʃɪ] *pr n* Léonard de Vinci.

leonine ['liːənaɪn] *adj lit* léonin *lit*, de lion.

leopard ['lepəd] *n* léopard *m*; a ~ cannot change its spots *prov* chassez le naturel, il revient au galop *prov*.

leopardess ['lepədɪs] *n* léopard *m* femelle.

leopard moth *n* zeuzère *f*.

leopard skin ◇ *n* peau *f* de léopard.
◇ *adj* [coat, rug] en (peau de) léopard.

Leopold ['lɪəpəʊld] *pr n* [emperor] Léopold.

leotard ['liːətɑːd] *n* body *m (pour le sport)*.

leper ['lepəʳ] *n* lépreux *m*, -euse *f*; *fig* pestiféré *m*, -e *f*; ~ colony léproserie *f*.

lepidopteran [ˌlepɪ'dɒptərən] (*pl* lepidopterans OR lepidoptera [-rə]) ◇ *adj* lépidoptère.
◇ *n* lépidoptère *m*.

lepidopterist [ˌlepɪ'dɒptərɪst] *n* lépidoptériste *mf*.

leprechaun ['leprəkɔːn] *n* lutin *m*.

leprosarium [ˌleprə'seərɪəm] (*pl* leprosaria [-rɪə]) *n* léproserie *f*.

leprosy ['leprəsɪ] *n* lèpre *f*.

leprous ['leprəs] *adj* lépreux.

lepton ['leptɒn] *n* PHYS lepton *m*.

Lermontov ['leəmɒntɒf] *pr n* Lermontov.

lesbian ['lezbɪən] ◇ *adj* lesbien.
◇ *n* lesbienne *f*.

lesbianism ['lezbɪənɪzm] *n* lesbianisme *m*.

lese majesty [ˌliːz'mædʒɪstɪ] *n* (crime *m* de) lèse-majesté *f inv*.

lesion ['liːʒn] *n* lésion *f*.

Lesotho [lə'suːtuː] *pr n* Lesotho *m*; in ~ au Lesotho.

less [les] ◇ *det* moins de; ~ money/time/bread moins d'argent/de temps/de pain; of ~ importance/value de moindre importance/valeur; that's one ~ cup to wash up! voilà une tasse de moins à laver!; I seem to have ~ and ~ energy on dirait que j'ai de moins en moins d'énergie.
◇ *pron* moins; there was ~ than I expected il y en avait moins que je m'y attendais; he eats ~ than he used to il mange moins qu'avant; a bit ~ un peu moins; we found we had ~ and ~ to say to each other nous nous sommes rendu compte que nous avions de moins en moins de choses à nous dire ❑ ~ of: the evening was ~ of a success than she had hoped la soirée était moins réussie qu'elle ne l'avait espéré; let's hope we see ~ of them in future espérons que nous les verrons moins souvent à l'avenir; ~ of your noise! faites moins de bruit!; ~ of that!, ~ of it! *inf* ça suffit!; ~ than: it took me ~ than five minutes ça m'a pris moins de cinq minutes; you won't get another one like it for ~ than $1,000 vous n'en retrouverez pas un comme ça à moins de 1 000 dollars; nothing ~ than a four-star hotel is good enough for them il leur faut au moins un quatre étoiles; in ~ than no time en un rien de temps, en moins de deux; the weather was rather ~ than ideal le temps était vraiment loin d'être idéal; it would have been ~ than fair to have kept it from her ça aurait été vraiment injuste de le lui cacher.
◇ *adv* moins; they couldn't be ~ friendly if they tried il leur serait difficile d'être plus désagréables; the blue dress costs ~ la robe bleue coûte moins cher; he was ~ amusing than I remembered il était moins drôle que dans mes souvenirs; we saw his books ~ as literature than as propaganda nous considérions ses livres moins comme de la littérature que comme de la propagande; ~ and ~ interesting de moins en moins intéressant ❑ I don't think any (the) ~ of her OR I think no ~ of her because of what happened ce qui s'est passé ne l'a pas fait baisser dans mon estime; we don't like her any the ~ for all her faults nous ne l'aimons pas moins à cause de ses défauts; the more I see of her the ~ I like her plus je la vois moins elle me plaît.
◇ *prep*: that's £300 ~ tax ça fait 300 livres moins les impôts; 8 ~ 3 is 5 8 moins 3 OR 3 ôté de 8 égale 5.
◆ **much less** *conj phr* encore moins; he wouldn't even phone her, much ~ visit her il ne voulait même pas l'appeler, encore moins aller la voir; I hadn't really thought about it, much ~ talked to anyone else je n'y avais pas vraiment réfléchi, et j'en avais encore moins parlé à qui que ce soit.
◆ **no less** *adv phr* rien de moins; he won the Booker prize, no ~! il a obtenu le Booker prize, rien de moins que ça!; she married a duke, no ~! elle a épousé un duc, ni plus ni moins!; she had invited no ~ a person than the President himself elle avait invité rien moins que le président lui-même.
◆ **no less than** *adv phr* pas moins de; taxes rose by no ~ than 15% les impôts ont augmenté de 15 %, ni plus ni moins; no ~ than 5,000 people wrote in pas moins de 5 000 personnes ont écrit.
◆ **still less** = **much less**.

lessee [le'siː] *n* preneur *m*, -euse *f* (à bail).

lessen ['lesn] ◇ *vt* [cost, importance] diminuer, réduire; [impact, effect] atténuer, amoindrir; [shock] amortir.
◇ *vi* s'atténuer, s'amoindrir.

lessening ['lesənɪŋ] *n (U)* [of cost, importance] diminution *f*; [of value, rate] réduction *f*, diminution *f*, baisse *f*; [of powers] réduction *f*, baisse *f*; [of impact, effect] amoindrissement *m*; [of shock] amortissement *m*.

lesser ['lesəʳ] *adj* -**1.** [gen] moindre; to be of ~ intelligence être moins intelligent; Wordsworth, Coleridge and their ~ contemporaries Wordsworth, Coleridge et leurs contemporains de moindre envergure; to a ~ extent dans une moindre mesure; she treats them as though they were ~ mortals elle les traite de haut; ~ mortals like me *hum* les simples mortels comme moi. -**2.** BOT, GEOG & ZOOL petit; the ~ panda le petit panda.

lesser-known *adj* moins connu.

lesson ['lesn] *n* -**1.** [gen] leçon *f*; SCH leçon *f*, cours *m*; an English ~ une leçon OR un cours d'anglais; a dancing/driving ~ une leçon de danse/de conduite; to give a ~ donner un cours OR une leçon; ~s start at half past eight les cours commencent à huit heures et demie; private ~s cours *mpl* particuliers. -**2.** [example] leçon *f*; her downfall was a ~ to us all sa chute nous a servi de leçon à tous; to teach sb a ~ donner une (bonne) leçon à qqn; that'll teach him a ~! cela lui servira de leçon!; the experience has taught me a ~ I won't forget! cette expérience m'a servi de leçon, croyez-moi! -**3.** RELIG leçon *f*, lecture *f*.

lessor [le'sɔːʳ] *n* bailleur *m*, -eresse *f*.

lest [lest] *conj lit* de peur que, de crainte que; they whispered ~ the children should hear ils parlèrent à voix basse de peur OR de crainte que les enfants ne les entendent; she wrote it down, ~ she forget OR ~ she might forget elle l'a noté, de peur d'oublier.

let[1] [let] (*pt* & *pp* let, *cont* letting) ◇ *vt* -1. [rent] louer; 'to ~' 'à louer'. -2. *arch* OR *lit* MED: to ~ (sb's) blood faire une saignée (à qqn).
◇ *n* -1. [rental] location *f*; she took a six-month ~ on a house elle a loué une maison pour six mois. -2. SPORT [in tennis, squash]: ~ (ball) let *m*; the ball was a ~ la balle était let; to play a ~ jouer un let. -3. *fml* [hindrance] empêchement *m*; without ~ or hindrance librement, sans entrave.

let[2] [let] (*pt* & *pp* let, *cont* letting) *vt* -1. [permit] laisser, permettre; she ~ them watch the programme elle les a laissés regarder l'émission; I couldn't come because my parents wouldn't ~ me je ne suis pas venu parce que mes parents ne me l'ont pas permis || [allow] laisser; I ~ the cakes burn j'ai laissé brûler les gâteaux; ~ me buy you all a drink laissez-moi vous offrir un verre; don't ~ me stop you going je ne veux pas t'empêcher d'y aller; ~ me see the newspaper fais-moi voir le journal; to ~ sb past laisser passer qqn; they don't ~ anyone near the reactor ils ne laissent personne approcher du réacteur; don't ~ it get you down! *inf* ne te laisse pas abattre pour ça!; don't ~ him get to you ne te soucie pas de lui; to ~ sb have sthg donner qqch à qqn; don't be selfish, ~ him have a cake! ne sois pas égoïste, donne-lui un gâteau!; I'll ~ you have a copy of the report je vous ferai parvenir une copie du rapport; she ~ him know what she thought of him elle lui a fait savoir ce qu'elle pensait de lui; please ~ me know if there's any change veuillez me prévenir s'il y a du changement; please God don't ~ anything happen to her! faites qu'il ne lui arrive rien!; to ~ sthg pass laisser passer qqch ❑ to ~ sb have it *inf* [physically] casser la figure à qqn; [verbally] dire ses quatre vérités à qqn. -2. [followed by 'go']: to ~ sb go [allow to leave] laisser partir qqn; [release] relâcher qqn; [dismiss, fire] *euph* licencier qqn; they ~ the hostages go ils ont relâché les otages; she ~ her assistant go elle a licencié son assistant; to ~ sb/sthg go [allow to escape] laisser échapper qqn/qqch; to ~ sb/sthg go, to ~ go of sb/sthg [stop holding] lâcher qqn/qqch; hold the rope and don't ~ go (of it)! tiens la corde et ne la lâche pas!; ~ me go!, ~ go of me! lâchez-moi!; to ~ o.s. go [neglect o.s., relax] se laisser aller; he's really ~ the garden go il a vraiment négligé le jardin; that remark was uncalled-for but ~ it go cette réflexion était déplacée mais restons-en là; give me £5 and we'll ~ it go at that donne-moi 5 livres et on n'en parle plus. -3. [in making suggestions]: ~'s go to bed allons nous coucher; ~'s go! allons-y!; don't ~'s go out OR ~'s not go out tonight ne sortons pas ce soir; shall we have a picnic? – yes, ~'s! si on faisait un pique-nique? – d'accord!; ~ us pray *fml* prions ensemble. -4. [to focus attention]: ~ me start by saying OR ~ me just say how pleased I am to be here laissez-moi d'abord vous dire combien je suis ravi d'être ici; ~ me put it another way attends, je vais être plus clair; ~ me try and explain attendez que je vous explique. -5. [in hesitation]: ~ me think attends, voyons voir; ~ me see, ~'s see voyons. -6. [to express criticism or defiance]: if she doesn't want my help, ~ her do it herself! si elle ne veut pas de mon aide, qu'elle le fasse toute seule!; ~ them talk! laisse-les dire! -7. [in threats]: don't ~ me catch you at it again! que je ne t'y reprenne plus!; ~ me catch you doing that again and you're for it! *inf* si je te reprends à faire ça, ça va être ta fête! -8. [in commands]: ~ there be light BIBLE que la lumière soit; ~ the festivities begin! que la fête commence!; ~ them be! laisse-les tranquilles!, fiche-leur la paix! -9. [in making assumptions]: ~ us suppose that... supposons que...; ~ x equal 17 MATH soit x égal à 17; ~ ABC be a right-angled triangle MATH soit un triangle rectangle ABC.

◆ **let alone** *conj phr*: I wouldn't go out with him, ~ alone marry him je ne sortirais même pas avec lui, alors pour ce qui est de l'épouser...

◆ **let down** *vt sep* -1. [disappoint] décevoir; I felt really ~ down j'étais vraiment déçu; our old car has never ~ us down notre vieille voiture ne nous a jamais laissés tomber; she ~ us down badly elle nous a proprement laissés tomber. -2. [lower, let fall - object] baisser, (faire) descendre; [- hair] dénouer; to ~ sb down gently *fig* traiter qqn avec ménagement. -3. SEW rallonger; to ~ (the hem of) a dress down rallonger une robe. -4. [deflate] dégonfler.

◆ **let in** *vt sep* -1. [person, animal] laisser entrer; to ~ sb in ouvrir (la porte) à qqn, faire entrer qqn; his mother ~ me in sa mère m'a fait entrer OR m'a ouvert (la porte); here's the key to ~ yourself in voici la clé pour entrer; she ~ herself in with a pass key elle est entrée avec un passe. -2. [air, water] laisser passer; the roof ~s the rain in le toit laisse entrer OR passer la pluie; my shoes ~ in water mes chaussures prennent l'eau. -3. AUT: to ~ in the clutch embrayer.

◆ **let in for** *vt sep*: he didn't realize what he was letting himself in for il ne savait pas à quoi il s'engageait.

◆ **let in on** *vt sep*: to ~ sb in on sthg mettre qqn au courant de qqch; have you ~ him in on the secret? lui avez-vous confié le secret?

◆ **let into** *vt sep* -1. [allow to enter] laisser entrer; my mother ~ her into the flat ma mère l'a laissée entrer dans l'appartement. -2. [allow to know]: I'll ~ you into a secret je vais te confier un secret. -3. [insert] encastrer; the pipes are ~ into the wall les tuyaux sont encastrés dans le mur; to ~ a door/window into a wall percer une porte/fenêtre dans un mur.

◆ **let off** ◇ *vt sep* -1. [excuse] dispenser; to ~ sb off doing sthg dispenser qqn de faire qqch; I've been ~ off work je suis dispensé de travailler. -2. [allow to leave] laisser partir; [allow to disembark] laisser descendre; we were ~ off an hour early on nous a laissés partir une heure plus tôt; they ~ us off the bus on nous a laissés descendre du bus. -3. [criminal, pupil, child] ne pas punir; the judge ~ him off lightly le juge a fait preuve d'indulgence à son égard; she was ~ off with a reprimand/a fine elle s'en est tirée avec une réprimande/une amende; I'll ~ you off this once pour cette fois, je passe. -4. [bomb, explosive] faire exploser; [firework] faire partir; [gun] laisser partir. -5. [release - steam, liquid] laisser échapper. -6. [rent] louer; the whole building is ~ off as offices tout l'immeuble est loué en bureaux.
◇ *vi insep inf* [break wind] péter.

◆ **let on** *inf* ◇ *vi insep*: she never ~ on elle ne l'a jamais dit; somebody ~ on about the wedding to the press quelqu'un a parlé du mariage à OR a révélé le mariage à la presse.
◇ *vt sep* [allow to embark] laisser monter; they ~ us on the train on nous a laissés monter dans le train.

◆ **let out** *vt sep* -1. [allow to leave] laisser sortir; the teacher ~ us out early le professeur nous a laissés sortir plus tôt; my secretary will ~ you out ma secrétaire va vous reconduire; don't get up, I'll ~ myself out ne vous levez pas, je connais le chemin. -2. [water, air] laisser échapper; someone's ~ the air out of the tyres quelqu'un a dégonflé les pneus. -3. [shout, oath, whistle] laisser échapper. -4. [secret] révéler; who ~ it out that they're getting married? qui est allé raconter qu'ils allaient se marier? -5. SEW [dress, trousers] élargir. -6. AUT: to ~ out the clutch débrayer. -7. [rent] louer; they ~ out boats by the hour ils louent des bateaux à l'heure.

◆ **let up** *vi insep* -1. [stop] arrêter; [diminish] diminuer; the rain didn't ~ up all day il n'a pas cessé OR arrêté de pleuvoir de toute la journée. -2. [relax]: he never ~s up il ne s'accorde aucun répit; don't ~ up now, you're in the lead ce n'est pas le moment de faiblir, tu es en tête.

◆ **let up on** *inf vt insep*: to ~ up on sb lâcher la bride à qqn.

letch *inf* [letʃ] = **lech**.

letdown *inf* ['letdaʊn] *n* déception *f*; the party was a bit of a ~ la fête a été plutôt décevante.

lethal ['liːθl] *adj* fatal, mortel; MED létal; a ~ weapon une arme meurtrière; in the hands of a child, a plastic bag can be ~ dans les mains d'un enfant, un sac en plastique peut être dangereux; this substance is ~ to rats c'est une substance mortelle pour les rats; this vodka's ~ *inf fig* cette vodka est redoutable ❑ ~ dose dose *f* mortelle OR létale; ~ gene gène *m* létal.

lethally ['liːθəlɪ] *adv* mortellement.

lethargic [lə'θɑːdʒɪk] *adj* [person, sleep] léthargique; [atmosphere] soporifique; I feel really ~ today je me sens complètement à plat aujourd'hui.

lethargy ['leθədʒɪ] *n* léthargie *f*; to fall into a state of ~ tomber en léthargie.

let-out *n Br* [excuse] prétexte *m*; [way out] échappatoire *f*; I've been invited but I'm looking for a ~ j'ai été invité, mais je cherche un prétexte pour ne pas y aller.

let's [lets] = **let us**.

Lett [let] *n* Letton *m*, -on(n)e *f*.

letter ['letəʳ] ◇ *n* -1. [of alphabet] lettre *f*; in capital ~s en (lettres) majuscules; the ~ B la lettre B; a six-~ word un mot de six lettres; he's got a lot of ~s after his name il est bardé de diplômes. -2. *fig* [exact meaning] lettre *f*; the ~ of the law la lettre de la loi; to keep OR to stick to the ~ of the law respecter la loi au pied de la lettre OR à la lettre; she obeyed the instructions to the ~ elle a suivi les instructions à la lettre OR au pied de la lettre. -3. [communication] lettre *f*; [mail] courrier *m*; by ~ par lettre OR courrier; he's a good ~ writer il écrit régulièrement; I'm a bad ~ writer je n'écris pas souvent; to post ~s *Br* poster des lettres OR du courrier; a ~ of introduction une lettre de recommandation; ~s to the editor [in newspapers, magazines] courrier des lecteurs; the ~s of D. H. Lawrence la correspondance de D. H. Lawrence ❑ ~ of credit COMM lettre de crédit; ~s of credence ADMIN lettres de créance.
◇ *vt* [write] inscrire des lettres sur; [engrave] graver (des lettres sur); [manuscript] enluminer; the title was ~ed in gilt le titre était inscrit en lettres dorées; the rooms are ~ed from A to K les salles portent des lettres de A à K.

◆ **letters** *npl fml* [learning] belles-lettres *fpl*; a man of ~s [scholar] un lettré; [writer] un homme de lettres; English ~s *Br* littérature *f* anglaise.

letter bomb *n* lettre *f* piégée.

letter box *n Br* boîte *f* à OR aux lettres.

letter card *n* carte-lettre *f*.

lettered ['letəd] *adj* -1. *fml* [person] lettré. -2. [inscribed]: ~ in gold inscrit en lettres d'or.

letterhead ['letəhed] *n* en-tête *m inv (de lettre)*.

lettering ['letərɪŋ] *n (U)* [inscription] inscription *f*; [characters] caractères *mpl*; written in gold ~ écrit en lettres d'or.

letter-opener *n* coupe-papier *m inv*.

letter-perfect *adj Am* [person] qui connaît son texte parfaitement; [text] parfait.

letterpress ['letəpres] *n* [technique] typographie *f*; [text] texte *m* (imprimé).

letter quality *n* COMPUT qualité *f* courrier; near ~ qualité quasi-courrier *(pour une imprimante)*.

◆ **letter-quality** *adj* qualité courrier *(inv)*.

letter rack *n* porte-lettres *m inv*.

letterset ['letəset] *n* offset *m* sec.

letters patent *npl* patente *f*.

letting ['letɪŋ] *n* [of house, property] location *f*.

lettuce ['letɪs] *n* [gen & CULIN] salade *f*; BOT laitue *f*; ~ leaf feuille *f* de salade OR de laitue.

let-up *n* [stop] arrêt *m*, pause *f*; [abatement] répit *m*; it's been raining for days without a ~ ça fait des jours qu'il n'arrête pas de pleuvoir OR qu'il pleut sans arrêt.

leucin ['luːsɪn], **leucine** ['luːsiːn] *n* leucine *f*.

leucocyte ['lu:kəsaɪt] *n* leucocyte *m*.

leucoma ['lu:kəʊmə] *n* leucome *m*.

leucotomy [lu:'kɒtəmɪ] (*pl* **leucotomies**) *n* leucotomie *f*.

leukaemia *Br*, **leukemia** *Am* [lu:'ki:mɪə] *n* *(U)* leucémie *f*; **he has ~** il a une leucémie, il est atteint de leucémie.

leukocyte ['lu:kəsaɪt] = **leucocyte**.

Levant [lɪ'vænt] *n*: **the ~** le Levant.

Levantine ['levəntaɪn] ◇ *n* Levantin *m*, -e *f*.
◇ *adj* levantin.

levee ['levɪ] *n* -**1.** *Am* [embankment] levée *f*; [surrounding field] digue *f*. -**2.** *Am* [landing place] quai *m*. -**3.** HIST [in royal chamber] lever *m* (du roi); *Br* [at court] réception *f* à la cour.

level ['levl] (*Br pt* & *pp* **levelled**, *cont* **levelling**, *Am pt* & *pp* **leveled**, *cont* **leveling**) ◇ *n* -**1.** [height - in a horizontal plane] niveau *m*; [- in a vertical plane] hauteur *f*; **at ground ~** au niveau du sol; **water seeks its own ~** c'est le principe des vases communicants; **the ~ of the river has risen overnight** le niveau de la rivière a monté pendant la nuit; **the flood waters have reached the ~ of the bridge** la crue a atteint le niveau du pont; **the sink is on a ~ with the work surface** l'évier est au niveau du OR de niveau avec le plan de travail; **the house and garden are on the same ~** la maison et le jardin sont au même niveau. -**2.** [amount] niveau *m*; [percentage] taux *m*; **noise ~s are far too high** le niveau sonore est bien trop élevé; **a low ~ of sugar in the bloodstream** un faible taux de sucre dans le sang; **inflation has reached new ~s** l'inflation a atteint de nouveaux sommets; **check the oil ~** [in car] vérifiez le niveau d'huile. -**3.** [rank] niveau *m*, échelon *m*; **at cabinet/national ~** à l'échelon ministériel/national; **at a regional ~** au niveau régional; **talks are being held at the highest ~** on négocie au plus haut niveau. -**4.** [standard] niveau *m*; **her ~ of English is poor** elle n'a pas un très bon niveau en anglais; **students at beginners' ~** étudiants *mpl* au niveau débutant; **a high ~ of competence/intelligence** un haut niveau de compétence/d'intelligence; **they're not on the same ~ at all** ils ne sont pas du tout du même niveau, ils n'ont absolument pas le même niveau; **she's on a different ~ from the others** elle n'est pas au même niveau que les autres; **to come down to sb's ~** se mettre au niveau de qqn; **don't descend** OR **sink to their ~** ne t'abaisse pas à leur niveau. -**5.** [point of view]: **on a personal ~, I really like him** sur le plan personnel, je l'aime beaucoup; **on a practical ~** du point de vue pratique. -**6.** [storey] niveau *m*, étage *m*; **the library is on ~ three** la bibliothèque est au niveau trois OR au troisième étage. -**7.** [flat land] plat *m*; **100 km/h on the ~** 100 km/h sur le plat. -**8.** [for woodwork, building etc]: **(spirit) ~** niveau *m* (à bulle). -**9.** *inf phr*: **on the ~** [honest] honnête, réglo; **do you think he's on the ~?** tu crois qu'il est réglo OR que c'est un type réglo?; **I'm giving it to you on the ~** je te dis ça franchement OR sans détours; **this deal is definitely on the ~** cette affaire est tout ce qu'il y a de plus réglo.
◇ *adj* -**1.** [flat] plat; **a ~ spoonful** une cuillerée rase; **to make sthg ~** aplanir qqch. -**2.** [at the same height] au même niveau, à la même hauteur; [at the same standard] au même niveau; **the terrace is ~ with the pool** la terrasse est au même niveau que OR de plain-pied avec la piscine; **his head is just ~ with my shoulder** sa tête m'arrive exactement à l'épaule. -**3.** [in horizontal position]: **hold the tray ~** tenez le plateau à l'horizontale OR bien à plat; **to fly ~** AERON voler en palier. -**4.** [equal] à égalité; **the leading cars are almost ~** les voitures de tête sont presque à la même hauteur; **to draw ~** se trouver à égalité; **the other runners drew ~ with me** les autres coureurs m'ont rattrapé. -**5.** [calm, steady] calme, mesuré; **to speak in a ~ voice** parler d'une voix calme OR posée; **she gave me a ~ look** elle me regarda posément; **to keep a ~ head** garder la tête froide. -**6.** *inf* [honest] honnête, réglo; **you're not being ~ with me** tu ne joues pas franc jeu avec moi. -**7.** *inf phr*: **to do one's ~ best** faire de son mieux; **she did her ~ best to irritate me** elle a tout fait pour me mettre en colère; **~ pegging** *inf Br* à égalité.
◇ *vt* -**1.** [flatten] aplanir, niveler. -**2.** [aim]: **to ~ a gun at sb** braquer une arme sur qqn; **a lot of criticism has been levelled at me** on m'a beaucoup critiqué.
◇ *vi* *inf*: **to ~ with sb** être franc avec qqn, jouer franc jeu avec qqn.
◆ **level down** *vt sep* [surface] aplanir, niveler; [standard] niveler par le bas.
◆ **level off** ◇ *vi insep* -**1.** [production, rise, development] s'équilibrer, se stabiliser; **the curve on the graph ~s off at this point** la courbe du graphique se stabilise à partir d'ici; **the team's performance has levelled off this season** les résultats de l'équipe se sont stabilisés cette saison. -**2.** AERON amorcer un palier.
◇ *vt sep* [flatten] aplatir, niveler.
◆ **level out** ◇ *vi insep* -**1.** [road, surface] s'aplanir. -**2.** [stabilize] se stabiliser.
◇ *vt sep* niveler.
◆ **level up** *vt sep* niveler (par le haut).

level crossing *n Br* passage *m* à niveau.

leveler *Am* = **leveller**.

level-headed *adj* équilibré, pondéré, réfléchi; **he's a ~ boy** c'est un garçon qui a la tête sur les épaules.

leveling *Am* = **levelling**.

leveller *Br*, **leveler** *Am* ['levələr] *n* POL égalitariste *mf*, niveleur *m*, -euse *f*; **death is a great ~** nous sommes tous égaux devant la mort.
◆ **the Levellers** *npl* HIST les niveleurs *mpl*.

THE LEVELLERS:
Mouvement de républicains acharnés apparu en 1647 pendant la guerre civile en Angleterre. Les «niveleurs» réclamaient un renforcement des pouvoirs du Parlement ainsi qu'une plus large représentation populaire, mais furent durement réprimés par Cromwell.

---

levelling *Br*, **leveling** *Am* ['levəlɪŋ] ◇ *n* nivellement *m*, aplanissement *m*; **earth ~** nivellement du terrain; **a ~ up/down of salaries is desirable** un nivellement des salaires par le haut/par le bas est souhaitable; **a ~ off of prices** une stabilisation des prix.
◇ *adj* de nivellement; **~ screw** vis *f* d'ajustement (de niveau); **~ staff** mire *f* (parlante).

lever [*Br* 'li:vər, *Am* 'levər] ◇ *n literal* & *fig* levier *m*; [smaller] manette *f*.
◇ *vt* manœuvrer à l'aide d'un levier; **they ~ed the engine into position** ils installèrent le moteur à l'aide d'un levier.
◆ **lever out** *vt sep* extraire OR extirper (à l'aide d'un levier); *fig*: **he ~ed himself out of bed** il s'extirpa du lit; **they ~ed the president out of office** ils ont délogé le président de son poste.
◆ **lever up** *vt sep* soulever (au moyen d'un levier); **she ~ed herself up onto the rock** *fig* elle se hissa sur le rocher.

leverage [*Br* 'li:vərɪdʒ, *Am* 'levərɪdʒ] *n* -**1.** MECH force *f* (de levier); **I can't get enough ~** je n'ai pas assez de prise. -**2.** [influence]: **he has no ~ with the management** il n'a aucun moyen de pression sur la direction; **the committee's findings give us considerable (political) ~** les conclusions de la commission constituent pour nous des moyens de pression considérables (sur le plan politique). -**3.** *Am* ECON effet *m* de levier.

leveret ['levərɪt] *n* levraut *m*.

Levi ['li:vaɪ] *pr n* Lévi.

leviathan [lɪ'vaɪəθn] *n* [ship] navire *m* géant; [institution, organization] institution *f* OR organisation *f* géante.
◆ **Leviathan** *pr n* Léviathan.

Levi's® ['li:vaɪz] *npl* jean *m* OR jeans *mpl* (Levi's)®.

levitate ['levɪteɪt] ◇ *vi* léviter.
◇ *vt* faire léviter, soulever par lévitation.

levitation [,levɪ'teɪʃn] *n* lévitation *f*.

Levite ['li:vaɪt] *n* lévite *m*.

Leviticus [lɪ'vɪtɪkəs] *pr n* le Lévitique.

levity ['levətɪ] (*pl* **levities**) *n* légèreté *f*, manque *m* de sérieux.

levy ['levɪ] (*pl* **levies**, *pt* & *pp* **levied**) ◇ *n* -**1.** [levying] prélèvement *m*; **tax ~** prélèvement *m* fiscal; **a capital ~ of 10%** un prélèvement de 10 % sur le capital. -**2.** [tax, duty] impôt *m*, taxe *f*; **to impose a ~ on sugar imports** taxer les importations de sucre. -**3.** MIL levée *f*.
◇ *vt* -**1.** [impose - tax] prélever; [- fine] imposer, infliger; **to ~ a duty on imports** prélever une taxe sur les importations. -**2.** [collect - taxes, fine] lever, percevoir. -**3.** MIL [troops] lever. -**4.** [wage]: **to ~ war on small states** faire la guerre à de petits États.
◆ **levy on** *vt insep fml* OR JUR: **to ~ on sb's property** saisir les biens de qqn.

lewd [lju:d] *adj* [behaviour] lubrique; [speech] obscène.

lewdness ['lju:dnɪs] *n* [of behaviour] lubricité *f*; [of speech] obscénité *f*.

Lewis gun ['lu:ɪs-] *n* mitrailleuse *f* *(utilisée pendant la Première Guerre mondiale)*.

lexeme ['leksi:m] *n* lexème *m*.

lexical ['leksɪkl] *adj* lexical.

lexicalize, -ise ['leksɪkəlaɪz] *vt* lexicaliser.

lexicographer [,leksɪ'kɒgrəfər] *n* lexicographe *mf*.

lexicographical [,leksɪkə'græfɪkl] *adj* lexicographique.

lexicography [,leksɪ'kɒgrəfɪ] *n* lexicographie *f*.

lexicologist [,leksɪ'kɒlədʒɪst] *n* lexicologue *mf*.

lexicology [,leksɪ'kɒlədʒɪ] *n* lexicologie *f*.

lexicon ['leksɪkən] *n* lexique *m*.

lexis ['leksɪs] *n* lexique *m*.

ley [leɪ] *n* pâturage *m*.

ley line *n ensemble de repères indiquant le tracé probable d'un chemin préhistorique.*

Lhasa ['lɑ:sə] *pr n* Lhassa.

LI *written abbr of* Long Island.

liability [,laɪə'bɪlətɪ] (*pl* **liabilities**) *n* -**1.** *(U)* JUR [responsibility] responsabilité *f* (légale); **he refused to admit ~ for the damage** il refusa d'endosser la responsabilité des dégâts. -**2.** *(U)* [eligibility] assujettissement *m*; **~ for tax** assujettissement à l'impôt; **~ for military service** obligations *fpl* militaires. -**3.** [hindrance] gêne *f*, handicap *m*; **some qualifications are more of a ~ than an asset** certains diplômes sont un handicap plus qu'un atout; **the house he had inherited was a real ~** la maison dont il avait hérité lui coûtait une petite fortune OR lui revenait cher; **that man is a (total) ~** ce type est un vrai poids mort OR un véritable boulet.
◆ **liabilities** *npl* FIN [debts] passif *m*, engagements *mpl* financiers; **to meet one's liabilities** faire face à ses engagements; **liabilities on an estate** passif d'une succession.

liability suit *n Am* JUR procès *m* en responsabilité civile.

liable ['laɪəbl] *adj* -**1.** JUR [responsible] responsable; **to be held ~ for sthg** être tenu (pour) responsable de qqch; **employers are ~ for their staff's mistakes** les employeurs sont (civilement) responsables des erreurs de leur personnel; **to be ~ for sb's debts** répondre des dettes de qqn; **you'll be ~ for damages** on sera en droit de vous demander OR réclamer des dommages et intérêts. -**2.** [likely]: **~ to: the programme is ~ to change** le programme est susceptible d'être modifié, il se peut que le programme subisse des modifications; **he's ~ to arrive at any moment** il peut arriver d'une minute à l'autre; **the bomb is ~ to explode at any moment** la bombe risque d'exploser à tout instant; **we are all ~ to make mistakes** tout le monde peut se tromper; **if you don't remind him, he's ~ to forget** si on ne lui rappelle pas, il risque d'oublier; **~ to headaches** sujet aux maux de tête. -**3.** ADMIN: **to be ~ for tax** [person] être assujetti à OR redevable de l'impôt; [goods] être assujetti à une taxe; **offenders are**

∼ to a fine les contrevenants sont passibles d'une amende; **he is ∼ to be prosecuted** il s'expose à des poursuites judiciaires ‖ MIL: **to be ∼ for military service** être astreint au service militaire.

liaise [lɪ'eɪz] *vi*: **to ∼ with sb** assurer la liaison avec qqn.

liaison [lɪ'eɪzɒn] *n* liaison *f*.

liaison officer *n* [between services, companies] agent *m* de liaison; MIL officier *m* de liaison.

liana [lɪ'ɑːnə] *n* liane *f*.

liar ['laɪəʳ] *n* menteur *m*, -euse *f*.

lib *inf* [lɪb] (*abbr of* **liberation**) *n*: **women's ∼** le mouvement de libération des femmes, ≃ le MLF; **gay ∼** le mouvement de libération gay OR des homosexuels.

Lib [lɪb] *abbr of* **Liberal**.

libation [laɪ'beɪʃn] *n lit* [offering] libation *f*; *hum* [drink] libations *fpl*.

libber *inf* ['lɪbəʳ] *n*: **women's ∼** féministe *f*, ≃ adhérente *f* du MLF.

libel ['laɪbl] (*Br pt* & *pp* **libelled**, *cont* **libelling**, *Am pt* & *pp* **libeled**, *cont* **libeling**) ◇ *n* JUR [act of publishing] diffamation *f*; [publication] écrit *m* diffamatoire; *fig* [calumny] calomnie *f*, mensonge *m*; **the ∼ laws** la législation en matière de diffamation; **∼ suit** procès *m* en diffamation.
◇ *vt* JUR diffamer; *fig* calomnier.

libellee *Br*, **libelee** *Am* [,laɪbə'liː] *n* personne *f* poursuivie pour diffamation.

libellous *Br*, **libelous** *Am* ['laɪbələs] *adj* diffamatoire.

liberal ['lɪbərəl] ◇ *adj* -**1.** [tolerant - person] libéral, large d'esprit; [- ideas, mind] libéral, large; **a ∼ education** une éducation libérale ❑ **∼ studies** ≃ programme *m* de culture générale. -**2.** [generous] libéral, généreux; [copious - helping, portion] abondant, copieux; **the cook was a bit too ∼ with the salt** le cuisinier a eu la main un peu lourde avec le sel; **he was always very ∼ with his praise** il n'était jamais avare de compliments.
◇ *n* [moderate]: **she's a ∼** elle est de centre-gauche.
◆ **Liberal** ◇ *adj* POL [in 19th century] libéral; [nowadays] de centre-gauche; **the Liberal Party** le parti Libéral; **the Liberal Democrats** *parti centriste britannique*; **the Liberal-SDP Alliance** *alliance entre le parti Libéral et le SDP (en 1987) qui a donné lieu à la création du SLD.*
◇ *n* [party member] libéral *m*, -e *f*.

liberal arts *npl*: **the ∼** les sciences humaines.

liberalism ['lɪbərəlɪzm] *n* libéralisme *m*.

liberality [,lɪbə'rælətɪ] (*pl* **liberalities**) *n* -**1.** [tolerance] libéralisme *m*. -**2.** [generosity] libéralité *f*, largesse *f*.

liberalize, -ise ['lɪbərəlaɪz] *vt* libéraliser.

liberally ['lɪbərəlɪ] *adv* libéralement; **a ∼ spiced dish** un plat généreusement épicé.

liberate ['lɪbəreɪt] *vt* -**1.** [gen] libérer; CHEM libérer, dégager. -**2.** *hum* [steal] piquer.

liberated ['lɪbəreɪtɪd] *adj* libéré.

liberation [,lɪbə'reɪʃn] *n* libération *f*.

liberationist [,lɪbə'reɪʃənɪst] *n* [feminist] féministe *m* militant, féministe *f* militante.

liberation movement *n* mouvement *m* de libération.

liberation theology *n* théologie *f* de la libération.

liberator ['lɪbəreɪtəʳ] *n* libérateur *m*, -trice *f*.

Liberia [laɪ'bɪərɪə] *pr n* Liberia *m*; **in ∼** au Liberia.

Liberian [laɪ'bɪərɪən] ◇ *n* Libérien *m*, -enne *f*.
◇ *adj* libérien.

libertarian [,lɪbə'teərɪən] ◇ *adj* libertaire.
◇ *n* libertaire *mf*.

libertarianism [,lɪbə'teərɪənɪzm] *n* [doctrine] doctrine *f* libertaire; [political ideas] convictions *fpl* libertaires.

libertine ['lɪbətiːn] ◇ *adj* libertin.
◇ *n* libertin *m*, -e *f*.

liberty ['lɪbətɪ] (*pl* **liberties**) *n* [in behaviour] liberté *f*; **to take liberties with sb** prendre OR se permettre des libertés avec qqn; **to take liberties with the truth/a text** prendre des libertés avec la vérité/un texte; **I took the ∼ of inviting them** j'ai pris la liberté OR je me suis permis de les inviter ‖ [cheek]: **what a ∼!** quel toupet!
◆ **at liberty** *adj phr*: **the criminals are still at ∼** les criminels sont toujours en liberté OR courent toujours; **you are at ∼ to leave** vous êtes libre de partir; **I'm not at ∼ to disclose my sources** il ne m'est pas possible OR permis de dévoiler mes sources; **I'm not at ∼ to comment** je n'ai pas le droit de OR il ne m'est pas permis de faire de commentaires.

liberty cap *n* bonnet *m* phrygien OR d'affranchi.

liberty hall *inf n pej*: **it's ∼ in this house** chacun fait ce qui lui plaît OR c'est la pétaudière dans cette maison.

libidinal [lɪ'bɪdɪnəl] *adj* libidinal.

libidinous [lɪ'bɪdɪnəs] *adj* libidineux.

libido [lɪ'biːdəʊ] (*pl* **libidos**) *n* libido *f*.

Lib-Lab *inf* ['lɪblæb] (*abbr of* **Liberal-Labour**) *adj Br* POL [agreement, talks] entre libéraux et travaillistes; **a ∼ pact** un accord entre libéraux et travaillistes.

Libra ['liːbrə] ◇ *pr n* ASTROL & ASTRON Balance *f*.
◇ *n*: **he's a ∼** il est (du signe de la) Balance.

Libran ['liːbrən] *n* (natif *m*, -ive *f* de la) Balance *f*.

librarian [laɪ'breərɪən] *n* bibliothécaire *mf*.

librarianship [laɪ'breərɪənʃɪp] *n* [science] bibliothéconomie *f*; **to study ∼** faire des études de bibliothécaire OR de bibliothéconomie.

library ['laɪbrərɪ] (*pl* **libraries**) ◇ *n* -**1.** [gen] bibliothèque *f*; **the Library of Congress** la bibliothèque du Congrès *(équivalent américain de la Bibliothèque Nationale)*. -**2.** [published series] bibliothèque *f*, collection *f*. -**3.** COMPUT bibliothèque *f*.
◇ *comp* [book, card] de bibliothèque.

library edition *n* édition *f* de luxe.

library science *n* bibliothéconomie *f*; **she's studying ∼** elle fait des études de bibliothécaire.

librettist [lɪ'bretɪst] *n* librettiste *mf*.

libretto [lɪ'bretəʊ] (*pl* **librettos** OR **libretti** [-tɪ]) *n* MUS livret *m*, libretto *m*.

Libreville ['liːbrəvɪl] *pr n* Libreville.

Librium® ['lɪbrɪəm] *n* Librium® *m*.

Libya ['lɪbɪə] *pr n* Libye *f*; **in ∼** en Libye.

Libyan ['lɪbɪən] ◇ *n* Libyen *m*, -enne *f*.
◇ *adj* libyen; **the ∼ Desert** le désert de Libye.

lice [laɪs] *pl* → **louse**.

licence *Br*, **license** *Am* ['laɪsəns] *n* -**1.** [permit] permis *m*; [for marriage] certificat *m* de publication des bans; [for trade, bar] licence *f*; [for TV, radio] redevance *f*; [for pilot] brevet *m*; [for driver] permis *m* (de conduire); **do you have a TV ∼?** avez-vous payé la redevance (télé)?; **a ∼ to sell alcoholic drinks** une licence de débit de boissons. -**2.** ADMIN & COMM [permission] licence *f*, autorisation *f*; **to manufacture sthg under ∼** fabriquer qqch sous licence; **to marry by special ∼** ≃ se marier sans publication de bans; **a ∼ to print money** *fig*: **that job's a ∼ to print money!** ce travail est une sinécure! -**3.** [liberty] licence *f*, liberté *f*; **the biographer has allowed himself a certain ∼ in his interpretation** le biographe s'est permis certaines libertés d'interprétation; **artistic ∼** licence artistique. -**4.** [immoral behaviour] licence *f*, débordements *mpl*; **sexual ∼** débordements sexuels.

licence number *n* [on vehicle] numéro *m* d'immatriculation; [on driving licence] numéro *m* de permis de conduire.

license ['laɪsəns] ◇ *n Am* = **licence**.
◇ *vt* -**1.** ADMIN & COMM [premises, trader] accorder une licence OR une autorisation à; **∼d to practise medicine** habilité à exercer la médecine; **to ∼ a car** immatriculer une voiture; **is this vehicle ∼d?** *Br* ce véhicule est-il immatriculé? -**2.** [allow]: **to ∼ sb to do sthg** autoriser qqn à faire qqch, permettre à qqn de faire qqch.

licensed ['laɪsənst] *adj* -**1.** COMM fabriqué sous licence; [for alcohol]: **these premises are ∼ to sell alcoholic drinks** cet établissement est autorisé à vendre des boissons alcoolisées ❑ **∼ victualler** *fml* débitant *m* de boissons; **∼ premises** [bar, pub] débit *m* de boissons; [restaurant, cafeteria] établissement *m* autorisé à vendre des boissons alcoolisées; **∼ product** produit *m* sous licence. -**2.** [pilot] breveté; [driver] qui a son permis (de conduire).

licensed practical nurse *n Am* infirmier *m*, -ère *f*.

licensee [,laɪsən'siː] *n* [gen] titulaire *mf* d'une licence OR d'un permis; [pub-owner, landlord] débitant *m*, -e *f* (de boissons).

license plate *n Am* plaque *f* minéralogique OR d'immatriculation.

licensing ['laɪsənsɪŋ] *n* [of car] immatriculation *f*; [of activity] autorisation *f*; **∼ authority** *organisme chargé de la délivrance des licences.*

licensing hours *npl* [in UK] *heures d'ouverture des pubs.*

LICENSING HOURS:
Traditionnellement, les heures d'ouverture des pubs répondent à une réglementation très stricte (liée à la législation sur la vente des boissons alcoolisées), mais celle-ci a été assouplie en 1988. Au lieu d'ouvrir uniquement de 11 h 30 à 14 h 30 et de 18 h à 22 h 30, les pubs peuvent désormais rester ouverts de 11 h à 23 h.

---

licensing laws *npl* [in UK] *lois réglementant la vente d'alcools.*

licentiate [laɪ'senʃɪət] *n* diplômé *m*, -e *f*.

licentious [laɪ'senʃəs] *adj* licencieux.

lichee [,laɪ'tʃiː] *n* litchi *m*, lychee *m*.

lichen ['laɪkən] *n* lichen *m*.

lich-gate ['lɪtʃ-] = **lych-gate**.

licit ['lɪsɪt] *adj* licite.

lick [lɪk] ◇ *vt* -**1.** [ice-cream] lécher; [stamp] humecter; **the dog ∼ed its bowl clean** le chien a nettoyé sa gamelle à coups de langue; **the dog ∼ed her hand** le chien lui a léché la main; **the cat ∼ed (up) the milk from the plate** le chat a lapé le lait qui était dans l'assiette; **he ∼ed the jam off the bread** il lécha la confiture de la tartine; **the dog ∼ed the crumbs off the floor** le chien léchait les miettes par terre; **to ∼ one's chops** *inf* se lécher les babines; **the flames ∼ed the walls of the house** *fig* les flammes léchaient les murs de la maison ❑ **to ∼ sb's boots** lécher les bottes à qqn; **to ∼ one's lips** *literal* se lécher les lèvres; *fig* [with satisfaction, lust] se frotter les mains; [with eager anticipation] se lécher les babines; **to ∼ one's wounds** panser ses blessures; **to ∼ sb into shape** former OR entraîner qqn; **to ∼ sthg into shape** arranger qqch, mettre au point qqch; **how long did it take to ∼ the garden into shape?** combien de temps vous a-t-il fallu pour que le jardin prenne forme?; **a spell in the army will soon ∼ him into shape** un séjour à l'armée lui fera le plus grand bien. -**2.** *inf* [defeat] battre à plate couture; [in fight] donner une raclée à; **this crossword has got me ∼ed** ces mots croisés sont trop forts pour moi; **we've finally got the problem ∼ed** nous sommes enfin venus à bout du problème.
◇ *n* -**1.** [with tongue] coup *m* de langue; **to give sthg a ∼** lécher qqch; **can I have a ∼ of your ice-cream?** je peux goûter ta glace?; **a ∼ of paint** un (petit) coup de peinture ❑ **to give o.s. a ∼ and a promise** faire un brin de toilette. -**2.** *inf Br* [speed]: **at a tremendous ∼** à fond la caisse OR de train. -**3.** AGR pierre *f* à lécher.

lickety-split *inf* [,lɪkətɪ'splɪt] *adv Am* à toute pompe, à toutes pompes, à fond la caisse.

licking *inf* ['lɪkɪŋ] *n* [thrashing] raclée *f*, dégelée *f*; [defeat] déculottée *f*; **to get a good ∼** prendre une raclée.

lickspittle *inf* ['lɪk,spɪtl] *n* lèche-bottes *mf inv*.

licorice *Am* = **liquorice**.

lid [lɪd] *n* -**1.** [gen] couvercle *m*. -**2.** *inf phr*: **the scandal put the ∼ on the Chicago operation**

le scandale mit fin à l'opération de Chicago; **that puts the (tin) ~ on it!** *Br* ça, c'est le bouquet!; **to take** OR **to lift the ~ off sthg** percer OR mettre qqch à jour. -**3.** ANAT [eyelid] paupière *f*. -**4.** *inf* [hat] galure *m*, galurin *m*; [helmet] casque *m*.

lidded ['lɪdɪd] *adj*: **heavy ~ eyes** des yeux aux paupières lourdes.

lidless ['lɪdlɪs] *adj* [container] sans couvercle; [eyes] sans paupières.

lido ['li:dəʊ] (*pl* **lidos**) *n* [pool] piscine *f* découverte; [resort] station *f* balnéaire.

lie [laɪ] (*cont* **lying**, *pt & pp sense 1* **lied**, *pt senses 2-10* **lay** [leɪ], *pp senses 2-10* **lain** [leɪn]) ◇ *vi* -**1.** [tell untruth] mentir; **he ~d about his age** il a menti sur son âge; **"it wasn't me", she ~d** «ce n'était pas moi», mentit-elle; **the camera never ~s** *fig* une photo ne ment pas. -**2.** [person, animal - recline] se coucher, s'allonger, s'étendre; **she lay on the beach all day** elle est restée allongée sur la plage toute la journée; **she was lying on the couch** elle était couchée OR allongée sur le divan; **he lay helpless on the floor** il gisait là sans pouvoir bouger; **~ on your back** couchez-vous sur le dos; **~ still!** ne bouge pas!; **I like lying in bed on Sunday mornings** j'aime rester au lit OR faire la grasse matinée le dimanche matin; **they lay sound asleep** ils dormaient profondément, ils étaient profondément endormis; **she lay awake for hours** elle resta plusieurs heures sans pouvoir s'endormir ❑ **'As I Lay Dying'** *Faulkner* 'Tandis que j'agonise'. -**3.** [corpse] reposer; **he** OR **his body ~s in the village graveyard** il OR son corps repose au cimetière du village; **he will ~ in state at Westminster Abbey** son corps sera exposé solennellement à l'abbaye de Westminster; **'here ~s John Smith'** 'ci-gît John Smith'. -**4.** [team, competitor - rank] être classé, se classer; **France ~s second, after Italy** la France est classée deuxième, après l'Italie; **she was lying fourth** [in race] elle était en quatrième position. -**5.** [thing - be, be placed]: **a folder lay open on the desk before her** un dossier était ouvert devant elle sur le bureau; **a pile of ammunition lay ready** des munitions étaient là, prêtes à servir; **I found your watch lying on the floor** j'ai trouvé ta montre qui traînait par terre; **several boats lay in the harbour** plusieurs bateaux étaient mouillés dans le port; **thick fog lay over the plain** un brouillard épais recouvrait la plaine; **snow lay (thick) on the ground** il y avait une (épaisse) couche de neige; **the castle now ~s in ruins** le château est aujourd'hui en ruines; **all her hopes and dreams lay in ruins** *fig* tous ses espoirs et ses rêves étaient anéantis OR réduits à néant. -**6.** [thing - remain, stay] rester; **the jewel lay hidden for many years** le bijou est resté caché pendant de nombreuses années; **our machines are lying idle** nos machines sont arrêtées OR ne tournent pas. -**7.** [place - be situated] se trouver, être; **Texas ~s to the south of Oklahoma** le Texas se trouve OR s'étend au sud de l'Oklahoma || [land - stretch, extend] s'étendre; **the valley lay at our feet** la vallée s'étendait à nos pieds; **a vast desert lay before us** un immense désert s'étendait devant nous. -**8.** [future event]: **they didn't know what lay ahead of them** ils ne savaient pas ce qui les attendait; **who knows what may ~ in store for us** qui sait ce qui nous attend OR ce que l'avenir nous réserve. -**9.** [answer, explanation, duty etc]: **the problem ~s in getting them motivated** le problème, c'est de réussir à les motiver; **where do our real interests ~?** qu'est-ce qui compte vraiment pour nous?; **responsibility for the strike ~s with the management** la responsabilité de la grève incombe à la direction; **the onus of proof ~s with them** c'est à eux qu'il incombe de fournir la preuve. -**10.** JUR [appeal, claim] être recevable. ◇ *n* -**1.** [untruth] mensonge *m*; **to tell ~s** dire des mensonges, mentir; **a pack of ~s** un tissu de mensonges; **to give the ~ to sthg** *lit* démentir qqch; **it was in June, no, I tell a ~, in July** c'était en juin, non, c'est faux, en juillet. -**2.** [of land] configuration *f*, disposition *f*. -**3.** SPORT [of golf ball] position *f*; **he's got a bad ~** c'est une balle difficile.

◆ **lie about** *Br*, **lie around** *vi insep* -**1.** [person] traîner; **I lay about all weekend doing nothing** j'ai traîné tout le week-end à ne rien faire. -**2.** [thing] traîner; **don't leave your things lying about** ne laisse pas traîner tes affaires.

◆ **lie back** *vi insep*: **he lay back in his armchair** il s'est renversé dans son fauteuil; **just ~ back and take it easy!** *fig* repose-toi un peu!

◆ **lie behind** *vt insep* se cacher derrière; **what can ~ behind this unexpected decision?** qu'est-ce qui peut bien se cacher derrière cette décision soudaine?; **deep insecurity lay behind his apparently successful life** sa vie, en apparence réussie, cachait une profonde insécurité.

◆ **lie down** *vi insep* se coucher, s'allonger, s'étendre; **go and ~ down for an hour** va t'allonger une heure ❑ **to take sthg lying down** accepter qqch sans réagir OR sans broncher; **I won't take this lying down!** je ne vais pas me laisser faire comme ça!

◆ **lie in** *vi insep* -**1.** [sleep in] faire la grasse matinée. -**2.** *arch* & MED être en couches.

◆ **lie off** *vi insep* NAUT rester au large.

◆ **lie to** *vi insep* NAUT se tenir OR (se) mettre à la cape.

◆ **lie up** *vi insep* [person] rester au lit, garder le lit; [machine] ne pas tourner, être arrêté; [car] rester au garage.

lie-abed *n arch* paresseux *m*, -euse *f*.

Liechtenstein ['lɪktənstaɪn] *pr n* Liechtenstein *m*; **in ~** au Liechtenstein.

lied [li:d] (*pl* **lieder** ['li:dər]) *n* MUS lied *m*.

lie detector *n* détecteur *m* de mensonges.

lie-down *inf n Br*: **to have a ~** se coucher, s'allonger; **I think I'll go for a little ~** je crois que je vais aller m'allonger un peu; **that ~ has done me good** ça m'a fait du bien de m'allonger un peu.

lief [li:f] *adv arch* OR *lit*: **I'd as ~ die as marry him** plutôt mourir que de l'épouser.

liege [li:dʒ] *arch* ◇ *adj* -**1.** **~ lord** seigneur *m*, suzerain *m*. -**2.** [vassal, homage] lige; **~ man** homme *m* lige.
◇ *n* seigneur *m*, suzerain *m*.

lie-in *inf n Br* grasse matinée *f*; **to have a ~** faire la grasse matinée.

lien ['lɪən] *n* JUR privilège *m*.

lieu [lju:, lu:]

◆ **in lieu** *adv phr*: **take Monday off in ~** prends ton lundi pour compenser.

◆ **in lieu of** *prep phr* au lieu de, à la place de.

Lieut. (*written abbr of* **lieutenant**) lieut.

lieutenant [*Br* lef'tenənt, *Am* lu:'tenənt] *n* -**1.** MIL [in army] lieutenant *m*; [in navy] lieutenant *m* de vaisseau. -**2.** [in US police] inspecteur *m* (de police). -**3.** *fig* lieutenant *m*, second *m*; **the marketing director and his ~s** le directeur du marketing et ses lieutenants. -**4.** *Br* HIST lieutenant *m*.

lieutenant colonel *n* lieutenant-colonel *m*.

lieutenant commander *n* capitaine *m* de corvette.

lieutenant general *n* [in army] général *m* de corps d'armée; [in US airforce] général *m* de corps aérien.

lieutenant governor *n* -**1.** [in Canada] lieutenant *m* gouverneur. -**2.** [in US] gouverneur *m* adjoint.

life [laɪf] (*pl* **lives** [laɪvz]) ◇ *n* -**1.** [existence] vie *f*; **they believe in ~ after death** ils croient à la vie après la mort; **it's a matter of ~ and death** c'est une question de vie ou de mort; **I've worked hard all my ~** j'ai travaillé dur toute ma vie; **~ is hard** la vie est dure; **~ has been good to us** la vie nous a gâtés; **he hasn't seen much of ~** il ne connaît pas grand-chose de la vie; **there have been several attempts on her ~** elle a été victime de plusieurs attentats; **he's in hospital fighting for his ~** il lutte contre la mort à l'hôpital; **how's ~?** *inf* comment ça va?; **what a ~!** quelle vie!; **I began ~ as a labourer** j'ai débuté dans la vie comme ouvrier; **it began ~ as a car chassis** à l'origine c'était un châssis de voiture; **just relax and enjoy ~!** profite donc un peu de la vie!; **I want to live my own ~** je veux vivre ma vie; **is ~ worth living?** la vie vaut-elle la peine d'être vécue?; **meeting him has made my ~ worth living** le rencontrer OR notre rencontre a donné un sens à ma vie; **to live ~ to the full** *Br* OR **fullest** *Am* croquer la vie à belles dents; **hundreds lost their lives** des centaines de personnes ont trouvé la mort; **he emigrated in order to make a new ~ for himself** il a émigré pour commencer une nouvelle vie OR pour repartir à zéro; **we don't want to spend the rest of our lives here** on ne veut pas finir nos jours ici; **to save sb's ~** sauver la vie à qqn; **to risk one's ~ (to do sthg)** risquer sa vie (à faire qqch); **to take sb's ~** tuer qqn; **she took her own ~** elle s'est donné la mort; **I've never eaten snails in my ~** je n'ai jamais mangé d'escargots de ma vie; **she's the only woman in his ~** c'est la seule femme dans sa vie; **I ran the race of my ~!** j'ai fait la course de ma vie!; **it gave me the fright of my ~** je n'ai jamais eu aussi peur de ma vie ❑ **my/her** *etc* **~'s work** l'œuvre *f* de toute ma/sa *etc* vie; **the fire destroyed her ~'s work** l'incendie a détruit l'œuvre de toute sa vie; **to run for one's ~** OR **for dear ~** s'enfuir à toutes jambes; **run for your lives!** sauve qui peut!; **she was hanging on for dear ~** elle s'accrochait de toutes ses forces; **for the ~ of me I can't remember where we met** rien à faire, je n'arrive pas à me rappeler où nous nous sommes rencontrés; **not on your ~!** jamais de la vie!; **to risk ~ and limb** risquer sa peau; **to have nine lives** avoir l'âme chevillée au corps; **I can't sing to save my ~** *inf* je suis absolument incapable de chanter; **you take your ~ in your hands when cycling in London** on risque sa vie quand on fait du vélo à Londres; **that's ~!** c'est la vie!; **this is the ~!** (ça, c'est) la belle vie!; **I had the time of my ~** je ne me suis jamais autant amusé; **upon my ~** *arch* seigneur!, mon Dieu! -**2.** [mode of existence] vie *f*; **they lead a strange ~** ils mènent une drôle de vie; **school ~** la vie scolaire; **she's not used to city ~** elle n'a pas l'habitude de vivre en ville; **married ~** la vie conjugale ❑ **to live the ~ of Riley** *inf* mener une vie de pacha; **'Life at the Top'** *Braine* 'la Vie au sommet'. -**3.** [living things collectively] vie *f*; **is there ~ on Mars?** y a-t-il de la vie sur Mars? ❑ **animal ~** faune *f*; **plant ~** flore *f*. -**4.** *(U)* [physical feeling] sensation *f*; **~ began to return to her frozen fingers** le sang se remit peu à peu à circuler dans ses doigts gelés. -**5.** [liveliness] vie *f*; **she's still young and full of ~** elle est encore jeune et pleine de vie; **there's a lot more ~ in Sydney than in Wellington** Sydney est nettement plus animé que Wellington; **to come to ~** s'animer; **his arrival put new ~ into the firm** son arrivée a donné un coup de fouet à l'entreprise; **there's ~ in the old boy yet!** il est encore vert, le bonhomme! ❑ **she was the ~ and soul of the party** c'est elle qui a mis de l'ambiance dans la soirée. -**6.** [living person] vie *f*; **a phone call can save a ~** un coup de fil peut sauver une vie; **200 lives were lost in the disaster** 200 personnes ont perdu la vie dans la catastrophe, la catastrophe a fait 200 morts. -**7.** [durability] (durée de) vie *f*; **double the ~ of your batteries** multipliez par deux la durée de vos piles; **the average ~ of an isotope** la durée de vie moyenne d'un isotope; **during the ~ of the previous government** sous le gouvernement précédent. -**8.** [biography] vie *f*; **she's writing a ~ of James Joyce** elle écrit une biographie de James Joyce. -**9.** ART nature *f*; **to draw from ~** dessiner d'après nature || LITERAT réalité *f*; **his novels are very true to ~** ses romans sont très réalistes ❑ **that's her to the ~** c'est elle tout craché. -**10.** GAMES vie *f*; **when you lose three lives you're out** quand on perd trois vies, on est éliminé. -**11.** *inf* [imprisonment] prison *f* à vie; **the kidnappers got ~** les ravisseurs ont été

condamnés à perpétuité OR à la prison à vie; **he's doing ~** il purge une peine à perpétuité.
◇ *comp* [post, member, president] à vie.
◆ **for life** *adv phr*: **he was crippled for ~** il a été estropié à vie; **sent to prison for ~** condamné à perpétuité; **if you help me, I'll be your friend for ~** si tu m'aides, je serai ton ami pour la vie; **a job for ~** un emploi à vie.

life-and-death *adj*: **a ~ matter** une question de vie ou de mort; **this is a ~ decision** c'est une décision vitale; **a ~ struggle** un combat à mort, une lutte désespérée.

life assurance *Br* = **life insurance**.

life belt *n* bouée *f* de sauvetage.

lifeblood ['laɪfblʌd] *n* élément *m* vital.

lifeboat ['laɪfbəʊt] *n* [shore-based] canot *m* de sauvetage; [on ship] chaloupe *f* de sauvetage.

lifeboatman ['laɪfbəʊtmən] (*pl* **lifeboatmen** [-mən]) *n* sauveteur *m* (en mer).

life buoy *n* bouée *f* de sauvetage.

life class *n* cours *m* de dessin d'après nature.

life cycle *n* cycle *m* de vie.

life drawing *n* dessin *m* d'après nature.

life expectancy *n* [of human, animal] espérance *f* de vie; [of machine] durée *f* de vie probable.

life-force *n* force *f* vitale.

life-form *n* forme *f* de vie.

life-giving *adj* qui insuffle la vie, vivifiant.

lifeguard ['laɪfgɑːd] *n* maître *m* nageur.

Life Guard *pr n*: **the ~s** *régiment de cavalerie de la Garde Royale britannique.*

life history *n* vie *f*; **the organism takes on many different forms during its ~** l'organisme prend de nombreuses formes au cours de sa vie OR de son existence; **she told me her whole ~** elle m'a raconté l'histoire de sa vie.

life imprisonment *n* prison *f* à vie.

life insurance *n* assurance-vie *f*; **to take out ~** contracter une assurance-vie.

life jacket *n* gilet *m* de sauvetage.

lifeless ['laɪflɪs] *adj* -**1.** [dead body] sans vie; **his ~ form** son corps sans vie. -**2.** [where no life exists] sans vie; **a ~ desert** un désert sans vie. -**3.** [dull - eyes] éteint; [- hair] terne; [- town] mort; [- style] sans énergie.

lifelessness ['laɪflɪsnɪs] *n* [of body] absence *f* de vie; [lack of vivacity] manque *m* de vigueur, mollesse *f*.

lifelike ['laɪflaɪk] *adj* -**1.** [portrait] ressemblant. -**2.** [seeming alive]: **the new robots are extremely ~** ces nouveaux robots ont l'air OR paraissent vraiment vivants.

lifeline ['laɪflaɪn] *n* -**1.** NAUT [thrown to boat] remorque *f*; [stretched across deck] sauvegarde *f*, filière *f* de mauvais temps OR de sécurité; **they threw the drowning man a ~** ils ont lancé un filin à l'homme qui se noyait. -**2.** [for diver] corde *f* de sécurité. -**3.** *fig* lien *m* vital; **it's his ~ to the outside world** c'est son lien avec le monde extérieur; **to cut off sb's ~** couper les vivres à qqn.

lifelong ['laɪflɒŋ] *adj* de toute une vie; **it's been my ~ ambition to meet her** toute ma vie, j'ai espéré la rencontrer.

life-or-death = **life-and-death**.

life peer *n* *membre de la Chambre des lords dont le titre n'est pas héréditaire.*

life peerage *n* [in UK] pairie *f* personnelle.

life preserver *n* *Am* [life belt] bouée *f* de sauvetage; [life jacket] gilet *m* de sauvetage.

lifer *inf* ['laɪfəʳ] *n* condamné *m*, -e *f* à perpète.

life raft *n* radeau *m* de sauvetage.

lifesaver ['laɪfˌseɪvəʳ] *n* -**1.** [lifeguard] maître nageur *m*. -**2.** *inf fig*: **thank you, you're a ~!** merci, tu m'as sauvé la vie!; **that money was a ~** cet argent m'a sauvé la vie.

life science *n*: **the ~s** les sciences de la vie; **anthropology is a ~** l'anthropologie fait partie des sciences de la vie.

life sentence *n* condamnation *f* à vie OR à perpétuité.

life-size(d) *adj* grandeur nature *(inv)*.

life span *n* durée *f* de vie.

life story *n* biographie *f*.

life-style *n* style *m* OR mode *m* de vie.

life-support system *n* MED respirateur *m* artificiel; AERON & ASTRON équipement *m* de vie.

life-threatening *adj* [illness] qui peut être mortel.

lifetime ['laɪftaɪm] *n* vie *f*; **it won't happen during our ~** nous ne serons pas là pour voir ça; **win the holiday of a ~!** gagnez les vacances de votre vie!; **a once-in-a-~ experience** une expérience unique OR qui ne se renouvellera pas; **it seems a ~ since we last met** ça fait une éternité qu'on ne s'est pas vu.

life vest = **life jacket**.

lift [lɪft] ◇ *vt* -**1.** [object] soulever, lever; **help me ~ the wardrobe** aide-moi à soulever l'armoire; **she ~ed the washing basket off** OR **from the table** elle a soulevé le panier à linge de la table; **I ~ed the books out of the crate** j'ai sorti les livres de la caisse; **she ~ed the suitcase down from the top of the wardrobe** elle a descendu la valise de dessus l'armoire; **I feel as if a burden has been ~ed from my shoulders** j'ai l'impression qu'on m'a enlevé un poids des épaules || [part of body] lever; **she ~ed her eyes from her magazine** elle leva les yeux de sa revue || *fml* [voice] élever. -**2.** [spirits, heart] remonter; **his music never fails to ~ my spirits** sa musique me remonte toujours le moral. -**3.** [end - blockade, embargo etc] lever; [- control, restriction] supprimer. -**4.** *inf* [steal] piquer, faucher; [plagiarize] plagier, piquer. -**5.** AGR [bulbs, potatoes, turnips] arracher. -**6.** *Am* [debt] rembourser. -**7.** [face]: **she's had her face ~ed** elle s'est fait faire un lifting.
◇ *vi* -**1.** [rise] se lever, se soulever; **our spirits ~ed at the news** la nouvelle nous a remonté le moral. -**2.** [fog, mist] se lever, se dissiper; **his bad mood didn't ~ all day** sa mauvaise humeur ne s'est pas dissipée de la journée.
◇ *n* -**1.** [act of lifting]: **to give sthg a ~** soulever qqch. -**2.** [in morale, energy]: **to give sb a ~** remonter le moral à qqn; **glucose tablets are good if you need a quick ~** les comprimés de glucose sont bons si vous avez besoin d'un coup de fouet. -**3.** *Br* [elevator] ascenseur *m*; **goods ~** monte-charge *m inv*. -**4.** [free ride]: **can I give you a ~ home?** est-ce que je peux te raccompagner chez toi (en voiture)?; **I got a ~ in a lorry** j'ai été pris (en auto-stop) par un camion; **the roundabout's the best place to get a ~** le meilleur endroit pour faire du stop, c'est le rond-point.
◆ **lift off** ◇ *vi insep* [plane, rocket] décoller.
◇ *vt sep* [hat, lid] enlever, ôter.
◆ **lift up** *vt sep* soulever, lever; **~ me up so I can see the parade** soulève-moi pour que je puisse voir le défilé; **she ~ed up the mat and found a key** elle souleva le paillasson et trouva une clé || [part of body] lever; **to ~ up one's head** lever la tête; *fml* [voice] élever; **the choir ~ed up their voices in song** le chœur s'est mis à chanter; *fml* [heart] élever; **~ up your hearts in prayer** élevez vos âmes OR cœurs dans la prière.

lift attendant *n Br* liftier *m*, -ère *f*.

liftboy ['lɪftbɔɪ] *Br* = **liftman**.

liftgate ['lɪftgeɪt] *n Am* AUT hayon *m*.

lifting ['lɪftɪŋ] *n* -**1.** [of weight] levage *m*; **~ gear** appareil *m* de levage; **~ jack** cric *m* (de levage). -**2.** [of blockade, embargo etc] levée *f*; [of control, restriction] suppression *f*. -**3.** AGR arrachage *m*, récolte *f*.

liftman ['lɪftmæn] (*pl* **liftmen** [-men]) *n Br* liftier *m*.

lift-off *n* décollage *m*; **we have ~!** décollage!

lift shaft *n Br* cage *f* d'ascenseur.

ligament ['lɪgəmənt] *n* ligament *m*.

ligature ['lɪgətʃəʳ] ◇ *n* -**1.** [gen, MED & TYPO] ligature *f*. -**2.** MUS liaison *f*.
◇ *vt* ligaturer.

light [laɪt] (*pt* & *pp* **lit** [lɪt] OR *lit* **lighted**) ◇ *n* -**1.** [luminosity, brightness] lumière *f*; **there's not enough ~ to read by** il n'y a pas assez de lumière pour lire; **it looks brown in this ~ on** dirait que c'est marron avec cette lumière; **by the ~ of our flashlamps** à la lumière de nos lampes de poche; **the ~ was beginning to fail** le jour commençait à baisser; **she took the picture against the ~** elle a pris la photo à contre-jour; **at first ~** *lit* au point OR au lever du jour; **you're (standing) in my ~** tu me fais de l'ombre; **in the cold ~ of the morning** dans la lueur pâle du matin || *fig*: **to bring to ~** mettre en lumière; **to be brought** OR **to come to ~** être découvert OR révélé; **to throw** OR **to cast ~ on sthg**: **the trial will throw** OR **cast ~ on their real motives** le procès permettra d'en savoir plus sur OR de percer à jour leurs véritables mobiles; **can you throw any ~ on this problem?** peux-tu apporter tes lumières sur ce problème?, peux-tu éclaircir cette question? ❑ **artificial ~** lumière artificielle, éclairage *m* artificiel; **~ wave** onde *f* lumineuse; **the ~ at the end of the tunnel** le bout du tunnel; **to see the ~** [understand] comprendre; [be converted] trouver le chemin de la vérité; [be born] venir au monde; **to see the ~ of day** voir le jour. -**2.** [light source] lumière *f*; [lamp] lampe *f*; **the ~s of the city** les lumières de la ville; **a ~ went on in the window** une lumière s'est allumée à la fenêtre; **turn the ~ on/off** allume/éteins (la lumière); **put the ~s out before you go to bed** éteins les lumières avant de te coucher; **during the storm the ~s went out** il y a eu une panne d'électricité OR de lumière pendant l'orage ❑ **to go out like a ~** [fall asleep] s'endormir tout de suite; [faint] tomber dans les pommes. -**3.** *fig* [in sb's eyes] lueur *f*. -**4.** AUT [gen] feu *m*; [headlamp] phare *m*; **we were dazzled by the ~s of the oncoming cars** les phares des véhicules qui venaient en face nous éblouissaient ❑ **parking/reversing ~s** feux de stationnement/de recul. -**5.** [traffic light] feu *m* (rouge); **turn left at the ~s** tournez à gauche au feu rouge; **she jumped the ~s** elle a brûlé le feu rouge; **the ~s were (on) amber** le feu était à l'orange. -**6.** [aspect, viewpoint] jour *m*; **I see the problem in a different ~** je vois le problème sous un autre jour; **in a good/bad/new ~** sous un jour favorable/défavorable/nouveau ❑ **to act according to one's ~s** *fml* agir selon ses principes. -**7.** [flame] feu *m*; **could you give me a ~?** pouvez-vous me donner du feu?; **to set ~ to sthg** mettre le feu à qqch. -**8.** [window] fenêtre *f*, jour *m*.
◇ *adj* -**1.** [bright, well-lit] clair; **a large, ~ room** une grande pièce claire; **it isn't ~ enough to read** il n'y a pas assez de lumière pour lire; **it's getting ~ already** il commence déjà à faire jour; **it stays ~ until 10** il fait jour jusqu'à 10 h du soir. -**2.** [pale] clair; **she has ~ hair** elle a des cheveux clairs; **~ yellow/brown** jaune/marron clair *(inv)*. -**3.** LING [in phonetics] atone. -**4.** [in weight] léger; **~ clothes** vêtements *mpl* légers ❑ **a ~ aircraft** un avion de tourisme; **~ soil** terre *f* légère; **~ vehicle** véhicule *m* léger; **~ weapons** armes *fpl* légères; **it's (as) ~ as a feather** c'est léger comme une plume; **to be ~ on one's feet** être leste. -**5.** [comedy, music etc] léger, facile; **take some ~ reading** prends quelque chose de facile à lire; **to trip the ~ fantastic** *arch* OR *hum* danser. -**6.** [comedy, music] léger; **take some ~ reading** prends quelque chose de facile à lire; **~ conversation** conversation peu sérieuse, propos anodins. -**7.** [not intense, strong etc] léger; **there was a ~ tap at the door** on frappa tout doucement à la porte; **the traffic was ~** la circulation était fluide; **I had a ~ lunch** j'ai mangé légèrement à midi, j'ai déjeuné léger; **a ~ rain was falling** il tombait une pluie fine; **I'm a ~ sleeper** j'ai le sommeil léger; **a ~ wine** un vin léger; **he can only do ~ work** il ne peut faire que des travaux peu fatigants ❑ **~ industry** industrie *f* légère; **to make ~ of sthg** prendre qqch à la légère.
◇ *adv*: **to travel ~** voyager avec peu de bagages.
◇ *vt* -**1.** [illuminate] éclairer; **the room was lit by a single bare bulb** la pièce n'était éclairée que par une ampoule nue; **I'll ~ the way for**

you je vais t'éclairer le chemin. -**2.** [lamp, candle, cigarette] allumer; [match] craquer; to ~ **a fire** allumer un feu, faire du feu.
◇ *vi* -**1.** [lamp] s'allumer; [match] s'enflammer; [fire, coal] prendre. -**2.** *lit* [alight] se poser.
◆ **lights** *npl* [lungs] mou *m*.
◆ **in (the) light of** *prep phr*: in the ~ **of these new facts** à la lumière de ces faits nouveaux.
◆ **light on, light upon** *vt insep* tomber (par hasard) sur, trouver par hasard.
◆ **light out** *inf vi insep Am* se tirer.
◆ **light up** ◇ *vt sep* éclairer; **the house was all lit up** la maison était tout OR toute éclairée; **joy lit up her face** son visage rayonnait de bonheur.
◇ *vi insep* -**1.** [lamp] s'allumer. -**2.** [face, eyes] s'éclairer, s'illuminer. -**3.** *inf* [have a cigarette] allumer une cigarette.

light air *n* [on Beaufort scale] très légère brise *f*.

light ale *n Br bière brune légère.*

light breeze *n* [gen] petite brise *f*, brise *f* légère; [on Beaufort scale] légère brise *f*.

light bulb *n* ampoule *f* (électrique).

light-coloured *adj* clair, de couleur claire.

light-emitting diode [-ɪ'mɪtɪŋ-] *n* diode *f* électroluminescente.

lighten ['laɪtn] ◇ *vt* -**1.** [make brighter] éclairer, illuminer; **a single candle** ~**ed the darkness** seule une bougie trouait l'obscurité. -**2.** [make paler] éclaircir; ~ **the blue with a little white** éclaircissez le bleu avec un peu de blanc; **to have one's hair** ~**ed** se faire éclaircir les cheveux. -**3.** [make less heavy] alléger; **having an assistant will** ~ **my workload** avec un assistant ma charge de travail sera moins lourde.
◇ *vi* -**1.** [become light] s'éclairer, s'éclaircir; **the sky has** ~**ed a little** le ciel s'est légèrement éclairci; **her mood** ~**ed** sa mauvaise humeur se dissipa. -**2.** [load, burden] s'alléger.
◆ **lighten up** *inf vi insep* se remettre; **oh come on,** ~ **up, it's not the end of the world!** allez, remets-toi OR ne fais pas cette tête, ce n'est pas la fin du monde!

lighter ['laɪtə^r] ◇ *n* -**1.** [for cigarettes] briquet *m*; [for gas] allume-gaz *m inv*. -**2.** [barge] allège *f*, chaland *m*. -**3.** → **firelighter**.
◇ *comp* [flint, fuel] à briquet.

lighterage ['laɪtərɪdʒ] *n* aconage *m*, acconage *m*.

lighter-than-air *adj* plus léger que l'air.

lightface ['laɪtfeɪs] *n* TYPO (caractère *m*) maigre *m*.

light-fingered [-'fɪŋgəd] *adj* chapardeur.

light fitting *n* applique *f* (électrique).

light-footed [-'fʊtɪd] *adj* au pied léger, à la démarche légère.

light-haired [-'heəd] *adj* aux cheveux clairs, blond.

light-headed [-'hedɪd] *adj* [dizzy] étourdi; [tipsy] ivre, énivré; **to feel** ~ avoir des vertiges OR la tête qui tourne; **the wine had made me** ~ le vin m'était monté à la tête OR m'avait tourné la tête.

light-headedness [-'hedɪdnɪs] *n* [dizziness] vertige *m*; [tipsiness] ivresse *f*.

light-hearted *adj* [person, atmosphere] enjoué, gai; [poem, irony] léger; **a** ~ **remark** une remarque bon enfant; **this programme takes a** ~ **look at politics** cette émission pose un regard amusé sur la politique.

light-heartedly [-'hɑːtɪdlɪ] *adv* joyeusement, gaiement.

light heavyweight ◇ *n* (poids *m*) mi-lourd *m*.
◇ *adj* mi-lourd.

lighthouse ['laɪthaʊs, *pl* -haʊzɪz] *n* phare *m*; ~ **keeper** gardien *m* de phare; **'To the Lighthouse'** *Woolf* 'la Promenade au phare'.

lighting ['laɪtɪŋ] *n* -**1.** [gen] éclairage *m*; **artificial/neon** ~ éclairage *m* artificiel/au néon. -**2.** *(U)* THEAT éclairages *mpl*; ~ **effects** effets *mpl* d'éclairage OR de lumière; ~ **engineer** éclairagiste *mf*.

lighting-up time *n Br heure où les automobilistes doivent obligatoirement allumer leurs phares.*

lightly ['laɪtlɪ] *adv* -**1.** [not heavily] légèrement; ~ **dressed** légèrement vêtu; **it was raining** ~ il tombait une pluie fine; **she stepped** ~ **onto the dance floor** elle entra sur la piste de danse d'un pas léger. -**2.** [casually] légèrement, à la légère; **to take sthg** ~ prendre qqch à la légère; **"I'm getting married tomorrow", he said** ~ «je me marie demain», annonça-t-il d'un air détaché. -**3.** *phr*: **to get off** ~ s'en tirer à bon compte.

light meter *n* posemètre *m*.

light-middleweight ◇ *n* (poids *m*) mi-moyen *m*.
◇ *adj* mi-moyen.

lightness ['laɪtnɪs] *n* -**1.** [brightness, light] clarté *f*. -**2.** [of object, tone, step etc] légèreté *f*.

lightning ['laɪtnɪŋ] ◇ *n (U)* éclairs *mpl*, foudre *f*; ~ **frightens me** les éclairs me font peur; **a flash of** ~ un éclair; **to be struck by** ~ être frappé par la foudre OR foudroyé ❑ **to go like (greased)** ~ partir sur les chapeaux de roue.
◇ *adj* [raid, visit] éclair *(inv)*; **with** OR **at** ~ **speed** à la vitesse de l'éclair, en un éclair.

lightning arrester *n* parafoudre *m* (de surtension).

lightning bug *n Am* luciole *f*, ver *m* luisant.

lightning conductor, lightning rod *n* paratonnerre *m*.

lightning strike *n* grève *f* surprise *(inv)*.

light opera *n* opéra *m* comique, opérette *f*.

light pen *n* crayon *m* optique.

lightship ['laɪtʃɪp] *n* bateau-feu *m*, bateau-phare *m*.

light show *n* spectacle *m* de lumière; **a laser** ~ un spectacle laser.

lights-out *n* extinction *f* des feux.

lightweight ['laɪtweɪt] ◇ *n* -**1.** [in boxing] poids *m* léger; **the world** ~ **championship** le championnat du monde des poids légers. -**2.** [insignificant person] personne *f* sans envergure; **he's a literary** ~ c'est un écrivain sans envergure.
◇ *adj* -**1.** [clothes, equipment] léger. -**2.** [in boxing] poids léger *(inv)*.

light-year *n* année-lumière *f*; **it seems** ~**s away** ça paraît si loin.

ligneous ['lɪgnɪəs] *adj* ligneux.

lignify ['lɪgnɪfaɪ] (*pt* & *pp* **lignified**) *vi* se lignifier.

lignin ['lɪgnɪn] *n* lignine *f*.

lignite ['lɪgnaɪt] *n* lignite *m*.

likable ['laɪkəbl] = **likeable**.

like[1] [laɪk] *vt* -**1.** [find pleasant] aimer (bien); **I** ~ **her, but I don't love her** je l'aime bien, mais je ne suis pas amoureux d'elle; **I don't** ~ **him** je ne l'aime pas beaucoup, il ne me plaît pas; **I** ~ **Anne better than Simon** j'aime mieux Anne que Simon; **I** ~ **Sally best** c'est Sally que je préfère; **what do you** ~ **about him?** qu'est-ce qui te plaît chez lui?; **do you** ~ **coffee?** est-ce que tu aimes le café?; **I** ~ **curry but it doesn't** ~ **me!** *hum* j'aime le curry mais ça ne me réussit pas tellement! -**2.** [enjoy - activity]: **to** ~ **doing** OR **to do sthg** aimer faire qqch; **I** ~ **dancing** OR **to dance** j'aime danser; **I** ~ **to spend my weekends at home** j'aime passer mes week-ends à la maison; **I don't** ~ **being talked at** je n'aime pas qu'on me fasse des discours; **how would** HE ~ **being kept waiting in the rain?** ça lui plairait, à lui, qu'on le fasse attendre sous la pluie? -**3.** [approve of] aimer; **I** ~ **people to be frank with me** j'aime qu'on soit franc avec moi; **I don't** ~ **you swearing, I don't** ~ **it when you swear** je n'aime pas que tu dises des gros mots; **they're not going to** ~ **it!** ça ne va pas leur plaire!; **whether you** ~ **it or not!** que ça te plaise ou non!; **well, I** ~ **that!** *iron* ça, c'est le bouquet!; **I** ~ **the way you say "don't worry"** *hum* «ne t'inquiète pas», c'est facile à dire. -**4.** [want, wish] aimer, vouloir; **take any dress you** ~ prends la robe que tu veux OR qui te plaît; **do what you** ~ fais ce que tu veux OR ce qui te plaît; **what I'd** ~ **to know is where he got the money from** ce que je voudrais savoir, c'est où il a obtenu cet argent; **I didn't** ~ **to say anything, but...** je ne voulais rien dire mais...; **I'd** ~ **your opinion on this wine** j'aimerais savoir ce que tu penses de ce vin; **I would** OR **I'd** ~ **to go out tonight** j'aimerais (bien) sortir ce soir || [in polite offers, requests]: **would you** ~ **to go out tonight?** ça te dirait de OR tu as envie de sortir ce soir?; **would you** ~ **tea or coffee?** voulez-vous du thé ou du café?; **would you** ~ **to leave a message?** voulez-vous laisser un message?; **would you** ~ **me to do it for you?** veux-tu que je le fasse à ta place?; **I'd** ~ **to speak to Mr Smith, please** je voudrais parler à M. Smith, s'il vous plaît; **I'd** ~ **the soup followed by a salad** je voudrais de la soupe puis une salade; **I'd** ~ **my steak rare, please** je voudrais mon steak saignant, s'il vous plaît. -**5.** [asking opinion]: **how do you** ~ **my jacket?** comment trouves-tu ma veste?; **how would you** ~ **a trip to Paris?** ça te dirait d'aller à Paris? -**6.** [asking preference]: **how do you** ~ **your coffee, black or white?** vous prenez votre café noir ou avec du lait? -**7.** [in generalizations]: **I** ~ **to be in bed by 10 p.m.** j'aime être couché pour 10 h; **one doesn't** ~ **to interrupt** c'est toujours délicat d'interrompre quelqu'un.

like[2] [laɪk] ◇ *prep* -**1.** [similar to] comme; **there's a car** ~ **ours** voilà une voiture comme la nôtre; **their house is a bit** ~ **ours** leur maison est un peu comme la nôtre; **there's no place** ~ **home** rien ne vaut son chez-soi; **she's nothing** ~ **her sister** elle ne ressemble pas du tout à sa sœur; **he talks** ~ **his father** il parle comme son père; **it's shaped** ~ **an egg** ça a la forme d'un œuf; **do you have any more** ~ **this?** en avez-vous d'autres?; **it seemed** ~ **hours** c'était comme si des heures entières s'étaient écoulées; **it looks** ~ **rain** on dirait qu'il va pleuvoir. -**2.** [asking for opinion or description]: **what's your new boss** ~**?** comment est ton nouveau patron?; **what's the weather** ~**?** quel temps fait-il?; **what does it taste** ~**?** quel goût ça a?; **what was it** ~**?** c'était comment? -**3.** [such as] comme; **in a family** ~ **ours** dans une famille comme la nôtre; **I've had enough of people** ~ **him!** j'en ai assez des gens comme lui!; **cities** ~ **Toronto and Ottawa** des villes comme Toronto et Ottawa; **I'm useless at things** ~ **sewing** je ne suis bon à rien quand il s'agit de couture et de choses comme ça. -**4.** [indicating typical behaviour]: **kids are** ~ **that, what do you expect?** les gosses sont comme ça, qu'est-ce que tu veux!; **it's not** ~ **him to be rude** ça ne lui ressemble pas OR ce n'est pas son genre d'être impoli; **it's just** ~ **him not to show up!** c'est bien son style OR c'est bien de lui de ne pas venir! ❑ ~ **father** ~ **son** tel père tel fils. -**5.** [in the same manner as] comme; **you're acting** ~ **a fool** tu te comportes comme un imbécile; **they chattered** ~ **monkeys** ils ont bavardé comme de vraies pipelettes; **we,** ~ **everyone else, were forced to queue all night** nous avons dû faire la queue toute la nuit, comme tout le monde; **do it** ~ **this/that** voici/voilà comment il faut faire; ~ **so** comme ça; **sorry to interrupt you** ~ **this, but...** désolé de vous interrompre ainsi, mais...; **don't talk to me** ~ **that!** ne me parle pas sur ce ton! -**6.** [in approximations]: **it cost something** ~ **£200** ça a coûté dans les 200 livres; **it was more** ~ **midnight when we got home** il était plus près de minuit quand nous sommes arrivés à la maison ❑ **that's more** ~ **it!** voilà qui est mieux!; **he ran** ~ **anything** *inf* OR ~ **hell** *inf* OR ~ **blazes** *inf* il a couru comme un dératé OR comme s'il avait le feu aux fesses.
◇ *adj*: **we were treated in** ~ **manner** on nous a traités de la même façon.
◇ *conj inf* -**1.** [as] comme; ~ **I was saying** comme je disais; **they don't make them** ~ **they used to!** ils/elles ne sont plus ce qu'ils/elles étaient!; **I wish I could dance** ~ **you!** j'aimerais bien pouvoir danser comme toi!; **it was just** ~ **in the films** c'était exactement comme au cinéma; **tell it** ~ **it is** dis les choses comme elles sont. -**2.** [as if] comme si; **he acted** ~ **he was in charge** il se comportait comme si c'était lui le chef; **she felt** ~ **she wanted to cry** elle avait l'impression qu'elle allait pleurer.

◇ *adv* ▽ *Br*: **I was hungry, ~, so I went into this café** j'avais faim, tu vois, alors je suis entré dans un café.

◇ *n*: **~ attracts ~** qui se ressemble s'assemble; **you can only compare ~ with ~** on ne peut comparer que ce qui est comparable; **to give** OR **to return ~ for ~** rendre la pareille; **she goes in for macramé, yoga and the ~** elle fait du macramé, du yoga et d'autres choses comme ça; **I've never seen the ~ of it!** je n'ai jamais rien vu de pareil!; **he was a president the ~** OR **~s of which we will probably never see again** *lit* c'était un président comme on n'en verra probablement plus jamais.

◆ **likes** *npl* -**1.** [preferences] goûts *mpl*; **try to discover their ~s and dislikes** esssayez de découvrir ce qu'ils aiment et ce qu'ils n'aiment pas. -**2.** *phr*: **the ~s of us/them** *etc inf* les gens comme nous/eux *etc*; **it's not for the ~s of us** ça n'est pas pour les gens comme nous.

◆ **(as) like as not** = **like enough**.

◆ **if you like** *adv phr* -**1.** [expressing willingness] si tu veux; **I can do it, if you ~** je peux le faire, si tu veux; **I'll get lunch, shall I? – if you ~** je vais chercher de quoi manger, d'accord? – si tu veux. -**2.** [as it were] si tu veux; **it was a surprise, a shock, if you ~** ça m'a surpris, choqué si tu veux.

◆ **like enough** *inf adv phr* probablement; **he's still at the office, ~ enough** il y a des chances qu'il soit encore au bureau; **(as) ~ as not, she hasn't even read it yet** elle ne l'a probablement même pas encore lu.

◆ **like it or not** *adv phr*: **~ it or not, we're heading for a confrontation** qu'on le veuille ou non, nous ne pouvons éviter une confrontation.

-like *in cpds*: **dream~** onirique, de rêve; **ghost~** fantomatique.

likeable ['laɪkəbl] *adj* sympathique, agréable; **he's a ~ person** c'est un type sympathique.

likelihood ['laɪklɪhʊd] *n* probabilité *f*; **there's not much ~ of us moving** il est peu probable que nous déménagions; **there is little ~ of us still being here** OR **that we'll still be here in August** il y a peu de chances (pour) que nous soyons encore là en août; **there is every ~ of an agreement** tout porte à croire qu'un accord sera conclu.

◆ **in all likelihood** *adv phr* vraisemblablement, selon toute vraisemblance.

likely ['laɪklɪ] (*compar* likelier, *superl* likeliest)

◇ *adj* -**1.** [probable] probable; **what are the ~ consequences of this action?** quelles sont les conséquences probables de cette mesure?; **such an occurrence does not seem ~** il est peu probable que cela se produise; **they're the likeliest candidates for the sack** *inf* ce sont eux qui ont le plus de chances de faire partie de la prochaine charrette; **it's more than ~ that it will snow** il y a de grandes chances pour qu'il neige; **it's not** OR **hardly ~ to happen** il est peu probable OR il y a peu de chances que cela se produise; **rain is ~ in the east** il risque de pleuvoir dans l'est; **they're not ~ to drop the case** il est peu probable qu'ils abandonnent les poursuites; **a ~ story!** *iron* mon œil!, elle est bien bonne! -**2.** [promising] prometteur; **we found a ~** OR **~-looking spot for a picnic** on a trouvé un endroit qui a l'air idéal pour pique-niquer.

◇ *adv* probablement, sans doute; **they'll very ~** OR **most ~ forget** ils vont très probablement oublier; **as ~ as not she's already home** elle est sûrement déjà rentrée ❑ **would you do it again? – not ~!** *inf* tu recommencerais? – ça risque pas OR y a pas de risque!

like-minded *adj*: **~ people** des gens ayant la même vision des choses.

liken ['laɪkn] *vt* comparer; **his style has been ~ed to that of Peter Wolfe** on a comparé son style à celui de Peter Wolfe.

likeness ['laɪknɪs] *n* -**1.** [resemblance] ressemblance *f*; **a family ~** un air de famille; **she bears a strong ~ to her mother** elle ressemble beaucoup à sa mère. -**2.** [portrait] portrait *m*; **to paint sb's ~** faire le portrait de qqn; **it's a very good ~ of him** c'est tout à fait lui; **it isn't a very good ~ of him** ça ne lui ressemble pas beaucoup.

likewise ['laɪkwaɪz] *adv* -**1.** [similarly] de même; **~ in Israel, talks are in progress** en Israël aussi, des pourparlers ont été entamés; **he worked hard and expected his daughters to do ~** il travaillait beaucoup et attendait de ses filles qu'elles fassent de même;**...and I suggest you do ~** ...et je suggère que tu en fasses autant; **pleased to meet you – ~** ravi de vous rencontrer – moi de même. -**2.** [by the same token] de même.

liking ['laɪkɪŋ] *n* -**1.** [affection] sympathie *f*, affection *f*; **I have a great ~ for Alan** j'ai beaucoup de sympathie pour Alan; **to take a ~ to sb** se prendre d'amitié pour qqn; **I took an instant ~ to Rome** j'ai tout de suite aimé Rome. -**2.** [taste] goût *m*, penchant *m*; **she has a ~ for expensive jewellery** elle a un faible pour les bijoux de prix; **is everything to your ~?** est-ce que tout est à votre convenance?; **it's too small for my ~** c'est trop petit à mon goût.

lilac ['laɪlək] ◇ *n* [colour, flower] lilas *m*.

◇ *adj* [colour] lilas *(inv)*.

Lilliputian [,lɪlɪ'pju:ʃn] ◇ *n* lilliputien *m*, -enne *f*.

◇ *adj* lilliputien.

Lilo® ['laɪləʊ] (*pl* **Lilos**) *n* matelas *m* pneumatique.

Lilongwe [lɪ'lɒŋweɪ] *pr n* Lilongwe.

lilt [lɪlt] *n* -**1.** [in voice] modulation *f*; **her voice has a ~ to it** sa voix a des inflexions mélodieuses. -**2.** [in music] rythme *m*, cadence *f*. -**3.** [in movement] balancement *m* harmonieux.

lilting ['lɪltɪŋ] *adj* -**1.** [voice, accent] mélodieux. -**2.** [music, tune] chantant, mélodieux. -**3.** [movement] souple, harmonieux.

lily ['lɪlɪ] (*pl* **lilies**) *n* lis *m*, lys *m*; **~ of the valley** muguet *m*.

lily-livered *inf* [-'lɪvəd] *adj* froussard.

lily pad *n* feuille *f* de nénuphar.

lily-white *adj* d'une blancheur de lis, d'un blanc immaculé.

Lima ['li:mə] *pr n* Lima.

lima bean ['laɪmə-] *n* haricot *m* de Lima OR du Cap, pois *m* de sept ans.

limb [lɪm] *n* -**1.** ANAT membre *m*; **let's rest our weary ~s!** *hum* si on soufflait un peu!; **I'll tear him ~ from ~!** je le taillerai en pièces! -**2.** [of tree] (grosse) branche *f*; **to be out on a ~** *inf* [alone] se trouver tout seul; [without support] être très exposé.

-limbed [lɪmd] *in cpds*: **to be long~** avoir les membres longs, être élancé; **to be loose~** être délié OR souple.

limber ['lɪmbə^r] ◇ *adj* souple, agile.

◇ *n* [of gun carriage] avant-train *m*.

◆ **limber up** *vi insep* SPORT s'échauffer, faire des assouplissements; **do some ~ing-up exercises first** commencez par des exercices d'assouplissement; **they're ~ing up for a fight with the unions** *fig* ils se préparent à une bataille OR ils fourbissent leurs armes en vue d'une bataille avec les syndicats.

limbo ['lɪmbəʊ] (*pl sense 3* **limbos**) *n* -**1.** *(U)* RELIG limbes *mpl*. -**2.** COMPUT: **~ file** fichier *m* temporaire. -**3.** DANCE limbo *m*. -**4.** *fig*: **to be in (a state of) ~** être dans l'incertitude; **they kept us in ~ for weeks** ils nous ont laissés dans l'incertitude pendant des semaines.

lime [laɪm] ◇ *n* -**1.** AGR & CHEM chaux *f*; **caustic/slaked ~** chaux vive/éteinte; **burnt ~** chaux vive. -**2.** [fruit] citron *m* vert, lime *f*, limette *f*; **lager and ~** bière *f* blonde au sirop de citron vert. -**3.** [citrus tree] limettier *m*. -**4.** [linden]: **~ (tree)** tilleul *m*.

◇ *vt* -**1.** AGR [soil] chauler. -**2.** [with birdlime - branch, bird] engluer.

limeade [laɪ'meɪd] *n* boisson *f* au citron vert.

lime green *n* vert *m* citron.

◆ **lime-green** *adj* vert citron *(inv)*.

lime juice *n* jus *m* de citron vert.

lime kiln *n* four *m* à chaux.

limelight ['laɪmlaɪt] *n (U)* THEAT feux *mpl* de la rampe; **to be in the ~** être sous les feux de la rampe, occuper le devant de la scène; **'Limelight'** *Chaplin* 'les Feux de la rampe'.

lime pit *n* [quarry] fosse *f* à chaux; [in tanning] pelain *m*.

limerick ['lɪmərɪk] *n* limerick *m (poème absurde ou indécent en cinq vers, dont les rimes doivent suivre un ordre précis)*.

limestone ['laɪmstəʊn] *n* calcaire *m*, roche *f* calcaire.

limewater ['laɪm,wɔ:tə^r] *n* eau *f* de chaux.

limey *inf* ['laɪmɪ] *Am hum* OR *pej* ◇ *n* -**1.** [English person] ≃ Angliche *mf*. -**2.** [English sailor] matelot *m* anglais.

◇ *adj* ≃ angliche.

liminal ['lɪmɪnl] *adj* liminal.

limit ['lɪmɪt] ◇ *n* -**1.** [boundary, greatest extent, maximum] limite *f*; **the eastern ~s of the empire** les limites orientales de l'empire; **I know my ~s** je connais mes limites, je sais ce dont je suis capable; **there is no ~ to his powers** ses pouvoirs sont illimités; **our resources are stretched to the ~** nous sommes au bout de nos ressources; **within the ~s of the present regulations** dans le cadre délimité par le présent règlement; **I'd like to help but there are ~s** je veux bien aider mais il y a des limites; **I agree with you, within ~s** je suis d'accord avec toi, jusqu'à un certain point ❑ **off ~s** interdit d'accès; **the bar's off ~s to servicemen** le bar est interdit aux militaires; **that's the (absolute) ~!** c'est le comble!; **she really is the ~!** elle dépasse vraiment les bornes! -**2.** [restriction] limitation *f*; **the ~ on Japanese imports** la limitation des importations japonaises; **to put** OR **to set a ~ on sthg** limiter qqch ❑ **time ~** [duration] temps *m* maximum, durée *f* maximale; [deadline] délai *m*; **weight ~** limitation de poids; **to be over the ~** *Br* [driver] dépasser le taux d'alcoolémie autorisé.

◇ *vt* limiter; **we're trying to ~ costs** nous essayons de limiter les coûts; **they are ~ing their research to one kind of virus** ils limitent leurs recherches à un seul type de virus; **she ~s herself to one visit a week** elle se contente d'une visite par semaine.

limitation [,lɪmɪ'teɪʃn] *n* -**1.** [restriction, control] limitation *f*, restriction *f*; **we will accept no ~ on our freedom** nous n'accepterons aucune entrave à notre liberté ❑ **arms ~ talks** négociations *fpl* sur la limitation des armements. -**2.** [shortcoming] limite *f*; **we all have our ~s** nous avons tous nos limites; **to know one's ~s** connaître ses limites. -**3.** JUR prescription *f*.

limited ['lɪmɪtɪd] *adj* -**1.** [restricted] limité, restreint; **the choice was rather ~** le choix était plutôt limité; **only a ~ number of players will be successful** seul un nombre limité OR un petit nombre de participants gagneront; **the play met with only ~ success** la pièce n'a connu qu'un succès relatif; **to a ~ extent** jusqu'à un certain point; **they are of ~ intelligence** ils ont une intelligence limitée. -**2.** *Am* [train, bus] semi-direct.

limited company *n* société *f* à responsabilité limitée, SARL *f*.

limited edition *n* édition *f* à tirage limité.

limited liability *n* responsabilité *f* limitée.

limiter ['lɪmɪtə^r] *n* ELECTRON limiteur *m*.

limiting ['lɪmɪtɪŋ] *adj* contraignant.

limitless ['lɪmɪtlɪs] *adj* illimité; **~ resources** des ressources illimitées OR inépuisables; **the ~ sea** *lit* la mer infinie.

limnology [lɪm'nɒlədʒɪ] *n* limnologie *f*.

limo *inf* ['lɪməʊ] (*pl* **limos**) = **limousine**.

limousine ['lɪməzi:n] *n* limousine *f*.

limp [lɪmp] ◇ *vi* boiter; [slightly] clopiner; **he ~ed into the room** il entra dans la pièce en boitant; **she was ~ing badly** elle boitait beaucoup; **the convoy ~ed into harbour** *fig* le convoi gagna le port tant bien que mal.

◇ *n*: **to walk with a ~** boiter; **the accident left him with a ~** depuis son accident il boite; **a man with a ~** un boiteux.

◇ *adj* **-1.** [cloth, lettuce] mou; [skin] flasque; **a ~ handshake** une poignée de main molle; **the plants had gone ~ through lack of water** les plantes s'étaient étiolées faute d'être arrosées; **his body went completely ~** il s'affaissa. **-2.** [book - cover, binding] souple.

limpet ['lɪmpɪt] *n* ZOOL patelle *f*, bernique *f*, chapeau *m* chinois; **to hold on to sthg** OR **to cling to sthg like a ~** se cramponner à qqch de toutes ses forces.

limpet mine *n* mine-ventouse *f*.

limpid ['lɪmpɪd] *adj* limpide.

limply ['lɪmplɪ] *adv* mollement.

limpness ['lɪmpnɪs] *n* [of handshake, bearing] mollesse *f*; [of temperament] manque *m* de vigueur; [of attitude] manque *m* de fermeté.

limp-wristed [-'rɪstɪd] *adj pej* efféminé.

limy ['laɪmɪ] (*compar* **limier**, *superl* **limiest**) *adj* **-1.** [containing lime] calcaire. **-2.** [smeared with lime] englué, gluant.

linchpin ['lɪntʃpɪn] *n* **-1.** TECH esse *f* (d'essieu). **-2.** *fig* [person] pivot *m*; **it's the ~ of government policy** c'est l'axe central de la politique du gouvernement.

Lincoln's Inn ['lɪŋkənz-] *pr n une des quatre «Inns of Court».*

Lincs. *written abbr of* Lincolnshire.

linctus ['lɪŋktəs] *n* sirop *m* (pour la toux).

Lindbergh ['lɪndbɜːg] *pr n* Lindbergh; **the ~ kidnapping** le kidnapping Lindbergh.

THE LINDBERGH KIDNAPPING:
Enlèvement et meurtre, en 1932, du fils, âgé de deux ans, de l'aviateur américain Charles Lindbergh. À la suite de cette affaire, qui fut largement exploitée par la presse de l'époque, le kidnapping devint un crime fédéral puni de mort aux États-Unis.

---

linden ['lɪndən] *n*: **~ (tree)** tilleul *m*.

line [laɪn] ◇ *n* **-1.** [mark, stroke] ligne *f*, trait *m*; [wrinkle] ride *f*; MATH, SPORT & TV ligne; **to draw a ~** tracer OR tirer une ligne; **below the ~** ACCTS hors bilan; **to score 50 points above/below the ~** [in bridge] marquer 50 points d'honneur/de marche; **straight ~** MATH droite *f*; [gen] ligne *f* droite; **the first to cross the (finishing) ~** le premier à franchir la ligne d'arrivée; **there are five ~s to a stave** une portée est constituée de cinq lignes ❑ **he parked on a double yellow ~** ≃ il s'est garé en stationnement interdit. **-2.** [path] ligne *f*; **light travels in a straight ~** la lumière se propage en ligne droite; **it's on a ~ between Houston and Dallas** c'est sur la ligne qui va de Houston à Dallas; **the two grooves must be exactly in ~** les deux rainures doivent être parfaitement alignées ❑ **I don't follow your ~ of thinking** je ne suis pas ton raisonnement; **~ of fire** ligne de tir; **~ of sight** OR **of vision** ligne de visée; **let's try a different ~ of attack** essayons une approche différente; **it's all in the ~ of duty** cela fait partie de mes fonctions; **the problems I meet in the ~ of duty** les problèmes auxquels je suis confronté dans l'exercice de mes fonctions; **to take the ~ of least resistance** *Br* choisir la solution de facilité; **there's been a terrible mistake somewhere along the ~** il s'est produit une erreur grave quelque part; **I'll support them all along** OR **right down the ~** je les soutiendrai jusqu'au bout OR sur toute la ligne; **the population is split along religious ~s** la population est divisée selon des critères religieux; **he reorganized the company along more rational ~s** il a réorganisé l'entreprise sur une base plus rationnelle; **we shall take action along the ~s suggested** nous agirons dans le sens de ce qui a été proposé; **another idea along the same ~s** une autre idée dans le même genre; **to be on the right ~s** être sur la bonne voie. **-3.** [row - side by side] ligne *f*, rang *m*, rangée *f*; [- one behind another] rang *m*, file *f*; **stand in ~, children** mettez-vous en rang, les enfants; **to step into ~** se mettre en rang; **a ~ of trees** une rangée d'arbres ‖ *Am* [queue] file *f* (d'attente), queue *f*; **we joined the ~ at the bus stop** nous avons fait la queue à l'arrêt de bus; **they wanted to be first in ~** ils voulaient être les premiers dans la file d'attente ‖ *fig*: **he's in ~ for promotion** il est sur les rangs pour une promotion; **he's next in ~ for promotion** la prochaine promotion sera pour lui; **he's first in ~ for the throne** c'est l'héritier du trône. **-4.** *fig* [conformity]: **it's in/out of ~ with company policy** c'est conforme/ce n'est pas conforme à la politique de la société; **it's more or less in ~ with what we'd expected** cela correspond plus ou moins à nos prévisions; **to bring wages into ~ with inflation** actualiser les salaires en fonction de l'inflation; **the dissidents have been brought into ~** les dissidents ont été mis au pas; **to fall into ~ with government policy** accepter la politique gouvernementale; **to step out of ~** s'écarter du droit chemin. **-5.** [of writing, text] ligne *f*; **a 20-~ program** COMPUT un programme de 20 lignes; **she gave me 100 ~s** SCH elle m'a donné 100 lignes (à faire) ‖ [of poem, song] vers *m*; **she quoted a ~ from Wordsworth** elle a cité un vers de Wordsworth ‖ THEAT réplique *f*; **I only have two ~s in the whole play!** je n'ai que deux répliques dans toute la pièce!; **he forgot his ~s** il a oublié son texte; **he gave me the usual ~ about his wife not understanding him** il m'a fait son numéro habituel comme quoi sa femme ne le comprend pas; **to shoot a ~** *inf* [boast] frimer; [smooth talk] baratiner. **-6.** *inf* [letter] mot *m*; **to drop sb a ~** envoyer un mot à qqn. **-7.** [rope] corde *f*; NAUT bout *m*; FISHING ligne *f*; **to hang the washing on the ~** mettre le linge à sécher, étendre le linge; **clothes** OR **washing ~** corde à linge. **-8.** [pipe] tuyau *m*; [pipeline] pipeline *m*. **-9.** *Br* RAIL [track] voie *f*; [single rail] rail *m*; **the train left the ~** le train a déraillé. **-10.** [travel route] ligne *f*; **underground ~** ligne de métro; **there's a new coach ~ to London** il y a un nouveau service d'autocars pour Londres; **to keep the ~s of communication open** maintenir ouvertes les lignes de communication ‖ [transport company] compagnie *f*; **shipping ~** compagnie de navigation. **-11.** ELEC ligne *f*; **the power ~s have been cut** les lignes électriques ont été coupées; **the ~s are still down after the gale** les lignes n'ont pas été rétablies depuis la tempête; **the power station comes on ~ in June** la centrale entre en service en juin. **-12.** TELEC ligne *f*; **the ~ went dead** la communication a été coupée; **I was on the ~ to Paris** je téléphonais à Paris; **then a voice came on the other end of the ~** alors une voix a répondu à l'autre bout du fil ❑ **a direct ~ to Washington** une ligne directe avec Washington; **hold the ~** ne quittez pas; **on ~** COMPUT en ligne. **-13.** [outline] ligne *f*; **the graceful ~** OR **~s of the new model** la ligne harmonieuse du nouveau modèle; **can you explain the main** OR **broad ~s of the project to me?** pouvez-vous m'expliquer les grandes lignes du projet? **-14.** [policy] ligne *f*; **they took a hard** OR **tough ~ on terrorism** ils ont adopté une politique de fermeté envers le terrorisme; **the opposition takes a harder ~ on this issue** l'opposition a une politique plus dure sur cette question ❑ **to follow** OR **to toe the party ~** suivre la ligne du parti. **-15.** MIL ligne *f*; **they struggled vainly to hold the ~** ils ont vainement tenté de maintenir leur position ❑ **battle ~s** lignes de bataille; **to infiltrate enemy ~s** infiltrer les lignes ennemies; **regiment/ship of the ~** régiment *m*/navire *m* de ligne. **-16.** [boundary] frontière *f*, limite *f*; **the distant ~ of the horizon** la ligne lointaine de l'horizon ❑ **the (dividing) ~ between frankness and rudeness** la limite entre la franchise et l'impolitesse; **the poverty ~** le seuil de pauvreté; **they crossed the state ~ into Nevada** ils ont franchi la frontière du Nevada; **to cross the Line** [equator] traverser l'équateur. **-17.** [field of activity] branche *f*; [job] métier *m*; **she's in the same ~ (of work) as you** elle travaille dans la même branche que toi; **what ~ (of business) are you in?, what's your ~ (of business)?** qu'est-ce que vous faites dans la vie?; **if you need anything doing in the plumbing ~** si vous avez besoin de faire faire des travaux de plomberie ‖ [field of interest] domaine *m*; **that's more in Katy's ~** c'est plus du domaine de Katy; **opera isn't really my ~** l'opéra n'est pas vraiment mon genre. **-18.** [range - of products] ligne *f*; **a new ~ of office furniture** une nouvelle ligne de meubles de bureau; **they produce** OR **do an interesting ~ in chairs** ils produisent une gamme intéressante de chaises ❑ **product ~** gamme *f* OR ligne de produits. **-19.** [production line] chaîne *f*; **the new model will be coming off the ~ in May** le nouveau modèle sortira de l'usine en mai. **-20.** [lineage, ancestry] lignée *f*; **the Windsor ~** la lignée des Windsor; **the title is transmitted by the male ~** le titre se transmet par les hommes; **he comes from a long ~ of doctors** il est issu d'une longue lignée de médecins. **-21.** *inf* [information]: **I'll try and get a ~ on what actually happened** j'essaierai d'avoir des tuyaux sur ce qui s'est réellement passé; **the police have got a ~ on him** la police sait des trucs sur lui.

◇ *vt* **-1.** [road, river] border; **the avenue is ~d with trees** l'avenue est bordée d'arbres; **crowds ~d the streets** la foule était OR s'était massée sur les trottoirs. **-2.** [paper] régler, ligner. **-3.** [clothes, curtains] doubler; [container, drawer, cupboard] tapisser, garnir; [brakes] garnir; **~d with silk** doublé de soie; **the tissue that ~s the digestive tract** la paroi interne de l'appareil digestif; **the tubes are ~d with plastic** l'intérieur des tubes est revêtu d'une couche de plastique; **walls ~d with books** des murs tapissés de livres ❑ **to ~ one's pockets** *inf* s'en mettre plein les poches.

◆ **line up** ◇ *vt sep* **-1.** [put in line] aligner, mettre en ligne; **he ~d up the troops for inspection** il fit aligner les hommes pour passer l'inspection. **-2.** [bring into alignment] aligner; **the two grooves must be exactly ~d up** les deux rainures doivent être parfaitement alignées; **he had the pheasant ~d up in his sights** il avait le faisan dans sa ligne de mire. **-3.** *inf* [prepare, arrange] préparer, prévoir; **I've got a treat ~d up for the kids** j'ai préparé une surprise pour les gosses; **he's ~d up an all-star cast for his new film** la distribution de son nouveau film ne comprend que des stars.

◇ *vi insep* [stand in line] s'aligner, se mettre en ligne; *Am* [queue up] faire la queue; **the Liberals ~d up behind the government** *fig* les Libéraux ont apporté leur soutien au gouvernement.

lineage ['lɪnɪɪdʒ] *n* [ancestry] ascendance *f*, famille *f*; [descendants] lignée *f*, descendance *f*; **of noble ~** de famille OR d'ascendance noble.

lineal ['lɪnɪəl] *adj* en ligne directe.

lineament ['lɪnɪəmənt] *n lit* trait *m*, linéament *m lit*.

linear ['lɪnɪəʳ] *adj* linéaire.

linear equation *n* équation *f* linéaire.

linear measure *n* mesure *f* linéaire, mesure *f* de longueur.

linear perspective *n* perspective *f* linéaire.

line block *n* TYPO cliché *m* au trait.

line call *n* SPORT décision *f* du juge de ligne.

lined [laɪnd] *adj* **-1.** [paper] réglé. **-2.** [face, skin] ridé. **-3.** [jacket] doublé; [box] tapissé.

line drawing *n* dessin *m* au trait.

line fence *n Am* clôture *f*.

line gauge *n* TYPO typomètre *m*.

line judge *n* SPORT juge *m* de ligne.

lineman ['laɪnmən] (*pl* **linemen** [-mən]) *n Am* ELEC & TELEC monteur *m* OR ouvrier *m* de ligne.

linen ['lɪnɪn] ◇ *n* **-1.** [fabric] (toile *f* de) lin *m*. **-2.** [sheets, tablecloths, towels etc] linge *m* (de maison); [underclothes] linge *m* (de corps); **dirty ~** linge sale; **table ~** linge de table.

◇ *comp* de fil, de lin; **~ sheets** draps *mpl* de fil; **~ thread** fil *m* de lin.

linen basket *n* corbeille *f* à linge.

linen cupboard *n* armoire *f* OR placard *m* à linge.

line-out *n* SPORT touche *f*.

line printer *n* imprimante *f* ligne à ligne.

liner ['laɪnəʳ] *n* -**1.** [ship] paquebot *m* (de grande ligne). -**2.** [eyeliner] eye-liner *m*. -**3.** [for clothing] doublure *f*. -**4.** [plastic bag]: **bin** OR **dustbin ~** sac *m* poubelle. -**5.** TECH chemise *f*.

linesman ['laɪnzmən] (*pl* **linesmen** [-mən]) *n* -**1.** SPORT [in rubgy, football] juge *m* OR arbitre *m* de touche; [in tennis] juge *m* de ligne. -**2.** *Br* ELEC & TELEC monteur *m* OR ouvrier *m* de ligne.

line-up *n* -**1.** [identity parade] séance *f* d'identification; [line of suspects] rangée *f* de suspects. -**2.** [composition]: **a jazz band with a traditional ~** une formation de jazz traditionnelle; **the England ~ for tonight's match** la composition de l'équipe anglaise pour le match de ce soir; **we have an all-star ~ for tonight's programme** nous avons un plateau de vedettes pour l'émission de ce soir.

ling [lɪŋ] *n* -**1.** [sea fish] lingue *f*, julienne *f*; [freshwater fish] lotte *f*. -**2.** [heather] bruyère *f*.

linger ['lɪŋgəʳ] *vi* -**1.** [persist] persister, subsister; **a doubt ~ed (on) in my mind** il subsistait un doute dans mon esprit. -**2.** [tarry] s'attarder, traîner; **we ~ed over lunch** nous nous sommes attardés à table; **a few students ~ed outside the classroom** quelques étudiants s'attardaient devant la salle de cours. -**3.** [stay alive]: **she might ~ on for years yet** il se pourrait qu'elle tienne encore des années.

lingerie ['lænʒərɪ] *n* lingerie *f*.

lingering ['lɪŋgrɪŋ] *adj* [long] long; **he gave her a long ~ look** il lui lança un long regard langoureux; **they had no time for ~ goodbyes** ils n'avaient pas le temps d'échanger des adieux prolongés || [persistent] persistant; **a ~ feeling of dissatisfaction** un irréductible sentiment d'insatisfaction; **a ~ doubt** un doute persistant || [slow] lent; **a ~ death** une mort lente.

lingo *inf* ['lɪŋgəʊ] (*pl* **lingoes**) *n*: **I don't speak the ~** je ne parle pas la langue du pays.

lingua franca [,lɪŋgwə'fræŋkə] (*pl* **lingua francas** OR **linguae francae** [,lɪŋgwiː'fræŋkiː]) *n* lingua franca *f*, langue *f* véhiculaire.

linguist ['lɪŋgwɪst] *n* -**1.** [in foreign languages - student] étudiant *m*, -e *f* en langues étrangères; [- specialist] spécialiste *mf* en langues étrangères; **to be a good ~** être doué pour les langues. -**2.** [in linguistics] linguiste *mf*.

linguistic [lɪŋ'gwɪstɪk] *adj* linguistique.

linguistically [lɪŋ'gwɪstɪklɪ] *adv* linguistiquement.

linguistics [lɪŋ'gwɪstɪks] *n* (*U*) linguistique *f*.

liniment ['lɪnɪmənt] *n* pommade *f*.

lining ['laɪnɪŋ] *n* -**1.** [of clothes, curtains] doublure *f*. -**2.** [of container, bearing] revêtement *m*; [of brake, clutch] garniture *f*. -**3.** ANAT paroi *f* interne; **the stomach ~** la paroi de l'estomac.

link [lɪŋk] ◇ *n* -**1.** [of chain] chaînon *m*, maillon *m*. -**2.** [bond, relationship] lien *m*; **she's severed all ~s with her family** elle a coupé les ponts avec sa famille; **Britain's trade ~s with Spain** les relations commerciales entre la Grande-Bretagne et l'Espagne; **the ~ between inflation and unemployment** le lien OR rapport entre l'inflation et le chômage. -**3.** [physical connection] liaison *f*; **a road/rail/radio ~** une liaison routière/ferroviaire/radio.
◇ *vt* -**1.** [relate] lier; **the two crimes are ~ed** les deux crimes sont liés; **how would you ~ these two theories?** quel rapport voyez-vous entre ces deux théories? -**2.** [connect physically] relier; **it can be ~ed (up) to a computer** on peut le relier OR connecter à un ordinateur; **they ~ed arms** ils se prirent le bras.
◆ **link up** ◇ *vi insep* -**1.** [meet - persons] se rejoindre; [- troops] effectuer une jonction; [- spacecraft] s'arrimer. -**2.** [form a partnership] s'associer. -**3.** [be connected] se relier; **it can ~ up to a computer** on peut le relier OR connecter à un ordinateur.
◇ *vt sep* relier.

linkage ['lɪŋkɪdʒ] *n* lien *m*, rapport *m*.

linkman ['lɪŋkmən] (*pl* **linkmen** [-mən]) *n* RADIO & TV journaliste *m* *(qui annonce les reportages des envoyés spéciaux)*.

link road *n* route *f* de jonction.

links [lɪŋks] *npl* (terrain *m* OR parcours *m* de) golf *m*, links *mpl*.

linkup ['lɪŋkʌp] *n* -**1.** [physical connection] liaison *f*; **a telephone/satellite ~** une liaison téléphonique/par satellite. -**2.** [of spacecraft, troops] jonction *f*.

linkwoman ['lɪŋk,wʊmən] (*pl* **linkwomen** [-,wɪmɪn]) *n* journaliste *f* *(qui annonce les reportages des envoyés spéciaux)*.

linnet ['lɪnɪt] *n* linotte *f*.

lino ['laɪnəʊ] *n* *Br* lino *m*.

linocut ['laɪnəʊkʌt] *n* linogravure *f*, gravure *f* sur linoléum.

linoleum [lɪ'nəʊljəm] *n* linoléum *m*.

lino tile *n* *Br* dalle *f* de linoléum.

Linotype ®['laɪnəʊtaɪp] *n* Linotype® *f*.

linseed ['lɪnsiːd] *n* graine *f* de lin.

linseed oil *n* huile *f* de lin.

lint [lɪnt] *n* (*U*) -**1.** [fabric] tissu *m* gratté; **~ bandage** charpie *f*. -**2.** [fluff] peluches *fpl*.

lintel ['lɪntl] *n* linteau *m*.

lion ['laɪən] *n* -**1.** ZOOL lion *m*; **~ hunter** chasseur *m* de lions ❑ **the ~'s den** l'antre *m* du lion; **to fight like a ~** se battre comme un lion; **to put one's head in the ~'s mouth** se jeter dans la gueule du loup; **the ~'s share** la part du lion. -**2.** *fig* [courageous person] lion *m*, lionne *f*; [celebrity] célébrité *f*; **a literary ~** un grand nom de la littérature.

lion cub *n* lionceau *m*.

lioness ['laɪənes] *n* lionne *f*.

lionhearted ['laɪən,hɑːtɪd] *adj* courageux comme un lion.

lionize, -ise ['laɪənaɪz] *vt* [make a celebrity] célébrer; [treat like a celebrity] porter aux nues.

lion-tamer *n* dompteur *m*, -euse *f* (de lions).

lip [lɪp] *n* -**1.** [human] lèvre *f*; [animal] lèvre *f*, babine *f*; **my ~s are sealed** je ne dirai rien; **her name is on everyone's ~s** son nom est sur toutes les lèvres; **they only pay ~ service to the ideal of solidarity** ils ne souscrivent qu'en paroles à l'idéal de solidarité. -**2.** [of jug] bec *m*; [of cup, bowl] rebord *m*; [of wound] lèvre *f*, bord *m*; [of crater] bord *m*. -**3.** *inf* [impertinence] culot *m*; **enough of your ~!** ne sois pas insolent!

lip gloss *n* brillant *m* à lèvres.

lipid(e) ['lɪpɪd] *n* lipide *m*.

lipoid ['lɪpɔɪd] *adj* lipoïde, lipoïdique.

liposome ['lɪpəsəʊm] *n* liposome *m*.

liposuction ['lɪpəʊ,sʌkʃn] *n* liposuccion *f*.

-lipped [lɪpt] *in cpds*: **thin~** aux lèvres minces.

lip pencil *n* crayon *m* à lèvres.

lippy *inf* ['lɪpɪ] (*compar* **lippier**, *superl* **lippiest**) *adj* insolent, culotté.

lip-read ['lɪpriːd] (*pt* & *pp* **lip-read** [-red]) ◇ *vi* lire sur les lèvres.
◇ *vt* lire sur les lèvres de.

lip-reading *n* lecture *f* sur les lèvres.

lip salve *n* pommade *f* OR baume *m* pour les lèvres.

lip-smacking *inf adj* appétissant, qui met l'eau à la bouche.

lipstick ['lɪpstɪk] *n* -**1.** [substance] rouge *m* à lèvres. -**2.** [stick] (tube *m* de) rouge *m* à lèvres.

liquefaction [,lɪkwɪ'fækʃn] *n* liquéfaction *f*.

liquefy ['lɪkwɪfaɪ] (*pt* & *pp* **liquefied**) ◇ *vt* liquéfier.
◇ *vi* se liquéfier.

liqueur [lɪ'kjʊəʳ] *n* liqueur *f*; **cherry ~** liqueur aux cerises.

liqueur chocolate *n* chocolat *m* à la liqueur.

liqueur glass *n* verre *m* à liqueur.

liquid ['lɪkwɪd] ◇ *adj* -**1.** [fluid] liquide; **~ air/nitrogen/fuel/oxygen** air *m*/azote *m*/combustible *m*/oxygène *m* liquide; **to have a ~ lunch** *hum* boire de l'alcool en guise de déjeuner. -**2.** FIN liquide; **~ assets** liquidités *fpl*. -**3.** [clear - eyes, sound] limpide. -**4.** LING [consonant] liquide.
◇ *n* -**1.** [fluid] liquide *m*. -**2.** LING [consonant] liquide *f*.

liquidate ['lɪkwɪdeɪt] ◇ *vt* -**1.** *euph* [kill, eliminate] liquider, éliminer. -**2.** FIN & JUR [debt, company, estate] liquider; [capital] mobiliser.
◇ *vi* FIN & JUR entrer en liquidation, déposer son bilan.

liquidation [,lɪkwɪ'deɪʃn] *n* -**1.** *euph* [killing, elimination] liquidation *f*. -**2.** FIN & JUR [of debt, company, estate] liquidation *f*; [of capital] mobilisation *f*; **to go into ~** entrer en liquidation, déposer son bilan.

liquidator ['lɪkwɪdeɪtəʳ] *n* liquidateur *m*, -trice *f*.

liquid crystal *n* cristal *m* liquide.

liquid crystal display *n* affichage *m* à cristaux liquides.

liquidity [lɪ'kwɪdətɪ] *n* liquidité *f*.

liquidize, -ise ['lɪkwɪdaɪz] *vt* -**1.** CULIN passer au mixeur. -**2.** PHYS liquéfier.

liquidizer ['lɪkwɪdaɪzəʳ] *n* *Br* mixer *m*, mixeur *m*.

liquid paraffin *n* huile *f* de paraffine.

liquor ['lɪkəʳ] *n* -**1.** *Am* [alcohol] alcool *m*, boissons *fpl* alcoolisées; **he never touches ~** il ne touche jamais à l'alcool; **to be the worse for ~** être ivre. -**2.** CULIN jus *m*, bouillon *m*. -**3.** PHARM solution *f* aqueuse.
◆ **liquor up** ▽ *Am* ◇ *vt sep* saouler; **to get ~ed up** se pinter OR se beurrer (la gueule).
◇ *vi insep* se biturer.

liquorice *Br*, **licorice** *Am* ['lɪkərɪs] *n* [plant, root] réglisse *f*; [sweet] réglisse *f*; **~ allsorts** *bonbons au réglisse de différentes couleurs.*

liquor store *n* *Am* magasin *m* de vins et spiritueux; **state ~** *magasin de vins et spiritueux agréé par l'État.*

lira ['lɪərə] (*pl* **lire** [-rɪ] OR **liras**) *n* lire *f*.

Lisbon ['lɪzbən] *pr n* Lisbonne.

lisle [laɪl] *n*: **~ (thread)** fil *m* d'Écosse.

lisp [lɪsp] ◇ *vi* parler avec un cheveu sur la langue, zézayer.
◇ *vt* dire en zézayant.
◇ *n*: **to speak with** OR **to have a ~** avoir un cheveu sur la langue, zézayer.

lissom(e) ['lɪsəm] *adj lit* souple, agile.

list [lɪst] ◇ *n* -**1.** [record] liste *f*; **to make** OR **to write a ~** faire OR dresser une liste; **address ~** liste d'adresses; **are you on our mailing ~?** est-ce que vous figurez sur notre fichier? -**2.** [lean] inclinaison *f*; NAUT gîte *f*, bande *f*.
◇ *vt* -**1.** [make list of] dresser la liste de; [enumerate] énumérer; [enter in a list] inscrire (sur une liste); **I've ~ed the things to be done** j'ai dressé une liste de choses à faire; **she ~ed the reasons for her decision** elle a énuméré les raisons pour lesquelles elle avait pris cette décision; **my name isn't ~ed** mon nom ne figure pas sur la liste. -**2.** [classify] classer; **they are ~ed by family name** ils sont classés par nom de famille; **it was officially ~ed as suicide** ce fut officiellement classé comme un suicide. -**3.** COMPUT lister. -**4.** ST. EX [shares] coter.
◇ *vi* [lean] pencher, être incliné; NAUT [ship] gîter, donner de la bande.

listed building ['lɪstɪd-] *n* *Br* monument *m* classé.

listed securities *npl* valeurs *fpl* cotées en bourse.

listen ['lɪsn] ◇ *vi* -**1.** [to sound] écouter; **~ carefully** écoutez bien; **to ~ to sb/sthg** écouter qqn/qqch; **did you ~ to the news?** as-tu écouté les informations? -**2.** [take notice - of advice] écouter; **if only I'd ~ed to my mother!** si seulement j'avais écouté ma mère OR suivi les conseils de ma mère!; **I told him but he wouldn't ~** je le lui ai dit, mais il ne voulait rien entendre.
◇ *n inf*: **have a ~ to their latest record** écoute un peu leur dernier disque.

◆ **listen (out) for** *vt insep* guetter; she **~s (out) for his steps on the stairs every evening** elle guette le bruit de ses pas dans l'escalier tous les soirs; **he was ~ing (out) for mistakes** il était à l'affût des fautes.

◆ **listen in** *vi insep* -**1.** [to radio] écouter, être à l'écoute; **~ in tomorrow at the same time** soyez à l'écoute demain à la même heure. -**2.** [eavesdrop] écouter; **it's rude to ~ in on other people's conversations** c'est impoli d'écouter les conversations.

◆ **listen up** *inf vi insep Am*: **hey you guys, ~ up!** hé, écoutez un peu!

listener ['lɪsnəʳ] *n* -**1.** personne *f* qui écoute; **he's a good/bad ~** il sait/il ne sait pas écouter (les autres). -**2.** RADIO auditeur *m*, -trice *f*.

listening post ['lɪsnɪŋ-] *n* poste *m* d'écoute.

listing ['lɪstɪŋ] *n* -**1.** [gen - list] liste *f*; [- entry] entrée *f*; **I found no ~ for the company in the directory** je n'ai pas trouvé la société dans l'annuaire. -**2.** COMPUT listing *m*, listage *m*.

◆ **listings** *npl*: **cinéma/TV ~s** programme *m* des films/émissions de la semaine.

listless ['lɪstlɪs] *adj* [torpid, unenergetic] apathique, endormi, avachi; [weak] mou, inerte; [bored] indolent, alangui; [indifferent] indifférent, insensible.

listlessly ['lɪstlɪslɪ] *adv* [without energy] sans énergie OR vigueur, avec apathie; [weakly] mollement; [without interest] d'un air absent.

listlessness ['lɪstlɪsnɪs] *n* [lack of energy] manque *m* d'énergie OR de vigueur, apathie *f*; [weakness] mollesse *f*; [boredom] langueur *f*, indolence *f*; [indifference] indifférence *f*.

list price *n* prix *m* du catalogue; **I can get 20% off (the) ~** je peux avoir un rabais de 20 % sur le prix de vente.

lists [lɪsts] *npl* lice *f*; **to enter the ~** *literal & fig* entrer en lice.

lit [lɪt] ◇ *pt & pp* → **light**.

◇ *adj* éclairé; **the room is well/badly ~** la pièce est bien/mal éclairée.

◇ *n inf* (*abbr of* **literature**): **she teaches English ~** elle enseigne la littérature anglaise.

litany ['lɪtənɪ] (*pl* **litanies**) *n literal & fig* litanie *f*.

liter *Am* = **litre**.

literacy ['lɪtərəsɪ] *n* [of individual] capacité *f* de lire et d'écrire; [of population] alphabétisation *f*; **a ~ campaign** une campagne d'alphabétisation OR contre l'illettrisme; **the work requires a high degree of ~** le poste exige une solide culture générale ❑ **adult ~** l'alphabétisation des adultes; **computer ~** connaissances *fpl* en informatique.

literal ['lɪtərəl] *adj* [meaning] propre, littéral; [translation] littéral; **there was a ~ invasion of tourists** il y a eu une véritable invasion de touristes.

literally ['lɪtərəlɪ] *adv* -**1.** [not figuratively] littéralement, au sens propre; [word for word] littéralement; **to take sthg ~** prendre qqch au pied de la lettre OR à la lettre; **to translate ~** faire une traduction littérale; **he was ~ bleeding to death** il se vidait de son sang. -**2.** [in exaggeration] littéralement; **we've had ~ hundreds of letters** nous avons reçu littéralement des centaines de lettres.

literal-minded *adj* sans imagination, terre à terre.

literary ['lɪtərərɪ] *adj* -**1.** [style, work etc] littéraire; **a ~ man** un homme de lettres; **~ criticism** critique *f* littéraire. -**2.** [formal, written - language] littéraire.

literary agent *n* agent *m* littéraire.

literate ['lɪtərət] *adj* -**1.** [able to read and write] capable de lire et d'écrire; **only 20% of the population is ~** seuls 20 % de la population savent lire et écrire; **to be computer-~** avoir des connaissances en informatique. -**2.** [educated] instruit, cultivé.

-literate *in cpds*: **to be computer~** s'y connaître en informatique.

literati [,lɪtə'rɑːtɪ] *npl fml* gens *mpl* de lettres, lettrés *mpl*.

literature ['lɪtrətʃəʳ] *n* (*U*) -**1.** [creative writing] littérature *f*. -**2.** [printed material] documentation *f*; **scientific/medical ~** la documentation scientifique/médicale; **can you give me some ~?** pouvez-vous me donner de la documentation?; **sales ~** documentation *f*, brochures *fpl* de vente.

lithe [laɪð] *adj* [movement, person] agile; [body] souple.

lithium ['lɪθɪəm] *n* lithium *m*.

lithograph ['lɪθəgrɑːf] ◇ *n* lithographie *f* *(estampe)*.

◇ *vt* lithographier.

lithographic [,lɪθə'græfɪk] *adj* lithographique.

lithography [lɪ'θɒgrəfɪ] *n* lithographie *f (procédé)*.

Lithuania [,lɪθjʊ'eɪnjə] *pr n* Lituanie *f*; **in ~** en Lituanie.

Lithuanian [,lɪθjʊ'eɪnjən] ◇ *n* -**1.** [person] Lituanien *m*, -enne *f*. -**2.** LING lituanien *m*.

◇ *adj* lituanien.

litigant ['lɪtɪgənt] JUR ◇ *n* plaideur *m*, -euse *f*, partie *f*.

◇ *adj* en litige; **the ~ parties** les parties plaidantes OR en litige.

litigate ['lɪtɪgeɪt] JUR ◇ *vt* contester (en justice).

◇ *vi* plaider, intenter une action en justice.

litigation [,lɪtɪ'geɪʃn] *n* JUR litige *m*; **the case went to ~** le cas est passé en justice; **they are in ~** ils sont en procès; **the issue is still in ~** l'affaire est toujours devant OR entre les mains de la justice.

litigious [lɪ'tɪdʒəs] *adj* -**1.** *fml & pej* [fond of lawsuits] procédurier. -**2.** *fml & pej* [given to arguing] chicaneur, chicanier. -**3.** JUR litigieux, contentieux.

litmus ['lɪtməs] *n* tournesol *m*.

litmus paper *n* papier *m* de tournesol.

litmus test *n* CHEM réaction *f* au tournesol; *fig* épreuve *f* de vérité.

litotes ['laɪtəʊtiːz] (*pl inv*) *n* litote *f*.

litre *Br*, **liter** *Am* ['liːtəʳ] *n* litre *m*.

litter ['lɪtəʳ] ◇ *n* -**1.** (*U*) [rubbish] détritus *mpl*, ordures *fpl*; [dropped in street] papiers *mpl* (gras); **'no ~'** respectez la propreté des lieux. -**2.** [clutter] fouillis *m*; **his desk was covered in a ~ of papers** son bureau était envahi par les papiers. -**3.** ZOOL portée *f*. -**4.** [material - to bed animals] litière *f*; [- to protect plants] paille *f*, paillis *m*; **cat ~** litière pour chats. -**5.** [sedan chair] litière *f*, palanquin *m*.

◇ *vt* -**1.** [make untidy - public place] laisser des détritus dans; [- house, room] mettre du désordre dans; **don't ~ the table (up) with your tools** n'encombre pas la table avec tes outils. -**2.** *(usu pass)* [cover, strew] joncher, couvrir; *fig* parsemer; **beer cans ~ed the dance floor** la piste de danse était jonchée de cannettes de bière; **his life is ~ed with failed love affairs** sa vie est jalonnée d'échecs amoureux.

◇ *vi* ZOOL mettre bas.

litter bin *n Br* poubelle *f*.

litterbug ['lɪtəbʌg] *Am*, **litter lout** *inf Br* *n personne qui jette des papiers ou des détritus par terre.*

little[1] ['lɪtl] *adj* -**1.** [in size, quantity] petit; **a ~ group of children** un petit groupe d'enfants; **would you like a ~ drop of gin?** tu veux un peu de gin?; **he has a ~ antiques shop** il a une petite boutique d'antiquités; **a ~ smile/sob/cry** un petit sourire/sanglot/cri; **would you like a ~ something to eat?** voudriez-vous manger un petit quelque chose? ❑ **the ~ hand** [of clock] la petite aiguille. -**2.** [young - child, animal] petit; **a ~ boy** un petit garçon; **a ~ girl** une petite fille; **when I was ~** quand j'étais petit ‖ [younger] petit; **my ~ sister** ma petite sœur. -**3.** [short - time, distance]: **we spent a ~ time in France** nous avons passé quelque temps en France; **a ~ while ago** [moments ago] il y a quelques instants; [days, months ago] il y a quelque temps; **she only stayed (for) a ~ while** elle n'est pas restée très longtemps; **the shop is a ~ way along the street** le magasin se trouve un peu plus loin dans la rue. -**4.** [unimportant] petit; **we had a ~ difference of opinion** nous avons eu un petit différend; **they had a ~ argument** ils se sont un peu disputés. -**5.** [expressing affection, pleasure, irritation] petit; **what a nice ~ garden!** quel joli petit jardin!; **I've got my own ~ house in Oxford now** j'ai ma petite maison à moi à Oxford maintenant; **a ~ old lady** une petite vieille; **poor ~ thing!** pauvre petit!; **she's a ~ horror!** c'est une petite peste!; **you're a filthy ~ pig!** *inf* espèce de petit cochon!; **I'm used to his ~ ways** je connais ses petites habitudes; **I've sussed his ~ game!** *inf* j'ai compris son petit jeu!

little[2] ['lɪtl] (*compar* **less** [les], *superl* **least** [liːst])

◇ *det* [opposite of 'much'] peu de; **very ~ time/money/water** très peu de temps/d'argent/d'eau; **I had ~ time to relax** je n'ai guère eu le temps de me détendre; **I watch very ~ television** je regarde très peu la télévision; **I'm afraid there's ~ hope left** je crains qu'il n'y ait plus beaucoup d'espoir; **to have ~ chance of doing sthg** avoir peu de chances de faire qqch; **they have so ~ freedom** ils ont si peu de liberté; **there was too ~ money** il y avait trop peu d'argent; **with no ~ difficulty** *fml* non sans peine.

◇ *pron* -**1.** [small amount] pas grand-chose; **there's ~ one can say** il n'y a pas grand-chose à dire; **I see very ~ of him now** je ne le vois plus que très rarement; **very ~ is known about his childhood** on ne sait pas grand-chose OR on ne sait que très peu de choses sur son enfance; **I gave her as ~ as possible** je lui ai donné le minimum; **you may be paid as ~ as £3 an hour** tu ne seras peut-être payé que 3 livres de l'heure; **so ~** si peu; **you know so ~ about me** tu ne sais presque rien de moi; **too ~** trop peu; **to make ~ of** [fail to understand] ne pas comprendre grand-chose à; [not emphasize] minimiser; [scorn] faire peu de cas de. -**2.** [certain amount]: **a ~ of everything** un peu de tout; **the ~ I saw looked excellent** le peu que j'en ai vu paraissait excellent.

◇ *adv* -**1.** [to a limited extent]: **it's ~ short of madness** ça frise la folie; **he's ~ more than a waiter** il n'est rien de plus qu'un simple serveur. -**2.** [rarely] peu; **we go there as ~ as possible** nous y allons le moins possible; **we talk very ~ now** nous ne nous parlons presque plus. -**3.** [never] *fml*: **I ~ thought** OR **did I think we would be friends one day** jamais je n'aurais cru que nous serions amis un jour.

◆ **a little** ◇ *det phr* un peu de; **there's still a ~ time/bread left** il reste encore un peu de temps/pain; **I speak a ~ French** je parle quelques mots de français ❑ **a ~ learning is a dangerous thing** *prov* il est moins dangereux de ne rien savoir que d'en savoir trop peu.

◇ *pron phr* un peu.

◇ *adv phr* -**1.** [slightly] un peu; **he laughed a ~** il a ri un peu; **I'm a ~ tired** je suis un peu fatigué; **a ~ too late** un peu trop tard; **a ~ less/more sugar** un (petit) peu moins/plus de sucre; **not even a ~ interested** pas le moins du monde intéressé. -**2.** [for a short time or distance] un peu; **I walked on a ~** j'ai marché encore un peu; **I paused there (for) a ~ and then said...** j'ai marqué un petit temps d'arrêt, puis j'ai dit...

◆ **a little bit** *inf adv phr* = **a little**.

◆ **little by little** *adv phr* peu à peu, petit à petit; **he pieced the story together ~ by ~** il reconstitua l'histoire peu à peu.

little- *in cpds*: **a ~understood phenomenon** un phénomène (encore) mal compris; **a ~explored area** une zone presque inexplorée OR (encore) peu explorée.

Little Bear *pr n Br* ASTRON: **the ~** la Petite Ourse.

Little Bighorn ['lɪtl'bɪg,hɔːn] *pr n*: **the battle of the ~** la bataille de Little Bighorn.

THE BATTLE OF THE LITTLE BIGHORN:
Ultime bataille du général américain Custer, qui lança sa cavalerie aux trousses des Indiens Sioux de Sitting Bull et Crazy Horse dans l'État du Montana, en 1876. Custer ayant sous-estimé les forces indiennes, celles-ci firent face et massacrèrent la troupe entière. Cet épisode est également connu sous le nom de «Custer's last stand».

little-boy *adj* de petit garçon, de garçonnet; [haircut] à la garçonne.

Little Dipper *Am* ASTRON = **Little Bear**.

little end *n Br* AUT pied *m* de bielle.

little Englander *n Anglais borné.*

little finger *n* auriculaire *m*, petit doigt *m*.

little-girl *adj* de petite fille, de fillette.

little-known *adj* peu connu.

Little League *pr n Am* SPORT *championnat de baseball pour les jeunes de 8 à 12 ans.*

little owl *n* chevêche *f*.

little people *npl Ir*: the ~ les lutins *mpl*.

little toe *n* petit orteil *m*.

little woman *n* -**1.** *dated* [wife]: the ~ ma/ta/sa tendre moitié *f*. -**2.** *pej* [helpless woman]: she plays the ~ elle joue les faibles femmes.

littoral ['lɪtərəl] ◇ *adj* littoral.
◇ *n* littoral *m*.

liturgic(al) [lɪ'tɜːdʒɪk(l)] *adj* liturgique.

liturgy ['lɪtədʒɪ] (*pl* liturgies) *n* liturgie *f*.

livable ['lɪvəbl] *adj* -**1.** [inhabitable] habitable; **we're trying to make the house ~ (in)** nous essayons de rendre la maison habitable. -**2.** [bearable] supportable; **his visits made her life ~** ses visites lui ont rendu la vie supportable; **she's not ~ with** *inf* elle est invivable.

live[1] [lɪv] ◇ *vi* -**1.** [be or stay alive] vivre; **plants need oxygen to ~** les plantes ont besoin d'oxygène pour vivre; **as long as I ~** tant que je vivrai, de mon vivant; **was she still living when her grandson was born?** est-ce qu'elle était encore en vie quand son petit-fils est né?; **he hasn't long to ~** il ne lui reste pas beaucoup de temps à vivre; **she didn't ~ long after her son died** elle n'a pas survécu longtemps à son fils; **the doctors think she'll ~** les médecins pensent qu'elle vivra; **you'll ~!** *iron* tu n'en mourras pas!; **I won't ~ to see them grow up** je ne vivrai pas assez vieux pour les voir grandir; **to ~ on borrowed time** être en sursis *fig*; **to ~ to a ripe old age** vivre vieux OR jusqu'à un âge avancé || *fig*: **the dialogue is what makes the characters ~** ce sont les dialogues qui donnent de la vie aux personnages; **your words will ~ in our hearts/memories** vos paroles resteront à jamais dans nos cœurs/notre mémoire. -**2.** [have a specified way of life] vivre; **to ~ dangerously** vivre dangereusement; **they ~d happily ever after** ils vécurent heureux jusqu'à la fin de leurs jours; **he ~s by the rules** il mène une vie bien rangée; **the rules we all ~ by** les règles auxquelles nous nous plions tous; **she ~d by her wits** elle vivait d'expédients; **she ~s for her children/for skiing** elle ne vit que pour ses enfants/que pour le ski; **he ~d for music** il ne vivait que pour la musique; **to ~ in poverty/luxury** vivre dans la pauvreté/le luxe; **to ~ in fear** vivre dans la peur; **he ~s in the past** il vit dans le passé; **we ~ in uncertain times** nous vivons une époque incertaine; **he ~s in that shirt!** *hum* il a cette chemise sur le dos en permanence! ❑ **~ and let ~!** *prov* laisse faire!; **well, you ~ and learn!** on en apprend tous les jours! -**3.** [reside] habiter; **where does she ~?** où habite-t-elle?; **they have nowhere to ~** ils sont à la rue; **the giant tortoise ~s mainly in the Galapagos** la tortue géante vit surtout aux Galapagos; **they ~ in Rome** ils habitent (à) Rome, ils vivent à Rome; **to ~ in a flat/a castle** habiter (dans) un appartement/un château; **I ~ in OR on Bank Street** j'habite Bank Street; **they ~ in OR on my street** ils habitent (dans) ma rue; **she ~s on the ground floor** elle habite au rez-de-chaussée; **he practically ~s in OR at the library** il passe sa vie à la bibliothèque; **do you ~ with your parents?** habitez-vous chez vos parents?; **to ~ in sin with sb** *dated* OR *hum* vivre dans le péché avec qqn. -**4.** [support o.s.] vivre; **they don't earn enough to ~** ils ne gagnent pas de quoi vivre; **he ~s by teaching** il gagne sa vie en enseignant; **the tribe ~s by hunting** la tribu vit de la chasse; **how does she ~ on that salary?** comment s'en sort-elle avec ce salaire? -**5.** [obtain food] se nourrir; **we've been living out of cans OR tins lately** on se nourrit de conserves depuis quelque temps; **he was reduced to living out of rubbish bins** il en était réduit à fouiller les poubelles pour se nourrir. -**6.** [exist fully, intensely] vivre; **she really knows how to ~** elle sait vraiment profiter de la vie; **let's ~ for the moment OR for today!** vivons l'instant présent!; **if you haven't been to New York, you haven't ~d!** si tu n'es jamais allé à New York tu n'as rien vu!
◇ *vt* vivre; **to ~ a life of poverty** vivre dans la pauvreté; **to ~ a solitary life** mener une vie solitaire; **to ~ a lie** être dans une situation fausse; **she ~d the life of a film star for six years** elle a vécu comme une star de cinéma pendant six ans ❑ **to ~ it up** *inf* faire la fête; **my father ~s and breathes golf** mon père ne vit que pour le golf.

◆ **live down** *vt sep* [recover from - error, disgrace]: **they'll never let him ~ that down** ils ne lui passeront OR pardonneront jamais cela; **if I forget her birthday, I'll never ~ it down!** si j'oublie son anniversaire, elle ne me le pardonnera jamais!; **you'll never ~ this down!** [ridicule] tu n'as pas fini d'en entendre parler!

◆ **live in** *vi insep* -**1.** [domestic] être logé et nourri; [worker, nurse] être logé OR habiter sur place; **all their farm hands ~ in** tous leurs ouvriers agricoles sont logés sur place. -**2.** [pupil] être interne.

◆ **live off** *vt insep* -**1.** [sponge off] vivre aux crochets de; **he ~s off his parents** il vit aux crochets de ses parents. -**2.** [savings] vivre de; [nuts, berries] se nourrir de; **they ~ off the fruit of other people's labours** ils vivent du produit du travail d'autrui; **to ~ off the land** vivre de la terre.

◆ **live on** ◇ *vi insep* [person] continuer à vivre; [custom, ideal] persister; **she ~d on to the end in the same house** elle a vécu dans la même maison jusqu'à sa mort; **his memory ~s on** son souvenir est encore vivant.
◇ *vt insep* -**1.** [food] vivre de, se nourrir de; **to ~ on fruit and vegetables** vivre de fruits et de légumes. -**2.** [salary] vivre de; **his pension is all they have to ~ on** ils n'ont que sa retraite pour vivre; **to ~ on $800 a month** vivre avec 800 dollars par mois. -**3.** *fig*: **to ~ on one's wits** vivre d'expédients; **to ~ on one's name** vivre sur sa réputation.

◆ **live out** ◇ *vt sep* -**1.** [survive]: **will we ~ out the century?** verrons-nous la fin de ce siècle? -**2.** [spend] passer; **she ~d out the rest of her life in Spain** elle a passé le reste de sa vie en Espagne. -**3.** [fulfil] vivre; **he ~d out his destiny** sa destinée s'est accomplie, il a suivi son destin; **to ~ out one's fantasies** réaliser ses rêves.
◇ *vi insep*: **the maid ~s out** la bonne ne loge pas sur place; **he studies here but ~s out** il est étudiant ici mais il n'habite pas sur le campus.

◆ **live through** *vt insep* connaître; **they've ~d through war and famine** ils ont connu la guerre et la famine.

◆ **live together** *vi insep* [as a couple] vivre ensemble, cohabiter.

◆ **live up to** *vt insep* [name, reputation] se montrer à la hauteur de, mériter; [expectation] répondre à; **we have a reputation to ~ up to!** nous avons une réputation à défendre!; **the holiday didn't ~ up to our expectations** les vacances n'étaient pas à la hauteur de nos espérances.

◆ **live with** *vt insep* -**1.** [cohabit with] vivre avec; **she ~d with him for a couple of years before they got married** elle a vécu avec lui pendant quelques années avant qu'ils se marient. -**2.** [put up with]: **she's not easy to ~ with** elle n'est pas facile à vivre; **I don't like the situation, but I have to ~ with it** cette situation ne me plaît pas, mais je n'ai pas le choix; **I couldn't ~ with myself if I didn't tell him the truth** je ne supporterais pas de ne pas lui dire la vérité.

live[2] [laɪv] ◇ *adj* -**1.** [alive - animal, person] vivant; **the ~ weight of the animal** le poids de l'animal sur pied; **a real ~ cowboy** *inf* un cowboy, un vrai de vrai ❑ **~ births** naissances *fpl* viables; **~ yoghurt** yaourt *m* actif. -**2.** MUS, RADIO & TV [programme, interview, concert] en direct; **~ pictures from Mars** des images en direct de Mars; **Sinatra ~ at the Palladium** Sinatra en concert au Palladium; **recorded before a ~ audience** enregistré en public ❑ **~ music** musique *f* live; **~ recording** enregistrement *m* live OR public. -**3.** ELEC [connected] sous tension; **~ circuit** circuit *m* alimenté OR sous tension. -**4.** [unexploded] non explosé; **~ ammunition** balles *fpl* réelles. -**5.** [still burning - coals, embers] ardent. -**6.** [not extinct - volcano] actif. -**7.** [controversial] controversé; **a ~ issue** un sujet controversé.
◇ *adv* en direct; **to perform ~** [singer, group] chanter en direct; **the match can be seen/is going out ~ at 3.30 p.m.** on peut suivre le match/le match est diffusé en direct à 15 h 30.

liveable ['lɪvəbl] = **livable**.

livebait ['laɪvbeɪt] *n* [in fishing] vif *m*, appât *m* vivant.

lived-in ['lɪvdɪn] *adj* [comfortable] confortable; [occupied] habité; **the room had a nice ~ feel** on sentait que la pièce était habitée.

live-in ['lɪvɪn] *adj* [maid] logé et nourri; [nurse, governess] à demeure; **his ~ girlfriend** sa compagne, la femme avec qui il vit; **she has a ~ lover** son ami habite chez elle.

livelihood ['laɪvlɪhʊd] *n (U)* moyens *mpl* d'existence, gagne-pain *m inv*; **to lose one's ~** perdre son gagne-pain; **writing isn't a hobby, it's my ~** écrire n'est pas un passe-temps, c'est mon gagne-pain OR mon métier.

liveliness ['laɪvlɪnɪs] *n* [of person] vivacité *f*; [of conversation, party] animation *f*; [of debate, style] vigueur *f*; [of music, dance] gaieté *f*, allégresse *f*; [of colours] éclat *m*, gaieté *f*.

livelong ['lɪvlɒŋ] *adj lit*: **all the ~ day** toute la journée, tout au long du jour.

lively ['laɪvlɪ] (*compar* livelier, *superl* liveliest) *adj* -**1.** [full of life - person] vif, plein d'entrain; [- kitten, puppy] plein de vie, espiègle; [- horse] fringant; [- music] gai, entraînant; **she's ~ company** on ne s'ennuie pas avec elle. -**2.** [keen - mind, curiosity, imagination] vif; **to take a ~ interest in sthg** s'intéresser vivement à qqch. -**3.** [exciting - place, event, discussion] animé; **a very ~ debate** un débat très animé; **the town gets a bit livelier in summer** la ville s'anime un peu en été; **a ~ performance** une interprétation très enlevée. -**4.** [eventful - day, time] mouvementé, agité; **things got ~ when the police arrived** il y a eu de l'animation quand la police est arrivée; **look ~!** *inf Br* grouille-toi! -**5.** [brisk - pace] vif. -**6.** [vivid - colour] vif, éclatant.

liven ['laɪvn] *vi Am* [respond]: **I didn't ~ to his plan** son projet n'a pas éveillé mon intérêt.

◆ **liven up** ◇ *vt sep* -**1.** [make cheerful - person, room] égayer. -**2.** [stimulate, make interesting] animer; **her arrival ~ed the party up** son arrivée a mis un peu d'animation dans la soirée; **they need to ~ up their image** ils auraient besoin de rafraîchir leur image de marque.
◇ *vi insep* s'animer.

live oak *n* chêne *m* vert.

liver ['lɪvər] *n* -**1.** ANAT foie *m*; **~ complaint** maladie *f* du foie. -**2.** CULIN foie *m*; **~ pâté** pâté *m* de foie. -**3.** [colour] rouge brun *m inv*, brun roux *m inv*. -**4.** [person]: **fast OR high ~** fêtard *m*, -e *f*, noceur *m*, -euse *f*.

liver fluke *n* VETER grande douve *f*.

liveried ['lɪvərɪd] *adj* en livrée.

liverish ['lɪvərɪʃ] *adj* -**1.** *inf* [ill]: to be OR to feel ~ avoir mal au foie. -**2.** [peevish] irritable, bilieux.

Liverpool ['lɪvəpu:l] *pr n* Liverpool.

Liverpudlian [,lɪvə'pʌdlɪən] ◇ *n habitant de Liverpool.*
◇ *adj* de Liverpool.

liver salts *npl* lithiné *m.*

liver sausage *n* pâté *m* de foie.

liver spot *n* tache *f* de vieillesse.

liverwort ['lɪvəwɜ:t] *n* BOT hépatique *f.*

liverwurst ['lɪvəwɜ:st] *Am* = **liver sausage**.

livery ['lɪvərɪ] (*pl* **liveries**) *n* -**1.** [uniform] livrée *f.* -**2.** [of company] couleurs *fpl*; the cars have been painted in the new company ~ les voitures ont été peintes aux nouvelles couleurs de la maison.

livery company *n Br* confrérie *f (de la cité de Londres).*

liveryman ['lɪvərɪmən] (*pl* **liverymen** [-mən]) *n Br* [member of livery company] membre *m* d'une confrérie londonienne.

livery stable *n* [for boarding] écurie *f* prenant des chevaux en pension; [for hiring] écurie *f* de chevaux de louage.

lives [laɪvs] *pl* → **life**.

livestock ['laɪvstɒk] *n* bétail *m*, cheptel *m.*

live wire *n* -**1.** ELEC fil *m* sous tension. -**2.** *inf fig*: she's a real ~ elle déborde d'énergie.

livid ['lɪvɪd] *adj* -**1.** [blue-grey] livide; he went ~ with rage il a blêmi de rage; a ~ sky un ciel de plomb. -**2.** *inf* [angry] furax.

living ['lɪvɪŋ] ◇ *n* -**1.** [livelihood] vie *f*; I have to work for a ~ je suis obligé de travailler pour vivre; what do you do for a ~? qu'est-ce que vous faites dans la vie?; she made a (good) ~ as a pianist elle gagnait (bien) sa vie comme pianiste; you can't make a decent ~ in this business on gagne mal sa vie OR on a du mal à gagner sa vie dans ce métier. -**2.** [life, lifestyle] vie *f*; come to California where the ~ is easy venez en Californie, la vie y est facile; plain ~ la vie simple. -**3.** *Br* RELIG bénéfice *m.*
◇ *adj* -**1.** [alive] vivant; the study of ~ organisms l'étude des organismes vivants; he has no ~ relatives il n'a plus de famille; who's the greatest ~ boxer? quel est le plus grand boxeur vivant? ☐ it was the worst storm in ~ memory de mémoire d'homme on n'avait jamais vu une tempête aussi violente; I didn't see a ~ soul je n'ai pas vu âme qui vive; she's ~ proof that the treatment works elle est la preuve vivante que le traitement est efficace; they made her life a ~ hell ils lui ont rendu la vie infernale; the ~ dead les morts vivants *mpl*; ~ death vie *f* de souffrances; his life became a ~ death sa vie ne fut plus qu'une longue souffrance; to be the ~ image of sb être le portrait vivant de qqn. -**2.** GEOL: the ~ rock la roche non exploitée; sculpted from the ~ rock taillé à même le roc.
◇ *npl*: the ~ les vivants *mpl.*
◇ *comp* -**1.** [conditions] de vie; ~ standards niveau *m* de vie. -**2.** [place]: the ~ area is separated from the bedrooms la partie séjour est séparée des chambres; ~ quarters partie *f* habitée; these are the crew's ~ quarters ce sont les quartiers de l'équipage.

living-in *adj Br* [maid, cook] logé sur place.

living room *n* (salle *f* de) séjour *m.*

living space *n* espace *m* vital.

living wage *n*: a ~ le minimum vital; £400 a month isn't a ~ on ne peut pas vivre avec 400 livres par mois.

Livy ['lɪvɪ] *pr n* Tite-Live.

lizard ['lɪzəd] ◇ *n* lézard *m.*
◇ *comp* [belt, shoes] en lézard.

llama ['lɑ:mə] *n* ZOOL lama *m.*

LLB (*abbr of* Bachelor of Laws) *n (titulaire d'une) licence de droit.*

LLD (*abbr of* Doctor of Laws) *n docteur en droit.*

LMT (*abbr of* Local Mean Time) *n heure locale.*

lo [ləʊ] *interj* -**1.** *arch* OR *lit* regardez!, voyez! -**2.** *phr*: and ~ and behold there he was! et voilà, il était là!

loach [ləʊtʃ] *n* loche *f.*

load [ləʊd] ◇ *vt* -**1.** [person, animal, vehicle] charger; to ~ sthg with sthg charger qqch sur qqch; ~ the bags into the car chargez OR mettez les sacs dans la voiture; the ship is ~ing grain on est en train de charger le navire de céréales; she left ~ed with presents elle est repartie les bras chargés de cadeaux; he's trying to ~ the work (off) onto me il essaie de se décharger de son travail sur moi. -**2.** [camera, gun, machine] charger; ~! take aim! fire! chargez! en joue! feu!; to ~ a film/tape mettre une pellicule/une cassette; ~ the cassette into the recorder introduisez la cassette dans le magnétophone; to ~ a program (into memory) COMPUT charger un programme (en mémoire). -**3.** [insurance premium] majorer, augmenter. -**4.** *phr*: to ~ the dice piper les dés; to ~ the dice against sb *fig* défavoriser qqn; the dice are ~ed against us nous n'aurons pas la partie facile.
◇ *vi* -**1.** [receive freight] charger; the ship is ~ing le navire est en cours de chargement; the tankers ~ off shore les pétroliers font le chargement en mer. -**2.** [camera, gun] se recharger; [computer program] se charger.
◇ *n* -**1.** [cargo] charge *f*, chargement *m*; [carrying capacity] charge *f*; 'maximum ~ 5 tonnes' 'charge maximum 5 tonnes'; a ~ of gravel un chargement de gravier; one horse can't pull such a heavy ~ un seul cheval ne peut pas tirer une charge aussi lourde; a lorry-~ of supplies un (plein) camion d'approvisionnements; we moved all the stuff in ten ~s nous avons tout transporté en dix voyages. -**2.** *fig* [burden] fardeau *m*, charge *f*; the reforms should lighten the ~ of classroom teachers les réformes devraient faciliter la tâche des enseignants; hire somebody to share the ~ embauchez quelqu'un pour vous faciliter la tâche ☐ that's a ~ off my mind! me voilà soulagé d'un poids! -**3.** [batch of laundry] machine *f*; I've two more ~s to do j'ai encore deux machines à faire. -**4.** ELEC, CONSTR & TECH charge *f.* -**5.** *phr*: get a ~ of this *inf* [look] vise un peu ça; [listen] écoute-moi ça; he has a ~ on, he's carrying a ~ ▽*Am* il est complètement bourré; to shoot one's ~ ▼ [ejaculate] décharger.
◇ *comp* COMPUT [program] de chargement; [module] chargeable; ~ mode mode *m* chargement.

♦ **a load of** *inf det phr*: what a ~ of rubbish! *inf Br* c'est vraiment n'importe quoi!

♦ **loads** *inf adv* beaucoup.

♦ **loads of** *inf det phr* des tas OR des masses de; it'll be ~s of fun ça va être super marrant; it'll be ~s of work on va bosser comme des malades; she's got ~s of money elle est bourrée de fric, elle a un fric monstre.

♦ **load down** *vt sep* charger (lourdement); he was ~ed down with packages il avait des paquets plein les bras; I'm ~ed down with work je suis surchargé de travail.

♦ **load up** ◇ *vt sep* charger; ~ the wheelbarrow up with bricks remplissez la brouette de briques.
◇ *vi insep* charger.

load-bearing *adj* [wall] porteur.

loaded ['ləʊdɪd] *adj* -**1.** [laden] chargé; is the lorry fully ~? le camion est-il vraiment plein? -**2.** *fig*: to be ~ with être chargé de OR plein de; his writing is ~ with metaphors ses textes sont pleins de métaphores; she's ~ with talent elle est bourrée de talent. -**3.** [gun, camera] chargé. -**4.** [dice] pipé. -**5.** [statement, comment] insidieux; ~ question question *f* piège. -**6.** *inf* [rich] plein aux as. -**7.** ▽ [drunk] plein, bourré; [high on drugs] défoncé, cassé.

loader ['ləʊdə^r] *n* -**1.** [person] chargeur *m*, -euse *f.* -**2.** ELEC, MIL & PHOT [device] chargeur *m.* -**3.** CONSTR [machine] chargeuse *f*, loader *m.* -**4.** COMPUT (programme *m*) chargeur *m.*

loading ['ləʊdɪŋ] *n* [of vehicle, machine, gun, computer program] chargement *m.*

loading bay *n* aire *f* de chargement.

load line *n* NAUT ligne *f* de charge.

loads *inf* [ləʊdz] *adv* vachement; it's ~ easier than I thought c'est vachement plus facile que je croyais; it'll cost ~ ça va coûter un max OR vachement cher.

loadstar ['ləʊdstɑ:^r] = **lodestar**.

loadstone ['ləʊdstəʊn] = **lodestone**.

loaf [ləʊf] (*pl* **loaves** [ləʊvz]) ◇ *n* -**1.** [of bread] pain *m*; [large round loaf] miche *f*; two loaves (of bread) please deux pains, s'il vous plaît. -**2.** *phr*: use your ~! *inf Br* fais travailler tes méninges!
◇ *vi inf* fainéanter, traîner; I spent the day ~ing about OR around the house j'ai passé la journée à traîner chez moi.

loafer ['ləʊfə^r] *n* -**1.** *inf* [person] fainéant *m*, -e *f.* -**2.** [shoe] mocassin *m.*

loam [ləʊm] *n* -**1.** AGR & HORT terreau *m.* -**2.** CONSTR pisé *m.*

loamy ['ləʊmɪ] (*compar* **loamier**, *superl* **loamiest**) *adj* [soil] riche en terreau.

loan [ləʊn] ◇ *n* -**1.** [money lent] prêt *m*; [money borrowed] emprunt *m*; a £500 ~ un prêt de 500 livres; he asked me for a ~ il m'a demandé de lui prêter de l'argent; student ~s des prêts aux étudiants. -**2.** [act of lending]: may I have the ~ of your typewriter? *Br* peux-tu me prêter ta machine à écrire?; give me a ~ of your scissors *inf Br* prête-moi tes ciseaux; I have three books on ~ from the library j'ai emprunté trois livres à la bibliothèque; the book you want is out on ~ le livre que vous voulez est sorti; the picture is on ~ to an American museum le tableau a été prêté à un musée américain; she's on ~ from head office le siège l'a envoyée chez nous pour un temps. -**3.** = **loanword**.
◇ *vt* prêter; he asked me to ~ him £20/my car il m'a demandé de lui prêter 20 livres/ma voiture.

loan collection *n* collection *f* en prêt.

loan shark *n pej* usurier *m*, -ère *f.*

loan translation *n* LING calque *m.*

loanword ['ləʊnwɜ:d] *n* LING (mot *m* d') emprunt *m.*

loath [ləʊθ] *adj*: to be ~ to do sthg ne pas être disposé à faire qqch; I'm very ~ to admit it j'ai beaucoup de mal à l'admettre; they were ~ to leave ils étaient peu disposés à partir; I am somewhat ~ to contradict you, but... je n'aime pas vous contredire, mais...; nothing ~ avec plaisir, très volontiers.

loathe [ləʊð] *vt* détester; I ~ having to get up in the mornings j'ai horreur d'être obligé de me lever le matin; I ~ being mistaken for a tourist je déteste OR j'ai horreur qu'on me prenne pour un touriste; you know how much I ~ him tu sais à quel point je le déteste.

loathing ['ləʊðɪŋ] *n* aversion *f*, répugnance *f*; I have an absolute ~ for people like them j'ai horreur des gens comme eux; it fills me with ~ ça me révolte.

loathsome ['ləʊðsəm] *adj* [behaviour] abominable; [person] détestable.

loaves [ləʊvz] *pl* → **loaf**.

lob [lɒb] (*pt* & *pp* **lobbed**, *cont* **lobbing**)
◇ *n* SPORT lob *m.*
◇ *vt* -**1.** [throw] lancer; he lobbed the stone into the air il envoya la pierre en l'air; ~ me those cigarettes *inf* balance-moi ces cigarettes. -**2.** SPORT [ball] envoyer haut; [opponent] lober; she lobbed the ball over my head elle m'a lobé; to ~ a goalkeeper lober un gardien de but.
◇ *vi* SPORT [player] faire un lob.

lobby ['lɒbɪ] (*pl* **lobbies**, *pt* & *pp* **lobbied**)
◇ *n* -**1.** [in hotel] hall *m*; THEAT foyer *m*; [in large house, apartment block] entrée *f.* -**2.** POL [pressure group] groupe *m* de pression, lobby *m*; the ecology ~ le lobby écologiste ‖ [action] pression *f*; yesterday's ~ of parliament la pression exercée hier sur le parlement; the nurses' ~ for increased pay la pression exercée par les infirmières pour obtenir une augmentation de salaire. -**3.** *Br* POL [hall] salle *f* des pas perdus.

◇ *vi*: **ecologists are ~ing for the closure of the plant** les écologistes font pression pour obtenir la fermeture de la centrale; **he's being paid to ~ on behalf of the dairy farmers** il est payé par les producteurs laitiers pour faire pression en leur faveur.

◇ *vt* [person, parliament] exercer une pression sur; **a group of teachers came to ~ the minister** un groupe d'enseignants est venu faire pression sur le ministre.

lobby correspondent *n Br* POL journaliste *mf* parlementaire.

lobbying ['lɒbɪɪŋ] *n (U)* POL pressions *fpl*; **there has been intense ~ against the bill** il y a eu de fortes pressions pour que le projet de loi soit retiré.

lobbyist ['lɒbɪɪst] *n* lobbyiste *mf*, membre *m* d'un groupe de pression.

lobe [ləʊb] *n* ANAT, BOT & RADIO lobe *m*.

lobectomy [ləʊ'bektəmɪ] (*pl* **lobectomies**) *n* lobectomie *f*.

lobelia [lə'biːljə] *n* BOT lobélie *f*.

lobotomize, -ise [lə'bɒtəmaɪz] *vt* pratiquer une lobotomie sur.

lobotomized *inf* [lə'bɒtəmaɪzd] *adj Am* apathique, éteint; **he acts like he's ~** on dirait qu'il est tombé sur la tête.

lobotomy [lə'bɒtəmɪ] (*pl* **lobotomies**) *n* lobotomie *f*, leucotomie *f*.

lobster ['lɒbstəʳ] (*pl inv* OR **lobsters**) *n* homard *m*; **(spiny) ~** langouste *f*.

lobsterpot ['lɒbstəpɒt] *n* casier *m* à homards OR à langoustes.

lobster thermidor [-'θɜːmɪdɔːʳ] *n* homard *m* OR langouste *f* thermidor.

lobule ['lɒbjuːl] *n* lobule *m*.

local ['ləʊkl] ◇ *adj* -**1.** [of the immediate area - tradition, phone call] local; [- hospital, shop] de quartier; [- inhabitants] du quartier, du coin; **a ~ woman** une femme du quartier OR du coin; **~ traders** les commerces *mpl* de proximité. -**2.** ADMIN & POL [services, council] local, communal, municipal; **~ authority** administration *f* locale; [in town] municipalité *f*. -**3.** MED [infection, pain] localisé.

◇ *n* -**1.** [person] habitant *m*, -e *f* (du lieu); **the ~s** les gens *m* du pays OR du coin; **ask one of the ~s** demande à quelqu'un du coin. -**2.** *inf Br* [pub] troquet *m* du coin; **it used to be our ~** c'est là qu'on allait boire un pot. -**3.** *Am* [train] omnibus *m*; [bus] bus *m* local. -**4.** *Am* [union branch] section *f* syndicale. -**5.** *inf* MED anesthésie *f* locale. -**6.** *Can* TELEC poste *m*; **~ 476 please** le poste 476, s'il vous plaît. -**7.** *Am* PRESS [item] nouvelle *f* locale.

local anaesthetic *n* anesthésie *f* locale.

local area network *n* COMPUT réseau *m* local.

local colour *n* couleur *f* locale.

locale [ləʊ'kɑːl] *n* [place] endroit *m*, lieu *m*; [scene, setting] cadre *m*; **a rural ~** un cadre champêtre.

local education authority *n* direction *f* régionale de l'enseignement *(en Angleterre et au pays de Galles)*.

local government *n* administration *f* municipale; **~ elections** élections *fpl* municipales; **~ official** fonctionnaire *mf* de l'administration municipale.

locality [lə'kælətɪ] (*pl* **localities**) *n* -**1.** [neighbourhood] voisinage *m*, environs *mpl*; [general area] région *f*; **he was seen in the (general) ~ of the station** on l'a vu dans le quartier de la gare. -**2.** [location - of building, place] lieu *m*, site *m*; [- of species] localité *f*.

localize, -ise ['ləʊkəlaɪz] *vt* -**1.** [pinpoint, locate] localiser, situer; **the source of the problem has been ~d** on a réussi à localiser l'origine du problème. -**2.** [confine] localiser, limiter; **they have tried to ~ the effect of the strike** ils ont essayé de limiter l'effet de la grève. -**3.** [concentrate - power, money] concentrer. -**4.** [acclimatize - species, plant] acclimater.

localized ['ləʊkəlaɪzd] *adj* localisé.

locally ['ləʊkəlɪ] *adv* localement; **she is well known ~** [in region] elle est très connue dans la région; [in neighbourhood] elle est très connue dans le quartier; **there have been no disturbances ~** [in region] il n'y a pas eu de troubles dans la région; [in neighbourhood] il n'y a pas eu de troubles dans le quartier; **he lives ~** il vit par ici; **we shop ~** nous faisons nos courses dans le quartier; **many issues have to be decided ~, not nationally** de nombreux problèmes doivent être résolus au niveau local, et non au niveau national; '**~ grown potatoes/carrots**' 'pommes de terre/carottes du pays'; **~ manufactured goods** articles *mpl* de fabrication locale.

local time *n* heure *f* locale.

locate [*Br* lə'keɪt, *Am* 'ləʊkeɪt] ◇ *vt* -**1.** [find] repérer, trouver, localiser; **they have ~d the cause of the trouble** ils ont localisé la cause du problème; **the police are trying to ~ possible witnesses** la police recherche des témoins éventuels; **we are trying to ~ his sister** nous essayons de savoir où se trouve sa sœur; **he had hoped to ~ precisely the site of Troy** il avait espéré repérer l'emplacement exact de Troie. -**2.** *(usu pass)* [situate] situer; **the house is conveniently ~d for shops and public transport** la maison est située à proximité des magasins et des transports en commun.

◇ *vi* -**1.** COMM [company, factory] s'établir, s'implanter. -**2.** *Am* [settle] s'installer, s'établir.

location [ləʊ'keɪʃn] *n* -**1.** [place, site] emplacement *m*, site *m*; **what a beautiful ~ for a campus!** quel site magnifique pour un campus universitaire!; **the firm has moved to a new ~** la société a déménagé ‖ [whereabouts]: **what is your present ~?** où te trouves-tu en ce moment?; **show me the exact ~ of the tower** montrez-moi l'emplacement exact de la tour. -**2.** CIN extérieurs *mpl*; **shot on ~** tourné en extérieur. -**3.** [finding, discovery] repérage *m*, localisation *f*; **~ of the wreckage is proving difficult** l'endroit exact du naufrage s'avère difficile à localiser. -**4.** COMPUT position *f*; **memory ~** position (en) mémoire. -**5.** *SAfr* [township] township *m*; [reservation] réserve *f* (noire).

locative ['lɒkətɪv] LING ◇ *adj* locatif.

◇ *n* locatif *m*.

loc. cit. (*written abbr of* loco citato) loc. cit.

loch [lɒk, lɒx] *n Scot* loch *m*, lac *m*.

lochia ['lɒkɪə] *n (U)* lochies *fpl*.

loci ['ləʊsaɪ, 'ləʊkaɪ] *pl* → **locus**.

lock [lɒk] ◇ *vt* -**1.** [door, drawer, car etc] fermer à clef; **check that all the doors and windows are ~ed** vérifiez que toutes les portes et les fenêtres sont bien fermées. -**2.** [valuables, person] enfermer; **~ all these papers in the safe** enfermez tous ces papiers dans le coffre-fort ‖ *fig*: **they were ~ed into the agreement** ils étaient tenus par l'accord. -**3.** [hold tightly] serrer; **they were ~ed in a passionate embrace** ils étaient unis OR enlacés dans une étreinte passionnée; **to ~ arms** [police cordon] former un barrage; **the armies were ~ed in battle** les armées étaient engagées à fond dans la bataille; **the unions were ~ed in a dispute with the management** les syndicats étaient aux prises avec la direction; **to be ~ed in combat** être engagé dans un combat; *fig* être aux prises ❑ **to ~ horns** [stags] s'entremêler les bois; *fig* être aux prises. -**4.** [device, wheels, brakes] bloquer. -**5.** COMPUT [file] verrouiller.

◇ *vi* -**1.** [door, drawer, car etc] (se) fermer à clef. -**2.** [engage] se joindre; **push the lever back until it ~s into place** pousse le levier jusqu'à ce qu'il s'enclenche. -**3.** [wheels, brakes, nut] se bloquer.

◇ *n* -**1.** [on door, drawer etc] serrure *f*; **steering ~** antivol *m*; **under ~ and key** [object] sous clef; **the whole gang is now safely under ~ and key** toute la bande est désormais sous les verrous. -**2.** [on canal] écluse *f*. -**3.** [grip - gen] prise *f*; [in wrestling] clef *f*, prise *f*. -**4.** *Br* AUT (rayon *m* de) braquage *m*; **on full ~** braqué à fond; **the car has a good/poor ~** la voiture a un bon/médiocre rayon de braquage. -**5.** TECH [device - gen] verrou *m*; [- on gun] percuteur *m*; [- on keyboard]: **shift** OR **caps ~** touche *f* de verrouillage majuscule. -**6.** COMPUT verrouillage *m*. -**7.** RUGBY: **~ (forward)** deuxième ligne *m*. -**8.** [curl] boucle *f*; [stray strand] mèche *f*. -**9.** *phr*: **~, stock and barrel** en entier; **she bought the company ~, stock and barrel** elle a acheté la société en bloc; **his essay was lifted, ~, stock and barrel from a textbook** il a copié sa rédaction telle quelle OR mot pour mot dans un manuel scolaire; **the family has moved ~, stock and barrel to Canada** la famille est partie avec armes et bagages s'installer au Canada.

◆ **locks** *npl lit* chevelure *f*.

◆ **lock away** *vt sep* [valuables] mettre sous clef; [criminal] incarcérer, mettre sous les verrous; **we keep the alcohol ~ed away** nous gardons l'alcool sous clef.

◆ **lock in** *vt sep* enfermer; **he ~ed himself in** il s'est enfermé (à l'intérieur).

◆ **lock onto** *vt insep* [subj: radar] capter; [subj: homing device] se caler sur; **to ~ onto a signal** capter un signal; **the missile ~ed onto its target** le missile s'est fixé OR verrouillé sur sa cible.

◆ **lock out** *vt sep* -**1.** [accidentally] enfermer dehors; [deliberately] laisser dehors; **her father threatened to ~ her out if she was late home** son père a menacé de la laisser à la porte OR dehors si elle rentrait en retard; **I've ~ed myself out** j'ai fermé la porte en laissant les clés à l'intérieur, je me suis enfermé dehors. -**2.** INDUST [workers] lock-outer.

◆ **lock up** ◇ *vt sep* -**1.** [house, shop] fermer à clef. -**2.** [valuables, criminal] = **lock away**. -**3.** [capital] immobiliser. -**4.** TYPO [type] caler; [forme] serrer.

◇ *vi insep* fermer à clef; **the last to leave ~s up** le dernier à partir ferme la porte à clef.

locker ['lɒkəʳ] *n* -**1.** [for clothes, valuables etc] casier *m*, petit placard *m*; **where are the left-luggage ~s?** où se trouve la consigne automatique? -**2.** *Am* [freezer] congélateur *m*.

locker room *n Am* vestiaire *m (avec casiers)*.

◆ **locker-room** *adj* [humour, joke] corsé, salé.

locket ['lɒkɪt] *n* pendentif *m*.

lock gate *n* porte *f* d'écluse.

locking ['lɒkɪŋ] *adj* [door, briefcase] à serrure, qui ferme à clef; **there was a fault in the ~ mechanism** il y avait un défaut dans le mécanisme de verrouillage.

lockjaw ['lɒkdʒɔː] *n* tétanos *m*.

lock keeper *n* éclusier *m*, -ère *f*.

locknut ['lɒknʌt] *n* [supplementary nut] contre-écrou *m*; [self-locking] écrou *m* autobloquant.

lockout ['lɒkaʊt] *n* [of workers] lock-out *m inv*.

locksmith ['lɒksmɪθ] *n* serrurier *m*.

lockstitch ['lɒkstɪtʃ] *n* SEW point *m* de piqûre.

lockup ['lɒkʌp] *n* -**1.** *Am* [jail] prison *f*; [cell] cellule *f*. -**2.** *Br* [garage] garage *m*. -**3.** [act of locking up] fermeture *f*.

lock-up garage *n Br* garage *m*.

lock-up shop *n Br* & *NZ* (petite) boutique *f* *(sans logement attenant)*.

loco ['ləʊkəʊ] (*pl* **locos**) ◇ *adj* ▽ *Am* dingue, cinglé.

◇ *n inf* RAIL loco *f*.

locomotion [,ləʊkə'məʊʃn] *n* locomotion *f*.

locomotive [,ləʊkə'məʊtɪv] ◇ *n* locomotive *f*.

◇ *comp*: **~ roundhouse** rotonde *f* RAIL; **~ works** usine *f* de construction de machines.

◇ *adj* automobile; ANAT locomoteur.

locomotor [,ləʊkə'məʊtəʳ] *adj* locomoteur.

locomotor ataxia *n* MED ataxie *f* locomotrice.

locoweed ['ləʊkəʊwiːd] *n* astragale *m* toxique.

locum ['ləʊkəm] *n Br* remplaçant *m*, -e *f (de prêtre ou de médecin)*.

locum tenens [,ləʊkəm'tiːnenz] (*pl* **locum tenentes** [-tɪ'nentiːz]) *Br fml* = **locum**.

locus ['ləʊkəs] (*pl* **loci** [-saɪ, -kaɪ]) *n* -**1.** *fml* [place] lieu *m*; JUR lieux *mpl*. -**2.** MATH lieu *m* (géométrique). -**3.** BIOL [of gene] locus *m*.

locust ['ləʊkəst] ◇ *n* -**1.** [insect] locuste *f*, criquet *m* migrateur. -**2.** = **locust tree**.
◇ *comp*: ~ **bean** caroube *f*.

locust tree *n* -**1.** [false acacia] robinier *m* (faux acacia). -**2.** [carob tree] caroubier *m*.

locution [lə'kjuːʃn] *n fml* -**1.** [phrase] locution *f*. -**2.** [style] style *m*, phraséologie *f*; [manner of speech] élocution *f*.

locutionary act [ləʊ'kjuːʃənrɪ-] *n* acte *m* de parole.

lode [ləʊd] *n* [vein - of metallic ore] veine *f*; [- of gold, copper, silver] filon *m*.

lodestar ['ləʊdstɑːʳ] *n* (étoile *f*) Polaire *f*; *fig* guide *m*, point *m* de repère.

lodestone ['ləʊdstəʊn] *n* MINER pierre *f* à aimant, magnétite *f*; *fig* aimant *m*.

lodge [lɒdʒ] ◇ *vt* -**1.** [house] héberger, loger; **the rescued passengers were ~d overnight in schools** les rescapés ont été hébergés pour la nuit dans des écoles; **the hotel can ~ 65 people** l'hôtel peut accueillir 65 personnes. -**2.** [stick, embed] loger; **a fish bone had ~d itself in his throat** une arête s'était logée dans sa gorge; **his words were ~d in my memory** ses paroles étaient gravées dans ma mémoire. -**3.** [make, file - claim] déposer; **to ~ a complaint** porter plainte; **she ~d a formal complaint with the authorities** elle a déposé une plainte officielle auprès de l'administration; **to ~ an accusation against sb** JUR porter plainte contre qqn. -**4.** [deposit for safekeeping] déposer, mettre en sûreté. -**5.** [invest - power, authority etc] investir.
◇ *vi* -**1.** [stay] loger, être logé; **he is lodging at Mrs Smith's** OR **with Mrs Smith** il loge chez Mme Smith; [with board] il est en pension chez Mme Smith. -**2.** [stick, become embedded] se loger.
◇ *n* -**1.** [cabin - for hunters] pavillon *m*; [- for skiers] chalet *m*. -**2.** *Br* [on country estate] maison *f* du gardien; [of porter] loge *f*. -**3.** *Am* [in park, resort] bâtiment *m* central. -**4.** [Masonic] loge *f*. -**5.** [hotel] hôtel *m*, relais *m*. -**6.** [beavers'] hutte *f*.

lodgement ['lɒdʒmənt] = **lodgment**.

lodger ['lɒdʒəʳ] *n* locataire *mf*; [with board] pensionnaire *mf*.

lodging ['lɒdʒɪŋ] *n* hébergement *m*; **they offered the family free ~** ils ont offert d'héberger gratuitement la famille.
◆ **lodgings** *npl Br* chambre *f* meublée OR chambres *fpl* meublées *(chez un particulier)*; **most of the students live in ~s** la plupart des étudiants habitent dans des chambres meublées.

lodging house *n* meublé *m*.

lodgment ['lɒdʒmənt] *n fml* -**1.** [placing] emplacement *m*. -**2.** [accumulation] accumulation *f*; [obstruction] bouchon *m*.

loess ['ləʊɪs] *n* lœss *m*.

loft [lɒft] ◇ *n* -**1.** [attic] grenier *m*; ~ **conversion** combles *mpl* aménagés; **they spent a lot of money on the ~ conversion** ils ont dépensé beaucoup d'argent pour aménager les combles. -**2.** [elevated space - in church] tribune *f*, galerie *f*; **organ ~** tribune d'orgue. -**3.** *Am* [warehouse space] loft *m*.
◇ *vt* SPORT [hit] lancer très haut; **he ~ed the ball clear of the bushes** il a envoyé la balle loin au-dessus des buissons.

loftily ['lɒftɪlɪ] *adv* avec mépris, dédaigneusement.

lofty ['lɒftɪ] (*compar* **loftier**, *superl* **loftiest**) *adj* -**1.** [high - summit, building etc] haut, élevé; **the ~ peaks of the Alps** les hauts sommets des Alpes; **a ~ interior** des pièces hautes (de plafond). -**2.** [supercilious - manner] hautain, dédaigneux, méprisant. -**3.** [exalted - in spirit] noble, élevé; [- in rank, position] éminent. -**4.** [elevated - style, prose] élevé, noble.

log [lɒg] (*pt* & *pp* **logged**, *cont* **logging**) ◇ *n* -**1.** [of wood] rondin *m*; [for firewood] bûche *f*; **a ~ fire** un feu de bois. -**2.** [record] journal *m*, registre *m*; NAUT journal *m* OR livre *m* de bord; AERON carnet *m* de vol; [lorry driver's] carnet *m* de route; **keep a ~ of all the phone calls** notez tous les appels téléphoniques. -**3.** NAUT [apparatus] loch *m*. -**4.** (*abbr of* **logarithm**) log *m*; ~ **tables** MATH tables *fpl* de logarithmes. -**5.** [cake]: **Yuletide** OR **Christmas ~** bûche *f* de Noël.
◇ *comp*: ~ **cabin** cabane *f* en rondins.
◇ *vt* -**1.** [information - on paper] consigner, inscrire; [- in computer memory] entrer. -**2.** [speed, distance, time]: **he has logged 2,000 hours flying time** il a 2 000 heures de vol à son actif, il totalise 2 000 heures de vol. -**3.** [tree] tronçonner; [forest] mettre en coupe.
◇ *vi Am* [company] exploiter une forêt; [person] travailler comme bûcheron.
◆ **log in** ◇ *vi insep* COMPUT entrer dans le système, ouvrir une session.
◇ *vt sep* [user name, password] entrer, introduire.
◆ **log off** = **log out**.
◆ **log on** = **log in**.
◆ **log out** *vi insep* COMPUT sortir du système, fermer une session.
◆ **log up** *vt sep Br* -**1.** [do, achieve] avoir à son actif; **I've logged up three extra days' work** j'ai fait trois journées de travail supplémentaires; **they managed to ~ up 80 miles a day** ils ont réussi à faire 130 km par jour; **he has logged up yet another victory** il a remporté une nouvelle victoire. -**2.** [write up] consigner, inscrire.

loganberry ['ləʊgənbərɪ] (*pl* **loganberries**) *n* [plant] framboisier *m* (hybride); [fruit] mûre-framboise *f*.

logarithm ['lɒgərɪðm] *n* logarithme *m*.

logarithmic [,lɒgə'rɪðmɪk] *adj* logarithmique; ~ **function** fonction *f* logarithme.

logbook ['lɒgbʊk] *n* -**1.** [record] journal *m*; NAUT journal *m* OR livre *m* de bord; AERON carnet *m* de vol. -**2.** *Br* AUT ≃ carte *f* grise.

loge [ləʊʒ] *n* THEAT [box] loge *f*; [gallery] galerie *f*, balcon *m*.

logger ['lɒgəʳ] *n* -**1.** *Am* [lumberjack] bûcheron *m*. -**2.** *Br* [tractor] tracteur *m* forestier.

loggerhead ['lɒgəhed] *n*: ~ **(turtle)** ZOOL caouanne *f*.

loggerheads ['lɒgəhedz] *npl*: to be at ~ (with sb): **he's at ~ with the management over the issue** il est en complet désaccord avec la direction sur cette question.

loggerhead shrike *n* pie-grièche *f*.

loggia ['ləʊdʒə] (*pl* **loggias** OR **loggie** [-dʒe]) *n* loggia *f*; THEAT galerie *f*.

logging ['lɒgɪŋ] *n* exploitation *f* forestière.

logic ['lɒdʒɪk] *n* [gen & COMPUT] logique *f*; **if you follow my ~** si tu suis mon raisonnement; **that's typical male ~!** c'est un raisonnement typiquement masculin!

logical ['lɒdʒɪkl] *adj* logique; **it's a ~ impossibility** c'est logiquement impossible; **he is incapable of ~ argument** il est incapable d'avoir un raisonnement logique; **a ~ conclusion** une conclusion logique.

logical form *n* LING forme *f* logique.

logically ['lɒdʒɪklɪ] *adv* logiquement; **if you think about it ~** si on y réfléchit bien; **~, he should win** logiquement OR normalement, il devrait gagner.

logical positivism *n* PHILOS positivisme *m* logique, néopositivisme *m*.

logical positivist *n* logicopositiviste *mf*.

logic circuit *n* COMPUT circuit *m* logique.

logician [lə'dʒɪʃn] *n* logicien *m*, -enne *f*.

logistic(al) [lə'dʒɪstɪk(l)] *adj* logistique.

logistically [lə'dʒɪstɪklɪ] *adv* sur le plan logistique.

logistics [lə'dʒɪstɪks] *npl* logistique *f*.

logjam ['lɒgdʒæm] *n* -**1.** [in river] bouchon *m* de bois flottés. -**2.** *fig* [deadlock] impasse *f*.

logo ['ləʊgəʊ] (*pl* **logos**) *n* logo *m*.

logogram ['lɒgəgræm], **logograph** ['lɒgəgrɑːf] *n* logogramme *m*.

logorrhoea *Br*, **logorrhea** *Am* [,lɒgə'rɪə] *n* logorrhée *f*.

logos ['lɒgɒs] *n* PHILOS logos *m*.
◆ **Logos** *n* RELIG Logos *m*.

logotype ['lɒgətaɪp] *n* TYPO logotype *m*.

logrolling ['lɒgrəʊlɪŋ] *n Am pej* échange *m* de faveurs *(accord entre hommes politiques selon lequel on se rend mutuellement des services)*.

log tables *npl* tables *fpl* de logarithmes.

logy *inf* ['ləʊgɪ] (*compar* **logier**, *superl* **logiest**) *adj Am* patraque; **you look a bit ~** tu n'as pas l'air en forme.

loin [lɔɪn] *n* CULIN [of pork] longe *f*, échine *f*, filet *m*; [of beef] aloyau *m*; [of veal] longe *f*; [of lamb] carré *m*.
◆ **loins** *npl* ANAT reins *mpl*; *euph* [genitals] parties *fpl*.

loincloth ['lɔɪnklɒθ] *n* pagne *m*.

loiter ['lɔɪtəʳ] *vi* -**1.** [hang about] traîner; [lurk] rôder; **there was someone ~ing in the carpark** il y avait quelqu'un qui rôdait dans le parking; **'no ~ing'** zone sous surveillance *(où il est interdit de s'attarder)*; **~ing with intent** JUR délit *m* d'intention. -**2.** [dawdle] traîner; [lag behind] traîner (en route).

loll [lɒl] *vi* -**1.** [lounge] se prélasser; **he was ~ing against the wall** il était nonchalamment appuyé contre le mur. -**2.** [dangle] dodeliner; [hang heavily] pendre.
◆ **loll about** *Br*, **loll around** *vi insep* [in grass, armchair etc] se prélasser; **I just ~ed about** OR **around all day** j'ai paressé toute la journée.
◆ **loll out** *vi insep* [tongue] pendre (mollement).

lollapalooza ▽ [,lɒləpə'luːzə] *n Am* merveille *f*, phénomène *m*; **her last film's a ~** son dernier film est vraiment prodigieux.

lollipop ['lɒlɪpɒp] *n* -**1.** [sweet] sucette *f*. -**2.** *Br* [ice lolly] esquimau *m*, sucette *f* glacée.

lollipop lady *inf*, **lollipop man** *inf n en Grande-Bretagne, personne chargée d'aider les enfants à traverser une rue en arrêtant la circulation à l'aide d'un panneau en forme de sucette.*

lollop ['lɒləp] *vi* [person] marcher lourdement; [animal] galoper.

lolly ['lɒlɪ] (*pl* **lollies**) *n* -**1.** *inf Br* = **lollipop**. -**2.** ▽ *Br* [money] fric *m*, pognon *m*. -**3.** *inf Austr* & *NZ* [sweet] bonbon *m*.

lollypop ['lɒlɪpɒp] = **lollipop**.

Lombard ['lɒmbəd] ◇ *n* Lombard *m*, -e *f*.
◇ *adj* Lombard.

Lombardy ['lɒmbədɪ] *pr n* Lombardie *f*; **in ~** en Lombardie.

Lombardy poplar *n* peuplier *m* d'Italie.

Lomé ['ləʊmeɪ] *pr n* Lomé.

Lomond ['ləʊmənd] *pr n*: **Loch ~** le loch Lomond.

London ['lʌndən] ◇ *pr n* Londres.
◇ *comp* [museums, shops, traffic] londonien; [life] à Londres; **~ (Regional) Transport** *régie des transports publics londoniens.*

Londonderry [,lʌndən'derɪ] *pr n* Londonderry.

Londoner ['lʌndənəʳ] *n* Londonien *m*, -enne *f*, habitant *m*, -e *f* de Londres.

London pride *n* BOT saxifrage *f* à feuilles en coin, désespoir-des-peintres *m*.

lone [ləʊn] *adj* [unaccompanied - rider, stag] solitaire; [isolated - house] isolé; [single, unique] unique, seul; **a ~ fishing boat on the horizon** un seul bateau de pêche à l'horizon □ ~ **parent** parent *m* unique.

loneliness ['ləʊnlɪnɪs] *n* [of person] solitude *f*, isolement *m*; [of place] isolement *m*; **'The Loneliness of the Long Distance Runner'** *Sillitoe* 'la Solitude du coureur de fond'.

lonely ['ləʊnlɪ] (*compar* **lonelier**, *superl* **loneliest**) *adj* -**1.** [sad - person] seul; [- life] solitaire; **to be** OR **to feel ~** se sentir seul; **the house seems ~ without you** la maison paraît vide sans toi; **he went home to his ~ room** il regagna la solitude de sa chambre; **the loneliest hour of the day** l'heure de la journée où l'on se sent le plus seul. -**2.** [unfrequented - spot] isolé; [- street] peu fréquenté, vide; **I find the village too ~** je trouve le village trop isolé.

lonely hearts *adj*: ~ club club *m* de rencontres; ~ column rubrique *f* rencontres *(des petites annonces)*.

loner *inf* ['ləʊnə^r] *n* [person] solitaire *mf*; he's a bit of a ~ il est un peu sauvage OR farouche.

lonesome ['ləʊnsəm] ◇ *adj Am* = **lonely**.
◇ *n inf*: on one's ~ tout seul.

lone wolf = **loner**.

long [lɒŋ] (*compar* longer ['lɒŋgə^r], *superl* longest ['lɒŋgɪst]) ◇ *adj* **-1.** [in space - road, garment, letter] long; how ~ is the pool? quelle est la longueur de la piscine?, la piscine fait combien de long?; the pool's 33 metres ~ la piscine fait 33 mètres de long; the article is 80 pages ~ l'article fait 80 pages; is it a ~ way (away)? est-ce loin (d'ici)?; it's a ~ way to the beach la plage est loin; she can throw a ~ way elle lance loin; to take the ~ way round prendre le chemin le plus long; to get OR grow ~er [shadows] s'allonger; [hair, beard] pousser ❑ the Long March HIST la Longue Marche; ~ trousers OR *Am* pants pantalon *m* long; ~ dress [for evening wear] robe *f* longue; why the ~ face? pourquoi est-ce que tu fais cette tête de six pieds de long? **-2.** [in time - pause, speech, separation] long; how ~ will the flight be/was the meeting? combien de temps durera le vol/a duré la réunion?; the film is three hours ~ le film dure trois heures; her five-year-~ battle with the authorities sa lutte de cinq années contre les autorités; to have a ~ memory avoir une bonne mémoire OR une mémoire d'éléphant; to get ~er [days, intervals] devenir plus long; they want ~er holidays ils veulent des vacances plus longues; she took a ~ swig of beer elle a bu une grande gorgée de bière; they took a ~ look at the view ils restèrent longtemps à regarder la vue qui s'offrait à eux; it was a ~ two months ces deux mois ont été longs; I've had a ~ day j'ai eu une journée bien remplie; I've known her (for) a ~ time OR while je la connais depuis longtemps, cela fait longtemps que je la connais ❑ at ~ last! enfin! **-3.** GRAMM [vowel, syllable] long. **-4.** ST. EX: they are ~ on copper, they have taken a ~ position on copper ils ont investi dans le cuivre. **-5.** *inf* SPORT [in tennis]: that serve was ~ ce service était trop long. **-6.** *phr*: she's ~ on good ideas elle n'est pas à court de bonnes idées, ce ne sont pas les bonnes idées qui lui manquent; his speeches are ~ on rhetoric but short on substance ce n'est pas la rhétorique qui manque dans ses discours, c'est la substance.
◇ *n* **-1.** *phr*: the ~ and the short of it is that I got fired *inf* enfin bref, j'ai été viré. **-2.** GRAMM [vowel, syllable] longue *f*.
◇ *adv* **-1.** [a long time] longtemps; they live ~er than humans ils vivent plus longtemps que les êtres humains; he won't keep you ~/much ~er il ne vous gardera pas longtemps/beaucoup plus longtemps; I haven't been here ~ je viens d'arriver, j'arrive juste; they haven't been married ~ ça ne fait pas longtemps qu'ils sont mariés, ils ne sont pas mariés depuis longtemps; how ~ will he be/was he in jail? (pendant) combien de temps restera-t-il/est-il resté en prison?; how ~ has he been in jail? ça fait combien de temps qu'il est en prison?, depuis combien de temps est-il en prison?; how ~ is it since we last visited them? quand sommes-nous allés les voir pour la dernière fois?; it happened ~ ago/not ~ ago cela s'est passé il y a longtemps/il n'y a pas longtemps; as ~ ago as 1937 déjà en 1937; ~ before you were born bien avant que tu sois né; not ~ before/after their divorce peu avant/après leur divorce; the decision had been taken ~ before la décision avait été prise depuis longtemps; ~ after OR afterwards, when these events were mostly forgotten... bien après, alors que ces évènements étaient presque complètement oubliés...; colleagues ~ since promoted des collègues promus depuis longtemps; a law which had come into force not ~ since une loi qui était entrée en vigueur depuis peu; we talked ~ into the night nous avons parlé jusque tard dans la nuit ‖ [with 'be', 'take']: will you be ~? tu en as pour longtemps?; I won't be ~ je n'en ai pas pour longtemps; please wait, she won't be ~ attendez, s'il vous plaît, elle ne va pas tarder; don't be OR take too ~ fais vite; it wasn't ~ before he realized, it didn't take ~ for him to realize il n'a pas mis longtemps à s'en rendre compte, il s'en est vite rendu compte; he took OR it took him so ~ to make up his mind... il a mis si longtemps à se décider..., il lui a fallu tellement de temps pour se décider...; how ~ does it take to get there? combien de temps faut-il pour y aller?; this won't take ~ ça va être vite fait; this won't take ~er than five minutes ça sera fait en moins de cinq minutes ‖ [in wishes, toasts etc]: ~ may our partnership continue! à notre collaboration!; ~ live the Queen! vive la reine! **-2.** [for a long time] depuis longtemps; it has ~ been known that... on sait depuis longtemps que...; I have ~ suspected that he was involved in it cela fait longtemps que je le soupçonne OR je le soupçonne depuis longtemps d'être impliqué là-dedans; the ~est-running TV series le plus long feuilleton télévisé. **-3.** [throughout]: all day/week ~ toute la journée/la semaine; all my life ~ toute ma vie. **-4.** *phr*: so ~! *inf* salut!, à bientôt!
◇ *vi*: to ~ for sb/sthg: I ~ for him il me manque énormément; she was ~ing for a letter from you elle attendait impatiemment que vous lui écriviez; we were ~ing for a cup of tea nous avions très envie d'une tasse de thé; to ~ OR to be ~ing to do sthg être impatient OR avoir hâte de faire qqch; he's ~ing to go back to Italy il meurt d'envie de retourner en Italie; I was ~ing to tell her the truth je mourais d'envie de lui dire la vérité; I've been ~ing to meet you for years cela fait des années que je souhaite faire votre connaissance.

◆ **as long as** *conj phr* **-1.** [during the time that] aussi longtemps que, tant que; as ~ as he's in power, there will be no hope tant qu'il sera au pouvoir, il n'y aura aucun espoir. **-2.** [providing] à condition que, pourvu que; you can have it as ~ as you give me it back vous pouvez le prendre à condition que OR pourvu que vous me le rendiez; I'll do it as ~ as I get paid for it je le ferai à condition d'être payé; you can go out as ~ as you're back before midnight tu peux sortir à condition de rentrer avant minuit. **-3.** *inf Am* [seeing that] puisque; as ~ as you're going to the post office get me some stamps puisque tu vas à la poste, achète-moi des timbres.

◆ **before long** *adv phr* [soon] dans peu de temps, sous peu; [soon afterwards] peu (de temps) après; she'll be back before ~ elle sera de retour dans peu de temps OR sous peu; before ~, everything had returned to normal tout était rapidement rentré dans l'ordre.

◆ **for long** *adv phr* longtemps; he's still in charge here, but not for ~ c'est encore lui qui s'en occupe, mais plus pour longtemps.

◆ **no longer** *adv phr* ne... plus; not any ~er plus maintenant; she no ~er loves him elle ne l'aime plus; I can't wait any ~er je ne peux pas attendre plus longtemps, je ne peux plus attendre; they used to live there, but not any ~er ils habitaient là autrefois, mais plus maintenant.

◆ **so long as** = **as long as**.

long. (*written abbr of* longitude) long.

long-awaited [-ə'weɪtɪd] *adj* très attendu.

longboat ['lɒŋbəʊt] *n* chaloupe *f*.

longbow ['lɒŋbəʊ] *n* arc *m*.

long-chain *adj* CHEM [molecule] à longue chaîne.

long-dated *adj* ST. EX à long terme.

long-distance ◇ *adj* **-1.** [phone call] interurbain. **-2.** [runner, race] de fond; [pilot, lorry driver] au long cours; [journey] vers un pays lointain. **-3.** [device] (à) longue portée; [aircraft] long-courrier.
◇ *adv*: to call OR phone ~ appeler OR téléphoner par l'interurbain; I'm phoning ~ from Aberdeen c'est un appel interurbain, j'appelle d'Aberdeen.

long division *n* MATH division *f* posée; to do ~/a ~ faire des divisions/une division *(sans calculatrice)*.

long-drawn-out *adj* très long, interminable, qui n'en finit pas.

long drink *n* long drink *m*; [non-alcoholic] *grand verre de jus de fruit, de limonade etc.*

long-eared *adj* aux grandes oreilles.

longed-for ['lɒŋd-] *adj* très attendu.

longeron ['lɒndʒərən] *n* AERON longeron *m*.

long-established *adj* [tradition] qui existe depuis longtemps.

longevity [lɒn'dʒevətɪ] *n* longévité *f*.

long-forgotten *adj* oublié depuis longtemps; a ~ tradition une tradition tombée en désuétude.

long hair *inf n Am pej* hippie *mf*, baba (cool) *mf*.

long-haired *adj* [person] aux cheveux longs; [animal] à poil long.

longhand ['lɒŋhænd] *n* écriture *f* courante; he writes everything out in ~ [not on a typewriter] il écrit tout à la main; [not in shorthand] il écrit tout en entier, il ne prend jamais de notes en sténo.

long-haul *adj* [aircraft] long-courrier.

longheaded [,lɒŋ'hedɪd] *adj* [shrewd] astucieux, malin.

longhorn ['lɒŋhɔːn] *n* AGR longhorn *m*.

longhouse ['lɒŋhaʊs, *pl* -haʊzɪz] *n* long house *f*.

longing ['lɒŋɪŋ] ◇ *n* envie *f*, désir *m*; I had a ~ to see the sea j'avais très envie de voir la mer; the sight of her filled him with ~ en la voyant le désir s'empara de lui.
◇ *adj* d'envie, de désir; a ~ look un regard plein d'envie.

longingly ['lɒŋɪŋlɪ] *adv* [with desire] avec désir OR envie; [with regret] avec regret; to think ~ of the past penser au passé avec nostalgie.

longish ['lɒŋɪʃ] *adj* assez long.

Long Island *pr n* Long Island; in ~ à Long Island.

longitude ['lɒndʒɪtjuːd] *n* longitude *f*; at a ~ of 60° east par 60° de longitude est.

longitudinal [,lɒndʒɪ'tjuːdɪnl] *adj* longitudinal; ~ section coupe *f* longitudinale.

longitudinally [,lɒndʒɪ'tjuːdɪnəlɪ] *adv* longitudinalement.

long johns *inf npl* caleçon *m* long, caleçons *mpl* longs.

long jump *n Br* SPORT saut *m* en longueur.

long jumper *n Br* sauteur *m (qui fait du saut en longueur)*.

long-lasting *adj* durable, qui dure longtemps.

long-legged *adj* [person] aux jambes longues; [animal] aux pattes longues.

long-life *adj* [milk] longue conservation *(inv)*; [lightbulb, battery] longue durée *(inv)*.

long-limbed *adj* aux longs membres.

long-lived [-lɪvd] *adj* [family, species] d'une grande longévité; [friendship, idea] durable; [prejudice] tenace, qui a la vie dure.

long-lost *adj* [friend, cousin] perdu de vue depuis longtemps; [object] perdu depuis longtemps.

long-nosed *adj* au nez long.

Long Parliament *pr n*: the ~ *Parlement convoqué par Charles Ier en 1640, renvoyé par Cromwell en 1653 et dissous en 1660.*

long pig *n* chair *f* humaine.

long player, **long-playing record** *n* 33 tours *m inv*, microsillon *m*.

long-range *adj* **-1.** [weapon] à longue portée; [vehicle, aircraft] à long rayon d'action. **-2.** [forecast, plan] à long terme.

long-running *adj* qui tient l'affiche.

longship ['lɒŋʃɪp] *n* drakkar *m*.

longshoreman ['lɒŋʃɔːmən] (*pl* longshoremen [-mən]) *n Am* docker *m*.

long shot *n* -**1.** [in race – runner, horse] *concurrent qui ne figure pas parmi les favoris.* -**2.** [bet] pari *m* risqué. -**3.** CIN plan *m* éloigné. -**4.** *fig* entreprise *f* hasardeuse; **it's a bit of a ~, but we may be successful** c'est une entreprise hasardeuse mais nous réussirons peut-être; **I haven't finished by a ~** je n'ai pas fini, loin de là.

longsighted [,lɒŋ'saɪtɪd] *adj* -**1.** MED hypermétrope, presbyte. -**2.** *fig* [well-judged] prévoyant.

longsightedness [,lɒŋ'saɪtɪdnɪs] *n* -**1.** MED hypermétropie *f*, presbytie *f*. -**2.** *fig* [good judgement] prévoyance *f*, discernement *m*.

long-sleeved *adj* à manches longues.

long-standing *adj* de longue date.

long-suffering *adj* (extrêmement) patient, d'une patience à toute épreuve; [resigned] résigné; **she gave a ~ sigh** elle poussa un soupir résigné OR de résignation.

long-tailed [-teɪld] *adj* à longue queue.

long term

◆ **long-term** *adj* à long terme; [situation] prolongé; [unemployment] longue durée; **long-term car park** *Br* parking *m* longue durée; **long-term memory** mémoire *f* à long terme.

◆ **in the long term** *adv phr* à long terme.

long-time *adj* [friend, acquaintance] de longue date; [interest, affiliation] ancien, qui dure depuis longtemps.

long ton *n* TECH tonne *f* (anglaise), long ton *f*.

long vacation *n* UNIV grandes vacances *fpl*, vacances *fpl* d'été.

long view *n* prévisions *fpl* à long terme.

long-waisted [-'weɪstɪd] *adj* [garment] à taille basse; [person] au buste long.

long wave *n* RADIO grandes ondes *fpl*; **on (the) ~** sur les grandes ondes.

◆ **long-wave** *adj*: long-wave broadcasts émissions *fpl* sur grandes ondes.

longways ['lɒŋweɪz] *adv* longitudinalement, dans le sens de la longueur.

longwearing [,lɒŋ'weərɪŋ] *adj Am* solide, résistant.

long weekend *n* week-end *m* prolongé; **to take a ~** prendre un week-end prolongé.

long-winded *adj* [person] prolixe, bavard; [article, essay, lecture] interminable; [style] verbeux, diffus.

longwise ['lɒŋwaɪz] = **longways**.

long-woolled [-wʊld] *adj* [sheep] à grosse laine.

Lonsdale Belt ['lɒnzdeɪl-] *n* *la plus haute distinction pour les boxeurs professionnels en Grande-Bretagne.*

loo [luː] *n* -**1.** *inf Br* cabinets *mpl*, petit coin *m*. -**2.** [card game] *jeu de cartes.*

loofa(h) ['luːfə] *n* luffa *m*, loofa *m*.

look [lʊk] ◇ *vi* -**1.** [gen] regarder; **~, there's Brian!** regarde, voilà Brian!; **what's happening outside? let me ~** qu'est-ce qui se passe dehors? laissez-moi voir; **have you cut yourself? let me ~** tu t'es coupé? montre-moi OR laisse-moi voir; **go on, nobody's ~ing** vas-y, personne ne regarde; **they crept up on me while I wasn't ~ing** ils se sont approchés de moi pendant que j'avais le dos tourné; **I'm just ~ing** [in shop] je jette un coup d'œil; **~ and see if there's anyone there** regarde voir s'il y a quelqu'un; **if you ~ very carefully you can see a tiny crack in it** si tu regardes bien, tu verras une toute petite fissure; **~ this way** regardez par ici; **she ~ed along the row/down the list** elle a parcouru la rangée/la liste du regard; **he was ~ing out of the window/over the wall/up the chimney** il regardait par la fenêtre/par-dessus le mur/dans la cheminée ❑ **to ~ over sb's shoulder** *literal* regarder par-dessus l'épaule de qqn; *fig* surveiller ce que fait qqn; **~ before you leap** *prov* n'agis pas sans réfléchir. -**2.** [search] chercher; **you can't have ~ed hard enough** tu n'as pas dû beaucoup chercher. -**3.** [in imperative – listen, pay attention] écouter; **~, I can't pay you back just yet** écoute, je ne peux pas te rembourser tout de suite; **now ~, Paul, I've had enough of this!** bon écoute, Paul, ça suffit maintenant!; **~ here!** dites donc! -**4.** [seem, appear] avoir l'air; **that ~s delicious!** ça a l'air délicieux!; **you ~ OR are ~ing better today** tu as l'air (d'aller) mieux aujourd'hui; **how do I ~?** comment tu me trouves?; **you ~ absolutely stunning in that dress** tu es vraiment ravissante dans cette robe; **it makes him ~ ten years older/younger** ça le vieillit/rajeunit de dix ans; **he's 70, but he doesn't ~ it** il a 70 ans mais il n'en a pas l'air OR mais il ne les fait pas; **I can't hang the picture there, it just doesn't ~ right** je ne peux pas mettre le tableau là, ça ne va pas; **it ~s all right to me** moi, je trouve ça bien; **how does the situation ~ to you?** que pensez-vous de la situation?; **that's not how it ~s to the man in the street** ce n'est pas comme ça que l'homme de la rue voit les choses; **things will ~ very different when you leave school** les choses te sembleront très différentes quand tu quitteras l'école; **it'll ~ bad if I don't contribute** ça fera mauvaise impression si je ne contribue pas; **things are ~ing black for the economy** les perspectives économiques sont assez sombres; **I must have ~ed a fool** j'ai dû passer pour un imbécile; **to make sb ~ a fool OR an idiot** tourner qqn en ridicule; **he makes the rest of the cast ~ very ordinary** à côté de lui, les autres acteurs ont l'air vraiment quelconques; **to ~ like sb/sthg** [resemble] ressembler à qqn/qqch; **she ~s like her mother** elle ressemble à sa mère; **what does she ~ like?** [describe her] comment est-elle?; [she looks a mess] non mais, à quoi elle ressemble!; **it ~s like an oil refinery** ça ressemble à une raffinerie de pétrole, on dirait une raffinerie de pétrole; **I don't know what it is, but it ~s like blood** je ne sais pas ce que c'est, mais on dirait OR ça ressemble à du sang ❑ **it ~s like rain** on dirait qu'il va pleuvoir; **it ~s (to me) like he was lying** j'ai l'impression qu'il mentait; **is this our room? – it ~s like it** c'est notre chambre? – ça m'en a tout l'air; **the meeting ~ed like going on all day** la réunion avait l'air d'être partie pour durer toute la journée; **you ~ as if you've seen a ghost** on dirait que tu as vu un revenant; **it ~s as if Wayne's going to resign** Wayne a l'air de vouloir démissionner; **it doesn't ~ as if they're coming** on dirait qu'ils ne vont pas venir; **to ~ good: you're ~ing good** tu as l'air en forme; **he ~s good in jeans** les jeans lui vont bien; **that hat ~s very good on you** ce chapeau te va très bien; **it'll ~ good on your CV** ça fera bien sur ton curriculum; **things are ~ing pretty good here** les choses ont l'air de se présenter plutôt bien ici. -**5.** [face – house, window]: **to ~ (out) onto a park** donner sur un parc; **to ~ north/west** être exposé au nord/à l'ouest. -**6.** [intend]: **to be ~ing to do sthg** chercher à faire qqch; **she'll be ~ing to improve on her previous best time** elle cherchera à améliorer son meilleur temps; **we're ~ing to expand our export business** nous cherchons à développer nos exportations.

◇ *vt* -**1.** *phr*: **to ~ one's last on sthg** jeter un dernier regard à qqch; **to ~ sb up and down** regarder qqn de haut en bas, toiser qqn du regard. -**2.** [in imperative]: **~ who's coming!** regarde qui arrive!; **~ who's talking!** tu peux parler, toi!; **~ what you're doing/where you're going!** regarde un peu ce que tu fais/où tu vas!

◇ *n* -**1.** [gen] coup *m* d'œil; **to have OR to take a ~ (at sthg)** jeter un coup d'œil (sur OR à qqch), regarder (qqch); **would you like a ~ through my binoculars?** voulez-vous regarder avec mes jumelles?; **one ~ at him is enough to know he's a crook** on voit au premier coup d'œil que c'est un escroc; **it's worth a quick ~** ça vaut le coup d'œil; **we need to take a long hard ~ at our image abroad** il est temps que nous examinions de près notre image de marque à l'étranger; **did the mechanic have a proper ~ at the car?** est-ce que le mécanicien a bien regardé la voiture?; **and now a ~ ahead to next week's programmes** et maintenant, un aperçu des programmes de la semaine prochaine; **do you mind if I take a ~ around?** ça vous gêne si je jette un coup d'œil?; **we'll just have a quick ~ round the garden** nous allons jeter un coup d'œil dans le jardin; **I took a quick ~ through the drawers** j'ai jeté un rapide coup d'œil dans les tiroirs. -**2.** [search]: **to have a ~ for sthg** chercher qqch; **have another ~** cherche encore. -**3.** [glance] regard *m*; **she gave me a dirty ~** elle m'a jeté un regard mauvais; **you should have seen the ~s we got from passers-by!** si tu avais vu la façon dont les passants nous regardaient! ❑ **he didn't say anything, but if ~s could kill!** il n'a pas dit un mot, mais il y a des regards qui tuent! -**4.** [appearance, air] air *m*; [expression]: **he had a strange ~ in his eyes** il avait un drôle de regard; **the old house has a neglected ~** la vieille maison a l'air négligé; **she has the ~ of someone who's going places** elle a l'air de quelqu'un qui réussira dans la vie; **by the ~ OR ~s of her, I'd say she failed the exam** à la voir OR rien qu'en la voyant, je dirais qu'elle a raté son examen; **there's trouble brewing by the ~ of it OR things** on dirait que quelque chose se trame; **I quite like the ~ of the next candidate** j'aime assez le profil du prochain candidat; **I don't like the ~ of it** ça ne me dit rien de bon OR rien qui vaille; **I didn't like the ~ of her at all** son allure ne m'a pas du tout plu. -**5.** [fashion] mode *f*, look *m*; **the hippie ~** le look hippie.

◆ **looks** *npl* [beauty]: **she's got everything, ~s, intelligence, youth...** elle a tout pour elle, elle est belle, intelligente, jeune...; **he's kept his ~s** il est resté beau; **he's lost his ~s** il n'est plus aussi beau qu'avant.

◆ **look after** *vt insep* -**1.** [take care of] s'occuper de; **my mother's ~ing after the kids/cat this week-end** ma mère va s'occuper des enfants/du chat ce week-end; **she has a sick mother to ~ after** elle a une mère malade à charge; **you should ~ after your clothes more carefully** tu devrais prendre plus grand soin de tes vêtements; **he helps me to ~ after the garden** il m'aide à m'occuper du jardin || *fig*: **~ after yourself!** fais bien attention à toi!; **don't worry, he can ~ after himself** ne t'inquiète pas, il est capable de se débrouiller tout seul. -**2.** [be responsible for] s'occuper de; **they ~ after our interests in Europe** ils s'occupent de nos affaires en Europe. -**3.** [take charge of] garder, surveiller; **Grandma can ~ after the children while we're away** grand-mère peut garder les enfants pendant notre absence; **can you ~ after my luggage for a few minutes?** pouvez-vous surveiller mes bagages quelques instants?

◆ **look ahead** *vi insep* regarder vers l'avenir; **~ing ahead three or four years** dans trois ou quatre ans; **let's ~ ahead to the next century/to next month's meeting** pensons au siècle prochain/à la réunion du mois prochain.

◆ **look around** = **look round**.

◆ **look at** *vt insep* -**1.** *literal* regarder; **she ~ed at herself in the mirror** elle se regarda dans la glace; **they ~ed at each other** ils ont échangé un regard; **oh dear, ~ at the time!** oh la la, regardez l'heure!; **it's not much to ~ at** ce n'est pas beau à regarder; **you wouldn't think, to ~ at him, that he's a multi-millionaire** à le voir on ne croirait pas avoir affaire à un multi-millionnaire. -**2.** [consider] considérer; **~ at the problem from my point of view** considérez le problème de mon point de vue; **that's not the way I ~ at it** ce n'est pas comme ça que je vois les choses; **they won't even ~ at the idea** ils refusent même de prendre cette idée en considération; **if you don't have money, he won't even ~ at you** si vous n'avez pas l'argent, il ne vous regardera même pas; **my brother can't ~ at an egg** *inf* mon frère ne supporte pas OR déteste les œufs. -**3.** [check] vérifier, regarder; **could you ~ at the tyres?** pouvez-vous regarder les pneus?; **to have one's teeth ~ed at** se faire examiner les dents.

◆ **look away** *vi insep* détourner les yeux.

◆ **look back** *vi insep* -**1.** [in space] regarder derrière soi; **she walked away without ~ing back** elle est partie sans se retourner. -**2.** [in time] regarder en arrière; **there's no point in ~ing back** ça ne sert à rien de regarder en arrière; **the author ~s back on the war years** l'auteur revient sur les années de guerre; **it seems funny now we ~ back on it** ça semble drôle quand on y pense aujourd'hui; **we can ~ back on some happy times** nous avons connu de bons moments; **after she got her first job she never ~ed back** *fig* à partir du moment où elle a trouvé son premier emploi, tout lui a réussi.

◆ **look down** *vi insep* regarder en bas; [in embarrassment] baisser les yeux; **we ~ed down on** OR **at the valley** nous regardions la vallée en-dessous.

◆ **look down on** *vt insep* [despise] mépriser.

◆ **look for** *vt insep* -**1.** [seek] chercher; **she's still ~ing for a job** elle est toujours à la recherche d'un emploi; **are you ~ing for a fight?** tu cherches la bagarre? -**2.** [expect] attendre; **it's not the result we were ~ing for** ce n'est pas le résultat que nous attendions.

◆ **look forward to** *vt insep* attendre avec impatience; **we're ~ing forward to the end of term** nous attendons la fin du trimestre avec impatience; **to ~ forward to doing sthg** être impatient de faire qqch; **they had been ~ing forward to this moment for months** cela faisait des mois qu'ils attendaient cet instant; **I ~ forward to hearing from you soon** [in letter] dans l'attente de votre réponse.

◆ **look in** *vi insep* -**1.** [inside] regarder à l'intérieur. -**2.** [pay a visit] passer; **to ~ in on sb** rendre visite à OR passer voir qqn; **he ~ed in at the pub on the way home** il s'est arrêté au pub en rentrant chez lui. -**3.** [watch TV] regarder la télévision.

◆ **look into** *vt insep* examiner, étudier; **it's a problem that needs ~ing into** c'est un problème qu'il faut examiner OR sur lequel il faut se pencher.

◆ **look on** ◇ *vi insep* regarder; **the passers-by just ~ed on** les passants se sont contentés de regarder.

◇ *vt insep* considérer; **I ~ on him as my brother** je le considère comme mon frère; **to ~ on sb/sthg with favour/disfavour** voir qqn/qqch d'un œil favorable/défavorable.

◆ **look out** ◇ *vi insep* -**1.** [person] regarder dehors. -**2.** [room, window]: **the bedroom ~s out on** OR **over the garden** la chambre donne sur le jardin. -**3.** [be careful] faire attention; **~ out, it's hot!** attention, c'est chaud!; **you'll be in trouble if you don't ~ out** tu vas t'attirer des ennuis si tu ne fais pas attention.

◇ *vt sep Br*: **I'll ~/I've ~ed that book out for you** je te chercherai/je t'ai trouvé ce livre.

◆ **look out for** *vt insep* -**1.** [be on watch for] guetter; **I'll ~ out for you at the station** je te guetterai à la gare; **~ out for the sign to Dover** guettez le panneau pour Douvres; **she's always ~ing out for bargains** elle est toujours à la recherche OR à l'affût d'une bonne affaire; **you have to ~ out for snakes** il faut faire attention OR se méfier, il y a des serpents. -**2.** *inf phr*: **to ~ out for o.s.** OR **for number one** ne penser qu'à soi; **you've got to ~ out for number one!** chacun pour soi!

◆ **look over** *vt insep* [glance over] jeter un coup d'œil sur; [examine] examiner, étudier.

◆ **look round** ◇ *vi insep* -**1.** [look at surroundings] regarder (autour de soi); **I'm just ~ing round** je ne fais que jeter un coup d'œil, je jette simplement un coup d'œil; **I'd rather ~ round on my own than take the guided tour** je préférerais faire le tour moi-même plutôt que de suivre la visite guidée; **I ~ed round for an exit** j'ai cherché une sortie. -**2.** [look back] regarder derrière soi, se retourner.

◇ *vt insep* [museum, cathedral, factory] visiter; [shop, room] jeter un coup d'œil dans.

◆ **look through** *vt insep* -**1.** [window, screen] regarder à travers. -**2.** [book, report] jeter un coup d'œil sur OR à, regarder. -**3.** *fig* [person]: **he ~ed straight through me** il m'a regardé comme si je n'étais pas là.

◆ **look to** *vt insep* -**1.** [turn to] se tourner vers; **it's best to ~ to an expert** il est préférable de consulter un expert OR de demander l'avis d'un expert; **don't ~ to her for help** ne compte pas sur elle pour t'aider; **they are ~ing to us to find a solution to this problem** ils comptent sur nous pour trouver une solution à ce problème. -**2.** *fml* [attend to] veiller à; **he should ~ to his reputation** il devrait veiller à sa réputation; **~ to it that discipline is properly maintained** veillez à ce que la discipline soit bien maintenue.

◆ **look up** ◇ *vi insep* -**1.** [raise one's eyes] lever les yeux. -**2.** [improve] s'améliorer; **things are ~ing up for the economy** les perspectives économiques semblent meilleures.

◇ *vt sep* -**1.** [in reference work, directory etc] chercher; **~ the word up in the dictionary** cherche le mot dans le dictionnaire. -**2.** [visit] passer voir, rendre visite à; **~ us up when you're in New York** passe nous voir quand tu seras à New York.

◆ **look upon** = **look on** *vt insep*.

◆ **look up to** *vt insep* respecter, avoir du respect pour.

look-ahead *adj Am* tourné vers l'avenir.

lookalike ['lʊkə,laɪk] *n* [double] sosie *m*; **a John Major ~** un sosie de John Major.

looked-for ['lʊkd-] *adj* recherché, attendu.

looker *inf* ['lʊkə^r] *n* canon *m*; **she's/he's quite a ~** elle/il n'est pas mal (du tout).

looker-on (*pl* lookers-on) *n* [spectator] spectateur *m*, -trice *f*.

look-in *inf n Br* -**1.** [chance]: **she talked so much that I didn't get a ~** elle ne m'a pas laissé le temps de placer un mot OR d'en placer une; **the other people applying for the job don't have a ~** les autres candidats n'ont aucune chance. -**2.** [visit]: **to give sb a ~** passer voir qqn, faire un saut chez qqn.

-looking ['lʊkɪŋ] *in cpds*: **a kind~ nurse** une infirmière qui a l'air gentille; **filthy~** (d'aspect) très sale OR répugnant.

looking glass *n dated* miroir *m*, glace *f*; **a looking-glass world** *fig* un monde à l'envers.

lookout ['lʊkaʊt] *n* -**1.** [watcher - gen] guetteur *m*; MIL guetteur *m*, sentinelle *f*; NAUT vigie *f*. -**2.** [watch] guet *m*; **they left a man outside the bank to keep (a) ~** ils ont laissé un homme devant la banque pour faire le guet; **to keep a ~** OR **to be on the ~ for sthg** guetter qqch, être à l'affût de qqch; **keep a good ~ for them** guette-les bien; **I'm on the ~ for a better job** je suis à la recherche d'un meilleur emploi; **~ post/tower** poste *m*/tour *f* de guet. -**3.** [observation post] MIL poste *m* de guet; NAUT poste *m* de vigie. -**4.** *inf Br* [prospect]: **it's a poor ~ when even doctors are on the dole** il y a de quoi s'inquiéter quand même les médecins sont au chômage ❑ **that's your/his ~!** c'est ton/son problème!

look-over *inf n* coup *m* d'œil; **I've given the report a ~** j'ai jeté un coup d'œil sur le rapport.

look-see *inf n*: **to have** OR **to take a ~** jeter un petit coup d'œil.

look-up *n* COMPUT recherche *f*, consultation *f*.

loom [luːm] ◇ *vi* -**1.** [appear] surgir; **an iceberg ~ed out of** OR **through the fog** un iceberg a soudain surgi du brouillard; **a figure ~ed in the doorway** une silhouette est apparue dans l'encadrement de la porte; **above us ~ed a high cliff** une falaise se dressait au-dessus de nos têtes. -**2.** [approach] être imminent; **a sinister-looking character was ~ing up towards them** un personnage à l'air sinistre s'avançait vers eux de façon menaçante; **the deadline was ~ing nearer and nearer** la date fatidique approchait; **he's getting worried with the elections ~ing ahead** l'approche des élections l'inquiète. -**3. to ~ large** [threaten] menacer; **the idea of eviction ~ed large in their minds** l'idée d'être expulsés ne les quittait pas.

◇ *n* TEX métier *m* à tisser; **hand/power ~** métier manuel/mécanique.

◆ **loom up** *vi insep* apparaître indistinctement, surgir.

LOOM [luːm] (*abbr of* **Loyal Order of the Moose**) *pr n* *association caritative américaine.*

loon [luːn] ◇ *n* -**1.** *inf* [lunatic] dingue *mf*; [simpleton] idiot *m*, -e *f*. -**2.** *arch* [commoner] roturier *m*, -ère *f*; **lord and ~** seigneur et vilain. -**3.** *Am* ORNITH plongeon *m*.

◇ *vi inf Br*: **to ~ (about)** faire le fou OR l'imbécile.

looney *inf* ['luːnɪ] = **loony**.

loon pants = **loons**.

loons [luːnz] *npl* *pantalon taille basse à pattes d'éléphant.*

loony *inf* ['luːnɪ] (*compar* loonier, *superl* looniest, *pl* loonies) ◇ *adj* dingue, loufoque; **the ~ left** *pej* *l'aile gauche extrémiste du parti travailliste.*

◇ *n* dingue *mf*, malade *mf*.

loony bin *inf n hum* asile *m*; **he's ready for the ~** il est bon pour l'asile.

loop [luːp] ◇ *n* -**1.** [in string, rope] boucle *f*; [in river] méandre *m*; [in drainpipe] siphon *m*; **a ~ of string served as a handle** une ficelle servait de poignée; **the film/the tape runs in a ~** le film/la bande défile en continu; **the Loop** *quartier des affaires de Chicago (délimité par une ligne de métro faisant une boucle).* -**2.** COMPUT boucle *f*. -**3.** ELEC [closed circuit] circuit *m* fermé. -**4.** [contraceptive device] stérilet *m*.

◇ *vt* -**1.** [in string, rope etc] faire une boucle à; **~ the rope around your waist/through the ring** passez la corde autour de votre taille/dans l'anneau; **streamers were ~ed across the room** la pièce était tendue de guirlandes. -**2.** AERON: **to ~ the ~** faire un looping.

◇ *vi* [road] zigzaguer; [river] faire des méandres OR des boucles; **the path ~ed round the side of the mountain** le sentier montait en lacet à flanc de montagne.

loop aerial *n* RADIO cadre *m*.

looper ['luːpə^r] *n* ENTOM chenille *f* arpenteuse.

loopey ['luːpɪ] = **loopy**.

loophole ['luːphəʊl] *n* -**1.** [gap, defect] lacune *f*, faille *f*; **a ~ in the law** un vide législatif. -**2.** ARCHIT meurtrière *f*.

loop stitch *n* point *m* de chaînette.

loopy ['luːpɪ] (*compar* loopier, *superl* loopiest) *adj* -**1.** [curly] bouclé; [knotted] plein de nœuds. -**2.** *inf* [crazy] dingue, cinglé.

loose [luːs] ◇ *adj* -**1.** [not tightly fixed - nail] mal enfoncé; [- screw, bolt] desserré; [- button] qui pend, mal cousu; [- knot] qui se défait; [- floor tile] décollé; [- shelf] mal fixé; [- handle, brick] branlant; **your button's ~** ton bouton est décousu; **I've got a ~ tooth** j'ai une dent qui bouge; **he prised a brick ~** il a réussi à faire bouger une brique; **a ~ slate fell off the roof** une ardoise mal fixée est tombée du toit; **remove all the ~ plaster** enlève tout le plâtre qui se détache; **the steering seems ~** il y a du jeu dans la direction; **a ~ board creaked** une planche disjointe a craqué; **to work ~** [nail] sortir; [screw, bolt] se desserrer; [knot] se défaire; **the wind blew some slates ~** le vent a déplacé quelques ardoises; **to have a ~ cough** *Br* avoir une toux grasse; **~ connection** ELEC mauvais contact *m*. -**2.** [free, unattached] libre; **tie the ~ end of the rope to the post** attache le bout libre de la corde au poteau; **she picked up all the ~ newspapers** elle a ramassé tous les journaux qui traînaient; **a ~ sheet of paper** une feuille volante; **the cutlery was ~ in the drawer** les couverts étaient en vrac dans le tiroir; **her hair hung ~ about her shoulders** ses cheveux flottaient librement sur ses épaules; **several pages have come ~** plusieurs pages se sont détachées; **I got one hand ~** j'ai réussi à dégager une de mes mains; **if I manage to tear myself ~** si je réussis à me libérer OR à me dégager; **he decided to cut ~ from his family and friends** il a décidé de couper les ponts avec sa famille et ses amis; **all the cows were ~ in**

the village toutes les vaches se promenaient OR étaient en liberté dans les rues du village; a lion got ~ from the zoo un lion s'est échappé du zoo; he set OR let OR turned a mouse ~ in the kitchen il a lâché une souris dans la cuisine; he let ~ a torrent of abuse *fig* il a lâché un torrent d'injures || COMM [not packaged] en vrac; ~ coal charbon *m* en vrac; ~ cheese fromage *m* à la coupe; I always buy vegetables ~ je n'achète jamais de légumes préemballés. -3. [slack - grip, hold] mou; [- skin, flesh] flasque; [- bowstring, rope] lâche; she tied the ribbon in a ~ bow elle noua le ruban sans le serrer; his arms hung ~ at his sides il avait les bras ballants || *fig* [discipline] relâché; to have a ~ tongue ne pas savoir tenir sa langue; ~ talk des propos lestes. -4. [not tight-fitting - dress, jacket] ample, flottant. -5. [weak - connection, link] vague; they have ~ ties with other political groups ils sont vaguement liés à d'autres groupes politiques || [informal - organization] peu structuré; a ~ political grouping un regroupement politique peu organisé; we have a ~ arrangement nous avons passé un accord officieux. -6. [imprecise, broad - thinking, application] peu rigoureux; [- translation, terminology] approximatif; we can make a ~ distinction between the two phenomena nous pouvons faire une vague distinction entre les deux phénomènes. -7. *pej* [woman] facile; [morals] léger; ~ living débauche *f*, vie *f* dissolue. -8. [not dense or compact - earth] meuble; [- knit, weave] lâche. -9. [relaxed - muscles] détendu, relâché, au repos; to have ~ bowels avoir la diarrhée. -10. FIN disponible; ~ money argent *m* disponible, liquidités *fpl*. -11. *Am phr*: to keep OR to stay ~▽ rester cool; hang OR stay ~!▽ relax!, du calme!

◇ *n* [in rugby]: in the ~ dans la mêlée ouverte.

◇ *vt lit* -1. [unleash - dogs] lâcher; [- panic, chaos] semer; she ~d her tongue OR fury upon me elle s'est déchaînée contre moi || [let fly - bullet] tirer; [- arrow] décocher; he ~d a volley of threats/abuse at her *fig* il s'est répandu en menaces/invectives contre elle. -2. [undo - knot] défaire; [- hair] détacher; [unfasten - boat, raft] démarrer, détacher.

◆ **on the loose** *adj phr*: to be on the ~ [gen] être en liberté; [on the run] être en fuite; a gang of hooligans on the ~ une bande de jeunes voyous qui rôdent; there was a gunman on the ~ in the neighbourhood il y avait un homme armé qui rôdait dans le quartier.

◆ **loose off** ◇ *vt sep* [bullet] tirer; [arrow] décocher; [gun] décharger; [curses] lâcher.

◇ *vi insep* [with gun] tirer; he ~d off into the crowd il tira au hasard dans la foule || *Am fig* [with insults, criticism etc]: to ~ off at sb se déchaîner contre qqn, s'en prendre violemment à qqn.

loosebox ['luːsbɒks] *n Br* EQUIT box *m*.

loose change *n* petite monnaie *f*.

loose cover *n Br* [for armchair, sofa] housse *f*.

loose end *n*: I have a few ~s to tie up j'ai encore quelques petits détails à régler ❑ to be at a ~ *Br* OR at ~s *Am* être dans un moment creux.

loose-fitting *adj* [garment] ample, large, flottant.

loose-jointed *adj* [supple] souple; [gangling] dégingandé.

loose-leaf(ed) *adj* à feuilles mobiles OR volantes; ~ binder classeur *m* (à feuilles mobiles); ~ paper feuillets *mpl* mobiles.

loose-limbed *adj* souple, agile.

loosely ['luːslɪ] *adv* -1. [not firmly - pack, fit, hold, wrap] sans serrer; [not closely - knit, weave] lâchement; the dress was ~ gathered at the waist la robe était vaguement froncée à la taille; the rope hung ~ [unattached] la corde pendait; [slackly] la corde était lâche. -2. [apply, interpret] mollement; ~ translated [freely] traduit librement; [inaccurately] mal traduit; ~ speaking, I'd say... en gros, je dirais... -3. [vaguely - connect, relate] vaguement; the book is only ~ based on my research le livre n'a qu'un rapport lointain avec mes recherches; the exhibition is ~ organized around four themes l'exposition tourne autour de quatre grands thèmes.

loosen ['luːsn] ◇ *vt* -1. [make less tight - knot, screw, lid] desserrer; [- rope, cable] détendre; [- grip, reins] relâcher; he ~ed his grip il relâcha OR desserra son étreinte; I ~ed my belt a notch j'ai desserré ma ceinture d'un cran; the accident ~ed the front wheels depuis l'accident, il y a du jeu dans le train avant; the punch had ~ed several of his teeth le coup lui a déchaussé plusieurs dents; ~ the cake from the sides of the tin détachez le gâteau des bords du moule; it ~s the bowels c'est un laxatif; ~ the soil with a hoe ameublissez le sol avec une binette; the wine soon ~ed his tongue le vin eut vite fait de lui délier la langue || [weaken] affaiblir; they have ~ed their ties with Moscow leurs liens avec Moscou se sont relâchés. -2. [liberalize - rules, restrictions] assouplir.

◇ *vi* [become less tight - knot, screw] se desserrer; [- grip] se relâcher, se desserrer; one of the bolts had ~ed during the flight un des boulons s'était desserré pendant le vol.

◆ **loosen up** ◇ *vi insep* -1. [get less severe] se montrer moins sévère; to ~ up on discipline relâcher la discipline; will they ~ up on immigration? vont-ils adopter une position plus souple vis-à-vis de l'immigration? -2. [relax socially] se détendre; ~ up a bit! détends-toi un peu!; he began to ~ up once the meal was served il commença à se détendre quand le repas fut servi. -3. [limber up - athlete, musician] s'échauffer.

◇ *vt sep* [muscles] échauffer.

looseness ['luːsnɪs] *n* -1. [of screw, nail, lever] jeu *m*; [of rope] relâchement *m*, mou *m*. -2. [of clothing] ampleur *f*. -3. [of thinking, interpretation] manque *m* de rigueur; [of translation, terminology] manque *m* de précision; he shows a certain ~ in his interpretation of the rules il interprète le règlement de façon assez fantaisiste. -4. *pej* [of way of life] débauche *f*, licence *f*; a growing ~ of morals un relâchement croissant des mœurs.

loose scrum *n* RUGBY mêlée *f* ouverte.

loose strife *n* lysimaque *f* commune, souci *m* d'eau.

loose-tongued *adj* bavard.

loose-weave *adj* [fabric] lâche, à mailles lâches.

loot [luːt] ◇ *vt* [town, goods, tomb] piller; state coffers were ~ed to finance the war *fig* les coffres de l'État ont été pillés pour financer la guerre.

◇ *vi* piller, se livrer au pillage.

◇ *n* -1. [stolen goods] butin *m*. -2. ▽ [money] pognon *m*, fric *m*; where's the ~ stashed? où est planqué le fric?; he's got plenty of ~ il est plein aux as.

looter ['luːtə^r] *n* [in war, riot] pillard *m*, -e *f*; [of tombs, churches] pilleur *m*, -euse *f*.

looting ['luːtɪŋ] *n* pillage *m*.

lop [lɒp] (*pt* & *pp* lopped, *cont* lopping) *vt* -1. [tree] élaguer, tailler; [branch] couper; farmers have to ~ and top all trees and hedges les agriculteurs doivent tailler tous les arbres et toutes les haies. -2. *fig* [budget] élaguer, faire des coupes sombres dans; [sum of money, item of expenditure] retrancher, supprimer.

◆ **lop off** *vt sep* -1. [branch] couper, tailler. -2. *fig* [price, time] réduire; they could easily ~ another ten per cent off fares ils pourraient facilement baisser le prix des billets de dix pour cent; the new motorway will ~ 30 minutes off travelling time la nouvelle autoroute va raccourcir le trajet de 30 minutes.

lope [ləʊp] ◇ *vi* [runner] courir à grandes foulées; [animal] courir en bondissant.

◇ *n* [of runner] pas *m* de course *(rapide et souple)*; [of animal] course *f (avec des bonds)*.

lop-eared *adj Br* aux oreilles tombantes.

lop-sided *adj* -1. [crooked - nose, grin] de travers; [out of line - wall, roof, building] de travers; [asymmetric] asymétrique; [of uneven proportions] disproportionné; her handwriting is all ~ son écriture part dans tous les sens. -2. [unevenly weighted] mal équilibré; [unequal - debate, contest] inégal, déséquilibré; the article presents a rather ~ picture of events l'article présente les événements de façon plutôt partiale.

loquacious [lə'kweɪʃəs] *adj fml* loquace, volubile.

loquacity [lə'kwæsətɪ] *n fml* volubilité *f*, loquacité *f*.

lor▽ [lɔː^r] *interj Br dated* crénom!, nom d'une pipe!

loran ['lɔːrən] *n* loran *m*.

lord [lɔːd] *n* -1. [master] seigneur *m*; [nobleman] noble *m*; the ~s of industry les barons de l'industrie; to live like a ~ mener grand train, vivre en grand seigneur; she mixes with ~s and ladies elle fréquente la haute société; ~ of the manor châtelain *m*, maître *m* de céans; her ~ and master *hum* son seigneur et maître. -2. ASTROL maître *m*.

◆ **Lord** ◇ *n Br* [title] lord *m*; Lord (Peter) Snow lord (Peter) Snow || [term of address]: my Lord [to noble] Monsieur le Marquis, Monsieur le Baron; [to judge] Monsieur le juge; [to bishop] Monseigneur, Excellence ❑ 'Lord Jim' *Conrad* 'Lord Jim'; 'The Lord of the Flies' *Golding* 'Sa Majesté des Mouches'; 'The Lord of the Rings' *Tolkien* 'le Seigneur des anneaux'.

◇ *pr n* RELIG: the Lord le Seigneur; Our Lord Jesus Christ Notre Seigneur Jésus-Christ; in the year of our Lord 1897 en l'an de grâce 1897; the Lord's Supper l'eucharistie *f* || [in interjections and expressions]: Good Lord! *inf* Seigneur!; oh Lord! *inf* mon Dieu!; Lord (only) knows! Dieu seul le sait!; Lord love a duck! *inf Br* crénom de nom!

◇ *vt*: to ~ it over sb *Br* prendre des airs supérieurs avec qqn.

◆ **Lords** *pl pr n*: the (House of) Lords la Chambre des lords.

Lord Advocate *n* ≃ procureur *m* de la République, ≃ procureur *m* général *(en Écosse)*.

Lord Chamberlain *n* grand chambellan *m (en Grande-Bretagne)*.

Lord Chancellor *n* lord *m* chancelier, ≃ ministre *m* de la Justice *(en Grande-Bretagne)*.

Lord Chief Justice (*pl* Lords Chief Justice) *n* ≃ président *m* de la Haute Cour *(en Grande-Bretagne)*.

Lord High Chancellor = **Lord Chancellor**.

Lord Justice of Appeal (*pl* Lords Justices of Appeal) *n* ≃ président *m* de la cour d'appel.

Lord Lieutenant (*pl* Lords Lieutenant OR Lord Lieutenants) *n* lord-lieutenant *m (en Grande-Bretagne)*.

lordly ['lɔːdlɪ] *adj* -1. [arrogant] arrogant, hautain; with ~ indifference avec une indifférence souveraine. -2. [noble - gesture] noble, auguste; [splendid - feast, occasion, life style] somptueux; he lives in a ~ mansion il vit dans une maison princière.

Lord Mayor *n* lord-maire *m*, maire *m*.

Lord Privy Seal (*pl* Lords Privy Seal) *n*: the ~ *titre du doyen du gouvernement britannique*.

Lord Provost *n*: the ~ le maire *(dans les villes d'Aberdeen, Dundee, Edimbourg et Glasgow)*.

Lord's [lɔːdz] *pr n célèbre terrain de cricket dans le nord de Londres*.

lordship ['lɔːdʃɪp] *n* -1. [form of address]: Your/His Lordship [to noble] Monsieur le Marquis, Monsieur le Baron; [to judge] Monsieur le juge; [to bishop] Excellence, Son Excellence; if His Lordship would care to sit down *hum* si votre Altesse daigne s'asseoir. -2. [lands, rights] seigneurie *f*; [power] autorité *f*.

Lord's Prayer *n*: the ~ le Notre Père.

Lords Spiritual *pl pr n membres ecclésiastiques de la Chambre des lords*.

Lords Temporal *pl pr n membres laïques de la Chambre des lords*.

lore [lɔː^r] *n* -1. [folk legend] tradition *f*, traditions *fpl*, coutume *f*, coutumes *fpl*; according to Celtic ~, it was built by fairies la tradition celtique veut qu'il ait été construit par des fées. -**2.** [traditional knowledge] science *f*, savoir *m*; **she knows all the countryside ~** elle connaît tous les us et coutumes du pays.

lorgnette [lɔːˈnjet] *n* -**1.** [spectacles] lorgnon *m*, face-à-main *m*. -**2.** [opera glasses] jumelles *fpl* de théâtre, lorgnette *f*.

Lorraine [lɒˈreɪn] *pr n* Lorraine *f*; in ~ en Lorraine.

lorry [ˈlɒrɪ] (*pl* **lorries**) *n Br* camion *m*, poids lourd *m*; ~ **park** aire *f* de stationnement pour poids lourds; **it fell off the back of a ~** *inf* c'est de la marchandise volée.

lorry driver *n Br* chauffeur *m* de camion, routier *m*.

lorry-load *n Br* chargement *m*; **he had a ~ of bricks to deliver** il avait un chargement de briques à livrer.

Los Angeles [lɒsˈændʒɪliːz] *pr n* Los Angeles.

lose [luːz] (*pt* & *pp* **lost** [lɒst]) ◇ *vt* -**1.** [gen - limb, job, money, patience etc] perdre; **I've lost my umbrella again** j'ai encore perdu mon parapluie; **to ~ one's way** se perdre, s'égarer; **what have you got to ~?** qu'est-ce que tu as à perdre?; **you've got nothing to ~** tu n'as rien à perdre; **we haven't got a moment to ~** il n'y a pas une seconde à perdre; **his shop is losing money** son magasin perd de l'argent; **they are losing their markets to the Koreans** ils sont en train de perdre leurs marchés au profit des Coréens; **he lost no time in telling her she was wrong** il ne s'est pas gêné pour lui dire qu'elle avait tort; **we lost 80 days in strikes last year** l'année dernière, nous avons perdu 80 journées de travail à cause des grèves; **don't talk so fast, you've lost me** ne parle pas si vite, je n'arrive pas à te suivre; **the hint/the suggestion was not lost on him** l'allusion/la suggestion ne lui a pas échappé; **your compliment was lost on her** elle ne s'est pas rendu compte que tu lui faisais un compliment; **at what age did he ~ his mother?** à quel âge a-t-il perdu sa mère?; **they lost their homes in the flood** ils ont perdu leur maison dans l'inondation; **30 lives were lost in the fire** 30 personnes ont péri dans l'incendie, l'incendie a fait 30 morts; **she lost a leg/her eyesight in an accident** elle a perdu une jambe/la vue dans un accident; **to ~ one's voice** avoir une extinction de voix; **to ~ one's appetite** perdre l'appétit; **it made me ~ my appetite** ça m'a coupé l'appétit; **the plane is losing altitude** OR **height** l'avion perd de l'altitude; **to ~ one's balance** perdre l'équilibre; **to ~ consciousness** perdre connaissance; **to ~ face** perdre la face; **to ~ ground** perdre du terrain; **to ~ one's head** perdre la tête, **I've lost interest in it** ça ne m'intéresse plus; **he lost his nerve at the last minute** le courage lui a manqué au dernier moment. -**2.** [not win] perdre; **he lost four games to Karpov** il a perdu quatre parties contre Karpov. -**3.** [shed, get rid of] perdre; **to ~ weight** perdre du poids; **I've lost several pounds** j'ai perdu plusieurs kilos; **the trees ~ their leaves in winter** les arbres perdent leurs feuilles en hiver || [elude, shake off] semer; **she managed to ~ the detective** elle a réussi à semer le détective. -**4.** [cause to lose] coûter, faire perdre; **it lost him his job** ça lui a fait perdre son emploi; **it lost us the contract** cela nous a fait perdre le contrat; **his attitude lost him our respect** à cause de son attitude, il a perdu notre estime. -**5.** [subj: clock, watch]: **my watch ~s five minutes a day** ma montre prend cinq minutes de retard par jour.

◇ *vi* -**1.** perdre; **they lost by one goal** ils ont perdu d'un but; **either way, I can't ~** je suis gagnant à tous les coups; **the dollar is losing in value (against the deutschmark)** le dollar baisse (par rapport au Deutsche Mark); **his work ~s a lot in translation** son œuvre se prête très mal à la traduction; **the play didn't ~ much in the television version** la pièce n'a pas perdu beaucoup en étant adaptée pour la télévision; **if you sell the house now you'll ~ on it** si tu vends la maison maintenant tu vas perdre de l'argent; **I lost on the deal** j'ai été perdant dans l'affaire. -**2.** [clock, watch] retarder.

◆ **lose out** *vi insep* perdre, être perdant; **to ~ out on a deal** être perdant dans une affaire; **will the Americans ~ out to the Japanese in computers?** les Américains vont-ils perdre le marché de l'informatique au profit des Japonais?

loser [ˈluːzəʳ] *n* -**1.** [gen & SPORT] perdant *m*, -e *f*; **he's not a very good ~** il est mauvais perdant OR joueur; **they're the ~s by it** *Br fig* ce sont eux les perdants dans cette affaire. -**2.** *inf* [failure - person] raté *m*, -e *f*; **he's a born ~** c'est un vrai raté, il échoue dans tout ce qu'il entreprend.

losing [ˈluːzɪŋ] *adj* -**1.** [gen & SPORT] perdant; **to fight a ~ battle** engager une bataille perdue d'avance. -**2.** [unprofitable]: **the business was a ~ concern** cette entreprise n'était pas viable; **it's a ~ proposition** ce n'est pas rentable.

◆ **losings** *npl* [losses] pertes *fpl*.

loss [lɒs] *n* -**1.** [gen] perte *f*; **have you reported the ~ to the police?** avez-vous signalé cette perte à la police?; **it's your gain and their ~** c'est vous qui y gagnez et eux qui y perdent; **it's your ~!** tant pis pour vous!; **her retirement will be a great ~ to us all** son départ à la retraite sera une grande perte pour nous tous; **it's no great ~ to me** ce n'est pas une grosse perte pour moi; **he would be no great ~ to the firm** ce ne serait pas une grande perte pour l'entreprise; **it can cause temporary ~ of vision** cela peut provoquer OR entraîner une perte momentanée de la vue; **the ~ of a close relative** la perte OR la mort d'un parent proche; **the party suffered heavy ~es in the last elections** le parti a subi de lourdes pertes OR a perdu de nombreux sièges lors des dernières élections; **the company announced ~es of** OR **a ~ of a million pounds** la société a annoncé un déficit d'un million de livres; **we made a ~ of 10% on the deal** nous avons perdu 10 % dans l'affaire; **to sell at a ~** vendre à perte; **the closure will cause the ~ of hundreds of jobs** la fermeture provoquera la disparition de centaines d'emplois; **fortunately there was little ~ of life** heureusement, il n'y eut que peu de victimes; **there was terrible ~ of life in the last war** la dernière guerre a coûté beaucoup de vies humaines; **they inflicted heavy ~es on the enemy** ils infligèrent de lourdes pertes à l'ennemi; **heat ~** perte OR déperdition *f* de chaleur. -**2.** [feeling of pain, unhappiness] malheur *m*, chagrin *m*; **his family rallied round him in his ~** sa famille l'a beaucoup entouré dans son chagrin; **she tried to hide her sense of ~ from her friends** elle essayait de cacher son chagrin à ses amis; **a tremendous feeling of ~ overcame him** il réalisa avec angoisse ce qu'il avait perdu. -**3.** [in insurance] sinistre *m*; **the following ~es are not covered by the policy** les sinistres suivants ne sont pas couverts par cette police. -**4.** *phr*: **to be at a ~** ne pas savoir quoi faire, être déconcerté OR dérouté; **he's never at a ~** il ne se laisse jamais déconcerter; **I was at a ~ for words** je ne savais pas quoi dire, les mots me manquaient; **I'm at a ~ as to how to tell him the truth** je ne sais pas comment m'y prendre pour lui dire la vérité; **she was at a ~ to explain why she'd done it** elle était dans l'incapacité d'expliquer son comportement.

loss adjuster *n* [for insurance] expert *m*; NAUT dispatcheur *m*.

loss leader *n* COMM *article vendu à perte dans le but d'attirer la clientèle.*

lossmaker [ˈlɒsmeɪkəʳ] *n* gouffre *m* financier.

lost [lɒst] ◇ *pt* & *pp* → **lose**.

◇ *adj* -**1.** [keys, money etc] perdu; **all is not yet ~** tout n'est pas perdu; **they have discovered a ~ masterpiece** ils ont découvert un chef-d'œuvre disparu; **the ~ city of Atlantis** Atlantide, la ville engloutie; **the ~ and found department** le bureau des objets trouvés; **I put an advert in the ~ and found column** j'ai mis une annonce dans la rubrique des objets trouvés. -**2.** [person - in direction] perdu, égaré; **can you help me, I'm ~** pouvez-vous m'aider, je me suis perdu OR égaré; **to get ~** se perdre; **they got ~ on the way back** ils se sont perdus sur le chemin du retour; **~ in action** MIL mort au combat; **a ~ sheep** *literal* & *fig* une brebis égarée; **a ~ soul** une âme en peine; **a ~ woman** *dated* une femme perdue *(moralement)* ❑ **get ~!** *inf* va te faire voir! -**3.** *fig* [engrossed] perdu, plongé, absorbé; **she was ~ in her book** elle était plongée dans son livre; **~ in thought/in a daydream** perdu dans ses pensées/dans une rêverie. -**4.** [wasted - time] perdu; [- opportunity] perdu, manqué; [- youth] gâché; **the allusion was ~ on me** je n'ai pas compris OR saisi l'allusion; **your advice would be ~ on them** leur donner un conseil serait peine perdue. -**5.** [confused, bewildered] perdu; **I'm ~, start again!** je suis perdu OR je ne vous suis plus, recommencez! || [disconcerted] désorienté; **I felt quite ~ in the new job** je me sentais complètement perdu dans mon nouveau travail; **I'm ~ for words** je ne sais pas quoi dire. -**6.** [oblivious] insensible; **he was ~ to the world** il avait l'esprit ailleurs.

lost cause *n* cause *f* perdue.

lost generation *n* génération *f* perdue.

lost property *n* objets *mpl* trouvés.

lost property office *n Br* bureau *m* des objets trouvés.

lot [lɒt] *n* -**1.** *inf* [group of people]: **this ~ are leaving today and another ~ are arriving tomorrow** ce groupe part aujourd'hui et un autre (groupe) arrive demain; **the new recruits are quite an interesting ~** les nouveaux sont tous assez intéressants; **I don't want you getting mixed up with that ~** je ne veux pas que tu traînes avec cette bande; **I'm taking my ~ to the cinema** j'emmène les miens au cinéma; **come here, you ~!** venez ici, vous autres! ❑ **he's a bad ~** c'est un sale type. -**2.** [group of things]: **most of the last ~ of fans we had in were defective** presque tous les ventilateurs du dernier lot étaient défectueux; **take all this ~ and dump it in my office** prends tout ça et mets-le dans mon bureau; **I've just been given another ~ of letters to sign** on vient de me donner un autre paquet de lettres à signer. -**3.** [item in auction, in lottery] lot *m*; **~ 49 is a set of five paintings** le lot 49 est un ensemble de cinq tableaux; **the winner of ~ 20** le gagnant du lot 20. -**4.** [destiny, fortune] sort *m*, destin *m*; **to be content with one's ~** être content de son sort; **it was his ~ in life to be the underdog** il était destiné à rester un sous-fifre ❑ **it fell to my ~ to be the first to try** le sort a voulu que je sois le premier à essayer; **to throw in one's ~ with sb** se mettre du côté de qqn. -**5.** [random choice]: **the winners are chosen by ~** les gagnants sont choisis par tirage au sort; **to draw** OR **cast ~s** tirer au sort. -**6.** *Am* [plot of land] terrain *m*; **a vacant ~** un terrain vague; **a used car ~** un parking de voitures d'occasion. -**7.** *Am* CIN studio *m* (de cinéma).

◆ **lots** *inf* ◇ *pron* beaucoup; **do you need any paper/envelopes? I've got ~s** est-ce que tu as besoin de papier/d'enveloppes? j'en ai plein; **there are ~s to choose from** il y a du choix. ◇ *adv* beaucoup; **are you feeling better now? — oh, ~s, thank you** vous vous sentez mieux maintenant? — oh, beaucoup mieux, merci; **this is ~s easier than the last exam** c'est vachement plus facile que le dernier exam.

◆ **lots of** *det phr* beaucoup de; **we had ~s of fun** on s'est bien marrés; **I've been there ~s of times** j'y suis allé plein de fois; **~s and ~s of lovely money** tout plein de sous; **~s of love** [at end of letter] ≃ je t'embrasse, grosses bises; **they've got money, and ~s of it!** ils ont de l'argent, et pas qu'un peu!

◆ **a lot** ◇ *pron phr* beaucoup; **there's a ~ still to be done** il y a encore beaucoup à faire; **there's an awful ~ wrong with the plan** il y a beaucoup de choses qui ne vont pas dans ce projet; **there's not a ~ you can do about it** tu n'y peux pas grand-chose; **I'd give a ~ to know** je donnerais beaucoup OR cher pour savoir; **it did me a ~ of good** ça m'a fait beaucoup de bien; a ~ **of people think it's true** beaucoup de gens pensent que c'est vrai; **what a ~ of people!** quelle foule!, que de monde!; **there's an awful ~ of work still to be done** il reste encore beaucoup de travail à faire; **I've had such a ~ of cards from well-wishers** j'ai vraiment reçu beaucoup de cartes de sympathie; **she takes a ~ of care over her appearance** elle fait très attention à son apparence; **we see a ~ of them** nous les voyons beaucoup OR souvent; **a (fat) ~ of help you were!** *iron*, **you were a (fat) ~ of help!** *iron* ça, pour être utile, tu as été utile! *iron.*

◇ *adv phr* beaucoup; **a ~ better/more** beaucoup mieux/plus; **their house is a ~ bigger** leur maison est beaucoup plus grande; **he's changed a ~ since I last saw him** il a beaucoup changé depuis la dernière fois que je l'ai vu; **she travels a ~ on business** elle voyage beaucoup pour ses affaires; **thanks a ~!** merci beaucoup!; **a (fat) ~ she cares!** *iron* elle s'en fiche pas mal!

◆ **the lot** *pron phr* le tout; **there isn't much, take the ~** il n'y en a pas beaucoup, prenez tout; **there aren't many, take the ~** il n'y en a pas beaucoup, prenez-les tous; **she ate the (whole) ~** elle a tout mangé; **the (whole) ~ of them came** ils sont tous venus; **clear off, the ~ of you** débarrassez-moi tous le plancher; **it only cost me a pound for the ~** le tout ne m'a coûté qu'une livre; **that's the ~** tout est là; **that's the** OR **your ~ for tonight** *inf* c'est tout pour ce soir.

Lot [lɒt] *pr n* BIBLE Lot, Loth.

loth [ləʊθ] = **loath**.

Lothario [ləˈθɑːrɪəʊ] (*pl* Lotharios) *n* don Juan *m*, libertin *m*.

Lothian Region [ˈləʊðjən-] *pr n* la région du Lothian *(Écosse)*.

lotion [ˈləʊʃn] *n* lotion *f*; **aftershave ~** lotion après-rasage; **hand/suntan ~** crème pour les mains/bronzante.

lottery [ˈlɒtərɪ] *n* -**1.** loterie *f*; **~ ticket** billet *m* de loterie. -**2.** *fig* [matter of luck] loterie *f*.

lotto [ˈlɒtəʊ] *n* loto *m (jeu de société)*.

lotus [ˈləʊtəs] *n* lotus *m*.

lotus-eater *n* MYTH lotophage *m*; *fig* doux rêveur *m*.

lotus position *n* position *f* du lotus.

loud [laʊd] ◇ *adj* -**1.** [noise, shout] grand, puissant; [voice, music] fort; [explosion] fort, violent; **the television is too ~** la télévision est trop forte, le son de la télévision est trop fort; **the door slammed with a ~ bang** la porte a claqué très fort; **a ~ argument was going on in the next room** on se disputait bruyamment dans la pièce voisine; **"come tomorrow", he said in a ~ whisper** «venez demain», chuchota-t-il, assez fort pour qu'on l'entende ‖ [vigorous - protest, applause] vif; **there were ~ protests among politicians** de vives protestations se sont élevées dans la classe politique, la classe politique a vivement protesté; **they were ~ in their support/condemnation of the project** ils ont vigoureusement soutenu/condamné le projet ‖ *pej* [loudmouthed, brash] bruyant, tapageur; **he's a bit ~, isn't he?** ce n'est pas le genre discret! -**2.** [garish - colour] criard, voyant; [- pattern] voyant; **he wore a suit with a ~ check** il portait un costume à carreaux très voyant.

◇ *adv* fort; **can you speak a little ~er?** pouvez-vous parler un peu plus fort?; **the music was turned up ~** on avait mis la musique à fond; **to read out ~** lire à haute voix; **I was thinking out ~** je pensais tout haut; **receiving you ~ and clear** je vous reçois cinq sur cinq.

loudhailer [ˌlaʊdˈheɪləʳ] *n Br* porte-voix *m inv*, mégaphone *m*; **they spoke to him by ~** ils lui ont parlé à l'aide d'un porte-voix.

loudly [ˈlaʊdlɪ] *adv* -**1.** [noisily - speak] d'une voix forte; [- laugh] bruyamment; **our neighbour banged ~ on the wall** notre voisin a donné de grands coups contre le mur; **the supporters cheered ~** les supporters ont applaudi bruyamment ‖ [vigorously] avec force OR vigueur; **we protested ~** nous avons protesté vigoureusement. -**2.** [garishly] de façon tapageuse OR voyante.

loudmouth *inf* [ˈlaʊdmaʊθ, *pl* -maʊðz] *n* -**1.** [noisy person] braillard *m*, -e *f*, gueulard *m*, -e *f*. -**2.** [boaster] crâneur *m*, -euse *f*, frimeur *m*, -euse *f*. -**3.** [gossip] commère *f*.

loudmouthed *inf* [ˈlaʊdmaʊðd] *adj* -**1.** [noisy] fort en gueule. -**2.** [boastful] crâneur; [gossipy] bavard, frimeur.

loudness [ˈlaʊdnɪs] *n* -**1.** [of sound] intensité *f*, force *f*; [of voice] intensité *f*; [of cheers] vigueur *f*; **the ~ of the music makes conversation impossible** la musique est tellement forte qu'on ne s'entend pas. -**2.** [on hi-fi system]: **~ control** bouton *m* de compensation physiologique. -**3.** [of colours, dress] violence *f*, éclat *m*.

loud pedal *n* MUS pédale *f* forte.

loudspeaker [ˌlaʊdˈspiːkəʳ] *n* haut-parleur *m*; [on stereo] enceinte *f*, baffle *m*.

lough [lɒk] *n Ir* [lake] lac *m*; [inlet] lagune *f*.

louis [ˈluːɪ] (*pl inv* [-iːz]) *n* [coin] louis *m* (d'or).

Louis [ˈluːɪ] *pr n* Louis; **Saint ~** saint Louis.

Louisiana [luːˌiːzɪˈænə] *pr n* Louisiane *f*; **in ~** en Louisiane.

Louisiana Purchase *pr n*: **the ~** l'achat *m* de la Louisiane.

THE LOUISIANA PURCHASE:
Cession par la France aux États-Unis du territoire de la Louisiane, en 1803. Craignant l'expansion de l'empire napoléonien, Thomas Jefferson négocia avec la France, qui céda facilement l'immense territoire contre de l'argent liquide. La surface du pays s'en trouva doublée.

---

lounge [laʊndʒ] ◇ *n* -**1.** [room - in private house, on ship, in hotel] salon *m*; [- at airport] salle *f* d'attente; [bar] (salle *f* de) bar *m*; *Br* [- in pub] = **lounge bar**. -**2.** [rest]: **to have a ~ in the sun** paresser OR se prélasser au soleil. -**3.** [seat] méridienne *f*.

◇ *vi* -**1.** [recline] s'allonger, se prélasser; [sprawl] être allongé; **he spent the afternoon lounging on the sofa reading** il a passé l'après-midi à lire allongé sur le canapé; **he ~d against the counter** il était appuyé nonchalamment contre le comptoir. -**2.** [laze] paresser; [hang about] traîner; **gangs of kids were lounging on street corners** des bandes de gosses traînaient au coin des rues ‖ [stroll] flâner; **I spent the afternoon lounging round the shops** j'ai passé l'après-midi à flâner dans les magasins.

◆ **lounge about** *Br*, **lounge around** = **lounge** *vi* **2**.

lounge bar *n Br salon dans un pub (plus confortable et plus cher que le «public bar»)*.

lounge lizard *inf n dated* salonnard *m*, -e *f*.

lounger [ˈlaʊndʒəʳ] *n* -**1.** [sunbed] lit *m* de plage. -**2.** [person] paresseux *m*, -euse *f*.

lounge suit *n Br* costume *m* de ville; [on invitation] tenue *f* de ville.

lour [ˈlaʊəʳ] = **lower** *(sky, weather)*.

louse [laʊs] (*pl sense 1* lice [laɪs], *pl sense 2* louses) ◇ *n* -**1.** [insect] pou *m*. -**2.** ▽ [person] salaud *m*, chienne *f*.

◇ *vt* [remove lice from] épouiller.

◆ **louse up** ▽ *vt sep* [spoil] foutre en l'air.

lousy [ˈlaʊzɪ] (*compar* lousier, *superl* lousiest) *adj* -**1.** *inf* [appalling - film, singer] nul; [- weather] pourri; **we had a ~ holiday!** bonjour les vacances!; **I've got a ~ hangover!** j'ai une de ces gueules de bois!; **I feel ~ this morning** je suis mal fichu ce matin; **I'm ~ at tennis, I'm a ~ tennis player** je suis nul au tennis, je joue au tennis comme un pied; **it's in ~ condition** il est en très mauvais état; **you're a ~ liar** [lie badly] tu ne sais pas mentir; [as intensifier] tu n'es qu'un sale menteur ‖ [annoying] fichu, sacré; **I've got these ~ letters to write!** j'ai ces fichues lettres à écrire! -**2.** *inf* [mean] vache; **that was a ~ trick!** tu parles d'une vacherie!; **I feel ~ about what happened** ça m'embête, ce qui est arrivé. -**3.** *inf* [full]: **the town was ~ with police** la ville grouillait de flics; **they're ~ with money** ils sont bourrés de fric OR pleins aux as. -**4.** [lice-infested] pouilleux.

lout [laʊt] *n* [bumpkin] rustre *m*; [hooligan] voyou *m*; **you ignorant ~!** espèce de brute épaisse!

loutish [ˈlaʊtɪʃ] *adj* [behaviour] grossier; [manners] de rustre, mal dégrossi.

louvre *Br*, **louver** *Am* [ˈluːvəʳ] *n* [slat] lamelle *f*; [window] jalousie *f*, volet *m* à claire-voie, persienne *f*.

louvred *Br*, **louvered** *Am* [ˈluːvəd] *adj* à claire-voie.

lovable [ˈlʌvəbl] *adj* charmant, sympathique, attachant.

lovage [ˈlʌvɪdʒ] *n* BOT livèche *f*, levisticum *m*.

lovat [ˈlʌvət] *n couleur bleu-vert ou jaune-vert qu'on trouve en particulier dans les lainages et dans les tweeds.*

love [lʌv] ◇ *vt* -**1.** [sweetheart] aimer; [friends, relatives] aimer beaucoup OR bien; **I like you but I don't ~ you** je t'aime bien mais je ne suis pas amoureux de toi; **I ~ my brother but...** j'aime beaucoup mon frère, mais... ❑ **I'll have to ~ you and leave you** *inf* ce n'est pas tout mais il faut que j'y aille. -**2.** [enjoy] aimer, adorer; **don't you just ~ that little dress?** cette petite robe est vraiment adorable, tu ne trouves pas?; **I love lying** OR **to lie in bed on Sunday mornings** j'adore faire la grasse matinée le dimanche; **she ~s to hear you sing** elle adore vous entendre chanter; **I'd ~ to come** j'aimerais beaucoup venir; **I'd ~ you to come** j'aimerais beaucoup que OR cela me ferait très plaisir que tu viennes; **would you like to come too? — I'd ~ to** voudriez-vous venir aussi? — avec grand plaisir. -**3.** [prize - one's country, freedom etc] aimer.

◇ *n* -**1.** [for person] amour *m*; **motherly ~** amour maternel; **we didn't marry for ~** nous n'avons pas fait un mariage d'amour; **he did it out of ~ for her** il l'a fait par amour pour elle; **it was ~ at first sight** ce fut le coup de foudre; **to be in ~** être amoureux; **he's in ~ with Patricia** il est amoureux de Patricia; **they were deeply in ~** ils s'aimaient profondément; **to fall in ~ (with sb)** tomber amoureux (de qqn); **to make ~** faire l'amour; **to make ~ to sb** [have sex with] faire l'amour à qqn; *arch* [court] faire la cour à qqn; **make ~ not war!** faites l'amour, pas la guerre!; **for the ~ of God** OR *Br* **Mike** *inf*! pour l'amour du ciel!; **Harry sends** OR **gives you his ~** Harry t'embrasse; **give my ~ to Harry** embrasse Harry de ma part OR pour moi; **(lots of) ~ from Jane, all my ~, Jane** [in letter] affectueusement, Jane ❑ **I wouldn't do it for ~ nor money** *inf* je ne le ferais pas pour tout l'or du monde, je ne le ferais pour rien au monde; **you can't get a taxi for ~ nor money round here** *inf* pas moyen de trouver un taxi par ici; **there's no ~ lost between them** ils se détestent cordialement; **'All For Love'** *Dryden* 'Tout pour l'amour'; **'Love's Labours Lost'** *Shakespeare* 'Peines d'amour perdues'. -**2.** [for jazz, one's country etc] amour *m*; **his ~ of good food** sa passion pour la bonne chère; **she fell in ~ with the house immediately** elle a eu le coup de foudre pour la maison; **I don't do this job for the ~ of it** je ne fais pas ce travail pour le OR par plaisir. -**3.** [beloved person] amour *m*; **he's one of her many ~s** c'est un des nombreux hommes qu'elle a aimés; **she's the ~ of his life** c'est la femme de sa vie; **isn't he a ~!** *inf Br* ce qu'il est mignon OR chou! ‖ [favourite activity] passion *f*; **music is his great ~** la musique est sa grande passion. -**4.** [term of address]: **thank you, (my) ~** *inf* merci, mon chou || [to stranger]: **wait a minute, ~!** *inf Br* [woman to child] attends une minute, mon petit!; [woman to man] attendez une minute, Monsieur!; [to woman] attendez une minute, Madame! -**5.** SPORT zéro *m*; **40 ~** 40 zéro.

loveable ['lʌvəbl] = **lovable**.

love affair *n* liaison *f* (amoureuse); *fig* passion *f*; **his ~ with Paris** sa passion pour Paris.

lovebird ['lʌvbɜːd] *n* -**1.** ORNITH perruche *f*; **~s** inséparables *mpl*. -**2.** *hum* [lover] amoureux *m*, -euse *f*; **the ~s are in the other room** les amoureux OR les tourtereaux sont dans l'autre pièce.

lovebite ['lʌvbaɪt] *n Br* suçon *m*.

love child *n* enfant *mf* de l'amour.

love-in-a-mist *n* BOT *(U)* cheveux *mpl* de Vénus, nigelle *f* de Damas.

love knot *n* lacs *m* d'amour.

loveless ['lʌvlɪs] *adj* [marriage] sans amour; [person - unloved] mal aimé; [- unloving] sans cœur, incapable d'aimer.

love letter *n* lettre *f* d'amour, billet *m* doux.

love life *n* vie *f* sentimentale; **how's your ~?** *inf* comment vont tes amours?

loveliness ['lʌvlɪnɪs] *n* charme *m*, beauté *f*.

lovelorn ['lʌvlɔːn] *adj* malheureux en amour; **to be ~** avoir le mal d'amour.

lovely ['lʌvlɪ] (*compar* **lovelier**, *superl* **loveliest**)
◇ *adj* -**1.** [beautiful] beau, très joli; [- child] joli, mignon; [home, scenery] joli. -**2.** [view, evening, weather] beau; [holiday] (très) agréable; [dress] joli; **what a ~ day!** quelle belle journée!; **that was a ~ meal** nous avons fait un excellent repas; **we had a ~ day at the beach** nous avons passé une très agréable journée à la plage; **it's a ~ idea** c'est une très bonne idée; **it's ~ to see you** je suis enchanté OR ravi de vous voir; **this wool is ~ and soft** *Br* cette laine est très douce au toucher; **it's ~ and warm by the fire** *Br* il fait bon près de la cheminée; **it sounds ~** cela a l'air très bien ❑ **'Oh! What a Lovely War'** *Attenborough* 'Ah! Dieu que la guerre est jolie'. -**3.** [in character] charmant, très aimable; **her parents are ~ people** ses parents sont des gens charmants.
◇ *n inf* mignonne *f*.

lovemaking ['lʌv,meɪkɪŋ] *n* -**1.** [sexual intercourse] ébats *mpl* (amoureux); **during their ~** pendant qu'ils faisaient l'amour. -**2.** *arch* [courtship] cour *f*.

love match *n* mariage *m* d'amour.

love nest *n* nid *m* d'amour.

love potion *n* philtre *m*.

lover ['lʌvəʳ] *n* -**1.** [sexual partner] amant *m*, -e *f*; **he fancies himself as a great ~** il se considère comme un merveilleux amant ❑ **'The Lover'** *Pinter* 'l'Amant'. -**2.** *dated* [suitor] amoureux *m*, soupirant *m*; **the young ~s** les jeunes amoureux *mpl*. -**3.** [enthusiast] amateur *m*, -trice *f*; **he's a real music ~** c'est un mélomane; **I'm not a dog ~ myself** moi-même je n'aime pas beaucoup les chiens; **for all ~s of good food** pour tous les amateurs de bonne cuisine; **she's a great ~ of the cinema** elle adore le cinéma, c'est une grande cinéphile.

lover-boy *inf n hum* OR *pej* [womanizer] don Juan *m*, tombeur *m*, séducteur *m*.

love scene *n* scène *f* d'amour.

lovesick ['lʌvsɪk] *adj*: **to be ~** se languir d'amour.

love song *n* chanson *f* d'amour.

love story *n* histoire *f* d'amour.

love token *n* gage *m* d'amour.

lovey-dovey *inf* ['lʌvɪdʌvɪ] *adj hum* & *pej* doucereux.

loving ['lʌvɪŋ] *adj* [affectionate] affectueux; [tender] tendre; **~ kindness** bonté *f*.

-loving *in cpds*: **wine~** qui aime le vin, amateur de vin; **music~** amateur de musique, mélomane; **money~** qui aime l'argent, cupide.

loving cup *n* coupe *f* de l'amitié.

lovingly ['lʌvɪŋlɪ] *adv* [affectionately] affectueusement; [tenderly] tendrement; [passionately] avec amour, amoureusement; [with great care] soigneusement, avec soin.

low [ləʊ] ◇ *adj* -**1.** [in height] bas; **this room has a ~ ceiling** cette pièce est basse de plafond; **~ hills** collines peu élevées; **a ~ neckline** un décolleté; **the sun was already ~ in the sky** le soleil était déjà bas dans le ciel; **the houses are built on ~ ground** les maisons sont bâties dans une cuvette; **the river is ~ today** la rivière est basse aujourd'hui; **'~ bridge'** AUT 'hauteur limitée'. -**2.** [in scale - temperature] bas; [- level] faible; **the temperature is in the ~ twenties** il fait un peu plus de vingt degrés; **old people are given very ~ priority** les personnes âgées ne sont absolument pas considérées comme prioritaires; **I've reached a ~ point in my career** j'ai atteint un creux dans ma carrière; **their relationship is at a ~ ebb** leurs relations sont au plus bas; **a ~ blood count** une numération globulaire basse; **~ gear** *Am* première (vitesse) *f*; **'engage ~ gear'** AUT 'utilisez le frein moteur' || [in degree, intensity - probability, visibility] faible; [- fire] bas; [- lighting] faible, tamisé; **cook on a ~ heat** faire cuire à feu doux; **a ~ pressure area** METEOR une zone de basse pression || [in value, amount - figure, price] bas, faible; [- profit] faible, maigre; **~ economic growth** faible croissance économique; **attendance was ~** il y avait peu de monde; **we're only playing for ~ stakes** nous ne jouons que de petites mises, nous ne jouons pas de grosses sommes; **we're rather ~ on whisky** on n'a plus beaucoup de whisky; **we're getting ~ on kerosene** nous allons bientôt être à court de kérosène; **the ammunition is getting ~** nous aurons bientôt épuisé les munitions; **~ in calories** pauvre en calories; **the soil is very ~ in nitrogen** la terre est très pauvre en azote; **to play a ~ trump** CARDS jouer un petit atout ❑ **~ tar cigarettes** cigarettes *fpl* à faible teneur en goudron. -**3.** [poor - intelligence] faible; [- opinion] faible, piètre; [- in health] mauvais, médiocre; **he's very ~ at the moment** il est bien bas OR bien affaibli en ce moment; **I'm in rather ~ spirits, I feel rather ~** je n'ai pas le moral, je suis assez déprimé; [- in quality] mauvais; **the pupils in this school have a ~ standard of reading** les élèves de cette école ont un niveau faible en lecture; **a ~ quality carpet** une moquette de mauvaise qualité. -**4.** [in rank] bas, inférieur; **to be of ~ birth** être de basse extraction OR d'origine modeste; **~ ranking officials** petits fonctionnaires *mpl*, fonctionnaires *mpl* subalternes. -**5.** [vulgar - behaviour] grossier; [- tastes] vulgaire; **to keep ~ company** fréquenter des gens peu recommandables; **that was a ~ trick** c'était un sale tour; **a man of ~ cunning** un homme d'une ruse ignoble ❑ **~ comedy** farce *f* THÉÂT. -**6.** [primitive]: **~ forms of life** des formes de vie inférieures OR peu évoluées. -**7.** [soft - voice, music] bas, faible; [- light] faible; **keep your voice ~** ne parlez pas trop fort; **turn the radio down ~** mettez la radio moins fort; **turn the lights down ~** baissez les lumières; **she gave a ~ groan** elle poussa un faible gémissement; **we heard a ~ moan** nous avons entendu une plainte étouffée. -**8.** [deep - note, voice] bas.
◇ *adv* -**1.** [in height] bas; **~er down** plus bas; **aim ~** visez bas; **I can't bend down that ~** je ne peux pas me pencher si bas; **a helicopter flew ~ over the town** un hélicoptère a survolé la ville à basse altitude; **the sun sank ~ on the horizon** le soleil est descendu très bas sur l'horizon; **she was sitting very ~ in her chair** elle était avachie sur sa chaise; **he bowed ~** il s'inclina profondément; **to lie ~** [hide] se cacher; [keep low profile] adopter un profil bas; **to be laid ~** [ill] être immobilisé. -**2.** [in intensity] bas; **the fire had burnt ~** le feu avait baissé; **stocks are running ~** les réserves baissent; **the batteries are running ~** les piles sont usées. -**3.** [in price]: **to buy ~** acheter à bas prix; ST. EX acheter quand les cours sont bas. -**4.** [morally]: **I wouldn't stoop** OR **sink so ~ as to tell lies** je ne m'abaisserais pas à mentir.
◇ *n* -**1.** [in height] bas *m*; [in intensity] minimum *m*; **the heating is on ~** le chauffage est au minimum. -**2.** [low point] niveau *m* bas, point *m* bas; **the dollar has reached a record ~** le dollar a atteint son niveau le plus bas; **relations between them are at an all-time ~** leurs relations n'ont jamais été si mauvaises. -**3.** METEOR dépression *f*. -**4.** *Am* AUT: **in ~** en première OR seconde. -**5.** *lit* [of cattle] meuglement *m*, beuglement *m*.
◇ *vi* meugler, beugler.

low-born *adj* d'origine modeste, de basse extraction.

lowboy ['ləʊbɔɪ] *n* commode *f* (basse).

lowbrow ['ləʊbraʊ] ◇ *n pej* personne *f* sans prétentions intellectuelles OR terre à terre.
◇ *adj* [person] peu intellectuel, terre à terre; [book, film] sans prétentions intellectuelles; **~ literature** littérature *f* de hall de gare.

low-budget *adj* économique.

low-calorie *adj* (à) basses calories.

Low Church *adj* à tendance évangélique *(dans l'Église anglicane)*.

low-cost *adj* (à) bon marché.

Low Countries *pl pr n*: **the ~** les Pays-Bas *mpl*; **in the ~** aux Pays-Bas.

low-cut *adj* décolleté.

lowdown *inf* ['ləʊdaʊn] *n (U)* renseignements *mpl*; **can you give me the ~ on what happened?** tu peux me mettre au courant de ce qui s'est passé?
◆ **low-down** *adj* -**1.** [shameful] honteux, bas; [mean] mesquin; **that was a dirty low-down trick** c'était un sale tour. -**2.** *Am* [depressed] cafardeux; **I'm feeling low-down** j'ai le cafard.

lower[1] ['ləʊəʳ] ◇ *adj* (*compar of* **low**) inférieur, plus bas; **the ~ deck** [of ship] le pont inférieur; **the ~ House** OR **Chamber** *Br* POL la Chambre basse OR des communes; **the ~ classes** les classes inférieures; **the ~ middle class** la petite bourgeoisie; **~ vertebrates** vertébrés inférieurs; **'The Lower Depths'** *Gorky, Renoir* 'les Bas-Fonds'.
◇ *adv* (*compar of* **low**): **the ~ paid** la tranche inférieure du salariat.
◇ *vt* -**1.** [blind] baisser; [eyes] baisser; [sails] abaisser, amener; **~ your aim a bit** visez un peu plus bas; **the lifeboats were ~ed into the sea** les canots de sauvetage ont été mis à la mer; **supplies were ~ed down to us on a rope** on nous a descendu des provisions au bout d'une corde; **she ~ed herself into the water** elle se laissa glisser dans l'eau ❑ **~ed control button** *Am dans un ascenseur, bouton accessible aux personnes en fauteuil roulant*; **to ~ one's guard** [in boxing] baisser sa garde; *fig* prêter le flanc; **to ~ one's sights**: **he's ~ed his sights since then** il est un peu moins ambitieux depuis. -**2.** [reduce - price, pressure, standard] baisser, diminuer; **~ your voice** parlez moins fort, baissez la voix. -**3.** [morally]: **she wouldn't ~ herself to talk to them** elle ne s'abaisserait pas au point de leur adresser la parole.
◇ *vi* [diminish - pressure] diminuer; [- price] baisser.
◆ **lower away** *vi insep*: **~ away!** laissez descendre!

lower[2] ['laʊəʳ] *vi* -**1.** [sky, weather] se couvrir; **a ~ing sky** un ciel menaçant OR couvert. -**2.** [person] regarder d'un air menaçant; **he sat in the corner and ~ed at me** il s'assit dans un coin et il me regarda d'un œil OR d'un air menaçant.

lower-case ['ləʊəʳ-] ◇ *adj* TYPO en bas de casse.
◇ *n* bas *m* de casse.

lower-class ['ləʊəʳ-] *adj* populaire.

lowering[1] ['ləʊərɪŋ] ◇ *n* -**1.** [of flag] abaissement *m*; [of boat] mise *f* à la mer; **the ~ of the coffin into the grave** la descente du cercueil dans la tombe. -**2.** [reduction - of temperature, standards, prices] baisse *f*.
◇ *adj* humiliant.

lowering[2] ['laʊərɪŋ] *adj* [sky] sombre, couvert; [clouds] menaçant.

lowermost ['ləʊəməʊst] *adj fml* le plus bas.

lowest ['ləʊɪst] *adj (superl of* low) le plus bas; **the sun was at its ~** le soleil était très bas sur l'horizon; **the ~ of the low** le dernier des derniers; **the newspaper panders to the views of the ~ in society** *fig* ce journal flatte les instincts les plus bas de la société ❑ **the ~ common multiple** le plus petit commun multiple; **the ~ common denominator** le plus petit dénominateur commun.

low-flying *adj* volant à basse altitude.

low-frequency *adj* (à) basse fréquence.

Low German *n* bas allemand *m*.

low-grade *adj* [in quality] de qualité inférieure; [in rank] (de rang) inférieur, subalterne.

low-heeled *adj* à talons plats.

lowing ['ləʊɪŋ] *n (U) lit* meuglement *m*, beuglement *m*, mugissement *m*.

low-key *adj* [style] discret; [person] réservé; **the meeting was a very ~ affair** la réunion s'est tenue dans la plus grande discrétion; **a ~ approach** une approche discrète.

lowland ['ləʊlənd] *n* plaine *f*, basse terre *f*; **the Lowlands** les Basses Terres.

Low Latin *n* bas latin *m*.

low-level *adj* [talks] à bas niveau; [operation] de faible envergure; **~ flying** AERON vol *m* à basse altitude; **~ language** COMPUT langage *m* non évolué OR de bas niveau; **~ radiation** NUCL irradiation *f* de faible intensité.

low life *n*: **scenes from London ~** des scènes de la vie des bas-fonds londoniens.

lowliness ['ləʊlɪnɪs] *n* humilité *f*.

low-loader *n* RAIL wagon *m* à plate-forme surbaissée; AUT camion *m* à plate-forme surbaissée.

lowly ['ləʊlɪ] *(compar* **lowlier**, *superl* **lowliest**) *adj* [modest] modeste; [meek] humble; [simple] sans prétention OR prétentions; **of ~ birth** issu d'un milieu humble.

low-lying *adj* [land - gen] bas; [- below sea level] au-dessous du niveau de la mer; [cloud] bas.

Low Mass *n* RELIG messe *f* basse.

low-minded *adj* vulgaire, grossier.

low-necked *adj* décolleté.

lowness ['ləʊnɪs] *n* -**1.** [of wall, building] faible hauteur *f*; [of land] faible élévation *f*. -**2.** [of wages, prices] modicité *f*. -**3.** [of temperature] faible élévation *f*. -**4.** [of voice - softness] douceur *f*; [- in pitch] profondeur *f*.

low-paid ◇ *adj* mal payé.
◇ *npl*: **the ~** les petits salaires *mpl*.

low-pitched *adj* -**1.** [voice, note] bas, grave. -**2.** [roof] à faible pente.

low-pressure *adj* -**1.** [gas] sous faible pression, de basse pression; [tyre] à basse pression. -**2.** [job] peu stressant.

low-price(d) *adj* bon marché, peu cher.

low profile *n*: **to keep a ~** garder un profil bas.
◆ **low-profile** *adj* -**1.** = **low-key**. -**2.** AUT: **low-profile tyre** pneu *m* à profil bas.

low-rise *adj* [buildings] de faible hauteur, bas.

low season *n*: **the ~** la basse saison; **~ holidays** vacances *fpl* hors saison.

low-spirited *adj* déprimé, démoralisé.

low-tech *adj* rudimentaire.

low-tension *adj* ELEC (de) basse tension.

low tide *n* marée *f* basse; **at ~** à marée basse.

low water *n (U)* basses eaux *fpl*.

lox [lɒks] *n* -**1.** *abbr of* **liquid oxygen**. -**2.** CULIN saumon *m* fumé.

loyal ['lɔɪəl] *adj* loyal, fidèle; **to be ~ to sb** être loyal envers qqn, faire preuve de loyauté envers qqn; **a ~ friend** un ami fidèle; **~ supporters** partisans fidèles ❑ **the ~ toast** *toast porté à la reine d'Angleterre à la fin d'un dîner.*

loyalism ['lɔɪəlɪzm] *n* loyalisme *m*.

loyalist ['lɔɪəlɪst] ◇ *n* loyaliste *mf*.
◇ *adj* loyaliste.
◆ **Loyalist** *n* loyaliste *mf*.

LOYALIST:
Dans le contexte britannique, le mot «Loyalist» désigne un protestant d'Irlande du Nord souhaitant rester au sein du Royaume-Uni.

loyally ['lɔɪəlɪ] *adv* loyalement, fidèlement.

loyalty ['lɔɪəltɪ] *(pl* **loyalties**) *n* -**1.** [faithfulness] loyauté *f*, fidélité *f*; **she's always shown great ~** elle a toujours fait preuve d'une grande loyauté; **the party demands ~ to the principles of democracy** le parti exige le respect des principes de la démocratie; **her ~ to the cause is not in doubt** son dévouement à la cause n'est pas mis en doute. -**2.** [tie]: **tribal loyalties** liens *mpl* tribaux; **my loyalties are divided** je suis déchiré (entre les deux), entre les deux mon cœur balance *hum*.

Loyola [lɔɪ'əʊlə] *pr n*: **Saint Ignatius ~** saint Ignace de Loyola.

lozenge ['lɒzɪndʒ] *n* -**1.** [sweet] pastille *f*; **throat ~** pastille pour la gorge. -**2.** [rhombus] losange *m*.

LP *(abbr of* **long-player**) *n*: **an ~** un 33 tours.

L-plate *n Br plaque apposée sur la voiture d'un conducteur qui n'a pas encore son permis (L signifie «learner», apprenti).*

LPN *(abbr of* **licensed practical nurse**) *n aide infirmière diplômée.*

LRAM *(abbr of* **Licentiate of the Royal Academy of Music**) *n membre de la Royal Academy of Music.*

LSAT *(abbr of* **Law School Admissions Test**) *n test d'admission aux études de droit.*

LSD[1] *(abbr of* **lysergic acid diethylamide**) *n* LSD *m*.

LSD[2], **£.s.d.**, **lsd** *written abbr symboles représentant les pounds, les shillings et les pence de l'ancienne monnaie britannique avant l'adoption du système décimal en 1971.*

LSE *(abbr of* **London School of Economics**) *pr n grande école de sciences économiques et politiques à Londres.*

L-shaped *adj* en (forme de) L.

LSI *(abbr of* **large scale integration**) *n* intégration *f* à grande échelle.

LSO *(abbr of* **London Symphony Orchestra**) *pr n orchestre symphonique de Londres.*

Lt. *(written abbr of* **lieutenant**) Lieut.

LT *(written abbr of* **low tension**) BT.

Ltd, **ltd** *(written abbr of* **limited**) ≃ SARL; **Smith and Sons, ~** ≃ Smith & Fils, SARL.

Luanda [lu:'ændə] *pr n* Luanda.

lubricant ['lu:brɪkənt] ◇ *adj* lubrifiant.
◇ *n* lubrifiant *m*.

lubricate ['lu:brɪkeɪt] *vt* [gen] lubrifier; [mechanism] lubrifier, graisser, huiler.

lubricated *inf* ['lu:brɪkeɪtɪd] *adj fig & hum* [drunk] beurré.

lubrication [,lu:brɪ'keɪʃn] *n* [gen] lubrification *f*; [of mechanism] lubrification *f*, graissage *m*, huilage *m*.

lubricator ['lu:brɪkeɪtəʳ] *n* graisseur *m*.

lubricious [lu:'brɪʃəs] *adj lit* lubrique.

lubricity [lu:'brɪsətɪ] *n* -**1.** *lit* [lewdness] lubricité *f*. -**2.** TECH onctuosité *f*.

lucerne [lu:'sɜ:n] *n Br* AGR luzerne *f (cultivée)*.

Lucerne [lu:'sɜ:n] *pr n* Lucerne.

lucid ['lu:sɪd] *adj* -**1.** [clear-headed] lucide; **he has his ~ moments** il a des moments de lucidité. -**2.** [clear] clair, limpide; **a ~ narrative style** un style d'une grande clarté; **she gave a ~ account of events** elle donna un compte rendu net et précis des événements.

lucidity [lu:'sɪdətɪ] *n* -**1.** [of mind] lucidité *f*. -**2.** [of style, account] clarté *f*, limpidité *f*.

lucidly ['lu:sɪdlɪ] *adv* lucidement, avec lucidité.

Lucifer ['lu:sɪfəʳ] *pr n* Lucifer.

Lucius ['lu:sjəs] *pr n* Lucius.

luck [lʌk] *n* -**1.** [fortune] chance *f*; **to have good ~** avoir de la chance; **good ~!** bonne chance!; **good ~ to you!** *iron* je vous souhaite bien du plaisir!; **good ~ in your new job!** bonne chance pour ton nouveau travail! || [good fortune]: **that's a bit of ~!** c'est de la chance!; **~ was with us** OR **on our side** la chance était avec nous; **you're in ~, your ~'s in** vous avez de la chance; **we're out of ~** on n'a pas de chance; **one more for ~** et un pour le pot; **better ~ next time** vous aurez plus de chance la prochaine fois; **any ~?** alors, ça a marché?; **some people have all the ~!** il y en a qui ont vraiment de la chance!; **it would be just my ~ to bump into my boss** *iron* ce serait bien ma veine de tomber sur mon patron || [bad fortune]: **we had a bit of bad ~ with the car** on a eu un pépin avec la voiture; **you've brought me nothing but bad ~** tu ne m'as causé que des malheurs; **it's bad ~ to spill salt** renverser du sel porte malheur; **bad** OR **hard** OR **tough ~!** pas de chance!; **we thought the exam was cancelled – no such ~** nous croyions que l'examen était annulé – ç'aurait été trop beau; **to be down on one's ~** avoir la poisse OR la guigne; **to push one's ~** jouer avec le feu; **with (any) ~** avec un peu de chance; **worse ~** tant pis; **no, he hasn't asked me out, worse ~!** non, il ne m'a pas invitée à sortir, tant pis! -**2.** [chance, opportunity] hasard *m*; **it's the ~ of the draw** c'est une question de chance; **to try one's ~** tenter sa chance; **as ~ would have it** [by chance] par hasard; [by good luck] par bonheur; [by bad luck] par malheur; **as ~ would have it I'd forgotten my keys** et comme par hasard, j'avais oublié mes clés.
◆ **luck out** *inf vi insep Am* -**1.** [succeed] avoir de la veine. -**2.** [fail] avoir la poisse.

luckily ['lʌkɪlɪ] *adv* heureusement, par chance; **~ for him, he escaped** heureusement pour lui, il s'est échappé.

luckless ['lʌklɪs] *adj* [person] malchanceux; [escapade, attempt] malheureux.

lucky ['lʌkɪ] *(compar* **luckier**, *superl* **luckiest**) *adj* -**1.** [fortunate - person] chanceux; [- encounter, winner] heureux; **to be ~** avoir de la chance; **to get ~** *inf* avoir un coup de bol; **you're ~ to have escaped with your life** vous avez eu de la chance de vous en tirer vivant; **what a ~ escape!** on l'a échappé belle!; **it was ~ for them that we were there** heureusement pour eux que nous étions là ❑ **a ~ break** *inf* un coup de pot OR de bol; **it's my ~ day** c'est mon jour de chance; **you ~ devil** OR **thing!** *inf* sacré veinard!; **I'd like a pay rise – you'll be ~** OR **you should be so ~!** j'aimerais une augmentation – tu peux toujours courir!; **~ you!** vous en avez de la chance!; **'Lucky Jim'** *Amis* 'Jim-la-Chance'. -**2.** [token, number] porte-bonheur *(inv)*. -**3.** [guess] heureux.

lucky dip *n Br jeu d'enfant consistant à chercher des cadeaux enfouis dans une caisse remplie de sciure*; **the job-market is a real ~ at the moment** *fig* de nos jours, trouver un emploi, c'est vraiment une question de chance.

lucrative ['lu:krətɪv] *adj* [job] bien rémunéré, lucratif; [activity, deal] lucratif, rentable.

lucre ['lu:kəʳ] *n hum & pej*: **(filthy) ~** lucre *m*.

Lucretia Borgia [lu:'kri:ʃə'bɔ:dʒə] *pr n* Lucrèce Borgia.

Lucretius [lu:'kri:ʃəs] *pr n* Lucrèce.

lucubration [,lu:kju:'breɪʃn] *n fml* [studying] travail *m* laborieux, élucubration *f*; *lit* [literary work] élucubration *f*.

Luddite ['lʌdaɪt] ◇ *n* luddite *m*.
◇ *adj* luddite; **the ~ Riots** les émeutes *fpl* luddites.

THE LUDDITE RIOTS:
Émeutes ouvrières en Grande-Bretagne pendant la dépression de 1811-1813, au cours desquelles des chômeurs parcoururent le nord du pays en détruisant les nouvelles machines textiles, jugées responsables de leur sort. Ces émeutes furent durement réprimées par le gouvernement.

ludicrous ['lu:dɪkrəs] *adj* ridicule, absurde.

ludicrously ['lu:dɪkrəslɪ] *adv* ridiculement.

ludo ['luːdəʊ] *n* ≃ (jeu *m* des) petits chevaux *mpl*.
Ludwig ['lʊdvɪg] *pr n*: ~ of Bavaria Louis de Bavière.
luff [lʌf] NAUT ◇ *n* bord *m* d'une voile aurique.
◇ *vi* lofer, venir au lof.
luffa ['lʌfə] = **loofa(h)**.
lug [lʌg] (*pt* & *pp* **lugged**, *cont* **lugging**) ◇ *vt inf* [carry, pull] trimbaler; **I had to ~ my bags all the way from the station** j'ai dû trimbaler mes bagages de la gare jusqu'ici; **he lugged his bicycle up the stairs** il s'est trimbalé sa bicyclette jusqu'en haut des escaliers.
◇ *n* -**1.** [for fixing] ergot *m*, (petite) patte *f*; [handle] anse *f*, poignée *f*. -**2.** ▽ *Br* = **lughole**.
◆ **lug about, lug around** *inf vt sep* trimbaler; **he always has to ~ his little sister about with him** il doit toujours trimbaler OR traîner sa petite sœur à droite et à gauche.
luggage ['lʌgɪdʒ] *n* (U) bagages *mpl*; ~ **trolley** chariot *m* à bagages.
luggage handler *n* bagagiste *mf*.
luggage rack *n* RAIL [shelf] porte-bagages *m inv*; [net] filet *m* (à bagages); AUT galerie *f* (de toit).
luggage van *n* RAIL fourgon *m* (à bagages).
lugger ['lʌgəʳ] *n* lougre *m*.
lughole▽ ['lʌghəʊl] *n Br* [ear] esgourde *f*.
lug screw *n* vis *f* sans tête.
lugubrious [luː'guːbrɪəs] *adj* lugubre.
lugubriously [luː'guːbrɪəslɪ] *adv* lugubrement, de façon lugubre.
lugworm ['lʌgwɜːm] *n* arénicole *f*.
Luke [luːk] *pr n* Luc; **Saint ~** saint Luc; **the Gospel According to (Saint) ~** l'Évangile selon saint Luc.
lukewarm ['luːkwɔːm] *adj* [water, soup] tiède; **a ~ reception** *fig* [of person] un accueil peu chaleureux; [of book, film] un accueil mitigé.
lull [lʌl] ◇ *n* [in weather] accalmie *f*; [in fighting] accalmie *f*, pause *f*; [in conversation] pause *f*; **the ~ before the storm** le calme avant la tempête.
◇ *vt* [calm - anxiety, person] calmer, apaiser; **she ~ed the child to sleep** elle berça l'enfant jusqu'à ce qu'il s'endorme; **the sound of the engine ~ed me to sleep** le ronronnement du moteur m'a endormi; **they were ~ed into a false sense of security** ils ont fait l'erreur de se laisser rassurer par des propos lénifiants.
lullaby ['lʌləbaɪ] (*pl* **lullabies**) *n* berceuse *f*.
lulu▽ ['luːluː] *n Am*: **it's a ~!** c'est du tonnerre!; **her latest film's a real ~** son dernier film est champion.
lumbago [lʌm'beɪgəʊ] *n* (U) lumbago *m*, lombalgie *f*.
lumbar ['lʌmbəʳ] *adj* lombaire.
lumbar puncture *n* ponction *f* lombaire, rachicentèse *f*.
lumber ['lʌmbəʳ] ◇ *n* -**1.** *Am* [cut wood] bois *m* (d'œuvre); [ready for use] bois *m* de construction OR de charpente. -**2.** *Br* [junk] bric-à-brac *m inv*.
◇ *vt Am* [logs] débiter; [tree] abattre, couper.
◇ *vi* -**1.** [large person, animal] marcher pesamment; **I could hear him ~ing down the stairs** je l'entendais descendre l'escalier d'un pas pesant; **she ~ed into the room** elle entra dans la pièce d'un pas lourd || [heavy vehicle]: **the tanks ~ed into the centre of the town** la lourde colonne de chars avançait vers le centre de la ville. -**2.** *Am* [fell trees] abattre des arbres *(pour le bois)*.
◆ **lumber with** *inf vt sep (usu pass)* [encumber]: **to ~ sb with sthg** refiler qqch à qqn; **I'll get ~ed with it** ça va me retomber dessus.
lumbering ['lʌmbərɪŋ] ◇ *n Am* exploitation *f* forestière.
◇ *adj* [heavy - step] pesant, lourd; [- person] lourd, maladroit.
lumberjack ['lʌmbədʒæk] *n* bûcheron *m*, -onne *f*.
lumber-jacket *n* grosse veste *f* de bûcheron.
lumberman ['lʌmbəmən] (*pl* **lumbermen** [-mən]) *Am* = **lumberjack**.
lumber room *n Br* débarras *m*.
lumberyard ['lʌmbəjɑːd] *n Am* dépôt *m* de bois.
lumen ['luːmɪn] *n* PHYS lumen *m*; ANAT lumière *f*.
luminance ['luːmɪnəns] *n* luminance *f*.
luminary ['luːmɪnərɪ] (*pl* **luminaries**) *n* -**1.** [celebrity] lumière *f*, sommité *f*. -**2.** *lit* [heavenly body] astre *m*.
luminescence [,luːmɪ'nesəns] *n* luminescence *f*.
luminescent [,luːmɪ'nesənt] *adj* luminescent.
luminosity [,luːmɪ'nɒsətɪ] *n* luminosité *f*.
luminous ['luːmɪnəs] *adj* [paint, colour, sky] lumineux; *fig* [explanation, argument] lumineux, limpide.
lumme *inf* ['lʌmɪ] *interj Br dated* ben mon vieux.
lummox *inf* ['lʌməks] *n* empoté *m*, -e *f*.
lummy ['lʌmɪ] = **lumme**.
lump [lʌmp] ◇ *n* -**1.** [of sugar] morceau *m*; **one ~ or two?** un ou deux sucres? -**2.** [of solid matter - small] morceau *m*; [- large] masse *f*; [in food] grumeau *m*; **a huge ~ of marble** un énorme bloc de marbre; **a shapeless ~ of melted plastic** une masse informe de plastique fondu ❑ **to have a ~ in one's throat** avoir une boule dans la gorge, avoir la gorge serrée; **you've got to take your ~s** *inf Am* tout n'est pas toujours rose. -**3.** [bump] bosse *f*; **I've got a ~ on my forehead** j'ai une bosse au front; **there are lots of ~s in this mattress** ce matelas est plein de bosses. -**4.** MED [swelling] grosseur *f*, protubérance *f*; **she has a ~ in her breast** elle a une grosseur au sein. -**5.** [of money]: **you don't have to pay it all in one ~** vous n'êtes pas obligé de tout payer en une seule fois. -**6.** *inf pej* [clumsy person] empoté *m*, -e *f*. -**7.** *Br* CONSTR: **to work on the ~** *inf* travailler au noir; **~ labour** main-d'œuvre *f* non déclarée.
◇ *vt inf* [put up with]: **if that's her final decision, we'll just have to ~ it!** puisque c'est sa décision définitive, on n'a plus qu'à s'écraser!; **if you don't like it you can ~ it!** si ça ne te plaît pas, tant pis pour toi!
◆ **lump together** *vt sep* -**1.** [gather together] réunir, rassembler; **couldn't you ~ all these paragraphs together under one heading?** ne pourrais-tu pas réunir OR regrouper tous ces paragraphes sous un même titre? -**2.** [consider the same] mettre dans la même catégorie.
lumpectomy [,lʌmp'ektəmɪ] *n* ablation *f* d'une tumeur au sein.
lumpenproletariat ['lʌmpən,prəʊlɪ'teərɪət] *n* lumpenprolétariat *m*.
lumpfish ['lʌmpfɪʃ] (*pl inv* OR **lumpfishes**) *n* lump *m*, lompe *m*.
lumpish ['lʌmpɪʃ] *adj* [clumsy] maladroit; [dull-witted] idiot, abruti.
lump-sucker = **lumpfish**.
lump sugar *n* sucre *m* en morceaux.
lump sum *n* somme *f* forfaitaire; **they pay me a ~** je touche une somme forfaitaire; **to work for a ~** travailler à forfait; **to be paid in a ~** être payé en une seule fois.
lumpy ['lʌmpɪ] (*compar* **lumpier**, *superl* **lumpiest**) *adj* [sauce] plein de grumeaux; [mattress] plein de bosses, défoncé.
lunacy ['luːnəsɪ] (*pl* **lunacies**) *n* -**1.** [madness] démence *f*, folie *f*. -**2.** [folly] folie *f*; **it would be ~ to accept such a proposal** ce serait de la folie d'accepter pareille proposition; **it's sheer ~!** c'est de la folie pure et simple!
lunar ['luːnəʳ] *adj* [rock, month, cycle] lunaire; [eclipse] de la Lune; **~ landing** alunissage *m*; **~ module** module *m* lunaire.
lunatic ['luːnətɪk] ◇ *n* -**1.** [madman] aliéné *m*, -e *f*, dément *m*, -e *f*. -**2.** *inf* [fool] cinglé *m*, -e *f*; **he's a complete ~!** il est fou à lier!, il est complètement cinglé!
◇ *adj* -**1.** [insane] fou, dément. -**2.** *inf* [crazy - person] cinglé, dingue; [- idea] dément, démentiel.
lunatic asylum *n* asile *m* d'aliénés.
lunatic fringe *n pej* extrémistes *mpl* fanatiques.
lunch [lʌntʃ] ◇ *n* déjeuner *m*; **to have ~** déjeuner; **after ~** après le déjeuner; **she's gone out for ~** elle est partie déjeuner; **I've invited him for ~ on Tuesday** je l'ai invité à déjeuner mardi prochain; **I have a ~ date** je déjeune avec quelqu'un, je suis pris pour le déjeuner; [for business] j'ai un déjeuner d'affaires; **what did you have for ~?** qu'est-ce que tu as mangé à midi?; **they're giving a ~ at the Savoy** ils donnent un déjeuner au Savoy ❑ **he's out to ~**▽ il débloque.
◇ *vi* déjeuner.
lunchbox ['lʌntʃbɒks] *n boîte dans laquelle on transporte son déjeuner*.
luncheon ['lʌntʃən] *n fml* déjeuner *m*; **a literary ~** un déjeuner littéraire.
luncheonette [,lʌntʃə'net] *n Am* snack *m*, snack-bar *m*.
luncheon meat *n bloc de viande de porc en conserve*.
luncheon voucher *n Br* Ticket-Restaurant® *m*.
lunch hour *n* heure *f* du déjeuner; **she's not here, it's her ~** elle n'est pas là, c'est l'heure à laquelle elle déjeune.
lunchpail ['lʌntʃpeɪl] *Am* = **lunchbox**.
lunchtime ['lʌntʃtaɪm] *n* heure *f* du déjeuner; **I saw him at ~** je l'ai vu à midi OR à l'heure du déjeuner; **it's ~** c'est l'heure de déjeuner.
lung [lʌŋ] ◇ *n* poumon *m*; **he filled his ~s with air** il inspira profondément.
◇ *comp* [artery, congestion, disease] pulmonaire; [transplant] du poumon; **~ cancer** cancer *m* du poumon; **~ specialist** pneumologue *mf*.
lunge [lʌndʒ] ◇ *n* -**1.** [sudden movement]: **to make a ~ for sthg** se précipiter vers qqch. -**2.** FENCING fente *f* (avant). -**3.** EQUIT longe *f*.
◇ *vi* [move suddenly] faire un mouvement brusque en avant; **she ~d at him with a knife** elle se précipita sur lui avec un couteau; **he ~d at his opponent** FENCING il allongea une botte à son adversaire.
◇ *vt* [horse] mener à la longe.
◆ **lunge forward** *vi insep* se jeter en avant; FENCING se fendre.
lungfish ['lʌŋfɪʃ] (*pl inv* OR **lungfishes**) *n* dipneuste *m*.
lungful ['lʌŋfʊl] *n*: **she breathed in a ~ of cold air** elle aspira l'air froid à pleins poumons, elle aspira une grande bouffée d'air froid; **take a ~ of air** inspirez à fond.
lunisolar [,luːnɪ'səʊləʳ] *adj* luni-solaire.
lunula ['luːnjʊlə], **lunule** ['luːnjuːl] *n* lunule *f*.
lupin ['luːpɪn] *n* lupin *m*.
lupine ['luːpaɪn] ◇ *n Am* = **lupin**.
◇ *adj* de loup.
lurch [lɜːtʃ] ◇ *vi* [person] tituber, chanceler; **he ~ed into the room** il entra dans la pièce en titubant || [car - swerve] faire une embardée; [- jerk forwards] avancer par à-coups; [ship] tanguer; **the car ~ed out of control** la voiture livrée à elle-même fit une embardée; **his opinions ~ from one extreme to another** *fig* dans ses opinions, il passe d'un extrême à l'autre.
◇ *n*: **the car gave a sudden ~ and left the road** la voiture fit une embardée et quitta la route ❑ **to leave sb in the ~** laisser qqn en plan.
lurcher ['lɜːtʃəʳ] *n chien bâtard, croisement de lévrier et de colley*.
lure [ljʊəʳ] ◇ *n* -**1.** [attraction] attrait *m*; [charm] charme *m*; [temptation] tentation *f*. -**2.** FISHING & HUNT leurre *m*.
◇ *vt* [person] attirer (sous un faux prétexte); **he ~d them into a trap** il les a attirés dans un piège.
◆ **lure away** *vt sep*: **he ~d me away from my friends** il a fait en sorte que je ne voie plus mes amis, il m'a éloigné de mes amis; **she invited me over in order to ~ me away from the office** elle m'a invité pour m'éloigner du bureau.
Lurex® ['lʊəreks] *n* [thread] Lurex® *m*; [cloth] tissu *m* en Lurex®.

lurgy *inf* ['lɜːgɪ] *n Br hum*: **I've got the dreaded ~** j'ai attrapé quelque chose.

lurid ['ljʊərɪd] *adj* **-1.** [sensational - account, story] macabre, atroce, horrible; [salacious] salace, malsain; **many newspapers go in for ~ sensationalism** de nombreux journaux exploitent le goût du public pour le sensationnel; **he gave me a ~ account of the plane crash** il m'a décrit l'accident d'avion sans m'épargner le moindre détail; **the book gives a ~ description of life at the castle** le livre donne une description haute en couleur de la vie au château. **-2.** [glaring - sky, sunset] sanglant, rougeoyant; [- wallpaper, shirt] criard, voyant; **a ~ green dress** une robe d'un vert criard.

luridly ['ljʊərɪdlɪ] *adv* [garishly] violemment, tapageusement.

lurk [lɜːk] *vi* [person, animal] se tapir; [danger] se cacher, menacer; [doubt, worry] persister; **the burglar was ~ing behind the trees** le cambrioleur était tapi derrière les arbres.

lurking ['lɜːkɪŋ] *adj* [suspicion, fear] vague; [danger] menaçant.

Lusaka [luː'sɑːkə] *pr n* Lusaka.

luscious ['lʌʃəs] *adj* **-1.** [fruit] succulent; [colour] riche. **-2.** [woman] séduisant; **~ lips** lèvres pulpeuses OR appétissantes.

lush [lʌʃ] ◇ *adj* **-1.** [vegetation] riche, luxuriant; [fruit] succulent; *fig* [description] riche. **-2.** [luxurious] luxueux.
◇ *n* ▽ poivrot *m*, -e *f*.

Lusitania [,luːsɪ'teɪnjə] *pr n* Lusitanie *f*; **in ~** en Lusitanie.

Lusitanian [,luːsɪ'teɪnjən] ◇ *n* Lusitanien *m*, -enne *f*.
◇ *adj* lusitanien.

lust [lʌst] *n* **-1.** [sexual desire] désir *m* sexuel, concupiscence *f*; [as sin] luxure *f*. **-2.** [greed] soif *f*, convoitise *f*; **~ for power** soif de pouvoir.
◆ **lust after** *vt insep* [person] désirer, avoir envie de, convoiter; [money, property] convoiter.
◆ **lust for** *vt insep* [money] convoiter; [revenge, power] avoir soif de.

luster *Am* = **lustre**.

lustful ['lʌstfʊl] *adj* **-1.** [lecherous] concupiscent, lascif. **-2.** [greedy] avide.

lustfully ['lʌstfʊlɪ] *adv* **-1.** [lecherously] lascivement. **-2.** [greedily] avidement.

lustily ['lʌstɪlɪ] *adv* [sing, shout] à pleine gorge, à pleins poumons.

lustre *Br*, **luster** *Am* ['lʌstəʳ] *n* **-1.** [sheen] lustre *m*, brillant *m*. **-2.** *fig* [glory] éclat *m*.

lustreless ['lʌstəlɪs] *adj* terne, sans éclat.

lustrous ['lʌstrəs] *adj* **-1.** [shiny - pearls, stones] lustré, chatoyant; [eyes] brillant; [cloth] lustré; **~ black hair** cheveux d'un noir de jais. **-2.** *lit* [illustrious - career] illustre; [name] glorieux.

lusty ['lʌstɪ] (*compar* **lustier**, *superl* **lustiest**) *adj* [strong - person, baby] vigoureux, robuste; [- voice, manner] vigoureux.

lute [luːt] *n* MUS luth *m*.

lutecium [luː'tiːʃəm] = **lutetium**.

luteinizing hormone ['luːtɪɪnaɪzɪŋ-] *n* hormone *f* lutéinisante.

Lutetia [luː'tiːʃə] *pr n* Lutèce.

lutetium [luː'tiːʃəm] *n* lutécium *m*.

Lutheran ['luːθərən] ◇ *n* Luthérien *m*, -enne *f*.
◇ *adj* luthérien.

Lutheranism ['luːθərənɪzm] *n* luthéranisme *m*.

luv *inf* [lʌv] *n & vt Br* = **love**.

luvvie *inf* ['lʌvɪ] *n hum* acteur *m* prétentieux, actrice *f* prétentieuse.

lux [lʌks] *n* PHYS lux *m*.

luxate [lʌk'seɪt] *vt* luxer.

Luxembourg ['lʌksəmbɜːg] *pr n* **-1.** [country] Luxembourg *m*; **in ~** au Luxembourg. **-2.** [town] Luxembourg.

Luxemburger ['lʌksəmbɜːgəʳ] *n* Luxembourgeois *m*, -e *f*.

Luxor ['lʌksɔːʳ] *pr n* Louqsor, Louxor.

luxuriance [lʌg'ʒʊərɪəns] *n* **-1.** [luxury] luxe *m*, somptuosité *f*. **-2.** [of vegetation] luxuriance *f*, richesse *f*; [of plants] exubérance *f*, abondance *f*; [of hair] abondance *f*.

luxuriant [lʌg'ʒʊərɪənt] *adj* **-1.** [luxurious - surroundings] luxueux, somptueux. **-2.** [vegetation] luxuriant; [crops, undergrowth] abondant, riche; [countryside] couvert de végétation, luxuriant; *fig* [style] luxuriant, riche. **-3.** [flowing - hair, beard] abondant.

luxuriate [lʌg'ʒʊərɪeɪt] *vi* **-1.** [take pleasure]: **to ~ in sthg** se délecter de qqch; **to ~ in the sun/in a hot bath** se prélasser au soleil/dans un bain chaud. **-2.** *lit* [proliferate, flourish] proliférer.

luxurious [lʌg'ʒʊərɪəs] *adj* **-1.** [opulent - house, clothes] luxueux, somptueux; [- car] luxueux; **to have ~ tastes** avoir des goûts de luxe. **-2.** [voluptuous] voluptueux.

luxuriously [lʌg'ʒʊərɪəslɪ] *adv* **-1.** [with, in luxury] luxueusement; **~ furnished** luxueusement OR richement meublé; **to live ~** vivre dans le luxe OR dans l'opulence. **-2.** [voluptuously] voluptueusement; **she stretched out ~ on the grass** elle s'allongea voluptueusement sur l'herbe.

luxuriousness [lʌg'ʒʊərɪəsnɪs] *n* luxe *m*.

luxury ['lʌkʃərɪ] (*pl* **luxuries**) ◇ *n* **-1.** [comfort] luxe *m*; **to live in ~, to lead a life of ~** vivre dans le luxe. **-2.** [treat] luxe *m*; **whisky is the one ~ I still allow myself** le whisky est le seul luxe que je me permette encore; **one of life's little luxuries** un des petits plaisirs de la vie; **it's a ~ for them to eat meat** manger de la viande est, pour eux, un luxe.
◇ *comp* [car, restaurant, kitchen] de luxe; [apartment] de luxe, de standing.

luxury goods *npl* articles *mpl* de luxe.

LV *written abbr of* **luncheon voucher**.

LW (*written abbr of* **long wave**) GO.

LWT (*abbr of* **London Weekend Television**) *pr n chaîne de télévision relevant de l'IBA.*

lycanthropy [laɪ'kænθrəpɪ] *n* lycanthropie *f*.

lyceum [laɪ'sɪəm] *n* **-1.** [in names of public buildings] théâtre *m*. **-2.** *Am* [hall] salle *f* publique; [organization] association *f* culturelle.

lychee [,laɪ'tʃiː] *n* litchi *m*.

lych-gate ['lɪtʃ-] *n* porche *m* de cimetière.

Lycra® ['laɪkrə] *n* Lycra® *m*.

lye [laɪ] *n* CHEM lessive *f*.

lying ['laɪɪŋ] ◇ *cont* → **lie**.
◇ *adj* **-1.** [reclining] couché, étendu, allongé. **-2.** [dishonest - person] menteur; [- story] mensonger, faux; **you ~ bastard!**▽ sale menteur!
◇ *n* **-1.** [corpse]: **~ in state** exposition *f* du corps. **-2.** *(U)* [dishonesty] mensonges *mpl*.

lying-in *n* MED couches *fpl*.

lyme grass [laɪm-] *n* elymus *m*.

lymph [lɪmf] *n* lymphe *f*.

lymphatic [lɪm'fætɪk] *adj* lymphatique; **~ system** système *m* lymphatique.

lymph gland, lymph node *n* ganglion *m* lymphatique.

lymphocyte ['lɪmfəsaɪt] *n* lymphocyte *m*.

lynch [lɪntʃ] *vt* lyncher.

lynching ['lɪntʃɪŋ] *n* lynchage *m*.

lynch law *n* loi *f* de Lynch.

lynchpin ['lɪntʃpɪn] = **linchpin**.

lynx [lɪŋks] (*pl inv* OR **lynxes**) *n* lynx *m inv*.

lynx-eyed *adj* aux yeux de lynx.

Lyon [liːɔ̃], **Lyons** ['laɪənz] *pr n* Lyon.

lyophilize, -ise [laɪ'ɒfɪlaɪz] *vt* lyophiliser.

lyre ['laɪəʳ] *n* lyre *f*.

lyrebird ['laɪəbɜːd] *n* oiseau-lyre *m*.

lyric ['lɪrɪk] ◇ *adj* lyrique.
◇ *n* [poem] poème *m* lyrique; **~s writer** parolier *m*, -ère *f*.
◆ **lyrics** *npl* [of song] paroles *fpl*.

lyrical ['lɪrɪkl] *adj* **-1.** *literal* lyrique. **-2.** *fig* passionné; **he was positively ~ about his visit to China** son séjour en Chine l'a véritablement enthousiasmé.

lyrically ['lɪrɪklɪ] *adv* [poetically] avec lyrisme; [enthusiastically] avec enthousiasme; **she spoke/wrote ~ of her voyage to Africa** elle a évoqué son voyage en Afrique avec beaucoup d'enthousiasme.

lyricism ['lɪrɪsɪzm] *n* lyrisme *m*.

lyricist ['lɪrɪsɪst] *n* [of poems] poète *m* lyrique; [of song, opera] parolier *m*, -ère *f*.

Lysander [laɪ'sændəʳ] *pr n* Lysandre.

lysergic [laɪ'sɜːdʒɪk] *adj* lysergique; **~ acid** acide *m* lysergique.

lysine ['laɪsiːn] *n* lysine *f*.

lysozyme ['laɪsəzaɪm] *n* lysozyme *m*, muramidase *f*.

M

m (*pl* **m's** OR **ms**), **M** (*pl* **M's** OR **Ms**) [em] *n* [letter] m *m*, M *m*.

m -**1.** (*written abbr of* **metre**) m. -**2.** (*written abbr of* **million**) M. -**3.** *written abbr of* **mile**.

M ◇ *Br* (*abbr of* **motorway**): **the M5** l'autoroute M5.
◇ (*written abbr of* **medium**) M.

ma *inf* [mɑː] *n* maman *f*; **Ma Baker** *hum* la mère Baker.

MA ◇ *n* -**1.** (*abbr of* **Master of Arts**) [in England, Wales and US] *(titulaire d'une) maîtrise de lettres*; [in Scotland] *premier examen universitaire, équivalent de la licence.* -**2.** *abbr of* **military academy**.
◇ *written abbr of* **Massachusetts**.

ma'am [mæm] *n* madame *f*.

Maastricht ['mɑːstrɪkt] *pr n* Maastricht.

mac *inf* [mæk] -**1.** *Br* (*abbr of* **macintosh**) imper *m*. -**2.** *Am* & *Scot*: **come here ~!** amène-toi, mec!

macabre [mə'kɑːbrə] *adj* macabre.

macadam [mə'kædəm] ◇ *n* macadam *m*.
◇ *comp* [road] macadamisé, en macadam.

macadamize, -ise [mə'kædəmaɪz] *vt* macadamiser.

Macao [mə'kaʊ] *pr n* Macao; **in ~** à Macao.

macaroni [,mækə'rəʊnɪ] *n (U)* macaronis *mpl*; **~ cheese** gratin *m* de macaronis.

macaronic [,mækə'rɒnɪk] ◇ *n* vers *m* macaronique, poésie *f* macaronique.
◇ *adj* macaronique.

macaroon [,mækə'ruːn] *n* CULIN macaron *m*.

macassar [mæ'kæsəʳ] *n* macassar *m*; **~ oil** huile *f* de macassar.

macaw [mə'kɔː] *n* ara *m*.

mace [meɪs] *n* -**1.** [spice] macis *m*. -**2.** [club] massue *f*, masse *f* d'armes; [ceremonial] masse *f*; **~ bearer** massier *m*.

Mace® [meɪs] ◇ *n* [spray] gaz *m* lacrymogène.
◇ *vt inf Am* bombarder au gaz lacrymogène.

Macedonia [,mæsɪ'dəʊnjə] *pr n* Macédoine *f*; **in ~** en Macédoine.

Macedonian [,mæsɪ'dəʊnjən] ◇ *n* -**1.** [person] Macédonien *m*, -enne *f*. -**2.** LING macédonien *m*.
◇ *adj* macédonien.

macerate ['mæsəreɪt] *vi* & *vt* macérer.

maceration [,mæsə'reɪʃn] *n* macération *f*.

Mach [mæk] *n* Mach; **to fly at ~ 3** voler à Mach 3.

machete [mə'ʃetɪ] *n* machette *f*.

Machiavelli [,mækɪə'velɪ] *pr n* Machiavel.

Machiavellian [,mækɪə'velɪən] *adj* machiavélique.

Machiavellianism [,mækɪə'velɪənɪzm] *n* machiavélisme *m*.

machinable [mə'ʃiːnəbl] *adj* usinable.

machinate ['mækɪneɪt] *vt* machiner.

machination [,mækɪ'neɪʃn] *n* machination *f*.

machine [mə'ʃiːn] ◇ *n* -**1.** [mechanical device] machine *f*; **to do sthg by ~** OR **on a ~** faire qqch à la machine || *fig* & *pej* [person] machine *f*, automate *m*; **he thinks she's just a ~ for doing housework** il la considère comme une machine à faire le ménage; **a thinking ~** une machine à penser. -**2.** [organization] machine *f*, appareil *m*; **the party ~** l'appareil du parti. -**3.** [car, motorbike] machine *f*; [plane] appareil *m*.
◇ *vt* SEW coudre à la machine; INDUST [manufacture] fabriquer à la machine; [work on machine] usiner.
◇ *comp*: **the ~ age** l'ère *f* de la machine.

machine code *n* code *m* machine.

machine-finished *adj* [paper] apprêté, calandré.

machine gun *n* mitrailleuse *f*.
◆ **machine-gun** *vt* mitrailler.

machine-gunner *n* mitrailleur *m*.

machine-gunning [-'gʌnɪŋ] *n* mitraillage *m*.

machine intelligence *n* intelligence *f* artificielle.

machine language *n* langage *m* machine.

machine-made *adj* fait OR fabriqué à la machine.

machine operator *n* opérateur *m*, -trice *f* (sur machine).

machine pistol *n* mitraillette *f*, pistolet *m* mitrailleur.

machine-readable *adj* COMPUT exploitable par machine.

machinery [mə'ʃiːnərɪ] (*pl* **machineries**) *n* -**1.** *(U)* [machines] machines *fpl*, machinerie *f*; [mechanism] mécanisme *m*. -**2.** *fig* rouages *mpl*; **the ~ of state/of government** les rouages de l'État/du gouvernement.

machine shop *n* atelier *m* d'usinage.

machine-stitch ◇ *n* point *m* (de piqûre) à la machine.
◇ *vt* piquer (à la machine).

machine tool *n* machine-outil *f*.

machine translation *n* traduction *f* automatique.

machine washable *adj* lavable à la OR en machine.

machinist [mə'ʃiːnɪst] *n* INDUST opérateur *m*, -trice *f* (sur machine); SEW mécanicien *m*, -enne *f*.

machismo [mə'tʃɪzməʊ, mə'kɪzməʊ] *n* machisme *m*.

machmeter ['mæk,miːtəʳ] *n* machmètre *m*.

Mach number *n* nombre *m* de Mach.

macho *inf* ['mætʃəʊ] ◇ *adj* macho.
◇ *n* macho *m*.

mack [mæk] = **mac 1**.

mackerel ['mækrəl] (*pl inv*) *n* maquereau *m*.

mackerel sky *n* ciel *m* pommelé.

mackintosh ['mækɪntɒʃ] *n Br* imperméable *m*.

macramé [mə'krɑːmɪ] *n* macramé *m*.

macro ['mækrəʊ] (*pl* **macros**) *n* macro-instruction *f*.

macrobiotic [,mækrəʊbaɪ'ɒtɪk] *adj* macrobiotique.
◆ **macrobiotics** *n (U)* macrobiotique *f*.

macroclimate ['mækrəʊ,klaɪmət] *n* macroclimat *m*.

macrocosm ['mækrəʊkɒzm] *n* macrocosme *m*.

macrocosmic [,mækrəʊ'kɒzmɪk] *adj* macrocosmique.

macroeconomics ['mækrəʊ,iːkə'nɒmɪks] *n (U)* macroéconomie *f*.

macroglobulin [,mækrəʊ'glɒbjʊlɪn] *n* macroglobuline *f*.

macroinstruction [,mækrəʊɪn'strʌkʃn] = **macro**.

macromolecule [,mækrəʊ'mɒlɪkjuːl] *n* macromolécule *f*.

macron ['mækrɒn] *n* TYPO macron *m*.

macroscopic [,mækrəʊ'skɒpɪk] *adj* macroscopique.

macrostructure ['mækrəʊ,strʌktʃəʳ] *n* macrostructure *f*.

maculation [,mækjʊ'leɪʃn] *n* maculation *f*, maculage *m*.

mad [mæd] ◇ *adj* -**1.** *esp Br* [crazy] fou; **to go ~** devenir fou; **you must have been ~ to do it** il fallait être fou pour faire ça; **that's a ~ idea** c'est une idée folle OR insensée; **to be ~ with joy/grief** être fou de joie/douleur; **it's a case of patriotism gone ~** c'est du patriotisme poussé à l'extrême OR qui frise la folie; **to drive sb ~** rendre qqn fou; **it's enough to drive you ~** il y a de quoi devenir fou, c'est à vous rendre fou; **you're driving me ~ with all your questions** tu me rends fou avec toutes tes questions ❑ **to be as ~ as a hatter** OR **a March hare** être fou à lier; **MAD (magazine)** PRESS *magazine satirique américain très populaire.* -**2.** [absurd - ambition, plan] fou, insensé; **he's always full of ~ schemes for making money** il a toujours des plans insensés pour se faire de l'argent. -**3.** [angry] en colère, furieux; **he went ~ when he saw them** il s'est mis dans une colère noire en les voyant; **to be ~ at** OR **with sb** être en colère OR fâché contre qqn; **she makes me ~** elle m'énerve; **don't get ~** ne vous fâchez pas. -**4.** [frantic]: **there was a ~ rush for the door** tous les gens se sont rués vers la porte comme des fous; **I'm in a ~ rush** *inf* je suis très pressé, je suis à la bourre; **there was a ~ panic to sell** les gens n'avaient plus qu'une idée en tête, vendre; **don't go ~ and try to do it all yourself**

fig tu ne vas pas te tuer à essayer de tout faire toi-même? ❑ **like ~** *inf*: **to run like ~** courir comme un fou OR un dératé; **they were arguing like ~** ils discutaient comme des perdus; **the kettle was boiling away like ~** la bouilloire s'emballait. -**5.** *inf esp Br* [enthusiastic, keen] fou; **to be ~ about** OR **on sthg** être fou de qqch; **she's ~ about cats** elle adore les chats; **he's ~ about her** il est fou d'elle; **I can't say I'm ~ about going** je ne peux pas dire que ça m'emballe OR que je meure d'envie d'y aller. -**6.** [dog] enragé; [bull] furieux.

◇ *n Am* accès *m* de colère.

◇ *adv Br*: **to be ~ keen on** OR **about sthg** *inf* être dingue OR être un mordu de qqch.

MAD [mæd] (*abbr of* **mutual assured destruction**) *n équilibre de la terreur.*

Madagascan [ˌmædəˈgæskn] ◇ *n* Malgache *mf.*

◇ *adj* malgache.

Madagascar [ˌmædəˈgæskəʳ] *pr n* Madagascar; **in ~** à Madagascar.

madam [ˈmædəm] *n* -**1.** *fml* madame *f*; **Dear Madam** (Chère) Madame; **~ Chairman** Madame la Présidente. -**2.** *pej*: **she's a little ~** c'est une petite effrontée. -**3.** [in brothel] tenancière *f.*

madcap [ˈmædkæp] ◇ *adj* fou, insensé; **a ~ scheme** un projet insensé.

◇ *n* fou *m*, folle *f*, hurluberlu *m*, -e *f.*

madden [ˈmædn] *vt* [drive insane] rendre fou; [exasperate] exaspérer, rendre fou; **her silence ~ed him** son silence l'exaspérait.

maddening [ˈmædnɪŋ] *adj* exaspérant; **a ~ noise** un bruit à vous rendre fou.

maddeningly [ˈmædnɪŋlɪ] *adv* de façon exaspérante; **~ slow** d'une lenteur exaspérante.

madder [ˈmædəʳ] *n* BOT & TEX garance *f.*

madding [ˈmædɪŋ] *adj lit & arch* effréné, frénétique.

made [meɪd] *pt & pp* → **make.**

-made *in cpds*: **factory~** industriel; **British~** fabriqué au Royaume-Uni; **man~** [gen] artificiel; [fabric, fibre] synthétique.

Madeira [məˈdɪərə] ◇ *pr n* [island] Madère; **in ~** à Madère.

◇ *n* [wine] madère *m.*

Madeira cake *n* ≃ quatre-quarts *m inv.*

made-to-measure *adj* (fait) sur mesure.

made-to-order *adj* (fait) sur commande.

made-up *adj* -**1.** [wearing make-up] maquillé; **a heavily ~ face** un visage très maquillé. -**2.** [invented - story] fabriqué; [- evidence] faux.

madhouse *inf* [ˈmædhaʊs, *pl* -haʊzɪz] *n* asile *m* d'aliénés, maison *f* de fous; *fig* maison de fous; **the place was a complete ~ when we arrived** lorsque nous sommes arrivés, on se serait crus dans une maison de fous.

Madison Avenue [ˈmædɪsn-] *pr n rue de New York dont le nom évoque le milieu de la publicité.*

madly [ˈmædlɪ] *adv* -**1.** [passionately] follement; **~ excited** surexcité; **~ in love** éperdument OR follement amoureux; **~ jealous** fou de jalousie. -**2.** [frantically] comme un fou, frénétiquement; [wildly] comme un fou, follement; **to run/to shout ~** courir/crier comme un fou; **the dog was barking ~** le chien aboyait frénétiquement ‖ [desperately] désespérément; **she was ~ trying to contact her parents** elle essayait désespérément de contacter ses parents.

madman [ˈmædmən] (*pl* **madmen** [-mən]) *n* fou *m*, aliéné *m.*

madness [ˈmædnɪs] *n* -**1.** [insanity] folie *f*, démence *f*. -**2.** [folly] folie *f*; **it's ~ even to think of going away now** il faut être fou pour songer à partir maintenant.

Madonna [məˈdɒnə] *pr n* RELIG Madone *f*; [image] madone *f*; **'~ and Child'** 'Vierge à l'enfant'.

madras [məˈdrɑːs] *n* madras *m.*

Madras [məˈdrɑːs] *pr n* Madras.

Madrid [məˈdrɪd] *pr n* Madrid.

madrigal [ˈmædrɪgl] *n* MUS madrigal *m.*

madwoman [ˈmædˌwʊmən] (*pl* **madwomen** [-ˌwɪmɪn]) *n* folle *f*, aliénée *f.*

Maecenas [miːˈsiːnæs] *pr n* Mécène.

maelstrom [ˈmeɪlstrɒm] *n* maelström *m*; **a ~ of violence** *fig* un ouragan de violence.

Maenad [ˈmiːnæd] *n* ménade *f*; **the ~s** les ménades.

maestro [ˈmaɪstrəʊ] (*pl* **maestros**) *n* maestro *m*; **he's a real ~ on the violin** c'est un vrai virtuose du violon.

Mae West *inf* [ˌmeɪˈwest] *n Am* gilet *m* de sauvetage (gonflable).

maf(f)ia [ˈmæfɪə] *n literal & fig* mafia *f*, maffia *f.*

mafioso [ˌmæfɪˈəʊsəʊ] (*pl* **mafiosi** [-siː]) *n* mafioso *m*, maffioso *m.*

mag *inf* [mæg] *n abbr of* **magazine.**

magazine [ˌmægəˈziːn] *n* -**1.** [publication] magazine *m*, revue *f*; TV magazine *m*. -**2.** [in gun] magasin *m*; [cartridges] chargeur *m*. -**3.** MIL [store] magasin *m*; [for weapons] dépôt *m* d'armes; [munitions] munitions *fpl*. -**4.** PHOT magasin *m*; [for slides] panier *m*, magasin *m.*

Magellan [məˈgelən] *pr n* Magellan.

Magellan Strait *pr n*: **the ~** le détroit de Magellan.

magenta [məˈdʒentə] ◇ *n* magenta *m.*

◇ *adj* magenta *(inv)*.

maggot [ˈmægət] *n* asticot *m.*

maggoty [ˈmægətɪ] *adj* [food] véreux.

Maghreb [ˈmɑːgrəb] *pr n*: **the ~** le Maghreb; **in the ~** au Maghreb.

Magi [ˈmeɪdʒaɪ] *pl pr n*: **the ~** les Rois *mpl* mages.

magic [ˈmædʒɪk] ◇ *n* -**1.** [enchantment] magie *f*; **like** OR **as if by ~** *fig* comme par enchantement OR magie; **the medicine worked like ~** le remède a fait merveille ‖ [conjuring] magie *f*, prestidigitation *f*. -**2.** [special quality] magie *f*; **the ~ of Greta Garbo** la magie OR le charisme de Greta Garbo; **discover the ~ of Greece** découvrez les merveilles de la Grèce.

◇ *adj* -**1.** [supernatural] magique; **a ~ spell** un sortilège; **just say the ~ words** il suffit de dire la formule magique ❑ **~ number/square** nombre *m*/carré *m* magique; **'The Magic Flute'** *Mozart* 'la Flûte enchantée'; **'The Magic Mountain'** *Mann* 'la Montagne magique'. -**2.** [special - formula, moment] magique. -**3.** *inf* [marvellous] génial.

◆ **magic away** *vt sep* faire disparaître comme par enchantement.

magical [ˈmædʒɪkl] *adj* magique; **her songs had a ~ quality** ses chansons avaient quelque chose de magique.

magically [ˈmædʒɪklɪ] *adv* magiquement; **don't think it will just happen ~** ne t'imagine pas que cela va se produire comme par enchantement.

magic carpet *n* tapis *m* volant.

magic eye *n* cellule *f* photoélectrique.

magician [məˈdʒɪʃn] *n* magicien *m*, -enne *f.*

magic lantern *n* lanterne *f* magique.

magic mushroom *n drugs sl* champignon *m* hallucinogène.

magic wand *n* baguette *f* magique.

magisterial [ˌmædʒɪˈstɪərɪəl] *adj* JUR de magistrat; *fig* magistral.

magisterially [ˌmædʒɪˈstɪərɪəlɪ] *adv* magistralement.

magistracy [ˈmædʒɪstrəsɪ] (*pl* **magistracies**) *n* magistrature *f.*

magistral [məˈdʒɪstrəl] *adj* magistral.

magistrate [ˈmædʒɪstreɪt] *n* magistrat *m.*

magistrates' court *n* tribunal *m* de première instance.

magma [ˈmægmə] *n* magma *m.*

Magna Carta, Magna Charta [ˈmægnəˈkɑːtə] *pr n Br* HIST la Grande Charte.

MAGNA CARTA:
Souvent prise pour le symbole de la lutte contre l'oppression, cette charte, imposée en 1215 au roi Jean sans Terre par les barons anglais, énonce les droits et privilèges des nobles, de l'Église et des «hommes libres» («freemen») face à l'arbitraire royal.

magna cum laude [ˌmægnəkʊmˈlaʊdeɪ] *adv* UNIV avec mention très bien.

magnanimity [ˌmægnəˈnɪmətɪ] *n* magnanimité *f.*

magnanimous [mægˈnænɪməs] *adj* magnanime.

magnanimously [mægˈnænɪməslɪ] *adv* avec magnanimité, magnanimement.

magnate [ˈmægneɪt] *n* magnat *m*; **a press ~** un magnat de la presse.

magnesia [mægˈniːʃə] *n* magnésie *f.*

magnesium [mægˈniːzɪəm] *n* magnésium *m*; **~ oxide** magnésie *f*, oxyde *m* de magnésium.

magnet [ˈmægnɪt] *n* aimant *m.*

magnetic [mægˈnetɪk] *adj* magnétique; **a ~ personality** *fig* une personnalité fascinante OR charismatique.

magnetically [mægˈnetɪklɪ] *adv* magnétiquement.

magnetic field *n* champ *m* magnétique.

magnetic needle *n* aiguille *f* aimantée.

magnetic north *n* nord *m* magnétique.

magnetic storm *n* orage *m* magnétique.

magnetic tape *n* bande *f* magnétique.

magnetism [ˈmægnɪtɪzm] *n* magnétisme *m.*

magnetize, -ise [ˈmægnɪtaɪz] *vt* aimanter, magnétiser; *fig* [charm] magnétiser.

magneton [ˈmægnɪtɒn] *n* magnéton *m.*

magnificat [mægˈnɪfɪkæt] *n* magnificat *m inv*; **the Magnificat** le Magnificat.

magnification [ˌmægnɪfɪˈkeɪʃn] *n* -**1.** OPT grossissement *m*; ACOUST amplification *f*. -**2.** RELIG glorification *f.*

magnificence [mægˈnɪfɪsəns] *n* magnificence *f*, splendeur *f.*

magnificent [mægˈnɪfɪsənt] *adj* magnifique, splendide; **Lorenzo the Magnificent** Laurent le Magnifique ❑ **'The Magnificent Ambersons'** *Welles* 'la Splendeur des Amberson'; **'The Magnificent Seven'** *Sturges* 'les Sept Mercenaires'.

magnificently [mægˈnɪfɪsəntlɪ] *adv* magnifiquement.

magnifico [mægˈnɪfɪkəʊ] (*pl* **magnificos** OR **magnificoes**) *n* grand seigneur *m.*

magnify [ˈmægnɪfaɪ] (*pt & pp* **magnified**) *vt* -**1.** OPT grossir; ACOUST amplifier. -**2.** [exaggerate] exagérer, grossir; **the incident was magnified out of all proportion** on a terriblement exagéré l'importance de cet incident. -**3.** *lit* [exalt] exalter, magnifier; RELIG glorifier.

magnifying glass [ˈmægnɪfaɪɪŋ-] *n* loupe *f.*

magniloquence [mægˈnɪləkwəns] *n fml* grandiloquence *f*, emphase *f*, pompe *f.*

magniloquent [mægˈnɪləkwənt] *adj fml* grandiloquent, emphatique, pompeux.

magnitude [ˈmægnɪtjuːd] *n* [scale] ampleur *f*, étendue *f*, ASTRON & GEOL magnitude *f*; **~ 7 on the Richter scale** magnitude 7 sur l'échelle (de) Richter; **the ~ of the problem** [importance] l'importance du problème; [size] l'ampleur du problème.

magnolia [mægˈnəʊljə] ◇ *n* magnolia *m.*

◇ *adj* couleur magnolia *(inv)*, blanc rosé *(inv)*.

magnum [ˈmægnəm] *n* [wine bottle, gun] magnum *m.*

magnum opus *n* œuvre *f* maîtresse, chef-d'œuvre *m.*

magpie [ˈmægpaɪ] *n* -**1.** ORNITH pie *f*. -**2.** *inf fig* [chatterbox] pie *f*, moulin *m* à paroles; *Br* [hoarder] chiffonnier *m*, -ère *f fig.*

magus [ˈmeɪgəs] (*pl* **magi** [-dʒaɪ]) *n* mage *m.*

Magyar [ˈmægjɑː] ◇ *n* -**1.** [person] Magyar *m*, -e *f*. -**2.** LING magyar *m.*

◇ *adj* magyar.

maharaja(h) [ˌmɑːhəˈrɑːdʒə] *n* maharaja *m*, maharadjah *m*.

maharani [ˌmɑːhəˈrɑːniː] *n* maharani *f*.

maharishi [ˌmɑːhəˈriːʃɪ] *n* maharishi *m*.

mahatma [məˈhɑːtmə] *n* mahatma *m*.

mah-jong(g) [mɑːˈdʒɒŋ] *n* mah-jong *m*.

mahogany [məˈhɒgənɪ] (*pl* **mahoganies**)
◇ *n* acajou *m*; ~ **tree** acajou *m*.
◇ *adj* -**1.** ~ **(coloured)** acajou *(inv)*; ~ **brown** brun acajou *(inv)*. -**2.** [furniture] en acajou.

Mahomet [məˈhɒmɪt] = **Mohammed**.

Mahometan [məˈhɒmɪtn] *dated* ◇ *adj* mahométan.
◇ *n* Mahométan *m*, -e *f*.

maid [meɪd] *n* -**1.** [servant] bonne *f*, domestique *f*; [in hotel] femme *f* de chambre; ~ **of all work** bonne à tout faire; ~ **of honour** demoiselle *f* d'honneur. -**2.** *lit* jeune fille *f*, demoiselle *f*; **the Maid of Orleans** la pucelle d'Orléans. -**3.** *pej*: **old** ~ vieille fille *f*.

maiden [ˈmeɪdn] *n* [young girl] jeune fille *f*; [virgin] vierge *f*.

maiden aunt *n* tante *f* célibataire.

maidenhair [ˈmeɪdnheəʳ] *n*: ~ **(fern)** capillaire *m*, cheveu-de-Vénus *m*.

maidenhead [ˈmeɪdnhed] *n lit* [hymen] hymen *m*; [virginity] virginité *f*.

maidenhood [ˈmeɪdnhʊd] *n* virginité *f*.

maiden name *n* nom *m* de jeune fille.

maiden over *n au cricket, série de balles où aucun point n'a été marqué.*

maiden speech *n Br premier discours prononcé par un parlementaire nouvellement élu.*

maiden voyage *n* voyage *m* inaugural.

maid-in-waiting (*pl* maids-in-waiting) *n* dame *f* d'honneur.

maidservant [ˈmeɪdˌsɜːvənt] *n* servante *f*.

mail [meɪl] ◇ *n* -**1.** [postal service] poste *f*; **to send a letter by** ~ envoyer une lettre par la poste; **the parcel got lost in the** ~ le colis a été égaré par la poste; **your cheque is in the** ~ votre chèque a été posté. -**2.** [letters] courrier *m*; **has the** ~ **arrived?** est-ce que le courrier est arrivé?; **the** ~ **is only collected twice a week** il n'y a que deux levées par semaine. -**3.** *(U)* [armour] mailles *fpl*; **coat of** ~ cotte *f* de mailles.
◇ *vt Am* [parcel, goods, cheque] envoyer OR expédier par la poste; [letter] poster; **I've just** ~**ed some money home** je viens d'expédier OR d'envoyer de l'argent à ma famille.
◆ **Mail** *pr n*: **the Mail** PRESS *nom abrégé du Daily Mail.*

mailable [ˈmeɪləbl] *adj Am* conforme aux règlements postaux.

mailbag [ˈmeɪlbæg] *n* sac *m* postal.

mailboat [ˈmeɪlbəʊt] *n* navire *m* postal.

mail bomb *n Am* [letter] lettre *f* piégée; [parcel] colis *m* piégé.

mailbox [ˈmeɪlbɒks] *n* -**1.** *esp Am* [postbox] boîte *f* à lettres. -**2.** *Am* [letterbox] boîte *f* aux lettres.

mail clerk *n Am* employé *m*, -e *f* responsable du courrier.

mailcoach [ˈmeɪlkəʊtʃ] *n* RAIL voiture-poste *f*; [horse-drawn] malle-poste *f*.

mail drop *n* boîte *f* à OR aux lettres.

mailed [meɪld] *adj* [armour] maillé.

mailing [ˈmeɪlɪŋ] *n* -**1.** [posting] expédition *f*, envoi *m* par la poste; **our prices are correct up to the time of** ~ nos prix sont valables au moment où nous vous les adressons. -**2.** COMM & COMPUT mailing *m*, publipostage *m*.

mailing list *n* fichier *m* d'adresses.

mailing shot = **mailshot**.

mailman [ˈmeɪlmən] (*pl* **mailmen** [-mən]) *n Am* facteur *m*.

mail order *n* vente *f* par correspondance; **to buy sthg by** ~ acheter qqch par correspondance OR sur catalogue.
◆ **mail-order** *adj*: **mail-order catalogue** catalogue *m* de vente par correspondance; **mail-order firm** maison *f* de vente par correspondance; **mail-order goods** marchandises *fpl* vendues OR achetées par correspondance.

mailshot [ˈmeɪlʃɒt] *n* mailing *m*, publipostage *m*.

mail train *n* train *m* postal.

mail van *n Br* AUT camionnette *f* OR fourgon *m* des postes; RAIL voiture-poste *f*.

maim [meɪm] *vt* [disable] mutiler, estropier; [injure] blesser; **people were badly** ~**ed in the attack** des gens ont été grièvement blessés au cours de l'attaque ‖ [psychologically] marquer, perturber; **the experience** ~**ed her for life** l'expérience l'a marquée pour la vie.

main [meɪn] ◇ *adj* -**1.** [principal] principal; [largest] principal, plus important; [essential - idea, theme, reason] principal, essentiel; **the** ~ **body of public opinion** le gros de l'opinion publique; **the** ~ **points** les points principaux; **the** ~ **thing we have to consider is his age** la première chose à prendre en compte, c'est son âge; **you're safe, that's the** ~ **thing** tu es sain et sauf, c'est le principal; **that's the** ~ **thing to remember** c'est ce dont il faut se souvenir avant tout ❑ **he always has an eye to the** ~ **chance** *inf* il ne perd jamais de vue ses propres intérêts; ~ **course** plat *m* de résistance; ~ **office** [gen] bureau *m* principal; [headquarters] siège *m*. -**2.** *lit* [sheer]: **to do sthg by** ~ **force** employer la force pour faire qqch.
◇ *n* -**1.** [for gas, water - public] canalisation *f* principale; [- domestic]: **gas** ~ conduite *f* de gaz; **water** ~ conduite *f* d'eau ‖ [for electricity] conducteur *m* principal. -**2.** *arch*: **the (Spanish) Main** [sea] la mer des Antilles. -**3.** NAUT grand mât *m*.
◆ **in the main** *adv phr* en gros, dans l'ensemble.

main beam *n* -**1.** AUT feux *mpl* de route; **to be on** ~ rouler pleins phares. -**2.** CONSTR poutre *f* maîtresse.

main bearing *n* palier *m (dans un moteur)*.

mainbrace [ˈmeɪnbreɪs] *n* grand bras *m*.

main clause *n* GRAMM proposition *f* principale.

main deck *n* NAUT pont *m* principal.

main drag▽ *Am* = **main street**.

Maine [meɪn] *pr n* le Maine; **in** ~ dans le Maine.

mainframe [ˈmeɪnfreɪm] *n*: ~ **(computer)** gros ordinateur *m*.

mainland [ˈmeɪnlənd] ◇ *n* continent *m*; **she sailed back to the** ~ elle regagna le continent en bateau; **the Danish** ~ le Danemark continental; **the British** ~ la Grande-Bretagne *(le Royaume-Uni sans l'Irlande du Nord)*.
◇ *adj* continental; **in** ~ **Europe** en Europe continentale; **in** ~ **Britain** en Grande-Bretagne proprement dite *(par opposition aux îles qui l'entourent)*.

mainlander [ˈmeɪnləndəʳ] *n* habitant *m*, -e *f* du continent, continental *m*, -e *f*.

mainline [ˈmeɪnlaɪn] *drugs sl* ◇ *vi* se piquer, se shooter.
◇ *vt*: **to** ~ **heroin** se shooter à l'héroïne.

main line *n* RAIL grande ligne *f*; *Am* [road] grande route *f*.
◆ **main-line** *adj* [train, station] de grande ligne.

mainliner [ˈmeɪnlaɪnəʳ] *n drugs sl* drogué *m*, -e *f (qui se pique)*.

mainly [ˈmeɪnlɪ] *adv* [chiefly] principalement, surtout; [in the majority] pour la plupart, dans l'ensemble.

main mast *n* grand mât *m*.

main road *n* grande route *f*, route à grande circulation, ≃ nationale *f*.

mains [meɪnz] ◇ *n (with sg or pl verb)* -**1.** [main supply] réseau *m*; **where's the** ~**?** où est la conduite principale?; **did you turn the electricity/gas off at the** ~**?** as-tu fermé l'arrivée de gaz/d'électricité? -**2.** ELEC secteur *m*; **my shaver works on battery or** ~ mon rasoir marche sur piles ou sur (le) secteur.
◇ *comp*: **the village doesn't have** ~ **electricity** le village n'est pas raccordé au réseau électrique; ~ **gas** gaz *m* de ville; ~ **razor** rasoir *m* fonctionnant sur secteur; ~ **set** poste *m* secteur; ~ **supply** réseau *m* de distribution de gaz OR d'eau OR d'électricité; ~ **water** eau *f* courante.

mainsail [ˈmeɪnseɪl, ˈmeɪnsəl] *n* NAUT grand-voile *f*.

main sewer *n* égout *m* collecteur.

mainsheet [ˈmeɪnshiːt] *n* écoute *f* de (la) grand-voile.

mains-operated *adj* fonctionnant sur secteur.

mainspring [ˈmeɪnsprɪŋ] *n* -**1.** TECH ressort *m* principal. -**2.** *fig* moteur *m*; **his courage was the** ~ **of his success** son courage était la raison profonde de son succès.

main squeeze▽ *n Am* [girlfriend] petite copine *f*; [boyfriend] petit copain *m*.

mainstay [ˈmeɪnsteɪ] *n* -**1.** NAUT étai *m* (de grand mât). -**2.** *fig* soutien *m*, point *m* d'appui; **maize is the** ~ **of their diet** le maïs constitue la base de leur alimentation.

mainstream [ˈmeɪnstriːm] ◇ *adj*: ~ **French politics** le courant dominant de la politique française; ~ **America** la majorité des Américains; **their music is hardly what you'd call** ~**!** leur musique se démarque de ce qu'on entend habituellement!
◇ *n* courant *m*; **the** ~ **of modern European literature** la tendance qui prédomine dans la littérature européenne moderne; **he is in the** ~ **of politics** en politique, il suit la plus forte pente OR la tendance générale; **to live outside the** ~ **of society** vivre en marge de la société.

main street *n* -**1.** *literal* rue *f* principale. -**2.** *Am fig*: **Main Street** *les petits commerçants.*

mainstreeting [ˈmeɪnstriːtɪŋ] *n (U) Can* POL bains *mpl* de foule; **to go** ~ prendre un bain de foule.

maintain [meɪnˈteɪn] ◇ *vt* -**1.** [retain - institution, tradition] conserver, préserver; **the old rules have been** ~**ed** les anciennes règles ont été conservées ‖ [preserve - peace, standard] maintenir; **to** ~ **law and order** maintenir l'ordre; **we must** ~ **our output** nous devons maintenir notre niveau de production; **to** ~ **a position** MIL & *fig* tenir une position ‖ [look after - roads, machinery] entretenir; **the grounds are well** ~**ed** les jardins sont bien entretenus OR tenus. -**2.** [uphold, keep - correspondence, friendship] entretenir; [- silence, advantage] garder; **he had difficulty** ~**ing his composure** il avait du mal à garder son sang-froid; **I have my reputation to** ~ j'ai une réputation à défendre. -**3.** [financially - dependents] entretenir; **they have two children at university to** ~ ils ont deux enfants à charge à l'université; **he has a wife and 7 children to** ~ il a une femme et 7 enfants à nourrir. -**4.** [assert - opinion] soutenir, défendre; [- innocence] affirmer; **I still** ~ **she's innocent** je soutiens OR je maintiens toujours qu'elle est innocente.
◇ *vi Am*: **I'm** ~**ing!** [I'm fine] ça va!

maintainable [meɪnˈteɪnəbl] *adj* [attitude, opinion, position] soutenable, défendable.

maintained [meɪnˈteɪnd] *adj Br*: ~ **school** ≃ école *f* publique.

maintainer [meɪnˈteɪnəʳ] *n* [of opinion, cause] défenseur *m*.

maintenance [ˈmeɪntənəns] ◇ *n* -**1.** [of roads, building] entretien *m*; [of machinery, computer] maintenance *f*. -**2.** [financial support] entretien *m*; **he has very little money left for his own** ~ il lui reste très peu d'argent pour vivre. -**3.** JUR [alimony] pension *f* alimentaire. -**4.** [of order] maintien *m*; [of regulations] application *f*; [of situation] maintien *m*; ~ **of a reasonable standard of living** le maintien d'un niveau de vie correct.
◇ *comp* [costs, crew] d'entretien; ~ **contract** contract *m* de maintenance OR d'entretien; ~ **man** ouvrier *m* chargé de l'entretien OR de la maintenance.

maintenance allowance *n* [to student] bourse *f* d'études; [to businessman] indemnité *f* pour frais de déplacement.

maintenance-free *adj* sans entretien, sans maintenance.

maintenance grant = **maintenance allowance**.

maintenance order *n* obligation *f* alimentaire; she got a ~ **against him** elle a obtenu du tribunal qu'il lui verse une pension alimentaire.

maintop ['meɪntɒp] *n* grande hune *f*.

Mainz [maɪnts] *pr n* Mayence.

maisonette [ˌmeɪzə'net] *n Br* [small house] maisonnette *f*; [flat] duplex *m*.

maître d' [ˌmetrə'diː] *n* maître *m* d'hôtel.

maître d'hôtel [ˌmetrədəʊ'tel] *n* maître *m* d'hôtel.

maize [meɪz] *n* maïs *m*.

Maj. (*written abbr of* Major) ≃ Cdt.

majestic [mə'dʒestɪk] *adj* majestueux.

majestically [mə'dʒestɪklɪ] *adv* majestueusement.

majesty ['mædʒəstɪ] (*pl* **majesties**) *n* majesté *f*; **His Majesty the King** Sa Majesté le Roi; **Her Majesty the Queen** Sa Majesté la Reine.

majolica [mə'jɒlɪkə] *n* majolique *f*.

major ['meɪdʒə^r] ◇ *adj* -**1.** [main]: **the ~ part of our research** l'essentiel de nos recherches; **the ~ portion of my time is devoted to politics** la majeure partie OR la plus grande partie de mon temps est consacrée à la politique ❑ ~ **premise** PHILOS majeure *f*; ~ **road** route *f* principale OR à grande circulation, ≃ nationale *f*; ~ **subject** UNIV matière *f* principale. -**2.** [significant - decision, change, factor, event] majeur; **we shouldn't have any ~ problems** nous ne devrions pas rencontrer de problèmes majeurs; **don't worry, it's not a ~ problem** ne t'inquiète pas, ce n'est pas très grave; **of ~ importance** d'une grande importance, d'une importance capitale; **a ~ role** [in play, film] un grand rôle; [in negotiations, reform] un rôle capital OR essentiel; **to launch a ~ offensive** lancer une vaste offensive. -**3.** [serious - obstacle, difficulty] majeur; **the roof is in need of ~ repair work** la toiture a grand besoin d'être remise en état; **she underwent ~ surgery** elle a subi une grosse opération. -**4.** MUS majeur; **a sonata in E ~** une sonate en mi majeur ❑ **in a ~ key** en (mode) majeur; **a ~ third** une tierce majeure. -**5.** *Br* SCH [elder]: **Smith ~** Smith aîné. -**6.** CARDS majeur; ~ **suit** majeure *f*.
◇ *n* -**1.** MIL [in air force] commandant *m*; [in infantry] chef *m* de bataillon; [in cavalry] chef *m* d'escadron. -**2.** *fml* [person over 18] personne *f* majeure. -**3.** *Am* UNIV [subject] matière *f* principale; **Tina is a physics ~** Tina fait des études de physique. -**4.** MUS (mode *m*) majeur *m*. -**5.** *Am* [big company]: **the oil ~s** les grandes compagnies pétrolières; **the Majors** [film companies] *les cinq compagnies de production les plus importantes à Hollywood.*
◇ *vi Am* UNIV [specialize] se spécialiser; **Fred ~s in chemistry** Fred se spécialise en chimie || [be a student]: **she ~ed in sociology** elle a fait des études de sociologie.

Majorca [mə'dʒɔːkə, mə'jɔːkə] *pr n* Majorque; **in ~** à Majorque.

Majorcan [mə'dʒɔːkn, mə'jɔːkn] ◇ *n* Majorquin *m*, -e *f*.
◇ *adj* majorquin.

majordomo [ˌmeɪdʒə'dəʊməʊ] (*pl* **majordomos**) *n* majordome *m*.

majorette [ˌmeɪdʒə'ret] *n* majorette *f*.

major general *n* général *m* de division.

majority [mə'dʒɒrətɪ] (*pl* **majorities**) ◇ *n* -**1.** [of a group] majorité *f*, plupart *f*; **the ~ of people** la plupart des gens; **in the ~ of cases** dans la plupart des cas; **the ~ was** OR **were in favour** la majorité OR la plupart d'entre eux était pour; **the vast ~ of the tourists were Japanese** les touristes, dans leur très grande majorité, étaient des Japonais || [in voting, opinions] majorité *f*; **to be in a ~** être majoritaire; **the proposition had an overwhelming ~** la proposition a recueilli une écrasante majorité; **she was elected by a ~ of 6** elle a été élue avec une majorité de 6 voix OR par 6 voix de majorité. -**2.** JUR [voting age] majorité *f*.
◇ *comp* majoritaire; **a ~ government/verdict** un gouvernement/verdict majoritaire.

major league *n Am* -**1.** [in baseball] *une des deux principales divisions de baseball professionnel aux États-Unis.* -**2.** [gen] première division *f*; ~ **team** grande équipe *(sportive)*.

make [meɪk] (*pt & pp* **made** [meɪd]) ◇ *vt*
A. -**1.** [construct, create, manufacture] faire, fabriquer; **to ~ one's own clothes** faire ses vêtements soi-même; **to ~ a meal** préparer un repas; **I'll ~ some tea** je vais préparer du thé; **they ~ computers** ils fabriquent des ordinateurs; **'made in Japan'** 'fabriqué au Japon'; **a vase made of** OR **from clay** un vase en OR de terre cuite; **what's it made of?** en quoi est-ce que c'est fait?; **what do you ~ aluminium from?** à partir de quoi est-ce qu'on fabrique l'aluminium?; **he ~s models out of matchsticks** il fait des maquettes avec des allumettes ❑ **they're made for each other** ils sont faits l'un pour l'autre; **we're not made of money!** on n'a pas d'argent à jeter par les fenêtres!; **I'll show them what I'm made of!** je leur montrerai de quel bois je me chauffe OR qui je suis! -**2.** [cause to appear or happen - hole, tear, mess, mistake, noise] faire; **it made a dent in the bumper** ça a cabossé le pare-chocs; **he's always making trouble** il faut toujours qu'il fasse des histoires. -**3.** [establish - law, rule] établir, faire; **I don't ~ the rules** ce n'est pas moi qui fais les règlements. -**4.** [form - circle, line] former. -**5.** CIN & TV [direct] faire; [act in] faire; **she's making a documentary** elle fait un documentaire; **he's made several films with Scott** il a fait plusieurs films avec Scott. -**6.** *(delexical use)* [indicating action performed]: **to ~ a decision** prendre une décision; **to ~ an offer** faire une offre; **to ~ a request** faire une demande; **to ~ a note of sthg** prendre note de qqch; **to ~ a speech** faire un discours; **to ~ a phone call** passer un coup de fil; **the Queen will ~ an official visit to Japan** la reine va se rendre en visite officielle au Japon; **we've made a few changes** nous avons fait OR apporté quelques modifications; **the police are making inquiries** la police procède à une enquête; **I have no further comments to ~** je n'ai rien à ajouter. -**7.** [tidy]: **to ~ one's bed** faire son lit.
B. -**1.** *(with adj or pp complement)* [cause to be] rendre; **to ~ sb happy/mad** rendre qqn heureux/fou; **this will ~ things easier** cela facilitera les choses; **it ~s her tired** ça la fatigue; **what ~s the sky blue?** qu'est-ce qui fait que le ciel est bleu?; **I'd like to ~ it clear that it wasn't my fault** je voudrais qu'on comprenne bien que je n'y suis pour rien; **~ yourselves comfortable** mettez-vous à l'aise; **it was hard to ~ myself heard/understood** j'ai eu du mal à me faire entendre/comprendre; **a child would ~ our happiness complete** il ne nous manque qu'un enfant pour que notre bonheur soit parfait. -**2.** *(with noun complement or with 'into')* [change into] faire; **the film made her (into) a star** le film a fait d'elle une vedette; **to ~ a success of sthg** réussir qqch; **he was made president for life** il a été nommé président à vie; **they made Bonn the capital** ils ont choisi Bonn pour capitale; **they made Strasbourg the capital of Europe** ils ont fait de Strasbourg la capitale de l'Europe; **he ~s a joke of everything** il tourne tout en plaisanterie; **the building has been made into offices** l'immeuble a été réaménagé OR converti en bureaux; **I'll ~ you a present of it** je t'en ferai cadeau; **the latest cheque ~s the total £10,000** le dernier chèque porte la somme totale à 10 000 livres; **I can't come in the morning, shall we ~ it 2 p.m.?** je ne peux pas venir le matin, est-ce que 14 h vous conviendrait? -**3.** *(with verb complement)* [cause] faire; **what ~s you think they're wrong?** qu'est-ce qui te fait penser qu'ils ont tort?; **peeling onions ~s my eyes water** les oignons me font pleurer; **I can't ~ the coffee machine work** je n'arrive pas à faire marcher la machine à café; **you ~ it look easy** à vous voir, on croirait que c'est facile; **the hat/photo ~s you look ridiculous** tu as l'air ridicule avec ce chapeau/sur cette photo; **don't ~ me laugh!** ne me fais pas rire! -**4.** [force, oblige]: **to ~ sb do sthg** faire faire qqch à qqn; [stronger] forcer OR obliger OR contraindre qqn à faire qqch; **they made me wait** ils m'ont fait attendre; **if he doesn't want to do it you can't ~ him** s'il ne veut pas le faire, tu ne peux pas l'y obliger OR forcer; **she made herself keep running** elle s'est forcée à continuer à courir.
C. -**1.** [attain, achieve - goal] atteindre; **we made all our production targets** nous avons atteint tous nos objectifs de production; **their first record made the top ten** leur premier disque est rentré au top ten; **you won't ~ the team if you don't train** tu n'entreras jamais dans l'équipe si tu ne t'entraînes pas; **the story made the front page** l'histoire a fait la une des journaux. -**2.** [arrive at, get to - place] atteindre; **we should ~ Houston/port by evening** nous devrions arriver à Houston/atteindre le port d'ici ce soir; **did you ~ your train?** as-tu réussi à avoir ton train? -**3.** [be available for]: **I won't be able to ~ lunch** je ne pourrai pas déjeuner avec toi/elle/vous *etc*; **can you ~ Friday afternoon?** vendredi après-midi, ça vous convient? -**4.** [earn, win] faire, gagner; **to ~ a profit** faire un profit; **how much do you ~ a month?** combien gagnes-tu par mois?; **she made her first million selling beauty products** elle a gagné son premier million en vendant des produits de beauté; **what do they ~ out of the deal?** qu'est-ce qu'ils gagnent dans l'affaire?, qu'est-ce que l'affaire leur rapporte?
D. -**1.** [amount to, add up to] faire; **17 and 19 ~** OR **~s 36** 17 plus 19 font OR égalent 36; **if Kay comes, that will ~ eight** si Kay vient, ça fera huit; **that ~s £4, Madam** ça fait OR fera 4 livres, Madame; **that ~s the third time you've been late this week** c'est la troisième fois que vous êtes en retard cette semaine; **how old does that ~ him?** quel âge ça lui fait? -**2.** [reckon to be]: **I ~ the answer 257** d'après moi, ça fait 257; **I ~ it $14 each** si je compte bien, ça fait 14 dollars par personne; **what time do you ~ it?** quelle heure as-tu? -**3.** *(with noun complement)* [fulfil specified role, function etc] faire; **these shoes will ~ an excellent Christmas present** ces chaussures feront un très beau cadeau de Noël; **he'll ~ somebody a good husband** ce sera un excellent mari; **he'd ~ a good teacher** il ferait un bon enseignant; **they ~ a handsome couple** ils forment un beau couple; **her reminiscences ~ interesting reading** ses souvenirs sont intéressants à lire. -**4.** [score] marquer; **Smith made his second century** Smith a marqué deux cents points.
E. -**1.** [make successful] faire le succès de; **it's her performance that ~s the film** tout le film repose sur son interprétation; **if this deal comes off we're made!** si ça marche, on touche le gros lot! ❑ **you've got it made!** tu n'as plus de souci à te faire!; **what happens today will ~ or break us** notre avenir dépend entièrement de ce qui va se passer aujourd'hui. -**2.** *inf* [seduce] draguer; [have sex with] se faire. -**3.** *Am* [in directions]: **~ a right/left** tournez à droite/à gauche. -**4.** *phr*: **to ~ it** [arrive] arriver; [be successful] réussir; [be able to attend] être là; **I'll never ~ it for 10 o'clock** je ne pourrai jamais y être pour 10 h; **we made it to the airport with an hour to spare** nous sommes arrivés à l'aéroport avec une heure d'avance; **if he doesn't ~ it back in 10 minutes, start without him** s'il n'est pas revenu dans 10 minutes, commencez sans lui; **I hope she ~s it through the winter** j'espère qu'elle passera l'hiver; **he'll never ~ it as a businessman** il ne réussira jamais dans les affaires; **I can't ~ it for supper tomorrow** je ne peux pas dîner avec eux/toi *etc* demain ❑ **to ~ it with sb** *inf* se faire qqn.
◇ *vi* [act]: **to ~ (as if) to** faire mine de; **she made (as if) to stand up** elle fit mine de se lever; **I walked in trying to ~ like a businessman** *inf*

je suis entré en essayant d'avoir l'air d'un homme d'affaires; ~ like you're asleep! *inf* fais semblant de dormir!; I didn't know what it was all about but I made like I did *inf* je ne savais pas de quoi il était question, mais j'ai fait comme si ❑ to ~ believe imaginer; ~ believe you're a bird imagine que tu es un oiseau; to ~ do (with) [manage] se débrouiller (avec); [be satisfied] se contenter (de); it's broken but we'll just have to ~ do c'est cassé mais il faudra faire avec OR nous débrouiller avec.

◇ *n* -**1.** [brand] marque *f*; what ~ of washing machine have you got? quelle est la marque de votre machine à laver?, qu'est-ce que vous avez comme machine à laver? -**2.** *phr*: to be on the ~ *inf* [financially] chercher à se faire du fric. -**3.** [in bridge] contrat *m*.

◆ **make away with** = make off with.

◆ **make for** *vt insep* -**1.** [head towards] se diriger vers; [hastily] se précipiter vers; the plane is making for Berlin l'avion se dirige sur Berlin; he made straight for the fridge il se dirigea tout droit vers le frigo; when it started to rain everyone made for the trees quand il s'est mis à pleuvoir, tout le monde s'est précipité vers les arbres; the truck was making right for him le camion fonçait droit sur lui; he made for his gun il fit un geste pour saisir son pistolet. -**2.** [contribute to] mener à; the treaty should ~ for a more lasting peace le traité devrait mener OR aboutir à une paix plus durable; this layout ~s for easier reading cette mise en page permet une lecture plus facile; a good diet ~s for healthier babies un bon régime alimentaire donne des bébés en meilleure santé.

◆ **make of** ◇ *vt sep* -**1.** [understand] comprendre à; can you ~ anything of these instructions? est-ce que tu comprends quelque chose à ce mode d'emploi? -**2.** [give importance to]: I think you're making too much of a very minor problem je pense que tu exagères l'importance de ce petit problème; do you want to ~ something of it, then? *inf* [threat] tu cherches des histoires ou quoi?

◇ *vt insep* [think of] penser de; what do you ~ of the Smiths? qu'est-ce que tu penses des Smith?

◆ **make off** *vi insep* partir.

◆ **make off with** *vt insep* partir avec; he made off with the cash il est parti avec l'argent.

◆ **make out** ◇ *vt sep* -**1.** [see] distinguer; [hear] comprendre; I could just ~ out the outline of the castle je distinguais juste la silhouette du château; I couldn't ~ out what he said je ne comprenais pas ce qu'il disait; I can't ~ out the address je n'arrive pas à déchiffrer l'adresse. -**2.** [understand] comprendre; I couldn't ~ out how to fit it together je ne comprenais pas comment l'assembler; I can't ~ her out at all je ne la comprends pas du tout. -**3.** [claim] prétendre; she made out that she was busy elle a fait semblant d'être occupée; don't ~ yourself out to be something you're not ne prétends pas être ce que tu n'es pas; it's not as bad as everyone ~s out ce n'est pas aussi mauvais qu'on le prétend. -**4.** [fill out - form, cheque] remplir; who shall I ~ the cheque out to? je fais le chèque à quel ordre? -**5.** [draw up - list] dresser, faire; [- will, contract] faire, rédiger, établir; could you ~ me out a receipt? pourriez-vous me faire un reçu?

◇ *vi insep* -**1.** *inf* [manage, get along] se débrouiller; I'm sure she'll ~ out whatever happens je suis sûr qu'elle se débrouillera quoi qu'il arrive; how did you ~ out at work today? comment ça s'est passé au boulot aujourd'hui? -**2.** ▽ [neck, pet] se peloter; to ~ out with sb [have sex] s'envoyer qqn.

◆ **make over** *vt sep* -**1.** [transfer] transférer, céder. -**2.** *Am* [convert - room, house] réaménager; the garage had been made over into a workshop le garage a été transformé en atelier.

◆ **make up** ◇ *vi insep* -**1.** [put on make-up] se maquiller. -**2.** [become reconciled] se réconcilier.

◇ *vt sep* -**1.** [put make-up on] maquiller; to ~ o.s. up se maquiller; he was heavily made up il était très maquillé OR fardé. -**2.** [prepare] faire, préparer; we can ~ up a bed for you in the living room nous pouvons vous faire un lit dans le salon; the chemist made up the prescription le pharmacien a préparé l'ordonnance; the fire needs making up il faut remettre du charbon/du bois sur le feu. -**3.** [invent] inventer; I'm sure he made the story up je suis sûr qu'il a inventé cette histoire (de toutes pièces). -**4.** TYPO mettre en pages. -**5.** *phr*: to ~ it up with sb se réconcilier avec qqn; have you made it up with him? est-ce que vous vous êtes réconciliés?

◇ *vt insep* -**1.** [constitute] composer, constituer; the different ethnic groups that ~ up our organization les différents groupes ethniques qui constituent notre organisation; the cabinet is made up of 11 ministers le cabinet est composé de 11 ministres; it is made up of a mixture of different types of tobacco c'est un mélange de plusieurs tabacs différents. -**2.** [compensate for - losses] compenser; to ~ up lost ground regagner le terrain perdu; he's making up time il rattrape son retard. -**3.** [complete]: this cheque will help you ~ up the required sum ce chèque vous aidera à atteindre le montant requis; we need two more players to ~ up the team nous avons besoin de deux joueurs de plus pour que l'équipe soit au complet; I'll ~ up the difference je mettrai la différence.

◆ **make up for** *vt insep* compenser; the pay doesn't ~ up for the poor conditions le salaire ne compense pas les piètres conditions de travail; how can I ~ up for all the trouble I've caused you? que puis-je faire pour me faire pardonner tous les ennuis que je vous ai causés?; she's making up for lost time now! *literal & fig* elle est en train de rattraper le temps perdu!

◆ **make up to** ◇ *vt insep*: to ~ up to sb [try to win favour] essayer de se faire bien voir par qqn; [make advances] faire du plat à qqn.

◇ *vt sep phr*: to ~ it up to sb (for sthg): I promise I'll ~ it up to you someday tu peux être sûr que je te revaudrai ça (un jour).

◆ **make with** *inf vt insep Am*: ~ with the drinks! à boire!; ~ with the music! musique!

make-believe ◇ *n*: it's only ~ ce n'est qu'illusion; a world of ~ un monde d'illusions; to play at ~ jouer à faire semblant.

◇ *adj* imaginaire; a ~ friend un ami imaginaire; they turned the bed into a ~ raft ils imaginèrent que le lit était un radeau.

maker ['meɪkəʳ] *n* -**1.** [craftsman] fabricant *m*, -e *f*. -**2.** RELIG: Maker Créateur *m*; to go to meet one's Maker *euph* OR *hum* passer de vie à trépas.

-maker *in cpds* -**1.** [manufacturer] fabricant *m*; dress~ couturière *f*; shoe~ [manufacturer] fabricant *m*, -e *f* de chaussures; [craftsman] bottier *m*. -**2.** [machine]: electric coffee~ cafetière *f* électrique; ice cream~ sorbetière *f*.

makeshift ['meɪkʃɪft] ◇ *adj* de fortune; a ~ shelter un abri de fortune; the accommodation was very ~ le logement était plutôt improvisé.

◇ *n* expédient *m*.

make-up *n* -**1.** [cosmetics] maquillage *m*, fard *m*; she had a lot of ~ on elle était très maquillée; eye ~ fard pour les yeux ❑ ~ artist maquilleur *m*, -euse *f*; ~ bag trousse *f* de maquillage; ~ remover démaquillant *m*. -**2.** [constitution] constitution *f*; she changed the ~ of the cabinet elle a procédé à un remaniement ministériel. -**3.** [nature, character] nature *f*, caractère *m*; spontaneous generosity is not really in her ~ elle n'est pas généreuse de nature. -**4.** TYPO mise *f* en pages. -**5.** *Am* [test, exam]: ~ (test) examen *m* de rattrapage.

makeweight ['meɪkweɪt] *n* [on scales] complément *m* de poids; I'm only here as a ~ *fig* je ne suis là que pour faire nombre.

making ['meɪkɪŋ] *n* -**1.** [manufacture, creation] fabrication *f*; the situation is entirely of his own ~ il est entièrement responsable de la situation dans laquelle il se trouve; the incident was to be the ~ of his career as a politician l'incident devait être à l'origine de sa carrière d'homme politique; the two years she spent abroad were the ~ of her success les deux années qu'elle a passées à l'étranger ont été la clé de sa réussite. -**2.** [preparation - of cake] confection *f*, préparation *f*; [- of film] tournage *m*.

◆ **in the making** *adj phr* [idea] en gestation; [plan] à l'étude; [building] en construction; it's history in the ~ c'est une page d'histoire qui s'écrit sous nos yeux.

◆ **makings** *npl* [essential elements] ingrédients *mpl*; his war stories have the ~s of a good film il y a de quoi faire un bon film avec ses récits de guerre; the affair has all the ~s of a national scandal il y a dans cette affaire largement de quoi déclencher un scandale national ‖ [potential]: that child has the ~s of a genius cet enfant présente toutes les caractéristiques du génie.

-making *in cpds*: cake~ fabrication *f* de gâteaux; decision~ prise *f* de décisions; film~ tournage *m* d'un film; it's absolutely sick~ *inf Br* c'est à vous donner la nausée.

Malabar Coast ['mæləbɑː-] *pr n*: the ~ la côte de Malabar.

malabsorption [ˌmæləb'sɔːpʃn] *n* malabsorption *f*.

Malachi ['mæləkaɪ] *pr n* Malachie.

malachite ['mæləkaɪt] *n* malachite *f*.

maladapted [ˌmælə'dæptɪd] *adj* inadapté.

maladjusted [ˌmælə'dʒʌstɪd] *adj* -**1.** PSYCH [child] inadapté; ~ children l'enfance *f* inadaptée; to be socially ~ être socialement inadapté. -**2.** [engine, TV picture] mal réglé; [mechanism] mal ajusté.

maladjustment [ˌmælə'dʒʌstmənt] *n* -**1.** [psychological or social] inadaptation *f*; [emotional] déséquilibre *m*. -**2.** [of engine, TV] mauvais réglage *m*; [of mechanism] mauvais réglage *m*, mauvais ajustement *m*.

maladminister [ˌmæləd'mɪnɪstəʳ] *vt* mal administrer, mal gérer.

maladministration ['mælədˌmɪnɪs'treɪʃn] *n* [of country, economy] mauvaise administration *f*; [of business] mauvaise gestion *f*.

maladroit [ˌmælə'drɔɪt] *adj* maladroit, gauche, malhabile.

maladroitly [ˌmælə'drɔɪtlɪ] *adv* maladroitement, gauchement.

maladroitness [ˌmælə'drɔɪtnɪs] *n* maladresse *f*.

malady ['mælədɪ] (*pl* maladies) *n lit* maladie *f*, affection *f*, mal *m*.

Malaga ['mæləgə] *pr n* Malaga.

Malagasy [ˌmælə'gæsɪ] ◇ *n* -**1.** [person] Malgache *mf*. -**2.** LING malgache *m*.

◇ *adj* malgache.

malaise [mæ'leɪz] *n* malaise *m*.

malapropism ['mæləprɒpɪzm] *n* lapsus *m*.

malaria [mə'leərɪə] *n* malaria *f*, paludisme *m*.

malarial [mə'leərɪəl] *adj* [disease, fever] paludéen.

malarkey *inf* [mə'lɑːkɪ] *n (U)* bêtises *fpl*, sottises *fpl*.

Malawi [mə'lɑːwɪ] *pr n* Malawi *m*; in ~ au Malawi.

Malawian [mə'lɑːwɪən] ◇ *n* Malawite *mf*.

◇ *adj* malawite.

Malay [mə'leɪ] ◇ *n* -**1.** [person] Malais *m*, -e *f*. -**2.** LING malais *m*.

◇ *adj* malais.

Malaya [mə'leɪə] *pr n* Malaisie *f*, Malaysia *f* Occidentale; in ~ en Malaisie.

Malayan [mə'leɪən] ◇ *n* Malais *m*, -e *f*.

◇ *adj* malais.

Malay Peninsula *pr n*: the ~ (la presqu'île de) Malacca, la presqu'île Malaise.

Malaysia [mə'leɪzɪə] *pr n* Malaysia *f*; in ~ en Malaysia.

Malaysian [mə'leɪzɪən] ◇ *n* Malais *m*, -e *f*.

◇ *adj* malais.

malcontent ['mælkənˌtent] *n fml* mécontent *m*, -e *f*.

Maldives ['mɔːldaɪvz] *pl pr n*: the ~ les (îles *fpl*) Maldives *fpl*; in the ~ aux Maldives.
Maldivian [mɔːl'dɪvɪən] ◇ *n habitant ou natif des Maldives.*
◇ *adj* des Maldives.
male [meɪl] ◇ *adj* -**1.** ZOOL & BOT mâle; ~ **attitudes** l'attitude des hommes; ~ **child** enfant mâle; **when I phoned her, a ~ voice answered** quand je l'ai appelée, c'est une voix d'homme qui a répondu; **the ~ sex** le sexe masculin ❑ ~ **voice choir** chœur *m* d'hommes. -**2.** [virile] mâle, viril. -**3.** TECH [plug] mâle.
◇ *n* ZOOL & BOT mâle *m*; [gen - man] homme *m*.
Malé ['mɑːleɪ] *pr n* Malé.
male chauvinism *n* phallocratie *f*.
male chauvinist *n* phallocrate *m*; ~ **pig!** sale phallocrate!
malediction [,mælɪ'dɪkʃn] *n lit* malédiction *f*.
malefactor ['mælɪfæktə^r] *n fml* malfaiteur *m*.
maleficent [mə'lefɪsnt] *adj lit* maléfique.
maleic [mə'leɪɪk] *adj* maléique; ~ **acid** acide *m* maléique.
maleness ['meɪlnɪs] *n* masculinité *f*.
malevolence [mə'levələns] *n* malveillance *f*.
malevolent [mə'levələnt] *adj* malveillant.
malevolently [mə'levələntlɪ] *adv* avec malveillance.
malfeasance [mæl'fiːzns] *n* JUR méfait *m*, malversation *f*.
malformation [,mælfɔː'meɪʃn] *n* malformation *f*.
malformed [mæl'fɔːmd] *adj* difforme.
malfunction [mæl'fʌŋkʃn] ◇ *n* [fault] fonctionnement *m* défectueux; [breakdown] panne *f*, défaillance *f*.
◇ *vi* [go wrong] mal fonctionner; [break down] tomber en panne.
malfunction routine *n* COMPUT programme *m* de diagnostic.
Mali ['mɑːlɪ] *pr n* Mali *m*; in ~ au Mali.
Malian ['mɑːlɪən] ◇ *n* Malien *m*, -enne *f*.
◇ *adj* malien.
malic ['mælɪk] *adj* malique; ~ **acid** acide *m* malique.
malice ['mælɪs] *n* méchanceté *f*, malveillance *f*; **to bear ~: I don't bear any ~ towards them, I don't bear them any ~** je ne leur en veux pas, je ne leur veux aucun mal; **out of** OR **through ~** par méchanceté, par malveillance ❑ **with ~ aforethought** JUR avec préméditation.
malicious [mə'lɪʃəs] *adj* -**1.** [gen] méchant, malveillant; ~ **gossip** médisances *fpl*. -**2.** JUR criminel; ~ **damage** *Br*, ~ **mischief** *Am* ≃ dommage *m* causé avec intention de nuire.
maliciously [mə'lɪʃəslɪ] *adv* -**1.** [gen] méchamment, avec malveillance. -**2.** JUR avec préméditation, avec intention de nuire.
malign [mə'laɪn] ◇ *vt* [slander] calomnier; [criticize] critiquer, dire du mal de; **the much-~ed government** le gouvernement, dont on dit beaucoup de mal OR que l'on a souvent critiqué.
◇ *adj* -**1.** [evil] pernicieux, nocif. -**2.** MED malin.
malignancy [mə'lɪgnənsɪ] (*pl* **malignancies**) *n* -**1.** [ill will] malignité *f*, malveillance *f*, méchanceté *f*. -**2.** MED malignité *f*.
malignant [mə'lɪgnənt] *adj* -**1.** [person, behaviour, intentions] malveillant, malfaisant, méchant. -**2.** MED malin; ~ **tumour** tumeur *f* maligne.
malignity [mə'lɪgnətɪ] = **malignancy**.
malinger [mə'lɪŋgə^r] *vi* simuler la maladie, faire semblant d'être malade.
malingerer [mə'lɪŋgərə^r] *n* faux malade *m*, personne *f* qui fait semblant d'être malade.
mall [mɔːl] *n* -**1.** [avenue] mail *m*, avenue *f*. -**2.** *esp Am* [shopping precinct]: **(shopping) ~** centre *m* commercial.
mallard ['mælɑːd] *n*: ~ **(duck)** colvert *m*.
malleability [,mælɪə'bɪlətɪ] *n* malléabilité *f*.
malleable ['mælɪəbl] *adj* [substance] malléable; [person] influençable, malléable.
mallet ['mælɪt] *n* maillet *m*.
mallow ['mæləʊ] *n* BOT mauve *f*.
malnourished [,mæl'nʌrɪʃt] *adj* sous-alimenté.
malnutrition [,mælnjuː'trɪʃn] *n* malnutrition *f*.
malodorous [mæl'əʊdərəs] *adj* malodorant, nauséabond.
malpractice [,mæl'præktɪs] *n (U)* [professional] faute *f* professionnelle; [financial] malversation *f*, malversations *fpl*; [political] fraude *f*.
malpractice suit *n Am* JUR *procès pour faute ou négligence professionnelle.*
malt [mɔːlt] ◇ *n* -**1.** [substance] malt *m*. -**2.** = **malt whisky**. -**3.** *Am* [milk shake] milk-shake *m* au malt.
◇ *comp* [extract, sugar, vinegar] de malt.
◇ *vt* malter.
Malta ['mɔːltə] *pr n* Malte; in ~ à Malte.
malted ['mɔːltɪd] *n*: ~ **(milk)** lait *m* malté.
Maltese [,mɔːl'tiːz] ◇ *n* -**1.** [person] Maltais *m*, -e *f*. -**2.** LING maltais *m*.
◇ *adj* maltais; ~ **cat** chat *m* maltais; **the ~ Cross** la croix de Malte ❑ **'The ~ Falcon'** *Hammett, Huston* 'le Faucon maltais'.
Malthusian [mæl'θjuːzjən] *adj* malthusien.
Malthusianism [mæl'θjuːzjənɪzm] *n* malthusianisme *m*.
maltings ['mɔːltɪŋs] (*pl inv*) *n* malterie *f*.
malt liquor *n Am boisson alcoolisée tirée du malt.*
maltreat [,mæl'triːt] *vt* maltraiter.
maltreatment [,mæl'triːtmənt] *n (U)* mauvais traitement *m* OR traitements *mpl*, sévices *mpl*.
malt whisky *n* whisky *m* au malt.
malty ['mɔːltɪ] (*compar* **maltier**, *superl* **maltiest**) *adj* [in smell] qui sent le malt; [in taste] qui a un goût de malt; **a ~ taste** un goût de malt.
mam *inf* [mæm] *n* maman *f*.
mama[1] [mə'mɑː] *n Br dated* maman *f*.
mama[2] ['mɒmə] *n Am* maman *f*.
mama's boy *n inf Am* fils *m* à sa maman.
mamba ['mæmbə] *n* mamba *m*.
mambo ['mæmbəʊ] (*pl* **mambos**) *n* mambo *m*.
mamelon ['mæmələn] *n* mamelon *m*, butte *f*.
mamma ['mæmə] *n esp Am* -**1.** *inf* [mother] maman *f*. -**2.** ▽ [woman] môme *f*, nana *f*.
mammal ['mæml] *n* mammifère *m*.
mammalian [mə'meɪljən] *adj* mammalien.
mammary ['mæmərɪ] *adj* mammaire; ~ **gland** glande *f* mammaire.
mammography [mæ'mɒgrəfɪ] *n* mammographie *f*.
Mammon ['mæmən] *pr n* Mammon *m*.
mammoth ['mæməθ] ◇ *n* mammouth *m*.
◇ *adj* immense, colossal, gigantesque; **a ~ task** un travail de Titan.
mammy *inf* ['mæmɪ] (*pl* **mammies**) *n* -**1.** [mother] maman. -**2.** *pej* & *dated* [black nanny] *bonne d'enfants noire.*
man [mæn] (*pl* men [men], *pt* & *pp* **manned**, *cont* **manning**) ◇ *n* -**1.** [adult male] homme *m*; **a young ~** un jeune homme; **an old ~** un vieillard; **he seems a nice ~** il a l'air gentil; **a blind ~** un aveugle; **he's lived here, ~ and boy, for forty years** c'est ici qu'il a grandi et vécu pendant quarante ans; **I'm just a ~** je ne suis qu'un homme comme les autres; **one move and you're a dead ~!** un (seul) geste et tu es un homme mort! ❑ **he's a ~'s ~** il aime bien être avec ses copains; **he's a ~ of the world** c'est un homme d'expérience; **the ~ in the moon** le visage de la lune. -**2.** [type] homme *m*; **he's not a betting/drinking ~** ce n'est pas un homme qui parie/boit; **he was never a ~ for taking risks** il n'a jamais été homme à OR ce n'est pas le genre d'homme à prendre des risques; **he's not a ~ to make a mistake** il n'est pas homme à se tromper. -**3.** [appropriate person] homme *m*; **he's the ~ for the job** c'est l'homme qu'il faut pour faire ce travail; **I'm your ~** je suis votre homme; **he's not the ~ for that kind of work** il n'est pas fait pour ce genre de travail. -**4.** [professional]: **a medical ~** un médecin; **a ~ of learning** un savant; **a ~ of letters** un homme de lettres. -**5.** [with manly qualities] homme *m*; **to act like a ~** se comporter en homme; **he took the news like a ~** il a pris la nouvelle avec courage; **he's not ~ enough to own up** il n'aura pas le courage d'avouer; **the army will make him a ~!** l'armée en fera un homme!; **a holiday will make a new ~ of me** des vacances me feront le plus grand bien; **this will separate** OR **sort the men from the boys** c'est là qu'on verra les vrais hommes. -**6.** [person, individual] homme *m*, individu *m*; **what more can a ~ do?** qu'est-ce qu'on peut faire de plus?; **any ~ would have reacted in the same way** n'importe qui aurait réagi de la même façon; **all men are born equal** tous les hommes naissent égaux; **the ~ must be mad!** il doit être fou!; **I've never met the ~** je n'ai jamais rencontré l'individu en question ❑ **to be one's own ~** être indépendant OR son propre maître; **to the last ~** [without exception] sans exception; [until defeat] jusqu'au dernier; **it's every ~ for himself** c'est chacun pour soi; **the ~ in the street** l'homme de la rue; **one ~'s meat is another ~'s poison** *prov* le malheur des uns fait le bonheur des autres *prov*. -**7.** [as husband, father] homme *m*; ~ **and wife** mari et femme; **to live as ~ and wife** vivre maritalement OR en concubinage; **he's a real family ~** c'est un vrai père de famille; **the ~ of the house** l'homme de la maison; *hum* le pater familias; **my old ~** *inf* [husband] mon homme; [father] mon vieux. -**8.** [boyfriend, lover] homme *m*; **there's a new ~ in her life** il y a un nouvel homme dans sa vie; **have you met her young ~?** [boyfriend] avez-vous rencontré son petit ami?; [fiancé] avez-vous rencontré son fiancé? -**9.** [inhabitant, native]: **I'm a Dublin ~** je suis de Dublin; **he's a local ~** c'est un homme du pays. -**10.** [student]: **he's a Harvard ~** [at present] il fait ses études à Harvard; [in the past] il a fait ses études à Harvard. -**11.** [servant] valet *m*, domestique *m*. -**12.** [employee - in industry, on farm] ouvrier *m*; [- in business, shop] employé *m*; **the men have gone on strike** les hommes se sont mis en grève; **a TV repair ~** un réparateur télé; **we'll send a ~ round to look at it** nous vous envoyons quelqu'un pour voir; **our ~ in Paris** [representative] notre représentant à Paris; [journalist] notre correspondant à Paris; [diplomat] notre envoyé diplomatique à Paris. -**13.** [in armed forces - soldier] soldat *m*, homme *m* (de troupe); [- sailor] matelot *m*, homme *m* (d'équipage); **officers and men** [in army] officiers et hommes de troupe; [in navy] officiers et matelots. -**14.** [player] joueur *m*, équipier *m*; **a 3-~ team** une équipe de 3 joueurs; **twelfth ~** [in cricket] remplaçant *m*. -**15.** [mankind] homme *m*; **primitive/modern ~** l'homme primitif/moderne; **one of the most deadly poisons known to ~** un des plus dangereux poisons connus de l'homme ❑ ~ **proposes, God disposes** *prov* l'homme propose, Dieu dispose *prov*; ~ **cannot live by bread alone** *prov* l'homme ne vit pas que de pain. -**16.** [as term of address]: **come on, ~!** allez, viens!; **hey, ~, how are you doing?**▽ salut, mon vieux, comment tu vas?; **what can I do for you, young ~?** que puis-je faire pour vous, jeune homme?; **my good ~** *dated* mon cher monsieur; **good ~!** c'est bien!; **how are you, old ~?** *dated* comment tu vas, mon vieux? -**17.** [in chess] pièce *f*; [in draughts] pion *m*.
◇ *vt* -**1.** MIL [ship] armer, équiper; [pumps] armer; [cannon] servir; **the tanker was manned by Greek seamen** le pétrolier avait un équipage grec; ~ **the lifeboats!** mettez les canots à la mer!; **manned space-flight** vol *m* spatial habité; **the sentries manned the battlements** il y avait des sentinelles sur les remparts; **the fort was manned by 20 soldiers** le fort était tenu par une garnison de 20 soldats; **can you ~ the fort while I'm at lunch?** *hum* pouvez-vous prendre la relève OR me remplacer pendant que je vais déjeuner? -**2.** [staff - machine] faire tourner, s'occuper de; [- switchboard] assurer le service OR la permanence de; **who's manning the**

telephone? qui assure la permanence téléphonique?; **the office is manned by a skeleton staff** le bureau tourne à effectif réduit.
◇ *interj inf Am*: ~, **was it big!** bon sang, qu'est-ce que c'était grand!
◆ **as one man** *adv phr* comme un seul homme.
◆ **to a man** *adv phr* sans exception; **they agreed to a** ~ ils ont accepté à l'unanimité.

man-about-town (*pl* men-about-town) *n Br* homme *m* du monde, mondain *m*.

manacle ['mænəkl] *vt* [shackle] enchaîner; [handcuff] mettre OR passer les menottes à; **his wrists were** ~**d** il portait des menottes.
◆ **manacles** *npl* [shackles] fers *mpl*, chaînes *fpl*; [handcuffs] menottes *fpl*.

manage ['mænɪdʒ] ◇ *vt* -**1.** [business, hotel, shop] gérer, diriger; [property, estate] gérer; **she** ~**s a shoe shop** elle est gérante d'une boutique de chaussures; **he** ~**s his father's company** il dirige la société de son père || [team] être le manager de, diriger; **he** ~**s Melchester United** c'est le manager de OR il manage Melchester United || [finances, resources] s'occuper de; **he needs somebody to** ~ **his affairs** il a besoin de quelqu'un pour s'occuper de ses affaires; **I'm very bad at managing money** je suis incapable de gérer un budget || [crisis, illness] gérer. -**2.** [accomplish] réussir; **you'll** ~ **it** ça ira; **she** ~**d a smile** elle trouva la force de sourire; **to** ~ **to do sthg** réussir OR parvenir OR arriver à faire qqch; **he** ~**d to keep a straight face** il est parvenu à garder son sérieux; **did you** ~ **to get anything to eat?** as-tu finalement trouvé quelque chose à manger?; **he always** ~**s to arrive at meal times** il se débrouille toujours pour arriver OR il trouve toujours le moyen d'arriver à l'heure des repas. -**3.** [handle - person, animal] savoir s'y prendre avec; **she's a difficult child to** ~ c'est une enfant difficile, c'est une enfant dont on ne fait pas ce qu'on veut; **he doesn't know how to** ~ **people** il ne sait pas s'y prendre avec les gens || [manipulate - machine, tool] manier; **I can't** ~ **these new typewriters** je ne sais pas bien me servir de ces nouvelles machines à écrire. -**4.** [be available for]: **can you** ~ **9 o'clock/next Saturday?** pouvez-vous venir à 9 h/samedi prochain?; **can you** ~ **lunch tomorrow?** pouvez-vous déjeuner avec moi demain? -**5.** [cope with]: **I can't** ~ **all this extra work** je ne peux pas faire face à ce surcroît de travail; **can you** ~ **that rucksack?** pouvez-vous porter ce sac à dos?; **he can't** ~ **the stairs any more** il n'arrive plus à monter l'escalier; **we can't** ~ **any more guests** nous ne pouvons pas accueillir plus de gens || [eat or drink]: **I think I could** ~ **another slice** j'en reprendrais volontiers une tranche; **I couldn't** ~ **another thing** je ne peux plus rien avaler || [financially]: **can you** ~ **£10?** pouvez-vous aller jusqu'à 10 livres?
◇ *vi* [cope] se débrouiller, y arriver; **we'll have to** ~ **on our own** nous devrons nous débrouiller tout seuls; **can you** ~**?** ça ira?; **give me a fork, I can't** ~ **with chopsticks** donne-moi une fourchette, je ne m'en sors pas avec des baguettes; **we had to** ~ **without heating** nous avons dû nous passer de chauffage || [financially] se débrouiller, s'en sortir; **they just about** ~ **on the dole** ils arrivent tout juste à s'en sortir avec les allocations de chômage; **how am I going to** ~ **without a job?** comment vais-je faire OR m'en sortir sans travail?

manageable ['mænɪdʒəbl] *adj* [size, amount] raisonnable; [tool, car, boat] maniable; [hair] facile à coiffer; **this new shampoo leaves your hair shiny and** ~ ce nouveau shampooing rendra vos cheveux brillants et faciles à coiffer; **cut the wood into** ~ **pieces** coupez le bois en morceaux faciles à manipuler.

management ['mænɪdʒmənt] *n* -**1.** [control - of firm, finances, property] gestion *f*, direction *f*; **the** ~ **of the country's economy** la gestion de l'économie du pays; **all their problems are due to bad** ~ tous leurs problèmes sont dus à une mauvaise gestion; **under Gordon's** ~ **sales have increased significantly** depuis que c'est Gordon qui s'en occupe, les ventes ont considérablement augmenté; **who looks after the** ~ **of the farm?** qui s'occupe de l'exploitation de la ferme? || [handling]: **she was praised for her** ~ **of the situation** on a applaudi la façon dont elle s'est comportée dans cette situation || [of crisis, illness etc] gestion *f*; **man** ~ *Br* gestion des ressources humaines. -**2.** [of shop, hotel etc] direction *f*; **'the** ~ **cannot accept responsibility for any loss or damage'** 'la direction décline toute responsabilité en cas de perte ou de dommage'; **'under new** ~**'** 'changement de direction OR de propriétaire'; **they're on the** ~ ils font partie de la direction || INDUST patronat *m*; **negotiations between** ~ **and unions have broken down** les négociations entre le patronat et les syndicats ont échoué.

management buyout *n Br* rachat *m* d'une entreprise par les salariés.

management committee *n* comité *m* de direction.

management consultancy *n* [activity] conseil *m* en gestion (d'entreprise); [firm] cabinet *m* (de) conseil.

management consultant *n* conseiller *m*, -ère *f* en OR de gestion (d'entreprise).

management studies *n (U)* études *fpl* de gestion.

manager ['mænɪdʒəʳ] *n* -**1.** [of firm, bank] directeur *m*, -trice *f*; [of shop] directeur *m*, -trice *f*, gérant *m*; [of restaurant] gérant *m*, -e *f*; [of pop star, football team] manager *m*; FIN directeur *m*, -trice *f*; **fund** ~ directeur financier; **he's been made** ~ il est passé cadre. -**2.** [organizer]: **she's a good home** ~ elle sait tenir une maison.

manageress [ˌmænɪdʒəˈres] *n* [of shop] directrice *f*, gérante *f*; [of restaurant] gérante *f*; [of bank] directrice *f*.

managerial [ˌmænɪˈdʒɪərɪəl] *adj* gestionnaire; ~ **staff** cadres *mpl*, encadrement *m*; ~ **skills** qualités *fpl* de gestionnaire.

managing director ['mænɪdʒɪŋ-] *n* directeur *m* général, directrice *f* générale, P-DG *m*.

managing editor *n* rédacteur *m*, -trice *f* en chef.

Managua [məˈnægwə] *pr n* Managua.

man-at-arms (*pl* men-at-arms) *n* HIST homme *m* d'armes.

manatee [ˌmænəˈtiː] *n* lamantin *m*.

man-child (*pl* man-children) *n lit* enfant *m* mâle.

Manchu [mænˈtʃuː] ◇ *n* Mandchou *m*, -e *f*.
◇ *adj* mandchou.

Manchuria [mænˈtʃʊərɪə] *pr n* Mandchourie *f*; in ~ en Mandchourie.

Manchurian [mænˈtʃʊərɪən] ◇ *n* -**1.** [person] Mandchou *m*, -e *f*. -**2.** LING mandchou *m*.
◇ *adj* mandchou.

manciple ['mænsɪpl] *n* intendant *m*.

Mancunian [mæŋˈkjuːnjən] ◇ *n* [inhabitant] habitant *m*, -e *f* de Manchester; [native] natif *m*, -ive *f* de Manchester.
◇ *adj* de Manchester.

Mandalay [ˌmændəˈleɪ] *pr n* Mandalay.

mandarin ['mændərɪn] *n* -**1.** HIST & *fig* mandarin *m*. -**2.** BOT [tree] mandarinier *m*. -**3.** [fruit]: ~ (orange) mandarine *f*.
◆ **Mandarin** *n* LING: **Mandarin (Chinese)** mandarin *m*.

mandarin collar *n* col *m* Mao.

mandarin duck *n* (canard *m*) mandarin *m*.

mandate [*n* 'mændeɪt, *vt* ˌmænˈdeɪt] ◇ *n* -**1.** POL mandat *m*; **the government receives its** ~ **from the electorate** c'est l'électorat qui mandate les membres du gouvernement; **the government has no** ~ **to introduce the new tax** le gouvernement n'a pas été mandaté pour mettre en place ce nouvel impôt. -**2.** [country] (territoire *m* sous) mandat *m*; **under British** ~ sous mandat britannique. -**3.** [task] tâche *f*, mission *f*.
◇ *vt* -**1.** [give authority] mandater; **to** ~ **sb to do sthg** donner mandat à qqn de faire qqch. -**2.** [country] mettre sous mandat, administrer par mandat.

mandatory ['mændətrɪ] (*pl* **mandatories**) ◇ *adj* -**1.** [obligatory] obligatoire; **participation is** ~ la participation est obligatoire. -**2.** [of a mandate] découlant d'un mandat; ~ **powers** pouvoirs *mpl* donnés par mandat.
◇ *n* mandataire *mf*.

man-day *n Br* jour-homme *m*; 30 ~**s** 30 journées *fpl* de travail.

mandible ['mændɪbl] *n* mandibule *f*.

mandolin(e) ['mændəlɪn] *n* mandoline *f*.

mandrake ['mændreɪk] *n* mandragore *f*.

mandrel ['mændrəl] *n* TECH mandrin *m*.

mandrill ['mændrɪl] *n*: ~ **(ape)** mandrill *m*.

mane [meɪn] *n* [of horse, lion] crinière *f*; **a** ~ **of golden hair** une crinière blonde.

man-eater *n* [animal] anthropophage *m*; [cannibal] cannibale *m*, anthropophage *m*; *hum* [woman] dévoreuse *f* d'hommes, mante *f* religieuse.

man-eating *adj* [animal] mangeur d'hommes, anthropophage; [people] cannibale, anthropophage; *fig* [woman] mangeuse d'hommes.

manege, manège [mæˈneɪʒ] *n* [training] manège *m*; [school] école *f* d'équitation, centre *m* hippique.

maneuver *etc Am* = **manoeuvre**.

man-for-man *adj Br* SPORT: ~ **marking** marquage *m* individuel.

man Friday *n* [servant] fidèle serviteur *m*.
◆ **Man Friday** *pr n* Vendredi.

manful ['mænfʊl] *adj* [courageous] vaillant, ardent.

manfully ['mænfʊlɪ] *adv* [courageously] vaillamment, courageusement.

manganese ['mæŋgəniːz] *n* manganèse *m*.

manganese steel *n* acier *m* au manganèse.

mange [meɪndʒ] *n* gale *f*.

mangel-wurzel ['mæŋglˌwɜːzl] *n* betterave *f* fourragère.

manger ['meɪndʒəʳ] *n* [trough] mangeoire *f*; RELIG crèche *f*.

mangetout [ˌmɑ̃ʒˈtuː] *n* mange-tout *m*.

mangey ['meɪndʒɪ] = **mangy**.

mangle ['mæŋgl] ◇ *vt* -**1.** [body] mutiler, déchiqueter; [vehicle] rendre méconnaissable; [quotation, text] estropier, mutiler; **the** ~**d wreckage of the two cars** les carcasses déchiquetées des deux voitures. -**2.** [laundry, linen] essorer.
◇ *n* essoreuse *f* (à rouleaux).

mango ['mæŋgəʊ] (*pl* **mangos** OR **mangoes**) *n* -**1.** [fruit] mangue *f*. -**2.** [tree] manguier *m*.

mangold(-wurzel) ['mæŋgəld(ˌwɜːzl)] = **mangel-wurzel**.

mangrove ['mæŋgrəʊv] *n* manglier *m*, palétuvier *m*; ~ **swamp** mangrove *f*.

mangy ['meɪndʒɪ] (*compar* **mangier**, *superl* **mangiest**) *adj* -**1.** [having mange - animal] galeux. -**2.** [shabby - coat, carpet] miteux, pelé.

manhandle ['mænˌhændl] *vt* -**1.** [treat roughly] maltraiter, malmener. -**2.** [move] porter OR transporter (à bras d'homme).

Manhattan [mænˈhætn] ◇ *pr n* GEOG Manhattan.
◇ *n* [cocktail] manhattan *m*.

manhole ['mænhəʊl] *n* regard *m*; [into sewer] bouche *f* d'égout; ~ **cover** plaque *f* d'égout.

manhood ['mænhʊd] *n* -**1.** [age] âge *m* d'homme; **he has reached** ~ c'est un homme maintenant. -**2.** [virility] virilité *f*. -**3.** [men collectively] hommes *mpl*, population *f* masculine.

man-hour *n Br* heure-homme *f*; 300 ~**s** 300 heures *fpl* de travail.

manhunt ['mænhʌnt] *n* chasse *f* à l'homme.

mania ['meɪnjə] *n* -**1.** PSYCH manie *f*; [obsession] obsession *f*. -**2.** [zeal] manie *f pej*, passion *f*; **he has a** ~ **for collecting old photographs** il a la manie de collectionner les vieilles photos; **he's got football** ~ c'est un passionné de football.

maniac ['meɪnɪæk] ◇ *n* -**1.** [dangerous person] fou *m*, folle *f*; [sexual] obsédé *m*, -e *f*; I've been working like a ~ for the past two months ça fait deux mois que je travaille comme un fou; to drive like a ~ conduire comme un fou. -**2.** [fan] fou *m*, folle *f*; he's a football ~ c'est un fan OR un mordu de football. -**3.** PSYCH maniaque *mf*.
◇ *adj* -**1.** [gen] fou. -**2.** PSYCH maniaque.
maniacal [mə'naɪəkl] *adj* -**1.** [crazy] fou; ~ laughter rire *m* hystérique. -**2.** PSYCH maniaque.
maniacally [mə'naɪəklɪ] *adv* de manière hystérique.
manic ['mænɪk] ◇ *adj* -**1.** [crazy] fou. -**2.** PSYCH maniaque.
◇ *n* maniaque *mf*.
manic depression *n* psychose *f* maniacodépressive.
manic-depressive ◇ *adj* maniaco-dépressif.
◇ *n* maniaco-dépressif *m*, -ive *f*.
Manichean [,mænɪ'kiːən] ◇ *adj* manichéen.
◇ *n* manichéen *m*, -enne *f*.
manicure ['mænɪ,kjʊəʳ] ◇ *n* soins *mpl* des mains; to give sb a ~ faire les mains de qqn, manucurer qqn.
◇ *vt* faire les mains à, manucurer; she was manicuring her nails elle était en train de se faire les ongles; a ~d lawn *fig* une pelouse impeccable.
◇ *comp* [case, scissors] de manucure, à ongles.
manicurist ['mænɪ,kjʊərɪst] *n* manucure *mf*.
manifest ['mænɪfest] ◇ *adj fml* manifeste, évident.
◇ *vt* manifester; to ~ open hostility manifester une franche hostilité; how did this mania ~ itself? comment cette obsession s'est-elle manifestée?
◇ *vi* [ghost, spirit] se manifester.
◇ *n* [of ship, plane] manifeste *m*.
manifestation [,mænɪfes'teɪʃn] *n* manifestation *f*.
manifestly ['mænɪfestlɪ] *adv* manifestement, à l'évidence.
manifesto [,mænɪ'festəʊ] (*pl* manifestos OR manifestoes) *n* manifeste *m*.
manifold ['mænɪfəʊld] ◇ *adj fml* [numerous] multiple, nombreux; [varied] varié, divers.
◇ *n* AUT: inlet ~ tubulure *f* d'admission; exhaust ~ collecteur *m* d'échappement.
manikin ['mænɪkɪn] = **mannikin**.
Manila [mə'nɪlə] *pr n* Manille.
manil(l)a [mə'nɪlə] *adj* en chanvre de Manille.
manil(l)a hemp *n* chanvre *m* de Manille.
manil(l)a paper *n* papier *m* kraft.
manioc ['mænɪɒk] *n* manioc *m*.
manipulate [mə'nɪpjʊleɪt] *vt* -**1.** [equipment] manœuvrer, manipuler; [tool] manier; [vehicle] manœuvrer. -**2.** *pej* [person] manipuler, manœuvrer; [facts, figures] manipuler; he skilfully ~d situations (to his own end) il avait l'art de tirer profit de toutes les situations. -**3.** MED: to ~ bones pratiquer des manipulations.
manipulation [mə,nɪpjʊ'leɪʃn] *n* [of equipment] manœuvre *f*, manipulation *f*; *pej* [of people, facts, situation] manipulation *f*; MED manipulation *f*.
manipulative [mə'nɪpjʊlətɪv] *adj pej*: he can be very ~ il n'hésite pas à manipuler les gens; that's so ~ [remark, action] c'est de la manipulation.
manipulator [mə'nɪpjʊleɪtəʳ] *n* manipulateur *m*, -trice *f*.
Manitoba [,mænɪ'təʊbə] *pr n* Manitoba *m*; in ~ dans le Manitoba.
man jack *inf n Br*: every ~ of them chacun d'eux sans exception.
mankind [mæn'kaɪnd] *n* -**1.** [species] humanité *f*, espèce *f* humaine; for the good of ~ pour le bien de l'humanité. -**2.** [men in general] hommes *mpl*.
manky▽ ['mæŋkɪ] (*compar* mankier, *superl* mankiest) *adj Br* [worthless] nul; [dirty] miteux, pourri.

manlike ['mænlaɪk] *adj* -**1.** [virile] viril, masculin. -**2.** [woman] masculin.
manliness ['mænlɪnɪs] *n* virilité *f*.
manly ['mænlɪ] (*compar* manlier, *superl* manliest) *adj* viril, mâle.
man-mad *adj* obsédé par les hommes, nymphomane.
man-made *adj* [fibre] synthétique; [construction, lake] artificiel; the landscape is entirely ~ le paysage a été entièrement modelé OR façonné par l'homme.
manna ['mænə] *n* manne *f*; ~ from heaven *fig* manne céleste.
manned [mænd] *adj* [ship, machine] ayant un équipage; ~ spacecraft vaisseau *m* spatial habité.
mannequin ['mænɪkɪn] *n* mannequin *m*.
manner ['mænəʳ] *n* -**1.** [way] manière *f*, façon *f*; in the same ~ de la même manière OR façon; it's just a ~ of speaking c'est juste une façon de parler; it was the ~ in which he did it that upset me c'est la manière OR la façon dont il s'y est pris qui m'a blessé; she dealt with them in a very gentle ~ elle a été d'une grande douceur avec eux. -**2.** [attitude] attitude *f*, manière *f*; [behaviour] comportement *m*, manière *f* de se conduire; to have a pleasant ~ avoir des manières agréables; I don't like his ~ je n'aime pas ses façons; he has a good telephone ~ il fait bonne impression au téléphone; there was something in his ~ that made me suspicious quelque chose dans son comportement a éveillé mes soupçons ❑ in a ~ of speaking pour ainsi dire, dans un certain sens; by all ~ of means [of course] bien entendu; not by any ~ of means en aucune manière, aucunement; to the ~ born vraiment fait pour ça. -**3.** [style] manière *f*; in the ~ of Rembrandt dans le style OR à la manière de Rembrandt; painted in the Italian ~ peint à la manière italienne. -**4.** [kind] sorte *f*, genre *m*; all ~ of rare books toutes sortes de livres rares; what ~ of man is he? *arch* quel genre d'homme est-ce?
◆ **manners** *npl* -**1.** [social etiquette] manières *fpl*; good/bad ~s bonnes/mauvaises manières; to have good table ~s savoir se tenir à table; it's bad ~s to talk with your mouth full c'est mal élevé OR ce n'est pas poli de parler la bouche pleine; she has no ~s elle n'a aucune éducation, elle est mal élevée; where are your ~s? [say thank you] qu'est-ce qu'on dit quand on est bien élevé?; [behave properly] est-ce que c'est une façon de se tenir? -**2.** *lit* [social customs] mœurs *fpl*, usages *mpl*.
mannered ['mænəd] *adj* maniéré, affecté, précieux.
-mannered *in cpds*: mild~ aux manières douces; well/bad~ bien/mal élevé.
mannerism ['mænərɪzm] *n* tic *m*, manie *f*.
◆ **Mannerism** *n* ART maniérisme *m*.
Mannerist ['mænərɪst] ART ◇ *adj* maniériste.
◇ *n* maniériste *mf*.
mannerly ['mænəlɪ] *adj* bien élevé, courtois, poli.
mannikin ['mænɪkɪn] *n* -**1.** [dwarf] nain *m*. -**2.** = **mannequin**.
mannish ['mænɪʃ] *adj* [woman] masculin.
mannishly ['mænɪʃlɪ] *adv* comme un homme.
manoeuvrability *Br*, **maneuverability** *Am* [mə,nuːvrə'bɪlətɪ] manœuvrabilité *f*, maniabilité *f*.
manoeuvrable *Br*, **maneuvrable** *Am* [mə'nuːvrəbl] *adj* manœuvrable, maniable.
manoeuvre *Br*, **maneuver** *Am* [mə'nuːvəʳ] ◇ *n* manœuvre *f*; to be on ~s MIL être en manœuvres; it was only a ~ to get him to resign ce n'était qu'une manœuvre pour l'amener à démissionner; room for ~ marge *f* de manœuvre.
◇ *vt* -**1.** [physically] manœuvrer; he ~d the ladder through the window il a manœuvré pour faire passer l'échelle par la fenêtre; they ~d the animal into the pen ils ont fait entrer l'animal dans l'enclos. -**2.** [by influence, strategy] manœuvrer; she ~d her way to the top elle a réussi à se hisser jusqu'au sommet; they ~d him into resigning ils l'ont poussé à démissionner.
◇ *vi* manœuvrer; to ~ for position manœuvrer pour se placer avantageusement.
man-of-war [,mænə'wɔːʳ] (*pl* men-of-war [,men-]) *n* bâtiment *f* de guerre.
manometer [mə'nɒmɪtəʳ] *n* manomètre *m*.
manor ['mænəʳ] *n* -**1.** [house]: ~ (house) manoir *m*, château *m*. -**2.** HIST seigneurie *f*, domaine *m* seigneurial; lord of the ~ châtelain *m*; lady of the ~ châtelaine *f*. -**3.** ▽ *Br* [of police, local] secteur *m*.
manorial [mə'nɔːrɪəl] *adj* seigneurial.
man-o'-war [,mænə'wɔːʳ] = **man-of-war**.
manpower ['mæn,paʊəʳ] *n* (*U*) [personnel] main-d'œuvre *f*; MIL effectifs *mpl*; we don't have the necessary ~ nous ne disposons pas des effectifs nécessaires.
Manpower Services Commission *n agence britannique pour l'emploi, aujourd'hui remplacée par la Training Agency*, ≃ ANPE *f*.
mansard ['mænsɑːd] *n* [roof] toit *m* mansardé; [attic] mansarde *f*.
manse [mæns] *n* presbytère *m*.
manservant ['mænsɜːvənt] *n* [gen] domestique *m*; [valet] valet *m* (de chambre).
mansion ['mænʃn] *n* [in town] hôtel *m* particulier; [in country] château *m*, manoir *m*; their house is more like a ~ leur maison est un vrai château; ~ block résidence *f*.
Mansion House *pr n*: the ~ *la résidence officielle du maire de Londres*.
man-size(d) *adj* [job, task] ardu, difficile; [meal] copieux; ~ tissues grands mouchoirs *mpl* (en papier).
manslaughter ['mæn,slɔːtəʳ] *n* homicide *m* involontaire.
mantel ['mæntl] *n* [shelf] (tablette *f* de) cheminée *f*; [frame] manteau *m*.
mantelpiece ['mæntlpiːs] *n* -**1.** [surround] (manteau *m* de) cheminée *f*. -**2.** [shelf] (tablette *f* de) cheminée *f*.
mantelshelf ['mæntlʃelf] (*pl* mantelshelves [-ʃelvz]) = **mantelpiece 2**.
mantic ['mæntɪk] *adj* divinatoire, prophétique.
mantilla [mæn'tɪlə] *n* mantille *f*.
mantis ['mæntɪs] *n* mante *f*.
mantissa [mæn'tɪsə] *n* mantisse *f*.
mantle ['mæntl] *n* -**1.** [cloak] cape *f*; *fig* manteau *m*; a ~ of fog un manteau de brume; to take on OR to assume the ~ of *fig* assumer le rôle de. -**2.** ZOOL & GEOL manteau *m*. -**3.** [of gas-lamp] manchon *m*; turn up the ~ *Br* montez le gaz. -**4.** = **mantel**.
man-to-man ◇ *adj* -**1.** [discussion] entre hommes, d'homme à homme. -**2.** SPORT = **man-for-man**.
◇ *adv* entre hommes, d'homme à homme.
mantra ['mæntrə] *n* mantra *m inv*.
mantrap ['mæntræp] *n* piège *m* à hommes.
Mantua ['mæntʊə] *pr n* Mantoue.
manual ['mænjʊəl] ◇ *adj* manuel; ~ worker travailleur *m* manuel; ~ labour travail *m* manuel; ~ dexterity dextérité *f*, habileté *f* manuelle.
◇ *n* -**1.** [handbook] manuel *m*. -**2.** [of organ] clavier *m*.
manually ['mænjʊəlɪ] *adv* manuellement, à la main.
manufacture [,mænjʊ'fæktʃəʳ] ◇ *n* -**1.** [making] fabrication *f*; [of clothes] confection *f*. -**2.** TECH [product] produit *m* manufacturé.
◇ *vt* -**1.** [produce] fabriquer, produire; [clothes] confectionner; ~d goods produits *mpl* manufacturés. -**2.** [invent - news, story] inventer; [- evidence] fabriquer.
manufacturer [,mænjʊ'fæktʃərəʳ] *n* fabricant *m*, -e *f*.

manufacturing [ˌmænjʊˈfæktʃərɪŋ] ◇ *adj* [city, area] industriel; ~ **industry** les industries *fpl* de transformation.
◇ *n* fabrication *f*.

manumission [ˌmænjʊˈmɪʃn] *n* manumission *f*.

manumit [ˌmænjʊˈmɪt] (*pt & pp* **manumitted**, *cont* **manumitting**) *vt* affranchir, émanciper.

manure [məˈnjʊəʳ] ◇ *n* [farmyard] fumier *m*; [fertilizer] engrais *m*; **liquid** ~ purin *m*, lisier *m*; ~ **heap** tas *m* de fumier.
◇ *vt* [with dung] fumer; [with fertilizer] répandre de l'engrais sur.

manuscript [ˈmænjʊskrɪpt] ◇ *n* manuscrit *m*; **I read the book in** ~ j'ai lu le manuscrit du livre ‖ [for music]: ~ **(paper)** papier *m* à musique.
◇ *adj* manuscrit, (écrit) à la main.

Manx [mæŋks] ◇ *npl*: **the** ~ les Manxois *mpl*.
◇ *n* LING manx *m*.
◇ *adj* manxois.

Manx cat *n* chat *m* (sans queue) de l'île de Man.

Manxman [ˈmæŋksmən] (*pl* **Manxmen** [-mən]) *n* Manxois *m*.

Manxwoman [ˈmæŋksˌwʊmən] (*pl* **Manxwomen** [-ˌwɪmɪn]) *n* Manxoise *f*.

many [ˈmenɪ] (*compar* **more** [mɔːʳ], *superl* **most** [məʊst]) ◇ *det & pron* beaucoup de, de nombreux; ~ **people** beaucoup de OR bien des gens; ~ **years** bien des années, de nombreuses années; ~ **times** souvent, bien des fois; **she had cards from all her** ~ **admirers** elle a reçu des cartes de ses nombreux admirateurs; ~ **of the audience were children** il y avait de nombreux enfants OR beaucoup d'enfants dans l'assistance; ~ **of them** beaucoup d'entre eux; ~ **a time**, ~**'s the time** bien des fois; ~ **a child would be glad of it** bien des enfants s'en contenteraient; ~**'s the holiday I spent there** j'y ai passé bien des vacances; **take as** ~ **books as you like** prenez autant de livres OR tous les livres que vous voudrez; **they admitted as** ~ **(people) as they could** ils ont laissé entrer autant de gens que possible; **as** ~ **again** encore autant; **twice/three times as** ~ deux/trois fois plus; **we visited six cities in as** ~ **days** nous avons visité six villes en autant de jours; **as** ~ **as 8,000 students enrolled** jusqu'à OR près de 8 000 étudiants se sont inscrits; **how** ~? combien?; **how** ~ **students came?** combien d'étudiants sont venus?; **how** ~ **were there?** combien étaient-ils?; **so** ~ **people** tant de gens; **we can only fit in so** ~ nous n'avons de place que pour un certain nombre de personnes; **too** ~ **people** trop de gens; **don't give me too** ~ ne m'en donne pas trop; **a good** ~ un bon nombre; **we met a good** ~ **times** on s'est vus bien des fois; **a great** ~ un grand nombre; **I've received a great** ~ **applications** j'ai reçu de très nombreuses OR un grand nombre de candidatures.
◇ *npl* [masses]: **the** ~ la majorité; **the** ~ **who loved her** tous ceux qui l'aimaient.

many-coloured *adj Br* multicolore.

many-sided *adj* -**1.** [figure, shape] qui a de nombreux côtés. -**2.** [problem] aux aspects multiples, multiforme. -**3.** [personality] qui a de nombreuses facettes; [individual] aux talents multiples.

Maoism [ˈmaʊɪzm] *n* maoïsme *m*.

Maoist [ˈmaʊɪst] ◇ *adj* maoïste.
◇ *n* maoïste *mf*.

Maori [ˈmaʊrɪ] (*pl inv* OR **Maoris**) ◇ *n* -**1.** [person] Maori *m*, -e *f*. -**2.** LING maori *m*.
◇ *adj* maori.

Mao Tse-Tung, Mao Zedong [ˈmaʊtseˈtʊŋ] *pr n* Mao Tsé-toung, Mao Zedong.

map [mæp] (*pt & pp* **mapped**, *cont* **mapping**) ◇ *n* -**1.** [of country] carte *f*; [of town, network] plan *m*; **to read a** ~ lire une carte; **a** ~ **of India** une carte de l'Inde; **it doesn't look far on the** ~ ça n'a pas l'air loin sur la carte; **the city was wiped off the** ~ *fig* la ville a été rayée de la carte □ **to put sthg on the** ~ faire connaître qqch; **the election results put them firmly on the political** ~ le résultat des élections leur assure une place sur l'échiquier politique; **the legend of the monster put Loch Ness on the** ~ la légende du monstre a rendu le loch Ness célèbre. -**2.** MATH fonction *f*, application *f*.
◇ *vt* -**1.** [country, region] faire OR dresser la carte de; [town] faire OR dresser le plan de. -**2.** MATH: **to** ~ **sthg onto sthg else** représenter qqch sur qqch.
◆ **map out** *vt sep* [itinerary] tracer; [essay] faire le plan de; [plan] établir les grandes lignes de; [career, future] organiser, prévoir; **they have Laura's future all mapped out for her** ils ont déjà planifié l'avenir de Laura; **to** ~ **out one's time** organiser son emploi du temps.

MAP (*abbr of* Modified American Plan) *n dans un hôtel américain, séjour en demi-pension.*

maple [ˈmeɪpl] *n* érable *m*.

maple leaf *n* feuille *f* d'érable.

maple sugar *n* sucre *m* d'érable.

maple syrup *n* sirop *m* d'érable.

mapmaker [ˈmæpˌmeɪkəʳ] *n* cartographe *mf*.

mapmaking [ˈmæpˌmeɪkɪŋ] *n* cartographie *f*.

mapping [ˈmæpɪŋ] *n* MATH application *f*, fonction *f*.

mapping pen *n* plume *f* à dessin.

map reading *n* lecture *f* de carte.

Maputo [məˈpuːtəʊ] *pr n* Maputo.

mar [mɑːʳ] (*pt & pp* **marred**, *cont* **marring**) *vt* gâter, gâcher; **today will make or** ~ **their future** c'est aujourd'hui que se décide OR se joue leur avenir.

Mar. *written abbr of* March.

maraca [məˈrækə] *n* maraca *f*.

maraschino [ˌmærəˈskiːnəʊ] (*pl* **maraschinos**) *n* marasquin *m*; ~ **cherry** cerise *f* au marasquin.

marathon [ˈmærəθn] ◇ *n* SPORT marathon *m*; **dance** ~ *fig* marathon de danse.
◇ *comp*: ~ **race** marathon *m*; ~ **runner** coureur *m*, -euse *f* de marathon, marathonien *m*, -enne *f*.
◇ *adj* marathon *(inv)*; **a** ~ **exam** un examen-marathon.

marauder [məˈrɔːdəʳ] *n* [person] maraudeur *m*, -euse *f*; [animal, bird] maraudeur *m*, prédateur *m*.

marauding [məˈrɔːdɪŋ] *adj* maraudeur, en maraude; ~ **soldiers** des soldats en maraude.

marble [ˈmɑːbl] ◇ *n* -**1.** [stone, sculpture] marbre *m*. -**2.** [for game] bille *f*; **to play** ~**s** jouer aux billes □ **to lose one's** ~**s** *inf* perdre la boule.
◇ *comp* [fireplace, staircase, statue] de OR en marbre; [industry] marbrier; ~ **quarry** marbrière *f*, carrière *f* de marbre.
◇ *vt* marbrer.

marble cake *n* gâteau *m* marbré.

marbled [ˈmɑːbld] *adj* marbré.

marbling [ˈmɑːblɪŋ] *n* [gen] marbrure *f*; [in meat] marbré *m*.

marcasite [ˈmɑːkəˌsaɪt] *n* marcassite *f*.

march [mɑːtʃ] ◇ *n* -**1.** MIL marche *f*; **troops on the** ~ des troupes en marche; **the** ~ **on Versailles** la marche sur Versailles; **a** ~ **of 20 km** une marche de 20 km; **their camp was a day's** ~ **away** leur camp était à une journée de marche; **the** ~ **of time/events** *fig* la marche du temps/des événements □ **Sherman's** ~ **to the sea** *Am* HIST la marche vers l'océan du général Sherman. -**2.** [demonstration] manifestation *f*, marche *f*; **to go on a** ~ manifester, descendre dans la rue; **peace** ~ marche pour la paix. -**3.** [music] marche *f*; **slow/quick** ~ marche lente/rapide. -**4.** *(usu pl)* [frontier] frontière *f*; **the Welsh Marches** les marches *fpl* galloises.
◇ *vi* -**1.** MIL marcher (au pas); **the soldiers** ~**ed for three days and nights** les soldats ont marché pendant trois jours et trois nuits; **to** ~ **against the enemy** marcher contre l'ennemi; **to** ~ **off to war/into battle** partir à la guerre/au combat; **to** ~ **on a city** marcher sur une ville ‖ [at a ceremony, on parade] défiler; **the regiment** ~**ed past the President** le régiment défila devant le Président ‖ *fig* [time, seasons] avancer, s'écouler; **time** ~**es on** le temps s'écoule inexorablement. -**2.** [walk briskly] avancer d'un pas ferme OR résolu; **to** ~ **down the street/into a room** descendre la rue/entrer dans une pièce d'un pas résolu; **they** ~**ed off in a huff** ils partirent furieux; **she** ~**ed up to him and slapped him across the face** elle se dirigea droit sur lui et le gifla; **he** ~**ed impatiently up and down the station platform** il arpentait le quai impatiemment; **he** ~**ed upstairs** il monta l'escalier d'un air décidé. -**3.** [in demonstration] manifester; **the students** ~**ed alongside the workers** les étudiants manifestèrent aux côtés des ouvriers.
◇ *vt* -**1.** MIL faire marcher au pas; **the troops were** ~**ed out of the citadel** on fit sortir les troupes de la citadelle. -**2.** [lead forcibly]: **the prisoner was** ~**ed away/back to his cell** on conduisit/ramena le prisonnier dans sa cellule; **the shoplifter was** ~**ed into the manager's office** on conduisit le voleur dans le bureau du directeur; **the children were** ~**ed off to bed** les enfants ont été expédiés au lit (au pas de gymnastique).

SHERMAN'S MARCH TO THE SEA:
Opération menée en 1864 par le général nordiste Sherman en Géorgie pendant la guerre de Sécession. A la tête de 60 000 hommes et après avoir incendié la ville d'Atlanta, Sherman rejoignit la côte en détruisant sur son passage toute l'infrastructure sudiste: voies de chemin de fer, cultures, bétail, bâtiments etc.

March [mɑːtʃ] *n* (mois *m* de) mars *m*; ~ **hare** lièvre *m* en rut.

marcher [ˈmɑːtʃəʳ] *n* [in demonstration] manifestant *m*, -e *f*.

marching [ˈmɑːtʃɪŋ] ◇ *n* [gen & MIL] marche *f*.
◇ *adj* cadencé; **the sound of** ~ **feet** le bruit de pas cadencés.

marching orders *npl* -**1.** MIL ordre *m* de route. -**2.** *inf Br fig*: **to give sb his/her** ~ flanquer qqn à la porte; **she got her** ~ elle a été virée.

marchioness [ˈmɑːʃənes] *n* [aristocrat] marquise *f*.

march-past *n* défilé *m* (militaire).

Marcus Aurelius [ˈmɑːkəsɔːˈriːljəs] *pr n* Marc Aurèle.

mare [meəʳ] *n* jument *f*.

mare's nest *n* [illusion] illusion *f*; [disappointment] déception *f*.

margarine [ˌmɑːdʒəˈriːn, ˌmɑːgəˈriːn] *n* margarine *f*.

margarita [ˌmɑːgəˈriːtə] *n* margarita *f*.

marge *inf* [mɑːdʒ] *Br* = **margarine**.

margin [ˈmɑːdʒɪn] *n* -**1.** [on page] marge *f*; **written in the** ~ écrit dans la OR en marge. -**2.** [leeway] marge *f*; **a** ~ **of error/of safety** une marge d'erreur/de sécurité; **the** ~ **of error is negligible** la marge d'erreur est négligeable ‖ [distance, gap] marge *f*; **the opposition candidate won by a 10%** ~ le candidat de l'opposition a gagné avec une marge de 10 %; **they won by a narrow/wide** ~ ils ont gagné de justesse/avec une marge confortable. -**3.** COMM: **profit** ~ marge *f* (bénéficiaire). -**4.** [periphery - of field, lake] bord *m*; [- of wood] lisière *f*, orée *f*; **on the** ~ OR ~**s of society** en marge de la société.

marginal [ˈmɑːdʒɪnl] ◇ *adj* -**1.** [slight - improvement] léger; [- effect] minime, insignifiant; [- importance] mineur, secondaire; **a** ~ **case** un cas limite; **a** ~ **problem** un problème d'ordre secondaire □ ~ **land** AGR terre *f* de faible rendement. -**2.** COMM [business, profit] marginal. -**3.** [in margin - notes] marginal, en marge.
◇ *n* POL = **marginal seat**.

marginalia [ˌmɑːdʒɪˈneɪljə] *npl* annotations *fpl* OR notes *fpl* en marge.

marginalize, -ise [ˈmɑːdʒɪnəlaɪz] *vt* marginaliser.

marginally [ˈmɑːdʒɪnəlɪ] *adv* à peine, légèrement; **his health has improved only** ~ son état ne s'est guère amélioré.

marginal seat *n* POL *en Grande-Bretagne, circonscription dont le député ne dispose que d'une majorité très faible.*
margin release *n* déclenche-marge *m inv.*
marguerite [,mɑːgəˈriːt] *n* marguerite *f* BOT.
Maria [məˈraɪə] → **Black Maria**.
Maria de Medici [məˈrɪədeˈmedɪtʃiː] *pr n* Marie de Médicis.
Mariana Islands [,mærɪˈɑːnə-] *pl pr n*: the ~ les îles *fpl* Mariannes; in the ~ aux îles Mariannes.
Marie-Antoinette [ˈmærɪ,æntwəˈnet] *pr n* Marie-Antoinette.
marigold [ˈmærɪgəʊld] *n*: African ~ rose *f* d'Inde; (French) ~ œillet *m* d'Inde; (pot) ~ souci *m* (des jardins).
marihuana, marijuana [,mærɪˈwɑːnə] *n* marihuana *f*, marijuana *f*.
marina [məˈriːnə] *n* marina *f*.
marinade [,mærɪˈneɪd] ◇ *n* CULIN marinade *f*. ◇ *vt* mariner.
marinate [ˈmærɪneɪt] *vt* & *vi* CULIN mariner.
marine [məˈriːn] ◇ *adj* -**1.** [underwater] marin; ~ biology biologie *f* marine; ~ life vie *f* marine. -**2.** [naval] maritime; ~ engineering mécanique *f* navale; ~ insurance assurance *f* maritime.
◇ *n* -**1.** [ships collectively] marine *f*. -**2.** [soldier] fusilier *m* marin; [British or American] marine *m*; go tell it to the ~s! *inf* mon œil!, à d'autres!
Marine Corps *pr n Am* MIL Marines *mpl*.
mariner [ˈmærɪnəʳ] *n fml* OR *lit* marin *m*.
Mariolatry [,meərɪˈɒlətrɪ] *n* culte *m* excessif de la Vierge.
Mariology [,meərɪˈɒlədʒɪ] *n* mariologie *f*.
marionette [,mærɪəˈnet] *n* marionnette *f*.
marital [ˈmærɪtl] *adj* [vows, relations, duty] conjugal; [problem] conjugal, matrimonial; ~ **rights** droits *mpl* conjugaux; ~ **status** situation *f* de famille.
maritime [ˈmærɪtaɪm] *adj* maritime; ~ climate/law climat *m*/droit *m* maritime.
Maritime Provinces, Maritimes *pl pr n*: the ~ les Provinces *fpl* Maritimes.
marjoram [ˈmɑːdʒərəm] *n* marjolaine *f*, origan *m*.
mark [mɑːk] ◇ *n* -**1.** [symbol, sign] marque *f*, signe *m*; **to make a ~ on sthg** faire une marque sur qqch, marquer qqch; **punctuation ~** signe *m* de ponctuation || [on scale, in number, level] marque *f*, niveau *m*; **sales topped the 5 million ~** les ventes ont dépassé la barre des 5 millions; **to reach the half-way ~** arriver à mi-course; **don't go beyond the 50-metre ~** ne dépassez pas les 50 mètres; **gas ~ 6** *Br* CULIN thermostat 6 || [model]: ~ **3** COMM modèle *m* OR série *f* 3 || [feature] marque *f*; **the town bears the ~ of Greek classicism** la ville porte la marque du classicisme grec || [token] marque *f*, signe *m*; **a ~ of affection** une marque d'affection; **as a ~ of my esteem/friendship** en témoignage de mon estime/de mon amitié; **as a ~ of respect** en signe de respect. -**2.** [trace] trace *f*, marque *f*; **to leave ~s in the snow** [car] laisser des traces dans la neige; **there are finger ~s on the mirror** il y a des traces OR des marques de doigts sur la glace; **there are muddy ~s on the carpet** il y a des traces de boue sur la moquette; **the years she spent in prison have left their ~** ses années en prison l'ont marquée || [stain, blemish] tache *f*, marque *f*; **the cup has left a ~ on the table** la tasse a laissé une marque sur la table || [wound] trace *f* de coups; **there wasn't a ~ on the body** le corps ne portait aucune trace de coups. -**3.** SCH [grade] note *f*; **the ~ is out of 100** la note est sur 100; **to get full ~s** obtenir la meilleure note (possible) || [point] point *m*; **you need ten more ~s** il vous faut encore dix points || *fig*: **it will be a black ~ against his name** ça va jouer contre lui, ça ne va pas jouer en sa faveur; **she deserves full ~s for imagination** il faut saluer son imagination; **no ~s for guessing the answer!** il ne faut pas être sorcier pour deviner la réponse! -**4.** [impact] empreinte *f*, impression *f*; **to make one's ~** s'imposer, se faire un nom; **she made her ~ as a singer** elle s'est imposée OR elle s'est fait un nom dans la chanson; **they left their ~ on 20th-century history** ils ont profondément marqué l'histoire du XXᵉ siècle || [distinction] marque *f*; **to be of little ~** *Br* avoir peu d'importance. -**5.** *Br* [standard]: **to be up to the ~** [be capable] être à la hauteur; [meet expectations] être satisfaisant; **I'm afraid the work just isn't up to the ~** malheureusement le travail laisse à désirer || [in health]: **I still don't feel quite up to the ~** je ne suis pas encore en pleine forme. -**6.** *Br* [target] but *m*, cible *f*; **to hit/to miss the ~** atteindre/manquer la cible. -**7.** SPORT: **on your ~s, (get) set, go!** à vos marques, prêts, partez! || *Br fig*: **she is quick/slow off the ~** [clever] elle est/n'est pas très maligne, elle a/n'a pas l'esprit très vif; [in reactions] elle est/n'est pas très rapide; **you have to be quick off the ~** il faut réagir tout de suite OR immédiatement; **he's sometimes a bit too quick off the ~ in his criticism** il lui arrive d'avoir la critique un peu trop facile. -**8.** RUGBY arrêt *m* de volée; **to call for a ~** crier «marque» (en faisant un arrêt de volée). -**9.** [currency] mark *m*.
◇ *vt* -**1.** [label] marquer; **the towels were ~ed with his name** les serviettes étaient à son nom, son nom était marqué sur les serviettes; ~ **the text with your initials** inscrivez vos initiales sur ce texte; **shall I ~ her absent?** est-ce que je la marque absente?; **the table was ~ed "sold"** la table portait l'étiquette «vendue». -**2.** [stain] tacher, marquer; **the red wine ~ed the carpet** le vin rouge a taché la moquette || [face, hands] marquer; **his face was ~ed by suffering** son visage était marqué par la souffrance; **the scandal ~ed him for life** [mentally] le scandale l'a marqué pour la vie || ZOOL tacheter; **brown wings ~ed with blue** des ailes brunes tachetées de bleu. -**3.** [indicate] indiquer, marquer; **X ~s the spot** l'endroit est marqué d'un X; **today ~s a turning point in our lives** aujourd'hui marque un tournant dans notre vie. -**4.** [celebrate - anniversary, event] célébrer, marquer; **let's have some champagne to ~ the occasion** ouvrons une bouteille de champagne pour fêter l'événement. -**5.** [distinguish] marquer; **he has all the qualities that ~ a good golfer** il possède toutes les qualités d'un bon golfeur; **the period was ~ed by religious persecution** cette époque fut marquée par des persécutions religieuses. -**6.** SCH [essay, homework] corriger; [student] noter; **the exam was ~ed out of 100** l'examen a été noté sur 100; **to ~ sthg wrong/right** marquer qqch comme étant faux/juste. -**7.** [pay attention to]: **(you) ~ my words!** souvenez-vous de ce que je vous dis!; ~ **how he does it** *Br* observez bien la façon dont il s'y prend; ~ **you, I didn't believe him** *Br* remarquez, je ne l'ai pas cru. -**8.** SPORT [opponent] marquer. -**9.** *phr*: **to ~ time** MIL marquer le pas; *fig* attendre son heure OR le moment propice; **the government are just ~ing time until the elections** le gouvernement fait traîner les choses en attendant les élections.
◇ *vi* [garment] être salissant, se tacher facilement; **this material ~s easily** ce tissu est salissant.
◆ **mark down** *vt sep* -**1.** [write] noter, prendre note de, inscrire; ~ **the address down in your diary** notez l'adresse dans votre agenda. -**2.** [reduce - price] baisser; [- article] baisser le prix de; ~**ed down shirts** chemises démarquées OR soldées; **prices were ~ed down in early trading** ST. EX les valeurs étaient en baisse OR ont reculé en début de séance || SCH [essay, student] baisser la note de; **he was ~ed down for bad grammar** il a perdu des points à cause de la grammaire. -**3.** [single out] désigner; **my brother was ~ed down for the managership** mon frère a été désigné pour le poste de directeur; **I ~ed him down as a troublemaker** j'avais remarqué qu'il n'était bon qu'à créer des ennuis.
◆ **mark off** *vt sep* -**1.** [divide, isolate - area, period of time] délimiter; **one corner of the field had been ~ed off by a fence** un coin du champ avait été isolé par une barrière. -**2.** [measure - distance] mesurer. -**3.** *Br* [distinguish] distinguer; **his intelligence ~ed him off from his school friends** il se distinguait de ses camarades d'école par son intelligence. -**4.** [on list] cocher.
◆ **mark out** *vt sep* -**1.** [with chalk, paint - court, pitch] tracer les lignes de; [with stakes] jalonner; [with lights, flags] baliser; **his path in life is clearly ~ed out** *fig* son avenir est tout tracé. -**2.** [designate] désigner; **Brian was ~ed out for promotion** Brian était désigné pour obtenir une promotion; **they were ~ed out for special treatment** ils ont bénéficié d'un régime particulier. -**3.** *Br* [distinguish] distinguer; **her ambition ~s her out from her colleagues** son ambition la distingue de ses collègues.
◆ **mark up** *vt sep* -**1.** [on notice] marquer; **the menu is ~ed up on the blackboard** le menu est sur le tableau. -**2.** [increase - price] augmenter, majorer; [- goods] augmenter le prix de, majorer; **prices at last began to be ~ed up** ST. EX les cours sont enfin à la hausse. -**3.** [annotate] annoter; **I've ~ed the manuscript up** j'ai annoté le manuscrit.
Mark [mɑːk] *pr n* Marc; ~ **Antony** Marc Antoine; **Saint ~** saint Marc; **the Gospel According to (Saint) ~** l'Évangile selon saint Marc.
markdown [ˈmɑːkdaʊn] *n* démarque *f*.
marked [mɑːkt] *adj* -**1.** [noticeable] accentué, marqué, sensible; **he has a very ~ German accent** il a un accent allemand très prononcé; **in ~ contrast** en contraste total. -**2.** [bearing a mark] marqué; **he's a ~ man** c'est l'homme à abattre. -**3.** LING marqué.
markedly [ˈmɑːkɪdlɪ] *adv* d'une façon marquée, sensiblement, ostensiblement.
marker [ˈmɑːkəʳ] ◇ *n* -**1.** [pen] feutre *m*, marqueur *m*. -**2.** [indicator, landmark] jalon *m*, balise *f*. -**3.** [scorekeeper] marqueur *m*, -euse *f*. -**4.** SCH correcteur *m*, -trice *f*; **to be a hard ~** noter sévèrement. -**5.** [page marker] marque-page *m*, signet *m*. -**6.** SPORT marqueur *m*; **to lose one's ~** se démarquer (d'un adversaire). -**7.** LING marque *f*.
◇ *comp* [pen, buoy]: ~ **pen** marqueur *m*; ~ **buoy** bouée *f* de balisage.
market [ˈmɑːkɪt] ◇ *n* -**1.** [gen] marché *m*; **to go to (the) ~** aller au marché, aller faire son marché; ~ **square** place *f* du marché. -**2.** ECON marché *m*; **home and foreign ~** marché intérieur et extérieur; **the job ~** le marché de l'emploi; **the property ~** le marché immobilier; **a buyer's/seller's ~** un marché acheteur/vendeur; **to put sthg on the ~** mettre qqch en vente OR sur le marché; **they've just put their house on the ~** ils viennent de mettre leur maison en vente; **new products are always coming onto the ~** de nouveaux produits apparaissent constamment sur le marché; **a new electric car has been brought onto the ~** une nouvelle voiture électrique a été mise sur le marché; **to be on the open ~** être sur le marché libre; **she's in the ~ for Persian rugs** elle cherche à acheter des tapis persans, elle est acheteuse de tapis persans || [demand] demande *f*, marché *m*; **there's always a (ready) ~ for computer software** il y a toujours une forte demande pour les logiciels || [outlet] débouché *m*, marché *m*; **he's unable to find a ~ for his products** il ne trouve pas de débouchés pour ses produits || [clientele] marché *m*, clientèle *f*; **we hope to conquer the Australian ~** nous espérons conquérir le marché australien; **this ad should appeal to the teenage ~** cette pub devrait séduire les jeunes. -**3.** ST. EX marché *m*; [index] indice *m*; [prices] cours *mpl*; **the ~ has risen 10 points** l'indice est en hausse de 10 points; **to play the ~** jouer en bourse, spéculer.
◇ *vt* [sell] vendre, commercialiser; [launch] lancer OR mettre sur le marché.
◇ *vi Am* [go shopping] faire le marché; **to go ~ing** aller faire ses courses.

marketability [ˌmɑːkɪtəˈbɪlətɪ] *n* possibilité *f* de commercialisation.
marketable [ˈmɑːkɪtəbl] *adj* vendable, commercialisable; ST. EX négociable.
market economy *n* économie *f* de marché OR libérale.
marketeer [ˌmɑːkəˈtɪəʳ] *n* -**1.** black ~ trafiquant *m*, -e *f* (au marché noir). -**2.** *Br* POL: pro-~ partisan *m*, -e *f* du Marché commun; anti-~ adversaire *mf* du Marché commun.
market forces *npl* les forces *fpl* du marché.
market garden *n Br* jardin *m* maraîcher.
market gardener *n Br* maraîcher *m*, -ère *f*.
market gardening *n Br* culture *f* maraîchère.
marketing [ˈmɑːkɪtɪŋ] *n* [selling] commercialisation *f*, distribution *f*; [promotion, research] marketing *m*; ~ **strategy** stratégie *f* de commercialisation.
marketing consultant *n* conseil *m* en marketing.
market leader *n* [product] premier produit *m* sur le marché; [firm] leader *m* du marché.
market maker *n* FIN teneur *m* de marché.
marketplace [ˈmɑːkɪtpleɪs] *n* -**1.** [in town] place *f* du marché. -**2.** COMM marché *m*; **the ethics of the** ~ l'éthique *f* du marché; **the international/European** ~ le marché international/européen.
market price *n* COMM prix *m* marchand; ST. EX cours *m* du marché.
market research *n* étude *f* OR études *fpl* de marché; ~ **has shown that the idea is viable** des études de marché ont montré que l'idée a des chances de réussir; **he works in** ~ il travaille dans le marketing.
market researcher *n personne qui fait des études de marché.*
market share *n* part *f* de marché.
market town *n* bourg *m*.
market value *n* COMM valeur *f* marchande; ST. EX valeur *f* boursière OR en bourse.
marking [ˈmɑːkɪŋ] *n* -**1.** ZOOL tache *f*, marque *f*. -**2.** SCH correction *f*. -**3.** SPORT marquage *m*.
marking ink *n* encre *f* indélébile.
marksman [ˈmɑːksmən] (*pl* **marksmen** [-mən]) *n* tireur *m* d'élite; **police marksmen** des tireurs d'élite de la police.
marksmanship [ˈmɑːksmənʃɪp] *n* habileté *f* au tir.
markswoman [ˈmɑːksˌwʊmən] (*pl* **markswomen** [-ˌwɪmɪn]) *n* tireuse *f* d'élite.
mark-up *n* majoration *f*, augmentation *f* (de prix).
marl [mɑːl] ◇ *n* marne *f*.
◇ *vt* marner AGR.
marlin [ˈmɑːlɪn] *n* -**1.** [fish] makaire *m*. -**2.** = **marline**.
marline [ˈmɑːlɪn] *n* NAUT merlin *m*.
marlinspike [ˈmɑːlɪnspaɪk] *n* épissoir *m*.
marly [ˈmɑːlɪ] *adj* marneux.
marmalade [ˈmɑːməleɪd] ◇ *n* confiture *f* d'agrumes; **(orange)** ~ marmelade *f* d'orange; ~ orange orange *f* amère, bigarade *f*.
◇ *adj* [cat] roux.
Marmite® [ˈmɑːmaɪt] *n pâte à tartiner végétale à base d'extrait de levure.*
marmoreal [mɑːˈmɔːrɪəl] *adj lit* marmoréen.
marmoset [ˈmɑːməzet] *n* ouistiti *m*.
marmot [ˈmɑːmət] *n* marmotte *f*.
Maronite [ˈmærənaɪt] ◇ *adj* maronite.
◇ *n* Maronite *mf*.
maroon [məˈruːn] ◇ *vt* [abandon] abandonner *(sur une île ou une côte déserte)*; **to be** ~**ed** [shipwrecked] faire naufrage; **he felt** ~**ed in his suburban flat** *fig* il se sentait abandonné dans son appartement de banlieue.
◇ *adj* [colour] bordeaux *(inv)*.
◇ *n* -**1.** [colour] bordeaux *m*. -**2.** [rocket] fusée *f* de détresse.
Marplan [ˈmɑːplæn] *pr n nom d'un institut de sondage.*
marque [mɑːk] *n* [brand] marque *f*.
marquee [mɑːˈkiː] *n* -**1.** *Br* [tent] grande tente *f*; [for circus] chapiteau *m*. -**2.** *Am* [canopy at hotel, theatre] marquise *f*.
Marquesas Islands [mɑːˈkeɪsæs-] *pl pr n*: the ~ les îles *fpl* Marquises; in the ~ aux îles Marquises.
marquess [ˈmɑːkwɪs] *n* marquis *m*.
marquetry [ˈmɑːkɪtrɪ] ◇ *n* marqueterie *f*.
◇ *adj* [table] en marqueterie.
marquis [ˈmɑːkwɪs] = **marquess**.
Marrakech, Marrakesh [ˌmærəˈkeʃ] *pr n* Marrakech.
marriage [ˈmærɪdʒ] ◇ *n* -**1.** mariage *m*; [ceremony] mariage *m*, noces *fpl*; **to ask for sb's hand in** ~ *fml* demander la main de qqn, demander qqn en mariage; **to make an offer of** ~ faire une proposition de mariage; **to give sb in** ~ donner qqn en mariage; **to take sb in** ~ prendre qqn pour époux/épouse, épouser qqn; **he's my uncle by** ~ c'est mon oncle par alliance ❑ 'The Marriage at Cana' *Veronese* 'les Noces de Cana'; 'The Marriage of Figaro' *Beaumarchais* 'le Mariage de Figaro'; *Mozart* 'les Noces de Figaro'. -**2.** *fig* [union] mariage *m*, alliance *f*.
◇ *comp* conjugal, matrimonial; ~ **bed** lit *m* conjugal; ~ **ceremony** cérémonie *f* de mariage; ~ **vows** vœux *mpl* de mariage.
marriageable [ˈmærɪdʒəbl] *adj* mariable; **to be of** ~ **age** être en âge de se marier.
marriage broker *n* agent *m* matrimonial.
marriage bureau *n* agence *f* matrimoniale.
marriage certificate *n* extrait *m* d'acte de mariage.
marriage guidance *n* conseil *m* conjugal; ~ **counsellor** conseiller *m* conjugal, conseillère *f* conjugale.
marriage licence *n* ≃ certificat *m* de non-opposition au mariage.
marriage lines *inf npl Br dated* = **marriage certificate**.
marriage of convenience *n* mariage *m* de raison.
marriage settlement *n* [dowry] dot *f*; [between couple] ≃ contrat *m* de mariage, ≃ régime *m* matrimonial.
married [ˈmærɪd] *adj* [man, woman] marié, mariée; [life] conjugal; 'just ~' 'jeunes mariés'; **he's** ~ **to his work** *fig* il passe son temps à travailler ❑ ~ **couple** couple *m* marié; ~ **name** nom *m* d'épouse.
marrow [ˈmærəʊ] *n* -**1.** BIOL & *fig* moelle *f*; **frozen** OR **chilled to the** ~ gelé jusqu'à la moelle des os. -**2.** [vegetable] courge *f*.
marrowbone [ˈmærəʊbəʊn] *n* os *f* à moelle.
marrowfat pea [ˈmærəʊfæt] *n* pois *m* carré.
marry [ˈmærɪ] (*pt* & *pp* **married**) ◇ *vt* -**1.** [subj: fiancé] épouser, se marier avec; **to get married** se marier; **to be married (to sb)** être marié (avec qqn); **will you** ~ **me?** veux-tu m'épouser?; **to** ~ **money** faire un mariage d'argent. -**2.** [subj: priest] marier; **they were married by the archbishop** ils ont été mariés par l'archevêque. -**3.** *fig* [styles] marier, allier.
◇ *vi* se marier; **he's not the** ~**ing type** ce n'est pas le genre à se marier; **she married beneath herself/above herself** elle s'est mésalliée/a fait un beau mariage; **to** ~ **for money** faire un mariage d'argent; **she married into a farming family** elle a épousé un agriculteur.
◆ **marry off** *vt sep* marier; **she married off her daughter to an aristocrat** elle a marié sa fille à un aristocrate.
◆ **marry up** ◇ *vt sep* [join together] marier.
◇ *vi insep* s'associer.
Mars [mɑːz] *pr n* ASTRON & MYTH Mars.
Marseille, Marseilles [mɑːˈseɪ] *pr n* Marseille.
marsh [mɑːʃ] *n* marais *m*, marécage *m*.
marshal [ˈmɑːʃl] (*Br pt* & *pp* **marshalled**, *cont* **marshalling**, *Am pt* & *pp* **marshaled**, *cont* **marshaling**) ◇ *n* -**1.** MIL maréchal *m*. -**2.** [at public event] membre *m* du service d'ordre; [in law court] huissier *m*; [at race-track] commissaire *m*. -**3.** *Am* [police chief] commissaire *m* de police; [fire chief] capitaine *m* des pompiers; [district police officer] commissaire *m*.
◇ *vt* -**1.** MIL [troops] masser, rassembler; **the troops were marshalled into the square** on rassembla les troupes sur la place || [people, group] canaliser, diriger; **she marshalled the children out of the room** elle dirigea les enfants vers la porte. -**2.** [organize - arguments, thoughts] rassembler; **he's trying to** ~ **support for his project** il essaie d'obtenir du soutien pour son projet.
marshalling yard [ˈmɑːʃəlɪŋ-] *n Br* centre *m* OR gare *f* de triage.
Marshall Islands [ˈmɑːʃl-] *pl pr n*: the ~ les îles *fpl* Marshall; in the ~ aux îles Marshall.
Marshall Plan [ˈmɑːʃl-] *pr n*: the ~ le Plan Marshall.

MARSHALL PLAN:
Le Plan Marshall, du nom du général et secrétaire d'État américain l'ayant élaboré, est le programme américain d'aide à la reconstruction économique de l'Europe d'après-guerre.

marsh fever *n* fièvre *f* des marais, paludisme *m*.
marsh gas *n* gaz *m* des marais, méthane *m*.
marsh hen *n* poule *f* d'eau, râle *m* d'eau.
marshland [ˈmɑːʃlænd] *n* marais *m*, terrain *m* marécageux.
marshmallow [*Br* mɑːʃˈmæləʊ, *Am* ˈmarʃˌmeləʊ] *n* BOT guimauve *f*; CULIN [sweet] guimauve *f*.
marsh marigold *n* souci *m* d'eau, populage *m*.
marshy [ˈmɑːʃɪ] (*compar* **marshier**, *superl* **marshiest**) *adj* marécageux.
Marston Moor [ˈmɑːstənˈmɔːr] *pr n première grande victoire, en 1644, des armées alliées du Parlement anglais et de l'Écosse contre les royalistes, pendant la guerre civile en Angleterre.*
marsupial [mɑːˈsuːpjəl] ◇ *adj* marsupial.
◇ *n* marsupial *m*.
mart [mɑːt] *n* -**1.** [market] marché *m*; **second-hand car** ~ magasin *m* de voitures d'occasion. -**2.** [auction room] salle *f* des ventes.
marten [ˈmɑːtɪn] *n* marte *f*, martre *f*.
Martha [ˈmɑːθə] *pr n* Marthe.
martial [ˈmɑːʃl] *adj* [military] martial; [warlike] martial, guerrier; ~ **music** musique *f* militaire.
martial art *n* art *m* martial.
martial law *n* loi *f* martiale.
Martian [ˈmɑːʃn] ◇ *n* Martien *m*, -enne *f*.
◇ *adj* martien.
martin [ˈmɑːtɪn] *n* martinet *m*; **house** ~ hirondelle *f* de fenêtre.
martinet [ˌmɑːtɪˈnet] *n* tyran *m*.
martingale [ˈmɑːtɪŋgeɪl] *n* [of horse] martingale *f*.
martini ® [mɑːˈtiːnɪ] *n* martini *m*.
Martinique [ˌmɑːtɪˈniːk] *pr n* Martinique *f*; **in** ~ à la OR en Martinique.
Martinmas [ˈmɑːtɪnməs] *n* Saint-Martin *f*; **at** ~ à la Saint-Martin.
martyr [ˈmɑːtəʳ] ◇ *n* martyr *m*, -e *f*; **to die a** ~ mourir en martyr || *fig*: **she's always making a** ~ **of herself** elle joue toujours les martyres; **he's a** ~ **to rheumatism** ses rhumatismes lui font souffrir le martyre.
◇ *vt* martyriser; **to put on a** ~**ed look** *fig* prendre des airs de martyr.
martyrdom [ˈmɑːtədəm] *n* RELIG martyre *m*; *fig* martyre *m*, calvaire *m*.
martyrize, -ise [ˈmɑːtəraɪz] *vt* martyriser.
MARV [mɑːv] (*abbr of* **manoeuvrable re-entry vehicle**) *n* MARV *m*.
marvel [ˈmɑːvl] (*Br pt* & *pp* **marvelled**, *cont* **marvelling**, *Am pt* & *pp* **marveled**, *cont* **marveling**) ◇ *n* -**1.** [miracle] merveille *f*, miracle *m*, prodige *m*; **to do** OR **to work** ~**s** faire des merveilles; **it's a** ~ **to me that she managed to survive** pour moi, c'est un miracle qu'elle ait survécu. -**2.** [marvellous person]: **you're a** ~**!** tu es une vraie petite merveille!
◇ *vi*: **to** ~ **at sthg** s'émerveiller de qqch; **I** ~

at the speed they get things done je suis émerveillé par la vitesse à laquelle ils font les choses.
◇ *vt*: **he marvelled that she had kept so calm** il n'en revenait pas qu'elle ait pu rester si calme.

marvellous *Br*, **marvelous** *Am* ['mɑːvələs] *adj* [amazing] merveilleux, extraordinaire; [miraculous] miraculeux.

marvellously *Br*, **marvelously** *Am* ['mɑːvələslɪ] *adv* merveilleusement, à merveille.

Marxism ['mɑːksɪzm] *n* marxisme *m*.

Marxism-Leninism *n* marxisme-léninisme *m*.

Marxist ['mɑːksɪst] ◇ *adj* marxiste.
◇ *n* marxiste *mf*.

Marxist-Leninist ◇ *adj* marxiste-léniniste.
◇ *n* marxiste-léniniste *mf*.

Mary ['meərɪ] *pr n* Marie; ~ **Magdalene** Marie Madeleine; **the Virgin** ~ la Vierge Marie.

Maryland ['meərɪlənd] *pr n* Maryland *m*; **in** ~ dans le Maryland.

marzipan ['mɑːzɪpæn] ◇ *n* pâte *f* d'amandes.
◇ *comp* [cake, sweet etc] à la pâte d'amandes.

mascara [mæs'kɑːrə] *n* mascara *m*.

mascaraed [mæs'kɑːrəd] *adj*: **she had heavily** ~ **eyelashes** elle portait beaucoup de mascara.

mascon ['mæskɒn] *n* mascon *m*, réplétion *f*.

mascot ['mæskət] *n* mascotte *f*.

masculine ['mæskjʊlɪn] ◇ *adj* masculin.
◇ *n* GRAMM masculin *m*.

masculinity [,mæskjʊ'lɪnətɪ] *n* masculinité *f*.

maser ['meɪzəʳ] *n* maser *m*.

mash [mæʃ] ◇ *n* -**1.** *inf Br* CULIN purée *f* (de pommes de terre); **bangers and** ~ saucisses-purée *fpl*. -**2.** [for horses] mash *m*. -**3.** [in brewing] moût *m*. -**4.** *inf* [pulp] pulpe *f*, bouillie *f*.
◇ *vt* -**1.** [crush] écraser, broyer; ~ **it all together** écraser le tout; ~ **it (up) well** bien écraser. -**2.** CULIN faire une purée de; ~**ed potato** OR **potatoes** purée *f* (de pommes de terre). -**3.** [in brewing] brasser.

MASH [mæʃ] (*abbr of* **mobile army surgical hospital**) *n* *hôpital militaire de campagne*.

masher ['mæʃəʳ] *n* broyeur *m*; [for potatoes] presse-purée *m inv*.

mask [mɑːsk] ◇ *n* -**1.** *literal* & *fig* masque *m*; PHOT cache *m*. -**2.** COMPUT masque *m*.
◇ *vt* -**1.** [face] masquer. -**2.** [truth, feelings] masquer, cacher, dissimuler. -**3.** [house] masquer, cacher; [view] boucher, masquer; [flavour, smell] masquer, recouvrir. -**4.** [in painting, photography] masquer, cacher.
◆ **mask out** *vt sep* PHOT masquer, cacher.
◆ **mask up** *vi insep* [surgeon] se masquer, se mettre un masque.

masked [mɑːskt] *adj* [face, man] masqué.

masked ball *n* bal *m* masqué.

masking ['mɑːskɪŋ] *n* masquage *m*.

masking tape *n* papier *m* à maroufler.

masochism ['mæsəkɪzm] *n* masochisme *m*.

masochist ['mæsəkɪst] ◇ *adj* masochiste.
◇ *n* masochiste *mf*.

masochistic [,mæsə'kɪstɪk] *adj* masochiste.

mason ['meɪsn] *n* [stoneworker] maçon *m*.
◆ **Mason** *n* [Freemason] Maçon *m*, franc-maçon *m*.

Mason-Dixon Line [,meɪsn'dɪksn-] *pr n* *frontière sud de la Pennsylvanie qui marquait aussi la limite entre les États esclavagistes et les États anti-esclavagistes.*

Masonic [mə'sɒnɪk] *adj* maçonnique, franc-maçonnique; ~ **lodge** loge *f* maçonnique.

masonry ['meɪsnrɪ] ◇ *n* [stonework, skill] maçonnerie *f*; **a large piece of** ~ un gros bloc de pierre.
◇ *comp*: ~ **drill** perçeuse *f*.
◆ **Masonry** *n* [Freemasonry] Maçonnerie *f*, franc-maçonnerie *f*.

masque [mɑːsk] *n* THEAT masque *m*.

masquerade [,mæskə'reɪd] ◇ *n literal* & *fig* mascarade *f*.
◇ *vi*: **to** ~ **as** [pretend to be] se faire passer pour; [disguise o.s. as] se déguiser en.

mass [mæs] ◇ *n* -**1.** PHYS masse *f*; **dyed in the** ~ TEX teinté dans la masse. -**2.** [large quantity or amount] masse *f*, quantité *f*; **a** ~ **of documents** une masse de documents; **a** ~ **of work** une quantité de travail; **the streets were a solid** ~ **of people/traffic** les rues regorgeaient de monde/de voitures || [bulk] masse *f*; **the dark** ~ **of the mountains** la masse sombre des montagnes. -**3.** [majority] majorité *f*, plupart *f*; **the** ~ **of the people are in favour of this policy** la majorité des gens est favorable à cette politique; **in the** ~ dans l'ensemble. -**4.** GEOG: **land** ~ masse *f* continentale.
◇ *adj* [for all - communication, education] de masse; [large-scale - starvation, unemployment] à OR sur une grande échelle; [involving many - resignation] massif, en masse; [collective - funeral] collectif; **this product will appeal to a** ~ **audience** ce produit plaira à un large public; ~ **consumption/culture** consommation *f*/culture *f* de masse; ~ **demonstration** grande manifestation *f*; ~ **execution** exécution *f* en masse; ~ **grave** charnier *m*; ~ **meeting** grand rassemblement *m*; ~ **hypnosis/hysteria** hypnose *f*/hystérie *f* collective; ~ **suicide** suicide *m* collectif; ~ **murder** tuerie *f*; ~ **murderer** tueur *m* fou.
◇ *vi* [people] se masser; [clouds] s'amonceler; **the crowds were** ~**ing in the square** des milliers de personnes se massaient sur la place.
◇ *vt* [troops] masser.

Mass [mæs] *n* RELIG -**1.** [music] messe *f*; ~ **in B Minor** messe en si mineur. -**2.** [ceremony] messe *f*; **to go to** ~ aller à la messe; **to say** ~ dire la messe.

Mass. *written abbr of* Massachusetts.

Massachusetts [,mæsə'tʃuːsɪts] *pr n* Massachusetts *m*; **in** ~ dans le Massachusetts.

massacre ['mæsəkəʳ] ◇ *vt* -**1.** [kill] massacrer. -**2.** *inf* SPORT écraser.
◇ *n* massacre *m*; **the Massacre of the Innocents** le Massacre des Innocents.

massage [*Br* 'mæsɑːʒ, *Am* mə'sɑːʒ] ◇ *n* massage *m*.
◇ *vt literal* masser; *fig* [statistics, facts] manipuler.

massage parlour *n* salon *m* de massage.

masse [mæs] *n* → **en masse**.

massed [mæst] *adj* -**1.** [crowds, soldiers] massé, regroupé; ~ **bands** *Br* ensemble *m* de fanfares. -**2.** [collective] de masse; **the** ~ **weight of public opinion** le poids de l'opinion publique.

mass-energy *comp*: ~ **equation** OR **relation** relation *f* masse-énergie.

masses ['mæsɪz] *npl* -**1. the** ~ les masses *fpl*; **culture for the** ~ la culture à la portée de tous OR à la portée du plus grand nombre. -**2.** *inf* [large amount]: **we've got** ~ on en a plein; ~ **of** des masses de, plein de; **we ate** ~ **of sweets** on a mangé plein de bonbons.

masseur [*Br* mæ'sɜːʳ, *Am* mæ'sʊər] *n* masseur *m*.

masseuse [*Br* mæ'sɜːz, *Am* mæ'suːz] *n* masseuse *f*.

massif ['mæsiːf] *n* massif *m* (montagneux).

massive ['mæsɪv] *adj* [in size] massif, énorme; [dose, increase] massif; [majority] écrasant; [change, explosion] énorme; [sound] retentissant; **the general was a** ~ **man** le général était un homme massif.

massively ['mæsɪvlɪ] *adv* massivement; **he's** ~ **built** il est solidement bâti.

mass-market *adj* grand public *inv*.

mass media *n* OU *npl* mass media *mpl*.

mass noun *n* nom *m* non comptable.

mass number *n* nombre *m* de masse.

mass-produce *vt* fabriquer en série.

mass production *n* fabrication *f* OR production *f* en série.

mast [mɑːst] *n* -**1.** [on ship, for flag] mât *m*; [for radio or TV aerial] pylône *m*. -**2.** [animal food] faine *f* *(destinée à l'alimentation animale)*.

mastectomy [mæs'tektəmɪ] (*pl* **mastectomies**) *n* mastectomie *f*, mammectomie *f*.

master ['mɑːstəʳ] ◇ *n* -**1.** [of household, dog, servant, situation] maître *m*; **the** ~ **of the house** le maître de maison; **to be** ~ **in one's own house** être maître chez soi; **to be one's own** ~ être son propre maître; **to be (the)** ~ **of one's fate** être maître de son destin; **he's** ~ **of the situation** il est maître de la situation ❑ ~ **of ceremonies** [at reception] maître des cérémonies; [on TV show] présentateur *m*; ~ **of hounds** OR **foxhounds** maître d'équipage; **Master of the Rolls** ≃ président *m* de la cour d'appel *(en Grande-Bretagne)*. -**2.** [expert] maître *m*; **chess** ~ maître; **he's a** ~ **at the art of ducking questions** il est maître dans l'art d'éluder les questions. -**3.** SCH [in primary school] instituteur *m*, maître *m* d'école; [in secondary school] professeur *m*; [private tutor] maître *m*; **history** ~ professeur d'histoire. -**4.** UNIV: **Master of Arts/Science** [diploma] ≃ maîtrise *f* ès lettres/ès sciences; [person] ≃ titulaire *mf* d'une maîtrise de lettres/de sciences; **she's doing a** ~**'s (degree) in philosophy** elle prépare une maîtrise de philosophie. -**5.** *dated* & *fml* [boy's title] monsieur *m*. -**6.** ART maître *m*. -**7.** NAUT [of ship] capitaine *m*; [of fishing boat] patron *m*. -**8.** UNIV [head of college] principal *m*. -**9.** [original copy] original *m*; [standard] étalon *m*.
◇ *vt* -**1.** [person, animal] maîtriser, dompter; [problem, difficulty] surmonter, venir à bout de; [emotions] maîtriser, surmonter; [situation] maîtriser, se rendre maître de; **to** ~ **o.s.** se maîtriser, se dominer. -**2.** [subject, technique] maîtriser; **she** ~**ed Portuguese in only 6 months** 6 mois lui ont suffi pour maîtriser le portugais.
◇ *adj* -**1.** [overall] directeur, maître; ~ **plan** stratégie *f* globale. -**2.** [in trade] maître; ~ **baker/chef/craftsman** maître boulanger *m*/chef *m*/artisan *m*; **a** ~ **thief/spy** un voleur/un espion de génie. -**3.** [controlling] principal; ~ **switch** interrupteur *m* général. -**4.** [original] original; ~ **tape** bande *f* originale; ~ **copy** original *m*.

master-at-arms (*pl* **masters-at-arms**) *n* capitaine *m* d'armes.

master beam *n* poutre *f* maîtresse.

master bedroom *n* chambre *f* principale.

master builder *n* maître *m* bâtisseur.

master card *n* carte *f* maîtresse.

master class *n* cours *m* de maître; MUS master class *m*.

master cylinder *n* maître-cylindre *m*.

master file *n* COMPUT fichier *m* principal OR maître.

masterful ['mɑːstəfʊl] *adj* -**1.** [dominating] autoritaire. -**2.** = **masterly**.

masterfully ['mɑːstəfʊlɪ] *adv* -**1.** [dominatingly] fermement, autoritairement; **to speak** ~ parler sur un ton autoritaire. -**2.** [skilfully] magistralement.

master key *n* passe-partout *m inv*.

masterly ['mɑːstəlɪ] *adj* magistral; **a** ~ **performance** une performance magistrale; **in a** ~ **fashion** magistralement, avec maestria.

master mariner *n* capitaine *m*.

mastermind ['mɑːstəmaɪnd] ◇ *n* [genius] cerveau *m*, génie *m*; [of crime, operation] cerveau *m*.
◇ *vt* diriger, organiser; **she** ~**ed the whole operation** c'est elle qui a dirigé toute l'opération, c'est elle le cerveau de toute l'opération.
◆ **Mastermind** *pr n jeu télévisé britannique portant sur des questions de culture générale.*

masterpiece ['mɑːstəpiːs] *n literal* & *fig* chef-d'œuvre *m*.

master race *n* race *f* supérieure.

masterstroke ['mɑːstəstrəʊk] *n* coup *m* de maître.

mastery ['mɑːstərɪ] (*pl* **masteries**) *n* -**1.** [domination, control] maîtrise *f*, domination *f*; ~ **of** OR **over a situation** maîtrise d'une situation; ~ **of an opponent** supériorité *f* sur un adversaire. -**2.** [of art, subject, language] maîtrise *f*, connaissance *f*. -**3.** [masterly skill] maestria *f*, brio *m*.

masthead ['mɑːsthed] *n* -**1.** NAUT tête *f* de mât. -**2.** PRESS titre *m*.

mastic ['mæstɪk] *n* [resin] mastic *m* de Chio; [filler, seal] mastic *m*; ~ **tree** lentisque *m*, arbre *m* à mastic.

masticate ['mæstɪkeɪt] *vi* & *vt* mastiquer, mâcher.

mastication [,mæstɪ'keɪʃn] *n* mastication *f*.

masticatory ['mæstɪkətrɪ] ◇ *n* MED masticatoire *m*.
◇ *adj* [muscle] masticateur; [function] masticatoire.

mastiff ['mæstɪf] *n* mastiff *m*.

mastodon ['mæstədɒn] *n* mastodonte *m*.

mastoid ['mæstɔɪd] ◇ *adj* ANAT mastoïdien.
◇ *n* -**1.** [bone] mastoïde *f*. -**2.** *inf* = **mastoiditis**.

mastoiditis [,mæstɔɪ'daɪtɪs] *n* *(U)* mastoïdite *f*.

masturbate ['mæstəbeɪt] ◇ *vi* se masturber.
◇ *vt* masturber.

masturbation [,mæstə'beɪʃn] *n* masturbation *f*.

masturbatory [,mæstə'beɪtərɪ] *adj* masturbatoire.

mat [mæt] (*pt* & *pp* matted, *cont* matting) ◇ *adj* = **matt**.
◇ *n* -**1.** [floor covering] (petit) tapis *m*, carpette *f*; [doormat] paillasson *m*; [in gym] tapis *m*; **to be on the** ~ *inf* être sur la sellette; **to have sb on the** ~ *inf* faire passer un mauvais quart d'heure à qqn. -**2.** [for sleeping on] natte *f*. -**3.** [on table] set *m* de table; [for hot dishes] dessous-de-plat *m inv*.
◇ *vi* -**1.** [hair] s'emmêler. -**2.** [material] (se) feutrer.

matador ['mætədɔːʳ] *n* matador *m*.

match [mætʃ] ◇ *n* -**1.** SPORT match *m*, rencontre *f*; **a rugby/boxing** ~ un match de rugby/de boxe; **game, set and** ~ TENNIS jeu, set et match; **to play a** ~ jouer un match. -**2.** [equal] égal *m*, -e *f*; **he's found** OR **met his** ~ **(in Pauline)** il a trouvé à qui parler (avec Pauline); **he's a** ~ **for her any day** il est de taille à lui faire face; **Dave is no** ~ **for Rob** Dave ne fait pas le poids contre Rob; **they were more than a** ~ **for us** nous ne faisions pas le poids contre eux. -**3.** [couple] couple *m*; [marriage] mariage *m*; **they are a good** ~ ils vont bien ensemble; **to make a** ~ arranger un mariage; **to find a (good)** ~ **for sb** trouver un (beau) parti à qqn. -**4.** [combination]: **these colours are a good** ~ ces couleurs se marient bien OR vont bien ensemble; **the new paint's not quite a perfect** ~ la nouvelle peinture n'est pas exactement de la même couleur que la précédente. -**5.** [for lighting] allumette *f*; **to light** OR **to strike a** ~ frotter OR craquer une allumette; **to put** OR **to set a** ~ **to sthg** mettre le feu à qqch; **a box/book of** ~**es** une boîte/une pochette d'allumettes. -**6.** [fuse] mèche *f*.
◇ *vt* -**1.** [be equal to] être l'égal de, égaler; **his arrogance is** ~**ed only by that of his father** son arrogance n'a d'égale que celle de son père. -**2.** [go with - subj: clothes, colour] s'assortir à, aller (bien) avec, se marier (harmonieusement) avec; **the gloves** ~ **the scarf** les gants sont assortis à l'écharpe. -**3.** [coordinate]: **I'm trying to** ~ **this paint** je cherche une peinture identique à celle-ci; **can you** ~ **the names with the photographs?** pouvez-vous attribuer à chaque photo le nom qui lui correspond?; **I tried to** ~ **my gestures to theirs** j'ai essayé d'imiter leurs gestes; **he and his wife are well** ~**ed** lui et sa femme vont bien ensemble. -**4.** [oppose]: **to** ~ **sb against sb** opposer qqn à qqn; **he** ~**ed his skill against the champion's** il mesura son habileté à celle du champion; **the two teams are well** ~**ed** les deux équipes sont de force égale. -**5.** [find equal to] égaler; **to** ~ **an offer** égaler une offre; **this restaurant can't be** ~**ed for quality** ce restaurant n'a pas son pareil pour ce qui est de la qualité.
◇ *vi* aller (bien) ensemble, être bien assorti; **these colours don't** ~ ces couleurs ne vont pas très bien ensemble; **a red scarf with a bonnet to** ~ un foulard rouge avec un bonnet assorti; **I can't find two socks that** ~ je ne parviens pas à trouver deux chaussettes identiques; **none of the glasses** ~**ed** les verres étaient tous dépareillés.
◆ **match up** ◇ *vt sep* = **match** *vt* **3**.
◇ *vi insep* [dates, figures] correspondre; [clothes, colours] aller (bien) ensemble, être bien assorti.
◆ **match up to** *vt insep* valoir; **his jokes don't** ~ **(up to) Mark's** ses plaisanteries ne valent pas celles de Mark; **the hotel didn't** ~ **(up to) our expectations** l'hôtel nous a déçus OR ne répondait pas à notre attente.

matchboard ['mætʃbɔːd] *n (U)* [for floor] lames *fpl* de parquet; [for walls, ceiling] lambris *mpl*.

matchbook ['mætʃbʊk] *n* pochette *f* d'allumettes.

matchbox ['mætʃbɒks] *n* boîte *f* d'allumettes.

match-fit *adj Br*: **they only have ten** ~ **players** ils n'ont que dix joueurs en état de jouer.

match fitness *n Br*: **I haven't reached full** ~ **yet** je n'ai pas encore retrouvé ma forme (pour jouer).

matching ['mætʃɪŋ] *adj* assorti; **a blue suit with a** ~ **tie** un costume bleu avec une cravate assortie.

matchless ['mætʃlɪs] *adj lit* sans égal, sans pareil.

matchlock ['mætʃlɒk] *n* fusil *m* à mèche.

matchmaker ['mætʃ,meɪkəʳ] *n* -**1.** [gen] entremetteur *m*, -euse *f*; [for marriage] marieur *m*, -euse *f*. -**2.** [manufacturer] fabricant *m* d'allumettes.

matchmaking ['mætʃ,meɪkɪŋ] *n*: **he loves** ~ [gen] il adore jouer les entremetteurs; [for marriage] il adore jouer les marieurs.

match-play *adj* GOLF: ~ **tournament** match-play *m*.

match point *n* TENNIS balle *f* de match.

matchstick ['mætʃstɪk] *n Br* allumette *f*; ~ **men** personnages *mpl* stylisés *(dessinés de simples traits)*.

match-winner *n* atout *m* pour gagner, joker *m*; **he is the possible** ~ **in the team** il est sans doute le meilleur atout de l'équipe (pour gagner).

matchwood ['mætʃwʊd] *n* bois *m* d'allumettes; **smashed** OR **reduced to** ~ *Br* réduit en miettes.

mate¹ [meɪt] ◇ *n* -**1.** *inf Br* & *Austr* [friend] pote *m*, copain *m*; [term of address]: **listen,** ~**!** *inf* écoute, mon vieux! -**2.** [colleague] camarade *mf* (de travail). -**3.** [workman's helper] aide *mf*; **plumber's** ~ aide-plombier *m*. -**4.** NAUT [in navy] second maître *m*; [on merchant vessel]: **(first)** ~ second *m*; **second** ~ lieutenant *m*. -**5.** ZOOL mâle *m*, femelle *f*; *hum* [husband] époux *m*; [wife] épouse *f*; [lover] partenaire *mf*; **some animals pine when separated from their** ~ certains animaux dépérissent quand on les sépare de leur compagnon. -**6.** [in chess] mat *m*.
◇ *vt* -**1.** ZOOL accoupler; **to** ~ **a cow with a bull** accoupler une vache à un taureau. -**2.** [in chess] mettre échec et mat, mater.
◇ *vi* s'accoupler.

mate², **maté** ['mæteɪ] *n* -**1.** [tree] (variété *f* de) houx *m*. -**2.** [drink] maté *m*.

mater ['meɪtəʳ] *n Br dated* & *hum* mère *f*, maman *f*.

material [mə'tɪərɪəl] ◇ *n* -**1.** [wood, plastic, stone etc] matière *f*, substance *f*; [as constituent] matériau *m*; **building** ~**s** matériaux de construction; **raw** ~**s** matières *fpl* premières. -**2.** [cloth] tissu *m*, étoffe *f*; **curtain** ~ tissu pour faire des rideaux. -**3.** *(U)* [ideas, data] matériaux *mpl*, documentation *f*; **I'm collecting** ~ **for a novel** je rassemble des matériaux pour un roman; **background** ~ documentation de base. -**4.** [finished work]: **written** ~ des textes *mpl*; **published** ~ des publications *fpl*; **a comic who writes his own** ~ un comique qui écrit ses propres textes OR sketches; **a singer who writes his own** ~ un auteur-compositeur; **publicity** ~ publicité *f*; **reading** ~ lecture *f*. -**5.** [necessary equipment] matériel *m*; **writing** ~ matériel pour écrire; **teaching** ~**s** SCH supports *mpl* pédagogiques; **reference** ~**s** documents *mpl* de référence. -**6.** [suitable person or persons]: **is he officer/university** ~**?** a-t-il l'étoffe d'un officier/universitaire?; **they're not first division** ~ ils ne sont pas de taille à jouer en première division.
◇ *adj* -**1.** [concrete] matériel; **the** ~ **world** le monde matériel; ~ **comforts** confort *m* matériel; ~ **possessions** biens *mpl* matériels; **of** ~ **benefit** d'un apport capital. -**2.** *fml* [relevant] pertinent; **that is not** ~ **to the present discussion** cela n'a aucun rapport OR n'a rien à voir avec ce dont nous discutons; **the facts** ~ **to the investigation** les faits qui présentent un intérêt pour l'enquête ❑ ~ **evidence** JUR preuve *f* matérielle OR tangible.

materialism [mə'tɪərɪəlɪzm] *n* matérialisme *m*.

materialist [mə'tɪərɪəlɪst] ◇ *adj* matérialiste.
◇ *n* matérialiste *mf*.

materialistic [mə,tɪərɪə'lɪstɪk] *adj* matérialiste.

materialization [mə,tɪərɪəlaɪ'zeɪʃn] *n* matérialisation *f*.

materialize, -ise [mə'tɪərɪəlaɪz] ◇ *vi* -**1.** [become fact] se matérialiser, se réaliser; [take shape] prendre forme; **the promised pay rise never** ~**d** l'augmentation promise ne s'est jamais concrétisée. -**2.** *inf* [arrive]: **he eventually** ~**d around ten** il a fini par se pointer vers dix heures. -**3.** [ghost, apparition] se matérialiser.
◇ *vt* matérialiser.

materially [mə'tɪərɪəlɪ] *adv* matériellement.

maternal [mə'tɜːnl] *adj* [motherly] maternel; ~ **grandfather** grand-père *m* maternel.

maternity [mə'tɜːnətɪ] ◇ *n* maternité *f*.
◇ *comp* [dress] de grossesse; [ward] de maternité; ~ **home** OR **hospital** maternité *f*.

maternity allowance *n allocation de maternité versée par l'État à une femme n'ayant pas droit à la «maternity pay»*.

maternity benefit *n* ≃ allocations *fpl* de maternité.

maternity leave *n* congé *m* (de) maternité.

maternity pay *n allocation de maternité versée par l'employeur*.

matey *inf* ['meɪtɪ] ◇ *n Br* pote *m*; [term of address]: **all right,** ~**?** ça va, mon vieux?
◇ *adj* [pally] copain; **he's very** ~ **with me** il est très copain avec moi.

mateyness ['meɪtɪnɪs] = **matiness**.

math [mæθ] *Am* = **maths**.

mathematical [,mæθə'mætɪkl] *adj* mathématique; **a** ~ **genius** un génie en mathématiques; **I haven't got a** ~ **mind** je n'ai pas l'esprit mathématique ❑ ~ **linguistics/logic** linguistique *f*/logique *f* mathématique.

mathematically [,mæθə'mætɪklɪ] *adv* mathématiquement.

mathematician [,mæθəmə'tɪʃn] *n* mathématicien *m*, -enne *f*.

mathematics [,mæθə'mætɪks] ◇ *n (U)* [science, subject] mathématiques *fpl*.
◇ *npl* [calculations involved]: **can you explain the** ~ **of it to me?** pouvez-vous m'expliquer comment on parvient à ce résultat?

maths [mæθs] (*abbr of* **mathematics**) *n (U) Br* maths *fpl*.

matinee, matinée ['mætɪneɪ] *n* CIN & THEAT matinée *f*.

matinee coat *n Br* veste *f* de bébé.

matinee idol *n dated* OR *hum* idole *f* (romantique).

matinee jacket *Br* = **matinee coat**.

matiness *inf* ['meɪtɪnɪs] *n Br* camaraderie *f*.

mating ['meɪtɪŋ] ◇ *n* accouplement *m*.
◇ *comp*: ~ **call** appel *m* du mâle OR de la femelle; ~ **instinct** instinct *m* sexuel; ~ **season** saison *f* des amours.

matins ['mætɪnz] = **mattins**.

matriarch ['meɪtrɪɑːk] *n* [ruler, head of family] chef *m* de famille *(dans un système matriarcal)*; [old woman] matrone *f*.

matriarchal [,meɪtrɪ'ɑːkl] *adj* matriarcal.

matriarchy ['meɪtrɪɑːkɪ] (*pl* matriarchies) *n* matriarcat *m*.

matric *inf* [mə'trɪk] *n Br abbr of* matriculation.

matrices ['meɪtrɪsiːz] *pl* → **matrix**.

matricide ['mætrɪsaɪd] *n* -**1.** [act] matricide *m*. -**2.** [person] matricide *mf*.

matriculate [mə'trɪkjʊleɪt] *vi* -**1.** [register] s'inscrire, se faire immatriculer; [at university] s'inscrire. -**2.** *Br* SCH ≃ obtenir son baccalauréat.

matriculation [mə,trɪkjʊ'leɪʃn] *n* -**1.** [registration] inscription *f*, immatriculation *f*; [at university] inscription *f*; ~ fees droits *mpl* d'inscription. -**2.** *Br* SCH *ancien examen équivalent au baccalauréat.*

matrilineal [,mætrɪ'lɪnɪəl] *adj* matrilinéaire.

matrimonial [,mætrɪ'məʊnjəl] *adj* matrimonial, conjugal.

matrimony ['mætrɪmənɪ, *Am* 'mætrɪməʊnɪ] (*pl* matrimonies) *n fml* mariage *m*.

matrix ['meɪtrɪks] (*pl* matrixes OR matrices [-trɪsiːz]) *n* matrice *f*.

matron ['meɪtrən] *n* -**1.** *Br* [in hospital] infirmière *f* en chef; [in school] infirmière *f*. -**2.** *lit* [married woman] matrone *f*, mère *f* de famille. -**3.** [in retirement home] surveillante *f*. -**4.** *Am* [in prison] gardienne *f*, surveillante *f*.

matronly ['meɪtrənlɪ] *adj*: **she looks very ~** elle a tout de la matrone.

matron of honour (*pl* matrons of honour) *n* dame *f* d'honneur.

matt [mæt] *adj* mat; ~ **paint** peinture *f* mate.

matte [mæt] ◇ *adj* = **matt**.
◇ *n* METALL matte *f*, maton *m*.

matted ['mætɪd] *adj* [material] feutré; [hair] emmêlé; [vegetation, roots] enchevêtré.

matter ['mætəʳ] ◇ *n* -**1.** [affair] affaire *f*; [subject] sujet *m*; **I reported the ~ to the police** j'ai rapporté les faits à la police; **business ~s** affaires *fpl*; **money ~s** questions *fpl* d'argent; **the ~ in hand** les faits qui nous préoccupent; **I consider the ~ closed** pour moi, c'est une affaire classée; **this is no laughing ~** il n'y a pas de quoi rire; **it is no easy ~** c'est une question difficile OR un sujet délicat; **I think we should let the ~ drop** je pense que nous devrions laisser tomber le sujet; **you're not going out, and that's the end of** OR **there's an end to the ~!** tu ne sortiras pas, un point c'est tout! -**2.** [question] question *f*; **there's the small ~ of the £100 you owe me** il y a ce petit problème des 100 livres que tu me dois; **a ~ of life and death** une question de vie ou de mort; **that's quite another ~, that's a different ~ altogether** ça c'est une (tout) autre affaire; **a ~ of taste** une question de goût; **that's a ~ of opinion** ça c'est une question d'opinion; **as a ~ of course** tout naturellement; **as a ~ of principle** par principe; **as a ~ of urgency** d'urgence; **she'll do it in a ~ of minutes** cela ne lui prendra que quelques minutes; **it'll be a ~ of days rather than weeks before we get a result** obtenir le résultat sera une question de jours plutôt que de semaines; **it's only** OR **just a ~ of time** ce n'est qu'une question de temps; **it's only** OR **just a ~ of filling in a few forms** il ne s'agit que de remplir quelques formulaires. -**3.** [physical substance] matière *f*; **organic/inorganic ~** matière organique/inorganique. -**4.** [written material]: **advertising ~** matériel *m* publicitaire; **printed ~** texte *m* imprimé; [sent by post] imprimés *mpl*; **reading ~** de la lecture, quelque chose à lire. -**5.** MED [pus] pus *m*. -**6.** *phr*: **what's the ~?** qu'est-ce qu'il y a?, qu'est-ce qui ne va pas?; **what's the ~ with you?** qu'est-ce que tu as?, qu'est-ce qui ne va pas?; **what's the ~ with Jim?** qu'est-ce qu'il a, Jim?; **what's the ~ with your eyes?** qu'est-ce que vous avez aux yeux?; **what's the ~ with the television?** qu'est-ce qu'elle a, la télévision?; **what's the ~ with the way I dress?** qu'est-ce que vous reprochez à ma façon de m'habiller?; **what's the ~ with telling him the truth?** quel mal y a-t-il à lui dire la vérité?; **there's something the ~ with my leg** j'ai quelque chose à la jambe; **there's something the ~ with the aerial** il y a un problème avec l'antenne; **is there something** OR **is anything the ~?** il y a quelque chose qui ne va pas?, il y a un problème?; **something must be the ~** il doit y avoir quelque chose; **nothing's the** OR **there's nothing the ~** il n'y a rien, tout va bien; **nothing's the ~ with me** je vais parfaitement bien; **there's nothing the ~ with the engine** le moteur est en parfait état de marche; **no ~!** peu importe!; **no ~ what I do** quoi que je fasse; **no ~ what the boss thinks** peu importe ce qu'en pense le patron; **don't go back, no ~ how much he begs you** même s'il te le demande à genoux, n'y retourne pas; **no ~ what** quoi qu'il arrive; **I'll be there tomorrow no ~ what** j'y serai demain quoi qu'il arrive; **we've got to win, no ~ what** il faut que nous gagnions à tout prix; **no ~ how hard I try** quels que soient les efforts que je fais; **I must speak to her, no ~ how ill she is** je dois lui parler, quel que soit son état de santé; **no ~ when it happens** peu importe quand ça arrivera; **no ~ where I am** où que je sois.
◇ *vi* importer, avoir de l'importance; **what does it ~?** quelle importance est-ce que ça a?, qu'importe?; **it ~s a lot** cela a beaucoup d'importance, c'est très important; **it doesn't ~** cela n'a pas d'importance, ça ne fait rien; **it doesn't ~ to me what you do with your money** ce que tu fais de ton argent m'est égal; **money is all that ~s to him** il n'y a que l'argent qui l'intéresse; **I forgot to tell him, not that it ~s, he'll find out soon enough** j'ai oublié de le lui dire mais c'est sans importance, il s'en rendra vite compte; **she ~s a lot to him** il tient beaucoup à elle, elle compte beaucoup pour lui; **she knows all the people who ~** elle connaît tous les gens qui comptent.
◆ **matters** *npl*: **as ~s stand** les choses étant ce qu'elles sont; **getting angry won't help ~s at all** se mettre en colère n'arrangera pas les choses; **~s have taken a turn for the worse** les choses ont pris un tour plus alarmant.
◆ **as a matter of fact** *adv phr* en fait, à vrai dire, en réalité.
◆ **for that matter** *adv phr* d'ailleurs.

Matterhorn ['mætəhɔːn] *pr n*: **the ~** le mont Cervin.

matter-of-fact *adj* [down-to-earth] terre-à-terre (*inv*); [prosaic] prosaïque; [unemotional] neutre; **Frank has a very ~ approach** Frank a une vision très pratique des choses; **he has a very ~ way of speaking** il dit les choses comme elles sont; **in a ~ voice** d'une voix neutre; **she took the news in a very ~ way** elle a pris les nouvelles avec beaucoup de sang-froid.

Matthew ['mæθjuː] *pr n* Matthieu; **the Gospel According to (Saint) ~** l'Évangile selon saint Matthieu.

Matthias [mə'θaɪəs] *pr n* Matthias, Mathias.

matting ['mætɪŋ] *n (U)* [used as mat] natte *f*, tapis *m*; **there was rush ~ on the floor** le sol était couvert d'un tapis tressé.

mattins ['mætɪnz] *n (U)* RELIG matines *fpl*.

mattock ['mætək] *n* pioche *f*.

mattress ['mætrɪs] *n* matelas *m*.

maturation [,mætjʊ'reɪʃn] *n* BOT & BIOL maturation *f*; *fig* mûrissement *m*.

mature [mə'tjʊəʳ] ◇ *adj* -**1.** [person - physically] mûr; [- mentally] mûr, mature; **a man of ~ years** un homme d'âge mûr; **her style is not yet ~** son style n'est pas encore arrivé à maturité. -**2.** [cheese] fait; [wine, spirits] arrivé à maturité. -**3.** FIN échu.
◇ *vi* -**1.** [person, attitude] mûrir; **he has ~d into a very sensible young man** c'est maintenant un jeune homme plein de bon sens. -**2.** [wine] arriver à maturité; [cheese] se faire. -**3.** FIN arriver à échéance, échoir.
◇ *vt* [cheese] faire mûrir, affiner; [wine, spirits] faire vieillir.

mature student *n* UNIV *adulte qui fait des études.*

maturity [mə'tjʊərətɪ] *n* -**1.** [gen] maturité *f*; **to reach ~** [person] devenir majeur. -**2.** FIN: **~ (date)** échéance *f*.

matzo ['mætsəʊ] (*pl* matzos) *n* pain *m* azyme.

maudlin ['mɔːdlɪn] *adj* larmoyant, sentimental.

maul [mɔːl] ◇ *vt* -**1.** [attack - subj: animal] mutiler; [- subj: person, crowd] malmener; **he was ~ed to death by a lion** il a été mis en pièces par un lion. -**2.** *inf* [handle clumsily] tripoter. -**3.** [criticize] démolir, mettre en pièces.
◇ *vi* RUGBY faire un maul.
◇ *n* RUGBY maul *m*.

maulers▽ ['mɔːləz] *npl Br* [hands] pattes *fpl*.

maunder ['mɔːndəʳ] *vi Br* -**1.** [talk] divaguer, parler à tort et à travers; **what's he ~ing on about?** qu'est-ce qu'il raconte? -**2.** [walk] errer.

Maundy money ['mɔːndɪ-] *n (U) pièces de monnaie spéciales offertes par le souverain britannique à certaines personnes âgées le jour du jeudi saint.*

Maundy Thursday ['mɔːndɪ-] *n* RELIG jeudi *m* saint.

Mauritania [,mɒrɪ'teɪnjə] *pr n* Mauritanie *f*; **in ~** en Mauritanie.

Mauritanian [,mɒrɪ'teɪnjən] ◇ *n* Mauritanien *m*, -enne *f*.
◇ *adj* mauritanien.

Mauritian [mə'rɪʃn] ◇ *n* Mauricien *m*, -enne *f*.
◇ *adj* mauricien.

Mauritius [mə'rɪʃəs] *pr n* l'île *f* Maurice; **in ~** à l'île Maurice.

mausoleum [,mɔːsə'lɪəm] *n* mausolée *m*.

mauve [məʊv] ◇ *adj* mauve.
◇ *n* mauve *m*.

maven *inf* ['meɪvn] *n Am* expert *m*.

maverick ['mævərɪk] ◇ *n* -**1.** [person] franc-tireur *m*, indépendant *m*, -e *f*. -**2.** [calf] veau *m* non marqué.
◇ *adj* non-conformiste, indépendant; **a ~ Marxist** un franc-tireur du marxisme.

maw [mɔː] *n* ZOOL [of cow] caillette *f*; [of bird] jabot *m*; *fig* gouffre *m*.

mawkish ['mɔːkɪʃ] *adj* [sentimental] mièvre; [nauseating] écœurant; **a ~ smile** un sourire niais.

mawkishness ['mɔːkɪʃnɪs] *n* mièvrerie *f*, niaiserie *f*.

max. (*written abbr of* **maximum**) max.

maxi ['mæksɪ] ◇ *adj* [skirt, dress etc] maxi.
◇ *n* maxi *m*.

maxilla [mæk'sɪlə] (*pl* **maxillae** [-liː]) *n* ANAT maxillaire *m*.

maxim ['mæksɪm] *n* maxime *f*.

maxima ['mæksɪmə] *pl* → **maximum**.

maximal ['mæksɪml] *adj* maximal.

maximalist ['mæksɪməlɪst] ◇ *adj* maximaliste.
◇ *n* maximaliste *mf*.

maximize, -ise ['mæksɪmaɪz] *vt* maximiser, maximaliser.

maximum ['mæksɪməm] (*pl* **maximums** OR maxima [-mə]) ◇ *n* maximum *m*; **a ~ of 40 people** un maximum de 40 personnes, 40 personnes au maximum; **the space has been used to the ~** l'espace a été utilisé au maximum.
◇ *adj* maximum, maximal; **what is the ~ speed?** quelle est la vitesse maximum?; **~ load** charge *f* maximale OR limite ❑ **~ security prison** prison *f* de haute sécurité.
◇ *adv* au maximum; **it happens twice a year ~** ça se produit deux fois par an au maximum; **you can stay for two hours ~** vous ne pouvez pas rester plus de deux heures.

maxwell ['mækswel] *n* PHYS maxwell *m*.

may[1] [meɪ] *modal vb* -**1.** [expressing possibility]: **this ~ take some time** ça prendra peut-être OR il se peut que ça prenne du temps; **symptoms ~ disappear after a few days** les symptômes peuvent disparaître après quelques jours; **you ~ be right** vous avez peut-être raison, il se peut que vous ayez raison; **you ~ well be right** il est fort possible OR il se peut bien que vous ayez raison; **what he says ~ be true** ce qu'il dit est peut-être vrai; **it ~ well be that he misunderstood** il est fort possible OR il se peut bien qu'il ait mal compris; I ~ live to regret this! il se peut que je le regrette un jour!; she ~ have missed the plane elle a peut-être manqué l'avion, il se peut qu'elle ait manqué l'avion; she ~ not have arrived yet il se peut OR il se pourrait qu'elle ne soit pas encore arrivée; he ~ have been right il avait peut-être raison. -2. [expressing permission]: you ~ sit down vous pouvez vous asseoir; only close relatives ~ attend seuls les parents proches sont invités à assister à la cérémonie; I will go home now, if I ~ je vais rentrer chez moi, si vous me le permettez; if I ~ say so si je peux OR puis me permettre cette remarque; you ~ well ask! bonne question! -3. [in polite questions, suggestions]: ~ I interrupt? puis-je vous interrompre?, vous permettez que je vous interrompe?; ~ I? vous permettez?; ~ I make a suggestion? puis-je me permettre de faire une suggestion?; ~ I help you? puis-je vous aider?; ~ I buy you ladies a drink? puis-je vous offrir un verre, mesdames?; ~ I come too? – yes, you ~ puis-je venir aussi? – oui; and how, ~ I ask, did you find out? et comment vous en êtes-vous rendu compte, s'il vous plaît?; ~ I say how pleased we are that you could come permettez-moi de vous dire à quel point nous sommes ravis que vous ayez pu venir. -4. [contradicting a point of view]: you ~ think I'm imagining things, but I think I'm being followed tu vas croire que je divague mais je crois que je suis suivi; such facts ~ seem insignificant, but they could prove vital de telles choses peuvent paraître insignifiantes mais elles pourraient se révéler vitales; he ~ not be very bright, but he's got a heart of gold il n'est peut-être pas très brillant mais il a un cœur d'or; brilliant she ~ be, but is she reliable? elle est peut-être brillante, mais peut-on lui faire confiance? ❑ that's as ~ be c'est possible; that's as ~ be, but I still don't think you're right c'est possible mais je ne suis toujours pas convaincu que tu aies raison. -5. [giving additional information]: this, it ~ be said, is yet another example of government interference c'est là, on peut le dire, un autre exemple de l'interventionnisme de l'État. -6. *fml* [expressing purpose]: they work hard so that their children ~ have a better life ils travaillent dur pour que leurs enfants aient une vie meilleure. -7. [expressing wishes, hopes]: long ~ he reign vive le roi; ~ she rest in peace qu'elle repose en paix; ~ he rot in hell! qu'il aille au diable!; ~ the best man win! que le meilleur gagne! -8. *phr*: ~ as well: can I go home now? – you ~ as well est-ce que je peux rentrer chez moi maintenant? – tu ferais aussi bien; we ~ as well have another drink tant qu'à faire, autant prendre un autre verre.

may² [meɪ] *n* [hawthorn] aubépine *f*, épine *f* de mai.

May [meɪ] *n* mai *m*.

Maya(n) ['maɪə(n)] ◇ *n* -1. [person] Indien *m*, -enne *f* maya; the ~s les Mayas *mpl*. -2. LING maya *m*.
◇ *adj* maya.

May ball *n bal qui se tient au mois de juin à l'université de Cambridge.*

maybe ['meɪbiː] *adv* peut-être; ~ she'll come tomorrow elle viendra peut-être demain; ~ so peut-être bien que oui; ~ not peut-être bien que non; ~ so, but... peut-être bien, mais...

may blossom *n (U)* fleurs *fpl* d'aubépine.

May bug *n* hanneton *m*.

Mayday ['meɪdeɪ] *n* [SOS] SOS *m*; to send out a ~ signal envoyer un signal de détresse OR un SOS.

May Day *n* le Premier Mai.

Mayfair ['meɪfeəʳ] *pr n quartier chic de Londres.*

mayflower ['meɪflaʊəʳ] *n* [gen] fleur *f* printanière; *Br* [marsh marigold] souci *m* d'eau; *Br* [hawthorn] aubépine *f*.
◆ **Mayflower** *pr n*: the Mayflower *Am* HIST le Mayflower; the Mayflower Compact le covenant du Mayflower.

THE MAYFLOWER COMPACT:
Pacte conclu par les puritains pèlerins à bord du «Mayflower» en novembre 1620, avant de débarquer sur le site de Plymouth, par lequel ils s'engageaient à fonder une société civile régie par leurs propres lois. Cette convention est considérée comme la première Constitution de l'Amérique du Nord.

---

mayfly ['meɪflaɪ] (*pl* mayflies) *n* éphémère *m*.

mayhem ['meɪhem] *n* -1. [disorder] désordre *m*; it was absolute ~ in that office c'était le désordre le plus complet dans ce bureau; to create OR to cause ~ semer la panique. -2. JUR mutilation *f* du corps humain.

mayn't [meɪnt] *Br* = **may not**.

mayo *inf* ['meɪəʊ] *n Am* mayonnaise *f*.

mayonnaise [,meɪə'neɪz] *n* mayonnaise *f*.

mayor [meəʳ] *n* maire *m*, mairesse *f*.

mayoralty ['meərəltɪ] (*pl* mayoralties) *n* mandat *m* de maire.

mayoress ['meərɪs] *n* femme *f* du maire.

maypole ['meɪpəʊl] *n* ≃ arbre *m* de mai *(mât autour duquel on danse le Premier mai).*

May queen *n* reine *f* du Premier mai.

may've *inf* ['meɪəv] = **may have**.

May week *n semaine du mois de juin pendant laquelle se tiennent les «May balls».*

maze [meɪz] *n literal & fig* labyrinthe *m*, dédale *m*; the hospital is a ~ of corridors cet hôpital est un vrai labyrinthe.
◆ **Maze** *pr n*: the ~ (Prison) *prison d'Irlande du Nord.*

mazuma▽ [mə'zuːmə] *n Am* fric *m*, oseille *f*.

mazurka [mə'zɜːkə] *n* mazurka *f*.

MB -1. (*written abbr of* megabyte) Mo. -2. *written abbr of* Manitoba.

MBA (*abbr of* Master of Business Administration) *n (titulaire d'une) maîtrise de gestion.*

MBBS (*abbr of* Bachelor of Medicine and Surgery) *n (titulaire d'une) licence de médecine et de chirurgie.*

MBE (*abbr of* Member of the Order of the British Empire) *n (membre de) l'ordre de l'Empire britannique (titre honorifique).*

MBO (*abbr of* management buyout) *n Br* RES *m*.

MC *n* -1. *abbr of* master of ceremonies. -2. *Br abbr of* Military Cross. -3. *Am abbr of* Member of Congress. -4. *Am abbr of* Marine Corps.

MCAT (*abbr of* Medical College Admissions Test) *n test d'admission aux études de médecine.*

MCC (*abbr of* Marylebone Cricket Club) *pr n célèbre club de cricket de Londres.*

McCarthyism [mə'kɑːθɪɪzm] *n* POL maccartisme *m*, maccarthysme *m*.

McCARTHYISM:
Mouvement anti-communiste américain né dans les années 40-50, donnant lieu à une chasse aux sorcières dans les milieux artistique, professionnel et politique de l'époque.

McCarthyist [mə'kɑːθɪɪst], **McCarthyite** [mə'kɑːθɪaɪt] ◇ *n* partisan *m*, -e *f* du maccartisme.
◇ *adj* maccartiste.

McCoy *inf* [mə'kɔɪ] *n phr*: it's the real ~ c'est du vrai de vrai, c'est de l'authentique.

MCP *inf* (*abbr of* male chauvinist pig) *n* phallo *m*.

MD ◇ *n* -1. *abbr of* Doctor of Medicine. -2. *abbr of* managing director.
◇ *written abbr of* Maryland.

MDT *n abbr of* Mountain Daylight Time.

me¹ [miː] ◇ *pron* -1. [direct or indirect object – unstressed] me, m' (*before vowel*); [– stressed] moi; do you love me? tu m'aimes?; give me a light donne-moi du feu; what, me, tell a lie? moi, mentir? -2. [after preposition] moi; they're talking about me ils parlent de moi; come with me viens avec moi. -3. [used instead of 'I'] moi; it's me c'est moi; it's always me who pays c'est toujours moi qui paie; is it just me or is it cold in here? c'est moi, ou bien il fait froid ici?; she's bigger than me elle est plus grande que moi; this hairstyle isn't really me *fig* cette coiffure, ce n'est pas vraiment mon style. -4. [in interjections]: dear me! mon Dieu!; poor me! pauvre de moi!; silly me! que je suis bête!
◇ *n* moi *m*; now I'm going to show you the real me maintenant je vais te montrer qui je suis.
◇ *det inf* = **my**.

me² [miː] MUS = **mi**.

ME ◇ *n (U)* (*abbr of* myalgic encephalomyelitis) myélo-encéphalite *f*.
◇ *written abbr of* Maine.

mead [miːd] *n* -1. *lit* = **meadow**. -2. [drink] hydromel *m*.

meadow ['medəʊ] *n* pré *m*, prairie *f*.

meadow grass *n* pâturin *m*.

meadowland ['medəʊlænd] *n* prairie *f*, pâturages *mpl*.

meadow pipit *n* pipit *m* des prés, farlouse *f*.

meadow saffron *n* safran *m* des prés, colchique *m*.

meadowsweet ['medəʊswiːt] *n* reine-des-prés *f*.

meagre *Br*, **meager** *Am* ['miːgəʳ] *adj* maigre; I can't live on such a ~ salary je ne peux pas vivre avec un salaire aussi maigre.

meagrely *Br*, **meagerly** *Am* ['miːgəlɪ] *adv* maigrement.

meagreness *Br*, **meagerness** *Am* ['miːgənɪs] *n* maigreur *f*.

meal [miːl] *n* -1. repas *m*; he had an enormous ~ il a mangé comme un ogre; go to bed as soon as you've finished your ~ va te coucher dès que tu as fini de manger; children need three ~s a day les enfants ont besoin de trois repas par jour; have a nice ~!, enjoy your ~! bon appétit!; they've invited us round for a ~ ils nous ont invités à manger ❑ evening ~ dîner *m*; we have our evening ~ early nous dînons tôt; to make a ~ of sthg *inf* faire tout un plat de qqch. -2. [flour] farine *f*. -3. *(U) Scot* [oatmeal] flocons *mpl* d'avoine.

meals on wheels *n service de repas à domicile à l'intention des invalides et des personnes âgées.*

meal ticket *n* -1. *Am* ticket *m* restaurant. -2. *inf* [source of income] gagne-pain *m inv*; I can't leave Harry, he's my ~ je ne peux pas quitter Harry, c'est lui qui fait bouillir la marmite.

mealtime ['miːltaɪm] *n* [lunch] heure *f* du déjeuner; [dinner] heure *f* du dîner; at ~s aux heures des repas.

mealy ['miːlɪ] (*compar* mealier, *superl* mealiest) *adj* -1. [floury] farineux; ~ potatoes des pommes de terre farineuses. -2. [pale] pâle.

mealy bug *n* cochenille *f* farineuse.

mealy-mouthed *adj* doucereux, patelin.

mean [miːn] (*pt & pp* meant [ment]) ◇ *adj* -1. [miserly] avare, radin, pingre; he's ~ with his money il est près de ses sous; they're very ~ about pay rises ils accordent les augmentations de salaire au compte-gouttes. -2. [nasty, unkind] méchant, vache; don't be ~ to your sister! ne sois pas méchant avec ta sœur!; go on, don't be ~! allez, ne sois pas vache!; to play a ~ trick on sb jouer un sale tour à qqn; I feel ~ about not inviting her j'ai un peu honte de ne pas l'avoir invitée; he gets ~ after a few drinks *inf Am* il devient mauvais OR méchant après quelques verres; ~ weather *inf Am* sale temps; the sky was a ~ shade of gray *Am* le ciel était d'une méchante couleur grise. -3. [inferior]: it should be obvious even to the meanest intelligence cela devrait être évident même pour l'esprit le plus borné; he's no ~ architect/guitarist c'est un architecte/guitariste de talent; it was no ~ feat ce n'était pas un mince exploit. -4. [average] moyen; ~ deviation écart *m* moyen; ~ distance/duration distance *f*/durée *f* moyenne. -5. ▽ [excellent] terrible, super; she plays a ~ guitar comme guitariste, elle est super; he makes a ~ chocolate cake pas mal, son gâteau au chocolat. -6. [shabby] miteux, misérable; ~ slums taudis misérables. -7. *lit* [of lower rank or class]: of ~ birth de basse extraction.

◇ *n* -1. [middle point] milieu *m*, moyen terme *m*; the golden OR happy ~ le juste milieu. -2. MATH moyenne *f*.

◇ *vt* -1. [signify - subj: word, gesture] vouloir dire, signifier; [- subj: person] vouloir dire; what does this term ~? que signifie OR que veut dire ce terme?; what do you ~? qu'est-ce que tu veux dire?; what do you ~ by "superior"? qu'entendez-vous par «supérieur»?; what do you ~ you don't like the cinema? comment ça, vous n'aimez pas le cinéma?; do you ~ OR you ~ it's over already? tu veux dire que c'est déjà fini?; what, take them to court, you ~? tu veux dire les traîner en justice?; that film didn't ~ anything to me je n'ai rien compris à ce film; does the name Heathcliff ~ anything to you? est-ce que le nom de Heathcliff vous dit quelque chose?; that was when the word "friendship" still meant something c'était à l'époque où le mot «amitié» avait encore un sens; that doesn't ~ a thing! ça ne veut (strictement) rien dire! || [requesting or giving clarification]: when he says early afternoon he really ~s around four quand il dit en début d'après-midi, il veut dire vers quatre heures; do you ~ it? tu es sérieux?; she always says what she ~s elle dit toujours ce qu'elle pense; I'll never speak to you again, I ~ it OR I ~ what I say je ne t'adresserai plus jamais la parole, je suis sérieux ❑ I ~ [that's to say] je veux dire; I was with Barry, I ~ Harry j'étais avec Barry, je veux dire Harry; why diet? I ~, you're not exactly fat pourquoi te mettre au régime? on ne peut pas dire que tu sois grosse; I ~ to say ce que je veux dire c'est... -2. [imply, entail - subj: event, change] signifier; this will ~ more unemployment ça veut dire OR signifie qu'il y aura une augmentation du chômage; going to see a film ~s driving into town pour voir un film, nous sommes obligés de prendre la voiture et d'aller en ville; does that ~ we shouldn't wait for him? est-ce que cela veut dire OR signifie que nous ne devrions pas l'attendre?; she's never known what it ~s to be loved elle n'a jamais su ce que c'est que d'être aimée. -3. [matter, be of value] compter; this watch ~s a lot to me je suis très attaché à cette montre; your friendship ~s a lot to her votre amitié compte beaucoup pour elle; you ~ everything to me tu es tout pour moi; he ~s nothing to me il n'est rien pour moi; I can't tell you what this ~s to me je ne peux pas te dire ce que ça représente pour moi; $20 ~s a lot to me 20 dollars, c'est une grosse somme OR c'est beaucoup d'argent pour moi. -4. [refer to]: do you ~ us? tu veux dire nous?; it was you she meant when she said that c'était à vous qu'elle pensait OR qu'elle faisait allusion quand elle a dit ça. -5. [intend] avoir l'intention de, vouloir, compter; we ~ to win nous avons (bien) l'intention de gagner, nous comptons (bien) gagner; I meant to tell you about it j'avais l'intention de t'en parler; I meant to phone you last night je voulais OR j'avais l'intention de vous téléphoner hier soir; I didn't ~ to hurt you je ne voulais pas te faire de mal; I only meant to help je voulais seulement me rendre utile; I didn't ~ it! [action] je ne l'ai pas fait exprès!; [words] je n'étais pas sérieux!; I meant it as a joke c'était une plaisanterie; that remark was meant for you cette remarque s'adressait à vous; the present was meant for your brother le cadeau était destiné à ton frère; they're meant for each other ils sont faits l'un pour l'autre; what's this switch meant to be for? à quoi est censé servir cet interrupteur?; it's meant to be a horse c'est censé représenter un cheval; perhaps I was meant to be a doctor peut-être que j'étais fait pour être médecin; it was meant to be c'était écrit; he ~s well il a de bonnes intentions; he meant well il croyait bien faire. -6. [consider, believe]: it's meant to be good for arthritis il paraît que c'est bon pour l'arthrite; this painting is meant to be by Rembrandt ce tableau est censé être un Rembrandt. -7. [suppose]: that box isn't meant to be in here cette boîte n'est pas censée être ici; you're meant to bow when she comes in tu dois faire la révérence quand elle entre.

meander [mɪ'ændəʳ] ◇ *vi* -1. [river] serpenter, faire des méandres. -2. [person] errer (sans but), se promener au hasard; we ~ed off into the night nous sommes partis sans but dans la nuit.
◇ *n* méandre *m*.

meanie *inf* ['miːnɪ] *n* radin *m*, -e *f*, pingre *mf*; you old ~! *inf* vieux radin!

meaning ['miːnɪŋ] ◇ *n* sens *m*, signification *f*; double ~ double sens; hidden ~ sens caché; I don't know the ~ of this word je ne connais pas le sens de ce mot, je ne sais pas ce que veut dire ce mot; love? you don't know the ~ of the word! aimer? mais tu ne sais pas ce que ça veut dire!; he doesn't know the ~ of hard work il ne sait pas ce que c'est que de travailler dur; they're just good friends, if you get my ~ ils sont seulement bons amis, si vous voyez ce que je veux dire; what's the ~ of this? [in anger] qu'est-ce que ça veut dire?; the ~ of life le sens de la vie; our success gives ~ to what we're doing notre réussite donne un sens à ce que nous faisons.
◇ *adj* [look, smile] significatif, éloquent.

meaningful ['miːnɪŋfʊl] *adj* -1. [expressive - gesture] significatif, éloquent; she gave him a ~ look elle lui adressa un regard qui en disait long. -2. [comprehensible - explanation] compréhensible; nobody had ever explained it to me in such a ~ way personne ne me l'avait jamais expliqué de façon aussi claire OR compréhensible || [significant] significatif; the experiment produced no ~ results l'expérience n'a donné aucun résultat significatif. -3. [profound - experience, relationship] profond; I wouldn't say we had a very ~ relationship je ne qualifierais pas notre relation de profonde.

meaningfully ['miːnɪŋfʊlɪ] *adv* de façon significative.

meaningless ['miːnɪŋlɪs] *adj* -1. [devoid of sense] dénué de sens, sans signification; the lyrics of this song are completely ~ les paroles de cette chanson n'ont absolument aucun sens; ~ poems des poèmes dénués de sens OR qui ne veulent rien dire. -2. [futile] futile, vain; they lead very ~ lives ils mènent une vie très futile; a ~ task une tâche inutile; ~ violence de la violence gratuite.

meanness ['miːnnɪs] *n* -1. [stinginess] avarice *f*. -2. *Am* [nastiness, spitefulness] méchanceté *f*, mesquinerie *f*. -3. *lit* [poverty] pauvreté *f*.

means [miːnz] (*pl inv*) ◇ *n* -1. [way, method] moyen *m*; a ~ of doing sthg un moyen de faire qqch; is there no ~ of doing it any faster? n'y a-t-il pas moyen de le faire plus vite?; he has no ~ of support il est sans ressources; it's just a ~ to an end ce n'est qu'un moyen d'arriver au but; the end justifies the ~ *prov* la fin justifie les moyens; by ~ of a screwdriver à l'aide d'un tournevis; they communicate by ~ of signs ils communiquent par signes; by what ~ may I send it to him? par quel moyen OR quels moyens puis-je le lui faire parvenir?; by some ~ or other OR another d'une façon ou d'une autre ❑ ~ of transport moyen de transport; ~ of production moyens de production. -2. *phr*: may I leave? — by all ~! puis-je partir? — je vous en prie OR mais bien sûr!; by no (manner of) ~ pas du tout; it's by no ~ easy c'est loin d'être facile; she's not his friend by any (manner of) ~ elle est loin d'être son amie.
◇ *npl* [money, resources] moyens *mpl*, ressources *fpl*; to have the ~ to do sthg avoir les moyens de faire qqch; to live within one's ~ vivre selon ses moyens; to live beyond one's ~ vivre au-dessus de ses moyens; the ~ at our disposal les moyens dont nous disposons; her family obviously has ~ il est évident qu'elle vient d'une famille aisée.

means test *n* enquête *f* sur les revenus *(d'une personne désirant bénéficier d'une allocation d'État)*; to undergo a ~ faire l'objet d'une enquête sur les revenus; the grant is subject to a ~ cette allocation est assujettie à des conditions de ressources.
◆ **means-test** *vt*: is unemployment benefit means-tested? les allocations de chômage sont-elles attribuées en fonction des ressources OR des revenus du bénéficiaire?; all applicants are means-tested tous les candidats font l'objet d'une enquête sur leurs revenus.

meant [ment] *pt* & *pp* → **mean**.

meantime ['miːn,taɪm] *adv* pendant ce temps; ~ things were changing pendant ce temps, les choses étaient en train de changer.
◆ **in the meantime** *adv phr* entre-temps; in the ~ I had got married entre-temps, je m'étais marié.
◆ **for the meantime** *adv phr* pour l'instant; for the ~, at least, the situation is resolved le problème est résolu, au moins pour l'instant.

meanwhile ['miːn,waɪl] *adv* entre-temps, pendant ce temps; I, ~, was stuck in the lift pendant ce temps, moi, j'étais coincé dans l'ascenseur; ~, another 2,000 people have lost their jobs entre-temps OR en attendant, 2 000 personnes de plus ont perdu leur emploi.

meany ['miːnɪ] (*pl* meanies) = **meanie**.

measles ['miːzlz] *n* rougeole *f*; to have (the) ~ avoir la rougeole.

measly *inf* ['miːzlɪ] (*compar* measlier, *superl* measliest) *adj* minable, misérable; all I got was one ~ bar of chocolate! je n'ai eu qu'une misérable tablette de chocolat!; all that for a ~ £5! tout ça pour cinq malheureuses livres!

measurable ['meʒərəbl] *adj* -1. [rate, change, amount] mesurable. -2. [noticeable, significant] sensible, perceptible; we've made ~ progress nous avons sensiblement progressé.

measurably ['meʒərəblɪ] *adv* [noticeably, significantly] sensiblement, notablement.

measure ['meʒəʳ] ◇ *n* -1. [measurement] mesure *f*; the metre is a ~ of length le mètre est une mesure de longueur; weights and ~s les poids *mpl* et mesures; linear/square/cubic ~ mesure de longueur/de superficie/de volume; to give good OR full ~ [in length, quantity] faire bonne mesure; [in weight] faire bon poids; to give short ~ [in quantity] tricher sur la quantité; [in weight] tricher sur le poids; for good ~ *fig* pendant qu'il/elle y est; then he painted the door, just for good ~ et puis, pendant qu'il y était, il a peint la porte; to take OR to get the ~ of sb *fig* jauger qqn, se faire une opinion de qqn; this award is a ~ of their success ce prix ne fait que refléter leur succès; her joy was beyond ~ sa joie était incommensurable ❑ 'Measure for Measure' *Shakespeare* 'Mesure pour mesure'. -2. [degree] mesure *f*; in some ~ dans une certaine mesure, jusqu'à un certain point; in large ~ dans une large mesure, en grande partie. -3. [device - ruler] mètre *m*, règle *f*; [- container] mesure *f*; a pint ~ une mesure d'une pinte. -4. [portion] portion *f*, dose *f*; she poured me a generous ~ of gin elle m'a servi une bonne dose de gin. -5. [step, legislation] mesure *f*; as a precautionary ~ par mesure de précaution; parliament must draft ~s to halt this trade le parlement doit élaborer des mesures pour mettre fin à ce trafic; we have taken ~s to correct the fault nous avons pris des mesures pour rectifier l'erreur. -6. MUS & LITERAT mesure *f*.
◇ *vt* -1. [take measurement of] mesurer; he ~d me for a suit il a pris mes mesures pour me faire un costume; a thermometer ~s temperature un thermomètre sert à mesurer la température ❑ to ~ one's length s'étaler de tout son long. -2. [judge] jauger, mesurer, évaluer; to ~ oneself OR one's strength against sb se mesurer à qqn.
◇ *vi* mesurer; the room ~s 18 feet by 12 la pièce mesure 18 pieds sur 12.
◆ **measure off** *vt sep* mesurer; he ~d off a metre of ribbon il mesura un mètre de ruban.
◆ **measure out** *vt sep* mesurer; ~ out a pound of flour mesurez une livre de farine; he ~d out a double gin il versa un double gin.

◆ **measure up** ◇ *vt sep* mesurer; **to ~ sb up** *fig* jauger qqn, prendre la mesure de qqn.
◇ *vi insep* être à la hauteur; **to ~ up to sb's expectations** répondre aux espérances de qqn; **the hotel didn't ~ up (to our expectations)** l'hôtel nous a déçus.

measured ['meʒəd] *adj* -**1.** [distance, length etc] mesuré; **the record over a ~ mile** le record officiel sur un mile. -**2.** [careful, deliberate] mesuré; **a ~ speech** un discours mesuré OR modéré; **with ~ steps** à pas mesurés.

measureless ['meʒəlɪs] *adj* infini, incommensurable.

measurement ['meʒəmənt] *n* -**1.** [dimension] mesure *f*; **to take (down) the ~s of a piece of furniture** prendre les dimensions d'un meuble; **he took my ~s** il a pris mes mesures; **waist/hip ~** tour *m* de taille/de hanches. -**2.** [act] mesurage *m*.

measurement ton *n* tonne *f* d'encombrement.

measuring ['meʒərɪŋ] *n* mesurage *m*.

measuring jug *n* verre *m* gradué, doseur *m*.

measuring tape *n* mètre *m* à ruban.

measuring worm *n* (chenille *f*) arpenteuse *f*.

meat [miːt] *n* -**1.** viande *f*; **red/white ~** viande rouge/blanche; **cooked** OR **cold ~s** viande froide. -**2.** *lit* [food] nourriture *f*. -**3.** [substance, core] substance *f*; **there's not much ~ in his report** il n'y a pas grand-chose dans son rapport.

meatball ['miːtbɔːl] *n* -**1.** CULIN boulette *f* (de viande). -**2.** ▽*Am* [idiot] imbécile *mf*, andouille *f*.

meat-eater *n* carnivore *mf*; **we aren't big ~s** nous ne mangeons pas beaucoup de viande, nous ne sommes pas de gros mangeurs de viande.

meat-eating *adj* carnivore.

meathead▽ ['miːthed] *n Am* imbécile *mf*.

meat hook *n* crochet *m* de boucherie.

meat loaf (*pl* **meat loaves**) *n* pain *m* de viande.

meat pie *n* pâté *m* de viande en croûte.

meat safe *n* garde-manger *m inv*.

meatus [mɪ'eɪtəs] *n* ANAT conduit *m*, méat *m*.

meaty ['miːtɪ] (*compar* **meatier**, *superl* **meatiest**) *adj* -**1.** [taste] de viande; **a good, ~ meal** [full of meat] un bon repas riche en viande. -**2.** [rich in ideas] substantiel, étoffé; **a ~ novel** un roman substantiel.

mebbe▽, **mebby**▽ ['mebɪ] = **maybe**.

Mecca ['mekə] *pr n* la Mecque.
◆ **mecca** *n fig*: **it's a ~ for book lovers** c'est la Mecque des bibliophiles; **the ~ of country music** le haut lieu de la country.

mechanic [mɪ'kænɪk] *n* mécanicien *m*.

mechanical [mɪ'kænɪkl] *adj* **1.** [device, process] mécanique; **~ shovel** pelle *f* mécanique, pelleteuse *f*. -**2.** [machine-like] machinal, mécanique; **a ~ gesture** un geste machinal.

mechanical drawing *n* dessin *m* aux instruments.

mechanical engineer *n* ingénieur *m* mécanicien.

mechanical engineering *n* [study] mécanique *f*; [industry] construction *f* mécanique; **the ~ industries** les industries *fpl* mécaniques.

mechanically [mɪ'kænɪklɪ] *adv* mécaniquement; *fig* machinalement, mécaniquement; **he answered ~** il a répondu machinalement.

mechanics [mɪ'kænɪks] ◇ *n (U)* [study] mécanique *f*.
◇ *npl* [functioning] mécanisme *m*; **the ~ of government** les mécanismes gouvernementaux, les rouages du gouvernement; **I haven't got to grips yet with the ~ of the system** je n'ai pas encore compris comment fonctionne le système.

mechanism ['mekənɪzm] *n* mécanisme *m*.

mechanistic [,mekə'nɪstɪk] *adj* mécaniste.

mechanization [,mekənaɪ'zeɪʃn] *n* mécanisation *f*.

mechanize, -ise ['mekənaɪz] *vt* -**1.** [equip with machinery] mécaniser; **a highly ~d industry** une industrie fortement mécanisée. -**2.** MIL [motorize] motoriser.

mechanotherapy [,mekənəʊ'θerəpɪ] *n* mécanothérapie *f*.

meconium [mɪ'kəʊnɪəm] *n* méconium *m*.

Med *inf* [med] *pr n Br*: **the ~** la Méditerranée.

MEd [,em'ed] (*abbr of* **Master of Education**) *n (titulaire d'une) maîtrise en sciences de l'éducation.*

medal ['medl] *n* médaille *f*; **gold ~** médaille d'or.

medalist *Am* = **medallist**.

medallion [mɪ'dæljən] *n* médaillon *m*.

medallist *Br*, **medalist** *Am* ['medəlɪst] *n* [winner of medal] médaillé *m*, -e *f*; **the bronze ~** le détenteur de la médaille de bronze.

meddle ['medl] *vi* -**1.** [interfere]: **to ~ in sthg** se mêler de qqch; **stop meddling in my affairs!** cessez de vous mêler de mes affaires!; **he can't resist the temptation to ~** il ne peut pas s'empêcher de se mêler de tout OR de ce qui ne le regarde pas; **I do try not to ~** j'essaie vraiment de ne pas m'occuper des affaires des autres. -**2.** [tamper]: **to ~ with sthg** toucher à qqch, tripoter qqch; **someone's been meddling with the carburettor** quelqu'un a touché au carburateur.

meddler ['medlə^r] *n* -**1.** [busybody]: **she's such a ~** il faut toujours qu'elle fourre son nez partout. -**2.** [tamperer] touche-à-tout *mf inv*.

meddlesome ['medlsəm] *adj* indiscret, qui se mêle de tout.

Medea [mɪ'dɪə] *pr n* Médée.

medevac ['medɪvæk] *n* MIL hélicoptère *m* sanitaire *(qui évacue les blessés)*.

media ['miːdjə] ◇ *npl* -**1.** (*often sg*): **the ~** les médias *mpl*; **he works in the ~** il travaille dans les médias; **the power of the ~** la puissance des médias; **the news ~** la presse; **he knows how to handle the ~** il sait s'y prendre avec les journalistes; **the ~ follow** OR **follows her everywhere** les journalistes la suivent partout. -**2.** → **medium**.
◇ *comp* des médias; **~ person** homme *m* de communication, femme *f* de communication; **it aroused a lot of ~ interest** cela a suscité un grand intérêt médiatique; **~ coverage** couverture *f* médiatique; **it got little ~ coverage** les médias en ont très peu parlé.

mediaeval *etc* [,medɪ'iːvl] = **medieval**.

media event *n* événement *m* médiatique.

medial ['miːdjəl] ◇ *adj* -**1.** [average] moyen. -**2.** [middle] médian. -**3.** LING médial, médian.
◇ *n* LING médiale *f*.

median ['miːdjən] ◇ *adj* médian; **~ line** ligne *f* médiane.
◇ *n* -**1.** MATH médiane *f*. -**2.** *Am* AUT = **median strip**.

median strip *n Am* bande *f* médiane *(qui sépare les deux côtés d'une grande route)*.

mediant ['miːdɪənt] *n* médiante *f*.

mediate ['miːdɪeɪt] ◇ *vi* [act as a peacemaker] servir de médiateur; **to ~ in a dispute** servir de médiateur dans un conflit; **to ~ between** servir d'intermédiaire entre.
◇ *vt* -**1.** [agreement, peace] obtenir par médiation; [dispute] servir de médiateur dans, se faire le médiateur de; **the United States ~d an agreement between the two countries** les États-Unis ont servi de médiateur pour qu'un accord soit conclu entre les deux pays; **to ~ an industrial dispute** servir de médiateur dans un conflit social. -**2.** [moderate] modérer.

mediating ['miːdɪeɪtɪŋ] *adj* médiateur.

mediation [,miːdɪ'eɪʃn] *n* médiation *f*.

mediator ['miːdɪeɪtə^r] *n* médiateur *m*, -trice *f*.

medic *inf* ['medɪk] *n* -**1.** [doctor] toubib *m*. -**2.** *Br* [medical student] étudiant *m* en médecine.

medicable ['medɪkəbl] *adj* guérissable, curable.

Medicaid ['medɪkeɪd] *pr n Am* assistance *f* médicale.

medical ['medɪkl] ◇ *adj* médical; **the ~ profession** le corps médical; **~ board** commission *f* médicale; MIL conseil *m* de révision; **~ student** étudiant *m*, -e *f* en médecine ❑ **~ officer** INDUST médecin *m* du travail; MIL médecin *m* militaire; **Medical Officer of Health** directeur *m*, -trice *f* de la santé publique; **~ practitioner** (médecin *m*) généraliste *mf*; **~ school** faculté *f* de médecine.
◇ *n* visite *f* médicale; **to have a ~** passer une visite médicale; **to pass/fail a ~** être déclaré apte/inapte à un travail après un bilan de santé.

medical certificate *n* certificat *m* médical.

medical examination *n* visite *f* médicale.

medically ['medɪklɪ] *adv* médicalement; **~ speaking** d'un point de vue médical; **~ approved** approuvé par les autorités médicales; **to be ~ examined** passer une visite médicale.

medicament [mɪ'dɪkəment] *n* médicament *m*.

Medicare ['medɪkeə^r] *pr n aux États-Unis, programme fédéral d'assistance médicale pour personnes âgées qui a largement contribué à réhabiliter socialement le 3ème âge.*

medicated ['medɪkeɪtɪd] *adj* traitant; **~ soap/shampoo** savon *m*/shampooing *m* traitant.

medication [,medɪ'keɪʃn] *n* médication *f*; **to be on ~** être sous médicaments.

medicinal [me'dɪsɪnl] *adj* médicinal.

medicine ['medsɪn] *n* -**1.** [art] médecine *f*; **preventive ~** médecine préventive; **to practise ~** exercer la médecine; **he studies ~** il est étudiant en médecine; **she studied ~** elle a fait des études de médecine. -**2.** [substance] médicament *m*, remède *m*; **don't forget to take your ~** n'oublie pas de prendre tes médicaments ❑ **to take one's ~** *Br* avaler la pilule; **to give sb a dose** OR **taste of his/her own ~** rendre à qqn la monnaie de sa pièce.

medicine ball *n* medicine-ball *m*, médecine-ball *m*.

medicine cabinet, medicine chest *n* (armoire *f* à) pharmacie *f*.

medicine man *n* sorcier *m*, medicine-man *m*.

medico *inf* ['medɪkəʊ] (*pl* **medicos**) *Br* = **medic**.

medieval [,medɪ'iːvl] *adj* médiéval.

medievalism [,medɪ'iːvəlɪzm] *n* médiévisme *m*.

medievalist [,medɪ'iːvəlɪst] *n* médiéviste *mf*.

Medieval Latin *n* latin *m* médiéval.

medina [me'diːnə] *n* médina *f*.

mediocre [,miːdɪ'əʊkə^r] *adj* médiocre.

mediocrity [,miːdɪ'ɒkrətɪ] (*pl* **mediocrities**) *n* -**1.** [gen] médiocrité *f*. -**2.** [mediocre person] médiocre *mf*, incapable *mf*.

meditate ['medɪteɪt] *vi* -**1.** [practise meditation] méditer. -**2.** [reflect, ponder] réfléchir, songer; **to ~ on** OR **upon sthg** réfléchir OR songer à qqch.

meditation [,medɪ'teɪʃn] *n* méditation *f*, réflexion *f*; **to spend one's days in prayer and ~** passer ses journées en prière et en méditation.

meditative ['medɪtətɪv] *adj* méditatif.

meditatively ['medɪtətɪvlɪ] *adv* d'un air méditatif OR songeur.

Mediterranean [,medɪtə'reɪnjən] ◇ *pr n*: **the ~ (Sea)** la (mer) Méditerranée.
◇ *n* Méditerranéen *m*, -enne *f*.
◇ *adj* méditerranéen.

medium ['miːdjəm] (*pl sense 1* **media** [-djə], *pl senses 2 and 3* **media** [-djə] OR **mediums**, *pl senses 4 and 5* **mediums**) ◇ *n* -**1.** [means of communication] moyen *m* (de communication); **the decision was made public through the ~ of the press** la décision fut rendue publique par voie de presse OR par l'intermédiaire des journaux; **television is a powerful ~ in education** la télévision est un très bon instrument éducatif; **his favourite ~ is watercolour** son moyen d'expression favori est l'aquarelle. -**2.** PHYS [means of transmission] véhicule *m*, milieu *m*; **sound travels through the ~ of air** les sons sont propagés OR véhiculés par l'air; **a refractive ~** un milieu réfringent. -**3.** BIOL [environment] milieu *m*; **in its natural ~** dans son milieu naturel. -**4.** [spiritualist] médium *m*. -**5.** [middle course] milieu *m*; **the happy ~** le juste milieu.

◇ *adj* -**1.** [gen] moyen; in the ~ term à moyen terme; she's of ~ height elle est de taille moyenne; ~ brown châtain. -**2.** CULIN [meat] à point.

medium-dry *adj* [wine] demi-sec.

medium-range *adj*: ~ missile missile *m* à moyenne portée.

medium-rare *adj* CULIN [meat] entre saignant et à point.

medium-sized *adj* moyen, de taille moyenne.

medium-term *adj* à moyen terme.

medium wave *n (U)* RADIO ondes *fpl* moyennes; on ~ sur (les) ondes moyennes.

◆ **medium-wave** *adj* [broadcast] sur ondes moyennes; [station, transmitter] émettant sur ondes moyennes.

medlar ['medləʳ] *n* [fruit] nèfle *f*; [tree] néflier *m*.

medley ['medlɪ] *n* -**1.** [mixture] mélange *m*. -**2.** MUS pot-pourri *m*. -**3.** [in swimming] quatre nages *m inv*.

medulla [mɪ'dʌlə] *n* -**1.** ANAT [part of organ, structure] moelle *f*; [part of brain] bulbe *m* rachidien. -**2.** BOT moelle *f*.

Medusa [mɪ'djuːzə] *pr n* Méduse.

meek [miːk] *adj* doux, docile; ~ and mild doux comme un agneau.

meekly ['miːklɪ] *adv* doucement, docilement.

meekness ['miːknɪs] *n* douceur *f*, docilité *f*.

meerschaum ['mɪəʃəm] *n* -**1.** [pipe] pipe *f* en écume. -**2.** [mineral] écume *f* de mer, magnésite *f*.

meet [miːt] (*pt* & *pp* met [met]) ◇ *vt* -**1.** [by chance] rencontrer; **guess who I met this morning** devine qui j'ai rencontré ce matin; **to ~ sb on the stairs** croiser qqn dans l'escalier; **fancy ~ing you here!** je ne m'attendais pas à vous trouver ici! || [by arrangement] rejoindre, retrouver; **I'll ~ you on the platform in 20 minutes** je te retrouve sur le quai dans 20 minutes; **I'll ~ you after work** je te retrouverai après le travail; **I'm ~ing Gregory this afternoon** j'ai rendez-vous avec Gregory cet après-midi; **the train ~s the ferry at Dover** le train assure la correspondance avec le ferry à Douvres. -**2.** [wait for, collect] attendre, aller OR venir chercher; **nobody was at the station to ~ me** personne ne m'attendait à la gare; **I'll be there to ~ the bus** je serai là à l'arrivée du car; **he'll ~ us at the station** il viendra nous chercher à la gare; **I'll send a car to ~ you** j'enverrai une voiture vous chercher OR vous prendre. -**3.** [greet]: **she came to ~ us** elle est venue à notre rencontre. -**4.** [make acquaintance of] rencontrer, faire la connaissance de; **I met him last year** je l'ai rencontré OR j'ai fait sa connaissance l'année dernière; **I'd like you to ~ Mr Jones** j'aimerais vous présenter M. Jones; **~ Mrs Dickens** je vous présente Mme Dickens; **(I'm very) glad** OR **pleased to ~ you** enchanté (de faire votre connaissance); **nice to have met you** enchanté d'avoir fait votre connaissance. -**5.** [satisfy] satisfaire, répondre à; **we couldn't ~ their needs** nous n'avons pu répondre à leurs besoins; **supply isn't ~ing demand** l'offre est inférieure à la demande; **to ~ sb halfway** *fig* trouver un compromis avec qqn; **they decided to ~ each other halfway** ils décidèrent de couper la poire en deux || [settle] régler; **I couldn't ~ the payments** je n'ai pas pu régler OR payer les échéances. -**6.** [face] rencontrer, affronter; **he ~s the champion on Saturday** il rencontre le champion samedi; **to ~ an obstacle** se heurter à OR rencontrer un obstacle; **to ~ the enemy** affronter l'ennemi; **how are we going to ~ the challenge?** comment allons-nous relever le défi?; **to ~ one's death** trouver la mort. -**7.** [come in contact with] rencontrer; **it's the first case of this sort I've met** c'est la première fois que je vois un cas semblable; **his hand met hers** leurs mains se rencontrèrent; **my eyes met his** nos regards se croisèrent OR se rencontrèrent; **he couldn't ~ her eye** il ne pouvait pas la regarder dans les yeux ❑ **there's more to** OR **in this than ~s the eye** cette affaire nous réserve encore bien des surprises; **there's more to her than ~s the eye** elle gagne à être connue. -**8.** [treat] accueillir; **his suggestion was met with howls of laughter** sa proposition a été accueillie par des éclats de rire; **we shall ~ violence with violence** à la violence, nous répondrons par la violence.

◇ *vi* -**1.** [by chance] se rencontrer; **we met on the stairs** nous nous sommes croisés dans l'escalier || [by arrangement] se retrouver, se rejoindre, se donner rendez-vous; **shall we ~ at the station?** on se donne rendez-vous OR on se retrouve à la gare?; **we arranged to ~ at the station** nous nous sommes donné rendez-vous à la gare; **they weren't to ~ again for a long time** ils ne devaient pas se revoir avant longtemps; **until we ~ again!** à la prochaine!; **I think they ~ every day** je crois qu'ils se voient tous les jours. -**2.** [become acquainted] se rencontrer, faire connaissance; **we first met in 1989** nous nous sommes rencontrés pour la première fois en 1989; **have you two met?** est-ce que vous vous connaissez déjà?, vous vous êtes déjà rencontrés? -**3.** [assemble] se réunir; **the delegates will ~ in the conference room** les délégués se réuniront dans la salle de conférence; **the committee ~s once a month** le comité se réunit une fois par mois. -**4.** [join - lines, wires] se rencontrer, se joindre; **the cross stands where four roads ~** la croix se trouve à la jonction de quatre routes; **their eyes met** leurs regards se rencontrèrent OR se croisèrent. -**5.** [teams, opponents] se rencontrer, s'affronter; [armies] s'affronter, se heurter.

◇ *n* -**1.** *Br* [in hunting] rendez-vous *m* (de chasse). -**2.** *Am* SPORT rencontre *f*; **athletics ~** rencontre *f* OR meeting *m* d'athlétisme.

◇ *adj arch* OR *fml* [suitable] séant, convenable; [right] juste; **it is only ~ that they should be the ones to leave** ce n'est que justice que ce soient eux qui partent.

◆ **meet up** *vi insep* [by chance] se rencontrer; [by arrangement] se retrouver, se donner rendez-vous; **we met up with them in Paris** nous les avons retrouvés à Paris.

◆ **meet with** *vt insep* -**1.** [encounter] rencontrer; **they met with considerable difficulties** ils ont rencontré d'énormes difficultés; **the agreement met with general approval** l'accord a reçu l'approbation générale; **to ~ with a refusal** se heurter à OR essuyer un refus; **the play met with great success on Broadway** la pièce a eu beaucoup de succès à Broadway; **I'm afraid your dog has met with an accident** j'ai bien peur que votre chien n'ait eu un (petit) accident. -**2.** *Am* = **meet** *vt* **1, 2**.

meeting ['miːtɪŋ] *n* -**1.** [assembly] réunion *f*; POL assemblée *f*, meeting *m*; *Br* SPORT rencontre *f*, meeting *m*; **to hold a ~** tenir une réunion; **to call a ~ of the committee/the workforce** convoquer les membres du comité/le personnel; **the ~ voted in favour of the measure** l'assemblée a voté la proposition; **the (general) ~ of shareholders** l'assemblée (générale) des actionnaires ❑ **athletics ~** rencontre *f* OR meeting *m* d'athlétisme; **committee ~** réunion du comité. -**2.** [encounter] rencontre *f*; **a chance ~ in the street** une rencontre fortuite dans la rue. -**3.** [arranged] rendez-vous *m*; **I have a ~ with the boss this morning** j'ai rendez-vous avec le patron ce matin; **the Governor had a ~ with Church dignitaries** le Gouverneur s'est entretenu avec OR a rencontré les dignitaires de l'Église. -**4.** [junction - of roads] jonction *f*, rencontre *f*; [- of rivers] confluent *m*. -**5.** RELIG [Quakers'] culte *m*; **to go to ~** aller au culte.

meetinghouse ['miːtɪŋhaus, *pl* -hauzɪz] *n* RELIG temple *m*.

meeting place *n* [for gatherings] lieu *m* de réunion; [for rendez-vous] (lieu *m* de) rendez-vous *m*.

megabuck *inf* ['megəbʌk] *n Am* million *m* de dollars; **we're talking ~s** c'est de millions de dollars qu'il s'agit là, ce sont des millions de dollars qui sont en jeu.

megabyte ['megəbaɪt] *n* mégaoctet *m*.

megacycle ['megə,saɪkl] *n* mégacycle *m*.

megadeath ['megədeθ] *n* million *m* de morts; **weapons capable of causing 100 ~s** des armes capables de faire des centaines de millions de morts.

megadose *inf* ['megədəus] *n* superdose *f*.

megahertz ['megəhɜːts] (*pl inv*) *n* mégahertz *m*.

megalith ['megəlɪθ] *n* mégalithe *m*.

megalithic [,megə'lɪθɪk] *adj* mégalithique.

megalomania [,megələ'meɪnjə] *n* mégalomanie *f*.

megalomaniac [,megələ'meɪnɪæk] ◇ *adj* mégalomane.

◇ *n* mégalomane *mf*.

megalopolis [,megə'lɒpəlɪs] *n* mégapole *f*, mégalopole *f*.

megaphone ['megəfəun] *n* porte-voix *m inv*, mégaphone *m*.

megascopic [,megə'skɒpɪk] *adj* macroscopique.

megastar *inf* ['megəstɑːʳ] *n* superstar *f*.

megaton ['megətʌn] *n* mégatonne *f*; **a 5 ~ bomb** une bombe de 5 mégatonnes.

megawatt ['megəwɒt] *n* mégawatt *m*.

meiosis [maɪ'əusɪs] (*pl* **meioses** [-siːz]) *n* -**1.** BIOL méiose *f*. -**2.** [in rhetoric] litote *f*.

meiotic [maɪ'ɒtɪk] *adj* BIOL méiotique.

Mekong [,miː'kɒŋ] *pr n*: **the ~** le Mékong.

melamine ['meləmiːn] *n* mélamine *f*.

melancholia [,melən'kəuljə] *n* mélancolie *f* PSYCH.

melancholic [,melən'kɒlɪk] ◇ *adj* mélancolique.

◇ *n* mélancolique *mf*.

melancholy ['melənkəlɪ] ◇ *n lit* mélancolie *f*.

◇ *adj* [person, mood] mélancolique; [news, sight, thought] sombre, triste.

Melanesia [,melə'niːzjə] *pr n* Mélanésie *f*; **in ~** en Mélanésie.

Melanesian [,melə'niːzjən] ◇ *n* -**1.** [person] Mélanésien *m*, -enne *f*. -**2.** LING mélanésien *m*.

◇ *adj* mélanésien.

melanin ['melənɪn] *n* mélanine *f*.

melanism ['melənɪzm] *n* mélanisme *m*.

melanocyte ['melənəusaɪt] *n* mélanocyte *m*.

melanoma [,melə'nəumə] *n* mélanome *m*.

Melba ['melbə] *adj* CULIN Melba *(inv)*.

Melba toast *n* *tartine de pain grillé très fine*.

Melbourne ['melbən] *pr n* Melbourne.

Melchior ['melkɪ,ɔːʳ] *pr n* Melchior.

meld [meld] ◇ *n* CARDS pose *f*.

◇ *vi* poser ses cartes.

◇ *vt Am* [merge] fusionner, amalgamer.

melee, mêlée ['meleɪ] *n* mêlée *f*.

mellifluous [me'lɪfluəs], **mellifluent** [me'lɪfluənt] *adj lit* mélodieux, doux.

mellophone ['meləufəun] *n* cor *m* d'harmonie.

mellow ['meləu] ◇ *adj* -**1.** [fruit] mûr; [wine] velouté. -**2.** [bricks] patiné; [light] doux, tamisé; [colour] doux; [voice, music] doux, mélodieux. -**3.** [person, mood] serein, tranquille; **to become** OR **to grow ~** s'adoucir; [with age] mûrir; **~ thoughts** des pensées langoureuses. -**4.** *inf Am* [relaxed] cool, relax, relaxe. -**5.** *inf* [tipsy] éméché, gai.

◇ *vt* [subj: age, experience] adoucir, faire mûrir; [subj: food, alcohol] détendre, décontracter.

◇ *vi* -**1.** [fruit] mûrir; [wine] devenir moelleux, se velouter. -**2.** [light, colour] s'adoucir; [stone, brick, building] se patiner; [sound, music] s'adoucir, devenir plus mélodieux; **her voice has ~ed** sa voix s'est adoucie. -**3.** [person - with age] mûrir, s'adoucir; **I've ~ed a lot since those days** j'ai mûri depuis cette époque || [with food, alcohol] se décontracter; **after the second whisky he began to ~** après le deuxième whisky, il a commencé à se décontracter.

mellowing ['meləuɪŋ] ◇ *n* -**1.** [of fruit, wine] maturation *f*. -**2.** [of person, mood, light] adoucissement *m*; [of stone] patine *f*.

◇ *adj* adoucissant; **the alcohol had a ~ effect on them** l'alcool les a détendus.

mellowness ['meləʊnɪs] *n* **-1.** [of fruit] douceur *f*; [of wine] moelleux *m*, velouté *m*. **-2.** [of light, colour] douceur *f*; [of voice, music] douceur *f*, mélodie *f*. **-3.** [of person, mood] douceur *f*, sérénité *f*.

melodic [mɪ'lɒdɪk] *adj* mélodique.

melodically [mɪ'lɒdɪklɪ] *adv* mélodiquement.

melodious [mɪ'ləʊdjəs] *adj* mélodieux.

melodiously [mɪ'ləʊdjəslɪ] *adv* mélodieusement.

melodrama ['melədrɑːmə] *n* mélodrame *m*.

melodramatic [,melədrə'mætɪk] *adj* mélodramatique.

melodramatically [,melədrə'mætɪklɪ] *adv* de façon mélodramatique; **he spoke ~ of leaving her** d'un air mélodramatique, il parla de la quitter.

melody ['melədɪ] (*pl* **melodies**) *n* mélodie *f*.

Melody Maker *pr n hebdomadaire britannique consacré à la musique pop.*

melon ['melən] *n* melon *m*.

melt [melt] ◇ *vi* **-1.** [become liquid] fondre; **that chocolate ~s in your mouth** ce chocolat fond dans la bouche; **his heart ~ed** ça l'a attendri. **-2.** [disappear]: **to ~ (away)** disparaître, s'évaporer; **her anger ~ed away** sa colère s'est évanouie; **the crowd ~ed (away)** la foule s'est dispersée; **all my problems seemed to ~ away** tous mes problèmes semblaient s'évanouir. **-3.** [blend] se fondre; **he tried to ~ into the crowd** il a essayé de se fondre OR de disparaître dans la foule; **the green ~s into the blue** le vert se fond dans le bleu OR se confond avec le bleu; **the images ~ ed into one another** les images se fondaient les unes dans les autres.
◇ *vt* [gen] (faire) fondre; [metal] fondre; **the sun will ~ the ice** le soleil fera fondre la glace; **~ the butter in a pan** faire fondre le beurre dans une poêle; **to ~ sb's heart** attendrir (le cœur de) qqn.
◆ **melt down** *vt sep & vi insep* fondre.

meltdown ['meltdaʊn] *n* NUCL fusion *f* (du cœur).

melting ['meltɪŋ] ◇ *adj* **-1.** *literal* fondant; **~ ice/snow** de la glace/neige qui fond. **-2.** *fig* attendrissant; **she gave him a ~ look** elle lui a lancé un regard attendrissant.
◇ *n* [of ice, snow] fonte *f*; [of metal] fusion *f*, fonte *f*.

melting point *n* point *m* de fusion.

melting pot *n* creuset *m*; **a ~ of several cultures** *fig* un mélange de plusieurs cultures; **the American ~** *fig* le melting-pot américain.

member ['membəʳ] ◇ *n* **-1.** [of club, union, political party etc] membre *m*, adhérent *m*, -e *f*; **to become a ~ of a club/society** devenir membre d'un club/d'une association; **he became a ~ of the party in 1985** il a adhéré au parti en 1985. **-2.** [of group, family, class] membre *m*; **you're practically a ~ of the family now** tu fais presque partie de la famille maintenant; **it's a ~ of the cat family** il fait partie de OR il appartient à la famille des félins; **a ~ of the opposite sex** un représentant du sexe opposé; **he invited a ~ of the audience up on stage** il a fait venir un spectateur sur scène; **a ~ of the public** un membre du public. **-3.** ANAT, ARCHIT & MATH membre *m*; **(male) ~** ANAT membre (viril).
◇ *comp*: **~ country/state** pays *m*/État *m* membre.
◆ **Member** *n* [of legislative body]: **Member of Parliament** membre *m* de la Chambre des communes, ≃ député *m*; **the Member (of Parliament) for Leicester** le député de Leicester; **Member of Congress** membre *m* du Congrès.

membership ['membəʃɪp] *n* **-1.** [condition] adhésion *f*; **~ of the union will entitle you to vote in meetings** l'adhésion au syndicat vous donne le droit de voter lors des réunions; **his country's ~ of UNESCO is in question** l'adhésion de son pays à l'UNESCO est remise en question; **to apply for ~** faire une demande d'adhésion; **they have applied for ~ to the EC** ils ont demandé à entrer dans OR à faire partie de la CEE; **to take up party ~** prendre sa carte du OR adhérer au parti; **it's hard to get ~ of the golf club** il est difficile de devenir membre du club de golf ☐ **~ card** carte *f* d'adhérent OR de membre; **~ fee** cotisation *f*. **-2.** [body of members]: **our club has a large ~** notre club compte de nombreux adhérents OR membres; **~ increased last year** le nombre d'adhérents a augmenté l'année dernière; **the rank and file ~ of the party** la base militante du parti; **we have a ~ of under 20** nous avons moins de 20 adhérents.

membrane ['membreɪn] *n* membrane *f*.

membranous ['membrənəs] *adj* membraneux.

memento [mɪ'mentəʊ] (*pl* **mementos** OR **mementoes**) *n* souvenir *m*; **a ~ of our visit** un souvenir de notre visite.

memo ['meməʊ] (*pl* **memos**) *n* note *f*.

memoir ['memwɑːʳ] *n* **-1.** [biography] biographie *f*. **-2.** [essay, monograph] mémoire *m*.
◆ **memoirs** *npl* [autobiography] mémoires *mpl*.

memoirist ['memwɑːrɪst] *n* mémorialiste *mf*.

memo pad *n* bloc-notes *m*.

memorabilia [,memərə'bɪlɪə] *npl* souvenirs *mpl*.

memorable ['memərəbl] *adj* mémorable, inoubliable.

memorably ['memərəblɪ] *adv*: **a ~ hot summer** un été torride dont on se souvient encore.

memorandum [,memə'rændəm] (*pl* **memoranda** [-də]) *n* **-1.** COMM note *f*; **I've received a ~ from head office** j'ai reçu une note (de service) du siège. **-2.** JUR sommaire *m*. **-3.** [diplomatic communication] mémorandum *m*.

memorial [mɪ'mɔːrɪəl] ◇ *n* **-1.** [monument] monument *m* (commémoratif), mémorial *m*; **war ~** monument aux morts. **-2.** [diplomatic memorandum] mémorandum *m*; [petition] pétition *f*; [official request] requête *f*, mémoire *m*.
◇ *adj* **-1.** [commemorative] commémoratif; **the Marcel Proust ~ prize** le prix Marcel Proust; **~ service** commémoration *f*. **-2.** [of memory] mémoriel.

Memorial Day *n Am dernier lundi du mois de mai (férié aux États-Unis en l'honneur des soldats américains morts pour la patrie).*

memorize, -ise ['meməraɪz] *vt* mémoriser.

memory ['memərɪ] (*pl* **memories**) *n* **-1.** [capacity to remember] mémoire *f*; **to have a good/bad ~** avoir (une) bonne/mauvaise mémoire; **to have a short ~** avoir la mémoire courte; **I've got a very good/bad ~ for names** j'ai/je n'ai pas une très bonne mémoire des noms; **to quote a figure from ~** citer un chiffre de mémoire OR de tête; **to lose one's ~** perdre la mémoire; **it will long remain in our memories** nous nous en souviendrons longtemps; **if (my) ~ serves me well** OR **right, to the best of my ~** si j'ai bonne mémoire, autant que je m'en souvienne; **I've a ~ like a sieve** je n'ai aucune mémoire; **within living ~** de mémoire d'homme. **-2.** [recollection] souvenir *m*; **childhood memories** des souvenirs d'enfance; **to have good/bad memories of sthg** garder un bon/mauvais souvenir de qqch; **I have very bad memories of that evening** j'ai de très mauvais souvenirs OR j'ai (gardé) un très mauvais souvenir de cette soirée; **to have no ~ of sthg/sb** n'avoir aucun souvenir de qqch/qqn; **to the ~ of** à la mémoire de; **to keep the ~ alive** OR **green** garder vivant OR entretenir le souvenir (de); **I cherish his ~** je chéris sa mémoire OR son souvenir ☐ **to take a trip down ~ lane** se rappeler, se souvenir. **-3.** COMPUT mémoire *f*; **how much ~ does this computer have?** cet ordinateur a combien de mémoire?; **data is stored in the ~** les données sont (entrées) en mémoire.
◆ **in memory of** *prep phr* en souvenir de.

memory bank *n* bloc *m* de mémoire.

memory card *n* COMPUT carte *f* d'extension mémoire.

memory span *n* empan *m* mnémonique.

memory trace *n* trace *f* mnésique.

Memphis ['memfɪs] *pr n* Memphis.

memsahib ['mem,sɑːhɪb] *n dated* [in colonial India] Européenne *f*; [form of address] Madame *f*.

men [men] *pl* → **man**.

menace ['menəs] ◇ *n* **-1.** [source of danger] danger *m*; **these steps are a real ~ at night** ces escaliers sont vraiment dangereux la nuit; **some drivers are a public ~** certains conducteurs constituent un véritable danger public OR sont de véritables dangers publics. **-2.** [threat] menace *f*; **the new weapon is a ~ to world peace** cette nouvelle arme constitue une menace pour la paix mondiale. **-3.** *inf* [annoying person or thing] plaie *f*.
◇ *vt* menacer.

menacing ['menəsɪŋ] *adj* menaçant.

menacingly ['menəsɪŋlɪ] *adv* [speak, act] de manière menaçante; [look] d'un air menaçant.

menagerie [mɪ'nædʒərɪ] *n* ménagerie *f*.

Mencap ['menkæp] *pr n association britannique pour les enfants et les adultes handicapés mentaux.*

mend [mend] ◇ *vt* **-1.** [repair - machine, television, broken vase] réparer; [- clothes] raccommoder; [- hem] recoudre; [darn - socks] repriser, ravauder; **to get sthg ~ed** faire réparer qqch. **-2.** [rectify] rectifier, réparer; **to ~ matters** arranger les choses; **to ~ one's ways** s'amender.
◇ *vi* [improve - patient] se remettre, être en voie de guérison; [- weather] s'améliorer.
◇ *n* **-1.** [darn] reprise *f*; [patch] pièce *f*. **-2.** *phr*: **to be on the ~** *inf* s'améliorer; [patient] se remettre, être en voie de guérison.

mendacious [men'deɪʃəs] *adj fml* [statement, remark] mensonger, fallacieux; [person] menteur.

mendacity [men'dæsətɪ] (*pl* **mendacities**) *n fml* *(U)* mensonge *m*, mensonges *mpl*.

mendelevium [,mendɪ'liːvɪəm] *n* mendélévium *m*.

Mendelian [men'diːljən] *adj* mendélien.

Mendelianism [men'diːljənɪzm], **Mendelism** ['mendəlɪzm] *n* mendélisme *m*.

mendicant ['mendɪkənt] ◇ *n* mendiant *m*, -e *f*.
◇ *adj* mendiant; **~ order** RELIG ordre *m* mendiant.

mendicity [men'dɪsətɪ] *n* mendicité *f*.

mending ['mendɪŋ] *n* raccommodage *m*; **I've got a whole pile of ~ to do** j'ai toute une pile de raccommodage (à faire).

Menelaus [,menɪ'leɪəs] *pr n* Ménélas.

menfolk ['menfəʊk] *npl* hommes *mpl*; **all the ~ of the village** tous les hommes du village.

menhir ['men,hɪəʳ] *n* menhir *m*.

menial ['miːnjəl] ◇ *adj*: **~ tasks** tâches *fpl* ingrates OR sans intérêt; **I find the work a bit ~** je trouve le travail un peu ingrat.
◇ *n* [subordinate] subalterne *mf*; [servant] domestique *mf*, laquais *m pej*.

meningitis [,menɪn'dʒaɪtɪs] *n* méningite *f*.

meniscus [mə'nɪskəs] (*pl* **meniscuses** OR **menisci** [-'nɪsaɪ]) *n* ménisque *m*.

menology [mɪ'nɒlədʒɪ] (*pl* **menologies**) *n* ménologe *m*.

menopausal [,menə'pɔːzl] *adj* ménopausique.

menopause ['menəpɔːz] *n* ménopause *f*; **the male ~** l'andropause *f*.

Mensa ['mensə] *pr n association de personnes ayant un QI particulièrement élevé.*

mensch▽ [menʃ] *n Am* chic type *m*.

menses ['mensiːz] *npl* menstrues *fpl*, règles *fpl*.

Menshevik ['menʃəvɪk] ◇ *adj* menchévik.
◇ *n* menchévik *mf*.

Menshevism ['menʃəvɪzm] *n* menchévisme *m*.

Menshevist ['menʃəvɪst] ◇ *adj* menchéviste.
◇ *n* menchéviste *mf*.

men's room *n Am* toilettes *fpl (pour hommes).*

menstrual ['menstrʊəl] *adj* menstruel; ~ cycle cycle *m* menstruel.

menstruate ['menstrʊeɪt] *vi* avoir ses règles.

menstruation [ˌmenstrʊ'eɪʃn] *n* menstruation *f*, règles *fpl*.

mensurable ['menʃərəbl] *adj* mesurable.

mensuration [ˌmenʃə'reɪʃn] *n* mesurage *m*, mensuration *f*.

menswear ['menzweə'] *n (U)* vêtements *mpl* pour hommes.

mental ['mentl] *adj* -**1.** [intellectual] mental; ~ **faculties** facultés *fpl* mentales OR intellectuelles; **he has a ~ age of seven** il a un âge mental de sept ans. -**2.** [in the mind] mental; **to make a ~ note of sthg** prendre note de qqch; **she made a ~ note to speak to him about the matter** elle se promit de lui en parler ❑ ~ **arithmetic** calcul *m* mental. -**3.** [psychiatric] mental; **it can cause great ~ strain** cela peut provoquer une grande tension nerveuse; **he had a ~ breakdown** il a fait une dépression nerveuse ❑ **to suffer from ~ handicap** être handicapé mental; ~ **health** santé *f* mentale; ~ **illness** maladie *f* mentale; ~ **nurse** infirmier *m*, -ère *f* psychiatrique; ~ **patient** malade *m* mental, malade *f* mentale; ~ **ward** service *m* psychiatrique. -**4.** ▽ [crazy] malade, timbré.

mental cruelty *n* cruauté *f* mentale.

mental home, mental hospital *n* hôpital *m* psychiatrique.

mentalism ['mentəlɪzm] *n* mentalisme *m* PHILOS.

mentality [men'tælətɪ] (*pl* **mentalities**) *n* mentalité *f*; **a civil servant ~** une mentalité de fonctionnaire.

mentally ['mentəlɪ] *adv* mentalement; **she's ~ and physically exhausted** elle est épuisée mentalement et physiquement; **the ~ disabled** OR **handicapped** les handicapés mentaux; ~ **ill** malade *(mentalement)*; ~ **defective** (mentalement) déficient; ~ **disturbed** déséquilibré (mental); ~ **retarded** (mentalement) arriéré.

menthol ['menθɒl] *n* menthol *m*; ~ **cigarette** cigarette *f* au menthol OR mentholée.

mentholated ['menθəleɪtɪd] *adj* au menthol, mentholé.

mention ['menʃn] ◇ *vt* [talk about] mentionner, faire mention de, parler de; **he didn't ~ his divorce** il n'a pas parlé de son divorce; **the newspapers didn't ~ it** les journaux n'en ont pas fait mention OR n'en ont pas parlé; **she never ~s her past** elle ne parle jamais de son passé; **how dare you ~ such a thing!** comment osez-vous parler d'une chose pareille!; **I shall never ~ it again** je n'en parlerai jamais plus; **I'll ~ it to him sometime** je lui en toucherai un mot à l'occasion; **thank you very much – don't ~ it!** merci beaucoup – il n'y a pas de quoi! OR je vous en prie!; **it's not worth ~ing** ça ne vaut pas la peine d'en parler ‖ [remark, point out] signaler; **I should ~ that it was dark at the time** il faut signaler OR je tiens à faire remarquer qu'il faisait nuit; **she did ~ a couple of good restaurants to me** elle m'a bien donné l'adresse de OR elle m'a bien signalé quelques bons restaurants ‖ [name, cite] mentionner, citer, nommer; **don't ~ any names** ne citez aucun nom; **someone, without ~ing any names, has broken my hairdryer** je ne citerai personne, mais quelqu'un a cassé mon séchoir à cheveux; **just ~ my name to her** dites-lui que c'est de ma part; **to ~ sb in one's will** coucher qqn sur son testament; **to be ~ed in dispatches** MIL être cité à l'ordre du jour.
◇ *n* mention *f*; **there's no ~ of it in the papers** les journaux n'en parlent pas; **it got a ~ in the local paper** le journal local en a parlé OR y a fait allusion; **special ~ should be made of all the people behind the scenes** n'oublions pas tous ceux qui ont travaillé dans l'ombre OR en coulisse ❑ **honourable ~** mention.
◆ **not to mention** *prep phr* sans parler de; **not to ~ the children** sans parler des enfants.

mentor ['mentɔː'] *n* mentor *m*.
◆ **Mentor** *pr n* Mentor.

menu ['menjuː] *n* -**1.** [in restaurant] menu *m*, carte *f*; **what's on the ~ tonight?** qu'est-ce qu'il y a au menu ce soir?; **they have a very varied ~** ils ont une carte très variée. -**2.** COMPUT menu *m*.

menu-driven *adj* COMPUT piloté par menus.

meow [miː'aʊ] = **miaow**.

MEP (*abbr of* Member of the European Parliament) *n* député *m* à l'Assemblée européenne, membre *m* du Parlement européen.

mephistophelean, mephistophelian [ˌmefɪstə'fiːljən] *adj* méphistophélique.

Mephistopheles [ˌmefɪ'stɒfɪliːz] *pr n* Mephistophélès.

meprobamate [mə'prəʊbəmeɪt] *n* méprobamate *m*.

mercantile ['mɜːkəntaɪl] *adj* -**1.** COMM: ~ **agreement** accord *m* commercial; ~ **company** société *f* commerciale; ~ **law** droit *m* commercial; ~ **nation** nation *f* commerçante; **the ~ system** le système marchand. -**2.** ECON [concerning mercantilism] mercantiliste.

mercantilism ['mɜːkəntɪlɪzm] *n* mercantilisme *m*.

mercantilist ['mɜːkəntɪlɪst] ◇ *adj* mercantiliste.
◇ *n* mercantiliste *mf*.

Mercator's projection [mɜː'keɪtɔːz-] *n* projection *f* de Mercator.

mercenarily ['mɜːsɪnərɪlɪ] *adv* de manière intéressée.

mercenary ['mɜːsɪnrɪ] (*pl* **mercenaries**) ◇ *n* mercenaire *m*.
◇ *adj* -**1.** *pej* intéressé. -**2.** MIL mercenaire.

mercer ['mɜːsə'] *n Br dated* négociant *m*, -e *f* en tissus.

mercerize, -ise ['mɜːsəraɪz] *vt* merceriser.

merchandise ['mɜːtʃəndaɪz] ◇ *n (U)* marchandises *fpl*.
◇ *vt* commercialiser.

merchandising ['mɜːtʃəndaɪzɪŋ] *n* merchandising *m*, marchandisage *m*.

merchant ['mɜːtʃənt] ◇ *n* -**1.** [trader] négociant *m*, -e *f*; [shopkeeper] marchand *m*, -e *f*; **wool ~** lainier *m*, négociant en laines; **wine ~** marchand de vin; **'The Merchant of Venice'** *Shakespeare* 'le Marchand de Venise'. -**2.** *fig*: ~ **of death** marchand de mort; **a doom ~** un prophète de malheur.
◇ *adj* marchand.

merchant bank *n* banque *f* d'affaires.

merchant banker *n* banquier *m* d'affaires.

merchantman ['mɜːtʃəntmən] (*pl* **merchantmen** [-mən]) = **merchant ship**.

merchant marine *n Am* marine *f* marchande.

merchant navy *n Br* marine *f* marchande.

merchant seaman *n* marin *m* de la marine marchande.

merchant ship *n* navire *m* de commerce.

merciful ['mɜːsɪfʊl] *adj* clément, miséricordieux; **to be ~ to** OR **towards sb** faire preuve de clémence OR de miséricorde envers qqn; **a ~ act** un geste charitable; **her death was a ~ release** sa mort a été une délivrance.

mercifully ['mɜːsɪfʊlɪ] *adv* -**1.** [luckily] heureusement, par bonheur; ~, **nobody was hurt** par bonheur il n'y a pas eu de blessés. -**2.** [with clemency] avec clémence; **he acted ~** il a fait preuve de clémence OR de miséricorde.

merciless ['mɜːsɪlɪs] *adj* impitoyable, implacable.

mercilessly ['mɜːsɪlɪslɪ] *adv* sans merci, impitoyablement, implacablement.

mercurial [mɜː'kjʊərɪəl] *adj* -**1.** [changeable] versatile, d'humeur inégale, changeant. -**2.** [lively] vif, plein de vie, gai. -**3.** CHEM mercuriel.

mercury ['mɜːkjʊrɪ] *n* -**1.** CHEM mercure *m*. -**2.** BOT mercuriale *f*.
◆ **Mercury** *pr n* ASTRON & MYTH Mercure.

Mercury program *n*: **the ~** *le programme spatial américain Mercury (1961-1963).*

mercy ['mɜːsɪ] (*pl* **mercies**) ◇ *n* -**1.** [clemency] clémence *f*, pitié *f*, indulgence *f*; **without ~** sans pitié, sans merci; **she had** OR **showed no ~** elle n'a eu aucune pitié, elle a été sans pitié; **to have ~ on sb** avoir pitié de qqn; **(have) ~!** (ayez) pitié!; **I'll have him begging** OR **crying for ~!** il va le regretter! ‖ RELIG miséricorde *f*; **may God in his ~ forgive you** que Dieu vous pardonne en sa miséricorde. -**2.** [blessing] chance *f*, bonheur *m*; **it's a ~ that he doesn't know** heureusement qu'il ne sait pas, c'est une chance qu'il ne sache pas; **we must be thankful for small mercies** il faut savoir apprécier les moindres bienfaits; **it was really a ~ that she left** son départ fut un véritable soulagement OR une véritable délivrance. -**3.** [power] merci *f*; **to be at sb's/sthg's ~** être à la merci de qqn/qqch; **the ship was at the ~ of the storm** le navire était à la merci de la tempête; **I throw myself on your ~** *fml* je mets mon sort entre vos mains; **to leave sb to the tender mercies of sb** *iron* abandonner qqn aux bons soins de qqn.
◇ *comp* humanitaire, de secours; **on a ~ mission** en mission humanitaire; ~ **dash** course *f* contre la mort.

mercy killing *n* euthanasie *f*.

mere [mɪə'] ◇ *adj* seul, simple, pur; **I'm a ~ beginner** je ne suis qu'un débutant; **it's a ~ formality** ce n'est qu'une simple formalité; **the ~ thought of it disgusts her** rien que d'y penser ça lui répugne; **the ~ sight of fish makes me queasy** la seule vue du poisson me donne la nausée; **a ~ five per cent of the population** cinq pour cent seulement de la population; **his eyes light up at the merest mention of money** son regard s'allume dès qu'on commence à parler d'argent.
◇ *n* (petit) lac *m*, étang *m*.

merely ['mɪəlɪ] *adv* seulement, (tout) simplement; **I'm ~ a beginner** je ne suis qu'un débutant; **I was ~ wondering if this is the best solution** je me demandais seulement OR simplement si c'était la meilleure solution; **she ~ glanced at it** elle n'a fait qu'y jeter OR elle s'est contentée d'y jeter un coup d'œil.

meretricious [ˌmerɪ'trɪʃəs] *adj fml* [glamour, excitement] factice; [impression] faux; [ornamentation, design] clinquant, tape-à-l'œil; [style] ampoulé, pompier.

merganser [mɜː'gænsə'] *n* harle *m*.

merge [mɜːdʒ] ◇ *vi* -**1.** [join - rivers] se rejoindre, confluer; [- roads] se rejoindre; [- colours, voices] se confondre; [- cultures] se mélanger; POL s'unir. -**2.** [vanish] se perdre; **the thief ~ed into the crowd** le voleur s'est fondu dans la foule. -**3.** COMM fusionner; **they have ~d with their former competitor** ils ont fusionné avec leur ancien concurrent.
◇ *vt* joindre, fusionner; COMM & COMPUT fusionner; POL unifier.

merger ['mɜːdʒə'] *n* COMM fusion *f*.

meridian [mə'rɪdɪən] ◇ *n* -**1.** ASTRON, GEOG & MED méridien *m*; **the Greenwich ~** le méridien de Greenwich. -**2.** MATH méridienne *f*. -**3.** *fig* [zenith] zénith *m*, sommet *m*, apogée *m*.
◇ *adj* méridien.

meridional [mə'rɪdɪənl] ◇ *adj* -**1.** = **meridian**. -**2.** [southern] méridional.
◇ *n* méridional *m*, -e *f*.

meringue [mə'ræŋ] *n* meringue *f*.

merino [mə'riːnəʊ] (*pl* **merinos**) ◇ *n* [sheep, wool] mérinos *m*.
◇ *adj* en mérinos.

merit ['merɪt] ◇ *n* mérite *m*; **its great ~ is its simplicity** ça a le grand mérite d'être simple; **promotion is on ~ alone** l'avancement se fait uniquement au mérite; **I don't see much ~ in the idea** cette idée ne me paraît pas particulièrement intéressante; **a work of great ~** une œuvre remarquable; **the relative ~s of theatre and cinema** les avantages respectifs du théâtre et du cinéma; **the project has the further ~ of being cheap** le projet a de plus l'avantage d'être bon marché.
◇ *vt* mériter; **the case ~s closer examination** le cas mérite d'être examiné de plus près.

merit increase *n* augmentation *f* au mérite.
meritocracy [ˌmerɪˈtɒkrəsɪ] (*pl* **meritocracies**) *n* méritocratie *f*.
meritorious [ˌmerɪˈtɔːrɪəs] *adj* [person] méritant; [act] méritoire, louable.
merit system *n Am* ADMIN système *m* d'avancement fondé sur le mérite.
merlin [ˈmɜːlɪn] *n* émerillon *m*.
Merlin [ˈmɜːlɪn] *pr n* Merlin; ~ **the Wizard** Merlin l'Enchanteur.
mermaid [ˈmɜːmeɪd] *n* sirène *f* MYTH.
merman [ˈmɜːmæn] (*pl* **mermen** [-men]) *n* triton *m* MYTH.
Merovingian [ˌmerəˈvɪndʒɪən] ◇ *n* Mérovingien *m*, -enne *f*.
◇ *adj* mérovingien.
merrily [ˈmerɪlɪ] *adv* joyeusement, gaiement.
merriment [ˈmerɪmənt] *n* [joy] joie *f*, gaieté *f*; [laughter] rire *m*, rires *mpl*, hilarité *f*; **sounds of ~ came from the garden** on entendait des éclats de rire venant du jardin.
merry [ˈmerɪ] (*compar* **merrier**, *superl* **merriest**) *adj* -**1.** [happy] joyeux, gai; **Merry Christmas!** Joyeux Noël!; **the more the merrier** *prov* plus on est de fous, plus on rit *prov*. -**2.** *inf* [tipsy] éméché, pompette. -**3.** [good]: **the ~ month of May** le joli mois de mai; **the Minister and his ~ men** *hum* le ministre et son état-major ❑ **Merry England** la bonne vieille Angleterre; 'The Merry Widow' *Lehar* 'la Veuve joyeuse'; 'The Merry Wives of Windsor' *Shakespeare* 'les Joyeuses Commères de Windsor'.
merry-go-round *n* manège *m*; *fig* [whirl] tourbillon *m*.
merrymaker [ˈmerɪˌmeɪkəʳ] *n* fêtard *m*, -e *f*.
merrymaking [ˈmerɪˌmeɪkɪŋ] *n* (*U*) réjouissances *fpl*, festivités *fpl*.
mesa [ˈmeɪsə] *n* mesa *f*.
mescal [ˈmeskæl] *n* -**1.** BOT peyotl *m*. -**2.** [alcohol] mescal *m*, mezcal *m*.
mescaline [ˈmeskəliːn], **mescalin** [ˈmeskəlɪn] *n* mescaline *f*.
mesh [meʃ] ◇ *n* -**1.** [of net] mailles *fpl*; [of sieve] grille *f*; **the ~ is too fine** les mailles sont trop serrées; **fine-~ stockings** des bas à mailles fines; 3 cm ~ **netting** du filet à mailles de 3 cm; **a ~ shopping bag** un filet à provisions. -**2.** [fabric] tissu *m* à mailles; **nylon ~** tulle *m* de nylon. -**3.** *fig* [trap] rets *mpl*, piège *m*; **caught in a ~ of lies** enfermé dans OR prisonnier de ses propres mensonges ‖ [network] réseau *m*; **a ~ of intrigue** un réseau d'intrigues. -**4.** MECH [of gears] engrenage *m*; **in ~** en prise.
◇ *vi* -**1.** [be in harmony] s'harmoniser, s'accorder; **our temperaments just don't ~** nos caractères ne s'accordent pas. -**2.** [tally, coincide] cadrer, concorder; **this doesn't ~ with the information we have already** ceci ne cadre OR concorde pas avec les informations dont nous disposons. -**3.** MECH [gears] s'engrener.
meshing [ˈmeʃɪŋ] *n* (*U*) rets *mpl*, mailles *fpl*.
meshuga *inf* [məˈʃʊgə] *adj* dingue.
mesmerism [ˈmezmərɪzm] *n* -**1.** [hypnotism] hypnotisme *m*. -**2.** [Mesmer's doctrine] mesmérisme *m*.
mesmerist [ˈmezmərɪst] *n* hypnotiseur *m*, -euse *f*.
mesmerize, -ise [ˈmezməraɪz] *vt* -**1.** [hypnotise] hypnotiser. -**2.** [entrance] ensorceler, envoûter.
mesoblast [ˈmesəʊblæst] *n* mésoblaste *m*.
mesoderm [ˈmesəʊdɜːm] *n* mésoderme *m*.
Mesolithic [ˌmesəˈlɪθɪk] ◇ *adj* mésolithique.
◇ *n* mésolithique *m*.
mesomorph [ˈmesəʊmɔːf] *n* mésomorphe *m*.
meson [ˈmiːzɒn] *n* méson *m*.
Mesopotamia [ˌmesəpəˈteɪmjə] *pr n* Mésopotamie *f*; **in ~** en Mésopotamie.
Mesopotamian [ˌmesəpəˈteɪmjən] ◇ *n* Mésopotamien *m*, -enne *f*.
◇ *adj* mésopotamien.

Mesozoic [ˌmesəˈzəʊɪk] *adj* mésozoïque.
mess [mes] ◇ *n* -**1.** [untidiness] désordre *m*, fouillis *m*; **what a ~!** quel désordre!, quelle pagaille!; **Tom's room is (in) a real ~!** il y a une de ces pagailles OR un de ces fouillis dans la chambre de Tom!; **my papers are in a ~** mes papiers sont en désordre; **clear up this ~!** mets un peu d'ordre là-dedans!, range un peu tout ce fouillis!; **your essay is a real ~!** *inf* ta rédaction est un vrai torchon!; **my hair's a ~!** je suis coiffé comme l'as de pique!; **I feel a ~** je suis dans un état lamentable; **you're a ~, go and clean up** tu n'es pas présentable, va t'arranger ‖ [dirtiness] saleté *f*, saletés *fpl*; **clean up that ~!** nettoie un peu ces saletés OR cette crasse!; **the cooker is (in) a horrible ~** la cuisinière est vraiment sale OR dégoûtante; **the dog has made a ~ on the carpet** le chien a fait des saletés sur le tapis. -**2.** [muddle] gâchis *m*; **to make a ~ of a job** gâcher un travail; **to make a ~ of one's life** gâcher sa vie; **I'm afraid I've made a ~ of the travel arrangements** je suis désolé, je me suis trompé dans les préparatifs de voyage; **this country is in a ~!** la situation dans ce pays n'est pas vraiment réjouissante! -**3.** *inf* [predicament] pétrin *m*; **he's got himself into a bit of a ~** il s'est fourré dans de beaux draps OR dans le pétrin; **thanks for getting me out of that ~** merci de m'avoir sorti de ce mauvais pas OR tiré de ce pétrin. -**4.** MIL [canteen] mess *m*; **the whole ~ got food poisoning** tous ceux qui ont pris leur repas au mess ont été victimes d'une intoxication alimentaire. -**5.** MIL [food] ordinaire *m*, gamelle *f*. -**6.** *arch* [dish] plat *m*; **a ~ of pottage** BIBLE un plat de lentilles.
◇ *vt* [dirty] salir, souiller.
◇ *vi* -**1.** *inf* [meddle]: **to ~ with sb** embêter qqn; **don't ~ with me!** ne me cherche pas!; **it's true, no ~ing!** c'est vrai, je ne blague pas! -**2.** MIL manger OR prendre ses repas au mess; **they don't ~ with the other officers** ils ne mangent pas avec les autres officiers.
◆ **mess about** *inf*, **mess around** *inf* ◇ *vi insep Br* -**1.** [waste time] perdre son temps; [dawdle, hang around] traîner; **get on with the job and stop ~ing about!** mettez-vous au travail et que ça saute! ‖ [potter] bricoler; **I spent the weekend ~ing about (in) the house** j'ai passé le week-end à faire des bricoles dans la maison; **he likes ~ing about in the garden** il aime s'occuper dans le jardin ‖ [play the fool] faire l'imbécile; **stop ~ing about and listen to me!** arrête de faire l'imbécile et écoute-moi! -**2.** [meddle, fiddle] tripoter, tripatouiller; **don't ~ about with my computer** ne tripote pas mon ordinateur; **to ~ about with sb** *fig* embêter qqn; **if I catch her ~ing about with my husband I'll kill her!** si je l'attrape à faire du gringue à mon mari, je la tue!
◇ *vt sep inf* [person] embêter; **I'm fed up with being ~ed about by men** j'en ai marre des hommes qui se moquent de moi.
◆ **mess up** *vt sep* -**1.** [make disorderly - room, papers] mettre en désordre; **stop it, you'll ~ my hair up!** arrête, tu vas me décoiffer! -**2.** *inf* [spoil] ficher en l'air; **that's really ~ed our plans up!** ça a vraiment fichu nos projets en l'air! -**3.** [dirty] salir, souiller.
message [ˈmesɪdʒ] *n* -**1.** [communication] message *m*, commission *f*; [written] message *m*, mot *m*; **to take/to leave a ~** prendre/laisser un message; **can you give her a ~?** pouvez-vous lui transmettre un message?; **would you like to leave a ~ for him?** voulez-vous (lui) laisser un message? -**2.** [theme - of book, advert] message *m*; [teaching - of prophet] message *m*, enseignement *m*; **to get one's ~ across** se faire comprendre; **(do you) get the ~?** *inf* tu piges? -**3.** *Scot* commission *f*, course *f*; **to do a ~ for sb** faire une commission pour qqn. -**4.** LING message *m*.
◆ **messages** *npl Ir & Scot* [shopping] courses *fpl*; **he's out doing the ~s** il est sorti faire les courses.
message switching [-ˈswɪtʃɪŋ] *n* COMPUT commutation *f* de messages.

messenger [ˈmesɪndʒəʳ] *n* [gen] messager *m*, -ère *f*; [errand boy - in office] coursier *m*; [in hotel] chasseur *m*, coursier *m*; [in post office] télégraphiste *mf*; **by special ~** par porteur spécial ❑ ~ **boy** coursier *m*, garçon *m* de courses; ~ **service** messagerie *f*.
messenger RNA *n* ARN messager *m*.
messiah [mɪˈsaɪə] *n* messie *m*.
◆ **Messiah** *n* Messie *m*.
messianic [ˌmesɪˈænɪk] *adj* messianique.
messianism [meˈsaɪənɪzm] *n* messianisme *m*.
messily [ˈmesɪlɪ] *adv* -**1.** [untidily] mal, de façon peu soignée; [in a disorganized way] n'importe comment; **she did it really ~** elle l'a vraiment fait n'importe comment; **the affair ended ~** *fig* l'affaire s'est mal terminée. -**2.** [dirtily] comme un cochon.
Messina [meˈsiːnə] *pr n* Messine.
messiness [ˈmesɪnɪs] *n* -**1.** [disorder] désordre *m*, pagaille *f*. -**2.** [dirt] saleté *f*. -**3.** [unpleasant situation] difficultés *fpl*, confusion *f*.
mess jacket *n* MIL veston *m* de tenue de soirée; [civilian] veste *f* courte.
mess kit *n* -**1.** *inf Br* MIL [clothes] tenue *f* de soirée. -**2.** MIL [eating equipment] gamelle *f*.
messmate [ˈmesmeɪt] *n* commensal *m*, -e *f*.
mess-room *n* NAUT carré *m*.
Messrs, Messrs. [ˈmesəz] *abbr* MM, Messieurs.
mess tin *n* gamelle *f*.
messuage [ˈmeswɪdʒ] *n* JUR propriété *f*, maison *f* avec ses dépendances.
mess-up *inf n* confusion *f*; **there was a ~ over the dates** on s'est embrouillé dans les dates.
messy [ˈmesɪ] (*compar* **messier**, *superl* **messiest**) *adj* -**1.** [dirty - hands, clothes] sale, malpropre; [- job] salissant; **don't get all ~** ne te salis pas; **he did some painting and got all ~** il a fait de la peinture et il s'en est mis partout. -**2.** [untidy - place] en désordre, désordonné, mal tenu; [- person] peu soigné, négligé, débraillé; [- hair] ébouriffé, en désordre, en bataille. -**3.** [badly done] bâclé; **a ~ piece of homework** un devoir bâclé. -**4.** *fig* [awkward, unpleasant] compliqué, embrouillé, délicat; **a ~ situation** une situation délicate OR difficile; **a very ~ business** une affaire très embrouillée; **a ~ divorce** un divorce difficile OR compliqué.
met [met] *pt & pp* → **meet**.
Met *inf* [met] *pr n* -**1.** *Am abbr of* Metropolitan Opera. -**2.** *Am abbr of* Metropolitan Museum. -**3.** *Br abbr of* Metropolitan Police.
metabolic [ˌmetəˈbɒlɪk] *adj* métabolique.
metabolism [mɪˈtæbəlɪzm] *n* métabolisme *m*.
metabolize, -ise [mɪˈtæbəlaɪz] *vt* métaboliser.
metacarpal [ˌmetəˈkɑːpl] ◇ *adj* métacarpien.
◇ *n* métacarpien *m*.
metacarpus [ˌmetəˈkɑːpəs] (*pl* **metacarpi** [-paɪ]) *n* métacarpe *m*.
metal [ˈmetl] (*Br pt & pp* **metalled**, *cont* **metalling**, *Am pt & pp* **metaled**, *cont* **metaling**) ◇ *n* -**1.** [gen & CHEM] métal *m*; **the framework is made of ~** la structure est en métal. -**2.** TYPO plomb *m*. -**3.** [for road - building] cailloutis *m*, empierrement *m*. -**4.** [glass] pâte *f* de verre.
◇ *adj* en métal, métallique; **a ~ box** une boîte en métal.
◇ *vt* -**1.** [cover with metal] couvrir de métal. -**2.** [road] empierrer.
◆ **metals** *npl Br* RAIL voie *f* ferrée, rails *mpl*.
metalanguage [ˈmetəˌlæŋgwɪdʒ] *n* métalangue *f*, métalangage *m*.
metal detector *n* détecteur *m* de métaux.
metaled *Am* = **metalled**.
metalinguistic [ˌmetəlɪŋˈgwɪstɪk] *adj* métalinguistique.
metalinguistics [ˌmetəlɪŋˈgwɪstɪks] *n* (*U*) métalinguistique *f*.
metalled *Br*, **metaled** *Am* [ˈmetld] *adj* [road] revêtu (*de macadam, de pierres etc*).
metallic [mɪˈtælɪk] *adj* -**1.** CHEM métallique. -**2.** [colour]: ~ **blue/grey** bleu/gris métallisé;

~ paint peinture *f* métallisée. -**3.** [voice] métallique; [sound] métallique, grinçant.

metalling *Br*, **metaling** *Am* [ˈmetəlɪŋ] *n* [of road] revêtement *m (en macadam, en pierre etc).*

metallize, -ise [ˈmetəlaɪz] *vt* métalliser.

metallurgist [meˈtælədʒɪst] *n* métallurgiste *m*, ingénieur *m* en métallurgie.

metallurgy [meˈtælədʒɪ] *n* métallurgie *f*.

metalware [ˈmetəlweəʳ] *n* ustensiles *mpl* (domestiques) en métal.

metalwork [ˈmetəlwɜːk] *n* -**1.** [objects] ferronnerie *f*. -**2.** [activity] travail *m* des métaux. -**3.** [metal framework] tôle *f*, métal *m*; [of crashed car, plane] carcasse *f*.

metalworker [ˈmetəlˌwɜːkəʳ] *n* -**1.** [in factory] métallurgiste *m*, métallo *m*. -**2.** [craftsman] ferronnier *m*.

metalworking [ˈmetəlˌwɜːkɪŋ] *n* travail *m* des métaux.

metamathematics [ˌmetəmæθəˈmætɪks] *n (U)* métamathématique *f*.

metamorphic [ˌmetəˈmɔːfɪk] *adj* métamorphique.

metamorphism [ˌmetəˈmɔːfɪzm] *n* métamorphisme *m*.

metamorphose [ˌmetəˈmɔːfəʊz] ◇ *vi* se métamorphoser; to ~ **into sthg** se métamorphoser en qqch.
◇ *vt* métamorphoser.

metamorphosis [ˌmetəˈmɔːfəsɪs, ˌmetəmɔːˈfəʊsɪs] (*pl* **metamorphoses** [-siːz]) *n* métamorphose *f*.

metamorphous [ˌmetəˈmɔːfəs] = **metamorphic**.

metaphor [ˈmetəfəʳ] *n* métaphore *f*; **it's a ~ for loneliness** c'est une métaphore de la solitude.

metaphoric(al) [ˌmetəˈfɒrɪk(l)] *adj* métaphorique.

metaphrase [ˈmetəfreɪz] ◇ *vt* traduire littéralement OR mot à mot.
◇ *n* traduction *f* littérale OR mot à mot.

metaphysic [ˌmetəˈfɪzɪk] *n* métaphysique *f*.

metaphysical [ˌmetəˈfɪzɪkl] *adj* LITERAT OR PHILOS métaphysique; *fig* [abstract] métaphysique, abstrait.

metaphysically [ˌmetəˈfɪzɪklɪ] *adv* métaphysiquement.

metaphysician [ˌmetəfɪˈzɪʃn] *n* métaphysicien *m*, -enne *f*.

metaphysics [ˌmetəˈfɪzɪks] *n (U)* métaphysique *f*.

metaplasm [ˈmetəplæzm] *n* LING métaplasme *m*.

metapsychology [ˌmetəsaɪˈkɒlədʒɪ] *n* métapsychologie *f*.

metastable [ˈmetəsteɪbl] *adj* métastable.

metastasis [meˈtæstəsɪs] (*pl* **metastases** [-siːz]) *n* métastase *f*.

metatarsal [ˌmetəˈtɑːsl] ◇ *adj* métatarsien.
◇ *n* métatarsien *m*.

metatarsus [ˌmetəˈtɑːsəs] (*pl* **metatarsi** [-saɪ]) *n* métatarse *m*.

metatheory [ˌmetəˈθɪərɪ] (*pl* **metatheories**) *n* métathéorie *f*.

metathesis [mɪˈtæθəsɪs] (*pl* **metatheses** [-siːz]) *n* métathèse *f*.

metazoan [metəˈzəʊən] *n* métazoaire *m*.

mete [miːt]
◆ **mete out** *vt sep* [punishment] infliger; [judgment, justice] rendre.

meteor [ˈmiːtɪəʳ] *n* météore *m*; ~ **shower** pluie *f* de météores.

meteoric [miːtɪˈɒrɪk] *adj* -**1.** ASTRON météorique. -**2.** *fig* fulgurant, très rapide; **Hitler's ~ rise to power** l'ascension fulgurante d'Hitler au pouvoir.

meteorite [ˈmiːtjəraɪt] *n* météorite *f*.

meteorograph [ˈmiːtjərəgrɑːf] *n* météorographe *m*.

meteoroid [ˈmiːtjərɔɪd] *n* météoroïde *m*.

meteorological [ˌmiːtjərəˈlɒdʒɪkl] *adj* météorologique; ~ **office** office *m* météorologique.

meteorologist [ˌmiːtjəˈrɒlədʒɪst] *n* météorologue *mf*, météorologiste *mf*.

meteorology [ˌmiːtjəˈrɒlədʒɪ] *n* météorologie *f*.

meter [ˈmiːtəʳ] ◇ *n* -**1.** [for water, gas, electricity] compteur *m*; **to read the ~** relever le compteur; **to feed the ~** mettre des pièces dans le compteur ❑ **(parking) ~** parcmètre *m*, parcomètre *m*; **(taxi) ~** taximètre *m*, compteur *m*. -**2.** *Am* = **metre**.
◇ *vt* -**1.** [electricity, water, gas] mesurer à l'aide d'un compteur. -**2.** [mail] affranchir *(avec une machine)*.

meter maid *inf n* contractuelle *f*, pervenche *f*.

methadon [ˈmeθədɒn], **methadone** [ˈmeθədəʊn] *n* méthadone *f*.

methane [ˈmiːθeɪn] *n* méthane *m*.

methane series *n* alcanes *mpl*.

methanol [ˈmeθənɒl] *n* méthanol *m*.

methinks [mɪˈθɪŋks] (*pt* **methought** [-ˈθɔːt]) *vb arch* OR *hum* ce me semble.

method [ˈmeθəd] *n* -**1.** [means] méthode *f*, moyen *m*; [manner] manière *f*; [instruction] méthode *f*, mode *m* d'emploi; ~ **of doing sthg** manière de faire qqch, méthode (employée) pour faire qqch. -**2.** [procedure] méthode *f*, procédé *m*; **experimental ~s** des méthodes expérimentales; **their ~s of investigation have come under fire** la façon dont ils mènent leurs enquêtes a été critiquée, on a critiqué leur façon d'enquêter ‖ [theory] théorie *f*, méthode *f*; **the Montessori ~** la méthode Montessori. -**3.** [organization] organisation *f*, méthode *f*; **his work lacks ~** son travail manque de méthode; **there's ~ in her madness** elle n'est pas aussi folle qu'elle en a l'air.
◆ **Method** *n*: **Method acting** la méthode Stanislavski.

methodic(al) [mɪˈθɒdɪk(l)] *adj* méthodique.

methodically [mɪˈθɒdɪklɪ] *adv* méthodiquement, de façon méthodique, avec méthode.

Methodism [ˈmeθədɪzm] *n* méthodisme *m*.

Methodist [ˈmeθədɪst] ◇ *adj* méthodiste.
◇ *n* méthodiste *mf*.

methodize, -ise [ˈmeθədaɪz] *vt* systématiser.

methodological [ˌmeθədəˈlɒdʒɪkl] *adj* méthodologique.

methodologically [ˌmeθədəˈlɒdʒɪklɪ] *adv* méthodologiquement.

methodology [ˌmeθəˈdɒlədʒɪ] (*pl* **methodologies**) *n* méthodologie *f*.

meths *inf* [meθs] (*abbr of* **methylated spirits**) *n Br* alcool *m* à brûler; ~ **drinker** *alcoolique qui boit de l'alcool à brûler.*

Methuselah [mɪˈθjuːzələ] ◇ *pr n* BIBLE Mathusalem; **as old as ~** vieux comme Mathusalem.
◇ *n* [bottle] mathusalem *m*.

methyl [ˈmeθɪl] *n* méthyle *m*.

methyl acetate *n* acétate *m* de méthyle.

methylal [ˈmeθəlæl] *n* méthylal *m*.

methyl alcohol *n* méthanol *m*, alcool *m* méthylique.

methylate [ˈmeθɪleɪt] *vt* méthyler.

methylated spirits [ˈmeθɪleɪtɪd] *n* alcool *m* à brûler.

methylene [ˈmeθəliːn] *n* méthylène *m*.

metic [ˈmetɪk] *n* métèque *m* ANTIQ.

meticulous [mɪˈtɪkjʊləs] *adj* méticuleux.

meticulously [mɪˈtɪkjʊləslɪ] *adv* méticuleusement; ~ **honest** d'une honnêteté scrupuleuse.

meticulousness [mɪˈtɪkjʊləsnɪs] *n* minutie *f*, méticulosité *f lit*; **with great ~** avec un soin tout particulier.

Met Office [met-] (*abbr of* Meteorological Office) *pr n les services météorologiques britanniques.*

metol [ˈmiːtɒl] *n* métol *m*.

metonym [ˈmetənɪm] *n* métonymie *f*.

metonymy [mɪˈtɒnɪmɪ] *n* métonymie *f*.

metre *Br*, **meter** *Am* [ˈmiːtəʳ] *n* -**1.** [measurement] mètre *m*. -**2.** LITERAT mètre *m*; **in iambic ~** en vers *mpl* iambiques. -**3.** MUS mesure *f*.

metric [ˈmetrɪk] *adj* MATH métrique; **to go ~** adopter le système métrique; ~ **hundredweight** 50 kilogrammes *mpl*; ~ **ton** tonne *f*; **the ~ system** le système métrique.

metrical [ˈmetrɪkl] *adj* métrique LITERAT.

metrically [ˈmetrɪklɪ] *adv* -**1.** LITERAT en vers. -**2.** MATH selon le système métrique.

metricate [ˈmetrɪkeɪt] *vt* convertir au système métrique.

metrication [ˌmetrɪˈkeɪʃn] *n* conversion *f* au système métrique, métrisation *f*.

metrify [ˈmetrɪfaɪ] (*pt* & *pp* **metrified**) *vt* LITERAT versifier.

metro [ˈmetrəʊ] (*pl* **metros**) *n* métro *m*.

Metroliner® [ˈmetrəʊˌlaɪnəʳ] *pr n ligne de chemin de fer entre Boston et New York.*

metrology [meˈtrɒlədʒɪ] *n* métrologie *f*.

metronome [ˈmetrənəʊm] *n* métronome *m*.

metronymic [ˌmetrəˈnɪmɪk] ◇ *adj* matronymique.
◇ *n* matronyme *m*.

metropolis [mɪˈtrɒpəlɪs] *n* métropole *f*, grande ville *f*, grand centre *m* urbain.

metropolitan [ˌmetrəˈpɒlɪtn] ◇ *adj* -**1.** GEOG métropolitain. -**2.** RELIG métropolitain; ~ **bishop** métropolitain *m*.
◇ *n* RELIG métropolitain *m*; [in orthodox church] métropolite *m*.

Metropolitan Police *n* -**1.** *Br* police *f* londonienne. -**2.** *Am* police *f* urbaine.

Mets [mets] *pl pr n*: **the (New York) ~** *l'une des équipes de base-ball de New York.*

mettle [ˈmetl] *n* courage *m*; **to show** OR **to prove one's ~** montrer ce dont on est capable; **this new challenge has really put him on his ~** ce nouveau défi l'a vraiment forcé à donner le meilleur de lui-même.

mettlesome [ˈmetlsəm] *adj lit* courageux.

mew [mjuː] ◇ *vi* [cat] miauler; [gull] crier.
◇ *n* -**1.** [of cat] miaulement *m*; [of gull] cri *m*. -**2.** [gull] mouette *f*.

mewl [mjuːl] *vi* vagir, geindre.

mews [mjuːz] ◇ *n Br* -**1.** [flat] *appartement chic aménagé dans une écurie rénovée*; **she lives in a converted ~ (flat)** elle habite un appartement aménagé dans une ancienne écurie. -**2.** [street] ruelle *f*.
◇ *npl arch* écurie *f*, écuries *fpl*.

mews flat = **mews** *n* **1**.

Mexican [ˈmeksɪkn] ◇ *n* Mexicain *m*, -aine *f*.
◇ *adj* mexicain; **the ~ War** la guerre du Mexique.

THE MEXICAN WAR:
Conflit qui opposa, de 1846 à 1848, les États-Unis au Mexique. Vaincu, celui-ci renonça à ses prétentions sur le Texas et céda un vaste territoire comprenant plusieurs États américains actuels (y compris le Nouveau Mexique et la Californie).

Mexico [ˈmeksɪkəʊ] *pr n* Mexique *m*; **in ~** au Mexique.

Mexico City *pr n* Mexico.

mezzanine [ˈmetsəniːn] *n* -**1.** mezzanine *f*. -**2.** *Am* [in theatre] corbeille *f*.

mezzo *inf* [ˈmetsəʊ] (*pl* **mezzos**) = **mezzo-soprano**.

mezzo-soprano (*pl* **mezzo-sopranos**) *n* -**1.** [singer] mezzo-soprano *f*. -**2.** [voice] mezzo-soprano *m*.

mezzotint [ˈmedzəʊtɪnt] *n* mezzotinto *m inv*.

MFA (*abbr of* Master of Fine Arts) *n (titulaire d'une) maîtrise en beaux-arts.*

mfr *written abbr of* manufacturer.

mg (*written abbr of* milligram) mg.

Mgr -**1.** (*written abbr of* Monseigneur, Monsignor) Mgr. -**2.** *written abbr of* manager.

mho [məʊ] (*pl* **mhos**) *n dated* MHO *m dated*, siemens *m*.

MHz (*written abbr of* megahertz) MHz.

mi [miː] *n* MUS mi *m inv*.

MI *written abbr of* Michigan.

MI5 (*abbr of* **Military Intelligence 5**) *pr n* *service de contre-espionnage britannique.*
MI6 (*abbr of* **Military Intelligence 6**) *pr n* *service de renseignements britannique.*
MIA (*abbr of* **missing in action**) *adj* *expression indiquant qu'une personne a disparu lors d'un combat.*
miaow [miːˈaʊ] *Br* ◇ *vi* miauler.
◇ *n* miaulement *m.*
◇ *interj* miaou.
miasma [mɪˈæzmə] *n* *lit* -**1.** [vapour] miasme *m*; [of smoke] bouffée *f*. -**2.** [evil influence] emprise *f*, empire *m*; the ~ **of despair/of poverty** l'emprise du désespoir/de la misère.
mica [ˈmaɪkə] *n* mica *m.*
Micah [ˈmaɪkə] *pr n* Michée.
mice [maɪs] *pl* → **mouse**.
Mich. *written abbr of* **Michigan**.
Michael [ˈmaɪkl] *pr n*: **Saint** ~ saint Michel; **to take the** ~ *inf Br hum*: **are you taking the** ~? tu me fais marcher ou quoi?
Michaelmas [ˈmɪkəlməs] *n* -**1.** RELIG Saint-Michel *f*; **at** ~ à la Saint-Michel. -**2.** *Br* UNIV: ~ **(term)** premier trimestre *m.*
Michaelmas daisy *n* aster *m* (d'automne).
Michelangelo [ˌmaɪkəlˈændʒɪləʊ] *pr n* Michel-Ange.
Michigan [ˈmɪʃɪgən] *pr n* Michigan *m*; **in** ~ dans le Michigan.
Mick▽ [mɪk] *n* *terme injurieux désignant un Irlandais.*
mickey [ˈmɪkɪ] *n* *Br*: **to take the** ~ **out of sb** *inf* se payer la tête de qqn; **are you taking the** ~? *inf* tu me fais marcher ou quoi?
Mickey Finn *n* boisson *f* droguée.
Mickey Mouse ◇ *pr n* Mickey.
◇ *adj* *inf* [trivial] de pacotille; **a** ~ **job** un boulot à la manque OR à la noix.
mickle [ˈmɪkl] *n* *Scot & N Eng*: **many a** ~ **makes a muckle** *prov* les petits ruisseaux font les grandes rivières *prov.*
MICR (*abbr of* **magnetic ink character recognition**) *n* *reconnaissance magnétique de caractères.*
micro [ˈmaɪkrəʊ] (*pl* **micros**) ◇ *adj* très petit, microscopique.
◇ *n* [microcomputer] micro-ordinateur *m*, micro *m.*
microanalysis [ˌmaɪkrəʊəˈnæləsɪs] (*pl* **microanalyses** [-siːz]) *n* micro-analyse *f.*
microbe [ˈmaɪkrəʊb] *n* microbe *m.*
microbial [maɪˈkrəʊbɪəl], **microbic** [maɪˈkrəʊbɪk] *adj* microbien.
microbiological [ˈmaɪkrəʊˌbaɪəˈlɒdʒɪkl] *adj* microbiologique.
microbiologist [ˌmaɪkrəʊbaɪˈɒlədʒɪst] *n* microbiologiste *mf.*
microbiology [ˌmaɪkrəʊbaɪˈɒlədʒɪ] *n* microbiologie *f.*
microchemistry [ˌmaɪkrəʊˈkemɪstrɪ] *n* microchimie *f.*
microchip [ˈmaɪkrəʊtʃɪp] *n* microprocesseur *m.*
microcircuit [ˈmaɪkrəʊˌsɜːkɪt] *n* microcircuit *m.*
microcircuitry [ˌmaɪkrəʊˈsɜːkɪtrɪ] *n* *(U)* microcircuits *mpl.*
microclimate [ˈmaɪkrəʊˌklaɪmət] *n* microclimat *m.*
micrococcus [ˌmaɪkrəʊˈkɒkəs] (*pl* **micrococci** [-kaɪ]) *n* microcoque *m*, micrococcus *m.*
microcode [ˈmaɪkrəʊkəʊd] *n* micro-code *m.*
microcoding [ˈmaɪkrəʊkəʊdɪŋ] *n* microprogrammation *f.*
microcomputer [ˌmaɪkrəʊkəmˈpjuːtəʳ] *n* micro-ordinateur *m.*
microcomputing [ˌmaɪkrəʊkəmˈpjuːtɪŋ] *n* micro-informatique *f.*
microcopy [ˈmaɪkrəʊˌkɒpɪ] (*pl* **microcopies**) *n* microcopie *f.*
microcosm [ˈmaɪkrəʊˌkɒzm] *n* microcosme *m.*
microcosmic [ˌmaɪkrəʊˈkɒzmɪk] *adj* microcosmique.
microdot [ˈmaɪkrəʊdɒt] *n* micropoint *m*, micro-image *f.*
microeconomic [ˈmaɪkrəʊˌiːkəˈnɒmɪk] *adj* microéconomique.
microeconomics [ˈmaɪkrəʊˌiːkəˈnɒmɪks] *n* *(U)* micro-économie *f.*
microelectronic [ˈmaɪkrəʊɪˌlekˈtrɒnɪk] *adj* microélectronique.
microelectronics [ˈmaɪkrəʊɪˌlekˈtrɒnɪks] *n* microélectronique *f.*
microfiche [ˈmaɪkrəʊfiːʃ] *n* microfiche *f.*
microfilm [ˈmaɪkrəʊfɪlm] ◇ *n* microfilm *m.*
◇ *vt* microfilmer, mettre sur microfilm.
micrograph [ˈmaɪkrəgrɑːf] ◇ *n* micrographie *f.*
◇ *vt* micrographier.
micrographic [ˌmaɪkrəˈgræfɪk] *adj* micrographique.
micrography [maɪˈkrɒgrəfɪ] *n* micrographie *f.*
microgroove [ˈmaɪkrəgruːv] *n* microsillon *m.*
microhabitat [ˌmaɪkrəʊˈhæbɪtæt] *n* microhabitat *m.*
microinstruction [ˌmaɪkrəʊɪnˈstrʌkʃn] *n* micro-instruction *f.*
microlight [ˈmaɪkrəlaɪt] *n* AERON ultra-léger motorisé *m*, ULM *m.*
microlinguistics [ˌmaɪkrəʊlɪŋˈgwɪstɪks] *n* *(U)* microlinguistique *f.*
microlith [ˈmaɪkrəʊlɪθ] *n* microlithe *m.*
micromesh [ˈmaɪkrəʊmeʃ] *adj* [tights] surfin.
micrometer [maɪˈkrɒmɪtəʳ] *n* [device] micromètre *m* *(appareil)*; ~ **screw** vis *f* micrométrique; ~ **screw gauge** palmer *m.*
micrometre *Br*, **micrometer** *Am* [ˈmaɪkrəʊˌmiːtəʳ] *n* micromètre *m* *(mesure).*
micrometry [maɪˈkrɒmətrɪ] *n* micrométrie *f.*
microminiaturization [ˈmaɪkrəʊˌmɪnətʃəraɪˈzeɪʃn] *n* microminiaturisation *f.*
microminiaturize, -ise [ˌmaɪkrəʊˈmɪnətʃəraɪz] *vt* microminiaturiser.
micron [ˈmaɪkrɒn] (*pl* **microns** OR **micra** [-krə]) *n* micron *m.*
Micronesia [ˌmaɪkrəˈniːzjə] *pr n* Micronésie *f*; **in** ~ en Micronésie.
Micronesian [ˌmaɪkrəˈniːzjən] ◇ *n* -**1.** [person] Micronésien *m*, -enne *f*. -**2.** LING micronésien.
◇ *adj* micronésien.
microorganism [ˌmaɪkrəʊˈɔːgənɪzm] *n* micro-organisme *m.*
microphone [ˈmɪkrəfəʊn] *n* microphone *m*; **to talk into a** ~ parler dans un micro.
microphotograph [ˌmaɪkrəʊˈfəʊtəgrɑːf] *n* microphotographie *f.*
microphotography [ˌmaɪkrəʊfəˈtɒgrəfɪ] *n* microphotographie *f.*
microphysics [ˌmaɪkrəʊˈfɪzɪks] *n* *(U)* microphysique *f.*
microprobe [ˈmaɪkrəʊprəʊb] *n* microsonde *f.*
microprocessor [ˈmaɪkrəʊˌprəʊsesəʳ] *n* microprocesseur *m.*
microprogram [ˈmaɪkrəʊˌprəʊgræm] *n* microprogramme *m.*
microprogramming [ˌmaɪkrəʊˈprəʊgræmɪŋ] *n* microprogrammation *f.*
microreader [ˈmaɪkrəʊˌriːdəʳ] *n* microlecteur *m*, lecteur *m* de microformes.
microscope [ˈmaɪkrəskəʊp] *n* microscope *m*; **to look at sthg under the** ~ *literal* observer OR examiner qqch au microscope; *fig* examiner qqch de très près.
microscopic [ˌmaɪkrəˈskɒpɪk] *adj* -**1.** [tiny] microscopique. -**2.** [using a microscope] au microscope, microscopique.
microscopically [ˌmaɪkrəˈskɒpɪklɪ] *adv* [examine] au microscope; ~ **small** invisible à l'œil nu.
microscopy [maɪˈkrɒskəpɪ] *n* microscopie *f.*
microsecond [ˈmaɪkrəʊˌsekənd] *n* microseconde *f.*
microstructure [ˈmaɪkrəʊˌstrʌktʃəʳ] *n* microstructure *f.*
microsurgery [ˌmaɪkrəʊˈsɜːdʒərɪ] *n* microchirurgie *f.*
microsurgical [ˌmaɪkrəʊˈsɜːdʒɪkl] *adj* microchirurgical.
microwave [ˈmaɪkrəweɪv] ◇ *n* -**1.** PHYS micro-onde *f*. -**2.** = **microwave oven**.
◇ *vt* faire cuire au micro-ondes.
microwave oven *n* four *m* à micro-ondes.
microwriter [ˈmaɪkrəʊˌraɪtəʳ] *n* COMPUT micro-ordinateur *m* de traitement de texte.
micturate [ˈmɪktjʊəreɪt] *vi* *fml* uriner.
mid [mɪd] ◇ *adj* -**1.** [middle]: **in** ~ **October** à la mi-octobre, au milieu du mois d'octobre; **he's in his** ~ **fifties** il a environ 55 ans; **she stopped in** ~ **sentence** elle s'est arrêtée au milieu de sa phrase, sa phrase est restée en suspens. -**2.** [half]: ~ **brown/green** brun/vert ni clair ni foncé. -**3.** [central] central, du milieu; ~ **Wales** le centre OR la région centrale du pays de Galles; ~ **vowels** voyelles *fpl* centrales.
◇ *prep* = **amid**.
mid' [mɪd] = **amid**.
midair [mɪdˈeəʳ] ◇ *adj* en plein ciel.
◇ *n*: **in** ~ en plein ciel.
Midas [ˈmaɪdəs] *pr n* Midas; **to have the** ~ **touch** avoir le sens des affaires.
mid-Atlantic ◇ *adj* [accent] américanisé.
◇ *n*: **in (the)** ~ au milieu de l'Atlantique.
midbrain [ˈmɪdbreɪn] *n* ANAT mésencéphale *m.*
midcourse [ˈmɪdkɔːs] ◇ *n*: **in** ~ à mi-course.
◇ *adj* ASTRON: ~ **corrections** corrections *fpl* de trajectoire.
midday [ˈmɪddeɪ] *n* midi *m*; **at** ~ à midi; **the** ~ **heat** la chaleur de midi; ~ **meal** repas *m* de midi.
midden [ˈmɪdn] *n* -**1.** *dial* [dung heap] (tas *m* de) fumier *m*. -**2.** ARCHEOL ordures *fpl* ménagères, rejets *mpl* domestiques.
middle [ˈmɪdl] ◇ *n* -**1.** [in space] milieu *m*, centre *m*; **in the** ~ **(of)** au milieu (de), au centre (de); **a square with a dot in the** ~ un carré avec un point au milieu; **two seats in the** ~ **of the row** deux places en milieu de rangée; **in the** ~ **of the crowd** au milieu de la foule; **in the** ~ **of London** en plein Londres; **right in the** ~ **of the target** au beau milieu OR en plein centre de la cible; **in the** ~ **of the road** au milieu de la route; **in the** ~ **of the Atlantic** au milieu de l'Atlantique, en plein Atlantique ☐ **they live in the** ~ **of nowhere** ils habitent dans un trou perdu; **we broke down in the** ~ **of nowhere** on est tombés en panne dans un endroit perdu. -**2.** [in time] milieu *m*; **in the** ~ **of the week/month** au milieu de la semaine/du mois; **in the** ~ **of October** à la mi octobre, au milieu (du mois) d'octobre; **in the** ~ **of the night** en pleine nuit, en plein milieu de la nuit; **in the** ~ **of winter** en plein hiver || [in activity]: **to be in the** ~ **of (doing) sthg** être en train de faire qqch. -**3.** [stomach] ventre *m*; [waist] taille *f*; **he's got rather fat around the** ~ il a pris du ventre.
◇ *adj* -**1.** [in the centre] du milieu; **the** ~ **book/shelf** le livre/l'étagère du milieu; **to take the** ~ **course** OR **way** *fig* trouver le juste milieu; **the** ~ **path** *literal* le chemin du milieu; *fig* la voie de la modération; ~ **C** do *m* du milieu du clavier. -**2.** [average] moyen; **of** ~ **height** *Br* de taille moyenne || [intermediate] moyen, intermédiaire; **this car is in the** ~ **price range** cette voiture se situe dans un ordre de prix moyen.
◇ *vt* -**1.** NAUT [sail] plier en deux. -**2.** FTBL centrer.
◆ **Middle** *adj* LING: **Middle Irish/French** moyen gaélique/français.
middle age *n* la cinquantaine; **a man in** ~ un homme d'un certain âge; **to reach** ~ avoir un certain âge; **she's well into** ~ elle a plus de 50 ans.
◆ **middle-age** *comp*: **he's got middle-age spread** il prend de l'embonpoint.
middle-aged *adj* d'une cinquantaine d'années; **a** ~ **businessman** un homme d'affaires d'un certain âge.

Middle Ages *npl* Moyen Âge *m*; in the ~ au Moyen Âge.

Middle America *pr n* -**1.** GEOG Amérique *f* centrale. -**2.** SOCIOL l'Amérique *f* moyenne; *pej* l'Amérique *f* bien pensante.

Middle American ◇ *n* -**1.** GÉOG Américain *m*, -e *f* du Middle-West. -**2.** *fig* Américain *m* moyen, Américaine *f* moyenne.
◇ *adj* -**1.** GÉOG du Middle-West. -**2.** *fig* de l'américain moyen.

middlebrow ['mɪdlbraʊ] ◇ *n pej* [reader] lecteur *m* moyen, lectrice *f* moyenne; [audience] spectateur *m* moyen, spectatrice *f* moyenne.
◇ *adj* [reader, audience] moyen; their music's very ~ leur musique s'adresse à un public moyen; ~ books livres sans prétentions; ~ programmes programmes s'adressant à un public moyen.

middle class *n*: the ~, the ~es les classes *fpl* moyennes; *pej* la bourgeoisie *f*.
◆ **middle-class** *adj* des classes moyennes; *pej* bourgeois.

middle distance *n*: in the ~ à mi-distance‖ [in picture] au second plan.
◆ **middle-distance** *adj* SPORT: middle-distance runner/race coureur *m*, -euse *f* / course *f* de demi-fond.

middle ear *n* ANAT oreille *f* moyenne.

Middle East *pr n*: the ~ le Moyen-Orient; in the ~ au Moyen-Orient.

Middle Eastern *adj* moyen-oriental.

Middle English *n* LING moyen anglais *m*.

middle finger *n* majeur *m*.

middle game *n* [in chess] milieu *m* de partie.

middle ground *n* -**1.** [in picture] second plan *m*. -**2.** *fig* terrain *m* neutre; to occupy the ~ adopter une position de compromis.

Middle High German *n le haut allemand de 1200 à 1500.*

middleman ['mɪdlmæn] (*pl* **middlemen** [-men]) *n* intermédiaire *mf*.

middle management *n (U)* cadres *mpl* moyens.

middlemost ['mɪdlməʊst] *adj* le plus proche du centre.

middle name *n* deuxième prénom *m*; *fig* trait *m* de caractère principal; honesty is her ~ c'est l'honnêteté même.

middle-of-the-road *adj* [opinions, policies] modéré; *pej* timide, circonspect; ~ music variétés *fpl* OR musique *f* passe-partout *pej*.

middle school *n Br école pour enfants de 8 à 13 ans; Am école pour enfants de 10 à 13 ans,* ≃ collège.

middle-sized *adj* de taille moyenne.

middle term *n* PHILOS moyen terme *m (d'un syllogisme).*

middleweight ['mɪdlweɪt] ◇ *n* poids *m* moyen.
◇ *adj* [championship] de poids moyen; he's the world ~ champion c'est le champion du monde des poids moyens.

Middle West = **Midwest**.

middling *inf* ['mɪdlɪŋ] *adj* [average] moyen; [mediocre] médiocre; [in health]: he's only ~ ça va sans plus; how are you? – fair to ~ ça va? – on fait aller.

Middx *written abbr of* Middlesex.

Mideast [,mɪd'iːst] *Am* = **Middle East**.

midfield [,mɪd'fiːld] *n* SPORT milieu *m* du terrain; in ~ au milieu du terrain; ~ player (joueur *m* du) milieu *m* de terrain.

midge [mɪdʒ] *n* moucheron *m*.

midget ['mɪdʒɪt] ◇ *n* [dwarf] nain *m*, naine *f*.
◇ *adj* nain, minuscule.

midi ['mɪdɪ] *n* [coat] manteau *m* à mi-mollet; [skirt] jupe *f* à mi-mollet.

midiron ['mɪdaɪən] *n* [in golf] fer *m* moyen.

midi system *n* mini-chaîne *f*.

midland ['mɪdlənd] *adj* au centre du pays.

Midlands ['mɪdləndz] *pl pr n*: the ~ les Midlands *(comtés du centre de l'Angleterre).*

midlife ['mɪdlaɪf] *n* la cinquantaine; in ~, it's hard to find a new job la cinquantaine passée, il est difficile de retrouver un emploi.

midlife crisis *n*: he's having OR going through a ~ il a du mal à passer le cap de la cinquantaine.

midmorning [,mɪd'mɔːnɪŋ] *n* milieu *m* de la matinée; we had a ~ snack nous avons mangé quelque chose vers 11 h.

midmost ['mɪdməʊst] *adj* le plus proche du centre.

midnight ['mɪdnaɪt] ◇ *n* minuit *m*; at ~ à minuit ❑ 'Midnight's Children' *Rushdie* 'les Enfants de minuit'.
◇ *adj* [mass, swim] de minuit; we had a ~ feast on a mangé quelque chose au milieu de la nuit; to burn the ~ oil travailler tard dans la nuit; the land of the ~ sun les pays du soleil de minuit *(au nord du cercle polaire arctique)*; 'Midnight Cowboy' *Schlesinger* 'Macadam cowboy'; the ~ ride *Am* HIST *épisode héroïque de la guerre d'Indépendance américaine.*

THE MIDNIGHT RIDE:
Nom donné à l'acte héroïque de Paul Revere, qui, en 1775, pendant la guerre d'Indépendance, parcourut au galop la distance de Boston à Lexington et Concord et parvint à alerter les patriotes américains du débarquement des troupes anglaises.

---

midnight blue *adj* bleu nuit *(inv)*.

mid-off *n au cricket, position du joueur le plus proche du lanceur, à gauche de celui-ci s'il est gaucher, à sa droite s'il est droitier.*

mid-on *n au cricket, position du joueur le plus proche du lanceur, à sa gauche de celui-ci s'il est droitier, à sa droite s'il est gaucher.*

midpoint ['mɪdpɔɪnt] *n* [in space, time] milieu *m*.

midrib ['mɪdrɪb] *n* nervure *f* centrale.

midriff ['mɪdrɪf] *n* -**1.** [stomach] ventre *m*; he's developed a bit of a ~ bulge il a pris du ventre. -**2.** ANAT diaphragme *m*.

midrise ['mɪdraɪz] *adj Am*: ~ apartment block immeuble *m* de hauteur moyenne *(10 étages au maximum).*

midshipman ['mɪdʃɪpmən] (*pl* **midshipmen** [-mən]) *n* NAUT aspirant *m*, enseigne *m* de vaisseau (deuxième classe).

midst [mɪdst] *n* -**1.** [in space] milieu *m*, cœur *m*; in the ~ of au milieu OR au cœur de; there's a spy in our ~ il y a un espion parmi nous. -**2.** [in time]: in the ~ of the crisis en pleine crise.

midstream [mɪd'striːm] *n*: in ~ *literal* au milieu du courant; he stopped talking in ~ *fig* il s'arrêta au beau milieu d'une phrase.

midsummer ['mɪd,sʌmə^r] *n*: in ~ au milieu de l'été, en été; a ~ night une nuit d'été ❑ ~ madness folie *f* estivale; 'A Midsummer Night's Dream' *Shakespeare* 'le Songe d'une nuit d'été'.

Midsummer Day, Midsummer's Day *n* le solstice d'été.

midterm [mɪd'tɜːm] *n* -**1.** SCH & UNIV milieu *m* du trimestre; at OR in ~ au milieu du trimestre; ~ exams examens *mpl* du milieu du trimestre. -**2.** MED [of pregnancy] milieu *m*. -**3.** POL: ~ elections *aux États-Unis, élections législatives qui ont lieu au milieu du mandat présidentiel.*

midtown ['mɪdtaʊn] *n Am partie d'une ville située à mi-chemin entre le centre et les quartiers périphériques;* a ~ apartment un appartement pas très loin du centre.

midway [*adv* ,mɪd'weɪ, *adj* 'mɪdweɪ] ◇ *adv* à mi-chemin; we broke our journey ~ nous avons interrompu notre voyage à mi-chemin; she was ~ through writing the first chapter elle avait déjà écrit la moitié du premier chapitre; ~ between à mi-chemin entre.
◇ *adj*: ~ point [in time, space] milieu *m*; we've now reached a ~ point in the negotiations nous avons maintenant parcouru la moitié du chemin dans les négociations.
◇ *n Am* [in fairground] allée *f* centrale.

midweek [*adv* mɪd'wiːk, *adj* 'mɪd'wiːk]
◇ *adv* [travel, arrive, meet] au milieu de la semaine; RAIL ≃ en période bleue.
◇ *adj* [travel, prices, performance] au milieu de la semaine; RAIL ≃ (en) période bleue.

Midwest [,mɪd'west] *pr n*: the ~ le Midwest; in the ~ dans le Midwest.

Midwestern [,mɪd'westən] *adj* du Midwest.

midwife ['mɪdwaɪf] (*pl* **midwives** [-waɪvz]) *n* sage-femme *f*.

midwifery ['mɪd,wɪfərɪ] *n* obstétrique *f*.

midwife toad *n* crapaud *m* accoucheur, alyte *m*.

midwinter [,mɪd'wɪntə^r] *n* [solstice] solstice *m* d'hiver; in ~ au milieu de l'hiver; a ~ OR ~'s day un jour d'hiver.

midyear [,mɪd'jɪə^r] ◇ *n* milieu *m* de l'année.
◇ *adj* du milieu de l'année.
◆ **midyears** *npl Am* UNIV ≃ partiels *mpl* du deuxième trimestre.

miffed *inf* [mɪft] *adj* [person] piqué, fâché; [expression] froissé, fâché.

miffy *inf* ['mɪfɪ] (*compar* **miffier**, *superl* **miffiest**) *adj* en rogne.

might[1] [maɪt] *modal vb* -**1.** [expressing possibility]: you ~ well be right il se pourrait bien que vous ayez raison; I ~ be home late tonight je rentrerai peut-être tard ce soir; why not come with us? – I ~ pourquoi ne viens-tu pas avec nous? – peut-être; don't eat it, it ~ be poisonous n'en mange pas, tu pourrais t'empoisonner; hundreds of lives ~ have been lost unnecessarily des centaines de gens sont peut-être morts inutilement; she ~ well have decided to turn back il se pourrait OR il se peut bien qu'elle ait décidé de rentrer; they ~ have reached the summit by now ils ont peut-être déjà atteint le sommet; she ~ have decided not to go il se peut qu'elle ait décidé de ne pas y aller. -**2.** [past form of 'may']: I never considered that she ~ want to come je n'avais jamais pensé qu'elle pouvait avoir envie de venir; we feared you ~ be dead nous avons eu peur que vous ne soyez mort. -**3.** [in polite questions or suggestions]: ~ I interrupt? puis-je me permettre de vous interrompre?; and what, ~ I ask, was the reason? et puis-je savoir quelle en était la raison?; ~ I make a suggestion? puis-je me permettre de suggérer quelque chose?; you ~ try using a different approach altogether vous pourriez adopter une approche entièrement différente; I thought we ~ have tea together somewhere je m'étais dit que nous pourrions aller prendre un thé ensemble quelque part. -**4.** [commenting on a statement made]: that, I ~ add, was not my idea cela n'était pas mon idée, soit dit en passant; this, as one ~ expect, did not go down well with the government le gouvernement, est-il nécessaire de le préciser, n'a guère apprécié. -**5.** [ought to]: you ~ at least tidy up your room! tu pourrais au moins ranger ta chambre!; I ~ have known he'd be the last (to arrive) j'aurais dû savoir qu'il serait le dernier (à arriver); you ~ have warned me! tu aurais pu me prévenir! -**6.** [used to contradict or challenge]: they ~ say they support women, but they do nothing practical to help them ils disent peut-être qu'ils soutiennent les femmes mais ils ne font rien pour les aider sur le plan concret. -**7.** *fml* OR *hum* [in questions]: and who ~ you be? et qui êtes-vous donc?; and what ~ you be up to? et que faites-vous donc? -**8.** *phr*: we ~ as well go home (as stay here) nous ferions aussi bien de rentrer chez nous (plutôt que de rester ici); I ~ as well have stayed in bed j'aurais aussi bien fait de rester au lit; he's regretting it now, as well he ~! il le regrette maintenant, et pour cause!

might[2] [maɪt] *n* -**1.** [power - of nation] pouvoir *m*, puissance *f*; [- of army] puissance *f*. -**2.** [physical strength] force *f*; with all one's ~ de toutes ses forces; he started yelling with all his ~ il se mit à crier à tue-tête ❑ with ~ and main de toutes ses forces; ~ is right *prov* force fait loi *prov*.

might-have-been *n* -**1.** [opportunity] occasion *f* manquée; [hope] espoir *m* déçu. -**2.** *inf* [person] raté *m*, -e *f*.

mightily ['maɪtɪlɪ] *adv* -**1.** [with vigour] avec vigueur, vigoureusement. -**2.** [extremely] extrêmement.

mightn't ['maɪtənt] = **might not**.

might've ['maɪtəv] = **might have**.

mighty ['maɪtɪ] (*compar* **mightier**, *superl* **mightiest**) ◇ *adj* -**1.** [powerful] puissant. -**2.** [impressive] imposant; [enormous] énorme.
◇ *adv inf Am* rudement; **that's ~ kind of you** c'est rudement gentil de votre part.

mignonette [,mɪnjə'net] *n* mignonnette *f*, réséda *m*.

migraine ['miːgreɪn, 'maɪgreɪn] *n* migraine *f*; **to suffer from ~** avoir des migraines; **I've got a ~** j'ai la migraine.

migrant ['maɪgrənt] ◇ *n* -**1.** [bird, animal] migrateur *m*. -**2.** [worker - in agriculture] (travailleur *m*) saisonnier *m*; [- foreign] travailleur *m* immigré. -**3.** *Austr* immigré *m*, -e *f*.
◇ *adj* -**1.** [bird, animal] migrateur. -**2.** [person]: **~ worker** [seasonal] (travailleur *m*) saisonnier *m*; [foreign] travailleur *m* immigré. -**3.** *Austr* [immigrant] immigrant; **~ accommodation** logement *m* pour les immigrés.

migrate [*Br* maɪ'greɪt, *Am* 'maɪgreɪt] *vi* -**1.** [bird, animal] migrer. -**2.** [person, family] migrer, se déplacer, émigrer; **the people ~d to the cities** les gens ont migré vers les villes.

migration [maɪ'greɪʃn] *n* migration *f*.

migratory ['maɪgrətrɪ] *adj* -**1.** [bird, fish] migrateur. -**2.** [habit, movement] migratoire.

mikado [mɪ'kɑːdəʊ] (*pl* **mikados**) *n* mikado *m* *(empereur)*.

mike *inf* [maɪk] (*abbr of* **microphone**) *n* micro *m*.

mil [mɪl] *n* -**1.** [unit of length] millième *m* de pouce. -**2.** [thousand] mille *m inv*.

milady [mɪ'leɪdɪ] (*pl* **miladies**) *n arch* madame *f*.

Milan [mɪ'læn] *pr n* Milan.

Milanese [,mɪlə'niːz] ◇ *n* Milanais *m*, -e *f*.
◇ *adj* milanais.

milch cow ['mɪltʃ-] *n* vache *f* laitière; *fig* vache *f* à lait.

mild [maɪld] ◇ *adj* -**1.** [person, manner, voice] doux. -**2.** [in taste - cheese] doux; [- curry] pas très fort OR épicé; [soap, shampoo] doux; [in strength - sedative, cigarette] léger. -**3.** [clement - winter] doux; **the weather's ~ for the time of year** il fait (un temps) doux pour la saison. -**4.** [indulgent - punishment] léger; [- criticism] clément.
◇ *n Br bière moins riche en houblon et plus foncée que la «bitter»*.

mildew ['mɪldjuː] ◇ *n* -**1.** [on cereals, flowers] rouille *f*; [on vines, potatoes, tomatoes] mildiou *m*. -**2.** [on paper, leather, food] moisissure *f*.
◇ *vi* -**1.** [cereals, flowers] se rouiller; [vines, potatoes, tomatoes] être atteint par le mildiou. -**2.** [paper, leather, food] moisir.

mildewed ['mɪldjuːd] *adj* [cereals, flowers] rouillé; [vines] mildiousé; [paper, leather, food] moisi.

mildly ['maɪldlɪ] *adv* -**1.** [in manner, voice] doucement, avec douceur. -**2.** [slightly] modérément, légèrement; **that's putting it ~!** c'est le moins qu'on puisse dire!; **it was rather silly, to put it ~** c'était plutôt idiot, c'est le moins qu'on puisse dire.

mild-mannered *adj* doux.

mildness ['maɪldnɪs] *n* -**1.** [of manner] douceur *f*. -**2.** [in taste]: **she appreciated the ~ of the curry** elle apprécia le fait que le curry n'était pas trop épicé. -**3.** [of weather] douceur *f*. -**4.** [of rebuke] indulgence *f*, clémence *f*.

mild steel *n* acier *m* doux.

mile [maɪl] *n* -**1.** [measurement] mille *m* *(1 609,33 m)*; [in athletics] mile *m*; **it's 10 ~s away** c'est à une quinzaine de kilomètres d'ici; **she lives 30 ~s from Birmingham** elle habite à une cinquantaine de kilomètres de Birmingham; **the two towns are 50 ~s apart** les deux villes sont (situées) à 80 kilomètres l'une de l'autre; **it's 10 ~s back** c'est à une quinzaine de kilomètres derrière nous; **we passed a restaurant a few ~s back** nous sommes passés devant un restaurant quelques kilomètres plus haut; **a 100-~ journey** un voyage de 160 kilomètres; **a 10-~ tailback (of traffic)** un bouchon d'une quinzaine de kilomètres. -**2.** [long distance]: **you can see it a ~ off** ça se voit de loin; **they live ~s apart** ils habitent à des kilomètres l'un de l'autre; **the best doctor for ~s around** le meilleur médecin à des kilomètres à la ronde; **we're ~s from the nearest town** on est à des kilomètres de la ville la plus proche; **it's ~s from anywhere** c'est un endroit complètement isolé; **you can see for ~s and ~s** on voit à des kilomètres à la ronde; **we walked (for) ~s and ~s** on a fait des kilomètres (à pied); **I've had to use ~s of string** il m'a fallu des kilomètres de ficelle. -**3.** *fig*: **they're ~s ahead of their competitors** ils ont une avance considérable sur leurs concurrents; **the two judges are ~s apart on capital punishment** les deux juges ont des points de vue OR des avis radicalement opposés sur la peine de mort □ **he was ~s away** il était dans la lune; **you could see what was going to happen a ~ off** on voyait d'ici ce qui allait arriver; **your calculations are ~s out** vous vous êtes complètement trompé dans vos calculs; **not a million ~s from here** tout près d'ici, parmi nous; **it's not a million ~s from what we tried to do** cela ressemble assez à ce que nous avons essayé de faire. -**4.** *inf (adverbial use)* [much]: **she's ~s better than me at languages** elle est bien plus forte que moi en langues; **I'm feeling ~s better already** je me sens déjà cent fois mieux.

mileage ['maɪlɪdʒ] *n* -**1.** AUT [distance] ≃ kilométrage *m*; **the car's got a very high ~** la voiture a beaucoup roulé OR a un kilométrage élevé; **the papers got tremendous ~ out of the scandal** *fig* les journaux ont exploité le scandale au maximum. -**2.** [consumption] consommation *f* (d'essence); **you get better ~ with a small car** on consomme moins avec une petite voiture.

mileage allowance *n* indemnité *f* kilométrique.

Mile-High City *pr n surnom de la ville de Denver.*

mileometer [maɪ'lɒmɪtə^r] *n* compteur *m* (kilométrique).

milepost ['maɪlpəʊst] *n* ≃ borne *f* (kilométrique).

miler ['maɪlə^r] *n* coureur *m*, -euse *f* du mile.

milestone ['maɪlstəʊn] *n* -**1.** *literal* ≃ borne *f* (kilométrique). -**2.** *fig* [important event] jalon *m*, étape *f* importante; **a ~ in the history of aviation** une étape importante dans l'histoire de l'aviation.

milieu [*Br* 'miːljɜː, *Am* miːl'juː] *n* environnement *m* (social).

militancy ['mɪlɪtənsɪ] *n* militantisme *m*.

militant ['mɪlɪtənt] ◇ *adj* militant; **she's a ~ feminist** c'est une féministe militante.
◇ *n* -**1.** [gen] militant *m*, -e *f*. -**2.** *Br* = **Militant (Tendency)**.
◆ **Militant (Tendency)** *pr n* POL *tendance d'extrême gauche à l'intérieur du parti travailliste britannique.*

militarily [*Br* 'mɪlɪtərɪlɪ, *Am* ,mɪlə'terəlɪ] *adv* militairement.

militarism ['mɪlɪtərɪzm] *n* militarisme *m*.

militarist ['mɪlɪtərɪst] *n* militariste *mf*.

militaristic [,mɪlɪtə'rɪstɪk] *adj* militariste.

militarization [,mɪlɪtəraɪ'zeɪʃn] *n* militarisation *f*.

militarize, -ise ['mɪlɪtəraɪz] *vt* militariser.

military ['mɪlɪtrɪ] ◇ *adj* militaire; **he's a ~ man** c'est un militaire (de carrière) □ **~ academy** école *f* militaire; **~ band** fanfare *f* militaire; **~ service** service *m* militaire.
◇ *n*: **the ~** l'armée *f*.

military police *n* police *f* militaire.

military policeman *n membre de la police militaire.*

militate ['mɪlɪteɪt]
◆ **militate against** *vt insep* [facts, actions] militer contre; **her temperament ~s against her** son tempérament joue contre elle.

militia [mɪ'lɪʃə] *n* -**1.** [body of citizens] milice *f*. -**2.** *Am* [reserve army] réserve *f*.

militiaman [mɪ'lɪʃəmən] (*pl* **militiamen** [-mən]) *n* milicien *m*.

milk [mɪlk] ◇ *n* lait *m*; **mother's ~** lait maternel; **cow's ~** lait de vache; **goat's ~** lait de chèvre; **Milk of Magnesia**® lait de magnésie; **a land flowing with ~ and honey** un pays de cocagne; **the ~ of human kindness** *fig* le lait de la tendresse humaine.
◇ *comp* [bottle, churn, jug etc - empty] à lait; [- full] de lait; **~ can** *Am* bidon *m* de lait.
◇ *vt* -**1.** [cow, goat] traire. -**2.** [snake] extraire le venin de. -**3.** *fig*: **to ~ a country of its resources** dépouiller un pays de ses ressources; **he really ~s his clients** il plume ses clients; **she ~ed the subject dry** elle a épuisé le sujet.
◇ *vi*: **the cow ~s well** la vache donne beaucoup de lait.

milk bar *n* milk-bar *m*.

milk chocolate *n* chocolat *m* au lait.

milk duct *n* canal *m* galactophore.

milker ['mɪlkə^r] *n* -**1.** [cow]: **a good ~** une bonne laitière. -**2.** [dairy hand] trayeur *m*, -euse *f*. -**3.** [machine] trayeuse *f*.

milk fever *n* fièvre *f* lactée.

milk float *n Br* camionnette *f* du laitier.

milk gland *n* glande *f* lactéale OR mammaire OR galactophore.

milking ['mɪlkɪŋ] *n* traite *f*; **to do the ~** traire les vaches; **~ time** l'heure *f* de la traite.

milking machine *n* machine *f* à traire, trayeuse *f*.

milking parlour *n* salle *f* de traite.

milking stool *n* tabouret *m* à traire.

milk loaf *n* pain *m* brioché.

milkmaid ['mɪlkmeɪd] *n* vachère *f*, trayeuse *f*.

milkman ['mɪlkmən] (*pl* **milkmen** [-mən]) *n* [who delivers milk] laitier *m*; *Br* [who milks] vacher *m*, trayeur *m*.

milk powder *n* lait *m* en poudre.

milk pudding *n Br* entremets *m* au lait.

milk round *n Br* -**1.** [for milk delivery] tournée *f* du laitier. -**2.** UNIV *tournée des universités par les employeurs pour recruter des étudiants en fin d'études.*

milk run *n* -**1.** AERON vol *m* sans histoire, partie *f* de rigolade. -**2.** [regular journey] trajet *m* habituel, tournée *f* habituelle.

milk shake *n* milk-shake *m*.

milksop ['mɪlksɒp] *n* chiffe *f* molle; **he's such a ~!** c'est une vraie chiffe molle!

milk stout *n Br* bière *f* brune.

milk tooth *n* dent *f* de lait.

milk train *n* premier train *m*.

milkweed ['mɪlkwiːd] *n* asclépias *f*.

milk-white *adj* d'un blanc laiteux.

milky ['mɪlkɪ] (*compar* **milkier**, *superl* **milkiest**) *adj* -**1.** [taste] laiteux, de lait; [dessert] lacté, à base de lait; [tea, coffee] avec du lait; **do you have your tea ~?** est-ce que vous prenez beaucoup de lait dans votre thé? -**2.** [colour] laiteux; [skin] d'un blanc laiteux. -**3.** [cloudy - liquid] laiteux, lactescent.

Milky Way *pr n*: **the ~** la Voie lactée.

mill [mɪl] ◇ *n* -**1.** [for flour] moulin *m*; [on industrial scale] meunerie *f*, minoterie *f*; **she's been through the ~** elle a souffert; **she put him through the ~** elle lui en a fait voir; **'The Mill on the Floss'** *Eliot* 'le Moulin sur la Floss'. -**2.** [factory] usine *f*; **steel ~** aciérie *f*; **cotton ~** filature *f*. -**3.** [domestic - for coffee, pepper] moulin *m*. -**4.** TECH [for coins] machine *f* à créneler; [for metal] fraiseuse *f*.
◇ *vt* -**1.** [grain] moudre; [ore] broyer. -**2.** [mark - coin] créneler; [- screw] moleter; [- surface] strier, rainer; **a coin with a ~ed edge** une pièce crénelée.
◆ **mill about** *Br*, **mill around** *vi insep* [crowd, people] grouiller.

millboard ['mɪlbɔːd] *n* carton *m* gris.

millenarian [,mɪlɪ'neərɪən] ◇ *adj* millénariste.
◇ *n* millénariste *mf*.

millenarianism [,mɪlɪ'neərɪənɪzm] *n* millénarisme *m*, chiliasme *m*.

millenary [mɪ'lenərɪ] (*pl* **millenaries**) ◇ *adj* millénaire.
◇ *n* millénaire *m*.

millennial [mɪ'lenɪəl] *adj* du millenium.

millennium [mɪ'lenɪəm] (*pl* **millenniums** OR **millennia** [-nɪə]) *n* -**1.** [thousand years] millénaire *m*. -**2.** RELIG *fig*: **the ~** le millénium.

millepede ['mɪlɪpiːd] = **millipede**.

miller ['mɪlə^r] *n* meunier *m*, -ère *f*.

millet ['mɪlɪt] *n* millet *m*.

mill hand *n dated* ouvrier *m*, -ère *f*.

milliard ['mɪljɑːd] *n Br* milliard *m*.

millibar ['mɪlɪbɑː^r] *n* millibar *m*.

milligram(me) ['mɪlɪgræm] *n* milligramme *m*.

millilitre *Br*, **milliliter** *Am* ['mɪlɪ,liːtə^r] *n* millilitre *m*.

millimetre *Br*, **millimeter** *Am* ['mɪlɪ,miːtə^r] *n* millimètre *m*.

milliner ['mɪlɪnə^r] *n* modiste *mf*.

millinery ['mɪlɪnrɪ] *n* [manufacture] fabrication *f* de chapeaux de femmes; [sale] vente *f* de chapeaux de femmes.

milling ['mɪlɪŋ] *n* crénelage *m*.

milling machine *n* fraiseuse *f*.

million ['mɪljən] *n* -**1.** *literal* million *m*; **two ~ dollars** deux millions de dollars; **~s of pounds** des millions de livres; **the population of Scotland is five ~** l'Écosse a cinq millions d'habitants; **the chance of that happening is one in a ~** il y a une chance sur un million que ça arrive; **his secretary is one in a ~** sa secrétaire est une perle rare; **that man is worth several ~** cet homme est plusieurs fois milliardaire ❑ **I feel like a ~ dollars!** je suis en pleine forme!; **she looked (like) a ~ dollars** elle était éblouissante. -**2.** [enormous number]: **there were simply ~s of people at the concert!** il y avait un monde fou au concert!; **I've told you a ~ times not to do that** je t'ai dit cent fois de ne pas faire ça; **there are a ~ and one ways of cooking vegetables** il y a mille et une façons de préparer les légumes.
◆ **millions** *npl* [masses] masses *fpl*; **the nameless ~s who will come after us** les millions d'inconnus qui nous succéderont.

millionaire [,mɪljə'neə^r] *n* ≃ milliardaire *mf*; **he's a dollar ~** il possède des millions de dollars.

millionairess [,mɪljə'neərɪs] *n* millionnaire *f*.

millionth ['mɪljənθ] ◇ *adj* millionième.
◇ *n* -**1.** [ordinal] millionième *mf*. -**2.** [fraction] millionième *m*.

millipede ['mɪlɪpiːd] *n* mille-pattes *m inv*.

millisecond ['mɪlɪ,sekənd] *n* milliseconde *f*, millième *m* de seconde.

millpond ['mɪlpɒnd] *n* retenue *f* de moulin; **the sea was like a ~** *fig* la mer était d'huile.

millrace ['mɪlreɪs] *n* bief *m*.

Mills and Boon® ['mɪlzn,buːn] *pr n maison d'édition publiant des romans sentimentaux.*

millstone ['mɪlstəʊn] *n* -**1.** *literal* meule *f*. -**2.** *fig* fardeau *m*; **another ~ round the taxpayer's neck** une charge supplémentaire pour le contribuable.

millstream ['mɪlstriːm] *n* courant *m* du bief.

millwheel ['mɪlwiːl] *n* roue *f* (d'un moulin).

millwright ['mɪlraɪt] *n* constructeur *m* de moulins.

milometer [maɪ'lɒmɪtə^r] = **mileometer**.

milord [mɪ'lɔːd] *n arch* milord *m*.

milt [mɪlt] *n* [of fish - fluid] laitance *f*; [- organ] testicule *m*.

mim *inf* [mɪm] *adj Br dial* bégueule.

mime [maɪm] ◇ *n* [actor, play] mime *m*; **to explain something in ~** expliquer quelque chose par gestes; **to study ~** étudier l'art du mime.
◇ *vi* -**1.** THEAT faire du mime. -**2.** [pop singer] chanter en playback.
◇ *vt* mimer; [derisively] singer.

Mimeograph® ['mɪmɪəgrɑːf] ◇ *n* -**1.** [machine] Ronéo® *f*, duplicateur *m* (à stencil). -**2.** [text] polycopié *m*, texte *m* ronéotypé.
◇ *vt* ronéotyper, ronéoter.

mimesis [mɪ'miːsɪs] *n* BIOL mimétisme *m*.

mimetic [mɪ'metɪk] *adj* mimétique.

mimic ['mɪmɪk] (*pt* & *pp* **mimicked**, *cont* **mimicking**) ◇ *vt* -**1.** [gestures] mimer; [satirically] parodier, singer. -**2.** BIOL imiter (par mimétisme).
◇ *n* imitateur *m*, -trice *f*; **she's an excellent ~** c'est une excellente imitatrice.
◇ *adj* -**1.** [mock - battle, warfare] simulé; **~ colouring** mimétisme *m* des couleurs. -**2.** THEAT mimique.

mimicry ['mɪmɪkrɪ] *n* -**1.** [imitation] imitation *f*. -**2.** BIOL mimétisme *m*.

mimosa [mɪ'məʊzə] *n* mimosa *m*.

min. -**1.** (*written abbr of* **minute**) mn, min. -**2.** (*written abbr of* **minimum**) min.

Min. *written abbr of* **ministry**.

minaret [mɪnə'ret] *n* minaret *m*.

minatory ['mɪnətrɪ] *adj fml* comminatoire.

mince [mɪns] ◇ *vt* -**1.** CULIN hacher. -**2.** *phr*: **he doesn't ~ his words** il ne mâche pas ses mots.
◇ *vi* -**1.** [speak] parler avec affectation. -**2.** [move] marcher en se trémoussant; **he ~d into the room** il est entré dans la salle en se trémoussant.
◇ *n* viande *f* hachée, haché *m*.

mincemeat ['mɪnsmiːt] *n* -**1.** [meat] viande *f* hachée. -**2.** [sweet filling] *mélange de fruits secs et d'épices qui sert de garniture à des tartelettes.* -**3.** *phr*: **to make ~ of sb** *inf* réduire qqn en bouillie OR en chair à pâté.

mince pie *n tartelette fourrée avec un mélange de fruits secs et d'épices que l'on sert à Noël en Grande-Bretagne.*

mincer ['mɪnsə^r] *n* hachoir *m*, hache-viande *m inv*.

mincing ['mɪnsɪŋ] *adj* affecté, maniéré; **he came in with ~ steps** il est entré en se trémoussant.

mincingly ['mɪnsɪŋlɪ] *adv* en minaudant.

mincing machine = **mincer**.

mind [maɪnd] ◇ *n* -**1.** [reason] esprit *m*; **the power of ~ over matter** le pouvoir de l'esprit sur la matière; **to be strong in ~ and body** être physiquement et mentalement solide; **to be of sound ~** être sain d'esprit; **his ~ became unhinged** il a perdu la raison, il est devenu fou; **what state of ~ was he in?** dans quel état d'esprit était-il? ❑ **to be/to go out of one's ~** être/devenir fou; **he was out of his ~ with worry** il était fou d'inquiétude; **he isn't in his right ~** il n'a pas tous ses esprits; **no-one in their right ~ would do such a thing** aucune personne sensée n'agirait ainsi. -**2.** [thoughts]: **there's something on her ~** il y a quelque chose qui la tracasse; **I have a lot on my ~** j'ai beaucoup de soucis; **what's going on in her ~?** qu'est-ce qui se passe dans son esprit OR sa tête?; **at the back of my ~ was the fear that we would arrive too late** au fond de moi-même, je craignais que nous n'arrivions trop tard; **to put sthg to the back of one's ~** chasser qqch de son esprit; **I just can't get him out of my ~** je n'arrive absolument pas à l'oublier; **to have sb/sthg in ~** penser à qqn/qqch de précis; **who do you have in ~ for the role?** à qui songez-vous pour le rôle?, qui avez-vous en vue pour le rôle?; **what kind of holiday did you have in ~?** qu'est-ce que tu voulais OR voudrais faire pour les vacances?; **you must put the idea out of your ~** tu dois te sortir cette idée de la tête; **to set one's mind on doing sthg** se mettre en tête de faire qqch; **to have one's ~ set on sthg** vouloir qqch à tout prix; **a drink will take your ~ off the accident** bois un verre, ça te fera oublier l'accident ❑ **to see things in one's ~'s eye** bien se représenter qqch. -**3.** [attention]: **I can't seem to apply my ~ to the problem** je n'arrive pas à me concentrer sur le problème; **keep your ~ on the job** ne vous laissez pas distraire; **she does crosswords to keep her ~ occupied** elle fait des mots croisés pour s'occuper l'esprit. -**4.** [memory]: **my ~ has gone blank** j'ai un trou de mémoire; **it brings to ~ the time we were in Spain** cela me rappelle l'époque où nous étions en Espagne; **Churchill's words come to ~** on pense aux paroles de Churchill; **it went clean** OR **right out of my ~** cela m'est complètement sorti de l'esprit OR de la tête; **it puts me in ~ of Japan** cela me fait penser au Japon, cela me rappelle le Japon; **it must have slipped my ~** j'ai dû oublier ❑ **time out of ~ I've warned him not to go there** *Br* cela fait une éternité que je lui dis de ne pas y aller. -**5.** [intellect] esprit *m*; **she has an outstanding ~** elle est d'une très grande intelligence; **he has the ~ of a child** il a l'esprit d'un enfant || [intelligent person, thinker] esprit *m*; **the great ~s of our century** les grands esprits OR cerveaux de notre siècle. -**6.** [way of thinking]: **the Western ~** les modes de pensée occidentaux; **he has a suspicious ~** il est soupçonneux de nature. -**7.** [opinion]: **to be of the same** OR **of like ~** être du même avis; **they're all of one ~** ils sont tous d'accord OR du même avis ❑ **to be in two ~s about sthg**: **I'm in two ~s about where to go for my holidays** je ne sais pas très bien où aller passer mes vacances; **to make up one's ~** se décider, prendre une décision; **my ~ is made up** ma décision est prise; **to make up one's ~ about sthg** décider qqch; **to make up one's ~ to do sthg** se décider à faire qqch; **she's made up her ~ to move house** elle s'est résolue à déménager. -**8.** [desire]: **I've half a ~ to give up** j'ai à moitié envie de renoncer; **I've a good ~ to tell him what I think** j'ai bien envie de lui dire ce que je pense || [intention]: **nothing was further from my ~** je n'en avais nullement l'intention; **I've had it in ~ for some time now** j'y songe depuis un moment.
◇ *vt* -**1.** [look after - children] garder; [- bags, possessions] garder, surveiller; [- shop, business] garder, tenir; [- plants, garden] s'occuper de, prendre soin de; **can you ~ the house for us while we're away?** [watch] pouvez-vous surveiller la maison pendant notre absence?; [look after] pouvez-vous vous occuper de la maison pendant notre absence? -**2.** [pay attention to] faire attention à; **don't ~ the dog** ne faites pas attention au chien; **he didn't ~ my advice** il n'a pas fait attention à OR n'a pas écouté mes conseils; **~ your own business!** occupe-toi de ce qui te regarde!, mêle-toi de tes oignons!; **~ your language!** surveille ton langage!; **to ~ one's manners** se surveiller; **'~ the step'** 'attention à la marche'; **~ the cat!** attention au chat! ❑ **never you ~!** ce n'est pas votre affaire!; **~ your step** *Br literal* & *fig* faites attention où vous mettez les pieds. -**3.** (+ *verb phrase*) [be sure of] faire attention à; **~ (that) you don't forget** n'oubliez surtout pas; **~ you don't break it** fais bien attention de ne pas le casser; **~ what you say** [pay attention] réfléchissez à OR faites attention à ce que vous dites; [don't be rude] mesurez vos paroles; **~ what you're doing!** regarde ce que tu fais! || [remember]: **~ you post my letter** n'oubliez surtout pas de poster ma lettre. -**4.** [bother about] faire attention à, s'inquiéter de OR pour; **don't ~ me, I'll just sit here quietly** ne vous inquiétez pas de moi, je vais m'asseoir ici et je ne dérangerai personne; **I really don't ~ what he says/thinks** je me fiche de ce qu'il peut dire/penser. -**5.** [object to]: **I don't ~ him** il ne me dérange pas; **you don't ~ me using the car, do you? — I ~ very much** cela ne te dérange pas que je prenne la voiture? — cela me dérange beaucoup; **do you ~ going out when the weather's cold?** est-ce que cela vous ennuie de sortir quand il fait froid?; **do you ~ me smoking?** cela ne vous ennuie OR dérange pas que je fume?; **did you ~ me inviting her?** tu aurais peut-être préféré que je ne l'invite pas?, ça t'ennuie que je l'aie invitée?; **would you ~**

turning out the light, please? [politely] pourriez-vous éteindre la lumière, s'il vous plaît?; [aggressively] est-ce que cela vous dérangerait beaucoup d'éteindre la lumière?; **I wouldn't ~ a cup of tea** je prendrais bien OR volontiers une tasse de thé. -**6.** *Scot & Ir* [remember] se rappeler, se souvenir de. -**7.** *phr*: **~ (you), I'm not surprised** remarque OR tu sais, cela ne m'étonne pas; **~ you, he's a bit young** ceci dit, il est un peu jeune; **never ~ that now** [leave it] ne vous occupez pas de cela tout de suite; [forget it] ce n'est plus la peine de s'en occuper; **never ~ the consequences** ne vous préoccupez pas des conséquences, peu importent les conséquences; **never ~ what people say/think** peu importe ce que disent/pensent les gens; **never ~ his feelings, I've got a business to run!** je n'ai que faire de ses états d'âme, j'ai une affaire à diriger!; **never ~ him, just run for it!** ne t'occupe pas de lui, fonce!

◇ *vi* -**1.** [object - esp in requests]: **do you ~ if I open the window?** cela vous dérange si j'ouvre la fenêtre?; **would you ~ if I opened the window?** est-ce que cela vous ennuierait si j'ouvrais la fenêtre?; **do you ~ if I smoke?** est-ce que cela vous gêne OR dérange que je fume?; **I don't ~ in the least** cela ne me dérange pas le moins du monde; **if you don't ~** si vous voulez bien, si vous n'y voyez pas d'inconvénient; **I can't say I really ~** je ne peux pas dire que cela m'ennuie OR me dérange vraiment; **do you ~ if I take the car? — of course I don't (~)** est-ce que cela vous ennuie que je prenne la voiture? — bien sûr que non; **I don't ~ if I do** [in reply to offer] volontiers, je ne dis pas non, ce n'est pas de refus. -**2.** [care, worry]: **I don't ~ if people laugh at me — but you should ~!** je ne me soucie guère que les gens se moquent de moi — mais vous devriez!; **if you don't ~, I haven't finished** si cela ne vous fait rien, je n'ai pas terminé; **do you ~!** *iron* [politely] vous permettez?; [indignantly] non mais!; **never ~** [it doesn't matter] cela ne fait rien, tant pis; [don't worry] ne vous en faites pas; **never ~ about the money now** ne t'en fais pas pour l'argent, on verra plus tard. -**3.** *Br* [be careful] faire attention; **~ when you cross the road** fais attention en traversant la route; **~!** attention!

◆ **mind out** *vi insep Br* faire attention; **~ out!** attention!; **~ out for (the) rocks!** attention aux rochers!

MIND [maɪnd] *pr n organisme d'aide aux handicapés mentaux.*

mind-bending *inf adj* -**1.** [complicated] compliqué. -**2.** [drugs] hallucinogène, psychédélique.

mind-blowing *inf adj* [amazing] époustouflant.

mind-boggling *adj* extraordinaire, stupéfiant.

minded ['maɪndɪd] *adj fml* disposé; **she could easily lend us the money, if she were ~ to do so** elle pourrait facilement nous prêter l'argent, si elle y était disposée OR le voulait.

-minded *in cpds* -**1.** *(with adj)*: **simple~** simple d'esprit; **they're so narrow~** ils sont tellement étroits d'esprit. -**2.** *(with adv)*: **to be politically~** s'intéresser beaucoup à la politique; **many young people are scientifically~** beaucoup de jeunes ont l'esprit scientifique. -**3.** *(with n)*: **my parents are very money~** mes parents ont un faible pour l'argent OR sont très portés sur l'argent; **he's very sports~** c'est un passionné de sports.

minder ['maɪndəʳ] *n* -**1.** *inf Br* [bodyguard] gorille *m*. -**2.** [gen] gardien *m*, -enne *f*, surveillant *m*, -e *f*.

mind-expanding *adj* [drugs] hallucinogène, psychédélique.

mindful ['maɪndfʊl] *adj fml*: **~ of her feelings on the subject, he fell silent** attentif à ce qu'elle ressentait à ce sujet, il se tut; **he was always ~ of his children's future** il a toujours été soucieux OR il s'est toujours préoccupé de l'avenir de ses enfants.

mindless ['maɪndlɪs] *adj* -**1.** [stupid - film, book] idiot, stupide; [senseless - cruelty, violence] insensé, sans nom. -**2.** [boring] bête, ennuyeux; **a ~ job** un travail ingrat OR stupide. -**3.** [heedless]: **~ of the danger, he dived into the river** insouciant du danger, il plongea dans la rivière.

mind reader *n*: **he must be a ~** il lit dans les pensées comme dans un livre; **I'm not a ~** je ne suis pas devin.

mindset ['maɪndset] *n* façon *f* de voir les choses.

mine[1] [maɪn] ◇ *pron* le mien *m*, la mienne *f*, les miens *mpl*, les miennes *fpl*; **is this pen ~? — no, it's ~!** il est à moi ce stylo? — non, c'est le mien!; **this bag is ~** ce sac m'appartient OR est à moi; **the furniture is his but the house is ~** les meubles lui appartiennent mais la maison est à moi; **he's an old friend of ~** c'est un vieil ami à moi; **where did that brother of ~ get to?** mais où est-ce que mon frère est encore passé?; **I took her hands in ~** j'ai pris ses mains dans les miennes; **~ is an exceptional situation** je me trouve dans une situation exceptionnelle; **what's ~ is yours** ce qui est à moi est à toi.

◇ *det arch* mon *m*, ma *f*, mes *pl*; **~ only hope** mon seul espoir.

mine[2] [maɪn] ◇ *n* -**1.** [for coal, gold, salt etc] mine *f*; **he went down the ~** OR **mines at 16** il est descendu à la mine à 16 ans. -**2.** *fig* [valuable source] mine *f*; **she's a ~ of information** c'est une véritable mine de renseignements. -**3.** [explosive] mine *f*; **to clear a road of ~s** déminer une route.

◇ *vt* -**1.** GEOL [coal, gold etc] extraire; **they ~ coal in the area** il y a des mines de charbon dans la région. -**2.** MIL [road, sea] miner; **the path was ~d** le chemin était miné ‖ [destroy]: **their jeep was ~d** leur jeep a sauté sur une mine. -**3.** [undermine - fortification] saper.

◇ *vi* exploiter une mine; **to ~ for uranium** [prospect] chercher de l'uranium, prospecter pour trouver de l'uranium; [extract] exploiter une mine d'uranium.

mine detector *n* détecteur *m* de mines.

minefield ['maɪnfiːld] *n* -**1.** *literal* champ *m* de mines. -**2.** *fig*: **the ~ of high-level diplomacy** les chausse-trappes de la haute diplomatie; **a medical/legal/political ~** une situation épineuse du point de vue médical/juridique/politique.

minehunter ['maɪn,hʌntəʳ] *n* NAUT chasseur *m* de mines.

minelayer ['maɪn,leɪəʳ] *n* mouilleur *m* de mines.

miner ['maɪnəʳ] *n* mineur *m* MIN.

mineral ['mɪnərəl] ◇ *n* -**1.** GEOL minéral *m*. -**2.** *Br* [soft drink] boisson *f* gazeuse (non alcoolique), soda *m*.

◇ *adj* minéral.

mineral jelly *n Br* vaseline *f*.

mineral kingdom *n*: **the ~** le règne minéral.

mineralogical [,mɪnərə'lɒdʒɪkl] *adj* minéralogique.

mineralogist [,mɪnə'rælədʒɪst] *n* minéralogiste *mf*.

mineralogy [,mɪnə'rælədʒɪ] *n* minéralogie *f*.

mineral oil *n Br* huile *f* minérale; *Am* huile *f* de paraffine.

mineral ore *n* minerai *m*.

mineral water *n* eau *f* minérale.

Minerva [mɪ'nɜːvə] *pr n* Minerve.

mineshaft ['maɪnʃɑːft] *n* puits *m* de mine.

minestrone (soup) [,mɪnɪ'strəʊnɪ-] *n* minestrone *m*.

minesweeper ['maɪn,swiːpəʳ] *n* dragueur *m* de mines.

mineworker ['maɪn,wɜːkəʳ] *n* ouvrier *m*, -ère *f* de la mine, mineur *m*.

mingle ['mɪŋgl] ◇ *vt* mélanger, mêler; **he ~d truth with lies** il mélangeait le vrai et le faux; **she read the letter with ~d sadness and relief** elle lut la lettre avec un mélange de tristesse et de soulagement.

◇ *vi* se mêler (aux autres); **people from all walks of life ~d together** des gens de toutes conditions sociales se mêlaient les uns aux autres ‖ [at party]: **excuse me, I must ~** excusez-moi, il faut que je salue d'autres invités.

mingy *inf* ['mɪndʒɪ] *(compar* **mingier**, *superl* **mingiest**) *adj Br* [mean - person] radin, pingre; [- portion, quantity] chiche, misérable, maigre.

mini ['mɪnɪ] ◇ *n* -**1.** *inf* [skirt] minijupe *f*. -**2.** *inf* COMPUT mini-ordinateur *m*, mini *m*.

◇ *adj* mini *(inv)*.

Mini® *n* [car] mini *f* (Austin®).

miniature ['mɪnətʃəʳ] ◇ *adj* [in miniature] en miniature; [model] miniature; [tiny] minuscule; **a ~ Eiffel Tower** une tour Eiffel miniature; **~ golf** golf *m* miniature; **~ poodle** caniche *m* nain; **~ railway** chemin *m* de fer miniature.

◇ *n* [gen & ART] miniature *f*; **in ~** en miniature.

miniaturist ['mɪnətʃərɪst] *n* miniaturiste *mf*.

miniaturization [,mɪnətʃəraɪ'zeɪʃn] *n* miniaturisation *f*.

miniaturize, -ise ['mɪnətʃəraɪz] *vt* miniaturiser.

miniaturized ['mɪnətʃəraɪzd] *adj* miniaturisé.

minibudget ['mɪnɪ,bʌdʒɪt] *n Br* POL *annexe à la loi de finances.*

minibus ['mɪnɪbʌs] *(pl* **minibuses**) *n* minibus *m*.

minicab ['mɪnɪkæb] *n Br voiture de série convertie en taxi.*

minicomputer [,mɪnɪkəm'pjuːtəʳ] *n* mini-ordinateur *m*.

minicourse ['mɪnɪkɔːs] *n Am* SCH stage *m* (intensif).

minidress ['mɪnɪdres] *n* mini-robe *f*.

minim ['mɪnɪm] *n* -**1.** *Br* MUS blanche *f*. -**2.** [measure] ≃ goutte *f (0,5 ml)*.

minima ['mɪnɪmə] *pl* → **minimum**.

minimal ['mɪnɪml] *adj* minimal; **there has been only a ~ improvement** il n'y a eu qu'une infime amélioration ❑ **~ art** art *m* minimal; **~ pair** LING paire *f* minimale.

minimalism ['mɪnɪməlɪzm] *n* minimalisme *m*.

minimalist ['mɪnɪməlɪst] *n* minimaliste *mf*.

minimalize, -ise ['mɪnɪməlaɪz] *vt* minimaliser.

minimally ['mɪnɪməlɪ] *adv* à peine; **the new system is only ~ more efficient** le nouveau système n'est guère plus efficace.

minimarket ['mɪnɪ,mɑːkɪt], **minimart** ['mɪnɪmɑːt] *n* supérette *f*, petit supermarché *m*.

minimax ['mɪnɪmæks] *n* MATH minimax *m*.

minimize, -ise ['mɪnɪ,maɪz] *vt* -**1.** [reduce - size, amount] réduire au minimum, diminuer le plus possible; **they are trying to ~ the levels of CO^2 in the atmosphere** on essaie de réduire les niveaux de CO^2 dans l'atmosphère. -**2.** [diminish - importance, achievement] minimiser; **he tried to ~ her success as a novelist** il essayait de minimiser son succès en tant que romancière.

minim rest *n Br* MUS demi-pause *f*.

minimum ['mɪnɪməm] *(pl* **minimums** OR **minima** [-mə]) ◇ *n* minimum *m*; **costs were reduced to the** OR **a ~** les coûts furent réduits au minimum; **there was only the ~ of damage** il n'y a eu que des dégâts minimes; **reduced to the very ~** réduit au strict minimum; **keep expenses to a ~** limitez au minimum les dépenses, dépensez le moins possible; **at the (very) ~ it will cost £2,000** (en mettant les choses) au mieux, cela coûtera 2 000 livres; **we will need £50 each ~** OR **a ~ of £50 each** il nous faudra 50 livres chacun (au) minimum.

◇ *adj* minimum, minimal.

minimum lending rate *n Br* taux *m* d'escompte OR de base.

minimum safeguard price *n Br* prix *m* minimum de sauvegarde *(du pétrole)*.

minimum wage *n* salaire *m* minimum *(légal)*, ≃ SMIC *m*.

mining ['maɪnɪŋ] ◇ *n* -**1.** MIN exploitation *f* minière, extraction *f*. -**2.** MIL [on land] pose *f* de mines; [at sea] mouillage *m* de mines.

◇ *adj* [town, company, area] minier; [family] de mineurs.

mining engineer *n* ingénieur *m* des mines.

mining engineering *n* ingénierie *f* des mines.

minion ['mɪnjən] *n pej* laquais *m*.

minipill ['mɪnɪpɪl] *n* minipilule *f*.

miniscule ['mɪnɪskjuːl] *adj* minuscule.

mini-series *n* TV mini-feuilleton *m*.

miniskirt ['mɪnɪskɜːt] *n* minijupe *f*.

minister ['mɪnɪstəʳ] ◇ *n* -**1.** POL ministre *m*; the **Minister of Education/Defence** le ministre de l'Éducation/de la Défense; junior ~ sous-secrétaire *m* d'État. -**2.** [diplomat] ministre *m*. -**3.** RELIG pasteur *m*, ministre *m*; ~ **of God** ministre du culte.
◇ *vi* -**1.** [provide care]: to ~ **to sb** secourir qqn, donner des soins à qqn; to ~ **to sb's needs** pourvoir aux besoins de qqn; **he ~ed to the sick** il secourait les malades. -**2.** RELIG: **he ~ed to St. Luke's for 20 years** il a été le pasteur de l'église St-Luc pendant 20 ans.

ministerial [,mɪnɪ'stɪərɪəl] *adj* -**1.** POL [project, crisis] ministériel; [post] de ministre; ~ **benches** banc *m* des ministres; **he held ~ office for six months** il fut ministre pendant six mois. -**2.** RELIG pastoral, sacerdotal.

ministering angel ['mɪnɪstrɪŋ-] *n fig* ange *m* de bonté.

ministration [,mɪnɪ'streɪʃn] *n* RELIG ministère *m*.
◆ **ministrations** *npl fml* soins *mpl*; **despite her ~s the animal died** malgré les soins qu'elle lui a prodigués, l'animal est mort.

ministry ['mɪnɪstrɪ] (*pl* **ministries**) *n* -**1.** POL [department] ministère *m*; [government] gouvernement *m*; **the Ministry of Defence** le ministère de la Défense. -**2.** RELIG [collective body] sacerdoce *m*, saint ministère *m*; **to join the ~** [Roman Catholic] se faire ordonner prêtre; [Protestant] devenir pasteur ‖ [period of office] ministère *m*; **at the end of his ~ in London he moved away** il quitta Londres au terme de son ministère dans cette ville.

minium ['mɪnɪəm] *n* minium *m*.

mink [mɪŋk] ◇ *n* [animal, fur] vison *m*.
◇ *comp* [coat, stole] de OR en vison.

Minnesota [,mɪnɪ'səʊtə] *pr n* Minnesota *m*; **in ~** dans le Minnesota.

minnow ['mɪnəʊ] (*pl inv* OR **minnows**) *n* -**1.** [specific fish] vairon *m*; [any small fish] fretin *m (U)*. -**2.** *Br fig* [insignificant person] (menu) fretin *m*.

Minoan [mɪ'nəʊən] ◇ *n* minoen *m*.
◇ *adj* minoen.

minor ['maɪnəʳ] ◇ *adj* -**1.** [secondary - road, role, position] secondaire; [- writer] mineur; [- importance, interest] secondaire, mineur; [- share] petit, mineur; ~ **orders** ordres *mpl* mineurs; ~ **planet** astéroïde *m*; ~ **premise** LOGIC (proposition *f*) mineure *f*; ~ **suit** CARDS couleur *f* mineure. -**2.** [unimportant - problem, worry] mineur, peu important. -**3.** [small - alteration, disagreement] mineur, petit; [- detail, expense] mineur, petit, menu. -**4.** [not serious - accident] mineur, petit; [- illness, injury] bénin; ~ **offence** JUR délit *m* mineur; **to have a ~ operation** MED subir une petite intervention chirurgicale OR une intervention chirurgicale bénigne. -**5.** MUS mineur; **in A ~** en la mineur ❑ **in a ~ key** en mode mineur; ~ **third** tierce *f* mineure. -**6.** *Br* SCH: **Jones ~** Jones junior. -**7.** *Am* UNIV [subject] facultatif.
◇ *n* -**1.** [in age] mineur *m*, -e *f*. -**2.** *Am* UNIV matière *f* secondaire. -**3.** *Am*: **the Minors** [film companies] *les trois compagnies de production secondaires (par rapport aux «Majors») à Hollywood: Universal, United Artists, Columbia.*
◇ *vi Am* UNIV: **she ~ed in economics** elle a pris les sciences économiques comme matière secondaire.

Minorca [mɪ'nɔːkə] *pr n* Minorque; **in ~** à Minorque.

Minorcan [mɪ'nɔːkn] ◇ *n* Minorquin *m*, -e *f*.
◇ *adj* minorquin.

minority [maɪ'nɒrətɪ] (*pl* **minorities**) ◇ *n* -**1.** [small group] minorité *f*; **to be in a** OR **the ~** être dans la minorité; **only a ~ (of people) watch late-night TV** seule une minorité (de gens) regarde la télé tard le soir; **I'm afraid you're in a ~ of one** *hum* j'ai bien peur que vous ne soyez le seul de cet avis; **the vocal ~** la minorité qui se fait entendre. -**2.** JUR [age] minorité *f*.
◇ *comp* [government, movement, tastes] minoritaire; ~ **group** minorité *f*; ~ **report** contre-rapport *m (soumis par une minorité)*; **a ~ TV programme** *une émission de télévision destinée à un public restreint*; ~ **verdict** JUR verdict *m* de la minorité.

minor league ◇ *n Am* SPORT ≃ division *f* d'honneur.
◇ *adj fig* secondaire, de peu d'importance; **they're ~ compared with some American corporations** ils sont loin d'avoir l'envergure de certaines grandes sociétés américaines.

Minos ['maɪnɒs] *pr n* Minos.

Minotaur ['maɪnətɔːʳ] *n*: **the ~** le Minotaure.

Minsk [mɪnsk] *pr n* Minsk.

minster ['mɪnstəʳ] *n* [abbey church] (église *f*) abbatiale *f*; [cathedral] cathédrale *f*.

minstrel ['mɪnstrəl] *n* ménestrel *m*, troubadour *m*.

minstrel gallery *n* tribune *f* des musiciens.

minstrel show *n Br* spectacle *m* de variétés *(donné par des chanteurs déguisés en Noirs)*.

mint [mɪnt] ◇ *n* -**1.** BOT menthe *f*. -**2.** [sweet] bonbon *m* à la menthe. -**3.** [for coins]: **the Mint** l'Hôtel *m* de la Monnaie, la Monnaie. -**4.** *inf* [fortune] fortune *f*; **to make a ~** faire fortune; **it's worth a ~** cela vaut une fortune.
◇ *comp* [chocolate, sauce, tea] à la menthe.
◇ *adj* [stamps, coins] (tout) neuf; **in ~ condition** *fig* en parfait état, à l'état neuf.
◇ *vt* -**1.** [coins] fabriquer, frapper, battre. -**2.** [invent - word] inventer, créer; [- expression] forger.

mintage ['mɪntɪdʒ] *n* [process of minting] monnayage *m*, frappe *f* (de monnaie).

minuend ['mɪnjʊend] *n* MATH nombre *m* à diminuer.

minuet [,mɪnjʊ'et] *n* menuet *m*.

minus ['maɪnəs] (*pl* **minuses** OR **minusses**) ◇ *prep* -**1.** MATH moins; **seven ~ two leaves** OR **equals five** sept moins deux font cinq; ~ 12 moins 12. -**2.** [in temperature]: **it's ~ 5° outside** il fait moins 5° dehors. -**3.** *inf* [without]: **he came home ~ his shopping** il est rentré sans ses achats; **that chair is ~ a leg** cette chaise a un pied en moins.
◇ *n* -**1.** [sign] moins *m*; **put a ~ (sign) in front of the 12** mettez un moins devant le 12. -**2.** [drawback] inconvénient *m*; **one of the ~es is that we risk losing money** un des inconvénients est que nous risquons de perdre de l'argent.
◇ *adj* -**1.** [number] moins; ~ **sign** signe *m* moins. -**2.** *fig* négatif; **the one ~ factor in the job is the low salary** le seul aspect négatif de ce poste est le salaire, qui est bas.

minuscule ['mɪnəskjuːl] ◇ *adj* -**1.** [tiny] minuscule. -**2.** [lower-case] en (lettres) minuscules.
◇ *n* minuscule *f*.

minute[1] ['mɪnɪt] ◇ *n* -**1.** [period of 60 seconds] minute *f*; **for ten ~s** pendant dix minutes; **I'll be ready in ten ~s** je serai prêt dans dix minutes; **it's only a few ~s' walk (from here)** c'est seulement à quelques minutes (d'ici) à pied; **he got there with only a ~ to spare** il y est arrivé avec une seule minute d'avance ‖ [in telling the time]: **two ~s past/to ten** dix heures deux/moins deux. -**2.** [moment] instant *m*, minute *f*; **I'll be back in a ~** je reviens dans une minute OR dans un instant OR tout de suite; **it only took him a ~** il en a eu pour une minute; **wait a ~, please** attendez un instant, s'il vous plaît; **just a ~!** un instant!; [aggressively] une minute!; **come here this ~!** viens ici tout de suite!; **I think of you every ~ of the day** je pense à vous à chaque instant de la journée; **I'll talk to him the ~ he arrives** je lui parlerai dès qu'il arrivera; **the weather here changes from one ~ to the next** ici, le temps change d'une minute à l'autre; **any ~ now** d'un instant à l'autre; **right up till the last ~** jusqu'à la toute dernière minute; **she left the house within ~s of his arrival** elle a quitté la maison dans les minutes qui ont suivi son arrivée; **the flight took two hours to the ~** le vol a duré deux heures à la minute près OR exactement; **she arrived at six o'clock to the ~** *Br* elle est arrivée à six heures précises OR à six heures pile. -**3.** GEOM [of degree] minute *f*.
◇ *vt* -**1.** [take down - fact, remark] inscrire au procès-verbal. -**2.** [time] minuter, chronométrer.
◆ **minutes** *npl* -**1.** [of meeting] procès-verbal *m*, compte rendu *m*. -**2.** [report] note *f*.

minute[2] [maɪ'njuːt] *adj* -**1.** [tiny] minuscule, infime; [very slight - difference, improvement] infime, minime. -**2.** [precise] minutieux, détaillé; **with ~ care** avec un soin minutieux; **in ~ detail** par le menu; **she described the accident in the minutest detail** elle a décrit l'accident dans les moindres détails.

minute book ['mɪnɪt-] *n* registre *m* des délibérations OR des procès-verbaux.

minute gun ['mɪnɪt-] *n canon dont les coups sont tirés à intervalles d'une minute, pour des funérailles par exemple.*

minute hand ['mɪnɪt-] *n* grande aiguille *f*, aiguille *f* des minutes.

minutely [maɪ'njuːtlɪ] *adv* -**1.** [carefully] minutieusement, avec un soin minutieux; [in detail] en détail, par le menu. -**2.** [fold] tout petit; [move] imperceptiblement, très légèrement.

Minuteman ['mɪnɪtmæn] (*pl* **Minutemen** [-men]) *n* -**1.** [soldier] homme-minute *m (soldat volontaire de la guerre d'indépendance américaine)*. -**2.** [missile] Minuteman *m (missile balistique)*.

MINUTEMEN:
Les «hommes-minute» doivent leur nom au fait qu'ils étaient prêts à rejoindre les troupes à tout moment pour se battre. Pendant la guerre froide, le nom de «Minuteman» fut donné à un type de missile américain.

---

minute steak ['mɪnɪt-] *n* entrecôte *f* minute.

minutiae [maɪ'njuːʃɪaɪ] *npl* menus détails *mpl*, petits détails *mpl*; *pej* [trivialities] vétilles *fpl*, riens *mpl*.

minx [mɪŋks] *n dated & hum* coquine *f*, friponne *f*.

Miocene ['maɪəsiːn] ◇ *adj* miocène.
◇ *n* miocène *m*.

MIPS [mɪps] (*abbr of* **million instructions per second**) *npl* COMPUT MIPS.

miracle ['mɪrəkl] ◇ *n* -**1.** RELIG & *fig* miracle *m*; **to work ~s** faire OR accomplir des miracles; **she's worked ~s with those kids** elle a fait des miracles avec ces enfants; **by a ~ disaster was averted** la catastrophe a été évitée par miracle; **it was a ~ (that) she survived** c'est un miracle qu'elle ait survécu ‖ [achievement]: **economic ~** miracle *m* économique; **a ~ of modern science** un prodige OR miracle de la science moderne. -**2.** = **miracle play**.
◇ *comp* [drug] miracle; [cure] miraculeux; ~ **worker** faiseur *m*, -euse *f* de miracles.

miracle play *n* miracle *m (drame)*.

miraculous [mɪ'rækjʊləs] *adj* miraculeux; **they had a ~ escape** c'est un miracle qu'ils s'en soient tirés (vivants); **a ~ beauty** une beauté extraordinaire.

miraculously [mɪ'rækjʊləslɪ] *adv* -**1.** [by a miracle] miraculeusement, par miracle. -**2.** [extremely] merveilleusement, prodigieusement.

mirage [mɪ'rɑːʒ] *n* mirage *m*.

MIRAS ['maɪ,ræs] (*abbr of* **mortgage interest relief at source**) *n Br système d'exonération fiscale sur les intérêts des emprunts immobiliers.*

mire [maɪəʳ] *lit* ◇ *n* boue *f*; [deep] bourbier *m*; **to drag sb's name through the ~** traîner le nom de qqn dans la boue.
◇ *vt (usu pass)* -**1.** *lit* [in debt, difficulty] empêtrer. -**2.** [in mud] embourber.

mirror [ˈmɪrəʳ] ◇ *n* -**1.** [looking glass] miroir *m*, glace *f*; AUT rétroviseur *m*; **to hold up a ~ to sthg** *fig* refléter qqch; **the tabloid press is not necessarily a ~ of national opinion** la presse à sensation ne reflète pas nécessairement l'opinion du pays. -**2.** PRESS: **the Mirror** *nom abrégé du Daily Mirror.*
◇ *vt* -**1.** [reflect] réfléchir, refléter; **the water ~ed her face** l'eau réfléchissait son visage; **the stars were ~ed in the smooth surface of the lake** les étoiles se réfléchissaient OR se reflétaient sur la surface lisse du lac. -**2.** [imitate] imiter; **her career exactly ~ed her brother's** sa carrière fut calquée exactement sur celle de son frère.

mirror image *n* image *f* en miroir, image *f* spéculaire; *fig* copie *f* conforme.

mirrorlike [ˈmɪrəlaɪk] *adj* [sea, lake] lisse comme un miroir.

mirror writing *n* écriture *f* spéculaire OR en miroir.

mirth [mɜːθ] *n (U)* rires *mpl*, hilarité *f*.

mirthful [ˈmɜːθfʊl] *adj lit* rieur, joyeux.

mirthless [ˈmɜːθlɪs] *adj lit* triste, sombre, morne; [laugh] faux, forcé.

mirthlessly [ˈmɜːθlɪslɪ] *adv lit* sans joie; **she laughed ~** elle eut un rire forcé.

MIRV [mɜːv] (*abbr of* **multiple independently targeted re-entry vehicle**) *n* MIL MIRV *m*.

miry [ˈmaɪərɪ] (*compar* **mirier**, *superl* **miriest**) *adj* boueux, fangeux.

misadventure [ˌmɪsədˈventʃəʳ] *n* [accident] mésaventure *f*; [misfortune] malheur *m*.

misaligned [ˌmɪsəˈlaɪnd] *adj* mal aligné.

misalliance [ˌmɪsəˈlaɪəns] *n* mésalliance *f*.

misanthrope [ˈmɪsənθrəʊp] *n* misanthrope *mf*.

misanthropic [ˌmɪsənˈθrɒpɪk] *adj* [person] misanthrope; [thoughts] misanthropique.

misanthropist [mɪˈsænθrəpɪst] *n* misanthrope *mf*.

misanthropy [mɪˈsænθrəpɪ] *n* misanthropie *f*.

misapplication [ˈmɪsˌæplɪˈkeɪʃn] *n* mauvaise utilisation *f*, mauvaise application *f*; [of law] mauvaise application *f*; [of money] détournement *m*.

misapply [ˌmɪsəˈplaɪ] (*pt* & *pp* **misapplied**) *vt* [learning] mal utiliser, mal exploiter; [law] mal appliquer, appliquer à tort; [money] détourner.

misapprehend [ˈmɪsˌæprɪˈhend] *vt fml* se méprendre sur.

misapprehension [ˈmɪsˌæprɪˈhenʃn] *n fml* malentendu *m*; **I'm afraid you are under a** OR **some ~** je crains que vous ne vous mépreniez.

misappropriate [ˌmɪsəˈprəʊprɪeɪt] *vt fml* [money, funds] détourner; [property] voler.

misappropriation [ˈmɪsəˌprəʊprɪˈeɪʃn] *n fml* détournement *m*.

misbegotten [ˌmɪsbɪˈgɒtn] *adj fml* -**1.** [plan] mal conçu, bâtard; [child] bâtard, illégitime. -**2.** [illegally obtained] d'origine douteuse.

misbehave [ˌmɪsbɪˈheɪv] *vi*: **to ~ (o.s.)** se conduire mal; **stop misbehaving!** sois sage!; **he's misbehaving again!** il fait encore des siennes!

misbehaviour *Br*, **misbehavior** *Am* [ˌmɪsbɪˈheɪvjəʳ] *n* mauvaise conduite *f*.

misc *written abbr of* **miscellaneous**.

miscalculate [ˌmɪsˈkælkjʊleɪt] ◇ *vt* [amount, distance] mal calculer; *fig* mal évaluer.
◇ *vi* MATH se tromper dans ses calculs; *fig* [judge wrongly] se tromper.

miscalculation [ˌmɪskælkjʊˈleɪʃn] *n* MATH erreur *f* de calcul; *fig* mauvais calcul *m*.

miscall [ˌmɪsˈkɔːl] *vt fml* appeler à tort.

miscarriage [ˌmɪsˈkærɪdʒ] *n* -**1.** MED fausse couche *f*; **to have a ~** faire une fausse couche. -**2.** [failure] échec *m*; **~ of justice** erreur *f* judiciaire. -**3.** *Br* [loss - of mail, cargo] perte *f*.

miscarry [ˌmɪsˈkærɪ] (*pt* & *pp* **miscarried**) *vi* -**1.** MED faire une fausse couche. -**2.** [fail - plan, hopes] échouer, avorter, mal tourner. -**3.** *Br* [mail, cargo] s'égarer, se perdre.

miscast [ˌmɪsˈkɑːst] (*pt* & *pp* **miscast**) *vt* CIN & THEAT [play] se tromper dans la distribution de; [actor] mal choisir le rôle de; **Jim was hopelessly ~ as Romeo** Jim n'était vraiment pas fait pour jouer le rôle de Roméo.

miscegenation [ˌmɪsɪdʒɪˈneɪʃn] *n fml* métissage *m (de races humaines)*.

miscellanea [ˌmɪsəˈleɪnɪə] *npl* miscellanées *fpl*.

miscellaneous [ˌmɪsəˈleɪnɪəs] *adj* [assorted] divers, varié; [jumbled] hétérogène, hétéroclite, disparate; **~ expenses** frais *mpl* divers.

miscellany [*Br* mɪˈselənɪ, *Am* ˈmɪsəleɪnɪ] (*pl* **miscellanies**) *n* -**1.** [mixture, assortment] amalgame *m*, mélange *m*. -**2.** [anthology] recueil *m*, anthologie *f*.

mischance [ˌmɪsˈtʃɑːns] *n fml* malheur *m*, malchance *f*; **by pure ~** par pure malchance; [stronger] par malheur.

mischief [ˈmɪstʃɪf] *n* -**1.** *(U)* [naughtiness] espièglerie *f*, malice *f*; **to get up to ~** faire des bêtises OR sottises; **to keep sb out of ~** occuper qqn; **to do sthg out of sheer ~** faire qqch par pure espièglerie OR par pure malice; **they're always up to (some) ~** ils trouvent toujours des bêtises à faire; **a smile full of ~** un sourire espiègle; **she looked at me with ~ in her eyes** elle me regardait d'un air taquin OR malicieux. -**2.** *(U)* [trouble]: **to make ~** semer la zizanie. -**3.** *(U) fml* [damage] dommages *mpl*, dégâts *mpl*. -**4.** *Br* [injury]: **to do o.s. a ~** *inf* se blesser, se faire mal; **he did himself a ~ carrying the suitcases** il s'est fait mal en portant les valises. -**5.** *inf hum* [child] polisson *m*, -onne *f*, (petite) canaille *f*; **come here, ~!** viens ici, polisson!

mischief-maker *n* faiseur *m* d'histoires OR d'embarras; **she's a terrible ~** [naughtiness] elle est toujours prête à jouer des tours; [nastiness] avec elle, on est sûr d'avoir des histoires.

mischievous [ˈmɪstʃɪvəs] *adj* -**1.** [child, trick] espiègle, malicieux; [look] taquin, narquois; [thought] malicieux. -**2.** [harmful] méchant, malveillant; **~ gossip** médisances *fpl*.

mischievously [ˈmɪstʃɪvəslɪ] *adv* [naughtily, teasingly] malicieusement; [nastily] méchamment, avec malveillance.

mischievousness [ˈmɪstʃɪvəsnɪs] *n* [naughtiness] espièglerie *f*, malice *f*; [nastiness] malveillance *f*, méchanceté *f*.

misconceive [ˌmɪskənˈsiːv] *vt* [misunderstand] mal comprendre, mal interpréter; [have wrong idea of] se faire une idée fausse de.

misconceived [ˌmɪskənˈsiːvd] *adj* [plan] mal conçu; [idea] faux, erroné.

misconception [ˌmɪskənˈsepʃn] *n* [poor understanding] mauvaise compréhension *f*; [complete misunderstanding] idée fausse *f*, méprise *f*; **the whole scheme is based on a basic ~** tout le projet repose sur une idée fausse; **a popular ~** une fausse idée couramment répandue.

misconduct [*n* ˌmɪsˈkɒndʌkt, *vb* ˌmɪskənˈdʌkt] ◇ *n* -**1.** [bad behaviour] mauvaise conduite *f*; [immoral behaviour] inconduite *f*; [adultery] adultère *m*; **(professional) ~** faute *f* professionnelle. -**2.** [bad management] mauvaise gestion *f*; **they accused her of ~ of the company's affairs** ils l'ont accusée d'avoir mal géré la société.
◇ *vt* [mismanage - business] mal gérer; [- affair] mal conduire.

misconstruction [ˌmɪskənˈstrʌkʃn] *n* -**1.** fausse interprétation *f*; **the law is open to ~** la loi peut prêter à des interprétations erronées. -**2.** GRAMM mauvaise construction *f*.

misconstrue [ˌmɪskənˈstruː] *vt* mal interpréter.

miscount [*vb* ˌmɪsˈkaʊnt, *n* ˈmɪskaʊnt] ◇ *vt* mal compter, faire une erreur en comptant.
◇ *vi* se tromper dans le compte.
◇ *n* mécompte *m*; **there was a ~** POL une erreur s'est produite dans le décompte des voix.

miscreant [ˈmɪskrɪənt] *n* -**1.** *lit* [villain] scélérat *m*, -e *f*, vaurien *m*, -enne *f*. -**2.** *arch* [unbeliever] mécréant *m*, -e *f*.

misdate [ˌmɪsˈdeɪt] *vt* mal dater; **the letter was ~d** la lettre ne portait pas la bonne date.

misdeal [ˌmɪsˈdiːl] (*pt* & *pp* **misdealt** [-ˈdelt])
◇ *vt*: **to ~ the cards** faire (une) maldonne.
◇ *vi* faire (une) maldonne.
◇ *n* maldonne *f*.

misdeed [ˌmɪsˈdiːd] *n fml* méfait *m*; JUR délit *m*.

misdemeanour *Br*, **misdemeanor** *Am* [ˌmɪsdɪˈmiːnəʳ] *n* méfait *m*; JUR délit *m*, infraction *f*.

misdiagnose [ˌmɪsˈdaɪəgnəʊz] *vt* MED & *fig* se tromper dans le diagnostic de.

misdiagnosis [ˌmɪsdaɪəgˈnəʊsɪs] (*pl* **misdiagnoses** [-siːz]) *n* MED & *fig* erreur *f* de diagnostic, mauvais diagnostic *m*.

misdirect [ˌmɪsdɪˈrekt] *vt* -**1.** [to destination - traveller] mal orienter, mal renseigner; [- letter] mal adresser. -**2.** [misuse - efforts, talents] mal employer, mal orienter. -**3.** JUR [jury] mal renseigner.

misdirection [ˌmɪsdɪˈrekʃn] *n* -**1.** [of traveller] mauvaise orientation *f*. -**2.** [of efforts, talents] mauvais emploi *m*, mauvais usage *m*.

misdoing [ˌmɪsˈduːɪŋ] *n* méfait *m*.

miser [ˈmaɪzəʳ] *n* -**1.** [person] avare *mf*; **he's a real ~** c'est un vrai grippe-sou ❑ **'The Miser'** *Molière* 'L'Avare'. -**2.** [tool] tarière *f* à gravier.

miserable [ˈmɪzrəbl] *adj* -**1.** [unhappy] malheureux, triste; **to look ~** avoir l'air déprimé OR malheureux; **I feel really ~ today** je n'ai vraiment pas le moral aujourd'hui; **to make sb ~** rendre qqn malheureux, faire de la peine à qqn; **don't be so ~!** allez! ne fais pas cette tête; **they make her life ~** ils lui rendent OR mènent la vie dure. -**2.** [unpleasant - evening, sight] pénible; [- weather, summer] épouvantable, pourri; [- conditions, holiday] déplorable, lamentable; **I've got a ~ cold** j'ai un sale rhume; **he had a ~ time of it at the dentist's** il a passé un sale quart d'heure chez le dentiste; **to have a ~ time** passer un mauvais moment; **we had a ~ time on holiday** nous avons passé des vacances atroces OR détestables. -**3.** [poor - hotel] miteux; [- tenement] misérable; [- meal] maigre; **all their efforts were a ~ failure** tous leurs efforts ont échoué lamentablement. -**4.** [mean - reward] minable, misérable; [- salary] de misère; [- donation, amount] dérisoire; **he was paid a ~ salary** il avait un salaire de misère; **they only gave us five ~ dollars** ils ne nous ont donné que cinq malheureux OR misérables dollars. -**5.** *pej* méchant; **you ~ brat!** sale gosse! -**6.** *Scot & Austr* [stingy] pingre.

miserably [ˈmɪzrəblɪ] *adv* -**1.** [extremely - unhappy, cold] extrêmement; [very badly - play] de façon lamentable OR déplorable; [- fail] lamentablement; [- pay] très mal. -**2.** [unhappily] malheureusement, d'un air malheureux; **she sat ~ at the back of the class** elle était assise, l'air malheureux OR pitoyable, au fond de la classe. -**3.** [in poverty] misérablement, dans la misère; **he died ~ in a garret** il est mort pauvre dans une mansarde.

misère [mɪˈzeəʳ] *n* [in cards] misère *f*.

miserly [ˈmaɪzəlɪ] *adj* avare.

misery [ˈmɪzərɪ] (*pl* **miseries**) *n* -**1.** [unhappiness] malheur *m*, tristesse *f*; **to make sb's life a ~** rendre la vie insupportable à qqn. -**2.** [suffering]: **she begged to be put out of her ~** elle suppliait qu'on mît fin à ses souffrances; **go on, put me out of my ~ and tell me the worst** continue, mets fin à mon supplice, dis-moi tout; **to put a sick animal out of its ~** *euph* achever un animal malade. -**3.** [misfortune] malheur *m*, misère *f*. -**4.** [poverty] misère *f*. -**5.** *inf Br* [gloomy person] rabat-joie *m inv*, grincheux *m*, -euse *f*; **don't be such an old ~!** cesse de jouer les rabat-joie!

misfile [*vb* ˌmɪsˈfaɪl, *n* ˈmɪsfaɪl] ◇ *vt* [papers, information] mal classer.
◇ *n* COMPUT erreur *f* de classement.

misfire [*vb* ˌmɪsˈfaɪəʳ, *n* ˈmɪsfaɪəʳ] ◇ *vi* -**1.** [gun] faire long feu; *fig* [plan, joke] rater, échouer.

-**2.** [engine] avoir des problèmes d'allumage OR des ratés.
◇ *n* MIL & AUT raté *m*.

misfit [ˈmɪsfɪt] *n* inadapté *m*, -e *f*, marginal *m*, -e *f*; **she was always a ~ at school** à l'école, elle n'a jamais été acceptée par les autres; **a social ~** un inadapté social.

misfortune [mɪsˈfɔːtʃuːn] *n* -**1.** [bad luck] malchance *f*, infortune *f*; **allies** OR **companions in ~** compagnons *mpl* d'infortune; **I had the ~ to meet him in Paris** j'ai eu la malchance de le rencontrer à Paris. -**2.** [unfortunate event] malheur *m*; **to be plagued by ~s** jouer de malchance.

misgiving [mɪsˈgɪvɪŋ] *n* doute *m*, appréhension *f*; **to have ~s about** avoir des doutes quant à, douter de; **the whole idea fills me with ~** l'idée même me remplit d'appréhension.

misgovern [ˌmɪsˈgʌvən] *vi* & *vt* mal gouverner.

misgovernment [ˌmɪsˈgʌvənmənt] *n* [of country] mauvais gouvernement *m*; [of affairs] mauvaise gestion *f*.

misguidance [ˌmɪsˈgaɪdəns] *n* mauvaise influence *f*.

misguided [ˌmɪsˈgaɪdɪd] *adj* [attempt] malencontreux; [decision] peu judicieux; **~ nationalism** nationalisme dévoyé; **they're just ~ idealists** ce sont des idéalistes égarés; **a ~ genius** un génie dévoyé; **a ~ attack on the government** une attaque malavisée OR maladroite contre le gouvernement; **it was very ~ of him to try to intervene** il a commis une grosse bévue en essayant d'intervenir.

misguidedly [ˌmɪsˈgaɪdɪdlɪ] *adv* malencontreusement.

mishandle [ˌmɪsˈhændl] *vt* -**1.** [equipment] mal utiliser, mal se servir de; [resources, information] mal exploiter; [affair] mal gérer; **the case was ~d from the outset** l'affaire a été mal menée depuis le début. -**2.** [treat insensitively - customer] malmener, traiter avec rudesse.

mishap [ˈmɪshæp] *n* [misadventure] mésaventure *f*, accident *m*; **he arrived without ~** il est arrivé sans encombre; **she had a slight ~ on the way here** il lui est arrivé une petite mésaventure en venant ici.

mishear [ˌmɪsˈhɪəʳ] (*pt* & *pp* **misheard** [-ˈhɜːd]) *vt* mal entendre, mal comprendre.

mishit [*vb* ˌmɪsˈhɪt, *n* ˈmɪshɪt] (*pt* & *pp* **mishit**)
◇ *vt* SPORT [ball] mal frapper.
◇ *vi* mal frapper la balle.
◇ *n* mauvais coup *m*, coup *m* manqué.

mishmash *inf* [ˈmɪʃmæʃ] *n* méli-mélo *m*, micmac *m*.

misinform [ˌmɪsɪnˈfɔːm] *vt* [unintentionally] mal renseigner; [intentionally] donner de faux renseignements à, tromper.

misinformation [ˌmɪsɪnfəˈmeɪʃn] *n* *(U)* fausse information *f*.

misinterpret [ˌmɪsɪnˈtɜːprɪt] *vt* mal comprendre, mal interpréter; **now don't ~ what I'm saying** surtout, ne vous méprenez pas sur le sens de mes propos; **she ~ed his silence as contempt** elle a pris à tort son silence pour du mépris.

misinterpretation [ˈmɪsɪnˌtɜːprɪˈteɪʃn] *n* erreur *f* d'interprétation; **the rules are open to ~** l'interprétation du règlement prête à confusion.

misjudge [ˌmɪsˈdʒʌdʒ] *vt* [distance, reaction] mal juger, mal évaluer; [person] mal juger; **I have ~d her** je me suis trompé sur son compte, je l'ai mal jugée.

misjudg(e)ment [ˌmɪsˈdʒʌdʒmənt] *n* erreur *f* de jugement.

miskick [*vb* ˌmɪsˈkɪk, *n* ˈmɪskɪk] ◇ *vt* SPORT: **he ~ed the ball** il a raté son coup de pied.
◇ *vi* rater le ballon.
◇ *n* coup *m* de pied raté.

mislay [ˌmɪsˈleɪ] (*pt* & *pp* **mislaid** [-ˈleɪd]) *vt* égarer.

mislead [ˌmɪsˈliːd] (*pt* & *pp* **misled** [-ˈled]) *vt* tromper, induire en erreur; **we were misled into believing he was dead** on nous a fait croire qu'il était mort.

misleading [ˌmɪsˈliːdɪŋ] *adj* [false] trompeur, fallacieux; [confusing] équivoque; **~ advertising** publicité *f* mensongère; **the map is very ~** cette carte n'est pas claire du tout.

misleadingly [ˌmɪsˈliːdɪŋlɪ] *adj* [falsely] trompeusement.

mismanage [ˌmɪsˈmænɪdʒ] *vt* mal gérer.

mismanagement [ˌmɪsˈmænɪdʒmənt] *n* mauvaise gestion *f*.

mismatch [*vb* ˌmɪsˈmætʃ, *n* ˈmɪsmætʃ] ◇ *vt* -**1.** [colours, clothes] mal assortir. -**2.** [in marriage]: **they were totally ~ed** [socially] ils étaient vraiment mal assortis; [by temperament] ils n'étaient absolument pas faits pour s'entendre.
◇ *n* -**1.** [clash]: **the colours are a ~** ces couleurs ne vont vraiment pas ensemble OR sont vraiment mal assorties. -**2.** [in marriage] mésalliance *f*. -**3.** SPORT match *m* inégal. -**4.** COMPUT incohérence *f*.

misname [ˌmɪsˈneɪm] *vt* mal nommer.

misnomer [ˌmɪsˈnəʊməʳ] *n* nom *m* inapproprié; **to call it a democratic country is a complete ~** ce pays ne mérite vraiment pas le nom de démocratie.

miso [ˈmiːsəʊ] *n* miso *m*.

misogamy [mɪˈsɒgəmɪ] *n* misogamie *f*.

misogynist [mɪˈsɒdʒɪnɪst] *n* misogyne *mf*.

misogyny [mɪˈsɒdʒɪnɪ] *n* misogynie *f*.

misoneism [ˌmɪsəʊˈniːɪzm] *n* misonéisme *m*.

misplace [ˌmɪsˈpleɪs] *vt* -**1.** [put in wrong place] mal placer; **she's utterly ~d in social work** elle n'est vraiment pas à sa place dans le secteur social. -**2.** [mislay] égarer. -**3.** [trust, confidence] mal placer.

misplaced [ˌmɪsˈpleɪst] *adj* [trust, confidence] mal placé.

misprint [*n* ˈmɪsprɪnt, *vb* ˌmɪsˈprɪnt] ◇ *n* faute *f* d'impression, coquille *f*.
◇ *vt*: **my name was ~ed in the newspaper** il y a eu une coquille dans mon nom sur le journal.

mispronounce [ˌmɪsprəˈnaʊns] *vt* [word] mal prononcer, prononcer incorrectement; [name] estropier, écorcher.

mispronunciation [ˈmɪsprəˌnʌnsɪˈeɪʃn] *n* faute *f* de prononciation.

misquotation [ˌmɪskwəʊˈteɪʃn] *n* citation *f* inexacte.

misquote [*vb* ˌmɪsˈkwəʊt, *n* ˈmɪskwəʊt]
◇ *vt* [author, text] citer inexactement; [speaker] déformer les propos de; **on your programme you ~d me as saying...** dans votre émission vous m'avez incorrectement fait dire que ...
◇ *n* *inf* = **misquotation**.

misread [*vb* ˌmɪsˈriːd, *n* ˈmɪsriːd] (*pt* & *pp* **misread** [-ˈred]) ◇ *vt* [word, text] mal lire; *fig* [actions, motives] mal interpréter, mal comprendre.
◇ *n* COMPUT erreur *f* de lecture.

misrepresent [ˈmɪsˌreprɪˈzent] *vt* [facts, events] déformer; [person] donner une image fausse de; **I have been grossly ~ed by my opponents** mes adversaires donnent de moi une image entièrement fausse.

misrepresentation [ˈmɪsˌreprɪzenˈteɪʃn] *n* [of truth] déformation *f*; **what they say is a complete ~ of the facts** ils déforment complètement la réalité.

misrule [ˌmɪsˈruːl] ◇ *vt* mal gouverner.
◇ *n* -**1.** [misgovernment] mauvais gouvernement *m*. -**2.** [anarchy] désordre *m*, anarchie *f*.

miss [mɪs] ◇ *vt* -**1.** [bus, film, target] manquer, rater; [opportunity, turn] manquer, laisser passer; **we ~ed the train by five minutes** on a manqué le train de cinq minutes; **he ~ed breakfast** [too late] il a manqué le petit déjeuner; [didn't go] il a sauté le petit déjeuner; **this film is not to be ~ed** c'est un film à ne pas manquer OR à ne manquer sous aucun prétexte; **at that price, it's a bargain not to be ~ed** à ce prix, c'est une affaire à ne pas manquer; **you didn't ~ much** vous n'avez pas manqué grand-chose; **it's too good an opportunity to ~** c'est une occasion trop belle pour qu'on la manque ❑ **to ~ the boat** rater une occasion, manquer le coche; **you're going to ~ the boat if you delay your application** vous allez manquer le coche si vous tardez à poser votre candidature; **to ~ one's cue** THEAT manquer sa réplique; *fig* rater l'occasion. -**2.** [fail to do, find, see etc] manquer; **to ~ school** manquer l'école; **it's at the end of the street, you can't ~ it** c'est au bout de la rue, vous ne pouvez pas le manquer; **to ~ a turning** rater un tournant; **I'm sorry, I ~ed you in the crowd** désolé, je ne vous ai pas vu OR remarqué OR aperçu dans la foule; **I ~ed seeing them in Australia** [for lack of time] je n'ai pas eu le temps de les voir en Australie; [for lack of opportunity] je n'ai pas eu l'occasion OR la possibilité de les voir en Australie; **I ~ed the beginning of your question** je n'ai pas entendu le début de votre question; **they've ~ed my name off the list** ils ont oublié mon nom sur la liste; **you've ~ed** OR **you're ~ing the point!** vous n'avez rien compris!; **he ~ed the point of the exercise** il n'a pas compris OR saisi le but de l'exercice; **she ~ed her footing** OR **step** *Br* elle a glissé OR trébuché ❑ **they never** OR **don't ~ a trick** *Br* rien ne leur échappe. -**3.** [escape, manage to avoid]: **I narrowly** OR **just ~ed being killed** j'ai bien failli me faire tuer. -**4.** [regret the absence of]: **I ~ her** elle me manque; **you'll be ~ed when you retire** on vous regrettera OR vous nous manquerez quand vous serez à la retraite; **I ~ the warm weather/the sea** la chaleur/la mer me manque. -**5.** [be short of, lack] manquer de; **I'm ~ing two books from my collection** il me manque deux livres dans ma collection, deux livres de ma collection ont disparu. -**6.** [notice disappearance of]: **when did you first ~ your passport?** quand est-ce que vous vous êtes aperçu pour la première fois de la perte de OR que vous aviez perdu votre passeport?; **he disappeared for a week and no-one ever ~ed him** il a disparu pendant une semaine et personne ne s'en est aperçu; **he's got so many records he won't ~ one** il a tellement de disques qu'il ne s'apercevra pas qu'il lui en manque un.
◇ *vi* -**1.** [fail to hit target] manquer OR rater son coup; **~ed!** raté! -**2.** [engine] avoir des ratés. -**3.** *phr*: **to be ~ing** manquer; **there's a piece ~ing** il manque une pièce; **there's one ~ing, one is ~ing** il en manque un; **two of the children are still ~ing** il manque encore deux enfants, deux enfants manquent encore.
◇ *n* -**1.** [gen & SPORT] coup *m* raté OR manqué; AERON quasi-collision *f*; **it was a near ~** FTBL il s'en est fallu de peu qu'on marque OR on a failli marquer un but; [answer] la réponse était presque la bonne; [accident] on a frôlé l'accident; **the two cars had a near ~** les deux voitures ont bien failli se rentrer dedans; **that was a near ~!** [escape] on l'a échappé belle!; **a ~ is as good as a mile** *Br prov* rater de peu ou de beaucoup, c'est toujours rater. -**2.** *inf* [girl] jeune fille *f*; **everything for the modern ~** tout ce qu'il faut pour la jeune fille moderne; **impudent little ~!** petite effrontée! -**3.** TEX [size] junior. -**4.** *phr*: **to give sthg a ~** *Br* [do without] se passer de qqch; [avoid] éviter qqch; **I gave work a ~ yesterday** je ne suis pas allé travailler hier; **I'd like to give lessons a ~ this week** j'aimerais ne pas assister aux cours cette semaine; **why don't you give the TV a ~ tonight?** pourquoi ne pas te passer de (la) télé ce soir?

◆ **Miss** *n* [term of address] mademoiselle *f*; **Dear Miss Brett** Chère Mademoiselle Brett, Chère Mlle Brett; **the Misses Brett** *fml* Mesdemoiselles Brett; **the Miss Bretts** les demoiselles Brett; **Miss West Indies** Miss Antilles; **please Miss!** *Br* SCH Madame!

◆ **miss out** ◇ *vt sep* [omit] omettre, sauter; [forget] oublier; [in distribution] oublier, sauter; **they ~ed my first name out** on a oublié mon prénom; **you've ~ed out one important fact** vous avez omis OR oublié un fait important.
◇ *vi insep*: **he ~ed out because he couldn't**

afford to go to college il a été désavantagé parce qu'il n'avait pas les moyens de poursuivre ses études.

◆ **miss out on** *vt insep* [advantage, opportunity] manquer, rater; **you're ~ing out on all the fun** tu rates une occasion de bien t'amuser; **he ~ed out on a proper education** il n'a pas eu la possibilité de faire de vraies études; **we ~ed out on the deal** l'affaire nous est passée sous le nez OR nous a échappé.

missal ['mɪsl] *n* missel *m*.

misshapen [ˌmɪs'ʃeɪpn] *adj* difforme, tordu, déformé.

missile [*Br* 'mɪsaɪl, *Am* 'mɪsəl] *n* **-1.** MIL missile *m*; **~ base** base *f* de missiles. **-2.** [object thrown] projectile *m*.

missile carrier *n* porte-missiles *m inv*.

missile launcher *n* lance-missiles *m inv*.

missil(e)ry ['mɪsəlrɪ] *n* **-1.** [stocks] (ensemble *m* des) missiles *mpl*. **-2.** [science] étude *f* des missiles.

missing ['mɪsɪŋ] *adj* **-1.** [lacking] manquant; **the table had one leg ~** il manquait un pied à la table; **fill in the ~ words** complétez avec les mots manquants. **-2.** [lost - person] disparu; [- object] manquant, égaré, perdu; **to go ~** disparaître; [in war] être porté disparu; **the ~ diamonds were found in her suitcase** les diamants qui avaient disparu ont été retrouvés dans sa valise; **the ~ climbers are safe** les alpinistes dont on était sans nouvelles sont sains et saufs; **the expedition was reported ~** l'expédition a été portée disparue ❑ **~ person** personne *f* disparue; MIL & POL disparu *m*.

missing link *n* chaînon *m* manquant.

mission ['mɪʃn] *n* **-1.** [delegation] mission *f*; **~ of inquiry** mission d'enquête; **he was sent on a rescue ~** il fut envoyé en mission de sauvetage; **a Chinese trade ~** une mission commerciale chinoise. **-2.** [job, vocation] mission *f*; **she saw it as her ~ in life to provide for the homeless** elle s'est donné pour mission d'aider les sans-abris. **-3.** [organization, charity] mission *f*; **Mission to Seamen** Mission aux Marins. **-4.** RELIG [campaign, building] mission *f*; **~ station** mission. **-5.** MIL & ASTRONAUT mission *f*; **he had flown 20 ~s** il avait effectué 20 missions; **~ accomplished** mission accomplie.

missionary ['mɪʃənrɪ] (*pl* **missionaries**)
◇ *n* missionnaire *mf*.
◇ *adj* [work] missionnaire; [zeal] de missionnaire; **~ society** société *f* de missionnaires.

missionary position *n* position *f* du missionnaire.

mission control *n* centre *m* de contrôle.

mission controller *n* chef *m* du centre de contrôle.

missis ['mɪsɪz] = **missus**.

Mississippi [ˌmɪsɪ'sɪpɪ] *pr n* **-1.** [river]: **the ~ (River)** le Mississippi. **-2.** [state] Mississippi *m*; **in ~** dans le Mississippi.

missive ['mɪsɪv] *n fml* missive *f*.

Missouri [mɪ'zʊərɪ] *pr n* **-1.** [river]: **the ~ (river)** le Missouri. **-2.** [state] Missouri *m*; **in ~** dans le Missouri; **the ~ Compromise** le compromis du Missouri.

THE MISSOURI COMPROMISE:
Admission simultanée dans l'Union (des États américains), en 1820, de l'État libre du Maine et de l'État du Missouri. Ce dernier, bien qu'esclavagiste, se trouvait au nord de la ligne de séparation entre les États esclavagistes et les États non esclavagistes. Cette admission fit basculer l'équilibre numérique entre le Nord et le Sud au Congrès et souleva une violente opposition malgré le réajustement de la ligne de démarcation.

misspell [ˌmɪs'spel] (*pt* & *pp* **misspelt** [-'spelt] OR **misspelled**) *vt* [in writing] mal écrire, mal orthographier; [in speaking] mal épeler.

misspelling [ˌmɪs'spelɪŋ] *n* faute *f* d'orthographe.

misspend [ˌmɪs'spend] (*pt* & *pp* **misspent** [-'spent]) *vt* [money, talents] gaspiller, gâcher; **my misspent youth** mes folles années de jeunesse.

misstate [ˌmɪs'steɪt] *vt* [case, argument] rapporter OR exposer incorrectement; [truth] déformer.

misstatement [ˌmɪs'steɪtmənt] *n* [report] rapport *m* inexact; [mistake] inexactitude *f*.

missus *inf* ['mɪsɪz] *n Br* **-1.** [wife] bourgeoise *f*; **I'll have to ask the ~** je dois demander à la patronne. **-2.** [woman] : **eh, ~!** dites, m'dame OR ma p'tite dame!

missy *inf* ['mɪsɪ] (*pl* **missies**) *n dated* jeune fille *f*.

mist [mɪst] ◇ *n* **-1.** [fog] brume *f*; **the morning ~ will clear by noon** les brumes matinales se dissiperont avant midi; **the ~s of time** *fig* la nuit des temps. **-2.** [vapour - on window, glasses] buée *f*; [- from spray] brouillard *m*, nuage *m*.
◇ *vt*: **to ~ (over OR up)** embuer; **tears ~ed his eyes** ses yeux étaient brouillés par les larmes.
◇ *vi*: **to ~ (over OR up)** [window, glasses, eyes] s'embuer.

mistake [mɪ'steɪk] (*pt* **mistook** [-'stʊk], *pp* **mistaken** [-'steɪkn]) ◇ *n* **-1.** [error] erreur *f*; [in grammar, spelling] faute *f*; **to make a ~** faire une erreur OR une faute; **I made the ~ of losing my temper** j'ai commis l'erreur de OR j'ai eu le tort de me fâcher; **anybody can make a ~** tout le monde peut se tromper; **you're making a big ~** vous faites une grave erreur; **make no ~ (about it)** ne vous y trompez pas; **there must be some ~** il doit y avoir erreur OR un malentendu; **she knew it was a ~ ever to have married him** elle savait bien qu'elle n'aurait pas dû commettre l'erreur de l'épouser; **sorry, my ~** [my fault] excusez-moi, c'est (de) ma faute; [I got it wrong] excusez-moi, c'est moi qui me trompe. **-2.** [inadvertence] : **by** OR **in** *Br* **~** par mégarde OR erreur; **I took her scarf in ~ for mine** en croyant prendre mon écharpe, j'ai pris la sienne; **I went into the wrong room by ~** je suis entré par erreur dans la mauvaise pièce. **-3.** *phr*: **he's a big man and no ~!** *Br* pour être costaud, il est costaud!
◇ *vt* **-1.** [misunderstand - meaning, intention] mal comprendre, se tromper sur; **there's no mistaking what she said** on ne peut pas se méprendre sur le sens de ses propos. **-2.** [fail to distinguish] se tromper sur; **you can't ~ our house, it has green shutters** vous ne pouvez pas vous tromper OR il n'y a pas de confusion possible, notre maison a des volets verts; **there's no mistaking the influence of Brahms on his music** l'influence de Brahms sur sa musique est indéniable. **-3.** [date, route] se tromper de; [person] : **I'm often mistaken for my sister** on me prend souvent pour ma sœur; **I mistook his shyness for arrogance** j'ai pris sa timidité pour de l'arrogance.

mistaken [mɪ'steɪkn] ◇ *pp* → **mistake**.
◇ *adj* [wrong - idea, conclusion] erroné, faux; **to be ~** se tromper, être dans l'erreur; **I was ~ about the date** je faisais erreur en ce qui concerne la date; **if I'm not ~** si je ne me trompe, si je ne m'abuse; **it was a case of ~ identity** il y avait erreur sur la personne; **unless I'm very much ~, that's Nick's daughter** si je ne m'abuse, c'est la fille de Nick; **he proposed to her in the ~ belief that she loved him** il la demanda en mariage, croyant à tort qu'elle l'aimait.

mistakenly [mɪ'steɪknlɪ] *adv* [in error] par erreur; [wrongly] à tort; **they quite ~ believed that it would be easy** ils croyaient, tout à fait à tort, que ce serait facile.

mister *inf* ['mɪstə^r] *n* monsieur *m*; **hey ~!** dites, m'sieur!; **~ knowall** *Br*, **~ know-it-all** *Am* monsieur je-sais-tout.

mistime [ˌmɪs'taɪm] *vt* mal calculer (le moment de); **the producer had ~d the release of the film** le producteur n'avait pas choisi le bon moment OR la bonne date pour sortir le film; **she ~d her volley** elle a mal calculé sa volée, le timing de sa volée était mauvais.

mistiness ['mɪstɪnɪs] *n* **-1.** [mist] brume *f*; [drizzle] bruine *f*; **there may be some ~ early on** on peut s'attendre à des brumes matinales. **-2.** [condensation] condensation *f*, buée *f*.

mistle thrush ['mɪsl-] *n* draine *f*.

mistletoe ['mɪsltəʊ] *n* gui *m*.

mistook [mɪ'stʊk] *pt* → **mistake**.

Mistra ['mɪstrə] *pr n* Mistra.

mistranslate [ˌmɪstræns'leɪt] ◇ *vt* mal traduire.
◇ *vi* faire des contresens.

mistranslation [ˌmɪstræns'leɪʃn] *n* **-1.** [mistake] contresens *m*, faute *f* OR erreur *f* de traduction. **-2.** [faulty text] traduction *f* inexacte, mauvaise traduction *f*.

mistreat [ˌmɪs'triːt] *vt* maltraiter.

mistreatment [ˌmɪs'triːtmənt] *n* mauvais traitement *m*.

mistress ['mɪstrɪs] *n* **-1.** maîtresse *f*; **she's her own ~** elle est sa propre maîtresse; **she was ~ of the situation** elle était maîtresse de la situation, elle maîtrisait la situation; **the ~ of the house** la maîtresse de maison. **-2.** [lover] maîtresse *f*; **he kept a ~ for years** il a eu une maîtresse pendant des années. **-3.** *Br* SCH [in primary school] maîtresse *f*; [in secondary school] professeur *m (femme)*; **the PE ~** le professeur de gymnastique. **-4.** *Br* [of servants] maîtresse *f*; **the ~ wouldn't like it** cela déplairait à Madame. **-5.** *arch*: **Mistress Bacon** Madame OR Mme Bacon. **-6.** [owner of pet] maîtresse *f*.

mistrial ['mɪstraɪəl] *n* erreur *f* judiciaire; *Am* [with hung jury] *procès annulé par manque d'unanimité parmi les jurés.*

mistrust [ˌmɪs'trʌst] ◇ *n* méfiance *f*, défiance *f*; **she has a natural ~ of doctors** elle éprouve une méfiance naturelle à l'égard des médecins.
◇ *vt* [be suspicious, wary of] se méfier de; [doubt] douter de, ne pas avoir confiance en; **he ~s his own abilities** il doute de ses propres capacités.

mistrustful [ˌmɪs'trʌstfʊl] *adj* méfiant; **to be ~ of sb** se méfier de qqn.

misty ['mɪstɪ] (*compar* **mistier**, *superl* **mistiest**) *adj* **-1.** [weather, morning] brumeux; **it was still ~** le temps était encore brumeux, la brume ne s'était toujours pas levée. **-2.** [window, eyes] embué; [horizon, mountain] embrumé; **her eyes were ~ with tears** ses yeux étaient embués OR voilés de larmes. **-3.** [vague - idea, memory] flou, nébuleux. **-4.** [like mist] vaporeux; **a ~ veil of cloud** un léger voile de nuages; **~ blue** bleu pâle.

mistype [ˌmɪs'taɪp] ◇ *vt* faire une faute de frappe dans; **the address has been ~d** il y a une faute de frappe dans l'adresse.
◇ *n* faute *f* de frappe.

misunderstand [ˌmɪsʌndə'stænd] (*pt* & *pp* **misunderstood** [-'stʊd]) *vt* **-1.** [misinterpret] mal comprendre, comprendre de travers; **I misunderstood the message** j'ai mal compris le message; **don't ~ me** comprenez-moi bien; **your irony could be misunderstood** votre ironie pourrait être mal interprétée. **-2.** (*usu pass*) [misjudge, underrate] méconnaître; **a misunderstood artist** un artiste méconnu; **he feels misunderstood** il se sent incompris.

misunderstanding [ˌmɪsʌndə'stændɪŋ] *n* **-1.** [misapprehension] méprise *f*, quiproquo *m*, malentendu *m*; **there seems to have been some ~** il semble qu'il y ait eu méprise OR une erreur; **his statement is open to ~** sa déclaration prête à confusion; **the whole dispute hinges on a ~** cette discussion repose toute entière sur un malentendu; **to clear up a ~** dissiper un malentendu; **through a ~** à cause d'un malentendu. **-2.** *euph* [quarrel] mésentente *f*, brouille *f*; **we've had a ~ with the neighbours** nous nous sommes brouillés avec les voisins.

misunderstood [ˌmɪsʌndə'stʊd] *pt* & *pp* → **misunderstand**.

misusage [ˌmɪs'juːsɪdʒ] = **misuse** *n*.

misuse [*vb* ˌmɪs'juːz, *n* ˌmɪs'juːs] ◇ *vt* **-1.** [privilege, position etc] abuser de; [word, phrase] employer abusivement; [equipment, gun] mal

employer, mal utiliser; [money, time] mal employer; **the government is misusing our natural resources** le gouvernement fait un mauvais usage de nos ressources naturelles. -**2.** [funds] détourner. -**3.** [ill-treat] maltraiter, malmener.
◇ *n* -**1.** [of privilege, one's position] abus *m*; [of word, phrase] emploi *m* abusif; [of equipment, gun] mauvais usage *m*, mauvaise utilisation *f*; [of money, time] mauvais emploi *m*. -**2.** [of funds] détournement *m*.

MIT (*abbr of* **Massachusetts Institute of Technology**) *pr n l'Institut de Technologie du Massachusetts.*

mite [maɪt] *n* -**1.** [insect] mite *f*. -**2.** *inf* [little bit] grain *m*, brin *m*, tantinet *m*; **I am a ~ tired after my journey** je me sens un tantinet fatigué après mon voyage. -**3.** *inf* [child] mioche *mf*; **poor little ~!** pauvre petit! -**4.** [coin] denier *m*; [donation] obole *f*.

miter *Am* = **mitre**.

mitigate [ˈmɪtɪgeɪt] *vt* [anger, grief, pain] adoucir, apaiser, alléger; [conditions, consequences, harm] atténuer, mitiger *dated*.

mitigating [ˈmɪtɪgeɪtɪŋ] *adj*: **~ circumstances** JUR circonstances *fpl* atténuantes.

mitigation [ˌmɪtɪˈgeɪʃn] *n fml* [of anger, grief, pain] adoucissement *m*, allègement *m*; [of conditions, consequences, harm] atténuation *f*, mitigation *f*; **in ~, it is obvious that she was provoked** il est évident qu'elle a été provoquée, ce qui constitue une circonstance atténuante.

mitosis [maɪˈtəʊsɪs] (*pl* **mitoses** [-siːz]) *n* mitose *f*.

mitre *Br*, **miter** *Am* [ˈmaɪtəʳ] ◇ *n* -**1.** RELIG mitre *f*; **bishop's ~** mitre d'évêque. -**2.** [in carpentry] onglet *m*.
◇ *vt* [in carpentry - cut] tailler en onglet; [join] assembler en onglet.

mitre block, mitre box *n* boîte *f* à onglet.

mitre joint *n* (assemblage *m* à OR en) onglet *m*.

mitre square *n* équerre *f* d'onglets.

mitt [mɪt] *n* -**1.** = **mitten**. -**2.** [glove] gant *m*; [boxing glove] gant *m* (de boxe); **oven/baseball ~** gant isolant/de baseball. -**3.** *inf* [hand] paluche *f*; **keep your ~s off my lunch!** touche pas à mon déjeuner!

mitten [ˈmɪtn] *n* [with fingers joined] moufle *f*; [with cut-off fingers] mitaine *f*; [boxing glove] gant *m* (de boxe), mitaine *f*.

mix [mɪks] ◇ *vt* -**1.** [combine, blend] mélanger; **~ the sugar and** OR **with the flour** mélangez le sucre et OR avec la farine; **~ the sugar into the batter** incorporez le sucre à la pâte; **the screws and nails were all ~ed together** les vis et les clous étaient tous mélangés; **I never ~ business and pleasure** je ne mélange jamais les affaires et le plaisir; **never ~ your drinks** ne faites jamais de mélanges de boissons; **to ~ metaphors** faire des amalgames de métaphores ❑ **to ~ it** *inf Br* [fight] chercher la bagarre, être bagarreur. -**2.** [prepare - cocktail, medicine] préparer; [- cement, plaster] malaxer; **sit down and I'll ~ you a drink** assieds-toi, je vais te préparer un cocktail. -**3.** [stir - salad] tourner. -**4.** CIN, ELECTRON & MUS mixer.
◇ *vi* -**1.** [combine, blend] se mélanger; **oil and water don't ~** l'huile et l'eau ne se mélangent pas; **the fuel ~es with air in the carburettor** le mélange air carburant s'effectue dans le carburateur. -**2.** [go together] aller ensemble, faire bon ménage; **drinking and driving don't ~** l'alcool et le volant ne font pas bon ménage. -**3.** [socialize]: **she ~es well** elle est très sociable; **he ~es with a strange crowd** il fréquente de drôles de gens; **my friends and his just don't ~** mes amis et les siens ne sympathisent pas.
◇ *n* -**1.** [combination, blend] mélange *m*; **it's a ~ of gothic and baroque** c'est un mélange de gothique et de baroque; **a fascinating ~ of cultures** un mélange de cultures fascinant; **there's not enough cement in the ~** le mélange ne contient pas assez de ciment; **he's put together the right ~ of talent for the show** il est parvenu à réunir pour ce spectacle un superbe choix de talents. -**2.** *Br* [act of mixing]: **give the paint a (good) ~** mélangez (bien) la peinture. -**3.** CULIN [in package] préparation *f*; [batter] pâte *f*; **cake ~** préparation pour gâteau; **a packet of soup ~** un sachet de soupe instantanée. -**4.** CIN, ELECTRON & MUS mixage *m*.
◆ **mix in** ◇ *vt sep* mélanger; **add the sugar and ~ it in well** ajoutez le sucre et mélangez bien (la préparation).
◇ *vi insep*: **she makes no effort to ~ in** elle ne fait aucun effort pour se montrer sociable.
◆ **mix up** *vt sep* -**1.** [mistake] confondre; **I always ~ her up with her sister** je la confonds toujours avec sa sœur || [baffle, confuse] embrouiller; **I'm ~ed up about how I feel about him** mes sentiments pour lui sont très confus || [scramble]: **you've got the story completely ~ed up** tu t'es complètement embrouillé dans cette histoire. -**2.** (*usu pass*) [involve] impliquer; **he was ~ed up in a burglary** il a été impliqué OR mêlé à une affaire de cambriolage; **she got ~ed up with some awful people** elle s'est mise à fréquenter des gens épouvantables; **I got ~ed up in their quarrel** je me suis trouvé mêlé à leur querelle. -**3.** [disorder] mélanger; **you've ~ed all my papers up** tu as mélangé tous mes papiers. -**4.** [combine, blend] mélanger; **~ up all the ingredients** mélangez tous les ingrédients.

mixed [mɪkst] *adj* -**1.** [assorted] mélangé; **there was a very ~ crowd at the party** il y avait toutes sortes de gens à la fête; **a bag of ~ sweets** un sachet de bonbons assortis; **we had rather ~ weather** nous avons eu un temps assez variable ❑ **~ border** HORT *plate-bande composée de fleurs de variétés différentes*; **~ economy** économie *f* mixte; **~ fabric** tissu *m* mélangé; **~ farming** polyculture *f*; **~ grill** assortiment *m* de grillades, mixed grill *m*; **~ metaphor** mélange *m* de métaphores; **~ vegetables** jardinière *f* de légumes. -**2.** [not wholly positive] mitigé; **to meet with a ~ reception** recevoir un accueil mitigé; **I have ~ feelings about it** je ne sais pas très bien ce que j'en pense, je suis partagé à ce sujet ❑ **it's a bit of a ~ bag** *inf* il y a un peu de tout; **it's a ~ blessing** il y a du pour et du contre. -**3.** [sexually, racially] mixte; **it's not a proper topic for ~ company** ce n'est pas un sujet à aborder devant les dames; **man of ~ race** métis *m*; **woman of ~ race** métisse *f* ❑ **~ school/doubles** école *f*/double *m* mixte; **~ marriage** mariage *m* mixte. -**4.** MATH: **~ number** nombre *m* mixte (fractionnaire).

mixed-ability *adj* [class, teaching] sans niveaux.

mixed-media *adj* multimédia.

mixed-up *adj* [confused] désorienté, déboussolé; **she's a crazy ~ kid** *inf* elle est un peu paumée, cette gamine.

mixer [ˈmɪksəʳ] *n* -**1.** [device - gen] mélangeur *m*; CULIN [mechanical] batteur *m*; [electric] mixeur *m*, mixer *m*; CIN, ELECTRON & MUS mixeur *m*, mélangeur *m* de signaux; **cement** OR **concrete ~** bétonnière *f*. -**2.** [sociable person]: **to be a good/poor ~** être sociable/peu sociable. -**3.** *inf* [troublemaker] provocateur *m*, -trice *f*. -**4.** [soft drink] boisson *f* gazeuse *(servant à la préparation des cocktails)*.

mixer tap *n* (robinet *m*) mélangeur *m*.

mixing [ˈmɪksɪŋ] *n* -**1.** [gen] mélange *m*. -**2.** CIN, ELECTRON & MUS mixage *m*; **the ~ room** TV la régie; **~ desk** table *f* de mixage.

mixing bowl *n* [big] saladier *m*; [smaller] bol *m*.

mixture [ˈmɪkstʃəʳ] *n* -**1.** [gen] mélange *m*; **they speak a ~ of French and English** ils parlent un mélange de français et d'anglais. -**2.** MED mixture *f*.

mix-up *n* confusion *f*; **there was a ~ over the bookings** il y a eu confusion dans les réservations.

mizen, mizzen [ˈmɪzn] *n* artimon *m*.

mizzenmast [ˈmɪznmɑːst] *n* mât *m* d'artimon.

mk, MK *written abbr of* **mark**.

mkt *written abbr of* **market**.

ml (*written abbr of* **millilitre**) ml.

MLitt [emˈlɪt] (*abbr of* **Master of Literature, Master of Letters**) *n (titulaire d'une) maîtrise de lettres.*

MLR *n abbr of* **minimum lending rate**.

M'lud [mˈlʌd] *n manière conventionnelle de représenter la prononciation de «My Lord», terme utilisé lorsqu'on s'adresse à un juge.*

mm (*written abbr of* **millimetre**) mm.

MN ◇ *n abbr of* **Merchant Navy**.
◇ *written abbr of* **Minnesota**.

mnemonic [nɪˈmɒnɪk] ◇ *adj* -**1.** [aiding memory] mnémonique, mnémotechnique; **~ code** code *m* mnémotechnique. -**2.** [relating to memory] mnémonique.
◇ *n* formule *f* mnémotechnique, aide *f* à la mémoire; COMPUT mnémonique *m*.

mnemonics [nɪˈmɒnɪks] *n (U)* mnémotechnique *f*.

mo *inf*, **mo'** *inf* [məʊ] *n* moment *m*, instant *m*; **half a ~** un petit instant, une (petite) minute; **(I) won't be a ~** j'en ai pour une minute.

MO ◇ *n* -**1.** *abbr of* **medical officer**. -**2.** *abbr of* **modus operandi**.
◇ *written abbr of* **Missouri**.

m.o. *written abbr of* **money order**.

moan [məʊn] ◇ *vi* -**1.** [in pain, sadness] gémir; **he lay ~ing in the gutter** il était étendu dans le caniveau et gémissait; **the wind ~ed in the trees** le vent gémissait dans les arbres. -**2.** [grumble] ronchonner, grogner; **stop ~ing!** arrête de maugréer OR ronchonner!; **what are you ~ing about now?** de quoi te plains-tu encore?
◇ *vt* maugréer; **"I'm so bored!", she ~ed** «qu'est-ce que je m'ennuie!», maugréa-t-elle.
◇ *n* [of pain, sadness] gémissement *m*; [of complaint] plainte *f*; **she gave a ~** elle poussa un gémissement.

moaner *inf* [ˈməʊnəʳ] *n* grognon *m*, -onne *f*, râleur *m*, -euse *f*.

moaning [ˈməʊnɪŋ] ◇ *n (U)* -**1.** [in pain, sadness] gémissement *m*, gémissements *mpl*. -**2.** [complaining] plaintes *fpl*, jérémiades *fpl*; **stop your ~!** arrête de ronchonner!
◇ *adj* -**1.** [groaning] gémissant; **a ~ sound** un gémissement. -**2.** [complaining] grognon, râleur; **she's a real ~ Minnie** *inf Br* quelle râleuse, celle-là!

moat [məʊt] *n* douves *fpl*, fossé *m*, fossés *mpl*.

mob [mɒb] (*pt* & *pp* **mobbed**) ◇ *n* -**1.** [crowd] foule *f*, cohue *f*; **we were surrounded by an angry ~** nous étions cernés par une foule en colère; **~ hysteria** hystérie *f* collective; **~ rule** loi *f* de la rue. -**2.** *pej* [common people]: **the ~** la populace. -**3.** [of criminals] gang *m*; **the Mob** la Mafia. -**4.** *inf* [bunch, clique] bande *f*, clique *f pej*; **he was surrounded by the usual ~ of hangers-on** il était entouré par sa bande habituelle de parasites.
◇ *vt* [person] attaquer, agresser; [place] assiéger.

mob cap *n* charlotte *f (bonnet)*.

mobile [ˈməʊbaɪl] ◇ *adj* -**1.** mobile; **~ troops** troupes mobiles; **she's no longer ~** elle ne peut plus se déplacer seule ❑ **~ library** bibliobus *m*. -**2.** [features, face] mobile, expressif. -**3.** [socially]: **the middle classes tend to be particularly ~** les classes moyennes se déplacent plus facilement que les autres. -**4.** *inf* [having transport]: **are you ~?** tu es motorisé?
◇ *n* ART mobile *m*.

mobile home *n* caravane *f*.

mobile phone *n* téléphone *m* portable.

mobility [məˈbɪlətɪ] *n* mobilité *f*; **~ allowance** indemnité *f* de déplacement *(versée aux personnes handicapées)*.

mobilization [ˌməʊbɪlaɪˈzeɪʃn] *n* mobilisation *f*.

mobilize, -ise [ˈməʊbɪlaɪz] *vi* & *vt* mobiliser.

mobocracy [mɒbˈɒkrəsɪ] (*pl* **mobocracies**) *n Br* voyoucratie *f*.

mob rule *n* loi *f* de la rue.

mobster *inf* [ˈmɒbstəʳ] *n* gangster *m*.

moccasin [ˈmɒkəsɪn] *n* mocassin *m*.

mocha [ˈmɒkə] *n* moka *m*.

mock [mɒk] ◇ *vt* -**1.** [deride] se moquer de, tourner en dérision; **don't ~ the afflicted!** ne te moque pas des malheureux! -**2.** [imitate] singer, parodier. -**3.** *lit* [thwart] déjouer.
◇ *vi* se moquer; **you shouldn't ~** tu ne devrais pas te moquer.
◇ *adj* -**1.** [imitation] faux, factice; **~ turtle soup** consommé *m* à la tête de veau. -**2.** [feigned] feint; **~ horror/surprise** horreur/surprise feinte. -**3.** [as practice]: **~ battle** exercice *m* de combat; **~ examination** examen *m* blanc.
◇ *n* -**1.** *phr*: **to make a ~ of sb/sthg** *lit* tourner qqn/qqch en dérision. -**2.** *inf Br* [examination] examen *m* blanc.
◆ **mock up** *vt sep Br* faire une maquette de.
mock-epic = **mock-heroic**.
mocker ['mɒkəʳ] *n* moqueur *m*, -euse *f*.
mockers *inf* ['mɒkəz] *npl Br*: **to put the ~ on sthg** ficher qqch en l'air, bousiller qqch.
mockery ['mɒkərɪ] (*pl* **mockeries**) *n* -**1.** [derision] moquerie *f*, raillerie *f*; **to hold sthg up to ~** tourner qqch en ridicule OR en dérision; **he soldiered on despite the ~ of his colleagues** il persévéra en dépit des railleries de ses collègues. -**2.** [travesty] parodie *f*; **a ~ of justice** une parodie de justice; **the interview was a ~** l'entretien était une véritable caricature; **to make a ~ of sthg** rendre qqch ridicule, enlever toute crédibilité à qqch.
mock-heroic *adj* burlesque.
mocking ['mɒkɪŋ] ◇ *n* moquerie *f*, raillerie *f*.
◇ *adj* moqueur, railleur.
mockingbird ['mɒkɪŋbɜːd] *n* moqueur *m* ORNITH.
mockingly ['mɒkɪŋlɪ] *adv* de façon moqueuse.
mock orange *n* seringa *m*.
mock turtleneck *n Am* pull *m* à col cheminée.
mock-up *n* maquette *f*.
mod [mɒd] ◇ *adj inf dated* [fashionable] à la mode.
◇ *n* -**1.** *en Angleterre, membre d'un groupe de jeunes des années 60 qui s'opposaient aux rockers. Ils circulaient souvent en scooter, s'habillaient à la dernière mode et écoutaient de la musique noire américaine.* -**2.** [festival] *festival de littérature et de musique gaélique en Écosse.*
MoD, MOD *pr n Br abbr of* Ministry of Defence.
modal ['məʊdl] *adj* GRAMM, PHILOS & MATH modal; **~ auxiliary** OR **verb** auxiliaire *m* modal.
modality [mə'dælətɪ] (*pl* **modalities**) *n* modalité *f*.
modally ['məʊdəlɪ] *adv* de manière modale.
mod cons [-kɒnz] (*abbr of* modern conveniences) *npl inf*: **all ~** tout confort, tt. conf.
mode [məʊd] *n* -**1.** [manner] mode *m*, manière *f*; **~ of life** mode de vie; **~s of transport** moyens de transport. -**2.** GRAMM, PHILOS & MATH mode *m*. -**3.** COMPUT mode *m*; **access/control ~** mode d'accès/de contrôle. -**4.** [prevailing fashion] mode *f*; **the current ~ is for sixties fashion** le dernier cri, c'est la mode des années soixante.
model ['mɒdl] (*Br pt* & *pp* **modelled**, *cont* **modelling**, *Am pt* & *pp* **modeled**, *cont* **modeling**) ◇ *n* -**1.** [copy, representation] modèle *m*, maquette *f*; [theoretical pattern] modèle *m*; **a computer ~ of the US economy** un modèle informatique de l'économie américaine ❑ **scale ~** modèle réduit. -**2.** [perfect example] modèle *m*; **your essay is a ~ of concision** votre rédaction est un modèle de concision; **they always hold my brother up as a ~ of intelligence** ils citent toujours mon frère comme un modèle d'intelligence. -**3.** ART & PHOT [sitter] modèle *m*. -**4.** [in fashion show] mannequin *m*; **male ~** mannequin (homme). -**5.** COMM modèle *m*; **it's the latest ~** c'est le dernier modèle; **demonstration ~** modèle de démonstration. -**6.** *Am* [showhouse] résidence *f* témoin.
◇ *vt* -**1.** [shape] modeler; **to ~ clay** modeler l'argile; **to ~ figures out of clay** modeler des figures en argile; **to ~ o.s. on sb** prendre modèle sur qqn. -**2.** [in fashion show]: **she ~s clothes** elle est mannequin; **she ~s hats** elle présente des chapeaux dans des défilés de mode.
◇ *vi* [for artist, photographer] poser; [in fashion show] être mannequin; **she has modelled for Dior** elle a été mannequin chez Dior.
◇ *adj* -**1.** [miniature] (en) miniature; **~ aeroplane** maquette *f* d'avion; **~ car** [toy] petite voiture *f*; [for collectors] modèle *m* réduit. -**2.** [exemplary] modèle; **~ factory** usine modèle *f*, usine-pilote *f*; **he's a ~ pupil/husband** c'est un élève/mari modèle.
modelling *Br*, **modeling** *Am* ['mɒdəlɪŋ] *n* -**1.** [building models] modelage *m*; [as a hobby] construction *f* de maquettes. -**2.** [in fashion shows]: **~ is extremely well-paid** le travail de mannequin est très bien payé, les mannequins sont très bien payés; **to make a career in ~** faire une carrière de mannequin. -**3.** MATH modélisation *f*.
modem ['məʊdem] *n* modem *m*.
Modena ['mɒdɪnə] *pr n* Modène.
moderate [*adj* & *n* 'mɒdərət, *vb* 'mɒdəreɪt] ◇ *adj* -**1.** [restrained, modest] modéré; **a ~ wage increase** une augmentation raisonnable des salaires; **the candidate holds ~ views** le candidat défend des idées modérées; **he's a ~ drinker** il boit avec modération; **~ language** langage mesuré. -**2.** [average] moyen; **pupils of ~ ability** élèves moyens; **a ~ performance** une prestation moyenne. -**3.** METEOR tempéré.
◇ *n* POL modéré *m*, -e *f*.
◇ *vt* -**1.** [make less extreme] modérer; **they have since ~d their demands** depuis, ils ont modéré leurs exigences. -**2.** [preside over - meeting, group, debate] présider. -**3.** NUCL [slow down - neutrons] modérer, ralentir.
◇ *vi* -**1.** [lessen] se modérer. -**2.** [preside] présider, être président.
moderate breeze *n* [on Beaufort scale] jolie brise *f*.
moderate gale *n* [on Beaufort scale] grand frais *m*.
moderately ['mɒdərətlɪ] *adv* [with moderation] modérément, avec modération; **~ priced** d'un prix raisonnable ‖ [slightly] moyennement; **she was only ~ pleased with her new job** elle n'était que moyennement satisfaite de son nouvel emploi.
moderation [,mɒdə'reɪʃn] *n* modération *f*; **a slight ~ of temperature** un léger changement de température; **to drink in** OR **with ~** boire avec modération; **smoking is dangerous even in ~** il est dangereux de fumer même avec modération.
moderator ['mɒdəreɪtəʳ] *n* -**1.** [president] président *m*, -e *f*; [mediator] médiateur *m*, -trice *f*; RELIG modérateur *m*. -**2.** NUCL modérateur *m*, ralentisseur *m*.
modern ['mɒdən] ◇ *adj* moderne; **~ English/French/Greek** anglais *m*/français *m*/grec *m* moderne; **~ face** TYPO didot *m*; **~ jazz** jazz *m* moderne; **~ languages** langues *fpl* vivantes; **~ maths** mathématiques *fpl* modernes.
◇ *n* -**1.** [person] moderne *mf*. -**2.** TYPO didot *m*.
modern-day *adj* d'aujourd'hui; **a ~ Joan of Arc** la Jeanne d'Arc des temps modernes.
modernism ['mɒdənɪzm] *n* -**1.** modernisme *m*. -**2.** [expression, word] néologisme *m*.
modernist ['mɒdənɪst] ◇ *adj* moderniste.
◇ *n* moderniste *mf*.
modernistic [,mɒdə'nɪstɪk] *adj* moderniste.
modernity [mɒ'dɜːnətɪ] *n* modernité *f*.
modernization [,mɒdənaɪ'zeɪʃn] *n* modernisation *f*.
modernize, -ise ['mɒdənaɪz] ◇ *vt* moderniser.
◇ *vi* se moderniser.
modest ['mɒdɪst] *adj* -**1.** [unassuming] modeste; **she's very ~ about her success** son succès ne lui est pas monté à la tête. -**2.** [small, moderate, simple] modeste; [meagre] modique; **a ~ salary** un salaire modique; **we are very ~ in our needs** nous avons besoin de très peu. -**3.** [decorous] pudique.
modestly ['mɒdɪstlɪ] *adv* -**1.** [unassumingly] modestement, avec modestie. -**2.** [simply] modestement, simplement; **they live very ~** ils vivent très simplement, ils mènent une vie très simple. -**3.** [with decorum] avec pudeur, pudiquement; **to dress ~** s'habiller avec pudeur.
modesty ['mɒdɪstɪ] *n* -**1.** [lack of conceit] modestie *f*; **in all ~** en toute modestie; **false ~** fausse modestie. -**2.** [moderation] modestie *f*; [meagreness] modicité *f*. -**3.** [decorum] pudeur *f*; **she lowered her gaze out of ~** la pudeur lui a fait baisser les yeux.
modicum ['mɒdɪkəm] *n* minimum *m*; **she showed a ~ of common sense** elle a fait preuve d'un minimum de bon sens.
modifiable ['mɒdɪfaɪəbl] *adj* modifiable.
modification [,mɒdɪfɪ'keɪʃn] *n* modification *f*; **he made several ~s in** OR **to the text** il apporta plusieurs modifications au texte; **the rules need some ~** il faut modifier les règles.
modifier ['mɒdɪfaɪəʳ] *n* GRAMM modificateur *m*.
modify ['mɒdɪfaɪ] (*pt* & *pp* **modified**) *vt* -**1.** [alter] modifier; **once they had modified the engine it worked perfectly** après quelques modifications, le moteur était en parfait état de marche. -**2.** [moderate] modérer. -**3.** GRAMM modifier.
modish ['məʊdɪʃ] *adj* à la mode.
modishly ['məʊdɪʃlɪ] *adv* selon la mode.
Mods [mɒdz] (*abbr of* (Honour) Moderations) *npl premier examen universitaire à Oxford.*
modular ['mɒdjʊləʳ] *adj* modulaire; **~ degree** ≃ licence *f* à UV; **~ furniture** mobilier *m* modulaire OR à éléments; **~ programming** programmation *f* modulaire.
modularity [,mɒdjʊ'lærətɪ] *n* modularité *f*.
modulate ['mɒdjʊleɪt] *vt* -**1.** ELECTRON & MUS moduler; [voice] moduler. -**2.** [moderate, tone down] adapter, ajuster; **they ~ their prices to the US market** ils adaptent leurs prix au marché américain.
modulation [,mɒdjʊ'leɪʃn] *n* modulation *f*; **amplitude/frequency ~** modulation d'amplitude/de fréquence.
modulator ['mɒdjʊleɪtəʳ] *n* ELECTRON modulateur *m*.
module ['mɒdjuːl] *n* -**1.** [gen] module *m*; **lunar ~** module lunaire. -**2.** UNIV ≃ unité *f* de valeur, ≃ UV *f*.
modus operandi ['məʊdəs,ɒpə'rændiː] *n fml* OR *lit* méthode *f* (de travail), procédé *m*.
modus vivendi ['məʊdəsvɪ'vendiː] *n fml* OR *lit* modus vivendi *m*.
mog *inf* [mɒg] = **moggie**.
Mogadiscio, Mogadishu [,mɒgə'dɪʃuː] *pr n* Mogadiscio.
moggie, moggy *inf* ['mɒgɪ] (*pl* **moggies**) *n Br* minou *m*.
mogul ['məʊgl] *n* -**1.** [magnate] magnat *m*. -**2.** [on ski slope] bosse *f*.
◆ **Mogul** ◇ *n* Moghol *m*.
◇ *adj* moghol.
MOH (*abbr of* Medical Officer of Health) *n Br* directeur *m*, -trice *f* de la santé publique.
mohair ['məʊheəʳ] ◇ *n* mohair *m*.
◇ *adj* en OR de mohair.
Mohammed [mə'hæmɪd] *pr n* Mahommed.
Mohammedan [mə'hæmɪdn] ◇ *n* musulman *m*, -e *f*.
◇ *adj* musulman.
Mohawk ['məʊhɔːk] (*pl inv* OR **Mohawks**) *n* Mohawk *m*.
◆ **mohawk** *n* [in ice-skating] mohawk *m*.
Mohican [məʊ'hiːkən, 'məʊɪkən] (*pl inv* OR **Mohicans**) ◇ *n* -**1.** [person] Mohican *m*, -e *f*. -**2.** LING mohican *m*.
◇ *adj* mohican.
◆ **mohican** *n* [hairstyle] coupe *f* à l'iroquoise.
moiré ['mwɑːreɪ] ◇ *adj* moiré; **~ silk** moire *f* de soie.
◇ *n* moiré *m*.
moist [mɔɪst] *adj* [skin, air, heat] moite; [climate, soil, surface] humide; [cake] moelleux.

moisten ['mɔɪsn] ◇ *vt* humecter, mouiller; **she ~ed her lips** elle s'humecta les lèvres.
◇ *vi* [eyes] se mouiller; [palms] devenir moite.
moistness ['mɔɪstnɪs] *n* moiteur *f*, humidité *f*.
moisture ['mɔɪstʃəʳ] *n* humidité *f*; [on mirror, window etc] buée *f*; **he wiped the ~ from the window** il essuya la buée de la fenêtre; **~ content** teneur *f* en humidité OR en eau.
moistureproof ['mɔɪstʃəpruːf] *adj* [clothing, shoes] imperméable; [watch, container] étanche; [finish, sealant] hydrofuge.
moisturize, -ise ['mɔɪstʃəraɪz] *vt* [skin] hydrater; [air] humidifier.
moisturizer ['mɔɪstʃəraɪzəʳ] *n* crème *f* hydratante.
moke *inf* [məʊk] *n Br* [donkey] bourricot *m*; *Austr* [horse] canasson *m*.
molar ['məʊləʳ] ◇ *adj* [quantity, solution] molaire.
◇ *n* [tooth] molaire *f*.
molasses [mə'læsɪz] *n (U)* mélasse *f*.
mold *etc Am* = **mould**.
Moldavia [mɒl'deɪvjə] *pr n* Moldavie *f*; **in ~** en Moldavie.
Moldavian [mɒl'deɪvjən] ◇ *n* Moldave *mf*.
◇ *adj* moldave.
Moldova [,mɒl'dəʊvə] *pr n*: **the Republic of ~** la république de Moldova.
mole [məʊl] *n* -**1.** [on skin] grain *m* de beauté. -**2.** ZOOL taupe *f*. -**3.** *fig* [spy] taupe *f*. -**4.** [breakwater] môle *m*, digue *f*. -**5.** [unit of substance] mole *f*.
molecular [mə'lekjʊləʳ] *adj* moléculaire; **~ formula/weight** formule *f*/poids *m* moléculaire.
molecule ['mɒlɪkjuːl] *n* molécule *f*.
molehill ['məʊlhɪl] *n* taupinière *f*.
moleskin ['məʊlskɪn] *n* -**1.** [fur] (peau *f* de) taupe *f*. -**2.** [cotton] coton *m* sergé; **~ trousers** pantalon en coton sergé.
molest [mə'lest] *vt* [bother] importuner, tracasser; [more violently] molester, malmener; [sexually] agresser (sexuellement).
molestation [,məʊle'steɪʃn] *n (U)* brutalité *f*, violences *fpl*; [sexual] attentat *m* à la pudeur.
molester [mə'lestəʳ] *n* agresseur *m*; **child ~** pédophile *mf*.
moll▽ [mɒl] *n* poule *f*, nana *f*.
mollification [,mɒlɪfɪ'keɪʃn] *n* apaisement *m*.
mollify ['mɒlɪfaɪ] (*pt & pp* **mollified**) *vt* apaiser, amadouer.
mollusc *Br*, **mollusk** *Am* ['mɒləsk] *n* mollusque *m*.
mollycoddle *inf* ['mɒlɪ,kɒdl] *vt Br pej* dorloter, materner.
Molotov cocktail ['mɒlətɒf-] *n* cocktail *m* Molotov.
molt *Am* = **moult**.
molten ['məʊltn] *adj* [metal, lava] en fusion.
Molucca [məʊ'lʌkə] *pl pr n*: **the ~ Islands, the ~s** les îles *fpl* Moluques.
molybdenite [mə'lɪbdənaɪt] *n* molybdénite *f*.
molybdenum [mə'lɪbdənəm] *n* molybdène *m*.
mom *inf* [mɒm] *n Am* maman *f*; **~ and pop store** *petit magasin familial*.
moment ['məʊmənt] *n* -**1.** [period of time] moment *m*, instant *m*; **at the ~** en ce moment; **at that ~** à ce moment-là; **at this (very) ~** en ce moment même; **at this ~ in time** à l'heure qu'il est; **she's the idol of the ~** c'est elle l'idole du moment; **for the ~** pour le moment; **let me think (for) a ~** laissez-moi réfléchir un moment OR une seconde; **for a long ~ he remained silent** pendant un long moment il est resté sans parler; **I'll do it in a ~** je le ferai dans un instant; **I didn't believe them for a** OR **one ~** je ne les ai pas crus un seul instant; **one ~, please** un instant, s'il vous plaît; [on telephone] ne quittez pas; **just a ~, you haven't paid yet** un instant, vous n'avez pas encore payé; **she's just this ~ gone out** elle vient de sortir; **don't wait until the last ~** n'attendez pas la dernière minute; **the next ~ the phone rang** l'instant d'après le téléphone a sonné; **without a ~'s hesitation** sans la moindre hésitation; **he fell in love with her the ~ he saw her** il est tombé amoureux d'elle à l'instant même où il l'a vue; **it was her darkest ~** ce fut l'époque la plus sombre de sa vie; **the ~ of truth** l'heure de vérité; **in the heat of the ~** dans le feu de l'action; **the film has its ~s** le film est parfois intéressant OR a de bons passages. -**2.** *fml* [import, consequence] importance *f*, signification *f*; **an event of great historical ~** un événement d'une très grande portée historique. -**3.** PHYS moment *m*; **magnetic ~** moment magnétique.
momentarily [*Br* 'məʊməntərɪlɪ, *Am* ,məʊmen'terɪlɪ] *adv* -**1.** [briefly, temporarily] momentanément. -**2.** *Am* [immediately] immédiatement, tout de suite; **I'll be with you ~** je suis à vous dans une seconde.
momentary ['məʊməntrɪ] *adj* -**1.** [brief, temporary] momentané; **there will be a ~ delay** il y aura un retard de quelques minutes. -**2.** *lit* [continual] constant, continuel.
momentous [mə'mentəs] *adj* capital, d'une importance capitale; **on this ~ occasion** en cette occasion mémorable; **a ~ decision** une décision d'une importance capitale.
momentousness [mə'mentəsnɪs] *n* importance *f* capitale.
momentum [mə'mentəm] *n* -**1.** [impetus] vitesse *f*, élan *m*; **the campaign soon gained ~** la campagne a rapidement atteint sa vitesse de croisière; **to lose ~** [vehicle] perdre de la vitesse; [campaign] s'essouffler. -**2.** MECH & PHYS moment *m*.
momma *inf* ['mɒmə] *n Am* maman *f*; **he's a ~'s boy** il est toujours fourré dans les jupons de sa mère.
mommy *inf* ['mɒmɪ] *Am* = **mummy 2**.
Mon. (*written abbr of* Monday) lun.
Monacan ['mɒnəkən] = **Monegasque**.
Monaco ['mɒnəkəʊ] *pr n* Monaco.
monad ['məʊnæd] (*pl* **monads** OR **monades** [-diːz]) *n* PHILOS monade *f*.
Mona Lisa ['məʊnə'liːzə] *pr n*: 'The ~' *Leonardo da Vinci* 'la Joconde'.
monarch ['mɒnək] *n* [gen & ENTOM] monarque *m*.
monarchic(al) [mə'nɑːkɪk(l)] *adj* monarchique.
monarchism ['mɒnəkɪzm] *n* monarchisme *m*.
monarchist ['mɒnəkɪst] ◇ *adj* monarchiste.
◇ *n* monarchiste *mf*.
monarchy ['mɒnəkɪ] (*pl* **monarchies**) *n* monarchie *f*.
monastery ['mɒnəstrɪ] (*pl* **monasteries**) *n* monastère *m*.
monastic [mə'næstɪk] *adj* monastique.
monasticism [mə'næstɪsɪzm] *n* monachisme *m*.
monatomic [,mɒnə'tɒmɪk] *adj* monoatomique.
monaural [mɒ'nɔːrəl] *adj* monaural.
Monday ['mʌndɪ] *n* lundi *m*; **I've got that ~ morning feeling** je me sens comme on peut se sentir un lundi matin.
Monegasque [,mɒnɪ'gæsk] ◇ *n* Monégasque *mf*.
◇ *adj* monégasque.
monetarism ['mʌnɪtərɪzm] *n* monétarisme *m*.
monetarist ['mʌnɪtərɪst] ◇ *adj* monétariste.
◇ *n* monétariste *mf*.
monetary ['mʌnɪtrɪ] *adj* monétaire; **a tight ~ policy** une politique monétaire stricte; **~ unit** unité *f* monétaire.
money ['mʌnɪ] (*pl* **moneys** OR **monies**) ◇ *n* -**1.** [gen] argent *m*; **have you got any ~ on you?** est-ce que tu as de l'argent OR du liquide sur toi?; **they don't accept foreign ~** ils n'acceptent pas l'argent étranger OR les devises étrangères; **your ~ or your life!** la bourse ou la vie!; **to get one's ~'s worth** en avoir pour son argent; **they're unwilling to put any ~ into the project** ils ne veulent pas investir dans le projet; **it's ~ well spent** c'est une bonne affaire; **the best dictionary that ~ can buy** le meilleur dictionnaire qui existe OR qui soit; **the shop isn't making any ~** la boutique ne rapporte pas; **how did she make her ~?** comment a-t-elle gagné son argent?; **~ is no object** peu importe le prix, l'argent n'entre pas en ligne de compte; **I'm no good with ~** je n'ai pas la notion de l'argent; **there's no ~ in translating** la traduction ne rapporte pas OR ne paie pas; **toys cost ~, you know** les jouets, ce n'est pas gratuit, tu sais; **we paid good ~ for it** cela nous a coûté cher; **you can earn big ~ selling carpets** on peut gagner beaucoup d'argent en vendant des tapis; **I'm not made of ~, you know** tu as l'air de croire que je roule sur l'or; **to put ~ on a horse** miser sur un cheval ❑ **to be in the ~** *inf* être plein aux as; **put your ~ where your mouth is** il est temps de joindre le geste à la parole; **to have ~ to burn** avoir de l'argent à jeter par les fenêtres; **it's ~ for old rope** *inf Br* c'est de l'argent vite gagné OR du fric vite fait; **for my ~, he's the best candidate** à mon avis, c'est le meilleur candidat; **~ is the root of all evil** *prov* l'argent est la source de tous les maux. -**2.** FIN [currency] monnaie *f*; **to coin** OR **to mint ~** battre OR frapper de la monnaie; **counterfeit ~** fausse monnaie; **paper ~** papier-monnaie *m*.
◇ *comp* [problems, matters] d'argent, financier.
◆ **moneys, monies** *npl* JUR [sums] sommes *fpl* (d'argent); **public ~** deniers *mpl* publics.
moneybags *inf* ['mʌnɪbægz] (*pl inv*) *n* richard *m*, -e *f*, rupin *m*, -e *f*.
money belt *n* ceinture *f* portefeuille.
money box *n* tirelire *f*.
money changer *n* -**1.** [person] cambiste *mf*. -**2.** *Am* [machine] changeur *m* de monnaie.
moneyed ['mʌnɪd] *adj* riche, nanti.
money-grubber *inf* [-'grʌbəʳ] *n* radin *m*, -e *f*, pingre *mf*.
money-grubbing *inf* [-'grʌbɪŋ] ◇ *n* radinerie *f*.
◇ *adj* radin.
moneylender ['mʌnɪ,lendəʳ] *n* FIN prêteur *m*, -euse *f*; [usurer] usurier *m*, -ère *f*; [pawnbroker] prêteur *m*, -euse *f* sur gages.
money-maker *n* affaire *f* qui rapporte, mine *f* d'or *fig*.
money-making *adj* lucratif; **it's another of her ~ schemes** c'est encore une de ses idées pour faire fortune.
money market *n* marché *m* monétaire.
money order *n* mandat *m*.
money spider *n* araignée *f* porte-bonheur.
money-spinner *inf Br* = **money-maker**.
money-spinning *inf Br* = **money-making**.
money supply *n* masse *f* monétaire.
mongol ['mɒŋgəl] *dated & offensive* ◇ *n* mongolien *m*, -enne *f*.
◇ *adj* mongolien.
Mongol ['mɒŋgəl] ◇ *n* -**1.** [person] Mongol *m*, -e *f*. -**2.** LING mongol *m*.
◇ *adj* mongol.
Mongolia [mɒŋ'gəʊlɪə] *pr n* Mongolie *f*; **in ~** en Mongolie; **Inner/Outer ~** Mongolie-Intérieure/Extérieure.
Mongolian [mɒŋ'gəʊlɪən] = **Mongol**.
Mongolic [mɒŋ'gɒlɪk] *adj* -**1.** LING mongol. -**2.** [people, customs etc] mongoloïde.
mongolism ['mɒŋgəlɪzm] *n dated & offensive* mongolisme *m*, trisomie *f*.
mongoloid ['mɒŋgəlɔɪd] *dated & offensive*
◇ *adj* mongoloïde.
◇ *n* mongoloïde *mf*.
Mongoloid ['mɒŋgəlɔɪd] ◇ *adj* mongol, mongolique.
◇ *n* mongol *m*, -e *f*, mongolique *mf*.
mongoose ['mɒŋguːs] *n* mangouste *f*.
mongrel ['mʌŋgrəl] ◇ *adj* [dog] bâtard; [other animal] hybride.
◇ *n* [dog] bâtard *m*; [other animal] hybride *m*.
mongst, 'mongst [mʌŋst] *poet* = **among(st)**.

monicker▽ ['mɒnɪkəʳ] = **moniker**.
monied ['mʌnɪd] = **moneyed**.
moniker▽ ['mɒnɪkəʳ] *n* [name] nom *m*; [nickname] surnom *m*.
monism ['mɒnɪzm] *n* monisme *m*.
monitor ['mɒnɪtəʳ] ◇ *n* -**1.** MED & TECH [checking device] moniteur *m*. -**2.** COMPUT & TV [screen] moniteur *m*. -**3.** SCH ≃ chef *m* de classe; **dinner** ~ *élève chargé de veiller au bon déroulement des repas à la cantine.* -**4.** RADIO employé *m*, -e *f* d'un service d'écoute.
◇ *vt* -**1.** [check] suivre, surveiller; **their progress is carefully** ~**ed** leurs progrès sont suivis de près; **the FBI is** ~**ing his movements** le FBI surveille ses déplacements; **this instrument** ~**s the pulse rate** cet instrument surveille le pouls du patient. -**2.** [listen in to - broadcasts] écouter; ~**ing station** station *f* d'écoute.
monitory ['mɒnɪtərɪ] *adj fml* [warning] d'avertissement; [reproving] d'admonition.
monk [mʌŋk] *n* moine *m*, religieux *m*.
monkey ['mʌŋkɪ] *n* -**1.** [animal] singe *m*; **female** ~ guenon *f* ❑ **to make a** ~ **out of sb** *inf* se payer la tête de qqn; **to have a** ~ **on one's back** *inf Am* être accro. -**2.** *inf* [scamp] polisson *m*, -onne *f*, galopin *m*. -**3.** ▽ *Br* [£500] *cinq cents livres.*
◆ **monkey about** *inf Br*, **monkey around** *inf vi insep* -**1.** [play the fool] faire l'imbécile. -**2.** [tamper]: **to** ~ **about** OR **around with sthg** tripoter qqch; **don't** ~ **about with my tools** ne t'amuse pas avec mes outils.
monkey business *inf n (U)* [suspect activity] combines *fpl*; [mischief] bêtises *fpl*; **they're up to some** ~ ils sont en train de préparer un sale tour.
monkey jacket *n* veste *f* courte.
monkey nut *n Br* cacahouète *f*, cacahuète *f*.
monkey-puzzle *n*: ~ (tree) araucaria *m*, désespoir *m* des singes.
monkey suit *inf n* tenue *f* de soirée, habit *m*.
monkey wrench *n* clef *f* anglaise OR à molette.
monkfish ['mʌŋkfɪʃ] (*pl inv* OR **monkfishes**) *n* [angler fish] baudroie *f*, lotte *f*; [angel shark] ange *m* de mer.
monkhood ['mʌŋkhʊd] *n* -**1.** [institution] monachisme *m*; [life] vie *f* monastique; **to enter the** ~ entrer dans les ordres (monastiques). -**2.** [monks collectively]: **the** ~ les moines *mpl*.
monkish ['mʌŋkɪʃ] *adj* monacal, de moine.
monkshood ['mʌŋkshʊd] *n* aconit *m (normal)*.
mono ['mɒnəʊ] (*pl* **monos**) ◇ *adj* (*abbr of* monophonic) mono *(inv)*, monophonique; ~ **record player** électrophone *m* mono.
◇ *n* -**1.** AUDIO monophonie *f*; **in** ~ en monophonie. -**2.** *inf Am* MED mononucléose *f* (infectieuse).
monoacid [,mɒnəʊ'æsɪd] *n* monoacide *m*.
monobasic [,mɒnəʊ'beɪsɪk] *adj* monobasique.
monochromatic [,mɒnəkrə'mætɪk] *adj* monochromatique.
monochrome ['mɒnəkrəʊm] ◇ *adj* [photograph] en noir et blanc; [television set] en noir et blanc *(inv)*; [computer screen] monochrome; [painting] en camaïeu; **he leads a very** ~ **existence** *fig* il mène une existence très terne.
◇ *n* -**1.** [technique] monochromie *f*; PHOT & TV noir et blanc *m*; ART camaïeu *m*. -**2.** [photograph] photographie *f* en noir et blanc; [painting] camaïeu *m*; [in modern art] monochrome *m*.
monocle ['mɒnəkl] *n* monocle *m*.
monocled ['mɒnəkld] *adj* qui porte un monocle.
monocline ['mɒnəklaɪn] *n* monoclinal *m*.
monoclonal antibody [,mɒnə'kləʊnl-] *n* anticorps *m* monoclonal.
monocoque ['mɒnəkɒk] *n* AERON construction *f* monocoque; AUT monocoque *f*.
monocracy [mɒ'nɒkrəsɪ] (*pl* **monocracies**) *n* monocratie *f*.
monocratic [,mɒnəʊ'krætɪk] *adj* monocratique.
monocular [mɒ'nɒkjʊləʳ] *adj* monoculaire.
monoculture ['mɒnə,kʌltʃəʳ] *n* monoculture *f*.
monocyte ['mɒnəsaɪt] *n* monocyte *m*.
monody ['mɒnədɪ] (*pl* **monodies**) *n* monodie *f*.
monogamist [mɒ'nɒgəmɪst] *n* monogame *mf*.
monogamous [mɒ'nɒgəməs] *adj* monogame.
monogamy [mɒ'nɒgəmɪ] *n* monogamie *f*.
monogenesis [,mɒnəʊ'dʒenəsɪs] *n* -**1.** [of human race] monogénisme *m*. -**2.** BIOL [asexual reproduction] multiplication *f* asexuée.
monogram ['mɒnəgræm] (*pt & pp* **monogrammed**, *cont* **monogramming**) ◇ *n* monogramme *m*.
◇ *vt* marquer d'un monogramme; **monogrammed handkerchiefs** mouchoirs avec un monogramme brodé.
monogrammed *Br*, **monogramed** *Am* ['mɒnəgræmd] *adj* qui porte un monogramme.
monograph ['mɒnəgrɑːf] *n* monographie *f*.
monohull ['mɒnə,hʌl] *n* NAUT monocoque *m*.
monolingual [,mɒnə'lɪŋgwəl] *adj* monolingue.
monolith ['mɒnəlɪθ] *n* monolithe *m*.
monolithic [,mɒnə'lɪθɪk] *adj* monolithique.
monologue *Br*, **monolog** *Am* ['mɒnəlɒg]
◇ *n* monologue *m*.
◇ *vi* monologuer.
monomania [,mɒnə'meɪnjə] *n* monomanie *f*.
monomaniac [,mɒnə'meɪnɪæk] ◇ *adj* monomaniaque, monomane.
◇ *n* monomaniaque *mf*, monomane *mf*.
monomer ['mɒnəməʳ] *n* monomère *m*.
monomial [mɒ'nəʊmɪəl] ◇ *n* monôme *m* MATH.
◇ *adj* de OR en monôme; ~ **function** fonction monôme.
monomorphic [,mɒnəʊ'mɔːfɪk] *adj* monomorphe.
monomorphism [,mɒnəʊ'mɔːfɪzm] *n* monomorphisme *m*.
mononuclear [,mɒnəʊ'njuːklɪəʳ] *adj* mononucléaire.
mononucleosis ['mɒnəʊ,njuːklɪ'əʊsɪs] *n* mononucléose *f*.
monophonic [,mɒnə'fɒnɪk] *adj* monophonique, monaural.
monophthong ['mɒnəfθɒŋ] *n* monophtongue *f*.
monoplane ['mɒnəpleɪn] *n* monoplan *m*.
monopolist [mə'nɒpəlɪst] *n* monopoliste *mf*, monopoleur *m*, -euse *f*.
monopolistic [mə,nɒpə'lɪstɪk] *adj* monopoliste, monopolistique.
monopolization [mə,nɒpəlaɪ'zeɪʃn] *n* monopolisation *f*.
monopolize, **-ise** [mə'nɒpəlaɪz] *vt* monopoliser.
monopoly [mə'nɒpəlɪ] (*pl* **monopolies**) *n* monopole *m*; **to have a** ~ **of** OR **in** OR **on sthg** avoir le monopole de qqch ❑ **state** ~ monopole d'État; **the Monopolies and Mergers Commission** *commission veillant au respect de la législation antitrust en Grande-Bretagne.*
◆ **Monopoly**® *n* [game] Monopoly® *m*; ~ **money** *fig* billets *mpl* de Monopoly.
monopsony [mə'nɒpsənɪ] (*pl* **monopsonies**) *n* monopsone *m*.
monorail ['mɒnəreɪl] *n* monorail *m*.
monosemic [,mɒnəʊ'siːmɪk] *adj* monosémique.
monosemy ['mɒnəʊ,siːmɪ] *n* monosémie *f*.
monosodium glutamate [,mɒnə'səʊdjəm'gluːtəmeɪt] *n* CULIN glutamate *m* (de sodium).
monostable ['mɒnəʊsteɪbl] *adj* monostable.
monosyllabic [,mɒnəsɪ'læbɪk] *adj* -**1.** LING monosyllabe, monosyllabique. -**2.** [person] qui s'exprime par monosyllabes; **he's very** ~ il ne parle que par monosyllabes.
monosyllable ['mɒnə,sɪləbl] *n* monosyllabe *m*; **to speak in** ~**s** parler par monosyllabes.
monotheism ['mɒnəθiː,ɪzm] *n* monothéisme *m*.
monotheist ['mɒnəθiː,ɪst] ◇ *adj* monothéiste.
◇ *n* monothéiste *mf*.
monotheistic [,mɒnəθiː'ɪstɪk] *adj* monothéiste.
monotone ['mɒnətəʊn] ◇ *n* ton *m* monocorde; **to speak in a** ~ parler d'un ton monocorde.
◇ *adj* monocorde.
monotonous [mə'nɒtənəs] *adj* monotone.
monotonously [mə'nɒtənəslɪ] *adv* de façon monotone; **he droned** ~ **on** il ânonnait d'un ton monotone.
monotony [mə'nɒtənɪ] (*pl* **monotonies**) *n* monotonie *f*; **her visits broke the** ~ **of his life** les visites qu'elle lui rendait rompaient la monotonie de son existence; **the** ~ **of the landscape** l'uniformité OR la monotonie du paysage.
monotype ['mɒnətaɪp] *n* ART & BIOL monotype *m*.
◆ **Monotype**® *n* TYPO [machine] Monotype® *f*.
monovalent [,mɒnəʊ'veɪlənt] *adj* monovalent, univalent.
monoxide [mɒ'nɒksaɪd] *n* monoxyde *m*; **carbon** ~ monoxyde *m* de carbone; **nitrogen** ~ protoxyde *m* d'azote.
Monroe Doctrine [mən'rəʊ-] *n*: **the** ~ la doctrine Monroe.

MONROE DOCTRINE:
La doctrine Monroe, énoncée en 1823, inaugura une période isolationniste aux États-Unis, en interdisant le continent américain à l'Europe colonialiste, et en se détournant délibérément des affaires européennes.

Monrovia [mən'rəʊvɪə] *pr n* Monrovia.
monsignor [,mɒnsiː'njəʳ] (*pl* **monsignors** OR **monsignori** [-siː'njɔːrɪ]) *n* monseigneur *m*.
monsoon [mɒn'suːn] *n* mousson *f*; **the** ~ **season** la mousson.
monster ['mɒnstəʳ] ◇ *n* monstre *m*; **she's becoming a** ~ elle devient un monstre; **it's a** ~ **of a machine** c'est un vrai monstre, cette machine.
◇ *adj* colossal, monstre.
monstrance ['mɒnstrəns] *n* ostensoir *m*.
monstrosity [mɒn'strɒsətɪ] (*pl* **monstrosities**) *n* -**1.** [monstrous nature] monstruosité *f*. -**2.** [ugly person, thing] horreur *f*; **the town hall is a huge Victorian** ~ la mairie est une horreur de l'époque victorienne.
monstrous ['mɒnstrəs] *adj* -**1.** [appalling] monstrueux, atroce. -**2.** [enormous] colossal, énorme. -**3.** [abnormal] monstrueux.
monstrously ['mɒnstrəslɪ] *adv* affreusement.
montage ['mɒntɑːʒ] *n* ART, CIN & PHOT montage *m*.
Montana [mɒn'tænə] *pr n* Montana *m*; **in** ~ dans le Montana.
Mont Blanc [,mɒm'blɒŋ] *pr n* mont Blanc *m*.
Monte Carlo [,mɒntɪ'kɑːləʊ] *pr n* Monte-Carlo.
Montenegro [,mɒntɪ'niːgrəʊ] *pr n* Monténégro *m*.
Montevideo [,mɒntɪvɪ'deɪəʊ] *pr n* Montevideo.
Montezuma [,mɒntɪ'zuːmə] *n*: ~**'s revenge** *inf hum* la tourista.
month [mʌnθ] *n* mois *m*; **how much does she earn a** ~**?** combien gagne-t-elle par mois?; **he's six** ~**s old** il a six mois; **he got six** ~**s** *inf* il a été condamné à six mois de prison; **every** ~ tous les mois; **in a** ~**'s time** dans un mois; **by the** ~ au mois; **two** ~**s' holiday** OR **vacation** deux mois de vacances; **I can't keep it up** ~ **after** ~ je ne pourrai pas tenir ce rythme éternellement; ~ **by** ~ **you can see an improvement** on constate une amélioration de mois en mois ❑ **she hasn't heard from him in a** ~ **of Sundays** *inf* ça fait des siècles OR un bail

qu'elle n'a pas de nouvelles de lui; **never in a ~ of Sundays** à la saint-glinglin.

monthly ['mʌnθlɪ] (*pl* **monthlies**) ◇ *adj* mensuel; **~ instalment** OR **payment** mensualité *f*; **~ period** MED règles *fpl*.
◇ *n* [periodical] mensuel *m*.
◇ *adv* [meet, occur] tous les mois; [pay] mensuellement.
◆ **monthlies** *inf npl* [menstrual period] règles *fpl*.

Montreal [ˌmɒntrɪ'ɔːl] *pr n* Montréal.

monument ['mɒnjʊmənt] *n* -**1.** [memorial] monument *m*; **a ~ to the war dead** un monument aux morts; **it is a ~ to man's stupidity** c'est un monument à la bêtise humaine. -**2.** [historic building] monument *m* historique; **a national ~** un monument national.

monumental [ˌmɒnjʊ'mentl] *adj* monumental; **the film is a ~ failure** le film est un échec monumental OR complet; **he's a ~ bore** il est prodigieusement ennuyeux.

monumentally [ˌmɒnjʊ'mentəlɪ] *adv* -**1.** [build] de façon monumentale. -**2.** [extremely] extrêmement; **it was ~ boring** c'était extrêmement ennuyeux.

moo [muː] ◇ *n* -**1.** [sound] meuglement *m*, beuglement *m*, mugissement *m*. -**2.** *inf Br* [stupid woman] bécasse *f*; **silly ~!** bécasse!, vieille bique!
◇ *vi* meugler, beugler, mugir.
◇ *onomat* meuh.

mooch *inf* [muːtʃ] ◇ *vi* -**1.** *Br* [wander aimlessly] traîner; **he ~ed down the street** il descendit la rue en flânant. -**2.** *Am* [cadge]: **he's always ~ing off** OR **on people** il passe son temps à quémander, il est toujours en train de taper quelqu'un.
◇ *vt Am* -**1.** [cadge] taper; **to ~ $10 off** OR **from sb** taper qqn de 10 dollars; **can I ~ a cigarette off you?** est-ce que je peux te piquer une cigarette? -**2.** [steal] chiper, piquer.
◆ **mooch about** *inf*, **mooch around** *inf vi insep Br* [loaf] traîner; **I was just ~ing about at home** je traînais OR flemmardais à la maison.

mood [muːd] *n* -**1.** [humour] humeur *f*, disposition *f*; **to be in a good/bad ~** être de bonne/mauvaise humeur; **he's in a foul ~** il est d'une humeur exécrable; **it's hard to predict the ~ of the electorate** il est difficile de prédire l'état d'esprit OR l'humeur des électeurs; **she can be quite funny when the ~ takes her** elle peut être plutôt drôle quand l'envie lui en prend; **are you in the ~ for a hamburger?** un hamburger, ça te dit?; **I'm not in the ~** OR **I'm in no ~ to hear his life story** je ne suis pas d'humeur à l'écouter raconter (l'histoire de) sa vie. -**2.** [bad temper, sulk] mauvaise humeur *f*, bouderie *f*; **to be in a ~** être de mauvaise humeur; **she's in one of her ~s** elle est de mauvaise humeur, elle fait la tête. -**3.** [atmosphere] ambiance *f*, atmosphère *f*; **the ~ is one of cautious optimism** l'ambiance est à l'optimisme prudent. -**4.** GRAMM mode *m*; **imperative ~** impératif *m*; **subjunctive ~** subjonctif *m*.

moodily ['muːdɪlɪ] *adv* [behave] maussadement, d'un air morose; [talk, reply] d'un ton maussade; **"oh, do what you like" he said ~** «oh! faites ce que vous voulez» dit-il d'un ton maussade OR boudeur.

moodiness ['muːdɪnɪs] *n* -**1.** [sullenness] humeur *f* maussade, maussaderie *f*. -**2.** [volatility] humeur *f* changeante; **it's his ~ I can't stand** ce sont ses sautes d'humeur que je ne supporte pas.

moody ['muːdɪ] (*compar* **moodier**, *superl* **moodiest**) *adj* -**1.** [sullen] de mauvaise humeur, maussade, grincheux. -**2.** [temperamental] versatile, d'humeur changeante; **he's very ~** il est d'humeur très changeante, il est très lunatique.

moolah *inf* ['muːlə] *n Am* fric *m*.

moon [muːn] ◇ *n* -**1.** lune *f*; **Saturn has several ~s** Saturne a plusieurs lunes; **there's a ~ tonight** on voit la lune ce soir; **by the light of the ~** au clair de (la) lune ❑ **crescent ~** croissant *m* de lune; **full/new ~** pleine/nouvelle lune; **to cry for the ~** demander la lune; **many ~s ago** il y a bien des lunes; **to be over the ~** *inf* être aux anges; **he promised her the ~ (and the stars)** il lui promit la lune; **once in a blue ~** tous les trente-six du mois; 'The Moon and Sixpence' *Maugham* 'l'Envoûté'. -**2.** *inf Am* [bare backside] lune *f*.
◇ *comp* [base, flight, rocket] lunaire.
◇ *vi inf* [show one's buttocks] montrer son derrière OR ses fesses.
◆ **moon about** *inf Br*, **moon around** *inf vi insep* [idly] paresser, traîner, flemmarder; [dreamily] rêvasser; [gloomily] se morfondre.
◆ **moon over** *inf vt insep* soupirer après; **she's still ~ing over her old boyfriend** elle soupire toujours après son ancien petit ami.

moonbeam ['muːnbiːm] *n* rayon *m* de lune.

moonboots ['muːnbuːts] *npl* après-skis *mpl*.

moon buggy (*pl* **moon buggies**) *n* Jeep® *f* lunaire.

moon-faced *adj* joufflu, aux joues rebondies.

Moonie *inf* ['muːnɪ] *n* adepte *m* de la secte Moon, mooniste *mf*.

moon landing *n* atterrissage *m* sur la lune, alunissage *m*.

moonless ['muːnlɪs] *adj* sans lune.

moonlight ['muːnlaɪt] ◇ *n* clair *m* de lune; **they took a walk by ~** ils se sont promenés au clair de (la) lune ❑ **'The Moonlight Sonata'** *Beethoven* 'la Sonate au clair de lune'.
◇ *adj* [walk] au clair de (la) lune.
◇ *vi inf* [have second job] avoir un deuxième emploi; [illegally] travailler au noir.

moonlighter ['muːnlaɪtəʳ] *n* travailleur *m* non déclaré, travailleuse *f* non déclarée.

moonlight flit *inf n Br*: **to do a ~** déménager à la cloche de bois.

moonlighting ['muːnlaɪtɪŋ] *n* [illegal work] travail *m* au noir.

moonlit ['muːnlɪt] *adj* éclairé par la lune; **a ~ night** une nuit de lune; **a bright ~ night** une nuit très claire; **we walked through the ~ fields** nous avons marché à travers champs, au clair de lune.

moonrise ['muːnraɪz] *n* lever *m* de la lune.

moonscape ['muːnskeɪp] *n* paysage *m* lunaire.

moonshine ['muːnʃaɪn] *n* (*U*) -**1.** = **moonlight** *n*. -**2.** *inf* [foolishness] sornettes *fpl*, sottises *fpl*, bêtises *fpl*. -**3.** *Am* [illegally made spirits] alcool *m* de contrebande.

moonshining ['muːnʃaɪnɪŋ] *n Am fabrication clandestine d'alcool en milieu rural.*

moon shot *n* lancement *m* d'un vaisseau lunaire.

moonstone ['muːnstəʊn] *n* pierre *f* de lune, adulaire *f*; 'The Moonstone' *Collins* 'la Pierre de lune'.

moonstruck ['muːnstrʌk] *adj* [dreamy] dans la lune; [mad] fou, détraqué.

moon walk *n* marche *f* sur la lune.

moony *inf* ['muːnɪ] (*compar* **moonier**, *superl* **mooniest**) *adj* -**1.** [dreamy] rêveur, dans la lune. -**2.** *Br* [crazy] dingue, timbré.

moor [mɔːʳ] ◇ *vt* [boat] amarrer; [buoy] mouiller.
◇ *vi* mouiller.
◇ *n* lande *f*.

Moor [mɔːʳ] *n* Maure *m*, Mauresque *f*.

moorhen ['mɔːhen] *n* -**1.** [waterfowl] poule *f* d'eau. -**2.** [female grouse] grouse *f* d'Écosse.

mooring ['mɔːrɪŋ] *n* -**1.** [act] amarrage *m*, mouillage *m*. -**2.** [place] mouillage *m*.
◆ **moorings** *npl* [cables, ropes etc] amarres *fpl*; **the boat was (riding) at her ~s** le bateau tirait sur ses amarres; **he's lost his ~s** *fig* il est à la dérive.

Moorish ['mɔːrɪʃ] *adj* maure.

moorland ['mɔːlənd] *n* lande *f*.

moose [muːs] (*pl inv*) *n* orignal *m*.

moot [muːt] ◇ *vt* [question, topic] soulever; **a change in the rules has been ~ed** il a été question de modifier le règlement.
◇ *n* -**1.** HIST assemblée *f*. -**2.** UNIV [in law faculties] tribunal *m* fictif.

moot point *n*: **will the legislation have any real effect? — well, that's a ~** really la législation sera-t-elle réellement efficace? — c'est discutable OR ce n'est pas sûr.

mop [mɒp] (*pt* & *pp* **mopped**, *cont* **mopping**) ◇ *n* -**1.** [for floor - string, cloth] lave-pont *m*, balai *m* (à franges); [- sponge] balai-éponge *m*; NAUT vadrouille *f*; [for dishes] lavette *f* (à vaisselle). -**2.** [of hair] tignasse *f*; **a ~ of blond hair** une tignasse blonde.
◇ *vt* [floor] laver; [table, face, spilt liquid] essuyer, éponger; **he mopped the sweat from his brow** il s'épongea le front.
◆ **mop up** *vt sep* -**1.** [floor, table, spilt liquid] essuyer, éponger; **have some bread to ~ up the sauce** prenez un morceau de pain pour saucer votre assiette. -**2.** *inf* [win, make off with] rafler; **they mopped up all the gold medals** ils ont raflé toutes les médailles d'or. -**3.** MIL [resistance] liquider.

mope [məʊp] *vi* broyer du noir; **he's been moping around** OR **about all week** il a passé la semaine à broyer du noir; **there's no use moping about** OR **over it** ça ne sert à rien de passer ton temps à ressasser ce qui s'est passé.

moped ['məʊped] *n Br* Mobylette® *f*, cyclomoteur *m*, vélomoteur *m*.

moppet *inf* ['mɒpɪt] *n* chou *m*.

mopping-up operation ['mɒpɪŋ-] *n* opération *f* de nettoyage.

moquette [mɒ'ket] *n* moquette *f (étoffe)*.

moraine [mɒ'reɪn] *n* moraine *f*.

moral ['mɒrəl] ◇ *adj* moral; **it's a very ~ story** c'est une histoire très morale; **he complains about the decline in ~ standards** il se plaint du déclin des valeurs morales OR du relâchement des mœurs; **we have a ~ duty to help them** nous sommes moralement obligés de les aider; **to give sb ~ support** soutenir qqn moralement ❑ **~ philosophy** morale *f*, éthique *f*; **~ victory** victoire *f* morale.
◇ *n* [lesson] morale *f*; **what's the ~ of the story?** quelle est la morale de l'histoire?
◆ **morals** *npl* [standards] sens *m* moral, moralité *f*; **he has no ~s** il n'a aucun sens moral.

morale [mə'rɑːl] *n* moral *m*; **~ is high/low among the troops** les troupes ont bon/mauvais moral, les troupes ont/n'ont pas le moral; **she tried to raise their ~** elle a essayé de leur remonter le moral OR de leur redonner (du) courage; **news of the defeat sapped the troops' ~** la nouvelle de la défaite a sapé le moral des troupes.

moralist ['mɒrəlɪst] *n* moraliste *mf*.

moralistic [ˌmɒrə'lɪstɪk] *adj* moraliste.

morality [mə'rælətɪ] (*pl* **moralities**) *n* -**1.** moralité *f*. -**2.** **~ (play)** THEAT moralité *f*.

moralize, -ise ['mɒrəlaɪz] ◇ *vi* moraliser; **to ~ about sthg** moraliser sur qqch; **he's forever moralizing about things** il passe son temps à faire la morale.
◇ *vt* moraliser.

moralizing ['mɒrəlaɪzɪŋ] ◇ *adj* moralisateur, moralisant.
◇ *n (U)* leçons *fpl* de morale, prêches *mpl péj*.

morally ['mɒrəlɪ] *adv* moralement; **the parents are ~ responsible** les parents sont moralement responsables; **~ wrong** contraire à la morale.

moral majority *n*: **the ~** les néo-conservateurs *mpl (surtout aux États-Unis)*.

Moral Rearmament *pr n mouvement international pour un renouveau moral et spirituel fondé en 1938.*

morass [mə'ræs] *n* -**1.** [disordered situation] bourbier *m*; **a ~ of conflicting information** un fouillis OR fatras d'informations contradictoires; **bogged down in a ~ of rules and regulations** empêtré dans un fatras de règles et de règlements. -**2.** [marsh] marais *m*, bourbier *m*.

moratorium [ˌmɒrə'tɔːrɪəm] (*pl* **moratoriums** OR **moratoria** [-rɪə]) *n* -**1.** [suspension of activity] moratoire *m*; **they are calling for a ~ on arms sales** ils appellent à un moratoire sur les ventes d'armes. -**2.** ECON & JUR moratoire *m*; [of debt] moratoire, suspension *f*.

Moravia [mə'reɪvjə] *pr n* Moravie *f*; in ~ en Moravie.

Moravian [mə'reɪvjən] ◇ *n* Morave *mf*.
◇ *adj* morave.

moray ['mɒreɪ] *n*: ~ (eel) murène *f*.

morbid ['mɔːbɪd] *adj* -**1.** [gen] morbide; he has a ~ outlook on life il voit les choses en noir; ~ thoughts pensées morbides; don't be so ~! chasse ces idées noires! -**2.** MED [state, growth] morbide; ~ anatomy anatomie *f* pathologique.

morbidity [mɔː'bɪdətɪ] *n* -**1.** [gen] morbidité *f*. -**2.** ~ (rate) MED morbidité *f* (relative).

morbidly ['mɔːbɪdlɪ] *adv* maladivement.

morbidness ['mɔːbɪdnɪs] *n* morbidité *f*.

mordant ['mɔːdənt] *adj* mordant, caustique.

more [mɔːʳ] ◇ *det* -**1.** (*compar of* many & much) [greater in number, amount] plus de, davantage de; there were ~ boys than girls il y avait plus de garçons que de filles; there's much OR a lot OR far ~ room in the other building il y a beaucoup plus de place dans l'autre bâtiment. -**2.** [further, additional]: you should eat ~ fish tu devrais manger davantage de OR plus de poisson; I need ~ time j'ai besoin de plus de temps; three ~ people arrived trois autres personnes sont arrivées; do you have any ~ questions? avez-vous d'autres questions?; do you have any ~ stamps? est-ce qu'il vous reste des timbres?; is there any ~ butter? reste-t-il du beurre?; just wait a few ~ minutes patiente encore quelques instants; a little ~ sugar? encore un peu de sucre?; there are no ~ OR there aren't any ~ green lampshades il n'y a plus d'abat-jour verts; no ~ talking maintenant, taisez-vous OR silence!; there'll be no ~ skiing this winter le ski est fini pour cet hiver; there have been several ~ incidents in the same area plusieurs autres incidents se sont produits dans le même quartier; bring me some ~ potatoes, please apporte-moi encore des pommes de terre, s'il te plaît; there's some ~ paper in that drawer il y a encore du papier dans ce tiroir; would you like some ~ soup? voulez-vous un peu plus de soupe?
◇ *pron* -**1.** (*compar of* many & much) [greater amount] plus, davantage; [greater number] plus; he earns ~ than I do OR than me il gagne plus que moi; I wish I could do ~ for her j'aimerais pouvoir l'aider plus OR davantage; it'll take a lot ~ than that to persuade them il en faudra bien plus (que ça) OR bien davantage pour les convaincre; some opted for A, but many ~ chose B certains ont choisi A, mais ceux qui ont choisi B étaient bien plus nombreux; there are ~ of them than there are of us ils sont plus nombreux que nous; ~ of: he's even ~ of a coward than I thought il est encore plus lâche que je ne pensais; it's ~ of a problem now than it used to be ça pose plus de problèmes maintenant qu'avant; she's ~ of a singer than a dancer c'est une chanteuse plus qu'une danseuse. -**2.** [additional amount] plus, encore; there's ~ if you want it il y en a encore si tu veux; he asked for ~ il en redemanda; I couldn't eat any ~, thanks je ne pourrais plus rien avaler, merci; she just can't take any ~ elle n'en peut vraiment plus; please can I have some ~? [food] puis-je en reprendre, s'il vous plaît?; there are some ~ here that you haven't washed il en reste ici que tu n'as pas lavés; I could say ~, but... je pouvais en dire plus mais...; something/nothing ~ quelque chose/rien de plus; I have something/nothing ~ to say j'ai encore quelque chose/je n'ai plus rien à dire; what ~ do you want? que voulez-vous de plus?; but ~ of that later... mais nous reparlerons de ça plus tard...; I want no ~ of this defeatist talk je ne veux plus de ces discours défaitistes ❑ ~ of the same la même chose; the government simply promises ~ of the same le gouvernement se contente de refaire les mêmes promesses; there's plenty ~ where that came from si vous en revoulez, il n'y a qu'à demander. -**3.** *hum* [additional people]: any ~ for the ferry? qui d'autre prend le ferry?
◇ *adv* -**1.** [forming comparatives] plus; ~ intelligent plus intelligent; ~ comfortably plus confortablement. -**2.** [to a greater extent, degree] plus, davantage; you should read ~ tu devrais lire plus OR davantage; it worries me ~ than it used to ça m'inquiète plus qu'avant; I like wine ~ than beer je préfère le vin à la bière, j'aime mieux le vin que la bière; he's intelligent but his sister is ~ so il est intelligent mais sa sœur l'est davantage ‖ [rather] plutôt; she was ~ disappointed than angry elle était plus déçue que fâchée; do it ~ like this fais-le plutôt comme ceci; it's ~ a question of who foots the bill il s'agit plutôt de savoir qui paiera la facture. -**3.** [again]: once/twice ~ encore une/deux fois.
◆ **more and more** ◇ *det phr* de plus en plus; ~ and ~ people are using it de plus en plus de gens l'utilisent.
◇ *adv phr* de plus en plus; I was growing ~ and ~ tired j'étais de plus en plus fatigué.
◆ **more or less** *adv phr* -**1.** [roughly] plus ou moins; that's ~ or less what I expected c'est plus ou moins ce à quoi je m'attendais; is that correct? — well, ~ or less est-ce que c'est vrai? — plus ou moins, oui. -**2.** [almost] presque; we've ~ or less finished nous avons presque terminé.
◆ **more than** ◇ *prep phr* [with numbers, measurements etc] plus de; ~ than 500 people plus de 500 personnes; it costs much OR a lot ~ than $50 ça coûte bien plus de 50 dollars; for little ~ than £500 pour à peine plus de 500 livres; I won't be ~ than two hours je n'en ai pas pour plus de deux heures, j'en ai pour deux heures au maximum.
◇ *adv phr* plus que; I'd be ~ than happy to do it je serais ravi de le faire; you've been ~ than generous vous avez été plus que généreux; this ~ than makes up for his previous mistakes voilà qui rachète largement ses anciennes erreurs.
◆ **more than a little** *adv phr* vraiment; we were ~ than a little shocked nous étions vraiment choqués.
◆ **no more** *adv phr* -**1.** [neither] non plus; he doesn't believe the rumours and no ~ do I il ne croit pas les rumeurs et moi non plus. -**2.** [as little] pas plus; she's no ~ a spy than I am! elle n'est pas plus espionne que moi!; it's no ~ dangerous than crossing the street ce n'est pas plus dangereux que de traverser la rue; they can no ~ act than fly in the air *inf* ils jouent comme des pieds. -**3.** *lit* [no longer]: no ~ will she grace our company plus jamais elle ne nous tiendra compagnie; the Empire is no ~ l'Empire n'est plus.
◆ **not... any more** *adv phr*: we don't go there any ~ nous n'y allons plus; he still works here, doesn't he? — not any ~ (he doesn't) il travaille encore ici, n'est-ce pas? — non, plus maintenant.
◆ **the more** *adv phr fml* d'autant plus; I was the ~ disappointed j'étais d'autant plus déçu; they went the ~ willingly on that account ils y sont allés d'autant plus volontiers; the ~ so because... d'autant plus que...
◆ **the more... the more** *conj phr* plus... plus; the ~ they have, the ~ they want plus ils en ont, plus ils en veulent; the ~ I see him, the ~ I like him plus je le vois, plus il me plaît.
◆ **what is more, what's more** *adv phr* qui plus est.

moreish *inf* ['mɔːrɪʃ] *adj Br* appétissant; these peanuts are very ~ on en mangerait de ces cacahuètes, ces cacahuètes ont un petit goût de revenez-y.

morello [mə'reləʊ] (*pl* morellos) *n*: ~ (cherry) griotte *f*.

moreover [mɔː'rəʊvəʳ] *adv* de plus.

mores ['mɔːreɪz] *npl fml* mœurs *fpl*.

morganatic [,mɔːgə'nætɪk] *adj* morganatique.

morgue [mɔːg] *n* -**1.** [mortuary] morgue *f*. -**2.** *inf* PRESS archives *fpl*.

MORI ['mɒrɪ] (*abbr of* Market & Opinion Research Institute) *pr n* *institut de sondage*.

moribund ['mɒrɪbʌnd] *adj* moribond.

morish *inf* ['mɔːrɪʃ] = **moreish**.

Mormon ['mɔːmən] ◇ *n* mormon *m*, -e *f*.
◇ *adj* mormon.

Mormonism ['mɔːmənɪzm] *n* mormonisme *m*.

morn [mɔːn] *n* -**1.** *lit* [morning] matin *m*. -**2.** *Scot*: the ~ [tomorrow] demain.

morning ['mɔːnɪŋ] ◇ *n* -**1.** matin *m*, matinée *f*; at three/ten o'clock in the ~ à trois/dix heures du matin; I worked all ~ j'ai travaillé toute la matinée; one summer ~ un matin d'été; when I awoke it was ~ quand je me suis réveillé il faisait jour; every Saturday/Sunday ~ tous les samedis/dimanches matin; from ~ till night du matin jusqu'au soir; there's a flight in the ~ [before noon] il y a un vol le matin; [sometime during] il y a un vol dans la matinée; [tomorrow] il y a un vol demain matin; he's leaving in the ~ il s'en va dans la matinée; it's open in the ~ OR ~s c'est ouvert le matin; see you in the ~! à demain matin!; in the early/late ~ en début/fin de matinée; I'll be back on Monday ~ je serai de retour lundi matin; the cleaning lady comes on Monday ~s la femme de ménage vient le lundi matin; on the ~ of the twelfth le matin du douze, le douze au matin; do you work ~s? est-ce que vous travaillez le matin?; I'm on ~s this week je travaille le matin cette semaine; could I have the ~ off? puis-je avoir la matinée de libre?; (good) ~! [hello] bonjour!; [goodbye] au revoir!; this ~ ce matin; that ~ ce matin-là; tomorrow/yesterday ~ demain/hier matin; the previous ~, the ~ before la veille au matin; the next ~, the ~ after le lendemain matin ❑ the ~ after the night before *inf* un lendemain de cuite. -**2.** *lit* [beginning] matin *m*, aube *f*; in the ~ of one's life à l'aube de sa vie.
◇ *comp* [dew, sun, bath] matinal, du matin; [newspaper, broadcast] du matin; the ~ rush hour les heures de pointe du matin; cancel the Monday ~ meeting annulez le rendez-vous de lundi matin; we have ~ coffee around 11 nous faisons une pause-café vers 11 h du matin.

morning-after pill *n* pilule *f* du lendemain.

morning coat *n* queue-de-pie *f*.

morning dress *n (U)* -**1.** *Br habit porté lors des occasions importantes et comportant queue-de-pie, pantalon gris et haut-de-forme gris*. -**2.** *Am* robe *f* d'intérieur.

morning glory *n* ipomée *f*, volubilis *m*.

Morning Prayer *n* office *m* du matin *(Église anglicane)*.

morning room *n* petit salon *m*.

mornings ['mɔːnɪŋz] *adv esp Am* le matin.

morning sickness *n* nausées *fpl* matinales OR du matin.

morning star *n* étoile *f* du matin.
◆ **Morning Star** *pr n*: the ~ PRESS *quotidien britannique d'obédience communiste*.

Moroccan [mə'rɒkən] ◇ *n* Marocain *m*, -e *f*.
◇ *adj* marocain.

Morocco [mə'rɒkəʊ] *pr n* Maroc *m*; in ~ au Maroc.
◆ **morocco** *n*: morocco (leather) maroquin *m*.

moron ['mɔːrɒn] *n* -**1.** ▽ [stupid person] imbécile *mf*, crétin *m*, -e *f*; you ~! pauvre imbécile! -**2.** *dated* [mentally retarded person] débile *m* léger, débile *f* légère.

Moroni [mə'rəʊnɪ] *pr n* Moroni.

moronic [mə'rɒnɪk] *adj* imbécile, stupide.

moronically [mə'rɒnɪklɪ] *adv* comme un imbécile.

morose [mə'rəʊs] *adj* morose.

morosely [mə'rəʊslɪ] *adv* avec morosité.

morph [mɔːf] *n* LING morphe *f*.

morpheme ['mɔːfiːm] *n* morphème *m*.

morphemics [mɔː'fiːmɪks] *n (U)* morphématique *f*.

Morpheus ['mɔːfjuːs] *pr n* Morphée; in the arms of ~ dans les bras de Morphée.

morphine ['mɔːfiːn], **morphia** ['mɔːfjə] *n* morphine *f*; ~ **addict** morphinomane *mf*.

morphological [,mɔːfə'lɒdʒɪkl] *adj* BIOL & LING morphologique.

morphology [mɔː'fɒlədʒɪ] *n* BIOL & LING morphologie *f*.

morphophoneme [,mɔːfəʊ'fəʊniːm] *n* LING morphophonème *m*.

morphophonemics [,mɔːfəʊfə'niːmɪks] *n (U)* morphophonémique *f*.

morris ['mɒrɪs] *n*: ~ **dance** *danse folklorique anglaise, exécutée par des hommes en costume blanc portant des grelots et des mouchoirs*; ~ **dancer**, ~ **man** *danseur folklorique anglais*; ~ **dancing** *danses folkloriques anglaises*.

morrow ['mɒrəʊ] *n* -**1.** *lit* [next day] lendemain *m*; **on the** ~ le lendemain. -**2.** *arch* OR *lit* [morning] matin *m*.

Morse [mɔːs] *n*: ~ **alphabet** alphabet *m* morse; ~ **(code)** morse *m*; ~ **signals** signaux *mpl* en morse.

morsel ['mɔːsl] *n* [gen] morceau *m*; [mouthful] bouchée *f*; **a choice** ~ un morceau de choix.

Mortadella [,mɔːtə'delə] *n* mortadelle *f*.

mortal ['mɔːtl] ◇ *adj* -**1.** [not immortal] mortel; **all men are** ~ tous les hommes sont mortels ❑ ~ **remains** *euph* dépouille *f* mortelle. -**2.** [fatal - blow, disease, injury] mortel, fatal; [deadly - enemy, danger] mortel. -**3.** *inf dated* [blessed, damned] sacré, satané; **I've tried every** ~ **thing!** j'ai absolument tout essayé! -**4.** [very great]: **he lived in** ~ **fear of being found out** il vivait dans une peur mortelle d'être découvert.
◇ *n* mortel *m*, -elle *f*; **a mere** ~ un simple mortel.

mortality [mɔː'tælətɪ] (*pl* **mortalities**) *n* -**1.** [loss of life] mortalité *f*; **no mortalities have been reported** on ne fait état d'aucun mort, aucun décès n'a été enregistré ❑ **infant** ~ la mortalité infantile; **the** ~ **rate** le taux de mortalité; ~ **tables** tables *fpl* de mortalité OR de létalité. -**2.** [mortal] mortalité *f*.

mortally ['mɔːtəlɪ] *adv* mortellement; ~ **offended** mortellement offensé; ~ **wounded** blessé à mort; **to be** ~ **afraid** être mort de peur *fig*.

mortal sin *n* péché *m* mortel.

mortar ['mɔːtəʳ] ◇ *n* CONSTR, MIL & PHARM mortier *m*.
◇ *vt* CONSTR cimenter.

mortarboard ['mɔːtəbɔːd] *n* -**1.** SCH & UNIV ≃ mortier *m (couvre-chef de professeur, d'universitaire)*. -**2.** CONSTR taloche *f*.

mortgage ['mɔːgɪdʒ] ◇ *n* -**1.** [to buy house] prêt *m* (immobilier); **a 25-year** ~ **at 13%** un emprunt sur 25 ans à 13 % ❑ **we can't meet our** ~ **repayments** nous ne pouvons pas payer les mensualités de notre emprunt; **second** ~ hypothèque *f*. -**2.** [surety] hypothèque *f*.
◇ *vt literal* & *fig* hypothéquer, prendre une hypothèque sur; **to be** ~**d to the hilt** [person] crouler sous les remboursements.

mortgagee [,mɔːgɪ'dʒiː] *n* créancier *m*, -ère *f* hypothécaire, prêteur *m*, -euse *f* (sur une hypothèque).

mortgage rate *n* taux *m* de crédit immobilier.

mortgagor [,mɔːgɪ'dʒɔːʳ] *n* débiteur *m*, -trice *f* hypothécaire, emprunteur *m*, -euse *f (sur une hypothèque)*.

mortice ['mɔːtɪs] = **mortise**.

mortician [mɔː'tɪʃn] *n Am* entrepreneur *m* de pompes funèbres.

mortification [,mɔːtɪfɪ'keɪʃn] *n* [gen, MED & RELIG] mortification *f*; ~ **of the flesh** mortification de la chair.

mortify ['mɔːtɪfaɪ] (*pt* & *pp* **mortified**) ◇ *vt* mortifier; **I was absolutely mortified** j'ai été profondément vexé.
◇ *vi* MED [become gangrenous] se gangrener; [undergo tissue death] se nécroser, se mortifier.

mortise ['mɔːtɪs] ◇ *n* mortaise *f*.
◇ *vt* mortaiser.

mortise lock *n* serrure *f* encastrée.

mortuary ['mɔːtʃʊərɪ] (*pl* **mortuaries**) ◇ *n* morgue *f*.
◇ *adj* mortuaire.

MOS (*abbr of* **metal oxide semiconductor**) *n* MOS *m*.

mosaic [mə'zeɪɪk] ◇ *n* mosaïque *f*.
◇ *adj* en mosaïque; ~ **floor** carrelage *m* en mosaïque.

Mosaic [məʊ'zeɪɪk] *adj* BIBLE mosaïque, de Moïse.

Moscow ['mɒskəʊ] *pr n* Moscou.

Mosel(le) [məʊ'zel] *n* -**1.** [region] Moselle *f*; **in** ~ en Moselle. -**2.** [wine] (vin *m* de) Moselle *m*.

Moses ['məʊzɪz] *pr n* Moïse; **Holy** ~! *inf* Seigneur!

Moses basket *n* couffin *m*.

mosey *inf* ['məʊzɪ] *vi Am* [amble] marcher d'un pas tranquille; **to** ~ **along** aller OR se promener sans se presser; **let's** ~ **over to the pond** allons faire un petit tour jusqu'à l'étang.

Moslem ['mɒzləm] ◇ *n* musulman *m*, -e *f*.
◇ *adj* musulman.

mosque [mɒsk] *n* mosquée *f*.

mosquito [mə'skiːtəʊ] (*pl* **mosquitos** OR **mosquitoes**) *n* moustique *m*; ~ **bite** piqûre *f* de moustique.

mosquito net *n* moustiquaire *f*.

moss [mɒs] *n* mousse *f* BOT; **a rolling stone gathers no** ~ *prov* pierre qui roule n'amasse pas mousse *prov*.

mossback ['mɒsbæk] *n Am* POL ultraconservateur *m*, -trice *f*, réactionnaire *mf*.

Moss Bros® ['mɒsbrɒs] *pr n célèbre entreprise britannique de location de vêtements (notamment de soirée)*.

moss green *n* vert *m* mousse.
◆ **moss-green** *adj* vert mousse *(inv)*.

moss-grown *adj* couvert de mousse, moussu.

moss rose *n* rose *f* moussue OR mousseuse.

moss stitch *n* point *m* de riz; **double** ~ point *m* de blé.

mossy ['mɒsɪ] (*compar* mossier, *superl* mossiest) *adj* moussu, couvert de mousse.

most [məʊst] ◇ *det* (*superl of* **many** & **much**) -**1.** [greatest in number, degree etc]: **(the)** ~ le plus de; **the candidate who gets (the)** ~ **votes** le candidat qui obtient le plus de voix OR le plus grand nombre de voix; **which of your inventions gave you** ~ **satisfaction?** laquelle de vos inventions vous a procuré la plus grande satisfaction? -**2.** [the majority of] la plupart de, la majorité de; ~ **Europeans** la plupart OR la majorité des Européens; **I like** ~ **kinds of fruit** j'aime presque tous les fruits; **I go out** ~ **evenings** je sors presque tous les soirs; **I don't like** ~ **modern art** en général, je n'aime pas l'art moderne; ~ **French wine is excellent** presque tous les vins français sont excellents.
◇ *pron* (*superl of* **many** & **much**) -**1.** [the greatest amount]: **(the)** ~ le plus; **we all earn a lot but Diana earns (the)** ~ nous gagnons tous beaucoup d'argent mais c'est Diana qui en gagne le plus; **which of the three applicants has (the)** ~ **to offer?** lequel des trois candidats a le plus à offrir?; **that is the** ~ **one can say in his defence** c'est tout ce qu'on peut dire en sa faveur ❑ **her latest album is the** ~**!** *inf Am* son dernier album est vraiment génial!; **to make the** ~ **of** [advantage, chance, good weather] profiter de; [bad situation, ill-luck] tirer le meilleur parti de; [resources, skills] employer OR utiliser au mieux; **let's try and make the** ~ **of our last day** essayons de profiter au maximum de notre dernière journée; **he knows how to make the** ~ **of himself** il sait se mettre en valeur. -**2.** [the greater part] la plus grande OR la majeure partie; [the greater number] la plupart OR majorité; ~ **of my salary** la majeure partie de mon salaire; ~ **of the snow has melted** presque toute la neige a fondu; ~ **of the time** la plupart du temps; ~ **of my friends are on holiday** presque tous OR la plupart de mes amis sont en vacances; ~ **of us/them** la plupart d'entre nous/eux.
◇ *adv* -**1.** [forming superlatives]: **the** ~ **populated region in the world** la région la plus peuplée du monde; **it's the** ~ **beautiful house I've ever seen** c'est la plus belle maison que j'aie jamais vue; **she was the one who explained things** ~ **clearly** c'est elle qui expliquait les choses le plus clairement. -**2.** [to the greatest extent, degree]: **(the)** ~ le plus; **the people who complain (the)** ~ les gens qui se plaignent le plus; **what worries you** ~?, **what** ~ **worries you?** qu'est-ce qui vous inquiète le plus?; **it's the one I like** ~ **of all** de tous, c'est celui que je préfère. -**3.** [as intensifier] bien, fort; **a** ~ **interesting theory** une théorie fort intéressante; **we had the** ~ **awful weather** nous avons eu un temps détestable; **it's** ~ **kind of you to say so** c'est extrêmement OR bien gentil à vous de dire ça; **she sang** ~ **delightfully** elle a chanté de façon exquise; ~ **certainly you may!** mais bien entendu! -**4.** *inf Am* [almost] presque; ~ **everybody had heard of it** presque OR pratiquement tout le monde était au courant.
◆ **at (the) most** *adv phr* au plus, au maximum; **there's at** ~ **a 30% chance of success** les chances de succès sont de 30 % tout au plus; **at the very** ~ tout au plus, au grand maximum.

most-favoured nation *n* nation *f* la plus favorisée; **this country has** ~ **status** ce pays bénéficie de la clause de la nation la plus favorisée.

mostly ['məʊstlɪ] *adv* -**1.** [mainly] principalement, surtout; **it's** ~ **sugar** c'est surtout du sucre; **the soldiers were** ~ **young men** il s'agissait pour la plupart OR surtout OR principalement de jeunes soldats; **I've travelled a lot,** ~ **in Europe** j'ai beaucoup voyagé, en Europe surtout. -**2.** [usually] le plus souvent, la plupart du temps; ~ **I get home quite early** la plupart du temps, je rentre assez tôt.

MOT (*pt* & *pp* MOT'd [,eməʊ'tiːd], *cont* MOT'ing [,eməʊ'tiːɪŋ]) (*abbr of* **Ministry of Transport**) *Br* ◇ *n* -**1.** *dated* [ministry] ministère *m* des Transports. -**2.** AUT: ~ **(certificate)** *en Grande-Bretagne, contrôle technique annuel obligatoire pour les véhicules de plus de trois ans*; **that old car of yours will never pass its** ~ ta vieille voiture n'obtiendra jamais son certificat de contrôle technique.
◇ *vt*: **to have one's car** ~**'d** soumettre sa voiture au contrôle technique.

mote [məʊt] *n lit* atome *m*, grain *m*, particule *f*; **the** ~ **in thy brother's eye** BIBLE la paille dans l'œil de ton frère.

motel [məʊ'tel] *n* motel *m*.

motet [məʊ'tet] *n* motet *m*.

moth [mɒθ] *n* -**1.** ENTOM papillon *m* (nocturne). -**2.** [in clothes] mite *f*.

mothball ['mɒθbɔːl] ◇ *n* boule *f* de naphtaline; **it smells of** ~**s in here** ça sent la naphtaline ici ❑ **to put sthg in** ~**s** mettre qqch au placard OR en sommeil.
◇ *vt* [project] mettre en suspens.

moth-eaten *adj* -**1.** *literal* [clothing] mité. -**2.** *inf fig* [shabby] miteux.

mother ['mʌðəʳ] ◇ *n* -**1.** [parent] mère *f*; **she's a** ~ **of three** elle est mère de trois enfants; ~, **this is John** maman, je te présente John ❑ **Mother Earth** la Terre; ~**'s milk** lait *m* maternel; **unmarried** ~ mère célibataire; **shall I be** ~? *Br* c'est moi qui fait le service?; **every** ~**'s son** tous sans exception; **'Mother Courage and Her Children'** *Brecht* 'Mère Courage et ses enfants'; **'Mother Goose Tales'** *Perrault* 'Contes de ma mère l'Oye'. -**2.** RELIG [woman in authority] mère *f*; **mother superior** Mère *f* supérieure ‖ [Virgin Mary]: **Mother of God** Mère *f* de Dieu. -**3.** [original cause, source] mère *f*; **the Mother of parliaments** le Parlement britannique *(qui a servi de modèle à d'autres parlements)*; **necessity is the** ~ **of invention** *prov* nécessité est mère d'industrie OR d'invention. -**4.** ▽ *Am* [character] type *m*; **he was a big** ~ c'était une véritable armoire à glace. -**5.** ▽ *Am* = **motherfucker**.
◇ *adj* -**1.** [motherly] maternel; ~ **love** amour *m* maternel. -**2.** [as parent]: **the** ~ **bird feeds her**

young l'oiseau (femelle) nourrit ses petits ❑ ~ hen mère *f* poule; ~ lode MIN veine *f* principale; ~ ship MIL ravitailleur *m*.

◇ *vt* -**1.** [give birth to] donner naissance à. -**2.** [take care of] servir de mère à; [coddle] dorloter, materner; she ~s him too much elle le dorlote trop.

motherboard ['mʌðəbɔːd] *n* COMPUT carte *f* mère.

mother country *n* (mère) patrie *f*.

mothercraft ['mʌðəkrɑːft] *n* puériculture *f*.

mother figure *n* image *f* de la mère; she's a ~ to them all pour eux tous elle représente l'image de la mère.

motherfucker▼ ['mʌðə,fʌkəʳ] *n Am* [person] enculé *m*, -e *f*; [thing] saloperie *f*.

Mother Goose rhyme *n Am* comptine *f*.

motherhood ['mʌðəhʊd] *n* maternité *f*; it's ~ and apple pie *esp Am* c'est quelque chose qui va de soi.

Mothering Sunday ['mʌðərɪŋ-] *n Br* la fête des Mères.

mother-in-law (*pl* mothers-in-law) *n* belle-mère *f*.

motherland ['mʌðəlænd] *n* (mère) patrie *f*, pays *m* natal.

motherless ['mʌðəlɪs] *adj* sans mère.

motherly ['mʌðəlɪ] *adj* maternel.

Mother Nature *n* la Nature.

mother-of-pearl *n* nacre *f*; ~ buttons boutons *mpl* en OR de nacre.

mother's boy *Br*, **mamma's boy** *Am n* fils *m* à sa maman, poule *f* mouillée.

Mother's Day *n* la fête des Mères.

mother-to-be (*pl* mothers-to-be) *n* future mère *f*.

mother tongue *n* langue *f* maternelle.

mother wit *n* bon sens *m*.

mothproof ['mɒθpruːf] ◇ *adj* traité à l'antimite.

◇ *vt* traiter à l'antimite.

motif [məʊ'tiːf] *n* ART, LITERAT & MUS motif *m*.

motile [*Br* 'məʊtaɪl, *Am* 'məʊtl] *adj* mobile.

motility [məʊ'tɪlətɪ] *n* motilité *f*.

motion ['məʊʃn] ◇ *n* -**1.** [movement] mouvement *m*; the gentle ~ of the boat le mouvement léger du bateau. -**2.** [gesture] geste *m*, mouvement *m*; he made a ~ as if to step back il esquissa un geste de recul; with a swaying ~ of the hips en ondulant des hanches ❑ to go through the ~s faire qqch machinalement; they just went through the ~s of applauding ils ont applaudi machinalement. -**3.** [proposal] motion *f*, résolution *f*; to propose OR to bring a ~ présenter une motion, soumettre une proposition; to table a ~ of no confidence déposer une motion de censure. -**4.** JUR [application] requête *f*. -**5.** MED [faeces] selles *fpl*; to have OR to pass a ~ aller à la selle. -**6.** MUS mouvement *m*; contrary ~ mouvement contraire.

◇ *vi*: to ~ to sb (to do sthg) faire signe à qqn (de faire qqch).

◇ *vt*: to ~ sb in/away/out faire signe à qqn d'entrer/de s'éloigner/de sortir.

◆ **in motion** ◇ *adj* [moving] en mouvement; [working] en marche; do not alight while the train is in ~ il est interdit de descendre du train avant l'arrêt complet.

◇ *adv phr*: he set the machine in ~ il mit la machine en marche; we'll be setting the new system in ~ next year nous mettrons le nouveau système en place l'année prochaine; to set the wheels in ~ démarrer.

motionless ['məʊʃənlɪs] *adj* immobile.

motion picture *n Am* CIN film *m*.

motion sickness *n Am* mal *m* des transports.

motivate ['məʊtɪveɪt] *vt* motiver; how can I ~ my pupils? comment puis-je motiver mes élèves?; what ~d your choice? qu'est-ce qui a motivé votre choix?; what ~d you to change your mind? qu'est-ce qui vous a poussé à changer d'avis?

motivated ['məʊtɪveɪtɪd] *adj* motivé; a highly ~ young woman une jeune femme extrêmement motivée OR débordant d'ardeur.

motivation [,məʊtɪ'veɪʃn] *n* motivation *f*; the pupils lack ~ les élèves sont peu motivés.

motivational [,məʊtɪ'veɪʃənl] *adj* motivationnel; ~ research études *fpl* de motivation.

motive ['məʊtɪv] ◇ *n* -**1.** [reason] motif *m*, raison *f*; the ~s for her behaviour ce qui explique sa conduite, les raisons de sa conduite; my ~ for asking is simple la raison pour laquelle je pose cette question est simple ‖ JUR mobile *m*; what could have been his ~ for committing the crime? quelles sont les raisons qui ont pu le pousser à commettre ce crime? -**2.** = **motif**.

◇ *adj* moteur; ~ energy/power énergie/force motrice.

motiveless ['məʊtɪvlɪs] *adj* immotivé, injustifié; an apparently ~ murder un meurtre sans mobile apparent.

motley ['mɒtlɪ] ◇ *adj* -**1.** [diverse, assorted] hétéroclite, composite, disparate; a ~ crew une foule bigarrée. -**2.** [multicoloured] multicolore, bariolé.

◇ *n* -**1.** [mixture] mélange *m* hétéroclite. -**2.** *arch* [jester's dress] livrée *f* de bouffon.

motocross ['məʊtəkrɒs] *n* moto-cross *m*.

motor ['məʊtəʳ] ◇ *n* -**1.** [engine] moteur *m*; electric ~ moteur électrique. -**2.** *inf Br* [car] auto *f*, automobile *f*, voiture *f* (automobile).

◇ *adj* -**1.** [equipped with motor] à moteur; ~ coach autocar *m*; ~ launch vedette *f*; ~ mower tondeuse *f* à moteur; ~ vehicle véhicule *m* automobile; ~ mouth *inf fig* & *hum* moulin *m* à paroles. -**2.** *Br* [concerning cars] automobile; the ~ industry l'industrie *f* automobile; ~ insurance assurance *f* automobile; she had a ~ accident elle a eu un accident de voiture ❑ ~ racing courses *fpl* automobiles; the ~ show le salon de l'automobile. -**3.** ANAT [nerve, muscle] moteur; ~ response réponse *f* motrice.

◇ *vi Br dated* aller en voiture; we ~ed up to London/across Europe nous sommes allés à Londres/nous avons traversé l'Europe en voiture.

Motorail ['məʊtəreɪl] *n* train *m* autocouchette OR autos-couchettes.

motorbike ['məʊtəbaɪk] *n* moto *f*.

motorboat ['məʊtəbəʊt] *n* canot *m* automobile OR à moteur.

motorbus ['məʊtəbʌs] *n* autobus *m*.

motorcade ['məʊtəkeɪd] *n* cortège *m* (de voitures).

motor car *n fml* automobile *f*, voiture *f*.

motorcycle ['məʊtə,saɪkl] ◇ *n* motocyclette *f*, moto *f*; ~ racing motocyclisme *m*; ~ cop *inf Am* motard *m (de la police)*.

◇ *vi* aller en moto.

motorcyclist ['məʊtə,saɪklɪst] *n* motocycliste *mf*.

motor home *n Am* camping-car *m*.

motoring ['məʊtərɪŋ] *n* l'automobile *f (U)*; a ~ trip un voyage en voiture; school of ~ auto-école *f*.

motor inn *n Am* motel *m*.

motorist ['məʊtərɪst] *n* automobiliste *mf*.

motorize, -ise ['məʊtəraɪz] *vt* motoriser; ~d troops troupes motorisées; a ~d wheelchair un fauteuil roulant à moteur.

motor lodge *n Am* motel *m*.

motorman ['məʊtəmən] (*pl* motormen [-mən]) *n* mécanicien *m*, conducteur *m*.

motor neurone disease *n* affection *f* des motoneurones.

motor scooter *n* scooter *m*.

motorway ['məʊtəweɪ] *n Br* autoroute *f*; ~ café restauroute *m*; ~ madness la folie de l'autoroute.

mottle ['mɒtl] *vt* tacheter, moucheter.

mottled ['mɒtld] *adj* tacheté, moucheté; [skin] marbré.

motto ['mɒtəʊ] (*pl* mottos OR mottoes) *n* -**1.** [maxim] devise *f*; the college ~ la devise du collège. -**2.** [in Christmas cracker - joke] blague *f*; [- riddle] devinette *f*.

mould *Br*, **mold** *Am* [məʊld] ◇ *vt* -**1.** [fashion - statue, vase] façonner, modeler; to ~ sthg in OR from OR out of clay sculpter qqch dans de l'argile; the waves have ~ed the cliff les vagues ont modelé la falaise; to ~ sb's character *fig* façonner OR former le caractère de qqn; they're trying to ~ public opinion *fig* ils essaient de façonner l'opinion publique. -**2.** ART & METALL [make in a mould] mouler; ~ed plastic chairs chaises *fpl* en plastique moulé. -**3.** [cling to - body, figure] mouler.

◇ *vi* [become mouldy] moisir.

◇ *n* -**1.** ART & METALL [hollow form] moule *m*; [prototype] modèle *m*, gabarit *m*; cake ~ moule à gâteau ‖ [moulded article] pièce *f* moulée; rice ~ gâteau *m* de riz. -**2.** *fig* [pattern] moule *m*; they're all cast in the same ~ ils sortent tous du OR ils ont tous été coulés dans le même moule; to break the ~ sortir des sentiers battus; when they made him they broke the ~ il n'y en a pas deux comme lui. -**3.** [mildew] moisissure *f*. -**4.** [soil] humus *m*, terreau *m*.

moulder *Br*, **molder** *Am* ['məʊldəʳ] *vi* -**1.** [decay - corpse, compost] se décomposer; [- house, beams] se délabrer; [- bread] moisir. -**2.** [languish - person, article] moisir; [- economy, institution] dépérir; he's ~ing away in prison il moisit OR croupit en prison.

moulding *Br*, **molding** *Am* ['məʊldɪŋ] *n* -**1.** ARCHIT [decorative] moulure *f*; [at join of wall and floor] baguette *f*, plinthe *f*. -**2.** [moulded article] objet *m* moulé, pièce *f* moulée. -**3.** [act of shaping] moulage *m*.

mouldy *Br*, **moldy** *Am* ['məʊldɪ] (*Br compar* mouldier, *superl* mouldiest, *Am compar* moldier, *superl* moldiest) *adj* -**1.** moisi; it smells ~ ça sent le moisi. -**2.** *inf* [measly] minable; [nasty] vache, rosse.

Mouli® ['muːlɪ] *Br* ◇ *n* moulin *m* à légumes.

◇ *vt* passer à la Moulinette®.

moult *Br*, **molt** *Am* [məʊlt] ◇ *vi* ZOOL muer; [cat, dog] perdre ses poils.

◇ *vt* [hair, feathers] perdre.

◇ *n* mue *f*.

mound [maʊnd] *n* -**1.** [of earth, stones] butte *f*, monticule *m*, tertre *m*; burial ~ tertre funéraire, tumulus *m*. -**2.** [heap] tas *m*; a huge ~ of junk mail une gigantesque pile de prospectus; he ate ~s of rice *inf* il a mangé une montagne de riz.

mount [maʊnt] ◇ *vt* -**1.** [climb - slope, steps] monter; [climb onto - horse, bicycle] monter sur, enfourcher; [- stage, throne etc] monter sur; a truck ~ed the pavement un camion monta sur le trottoir. -**2.** [organize, put on - exhibition, campaign etc] monter, organiser; they ~ed an attack on the party leadership ils montèrent une attaque contre la direction du parti; to ~ guard on OR over veiller sur; to ~ guard MIL monter la garde. -**3.** [fix, support] monter; to ~ a gem monter une pierre; to ~ photographs/stamps coller des photos/timbres (dans un album); they ~ed machine guns on the roofs ils installèrent des mitrailleuses sur les toits; an old sword ~ed in a glass case une épée de collection exposée dans une vitrine. -**4.** [mate with] monter, saillir, couvrir.

◇ *vi* -**1.** [onto horse] monter (à cheval), se mettre en selle. -**2.** [rise, increase] monter, augmenter, croître; her anger ~ed sa colère grandit.

◇ *n* -**1.** [mountain] mont *m*, montagne *f*. -**2.** GEOG: the Mount of Olives le mont des Oliviers. -**3.** [horse] monture *f*. -**4.** [support - of photo] carton *m*, support *m*; [- of gem, lens, tool] monture *f*; [- of machine] support *m*; [- for stamp in collection] charnière *f*; [- for object under microscope] lame *f*.

◆ **mount up** *vi insep* -**1.** [increase] monter, augmenter, s'accroître. -**2.** [accumulate] s'accumuler, s'amonceler; you'll be amazed how quickly the money ~s up vous serez stupéfait de voir la somme qu'on peut atteindre en si peu de temps.

MOUNTAINS BEGINNING WITH 'MOUNT':
Mount Ararat le mont Ararat;
Mount Athos le mont Athos;
Mount Etna le mont Etna, l'Etna;
Mount Everest le mont Everest, l'Everest;
Mount Fuji le (mont) Fuji-Yama;
Mount Kilimanjaro le Kilimandjaro;
Mount Olympus le mont Olympe, l'Olympe;
Mount Parnassus le mont Parnasse;
Mount Rushmore le mont Rushmore (dans lequel sont sculptés les visages des Présidents Washington, Jefferson, Lincoln et Th. Roosevelt);
Mount Sinaï le (mont) Sinaï;
Mount Vesuvius le (mont) Vésuve;
Mount Whitney le mont Whitney.

mountain ['maʊntɪn] ◇ *n* -**1.** montagne *f*; **we spent a week in the ~s** on a passé une semaine à la montagne ❑ **to make a ~ out of a molehill** se faire une montagne d'un rien; **to move ~s** déplacer des montagnes; **you can't expect him to move ~s just to please you!** il ne peut pas faire l'impossible uniquement pour te faire plaisir! -**2.** [heap, accumulation] montagne *f*, tas *m*; **a ~ of papers** une énorme pile de papiers; **he had bought ~s of rice** il avait acheté des montagnes de riz; **I've got ~s of work to get through** j'ai un travail fou OR monstre à terminer ❑ **the butter ~** ECON la montagne de beurre.
◇ *comp* [people] montagnard; [resort, stream, guide] de montagne; [air] de la montagne; [life] en montagne; [flora, fauna] de montagne, des montagnes; **a ~ rescue team** une équipe de secours en montagne.

mountain ash *n* -**1.** [rowan] sorbier *m*. -**2.** [eucalyptus] eucalyptus *m*.

mountain bike *n* vélo *m* tout terrain, vélocross *m*.

mountain cat *n* [lynx] lynx *m*; [puma] puma *m*, cougouar *m*.

Mountain Daylight Time *n* heure *f* d'été des montagnes Rocheuses.

mountain dew *n Br* whisky *m* (produit illégalement).

mountaineer [ˌmaʊntɪ'nɪəʳ] *n* alpiniste *mf*.

mountaineering [ˌmaʊntɪ'nɪərɪŋ] *n* alpinisme *m*.

mountain goat *n* chamois *m*.

mountain lion *n* puma *m*, cougouar *m*.

mountainous ['maʊntɪnəs] *adj* -**1.** [region] montagneux. -**2.** *fig* [huge] énorme, colossal; **~ seas** vagues *f* énormes.

mountain pass *n* col *m*, défilé *m*.

mountain range *n* chaîne *f* de montagnes.

mountain sheep (*pl inv*) *n* bighorn *m*.

mountain sickness *n* mal *m* des montagnes.

mountainside ['maʊntɪnsaɪd] *n* flanc *m* OR versant *m* d'une montagne; **a village perched on the ~** un village juché à flanc de montagne.

Mountain (Standard) Time *n* heure *f* d'hiver des montagnes Rocheuses.

mountain top *n* sommet *m*, cime *f*.

mountainy ['maʊntɪnɪ] *adj* -**1.** *Am* [terrain] montagneux. -**2.** *Am & Ir* [people] montagnard.

mountebank ['maʊntɪbæŋk] *n* charlatan *m*.

mounted ['maʊntɪd] *adj* [troops] monté, à cheval; **the ~ police** la police montée; **~ policeman** [gen] policier *m* à cheval.

Mountie *inf*, **Mounty** *inf* ['maʊntɪ] (*pl* **Mounties**) *n* membre *m* de la police montée *(au Canada)*; **the ~s** la police montée *(au Canada)*.

mounting ['maʊntɪŋ] ◇ *n* = **mount 3**.
◇ *adj* [pressure, anxiety] croissant.

mourn [mɔːn] ◇ *vi* [feel, express grief] pleurer; [be in mourning] être en deuil, porter le deuil; **to ~ over the loss of sb** pleurer qqn, être en deuil de qqn; **we ~ with you** nous partageons votre douleur; **he ~s for** OR **over his lost youth** il se lamente sur OR il pleure sa jeunesse perdue.
◇ *vt* [person] pleurer, porter le deuil de; [death, loss] pleurer; **the whole town ~s the tragedy** cette tragédie a plongé la ville entière dans le malheur.

mourner ['mɔːnəʳ] *n* [friend, relative] proche *mf* du défunt; **the ~s followed the hearse** le cortège funèbre suivait le corbillard; **the streets were lined with ~s** la foule en deuil s'était massée sur les trottoirs.

mournful ['mɔːnfʊl] *adj* [person, eyes, mood] triste, mélancolique; [tone, voice] lugubre; [place] lugubre, sinistre; **a ~ occasion** tristes OR douloureuses circonstances.

mournfully ['mɔːnfʊlɪ] *adv* mélancoliquement, tristement.

mournfulness ['mɔːnfʊlnɪs] *n* tristesse *f*, mélancolie *f*.

mourning ['mɔːnɪŋ] ◇ *n (U)* -**1.** [period] deuil *m*; [clothes] (vêtements *mpl* de) deuil *m*; **to be in ~** être en deuil, porter le deuil; **to be in ~ for sb** porter le deuil de qqn; **to go into/come out of ~** prendre/quitter le deuil; **a day of ~ was declared** une journée de deuil a été décrétée ❑ **'Mourning Becomes Electra'** *O'Neill* 'le Deuil sied à Électre'. -**2.** [cries] lamentations *fpl*.
◇ *comp* [dress, suit] de deuil.

mouse [maʊs] (*pl* **mice** [maɪs]) ◇ *n* -**1.** souris *f*; **'Of Mice and Men'** *Steinbeck* 'Des souris et des hommes'. -**2.** [shy person] timide *mf*, timoré *m*, -e *f*. -**3.** COMPUT souris *f*.
◇ *vi* [cat] chasser les souris.
◆ **mouse out** *inf vt sep Am* dénicher.

mousehole ['maʊshəʊl] *n* trou *m* de souris.

mouser ['maʊsəʳ] *n* [cat] chasseur *m*, -euse *f* de souris.

mousetrap ['maʊstræp] *n* souricière *f*; **~ cheese** *inf Br fromage de qualité inférieure* ❑ **'The Mousetrap'** *Christie* 'la Souricière'.

mousey ['maʊsɪ] = **mousy**.

moussaka [muː'sɑːkə] *n* moussaka *f*.

mousse [muːs] *n* mousse *f*; **chocolate ~** mousse au chocolat.

moustache [məs'tɑːʃ] *Br*, **mustache** ['mʌstæʃ] *Am n* moustache *f*, moustaches *fpl*; **he's growing a ~** il se fait pousser la moustache.

mousy ['maʊsɪ] (*compar* **mousier**, *superl* **mousiest**) *adj* -**1.** *pej* [shy] timide, effacé. -**2.** *pej* [in colour - hair] châtain clair.

mouth [*n* maʊθ, *vb* maʊð] (*pl* **mouths** [maʊðz]) ◇ *n* -**1.** [of person] bouche *f*; [of animal] gueule *f*; **don't talk with your ~ full!** ne parle pas la bouche pleine!; **breathe through your ~** respirez par la bouche; **I have five ~s to feed** j'ai cinq bouches à nourrir; **the smell made her ~ water** l'odeur lui fit venir l'eau à la bouche; **'to be taken by ~'** PHARM 'à prendre par voie orale'; **he didn't open his ~ once during the meeting** il n'a pas ouvert la bouche OR il n'a pas dit un mot pendant toute la réunion; **keep your ~ shut** n'en parlez à personne, gardez-le pour vous; **he's incapable of keeping his ~ shut** il ne sait pas tenir sa langue ❑ **he's all ~** *inf* c'est une grande gueule OR un fort en gueule; **he's got a big ~** *inf* il ne peut pas s'empêcher de l'ouvrir; **to be down in the ~** *inf* avoir le cafard; **me and my big ~!** j'ai encore perdu une occasion de me taire! -**2.** [of river] embouchure *f*, bouche *f*, bouches *fpl*. -**3.** [opening - gen] ouverture *f*, orifice *m*, bouche *f*; [- of bottle] goulot *m*; [- of cave] entrée *f*.
◇ *vt* -**1.** [silently - insults, obscenities] dire à voix basse, marmonner; **don't talk/sing, just ~ the words** ne parle/chante pas, fais seulement semblant. -**2.** [pompously] déclamer; [mechanically] débiter; [insincerely - excuses] dire qqch du bout des lèvres; [- regrets] formuler sans conviction; **to ~ platitudes** débiter des lieux communs.
◆ **mouth off** *inf vi insep* -**1.** [brag] la ramener. -**2.** [be insolent] se montrer insolent.

-mouthed [maʊðd] *in cpds*: **open~** bouche bée; **wide~** [bottle] à large goulot.

mouthful ['maʊθfʊl] *n* -**1.** [of food] bouchée *f*; [of liquid] gorgée *f*; **I couldn't eat another ~!** je ne pourrais rien avaler de plus! -**2.** *inf* [word] mot *m* difficile à prononcer; **his name's a bit of a ~** il a un nom *m* à coucher dehors. -**3.** *Am* [important remark]: **you said a ~!** ça, tu peux le dire!, là tu as parlé d'or!

mouth organ *n* harmonica *m*.

mouthpiece ['maʊθpiːs] *n* -**1.** [of musical instrument] bec *m*, embouchure *f*; [of pipe] tuyau *m*; [of telephone] microphone *m*. -**2.** [spokesperson] porte-parole *m inv*; [newspaper, magazine] organe *m*, porte-parole *m inv*.

mouth-to-mouth *adj*: **to give sb ~ resuscitation** faire du bouche-à-bouche à qqn.

mouthwash ['maʊθwɒʃ] *n* [for cleansing] bain *m* de bouche; [for gargling] gargarisme *m*.

mouth-watering *adj* appétissant, alléchant; **a ~ display of pastries** un appétissant étalage de pâtisseries, un étalage de pâtisseries qui vous mettent l'eau à la bouche.

mouthy *inf* ['maʊðɪ] (*compar* **mouthier**, *superl* **mouthiest**) *adj* bavard, jaseur.

movable ['muːvəbl] ◇ *adj* mobile; **~ property** JUR biens *mpl* meubles; **~ feast** RELIG fête *f* mobile; **'A Movable Feast'** *Hemingway* 'Paris est une fête'.
◇ *n*: **~s** JUR effets *mpl* mobiliers, biens *mpl* meubles.

move [muːv] ◇ *vt* -**1.** [put elsewhere - object] déplacer; [- part of body] bouger, remuer; **this key ~s the cursor towards the right** cette touche déplace le curseur vers la droite; **~ the lever to the left** poussez le levier vers la gauche; **we ~d all the chairs indoors/outdoors** nous avons rentré/sorti toutes les chaises; **we've ~d the couch into the spare room** nous avons mis le canapé dans la chambre d'amis; **~ all those papers off the table!** enlève tous ces papiers de la table!, débarrasse la table de tous ces papiers!; **don't ~ anything on my desk** ne touche à rien sur mon bureau; **I can't ~ my leg** je n'arrive pas à bouger la jambe; **he ~s his lips when he reads** il remue les lèvres en lisant; **~ your head to the left** inclinez la tête vers la gauche ‖ GAMES jouer; **she ~d a pawn** elle a joué un pion ❑ **~ it!** *inf* grouille-toi! -**2.** [send elsewhere - prisoner, troops etc] transférer; **~ all these people out of the courtyard** faites sortir tous ces gens de la cour; **she's been ~d to the New York office/to accounts** elle a été mutée au bureau de New York/affectée à la comptabilité; **he asked to be ~d to a room with a sea-view** il a demandé qu'on lui donne une chambre avec vue sur la mer; **troops are being ~d into the area** des troupes sont envoyées dans la région; **he's decided to ~ his family to England** [he is in England] il a décidé de faire venir sa famille en Angleterre; [he is elsewhere] il a décidé d'envoyer sa famille en Angleterre. -**3.** [change time or date of] déplacer; **the meeting has been ~d to Friday** [postponed] la réunion a été remise à vendredi; [brought forward] la réunion a été avancée à vendredi. -**4.** [to new premises, location]: **the company that ~d us** la firme qui s'est chargée de OR qui a effectué notre déménagement; **to ~ house** OR **flat** déménager. -**5.** [affect, touch] émouvoir; **I was deeply ~d** j'ai été profondément ému OR touché; **he was ~d to tears** il fut ému jusqu'aux larmes. -**6.** [motivate, prompt] pousser, inciter; **to ~ sb to do sthg** pousser OR inciter qqn à faire qqch; **what ~d you to change your mind?** qu'est-ce qui vous a fait changer d'avis? -**7.** *(usu passive & negative)* [cause to yield]: **the Prime Minister will not be ~d** le Premier ministre ne cédera pas d'un pouce; **we shall not be ~d!** nous ne céderons pas! -**8.** [propose] proposer; **to ~ an amendment** proposer un amendement; **I ~ that we vote on it** je propose que nous procédions au vote. -**9.** COMM [sell] écouler, vendre. -**10.** MED: **to ~ one's bowels** aller à la selle.
◇ *vi* -**1.** [shift, change position] bouger; **I'm sure the curtains ~d** je suis sûr d'avoir vu les rideaux bouger; **I was so scared I couldn't ~** j'avais tellement peur que je n'osais pas faire un geste; **the train was so crowded, I could barely ~** le train était tellement bondé que je pouvais à peine bouger OR faire un mouvement; **you can't ~ for furniture in their flat** il y a

tellement de meubles dans leur appartement qu'il n'y a pas la place de se retourner; the handle won't ~ la poignée ne bouge pas; she wouldn't ~ out of my way elle ne voulait pas s'écarter de mon chemin || [be in motion - vehicle]: the line of cars was moving slowly down the road la file de voitures avançait lentement le long de la route; I jumped off while the train was still moving j'ai sauté avant l'arrêt du train; the truck started moving backwards le camion a commencé à reculer || [travel in specified direction]: the guests ~d into/out of the dining room les invités passèrent dans/sortirent de la salle à manger; the depression is moving westwards la dépression se déplace vers l'ouest; the demonstrators were moving towards the embassy les manifestants se dirigeaient vers l'ambassade; the hands of the clock ~d inexorably towards midnight les aiguilles de l'horloge s'approchaient inexorablement de minuit; small clouds ~d across the sky de petits nuages traversaient le ciel; the earth ~s round the sun la Terre tourne autour du Soleil; public opinion is moving to the left/right *fig* l'opinion publique évolue vers la gauche/droite ❑ to ~ in high circles fréquenter la haute société. -**2.** [leave] partir; it's getting late, I ought to be OR get moving il se fait tard, il faut que j'y aille OR que je parte. -**3.** GAMES [player] jouer; you can't ~ until you've thrown a six on ne peut pas jouer avant d'avoir fait sortir OR d'avoir amené un six; white to ~ and mate in three les blancs jouent et font mat en trois coups || [piece] se déplacer; pawns can't ~ backwards les pions ne peuvent pas reculer. -**4.** [to new premises, location] déménager; when are you moving? quand est-ce que vous déménagez?; when are you moving to your new apartment? quand est-ce que vous emménagez dans votre nouvel appartement?; she's moving to San Francisco elle va habiter (à) San Francisco; the company has ~d to more modern premises la société s'est installée dans des locaux plus modernes. -**5.** [change job, profession etc]: he's ~d to a job in publishing il travaille maintenant dans l'édition. -**6.** [develop, progress] avancer, progresser; events have started moving now les choses ont commencé à avancer; the colonel knew how to get things moving le colonel savait activer OR faire avancer les choses ❑ to ~ with the times évoluer OR vivre avec son temps. -**7.** *inf* [travel fast] filer, foncer; that car can really ~! cette voiture a quelque chose dans le ventre!; she's really moving now maintenant elle fonce vraiment. -**8.** [take action] agir; if you want to succeed now is the time to ~ si vous voulez réussir, il vous faut agir maintenant OR dès à présent; the town council ~d to have the school closed down la municipalité a pris des mesures pour faire fermer l'école; I'll get moving on it first thing tomorrow je m'en occuperai demain à la première heure. -**9.** COMM [sell] se vendre, s'écouler. -**10.** MED: have your bowels ~d today? êtes-vous allé à la selle aujourd'hui?

◇ *n* -**1.** [movement] mouvement *m*; with one ~ she was by his side en un éclair, elle fut à ses côtés; one ~ out of you and you're dead! un seul geste et tu es mort!; he made a ~ to take out his wallet il s'apprêta à sortir son portefeuille; she made a ~ to leave elle se leva pour partir; it's late, I ought to be making a ~ il se fait tard, il faut que j'y aille ❑ get a ~ on! *inf* grouille-toi!, active! -**2.** [change of home, premises] déménagement *m*; how did the ~ go? comment s'est passé le déménagement?; we're considering a ~ to bigger premises nous envisageons d'emménager dans des locaux plus spacieux. -**3.** [change of job] changement *m* d'emploi; after ten years in the same firm she felt it was time for a ~ après dix ans dans la même société elle avait le sentiment qu'il était temps de changer d'air OR d'horizon. -**4.** [step, measure] pas *m*, démarche *f*; she made the first ~ elle a fait le premier pas; she wondered when he would make his ~ elle se demandait quand il allait se décider; the new management's first ~ was to increase all salaries la première mesure de la nouvelle direction a été de relever tous les salaires; what do you think their next ~ will be? selon vous, que vont-ils faire maintenant?; they made an unsuccessful ~ to stop the war ils firent une tentative infructueuse pour arrêter la guerre. -**5.** GAMES [turn to move] tour *m*; it's my ~ c'est à moi (de jouer) || [act of moving] coup *m*; white mates in two ~s les blancs font mat en deux coups || [way piece moves] marche *f*; in chess the first thing to learn is the ~s la première chose à apprendre aux échecs, c'est la façon dont les pièces se déplacent sur l'échiquier OR le déplacement des pièces sur l'échiquier ❑ to be on the ~ être en déplacement; he's a travelling salesman, so he's always on the ~ c'est un représentant de commerce, voilà pourquoi il est toujours en déplacement OR il est toujours par monts et par vaux; the enemy forces on the ~ les colonnes ennemies en marche OR en mouvement; I've been on the ~ all day je n'ai pas arrêté de la journée; we're a firm on the ~ nous sommes une entreprise dynamique.

◆ **move about** *Br* ◇ *vi insep* se déplacer, bouger; I can hear somebody moving about upstairs j'entends des bruits de pas là-haut; it's hard to ~ about on crutches c'est dur de se déplacer avec des béquilles.
◇ *vt sep* déplacer.

◆ **move along** ◇ *vi insep* avancer; the procession ~d along painfully slowly le cortège avançait OR progressait terriblement lentement; the policeman told them to ~ along le policier leur ordonna de circuler; ~ along there, please! circulez, s'il vous plaît!
◇ *vt sep* [bystanders, busker] faire circuler.

◆ **move around** = **move about**.

◆ **move away** ◇ *vi insep* -**1.** [go in opposite direction] s'éloigner, partir; he held out his arms to her but she ~d away il lui tendit les bras mais elle s'éloigna; the train ~d slowly away le train partit lentement. -**2.** [change address] déménager; her best friend ~d away sa meilleure amie a déménagé.
◇ *vt sep* éloigner.

◆ **move back** ◇ *vi insep* -**1.** [back away] reculer. -**2.** [return to original position] retourner; they've ~d back to the States ils sont retournés habiter OR ils sont rentrés aux États-Unis.
◇ *vt sep* -**1.** [push back - person, crowd] repousser; [- chair] reculer. -**2.** [return to original position] remettre; you can change the furniture around as long as you ~ it back afterwards vous pouvez déplacer les meubles à condition de les remettre ensuite à leur place OR là où ils étaient.

◆ **move down** ◇ *vi insep* -**1.** [from higher level, floor etc] descendre; he ~d down a class SCH on l'a fait descendre d'une classe. -**2.** [make room] se pousser; ~ down, there's plenty of room inside poussez-vous, il y a de la place à l'intérieur.
◇ *vt insep*: ~ down the bus, please avancez jusqu'au fond de l'autobus, s'il vous plaît.
◇ *vt sep* [from higher level, floor etc] descendre; he was ~d down a class SCH on l'a fait passer dans la classe inférieure.

◆ **move forward** ◇ *vi insep* avancer.
◇ *vt sep* avancer; she ~d the clock forward one hour elle a avancé l'horloge d'une heure.

◆ **move in** ◇ *vi insep* -**1.** [into new home, premises] emménager; his mother-in-law has ~d in with them sa belle-mère s'est installée OR est venue habiter chez eux. -**2.** [close in, approach] avancer, s'approcher; the police began to ~ in on the demonstrators la police a commencé à avancer OR à se diriger vers les manifestants; the camera then ~s in on the bed la caméra s'approche ensuite du lit. -**3.** [take control]: another gang is trying to ~ in on our territory une autre gang essaie de mettre la main sur l'affaire; the unions ~d in and stopped the strike les syndicats prirent les choses en main et mirent un terme à la grève.
◇ *vt sep*: we've ~d most of the furniture in nous avons déjà installé la plupart des meubles; the landlord ~d another family in le propriétaire a loué à une autre famille.

◆ **move off** *vi insep* s'éloigner, partir; the train finally ~d off le train partit OR s'ébranla enfin.

◆ **move on** ◇ *vi insep* -**1.** [proceed on one's way] poursuivre son chemin; we spent a week in Athens, then we ~d on to Crete on a passé une semaine à Athènes avant de partir pour la Crète; a policeman told me to ~ on un policier m'a dit de circuler. -**2.** [progress - to new job, new subject etc]: she's ~d on to better things elle a trouvé une meilleure situation; after five years in the same job I feel like moving on après avoir occupé le même emploi pendant cinq ans, j'ai envie de changer d'air; can we ~ on to the second point? pouvons-nous passer au deuxième point?
◇ *vt sep* [bystanders, busker] faire circuler.

◆ **move out** ◇ *vi insep* -**1.** [of home, premises] déménager; when are you moving out of your room? quand est-ce que tu déménages de OR tu quittes ta chambre?; his girlfriend has ~d out son amie l'a quitté. -**2.** MIL [troops] se retirer.
◇ *vt sep* MIL [troops] retirer.

◆ **move over** *vi insep* -**1.** [make room] se pousser; ~ over and let me sit down pousse-toi pour que je puisse m'asseoir. -**2.** [stand down - politician] se désister; it's time he ~d over to make way for a younger man il serait temps qu'il laisse la place à un homme plus jeune. -**3.** [change over]: we're moving over to mass production nous passons à la fabrication en série.

◆ **move up** ◇ *vi insep* -**1.** [make room] se pousser; ~ up and let me sit down pousse-toi pour que je puisse m'asseoir. -**2.** [in hierarchy] monter; [in company] avoir de l'avancement; to ~ up a class SCH passer dans la classe supérieure ❑ you've ~d up in the world! tu en as fait du chemin! -**3.** MIL [troops] avancer; our battalion's moving up to the front notre bataillon monte au front.
◇ *vt sep* -**1.** [in order to make room] pousser, écarter. -**2.** [in hierarchy] faire monter; he's been ~d up a class SCH on l'a fait passer dans la classe supérieure. -**3.** MIL [troops] faire avancer; another division has been ~d up une autre division a été envoyée sur place.

moveable ['muːvəbl] = **movable**.

movement ['muːvmənt] *n* -**1.** [change of position] mouvement *m*; population/troop ~s mouvements de populations/de troupes; the ~ of goods le transport des marchandises; there was a general ~ towards the bar tout le monde se dirigea vers le bar; she heard ~ in the next room elle a entendu des bruits dans la pièce voisine; his ~s are being watched ses déplacements sont surveillés; I'm not sure what my ~s are going to be over the next few weeks je ne sais pas exactement ce que je vais faire OR quel sera mon emploi du temps dans les quelques semaines à venir; freedom of ~ la liberté de circulation || [gesture] mouvement *m*, geste *m*; all her ~s were rapid and precise tous ses gestes étaient rapides et précis. -**2.** [change, tendency] mouvement *m*, tendance *f*; there's a growing ~ towards privatization la tendance à la privatisation s'accentue; his speeches over the last year show a ~ towards the right les discours qu'il a prononcés depuis un an font apparaître un glissement vers la droite; the upward/downward ~ of interest rates la hausse/baisse des taux d'intérêts. -**3.** [group] mouvement *m*; liberation ~ mouvement de libération. -**4.** TECHN [mechanism - of clock etc] mouvement *m*. -**5.** MUS [of symphony, sonata etc] mouvement *m*. -**6.** MED [faeces] selles *fpl*; to have a (bowel) ~ aller à la selle.

mover ['muːvəʳ] *n* -**1.** [physical]: sloths are extraordinarily slow ~s les paresseux sont des animaux à mouvements extrêmement lents;

she's a lovely ~ *inf* elle bouge bien ❑ he's a fast ~ *inf* c'est un tombeur. -**2.** [of a proposal, motion] motionnaire *mf*; who was the ~ of this amendment? qui a proposé cet amendement?

movie ['muːvɪ] *esp Am* ◇ *n* film *m*.
◇ *comp* [actor, star] de cinéma; the ~ industry l'industrie *f* cinématographique OR du cinéma; ~ reviewer critique *mf* de cinéma.
◆ **movies** *npl esp Am*: to go to the ~s aller au cinéma; she's in the ~s elle travaille dans le cinéma.

movie camera *n Am* caméra *f*.

moviegoer ['muːvɪgəʊəʳ] *n Am* cinéphile *mf*.

movie house, movie theatre *n Am* (salle *f* de) cinéma *m*.

moving ['muːvɪŋ] *adj* -**1.** [in motion] en mouvement; [vehicle] en marche; [target] mouvant; slow-/fast-~ qui se déplace lentement/rapidement. -**2.** [not fixed] mobile; ~ parts pièces *fpl* mobiles. -**3.** [touching] émouvant, touchant. -**4.** [motivating]: she's the ~ force OR spirit behind the project c'est elle l'instigatrice OR le moteur du projet. -**5.** [for moving house] de déménagement; on ~ day le jour du déménagement; ~ van *Am* camion *m* de déménageurs.

movingly ['muːvɪŋlɪ] *adv* de façon émouvante OR touchante.

moving pavement *n Br* trottoir *m* roulant.

moving picture *n Am dated* film *m*.

moving staircase *n* escalier *m* roulant, escalator *m*.

mow [məʊ] (*pt* mowed, *pp* mowed OR mown [məʊn]) *vt* [lawn] tondre; [hay] faucher.
◆ **mow down** *vt sep* faucher, abattre.

mower ['məʊəʳ] *n* [person] faucheur *m*, -euse *f*; [machine - for lawn] tondeuse *f*; [- for hay] faucheuse *f*.

mowing ['məʊɪŋ] *n* AGR fauchage *m*; ~ machine faucheuse *f*.

mown [məʊn] *pp* → **mow**.

Mozambican [ˌməʊzæm'biːkn] ◇ *n* Mozambicain *m*, -e *f*.
◇ *adj* mozambicain.

Mozambique [ˌməʊzæm'biːk] *pr n* Mozambique *m*; in ~ au Mozambique.

Mozambique Channel *pr n*: the ~ le canal de Mozambique.

mozzarella [ˌmɒtsə'relə] *n* mozzarelle *f*.

MP *n* -**1.** (*abbr of* Military Police) PM *f*. -**2.** *Br & Can* (*abbr of* Member of Parliament) ≃ député; the ~ for Finchley le député de Finchley. -**3.** *Can abbr of* Mounted Police.

mpg (*abbr of* miles per gallon) *n* consommation *f* d'essence; my old car did 20 ~ mon ancienne voiture faisait OR consommait 3,5 litres au cent.

mph (*abbr of* miles per hour) *n* miles *mpl* à l'heure; 100 ~ 160 km/h.

MPhil [ˌem'fɪl] (*abbr of* Master of Philosophy) *n* (titulaire d'une) maîtrise de lettres.

MPS *n abbr of* Member of the Pharmaceutical Society.

Mr ['mɪstəʳ] *abbr* M., Monsieur; ~ Brown M. Brown; ~ President Monsieur le Président ❑ 'Mr Deeds Goes To Town' *Capra* 'l'Extravagant M. Deeds'.

Mr Big *inf n* le chef, le patron.

MRC *pr n* (*abbr of* Medical Research Council) *institut de recherche médicale situé à Londres.*

MRCP *n abbr of* Member of the Royal College of Physicians.

MRCS *n abbr of* Member of the Royal College of Surgeons.

MRCVS *n abbr of* Member of the Royal College of Veterinary Surgeons.

MRP *n abbr of* manufacturer's recommended price.

Mr Right *inf n* l'homme idéal, le prince charmant; she's waiting for ~ elle attend le prince charmant OR l'homme de ses rêves.

Mrs ['mɪsɪz] *abbr* Mme, Madame; ~ Brown Mme Brown.

Mrs Mop *inf n Br* [cleaner] femme *f* de ménage; I'm not your ~, you know! hé, je ne suis pas ta bonne!

ms. (*pl* mss.) (*written abbr of* manuscript) ms.

Ms [məz] *abbr titre que les femmes peuvent utiliser au lieu de madame ou mademoiselle pour éviter la distinction entre les femmes mariées et les célibataires.*

MS ◇ *n* -**1.** (*abbr of* multiple sclerosis) SEP *f*. -**2.** *Am* (*abbr of* Master of Science) *(titulaire d'une) maîtrise de sciences.*
◇ -**1.** *written abbr of* Mississippi. -**2.** (*written abbr of* manuscript) ms.

MSA (*abbr of* Master of Science in Agriculture) *n (titulaire d'une) maîtrise en sciences agricoles.*

MSB (*abbr of* most significant bit/byte) *n bit de poids fort.*

MSc (*abbr of* Master of Science) *n (titulaire d'une) maîtrise de sciences.*

MSC *pr n abbr of* Manpower Services Commission.

MSF (*abbr of* Manufacturing, Science, Finance) *pr n confédération syndicale britannique.*

MSG *n abbr of* monosodium glutamate.

Msgr (*written abbr of* Monsignor) Mgr.

Mss *written abbr of* manuscripts.

MSS *pl* → **MS, ms**.

MST *n abbr of* Mountain Standard Time.

MSW (*abbr of* Master of Social Work) *n (titulaire d'une) maîtrise en travail social.*

Mt (*written abbr of* mount) Mt.

MT ◇ *n* (*abbr of* machine translation) TA *f*.
◇ *written abbr of* Montana.

much [mʌtʃ] ◇ *det* beaucoup de; we don't have ~ time on n'a pas beaucoup de temps; there isn't ~ cake/money left il ne reste pas beaucoup de gâteau/d'argent; the tablets didn't do ~ good les comprimés n'ont pas servi à grand-chose OR n'ont pas fait beaucoup d'effet; ~ good may it do you! *iron* grand bien vous fasse!
◇ *pron* beaucoup; is there ~ left? est-ce qu'il en reste beaucoup?; is there any left? – not ~ est-ce qu'il en reste? – pas beaucoup; there's still ~ to be decided il reste encore beaucoup de choses à décider; he hadn't ~ to say on the subject il n'avait pas grand-chose à dire à ce sujet; there's not ~ anyone can do about it personne n'y peut grand-chose; we have ~ to be thankful for nous avons beaucoup de raisons d'être reconnaissants; ~ of the time [long period] la majeure partie du temps; [very often] la plupart du temps; ~ of the coffee had to be thrown away on a dû jeter une grande partie du café; I agreed with ~ of what she said j'étais d'accord avec presque tout ce qu'elle a dit || [used to intensify]: I'm not ~ of a hiker je ne suis pas un très bon marcheur; it hasn't been ~ of a holiday ce n'était pas vraiment des vacances ❑ what he said didn't amount to ~ il n'avait pas grand-chose d'important à dire; his plans didn't come to ~ ses projets n'ont pas abouti à grand-chose; to make ~ of sb/sthg: the defence made ~ of the witness's criminal record la défense a beaucoup insisté sur le casier judiciaire du témoin; I couldn't make ~ of the figures je n'ai pas compris grand-chose aux chiffres; I don't think ~ of him/of his technique je n'ai pas une très haute opinion de lui/de sa technique; there's ~ to be said for the old-fashioned method la vieille méthode a beaucoup d'avantages; there's ~ to be said for his suggestions il y a des choses fort intéressantes dans ce qu'il propose; there's not ~ to choose between them ils se valent; there's not ~ in it il n'y a pas une grande différence; he doesn't want OR ask OR expect ~, does he? *inf iron* il n'est pas difficile, lui, au moins! *iron.*
◇ *adv* beaucoup; I don't drink ~ je ne bois pas beaucoup; ~ admired/appreciated très admiré/apprécié; ~ happier/more slowly beaucoup plus heureux/plus lentement; I feel very ~ better je me sens beaucoup mieux; it is ~ to be regretted that... *fml* il est fort regrettable que...; ~ to my surprise à mon grand étonnement; I'm not ~ good at making speeches je ne suis pas très doué pour faire des discours; thank you very ~ OR so ~ merci beaucoup; it's ~ the best/the fastest way to travel c'est de beaucoup le meilleur moyen/le moyen le plus rapide de voyager; it's ~ the best/the fastest c'est le meilleur/le plus rapide de beaucoup ❑ ~ the same presque pareil; she's still ~ the same as yesterday son état n'a pas changé depuis hier.
◆ **as much** ◇ *pron phr* [that, the same]: I thought/suspected as ~ c'est bien ce que je pensais/soupçonnais; I said as ~ to him yesterday c'est ce que je lui ai dit hier; would you do as ~ for me? en ferais-tu autant pour moi?
◇ *adv phr* [with multiples, fractions]: twice/three times as ~ deux/trois fois plus; half as ~ la moitié (de ça); a quarter as ~ un quart (de ça).
◆ **as much... as** ◇ *det phr* [the same amount as]: as ~... as autant de... que; I've got as ~ money as you j'ai autant d'argent que vous; take as ~ sugar as you like prenez autant de OR tout le sucre que vous voulez.
◇ *conj phr* autant que; he's as ~ to blame as her elle n'est pas plus responsable que lui, il est responsable autant qu'elle.
◆ **as much as** ◇ *pron phr* -**1.** [the same as]: it costs as ~ as the Japanese model ça coûte le même prix que le modèle japonais; that's as ~ as to say that I'm a liar ça revient à me traiter de menteur. -**2.** [all]: it was as ~ as I could do to keep a straight face j'ai failli éclater de rire.
◇ *conj phr* autant que; I hate it as ~ as you do ça me déplaît autant qu'à vous; as ~ as ever toujours autant; as ~ as before autant qu'avant; I don't dislike them as ~ as all that ils ne me déplaisent pas autant que ça.
◆ **however much** ◇ *det phr*: however ~ money you give him, it won't be enough vous pouvez lui donner autant d'argent que vous voulez, ça ne suffira pas.
◇ *pron phr*: however ~ they offer, take it quelle que soit la somme qu'ils proposent, acceptez-la.
◇ *adv phr*: however ~ you dislike the idea... quelle que soit votre aversion pour cette idée...; however ~ I try, it doesn't work j'ai beau essayer, ça ne marche pas.
◆ **how much** ◇ *det phr* combien de; how ~ flour have we got left? combien de farine nous reste-t-il?
◇ *pron phr* combien; how ~ do you want? [gen] combien en voulez-vous?; [money] combien voulez-vous?; how ~ is the record OR does the record cost? combien coûte ce disque?
◆ **much as** *conj phr*: ~ as I admire him, I have to admit that... malgré toute mon admiration pour lui, je dois admettre que...; ~ as I would like to, I can't come à mon grand regret, il m'est véritablement impossible de venir.
◆ **so much** ◇ *det phr* tant de, tellement de; it takes up so ~ time ça prend tellement de temps; it's just so ~ nonsense c'est tellement bête.
◇ *pron phr* -**1.** [such a lot] tant; I've learnt so ~ on this course j'ai vraiment appris beaucoup (de choses) en suivant ces cours; there's still so ~ to do il y a encore tant à faire. -**2.** [this amount]: there's only so ~ one can do il y a une limite à ce qu'on peut faire; how ~ water will I put in? – about so ~ combien d'eau est-ce que je dois mettre? – à peu près ça.
◇ *adv phr* tellement; I miss you so ~ tu me manques tellement; I wouldn't mind so ~, only he promised to do it ça ne me gêne pas tellement, mais il avait promis de le faire; it's not so ~ his unpunctuality, it's his rudeness I can't stand ce n'est pas tellement ses retards, c'est sa grossièreté que je ne supporte pas; thank you ever so ~ merci infiniment OR mille fois.
◆ **so much as** *adv phr* même; if you so ~ as breathe a word of this... si seulement tu répètes

un mot de tout ça...; without so ~ as asking permission sans même demander la permission.

◆ **so much for** *prep phr*: so ~ for the agenda; now let us consider... voilà pour ce qui est de l'ordre du jour; maintenant, je voudrais que nous nous penchions sur la question de...; so ~ for that idea! on peut oublier cette idée!

◆ **that much** ◇ *det phr*: there was that ~ food, we thought we'd never finish it il y avait tellement à manger qu'on pensait ne jamais arriver à finir.
◇ *pron phr*: was there ~ damage? — not that ~ y a-t-il eu beaucoup de dégâts? — pas tant que ça; did it cost that ~? ça a coûté autant que ça?; how ~ do you want? — about that ~ combien en veux-tu? — à peu près ça.
◇ *adv phr (with compar)* -**1.** [a lot] beaucoup plus; it'll be that ~ easier to organize ce sera d'autant plus facile à organiser; not that ~ better pas beaucoup mieux. -**2.** [this amount]: she's that ~ taller than me elle est plus grande que moi de ça.

◆ **this much** ◇ *det phr*: there was this ~ coffee left il restait ça de café.
◇ *pron phr* -**1.** [this amount]: I had to cut this ~ off the hem of my skirt j'ai dû raccourcir ma jupe de ça. -**2.** [one thing] une chose; this ~ is true... une chose au moins est vraie...; I'll say this ~ for her, she's got guts il faut reconnaître une chose, c'est qu'elle a du cran.

◆ **too much** ◇ *det phr* trop de.
◇ *pron phr* trop; there's too ~ to do il y a trop à faire; don't expect too ~ [be too demanding] ne soyez pas trop exigeant, n'en demandez pas trop; [be too hopeful] ne vous faites pas trop d'illusions; that's too ~! *inf* ça, c'est trop!
◇ *adv phr* [work, speak] trop.

muchness *inf* ['mʌtʃnɪs] *n Br phr*: I can't decide which curtains to get, they're all pretty much of a ~ je ne sais pas quels rideaux acheter, c'est vraiment du pareil au même; the candidates were all (pretty) much of a ~ tous les candidats se valaient.

mucilage ['mju:sɪlɪdʒ] *n* BOT mucilage *m*.

muck *inf* [mʌk] *(U)* ◇ *n* -**1.** [mud] boue *f*, gadoue *f*; [dirt] saletés *fpl*; [manure] fumier *m*; [dung - of horse] crottin *m*; [- of dog] crotte *f*; they think they're Lord and Lady Muck *Br hum* ils ne se prennent pas pour n'importe qui, ils se croient sortis de la cuisse de Jupiter; where there's ~, there's brass *Br prov* c'est peut-être sale, mais ça rapporte! *(fait référence aux travaux salissants mais rentables)*. -**2.** *fig* [inferior literature, films etc] saletés *fpl*; [bad food] cochonneries *fpl*. -**3.** *phr*: to make a ~ of sthg *Br* [bungle] foutre qqch par terre, bousiller qqch.
◇ *vt* AGR fumer.

◆ **muck about** *inf*, **muck around** *inf Br* ◇ *vi insep* -**1.** [waste time] traîner, perdre son temps. -**2.** [be stupid] faire l'imbécile; stop ~ing about! arrête de faire l'imbécile! -**3.** [interfere]: to ~ about with sthg [equipment] toucher à qqch, tripoter qqch; [belongings] déranger qqch, mettre la pagaille dans qqch.
◇ *vt sep* [person - waste time of] faire perdre son temps à; [- be inconsiderate to] malmener; [belongings, papers] déranger, toucher à.

◆ **muck in** *inf vi insep Br* [share task] mettre la main à la pâte, donner un coup de main; [share costs] participer aux frais.

◆ **muck out** *vt sep Br* [horse, stable] nettoyer, curer.

◆ **muck up** *inf vt sep* -**1.** [dirty] cochonner. -**2.** [ruin] bousiller, foutre en l'air.

mucker▽ ['mʌkəʳ] *n Br* [pal] copain *m*, copine *f*, pote *m*.

muckheap *inf* ['mʌkhi:p] *n Br* tas *m* de fumier.

muckraker ['mʌkreɪkəʳ] *n pej* fouineur *m*, -euse *f*.

muckraking ['mʌkreɪkɪŋ] *n pej*: it's the kind of paper that specializes in ~ c'est le type de journal spécialisé dans les scandales.

muckspreader ['mʌkspredəʳ] *n* AGR épandeur *m* (d'engrais).

muck-up *inf n Br* pagaille *f*, bordel *m*; to make a ~ of sthg foutre qqch en l'air, bousiller qqch.

mucky *inf* ['mʌkɪ] *(compar* muckier, *superl* muckiest) *adj* -**1.** [dirty, muddy - hands] sale, crasseux; [- shoes] sale, crotté; [- water, road] sale, boueux; the weather was ~ *Br* il faisait un sale temps. -**2.** [obscene - book, film] obscène.

mucous ['mju:kəs] *adj* muqueux; ~ membrane muqueuse *f*.

mucus ['mju:kəs] *n* mucus *m*, mucosité *f*; [from nose] morve *f*.

mud [mʌd] *(pt & pp* mudded, *cont* mudding)
◇ *n* [gen] boue *f*; [in river, lake] vase *f*; my car got stuck in the ~ ma voiture s'est embourbée ☐ here's ~ in your eye! *Am* à la tienne!; to drag sb OR sb's name through the ~ traîner qqn dans la boue; my name is ~ in certain circles *inf* je suis en disgrâce OR persona non grata dans certains milieux; to throw OR to sling ~ at sb couvrir qqn de boue.
◇ *vt* couvrir de boue, crotter.

mudbank ['mʌdbæŋk] *n* banc *m* de vase.

mudbath ['mʌdbɑ:θ] *n* bain *m* de boue.

muddle ['mʌdl] ◇ *n* [confusion] confusion *f*; [mess] désordre *m*, fouillis *m*; all her belongings were in a ~ toutes ses affaires étaient en désordre OR sens dessus dessous; my finances are in an awful ~ ma situation financière n'est pas claire du tout OR est complètement embrouillée; Peter was in a real ~ over the holiday plans Peter ne savait plus où il en était dans ses projets de vacances; let's try to sort out this ~ essayons de démêler cet écheveau *fig*; there must have been a ~ over the train times quelqu'un a dû se tromper dans les horaires de train.
◇ *vt* -**1.** [mix up - dates] confondre, mélanger; [- facts] embrouiller, mélanger; the dates got ~d il y a eu une confusion dans les dates. -**2.** [confuse - person] embrouiller (l'esprit OR les idées de); now you've got me ~d maintenant, je ne sais plus où j'en suis; she'll get ~d if you all talk at once vous allez lui embrouiller l'esprit si vous parlez tous à la fois.

◆ **muddle along** *vi insep* se débrouiller.

◆ **muddle through** *vi insep* se tirer d'affaire.

◆ **muddle up** *vt sep* = **muddle** *vt*.

muddleheaded [,mʌdl'hedɪd] *adj* [person] désordonné, brouillon, écervelé; [idea, speech, essay] confus.

muddler ['mʌdləʳ] *n* personne *f* désordonnée; he's such a ~! il est tellement brouillon!

muddle-up *n* -**1.** [misunderstanding] quiproquo *m*, malentendu *m*; there was a ~ over the dates il y a eu une confusion dans les dates. -**2.** [situation] embrouillement *m*, imbroglio *m*.

muddy ['mʌdɪ] *(compar* muddier, *superl* muddiest) ◇ *adj* -**1.** [hand, car] plein OR couvert de boue; [shoes] plein de boue, crotté; [road, stream] boueux. -**2.** *fig* [complexion] terreux; [colour] terne, sale; [flavour, drink] boueux; [liquid] boueux, trouble. -**3.** [indistinct - thinking, ideas] confus, embrouillé, peu clair; [out of focus - image] brouillé, trouble, flou.
◇ *vt* -**1.** [hands, shoes] salir, couvrir de boue; [road, stream] rendre boueux. -**2.** [situation] compliquer, embrouiller.

mudflap ['mʌdflæp] *n* [on car] bavette *f*; [on truck] pare-boue *m inv*.

mudflat ['mʌdflæt] *n* laisse *f* OR banc *m* de boue.

mudguard ['mʌdgɑ:d] *n* garde-boue *m inv*.

mud hut *n* case *f* en pisé OR en terre.

mudlark ['mʌdlɑ:k] *n lit* gamin *m*, -e *f* des rues, gavroche *mf*.

mudpack ['mʌdpæk] *n* masque *m* à l'argile.

mud pie *n* pâté *m* (de sable).

mudslinger ['mʌd,slɪŋəʳ] *n* fauteur *m*, -trice *f* de scandales; the ~s will be disappointed les amateurs de scandales en seront pour leurs frais.

mudslinging ['mʌd,slɪŋɪŋ] *n* calomnie *f*; a lot of ~ went on during the elections ils ont passé leur temps à se traîner les uns les autres dans la boue pendant les élections.

muesli ['mju:zlɪ] *n* muesli *m*; the ~ belt *Br pej quartiers où vit une certaine bourgeoisie de gauche, soucieuse de diététique etc*.

muezzin [mu:'ezɪn] *n* muezzin *m*.

muff [mʌf] ◇ *n* -**1.** [for hands] manchon *m*; [for ears] oreillette *f*. -**2.** ORNITH aigrette *f*. -**3.** [bungled attempt] coup *m* manqué.
◇ *vt* [bungle] rater, manquer; to ~ a catch rater une prise.

muffin ['mʌfɪn] *n* muffin *m*.

muffle ['mʌfl] *vt* -**1.** [quieten - sound] étouffer, assourdir; [- engine] étouffer le bruit de; the silencer ~s engine noise le silencieux étouffe le bruit du moteur; we could hear ~d cries coming from the next room on entendait des cris étouffés OR sourds qui venaient de la pièce voisine. -**2.** [repress - laughter] retenir, étouffer; there was a lot of ~d laughter on entendait de nombreux rires étouffés.

◆ **muffle up** ◇ *vt sep* (bien) emmitoufler.
◇ *vi insep* s'emmitoufler.

muffled ['mʌfld] *adj* [sound, voice] sourd, étouffé; [oars] assourdi; [drums] voilé.

muffler ['mʌfləʳ] *n* -**1.** *dated* [scarf] écharpe *f* de laine, cache-nez *m inv*. -**2.** *Am* AUT silencieux *m*.

mufti ['mʌftɪ] *n dated* tenue *f* civile; wearing ~, in ~ en civil.

mug [mʌg] *(pt & pp* mugged, *cont* mugging)
◇ *n* -**1.** [cup, beer glass] chope *f*. -**2.** ▽ [face] gueule *f*; shut your ugly ~! ferme ta sale gueule! -**3.** *inf Br* [dupe] poire *f*; [fool] nigaud *m*, -e *f*; it's a ~'s game [foolish] c'est de la connerie; [trap] c'est de l'arnaque. -**4.** *inf Am* [thug] gangster *m*, voyou *m*. -**5.** = **mug shot**.
◇ *vt* agresser.

◆ **mug up** *inf Br* ◇ *vi insep* bûcher, boulonner; he's mugging up for the test il bûche ferme en prévision de son examen; I'd better ~ up on my French je ferais mieux de potasser mon français.
◇ *vt sep* potasser, bosser.

mugful ['mʌgfʊl] *n* [of tea, coffee] tasse *f* (pleine); [of beer] chope *f* (pleine).

mugger ['mʌgəʳ] *n* agresseur *m*.

mugginess ['mʌgɪnɪs] *n* METEOR chaleur *f* lourde et humide.

mugging ['mʌgɪŋ] *n* agression *f*; he was the victim of a ~ il a été victime d'une agression; ~ is on the increase il y a une augmentation des agressions.

muggins *inf* ['mʌgɪnz] *(pl inv* OR muggineses) *n Br* idiot *m*, -e *f*, poire *f*; I suppose ~ will have to go je suppose que c'est bibi OR ma pomme qui devra y aller.

muggy ['mʌgɪ] *(compar* muggier, *superl* muggiest) *adj* METEOR lourd et humide.

mug shot *inf n* photo *f* d'identité judiciaire.

mugwort ['mʌgwɜ:t] *n* BOT armoise *f*.

mugwump ['mʌgwʌmp] *n Am* POL *péj* indépendant *m*, -e *f*.

Muhammedan, Muhammadan [mə'hæmɪdn] ◇ *n* Mahométan *m*, -e *f*.
◇ *adj* mahométan.

mujaheddin [,mu:dʒəhe'di:n] *n* moudjahid *m*.

mulatto [mju:'lætəʊ] *(pl* mulattos OR mulattoes) ◇ *adj* mulâtre.
◇ *n* mulâtre *m*, mûlatresse *f*.

mulberry ['mʌlbərɪ] ◇ *n* -**1.** [fruit] mûre *f*; [tree] mûrier *m*; white ~ mûrier blanc. -**2.** [colour] violet *m* foncé.
◇ *adj* violet foncé *(inv)*.

mulch [mʌltʃ] HORT ◇ *n* paillis *m*.
◇ *vt* pailler, couvrir de paillis.

mulct [mʌlkt] *fml* ◇ *n* amende *f*.
◇ *vt* -**1.** [fine] infliger une amende à. -**2.** [defraud] escroquer; [overcharge] escroquer.

mule [mju:l] *n* -**1.** [animal - male] mulet *m*; [- female] mule *f*; (as) stubborn as a ~ têtu comme un mulet OR une mule. -**2.** TECH mule-jenny *f*. -**3.** [slipper] mule *f*.

muleteer [,mju:lɪ'tɪəʳ] *n* muletier *m*, -ère *f*.

mulish ['mjuːlɪʃ] *adj* têtu, entêté.
mulishness ['mjuːlɪʃnɪs] *n* entêtement *m*, obstination *f*.
mull [mʌl] *vt* [wine, beer] chauffer et épicer; ~ed wine vin *m* chaud.
◆ **mull over** *vt sep* réfléchir (longuement) à.
mullah ['mʌlə] *n* mollah *m*.
mullet ['mʌlɪt] (*pl inv* OR **mullets**) *n* [grey] muge *m*, mulet *m* gris; [red] rouget *m*, mulet *m* rouge.
mulligan ['mʌlɪgən] *n Br*: ~ **(stew)** [of meat] ragoût *m*; [of fish] fricassée *f* de poisson.
mulligatawny [,mʌlɪgə'tɔːnɪ] *n Br* mulligatawny *m*, soupe *f* au curry.
mullion ['mʌlɪən] *n* meneau *m*; ~ **window** fenêtre *f* à meneaux.
mullioned ['mʌlɪənd] *adj* [window] à meneaux.
multiaccess [,mʌltɪ'ækses] *adj* COMPUT multiaccès *(inv)*.
multicellular [,mʌltɪ'seljʊlə^r] *adj* multicellulaire.
multichannel [,mʌltɪ'tʃænl] *adj* multicanal.
multicoloured *Br*, **multicolored** *Am* ['mʌltɪ,kʌləd] *adj* multicolore.
multicultural [,mʌltɪ'kʌltʃərəl] *adj* multiculturel.
multiculturalism [,mʌltɪ'kʌltʃərəlɪzm] *n* multiculturalisme *m*.
multidirectional [,mʌltɪdɪ'rekʃənl] *adj* multidirectionnel.
multidisciplinary ['mʌltɪ,dɪsɪ'plɪnərɪ] *adj Br* pluridisciplinaire, multidisciplinaire.
multiethnic [,mʌltɪ'eθnɪk] *adj* pluriethnique.
multifaceted [,mʌltɪ'fæsɪtɪd] *adj* présentant de multiples facettes.
multifamily [,mʌltɪ'fæmɪlɪ] *adj Am* pour plusieurs familles.
multifarious [,mʌltɪ'feərɪəs] *adj* [varied] (très) divers OR varié; [numerous] (très) nombreux.
multifile ['mʌltɪfaɪl] *adj* à fichiers multiples.
multiform ['mʌltɪfɔːm] *adj* multiforme.
multihull ['mʌltɪhʌl] ◇ *adj* multicoque.
◇ *n* multicoque *m*.
multilateral [,mʌltɪ'lætərəl] *adj* multilatéral.
multilaterally [,mʌltɪ'lætərəlɪ] *adv* de façon multilatérale.
multilingual [,mʌltɪ'lɪŋgwəl] *adj* multilingue.
multimedia [,mʌltɪ'miːdjə] *adj* multimédia.
multimeter ['mʌltɪ,miːtə^r] *n* ELEC multimètre *m*.
multimillionaire ['mʌltɪ,mɪljə'neə^r] *n* multimillionnaire *mf*.
multinational [,mʌltɪ'næʃənl] ◇ *adj* multinational.
◇ *n* multinationale *f*.
multipartite [,mʌltɪ'pɑːtaɪt] *adj* **-1.** [talks] multipartite, multilatéral. **-2.** [in many parts] composé de plusieurs parties; [with many people] impliquant plusieurs personnes; [with many signatories] comportant de nombreux signataires.
multiparty ['mʌltɪ,pɑːtɪ] *adj*: **the ~ system** le pluripartisme.
multiple ['mʌltɪpl] ◇ *n* **-1.** MATH multiple *m*; in ~s of 100 en OR par multiples de 100. **-2.** *Br* [store] chaîne *f* de magasins.
◇ *adj* **-1.** [gén] multiple; **she suffered ~ injuries** elle a été blessée en plusieurs endroits || [ownership] collectif; ~ **collision** collision *f* multiple. **-2.** ELEC en parallèle.
multiple-access = **multiaccess**.
multiple-choice *adj* à choix multiples.
multiple sclerosis *n* sclérose *f* en plaques.
multiple shop, **multiple store** *n* grand magasin *m* à succursales, chaîne *f* de magasins.
multiplex ['mʌltɪpleks] TELEC ◇ *adj* multiplex.
◇ *n* multiplex *m*.
◇ *vt* multiplexer.
multiplexer, **multiplexor** ['mʌltɪ,pleksə^r] *n* TELEC multiplexeur *m*.
multiplicand [,mʌltɪplɪ'kænd] *n* multiplicande *m*.
multiplication [,mʌltɪplɪ'keɪʃn] *n* [gen & MATH] multiplication *f*.
multiplication sign *n* signe *m* de multiplication.
multiplication table *n* table *f* de multiplication.
multiplicity [,mʌltɪ'plɪsətɪ] *n* multiplicité *f*.
multiplier ['mʌltɪplaɪə^r] *n* **-1.** ECON, ELECTRON & MATH multiplicateur *m*. **-2.** COMPUT multiplieur *m*.
multiply ['mʌltɪplaɪ] (*pt* & *pp* **multiplied**) ◇ *vt* multiplier; **it will ~ costs by eight** ça va multiplier les coûts par huit.
◇ *vi* **-1.** MATH faire des multiplications. **-2.** [reproduce, increase] se multiplier.
multiprocessor [,mʌltɪ'prəʊsesə^r] *n* COMPUT multiprocesseur *m*.
multiprogramming [,mʌltɪ'prəʊgræmɪŋ] *n* COMPUT multiprogrammation *f*.
multipurpose [,mʌltɪ'pɜːpəs] *adj* à usages multiples, polyvalent.
multiracial [,mʌltɪ'reɪʃl] *adj* multiracial.
multistage ['mʌltɪsteɪdʒ] *adj* **-1.** [procedure] à plusieurs étapes. **-2.** [rocket] à plusieurs étages.
multistorey [,mʌltɪ'stɔːrɪ] *Br*, **multistoried** [,mʌltɪ'stɔːrɪd] *Am adj*: ~ **building** grand immeuble *m*; ~ **car park** parking *m* à plusieurs niveaux.
multitasking [,mʌltɪ'tɑːskɪŋ] ◇ *n* multitâche *f*.
◇ *comp* multitâche.
multitrack [,mʌltɪ'træk] *adj* multipiste.
multitude ['mʌltɪtjuːd] *n* **-1.** [large number - of people, animals] multitude *f*; [- of details, reasons] multitude *f*, foule *f*; **it covers a ~ of sins** cela peut être interprété de diverses façons. **-2.** [ordinary people]: **the ~** la multitude, la foule.
multitudinous [,mʌltɪ'tjuːdɪnəs] *adj* [countless] innombrable.
multiuser [,mʌltɪ'juːzə^r] *adj* multiutilisateurs *(inv)*.
multiwindow [,mʌltɪ'wɪndəʊ] *adj* COMPUT multifenêtre.
mum [mʌm] ◇ *adj*: **to keep ~** garder le silence ❑ ~**'s the word!** *inf* motus et bouche cousue!
◇ *n inf Br* [mother] maman *f*.
mumble ['mʌmbl] ◇ *vi* marmonner; **what are you mumbling about?** qu'est-ce que tu as à marmonner comme ça?; **to ~ to o.s.** marmonner tout seul; **he ~d on for half an hour** il a radoté pendant une demi-heure.
◇ *vt* marmonner; **to make a ~d apology, to ~ an apology** marmonner des excuses.
◇ *n* paroles *fpl* indistinctes, marmonnement *m*, marmonnements *mpl*; **he replied in a ~** il marmonna une réponse.
mumbo jumbo [,mʌmbəʊ'dʒʌmbəʊ] *n pej* langage *m* incompréhensible, charabia *m*; **it's just a load of ~** tout ça, c'est du charabia; **as far as I'm concerned astrology is just a load of ~** pour moi, l'astrologie n'est que de la superstition ridicule.
mummer ['mʌmə^r] *n* danseur *m*, -euse *f* folklorique.
mummery ['mʌmərɪ] (*pl* **mummeries**) *n* **-1.** *pej* [ceremony] cérémonie *f* pompeuse. **-2.** [dancing] spectacle *m* de danses folkloriques.
mummification [,mʌmɪfɪ'keɪʃn] *n* momification *f*.
mummify ['mʌmɪfaɪ] (*pt* & *pp* **mummified**) ◇ *vt* momifier.
◇ *vi* se momifier.
mummy ['mʌmɪ] (*pl* **mummies**) *n* **-1.** [body] momie *f*. **-2.** *inf Br* [mother] maman *f*.
mumps [mʌmps] *n (U)* oreillons *mpl*.
munch [mʌntʃ] ◇ *vt* [crunchy food] croquer; [food in general] mâcher.
◇ *vi*: **to ~ on an apple** croquer une pomme; **she was ~ing away at some toast** elle mâchonnait un toast; **he sat there ~ing away** il restait là à mâchonner.
munchies *inf* ['mʌntʃɪz] *npl*: **to have the ~** avoir un petit creux; **I've got a bad case of the ~** j'ai la dalle.
mundane [mʌn'deɪn] *adj* banal, ordinaire.
mung bean [mʌŋ-] *n* mungo *m*, ambérique *f*.
Munich ['mjuːnɪk] *pr n* Munich.
municipal [mjuː'nɪsɪpl] *adj* municipal, de la ville.
municipality [mjuː,nɪsɪ'pælətɪ] (*pl* **municipalities**) *n* municipalité *f*.
munificence [mjuː'nɪfɪsəns] *n* munificence *f*.
munificent [mjuː'nɪfɪsənt] *adj* munificent.
munitions [mjuː'nɪʃnz] *npl* munitions *fpl*; ~ **dump** dépôt *m* de munitions; ~ **factory** fabrique *f* de munitions; **she was a ~ worker** elle travaillait dans une fabrique de munitions.
muon ['mjuːɒn] *n* muon *m*.
mural ['mjuːərəl] ◇ *n* [painting] mural *m*, peinture *f* murale.
◇ *adj* mural.
Murcia ['mɜːsɪə] *pr n* Murcie.
murder ['mɜːdə^r] ◇ *n* **-1.** *literal* meurtre *m*, assassinat *m*; **he's up on a ~ charge** il est accusé de meurtre; ~ **trial** procès *m* pour meurtre; **the ~ weapon** l'arme *f* du crime ❑ **to get away with ~** faire n'importe quoi impunément; **they know their mother will let them get away with ~** ils savent qu'avec leur mère ils peuvent faire ce qu'ils veulent; **'Murder in the Cathedral'** *Eliot* 'Meurtre dans la cathédrale'; **'Murder on the Orient Express'** *Christie, Lumet* 'le Crime de l'Orient-Express'; **'The Murders in the Rue Morgue'** *Poe* 'Double assassinat dans la rue Morgue'. **-2.** *inf fig* calvaire *m*, enfer *m*; **the traffic is ~ on Fridays** il y a une circulation épouvantable le vendredi; **it's ~ trying to get her to agree** ce n'est pas une mince affaire que d'obtenir son consentement.
◇ *vt* **-1.** [kill] tuer, assassiner; [slaughter] tuer, massacrer; **I could ~ a beer!** je me taperais bien une bière! **-2.** *fig* [language, play] massacrer.
◇ *interj*: ~**!** à l'assassin!
murderer ['mɜːdərə^r] *n* meurtrier *m*, -ère *f*, assassin *m*.
murderess ['mɜːdərɪs] *n* meurtrière *f*.
murderous ['mɜːdərəs] *adj* **-1.** [deadly - regime, attack, intention] meurtrier. **-2.** [hateful - look, expression] meurtrier, assassin, de haine. **-3.** [dangerous - road, bend] meurtrier, redoutable. **-4.** *inf* [hellish] infernal, épouvantable.
murex ['mjʊəreks] (*pl* **murexes** OR **murices** [-rɪsiːz]) *n* murex *m*.
murk [mɜːk] *n (U)* obscurité *f*, ténèbres *fpl*.
murkiness ['mɜːkɪnɪs] *n* obscurité *f*.
murky ['mɜːkɪ] (*compar* **murkier**, *superl* **murkiest**) *adj* **-1.** [dark - sky, night] noir, sombre; [muddy - water] boueux, trouble; [dirty - windows, weather] sale. **-2.** *fig* [shameful]: **a ~ episode** une histoire sombre OR trouble; **he's someone from my ~ past** c'est quelqu'un qui appartient à mon passé trouble.
Murmansk [mɜː'mænsk] *pr n* Mourmansk.
murmur ['mɜːmə^r] ◇ *vi* murmurer; **to ~ at** OR **against sthg** murmurer contre qqch.
◇ *vt* murmurer; **to ~ excuses** murmurer des excuses.
◇ *n* **-1.** [sound] murmure *m*; [of conversation] bruit *m*, bourdonnement *m*; **there wasn't a ~** on aurait pu entendre une mouche voler; **without a ~** sans broncher. **-2.** MED [of heart] souffle *m*.
murphy *inf* ['mɜːfɪ] (*pl* **murphies**) *n Br* pomme de terre *f*, patate *f*.
Murphy bed ['mɜːfɪ-] *n Am* lit *m* escamotable.
Murphy's law ['mɜːfɪz-] *n* loi *f* de l'emmerdement maximum; **that's ~!** c'est la poisse!
Mururoa Atoll ['mʊrʊ,rəʊə'ætɒl] *pr n* Mururoa; **on ~** à Mururoa.
MusB ['mʌzbiː], **MusBac** ['mʌzbæk] (*abbr of* **Bachelor of Music**) *n* (titulaire d'une) licence de musique.
Muscat ['mʌskət] *pr n* Mascate; ~ **and Oman** Mascate et Oman.
muscatel [,mʌskə'tel] *n* muscat *m*.
muscle ['mʌsl] ◇ *n* **-1.** ANAT & ZOOL muscle *m*; [strength] muscle *m*, force *f*; ~ **power** force *f*

physique OR musculaire ❑ she didn't move a ~ elle est restée parfaitement immobile. -2. [influence, power] puissance *f*, poids *m*; the drink-driving laws have no ~ les lois contre l'alcoolisme au volant n'ont aucun poids OR impact.
◇ *vt* muscler; well-~d arms bras bien musclés.
◆ **muscle in** *inf vi insep* intervenir; to ~ in on sthg intervenir autoritairement dans qqch; to ~ one's way in entrer par la force.

muscle-bound *adj* -1. [muscular] extrêmement musclé. -2. [rigid] inflexible, rigide.

muscleman ['mʌslmæn] (*pl* musclemen [-men]) *n* [strongman] hercule *m*; [bodyguard] garde *m* du corps, homme *m* de main.

muscly ['mʌslɪ] *adj* musclé, plein de muscles.

Muscovite ['mʌskəvaɪt] ◇ *n* Moscovite *mf*.
◇ *adj* moscovite.

muscular ['mʌskjʊlə^r] *adj* -1. [body] musclé. -2. [pain, tissue] musculaire.

muscular dystrophy *n (U)* myopathie *f*.

musculature ['mʌskjʊlətʃə^r] *n* musculature *f*.

MusD ['mʌzdiː], **MusDoc** ['mʌzdɒk] (*abbr of* Doctor of Music) *n* (titulaire d'un) doctorat en musique.

muse [mjuːz] ◇ *n* muse *f*: the Muses les Muses.
◇ *vi* rêvasser, songer; to ~ on OR upon OR over sthg songer à qqch.
◇ *vt*: "I wonder what happened to him", she ~d «je me demande bien ce qu'il est devenu», dit-elle d'un air songeur.

museum [mjuː'ziːəm] *n* musée *m*.

museum piece *n literal & fig* pièce *f* de musée.

mush[1] [mʌʃ] *n* -1. [food] bouillie *f*; *Am* [porridge] bouillie *f* de maïs. -2. *inf fig* [sentimentality] mièvrerie *f*.

mush[2]▽ [mʊʃ] *n Br* -1. [face] poire *f*, trombine *f*. -2. [term of address]: oi, ~!▽ eh, machin!

mushroom ['mʌʃrʊm] ◇ *n* BOT & NUCL champignon *m*.
◇ *vi* -1. [gather mushrooms]: to go ~ing aller aux champignons. -2. [spring up] pousser comme un champignon OR des champignons; video shops ~ed in almost every town les magasins de vidéo se sont multipliés dans presque toutes les villes. -3. [grow quickly] s'étendre, prendre de l'ampleur; the conflict ~ed into full-scale war le conflit a vite dégénéré en véritable guerre; a ~ing estate un lotissement qui s'étend rapidement.
◇ *comp* -1. [soup, omelette] aux champignons. -2. [in colour] beige. -3. *fig*: ~ growth poussée *f* OR croissance *f* rapide; ~ town ville *f* champignon.

mushroom cloud *n* champignon *m* atomique.

mushrooming ['mʌʃruːmɪŋ] *n* -1. [mushroom picking] cueillette *f* des champignons. -2. [sudden growth] croissance *f* exponentielle.

mushy ['mʌʃɪ] (*compar* mushier, *superl* mushiest) *adj* -1. [vegetables] ramolli; [fruit] trop mûr, blet; [ground] détrempé; ~ peas purée *f* de petits pois. -2. *inf fig* [sentimental] à l'eau de rose, mièvre.

music ['mjuːzɪk] ◇ *n* musique *f*; to set to ~ mettre en musique ‖ [score] partition *f*, musique *f*; to read ~ lire une partition ❑ the news was ~ to my ears la nouvelle m'a fait très plaisir OR m'a ravi.
◇ *comp* [teacher, lesson, festival] de musique.

musical ['mjuːzɪkl] ◇ *adj* -1. [evening, taste, exercise, composition] musical; [instrument] de musique. -2. [person] mélomane; they are a ~ people [liking music] c'est un peuple mélomane; [including musicians] c'est un peuple de musiciens; I'm not very ~ je n'ai pas tellement l'oreille musicale. -3. [pleasant - voice, chimes] musical.
◇ *n* = **musical comedy**.

musical box *Br* = **music box**.

musical chairs *n* -1. [game] jeu *m* des chaises musicales. -2. *fig* va-et-vient *m inv*, remue-ménage *m inv*; POL remaniements *mpl*.

musical comedy *n* comédie *f* musicale, musical *m*.

musical instrument *n* instrument *m* de musique.

musically ['mjuːzɪklɪ] *adv* [in a musical way] musicalement; [from a musical viewpoint] musicalement, d'un point de vue musical.

music box *n* boîte *f* à musique.

music case *n* porte-musique *m inv*.

music centre *n* chaîne *f* (midi).

music hall ◇ *n* -1. [theatre] théâtre *m* de variétés. -2. [entertainment] music-hall *m*.
◇ *comp* [song, artist] de music-hall.

musician [mjuː'zɪʃn] *n* musicien *m*, -enne *f*.

musicianship [mjuː'zɪʃnʃɪp] *n* sens *m* musical.

music-lover *n* mélomane *mf*.

musicologist [ˌmjuːzɪ'kɒlədʒɪst] *n* musicologue *mf*.

musicology [ˌmjuːzɪ'kɒlədʒɪ] *n* musicologie *f*.

music paper *n* papier *m* à musique.

music stand *n* pupitre *m* (à musique).

musing ['mjuːzɪŋ] ◇ *n (U)* songes *mpl*, rêverie *f*.
◇ *adj* songeur, rêveur.

musingly ['mjuːzɪŋlɪ] *adv* pensivement; "I don't know", she answered ~ «je ne sais pas», répondit-elle songeuse OR d'un air songeur.

musk [mʌsk] *n* musc *m*.

musk deer *n* porte-musc *m*.

musket ['mʌskɪt] *n* mousquet *m*.

musketeer [ˌmʌskɪ'tɪə^r] *n* mousquetaire *m*.

musketry ['mʌskɪtrɪ] *n (U)* -1. [muskets] mousquets *mpl*. -2. [musketeers] mousquetaires *mpl*.

muskmelon ['mʌskˌmelən] *n* melon *m*.

musk ox *n* bœuf *m* musqué, ovibus *m*.

muskrat ['mʌskræt] (*pl inv* OR **muskrats**) *n* -1. ZOOL rat *m* musqué, ondatra *m*. -2. [fur] rat *m* d'Amérique, loutre *f* d'Hudson.

musk rose *n* rosier *m* musqué.

musky ['mʌskɪ] (*compar* muskier, *superl* muskiest) *adj* musqué.

Muslim ['mʊzlɪm] ◇ *adj* musulman.
◇ *n* musulman *m*, -e *f*.

muslin ['mʌzlɪn] ◇ *n* mousseline *f* TEXT.
◇ *comp* de OR en mousseline.

musquash ['mʌskwɒʃ] = **muskrat**.

muss *inf* [mʌs] *vt* [rumple] friper, froisser; [dirty] salir; don't ~ my hair ne me décoiffe pas.
◆ **muss up** *inf vt sep Am* -1. = **muss**. -2. [upset - plans] ficher par terre.

mussel ['mʌsl] ◇ *n* moule *f*.
◇ *comp*: ~ farm moulière *f*; ~ bed parc *m* à moules.

Mussorgsky [mʊ'sɔːgskɪ] *pr n* Moussorgski.

must[1] [*weak form* məs, məst, *strong form* mʌst] ◇ *modal vb* -1. [expressing necessity, obligation] devoir; you ~ lock the door vous devez fermer OR il faut que vous fermiez la porte à clé; I ~ go now il faut que je parte (maintenant); the system ~ change il faut que le système change; I ~ admit the idea intrigues me je dois avouer que l'idée m'intrigue; if I/you *etc* ~ s'il le faut; I can't! — you ~! je ne peux pas! — mais il le faut!; if you ~ know, he's asked me out to dinner si tu veux tout savoir, il m'a invitée à dîner; this I ~ see! il faut que je voie ça!; you really ~ see his latest film il faut vraiment que tu voies son dernier film; ~ you be so rude? es-tu obligé d'être aussi grossier?; they told us we ~ leave ils nous ont dit qu'il fallait que nous partions, ils nous ont dit que nous devions partir; you mustn't smoke il est interdit de fumer; I mustn't say any more je n'ai pas le droit d'en dire plus; they told us we mustn't come before 10 o'clock ils nous ont dit de ne pas arriver avant 10 h; you mustn't forget to press this button n'oubliez (surtout) pas d'appuyer sur ce bouton. -2. [suggesting, inviting]: you ~ meet my wife il faut que vous rencontriez OR fassiez la connaissance de ma femme; you ~ come and see us il faut (absolument) que vous veniez nous voir. -3. [expressing likelihood] devoir; you ~ be Alison vous devez être Alison; you ~ be famished vous devez être morts de faim; it ~ be very hard for you ça doit être très dur pour toi; there ~ be thousands of them! il doit y en avoir des milliers!; you ~ be joking! tu plaisantes! -4. *(with 'have' + past participle)* [making assumptions]: she ~ have forgotten elle a dû oublier, elle a sans doute oublié; has she forgotten? — she ~ have elle a oublié? — sans doute OR certainement; you ~ have known! vous le saviez sûrement!; there ~ have been at least a thousand people il devait y avoir au moins un millier de personnes ‖ [stating requirements]: before applying candidates ~ have successfully completed all their exams les candidats doivent avoir obtenu tous leurs examens avant de se présenter.
◇ *n inf*: sunglasses are a ~ les lunettes de soleil sont absolument indispensables; this film/his new album is a ~ il faut absolument avoir vu ce film/acheter son dernier album; leggings are a ~ this year les caleçons sont un must cette année.

must[2] [mʌst] *n* -1. [mould] moisissure *f*. -2. [for wine] moût *m*.

mustache *Am* ['mʌstæʃ] = **moustache**.

mustachio [mə'stɑːʃɪəʊ] (*pl* **mustachios**) *n* (longue) moustache *f*.

mustachioed [mə'stɑːʃɪəʊd] *adj* moustachu.

mustang ['mʌstæŋ] *n* mustang *m*.

mustard ['mʌstəd] ◇ *n* moutarde *f*; ~ seed graine *f* de moutarde; ~ and cress *mélange de cresson alénois et de pousses de moutarde blanche utilisé en salade*; French ~ ≃ moutarde *f* de Dijon; ~ pot moutardier *m*, pot *m* à moutarde.
◇ *adj* [colour] moutarde *(inv)*.

mustard gas *n* gaz *m* moutarde, ypérite *f*.

mustard plaster *n* sinapisme *m*.

muster ['mʌstə^r] ◇ *vt* -1. [gather - troops] rassembler, réunir; [- courage, energy] rassembler; [- finance, cash] réunir; they were unable to ~ enough support ils n'ont pas pu trouver suffisamment de gens pour soutenir leur initiative; to ~ one's courage to do sthg prendre son courage à deux mains pour faire qqch. -2. [take roll-call] faire l'appel de.
◇ *vi* se rassembler.
◇ *n* -1. MIL revue *f*, inspection *f*; to pass ~ *Br fig* [in dress, appearance] être présentable; [in content] être acceptable; I don't know whether your account of the facts will pass ~ je ne sais pas si votre version des faits sera acceptée OR si on acceptera votre version des faits. -2. [assembly] rassemblement *m*.
◆ **muster in** *vt sep Am* MIL incorporer, engager.
◆ **muster out** *vt sep Am* MIL libérer (des obligations militaires).
◆ **muster up** *vt insep* [courage] rassembler; to ~ up support chercher à obtenir un soutien OR un appui.

mustiness ['mʌstɪnɪs] *n* [of smell] odeur *f* de moisi; [of room] odeur *f* de renfermé.

musty ['mʌstɪ] (*compar* mustier, *superl* mustiest) *adj* -1. [smell] de moisi; [room] qui sent le renfermé. -2. *fig* [old-fashioned] suranné, vieux jeu *(inv)*; ~ ideas idées *fpl* dépassées.

mutability [ˌmjuːtə'bɪlətɪ] *n* mutabilité *f*.

mutable ['mjuːtəbl] *adj* [gen] mutable; ASTROL mutable, commun.

mutagen ['mjuːtədʒən] *adj* mutagène.

mutant ['mjuːtənt] ◇ *adj* mutant.
◇ *n* mutant *m*, -e *f*.

mutate [mjuː'teɪt] *vi & vt* muter.

mutation [mjuː'teɪʃn] *n* mutation *f*.

mute [mjuːt] ◇ *adj* -1. MED muet. -2. LING [vowel, letter] muet. -3. [silent - person] muet, silencieux; to stand ~ rester muet OR silencieux ‖ [unspoken - admiration, protest] muet.
◇ *vt* [sound] amortir, atténuer; [feelings, colour] atténuer.
◇ *n* -1. MED muet *m*, -ette *f*. -2. MUS sourdine *f*.

muted ['mjuːtɪd] *adj* -1. [sound] assourdi, amorti, atténué; [voice] feutré, sourd; [colour] doux, pâle; [criticism, protest] voilé; [applause] faible. -2. MUS en sourdine.

mute swan *n* cygne *m* muet OR tuberculé OR domestique.

mutilate ['mju:tɪleɪt] *vt* -**1.** [maim - body] mutiler; [- face] défigurer. -**2.** [damage - property, thing] mutiler, dégrader, détériorer. -**3.** [adulterate - text] mutiler, estropier, altérer.

mutilation [,mju:tɪ'leɪʃn] *n* -**1.** [of body] mutilation *f*. -**2.** [of property] détérioration *f*, dégradation *f*. -**3.** [of text] mutilation *f*, altération *f*.

mutineer [,mju:tɪ'nɪə^r] *n* mutin *m*, mutiné *m*, -e *f*.

mutinous ['mju:tɪnəs] *adj* -**1.** [rebellious - crew, soldiers] mutiné, rebelle; **the inmates of the prison were ~** les détenus étaient au bord de la rébellion. -**2.** [unruly - child] indiscipliné, rebelle.

mutiny ['mju:tɪnɪ] (*pl* **mutinies**) ◇ *n* [on ship] mutinerie *f*; [in prison, barracks] rébellion *f*, mutinerie *f*; [in city] soulèvement *m*, révolte *f*; **'Mutiny on the Bounty'** *Nordhoff, Hall* 'les Révoltés du Bounty'; **'The Caine Mutiny'** *Dmytryk* 'Ouragan sur le Caine'.
◇ *vi* se mutiner, se rebeller.

mutism ['mju:tɪzm] *n* [gen & PSYCH] mutisme *m*; MED mutité *f*.

mutt *inf* [mʌt] *n* -**1.** [dog] clébard *m*. -**2.** [fool] crétin *m*, -e *f*.

mutter ['mʌtə^r] ◇ *vt* [mumble] marmonner, grommeler; **he ~ed a threat** il grommela OR marmonna une menace; **he ~ed something and left** il marmonna quelque chose et sortit.
◇ *vi* -**1.** [mumble] marmonner, parler dans sa barbe OR entre ses dents; **what are you ~ing about?** qu'est-ce que tu as à marmonner?; **to ~ to o.s.** marmonner tout seul. -**2.** [grumble] grommeler, grogner.
◇ *n* murmure *m*, murmures *mpl*, marmonnement *m*; **this provoked ~s of discontent** cela a provoqué un murmure de mécontentement; **to speak in a ~** marmonner dans sa barbe.

muttering ['mʌtərɪŋ] *n* marmottement *m*.

mutton ['mʌtn] ◇ *n* CULIN mouton *m*; **she's ~ dressed as lamb** elle joue les jeunesses.
◇ *comp* [chop, stew] de mouton.

muttonchops [,mʌtən'tʃɒps], **muttonchop whiskers** *npl* favoris *mpl (bien fournis)*.

muttonhead▽ ['mʌtənhed] *n* crétin *m*, -e *f*.

mutual ['mju:tʃʊəl] *adj* [reciprocal - admiration, help] mutuel, réciproque; [shared - friend, interest] commun; **by ~ consent** à l'amiable, par consentement mutuel; **the feeling is ~** c'est réciproque ❑ **'Our Mutual Friend'** *Dickens* 'Notre ami commun'.

mutual fund *n Am* [unit trust] fonds *m* commun de placement.

mutual insurance *n* (assurance *f*) mutuelle *f*.

mutuality [,mju:tjʊ'ælətɪ] *n* réciprocité *f*.

mutually ['mju:tʃʊəlɪ] *adv* mutuellement, réciproquement; **~ exclusive** OR **contradictory** qui s'excluent l'un l'autre, contradictoires.

Muzak ®['mju:zæk] *n* musique *f* de fond, fond *m* sonore.

muzziness ['mʌzɪnɪs] *n Br* -**1.** [of mind, ideas] confusion *f*, flou *m*. -**2.** [of picture, outline] flou *m*, manque *m* de netteté.

muzzle ['mʌzl] ◇ *n* -**1.** [for dog, horse] muselière *f*. -**2.** *fig* [censorship] bâillon *m*, censure *f*. -**3.** [of gun] canon *m*. -**4.** [mouth of animal] gueule *f*.
◇ *vt* -**1.** [dog, horse] museler, mettre une muselière à. -**2.** *fig* [speaker] museler, empêcher de s'exprimer librement; [press] bâillonner, museler.

muzzle-loader *n arme à feu dont le chargement s'opère par la bouche.*

muzzle velocity *n* vitesse *f* initiale.

muzzy ['mʌzɪ] (*compar* **muzzier**, *superl* **muzziest**) *adj Br* -**1.** [person] aux idées embrouillées; [mind, head] confus; [ideas] embrouillé, flou. -**2.** [picture] flou, indistinct.

MVP (*abbr of* **most valuable player**) *n Am titre décerné au meilleur joueur d'une équipe.*

MW (*written abbr of* **medium wave**) PO.

MX (*abbr of* **missile-experimental**) *n missile américain MX.*

my [maɪ] ◇ *det* -**1.** [belonging to me] mon *m*, ma *f*, mes *pl*; **my dog/car/ear** mon chien/ma voiture/mon oreille; **my dogs/cars/ears** mes chiens/voitures/oreilles; **I never use my own car** je n'utilise jamais ma voiture (personnelle); **I have a car of my own** j'ai une voiture (à moi); **this is** MY **chair** cette chaise est à moi; **I've broken my glasses** j'ai cassé mes lunettes; **I've broken my arm** je me suis cassé le bras; **she looked into my eyes** elle m'a regardé dans les yeux. -**2.** [in terms of affection]: **my dear** OR **darling** [to man] mon chéri; [to woman] ma chérie. -**3.** [in titles]: **my Lord** [to judge] Monsieur le juge; [to nobleman] Monsieur le Comte/le Duc; [to bishop] Monseigneur. -**4.** [in exclamations]: **oh, my God!** oh! mon Dieu!
◇ *interj* eh bien; **my, but you've grown!** eh bien dis donc, tu as poussé!

Myanmar [,maɪæn'mɑ:^r] *pr n* Myanmar *m*; **in ~** au Myanmar.

Mycenae [maɪ'si:ni:] *pr n* Mycènes.

Mycenaean [,maɪsɪ'ni:ən] ◇ *n* Mycénien *m*, -enne *f*.
◇ *adj* mycénien.

mycology [maɪ'kɒlədʒɪ] *n* mycologie *f*.

myelitis [,maɪə'laɪtɪs] *n* myélite *f*.

myeloma [,maɪə'ləʊmə] *n* myélome *m*.

myocardial [,maɪəʊ'kɑ:dɪəl] *adj*: **~ infarction** infarctus *m* du myocarde.

myopia [maɪ'əʊpjə] *n* myopie *f*.

myopic [maɪ'ɒpɪk] *adj* myope; **they have a ~ view of things** *fig* ils ne voient pas plus loin que le bout de leur nez.

myotonia [,maɪə'təʊnɪə] *n* myotonie *f*.

myriad ['mɪrɪəd] ◇ *adj lit* innombrable.
◇ *n* myriade *f*.

Myrmidon ['mɜ:mɪdən] *n* -**1.** MYTH Myrmidon *m*. -**2.** *fig* [follower] acolyte *m*.

myrrh [mɜ:^r] *n* myrrhe *f*.

myrtle ['mɜ:tl] *n* myrte *m*.

myself [maɪ'self] *pron* -**1.** [reflexive use]: **may I help ~?** puis-je me servir?; **I knitted ~ a cardigan** je me suis tricoté un gilet; **it tastes not bad, though I say it ~** *hum* sans fausse modestie, ça n'est pas mauvais; **I can see ~ reflected in the water** je vois mon reflet dans l'eau; **I can't see ~ going on holiday this year** je ne crois pas que je pourrai partir en vacances cette année; **I took it upon ~ to answer** j'ai pris sur moi de répondre. -**2.** [replacing 'me']: **the group included ~ and Jim** Jim et moi faisions partie du groupe; **it is meant for people like ~** c'est fait pour les gens comme moi ❑ **I'm not (feeling) ~ today** je ne me sens pas très bien OR je ne suis pas dans mon assiette aujourd'hui. -**3.** [emphatic use]: **I'm not a great fan of opera ~** personnellement, je ne suis pas un passionné d'opéra; **I'm a stranger here ~** je ne suis pas d'ici non plus; **I ~ saw him leave** je l'ai vu partir de mes propres yeux; **I ~** OR **~, I don't believe him** pour ma part, je ne le crois pas; **I was left all by ~** on m'a laissé tout seul. -**4.** [unaided, alone] moi-même; **I can do it ~** je peux le faire moi-même OR tout seul; **I made the pattern ~** j'ai fait le patron moi-même.

mysterious [mɪ'stɪərɪəs] *adj* mystérieux.

mysteriously [mɪ'stɪərɪəslɪ] *adv* mystérieusement.

mystery ['mɪstərɪ] (*pl* **mysteries**) ◇ *n* -**1.** [strange or unexplained event] mystère *m*; **it's a ~ to me why she came** la raison de sa venue est un mystère pour moi, je n'ai aucune idée de la raison pour laquelle elle est venue; **his past is a ~** son passé est bien mystérieux; **there's no ~ about that** ça n'a rien de mystérieux, cela n'est un mystère pour personne. -**2.** [strangeness] mystère *m*; **she has a certain ~ about her** il se dégage de sa personne une impression de mystère. -**3.** [story] = **mystery story**. -**4.** THEAT & RELIG mystère *m*.
◇ *comp* [man, voice] mystérieux.

mystery play *n* mystère *m* THEAT.

mystery story *n* mystère *m*, histoire *f* à suspense, intrigue *f* policière.

mystery tour *n excursion dont la destination est inconnue des participants.*

mystic ['mɪstɪk] ◇ *adj* mystique.
◇ *n* mystique *mf*.

mystical ['mɪstɪkl] *adj* -**1.** PHILOS & RELIG mystique. -**2.** [occult] occulte.

mysticism ['mɪstɪsɪzm] *n* mysticisme *m*.

mystification [,mɪstɪfɪ'keɪʃn] *n* mystification *f*.

mystified ['mɪstɪfaɪd] *adj* perplexe.

mystify ['mɪstɪfaɪ] (*pt* & *pp* **mystified**) *vt* [puzzle] déconcerter, laisser OR rendre perplexe; [deceive] mystifier.

mystique [mɪ'sti:k] *n* mystique *f*, côté *m* mystique.

myth [mɪθ] *n* mythe *m*.

mythic(al) ['mɪθɪk(l)] *adj* mythique.

mythmaker ['mɪθ,meɪkə^r] *n* créateur *m*, -trice *f* de mythes.

mythological [,mɪθə'lɒdʒɪkl] *adj* mythologique.

mythology [mɪ'θɒlədʒɪ] (*pl* **mythologies**) *n* mythologie *f*.

mythomania [,mɪθə'meɪnjə] *n* mythomanie *f*.

mythomaniac [,mɪθə'meɪnɪæk] ◇ *adj* mythomane.
◇ *n* mythomane *mf*.

myxomatosis [,mɪksəmə'təʊsɪs] *n* myxomatose *f*.

N

n (*pl* **n's** OR **ns**), **N**(*pl* **N's** OR **Ns**) [en] *n* [letter] n *m*, N *m*.

n *n* MATH n *m*; **x to the power of ~** x puissance n; **there are ~ possible solutions** *inf* il y a 36 solutions possibles.

'n', 'n *inf* [(ə)n] (*abbr of* and) *conj* et; **fish ~ chips** poisson-frites *m*.

N (*written abbr of* North) N.

n/a, N/A (*written abbr of* not applicable) s.o.

NA (*abbr of* Narcotics Anonymous) *pr n association américaine d'aide aux toxicomanes.*

NAACP (*abbr of* National Association for the Advancement of Colored People) *pr n ligue américaine pour la défense des droits de la population noire.*

Naafi *n* ['næfɪ] (*abbr of* Navy, Army, and Air Force Institutes) ◇ *pr n organisme approvisionnant les forces armées britanniques en biens de consommation.*

◇ *n* [canteen] cantine *f* militaire; [shop] magasin *m* réservé aux militaires.

nab *inf* [næb] (*pt* & *pp* nabbed, *cont* nabbing) *vt* -**1.** [catch in wrongdoing] pincer, choper; **to be nabbed** se faire pincer. -**2.** [catch - to speak to] coincer, agrafer. -**3.** [steal, take] chiper, faucher; [occupy - seat] prendre, accaparer; [- parking place] piquer.

nabob ['neɪbɒb] *n* nabab *m*.

nacelle [næ'sel] *n* nacelle *f* AÉRON.

nachos ['nɑːtʃəʊz] *npl chips de maïs servis avec du fromage fondu.*

nacre ['neɪkəʳ] *n* nacre *f*.

nacreous ['neɪkrɪəs] *adj* nacré.

NACU (*abbr of* National Association of Colleges and Universities) *pr n association des établissements d'enseignement supérieur américains.*

nadir ['neɪˌdɪəʳ] *n* -**1.** ASTRON nadir *m*. -**2.** *fig* [lowest point] point *m* le plus bas OR profond; **to reach a ~** être au plus bas, toucher le fond, atteindre le niveau le plus bas.

naff *inf* [næf] *adj Br* nul, bidon.

◆ **naff off** *inf vi insep Br*: **~ off!** [go away] tire-toi!; [as refusal] arrête ton char!

naffing▽ ['næfɪŋ] *Br* ◇ *adj* foutu; **~ hell!** merde!

◇ *adv* sacrément; **~ marvellous!** super!, génial!

nag [næg] (*pt* & *pp* nagged, *cont* nagging) ◇ *vt* -**1.** [pester] houspiller, harceler; **she's always nagging him** elle est toujours après lui; **he nagged me into buying him a hi-fi** il m'a harcelé jusqu'à ce que je lui achète une chaîne stéréo. -**2.** [subj: pain, sorrow] ronger, travailler; [subj: doubt] tourmenter, ronger; **his conscience nagged him perpetually** sa conscience ne cessait de le tourmenter OR ne lui accordait pas de répit.

◇ *vi* trouver à redire, maugréer; **his children nagged at him to buy a video** ses enfants lui ont cassé les pieds pour qu'il achète un magnétoscope.

◇ *n* -**1.** *inf* [person] rouspéteur *m*, -euse *f*, râleur *m*, -euse *f*; **he's an awful ~** [pesterer] il se pose là comme enquiquineur; [complainer] il est toujours en train de rouspéter, c'est un affreux râleur; **his wife's a real ~** sa femme est toujours sur son dos OR ne lui laisse pas une seconde de répit. -**2.** [horse] rosse *f*.

Nagasaki [ˌnægə'sɑːkɪ] *pr n* Nagasaki.

nagging ['nægɪŋ] ◇ *adj* -**1.** [wife, husband] grincheux, acariâtre. -**2.** [doubt, feeling] tenace, harcelant; [pain] tenace; **I have a ~ suspicion he won't come** je reste persuadé qu'il ne viendra pas.

◇ *n (U)* plaintes *fpl* continuelles.

naiad ['naɪæd] *n* naïade *f*.

nail [neɪl] ◇ *n* -**1.** [pin] clou *m*; **it's another ~ in his coffin** [ruin] pour lui, c'est un pas de plus vers la ruine; [death] pour lui, c'est un pas de plus vers la tombe. -**2.** ANAT ongle *m*; **to do one's ~s** se faire les ongles.

◇ *vt* -**1.** [attach] clouer; **~ the planks together** clouez les planches l'une à l'autre; **there was a notice ~ed to the door** il y avait un écriteau cloué sur la porte; **the windows are ~ed shut** les fenêtres ont été clouées OR sont condamnées; **he stood ~ed to the spot** *fig* il est resté cloué sur place ❑ **to ~ one's colours to the mast** exprimer clairement son opinion. -**2.** *inf* [catch, trap - person] pincer, coincer. -**3.** *inf* [expose - rumour] démentir; [- lie] dénoncer, révéler. -**4.** *inf* [shoot] descendre. -**5.** *inf* [stare at] fixer (des yeux).

◆ **nail down** *vt sep* -**1.** [fasten] clouer, fixer avec des clous. -**2.** [make definite - details, date] fixer (définitivement); [- agreement] parvenir à, arriver à; [- person] amener à se décider; **try to ~ her down to a definite date** essayez de faire en sorte qu'elle vous fixe une date précise; **he's difficult to ~ down** il est difficile d'obtenir son acceptation.

◆ **nail up** *vt sep* -**1.** [shut - door, window] condamner *(en fixant avec des clous)*; [- box] clouer; [- items in box]: **the pictures were ~ed up in a crate** les tableaux étaient placés dans une caisse fermée par des clous. -**2.** [fix to wall, door - picture, photo etc] fixer (avec un clou); [- notice] clouer, afficher.

nail-biting ◇ *n* [habit] manie *f* de se ronger les ongles; *fig* nervosité *f*, inquiétude *f*.

◇ *adj* [situation] angoissant, stressant; [finish] haletant.

nail bomb *n* bombe *f* à fragmentation *(bourrée de clous)*.

nailbrush ['neɪlbrʌʃ] *n* brosse *f* à ongles.

nail clippers *npl* coupe-ongles *m inv*, pince *f* à ongles.

nail file *n* lime *f* à ongles.

nail polish *n* vernis *m* à ongles.

nail scissors *npl* ciseaux *mpl* à ongles.

nail varnish *n Br* vernis *m* à ongles; **~ remover** dissolvant *m* (pour vernis à ongles).

Nairobi [naɪ'rəʊbɪ] *pr n* Nairobi.

naive, naïve [naɪ'iːv] *adj* naïf.

naively, naïvely [naɪ'iːvlɪ] *adv* naïvement, avec naïveté.

naivety [naɪ'iːvtɪ] *n* naïveté *f*.

naked ['neɪkɪd] *adj* -**1.** [unclothed - body, leg] nu; **the ~ ape** *fig* l'homme *m*, l'espèce *f* humaine ‖ [bare - tree] nu, dénudé, sans feuilles; [- landscape] nu, dénudé; [- wall, room] nu; [unprotected - flame, light, sword] nu; [- wire] nu, dénudé; **a ~ lightbulb lit the room** une simple ampoule électrique éclairait la pièce ❑ **'The Naked and the Dead'** *Mailer* 'les Nus et les morts'. -**2.** [undisguised - reality, truth] tout nu, tout cru; [- facts] brut; [- fear] pur et simple; [- aggression] délibéré; **an expression of ~ terror** une expression de pure terreur. -**3.** [eye] nu; **visible with** OR **to the ~ eye** visible à l'œil nu. -**4.** BOT & ZOOL nu.

nakedness ['neɪkɪdnɪs] *n* nudité *f*.

NALGO ['nælgəʊ] (*abbr of* National and Local Government Officers' Association) *pr n ancien syndicat de la fonction publique en Grande-Bretagne.*

Nam *inf* [nɑːm] *pr n Am* Vietnam *m*.

NAM (*abbr of* National Association of Manufacturers) *pr n organisation patronale américaine.*

namby-pamby *inf* [ˌnæmbɪ'pæmbɪ] ◇ *adj* [person] gnangnan *(inv)*, cucul *(inv)*; [style] à l'eau de rose, fadasse.

◇ *n* lavette *f*, gnangnan *mf*.

name [neɪm] ◇ *n* -**1.** nom *m*; **what's your ~?** quel est votre nom?, comment vous appelez-vous?; **my ~'s Richard** je m'appelle Richard; **the house is in his wife's ~** la maison est au nom de sa femme; **I know her only by ~** je ne la connais que de nom; **she knows all the children by ~** elle connaît le nom de tous les enfants; **he is known** OR **he goes by the ~ of Penn** il est connu sous le nom de Penn, il se fait appeler Penn; **someone by** OR **of the ~ of Penn** quelqu'un du nom de OR qui s'appelle Penn; **a guy ~ of Jones** *inf Am* un type du nom de Jones; **I know it by** OR **under a different ~** je le connais sous un autre nom; **he writes novels under the ~ of A. Penman** il écrit des romans sous le pseudonyme de A. Penman; **our dog answers to the ~ of Rip** notre chien répond au nom de Rip; **have you put your ~ down for evening classes/a council house?** est-ce que vous vous êtes inscrit aux cours du soir/sur la liste d'attente pour un logement dans une HLM?; **she was his wife in all but ~** ils n'étaient pas mariés, mais c'était tout comme; **he had his ~ taken** FTBL il a eu un carton jaune; **he is president in ~ only** il n'a de président que le nom, c'est un président sans pouvoir; **what's in a ~ ?** on n'a pas toujours le nom que l'on mérite ❑ **to call sb ~s** injurier OR insulter qqn; **money is the ~ of the game** c'est une affaire OR une question d'argent; **ah well, that's the ~ of the game** c'est comme ça!, c'est la vie!; **my ~ is mud since I broke the window** je suis en disgrâce OR je suis persona non grata depuis que j'ai cassé la fenêtre; **'The Name of the Rose'** *Eco* 'le Nom de la rose'. -**2.** [sake] nom *m*; **in the ~ of freedom/religion** au nom de la liberté/la religion; **in God's ~!, in the ~ of God!** pour l'amour de Dieu! || [authority] nom; **in the ~ of the mayor/the law** au nom du maire/de la loi; **halt in the ~ of the King!** halte-là, au nom du Roi! -**3.** [reputation - professional or business] nom *m*, réputation *f*; **to make** OR **to win a ~ for o.s.** se faire un nom OR une réputation; **we have the company's (good) ~ to think of** il faut penser au renom de la société; **they have a ~ for efficiency** ils ont la réputation d'être efficaces; **to have a bad ~** avoir (une) mauvaise réputation. -**4.** [famous person] nom *m*, personnage *m*; **he's a big ~ in the art world** c'est une figure de proue du monde des arts; **all the great political ~s were there** tous les ténors de la scène politique étaient présents.

◇ *vt* -**1.** [give name to - person, animal] nommer, appeler, donner un nom à; [- ship, discovery] baptiser; **they ~d the baby Felix** ils ont appelé OR prénommé le bébé Felix; **she wanted to ~ her son after the President** elle voulait donner à son fils le prénom du Président, elle voulait que son fils porte le prénom du Président; **the building is ~d for Abraham Lincoln** *Am* on a donné au bâtiment le nom d'Abraham Lincoln; **the fellow ~d Chip** le dénommé Chip. -**2.** [give name of] désigner, nommer; **the journalist refused to ~ his source** le journaliste a refusé de révéler OR de donner le nom de son informateur; **whatever you need, just ~ it** vos moindres désirs seront exaucés; **you ~ it, we've got it** demandez-nous n'importe quoi, nous l'avons!; **~ the books of the Old Testament** citez les livres de l'Ancien Testament; **to ~ names** donner des noms; **let us ~ no names** ne nommons personne || [cite] citer, mentionner; **he is ~d as one of the consultants** son nom est cité OR mentionné en tant que consultant. -**3.** [appoint] nommer, désigner; **she has been ~d as president** elle a été nommée présidente; **June 22nd has been ~d as the date for the elections** la date du 22 juin a été retenue OR choisie pour les élections; **~ your price** votre prix sera le mien, dites votre prix ❑ **they've finally ~d the day** ils ont enfin fixé la date de leur mariage. -**4.** *Br* POL: **to ~ an MP** ≃ suspendre un député.

◇ *comp* COMM [product] de marque.

name-calling *n (U)* insultes *fpl*, injures *fpl*.

-named [neɪmd] *in cpds* nommé; **first~** premier nommé.

name day *n* fête *f*; **today is his ~** c'est aujourd'hui sa fête.

name-dropper *n*: **she's an awful ~** à la croire, elle connaît tout le monde.

name-dropping *n allusion fréquente à des personnes connues dans le but d'impressionner.*

nameless ['neɪmlɪs] *adj* -**1.** [anonymous, unmentioned] sans nom, anonyme; [unknown - grave, writer] anonyme, inconnu; **a person who shall be ~** une personne que je ne nommerai pas; **to remain ~** garder l'anonymat. -**2.** [indefinable - fear, regret] indéfinissable, indicible. -**3.** [atrocious, extreme - crime] innommable, sans nom, inouï.

namely ['neɪmlɪ] *adv* c'est-à-dire, à savoir.

nameplate ['neɪmpleɪt] *n* plaque *f*; **manufacturer's ~** plaque du fabricant OR du constructeur.

namesake ['neɪmseɪk] *n* homonyme *m*; **she's my ~** nous portons toutes les deux le même nom.

nametape ['neɪmteɪp] *n* marque *f (sur des vêtements)*, griffe *f*.

Namib Desert [nə'mɪb-] *pr n*: **the ~** le désert du Namib.

Namibia [nə'mɪbɪə] *pr n* Namibie *f*; **in ~** en Namibie.

Namibian [nə'mɪbɪən] ◇ *n* Namibien *m*, -enne *f*.

◇ *adj* namibien.

naming ['neɪmɪŋ] *n* -**1.** [gen] attribution *f* d'un nom; [of ship] baptême *m*. -**2.** [citing] mention *f*, citation *f*. -**3.** [appointment] nomination *f*.

nan *inf* [næn] *n Br* [grandmother] mémé *f*.

nana[1] ['nænə] = **nan**.

nana[2] ['nɑːnə] *n inf* [banana] banane *f*.

nan bread [nɑːn-] *n pain plat indien.*

nancy▽ ['nænsɪ] ◇ *n*: **~ (boy)** pédale *f*, tapette *f*.

◇ *adj* efféminé.

Nanjing [ˌnæn'dʒɪŋ] *pr n* Nanjing, Nankin.

nankeen [næŋ'kiːn] *n* -**1.** [cloth] nankin *m*. -**2.** [colour] nankin *m*, jaune *m* clair.

Nanking [ˌnæn'kɪŋ] = **Nanjing**.

nanna ['nænə] *Br* = **nan**.

nannoplankton ['nænəʊˌplæŋktən] = **nanoplankton**.

nanny ['nænɪ] (*pl* **nannies**) *n* -**1.** [nurse] nurse *f*, bonne *f* d'enfants. -**2.** *inf Br* [grandma] grand-mère *f*, mémé *f*, mamie *f*.

nanny goat *n* chèvre *f*.

nanometre ['nænəʊˌmiːtər] *n* nanomètre *m*.

nanoplankton ['nænəʊˌplæŋktən] *n (U) organismes microscopiques du plancton.*

nanosecond ['nænəʊˌsekənd] *n* nanoseconde *f*.

nap [næp] (*pt* & *pp* **napped**, *cont* **napping**)

◇ *n* -**1.** [sleep] somme *m*; **to take** OR **to have a ~** faire un (petit) somme; **to take an afternoon ~** faire la sieste. -**2.** TEX poil *m*. -**3.** [card game] *jeu de cartes ressemblant au whist.* -**4.** [in horse-racing] préféré *m*.

◇ *vi* [sleep - gen] faire un (petit) somme; [- in afternoon] faire la sieste.

◇ *vt* -**1.** TEX [cloth] lainer, gratter; [velvet] brosser. -**2.** [in horse-racing] désigner comme favori, donner gagnant.

NAPA (*abbr of* National Association of Performing Artists) *pr n syndicat américain des gens du spectacle.*

napalm ['neɪpɑːm] ◇ *n* napalm *m*; **~ bomb** bombe *f* au napalm.

◇ *vt* bombarder au napalm.

nape [neɪp] *n*: **the ~ of the neck** la nuque.

nap hand *n Br*: **to have** OR **to hold a ~** avoir tous les atouts en main.

naphtha ['næfθə] *n* naphta *m*.

naphthalene, naphthaline ['næfθəliːn] *n* CHEM naphtalène *m*; [for mothballs] naphtaline *f*.

napkin ['næpkɪn] *n* -**1.** [on table] serviette *f* (de table). -**2.** *Br* [for baby] couche *f*.

napkin ring *n* rond *m* de serviette.

Naples ['neɪplz] *pr n* Naples.

napoleon [nə'pəʊljən] *n* -**1.** [coin] napoléon *m*. -**2.** *Am* CULIN mille-feuille *m*.

Napoleon [nə'pəʊljən] *pr n* Napoléon; **~ Bonaparte** Napoléon Bonaparte.

Napoleonic [nəˌpəʊlɪ'ɒnɪk] *adj* napoléonien.

Napoleonic Code *n*: **the ~** le Code Napoléon.

Napoleonic Wars *npl*: **the ~** les guerres napoléoniennes.

napper ['næpər] *n* -**1.** TEX laineur *m*, -euse *f*. -**2.** ▽ *Br* [head] caboche *f*.

nappy ['næpɪ] (*pl* **nappies**) *n Br* couche *f* (pour bébé).

nappy rash *n* érythème *m* fessier; **babies often get ~** les bébés ont souvent les fesses rouges et irritées.

narc▽ [nɑːk] *n Am* agent *m* de la brigade des stupéfiants OR des stups.

narcissi [nɑː'sɪsaɪ] *pl* → **narcissus**.

narcissism ['nɑːsɪsɪzm] *n* narcissisme *m*.

narcissist ['nɑːsɪsɪst] *n* narcissique *mf*.

narcissistic [ˌnɑːsɪ'sɪstɪk] *adj* narcissique.

narcissus [nɑː'sɪsəs] (*pl inv* OR **narcissuses** OR **narcissi** [-'sɪsaɪ]) *n* narcisse *m*.

Narcissus [nɑː'sɪsəs] *pr n* Narcisse.

narcosis [nɑː'kəʊsɪs] *n* narcose *f*.

narcotic [nɑː'kɒtɪk] ◇ *adj* narcotique.

◇ *n* -**1.** PHARM narcotique *m*. -**2.** *Am* [illegal drug] stupéfiant *m*.

narcotize, -ise ['nɑːkətaɪz] *vt* soumettre à un traitement aux narcotiques.

nark [nɑːk] ◇ *n* -**1.** *crime sl* [informer] indic *m*. -**2.** *inf Br* [gripe] râleur *m*, -euse *f*. -**3.** ▽ *Am* = **narc**.

◇ *vt inf* [annoy] mettre en boule OR en rogne.

◇ *vi* -**1.** *crime sl* [inform] moucharder. -**2.** *inf Br* [gripe] rouspéter, grogner.

narked *inf* [nɑːkt] *adj Br* furibard, furax; **don't get ~** ne te fous pas en boule OR en rogne.

narky *inf* ['nɑːkɪ] (*compar* **narkier**, *superl* **narkiest**) *adj Br* rouspéteur, grognon.

narrate [*Br* nə'reɪt, *Am* 'næreɪt] *vt* -**1.** [relate - story] raconter, narrer *lit*; [- event] faire le récit de, relater. -**2.** [read commentary for]: **the film was ~d by an American actor** le commentaire du film a été dit OR lu par un acteur américain.

narration [*Br* nə'reɪʃn, *Am* næ'reɪʃn] *n* -**1.** [narrative] narration *f*. -**2.** [commentary] commentaire *m*.

narrative ['nærətɪv] ◇ *adj* narratif.

◇ *n* -**1.** LITERAT narration *f*. -**2.** [story] histoire *f*, récit *m*.

narrator [*Br* nə'reɪtər, *Am* 'næreɪtər] *n* narrateur *m*, -trice *f*.

narrow ['nærəʊ] ◇ *adj* -**1.** [not wide - street, passage, valley] étroit; [tight - skirt, shoe] étroit, serré; [long - nose] mince; [- face] allongé; **to grow** OR **to become ~** se rétrécir; **to have ~ shoulders** être petit de carrure, ne pas être large d'épaules. -**2.** [scant, small - advantage, budget, majority] petit, faible; [close - result] serré; **it was another ~ victory/defeat for the French side** l'équipe française l'a encore emporté de justesse/a encore perdu de peu; **we had a ~ escape** on l'a échappé belle. -**3.** [restricted - scope, field, research] restreint, limité; [strict - sense, interpretation] restreint, strict; **in the ~est sense of the word** au sens strict du mot. -**4.** [bigoted, illiberal - mind, attitude] borné, étroit; [- person] borné. -**5.** *fml* [detailed - search] minutieux, détaillé; **we were subjected to ~ scrutiny** nous avons été soumis à un examen minutieux. -**6.** LING [vowel] tendu; [in phonetics]: **~ transcription** transcription *f* étroite.

◇ *vt* -**1.** [make narrow - road] rétrécir; **to ~ one's eyes** plisser les yeux. -**2.** [reduce - difference, gap] réduire, restreindre; [limit - search] limiter, restreindre; **the police have ~ed their search to a few streets in central Glasgow** la police concentre ses recherches sur quelques rues du centre de Glasgow.

◇ *vi* -**1.** [become narrow - road, space] se rétrécir, se resserrer; **the old man's eyes ~ed** le vieil homme plissa les yeux. -**2.** [be reduced - difference, choice] se réduire, se limiter; [number, majority] s'amenuiser, se réduire.

◇ *n (usu pl)* [gen] passage *m* étroit; [pass] col *m*; [strait] détroit *m*.

◆ **narrow down** ◇ *vt sep* [limit - choice, search] limiter, restreindre; [reduce - majority, difference] réduire.

◇ *vi insep* [search] se limiter, se restreindre; **the choice ~ed down to just two people** il ne restait que deux personnes en lice.

narrow-band *adj* à bande étroite.

narrow boat *n* péniche *f* (étroite).

narrow gauge *n* voie *f* étroite.

◆ **narrow-gauge** *adj* [track, line] à voie étroite.

narrowly ['nærəʊlɪ] *adv* -**1.** [barely] de justesse, de peu; **he ~ avoided capture** il s'en est fallu de peu qu'il (ne) soit capturé; **she ~ escaped with her life** elle a échappé à la mort de justesse. -**2.** [closely] de près, étroitement; **he watched**

her ~ il la surveillait de près. -**3.** *fml* [strictly] de manière stricte, rigoureusement.

narrow-minded *adj* [person] étroit d'esprit, borné; [attitude, opinions] borné.

narrow-mindedness [-'maɪndɪdnɪs] *n* étroitesse *f* d'esprit.

narrowness ['nærəʊnɪs] *n* étroitesse *f*.

narrow-shouldered [-'ʃəʊldəd] *adj* petit de carrure; **he's rather ~** il n'est pas très large d'épaules.

narwal, narwhal ['nɑːwəl] *n* narval *m*.

nary ['neərɪ] *adj dial* pas un seul, aucun.

NAS (*abbr of* National Academy of Sciences) *pr n académie américaine des sciences.*

NASA (*abbr of* National Aeronautics and Space Administration) ['næsə] *pr n* NASA *f*.

nasal ['neɪzl] ◇ *adj* -**1.** ANAT & LING nasal. -**2.** [voice, sound] nasillard.
◇ *n* LING nasale *f*.

nasalization [ˌneɪzəlaɪ'zeɪʃn] *n* nasalisation *f*.

nasalize, -ise ['neɪzəlaɪz] *vt* nasaliser.

nasally ['neɪzəlɪ] *adv* LING de manière nasale; [speak] d'une voix nasillarde.

nascent ['neɪsənt] *adj* -**1.** [in early stages] naissant; **a ~ rebellion** un début de rébellion. -**2.** CHEM naissant.

nastily ['nɑːstɪlɪ] *adv* -**1.** [unpleasantly - answer, remark] méchamment, avec méchanceté. -**2.** [seriously - burnt, bitten] gravement; **she cut herself ~ on the knife** elle s'est fait une vilaine blessure avec le couteau.

nastiness ['nɑːstɪnɪs] *n* -**1.** [of character] méchanceté *f*. -**2.** [of injury] gravité *f*. -**3.** [obscenity] obscénité *f*, indécence *f*. -**4.** [unpleasantness - of smell, taste] caractère *m* très désagréable.

nasturtium [nəs'tɜːʃəm] *n* capucine *f*.

nasty ['nɑːstɪ] (*compar* nastier, *superl* nastiest, *pl* nasties) ◇ *adj* -**1.** [mean, spiteful - person] mauvais, méchant; [- remark, rumour] désagréable, désobligeant; **don't be ~ to your little brother!** ne sois pas méchant avec ton petit frère!; **that was a ~ thing to do** c'était vraiment méchant de faire ça; **he's got a ~ temper** il a un sale caractère; **what a ~ man!** quel homme désagréable OR déplaisant! ❑ **that woman is a ~ piece of work!** *Br* cette femme est une vraie vipère OR peste! -**2.** [unpleasant - smell, taste] mauvais, désagréable; [- impression, surprise] désagréable, déplaisant; [- weather, job] sale; **it was a very ~ moment!** on a passé un mauvais moment!; **things started to turn ~** la situation a pris une vilaine tournure ‖ [in child language - dragon, giant, wolf] vilain, méchant. -**3.** [ugly, in bad taste] vilain, laid; **~ plastic flowers** d'horribles fleurs artificielles ❑ **everything they sell is cheap and ~** ils ne vendent que de la pacotille. -**4.** [serious - sprain, burn, disease] grave; **she had a ~ accident** elle a eu un grave accident. -**5.** [dangerous - bend, junction] dangereux. -**6.** [difficult - problem, question] difficile, épineux. -**7.** [book, film, scene - violent] violent, dur; [- obscene] obscène, indécent.
◇ *n* -**1.** [person] méchant *m*, -e *f*. -**2.** *inf* [obscene film] film *m* pornographique; [violent film] film *m* violent.

NAS/UWT (*abbr of* National Association of Schoolmasters/Union of Women Teachers) *pr n syndicat d'enseignants et de chefs d'établissement en Grande-Bretagne.*

natal ['neɪtl] *adj* natal.

Natal [nə'tæl] *pr n* Natal *m*; **in ~** au Natal.

natality [neɪ'tælətɪ] (*pl* natalities) *n* (taux *m* de) natalité *f*.

natch *inf* [nætʃ] *adv* bien sûr, bien entendu.

Nathan ['neɪθən] *pr n* Nathan.

nation ['neɪʃn] *n* -**1.** [country] pays *m*, nation *f*; **the British ~** la nation britannique; **a ~ of shopkeepers** un pays de petits commerçants. -**2.** [people] nation *f*; **to go to the ~** *Br* POL s'en remettre à l'électorat *m*.

national ['næʃənl] ◇ *adj* national; **the ~ newspapers** la presse nationale; **he became a ~ hero** il est devenu un héros national; **the killings caused a ~ outcry** les assassinats ont scandalisé le pays; **on a ~ scale** à l'échelon national; **it's not in the ~ interest** ce n'est pas dans l'intérêt du pays ❑ **the National Council for Civil Liberties** *en Grande-Bretagne, ligue de défense des droits du citoyen luttant contre toute forme de discrimination*; **National Heritage Minister** ≃ ministre *m* de la Culture.
◇ *n* -**1.** [person] ressortissant *m*, -e *f*; **all EC ~s** tous les ressortissants des pays de la CEE. -**2.** [newspaper] journal *m* national.

national anthem *n* hymne *m* national.

national assistance *n Br dated* assistance *f* publique *dated*, ≃ allocations *fpl* de garantie de ressources.

national code *n Austr* football *m* australien.

National Convention *n Am* POL *grande réunion du parti démocrate ou républicain pour choisir le «ticket» (candidats à la présidence et à la vice-présidence).*

national debt *n*: **the ~** la dette publique.

National Enterprise Board *pr n Br* ≃ Agence *f* nationale pour le développement industriel.

National Front *pr n* Front *m* national.

national government *n* gouvernement *m* de coalition.

national grid *n* -**1.** *Br* ELEC réseau *m* national d'électricité. -**2.** GEOG réseau *m*.

National Guard *pr n* [in the US] Garde *f* nationale *(armée nationale américaine composée de volontaires).*

National Guardsman *n* membre *m* de la Garde nationale.

National Health Service, National Health *inf pr n système créé en 1946 en Grande-Bretagne et financé par l'État, assurant la gratuité des soins et des services médicaux*, ≃ Sécurité *f* sociale; **~ glasses** *Br modèle de lunettes remboursé par la Sécurité sociale.*

national hunt *n*: **~ (racing)** courses *fpl* d'obstacles.

national income *n* revenu *m* national.

national insurance *n Br système britannique de sécurité sociale (maladie, retraite) et d'assurance chômage*; **~ contributions** cotisations *fpl* à la Sécurité sociale.

nationalism ['næʃnəlɪzm] *n* nationalisme *m*.

nationalist ['næʃnəlɪst] ◇ *adj* nationaliste.
◇ *n* nationaliste *mf*.

nationalistic [ˌnæʃnə'lɪstɪk] *adj* nationaliste.

nationality [ˌnæʃə'nælətɪ] (*pl* nationalities) *n* nationalité *f*.

nationalization [ˌnæʃnəlaɪ'zeɪʃn] *n* nationalisation *f*.

nationalize, -ise ['næʃnəlaɪz] *vt* nationaliser.

National League *pr n l'une des deux ligues professionnelles de base-ball aux États-Unis.*

nationally ['næʃnəlɪ] *adv* nationalement; **~ famous** connu dans OR à travers tout le pays.

national park *n* parc *m* national.

National Savings Bank *pr n* ≃ Caisse *f* nationale d'épargne.

national service *n Br* service *m* militaire.

national serviceman *n Br* appelé *m*, militaire *m* du contingent.

national socialism *n* national-socialisme *m*.

national socialist ◇ *adj* national-socialiste.
◇ *n* national-socialiste *mf*.

National Trust *pr n*: **the ~** *organisme non gouvernemental britannique assurant la conservation de certains paysages et monuments historiques*; **~ property** ≃ site *m* protégé.

nationhood ['neɪʃənhʊd] *n* statut *m* de nation; **to attain ~** être reconnu en tant que nation.

nation-state *n* État-nation *m*.

nationwide ['neɪʃənwaɪd] ◇ *adj* national, à travers tout le pays; **a ~ strike** une grève nationale.
◇ *adv* à l'échelle nationale, dans tout le pays; **the speech was broadcast ~** le discours a été diffusé dans tout le pays.

native ['neɪtɪv] ◇ *n* -**1.** [of country] natif *m*, -ive *f*, autochtone *mf*; [of town] natif *m*, -ive *f*; **I'm a ~ of Portland** je suis originaire de Portland, je suis né à Portland; **she's a ~ of Belgium** elle est belge de naissance, elle est née en Belgique; **she speaks English like a ~** elle parle anglais comme si c'était sa langue maternelle OR comme les Anglais. -**2.** *pej* [primitive] indigène *m*. -**3.** BOT [plant] plante *f* indigène; ZOOL [animal] animal *m* indigène; [species] espèce *f* indigène.
◇ *adj* -**1.** [by birth] natif; **~ Indians** Indiens *mpl* de naissance OR de souche; **Portland honours its ~ sons** Portland rend hommage à ses enfants ‖ [of birth - country] natal; [- language] maternel; **~ land** pays *m* natal; **our ~ soil** OR **clay** notre sol *m* natif; **he always writes in his ~ Russian** il écrit toujours en russe, sa langue maternelle. -**2.** [indigenous - resources] du pays; [- tribe, customs] indigène; [- costume] du pays, national; **to go ~** adopter les us et coutumes locaux. -**3.** [innate - ability, attraction] inné, naturel. -**4.** BOT & ZOOL indigène, originaire; **~ to India** originaire de l'Inde. -**5.** MINER [ore, silver] natif.

Native American *n* Indien *m*, -enne *f* d'Amérique, Amérindien *m*, -enne *f*.

native speaker *n* LING locuteur *m* natif, locutrice *f* native; **a ~ of Polish, a Polish ~** une personne de langue maternelle polonaise; **a ~ of French/German, a French/German ~** un francophone/germanophone, une personne de langue maternelle française/allemande.

nativity [nə'tɪvətɪ] (*pl* nativities) *n* -**1.** RELIG: **the Nativity** la Nativité. -**2.** [birth] horoscope *m*.

Nativity play *n pièce jouée par des enfants et représentant l'histoire de la Nativité.*

NATO ['neɪtəʊ] (*abbr of* North Atlantic Treaty Organization) *pr n* l'OTAN *f*.

natron ['neɪtrən] *n* natron *m*.

natter *inf* ['nætəʳ] ◇ *vi Br* papoter.
◇ *n* papotage *m*; **to have a ~** tailler une bavette, faire la causette OR un brin de causette.

natterer *inf* ['nætərəʳ] *n Br* bavard *m*, -e *f*; **what a ~!** quel moulin à paroles!

natterjack ['nætədʒæk] *n*: **~ (toad)** crapaud *m* des roseaux, calamite *m*.

nattily ['nætɪlɪ] *adv*: **~ dressed** sur son trente-et-un.

natty *inf* ['nætɪ] (*compar* nattier, *superl* nattiest) *adj* -**1.** [smart - person] bien sapé; [- dress] chic, qui a de l'allure; **he's a ~ dresser** il est toujours très bien sapé. -**2.** [clever - device] astucieux.

natural ['nætʃrəl] ◇ *adj* -**1.** [created by nature - scenery, resources] naturel; [wild - prairie, woodland] à l'état naturel, sauvage; **a ~ harbour** un port naturel; **in a ~ state** nature, à l'état naturel. -**2.** [not artificial - wood, finish] naturel; **she's a ~ redhead** ses cheveux sont naturellement roux. -**3.** [normal - explanation, reaction, wish] naturel, normal; **it's only ~ for her to be worried** OR **that she should be worried** il est tout à fait normal OR il est tout naturel qu'elle se fasse du souci; **death from ~ causes** mort *f* naturelle; **in the ~ course of events** dans le cours normal des choses. -**4.** [unaffected - person, manner] naturel, simple. -**5.** [innate - talent] inné, naturel; **she's a ~ organizer** c'est une organisatrice née, elle a un sens inné de l'organisation. -**6.** [free of additives] naturel; **~ yoghurt** yaourt *m* nature. -**7.** [child] naturel. -**8.** [real - parents] naturel. -**9.** MUS naturel; [after accidental] bécarre *(inv)*; **G ~** sol bécarre. -**10.** MATH naturel. -**11.** **~ wastage** *diminution du nombre d'employés qui consiste à ne pas remplacer ceux qui s'en vont*; **~ person** JUR personne *f* physique OR naturelle.
◇ *adv inf*: **try to act ~!** soyez naturel!
◇ *n* -**1.** *inf* [gifted person]: **she's a ~** elle a ça dans le sang; **he's a ~ for the job** il est tout indiqué pour (faire) ce boulot; **he's a ~ for the part of Banquo** le rôle de Banquo lui irait comme un gant. -**2.** MUS bécarre *m*.

natural childbirth *n* accouchement *m* naturel.

natural gas *n* gaz *m* naturel.

natural history *n* histoire *f* naturelle.

naturalism ['nætʃrəlɪzm] *n* naturalisme *m*.

naturalist ['nætʃrəlɪst] *n* naturaliste *mf*.

naturalistic [ˌnætʃrə'lɪstɪk] *adj* naturaliste.

naturalization [ˌnætʃərəlaɪ'zeɪʃn] *n* naturalisation *f*.

naturalize, -ise ['nætʃrəlaɪz] ◇ *vt* [person, expression, custom] naturaliser; [plant, animal] acclimater.
◇ *vi* BIOL s'acclimater.

natural justice *n* droits *mpl* naturels.

natural language *n* langage *m* naturel, langue *f* naturelle.

natural law *n* loi *f* naturelle.

natural logarithm *n* logarithme *m* naturel OR népérien.

naturally ['nætʃrəlɪ] *adv* -1. [of course] naturellement, bien sûr, bien entendu; **you have got the money? — ~!** tu as l'argent? – cela va de soi!; **I was ~ surprised** évidemment, cela m'a surpris. -2. [by nature - lazy] de nature, par tempérament; [- difficult] naturellement, par sa nature; **skiing comes ~ to her** on dirait qu'elle a fait du ski toute sa vie. -3. [unaffectedly] naturellement, de manière naturelle; **you answered very ~** vous avez répondu très naturellement OR de manière très naturelle. -4. [in natural state - occur] naturellement, à l'état naturel.

naturalness ['nætʃrəlnɪs] *n* -1. [unaffectedness] naturel *m*, simplicité *f*; **he behaved with great ~** il s'est comporté avec beaucoup de naturel; **his acting was impressive for its ~** le naturel de cet acteur était remarquable. -2. [natural appearance] naturel *m*.

natural number *n* nombre *m* naturel.

natural science *n* -1. *(U)* sciences *fpl* naturelles. -2. *(C)* **botany is a ~** la botanique fait partie des sciences naturelles.

natural selection *n* sélection *f* naturelle.

nature ['neɪtʃəʳ] *n* -1. nature *f*; **Nature can be cruel** la nature peut être cruelle; **the wildest landscapes in ~** les paysages les plus sauvages que la nature puisse offrir; **to go back** OR **to return to ~** retourner à la nature; **the ~-nurture debate** le débat sur l'inné et l'acquis; **to let ~ take its course** laisser faire la nature. -2. [character] nature *f*, caractère *m*; **he has such a kind ~** il a une si bonne nature OR un si bon caractère; **it's not in her ~ to struggle** ce n'est pas dans sa nature de lutter; **lazy by ~** paresseux de nature; **to appeal to sb's better ~** faire appel aux bons sentiments de qqn; **it's in the ~ of volcanoes to erupt** il est dans la nature des volcans d'entrer en éruption; **human beings are by ~ gregarious** l'homme est, par nature, un être grégaire; **war is by its very destructive** la guerre est destructrice par nature; **in the ~ of things** dans la nature des choses. -3. [type] nature *f*, type *m*, genre *m*; **questions of a troublesome ~** des questions difficiles à résoudre; **do you sell chocolates or anything of that ~?** est-ce que vous vendez des chocolats ou ce genre de choses?
◆ **in the nature of** *prep phr* en guise de, à titre de.

nature cure *n* naturopathie *f*, naturothérapie *f*; **to go on a ~** suivre une naturothérapie.

-natured ['neɪtʃəd] *in cpds* d'une nature..., d'un caractère...; **she's good/ill~** elle a bon/mauvais caractère; **gentle~** d'une nature douce.

nature lover *n* amoureux *m*, -euse *f* de la nature.

nature-loving *adj* qui adore la nature.

nature reserve *n* réserve *f* naturelle.

nature study *n* SCH sciences *fpl* naturelles, histoire *f* naturelle.

nature trail *n* sentier *m* (de découverte de la) nature.

naturism ['neɪtʃərɪzm] *n* naturisme *m*.

naturist ['neɪtʃərɪst] ◇ *adj* naturiste.
◇ *n* naturiste *mf*.

naturopathy [ˌneɪtʃə'rɒpəθɪ] *n* naturothérapie *f*, naturopathie *f*.

naught [nɔːt] ◇ *n* -1. = **nought 1**. -2. *arch* OR *lit* [nothing]: **their plans came to ~** leurs projets ont échoué OR n'ont pas abouti; **they set my ideas at ~** ils ne font aucun cas OR ils ne tiennent aucun compte de mes idées.
◇ *adv arch* OR *lit* nullement; **it matters ~** cela n'a aucune importance; **it serves you ~** cela ne vous sert nullement.

naughtily ['nɔːtɪlɪ] *adv* -1. [mischievously] avec malice, malicieusement; **you have behaved very ~** tu as été très vilain. -2. [suggestively] avec grivoiserie.

naughtiness ['nɔːtɪnɪs] *n* -1. [disobedience] désobéissance *f*; [mischievousness] malice *f*; **she will be punished for her ~** elle sera punie pour avoir désobéi. -2. [indecency] grivoiserie *f*, gaillardise *f*.

naughty ['nɔːtɪ] (*compar* **naughtier**, *superl* **naughtiest**) *adj* -1. [badly behaved - child] méchant, désobéissant, vilain; **that was very ~ of you** ce que tu as fait était très vilain; **you ~ boy!** petit vilain! || [mischievous] coquin, malicieux. -2. [indecent - postcard] grivois, paillard, osé; [- joke, story] osé, paillard, polisson; [- word] vilain, gros. -3. [sexy] sexy *(inv)*; **~ underwear** dessous *mpl* sexy.

nausea ['nɔːsjə] *n* nausée *f*.

nauseate ['nɔːsɪeɪt] *vt literal* & *fig* donner la nausée à, écœurer; **the sight of blood ~d him** en voyant le sang, il eut un haut-le-cœur.

nauseating ['nɔːsɪeɪtɪŋ] *adj* [food, sight, idea] écœurant, qui donne la nausée; [smell] écœurant, nauséabond; [person, behaviour] écœurant, dégoûtant, répugnant; **the stench was ~** la puanteur vous levait OR soulevait le cœur.

nauseatingly ['nɔːsɪeɪtɪŋlɪ] *adv* à vous donner la nausée, à vous écœurer; **she was ~ smug** elle prenait des airs écœurants de supériorité, elle était d'une supériorité écœurante.

nauseous [*Br* 'nɔːsjəs, *Am* 'nɔːʃəs] *adj* -1. [revolting - smell] nauséabond, qui donne la nausée, écœurant. -2. [unwell - person] écœuré; **it made me feel ~** cela m'a levé OR soulevé le cœur. -3. *inf Am* [disgusting] dégueulasse.

Nausicaa [nɔː'sɪkɪə] *pr n* Nausicaa.

nautical ['nɔːtɪkl] *adj* nautique.

nautical mile *n* mille *m* marin.

nautilus ['nɔːtɪləs] *n* ZOOL nautile *m*.

navaid ['næveɪd] *n* radioguidage *m*, aide *f* à la navigation.

Navajo ['nævəhəʊ] (*pl inv* OR **Navajos** OR **Navajoes**) ◇ *n* -1. [person] Navajo *mf*; **the ~** les Navajos. -2. LING navajo *m*.
◇ *adj* navajo.

naval ['neɪvl] *adj* [gen] naval; [power] maritime; **~ base** base *f* navale; **~ forces** forces *fpl* navales; **~ officer** officier *m* de marine.

naval architect *n* architecte *m* naval, architecte *f* navale; [for warships] ingénieur *m* du génie maritime OR en construction navale.

naval architecture *n* construction *f* navale.

Navarre [nə'vɑːʳ] *pr n* Navarre *f*.

nave [neɪv] *n* -1. [of church] nef *f*. -2. [hub] moyeu *m*.

navel ['neɪvl] *n* nombril *m*.

navel orange *n* navel *f*.

navigable ['nævɪgəbl] *adj* [water] navigable; [craft] dirigeable.

navigate ['nævɪgeɪt] ◇ *vt* -1. [chart course of - ship] calculer le parcours de; [- car, aircraft] être le navigateur de; **she ~d us successfully through Bombay** elle nous a fait traverser Bombay sans problèmes; **he ~d the plane to the nearest airport** il dirigea l'avion sur l'aéroport le plus proche. -2. [sail]: **to ~ the Atlantic** traverser l'Atlantique (en bateau); **they ~d the seven seas** ils naviguaient sur OR parcouraient toutes les mers du globe. -3. *fig*: **the stairs are difficult to ~ in the dark** cet escalier est difficile à monter/descendre dans l'obscurité; **she ~d her way across the crowded room** elle se fraya un chemin à travers la salle bondée.
◇ *vi* naviguer; **to ~ by the stars** naviguer aux étoiles || [in car]: **can you ~ for me?** peux-tu m'indiquer la route OR me piloter?

navigation [ˌnævɪ'geɪʃn] *n* -1. [act, skill of navigating] navigation *f*. -2. *Am* [shipping] navigation *f*, trafic *m* (maritime).

navigational [ˌnævɪ'geɪʃnl] *adj* de (la) navigation.

navigation lights *npl* AERON feux *mpl* de position; NAUT fanaux *mpl*, feux *mpl* de bord OR de route.

navigator ['nævɪgeɪtəʳ] *n* navigateur *m*, -trice *f*.

navvy *inf* ['nævɪ] (*pl* **navvies**) *n Br* terrassier *m*.

navy ['neɪvɪ] (*pl* **navies**) ◇ *n* -1. [service] marine *f* (nationale); **to be** OR **to serve in the ~** être dans la marine. -2. [warships collectively] marine *f* de guerre; [fleet] flotte *f*. -3. = **navy blue**.
◇ *adj* -1. de la marine. -2. = **navy-blue**.

navy blue *n* bleu *m* marine.
◆ **navy-blue** *adj* bleu marine *(inv)*.

Navy Cut® *n Br* tabac *m* haché fin.

Navy List *Br*, **Navy Register** *Am n* ≃ liste *f* navale.

navy yard *n* arsenal *m* maritime.

nawab [nə'wɑːb] *n* nabab *m*.

nay [neɪ] ◇ *adv arch* OR *hum* voire, que dis-je; **I was asked, ~ ordered to come** on m'a demandé, ou plutôt donné l'ordre, de venir; **for a few dollars, ~ a few cents** pour quelques dollars, voire quelques cents.
◇ *n* vote *m* négatif; **the ~s have it** les non l'emportent.
◇ *interj* [in oral vote] non.

Nazarene [ˌnæzə'riːn] ◇ *n* Nazaréen *m*, -enne *f*.
◇ *adj* nazaréen.

Nazareth ['næzərəθ] *pr n* Nazareth.

Nazi ['nɑːtsɪ] ◇ *adj* nazi.
◇ *n* nazi *m*, -e *f*.

Nazism ['nɑːtsɪzm], **Naziism** ['nɑːtsɪˌɪzm] *n* nazisme *m*.

NB -1. (*written abbr of* nota bene) NB. -2. *written abbr of* New Brunswick.

NBA *pr n* -1. (*abbr of* National Basketball Association) *fédération américaine de basket-ball*. -2. (*abbr of* National Boxing Association) *fédération américaine de boxe*.

NBC ◇ *pr n* (*abbr of* National Broadcasting Company) *chaîne de télévision américaine*.
◇ *adj* (*abbr of* nuclear, biological and chemical) NBC.

nbg *inf* (*abbr of* no bloody good) *adj Br* nul.

NBS (*abbr of* National Bureau of Standards) *pr n service américain des poids et mesures*.

NC -1. *written abbr of* no charge. -2. *written abbr of* North Carolina.

NCB (*abbr of* National Coal Board) *pr n ancien nom des charbonnages britanniques*.

NCC (*abbr of* Nature Conservancy Council) *pr n organisme britannique de protection de la nature*.

NCCL *pr n abbr of* National Council for Civil Liberties.

NCO (*abbr of* non-commissioned officer) *n* sous-officier *m*.

NCU (*abbr of* National Communications Union) *pr n syndicat des salariés qui travaillent dans les télécommunications*.

ND *written abbr of* North Dakota.

N'Djamena [əndʒɑː'meɪnə] *pr n* N'Djamena.

NE -1. *written abbr of* Nebraska. -2. *written abbr of* New England. -3. (*written abbr of* **north-east**) N-E.

Neanderthal, neanderthal [nɪ'ændətɑːl] ◇ *adj* -1. ANTHR néandertalien, de Neandertal. -2. [uncivilized] fruste, inculte, primitif. -3. *inf* POL réac.
◇ *n* néandertalien *m*.

Neanderthal man *n* l'homme *m* de Neandertal.

neap [niːp] ◇ *adj* faible.
◇ *n* = **neap tide**.

Neapolitan [ˌnɪəˈpɒlɪtn] ◇ *n* Napolitain *m*, -e *f*.
◇ *adj* napolitain; ~ ice cream tranche *f* napolitaine.

neap tide *n* (marée *f* de) morte-eau *f*.

near [nɪəʳ] (*compar* nearer, *superl* nearest)
◇ *prep* -1. [in space] près de; ~ Paris près de Paris; don't go ~ the fire ne t'approche pas du feu; is there a chemist's ~ here? est-ce qu'il y a un pharmacien près d'ici OR dans le coin?; she likes to have her family ~ her elle aime avoir sa famille près d'elle OR auprès d'elle; ~ the end of the book vers la fin du livre; I haven't been ~ a horse since the accident je n'ai pas approché un cheval depuis l'accident; you can't trust him ~ a gun il est dangereux avec une arme à feu; she wouldn't let anyone ~ her [physically] elle ne voulait pas qu'on l'approche; [emotionally] elle ne voulait être proche de personne. -2. [in time] près de, proche de; it's getting ~ Christmas c'est bientôt Noël; ask me ~er the time repose-moi la question quand l'heure viendra; ~ the end of the film vers la fin du film. -3. [similar to] près de; that would be ~er the truth ce serait plus près de la vérité; your answer was ~est the mark c'est vous qui avez donné la meilleure réponse. -4. [in amount or number]: profits were ~ the 30% mark les bénéfices approchaient la barre des 30 %; it took us ~er three hours to finish en fait, nous avons mis presque trois heures à finir; it will cost ~er £5,000 ça coûtera plutôt dans les 5 000 livres. -5. [on the point of] près de, au bord de; the country's economy is ~ ruin le pays est au bord de la faillite; to be ~ tears être au bord des larmes; it's ~ freezing il ne fait pas loin de zéro, la température avoisine zéro degré.
◇ *adv* -1. [in space] près, à côté, à proximité; to draw ~ s'approcher; the heat was too great for us to get ~ la chaleur était trop intense pour que l'on puisse s'approcher ❑ so ~ and yet so far! c'est dommage, si près du but! -2. [in time] proche, près; as the time grew OR drew ~ à mesure que le moment approchait; midnight drew ~ minuit approchait, on approchait de minuit. -3. [with adjective] quasi; a ~ impossible task une tâche quasi OR quasiment OR pratiquement impossible; the show went ahead with ~ tragic consequences le spectacle a continué avec des conséquences quasi tragiques. -4. *phr*: as ~ as makes no difference à peu de chose près, à quelque chose près; £50 or as ~ as dammit *inf* 50 livres à peu de chose près; it's ~ enough ça va comme ça; it's ~ enough 50 lbs ça pèse dans les 50 livres; it's nowhere ~ good enough c'est loin d'être suffisant; there weren't anywhere ~ enough people il y avait bien trop peu de gens.
◇ *adj* -1. [in space] proche; the ~ edge le bord le plus proche; our ~ neighbours nos proches voisins; I knew you were ~ je savais que vous étiez dans les environs OR parages; the ~est post office le bureau de poste le plus proche; the ~ front wheel [driving on left] la roue avant gauche; [driving on right] la roue avant droite. -2. [in time] proche; when the time is ~ quand le moment approchera; in the ~ future dans un proche avenir. -3. [virtual]: it was a ~ disaster on a frôlé la catastrophe; he found himself in ~ darkness il s'est retrouvé dans une obscurité quasi totale ❑ it was a ~ thing on l'a échappé belle, il était moins une; I caught the train, but it was a ~ thing j'ai eu mon train de justesse; I missed the train, but it was a ~ thing j'ai manqué mon train de peu; he's the ~est thing we have to a national hero il est ce que nous avons de mieux en matière de héros national. -4. [in amount, number]: to the ~est £10 à 10 livres près; round it up/down to the ~est 10 francs arrondissez aux 10 francs supérieurs/inférieurs. -5. [closely related] proche; her ~est relatives ses parents les plus proches; your ~est and dearest *hum* vos proches.
◇ *vt* [approach - place, date, event] approcher de; [- state] être au bord de; the train was ~ing the station le train approchait de la gare; he was ~ing 70 when he got married il allait sur ses 70 ans quand il s'est marié; the book is ~ing completion le livre est sur le point d'être terminé; we're ~ing the point of no return il sera bientôt trop tard pour faire marche arrière, on atteindra bientôt le point de non-retour.
◇ *vi* [subj: date, place] approcher.
◆ **near to** *prep phr* -1. [in space] près de; they live ~ to us ils habitent près de OR à côté de chez nous || [emotionally] proche de. -2. [in time] près de, proche de; it's getting ~ to Christmas Noël approche. -3. [in similarity] près de. -4. [on the point of] près de, au bord de; to be ~ to death être sur le point de mourir; to be ~ to tears être au bord des larmes; I came ~ to leaving several times j'ai failli partir plusieurs fois.

near- *in cpds*: ~perfect pratiquement OR quasi parfait; ~complete pratiquement OR quasi complet.

near beer *n* bière *f* sans alcool.

nearby [*adv* ˌnɪəˈbaɪ, *adj* ˈnɪəbaɪ] ◇ *adv* [near here] près d'ici; [near there] près de là; I live just ~ j'habite tout près d'ici; is there a station ~? est-ce qu'il y a une gare près d'ici OR à proximité?
◇ *adj*: we stopped at a ~ post office nous nous sommes arrêtés dans un bureau de poste situé non loin de là; he threw it into a ~ dustbin il l'a jeté dans une poubelle non loin de là.

Near East *pr n*: the ~ le Proche-Orient; in the ~ au Proche-Orient.

near gale *n* [on Beaufort scale] grand frais *m*.

nearly [ˈnɪəlɪ] *adv* -1. [almost] presque, à peu près; I'm ~ ready je suis presque prêt; we're ~ there on y est presque; he's ~ 80 il a presque 80 ans; it's ~ 8 o'clock il est presque 8 h; I ~ fell j'ai failli tomber; I very ~ didn't come j'ai bien failli ne pas venir; I can ~ reach the shelf j'arrive presque à atteindre l'étagère; she ~ went bankrupt elle a failli faire faillite; he was ~ crying OR in tears il était au bord des larmes; I'm ~ as tall as my brother je suis presque aussi grand que mon frère. -2. [with negative]: I didn't buy ~ enough food for everyone je suis loin d'avoir acheté assez de provisions pour tout le monde; he's not ~ as important as he likes to think il est loin d'être aussi important qu'il le croit; it's not ~ as difficult as I thought c'est bien moins difficile que je ne l'imaginais.

nearness [ˈnɪənɪs] *n* proximité *f*.

nearside [ˈnɪəsaɪd] *Br* ◇ *adj* AUT [when driving on right] (du côté) droit, du côté trottoir; [when driving on left] (du côté) gauche, du côté trottoir.
◇ *n* [when driving on right] côté *m* droit; [when driving on left] côté *m* gauche; get out on the ~ descendez côté trottoir.

nearsighted [ˌnɪəˈsaɪtɪd] *adj Am* myope.

nearsightedness [ˌnɪəˈsaɪtɪdnɪs] *n Am* myopie *f*.

neat [niːt] *adj* -1. [tidy - in dress] net, soigné; [- desk, room] net, bien rangé; [- garden] bien tenu OR entretenu, soigné; her clothes are always ~ ses vêtements sont toujours impeccables || [careful - work, handwriting] soigné; to do a ~ job faire un travail soigné, soigner son travail ❑ as ~ as a new pin tiré à quatre épingles. -2. [smart, pretty] joli; a ~ little house une gentille petite maison. -3. [effective - organization] net, efficace; [- system, plan] bien conçu; [- solution] élégant. -4. *inf Am* [great] chouette; what a ~ outfit! chouettes fringues!; that's really ~ c'est vraiment chouette, c'est super. -5. [undiluted - spirits] sec, sans eau. -6. [tax-free]: we made a ~ £100 on a fait 100 livres net.

neaten [ˈniːtn] *vt* [room, house] remettre en ordre, ranger; [garden] ranger; [clothing] arranger, ajuster; [hair] arranger, mettre en ordre; you ought to ~ (up) the place before they arrive tu devrais mettre un peu d'ordre dans la maison avant qu'ils arrivent; go and ~ your hair va te recoiffer.

'neath, neath [niːθ] *lit* = **beneath**.

neatly [ˈniːtlɪ] *adv* -1. [tidily] avec soin OR ordre; [carefully - write, work] avec soin, soigneusement; put the papers ~ on the desk posez les papiers soigneusement sur le bureau; to dress ~ s'habiller avec soin. -2. [skilfully] habilement, adroitement; to solve a problem ~ résoudre un problème avec élégance; you put that very ~ vous l'avez très bien dit OR exprimé; he ~ avoided the issue il a habilement évité le sujet; you got out of the situation very ~ vous vous en êtes magnifiquement tiré.

neatness [ˈniːtnɪs] *n* -1. [tidiness - of dress] soin *m*, netteté *f*; [- of room] ordre *m*; a passion for ~ la passion de l'ordre || [carefulness - of work] soin *m*; the ~ of her writing l'élégance *f* de son écriture. -2. [skilfulness - of phrase, solution] élégance *f*; [- of scheme] habileté *f*. -3. [prettiness - of figure, legs] finesse *f*.

Nebraska [nɪˈbræskə] *pr n* Nebraska *m*; in ~ dans le Nebraska.

Nebuchadnezar [ˌnebjʊkədˈnezəʳ] ◇ *n* [bottle] nabuchodonosor *m*.
◇ *pr n* Nabuchodonosor.

nebula [ˈnebjʊlə] (*pl* nebulas OR nebulae [-liː]) *n* -1. ASTRON nébuleuse *f*. -2. MED [of cornea] nébulosité *f*; [of urine] aspect *m* trouble.

nebular [ˈnebjʊləʳ] *adj* -1. ASTRON nébulaire. -2. MED [cornea] nébuleux; [urine] trouble.

nebulize, -ise [ˈnebjʊlaɪz] *vt* nébuliser.

nebulosity [ˌnebjʊˈlɒsətɪ] (*pl* nebulosities) *n* nébulosité *f*.

nebulous [ˈnebjʊləs] *adj* -1. [vague] vague, flou, nébuleux. -2. ASTRON nébulaire. -3. MED [of cornea] nébuleux. -4. *lit* [misty] brumeux.

nebulousness [ˈnebjʊləsnɪs] = **nebulosity**.

NEC (*abbr of* National Exhibition Centre) *pr n parc d'expositions près de Birmingham en Angleterre.*

necessarily [*Br* ˈnesəsrəlɪ, *esp Am* ˌnesəˈserɪlɪ] *adv* nécessairement, forcément; we don't ~ have to go rien ne nous oblige à partir, nous ne sommes pas forcés de partir; it's not ~ so pas forcément, ce n'est pas obligé.

necessary [ˈnesəsrɪ] (*pl* necessaries) ◇ *adj* -1. [essential] nécessaire, essentiel; [indispensable] indispensable; [compulsory] obligatoire; water is ~ to OR for life l'eau est indispensable à la vie; is this visit really ~? est-ce que cette visite est vraiment indispensable?; it is ~ for him to come il est nécessaire qu'il vienne, il faut qu'il vienne; circumstances made it ~ to delay our departure les circonstances nous ont obligés à retarder notre départ; I'll do everything ~ to make her agree je ferai tout pour qu'elle accepte; he did no more than was ~ il n'a fait que le strict nécessaire; if ~ [if forced] s'il le faut; [if need arises] le cas échéant, si besoin est; a ~ condition [gen] une condition nécessaire OR sine qua non; PHILOS une condition nécessaire; will you make the ~ arrangements? pouvez-vous prendre les dispositions nécessaires?; he took the ~ measures il a pris les mesures nécessaires OR qui s'imposaient. -2. [inevitable] nécessaire, inéluctable; a ~ evil un mal nécessaire; you can draw the ~ conclusion yourself vous pouvez vous-même tirer les conclusions qui s'imposent.
◇ *n* -1. *inf Br*: to do the ~ faire le nécessaire. -2. *inf Br* [cash]: have you got the ~? tu as de quoi payer?

necessitate [nɪˈsesɪteɪt] *vt* nécessiter, rendre nécessaire; family problems have ~d his resignation des problèmes familiaux l'ont obligé OR contraint à démissionner.

necessitous [nɪˈsesɪtəs] *adj fml* nécessiteux, démuni, pauvre.

necessity [nɪˈsesətɪ] (*pl* necessities) *n* -1. [need] nécessité *f*, besoin *m*; there is no ~ for drastic measures il n'y a pas lieu de prendre des mesures draconiennes; there's no real ~ for us to go nous n'avons pas vraiment besoin d'y aller, il n'est pas indispensable que nous y

allions; the ~ for OR of keeping careful records la nécessité de prendre des notes détaillées; if the ~ should arise si le besoin se faisait sentir; in case of absolute ~ en cas de force majeure; out of OR by OR through ~ par nécessité, par la force des choses ❑ ~ has no law *prov* nécessité fait loi *prov*; ~ is the mother of invention *prov* l'invention naît de la nécessité. -2. *fml* [poverty] besoin *m*, nécessité *f*. -3. [essential] chose *f* nécessaire OR essentielle; the basic OR bare necessities of life les choses qui sont absolument essentielles OR indispensables à la vie; it's one of life's necessities c'est un élément vital. -4. PHILOS nécessité *f*.
◆ **of necessity** *adv phr* nécessairement.

neck [nek] ◇ *n* -1. ANAT cou *m*; he threw his arms round her ~ il s'est jeté à son OR il lui a sauté au cou; the cat had a collar round its ~ le chat avait un collier au cou; water was dripping down my ~ l'eau me coulait dans le cou; to get a stiff ~ attraper le torticolis || *fig*: he's always breathing down my ~ il est tout le temps sur mon dos; they were up to their ~s in debt ils étaient endettés jusqu'au cou; I'm up to my ~ in trouble j'ai des ennuis par-dessus la tête; the problem is still hanging round my ~ je n'ai toujours pas résolu ce problème; to risk one's ~ risquer sa peau; I could wring her ~! *inf* je lui tordrais le cou! ❑ she'll get it in the ~ *inf Br* ça va chauffer pour son matricule; he was thrown out ~ and crop OR on his ~ *Br* il a été mis à la porte avec pertes et fracas; it's ~ or nothing *inf Br* ça passe ou ça casse; to stick one's ~ out prendre des risques. -2. CULIN [of lamb] collet *m*; [of beef] collier *m*. -3. SPORT: to win by a ~ gagner d'une encolure ❑ to be ~ and ~ être à égalité; the two candidates are ~ and ~ les deux candidats sont au coude à coude. -4. [narrow part or extremity - of bottle, flask] goulot *m*, col *m*; [- of pipe] tuyau *m*; [- of womb, femur] col *m*; [- of violin] manche *m*; [- of bolt, tooth] collet *m*. -5. GEOG [peninsula] péninsule *f*, presqu'île *f*; [strait] détroit *m*; a ~ of land une langue de terre ❑ in our ~ of the woods par chez nous. -6. [of dress, pullover] col *m*, encolure *f*; a low ~ un décolleté; a dress with a low ~ une robe décolletée; what ~ size OR what size ~ do you take? combien faites-vous de tour de cou? -7. *inf Br* [cheek] toupet *m*, culot *m*; you've got a ~! tu ne manques pas de culot!
◇ *vi* *inf* se bécoter, se peloter.

neckband ['nekbænd] *n* bande *f* d'encolure; a lace ~ un col en dentelle.

-necked [nekt] *in cpds* à col...; swan~ en col de cygne; a V/round~ pullover un pull en V/ras du cou; stiff~ qui a le torticolis.

neckerchief ['nekətʃɪf] *n* foulard *m*.

necking *inf* ['nekɪŋ] *n* pelotage *m*.

necklace ['neklɪs] *n* collier *m*.

neckline ['neklaɪn] *n* col *m*, encolure *f*; her dress had a low/plunging ~ elle avait une robe décolletée/très décolletée.

necktie ['nektaɪ] *n Am* cravate *f*; ~ party *inf* lynchage *m*.

necrology [ne'krɒlədʒɪ] *n* nécrologie *f*.

necromancer ['nekrəmænsəʳ] *n* nécromancien *m*, -enne *f*.

necromancy ['nekrəmænsɪ] *n* nécromancie *f*.

necrophilia [,nekrə'fɪlɪə] *n* nécrophilie *f*.

necrophiliac [,nekrə'fɪlɪæk] *n* nécrophile *mf*.

necropolis [ne'krɒpəlɪs] *n* nécropole *f*.

necrosis [ne'krəʊsɪs] (*pl* necroses [-siːz]) *n* nécrose *f*.

nectar ['nektəʳ] *n* BOT & *fig* nectar *m*.

nectarine ['nektərɪn] *n* nectarine *f*.

NEDC (*abbr of* National Economic Development Council) *pr n agence nationale britannique de développement économique supprimée en 1992.*

neddy *inf* ['nedɪ] (*pl* neddies) *n* -1. *Br* [donkey] baudet *m*. -2. *Austr* [horse] canasson *m*.
◆ **Neddy** *inf pr n surnom de la NEDC.*

née, nee [neɪ] *adj fml*: Sarah James, ~ White Sarah James née White.

need [niːd] ◇ *vt* -1. [as basic requirement] avoir besoin de; have you got everything you ~? est-ce que tu as tout ce qu'il te faut?; she ~s rest elle a besoin de repos OR de se reposer; I ~ more money/time j'ai besoin de plus d'argent/de temps; you take the car, I won't be ~ing it this evening prends la voiture, je n'en aurai pas besoin ce soir; he likes to feel ~ed il aime se sentir indispensable; a lot of money is ~ed if we are to save the company il va falloir beaucoup d'argent pour empêcher l'entreprise de couler; you only ~ to ask vous n'avez qu'à demander; you don't ~ me to tell you that vous devez le savoir mieux que moi; the carpet ~s cleaning la moquette a besoin d'être nettoyée. -2. [would benefit from]: I ~ a drink/a shower j'ai besoin de boire quelque chose/de prendre une douche; what he ~s is a good hiding ce qu'il lui faut, c'est une bonne correction; it's just what I ~ c'est exactement ce qu'il me faut; that's all we ~! *iron* il ne nous manquait plus que ça!; who ~s money anyway? de toute façon, l'argent n'a aucune importance; your hair ~s combing vos cheveux ont besoin d'un coup de peigne; I gave the car a much-~ed wash j'ai lavé la voiture, elle en avait bien besoin; liquid nitrogen ~s careful handling OR to be handled with care l'azote liquide demande à être manié avec précaution; there are still a few points that ~ to be made il reste encore quelques questions à soulever. -3. [expressing obligation]: to ~ to do sthg avoir besoin de OR être obligé de faire qqch; I ~ to be home by ten il faut que je sois rentré OR je dois être rentré pour 10 h; you ~ to try harder tu vas devoir faire OR il va falloir que tu fasses un effort supplémentaire; I'll help you — you don't ~ to je vais t'aider — tu n'es pas obligé.
◇ *modal vb*: you needn't come if you don't want to vous n'avez pas besoin de OR vous n'êtes pas obligé de venir si vous n'en avez pas envie; I needn't tell you how important it is je n'ai pas besoin de vous dire OR vous savez à quel point c'est important; I needn't have bothered je me suis donné bien du mal pour rien, ce n'était pas la peine que je me donne autant de mal; the accident ~ never have happened cet accident aurait pu être évité; no-one else ~ ever know ça reste entre nous; ~ I say more? ai-je besoin d'en dire davantage OR plus?; ~ that be the case? est-ce nécessairement OR forcément le cas?
◇ *n* -1. [necessity] besoin *m*; I have no ~ of your sympathy je n'ai que faire de votre sympathie; I feel the ~ of some fresh air OR to get some fresh air j'ai besoin d'air; phone me if you feel the ~ for a chat appelle-moi si tu as besoin de parler; there's no ~ to adopt that tone inutile d'employer ce ton; there's no ~ to hurry rien ne presse, inutile de se presser; there's no ~ to panic OR for any panic inutile de paniquer; I'll help with the dishes — no ~, I've done them already je vais vous aider à faire la vaisselle — inutile, c'est terminé; to be in ~ of sthg avoir besoin de qqch; I'm in ~ of help j'ai besoin d'aide OR qu'on m'aide; Fred is in urgent ~ of cash Fred a un besoin urgent d'argent; the ceiling is in ~ of repair le plafond a besoin d'être réparé; should the ~ arise si cela s'avérait nécessaire, si le besoin s'en faisait sentir; your ~ is greater than mine *hum* vous en avez plus besoin que moi. -2. [requirement] besoin *m*; their ~s can be easily satisfied leurs besoins sont faciles à satisfaire; he saw to her every ~ il subvenait à ses moindres besoins; £1,000 should be enough for our immediate ~s 1 000 livres devraient suffire pour répondre à nos besoins immédiats; the grant is ~s-based le montant de la bourse est établi selon les besoins du demandeur. -3. [poverty] besoin *m*, nécessité *f*; [adversity] adversité *f*, besoin *m*; to be in ~ être dans le besoin.
◆ **if need(s) be** *adv phr* si besoin est, le cas échéant.

needful ['niːdfʊl] ◇ *adj fml* nécessaire, requis.
◇ *n inf Br* -1. *phr*: to do the ~ faire le nécessaire. -2. [money]: to find the ~ trouver le fric.

needle ['niːdl] ◇ *n* -1. MED & SEW aiguille *f*; [for record player] pointe *f* de lecture, saphir *m*; [of pine-tree] aiguille *f*; [spine - of hedgehog] piquant *m*; it's like looking for a ~ in a haystack c'est comme si l'on cherchait une aiguille dans une botte de foin. -2. [as indicator - in compass, on dial] aiguille *f*. -3. GEOL [rocky outcrop] aiguille *f*, pic *m*. -4. [monument] aiguille *f*, flèche *f*. -5. *inf Br* [aggressiveness] agressivité *f*; a bit of ~ has crept into the match les joueurs commencent à s'énerver OR disputent le match avec plus d'âpreté ❑ to get the ~ prendre la mouche; to give sb the ~ [tease] chambrer qqn; [annoy] taper sur les nerfs de qqn.
◇ *vt* -1. *inf* [annoy] asticoter; [tease] chambrer; he's always needling her about her weight il passe son temps à la charrier à propos de son poids; they ~d him into retaliating à force d'être asticoté, il a fini par riposter. -2. *Am* [drink] corser. -3. SEW coudre.

needlecord ['niːdlkɔːd] *n* velours *m* côtelé; ~ trousers pantalon *m* en velours côtelé.

needlecraft ['niːdlkrɑːft] *n* travaux *mpl* d'aiguille.

needle match *inf n Br* match *m* âprement disputé.

needlepoint ['niːdlpɔɪnt] ◇ *n* [embroidery] broderie *f*, tapisserie *f*; [lace] dentelle *f* à l'aiguille.
◇ *comp*: ~ lace dentelle *f* brodée.

needle-sharp *adj* [point] acéré; [eyes] de lynx; [mind] fin, perspicace.

needless ['niːdlɪs] *adj* [unnecessary - expense, effort, fuss] superflu, inutile; [- remark] inopportun, déplacé; ~ to say I won't go il va sans dire que je n'irai pas; the war was a ~ waste of lives la guerre a provoqué beaucoup de morts inutiles.

needlessly ['niːdlɪslɪ] *adv* inutilement.

needle-threader *n* enfile-aiguilles *m inv*.

needle valve *n* soupape *f* à pointeau.

needlewoman ['niːdl,wʊmən] (*pl* needlewomen [-,wɪmɪn]) *n* couturière *f*; she's a good ~ elle sait manier l'aiguille, c'est une bonne couturière.

needlework ['niːdlwɜːk] *n* (*U*) travaux *mpl* d'aiguille, couture *f*.

needling ['niːdlɪŋ] *n* (*U*) taquineries *fpl*.

needs [niːdz] *adv arch* OR *hum*: ~ must il le faut, c'est indispensable; if ~ must, I shall go s'il le faut absolument OR si c'est indispensable, j'irai ❑ ~ must when the devil drives *prov* nécessité fait loi *prov*.

needs test *n Br* examen *m* des conditions de vie *(pour bénéficier d'une aide de l'État).*

needy ['niːdɪ] (*compar* needier, *superl* neediest) ◇ *adj* [financially] nécessiteux, dans le besoin; [emotionally] en manque d'affection.
◇ *npl*: the ~ les nécessiteux *mpl*.

ne'er [neəʳ] *lit* = **never** *adv*.

ne'er-do-well *n* bon *m* à rien, bonne *f* à rien; my ~ cousins mes vauriens *mpl* de cousins.

nefarious [nɪ'feərɪəs] *adj* infâme, vil.

Nefertiti [,nefə'tiːtɪ] *pr n* Néfertiti.

negate [nɪ'geɪt] *vt* -1. [nullify - law] abroger; [- order] annuler; [- efforts] réduire à néant; [- argument, theory] invalider, rendre invalide. -2. [deny] réfuter, nier.

negation [nɪ'geɪʃn] *n* négation *f*.

negative ['negətɪv] ◇ *adj* négatif; a ~ answer une réponse négative; she's always so ~ about my plans elle trouve toujours quelque chose à redire à mes projets; the result of the test was ~ le résultat de l'examen était négatif ❑ ~ earth ELEC négatif *m*, terre *f* reliée au moins.
◇ *n* -1. GRAMM négation *f*; in the ~ à la forme négative. -2. [answer] réponse *f* négative, non *m*; to reply in the ~ répondre négativement OR par la négative. -3. PHOT négatif *m*. -4. ELEC & PHYS (pôle *m*) négatif *m*.

◇ *vt* -**1.** [cancel - instruction] annuler; [nullify - effect] neutraliser, réduire à néant. -**2.** [reject - proposition, evidence] rejeter, repousser. -**3.** [deny] nier, réfuter.

negative feedback *n* -**1.** [in electronic circuit] contre-réaction *f*, réaction *f* négative; [in mechanical or cybernetic system] feedback *m* négatif, rétroaction *f* négative. -**2.** *fig*: **we got a lot of ~ from the questionnaire** ce questionnaire a révélé de nombreuses réactions négatives.

negatively ['negətɪvlɪ] *adv* négativement; **she replied ~** sa réponse a été négative.

negative reinforcement *n* renforcement *m* négatif.

negative sign *n* signe *m* moins OR négatif.

negativism ['negətɪvɪzm] *n* négativisme *m*.

negator [nɪ'geɪtəʳ] *n* -**1.** [gen] négateur *m*, -trice *f*. -**2.** ELECTRON inverseur *m*.

neglect [nɪ'glekt] ◇ *n* -**1.** [lack of attention, care - of building, garden] abandon *m*, manque *m* de soins OR d'entretien; [- of child, invalid] manque *m*de soins OR d'attention; [- of people's demands, needs] manque *m* d'égards; **through ~** par négligence *f*; **many people fall ill through ~** bien des gens tombent malades par négligence OR par manque de précautions; **the roof fell in through ~** le toit s'est effondré faute d'entretien; **to suffer from ~** [person] souffrir d'un manque de soins; [building, garden] être laissé à l'abandon; **his ~ of his appearance** le peu d'intérêt qu'il accorde à son apparence || [bad condition - of building, garden] délabrement *m*; **to be in a state of ~** être à l'abandon; **the buildings fell into ~** les bâtiments sont tombés en ruine; **the apparatus fell into ~** on cessa d'entretenir les appareils. -**2.** [disregard - of duty, promise, rules] manquement *m*; **he was reprimanded for ~ of duty/elementary safety rules** il a été réprimandé pour avoir manqué à ses devoirs/pour ne pas avoir respecté les règles élémentaires de sécurité.
◇ *vt* -**1.** [fail to attend to, to care for - building, garden] négliger, laisser à l'abandon; [- work] négliger; [- child, invalid, friend] délaisser, négliger; **he ~s himself** OR **his appearance** il se néglige OR se laisse aller; **you shouldn't ~ your health** vous devriez vous soucier un peu plus de votre santé; **the house has been ~ed for years** la maison est à l'abandon depuis des années; **he ~ed his wife all evening** il n'a pas prêté la moindre attention à sa femme de toute la soirée; **governments have ~ed the needs of the disabled for long enough** il est temps que les gouvernements cessent d'ignorer les besoins des invalides. -**2.** [disregard - duty, promise] manquer à; **don't ~ his advice** vous auriez tout intérêt à écouter ses conseils; **they ~ elementary rules** ils ne respectent pas les règles élémentaires || [omit, overlook] omettre, oublier; **don't ~ to feed the animals** n'oubliez pas de donner à manger aux animaux; **they ~ed to lock the door when they went out** ils ont oublié de fermer la porte à clé en sortant.

neglected [nɪ'glektɪd] *adj* -**1.** [uncared for - garden] (laissé) à l'abandon, mal entretenu; [- building] (laissé) à l'abandon, délabré; [- appearance] négligé, peu soigné. -**2.** [emotionally - child, wife] délaissé, abandonné; **to feel ~** se sentir abandonné, avoir l'impression d'être délaissé.

neglectful [nɪ'glektfʊl] *adj* [person, attitude] négligent; **it's very ~ of me** c'est très négligent de ma part; **to be ~ of one's duty** négliger ses devoirs; **he's very ~ of his appearance** il ne prend aucun soin de sa tenue.

neglectfully [nɪ'glektfʊlɪ] *adv* négligemment, avec négligence.

negligee, negligée, neglige ['neglɪʒeɪ] *n* négligé *m*, déshabillé *m*.

negligence ['neglɪdʒəns] *n* -**1.** [inattention] négligence *f*; **due to** OR **through ~** par négligence || [of duties, rules] négligence *f*, manquement *m*; **~ of basic precautions can be fatal** le non-respect des précautions élémentaires peut se révéler fatal. -**2.** *Br* [nonchalance] nonchalance *f*.

negligent ['neglɪdʒənt] *adj* -**1.** [neglectful] négligent; **to be ~ of one's duties** manquer à OR négliger ses devoirs; **teenagers are often ~ of their appearance** les adolescents négligent souvent leur mise. -**2.** [nonchalant - attitude, manner] nonchalant, négligent.

negligently ['neglɪdʒəntlɪ] *adv* -**1.** [carelessly] négligemment; **he acted ~** il a fait preuve de légèreté; **they behaved ~ towards their children** ils ont négligé leurs enfants. -**2.** [nonchalantly] négligemment, nonchalamment; **she leaned ~ against the car** elle s'appuya avec nonchalance contre la voiture.

negligible ['neglɪdʒəbl] *adj* négligeable, insignifiant.

negotiable [nɪ'gəʊʃjəbl] *adj* -**1.** FIN [bonds] négociable; [price, salary] négociable, à débattre. -**2.** [road] praticable; [river - navigable] navigable; [- crossable] franchissable.

negotiate [nɪ'gəʊʃɪeɪt] ◇ *vt* -**1.** [gen & FIN] négocier. -**2.** [manoeuvre round - bend] négocier; [- rapids, obstacle] franchir; *fig* [- difficulty] franchir, surmonter.
◇ *vi* négocier; **the unions will have to ~ with the management for higher pay** il faudra que les syndicats négocient une augmentation de salaire auprès de la direction; **we should ~ instead of preparing for war** nous ferions mieux de négocier au lieu de nous préparer à la guerre.

negotiating table [nɪ'gəʊʃɪeɪtɪŋ-] *n* table *f* des négociations.

negotiation [nɪˌgəʊʃɪ'eɪʃn] *n* -**1.** [discussion] négociation *f*, pourparlers *mpl*; **to enter into ~** OR **~s with sb** entamer des négociations avec qqn; **the project is under ~** le projet est en négociation; **the pay deal is subject to ~** l'accord salarial est sujet à négociation; **your salary is a matter of ~** nous devons débattre du montant de votre salaire. -**2.** [of bend, obstacle] franchissement *m*.

negotiator [nɪ'gəʊʃɪeɪtəʳ] *n* négociateur *m*, -trice *f*.

Negress ['niːgrɪs] *n* négresse *f (attention: le terme «Negress», comme son équivalent français, est considéré comme raciste).*

negritude ['negrɪtjuːd] *n* négritude *f*.

Negro ['niːgrəʊ] (*pl* **Negroes**) ◇ *n* nègre *m (attention: le terme «Negro» est considéré comme raciste, sauf dans le domaine de l'anthropologie).*
◇ *adj* nègre.

negroid ['niːgrɔɪd] ◇ *adj* négroïde.
◇ *n* négroïde *mf*.

Negro spiritual *n* négro-spiritual *m*, spiritual *m*.

Nehemiah [ˌniːɪ'maɪə] *pr n* Néhémie.

neigh [neɪ] ◇ *vi* hennir.
◇ *n* hennissement *m*.

neighbor *etc Am* = **neighbour**.

neighbour *Br*, **neighbor** *Am* ['neɪbəʳ]
◇ *n* -**1.** voisin *m*, -e *f*; **what will the ~s say?** que vont dire les voisins?; **Britain's nearest ~ is France** la France est le plus proche voisin de la Grande-Bretagne. -**2.** RELIG [fellow man] prochain *m*, -e *f*.
◇ *comp*: **~ states** pays *mpl* voisins.
◇ *vt Am* avoisiner; **their farm ~s mine** nos fermes sont voisines.
◆ **neighbour on** *vt insep* [adjoin] avoisiner, être contigu à.
◆ **neighbor with** *vt insep Am* vivre en bon voisinage avec, entretenir des relations de bon voisinage avec.

neighbourhood *Br*, **neighborhood** *Am* ['neɪbəhʊd] ◇ *n* -**1.** [district] voisinage *m*, quartier *m*; **you can get mugged in this ~** ce quartier n'est pas très sûr; **the whole ~'s talking about it** tout le quartier en parle; **they live in the ~ of the station** ils habitent tout près de la gare; **there's some nice scenery in the ~** il y a de jolis paysages dans les environs. -**2.** *fig*: **it'll cost you in the ~ of $1,000** cela vous coûtera dans les OR environ 1 000 dollars.
◇ *comp* [police, shop, school] du quartier.

Neighbourhood Watch *n système par lequel les habitants d'un quartier s'entraident pour en assurer la surveillance et la sécurité.*

neighbouring *Br*, **neighboring** *Am* ['neɪbərɪŋ] *adj* avoisinant, voisin.

neighbourliness *Br*, **neighborliness** *Am* ['neɪbəlɪnɪs] *n* (bons) rapports *mpl* de voisinage, sociabilité *f*, amabilité *f*.

neighbourly *Br*, **neighborly** *Am* ['neɪbəlɪ] *adj* amical, de bon voisin; **to pay someone a ~ visit** rendre une visite de bon voisinage à qqn; **to be ~** être bon voisin, entretenir de bonnes relations avec ses voisins.

neither [*Br* 'naɪðəʳ, *esp Am* 'niːðəʳ] ◇ *pron*: **~ of us** aucun de nous (deux); **~ (of them) eats fish** aucun des deux OR ni l'un ni l'autre ne mange de poisson; **which do you prefer? — ~!** lequel des deux préfères-tu? — ni l'un ni l'autre!
◇ *conj*: **~... nor... ni... ni...**; **it's ~ good nor bad** ce n'est ni bon ni mauvais; **I like ~ tea nor coffee** je n'aime ni le thé ni le café ❑ **that's ~ here nor there** [unimportant] c'est sans importance; [irrelevant] là n'est pas la question; **I ~ know nor care** c'est vraiment le cadet de mes soucis.
◇ *adv* non plus; **I don't like coffee, and ~ does my wife** je n'aime pas le café, (et) ma femme non plus; **Peter can't swim and ~ can I** Peter ne sait pas nager, (et) moi non plus; **~ did/do/were we** (et) nous non plus; **me ~!** *inf* moi non plus!
◇ *det* aucun (des deux), ni l'un ni l'autre; **~ bottle is big enough** aucune des deux bouteilles n'est assez grande; **~ one of them has accepted** ni l'un ni l'autre n'a accepté.

nekton ['nektɒn] *n* necton *m*.

nelly ['nelɪ] *n Br phr*: **not on your ~!** *inf* tu peux courir!

nelson ['nelsn] *n* [in wrestling] double clé *f*; **full ~** nelson *m*; **half ~** clé *f*.

nematode ['nemətəʊd] *n* nématode *m*.

nem con [ˌnem'kɒn] *adv* unanimement, à l'unanimité.

nemesia [nɪ'miːʒə] *n* némésia *m*.

nemesis ['neməsɪs] *n lit* -**1.** [retribution]: **it's ~** c'est un juste retour des choses. -**2.** [agency of retribution]: **she saw the British press as her ~** elle vit dans la presse britannique l'instrument de sa vengeance.
◆ **Nemesis** *pr n* MYTH Némésis.

neoclassical [ˌniːəʊ'klæsɪkl] *adj* néoclassique.

neoclassicism [ˌniːəʊ'klæsɪsɪzm] *n* néoclassicisme *m*.

neocolonial [ˌniːəʊkə'ləʊnɪəl] *adj* néocolonial.

neocolonialism [ˌniːəʊkə'ləʊnɪəlɪzm] *n* néocolonialisme *m*.

neocolonialist [ˌniːəʊkə'ləʊnɪəlɪst] ◇ *adj* néocolonialiste.
◇ *n* néocolonialiste *mf*.

neo-Darwinism [ˌniːəʊ'dɑːwɪnɪzm] *n* néodarwinisme *m*.

neodymium [ˌniːəʊ'dɪmɪəm] *n* néodyme *m*.

neofascism [ˌniːəʊ'fæʃɪzm] *n* néofascisme *m*.

neofascist [ˌniːəʊ'fæʃɪst] ◇ *adj* néofasciste.
◇ *n* néofasciste *mf*.

Neogene ['niːəʊdʒiːn] ◇ *adj* néogène.
◇ *n* néogène *m*.

Neo-Latin [ˌniːəʊ'lætɪn] ◇ *n* latin *m* scientifique.
◇ *adj* -**1.** [New Latin] du latin scientifique. -**2.** [Romance] néo-latin.

neolith ['niːəlɪθ] *n* (objet *m* de) pierre *f* polie.

neolithic, Neolithic [ˌniːə'lɪθɪk] ◇ *adj* néolithique.
◇ *n* néolithique *m*.

neologism [niː'ɒlədʒɪzm] *n* néologisme *m*.

neologistic [niːˌɒlə'dʒɪstɪk] *adj* néologique.

neology [niː'ɒlədʒɪ] (*pl* **neologies**) = **neologism**.

neomycin [ˌniːəʊ'maɪsɪn] *n* néomycine *f*.

neon ['niːɒn] ◇ *n* néon *m*.
◇ *comp* [lamp, lighting] au néon; **~ sign** enseigne *f* lumineuse (au néon).

neonatal [ˌniːəʊˈneɪtl] *adj* néonatal.
neonate [ˈniːəʊneɪt] *n* nouveau-né *m*.
neo-Nazi [ˌniːəʊˈnɑːtsɪ] ◇ *n* néonazi *m*, -e *f*.
◇ *adj* néonazi.
neophyte [ˈniːəfaɪt] *n* néophyte *mf*.
neoplasm [ˈniːəʊˌplæzm] *n* néoplasme *m*.
Neoplatonic [ˌniːəʊpləˈtɒnɪk] *adj* néoplatonicien.
Neoplatonism [ˌniːəʊˈpleɪtənɪzm] *n* néoplatonisme *m*.
neorealism [ˌniːəʊˈriːəlɪzm] *n* CIN néoréalisme *m*.
Neozoic [ˌniːəʊˈzəʊɪk] ◇ *adj* néozoïque.
◇ *n* néozoïque *m*.
Nepal [nɪˈpɔːl] *pr n* Népal *m*; in ~ au Népal.
Nepalese [ˌnepəˈliːz] (*pl inv*) ◇ *n* Népalais *m*, -e *f*.
◇ *adj* népalais.
Nepali [nɪˈpɔːlɪ] (*pl inv* OR **Nepalis**) ◇ *n* -**1.** [person] Népalais *m*, -e *f*. -**2.** HIST népalais *m*.
◇ *adj* népalais.
neper [ˈniːpəʳ] *n* néper *m*.
nephew [ˈnefjuː] *n* neveu *m*.
nephralgia [nɪˈfrældʒə] *n* *(U)* néphralgie *f*.
nephrectomy [nɪˈfrektəmɪ] (*pl* **nephrectomies**) *n* néphrectomie *f*.
nephritic [nɪˈfrɪtɪk] *adj* néphrétique.
nephritis [nɪˈfraɪtɪs] *n* *(U)* néphrite *f*.
nepotism [ˈnepətɪzm] *n* népotisme *m*.
Neptune [ˈneptjuːn] *pr n* ASTRON & MYTH Neptune.
neptunium [nepˈtjuːnɪəm] *n* neptunium *m*.
nerd *inf* [nɜːd] *n* crétin *m*.
Nereid [ˈnɪərɪɪd] (*pl* Nereides [nəˈriːədiːz]) ◇ *pr n* ASTRON Néréide.
◇ *n* MYTH Néréide *f*.
Nero [ˈnɪərəʊ] *pr n* Néron.
nerve [nɜːv] ◇ *n* -**1.** ANAT nerf *m*; **to touch a raw ~** *fig* toucher une corde sensible. -**2.** [courage] courage *m*; [boldness] audace *f*; [self-control] assurance *f*, sang-froid *m*; **it takes ~ to say no to him** il faut du courage OR il faut avoir les nerfs solides pour lui dire non; **he didn't have the ~ to say no** il n'a pas osé dire non, il n'a pas eu le courage de dire non; **to get up enough ~ to jump** trouver le courage de sauter; **his ~ failed him, he lost his ~** [backed down] le courage lui a manqué; [panicked] il a perdu son sang-froid. -**3.** [cheek, audacity] culot *m*; **he had the ~ to refuse** il a eu le culot de refuser; **you've got a ~ coming here!** *inf* tu es gonflé de venir ici!; **what a ~!** *inf* quel culot OR toupet! -**4.** [vein - in leaf, marble] veine *f*, nervure *f*.
◇ *vt fml*: **to ~ sb to do sthg** encourager OR inciter qqn à faire qqch; **he has to ~ himself to jump** il faut qu'il s'arme de courage pour sauter.
◆ **nerves** *npl* -**1.** [agitated state] nerfs *mpl*; [anxiety] nervosité *f*; [before concert, exam, interview] trac *m*; **to have a fit of ~s** avoir le trac; **to be in a state of ~s** être sur les nerfs; **I'm a bundle of ~s** je suis un paquet de nerfs; **I need a drink to steady my ~s** il faut que je boive un verre pour me calmer. -**2.** [self-control] nerfs *mpl*; **to have strong ~s/~s of steel** avoir les nerfs solides/des nerfs d'acier ❑ **he gets on my ~s** *inf* il me tape sur les nerfs OR sur le système.
nerve cell *n* cellule *f* nerveuse.
nerve centre *n* -**1.** ANAT centre *m* nerveux. -**2.** *fig* [headquarters] quartier *m* général, poste *m* de commandement.
nerve ending *n* terminaison *f* nerveuse.
nerve fibre *n* fibre *f* nerveuse.
nerve gas *n* gaz *m* neurotoxique.
nerve impulse *n* influx *m* nerveux.
nerveless [ˈnɜːvlɪs] *adj* -**1.** [numb] engourdi, inerte; **the revolver fell from his ~ fingers** le revolver tomba de ses doigts inertes. -**2.** [weak] sans force, mou. -**3.** [calm] impassible, imperturbable; [fearless] intrépide.
nerve-racking *inf*, **nerve-wracking** *inf* [-ˈrækɪŋ] *adj* angoissant, stressant; **after a ~ wait he was shown in** après une attente qui mit ses nerfs à rude épreuve, on le fit entrer.
nervous [ˈnɜːvəs] *adj* -**1.** [anxious, worried] anxieux, appréhensif; [shy] timide, intimidé; [uneasy] mal à l'aise; [agitated] agité, tendu; [tense] tendu; **I'm always ~** OR **I always feel ~ when he's around** je suis toujours tendu lorsqu'il est dans les parages; **don't be ~** détendez-vous, n'ayez pas peur; **you're making me ~** vous m'intimidez, vous me faites perdre mes moyens; **you don't need to be ~ on my account** vous n'avez pas besoin de vous inquiéter pour moi; **he is ~ of Alsatians** les bergers allemands lui font peur; **he is ~ of failure** il a peur de l'échec; **I'm ~ about speaking in public** j'ai peur OR j'appréhende de parler en public; **I'm always ~ before exams** j'ai toujours le trac avant un examen; **he's a ~ wreck** *inf* il est à bout de nerfs, il est à cran. -**2.** ANAT [strain, illness] nerveux; **the ~ system** le système nerveux; **~ tension** tension *f* nerveuse.
nervous breakdown *n* dépression *f* nerveuse; **to have a ~** avoir OR faire une dépression nerveuse.
nervously [ˈnɜːvəslɪ] *adv* [anxiously] anxieusement, avec inquiétude; [tensely] nerveusement.
nervousness [ˈnɜːvəsnɪs] *n* -**1.** [worry] anxiété *f*, inquiétude *f*; [before exam] trac *m*. -**2.** [agitation] nervosité *f*, agitation *f* (nerveuse), fébrilité *f*. -**3.** [of writing, speech] nervosité *f*.
nervy *inf* [ˈnɜːvɪ] (*compar* **nervier**, *superl* **nerviest**) *adj* -**1.** *Br* [tense] énervé, excité. -**2.** *Am* [cheeky] culotté.
Ness [nes] *pr n*: **loch ~** le Loch Ness; **the loch ~ monster** le monstre du Loch Ness.
Nessie *inf* [ˈnesɪ] *pr n* *surnom du monstre du loch Ness.*
nest [nest] ◇ *n* -**1.** [for birds, wasps, snakes etc] nid *m*; [occupants - esp birds] nichée *f*; *fig* [den - of brigands] nid *m*, repaire *m*; [for machine guns] nid *m*; **love ~** nid d'amour. -**2.** [set]: **~ of tables/boxes** (série *f* OR ensemble *m* de) tables *fpl*/boîtes *fpl* gigognes.
◇ *vi* -**1.** [bird] (se) nicher, faire son nid. -**2.** [person]: **to go ~ing** [find nests] aller chercher des nids; [steal young] aller dénicher des oisillons; [steal eggs] aller dénicher des œufs. -**3.** [fit together] s'emboîter; **the boxes ~ together neatly** les cartons s'emboîtent bien (les uns dans les autres).
◇ *vt* -**1.** [animal, bird] servir de nid à. -**2.** [tables, boxes] emboîter.
nest box *n* [in henhouse] pondoir *m*; [in birdhouse] nichoir *m*.
nest egg *n* économies *fpl*, bas *m* de laine, pécule *m*; **I've got a nice little ~ put by for when I retire** j'ai mis de côté un bon petit pécule en prévision de ma retraite.
nesting [ˈnestɪŋ] ◇ *n* nidification *f*.
◇ *comp* [bird] nicheur; [time, instinct] de (la) nidification.
nesting box = **nest box**.
nestle [ˈnesl] ◇ *vi* -**1.** [against person] se blottir; **she ~d (up) against me** elle s'est blottie contre moi ‖ [in comfortable place] se pelotonner; **to ~ down in bed/on the sofa** se pelotonner dans son lit/sur le canapé. -**2.** [land, house] être niché OR blotti; **their house ~s among the pines** leur maison est tapie OR blottie au milieu des sapins.
◇ *vt* blottir.
nestling [ˈneslɪŋ] *n* oisillon *m*.
Nestor [ˈnestɔːʳ] *pr n* Nestor.
net [net] (*pt* & *pp* **netted**, *cont* **netting**) ◇ *n* -**1.** [gen, for fishing, butterflies etc] filet *m*; *fig* [trap] filet *m*, piège *m*; **to fall into the ~** tomber dans le piège; **to slip through the ~** glisser OR passer à travers les mailles du filet. -**2.** SPORT filet *m*; **to put the ball in the (back of the) ~** FTBL marquer un but, envoyer la balle au fond des filets. -**3.** [for hair] filet *m* à cheveux, résille *f*. -**4.** TEX tulle *m*, filet *m*. -**5.** [network] réseau *m*; **radio ~** ensemble *m* du réseau radiophonique. -**6.** [income, profit, weight] net *m*.
◇ *vt* -**1.** [catch - fish, butterfly] prendre OR attraper (au filet); [- terrorist, criminal] arrêter; **the police have netted the gang leaders** la police a mis la main sur les chefs de la bande. -**2.** [acquire - prize] ramasser, gagner; [- fortune] amasser. -**3.** SPORT: **to ~ the ball** [in tennis] envoyer la balle dans le filet; **he netted his service** [in tennis] son service échoua dans le filet; **to ~ a goal** FTBL marquer un but. -**4.** [fruit tree] recouvrir de filets OR d'un filet. -**5.** [income, salary] toucher OR gagner net; [profit] rapporter net; **we netted over $10,000** nous avons réalisé un bénéfice net de plus de 10 000 dollars.
◇ *vi* FTBL: **Barnes netted from 5 yards out** Barnes a marqué un but (depuis la ligne) des 6 mètres.
◇ *adj* -**1.** [income, price, weight] net; **we made a ~ loss/profit of £500** nous avons enregistré une perte sèche/réalisé un bénéfice net de 500 livres; **to earn £500 ~** gagner 500 livres net. -**2.** [result] final.
netball [ˈnetbɔːl] *n* net-ball *m* *(sport féminin proche du basket-ball)*.
net curtain *n* rideau *m* (de tulle OR en filet), voilage *m*.
net domestic product *n* produit *m* intérieur net.
nether [ˈneðəʳ] *adj arch* OR *lit* bas, inférieur; [lip] inférieur; **the ~ regions** OR **world** *fig* l'enfer *m*; **the ball hit him in the ~ regions** *hum* le ballon l'a atteint dans les parties basses.
Netherlander [ˈneðəlændəʳ] *n* Néerlandais *m*, -e *f*.
Netherlands [ˈneðələndz] *pl pr n*: **the ~** les Pays-Bas *mpl*; **in the ~** aux Pays-Bas.
nethermost [ˈneðəməʊst] *adj lit* le plus bas OR profond.
nett [net] = **net** *n* **6**, *vt* **5**, *adj* **1**.
netting [ˈnetɪŋ] *n* *(U)* -**1.** [for strawberries, trees] filet *m*, filets *mpl*; [fencing] treillis *m* (métallique), grillage *m*. -**2.** TEX [for curtains] tulle *m*, filet *m*. -**3.** [of fish, butterfly] prise *f* au filet.
nettle [ˈnetl] ◇ *n* ortie *f*; **to grasp the ~** *Br* prendre le taureau par les cornes.
◇ *vt Br* agacer, énerver.
nettled [ˈnetld] *adj* agacé; **don't get ~** ne t'énerve pas.
nettle rash *n* urticaire *f*.
network [ˈnetwɜːk] ◇ *n* -**1.** [gen, ELEC & RAIL] réseau *m*; [of shops, hotels] réseau *m*, chaîne *f*; [of streets] lacis *m*; **road ~** réseau routier. -**2.** TV [national] réseau *m*; [channel] chaîne *f*. -**3.** COMPUT réseau *m*.
◇ *vt* TV diffuser sur l'ensemble du réseau OR sur tout le territoire.
◇ *vi* -**1.** COMPUT faire partie du OR d'un réseau, être raccordé au OR à un réseau. -**2.** [make contacts] tenter d'établir un réseau de contacts professionnels.
networking [ˈnetwɜːkɪŋ] *n* -**1.** COMPUT interconnexion *f* de réseaux. -**2.** [gen & COMM] établissement *m* d'un réseau de liens OR de contacts.
network TV *n* réseau *m* (de télévision) national.
neural [ˈnjʊərəl] *adj* neural.
neuralgia [njʊəˈrældʒə] *n* *(U)* névralgie *f*.
neurasthenia [ˌnjʊərəsˈθiːnjə] *n* *(U)* neurasthénie *f*.
neurasthenic [ˌnjʊərəsˈθenɪk] *adj* neurasthénique.
neuritis [ˌnjʊəˈraɪtɪs] *n* *(U)* névrite *f*.
neurogenic [ˌnjʊərəʊˈdʒenɪk] *adj* neurogénique.
neuroleptic [ˌnjʊərəʊˈleptɪk] ◇ *adj* neuroleptique.
◇ *n* neuroleptique *m*.
neurolinguistic [ˌnjʊərəʊlɪŋˈgwɪstɪk] *adj* neurolinguistique.
neurolinguistics [ˌnjʊərəʊlɪŋˈgwɪstɪks] *n* *(U)* neurolinguistique *f*.
neurological [ˌnjʊərəˈlɒdʒɪkl] *adj* neurologique.
neurologist [ˌnjʊəˈrɒlədʒɪst] *n* neurologue *mf*.
neurology [ˌnjʊəˈrɒlədʒɪ] *n* neurologie *f*.

neuroma [ˌnjʊəˈrəʊmə] (*pl* neuromas OR neuromata [-mətə]) *n* névrome *m*.
neuromuscular [ˌnjʊərəʊˈmʌskjʊləʳ] *adj* neuromusculaire.
neuron [ˈnjʊərɒn], **neurone** [ˈnjʊərəʊn] *n* neurone *m*.
neuropath [ˈnjʊərəˌpæθ] *n* névropathe *mf*.
neuropathic [ˌnjʊərəˈpæθɪk] *adj* neuropathique.
neuropathology [ˌnjʊərəʊpəˈθɒlədʒɪ] *n* neuropathologie *f*.
neuropathy [ˌnjʊəˈrɒpəθɪ] *n* neuropathie *f*.
neurophysiology [ˈnjʊərəʊˌfɪzɪˈɒlədʒɪ] *n* neurophysiologie *f*.
neuropsychiatric [ˈnjʊərəʊˌsaɪkɪˈætrɪk] *adj* neuropsychiatrique.
neuropsychiatry [ˌnjʊərəʊsaɪˈkaɪətrɪ] *n* neuropsychiatrie *f*.
neurosis [ˌnjʊəˈrəʊsɪs] (*pl* neuroses [-siːz]) *n* névrose *f*.
neurosurgeon [ˈnjʊərəʊˌsɜːdʒən] *n* neurochirurgien *m*, -enne *f*.
neurosurgery [ˌnjʊərəʊˈsɜːdʒərɪ] *n* neurochirurgie *f*.
neurosurgical [ˌnjʊərəʊˈsɜːdʒɪkl] *adj* neurochirurgical.
neurotic [ˌnjʊəˈrɒtɪk] ◇ *n* névrosé *m*, -e *f*.
◇ *adj* [person] névrosé; [disease] névrotique; **he's really ~ about his weight** *fig* il est littéralement obsédé par son poids; **don't be so ~ about it** *inf fig* tu ne vas pas en faire tout un plat OR une maladie.
neuroticism [ˌnjʊəˈrɒtɪsɪzm] *n* neurasthénie *f fig*.
neurotransmitter [ˌnjʊərəʊtrænzˈmɪtəʳ] *n* neurotransmetteur *m*.
neurovascular [ˌnjʊərəʊˈvæskjʊləʳ] *adj* neurovasculaire.
neuston [ˈnjuːstən] *n* neuston *m*.
neuter [ˈnjuːtəʳ] ◇ *adj* neutre.
◇ *n* -**1.** GRAMM neutre *m*. -**2.** [animal - asexual] animal *m* asexué; [- castrated] animal *m* châtré; [insect, plant] neutre *m*.
◇ *vt* châtrer.
neutral [ˈnjuːtrəl] ◇ *adj* neutre; [policy] de neutralité; **to remain ~** garder la neutralité, rester neutre.
◇ *n* -**1.** AUT point *m* mort; **in ~** au point mort. -**2.** POL [person] habitant *m*, -e *f* d'un pays neutre; [state] pays *m* neutre.
neutralism [ˈnjuːtrəlɪzm] *n* neutralisme *m*.
neutralist [ˈnjuːtrəlɪst] ◇ *adj* neutraliste.
◇ *n* neutraliste *mf*.
neutrality [njuːˈtrælətɪ] *n* neutralité *f*.
neutralization [ˌnjuːtrəlaɪˈzeɪʃn] *n* neutralisation *f*.
neutralize, -ise [ˈnjuːtrəlaɪz] *vt* neutraliser.
neutrino [njuːˈtriːnəʊ] (*pl* neutrinos) *n* neutrino *m*.
neutron [ˈnjuːtrɒn] *n* neutron *m*.
neutron bomb *n* bombe *f* à neutrons.
neutron star *n* étoile *f* à neutrons.
Nevada [nɪˈvɑːdə] *pr n* Nevada *m*; **in ~** dans le Nevada.
never [ˈnevəʳ] ◇ *adv* -**1.** [not ever] jamais; **I've ~ been there** je n'y suis jamais allé; **I ~ saw her again** je ne l'ai plus jamais OR jamais plus revue; **you ~ know** on ne sait jamais; **~ before** [until that moment] jamais auparavant OR avant OR jusque-là; [until now] jamais jusqu'ici OR jusqu'à présent; **I'll ~ ever speak to him again** plus jamais de ma vie je ne lui adresserai la parole; **~ again** jamais plus, plus jamais; **~ again!** plus jamais ça! -**2.** [used instead of 'did not']: **she ~ turned up** elle n'est pas venue; **they ~ said a word about it** ils n'en ont jamais dit mot; **I ~ knew you cared** je ne savais pas que tu m'aimais ‖ [as intensifier]: **~ a one** pas même un seul; **I ~ even asked if you wanted something to drink** je ne vous ai même pas offert (quelque chose) à boire; **he ~ so much as blinked** il n'a même pas cillé; **~ fear** ne craignez rien, n'ayez crainte □ **that will ~ do!** [it is unacceptable] c'est inadmissible!; [it is insufficient] ça ne va pas! -**3.** [in surprise, disbelief]: **you ~ did!** vous n'avez pas fait ça!; **you ~ asked him to dinner!** vous ne l'avez quand même pas OR tout de même pas invité à dîner!; **you've ~ lost your purse again!** ne me dis pas que tu as encore perdu ton porte-monnaie! □ **well I ~ (did)!** ça alors!, par exemple!; **well I ~, look who's coming!** ça alors OR par exemple, regarde qui arrive!
◇ *interj*: **~!** (ce n'est) pas possible!
never-ending *adj* interminable, qui n'en finit pas.
never-failing *adj* -**1.** [infallible] infaillible. -**2.** [enduring] inépuisable, intarissable.
nevermore [ˌnevəˈmɔːʳ] *adv lit* jamais plus, plus jamais.
never-never *inf* ◇ *n Br*: **to buy sthg on the ~** acheter qqch à crédit OR à tempérament.
◇ *adj* imaginaire, chimérique; **~ land** pays *m* de cocagne.
nevertheless [ˌnevəðəˈles] *adv* néanmoins; **a small, but ~ significant increase** une augmentation faible mais néanmoins significative; **we shall press on ~ and hope things get better** nous poursuivrons néanmoins nos efforts en espérant que les choses s'amélioreront; **she'd not skied before but she insisted on coming with us ~** elle n'avait jamais fait de ski mais elle a quand même tenu à nous accompagner ‖ [at start of clause or sentence] cependant; **he says he never wants to see her again, ~, I think he still loves her** il dit qu'il ne veut plus jamais la revoir, cependant je crois qu'il l'aime encore.
never-to-be-forgotten *adj* inoubliable.
new [njuː] (*compar* newer, *superl* newest) ◇ *adj* -**1.** [gen] nouveau; [different] nouveau, autre; [unused] neuf, nouveau; **a ~ tablecloth** [brand new] une nouvelle nappe, une nappe neuve; [fresh] une nouvelle nappe, une nappe propre; **~ evidence** de nouvelles preuves; **he's wearing his ~ suit for the first time** il porte son nouveau costume OR son costume neuf pour la première fois; **I don't want to get my ~ gloves dirty** je ne veux pas salir mes nouveaux gants OR gants neufs; **this dress isn't ~** ce n'est pas une robe neuve OR une nouvelle robe, cette robe n'est pas neuve; **have you seen their ~ house yet?** est-ce que tu as vu leur nouvelle maison?; **she needs a ~ sheet of paper** il lui faut une autre feuille de papier; **we need some ~ ideas** il nous faut de nouvelles idées OR des idées neuves; **a ~ application of an old theory** une nouvelle application d'une vieille théorie; **there are ~ people in the flat next door** il y a de nouveaux occupants dans l'appartement d'à côté; **she likes her ~ boss** elle aime bien son nouveau patron; **~ members are always welcome** nous sommes toujours ravis d'accueillir de nouveaux adhérents; **'under ~ management'** 'changement de propriétaire' □ **as OR like ~** comme neuf; [in advert] 'état neuf'; **as good as ~ (again)** [clothing, carpet] (à nouveau) comme neuf; [watch, electrical appliance] (à nouveau) en parfait état de marche; **to feel like a ~ woman/man** se sentir revivre; **to make a ~ woman/man of sb** transformer qqn complètement; **there's nothing ~ under the sun** *prov* (il n'y a) rien de nouveau sous le soleil. -**2.** [latest, recent - issue, recording, baby] nouveau; **the ~est fashions** la dernière mode; **is there anything ~ on the catastrophe?** est-ce qu'il y a du nouveau sur la catastrophe? ‖ [modern] nouveau, moderne; **~ maths** les maths modernes; **~ grammar** la nouvelle grammaire; **the New Right** POL la nouvelle droite; **her husband is a New Man** son mari est le type même de l'homme moderne □ **what's ~?** quoi de neuf?; **(so) what's ~!, what else is ~!** [dismissive] quelle surprise! -**3.** [unfamiliar - experience, environment] nouveau; **to be ~ to sb**: **everything's still very ~ to me here** tout est encore tout nouveau pour moi ici □ **that's a ~ one on me!** *inf* [joke] celle-là, on ne me l'avait jamais faite!; [news] première nouvelle!; [experience] on en apprend tous les jours! -**4.** [recently arrived] nouveau; [novice] novice; **you're ~ here, aren't you?** vous êtes nouveau ici, n'est-ce pas?; **those curtains are ~ in this room** ces rideaux n'étaient pas dans cette pièce; **she's ~ to the job** elle débute dans le métier; **we're ~ to this area** nous venons d'arriver dans la région. -**5.** CULIN [wine] nouveau; [potatoes, carrots] nouveau.
◇ *n* nouveau *m*; **the cult of the ~** le culte du nouveau.
new- *in cpds*: **~won freedom** une liberté toute neuve; **~mown** fraîchement coupé; **~built** nouvellement construit.
New Age *adj* New Age.
newborn [ˈnjuːbɔːn] ◇ *adj* nouveau-né; **a ~ baby girl** une (petite fille) nouveau-née.
◇ *npl*: **the ~** les nouveaux-nés *mpl*.
new boy *n* SCH nouveau *m*, nouvel élève *m*; [in office, team etc] nouveau *m*.
New Britain *pr n* Nouvelle-Bretagne *f*.
new broom *n* réformateur *m*, -trice *f*; **this company needs a manager who will be a ~** cette société a besoin d'un directeur qui soit un réformateur OR qui procède à d'importantes réformes.
New Brunswick *pr n* Nouveau-Brunswick *m*; **in ~** dans le Nouveau-Brunswick.
New Caledonia *pr n* Nouvelle-Calédonie *f*; **in ~** en Nouvelle-Calédonie.
New Caledonian ◇ *n* Néo-Calédonien *m*, -enne *f*.
◇ *adj* néo-calédonien.
newcomer [ˈnjuːˌkʌməʳ] *n* -**1.** [new arrival] nouveau venu *m*, nouvelle venue *f*; **she's a ~ to the town** elle vient d'arriver dans la ville. -**2.** [beginner] novice *mf*; **a good book for ~s to computing** un bon livre pour les débutants en informatique; **I'm a ~ to all this** tout cela est nouveau pour moi.
New Deal *pr n*: **the ~** le New Deal *(programme de réformes sociales mises en place aux États-Unis par le président Roosevelt au lendemain de la grande dépression des années 30)*.
New Delhi *pr n* New Delhi.
newel [ˈnjuːəl] *n* -**1.** [on ordinary staircase]: **~ (post)** pilastre *m*. -**2.** [in spiral staircase] noyau *m* (d'escalier).
New England *pr n* Nouvelle-Angleterre *f*; **in ~** en Nouvelle-Angleterre.
New Englander *n* habitant *m*, -e *f* de la Nouvelle-Angleterre.
New English Bible *n*: **the ~** *texte de la Bible révisé dans les années 60*.
newfangled [ˈnjuːˌfæŋgld] *adj pej* [idea, device] nouveau, dernier cri *(inv)*.
new-found *adj* nouveau, récent; **her ~ friends** ses amis de fraîche date.
Newfoundland [ˈnjuːfəndlənd] *pr n* -**1.** GEOG Terre-Neuve; **in ~** à Terre-Neuve. -**2.** [dog] terre-neuve *m inv*.
Newfoundlander [ˈnjuːfəndləndəʳ] *pr n* Terre-Neuvien *m*, -enne *f*.
new girl *n* SCH nouvelle (élève) *f*; [in office, team etc] nouvelle *f*.
New Guinea *pr n* Nouvelle-Guinée *f*; **in ~** en Nouvelle-Guinée.
New Hampshire [-ˈhæmpʃəʳ] *pr n* New Hampshire *m*; **in ~** dans le New Hampshire.
New Hebridean [-ˌhebrɪˈdiːən] ◇ *n* Néo-Hébridais *m*, -e *f*.
◇ *adj* néo-hébridais.
New Hebrides *pl pr n* Nouvelles-Hébrides *fpl*; **in the ~** aux Nouvelles-Hébrides.
New Ireland *pr n* Nouvelle-Irlande *f*; **in ~** en Nouvelle-Irlande.
newish [ˈnjuːɪʃ] *adj* assez neuf OR nouveau.
New Jersey *pr n* le New Jersey; **in ~** dans le New Jersey.
new-laid *adj Br*: **a ~ egg** un œuf extra-frais.
New Latin *n* latin *m* scientifique.
New Left *n* nouvelle gauche *f*.

newly ['nju:lɪ] *adv* nouvellement, récemment; ~ **arrived** récemment arrivé, arrivé de fraîche date; **the gate has been** ~ **painted** la barrière vient d'être peinte; **the** ~ **elected mayor** le nouveau maire, le maire nouvellement élu; **a** ~ **discovered galaxy** une galaxie qu'on vient de découvrir OR récemment découverte; **their** ~ **won independence** leur indépendance récemment conquise.

newlyweds ['nju:lɪwedz] *npl* jeunes mariés *mpl*.

newmarket ['nju:,mɑ:kɪt] *n Br jeu de cartes*.
◆ **Newmarket** *pr n ville du Suffolk célèbre pour ses courses de chevaux*.

New Mexico *pr n* Nouveau-Mexique *m*; **in** ~ au Nouveau-Mexique.

new-mown *adj Br* [grass] fraîchement coupé; [lawn] fraîchement tondu; [hay] fraîchement fauché.

newness ['nju:nɪs] *n* -**1.** [of building] nouveauté *f*; [of shoes, carpet] état *m* neuf. -**2.** [of ideas, experience, fashion] nouveauté *f*, originalité *f*.

New Orleans [-'ɔ:lɪənz] *pr n* La Nouvelle-Orléans.

New Quebec *pr n* Nouveau-Québec *m*; **in** ~ au Nouveau-Québec.

new rich *npl* nouveaux riches *mpl*.

news [nju:z] ◇ *n (U)* -**1.** [information] nouvelles *fpl*, informations *fpl*; **a piece of** ~ une nouvelle, une information; **an interesting piece of** ~ une nouvelle intéressante; **is there any more** ~ **about** OR **on the explosion?** est-ce qu'on en sait un peu plus OR est-ce qu'on a plus d'informations sur l'explosion?; **that's good/bad** ~ c'est une bonne/mauvaise nouvelle; **to have** ~ **of sb** avoir des nouvelles de qqn; **have you had any** ~ **of her?** avez-vous eu de ses nouvelles?; **what's your** ~**?** quoi de neuf (chez vous)? ❑ **have I got** ~ **for you!** j'ai du nouveau (à vous annoncer)!; **it's** ~ **to me!** première nouvelle!, je l'ignorais!; **famine isn't** ~ **any more** la famine ne fait plus la une (des journaux); **to be in the** ~, **to make** ~ défrayer la chronique, faire parler de soi; **to break the** ~ **(of sthg) to sb** annoncer la nouvelle (de qqch) à qqn; **bad** ~ **travels fast** les mauvaises nouvelles vont vite; **he's bad** ~ *inf* on a toujours des ennuis avec lui; **no** ~ **is good** ~ *prov* pas de nouvelles, bonnes nouvelles *prov*. -**2.** RADIO & TV actualités *fpl*, informations *fpl*; [bulletin] chronique *f*, journal *m*, page *f*; **the 9 o'clock** ~ TV le journal (télévisé) OR les informations de 21 h; RADIO le journal (parlé) OR les informations de 21 h; **I heard it on the** ~ je l'ai entendu aux informations; **the sports/financial** ~ la page sportive/financière.
◇ *comp*: ~ **desk** (salle *f*) de rédaction *f*; ~ **editor** rédacteur *m*, -trice *f*; ~ **film** film *m* d'actualités; ~ **item** information *f*; ~ **value** intérêt *m* médiatique.

news agency *n* agence *f* de presse.

newsagent *Br* ['nju:z,eɪdʒənt], **news dealer** *Am n* marchand *m*, -e *f* de journaux.

news analyst *n Am* RADIO & TV commentateur *m*.

newsboy ['nju:zbɔɪ] *n* [in street] crieur *m* de journaux; [delivery boy] livreur *m* de journaux.

news bulletin *n* bulletin *m* d'informations.

newscast ['nju:zkɑ:st] *n* bulletin *m* d'informations; TV journal *m* télévisé, informations *fpl*.

newscaster ['nju:zkɑ:stəʳ] *n* présentateur *m*, -trice *f* du journal.

news conference *n* conférence *f* de presse.

news dealer *Am* = **newsagent**.

newsflash ['nju:zflæʃ] *n* flash *m* d'informations.

newshawk *inf* ['nju:zhɔ:k] = **newshound**.

news headlines *npl* titres *mpl* de l'actualité.

newshound *inf* ['nju:zhaʊnd] *n* reporter *m*, journaliste *mf*.

newsletter ['nju:z,letəʳ] *n* lettre *f*, bulletin *m*; **monthly** ~ bulletin mensuel.

newsman ['nju:zmən] (*pl* **newsmen** [-mən]) *n* journaliste *m*.

newsmonger ['nju:z,mʌŋgəʳ] *n pej* pipelet *m*, -ette *f*.

newsocracy [,nju:z'ɒkrəsɪ] *n aux États-Unis, ensemble de la presse et du réseau télévisé à audience nationale*.

New South Wales *pr n* Nouvelle-Galles du Sud *f*; **in** ~ en Nouvelle-Galles du Sud.

newspaper ['nju:z,peɪpəʳ] ◇ *n* -**1.** [publication] journal *m*; **I read it in the** ~ je l'ai lu dans le journal; **an evening** ~ un journal du soir; **a daily** ~ un quotidien. -**2.** [paper]: **wrapped in** ~ enveloppé dans du papier journal.
◇ *comp* [article, report] de journal; ~ **reporter** reporter *m* (de la presse écrite).

newspaper clipping, **newspaper cutting** *n* coupure *f* de presse.

newspaperman ['nju:z,peɪpəmæn] (*pl* **newspapermen** [-men]) *n* journaliste *m* (de la presse écrite).

newspaper rack *n* porte-journaux *m*.

newspaperwoman ['nju:zpeɪpə,wʊmən] (*pl* **newspaperwomen** [-,wɪmɪn]) *n* journaliste *f* (de la presse écrite).

newspeak ['nju:spi:k] *n* jargon *m* bureaucratique, ≃ langue *f* de bois.

newsprint ['nju:zprɪnt] *n* papier *m* journal.

newsreader ['nju:z,ri:dəʳ] = **newscaster**.

newsreel ['nju:zri:l] *n* film *m* d'actualités.

news sheet = **newsletter**.

newsstand ['nju:zstænd] *n* kiosque *m* (à journaux).

newsvendor ['nju:z,vendəʳ] *n* [gen] marchand *m*, -e *f* de journaux; [in street] crieur *m*, -euse *f* de journaux.

newswoman ['nju:z,wʊmən] (*pl* **newswomen** [-,wɪmɪn]) *n* journaliste *f*.

newsworthiness ['nju:z,wɜ:ðɪnɪs] *n* intérêt *m* médiatique.

newsworthy ['nju:z,wɜ:ðɪ] *adj*: **it's not** ~ cela n'a aucun intérêt médiatique; **political scandal is always** ~ les médias sont toujours friands OR la presse est toujours friande de scandales politiques.

newsy *inf* ['nju:zɪ] (*compar* **newsier**, *superl* **newsiest**) *adj* [letter] plein de nouvelles.

newt [nju:t] *n* triton *m* ZOOL.

New Testament *pr n* Nouveau Testament *m*.

newton ['nju:tn] *n* newton *m*.

Newtonian [nju:'təʊnjən] *adj* newtonien.

new town *n Br* ville *f* nouvelle.

new wave *n* [in cinema] nouvelle vague *f*; [in pop music] new wave *f*.
◆ **new-wave** *adj* [cinema] nouvelle vague *(inv)*; [pop music] new wave *(inv)*.

New World *pr n*: **the** ~ le Nouveau Monde ❑ **'The New World Symphony'** *Dvořák* 'Symphonie du nouveau monde'.

New Year *n* Nouvel An *m*; **happy** ~**!** bonne année!; **to see the** ~ **in** réveillonner (le 31 décembre); ~**'s resolutions** résolutions *fpl* du nouvel an; **the** ~**'s Honours List** *titres et distinctions honorifiques décernés par la Reine à l'occasion de la nouvelle année et dont la liste est établie officieusement par le Premier ministre*.

New Year's *n Am* -**1.** [day] le premier de l'an. -**2.** [eve] le soir du réveillon OR du 31 décembre.

New Year's Day *n* jour *m* de l'an.

New Year's Eve *n* Saint-Sylvestre *f*.

New York *pr n* -**1.** [city]: ~ **(City)** New York; **the** ~ **subway** le métro new-yorkais. -**2.** [state]: ~ **(State)** l'État *m* de New York; **in (the State of)** ~, **in** ~ **(State)** dans l'État de New York.

New Yorker [-'jɔ:kəʳ] *n* New-Yorkais *m*, -e *f*.

New Zealand [-'zi:lənd] *pr n* Nouvelle-Zélande *f*; **in** ~ en Nouvelle-Zélande; ~ **butter** beurre néo-zélandais.

New Zealander [-'zi:ləndəʳ] *n* Néo-Zélandais *m*, -e *f*.

next [nekst] ◇ *adj* -**1.** [in time - coming] prochain; [- already past] suivant; **keep quiet about it for the** ~ **few days** n'en parlez pas pendant les quelques jours qui viennent; **I had to stay in bed for the** ~ **ten days** j'ai dû garder le lit pendant les dix jours qui ont suivi; **(the)** ~ **day** le lendemain; **(the)** ~ **morning/evening** le lendemain matin/soir; ~ **Sunday, Sunday** ~ dimanche prochain; **the** ~ **Sunday** le dimanche suivant; ~ **year** l'année prochaine; **the** ~ **year** l'année suivante; **(the)** ~ **minute/moment**: ~ **minute she was dashing off out again** *inf* une minute après, elle repartait; **the situation's changing from one moment to the** ~ la situation change sans arrêt; ~ **time**: **(the)** ~ **time I see him** la prochaine fois que je le vois OR verrai; **(the)** ~ **time I saw him** quand je l'ai revu; **you may not be so lucky** ~ **time** tu pourrais avoir moins de chance la OR une prochaine fois; **there isn't going to be a** ~ **time** il n'y aura pas de prochaine fois. -**2.** [in series - in future] prochain; [- in past] suivant; **the** ~ **episode** [in future] le prochain épisode; [in past] l'épisode suivant; **translate the** ~ **sentence** traduisez la phrase suivante; **their** ~ **child was a girl** ensuite, ils eurent une fille; **they want their** ~ **child to be a girl** ils veulent que leur prochain enfant soit une fille, la prochaine fois ils veulent une fille; **the** ~ **10 pages** les 10 pages suivantes; **the** ~ **before last** l'avant-dernier; **ask the** ~ **person you meet** demandez à la première personne que vous rencontrez; **the** ~ **world** l'au-delà *m*; **this life and the** ~ ce monde et l'autre ‖ [in space - house, street] prochain, suivant; **take the** ~ **street on the left** prenez la prochaine à gauche; **after the kitchen, it's the** ~ **room on your right** après la cuisine, c'est la première pièce à votre droite ‖ [in queue, line]: **I'm** ~ c'est (à) mon tour, c'est à moi; **who's** ~**?** à qui le tour?; **I'm** ~ **after you** je suis (juste) après vous; **Helen is** ~ **in line for promotion** Helen est la suivante sur la liste des promotions ❑ **I can take a joke as well as the** ~ **person, but...** j'aime plaisanter comme tout le monde, mais...; **(the)** ~ **thing** ensuite; **I was walking down the stairs, and (the)** ~ **thing I knew, I woke up in hospital** je descendais l'escalier, et l'instant d'après je me suis réveillé à l'hôpital; ~ **thing, they'll be melting the polar ice!** un de ces quatre (matins), ils vont se mettre à faire fondre les glaces du pôle!
◇ *adv* -**1.** [afterwards] ensuite, après; **what did you do with it** ~**?** et ensuite, qu'en avez-vous fait?; ~ **on the agenda is the question of finance** la question suivante à l'ordre du jour est celle des finances; ~ **came Henry VII** puis vint OR il y eut Henri VII; **what will they think of** ~**?** *hum* qu'est-ce qu'ils vont bien pouvoir inventer maintenant?; **what** OR **whatever** ~**?** [indignantly or in mock indignation] et puis quoi encore? -**2.** [next time - in future] la prochaine fois; [- in past] la fois suivante OR d'après; **when we** ~ **meet, when** ~ **we meet** la prochaine fois que nous nous verrons, lors de notre prochaine rencontre; **when we** ~ **met** quand nous nous sommes revus. -**3.** [with superlative adj]: **the** ~ **youngest/oldest child** l'enfant le plus jeune/le plus âgé ensuite; **the** ~ **largest size** la taille juste au-dessus; **you'll have to make do with the** ~ **best** il faudra vous contenter de la qualité en-dessous; **watching the match on TV was the** ~ **best thing to actually being there** l'idéal aurait été de pouvoir assister au match, mais ce n'était déjà pas mal de le voir à la télé.
◇ *n* [next train, person, child] prochain *m*, -e *f*; ~ **please!** au suivant, s'il vous plaît!; ~ **of kin** plus proche parent *m*; **the** ~ **of kin have been informed** la famille a été prévenue.
◇ *prep Am* = **next to**.
◆ **next to** *prep* -**1.** [near] à côté de; **they live** ~ **to a hospital** ils habitent à côté d'un hôpital; **come and sit** ~ **to me** venez vous asseoir à côté de OR près de moi; **I love the feel of silk** ~ **to my skin** j'adore le contact de la soie sur ma peau; ~ **to him, everybody looks tiny** à côté de lui, tout le monde a l'air minuscule ‖ [in series]: ~ **to last** avant-dernier; **the** ~ **to bottom shelf** la deuxième étagère en partant du

bas. -**2.** [in comparisons] après; ~ **to red, Ted prefers white** après le rouge, Ted préfère le blanc; ~ **to you, he was the smartest** après vous, c'était lui le plus élégant. -**3.** [almost] presque; ~ **to impossible** presque OR quasiment impossible; **I bought it for ~ to nothing** je l'ai acheté pour trois fois rien OR presque rien; **they have ~ to no proof** ils n'ont pratiquement aucune preuve.

next door ◇ *adv*: **they live ~ to us** ils habitent à côté de chez nous, ce sont nos voisins; **I'm just going ~** je vais juste chez les voisins; **the house ~** la maison d'à côté OR des voisins; **the girl/boy ~** la fille/le garçon d'à côté; **that's ~ to madness/absurdity** *fig* ça frise la folie/l'absurde.
◇ *n* la maison d'à côté; **~'s children** les enfants qui habitent à côté OR des voisins; **it's the man from ~** c'est le voisin.
◆ **next-door** *adj*: **next-door neighbour** [in private house] voisin *m*, -e *f* (de la maison d'à côté); [in apartment building] voisin *m*, -e *f* de palier; **the next-door garden** le jardin des voisins.

nexus ['neksəs] (*pl inv* OR **nexuses**) *n* lien *m*, liaison *f*.

NF ◇ *pr n abbr of* National Front.
◇ *written abbr of* Newfoundland.

NFL (*abbr of* **National Football League**) *pr n fédération nationale de football américain.*

NFU (*abbr of* **National Farmers' Union**) *pr n syndicat britannique d'exploitants agricoles.*

NG *pr n Am abbr of* National Guard.

NGO (*abbr of* **non-governmental organization**) *n* ONG *f*.

NH *written abbr of* New Hampshire.

NHL (*abbr of* **National Hockey League**) *pr n fédération nationale américaine de hockey sur glace.*

NHS *pr n Br abbr of* National Health Service.

NI ◇ *n Br abbr of* national insurance.
◇ *written abbr of* Northern Ireland.

Niagara [naɪ'ægərə] *pr n*: ~ **Falls** les chutes *fpl* du Niagara.

nib [nɪb] *n* [of fountain pen] plume *f*; [of ballpoint, tool] pointe *f*.

-nibbed [nɪbd] *in cpds*: **gold~** avec une plume en or; **fine~** [fountain pen] à plume fine; [ballpoint] à pointe fine.

nibble ['nɪbl] ◇ *vt* -**1.** [subj: person, caterpillar] grignoter; [subj: rodent] grignoter, ronger; [subj: goat, sheep] brouter; **I'm not hungry, I'll just ~ a piece of bread** je n'ai pas faim, je vais juste grignoter un morceau de pain; **the mice have ~d the telephone wire** les souris ont rongé OR grignoté le fil du téléphone; **the fish ~d the bait** le poisson a mordu à l'hameçon. -**2.** [playfully - ear] mordiller.
◇ *vi* -**1.** [eat]: **to ~ at** OR **on sthg** grignoter qqch; **she ~d nervously at her food** elle mangeait nerveusement du bout des dents; **the mice have ~d through the wire** les souris ont entièrement rongé le fil. -**2.** [bite]: **to ~ at sthg** mordiller qqch; **the cat likes to ~ at my toes** le chat aime bien me mordiller les orteils ❑ **to ~ at the bait** *literal* & *fig* mordre à l'hameçon. -**3.** *fig* [show interest]: **to ~ at a suggestion/an offer** être tenté par une proposition/une offre.
◇ *n* -**1.** FISHING touche *f*. -**2.** [snack]: **to have a ~** grignoter quelque chose.

nibbler ['nɪbləʳ] *n* [person] grignoteur *m*, -euse *f*.

nibbling ['nɪblɪŋ] *n* grignotage *m*.

niblick ['nɪblɪk] *n* niblick *m*.

nibs *inf* [nɪbz] *n Br hum*: **his ~** sa Majesté, son Altesse *hum*.

Nicaragua [,nɪkə'rægjʊə] *pr n* Nicaragua *m*; **in ~** au Nicaragua.

Nicaraguan [,nɪkə'rægjʊən] ◇ *n* Nicaraguayen *m*, -enne *f*.
◇ *adj* nicaraguayen.

nice [naɪs] ◇ *adj* -**1.** [expressing approval - good] bien, chouette; [- attractive] beau; [- pretty] joli; [- car, picture] beau; [- food] bon; [- idea] bon; [- weather] beau; **they have a ~ house** ils ont une belle maison; **very ~** [visually] très joli; [food] très bon; **to taste ~** avoir bon goût; **to smell ~** sentir bon; **she was wearing a very ~ hat** elle portait un très joli chapeau; **she always looks ~** elle est toujours bien habillée OR mise; **we had a ~ meal** on a bien mangé; **~ work!** beau travail!; **~ work if you can get it** *hum* c'est un travail agréable, encore faut-il le décrocher ‖ [pleasant - gen] agréable, bien; [- person] bien, sympathique; **she's very ~** elle est très sympa; **have a ~ time** amusez-vous bien; **it's ~ to be back again** cela fait plaisir d'être de retour; **(it was) ~ meeting you** (j'ai été) ravi de faire votre connaissance ❑ **~ one!** bravo!, chapeau! -**2.** [kind] gentil, aimable; **to be ~ to sb** être gentil avec qqn; **that's ~ of her** c'est gentil OR aimable de sa part; **she said some ~ things** elle a dit des choses gentilles OR aimables; **it's ~ of you to say so** vous êtes bien aimable de le dire; **he was ~ enough to carry my case** il a eu la gentillesse OR l'obligeance de porter ma valise. -**3.** [respectable] bien (élevé), convenable; **~ people don't blow their noses at table** les gens bien élevés ne se mouchent pas OR cela ne se fait pas de se moucher à table. -**4.** [ironic use]: **he made a ~ mess of the job** il a fait un travail de cochon; **you're a ~ one to talk!** toi, tu peux parler!; **we're in a ~ mess** nous sommes dans de beaux draps OR un beau pétrin; **that's a ~ way to talk!** en voilà une façon de parler! ❑ **~ one!** *Br* bravo! -**5.** [subtle - distinction, point] subtil, délicat.
◇ *adv* [as intensifier]: **~ long holidays** des vacances longues et agréables; **a ~ cold drink** une boisson bien fraîche; **to have a ~ long nap** faire une bonne sieste ‖ [with 'and']: **take it ~ and easy** allez-y doucement; **~ and warm** bien chaud; **it's ~ and warm in here** il fait bon ici.

nice-looking *adj* joli, beau.

nicely ['naɪslɪ] *adv* -**1.** [well] bien; **it's coming along ~** ça progresse bien; **it fits her ~** cela lui va bien; **~ dressed** bien habillé; **~ done!** bien joué!, beau travail!; **~ put!** bien dit!; **this bag will do ~** ce sac fera très bien l'affaire; **he's doing ~** [at school] il travaille bien; [after illness] il se remet bien; [financially] il s'en sort bien, il n'est pas à plaindre ‖ [pleasantly] gentiment, agréablement; **she smiled at me ~** elle me sourit gentiment. -**2.** [politely - behave, eat] bien, comme il faut; **ask ~** demandez gentiment. -**3.** [exactly] exactement, avec précision; [subtly] avec précision; **they judged it ~** ils ne se sont pas trompés dans leur appréciation.

Nicene [naɪ'siːn] *adj*: **the ~ Creed** le symbole de Nicée.

nicety ['naɪsətɪ] (*pl* **niceties**) *n* -**1.** [precision] justesse *f*, précision *f*; **to a ~** exactement, à la perfection. -**2.** [subtlety] subtilité *f*, finesse *f*; **a distinction of some ~** une distinction assez subtile OR fine; **the niceties of chess** les subtilités des échecs; **we haven't time for all these social niceties** nous n'avons guère le temps de nous livrer à ces mondanités. -**3.** [refinement] raffinement *m*, agrément *m*; **the niceties of a life of leisure** les agréments d'une vie de loisirs.

niche [niːʃ] *n* -**1.** [recess - in church, cliff] niche *f*; **to find one's ~** *fig* trouver sa voie. -**2.** COMM créneau *m*.

Nicholas ['nɪkələs] *pr n*: **Saint ~** saint Nicolas; **Saint ~' Day** la Saint-Nicolas.

nick [nɪk] ◇ *n* -**1.** [notch] encoche *f*; [chip - in crockery] ébréchure *f*; [cut - on skin] (petite) coupure *f*. -**2.** ▽ *Br* [police station] poste *m* (de police); [prison] taule *f*; **in the ~** en taule, au bloc; **down the ~** au poste. -**3.** *inf Br* [condition] état *m*; **in good/bad ~** en bon/mauvais état. -**4.** *phr*: **in the ~ of time** à point nommé.
◇ *vt* -**1.** [cut - deliberately] faire une entaille OR une encoche sur; [accidentally - crockery] ébrécher; [- metal, paint] faire des entailles dans; [- skin, face] entailler, couper (légèrement); **he ~ed his chin shaving** il s'est légèrement coupé le menton OR il s'est fait une légère coupure au menton en se rasant. -**2.** ▽ *Br* [arrest] épingler; **he got ~ed outside the bank** il s'est fait épingler OR pincer devant la banque. -**3.** *inf Br* [steal] faucher, chiper. -**4.** *inf Am* [cheat] arnaquer; **they ~ed him for $1,000** il s'est fait arnaquer de 1 000 dollars.

Nick [nɪk] *pr n*: **Old ~** le diable.

nickel ['nɪkl] (*Br pt* & *pp* **nickelled**, *cont* **nickelling**, *Am pt* & *pp* **nickeled**, *cont* **nickeling**) ◇ *n* -**1.** [metal] nickel *m*. -**2.** *Am* [coin] pièce *f* de 5 cents; **it only costs a ~** ça ne coûte que 5 cents.
◇ *vt* nickeler.

nickel-and-dime store *n Am magasin à prix unique.*

nickel bag *n Am drugs sl sachet de drogue.*

nickelodeon [,nɪkl'əʊdɪən] *n Am dated* -**1.** [jukebox] juke-box *m*. -**2.** [cinema] cinéma *m* bon marché.

nickel-plated *adj* nickelé.

nickel-plating *n* nickelage *m*.

nickel silver *n* argentan *m*, maillechort *m*.

nicker ['nɪkəʳ] (*pl inv*) ◇ *vi Br* -**1.** [neigh] hennir doucement. -**2.** [snigger] ricaner.
◇ *n inf Br* livre *f* (sterling); **five ~** cinq livres.

nick-nack ['nɪknæk] = **knick-knack**.

nickname ['nɪkneɪm] ◇ *n* [gen] surnom *m*, sobriquet *m*; [short form] diminutif *m*.
◇ *vt* surnommer.

Nicodemus [,nɪkə'diːməs] *pr n* Nicodème.

Nicosia [,nɪkə'siːə] *pr n* Nicosie.

nicotine ['nɪkətiːn] *n* nicotine *f*; **~ addiction** tabagisme *m*; **~ poisoning** tabagisme *m*, intoxication *f* nicotinique.

nicotine-stained *adj* jauni par la nicotine.

nicotinic acid [nɪkə'tɪnɪk] *n* acide *m* nicotinique.

niece [niːs] *n* nièce *f*.

Nietzschean ['niːtʃɪən] ◇ *n* nietzschéen *m*, -enne *f*.
◇ *adj* nietzschéen.

niff▽ [nɪf] ◇ *n Br* mauvaise odeur *f*, puanteur *f*; **what a ~!** ça schlingue!
◇ *vi* schlinguer.

niffy▽ ['nɪfɪ] (*compar* **niffier**, *superl* **niffiest**) *adj Br* puant.

nifty *inf* ['nɪftɪ] (*compar* **niftier**, *superl* **niftiest**) *adj* -**1.** [stylish] chouette, classe *(inv)*; **they've got a ~ house** ils ont une chouette baraque; **that's a ~ sweater** il est chouette, ce pull. -**2.** [clever - solution] génial; **a ~ piece of work** du bon travail. -**3.** [quick] rapide; [agile] agile.

Niger [*sense 1* niː'ʒeəʳ, *sense 2* 'naɪdʒəʳ] *pr n* -**1.** [country] Niger *m*; **in ~** au Niger. -**2.** [river]: **the (River) ~** le Niger.

Nigeria [naɪ'dʒɪərɪə] *pr n* Nigeria *m*; **in ~** au Nigeria.

Nigerian [naɪ'dʒɪərɪən] ◇ *n* Nigérian *m*, -e *f*.
◇ *adj* nigérian.

Nigerien [niː'ʒeərɪən] ◇ *n* Nigérien *m*, -enne *f*.
◇ *adj* nigérien.

niggard ['nɪgəd] *n* avare *m*.

niggardliness ['nɪgədlɪnɪs] *n* pingrerie *f*, avarice *f*.

niggardly ['nɪgədlɪ] ◇ *adj* [person] avare, pingre, ladre; [quantity] parcimonieux, chiche.
◇ *adv* chichement, parcimonieusement, avec parcimonie.

nigger▼ ['nɪgəʳ] *n terme raciste désignant un Noir,* ≃ nègre *m*, négresse *f*; **there's a ~ in the woodpile** *Br* [problem] il y a un hic; [person] il y a un empêcheur de tourner en rond; [secret] il y a anguille sous roche.

niggle ['nɪgl] ◇ *vi* -**1.** [fuss over details] ergoter; **to ~ over** OR **about sthg** ergoter sur qqch. -**2.** [nag] trouver à redire.
◇ *vt* -**1.** [worry - subj: conscience] harceler, travailler. -**2.** [nag] harceler.
◇ *n* -**1.** [small criticism] objection *f* mineure; **I've got one slight ~** il y a un point de détail sur lequel je ne suis pas d'accord. -**2.** [small worry, doubt] léger doute *m*.

niggling ['nɪglɪŋ] ◇ *adj* -**1.** [petty - person] tatillon; [- details] insignifiant. -**2.** [fastidious - job] fastidieux. -**3.** [nagging - pain, doubt] tenace.
◇ *n* chicanerie *f*, pinaillerie *f*.

niggly *inf* ['nɪglɪ] (*compar* nigglier, *superl* niggliest) *adj* pinailleur.

nigh [naɪ] *lit* ◇ *adv*: **well ~ 80 years** près de 80 ans; **well ~ impossible** presque impossible.
◇ *adj* proche; **the hour is ~** c'est bientôt OR presque l'heure; **to be ~ unto death** *arch* être à l'article de la mort.
◇ *prep* près de, proche de.
◆ **nigh on** *adv phr* presque; **~ on 6 o'clock** presque 6 heures; **it's ~ on sundown** le soleil se couchera d'ici peu.

night [naɪt] ◇ *n* -**1.** [late] nuit *f*; [evening] soir *m*, soirée *f*; **at ~** [evening] le soir; [late] la nuit; **ten o'clock at ~** dix heures du soir; **all ~ (long)** toute la nuit; **by ~** de nuit; **during** OR **in the ~** pendant la nuit; **(on) Tuesday ~** [evening] mardi soir; [during night] dans la nuit de mardi à mercredi; **last ~** [evening] hier soir; [during night] cette nuit; **the ~ before** [evening] la veille au soir; [late] la nuit précédente; **far** OR **late into the ~** jusqu'à une heure avancée de la nuit; **it's weeks since we had a ~ out** ça fait des semaines que nous ne sommes pas sortis le soir; **it's the au pair's ~ off** c'est le soir de sortie de la jeune fille au pair; **Tuesday's our poker ~** le mardi, c'est notre soirée poker, le mardi soir-nous faisons un poker; **to have a late ~** se coucher tard; **we worked on the project day and ~** on a travaillé sur le projet jour et nuit; **this has been going on ~ after ~** cela s'est prolongé des nuits durant; **what you need is a good ~'s sleep** ce qu'il vous faut, c'est une bonne nuit de sommeil OR de repos; **I had a bad ~** j'ai passé une mauvaise nuit, j'ai mal dormi; **let's make a ~ of it!** [have fun] faisons la fête toute la nuit! ❑ **the ~ of the long knives** la nuit des longs couteaux; **the ~ is young** *literal* la nuit n'est pas très avancée; *hum* on a toute la nuit devant nous; **'It Happened One Night'** *Capra* 'New York-Miami'; **'The Night of the Iguana'** *Williams, Huston* 'la Nuit de l'iguane'; **'The Night Watch'** *Rembrandt* 'la Ronde de nuit'. -**2.** [darkness] obscurité *f*; *fig* ténèbres *fpl*; **~ falls early** il fait nuit tôt, la nuit tombe tôt. -**3.** THEAT soirée *f*; **gala ~** soirée de gala; **poetry ~** soirée poésie.
◇ *comp* [duty, flight, sky] de nuit.
◆ **nights** *adv* de nuit; **to work ~s** travailler de nuit; **I'm on ~s next week** je suis de nuit la semaine prochaine; **to lie awake ~s** *Am* ne pas dormir la nuit.

night bird *n* ORNITH oiseau *m* nocturne OR de nuit; *fig* noctambule *mf*, oiseau *m* de nuit.

night blindness *n* (*U*) héméralopie *f*.

nightcap ['naɪtkæp] *n* -**1.** [drink - gen] boisson *f* (*que l'on prend avant d'aller se coucher*); [- alcoholic] dernier verre *m* (*avant d'aller se coucher*); **I always have a ~** je bois toujours un petit quelque chose avant d'aller me coucher. -**2.** [headgear] bonnet *m* de nuit.

nightclothes ['naɪtkləʊðz] *npl* [pyjamas] pyjama *m*; [nightdress] chemise *f* de nuit; **the children were in their ~** les enfants étaient en pyjama.

nightclub ['naɪtklʌb] *n* night-club *m*, boîte *f* de nuit.

nightclubber ['naɪtklʌbəʳ] *n*: **he's a bit of a ~** c'est un vrai pilier de boîtes de nuit.

nightclubbing ['naɪtklʌbɪŋ] *n*: **to go ~** sortir en boîte.

nightdress ['naɪtdres] *n* chemise *f* de nuit.

night editor *n* rédacteur *m*, -trice *f* de nuit (*dans un journal*).

nightfall ['naɪtfɔːl] *n* tombée *f* de la nuit OR du jour; **at ~** à la tombée de la nuit OR du jour; **we must get there by ~** il faut que nous y arrivions avant la tombée de la nuit OR du jour.

night fighter *n* chasseur *m* de nuit.

nightgown ['naɪtgaʊn] = **nightdress**.

nighthawk ['naɪthɔːk] *n* ORNITH engoulevent *m* (d'Amérique); *fig* couche-tard *mf inv*, oiseau *m* de nuit.

nightie *inf* ['naɪtɪ] *n* chemise *f* de nuit.

nightingale ['naɪtɪŋgeɪl] *n* rossignol *m*.

nightjar ['naɪtdʒɑːʳ] *n* engoulevent *m* (d'Europe).

night letter *n Am* télégramme *m* (*à tarif réduit, livré le lendemain matin*).

nightlife ['naɪtlaɪf] *n* vie *f* nocturne; **what's the ~ like round here?** qu'est-ce qu'on peut faire le soir, ici?

nightlight ['naɪtlaɪt] *n* veilleuse *f*.

nightlong ['naɪtlɒŋ] ◇ *adj* qui dure toute la nuit; **a ~ vigil** une nuit de veille.
◇ *adv* pendant toute la nuit, la nuit durant.

nightly ['naɪtlɪ] ◇ *adj* [happening every night] de tous les soirs, de chaque nuit; **he made his ~ call home** comme chaque soir OR nuit, il téléphona chez lui; **to make a ~ TV appearance** passer tous les soirs à la télévision.
◇ *adv* tous les soirs, chaque soir; **appearing ~ at the Odeon** THEAT tous les soirs sur la scène de l'Odéon.

nightmare ['naɪtmeəʳ] ◇ *n literal* & *fig* cauchemar *m*; **I had a ~** j'ai fait un cauchemar; **the first day of the sales was a ~** la première journée de soldes fut un cauchemar.
◇ *comp* [vision, experience] cauchemardesque, de cauchemar.

nightmarish ['naɪtmeərɪʃ] *adj* cauchemardesque, de cauchemar.

night-night *inf interj*: **~!** bonne nuit!

night nurse *n* infirmier *m*, -ère *f* de nuit.

night owl *inf n* couche-tard *mf inv*.

night porter *n* portier *m* de nuit.

night safe *n* coffre *m* de nuit.

night school *n* cours *mpl* du soir; **to go to ~** suivre des cours du soir; **in** *Am* OR **at** *Br* **~** aux cours du soir.

nightshade ['naɪtʃeɪd] *n* morelle *f*.

night shift *n* [work force] équipe *f* de nuit; [period of duty] poste *m* de nuit; **to be on the ~** être de nuit.

nightshirt ['naɪtʃɜːt] *n* chemise *f* de nuit.

night soil *n* fumier *m* (*d'excréments humains*).

nightspot *inf* ['naɪtspɒt] *n* boîte *f* (de nuit).

nightstick ['naɪtstɪk] *n Am* matraque *f* (de policier).

night storage heater *n* radiateur *m* à accumulation (de chaleur).

night-time *n* nuit *f*; **at ~** la nuit.

night vision *n* vision *f* nocturne; **to have good/bad ~** avoir une bonne/mauvaise vision nocturne.

night watchman *n* veilleur *m* de nuit.

nightwear ['naɪtweəʳ] *n* (*U*) = **nightclothes**.

nighty *inf* ['naɪtɪ] (*pl* nighties) = **nightie**.

nighty-night *inf* = **night-night**.

nihilism ['naɪɪlɪzm] *n* nihilisme *m*.

nihilist ['naɪɪlɪst] ◇ *adj* nihiliste.
◇ *n* nihiliste *mf*.

nihilistic [,naɪɪ'lɪstɪk] *adj* nihiliste.

Nijinsky [nɪ'dʒɪnskɪ] *pr n* Nijinski.

Nike ['naɪkiː] *pr n* MYTH Nikê.

nil [nɪl] ◇ *n* [gen & SPORT] zéro *m*; [on written form] néant *m*.
◇ *adj* nul, zéro (*inv*).

Nile [naɪl] *pr n*: **the (River) ~** *Br*, **the ~ River** *Am* le Nil; **the Blue ~** le Nil Bleu; **the White ~** le Nil Blanc.

nimbi ['nɪmbaɪ] *pl* → **nimbus**.

nimble ['nɪmbl] *adj* -**1.** [agile - body, movements] agile; [- fingers] adroit, habile; **she's very ~ for (someone of) her age** elle est très alerte pour (quelqu'un de) son âge; **a ~ climber/dancer** un grimpeur/un danseur agile; **he soon got to be ~ on his crutches** il eut tôt fait d'apprendre à se déplacer avec ses béquilles || [skilful] habile; **a ~ seamstress** une habile couturière. -**2.** [quick - thought, mind] vif, prompt.

nimble-fingered *adj* aux doigts agiles, habile de ses doigts.

nimble-witted *adj* vif (d'esprit), à l'esprit vif OR rapide.

nimbly ['nɪmblɪ] *adv* agilement, lestement, prestement; **he leapt ~ over the wall** il sauta lestement par-dessus le mur.

nimbostratus [,nɪmbəʊ'streɪtəs] (*pl* nimbostrati [-taɪ]) *n* nimbo-stratus *m*.

nimbus ['nɪmbəs] (*pl* nimbi [-baɪ] OR nimbuses) *n* -**1.** METEOR nimbus *m*. -**2.** [halo] nimbe *m*, auréole *f*.

nimby *inf* ['nɪmbɪ] (*abbr of* **not in my backyard**) *n personne qui est d'accord pour quelque chose (par exemple, projet de construction) mais pas à proximité de chez elle.*

niminy-piminy *inf* [,nɪmɪnɪ'pɪmɪnɪ] *adj Br* cucul.

nincompoop *inf* ['nɪŋkəmpuːp] *n* cruche *f*; **don't be such a ~** ne sois pas si bête.

nine [naɪn] ◇ *adj* neuf (*inv*); **a ~-hole golf course** un (parcours de) neuf trous; **~ times out of ten** neuf fois sur dix ❑ **a ~ days' wonder** *Br* un feu de paille.
◇ *n* -**1.** neuf *m inv*; **he was dressed up to the ~s** il s'était mis sur son trente et un. -**2.** *Am* SPORT équipe *f* (de base-ball).

ninefold ['naɪnfəʊld] ◇ *adj* neuf fois supérieur; **there was a ~ increase in casualties** le nombre de victimes fut multiplié par neuf.
◇ *adv* neuf fois; **to increase ~** (se) multiplier par neuf.

ninepin ['naɪnpɪn] *n* [skittle] quille *f*; **to go down like ~s** *Br* tomber comme des mouches.
◆ **ninepins** *n* [game] quilles *fpl*.

nineteen [,naɪn'tiːn] ◇ *adj* dix-neuf.
◇ *n* dix-neuf *m*; **they were talking ~ to the dozen** *Br* ils étaient intarissables, il n'y avait pas moyen de les faire taire.

nineteenth [,naɪn'tiːnθ] ◇ *adj* dix-neuvième; **the ~ hole** *hum* [in golf] le bar (du club).
◇ *n* -**1.** [ordinal] dix-neuvième *mf*. -**2.** [fraction] dix-neuvième *m*.

ninetieth ['naɪntɪəθ] ◇ *adj* quatre-vingt-dixième.
◇ *n* -**1.** [ordinal] quatre-vingt-dixième *mf*. -**2.** [fraction] quatre-vingt-dixième *m*.

nine-to-five ◇ *adv* de neuf heures du matin à cinq heures du soir; **to work ~** avoir des horaires de bureau.
◇ *adj* -**1.** [job] routinier. -**2.** [mentality, attitude] de gratte-papier.

ninety ['naɪntɪ] (*pl* nineties) ◇ *adj* quatre-vingt-dix.
◇ *n* quatre-vingt-dix *m*; **~-one** quatre-vingt-onze; **~-two** quatre-vingt-douze; **~-nine** quatre-vingt-dix-neuf; **he's in his nineties** il est nonagénaire, il a quatre-vingt-dix ans passés; **in the nineties** dans les années quatre-vingt-dix.

Nineveh ['nɪnɪvə] *pr n* Ninive.

ninny *inf* ['nɪnɪ] (*pl* ninnies) *n* empoté *m*, -e *f*, nigaud *m*, -e *f*, bêta *m*, -asse *f*.

ninth [naɪnθ] ◇ *adj* neuvième.
◇ *n* -**1.** [ordinal] neuvième *mf*. -**2.** [fraction] neuvième *m*.

niobium [naɪ'əʊbɪəm] *n* niobium *m*.

nip [nɪp] (*pt* & *pp* nipped, *cont* nipping) ◇ *n* -**1.** [pinch] pincement *m*; [bite] morsure *f*; **that dog gave me a ~ on the leg** ce chien m'a mordillé la jambe. -**2.** [cold] froid *m* piquant; **there's a ~ in the air** ça pince. -**3.** [in taste] goût *m* piquant; **I like cheese with a ~ to it** j'aime le fromage un peu relevé OR fort. -**4.** [of alcohol] goutte *f*. -**5.** *phr*: **to be ~ and tuck** être au coude à coude.
◇ *vt* -**1.** [pinch] pincer; [bite] mordre (légèrement), mordiller; **she nipped her finger in the door** elle s'est pincé le doigt dans la porte; **the puppy nipped my leg** le chiot m'a mordillé la jambe. -**2.** HORT [plant, shoot] pincer; **to ~ sthg in the bud** *fig* tuer OR écraser OR étouffer qqch dans l'œuf. -**3.** [numb, freeze] geler, piquer; **the cold nipped our ears** le froid nous piquait les oreilles; **the vines were nipped by the frost** les vignes ont été grillées par le gel. -**4.** *inf Am* [steal] piquer, faucher.

◇ *vi* -**1.** [try to bite]: **the dog nipped at my ankles** le chien m'a mordillé les chevilles. -**2.** *inf Br* [go] faire un saut; **to ~ (across** OR **along** OR **over) to the butcher's** faire un saut chez le boucher; **she nipped in to say hello** elle est passée en vitesse dire bonjour; **to ~ in and out of the traffic** se faufiler entre les voitures; **we just nipped out for a drink** on est sorti prendre un pot en vitesse.

◆ **nip off** ◇ *vt sep* [cut off] couper; HORT pincer.
◇ *vi insep inf Br* filer; **she nipped off home** elle a filé chez elle.

Nip▼ [nɪp] *n terme injurieux désignant un Japonais,* ≃ Jap *mf.*

nipper ['nɪpəʳ] *n* -**1.** [of crab, lobster] pince *f.* -**2.** *inf Br* [child] gosse *mf*, môme *mf.*
◆ **nippers** *npl* [tool] pince *f*; **a pair of ~s** une pince.

nipple ['nɪpl] *n* -**1.** [on breast] mamelon *m*; [on animal] tétine *f*, mamelle *f.* -**2.** [teat – on feeding bottle] tétine *f.* -**3.** *Am* [baby's dummy] tétine *f.* -**4.** TECH [of pump] embout *m*; [for greasing] graisseur *m*; [connector] raccord *m.*

nippy ['nɪpɪ] (*compar* **nippier**, *superl* **nippiest**) *adj* -**1.** *inf* [weather] frisquet; [cold] piquant; **it's ~ (out) this morning** ça pince ce matin. -**2.** *inf Br* [quick] vif, rapide; **a ~ little car** une petite voiture rapide. -**3.** *Br* [odour, flavour] piquant, âpre.

nirvana [,nɪə'vɑːnə] *n* nirvana *m.*

Nisei [nɪ'seɪ] *n Am* Japonais *m*, -e *f* de la deuxième génération.

nisi ['naɪsaɪ] → **decree nisi.**

Nissen hut ['nɪsn-] *n Br* MIL abri *m* (en tôle ondulée).

nit [nɪt] *n* -**1.** ENTOM lente *f*; [in hair] pou *m.* -**2.** *inf Br* [idiot] andouille *f.*

niter *Am* = **nitre.**

nitpick *inf* ['nɪtpɪk] *vi* couper les cheveux en quatre, chercher la petite bête, pinailler.

nitpicking *inf* ['nɪtpɪkɪŋ] ◇ *n* chicanerie *f*, pinaillage *m.*
◇ *adj* chicanier.

nitrate ['naɪtreɪt] *n* nitrate *m*, azotate *m.*

nitration [naɪ'treɪʃn] *n* nitration *f.*

nitre *Br*, **niter** *Am* ['naɪtəʳ] *n* nitre *m dated*, nitrate *m* de potassium.

nitric acid ['naɪtrɪk-] *n* acide *m* nitrique.

nitric oxide *n* oxyde *m* nitrique.

nitrify ['naɪtrɪfaɪ] (*pt* & *pp* **nitrified**) *vt* -**1.** CHEM nitrifier. -**2.** AGR fertiliser avec des nitrates.

nitrogen ['naɪtrədʒən] *n* azote *m.*

nitrogen cycle *n* cycle *m* de l'azote.

nitrogen fixation *n* fixation *f* de l'azote.

nitrogenous [naɪ'trɒdʒɪnəs] *adj* azoté.

nitrogen peroxide *n* protoxyde *m* d'azote.

nitroglycerin(e) [,naɪtrəʊ'glɪsəriːn] *n* nitroglycérine *f.*

nitrous ['naɪtrəs] *adj* nitreux, azoteux.

nitrous acid *n* acide *m* nitreux.

nitty-gritty *inf* [,nɪtɪ'grɪtɪ] *n* essentiel *m*; **let's get down to the ~** venons-en au cœur du problème.

nitwit *inf* ['nɪtwɪt] *n* andouille *f.*

nix *inf* [nɪks] *Am* ◇ *interj* -**1.** [no] non; **to say ~ to** OR **on sthg** dire non à qqch. -**2.** [watch out] attention.
◇ *n* rien *m*; **we got ~ out of the deal** l'affaire ne nous a pas rapporté un radis.
◇ *vt* [refuse] rejeter, refuser; [veto] opposer un veto à.

NJ *written abbr of* New Jersey.

NLF (*abbr of* National Liberation Front) *pr n* FLN *m.*

NLQ (*abbr of* **near letter quality**) *n qualité quasi-courrier.*

NLRB (*abbr of* National Labor Relations Board) *pr n commission américaine d'arbitrage en matière d'emploi.*

NM *written abbr of* New Mexico.

NME (*abbr of* New Musical Express) *pr n hebdomadaire anglais de musique rock.*

no [nəʊ] (*pl* **noes** OR **nos**) ◇ *adv* -**1.** [expressing refusal, disagreement] non; **do you like spinach? — no, I don't** aimez-vous les épinards? — non; **oh no you don't!** [stopping, forbidding] oh que non!; **to say no** dire non; **the answer's no** la réponse est non □ **they won't take no for an answer** ils n'accepteront aucun refus. -**2.** [with comparative adj or adv]: **I can go no further** je ne peux pas aller plus loin; **we'll go no further than three million** on n'ira pas au-delà de OR nous ne dépasserons pas les trois millions; **you're no better than he is** vous ne valez pas mieux que lui; **call me, if you're (feeling) no better in the morning** appelez-moi si vous ne vous sentez pas mieux demain matin; **this car is no more expensive than the other one** cette voiture ne coûte pas plus cher que l'autre. -**3.** *lit* [not]: **whether you wish it or no** que vous le vouliez ou non.
◇ *det* -**1.** [not any, not one]: **I have no family** je n'ai pas de famille; **she has no intention of leaving** elle n'a aucune intention de partir; **there are no letters for you today** il n'y a pas de courrier OR aucune lettre pour toi aujourd'hui; **no sensible person would dispute this** quelqu'un de raisonnable ne discuterait pas; **no other washing powder gets clothes so clean** aucune autre lessive ne laisse votre linge aussi propre; **it's of no importance/interest** ça n'a aucune importance/aucun intérêt; **no one company can handle all the orders** une seule entreprise ne pourra jamais s'occuper de toutes les commandes; **no two experts ever come up with the same answer** il n'y a pas deux experts qui soient d'accord; **there's no telling** nul ne peut le dire; **there's no denying it** c'est indéniable. -**2.** [not a]: **I'm no expert, I'm afraid** malheureusement, je ne suis pas un expert; **she's no friend of mine** ce n'est pas une amie à moi; **this is no time for arguments** ce n'est pas le moment de se disputer; **it will be no easy task persuading them** ce ne sera pas une tâche facile que de les persuader; **that's no bad thing** ce n'est pas une mauvaise chose. -**3.** [introducing a prohibition]: **'no left turn'** 'interdiction de tourner à gauche'; **'no smoking'** 'défense de fumer'; **'no swimming'** 'baignade interdite'.
◇ *n* non *m inv*; **the noes have it** les non l'emportent.
◇ *interj* non; **I'm getting married — no!** [surprise, dismay] je me marie — non!

No., no. (*written abbr of* number) No, no.

no-account *inf Am* ◇ *n* bon *m* à rien, bonne *f* à rien.
◇ *adj* bon à rien; **her ~ husband** son bon à rien de mari.

Noah ['nəʊə] *pr n* Noé; **~'s Ark** l'arche de Noé.

nob *inf* [nɒb] *n* -**1.** *Br* [wealthy person] richard *m*, -e *f.* -**2.** [head] caboche *f.*

no-ball *n* SPORT balle *f* nulle.

nobble *inf* ['nɒbl] *vt Br* -**1.** [jury, witness – bribe] graisser la patte à; [– threaten] manipuler (avec des menaces). -**2.** [racehorse] mettre hors d'état de courir; [with drugs] droguer. -**3.** [grab, catch – person] accrocher (au passage), agrafer; **he ~d me as I arrived** il m'a accroché au moment où je suis arrivé. -**4.** [steal] faucher, barboter, chiper. -**5.** [kidnap] kidnapper, enlever.

Nobel [nəʊ'bel] *comp*: **~ prize** prix *m* Nobel; **~ prizewinner** lauréat *m*, -e *f* du prix Nobel.

nobelium [nəʊ'biːlɪəm] *n* nobélium *m.*

nobility [nə'bɪlətɪ] (*pl* **nobilities**) *n* -**1.** [aristocracy] noblesse *f*, aristocratie *f.* -**2.** [loftiness] noblesse *f*, majesté *f*, grandeur *f.*

noble ['nəʊbl] ◇ *adj* -**1.** [aristocratic] noble; **of ~ birth** de haute naissance, de naissance noble. -**2.** [fine, distinguished – aspiration, purpose] noble, élevé; [– bearing, manner] noble, gracieux, majestueux; [– person] noble, supérieur; [– animal] noble; [– wine] grand. -**3.** [generous – gesture] généreux, magnanime; **that's very ~ of you** *hum* c'est très généreux de votre part. -**4.** [brave – deed, feat] noble, héroïque; **the ~ art** OR **science** la boxe. -**5.** [impressive – monument] noble, majestueux. -**6.** CHEM [gas, metal] noble.
◇ *n* noble *mf*, aristocrate *mf.*

nobleman ['nəʊblmən] (*pl* **noblemen** [-mən]) *n* noble *m*, aristocrate *m.*

noble-minded *adj* magnanime, généreux.

noblewoman ['nəʊbl,wʊmən] (*pl* **noblewomen** [-,wɪmɪn]) *n* noble *f*, aristocrate *f.*

nobly ['nəʊblɪ] *adv* -**1.** [by birth] noblement; **~ born** de haute naissance. -**2.** [majestically, superbly] majestueusement, superbement. -**3.** [generously] généreusement, magnanimement. -**4.** [bravely] noblement, courageusement.

nobody ['nəʊbədɪ] (*pl* **nobodies**) ◇ *pron* personne; **~ came** personne n'est venu; **~ knows better than I do** personne ne sait mieux que moi; **~ else knows** personne d'autre ne sait; **there's ~ here** il n'y a personne ici; **they found ~** ils n'ont trouvé personne; **who was at the party? — ~ you know** qui était à la fête? — personne que tu connais; **~ famous/important** personne de célèbre/d'important □ **she's ~'s fool** elle n'est pas née d'hier OR tombée de la dernière pluie.
◇ *n* [insignificant person] moins que rien *mf.*

no-claim(s) bonus *n Br* [in insurance] bonus *m.*

nocturnal [nɒk'tɜːnl] *adj* nocturne.

nocturne ['nɒktɜːn] *n* nocturne *m.*

nod [nɒd] (*pt* & *pp* **nodded**, *cont* **nodding**)
◇ *vt*: **to ~ one's head** [as signal] faire un signe de (la) tête; [in assent] faire oui de la tête, faire un signe de tête affirmatif; [in greeting] saluer d'un signe tête; [with fatigue] dodeliner de la tête; **she nodded her head in approval** OR **nodded her approval** elle manifesta son approbation d'un signe de tête; **the boss nodded him into the office** le chef lui fit signe (de la tête) d'entrer dans le bureau.
◇ *vi* -**1.** [as signal] faire un signe de (la) tête; [in assent, approval] faire un signe de tête affirmatif, faire oui de la tête; [in greeting] saluer d'un signe de tête; **she nodded at** OR **to him through the window** elle lui fit un signe de tête de derrière la fenêtre. -**2.** [doze] somnoler; **he was nodding in his chair** il somnolait dans son fauteuil. -**3.** *fig* [flowers] danser, se balancer; [crops, trees] se balancer, onduler.
◇ *n* -**1.** [sign] signe *m* de (la) tête; **to give sb a ~** [as signal] faire un signe de tête à qqn; [in assent] faire un signe de tête affirmatif à qqn; [in greeting] saluer qqn d'un signe de tête □ **a ~ is as good as a wink (to a blind man)** inutile d'en dire plus; **to get the ~** *Br* OR **a ~** *Am* [gen] obtenir le feu vert; [in boxing] gagner aux points; **to give sb the ~** *Br* OR **a ~** *Am* donner le feu vert à qqn; **on the ~** *Br* [without formality]: **to approve sthg on the ~** approuver qqch d'un commun accord. -**2.** [nap] somme *m*; [sleep] sommeil *m*; **the land of Nod** le pays des rêves.
◆ **nod off** *inf vi insep* s'endormir, s'assoupir.
◆ **nod out**▽ *vi insep* tomber dans les vapes.

nodal ['nəʊdl] *adj* nodal.

nodding ['nɒdɪŋ] *adj Br*: **to have a ~ acquaintance with sb** connaître qqn de vue OR vaguement; **we're on ~ terms** on se connaît de vue; **a ~ acquaintance with marketing techniques** *fig* quelques notions des techniques de marketing.

noddle *inf* ['nɒdl] *n* caboche *f*; **use your ~!** fais travailler tes méninges OR ta matière grise!

noddy *inf* ['nɒdɪ] (*pl* **noddies**) *Br* ◇ *n* bêta *m*, -asse *f.*
◇ *adj*: **he's got a ~ job** il fait un boulot peinard.

node [nəʊd] *n* ASTRON, BOT, LING & MATH nœud *m*; ANAT nodosité *f*, nodule *m.*

nodular ['nɒdjʊləʳ] *adj* nodulaire.

nodule ['nɒdjuːl] *n* nodule *m.*

Noel, Noël [nəʊ'el] *n lit* [Christmas] Noël *m.*

no-frills *adj* sans fioritures, (tout) simple, sommaire; **a ~ hotel** un hôtel sans confort superflu.

noggin ['nɒgɪn] *n* -**1.** [measure] quart *m* de pinte. -**2.** *inf* [drink] pot *m.* -**3.** *inf* [head]: **use your ~!**

fais marcher tes méninges!, sers-toi de ta cervelle!

no-go area *n* zone *f* interdite.

no-good *inf* ◇ *adj* propre à rien.
◇ *n* bon *m* à rien, bonne *f* à rien.

no-hoper *inf* [-'həʊpəʳ] *n* raté *m*, -e *f*, minable *mf*.

nohow *inf* ['nəʊhaʊ] *adv* aucunement, en aucune façon.

noise [nɔɪz] ◇ *n* -**1.** [sound] bruit *m*, son *m*; **the clock is making a funny** ~ la pendule fait un drôle de bruit; **I thought I heard a** ~ **downstairs** j'ai cru entendre du bruit en bas; **the humming** ~ **of the engine** le ronronnement du moteur ❑ ~**s off** THEAT instruments *mpl* OR dispositif *m* de bruitage. -**2.** [din] bruit *m*, tapage *m*, tintamarre *m*; [very loud] vacarme *m*; **to make a** ~ faire du bruit; **do you call that** ~ **music?** pour vous, ce vacarme c'est de la musique?; **shut your** ~! *inf Br* ferme-la! ❑ ~ **abatement** lutte *f* contre le bruit; ~ **pollution** nuisances *fpl* sonores, pollution *f* sonore. -**3.** ELEC & TELEC parasites *mpl*; [on line] friture *f*, sifflement *m*. -**4.** *inf phr*: **to make a** ~ **about sthg** faire du tapage OR beaucoup de bruit autour de qqch; **the critics made a lot of** ~ **about the film** les critiques ont fait beaucoup de bruit autour de ce film; **they made a lot of** ~ **about banning the march** ils ont remué ciel et terre pour faire interdire la manifestation.
◇ *vt*: **to** ~ **sthg about** OR **abroad** ébruiter qqch.
◆ **noises** *inf npl* [indications of intentions]: **she made vague** ~**s about emigrating** elle a vaguement parlé d'émigrer; **he started making placatory** ~**s** il se mit à marmonner quelques paroles d'apaisement; **they made all the right** ~**s, but...** ils ont fait semblant de marcher à fond OR d'être tout à fait d'accord, mais...

noiseless ['nɔɪzlɪs] *adj* silencieux.

noiselessly ['nɔɪzlɪslɪ] *adv* silencieusement, sans faire de bruit.

noisemaker ['nɔɪzmeɪkəʳ] *n Am* [rattle] crécelle *f*; [trumpet] trompe *f*.

noisily ['nɔɪzɪlɪ] *adv* bruyamment.

noisome ['nɔɪsəm] *adj lit* [repellent] répugnant, repoussant; [smelly] puant, méphitique *lit*; [noxious] nocif, nuisible; **a** ~ **smell** une odeur infecte OR pestilentielle.

noisy ['nɔɪzɪ] (*compar* **noisier**, *superl* **noisiest**) *adj* -**1.** [machine, engine, person] bruyant; **my typewriter is very** ~ ma machine à écrire est très bruyante OR fait beaucoup de bruit; **London was too** ~ **for him** Londres était trop bruyant à son goût. -**2.** [colour] criard.

nomad ['nəʊmæd] *n* nomade *mf*.

nomadic [nəʊ'mædɪk] *adj* nomade.

nomadism ['nəʊmædɪzm] *n* nomadisme *m*.

nomadize, -ise ['nəʊmædaɪz] ◇ *vi* nomadiser.
◇ *vt*: **the desert has** ~**d them** le désert les a contraints à se nomadiser OR à la nomadisation.

no-man's-land *n literal & fig* no man's land *m inv*.

nom de plume [,nɒmdə'pluːm] *n* pseudonyme *m*, nom *m* de plume.

nomenclature [*Br* nəʊ'menklətʃəʳ, *Am* 'nəʊmənkleɪtʃər] *n* nomenclature *f*.

nominal ['nɒmɪnl] ◇ *adj* -**1.** [in name only - owner, leader] de nom (seulement), nominal; [- ownership, leadership] nominal; **he was the** ~ **president of the company** il n'était le président de la société que de nom. -**2.** [negligible] insignifiant; **a** ~ **amount** une somme insignifiante ‖ [token] symbolique; **a** ~ **contribution of one pound a year** une contribution symbolique d'une livre par an. -**3.** GRAMM nominal.
◇ *n* GRAMM élément *m* nominal; [noun phrase] groupe *m* nominal; [pronoun] nominal *m*.

nominalism ['nɒmɪnəlɪzm] *n* nominalisme *m*.

nominalization [,nɒmɪnəlaɪ'zeɪʃn] *n* nominalisation *f*.

nominalize, -ise ['nɒmɪnəlaɪz] *vt* nominaliser.

nominally ['nɒmɪnəlɪ] *adv* -**1.** [in name only] nominalement. -**2.** [as token] pour la forme. -**3.** [theoretically] théoriquement.

nominal value *n* valeur *f* nominale.

nominate ['nɒmɪneɪt] ◇ *vt* -**1.** [propose] proposer (la candidature de); **to** ~ **sb for a post** proposer la candidature de qqn à un poste ‖ [for award] sélectionner, nominer; **the film was** ~**d for an Oscar** le film a été sélectionné OR nominé pour un Oscar. -**2.** [appoint] nommer, désigner; **she was** ~**d to replace Mr Neill as minister** elle a été nommée ministre en remplacement de M. Neill; **he was** ~**d chairman** OR **to the chairmanship** il fut nommé président.
◇ *vi Austr* se présenter (comme candidat).

nomination [,nɒmɪ'neɪʃn] *n* -**1.** [proposal] proposition *f*; **who will get the Democratic** ~ **(for president)?** qui obtiendra l'investiture démocrate (à l'élection présidentielle)? ‖ [for award] nomination *f*; **the film got three Oscar** ~**s** le film a obtenu trois nominations aux Oscars. -**2.** [appointment] nomination *f*.

nominative ['nɒmɪnətɪv] ◇ *n* GRAMM nominatif *m*; **in the** ~ au nominatif.
◇ *adj* -**1.** GRAMM nominatif; **the** ~ **case** le nominatif. -**2.** [appointed] désigné. -**3.** [name-bearing] nominatif.

nominator ['nɒmɪneɪtəʳ] *n* présentateur *m*, -trice *f* (*d'un candidat*).

nominee [,nɒmɪ'niː] *n* -**1.** [proposed] candidat *m*, -e *f*. -**2.** [appointed] personne *f* désignée OR nommée; **the government** ~**s on the commission** les membres de la commission nommés par le gouvernement.

nomogram ['nɒməgræm], **nomograph** ['nɒməgrɑːf] *n* nomogramme *m*.

non- [nɒn] *in cpds* -**1.** [not] non-; **the** ~**application of this rule** la non-application de cette règle; **all** ~**French nationals** tous les ressortissants de nationalité autre que française; **his answers were** ~**answers** ses réponses n'en étaient pas. -**2.** [against] anti-; ~**rust** antirouille (*inv*).

nonabsorbent [,nɒnəb'sɔːbənt] *adj* non absorbant.

nonacademic [,nɒnækə'demɪk] *adj* -**1.** [activity] SCH extrascolaire; UNIV extra-universitaire. -**2.** SCH & UNIV [staff] non enseignant. -**3.** [course] pratique, technique.

nonacceptance [,nɒnək'septəns] *n* non-acceptation *f*.

nonachiever [,nɒnə'tʃiːvəʳ] *n* élève *mf* qui ne réussit pas.

nonaddictive [,nɒnə'dɪktɪv] *adj* qui ne crée pas de phénomène d'accoutumance.

nonadmission [,nɒnəd'mɪʃn] *n* non-admission *f*.

nonaffiliated [,nɒnə'fɪlɪeɪtɪd] *adj* non affilié, indépendant.

nonage ['nəʊnɪdʒ] *n* minorité *f*.

nonagenarian [,nəʊnədʒɪ'neərɪən] ◇ *adj* nonagénaire.
◇ *n* nonagénaire *mf*.

nonaggression [,nɒnə'greʃn] *n* non-agression *f*; ~ **pact** pacte *m* de non-agression.

nonalcoholic [,nɒnælkə'hɒlɪk] *adj* non alcoolisé, sans alcool; ~ **beverages** boissons *fpl* non alcoolisées.

nonaligned [,nɒnə'laɪnd] *adj* non-aligné; ~ **countries** pays *mpl* non-alignés.

nonalignment [,nɒnə'laɪnmənt] *n* non-alignement *m*.

nonappearance [,nɒnə'pɪərəns] *n* JUR non-comparution *f*; [gen]: **how do you account for her** ~? comment expliquez-vous le fait qu'elle ne soit pas venue?

nonarrival [,nɒnə'raɪvl] *n* non-arrivée *f*.

nonattendance [,nɒnə'tendəns] *n* absence *f*; ~ **of lectures** absence aux cours.

nonavailability ['nɒnə,veɪlə'bɪlətɪ] *n* non-disponibilité *f*.

nonbeliever [,nɒnbɪ'liːvəʳ] *n* non-croyant *m*, -e *f*, incroyant *m*, -e *f*.

nonbelligerent [,nɒnbɪ'lɪdʒərənt] *adj* non-belligérant.

nonbinding [,nɒn'baɪndɪŋ] *adj* sans obligation, non contraignant.

nonbiodegradable ['nɒn,baɪəʊdɪ'greɪdəbl] *adj* non biodégradable.

nonce [nɒns] *n lit* OR *hum*: **for the** ~ pour l'instant.

nonce word *n* mot *m* créé pour l'occasion.

nonchalance [*Br* 'nɒnʃələns, *Am* ,nɒnʃə'lɑːns] *n* nonchalance *f*.

nonchalant [*Br* 'nɒnʃələnt, *Am* ,nɒnʃə'lɑːnt] *adj* nonchalant.

nonchalantly [*Br* 'nɒnʃələntlɪ, *Am* ,nɒnʃə'lɑːntlɪ] *adv* nonchalamment, avec nonchalance.

noncom *inf* ['nɒnkɒm] *n* sous-off *m*.

noncombatant [*Br* ,nɒn'kɒmbətənt, *Am* ,nɒnkəm'bætənt] ◇ *n* non-combattant *m*, -e *f*.
◇ *adj* non-combattant.

noncombustible [,nɒnkəm'bʌstəbl] *adj* incombustible.

noncommissioned officer [,nɒnkə'mɪʃnd-] *n* sous-officier *m*.

noncommittal [,nɒnkə'mɪtl] *adj* [statement] évasif, qui n'engage à rien; [attitude, person] réservé; [gesture] peu révélateur; **a** ~ **reply** une réponse évasive; **she gave a** ~ **grunt** elle émit un petit grognement qui ne l'engageait ni dans un sens, ni dans l'autre; **he was very** ~ **about his plans** il s'est montré très réservé OR il a fait preuve d'une grande réserve quant à ses projets.

noncompliance [,nɒnkəm'plaɪəns] *n* non-respect *m*, non-observation *f*; ~ **with the treaty** le non-respect du traité; ~ **with the orders of a superior** refus d'obéir aux ordres d'un supérieur.

non compos mentis ['nɒn,kɒmpɒs'mentɪs] *adj* fou, dément, irresponsable.

nonconductor [,nɒnkən'dʌktəʳ] *n* non-conducteur *m*.

nonconformism [,nɒnkən'fɔːmɪzm] *n* [gen] non-conformisme *m*.
◆ **Nonconformism** *n* RELIG non-conformisme *m*.

nonconformist [,nɒnkən'fɔːmɪst] ◇ *n* [gen] non-conformiste *mf*.
◇ *adj* [gen] non-conformiste.
◆ **Nonconformist** RELIG ◇ *n* non-conformiste *mf*.
◇ *adj* non-conformiste.

nonconformity [,nɒnkən'fɔːmətɪ] *n* [gen] non-conformité *f*.
◆ **Nonconformity** RELIG = **Nonconformism**.

noncontributory [,nɒnkən'trɪbjʊtərɪ] *adj Br*: **a** ~ **pension scheme** un régime de retraite sans retenues OR cotisations.

noncooperation ['nɒnkəʊ,ɒpə'reɪʃn] *n* refus *m* de coopérer.

non-dairy *adj* qui ne contient aucun produit laitier; ~ **cream** *Am crème liquide d'origine végétale.*

non-dazzle *adj* anti-éblouissement (*inv*).

nondeductible [,nɒndɪ'dʌktəbl] *adj* non déductible.

nondelivery [,nɒndɪ'lɪvərɪ] *n*: **in the event of** ~ dans l'éventualité où les marchandises ne seraient pas livrées.

nondescript [*Br* 'nɒndɪskrɪpt, *Am* ,nɒndɪ'skrɪpt] *adj* quelconque; **a** ~ **little man** un petit homme que rien ne distingue des autres OR tout à fait anodin; **the street was lined with** ~ **buildings** la rue était bordée de bâtiments quelconques OR dépourvus de caractère.

nondrinker [,nɒn'drɪŋkəʳ] *n* abstinent *m*, -e *f*; **she's a** ~ elle ne boit pas (d'alcool).

nondrip [,nɒn'drɪp] *adj* anti-goutte (*inv*).

nondriver [,nɒn'draɪvəʳ] *n* personne *f* qui ne conduit pas; **I'm a** ~ [never learnt] je n'ai pas mon permis; [out of choice] je ne conduis pas.

none [nʌn] *pron* -**1.** [with countable nouns] aucun *m*, -e *f*; ~ **of the photos is** OR **are for sale** aucune des photos n'est à vendre; **he looked for clues but found** ~ il chercha des indices mais n'en trouva aucun; **there are ~ left** il n'en reste plus; **how many cigarettes have you got? – ~ at all** combien de cigarettes as-tu? – aucune OR pas une seule || [with uncountable nouns]: **~ of her early work has been published** aucun de ses premiers textes n'a été publié; **~ of the mail is for you** il n'y a rien pour vous au courrier; **I've done a lot of work but you've done ~** j'ai beaucoup travaillé, mais toi tu n'as rien fait; **she displayed ~ of her usual good humour** elle était loin d'afficher sa bonne humeur habituelle; **they'll get ~ of my money!** ils n'auront pas un centime de moi!; **more soup anyone? – ~ for me, thanks** encore un peu de soupe? – pas pour moi, merci ❑ **(I'll have) ~ of your cheek!** je ne tolérerai pas vos insolences!; **~ of that!** [stop it] pas de ça!; **she would have ~ of it** elle ne voulait rien savoir. -**2.** [not one person] aucun *m*, -e *f*; **~ of them works** OR **work hard enough** aucun d'eux ne travaille suffisamment; **~ of us understood his explanation** aucun de nous n'a compris son explication; **~ can tell what the future holds** *lit* nul ne sait ce que l'avenir nous réserve; **there was ~ braver than her** *lit* nul n'était plus courageux qu'elle.

◆ **none but** *adv phr fml* OR *lit*: **we use ~ but the finest ingredients** nous n'utilisons que les meilleurs ingrédients; **~ but an expert would know the difference** seul un expert serait à même de faire la différence; **I love ~ but her** je n'aime qu'elle.

◆ **none other than** *prep phr* personne d'autre que; **he received a letter from ~ other than the Prime Minister himself** il reçut une lettre dont l'auteur n'était autre que le Premier ministre en personne.

◆ **none the** *adv phr (with comparative adj)*: **I feel ~ the better/worse for it** je ne me sens pas mieux/plus mal pour autant; **I like them ~ the better/worse for it** je ne les en aime pas plus/moins; **she's ~ the worse for her adventure** son aventure ne lui a pas fait de mal; **we're still ~ the wiser!** nous ne sommes pas plus avancés pour autant!

◆ **none too** *adv phr*: **he's ~ too bright** il est loin d'être brillant OR d'être d'une intelligence exceptionnelle; **I was ~ too pleased with them** j'étais loin d'être content d'eux; **he replied ~ too politely** sa réponse ne fut pas particulièrement polie; **and ~ too soon!** ce n'est pas trop tôt!

nonentity [nɒnˈentətɪ] (*pl* **nonentities**) *n* -**1.** [insignificant person] personne *f* insignifiante, nullité *f*. -**2.** [insignificance] inexistence *f*.

nonessential [ˌnɒnɪˈsenʃl] ◇ *adj* accessoire, non essentiel; **~ details** des détails superflus.
◇ *n*: **the ~s** l'accessoire *m*, le superflu, **leave behind all ~s** n'emportez que l'essentiel.

nonesuch [ˈnʌnsʌtʃ] *n* -**1.** *lit* OR *arch* personne *f* OR chose *f* incomparable. -**2.** BOT lupuline *f*, minette *f*.

nonetheless [ˌnʌnðəˈles] = **nevertheless**.

non-event *n* non-événement *m*.

non-executive *adj* [director] externe.

nonexistent [ˌnɒnɪgˈzɪstənt] *adj* non-existant, inexistant; **his help has been almost ~** *inf* il ne s'est pas beaucoup foulé pour nous aider.

nonfat [ˈnɒnfæt] *adj* sans matière grasse OR matières grasses; **~ diet** régime *m* sans matière grasse OR matières grasses.

nonfattening [ˌnɒnˈfætnɪŋ] *adj* qui ne fait pas grossir.

nonfiction [ˌnɒnˈfɪkʃn] ◇ *n (U)* ouvrages *mpl* non romanesques.
◇ *comp*: **~ section** [of bookshop] rayon *m* des ouvrages généraux.

nonfigurative [ˌnɒnˈfɪgjʊrətɪv] *adj* non-figuratif.

nonflammable [ˌnɒnˈflæməbl] *adj* ininflammable.

non-habit-forming [-ˈfɔːmɪŋ] *adj* qui ne crée pas de phénomène d'accoutumance.

nonhuman [ˌnɒnˈhjuːmən] *adj* non humain.

nonintervention [ˌnɒnɪntəˈvenʃn] *n* non-intervention *f*, non-ingérence *f*.

noninterventionist [ˌnɒnɪntəˈvenʃənɪst] *adj* [policy] non interventionniste, de non-intervention.

non-iron *adj* qui ne nécessite aucun repassage.

nonjudg(e)mental [ˌnɒndʒʌdʒˈmentl] *adj* neutre, impartial.

nonmember [ˈnɒnˌmembəʳ] *n* non-membre *m*; [of a club] personne *f* étrangère (au club); **open to ~s** ouvert au public.

nonmetal [ˌnɒnˈmetl] *n* non-métal *m*.

nonmetallic [ˌnɒnmɪˈtælɪk] *adj* non-métallique.

non-native *adj* non-indigène.

non-negotiable *adj* non négociable.

no-no *inf n* interdit *m*; **that subject is a ~** ce sujet est tabou.

nonobservance [ˌnɒnəbˈzɜːvəns] *n* [of rules] non observation *f*; [of treaty] non-respect *m*; RELIG inobservance *f*.

non obst. *written abbr of* non obstante.

no-nonsense *adj* [efficient] pratique; **she's got a very ~ approach** elle va droit au but.

nonpareil [ˈnɒnpərəl] *n lit* personne *f*/chose *f* incomparable OR unique.

nonparticipant [ˌnɒnpɑːˈtɪsɪpənt] *n* non participant *m*, -e *f*.

nonpartisan [ˈnɒnˌpɑːtɪˈzæn] *adj* impartial, sans parti pris.

nonparty [ˌnɒnˈpɑːtɪ] *adj* indépendant.

nonpayment [ˌnɒnˈpeɪmənt] *n* non-paiement *m*, défaut *m* de paiement.

nonperson [ˌnɒnˈpɜːsən] *n* -**1.** [stateless person] *personne mise au ban de la société*. -**2.** [insignificant person] personne *f* insignifiante, nullité *f*; **he treats his secretary like a ~** il se conduit envers sa secrétaire comme si elle n'existait pas.

nonplus [ˌnɒnˈplʌs] (*Br pt & pp* **nonplussed**, *cont* nonplussing, *Am pt & pp* **nonplused**, *cont* nonplusing) *vt* déconcerter, dérouter.

nonplussed [ˌnɒnˈplʌst] *adj* dérouté, perplexe.

nonpractising [ˌnɒnˈpræktɪsɪŋ] *adj* non pratiquant.

nonproductive [ˌnɒnprəˈdʌktɪv] *adj* ECON [labour] improductif.

nonprofit [ˌnɒnˈprɒfɪt] *Am* = **non-profit-making**.

non-profitmaking *adj Br* à but non lucratif.

nonproliferation [ˈnɒnprəˌlɪfəˈreɪʃn] *n* non-prolifération *f*.

nonreader [ˌnɒnˈriːdəʳ] *n* [who cannot read] personne *f* qui ne sait pas lire, illettré *m*, -e *f*; [who doesn't read] personne *f* qui ne lit pas; **half the children are ~s** la moitié des enfants ne savent pas lire.

nonresident [ˌnɒnˈrezɪdənt] ◇ *n* -**1.** [of country] non-résident *m*, -e *f*. -**2.** [of hotel]: **the dining room is open/closed to ~s** le restaurant est ouvert au public/réservé aux clients.
◇ *adj* non résidant.

nonresistance [ˌnɒnrɪˈzɪstəns] *n* [nonviolence] non-violence *f*.

nonresistant [ˌnɒnrɪˈzɪstənt] *adj* non résistant.

nonreturnable [ˌnɒnrɪˈtɜːnəbl] *adj* [bottle, container] non consigné; **sales goods are ~** les articles en solde ne sont pas repris.

nonrun [ˌnɒnˈrʌn] *adj* indémaillable.

nonsectarian [ˌnɒnsekˈteərɪən] *adj* tolérant, ouvert.

nonsense [ˈnɒnsəns] ◇ *n (U)* -**1.** [rubbish, absurdity] absurdités *fpl*, non-sens *m inv*, sottises *fpl*; **the computer is outputting ~** l'ordinateur sort des âneries; **you're talking ~!** tu dis des bêtises!, tu racontes n'importe quoi!; **his accusations are utter ~** ses accusations n'ont aucun sens; **it's ~ to say that things will never improve** il est absurde de dire que les choses n'iront jamais mieux; **I've had enough of his ~** j'en ai assez de l'entendre raconter n'importe quoi; **to make a ~ of sthg** saboter qqch. -**2.** [foolishness] sottises *fpl*, bêtises *fpl*, enfantillages *mpl*; **stop this** OR **no more of this ~!** arrêtez de vous conduire comme des imbéciles!; **she took no ~ from her subordinates** elle ne tolérait pas le moindre OR elle ne tolérait aucun manquement de la part de ses subordonnés, elle menait ses subordonnés à la baguette; **the maths teacher doesn't stand for any ~** le prof de maths ne se laisse pas marcher sur les pieds; **there's no ~ about him** c'est un homme très carré.
◇ *interj* taratata.
◇ *adj* dénué de sens; **a ~ word** un mot qui ne veut rien dire, un non-sens.

nonsense verse *n* vers *mpl* amphigouriques.

nonsensical [nɒnˈsensɪkl] *adj* [talk, idea, action] absurde, qui n'a pas de sens, inepte; **a ~ explanation** une explication incohérente OR incompréhensible.

nonsensically [nɒnˈsensɪklɪ] *adv* absurdement.

non sequitur [ˌnɒnˈsekwɪtəʳ] *n* illogisme *m*; **his argument was full of ~s** son raisonnement était incohérent.

nonsexist [ˌnɒnˈseksɪst] ◇ *adj* non-sexiste.
◇ *n* non-sexiste *mf*.

nonshrink [ˌnɒnˈʃrɪŋk] *adj* irrétrécissable.

nonskid [ˌnɒnˈskɪd] *adj* antidérapant.

nonslip [ˌnɒnˈslɪp] *adj* antidérapant.

nonsmoker [ˌnɒnˈsməʊkəʳ] *n* -**1.** [person] non-fumeur *m*, -euse *f*. -**2.** RAIL compartiment *m* non-fumeurs.

nonsmoking [ˌnɒnˈsməʊkɪŋ] *adj* [area] (pour les) non-fumeurs; **we have a ~ office** il est interdit de fumer dans notre bureau.

nonspecific urethritis [ˌnɒnspɪˌsɪfɪk-] *n (U)* urétrite *f* non spécifique OR non gonococcique.

nonstandard [ˌnɒnˈstændəd] *adj* -**1.** LING [use of word] critiqué; **in ~ English** [colloquial] en anglais familier OR populaire; [dialectal] en anglais dialectal. -**2.** [product, size, shape etc] non-standard.

nonstarter [ˌnɒnˈstɑːtəʳ] *n* -**1.** [horse] non-partant *m*. -**2.** *inf fig*: **this project is a ~** ce projet n'est pas viable OR est voué à l'échec OR est condamné d'avance.

nonstick [ˌnɒnˈstɪk] *adj* [coating] anti-adhérent, anti-adhésif; [pan] qui n'attache pas.

nonstop [ˌnɒnˈstɒp] ◇ *adj* [journey] sans arrêt; [flight] direct, sans escale, non-stop; [train] direct; [radio programme] non-stop, sans interruption; **they kept up a ~ conversation** leur conversation se poursuivit sans interruption.
◇ *adv* sans arrêt; **to fly ~ from Rome to Montreal** faire Rome-Montréal sans escale.

nonsuch [ˈnʌnsʌtʃ] = **nonesuch**.

nontoxic [ˌnɒnˈtɒksɪk] *adj* non-toxique.

nontransferable [ˌnɒntrænsˈfɜːrəbl] *adj* nominatif.

non-U *adj Br dated façon de désigner «ce qui ne se fait pas» selon le code des bonnes manières.*

nonunion [ˌnɒnˈjuːnjən] *adj* [worker, labour] non syndiqué; [firm] qui n'emploie pas de personnel syndiqué.

nonviolence [ˌnɒnˈvaɪələns] *n* non-violence *f*.

nonviolent [ˌnɒnˈvaɪələnt] *adj* non-violent.

nonwhite [ˌnɒnˈwaɪt] ◇ *n* personne *f* de couleur.
◇ *adj* de couleur; **a ~ neighbourhood** un quartier où vivent des gens de couleur (et très peu de blancs).

noodle [ˈnuːdl] *n* -**1.** CULIN nouille *f*; **chicken ~ soup** soupe *f* de poulet aux vermicelles. -**2.** *inf* [fool] andouille *f*, nouille *f*. -**3.** *inf Am* [head] tronche *f*.

nook [nʊk] *n* -**1.** [corner] coin *m*, recoin *m*; **in every ~ and cranny** dans le moindre recoin. -**2.** *lit* [secluded spot] retraite *f*; **a shady ~** une retraite ombragée, un coin ombragé.

nookie *inf*, **nooky** *inf* ['nʊkɪ] *n hum*: a bit of ~ une partie de jambes en l'air.

noon [nu:n] ◇ *n* -**1.** [midday] midi *m*; come at ~ venez à midi. -**2.** *lit* [peak] zénith *m*.
◇ *comp* [break, heat, sun] de midi; ~ hour *Am* heure *f* du déjeuner.

noonday ['nu:ndeɪ] ◇ *n* midi *m*.
◇ *comp* [heat, sun] de midi.

no one, no-one = **nobody**.

noontide ['nu:ntaɪd] *lit* = **noontime**.

noontime ['nu:ntaɪm] *n* midi *m*; the ~ traffic la circulation à l'heure du déjeuner.

noose [nu:s] ◇ *n* [gen] nœud *m* coulant; [snare] collet *m*; [lasso] lasso *m*; to get the ~ être condamné à la potence; to put one's head in the ~, to put a ~ around one's neck creuser sa (propre) tombe.
◇ *vt* -**1.** [rope] faire un nœud coulant à. -**2.** [snare] prendre au collet; [lasso] attraper OR prendre au lasso.

no-par *adj Br* sans valeur nominale.

nope *inf* [nəʊp] *adv* non.

no-place *Am* = **nowhere**.

nor [nɔ:ʳ] ◇ *conj* [following 'neither', 'not'] ni; neither he ~ his wife has ever spoken to me ni lui ni sa femme ne m'ont jamais adressé la parole; I have neither the time ~ the inclination to do it je n'ai ni le temps ni l'envie de le faire; she neither drinks ~ smokes elle ne boit ni ne fume; not a wave, ~ even a ripple, disturbed the surface *lit* pas une vague ni même une ride ne troublait la surface.
◇ *adv*: I don't believe him, ~ do I trust him je ne le crois pas, et je n'ai pas confiance en lui non plus; it's not the first time, ~ will it be the last ce n'est ni la première ni la dernière fois; she couldn't see them, ~ (could) they (see) her elle ne les voyait pas, et eux non plus; I don't like fish – ~ do I je n'aime pas le poisson – moi non plus; she won't do it and ~ will he elle ne le fera pas et lui non plus.

Nordic ['nɔ:dɪk] ◇ *n* Nordique *mf*.
◇ *adj* nordique; ~ skiing ski *m* nordique.

nor'easter [,nɔ:r'i:stəʳ] NAUT = **northeaster**.

Norf *written abbr of* Norfolk.

norm [nɔ:m] *n* norme *f*; to deviate from the ~ s'écarter de la norme; unemployment has become the ~ in certain areas dans certaines régions, le chômage est devenu la règle.

normal ['nɔ:ml] ◇ *adj* -**1.** [common, typical, standard] normal; a perfectly ~ baby un bébé parfaitement normal; under ~ conditions of use dans des conditions normales d'utilisation; he's just a ~ kind of bloke *inf* c'est un type tout ce qu'il y a de (plus) banal; it's ~ for it to rain in April il est normal OR naturel qu'il pleuve en avril ‖ [habitual] habituel, normal; at the ~ time à l'heure habituelle. -**2.** MATH [in statistics, geometry] normal. -**3.** CHEM normal.
◇ *n* -**1.** [gen] normale *f*, état *m* normal; temperatures above ~ des températures au-dessus de la normale; the situation has returned to ~ la situation est redevenue normale. -**2.** GEOM normale *f*.

normality [nɔ:'mælətɪ] *Br*, **normalcy** ['nɔ:məlsɪ] *Am n* normalité *f*; everything returned to ~ tout est revenu à la normale.

normalization [,nɔ:məlaɪ'zeɪʃn] *n* normalisation *f*.

normalize, -ise ['nɔ:məlaɪz] *vt* normaliser.

normally ['nɔ:məlɪ] *adv* -**1.** [in a normal manner] normalement; he's behaving ~ il se comporte normalement. -**2.** [ordinarily] en temps normal, d'ordinaire; I ~ get up at 7:30 d'ordinaire je me lève à 7 h 30.

Norman ['nɔ:mən] ◇ *n* -**1.** [person] Normand *m*, -e *f*. -**2.** LING normand *m*.
◇ *adj* GEOG & HIST normand; the ~ Conquest la conquête normande *(de l'Angleterre)* ‖ ARCHIT roman, anglo-normand.

THE NORMAN CONQUEST:
Conquête militaire de l'Angleterre par Guillaume le Conquérant, inaugurée par sa victoire sur le roi Harold à la bataille de Hastings, en 1066. Désormais gouverné et régi par des Normands, le pays subit de grands changements dans les domaines politique et social, se voyant notamment imposer le français comme langue officielle.

Normandy ['nɔ:məndɪ] *pr n* Normandie *f*; in ~ en Normandie.

normative ['nɔ:mətɪv] *adj* normatif.

Norse [nɔ:s] ◇ *npl* HIST: the ~ [Scandinavians] les Scandinaves *mpl*, les Nordiques *mpl*; [Norwegians] les Norvégiens *mpl*; [Vikings] les Vikings *mpl*.
◇ *n* LING norrois *m*, nordique *m*; Old ~ vieux norrois.
◇ *adj* [Scandinavian] scandinave, nordique; [Norwegian] norvégien; ~ legends légendes *fpl* scandinaves.

Norseman ['nɔ:smən] (*pl* **Norsemen** [-mən]) *n* Viking *m*.

north [nɔ:θ] ◇ *n* -**1.** GEOG nord *m*; the region to the ~ of Sydney la région au nord de Sydney; I was born in the North je suis né dans le Nord; in the ~ of India dans le nord de l'Inde; the wind is in the ~ le vent est au nord ❑ the ~-south divide *en Angleterre, ligne fictive de démarcation entre le nord frappé par le chômage et la délinquance, et le sud plus prospère*; the far ~ le Grand Nord; 'North by Northwest' *Hitchcock* 'la Mort aux trousses'. -**2.** CARDS nord *m*.
◇ *adj* -**1.** GEOG nord *(inv)*, du nord; the ~ coast la côte nord; in North London dans le nord de Londres; in North India dans le nord de l'Inde, en Inde du Nord; the North Atlantic/Pacific l'Atlantique/le Pacifique Nord. -**2.** [wind] du nord.
◇ *adv* au nord, vers le nord; the ranch lies ~ of the town le ranch est situé au nord de la ville; the trail headed ~ le chemin piquait vers le nord; this room faces ~ cette pièce est exposée au nord; go ~ until you come to a village allez vers le nord jusqu'à ce que vous arriviez à un village; I drove ~ for two hours j'ai roulé pendant deux heures en direction du nord; they live up ~ ils habitent dans le nord ❑ ~ of Watford *façon humoristique de désigner l'Angleterre provinciale, par opposition à Londres.*

North Africa *pr n* Afrique *f* du Nord; in ~ en Afrique du Nord.

North African ◇ *n* Nord-Africain *m*, -e *f*.
◇ *adj* nord-africain, d'Afrique du Nord.

North America *pr n* Amérique *f* du Nord.

North American ◇ *n* Nord-Américain *m*, -e *f*.
◇ *adj* nord-américain, d'Amérique du Nord; the ~ Indians les Indiens *mpl* d'Amérique du Nord.

Northants *written abbr of* Northamptonshire.

northbound ['nɔ:θbaʊnd] *adj* en direction du nord; there are roadworks on the ~ carriageway of the motorway *Br* il y a des travaux sur l'autoroute en direction du nord.

North Cape *pr n* le cap Nord.

North Carolina *pr n* Caroline *f* du Nord; in ~ en Caroline du Nord.

North Country *pr n* -**1.** [in England] Angleterre *f* du Nord; he's got a ~ accent il a un accent du nord. -**2.** [in America] *l'Alaska, le Yukon et les Territoires du Nord-Ouest.*

north-countryman (*pl* north-countrymen) *n* Anglais *m* du nord.

Northd *written abbr of* Northumberland.

North Dakota *pr n* Dakota *m* du Nord; in ~ dans le Dakota du Nord.

northeast [,nɔ:θ'i:st] ◇ *n* GEOG nord-est *m*; in the ~ of Scotland dans le nord-est de l'Écosse.
◇ *adj* -**1.** GEOL nord-est *(inv)*, du nord-est; in ~ Scotland dans le nord-est de l'Écosse. -**2.** [wind] de nord-est.
◇ *adv* au nord-est, vers le nord-est; it's 20 miles ~ of Birmingham c'est à 32 kilomètres au nord-est de Birmingham.

northeaster [,nɔ:θ'i:stəʳ] *n* vent *m* de nord-est, nordé *m*, nordet *m*.

northeasterly [,nɔ:θ'i:stəlɪ] (*pl* northeasterlies) ◇ *adj* -**1.** GEOG nord-est *(inv)*, du nord-est; go in a ~ direction allez vers le nord-est OR en direction du nord-est. -**2.** [wind] de nord-est.
◇ *adv* au nord-est, vers le nord-est.
◇ *n* = **northeaster**.

northeastern [,nɔ:θ'i:stən] *adj* nord-est *(inv)*, du nord-est; the ~ suburbs la banlieue nord-est.

northeastwards [,nɔ:θ'i:stwədz] *adv* vers le nord-est, en direction du nord-est.

northerly ['nɔ:ðəlɪ] (*pl* northerlies) ◇ *adj* -**1.** GEOG nord *(inv)*, du nord; in these ~ latitudes sous ces latitudes boréales; in a ~ direction vers le nord; a room with a ~ aspect une pièce exposée au nord. -**2.** [wind] du nord.
◇ *adv* vers le nord.
◇ *n* vent *m* du nord.

northern ['nɔ:ðən] *adj* -**1.** GEOG nord *(inv)*, du nord; the ~ wing of the castle l'aile nord du château; ~ tribes tribus du nord; she has a ~ accent elle a un accent du nord; in ~ Mexico dans le nord du Mexique; the ~ migration of swallows in spring la migration printanière des hirondelles vers le nord. -**2.** [wind] du nord.

Northerner ['nɔ:ðənəʳ] *n* -**1.** [gen] homme *m*/femme *f* du nord; she is a ~ elle vient du nord; I find that ~s are more friendly je trouve que les gens du Nord sont plus accueillants. -**2.** *Am* HIST nordiste *mf*.

northern hemisphere *n* hémisphère *m* nord OR boréal.

Northern Ireland *pr n* Irlande *f* du Nord; in ~ en Irlande du Nord.

NORTHERN IRELAND:
Partie de l'Irlande à majorité protestante restée rattachée à la Grande-Bretagne lors de la partition du pays, en 1949. Depuis les émeutes sanglantes de Belfast et de Londonderry en 1969, les affrontements entre nationalistes de l'IRA, extrémistes protestants et représentants de l'autorité britannique n'ont pas cessé, sans qu'une solution soit en vue, malgré l'accord anglo-irlandais sur la gestion des affaires de l'Ulster en 1985.

Northernism ['nɔ:ðənɪzm] *n Br* particularité *f* linguistique (de l'anglais) du Nord.

northern lights *npl* aurore *f* boréale.

northernmost ['nɔ:ðənməʊst] *adj* le plus au nord; the ~ island of Japan l'île du Japon la plus au nord; the ~ limits of the Roman Empire les limites septentrionales de l'Empire romain.

Northern Territory *pr n* Territoire *m* du Nord; in ~ dans le Territoire du Nord.

north-facing *adj* [wall, building] (exposé) au nord.

North Island *pr n* l'île *f* du Nord; in the ~ à l'île du Nord.

North Korea *pr n* Corée *f* du Nord.

North Korean ◇ *n* Nord-Coréen *m*, -enne *f*.
◇ *adj* nord-coréen.

Northman ['nɔ:θmən] (*pl* **Northmen** [-mən]) *n Br* Viking *m*.

north-northeast ◇ *n* nord-nord-est *m*.
◇ *adj* nord-nord-est *(inv)*, du nord-nord-est.
◇ *adv* au nord-nord-est, vers le nord-nord-est.

north-northwest ◇ *n* nord-nord-ouest *m*.
◇ *adj* nord-nord-ouest *(inv)*, du nord-nord-ouest.
◇ *adv* au nord-nord-ouest, vers le nord-nord-ouest.

North Pole *pr n*: the ~ le pôle Nord.

North Rhine-Westphalia *pr n* Rhénanie-du-Nord-Westphalie *f*; in ~ en Rhénanie-du-Nord-Westphalie.

North Sea ◇ *pr n*: the ~ la mer du Nord.
◇ *comp* [oil, gas] de la mer du Nord.

North Star *pr n*: the ~ l'étoile *f* Polaire.

Northumbrian [nɔ:'θʌmbrɪən] ◇ *adj* GEOG du Northumberland; HIST northumbrien, de la Northumbrie.

◇ *n* GEOG habitant *m*, -e *f* du Northumberland; HIST habitant *m*, -e *f* de la Northumbrie.

North Vietnam *pr n* Nord Viêt-nam *m*; in ~ au Nord Viêt-nam.

North Vietnamese ◇ *n* Nord-Vietnamien *m*, -enne *f*.
◇ *adj* nord-vietnamien.

northward ['nɔːθwəd] ◇ *adj* au nord.
◇ *adv* = **northwards**.

northwards ['nɔːθwədz] *adv* vers le nord, en direction du nord.

northwest [ˌnɔːθ'west] ◇ *n* nord-ouest *m*; in the ~ of Canada dans le nord-ouest du Canada.
◇ *adj* -1. GEOG nord-ouest *(inv)*, du nord-ouest; in ~ Canada dans le nord-ouest du Canada. -2. [wind] de nord-ouest.
◇ *adv* au nord-ouest, vers le nord-ouest; it's ~ of London c'est au nord-ouest de Londres.

northwester [ˌnɔːθ'westəʳ] *n* vent *m* de nord-ouest, noroît *m*.

northwesterly [ˌnɔːθ'westəlɪ] (*pl* **northwesterlies**) ◇ *adj* -1. GEOG nord-ouest *(inv)*, du nord-ouest; in a ~ direction vers le nord-ouest. -2. [wind] du nord-ouest.
◇ *adv* au nord-ouest, vers le nord-ouest.
◇ *n* = **northwester**.

northwestern [ˌnɔːθ'westən] *adj* nord-ouest *(inv)*, du nord-ouest; the ~ frontier la frontière nord-ouest.

Northwest Passage *pr n* passage *m* du Nord-Ouest.

Northwest Territories *pl pr n* Territoires *mpl* du Nord-Ouest.

northwestwards [ˌnɔːθ'westwədz] *adv* vers le nord-ouest, en direction du nord-ouest.

North Yemen *pr n* Yemen *m* du Nord; in ~ au Yemen du Nord.

Norway ['nɔːweɪ] *pr n* Norvège *f*; in ~ en Norvège.

Norway lobster *n* langoustine *f*.

Norwegian [nɔː'wiːdʒən] ◇ *n* -1. [person] Norvégien *m*, -enne *f*. -2. LING norvégien *m*.
◇ *adj* norvégien.

nor'wester [ˌnɔː'westəʳ] NAUT = **northwester**.

Nos., nos. (*written abbr of* numbers) no.

nose [nəʊz] ◇ *n* -1. ANAT nez *m*; to hold one's ~ se pincer le nez; the dog has a wet ~ le chien a le nez OR la truffe humide; your ~ is bleeding tu saignes du nez; your ~ is running tu as le nez qui coule; to speak through one's ~ parler du nez; I punched him on OR in the ~ je lui ai donné un coup de poing en pleine figure; she's always got her ~ in a book elle a toujours le nez dans un livre; the favourite won by a ~ [in horseracing] le favori a gagné d'une demi-tête; I'll have £10 on the ~ je parie 10 livres qu'il va gagner; look, it's right under your ~! regarde, il est juste sous ton nez OR tu as le nez dessus!; it was (right) under my ~ all the time c'était en plein sous mon nez; they stole it from under the ~ of the police *fig* ils l'ont volé au nez et à la barbe de la police ☐ he can see no further than (the end of) his ~ il ne voit pas plus loin que le bout de son nez; he really gets OR he gets right up my ~! *inf* il me pompe l'air!; you've got OR hit it right on the ~ tu as mis en plein dans le mille; to keep one's ~ clean se tenir à carreau; try and keep your ~ clean tu ferais bien de te tenir peinard; keep your (big) ~ out of my business! *inf* mêle-toi de ce qui te regarde!; to keep OR to have one's ~ to the grindstone bosser (dur); to keep sb's ~ to the grindstone faire bosser OR trimer qqn; to lead sb by the ~ mener qqn par le bout du nez; to look down one's ~ at sb/sthg traiter qqn/qqch avec condescendance; to pay through the ~ (for sthg) payer (qqch) la peau des fesses; to put sb's ~ out of joint *inf Br* contrarier OR dépiter qqn; he's always sticking OR poking his ~ in *inf* il faut qu'il fourre son nez partout; she's always sticking OR poking her ~ into our affairs *inf* elle est toujours en train de fourrer son nez dans nos affaires; to turn up one's ~ at sthg faire la fine bouche devant qqch; he's always walking around with his ~ in the air il prend toujours un air hautain OR méprisant. -2. [sense of smell] odorat *m*, nez *m*; these dogs have an excellent ~ ces chiens ont un excellent flair OR le nez fin *spec*; she's got a (good) ~ for a bargain *fig* elle a le nez creux OR du nez pour dénicher les bonnes affaires. -3. [aroma - of wine] arôme *m*, bouquet *m*, nez *m*. -4. [forward part - of aircraft, ship] nez *m*; [- of car] avant *m*; [- of bullet, missile, tool] pointe *f*; [- of gun] canon *m*; the traffic was ~ to tail all the way to London *Br* les voitures étaient pare-chocs contre pare-chocs jusqu'à Londres.
◇ *vt* -1. [smell] flairer, renifler. -2. [push with nose] pousser du nez; the dog ~d the door open le chien a ouvert la porte en la poussant du nez.
◇ *vi* -1. [advance with care] avancer précautionneusement; the car ~d out into the traffic la voiture se frayait un chemin au milieu des embouteillages. -2. *inf* [snoop] fouiner.
◆ **nose about** *inf Br*, **nose around** *inf vi insep* [snoop] fureter, fouiner; two men came nosing about for information deux hommes sont venus fouiner pour avoir des renseignements; I don't want them nosing about in here! je ne veux pas qu'ils viennent fourrer leur nez ici!
◆ **nose out** *vt sep* -1. [discover - by smell] flairer; [- by cunning, intuition] dénicher, débusquer. -2. *inf* [beat narrowly] battre d'une courte tête; he was ~d out of first place by an outsider un outsider lui a soufflé la première place d'une courte tête.

nosebag ['nəʊzbæg] *n Br* musette *f*, mangeoire *f* portative.

noseband ['nəʊzbænd] *n* muserolle *f*.

nosebleed ['nəʊzbliːd] *n* saignement *m* de nez, épistaxis *f spec*; I've got a ~ je saigne du nez; do you often get ~s? est-ce que vous saignez souvent du nez?

nose cone *n* [of missile] ogive *f*; [of aircraft] nez *m*.

-nosed [nəʊzd] *in cpds* au nez...; snub~ au nez retroussé; red~ au nez rouge.

nose dive *n* -1. [of plane, bird] piqué *m*; I did a ~ onto the concrete *inf* je suis tombé la tête la première sur le béton. -2. *inf fig* [sharp drop] chute *f*, dégringolade *f*; prices took a ~ les prix ont considérablement chuté; his popularity has taken a ~ sa cote de popularité s'est littéralement effondrée.
◆ **nose-dive** *vi* -1. [plane] piquer, descendre en piqué. -2. *fig* [popularity, prices] être en chute libre, chuter.

nose drops *npl* gouttes *fpl* nasales OR pour le nez.

nosegay ['nəʊzgeɪ] *n lit* (petit) bouquet *m*.

nose job *inf n* intervention *f* de chirurgie esthétique sur le nez; she's had a ~ elle s'est fait refaire le nez.

nose ring *n* anneau *m* de nez.

nose wheel *n* roue *f* avant.

nosey *inf* ['nəʊzɪ] = **nosy**.

nosh *inf* [nɒʃ] *dated* ◇ *n* bouffe *f*.
◇ *vi* bouffer.

no-show *n* [for flight, voyage] *passager qui ne se présente pas à l'embarquement*; [for show] *spectateur qui a réservé sa place et qui n'assiste pas au spectacle*; there were so many ~s that they cancelled the flight il y a eu tellement de défections que le vol a été annulé.

nosh-up *inf n Br* gueuleton *m*.

no-side *n* [in rugby] fin *f* du match.

nosiness *inf* ['nəʊzɪnɪs] *n* curiosité *f*; his ~ really annoys me il m'agace sérieusement à fourrer son nez partout.

nosography [nɒ'sɒgrəfɪ] (*pl* **nosographies**) *n* nosographie *f*.

nosological [ˌnɒsə'lɒdʒɪkl] *adj* nosologique.

nosology [nɒ'sɒlədʒɪ] *n* nosologie *f*.

nostalgia [nɒ'stældʒə] *n* nostalgie *f*.

nostalgic [nɒ'stældʒɪk] *adj* nostalgique.

nostril ['nɒstrɪl] *n* [gen] narine *f*; [of horse, cow etc] naseau *m*.

nostrum ['nɒstrəm] *n literal & fig* panacée *f*.

nosy *inf* ['nəʊzɪ] (*compar* **nosier**, *superl* **nosiest**) *adj* curieux; don't be so ~! occupe-toi donc de tes affaires OR de tes oignons!; he's very ~ il fourre son nez partout; I didn't mean to be ~ je ne voulais pas être indiscret.

nosy parker *inf n Br pej* curieux *m*, -euse *f*.

not [nɒt] *adv* -1. [after verb or auxiliary] ne... pas; we are ~ OR aren't sure nous ne sommes pas sûrs; do ~ OR don't believe her ne la croyez pas; didn't he OR did he ~ hear you? ne vous a-t-il pas entendu?; you've been there already, haven't you OR *fml* have you ~? vous y êtes déjà allé, non OR n'est-ce pas? ‖ [with infinitive] ne pas; I'll try ~ to cry j'essaierai de ne pas pleurer; I asked them ~ to do it je leur ai demandé de ne pas le faire. -2. [as phrase or clause substitute] non, pas; we hope ~ nous espérons que non; are there any left? — I'm afraid ~ est-ce qu'il en reste? — j'ai bien peur que non; will it rain? — I think ~ *fml* est-ce qu'il va pleuvoir? — je crois que non OR je ne crois pas; whether they like it or ~ que ça leur plaise ou non OR ou pas. -3. [with adj, adv, noun etc] pas; it's Thomas, ~ Jake c'est Thomas, pas Jake; the water is green, ~ blue l'eau est verte, pas bleue; ~ a leaf stirred pas une feuille ne bougeait; ~ all her books are good ses livres ne sont pas tous bons, tous ses livres ne sont pas bons; ~ everyone would agree with you tout le monde ne serait pas d'accord avec toi; who wants some more? — ~ me qui en veut encore? — pas moi; ~ I *fml* pas moi. -4. [in double negatives]: ~ without some difficulty non sans quelque difficulté; a ~ insignificant amount of money une somme non négligeable; it's ~ unusual for him to be late il n'est pas rare qu'il soit en retard; the two events are ~ unconnected les deux événements ne sont pas tout à fait indépendants l'un de l'autre. -5. [less than] moins de; ~ five minutes later the phone rang moins de cinq minutes plus tard, le téléphone a sonné; ~ ten metres away à moins de dix mètres.

notability [ˌnəʊtə'bɪlətɪ] (*pl* **notabilities**) *n* -1. [importance] importance *f*. -2. [important person] notabilité *f*, notable *m*.

notable ['nəʊtəbl] ◇ *adj* [thing] notable, remarquable; [person] notable, éminent; ~ progress has been made des progrès notables ont été accomplis; the film was ~ for its lack of violence le film se distinguait par l'absence de scènes de violence.
◇ *n* notable *m*.

notably ['nəʊtəblɪ] *adv* -1. [particularly] notamment, en particulier; several officials were absent, ~ the mayor il manquait plusieurs personnalités, notamment le maire. -2. [markedly] manifestement, de toute évidence.

notarial [nəʊ'teərɪəl] *adj* [procedure, stamp] notarial; [deed] notarié.

notarize, -ise ['nəʊtəraɪz] *vt* certifier, officialiser; ~d deed acte *m* notarié; a ~d copy ≃ une copie certifiée conforme *(par un notaire)*.

notary ['nəʊtərɪ] (*pl* **notaries**) *n*: ~ (public) notaire *m*; signed in the presence of a ~ signé par-devant notaire.

notation [nəʊ'teɪʃn] *n* -1. [sign system] notation *f*; musical ~ notation musicale; mathematical ~ symboles *mpl* mathématiques; in binary ~ en numération binaire, en base 2. -2. *Am* [jotting] notation *f*, note *f*.

notch [nɒtʃ] ◇ *n* -1. [cut - in stick] entaille *f*, encoche *f*; [hole - in belt] cran *m*; he let out his belt a ~ il a desserré sa ceinture d'un cran. -2. [degree] cran *m*; he's gone up a ~ in my estimation il est monté d'un cran dans mon estime; turn the heating up a ~ monte un peu le chauffage; her novel is a ~ above the rest son roman est un peu meilleur que les autres. -3. *Am* [gorge] défilé *m*.

◇ *vt* -**1.** [make cut in - stick] entailler, encocher; [- gear wheel] cranter, denteler; [damage - blade] ébrécher. -**2.** *fig* = **notch up**.

◆ **notch up** *vt sep* [achieve] accomplir; **they've ~ed up six wins in a row** ils ont six victoires consécutives à leur palmarès.

note [nəʊt] ◇ *n* -**1.** [record, reminder] note *f*; **to take** OR **to make ~s** prendre des notes; **she spoke from/without ~s** elle a parlé en s'aidant/sans s'aider de notes; **make a ~ of everything you spend** notez toutes vos dépenses; **I must make a ~ to myself to ask her about it** *fig* il faut que je pense à le lui demander; **he made a mental ~ to look for it later** il se promit de le chercher plus tard; **to compare ~s** *fig* échanger ses impressions. -**2.** [short letter] mot *m*; **she left a ~ to say she'd call back later** elle a laissé un mot pour dire qu'elle repasserait plus tard. -**3.** [formal communication] note *f*; **diplomatic ~** note diplomatique; **a doctor's** OR **sick ~** un certificat OR une attestation du médecin (traitant); SCH un certificat (médical). -**4.** [annotation, commentary] note *f*, annotation *f*; **~s in the margin** notes dans la OR en marge; **editor's ~** note de la rédaction; **see ~ 6** voir note 6 ❑ **programme ~s** notes sur le programme. -**5.** *Br* [banknote] billet *m* (de banque); **ten-pound ~** billet de dix livres. -**6.** [sound, tone] ton *m*, note *f*; **the piercing ~ of the siren** le son strident de la sirène; **there was a ~ of contempt in her voice** il y avait du mépris dans sa voix ‖ *fig* [feeling, quality] note *f*; **the meeting began on a promising ~** la réunion débuta sur une note optimiste; **on a more serious/a happier ~** pour parler de choses plus sérieuses/plus gaies; **the flowers add a ~ of colour** les fleurs apportent une touche de couleur; **her speech struck a warning ~** son discours était un signal d'alarme ❑ **to strike the right/a false ~** [speech] sonner juste/faux; [behaviour] être/ne pas être dans le ton. -**7.** MUS note *f*; **to hit a high ~** sortir un aigu ‖ *Br* [piano key] touche *f*; **the black ~s** les touches noires. -**8.** [notice, attention]: **to take ~ of sthg** prendre (bonne) note de qqch. -**9.** COMM: **(promissory) ~, ~ of hand** billet *m* à ordre.

◇ *vt* -**1.** [observe, notice] remarquer, noter; **he ~d that the window was open** il remarqua que la fenêtre était ouverte; **we have ~d several omissions** nous avons relevé plusieurs oublis; **~ that she didn't actually refuse** notez (bien) qu'elle n'a pas vraiment refusé; **please ~ that payment is now due** veuillez effectuer le règlement dans les plus brefs délais. -**2.** [write down] noter, écrire; **I ~d (down) her address** j'ai noté son adresse; **all sales are ~d in this book** toutes les ventes sont enregistrées OR consignées dans ce carnet. -**3.** [mention] (faire) remarquer OR observer; **as I ~d earlier** comme je l'ai fait remarquer précédemment.

◆ **of note** *adj phr*: **a musician of ~** un musicien éminent OR renommé; **a musician of some ~** un musicien d'une certaine renommée; **everyone of ~ was there** tous les gens importants OR qui comptent étaient là; **nothing of ~ has happened** il ne s'est rien passé d'important, aucun événement majeur ne s'est produit; **we have achieved little of ~** nous n'avons pas fait grand-chose d'important.

◆ **note down** *vt sep* = **note** *vt* **2**.

notebook ['nəʊtbʊk] *n* carnet *m*, calepin *m*; SCH cahier *m*, carnet *m*; **~ computer** (petit) ordinateur *m* portable, notebook *m*.

notecase ['nəʊtkeɪs] *n Br dated* portefeuille *m*.

noted ['nəʊtɪd] *adj* [person] éminent, célèbre; [place, object] réputé, célèbre; [fact, idea] reconnu; **to be ~ for one's integrity** être connu pour son intégrité; **he's not ~ for his flexibility** il ne passe pas pour quelqu'un de particulièrement accommodant; **a city ~ as a centre of culture** une ville réputée pour sa vie culturelle; **a region ~ for its parks** une région réputée OR connue pour ses parcs.

notelet ['nəʊtlɪt] *n Br* carte-lettre *f*.

notepad ['nəʊtpæd] *n* [for notes] bloc-notes *m*; [for letters] bloc *m* de papier à lettres.

notepaper ['nəʊtpeɪpəʳ] *n* papier *m* à lettres.

noteworthiness ['nəʊt,wɜːðɪnɪs] *n* importance *f*.

noteworthy ['nəʊt,wɜːðɪ] *adj* notable, remarquable.

nothing ['nʌθɪŋ] ◇ *pron* ne... rien; **she forgets ~** elle n'oublie rien; **~ has been decided** rien n'a été décidé; **I have ~ to drink** je n'ai rien à boire; **it's got ~ to do with you** ça ne te concerne absolument pas; **I told them ~ at all** je ne leur ai rien dit du tout; **I have ~ else to say** je n'ai rien d'autre à dire; **~ serious** rien de grave; **there's ~ exceptional about him arriving late** il n'y a rien d'exceptionnel à ce qu'il arrive en retard; **there's ~ wrong with your car** ta voiture est en parfait état de marche; **I see ~ wrong with borrowing money** je ne vois aucun mal à emprunter de l'argent; **there's ~ the matter** OR **~'s the matter with me** je n'ai rien, je vais parfaitement bien; **they're always fighting over ~** ils passent leur temps à se disputer pour des broutilles OR des riens; **reduced to ~** réduit à néant; **there's ~ for it but to start again** il n'y a plus qu'à recommencer; **there's ~ in** OR **to these rumours** ces rumeurs sont dénuées de tout fondement; **there's ~ to it!** [it's easy] c'est simple (comme bonjour)!; **she says he's ~** OR **he means ~ to her** elle dit qu'il n'est rien pour elle; **the name means ~ to me** le nom ne me dit rien; **a thousand pounds is ~ to her** mille livres, ce n'est rien pour elle; **I'll take what's due to me, ~ more, ~ less** je prendrai mon dû, ni plus ni moins ❑ **what a physique! Charles Atlas has got ~ on you!** *inf* quel physique! tu n'as rien à envier à Charles Atlas OR Charles Atlas peut aller se rhabiller!; **our sacrifices were as ~ compared to his** *lit* nos sacrifices ne furent rien auprès des siens.

◇ *n* -**1.** [trifle] rien *m*, vétille *f*; **$500 may be a mere ~ to you** 500 dollars ne représentent peut-être pas grand-chose pour vous. -**2.** *inf* [person] nullité *f*, zéro *m*. -**3.** MATH zéro *m*.

◇ *adj inf* [worthless] nul; **it's a ~ play!** c'est une pièce nulle!

◇ *adv lit* [in no way]: **~ daunted, he...** pas le moindrement découragé, il...

◆ **for nothing** *adv phr* -**1.** [gratis] pour rien; **I got it for ~ at the flea market** je l'ai eu pour (trois fois) rien aux puces. -**2.** [for no purpose] pour rien; **all that work for ~!** tout ce travail pour rien OR en pure perte!; **are you telling me I gave up my day off for ~?** est-ce que tu veux dire que j'ai sacrifié ma journée de vacances pour rien? -**3.** [for no good reason] pour rien; **the police say they don't arrest people for ~** la police dit qu'elle n'arrête personne sans raison; **it's not for ~ that...** ce n'est pas pour rien que...; **they don't call him Einstein for ~** ce n'est pas pour rien qu'on le surnomme Einstein.

◆ **nothing but** *adv phr*: **that car's been ~ but trouble** cette voiture ne m'a attiré que des ennuis; **~ but a miracle can save us** seul un miracle pourrait nous sauver; **she wants ~ but the best** elle ne veut que ce qu'il y a de meilleur; **they do ~ but sleep** ils ne font que dormir.

◆ **nothing if not** *adv phr* rien de moins que; **she's ~ if not honest** elle n'est rien de moins qu'honnête.

◆ **nothing less than** *adv phr* -**1.** [undoubtedly] rien de moins que, tout bonnement; **it was ~ less than miraculous/a miracle** c'était tout simplement miraculeux/un miracle. -**2.** [only] seul; **~ less than outright victory would satisfy him** seule une victoire écrasante le satisferait.

◆ **nothing like** ◇ *prep phr* -**1.** [completely unlike]: **she's ~ like her mother** elle ne ressemble en rien à sa mère. -**2.** [nothing as good as]: **there's ~ like a nice cup of tea!** rien de tel qu'une bonne tasse de thé!; **there's ~ like a cold shower for freshening** OR **to freshen you up** rien de tel qu'une douche froide pour se rafraîchir.

◇ *adv phr inf* [nowhere near]: **this box is ~ like big enough** cette boîte est beaucoup trop OR bien trop petite.

◆ **nothing more than** *adv phr*: **I want ~ more than a word of thanks from time to time** tout ce que je demande, c'est un petit mot de remerciement de temps à autre; **he's ~ more than a petty crook** il n'est rien d'autre qu'un vulgaire escroc.

nothingness ['nʌθɪŋnɪs] *n* néant *m*; **he stared out into the ~** il avait le regard perdu dans le vide.

notice ['nəʊtɪs] ◇ *n* -**1.** [written announcement] annonce *f*; [sign] écriteau *m*, pancarte *f*; [poster] affiche *f*; [in newspaper - article] entrefilet *m*; [- advertisement] annonce *f*; **a ~ was pinned to the door** il y avait une notice sur la porte; **~s went up telling people to stay indoors** on placarda des affiches pour demander aux gens de rester chez eux. -**2.** [attention] attention *f*; **to take ~ of** faire OR prêter attention à; **take no ~ (of him)!** ne faites pas attention (à lui)!; **you never take any ~ of what I say!** tu ne fais jamais attention à ce que je dis!; **she considers it beneath her ~** *fml* elle considère que ça ne vaut pas la peine qu'elle s'y arrête; **to bring sthg to sb's ~** faire remarquer qqch à qqn, attirer l'attention de qqn sur qqch; **certain facts have come to** OR **been brought to our ~** on a attiré notre attention sur certains faits; **her book attracted a great deal of/little ~** son livre a suscité beaucoup/peu d'intérêt; **to escape** OR **to avoid ~** passer inaperçu; **my mistake did not escape his ~** mon erreur ne lui a pas échappé; **has it escaped their ~ that something is seriously wrong?** ne se sont-ils pas aperçu qu'il y a quelque chose qui ne va pas du tout? -**3.** [notification, warning] avis *m*, notification *f*; [advance notification] préavis *m*; **please give us ~ of your intentions** veuillez nous faire part préalablement de vos intentions; **he was given ~** OR **~ was served on him** *fml* **to quit** on lui a fait savoir qu'il devait partir; **give me more ~ next time you come up** préviens-moi plus tôt la prochaine fois que tu viens; **legally, they must give you a month's ~** d'après la loi, ils doivent vous donner un mois de préavis; **we require five days' ~** nous demandons un préavis de cinq jours; **give me a few days' ~** prévenez-moi quelques jours à l'avance; **without previous** OR **prior ~** sans préavis; **he turned up without any ~** il est arrivé à l'improviste; **at a moment's ~** sur le champ, immédiatement; **at short ~** très rapidement; **it's impossible to do the work at such short ~** c'est un travail impossible à faire dans un délai aussi court; **until further ~** jusqu'à nouvel ordre OR avis. -**4.** [notifying document] avis *m*, notification *f*; [warning document] avertissement *m*; **they sent three ~s before cutting off the water** ils ont envoyé trois avertissements avant de couper l'eau ❑ **~ of receipt** COMM accusé *m* de réception. -**5.** [intent to terminate contract - by employer, landlord, tenant] congé *m*; [- by employee] démission *f*; **fifty people have been given their ~** cinquante personnes ont été licenciées; **to give in** OR **to hand in one's ~** remettre sa démission; **has the landlord given you ~?** le propriétaire vous a-t-il donné congé?; **we are under ~ to quit** nous avons reçu notre congé. -**6.** [review] critique *f*; **the film got excellent ~s** le film a eu d'excellentes critiques.

◇ *vt* -**1.** [spot, observe] remarquer, s'apercevoir de; **he ~d a scratch on the table** il remarqua que la table était rayée; **surely you ~d her?** ne me dis pas que tu ne l'as pas vue!; **hello, Sam, I didn't ~ you in the corner** bonjour, Sam, je ne t'avais pas vu dans le coin; **so I've ~d!** c'est ce que j'ai remarqué!; **he ~d that his watch was gone** il s'est aperçu que sa montre avait disparu; **try and slip in without her noticing** essayez d'entrer sans qu'elle s'en aperçoive; I ~d **her smiling** j'ai remarqué qu'elle souriait. -**2.** [take notice of] faire attention à; **he never ~s what I wear!** il ne fait jamais attention à ce que je porte!

noticeable ['nəʊtɪsəbl] *adj* [mark, defect] visible; [affect, change] sensible; **there has been a ~ improvement** il y a eu une amélioration sensible; **the stain is barely ~** la tache est à peine visible OR se voit à peine.

noticeably ['nəʊtɪsəblɪ] *adv* sensiblement.

noticeboard ['nəʊtɪsbɔːd] *n* panneau *m* d'affichage.

notifiable ['nəʊtɪfaɪəbl] *adj* [disease] à déclaration obligatoire.

notification [,nəʊtɪfɪ'keɪʃn] *n* notification *f*, avis *m*; **you will receive ~ by mail** vous serez averti par courrier.

notify ['nəʊtɪfaɪ] (*pt* & *pp* **notified**) *vt* notifier, avertir; **to ~ sb of sthg** avertir qqn de qqch, notifier qqch à qqn; **have you notified the authorities?** avez-vous averti OR prévenu les autorités?; **winners will be notified within ten days** les gagnants seront avisés dans les dix jours.

notion ['nəʊʃn] *n* -**1.** [concept] notion *f*, concept *m*; **the ~ of evil** la notion du mal; **I lost all ~ of time** j'ai perdu la notion du temps. -**2.** [opinion] idée *f*, opinion *f*; **where did she get the ~ OR whatever gave her the ~ that we don't like her?** où est-elle allée chercher que nous ne l'aimions pas? -**3.** [vague idea] notion *f*, idée *f*; **have you any ~ of what it will cost?** avez-vous une idée de ce que cela va coûter? -**4.** [thought, whim] idée *f*; **he hit upon the ~ of buying a houseboat** il eut soudain l'idée d'acheter une péniche aménagée || [urge] envie *f*, désir *m*; **I've got a ~ to paint it red** j'ai envie de le peindre en rouge.

◆ **notions** *npl Am* [haberdashery] mercerie *f*.

notional ['nəʊʃənl] *adj* -**1.** *Br* [hypothetical] théorique, notionnel; **let's put a ~ price of $2 a kilo on it** pour avoir un ordre d'idées, fixons-en le prix à 2 dollars le kilo. -**2.** [imaginary] imaginaire. -**3.** *Am* [fanciful] capricieux. -**4.** LING [word] sémantique, plein; **~ grammar** grammaire *f* notionnelle.

notoriety [,nəʊtə'raɪətɪ] (*pl* **notorieties**) *n* [ill fame] triste notoriété *f*; [fame] notoriété *f*; **these measures brought him ~** ces mesures l'ont rendu tristement célèbre.

notorious [nəʊ'tɔːrɪəs] *adj pej* [ill-famed - person] tristement célèbre; [- crime] célèbre; [- place] mal famé; **a ~ miser/spy** un avare/espion notoire; **she's ~ for being late** elle est connue pour ne jamais être à l'heure; **his ~ past** son passé chargé; **the junction is a ~ accident spot** ce croisement est réputé pour être très dangereux; **the area is ~ for muggings** il est bien connu que c'est un quartier où il y a beaucoup d'agressions.

notoriously [nəʊ'tɔːrɪəslɪ] *adv* notoirement; **the trains here are ~ unreliable** tout le monde sait qu'on ne peut pas se fier aux horaires des trains ici.

no-trump(s) *n* sans-atout *m inv*.

Notts *written abbr of* Nottinghamshire.

notwithstanding [,nɒtwɪθ'stændɪŋ] *fml*

◇ *prep* en dépit de; **~ the agreement, the agreement ~** en dépit de l'accord.

◇ *adv* malgré tout, néanmoins.

nougat ['nuːgɑː] *n* nougat *m*.

nought [nɔːt] *n* -**1.** *Br* [zero] zéro *m*; **~ point five** zéro virgule cinq. -**2.** *arch* = **naught 2**.

noughts and crosses *n Br (U)* ≃ morpion *m (jeu)*.

noumenon ['nuːmənən] (*pl* **noumena** [-nə]) *n* noumène *m*.

noun [naʊn] *n* nom *m*, substantif *m*; **common/proper ~** nom commun/propre; **~ phrase** groupe *m* OR syntagme *m* nominal; **~ clause** proposition *f*.

nourish ['nʌrɪʃ] *vt* -**1.** [feed] nourrir; **~ed on grain** nourri au grain. -**2.** [entertain, foster] nourrir, entretenir.

nourishing ['nʌrɪʃɪŋ] *adj* nourrissant, nutritif.

nourishment ['nʌrɪʃmənt] *n (U)* -**1.** [food] nourriture *f*, aliments *mpl*; **the patient has taken no ~** le malade ne s'est pas alimenté; **brown rice is full of ~** le riz complet est très nourrissant. -**2.** [act of nourishing] alimentation *f*.

nous [naʊs] *n* -**1.** *inf Br* bon sens *m*, jugeote *f*. -**2.** PHILOS esprit *m*, intellect *m*.

Nov. (*written abbr of* November) nov.

nova ['nəʊvə] (*pl* **novas** OR **novae** [-viː]) *n* nova *f*.

Nova Scotia [,nəʊvə'skəʊʃə] *pr n* Nouvelle-Écosse *f*; **in ~** en Nouvelle-Écosse.

Nova Scotian [,nəʊvə'skəʊʃn] ◇ *n* Néo-Écossais *m*, -e *f*.

◇ *adj* néo-écossais.

Novaya Zemlya [,nɒvəjəzem'ljɑː] *pr n* Nouvelle-Zemble *f*; **in ~** en Nouvelle-Zemble.

novel ['nɒvl] ◇ *n* roman *m*; **detective/spy ~** roman policier/d'espionnage.

◇ *adj* nouveau, original; **what a ~ idea!** quelle idée originale!; **it was a ~ experience for me** ce fut une expérience nouvelle pour moi.

novelette [,nɒvə'let] *n* -**1.** [short novel] nouvelle *f*. -**2.** *pej* [easy reading] roman *m* de hall de gare; [love story] roman *m* à l'eau de rose.

novelettish [,nɒvə'letɪʃ] *adj pej* [sentimental] à l'eau de rose.

novelist ['nɒvəlɪst] *n* romancier *m*, -ère *f*.

novella [nə'velə] (*pl* **novellas** OR **novelle** [-leɪ]) *n* ≃ nouvelle *f (texte plus court qu'un roman et plus long qu'une nouvelle)*.

novelty ['nɒvltɪ] (*pl* **novelties**) *n* -**1.** [newness] nouveauté *f*, originalité *f*; **the ~ soon wore off** l'attrait de la nouveauté n'a pas duré ❑ **~ value** attrait *m* de la nouveauté. -**2.** [thing, idea] innovation *f*, nouveauté *f*; **it was a real ~** c'était une nouveauté, c'était tout nouveau. -**3.** [trinket] nouveauté *f*, article *m* fantaisie; [gadget] gadget *m*; **~ jewellery** bijoux *mpl* fantaisie.

November [nə'vembəʳ] *n* novembre *m*.

novena [nəʊ'viːnə] (*pl* **novenae** [-niː]) *n* neuvaine *f*.

novice ['nɒvɪs] *n* -**1.** [beginner] débutant *m*, -e *f*, novice *mf*; **I'm still a ~ at golf** en matière de golf, je ne suis encore qu'un novice; **a ~ at skiing, a ~ skier** un skieur débutant. -**2.** RELIG novice *mf*.

novitiate, noviciate [nə'vɪʃɪət] *n* RELIG -**1.** [period] noviciat *m*; *fig* noviciat *m*, apprentissage *m*. -**2.** [place] noviciat *m*.

Novocaine® ['nəʊvəkeɪn] *n* Novocaïne® *f*, procaïne *f*.

now [naʊ] ◇ *adv* -**1.** [at this time] maintenant; **what shall we do ~?** qu'est-ce qu'on fait maintenant?; **he hasn't seen her for a week ~** ça fait maintenant une semaine qu'il ne l'a pas vue; **she'll be here any moment OR any time ~** elle va arriver d'un moment OR instant à l'autre; **don't stop ~!** n'arrête pas maintenant!; **we are ~ entering enemy territory** nous sommes désormais en territoire ennemi; **it's ~ or never** c'est le moment ou jamais; **~ is the time to invest, the time to invest is ~** c'est maintenant le moment d'investir; **~ she tells me!** *hum* c'est maintenant qu'elle me le dit!; **(and) ~ for something completely different** (et) voici à présent quelque chose de tout à fait différent; **as of ~ I'm in charge** désormais, c'est moi le responsable; **I'd never met them before ~** je ne les avais jamais rencontrés auparavant; **between ~ and next August/next year** d'ici le mois d'août prochain/l'année prochaine; **they must have got the letter by ~** ils ont dû recevoir la lettre à l'heure qu'il est; **that's all for ~** c'est tout pour le moment; **from ~ until Monday/next year** d'ici (à) lundi prochain/l'année prochaine; **in a few years from ~** d'ici quelques années; **from ~ on** désormais, dorénavant, à partir de maintenant; **from ~ on you do as you're told!** à partir de maintenant, tu vas obéir!; **we've had no problems till ~ OR until ~ OR up to ~** nous n'avons eu aucun problème jusqu'ici. -**2.** [nowadays] maintenant, aujourd'hui, actuellement; **he lives in London ~** il habite (à) Londres maintenant; **her ~ famous first novel** son premier roman, aujourd'hui célèbre. -**3.** [marking a specific point in the past] maintenant, alors, à ce moment-là; **they were singing ~** ils chantaient maintenant; **by ~ we were all exhausted** nous étions alors tous épuisés; **up to ~ I'd never agreed with him** jusque-là OR jusqu'alors, je n'avais jamais été d'accord avec lui. -**4.** [introducing information] or; **~ a Jaguar is a very fast car** or, la Jaguar est une voiture très rapide. -**5.** [to show enthusiasm]: **~ that's what I call a car!** voilà ce que j'appelle une voiture! || [to show surprise]: **well ~!** ça alors! || [to mark a pause]: **~, what was I saying?** voyons, où en étais-je?; **~ let me see** voyons voir || [to comfort]: **there ~ OR ~, ~, you mustn't cry** allons, allons, il ne faut pas pleurer || [to cajole, warn]: **~ then, it's time to get up!** allons, il est l'heure de se lever!; **you be careful ~!** fais bien attention, hein! || [to scold]: **~ that's just silly!** arrête tes bêtises!

◇ *conj* maintenant que, à présent que; **she's happier ~ (that) she's got a job** elle est plus heureuse depuis qu'elle travaille; **~ you come to mention it** maintenant que tu le dis.

◇ *adj inf* -**1.** [current] actuel; **the ~ president** le président actuel. -**2.** [fashionable]: **a ~ style** un style branché; **she's a ~ person** c'est une branchée; **golf is the ~ thing to do** pour être branché, il faut se mettre au golf.

◆ **now and again, now and then** *adv phr* de temps en temps, de temps à autre; **we still see them ~ and again** nous les voyons encore de temps en temps OR de temps à autre.

◆ **now... now** *conj phr* tantôt... tantôt; **~ happy, ~ sad** tantôt gai, tantôt triste.

NOW [naʊ] (*abbr of* National Organization for Women) *pr n organisation féministe américaine*.

nowadays ['naʊədeɪz] *adv* aujourd'hui, de nos jours.

noway *inf* ['nəʊweɪ], **noways** *inf* ['nəʊweɪz] *adv Am* pas du tout.

nowhere ['nəʊweəʳ] *adv* -**1.** [no place] nulle part; **he goes ~ without her** il ne va nulle part sans elle; **I've got ~ to go** je n'ai nulle part où aller; **there's ~ to hide** il n'y a pas d'endroit où se cacher; **~ else** nulle part ailleurs; **where are you going? — ~ in particular** où vas-tu? — je ne sais pas exactement; **it's ~ on the map** cela ne figure pas sur la carte; **she's ~ in the building** elle n'est pas dans l'immeuble; **my watch is ~ to be found** impossible de retrouver ma montre; **she/the book was ~ to be seen** elle/le livre avait disparu || *fig*: **he appeared from ~ OR out of ~** il est apparu comme par enchantement; **she rose to fame from ~** elle est devenue célèbre du jour au lendemain; **without your help we would be ~** sans votre aide nous serions perdus; **the horse I backed came ~** le cheval sur lequel j'ai parié est arrivé bon dernier OR loin derrière; **lying will get you ~** mentir ne vous servira à OR ne mènera à rien; **I got ~ trying to convince him** mes tentatives pour le convaincre sont restées vaines OR se sont soldées par un échec; **we're getting ~ fast** *inf* on pédale dans la choucroute OR la semoule; **he's going ~ fast** il n'ira pas loin. -**2.** *phr*: **~ near**: **the hotel was ~ near the beach** l'hôtel était bien loin de la plage; **dinner is ~ near ready** le dîner est loin d'être prêt; **I've ~ near enough time** je suis loin d'avoir assez de temps.

nowise *inf* ['nəʊwaɪz] *Am* = **noway**.

nowt *inf* [naʊt] *Br dial* = **nothing** *pron*.

noxious ['nɒkʃəs] *adj* [gas, substance] nocif; [influence] néfaste.

nozzle ['nɒzl] *n* [gen] bec *m*, embout *m*; [for hose, paint gun] jet *m*, buse *f*; [in carburettor] gicleur *m*; [in turbine] tuyère *f*.

NP *written abbr of* notary public.

nr *written abbr of* near.

NS *written abbr of* Nova Scotia.

NSC (*abbr of* National Security Council) *pr n organisme chargé de superviser la politique militaire de défense du gouvernement des États-Unis.*

NSF ◇ *pr n abbr of* National Science Foundation.
◇ *written abbr of* not sufficient funds.

NSPCC (*abbr of* National Society for the Prevention of Cruelty to Children) *pr n association britannique de protection de l'enfance.*

NSU *n abbr of* nonspecific urethritis.

NSW *written abbr of* New South Wales.

NT ◇ *n* (*abbr of* New Testament) NT.
◇ *pr n* -**1.** *abbr of* National Trust. -**2.** (*abbr of* (Royal) National Theatre) *grand théâtre londonien subventionné par l'État.*

nth [enθ] *adj* -**1.** MATH: to the ~ power à la puissance n. -**2.** *inf* [umpteenth] énième; for the ~ time pour la énième fois; to the ~ degree au énième degré.

NUAAW (*abbr of* National Union of Agricultural and Allied Workers) *pr n syndicat britannique des employés du secteur agricole.*

nuance [nju:'ɑ:ns] *n* nuance *f*.

nub [nʌb] *n* -**1.** [crux] essentiel *m*, cœur *m*; the ~ of the problem le cœur OR le nœud du problème; the ~ of the matter le vif du sujet. -**2.** [small piece] petit morceau *m*, (petit) bout *m*; coal ~s noisettes *fpl* de charbon || [small bump] petite bosse *f*.

nubbin ['nʌbɪn] *n Am* [gen] (petit) bout *m*; [of corn] épi *m* (de maïs) rachitique.

nubby ['nʌbɪ] *adj Am* couvert de peluches.

Nubia ['nju:bjə] *pr n* Nubie *f*.

Nubian ['nju:bjən] ◇ *n* Nubien *m*, -enne *f*.
◇ *adj* nubien; the ~ Desert le désert de Nubie.

nubile [*Br* 'njubaɪl, *Am* 'nu:bəl] *adj* nubile.

nubility ['nju:bɪlətɪ] *n* nubilité *f*.

nuclear ['nju:klɪə^r] *adj* -**1.** PHYS nucléaire; ~ power station centrale *f* nucléaire OR atomique. -**2.** MIL nucléaire; ~ war guerre *f* atomique; France's ~ deterrent la force de dissuasion nucléaire française; ~ testing essais *mpl* nucléaires; ~ disarmament désarmement *m* nucléaire; ~ weapons armes *fpl* nucléaires. -**3.** BIOL nucléaire.

nuclear energy *n* énergie *f* nucléaire.

nuclear family *n* SOCIOL famille *f* nucléaire.

nuclear fission *n* fission *f* nucléaire.

nuclear-free zone *n périmètre dans lequel une collectivité locale interdit l'utilisation, le stockage ou le transport des matières radioactives.*

nuclear fusion *n* fusion *f* nucléaire.

nuclear physics *n* (*U*) physique *f* nucléaire.

nuclear power *n* nucléaire *m*, énergie *f* nucléaire.

nuclear-powered *adj* à propulsion nucléaire; ~ submarine sous-marin *m* nucléaire.

nuclear reactor *n* réacteur *m* nucléaire.

nuclear winter *n* hiver *m* nucléaire.

nuclei ['nju:klɪaɪ] *pl* → **nucleus**.

nucleic acid [nju:'kli:ɪk-] *n* acide *m* nucléique.

nucleon ['nju:klɪɒn] *n* nucléon *m*.

nucleus ['nju:klɪəs] (*pl* nucleuses OR nuclei [-klɪaɪ]) *n* -**1.** BIOL & PHYS noyau *m*. -**2.** *fig* [kernel] noyau *m*, cœur *m*; they form the ~ of the team ils forment le noyau de l'équipe; we have the ~ of an idea nous avons un début d'idée; a ~ for regional development un centre de développement régional.

nuclide ['nju:klaɪd] *n* nuclide *m*, nucléide *m*.

nude [nju:d] ◇ *adj* [naked] nu; ~ photos nus *mpl*; [soft pornography] photos *fpl* érotiques; is ~ sunbathing common here? est-ce qu'il y a beaucoup de nudistes par ici?
◇ *n* -**1.** ART nu *m*; a Matisse ~ un nu de Matisse. -**2.** [being nude]: I was in the ~ j'étais (tout) nu; to pose in the ~ poser nu.

nudge [nʌdʒ] ◇ *vt* -**1.** [with elbow] pousser du coude; she ~d her friend to wake her up elle donna un petit coup de coude à son amie pour la réveiller ❑ he didn't come home last night, ~ ~, wink wink *hum Br* il n'est pas rentré hier soir, si tu vois ce que je veux dire. -**2.** [push] pousser; he cautiously ~d the door open il poussa tout doucement la porte (pour l'ouvrir); the truck ~d its way through the crowd le camion se fraya un passage à travers la foule. -**3.** [encourage] encourager, pousser; to ~ sb into doing sthg encourager OR pousser qqn à faire qqch; to ~ sb's memory *Br* rafraîchir la mémoire de qqn. -**4.** [approach] approcher (de); he must be nudging fifty il doit approcher la cinquantaine; temperatures nudging 40° C des températures proches de 40° C.
◇ *n* -**1.** [with elbow] coup *m* de coude; [with foot, stick etc] petit coup *m* (de pied, de bâton etc); to give sb a ~ pousser qqn du coude. -**2.** [encouragement]: she agreed with a ~ from her friends ses amis l'ont encouragée à dire oui; he needs a ~ in the right direction il a besoin qu'on le pousse dans la bonne direction.

nudism ['nju:dɪzm] *n* nudisme *m*, naturisme *m*.

nudist ['nju:dɪst] ◇ *adj* nudiste, naturiste; ~ colony/beach camp *m*/plage *f* de nudistes.
◇ *n* nudiste *mf*, naturiste *mf*.

nudity ['nju:dətɪ] *n* nudité *f*.

nugatory ['nju:gətrɪ] *adj fml* -**1.** [trifling] insignifiant, sans valeur. -**2.** [not valid] non valable; [ineffective] inopérant, inefficace.

nugget ['nʌgɪt] *n* -**1.** [piece] pépite *f*; gold ~ pépite d'or. -**2.** *fig*: ~s of wisdom des trésors de sagesse; an interesting ~ of information un (petit) renseignement intéressant.

nuisance ['nju:sns] *n* -**1.** [annoying thing, situation]: that noise is a ~ ce bruit est énervant; it's (such) a ~ having to attend all these meetings c'est (vraiment) pénible de devoir assister à toutes ces réunions; what a ~! c'est énervant!; it's a ~ having to commute every day ce n'est pas drôle de devoir faire le trajet tous les jours ❑ to be of ~ value *Br* empoisonner le monde. -**2.** [annoying person] empoisonneur *m*, -euse *f f*; he's nothing but a ~ c'est un véritable empoisonneur; to make a ~ of o.s. embêter OR empoisonner le monde; stop being a ~ arrête de nous embêter. -**3.** [hazard] nuisance *f*; that rubbish dump is a public ~ cette décharge est une calamité.

NUJ (*abbr of* National Union of Journalists) *pr n syndicat britannique des journalistes.*

nuke *inf* [nju:k] ◇ *vt* lâcher une bombe atomique sur.
◇ *n* -**1.** [weapon] arme *f* nucléaire. -**2.** *Am* [power plant] centrale *f* nucléaire.

null [nʌl] *adj* -**1.** JUR [invalid] nul; [lapsed] caduc; ~ and void nul et non avenu; the contract was rendered ~ (and void) le contrat a été annulé OR invalidé. -**2.** [insignificant] insignifiant, sans valeur; [amounting to nothing] nul; the effect of the embargo was ~ l'embargo n'eut aucun effet. -**3.** MATH nul; ~ set ensemble *m* vide; ~ string COMPUT chaîne *f* vide.

nullification [,nʌlɪfɪ'keɪʃn] *n* annulation *f*, invalidation *f*.

nullify ['nʌlɪfaɪ] (*pt* & *pp* nullified) *vt* -**1.** JUR [claim, contract, election] annuler, invalider. -**2.** [advantage] neutraliser.

nullity ['nʌlətɪ] (*pl* nullities) *n* -**1.** [worthlessness] nullité *f*. -**2.** JUR nullité *f*; ~ suit demande *f* en nullité de mariage. -**3.** [person] nullité *f*.

NUM (*abbr of* National Union of Mineworkers) *pr n syndicat britannique des mineurs.*

numb [nʌm] ◇ *adj* engourdi; we were ~ with cold nous étions transis de froid; my arm has gone ~ mon bras est engourdi; is your jaw still ~? [anaesthetized] ta mâchoire est-elle encore anesthésiée?; ~ with terror *fig* paralysé par la peur; he was ~ with shock *fig* il était sous le choc.
◇ *vt* [person, limbs, senses] engourdir; [pain] atténuer, apaiser; opium ~s the senses l'opium engourdit les sens; the cold ~ed my ears il faisait tellement froid que je ne sentais plus mes oreilles; ~ed by grief *fig* prostré de douleur.

number ['nʌmbə^r] ◇ *n* -**1.** [gen & MATH] nombre *m*; [figure, numeral] chiffre *m*; a six-figure ~ un nombre de six chiffres; the ~s on the keyboard les chiffres sur le clavier; in round ~s en chiffres ronds; to do sthg by ~s faire qqch en suivant des instructions précises; she taught him his ~s elle lui a appris à compter ❑ even/odd/prime/rational/whole ~ nombre pair/impair/premier/rationnel/entier. -**2.** [as identifier] numéro *m*; have you got my work ~? avez-vous mon numéro (de téléphone) au travail?; you're ~ six vous êtes (le) numéro six; the winning ~ le numéro gagnant; we live at ~ 80 nous habitons au (numéro) 80; he's the President's ~ two il est le bras droit du président; name, rank and ~! MIL nom, grade et matricule! ❑ did you get the car's (registration) ~? tu as relevé le numéro d'immatriculation de la voiture?; telephone ~ numéro *m* de téléphone; I've got your ~! *inf* toi, je te vois venir!; his ~'s up *inf* son compte est bon. -**3.** [quantity] nombre *m*; the ~ of tourists is growing le nombre de touristes va en augmentant; any ~ can participate le nombre de participants est illimité; they were eight in ~ ils étaient (au nombre de) huit; in equal ~s en nombre égal; to be equal in ~ être à nombre égal; we were many/few in ~ nous étions nombreux/en petit nombre; a ~ of people un certain nombre de gens; a (certain) ~ of you un certain nombre d'entre vous; a large ~ of people un grand nombre de gens, de nombreuses personnes; a small ~ of people un petit nombre de gens, peu de gens; in a good OR fair ~ of cases dans bon nombre de cas; times without ~ à maintes (et maintes) reprises; they defeated us by force of OR by sheer weight of ~s ils l'ont emporté sur nous parce qu'ils étaient plus nombreux. -**4.** [group]: one of their/our ~ un des leurs/des nôtres; she was not of our ~ elle n'était pas des nôtres OR avec nous. -**5.** [issue - of magazine, paper] numéro *m*; did you read last week's ~? avez-vous lu le numéro de la semaine dernière? -**6.** *inf* [job] boulot *m*; a cushy ~ une planque. -**7.** [song, dance, act] numéro *m*; a dance ~ un numéro de danse; they played some new ~s ils ont joué de nouveaux morceaux; they sang some new ~s ils ont chanté de nouvelles chansons; they only danced to the slow ~s ils n'ont dansé que les slows. -**8.** *inf* [thing, person]: this ~ is a hot seller ce modèle se vend comme des petits pains; she was wearing a little black ~ elle portait une petite robe noire; he was driving a little Italian ~ il était au volant d'un de ces petits bolides italiens; who's that blonde ~? qui est cette belle blonde? ❑ to do OR to pull a ~ on sb rouler qqn. -**9.** GRAMM nombre *m*.
◇ *vt* -**1.** [assign number to] numéroter; don't forget to ~ the pages n'oubliez pas de numéroter les pages. -**2.** [include] compter; I ~ him among the best jazz musicians je le compte parmi les meilleurs musiciens de jazz; I'm glad to ~ her among my closest friends je suis heureux de la compter parmi mes meilleurs amis. -**3.** [total] compter; each team ~s six players chaque équipe est composée de OR compte six joueurs; the crowd ~ed 5,000 il y avait une foule de 5 000 personnes. -**4.** [count] compter; who can ~ the stars? *lit* qui peut dire combien il y a d'étoiles?; now their options are ~ed désormais, leur choix est assez restreint ❑ his days are ~ed ses jours sont comptés.
◇ *vi*: she ~s among the great writers of the century elle compte parmi les grands écrivains de ce siècle; did he ~ among the ringleaders?

faisait-il partie des meneurs?; the crowd ~ed in thousands il y avait des milliers de gens.
◆ **any number of** *adj phr*: there were any ~ of different dishes to choose from un très grand nombre de plats différents nous furent présentés.
◆ **numbers** *n Am* = **numbers game**.
◆ **number off** *vi insep* se numéroter.
number cruncher *inf n* COMPUT ordinateur *m* puissant *(pour le traitement de données numériques)*.
number crunching *inf n* COMPUT traitement *m* en masse des chiffres.
numbering ['nʌmbərɪŋ] *n* numérotation *f*, numérotage *m*.
numberless ['nʌmbəlɪs] *adj* -**1.** *fml* [countless] innombrable, sans nombre. -**2.** [without a number] sans numéro, qui ne porte pas de numéro, non numéroté.
number one ◇ *adj* premier; it's our ~ priority c'est la première de nos priorités; the ~ oil exporter le premier exportateur de pétrole; my ~ choice mon tout premier choix; the ~ hit in the charts le numéro un au hit-parade.
◇ *n* -**1.** *inf* [boss] boss *m*, patron *m*, -onne *f*. -**2.** *inf* [oneself]: to look out for ~, to take care of ~ ne se préoccuper que de soi-même. -**3.** [in hit parade]: her record got to ~ son disque a été classé numéro un au hit-parade. -**4.** *inf baby talk*: to do ~ faire pipi.
numberplate ['nʌmbəpleɪt] *n Br* AUT plaque *f* minéralogique OR d'immatriculation; the lorry had a foreign ~ le camion était immatriculé à l'étranger.
Numbers ['nʌmbəz] *n* BIBLE Nombres *mpl*; the book of ~ le livre des Nombres.
numbers game *n Am* loterie *f* clandestine.
Number Ten *pr n*: ~ (Downing Street) *résidence officielle du Premier ministre britannique.*
numbhead *inf* ['nʌmhed] *Am* = **numskull**.
numbness ['nʌmnɪs] *n* [physical] engourdissement *m*; [mental] torpeur *f*, engourdissement *m*.
numbskull ['nʌmskʌl] = **numskull**.
numeracy ['njuːmərəsɪ] *n (U) Br* notions *fpl* d'arithmétique; a high level of ~ de solides notions d'arithmétique.
numeral ['njuːmərəl] *n* chiffre *m*, nombre *m*; in Roman ~s en chiffres romains.
numerate ['njuːmərət] *adj Br* [skilled] bon en mathématiques; [having basics] sachant compter.
numerator ['njuːməreɪtəʳ] *n* MATH numérateur *m*.
numeric(al) [njuː'merɪk(l)] *adj* numérique; ~ data données *fpl* numériques; in ~ order par ordre numérique.
numerical analysis *n* analyse *f* numérique.
numerical control *n* contrôle *m* numérique.
numerically [njuː'merɪklɪ] *adv* numériquement.
numeric keypad *n* COMPUT pavé *m* numérique.
numerology [ˌnjuːmə'rɒlədʒɪ] *n* numérologie *f*, arithmosophie *f*.
numerous ['njuːmərəs] *adj* nombreux; for ~ reasons pour de nombreuses raisons; a ~ group un groupe important.
numinous ['njuːmɪnəs] *adj* [awe-inspiring] terrifiant.
numismatic [ˌnjuːmɪz'mætɪk] *adj* numismatique.
numismatics [ˌnjuːmɪz'mætɪks] *n (U)* numismatique *f*.
numismatist [njuː'mɪzmətɪst] *n* numismate *mf*.
numismatology [ˌnjuːmɪzmə'tɒlədʒɪ] = **numismatics**.
numskull *inf* ['nʌmskʌl] *n* andouille *f*.
nun [nʌn] *n* religieuse *f*; to become a ~ prendre le voile.
nunciature ['nʌnsɪətʃəʳ] *n* nonciature *f*.
nuncio ['nʌnsɪəʊ] (*pl* **nuncios**) *n* nonce *m*.
nunnery ['nʌnərɪ] (*pl* **nunneries**) *n* couvent *m* OR monastère *m* (de femmes).
NUPE ['njuːpɪ] (*abbr of* National Union of Public Employees) *pr n ancien syndicat britannique des employés de la fonction publique.*
nuptial ['nʌpʃl] *adj* nuptial; ~ blessing bénédiction *f* nuptiale; ~ vows vœux *mpl* du mariage.
◆ **nuptials** *npl lit* noce *f*, noces *fpl*.
nurd *inf* [nɜːd] = **nerd**.
Nuremberg ['njʊərəmbɜːg] *pr n* Nuremberg.
Nureyev ['njʊərɪef] *pr n*: Rudolph ~ Rudolph Noureïev.
nurse [nɜːs] ◇ *n* -**1.** MED [in hospital] infirmier *m*, -ère *f*; [at home] infirmier *m*, -ère *f*, garde-malade *mf*; male ~ infirmier *m*; student ~ élève *m* infirmier, élève *f* infirmière. -**2.** *Br* [nanny] gouvernante *f*, nurse *f*. -**3.** [wet nurse] nourrice *f*.
◇ *vt* -**1.** MED soigner; he ~d her through the worst of it il l'a soignée pendant qu'elle était au plus mal; she ~d me back to health elle m'a guérie ‖ *fig*: he was nursing a bad hangover il essayait de faire passer sa gueule de bois; to ~ one's pride panser ses blessures (d'amour-propre); she ~d the boat back into harbour elle ramena le bateau au port sans encombre; he ~d the company through the crisis il a permis à l'entreprise de traverser la crise. -**2.** [harbour, foster - grudge, hope, desire] entretenir; [- scheme] mijoter, couver. -**3.** [breast-feed] allaiter. -**4.** [hold] bercer (dans ses bras); he sat nursing his fourth whisky il sirotait son quatrième whisky.
◇ *vi* -**1.** MED être infirmier/infirmière; she spent a few years nursing elle a travaillé pendant quelques années comme infirmière. -**2.** [infant] téter.
nurseling ['nɜːslɪŋ] = **nursling**.
nursemaid ['nɜːsmeɪd] *n* gouvernante *f*, nurse *f*; to play ~ to sb *fig* tenir qqn par la main.
nursery ['nɜːsərɪ] (*pl* **nurseries**) *n* -**1.** [room] nursery *f*, chambre *f* d'enfants. -**2.** [day-care centre] crèche *f*, garderie *f*. -**3.** [school] école *f* maternelle; they go to the local ~ ils vont à l'école maternelle du quartier ❑ ~ education enseignement *m* de l'école maternelle; ~ teacher instituteur *m*, -trice *f* de maternelle. -**4.** [for plants, trees] pépinière *f*.
nurserymaid ['nɜːsrɪmeɪd] = **nursemaid**.
nurseryman ['nɜːsrɪmən] (*pl* **nurserymen** [-mən]) *n* pépiniériste *m*.
nursery nurse *n* puéricultrice *f*.
nursery rhyme *n* comptine *f*.
nursery school *n* école *f* maternelle; ~ teacher instituteur *m*, -trice *f* de maternelle.
nursery slopes *npl Br* pistes *fpl* pour débutants.
nursing ['nɜːsɪŋ] ◇ *n* -**1.** [profession] profession *f* d'infirmier; when did she take up ~? quand a-t-elle commencé ses études d'infirmière? -**2.** [care] soins *mpl*; he needs proper ~ il a besoin de soins professionnels. -**3.** [breast-feeding] allaitement *m*.
◇ *adj* -**1.** MED d'infirmier; the ~ staff le personnel soignant. -**2.** [suckling] allaitant.
nursing bottle *n Am* biberon *m*.
nursing bra *n* soutien-gorge *m* d'allaitement.
nursing home *n* -**1.** [for aged] maison *f* de retraite; [for convalescents] maison *f* de repos; [for mentally ill] maison *f* de santé. -**2.** *Br* [private clinic] hôpital *m* privé, clinique *f* privée.
nursing mother *n* mère *f* qui allaite.
nursing officer *n Br* infirmier *m*, -ère *f* en chef.
nursing order *n* ordre *m* de sœurs infirmières.
nursling ['nɜːslɪŋ] *n* nourrisson *m*.
nurture ['nɜːtʃəʳ] ◇ *vt* -**1.** [bring up] élever, éduquer; [nourish] nourrir; a philosophy ~d on revolutionary principles une philosophie nourrie de principes révolutionnaires. -**2.** [foster - hope, desire] entretenir; [- plan, scheme] mijoter, couver.
◇ *n* -**1.** [upbringing] éducation *f*. -**2.** [food] nourriture *f*.
nut [nʌt] (*pt* & *pp* **nutted**, *cont* **nutting**) ◇ *n* -**1.** BOT & CULIN *terme générique pour les amandes, noisettes, noix etc*; ~s and raisins mélange *m* de noisettes et de raisins secs ❑ cashew ~ (noix *f* de) cajou *m*; she's a tough ~ to crack *inf* on n'en fait pas ce qu'on veut; the American market will be a hard ~ to crack *inf* ça ne sera pas facile de pénétrer le marché américain. -**2.** TECH écrou *m*; ~s and bolts des écrous et des boulons ❑ to learn the ~s and bolts of a department/business apprendre à connaître le fonctionnement d'un service/ d'une entreprise. -**3.** *inf* [crazy person] dingue *mf*, timbré *m*, -e *f*, taré *m*, -e *f*; what a ~! il est complètement dingue! ‖ [enthusiast] fana;she's a golf ~ c'est une fana de golf. -**4.** *inf* [head] caboche *f*; it hit him right on the ~ il l'a reçu en pleine caboche ❑ you must be off your ~! tu es complètement cinglé!; to do OR to go off one's ~ piquer sa crise; she really did her OR went off her ~ elle a piqué une de ces crises. -**5.** [small lump of coal] noix *f*, tête-de-moineau *f*.
◇ *vt inf* donner un coup de boule à.
NUT (*abbr of* National Union of Teachers) *pr n syndicat britannique d'enseignants.*
nutation [njuː'teɪʃn] *n* ASTRON, BOT & MED nutation *f*.
nut-brown *adj* brun.
nutcase *inf* ['nʌtkeɪs] *n* dingue *mf*, timbré *m*, -e *f*, taré *m*, -e *f*.
nutcracker ['nʌtˌkrækəʳ] *n*, **nutcrackers** ['nʌtˌkrækəz] *npl* casse-noix *m inv*, casse-noisettes *m inv*; '(The) Nutcracker (Suite)' *Tchaikovsky* 'Casse-Noisette'.
nuthatch ['nʌthætʃ] *n* sittelle *f*.
nuthouse *inf* ['nʌthaʊs, *pl* -haʊzɪz] *n* maison *f* de fous; in the ~ chez les fous.
nutmeg ['nʌtmeg] *n* [nut] (noix *f* de) muscade *f*; [tree] muscadier *m*.
nut oil *n* [from walnuts] huile *f* de noix; [from hazelnuts] huile *f* de noisettes.
nutrient ['njuːtrɪənt] ◇ *n* substance *f* nutritive.
◇ *adj* nutritif.
nutriment ['njuːtrɪmənt] *n* [food] nourriture *f*.
nutrition [njuː'trɪʃn] *n* nutrition *f*; cereals have a high ~ content les céréales sont très nourrissantes OR nutritives.
nutritional [njuː'trɪʃənl] *adj* [disorder, process, value] nutritif; [science, research] nutritionnel.
nutritionist [njuː'trɪʃənɪst] *n* nutritionniste *mf*.
nutritious [njuː'trɪʃəs] *adj* nutritif, nourrissant.
nutritive ['njuːtrətɪv] *adj* nutritif.
nuts [nʌts] ◇ *adj inf* dingue, timbré, fêlé; that noise is driving me ~ ce bruit me rend dingue; to go ~ [crazy, angry] piquer une crise; to be ~ about OR on être fou OR dingue de.
◇ *npl* ▽ [testicles] couilles *fpl*, roupettes *fpl*.
◇ *interj* ▽: ~! des clous!; ~ to them! *Am* oh! et puis zut!
nutshell ['nʌtʃel] *n* coquille *f* de noix *(de noisette etc)*; in a ~ en un mot; to put it in a ~ pour résumer l'histoire (en un mot).
nutter *inf* ['nʌtəʳ] *n Br* malade *mf*, timbré *m*, -e *f*, taré *m*, -e *f*.
nutty ['nʌtɪ] (*compar* **nuttier**, *superl* **nuttiest**) *adj* -**1.** [tasting of or containing nuts] aux noix *(aux amandes, aux noisettes etc)*; a ~ flavour un goût de noix *(de noisette etc)*. -**2.** *inf* [crazy] dingue, timbré; what a ~ idea! c'est complètement débile comme idée! ❑ he's as ~ as a fruitcake il est complètement dingue.
nuzzle ['nʌzl] ◇ *vt* [push with nose] pousser du nez; [sniff at] renifler; the horse ~d my shoulder le cheval m'a poussé l'épaule du museau.
◇ *vi* -**1.** to ~ up against, to ~ at = **nuzzle** *vt*. -**2.** [nestle] se blottir; they ~d (up) against

their **mother** ils se blottirent contre leur mère.

NV *written abbr of* Nevada.

NW (*written abbr of* **north-west**) N-O.

NWT *written abbr of* Northwest Territories.

NY *written abbr of* New York.

Nyasaland [naɪ'æsəlænd] *pr n* Nyassaland *m*.

NYC *written abbr of* New York City.

nyctalopia [ˌnɪktə'ləʊpɪə] *n* héméralopie *f*.

nylon ['naɪlɒn] ◇ *n* nylon *m*.

◇ *comp* [thread, shirt, stockings] de OR en nylon.

◆ **nylons** *npl* [stockings] bas *mpl* (de) nylon.

nymph [nɪmf] *n* MYTH & ZOOL nymphe *f*; sea ~ néréide *f*.

nymphet ['nɪmfət] *n* nymphette *f*.

nympho *inf* ['nɪmfəʊ] (*pl* **nymphos**) *n* nympho *f*.

nymphomania [ˌnɪmfə'meɪnɪə] *n* nymphomanie *f*.

nymphomaniac [ˌnɪmfə'meɪnɪæk] ◇ *adj* nymphomane.

◇ *n* nymphomane *f*.

NYSE *pr n abbr of* New York Stock Exchange.

NZ *written abbr of* New Zealand.

O

o (*pl* o's OR os), **O** (*pl* O's OR Os) [əʊ] *n* [letter] o *m*, O *m*; **O positive/negative** MED O positif/négatif.

o *interj* -**1.** *lit* [as vocative] ô; o God! ô mon Dieu! -**2.** [as exclamation] = **oh**.

o' [ə] *prep* [of] de; (the) top ~ the morning to you! *Ir* bien le bonjour!

O *n* [zero] zéro *m*; **agent double O seven** agent 007.

oaf [əʊf] *n* [dull, clumsy man] lourdaud *m*; [uncouth man] rustre *m*, goujat *m*; **get out of the way, you great ~!** pousse-toi, gros lourdaud!

oafish ['əʊfɪʃ] *adj* [dull, clumsy] lourdaud, balourd; [uncouth] rustre.

oak [əʊk] ◇ *n* chêne *m*.
◇ *comp* [furniture, door, panelling] de OR en chêne; **~ forest** forêt *f* de chênes; **~ tree** chêne *m*.

oak apple *n* noix *f* de galle.

oaken ['əʊkn] *adj lit* de OR en chêne.

oak-leaf cluster *n Am* MIL *barrette portée sur une première décoration en témoignage de mérite renouvelé.*

oakum ['əʊkəm] *n* étoupe *f*, filasse *f*.

OAP (*abbr of* **old age pensioner**) *n Br* retraité *m*, -e *f*; **'students and ~s half price'** ≃ 'étudiants et carte vermeille demi-tarif'.

oar [ɔːʳ] ◇ *n* -**1.** [instrument] rame *f*, aviron *m*; **to stick OR to put one's ~ in** *inf Br* mettre son grain de sel; **to rest on one's ~s** *literal* lever les rames; *fig* se reposer sur ses lauriers. -**2.** [person] rameur *m*, -euse *f*.
◇ *vi & vt lit* ramer.

oarlock ['ɔːlɒk] *n Am* [concave] dame *f* (de nage); [pin] tolet *m*.

oarsman ['ɔːzmən] (*pl* **oarsmen** [-mən]) *n* rameur *m*.

oarsmanship ['ɔːzmənʃɪp] *n (U)* compétences *fpl* de rameur.

oarswoman ['ɔːz,wʊmən] (*pl* **oarswomen** [-,wɪmɪn]) *n* rameuse *f*.

OAS *pr n* -**1.** (*abbr of* **Organization of American States**) OÉA *f*. -**2.** (*abbr of* **Organisation armée secrète**) OAS *f*.

oasis [əʊ'eɪsɪs] (*pl* **oases** [-siːz]) *n literal & fig* oasis *f*; **an ~ of calm** une oasis OR un havre de paix.

oast [əʊst], **oast house** *n Br* séchoir *m* à houblon.

oat [əʊt] *n* [plant] avoine *f*.
◆ **oats** *npl* avoine *f*; **a field of ~s** un champ d'avoine ❑ **he's feeling his ~s** *inf Am* il est gonflé à bloc; **to be off one's ~s** *inf Br* se sentir patraque, ne pas être dans son assiette; **is he getting his ~s?** *inf* est-ce que sa femme le satisfait?

oatcake ['əʊtkeɪk] *n* gâteau *m* sec (d'avoine).

oaten ['əʊtn] *adj* d'avoine.

oatflakes ['əʊtfleɪks] *npl* flocons *mpl* d'avoine.

oath [əʊθ, *pl* əʊðz] *n* -**1.** [vow] serment *m*; **he took OR swore an ~ never to return** il fit le serment OR il jura de ne jamais revenir; **to take the ~ of allegiance** faire (le) serment d'allégeance; **to swear on ~** jurer (sous serment); **it's true, on my ~!** c'est vrai, je vous le jure!; **to be on OR under ~** JUR être sous serment, être assermenté; **to put sb on OR under ~** JUR faire prêter serment à qqn. -**2.** [swearword] juron *m*; **he let out a string of ~s** il a laissé échapper un torrent d'injures.

oatmeal ['əʊtmiːl] ◇ *n (U)* [flakes] flocons *mpl* d'avoine; [flour] farine *f* d'avoine; **~ porridge** bouillie *f* d'avoine, porridge *m*.
◇ *adj* [colour] grège.

OAU (*abbr of* **Organization of African Unity**) *pr n* OUA *f*.

OB *n abbr of* **outside broadcast**.

Obadiah [,əʊbə'daɪə] *pr n* Abdias.

obbligato [,ɒblɪ'gɑːtəʊ] *adj* obligé.

obduracy ['ɒbdjʊrəsɪ] *n fml* -**1.** [hardheartedness] dureté *f* (de cœur), insensibilité *f*. -**2.** [obstinacy] obstination *f*, entêtement *m*; [inflexibility] inflexibilité *f*, intransigeance *f*.

obdurate ['ɒbdjʊrət] *adj fml* -**1.** [hardhearted] insensible, dur. -**2.** [obstinate] obstiné, entêté; [unyielding] inflexible; **we met with an ~ refusal** on nous opposa un refus catégorique.

OBE (*abbr of* **Officer of the Order of the British Empire**) *n distinction honorifique britannique.*

obedience [ə'biːdjəns] *n* -**1.** obéissance *f*; **to show ~ to sb** obéir à qqn; **to owe ~ to sb** *lit* devoir obédience à qqn; **in ~ to her wishes** conformément à ses vœux; **in ~ to his conscience** obéissant à sa conscience; **to command ~** savoir se faire obéir. -**2.** RELIG obédience *f*.

obedient [ə'biːdjənt] *adj* obéissant, docile; **to be ~ to sb** obéir à qqn; **your ~ servant** *fml & dated* [in letters] votre humble serviteur.

obediently [ə'biːdjəntlɪ] *adv* docilement; **they followed him ~** ils le suivirent sans discuter.

obeisance [əʊ'beɪsns] *n lit* -**1.** [homage] hommage *m*; **to make OR to pay ~ to sb** rendre hommage à qqn. -**2.** [bow] révérence *f*; [sign] geste *m* de respect.

obelisk ['ɒbəlɪsk] *n* -**1.** [column] obélisque *m*. -**2.** TYPO croix *f* (d'évêque), obel *m*.

Oberon ['əʊbərɒn] *pr n* Oberon.

obese [əʊ'biːs] *adj* obèse.

obesity [əʊ'biːsətɪ], **obeseness** [əʊ'biːsnɪs] *n* obésité *f*.

obey [ə'beɪ] ◇ *vt* obéir à; **he always ~ed his mother/his intuition/the law** il a toujours obéi à sa mère/à son intuition/aux lois; **an order which he refused to ~** un ordre auquel il refusa d'obéir; **the plane is no longer ~ing the controls** l'avion ne répond plus; **I want these instructions ~ed to the letter** je veux que ces instructions soient suivies à la lettre.
◇ *vi* obéir, obtempérer.

obfuscate ['ɒbfʌskeɪt] *vt fml* [obscure - issue] obscurcir, embrouiller; [- mind] embrouiller; [perplex - person] embrouiller, dérouter.

obfuscation [,ɒbfʌs'keɪʃn] *n fml* [of issue] obscurcissement *m*, embrouillement *m*; [of mind] embrouillement *m*; [of person] confusion *f*, embrouillement *m*.

obituarist [ə'bɪtʃʊərɪst] *n* nécrologue *mf*.

obituary [ə'bɪtʃʊərɪ] (*pl* **obituaries**) ◇ *n* nécrologie *f*, notice *f* nécrologique; **the ~ column, the obituaries** la rubrique nécrologique.
◇ *adj* nécrologique.

object[1] ['ɒbdʒɪkt] *n* -**1.** [thing] objet *m*, chose *f*; **an unidentified ~** un objet non identifié. -**2.** [aim] objet *m*, but *m*, fin *f*; **the real ~ of his visit** le véritable objet de sa visite; **with the sole ~ of pleasing you** dans le seul but de OR à seule fin de vous plaire; **with this ~ in mind** dans ce but, à cette fin; **that's the (whole) ~ of the exercise** c'est (justement là) le but de l'opération ❑ **money is no ~** peu importe le prix, le prix est sans importance; **money is no ~ to them** ils n'ont pas de problèmes d'argent; **time is no ~** peu importe le temps que cela prendra. -**3.** [focus] objet *m*; **an ~ of ridicule/interest** un objet de ridicule/d'intérêt; **the ~ of his love** l'objet de son amour; **~ of study** objet OR sujet *m* d'étude ❑ **sex ~** objet sexuel. -**4.** GRAMM [of verb] complément *m* d'objet; [of preposition] objet *m*; **direct/indirect ~** complément d'objet direct/indirect.

object[2] [əb'dʒekt] ◇ *vi* élever une objection; [stronger] protester; **to ~ to sthg** protester contre qqch; **many groups ~ed to the new law** de nombreux groupes ont protesté contre OR se sont opposés à la nouvelle loi; **they ~ to working overtime** ils ne sont pas d'accord pour faire des heures supplémentaires; **if you don't ~** si vous n'y voyez pas d'inconvénient; **you know how your father ~s to it!** tu sais combien ton père y est opposé!; **I ~!** je proteste!; **I ~ strongly to that remark!** je proteste vigoureusement contre cette remarque!; **I ~ strongly to your attitude** je trouve votre attitude proprement inadmissible; **I wouldn't ~ to a cup of tea** je ne dirais pas non à OR je prendrais volontiers une tasse de thé; **he ~s to her smoking** il désapprouve qu'elle fume; **she ~s to his coming** elle n'est pas d'accord pour qu'il vienne; **why do you ~ to all my friends?** pourquoi cette hostilité à l'égard de tous mes amis?; **it's not her I ~ to but her husband** ce n'est pas elle qui me déplaît, c'est son mari; **to ~ to a witness** JUR récuser un témoin.
◇ *vt* objecter; **I ~ed that it was too late** j'ai objecté qu'il était trop tard.

objection [əb'dʒekʃn] *n* -**1.** [argument against] objection *f*; are there any ~s? y a-t-il des objections?; to make OR to raise an ~ faire OR soulever une objection; I have no ~ to his coming je ne vois pas d'objection à ce qu'il vienne; I have no ~ to his friends je n'ai rien contre ses amis; if you have no ~ si vous n'y voyez pas d'inconvénient; ~! JUR objection!; ~ overruled! JUR objection rejetée! -**2.** [opposition] opposition *f*; there was no ~ nous n'avons rencontré aucune opposition.

objectionable [əb'dʒekʃnəbl] *adj* [unpleasant] désagréable; [blameworthy] répréhensible; a highly ~ smell/man une odeur/un homme insupportable; to use ~ language parler vulgairement; I find his views ~ je n'aime pas sa façon de penser; what is so ~ about her behaviour? qu'est-ce qu'on peut lui reprocher?

objective [əb'dʒektɪv] ◇ *adj* -**1.** [unbiased] objectif, impartial; an ~ observer un observateur impartial. -**2.** [real, observable] objectif; ~ reality la réalité objective ❑ ~ symptoms MED signes *mpl*. -**3.** GRAMM objectif; the ~ case le cas objectif; ~ genitive génitif *m* objectif.
◇ *n* -**1.** [aim] objectif *m*, but *m*; to achieve OR to reach one's ~ atteindre son but. -**2.** GRAMM accusatif *m*, cas *m* objectif. -**3.** PHOT objectif *m*.

objectively [əb'dʒektɪvlɪ] *adv* -**1.** [unbiasedly] objectivement, impartialement. -**2.** [really, externally] objectivement.

objectivism [əb'dʒektɪvɪzm] *n* objectivisme *m*.

objectivist [əb'dʒektɪvɪst] ◇ *adj* objectiviste.
◇ *n* objectiviste *mf*.

objectivity [,ɒbdʒek'tɪvətɪ] *n* objectivité *f*.

object lesson *n* -**1.** [example] démonstration *f*, illustration *f (d'un principe)*; it was an ~ in how to lose votes ce fut une illustration (parfaite) de la façon dont il faut s'y prendre pour perdre des voix; it was an ~ in persistence ce fut un parfait exemple de persévérance. -**2.** SCH leçon *f* de choses.

objector [əb'dʒektəʳ] *n* opposant *m*, -e *f*; are there many ~s to the proposal? y a-t-il beaucoup de gens contre la proposition?

object program *n* COMPUT programme *m* objet.

oblate ['ɒbleɪt] ◇ *adj* GEOM aplati (aux pôles).
◇ *n* RELIG oblat *m*, -e *f*.

oblation [ə'bleɪʃn] *n* RELIG [ceremony] oblation *f*; [thing offered] oblation *f*, oblats *mpl*.

obligate ['ɒblɪgeɪt] *vt* -**1.** *Am* OR *fml* [compel] obliger, contraindre; to be/to feel ~d to do sthg être/se sentir obligé de faire qqch. -**2.** *Am* FIN [funds, credits] affecter.

obligation [,ɒblɪ'geɪʃn] *n* obligation *f*; to be under an ~ to do sthg être dans l'obligation de faire qqch; you are under no ~ to reply vous n'êtes pas tenu de répondre; I am under an ~ to her j'ai une dette envers elle; to put OR to place sb under an ~ to do sthg mettre qqn dans l'obligation de faire qqch; it is my ~ to inform you that... il est de mon devoir de OR je suis tenu de vous informer que...; family ~s obligations familiales; moral ~s compel me to refuse je suis moralement obligé de refuser; to meet one's ~s satisfaire à ses obligations, assumer ses engagements.

obligatory [ə'blɪgətrɪ] *adj* obligatoire; attendance is ~ la présence est obligatoire.

oblige [ə'blaɪdʒ] ◇ *vt* -**1.** [constrain] obliger; to ~ sb to do sthg obliger qqn à faire qqch; you're not ~d to come tu n'es pas obligé de venir. -**2.** [do a favour to] rendre service à, obliger; I would be ~d if you would refrain from smoking *fml* vous m'obligeriez beaucoup en ne fumant pas; could you ~ me with a match? *fml* auriez-vous l'amabilité OR l'obligeance de me donner une allumette?; much ~d! merci beaucoup!; to be ~d to sb for sthg savoir gré à qqn de qqch; she ~d the guests with a song elle a consenti à chanter pour les invités.
◇ *vi*: always ready to ~! toujours prêt à rendre service!; I would be only too glad to ~ je serais ravi de vous rendre service.

obligee [,ɒblɪ'dʒiː] *n* COMM -**1.** [creditor] créancier *m*, -ère *f*. -**2.** [bondholder] obligataire *mf*.

obliging [ə'blaɪdʒɪŋ] *adj* serviable, obligeant; our neighbours are very ~ nos voisins sont très serviables; it was very ~ of him c'était très aimable à lui OR de sa part.

obligingly [ə'blaɪdʒɪŋlɪ] *adv* aimablement, obligeamment; the letter you ~ sent me la lettre que vous avez eu l'obligeance de m'envoyer; "any time", he said ~ «je vous en prie», dit-il aimablement.

oblique [ə'bliːk] ◇ *adj* -**1.** GEOM [slanted] oblique. -**2.** [indirect] indirect; an ~ reference une référence indirecte. -**3.** BOT oblique. -**4.** GRAMM oblique.
◇ *n* -**1.** GEOM oblique *f*; ANAT oblique *m*. -**2.** TYPO barre *f* oblique.

obliquely [ə'bliːklɪ] *adv* -**1.** obliquement, en biais. -**2.** [indirectly] indirectement.

obliqueness [ə'bliːknɪs], **obliquity** [ə'blɪkwətɪ] (*pl* **obliquities**) *n* -**1.** ASTRON & GEOM obliquité *f*. -**2.** [perversity] perversité *f*; [obscurity] obscurité *f*, manque *m* de clarté.

obliterate [ə'blɪtəreɪt] *vt* [destroy, erase] effacer; [cancel - stamp] oblitérer; the town was ~d la ville a été effacée de la carte; to ~ the past faire table rase du passé.

obliteration [ə,blɪtə'reɪʃn] *n* [destruction, erasure] effacement *m*; [of stamp] oblitération *f*.

oblivion [ə'blɪvɪən] *n* -**1.** [being forgotten] oubli *m*; to fall OR to sink into ~ tomber dans l'oubli; to save sb/sthg from ~ tirer qqn/qqch de l'oubli, sauver qqn/qqch de l'oubli. -**2.** [unconsciousness] inconscience *f*, oubli *m*; he had drunk himself into ~ il était abruti par l'alcool.

oblivious [ə'blɪvɪəs] *adj* inconscient; she was ~ of OR to what was happening elle n'avait pas conscience de OR n'était pas consciente de ce qui se passait; he remained ~ to our comments il est resté sourd à nos remarques; he is ~ to the fact that millions of people are starving il n'est pas conscient du fait que des millions de gens meurent de faim.

oblong ['ɒblɒŋ] ◇ *adj* [rectangular] rectangulaire; [elongated] allongé, oblong.
◇ *n* [rectangle] rectangle *m*.

obloquy ['ɒbləkwɪ] (*pl* obloquies) *n* *(U) fml* -**1.** [abuse] insultes *fpl*, injures *fpl*; [defamation] diffamation *f*. -**2.** [disgrace] opprobre *m*.

obnoxious [əb'nɒkʃəs] *adj* [person] odieux, ignoble; [behaviour] odieux; [smell] ignoble, infect.

o.b.o. (*written abbr of* or best offer) à déb.

oboe ['əubəu] *n* hautbois *m*.

oboist ['əubəuɪst] *n* hautbois *m (musicien)*, hautboïste *mf*.

obscene [əb'siːn] *adj* obscène; an ~ gesture un geste obscène; an ~ publication une publication obscène; it's ~ to earn so much money *fig* c'est indécent de gagner autant d'argent.

obscenely [əb'siːnlɪ] *adv* d'une manière obscène; she gestured ~ elle fit un geste obscène; he's ~ rich *fig* il est tellement riche que ç'en est dégoûtant.

obscenity [əb'senətɪ] (*pl* **obscenities**) *n* -**1.** *(U)* [obscene language] obscénité *f*, obscénités *fpl*. -**2.** [obscene word] obscénité *f*, grossièreté *f*; to shout obscenities crier des obscénités. -**3.** *fig*: war is an ~ la guerre est une chose obscène.

obscurantism [,ɒbskjuə'ræntɪzm] *n fml* obscurantisme *m*.

obscurantist [,ɒbskjuə'ræntɪst] *fml* ◇ *adj* obscurantiste.
◇ *n* obscurantiste *mf*.

obscure [əb'skjuəʳ] ◇ *adj* -**1.** obscur; the meaning is rather ~ le sens n'est pas très clair; an ~ writer un écrivain obscur; an ~ feeling of unease un obscur OR vague sentiment de malaise; she comes from an ~ little village elle vient d'un petit village perdu; of ~ birth de naissance obscure. -**2.** [dark] obscur, sombre.
◇ *vt* -**1.** [hide] cacher; that building ~s the view ce bâtiment cache la vue; to ~ the truth cacher OR dissimuler la vérité || [confuse] obscurcir, embrouiller; to ~ the facts/the issue embrouiller les faits/la question. -**2.** [darken] obscurcir, assombrir.

obscurely [əb'skjuəlɪ] *adv* obscurément.

obscurity [əb'skjuərətɪ] (*pl* **obscurities**) *n* -**1.** [insignificance] obscurité *f*; to rise from ~ to fame passer de l'anonymat à la célébrité; to fall into ~ sombrer dans l'oubli. -**2.** [difficulty] obscurité *f*. -**3.** [darkness] obscurité *f*, ténèbres *fpl*.

obsequies ['ɒbsɪkwɪz] *npl fml* obsèques *fpl*.

obsequious [əb'siːkwɪəs] *adj fml* obséquieux.

obsequiously [əb'siːkwɪəslɪ] *adv fml* obséquieusement.

obsequiousness [əb'siːkwɪəsnɪs] *n fml* obséquiosité *f*.

observable [əb'zɜːvəbl] *adj* [visible] observable, visible; [discernible] perceptible, appréciable; behaviour ~ in humans un comportement observable OR que l'on peut observer chez les humains.

observably [əb'zɜːvəblɪ] *adv* perceptiblement, visiblement.

observance [əb'zɜːvəns] *n* -**1.** [recognition - of custom, law etc] observation *f*, observance *f*; [- of anniversary] célébration *f*. -**2.** RELIG [rite, ceremony] observance *f*.

observant [əb'zɜːvnt] *adj* [alert] observateur; how ~ of him! comme il est observateur!, rien ne lui échappe!

observantly [əb'zɜːvəntlɪ] *adv* perspicacement.

observation [,ɒbzə'veɪʃn] *n* -**1.** [study] observation *f*, surveillance *f*; the ~ of nature l'observation de la nature; to be under ~ [patient] être en observation; [by police] être surveillé par la police OR sous surveillance policière; they are keeping the house under ~ ils ont placé la maison sous surveillance. -**2.** [comment] observation *f*, remarque *f*; I have a few ~s to make j'ai quelques remarques à faire. -**3.** [perception] observation *f*; to have great powers of ~ avoir de grandes facultés d'observation. -**4.** NAUT relèvement *m*.

observational [,ɒbzə'veɪʃənl] *adj* [faculties, powers] d'observation; [technique, research] observationnel.

observation car *n* RAIL voiture *f* panoramique.

observation post *n* MIL poste *m* d'observation.

observation satellite *n* satellite *m* d'observation.

observation tower *n* tour *f* de guet, mirador *m*.

observatory [əb'zɜːvətrɪ] (*pl* **observatories**) *n* observatoire *m*.

observe [əb'zɜːv] *vt* -**1.** [see, notice] observer, remarquer; did you ~ anything strange? tu as remarqué quelque chose d'anormal? -**2.** [study, pay attention to] observer; he likes observing human behaviour il aime observer OR étudier le comportement humain; the police are observing his movements la police surveille ses allées et venues. -**3.** [comment, remark] (faire) remarquer, (faire) observer; "she seems worried" he ~d «elle a l'air inquiet» fit-il remarquer. -**4.** [abide by, keep] observer, respecter; to fail to ~ the law ne pas observer la loi; to ~ a minute's silence observer une minute de silence.

observer [əb'zɜːvəʳ] *n* -**1.** [watcher] observateur *m*, -trice *f*; to the casual ~ pour un non-initié. -**2.** [at official ceremony, election] observateur *m*, -trice *f*; he attended as an ~ il était présent en tant qu'observateur. -**3.** [commentator] spécialiste *mf*, expert *m*; The Observer PRESS *journal de qualité politiquement indépendant, paraissant le dimanche et comprenant un supplément magazine.*

obsess [əb'ses] *vt* obséder; he's ~ed with punctuality c'est un maniaque de la ponctualité; she's ~ed with the idea of becoming an actress elle n'a qu'une idée, devenir actrice; he became ~ed by the horrific image cette vision d'horreur se mit à le hanter.

obsession [əb'seʃn] *n* [fixed idea] obsession *f*, idée *f* fixe; **it's becoming an ~ with him** ça devient une idée fixe OR une obsession chez lui; **she has an ~ about punctuality** c'est une maniaque de la ponctualité || [obsessive fear] hantise *f*; **his ~ with death** sa hantise de la mort.

obsessional [əb'seʃənl] *adj* obsessionnel.

obsessive [əb'sesɪv] ◇ *adj* -**1.** [person] obsédé, obsessionnel MED & PSYCH; [behaviour] obsessionnel. -**2.** [thought, image] obsédant.
◇ *n* obsessionnel *m*, -elle *f*.

obsessively [əb'sesɪvlɪ] *adv* d'une manière obsessionnelle; **he's ~ cautious** il est d'une prudence obsessionnelle; **he is ~ attached to the toy** il a un attachement maladif pour ce jouet; **she is ~ attached to her mother** elle est trop attachée à sa mère.

obsidian [ɒb'sɪdɪən] *n* obsidienne *f*.

obsolescence [ˌɒbsə'lesns] *n* [of equipment, consumer goods] obsolescence *f*; **planned** OR **built-in ~** COMM obsolescence planifiée, désuétude *f* calculée.

obsolescent [ˌɒbsə'lesnt] *adj* qui tombe en désuétude; [equipment, consumer goods] obsolescent.

obsolete ['ɒbsəliːt] *adj* -**1.** [outmoded] démodé, désuet; [antiquated] archaïque; **those machines have been ~ for years** ces machines sont dépassées depuis des années. -**2.** LING obsolète. -**3.** BIOL atrophié.

obstacle ['ɒbstəkl] *n* obstacle *m*; **what are the ~s to free trade?** qu'est-ce qui fait obstacle au libre-échange?; **to put ~s in sb's way** mettre des bâtons dans les roues à qqn.

obstacle course, obstacle race *n* course *f* d'obstacles.

obstetric(al) [ɒb'stetrɪk(l)] *adj* obstétrical; [nurses] en obstétrique.

obstetrician [ˌɒbstə'trɪʃn] *n* obstétricien *m*, -enne *f*.

obstetrics [ɒb'stetrɪks] *n (U)* obstétrique *f*.

obstinacy ['ɒbstɪnəsɪ] *n* -**1.** [stubbornness] obstination *f*, entêtement *m*; [tenacity] opiniâtreté *f*, ténacité *f*. -**2.** [persistence] persistance *f*; **the ~ of an infection** le caractère persistant d'une infection.

obstinate ['ɒbstənət] *adj* -**1.** [stubborn] obstiné, entêté, têtu; [tenacious] obstiné, tenace, acharné; **an ~ refusal** un refus obstiné; **to meet with ~ resistance** se heurter à une résistance obstinée OR acharnée. -**2.** [persistent] persistant, tenace; **an ~ fever** une fièvre persistante.

obstinately ['ɒbstənətlɪ] *adv* [stubbornly] obstinément, avec acharnement.

obstreperous [əb'strepərəs] *adj fml* OR *hum* [noisy] bruyant; [disorderly] turbulent; [recalcitrant] récalcitrant; **don't (you) get ~ with me!** tu ne vas pas me faire la vie!; **a class of ~ children** une classe d'enfants indisciplinés OR turbulents.

obstreperously [əb'strepərəslɪ] *adv fml* OR *hum* [noisily] bruyamment; [in a disorderly manner] avec turbulence; [recalcitrantly] à contre-cœur.

obstruct [əb'strʌkt] *vt* -**1.** [block - passage, road, traffic] bloquer, obstruer; [- pipe] boucher; [- vein, artery] obstruer, boucher; **don't ~ the exits** ne bloquez pas les sorties; **the lane was ~ed by** OR **with fallen trees** le chemin était bloqué par des arbres déracinés; **her hat ~ed my view** son chapeau m'empêchait de voir. -**2.** [impede - progress, measures] faire obstruction OR obstacle à, entraver; **to ~ progress/justice** entraver la marche du progrès/le cours de la justice; **he was arrested for ~ing a policeman in the course of his duty** on l'a arrêté pour avoir entravé un agent dans l'exercice de ses fonctions. -**3.** SPORT [opponent] faire obstruction à.

obstruction [əb'strʌkʃn] *n* -**1.** [impeding - of progress, measures] obstruction *f*; **a policy of ~** une politique d'obstruction. -**2.** [blockage, obstacle] obstacle *m*; [- in vein, artery] obstruction *f*; [- in pipe] bouchon *m*; **the accident caused an ~ in the road** l'accident a bloqué la route. -**3.** SPORT obstruction *f*. -**4.** JUR obstruction *f* de la voie publique.

obstructionism [əb'strʌkʃənɪzm] *n* obstructionnisme *m*.

obstructionist [əb'strʌkʃənɪst] ◇ *adj* obstructionniste.
◇ *n* obstructionniste *mf*.

obstructive [əb'strʌktɪv] *adj*: **they are being very ~** ils nous mettent constamment des bâtons dans les roues; **to use ~ tactics** POL user de tactiques obstructionnistes.

obtain [əb'teɪn] ◇ *vt* obtenir; [for oneself] se procurer; **to ~ sthg for sb** obtenir qqch pour qqn, procurer qqch à qqn; **to ~ sthg from sb** obtenir qqch de qqn; **the book may be ~ed from the publisher** on peut se procurer le livre chez l'éditeur; **the party which ~s an absolute majority wins** le parti qui obtient la majorité absolue l'emporte.
◇ *vi fml* [prevail] avoir cours, être en vigueur; **this custom still ~s in Europe** cette coutume est encore en vigueur en Europe; **the situation ~ing in South Africa** la situation en Afrique du Sud; **practices ~ing in British banking** des pratiques courantes dans le système bancaire britannique; **this new system will ~ as from next week** ce nouveau système entrera en vigueur dès la semaine prochaine.

obtainable [əb'teɪnəbl] *adj*: **where is this drug ~?** où peut-on se procurer ce médicament?; **the catalogue is ~ in our branches** le catalogue est disponible dans nos agences; **~ from your local supermarket** en vente dans votre supermarché; **this result is easily ~** ce résultat est facile à obtenir.

obtrude [əb'truːd] *fml* ◇ *vt* -**1.** [impose] imposer. -**2.** [stick out] sortir.
◇ *vi* -**1.** [impose oneself] s'imposer. -**2.** [stick out] dépasser.

obtrusion [əb'truːʒn] *n fml* intrusion *f*.

obtrusive [əb'truːsɪv] *adj* [intrusive - decor, advertising, hoarding, architecture] trop voyant; [- smell] tenace, envahissant, pénétrant; [- person, behaviour] envahissant, importun, indiscret.

obtrusively [əb'truːsɪvlɪ] *adv* importunément.

obtuse [əb'tjuːs] *adj* -**1.** *fml* [slow-witted] obtus; **stop being so ~!** ne sois pas si borné! -**2.** GEOM [angle] obtus; [triangle] obtusangle. -**3.** [indistinct] vague, sourd; **an ~ pain** une douleur sourde.

obtuseness [əb'tjuːsnɪs] *n fml* [slow-wittedness] lenteur *f* d'esprit; [stupidity] stupidité *f*.

obverse ['ɒbvɜːs] ◇ *n* -**1.** [of coin] avers *m*, face *f*. -**2.** [of opinion, argument etc] contraire *m*, opposé *m*.
◇ *adj* **the ~ side** [of coin] le côté face OR l'avers d'une pièce; *fig* [of opinion, argument etc] le contraire.

obviate ['ɒbvɪeɪt] *vt fml* [difficulty, need] obvier à; **this ~s the need for further action** cela rend toute autre démarche inutile.

obvious ['ɒbvɪəs] ◇ *adj* -**1.** [evident] évident; **it's ~ that he's wrong** il est évident qu'il a tort; **don't always go for the ~ solution** n'opte pas toujours pour la solution qui semble la plus évidente; **the ~ choice** le choix évident OR qui s'impose; **her ~ innocence** son innocence manifeste; **for ~ reasons** pour des raisons évidentes; **the ~ thing to do is to leave** la seule chose à faire, c'est de partir; **it was ~ that he was going to resign** il était clair qu'il allait démissionner. -**2.** *pej* [predictable] prévisible; **his symbolism is too ~** son symbolisme manque de subtilité; **the ending was a bit ~** la fin était prévisible.
◇ *n*: **to state the ~** enfoncer une porte ouverte; **it would be stating the ~ to say that** cela va sans dire.

obviously ['ɒbvɪəslɪ] *adv* -**1.** [of course] évidemment, de toute évidence; **she's ~ not lying** il est clair OR évident qu'elle ne ment pas; **~ not!** il semble que non!; **he ~ got the wrong number** de toute évidence, il s'est trompé de numéro; **they were ~ ill** ils étaient manifestement malades. -**2.** [plainly, visibly] manifestement; **she's not ~ lying** il n'est pas sûr qu'elle mente.

ocarina [ˌɒkə'riːnə] *n* ocarina *m*.

OCAS (*abbr of* **Organization of Central American States**) *pr n* ODEAC *f*.

Occam's razor ['ɒkəmz-] *n* le rasoir d'Occam OR d'Ockham, le principe de parcimonie.

occasion [ə'keɪʒn] ◇ *n* -**1.** [circumstance, time] occasion *f*; **he was perfectly charming on that ~** cette fois-là, il fut tout à fait charmant; **on the ~ of her wedding** à l'occasion de son mariage; **I have been there on quite a few ~s** j'y suis allé à plusieurs occasions OR à plusieurs reprises; **if the ~ arises, should the ~ arise** si l'occasion se présente, le cas échéant; **it wasn't a suitable ~** les circonstances n'étaient pas favorables; **this is no ~ for an argument** ce n'est pas le moment de se disputer ▫ **to rise to the ~** se montrer à la hauteur (de la situation). -**2.** [special event] événement *m*; **his birthday is always a big ~** son anniversaire est toujours un événement important; **to have a sense of ~** savoir marquer le coup. -**3.** [reason, cause] motif *m*, raison *f*, occasion *f*; **I had no ~ to suspect her** je n'avais aucune raison de la soupçonner; **there is no ~ for worry** il n'y a pas lieu de s'inquiéter; **her return was the ~ for great rejoicing** son retour donna lieu à de grandes réjouissances.
◇ *vt* occasionner, provoquer.
◆ **on occasion(s)** *adv phr* de temps en temps, de temps à autre.

occasional [ə'keɪʒənl] *adj* -**1.** occasionnel, épisodique; **he's an ~ visitor/golfer** il vient/joue au golf de temps en temps; **during his ~ visits to her** lorsqu'il allait la voir OR lui rendait visite; **I like an** OR **the ~ cigar** j'aime (fumer) un cigare à l'occasion OR de temps en temps; **she writes me the ~ postcard** elle m'envoie une carte postale de temps à autre; **there will be ~ showers** il y aura quelques averses OR pluies intermittentes. -**2.** [music, play etc] de circonstance.

occasionally [ə'keɪʒnəlɪ] *adv* de temps en temps, quelquefois, occasionnellement; **I smoke only very ~** je ne fume que très rarement.

occasional table *n Br* table *f* volante.

occident ['ɒksɪdənt] *n lit* occident *m*, couchant *m*.
◆ **Occident** *n*: **the Occident** l'Occident *m*.

occidental [ˌɒksɪ'dentl] *adj lit* occidental.
◆ **Occidental** ◇ *adj* occidental.
◇ *n* Occidental *m*, -e *f*.

occidentalize, -ise [ˌɒksɪ'dentəlaɪz] *vt* occidentaliser.

occipital [ɒk'sɪpɪtl] ◇ *adj* occipital.
◇ *n* = **occipital bone**.

occipital bone *n* os *m* occipital.

occipital lobe *n* lobe *m* occipital.

occiput ['ɒksɪpʌt] (*pl* **occiputs** OR **occipita** [ɒk'sɪpɪtə]) *n* occiput *m*.

occlude [ɒ'kluːd] *vt* occlure.

occluded front [ɒ'kluːdɪd-] *n* METEOR front *m* occlus.

occlusion [ɒ'kluːʒn] *n* occlusion *f*.

occlusive [ɒ'kluːsɪv] ◇ *adj* occlusif.
◇ *n* LING (consonne *f*) occlusive *f*.

occult [ɒ'kʌlt] ◇ *adj* occulte.
◇ *n*: **the ~** [supernatural] le surnaturel; [mystical skills] les sciences *fpl* occultes.

occultism ['ɒkʌltɪzm] *n* occultisme *m*.

occupancy ['ɒkjʊpənsɪ] (*pl* **occupancies**) *n* occupation *f (d'un appartement etc)*.

occupant ['ɒkjʊpənt] *n* [gen] occupant *m*, -e *f*; [tenant] locataire *mf*; [of vehicle] passager *m*, -ère *f*; [of job] titulaire *mf*.

occupation [ˌɒkjʊ'peɪʃn] *n* -**1.** [employment] emploi *m*, travail *m*; **what's his ~?** qu'est-ce qu'il fait comme travail OR dans la vie?; **please state your name and ~** veuillez indiquer votre nom et votre profession; **I'm not an actor by ~** je ne suis pas acteur de métier; **raising a family is a full-time** ~ élever des enfants, c'est un travail à plein temps. -**2.** [activity, hobby] occupation *f*; **his favourite** ~ **is listening to music** ce qu'il aime faire par-dessus tout, c'est écouter de la musique; **the TV provides some** ~ **for the children** la télévision est un moyen d'occuper les enfants. -**3.** [of building, offices etc] occupation *f*; **during Mr Gray's** ~ **of the premises** lorsque M. Gray occupait les locaux; **the offices are ready for** ~ les bureaux sont prêts à être occupés. -**4.** MIL & POL occupation *f*; **army of** ~ armée *f* d'occupation; **the students have voted to continue their** ~ les étudiants ont voté la poursuite de l'occupation des locaux; **under French** ~ sous occupation française; **the Occupation** HIST l'Occupation.

occupational [ˌɒkjuːˈpeɪʃənl] *adj* professionnel; ~ **disease** maladie *f* professionnelle; ~ **hazard** risque *m* professionnel OR du métier.

occupational pension *n Br* retraite *f* complémentaire; ~ **scheme** caisse *f* de retraite complémentaire.

occupational psychology *n* psychologie *f* du travail.

occupational therapist *n* ergothérapeute *mf*.

occupational therapy *n* ergothérapie *f*.

occupied [ˈɒkjʊpaɪd] *adj* [country, town] occupé; **in** ~ **France** dans la France occupée.

occupier [ˈɒkjʊpaɪəʳ] *n* [gen] occupant *m*, -e *f*; [tenant] locataire *mf*.

occupy [ˈɒkjʊpaɪ] (*pt* & *pp* **occupied**) *vt* -**1.** [house, room etc] occuper; **is this seat occupied?** est-ce que cette place est prise? -**2.** [keep busy - person, mind] occuper; **she occupies herself by doing crosswords** elle s'occupe en faisant des mots croisés; **to be occupied in** OR **with (doing) sthg** être occupé à (faire) qqch; **try to keep them occupied for a few minutes** essaie de les occuper quelques minutes; **find something to** ~ **your mind** trouvez quelque chose qui vous occupe l'esprit; **reading keeps him occupied** ça l'occupe de lire; **I like to keep my mind occupied** j'aime bien m'occuper l'esprit. -**3.** [fill, take up - time, space] occuper; **the sofa occupies half the room** le canapé occupe OR prend la moitié de la pièce; **how do you** ~ **your evenings?** comment OR à quoi occupez-vous vos soirées? -**4.** MIL & POL occuper; ~**ing army** armée *f* d'occupation. -**5.** [hold - office, role, rank] occuper.

occur [əˈkɜːʳ] (*pt* & *pp* **occurred**, *cont* **occurring**) *vi* -**1.** [happen] arriver, avoir lieu, se produire; **misunderstandings often** ~ **over the phone** il y a souvent des malentendus au téléphone; **many changes have occurred since then** beaucoup de choses ont changé depuis ce temps-là; **if a difficulty/the opportunity** ~**s** si une difficulté/l'occasion se présente; **I promise it won't** ~ **again** je promets que ça ne se reproduira pas; **whatever** ~**s** quoi qu'il arrive. -**2.** [exist, be found] se trouver, se rencontrer; **the mistake** ~**s at the end** l'erreur se trouve à la fin; **such phenomena often** ~ **in nature** on rencontre souvent de tels phénomènes dans la nature. -**3.** [come to mind]: **to** ~ **to sb** venir à l'esprit de qqn; **another thought occurred to me** autre chose m'est venu à l'esprit; **it occurred to me later that he was lying** j'ai réalisé plus tard qu'il mentait; **it** ~**s to me now that something wasn't quite right** je réalise seulement maintenant que quelque chose n'allait pas; **didn't it** ~ **to you to call me?** ça ne t'est pas venu à l'idée de m'appeler?; **it would never** ~ **to me to use violence** il ne me viendrait jamais à l'idée d'avoir recours à la violence.

occurrence [əˈkʌrəns] *n* -**1.** [incident] événement *m*; **it's an everyday** ~ ça arrive OR ça se produit tous les jours. -**2.** [fact or instance of occurring]: **the increasing** ~ **of racial attacks** le nombre croissant d'agressions racistes; **the** ~ **of the disease in adults is more serious** lorsqu'elle se déclare chez l'adulte, la maladie est plus grave; **of rare** ~ qui arrive OR se produit rarement. -**3.** LING occurrence *f*.

ocean [ˈəʊʃn] *n* -**1.** GEOG océan *m*; **the** ~ *Am* la mer ❑ **the Indian Ocean** l'océan Indien. -**2.** *fig*: ~**s of** beaucoup de; **there's always** ~**s of drink at his parties** il y a toujours beaucoup d'alcool à ses soirées.

ocean bed, ocean floor *n* fond *m* océanique.

oceanfront [ˈəʊʃnfrʌnt] *n Am* bord *m* de mer.

ocean-going *adj* de haute mer.

Oceania [ˌəʊʃɪˈɑːnɪə] *pr n* Océanie *f*; **in** ~ en Océanie.

Oceanian [ˌəʊʃɪˈɑːnɪən] ◇ *n* Océanien *m*, -enne *f*.
◇ *adj* océanien.

oceanic [ˌəʊʃɪˈænɪk] *adj* -**1.** [marine] océanique. -**2.** *fig* [huge] immense.

oceanographer [ˌəʊʃəˈnɒgrəfəʳ] *n* océanographe *mf*.

oceanography [ˌəʊʃəˈnɒgrəfɪ] *n* océanographie *f*.

ocelot [ˈəʊsɪlɒt] *n* ocelot *m*.

och [ɒx] *interj Scot* & *Ir* oh; ~ **aye!** eh oui! *(parfois employé pour parodier les Écossais)*.

oche [ˈɒkɪ] *n ligne derrière laquelle le joueur de fléchettes doit se placer.*

ochre, ocher *Am* [ˈəʊkəʳ] ◇ *n* [ore] ocre *f*; [colour] ocre *m*.
◇ *adj* ocre *(inv)*.
◇ *vt* ocrer.

ochreous [ˈəʊkrɪəs] *adj* ocreux.

o'clock [əˈklɒk] *adv* -**1.** [time]: **it's one/two** ~ il est une heure/deux heures; **at precisely 9** ~ à 9 h précises; **a flight at 4** ~ **in the afternoon** un vol à 16 h; **the 8** ~ **bus** le bus de 8 h; **at 12** ~ [midday] à midi; [midnight] à minuit. -**2.** [position]: **enemy fighter at 7** ~ chasseur ennemi à 7 h.

OCR *n* -**1.** *abbr of* **optical character reader**. -**2.** (*abbr of* **optical character recognition**) ROC.

Oct. (*written abbr of* **October**) oct.

octagon [ˈɒktəgən] *n* octogone *m*.

octagonal [ɒkˈtægənl] *adj* octogonal.

octahedron [ˌɒktəˈhiːdrən] *n* octaèdre *m*.

octal [ˈɒktl] ◇ *adj* octal.
◇ *n* octal *m*.

octameter [ɒkˈtæmɪtəʳ] *n* LITERAT vers *m* de huit pieds, octosyllabe *m*.

octane [ˈɒkteɪn] *n* octane *m*; **high-**~ **petrol** *Br* OR **gas** *Am* super *m*, supercarburant *m*; **low-**~ **petrol** *Br* OR **gas** *Am* ordinaire *m*, essence *f* ordinaire.

octane number, octane rating *n* indice *m* d'octane.

octave [ˈɒktɪv] *n* FENCING, MUS & RELIG octave *f*; LITERAT huitain *m*.

Octavian [ɒkˈteɪvjən] *pr n* Octave.

octavo [ɒkˈteɪvəʊ] (*pl* **octavos**) *n* in-octavo *m inv*.

octet [ɒkˈtet] *n* -**1.** [group] octuor *m*. -**2.** MUS octuor *m*. -**3.** LITERAT huitain *m*. -**4.** CHEM octet *m*.

October [ɒkˈtəʊbəʳ] *n* octobre *m*.

October Revolution *n*: **the** ~ la révolution d'octobre.

octogenarian [ˌɒktəʊdʒɪˈneərɪən] ◇ *adj* octogénaire.
◇ *n* octogénaire *mf*.

octopus [ˈɒktəpəs] (*pl* **octopuses** OR **octopi** [-paɪ]) *n* -**1.** ZOOL pieuvre *f*, poulpe *m*; CULIN poulpe *m*. -**2.** *fig* pieuvre *f*.

octosyllabic [ˌɒktəʊsɪˈlæbɪk] *adj* octosyllabique, octosyllabe; **in** ~ **verse** en octosyllabes, en vers octosyllabiques.

octosyllable [ˈɒktəʊˌsɪləbl] *n* -**1.** [in poetry - line] octosyllabe *m*, vers *m* octosyllabique. -**2.** [word] mot *m* octosyllabique OR octosyllabe.

octuple [ˈɒktjuːpl] ◇ *adj* octuple.
◇ *n* octuple *m*.
◇ *vt* octupler.

ocular [ˈɒkjʊləʳ] ◇ *adj* oculaire.
◇ *n* oculaire *m*.

oculist [ˈɒkjʊlɪst] *n* oculiste *mf*.

OD *inf* (*pt* & *pp* **OD'd**) ◇ *n* (*abbr of* **overdose**) overdose *f*.
◇ *vi* être victime d'une overdose; **we rather** ~**'d on TV last night** *hum* on a un peu forcé sur la télé hier soir.
◇ *written abbr of* **overdrawn**.

odalisk, odalisque [ˈəʊdəlɪsk] *n* odalisque *f*.

odd [ɒd] *adj* -**1.** [weird] bizarre, étrange; **he's an** ~ **character** c'est un drôle d'individu; **the** ~ **thing is that the room was empty** ce qui est bizarre, c'est que la pièce était vide; **it felt** ~ **seeing her again** ça m'a fait (tout) drôle de la revoir; **he's a bit** ~ **in the head** *inf* il lui manque une case. -**2.** [occasional, incidental]: **at** ~ **moments** de temps en temps; **he has his** ~ **moments of depression** il lui arrive d'avoir ses moments de déprime; **I smoke the** ~ **cigarette** il m'arrive de fumer une cigarette de temps en temps; **we took the** ~ **photo** nous avons pris deux ou trois photos; **we did get the** ~ **enquiry** on a bien eu une ou deux demandes de renseignements; **just add any** ~ **carrots** ajoute simplement quelques carottes ❑ ~ **jobs** petits boulots *mpl*; **she gives him a few** ~ **jobs from time to time** de temps en temps, elle lui donne une ou deux choses à faire. -**3.** [not matching] dépareillé; **he was wearing** ~ **socks** ses chaussettes étaient dépareillées, il portait des chaussettes dépareillées. -**4.** [not divisible by two] impair; **the** ~ **pages of a book** les pages impaires d'un livre ❑ ~ **function** MATH fonction *f* impaire; ~ **number** nombre *m* impair. -**5.** *inf (in combinations)* [or so]: **twenty** ~ vingt et quelques; **thirty-**~ **pounds** trente livres et quelques, trente et quelques livres; **he must be forty-**~ il doit avoir la quarantaine OR dans les quarante ans. -**6.** *phr*: **the** ~ **one** OR **man** OR **woman out** l'exception *f*; **everyone else was in evening dress, I was the** ~ **one out** ils étaient tous en tenue de soirée sauf moi; **which of these drawings is the** ~ **one out?** parmi ces dessins, lequel est l'intrus?; **when they chose the two teams, Jill was the** ~ **one out** lorsqu'ils ont formé les deux équipes, Jill s'est retrouvée toute seule; **they all knew each other so well that I felt the** ~ **one out** ils se connaissaient tous si bien que j'avais l'impression d'être la cinquième roue du carrosse OR de la charrette.

oddball *inf* [ˈɒdbɔːl] ◇ *n* excentrique *mf*, original *m*, -e *f*; **he's a real** ~ c'est un drôle de numéro.
◇ *adj* excentrique, original.

odd bod *inf Br* = **oddball** *n*.

odd-even *adj* COMPUT: ~ **check** contrôle *m* de parité.

oddity [ˈɒdɪtɪ] (*pl* **oddities**) *n* -**1.** [strange person] excentrique *mf*, original *m*, -e *f*; [strange thing] curiosité *f*; **she's a bit of an** ~ elle est un peu bizarre; **being the only woman there makes her something of an** ~ on la remarque du simple fait qu'elle est la seule femme. -**2.** [strangeness] étrangeté *f*, bizarrerie *f*.

odd-job man *n* homme *m* à tout faire, factotum *m*.

odd-looking *adj* à l'air bizarre.

odd lot *n* COMM lot *m* dépareillé; ST. EX lot *m* fractionné.

odd-lotter [-ˈlɒtəʳ] *n Am* ST. EX petit actionnaire *m*.

oddly [ˈɒdlɪ] *adv* bizarrement, curieusement; ~ **shaped** d'une forme bizarre; ~ **enough, he didn't recognize me** chose curieuse, il ne m'a pas reconnu.

oddment [ˈɒdmənt] *n* COMM [of matched set] article *m* dépareillé; [of lot, line] fin *f* de série; [of fabric] coupon *m*.

odds [ɒdz] *npl* -**1.** [in betting] cote *f*; **the** ~ **are ten to one against** la cote est de dix contre un; **the** ~ **are ten to one on** la cote est de un contre dix; **they're offering long/short** ~ **against Jackson** Jackson a une bonne/faible cote; **I'll lay** OR **give you** ~ **of twenty to one that she'll leave him** je te parie à vingt contre un qu'elle le quittera ❑ **I ended up paying over the** ~ *Br* en fin de compte, je l'ai payé plus cher qu'il ne valait OR que sa valeur. -**2.** [chances] chances *fpl*;

the ~ are she's been lying to us all along il y a de fortes chances qu'elle nous ait menti depuis le début; the ~ are on/against her accepting il y a de fortes chances/il y a peu de chances (pour) qu'elle accepte; the ~ are in favour of the Tories winning il y a de fortes chances pour que les conservateurs l'emportent. -3. [great difficulties]: against all the ~ contre toute attente; they won against overwhelming ~ ils ont gagné alors que tout était contre eux. -4. *inf Br* [difference]: it makes no ~ ça ne change rien; it makes no ~ to me ça m'est égal. -5. *phr*: ~ and ends, ~ and sods *inf Br* [miscellaneous objects] objets *mpl* divers; [leftovers] restes *mpl*; her desk is always covered with ~ and ends son bureau est toujours encombré de tout un bric-à-brac.

◆ **at odds** *adj phr* en conflit; they're always at ~ with the neighbours ils sont constamment en conflit avec leurs voisins; the way she was dressed was completely at ~ with her personality ce qu'elle portait ne correspondait pas du tout à sa personnalité.

odds-on *adj Br*: it's ~ that he'll win il y a tout à parier qu'il gagnera ❑ ~ favourite grand favori *m*.

ode [əʊd] *n* ode *f*; 'Ode On a Grecian Urn' *Keats* 'Ode sur une urne grecque'; 'Ode To a Nightingale' *Keats* 'Ode à un rossignol'; 'Ode to Joy' *Beethoven* 'Hymne à la joie'.

Odessa [əʊ'desə] *pr n* Odessa.

odious ['əʊdjəs] *adj fml* odieux.

odium ['əʊdjəm] *n fml* [condemnation] réprobation *f*; [hatred] haine *f*.

odometer [əʊ'dɒmɪtə'] *n Am* AUT compteur *m* kilométrique.

odontologist [,ɒdɒn'tɒlədʒɪst] *n* odontologiste *mf*.

odontology [,ɒdɒn'tɒlədʒɪ] *n* odontologie *f*.

odor *etc Am* = **odour**.

odoriferous [,əʊdə'rɪfərəs] *adj* odoriférant.

odorous ['əʊdərəs] *adj* [fragrant] odorant; [malodorous] malodorant.

odour *Br*, **odor** *Am* ['əʊdə'] *n* -1. [smell] odeur *f*; guaranteed to get rid of unpleasant ~s! fini les mauvaises odeurs! -2. [pervasive quality] odeur *f*, parfum *m*, arôme *m*; ~ of sanctity RELIG odeur de sainteté. -3. *Br phr*: to be in good/bad ~ with sb *fml* être bien/mal vu de qqn.

odourless *Br*, **odorless** *Am* ['əʊdəlɪs] *adj* inodore.

Odysseus [ə'diːsɪəs] *pr n* Ulysse.

odyssey ['ɒdɪsɪ] *n* odyssée *f*; 'The Odyssey' *Homer* 'l'Odyssée'; '2001: A Space Odyssey' *Kubrick* '2001: l'odyssée de l'espace'.

OECD (*abbr of* Organization for Economic Cooperation and Development) *pr n* OCDE *f*.

oecumenical *etc* [,iːkjuː'menɪkl] = **ecumenical**.

oedema *Br*, **edema** *Am* [iː'diːmə] (*Br pl* **oedemata** [-mətə], *Am pl* **edemata** [-mətə]) *n* œdème *m*.

Oedipal ['iːdɪpl] *adj* œdipien.

Oedipus ['iːdɪpəs] *pr n* Œdipe; 'Oedipus at Colonus' *Sophocles* 'Œdipe à Colone'; 'Oedipus Rex' *Sophocles* 'Œdipe roi'.

Oedipus complex *n* complexe *m* d'Œdipe.

oenologist [iː'nɒlədʒɪst] *n* œnologue *mf*.

oenology [iː'nɒlədʒɪ] *n* œnologie *f*.

o'er ['əʊə'] *lit* = **over** *adv* & *prep*.

oesophagus *Br*, **esophagus** *Am* [ɪ'sɒfəgəs] (*Br pl* **oesophaguses** OR **oesophagi** [-gaɪ], *Am pl* **esophaguses** OR **esophagi** [-gaɪ]) *n* œsophage *m*.

oestrogen *Br*, **estrogen** *Am* ['iːstrədʒən] *n* œstrogène *m*.

oestrous *Br*, **estrus** *Am* ['iːstrəs] *adj* œstral; ~ cycle cycle *m* œstral.

oestrus *Br*, **estrus** *Am* ['iːstrəs] *n* œstrus *m*.

of [*weak form* əv, *strong form* ɒv] *prep* -1. [after nouns expressing quantity, number, amount] de; a pound of onions une livre d'oignons; a loaf of bread un pain; a piece of cake un morceau de gâteau; a bottle of wine une bouteille de vin; a pair of trousers un pantalon; there are six of us nous sommes six; thousands of mosquitos des milliers de moustiques; some/many/few of us were present quelques-uns/beaucoup/peu d'entre nous étaient présents; half of them failed la moitié d'entre eux ont échoué. -2. [indicating age] de; a boy/a girl of three un garçon/une fille de trois ans; at the age of nineteen à dix-neuf ans, à l'âge de dix-neuf ans. -3. [indicating composition, content] de; a photo of Lily une photo de Lily; a map of Spain une carte d'Espagne; a report of events in Parliament un compte rendu de ce qui se passe au Parlement; a rise of 25% une augmentation de 25 %; a team of cricketers une équipe de cricket; a city of 120,000 une ville de 120 000 habitants; a series of programmes on Italy une série d'émissions sur l'Italie. -4. [created by] de; the poems of Byron les poèmes de Byron. -5. [with words expressing attitude or emotion] de; I'm ashamed of it j'en ai honte; I'm proud of it j'en suis fier; I'm afraid of the dark j'ai peur du noir; she dreamt of one day becoming Prime Minister elle rêvait de devenir Premier ministre un jour; I have no intention of leaving je n'ai aucune intention de partir. -6. [indicating possession, relationship] de; he's a friend of mine c'est un ami à moi; a friend of mine told me un de mes amis me l'a dit; I'd like a home of my own j'aimerais avoir mon chez-moi; the corner of the street le coin de la rue; the subject of the lecture le sujet du cours; cancer of the bowel cancer des intestins; the rights of man les droits de l'homme; she's head of department elle est chef de service. -7. [indicating subject of action]: it was kind/mean of him c'était gentil/méchant de sa part. -8. [with names of places] de; the city of New York la ville de New York; the people of Chile le peuple OR les habitants du Chili; the University of Cambridge l'université de Cambridge; the village of Carlton le village de Carlton. -9. [after nouns derived from verbs] de; the arrival/departure of Flight 556 l'arrivée/le départ du vol 556; we need the approval of the committee nous devons obtenir l'autorisation du comité; a lover of fine wine un amateur de bons vins; the success of the meeting le succès de la réunion; an outbreak of cholera une épidémie de choléra. -10. [describing a particular feeling or quality] de; a feeling of relief un sentiment de soulagement; she has the gift of mimicry elle a un talent d'imitatrice; a man of courage un homme de courage; a coat of many colours un manteau multicolore; a sort OR kind OR type of tree un type d'arbre ‖ *fml*: to be of sound mind être sain d'esprit; to be of a nervous disposition avoir une prédisposition à la nervosité. -11. [made from]: a ring of solid gold une bague en or massif; a heart of stone un cœur de pierre. -12. [after nouns of size, measurement etc] de; a width/length of sixty feet une largeur/longueur de soixante pieds; they reach a height of ten feet ils atteignent une hauteur de dix pieds. -13. [indicating cause, origin, source] de; the consequence/the effects of the explosion la conséquence/les effets de l'explosion; to die of cancer mourir du OR d'un cancer; of royal descent de lignée royale; of which/whom dont. -14. [indicating likeness, similarity] de; the colour of blood/of grass la couleur du sang/de l'herbe; the size of a tennis ball de la taille d'une balle de tennis; he reminds me of John Wayne il me rappelle John Wayne; it smells of coffee ça sent le café; a giant of a man un homme très grand; a huge barn of a house une énorme bâtisse. -15. [indicating specific point in time or space] de; the 3rd of May le 3 mai; in the middle of August à la mi-août; the crash of 1929 le krach de 1929; the day of our wedding le jour de notre mariage; it was the high point of the week ça a été le point culminant de la semaine; a quarter of nine *Am* neuf heures moins le quart; in the middle of the road au milieu de la chaussée; at the far end of the room à l'autre bout de la pièce. -16. [indicating deprivation or absence]: a lack of food un manque de nourriture; to get rid of sthg se débarrasser de qqch; to be cured of sthg être guéri de qqch; to rob sb of sthg voler qqch à qqn. -17. [indicating information received or passed on]: I've never heard of him je n'ai jamais entendu parler de lui; to learn of sthg apprendre qqch; her knowledge of French sa connaissance du français. -18. [as intensifier]: the best/the worst of all le meilleur/le pire de tout; today of all days! il fallait que ça arrive aujourd'hui! -19. *dated* OR *dial*: I like to listen to the radio of a morning/an evening j'aime écouter la radio le matin/le soir.

off [ɒf] ◇ *adv* -1. [indicating removal]: to take sthg ~ enlever OR ôter qqch; to come ~ [sticker, handle] se détacher; [lipstick, paint] partir; you can leave your jacket ~ ce n'est pas la peine de remettre votre veste; she kicked ~ her shoes elle ôta ses chaussures d'un coup de pied; the knob had broken ~ la poignée était cassée; peel ~ the wallpaper décollez le papier peint; she cut ~ her hair elle s'est coupé les cheveux; ~ with his head! coupez-lui la tête! -2. [indicating departure]: the truck drove ~ le camion démarra; to run ~ partir en courant; when are you ~ to Dublin? quand partez-vous pour Dublin?; we'd better be ~ on doit partir; they're ~! SPORT ils sont partis!; I'm ~! *inf* j'y vais!; ~ we go! c'est parti!; ~ to bed with you! au lit!; be ~ with you! va-t-en!; oh no, he's ~ again! *hum* ça y est, ça le reprend! -3. [indicating movement away from a surface]: the ball hit the wall and bounced ~ la balle a heurté le mur et a rebondi; I knocked the glass ~ with my elbow j'ai fait tomber le verre d'un coup de coude. -4. [indicating location]: it's ~ to the right c'est sur la droite; she's ~ playing tennis elle est partie jouer au tennis. -5. [indicating disembarkment, dismounting etc]: to get ~ descendre; to jump ~ sauter. -6. [indicating absence, inactivity]: to take a week ~ prendre une semaine de congé; Monday's my day ~ le lundi est mon jour de congé. -7. [indicating distance in time or space]: Paris/Christmas is still a long way ~ Paris/Noël est encore loin; it's a few miles ~ c'est à quelques kilomètres d'ici. -8. THEAT off; voice ~ voix *f* off; noises/voices ~ bruits *mpl*/voix *fpl* en coulisses. -9. [indicating disconnection]: to put OR switch OR turn the light ~ éteindre la lumière; to turn the tap ~ fermer le robinet; leave the lights ~ n'allume pas. -10. [indicating separation, partition]: the playing area is divided ~ by a low wall l'aire de jeu est délimitée par un petit mur; to fence ~ land clôturer un terrain; the police have cordoned ~ the area la police a bouclé le quartier. -11. [indicating price reduction]: 'special offer: £5 ~' 'offre spéciale: 5 livres de réduction'; the salesman gave me $20/20% ~ le vendeur m'a fait une remise de 20 dollars/20 %. -12. [indicating relief from discomfort]: to sleep/to walk sthg ~ faire passer qqch en dormant/marchant.

◇ *prep* -1. [indicating movement away from] de; he fell ~ his chair il est tombé de sa chaise; she knocked the vase ~ the table elle a fait tomber le vase de la table; take your elbows ~ the table enlève tes coudes de la table; couples started drifting ~ the dance floor les couples commencèrent à quitter la piste de danse; 'drinks must not be taken ~ the premises' 'les boissons doivent être consommées sur place'; it'll take your mind ~ it *fig* ça te changera les idées. -2. [indicating removal] de; take the top ~ the bottle enlève le bouchon de la bouteille; I've stripped the wallpaper ~ the walls j'ai décollé le papier peint des murs. -3. [from]: to buy sthg ~ sb acheter qqch à qqn; I bought it ~ a stall je l'ai acheté sur le marché; can I borrow £5 ~ you? je peux t'emprunter 5 livres? -4. [from the direction of] de; a cool breeze ~ the sea une brise fraîche venant du large. -5. [indicating location]: a few miles ~ the coast à quelques kilomètres de la côte; most students live ~ campus la plupart des étudiants vivent à l'extérieur du campus; we ate in a small restaurant ~ the main road nous avons mangé dans un petit restaurant à l'écart de la grand-route; the bathroom's ~ the bedroom la salle de bains donne dans la chambre; an alley ~ Oxford Street une ruelle qui donne sur Oxford Street; just ~ Oxford Street there's a pretty little square à deux pas d'Oxford Street il y a une petite place ravissante. -**6.** [absent from]: Mr Dale is ~ work today M. Dale est absent aujourd'hui; you need a few days ~ work vous avez besoin de quelques jours de congé; Wayne's ~ school with the flu Wayne est à la maison avec la grippe; I've been ~ work for over a year now voilà un an que je ne travaille plus. -**7.** [by means of]: it runs ~ gas/electricity/solar power ça marche au gaz/à l'électricité/à l'énergie solaire; the radio works ~ the mains la radio fonctionne sur secteur. -**8.** [indicating source of nourishment] de; to live ~ vegetables vivre de légumes; to live ~ the land vivre (des produits) de la terre. -**9.** [reduced from]: I can get $20/20% ~ the list price je peux avoir une remise de 20 dollars/20 % sur le prix de vente; they'll take OR knock *inf* something ~ it if you pay cash ils vous feront une remise si vous payez en liquide. -**10.** *inf* [no longer wanting or needing]: to be ~ one's food ne pas avoir faim; I'm ~ whisky je n'aime plus le whisky; I'm ~ him at the moment j'en ai marre de lui en ce moment; she's ~ antibiotics now elle ne prend plus d'antibiotiques maintenant; he's ~ heroin now il ne touche plus à l'héroïne maintenant.

◇ *adj* -**1.** [not working - electricity, light, radio, TV] éteint; [- tap] fermé; [- engine, machine] arrêté, à l'arrêt; [- handbrake] desserré; the gas is ~ [at mains] le gaz est fermé; [under saucepan] le gaz est éteint; [for safety reasons] le gaz est coupé; 'off' 'arrêt'; make sure the switches are in the ~ position vérifiez que les interrupteurs sont sur (la position) arrêt; the ~ button le bouton d'arrêt. -**2.** [bad, tainted] mauvais, avarié; the milk is ~ le lait a tourné; it smells/tastes ~ on dirait que ce n'est plus bon. -**3.** [cancelled] annulé; tonight's match is ~ le match de ce soir est annulé; if that's your attitude, the deal's ~! si c'est comme ça que vous le prenez, ma proposition ne tient plus! -**4.** *Br* [not available]: I'm afraid salmon's ~ je regrette, mais il n'y a plus de saumon. -**5.** [unwell]: I felt decidedly ~ the next morning le lendemain matin, je ne me sentais vraiment pas bien; everyone has their ~ days on a tous nos mauvais jours. -**6.** *inf* [unacceptable]: I say, that's a bit ~! dites donc, vous y allez un peu fort!; I thought it was a bit ~ the way she just ignored me je n'ai pas apprécié qu'elle m'ignore comme ça. -**7.** *Br* AUT [when driving on right] (du côté) gauche; [when driving on left] (du côté) droit. -**8.** [having a certain amount of]: how are we ~ for milk? combien de lait nous reste-t-il?

◇ *n inf* [start] départ *m*; they're ready for the ~ ils sont prêts à partir; right from the ~ dès le départ.

◇ *vt* ▽ [kill] *Am* buter.

◆ **off and on** *adv phr* par intervalles; we lived together ~ and on for three years on a plus ou moins vécu ensemble pendant trois ans.

offal ['ɒfl] *n (U)* -**1.** *Br* CULIN abats *mpl*. -**2.** [refuse] ordures *fpl*, déchets *mpl*. -**3.** [carrion] charogne *f*.

off-balance ◇ *adj* déséquilibré.

◇ *adv*: to throw OR to knock sb ~ *literal* faire perdre l'équilibre à qqn; *fig* couper le souffle à OR désarçonner qqn; her question caught me ~ sa question m'a pris au dépourvu.

offbeat ['ɒfbiːt] ◇ *adj* [unconventional] original, excentrique.

◇ *n* MUS temps *m* faible.

off-Broadway *adj Am*: an ~ show *spectacle new-yorkais non conventionnel qui se démarque du style de ceux de Broadway, et qui n'est pas présenté dans un 'Broadway Theatre'*; an ~ director un metteur en scène de pièces d'avant-garde.

off camera *adj & adv* CIN & TV hors champ, off.

off-campus *adv* UNIV à l'extérieur du campus; I prefer to live ~ je préfère habiter à l'extérieur du campus.

off-centre *Br*, **off-center** *Am* ◇ *adj* -**1.** [painting on wall] décentré; [rotation] désaxé; [gun sights] désaligné; the title is ~ le titre n'est pas centré. -**2.** *fig* [unconventional] original.

◇ *adv* de côté; aim slightly ~ visez légèrement de côté.

off chance *n*

◆ **on the off chance** *adv phr* au cas où; I phoned on the ~ of catching him at home j'ai appelé en espérant qu'il serait chez lui; she kept it on the ~ (that) it might prove useful elle l'a gardé pour le cas où cela pourrait servir.

off-colour *adj* -**1.** *Br* [ill] souffrant; she's looking a little ~ elle est un peu pâlotte. -**2.** [indelicate - film, story] de mauvais goût, d'un goût douteux.

offcut ['ɒfkʌt] *n* [of cloth, wood, paper] chute *f*; [of meat] reste *m*.

off-day *n*: he was having an ~ il n'était pas en forme; everyone has their ~s on a tous nos mauvais jours.

off-duty *adj* [policeman, soldier, nurse] qui n'est pas de service; I'm off duty at 6 je finis mon service à 6 h.

offence *Br*, **offense** *Am* [ə'fens] *n* -**1.** JUR délit *m*; it's his first ~ c'est la première fois qu'il commet un délit; second OR subsequent ~ récidive *f*; to commit a second OR subsequent ~ récidiver; arrested for drug ~s [dealing] arrêté pour trafic de drogue; [use] arrêté pour consommation de drogue ❑ capital ~ crime *m* capital; indictable/nonindictable ~ infraction *f* majeure/mineure; motoring OR driving ~ infraction *f* au Code de la route; parking ~ contravention *f* au stationnement; sex ~ ≃ attentat *m* à la pudeur. -**2.** [displeasure, hurt]: to give OR to cause ~ to sb blesser OR offenser qqn; to take ~ at sthg s'offenser OR s'offusquer de qqch; he's very quick to take ~ il se vexe pour un rien; I meant no ~ je ne voulais pas vous blesser; no ~ meant — none taken! je n'avais pas l'intention de te vexer — il n'y a pas de mal!; the factory is an ~ to the eye l'usine est une insulte au regard; it's an ~ against good taste c'est un outrage au bon goût. -**3.** MIL [attack] attaque *f*, offensive *f*. -**4.** SPORT [attackers] attaque *f*.

offend [ə'fend] ◇ *vt* [person] offenser, blesser; she's easily ~ed elle est susceptible, elle se vexe pour un rien; don't be ~ed if I leave early ne le prends pas mal si je pars de bonne heure; she was very ~ed when he didn't come to her party elle a été extrêmement vexée qu'il ne vienne pas à sa soirée; the film contains scenes which could ~ some viewers le film contient des scènes pouvant choquer certains spectateurs ‖ [eyes, senses, reason] choquer; his behaviour ~s my sense of fair play son comportement choque mon sens du fair-play.

◇ *vi* JUR violer la loi, commettre un délit; he is liable to ~ again il risque de récidiver.

◆ **offend against** *vt insep* [law, regulation] enfreindre, violer; [custom] aller à l'encontre de; [good manners, good taste] être un outrage à.

offender [ə'fendə^r] *n* -**1.** JUR délinquant *m*, -e *f*; 13% of convicted ~s return to crime 13 % des condamnés récidivent ❑ drug ~ [dealer] trafiquant *m*, -e *f* de drogue; [user] toxicomane *mf*; sex ~ auteur *m* d'un délit sexuel; traffic ~s contrevenants *mpl* au Code de la route. -**2.** [gen - culprit] coupable *mf*; the chemical industry is the worst ~ l'industrie chimique est la première responsable.

offending [ə'fendɪŋ] *adj* blessant; the ~ word was omitted le mot choquant a été enlevé; the ~ object/article l'objet/l'article incriminé.

offense *Am* = **offence**.

offensive [ə'fensɪv] ◇ *adj* -**1.** [causing indignation, anger] offensant, choquant; to find sthg ~ être choqué par qqch; to be ~ to sb [person] injurier OR insulter qqn; this advertisement is ~ to Muslims/women cette publicité porte atteinte à la religion musulmane/à la dignité de la femme; ~ language propos *mpl* choquants. -**2.** [disgusting - smell] repoussant. -**3.** [aggressive] offensif; they took immediate ~ action ils sont immédiatement passés à l'offensive ❑ ~ weapon arme *f* offensive.

◇ *n* offensive *f*; to go over to OR to go on OR to take the ~ passer à OR prendre l'offensive; a military ~ une offensive militaire; a diplomatic/peace ~ une offensive diplomatique/de paix.

offensively [ə'fensɪvlɪ] *adv* -**1.** [behave, speak] d'une manière offensante OR blessante. -**2.** MIL & SPORT offensivement; ~, theirs is the stronger team en attaque, c'est leur équipe qui est la plus forte.

offer ['ɒfə^r] ◇ *vt* -**1.** [present] offrir; to ~ sthg to sb, to ~ sb sthg offrir qqch à qqn; she ~ed me £800 for my car elle m'a proposé 800 livres pour ma voiture; he ~ed her a chair/his arm il lui offrit une chaise/son bras; can I ~ you a drink? puis-je vous offrir un verre?; to ~ sb one's sympathy présenter ses condoléances à qqn; to have a lot to ~ [town, person] avoir beaucoup à offrir; candidates may ~ one of the following foreign languages les candidats peuvent présenter une des langues étrangères suivantes. -**2.** [propose] proposer; to ~ to do sthg s'offrir pour faire qqch, proposer de faire qqch; I ~ed to help them je leur ai proposé mon aide; to ~ sb advice donner des conseils à qqn; may I ~ a little advice? puis-je vous donner un petit conseil?; nobody bothered to ~ any explanation personne ne s'est soucié de fournir une explication.

◇ *n* offre *f*; ~s of help are pouring in les offres d'aide affluent; I'll make you a final ~ je vous ferai une dernière offre; £500 or near OR nearest ~ 500 livres, à débattre; she wants £500, but she's open to ~s elle veut 500 livres, mais elle est prête à négocier; make me an ~! faites-moi une offre!; I made him an ~ he couldn't refuse je lui ai fait une offre qu'il ne pouvait pas refuser; take advantage of our latest special ~s profitez de nos dernières offres spéciales.

◆ **on offer** *adv phr*: these goods are on ~ this week ces articles sont en promotion cette semaine; there aren't many jobs on ~ les offres d'emploi sont peu nombreuses.

◆ **offer up** *vt sep* [hymn, sacrifice] offrir.

offering ['ɒfərɪŋ] *n* -**1.** [action] offre *f*. -**2.** [thing offered] offre *f*, don *m*; his latest ~ is a novel set in Ireland *fig* le dernier roman qu'il nous propose se déroule en Irlande. -**3.** RELIG offrande *f*.

offer price *n* ST. EX prix *m* demandé.

offertory ['ɒfətrɪ] (*pl* offertories) *n* -**1.** [prayers, ritual] offertoire *m*. -**2.** [collection] quête *f*.

off-guard *adj* [moment]: in an ~ moment dans un moment d'inattention.

◆ **off guard** *adv phr*: to catch OR to take sb off guard prendre qqn au dépourvu; his offer of help caught her off guard elle ne s'attendait pas à ce qu'il lui propose son aide.

offhand [,ɒf'hænd] ◇ *adj* -**1.** [nonchalant] désinvolte, cavalier. -**2.** [abrupt] brusque.

◇ *adv* spontanément, au pied levé; ~ I'd say it'll take a week à première vue, je dirais que cela prendra une semaine; I can't give you the figures ~ je ne peux pas vous citer les chiffres de mémoire OR de tête.

offhanded [,ɒf'hændɪd] *adj* = **offhand** *adj*.

offhandedly [,ɒf'hændɪdlɪ] *adv* [nonchalantly] de façon désinvolte OR cavalière, avec désinvolture; [with abruptness] brusquement, sans ménagement.

office ['ɒfɪs] ◇ *n* -**1.** [of firm] bureau *m*; people who work in ~s les gens qui travaillent dans les bureaux; the whole ~ knows tout le bureau est au courant; she's been transferred to the Paris ~ elle a été mutée au bureau de Paris; ~ space is cheaper in the suburbs les bureaux sont moins chers en banlieue ❑ doctor's ~ *Am* cabinet *m* médical; lawyer's ~

cabinet *m* d'avocat; ~ **party** *réception organisée dans un bureau à l'occasion des fêtes de fin d'année.* -**2.** [government department] bureau *m*, département *m*; **I have to send this to the tax ~** je dois envoyer ça au centre des impôts ❑ **the Office of Fair Trading** *service britannique de la concurrence et des prix.* -**3.** [distribution point] bureau *m*, guichet *m*; **ticket ~** guichet *m (de vente des billets).* -**4.** [position, power] fonction *f*; **a woman in high ~** une femme haut placée; **he's one of the candidates seeking ~** c'est l'un des candidats qui se présentent aux élections; **to be in** OR **to hold ~** [political party] être au pouvoir; [mayor, minister, official] être en fonctions; **to be out of ~** avoir quitté ses fonctions; **to take ~** [political party] arriver au pouvoir; [mayor, minister, official] entrer en fonctions; **to resign/to leave ~** se démettre de/quitter ses fonctions; **to run for** OR **to seek ~** se présenter aux élections; **elected to the ~ of president** élu à la présidence. -**5.** RELIG office *m*.
◇ *comp* [furniture, hours, job, staff] de bureau.
◆ **offices** *npl* -**1.** [help, actions]: **I got the job through the (good) ~s of Mrs Katz** j'ai obtenu ce travail grâce aux bons offices de Mme Katz. -**2.** *Br* [of large house, estate] office *m*.

office bearer *n Br* [in club, association] membre *m* du bureau.

office block *n Br* immeuble *m* de bureaux.

office boy *n dated* garçon *m* de bureau.

office building = **office block**.

officeholder ['ɒfɪs,həʊldə^r] *n* -**1.** POL titulaire *mf* d'une fonction. -**2.** *Am* = **office bearer**.

office junior *n* stagiaire *mf (en secrétariat).*

officer ['ɒfɪsə^r] ◇ *n* -**1.** MIL officier *m*; **naval ~** officier de marine. -**2.** [policeman] agent *m* de police; [as form of address - to policeman] Monsieur l'agent; [- to policewoman] Madame l'agent. -**3.** [official - in local government] fonctionnaire *mf*; [- of trade union] représentant *m* permanent; [- of company] membre *m* de la direction; [- of association, institution] membre *m* du bureau; **the ~s of the association meet every month** le bureau de l'association se réunit tous les mois ❑ **careers ~** *Br* conseiller *m*, -ère *f* d'orientation; **prison ~** gardien *m*, -enne *f* de prison.
◇ *vt* MIL encadrer; **they were ~ed by young recruits** ils étaient encadrés par de jeunes recrues.

official [ə'fɪʃl] ◇ *adj* -**1.** [formal] officiel; **she's here on ~ business** elle est ici en visite officielle; **I can't understand this ~ language** je ne comprends rien à ce jargon administratif; **it's ~, they're getting a divorce** c'est officiel, ils divorcent; **his appointment will be made ~ tomorrow** sa nomination sera (rendue) officielle demain; **we decided to make it ~ (and get married)** nous avons décidé de rendre notre liaison officielle (en nous mariant); **to go through the ~ channels** suivre la filière (habituelle); **Spanish is the ~ language of Mexico** l'espagnol est la langue officielle du Mexique ❑ **~ strike** *grève soutenue par la direction du syndicat*; **the Official Secrets Act** *loi britannique sur le secret Défense.* -**2.** [alleged] officiel; **the ~ reason for his visit is to discuss trade** officiellement, il est là pour des discussions ayant trait au commerce.
◇ *n* [representative] officiel *m*; [civil servant] fonctionnaire *mf*; [subordinate employee] employé *m*, -e *f*; SPORT [referee] arbitre *m*; **a bank/club/union ~** un représentant de la banque/du club/du syndicat; **a government ~** un haut fonctionnaire.

officialdom [ə'fɪʃəldəm] *n pej* bureaucratie *f*.

officialese [ə,fɪʃə'li:z] *n pej* jargon *m* administratif.

officially [ə'fɪʃəlɪ] *adv* -**1.** [formally] officiellement; **he's now been ~ appointed** sa nomination est désormais officielle; **we now have it ~** la nouvelle est maintenant officielle. -**2.** [allegedly] théoriquement, en principe; **~, he's at the dentist's** en principe, il est chez le dentiste.

Official Receiver *n Br* ADMIN administrateur *m*, -trice *f* judiciaire; **the ~ has been called in** on a fait appel à l'administration judiciaire.

officiant [ə'fɪʃɪənt] *n* RELIG officiant *m*, célébrant *m*.

officiate [ə'fɪʃɪeɪt] *vi* -**1.** [gen]: **to ~ as** remplir les fonctions de; **she ~d at the ceremony** elle a présidé la cérémonie; **the mayor will ~ at the opening of the stadium** le maire inaugurera le stade. -**2.** RELIG officier.

officious [ə'fɪʃəs] *adj* -**1.** [overbearing] impérieux, autoritaire; [interfering] importun; [zealous] zélé, empressé. -**2.** [in diplomacy - unofficial] officieux; **~ talks** pourparlers *mpl* officieux.

officiously [ə'fɪʃəslɪ] *adv* [overbearingly] impérieusement, de manière autoritaire; [interferingly] d'une manière importune; [zealously] avec zèle, avec empressement.

offing ['ɒfɪŋ] *n* -**1.** NAUT large *m*. -**2.** *phr*: **to be in the ~** être imminent; **a confrontation had long been in the ~** une confrontation couvait depuis longtemps.

offish *inf* ['ɒfɪʃ] *adj Br* [aloof] plutôt distant OR froid.

off-key ◇ *adj* -**1.** MUS faux. -**2.** *fig* [remark] hors de propos, sans rapport.
◇ *adv* faux; **to play/to sing ~** jouer/chanter faux.

off-licence *n Br* -**1.** [shop] *magasin autorisé à vendre des boissons alcoolisées à emporter*; **at the ~** chez le marchand de vins. -**2.** [licence] licence *f (autorisant la vente de boissons alcoolisées à emporter).*

off-limits ◇ *adj* interdit; **the bar is ~ to non-coms** *inf* MIL le bar est interdit aux sous-offs.
◇ *adv* en dehors des limites autorisées; **to go ~** sortir des limites autorisées.

off-line *adj* -**1.** COMPUT [storage, mode] autonome; [equipment] hors-circuit; **~ processing** traitement *m* autonome. -**2.** INDUST [production] hors ligne.

off-load *vt* -**1.** [unload - passengers] débarquer; [- cargo] décharger. -**2.** [dump - work, blame]: **she tends to ~ responsibility onto other people** elle a tendance à se décharger de ses responsabilités sur les autres.

off-off-Broadway *adj Am* à l'avant-garde de l'avant-garde; **~ show** spectacle *m* d'avant-garde.

off-peak *adj* [consumption, rate, train] aux heures creuses, en dehors des périodes d'affluence OR de pointe; **~ hours** OR **times** heures *fpl* creuses.

off-piste *adj* & *adv* SPORT hors-piste.

offprint ['ɒfprɪnt] ◇ *n* tiré *m* à part.
◇ *vt*: **to ~ an article** faire un tiré à part.

off-putting *adj Br* [smell] repoussant; [manner] rébarbatif; [person, description] peu engageant; **the idea of a five-hour stopover is very ~** l'idée d'une escale de cinq heures n'a rien d'enthousiasmant OR de réjouissant.

off sales *npl Br vente à emporter de boissons alcoolisées.*

offscourings ['ɒf,skaʊərɪŋz] *npl* [dregs] lie *f*; [scum] écume *f*.

offscreen [*adj* 'ɒfskri:n, *adv* ɒf'skri:n] CIN & TV
◇ *adj* [out of sight] hors champ, off; **~ narration** commentaire *m* en voix off.
◇ *adv* -**1.** CIN & TV hors champ, off. -**2.** [in private life] dans le privé; **he's less handsome ~** il est moins séduisant dans la réalité.

off-season ◇ *n* morte-saison *f*.
◇ *adj* hors saison *(inv).*

offset ['ɒfset] (*pt* & *pp* **offset**, *cont* **offsetting**)
◇ *vt* -**1.** [make up for] contrebalancer, compenser; **the advantages tend to ~ the difficulties** les avantages compensent presque les inconvénients; **any wage increase will be ~ by inflation** avec l'inflation, les augmentations de salaire n'en seront plus vraiment; **we'll have to ~ our research investment against long-term returns** nous devons amortir notre investissement dans la recherche en faisant des bénéfices à long terme; **his faults are ~ by his enthusiasm** son enthousiasme fait oublier ses défauts. -**2.** PRINT imprimer en offset.
◇ *n* -**1.** [counterbalance] contrepoids *m*; [compensation] compensation *f*. -**2.** PRINT offset *m*. -**3.** BOT [shoot] rejeton *m*. -**4.** CONSTR ressaut *m*.

offshoot ['ɒfʃu:t] *n* -**1.** [spin-off] application *f* secondaire; **it's an ~ of space technology** c'est une application secondaire de la technologie spatiale ‖ [descendant]: **French and Spanish are ~s of Latin** le français et l'espagnol sont issus du latin ‖ [subsidiary]: **the company has ~s in Asia** la société a des succursales en Asie. -**2.** BOT rejeton *m*.

offshore ['ɒfʃɔ:^r] *adj* -**1.** [in or on sea] marin; [near shore - shipping, fishing, waters] côtier; [- island] près de la côte; PETR offshore *(inv)*, marin; **~ rig** plate-forme *f* offshore. -**2.** [towards open sea - current, direction] vers le large; [- wind] de terre. -**3.** FIN: **~ fund** placement *m* dans un paradis fiscal.

offside [*adj* & *adv* ,ɒf'saɪd, *n* 'ɒfsaɪd] ◇ *adj* & *adv* SPORT hors jeu *(inv)*; **to play the ~ trap** jouer le hors-jeu.
◇ *n Br* AUT [when driving on right] côté *m* gauche, côté *m* rue; [when driving on left] côté *m* droit, côté *m* rue.

offspring ['ɒfsprɪŋ] *(pl inv)* ◇ *n* -**1.** *arch* OR *hum* [son or daughter] rejeton *m*. -**2.** *fig* retombée *f*, conséquence *f*.
◇ *npl* [descendants] progéniture *f*.

offstage [*adv* ,ɒf'steɪdʒ, *adj* 'ɒf,steɪdʒ] ◇ *adv* -**1.** THEAT dans les coulisses; **she ran ~** elle quitta la scène en courant. -**2.** [in private life] en privé; **~, she was surprisingly reserved** en privé, elle était étonnamment réservée.
◇ *adj* dans les coulisses; **an ~ row** une querelle de coulisses.

off-street *adj*: **~ parking** place *f* de parking *(située ailleurs que dans la rue).*

off-the-cuff ◇ *adj* impromptu, improvisé.
◇ *adv* au pied levé, à l'improviste.

off-the-peg *adj* prêt à porter; **~ clothes** prêt-à-porter *m*.
◆ **off the peg** *adv* en confection, en prêt-à-porter.

off-the-record *adj* [not to be made public] confidentiel; [not to be put in minutes] à ne pas faire figurer dans le compte-rendu.

off-the-wall *inf adj* [crazy] loufoque, dingue; [unexpected] original, excentrique.

off-white ◇ *adj* blanc cassé *(inv).*
◇ *n* blanc *m* cassé.

off-year *n* POL *année présidentielle sans élection aux États-Unis.*

Ofgas ['ɒfgæs] (*abbr of* **Office of Gas Supply**) *pr n organisme britannique chargé de contrôler les activités des compagnies régionales de distribution du gaz.*

oft [ɒft] *adv lit* maintes fois, souvent.

oft- *in cpds*: **~repeated** [warning] réitéré; [argument] ressassé; **~quoted** souvent cité.

OFT *abbr of* Office of Fair Trading.

Oftel ['ɒftel] (*abbr of* **Office of Telecommunications**) *pr n agence gouvernementale britannique chargée de contrôler les activités des sociétés de télécommunications.*

often ['ɒfn, 'ɒftn] *adv* souvent; **I've ~ thought of leaving** j'ai souvent pensé à partir; **I don't see her very ~** je ne la vois pas très souvent; **it's not ~ you get an offer like that** ce n'est pas souvent qu'on vous fait une offre pareille; **do you come here ~?** vous venez ici souvent?; **how ~ do I have to tell you?** combien de fois faudra-t-il que je te le répète?; **how ~ does he write to you?** est-ce qu'il t'écrit souvent?; **she's said that once too ~** elle l'a dit une fois de trop.
◆ **as often as not** *adv phr* la plupart du temps.
◆ **every so often** *adv phr* de temps en temps, de temps à autre.
◆ **more often than not** *adv phr* la plupart du temps.

oftentimes ['ɒfəntaɪmz], **ofttimes** ['ɒftaɪmz] *adv arch* souventes fois.

Ofwat ['ɒfwɒt] (*abbr of* Office of Water Supply) *pr n organisme britannique chargé de contrôler les activités des compagnies régionales de distribution des eaux.*

ogival [əʊ'dʒaɪvəl] *adj* ogival, en ogive.

ogive ['əʊdʒaɪv] *n* ARCHIT & MATH ogive *f.*

ogle ['əʊgl] *vt* lorgner.

ogre ['əʊgə^r] *n* ogre *m.*

ogress ['əʊgrɪs] *n* ogresse *f.*

oh [əʊ] *interj* oh, ah; ~, what a surprise! oh, quelle surprise!; ~ really? vraiment?, ah bon?

OH *written abbr of* Ohio.

oh arr [-ɑː^r] *interj expression humoristique dénotant un parler paysan.*

Ohio [əʊ'haɪəʊ] *pr n* Ohio *m*; in ~ dans l'Ohio.

ohm [əʊm] *n* ohm *m.*

ohmmeter ['əʊm,miːtə^r] *n* ohmmètre *m.*

OHMS (*written abbr of* On His/Her Majesty's Service) *tampon apposé sur le courrier administratif britannique.*

oho [ə'həʊ] *interj* oh, ah.

oidium [əʊ'ɪdɪəm] *n* [fungus, disease] oïdium *m*; [spore] oïdie *f.*

oik *inf* [ɔɪk] *n Br pej* pignouf *m.*

oil [ɔɪl] ◇ *n* **-1.** [petroleum] pétrole *m*; to drill for ~ effectuer des forages pour trouver du pétrole. **-2.** [in food, as lubricant] huile *f*; [as fuel] mazout *m*; sardines in ~ sardines *fpl* à l'huile; to change the ~ AUT faire la vidange ❑ lubricating ~ huile lubrifiante; ~ of lavender/turpentine essence *f* de lavande/de térébenthine; olive/cod-liver ~ huile d'olive/de foie de morue; to pour ~ on troubled waters ramener le calme; suntan ~ huile solaire. **-3.** ART [paint] (peinture *f* à l') huile *f*; [picture] huile *f*; a portrait in ~s un portrait (peint) à l'huile; she works in ~s elle travaille avec de la peinture à l'huile.
◇ *comp* **-1.** [industry, production, corporation] pétrolier; [drum, deposit, reserves] de pétrole; [magnate, sheikh] du pétrole. **-2.** [level, pressure] d'huile; [filter] à huile; [heating, burner] à mazout.
◇ *vt* [machine, engine] lubrifier, graisser; [hinge, wood] huiler; [skin] graisser, huiler; it will help to ~ the wheels *fig* cela facilitera les choses.
◆ **oils** *npl* ST. EX (valeurs *fpl*) pétrolières *fpl.*

oil-bearing *adj* pétrolifère.

oil-burning *adj* à mazout.

oil cake *n* tourteau *m* (pour bétail).

oilcan ['ɔɪlkæn] *n* [drum] bidon *m* d'huile; [oiler] burette *f* (à huile).

oilcloth ['ɔɪlklɒθ] *n* toile *f* cirée.

oiled [ɔɪld] *adj* **-1.** [machine] lubrifié, graissé; [hinge, silk] huilé. **-2.** *inf* [drunk]: to be well ~ être complètement bourré.

oiler ['ɔɪlə^r] *n* **-1.** [person] graisseur *m*, -euse *f*. **-2.** [tanker] pétrolier *m*. **-3.** [can] burette *f* (à huile). **-4.** [well] puits *m* de pétrole.

oilfield ['ɔɪlfiːld] *n* gisement *m* de pétrole OR pétrolier.

oil-fired [-,faɪəd] *adj* à mazout.

oil gauge *n* [for measuring level] jauge *f* OR indicateur *m* de niveau d'huile; [for measuring pressure] indicateur *m* de pression d'huile.

oiliness ['ɔɪlɪnɪs] *n* **-1.** [greasiness] nature *f* huileuse; the ~ of the dish makes it rather indigestible ce plat contient tellement d'huile qu'il en devient indigeste. **-2.** *fig* [obsequiousness] obséquiosité *f*, patelinerie *f.*

oil lamp *n* [burning oil] lampe *f* à huile; [burning paraffin] lampe *f* à pétrole.

oilman ['ɔɪlmən] (*pl* oilmen [-mən]) *n* pétrolier *m (personne).*

oil paint *n* peinture *f* à l'huile *(substance).*

oil painting *n* peinture *f* à l'huile; he's no ~ *inf Br* ce n'est pas une beauté rare.

oil-producing *adj* producteur de pétrole; the ~ countries les pays producteurs de pétrole.

oil refinery *n* raffinerie *f* de pétrole.

oil rig *n* [onshore] derrick *m*; [offshore] plate-forme *f* pétrolière.

oilskin ['ɔɪlskɪn] ◇ *n* **-1.** [cloth] toile *f* cirée. **-2.** [garment] ciré *m.*
◇ *comp* en toile cirée.

oil slick *n* nappe *f* de pétrole.

oil spill *n* **-1.** [event] marée *f* noire. **-2.** = **oil slick.**

oil stove *n Br* [using fuel oil] poêle *m* à mazout; [using paraffin, kerosene] réchaud *m* à pétrole.

oil tanker *n* [ship] pétrolier *m*, tanker *m*; [lorry] camion-citerne *m (pour le pétrole).*

oil terminal *n* terminal *m* (pétrolier).

oil well *n* puits *m* de pétrole.

oily ['ɔɪlɪ] (*compar* **oilier**, *superl* **oiliest**) *adj* **-1.** [substance] huileux; [rag, fingers] graisseux; [cooking, hair, skin] gras; an ~ stain une tache de graisse. **-2.** *pej* [smile, person] mielleux, doucereux.

oink [ɔɪŋk] ◇ *n* grognement *m*, grommellement *m.*
◇ *onomat* krouik-krouik.

ointment ['ɔɪntmənt] *n* pommade *f*, onguent *m.*

oiro (*written abbr of* offers in the region of): ~ £100 100 livres à débattre.

OK (*pt* & *pp* **OKed**, *cont* **OKing**) ◇ *interj inf* OK, d'accord, d'ac; well ~, I'm not a specialist, but... bon, d'accord, je ne suis pas spécialiste, mais...; in five minutes, ~? dans cinq minutes, ça va? ❑ ~ yah *expression humoristique dénotant les milieux BCBG.*
◇ *adj inf*: you look very pale, are you ~? tu es très pâle, tu te sens bien?; don't worry about me, I'm ~ ne t'inquiète pas pour moi, je vais bien; that idea sounds ~ to me ça me semble être une bonne idée; is it a good film? — it's ~ est-ce un bon film? — pas mal; it's ~ but it could be better ce n'est pas mal, mais ça pourrait être mieux; I'll bring my husband if that's ~ with OR by you je viendrai avec mon mari, si ça ne vous gêne pas; thanks for your help — that's ~! merci de votre aide — de rien! OR il n'y a pas de quoi!; he's ~, he's an ~ guy *Am* c'est un type sympa.
◇ *adv inf* bien; is the engine working ~? le moteur, ça va?; everything is going ~ tout va bien OR marche bien; you're doing ~! tu t'en tires bien!
◇ *vt inf* [approve] approuver; [initial] parafer, parapher; his plan has been ~ed son projet a reçu le feu vert.
◇ *n inf* [agreement] accord *m*; [approval] approbation *f*; I gave him the ~ je lui ai donné le feu vert; did you get her ~ on the new plan? elle est d'accord pour le nouveau projet?
◇ *written abbr of* Oklahoma.

okapi [əʊ'kɑːpɪ] (*pl inv* OR **okapis**) *n* okapi *m.*

okay [,əʊ'keɪ] = **OK.**

okeydoke(y) *inf* [,əʊkɪ'dəʊk(ɪ)] *interj* d'ac, OK.

Okie▽ ['əʊkɪ] *n Am offensive* **-1.** [inhabitant] habitant *m*, -e *f* de l'Oklahoma. **-2.** HIST: the ~s *habitants de l'Oklahoma qui se sont déplacés vers la Californie dans les années 30 pour échapper à la pauvreté du «Dust Bowl».*

Oklahoma [,əʊklə'həʊmə] *pr n* Oklahoma *m*; in ~ dans l'Oklahoma.

okra ['əʊkrə] *n* gombo *m.*

ol' *inf* [əʊl] = **old** *adj.*

old [əʊld] (*compar* **older**, *superl* **oldest**) ◇ *adj* **-1.** [not new or recent] vieux; the ~ traditions of the countryside les vieilles traditions campagnardes; there's an ~ saying that... il y a un vieux dicton qui dit que...; it's hard to shake off ~ habits on ne se débarrasse pas facilement de ses vieilles habitudes; not that ~ excuse again! tu ne vas pas/il ne va pas *etc* ressortir encore une fois la même excuse!; they're ~ friends ce sont de vieux amis OR des amis de longue date; the ~ country la mère patrie. **-2.** [not young] vieux; an ~ man un vieil homme; an ~ woman une vieille femme; I don't like that ~ man/woman je n'aime pas ce vieux/cette vieille; ~ people personnes *fpl* âgées; the ~ folks les vieux *mpl*; to get OR grow ~ vieillir; who will look after me in my ~ age? qui s'occupera de moi quand je serai vieux?; I've got a little money put aside for my ~ age j'ai quelques économies de côté pour mes vieux jours ❑ ~ people's home maison *f* de retraite. **-3.** [referring to a particular age]: how ~ is she? quel âge a-t-elle?; to be ~ enough to do sthg être en âge de faire qqch; she's ~ enough to know better elle ne devrait plus faire ce genre de chose à son âge; he's ~ enough to look after himself il est (bien) assez grand pour se débrouiller tout seul; he's ~ enough to be my father! il pourrait être mon père!; she's two years ~er than him elle a deux ans de plus que lui; my boy wants to be a soldier when he's ~er mon fils veut être soldat quand il sera grand; the ~er generation la vieille génération; my ~er sister ma sœur aînée; she's 6 months/25 years ~ elle a 6 mois/25 ans, elle est âgée de 6 mois/25 ans; they have a 14-year-~ boy ils ont un garçon de 14 ans; a 3-day-~ baby un bébé de 3 jours. **-4.** [former] ancien; that's my ~ address c'est mon ancienne adresse; an ~ admirer of hers un de ses anciens admirateurs ❑ in the ~ days autrefois, jadis; the good ~ days le bon vieux temps. **-5.** *inf* [expressing familiarity or affection] vieux, brave; ~ Jim wants to speak to you le vieux Jim veut te parler; good ~ Jack! ce (bon) vieux Jack!; hello, ~ thing OR chap! *dated* salut, mon vieux OR vieille branche! **-6.** *inf* [as intensifier]: it's a funny ~ life! la vie est drôle, quand même!; you ~ bastard!▽ espèce de salaud!; silly ~ bat *inf* espèce de vieille folle!; any ~ bit of wood will do n'importe quel vieux bout de bois fera l'affaire; any ~ how n'importe comment; I just wear any ~ thing to do the gardening je porte n'importe quel vieux truc pour jardiner; he's not just any ~ scientist, he's a Nobel prizewinner ce n'est pas n'importe quel scientifique, c'est un prix Nobel.
◇ *npl*: the ~ les vieux *mpl*; a game for ~ and young alike un jeu pour tous les âges.
◆ **of old** *adv phr* **-1.** *lit* [of former times]: in days of ~ autrefois, jadis; the knights of ~ les chevaliers du temps jadis OR de jadis. **-2.** [for a long time]: I know them of ~ je les connais depuis longtemps.

old age pension *n Br* (pension *f* de) retraite *f.*

old age pensioner *n Br* retraité *m*, -e *f.*

Old Bailey *pr n*: the ~ *la Cour d'assises de Londres.*

Old Bill▽ *npl Br*: the ~ les flics *mpl.*

old boy *n Br* **-1.** [ex-pupil of school] ancien élève *m*. **-2.** *inf* [old man] vieux *m*; he's a nice ~ c'est un vieux monsieur charmant. **-3.** *inf dated* [form of address] mon vieux.

old boy network *inf n Br contacts privilégiés entre anciens élèves d'un même établissement privé*; he got the job through the ~ il a obtenu ce poste en faisant jouer ses relations.

olde [əʊld, 'əʊldɪ] *adj* [in name of inn, shop] d'antan, d'autrefois; 'Ye Olde Sweet Shoppe' 'Aux Douceurs d'Autrefois'.

olden ['əʊldn] *adj arch* OR *lit* d'autrefois, d'antan; in ~ times OR days autrefois, jadis.

Old English *n* vieil anglais *m.*

Old English sheepdog *n* bobtail *m.*

olde-worlde [,əʊldɪ'wɜːldɪ] *Br* = **old-world 1.**

old-fashioned [-'fæʃnd] ◇ *adj* **-1.** [out-of-date] suranné, désuet, démodé; [idea] périmé, démodé; he's a bit ~ il est un peu vieux jeu. **-2.** [of the past] d'autrefois, ancien; he needs a good ~ kick in the pants *inf hum* ce qu'il lui faudrait, c'est un bon coup de pied aux fesses. **-3.** [quizzical]: to give sb an ~ look jeter un regard dubitatif à qqn.
◇ *n Am* old-fashioned *m (cocktail au whisky).*

old flame *n* ancien béguin *m.*

Old French *n* ancien français *m.*

old girl *n Br* **-1.** [ex-pupil] ancienne élève *f*. **-2.** *inf* [old woman] vieille *f*; she's a nice ~ c'est une vieille dame charmante. **-3.** *inf dated* [form of address] ma chère, chère amie.

Old Glory *pr n Am surnom du drapeau américain.*

old guard *n* vieille garde *f.*

old hand *n* vieux routier *m*, vétéran *m*; **he's an ~ at flying these planes** cela fait des années qu'il pilote ces avions.

old hat *inf adj* dépassé, vieux.

oldie *inf* ['əʊldɪ] *n* -**1.** [show, song] vieux succès *m*; [pop song] vieux tube *m*; **golden ~** *hum* vieux tube. -**2.** [old person] (petit) vieux *m*, (petite) vieille *f*.

oldish ['əʊldɪʃ] *adj* vieillot.

old lady *inf* = **old woman 1, 2.**

old maid *n* vieille fille *f*.

old-maidish [-'meɪdɪʃ] *adj* [habits] de vieille fille; **to become ~** [man] prendre des habitudes de vieux garçon.

old man *inf n* -**1.** [husband] homme *m*. -**2.** [father] vieux *m*. -**3.** *Br dated* [form of address] mon cher, cher ami.

old master *n* [painter] grand maître *m* (de la peinture); [painting] tableau *m* de maître.

Old Nick *pr n* Satan *m*, Lucifer *m*.

old school *n*: **of the ~** de la vieille école; **a writer of the ~** un écrivain de la vieille école.

old school tie *n Br* -**1.** *literal* cravate *f* aux couleurs de son ancienne école. -**2.** *fig & pej attitudes et système de valeurs typiques des anciens élèves des écoles privées britanniques.*

old stager *n* vieux routier *m*, vétéran *m*.

oldster *inf* ['əʊldstə^r] *n Am* ancien *m*, vieillard *m*.

Old Testament *n* Ancien Testament *m*.

old-time *adj* d'autrefois, ancien; **~ dancing** danses anciennes.

old-timer *inf n Am* [old person] vieillard *m*, ancien *m*, -enne *f*; [veteran] vétéran *m*, vieux *m* de la vieille.

old wives' tale *n* conte *m* de bonne femme.

old woman *inf n* -**1.** [wife] patronne *f*, bourgeoise *f*. -**2.** [mother] vieille *f*. -**3.** *fig & pej*: **he's such an ~** il est comme une petite vieille.

old-womanish *adj Br* [habits] de vieille femme; **he's rather ~** il a des manies de petite vieille.

old-world *adj* -**1.** [of the past] d'antan, d'autrefois; [quaint] pittoresque; **a village full of ~ charm** un village au charme suranné. -**2.** [of the Old World] de l'Ancien Monde OR Continent.

Old World *pr n*: **the ~** l'Ancien Monde.

ole *inf* [əʊl] = **old** *adj*.

oleaginous [,əʊlɪ'ædʒɪnəs] *adj* oléagineux.

oleander [,əʊlɪ'ændə^r] *n* laurier-rose *m*.

oleic acid [əʊ'li:ɪk-] *n* acide *m* oléique.

oleomargarine [,ɒlɪəʊ'mɑ:dʒəri:n] *n Am* margarine *f*.

O level *n Br* SCH *examen qui sanctionnait autrefois la fin des études au niveau de la seconde*, ≃ BEPC *m*.

olfaction [ɒl'fækʃn] *n* olfaction *f*.

olfactory [ɒl'fæktərɪ] *adj* olfactif; **~ nerve** nerf *m* olfactif.

oligarchic(al) [,ɒlɪ'gɑ:kɪk(l)] *adj* oligarchique.

oligarchy ['ɒlɪgɑ:kɪ] (*pl* **oligarchies**) *n* oligarchie *f*.

Oligocene [ɒ'lɪgəsi:n] ◇ *adj* oligocène.
◇ *n* oligocène *m*.

oligopoly [,ɒlɪ'gɒpəlɪ] *n* oligopole *m*.

oligopsony [,ɒlɪ'gɒpsənɪ] *n* oligopsone *m*.

olive ['ɒlɪv] ◇ *n* [fruit] olive *f*; [tree] olivier *m*; **~ (wood)** bois *m* d'olivier; **~ grove** olivaie *f*, oliveraie *f*.
◇ *adj* [colour] (vert) olive *(inv)*; **he has an ~ complexion** il a le teint olive.

olive branch *n* rameau *m* d'olivier; **to hold out an ~ to sb** proposer à qqn de faire la paix.

olive drab *Am* ◇ *adj* gris-vert (olive) *(inv)*.
◇ *n* [colour] gris-vert *m* (olive); [cloth] toile *f* gris-vert (olive); [uniform] uniforme *m* gris-vert *(surtout celui de l'Armée des États-Unis)*.

olive green *n* vert *m* olive.
◆ **olive-green** *adj* vert olive *(inv)*.

olive oil *n* huile *f* d'olive.

Olympia [ə'lɪmpɪə] *pr n* Olympie.

Olympiad [ə'lɪmpɪæd] *n* olympiade *f*.

Olympian [ə'lɪmpɪən] ◇ *n* -**1.** MYTH Olympien *m*, -enne *f*. -**2.** *Am* SPORT athlète *mf* olympique.
◇ *adj* olympien; **it was an ~ task** *fig* cela représentait un travail phénoménal.

Olympic [ə'lɪmpɪk] *adj* olympique; **an ~ champion** un champion olympique ❑ **the ~ Games** les jeux Olympiques.
◆ **Olympics** *npl*: **the ~s** les jeux Olympiques.

Olympus [əʊ'lɪmpəs] *pr n*: **(Mount) ~** l'Olympe *m*.

OM *abbr of* Order of Merit.

O & M (*abbr of* organization and method) *n* O et M *f*.

Oman [əʊ'mɑ:n] *pr n* Oman; **in ~** à Oman.

Omani [əʊ'mɑ:nɪ] ◇ *n* Omanais *m*, -e *f*.
◇ *adj* omanais.

OMB (*abbr of* Office of Management and Budget) *pr n organisme fédéral américain chargé de préparer le budget.*

ombudsman ['ɒmbʊdzmən] (*pl* **ombudsmen** [-mən]) *n* ombudsman *m*, médiateur *m*; [in Quebec] protecteur *m* du citoyen.

ombudswoman ['ɒmbʊdz,wʊmən] (*pl* **ombudswomen** [-,wɪmɪn]) *n* médiatrice *f*; [in Quebec] protectrice *f* du citoyen.

omega ['əʊmɪgə] *n* oméga *m*.

omelette *Br*, **omelet** *Am* ['ɒmlɪt] *n* omelette *f*; **plain/mushroom ~** omelette nature/aux champignons ❑ **you can't make an ~ without breaking eggs** *prov* on ne fait pas d'omelette sans casser d'œufs *prov*.

omen ['əʊmen] *n* augure *m*, présage *m*; **a good/bad ~** un bon/mauvais présage; **the ~s aren't good** cela ne laisse rien présager de bon; **a bird of ill ~** un oiseau de mauvaise augure.

ominous ['ɒmɪnəs] *adj* [threatening] menaçant, inquiétant; [boding ill] de mauvais augure, de sinistre présage; **an ~ silence** un silence lourd de menaces; **an ~ sign** un signe inquiétant OR alarmant; **~ black clouds** des nuages menaçants.

ominously ['ɒmɪnəslɪ] *adv* de façon inquiétante OR menaçante; **the sea was ~ calm** la mer était étrangement calme; **he looked at her ~** il lui jeta un regard inquiétant.

omission [ə'mɪʃn] *n* -**1.** [exclusion - accidental] omission *f*, oubli *m*; [- deliberate] exclusion *f*; **their mistakes were sins of ~** ils ont péché par omission; **there are several major ~s in his report** il y a plusieurs oublis importants dans son rapport. -**2.** TYPO [text omitted] bourdon *m*.

omit [ə'mɪt] (*pt & pp* **omitted**, *cont* **omitting**) *vt* omettre; **a name was omitted from the list** un nom a été omis sur la liste; **to ~ to do sthg** omettre de faire qqch; **she omitted to say where she had been** elle a omis de dire où elle était allée.

omnibus ['ɒmnɪbəs] ◇ *n* -**1.** *dated* [bus] omnibus *m*. -**2.** RADIO & TV *rediffusion des épisodes d'un feuilleton en continu*.
◇ *adj Br* [edition] complet; **~ volume** anthologie *f*.

omnibus bill *n Am projet de loi englobant des mesures diverses.*

omnidirectional [,ɒmnɪdɪ'rekʃənl] *adj* omnidirectionnel.

omnifarious [,ɒmnɪ'feərɪəs] *adj* de toutes sortes, très varié.

omnipotence [ɒm'nɪpətəns] *n* omnipotence *f*.

omnipotent [ɒm'nɪpətənt] ◇ *adj* omnipotent, tout-puissant.
◇ *n*: **the Omnipotent** le Tout-Puissant.

omnipresence [,ɒmnɪ'prezəns] *n* omniprésence *f*.

omnipresent [,ɒmnɪ'prezənt] *adj* omniprésent.

omnirange ['ɒmnɪ,reɪndʒ] *n* radiophare *m* omnidirectionnel.

omniscience [ɒm'nɪsɪəns] *n* omniscience *f*.

omniscient [ɒm'nɪsɪənt] *adj* omniscient.

omnivore ['ɒmnɪvɔ:^r] *n* omnivore *m*.

omnivorous [ɒm'nɪvərəs] *adj* ZOOL omnivore; *fig* insatiable, avide.

on [ɒn] ◇ *prep* **A.** -**1.** [specifying position] sur; **the vase is on the shelf** le vase est sur l'étagère; **put it on the shelf** mets-le sur l'étagère; **on the floor** par terre; **on the ceiling** au plafond; **there are posters on the walls** il y a des affiches aux OR sur les murs; **there was blood on the walls** il y avait du sang sur les murs; **a coat was hanging on the hook** un manteau était accroché à la patère; **to lie on one's back/side** être allongé sur le dos/côté; **on the left/right** à gauche/droite. -**2.** [indicating writing or painting surface] sur; **I had nothing to write on** je n'avais rien sur quoi écrire; **red on a green background** rouge sur un fond vert. -**3.** [indicating general location, area]: **he works on a building site** il travaille sur un chantier; **they live on a farm** ils habitent une ferme; **there's been an accident on the M1** il y a eu un accident sur la M1; **we met on the way there** on s'est rencontrés en chemin. -**4.** [indicating part of body touched] sur; **I kissed him on the cheek** je l'ai embrassé sur la joue; **someone tapped me on the shoulder** quelqu'un m'a tapé sur l'épaule. -**5.** [close to]: **the village is right on the lake/sea** le village est juste au bord du lac/de la mer. -**6.** [indicating movement, direction]: **the mirror fell on the floor** la glace est tombée par terre; **they marched on the capital** ils marchèrent sur la capitale.

B. -**1.** [indicating thing carried] sur; **I only had £10 on me** je n'avais que 10 livres sur moi; **she's got a gun on her** elle est armée. -**2.** [indicating facial expression]: **he had a scornful smile on his face** il affichait un sourire plein de mépris.

C. -**1.** [indicating purpose of money, time, effort spent] sur; **I spent hours on that essay** j'ai passé des heures sur cette dissertation; **she spent £1,000 on her new stereo** elle a dépensé 1 000 livres pour acheter sa nouvelle chaîne hi-fi; **what are you working on at the moment?** sur quoi travaillez-vous en ce moment? -**2.** [indicating activity undertaken]: **to be on strike** être en grève; **he's off on a trip to Brazil** il part pour un voyage au Brésil; **to go on safari** faire un safari; **she was sent on a course** on l'a envoyée suivre des cours; **I'm on nights next week** je suis de nuit la semaine prochaine; **he's on lunch** *Am* **/a break** *Am* il est en train de déjeuner/faire la pause; **she's been on the committee for years** ça fait des années qu'elle siège au comité. -**3.** [indicating special interest, pursuit]: **she's keen on music** elle a la passion de la musique; **he's good on modern history** il excelle en histoire moderne; **she's very big on equal opportunities** l'égalité des chances, c'est son cheval de bataille. -**4.** [indicating scale of activity]: **on a large/small scale** sur une grande/petite échelle. -**5.** [compared with] par rapport à; **imports are up/down on last year** les importations sont en hausse/en baisse par rapport à l'année dernière; **it's an improvement on the old system** c'est une amélioration par rapport à l'ancien système.

D. -**1.** [about, on the subject of] sur; **a book/film on the French Revolution** un livre/film sur la Révolution française; **we all agree on that point** nous sommes tous d'accord sur ce point; **I need some advice on a legal matter** j'ai besoin de conseils sur un point légal. -**2.** [indicating person, thing affected] sur; **it has no effect on them** cela n'a aucun effet sur eux; **a tax on alcohol** une taxe sur les boissons alcoolisées; **try it on your parents** essaie-le sur tes parents; **the government must act on inflation** le gouvernement doit prendre des mesures contre l'inflation; **he has survived two attempts on his life** il a échappé à deux tentatives d'assassinat; **it's unfair on women** c'est injuste envers les femmes; **the joke's on you!** c'est toi qui as l'air ridicule! -**3.** [indicating cause of injury]: **I cut my finger on a piece of glass** je me suis coupé le doigt sur un morceau de verre. -**4.** [according to] selon; **everyone will be judged on their merits** chacun sera jugé selon ses mérites; **candidates are selected on their examination results** les candidats sont choisis en fonction des résultats qu'ils ont obtenus à l'examen.

-5. [indicating reason, motive for action]: on impulse sur un coup de tête; the police acted on information from abroad la police est intervenue après avoir reçu des renseignements de l'étranger; I shall refuse on principle je refuserai par principe. -6. [included in, forming part of]: your name isn't on the list votre nom n'est pas sur la liste; the books on the syllabus les livres au programme; on the agenda à l'ordre du jour. -7. [indicating method, system]: they work on a rota system ils travaillent par roulement; reorganized on a more rational basis réorganisé sur une base plus rationnelle. -8. [indicating means of transport]: on foot/horseback à pied/cheval; on the bus/train dans le bus/train; she arrived on the midday bus/train elle est arrivée par le bus/train de midi. -9. [indicating instrument played]: to play a tune on the flute jouer un air à la flûte; who's on guitar/on drums? qui est à la guitare/à la batterie? -10. RAD, TV & THEAT: I heard it on the radio/on television je l'ai entendu à la radio/à la télévision; it's the first time she's been on television c'est la première fois qu'elle passe à la télévision; what's on the other channel OR side? qu'est-ce qu'il y a sur l'autre chaîne?; on stage sur scène. -11. [indicating where information is stored]: it's all on computer tout est sur ordinateur; on file sur fichier.
E. [indicating date, time etc]: on the 6th of July le 6 juillet; on Christmas Day le jour de Noël; I'll see her on Monday je la vois lundi; on Monday morning lundi matin; I don't work on Mondays je ne travaille pas le lundi; on a Monday morning in February un lundi matin (du mois) de février; the train arrived on time le train est arrivé à l'heure; every hour on the hour à chaque heure; it's just on five o'clock il est cinq heures pile.
F. -1. [indicating source of payment]: have a drink on me prenez un verre, c'est moi qui offre; the drinks are on me/the house! c'est ma tournée/la tournée du patron!; you can get it on the National Health ≃ c'est remboursé par la Sécurité sociale. -2. [indicating source or amount of income]: you can't live on such a low wage on ne peut pas vivre avec des revenus aussi modestes; they're on the dole *inf* OR on unemployment benefit ils vivent du chômage OR des allocations de chômage. -3. [indicating source of power] à; it works on solar energy/on electricity ça marche à l'énergie solaire/à l'électricité. -4. [indicating source of nourishment] de; they live on cereals ils se nourrissent de céréales; we dined on oysters and champagne nous avons dîné d'huîtres et de champagne. -5. [indicating drugs, medicine prescribed]: is she on the pill? est-ce qu'elle prend la pilule?; I'm still on antibiotics je suis toujours sous antibiotiques; the doctor put her on tranquillizers le médecin lui a prescrit des tranquillisants; he's on drugs il se drogue. -6. [at the same time as] à; he'll deal with it on his return il s'en occupera à son retour; cash on delivery paiement à la livraison; looters will be shot on sight les pillards seront abattus sans sommation || [with present participle] en; on hearing the news en apprenant la nouvelle.
◇ *adv* -1. [in place]: the lid wasn't on le couvercle n'était pas mis; put the top back on afterwards remets le capuchon ensuite. -2. [referring to clothes]: why have you got your gloves on? pourquoi as-tu mis tes gants?; the woman with the blue dress on la femme en robe bleue; he's got nothing on il est nu. -3. [indicating continued action]: to read on continuer à lire; the car drove on la voiture ne s'est pas arrêtée; they walked on ils poursuivirent leur chemin; from now OR this moment OR this time on désormais; earlier/later/further on plus tôt/tard/loin. -4. [indicating activity]: I've got a lot on this week je suis très occupé cette semaine; have you got anything on tonight? tu fais quelque chose ce soir?; what's on at the cinema? qu'est-ce qui passe au cinéma? -5. [functioning, running]: put OR turn OR switch the television on allume la télévision; turn the tap on ouvre le robinet; the lights had been left on les lumières étaient restées allumées; the tap had been left on le robinet était resté ouvert; the car had its headlights on les phares de la voiture étaient allumés. -6. *inf phr*: to be OR go on about sthg parler de qqch sans arrêt; he's on about his new car again le voilà reparti sur sa nouvelle voiture; what's she on about? qu'est-ce qu'elle raconte?; to be OR go on at sb (about sthg): my parents are always on at me about my hair mes parents n'arrêtent pas de m'embêter avec mes cheveux.
◇ *adj* -1. [working - electricity, light, radio, TV] allumé; [- gas, tap] ouvert; [- engine, machine] en marche; [- handbrake] serré; the radio was on very loud la radio hurlait; make sure the switches are in the on position vérifiez que les interrupteurs sont sur (la position) «marche»; the on button le bouton de mise en marche. -2. [happening, under way]: there's a conference on next week il y a une conférence la semaine prochaine; the match is still on [on TV] le match n'est pas terminé; [going ahead] le match n'a pas été annulé; it's on at the local cinema ça passe au cinéma du quartier; your favourite TV programme is on tonight il y a ton émission préférée à la télé ce soir; is our deal still on? est-ce que notre affaire tient toujours?; the kettle's on for tea j'ai mis de l'eau à chauffer pour le thé; hurry up, your dinner's on dépêche-toi, ton dîner va être prêt. -3. [in betting]: the odds are twenty to one on la cote est de vingt contre un. -4. *inf* [acceptable]: such behaviour just isn't on! une telle conduite est tout à fait inadmissible! -5. *inf* [feasible, possible]: we'll never be ready by tomorrow, it just isn't on nous ne serons jamais prêts pour demain, c'est tout bonnement impossible. -6. *inf* [in agreement]: are you still on for dinner tonight? ça marche toujours pour le dîner de ce soir?; shall we say £10? — you're on! disons 10 livres? — d'accord OR tope là!
◆ **on and on** *adv phr* sans arrêt; he goes on and on about his minor ailments il nous rebat les oreilles avec ses petits problèmes de santé; the play dragged on and on la pièce n'en finissait plus.
◆ **on and off** *adv phr*: we went out together on and off for three years on a eu une relation irrégulière pendant trois ans.

ON *written abbr of* Ontario.

onanism ['əʊnənɪzm] *n* onanisme *m*.

onanist ['əʊnənɪst] ◇ *adj* onaniste.
◇ *n* onaniste *mf*.

once [wʌns] ◇ *adv* -1. [on a single occasion] une fois; I've been there ~ before j'y suis déjà allé une fois; more than ~ plus d'une fois; ~ or twice une ou deux fois; ~ a month/year une fois par mois/an; I see her ~ every three months je la vois tous les trois mois ❑ ~ in a while occasionnellement, une fois de temps en temps; ~ more OR again encore une fois; for ~ he isn't late pour une fois, il n'est pas en retard; ~ a liar always a liar qui a menti mentira; I'll try anything ~ il faut bien tout essayer; ~ bitten twice shy *prov* chat échaudé craint l'eau froide *prov*. -2. [formerly] jadis, autrefois, une fois; people ~ believed that the world was flat autrefois, on croyait que la terre était plate; a ~ famous poet un poète autrefois célèbre; ~ there was a little girl called Goldilocks il était une fois une petite fille nommée Boucle d'or ❑ ~ upon a time there was... il était une fois...
◇ *conj* une fois que, dès que; it'll be easy ~ we've started une fois qu'on aura commencé, ce sera facile; give me a call ~ you get there passe-moi un coup de fil quand tu arrives; ~ you've told her the truth there'll be no turning back une fois que tu lui auras dit la vérité, il ne te sera plus possible de faire marche arrière.
◇ *n*: (just) this ~ (juste) pour cette fois-ci, (juste) pour une fois; she did it just the ~ elle ne l'a fait qu'une seule fois.
◆ **at once** *adv phr* -1. [at the same time] à la fois, en même temps; it was at ~ fascinating and terrifying c'était à la fois fascinant et terrifiant. -2. [immediately] tout de suite; come here at ~! viens ici tout de suite OR immédiatement!
◆ **once and for all** *adv phr* une fois pour toutes; let's settle this matter ~ and for all! réglons cette affaire une (bonne) fois pour toutes!

once-over *inf n* -1. [glance] coup *m* d'œil; I gave the morning paper the ~ j'ai jeté un coup d'œil sur le journal du matin; I could see her giving me the ~ je la voyais qui me regardait des pieds à la tête. -2. [clean]: give the stairs/the bookcase a quick ~ passe un coup dans l'escalier/sur la bibliothèque. -3. [beating] raclée *f*; to give sb the OR a ~ donner une bonne raclée à qqn.

oncogenesis [,ɒŋkəʊ'dʒenɪsɪs] *n* oncogenèse *f*.

oncogenic [,ɒŋkəʊ'dʒenɪk] *adj* oncogène.

oncologist [ɒŋ'kɒlədʒɪst] *n* oncologue *mf*, oncologiste *mf*.

oncology [ɒŋ'kɒlədʒɪ] *n* oncologie *f*.

oncoming ['ɒn,kʌmɪŋ] ◇ *adj* -1. [traffic, vehicle] venant en sens inverse. -2. [year, season] qui arrive, qui approche; the ~ generation of school-leavers les jeunes qui vont quitter l'école à la fin de cette année scolaire.
◇ *n* approche *f*.

OND (*abbr of* Ordinary National Diploma) *n brevet de technicien supérieur en Grande-Bretagne*.

one [wʌn] ◇ *det* -1. *(as numeral)* [in expressions of age, date, measurement etc] un *m*, une *f*; ~ dollar un dollar; ~ pound une livre; ~ and a half kilos un kilo et demi; ~ million un million; ~ thousand mille; at ~ o'clock à une heure; he'll be ~ (year old) in June il aura un an en juin; on page ~ [of book] (à la) page un; [of newspaper] à la une ❑ ~ or two [a few] un/une ou deux; a million OR a thousand and ~ [a lot] un millier de. -2. [referring to a single object or person] un *m*, une *f*; ~ American in two un Américain sur deux; only ~ answer is correct il n'y a qu'une seule bonne réponse; at any ~ time au même moment; ~ car looks much like another to me pour moi, toutes les voitures se ressemblent; take ~ half and give him the other prends-en une moitié et donne-lui l'autre. -3. [only, single] seul, unique; my ~ mistake ma seule erreur; the ~ woman who knows la seule femme qui soit au courant; no ~ man should have that responsibility c'est trop de responsabilité pour un seul homme; not ~ family was spared pas une (seule) famille ne fut épargnée. -4. [same] même; they all arrived on the ~ day ils sont tous arrivés le même jour; the two wanted men are in fact ~ and the same person les deux hommes recherchés sont en fait une seule et même personne; to be of ~ mind (with sb on sthg) être du même avis (que qqn sur qqch). -5. [instead of 'a']: if there's ~ thing I hate it's rudeness s'il y a une chose que je n'aime pas, c'est bien la grossièreté; for ~ thing it's too late d'abord, c'est trop tard; we had ~ customer once who wouldn't leave une fois on a eu un client qui ne voulait pas partir. -6. [a certain]: I was introduced to ~ Arthur Crown on m'a présenté un certain Arthur Crown. -7. [indicating indefinite time]: ~ day you'll understand un jour, tu comprendras; ~ evening in July un soir de juillet; early ~ morning un matin de bonne heure. -8. *inf* [as intensifier]: that's ~ fine car! c'est une sacrée bagnole!; the room was ~ big mess il y avait une de ces pagailles dans la pièce!; it's been ~ hell of a day! quelle journée!
◇ *pron* A. -1. [person, thing]: which ~ lequel *m*, laquelle *f*; this ~ celui-ci *m*, celle-ci *f*; the other ~ l'autre; the right ~ le bon; the wrong ~ le mauvais; which ~s? lesquels? *mpl*, lesquelles? *fpl*; these ~s ceux-ci *mpl*, celles-ci *fpl*; which dog? — the ~ that's barking quel chien? — celui qui aboie; which cars? — the ~s you like quelles voitures? — celles que tu aimes;

he's the ~ who did it c'est lui qui l'a fait; ~ of my colleagues is sick (l') un/(l') une de mes collègues est malade; ~ of the bulbs has fused (l') une des ampoules a grillé; she's ~ of us elle est des nôtres; that's ~ of my favourite restaurants c'est (l') un de mes restaurants préférés; he's ~ of my many admirers c'est un de mes nombreux admirateurs; I've only got ~ je n'en ai qu'un; have you seen ~? en avez-vous vu un/une?; ~ or other l'un d'eux, l'une d'elles; ~ after the other l'un/l'une après l'autre; take the new ~ prends le nouveau/la nouvelle; she's eaten all the ripe ~s elle a mangé tous ceux qui étaient mûrs; the mother and her little ~s la mère et ses petits; she's my littlest ~ c'est ma plus jeune OR ma petite dernière ❑ ooh, you are a ~! *inf* toi, alors!; he's a right ~ he is! *inf* lui alors!; I'm not much of a ~ OR I'm not a great ~ for cheese *inf* je ne cours pas après le fromage; she's a great ~ for computers c'est une mordue d'informatique; she's ~ in a million OR thousand c'est une perle rare; I'm not ~ to gossip but... je ne suis pas du genre commère mais...; ~ and all tous (sans exception); to get ~ over on sb *inf* avoir l'avantage sur qqn. -**2.** [joke, story, question etc]: have you heard the ~ about the two postmen? tu connais celle des deux facteurs?; that's a good ~! elle est bien bonne celle-là!; that's an easy ~ c'est facile; the question is ~ of great importance cette question est d'une grande importance; you'll have to solve this ~ yourself il faudra que tu règles ça tout seul. -**3.** *inf* [drink]: do you fancy a quick ~? on prend un verre en vitesse? ❑ to have ~ too many boire un verre de trop. -**4.** *inf* [blow]: to hit OR thump OR belt sb ~ en mettre une à qqn.
B. -**1.** *fml* [as subject] on; [as object or after preposition] vous; ~ can only do ~'s OR *Am* his best on fait ce qu'on peut; it certainly makes ~ think ça fait réfléchir, c'est sûr. -**2.** [with infinitive forms]: to wash ~'s hands se laver les mains; to put ~'s hands in ~'s pockets mettre ses OR les mains dans les poches.
◆ **at one** *adv phr fml*: to be at ~ with sb/sthg être en harmonie avec qqn/qqch; she felt at ~ with the world elle se sentait en harmonie avec le monde.
◆ **for one** *adv phr*: I for ~ am disappointed pour ma part, je suis déçu; I know that Eric for ~ is against it je sais qu'Éric est contre en tout cas.
◆ **in one** *adv phr* -**1.** [combined]: all in ~ à la fois; she's a writer, actress and director (all) in ~ elle est à la fois scénariste, actrice et metteur en scène; a useful three-in-~ kitchen knife un couteau de cuisine très utile avec ses trois fonctions. -**2.** [at one attempt] du premier coup; he did it in ~ il l'a fait en un seul coup; got it in ~! *inf* du premier coup!
◆ **in ones and twos** *adv phr*: they arrived in ~s and twos ils arrivèrent les uns après les autres; people stood around in ~s and twos les gens se tenaient là par petits groupes.
◆ **one another** *pron phr* l'un l'autre *m*, l'une l'autre *f*, les uns les autres *mpl*, les unes les autres *fpl*; they didn't dare talk to ~ another ils n'ont pas osé se parler; we love ~ another nous nous aimons; the group meet in ~ another's homes le groupe se réunit chez l'un ou chez l'autre; they respect ~ another [two people] ils ont du respect l'un pour l'autre; [more than two people] ils se respectent les uns les autres; you can copy ~ another's notes [two people] vous pouvez copier vos notes l'un sur l'autre; [more than two people] vous pouvez copier vos notes les uns sur les autres.
◆ **one by one** *adv phr* un par un, une par une.

one-act *adj*: ~ play pièce *f* en un (seul) acte.

one-armed *adj* manchot (d'un bras); a ~ man un manchot.

one-armed bandit *n* machine *f* à sous.

one-dimensional *adj* unidimensionnel.

one-eyed *adj* borgne.

one-handed ◇ *adj* -**1.** [person]: he's ~ il lui manque une main. -**2.** [shot, stroke, catch] fait d'une (seule) main; [tool] utilisable d'une seule main.
◇ *adv* d'une (seule) main.

one-horse *adj* -**1.** [carriage] à un cheval. -**2.** *phr*: a ~ town *inf* un (vrai) trou, un bled paumé.

oneiric [əʊˈnaɪərɪk] *adj* onirique.

one-legged *adj* unijambiste; a ~ man un unijambiste.

one-liner *n* [quip] bon mot *m*; she has some very good ~s ses boutades sont très drôles; there are some great ~s in the film il y a de très bonnes répliques dans ce film.

one-man *adj* [vehicle, canoe] monoplace; [task] pour un seul homme; [expedition] en solitaire; I'm a ~ woman je suis la femme d'un seul homme ❑ ~ show [by artist] exposition *f* individuelle; [by performer] spectacle *m* solo, one-man-show *m inv*.

one-man band *n* homme-orchestre *m*; the company is very much a ~ *fig* c'est une seule personne qui fait marcher cette entreprise.

oneness [ˈwʌnnɪs] *n* -**1.** [singleness] unité *f*; [uniqueness] unicité *f*. -**2.** [agreement] accord *m*. -**3.** [wholeness] intégrité *f*. -**4.** [sameness] identité *f*.

one-night stand *n* -**1.** MUS & THEAT représentation *f* unique. -**2.** *inf* [brief affair] aventure *f* (sans lendemain).

one-off ◇ *adj* unique; she wants a ~ payment elle veut être payée en une seule fois; I'll do it if it's a ~ job je veux bien le faire mais seulement à titre exceptionnel; this trip is definitely a ~ deal *Am* c'est la première et dernière fois que je fais ce voyage; ~ order COMM commande *f* ponctuelle.
◇ *n* [original]: he's a complete ~ il n'y en a pas deux comme lui.

one-on-one *Am* = **one-to-one**.

one-parent *adj*: ~ family famille *f* monoparentale.

one-party *adj* POL à parti unique.

one-piece ◇ *adj* une pièce *(inv)*; ~ swimsuit maillot *m* une pièce.
◇ *n* vêtement *m* une pièce.

one-room *adj* à une (seule) pièce; a ~ flat OR apartment un studio.

onerous [ˈəʊnərəs] *adj fml* lourd, pénible.

oneself [wʌnˈself] *pron* -**1.** [reflexive] se; [after preposition] soi, soi-même; [emphatic] soi-même; to wash ~ se laver; to enjoy ~ s'amuser; to live for ~ vivre pour soi; to be pleased with ~ être content de soi OR soi-même. -**2.** [one's normal self] soi-même; it's enough to be ~ il suffit d'être soi-même. -**3.** *phr*: to be (all) by ~ être tout seul.

one-shot *inf Am* = **one-off** *adj*.

one-sided *adj* -**1.** [unequal] inégal; a ~ match SPORT un match inégal; conversations with him tend to be pretty ~ avec lui, ce n'est pas une conversation: il n'y a que lui qui parle. -**2.** [biased] partial. -**3.** [unilateral] unilatéral.

one-stop *adj* [shop, service] *où l'on trouve tout ce dont on a besoin*.

one-time *adj* ancien; a ~ actor turned director un ancien acteur devenu metteur en scène.

one-to-one *adj* -**1.** [discussion, meeting] seul à seul, en tête-à-tête; I'd prefer to talk to you on a ~ basis je préférerais vous parler seul à seul; students receive ~ instruction le professeur travaille individuellement avec chaque étudiant. -**2.** [comparison, relationship] terme à terme, biunivoque MATH.

one-track *adj* -**1.** RAIL à voie unique. -**2.** *fig*: he's got a ~ mind *inf* [thinks only of one thing] il n'a qu'une idée en tête; [thinks only of sex] il ne pense qu'à ça.

one-two *n* -**1.** [in boxing] *direct suivi d'un crochet de l'autre main*. -**2.** FTBL une-deux *m inv*.

one-up (*pt* & *pp* one-upped, *cont* one-upping) ◇ *adj*: we're ~ on our competitors nous avons pris l'avantage sur nos concurrents.
◇ *vt inf Am* marquer un point sur.

one-upmanship [-ˈʌpmənʃɪp] *n comportement d'une personne qui ne supporte pas de voir d'autres faire mieux qu'elle*; it's pure ~ on her part elle veut uniquement prouver qu'elle est la meilleure.

one-way *adj* -**1.** [street] à sens unique; [traffic] en sens unique; ~ street (rue *f* à) sens *m* unique; he went the wrong way up a ~ street il a pris un sens interdit. -**2.** [ticket] simple; a ~ ticket to Rome un aller simple pour Rome. -**3.** [mirror] sans tain. -**4.** [reaction, current] irréversible; [decision] unilatéral. -**5.** [relationship, feeling] à sens unique.

one-woman *adj*: I'm a ~ man je suis l'homme d'une seule femme ❑ ~ show [by artist] exposition *f* individuelle; [by performer] spectacle *m* solo, one-woman-show *m inv*.

ongoing [ˈɒn,gəʊɪŋ] *adj* [continuing] continu; [current, in progress] en cours; the ~ debate between supporters and adversaries of the system le débat en cours entre partisans et adversaires du système.

onion [ˈʌnjən] *n* oignon *m*; ~ soup soupe *f* à l'oignon ❑ he knows his ~s *inf Br* il connaît son affaire.

onion dome *n* ARCHIT bulbe *m* (byzantin).

onionskin [ˈʌnjənskɪn] *n*: ~ (paper) pelure *f* d'oignon.

on-line *adj* & *adv* COMPUT en ligne.

onlooker [ˈɒn,lʊkəʳ] *n* [during event] spectateur *m*, -trice *f*; [after accident] badaud *m*, -e *f*, curieux *m*, -euse *f*.

onlooking [ˈɒn,lʊkɪŋ] *adj*: the ~ crowd [at state occasion, sporting event etc] la foule des spectateurs; [after accident] les badauds, la foule des badauds.

only [ˈəʊnlɪ] ◇ *adj* seul, unique; he's/she's an ~ child il est fils/elle est fille unique; she was the ~ woman there c'était la seule femme; the ~ coat I possess le seul manteau que je possède; he's the ~ one who believes me il est le seul à me croire; I'm fed up! – you're not the ~ one! j'en ai assez! – tu n'es pas le seul!; her ~ answer was to shrug her shoulders pour toute réponse, elle a haussé les épaules; it's our ~ chance c'est notre seule chance; the ~ thing is, I won't be there le seul problème, c'est que je ne serai pas là; her one and ~ friend son seul et unique ami; Ladies and Gentlemen, the one and ~ Billy Shears! Mesdames, Mesdemoiselles, Messieurs, le seul, l'unique Billy Shears!
◇ *adv* -**1.** [exclusively] seulement; there are ~ two people I trust il n'y a que deux personnes en qui j'aie confiance; 'for external use ~' 'usage externe'; 'staff ~' 'réservé au personnel'. -**2.** [just, merely]: he's ~ a child! *inf* ce n'est qu'un enfant!; after all, it's ~ money après tout, ce n'est que de l'argent; it's ~ me! c'est moi!; you've ~ ruined my best silk shirt (, that's all)! tu n'as fait qu'abîmer ma plus belle chemise en soie (, c'est tout)!; go on, ask him, he can ~ say no vas-y, demande-lui, ce qui peut t'arriver de pire c'est qu'il refuse; I was ~ trying to help je ne cherchais qu'à me rendre utile; it will ~ make him sad ça ne fera que l'attrister; it's ~ natural she should want to see him c'est tout naturel qu'elle veuille le voir; I ~ hope we're not too late j'espère seulement que nous n'arrivons pas trop tard; you ~ have to look at him to see he's guilty il suffit de le regarder pour voir qu'il est coupable; be quiet, you stupid dog, it's ~ the postman! tais-toi donc, le chien, ce n'est que le facteur! ❑ you're ~ young once il faut profiter de sa jeunesse. -**3.** [to emphasize smallness of amount, number etc] ne... que; it ~ cost me £5 ça ne m'a coûté que 5 livres; it ~ took me half an hour je n'ai mis qu'une demi-heure. -**4.** [to emphasize recentness of event]: it seems like ~ yesterday c'est comme si c'était hier; I ~ found out this morning je n'ai appris ça que ce matin. -**5.** [with infinitive]: I awoke ~ to find he was gone à mon réveil, il était parti.
◇ *conj inf* -**1.** [but, except] mais; it's like Spain, ~ cheaper c'est comme l'Espagne, mais en

moins cher; **go on then, ~ hurry!** vas-y alors, mais dépêche-toi! -**2.** [were it not for the fact that] mais, seulement; **I'd do it, ~ I don't have the time** je le ferais bien, seulement je n'ai pas le temps.

◆ **not only** *conj phr*: **she's not ~ bright, she's funny too** elle est non seulement intelligente, mais en plus elle est drôle; **not ~... but also** non seulement... mais aussi.

◆ **only if, only... if** *conj phr* seulement si; **I'll do it, but ~ if you say sorry first** je le ferai, mais seulement si vous vous excusez d'abord; **he'll ~ agree if the money's good enough** il n'acceptera que si on lui propose assez d'argent.

◆ **only just** *adv phr* -**1.** [not long before]: **I've ~ just woken up** je viens (tout) juste de me réveiller. -**2.** [barely] tout juste; **I ~ just finished in time** je n'ai fini qu'au dernier moment; **did she win? – yes, but ~ just** a-t-elle gagné? – oui, mais de justesse; **I've ~ just got enough** j'en ai tout juste assez.

◆ **only too** *adv phr*: **I was ~ too aware of my own shortcomings** je n'étais que trop conscient de mes propres imperfections; **I'd be ~ too delighted to come** je ne serai que trop heureux de venir; **I remember her ~ too well** je ne risque pas de l'oublier.

o.n.o. (*abbr of* **or near/nearest offer**) *adv Br*: **£100 ~** 100 livres à débattre.

on-off *adj* -**1.** ELEC: **~ button** bouton *m* de marche-arrêt. -**2.** [intermittent]: **they have a very ~ relationship** ils ont une relation très peu suivie.

onomastic [,ɒnəˈmæstɪk] *adj* onomastique.

onomastics [,ɒnəˈmæstɪks] *n (U)* onomastique *f*.

onomatopoeia [ˈɒnə,mætəˈpiːə] *n* onomatopée *f*.

onomatopoeic [ˈɒnə,mætəˈpiːɪk], **onomatopoetic** [ˈɒnə,mætəpəʊˈetɪk] *adj* onomatopéique.

onrush [ˈɒn,rʌʃ] *n* [of attackers, army] attaque *f*, assaut *m*; [of emotion, tears] crise *f*; **in a sudden ~ of anger** dans un accès subit de colère.

onset [ˈɒn,set] *n* -**1.** [assault] attaque *f*, assaut *m*. -**2.** [beginning] début *m*, commencement *m*; **the ~ of winter** le début de l'hiver.

onshore [ˈɒnʃɔːʳ] *adj* -**1.** [on land] sur terre, terrestre; **~ oil production** production *f* pétrolière à terre. -**2.** [moving towards land]: **~ wind** vent *m* de mer.

onside [,ɒnˈsaɪd] *adj* & *adv* SPORT qui n'est pas hors jeu OR en position de hors-jeu.

on-site *adj* sur place.

onslaught [ˈɒn,slɔːt] *n* attaque *f*, assaut *m*; **the opposition's ~ on government policy** l'attaque violente de l'opposition contre la politique du gouvernement.

onstage [ˈɒnsteɪdʒ] *adj* & *adv* sur scène.

Ont. *written abbr of* Ontario.

Ontario [ɒnˈteərɪəʊ] *pr n* Ontario *m*; **in ~** dans l'Ontario.

on-the-job *adj* [training] en entreprise; [experience] sur le tas.

onto [ˈɒntuː] *prep* -**1.** [gen] sur; **the bedroom looks out ~ a garden** la chambre donne sur un jardin; **let's move ~ the next point** passons au point suivant; **get ~ the bus** montez dans le bus. -**2.** [indicating discovery]: **let's just hope the authorities don't get ~ us** espérons qu'on ne sera pas découverts par les autorités; **we're ~ something big** nous sommes sur le point de faire une importante découverte; **is he ~ the fact that they're having an affair?** est-il au courant de leur liaison?; **he'd better watch out, I'm ~ him!** qu'il fasse attention, je l'ai dans mon OR le collimateur! -**3.** [in contact with]: **you should get ~ head office** *Br* OR **the head office** *Am* **about this** vous devriez contacter le siège à ce sujet; **she's been ~ me about my poor marks** elle m'a enguirlandé à cause de mes mauvaises notes.

ontogeny [ɒnˈtɒdʒənɪ], **ontogenesis** [,ɒntəˈdʒenəsɪs] *n* ontogénie *f*, ontogenèse *f*.

ontological [,ɒntəˈlɒdʒɪkl] *adj* ontologique.

ontology [ɒnˈtɒlədʒɪ] *n* ontologie *f*.

onus [ˈəʊnəs] *n* [responsibility] responsabilité *f*; [burden] charge *f*; **the ~ is on you to make good the damage** c'est à vous qu'il incombe de réparer les dégâts.

onward [ˈɒnwəd] ◇ *adj*: **the ~ journey** la suite du voyage; **there is an ~ flight to Chicago** il y a une correspondance pour Chicago; **the ~ march of time** la fuite du temps.

◇ *adv Am* = **onwards**.

◇ *interj* en avant.

onwards [ˈɒnwədz] *adv* [forwards] en avant; [further on] plus loin; **to go ~** avancer; **a trip to Europe, and ~ into Asia** un voyage en Europe, qui se poursuit en Asie; **~ and upwards!** en avant!

◆ **from... onwards** *adv phr* à partir de; **from next July ~** à partir de juillet prochain; **from her childhood ~** dès OR depuis son enfance; **from now ~** désormais, dorénavant, à partir de maintenant; **from then ~** à partir de ce moment-là.

onyx [ˈɒnɪks] ◇ *n* onyx *m*.

◇ *comp* en onyx, d'onyx.

oo [uː] = **ooh**.

oocyte [ˈəʊəsaɪt] *n* ovocyte *m*.

oodles *inf* [ˈuːdlz] *npl* des masses *fpl*, des tas *mpl*; **there's ~ of food left** il reste un tas de bouffe.

oogonium [,əʊəˈgəʊnɪəm] (*pl* **oogoniums** OR **oogonia** [-nɪə]) *n* -**1.** BOT oogone *f*. -**2.** ANAT ovogonie *f*.

ooh [uː] ◇ *interj* oh!

◇ *vi*: **they were all ~ing and aahing over her baby** ils poussaient tous des cris d'admiration devant son bébé.

oolite [ˈəʊəlaɪt] *n* oolite *m*, oolithe *m*.

oolitic [,əʊəˈlɪtɪk] *adj* oolithique.

oompah [ˈuːmpɑː] *n* flonflon *m*.

oomph *inf* [ʊmf] *n* -**1.** [energy] punch; **he's certainly got plenty of ~!** en tout cas, il a un sacré punch! -**2.** [sex appeal] sex-appeal *m*.

oops *inf* [ʊps, uːps], **oops-a-daisy** *inf* [,ʊpsəˈdeɪzɪ] *interj* oh la la!

oosphere [ˈəʊəsfɪəʳ] *n* oosphère *f*.

oospore [ˈəʊəspɔːʳ] *n* oospore *f*.

ooze [uːz] ◇ *vi* suinter; **blood ~d from the wound** du sang coulait de la blessure; **the new father fairly ~d with pride** *fig* le nouveau père débordait de fierté; **her courage was oozing slowly away** *fig* son courage l'abandonnait peu à peu.

◇ *vt*: **the walls ~ moisture** l'humidité suinte des murs; **she ~s good health** *fig* elle respire la bonne santé.

◇ *n* boue *f*, vase *f*.

op *inf* [ɒp] (*abbr of* **operation**) *n* MED & MIL opération *f*.

op. (*written abbr of* **opus**) op.

opacity [əˈpæsətɪ] *n* -**1.** *literal* opacité *f*. -**2.** *fig* [of text] inintelligibilité *f*, obscurité *f*; [of person] stupidité *f*.

opal [ˈəʊpl] ◇ *n* opale *f*.

◇ *comp* [brooch, ring] en opale.

opalescence [,əʊpəˈlesns] *n* opalescence *f*.

opalescent [,əʊpəˈlesnt] *adj* opalescent *lit*, opalin.

opaque [əʊˈpeɪk] *adj* -**1.** *literal* opaque. -**2.** *fig* [text] inintelligible, obscur; [person] stupide.

opaque projector *n Am* épiscope *m*, épidiascope *m*.

op art *n* op art *m*.

OPEC [ˈəʊpek] (*abbr of* **Organization of Petroleum Exporting Countries**) *pr n* OPEP *f*; **the ~ countries** les pays membres de l'OPEP.

open [ˈəʊpn] ◇ *adj* -**1.** [not shut - window, cupboard, suitcase, jar, box, sore, valve] ouvert; **her eyes were slightly ~/wide ~** ses yeux étaient entrouverts/grands ouverts; **he kicked the door ~** il a ouvert la porte d'un coup de pied; **the panels slide ~** les panneaux s'ouvrent en coulissant; **I can't get the bottle ~** je n'arrive pas à ouvrir la bouteille; **there's a bottle already ~ in the fridge** il y a une bouteille entamée dans le frigo; **you won't need the key, the door's ~** tu n'auras pas besoin de la clef, la porte est ouverte. -**2.** [not fastened - coat, fly, packet] ouvert; **his shirt was ~ to the waist** sa chemise était ouverte OR déboutonnée jusqu'à la ceinture; **her blouse hung ~** son chemisier était déboutonné; **the wrapping had been torn ~** l'emballage avait été arraché OR déchiré. -**3.** [spread apart, unfolded - arms, book, magazine, umbrella] ouvert; [- newspaper] ouvert, déplié; [- legs, knees] écarté; **the book lay ~ at page four** le livre était ouvert à la page quatre; **I dropped the coin into his ~ hand** OR **palm** j'ai laissé tomber la pièce de monnaie dans le creux de sa main; **the seams had split ~** les coutures avaient craqué; **he ran into my ~ arms** il s'est précipité dans mes bras; **to welcome sb/sthg with ~ arms** *fig* accueillir qqn/qqch à bras ouverts; **she** OR **her mind is an ~ book** *fig* on peut lire en elle comme dans un livre. -**4.** [for business] ouvert; **I couldn't find a bank ~** je n'ai pas pu trouver une banque qui soit ouverte; **are you ~ on Saturdays?** ouvrez-vous le samedi?; **we're ~ for business as usual** nous sommes ouverts comme à l'habitude. -**5.** [not covered - carriage, wagon, bus] découvert; [- car] décapoté; [- grave] ouvert; [- boat] ouvert, non ponté; [- courtyard, sewer] à ciel ouvert; **the passengers sat on the ~ deck** les passagers étaient assis sur le pont; **the wine should be left ~ to breathe** il faut laisser la bouteille ouverte pour que le vin puisse respirer. -**6.** [not enclosed - hillside, plain]: **the shelter was ~ on three sides** l'abri était ouvert sur trois côtés; **the hill was ~ to the elements** la colline était exposée à tous les éléments; **our neighbourhood lacks ~ space** notre quartier manque d'espaces verts; **the wide ~ spaces of Texas** les grands espaces du Texas; **shanty towns sprang up on every scrap of ~ ground** des bidonvilles ont surgi sur la moindre parcelle de terrain vague; **they were attacked in ~ country** ils ont été attaqués en rase campagne; **~ countryside stretched away to the horizon** la campagne s'étendait à perte de vue; **~ grazing land** pâturages non clôturés; **ahead lay a vast stretch of ~ water** au loin s'étendait une vaste étendue d'eau; **in the ~ air** en plein air; **nothing beats life in the ~ air** il n'y a rien de mieux que la vie au grand air; **he took to the ~ road** il a pris la route; **it'll do 150 on the ~ road** elle monte à 150 sur l'autoroute; **the ~ sea** la haute mer, le large. -**7.** [unobstructed - road, passage] dégagé; [- mountain pass] ouvert, praticable; [- waterway] ouvert à la navigation; [- view] dégagé; **only one lane on the bridge is ~** il n'y a qu'une voie ouverte à la circulation sur le pont. -**8.** [unoccupied, available - job] vacant; [- period of time] libre; **we have two positions ~** nous avons deux postes à pourvoir; **I'll keep this Friday ~ for you** je vous réserverai ce vendredi; **she likes to keep her weekends ~** elle préfère ne pas faire de projets pour le week-end; **it's the only course of action ~ to us** c'est la seule chose que nous puissions faire; **she used every opportunity ~ to her** elle a profité de toutes les occasions qui se présentaient à elle; **he wants to keep his options ~** il ne veut pas s'engager. -**9.** [unrestricted - competition] ouvert (à tous); [- meeting, trial] public; [- society] ouvert, démocratique; **the contest is not ~ to company employees** le concours n'est pas ouvert au personnel de la société; **club membership is ~ to anyone** aucune condition particulière n'est requise pour devenir membre du club; **there are few positions of responsibility ~ to immigrants** les immigrés ont rarement accès aux postes de responsabilité; **the field is wide ~ for someone with your talents** pour quelqu'un d'aussi doué que vous, ce domaine offre des possibilités quasi illimitées; **to extend an ~ invitation to sb** inviter qqn à venir chez soi quand il le souhaite; **Reno was a pretty ~ town in those days** *inf Am* à cette époque, Reno était aux mains des hors-la-loi □ ~ **classroom** SCOL classe *f* primaire à activités libres; **they have an ~ marriage** ils forment un couple très libre; ~ **primary** POL *(élection) primaire américaine ouverte aux non-inscrits d'un parti;* ~ **seating** AERON & THEAT places *fpl* non réservées; ~ **ticket** billet *m* open; ~ **tournament** SPORT (tournoi *m*) open *m*. -**10.** [unprotected, unguarded - flank, fire] ouvert; [- wiring] non protégé; ~ **city** MIL & POL ville *f* ouverte; **the two countries share miles of ~ border** les deux pays sont séparés par des kilomètres de frontière non matérialisée; **he missed an ~ goal** SPORT il n'y avait pas de défenseurs, et il a raté le but; **to lay o.s. ~ to criticism** prêter le flanc à la critique. -**11.** [undecided - question] non résolu, non tranché; **the election is still wide ~** l'élection n'est pas encore jouée; **it's still an ~ question whether he'll resign or not** on ne sait toujours pas s'il va démissionner; **I prefer to leave the matter ~** je préfère laisser cette question en suspens; **he wanted to leave the date ~** il n'a pas voulu fixer de date. -**12.** [liable]: **his speech is ~ to misunderstanding** son discours peut prêter à confusion; **the prices are not ~ to negotiation** les prix ne sont pas négociables; **the plan is ~ to modification** le projet n'a pas encore été finalisé; **it's ~ to debate whether she knew about it or not** on peut se demander si elle était au courant. -**13.** [receptive]: **to be ~ to suggestions** être ouvert aux suggestions; **I don't want to go but I'm ~ to persuasion** je ne veux pas y aller mais je pourrais me laisser persuader; **I try to keep an ~ mind about such things** j'essaie de ne pas avoir de préjugés sur ces questions. -**14.** [candid - person, smile, countenance] ouvert, franc; [- discussion] franc; **let's be ~ with each other** soyons francs l'un avec l'autre; **they weren't very ~ about their intentions** ils se sont montrés assez discrets en ce qui concerne leurs intentions. -**15.** [blatant - contempt, criticism] ouvert; [- attempt] non dissimulé; [- scandal] public; [- rivalry] déclaré; **the country is in a state of ~ civil war** le pays est en état de véritable guerre civile; **they acted in ~ violation of the treaty** ce qu'ils ont fait constitue une violation flagrante du traité; **they showed an ~ disregard for the law** ils ont fait preuve d'un manque de respect flagrant face à la loi; **it's an ~ admission of guilt** cela équivaut à un aveu. -**16.** [loose - weave] lâche; ~ **mesh** mailles *fpl* lâches; ~ **pattern** motif *m* aéré. -**17.** LING [vowel, syllable] ouvert. -**18.** ELEC [circuit] ouvert. -**19.** *Br* FIN [cheque] non barré. -**20.** MUS [string] à vide.

◇ *vt* -**1.** [window, lock, shop, eyes, border] ouvrir; [wound] rouvrir; [bottle, can] ouvrir, déboucher; [wine] déboucher; ~ **quotations** OR **inverted commas** ouvrez les guillemets; **she ~ed her eyes very wide** elle ouvrit grand les yeux, elle écarquilla les yeux; **they plan to ~ the border to refugees** ils projettent d'ouvrir la frontière aux réfugiés; ~ **the aperture one more stop** PHOT ouvrez d'un diaphragme de plus; **to ~ the throttle** [car] accélérer; [plane] mettre les gaz ‖ *fig*: **to ~ one's heart to sb** se confier à qqn; **we must ~ our minds to new ideas** nous devons être ouverts aux idées nouvelles. -**2.** [unfasten - coat, envelope, gift, collar] ouvrir. -**3.** [unfold, spread apart - book, umbrella, penknife, arms, hand] ouvrir; [- newspaper] ouvrir, déplier; [- legs, knees] écarter. -**4.** [pierce - hole] percer; [- breach] ouvrir; [- way, passage] ouvrir, frayer; **to ~ a road through the jungle** ouvrir une route à travers la jungle; **the agreement ~s the way for peace** l'accord va mener à la paix. -**5.** [start - campaign, discussion, account, trial] ouvrir, commencer; [- negotiations] ouvrir, engager; [- conversation] engager, entamer; **her new film ~ed the festival** son dernier film a ouvert le festival; **to ~ a file on sb** ouvrir un dossier sur qqn; **to ~ fire (on** OR **at sb)** ouvrir le feu (sur qqn); **to ~ the bidding** [in bridge] ouvrir (les enchères); **to ~ the betting** [in poker] lancer les enchères. -**6.** [set up - shop, business] ouvrir; [inaugurate - hospital, airport, library] ouvrir, inaugurer. -**7.** [clear, unblock - road, lane, passage] dégager; [- mountain pass] ouvrir.

◇ *vi* -**1.** [door, window] (s') ouvrir; [suitcase, valve, padlock, eyes] s'ouvrir; **the window ~s outwards** la fenêtre (s') ouvre vers l'extérieur; ~ **wide!** ouvrez grand!; **to ~, press down and twist** pour ouvrir, appuyez et tournez; **both rooms ~ onto the corridor** les deux chambres donnent OR ouvrent sur le couloir; **the heavens ~ed and we got drenched** *fig* il s'est mis à tomber des trombes d'eau et on s'est fait tremper. -**2.** [unfold, spread apart - book, umbrella, parachute] s'ouvrir; [- bud, leaf] s'ouvrir, s'épanouir; **a new life ~ed before her** une nouvelle vie s'ouvrait devant elle. -**3.** [gape - chasm] s'ouvrir. -**4.** [for business] ouvrir; **what time do you ~ on Sundays?** à quelle heure ouvrez-vous le dimanche?; **the doors ~ at 8 p.m.** les portes ouvrent à 20 h. -**5.** [start - campaign, meeting, discussion, concert, play, story] commencer; **the book ~s with a murder** le livre commence par un meurtre; **the hunting season ~s in September** la chasse ouvre en septembre; **she ~ed with a statement of the association's goals** elle commença par une présentation des buts de l'association; **the film ~s next week** le film sort la semaine prochaine; **when are you ~ing?** THEAT quand aura lieu la première?; **when it ~ed on Broadway, the play flopped** lorsqu'elle est sortie à Broadway, la pièce a fait un four; **the Dow Jones ~ed at 2461** le Dow Jones a ouvert à 2461; **to ~ with two clubs** [in bridge] ouvrir de deux trèfles.

◇ *n* -**1.** [outdoors, open air]: **(out) in the ~** [gen] en plein air, dehors; [in countryside] au grand air; **eating (out) in the ~ gives me an appetite** manger au grand air me donne de l'appétit; **to sleep in the ~** dormir à la belle étoile. -**2.** [public eye]: **to bring sthg (out) into the ~** parler ouvertement OR franchement de qqch; **the riot brought the instability of the regime out into the ~** l'émeute a révélé l'instabilité du régime; **the conflict between them finally came out into the ~** le conflit qui les opposait a finalement éclaté au grand jour. -**3.** SPORT: **the British Open** l'open *m* OR le tournoi open de Grande-Bretagne.

◆ **open out** ◇ *vi insep* -**1.** [unfold - bud, petals] s'ouvrir, s'épanouir; [- parachute] s'ouvrir; [- sail] se gonfler; **the sofa ~s out into a bed** le canapé est convertible en lit; **the doors ~ out onto a terrace** les portes donnent OR s'ouvrent sur une terrasse. -**2.** [lie - vista, valley] s'étendre, s'ouvrir; **miles of wheatfields ~ed out before us** des champs de blé s'étendaient devant nous à perte de vue. -**3.** [broaden, widen - path, stream] s'élargir; **the river ~s out into a lake** la rivière se jette dans un lac; **the trail finally ~s out onto a plateau** la piste débouche sur un plateau. -**4.** *Br fig* [become less reserved] s'ouvrir; **he ~ed out after a few drinks** quelques verres ont suffi à le faire sortir de sa réserve.

◇ *vt sep* [unfold - newspaper, deck chair, fan] ouvrir; **the peacock ~ed out its tail** le paon a fait la roue.

◆ **open up** ◇ *vi insep* -**1.** [unlock the door] ouvrir; ~ **up or I'll call the police!** ouvrez, sinon j'appelle la police!; ~ **up in there!** ouvrez, là-dedans! -**2.** [become available - possibility] s'ouvrir; **we may have a position ~ing up in May** il se peut que nous ayons un poste disponible en mai. -**3.** [for business - shop, branch etc] (s') ouvrir; **a new hotel ~s up every week** un nouvel hôtel ouvre ses portes chaque semaine. -**4.** [start firing - guns] faire feu, tirer; [- troops, person] ouvrir le feu, se mettre à tirer. -**5.** [become less reserved - person] s'ouvrir; [- discussion] s'animer; **he won't ~ up even to me** il ne s'ouvre pas, même à moi; **he needs to ~ up about his feelings** il a besoin de dire ce qu'il a sur le cœur OR de s'épancher; **I got her to ~ up about her doubts** j'ai réussi à la convaincre de me faire part de ses doutes. -**6.** [become interesting] devenir intéressant; **things are beginning to ~ up in my field of research** ça commence à bouger dans mon domaine de recherche; **the game ~ed up in the last half** le match est devenu plus ouvert après la mi-temps.

◇ *vt sep* -**1.** [crate, gift, bag, tomb] ouvrir; **we're ~ing up the summer cottage this weekend** nous ouvrons la maison de campagne ce week-end; **the sleeping bag will dry faster if you ~ it up** le sac de couchage séchera plus vite si tu l'ouvres. -**2.** [for business] ouvrir; **each morning Lucy ~ed up the shop** chaque matin, Lucy ouvrait la boutique; **he wants to ~ up a travel agency** il veut ouvrir une agence de voyages. -**3.** [for development - isolated region] désenclaver; [- quarry, oilfield] ouvrir, commencer l'exploitation de; [- new markets] ouvrir; **irrigation will ~ up new land for agriculture** l'irrigation permettra la mise en culture de nouvelles terres; **the airport ~ed up the island for tourism** l'aéroport a ouvert l'île au tourisme; **a discovery which ~s up new fields of research** une découverte qui crée de nouveaux domaines de recherche; **the policy ~ed up possibilities for closer cooperation** la politique a créé les conditions d'une coopération plus étroite. -**4.** *inf* [accelerate]: **he ~ed it** OR **her up in the straight** il a accéléré à fond dans la ligne droite.

open-air *adj* [market, concert] en plein air; [sports] de plein air; ~ **swimming pool** piscine *f* découverte; ~ **restaurant** restaurant *m* en terrasse; ~ **museum** écomusée *m*.

open-and-shut *adj* [choice] simple, évident; **it's an ~ case** la solution est évidente OR ne fait pas l'ombre d'un doute.

opencast ['əʊpnkɑːst] *adj Br* MIN à ciel ouvert; ~ **mining** extraction *f* à ciel ouvert.

open day *n Br* journée *f* portes ouvertes.

open-door *adj* [policy] de la porte ouverte.

open-ended *adj* [flexible - offer] flexible; [- plan] modifiable; [- question] ouvert; **an ~ discussion** une discussion libre; ~ **contract** contrat *m* à durée indéterminée.

opener ['əʊpnəʳ] *n* -**1.** [tool] outil *m* OR dispositif *m* servant à ouvrir; [for cans] ouvre-boîtes *m inv*; **you need a special ~ for these tins** il faut un ouvre-boîtes spécial pour ces boîtes. -**2.** [person - in cards, games] ouvreur *m*, -euse *f*. -**3.** [first song, act etc] lever *m* de rideau; **she chose her latest hit single as an ~ for the show** elle a choisi son dernier tube pour ouvrir le spectacle. -**4.** *phr*: **for ~s** *inf Br* pour commencer; **I'm sacking the whole staff, and that's just for ~s** je licencie toute l'équipe et ce n'est qu'un début; **well, let's offer £100 for ~s** eh bien, proposons 100 livres pour commencer.

open-eyed ◇ *adj* (qui a) les yeux ouverts; **they watched in ~ amazement** ils ouvraient de grands yeux.

◇ *adv*: **to stare ~** regarder les yeux écarquillés.

open-faced *adj Am*: ~ **sandwich** [gen] tartine *f*; [cocktail food] canapé *m*.

open-field *adj* HIST: **the ~ system** l'open-field *m*.

open-handed *adj* généreux.

open-hearted [-'hɑːtɪd] *adj* -**1.** [candid] franc, sincère. -**2.** [kind] bon, qui a bon cœur.

open-hearth *adj* METALL: ~ **furnace** four *m* Martin; ~ **process** procédé *m* Martin.

open-heart surgery *n* chirurgie *f* à cœur ouvert.

open house *n* -**1.** *Am* = **open day**. -**2.** *Am* [party] grande fête *f*. -**3.** *phr*: **to keep ~** *Br* tenir table ouverte.

opening ['əʊpnɪŋ] ◇ *adj* [part, chapter] premier; [day, hours] d'ouverture; [ceremony] d'ouverture, d'inauguration; [remark] préliminaire, préalable; **the play's ~ scene** le début de la pièce; ~ **prices** ST. EX prix *mpl* à l'ouverture □ ~ **gambit** CHESS gambit *m*; *fig* premier pas *m*.

◇ *n* -**1.** [act of opening] ouverture *f*; **the ~ of a new supermarket** l'ouverture d'un nouveau supermarché; **at the play's New York ~** lors de la première de la pièce à New York; **the ~ of negotiations has been postponed** l'ouverture des négociations a été ajournée. -**2.** [gap, hole, entrance] ouverture *f*; **we came to an ~ in the fence** nous avons trouvé un passage OR une ouverture dans la clôture; **an ~ in the clouds** une trouée OR une percée dans les nuages; **the ~ to the mine** l'entrée de la mine. -**3.** *Am* = **clearing 1.** -**4.** [start, first part] ouverture *f*, début *m*; **the ~ of the film is in black and white** le début du film est en OR les premières scènes du film sont en noir et blanc. -**5.** [opportunity - gen] occasion *f*; [- for employment] débouché *m*; **her remarks about the company gave me the ~ I needed** ses observations au sujet de l'entreprise m'ont fourni le prétexte dont j'avais besoin; **there are lots of good ~s in industry** l'industrie offre de nombreux débouchés intéressants; **there's an ~ with Smith & Co** il y a un poste vacant chez Smith & Co.

opening night *n* THEAT première *f*.

opening time *n* COMM heure *f* d'ouverture.

open letter *n* lettre *f* ouverte; **an ~ to the President** une lettre ouverte au Président.

openly ['əʊpənlɪ] *adv* visiblement; **drugs are on sale ~** la drogue est en vente libre; **she was ~ distressed about it** ça l'avait visiblement bouleversée; **he wept ~** il pleurait sans retenue.

open market *n* marché *m* libre; **to buy sthg on the ~** acheter qqch sur le marché libre.

open-minded *adj* [receptive] ouvert (d'esprit); [unprejudiced] sans préjugés; **my parents are pretty ~ about mixed marriages** mes parents n'ont aucun a priori contre les mariages mixtes.

open-mindedness [-'maɪndɪdnɪs] *n* ouverture *f* d'esprit.

open-mouthed ◇ *adj* [person] stupéfait, interdit; **he was sitting there in ~ astonishment** il était assis là, béat d'étonnement.
◇ *adv*: **to watch ~** regarder bouche bée.

open-neck(ed) *adj* à col ouvert.

openness ['əʊpənnɪs] *n* -**1.** [candidness] franchise *f*; **she spoke with refreshing ~ about her career** elle parlait de son métier avec une franchise qui faisait plaisir ‖ [receptivity] ouverture *f*; **I admire her for her ~** ce que j'admire chez elle, c'est qu'elle est très ouverte. -**2.** [spaciousness] largeur *f*; **the picture window gives a feeling of ~ to the room** la baie vitrée agrandit la pièce.

open-plan *adj* ARCHIT [design, house] à plan ouvert, sans cloisons; **~ kitchen** cuisine *f* américaine; **~ office** bureau *m* paysager.

open prison *n* prison *f* ouverte.

open sandwich *n* [gen] tartine *f*; [cocktail food] canapé *m*.

open season *n* saison *f*; **the ~ for hunting** la saison de la chasse; **the tabloid papers have declared ~ on the private lives of rock stars** *fig* les journaux à scandale se sont mis à traquer les stars du rock dans leur vie privée.

open secret *n Br* secret *m* de Polichinelle; **it's an ~ that Smith will get the job** c'est Smith qui aura le poste, ce n'est un secret pour personne.

open sesame ◇ *interj*: **~!** sésame, ouvre-toi!
◇ *n Br* [means to success] sésame *m*; **good A level results aren't necessarily an ~ to university** de bons résultats aux A levels n'ouvrent pas forcément la porte de l'université.

open shop *n* INDUST -**1.** *Br* [open to non-union members] *entreprise ne pratiquant pas le monopole d'embauche*. -**2.** *Am* [with no union] établissement *m* sans syndicat.

Open University *n Br* ≃ Université *f* ouverte à tous (pratiquant le télé-enseignement).

open verdict *n* JUR verdict *m* de décès sans cause déterminée.

openwork ['əʊpənwɜːk] *n (U)* -**1.** SEW jours *mpl*, ajours *mpl*. -**2.** ARCHIT claire-voie *f*, ajours *mpl*.

opera ['ɒpərə] ◇ *fml pl* → **opus**.
◇ *n* -**1.** [musical play] opéra *m*. -**2.** [art of opera] opéra *m*; **she adores (the) ~** elle adore l'opéra ❑ **~ singer** chanteur *m*, -euse *f* d'opéra. -**3.** [opera house] opéra *m*.

operable ['ɒprəbl] *adj* MED opérable.

opera cloak *n* (grande) cape *f*.

opera glasses *npl* jumelles *fpl* de théâtre.

operagoer ['ɒprəgəʊə^r] *n* amateur *m* d'opéra.

opera hat *n Br* gibus *m*, (chapeau *m*) claque *m*.

opera house *n* (théâtre *m* de l') opéra *m*; **the Sydney Opera House** l'Opéra de Sydney.

operand ['ɒpərænd] *n* opérande *m*.

operate ['ɒpəreɪt] ◇ *vt* -**1.** [machine, device etc] faire fonctionner, faire marcher; **my husband doesn't even know how to ~ the toaster!** mon mari ne sait même pas se servir du grille-pain!; **is it possible to ~ the radio off the mains?** peut-on brancher cette radio sur le secteur?; **this clock is battery-~d** cette horloge fonctionne avec des piles; **a circuit-breaker ~s the safety mechanism** un disjoncteur actionne OR déclenche le système de sécurité. -**2.** [business] gérer, diriger; [mine] exploiter; [drug ring] contrôler; **they ~ several casinos** ils tiennent plusieurs casinos; **she ~s her business from her home** elle fait marcher son affaire depuis son domicile; **they ~ a protection racket in the neighbourhood** ils rackettent les gens du quartier; **they ~ a system of rent rebates for poorer families** ils ont un système de loyers modérés pour les familles les plus démunies.
◇ *vi* -**1.** [machine, device] marcher, fonctionner; [system, process, network] fonctionner; **it ~s by itself** ça fonctionne tout seul; **this is how colonialism ~s** voici comment fonctionne le colonialisme; **the factory is operating at full capacity** l'usine tourne à plein rendement. -**2.** MED opérer; **to ~ on sb (for sthg)** opérer qqn (de qqch); **he was ~d on for cancer** on l'a opéré OR il a été opéré d'un cancer. -**3.** [be active] opérer; **military patrols ~ along the border** des patrouilles militaires opèrent le long de la frontière; **many crooks ~ in this part of town** de nombreux malfaiteurs sévissent dans ce quartier; **the company ~s out of Chicago** le siège de la société est à Chicago. -**4.** [produce an effect] opérer, agir; **the drug ~s on the nervous system** le médicament agit sur le système nerveux; **the decision has ~d against us** la décision a joué contre nous; **two elements ~ in our favour** deux éléments jouent en notre faveur ‖ [be operative] s'appliquer; **the rule doesn't ~ in such cases** la règle ne s'applique pas à de tels cas.

operatic [,ɒpə'rætɪk] *adj* d'opéra; **~ repertoire/role** répertoire/rôle lyrique.

operating ['ɒpəreɪtɪŋ] *adj* [costs, methods etc] d'exploitation; **the factory has reached full ~ capacity** l'usine a atteint sa pleine capacité de production ❑ **~ instructions** mode *m* d'emploi; **~ profit** bénéfice *m* d'exploitation; **~ system** COMPUT système *m* d'exploitation.

operating room *n Am* salle *f* d'opération.

operating table *n* table *f* d'opération.

operating theatre *n Br* salle *f* d'opération.

operation [,ɒpə'reɪʃn] *n* -**1.** [functioning - of machine, device] fonctionnement *m*, marche *f*; [- of process, system] fonctionnement *m*; [- of drug, market force] action *f*; **to be in ~** [machine, train service] être en service; [firm, group, criminal] être en activité; [law] être en vigueur; **bus services are in ~ until midnight** les lignes de bus sont en service jusqu'à minuit; **the pit has been in ~ for two years** le puits est exploité depuis deux ans; **the plant is in ~ round the clock** l'usine fonctionne 24 heures sur 24; **to put into ~** [machine, train service] mettre en service; [plan] mettre en application OR en œuvre; [law] faire entrer en vigueur; **to come into ~** [machine, train service] entrer en service; [law] entrer en vigueur; **the old machines have been taken out of ~** les vieilles machines ont été retirées du service. -**2.** [running, management - of firm] gestion *f*; [- of mine] exploitation *f*; [- of process, system] application *f*; **~ of the new machines is simplicity itself** le fonctionnement de ces nouvelles machines est très simple. -**3.** [act, activity, deal etc] opération *f*; **a police/rescue ~** une opération de police/de sauvetage; **they are to close down their ~s in Mexico** ils vont mettre un terme à leurs opérations OR activités au Mexique ‖ MIL opération *f*; **peace-keeping ~s** opérations de pacification; **Operation Omega** Opération Oméga. -**4.** [company] entreprise *f*, société *f*; **she works for a mining ~** elle travaille pour une exploitation minière. -**5.** MED opération *f*, intervention *f*; **she had an ~ for cancer** elle s'est fait opérer d'un cancer; **he had a heart ~** il a subi une opération OR il a été opéré du cœur; **to perform an ~** réaliser une intervention. -**6.** COMPUT & MATH opération *f*.

operational [,ɒpə'reɪʃənl] *adj* -**1.** [MIL & gen] opérationnel; **the design team was ~ within six months** en l'espace de six mois, l'équipe de dessinateurs fut opérationnelle ❑ **~ costs** frais *mpl* opérationnels; COMM frais *mpl* d'exploitation. -**2.** [equipment, engine, system] opérationnel; **the new missiles are not yet ~** les nouveaux missiles ne sont pas encore opérationnels; **as soon as the engine is ~** dès que le moteur sera en état de marche; **~ difficulties** difficultés d'ordre pratique; **we have an ~ malfunction** nous avons un problème de fonctionnement.

operations research *n* COMPUT recherche *f* opérationnelle.

operations room *n* base *f* d'opérations.

operative ['ɒprətɪv] ◇ *adj* -**1.** [law] en vigueur; **to become ~** entrer en vigueur, prendre effet; **parking restrictions became ~ last year** les limitations de stationnement ont pris effet l'an dernier. -**2.** [operational - system, scheme, skill] opérationnel; **the system will soon be ~** le système sera bientôt opérationnel. -**3.** MED opératoire. -**4.** *phr*: **the ~ word** le mot qui convient.
◇ *n* -**1.** opérateur *m*, -trice *f*; **machine ~** conducteur *m*, -trice *f* de machine; **textile ~** ouvrier *m*, -ère *f* du textile. -**2.** *Am* [secret agent] agent *m* secret; [detective] (détective *m*) privé *m*.

operator ['ɒpəreɪtə^r] *n* -**1.** [technician] opérateur *m*, -trice *f*; **radio ~** radio *mf*. -**2.** TELEC opérateur *m*, -trice *f*; **(switchboard) ~** standardiste *mf*. -**3.** COMM OR *pej* [director] directeur *m*, -trice *f*, dirigeant *m*, -e *f*; [organizer] organisateur *m*, -trice *f*; **there are too many small ~s in real estate** l'immobilier compte trop de petites entreprises; **he's a big drug ~** c'est un grand caïd de la drogue ❑ **tour ~** tour-opérateur *m*, voyagiste *mf*; **he's a smooth ~** *inf fig* il sait s'y prendre OR se débrouiller, c'est un petit malin. -**4.** MATH opérateur *m*. -**5.** *Am* [in bus] machiniste *mf*.

operetta [,ɒpə'retə] *n* opérette *f*.

ophthalmia [ɒf'θælmɪə] *n* ophtalmie *f*.

ophthalmic [ɒf'θælmɪk] *adj* ANAT [nerve] ophtalmique; MED [surgery] ophtalmologique.

ophthalmic optician *n* opticien *m*, -enne *f* (optométriste).

ophthalmologist [,ɒfθæl'mɒlədʒɪst] *n* oculiste *mf*, ophtalmologiste *mf*, ophtalmologue *mf*.

ophthalmology [,ɒfθæl'mɒlədʒɪ] *n* ophtalmologie *f*.

ophthalmoscope [ɒf'θælməskəʊp] *n* ophtalmoscope *m*.

ophthalmoscopy [,ɒfθæl'mɒskəpɪ] *n* ophtalmoscopie *f*.

opiate ['əʊpɪət] ◇ *adj* opiacé.
◇ *n* opiacé *m*.

opine [əʊ'paɪn] *vt fml* OR *lit* (faire) remarquer.

opinion [ə'pɪnjən] *n* -**1.** [estimation] opinion *f*, avis *m*; [viewpoint] point *m* de vue; **in my ~** à mon avis; **in the ~ of her teachers** de l'avis de ses professeurs, selon ses professeurs; **I am of the ~ that we should wait** je suis d'avis que l'on attende; **what is your ~ on** OR **about the elections?** que pensez-vous des élections?; **everyone should be free to express an ~** chacun devrait être libre d'exprimer son opinion; **my personal ~ is that...** je suis d'avis que..., pour ma part, je pense que...; well, if you want my honest ~, I'll tell you puisque tu veux savoir le fond de ma pensée, je vais te le dire; can you give us your ~ on the festival? pouvez-vous nous dire ce que vous pensez du festival?; to have a good/bad ~ of sthg avoir une bonne/mauvaise opinion de qqch; I have a rather low ~ of him je n'ai pas beaucoup d'estime pour lui; he has too high an ~ of himself il a une trop haute opinion de lui-même. -2. [conviction, belief] opinion *f*; to have strong ~s avoir des opinions bien arrêtées OR tranchées; world/international ~ l'opinion mondiale/internationale; a matter of ~ une affaire d'opinion || JUR avis *m*; it is the ~ of the court that... la cour est d'avis que... ❑ public ~ is against them ils ont l'opinion publique contre eux. -3. [advice] opinion *f*, avis *m*; a medical/legal ~ un avis médical/juridique ❑ to ask for a second ~ demander l'avis d'un tiers; [doctor] demander l'avis d'un autre médecin.

opinionated [ə'pɪnjəneɪtɪd] *adj pej* borné, têtu.

opinion poll *n* sondage *m* d'opinion.

opium ['əʊpjəm] *n* opium *m*; ~ addict opiomane *mf*; ~ addiction opiomanie *f*; ~ dream rêve *m* d'opium.

opium den *n* fumerie *f* d'opium.

opium poppy *n* pavot *m* (somnifère).

Oporto [ə'pɔːtəʊ] *pr n* Porto.

opossum [ə'pɒsəm] (*pl inv* OR opossums) *n* opossum *m*.

opponent [ə'pəʊnənt] ◇ *n* -1. [gen, POL & SPORT] adversaire *mf*; [rival] rival *m*, -e *f*; [competitor] concurrent *m*, -e *f*; [in debate] adversaire *mf*; political ~ [democratic] adversaire politique; [of regime] opposant *m*, -e *f* politique; she has always been an ~ of blood sports elle a toujours été contre les sports sanguinaires; ~s of the new marina held a rally les opposants à la construction de la nouvelle marina ont organisé un meeting. -2. ANAT antagoniste *m*.
◇ *adj* ANAT [muscle] antagoniste.

opportune ['ɒpətjuːn] *adj fml* -1. [coming at the right time] opportun; a very ~ remark une remarque tout à fait opportune. -2. [suitable for a particular purpose] propice; the ~ moment le moment opportun OR propice; this seems an ~ moment to break for coffee le moment semble propice pour faire une pause-café.

opportunely ['ɒpətjuːnlɪ] *adv* opportunément, au moment opportun.

opportunism [,ɒpə'tjuːnɪzm] *n* opportunisme *m*.

opportunist [,ɒpə'tjuːnɪst] ◇ *adj* opportuniste.
◇ *n* opportuniste *mf*.

opportunistic [,ɒpətjuː'nɪstɪk] *adj* opportuniste.

opportunity [,ɒpə'tjuːnətɪ] (*pl* opportunities) *n* -1. [chance] occasion *f*; to have an ~ to do OR of doing sthg avoir l'occasion de faire qqch; we don't have much ~ of practising hang-gliding nous avons rarement l'occasion de faire du deltaplane; if ever you get the ~ si jamais vous en avez l'occasion; to give sb an ~ of doing sthg OR the ~ to do sthg donner à qqn l'occasion de faire qqch; I took every ~ of travelling je n'ai manqué aucune occasion de OR j'ai saisi toutes les occasions de voyager; you missed a golden ~ vous avez manqué OR laissé passer une occasion en or; I'll leave at the first OR earliest ~ je partirai à la première occasion OR dès que l'occasion se présentera; at every ~ à la moindre occasion. -2. [prospect] perspective *f*; the opportunities for advancement are excellent les perspectives d'avancement sont excellentes; job opportunities perspectives d'emploi.

opportunity cost *n* ECON coût *m* d'opportunité OR de renoncement.

opposable [ə'pəʊzəbl] *adj* opposable.

oppose [ə'pəʊz] *vt* -1. [decision, plan, bill etc] s'opposer à, être hostile à; [verbally] parler contre; the family ~d their marriage la famille s'opposa à leur mariage; the construction of the power station was ~d by local people la construction de la centrale s'est heurtée à l'hostilité de la population locale; 40% of voters are strongly ~d to the plan 40 % des votants sont farouchement opposés au projet. -2. [in contest, fight] s'opposer à; [combat] combattre. -3. [contrast] opposer; the social sciences are often ~d to pure science on oppose souvent les sciences humaines aux sciences pures.

opposed [ə'pəʊzd] *adj* opposé, hostile; to be ~ to sthg être opposé OR hostile à qqch; she is very much ~ to the idea c'est une idée à laquelle elle est totalement opposée; his views are diametrically ~ to mine il a des idées radicalement opposées aux miennes.
◆ **as opposed to** *prep phr* par opposition à, plutôt que; we will propose more science as ~ to arts courses nous proposons de renforcer l'enseignement des sciences plutôt que celui des matières littéraires.

opposing [ə'pəʊzɪŋ] *adj* -1. [army] adverse; [factions] qui s'opposent; [party, minority] d'opposition; the ~ team l'équipe *f* adverse; they're on ~ sides ils sont adversaires, ils ne sont pas du même côté. -2. [contrasting - views] opposé, qui s'oppose.

opposite ['ɒpəzɪt] ◇ *adj* -1. [facing] d'en face, opposé; the ~ side of the road l'autre côté de la rue; 'see illustration on ~ page' 'voir illustration ci-contre'. -2. [opposing - direction, position] inverse, opposé; [rival - team] adverse; the letter-box is at the ~ end of the street la boîte à lettres se trouve à l'autre bout de la rue. -3. [conflicting - attitude, character, opinion] contraire, opposé; I take the ~ view je suis de l'avis contraire; his words had just the ~ effect ses paroles eurent exactement l'effet contraire. -4. BOT opposé. -5. MATH opposé.
◇ *adv* en face; the houses ~ les maisons d'en face; they live just ~ ils habitent juste en face; the lady ~ la dame qui habite en face.
◇ *prep* -1. en face de; he lives ~ us il habite en face de chez nous; our houses are ~ each other nos maisons se font face OR sont en face l'une de l'autre; they sat ~ each other ils étaient assis l'un en face de l'autre; we have a park ~ our house nous avons un parc en face de chez nous; the church is right ~ the school l'église se trouve juste en face de l'école; put a tick ~ the correct answer mettre une croix en face de la bonne réponse, cocher la bonne réponse. -2. CIN & THEAT: to play ~ sb donner la réplique à qqn; she played ~ Richard Burton in many films elle fut la partenaire de Richard Burton dans de nombreux films. -3. NAUT en face de, à la hauteur de; the ship was lying ~ Tobruk le navire se trouvait à la hauteur de Tobrouk.
◇ *n* opposé *m*, contraire *m*; I understood quite the ~ j'ai compris exactement le contraire; she always does the ~ of what she's told elle fait toujours le contraire de ce qu'on lui dit de faire; Mary is the complete ~ of her sister Mary est tout à fait l'opposé de sa sœur; what's the ~ of "optimistic"? quel est le contraire d'«optimiste»?

opposite number *n* homologue *mf*.

opposite sex *n* sexe *m* opposé; a person OR member of the ~ une personne du sexe opposé.

opposition [,ɒpə'zɪʃn] ◇ *n* -1. [physical] opposition *f*, résistance *f*; the army met with fierce ~ l'armée se heurta à une vive résistance; the besieged city put up little ~ la ville assiégée n'opposa guère de résistance || [moral] opposition *f*; we found ourselves in ~ to everybody else nous nous sommes retrouvés en opposition avec tout le monde; the plans met with some ~ les projets suscitèrent une certaine opposition OR hostilité. -2. POL: the ~ l'opposition *f*; Labour spent the 1980s in ~ les travaillistes furent dans l'opposition pendant toutes les années 80; the Opposition was OR were unable to decide l'opposition fut incapable de prendre une décision ❑ the leader of the Opposition le chef de l'opposition; the Opposition benches les bancs *mpl* de l'opposition. -3. [rivals] adversaires *mpl*; SPORT adversaires *mpl*; COMM concurrents *mpl*, concurrence *f*; don't underestimate the ~ SPORT ne sous-estimez pas vos adversaires; COMM ne sous-estimez pas vos concurrents OR la concurrence. -4. [contrast] (mise *f* en) opposition *f*.
◇ *comp* [committee, spokesperson etc] de l'opposition.

oppress [ə'pres] *vt* -1. [tyrannize] opprimer. -2. *lit* [torment - subj: anxiety, atmosphere] accabler, oppresser.

oppressed [ə'prest] *npl*: the ~ les opprimés *mpl*.

oppression [ə'preʃn] *n* -1. [persecution] oppression *f*; the ~ of women l'oppression des femmes. -2. [sadness] angoisse *f*, malaise *m*.

oppressive [ə'presɪv] *adj* -1. POL [regime, government] oppressif, tyrannique; [law, tax] oppressif. -2. [hard to bear - debt, situation] accablant. -3. [weather] lourd, étouffant; the heat was ~ il faisait une chaleur accablante.

oppressively [ə'presɪvlɪ] *adv* d'une manière oppressante OR accablante; it was ~ hot il faisait une chaleur étouffante OR accablante.

oppressor [ə'presəʳ] *n* oppresseur *m*.

opprobrious [ə'prəʊbrɪəs] *adj fml* -1. [scornful] méprisant. -2. [shameful] honteux, scandaleux.

opprobrium [ə'prəʊbrɪəm] *n fml* opprobre *m*.

opt [ɒpt] *vi*: to ~ for sthg opter pour qqch, choisir qqch; she ~ed to study maths elle a choisi d'étudier les maths.
◆ **opt out** *vi insep* -1. [gen] se désengager, retirer sa participation; to ~ out of society rejeter la société; I'm ~ing out! ne comptez plus sur moi!, je me retire de la partie!; many ~ed out of joining the union beaucoup ont choisi de ne pas adhérer au syndicat; you can't just ~ out of paying bills il faudra bien que vous payiez vos factures un jour ou l'autre. -2. POL [school, hospital] *choisir l'autonomie vis-à-vis des pouvoirs publics.*

optative ['ɒptətɪv] ◇ *adj* optatif.
◇ *n* optatif *m*.

optic ['ɒptɪk] *adj* optique; ~ nerve nerf *m* optique.

optical ['ɒptɪkl] *adj* [lens] optique; [instrument] optique; ~ art art *m* optique; ~ glass verre *m* optique.

optical character reader *n* lecteur *m* optique de caractères.

optical character recognition *n* reconnaissance *f* optique de caractères.

optical fibre *n* fibre *f* optique.

optical illusion *n* illusion *f* OR effet *m* d'optique.

optician [ɒp'tɪʃn] *n* opticien *m*, -enne *f*; at the ~'s chez l'opticien.

optics ['ɒptɪks] *n (U)* optique *f*.

optimal ['ɒptɪml] *adj* optimal.

optimally ['ɒptɪməlɪ] *adv* de façon optimale.

optimism ['ɒptɪmɪzm] *n* optimisme *m*.

optimist ['ɒptɪmɪst] *n* optimiste *mf*.

optimistic [,ɒptɪ'mɪstɪk] *adj* [person, outlook] optimiste; [period] d'optimisme.

optimistically [,ɒptɪ'mɪstɪklɪ] *adv* avec optimisme, d'une manière optimiste.

optimize, -ise ['ɒptɪmaɪz] *vt* optimiser, optimaliser.

optimum ['ɒptɪməm] (*pl* optimums OR *fml* optima [-mə]) ◇ *adj* optimum, optimal.
◇ *n* optimum *m*.

option ['ɒpʃn] *n* -1. [alternative] choix *m*; he has no ~ il n'a pas le choix; I have no ~ but to refuse je ne peux faire autrement que de refuser; they were given the ~ of adopting a child on leur a proposé d'adopter un enfant; you leave me no ~ vous ne me laissez pas le choix; she was given the ~ of bail elle a pu être libérée sous caution ❑ to take the soft ~

choisir la solution de facilité. -**2.** [possible choice] option *f*, possibilité *f*; I prefer to keep OR leave my ~s open je préfère ne pas prendre de décision OR ne pas m'engager pour l'instant || SCH (matière *f* à) option *f*; she has to choose between three foreign language ~s elle doit choisir une option parmi trois langues étrangères; economics is an ~ in the third year en troisième année, l'économie politique est une option || [accessory] option *f*; power steering is an ~ la direction assistée est en option. -**3.** COMM & FIN option *f*; to take an ~ on sthg prendre une option sur qqch; the agency allowed her to take out an ~ on the house until Monday l'agence lui a laissé une option sur la maison jusqu'à lundi; to take up an ~ lever une option; Air France have an ~ to buy 15 planes Air France a une option d'achat sur 15 appareils.

optional ['ɒpʃənl] *adj* -**1.** facultatif; the tinted lenses are ~ les verres teintés sont en option ❑ ~ extra option *f*; the radio is an ~ extra la radio est en option OR en supplément. -**2.** SCH facultatif, optionnel; German is an ~ subject l'allemand est une matière optionnelle; linguistics is ~ la linguistique est facultative.

optionally ['ɒpʃənəlɪ] *adv* facultativement.

optoelectronics [,ɒptəʊɪlek'trɒnɪks] *n (U)* optoélectronique *f*.

optometrist [ɒp'tɒmətrɪst] *n* optométriste *mf*, réfractionniste *mf*.

optometry [ɒp'tɒmətrɪ] *n* optométrie *f*.

opulence ['ɒpjʊləns] *n* opulence *f*.

opulent ['ɒpjʊlənt] *adj* [lifestyle, figure] opulent; [abundant] abondant, luxuriant; [house, clothes] somptueux.

opus ['əʊpəs] (*pl* **opuses** OR *fml* **opera** ['ɒpərə]) *n* opus *m*.

or [ɔːʳ] *conj* -**1.** [in positive statements] ou; [in negative statements] ni; in New York or in London à New York ou à Londres; I can go today or tomorrow je peux y aller aujourd'hui ou demain; have you got any brothers or sisters? avez-vous des frères et sœurs?; he never laughs or smiles il ne rit ni ne sourit jamais; I go two or three times a week j'y vais deux ou trois fois par semaine; Norma Jean Baker, or Marilyn Monroe as she became known Norma Jean Baker ou Marilyn Monroe, puisque c'est le nom sous lequel elle est devenue célèbre; or so I thought du moins c'est ce que je pensais;...or not, as the case may be ...ou non, peut-être. -**2.** [otherwise - in negative statements] ou; [- in positive statements] sinon; don't hit it too hard or it'll break ne tape pas trop fort dessus ou ça va casser; she must have some talent or they wouldn't have chosen her elle doit avoir un certain talent sinon ils ne l'auraient pas choisie.

◆ **or else** ◇ *conj phr* -**1.** [otherwise] sinon; I'd better rush, or else I'll be late je ferais mieux de me dépêcher, sinon je serai en retard. -**2.** [offering an alternative] ou bien; Monday, or else Tuesday lundi, ou bien mardi.
◇ *adv phr inf*: give us the money, or else...! donne-nous l'argent, sinon...!

◆ **or no** *conj phr* ou pas; I'm taking a holiday, work or no work travail ou pas, je prends des vacances.

◆ **or other** *adv phr*: we stayed at San something or other on s'est arrêté à San quelque chose; somehow or other we made it home on a fini par réussir à rentrer, Dieu sait comment; somebody or other said that... quelqu'un, je ne sais plus qui, a dit que...; one or other of us will have to go il faudra bien que l'un de nous s'en aille; some actress or other une actrice (quelconque).

◆ **or so** *adv phr* environ; ten minutes or so environ dix minutes; fifty kilos or so cinquante kilos environ, dans les cinquante kilos; ten dollars or so dix dollars environ, à peu près dix dollars.

◆ **or something** *inf adv phr* ou quelque chose comme ça; she's a lawyer or something elle est avocate ou quelque chose comme ça; are you deaf or something? t'es sourd ou quoi?

◆ **or what** *inf adv phr* ou quoi; are you stupid or what? t'es bête ou quoi?

OR *written abbr of* Oregon.

oracle ['ɒrəkl] *n* oracle *m*.

◆ **Oracle**® *pr n système de télétexte en Grande-Bretagne.*

oracular [ɒ'rækjʊləʳ] *adj literal* prophétique; *fig* sibyllin.

oral ['ɔːrəl] ◇ *adj* -**1.** [spoken] oral; ~ exam (examen *m*) oral *m*; ~ literature/tradition littérature *f*/tradition *f* orale. -**2.** ANAT [of mouth] buccal, oral; ~ sex rapports *mpl* bucco-génitaux; the ~ stage PSYCH le stade oral || PHARM [medicine] à prendre par voie orale; ~ contraceptive contraceptif *m* oral. -**3.** LING [in phonetics] oral.
◇ *n* (examen *m*) oral *m*.

orally ['ɔːrəlɪ] *adj* -**1.** [verbally] oralement, verbalement, de vive voix. -**2.** SCH oralement; MED par voie orale; 'to be taken ~' à administrer par voie orale; 'not to be taken ~' 'ne pas avaler'.

Oran [ə'ræn] *pr n* Oran.

orange ['ɒrɪndʒ] ◇ *n* -**1.** [fruit] orange *f*. -**2.** [drink] boisson *f* à l'orange; vodka and ~ vodka-orange *f*. -**3.** [colour] orange *m*.
◇ *adj* -**1.** [colour] orange *(inv)*, orangé. -**2.** [taste] d'orange; [liqueur, sauce] à l'orange; ~ grove orangeraie *f*; ~ juice jus *m* d'orange; ~ marmalade marmelade *f* d'orange, confiture *f* d'orange OR d'oranges; ~ blossom fleur *f* OR fleurs *fpl* d'oranger; ~ peel écorce *f* OR peau *f* d'orange; *fig* [cellulite] peau *f* d'orange; ~ tree oranger *m*.

orangeade [,ɒrɪndʒ'eɪd] *n* [still] orangeade *f*; [fizzy] soda *m* à l'orange.

orange-flower water *n* eau *f* de fleur d'oranger.

Orange Free State *pr n* l'État *m* libre d'Orange; in ~ dans l'État libre d'Orange.

Orangeism ['ɒrɪndʒɪzm] *n* POL orangisme *m*.

Orange Lodge *n* association *f* d'orangistes.

Orangeman ['ɒrɪndʒmən] (*pl* **Orangemen** [-mən]) *n* -**1.** *Br* HIST Orangiste *m (partisan de la maison d'Orange).* -**2.** [in Ireland] Orangiste *m (Protestant).*

Orangeman's Day *n* fête annuelle des orangistes *(le 12 juillet).*

orange pekoe *n* pekoe *m* orange.

orangery ['ɒrɪndʒərɪ] (*pl* **orangeries**) *n* orangerie *f*.

orange stick *n* bâtonnet *m* (de) manucure.

Orangewoman ['ɒrɪndʒ,wʊmən] (*pl* **Orangewomen** [-,wɪmɪn]) *n* orangiste *f*.

orangewood ['ɒrɪndʒwʊd] *n* (bois *m* d') oranger *m*.

orangey ['ɒrɪndʒɪ] *adj* -**1.** [taste] qui a un goût d'orange; [perfume] qui sent l'orange. -**2.** [colour] orangé.

orang(o)utan [ɔː,ræŋuː'tæn], **orang(o)utang** [ɔː,ræŋuː'tæŋ] *n* orang-outan *m*, orang-outang *m*.

orangy ['ɒrɪndʒɪ] = **orangey**.

orate [ɔː'reɪt] *vi fml* [make speech] prononcer un discours; [pompously] pérorer, discourir.

oration [ɔː'reɪʃn] *n* (long) discours *m*, allocution *f*; funeral ~ oraison *f* funèbre.

orator ['ɒrətəʳ] *n* orateur *m*, -trice *f*.

oratorical [,ɒrə'tɒrɪkl] *adj fml* oratoire.

oratorio [,ɒrə'tɔːrɪəʊ] (*pl* **oratorios**) *n* oratorio *m*.

oratory ['ɒrətrɪ] *n* -**1.** [eloquence] art *m* oratoire, éloquence *f*; a superb piece of ~ un superbe morceau de rhétorique. -**2.** RELIG oratoire *m*.

orb [ɔːb] *n* -**1.** [sphere] globe *m*. -**2.** ASTRON & *lit* orbe *m*.

orbit ['ɔːbɪt] ◇ *n* -**1.** ASTRON orbite *f*; to put a satellite into ~ mettre un satellite sur OR en orbite; in ~ en orbite. -**2.** [influence] orbite *f*; the countries within Washington's ~ les pays qui se situent dans la sphère d'influence de Washington. -**3.** ANAT & PHYS [of eye, electron] orbite *f*.
◇ *vt* [subj: planet, comet] graviter OR tourner autour de; [subj: astronaut]: the first man to ~ the Earth le premier homme à être placé OR mis en orbite autour de la Terre.
◇ *vi* décrire une orbite.

orbital ['ɔːbɪtl] *adj* orbital; ~ velocity velocité *f* orbitale; ~ motorway *Br* (autoroute *f*) périphérique *m*.

Orcadian [ɔː'keɪdjən] ◇ *adj* des Orcades.
◇ *n* habitant *m*, -e *f* des Orcades.

orchard ['ɔːtʃəd] *n* verger *m*.

orchestra ['ɔːkɪstrə] *n* -**1.** [band] orchestre *m*. -**2.** [in theatre, cinema] fauteuils *mpl* d'orchestre, parterre *m*.

orchestral [ɔː'kestrəl] *adj* d'orchestre, orchestral; ~ music musique *f* orchestrale.

orchestra pit *n* fosse *f* d'orchestre.

orchestra stalls *npl Am* = **orchestra 2**.

orchestrate ['ɔːkɪstreɪt] *vt* MUS & *fig* orchestrer; a superbly ~d advertising campaign une campagne publicitaire remarquablement orchestrée.

orchestration [,ɔːke'streɪʃn] *n* MUS & *fig* orchestration *f*.

orchid ['ɔːkɪd] *n* orchidée *f*.

orchis ['ɔːkɪs] *n* orchis *m*.

orchitis [ɔː'kaɪtɪs] *n* orchite *f*.

ordain [ɔː'deɪn] *vt* -**1.** RELIG ordonner; to be ~ed priest être ordonné prêtre. -**2.** [order] ordonner, décréter; the judge ~ed that the prisoner should be released le juge ordonna que le prisonnier soit relâché || [declare] décréter, déclarer; it is ~ed in the Bible c'est la Bible qui le dit || [decide] dicter, décider; fate ~ed that they should meet le destin a voulu qu'ils se rencontrent.

ordainment [ɔː'deɪnmənt] *n* ordination *f*.

ordeal [ɔː'diːl] *n* -**1.** épreuve *f*, calvaire *m*; to undergo an ~ subir une épreuve; she has been through some terrible ~s elle a traversé des moments très difficiles; it was quite an ~ for him ce fut une épreuve assez pénible pour lui; I always find family reunions an ~ j'ai toujours considéré les réunions de famille comme un (véritable) calvaire. -**2.** HIST ordalie *f*, épreuve *f* judiciaire; ~ by fire épreuve *f* du feu.

order ['ɔːdəʳ] ◇ *n* -**1.** [sequence, arrangement] ordre *m*; in alphabetical/chronological ~ par ordre alphabétique/chronologique; in ascending ~ of importance par ordre croissant d'importance; can you put the figures in the right ~? pouvez-vous classer les chiffres dans le bon ordre?; let's do things in ~ faisons les choses en ordre; what was the ~ of events? dans quel ordre les événements se sont-ils déroulés?; they have two boys and a girl, in that ~ ils ont deux garçons et une fille, dans cet ordre; in ~ of appearance THEAT par ordre d'entrée en scène; CIN & TV par ordre d'apparition à l'écran; we were called to the platform, in ~ of precedence on était appelés à la tribune par ordre de préséance ❑ battle ~ ordre de bataille. -**2.** [organization, tidiness] ordre *m*; to put one's affairs/books in ~ mettre de l'ordre dans ses affaires/livres, ranger ses affaires/livres; the magazines are all out of ~ les magazines sont tous dérangés; to get one's ideas in ~ mettre de l'ordre dans ses idées; she needs to get some ~ into her life elle a besoin de mettre un peu d'ordre dans sa vie ❑ you should put your own house in ~ before criticizing other people il faut mettre de l'ordre dans ses propres affaires avant de critiquer les autres. -**3.** [command] ordre *m*; [instruction] instruction *f*; to give sb ~s to do sthg ordonner à qqn de faire qqch; the Queen gave the ~ for the prisoner to be executed la reine ordonna que le prisonnier soit exécuté; Harry loves giving ~s Harry adore donner des ordres; we have ~s to wait here on a reçu l'ordre d'attendre ici; I'm just following ~s je ne fais qu'exécuter les ordres; and that's an ~! et c'est un ordre!; I don't have

to take ~s from you je n'ai pas d'ordres à recevoir de vous; ~s are ~s les ordres sont les ordres; on my ~, line up in twos à mon commandement, mettez-vous en rangs par deux; on doctor's ~s sur ordre du médecin; to be under sb's ~s être sous les ordres de qqn; I am under ~s to say nothing j'ai reçu l'ordre de ne rien dire; until further ~s jusqu'à nouvel ordre || MIL ordre *m*, consigne *f*; to give the ~ to open fire donner l'ordre d'ouvrir le feu. -**4.** COMM [request for goods] commande *f*; to place an ~ for sthg passer (une) commande de qqch; the books are on ~ les livres ont été commandés || [goods ordered] marchandises *fpl* commandées; your ~ has now arrived votre commande est arrivée || [in restaurant]: can I take your ~? avez-vous choisi? || *Am* [portion] part *f*; an ~ of French fries une portion de frites. -**5.** FIN: (money) ~ mandat *m*; pay to the ~ of A. Jones payez à l'ordre de A. Jones; pay A. Jones or ~ payer à A. Jones ou à son ordre; cheque to ~ chèque *m* à ordre. -**6.** JUR ordonnance *f*, arrêté *m*; he was served with an ~ for the seizure of his property il a reçu une ordonnance pour la saisie de ses biens. -**7.** [discipline, rule] ordre *m*, discipline *f*; to keep ~ [police] maintenir l'ordre; SCH maintenir la discipline; children need to be kept in ~ les enfants ont besoin de discipline; to restore ~ rétablir l'ordre || [in meeting, assembly] ordre *m*; to call sb to ~ rappeler qqn à l'ordre; to be ruled out of ~ être en infraction avec le règlement; he's out of ~ *fig* ce qu'il a dit était déplacé; ~! de l'ordre! -**8.** [system] ordre *m* établi; the old ~ l'ordre ancien; in the ~ of things dans l'ordre des choses ❑ to be the ~ of the day [common] être à l'ordre du jour; [fashionable] être au goût du jour. -**9.** [functioning state]: in working ~ en état de marche OR de fonctionnement; in good/perfect ~ en bon/parfait état. -**10.** [class] classe *f*, ordre *m*; the lower ~s les ordres inférieurs || [rank] ordre *m*; research work of the highest ~ un travail de recherche de tout premier ordre; a crook of the first ~ *Br* un escroc de grande envergure || [kind] espèce *f*, genre *m*; questions of a different ~ des questions d'un autre ordre. -**11.** [decoration] ordre *m*; the Order of the Garter/of Merit l'ordre de la Jarretière/du Mérite. -**12.** RELIG ordre *m*; to take (holy) ~s entrer dans les ordres; the Order of St Benedict l'ordre de saint Benoît. -**13.** ARCHIT, BOT & ZOOL ordre *m*.
◇ *vt* -**1.** [command] ordonner; to ~ sb to do sthg ordonner à qqn de faire qqch; the Queen ~ed that the prisoner (should) be executed la reine donna l'ordre d'exécuter le prisonnier; the doctor ~ed him to rest for three days le médecin lui a prescrit trois jours de repos; the government ~ed an inquiry into the disaster le gouvernement a ordonné l'ouverture d'une enquête sur la catastrophe; he was ~ed to pay costs JUR il a été condamné aux dépens; the minister ~ed the drug to be banned le ministre a ordonné de faire retirer le médicament de la vente; to ~ sb back/in/out donner à qqn l'ordre de reculer/d'entrer/de sortir; we were ~ed out of the room on nous a ordonné de quitter la pièce; she ~ed the children to bed elle a ordonné aux enfants d'aller se coucher || MIL: to ~ sb to do sthg donner l'ordre à qqn de faire qqch; they were ~ed (to return) home on leur donna OR ils reçurent l'ordre de regagner leurs foyers; the troops were ~ed to the Mediterranean les troupes ont reçu l'ordre de gagner la Méditerranée ❑ it's just what the doctor ~ed! *hum* c'est exactement ce dont nous avions besoin! -**2.** COMM [meal, goods] commander; he ~ed himself a beer il a commandé une bière. -**3.** [organize - society] organiser; [- ideas, thoughts] mettre de l'ordre dans; [- affairs] régler, mettre en ordre; a peaceful, well-~ed existence une existence paisible et bien réglée. -**4.** BOT & ZOOL classer.
◇ *vi* commander, passer une commande; would you like to ~ now? [in restaurant] voulez-vous commander maintenant?

◆ **by order of** *prep phr* par ordre de; by ~ of the Court sur décision du tribunal.
◆ **in order** *adj phr* -**1.** [valid] en règle. -**2.** [acceptable] approprié, admissible; it is quite in ~ for you to leave rien ne s'oppose à ce que vous partiez; I think lunch is in ~ je pense qu'il est temps de faire une pause pour le déjeuner; an apology is in ~ des excuses s'imposent.
◆ **in order that** *conj phr* afin que; in ~ that no one goes home empty-handed afin que nul ne rentre chez soi les mains vides.
◆ **in order to** *conj phr* afin de; in ~ to simplify things afin de simplifier les choses; in ~ not to upset you pour éviter de vous faire de la peine.
◆ **in the order of** *Br*, **of the order of** *Br*, **on the order of** *Am prep phr* de l'ordre de; a sum in *Br* OR of *Br* OR on *Am* the ~ of £500 une somme de l'ordre de 500 livres.
◆ **out of order** *adj phr* [machine, TV] en panne; [phone] en dérangement; 'out of ~' 'hors service', 'en panne'.
◆ **to order** *adv phr* sur commande; she's one of these people who can cry to ~ *Br* elle fait partie de ces gens qui arrivent à pleurer sur commande; to be made to ~ *literal* & *fig* être fait sur commande; he had a suit made to ~ il s'est fait faire un costume sur mesures.
◆ **order about** *Br*, **order around** *vt sep* commander; he likes ~ing people about il adore régenter son monde; I refuse to be ~ed about! je n'ai pas d'ordres à recevoir!

order book *n* carnet *m* de commandes; our ~s are empty/full nos carnets de commandes sont vides/pleins.

order form *n* bon *m* de commande.

orderliness ['ɔːdəlɪnɪs] *n* -**1.** [of room, desk] (bon) ordre *m*. -**2.** [of person, lifestyle, behaviour] méticulosité *f*. -**3.** [of crowd] discipline *f*, bonne conduite *f*.

orderly ['ɔːdəlɪ] (*pl* orderlies) ◇ *adj* -**1.** [tidy - room] ordonné, rangé; a very ~ kitchen une cuisine très bien rangée. -**2.** [organized - person, mind, lifestyle] ordonné, méthodique; try to work in an ~ way essayez de travailler méthodiquement. -**3.** [well-behaved] ordonné, discipliné; an ~ crowd une foule disciplinée; in case of fire, leave the building in an ~ fashion en cas d'incendie, quitter les lieux sans précipitation.
◇ *n* -**1.** MIL officier *m* d'ordonnance. -**2.** MED aide-infirmier *m*.

orderly officer *n* officier *m* de jour.

order paper *n* POL (feuille *f* de l') ordre *m* du jour.

ordinal ['ɔːdɪnl] ◇ *adj* ordinal; ~ number nombre *m* ordinal.
◇ *n* ordinal *m*.

ordinance ['ɔːdɪnəns] *n* ordonnance *f*, décret *m*.

ordinand ['ɔːdɪnænd] *n* ordinand *m*.

ordinarily ['ɔːdənrəlɪ, *Am* ˌɔːrdn'erəlɪ] *adv* -**1.** [in an ordinary way] ordinairement, d'ordinaire; the questions were more than ~ difficult les questions étaient plus difficiles que d'ordinaire OR qu'à l'accoutumée. -**2.** [normally] normalement, en temps normal; isn't she due at 5 o'clock? — well, ~, she would be ne doit-elle pas être là OR arriver à 5 h? — oui, normalement.

ordinary ['ɔːdənrɪ] ◇ *adj* -**1.** [usual] ordinaire, habituel; [normal] normal; the ~ run of things le cours ordinaire OR normal des événements; she remembered it as just an ~ day elle s'en souvenait comme d'un jour ordinaire. -**2.** [average] ordinaire, moyen; Paul was just an ~ guy before he got involved in films *inf* Paul était un type comme les autres avant de faire du cinéma; Miss Brodie was no ~ teacher Miss Brodie était un professeur peu banal OR qui sortait de l'ordinaire. -**3.** [commonplace] ordinaire, quelconque *pej*; they're very ~ people ce sont des gens très ordinaires; it's a very ~-looking car c'est une voiture qui n'a rien de spécial; she's a very ~-looking girl c'est une fille quelconque.
◇ *n* -**1.** RELIG: the Ordinary of the mass l'ordinaire *m* de la messe. -**2.** ADMIN: physician in ~ to the king *Br* médecin *m* (attitré) du roi.
◆ **out of the ordinary** *adj phr*: as a pianist, she's really out of the ~ c'est vraiment une pianiste exceptionnelle OR hors du commun; nothing out of the ~ ever happens here il ne se passe jamais rien de bien extraordinaire ici.

ordinary degree *n Br* ≃ licence *f* sans mention OR avec la mention passable.

Ordinary level → **O level**.

ordinary seaman *n Br* matelot *m* breveté.

ordinary share *n* action *f* ordinaire.

ordinate ['ɔːdənət] *n* ordonnée *f*.

ordination [ˌɔːdɪ'neɪʃn] *n* ordination *f*.

ordnance ['ɔːdnəns] *n* -**1.** [supplies] (service *m* de l') équipement *m* militaire. -**2.** [artillery] artillerie *f*.

ordnance corps *n* service *m* du matériel, ≃ train *m*.

ordnance factory *n* usine *f* d'artillerie.

Ordnance Survey *pr n Br* service *m* national de cartographie, ≃ IGN *m*; ~ map carte *f* d'état-major.

ordure ['ɔːdjʊəʳ] *n lit* excrément *m*.

ore [ɔːʳ] *n* minerai *m*; iron ~ minerai de fer.

oregano [ˌɒrɪ'gɑːnəʊ] *n* BOT & CULIN origan *m*.

Oregon ['ɒrɪgən] *pr n* Oregon *m*; in ~ dans l'Oregon.

Oreo ['ɔːrɪəʊ] *n Am* -**1.** ~ (cookie)® *biscuit au chocolat fourré à la crème*. -**2.** ▼ *terme injurieux désignant un Noir qui fréquente les Blancs*.

Oresteia [ˌɒre'staɪə] *pr n*: 'The ~' *Aeschylus* 'l'Orestie'.

Orestes [ɒ'restiːz] *pr n* Oreste.

orfe [ɔːf] (*pl inv*) *n* ide *m*, mélanote *m*; golden ~ ide rouge, orfe *m*.

organ ['ɔːgən] *n* -**1.** MUS orgue *m*; [large] (grandes) orgues *fpl*. -**2.** ANAT organe *m*; *euph* [penis] membre *m*; the ~s of speech les organes phonatoires OR de la parole. -**3.** *fig* [means] organe *m*, instrument *m*; the courts are the ~s of justice les tribunaux sont les organes OR les instruments de la justice || [mouthpiece] organe *m*, porte-parole *m inv*; the official ~ of the Party le porte-parole officiel du Parti.

organdie *Br*, **organdy** *Am* ['ɔːgəndɪ] (*pl* organdies) ◇ *n* organdi *m*.
◇ *comp* d'organdi, en organdi.

organ grinder *n* joueur *m*, -euse *f* d'orgue de Barbarie.

organic [ɔː'gænɪk] *adj* -**1.** BIOL & CHEM organique; ~ life vie *f* organique; ~ disease maladie *f* organique. -**2.** [natural - produce] naturel, biologique. -**3.** [structural] organique; [fundamental] organique, fondamental; ~ change changement organique.

organically [ɔː'gænɪklɪ] *adv* -**1.** BIOL & CHEM organiquement; ~ grown cultivé sans engrais chimiques, biologique. -**2.** *fig* organiquement; the two ideas are ~ linked les deux idées sont organiquement liées.

organic chemistry *n* chimie *f* organique.

organic farming *n* culture *f* biologique.

organicism [ɔː'gænɪsɪzm] *n* organicisme *m*.

organism ['ɔːgənɪzm] *n* organisme *m* BIOL.

organist ['ɔːgənɪst] *n* organiste *mf*.

organization [ˌɔːgənaɪ'zeɪʃn] *n* -**1.** [organizing] organisation *f*; to have a flair for ~ avoir le sens de l'organisation; we are unhappy with the ~ of the company l'organisation de la firme ne nous satisfait pas ❑ ~ and method INDUST organisation *f* scientifique du travail, OST *f*. -**2.** [association] organisation *f*, association *f*; a political ~ une organisation politique || [official body] organisme *m*, organisation *f*; a charitable ~ une œuvre de bienfaisance. -**3.** ADMIN [personnel] cadres *mpl*.

organizational [ˌɔːgənaɪ'zeɪʃnl] *adj* [skills, methods] organisationnel, d'organisation; [expenses] d'organisation; [change] dans l'organisation, structurel; the concert turned out to be an ~ **nightmare** l'organisation du concert fut un véritable cauchemar.

organization chart *n* organigramme *m*.

organization man *n employé ou cadre qui se dévoue entièrement à la société pour laquelle il travaille.*

organize, -ise ['ɔːgənaɪz] ◇ *vt* -**1.** [sort out] organiser; **to get ~d** s'organiser; **he doesn't know how to ~ himself** il ne sait pas s'organiser; **to ~ one's thoughts** mettre de l'ordre dans ses idées; **her colleagues ~d a farewell dinner for her** ses collègues ont organisé un dîner d'adieu en son honneur; **I've ~d a visit to a dairy for them** j'ai organisé la visite d'une laiterie à leur intention; **she's good at organizing people** elle a le sens du commandement; **who's organizing the drinks?** qui est-ce qui s'occupe des boissons? -**2.** INDUST syndiquer.
◇ *vi* INDUST se syndiquer.

organized ['ɔːgənaɪzd] *adj* -**1.** organisé; **we went on an ~ tour of Scottish castles** nous avons visité les châteaux écossais en voyage organisé. -**2.** [unionized] syndiqué; ~ **labour** main-d'œuvre *f* syndiquée. -**3.** [orderly] organisé; [methodical] méthodique.

organized crime *n* le crime organisé, le grand banditisme.

organizer ['ɔːgənaɪzəʳ] *n* -**1.** [person] organisateur *m*, -trice *f*. -**2.** [diary] agenda *m*, Filofax® *m*. -**3.** BIOL organisateur *m*.

organ loft *n* tribune *f* d'orgue.

organogenesis [ˌɔːgənəʊ'dʒenɪsɪs] *n* organogenèse *f*.

organoleptic [ˌɔːgənəʊ'leptɪk] *adj* organoleptique.

organotherapy [ˌɔːgənəʊ'θerəpɪ] *n* opothérapie *f*.

organ pipe *n* tuyau *m* d'orgue.

organ stop *n* jeu *m* d'orgue.

organza [ɔː'gænzə] *n* organza *m*.

orgasm ['ɔːgæzm] *n* orgasme *m*.

orgasmic [ɔː'gæzmɪk] *adj* orgasmique, orgastique.

orgiastic [ˌɔːdʒɪ'æstɪk] *adj* orgiaque.

orgy ['ɔːdʒɪ] (*pl* **orgies**) *n* orgie *f*; **a drunken ~** une beuverie; **an ~ of killing** *fig* une orgie de meurtres.

oriel ['ɔːrɪəl] *n* oriel *m*.

orient ['ɔːrɪənt] *vt* orienter; **to ~ o.s.** s'orienter; **our firm is very much ~ed towards the American market** notre société est très orientée vers le marché américain.

Orient ['ɔːrɪənt] *pr n*: **the ~** l'Orient *m*.

oriental [ˌɔːrɪ'entl] *adj* oriental; ~ **rug** tapis *m* d'Orient.
◆ **Oriental** *n* Asiatique *mf (attention: le substantif «Oriental» est considéré comme raciste).*

orientalist [ˌɔːrɪ'entəlɪst] *n* orientaliste *mf*.

orientate ['ɔːrɪenteɪt] *vt Br* orienter; **to ~ o.s.** s'orienter; **the course is very much ~d towards the sciences** le cours est très orienté vers OR axé sur les sciences.

-orientated ['ɔːrɪenteɪtɪd] *Br* = **-oriented**.

orientation [ˌɔːrɪen'teɪʃn] *n* orientation *f*; **James is in charge of student ~** James est responsable de l'orientation des étudiants; **she's found a new ~ in life** elle a trouvé une orientation nouvelle à sa vie.

oriented ['ɔːrɪentɪd] *adj* orienté.

-oriented *in cpds* orienté vers..., axé sur...; **ours is a money~ society** c'est l'argent qui mène notre société; **she's very work~** elle est très axée sur son travail; **pupil~ teaching** enseignement adapté aux besoins des élèves.

orienteer [ˌɔːrɪen'tɪəʳ] *n* orienteur *m*, -euse *f*.

orienteering [ˌɔːrɪen'tɪərɪŋ] *n* exercice *m* d'orientation.

orifice ['ɒrɪfɪs] *n* orifice *m*.

origami [ˌɒrɪ'gɑːmɪ] *n* origami *m*.

origin ['ɒrɪdʒɪn] *n* -**1.** [source] origine *f*; **the ~ of the Nile** la source du Nil; **what's the ~ of that word?** quelle est l'origine de ce mot?; **country of ~** pays *m* d'origine; **of unknown ~** d'origine inconnue; **this wine is of Austrian ~** ce vin est d'origine autrichienne; **the present troubles have their ~ in the proposed land reform** le projet de réforme agraire est à l'origine des troubles actuels; **the song is Celtic in ~** la chanson est d'origine celte ☐ **'The Origin of Species'** *Darwin* 'De l'origine des espèces'. -**2.** [ancestry] origine *f*; **he is of Canadian ~** il est d'origine canadienne; **to be of humble ~s** avoir des origines modestes; **they can trace their ~s back to the time of the Norman conquest** ils ont réussi à remonter dans leur arbre généalogique jusqu'à l'époque de la conquête normande.

original [ɒ'rɪdʒɪnl] ◇ *adj* -**1.** [initial] premier, d'origine, initial; **the ~ inhabitants of the country** les premiers habitants du pays; **the ~ meaning of the word** le sens originel du mot; **my ~ intention was to drive there** ma première intention OR mon intention initiale était d'y aller en voiture; **the fabric has lost its ~ lustre** l'étoffe a perdu son éclat d'origine; **most of the ~ 600 copies have been destroyed** la plupart des 600 exemplaires originaux ont été détruits; ~ **edition** édition originale; **the ~ portrait by Rubens** le portrait original peint par Rubens. -**2.** [unusual] original; **based on an ~ idea by Sam Ford** d'après une idée originale de Sam Ford || [strange] singulier; **he has some ~ ideas** il a des idées originales; **she has an ~ approach to child-rearing** sa conception de l'éducation est originale. -**3.** [new - play, writing] original, inédit.
◇ *n* -**1.** [painting, book] original *m*; **the film was shown in the ~** le film a été projeté en version originale; **I prefer to read Proust in the ~** je préfère lire Proust dans le texte. -**2.** [model - of hero, character]: **Betty was the ~ of the novel's heroine** Betty inspira le personnage de l'héroïne du roman. -**3.** [unusual person] original *m*, -e *f*, excentrique *mf*; **she's a real ~** elle est vraiment spéciale OR originale.

originality [əˌrɪdʒə'nælətɪ] (*pl* **originalities**) *n* originalité *f*.

originally [ə'rɪdʒənəlɪ] *adv* -**1.** [initially] à l'origine, au début, initialement; **this room was ~ the kitchen** à l'origine, cette pièce servait de cuisine; **~, I had planned to go to Greece** initialement OR au début, j'avais l'intention d'aller en Grèce. -**2.** [unusually, inventively] d'une façon OR d'une manière originale, originalement.

original sin *n* péché *m* originel.

originate [ə'rɪdʒəneɪt] ◇ *vi* [suggestion, rumour]: **to ~ in** avoir OR trouver son origine dans; **to ~ from** tirer son origine de; **where did the rumour ~ from?** qu'est-ce qui a donné naissance à cette rumeur?; **this concept ~s from Freudian psychology** ce concept est issu de la psychologie freudienne; **the conflict ~d in the towns** le conflit est né dans les villes; **this information ~s from an official source** le renseignement émane d'une source officielle; **I wonder how that saying ~d** je me demande d'où vient ce dicton || [goods] provenir; **the cocaine ~s from South America** la cocaïne provient d'Amérique du Sud || [person]: **he ~s from Melbourne** il est originaire de Melbourne.
◇ *vt* [give rise to] être à l'origine de, donner naissance à; [be author of] être l'auteur de; **the experience ~d the story of the invisible man** cette expérience donna naissance à l'histoire de l'homme invisible.

origination [əˌrɪdʒə'neɪʃn] *n* création *f*.

originator [ə'rɪdʒəneɪtəʳ] *n* [of crime] auteur *m*; [of idea] initiateur *m*, -trice *f*, auteur *m*.

Orinoco [ˌɒrɪ'nəʊkəʊ] *pr n*: **the (River) ~** l'Orénoque *m*.

oriole ['ɔːrɪəʊl] *n* loriot *m*.

Orion [ə'raɪən] *pr n* Orion.

orison ['ɒrɪzən] *n lit* oraison *f*.

Orkney Islands ['ɔːknɪ-], **Orkneys** ['ɔːknɪz] *pl pr n*: **the ~** les Orcades *fpl*; **in the ~** dans les Orcades.

Orlando [ɔː'lændəʊ] *pr n* Orlando.

Orlon® ['ɔːlɒn] ◇ *n* Orlon® *m*.
◇ *comp* en Orlon.

ormer ['ɔːməʳ] *n* ormeau *m* ZOOL.

ormolu ['ɔːməluː] ◇ *n* chrysocale *m*, bronze *m* doré.
◇ *comp* [clock] en chrysocale, en bronze doré.

Ormuz [ɔː'muːz] = **Hormuz**.

ornament [*n* 'ɔːnəmənt, *vb* 'ɔːnəment]
◇ *n* -**1.** [decorative object] objet *m* décoratif, bibelot *m*; [jewellery] colifichet *m*. -**2.** [embellishment] ornement *m*; **rich in ~** richement orné. -**3.** MUS ornement *m*.
◇ *vt* orner; **the dress was ~ed with gold braid** la robe était ornée d'un liseré d'or; **the ceiling was ~ed with frescoes** le plafond était orné de fresques; **his style is highly ~ed** il a un style très fleuri.

ornamental [ˌɔːnə'mentl] *adj* [decorative] ornemental, décoratif; [plant] ornemental; [garden] d'agrément.

ornamentation [ˌɔːnəmen'teɪʃn] *n* ornementation *f*.

ornate [ɔː'neɪt] *adj* [decoration] (très) orné; [style] orné, fleuri; [lettering] orné.

ornately [ɔː'neɪtlɪ] *adv* d'une façon très ornée; ~ **decorated room** pièce richement décorée; ~ **carved furniture** meubles ornés OR rehaussés de nombreuses sculptures.

ornery *inf* ['ɔːnərɪ] *adj Am* -**1.** [nasty] méchant; **an ~ trick** un sale tour. -**2.** [stubborn] obstiné, entêté.

ornithologist [ˌɔːnɪ'θɒlədʒɪst] *n* ornithologiste *mf*, ornithologue *mf*.

ornithology [ˌɔːnɪ'θɒlədʒɪ] *n* ornithologie *f*.

orogenics [ˌɒrə'dʒenɪks], **orogeny** [ɒ'rɒdʒənɪ] *n (U)* orogénie *f*, orogenèse *f*.

orography [ɒ'rɒgrəfɪ] *n* orographie *f*.

orotund ['ɒrətʌnd] *adj fml* [voice] sonore; [style] ampoulé.

orphan ['ɔːfn] ◇ *n* orphelin *m*, -e *f*; **to be left an ~** se retrouver OR devenir orphelin.
◇ *adj* orphelin.
◇ *vt*: **to be ~ed** se retrouver OR devenir orphelin.

orphanage ['ɔːfənɪdʒ] *n* orphelinat *m*.

Orpheus ['ɔːfɪəs] *pr n* Orphée; **'~ in the Underworld'** *Offenbach* 'Orphée aux enfers'.

orphic ['ɔːfɪk] *adj* orphique.

Orphism ['ɔːfɪzm] *n* ART & HIST orphisme *m*.

orrery ['ɒrərɪ] (*pl* **orreries**) *n* planétaire *m*.

orthicon ['ɔːθɪkɒn] *n* orthicon *m*.

orthochromatic [ˌɔːθəʊkrə'mætɪk] *adj* orthochromatique.

orthodontic [ˌɔːθə'dɒntɪk] *adj* orthodontique.

orthodontics [ˌɔːθə'dɒntɪks] *n (U)* orthodontie *f*.

orthodontist [ˌɔːθə'dɒntɪst] *n* orthodontiste *mf*.

orthodox ['ɔːθədɒks] *adj* orthodoxe.

Orthodox Church *n*: **the ~** l'Église *f* orthodoxe.

orthodoxy ['ɔːθədɒksɪ] (*pl* **orthodoxies**) *n* orthodoxie *f*.

orthogenesis [ˌɔːθə'dʒenɪsɪs] *n* orthogenèse *f*.

orthogenic [ˌɔːθə'dʒenɪk] *adj* orthogénique.

orthogonal [ɔː'θɒgənl] *adj* orthogonal; ~ **projection** projection *f* orthogonale.

orthographic(al) [ˌɔːθə'græfɪk(l)] *adj* orthographique.

orthography [ɔː'θɒgrəfɪ] *n* orthographe *f*.

orthopaedic *etc* [ˌɔːθə'piːdɪk] *Br* = **orthopedic**.

orthopedic [ˌɔːθə'piːdɪk] *adj* orthopédique; ~ **surgeon** (chirurgien *m*, -enne *f*) orthopédiste *mf*; ~ **surgery** chirurgie *f* orthopédique.

orthopedics [ˌɔːθə'piːdɪks] *n (U)* orthopédie *f*.

orthopedist [ˌɔːθə'piːdɪst] *n* orthopédiste *mf*.

orthoptics [ɔː'θɒptɪks] *n (U)* orthoptique *f*.

oryx ['ɒrɪks] (*pl inv* OR **oryxes**) *n* oryx *m*.

OS ◇ *n abbr of* **ordinary seaman**.
◇ *pr n (abbr of* **Ordnance Survey**) ≃ IGN *m*.
◇ *written abbr of* **outsize**.

Osaka [əʊ'sɑːkə] *pr n* Osaka.

Oscar ['ɒskəʳ] *n* CIN Oscar *m*.
oscillate ['ɒsɪleɪt] ◇ *vi* -**1.** ELEC & PHYS osciller. -**2.** [person] osciller; **his mood ~d between gloom and elation** son humeur oscillait entre la mélancolie et l'exultation.
◇ *vt* faire osciller.
oscillation [,ɒsɪ'leɪʃn] *n* oscillation *f*.
oscillator ['ɒsɪleɪtəʳ] *n* oscillateur *m*.
oscillatory [ɒ'sɪlətrɪ] *adj* oscillatoire.
oscilloscope [ɒ'sɪləskəʊp] *n* oscilloscope *m*.
osculate ['ɒskjʊleɪt] *Br hum* ◇ *vt* donner un baiser à, embrasser.
◇ *vi* s'embrasser.
osculation [,ɒskjʊ'leɪʃn] *n Br hum* baiser *m*.
OSD (*abbr of* **optical scanning device**) *n* lecteur *m* optique.
OSHA (*abbr of* Occupational Safety and Health Administration) *pr n aux États-Unis, direction de la sécurité et de l'hygiène au travail.*
osier ['əʊzɪəʳ] *n* osier *m*.
Osiris [əʊ'saɪərɪs] *pr n* Osiris.
Oslo ['ɒzləʊ] *pr n* Oslo.
osmium ['ɒzmɪəm] *n* osmium *m*.
osmometer [ɒz'mɒmɪtəʳ] *n* osmomètre *m*.
osmose ['ɒzməʊs] *vi* subir une osmose.
osmosis [ɒz'məʊsɪs] *n* osmose *f*.
osmotic [ɒz'mɒtɪk] *adj* osmotique.
osprey ['ɒsprɪ] *n* [bird] balbuzard *m*; [feather] aigrette *f*.
osseous ['ɒsɪəs] *adj* osseux.
Ossianic [,ɒsɪ'ænɪk] *adj* ossianique, inspiré de la poésie d'Ossian.
ossicle ['ɒsɪkl] *n* osselet *m*.
ossiferous [ɒ'sɪfərəs] *adj* ossifère.
ossification [,ɒsɪfɪ'keɪʃn] *n* ossification *f*.
ossify ['ɒsɪfaɪ] (*pt* & *pp* **ossified**) ◇ *vt* ossifier.
◇ *vi* s'ossifier.
ossuary ['ɒsjʊərɪ] (*pl* **ossuaries**) *n* [vault] ossuaire *m*; [urn] urne *f* (funéraire).
Ostend [ɒs'tend] *pr n* Ostende.
ostensible [ɒ'stensəbl] *adj* [apparent] apparent; [pretended] prétendu; [so-called] soi-disant *(inv)*; **her ~ reason for not coming was illness** elle a prétendu être malade pour éviter de venir.
ostensibly [ɒ'stensəblɪ] *adv* [apparently] apparemment, prétendument, soi-disant; **~ they are diplomats** ils se font passer pour des diplomates || [on the pretext]: **he left early, ~ because he was sick** il est parti tôt, prétextant une indisposition.
ostentation [,ɒstən'teɪʃn] *n* ostentation *f*.
ostentatious [,ɒstən'teɪʃəs] *adj* -**1.** [showy - display, appearance, decor] ostentatoire, plein d'ostentation; [manner, behaviour] prétentieux, ostentatoire. -**2.** [exaggerated] exagéré, surfait; **with ~ dislike** avec un mépris exagéré.
ostentatiously [,ɒstən'teɪʃəslɪ] *adv* avec ostentation.
osteoarthritis [,ɒstɪəʊɑː'θraɪtɪs] *n* ostéoarthrite *f*.
osteology [,ɒstɪ'ɒlədʒɪ] *n* ostéologie *f*.
osteopath ['ɒstɪəpæθ] *n* ostéopathe *mf*.
osteopathy [,ɒstɪ'ɒpəθɪ] *n* ostéopathie *f*.
osteoporosis [,ɒstɪəʊpɔː'rəʊsɪs] *n* ostéoporose *f*.
ostler ['ɒsləʳ] *n Br arch* valet *m* d'écurie.
ostracism ['ɒstrəsɪzm] *n* ostracisme *m*.
ostracize, -ise ['ɒstrəsaɪz] *vt* frapper d'ostracisme, ostraciser; **he was ~d by his workmates** ses collègues l'ont mis en quarantaine.
ostrich ['ɒstrɪtʃ] *n* autruche *f*.
Ostrogoth ['ɒstrəgɒθ] *n*: **the ~s** les Ostrogoths *mpl*.
OT *n* -**1.** (*abbr of* Old Testament) AT. -**2.** *abbr of* occupational therapy.
otalgia [əʊ'tældʒə] *n* otalgie *f*.
OTC ◇ *pr n* (*abbr of* Officer Training Corps) *section de formation des officiers en Grande-Bretagne.*
◇ *adj abbr of* over the counter.
Othello [ə'θeləʊ] *pr n* Othello.

other ['ʌðəʳ] ◇ *adj* -**1.** [different] autre, différent; **it's the same in ~ countries** c'est la même chose dans les autres pays; **I had no ~ choice** je n'avais pas le choix OR pas d'autre solution; **by ~ means** par d'autres moyens; **he doesn't respect ~ people's property** il ne respecte pas le bien d'autrui; **it always happens to ~ people** cela n'arrive qu'aux autres; **can't we discuss it some ~ time?** on ne peut pas en parler plus tard?; **in ~ times** autrefois, à une autre époque; **the ~ world** l'autre monde *m*, l'au-delà *m*. -**2.** [second of two] autre; **give me the ~ one** donnez-moi l'autre. -**3.** [additional] autre; **can you get some ~ cups?** pouvez-vous aller chercher d'autres tasses?; **some ~ people came** d'autres personnes sont arrivées; **they have two ~ daughters** ils ont deux autres filles. -**4.** [remaining] autre; **the ~ three men** les trois autres hommes. -**5.** [in expressions of time] autre; **the ~ day/morning/month/week** l'autre jour/matin/mois/semaine. -**6.** [opposite]: on **the ~ side of the room/of the river** de l'autre côté de la pièce/de la rivière; **a voice at the ~ end (of the telephone)** une voix à l'autre bout (du fil).
◇ *pron* -**1.** [additional person, thing] autre; **he and two ~s got the sack** lui et deux autres ont été renvoyés; **some succeed, ~s fail** certains réussissent, d'autres échouent. -**2.** [opposite, far end] autre; **I stood at this end of the room and she stood at the ~** j'étais à ce bout-ci de la pièce et elle était à l'autre (bout). -**3.** [related person] autre; **each thought the ~ the better writer** chacun trouvait que l'autre était un meilleur écrivain.
◇ *n* [person, thing] autre *mf*; **the ~** PHILOS l'autre; **the three ~s** les trois autres; **wait for the ~s** attendez les autres; **politicians, industrialists and ~s** les hommes politiques, les industriels et les autres; **she cares nothing for ~s** elle ne se soucie pas du tout des autres; **can you show me some ~s?** pouvez-vous m'en montrer d'autres?
◆ **other than** ◇ *conj phr* -**1.** [apart from, except] autrement que; **she had never seen him ~ than on the screen** elle ne l'avait jamais vu autrement qu'à l'écran; **we had no alternative ~ than to accept their offer** nous n'avions pas d'autre possibilité que celle d'accepter leur offre. -**2.** [differently from] différemment de; **I think she should have behaved ~ than she did** je pense qu'elle aurait dû se comporter différemment OR d'une autre façon; **she can't be ~ than she is** elle est comme ça, c'est tout.
◇ *prep phr* sauf, à part; **~ than that** à part cela.
otherness ['ʌðənɪs] *n* [difference] altérité *f*, différence *f*; [strangeness] étrangeté *f*.
otherwise ['ʌðəwaɪz] ◇ *adv* **1.** [differently] autrement; **I think ~** [in a different way] je ne vois pas les choses de cette façon; [don't agree] je ne suis pas d'accord; **she is ~ engaged** elle a d'autres engagements; **we'll have to invite everyone, we can hardly do ~** nous devrons inviter tout le monde, il nous serait difficile de faire autrement; **except where ~ stated** [on form] sauf indication contraire. -**2.** [in other respects] autrement, à part cela; [in other circumstances] sinon, autrement; **an ~ excellent performance** une interprétation par ailleurs excellente; **it's a bit small, but ~ it's a very nice house** c'est un peu petit, mais à part cela, c'est une maison très agréable; **the weather was bad, ~ he might have stayed longer** il faisait mauvais, sans cela OR sinon il aurait pu rester plus longtemps. -**3.** [in other words] autrement; **Louis XIV, ~ known as the Sun King** Louis XIV, surnommé le Roi-Soleil. -**4.** [in contrast, opposition]: **through diplomatic channels or ~** par voie diplomatique ou autre.
◇ *conj* [or else] sinon, autrement; **you'd better phone your father, ~ he'll worry** tu devrais appeler ton père, sinon il va s'inquiéter.
◇ *adj* autre; **the facts are ~** les faits sont autres.
◆ **or otherwise** *adv phr*: **it is of no interest, financial or ~** ça ne présente aucun intérêt, que ce soit financier ou autre; **she appeared to have no feelings about it, jealous or ~** elle ne semblait rien éprouver, que ce soit de la jalousie ou autre chose.
otherworldly [,ʌðə'wɜːldlɪ] *adj* -**1.** [unrealistic] peu réaliste. -**2.** [mystical] mystique. -**3.** [ethereal] éthéré.
otiose ['əʊtɪəʊs] *adj fml* oiseux, inutile.
otitis [əʊ'taɪtɪs] *n (U) fml* otite *f*.
otolaryngology ['əʊtəʊ,lærɪŋ'gɒlədʒɪ] *n* otorhino-laryngologie *f*.
OTT *inf* (*abbr of* over-the-top) *adj Br*: **that's a bit ~!** c'est pousser le bouchon un peu loin!, c'est un peu fort!
Ottawa ['ɒtəwə] *pr n* Ottawa.
otter ['ɒtəʳ] *n* loutre *f*.
ottoman ['ɒtəmən] *n* -**1.** [seat] ottomane *f*. -**2.** [fabric] ottoman *m*.
◆ **Ottoman** ◇ *n* Ottoman *m*, -e *f*.
◇ *adj* ottoman.
OU *pr n abbr of* Open University.
ouch [aʊtʃ] *interj*: **~!** aïe!, ouille!, ouïe!
ought¹ [ɔːt] *modal vb* -**1.** [indicating morally right action]: **you ~ to tell her** vous devriez le lui dire; **you ~ to talk to him** tu devrais lui parler, il faudrait que tu lui parles; **she thought she ~ to tell you** elle a pensé qu'il valait mieux te le dire || [indicating sensible or advisable action]: **perhaps we ~ to discuss this further** peut-être devrions-nous en discuter plus longuement; **I really ~ to be going** il faut vraiment que je m'en aille; **do you think I ~?** *fml* pensez-vous que je doive le faire?; **he ~ to know better** il devrait être plus sensé; **that's a nice car — it ~ to be, it cost me a fortune!** c'est une belle voiture — j'espère bien, elle m'a coûté une fortune! -**2.** [expressing expectation, likelihood]: **they ~ to be home now** à l'heure qu'il est, ils devraient être rentrés; **it ~ to be good** ça devrait être bien; **she ~ to beat him easily** elle devrait le battre facilement OR sans difficulté; **that oughtn't to be too difficult** ça ne devrait pas être trop difficile. -**3.** [followed by 'to have']: **you ~ to have told me!** vous auriez dû me le dire!; **you ~ to have seen her!** si vous l'aviez vue!, il fallait la voir!; **they ~ not to have been allowed in** on n'aurait pas dû les laisser entrer.
ought² [ɔːt] = **aught**.
oughta *inf* ['ɔːtə] *Am* = **ought to**.
ouija ['wiːdʒə] *n*: **~ (board)** oui-ja *m inv*.
ounce [aʊns] *n* -**1.** [weight] once *f*. -**2.** *fig*: **there isn't an ~ of truth in what she says** il n'y a pas une once de vérité dans ce qu'elle raconte; **you haven't got an ~ of common sense** tu n'as pas (pour) deux sous de bon sens; **it took every ~ of strength she had** cela lui a demandé toutes ses forces. -**3.** ZOOL once *f*.
OUP (*abbr of* Oxford University Press) *pr n maison d'édition de l'université d'Oxford.*
our ['aʊəʳ] *det* notre *(sg)*, nos *(pl)*; **~ house** notre maison; **this is OUR house** cette maison est à nous; **we have a car of ~ own** nous avons une voiture à nous; **how's ~ little boy, then?** alors, comment va notre petit garçon?; **~ Agnes will be sixteen next week** *inf* notre (petite) Agnès aura seize ans la semaine prochaine; **have you seen ~ Peter?** *inf* avez-vous vu Peter?; **she's one of ~ finest poets** c'est un de nos meilleurs poètes.
Our Father *n* [prayer] Notre Père *m*.
Our Lady *n* Notre-Dame *f*.
ours ['aʊəz] *pron* le nôtre *m*, la nôtre *f*, les nôtres *mfpl*; **that house is ~** [we live there] cette maison est la nôtre; [we own it] cette maison est à nous OR nous appartient; **those books are ~** ces livres sont à nous; **it's ~ to spend as we like** nous pouvons le dépenser comme nous voulons; **it's all ~!** tout cela nous appartient!; **~ was a curious relationship** nous avions des rapports assez bizarres; **~ is a big family** nous sommes une grande famille; **it must be one of ~** ce doit être un des nôtres; **she's a friend of ~** c'est une de nos amies; **a friend of ~ told us** c'est un ami à nous qui nous l'a dit; **those**

damned neighbours of ~ *inf* nos fichus voisins; that wretched dog of ~ notre saleté de chien.

ourself [aʊə'self] *pron fml* [regal or editorial plural] nous-même.

ourselves [aʊə'selvz] *pron* -**1.** [reflexive use] nous; **we enjoyed ~** nous nous sommes bien amusés; **we built ~ a log cabin** nous avons construit une cabane en rondins; **we said to ~, why not wait here?** nous nous sommes dit OR on s'est dit: pourquoi ne pas attendre ici? -**2.** [emphatic use] nous-mêmes; **we welcomed him ~** nous l'avons accueilli nous-mêmes; **we'd love to help him, but we're not in very good health ~** nous aimerions beaucoup l'aider mais nous ne sommes pas en très bonne santé nous-mêmes OR non plus; **we were able to visit the caves ~** nous avons eu la chance de pouvoir visiter les grottes; **we ~ have much to learn** nous-mêmes avons beaucoup à apprendre; **we want to see for ~** nous avons envie de nous en rendre compte (par) nous-mêmes; **(all) by ~** tout seuls; **we had the flat to ~** nous avions l'appartement pour nous tout seuls. -**3.** [replacing 'us'] nous-mêmes; **apart from our parents and ~, everyone was Russian** en dehors de nos parents et de nous-mêmes, tout le monde était russe.

oust [aʊst] *vt* -**1.** [opponent, rival] évincer, chasser; **the president was ~ed from power** le président a été évincé du pouvoir; **she has ~ed her sister in Arthur's affections** elle a pris la place de OR a supplanté sa sœur dans le cœur d'Arthur. -**2.** [tenant, squatter] déloger, expulser; [landowner] déposséder.

ouster ['aʊstə^{r}] *n* -**1.** JUR dépossession *f*. -**2.** *Am* [from country] expulsion *f*; [from office] renvoi *m*.

out [aʊt] ◇ *adv* **A.** -**1.** [indicating movement from inside to outside] dehors; **to go ~** sortir; **she ran/limped/strolled ~** elle est sortie en courant/en boîtant/sans se presser; **the way ~** la sortie; **I met her on my way ~** je l'ai rencontrée en sortant; **the cork popped ~** le bouchon sauta; **she took ~ a gun** elle a sorti un révolver; **I had my camera ~ ready** j'avais sorti mon appareil; **he drew ~ £50** [from bank] il a retiré 50 livres; [from pocket] il a sorti 50 livres. -**2.** [away from home, office etc]: **Mr Powell's ~, do you want to leave a message?** M. Powell est sorti, voulez-vous laisser un message?; **a search party is ~ looking for them** une équipe de secours est partie à leur recherche; **to eat ~** aller au restaurant; **it's a long time since we had an evening ~** ça fait longtemps que nous ne sommes pas sortis; **he stayed ~ all night** il n'est pas rentré de la nuit; **the children are playing ~ in the street** les enfants jouent dans la rue. -**3.** [no longer attending hospital, school etc] sorti; **she's ~ of hospital now** elle est sortie de l'hôpital maintenant; **what time do you get ~ of school?** à quelle heure sors-tu de l'école? -**4.** [indicating view from inside]: **he was looking ~ at the people in the street** il regardait les gens qui passaient dans la rue; **I stared ~ of the window** je regardais par la fenêtre; **the bedroom looks ~ onto open fields** la chambre donne sur les champs. -**5.** [in the open air] dehors; **to sleep ~** dormir dehors; **it's cold ~** il fait froid dehors. -**6.** [indicating distance from land, centre, town etc]: **we were two days ~ from Portsmouth** nous étions à deux jours de Portsmouth; **on the trip ~** à l'aller; **they live a long way ~** ils habitent loin du centre; **she's ~ in Africa** elle est en Afrique. -**7.** [indicating extended position]: **she stuck her tongue ~ at me** elle m'a tiré la langue; **he lay stretched ~ on the bed** il était allongé (de tout son long) sur le lit; **hold your arms/your hand ~** tendez les bras/la main.

B. -**1.** [indicating distribution]: **she handed ~ some photocopies** elle a distribué des photocopies; **the letter was sent ~ yesterday** la lettre a été postée hier. -**2.** [indicating source of light, smell, sound etc]: **it gives ~ a lot of heat** ça dégage beaucoup de chaleur; **music blared ~ from the radio** la radio hurlait. -**3.** [loudly, audibly]: **read ~ the first paragraph** lisez le premier paragraphe à haute voix; **I was thinking ~ loud** je pensais tout haut.

C. -**1.** [indicating exclusion or rejection]: **'keep ~'** 'défense d'entrer', 'entrée interdite'; **traitors ~!** les traîtres, dehors!; **throw him ~!** jetez-le dehors! -**2.** [indicating abandonment of activity]: **get ~ before it's too late** abandonne avant qu'il ne soit trop tard; **you can count me ~** ne comptez plus sur moi; **I want ~!** *inf* je laisse tomber! -**3.** [extinguished]: **put** OR **turn the lights ~** éteignez les lumières; **to stub ~ a cigarette** écraser une cigarette. -**4.** [unconscious]: **to knock sb ~** assommer qqn, mettre qqn K-O; **several people passed ~** plusieurs personnes se sont évanouies. -**5.** [indicating disappearance]: **the stain will wash ~** la tache partira au lavage.

D. -**1.** [revealed, made public]: **the secret is ~** le secret a été éventé; **word is ~ that he's going to resign** le bruit court qu'il va démissionner; **we must stop the news getting ~** nous devons empêcher la nouvelle de s'ébruiter; **~ with it!** *inf* alors, t'accouches? -**2.** [published, on sale]: **is her new book/film/record ~?** est-ce que son nouveau livre/film/disque est sorti?; **the new model will be** OR **come ~ next month** le nouveau modèle sort le mois prochain. -**3.** *inf* *(with superlative)* [in existence]: **it's the best computer ~** c'est le meilleur ordinateur qui existe; **she's the biggest liar ~** c'est la pire menteuse qui soit.

E. -**1.** SPORT: **~!** TENNIS faute!, out! -**2.** [of tide]: **the tide's on its way ~** la mer se retire, la marée descend.

◇ *adj* -**1.** [flowering] en fleurs; **the daffodils/cherry trees are ~** les jonquilles/cerisiers sont en fleurs. -**2.** [shining]: **the sun is ~** il y a du soleil; **the moon is ~** la lune s'est levée; **the stars are ~** on voit les étoiles. -**3.** [finished]: **before the year is ~** avant la fin de l'année. -**4.** [on strike] en grève; **the dockers have been ~ for a month** les dockers sont en grève depuis un mois; **everybody ~!** tout le monde en grève! -**5.** GAMES & SPORT: **if you score less than 3 points you're ~** si on marque moins de 3 points on est éliminé; **the ball was ~** la balle était dehors OR sortie, la balle était faute; **she went ~ in the first round** elle a été éliminée au premier tour. -**6.** [tide] bas; **the tide's ~** la marée est basse. -**7.** [wrong]: **your calculations are (way) ~, you're (way) ~ in your calculations** vous vous êtes (complètement) trompé dans vos calculs; **I've checked the figures but I'm still £50 ~** j'ai vérifié les chiffres mais il manque toujours 50 livres; **it's a few inches ~** [too long] c'est trop long de quelques centimètres; [too short] c'est trop court de quelques centimètres; **it's only a few inches ~** c'est bon à quelques centimètres près. -**8.** *inf* [impossible]: **that plan's ~ because of the weather** ce projet est à l'eau à cause du temps. -**9.** *inf* [unfashionable]: **long hair's (right) ~** les cheveux longs c'est (carrément) dépassé. -**10.** [indicating aim, intent]: **to be ~ to do sthg** avoir l'intention de faire qqch; **we're ~ to win** nous sommes partis pour gagner; **to be ~ for sthg** vouloir qqch; **she's ~ for the presidency** elle vise le poste de président; **he's just ~ for himself** il ne s'intéresse qu'à lui-même. -**11.** *inf* [unconscious]: **to be ~** être K-O. -**12.** [extinguished] éteint; **tne fire was ~** le feu était éteint. -**13.** *inf* [openly gay]: **to be ~** ne pas cacher son homosexualité.

◇ *n* -**1.** [way of escape] échappatoire *f*. -**2.** TYPO bourdon *m*. -**3.** → **in**.

◇ *interj* -**1.** [leave]: **~!** dehors! -**2.** TELEC: **(over and) ~!** terminé!

◇ *prep inf* hors de; **she went ~ that door** elle est sortie par cette porte; **look ~ the window** regarde par la fenêtre.

◇ *vi lit*: **the truth will ~** la vérité se saura.

◇ *vt* [expose] dénoncer.

◆ **out and about** *adv phr*: **where have you been? — oh, ~ and about** où étais-tu? — oh, je suis allé faire un tour; **~ and about in Amsterdam** dans les rues d'Amsterdam.

◆ **out of** *prep phr* -**1.** [indicating movement from inside to outside] hors de; **she came ~ of the office** elle est sortie du bureau; **he ran/limped/strolled ~ of the office** il est sorti du bureau en courant/en boitant/sans se presser; **to look/to fall ~ of a window** regarder/tomber par une fenêtre; **take your hands ~ of your pockets!** sors OR ôte tes mains de tes poches! -**2.** [indicating location]: **we drank ~ of china cups** nous avons bu dans des tasses de porcelaine; **she works ~ of York** elle opère à partir de York; **the company works ~ of Oxford** l'entreprise est basée à Oxford; **he's ~ of town** il n'est pas en ville; **it's a long way ~ of town** c'est loin de la ville. -**3.** [indicating source - of feeling, profit, money etc]: **she did well ~ of the deal** elle a trouvé son compte dans l'affaire; **what pleasure do they get ~ of it?** quel plaisir en tirent-ils?; **you won't get anything ~ of him** vous ne tirerez rien de lui; **she paid for it ~ of company funds/~ of her own pocket** elle l'a payé avec l'argent de la société/payé de sa poche. -**4.** [indicating raw material]: **it's made ~ of mahogany** c'est en acajou; **plastic is made ~ of petroleum** on obtient le plastique à partir du pétrole. -**5.** [indicating motive] par; **he refused ~ of sheer spite** il a refusé par pur dépit. -**6.** [indicating previous tendency, habit]: **I've got ~ of the habit** j'en ai perdu l'habitude; **try and stay ~ of trouble** essaie d'éviter les ennuis. -**7.** [lacking]: **I'm ~ of cigarettes** je n'ai plus de cigarettes; **~ of work** au chômage. -**8.** [in proportions, marks etc] sur; **he got nine ~ of ten in maths** il a eu neuf sur dix en maths; **ninety-nine times ~ of a hundred** quatre-vingt-dix neuf fois sur cent; **~ of all the people there, only one spoke German** parmi toutes les personnes présentes, une seule parlait allemand. -**9.** [indicating similarity to book, film etc]: **it was like something ~ of a Fellini film** on se serait cru dans un film de Fellini. -**10.** [indicating exclusion or rejection]: **he's ~ of the race** il n'est plus dans la course; **you keep ~ of this!** mêlez-vous de ce qui vous regarde! -**11.** [indicating avoidance]: **come in ~ of the rain** ne reste pas dehors sous la pluie; **stay ~ of the sun** ne restez pas au soleil. -**12.** [indicating recently completed activity]: **a young girl just ~ of university** une jeune fille tout juste sortie de l'université. -**13.** *phr*: **to be ~ of it** *inf* [unaware of situation] être à côté de la plaque; [drunk] être bourré; **I felt really ~ of it** [excluded] je me sentais complètement exclu.

outa *inf* ['aʊtə] *Am* = **out of**.

outage ['aʊtɪdʒ] *n Am*. -**1.** [breakdown] panne *f*; ELEC coupure *f* OR panne *f* de courant. -**2.** [of service] interruption *f*. -**3.** COMM [missing goods] marchandises *fpl* perdues *(pendant le stockage ou le transport)*.

out-and-out *adj* complet, total; **it was an ~ disaster** ce fut un désastre complet; **that's ~ madness!** c'est de la folie pure!; **he's an ~ crook** c'est un véritable escroc.

out-and-outer *inf n Am* jusqu'au-boutiste *mf*.

outasight *inf* ['aʊtəsaɪt] *adj Am dated* extra, super, génial.

outback ['aʊtbæk] *n Austr* arrière-pays *m inv*, intérieur *m* du pays.

outbalance [,aʊt'bæləns] *vt literal* peser plus lourd que; *fig* dépasser.

outbid [aʊt'bɪd] (*pt* **outbid**, *pp* **outbid** OR **outbidden** [-'bɪdn], *cont* **outbidding**) *vt* enchérir sur; **we were ~ for the Renoir** quelqu'un a surenchéri sur le Renoir et nous n'avons pu l'acheter.

outboard ['aʊtbɔːd] ◇ *adj* [position, direction] hors-bord; **~ motor** moteur *m* hors-bord.
◇ *n* [motor, boat] hors-bord *m inv*.

outbound ['aʊtbaʊnd] *adj* qui quitte le centre-ville.

outbreak ['aʊtbreɪk] *n* -**1.** [of fire, storm, war] début *m*; [of violence, disease, epidemic] éruption *f*; **there have been ~s of violence throughout the country** il y a eu des explosions de violence dans tout le pays; **at the ~ of war**

au début de la guerre, lorsque la guerre a éclaté; **at the ~ of the strike** dès le début de la grève; **doctors fear an ~ of meningitis** les médecins redoutent une épidémie de méningite; **to have an ~ of spots** avoir une éruption de boutons. -**2.** METEOR [sudden shower]: **there will be ~s of rain/snow in many places** il y aura des chutes de pluie/de neige un peu partout.

outbuilding ['aʊt,bɪldɪŋ] *n Br* (bâtiment *m*) annexe *f*; [shed] remise *f*; **the ~s** [on farm, estate] les dépendances *fpl*.

outburst ['aʊtbɜːst] *n* accès *m*, explosion *f*; **a sudden ~ of violence** [group] une soudaine explosion de violence; [individual] un accès de brutalité; **a sudden ~ of temper** un accès de mauvaise humeur; **you must control these ~s** il faut que vous appreniez à garder OR conserver votre sang-froid.

outcast ['aʊtkɑːst] ◇ *n* paria *m*.
◇ *adj* proscrit, banni.

outclass [,aʊt'klɑːs] *vt* surclasser, surpasser; **she ~ed all of the other athletes** elle a surclassé tous les autres athlètes.

outcome ['aʊtkʌm] *n* [of election, competition] résultat *m*; [of sequence of events] conséquence *f*; **the ~ of it all was that they never visited us again** résultat, ils ne sont jamais revenus chez nous.

outcrop [*n* 'aʊtkrɒp, *vb* ,aʊt'krɒp] (*pt & pp* **outcropped**, *cont* **outcropping**) ◇ *n* GEOL affleurement *m*.
◇ *vi* affleurer.

outcry ['aʊtkraɪ] (*pl* **outcries**) *n* tollé *m*; **the government's decision was greeted by public ~** la décision du gouvernement fut accueillie par un tollé général.

outdated [,aʊt'deɪtɪd] *adj* [idea, attitude] démodé, dépassé; [clothes] démodé; [expression] désuet.

outdistance [,aʊt'dɪstəns] *vt* laisser derrière soi; **she was easily ~d by the Nigerian** elle fut facilement distancée par la Nigérienne.

outdo [,aʊt'duː] (*pt* **outdid** [-'dɪd], *pp* **outdone** [-'dʌn]) *vt* surpasser, faire mieux que, l'emporter sur; **he's not easily outdone in an argument** il n'est pas facile d'avoir le dernier mot quand on discute avec lui; **Mark, not to be outdone, decided to be ill as well** Mark, pour ne pas être en reste, décida d'être malade lui aussi; **she wasn't to be outdone** [in contest] elle refusait de s'avouer vaincue; **she outdid all the other competitors** elle l'a emporté sur tous les autres concurrents.

outdoor ['aʊtdɔːʳ] *adj* -**1.** [open-air – games, sports] de plein air; [– work] d'extérieur; [– swimming pool] en plein air, découvert. -**2.** [clothes] d'extérieur; **~ shoes** [warm] grosses chaussures; [waterproof] chaussures imperméables; [for walking] chaussures de marche. -**3.** [person] qui aime le grand air; **to lead an ~ life** vivre au grand air; **Kate is a real ~ type** Kate aime la vie au grand air.

outdoors [aʊt'dɔːz] ◇ *n*: **the great ~** les grands espaces naturels.
◇ *adv* dehors, au dehors; **the scene takes place ~** la scène se déroule à l'extérieur; **to sleep ~** coucher à la belle étoile; **we were ~ for most of the holiday** nous avons passé la plus grande partie de nos vacances au grand air.
◇ *adj* [activity] en OR de plein air.

outer ['aʊtəʳ] *adj* -**1.** [external] extérieur, externe; **the ~ man** l'homme dans son apparence extérieure; **~ garments** vêtements *mpl* de dessus. -**2.** [peripheral] périphérique; **the ~ suburbs** la grande banlieue; **~ London** la banlieue londonienne. -**3.** [furthest – limits] externe; [– planets] extérieur.

outer ear *n* oreille *f* externe.

Outer Mongolia *pr n* Mongolie-Extérieure *f*; **in ~** en Mongolie-Extérieure.

outermost ['aʊtəməʊst] *adj* [most distant] le plus (à l') extérieur; [most isolated] le plus reculé OR isolé; **the ~ limits of the galaxy** les limites les plus reculées de la galaxie.

outer space *n* espace *m* intersidéral, cosmos *m*.

outface [,aʊt'feɪs] *vt* -**1.** [outstare] faire baisser les yeux à *(en dévisageant)*; *fig* décontenancer. -**2.** [defy] tenir tête à, défier.

outfield ['aʊtfiːld] *n* SPORT -**1.** [part of field] champ *m* OR terrain *m* extérieur. -**2.** [players] joueurs *mpl* de champ.

outfielder ['aʊtfiːldəʳ] *n Am* joueur *m* de champ *(au baseball)*.

outfit ['aʊtfɪt] (*pt & pp* **outfitted**, *cont* **outfitting**) ◇ *n* -**1.** [clothes] ensemble *m*, tenue *f*; **Maggie appears in a new ~ every day** Maggie porte une tenue différente chaque jour; **riding/travelling ~** tenue d'équitation/de voyage; **you should have seen the ~ he had on!** tu aurais dû voir comment il était attifé OR fagoté! || [child's disguise] panoplie *f*; **cowboy's/nurse's ~** panoplie de cowboy/d'infirmière. -**2.** [equipment, kit – for camping, fishing] matériel *m*, équipement *m*; [tools] outils *mpl*, outillage *m*; [case] trousse *f*; **repair ~** trousse de réparation; **camera cleaning ~** nécessaire *m* de nettoyage pour appareil photo. -**3.** *inf* [group] équipe *f*, bande *f*; **the whole ~ was there** toute la bande OR l'équipe était là. -**4.** MIL équipe *f*.
◇ *vt* [with equipment] équiper.

outfitter ['aʊtfɪtəʳ] *n Br* [shop]: **school ~** OR **~'s** *magasin qui vend des uniformes et autres vêtements scolaires*; **sports ~** OR **~'s** magasin de vêtements de sport; **(gentlemen's) ~** OR **~'s** magasin de vêtements d'homme.

outflank [,aʊt'flæŋk] *vt* MIL déborder; *fig* [rival] déjouer les manœuvres de.

outflow ['aʊtfləʊ] *n* -**1.** [of fluid] écoulement *m*; [place of outflow] décharge *f*. -**2.** [of capital] sorties *fpl*, fuite *f*; [of population] exode *m*, sorties *fpl*, fuite *f*; **the institute's aim is to ensure the continuous ~ of new ideas** l'institut a pour but d'assurer un flux continu d'idées nouvelles.

outfox [,aʊt'fɒks] *vt* se montrer plus rusé que.

outgeneral [,aʊt'dʒenərəl] *vt* se montrer meilleur tacticien OR stratège que.

outgoing ['aʊt,gəʊɪŋ] *adj* -**1.** [departing – government, minister, tenant] sortant; [– following resignation] démissionnaire. -**2.** [train, ship] en partance; [letters] à expédier. -**3.** [tide] descendant. -**4.** [extrovert] extraverti, plein d'entrain; **she's a very ~ person** elle a une personnalité très ouverte.

outgoings ['aʊt,gəʊɪŋz] *npl* dépenses *fpl*, frais *mpl*.

outgrow [,aʊt'grəʊ] (*pt* **outgrew** [-'gruː], *pp* **outgrown** [-'grəʊn]) *vt* -**1.** [grow faster than] grandir plus (vite) que; **that boy is ~ing his strength** ce garçon a une croissance beaucoup trop rapide pour sa constitution; **the world is ~ing its resources** la population mondiale croît plus vite que les ressources dont elle dispose. -**2.** [clothes] devenir trop grand pour; **she has outgrown three pairs of shoes this year** elle a pris quatre pointures cette année. -**3.** [game, habit, hobby] ne plus s'intéresser à *(en grandissant)*; [attitude, behaviour, phase] abandonner (en grandissant OR en prenant de l'âge); **Moira has outgrown dolls** Moira est devenue trop grande pour s'intéresser aux poupées; **they soon outgrew their first computer** ils ont vite eu fait le tour (des possibilités) de leur premier ordinateur; **he has outgrown his protest phase** il a dépassé le stade de la contestation; **I think I just outgrew our friendship** je crois qu'avec l'âge, notre amitié a tout simplement perdu son intérêt pour moi; **he has outgrown his reputation as a romantic** il a fini par se défaire de sa réputation de romantique.

outgrowth ['aʊtgrəʊθ] *n literal* excroissance *f*; *fig* [consequence] conséquence *f*.

outgun [,aʊt'gʌn] (*pt & pp* **outgunned**, *cont* **outgunning**) *vt* MIL avoir une puissance de feu supérieure à; *fig* vaincre, l'emporter sur.

out-Herod *vt phr*: **to ~ Herod** en rajouter *(en cruauté, en violence etc)*.

outhouse ['aʊthaʊs, *pl* -haʊzɪz] *n* -**1.** *Br* [outbuilding] remise *f*. -**2.** *Am* [toilet] toilettes *fpl* extérieures.

outing ['aʊtɪŋ] *n* -**1.** [trip] sortie *f*; [organized] excursion *f*; **to go on an ~** faire une excursion; **to go for an ~ in the car** partir faire une balade en voiture; **it was an ~ for them** cela leur a fait une sortie ❑ **school ~** sortie scolaire. -**2.** [of homosexuals] *délation d'homosexuels dans le monde de la politique et du spectacle*.

outlandish [aʊt'lændɪʃ] *adj* [eccentric – appearance, behaviour, idea] bizarre, excentrique; *pej* [language, style] barbare.

outlast [,aʊt'lɑːst] *vt* [subj: person] survivre à; [subj: machine] durer plus longtemps que; **the new exhaust will ~ the car** le nouveau pot d'échappement durera plus longtemps que la voiture.

outlaw ['aʊtlɔː] ◇ *n* hors-la-loi *m inv*.
◇ *vt* [person] mettre hors la loi; [behaviour] proscrire, interdire; [organization] interdire.

outlay [*n* 'aʊtleɪ, *vb* aʊt'leɪ] (*pt & pp* **outlaid** [-'leɪd]) ◇ *n* [expense] dépense *f*; [investment] investissement *m*, mise *f* de fonds.
◇ *vt* [spend] dépenser; [invest] investir; **to ~ $10,000 capital** faire une mise de fonds de 10 000 dollars.

outlet ['aʊtlet] ◇ *n* -**1.** [for liquid, air, smoke] bouche *f*; [in reservoir, lock] déversoir *m*, dégorgeoir *m*; [tap] vanne *f* d'écoulement; **air ~** bouche *f* d'aération; **the pipe/channel provides an ~ for excess water** le tuyau/le canal permet l'écoulement du trop-plein d'eau. -**2.** [mouth of river] embouchure *f*. -**3.** [for feelings, energy] exutoire *m*; **children need an ~ for their energies** les enfants ont besoin de se défouler; **writing is an ~ for me** l'écriture est pour moi un exutoire. -**4.** [for talent] débouché *m*; **the programme provides an ~ for young talent** l'émission permet à de jeunes talents de se faire connaître. -**5.** COMM [market] débouché *m*; **there are not many sales ~s in Japan** le Japon offre peu de débouchés commerciaux || [sales point] point *m* de vente; **our North American ~s** notre réseau (de distribution) en Amérique du Nord. -**6.** *Am* ELEC prise *f* (de courant).
◇ *comp* [for liquid] d'écoulement; [for gas, smoke] d'échappement.

outline ['aʊtlaɪn] ◇ *n* **1.** [contour, shape] silhouette *f*, contour *m*; [of building, of mountains] silhouette *f*; [of face, figure] profil *m*; ART [sketch] esquisse *f*, ébauche *f*; **to draw sthg in ~** faire un croquis de qqch. -**2.** [plan – of project, essay] plan *m* d'ensemble, esquisse *f*; [– of book] canevas *m*; **I've only written a rough ~ of the chapter** je n'ai écrit que les grandes lignes du chapitre || [general idea] idée *f* générale, grandes lignes *fpl*; [overall view] vue *f* d'ensemble; **to give sb an ~ of sthg** expliquer les grandes lignes de qqch à qqn; **she gave us an ~ of** OR **she explained to us in ~ what she intended to do** elle nous a expliqué dans les grandes lignes ce qu'elle avait l'intention de faire; **An Outline of Modern History** [as title] Éléments d'histoire moderne; **an ~ history of Greece** un précis d'histoire grecque.
◇ *vt* -**1.** [plan, theory] expliquer dans les grandes lignes; [facts] résumer, passer en revue; **he ~d the situation briefly** il dressa un bref bilan de la situation; **could you ~ your basic reasons for leaving?** pourriez-vous exposer brièvement les principales raisons de votre départ? -**2.** [person, building, mountain]: **the trees were ~d against the blue sky** les arbres se détachaient sur le fond bleu du ciel. -**3.** ART esquisser (les traits de), tracer; **to ~ sthg in pencil** faire le croquis de qqch; **the figures are ~d in charcoal** les personnages sont esquissés au fusain; **to ~ one's eyes in black** souligner le contour de ses yeux en noir.

outline drawing *n* dessin *m* au trait.

outlive [,aʊt'lɪv] *vt* survivre à; **she ~d her husband by only six months** elle n'a survécu à son mari que six mois; **he'll ~ us all at this rate** au train où il va, il nous enterrera tous; **the measures have ~d their usefulness** les mesures n'ont plus de raison d'être.

outlook ['aʊtlʊk] *n* -**1.** [prospect] perspective *f*; ECON & POL horizon *m*, perspectives *fpl* (d'avenir); **the ~ for the New Year is promising** cette nouvelle année s'annonce prometteuse; **it's a bleak ~ for the unemployed** pour les sans-emploi, les perspectives d'avenir ne sont guère réjouissantes; **the ~ for the future is grim** l'avenir est sombre || METEOR prévision *f*, prévisions *fpl*; **the ~ for March is cold and windy** pour mars, on prévoit un temps froid avec beaucoup de vent. -**2.** [viewpoint] point de vue *m*, conception *f*; **what's your ~ on life?** quelle est votre conception de la vie?; **she has rather a pessimistic ~** elle voit les choses plutôt en noir OR de manière pessimiste. -**3.** [view - from window] perspective *f*, vue *f*; **we have a pleasant ~ onto a small park** nous avons une vue agréable sur un petit parc.

outlying ['aʊtˌlaɪɪŋ] *adj* [remote - area, village] isolé, à l'écart; [far from centre - urban areas] périphérique; **the ~ suburbs** la grande banlieue.

outmanoeuvre *Br*, **outmaneuver** *Am* [ˌaʊtmə'nuːvəʳ] *vt* MIL se montrer meilleur tacticien que; *fig* déjouer les manœuvres de; **we were ~d by the opposition** l'opposition nous a pris de vitesse.

outmoded [ˌaʊt'məʊdəd] *adj* démodé, désuet.

outnumber [ˌaʊt'nʌmbəʳ] *vt* être plus nombreux que; **they were ~ed by the enemy** l'ennemi était supérieur en nombre; **women ~ men by two to one** il y a deux fois plus de femmes que d'hommes.

out-of-bounds *adj* -**1.** [barred] interdit; **~ to civilians** interdit aux civils. -**2.** *Am* SPORT hors (du) terrain.

out-of-date *adj* -**1.** = **outdated**. -**2.** [expired] périmé; **your passport is out of date** votre passeport est périmé.

out-of-door *Br* = **outdoor**.

out-of-doors *Br* ◇ *adv* = **outdoors**.
◇ *adj* = **outdoor**.

out-of-pocket *adj*: **I'm £5 out of pocket** j'en suis pour 5 livres de ma poche ❑ **~ expenses** frais *mpl*.

out-of-the-ordinary *adj* insolite.

out-of-the-way *adj* -**1.** [isolated] écarté, isolé; [unknown to most people] peu connu; [not popular] peu fréquenté. -**2.** [uncommon] insolite.

out-of-work *adj* au chômage.

outpace [ˌaʊt'peɪs] *vt* [run faster than] courir plus vite que; [overtake] dépasser, devancer.

outpatient ['aʊtˌpeɪʃnt] *n* malade *mf* en consultation externe; **~s' department** service *m* des consultations externes.

outperform [ˌaʊtpə'fɔːm] *vt* avoir de meilleures performances que, être plus performant que.

outplacement ['aʊtpleɪsmənt] *n assistance offerte par certaines entreprises à leurs employés pour leur permettre de retrouver un emploi en cas de licenciement.*

outplay [ˌaʊt'pleɪ] *vt* jouer mieux que, dominer (au jeu).

outpost ['aʊtpəʊst] *n* avant-poste *m*; **the last ~s of civilization** les derniers bastions de la civilisation.

outpouring ['aʊtˌpɔːrɪŋ] *n* épanchement *m*; **~s** effusions *fpl*.

output ['aʊtpʊt] (*pt* & *pp* **output**, *cont* **outputting**) ◇ *n* -**1.** [production] production *f*; [productivity] rendement *m*; **our ~ is not keeping pace with demand** notre production est insuffisante pour répondre à la demande; **his writing ~ is phenomenal** c'est un auteur très prolifique || [power - of machine] rendement *m*, débit *m*; **this machine has an ~ of 6,000 items an hour** cette machine débite 6 000 pièces à l'heure. -**2.** ELEC puissance *f*; [of amplifier] puissance *f* (de sortie); COMPUT [device] sortie *f*; [printout] sortie *f* papier, tirage *m*.
◇ *vt* COMPUT [data] sortir.
◇ *vi* COMPUT sortir des données.

output device *n* périphérique *m* de sortie.

output signal *n* signal *m* de sortie.

outrage ['aʊtreɪdʒ] ◇ *n* -**1.** [affront] outrage *m*, affront *m*; **it's an ~ against public decency** c'est un outrage aux bonnes mœurs; **it's an ~ against humanity/society** c'est un affront à l'humanité/la société || [scandal] scandale *m*; **it's an ~ that no-one came to their aid** c'est un scandale OR il est scandaleux que personne ne soit venu à leur secours. -**2.** [indignation] indignation *f*. -**3.** [brutal act] atrocité *f*, acte *m* de brutalité OR de violence ❑ **bomb ~** *Br* attentat *m* à la bombe.
◇ *vt* [person] outrager; [moral sensibility] outrager, faire outrage à; **to be ~d at** OR **by sthg** être outré OR scandalisé par qqch.

outrageous [aʊt'reɪdʒəs] *adj* -**1.** [scandalous - behaviour, manners] scandaleux; [atrocious - crime, attack etc] monstrueux, atroce; **an ~ violation of human rights** une violation scandaleuse des droits de l'homme; **it's ~ that anyone should believe him guilty!** il est scandaleux qu'on puisse le croire coupable! -**2.** [slightly offensive - humour, style] choquant; [- joke, remark] outrageant. -**3.** [extravagant - person, colour] extravagant; **he wears the most ~ clothes** il porte les vêtements les plus extravagants || [price] exorbitant.

outrageously [aʊt'reɪdʒəslɪ] *adv* -**1.** [scandalously] de façon scandaleuse, scandaleusement; [atrociously] atrocement, monstrueusement; **they behaved ~** ils se sont comportés de façon scandaleuse; **we have been treated ~** on nous a traités d'une façon scandaleuse. -**2.** [extravagantly] de façon extravagante; **she was ~ dressed** elle était habillée de façon extravagante; **the shop is ~ expensive** les prix pratiqués dans ce magasin sont exorbitants.

outrageousness [aʊt'reɪdʒəsnɪs] *n* [of behaviour] caractère *m* scandaleux OR outrageant; [of crime, torture] atrocité *f*; [of dress] extravagance *f*; [of language] outrance *f*; [of prices] exagération *f*.

outrank [aʊt'ræŋk] *vt* avoir un rang plus élevé que; MIL avoir un grade supérieur à.

outré ['uːtreɪ] *adj Br fml* OR *hum* outrancier.

outreach [*vb* ˌaʊt'riːtʃ, *n* 'aʊtriːtʃ] ◇ *vt* -**1.** [exceed] dépasser. -**2.** [in arm length] avoir le bras plus long que; [in boxing] avoir l'allonge supérieure à.
◇ *n* ADMIN *recherche des personnes qui ne demandent pas l'aide sociale dont elles pourraient bénéficier.*

outrider ['aʊtˌraɪdəʳ] *n Br* [motorcyclist] motard *m* (d'escorte); [horseman] cavalier *m*.

outrigger ['aʊtˌrɪgəʳ] *n* NAUT [gen] balancier *m*, [on racing boat] portant *m*, outrigger *m*.

outright [*adj* 'aʊtraɪt, *adv* aʊt'raɪt] ◇ *adj* -**1.** [absolute, utter - dishonesty, hypocrisy] pur (et simple), absolu; [- liar] fieffé; [- ownership] total, absolu; [frank - denial, refusal] net, catégorique; **he's an ~ fascist!** c'est un vrai fasciste!; **she's an ~ opponent of capital punishment** c'est une adversaire inconditionnelle de la peine de mort; **it was ~ blackmail** c'était purement et simplement du chantage OR du chantage, ni plus ni moins. -**2.** [clear - win, winner] incontesté; **it's an ~ win for New Zealand** la victoire revient incontestablement à la Nouvelle-Zélande. -**3.** COMM [sale - for cash] au comptant; [- total] en bloc.
◇ *adv* -**1.** [frankly - refuse] net, carrément; [- ask] carrément, franchement. -**2.** [totally - oppose] absolument; [- own] totalement. -**3.** [clearly - win] nettement, haut la main. -**4.** COMM [sell - for cash] au comptant; [- totally] en bloc. -**5.** [instantly]: **they were killed ~** ils ont été tués sur le coup.

outrun [ˌaʊt'rʌn] (*pt* **outran** [-'ræn], *pp* **outrun**, *cont* **outrunning**) *vt* -**1.** [run faster than] courir plus vite que; [pursuer] distancer. -**2.** [ability, energy, resources] excéder, dépasser; **our enthusiasm outran our financial resources** notre enthousiasme dépassait nos ressources financières.

outsell [ˌaʊt'sel] (*pt* & *pp* **outsold** [-'səʊld]) *vt* [subj: article] se vendre mieux que; [subj: company] vendre davantage que; **the brand of cigarettes that ~s all the others** la marque de cigarettes la plus vendue; **her book outsold all of this week's other publications** son livre a été la meilleure vente de la semaine.

outset ['aʊtset] *n*: **at the ~** au début, au départ; **from the ~** dès le début, d'emblée.

outshine [ˌaʊt'ʃaɪn] (*pt* & *pp* **outshone** [-'ʃɒn]) *vt* [subj: star] briller plus que; *fig* [rival] éclipser, surpasser.

outside [*adv* & *prep* aʊt'saɪd, *adj* & *n* 'aʊtsaɪd] ◇ *adv* -**1.** [outdoors] dehors, à l'extérieur; **it's cold ~** il fait froid dehors; **put the box ~** mettez la boîte dehors; **to go ~** sortir; **seen from ~** vu de l'extérieur; **the car is waiting ~** la voiture attend dehors; **you'll have to park ~** il faudra vous garer dans la rue. -**2.** [on other side of door] dehors; **can you wait ~?** pouvez-vous attendre dehors?; **there's a woman ~ in the hall** il y a une femme dehors dans le vestibule. -**3.** [out of prison] dehors; **after ten years, it's hard to imagine life ~** après dix ans, c'est dur d'imaginer la vie dehors.
◇ *prep* -**1.** [on or to the exterior] à l'extérieur de, hors de; **nobody is allowed ~ the house** personne n'a le droit de quitter la maison; **your front foot must remain ~ the base line** votre pied d'appel doit rester derrière la OR ne doit pas mordre sur la ligne; **put the eggs ~ the window/door** mettez les œufs sur le rebord de la fenêtre/devant la porte; **she was wearing her shirt ~ her trousers** elle portait sa chemise par-dessus son pantalon; **nobody ~ the office must know** personne ne doit être mis au courant en dehors du bureau; **the troublemakers were people from ~ the group** *fig* les fauteurs de troubles ne faisaient pas partie du groupe. -**2.** [away from]: **we live some way ~ the town** nous habitons assez loin de la ville; **I don't think anybody ~ France has heard of him** je ne pense pas qu'il soit connu ailleurs qu'en France. -**3.** [in front of] devant; **they met ~ the cathedral** [by chance] ils se sont rencontrés devant la cathédrale; [by arrangement] ils se sont retrouvés devant la cathédrale. -**4.** [beyond] en dehors de, au-delà de; **it's ~ his field** ce n'est pas son domaine; **it's ~ my experience** ça ne m'est jamais arrivé; **the matter is ~ our responsibility** la question ne relève pas de notre responsabilité; **~ office hours** en dehors des heures de bureau.
◇ *adj* -**1.** [exterior] extérieur; **the ~ world** le monde extérieur; **she has few ~ interests** elle s'intéresse à peu de choses à part son travail; **an ~ toilet** des toilettes (situées) à l'extérieur; **the ~ edge** le bord extérieur; **~ lane** [driving on left] file *f* OR voie *f* de droite; [driving on right] file *f* OR voie *f* de gauche; **an ~ line** [on telephone] une ligne extérieure. -**2.** [from elsewhere - help, influence] extérieur; **to get an ~ opinion** demander l'avis d'un tiers. -**3.** [poor - possibility] faible; **she has only an ~ chance of winning** elle n'a que très peu de chances de gagner. -**4.** [maximum - price] maximum; **the ~ odds are 6 to 1** la cote maximum est de 6 contre 1. -**5.** [not belonging to a group] extérieur, indépendant; **an ~ body** un organisme indépendant.
◇ *n* -**1.** [exterior - of building, container] extérieur *m*, dehors *m*; **the ~ of the house needs repainting** l'extérieur de la maison a besoin d'être repeint; **the door opens from (the) ~** la porte s'ouvre de l'extérieur OR du dehors; **the arms were flown in from ~** les armes ont été introduites dans le pays par avion || *fig*: **looking at the problem from (the) ~** quand on considère le problème de l'extérieur. -**2.** [out of prison]: **I've almost forgotten what life is like on the ~** j'ai presque oublié ce qu'est la vie dehors OR de l'autre côté des barreaux. -**3.** AUT: **to overtake on the ~** [driving on left] doubler à droite; [driving on right] doubler à gauche. -**4.** [outer edge] extérieur *m*; **begin at the ~ and work in** commencez par les bords et allez vers l'intérieur.
◆ **at the outside** *adv phr* -**1.** [in number] tout au plus, au maximum; **twenty people at the ~**

vingt personnes tout au plus. -**2.** [in time] au plus tard; 6:30 at the ~ 6 h 30 au plus tard.

◆ **outside of** *esp Am* -**1.** = **outside** *prep.* -**2.** [except for] en dehors de; **nobody, ~ of a few close friends, was invited** personne, en dehors de OR à part quelques amis intimes, n'était invité. -**3.** [more than] au-delà de; **an offer ~ of 10 million** une offre de plus de OR supérieure à 10 millions.

outside broadcast *n* reportage *m*.

outside half *n* SPORT demi *m* d'ouverture.

outside left *n* SPORT ailier *m* gauche.

outsider [ˌaʊtˈsaɪdəʳ] *n* -**1.** [person] étranger *m*, -ère *f*; **he's always been a bit of an ~** il a toujours été plutôt marginal; **I'd be glad to have an ~'s viewpoint** je serais heureux d'avoir un point de vue extérieur. -**2.** SPORT outsider *m*.

outside right *n* SPORT ailier *m* droit.

outsize [ˈaʊtsaɪz] *Br* ◇ *n* [gen] grande taille *f*, grandes tailles *fpl*; [for men] très grand patron *m*.
◇ *adj* -**1.** [large] énorme, très grand. -**2.** [in clothes sizes] grande taille *(inv)*.

outskirts [ˈaʊtskɜːts] *npl* [of town] banlieue *f*, périphérie *f*; [of forest] orée *f*, lisière *f*; **we live on the ~ of Copenhagen** nous habitons la banlieue de Copenhague.

outsmart [ˌaʊtˈsmɑːt] *vt* se montrer plus malin que.

outspend [ˌaʊtˈspend] (*pt* & *pp* **outspent** [-ˈspent]) *vt* dépenser plus que.

outspoken [ˌaʊtˈspəʊkn] *adj* franc; **to be ~** parler franchement, avoir son franc-parler; **she was ~ in her criticism of the project** elle a ouvertement critiqué le projet; **he has always been an ~ critic of the reforms** il a toujours ouvertement critiqué les réformes.

outspokenness [ˌaʊtˈspəʊkənnɪs] *n* franc-parler *m*.

outspread [ˌaʊtˈspred] *adj* étendu; **with ~ arms** les bras écartés; **with ~ wings** les ailes déployées; **with ~ fingers** les doigts écartés; **an ~ newspaper** un journal déplié.

outstanding [ˌaʊtˈstændɪŋ] *adj* -**1.** [remarkable - ability, performance] exceptionnel, remarquable; [notable - event, feature] marquant, mémorable; **an ~ politician** un politicien hors pair OR exceptionnel. -**2.** [unresolved - problem] non résolu, en suspens; **there is still one ~ matter** il reste encore un problème à régler ‖ [unfinished - business, work] inachevé, en cours; ADMIN en souffrance, en attente; **there are about 20 pages ~** il reste environ 20 pages à faire ‖ [unpaid - bill] impayé; **~ payment** impayé *m*; **~ interest/rent** arriérés *mpl* d'intérêt/de loyer. -**3.** ST. EX émis.

outstandingly [ˌaʊtˈstændɪŋlɪ] *adv* exceptionnellement, remarquablement.

outstare [ˌaʊtˈsteəʳ] *vt* faire baisser les yeux à *(en dévisageant)*.

outstation [ˈaʊtsteɪʃn] *n* -**1.** [in colony, isolated region] avant-poste *m*. -**2.** RADIO station *f* extérieure OR satellite.

outstay [ˌaʊtˈsteɪ] *vt* -**1.** [subj: guests] rester plus longtemps que; **to ~ one's welcome** abuser de l'hospitalité de ses hôtes. -**2.** *Br* SPORT [competitor] tenir plus longtemps que.

outstretched [ˌaʊtˈstretʃt] *adj* [limbs, body] étendu, allongé; [wings] déployé; **to lie ~** s'allonger; **with arms ~, with ~ arms** [gen] les bras écartés; [in welcome] à bras (grand) ouverts; **the beggar stood outside the church with ~ hands** le mendiant se tenait devant l'église, la main tendue.

outstrip [ˌaʊtˈstrɪp] (*pt* & *pp* **outstripped**, *cont* **outstripping**) *vt Br* dépasser, surpasser; **they outstripped all their rivals** ils l'ont emporté sur tous leurs concurrents.

outtake [ˈaʊtteɪk] *n* CIN & TV coupure *f*.

out tray *n* corbeille *f* sortie.

outvote [ˌaʊtˈvəʊt] *vt* [bill, reform] rejeter (à la majorité des voix); **the bill was ~d** une majorité a voté contre le projet de loi ‖ [person] mettre en minorité; **I wanted to go to the cinema, but I was ~d** je voulais aller au cinéma, mais les autres ont voté contre.

outward [ˈaʊtwəd] ◇ *adj* -**1.** [external] extérieur, externe; [apparent] apparent; **to (all) ~ appearances, she's very successful** selon toute apparence, elle réussit très bien; **an ~ show of wealth** un étalage de richesses; **she showed no ~ signs of fear** elle ne montrait aucun signe de peur. -**2.** [in direction] vers l'extérieur; **the ~ journey** le voyage aller, l'aller *m*.
◇ *adv* vers l'extérieur; **~ bound** [ship, train] en partance.

outward bound course *n* école *f* d'aventure.

outwardly [ˈaʊtwədlɪ] *adv* en apparence; **she remained ~ calm** elle est restée calme en apparence; **~ they seem to get on** ils donnent l'impression de bien s'entendre.

outwards [ˈaʊtwədz] *adv* vers l'extérieur; **his feet turn ~** il marche les pieds en dehors; **the door opens ~** la porte s'ouvre vers l'extérieur.

outweigh [aʊtˈweɪ] *vt* l'emporter sur; **the advantages easily ~ the disadvantages** les avantages l'emportent largement sur les inconvénients.

outwit [ˌaʊtˈwɪt] (*pt* & *pp* **outwitted**, *cont* **outwitting**) *vt* se montrer plus malin que; **we've been outwitted** on nous a eus.

outwork [ˈaʊtwɜːk] *n Br* [work] travail *m* fait à l'extérieur.
◆ **outworks** *npl* MIL ouvrage *m* défensif avancé.

outworker [ˈaʊtˌwɜːkəʳ] *n Br* travailleur *m* à domicile.

outworn [ˈaʊtwɔːn] *adj* [clothes] usé; [custom, idea] dépassé, vieux-jeu.

ouzo [ˈuːzəʊ] *n* ouzo *m*.

ova [ˈəʊvə] *pl* → **ovum**.

oval [ˈəʊvl] ◇ *adj* (en) ovale.
◇ *n* ovale *m*.
◆ **Oval** *pr n*: the Oval *célèbre terrain de cricket dans le centre de Londres.*

Oval Office *pr n* [office] Bureau *m* ovale; [authority] présidence *f* des États-Unis.

ovarian [əʊˈveərɪən] *adj* ovarien.

ovariectomy [ˌəʊvərɪˈektəmɪ] (*pl* **ovariectomies**) *n* ovariectomie *f*.

ovary [ˈəʊvərɪ] (*pl* **ovaries**) *n* ovaire *m*.

ovate [ˈəʊveɪt] *adj* oviforme.

ovation [əʊˈveɪʃn] *n* ovation *f*; **to give sb an ~** faire une ovation à qqn.

oven [ˈʌvn] *n* four *m*; **to cook sthg in an ~** faire cuire qqch au four; **cook in a hot/medium ~** faire cuire à four chaud/à four moyen; **Athens is like an ~ in summer** *fig* Athènes est une vraie fournaise en été.

ovenable [ˈʌvnəbl] *adj* allant au four.

oven glove *n* gant *m* isolant.

ovenproof [ˈʌvnpruːf] *adj* allant OR qui va au four.

oven-ready *adj* prêt à cuire OR à mettre au four.

ovenware [ˈʌvnweəʳ] *n* plats *mpl* allant au four.

over [ˈəʊvəʳ] ◇ *prep* **A.** -**1.** [above] au-dessus de; **a bullet whistled ~ my head** une balle siffla au-dessus de ma tête; **they live ~ the shop** ils habitent au-dessus du magasin; **the plane came down ~ France** l'avion s'est écrasé en France. -**2.** [on top of, covering] sur, par-dessus; **put a lace cloth ~ the table** mets une nappe en dentelle sur la table; **she wore a cardigan ~ her dress** elle portait un gilet par-dessus sa robe; **she wore a black dress with a red cardigan ~ it** elle avait une robe noire avec un gilet rouge par-dessus; **I put my hand ~ my mouth** j'ai mis ma main devant ma bouche; **he had his jacket ~ his arm** il avait sa veste sur le bras; **we painted ~ the wallpaper** nous avons peint par-dessus la tapisserie; **she was hunched ~ the wheel** elle était penchée sur la roue. -**3.** [across the top or edge of] par-dessus; **he was watching me ~ his newspaper** il m'observait par-dessus son journal; **I peered ~ the edge** j'ai jeté un coup d'œil par-dessus le rebord; **he fell/jumped ~ the cliff** il est tombé/a sauté du haut de la falaise. -**4.** [across the entire surface of]: **to cross ~ the road** traverser la rue; **they live ~ the road from me** ils habitent en face de chez moi; **there's a fine view ~ the valley** on a une belle vue sur la vallée; **he ran his eye ~ the article** il a parcouru l'article des yeux; **she ran her hand ~ the smooth marble** elle passa la main sur le marbre lisse; **we travelled for days ~ land and sea** nous avons voyagé pendant des jours par terre et par mer; **a strange look came ~ her face** son visage prit une expression étrange. -**5.** [on the far side of]: **the village ~ the hill** le village de l'autre côté de la colline; **they must be ~ the border by now** ils doivent avoir passé la frontière maintenant.
B. -**1.** [indicating position of control]: **to rule ~ a country** régner sur un pays; **I have no control/influence ~ them** je n'ai aucune autorité/influence sur eux; **she has some kind of hold ~ him** elle a une certaine emprise sur lui; **she watched ~ her children** elle surveillait ses enfants. -**2.** [indicating position of superiority, importance] sur; **a victory ~ the forces of reaction** une victoire sur les forces réactionnaires; **our project takes priority ~ the others** notre projet a priorité sur les autres.
C. -**1.** [with specific figure or amount - more than] plus de; **it took me well/just ~ an hour** j'ai mis bien plus/un peu plus d'une heure; **he must be ~ thirty** il doit avoir plus de trente ans; **children ~ (the age of) 7** les enfants (âgés) de plus de 7 ans; **think of a number ~ 100** pensez à un chiffre supérieur à 100. -**2.** [louder than]: **his voice rang out ~ the others** sa voix dominait toutes les autres; **I couldn't hear what she was saying ~ the music** la musique m'empêchait d'entendre ce qu'elle disait. -**3.** MATH [divided by]: **eight ~ two** huit divisé par deux. -**4.** [during]: **I've got a job ~ the long vacation** je vais travailler pendant les grandes vacances; **what are you doing ~ Easter?** qu'est-ce que tu fais pour Pâques?; **it's improved ~ the years** ça s'est amélioré au cours OR au fil des années; **~ the next few decades** au cours des prochaines décennies; **we discussed it ~ a drink/~ a game of golf** nous en avons discuté autour d'un verre/en faisant une partie de golf.
D. -**1.** [concerning] au sujet de; **a disagreement ~ working conditions** un conflit portant sur les conditions de travail; **they're always quarrelling ~ money** ils se disputent sans cesse pour des questions d'argent; **there's a big question mark ~ his future** nous n'avons aucune idée de ce qu'il va devenir. -**2.** [by means of, via]: **they were talking ~ the telephone** ils parlaient au téléphone; **I heard it ~ the radio** je l'ai entendu à la radio. -**3.** [recovered from]: **are you ~ your bout of flu?** est-ce que tu es guéri OR est-ce que tu t'es remis de ta grippe?; **he's ~ the shock now** il s'en est remis maintenant; **we'll soon be ~ the worst** le plus dur sera bientôt passé; **it took her a long time to get ~ his death** elle a mis longtemps à se remettre de sa mort.
◇ *adv* **A.** -**1.** [indicating movement or location, across distance or space]: **an eagle flew ~** un aigle passa au-dessus de nous; **she walked ~ to him and said hello** elle s'approcha de lui pour dire bonjour; **he must have seen us, he's coming ~** il a dû nous voir, il vient vers nous OR de notre côté; **pass my cup ~, will you** tu peux me passer ma tasse?; **she glanced ~ at me** elle jeta un coup d'œil dans ma direction; **she leaned ~ to whisper to him** elle se pencha pour lui chuchoter quelque chose à l'oreille; **~ in the States** aux États-Unis; **~ there** là-bas; **come ~ here!** viens (par) ici!; **has Bill been ~?** est-ce que Bill est passé?; **she drove ~ to meet us** elle est venue nous rejoindre en voiture; **let's have OR invite them ~ for dinner** si on les invitait à dîner?; **we have guests ~ from Morocco** nous avons des invités qui viennent du Maroc. -**2.** [everywhere]: **she's travelled the whole world ~** elle a voyagé dans le monde entier; **people the world ~ are watching the broad-**

cast live des téléspectateurs dans le monde entier assistent à cette retransmission en direct. -**3.** [indicating movement from a higher to a lower level]: **I fell ~** je suis tombé (par terre); **she knocked her glass ~** elle a renversé son verre; **he flipped the pancake ~** il a retourné la crêpe; **they rolled ~ and ~ in the grass** ils se roulaient dans l'herbe. -**4.** [so as to cover]: **we just whitewashed it ~** nous l'avons simplement passé à la chaux; **the bodies were covered ~ with blankets** les corps étaient recouverts avec des couvertures. -**5.** [into the hands of another person, group etc]: **he's gone ~ to the other side/to the opposition** il est passé de l'autre côté/dans l'opposition; **they handed him ~ to the authorities** ils l'ont remis aux autorités OR entre les mains des autorités || RADIO & TV: **and now ~ to David Smith in Paris** nous passons maintenant l'antenne à David Smith à Paris || TELEC: **~ (to you)!** à vous!; **~ and out!** terminé!

B. -**1.** [left, remaining]: **there were/I had a few pounds (left) ~** il restait/il me restait quelques livres; **seven into fifty-two makes seven with three ~** cinquante-deux divisé par sept égale sept, il reste trois. -**2.** [with specific figure or amount - more] plus; **men of 30 and ~** les hommes âgés de 30 ans et plus; **articles costing £100 or ~** les articles de 100 livres et plus. -**3.** [through]: **read it ~ carefully** lisez-le attentivement; **do you want to talk the matter ~?** voulez-vous en discuter? -**4.** [again, more than once] encore; **I had to do the whole thing ~** *Am* j'ai dû tout refaire; **she won the tournament five times ~** elle a gagné le tournoi à cinq reprises.

◇ *adj* fini; **the party's ~** la fête est finie; **I'm glad that's ~ (with)!** je suis bien content que ça soit fini!

◆ **over and above** *prep phr* en plus de; **~ and above what we've already paid** en plus de ce que nous avons déjà payé; **and ~ and above that, he was banned from driving for life** en plus, on lui a retiré son permis (de conduire) à vie.

◆ **over and over** *adv phr*: **I've told you ~ and ~ (again)** je te l'ai répété je ne sais combien de fois.

over- *in cpds* -**1.** [excessive]: **~activity** suractivité *f*; **~cautious** trop prudent, d'une prudence excessive. -**2.** [more than]: **a club for the ~fifties** un club pour les plus de cinquante ans.

overabundant [ˌəʊvərəˈbʌndənt] *adj* surabondant.

overachieve [ˌəʊvərəˈtʃiːv] *vi* réussir brillamment; **children who ~** les enfants surdoués.

overachiever [ˌəʊvərəˈtʃiːvəʳ] *n* surdoué *m*, -e *f*.

overact [ˌəʊvərˈækt] *vi* forcer la note, avoir un jeu outré.

overage [ˈəʊvərɪdʒ] *n Am* [surplus] surplus *m*, excédent *m*.

over-age *adj* [too old] trop âgé.

overall [*adv* ˌəʊvərˈɔːl, *adj* & *n* ˈəʊvərɔːl]

◇ *adv* -**1.** [in general - consider, examine] en général, globalement. -**2.** [measure] de bout en bout, d'un bout à l'autre; [cost, amount] en tout. -**3.** [in competition, sport] au classement général; **Britain finished third ~** la Grande-Bretagne a fini troisième au classement général.

◇ *adj* -**1.** [general] global, d'ensemble; **my ~ impression** mon impression d'ensemble. -**2.** [total - cost, amount] total; [- measurement] total, hors tout.

◇ *n* [protective coat] blouse *f*; *Am* [boiler suit] bleu *m* de travail.

◆ **overalls** *npl Br* [boiler suit] bleu *m* de travail; *Am* [dungarees] salopette *f*.

overambitious [ˌəʊvəræmˈbɪʃəs] *adj* trop ambitieux.

overanxious [ˌəʊvərˈæŋkʃəs] *adj* -**1.** [worried] trop inquiet; **don't be ~ about the exam** ne vous inquiétez pas trop au sujet de l'examen. -**2.** [keen] trop soucieux; **he did not seem ~ to meet her** il n'avait pas l'air tellement pressé de faire sa connaissance; **she is ~ to please** elle est trop désireuse OR soucieuse de plaire, elle en fait trop.

overarm [ˈəʊvərɑːm] ◇ *adv*: **to throw a ball ~** lancer une balle par-dessus sa tête; **to swim ~** nager à l'indienne.

◇ *adj*: **~ stroke** brasse *f* indienne.

overate [ˌəʊvərˈet] *pt* → **overeat**.

overawe [ˌəʊvərˈɔː] *vt* intimider, impressionner; **don't be ~d by what you are about to hear** ne vous laissez pas impressionner par ce que vous allez entendre.

overbalance [ˌəʊvəˈbæləns] ◇ *vi* [person] perdre l'équilibre; [load, pile] basculer, se renverser; [car] capoter; [boat] chavirer.

◇ *vt* [person] faire perdre l'équilibre à; [pile, vehicle] renverser, faire basculer.

overbear [ˌəʊvəˈbeəʳ] (*pt* **overbore** [-ˈbɔːʳ], *pp* **overborne** [-ˈbɔːn]) *vt fml* [rival, victim] dominer, triompher de, vaincre; [objection, proposal] l'emporter sur, prévaloir contre.

overbearing [ˌəʊvəˈbeərɪŋ] *adj* autoritaire, impérieux.

overbid [*vb* ˌəʊvəˈbɪd, *n* ˈəʊvəbɪd] (*pt* & *pp* **overbid**, *cont* **overbidding**) ◇ *vt* enchérir sur.

◇ *vi* surenchérir.

◇ *n* surenchère *f*.

overblown [ˌəʊvəˈbləʊn] *adj* -**1.** [flower, beauty] qui commence à se faner. -**2.** *pej* [prose, style] boursouflé, ampoulé, pompier.

overboard [ˈəʊvəbɔːd] *adv* NAUT par-dessus bord; **to fall ~** passer par-dessus bord; **to jump ~** sauter à la mer; **man ~!** un homme à la mer! ❑ **to throw sthg/sb ~** *literal* jeter qqch/qqn par-dessus bord; *fig* se débarrasser de qqch/qqn; **to throw a project ~** abandonner un projet; **to go ~** *inf* dépasser la mesure, exagérer; **he has really gone ~ with his latest film** il a vraiment dépassé les bornes avec son dernier film; **he went ~ for a young waitress** il est tombé amoureux fou d'une jeune serveuse; **the critics went ~ about her first novel** les critiques se sont enthousiasmés OR emballés pour son nouveau roman.

overbook [ˌəʊvəˈbʊk] ◇ *vt* [flight, hotel] surréserver.

◇ *vi* [airline, hotel] surréserver.

overbooking [ˌəʊvəˈbʊkɪŋ] *n* surréservation *f*, surbooking *m*.

overbore [ˌəʊvəˈbɔːʳ] *pt* → **overbear**.

overborne [ˌəʊvəˈbɔːn] *pp* → **overbear**.

overburden [ˌəʊvəˈbɜːdn] *vt* surcharger, accabler; **~ed with work** submergé de travail; **~ed with debts** criblé de dettes; **~ed with worries** accablé de soucis.

overcall [*vb* ˌəʊvəˈkɔːl, *n* ˈəʊvəkɔːl] ◇ *vt* [in bridge] surenchérir sur.

◇ *n* [in bridge] surenchère *f*.

overcame [ˌəʊvəˈkeɪm] *pt* → **overcome**.

overcapitalize, -ise [ˌəʊvəˈkæpɪtəlaɪz] *vt* surcapitaliser.

overcast [*vb* ˌəʊvəˈkɑːst, *adj* & *n* ˈəʊvəkɑːst] (*pt* & *pp* **overcast**) ◇ *vt* SEW surfiler.

◇ *adj* [sky] sombre, couvert; [weather] couvert; **it's getting ~** le temps se couvre; **the sky became ~** le ciel s'assombrit.

◇ *n* nébulosité *f*.

overcautious [ˌəʊvəˈkɔːʃəs] *adj* trop prudent, prudent à l'excès.

overcharge [ˌəʊvəˈtʃɑːdʒ] ◇ *vt* -**1.** [customer] faire payer trop cher; **I've been ~d!** on m'a fait payer trop cher!, je me suis fait écorcher!; **they ~d me for the coffee** ils m'ont fait payer le café trop cher; **they ~d me for the repair** ils m'ont pris trop cher pour la réparation. -**2.** ELEC [circuit] surcharger. -**3.** *Br* [description, picture] surcharger; **the painting was ~d with detail** le tableau était surchargé de détails.

◇ *vi* faire payer trop cher; **they ~d for the tomatoes** ils ont fait payer les tomates trop cher.

overcloud [ˌəʊvəˈklaʊd] ◇ *vt*: **the sky became ~ed** le ciel se couvrit de nuages.

◇ *vi* se couvrir, devenir nuageux.

overcoat [ˈəʊvəkəʊt] *n* manteau *m*, pardessus *m*.

overcome [ˌəʊvəˈkʌm] (*pt* **overcame** [-ˈkeɪm], *pp* **overcome**) ◇ *vt* -**1.** [vanquish - enemy, opposition] vaincre, triompher de; [- difficulty, shyness] surmonter; [- fear, repulsion, prejudice] vaincre, surmonter, maîtriser; [master - nerves] maîtriser, contrôler. -**2.** [debilitate, weaken] accabler; **the heat overcame me** la chaleur finit par me terrasser; **she was ~ by the fumes** les émanations lui ont fait perdre connaissance; **he felt sleep ~ him** *lit* il sentait le sommeil le gagner. -**3.** *(usu pass)* [overwhelm]: **to be ~ by the enemy** succomber à l'ennemi; **to be ~ by fear** être paralysé par la peur; **to be ~ with joy** être comblé de joie; **to be ~ with grief** être accablé par la douleur; **I was ~ by the news** la nouvelle m'a bouleversé; **in a voice ~ with emotion** d'une voix tremblante d'émotion; **how did he take the news? — he was quite ~** comment a-t-il pris la nouvelle? — il est resté muet.

◇ *vi* vaincre; **'We Shall Overcome'** 'Nous triompherons' *(célèbre chanson du mouvement américain des droits civiques)*.

overcompensate [ˌəʊvəˈkɒmpənseɪt] *vt* surcompenser.

overcompensation [ˈəʊvəˌkɒmpənˈseɪʃn] *n* surcompensation *f*.

overcomplicated [ˌəʊvəˈkɒmplɪkeɪtɪd] *adj* trop OR excessivement compliqué.

overconfidence [ˌəʊvəˈkɒnfɪdəns] *n* -**1.** [arrogance] suffisance *f*, présomption *f*. -**2.** [trust] confiance *f* aveugle OR excessive.

overconfident [ˌəʊvəˈkɒnfɪdənt] *adj* -**1.** [arrogant] suffisant, présomptueux. -**2.** [trusting] trop confiant; **I'm not ~ of his chances of recovery** je ne crois pas trop en ses chances de guérison.

overcook [ˌəʊvəˈkʊk] ◇ *vt* faire trop cuire; **the vegetables are ~ed** les légumes sont trop cuits.

◇ *vi* trop cuire.

overcrowd [ˌəʊvəˈkraʊd] *vt* [bus, train, room] remplir au maximum, bourrer; [city, streets, prison] surpeupler; [class] surcharger.

overcrowded [ˌəʊvəˈkraʊdɪd] *adj* [bus, train, room] bondé, comble; [city, country, prison] surpeuplé; [streets] plein de monde; [class] surchargé; **Paris is ~ with tourists in summer** en été, Paris est envahi par les touristes; **they live in very ~ conditions** ils vivent très à l'étroit.

overcrowding [ˌəʊvəˈkraʊdɪŋ] *n* surpeuplement *m*, surpopulation *f*; [in housing] entassement *m*; [in bus, train etc] entassement *m* des voyageurs, affluence *f*; [in schools] effectifs *mpl* surchargés; [in prisons] surpeuplement *m*; **~ on trains means you sometimes have to stand** les trains sont tellement bondés qu'on est parfois contraint de voyager debout; **prison ~ is a growing problem** le surpeuplement des prisons est un problème croissant.

overdevelop [ˌəʊvədɪˈveləp] *vt* [gen & PHOT] surdévelopper; **parts of the coastline have been ~ed** par endroits, le littoral est trop construit.

overdevelopment [ˌəʊvədɪˈveləpmənt] *n* surdéveloppement *m*.

overdo [ˌəʊvəˈduː] (*pt* **overdid** [-ˈdɪd], *pp* **overdone** [-ˈdʌn]) *vt* -**1.** [exaggerate] exagérer, pousser trop loin; **he rather overdoes the penniless student (bit)** il joue un peu trop l'étudiant pauvre; **the battle scenes are a bit overdone** les scènes de combat sont un peu exagérées; **all that jewellery is really ~ing it!** tous ces bijoux, c'est vraiment un peu trop!; **Mabel rather overdoes the make-up** Mabel se maquille un peu trop; **you've overdone the curry powder** tu as eu la main un peu lourde avec le curry. -**2.** [eat, drink too much of]: **don't ~ the whisky** n'abuse pas du whisky. -**3.** *phr*: **to ~ it, to ~ things** se surmener; **I've been ~ing it again** j'ai de nouveau un peu trop forcé. -**4.** CULIN trop cuire.

overdone [ˌəʊvəˈdʌn] ◇ *pp* → **overdo**.

◇ *adj* -**1.** [exaggerated] exagéré, excessif. -**2.** CULIN trop cuit.

overdose [*n* 'əʊvədəʊs, *vb* ˌəʊvə'dəʊs] ◇ *n* *literal* & *fig* overdose *f*, surdose *f*; **an ~ of sleeping pills** une dose massive de somnifères; **she died from a drugs ~** elle est morte d'une overdose; **I think I've had an ~ of culture today** *hum* je crois que j'ai eu ma dose de culture pour aujourd'hui.
◇ *vi* prendre une overdose; **he ~d on heroin/LSD** il a pris une overdose d'héroïne/de LSD; **I've been overdosing on chocolate recently** *hum* j'ai trop forcé sur le chocolat ces derniers temps.
◇ *vt* [patient] administrer une dose excessive à; [drug] prescrire une dose excessive de.

overdraft ['əʊvədrɑːft] *n* découvert *m* (bancaire); **to have an ~** avoir un découvert; **they live off an ~** ils sont en permanence à découvert; **the bank gave me a £100 ~** la banque m'a accordé un découvert de 100 livres ❑ **~ facilities** autorisation *f* de découvert.

overdramatic [ˌəʊvədrə'mætɪk] *adj* mélodramatique, exagéré.

overdraw [ˌəʊvə'drɔː] (*pt* overdrew [-'druː], *pp* overdrawn [-'drɔːn]) ◇ *vt* [account] mettre à découvert; **to be** OR **to go overdrawn** être OR se mettre à découvert; **my account is overdrawn** mon compte est à découvert; **I'm overdrawn by £100** j'ai un découvert de 100 livres.
◇ *vi* mettre son compte à découvert.

overdress [*vb* ˌəʊvə'dres, *n* 'əʊvədres] ◇ *vi* *pej* s'habiller avec trop de recherche, porter des toilettes trop recherchées.
◇ *n* robe-chasuble *f*.

overdressed [ˌəʊvə'drest] *adj* habillé avec trop de recherche; **to be ~** être trop bien habillé pour la circonstance; **I felt ~ in my dinner suit** j'avais la sensation d'être emprunté dans mon smoking.

overdrew [ˌəʊvə'druː] *pt* → **overdraw**.

overdrive ['əʊvədraɪv] *n* AUT (vitesse *f*) surmultipliée *f*, overdrive *m*; **to go into ~** *fig* mettre les bouchées doubles.

overdub [*vb* ˌəʊvə'dʌb, *n* 'əʊvədʌb] (*pt* & *pp* overdubbed, *cont* overdubbing) ◇ *vt* [in recording] surimprimer.
◇ *n* surimpression *f*.

overdue [ˌəʊvə'djuː] *adj* -**1.** [bus, flight, person] en retard; **she is long ~** elle devrait être là depuis longtemps; **the flight from Panama is half an hour ~** le vol de Panama a une demi-heure de retard ‖ [payment, rent] en retard, impayé; [library book] non retourné; **our repayments are two months ~** nous avons un retard de deux mois dans nos remboursements. -**2.** [apology] tardif; **an explanation is ~** le moment semble venu de donner une explication, il est temps de donner une explication ‖ [change, reform] qui tarde, qui se fait attendre; **this reform is long ~** cette réforme aurait dû être appliquée il y a longtemps; **the car is ~ for a service** la voiture a besoin d'être révisée. -**3.** [in pregnancy]: **to be ~** être en retard.

overeager [ˌəʊvər'iːgəʳ] *adj* trop empressé; **he is ~ to please** il est trop soucieux OR désireux de plaire; **I can't say I'm ~ to go** je ne peux pas dire que j'aie une envie folle d'y aller.

overeat [ˌəʊvər'iːt] (*pt* overate [-'et], *pp* overeaten [-'iːtn]) *vi* [once] trop manger, faire un repas trop copieux; [habitually] se suralimenter.

overeating [ˌəʊvər'iːtɪŋ] *n* [habitual] suralimentation *f*.

overelaborate [ˌəʊvərɪ'læbərɪt] *adj* [dress, style] trop recherché; [ornamentation] tarabiscoté; [explanation, excuse] tiré par les cheveux; [description] alambiqué, contourné.

overemotional [ˌəʊvərɪ'məʊʃənl] *adj* hyperémotif, trop émotif.

overemphasize, -ise [ˌəʊvər'emfəsaɪz] *vt* trop mettre l'accent sur, trop insister sur; **I cannot ~ the need for discretion** je n'insisterai jamais assez sur la nécessité de faire preuve de discrétion.

overemployment [ˌəʊvərɪm'plɔɪmənt] *n* suremploi *m*.

overenthusiastic ['əʊvərɪnˌθjuːzɪ'æstɪk] *adj* trop enthousiaste.

overestimate [ˌəʊvər'estɪmeɪt] *vt* surestimer.

overexaggerate [ˌəʊvərɪg'zædʒəreɪt] *vt* exagérer, attacher trop d'importance à.

overexcite [ˌəʊvərɪk'saɪt] *vt* surexciter; **to become** OR **to get ~d** (trop) s'énerver; **don't get ~d, they haven't arrived yet** ne vous excitez pas, ils ne sont pas encore arrivés; **she got ~d and burst into tears** elle s'est mise dans un état d'agitation extrême et a fondu en larmes.

overexcitement [ˌəʊvərɪk'saɪtmənt] *n* surexcitation *f*.

overexert [ˌəʊvərɪg'zɜːt] *vt* surmener; **to ~ o.s.** se surmener, s'éreinter.

overexertion [ˌəʊvərɪg'zɜːʃn] *n* surmenage *m*.

overexpose [ˌəʊvərɪk'spəʊz] *vt* *literal* & *fig* surexposer.

overexposure [ˌəʊvərɪk'spəʊʒəʳ] *n* *literal* & *fig* surexposition *f*.

overfamiliar [ˌəʊvəfə'mɪljəʳ] *adj* -**1.** [too intimate, disrespectful] trop familier. -**2.** [conversant]: **I'm not ~ with the British electoral system** je ne connais pas très bien le système électoral britannique.

overfamiliarity ['əʊvəfəˌmɪlɪ'ærətɪ] *n* familiarité *f* excessive.

overfeed [ˌəʊvə'fiːd] (*pt* & *pp* overfed [-'fed]) ◇ *vt* suralimenter.
◇ *vi* se suralimenter, trop manger.

overflew [ˌəʊvə'fluː] *pt* → **overfly**.

overflow [*vb* ˌəʊvə'fləʊ, *n* 'əʊvəfləʊ] ◇ *vi* -**1.** [with liquid - container, bath] déborder; [river] déborder, sortir de son lit; **the glass is full to ~ing** le verre est plein à ras bord; **the river frequently ~s onto the surrounding plain** la rivière inonde souvent la plaine environnante ‖ [with people - room, vehicle] déborder, être plein à craquer; **the streets were ~ing with people** les rues regorgeaient de monde; **the demonstrators ~ed into the side streets** les manifestants envahirent les rues adjacentes; **the shop was full to ~ing** le magasin était plein à craquer ‖ [with objects - box, wastebin] déborder; **the contents of the bin ~ed onto the floor** le contenu de la poubelle s'est répandu par terre; **her desk was ~ing with papers** son bureau disparaissait sous les papiers. -**2.** *fig* [with emotion] déborder; **his heart was ~ing with joy** son cœur débordait de joie.
◇ *vt* déborder de; **the river ~ed its banks** la rivière est sortie de son lit OR a débordé.
◇ *n* -**1.** [drain - from sink, cistern] trop-plein *m*; [- large-scale] déversoir *m*. -**2.** [excess - of population, production] excédent *m*, surplus *m*; [- of energy, emotion] trop plein *m*, débordement *m*. -**3.** [flooding] inondation *f*; [excess] trop-plein *m*. -**4.** COMPUT dépassement *m* de capacité, débordement *m*.

overflown [ˌəʊvə'fləʊn] *pp* → **overfly**.

overflow pipe *n* trop-plein *m*, tuyau *m* d'écoulement.

overfly [ˌəʊvə'flaɪ] (*pt* overflew [-'fluː], *pp* overflown [-'fləʊn]) *vt* survoler.

overfond [ˌəʊvə'fɒnd] *adj*: **she's not ~ of children** on ne peut pas dire qu'elle ait une passion pour les enfants; **he's not ~ of the cinema** il n'est pas très porté sur le cinéma.

overfull [ˌəʊvə'fʊl] *adj* trop plein, qui déborde.

overgenerous [ˌəʊvə'dʒenərəs] *adj* [person, act] (trop) généreux, prodigue; [portion] trop copieux, excessif.

overground ['əʊvəgraʊnd] ◇ *adj* à la surface du sol, en surface; **an ~ rail link** une voie ferrée à l'air libre OR aérienne.
◇ *adv* à la surface du sol; **the line goes ~ when it reaches the suburbs** la ligne fait surface quand elle arrive en banlieue.

overgrown [ˌəʊvə'grəʊn] *adj* [garden, path etc]: **the path was ~ with weeds/brambles** le chemin était envahi par les mauvaises herbes/ronces; **the garden has become very ~** le jardin est devenu une vraie jungle; **a wall ~ with ivy** un mur recouvert de lierre; **he's just an ~ schoolboy** *fig* c'est un grand enfant.

overhand ['əʊvəhænd] = **overarm**.

overhang [*vb* ˌəʊvə'hæŋ, *n* 'əʊvəhæŋ] (*pt* & *pp* overhung [-'hʌŋ]) ◇ *vt* -**1.** [subj: cliff, ledge, balcony] surplomber, faire saillie au-dessus de; [subj: cloud, mist, smoke] planer sur, flotter au-dessus de. -**2.** *fig* [subj: threat, danger] planer sur, menacer.
◇ *vi* être en surplomb, faire saillie.
◇ *n* surplomb *m*.

overhanging [ˌəʊvə'hæŋɪŋ] *adj* -**1.** [cliff, ledge, balcony] en surplomb, en saillie; **we walked under the ~ branches** nous marchions sous un dais OR une voûte de branches. -**2.** *fig* [threat] imminent.

overhaul [*n* 'əʊvəhɔːl, *vb* ˌəʊvə'hɔːl] ◇ *n* [of car, machine] révision *f*; [of institution, system] révision *f*, remaniement *m*; **the education system needs a complete ~** le système scolaire a besoin d'être complètement remanié.
◇ *vt* -**1.** [car, machine] réviser; [system] revoir, remanier. -**2.** [catch up] rattraper; [overtake] dépasser; NAUT gagner.

overhead [*adv* ˌəʊvə'hed, *adj* & *n* 'əʊvəhed] ◇ *adv* au-dessus; **we watched the hawk circling ~** nous regardions le faucon tournoyer dans le ciel OR au-dessus de nos têtes.
◇ *adj* -**1.** [cable, railway] aérien; [lighting] au plafond; SPORT [racket stroke] smashé; FTBL [kick] retourné. -**2.** COMM: **~ costs** frais *mpl* généraux.
◇ *n* *Am* = **overheads**.
◆ **overheads** *npl* *Br* frais *mpl* généraux.

overhead camshaft *n* arbre *m* à cames en tête.

overhead door *n* porte *f* basculante.

overhead projector *n* rétroprojecteur *m*.

overhear [ˌəʊvə'hɪəʳ] (*pt* & *pp* overheard [-'hɜːd]) *vt* [gen] entendre par hasard; [conversation] surprendre; **I couldn't help ~ing what you were saying** malgré moi, j'ai entendu votre conversation; **she overheard them talking about her** elle les a surpris à parler d'elle.

overheat [ˌəʊvə'hiːt] ◇ *vt* surchauffer.
◇ *vi* chauffer.

overheated [ˌəʊvə'hiːtɪd] *adj* -**1.** [too hot - room] surchauffé, trop chauffé; [- engine] qui chauffe. -**2.** *fig* [angry] passionné, violent, exalté; **to become** OR **to get ~** [person] s'échauffer, s'énerver; [situation] devenir explosif; [discussion, conversation] s'animer.

overheating [ˌəʊvə'hiːtɪŋ] *n* échauffement *m* excessif.

overhung [ˌəʊvə'hʌŋ] *pt* & *pp* → **overhang**.

overimpress [ˌəʊvərɪm'pres] *vt*: **she wasn't ~ed by the film** le film ne l'a pas particulièrement impressionnée.

overindulge [ˌəʊvərɪn'dʌldʒ] ◇ *vt* -**1.** [appetite, desire] céder à, succomber à, se laisser aller à; **she ~s her passion for chocolate** elle cède OR succombe trop facilement à sa passion pour le chocolat. -**2.** [person] (trop) gâter; **she ~s her children** elle cède à tous les caprices de ses enfants; **he has a tendency to ~ himself** il a tendance à faire des excès OR à se laisser aller.
◇ *vi* [overeat] trop manger; [drink] trop boire; **you mustn't ~** il ne faut pas abuser des bonnes choses.

overindulgence [ˌəʊvərɪn'dʌldʒəns] *n* -**1.** [in food and drink] excès *m*, abus *m*. -**2.** [towards person] indulgence *f* excessive, complaisance *f*.

overindulgent [ˌəʊvərɪn'dʌldʒənt] *adj* -**1.** [in food and drink]: **he's ~** c'est un bon vivant; **an ~ weekend** un week-end de bombance. -**2.** [towards person] trop indulgent, complaisant.

overjoyed [ˌəʊvə'dʒɔɪd] *adj* comblé, transporté, ravi; **she was ~ at being home again** elle était ravie d'être rentrée; **I was ~ at the news** cette nouvelle m'a ravi OR transporté; **I was ~ to see him after so long** j'étais ravi de le voir après si longtemps.

overkill ['əʊvəkɪl] *n* -**1.** MIL surarmement *m*. -**2.** *fig* exagération *f*, excès *m*; **media ~** médiatisation *f* excessive.

overladen [ˌəʊvəˈleɪdn] ◇ *pp* → **overload**.
◇ *adj* surchargé.

overlaid [ˌəʊvəˈleɪd] *pt* & *pp* → **overlay**.

overland [ˈəʊvəlænd] *adj* & *adv* par voie de terre; **the ~ route to India** le voyage en Inde par la route.

overlap [*vb* ˌəʊvəˈlæp, *n* ˈəʊvəlæp] (*pt* & *pp* **overlapped**, *cont* **overlapping**) ◇ *vi* [gen] (se) chevaucher, se recouvrir en partie; **our visits overlapped** nos visites ont plus ou moins coïncidé; **my responsibilities ~ with hers** mes responsabilités empiètent sur les siennes; **the two systems ~** les deux systèmes font en partie double emploi.
◇ *vt* [in space] faire se chevaucher; [in time] empiéter sur; **the edges/tiles ~ each other** les bords/les tuiles se chevauchent.
◇ *n* -**1.** [gen] chevauchement *m*. -**2.** GEOL nappe *f* de charriage.

overlay [*vb* ˌəʊvəˈleɪ, *n* ˈəʊvəleɪ] (*pt* & *pp* **overlaid** [-ˈleɪd]) ◇ *vt* recouvrir; **the shelf is overlaid with marble** l'étagère est recouverte de marbre.
◇ *n* -**1.** [covering] revêtement *m*. -**2.** COMPUT recouvrement *m*; **~ segment** segment *m* de recouvrement.

overleaf [ˌəʊvəˈliːf] *adv* au dos, au verso; **'see ~'** 'voir au verso'; **'continued ~'** [in book, magazine] 'suite page suivante'.

overload [*vb* ˌəʊvəˈləʊd, *n* ˈəʊvələʊd] (*pp sense 1* **overloaded** OR **overladen** [-ˈleɪdn], *pp sense 2* **overloaded**) ◇ *vt* -**1.** [animal, vehicle] surcharger. -**2.** [electric circuit] surcharger; [engine, machine] surmener; *fig* [with work] surcharger, écraser; **she's ~ed with work** elle est surchargée OR débordée de travail.
◇ *n* surcharge *f*.

overlong [ˌəʊvəˈlɒŋ] ◇ *adj* trop OR excessivement long.
◇ *adv* trop longtemps.

overlook [ˌəʊvəˈlʊk] *vt* -**1.** [have view of] avoir vue sur, donner sur; **'villa ~ing the sea'** 'villa avec vue sur la mer'; **the bedroom window ~s the garden** la fenêtre de la chambre donne sur le jardin; **our house is ~ed at the back** il y a une maison qui a vue sur l'arrière de la nôtre. -**2.** [fail to notice - detail, small thing] laisser échapper, oublier; **it's easy to ~ the small print** on oublie souvent de lire ce qui est en petits caractères || [neglect]: **they ~ed the language problem** ils n'ont pas pris en compte le problème de la langue; **he seems to have ~ed the fact that I might have difficulties** l'idée que je puisse avoir des difficultés semble lui avoir échappé; **his work has been ~ed for centuries** cela fait des siècles que ses travaux sont ignorés || [ignore] laisser passer, passer sur; **she decided to ~ the matter** elle décida de fermer les yeux sur l'affaire; **I'll ~ it this time** je veux bien fermer les yeux cette fois-ci. -**3.** [supervise] surveiller.

overlord [ˈəʊvəlɔːd] *n* -**1.** HIST suzerain *m*. -**2.** *fig* grand patron *m*.

overly [ˈəʊvəlɪ] *adj* trop; **she was not ~ friendly** elle ne s'est pas montrée particulièrement aimable.

overmanned [ˌəʊvəˈmænd] *adj* [factory, production line] en sureffectif.

overmanning [ˌəʊvəˈmænɪŋ] *n (U)* sureffectifs *mpl*.

overmuch [ˌəʊvəˈmʌtʃ] *fml* ◇ *adj* trop de.
◇ *adv* outre mesure, trop.

overnice [ˌəʊvəˈnaɪs] *adj* [distinction] trop subtil; [person] trop méticuleux, pointilleux à l'excès.

overnight [*adv* ˌəʊvəˈnaɪt, *adj* & *vb* ˈəʊvənaɪt] ◇ *adv* -**1.** [during the night] pendant la nuit; **to drive/to fly ~** rouler/voler de nuit || [until next day] jusqu'au lendemain; **they stopped** OR **stayed ~ in Birmingham** ils ont passé la nuit à Birmingham; **the milk won't keep ~** le lait ne se conservera pas jusqu'à demain. -**2.** *fig* [suddenly] du jour au lendemain; **her hair went grey ~** ses cheveux sont devenus gris du jour au lendemain; **the situation grew worse ~** la situation a empiré du jour au lendemain OR a subitement empiré.
◇ *adj* -**1.** [stay, guest] d'une nuit; [clothes, journey] de nuit; **an ~ stay** une nuit; **we had an ~ stay in Paris** nous avons passé une nuit à Paris. -**2.** *fig* [sudden] soudain, subit; **there has been an ~ improvement in the situation** la situation s'est subitement améliorée.
◇ *vi* passer la OR une nuit.

overnight bag *n* sac *m* OR nécessaire *m* de voyage.

overpaid [ˌəʊvəˈpeɪd] *pt* & *pp* → **overpay**.

overpass [ˈəʊvəpɑːs] *n* AUT saut-de-mouton *m (route)*.

overpay [ˌəʊvəˈpeɪ] (*pt* & *pp* **overpaid** [-ˈpeɪd]) *vt* [bill, employee] surpayer, trop payer.

overpayment [ˌəʊvəˈpeɪmənt] *n* trop-perçu *m*.

overplay [ˌəʊvəˈpleɪ] ◇ *vt* [importance] exagérer; **to ~ one's hand** présumer de ses forces OR de ses capacités.
◇ *vi* exagérer son rôle.

overpopulated [ˌəʊvəˈpɒpjʊleɪtɪd] *adj* surpeuplé.

overpopulation [ˈəʊvəˌpɒpjʊˈleɪʃn] *n* surpeuplement *m*, surpopulation *f*.

overpower [ˌəʊvəˈpaʊəʳ] *vt* -**1.** [physically - enemy, opponent] maîtriser, vaincre. -**2.** [subj: smell] suffoquer; [subj: heat, emotion] accabler; **they were ~ed by his charm** ils furent ensorcelés OR subjugués par son charme.

overpowering [ˌəʊvəˈpaʊərɪŋ] *adj* -**1.** [heat, sensation] accablant, écrasant; [smell] suffocant; **her perfume is ~** son parfum est envahissant. -**2.** [desire, passion] irrésistible; [grief] accablant; **an ~ sense of guilt** un sentiment irrépressible de culpabilité. -**3.** [force] irrésistible. -**4.** [personality, charisma] dominateur, irrésistible.

overprescribe [ˌəʊvəprɪˈskraɪb] ◇ *vi* MED prescrire trop de médicaments.
◇ *vt* [medicine, tablets] prescrire en trop fortes quantités.

overprice [ˌəʊvəˈpraɪs] *vt* vendre trop cher; **those books are really ~d** le prix de ces livres est vraiment excessif OR trop élevé.

overprint [*vb* ˌəʊvəˈprɪnt, *n* ˈəʊvəprɪnt] ◇ *vt* imprimer en surcharge; **the old prices had been ~ed with new ones** les nouveaux prix avaient été imprimés sur les anciens.
◇ *n* surcharge *f*.

overproduce [ˌəʊvəprəˈdjuːs] *vt* surproduire.

overproduction [ˌəʊvəprəˈdʌkʃn] *n* surproduction *f*.

overprotect [ˌəʊvəprəˈtekt] *vt* surprotéger, trop protéger; **he was ~ed as a child** il a été trop couvé lorsqu'il était enfant.

overprotective [ˌəʊvəprəˈtektɪv] *adj* trop protecteur, protecteur à l'excès; **she is ~ of** OR **towards her son** elle couve trop son fils.

overpublicize, -ise [ˌəʊvəˈpʌblɪsaɪz] *vt* faire trop de publicité pour, donner trop de publicité à.

overqualified [ˌəʊvəˈkwɒlɪfaɪd] *adj* surqualifié.

overran [ˌəʊvəˈræn] *pt* → **overrun**.

overrate [ˌəʊvəˈreɪt] *vt* [person] surestimer; **he is rather ~d as a novelist** sa réputation de romancier est assez surfaite || [book, film] surfaire; **I think champagne is really ~d** je pense que le champagne ne mérite pas sa réputation OR que la réputation du champagne est surfaite.

overreach [ˌəʊvəˈriːtʃ] *vt*: **to ~ o.s.** présumer de ses forces, viser trop haut.

overreact [ˌəʊvərɪˈækt] *vi* [gen] réagir de façon excessive, dramatiser; [panic] s'affoler; **he has a tendency to ~** il a tendance à tout dramatiser; **I thought she ~ed to the news** d'après moi, la façon dont elle a réagi en apprenant la nouvelle avait quelque chose d'excessif OR de disproportionné.

overreaction [ˌəʊvərɪˈækʃn] *n* réaction *f* disproportionnée OR excessive; [panic] affolement *m*.

overridable [ˌəʊvəˈraɪdəbl] *adj* COMPUT annulable.

override [ˌəʊvəˈraɪd] (*pt* **overrode** [-ˈrəʊd], *pp* **overridden** [-ˈrɪdn]) *vt* -**1.** [instruction, desire, authority] passer outre à, outrepasser; [decision] annuler; [rights] fouler aux pieds, bafouer; **my objection was overridden** il n'a été tenu aucun compte de mon objection. -**2.** [fact, factor] l'emporter sur. -**3.** [controls, mechanism] annuler, neutraliser. -**4.** [horse] harasser.

overrider [ˈəʊvəˌraɪdəʳ] *n Br* AUT butoir *m* (de pare-chocs).

overriding [ˌəʊvəˈraɪdɪŋ] *adj* -**1.** [importance] primordial, capital; [belief, consideration, factor] prépondérant, premier, dominant; **our ~ desire is to avoid conflict** notre premier souci est d'éviter un conflit. -**2.** JUR [clause] dérogatoire.

overripe [ˌəʊvəˈraɪp] *adj* [fruit] trop mûr; [cheese] trop fait.

overrode [ˌəʊvəˈrəʊd] *pt* → **override**.

overrule [ˌəʊvəˈruːl] *vt* [decision] annuler; [claim, objection] rejeter; **I was ~d** mon avis a été rejeté.

overrun [*vb* ˌəʊvəˈrʌn, *n* ˈəʊvərʌn] (*pt* **overran** [-ˈræn], *pp* **overrun**, *cont* **overrunning**) ◇ *vt* -**1.** [invade] envahir; **the enemy troops overran the country** les troupes ennemies ont envahi le pays; **the garden is ~ with weeds** le jardin est envahi de mauvaises herbes; **the building was ~ by rats** l'immeuble était infesté de rats; **the streets were ~ by holidaymakers** les rues étaient envahies par les vacanciers. -**2.** [exceed - time limit] dépasser; **the programme overran the allotted time by ten minutes** l'émission a dépassé de dix minutes le temps qui lui était imparti || [overshoot] dépasser, aller au-delà de; **the plane overran the runway** l'avion a dépassé le bout de la piste d'atterrissage; **to ~ a signal** RAIL brûler un signal. -**3.** TYPO [word, sentence - over line] reporter à la ligne suivante; [- over page] reporter à la page suivante.
◇ *vi* [subj: - programme, speech] dépasser le temps alloué OR imparti; [- meeting] dépasser l'heure prévue; **the speech overran by ten minutes** le discours a duré dix minutes de plus que prévu.
◇ *n* [in time, space] dépassement *m*.

oversaw [ˌəʊvəˈsɔː] *pt* → **oversee**.

overscore [ˌəʊvəˈskɔːʳ] *vt* barrer, rayer.

overscrupulous [ˌəʊvəˈskruːpjʊləs] *adj* [morally] trop scrupuleux; [in detail] pointilleux.

overseas [*adv* ˌəʊvəˈsiːz, *adj* ˈəʊvəsiːz] ◇ *adv* à l'étranger; **to go ~** partir à l'étranger; **she prefers to live ~** elle préfère vivre à l'étranger; **people who come back from ~** les gens qui reviennent de l'étranger.
◇ *adj* [student, tourist, market] étranger; [travel, posting] à l'étranger; [mail - from overseas] (en provenance) de l'étranger; [- to an overseas country] pour l'étranger; [trade] extérieur; [colony, possession] d'outre-mer; **the Ministry of Overseas Development** ≃ le ministère de la Coopération et du Développement; **the French ~ territories** les Territoires français d'outre-mer.

oversee [ˌəʊvəˈsiː] (*pt* **oversaw** [-ˈsɔː], *pp* **overseen** [-ˈsiːn]) *vt* [watch] surveiller, contrôler; [supervise] superviser.

overseer [ˈəʊvəˌsiːəʳ] *n* [foreman] contremaître *m*, chef *m* d'équipe; [in mine] porion *m*; [in printing works] prote *m*; HIST [of slaves] surveillant *m*, -e *f*.

oversell [*vb* ˌəʊvəˈsel, *n* ˈəʊvəsel] (*pt* & *pp* **oversold** [-ˈsəʊld]) ◇ *vt* -**1.** [exaggerate - person, quality] mettre trop en valeur, faire trop valoir; **to ~ o.s.** se mettre trop en avant; **personally, I think the Costa Brava is oversold** personnellement, je pense que la Costa Brava est surfaite. -**2.** COMM: **the concert was oversold** on a vendu plus de billets pour le concert qu'il n'y avait de places.
◇ *n* [exaggeration] éloge *m* excessif, panégyrique *m*.

oversensitive [ˌəʊvəˈsensɪtɪv] *adj* trop sensible OR susceptible, hypersensible.

oversew [ˈəʊvəsəʊ] (*pp* **oversewn** [-səʊn]) *vt* surjeter.

oversexed [ˌəʊvəˈsekst] *adj*: **they're ~** ils ne pensent qu'au sexe.

overshadow [ˌəʊvəˈʃædəʊ] *vt* -**1.** [eclipse - person, event] éclipser; **the peace talks were ~ed by the presidential election** l'élection présidentielle a éclipsé les pourparlers de paix. -**2.** [darken] ombrager; **the house is ~ed by a huge flyover** la maison est assombrie par un immense autopont; **their lives had been ~ed by the death of their father** *fig* leur vie avait été endeuillée par la mort de leur père.

overshoe [ˈəʊvəʃuː] *n* galoche *f*; **rubber ~s** caoutchoucs *mpl*.

overshoot [*vb* ˌəʊvəˈʃuːt, *n* ˈəʊvəʃuːt] (*pt* & *pp* overshot [-ˈʃɒt]) ◇ *vt* dépasser, aller au-delà de; **the plane overshot the runway** l'avion a dépassé la piste ❑ **to ~ the mark** aller trop loin.
◇ *vi* [aircraft] dépasser la piste.
◇ *n* dépassement *m*.

oversight [ˈəʊvəsaɪt] *n* -**1.** [error] omission *f*, oubli *m*; **by** OR **through an ~** par mégarde, par négligence; **due to an ~ your tickets have been sent to your old address** vos billets ont été envoyés par erreur à votre ancienne adresse. -**2.** [supervision] surveillance *f*, supervision *f*.

oversimplification [ˈəʊvəˌsɪmplɪfɪˈkeɪʃn] *n* simplification *f* excessive.

oversimplify [ˌəʊvəˈsɪmplɪfaɪ] (*pt* & *pp* **oversimplified**) *vt* simplifier à l'excès.

oversize(d) [ˌəʊvəˈsaɪz(d)] *adj* -**1.** [very big] énorme, démesuré. -**2.** [too big] trop grand.

oversleep [ˌəʊvəˈsliːp] (*pt* & *pp* **overslept** [-ˈslept]) *vi* se réveiller en retard, ne pas se réveiller à temps.

oversold [ˌəʊvəˈsəʊld] *pt* & *pp* → **oversell**.

overspend [ˌəʊvəˈspend] (*pt* & *pp* **overspent** [-ˈspent]) ◇ *vi* trop dépenser; **I've been ~ing recently** j'ai trop dépensé OR j'ai dépensé trop d'argent récemment; **I've overspent by £5** j'ai dépensé 5 livres de trop.
◇ *vt* [allowance] dépasser.

overspill [*vb* ˌəʊvəˈspɪl, *n* ˈəʊvəspɪl] ◇ *vi* déborder, se répandre.
◇ *n* excédent *m* de population (urbaine); **the London ~** l'excédent de la population londonienne.
◇ *comp*: **~ population** excédent *m* de population.

overstaffed [ˌəʊvəˈstɑːft] *adj* en sureffectif; **the firm is ~** le personnel de la firme est trop nombreux, la firme connaît un problème de sureffectifs.

overstate [ˌəʊvəˈsteɪt] *vt* exagérer.

overstatement [ˌəʊvəˈsteɪtmənt] *n* exagération *f*; **to say that he's a singer would be an ~** il ne mérite pas vraiment le titre de chanteur.

overstay [ˌəʊvəˈsteɪ] *vt*: **to ~ one's welcome** abuser de l'hospitalité de ses hôtes; **to ~ one's leave** MIL dépasser la durée de sa permission.

oversteer [*n* ˈəʊvəstɪəʳ, *vb* ˌəʊvəˈstɪəʳ] ◇ *n* AUT survirage *m*.
◇ *vi* survirer.

overstep [ˌəʊvəˈstep] (*pt* & *pp* **overstepped**, *cont* **overstepping**) *vt* dépasser, outrepasser; **to ~ one's authority** outrepasser ses pouvoirs ❑ **to ~ the mark** OR **the limit** *fig* dépasser les bornes, aller trop loin.

overstocked [ˌəʊvəˈstɒkt] *adj* -**1.** [warehouse] trop approvisionné; [market] encombré, surchargé; **the market is ~ with foreign goods** le marché regorge de marchandises étrangères. -**2.** [farm] qui a un excès de cheptel; [river] trop poissonneux.

overstrung [ˌəʊvəˈstrʌŋ] *adj* -**1.** [person] tendu, surexcité. -**2.** [piano] à cordes croisées.

overstuffed [ˌəʊvəˈstʌft] *adj* rembourré.

oversubscribe [ˌəʊvəsəbˈskraɪb] *vt*: **to be ~d** [concert, play] être en surlocation; **the share issue was ~d** ST. EX la demande d'achats a dépassé le nombre de titres émis; **the school trip is ~d** il y a trop d'élèves inscrits à l'excursion organisée par l'école.

oversubtle [ˌəʊvəˈsʌtl] *adj* trop subtil.

overt [ˈəʊvɜːt] *adj* manifeste, évident.

overtake [ˌəʊvəˈteɪk] (*pt* **overtook** [-ˈtʊk], *pp* **overtaken** [-ˈteɪkn]) *vt* -**1.** [pass beyond] dépasser, devancer; **he overtook all the other runners** il a dépassé tous les autres coureurs ‖ *Br* AUT dépasser, doubler; **'no overtaking'** 'interdiction de dépasser'. -**2.** [surprise] surprendre; **overtaken by events** dépassé par les événements ‖ [strike] frapper; **catastrophe overtook the community** la catastrophe a frappé OR s'est abattue sur la communauté; **~n by** OR **with panic** pris de panique. -**3.** *lit* [engulf - subj: emotion] s'emparer de.

overtaking lane [ˌəʊvəˈteɪkɪŋ-] *n Br* AUT [when driving on right] voie *f* de gauche; [when driving on left] voie *f* de droite.

overtax [ˌəʊvəˈtæks] *vt* -**1.** FIN [person] surimposer; [goods] surtaxer. -**2.** [strain - patience, hospitality] abuser de; [- person, heart] surmener; **don't ~ your strength** OR **yourself** ne te fatigue pas inutilement, ne te surmène pas; **don't ~ his brain!** ne lui usez pas la cervelle!

over-the-counter *adj* -**1.** [medicines] vendu sans ordonnance, en vente libre. -**2.** ST. EX: **~ market** marché *m* hors-cote.

overthrow [*vb* ˌəʊvəˈθrəʊ, *n* ˈəʊvəθrəʊ] (*pt* **overthrew** [-ˈθruː], *pp* **overthrown** [-ˈθrəʊn]) ◇ *vt* -**1.** [regime, government] renverser; [rival, enemy army] vaincre; [values, standards] bouleverser; [plans] réduire à néant. -**2.** [ball] envoyer trop loin.
◇ *n* -**1.** [of enemy] défaite *f*; [of regime, government] renversement *m*, chute *f*; [of values, standards] bouleversement *m*. -**2.** [in cricket - throw] *balle qui dépasse le guichet*; [- run] *point marqué par une balle hors jeu*.

overtime [ˈəʊvətaɪm] *n* (*U*) -**1.** [work] heures *fpl* supplémentaires; **to do** OR **to work ~** faire des heures supplémentaires; **he'll have to work ~ to get those two to agree!** *fig* s'il veut mettre ces deux-là d'accord, il a intérêt à se lever de bonne heure!; **your imagination seems to have been working ~** on dirait que tu as laissé ton imagination s'emballer. -**2.** [overtime pay] rémunération *f* des heures supplémentaires; **after 6pm we're on ~ (pay)** après 6 h, on nous paie en heures supplémentaires; **to be paid ~** être payé en heures supplémentaires. -**3.** *Am* SPORT prolongations *fpl*; **the match went into ~** ils ont joué les prolongations.

overtime pay = **overtime 2**.

overtired [ˌəʊvəˈtaɪəd] *adj* surmené.

overtly [əʊˈvɜːtlɪ] *adv* franchement, ouvertement.

overtone [ˈəʊvətəʊn] *n* -**1.** [nuance] nuance *f*, accent *m*; **there was an ~ of aggression in what she said** il y avait une pointe d'agressivité dans ses propos; **his speech was full of racist ~s** son discours était truffé de sous-entendus racistes. -**2.** MUS harmonique *m*.

overtook [ˌəʊvəˈtʊk] *pt* → **overtake**.

overtrick [ˈəʊvətrɪk] *n* [in bridge] levée *f* de mieux.

overtrump [ˌəʊvəˈtrʌmp] *vt* surcouper.

overture [ˈəʊvəˌtjʊəʳ] *n* -**1.** MUS ouverture *f*. -**2.** *fig* [proposal] ouverture *f*, avance *f*; **to make ~s to sb** faire des avances à qqn; **romantic ~s** avances amoureuses. -**3.** *fig* [prelude] prélude *m*, début *m*.

overturn [ˌəʊvəˈtɜːn] ◇ *vt* -**1.** [lamp, car, furniture] renverser; [ship] faire chavirer. -**2.** [overthrow - regime, government, plans] renverser; JUR [judgment, sentence] casser; **the bill was ~ed by the Senate** le projet de loi a été rejeté par le Sénat.
◇ *vi* [lamp, furniture] se renverser; [car] se retourner, capoter; [ship] chavirer.

overuse [*vb* ˌəʊvəˈjuːz, *n* ˌəʊvəˈjuːs] ◇ *vt* abuser de.
◇ *n* abus *m*, usage *m* excessif.

overvalue [ˌəʊvəˈvæljuː] *vt* -**1.** [currency] surévaluer; [house, painting] surestimer. -**2.** [overrate] surestimer, faire trop de cas de; **his influence has been ~d** son influence a été surestimée OR exagérée.

overview [ˈəʊvəvjuː] *n* vue *f* d'ensemble.

overweening [ˌəʊvəˈwiːnɪŋ] *adj Br* -**1.** [pride, ambition etc] sans bornes, démesuré. -**2.** [person] outrecuidant, présomptueux.

overweight [*adj* & *vb* ˌəʊvəˈweɪt, *n* ˈəʊvəweɪt] ◇ *adj* [person] (trop) gros; **~ people are more prone to heart disease** les personnes trop grosses OR fortes ont plus de risques d'avoir des maladies cardiaques; **I'm a few pounds ~** j'ai quelques kilos de trop ‖ [luggage, parcel] trop lourd.
◇ *n* excès *m* de poids.
◇ *vt* -**1.** [overload] surcharger. -**2.** [overemphasize] accorder trop d'importance à, trop privilégier.

overwhelm [ˌəʊvəˈwelm] *vt* -**1.** [devastate] accabler, terrasser; [astound] bouleverser; **~ed with grief** accablé de chagrin; **grief ~ed us** le chagrin nous a terrassés; **your generosity ~s me** votre générosité me bouleverse OR me va droit au cœur. -**2.** *literal* & *fig* [submerge] submerger, engloutir; **our switchboard has been ~ed by the number of calls** notre standard a été submergé par les appels; **I'm completely ~ed with work** je suis débordé de travail. -**3.** [defeat] écraser; **the England team was finally ~ed** l'équipe d'Angleterre a finalement été écrasée; **we fought back but our attackers ~ed us** nous nous sommes débattus mais nos agresseurs ont eu le dessus.

overwhelming [ˌəʊvəˈwelmɪŋ] *adj* -**1.** [crushing - victory, defeat] écrasant; **to win by an ~ majority** gagner avec une majorité écrasante; **the ~ majority (of people) oppose these measures** la grande majorité des gens est opposée à ces mesures. -**2.** [extreme, overpowering - grief, heat] accablant; [- joy] extrême; [- love] passionnel; [- desire, urge, passion] irrésistible; **an ~ sense of frustration** un sentiment d'extrême frustration; **their friendliness is somewhat ~** leur amabilité a quelque chose d'excessif.

overwhelmingly [ˌəʊvəˈwelmɪŋlɪ] *adv* -**1.** [crushingly] de manière écrasante; **the House of Lords voted ~ against the bill** la Chambre des lords a voté contre le projet à une écrasante majorité. -**2.** [as intensifier] extrêmement; [predominantly] surtout.

overwind [ˌəʊvəˈwaɪnd] (*pt* & *pp* **overwound** [-ˈwaʊnd]) *vt* [clock, watch] trop remonter.

overwork [*vb* ˌəʊvəˈwɜːk, *n* ˈəʊvəˌwɜːk] ◇ *vt* -**1.** [person] surmener; **he tends to ~ himself** il a tendance à se surmener; **don't ~ yourself** n'en fais pas trop; **to be ~ed and underpaid** être surchargé de travail et sous-payé. -**2.** [word] abuser de, utiliser trop souvent; **it's one of the most ~ed phrases in the English language** c'est une des expressions les plus utilisées de la langue anglaise.
◇ *vi* se surmener.
◇ *n* surmenage *m*.

overwound [ˌəʊvəˈwaʊnd] *pt* & *pp* → **overwind**.

overwrite [ˌəʊvəˈraɪt] (*pt* **overwrote** [-ˈrəʊt], *pp* **overwritten** [-ˈrɪtn]) ◇ *vt* -**1.** [write on top of] écrire sur, repasser sur. -**2.** COMPUT [file] écraser.
◇ *vi* écrire dans un style ampoulé.

overwrought [ˌəʊvəˈrɔːt] *adj* sur les nerfs, à bout.

overzealous [ˌəʊvəˈzeləs] *adj* trop zélé.

Ovid [ˈɒvɪd] *pr n* Ovide.

oviduct [ˈəʊvɪdʌkt] *n* oviducte *m*.

oviform [ˈəʊvɪfɔːm] *adj* oviforme.

ovine [ˈəʊvaɪn] *adj* ovin.

oviparous [əʊˈvɪpərəs] *adj* ovipare.

ovipositor [ˌəʊvɪˈpɒzɪtəʳ] *n* ovipositeur *m*, tarière *f*.

ovoid [ˈəʊvɔɪd] ◇ *adj* ovoïde, ovoïdal.
◇ *n* figure *f* ovoïde.

ovulate [ˈɒvjʊleɪt] *vi* ovuler.

ovulation [ˌɒvjʊˈleɪʃn] *n* ovulation *f*.

ovule [ˈɒvjuːl] *n* ovule *m*.

ovum [ˈəʊvəm] (*pl* **ova** [-və]) *n* BIOL ovule *m*.

ow [aʊ] *interj* aïe.

owe [əʊ] ◇ *vt* devoir; **to ~ sthg to sb, to ~ sb sthg** devoir qqch à qqn; **you ~ me £10** tu me dois 10 livres; **how much** OR **what do I ~ you?** combien est-ce que OR qu'est-ce que je vous dois?; **how much do we still ~ him for** OR **on the car?** combien nous reste-t-il à lui payer pour la voiture?; **I ~ you a beer** je te dois une bière; **he thinks society ~s him a living** il s'imagine avoir le droit de vivre aux crochets de la société; **I think you ~ him an explanation** je pense qu'il a droit à une explication de ta part OR que tu lui dois une explication; **we ~ them an apology** nous leur devons des excuses; **you ~ it to yourself to try again** tu te dois d'essayer encore une fois; **we ~ this discovery to a lucky accident** nous devons cette découverte à un heureux hasard; **to what do we ~ the honour of your visit?** qu'est-ce qui nous vaut l'honneur de votre visite?; **I ~ it all to my parents** je suis redevable de tout cela à mes parents; **he ~s his good looks to his mother** il tient sa beauté de sa mère ❑ **I ~ you one** c'est OR à mon tour, je te dois bien cela.
◇ *vi* être endetté; **he still ~s for** OR **on the house** il n'a pas encore fini de payer la maison.

owing ['əʊɪŋ] *adj (after n)* dû; **the sum ~ on the car** la somme qui reste due sur le prix de la voiture; **to have a lot of money ~** [to owe] devoir beaucoup d'argent; [to be owed] avoir beaucoup d'argent à récupérer.
◆ **owing to** *prep phr* à cause de, en raison de.

owl [aʊl] *n* hibou *m*, chouette *f*; **he's a wise old ~** c'est la sagesse faite homme, c'est l'image même de la sagesse.

owlet ['aʊlɪt] *n* jeune hibou *m*, jeune chouette *f*.

owlish ['aʊlɪʃ] *adj*: **those glasses give you an ~ look** tu as l'air d'un hibou avec ces lunettes.

own [əʊn] ◇ *adj* propre; **I have my ~ bedroom** j'ai ma propre chambre; **I have my very ~ bedroom** j'ai une chambre pour moi tout seul; **a flat with its ~ entrance** un appartement avec une porte d'entrée indépendante; **these are my ~ skis** ces skis sont à moi OR m'appartiennent; **I'll do it (in) my ~ way** je le ferai à ma façon; **it's all my ~ work** c'est moi qui ai tout fait; **she makes all her ~ clothes** elle fait elle-même tous ses vêtements; **'how to build your ~ sauna'** 'comment construire votre propre sauna'; **it's your ~ fault!** tu n'as à t'en prendre qu'à toi-même!; **you'll have to make up your ~ mind** c'est à toi et à toi seul de décider, personne ne pourra prendre cette décision à ta place; **I saw it with my ~ eyes** je l'ai vu de mes propres yeux; **your ~ mother wouldn't recognize you!** ta propre mère ne te reconnaîtrait pas!
◇ *pron*: **is that car your ~?** est-ce que cette voiture est à vous?; **I don't need a pen, I've brought my ~** je n'ai pas besoin de stylo, j'ai apporté le mien; **if you want a car, you'll have to buy your ~** si tu veux une voiture, tu n'as qu'à t'en acheter une; **her opinions are identical to my ~** nous partageons exactement les mêmes opinions; **a house/a room/a garden of one's (very) ~** une maison/une pièce/un jardin (bien) à soi; **their son has a car of his ~** leur fils a sa propre voiture; **I shan't be going for reasons of my ~** je n'irai pas pour des raisons personnelles; **the town has a character of its ~** OR **all (of) its ~** la ville possède un charme qui lui est propre OR un charme bien à elle; **my time is not my ~** je ne suis pas maître de mon temps; **I haven't a single thing I can call my ~** je n'ai rien à moi ❑ **each to his ~** des goûts et des couleurs, on ne discute pas *prov*; **to come into one's ~** [show one's capabilities] montrer de quoi on est capable; [inherit] toucher son héritage; **on bad roads the four-wheel-drive model really comes into its ~** sur les mauvaises routes, le modèle à quatre roues motrices montre vraiment ses capacités; **to get one's ~ back (on sb)** se venger (de qqn); **I'll get my ~ back on him for that** je lui revaudrai ça; **to look after one's ~** s'occuper des siens; **to make sthg one's ~** s'approprier qqch; **she has made the role her ~** elle en a fait son rôle.
◇ *vt* -**1.** [possess] posséder; **I've lost everything I ~** j'ai perdu tout ce que je possède; **they ~ 51% of the shares** ils détiennent 51 % des actions; **does she ~ the house?** est-elle propriétaire de la maison?; **who ~s this car?** à qui appartient cette voiture?; **the land ~ed by the Crown** les terres qui appartiennent à la Couronne ❑ **they walked in as if they ~ed the place** *inf* ils sont entrés comme (s'ils étaient) chez eux. -**2.** *lit* [admit] admettre, reconnaître; **she ~ed that I was right** elle a reconnu que j'avais raison.
◆ **on one's own** *adj phr* (tout) seul; **are you here on your ~?** êtes-vous seul ici?; **he left me on my ~ all evening** il m'a laissé seul toute la soirée; **I'm trying to get him on his ~** j'essaie de le voir seul à seul; **I did it (all) on my ~** je l'ai fait tout seul; **she's setting up in business on her ~** elle monte une affaire toute seule.
◆ **own to** *vt insep lit* avouer; **she ~ed to a secret passion for Damian** elle avoua une passion cachée pour Damian; **nobody ~ed to having taken it** personne n'a avoué l'avoir pris.
◆ **own up** *vi insep* avouer, faire des aveux; **if the culprit doesn't ~ up...** si le coupable n'avoue pas OR ne passe pas aux aveux...; **to ~ up to sthg** avouer qqch; **he ~ed up to his mistake** il a reconnu son erreur.

own-brand *adj*: **~ products** *produits vendus sous la marque du distributeur*; **the supermarket's ~ jam is cheaper** la confiture que le supermarché vend sous sa propre marque coûte moins cher.

owner ['əʊnəʳ] *n* propriétaire *mf*; **he is the rightful ~** c'est lui le propriétaire légitime; **at the ~'s risk** aux risques du propriétaire; **who is the ~ of this jacket?** à qui appartient cette veste?; **they are all car ~s** ils possèdent OR ils ont tous une voiture.

owner-driver *n* conducteur *m*, -trice *f* propriétaire du véhicule.

ownerless ['əʊnəlɪs] *adj* sans propriétaire.

owner-occupied *adj* occupé par son propriétaire.

owner-occupier *n* occupant *m*, -e *f* propriétaire.

ownership ['əʊnəʃɪp] *n* possession *f*; **we require proof of ~** nous demandons un titre de propriété; **the government encourages home ~** le gouvernement encourage l'accession à la propriété; **change of ~** changement de propriétaire; **'under new ~'** 'changement de propriétaire'.

own goal *n* FTBL but *m* marqué contre son camp; **to score an ~** marquer contre son camp; **the government scored another ~** *fig* le gouvernement a agi une nouvelle fois contre ses propres intérêts.

ownsome *inf* ['əʊnsəm], **owny-o** *inf* ['əʊnɪəʊ] *n Br*: **(all) on one's ~** tout seul.

owt *inf* [aʊt] *pron Br dial* quelque chose.

ox [ɒks] (*pl* **oxen** ['ɒksn]) *n* bœuf *m*; **(as) strong as an ~** fort comme un bœuf.

oxalic acid [ɒk'sælɪk-] *n* acide *m* oxalique.

oxblood ['ɒksblʌd] ◇ *n* [colour] rouge *m* sang.
◇ *adj* rouge sang *(inv)*.

oxbow (lake) ['ɒksbəʊ-] *n* bayou *m*.

Oxbridge ['ɒksbrɪdʒ] *pr n désignation collective des universités d'Oxford et de Cambridge*; **~ graduates** diplômés des universités d'Oxford ou de Cambridge; **the privileges of an ~ education** les privilèges que confère un diplôme d'Oxford ou de Cambridge.

oxcart ['ɒkskɑːt] *n* char *m* à bœuf OR à bœufs.

oxen ['ɒksn] *pl* → **ox**.

oxeye daisy ['ɒksaɪ-] *n* marguerite *f* jaune OR des blés.

Oxfam ['ɒksfæm] (*abbr of* **Oxford Committee for Famine Relief**) *pr n association caritative britannique*.

Oxford ['ɒksfəd] *pr n* Oxford.

Oxford bags *npl* [trousers] pantalon *m* très large.

Oxford blue ◇ *n* -**1.** [colour] bleu *m* foncé. -**2.** [sportsperson] *sportif qui porte ou a porté les couleurs de l'université d'Oxford*.
◇ *adj* bleu foncé *(inv)*.

Oxford English *n* anglais *m* d'Oxford.

oxfords ['ɒksfədz] *npl* chaussures *fpl* à lacets.

Oxford Street *pr n une des grandes artères commerçantes de Londres*.

oxhide ['ɒkshaɪd] *n* cuir *m* de bœuf.

oxidant ['ɒksɪdənt] *n* oxydant *m*.

oxidation [,ɒksɪ'deɪʃn] *n* oxydation *f*.

oxide ['ɒksaɪd] *n* oxyde *m*.

oxidize, -ise ['ɒksɪdaɪz] ◇ *vt* oxyder.
◇ *vi* s'oxyder.

oxidizer ['ɒksɪdaɪzəʳ] *n* oxydant *m*.

oxidizing agent ['ɒksɪdaɪzɪŋ-] *n* oxydant *m*.

oxlip ['ɒkslɪp] *n sorte de primevère*.

Oxon *written abbr of* Oxfordshire.

Oxon. (*written abbr of* **Oxoniensis**) *de l'université d'Oxford*.

Oxonian [ɒk'səʊnjən] ◇ *n* [student] étudiant *m*, -e *f* de l'université d'Oxford; [townsperson] Oxfordien *m*, -enne *f*.
◇ *adj* oxfordien, d'Oxford.

oxtail ['ɒksteɪl] *n* queue *f* de bœuf; **~ soup** soupe *f* de queue de bœuf.

oxyacetylene [,ɒksɪə'setɪliːn] *adj* oxyacétylénique; **~ burner** OR **lamp** OR **torch** chalumeau *m* oxyacétylénique.

oxygen ['ɒksɪdʒən] *n* oxygène *m*.

oxygenate ['ɒksɪdʒəneɪt] *vt* oxygéner.

oxygenation [,ɒksɪdʒə'neɪʃn] *n* oxygénation *f*.

oxygen mask *n* masque *m* à oxygène.

oxygen tent *n* tente *f* à oxygène.

oxymoron [,ɒksɪ'mɔːrɒn] (*pl* **oxymora** [-rə]) *n* oxymoron *m*.

oyez [əʊ'jes] *interj arch* oyez.

oyster ['ɔɪstəʳ] *n* huître *f*; **~ basket** bourriche *f*; **~ farming** ostréiculture *f*; **~ knife** couteau *m* à huîtres; **the world is her ~** le monde lui appartient.

oyster bed *n* parc *m* à huîtres.

oystercatcher [,ɔɪstə'kætʃəʳ] *n* huîtrier-pie *m*.

oysterman ['ɔɪstəmən] (*pl* **oystermen** [-mən]) *n* -**1.** [cultivator] ostréiculteur *m*, -trice *f*; [seller] écailler *m*, -ère *f*. -**2.** [boat] bateau *m* huîtrier.

oyster pink *n* rose *m* nacré.
◆ **oyster-pink** *adj* rose nacré *(inv)*.

oyster white *n* blanc *m* nacré.
◆ **oyster-white** *adj* blanc nacré *(inv)*.

oz. *written abbr of* ounce.

Oz *inf* [ɒz] *pr n* Australie *f*.

Ozalid® ['ɒzəlɪd] *n* Ozalid® *m*.

ozone ['əʊzəʊn] *n* -**1.** [gas] ozone *m*; **~ depletion** diminution *f* de l'ozone; **~ layer** OR **shield** couche *f* d'ozone. -**2.** *inf* [sea air] bon air *m* marin.

ozone-friendly *adj* qui préserve la couche d'ozone.

P

p (*pl* **p's** OR **ps**), **P** (*pl* **P's** OR **Ps**) [piː] *n* [letter] p *m*, P *m*; **mind your p's and q's!** *inf Br* surveille ton langage!

p ◇ (*written abbr of* **page**) p.
◇ *n abbr of* **penny, pence**.

P -**1.** *written abbr of* **president**. -**2.** (*written abbr of* **prince**) Pce.

pa *inf* [pɑː] *n* papa *m*.

p.a. (*written abbr of* **per annum**) p.a.

PA ◇ *n* -**1.** *Br* (*abbr of* **personal assistant**) secrétaire *mf* de direction. -**2.** (*abbr of* **public address system**) système *m* de sonorisation, sono *f*; **departure times will be announced over the ~** les horaires de départ seront annoncés par haut-parleur.
◇ *pr n abbr of* **Press Association**.
◇ *written abbr of* **Pennsylvania**.

PABX (*abbr of* **private automatic branch exchange**) *n autocommutateur privé.*

PAC (*abbr of* **political action committee**) *pr n aux États-Unis, comité dont le rôle est de réunir des fonds pour soutenir une cause politique.*

pace¹ [peɪs] ◇ *n* -**1.** [speed] allure *f*, vitesse *f*, train *m*; **she quickened her ~** elle pressa le pas; **she slackened her ~** elle ralentit le pas; **we set off at a good** OR **brisk** OR **smart ~** nous sommes partis à vive allure; **the traffic slowed to (a) walking ~** on roulait au pas; **the slower ~ of country life** le rythme plus paisible de la vie à la campagne; **don't walk so fast, I can't keep ~ with you** ne marche pas si vite, je n'arrive pas à te suivre; **we try to keep ~ with new developments** nous essayons de nous tenir au courant des derniers développements; **output is keeping ~ with demand** la production se maintient au niveau de OR répond à la demande; **he couldn't stand** OR **take the ~** il n'arrivait pas à suivre le rythme; **do it at your own ~** faites-le à votre propre rythme; **to force the ~** forcer l'allure ❑ **to make** OR **to set the ~** SPORT donner l'allure, mener le train; *fig* donner le ton. -**2.** [step] pas *m*; **take two ~s to the left** faites deux pas à gauche; **he was a few ~s from me** il était à quelques pas de moi ❑ **to put sb through his/her ~s** *Br* mettre qqn à l'épreuve; **to go through** OR **to show one's ~s** montrer ce dont OR de quoi on est capable.
◇ *vi* marcher (à pas mesurés); **he ~d up and down the corridor** il arpentait le couloir.
◇ *vt* -**1.** [corridor, cage, room] arpenter. -**2.** [regulate] régler l'allure de; **she ~d the first two laps well** elle a trouvé le bon rythme pour les deux premiers tours de piste; **the action is well ~d** le suspense ne faiblit pas.
◆ **pace off, pace out** *vt sep* mesurer en pas; **she ~d out ten steps** elle compta dix pas.

pace² ['peɪsɪ] *prep fml* n'en déplaise à.

pacemaker ['peɪs,meɪkəʳ] *n* -**1.** SPORT meneur *m*, -euse *f* de train; *fig* [leader] leader *m*; **they've become the ~s in their field** ils sont devenus les leaders dans leur domaine. -**2.** MED pacemaker *m*, stimulateur *m* cardiaque.

pacer ['peɪsəʳ] *n* SPORT meneur *m*, -euse *f* de train.

pacesetter ['peɪs,setəʳ] = **pacemaker 1**.

pacey ['peɪsɪ] (*compar* **pacier**, *superl* **paciest**) *adj* [vehicle, runner, horse] rapide; [story, film] mouvementé, vivant.

pacha ['pæʃə] = **pasha**.

pachyderm ['pækɪdɜːm] *n* pachyderme *m*.

pacific [pə'sɪfɪk] *adj fml* pacifique.

Pacific [pə'sɪfɪk] ◇ *pr n*: **the ~ (Ocean)** le Pacifique, l'océan *m* Pacifique.
◇ *adj* du Pacifique.

pacifically [pə'sɪfɪklɪ] *adv fml* pacifiquement.

pacification [,pæsɪfɪ'keɪʃn] *n* -**1.** [of anger] apaisement *m*. -**2.** [of country, region] pacification *f*.

Pacific Daylight Time *n* heure *f* d'été du Pacifique.

Pacific Islands *pl pr n* îles *fpl* du Pacifique; **in the ~** dans les îles du Pacifique.

Pacific Rim *pr n*: **the ~** *groupe de pays situés au bord du Pacifique, particulièrement les pays industrialisés d'Asie.*

Pacific (Standard) Time *n* heure *f* d'hiver du Pacifique.

pacifier ['pæsɪfaɪəʳ] *n* -**1.** [person] pacificateur *m*, -trice *f*. -**2.** *Am* [for baby] tétine *f*, sucette *f*.

pacifism ['pæsɪfɪzm] *n* pacifisme *m*.

pacifist ['pæsɪfɪst] ◇ *adj* pacifiste.
◇ *n* pacifiste *mf*.

pacify ['pæsɪfaɪ] (*pt & pp* **pacified**) *vt* -**1.** [soothe] apaiser, calmer. -**2.** MIL [subdue] pacifier.

pack [pæk] ◇ *vt* -**1.** [bags] faire; **to ~ one's case** OR **suitcase** faire sa valise; **she ~ed her bags and left** elle a fait ses bagages et elle est partie, elle a plié bagage. -**2.** [container, crate] remplir. -**3.** [put in bags - clothes, belongings]: **I've already ~ed the towels** j'ai déjà mis les serviettes dans la valise; **shall I ~ the camera?** est-ce que j'emporte OR je prends l'appareil photo?; **I've ~ed a lunch for you** je t'ai préparé de quoi déjeuner. -**4.** [wrap up - goods for transport] emballer; **the equipment is ~ed in polystyrene** le matériel est emballé dans du polystyrène. -**5.** [cram tightly - cupboard, container] bourrer; [- belongings, people] entasser; **he ~ed his pockets with sweets, he ~ed sweets into his pockets** il a bourré ses poches de bonbons; **we managed to ~ a lot into a week's holiday** *fig* on a réussi à faire énormément de choses en une semaine de vacances; **she ~s the house every night** THEAT elle fait salle comble chaque soir. -**6.** [crowd into - subj: spectators, passengers] s'entasser dans; **commuters ~ the morning trains** les banlieusards s'entassent dans les trains du matin. -**7.** [compress - soil] tasser; **the wind had ~ed the snow against the wall** le vent avait tassé la neige contre le mur. -**8.** [fill with supporters]: **to ~ a jury** se composer un jury favorable. -**9.** *inf* [have, carry]: **he ~s a lot of influence in cabinet/ministerial circles** il a beaucoup d'influence au conseil des ministres/dans les milieux ministériels; **to ~ a gun** *Am* être armé. -**10.** [load - horse, donkey] charger.
◇ *vi* -**1.** [for journey] faire sa valise OR ses bagages; **have you finished ~ing?** as-tu fini tes bagages? -**2.** [fit - into container] rentrer; **the keyboard will ~ easily into a briefcase** on peut facilement faire tenir le clavier dans un attaché-case; **this dress ~s well** cette robe ne se froisse pas (même dans une valise). -**3.** [crowd together - spectators, passengers] s'entasser; **we all ~ed into her car** nous nous sommes tous entassés dans sa voiture.
◇ *n* -**1.** [for carrying - rucksack] sac *m* à dos; [- bundle] ballot *m*; [- bale] balle *f*; [- on animal] charge *f*; **parachute ~** sac *m* à parachute. -**2.** [packet] paquet *m*; **a ~ of washing powder** *Br* un paquet de lessive; **a ~ of cigarettes** *Am* un paquet de cigarettes. -**3.** *Br* [deck of cards] jeu *m*. -**4.** [group - of children, wolves] bande *f*; [- of cub scouts] meute *f*; [- of hunting hounds] meute *f*. -**5.** SPORT [in rugby] pack *m*, paquet *m* (d'avant). -**6.** MED compresse *f*. -**7.** *phr*: **that's a ~ of lies!** *Br* c'est un tissu de mensonges!
◆ **pack away** *vt sep* -**1.** [tidy up] ranger. -**2.** = **pack off**.
◆ **pack down** ◇ *vt sep* [soil] tasser.
◇ *vi insep* SPORT [in rugby] former une mêlée.
◆ **pack in** ◇ *vt sep Br* -**1.** [crowd in] entasser; **the play is ~ing them in** *inf* la pièce fait salle comble. -**2.** *inf* [task] arrêter; [job, boyfriend, girlfriend] plaquer; **you should ~ in smoking** tu devrais arrêter de fumer; **~ it in!** laisse tomber!, arrête!
◇ *vi insep* -**1.** [crowd in] s'entasser (à l'intérieur). -**2.** *inf Br* [break down - machine, engine] tomber en rade.
◆ **pack off** *inf vt sep* expédier; **I ~ed the kids off to bed/school** j'ai envoyé les gosses au lit/à l'école.
◆ **pack up** ◇ *vi insep* -**1.** [pack one's suitcase] faire sa valise OR ses bagages. -**2.** [tidy up] ranger. -**3.** *inf Br* [break down] tomber en rade. -**4.** *inf Br* [give up] laisser tomber; **I'm ~ing up for today** j'arrête pour aujourd'hui.
◇ *vt sep* -**1.** [suitcase, bags] faire. -**2.** [clothes, belongings, tools] ranger; **help me ~ up the tent** aide-moi à plier la tente.

package ['pækɪdʒ] ◇ *n* -**1.** [small parcel] paquet *m*, colis *m*; *Am* [packet] paquet *m*. -**2.** [set of proposals] ensemble *m*; **the offer is part of a larger ~** l'offre fait partie d'un ensemble plus important; **a new ~ of measures to halt inflation** un nouvel ensemble OR un nouveau train de mesures visant à stopper l'inflation; **we**

offered them a generous ~ worth over £100,000 nous leur avons proposé un contrat global très avantageux de plus de 100 000 livres. -**3.** = **package holiday**. -**4.** COMPUT: (software) ~ progiciel *m*.
◇ *vt* -**1.** [wrap] emballer, conditionner; **each item is individually ~d** chaque article est conditionné OR emballé séparément. -**2.** [in advertising - product, politician, pop star] fabriquer l'image (de marque) de.

package deal *n* transaction *f* globale, accord *m* global; **the ~ put forward by the management** l'ensemble des mesures proposées par la direction; **we bought up the lot in a ~** nous avons tout acheté en un seul lot.

package holiday *n* voyage *m* organisé OR à prix forfaitaire.

packager ['pækɪdʒə^r] *n* [in advertising, publishing] packager *m*, packageur *m*.

package tour = **package holiday**.

packaging ['pækɪdʒɪŋ] *n* -**1.** [wrapping materials] emballage *m*, conditionnement *m*. -**2.** [in advertising, publishing] packaging *m*.

pack animal *n* bête *f* de somme.

pack drill *n* MIL exercice *m* avec paquetage.

packed [pækt] *adj* -**1.** [crowded - train, room] bondé; [- theatre] comble; **the cinema was ~ (out)** *Br* la salle était comble OR pleine à craquer; **the meeting was ~** la réunion a fait salle comble. -**2.** [packaged] emballé, conditionné. -**3.** [jury] favorable.

-packed *in cpds* [full of]: **a fun~ evening** une soirée pleine de divertissements; **an action~ first half** une première moitié pleine d'action.

packed lunch *n* panier-repas *m*, casse-croûte *m inv*.

packer ['pækə^r] *n* [worker] emballeur *m*, -euse *f*, conditionneur *m*, -euse *f*; [machine] emballeuse *f*, conditionneuse *f*.

packet ['pækɪt] *n* -**1.** [box] paquet *m*; **a ~ of cigarettes** *Br* un paquet de cigarettes ‖ [bag, envelope] sachet *m*; **a ~ of soup/seeds** un sachet de soupe/graines. -**2.** [parcel] paquet *m*, colis *m*. -**3.** *inf Br* [lot of money] paquet *m*; **to make a ~** gagner un fric fou OR monstre. -**4.** NAUT: ~ **(boat** OR **steamer)** paquebot *m*.

packet switching [-,swɪtʃɪŋ] *n* COMPUT commutation *f* par paquets.

packhorse ['pækhɔːs] *n* cheval *m* de bât.

pack ice *n* pack *m*, banquise *f*.

packing ['pækɪŋ] *n* (*U*) -**1.** [of personal belongings]: **have you done your ~?** as-tu fait tes bagages?; **the removal men will do the ~** les déménageurs se chargeront de l'emballage. -**2.** [of parcel] emballage *m*; [of commercial goods] emballage *m*, conditionnement *m*; **the fish/meat ~ industry** les conserveries de poisson/viande. -**3.** [wrapping material] emballage *m*. -**4.** TECH [of piston, joint] garniture *f*.

packing case *n* caisse *f* d'emballage.

pack rat *n Am* ZOOL rat *m* des bois, néotome *m*.

packsaddle ['pæk,sædl] *n* bât *m*.

pact [pækt] *n* pacte *m*; **we made a ~ to stop smoking** nous avons convenu de nous arrêter de fumer; **to make a ~ with the Devil** faire un pacte OR pactiser avec le Diable.

pacy ['peɪsɪ] = **pacey**.

pad [pæd] (*pt* & *pp* **padded**, *cont* **padding**)
◇ *n* -**1.** [to cushion shock] coussinet *m*; **the skaters wear ~s on their knees and elbows** les patineurs portent des genouillères et des protège-coudes; **shin-~** protège-tibia *m*. -**2.** [for garment]: **(shoulder)~** épaulette *f*. -**3.** [for absorbing liquid, polishing etc] tampon *m*; **a ~ of cotton wool** un tampon de coton hydrophile. -**4.** ZOOL [underside of foot] coussinet *m*. -**5.** [of paper] bloc *m*; **writing ~** bloc-notes *m*. -**6.** AERON & ASTRONAUT aire *f*; **helicopter ~** aire d'atterrissage pour hélicoptères. -**7.** *inf* [flat] appart *m*; [room] piaule *f*; **let's go to my ~** allons chez moi; **bachelor ~** garçonnière *f*. -**8.** BOT [leaf] feuille *f*; **(water) lily ~** feuille de nénuphar. -**9.** [noise]: **the ~ of footsteps behind me** des pas feutrés derrière moi; **the ~ of bare feet on marble** le bruit sourd de pieds nus sur le marbre. -**10.** *inf* [sanitary towel] serviette *f* hygiénique.
◇ *vt* -**1.** [clothing] matelasser; [shoulder] rembourrer; [door, wall] capitonner. -**2.** = **pad out 2**.
◇ *vi* [walk] avancer à pas feutrés; **he padded downstairs in his slippers** il descendit l'escalier en pantoufles; **the dog padded along beside the cyclist** le chien trottinait à côté du cycliste.
◆ **pad out** *vt sep* -**1.** = **pad** *vt* **1**. -**2.** *fig* [essay, article, speech] délayer; **he padded out the talk with anecdotes** il a allongé son discours en le truffant d'anecdotes.

padded ['pædɪd] *adj* -**1.** [door, bench, steering wheel] capitonné; [garment, envelope, oven glove] matelassé; [sofa] bien rembourré; ~ **bra** soutien-gorge *m* à bonnets renforcés; ~ **cell** cellule *f* capitonnée; ~ **shoulders** épaules *fpl* rembourrées. -**2.** [fat]: **he's well ~** il est bien en chair.

padding ['pædɪŋ] *n* -**1.** [fabric] ouate *f*, ouatine *f*, garnissage *m*. -**2.** *fig* [in essay, speech] délayage *m*, remplissage *m*.

paddle ['pædl] ◇ *n* -**1.** [for boat, canoe] pagaie *f*. -**2.** [of waterwheel] palette *f*, aube *f*. -**3.** *Am* [table tennis bat] raquette *f* (de ping-pong). -**4.** [of turtle, seal] palette *f* natatoire. -**5.** [wade]: **to go for** OR **to have a ~** aller barboter.
◇ *vi* -**1.** [in canoe] pagayer; **he ~d across the lake** il a traversé le lac en pagayant. -**2.** [wade] barboter.
◇ *vt* -**1.** [boat]: **to ~ a canoe** pagayer; **to ~ one's own canoe** *fig* se débrouiller tout seul, mener sa barque. -**2.** *inf Am* [spank - child] donner une fessée à; **I'll ~ your ass!** tu vas prendre une fessée!

paddle boat *n* -**1.** = **paddle steamer**. -**2.** [pedalo] Pédalo® *m*.

paddle steamer *n* bateau *m* à roues.

paddle wheel *n* NAUT roue *f* à aubes.

paddling pool *n* pataugeoire *f*.

paddock ['pædək] *n* [gen] enclos *m*; [at racetrack] paddock *m*.

paddy ['pædɪ] (*pl* **paddies**) *n* -**1.** [field] rizière *f*. -**2.** [rice] paddy *m*, riz *m* non décortiqué. -**3.** *inf Br* [fit of temper] crise *f* de colère; **she was in a real ~** elle était furax.

Paddy *inf* ['pædɪ] (*pl* **Paddies**) *n offensive* Irlandais *m*.

paddy field *n* rizière *f*.

paddy wagon *inf n Am* panier *m* à salade.

padlock ['pædlɒk] ◇ *n* [for door, gate] cadenas *m*; [for bicycle] antivol *m*.
◇ *vt* [door, gate] cadenasser; [bicycle] mettre un antivol à; **she ~ed her bicycle to a lamppost** elle a attaché sa bicyclette à un réverbère avec son antivol.

padre ['pɑːdrɪ] *n* -**1.** MIL aumônier *m*. -**2.** [priest] prêtre *m*, curé *m*; [clergyman] pasteur *m*; [term of address] (mon) Père *m*.

Padua ['pædjʊə] *pr n* Padoue.

Paduan ['pædjʊən] ◇ *n* Padouan *m*, -e *f*.
◇ *adj* padouan.

paean ['piːən] *n* -**1.** HIST péan *m*. -**2.** *lit* [expressing praise] dithyrambe *m*.

paederast *etc* ['pedəræst] *Br* = **pederast**.

paediatric *etc* [,piːdɪ'ætrɪk] *Br* = **pediatric**.

paedology [piː'dɒlədʒɪ] *Br* = **pedology**.

paedophile *etc* ['piːdəʊfaɪl] *Br* = **pedophile**.

paella [paɪ'elə] *n* paella *f*.

paeony ['pɪənɪ] *Br* = **peony**.

pagan ['peɪgən] ◇ *n* païen *m*, -enne *f*.
◇ *adj* païen.

paganism ['peɪgənɪzm] *n* paganisme *m*.

page [peɪdʒ] ◇ *n* -**1.** [of book, newspaper etc] page *f*; **on ~ two** [of book] (à la) page deux; [of newspaper] (en) page deux; **the sports ~** la page des sports, la page sportive; **a glorious ~ in our history** *lit* une page glorieuse de notre histoire ❑ ~ **three** *la page 3 du «Sun», où figure chaque jour une pin-up*; ~ **three girl** *nom que l'on donne aux jeunes femmes qui posent seins nus pour certains quotidiens populaires britanniques*. -**2.** [at court] page *m*; [in hotel] chasseur *m*, groom *m*; [at wedding] page *m*; [in legislative body] (jeune) huissier *m*.
◇ *vt* -**1.** [paginate] paginer. -**2.** [call] appeler (par haut-parleur); **paging Mrs Clark!** on demande Mme Clark!
◆ **page through** *vt insep* feuilleter.

pageant ['pædʒənt] *n* [historical parade, show] reconstitution *f* historique; [grand display] spectacle *m* fastueux.

pageantry ['pædʒəntrɪ] *n* apparat *m*, pompe *f*.

page boy *n* -**1.** [servant] page *m*; [in hotel] chasseur *m*, groom *m*; [at wedding] page *m*. -**2.** [hairstyle]: ~ **(cut)** coupe *f* à la Jeanne d'Arc.

page proofs *npl* TYPO épreuves *fpl* en pages.

pager ['peɪdʒə^r] *n* TELEC récepteur *m* d'appel OR de poche.

paginate ['pædʒɪneɪt] *vt* paginer.

pagination [,pædʒɪ'neɪʃn] *n* pagination *f*.

pagoda [pə'gəʊdə] *n* pagode *f*.

pah [pɑː] *interj*: **~!** pouah!

paid [peɪd] ◇ *pt* & *pp* → **pay**.
◇ *adj* -**1.** payé, rémunéré; ~ **holidays** *Br* OR **vacation** *Am* congés *mpl* payés; ~ **work** travail *m* rémunéré; ~ **workers** travailleurs *mpl* salariés. -**2.** *phr*: **to put ~ to sthg** gâcher OR ruiner qqch.

paid-up *adj* -**1.** [member] à jour de ses cotisations; *fig* [committed]: **he's a (fully) ~ member of the Communist Party** il a sa carte au Parti Communiste. -**2.** FIN [capital] versé; [shares] libéré.

pail [peɪl] *n* -**1.** [bucket] seau *m*. -**2.** [bucketful] = **pailful**.

pailful ['peɪlfʊl] *n esp Am*: **a ~ of...** un plein seau de...

paillasse ['pælɪæs] = **palliasse**.

pain [peɪn] ◇ *vt* [cause distress to] peiner, faire de la peine à; [hurt] faire souffrir.
◇ *n* -**1.** [physical] douleur *f*; **he has a ~ in his ear** il a mal à l'oreille; **I have a ~ in my side** j'ai une douleur au côté; **are you in ~?** avez-vous mal?, est-ce que vous souffrez? -**2.** [emotional] peine *f*, douleur *f*, souffrance *f*; **the news will cause her great ~** cette nouvelle va lui faire de la peine; **he went through a lot of ~ when his son left home** il a eu beaucoup de peine quand son fils a quitté la maison. -**3.** *inf* [annoying person or thing]: **what a ~ he is!** qu'est-ce qu'il est enquiquinant!; **it's a (real)** OR **such a ~ trying to cross London during the rush hour** traverser Londres aux heures de pointe, c'est la galère ❑ **he's a ~ in the arse**▽ OR **backside** *inf Br* OR **ass**▽ *Am* il est chiant, c'est un emmerdeur; **she's a ~ in the neck** *inf* elle me casse les pieds. -**4.** JUR: **on ~ of death/banishment** sous peine de mort/de bannissement.
◆ **pains** *npl* [efforts] peine *f*, mal *m*; **he went to great ~s to help us** il s'est donné beaucoup de mal pour nous aider; **she took great ~s over her work/the dinner** elle s'est donné beaucoup de mal pour son travail/pour ce dîner; **is that all we get for our ~s?** c'est comme cela que nous sommes récompensés de nos efforts?; **he was at** OR **he took ~s to avoid her** il a tout fait pour l'éviter.

pained [peɪnd] *adj* peiné, affligé; **his face took on a ~ look** il a pris un air peiné.

painful ['peɪnfʊl] *adj* -**1.** [sore] douloureux; **my burns are still ~** mes brûlures me font toujours mal; **these shoes are really ~** ces chaussures me font vraiment mal; **is your back still ~?** avez-vous toujours mal au dos? -**2.** [upsetting] pénible; **it's ~ to have to admit it** c'est dur à admettre. -**3.** [laborious] pénible, difficile, laborieux. -**4.** *inf* [very bad] nul.

painfully ['peɪnfʊlɪ] *adv* -**1.** [hit, strike, rub] durement; [move, walk] péniblement. -**2.** [distressingly] douloureusement; [laboriously] laborieusement, avec difficulté. -**3.** [as intensifier] horriblement, affreusement; **a ~ boring speech** un discours mortellement ennuyeux; **it was ~ obvious that he didn't understand** il n'était que trop évident qu'il ne comprenait pas.

painkiller ['peɪn,kɪlə^r] *n* analgésique *m*, calmant *m*.

painkilling ['peɪn,kɪlɪŋ] *adj* analgésique, calmant; **to give sb a ~ injection** injecter un analgésique à qqn.

painless ['peɪnlɪs] *adj* -**1.** [injection, operation] sans douleur, indolore; [death] sans souffrance. -**2.** [unproblematic] facile; **it was a ~ decision** la décision n'a pas été dure à prendre; **a ~ way to lose weight** une manière facile de perdre du poids.

painlessly ['peɪnlɪslɪ] *adv* -**1.** [without hurting] sans douleur. -**2.** [unproblematically] sans peine, sans mal.

painstaking ['peɪnz,teɪkɪŋ] *adj* [research, care] rigoureux, méticuleux; [worker] assidu, soigneux.

painstakingly ['peɪnz,teɪkɪŋlɪ] *adv* soigneusement, méticuleusement.

paint [peɪnt] ◇ *n* -**1.** [for a room, furniture, picture] peinture *f*; **a tin of ~** un pot de peinture; **a set** OR **box of ~s** une boîte de couleurs; **the ~ was beginning to flake off** la peinture commençait à s'écailler ❑ **gloss/matt ~** peinture brillante/mate; **oil/acrylic ~** peinture à l'huile/acrylique. -**2.** *pej* [make-up] peinture *f*, fard *m*.
◇ *vt* -**1.** [room, furniture, picture] peindre; **the door was ~ed yellow** la porte était peinte en jaune; **to ~ one's nails** se vernir les ongles; **to ~ one's face** se farder; *pej* [with make-up] se peinturlurer ❑ **to ~ the town red** *inf* faire la noce OR la foire. -**2.** [wound] badigeonner; [apply - varnish, layer] appliquer (au pinceau); [- antiseptic]: **she ~ed iodine onto his elbow, she ~ed his elbow with iodine** elle lui a mis de la teinture d'iode sur le coude. -**3.** *fig* [describe] dépeindre, décrire; **the author ~s a bleak picture of suburban life** l'auteur dresse un sombre portrait OR brosse un sombre tableau de la vie des banlieusards.
◇ *vi* peindre, faire de la peinture; **to ~ in oils** faire de la peinture à l'huile; **to ~ in watercolours** faire de l'aquarelle.
◆ **paint out, paint over** *vt sep* recouvrir (d'une couche) de peinture.

paintbox ['peɪntbɒks] *n* boîte *f* de couleurs.

paintbrush ['peɪntbrʌʃ] *n* pinceau *m*, brosse *f*.

painted ['peɪntɪd] *adj* -**1.** [with paint] peint; **~ blue** peint en bleu. -**2.** *pej* [with make-up] maquillé, fardé.

painted lady *n* belle-dame *f*.

painter ['peɪntə^r] *n* -**1.** [artist, decorator] peintre *m*; **house ~** peintre en bâtiment; **~ and decorator** peintre-décorateur; **landscape ~** paysagiste *mf*; **portrait ~** portraitiste *mf*. -**2.** NAUT amarre *f*.

painting ['peɪntɪŋ] *n* -**1.** [activity] peinture *f*. -**2.** [picture] peinture *f*, tableau *m*.

paint pot *n Br* pot *m* de peinture.

paint shop *n* INDUST atelier *m* de peinture.

paint stripper *n* décapant *m*.

paintwork ['peɪntwɜːk] *n* (*U*) peinture *f*; **the house with the white ~** la maison avec les peintures blanches.

pair [peə^r] ◇ *n* -**1.** [two related objects or people] paire *f*; **a ~ of shoes/gloves** une paire de chaussures/de gants; **an odd-looking ~** un drôle de tandem; **where's the ~ to this sock?** où est la chaussette qui va avec celle-ci?; **to work in ~s** travailler par deux; **line up in ~s!** mettez-vous en rang (deux) par deux!; **you're a ~ of idiots!** vous faites une belle paire d'imbéciles!; **I've only got one ~ of hands!** je n'ai que deux mains! -**2.** [single object in two parts]: **a ~ of trousers/shorts/tights** un pantalon/short/collant; **a ~ of pliers** une pince; **a ~ of scissors** une paire de ciseaux. -**3.** [husband and wife] couple *m*. -**4.** [of birds, animals] paire *f*. -**5.** MATH paire *f*; **ordered ~** paire ordonnée. -**6.** *Br* POL *deux membres de partis adverses qui se sont entendus pour ne pas participer à un vote ou pour s'abstenir de voter durant une période déterminée*. -**7.** [in cards, dice] paire *f*; **a ~ of kings/sevens** une paire de rois/de sept.
◇ *vt* [socks] assortir; [animal, birds] apparier, accoupler.
◇ *vi* [animals, birds] s'apparier, s'accoupler.
◆ **pair off** ◇ *vt sep* [arrange in couples - dancers] répartir en couples; [- team members, children in class] mettre deux par deux; **I got ~ed off with Roger** on m'a mis avec Roger; **our parents are trying to ~ us off** nos parents essaient de nous fiancer.
◇ *vi insep* [dancers] former des couples; [team members, children in class] se mettre deux par deux.
◆ **pair up** ◇ *vt sep* [socks] assortir.
◇ *vi insep* [people] se mettre par deux; **he ~ed up with Bob for the car rally** il a choisi Bob comme partenaire OR équipier pour le rallye.

pair royal *n* brelan *m*.

paisley ['peɪzlɪ] *n* [pattern] (impression *f*) cachemire *m*; [material] tissu *m* cachemire; **a ~ tie** une cravate impression cachemire.

pajama *Am* = **pyjama**.

Paki▼ ['pækɪ] *n Br terme raciste désignant un Pakistanais.*

Paki-bashing▼ [-,bæʃɪŋ] *n* (*U*) *Br terme raciste désignant des brutalités exercées contre les immigrés pakistanais*, ≃ ratonnades *fpl*.

Pakistan [*Br* ,pɑːkɪ'stɑːn, *Am* 'pækɪstæn] *pr n* Pakistan *m*; **in ~** au Pakistan.

Pakistani [*Br* ,pɑːkɪ'stɑːnɪ, *Am* ,pækɪ'stænɪ] ◇ *n* Pakistanais *m*, -e *f*.
◇ *adj* pakistanais.

pal *inf* [pæl] (*pt & pp* **palled**, *cont* **palling**) *n* -**1.** [friend] copain *m*, copine *f*, pote *m*; **we're great ~s** nous sommes très copains; **be a ~ and fetch my coat** sois sympa, va me chercher mon manteau. -**2.** [term of address]: **watch it, ~!** fais gaffe, mec!; **thanks, ~** merci mon pote.
◆ **pal about** *inf Br*, **pal around** *inf vi insep*: **to ~ about with sb** copiner avec qqn; **they ~ about together** ils sont toujours fourrés ensemble.
◆ **pal up** *inf vi insep Br*: **they palled up** [men] ils sont devenus copains; [women] elles sont devenues copines; **he/she palled up with George** il est devenu le copain/elle est devenue la copine de George.

PAL [pæl] (*abbr of* **phase alternation line**) *n* PAL *f*.

palace ['pælɪs] *n* palais *m*; **royal/bishop's ~** palais royal/épiscopal; **the Palace** *Br* [Buckingham Palace] le palais de Buckingham *(et par extension ses habitants)* ❑ **picture ~** *dated* cinéma *m*; **the Palace of Westminster** le palais de Westminster *(siège du Parlement britannique)*.

palace revolution *n* révolution *f* de palais.

paladin ['pælədɪn] *n* paladin *m*.

palaeo- *etc Br* = **paleo-**.

palatable ['pælətəbl] *adj* -**1.** [food, drink - tasty] savoureux; [- edible] mangeable. -**2.** *fig* [idea] acceptable.

palatal ['pælətl] ◇ *adj* -**1.** ANAT palatin. -**2.** LING palatal.
◇ *n* palatale *f*.

palatalize, -ise ['pælətəlaɪz] *vt* palataliser.

palate ['pælət] *n* -**1.** ANAT palais *m*. -**2.** [sense of taste] palais *m*; **to have a delicate ~** avoir le palais fin.

palatial [pə'leɪʃl] *adj* grandiose, magnifique; **she lives alone in a ~ house** elle vit toute seule dans un véritable palais OR palace.

palatinate [pə'lætɪnət] *n* palatinat *m*.
◆ **Palatinate** *pr n*: **the ~** le Palatinat.

palatine ['pælətaɪn] ◇ *adj* -**1.** HIST palatin; **the Palatine (Hill)** le mont Palatin. -**2.** ANAT palatin.
◇ *n* palatin *m*.

palatography [,pælə'tɒgrəfɪ] *n* palatographie *f*.

palaver *inf* [pə'lɑːvə^r] *Br* ◇ *n* (*U*) -**1.** [rigmarole, fuss] chichis *mpl*, histoire *f*, histoires *fpl*; **all the ~ of passports, customs and immigration** toutes ces histoires de passeports, de formalités de douane et d'immigration; **what a ~!** quelle affaire!, que de chichis! -**2.** [discussion] palabre *m or f*; [tedious] palabres *mpl or fpl*.
◇ *vi* palabrer.

pale [peɪl] ◇ *adj* -**1.** [face, complexion] pâle; [from fright, shock, sickness] blême, blafard; **he turned ~** il a pâli OR blêmi ❑ (as) **~ as death** blanc comme un linge. -**2.** [colour] pâle, clair; [light] pâle, blafard; **~ pink ribbons** des rubans rose pâle. -**3.** [feeble] pâle; **it was a ~ imitation of the real thing** c'était une pâle copie de l'original.
◇ *vi* [person, face] pâlir, blêmir; [sky, colour] pâlir; **our problems ~ into insignificance beside hers** nos problèmes sont insignifiants comparés aux siens OR à côté des siens.
◇ *n* -**1.** [post] pieu *m*. -**2.** [fence] palissade *f*; **beyond the ~** *Br*: **he's beyond the ~** il n'est pas fréquentable; **I find such behaviour beyond the ~** je trouve un tel comportement inadmissible.

pale ale *n* pale-ale *f*, bière *f* blonde légère.

paleface ['peɪlfeɪs] *n pej* OR *hum* Visage *m* pâle.

palefaced ['peɪlfeɪst] *adj* (au teint) pâle.

paleness ['peɪlnɪs] *n* pâleur *f*.

Paleocene ['pælɪəʊsiːn] ◇ *adj* paléocène.
◇ *n* paléocène *m*.

paleographer [,pælɪ'ɒgrəfə^r] *n* paléographe *m*.

paleography [,pælɪ'ɒgrəfɪ] *n* paléographie *f*.

paleolith ['pælɪəʊlɪθ] *n* outil *m* paléolithique.

Paleolithic [,pælɪəʊ'lɪθɪk] ◇ *adj* paléolithique.
◇ *n* paléolithique *m*.

paleontology [,pælɪɒn'tɒlədʒɪ] *n* paléontologie *f*.

Paleozoic [,pælɪəʊ'zəʊɪk] ◇ *adj* paléozoïque.
◇ *n* paléozoïque *m*.

Palermitan [pə'lɜːmɪtn] ◇ *n* Palermitain *m*, -e *f*.
◇ *adj* palermitain.

Palermo [pə'lɜːməʊ] *pr n* Palerme.

Palestine ['pælə,staɪn] *pr n* Palestine *f*; **in ~** en Palestine.

Palestine Liberation Organization *pr n* Organisation *f* de libération de la Palestine.

Palestinian [,pælə'stɪnɪən] ◇ *n* Palestinien *m*, -enne *f*.
◇ *adj* palestinien.

palette ['pælət] *n* palette *f* BX-ARTS.

palette knife *n* ART couteau *m* (à palette); CULIN palette *f*.

palfrey ['pɔːlfrɪ] *n arch* palefroi *m*.

palimony ['pælɪmənɪ] *n* pension *f* alimentaire *(accordée à un ex-concubin ou une ex-concubine)*.

palimpsest ['pælɪmpsest] *n* palimpseste *m*.

palindrome ['pælɪndrəʊm] *n* palindrome *m*.

paling ['peɪlɪŋ] *n* [stake] pieu *m*; [fence] palissade *f*.
◆ **palings** *npl* [fence] palissade *f*.

palisade [,pælɪ'seɪd] *n* [fence] palissade *f*.
◆ **palisades** *npl Am* [cliffs] ligne *f* de falaises.

palish ['peɪlɪʃ] *adj* pâlot.

pall [pɔːl] ◇ *n* -**1.** [cloth] drap *m* mortuaire, poêle *m*. -**2.** [cloud - of smoke] voile *m*; *fig* voile *m*, manteau *m*; **a ~ of silence hung over the room** il régnait dans la pièce un silence profond. -**3.** *Am* [coffin] cercueil *m*.
◇ *vi Br* perdre son charme; **it began to ~ on me after a few days** après quelques jours, j'ai commencé à m'en lasser.

Palladian [pə'leɪdjən] *adj* palladien.

pallbearer ['pɔːl,beərə^r] *n*: **the ~s** [carrying coffin] les porteurs *mpl* du cercueil; [accompanying coffin] le cortège funèbre.

pallet ['pælɪt] *n* -**1.** [bed] grabat *m*; [mattress] paillasse *f*. -**2.** [for loading, transportation] palette *f*. -**3.** [potter's instrument] palette *f*. -**4.** = **palette**.

pallet truck *n* chariot *m* élévateur, transpalette *m*.

palliasse ['pælɪæs] *n* paillasse *f*.

palliate ['pælɪeɪt] *vt* -**1.** MED pallier, lénifier. -**2.** *fml* [fault, offence] pallier, atténuer.

palliative ['pælɪətɪv] ◇ *adj* palliatif.
◇ *n* palliatif *m*.

pallid ['pælɪd] *adj* -**1.** [wan] pâle, blême, blafard; ~ **light** lumière blafarde. -**2.** [lacking vigour] insipide.

pallidness ['pælɪdnɪs] *n* pâleur *f*.

pallor ['pæləʳ] *n* pâleur *f*.

pally *inf* ['pælɪ] (*compar* pallier, *superl* palliest) *adj*: to be ~ **with sb** être copain/copine avec qqn; **he's really ~ with all the shopkeepers** il est à tu et à toi avec tous les commerçants.

palm [pɑːm] ◇ *n* -**1.** [of hand] paume *f*; **to have sweaty ~s** avoir les mains moites; **to read sb's ~** lire les lignes de la main à qqn; **he had them in the ~ of his hand** il les tenait à sa merci OR sous sa coupe; **to grease sb's ~** graisser la patte à qqn. -**2.** [tree] palmier *m*. -**3.** [branch] palme *f*; RELIG rameau *m*; **the winner's ~** *Br fig* la palme du vainqueur; **to carry off the ~** *Br* remporter la palme. -**4.** *arch* [measure] palme *m*.
◇ *vt* [coin] cacher dans le creux de la main.
◆ **palm off** *inf vt sep* [unwanted objects] refiler; [inferior goods] fourguer; **to ~ sb off with sthg, to ~ sthg off on sb** refiler qqch à qqn.

Palma (de Mallorca) [ˌpælmədəmə'jɔːkə] *pr n* Palma (de Majorque).

palmate ['pælmeɪt] *adj* BOT & ZOOL palmé.

palmist ['pɑːmɪst] *n* chiromancien *m*, -enne *f*.

palmistry ['pɑːmɪstrɪ] *n* chiromancie *f*.

palm oil *n* huile *f* de palme.

palm sugar *n* sucre *m* de palme.

Palm Sunday *n* (le dimanche des) Rameaux *mpl*.

palm tree *n* palmier *m*.

palm wine *n* vin *m* de palme.

palmy ['pɑːmɪ] (*compar* palmier, *superl* palmiest) *adj* -**1.** [pleasant] agréable, doux; **in the ~ days of our youth** aux jours heureux de notre jeunesse. -**2.** [beach, coast] bordé de palmiers.

Palmyra [pæl'maɪərə] *pr n* Palmyre.

palomino [ˌpælə'miːnəʊ] (*pl* **palominos**) *n* palomino *m*.

palooka *inf* [pə'luːkə] *n Am* balourd *m*, -e *f*.

palpable ['pælpəbl] *adj* -**1.** [tangible] palpable, tangible. -**2.** [obvious] évident, manifeste, flagrant; **a ~ lie** un mensonge grossier.

palpably ['pælpəblɪ] *adv* -**1.** [tangibly] tangiblement. -**2.** [obviously] manifestement.

palpate ['pælpeɪt] *vt* palper.

palpitate ['pælpɪteɪt] *vi* palpiter.

palpitating ['pælpɪteɪtɪŋ] *adj* MED palpitant.

palpitation [ˌpælpɪ'teɪʃn] *n* palpitation *f*; **to have OR to get ~s** MED avoir des palpitations; **I get ~s whenever I see her** *hum* mon cœur bat la chamade OR s'emballe chaque fois que je la vois.

palsied ['pɔːlzɪd] *adj* -**1.** [paralysed] paralysé. -**2.** [shaking, trembling] tremblant, tremblotant.

palsy ['pɔːlzɪ] *n* paralysie *f*; **shaking ~** = **Parkinson's disease**.

paltry ['pɔːltrɪ] *adj* -**1.** [meagre - wage, sum] misérable, dérisoire; **it'll cost you a ~ $100** ça vous coûtera cent malheureux dollars. -**2.** [worthless - person, attitude] insignifiant, minable; **a ~ excuse** une piètre excuse.

Pamirs [pə'mɪəz] *pl pr n*: **the ~** le Pamir; **in the ~** au Pamir.

pampas ['pæmpəz] *npl* pampa *f*.

pampas grass *n* herbe *f* de la pampa.

pamper ['pæmpəʳ] *vt* choyer, dorloter; **to ~ o.s.** se dorloter; **~ yourself with a bubble bath** faites-vous plaisir, prenez un bain moussant.

pamphlet ['pæmflɪt] *n* [gen] brochure *f*; POL pamphlet *m*.

pamphleteer [ˌpæmflə'tɪəʳ] *n* [gen & POL] pamphlétaire *mf*.

Pamplona [pæm'pləʊnə] *pr n* Pampelune.

pan [pæn] (*pt* & *pp* **panned**, *cont* **panning**) ◇ *n* -**1.** CULIN casserole *f*; **cake ~** *Am* moule *m* à gâteau. -**2.** MIN [for gold] batée *f*. -**3.** [on scales] plateau *m*. -**4.** *Br* [toilet bowl]: **(lavatory) ~** cuvette *f* de W-C. -**5.** CIN & TV panoramique *m*. -**6.** *inf* [face] bouille *f*.
◇ *vi* -**1.** [miner]: **to ~ for gold** chercher de l'or. -**2.** [camera] faire un panoramique.
◇ *vt* -**1.** [camera]: **to ~ the camera** faire un panoramique, panoramiquer *spec*. -**2.** *inf* [criticize] descendre; **the film was panned by the critics** le film a été descendu par les critiques.
◆ **pan out** *inf vi insep Br* [work out] se dérouler, marcher; [succeed] réussir; **if things ~ out as planned** si tout marche comme prévu; **our strategy is not panning out** notre stratégie ne donne pas de résultats; **things should start to ~ out around August** les choses devraient commencer à s'arranger vers le mois d'août.

pan- *in cpds* pan-; **Pan-Asian** panasiatique.

Pan [pæn] *pr n* Pan.

panacea [ˌpænə'sɪə] *n* panacée *f*.

panache [pə'næʃ] *n* panache *m*.

Pan-African ◇ *adj* panafricain.
◇ *n* partisan *m*, -e *f* du panafricanisme.

Pan-Africanism *n* panafricanisme *m*.

Panama ['pænəmɑː] ◇ *pr n* Panama *m*; **in ~** au Panama; **the Isthmus of ~** l'isthme *m* de Panama.
◇ *n* = **Panama hat**.

Panama Canal *pr n*: **the ~** le canal de Panama.

Panama City *pr n* Panama.

Panama hat *n* panama *m*.

Panamanian [ˌpænə'meɪnjən] ◇ *n* Panaméen *m*, -enne *f*.
◇ *adj* panaméen.

Pan-American *adj* panaméricain; **the ~ Highway** la route panaméricaine.

Pan-Americanism *n* panaméricanisme *m*.

Pan-Arab *adj* panarabe.

Pan-Arabism [-'ærəbɪzm] *n* panarabisme *m*.

Pan-Arabist *n* partisan *m*, -e *f* du panarabisme.

panatella [ˌpænə'telə] *n* panatela *m*, panatella *m*.

pancake ['pæŋkeɪk] ◇ *n* -**1.** CULIN [in UK] crêpe *f*; [in US] *sorte de petite galette épaisse servie au petit déjeuner*; **~ race** *course traditionnelle du mardi gras britannique consistant à courir avec une poêle dans laquelle se trouve une crêpe qu'il faut retourner*; **(as) flat as a ~** plat comme une galette. -**2.** *inf* [make-up] fond *m* de teint épais; **~ make-up** tartine *f* de maquillage. -**3.** AERON = **pancake landing**.
◇ *vi* AERON atterrir sur le ventre.

Pancake Day *n Br* mardi gras *m*.

pancake landing *n* atterrissage *m* sur le ventre.

panchromatic [ˌpænkrəʊ'mætɪk] *adj* panchromatique.

pancreas ['pæŋkrɪəs] *n* pancréas *m*.

pancreatic [ˌpæŋkrɪ'ætɪk] *adj* pancréatique.

panda ['pændə] *n* panda *m*; **~ (car)** *Br* voiture *f* de police.

pandemic [pæn'demɪk] ◇ *adj* -**1.** MED pandémique. -**2.** [universal] universel, général.
◇ *n* MED pandémie *f*.

pandemonium [ˌpændɪ'məʊnjəm] *n* (*U*) [chaos] chaos *m*; [uproar] tumulte *m*, tohu-bohu *m*; **~ broke out** cela a déclenché un véritable tumulte; **the whole office is in ~** le bureau est sens dessus dessous.

pander ['pændəʳ] ◇ *vi*: **to ~ to** [person, weaknesses] flatter (bassement).
◇ *n* [pimp] entremetteur *m*, -euse *f*, proxénète *mf*.

pandit ['pændɪt] *n* [wise man] sage *m*; [term of address] *titre donné à certains sages en Inde*.

Pandora [pæn'dɔːrə] *pr n* Pandore; **~'s box** la boîte de Pandore.

pane [peɪn] *n* vitre *f*, carreau *m*; **a ~ of glass** un carreau; **~ glass window** *Am* fenêtre *f* panoramique.

panegyric [ˌpænɪ'dʒɪrɪk] *n fml* panégyrique *m*; **he launched into a ~ of OR about French cuisine** il s'est lancé dans un éloge dithyrambique de la cuisine française.

panegyrize, -ise ['pænɪdʒɪraɪz] *vt fml* faire le panégyrique de.

panel ['pænl] (*Br pt* & *pp* **panelled**, *cont* **panelling**, *Am pt* & *pp* **paneled**, *cont* **paneling**) ◇ *n* -**1.** [flat section - of wood, glass etc] panneau *m*; **sliding ~** panneau coulissant. -**2.** [group, committee - gen] comité *m*; [- to judge exam, contest] jury *m*; [- in radio or TV quiz] invités *mpl*; [- in public debate] panel *m*; [- in public inquiry] commission *f* (d'enquête); **a ~ of experts** un comité d'experts; **our ~ for tonight's show** nos invités à l'émission de ce soir; **the ~ were unanimous in awarding her top marks** le jury lui a accordé à l'unanimité la plus haute note. -**3.** [set of controls]: **(control) ~** tableau *m* de bord; **(instrument) ~** AERON & AUT tableau *m* de bord. -**4.** SEW panneau *m*, lé *m*. -**5.** JUR [selection list] liste *f* de jurés. -**6.** ART [backing] panneau *m*; [picture] (peinture *f* sur) panneau *m*.
◇ *vt* [wall, hall] lambrisser, revêtir de panneaux; **a panelled door** une porte à panneaux; **the dining room is in panelled oak** la salle à manger est lambrissée de chêne; **one wall was panelled in pine** un des murs était lambrissé de pin.

panel beater *n* carrossier *m*, tôlier *m* AUT.

panel discussion *n* débat *m*, tribune *f*.

panel doctor *n Br dated* ≃ médecin *m* conventionné.

panel game *n Br* RADIO jeu *m* radiophonique; TV jeu *m* télévisé.

panel heating *n* chauffage *m* à panneaux.

panelling *Br*, **paneling** *Am* ['pænəlɪŋ] *n* (*U*) panneaux *mpl*, lambris *m*.

panellist *Br*, **panelist** *Am* ['pænəlɪst] *n* [jury member] juré *m*; [in radio or TV quiz] invité *m*, -e *f*; [in public debate] panéliste *mf*.

panel pin *n* pointe *f* à tête d'homme, clou *m* à panneau.

panel truck *n Am* camionnette *f*.

Pan-European *adj* paneuropéen.

pan-fries *npl Am* pommes *fpl* (de terre) sautées.

pan-fry *vt Am* (faire) sauter; **pan-fried eggs** œufs sur le plat.

pang [pæŋ] *n* -**1.** [of emotion] coup *m* au cœur, pincement *m* de cœur; **I felt a ~ of sadness** j'ai eu un serrement de cœur; **to feel ~s of conscience OR guilt** éprouver des remords; **he resigned without a ~ of regret** il a démissionné sans l'ombre d'un remords OR regret. -**2.** [of pain] élancement *m*, douleur *f* lancinante; **hunger ~s** tiraillements *mpl* d'estomac.

Pan-Germanic *adj* pangermanique.

pangolin [pæŋ'gəʊlɪn] *n* pangolin *m*.

panhandle ['pænˌhændl] *Am* ◇ *n* GEOG *nom donné à la partie longue et étroite de certains États ou parcs américains*; **the Alaska ~** la région sud de l'Alaska.
◇ *vi inf* faire la manche.
◇ *vt inf*: **to ~ money from sb, to ~ sb** taper qqn.

panhandler *inf* ['pænˌhændləʳ] *n Am* mendiant *m*, -e *f*.

panic ['pænɪk] (*pt* & *pp* **panicked**, *cont* **panicking**) ◇ *n* -**1.** [alarm, fear] panique *f*, affolement *m*; **she was close to ~** elle était au bord de l'affolement; **it started a ~ on the stock exchange** cela a semé la panique à la Bourse; **to throw sb into a ~** affoler qqn. -**2.** *inf* [rush] hâte *f*; **I was in a mad ~ to get to the airport** c'était la panique pour aller à l'aéroport; **what's the ~?** ne vous affolez pas!; **there's no ~** il n'y a pas le feu. -**3.** *inf Am* [sthg funny]: **it was a ~!** c'était à hurler de rire!
◇ *vi* s'affoler; **don't ~!** ne vous affolez pas!; **he's starting to ~ about the wedding** il commence à s'affoler à la perspective de ce mariage.
◇ *vt* affoler.

panic bolt *n* barre *f* antipanique.

panic button *n* signal *m* d'alarme; **to hit the ~** *inf* perdre les pédales.

panic buying *n* (*U*) achats *mpl* en catastrophe OR de dernière minute.

panicky *inf* ['pænɪkɪ] *adj* [person, crowd] paniqué; [voice, message] affolé; [feeling, reaction] de panique; [giggle] nerveux; **I get ~ every time I have to speak to him** je panique chaque fois que je dois lui parler.

panicmonger ['pænɪk,mʌŋgəʳ] *n* semeur *m*, -euse *f* de panique.

panic stations *inf npl*: **it was ~!** ça a été la panique générale!

panic-stricken *adj* affolé, pris de panique.

panjandrum *inf* [pæn'dʒændrəm] *n* grand manitou *m*, ponte *m*.

pannier ['pænɪəʳ] *n* -**1.** [bag - on bicycle, motorbike] sacoche *f*; [- on donkey] panier *m* de bât. -**2.** [basket] panier *m*, corbeille *f*.

panoply ['pænəplɪ] *n* panoplie *f*.

panorama [,pænə'rɑːmə] *n literal* & *fig* panorama *m*.

panoramic [,pænə'ræmɪk] *adj* panoramique; **~ screen** CIN écran *m* panoramique; **~ view** vue *f* panoramique.

panpipes ['pænpaɪps] *npl* flûte *f* de Pan.

pan scrubber *n* tampon *m* à récurer.

pansy ['pænzɪ] (*pl* **pansies**) *n* -**1.** BOT pensée *f*. -**2.** *inf Br pej* [sissy] poule *f* mouillée, femmelette *f*; [homosexual] tante *f*.

pant [pænt] ◇ *vi* [puff] haleter, souffler; **he ~ed up the stairs** il monta l'escalier en soufflant; **to ~ for breath** chercher son souffle.
◇ *vt* [say] dire en haletant OR d'une voix haletante.
◇ *n* [breath] halètement *m*.
◆ **pant for** *vt insep* mourir d'envie de.

Pantaloon [,pæntə'luːn] *pr n* THEAT Pantalon.

pantaloons [,pæntə'luːnz] *npl* pantalon *m* bouffant.

pantechnicon [pæn'teknɪkən] *n Br* -**1.** [van] camion *m* de déménagement. -**2.** [warehouse] garde-meubles *m*.

pantheism ['pænθiːɪzm] *n* panthéisme *m*.

pantheist ['pænθiːɪst] *n* panthéiste *mf*.

pantheistic [,pænθiː'ɪstɪk] *adj* panthéiste.

pantheon ['pænθɪən] *n* panthéon *m*.

panther ['pænθəʳ] (*pl inv* OR **panthers**) *n* -**1.** [leopard] panthère *f*. -**2.** *Am* [puma] puma *m*.

pantie girdle ['pæntɪ-] = **panty girdle**.

pantie hose = **panty hose**.

panties ['pæntɪz] *npl* (petite) culotte *f*; **a pair of ~** un slip, une culotte.

pantihose *Am* = **panty hose**.

panting ['pæntɪŋ] *adj* [person, dog] haletant.

panto *inf* ['pæntəʊ] (*pl* **pantos**) *n Br* = **pantomime 1**.

pantograph ['pæntəgrɑːf] *n* pantographe *m*.

pantomime ['pæntəmaɪm] *n* -**1.** *Br* [Christmas show] *spectacle de Noël pour enfants*; **~ dame** *rôle travesti outré et ridicule dans la «pantomime»*. -**2.** [mime] pantomime *f*. -**3.** *inf Br fig* comédie *f*, vaudeville *m*.

PANTOMIME:
Le genre typiquement britannique de la «pantomime» est très conventionnel; certains personnages-types («pantomime dame», «principal boy») et certaines rengaines («behind you!», «Oh yes he is! - Oh no he isn't!») apparaissent dans toutes les pièces. Ces pièces, qui se jouent au moment des fêtes de fin d'année, sont généralement inspirées d'un conte de fées.

---

pantry ['pæntrɪ] (*pl* **pantries**) *n* [cupboard] garde-manger *m inv*; [walk-in cupboard] cellier *m*, office *m*.

pants [pænts] *npl* -**1.** *Br* [underpants] slip *m*, culotte *f*. -**2.** *esp Am* [trousers] pantalon *m*; **~ leg** jambe *f* de pantalon; **a kick in the ~** un coup de pied aux fesses; **he's still in short ~** il est encore à l'âge des culottes courtes ❑ **to catch sb with his ~ down** *inf* surprendre qqn dans une situation embarrassante; **it's his wife who wears the ~** c'est sa femme qui porte la culotte; **he bores the ~ off me** *inf* il me rase; **she scares the ~ off me** *inf Br* elle me fiche la trouille.

pantsuit ['pæntsuːt] *n Am* tailleur-pantalon *m*.

panty ['pæntɪ] → **panties**.

panty girdle *n* gaine-culotte *f*.

panty hose *Br*, **pantihose** *Am* ['pæntɪhəʊz] *npl* collant *m*, collants *mpl*.

pantywaist *inf* ['pæntɪweɪst] *n Am dated* poule *f* mouillée, femmelette *f*.

panzer ['pæn(t)zəʳ] *n* panzer *m*, blindé *m*.

pap [pæp] *n* -**1.** [mush] bouillie *f*. -**2.** *(U) fig* [drivel] bêtises *fpl*, imbécillités *fpl*; **his films are ~** ses films sont stupides; **what a load of ~!** n'importe quoi! -**3.** *arch* OR *dial* [teat] mamelon *m*, téton *m*. -**4.** [hill] mamelon *m*, monticule *m*.

papa [pə'pɑː] *n* papa *m*.

papacy ['peɪpəsɪ] (*pl* **papacies**) *n* [system, institution] papauté *f*; [term of office] pontificat *m*.

papadum ['pɒpədəm] = **popadum**.

papal ['peɪpl] *adj* papal.

paparazzi [,pæpə'rætsɪ] *npl* paparazzi *mpl*.

papaw [pə'pɔː] *n* -**1.** = **papaya**. -**2.** [custard apple] anone *f*, pomme-cannelle *f*.

papaya [pə'paɪə] *n* -**1.** [fruit] papaye *f*. -**2.** [tree] papayer *m*.

paper ['peɪpəʳ] ◇ *n* -**1.** *(U)* [material] papier *m*; **a piece/sheet of ~** un bout/une feuille de papier; **he wants it on ~** il veut que ce soit écrit; **don't put anything down on ~!** ne mettez rien par écrit!; **on ~, they're by far the better side** sur le papier OR a priori, c'est de loin la meilleure équipe. -**2.** [newspaper] journal *m*; **it's in all the morning ~s** c'est dans tous les journaux du matin. -**3.** *(usu pl)* [document] papier *m*, document *m*; **could you fill out this ~?** pourriez-vous remplir ce formulaire?; **once you've got the necessary ~s together** une fois que vous aurez réuni les pièces nécessaires; **Virginia Woolf's private ~s** les écrits personnels de Virginia Woolf ❑ **(identity) ~s** papiers (d'identité); **ship's ~s** papiers de bord. -**4.** SCH & UNIV [exam paper] devoir *m*, épreuve *f*; **you have an hour for each ~** vous avez une heure pour chaque épreuve ‖ [student's answers] copie *f*; **hand in your ~s** rendez vos copies. -**5.** [academic treatise - published] article *m*; [- oral] communication *f*; **to write a ~** écrire un article; **to give** OR **to read a ~ on sthg** faire un exposé sur qqch. -**6.** [wallpaper] papier peint *m*. -**7.** POL → **green paper**, **white paper**.
◇ *adj* -**1.** [cup, napkin, towel] en OR de papier; **~ chains** guirlandes *fpl* de papier; **~ currency** billets *mpl* (de banque). -**2.** [theoretical] sur le papier, théorique; **~ profits** profits *mpl* fictifs; **~ qualifications** diplômes *mpl*. -**3.** *pej* [worthless] sans valeur; **a ~ victory** une victoire inutile.
◇ *vt* [room, walls] tapisser.
◆ **paper over** *vt sep* -**1.** *literal* recouvrir de papier peint. -**2.** *fig* [dispute, facts] dissimuler; **they tried to ~ over the cracks** ils ont essayé de masquer les désaccords.

paperback ['peɪpəbæk] ◇ *n* livre *m* de poche; **it's coming out in ~ soon** ça sort bientôt en (édition de) poche.
◇ *adj* [book, edition] de poche.

paperbacked ['peɪpəbækt] *adj* broché.

paper bag *n* sac *m* en papier.

paperboard ['peɪpəbɔːd] *n* carton *m*, carton-pâte *m*.

paperbound ['peɪpəbaʊnd] *adj* broché.

paperboy ['peɪpəbɔɪ] *n* [delivering papers] livreur *m* de journaux; [selling papers] vendeur *m* OR crieur *m* de journaux.

paper chase *n* rallye-papier *m*, ≃ jeu *m* de piste.

paper clip *n* trombone *m*.
◆ **paper-clip** *vt* attacher avec un trombone.

paper feed *n* COMPUT & TYPO alimentation *f* en papier.

papergirl ['peɪpəgɜːl] *n* [delivering papers] livreuse *f* de journaux; [selling papers] vendeuse *f* de journaux.

paperhanging ['peɪpə,hæŋɪŋ] *n* pose *f* de papiers peints.

paper knife *n* coupe-papier *m inv*.

paperless ['peɪpəlɪs] *adj* [electronic - communication, record-keeping] informatique; **the ~ office** le bureau entièrement informatisé.

papermill ['peɪpəmɪl] *n* papeterie *f*, usine *f* à papier.

paper money *n* papier-monnaie *m*.

paper round *n*: **to do a ~** livrer les journaux à domicile.

paper shop *n* marchand *m* de journaux.

paper shredder *n* broyeur *m*.

paper tape *n* COMPUT bande *f* perforée.

paper-thin *adj* extrêmement mince OR fin.

paper tiger *n* tigre *m* de papier.

paperweight ['peɪpəweɪt] *n* presse-papiers *m inv*.

paperwork ['peɪpəwɜːk] *n* travail *m* de bureau; *pej* paperasserie *f*.

papery ['peɪpərɪ] *adj* [thin and dry - gen] comme du papier; [- skin] parcheminé.

papier-mâché [,pæpjeɪ'mæʃeɪ] *n* papier *m* mâché.

papilla [pə'pɪlə] (*pl* **papillae** [-liː]) *n* papille *f*.

papist ['peɪpɪst] ◇ *adj pej* papiste.
◇ *n pej* papiste *mf*.

papistry ['peɪpɪstrɪ] *n pej* papisme *m*.

papoose [pə'puːs] *n* papoose *m*.

pappy ['pæpɪ] (*pl* **pappies**, *compar* **pappier**, *superl* **pappiest**) ◇ *n inf Am dial* papa *m*.
◇ *adj* gluant.

paprika ['pæprɪkə] *n* paprika *m*.

Papua ['pæpjʊə] *pr n* Papouasie *f*; **in ~** en Papouasie.

Papuan ['pæpjʊən] ◇ *n* -**1.** [person] Papou *m*, -e *f*. -**2.** LING langue *f* papoue.
◇ *adj* papou.

Papua New Guinea *pr n* Papouasie-Nouvelle-Guinée *f*; **in ~** en Papouasie-Nouvelle-Guinée.

papyrus [pə'paɪərəs] (*pl* **papyruses** OR **papyri** [-raɪ]) *n* papyrus *m*.

par [pɑːʳ] (*pt* & *pp* **parred**, *cont* **parring**)
◇ *n* -**1.** [equality] égalité *f*; **to be on a ~ (with sb/sthg)** être au même niveau (que qqn/qqch); **you can't put him on a ~ with Mozart!** tu ne peux pas le comparer à Mozart! -**2.** [normal, average] normale *f*, moyenne *f*; **I'm feeling a bit below** OR **under ~ these days** je ne me sens pas en forme ces jours-ci; **your work is below** OR **not up to ~** votre travail laisse à désirer ❑ **that's about ~ for the course** c'est normal OR dans les normes. -**3.** SPORT [in golf] par *m*; **this hole is a 5** ce trou est un par 5; **she was two under/over ~** elle était à deux coups en-dessous/au-dessus du par.
◇ *vt* [in golf - hole] faire le par à.

para *inf* ['pærə] (*abbr of* **paratrooper**) *n Br* para *m*.

parable ['pærəbl] *n* parabole *f* RELIG.

parabola [pə'ræbələ] *n* parabole *f* MATH.

parabolic [,pærə'bɒlɪk] *adj* parabolique.

paraboloid [pə'ræbəlɔɪd] *n* paraboloïde *m*.

parabrake ['pærəbreɪk] *n* parachute *m* anti-vrille, parachute *m* de freinage.

paracetamol [,pærə'siːtəmɒl] *n* paracétamol *m*.

parachute ['pærəʃuːt] ◇ *n* parachute *m*; **emergency ~** parachute de secours.
◇ *comp* [harness] de parachute; [troops, regiment] de parachutistes; **~ drop** OR **landing** parachutage *m*; **~ jump** saut *m* en parachute.
◇ *vt* parachuter; **~d candidate** *Can* POL candidat *m* parachuté.
◇ *vi* sauter en parachute; **they ~d into occupied France** ils se sont fait parachuter en France occupée; **to go parachuting** SPORT faire du parachutisme.

parachutist ['pærəʃuːtɪst] *n* parachutiste *mf*.

Paraclete ['pærəkliːt] *n* Paraclet *m*.

paraclinical [,pærə'klɪnɪkl] *adj* paraclinique.

parade [pə'reɪd] ◇ *n* -**1.** [procession - gen] défilé *m*; MIL défilé *m*, parade *f*; **fashion ~** défilé de mode; to be on ~ MIL défiler. -**2.** [street - of shops] rangée *f* de magasins; [- public promenade] promenade *f*. -**3.** [show, ostentation] étalage *m*; **to make a ~ of one's grief** faire étalage de son chagrin; **a ~ of force** une démonstration de force. -**4.** FENCING parade *f*. -**5.** = **parade ground**.

◇ *vi* -**1.** [march - gen & MIL] défiler; **supporters ~d through the streets** les supporters défilaient dans les rues. -**2.** [strut] se pavaner, parader.

◇ *vt* -**1.** [troops, prisoners etc] faire défiler; **the prisoners were ~d through the streets** on fit défiler les prisonniers dans les rues. -**2.** [streets] défiler dans. -**3.** [show off] faire étalage de; **he likes to ~ his knowledge** il aime faire étalage de ses connaissances.

parade ground *n* terrain *m* de manœuvres.

paradigm ['pærədaɪm] *n* paradigme *m*.

paradigmatic [,pærədɪg'mætɪk] *adj* paradigmatique.

paradisaical [,pærədɪ'seɪɪkl(l)] = **paradisiac**.

paradise ['pærədaɪs] *n* -**1.** [heaven] paradis *m*; [Eden] le paradis terrestre; **to go to Paradise** aller OR monter au paradis ❑ **'Paradise Lost'** *Milton* 'Paradis perdu'; **'Paradise Regained'** *Milton* 'Paradis reconquis'. -**2.** *fig* paradis *m*; **it's ~ (here) on earth** c'est le paradis sur terre; **a week away from the kids was ~!** une semaine loin des enfants, quel paradis!; **this river is a fisherman's ~** cette rivière est le paradis des pêcheurs.

paradisiac [,pærə'dɪsɪæk], **paradisiacal** [,pærədɪ'saɪəkl] *adj* paradisiaque, édénique *lit*.

paradox ['pærədɒks] *n* paradoxe *m*.

paradoxical [,pærə'dɒksɪkl] *adj* paradoxal.

paradoxically [,pærə'dɒksɪklɪ] *adv* paradoxalement.

paraffin ['pærəfɪn] ◇ *n* -**1.** *Br* [fuel - for lamp] pétrole *m*; [- for stove] mazout *m*; [- for aircraft] kérosène *m*. -**2.** CHEM [alkane] paraffine *f*, alcane *m*. -**3.** = **paraffin wax**.

◇ *comp* à pétrole, à mazout; **~ lamp** lampe *f* à pétrole; **~ stove** poêle *m* à mazout.

paraffin wax *n* paraffine *f*.

paragliding ['pærə,glaɪdɪŋ] *n* parapente *m*; **to go ~** faire du parapente.

paragon ['pærəgən] *n* modèle *m*; **~ of virtue** modèle OR parangon *m lit* de vertu.

paragraph ['pærəgrɑːf] ◇ *n* -**1.** [in writing] paragraphe *m*, alinéa *m*; **begin** OR **start a new ~** (allez) à la ligne; **section A, ~ 3 (of the contract)** article A, alinéa 3 (du contrat). -**2.** [short article] entrefilet *m*. -**3.** TYPO: **~ (mark)** pied de mouche *m*, alinéa *m*.

◇ *vt* diviser en paragraphes OR en alinéas.

Paraguay ['pærəgwaɪ] *pr n* Paraguay *m*; **in ~** au Paraguay.

Paraguayan [,pærə'gwaɪən] ◇ *n* Paraguayen *m*, -enne *f*.

◇ *adj* paraguayen.

parakeet ['pærəkiːt] *n* perruche *f*.

paralanguage ['pærə,læŋgwɪdʒ] *n* paralangage *m*.

paraldehyde [pə'rældɪhaɪd] *n* paraldéhyde *m*.

paralinguistic [,pærəlɪŋ'gwɪstɪk] *adj* paralinguistique.

paralinguistics [,pærəlɪŋ'gwɪstɪks] *n (U)* paralinguistique *f*.

paralipsis [,pærə'lɪpsɪs] (*pl* **paralipses** [-siːz]) *n* prétérition *f*.

parallax ['pærəlæks] *n* parallaxe *f*.

parallel ['pærəlel] ◇ *adj* -**1.** [gen & MATH] parallèle; **~ lines** lignes *fpl* parallèles; **there is a ditch ~ with** OR **to the fence** il y a un fossé qui longe la clôture; **to run ~ to sthg** longer qqch. -**2.** [concomitant - change, event] parallèle; **a ~ investigation was mounted in England and Scotland** une enquête a été menée simultanément en Angleterre et en Écosse. -**3.** COMPUT [interface, operation] parallèle; **~ computer** ordinateur *m* à traitement parallèle; **~ printer** imprimante *f* en parallèle; **~ port** port *m* parallèle. -**4.** ELEC: **~ circuit** circuit *m* en parallèle.

◇ *n* -**1.** [equivalent] équivalent *m*; [similarity] ressemblance *f*, similitude *f*; **there are obvious ~s between the two cases** les deux cas présentent des similitudes frappantes; **a tradition which has no ~ in our own culture** une tradition qui n'a pas d'équivalent dans notre culture; **the two industries have developed in ~** ces deux industries se sont développées en parallèle; **the disaster is without ~** une telle catastrophe est sans précédent. -**2.** [comparison] parallèle *m*; **to draw a ~ between** faire OR établir un parallèle entre. -**3.** MATH (ligne *f*) parallèle *f*. -**4.** GEOG parallèle *m*; **the 48th ~** le 48ᵉ parallèle. -**5.** ELEC parallèle *m*; **in ~** en parallèle.

◇ *vt* -**1.** [run parallel to] être parallèle à, longer. -**2.** [match, equal] égaler; **his career has ~ed his father's** sa carrière a suivi une trajectoire semblable à celle de son père.

◇ *adv*: **to ski ~, to ~ ski** skier parallèle; **to ~ park** *Am* faire un créneau.

parallel bars *npl* barres *fpl* parallèles.

parallelism ['pærəlelɪzm] *n* parallélisme *m*.

parallelogram [,pærə'leləgræm] *n* parallélogramme *m*.

parallel turn *n* [in skiing] virage *m* parallèle.

paralysation *Br*, **paralyzation** *Am* [,pærəlaɪ'zeɪʃn] *n* [of traffic, industry etc] immobilisation *f*, paralysie *f*.

paralyse *Br*, **paralyze** *Am* ['pærəlaɪz] *vt* -**1.** MED paralyser; **both his legs are ~d, he's ~d in both legs** il est paralysé des deux jambes, il a les deux jambes paralysées. -**2.** *fig* [city, industry etc] paralyser, immobiliser; [person] paralyser, pétrifier; **~d with** OR **by shyness** paralysé par la timidité.

paralysis [pə'rælɪsɪs] *n* -**1.** MED paralysie *f*. -**2.** *fig* [of industry, business, organization] immobilisation *f*; [of government] paralysie *f*.

paralytic [,pærə'lɪtɪk] ◇ *adj* -**1.** MED paralytique. -**2.** *inf Br* [drunk] ivre mort.

◇ *n* paralytique *mf*.

paralyze *etc Am* = **paralyse**.

paramedic [,pærə'medɪk] ◇ *n* aide-soignant *m*, -e *f* *membre du personnel paramédical*; **'paramedic'** *Am* services *mpl* de secours, ≃ 'SAMU'.

◇ *adj* = **paramedical**.

paramedical [,pærə'medɪkl] *adj* paramédical.

parameter [pə'ræmɪtə'] *n* [gen, LING & MATH] paramètre *m*; **we must take all the ~s into account** il faut prendre en compte tous les paramètres; **according to established ~s of evaluation** selon les critères établis.

paramilitary [,pærə'mɪlɪtrɪ] (*pl* **paramilitaries**)

◇ *adj* paramilitaire.

◇ *n* [group] formation *f* paramilitaire; [person] membre *m* d'une formation paramilitaire.

◇ *npl*: **the ~** la milice.

paramnesia [,pæræm'niːzjə] *n* paramnésie *f*.

paramount ['pærəmaʊnt] *adj* -**1.** [asset, concern] primordial; **to be of ~ importance** être de la plus haute importance; **the children's interests are ~** l'intérêt des enfants passe avant tout. -**2.** [ruler] suprême.

paramour ['pærə,mʊə'] *n lit* OR *hum* amant *m*, maîtresse *f*.

paranoia [,pærə'nɔɪə] *n (U)* paranoïa *f*.

paranoiac [,pærə'nɔɪæk], **paranoic** [,pærə'nəʊɪk] ◇ *adj* paranoïaque.

◇ *n* paranoïaque *mf*.

paranoid ['pærənɔɪd] ◇ *adj* [disorders] paranoïde; [person] paranoïaque; **you're getting ~!** tu deviens paranoïaque!

◇ *n* paranoïaque *mf*.

paranormal [,pærə'nɔːml] ◇ *adj* paranormal.

◇ *n*: **the ~** le paranormal.

parapet ['pærəpɪt] *n* ARCHIT parapet *m*, garde-fou *m*; MIL parapet *m*.

paraph ['pærəf] *n* paraphe *m (en fin de signature)*.

paraphernalia [,pærəfə'neɪljə] *n (U)* -**1.** [equipment] attirail *m*; [disordered belongings] fourbi *m*; **his skis, poles and other ~** ses skis, ses bâtons et le reste de son attirail. -**2.** *inf* [trappings] tralala *m*; **it was a society wedding with all the ~** ce fut un mariage mondain avec tout le tralala. -**3.** *inf* [for drug taking] attirail *m (nécessaire à l'inhalation ou à l'injection de drogue)*. -**4.** JUR biens *mpl* paraphernaux.

paraphrase ['pærəfreɪz] ◇ *n* paraphrase *f*.

◇ *vt* paraphraser.

paraplegia [,pærə'pliːdʒə] *n* paraplégie *f*.

paraplegic [,pærə'pliːdʒɪk] ◇ *adj* paraplégique.

◇ *n* paraplégique *mf*.

parapraxis [,pærə'præksɪs] *n* PSYCH acte *m* manqué.

parapsychologist [,pærəsaɪ'kɒlədʒɪst] *n* parapsychologue *mf*.

parapsychology [,pærəsaɪ'kɒlədʒɪ] *n* parapsychologie *f*.

parasailing ['pærə,seɪlɪŋ] *n* parachute *m* ascensionnel.

parascending ['pærə,sendɪŋ] *n* parachute *m* tracté.

parascience ['pærə,saɪəns] *n (U)* études *fpl* parascientifiques.

parasite ['pærəsaɪt] *n* BOT & ZOOL parasite *m*; *fig* parasite *m*; **he's such a ~!** c'est un vrai parasite!

parasitic(al) [,pærə'sɪtɪk(l)] *adj* -**1.** [plant, animal] parasite; *fig* [person] parasite; [existence] de parasite. -**2.** [illness - caused by parasites] parasitaire; **~ disease** maladie *f* parasitaire.

parasiticide [,pærə'sɪtɪsaɪd] *n* parasiticide *m*.

parasitism ['pærəsaɪ,tɪzm] *n* parasitisme *m*.

parasitize, -ise ['pærəsɪtaɪz] *vt* parasiter.

parasitologist [,pærəsaɪ'tɒlədʒɪst] *n* parasitologue *mf*.

parasitology [,pærəsaɪ'tɒlədʒɪ] *n* parasitologie *f*.

parasol ['pærəsɒl] *n* [for woman] ombrelle *f*; [for beach, table] parasol *m*.

parasol mushroom *n* coulemelle *f*.

parasympathetic ['pærə,sɪmpə'θetɪk] ◇ *adj* parasympathique; **~ nerve** nerf *m* parasympathique.

◇ *n*: **the ~** le parasympathique.

parasynthesis [,pærə'sɪnθəsɪs] *n* dérivation *f* parasynthétique.

parataxis [,pærə'tæksɪs] *n* parataxe *f*, juxtaposition *f*.

parathyroid [,pærə'θaɪrɔɪd] ◇ *adj* parathyroïdien.

◇ *n* parathyroïde *f*.

paratroop ['pærətruːp] *comp* de parachutistes; [regiment] parachutiste, de parachutistes; [commander] parachutiste.

◆ **paratroops** *npl* MIL parachutistes *mpl*.

paratrooper ['pærətruːpə'] *n* MIL parachutiste *m*.

paratyphoid [,pærə'taɪfɔɪd] ◇ *n* paratyphoïde *f*.

◇ *adj* [bacillus] paratyphique; [fever] paratyphoïde.

parboil ['pɑːbɔɪl] *vt* CULIN blanchir.

parcel ['pɑːsl] (*Br pt & pp* **parcelled**, *cont* **parcelling**, *Am pt & pp* **parceled**, *cont* **parceling**)

◇ *n* -**1.** [package] colis *m*, paquet *m*; **~ delivery** livraison *f* de colis à domicile. -**2.** [portion of land] parcelle *f*. -**3.** [group, quantity - gen] groupe *m*, lot *m*; [- of shares] paquet *m*; **a ~ of rogues** une bande de gredins. -**4.** [integral part] partie *f* (intégrante).

◇ *vt* -**1.** [wrap up] emballer, faire un colis de. -**2.** [divide up] diviser en parcelles.

◆ **parcel out** *vt sep* -**1.** [share out] distribuer, partager. -**2.** [divide up] diviser en parcelles, lotir.

◆ **parcel up** *vt sep* emballer, mettre en colis.

parcel bomb *n* colis *m* piégé.

parcel post *n*: **to send sthg by ~** envoyer qqch par colis postal OR en paquet-poste.

parch [pɑːtʃ] *vt* -**1.** [scorch] dessécher, brûler; **the sun had ~ed the hills** le soleil avait brûlé les collines. -**2.** *(usu pass)* [make thirsty] assoiffer. -**3.** CULIN griller légèrement.

parched [pɑːtʃt] *adj* -**1.** [very dry - grass, hills] desséché; [- throat, lips] sec. -**2.** *inf* [person]: I'm ~ je crève de soif.

parchment ['pɑːtʃmənt] *n* [material, document] parchemin *m*; skin like ~ peau parcheminée.

pard *inf* [pɑːd], **pardner** *inf* ['pɑːdnəʳ] *n Am* copain *m*, copine *f*, pote *m*.

pardon ['pɑːdn] ◇ *vt* -**1.** [forgive] pardonner; to ~ sb for sthg pardonner qqch à qqn; please ~ my rudeness veuillez excuser mon impolitesse; ~ me for asking, but... excusez-moi de vous poser cette question, mais...; ~ me for breathing! excuse-moi d'avoir osé ouvrir la bouche! ❑ he's a bastard, if you'll ~ the expression OR my French▽ c'est un salaud, si vous voulez bien me passer l'expression. -**2.** JUR gracier.
◇ *n* -**1.** [forgiveness] pardon *m*. -**2.** JUR grâce *f*; he was granted a (free) ~ il fut gracié. -**3.** RELIG indulgence *f*.
◇ *interj*: ~ (me)? [what?] pardon?, comment?; ~ (me)! [sorry] pardon!, excusez-moi!

pardonable ['pɑːdnəbl] *adj* pardonnable, excusable.

pardonably ['pɑːdnəblɪ] *adv* de façon bien pardonnable OR excusable.

pare [peəʳ] *vt* -**1.** [fruit, vegetable] peler, éplucher; [nails] ronger, couper; ~ the rind off the cheese enlever la croûte du fromage. -**2.** [reduce - budget] réduire; staff levels have already been ~d to the bone on a déjà réduit les effectifs au minimum.
◆ **pare down** *vt sep* [expenses, activity] réduire; [text, speech] raccourcir; we've got to ~ the report down to 50 pages il va falloir ramener le rapport à 50 pages.

parent ['peərənt] ◇ *n* -**1.** [mother] mère *f*; [father] père *m*; ~s parents *mpl*; Anne and Bob have become ~s Anne et Bob ont eu un enfant. -**2.** PHYS parent *m*.
◇ *comp* -**1.** [cooperation, participation] des parents, parental. -**2.** [organization] mère. -**3.** [plant] mère; cuttings from the ~ plant des boutures de la plante mère. -**4.** [animal] parent; one of the ~ birds/seals un des parents de l'oiseau/du phoque.

parentage ['peərəntɪdʒ] *n* origine *f*; a child of unknown ~ un enfant de père et mère inconnus; children of racially mixed ~ des enfants issus de mariages mixtes.

parental [pə'rentl] *adj* parental, des parents.

parent company *n* COMM société *f* OR maison *f* mère.

parenthesis [pə'renθɪsɪs] (*pl* **parentheses** [-siːz]) *n* parenthèse *f*; in ~ entre parenthèses.

parenthesize, -ise [pə'renθɪsaɪz] *vt* [word, explanation] mettre entre parenthèses.

parenthetic(al) [,pærən'θetɪk(l)] *adj* entre parenthèses.

parenthetically [,pærən'θetɪklɪ] *adv* entre parenthèses.

parenthood ['peərənthʊd] *n* [fatherhood] paternité *f*; [motherhood] maternité *f*; the responsibilities of ~ les responsabilités parentales.

parenting ['peərəntɪŋ] *n* fait *m* OR art *m* d'élever un enfant; the problems of ~ les problèmes qu'on a quand on est parent OR quand on a des enfants; I put it down to bad ~ d'après moi, c'est parce que les parents remplissent mal leur rôle.

parent-teacher association *n association regroupant les parents d'élèves et les enseignants.*

parer ['peərəʳ] *n* économe *m*.

parhelion [pɑː'hiːljən] (*pl* **parhelia** [-ljə]) *n* parélie *m*, parhélie *m*.

pariah [pə'raɪə] *n* paria *m*.

pariah dog *n* (chien *m*) paria *m*.

parietal [pə'raɪɪtl] ◇ *adj* ANAT & BOT pariétal.
◇ *n* ANAT pariétal *m*.

paring ['peərɪŋ] *n* [activity - of fruit, vegetables] épluchage *m*; [- of nails] fait *m* OR action *f* de ronger; ~ **knife** couteau *m* de cuisine.
◆ **parings** *npl* [of fruit, vegetables] épluchures *fpl*, pelures *fpl*; [of nails] rognures *fpl*.

Paris ['pærɪs] *pr n* -**1.** GEOG Paris *m*; the ~ Basin le Bassin parisien; the ~ Commune la Commune; 'An American in Paris' *Gershwin, Minnelli* 'Un Américain à Paris'. -**2.** MYTH Pâris.

parish ['pærɪʃ] ◇ *n* -**1.** RELIG paroisse *f*. -**2.** [local government area] ≃ commune *f (en Angleterre)*.
◇ *comp* [hall, funds] RELIG paroissial.

parish church *n* église *f* paroissiale.

parish clerk *n* bedeau *m*.

parish council *n* ≃ conseil *m* municipal *(d'une petite commune en Angleterre)*.

parishioner [pə'rɪʃənəʳ] *n* paroissien *m*, -enne *f*.

parish priest *n* [Catholic] curé *m*; [Protestant] pasteur *m*.

parish-pump *adj Br pej* [parochial - issue] d'intérêt purement local; [- outlook, mentality, quarrel] de clocher.

parish register *n* registre *m* paroissial.

parish school *n* école *f* communale.

Parisian [pə'rɪzjən] ◇ *n* Parisien *m*, -enne *f*.
◇ *adj* parisien.

parity ['pærətɪ] (*pl* **parities**) *n* -**1.** [equality] égalité *f*, parité *f*; women demanded wage ~ with men les femmes ont réclamé l'égalité de salaires avec les hommes. -**2.** ÉCON & FIN parité *f*; exchange parities parités de change; ~ value valeur *f* au pair. -**3.** COMPUT, MATH & PHYS parité *f*.

parity bit *n* COMPUT bit *m* de parité.

park [pɑːk] ◇ *n* -**1.** [public] parc *m*; [smaller] jardin *m* public; [private estate] parc *m*, domaine *m*. -**2.** AUT [on automatic gearbox] position *f* (de) stationnement. -**3.** *inf Br* FTBL: the ~ le terrain.
◇ *vt* -**1.** AUT garer; where can I ~ my car? où est-ce que je peux garer ma voiture OR me garer?; he was ~ed by a fire hydrant il s'était garé devant une bouche d'incendie; behind the ~ed coaches derrière les cars en stationnement. -**2.** *inf* [dump - person, box] laisser; she ~ed her bags in the entry elle a laissé ses sacs dans l'entrée; he ~ed himself on the sofa il s'installa sur le canapé.
◇ *vi* AUT se garer, stationner; I couldn't find anywhere to ~ je n'ai pas trouvé à me garer.

parka ['pɑːkə] *n* parka *m*.

park-and-ride *n système de contrôle de la circulation qui consiste à garer les voitures à l'extérieur des grandes villes, puis à utiliser les transports en commun.*

Parkhurst ['pɑːkhɜːst] *pr n*: ~ (Prison) *prison pour condamnés de longue durée située sur l'île de Wight.*

parkin ['pɑːkɪn] *n Br* ≃ pain *m* d'épice OR d'épices.

parking ['pɑːkɪŋ] ◇ *n* stationnement *m*; 'no ~' 'stationnement interdit', 'défense de stationner'; there's plenty of underground ~ il y a de nombreuses places dans les parkings souterrains; I'm not very good at ~ je ne suis pas très doué pour les créneaux.
◇ *comp* [area] de stationnement; to look for/to find a ~ place chercher/trouver à se garer.

parking attendant *n* [in car park] gardien *m*, -enne *f*; [at hotel] voiturier *m*.

parking brake *n Am* frein *m* à main.

parking garage *n Am* parking *m* couvert.

parking lights *npl* feux *mpl* de position.

parking lot *n Am* parking *m*, parc *m* de stationnement.

parking meter *n* parcmètre *m*, parcomètre *m*.

parking orbit *n* ASTRONAUT orbite *f* d'attente.

parking ticket *n* contravention *f* (pour stationnement irrégulier), P-V *m*.

Parkinson's disease ['pɑːkɪnsnz-] *n* maladie *f* de Parkinson.

Parkinson's law *n hum* principe *m* de Parkinson; it's a case of ~ plus on a de temps, plus on met de temps.

park keeper *n* gardien *m*, -enne *f* de jardin public.

parkland ['pɑːklænd] *n* (U) espace *m* vert, espaces *mpl* verts.

parkway ['pɑːkweɪ] *n Am* route *f* paysagère (à plusieurs voies).

parky *inf* ['pɑːkɪ] (*compar* **parkier**, *superl* **parkiest**) *adj Br* [cold] frisquet.

parlance ['pɑːləns] *n fml* langage *m*, parler *m*; in legal ~ en langage juridique.

parlay ['pɑːlɪ] *vt Am* -**1.** [winnings] remettre en jeu; he ~ed everything on the red il a tout misé sur le rouge. -**2.** *fig* [talent, project] mener à bien; [money] faire fructifier; she ~ed the local newspapers into a press empire elle a bâti un empire de presse à partir des journaux locaux.

parley ['pɑːlɪ] ◇ *vi* parlementer.
◇ *n* pourparlers *mpl*.

parleyvoo *inf* [,pɑːlɪ'vuː] *hum* ◇ *n* -**1.** [French language] français *m*. -**2.** [person] Français *m*, -e *f*.
◇ *vi*: I don't ~ je ne parle pas français.

parliament ['pɑːləmənt] *n* parlement *m*; she was elected to Parliament in 1988 elle a été élue député en 1988; the French Parliament l'Assemblée nationale (française).

parliamentarian [,pɑːləmen'teərɪən] ◇ *adj* parlementaire.
◇ *n* parlementaire *mf*.

parliamentarianism [,pɑːləmen'teərɪənɪzm] *n* parlementarisme *m*.

parliamentary [,pɑːlə'mentərɪ] *adj* [system, debate, democracy] parlementaire; ~ elections élections *fpl* législatives; ~ candidate candidat *m* aux (élections) législatives.

Parliamentary Commissioner (for Administration) *n Br* médiateur *m*, -trice *f*.

parliamentary private secretary *n en Grande-Bretagne, député qui assure la liaison entre un ministre et la Chambre des communes.*

parliamentary secretary *n Br* ≃ sous-secrétaire *m* d'État.

parlor *etc Am* = **parlour**.

parlor car *n Am* RAIL pullman *m (dans un train)*.

parlour *Br*, **parlor** *Am* ['pɑːləʳ] *n* -**1.** *dated* [in house] salon *m*. -**2.** *dated* [in hotel, club] salon *m*; [in pub] arrière-salle *f*. -**3.** [in convent] parloir *m*. -**4.** *Am* COMM: beauty ~ institut *m* de beauté; beer ~ bar *m*; billiard ~ salle *f* de billard.

parlour game *n Br* jeu *m* de société.

parlourmaid *Br*, **parlormaid** *Am* ['pɑːləmeɪd] *n* femme *f* de chambre.

parlous ['pɑːləs] *adj arch* OR *lit* [situation, state] précaire, instable.

Parma ['pɑːmə] *pr n* Parme; ~ ham jambon *m* de Parme.

Parmesan (cheese) [,pɑːmɪ'zæn-] *n* parmesan *m*.

Parnassian [pɑː'næsɪən] ◇ *adj* parnassien.
◇ *n* parnassien *m*, -enne *f*.

Parnassus [pɑː'næsəs] *pr n* Parnasse *m*; (Mount) ~ le (mont) Parnasse.

parochial [pə'rəʊkjəl] *adj* -**1.** RELIG paroissial. -**2.** *pej* borné; ~ attitudes attitudes de clocher OR bornées.

parochialism [pə'rəʊkjəlɪzm] *n pej* esprit *m* de clocher, étroitesse *f* d'esprit.

parodist ['pærədɪst] *n* parodiste *mf*.

parody ['pærədɪ] (*pl* **parodies**, *pt* & *pp* **parodied**)
◇ *n* parodie *f*.
◇ *vt* parodier.

parole [pə'rəʊl] ◇ *n* -**1.** JUR liberté *f* conditionnelle OR sur parole; she was released on ~ elle a été mise en liberté conditionnelle OR libérée sur parole; he's up for ~ next year il devrait être mis en liberté conditionnelle l'année prochaine. -**2.** *Am* MIL [password] mot *m* de passe. -**3.** LING parole *f*.
◇ *vt* mettre en liberté conditionnelle, libérer sur parole.

parole board *n* ≃ comité *m* de probation et d'assistance aux libérés.

paronym ['pærənɪm] *n* paronyme *m*.

parotid [pəˈrɒtɪd] ◇ *adj* parotidien *m*.
◇ *n*: ~ **(gland)** (glande *f*) parotide *f*.

paroxysm [ˈpærəksɪzm] *n* -**1.** [outburst - of rage, despair] accès *m*; [- of tears] crise *f*; **his answer sent them into ~s of laughter** sa réponse provoqua l'hilarité générale OR déclencha un fou rire général. -**2.** MED paroxysme *m*.

parquet [ˈpɑːkeɪ] ◇ *n* -**1.** CONSTR: ~ **(floor** OR **flooring)** parquet *m*. -**2.** *Am* THEAT parterre *m*.
◇ *vt* parqueter.

parquetry [ˈpɑːkɪtrɪ] *n* parquetage *m*.

parr [pɑːʳ] (*pl inv* OR **parrs**) *n* saumoneau *m*, parr *m*.

parrakeet [ˈpærəkiːt] = **parakeet**.

parricide [ˈpærɪsaɪd] *n* -**1.** [act] parricide *m*. -**2.** [killer] parricide *mf*.

parrot [ˈpærət] ◇ *n* perroquet *m*.
◇ *vt* [words] répéter comme un perroquet; [person, actions] imiter.

parrot disease = **parrot fever**.

parrot fashion *adv* comme un perroquet.

parrot fever *n* psittacose *f*.

parrot fish *n* perroquet *m* de mer.

parry [ˈpærɪ] (*pt* & *pp* **parried**, *pl* **parries**) ◇ *vt* -**1.** [in boxing, fencing etc] parer; **to ~ a blow** parer un coup. -**2.** [problem] tourner, éviter; [question] éluder; [manœuvre] parer à, contrer.
◇ *vi* [in boxing, fencing] parer; **he parried with his right** il a paré l'attaque OR le coup d'une droite.
◇ *n* parade *f (en boxe, en escrime etc)*.

parse [pɑːz] *vt* faire l'analyse grammaticale de.

parsec [ˈpɑːsek] *n* parsec *m*.

Parsee, Parsi [ˌpɑːˈsiː] ◇ *n* Parsi *m*, -e *f*.
◇ *adj* parsi.

parser [ˈpɑːzəʳ] *n* COMPUT programme *m* d'analyse (grammaticale).

parsimonious [ˌpɑːsɪˈməʊnjəs] *adj fml* parcimonieux.

parsimoniously [ˌpɑːsɪˈməʊnjəslɪ] *adv fml* avec parcimonie, parcimonieusement.

parsimony [ˈpɑːsɪmənɪ] *n fml* parcimonie *f*.

parsing [ˈpɑːzɪŋ] *n* analyse *f* grammaticale.

parsley [ˈpɑːslɪ] *n* persil *m*; **Chinese ~** coriandre *f*; **~ sauce** sauce *f* au persil OR persillée.

parsnip [ˈpɑːsnɪp] *n* panais *m*.

parson [ˈpɑːsn] *n* [gen] ecclésiastique *m*; [Protestant] pasteur *m*.

parsonage [ˈpɑːsnɪdʒ] *n* presbytère *m*.

parson's nose *n* CULIN croupion *m*.

Parsons table [ˈpɑːsnz-] *n Am table carrée ou rectangulaire dont les pieds carrés semblent faire bloc avec le plateau.*

part [pɑːt] ◇ *n* -**1.** [gen - portion, subdivision] partie *f*; **the exam is in two ~s** l'examen est en deux parties; **see ~ one, section two** voir première partie, section deux; **the different ~s of the body** les différentes parties du corps; **(a) ~ of the garden is flooded** une partie du jardin est inondée; **(a) ~ of me strongly agrees with them** sur un certain plan, je suis tout à fait d'accord avec eux; **that's only ~ of the problem** ce n'est qu'un des aspects du problème; **it's very much ~ of the game/of the process** ça fait partie du jeu/du processus; **it's very much ~ of the excitement** c'est en partie pour ça que c'est amusant; **we've finished the hardest ~** nous avons fait le plus dur; **I haven't told you the best ~ yet** je ne t'ai pas encore dit le plus beau OR la meilleure; **to be (a) ~ of sthg** [be involved with] faire partie de qqch; **he desperately wants to be a ~ of her organization** il veut à tout prix faire partie de son organisme; **to form ~ of sthg** faire partie de qqch ❑ **to be ~ and parcel of sthg** faire partie (intégrante) de qqch. -**2.** [role] rôle *m*; **who played the ~ of Hamlet?** qui a joué le rôle de Hamlet?; **work plays a large ~ in our lives** le travail joue un rôle important dans notre vie; **to take ~ (in sthg)** prendre part OR participer (à qqch); **I had no ~ in that affair** je n'ai joué aucun rôle dans cette affaire; **he has no ~ in the running of the company** il ne participe pas à OR il n'intervient pas dans la gestion de la société; **Joe had no ~ in it** Joe n'y était pour rien; **I want no ~ in** OR **of their schemes** je ne veux pas être mêlé à leurs projets; **to do one's ~** y mettre du sien ❑ **to dress the ~** se mettre en tenue de circonstance; **to look the ~** avoir la tenue de circonstance; **for my/his ~** pour ma/sa part. -**3.** [component - of machine] pièce *f*; **oil the moving ~s** lubrifiez les pièces mobiles. -**4.** [area - of country, town etc]: **which ~ of England are you from?** vous êtes d'où en Angleterre?, de quelle région de l'Angleterre venez-vous?; **in some ~s of Sydney/Australia** dans certains quartiers de Sydney/certaines régions de l'Australie; **it's a dangerous ~ of town** c'est un quartier dangereux; **are you new to these ~s?** vous êtes nouveau ici?; **she's travelling in foreign ~s** elle est en voyage à l'étranger. -**5.** [instalment - of encyclopedia] fascicule *m*; [- of serial] épisode *m*; **don't miss ~ two!** [of serial] ne manquez pas le deuxième épisode!; [of programme in two parts] ne manquez pas la deuxième partie! -**6.** [measure] mesure *f*; **one ~ of pastis and four ~s of water** une mesure de pastis et quatre mesures d'eau; **a concentration of six ~s per million** CHEM une concentration de six pour un million; **the bottle was three ~s empty** la bouteille était aux trois quarts vide. -**7.** [side] parti *m*, part *f*; **he always takes his mother's ~** il prend toujours le parti de sa mère ❑ **to take sthg in good ~** bien prendre qqch. -**8.** *Am* [in hair] raie *f*. -**9.** GRAMM partie *f*. -**10.** MUS partie *f*; **the vocal/violin ~** la partie vocale/(pour) violon.
◇ *comp* [payment] partiel; **~ owner** copropriétaire *mf*.
◇ *adv* en partie, partiellement; **the jacket is ~ cotton, ~ polyester** la veste est un mélange de coton et de polyester OR un mélange coton-polyester; **he's ~ English, ~ Chinese** il est moitié anglais, moitié chinois.
◇ *vi* -**1.** [move apart, open - lips, curtains] s'ouvrir; [- branches, legs, crowd] s'écarter; [disengage - fighters] se séparer; **the clouds ~ed** il y eut une éclaircie. -**2.** [leave one another] se quitter; **they ~ed good friends** ils se sont quittés bons amis. -**3.** [break - rope, strand] se casser; [tear - fabric] se déchirer.
◇ *vt* -**1.** [move apart, open - lips, curtains] ouvrir; [- branches, legs, crowd] écarter; **her lips were slightly ~ed** ses lèvres étaient entrouvertes. -**2.** [separate] séparer; **the children were ~ed from their parents** les enfants ont été séparés de leurs parents; **he's not easily ~ed from his cash** *hum* il ne se sépare pas facilement de son argent. -**3.** [hair] faire une raie à; **her hair's ~ed in the middle** elle a la raie au milieu.
◆ **parts** *npl* [talents] talents *mpl*; **a man/woman of many ~s** un homme/une femme de talent.
◆ **for the most part** *adv phr* dans l'ensemble; **the day will be sunny for the most ~** la journée sera ensoleillée dans l'ensemble; **for the most ~ we get along pretty well** dans l'ensemble, nous nous entendons assez bien.
◆ **in part** *adv phr* en partie; **it's true in ~** c'est en partie vrai; **it's in large ~ true** c'est en grande partie vrai; **the problem stems in ~ from a misunderstanding** le problème vient en partie d'un malentendu.
◆ **in parts** *adv phr* par endroits; **the book is good in ~s** le livre est bon par endroits, certains passages du livre sont bons; **in ~s the text is almost illegible** le texte est presque illisible par endroits.
◆ **on the part of** *prep phr* de la part de; **it was negligence on the ~ of the landlord** c'était une négligence de la part du propriétaire.
◆ **part with** *vt insep* se séparer de; **we'll have to ~ with most of the furniture** nous devrons nous séparer de presque tous les meubles; **he hates ~ing with his money** il a horreur de dépenser son argent.

partake [pɑːˈteɪk] (*pt* **partook** [-ˈtʊk], *pp* **partaken** [-ˈteɪkn]) *vi arch* OR *fml* -**1.** [eat, drink]: **to ~ of** prendre; **to ~ of a meal** prendre un repas. -**2.** [participate]: **to ~ in** [event] participer à; [joy, grief] partager. -**3.** [share quality]: **to ~ of** relever de, tenir à.

part exchange *n* COMM reprise *f*; **they'll take your old TV set in ~** ils vous font une reprise sur OR ils reprennent votre ancien téléviseur.

parthenogenesis [ˌpɑːθɪnəʊˈdʒenɪsɪs] *n* parthénogenèse *f*.

Parthenon [ˈpɑːθɪnən] *pr n*: **the ~** le Parthénon.

Parthian [ˈpɑːθjən] *n* Parthe *mf*; **~ shot** flèche *f* du Parthe.

partial [ˈpɑːʃl] *adj* -**1.** [incomplete] partiel; **a ~ loss of hearing** une perte partielle de l'ouïe; **the exhibition was only a ~ success** l'exposition n'a connu qu'un succès mitigé. -**2.** [biased] partial. -**3.** [fond]: **to be ~ to sthg** avoir un penchant OR un faible pour qqch.

partial eclipse *n* éclipse *f* partielle.

partial fraction *n* petite partie *f* d'une fraction.

partiality [ˌpɑːʃɪˈælətɪ] (*pl* **partialities**) *n* -**1.** [bias] partialité *f*. -**2.** [fondness] faible *m*, penchant *m*.

partially [ˈpɑːʃəlɪ] *adv* -**1.** [partly] en partie, partiellement. -**2.** [in biased way] partialement, avec partialité.

partially sighted ◇ *adj* malvoyant.
◇ *npl*: **the ~** les malvoyants *mpl*.

participant [pɑːˈtɪsɪpənt] *n* participant *m*, -e *f*; **the ~s in the debate** les participants au débat.

participate [pɑːˈtɪsɪpeɪt] *vi* participer, prendre part; **to ~ in** [race, discussion] prendre part à, participer à.

participation [pɑːˌtɪsɪˈpeɪʃn] *n* participation *f*; **teachers should encourage greater student ~** les professeurs devraient encourager les étudiants à participer plus activement.

participatory [pɑːˌtɪsɪˈpeɪtərɪ] *adj* participatif.

participial [ˌpɑːtɪˈsɪpɪəl] *adj* participial.

participle [ˈpɑːtɪsɪpl] *n* participe *m*; **present/past ~** participe présent/passé.

particle [ˈpɑːtɪkl] *n* -**1.** [tiny piece] particule *f*, parcelle *f*; [of dust] grain *m*; *fig* [jot] brin *m*, grain *m*; **food ~s** particules de nourriture. -**2.** LING particule *f*. -**3.** PHYS particule *f*. -**4.** RELIG hostie *f*.

particle accelerator *n* accélérateur *m* de particules.

particle beam *n* faisceau *m* de particules.

particle board *n* panneau *m* de particules.

particle physics *n (U)* physique *f* des particules.

parti-coloured [ˈpɑːtɪ-] *adj* bariolé, bigarré.

particular [pəˈtɪkjʊləʳ] ◇ *adj* -**1.** [specific, distinct] particulier; **for no ~ reason** sans raison particulière; **do you have a ~ day in mind?** est-ce que vous avez un jour précis OR particulier en tête?; **only that ~ colour will do** il n'y a que cette couleur-là qui fasse l'affaire; **I've got no ~ place to go** je ne vais nulle part en particulier, je n'ai pas de destination précise; **the problem is not ~ to this region** le problème n'est pas particulier à OR spécifique à OR ne se limite pas à cette région. -**2.** [exceptional, special] particulier, spécial; **it's an issue of ~ importance to us** c'est une question qui revêt une importance toute particulière à nos yeux. -**3.** [fussy]: **to be ~ about hygiene/manners** attacher beaucoup d'importance à l'hygiène/aux bonnes manières; **to be ~ about one's food** être difficile pour la nourriture; **he's very ~ about the way he dresses** il attache beaucoup d'importance à sa tenue. -**4.** *fml* [detailed - description, account] détaillé.
◇ *n* -**1.** [specific]: **from the general to the ~** du général au particulier. -**2.** [facts, details] détails *mpl*, points *mpl*; **correct in all ~s** correct en tout point; **I won't go into the ~s** je n'entrerai pas dans les détails; **for further ~s phone this number** pour de plus amples renseignements, appelez ce numéro.
◆ **in particular** *adv phr* en particulier; **what are you thinking about? — nothing in ~** à quoi penses-tu? — à rien en particulier; **what hap-**

pened? – nothing in ~ que s'est-il passé? – rien de particulier OR rien de spécial; **no one in ~** personne en particulier; **where are you going? – nowhere in ~** où vas-tu? – je vais juste faire un tour.

particularity [pəˌtɪkjʊ'lærətɪ] (*pl* particularities) *n* particularité *f*.

particularize, -ise [pə'tɪkjʊləraɪz] ◇ *vt* particulariser.
◇ *vi*: **one can ~ from this general rule** on peut particulariser cette règle générale.

particularly [pə'tɪkjʊləlɪ] *adv* particulièrement; **I don't know him ~ well** je ne le connais pas spécialement bien; **it was a ~ vicious murder** ce fut un meurtre extrêmement OR particulièrement sauvage.

parting ['pɑːtɪŋ] ◇ *n* -**1.** [leave-taking] séparation *f*; **they had a tearful ~ at the station** ils se quittèrent en larmes à la gare; **~ from his family was hard** il a eu du mal à quitter sa famille ❑ **we came to a ~ of the ways** nous sommes arrivées à la croisée des chemins. -**2.** [opening - in clouds] trouée *f*; **the ~ of the Red Sea** le partage des eaux de la mer Rouge. -**3.** *Br* [in hair] raie *f*.
◇ *adj lit* [words, kiss] d'adieu; **he gave me a ~ handshake** il m'a serré la main en partant.

parting shot *n fig* flèche *f* du Parthe; **that was his ~** et sur ces mots, il s'en alla.

partisan [ˌpɑːtɪ'zæn] ◇ *adj* partisan; **~ politics** politique *f* partisane; **a very ~ audience** un auditoire très partisan.
◇ *n* partisan *m*.

partisanship [ˌpɑːtɪ'zænʃɪp] *n* partialité *f*, esprit *m* de parti.

partition [pɑː'tɪʃn] ◇ *n* -**1.** [wall] cloison *f*; [screen] paravent *m*; **metal ~s** cloisons *fpl* métalliques. -**2.** [of country] partition *f*; [of property] division *f*; [of power] répartition *f*, morcellement *m*.
◇ *vt* -**1.** [room] diviser, cloisonner. -**2.** [country] diviser, démembrer.
◆ **partition off** *vt sep* [part of room] cloisonner; **a small office had been ~ed off** on avait aménagé un petit bureau derrière une cloison.

partition wall *n* cloison *f*.

partitive ['pɑːtɪtɪv] ◇ *adj* partitif.
◇ *n* partitif *m*.

partly ['pɑːtlɪ] *adv* en partie, partiellement; **it's ~ because of the view that I like this room so much** c'est en partie à cause de la vue que j'aime tant cette pièce.

partner ['pɑːtnəʳ] ◇ *n* -**1.** [spouse] époux *m*, épouse *f*, conjoint *m*, -e *f*; [lover] ami *m*, -e *f*; **sexual ~** partenaire *mf* (sexuel). -**2.** [in game, dance etc] partenaire *mf*; **his ~ in the waltz** sa partenaire OR sa cavalière pour la valse. -**3.** [in common undertaking] partenaire *mf*; [in firm, medical practice etc] associé *m*, -e *f*; **our ~s in NATO** nos partenaires de l'OTAN; **to be ~s in crime** être complices dans le crime.
◇ *vt* -**1.** [be the partner of] être partenaire de. -**2.** [dance with] danser avec; [play with] faire équipe avec, être le partenaire de.

partnership ['pɑːtnəʃɪp] *n* -**1.** [gen] association *f*; **to work in ~ with sb/sthg** travailler en association avec qqn/qqch; **we work in ~ with relief organizations** nous travaillons en association avec des organisations humanitaires; **to go into ~ with sb** s'associer avec qqn; **they've gone into ~ together** ils se sont associés; **they offered him a ~** ils lui ont proposé de devenir leur associé. -**2.** [firm] ≃ société *f* en nom collectif.

part of speech *n* partie *f* du discours.

parton ['pɑːtn] *n* parton *m*.

partook [pɑː'tʊk] *pt* → **partake**.

part payment *n* acompte *m*; **I received £500 in ~ for the car** j'ai reçu un acompte de 500 livres pour la voiture.

partridge ['pɑːtrɪdʒ] (*pl inv* OR partridges) *n* perdrix *f*; [immature] perdreau *m*.

part-singing *n* chant *m* polyphonique OR à plusieurs voix.

part song *n* chant *m* polyphonique OR à plusieurs voix.

part-time *adj* & *adv* à temps partiel; **she's got a ~ job** elle travaille à temps partiel; **a ~ teacher** un professeur à temps partiel.

part-timer *n* travailleur *m*, -euse *f* à temps partiel.

parturition [ˌpɑːtjʊ'rɪʃn] *n fml* OR MED parturition *f*.

partway ['pɑːtweɪ] *adv* en partie, partiellement; **~ through the year, she resigned** elle a démissionné en cours d'année; **I'm only ~ through the book** je n'ai pas fini le livre; **I was ~ down the stairs when the phone rang** j'étais dans l'escalier quand le téléphone a sonné.

part work *n Br série de périodiques destinés à être rassemblés en un seul ouvrage*; **they published it as a ~** ils l'ont publié sous forme de fascicules.

party ['pɑːtɪ] (*pl* parties, *pt* & *pp* partied) ◇ *n* -**1.** [social event] fête *f*; [more formal] soirée *f*, réception *f*; **to give a ~** [formal] donner une réception OR une soirée; [informal] faire une fête; **to have** OR **to throw a ~ for sb** organiser une fête en l'honneur de qqn; **I'm having a little cocktail ~ on Friday** je fais un petit cocktail vendredi; **New Year's Eve ~** réveillon *m* de fin d'année. -**2.** POL parti *m*; **the Conservative/Democratic Party** le parti conservateur/démocrate; **he joined the Socialist Party in 1936** il est entré au parti socialiste en 1936. -**3.** [group of people] groupe *m*; **a tour ~** un groupe de touristes; **the funeral ~** le cortège funèbre; **the wedding ~** les invités *mpl (à un mariage)*; **to make dinner reservations for a ~ of six** réserver une table pour six personnes; **working ~** équipe *f* de travail. -**4.** *fml* OR JUR [individual, participant] partie *f*; **to be a ~ to** [discussion] prendre part à; [crime] être complice de; [conspiracy, enterprise] être mêlé à, tremper dans; **the guilty ~** le coupable; **the injured ~** la partie lésée; **(the) interested parties** les intéressés *mpl*. -**5.** [person] individu *m*.
◇ *comp* -**1.** [atmosphere, clothes] de fête; **~ dress** robe *f* habillée; **~ invitations** invitations *fpl*; **~ snacks** amuse-gueule *mpl*. -**2.** POL [leader, leadership, funds] du parti; [system] des partis.
◇ *vi* faire la fête; **we partied all night** nous avons fait la fête toute la nuit.

partying ['pɑːtɪɪŋ] *n*: **she's a great one for ~** *inf* elle adore faire la fête.

party line *n* -**1.** POL ligne *f* du parti; **to toe the ~** suivre la ligne du parti. -**2.** TELEC ligne *f* commune *(à plusieurs abonnés)*.

party piece *inf n* chanson *f* OR poème *m* de circonstance *(à l'occasion d'une fête)*.

party political *adj* [broadcast] réservé à un parti politique; [issue] de parti politique.

party politics *npl* politique *f* de parti; *pej* politique *f* politicienne.

party pooper *inf n* rabat-joie *m inv*.

party wall *n* mur *m* mitoyen.

par value *n* valeur *f* nominale.

parvenu ['pɑːvənjuː] ◇ *n* parvenu *m*, -e *f*.
◇ *adj* parvenu.

pascal ['pæskl] *n* pascal *m* PHYS.

PASCAL [pæ'skæl] *n* PASCAL *m*.

paschal, Paschal ['pæskl] *adj* pascal; **~ candle** cierge *m* pascal.

Paschal Lamb *n* agneau *m* pascal.

pasha ['pæʃə] *n* pacha *m*.

pass [pɑːs] ◇ *vi* -**1.** [move in specified direction] passer; **a cloud ~ed across the moon** un nuage est passé devant la lune; **the wires ~ under the floorboards** les fils passent sous le plancher; **alcohol ~es rapidly into the bloodstream** l'alcool passe rapidement dans le sang; **his life ~ed before his eyes** il a vu sa vie défiler devant ses yeux. -**2.** [move past, go by] passer; **let me ~** laissez-moi passer; **the road was too narrow for two cars to ~** la route était trop étroite pour que deux voitures se croisent; **I happened to be ~ing, so I thought I'd call in** il s'est trouvé que je passais, alors j'ai eu l'idée de venir vous voir. -**3.** [overtake] dépasser, doubler. -**4.** [elapse - months, years] (se) passer, s'écouler; [- holiday] se passer; **the weekend ~ed without surprises** le week-end s'est passé sans surprises; **time ~ed rapidly** le temps a passé très rapidement. -**5.** [be transformed] passer, se transformer; **it then ~es into a larval stage** il se transforme par la suite en larve; **the oxygen then ~es to a liquid state** ensuite l'oxygène passe à l'état liquide; **to ~ from joy to despair** passer de la joie au désespoir. -**6.** [take place] se passer, avoir lieu; **harsh words ~ed between them** ils ont eu des mots; **the party, if it ever comes to ~, should be quite something** la fête, si elle a jamais lieu, sera vraiment un grand moment; **and it came to ~ that...** BIBLE et il advint que... -**7.** [end, disappear - pain, crisis, fever] passer; [- anger, desire] disparaître, tomber; [- dream, hope] disparaître; **the moment of tension ~ed** le moment de tension est passé. -**8.** [be transferred - power, responsibility] passer; [- inheritance] passer, être transmis; **authority ~es to the Vice-President when the President is abroad** c'est au vice-président que revient la charge du pouvoir lorsque le président se trouve à l'étranger; **the turn ~es to the player on the left** c'est ensuite au tour du joueur placé à gauche. -**9.** [get through, be approved - proposal] être approuvé; [- bill, law] être voté; [- motion] être adopté; SCH & UNIV [- student] être reçu OR admis. -**10.** [go unchallenged] passer; **the insult ~ed unnoticed** personne ne releva l'insulte; **he let the remark/mistake ~** il a laissé passer la remarque/l'erreur sans la relever; **I don't like it, but I'll let it ~** je n'aime pas ça, mais je préfère ne rien dire OR me taire. -**11.** [be adequate, acceptable - behaviour] convenir, être acceptable; [- repair job] passer; **in a grey suit you might just ~** avec ton costume gris, ça peut aller. -**12.** [substitute]: **don't try to ~ as an expert** n'essaie pas de te faire passer pour un expert; **you could easily ~ for your sister** on pourrait très bien te prendre pour ta sœur; **he could ~ for 35** on lui donnerait 35 ans; **she could ~ for a Scandinavian** on pourrait la prendre pour une Scandinave. -**13.** SPORT faire une passe. -**14.** GAMES passer; **(I) ~!** (je) passe!
◇ *vt* -**1.** [move past, go by - building] passer devant; [- person] croiser; **if you ~ a chemist's, get some aspirin** si tu passes devant une pharmacie, achète de l'aspirine; **he ~ed my table without seeing me** il est passé devant ma table sans me voir; **I ~ed her on the stairs** je l'ai croisée dans l'escalier; **the ships ~ed each other in the fog** les navires se sont croisés dans le brouillard. -**2.** [go beyond - finishing line, frontier] passer; [overtake] dépasser, doubler; **we've ~ed the right exit** nous avons dépassé la sortie que nous aurions dû prendre; **contributions have ~ed the $100,000 mark** les dons ont franchi la barre des 100 000 dollars; **we've ~ed a major turning point** nous avons franchi un cap important. -**3.** [move, run] passer; **she ~ed her hand over her hair** elle s'est passé la main dans les cheveux. -**4.** [hand] passer; **~ me the sugar, please** passez-moi le sucre, s'il vous plaît ‖ [transmit - message] transmettre; **~ the list around the office** faites passer OR circuler la liste dans le bureau; **can you ~ her the message?** pourriez-vous lui transmettre OR faire passer le message? -**5.** [spend - life, time, visit] passer; **to ~ the time of day** bavarder un peu. -**6.** [succeed in - exam, driving test] être reçu à, réussir; **he didn't ~ his history exam** il a échoué OR il a été recalé à son examen d'histoire. -**7.** [approve - bill, law] voter; [- motion, resolution] adopter; SCH & UNIV [- student] recevoir, admettre; **the drug has not been ~ed by the Health Ministry** le médicament n'a pas reçu l'autorisation de mise sur le marché du ministère de la Santé. -**8.** [pronounce - judgment, verdict, sentence] prononcer, rendre; [- remark, compliment] faire; **to ~ judgment on sb/sthg** *fig* porter un jugement sur qqn/qqch; **he declined to ~ comment** il s'est refusé à tout commentaire. -**9.** [counterfeit money, stolen

goods] écouler. -**10.** SPORT [ball, puck] passer. -**11.** GAMES: to ~ **one's turn** passer OR sauter son tour. -**12.** PHYSIOL: to ~ **blood** avoir du sang dans les urines; to ~ **water** uriner.

◇ *n* -**1.** [in mountains] col *m*, défilé *m*; **the Brenner Pass** le col du Brenner. -**2.** [authorization - for worker, visitor] laissez-passer *m inv*; THEAT invitation *f*, billet *m* de faveur; MIL [- for leave of absence] permission *f*; [- for safe conduct] sauf-conduit *m*; **press** ~ carte *f* de presse; **rail/bus** ~ carte *f* d'abonnement (de train/de bus). -**3.** SCH & UNIV [in exam] moyenne *f*, mention *f* passable; **to get a** ~ avoir la moyenne; **I got three** ~**es** j'ai été reçu dans trois matières. -**4.** [state of affairs] situation *f*; **things have come to a pretty** OR **fine** OR **sorry** ~ on est dans une bien mauvaise passe, la situation s'est bien dégradée. -**5.** SPORT [with ball, puck] passe *f*; [in fencing] botte *f*; [in bullfighting] passe *f*; **to make a** ~ **at** [in fencing] porter une botte à. -**6.** [by magician] passe *f*. -**7.** COMPUT passe *f*. -**8.** AERON [overflight] survol *m*; [attack] attaque *f*. -**9.** *inf phr*: **to make a** ~ **at sb** faire des avances à qqn.

◆ **pass around** *vt sep* [cake, cigarettes] (faire) passer; [petition] (faire) circuler; [supplies] distribuer; **he** ~**ed around the tray of champagne** il a fait passer le plateau avec les coupes de champagne.

◆ **pass away** ◇ *vi insep* -**1.** *euph* [die] s'éteindre *euph*, décéder. -**2.** [elapse - time] passer, s'écouler.

◇ *vt sep* [while away] passer; **she** ~**ed away the morning painting** elle a passé la matinée à peindre; **we played cards to** ~ **the time away** nous avons joué aux cartes pour tuer OR passer le temps.

◆ **pass back** *vt sep* -**1.** [give back] rendre; ~ **the book back when you've finished** rendez-moi le livre quand vous aurez fini. -**2.** RADIO & TV: **I'll now** ~ **you back to the studio** je vais rendre l'antenne au studio. -**3.** SPORT [to team mate] repasser; [backwards] passer en arrière.

◆ **pass by** ◇ *vi insep* -**1.** [move past, go by]: **he** ~**ed by without a word!** il est passé à côté de moi sans dire un mot! -**2.** [visit] passer; **she** ~**ed by to say hello** elle est passée dire bonjour.

◇ *vt sep* [disregard] ignorer, négliger; **she felt life had** ~**ed her by** elle avait le sentiment d'avoir raté sa vie.

◆ **pass down** *vt sep* -**1.** [reach down] descendre; **he** ~**ed me down my suitcase** il m'a tendu OR passé ma valise. -**2.** [transmit - inheritance, disease, tradition] transmettre, passer; **the songs were** ~**ed down from generation to generation** les chansons ont été transmises de génération en génération.

◆ **pass off** ◇ *vi insep* -**1.** [take place - conference, attack] se passer, se dérouler; **the meeting** ~**ed off without incident** la réunion s'est déroulée sans incident. -**2.** [end - fever, fit] passer; **the effects of the drug had** ~**ed off** les effets du médicament s'étaient dissipés.

◇ *vt sep* [represent falsely] faire passer; **he** ~**es himself off as an actor** il se fait passer pour un acteur.

◆ **pass on** ◇ *vi insep* -**1.** *euph* [die] trépasser, s'éteindre *euph*. -**2.** [proceed] passer; **let's** ~ **on to the next question** passons à la question suivante.

◇ *vt sep* -**1.** [hand on - box, letter] passer. -**2.** [transmit - disease, tradition] transmettre; **they** ~ **the costs on to their customers** ils répercutent les coûts sur leurs clients; **we meet at 8,** ~ **it on** nous avons rendez-vous à 8 h, dis-le aux autres OR fais passer (la consigne).

◆ **pass out** ◇ *vi insep* -**1.** [faint] s'évanouir, perdre connaissance; [from drunkenness] tomber ivre mort; [go to sleep] s'endormir. -**2.** MIL [cadet] ≃ finir ses classes.

◇ *vt sep* [hand out] distribuer.

◆ **pass over** ◇ *vt sep* [not take - opportunity] négliger, ignorer; [overlook - person]: **he was** ~**ed over for promotion** on ne lui a pas accordé la promotion qu'il attendait.

◇ *vt insep* -**1.** [overlook - fault, mistake] passer sur, ne pas relever. -**2.** [skip - paragraph] sauter; **you can** ~ **over this section** vous pouvez sauter ce passage.

◆ **pass round** = **pass around**.

◆ **pass through** ◇ *vi insep* passer; **are you in Boston for some time or are you just** ~**ing through?** êtes-vous à Boston pour quelque temps ou êtes-vous juste de passage?

◇ *vt insep* [difficult period] traverser; [barrier] franchir; **the bullet** ~**ed through his shoulder** la balle lui a traversé l'épaule; **you** ~ **through a small village** vous traversez un petit village; **he** ~**ed through the checkpoint without any trouble** il a passé le poste de contrôle sans encombre.

◆ **pass up** *vt sep* -**1.** [hand up] passer; ~ **me up the light bulb** passe-moi l'ampoule. -**2.** [forego - job, opportunity] manquer, laisser passer; **I'll have to** ~ **up their invitation** je vais devoir décliner leur invitation.

passable ['pɑːsəbl] *adj* -**1.** [acceptable] passable, acceptable; **a very** ~ **little restaurant** un petit restaurant très honnête OR correct. -**2.** [road] praticable; [river, canyon] franchissable. -**3.** [currency] ayant cours.

passably ['pɑːsəblɪ] *adv* passablement, pas trop mal.

passage ['pæsɪdʒ] *n* -**1.** [way through] passage *m*; **the police cleared a** ~ **through the crowd** les policiers ouvrirent un passage à travers la foule. -**2.** [corridor] passage *m*, couloir *m*; [alleyway] ruelle *f*; **an underground** ~ un passage souterrain. -**3.** [part of book, piece of music] passage *m*; **selected** ~**s from Churchill's speeches** morceaux choisis des discours de Churchill. -**4.** ANAT & TECH [duct] conduit *m*; **nasal** ~**s** conduits nasaux. -**5.** [passing - gen] passage *m*; [- of bill] adoption *f*; **the trench did not block the** ~ **of the tanks** la tranchée n'a pas empêché les chars de passer; **their friendship has survived the** ~ **of time** leur amitié a survécu au temps. -**6.** NAUT [voyage] voyage *m*; [crossing] traversée *f*; **she worked her** ~ **to Rio** elle a payé son voyage à Rio en travaillant à bord du navire ❑ **'A Passage to India'** *Forster, Lean* 'la Route des Indes'. -**7.** *fml* [access] libre passage *m*; **to grant sb safe** ~ **through a country** accorder à qqn le libre passage à travers un pays. -**8.** *arch* OR *fig*: ~ **of** OR **at arms** passe *f* d'armes.

passageway ['pæsɪdʒweɪ] *n* [corridor] passage *m*, couloir *m*; [alleyway] ruelle *f*; **don't block the** ~**!** n'obstruez pas le passage!, laissez le passage libre!

passbook ['pɑːsbʊk] *n* -**1.** [bankbook] livret *m* (d'épargne). -**2.** *SAfr* laissez-passer *m inv*.

pass degree *n en Grande-Bretagne, licence obtenue avec mention passable (par opposition au «honours degree»).*

passé [*Br* 'pæseɪ, *Am* pæ'seɪ] *adj pej* dépassé, vieillot, désuet.

passenger ['pæsɪndʒəʳ] *n* -**1.** [in car, bus, aircraft, ship] passager *m*, -ère *f*; [in train] voyageur *m*, -euse *f*. -**2.** *Br pej* [worker, team member] poids *m* mort.

passenger coach *Br*, **passenger car** *Am n* RAIL wagon *m* OR voiture *f* de voyageurs.

passenger list *n* liste *f* des passagers.

passenger mile *n* AERON ≃ kilomètre-passager *m*; RAIL ≃ kilomètre-voyageur *m*.

passenger seat *n* AUT [in front] siège *m* du passager; [in back] siège *m* arrière.

passenger train *n* train *m* de voyageurs.

passe-partout [ˌpæspə'tuː] *n* -**1.** [mounting] passe-partout *m inv*. -**2.** = **passkey**.

passer-by [ˌpɑːsə'baɪ] (*pl* **passers-by**) *n* passant *m*, -e *f*.

passim ['pæsɪm] *adv* passim.

passing ['pɑːsɪŋ] ◇ *adj* -**1.** [going by] qui passe; **she watched the** ~ **crowd** elle regardait la foule qui passait; **with each** ~ **day/second he grew more worried** son inquiétude croissait de jour en jour/de seconde en seconde. -**2.** [fleeting] éphémère, passager; **a** ~ **whim** un caprice passager. -**3.** [cursory, casual] (fait) en passant; **he didn't give her absence a** ~ **thought** c'est tout juste s'il a remarqué son absence, il a à peine remarqué son absence; **he made only a** ~ **reference to her absence** il a fait mention de son absence en passant. -**4.** AUT: ~ **lane** voie *f* de dépassement.

◇ *n* -**1.** [of time] passage *m*, fuite *f*; [of youth, traditions, old ways] disparition *f*; **she regretted the** ~ **of her beauty** elle regrettait sa beauté envolée; **with the** ~ **of time the pain will ease** la douleur s'atténuera avec le temps. -**2.** [of train, crowd] passage *m*. -**3.** *euph* [death] trépas *m*, mort *f*.

◇ *adv arch* fort, extrêmement.

◆ **in passing** *adv phr* en passant.

passing bell *n* glas *m*.

passing-out parade *n* MIL défilé *m* de promotion.

passing place *n* voie *f* de dépassement, aire *f* de croisement.

passing shot *n* [in tennis] passing-shot *m*.

passion ['pæʃn] *n* -**1.** [love] passion *f*; **to give in to one's** ~ s'abandonner à sa passion; **crime of** ~ crime *m* passionnel; **I have a** ~ **for Chinese food** j'adore la cuisine chinoise; **his latest** ~ **is Faulkner** sa dernière passion, c'est Faulkner. -**2.** [emotion, feeling] passion *f*; **she sings with great** ~ elle chante avec beaucoup de passion; **nationalist** ~**s** passions nationalistes. -**3.** *lit* [fit of anger] (accès *m* de) colère *f*; **he tore it up in a** ~ il l'a déchiré dans un accès de colère.

◆ **Passion** *n* MUS & RELIG: **the Passion** la Passion; **'the St Matthew Passion'** *Bach* 'la Passion selon saint Matthieu'.

passionate ['pæʃənət] *adj* passionné; **to have a** ~ **interest in sthg** s'intéresser passionnément à qqch; **she's** ~ **about human rights** elle est dévouée à la cause des droits de l'homme.

passionately ['pæʃənətlɪ] *adv* passionnément; **he is** ~ **devoted to the cause** il est dévoué à la cause corps et âme.

passionflower ['pæʃnˌflaʊəʳ] *n* passiflore *f*, fleur *f* de la Passion.

passion fruit *n* fruit *m* de la Passion.

passionless ['pæʃənlɪs] *adj* sans passion.

Passion play *n* mystère *m* de la Passion.

Passion Sunday *n* le dimanche de la Passion.

Passion Week *n* la semaine de la Passion.

passive ['pæsɪv] ◇ *adj* -**1.** [gen, CHEM & ELECTRON] passif. -**2.** GRAMM passif.

◇ *n* GRAMM passif *m*; **in the** ~ au passif.

passively ['pæsɪvlɪ] *adv* -**1.** [gen] passivement. -**2.** GRAMM au passif.

passiveness ['pæsɪvnɪs], **passivity** [pæ'sɪvətɪ] *n* passivité *f*.

passive resistance *n* résistance *f* passive.

passive smoker *n non-fumeur dans un environnement fumeur.*

passive smoking *n* tabagisme *m* passif.

passivization [ˌpæsɪvaɪ'zeɪʃn] *n* mise *f* au passif; **the verb can undergo** ~ on peut mettre le verbe au passif.

passivize, -ise ['pæsɪvaɪz] *vt* GRAMM passiver.

passkey ['pɑːskiː] *n* passe-partout *m inv*.

pass mark *n* SCH moyenne *f*.

Passover ['pɑːsˌəʊvəʳ] *n* Pâque *f* (juive), Pesah *m*.

passport ['pɑːspɔːt] *n* -**1.** passeport *m*; **British** ~ **holders** les détenteurs de passeports britanniques; ~ **control** contrôle *m* des passeports; ~ **photo** photo *f* d'identité. -**2.** *fig* clé *f*; **the** ~ **to happiness** la clé du bonheur.

pass-the-parcel *n Br jeu où l'on se passe un colis contenant soit un gage, soit un cadeau.*

password ['pɑːswɜːd] *n* mot *m* de passe.

past [pɑːst] ◇ *n* -**1.** [former time] passé *m*; **to live in the** ~ vivre dans le passé; **the great empires of the** ~ les grands empires de l'histoire; **he's a man with a** ~ il a un passé chargé ❑ **politeness seems to have become a thing of the** ~ la politesse semble être une chose démodée. -**2.** GRAMM passé *m*; **in the** ~ **(tense)** au passé.

◇ *adj* -**1.** [gone by - life] antérieur; [- quarrels, differences] vieux, d'autrefois; [- generation, centuries, mistakes, event] passé; in ~ time OR times ~ autrefois, (au temps) jadis || [ended, over]: to be ~ être passé OR terminé; the crisis is now ~ la crise est maintenant passée. -2. [last] dernier; this ~ month has been very busy le mois qui vient de s'achever a été très chargé; I've not been feeling well for the ~ few days ça fait quelques jours que je ne me sens pas très bien; he has spent the ~ five years in China il a passé ces cinq dernières années en Chine. -3. [former] ancien; the ~ mayors of the town les anciens maires de la ville. -4. GRAMM passé.

◇ *prep* -1. [in time] après; it's ten/quarter/half ~ six il est six heures dix/et quart/et demie; it's quarter ~ the hour il est le OR et quart; it's already ~ midnight il est déjà plus de minuit OR minuit passé; it's long OR way ~ my bedtime je devrais être au lit depuis longtemps; he's ~ 50 il a plus de 50 ans, il a dépassé la cinquantaine; she's ~ the adolescent stage ce n'est plus une adolescente; these beans are ~ their best ces haricots ne sont plus très frais ❑ to be ~ it *inf* avoir passé l'âge. -2. [further than] plus loin que, au-delà de; it's a few miles ~ the lake c'est quelques kilomètres après le lac; turn right just ~ the school prenez à droite juste après l'école; he can't count ~ ten il ne sait compter que jusqu'à dix; I didn't manage to get ~ the first page je n'ai pas réussi à lire plus d'une page. -3. [by, in front of] devant; he walked right ~ my table il est passé juste devant ma table. -4. [beyond scope of] au-delà de; it's ~ all understanding ça dépasse l'entendement; their demands are ~ all reason leurs exigences sont totalement démesurées. -5. [no longer capable of]: I'm ~ caring ça ne me fait plus ni chaud ni froid ❑ I wouldn't put it ~ him il en est bien capable.

◇ *adv* -1. [by]: to go ~ passer; they ran ~ ils passèrent en courant; the years flew ~ les années passaient à une vitesse prodigieuse. -2. [ago]: one night about three years ~ une nuit il y a environ trois ans; it had long ~ struck midnight minuit avait sonné depuis longtemps.

◆ **in the past** *adv phr* autrefois, dans le temps.

pasta ['pæstə] *n (U)* pâtes *fpl* (alimentaires).

paste [peɪst] ◇ *n* -1. [substance - gen] pâte *f*; hard/soft ~ [in ceramics] pâte dure/tendre. -2. CULIN [dough] pâte *f*; [mashed meat, fish] pâté *m*; anchovy ~ beurre *m* d'anchois; tomato ~ concentré *m* de tomate. -3. [glue] colle *f*. -4. [for jewellery] strass *m*, stras *m*; ~ necklace/diamonds collier/diamants en stras OR strass.

◇ *vt* -1. [stick - stamp] coller; [spread glue on] encoller, enduire de colle; ~ the labels on the parcel collez les étiquettes sur le colis. -2. [cover - wall] recouvrir; the crate was ~d with stickers la caisse était couverte d'autocollants.

◆ **paste up** *vt sep* [poster] coller; [list] afficher; [wallpaper] poser.

pasteboard ['peɪstbɔːd] ◇ *n* -1. [cardboard] carton *m*. -2. *Am* [for pastry] planche *f* à pâtisserie.

◇ *adj* de OR en carton-pâte.

pastel ['pæstl] ◇ *n* pastel *m*; ~ (drawing) (dessin *m* au) pastel; a portrait in ~s un portrait au pastel; ~s suit her les couleurs OR teintes pastel lui vont bien.

◇ *adj* pastel *(inv)*; ~ pink skirts des jupes rose pastel; ~ shade ton *m* OR teinte *f* pastel.

pastern ['pæstɜːn] *n* paturon *m*.

paste-up *n* TYPO maquette *f*.

pasteurization [,pɑːstʃəraɪ'zeɪʃn] *n* pasteurisation *f*.

pasteurize, -ise ['pɑːstʃəraɪz] *vt* pasteuriser.

pasteurized ['pɑːstʃəraɪzd] *adj* -1. [milk, beer] pasteurisé. -2. *pej* [version, description] édulcoré, aseptisé.

pastiche [pæ'stiːʃ] *n* pastiche *m*.

pastille, pastil ['pæstɪl] *n* pastille *f*; cough ~s pastilles pour OR contre la toux.

pastime ['pɑːstaɪm] *n* passe-temps *m*.

pasting *inf* ['peɪstɪŋ] *n* [beating, defeat] raclée *f*; they got a ~ in the elections ils ont pris une raclée aux élections.

past master *n* expert *m*; he's a ~ at doing as little as possible *hum* il est passé maître dans l'art d'en faire le moins possible.

pastor ['pɑːstəʳ] *n* pasteur *m* RELIG.

pastoral ['pɑːstərəl] *adj* -1. [gen, ART & LITERAT] pastoral; they are a ~ people c'est un peuple de bergers; a ~ idyll une idylle pastorale ❑ ~ land pâturages *mpl*; 'The Pastoral Symphony' *Beethoven* 'la Symphonie pastorale'. -2. RELIG pastoral; ~ visit visite *f* pastorale; ~ staff crosse *f* (d'évêque). -3. SCH: ~ care ≃ tutorat *m*; teachers also have a ~ role les enseignants ont également un rôle de conseillers.

past participle *n* participe *m* passé.

past perfect *n* plus-que-parfait *m*.

pastrami [pə'strɑːmɪ] *n* pastarmi *m*, pastermi *m*.

pastry ['peɪstrɪ] (*pl* pastries) *n* -1. [dough] pâte *f*. -2. [cake] pâtisserie *f*, gâteau *m*.

pastry board *n* planche *f* à pâtisserie.

pastry brush *n* pinceau *m* (à pâtisserie).

pastry case *n* croûte *f*.

pastry cook *n* pâtissier *m*, -ère *f*.

pastry cream, pastry custard *n* crème *f* pâtissière.

pastry shell *n* fond *m* de tarte.

past tense *n* passé *m*.

pasturage ['pɑːstjʊrɪdʒ] *n* pâturage *m*.

pasture ['pɑːstʃəʳ] ◇ *n* pâture *f*, pré *m*, pâturage *m*; to put out to ~ [animal] mettre au pâturage; *hum* [person] mettre à la retraite; *hum* [car] mettre à la casse; he left for greener ~s il est parti vers des horizons plus favorables.

◇ *vt* [animal] faire paître.

pastureland ['pɑːstʃəlænd] *n* herbages *mpl*, pâturages *mpl*.

pasty[1] ['peɪstɪ] (*compar* pastier, *superl* pastiest) *adj* [texture] pâteux; [sallow] terreux; [whitish] blanchâtre.

pasty[2] ['pæstɪ] (*pl* pasties) *n Br* CULIN ≃ petit pâté *m*.

pasty-faced ['peɪstɪ-] *adj* au teint terreux.

pat [pæt] (*pt & pp* patted, *cont* patting) ◇ *vt* tapoter; "sit here", she said, patting the place beside her «assieds-toi ici», dit-elle, désignant la place à côté d'elle; ~ your face dry séchez-vous le visage en le tapotant; she patted her hair elle se tapota les cheveux; he patted the soil/sand down il a tassé la terre/le sable ❑ to ~ sb on the back *literal* tapoter qqn OR donner une petite tape à qqn dans le dos; *fig* féliciter OR complimenter qqn.

◇ *n* -1. [tap] (légère) tape *f*; he gave me a friendly ~ on the shoulder il m'a donné une tape amicale sur l'épaule; you deserve a ~ on the back *fig* tu mérites un coup de chapeau. -2. [lump]: a ~ of butter une noix de beurre.

◇ *adj* -1. [glib - remark] tout fait; [- answer] tout prêt; his story is a little too ~ son histoire colle un peu trop bien. -2. [in poker]: a ~ hand une main servie.

◇ *adv* -1. [exactly] parfaitement, avec facilité; to have sthg off ~ apprendre qqch à la perfection OR par cœur. -2. *Am* [unbending]: to stand ~ [on decision] rester intraitable; dealer stands ~ [in poker] pas de cartes pour le donneur, donneur servi.

Patagonia [,pætə'gəʊnjə] *pr n* Patagonie *f*; in ~ en Patagonie.

Patagonian [,pætə'gəʊnjən] ◇ *n* Patagon *m*, -onne *f*.

◇ *adj* patagon.

patch [pætʃ] ◇ *n* -1. [of fabric] pièce *f*; [on inner tube] Rustine® *f*; a jacket with suede ~es on the elbows une veste avec des pièces en daim aux coudes ❑ he's not a ~ on you il ne t'arrive pas à la cheville. -2. [over eye] bandeau *m*; he wore a black eye ~ il avait un bandeau noir sur l'œil. -3. [sticking plaster] pansement *m* (adhésif). -4. [beauty spot] mouche *f*. -5. MIL [on uniform] insigne *m*. -6. [plot of land] parcelle *f*, lopin *m*; cabbage/strawberry ~ carré *m* de choux/de fraises; cotton ~ champ *m* de coton; vegetable ~ potager *m*. -7. [small expanse - of light, colour] tache *f*; there were damp ~es on the ceiling il y avait des taches d'humidité au plafond; snow still lay in ~es on the slopes les pistes étaient encore enneigées par endroits; ~es of fog nappes OR poches de brouillard; we crossed a rough ~ of road nous sommes passés sur un tronçon de route défoncé; a bald ~ une (petite) tonsure. -8. *Br* [period] période *f*, moment *m*; to go through a bad OR sticky OR rough ~ traverser une période difficile OR une mauvaise passe; the company had a bad ~ in 1990 la firme a connu des moments difficiles en 1990. -9. *Br* [district, beat] secteur *m*. -10. COMPUT modification *f* (de programme).

◇ *vt* -1. [mend - clothes] rapiécer; [- tyre, canoe] réparer; his jeans were ~ed at the knees son jean avait des pièces OR était rapiécé aux genoux; they ~ed the hole in the roof ils ont colmaté OR bouché le trou dans la toiture. -2. COMPUT [program] modifier. -3. TELEC raccorder; I'll ~ you through je vous passe votre communication.

◆ **patch together** *vt sep*: they managed to ~ together a government/story ils sont parvenus à former un gouvernement de fortune/à construire une histoire de toutes pièces.

◆ **patch up** *vt sep* -1. [repair - clothes] rapiécer; [- car, boat] réparer; [- in makeshift way] rafistoler; they ~ed him up in hospital ils l'ont rafistolé à l'hôpital. -2. [relationship]: he's trying to ~ things up with his wife il essaie de se rabibocher avec sa femme; they've ~ed up their dispute ils se sont réconciliés.

patch board *n* tableau *m* de raccordement.

patchouli ['pætʃʊlɪ] *n* patchouli *m*; ~ oil patchouli.

patch pocket *n* poche *f* plaquée.

patch test *n* test *m* cutané.

patchwork ['pætʃwɜːk] *n* -1. SEW patchwork *m*; we flew over a ~ of fields *fig* nous avons survolé une mosaïque de champs. -2. [collection] collection *f*; the book is a ~ of previously published writings le livre rassemble des écrits déjà publiés.

patchy ['pætʃɪ] (*compar* patchier, *superl* patchiest) *adj* -1. [not uniform] inégal, irrégulier; ~ fog des nappes de brouillard. -2. [incomplete] incomplet; our knowledge of that period of history is very ~ nous n'avons qu'une connaissance imparfaite de cette période de l'histoire.

pate [peɪt] *n arch* OR *hum* tête *f*.

pâté ['pæteɪ] *n* pâté *m*.

patella [pə'telə] (*pl* patellas OR patellae [-liː]) *n* -1. ANAT rotule *f*. -2. ARCHEOL patelle *f*.

paten ['pætn] *n* patène *f*.

patent [*Br* 'peɪtənt, *Am* 'pætənt] ◇ *n* -1. [on invention] brevet *m*; to take out a ~ on sthg prendre un brevet sur qqch, faire breveter qqch; '~ pending' demande de brevet déposée. -2. = **patent leather**. -3. *Am* [on land] concession *f*.

◇ *adj* -1. [product, procedure] breveté. -2. [blatant] patent, manifeste.

◇ *vt* faire breveter.

patent agent *n* agent *m* en brevets.

patent application *n* demande *f* de brevet.

patentee [*Br* ,peɪtən'tiː, *Am* ,pætən'tiː] *n* détenteur *m*, -trice *f* OR titulaire *mf* d'un brevet (d'invention).

patent leather *n* (cuir *m*) vernis *m*; ~ boots bottes *fpl* vernies OR en cuir verni.

patently [*Br* 'peɪtəntlɪ, *Am* 'pætəntlɪ] *adv* manifestement, de toute évidence.

patent medicine *n* médicament *m* vendu sans ordonnance; *pej* [cure-all] élixir *m* universel, remède *m* de charlatan *pej*.

Patent Office *n* ≃ Institut *m* national de la propriété industrielle.

pater *inf* ['peɪtəʳ] *n Br dated* OR *hum* pater *m*, paternel *m*.

paterfamilias [ˌpeɪtəfə'mɪlɪæs] *n* paterfamilias *m*.

paternal [pə'tɜːnl] *adj* paternel.

paternalism [pə'tɜːnəlɪzm] *n* paternalisme *m*.

paternalistic [pəˌtɜːnə'lɪstɪk] *adj* paternaliste.

paternally [pə'tɜːnəlɪ] *adv* paternellement.

paternity [pə'tɜːnətɪ] *n* paternité *f*.

paternity leave *n* congé *m* de paternité.

paternity order *n* JUR (ordonnance *f* de) reconnaissance *f* de paternité.

paternity suit *n* action *f* en recherche de paternité.

paternity test *n* test *m* de recherche de paternité.

paternoster [ˌpætə'nɒstə^r] *n* -**1.** [rosary bead] pater *m*. -**2.** [fishing tackle, lift] pater-noster *m*.
◆ **Paternoster** *n* [prayer] Pater *m*.

path [pɑːθ] (*pl* **paths** [pɑːðz]) *n* -**1.** [in garden, park] allée *f*; [in country] chemin *m*, sentier *m*; [along road] trottoir *m*. -**2.** [way ahead or through] chemin *m*, passage *m*; **to cut a ~ through sthg** se tailler OR se frayer un chemin à travers qqch; **the hurricane destroyed everything in its ~** l'ouragan a tout détruit sur son passage; **the ~ to fame** *fig* la route OR le chemin qui mène à la gloire. -**3.** [trajectory - of projectile, planet] trajectoire *f*; **our ~s first crossed in 1965** nos chemins se sont croisés OR nous nous sommes rencontrés pour la première fois en 1965.

Pathan [pə'tɑːn] ◇ *n* Pathan *m*, -e *f*.
◇ *adj* pathan.

pathetic [pə'θetɪk] *adj* -**1.** [pitiable - lament, waif, smile, story] pitoyable; **it was ~ to see how they lived** cela serrait le cœur OR c'était un crève-cœur de voir dans quelles conditions ils vivaient; **a ~ story** une histoire pitoyable OR pathétique. -**2.** *pej* [worthless] minable, lamentable; **you're a ~ lot!** *inf* vous n'êtes que des minables!

pathetically [pə'θetɪklɪ] *adv* pitoyablement; **she felt ~ lonely** elle se sentait terriblement seule; **he used to be ~ shy** autrefois, il était d'une timidité qui faisait peine à voir.

pathetic fallacy *n* anthropomorphisme *m*.

pathfinder ['pɑːθˌfaɪndə^r] *n* -**1.** [scout] éclaireur *m*. -**2.** *fig* pionnier *m*. -**3.** AERON avion *m* éclaireur.

pathogenesis [ˌpæθə'dʒenɪsɪs] *n* pathogénie *f*.

pathogenic [ˌpæθə'dʒenɪk] *adj* pathogène.

pathogeny [pə'θɒdʒənɪ] = **pathogenesis**.

pathological [ˌpæθə'lɒdʒɪk(l)] *adj* pathologique; **he's a ~ liar** il ne peut pas s'empêcher de mentir.

pathologist [pə'θɒlədʒɪst] *n* pathologiste *mf*.

pathology [pə'θɒlədʒɪ] (*pl* **pathologies**) *n* pathologie *f*.

pathos ['peɪθɒs] *n* pathétique *m*.

pathway ['pɑːθweɪ] *n* [in garden] allée *f*; [in country] chemin *m*, sentier *m*; [beside road] trottoir *m*.

patience ['peɪʃns] *n* -**1.** patience *f*; **to lose ~ (with sb)** perdre patience (avec qqn); **I haven't the ~ to redo it** je n'ai pas la patience de le refaire; **he has no ~ with children** les enfants l'exaspèrent; **don't try my ~ any further!** ne mets pas davantage ma patience à l'épreuve!, n'abuse pas davantage de ma patience!; **have a little ~!** un peu de patience!; **my ~ is wearing thin** ma patience a des limites, je suis à bout de patience. -**2.** *Br* [card game] réussite *f*; **she was playing ~** elle faisait des réussites.

patient ['peɪʃnt] ◇ *adj* patient; **be ~!** (un peu de) patience!, soyez patient!; **if you'll be ~ a few moments longer** veuillez patienter encore quelques instants; **with a ~ smile** avec un sourire empreint d'une grande patience.
◇ *n* MED malade *mf*, patient *m*, -e *f*.

patiently ['peɪʃntlɪ] *adv* patiemment.

patina ['pætɪnə] (*pl* **patinas** OR **patinae** [-niː]) *n* patine *f*.

patio ['pætɪəʊ] (*pl* **patios**) *n* patio *m*; **~ furniture** meubles *mpl* de jardin.

patio doors *npl* portes *fpl* vitrées *(donnant sur un patio)*.

Patna rice ['pætnə-] *n variété de riz à grains longs.*

patois ['pætwɑː] (*pl inv* ['pætwɑːz]) *n* patois *m*.

patriarch ['peɪtrɪɑːk] *n* patriarche *m*.

patriarchal [ˌpeɪtrɪ'ɑːkl] *adj* patriarcal.

patriarchy ['peɪtrɪɑːkɪ] (*pl* **patriarchies**) *n* patriarcat *m*.

patrician [pə'trɪʃn] *n* patricien *m*, -enne *f*.

patricide ['pætrɪsaɪd] *n* -**1.** [killer] parricide *mf*. -**2.** [act] parricide *m*.

Patrick ['pætrɪk] *pr n*: **Saint ~** saint Patrick; **Saint ~'s Day** la Saint-Patrick.

patrilineal [ˌpætrɪ'lɪnɪəl] *adj* patrilinéaire.

patrimony [*Br* 'pætrɪmənɪ, *Am* 'pætrɪməʊnɪ] (*pl* **patrimonies**) *n* patrimoine *m*.

patriot [*Br* 'pætrɪət, *Am* 'peɪtrɪət] *n* patriote *mf*.

patriotic [*Br* ˌpætrɪ'ɒtɪk, *Am* ˌpeɪtrɪ'ɒtɪk] *adj* [person] patriote; [song, action etc] patriotique.

patriotically [*Br* ˌpætrɪ'ɒtɪklɪ, *Am* ˌpeɪtrɪ'ɒtɪklɪ] *adv* patriotiquement, en patriote.

patriotism [*Br* 'pætrɪətɪzm, *Am* 'peɪtrɪətɪzm] *n* patriotisme *m*.

patrol [pə'trəʊl] (*pt* & *pp* **patrolled**, *cont* **patrolling**) ◇ *n* -**1.** [group] patrouille *f*; **the ~ is** OR **are on the way** la patrouille est en route; **highway ~** *Am* police *f* des autoroutes. -**2.** [task] patrouille *f*; **to be on ~** être de patrouille; **they were sent out on ~** ils ont été envoyés en patrouille.
◇ *vi* patrouiller.
◇ *vt* [area, streets] patrouiller dans; **the border is patrolled by armed guards** des gardes armés patrouillent le long de la frontière.

patrol boat *n* NAUT patrouilleur *m*.

patrol car *n* voiture *f* de police.

patrol leader *n* chef *m* de patrouille.

patrolman [pə'trəʊlmən] (*pl* **patrolmen** [-mən]) *n* -**1.** *Am* agent *m* de police *(qui fait sa ronde)*. -**2.** *Br dépanneur employé par une association d'automobilistes.*

patrol wagon *n Am, Austr* & *NZ* voiture *f* OR fourgon *m* cellulaire.

patrolwoman [pə'trəʊlˌwʊmən] (*pl* **patrolwomen** [-ˌwɪmɪn]) *n Am* femme *f* agent de police *(qui fait sa ronde)*.

patron ['peɪtrən] *n* -**1.** [sponsor - of the arts] mécène *m*; [- of a festival] parrain *m*, sponsor *m*; **many multinational companies are becoming ~s of the arts** de nombreuses multinationales se lancent dans le mécénat; **the mayor is one of the ~s of our association** [supporter] le maire est une des personnes qui ont accordé leur patronage à notre association. -**2.** [customer - of restaurant, hotel, shop] client *m*, -e *f*; [- of library] usager *m*; [- of museum] visiteur *m*, -euse *f*; [- of theatre, cinema] spectateur *m*, -trice *f*; **'~s only'** 'réservé aux clients'. -**3.** [in ancient Rome] patron *m*.

patronage ['peɪtrənɪdʒ] *n* -**1.** [support, sponsorship] patronage *m*, parrainage *m*. -**2.** COMM clientèle *f*; **I shall take my ~ elsewhere** j'irai me fournir ailleurs. -**3.** POL pouvoir *m* de nomination; *pej* trafic *m* d'influence; **he got the promotion through the Minister's ~** il a obtenu de l'avancement grâce à l'influence du ministre. -**4.** [condescension] condescendance *f*.

patronize, -ise ['pætrənaɪz] *vt* -**1.** [business] donner sa clientèle à; [cinema] fréquenter; **we no longer ~ the local shops** nous ne faisons plus nos courses dans le quartier. -**2.** [condescend to] traiter avec condescendance; **don't ~ me!** ne prenez pas ce ton condescendant avec moi! -**3.** [sponsor] patronner, parrainer.

patronizing ['pætrənaɪzɪŋ] *adj* condescendant.

patronizingly ['pætrənaɪzɪŋlɪ] *adv* [smile] avec condescendance; [say] d'un ton condescendant.

patron saint *n* (saint *m*) patron *m*, (sainte *f*) patronne *f*.

patronymic [ˌpætrə'nɪmɪk] ◇ *n* patronyme *m*.
◇ *adj* patronymique.

patsy▽ ['pætsɪ] (*pl* **patsies**) *n Am* [gullible person] pigeon *m*, gogo *m*; [scapegoat] bouc *m* émissaire.

patten ['pætn] *n* socque *m* *(pour protéger les chaussures contre la boue)*.

patter ['pætə^r] ◇ *n* -**1.** [sound] crépitement *m*, (petit) bruit *m*; **the ~ of rain on the windows** le crépitement de la pluie sur les fenêtres ❑ **the (pitter) ~ of tiny feet** *hum* un heureux événement. -**2.** *inf* [of salesman] baratin *m*, boniment *m*; [of entertainer] bavardage *m*, baratin *m*. -**3.** *inf* [jargon] jargon *m*.
◇ *vi* -**1.** [raindrops] tambouriner. -**2.** [person, mouse] trottiner; **she ~ed down the corridor in her slippers** elle trottinait dans le couloir en pantoufles. -**3.** *inf* [talk] bavarder, baratiner.

pattern ['pætən] ◇ *n* -**1.** [design - decorative] motif *m*; [- natural] dessin *m*; [- on animal] marques *fpl*; **a geometric/herringbone ~** un motif géométrique/à chevrons. -**2.** [physical arrangement] disposition *f*, configuration *f*; **to form a ~** former un motif OR un dessin. -**3.** [abstract arrangement] système *m*, configuration *f*; **sometimes there seems to be no ~ to our lives** notre existence semble parfois être régie par le hasard; **all the different elements fell into a ~** tous les éléments ont fini par s'emboîter les uns dans les autres OR s'articuler les uns aux autres; **research has established that there is a ~ in** OR **to the data** la recherche a établi que les données ne sont pas aléatoires; **behaviour ~s in monkeys** types de comportement chez les singes; **there is a definite ~ to the burglaries** on observe une constante bien précise dans les cambriolages; **the ~ of TV viewing in the average household** les habitudes du téléspectateur moyen; **economic growth on the Japanese ~** croissance économique à la japonaise; **voice ~** empreintes *fpl* vocales. -**4.** [diagram, shape which guides] TECH modèle *m*, gabarit *m*; SEW patron *m*; **dress ~** patron de robe. -**5.** *fig* [model worth imitating, example] exemple *m*, modèle *m*; **their methods set the ~ for other companies** leurs méthodes ont servi de modèle à d'autres sociétés.
◇ *vt* -**1.** [mark - fabric] décorer d'un motif. -**2.** [copy] modeler; **to ~ o.s. on** OR **after sb** prendre modèle OR exemple sur qqn; **their quality control is ~ed on Japanese methods** leur contrôle de qualité est calqué sur les méthodes japonaises.

pattern designer *n* INDUST dessinateur *m*, -trice *f* de patrons.

patterned ['pætənd] *adj* à motifs; **~ wallpaper** papier peint à motifs.

patterning ['pætənɪŋ] *n* -**1.** PSYCH & SOCIOL acquisition *f* des structures de pensée. -**2.** ZOOL [markings] marques *fpl*, taches *fpl*.

pattie, patty ['pætɪ] (*pl* **patties**) *n* -**1.** *Am*: **(hamburger) ~** *portion de steak haché*. -**2.** [pasty] (petit) pâté *m*.

paucity ['pɔːsətɪ] *n fml* pénurie *f*.

Paul [pɔːl] *pr n*: **Saint ~** saint Paul.

Pauline ['pɔːlaɪn] *adj* RELIG paulinien.

paunch [pɔːntʃ] *n* -**1.** *pej* OR *hum* [stomach] (gros) ventre *m*, bedaine *f*; **he's getting a ~** il prend du ventre. -**2.** ZOOL panse *f*.

paunchy ['pɔːntʃɪ] (*compar* **paunchier**, *superl* **paunchiest**) *adj pej* OR *hum* ventru, pansu, bedonnant; **he's getting ~** il prend du ventre.

pauper ['pɔːpə^r] *n* pauvre *mf*, pauvresse *f*, indigent *m*, -e *f*; **to end up in a ~'s grave** finir à la fosse commune.

pauperism ['pɔːpərɪzm] *n* indigence *f*, paupérisme *m*.

pauperize, -ise ['pɔːpəraɪz] *vt* paupériser.

pause [pɔːz] ◇ *n* -**1.** [break] pause *f*, temps *m* d'arrêt; **'pause'** [on tape recorder, cassette player] 'pause'; **there will be a ten minute ~ after the second lecture** il y aura OR nous ferons une pause de dix minutes après le deuxième cours; **without a ~** sans s'arrêter, sans interruption; **there was a long ~ before she answered** elle garda longtemps le silence avant de répondre; **to give sb ~, to give ~ to sb** *fml* donner à réfléchir à qqn. -**2.** MUS point *m* d'orgue. -**3.** LITERAT césure *f*.

◇ *vi* faire OR marquer une pause; **the speaker ~d while the latecomer took his seat** le conférencier fit une pause pendant que le retardataire prenait place; **he ~d in the middle of his explanation** il s'arrêta OR s'interrompit au milieu de son explication; **I signed it without pausing to read the details** je l'ai signé sans prendre le temps d'en lire les détails; **without pausing for breath** sans même reprendre son souffle; **she ~d on the doorstep** elle hésita sur le pas de la porte.

pave [peɪv] *vt* [street, floor - with flagstones, tiles] paver; [- with concrete, asphalt] revêtir; **~d in** OR **with asphalt** revêtu d'asphalte; **the road isn't ~d yet** la route n'est pas encore goudronnée; **bricks ~d the courtyard** la cour était pavée de briques; **~d with gold** pavé d'or; **her career was ~d with success** *fig* sa carrière fut jalonnée de succès ☐ **to ~ the way for sthg** ouvrir la voie à OR préparer le terrain pour qqch.

pavement ['peɪvmənt] *n* -**1.** *Br* [footpath] trottoir *m*; **~ café** café *m*, terrasse *f* d'un café. -**2.** *Am* [roadway] chaussée *f*. -**3.** [surfaced area - of cobbles, stones] pavé *m*; [- of marble, granite] dallage *m*; [- of concrete] (dalle *f* de) béton *m*; [- of mosaic] pavement *m*.

pavement artist *n Br* artiste *mf* de trottoir.

pavilion [pə'vɪljən] *n* -**1.** [building] pavillon *m*; [at sports ground] vestiaires *mpl*; **the Japanese ~ at the exhibition** le pavillon du Japon à l'exposition ☐ **(cricket) ~** *bâtiment abritant les vestiaires et le bar sur un terrain de cricket*. -**2.** [tent] pavillon *m*, tente *f*.

paving ['peɪvɪŋ] ◇ *n* [cobbles, flagstones] pavé *m*; [tiles] carrelage *m*; [concrete] dallage *m*, béton *m*.

◇ *adj* [measure, legislation] préparatoire.

paving stone *n* pavé *m*.

pavlova [pæv'ləʊvə] *n* vacherin *m*.

Pavlovian [pæv'ləʊvɪən] *adj* pavlovien.

paw [pɔː] ◇ *n* -**1.** [of animal] patte *f*. -**2.** *inf* [hand] pince *f*, patte *f*.

◇ *vt* -**1.** [animal] donner un coup de patte à; **the horse ~ed the ground** le cheval piaffait. -**2.** *inf* [touch, maul] tripoter; [sexually] peloter.

◇ *vi*: **the dog ~ed at the door** le chien grattait à la porte.

pawky ['pɔːkɪ] *adj dial* pince-sans-rire *inv*.

pawl [pɔːl] *n* cliquet *m*.

pawn [pɔːn] ◇ *n* -**1.** [in chess] pion *m*; **they are mere ~s in the hands of the politicians** *fig* ils ne sont que des pions sur l'échiquier politique. -**2.** [at pawnbroker's]: **my watch is in ~** ma montre est en gage; **I got my watch out of ~** *Br* j'ai dégagé ma montre.

◇ *vt* mettre OR laisser en gage.

pawnbroker ['pɔːn,brəʊkə^r] *n* prêteur *m* sur gages; **at the ~'s** au mont-de-piété.

pawnshop ['pɔːnʃɒp] *n* boutique *f* de prêteur sur gages, mont-de-piété *m*.

pawn ticket *n* reconnaissance *f* du mont-de-piété.

pawpaw ['pɔːpɔː] *n* papaye *f*.

pax [pæks] ◇ *n* RELIG [tablet] paix *f*; [kiss] baiser *m* de paix.

◇ *interj Br school sl*: **~!** pouce!

pay [peɪ] (*pt* & *pp* **paid** [peɪd]) ◇ *vt* -**1.** [person] payer; **she's paid £2,000 a month** elle est payée OR elle touche 2 000 livres par mois; **you should ~ someone to do it for you** vous devriez payer quelqu'un pour le faire à votre place. -**2.** [sum of money] payer; **you ~ £100 now, the rest later** vous payez 100 livres maintenant, le solde plus tard; **I paid her £20** je lui ai payé 20 livres; **he paid £20 for the watch** il a payé la montre 20 livres; **to ~ dividends** porter ses fruits, produire des dividendes; **shut up and ~ the man his money!** *inf* ferme-la et casque! -**3.** [bill, debt] payer, régler; [fine, taxes, fare] payer; **have you paid your union dues?** avez-vous payé vos cotisations syndicales?; **the rent is paid up until the end of May** le loyer est payé jusqu'à la fin mai; **they've paid their debt to society** ils ont payé leur dette envers la société ☐ **to ~ one's way** payer sa part; **is the business ~ing its way?** cette affaire est-elle rentable? -**4.** *fig* [benefit] rapporter à; **it ~s them to use immigrant labour** cela leur rapporte d'utiliser la main-d'œuvre immigrée; **it'll ~ you to start now** vous avez intérêt à commencer tout de suite; **it'll ~ you to keep quiet!** tu as intérêt à tenir ta langue! -**5.** [with various noun objects]: **~ attention!** faites attention!; **nobody ~s any attention to me** personne ne m'écoute; **to ~ a call on sb, to ~ sb a visit** rendre visite à qqn.

◇ *vi* payer; **to ~ by cheque** payer par chèque; **to ~ (by) cash** payer en espèces; **the job ~s very well** le travail est très bien payé; **after two years the business was beginning to ~** après deux ans, l'affaire était devenue rentable; **it ~s to be honest** ça rapporte d'être honnête; **crime doesn't ~** le crime ne paie pas ☐ **to ~ on the nail** payer rubis sur ongle.

◇ *n* paie *f*, paye *f*; **my first month's ~** ma première paie, mon premier salaire; **the ~ is good** c'est bien payé; **he's in the ~ of the enemy** il est à la solde de l'ennemi.

◇ *comp* -**1.** [demand, negotiations] salarial; [increase, cut] de salaire. -**2.** [not free] payant; **~ toilets** toilettes *fpl* payantes. -**3.** MIN [deposit] exploitable.

◆ **pay back** *vt sep* -**1.** [loan, lender] rembourser; **she paid her father back the sum she had borrowed** elle remboursa à son père la somme qu'elle avait empruntée. -**2.** [retaliate against] rendre la monnaie de sa pièce à; **I'll ~ you back for that!** tu me le paieras!

◆ **pay for** *vt insep* -**1.** [item, task] payer; **to ~ for sthg** payer qqch; **who paid for the drinks?** qui est-ce qui a payé les consommations?; **I paid good money for that!** ça m'a coûté cher!; **you get what you ~ for** la qualité est en rapport avec le prix (que vous payez); **double glazing ~s for itself after a few years** l'installation d'un double vitrage est amortie au bout de quelques années; **it seems a small price to ~ for peace of mind** c'est faire un bien petit sacrifice pour avoir sa tranquillité d'esprit ☐ **to ~ through the nose for sthg** payer qqch les yeux de la tête. -**2.** [crime, mistake] payer; **you'll ~ for this!** tu me le paieras!; **to ~ dearly for sthg** payer chèrement qqch; **he paid for his mistake with his life** il a payé son erreur de sa vie; **to make sb ~ for sthg** faire payer qqch à qqn.

◆ **pay in** *vt sep Br* [cheque] déposer sur un compte.

◆ **pay into** ◇ *vt sep* [money]: **I'd like to ~ this cheque into my account** j'aimerais déposer ce chèque sur mon compte.

◇ *vt insep*: **to ~ into a pension scheme** cotiser à un plan de retraite.

◆ **pay off** ◇ *vt sep* -**1.** [debt] payer, régler, s'acquitter de; [loan] rembourser; **it takes years to ~ off a mortgage** il faut des années pour rembourser un emprunt-logement. -**2.** [dismiss, lay off] licencier, congédier; **he threatened to ~ us all off** il a menacé de nous mettre tous à la porte. -**3.** *inf* [bribe] acheter; **they paid off the police chief** ils ont acheté le chef de la police.

◇ *vi insep* payer, rapporter; **moving the company out of London really paid off** le transfert de la société hors de Londres a été une affaire rentable.

◆ **pay out** *vt sep* -**1.** [money] payer, débourser. -**2.** [rope] laisser filer.

◆ **pay up** *vi insep* payer; **~ up or else!** payez, sinon...!

payable ['peɪəbl] *adj* payable; **~ in 24 monthly instalments/in advance** payable en 24 mensualités/d'avance; **refunds are ~ in certain cases** vous pouvez être remboursé sous certaines conditions; **cheques should be made ~ to Mr Brown** les chèques devraient être libellés OR établis à l'ordre de M. Brown.

pay-as-you-earn → **PAYE**.

pay bed *n Br* lit *m* (d'hôpital) privé.

pay check *Am* = **pay packet**.

payday ['peɪdeɪ] *n* jour *m* de paie; **tomorrow is ~** nous sommes payés demain.

pay dirt *inf n Am* -**1.** [earth] gisement *m*. -**2.** [discovery] trouvaille *f*; **to hit ~** trouver un bon filon.

PAYE (*abbr of* **pay-as-you-earn**) *n* prélèvement *m* à la source *(des impôts)*.

payee [peɪ'iː] *n* bénéficiaire *mf*.

pay envelope *Am* = **pay packet**.

payer ['peɪə^r] *n* -**1.** [gen] payeur *m*, -euse *f*; **a good/bad ~** un bon/mauvais payeur. -**2.** [of cheque] tireur *m*, -euse *f*.

paying ['peɪɪŋ] ◇ *n* paiement *m*.

◇ *adj* -**1.** [who pays] payant. -**2.** [profitable] payant, rentable.

paying guest *n* hôte *m* payant.

paying-in book *n* carnet *m* de versement.

paying-in slip *n Br* bordereau *m* de versement.

payload ['peɪləʊd] *n* -**1.** [gen] chargement *m*; **he was transporting a ~ of cement** il transportait un chargement de ciment. -**2.** TECH [of vehicle, aircraft, rocket] charge *f* payante; [of missile, warhead] puissance *f*.

paymaster ['peɪ,mɑːstə^r] *n* [gen] payeur *m*, -euse *f*, intendant *m*, -e *f*; [in school, institution] économe *mf*; [in army] payeur *m*; [in administration] trésorier-payeur *m*; **the World Bank acts as ~ of the project** la Banque mondiale fait office de bailleur de fonds pour ce projet.

Paymaster General *pr n*: **the ~** le Trésorier-payeur-général britannique.

payment ['peɪmənt] *n* -**1.** [sum paid, act of paying] paiement *m*, versement *m*; **48 monthly ~s** 48 versements mensuels, 48 mensualités; **on ~ of a deposit** moyennant des arrhes; **in ~ of your invoice** en règlement de votre facture; **they offered their services without ~** ils ont offert leurs services à titre gracieux. -**2.** [reward, compensation] récompense *f*.

payoff ['peɪɒf] *n* -**1.** [act of paying off] paiement *m*; **the ~ is set for tomorrow night** [gen] le paiement sera effectué demain soir; [ransom] la remise de la rançon est fixée à demain soir. -**2.** [profit] bénéfice *m*, profit *m*. -**3.** [consequence] conséquence *f*, résultat *m*; [reward] récompense *f*; **it's an unexpected but welcome ~ of this policy** ceci est une conséquence inattendue mais heureuse de cette politique. -**4.** *inf* [climax] dénouement *m*. -**5.** *inf* [bribe] pot-de-vin *m*.

payola *inf* [peɪ'əʊlə] *n (U)* pots-de-vin *mpl*, dessous-de-table *mpl*.

pay packet *n Br* [envelope] enveloppe *f* contenant le salaire; [money] paie *f*, salaire *m*.

payphone ['peɪfəʊn] *n* téléphone *m* à pièces.

pay rise *n* augmentation *f* de salaire.

payroll ['peɪrəʊl] *n* -**1.** [personnel] personnel *m*; **he's been on our ~ for years** il fait partie du personnel depuis des années; **they've added 500 workers to their ~** ils ont embauché 500 travailleurs supplémentaires. -**2.** [list] registre *m* du personnel; **to do the ~** faire la paie, établir les bulletins de paie.

payslip ['peɪslɪp] *n* fiche *f* OR feuille *f* OR bulletin *m* de paie.

pay television *n* chaîne *f* à péage.

PBS (*abbr of* **Public Broadcasting Service**) *pr n société américaine de production télévisuelle*.

PBX (*abbr of* **private branch exchange**) *n Br autocommutateur privé*.

pc -**1.** *written abbr of* **postcard**. -**2.** (*written abbr of* **per cent**) p. cent.

pc, PC (*abbr of* **personal computer**) *n* PC *m*, micro *m*.

p/c *written abbr of* **petty cash**.

PC ◇ *n* -**1.** *abbr of* **police constable**. -**2.** *abbr of* **privy councillor**.

◇ *adj abbr of* **politically correct**.

PCB *n abbr of* **printed circuit board**.

pcm (*written abbr of* **per calendar month**) par mois.

PCV (*abbr of* **passenger carrying vehicle**) *n Br* véhicule *m* de transport en commun.

pd *written abbr of* paid.

PD *Am abbr of* police department.

pdq *inf* (*abbr of* pretty damn quick) *adv* illico presto.

PDSA (*abbr of* People's Dispensary for Sick Animals) *pr n association de soins aux animaux malades.*

PDT *n abbr of* Pacific Daylight Time.

PE (*abbr of* physical education) *n* EPS *f*.

pea [piː] *n* BOT pois *m*; CULIN (petit) pois *m*; frozen ~s petits pois surgelés ❑ ~ soup soupe *f* aux pois; they are as alike as two ~s in a pod ils se ressemblent comme deux gouttes d'eau.

peace [piːs] ◇ *n* -**1.** [not war] paix *f*; the country is at ~ now la paix est maintenant rétablie dans le pays; I come in ~ je viens en ami; to make ~ faire la paix; he made (his) ~ with his father *fig* il a fait la paix OR il s'est réconcilié avec son père ‖ [treaty] (traité *m* de) paix *f*; they wanted to sign a separate ~ with the invaders ils voulaient conclure OR signer une paix séparée avec les envahisseurs. -**2.** [tranquillity] paix *f*, tranquillité *f*; to be at ~ with one's surroundings vivre en paix avec son entourage; ~ be with you! que la paix soit avec vous!; we haven't had a moment's ~ all morning nous n'avons pas eu un moment de tranquillité de toute la matinée; all I want is a bit of ~ and quiet tout ce que je veux, c'est un peu de tranquillité; to have ~ of mind avoir l'esprit tranquille; he'll give you no ~ until you pay him tant que tu ne l'auras pas payé, il ne te laissera pas tranquille; leave us in ~! laissez-nous tranquilles!, laisse-nous en paix! ‖ [silence]: to hold OR to keep one's ~ garder le silence, se taire; hold your ~! silence! -**3.** [law and order] paix *f*, ordre *m* public; to disturb the ~ troubler l'ordre public; to keep the ~ [army, police] maintenir l'ordre.
◇ *comp* [treaty, talks] de paix; [rally, movement] pour la paix.

peaceable ['piːsəbl] *adj* -**1.** [peace-loving - nation, person] pacifique. -**2.** [calm - atmosphere] paisible, tranquille; [- demonstration, methods] pacifique; [- discussion] calme.

peaceably ['piːsəblɪ] *adv* [live] paisiblement, tranquillement; [discuss, listen] calmement, paisiblement; [assemble, disperse] pacifiquement, sans incident.

Peace Corps *pr n organisation américaine de coopération avec les pays en voie de développement.*

peaceful ['piːsfʊl] *adj* -**1.** [calm, serene] paisible, tranquille; it's so ~ in the country! la campagne est si paisible! -**2.** [non-violent] pacifique; we are a ~ nation nous sommes une nation pacifique; a ~ transition to independence une transition pacifique vers l'indépendance; the ~ uses of nuclear energy les utilisations pacifiques de l'énergie nucléaire.

peacefully ['piːsfʊlɪ] *adv* [live, rest] paisiblement, tranquillement; [protest] pacifiquement; the rally went off ~ le meeting s'est déroulé dans le calme OR sans incident.

peacefulness ['piːsfʊlnɪs] *n* paix *f*, calme *m*, tranquillité *f*.

peacekeeper ['piːsˌkiːpəʳ] *n* [soldier] soldat *m* de la paix; [of United Nations] casque *m* bleu.

peacekeeping ['piːsˌkiːpɪŋ] ◇ *n* maintien *m* de la paix.
◇ *adj* de maintien de la paix; a United Nations ~ force des forces des Nations unies pour le maintien de la paix.

peace-loving *adj* pacifique.

peacemaker ['piːsˌmeɪkəʳ] *n* pacificateur *m*, -trice *f*, conciliateur *m*, -trice *f*.

peace offensive *n* offensive *f* de paix.

peace offering *n* offrande *f* de paix.

peace pipe *n* calumet *m* (de la paix).

peace sign *n* signe *m* de la paix.

peacetime ['piːstaɪm] *n* temps *m* de paix; in ~ en temps de paix.

peach [piːtʃ] ◇ *n* -**1.** [fruit] pêche *f*; [tree] pêcher *m*; ~ blossom fleurs *mpl* de pêcher; she has a ~es and cream complexion elle a un teint de pêche. -**2.** [colour] couleur *f* pêche. -**3.** *inf* [expressing approval]: he played a ~ of a shot il a joué un coup superbe; thanks, you're a ~! merci, tu es adorable!
◇ *adj* [colour] pêche *(inv)*.
◇ *vt inf* cafarder, moucharder.
◇ *vi inf* cafarder; to ~ on sb cafarder qqn.

peach melba *n* pêche *f* melba.

peachy ['piːtʃɪ] (*compar* peachier, *superl* peachiest) *adj* -**1.** [taste, flavour] de pêche. -**2.** *inf* [nice] chouette.

peacoat ['piːkəʊt] = **pea jacket**.

peacock ['piːkɒk] (*pl inv* OR peacocks) ◇ *n* -**1.** [bird] paon *m*. -**2.** [colour] = **peacock blue**.
◇ *adj* = **peacock blue**.

peacock blue *n* bleu *m* paon.
◆ **peacock-blue** *adj* bleu paon *(inv)*.

peacock butterfly *n* paon *m* de jour.

peafowl ['piːfaʊl] (*pl inv* OR peafowls) *n* paon *m*.

pea green *n* vert *m* pomme.
◆ **pea-green** *adj* vert pomme *(inv)*.

peahen ['piːhen] *n* paonne *f*.

pea jacket *n* caban *m*.

peak [piːk] ◇ *n* -**1.** [mountain top] pic *m*, sommet *m*; [mountain] pic *m*; snowy ~s pics enneigés. -**2.** [pointed part - of roof] faîte *m*; beat the egg whites until they form ~s battez les blancs d'œufs en neige très ferme. -**3.** [high point - of fame, career] sommet *m*, apogée *m*; [- on graph] sommet *m*; emigration was at its ~ in the 1890s l'émigration a atteint son point culminant OR son sommet dans les années 1890; the gardens are at their ~ in July c'est en juillet que les jardins sont au faîte OR à l'apogée de leur splendeur; the team will be at its ~ in a few weeks l'équipe sera à son top niveau dans quelques semaines; the party was at its ~ la fête battait son plein; sales have reached a new ~ les ventes ont atteint un nouveau record. -**4.** [of cap] visière *f*.
◇ *vi* [production, demand] atteindre un maximum; his popularity ~ed just before the elections sa cote a atteint un OR son maximum juste avant les élections; she ~ed too soon elle s'est donnée à fond trop tôt.
◇ *adj* maximum; ~ demand demande *f* maximum; ~ viewing hours TV heures de grande écoute; the team is in ~ condition l'équipe est à son top niveau; ~ hours OR time [of electricity use] période *f* de pointe; [of traffic] heures *fpl* de pointe OR d'affluence; [in restaurant] coup *m* de feu.

peaked [piːkt] *adj* [roof] pointu; [cap] à visière.

peaky *inf* ['piːkɪ] (*compar* peakier, *superl* peakiest) *adj Br* [unwell] (un peu) malade; [tired] fatigué; I feel a little ~ this morning je ne me sens pas en forme OR je ne me sens pas dans mon assiette ce matin.

peal [piːl] ◇ *n* -**1.** [sound]: the ~ of bells la sonnerie de cloches, le carillon; a ~ of thunder un coup de tonnerre; ~s of laughter came from the garden des éclats de rire se faisaient entendre du jardin; they burst into ~s of laughter ils ont éclaté de rire. -**2.** [set of bells] carillon *m*.
◇ *vi*: to ~ (out) [bells] carillonner; [thunder] gronder.
◇ *vt* [bells] sonner à toute volée.

peanut ['piːnʌt] *n* [nut] cacahouète *f*, cacahuète *f*; [plant] arachide *f*.
◆ **peanuts** *inf npl* [small sum] clopinettes *fpl*; to work for ~s travailler pour des clopinettes; it's worth ~s ça ne vaut pas un clou; £100 is ~s for a return ticket 100 livres, ce n'est rien pour un billet aller-retour.

peanut butter *n* beurre *m* de cacahouètes OR de cacahuètes.

peanut oil *n* huile *f* d'arachide.

peapod ['piːpɒd] *n* cosse *f* de pois.

pear [peəʳ] *n* [fruit] poire *f*; [tree, wood] poirier *m*.

pearl [pɜːl] ◇ *n* -**1.** [gem] perle *f*; to cast ~s before swine donner des perles aux cochons OR aux pourceaux. -**2.** [mother-of-pearl] nacre *f*. -**3.** *fig* perle *f*; Hong Kong, ~ of the East Hongkong, perle de l'Orient; ~s of wisdom trésors *mpl* de sagesse.
◇ *adj* -**1.** [made of pearls] de perles; ~ earrings perles montées en boucles d'oreilles; a ~ necklace un collier de perles. -**2.** [made of mother-of-pearl] de OR en nacre; ~ buttons boutons en nacre.
◇ *vi* -**1.** [form drops] perler. -**2.** [search for pearls] pêcher des perles.

pearl barley *n* orge *m* perlé.

pearl diver *n* pêcheur *m*, -euse *f* de perles.

pearl diving *n* pêche *f* aux perles.

pearl grey *n* gris *m* perle.
◆ **pearl-grey** *adj* gris perle *(inv)*.

Pearl Harbor [pɜːl-] *pr n* Pearl Harbor.

PEARL HARBOR:
Importante base navale américaine située à Hawaii et attaquée le 7 décembre 1941 par l'aviation japonaise, qui infligea de lourdes pertes humaines et matérielles aux États-Unis. Le lendemain, l'Amérique, en déclarant la guerre au Japon, fit son entrée dans le conflit mondial.

---

pearlized, -ised ['pɜːlaɪzd] *adj* nacré; ~ nail polish vernis à ongles nacré.

pearl oyster *n* huître *f* perlière.

pearly ['pɜːlɪ] (*compar* pearlier, *superl* pearliest) *adj* -**1.** [pearl-like] nacré; ~ pink nail polish vernis à ongles rose nacré; ~ white teeth dents de perle OR éclatantes. -**2.** [decorated with pearls] perlé; [made of mother-of-pearl] en OR de nacre.

Pearly Gates *inf pr n*: the ~ les portes *fpl* du paradis.

pearly king *n marchand des quatre-saisons cockney dont les vêtements sont ornés d'une profusion de boutons de nacre.*

pearly queen *n marchande des quatre-saisons cockney.*

pear-shaped *adj* en forme de poire, piriforme *lit*.

peasant ['peznt] ◇ *n* -**1.** paysan *m*, -anne *f*; the Peasants' Revolt *Br* HIST la guerre des Gueux. -**2.** *inf pej* [uncouth person] péquenaud *m*, -e *f*, plouc *m*.
◇ *adj* paysan; ~ farmer paysan.

THE PEASANTS' REVOLT:
Première grande révolte populaire de l'histoire d'Angleterre, en 1381, provoquée par la mise en vigueur de la capitation. Son meneur, Wat Tyler, fut assassiné lors de pourparlers avec le roi Richard II et la révolte s'éteignit sans avoir apporté de changements.

---

peasantry ['pezntrɪ] *n* paysannerie *f*, paysans *mpl*.

pease [piːz] (*pl inv*) *n Br arch* OR *dial* (petit) pois *m*.

pease pudding *n purée de pois au jambon.*

peashooter ['piːˌʃuːtəʳ] *n* sarbacane *f*.

pea souper [-'suːpəʳ] *n* -**1.** [fog] purée *f* de pois. -**2.** ▽ *Can terme injurieux désignant un Québécois.*

peat [piːt] *n* tourbe *f*.

peat bog *n* tourbière *f*.

peat moss *n* sphaigne *f*.

peaty ['piːtɪ] (*compar* peatier, *superl* peatiest) *adj* tourbeux.

pebble [pebl] ◇ *n* -**1.** [stone] caillou *m*; [waterworn] galet *m*; a ~ beach une plage de galets ❑ he's not the only ~ on the beach un de perdu, dix de retrouvés. -**2.** OPT [lens] lentille *f* en cristal de roche; ~ glasses *inf* lunettes *fpl* à verres très épais.
◇ *vt* -**1.** [road, path] caillouter; a ~d drive une allée de gravillons. -**2.** [leather] greneler.

pebble-dash *Br* ◇ *n* crépi *m (incrusté de cailloux)*.
◇ *vt* crépir.

pebbly ['pebli] (*compar* **pebblier**, *superl* **pebbliest**) *adj* -**1.** [stony - soil, path] caillouteux; **a ~ beach** une plage de galets. -**2.** [grainy] grené, grenu.

pecan [pɪ'kæn] ◇ *n* [nut] (noix *f* de) pecan *m*, (noix *f* de) pacane *f*; [tree] pacanier *m*.
◇ *adj* [pie, ice cream] à la noix de pecan.

peccadillo [,pekə'dɪləʊ] (*pl* **peccadillos** OR **peccadilloes**) *n* peccadille *f*.

peccary ['pekərɪ] (*pl inv* OR **peccaries**) *n* pécari *m*.

peck [pek] ◇ *vt* -**1.** [pick up] picorer, picoter; [strike with beak] donner un coup de bec à; **chickens were ~ing the ground** des poulets picoraient le sol; **be careful, it'll ~ you!** fais attention, tu vas recevoir un coup de bec! -**2.** [kiss] faire une bise à.
◇ *n* -**1.** [with beak] coup *m* de bec. -**2.** [kiss] bise *f*, (petit) baiser *m*; **she gave me a ~ on the forehead** elle m'a fait une bise sur le front. -**3.** [measure] ≃ boisseau *m*.
◆ **peck at** *vt insep* -**1.** = **peck** *vt* **1.** -**2. to ~ at one's food** manger du bout des dents.

pecker ['pekəʳ] *n* -**1.** *Br* [spirits]: **keep your ~ up** *inf* il faut garder le moral. -**2.** ▽ *Am* [penis] quéquette *f*.

pecking order ['pekɪŋ-] *n* [among birds] ordre *m* hiérarchique; [among people] hiérarchie *f*.

peckish *inf* ['pekɪʃ] *adj esp Br*: **to be** OR **to feel ~** avoir un petit creux; **it made me feel quite ~** ça m'a donné bien faim OR bien ouvert l'appétit.

pectic ['pektɪk] *adj* pectique; **~ acid** acide *m* pectique.

pectin ['pektɪn] *n* pectine *f*.

pectoral ['pektərəl] ◇ *adj* MIL & RELIG pectoral.
◇ *n* ANAT, MIL & RELIG pectoral *m*.

pectoral fin *n* nageoire *f* pectorale.

pectoral muscle *n* muscle *m* pectoral.

peculate ['pekjʊleɪt] *vi fml* détourner les fonds OR deniers publics.

peculation [,pekjʊ'leɪʃn] *n fml* détournement *m* de fonds publics.

peculiar [pɪ'kjuːljəʳ] *adj* -**1.** [strange] étrange, bizarre; **what a ~ person!** quelle personne étrange!; **I feel a bit ~** je me sens un peu bizarre. -**2.** [specific, exclusive] particulier; **it has a ~ taste all of its own** ça a un goût spécial; **to be ~ to** être spécifique à; **such phenomena are not ~ to this country** de tels phénomènes ne sont pas spécifiques à ce pays, il n'y a pas que dans ce pays que de tels phénomènes se produisent|| [particular] spécial, particulier; **a detail of ~ significance** un détail particulièrement significatif.

peculiarity [pɪ,kjuːlɪ'ærətɪ] (*pl* **peculiarities**) *n* -**1.** [oddness] étrangeté *f*, bizarrerie *f*; **I should explain the ~ of my situation** il faut que je vous explique ce qu'il y a d'étrange dans ma situation; **we all have our little peculiarities** nous avons tous nos petites manies. -**2.** [specific characteristic] particularité *f*; **each region has its own peculiarities** chaque région a son particularisme OR ses particularités.

peculiarly [pɪ'kjuːljəlɪ] *adv* -**1.** [oddly] de manière étrange, bizarrement. -**2.** [especially] particulièrement, singulièrement.

pecuniary [pɪ'kjuːnjərɪ] *adj* pécuniaire.

pedagogic(al) [,pedə'gɒdʒɪk(l)] *adj* pédagogique.

pedagogue ['pedəgɒg] *n arch* OR *fml* pédagogue.

pedagogy ['pedəgɒdʒɪ] *n* pédagogie *f*.

pedal ['pedl] (*Br pt & pp* **pedalled**, *cont* **pedalling**, *Am pt & pp* **pedaled**, *cont* **pedaling**)
◇ *n* pédale *f*; **clutch/brake ~** pédale d'embrayage/de frein; **loud/soft ~** [of piano] pédale droite OR forte/gauche OR douce.
◇ *vi* pédaler; **we pedalled along the back roads** nous roulions (à bicyclette) sur les routes de l'arrière-pays; **it's hard pedalling uphill** c'est dur de grimper une côte à bicyclette OR à vélo.
◇ *vt* faire avancer en pédalant.

pedal bin *n Br* poubelle *f* à pédale.

pedal boat *n* pédalo *m*.

pedal car *n* voiture *f* à pédales.

pedalo ['pedələʊ] (*pl* **pedalos** OR **pedaloes**) *n* pédalo *m*.

pedal point *n* MUS pédale *f*.

pedal pushers *npl* (pantalon *m*) corsaire *m*.

pedant ['pedənt] *n* pédant *m*, -e *f*.

pedantic [pɪ'dæntɪk] *adj* pédant.

pedantically [pɪ'dæntɪklɪ] *adv* de manière pédante, avec pédantisme.

pedantry ['pedəntrɪ] (*pl* **pedantries**) *n* -**1.** [behaviour] pédantisme *m*, pédanterie *f*. -**2.** [remark] pédanterie *f*.

peddle ['pedl] ◇ *vt* -**1.** *dated* [wares] colporter; **he didn't want to ~ encyclopedias all his life** il ne voulait pas passer sa vie à faire du porte à porte pour vendre des encyclopédies. -**2.** [drugs] revendre, faire le trafic de; **drug peddling** trafic *m* de drogue. -**3.** *pej* [promote - idea, opinion] propager; [- gossip, scandal] colporter.
◇ *vi* faire du colportage.

peddler ['pedləʳ] *n* -**1.** [seller] colporteur *m*, -euse *f*. -**2.** [drug pusher] trafiquant *m*, -e *f* (de drogue), revendeur *m*, -euse *f*. -**3.** *pej* [promoter - of ideas, opinions] propagateur *m*, -trice *f*; **~s of dreams** marchands *mpl* de rêves.

pederast ['pedəræst] *n* pédéraste *m*.

pederasty ['pedəræstɪ] *n* pédérastie *f*.

pedestal ['pedɪstl] ◇ *n literal & fig* piédestal *m*; **to place** OR **to put sb on a ~** mettre qqn sur un piédestal; **that knocked him off his ~** cela l'a fait tomber de son piédestal.
◇ *comp*: **~ basin** lavabo *m* à pied; **~ desk** bureau *m* ministre; **~ table** guéridon *m*.

pedestrian [pɪ'destrɪən] ◇ *n* piéton *m*; **'~s only'** 'réservé aux piétons'.
◇ *adj* -**1.** [prosaic] prosaïque; [commonplace] banal; **a ~ style** un style prosaïque. -**2.** [done on foot - exercise, outing] pédestre, à pied.
◇ *comp* [street, area] piéton, piétonnier; **~ overpass** passerelle *f*.

pedestrian crossing *n Br* passage *m* clouté OR pour piétons.

pedestrianization [pə,destrɪənaɪ'zeɪʃn] *n* transformation *f* en zone piétonne OR piétonnière.

pedestrianize, -ise [pə'destrɪənaɪz] *vt* transformer en zone piétonne OR piétonnière; **~d streets** rues *fpl* piétonnes OR piétonnières.

pedestrian precinct *Br*, **pedestrian zone** *Am* *n* zone *f* piétonnière.

pediatric [,piːdɪ'ætrɪk] *adj* pédiatrique.

pediatrician [,piːdɪə'trɪʃn] *n* pédiatre.

pediatrics [,piːdɪ'ætrɪks] *n* pédiatrie.

pedicab ['pedɪkæb] *n* cyclo-pousse *m inv*.

pedicure ['pedɪ,kjʊəʳ] *n* [treatment] pédicurie *f*.

pedigree ['pedɪgriː] ◇ *n* -**1.** [descent - of animal] pedigree *m*; [- of person] ascendance *f*, lignée *f*, *fig* [background - of person] origine *f*; **his solid middle-class ~** ses origines bourgeoises. -**2.** [document for animal] pedigree *m*. -**3.** [genealogical table] arbre *m* généalogique.
◇ *adj* [horse, cat, dog] de race.

pediment ['pedɪmənt] *n* -**1.** ARCHIT fronton *m*. -**2.** GEOL pédiment *m*.

pedlar ['pedləʳ] = **peddler**.

pedology [pɪ'dɒlədʒɪ] *n* -**1.** MED pédologie *f*. -**2.** GEOL pédologie *f*.

pedometer [pɪ'dɒmɪtəʳ] *n* pédomètre *m*, podomètre *m*.

pedophile ['piːdəʊ,faɪl] *n* pédophile *m*.

pedophilia [,piːdəʊ'fɪlɪə] *n* pédophilie *f*.

peduncle [pɪ'dʌŋkl] *n* pédoncule *m*.

pee *inf* [piː] ◇ *n* pipi *m*; **to have** OR **to take a ~** faire pipi.
◇ *vi* faire pipi.

peek [piːk] ◇ *vi* [glance] jeter un coup d'œil; [look furtively] regarder furtivement; **to ~ at sthg** jeter un coup d'œil à OR sur qqch; **someone was ~ing through the keyhole** quelqu'un regardait par le trou de la serrure; **turn around and no ~ing!** retourne-toi et n'essaie pas de voir ce que je fais!
◇ *n* coup *m* d'œil; **to have** OR **to take a ~ at sthg** jeter un coup d'œil à OR sur qqch.

peekaboo *inf* ['piːkəbuː] ◇ *interj*: **~!** coucou!
◇ *n*: **to play ~** jouer à faire coucou.
◇ *adj* [see-through] transparent.

peel [piːl] ◇ *n* -**1.** [of banana] peau *f*; [of orange, lemon] écorce *f*; [of apple, onion, potato] pelure *f*. -**2.** (*U*) [peeling] épluchures *fpl*; **add a twist of lemon ~** ajouter un zeste de citron.
◇ *vt* [fruit, vegetable] peler, éplucher; [boiled egg] écaler, éplucher; [shrimp] décortiquer; [twig] écorcer; [skin, bark] enlever.
◇ *vi* -**1.** [fruit, vegetable] se peler. -**2.** [plaster on wall, ceiling etc] s'écailler, se craqueler; [paint, varnish] s'écailler; [wallpaper] se décoller. -**3.** [skin on back, face etc] peler; **I'm ~ing all over** je pèle de partout.
◆ **peel away** ◇ *vi insep* = **peel** *vi* **2**.
◇ *vt sep* [label, wallpaper] détacher, décoller; [bandage] enlever, ôter.
◆ **peel back** *vt sep* [label, wallpaper] détacher, décoller; **~ back the plastic backing** décoller la pellicule de protection en plastique.
◆ **peel off** ◇ *vi insep* -**1.** = **peel** *vi* **2.** -**2.** [turn away] se détacher; **two aircraft ~ed off from the main group** deux avions se détachèrent du gros de l'escadre.
◇ *vt sep* -**1.** = **peel away**. -**2.** [item of clothing] enlever; **to ~ off one's clothes** se déshabiller.

peeler ['piːləʳ] *n* -**1.** [device] éplucheur *m*; [electric] éplucheuse *f*; **potato ~** couteau-éplucheur *m*, économe *m*. -**2.** *inf Am* [stripper] effeuilleuse *f*. -**3.** *inf Br dated* flic *m*.

peelings ['piːlɪŋz] *npl* épluchures *fpl*, pelures *fpl*.

peep [piːp] ◇ *vi* -**1.** [glance] jeter un coup d'œil; **to ~ at/over/under sthg** jeter un coup d'œil (furtif) à/par-dessus/sous qqch; **the children were ~ing through the keyhole** les enfants épiaient à travers le trou de la serrure; **shut your eyes and don't ~!** ferme les yeux et n'essaie pas de voir ce que je fais! -**2.** [emerge] se montrer; **the moon ~ed out through the clouds** la lune a percé OR est apparue à travers les nuages; **snowdrops were beginning to ~ through** des perce-neiges commençaient à pointer; **a handkerchief ~ed out from his pocket** la pointe d'un mouchoir dépassait de sa poche; **her nose ~ed out over her scarf** le bout de son nez pointait OR apparaissait par-dessus son écharpe. -**3.** [bird] pépier.
◇ *n* -**1.** [glance] coup *m* d'œil; **to have a ~ at sthg** jeter un coup d'œil à qqch; **I got a ~ at the file before he came in** j'ai réussi à jeter un coup d'œil sur le dossier avant qu'il arrive. -**2.** [of bird] pépiement *m*; *fig*: **any news from Sam? — not a ~!** *inf* tu as eu des nouvelles de Sam? — pas un mot OR que dalle!; **one more ~ out of you and you've had it!** *inf* encore un mot et ton compte est bon!

peepbo *inf* ['piːp,bəʊ] ◇ *interj*: **~!** coucou!
◇ *n*: **to play ~** jouer à faire coucou.

peeper *inf* ['piːpəʳ] *n Am* [detective] privé *m*.
◆ **peepers** *inf npl* [eyes] mirettes *fpl*.

peephole ['piːphəʊl] *n* trou *m*; [in house door, cell] judas *m*.

peeping Tom [,piːpɪŋ'tɒm] *n* voyeur *m*.

peepshow ['piːpʃəʊ] *n* [device] stéréoscope *m* (*pour images érotiques*); [form of entertainment] peep-show *m*.

peep-toe(d) shoes *npl* escarpins *mpl* à bout découpé.

peer [pɪəʳ] ◇ *n* -**1.** [nobleman] pair *m*, noble *mf*; **he was made a ~** il a été élevé à la pairie; **the Conservative Peers** POL les pairs conservateurs (*en Grande-Bretagne*); **~ of the realm** pair du royaume. -**2.** [equal] pair *m*; **a jury of one's ~s** un jury formé OR composé de ses pairs; **as a negotiator she has no ~** c'est une négociatrice hors pair.
◇ *vi* [look - intently] regarder attentivement; [- with difficulty] s'efforcer de voir; **she ~ed out into the darkness** elle scruta l'obscurité; **he ~ed at the suspects' faces** il dévisagea les suspects; **she ~ed at the small print** elle lut attentivement ce qui était écrit en petits caractères.

peerage ['pɪərɪdʒ] *n* -**1.** [title] pairie *f*; life ~ pairie à vie; he was given a ~ il a été élevé à la pairie. -**2.** [body of peers] pairs *mpl*, noblesse *f*. -**3.** [book] nobiliaire *m*.

peeress ['pɪərɪs] *n* pairesse *f*.

peer group *n* SOCIOL pairs *mpl*.

peerless ['pɪəlɪs] *adj* sans pareil.

peer pressure *n* influence *f* des pairs OR du groupe.

peeve *inf* [pi:v] *vt* mettre en rogne; it really ~s me that he got the job ça me met en rogne qu'il ait eu le poste.

peeved *inf* [pi:vd] *adj* énervé; to be ~ at sb être en rogne OR en pétard contre qqn; to get ~ se mettre en rogne.

peevish ['pi:vɪʃ] *adj* [person] irritable, grincheux; [report, expression] irrité; in a ~ mood de mauvaise humeur; he's a ~ child c'est un enfant grognon.

peevishly ['pi:vɪʃlɪ] *adv* [say, refuse] d'un ton irrité; [behave] de façon désagréable; to complain ~ ronchonner.

peevishness ['pi:vɪʃnɪs] *n* mauvaise humeur *f*, irritabilité *f*.

peewit ['pi:wɪt] *n* vanneau *m*.

peg [peg] (*pt* & *pp* pegged, *cont* pegging) ◇ *n* -**1.** [for hat, coat] patère *f*; a ~ to hang an argument on *fig* un prétexte de dispute, une excuse pour se disputer. -**2.** *Br* [clothespeg] pince *f* à linge. -**3.** [dowel - wooden] cheville *f*; [- metal] fiche *f*. -**4.** [for tent] piquet *m*. -**5.** [in mountaineering] piton *m*. -**6.** [in croquet] piquet *m*. -**7.** MUS [on string instrument] cheville *f*. -**8.** *fig* [degree, notch] degré *m*, cran *m*; she's gone down a ~ (or two) in my estimation elle a baissé d'un cran dans mon estime ❑ to bring OR to take sb down a ~ or two rabattre le caquet à qqn. -**9.** *inf Br* [of spirits] petit verre *m*.
◇ *vt* -**1.** [fasten - gen] attacher; [- with dowels] cheviller; [insert - stake] enfoncer, planter; [in mountaineering] pitonner; he was pegging the washing on the line il étendait le linge; to ~ a tent fixer une tente avec des piquets. -**2.** [set - price, increase] fixer; oil was pegged at $20 a barrel le prix du pétrole était fixé à 20 dollars le baril; export earnings are pegged to the exchange rate le revenu des exportations varie en fonction du taux de change. -**3.** *inf* [throw] lancer. -**4.** *inf Am* [classify] classer.
◆ **peg away** *inf vi insep Br* travailler sans relâche; he pegged away at his job for years il a galéré dans son boulot pendant des années; we're pegging away at the backlog petit à petit, nous rattrapons notre retard; she pegged away at her Latin elle bûchait son latin.
◆ **peg down** *vt sep* [fasten down] fixer OR attacher (avec des piquets); he pegged the tarpaulin down il fixa la bâche au sol avec des piquets.
◆ **peg out** ◇ *vt sep* -**1.** [hang out - washing] étendre. -**2.** [mark out with pegs] piqueter.
◇ *vi insep inf* -**1.** [die] crever, claquer. -**2.** [give up] laisser tomber, abandonner.

Pegasus ['pegəsəs] *pr n* Pégase.

pegboard ['pegbɔ:d] *n* plaquette *f* perforée *(utilisée dans certains jeux)*.

peg leg *inf n* jambe *f* artificielle.

peg-top trousers *npl* (pantalon *m*) fuseau *m*.

PEI *written abbr of* Prince Edward Island.

pejoration [,pi:dʒə'reɪʃn] *n* LING péjoration *f*.

pejorative [pɪ'dʒɒrətɪv] ◇ *adj* péjoratif.
◇ *n* péjoratif *m*.

pejoratively [pɪ'dʒɒrətɪvlɪ] *adv* péjorativement.

peke *inf* [pi:k] *n* pékinois *m (chien)*.

Pekinese [,pi:kə'ni:z], **Pekingese** [,pi:kɪŋ'i:z] ◇ *n* -**1.** [person] Pékinois *m*, -e *f*. -**2.** LING pékinois *m*. -**3.** [dog] pékinois *m*.
◇ *adj* pékinois.

Peking [,pi:'kɪŋ] *pr n* Pékin.

pekoe ['pi:kəʊ] *n* pekoe *m*.

pelagic [pe'lædʒɪk] *adj* -**1.** [fauna, sediment] pélagique. -**2.** [not coastal] hauturier, de haute mer.

pelargonium [,pelə'gəʊnjəm] *n* pélargonium *m*.

pelf [pelf] *n pej* lucre *m*.

pelican ['pelɪkən] *n* pélican *m*.

pelican crossing *n Br passage piétons à commande manuelle.*

pellagra [pə'lægrə] *n* pellagre *f*.

pellet ['pelɪt] *n* -**1.** [small ball] boulette *f*; wax/paper ~s boulettes de cire/de papier; ~s of rabbit dung crottes *fpl* de lapin. -**2.** [for gun] (grain *m* de) plomb *m*; ~ gun fusil *m* à plombs. -**3.** [pill] pilule *f*. -**4.** ORNITH pelote *f* de régurgitation.

pell-mell [,pel'mel] *adv Br* [pile, throw] pêle-mêle; the crowd ran ~ into the square la foule s'est ruée sur la place dans une cohue indescriptible.

pellucid [pe'lu:sɪd] *adj* [membrane, zone] pellucide; [water] limpide; *fig* [prose] clair, limpide.

pelmanism ['pelmənɪzm] *n* [card game] paires *fpl*.

pelmet ['pelmɪt] *n* [for curtains] cantonnière *f*; [wood, board] lambrequin *m*.

Peloponnese [,peləpə'ni:z] *pr n*: the ~ le Péloponnèse.

Pelops ['pi:lɒps] *pr n* Pélops.

pelota [pə'lɒtə] *n* pelote *f* basque.

pelt [pelt] ◇ *vt* [person, target] bombarder; they were ~ing each other with snowballs ils se lançaient des boules de neige; the speaker was ~ed with eggs l'orateur a été bombardé d'œufs.
◇ *vi inf* -**1.** [rain]: it was ~ing OR ~ing down with rain il pleuvait à verse, il tombait des cordes; the hail ~ed down la grêle tombait dru; I changed the tyre in the ~ing rain j'ai changé le pneu sous la pluie battante. -**2.** [run] courir à fond de train OR à toute allure; she came ~ing up the stairs elle grimpa l'escalier quatre à quatre; she came ~ing down the stairs elle dévala l'escalier.
◇ *n* -**1.** [skin] peau *f*; [fur] fourrure *f*. -**2.** *Br phr*: at full ~ à fond de train.

pelvic ['pelvɪk] *adj* pelvien.

pelvic girdle *n* ceinture *f* pelvienne.

pelvic inflammatory disease *n* métrite *f*.

pelvis ['pelvɪs] (*pl* pelvises OR pelves [-vi:z]) *n* bassin *m*, pelvis *m*.

pen [pen] (*pt* & *pp sense 1* penned, *pt* & *pp sense 2* penned OR pent [pent], *cont* penning) ◇ *n* -**1.** [for writing] stylo *m*; another novel from the ~ of Hilary Ratcliff un nouveau roman sous la plume de Hilary Ratcliff; she lives by her ~ elle vit de sa plume; to put ~ to paper écrire, prendre sa plume ❑ ball point ~ stylo à bille; fountain ~ stylo à plume; a slip of the ~ un lapsus; the ~ is mightier than the sword *prov* un coup de langue est pire qu'un coup de lance *prov*. -**2.** [of squid] plume *f*. -**3.** [female swan] cygne *m* femelle. -**4.** [for animals] enclos *m*, parc *m*; sheep ~ parc à moutons. -**5.** (submarine) ~ bassin *m* protégé. -**6.** *inf Am* (*abbr of* penitentiary) taule *f*, tôle *f*; he spent ten years in the ~ il a passé dix ans en taule, il a fait dix ans de taule.
◇ *vt* -**1.** [write] écrire; a letter penned in a childish hand une lettre d'une écriture enfantine. -**2.** [enclose]: to ~ in OR up [livestock] parquer, enfermer dans un enclos; [dog] enfermer; [person] enfermer, cloîtrer, claquemurer.

penal ['pi:nl] *adj* -**1.** [law] pénal; [establishment] pénitentiaire; ~ offence infraction *f* pénale. -**2.** [severe - taxation, fine] écrasant.

penal code *n* code *m* pénal.

penal colony *n* colonie *f* pénitentiaire, bagne *m*.

penalization [,pi:nəlaɪ'zeɪʃn] *n* pénalisation *f*, sanction *f*.

penalize, -ise ['pi:nəlaɪz] *vt* -**1.** [punish] pénaliser, sanctionner. -**2.** [disadvantage] pénaliser, défavoriser, désavantager; the new tax ~s large families le nouvel impôt pénalise les familles nombreuses.

penal servitude *n* travaux *mpl* forcés, bagne *m*.

penal settlement = **penal colony**.

penalty ['penltɪ] (*pl* penalties) *n* -**1.** JUR peine *f*; on ~ of sous peine de; under ~ of death sous peine de mort; they advocate stiffer penalties for drunk driving ils préconisent des peines plus lourdes pour conduite en état d'ivresse; the ~ for that offence is six months' imprisonment la peine encourue pour ce délit est de six mois d'emprisonnement; '~ for improper use: £25' 'tout abus est passible d'une amende de 25 livres'. -**2.** ADMIN & COMM [for breaking contract] pénalité *f*, sanction *f*. -**3.** *fig* [unpleasant consequence]: to pay the ~ (for sthg) subir les conséquences (de qqch); that's the ~ for being famous c'est la rançon de la gloire. -**4.** SPORT [gen] pénalisation *f*; [kick - in football] penalty *m*; [- in rubgy] pénalité *f*; to score (from) a ~ [in football] marquer sur (un) penalty; a two-minute (time) ~ [in ice hockey] une pénalité de deux minutes.

penalty area *n* FTBL surface *f* de réparation.

penalty box *n* -**1.** [in football] = **penalty area**. -**2.** [in ice hockey] banc *m* de pénalité.

penalty clause *n* JUR clause *f* pénale.

penalty double *n* [in bridge] contre *m* de pénalité.

penalty goal *n* [in rugby] pénalité *f*.

penalty kick *n* [in football] penalty *m*; [in rugby] (coup *m* de pied de) pénalité *f*.

penalty points *npl* [in quiz, game] gage *m*; [for drivers] points *mpl* de pénalité *(dans le système du permis à points)*.

penalty spot *n* [in football] point *m* de penalty OR de réparation.

penalty try *n* [in rugby] essai *m* de pénalisation.

penance ['penəns] *n* pénitence *f*; to do ~ for one's sins faire pénitence.

pen-and-ink drawing *n* dessin *m* à la plume.

pence [pens] *n* (*pl of* penny) pence *mpl*.

penchant [*Br* pɑ̃ʃɑ̃, *Am* 'pentʃənt] *n* penchant *m*, goût *m*; to have a ~ for sthg avoir un faible pour qqch.

pencil ['pensl] (*Br pt* & *pp* pencilled, *cont* pencilling, *Am pt* & *pp* penciled, *cont* penciling) ◇ *n* -**1.** [for writing, makeup] crayon *m*; a box of coloured ~s une boîte de crayons de couleur; the corrections are in ~ les corrections sont (faites) au crayon ❑ ~ box plumier *m*; ~ case trousse *f*; ~ sharpener taille-crayon *m*. -**2.** *fig* [narrow beam]: a ~ of light un pinceau de lumière.
◇ *comp* au crayon; a ~ sketch un croquis au crayon.
◇ *vt* écrire au crayon; [hastily] crayonner; question marks were pencilled in the margin on avait mis des points d'interrogation au crayon dans la marge; to ~ one's eyebrows se dessiner les sourcils (au crayon).
◆ **pencil in** *vt sep* [date, name, address] noter OR inscrire au crayon; *fig* fixer provisoirement; I'll ~ the meeting/you in for June 6th retenons provisoirement la date du 6 juin pour la réunion/notre rendez-vous.

pendant ['pendənt] ◇ *n* -**1.** [necklace] pendentif *m*. -**2.** [piece of jewellery - on necklace] pendentif *m*; [- on earring] pendeloque *f*; ~ earrings pendants *mpl* d'oreille. -**3.** [chandelier] lustre *m*.
◇ *adj* = **pendent**.

pendent ['pendənt] *adj fml* -**1.** [hanging] pendant, qui pend. -**2.** [overhanging] en surplomb, en saillie.

pending ['pendɪŋ] ◇ *adj* -**1.** [waiting to be settled - gen] en attente; JUR en instance, pendant; a ~ court case une affaire en instance OR en cours. -**2.** [imminent] imminent; a merger is ~ une fusion est imminente.
◇ *prep* en attendant.

pending tray *n Br* corbeille *f* des dossiers en attente; mail is piling up in the ~ le courrier en attente s'accumule.

pendulous ['pendjʊləs] *adj lit* -**1.** [sagging - breasts] tombant; [- lips] pendant. -**2.** [swinging] oscillant.

pendulum ['pendjʊləm] *n* pendule *m*; [in clock] balancier *m*; **a swing of the ~ sent the president's popularity plummeting** *fig* un revirement de l'opinion a fait chuter la cote de popularité du président; **the ~ of fashion has swung back to a sixties look** la mode des années soixante est revenue au goût du jour.

Penelope [pə'neləpɪ] *pr n* Pénélope.

peneplain, peneplane ['piːnɪpleɪn] *n* pénéplaine *f*.

penetrate ['penɪtreɪt] ◇ *vt* **-1.** [find way into or through - jungle] pénétrer dans; [- blockade, enemy defences] pénétrer; **they ~d unknown territory** ils ont pénétré en territoire inconnu; **it's not easy to ~ Parisian society** il n'est pas facile de s'introduire dans la société parisienne. **-2.** [infiltrate - party, movement] s'infiltrer dans, noyauter; **~d by an informer** infiltré par un indicateur. **-3.** [pierce - subj: missile] percer, transpercer; **the bullet ~d his right lung** la balle lui a perforé le poumon droit. **-4.** [pass through - subj: sound, light etc] traverser, transpercer; **the child's cries ~d the silence** les cris de l'enfant déchiraient le silence; **the cold wind ~d her clothing** le vent glacial passait à travers ses vêtements; **the ship's lights failed to ~ the fog** les lumières du bateau ne parvenaient pas à percer le brouillard. **-5.** COMM s'introduire sur; **to ~ the market** faire une percée sur OR s'introduire sur le marché. **-6.** [see through - darkness, disguise, mystery] percer; **to ~ sb's thoughts** lire dans les pensées de qqn. **-7.** [sexually] pénétrer.
◇ *vi* **-1.** [break through] pénétrer; **the troops ~d deep into enemy territory** les troupes ont pénétré très avant en territoire ennemi. **-2.** [sink in]: **I heard what you said but it didn't ~ at the time** j'ai entendu ce que tu as dit, mais je n'ai pas saisi sur le moment; **I had to explain it to him several times before it finally ~d** j'ai dû le lui expliquer plusieurs fois avant qu'il (ne) finisse par comprendre.

penetrating ['penɪtreɪtɪŋ] *adj* **-1.** [sound - pleasant] pénétrant; [- unpleasant] perçant. **-2.** [cold] pénétrant, perçant; [rain] pénétrant. **-3.** [look, mind, question] pénétrant; **she had ~ eyes** elle avait un regard pénétrant.

penetratingly ['penɪtreɪtɪŋlɪ] *adv* **-1.** [loudly]: **to scream ~** pousser un cri perçant; **to whistle ~** émettre un sifflement strident. **-2.** *fig* avec perspicacité; **she looked at him ~** elle lui lança un regard pénétrant OR aigu.

penetration [,penɪ'treɪʃn] *n* **-1.** [gen & COMM] pénétration *f*. **-2.** MIL percée *f*. **-3.** PHOT profondeur *f* de champ.

penetrative ['penɪtrətɪv] *adj* [force] de pénétration; **~ sex** pénétration *f*.

pen friend *n Br* correspondant *m*, -e *f (épistolaire)*.

penguin ['peŋgwɪn] *n* manchot *m*.

penholder ['pen,həʊldə^r] *n* porte-plume *m inv*.

penicillin [,penɪ'sɪlɪn] *n* pénicilline *f*.

penile ['piːnaɪl] *adj* pénien.

peninsula [pə'nɪnsjʊlə] *n* [large] péninsule *f*; [small] presqu'île *f*.

peninsular [pə'nɪnsjʊlə^r] *adj* péninsulaire.
◆ **Peninsular** *adj*: **the Peninsular War** la guerre d'Espagne *(1808-1814)*.

penis ['piːnɪs] (*pl* **penises** OR **penes** [-ɪz]) *n* pénis *m*.

penis envy *n* envie *f* du pénis.

penitence ['penɪtəns] *n* pénitence *f*.

penitent ['penɪtənt] ◇ *adj* **-1.** [gen] contrit. **-2.** RELIG pénitent.
◇ *n* RELIG pénitent *m*, -e *f*.

penitential [,penɪ'tenʃl] ◇ *adj* pénitentiel.
◇ *n* [book] pénitentiel *m*.

penitentiary [,penɪ'tenʃərɪ] (*pl* **penitentiaries**) ◇ *n* **-1.** *Am* [prison] prison *f*. **-2.** RELIG [priest] pénitencier *m*.
◇ *adj* **-1.** *Am* [life, conditions] pénitentiaire; [offence] passible d'une peine de prison; **~ guard** gardien *m*, -enne *f* de prison. **-2.** = **penitential**.
◆ **Penitentiary** *n* RELIG: **the Penitentiary** [cardinal] le grand pénitencier; [tribunal] la Sacrée Pénitencerie, la Pénitencerie apostolique.

penitently ['penɪtəntlɪ] *adv* [say] d'un ton contrit; [submit, kneel] avec contrition.

penknife ['pennaɪf] (*pl* **penknives** [-naɪvz]) *n* canif *m*.

penlight ['penlaɪt] *n* lampe-stylo *f*, minitorche *f*.

penmanship ['penmənʃɪp] *n* calligraphie *f*.

penna ['penə] (*pl* **pennae** [-niː]) *n* penne *f*.

pen name *n* nom *m* de plume, pseudonyme *m*.

pennant ['penənt] *n* **-1.** [flag - gen] fanion *m*. **-2.** NAUT [for identification] flamme *f*; [for signalling] pavillon *m*. **-3.** *Am* SPORT *drapeau servant de trophée dans certains championnats*; **to win the ~** remporter le championnat.

pen nib *n* plume *f (de stylo)*.

penniless ['penɪlɪs] *adj* sans le sou; **they're absolutely ~** ils n'ont pas un sou; **the stock market crash left him ~** le krach boursier l'a mis sur la paille.

Pennines ['penaɪnz] *pl pr n*: **the ~** Les Pennines *fpl*.

Pennine Way ['penaɪn-] *pr n*: **the ~** *sentier de grande randonnée qui suit la crête des Pennines.*

pennon ['penən] *n* **-1.** [flag - gen] fanion *m*; [- on lance] pennon *m*. **-2.** NAUT [for identification] flamme *f*; [for signalling] pavillon *m*.

Pennsylvania [,pensɪl'veɪnjə] *pr n* Pennsylvanie *f*; **in ~** en Pennsylvanie.

Pennsylvania Avenue *pr n*: **1600 ~** *adresse de la Maison Blanche, utilisée par les médias américains pour faire référence au gouvernement.*

penny ['penɪ] (*pl sense 1* **pence** [pens], *pl sense 2* **pennies**) *n* **-1.** [unit of currency - in Britain, Ireland] penny *m*; **it cost me 44 pence** ça m'a coûté 44 pence. **-2.** [coin - in Britain, Ireland] penny *m*, pièce *f* d'un penny; [- in US] cent *m*, pièce *f* d'un cent; **it was expensive, but it was worth every ~** c'était cher, mais j'en ai vraiment eu pour mon argent; **it won't cost you a ~** ça ne vous coûtera pas un centime OR un sou; **every ~ counts** un sou est un sou ❑ **they haven't got a ~ to their name** OR **two pennies to rub together** ils n'ont pas un sou vaillant; **to earn an honest ~** gagner honnêtement sa vie; **people like him are two** OR **ten a ~** *inf Br* des gens comme lui, ce n'est pas ça qui manque; **a ~ for your thoughts** à quoi penses-tu?; **suddenly the ~ dropped** *inf Br* d'un seul coup ça a fait tilt; **he keeps turning up like a bad ~** *inf Br* c'est un vrai pot de colle; **in for a ~ in for a pound** *prov* quand le vin est tiré, il faut le boire *prov*; **take care of the pennies and the pounds will take care of themselves** *prov* les petits ruisseaux font les grandes rivières *prov*.

penny arcade *n Am* galerie *f* de jeux.

Penny Black *n premier timbre-poste britannique.*

penny dreadful *inf n Br dated* [novel] *roman d'amour ou d'aventures à quatre sous*; [magazine] magazine *m* à sensation.

penny-farthing *n Br* bicycle *m*, vélocipède *m*.

penny loafers *npl Am* mocassins *mpl*.

penny-pincher *inf* [-,pɪntʃə^r] *n* pingre *mf*, radin *m*, -e *f*.

penny-pinching *inf* [-,pɪntʃɪŋ] ◇ *n* économies *fpl* de bouts de chandelle; **government ~ will ruin the education system** à force de serrer les cordons de la bourse, le gouvernement finira par étrangler le système éducatif.
◇ *adj* qui fait des économies de bouts de chandelle, pingre, radin.

pennyweight ['penɪweɪt] *n Br* ≃ 1,5 grammes.

penny whistle *n* pipeau *m*.

penny wise *adj phr*: **to be ~ and pound foolish** chipoter sur les petites dépenses sans regarder aux grandes.

pennyworth ['penɪwɜːθ, 'penəθ] (*pl inv* OR **pennyworths**) *n* **-1.** *literal & dated*: **she asked for a ~ of toffees** elle demanda pour un penny de caramels. **-2.** *Br fig* [small quantity]: **if he had a ~ of sense** s'il avait une once de bon sens.

penology [piː'nɒlədʒɪ] *n* pénologie *f*.

pen pal *inf n* correspondant *m*, -e *f* (épistolaire).

pen pusher *n pej* gratte-papier *m inv*.

pen pushing *n pej* travail *m* de bureau; **a ~ job** un travail de gratte-papier.

pension ['penʃn, *sense 2 also* 'pɑ̃sjɔ̃] ◇ *n* **-1.** [for retired people] retraite *f*; [for disabled people] pension *f*; **to draw a ~** [retired person] toucher une retraite; [disabled person] toucher une pension, être pensionné; **to pay sb a ~** verser une pension à qqn ❑ **disability ~** pension d'invalidité; **widow's ~** [before retiring age] allocation *f* de veuvage; [at retiring age] pension de réversion. **-2.** [small hotel] pension *f* de famille.
◇ *vt* [for retirement] verser une pension de retraite à; [for disability] pensionner, verser une pension à.
◆ **pension off** *vt sep Br* **-1.** [person] mettre à la retraite. **-2.** *hum* [old car, machine] mettre au rancart.

pensionable ['penʃənəbl] *adj* **-1.** [person - gen] qui a droit à une pension; [- for retirement] qui a atteint l'âge de la retraite; **teachers of ~ age** les enseignants qui ont atteint l'âge de la retraite. **-2.** [job] qui donne droit à une retraite.

pension book *n* ≃ titre *m* de pension *(en Grande-Bretagne, carnet permettant de retirer sa pension de retraite)*.

pensioned ['penʃənd] *adj* retraité.

pensioner ['penʃənə^r] *n Br*: **(old age) ~** retraité *m*, -e *f*; **war ~** ancien combattant *m (titulaire d'une pension militaire d'invalidité)*.

pension fund *n* caisse *f* de retraite.

pension plan, pension scheme *n* régime *m* de retraite.

pensive ['pensɪv] *adj* pensif, méditatif, songeur.

pensively ['pensɪvlɪ] *adv* pensivement.

pent [pent] *pt & pp* → **pen**.

pentacle ['pentəkl] *n* pentacle *m*.

pentagon ['pentəgən] *n* GEOM pentagone *m*.
◆ **Pentagon** *pr n* POL: **the Pentagon** le Pentagone.

PENTAGON:
Le Pentagone, immense bâtiment à cinq façades situé à Arlington, Virginia, abrite le ministère américain de la Défense; plus généralement, le terme désigne le pouvoir militaire américain.

---

pentagonal [pen'tægənl] *adj* pentagonal.

pentagram ['pentəgræm] *n* **-1.** GEOM pentagone *m* étoilé. **-2.** [in occultism] pentagramme *m*.

pentahedron [,pentə'hiːdrən] (*pl* **pentahedrons** OR **pentahedra** [-drə]) *n* pentaèdre *m*.

pentameter [pen'tæmɪtə^r] ◇ *n* pentamètre *m*.
◇ *adj* pentamètre.

pentangle ['pentæŋgl] = **pentacle**.

Pentateuch ['pentətjuːk] *n*: **the ~** le Pentateuque.

pentathlete [pen'tæθliːt] *n* pentathlonien *m*, -enne *f*.

pentathlon [pen'tæθlɒn] *n* pentathlon *m*.

pentatonic scale [,pentə'tɒnɪk] *n* échelle *f* OR gamme *f* pentatonique.

pentavalent [,pentə'veɪlənt] *adj* pentavalent, quintivalent.

Pentecost ['pentɪkɒst] *n* Pentecôte *f*.

Pentecostal [,pentɪ'kɒstl] = **pentecostalist**.

Pentecostalism [,pentɪ'kɒstəlɪzm] *n* pentecôtisme *m*.

Pentecostalist [,pentɪ'kɒstəlɪst] ◇ *adj* pentecôtiste.
◇ *n* pentecôtiste *mf*.

penthouse ['penthaʊs, *pl* -haʊzɪz] *n* **-1.** [flat] *appartement luxueux avec terrasse généralement au dernier étage d'un immeuble*; **~ suite** [in hotel] suite *f* avec terrasse. **-2.** [on roof]: **elevator ~** machinerie *f* d'ascenseur *(installée sur un toit)*. **-3.** [doorway shelter] auvent *m*; [shed] appentis *m*.

pentode ['pentəʊd] *n* pentode *f*.

Pentonville ['pentənvɪl] *pr n*: **~ (Prison)** *grande prison dans le nord de Londres.*

pentose [ˈpentəʊz] *n* pentose *m.*

pent-up *adj* [emotion] refoulé, réprimé; [force] contenu, réprimé; **his anger is a product of ~ frustration** sa colère vient de ce qu'il est frustré; **to get rid of ~ energy** se défouler; **the children are full of ~ energy** les enfants débordent d'énergie.

penultimate [peˈnʌltɪmət] ◇ *adj* -**1.** [gen] avant-dernier. -**2.** LING pénultième.
◇ *n* -**1.** [gen] avant-dernier *m,* -ère *f.* -**2.** LING pénultième *f.*

penumbra [pɪˈnʌmbrə] (*pl* **penumbras** OR **penumbrae** [-briː]) *n* pénombre *f* ASTRON & PHYS.

penurious [pɪˈnjʊərɪəs] *adj fml* -**1.** [impoverished] indigent, sans ressources. -**2.** [miserly] parcimonieux, avare.

penury [ˈpenjʊrɪ] *n fml* -**1.** [poverty] indigence *f,* dénuement *m.* -**2.** [scarcity] pénurie *f.*

peon [ˈpiːɒn] *n* -**1.** AGR [in Latin America] péon *m.* -**2.** MIL [in India, Sri Lanka] fantassin *m.* -**3.** *inf Am* [worker] prolo *mf.*

peony [ˈpɪənɪ] (*pl* **peonies**) *n* pivoine *f.*

people [ˈpiːpl] ◇ *npl* -**1.** [gen] personnes *fpl,* gens *mpl;* **500 ~** 500 personnes; **there were ~ everywhere** il y avait des gens OR du monde partout; **how many ~ were there?** combien de personnes y avait-il?; **there were a lot of ~ there** il y avait beaucoup de monde; **some ~ think it's true** certaines personnes OR certains pensent que c'est vrai; **a lot of ~ think that...** beaucoup de gens pensent que...; **some ~ will believe anything!** il y a des gens qui croiraient n'importe quoi!; **I've talked to several ~ about it** j'en ai parlé à plusieurs personnes; **many/most ~ disagree** beaucoup de gens/la plupart des gens ne sont pas d'accord ❑ **really, some ~!** il y a des gens, je vous jure!; **are you ~ coming or not?** et vous (autres), vous venez ou pas?; **it's Meg of all ~!** ça alors, c'est Meg!; **you of all ~ should know that!** si quelqu'un doit savoir ça, c'est bien toi! -**2.** [in indefinite uses] on; **~ won't like it** les gens ne vont pas aimer ça; **~ say it's impossible** on dit que c'est impossible; **I don't want ~ to know about this** je ne veux pas qu'on le sache OR que cela se sache. -**3.** [with qualifier] gens *mpl;* **clever/sensitive ~** les gens intelligents/sensibles; **rich/poor/blind ~** les riches/pauvres/aveugles; **young ~** les jeunes; **old ~** les personnes âgées; **city/country ~** les citadins/campagnards; **~ who know her** ceux qui la connaissent; **~ like you** les gens comme toi; **~ of taste** les gens de goût; **~ with large cars** ceux qui ont de grandes voitures; **they are nice ~** ce sont des gens sympathiques; **nice ~ don't do that!** les gens bien OR comme il faut ne font pas ce genre de chose!; **they are theatre/circus ~** ce sont des gens de théâtre/du cirque ‖ [inhabitants, nationals]: **Danish ~** les Danois; **the ~ of Brazil** les Brésiliens; **the ~ of Glasgow** les habitants de Glasgow; **the ~ of Yorkshire** les gens du Yorkshire ‖ [employed in a specified job]: **I'll call the electricity/gas ~ tomorrow** je téléphonerai à la compagnie d'électricité/de gaz demain; **the President's financial ~** les conseillers financiers du Président. -**4.** POL: **the ~** le peuple; **the ~ are behind her** le peuple la soutient OR est avec elle; **power to the ~!** le pouvoir au peuple!; **a ~'s government/democracy** un gouvernement/une démocratie populaire. -**5.** *dated* [family] famille *f,* parents *mpl;* **her ~ emigrated in 1801** sa famille a émigré en 1801.
◇ *n* -**1.** [nation] peuple *m,* nation *f;* **a seafaring ~** un peuple de marins. -**2.** [ethnic group] population *f;* **the native ~s of Polynesia** les populations indigènes OR autochtones de Polynésie; **the French-speaking ~s** les populations francophones.
◇ *vt* -**1.** (*usu passive*) [inhabit] peupler; **the region is ~d by aborigines** la région est peuplée d'aborigènes. -**2.** *fig:* **the monsters that ~ his dreams** les monstres qui hantent ses rêves.

people mover *n* [gen] système *m* de transport automatique; [moving pavement] trottoir *m* roulant.

People's Republic of China *pr n:* **the ~** la République populaire de Chine.

pep *inf* [pep] (*pt* & *pp* **pepped**, *cont* **pepping**) *n* punch *m;* **to have a lot of** OR **to be full of ~** avoir du punch.
◆ **pep up** *inf vt sep* -**1.** [person - depressed] remonter le moral à; [- ill, tired] requinquer, retaper; **a cup of tea will soon ~ you up** une tasse de thé aura vite fait de te ravigoter OR retaper. -**2.** [business] faire repartir, dynamiser; [party] remettre de l'entrain dans, dynamiser; [conversation] égayer, ranimer, relancer.

PEP [pep] (*abbr of* **personal equity plan**) *n plan d'investissement en actions bénéficiant de conditions fiscales avantageuses.*

peplum [ˈpepləm] (*pl* **peplums** OR **pepla** [-lə]) *n* -**1.** [on jacket] basque *f.* -**2.** [Roman tunic] peplum *m.*

pepper [ˈpepəʳ] ◇ *n* -**1.** [condiment] poivre *m;* **black/white ~** poivre noir/blanc; **~ steak** *Br* steak *m* au poivre. -**2.** [vegetable - sweet] poivron *m;* [- hot] piment *m;* **~ sauce** sauce *f* aux piments; **green/red ~** poivron *m* vert/rouge.
◇ *vt* -**1.** CULIN poivrer. -**2.** [scatter, sprinkle] émailler, parsemer; **her text was ~ed with quotations** son texte était émaillé de citations. -**3.** [pelt]: **the walls were ~ed with lead shot** les murs étaient criblés d'impacts de balles; **they ~ed the houses with machine-gun fire** ils ont mitraillé les maisons.

pepper-and-salt *adj* -**1.** [hair, beard] poivre et sel *(inv).* -**2.** TEX marengo *(inv);* **~ cloth** marengo *m.*

pepperbox [ˈpepəbɒks] *n Am* poivrier *m.*

peppercorn [ˈpepəkɔːn] *n* grain *m* de poivre.

peppercorn rent *n Br* loyer *m* modique.

pepper mill *n* moulin *m* à poivre.

peppermint [ˈpepəmɪnt] ◇ *n* -**1.** BOT menthe *f* poivrée. -**2.** [sweet] bonbon *m* à la menthe.
◇ *adj* à la menthe; **~ tea** thé *m* à la menthe; **~** OR **~-flavoured toothpaste** dentifrice *m* au menthol.

pepperpot *n* poivrier *m* CULIN, poivrière *f* CULIN.

peppery [ˈpepərɪ] *adj* -**1.** CULIN poivré. -**2.** [quick-tempered] coléreux, irascible. -**3.** [incisive] mordant, piquant.

pep pill *inf n* stimulant *m,* excitant *m.*

peppy *inf* [ˈpepɪ] (*compar* **peppier**, *superl* **peppiest**) *adj* [person] qui a du punch.

pepsin(e) [ˈpepsɪn] *n* pepsine *f.*

pep talk *inf n* discours *m* d'encouragement; **their boss gave them a ~** leur patron leur a dit quelques mots pour leur remonter le moral.

peptic [ˈpeptɪk] *adj* peptique.

peptic ulcer *n* ulcère *m* gastro-duodénal.

peptone [ˈpeptəʊn] *n* peptone *f.*

per [pɜːʳ] *prep* [for each] par; **~ person** par personne; **~ head** par tête; **~ day/week/month/year** par jour/semaine/mois/an; **we need five litres of water ~ person ~ day** il nous faut cinq litres d'eau par personne et par jour; **they are paid £6 ~ hour** ils sont payés 6 livres de l'heure; **100 miles ~ hour** ≃ 160 kilomètres à l'heure; **it costs £8 ~ kilo** ça coûte 8 livres le kilo; **output ~ worker has increased** la production individuelle des ouvriers a augmenté.
◆ **as per** *prep phr* suivant, selon; **as ~ specifications** [on bill] conformément aux spécifications requises; **as ~ your letter** conformément à votre lettre; **the work is going ahead as ~ schedule** le travail avance selon le calendrier prévu; **as ~ normal** OR **usual** *inf* comme d'habitude.

peradventure [pərədˈventʃəʳ] *adv arch* par hasard, d'aventure *lit.*

perambulate [pəˈræmbjʊleɪt] ◇ *vi lit* OR *hum* se promener, (se) baguenauder.
◇ *vt* -**1.** [estate, boundary] inspecter. -**2.** [sea, region] parcourir.

perambulation [pəˌræmbjʊˈleɪʃn] *n lit* OR *fml* [stroll] promenade *f.*

per annum [pərˈænəm] *adv* par an, annuellement; **$5,000 ~** 5 000 dollars par an.

P-E ratio (*abbr of* **price-earnings ratio**) *n* taux *m* de capitalisation bousière, PER *m.*

percale [pəˈkeɪl] *n* percale *f;* **~ sheets** des draps en percale.

per capita [pəˈkæpɪtə] *fml* ◇ *adj* par personne; **~ income is higher in the south** le revenu par habitant est plus élevé dans le sud.
◇ *adv* par personne.

perceive [pəˈsiːv] *vt* -**1.** [see] distinguer; [hear, smell etc] percevoir; **he was unable to ~ colours** il était incapable de distinguer les couleurs; **verbs of perceiving** LING les verbes de perception. -**2.** [notice] s'apercevoir de, remarquer; **few people ~d the differences** peu de gens ont remarqué les différences. -**3.** [conceive, understand] percevoir, comprendre; **their presence is ~d as a threat** leur présence est perçue comme une menace.

per cent [pəˈsent] (*pl inv*) ◇ *adv* pour cent; **prices went up (by) 10 ~** les prix ont augmenté de 10 pour cent; **it's 50 ~ cotton** il y a 50 pour cent de coton, c'est du coton à 50 pour cent; **a 9 ~ interest rate** un taux d'intérêt à 9 pour cent; **I'm a hundred ~ sure** j'en suis absolument certain.
◇ *n* [percentage] pourcentage *m.*

percentage [pəˈsentɪdʒ] *n* -**1.** [proportion] pourcentage *m;* **a high ~ of the staff** une grande partie du personnel. -**2.** [share of profits, investment] pourcentage *m;* **to get a ~ on sthg** toucher un pourcentage sur qqch. -**3.** *inf Br* [advantage] avantage *m,* intérêt *m;* **there's no ~ in kicking up a fuss** ça ne sert à rien de faire des histoires.

percentile [pəˈsentaɪl] *n* centile *m.*

perceptible [pəˈseptəbl] *adj* perceptible.

perceptibly [pəˈseptəblɪ] *adv* [diminish, change] sensiblement; [move] de manière perceptible; **she was ~ thinner** elle avait sensiblement maigri.

perception [pəˈsepʃn] *n* -**1.** [faculty] perception *f;* **visual/aural ~** perception visuelle/auditive. -**2.** [notion, conception] perception *f,* conception *f;* **her ~ of the problem is different from mine** sa façon de voir le problème diffère de la mienne; **the general public's ~ of the police** l'image que le grand public a de la police. -**3.** [insight] perspicacité *f,* intuition *f;* **a man of great ~** un homme très perspicace.

perceptive [pəˈseptɪv] *adj* -**1.** [observant - person] perspicace; [- remark] judicieux. -**2.** [sensitive] sensible. -**3.** [organ] sensoriel.

perceptiveness [pəˈseptɪvnɪs] *n* perspicacité *f,* pénétration *f.*

perceptual [pəˈseptjʊəl] *adj* [organ] perceptuel.

perch [pɜːtʃ] (*pl sense 4 inv* OR **perches**) ◇ *n* -**1.** [for bird - in cage] perchoir *m;* [- on tree] branche *f;* **the bird flew from its ~ on the roof** l'oiseau s'envola du toit où il était perché. -**2.** *inf* [for person - seat] perchoir *m;* **to be knocked from** OR **off one's ~** être détrôné, se faire détrôner. -**3.** [linear or square measure] ≃ perche *f.* -**4.** [fish] perche *f.*
◇ *vi* [bird, person] se percher; **he ~ed on the edge of the table** il se percha OR se jucha sur le bord de la table.
◇ *vt* [person, object] percher, jucher; **he/the bucket was ~ed on the top of the ladder** il/le seau était perché en haut de l'échelle.

perchance [pəˈtʃɑːns] *adv arch* OR *lit* -**1.** [perhaps] peut-être. -**2.** [by accident] par hasard, fortuitement.

percipient [pəˈsɪpɪənt] *adj* -**1.** *fml* [person] perspicace. -**2.** ANAT [organ] sensoriel.

percolate [ˈpɜːkəleɪt] ◇ *vi* -**1.** [liquid] filtrer, s'infiltrer; [coffee] passer; **toxic chemicals had ~d through the soil** des produits chimiques toxiques s'étaient infiltrés dans le sol. -**2.** [ideas, news] se répandre; **his ideas ~d through to the rank and file** ses idées ont gagné la base. -**3.** *inf Am* [be excited] être (tout) excité; **he is percolating with joy** il déborde de joie; **she ~s with ideas** elle bouillonne d'idées.
◇ *vt* [coffee] préparer *(avec une cafetière à pres-*

sion); **I'll just ~ some coffee** je vais faire du café; **~d coffee** café fait avec une cafetière à pression.
percolator [ˈpɜːkəleɪtəʳ] *n* cafetière *f* à pression.
percuss [pəˈkʌs] *vt* [gen & MED] percuter.
percussion [pəˈkʌʃn] *n* -**1.** MUS percussion *f*; **Jane Stowell on ~** aux percussions, Jane Stowell; **the ~ section** les percussions *fpl*. -**2.** [collision, shock] percussion *f*, choc *m*. -**3.** MED & MIL percussion *f*.
percussion cap *n* amorce *f* fulminante.
percussion instrument *n* MUS instrument *m* à percussion.
percussionist [pəˈkʌʃənɪst] *n* MUS percussionniste *mf*.
percussion lock *n* percuteur *m*.
percussion tool *n* outil *m* à percussion.
percussive [pəˈkʌsɪv] *adj* [instrument] à percussion; [force] de percussion.
per diem [ˌpɜːˈdiːem] *adj* & *adv* *fml* par jour.
perdition [pəˈdɪʃn] *n* -**1.** *lit* [spiritual ruin] perdition *f*; [hell] enfer *m*, damnation *f*. -**2.** *arch* [ruin] perte *f*, ruine *f*.
peregrination [ˌperɪgrɪˈneɪʃn] *n* , **peregrinations** *npl* *lit* OR *hum* pérégrinations *fpl*.
peregrine falcon [ˈperɪgrɪn-] *n* faucon *m* pèlerin.
peremptorily [pəˈremptrəlɪ] *adv* de façon péremptoire, impérieusement.
peremptory [pəˈremptərɪ] *adj* -**1.** [tone, manner] péremptoire; **there was a ~ knock at the door** on a frappé à la porte de façon péremptoire. -**2.** *Br* JUR: **~ writ** assignation *f* à comparaître en personne.
perennial [pəˈrenjəl] ◇ *adj* -**1.** BOT vivace. -**2.** *fig* [everlasting] éternel; [recurrent, continual] perpétuel, sempiternel; **a ~ subject of debate** un éternel OR perpétuel sujet de discussion.
◇ *n* BOT plante *f* vivace.
perennially [pəˈrenjəlɪ] *adv* [everlastingly] éternellement; [recurrently, continually] perpétuellement, continuellement.
perestroika [ˌperəˈstrɔɪkə] *n* perestroïka *f*.
perfect [*adj* & *n* ˈpɜːfɪkt, *vb* pəˈfekt] ◇ *adj* -**1.** [flawless - person, performance etc] parfait; **a ~ circle** un cercle parfait; **the engine is in ~ condition** le moteur est en parfait état de marche; **in ~ health** en parfaite OR excellente santé; **her hearing is still ~** elle entend encore parfaitement; **try it yourself, since you think you're (so) ~!** essaie toi-même, puisque tu te crois OR tu es si fort!; **nobody's ~** personne n'est parfait ☐ **practice makes ~** *prov* c'est en forgeant qu'on devient forgeron *prov*. -**2.** [complete - agreement, mastery etc] parfait, complet; **there was ~ silence** il y avait un silence total; **you have a ~ right to be here** vous avez parfaitement OR tout à fait le droit d'être ici ‖ [as intensifier] véritable, parfait; **it was a ~ disaster!** ce fut un véritable désastre!; **he's a ~ idiot** c'est un parfait imbécile. -**3.** [fine, lovely - conditions] parfait, idéal; [- weather] idéal, superbe. -**4.** [fitting, right - gift, example] parfait, approprié; **tonight at 7? – that will be ~** ce soir à 7 h? – c'est parfait; **Monday is ~ for me** lundi me convient parfaitement; **the colour is ~ on you** cette couleur te va à merveille OR à la perfection. -**5.** [exemplary - gentleman, host] parfait, exemplaire. -**6.** GRAMM [participle] passé; **~ participle** participe *m* passé; **the ~ tense** le parfait.
◇ *n* GRAMM parfait *m*; **in the ~** au parfait; **the future ~** le futur antérieur; **the past ~** le plus-que-parfait; **the present ~** le passé composé.
◇ *vt* -**1.** [improve - knowledge, skill] perfectionner, parfaire. -**2.** [bring to final form - plans, method] mettre au point. -**3.** TYPO imprimer en retiration.
perfect competition *n* ECON concurrence *f* parfaite.
perfectible [pəˈfektəbl] *adj* perfectible.
perfection [pəˈfekʃn] *n* -**1.** [quality] perfection *f*; **it's the only way to attain ~** c'est le seul moyen d'atteindre la perfection; **this cake is ~!** ce gâteau est un vrai délice!; **to do sthg to ~** faire qqch à la perfection. -**2.** [perfecting - of skill, knowledge] perfectionnement *m*; [- of plans, method] mise *f* au point.
perfectionism [pəˈfekʃənɪzm] *n* perfectionnisme *m*.
perfectionist [pəˈfekʃənɪst] ◇ *adj* perfectionniste.
◇ *n* perfectionniste *mf*.
perfective [pəˈfektɪv] *adj* GRAMM perfectif.
perfectly [ˈpɜːfɪktlɪ] *adv* -**1.** [speak, understand] parfaitement; **~ formed** d'une forme parfaite. -**2.** [as intensifier]: **you are ~ right** vous avez parfaitement OR tout à fait raison; **it's a ~ good raincoat** cet imperméable est tout à fait mettable.
perfect number *n* MATH nombre *m* parfait.
perfect pitch *n* MUS: **to have ~** avoir l'oreille absolue.
perfidious [pəˈfɪdɪəs] *adj* *lit* perfide; **~ Albion** la perfide Albion.
perfidiously [pəˈfɪdɪəslɪ] *adv* *lit* perfidement.
perfidy [ˈpɜːfɪdɪ] (*pl* **perfidies**) *n* *lit* perfidie *f*.
perforate [ˈpɜːfəreɪt] *vt* -**1.** [pierce] perforer, percer. -**2.** TECH [punch holes in] perforer.
perforated [ˈpɜːfəreɪtɪd] *adj* perforé, percé; **to have a ~ eardrum** avoir un tympan perforé OR crevé; **tear along the ~ line** détacher suivant les pointillés.
perforated tape *n* COMPUT bande *f* perforée.
perforation [ˌpɜːfəˈreɪʃn] *n* perforation *f*.
perforce [pəˈfɔːs] *adv* *lit* forcément, nécessairement.
perform [pəˈfɔːm] ◇ *vt* -**1.** [carry out - manœuvre, task] exécuter, accomplir; [- calculation] effectuer, faire; [- miracle] accomplir; [- wedding, ritual] célébrer; **the robot can ~ complex movements** le robot peut exécuter des mouvements complexes; **to ~ an operation** MED opérer. -**2.** [fulfil - function, duty] remplir; **the agency ~s a vital service** l'agence remplit une fonction vitale. -**3.** [stage - play] jouer, donner; [- concert, ballet, opera] interpréter, jouer; [- solo] exécuter; **to ~ a part** THEAT jouer OR interpréter un rôle; DANCE danser un rôle.
◇ *vi* -**1.** [actor, comedian, musician] jouer; [dancer] danser; [singer] chanter; **the Berlin Philharmonic is ~ing tonight** l'Orchestre philharmonique de Berlin donne un concert OR joue ce soir; **she ~ed superbly in the role of Lady Chichester** elle a magnifiquement interprété le rôle de Lady Chichester. -**2.** [in job, situation] se débrouiller; **to ~ well/badly** [person] bien/ne pas bien s'en tirer; [company] avoir de bons/mauvais résultats; **he'd never spoken in public before, but he ~ed well** il n'avait jamais parlé en public avant, mais il s'en est bien tiré OR il s'est bien débrouillé; **how does she ~ under pressure?** comment réagit-elle lorsqu'elle est sous pression?; **the Miami branch is not ~ing well** les résultats de la succursale de Miami ne sont pas très satisfaisants. -**3.** [function - vehicle, machine] marcher, fonctionner; **the car ~s well/badly in wet conditions** cette voiture a une bonne/mauvaise tenue de route par temps de pluie.
performance [pəˈfɔːməns] *n* -**1.** [show] spectacle *m*, représentation *f*; CIN séance *f*; **afternoon ~** matinée *f*; **there is no ~ on Mondays** il n'y a pas de représentation le lundi, le lundi est jour de relâche. -**2.** [rendition - by actor, musician, dancer] interprétation *f*; [showing - by sportsman, politician etc] performance *f*, prestation *f*; **he gave an excellent ~ in the role of Othello** son interprétation du rôle d'Othello fut remarquable; **the Prime Minister gave the ~ of his career** le Premier ministre n'a jamais été aussi bon de toute sa carrière; **another poor ~ by the French team** encore une contre-performance de l'équipe française; **the country's poor economic ~** les mauvais résultats économiques du pays; **sterling's ~ on the Stock Exchange** le comportement en bourse de la livre sterling; **sexual ~** prouesses sexuelles. -**3.** [of machine, computer, car] performance *f*; **(high-)~ car** voiture *f* performante. -**4.** [carrying out - of task, manœuvre] exécution *f*; [- of miracle] accomplissement *m*; [- of ritual] célébration *f*; **she has always been painstaking in the ~ of her duties** elle s'est toujours montrée consciencieuse dans l'accomplissement de ses devoirs. -**5.** *inf* [rigmarole] histoire *f*, cirque *m*; **it's such a ~ getting a visa!** quelle histoire OR quel cirque pour avoir un visa!; **what a ~!** quel cirque! -**6.** LING performance *f*.
performance appraisal *n* [system] système *m* d'évaluation; [individual] évaluation *f*.
performance art *n* spectacle *m* total.
performance test *n* PSYCH test *m* de performance.
performative [pəˈfɔːmətɪv] ◇ *adj* LING & PHILOS performatif.
◇ *n* LING [verb] performatif *m*; [utterance] énoncé *m* performatif.
performer [pəˈfɔːməʳ] *n* [singer, dancer, actor] interprète *mf*; **nightclub ~** artiste *mf* de cabaret; **he's a good stage ~ but awful on camera** il est très bon sur la scène mais il ne passe pas du tout à l'écran.
performing [pəˈfɔːmɪŋ] *adj* [bear, dog etc] savant.
performing arts *npl* arts *mpl* du spectacle.
performing rights *npl* THEAT droits *mpl* de représentation; MUS droits *mpl* d'exécution.
perfume [*n* ˈpɜːfjuːm, *vb* pəˈfjuːm] ◇ *n* -**1.** [bottled] parfum *m*; **I don't usually wear ~** d'habitude je ne me parfume pas; **what ~ does she wear** OR **use?** quel parfum met-elle?, quel est son parfum? ☐ **~ spray** atomiseur *m* de parfum. -**2.** [smell] parfum *m*.
◇ *vt* parfumer.
perfumed [*Br* ˈpɜːfjuːmd, *Am* pərˈfjuːmd] *adj* parfumé.
perfumer [pəˈfjuːməʳ] *n* parfumeur *m*, -euse *f*.
perfumery [pəˈfjuːmərɪ] (*pl* **perfumeries**) *n* parfumerie *f*.
perfunctorily [pəˈfʌŋktrəlɪ] *adv* [wave] négligemment; [explain, apologize, search] sommairement; [read out, announce] sans conviction.
perfunctory [pəˈfʌŋktərɪ] *adj* [gesture] négligent; [greeting, kiss] détaché; [explanation, apology, letter] sommaire; [effort] de pure forme; [interrogation, search] fait pour la forme.
Pergamum [ˈpɜːgəməm] *pr n* Pergame.
pergola [ˈpɜːgələ] *n* pergola *f*.
perhaps [pəˈhæps] *adv* peut-être; **~ they've forgotten** ils ont peut-être oublié, peut-être ont-ils oublié; **~ not** peut-être que non; **there were ~ 200 people there** il y avait peut-être 200 personnes ‖ [used in polite requests, offers]: **~ you'd be kind enough...** peut-être aurais-tu la gentillesse...; **a glass of something, ~?** un verre de quelque chose, peut-être?
perianth [ˈperɪænθ] *n* périanthe *m*.
pericarditis [ˌperɪkɑːˈdaɪtɪs] *n* péricardite *f*.
pericardium [ˌperɪˈkɑːdjəm] *n* péricarde *m*.
pericarp [ˈperɪkɑːp] *n* péricarpe *m*.
Pericles [ˈperɪkliːz] *pr n* Périclès.
peridot [ˈperɪdɒt] *n* péridot *m*.
perigee [ˈperɪdʒiː] *n* périgée *m*.
periglacial [ˌperɪˈgleɪʃl] *adj* périglaciaire.
perihelion [ˌperɪˈhiːljən] *n* périhélie *m*.
peril [ˈperɪl] *n* péril *m*, danger *m*; **the ~s of hard drugs** le danger des drogues dures; **to be in ~** être en danger; **you do it at your ~** *Br* c'est à vos risques et périls.
perilous [ˈperələs] *adj* périlleux, dangereux.
perilously [ˈperələslɪ] *adv* périlleusement, dangereusement; **he came ~ close to defeat/drowning** il s'en est fallu d'un cheveu qu'il ne perde/qu'il ne se noie.
perimeter [pəˈrɪmɪtəʳ] *n* périmètre *m*.
perimeter fence *n* grillage *m*.
perinatal [ˌperɪˈneɪtl] *adj* périnatal.
perineal [ˌperɪˈniːəl] *adj* périnéal.

perineum [ˌperɪˈniːəm] (*pl* perinea [-ˈniːə]) *n* périnée *m*.

period [ˈpɪərɪəd] ◇ *n* -**1.** [length of time] période *f*; [historical epoch] période *f*, époque *f*; **within a ~ of a few months** en l'espace de quelques mois; **we have a two-month ~ in which to do it** nous avons un délai de deux mois pour le faire; **he's going through a difficult ~** il traverse une période difficile; **a ~ of colonial expansion** une période d'expansion coloniale; **the Elizabethan ~** l'époque élisabéthaine; **at that ~ in her life** à cette époque de sa vie; **his cubist/jazz ~** sa période cubiste/jazz; **there will be a question/discussion ~ after the lecture** un moment sera consacré aux questions/au débat après la conférence. -**2.** GEOL période *f*; **the Jurassic ~** la période jurassique. -**3.** SCH [lesson] cours *m*; **during the Latin ~** pendant le cours de latin; **a free ~** [for pupil] une heure de permanence; [for teacher] une heure de battement. -**4.** [in ice hockey] période *f*. -**5.** ASTRON: **~ of rotation** période *f* de rotation. -**6.** [menstruation] règles *fpl*; **I've got my ~** j'ai mes règles; **my ~s have stopped** je n'ai plus mes règles. -**7.** *Am* [full stop] point *m*. -**8.** [sentence] période *f*. -**9.** CHEM [in periodic table] période *f*. -**10.** MUS période *f*. -**11.** COMM: **accounting ~** exercice *m*.
◇ *adv inf*: **you're not going out alone, ~!** tu ne sortiras pas tout seul, un point c'est tout!
◇ *comp* [furniture, costume] d'époque; [novel] historique; **the play has a definite ~ flavour** la pièce nous transporte vraiment dans une autre époque.

periodic [ˌpɪərɪˈɒdɪk] *adj* -**1.** [gen] périodique. -**2.** CHEM & MATH périodique; **~ function** fonction *f* périodique.

periodical [ˌpɪərɪˈɒdɪkl] ◇ *n* [publication] périodique *m*.
◇ *adj* périodique.

periodically [ˌpɪərɪˈɒdɪklɪ] *adv* périodiquement; **we see them ~** nous les voyons de temps en temps.

periodicity [ˌpɪərɪəˈdɪsətɪ] *n* périodicité *f*.

periodic table *n* tableau *m* périodique (des éléments).

periodontics [ˌperɪəˈdɒntɪks] *n* *(U) branche de la stomatologie qui s'occupe du périodonte.*

period pains *npl* règles *fpl* douloureuses.

period piece *n* objet *m* d'époque.

periosteum [ˌperɪˈɒstɪəm] (*pl* periostea [-stɪə]) *n* périoste *m*.

peripatetic [ˌperɪpəˈtetɪk] *adj* -**1.** [itinerant] itinérant. -**2.** *Br* SCH: **~ teacher** *professeur qui enseigne dans plusieurs établissements scolaires.*

peripheral [pəˈrɪfərəl] ◇ *adj* périphérique; **~ vision** vue *f* périphérique.
◇ *n* COMPUT: **~ (device** OR **unit)** (unité *f*) périphérique *m*.

periphery [pəˈrɪfərɪ] (*pl* peripheries) *n* -**1.** [of circle, vision, city etc] périphérie *f*; **on the ~** à la périphérie. -**2.** [of group, movement] frange *f*; **on the ~ of society** en marge de la société.

periphrasis [pəˈrɪfrəsɪs] (*pl* periphrases [-siːz]) *n* périphrase *f*, circonlocution *f*.

periphrastic [ˌperɪˈfræstɪk] *adj* périphrastique.

periscope [ˈperɪskəʊp] *n* périscope *m*; **up ~!** sortez le périscope!

perish [ˈperɪʃ] ◇ *vi* -**1.** *Br* [rot - rubber, leather etc] s'abîmer, se détériorer; [- food] se gâter, pourrir. -**2.** *lit* [die] périr; **~ the thought** *hum*: **you're not pregnant, are you? — ~ the thought!** tu n'es pas enceinte au moins? - tu veux rire OR j'espère bien que non!; **and that, ~ the thought, would mean giving up your weekends** et pour ça, comble de l'horreur, tu devrais renoncer à tes week-ends.
◇ *vt* [rubber, leather] abîmer, détériorer; [food] gâter.

perishable [ˈperɪʃəbl] *adj* périssable.
◆ **perishables** *npl* denrées *fpl* périssables.

perished *inf* [ˈperɪʃt] *adj Br* [cold] frigorifié.

perisher *inf* [ˈperɪʃəʳ] *n Br* galopin *m*.

perishing *inf* [ˈperɪʃɪŋ] *adj Br*. -**1.** [cold - person, hands] frigorifié; **it's ~ (cold)** il fait un froid de canard OR de loup. -**2.** [as expletive] sacré, fichu, foutu; **that ~ telephone** ce fichu téléphone; **what a ~ nuisance!** c'est vraiment casse-pied!

perishingly *inf* [ˈperɪʃɪŋlɪ] *adv Br*: **it's ~ cold** il fait un froid de canard.

peristalsis [ˌperɪˈstælsɪs] (*pl* peristalses [-siːz]) *n* péristaltisme *m*.

peristaltic [ˌperɪˈstæltɪk] *adj* péristaltique.

peristyle [ˈperɪstaɪl] *n* péristyle *m*.

peritoneum [ˌperɪtəˈniːəm] (*pl* **peritoneums** OR peritonea [-ˈniːə]) *n* péritoine *m*.

peritonitis [ˌperɪtəˈnaɪtɪs] *n* *(U)* péritonite *f*; **to have ~** avoir une péritonite.

periwig [ˈperɪwɪg] *n* perruque *f*.

periwinkle [ˈperɪˌwɪŋkl] *n* -**1.** BOT pervenche *f*. -**2.** ZOOL bigorneau *m*.

perjure [ˈpɜːdʒəʳ] *vt*: **to ~ o.s.** faire un faux témoignage.

perjured [ˈpɜːdʒəd] *adj*: **~ evidence** faux témoignage *m*; **his evidence was ~** il a fait un faux témoignage.

perjurer [ˈpɜːdʒərəʳ] *n* faux témoin *m*.

perjury [ˈpɜːdʒərɪ] (*pl* perjuries) *n*: **to commit ~** faire un faux témoignage.

perk *inf* [pɜːk] ◇ *n* [from job] avantage *m* en nature; [advantage - gen] avantage *m*; **cheap air travel is one of the ~s of his job** un des avantages de son boulot, c'est qu'il peut prendre l'avion pour trois fois rien.
◇ *vi* & *vt* [coffee] passer.
◆ **perk up** ◇ *vt sep* [cheer up] remonter, ragaillardir, revigorer; **the news really ~ed me up** la nouvelle m'a vraiment remonté le moral ‖ [liven up] revigorer; **some wine will ~ you up** un peu de vin te remontera.
◇ *vi insep* -**1.** [cheer up] se ragaillardir, retrouver le moral; **he ~ed up in the afternoon** il a retrouvé son entrain l'après-midi. -**2.** [become interested] dresser l'oreille OR la tête; **she ~ed up when money was mentioned** elle a dressé l'oreille quand on a parlé d'argent. -**3.** [ears, head] se dresser.

perky [ˈpɜːkɪ] (*compar* perkier, *superl* perkiest) *adj* gai, vif.

perm [pɜːm] ◇ *vt* [hair] permanenter; **her hair is ~ed** elle a les cheveux permanentés; **I've had my hair ~ed** je me suis fait faire une permanente.
◇ *n* -**1.** permanente *f*; **to have a ~** se faire faire une permanente. -**2.** (*abbr of* **permutation**) *combinaison jouée dans les paris sur les matches de football en Grande-Bretagne.*

permafrost [ˈpɜːməfrɒst] *n* permagel *m*, permafrost *m*, pergélisol *m*.

permanence [ˈpɜːmənəns] *n* permanence *f*, caractère *m* permanent.

permanency [ˈpɜːmənənsɪ] (*pl* **permanencies**) *n* -**1.** [person, thing]: **they predicted that computers would be a ~ in every office** ils avaient prévu que les ordinateurs deviendraient indispensables dans tous les bureaux. -**2.** = **permanence**.

permanent [ˈpɜːmənənt] ◇ *adj* permanent; **no ~ damage was caused** aucun dégât irréparable n'a été occasionné; **~ address** domicile *m*; **are you here on a ~ basis?** êtes-vous ici à titre définitif?; **~ staff** [gen] personnel *m* permanent; [in public service] personnel *m* titulaire; **a ~ post** [gen] un emploi permanent; [in public service] un poste de titulaire □ **~ ink** encre *f* indélébile; **~ magnet** aimant *m* permanent; **~ tooth** dent *f* permanente; **Permanent Undersecretary** *Br* ≃ secrétaire général *m*, -e *f* *(dans la fonction publique).*
◇ *n Am* [in hair] permanente *f*.

permanently [ˈpɜːmənəntlɪ] *adv* -**1.** [constantly] en permanence, constamment; **he's ~ drunk** il ne dessoûle jamais. -**2.** [definitively] définitivement, à titre définitif; **they came to live here ~** ils sont venus s'installer ici définitivement.

permanent-press *adj*: **~ trousers/skirt** pantalon *m*/jupe *f* à pli permanent.

permanent wave *n* permanente *f*.

permanent way *n Br* voie *f* ferrée.

permanganate [pɜːˈmæŋgəneɪt] *n* permanganate *m*.

permeability [ˌpɜːmjəˈbɪlətɪ] *n* perméabilité *f*.

permeable [ˈpɜːmjəbl] *adj* perméable.

permeate [ˈpɜːmɪeɪt] ◇ *vt* -**1.** [subj: gas, smell] se répandre dans; **a lovely smell ~d the kitchen** une merveilleuse odeur emplissait la cuisine. -**2.** [subj: liquid] s'infiltrer dans; **damp had ~d the floorboards** le plancher était imprégné OR gorgé d'humidité; **the sand is ~d with oil** le sable est imbibé de pétrole. -**3.** *fig* [subj: ideas] se répandre dans, se propager à travers; [subj: feelings] envahir, emplir; **an atmosphere of gloom ~s his novels** ses romans sont empreints d'une mélancolie profonde; **the optimism that ~d the sixties** l'optimisme qui prévalait OR dominait dans les années soixante.
◇ *vi* -**1.** [gas] se répandre, se diffuser; [smell] se répandre. -**2.** [liquid] filtrer; **rain water had ~d through the walls** les eaux de pluie avaient filtré à travers les murs. -**3.** *fig* [ideas, feelings] se répandre, se propager.

Permian [ˈpɜːmɪən] ◇ *adj* permien.
◇ *n* permien *m*.

permissible [pəˈmɪsəbl] *adj fml* -**1.** [allowed] permis, autorisé; **is it ~ for him to take two days off?** est-ce qu'il est autorisé à prendre deux jours de congé? -**2.** [tolerable - behaviour] admissible, acceptable; **degree of ~ error** marge d'erreur admissible OR admise.

permission [pəˈmɪʃn] *n* permission *f*, autorisation *f*; **to ask for ~ to do sthg** demander la permission OR l'autorisation de faire qqch; **to have ~ to do sthg** avoir la permission OR l'autorisation de faire qqch; **to give sb ~ to do sthg** donner à qqn la permission de faire qqch; **who gave them ~?** qui le leur a permis?; **who gave him ~ to go out?** qui lui a permis de OR l'a autorisé à sortir?; **with your ~** avec votre permission, si vous le permettez; **without my/your/her ~** sans ma/votre/sa permission; **photos published by kind ~ of Larousse** photos publiées avec l'aimable autorisation de Larousse; **you need written ~ to work at home** il faut une autorisation écrite pour travailler chez soi.

permissive [pəˈmɪsɪv] *adj* -**1.** [tolerant - behaviour, parent etc] permissif; **the ~ society** la société permissive. -**2.** *arch* [optional] facultatif.

permissively [pəˈmɪsɪvlɪ] *adv* de manière permissive.

permissiveness [pəˈmɪsɪvnɪs] *n* -**1.** [morally] permissivité *f*. -**2.** [of legislation] caractère *m* facultatif.

permit [*vb* pəˈmɪt, *n* ˈpɜːmɪt] (*pt* & *pp* **permitted**, *cont* **permitting**) ◇ *vt* -**1.** [allow] permettre, autoriser; **to ~ sb to do sthg** permettre à qqn de faire qqch, autoriser qqn à faire qqch; **she was permitted to take two weeks off** on l'a autorisée à prendre deux semaines de congé; **~ me to inform you that...** laissez-moi vous apprendre que...; **he won't ~ it** il ne le permettra pas; **you are not permitted to enter the building** vous n'avez pas le droit de pénétrer dans l'immeuble; **smoking is not permitted upstairs** il est interdit de fumer à l'étage; **the hotel won't ~ animals in the bedrooms** l'hôtel n'autorise pas la présence d'animaux dans les chambres ‖ [tolerate] tolérer; **he ~s far too much rudeness from his children** il tolère trop de grossièreté chez ses enfants. -**2.** [enable] permettre; **the computer ~s her to take more time off** l'ordinateur lui laisse plus de temps libre; **the statistics ~ the following conclusions** les statistiques permettent (de tirer) les conclusions suivantes.
◇ *vi* permettre; **weather/your health permitting** si le temps/ta santé le permet; **to ~ of** *fml* permettre; **the text ~s of two readings** le texte se prête à deux interprétations différentes; **we**

can ~ of no delay nous ne pouvons tolérer le moindre retard.
◇ *n* [authorization] autorisation *f*, permis *m* ADMIN; [pass] laissez-passer *m inv*; work ~ permis de travail; export/drinks ~ licence *f* d'exportation/pour la vente de boissons alcoolisées.

permutate ['pɜːmjʊteɪt] = **permute**.

permutation [,pɜːmjuː'teɪʃn] *n* permutation *f* MATH.

permute [pə'mjuːt] *vt* permuter.

pernicious [pə'nɪʃəs] *adj* -**1.** [harmful] pernicieux. -**2.** [malicious - gossip, lie] malveillant.

pernicious anaemia *n (U)* anémie *f* pernicieuse.

pernickety *inf* [pə'nɪkətɪ] *Br*, **persnickety** *inf* [pə'snɪkɪtɪ] *Am adj* -**1.** *pej* [person - fussy] tatillon, chipoteur; [- hard to please] difficile; she's very ~ about punctuality elle ne plaisante pas avec OR elle est très à cheval sur la ponctualité. -**2.** [job - fiddly] délicat, minutieux.

perorate ['perəreɪt] *vi fml* discourir, pérorer.

peroration [,perə'reɪʃn] *n* péroraison *f*.

peroxide [pə'rɒksaɪd] ◇ *n* -**1.** CHEM peroxyde *m*. -**2.** [for hair] eau *f* oxygénée.
◇ *vt* [bleach - hair] décolorer, oxygéner *spec*.

peroxide blonde *n* [woman] blonde *f* décolorée.

perpendicular [,pɜːpən'dɪkjʊlə^r] ◇ *adj* -**1.** GEOM perpendiculaire; the line AB is ~ to the line CD la ligne AB est perpendiculaire à la ligne CD. -**2.** [vertical - cliff] escarpé, abrupt, à pic; [- slope] raide, à pic.
◇ *n* perpendiculaire *f*; the tower is out of (the) ~ la tour n'est pas verticale OR est hors d'aplomb *spec*.
◆ **Perpendicular** *adj* ARCHIT perpendiculaire.

perpendicularly [,pɜːpən'dɪkjʊləlɪ] *adv* perpendiculairement.

perpetrate ['pɜːpɪtreɪt] *vt fml* [commit - crime] commettre, perpétrer *lit*; she ~d several frauds elle a escroqué plusieurs personnes; to ~ a hoax être l'auteur d'une farce.

perpetration [,pɜːpɪ'treɪʃn] *n fml* perpétration *f*.

perpetrator ['pɜːpɪtreɪtə^r] *n fml* auteur *m*.

perpetual [pə'petʃʊəl] *adj* -**1.** [state, noise] perpétuel; her ~ coughing kept me awake all night sa toux incessante m'a gardé éveillé toute la nuit; it's a ~ worry to us c'est pour nous un sujet d'inquiétude OR un souci permanent; ~ snows neiges *fpl* éternelles. -**2.** HORT perpétuel.

perpetual calendar *n* calendrier *m* perpétuel.

perpetual check *n* [in chess] échec *m* perpétuel.

perpetually [pə'petʃʊəlɪ] *adv* perpétuellement, sans cesse; they're ~ complaining ils sont toujours à se plaindre, ils se plaignent sans arrêt.

perpetual motion *n* mouvement *m* perpétuel.

perpetuate [pə'petʃʊeɪt] *vt* perpétuer.

perpetuation [pə,petʃʊ'eɪʃn] *n*: this leads to the ~ of this type of situation c'est ce qui permet à ce type de situation de se perpétuer.

perpetuity [,pɜːpɪ'tjuːətɪ] (*pl* **perpetuities**) *n* -**1.** [eternity] perpétuité *f lit*; in OR for ~ à perpétuité. -**2.** [annuity] rente *f* perpétuelle.

perplex [pə'pleks] *vt* -**1.** [puzzle] rendre OR laisser perplexe; his questions ~ed us ses questions nous ont laissés perplexes OR nous ont plongés dans la perplexité. -**2.** [complicate] compliquer.

perplexed [pə'plekst] *adj* perplexe; I'm ~ about what to do je ne sais pas trop quoi faire.

perplexedly [pə'pleksɪdlɪ] *adv* avec perplexité; he looked at me ~ il me regarda d'un air perplexe, il me lança un regard perplexe.

perplexing [pə'pleksɪŋ] *adj* inexplicable, incompréhensible; I find their silence rather ~ je me demande bien ce que peut signifier leur silence; he asked us some ~ questions il a posé des questions qui nous ont laissés perplexes.

perplexity [pə'pleksətɪ] *n* -**1.** [confusion] perplexité *f*; you could see the ~ on his face la perplexité se lisait sur son visage. -**2.** [complexity - of problem] complexité *f*.

perquisite ['pɜːkwɪzɪt] *fml* = **perk** *n*.

perry ['perɪ] (*pl* **perries**) *n* poiré *m*.

per se [pɜː'seɪ] *adv* [as such] en tant que tel; [in itself] en soi.

persecute ['pɜːsɪkjuːt] *vt* -**1.** [oppress] persécuter; they were ~d for their religious beliefs ils ont été persécutés à cause de leurs convictions religieuses. -**2.** [pester] persécuter, harceler; they ~d her with questions ils l'ont harcelée de questions.

persecution [,pɜːsɪ'kjuːʃn] *n* persécution *f*.

persecution complex *n* délire *m* de persécution.

persecution mania *n* manie *f* de la persécution.

persecutor ['pɜːsɪkjuːtə^r] *n* persécuteur *m*, -trice *f*.

Persephone [pɜː'sefənɪ] *pr n* Perséphone.

Perseus ['pɜːsjuːs] *pr n* Persée.

perseverance [,pɜːsɪ'vɪərəns] *n* persévérance *f*.

persevere [,pɜːsɪ'vɪə^r] *vi* persévérer; ~ in your efforts persévérez dans vos efforts; you must ~ with your studies il faut persévérer dans vos études.

persevering [,pɜːsɪ'vɪərɪŋ] *adj* persévérant, obstiné.

Persia ['pɜːʃə] *pr n* Perse *f*; in ~ en Perse.

Persian ['pɜːʃn] ◇ *n* -**1.** [person] Persan *m*, -e *f*; ANTIQ Perse *mf*. -**2.** LING [modern] persan *m*; [ancient] perse *m*.
◇ *adj* persan; ANTIQ perse.

Persian blinds *npl* persiennes *fpl*.

Persian carpet *n* tapis *m* persan.

Persian cat *n* chat *m* persan.

Persian Gulf *pr n*: the ~ le golfe Persique.

persian lamb *n* [animal, fur] karakul *m*, caracul *m*.

persimmon [pə'sɪmən] *n* [fruit] kaki *m*, plaquemine *f*; [tree] plaqueminier *m*.

persist [pə'sɪst] *vi* -**1.** [person] persister; to ~ in doing sthg persister OR s'obstiner à faire qqch; he ~s in the belief that... il persiste à croire que... -**2.** [weather, problem etc] persister; rain will ~ in the north la pluie persistera dans le nord; if the fever ~s si la fièvre persiste.

persistence [pə'sɪstəns], **persistency** [pə'sɪstənsɪ] *n* -**1.** [perseverance] persistance *f*, persévérance *f*; [insistence] persistance *f*, insistance *f*; [obstinacy] obstination *f*; his ~ finally paid off sa persévérance a fini par porter ses fruits; his ~ in asking awkward questions son obstination à poser des questions embarrassantes. -**2.** [continuation - of rain, problem etc] persistance *f*.

persistent [pə'sɪstənt] *adj* -**1.** [continual - demands, rain etc] continuel, incessant; ~ offender récidiviste *mf*. -**2.** [lingering - smell, fever etc] persistant, tenace. -**3.** [persevering] persévérant; you must be more ~ in your efforts il faut être plus persévérant. -**4.** BOT persistant.

persistently [pə'sɪstəntlɪ] *adv* -**1.** [continually] continuellement, sans cesse; I've warned you ~ je me suis acharné à vous prévenir; they ~ insult him ils ne cessent de l'insulter. -**2.** [perseveringly] avec persévérance OR persistance, obstinément.

persnickety *inf Am* = **pernickety**.

person ['pɜːsn] (*pl* **people** ['piːpl] OR *fml* **persons**) *n* -**1.** personne *f*; he's just the ~ we need c'est exactement la personne qu'il nous faut; a young ~ [female] une jeune personne; [male] un jeune homme; by a ~ or ~s unknown JUR par des personnes inconnues OR non identifiées; he's a good worker, but I don't really like him as a ~ sur le plan du travail il est bien, mais je n'aime pas trop sa personnalité OR mais sur le plan personnel je ne l'aime pas trop; he's not that sort of ~ ce n'est pas du tout son genre; I'm not a great eating-out ~ *inf* je n'aime pas beaucoup manger au restaurant; in the ~ of en la personne de. -**2.** *fml* [body] personne *f*; to have sthg on OR about one's ~ avoir qqch sur soi; she had the wallet concealed about her ~ le portefeuille était caché sur elle. -**3.** GRAMM personne *f*; in the first/second/third ~ plural à la première/deuxième/troisième personne du pluriel. -**4.** RELIG personne *f*.
◆ **in person** *adv phr* en personne; she came in ~ elle est venue en personne; this letter must be delivered to him in ~ cette lettre doit lui être remise en mains propres.

persona [pə'səʊnə] (*pl* **personas** OR **personae** [-niː]) *n* LITERAT & PSYCH personnage *m*; to take on a new ~ se créer un personnage.

personable ['pɜːsnəbl] *adj* plaisant, charmant.

personage ['pɜːsənɪdʒ] *n fml* personnage *m (individu)*; an important ~ un personnage important.

persona grata [pə'səʊnə'grɑːtə] (*pl* **personae gratae** [pə'səʊniː'grɑːtiː]) *n*: to be ~ être persona grata.

personal ['pɜːsənl] ◇ *adj* -**1.** [individual - experience, belief etc] personnel; she tries to give her work a ~ touch elle essaie de donner une touche personnelle à son travail; my ~ opinion is that he drowned personnellement, je crois qu'il s'est noyé; you get more ~ attention in small shops on s'occupe mieux de vous dans les petits magasins; will you do me a ~ favour? pourriez-vous m'accorder une faveur? -**2.** [in person] personnel; under the ~ supervision of the author supervisé personnellement par l'auteur; the boss made a ~ visit to the scene le patron est venu lui-même OR en personne sur les lieux; we were expecting a ~ appearance by the Prime Minister nous pensions que le Premier ministre ferait une apparition en personne. -**3.** [private - message, letter] personnel; ~ and private [on letter] strictement confidentiel. -**4.** [for one's own use] personnel; ~ belongings objets *mpl* personnels, affaires *fpl*; this is for my ~ use ceci est destiné à mon usage personnel; ~ loan prêt *m* personnel; ~ trainer entraîneur *m* personnel; ~ estate OR property biens *mpl* mobiliers personnels. -**5.** [intimate - feelings, reasons, life] personnel; I'd like to see her on a ~ matter je voudrais la voir pour des raisons personnelles; just a few ~ friends rien que quelques amis intimes. -**6.** [offensive] désobligeant; ~ remark remarque *f* désobligeante; there's no need to be so ~! ce n'est pas la peine de t'en prendre à moi!; nothing ~! ne le prenez pas pour vous!, n'y voyez rien de personnel!; the discussion was getting rather ~ la discussion prenait un tour un peu trop personnel. -**7.** [bodily - cleanliness, hygiene] intime. -**8.** GRAMM personnel; ~ pronoun pronom *m* personnel.
◇ *n Am* [advert] petite annonce *f (pour rencontres)*.

personal assistant *n* secrétaire *m* particulier, secrétaire *f* particulière.

personal column *n* petites annonces *fpl* (personnelles); to put an ad in the ~ passer une petite annonce.

personal computer *n* ordinateur *m* individuel OR personnel, PC *m*.

personal foul *n* [in basketball] faute *f* personnelle.

personality [,pɜːsə'nælətɪ] (*pl* **personalities**) *n* -**1.** [character] personnalité *f*, caractère *m*; [of thing, animal etc] caractère *m*; a woman with a lot of ~ une femme dotée d'une forte personnalité; he was an interesting ~ il avait une personnalité intéressante. -**2.** [famous person] personnalité *f*; CIN & TV vedette *f*. -**3.** PSYCH personnalité *f*.
◆ **personalities** *npl dated* [offensive remarks] propos *mpl* désobligeants.

personality cult *n* culte *m* de la personnalité.

personality disorder *n* trouble *m* de la personnalité; he has a serious ~ il a de graves problèmes psychologiques.

personality test *n* test *m* de personnalité, test *m* projectif *spec*.

personality type *n* configuration *f* psychologique.

personalize, -ise ['pɜːsənəlaɪz] *vt* -**1.** [make personal - gen] personnaliser; [- luggage, clothes] marquer (à son nom). -**2.** [argument, campaign] donner un tour personnel à. -**3.** [personify] personnifier.

personalized ['pɜːsənəlaɪzd] *adj* [individually tailored] personnalisé; ~ **stationery** papier *m* à lettres à en-tête; **his** ~ **luggage** ses bagages marqués à son nom.

personally ['pɜːsnəlɪ] *adv* -**1.** [speaking for oneself] personnellement, pour ma/sa *etc* part; ~ **(speaking), I think it's a silly idea** pour ma part OR en ce qui me concerne, je trouve que c'est une idée stupide. -**2.** [in person, directly] en personne, personnellement; **I was not** ~ **involved in the project** je n'ai pas participé directement au projet; **I want to speak to him** ~ j'aimerais lui parler personnellement; **deliver the letter to the director** ~ remettez la lettre en mains propres au directeur. -**3.** [not officially] sur le plan personnel. -**4.** [individually] personnellement; **I was talking about the whole team, not you** ~ je parlais de toute l'équipe, pas de toi personnellement OR en particulier; **to take things** ~ prendre les choses trop à cœur; **don't take it** ~**, but...** ne vous sentez pas visé, mais...

personal stereo *n* baladeur *m offic*, Walkman® *m*.

personalty ['pɜːsənəltɪ] (*pl* **personalties**) *n* JUR biens *mpl* mobiliers.

persona non grata [pə'səʊnənɒn'grɑːtə] (*pl* **personae non gratae** [pə'səʊniːnæn'grɑːtiː]) *n*: **to be** ~ être persona non grata; **he's definitely** ~ **in this house** il n'est absolument pas le bienvenu dans cette maison.

personate ['pɜːsəneɪt] *vt* -**1.** JUR se faire passer pour. -**2.** THEAT jouer le rôle de.

personification [pəˌsɒnɪfɪ'keɪʃn] *n* personnification *f*; **he is the** ~ **of evil** c'est le mal personnifié OR en personne.

personify [pə'sɒnɪfaɪ] (*pt & pp* **personified**) *vt* personnifier; **he is evil personified** c'est le mal personnifié OR en personne.

personnel [ˌpɜːsə'nel] *n* -**1.** [staff] personnel *m*; ~ **manager** chef *m* du personnel. -**2.** [department] service *m* du personnel; **she works in** ~ elle travaille au service du personnel. -**3.** MIL [troops] troupes *fpl*.

personnel carrier *n* (véhicule *m* de) transport *m* de troupes.

person-to-person ◇ *adv*: **I'd like to speak to her** ~ je voudrais lui parler en particulier OR seule à seul.

◇ *adj* -**1.** [conversation] personnel. -**2.** TELEC: ~ **call** communication *f* avec préavis *(se dit d'un appel téléphonique où la communication n'est établie et facturée que lorsque la personne à qui l'on veut parler répond)*.

perspective [pə'spektɪv] ◇ *n* -**1.** ARCHIT & ART perspective *f*; **to draw sthg in** ~ dessiner qqch en perspective; **the houses are out of** ~ la perspective des maisons est fausse; ~ **made it look smaller** l'effet de perspective le faisait paraître plus petit. -**2.** [opinion, viewpoint] perspective *f*, optique *f*; **it gives you a different** ~ **on the problem** cela vous permet de voir le problème sous un angle OR un jour différent; **from a psychological** ~ d'un point de vue psychologique; **the latest developments put a new** ~ **on the case** les derniers événements éclairent l'affaire d'un jour nouveau. -**3.** [proportion] : **we must try to keep our (sense of)** ~ OR **to keep things in** ~ nous devons nous efforcer de garder notre sens des proportions; **to get things out of** ~ perdre le sens des proportions; **it should help us to get** OR **to put the role she played into** ~ cela devrait nous aider à mesurer le rôle qu'elle a joué; **the figures must be looked at in (their proper)** ~ il faut étudier les chiffres dans leur contexte. -**4.** [view, vista] perspective *f*, panorama *m*, vue *f*. -**5.** [prospect] perspective *f*; **the** ~ **of higher inflation** la perspective d'une hausse du taux d'inflation.
◇ *adj* [drawing] perspectif.

Perspex® ['pɜːspeks] ◇ *n Br* Plexiglas® *m*.
◇ *comp* [window, windscreen etc] en Plexiglas®.

perspicacious [ˌpɜːspɪ'keɪʃəs] *adj fml* [person] perspicace; [remark, judgment] pénétrant, lucide.

perspicacity [ˌpɜːspɪ'kæsətɪ] *n fml* perspicacité *f*.

perspicuity [ˌpɜːspɪ'kjuːətɪ] *n fml* clarté *f*, lucidité *f*.

perspicuous [pə'spɪkjʊəs] *adj fml* clair, lucide.

perspiration [ˌpɜːspə'reɪʃn] *n* transpiration *f*, sueur *f*; **beads of** ~ des perles de sueur.

perspire [pə'spaɪə^r] *vi* transpirer; **his hands were perspiring** il avait les mains moites; **she was perspiring freely** OR **heavily** elle transpirait à grosses gouttes.

persuadable [pə'sweɪdəbl] *adj* facile à persuader.

persuade [pə'sweɪd] *vt* persuader, convaincre; **to** ~ **sb to do sthg** persuader OR convaincre qqn de faire qqch; **to** ~ **sb not to do sthg** persuader qqn de ne pas faire qqch, dissuader qqn de faire qqch; **I managed to** ~ **him (that) I was right** j'ai réussi à le persuader OR convaincre que j'avais raison; **I let myself be** ~**d into coming** je me suis laissé convaincre qu'il fallait venir; **she finally** ~**d the car to start** *fig* elle a réussi à faire démarrer la voiture; **I was** ~**d of her innocence** *fml* j'étais convaincu OR persuadé qu'elle était innocente.

persuasion [pə'sweɪʒn] *n* -**1.** [act of convincing] persuasion *f*; ~ **works better than force** la persuasion est plus efficace que la force; **the art of gentle** ~ l'art de convaincre en douceur; **I used all my powers of** ~ **on him** j'ai fait tout mon possible OR tout ce qui était en mon pouvoir pour le convaincre; **I wouldn't need much** ~ **to give it up** il ne faudrait pas insister beaucoup pour que j'abandonne. -**2.** [belief] RELIG confession *f*, religion *f*; POL tendance *f*; **men and women of many** ~**s** des hommes et des femmes de nombreuses confessions; **people, regardless of their political** ~ les gens, quelles que soient leurs convictions politiques. -**3.** *fml* [conviction] conviction *f*.

persuasive [pə'sweɪsɪv] *adj* [manner, speaker] persuasif, convaincant; [argument] convaincant.

persuasively [pə'sweɪsɪvlɪ] *adv* de façon convaincante OR persuasive; **she argues** ~ elle emploie des arguments convaincants.

persuasiveness [pə'sweɪsɪvnəs] *n* force *f* de persuasion.

pert [pɜːt] *adj* [person, reply] effronté; [hat] coquet; [nose] mutin; [bottom] ferme.

pertain [pə'teɪn] *vi* -**1.** [apply] s'appliquer. -**2. to** ~ **to** [concern] avoir rapport à, se rapporter à; JUR [subj: land, property] se rattacher à, dépendre de; **evidence** ~**ing to the case** les témoignages se rattachant OR se rapportant à l'affaire; **books** ~**ing to photography** des livres sur la photographie.

Perth [pɜːθ] *pr n* Perth.

pertinacious [ˌpɜːtɪ'neɪʃəs] *adj fml* opiniâtre.

pertinacity [ˌpɜːtɪ'næsətɪ] *n fml* opiniâtreté *f*.

pertinence ['pɜːtɪnəns] *n* pertinence *f*; **I don't see the** ~ **of that remark** cette remarque ne me semble pas pertinente.

pertinent ['pɜːtɪnənt] *adj* pertinent, à propos; **a very** ~ **question** une question très pertinente.

pertinently ['pɜːtɪnəntlɪ] *adv* pertinemment, avec justesse OR à-propos.

pertly ['pɜːtlɪ] *adv* [reply] avec effronterie; [dress] coquettement.

pertness ['pɜːtnɪs] *n* [of reply, manner] effronterie *f*; [of dress] coquetterie *f*.

perturb [pə'tɜːb] *vt* -**1.** [worry] inquiéter, troubler; **they were very** ~**ed by his disappearance** sa disparition les a beaucoup inquiétés. -**2.** ASTRON & ELECTRON perturber.

perturbation [ˌpɜːtə'beɪʃn] *n* -**1.** *fml* [anxiety] trouble *m*, inquiétude *f*. -**2.** ASTRON & ELECTRON perturbation *f*.

perturbed [pə'tɜːbd] *adj* troublé, inquiet; **I was** ~ **to hear that...** ça m'a troublé OR inquiété d'apprendre que...

perturbing [pə'tɜːbɪŋ] *adj* inquiétant, troublant.

Peru [pə'ruː] *pr n* Pérou *m*; **in** ~ au Pérou.

Perugia [pə'ruːdʒə] *pr n* Pérouse.

Perugino [peruː'dʒiːnəʊ] *pr n*: **Il** ~ le Pérugin; **a painting by Il** ~ un tableau du Pérugin.

perusal [pə'ruːzl] *n* [thorough reading] lecture *f* approfondie, examen *m*; [quick reading] lecture *f* sommaire, survol *m*; **he left the document for her** ~ il lui a laissé le document pour information.

peruse [pə'ruːz] *vt* [read thoroughly] lire attentivement, examiner; [read quickly] parcourir, survoler.

Peruvian [pə'ruːvjən] ◇ *n* Péruvien *m*, -enne *f*.
◇ *adj* péruvien.

perv *inf* [pɜːv] *n Br* détraqué *m* (sexuel), détraquée *f* (sexuelle).

pervade [pə'veɪd] *vt* -**1.** [subj: gas, smell] se répandre dans. -**2.** [subj: ideas] se répandre dans, se propager à travers; [subj: feelings] envahir; **the fundamental error that** ~**s their philosophy** l'erreur fondamentale qui imprègne leur philosophie; **a feeling of mistrust** ~**ed their relationship** il y avait toujours entre eux une certaine défiance.

pervasive [pə'veɪsɪv] *adj* [feeling] envahissant; [influence] omniprésent; [effect] général; [smell] envahissant, omniprésent; **the** ~ **influence of television** l'omniprésence de la télévision; **a** ~ **atmosphere of pessimism** une atmosphère de pessimisme général.

perverse [pə'vɜːs] *adj* [stubborn - person] têtu, entêté; [- desire] tenace; [contrary, wayward] contrariant; **he felt a** ~ **urge to refuse** il fut pris d'une envie de refuser simplement pour le plaisir; **she takes a** ~ **delight in doing this** elle y prend un malin plaisir; **you're just being** ~**!** tu fais ça juste pour embêter le monde!

perversely [pə'vɜːslɪ] *adv* [stubbornly] obstinément; [unreasonably, contrarily] par esprit de contradiction.

perverseness [pə'vɜːsnɪs] *n* [stubbornness] entêtement *m*, obstination *f*; [unreasonableness, contrariness] esprit *m* de contradiction.

perversion [*Br* pə'vɜːʃn, *Am* pə'vɜːrʒn] *n* -**1.** [sexual abnormality] perversion *f*. -**2.** [distortion - of truth] déformation *f*.

perversity [pə'vɜːsətɪ] (*pl* **perversities**) *n* -**1.** = **perverseness**. -**2.** [sexual abnormality] perversité *f*.

pervert [*vb* pə'vɜːt, *n* 'pɜːvɜːt] ◇ *vt* -**1.** [corrupt morally - person] pervertir, corrompre; PSYCH pervertir. -**2.** [distort - truth] déformer; [- words] dénaturer; **our old ideals have been** ~**ed** nos vieux idéaux ont été déformés; **to** ~ **the course of justice** JUR entraver le cours de la justice.
◇ *n* pervers *m*, -e *f*; **you** ~**!** *hum* tu es un vrai pervers!

perverted [pə'vɜːtɪd] *adj* PSYCH pervers.

pervious ['pɜːvjəs] *adj* -**1.** GEOL [permeable] perméable. -**2.** *lit* [receptive] ouvert, perméable.

peseta [pə'seɪtə] *n* peseta *f*.

pesky *inf* ['peskɪ] (*compar* **peskier**, *superl* **peskiest**) *adj esp Am* fichu; ~ **weather!** fichu temps!; ~ **flies!** maudites OR satanées mouches!

peso ['peɪsəʊ] (*pl* **pesos**) *n* peso *m*.

pessary ['pesərɪ] (*pl* **pessaries**) *n* MED pessaire *m*.

pessimism ['pesɪmɪzm] *n* pessimisme *m*.

pessimist ['pesɪmɪst] *n* pessimiste *mf*.

pessimistic [ˌpesɪ'mɪstɪk] *adj* pessimiste; **I feel very** ~ **about her chances of getting the job** je doute fort qu'elle obtienne ce poste; **don't be so** ~ **about your future** ne regarde pas l'avenir d'un œil si sombre.

pessimistically [ˌpesɪ'mɪstɪklɪ] *adv* de façon pessimiste; **he viewed the future somewhat ~** il avait une vision de l'avenir plutôt pessimiste.

pest [pest] *n* -**1.** [insect] insecte *m* nuisible; [animal] animal *m* nuisible; **~ control** lutte *f* contre les animaux nuisibles; [of insects] lutte *f* contre les insectes nuisibles. -**2.** *inf* [nuisance] plaie *f*; **what a ~ he is!** quelle plaie!, qu'est-ce qu'il est casse-pieds!; **that dog is a real ~** ce chien est une véritable plaie; **look what she's done, the little ~!** regarde un peu ce qu'elle a fait, la petite peste!; **Christmas shopping is a real ~** c'est une vraie corvée de faire les achats de Noël.

pester ['pestəʳ] *vt* importuner, harceler; **stop ~ing your mother!** laisse ta mère tranquille!; **they're always ~ing me for money** ils sont toujours à me réclamer de l'argent; **the children ~ed me to tell them a story** les enfants n'ont eu de cesse que je leur raconte une histoire; **he ~ed me into buying him a computer** il m'a harcelé jusqu'à ce que je lui achète un ordinateur.

pesticidal ['pestɪsaɪdl] *adj* pesticide.

pesticide ['pestɪsaɪd] *n* pesticide *m*.

pestiferous [pe'stɪfərəs] *adj* -**1.** *inf* [annoying] enquiquinant. -**2.** *lit* [unhealthy] pestilentiel.

pestilence ['pestɪləns] *n lit* peste *f*, pestilence *f lit*.

pestilential [ˌpestɪ'lenʃl] *adj* -**1.** [annoying] agaçant. -**2.** MED pestilentiel.

pestle ['pesl] *n* pilon *m* CULIN.

pet [pet] (*pt & pp* **petted**, *cont* **petting**) ◇ *n* -**1.** [animal] animal *m* domestique; **we don't keep ~s** nous n'avons pas d'animaux à la maison; **he keeps a snake as a ~** il a un serpent apprivoisé; **~ food** aliments *mpl* pour animaux (domestiques). -**2.** [favourite] favori *m*, -ite *f*, chouchou *m*, -oute *f pej*; **the teacher's ~** le chouchou du prof. -**3.** *inf* [term of endearment]: **how are you, ~?** comment ça va, mon chou?; **be a ~ and close the door** tu seras un chou de fermer la porte; **she's a real ~** elle est adorable. -**4.** *inf* [temper] crise *f* de colère; **to be in a ~** être de mauvais poil OR en rogne.
◇ *adj* -**1.** [hawk, snake etc] apprivoisé; **they have a ~ budgerigar/hamster** ils ont une perruche/un hamster chez eux. -**2.** *inf* [favourite - project, theory] favori; **it's my ~ ambition to write a novel** ma grande ambition, c'est d'écrire un roman; **his ~ subject** OR **topic** son dada; **Anne is the teacher's ~ pupil** Anne est la chouchoute du prof; **~ hate** bête *f* noire.
◇ *vt* -**1.** [pamper] chouchouter. -**2.** [stroke - animal] câliner, caresser. -**3.** *inf* [caress sexually] caresser.
◇ *vi inf* [sexually] se caresser.

petal ['petl] *n* pétale *m*.

-petalled *Br*, **-petaled** *Am* ['petld] *in cpds*: **five~** à cinq pétales; **large~** à grands pétales.

petard [pə'tɑːd] *n* pétard *m*.

Pete [piːt] *pr n*: **for ~'s sake!** *inf* mais nom d'un chien OR bon sang!

peter ['piːtəʳ] *n* -**1.** *inf* [safe] coffiot *m*. -**2.** ▽ *Am* [penis] queue *f*.
◆ **peter out** *vi insep* -**1.** [run out - supplies, money] s'épuiser; [come to end - path] se perdre; [- stream] tarir; [- line] s'estomper, s'évanouir; [- conversation] tarir. -**2.** [die away - voice] s'éteindre; [- fire] s'éteindre, mourir. -**3.** [come to nothing - plan] tomber à l'eau.

Peter ['piːtəʳ] *pr n* Pierre; **~ the Great** Pierre le Grand; **Saint ~** saint Pierre ❑ **the ~ Principle** le principe de Peter *(théorème humoristique américain selon lequel chacun finit par atteindre son niveau d'incompétence)*; **'~ and the Wolf'** *Prokofiev* 'Pierre et le loup'; **'~ Pan'** *Barrie* 'Peter Pan'.

Peter's Pence *n Br* HIST *impôt annuel (originellement d'un penny) payé en Angleterre par certains propriétaires au siège papal jusqu'à la Réforme.*

pethidine ['peθɪdiːn] *n* péthidine *f*.

petite [pə'tiːt] ◇ *adj* menue.
◇ *n* [clothing size] petites tailles *fpl (pour adultes)*.

petition [pɪ'tɪʃn] ◇ *n* -**1.** [with signatures] pétition *f*; **they got up a ~ against the council's plans** ils ont préparé une pétition pour protester contre les projets de la municipalité; **there were 5,000 signatures on the ~ for his release** la pétition demandant sa libération a recueilli 5 000 signatures. -**2.** [request] requête *f*; **the Petition of Right** *Br* HIST la Pétition de droit. -**3.** JUR requête *f*, pétition *f*; **~ for divorce** demande *f* de divorce; **~ in bankruptcy** demande *f* de mise en liquidation judiciaire. -**4.** RELIG prière *f*.
◇ *vt* -**1.** [lobby] adresser une pétition à; **they ~ed the government for the release of** OR **to release the political prisoners** ils ont adressé une pétition au gouvernement pour demander la libération des prisonniers politiques; **we are going to ~ to have the wall demolished** nous allons demander que le mur soit démoli. -**2.** [beg]: **they ~ed the king to save them** ils ont imploré le roi de les sauver. -**3.** JUR: **to ~ the court** déposer une requête auprès du tribunal.
◇ *vi* -**1.** [with signatures] faire signer une pétition; **they ~ed for his release** ils ont fait circuler une pétition demandant sa libération. -**2.** [take measures]: **why don't you ~ against the plan?** pourquoi n'engagez-vous pas un recours contre le projet? -**3.** JUR: **to ~ for divorce** faire une demande de divorce.

THE PETITION OF RIGHT:
Pétition rédigée en 1628 par le Parlement anglais à l'encontre de l'autorité royale et que Charles Ier, pressé par des besoins d'argent, fut forcé d'accepter. Ce document devint un symbole de la limitation du pouvoir monarchique.

---

petitioner [pɪ'tɪʃənəʳ] *n* -**1.** JUR pétitionnaire *mf*; [in divorce] demandeur *m*, -eresse *f* de divorce. -**2.** [on petition] signataire *mf*.

pet name *n* surnom *m*; **her ~ for him was "honeybun"** elle l'appelait «honeybun».

Petra ['petrə] *pr n* Pétra.

Petrarch ['petrɑːk] *pr n* Pétrarque.

petrel ['petrəl] *n* pétrel *m*.

Petri dish ['piːtrɪ-] *n* boîte *f* de Pétri.

petrifaction [ˌpetrɪ'fækʃn] *n* -**1.** [fossilization] pétrification *f*. -**2.** [shock] ébahissement *m*, pétrification *f lit*.

petrify ['petrɪfaɪ] (*pt & pp* **petrified**) *vt* -**1.** [fossilize] pétrifier; **petrified forest** forêt *f* pétrifiée. -**2.** [terrify] terrifier, pétrifier; **the noise petrified me** le bruit me glaça le sang.

petrochemical [ˌpetrəʊ'kemɪkl] *adj* pétrochimique.

petrochemistry [ˌpetrəʊ'kemɪstrɪ] *n* pétrochimie *f*.

petrocurrency [ˌpetrəʊ'kʌrənsɪ] (*pl* **petrocurrencies**) *n* devise *f* pétrolière.

petrodollar ['petrəʊˌdɒləʳ] *n* pétrodollar *m*.

Petrograd ['petrəgræd] *pr n* Petrograd.

petrol ['petrəl] *Br* ◇ *n* essence *f*; **unleaded ~** essence sans plomb; **we ran out of ~** nous sommes tombés en panne d'essence.
◇ *comp* [fumes, rationing, shortage] d'essence.

petrolatum [ˌpetrə'leɪtəm] *n Am* vaseline *f*.

petrol blue *n* bleu *m* pétrole.
◆ **petrol-blue** *adj* bleu pétrole *(inv)*.

petrol bomb *n* cocktail *m* Molotov.
◆ **petrol-bomb** *vt* attaquer au cocktail Molotov, lancer un cocktail Molotov contre OR sur; **the police station was petrol-bombed during the night** le commissariat a été attaqué à coups de cocktails Molotov pendant la nuit.

petrol bomber *n* lanceur *m*, -euse *f* de cocktail Molotov.

petrol can *n Br* bidon *m* d'essence.

petrol cap *n Br* bouchon *m* d'essence.

petrol-driven *adj Br* [engine] à essence.

petrol engine *n Br* moteur *m* à essence.

petroleum [pɪ'trəʊljəm] ◇ *n* pétrole *m*.
◇ *comp* [industry] du pétrole; [imports] de pétrole.

petroleum jelly *n Br* vaseline *f*.

petrol gauge *n Br* jauge *f* à essence.

petrology [pe'trɒlədʒɪ] *n* pétrologie *f*.

petrol pump *n Br* [at service station] pompe *f* à essence; **prices at the ~ have risen** le prix de l'essence à la pompe a augmenté.

petrol station *n Br* station-service *f*.

petrol tank *n Br* AUT réservoir *m* (d'essence).

petrol tanker *n Br* -**1.** [lorry] camion-citerne *m*. -**2.** [ship] pétrolier *m*, tanker *m*.

Petrushka [pə'truːʃkə] *pr n* Petrouchka.

pet shop *n* magasin *m* d'animaux domestiques, animalerie *f*.

petticoat ['petɪkəʊt] ◇ *n* [waist slip] jupon *m*; [full-length slip] combinaison *f*.
◇ *comp pej* [government, politics] de femmes.

Petticoat Lane *pr n rue de Londres connue pour son marché du dimanche matin.*

pettifogger ['petɪfɒgəʳ] *n Br* -**1.** [quibbler] chicaneur *m*, -euse *f*, ergoteur *m*, -euse *f*. -**2.** [lawyer] avocat *m* marron.

pettifogging ['petɪfɒgɪŋ] *adj* -**1.** [petty - person] chicanier; [- details] insignifiant. -**2.** [dishonest] louche; **a ~ lawyer** un avocat marron.

pettiness ['petɪnɪs] *n* -**1.** [triviality - of details] insignifiance *f*; [- of rules] caractère *m* pointilleux. -**2.** [small-mindedness] mesquinerie *f*, étroitesse *f* d'esprit.

petting *inf* ['petɪŋ] *n (U)* [sexual] caresses *fpl*; **there was a lot of heavy ~ going on** ça se pelotait dans tous les coins.

petting zoo *n Am partie d'un zoo où les enfants peuvent s'approcher des animaux.*

pettish ['petɪʃ] *adj Br* [person] grincheux, acariâtre; [mood] maussade; [remark] hargneux, désagréable.

pettishly ['petɪʃlɪ] *adv* avec humeur.

petty ['petɪ] (*compar* **pettier**, *superl* **pettiest**) *adj* -**1.** *pej* [trivial - detail] insignifiant, mineur; [- difficulty] mineur; [- question] tatillon; [- regulation] tracassier; [- ambitions] médiocre. -**2.** *pej* [mean - behaviour, mind, spite] mesquin. -**3.** [minor, small-scale] petit; **~ acts of vandalism** de petits actes de vandalisme; **a ~ offence** une infraction mineure; **a ~ thief** un petit délinquant; **~ expenses** menues dépenses *fpl*; **a ~ official** un petit fonctionnaire.

petty bourgeois ◇ *adj* petit-bourgeois.
◇ *n* petit-bourgeois *m*, petite-bourgeoise *f*.

petty bourgeoisie *n* petite-bourgeoisie *f*.

petty cash *n* petite monnaie *f*; **I took the money out of ~** j'ai pris l'argent dans la caisse des dépenses courantes.

petty larceny *n* larcin *m*.

petty-minded *adj* borné, mesquin.

petty officer *n Br* ≃ second maître *m*.

petty sessions *npl en Angleterre, tribunal dépendant de la juridiction d'un juge de paix.*

petulance ['petjʊləns] *n* irritabilité *f*.

petulant ['petjʊlənt] *adj* [bad-tempered - person] irritable, acariâtre; [- remark] acerbe, désagréable; [- behaviour] désagréable, agressif; [sulky] maussade; **in a ~ mood** de mauvaise humeur.

petulantly ['petjʊləntlɪ] *adv* [act, speak - irritably] avec irritation; [- sulkily] avec mauvaise humeur; **"no!", she said ~** «non!», dit-elle avec mauvaise humeur.

petunia [pə'tjuːnjə] *n* pétunia *m*.

pew [pjuː] *n* banc *m* d'église; **take a ~** *inf Br hum* assieds-toi donc!

pewit ['piːwɪt] = **peewit**.

pewter ['pjuːtəʳ] ◇ *n* -**1.** [metal] étain *m*. -**2.** *(U)* [ware] étains *mpl*. -**3.** [colour] gris étain *m*.
◇ *comp* [tableware, tankard] en étain.

peyote [peɪ'əʊtɪ] *n* peyotl *m*.

Pfc, **PFC** (*abbr of* **private first class**) *n Am* soldat *m* de première classe.

PG *n* -**1.** CIN (*abbr of* **parental guidance**) *désigne un film dont certaines scènes peuvent choquer*, ≃ pour adultes et adolescents. -**2.** *Br* (*abbr of* **paying guest**) pensionnaire *mf*.

PGA *pr n abbr of* **Professional Golfers Association**.

p & h *written abbr of* **postage and handling**.

pH *n* pH *m*.
PH *n abbr of* Purple Heart.
PHA (*abbr of* Public Housing Administration) *pr n services du logement social aux États-Unis.*
Phaedra ['fi:drə] *pr n* Phèdre.
Phaëthon ['feɪəθən] *pr n* Phaéton.
phaeton ['feɪtn] *n* -**1.** [carriage] phaéton *m*. -**2.** *Am* AUT *dated* limousine *f* décapotable.
phagocyte ['fægəsaɪt] *n* phagocyte *m*.
phagocytosis [,fægəsaɪ'təʊsɪs] *n* phagocytose *f*.
phalange ['fælændʒ] *n* ANAT phalange *f*.
Phalangist [fæ'lændʒɪst] ◇ *adj* phalangiste.
◇ *n* phalangiste *mf*.
phalanstery ['fælənstrɪ] (*pl* **phalansteries**) *n* phalanstère *m* SOCIOL.
phalanx ['fælæŋks] (*pl* **phalanxes** OR **phalanges** [-lændʒi:z]) *n* -**1.** ANTIQ & MIL phalange *f*. -**2.** ANAT phalange *f*. -**3.** POL phalange *f*.
phallic ['fælɪk] *adj* phallique; ~ **symbol** symbole *m* phallique.
phallus ['fæləs] *n* phallus *m*.
phantasm ['fæntæzm] *n* fantasme *m*.
phantasmagoria [,fæntæzmə'gɔ:rɪə] *n* fantasmagorie *f*.
phantasmagoric(al) [,fæntæzmə'gɒrɪk(l)] *adj* fantasmagorique.
phantasmal [fæn'tæzml] *adj* fantomatique.
phantasy ['fæntəsɪ] = **fantasy**.
phantom ['fæntəm] ◇ *n* -**1.** [ghost] fantôme *m*, spectre *m*; 'The Phantom of the Opera' *Leroux, Lloyd Webber* 'le Fantôme de l'opéra'. -**2.** [threat, source of dread] spectre *m*. -**3.** *lit* [illusion] illusion *f*.
◇ *adj* -**1.** [gen] imaginaire, fantôme. -**2.** MED: ~ **limb** membre *m* fantôme; ~ **pregnancy** *Br* grossesse *f* nerveuse.
pharaoh ['feərəʊ] *n* pharaon *m*.
pharaoh ant *n* fourmi *f* de Pharaon.
pharisaic [,færɪ'seɪɪk] *adj* pharisaïque.
Pharisee ['færɪsi:] *n* Pharisien *m*, -enne *f*.
pharmaceutical [,fɑ:mə'sju:tɪkl] ◇ *adj* pharmaceutique.
◇ *n* médicament *m*.
pharmacist ['fɑ:məsɪst] *n* pharmacien *m*, -enne *f*.
pharmacogenetics [,fɑ:məkədʒɪ'netɪks] *n* (*U*) pharmacogénétique *f*.
pharmacological [,fɑ:məkə'lɒdʒɪkl] *adj* pharmacologique.
pharmacologist [,fɑ:mə'kɒlədʒɪst] *n* pharmacologiste *mf*, pharmacologue *mf*.
pharmacology [,fɑ:mə'kɒlədʒɪ] ◇ *n* pharmacologie *f*.
◇ *comp* [laboratory, studies] de pharmacologie, pharmacologique.
pharmacopoeia *Br*, **pharmacopeia** *Am* [,fɑ:məkə'pi:ə] *n* pharmacopée *f*.
pharmacy ['fɑ:məsɪ] (*pl* **pharmacies**) *n* -**1.** [science] pharmacie *f*. -**2.** [dispensary, shop] pharmacie *f*.
pharyngal [fə'rɪŋgl], **pharyngeal** [,færɪn'dʒi:əl] *adj* -**1.** MED [infection] pharyngé; [organ] pharyngien. -**2.** LING pharyngal.
pharyngitis [,færɪn'dʒaɪtɪs] *n* (*U*) pharyngite *f*; **to have** ~ avoir une pharyngite.
pharynx ['færɪnks] (*pl* **pharynxes** OR **pharynges** [fæ'rɪndʒi:z]) *n* pharynx *m*.
phase [feɪz] ◇ *n* -**1.** [period - gen] phase *f*, période *f*; [- of illness] phase *f*, stade *m*; [- of career] étape *f*; [- of civilization] période *f*; **the project is going through a critical** ~ le projet traverse une phase critique; **the final** ~ **of the election campaign** la dernière étape de la campagne électorale; ~ **two of the government's incomes policy** la deuxième étape de la politique salariale du gouvernement; **their daughter's going through a difficult** ~ leur fille traverse une période difficile; **don't worry, it's just a** ~ **she's going through** ne vous inquiétez pas, ça lui passera. -**2.** ASTRON [of moon] phase *f*. -**3.** CHEM, ELEC & PHYS phase *f*; **in the solid** ~ en phase OR à l'état solide; **to be in** ~ *literal* & *fig* être en phase; **to be out of** ~ *literal* & *fig* être déphasé; **the government is out of** ~ **with the mood of the country** le gouvernement est en décalage complet avec les sentiments de la population.
◇ *vt* -**1.** [synchronize] synchroniser, faire coïncider; **the two operations have to be perfectly** ~**d** les deux opérations doivent être parfaitement synchronisées. -**2.** *Am* [prearrange - delivery, development] planifier, programmer. -**3.** ELEC & TECH mettre en phase.
◆ **phase in** *vt sep* introduire progressivement OR par étapes; **the reforms will obviously have to be** ~**d in** il est évident que les réformes devront être introduites progressivement; **the increases will be** ~**d in over five years** les augmentations seront échelonnées sur cinq ans.
◆ **phase out** *vt sep* [stop using - machinery, weapon] cesser progressivement d'utiliser; [stop producing - car, model] abandonner progressivement la production de; [do away with - jobs, tax] supprimer progressivement OR par étapes; [- grant] retirer progressivement; **when the use of these pesticides has been** ~**d out** quand ces pesticides auront cessé d'être utilisés.
phased [feɪzd] *adj* [withdrawal, development] progressif, par étapes.
phase-out *n* suppression *f* progressive.
phatic ['fætɪk] *adj* phatique.
PhD (*abbr of* Doctor of Philosophy) *n* (*titulaire d'un*) *doctorat de* 3e *cycle*; ~ **students** étudiants *mpl* inscrits en doctorat; **her** ~ **thesis** sa thèse de doctorat.
pheasant ['feznt] (*pl inv* OR **pheasants**) *n* faisan *m*; [hen] (poule *f*) faisane *f*.
phenix ['fi:nɪks] *Am* = **phoenix**.
phenobarbitone [,fi:nəʊ'bɑ:bɪtəʊn], **phenobarbital** [,fi:nəʊ'bɑ:bɪtl] *n* phénobarbital *m*.
phenol ['fi:nɒl] *n* phénol *m*.
phenomena [fɪ'nɒmɪnə] *pl* → **phenomenon**.
phenomenal [fɪ'nɒmɪnl] *adj* phénoménal; **a** ~ **success** un immense succès.
phenomenally [fɪ'nɒmɪnəlɪ] *adv* phénoménalement; **it's** ~ **expensive** ça coûte horriblement cher.
phenomenological [fɪ,nɒmɪnə'lɒdʒɪkl] *adj* phénoménologique.
phenomenology [fɪ,nɒmɪ'nɒlədʒɪ] *n* phénoménologie *f*.
phenomenon [fɪ'nɒmɪnən] (*pl* phenomena [-nə]) *n* phénomène *m*; **the credit-card** ~ le phénomène des cartes de crédit.
phenyl ['fi:nɪl] *n* phényle *m*.
pheromone ['ferəməʊn] *n* phéromone *f*, phérormone *f*.
phew [fju:] *interj* [in relief] ouf; [from heat] pff; [in disgust] berk, beurk.
phial ['faɪəl] *n* fiole *f*.
Phi Beta Kappa [,faɪbeɪtə'kæpə] *pr n aux États-Unis, association universitaire à laquelle ne peuvent appartenir que les étudiants émérites.*
Philadelphia [,fɪlə'delfjə] *pr n* Philadelphie; **in** ~ à Philadelphie.
philander [fɪ'lændəʳ] *vi pej* courir le jupon.
philanderer [fɪ'lændərəʳ] *n pej* coureur *m* (de jupons).
philandering [fɪ'lændərɪŋ] *n* donjuanisme *m*.
philanthropic(al) [,fɪlən'θrɒpɪk(l)] *adj* philanthropique.
philanthropist [fɪ'lænθrəpɪst] *n* philanthrope *mf*.
philanthropy [fɪ'lænθrəpɪ] *n* philanthropie *f*.
philatelic [,fɪlə'telɪk] *adj* philatélique.
philatelist [fɪ'lætəlɪst] *n* philatéliste *mf*.
philately [fɪ'lætəlɪ] *n* philatélie *f*.
Philemon [fɪ'li:mɒn] *pr n* Philémon.
philharmonic [,fɪlɑ:'mɒnɪk] ◇ *adj* philharmonique; ~ **orchestra** orchestre *m* philharmonique.
◇ *n* orchestre *m* philharmonique.
Philip ['fɪlɪp] *pr n* Philippe; ~ **Augustus** Philippe Auguste; ~ **the Fair** Philippe le Bel.
Philippians [fɪ'lɪpɪənz] *pl pr n* BIBLE: **the** ~ les Philippiens; **the Epistle of Paul the Apostle to the** ~ l'Épître de saint Paul aux Philippiens.
philippic [fɪ'lɪpɪk] *n* philippique *f*.
Philippines ['fɪlɪpi:nz] *pl pr n*: **the** ~ les Philippines *fpl*; **in the** ~ aux Philippines.
Philistine [*Br* 'fɪlɪstaɪn, *Am* 'fɪlɪsti:n] ◇ *n* -**1.** HIST Philistin *m*. -**2.** *fig* philistin *m lit*, béotien *m*, -enne *f*.
◇ *adj* philistin.
Philistinism ['fɪlɪstɪnɪzm] *n* philistinisme *m*.
Phillips® ['fɪlɪps] *comp*: ~ **screw/screw-driver** vis *f*/tournevis *m* cruciforme.
philodendron [,fɪlə'dendrən] (*pl* **philodendrons** OR **philodendra** [-drə]) *n* philodendron *m*.
philological [,fɪlə'lɒdʒɪkl] *adj* philologique.
philologist [fɪ'lɒlədʒɪst] *n* philologue *mf*.
philology [fɪ'lɒlədʒɪ] *n* philologie *f*.
philosopher [fɪ'lɒsəfəʳ] *n* philosophe *mf*; **she's a bit of a** ~ elle est portée sur la philosophie; **the** ~**'s stone** la pierre philosophale.
philosophic(al) [,fɪlə'sɒfɪk(l)] *adj* -**1.** PHILOS philosophique. -**2.** [calm, resigned] philosophe; **I feel quite** ~ **about the situation** j'envisage la situation avec philosophie.
philosophically [,fɪlə'sɒfɪklɪ] *adv* -**1.** PHILOS philosophiquement. -**2.** [calmly] philosophiquement, avec philosophie.
philosophize, -ise [fɪ'lɒsəfaɪz] *vi* philosopher; **to** ~ **about sthg** philosopher sur qqch.
philosophy [fɪ'lɒsəfɪ] (*pl* **philosophies**) *n* philosophie *f*; **she's a** ~ **student** elle est étudiante en philosophie ‖ *fig*: **we share the same** ~ **of life** nous avons la même conception de la vie; **she accepted the defeat with** ~ elle accepta la défaite avec philosophie.
philtre *Br*, **philter** *Am* ['fɪltəʳ] *n lit* philtre *m*.
phiz *inf* [fɪz], **phizog** *inf* ['fɪzɒg] *n Br dated* tronche *f*, poire *f*.
phlebitis [flɪ'baɪtɪs] *n* (*U*) phlébite *f*.
phlebotomy [flɪ'bɒtəmɪ] *n* phlébotomie *f*.
phlegm [flem] *n* -**1.** MED [in respiratory passages] glaire *f*. -**2.** *fig* [composure] flegme *m*. -**3.** *arch* [bodily humour] flegme *m*.
phlegmatic [fleg'mætɪk] *adj* flegmatique.
phlegmatically [fleg'mætɪklɪ] *adv* avec flegme, flegmatiquement.
phloem ['fləʊəm] *n* phloème *m*.
phlox [flɒks] *n* phlox *m inv*.
Phnom Penh [,nɒm'pen] *pr n* Phnom Penh.
phobia ['fəʊbjə] *n* phobie *f*; **he has a** ~ **of spiders** il a la phobie des araignées; **she's got a** ~ **about work** elle est allergique au travail.
phobic ['fəʊbɪk] ◇ *adj* phobique.
◇ *n* phobique *mf*.
Phocaea [fəʊ'si:ə] *pr n* Phocée.
Phoebe ['fi:bɪ] *pr n* Phébé.
Phoebus ['fi:bəs] *pr n* Phébus.
Phoenicia [fɪ'nɪʃɪə] *pr n* Phénicie *f*.
Phoenician [fɪ'nɪʃɪən] ◇ *n* -**1.** [person] Phénicien *m*, -enne *f*. -**2.** LING phénicien *m*.
◇ *adj* phénicien.
phoenix ['fi:nɪks] *n* phénix *m*.
phoenix-like *adj* & *adv* tel un phénix; **the new movement was born** ~ **out of the old** le nouveau mouvement est né des cendres du précédent.
phon [fɒn] *n* phone *m* ACOUST.
phonate [fəʊ'neɪt] *vi* produire des sons.
phonation [fəʊ'neɪʃn] *n* phonation *f*.
phonatory ['fəʊnətrɪ] *adj* phonatoire.
phone [fəʊn] ◇ *n* -**1.** [telephone] téléphone *m*; **I answered the** ~ j'ai répondu au téléphone; **just a minute, I'm on the** ~ un instant, je suis au téléphone; **we're not on the** ~ **yet** nous n'avons pas encore le téléphone; **you're wanted on the** ~ on vous demande au téléphone; **she told me the news by** ~ elle m'a appris la nouvelle au téléphone; **I don't wish to**

discuss it over the ~ je préfère ne pas en parler au téléphone. -2. LING phone *m*.
◇ *comp* [bill] de téléphone; [line, message] téléphonique.
◇ *vi Br* téléphoner; to ~ for a plumber/a taxi appeler un plombier/un taxi *(par téléphone)*.
◇ *vt Br* téléphoner à; I'll ~ him when I arrive je lui téléphonerai à mon arrivée; to ~ Paris téléphoner à Paris; can you ~ me the answer? pouvez-vous me donner la réponse par téléphone?
◆ **phone up** ◇ *vi insep* téléphoner.
◇ *vt sep* téléphoner à.
phone book *n* annuaire *m* (téléphonique).
phone booth *n* cabine *f* téléphonique.
phone box *n Br* cabine *f* téléphonique; I'm calling from a ~ j'appelle d'une cabine.
phone call *n* coup *m* de téléphone, appel *m* (téléphonique).
phone card *n* Télécarte® *f*.
phone-in *n* RADIO & TV: ~ (programme) *émission au cours de laquelle les auditeurs ou les téléspectateurs peuvent intervenir par téléphone.*
phoneme ['fəʊniːm] *n* phonème *m*.
phonemic [fə'niːmɪk] *adj* phonémique, phonématique.
phonemics [fə'niːmɪks] *n (U)* phonémique *f*, phonématique *f*.
phone number *n* numéro *m* de téléphone.
phone-tapping [-,tæpɪŋ] *n (U)* écoute *f* téléphonique, écoutes *fpl* téléphoniques; ~ has become more widespread la pratique de l'écoute téléphonique est de plus en plus répandue.
phonetic [fə'netɪk] *adj* phonétique.
phonetically [fə'netɪklɪ] *adv* phonétiquement.
phonetic alphabet *n* alphabet *m* phonétique.
phonetician [,fəʊnɪ'tɪʃn] *n* phonéticien *m*, -enne *f*.
phonetics [fə'netɪks] *n (U)* phonétique *f*.
phoney *inf* ['fəʊnɪ] (*compar* phonier, *superl* phoniest, *pl* phonies) ◇ *adj* -1. [false - banknote, jewel, name] faux; [- title, company, accent] bidon; [- tears] de crocodile; [- laughter] qui sonne faux; his story sounds ~ son histoire a tout l'air d'être (du) bidon; the ~ war la drôle de guerre. -2. [spurious - person] bidon.
◇ *n* -1. [impostor] imposteur *m*; [charlatan] charlatan *m*. -2. [pretentious person] frimeur *m*, -euse *f*, m'as-tu-vu *mf inv*.
phonic ['fəʊnɪk] *adj* phonique.
phonograph ['fəʊnəgrɑːf] *n* -1. [early gramophone] phonographe *m*. -2. *Am dated* [record player] tourne-disque *m*, électrophone *m*.
phonological [,fəʊnə'lɒdʒɪkl] *adj* phonologique.
phonologist [fəʊ'nɒlədʒɪst] *n* phonologue *mf*.
phonology [fəʊ'nɒlədʒɪ] (*pl* phonologies) *n* phonologie *f*.
phony ['fəʊnɪ] = **phoney**.
phooey *inf* ['fuːɪ] *interj* [as expletive - expressing irritation] zut, flûte; [- expressing disbelief] mon œil.
phosgene ['fɒsdʒiːn] *n* phosgène *m*.
phosphate ['fɒsfeɪt] *n* AGR & CHEM phosphate *m*; 'contains no ~s' 'sans phosphates'.
phosphene ['fɒsfiːn] *n* phosphène *m*.
phosphide ['fɒsfaɪd] *n* phosphure *m*.
phosphine ['fɒsfiːn] *n* phosphine *f*, hydrogène *m* phosphoré.
phosphor(e) ['fɒsfəʳ] *n* luminophore *m*, phosphore *m (substance phosphorescente)*.
phosphoresce [,fɒsfə'res] *vi* être phosphorescent.
phosphorescence [,fɒsfə'resns] *n* phosphorescence *f*.
phosphorescent [,fɒsfə'resnt] *adj* phosphorescent.
phosphoric [fɒs'fɒrɪk] *adj* phosphorique; ~ acid acide *m* orthophosphorique.
phosphorism ['fɒsfərɪzm] *n* phosphorisme *m*.
phosphorous ['fɒsfərəs] *adj* phosphorique.
phosphorus ['fɒsfərəs] *n* phosphore *m*.
phot [fɒt] *n* phot *m*.
photic ['fəʊtɪk] *adj* photique.
photo ['fəʊtəʊ] (*pl* photos) (*abbr of* photograph) *n* photo *f*.
photoactive [,fəʊtəʊ'æktɪv] *adj* [organism] sensible à la lumière.
photo album *n* album *m* de photos.
photocall ['fəʊtəʊkɔːl] *n* séance *f* photo *(avec des photographes de presse)*.
photocell ['fəʊtəʊsel] *n* cellule *f* photoélectrique.
photochemical [,fəʊtəʊ'kemɪkl] *adj* photochimique.
photochemistry [,fəʊtəʊ'kemɪstrɪ] *n* photochimie *f*.
photocompose [,fəʊtəʊkəm'pəʊz] *vt* photocomposer.
photocomposition ['fəʊtəʊ,kɒmpə'zɪʃn] *n* photocomposition *f*.
photoconductivity ['fəʊtəʊ,kɒndʌk'tɪvətɪ] *n* photoconduction *f*.
photocopier [,fəʊtəʊ'kɒpɪəʳ] *n* photocopieur *m*, photocopieuse *f*.
photocopy ['fəʊtəʊ,kɒpɪ] (*pl* photocopies, *pt* & *pp* photocopied) ◇ *n* photocopie *f*.
◇ *vt* photocopier.
photocopying ['fəʊtəʊ,kɒpɪɪŋ] *n (U)* reprographie *f*, photocopie *f*; there's some ~ to do il y a des photocopies à faire.
photodisintegration ['fəʊtəʊdɪ,sɪntɪ'greɪʃn] *n* photodésintégration *f*.
photodynamics [,fəʊtəʊdaɪ'næmɪks] *n (U)* photodynamique *f*.
photoelasticity [,fəʊtəʊɪlæ'stɪsətɪ] *n* photoélasticité *f*.
photoelectric [,fəʊtəʊɪ'lektrɪk] *adj* photoélectrique; ~ cell cellule *f* photoélectrique.
photoelectricity [,fəʊtəʊɪlek'trɪsətɪ] *n* photoélectricité *f*.
photoelectron [,fəʊtəʊɪ'lektrɒn] *n* photoélectron *m*.
photoemission [,fəʊtəʊɪ'mɪʃn] *n* photoémission *f*.
photoengraving [,fəʊtəʊɪn'greɪvɪŋ] *n* photogravure *f*.
photo finish *n* -1. SPORT arrivée *f* groupée; the race was a ~ il a fallu départager les vainqueurs de la course avec la photo-finish. -2. *fig* partie *f* serrée; the election is going to be a ~ pour les élections, la partie sera serrée.
Photofit® ['fəʊtəʊfɪt] *n*: ~ (picture) photo-robot *f*, portrait-robot *m*.
photoflood ['fəʊtəʊflʌd] *n*: ~ (lamp) lampe *f* flood.
photofluorography [,fəʊtəʊflʊə'rɒgrəfɪ] *n* radiophotographie *f*.
photogenic [,fəʊtəʊ'dʒenɪk] *adj* photogénique.
photogeology [,fəʊtəʊdʒɪ'ɒlədʒɪ] *n* photogéologie *f*.
photogram ['fəʊtəgræm] *n* photogramme *m*.
photogrammetry [,fəʊtəʊ'græmətrɪ] *n* photogrammétrie *f*.
photograph ['fəʊtəgrɑːf] ◇ *n* photographie *f (image)*, photo *f (image)*; to take a ~ of sb prendre qqn en photo, photographier qqn; they took our ~ ils nous ont pris en photo; to have one's ~ taken se faire photographier; I'm in this ~ je suis sur cette photo; we took a lot of good ~s on holiday nous avons pris OR fait beaucoup de bonnes photos pendant les vacances; she takes a good ~ [is photogenic] elle est photogénique.
◇ *vt* photographier, prendre en photo; she doesn't like being ~ed elle n'aime pas qu'on la prenne en photo.
◇ *vi*: he ~s well [is photogenic] il est photogénique; the trees won't ~ well in this light il n'y a pas assez de lumière pour faire une bonne photo des arbres.
photograph album *n* album *m* de photos.
photographer [fə'tɒgrəfəʳ] *n* photographe *mf*; I'm not much of a ~ je ne suis pas très doué pour la photographie.
photographic [,fəʊtə'græfɪk] *adj* photographique; to have a ~ memory avoir une bonne mémoire visuelle; ~ shop magasin *m* de photo; ~ society club *m* d'amateurs de photo; ~ library photothèque *f*.
photographically [,fəʊtə'græfɪklɪ] *adv* photographiquement.
photography [fə'tɒgrəfɪ] *n* photographie *f (art)*, photo *f (art)*; an exhibition of French ~ une exposition de photographie française.
photogravure [,fəʊtəʊgrə'vjʊəʳ] *n* photogravure *f*.
photojournalism [,fəʊtəʊ'dʒɜːnəlɪzm] *n* photojournalisme *m*.
photokinesis [,fəʊtəʊ'kaɪniːsɪs] *n* photocinèse *f*.
photolithograph [,fəʊtəʊ'lɪθəgrɑːf] *n* photolithographie *f*.
photolithography [,fəʊtəʊlɪ'θɒgrəfɪ] *n* photolithographie *f*.
photoluminescent ['fəʊtəʊ,luːmɪ'nesnt] *adj* photoluminescent.
photolysis [fəʊ'tɒlɪsɪs] *n* photolyse *f*.
photomap ['fəʊtəʊmæp] (*pt* & *pp* photomapped, *cont* photomapping) ◇ *n* photocarte *f*.
◇ *vt* faire une photocarte de.
photomechanical [,fəʊtəʊmɪ'kænɪkl] *adj* photomécanique.
photometer [fəʊ'tɒmɪtəʳ] *n* photomètre *m*.
photometric [,fəʊtə'metrɪk] *adj* photométrique.
photometry [fəʊ'tɒmɪtrɪ] *n* photométrie *f*.
photomontage [,fəʊtəʊmɒn'tɑːʒ] *n* photomontage *m*.
photomultiplier [,fəʊtəʊ'mʌltɪplaɪəʳ] *n* photomultiplicateur *m*.
photon ['fəʊtɒn] *n* photon *m*.
photonovel ['fəʊtə,nɒvl] *n* roman-photo *m*, photo-roman *m*.
photo-offset *n* offset *m*.
photo opportunity *n* séance *f* photoprotocolaire.
photoperiod [,fəʊtəʊ'pɪərɪəd] *n* photopériode *f*.
photoperiodic ['fəʊtəʊ,pɪərɪ'ɒdɪk] *adj* photopériodique.
photophily [fəʊ'tɒfɪlɪ] *n* photophilie *f*.
photophobia [,fəʊtəʊ'fəʊbɪə] *n* photophobie *f*.
photophobic [,fəʊtəʊ'fəʊbɪk] *adj* photophobique.
photophore [,fəʊtəʊ'fɔːʳ] *n* (organe *m*) photophore *m*.
photopolymer [,fəʊtəʊ'pɒlɪməʳ] *n* plastique *m* photopolymère.
photorealism [,fəʊtəʊ'rɪəlɪzm] *n* photoréalisme *m*.
photoreceptor [,fəʊtəʊrɪ'septəʳ] *n* photorécepteur *m*.
photoreconnaissance [,fəʊtəʊrɪ'kɒnɪsns] *n* reconnaissance *f* photographique.
photosensitive [,fəʊtəʊ'sensɪtɪv] *adj* photosensible.
photosensitivity ['fəʊtəʊ,sensɪ'tɪvətɪ] *n* photosensibilité *f*.
photosensitize, -ise [,fəʊtəʊ'sensɪtaɪz] *vt* rendre photosensible.
photoset ['fəʊtəʊset] (*pt* & *pp* photoset, *cont* photosetting) *vt* photocomposer.
photostat ['fəʊtəstæt] (*pt* & *pp* photostatted, *cont* photostatting) *vt* photocopier.
Photostat® *n* photostat *m*, photocopie *f*; ~ copy photocopie *f*; ~ machine photocopieuse *f*.
photosynthesis [,fəʊtəʊ'sɪnθəsɪs] *n* photosynthèse *f*.
photosynthesize, -ise [,fəʊtəʊ'sɪnθəsaɪz] *vt* fabriquer par photosynthèse.
phototransistor [,fəʊtəʊtræn'zɪstəʳ] *n* phototransistor *m*.

phototropism [ˌfəʊtəʊ'trəʊpɪzm] *n* phototropisme *m*.
phototype ['fəʊtəʊtaɪp] ◇ *n* -**1.** [process] phototypie *f*. -**2.** [print] phototype *m*.
◇ *vt* faire un phototype de.
phototypesetting [ˌfəʊtəʊ'taɪpsetɪŋ] *n* photocomposition *f*.
phototypography [ˌfəʊtəʊtaɪ'pɒgrəfɪ] *n* photocomposition *f*.
photovoltaic [ˌfəʊtəʊvɒl'teɪɪk] *adj* photovoltaïque; ~ **cell** cellule *f* photovoltaïque, photophile *f*.
phrasal ['freɪzl] *adj*: ~ **conjunction/preposition** locution *f* conjonctive/prépositive.
phrasal verb *n* verbe *m* à postposition.
phrase [freɪz] ◇ *n* -**1.** [expression] expression *f*, locution *f*; **I can't find the right** ~ je ne trouve pas l'expression que je cherche; **set** ~ expression figée; **turn of** ~ tournure *f*. -**2.** LING syntagme *m*, groupe *m*; **noun** ~ syntagme OR groupe nominal. -**3.** MUS phrase *f*.
◇ *vt* -**1.** [letter] rédiger, tourner; [idea] exprimer, tourner; **couldn't you** ~ **it differently?** ne pourriez-vous pas trouver une autre formule?; **how shall I** ~ **it?** comment dire ça?; **he** ~**d it very elegantly** il a trouvé une tournure très élégante (pour le dire). -**2.** MUS phraser.
phrase book *n* guide *m* de conversation.
phrase marker *n* LING indicateur *m* syntagmatique.
phraseology [ˌfreɪzɪ'ɒlədʒɪ] (*pl* **phraseologies**) *n* phraséologie *f*.
phrase structure *n* LING structure *f* syntagmatique; ~ **grammar** grammaire *f* syntagmatique; ~ **rules** règles *fpl* syntagmatiques.
phrasing ['freɪzɪŋ] *n* -**1.** [expressing] choix *m* des mots; **with careful** ~ en choisissant ses mots avec le plus grand soin OR soigneusement ses mots; **the** ~ **of her refusal was very elegant** son refus était formulé de manière très élégante. -**2.** MUS phrasé *m*.
phreatic [frɪ'ætɪk] *adj* phréatique; **the** ~ **layer** la nappe phréatique.
phrenetic [frə'netɪk] = **frenetic**.
phrenic ['frenɪk] *adj* phrénique.
phrenologist [frɪ'nɒlədʒɪst] *n* phrénologue *mf*, phrénologiste *mf*.
phrenology [frɪ'nɒlədʒɪ] *n* phrénologie *f*.
Phrygia ['frɪdʒɪə] *pr n* Phrygie *f*.
Phrygian ['frɪdʒɪən] ◇ *n* Phrygien *m*, -enne *f*.
◇ *adj* phrygien; ~ **cap** bonnet phrygien.
phthisis ['θaɪsɪs] *n* (U) *dated* phtisie *f*.
phut *inf* [fʌt] ◇ *n*: **the engine made a** ~ **and stopped** le moteur eut un hoquet puis s'arrêta.
◇ *adv*: **to go** ~ rendre l'âme, lâcher.
phycology [faɪ'kɒlədʒɪ] *n* phycologie *f*, algologie *f*.
phylactery [fɪ'læktərɪ] (*pl* **phylacteries**) *n* RELIG phylactère *m*.
phylloxera [fɪ'lɒksərə] *n* phylloxéra *m*, phylloxera *m*.
phylogenesis [ˌfaɪləʊ'dʒenɪsɪs] (*pl* **phylogeneses** [-ˌsiːz]) *n* phylogenèse *f*, phylogénie *f*.
phylogenetic [ˌfaɪləʊdʒə'netɪk] *adj* phylogénétique.
phylogeny [faɪ'lɒdʒənɪ] (*pl* **phylogenies**) = **phylogenesis**.
phylum ['faɪləm] (*pl* **phyla** [-lə]) *n* phylum *m*.
physiatrics [ˌfɪzɪ'ætrɪks] *n* (U) *Am* kinésithérapie *f*.
physiatrist [ˌfɪzɪ'ætrɪst] *n Am* kinésithérapeute *mf*.
physic ['fɪzɪk] *n arch* médicament *m*, remède *m*.
physical ['fɪzɪkl] ◇ *adj* -**1.** [bodily - fitness, strength, sport] physique; **a** ~ **examination** un examen médical, une visite médicale; **I don't get enough** ~ **exercise** je ne fais pas assez d'exercice (physique); **it was a very** ~ **match** SPORT ce fut un match très physique; ~ **handicap** infirmité *f*. -**2.** [natural, material - forces, property, presence] physique; [- manifestation, universe] physique, matériel; **it's a** ~ **impossibility** c'est physiquement OR matériellement impossible. -**3.** CHEM & PHYS physique. -**4.** GEOG physique; **the** ~ **features of the desert** la topographie du désert.
◇ *n* visite *f* médicale; **to go for a** ~ passer une visite médicale.
physical education *n* éducation *f* physique.
physical geography *n* géographie *f* physique.
physical jerks *inf npl Br*: **to do** ~ faire des mouvements de gym.
physically ['fɪzɪklɪ] *adv* physiquement; **to be** ~ **fit** être en bonne forme physique; **she is** ~ **handicapped** elle a un handicap physique.
physical sciences *npl* sciences *fpl* physiques.
physical therapist *n* kinésithérapeute *mf*.
physical therapy *n* kinésithérapie *f*; [after accident or illness] rééducation *f*.
physical training = **physical education**.
physician [fɪ'zɪʃn] *n* médecin *m*.
physicist ['fɪzɪsɪst] *n* physicien *m*, -enne *f*.
physics ['fɪzɪks] *n* (U) physique *f*.
physio *inf* ['fɪzɪəʊ] *n* -**1.** (*abbr of* **physiotherapy**) kiné *f*. -**2.** (*abbr of* **physiotherapist**) kiné *mf*.
physiognomist [ˌfɪzɪ'ɒnəmɪst] *n* physionomiste *mf*.
physiognomy [ˌfɪzɪ'ɒnəmɪ] (*pl* **physiognomies**) *n* -**1.** [facial features] physionomie *f*. -**2.** GEOG topographie *f*, configuration *f*; **the** ~ **of London is changing** la physionomie de Londres est en train de changer.
physiological [ˌfɪzɪə'lɒdʒɪkl] *adj* physiologique.
physiologist [ˌfɪzɪ'ɒlədʒɪst] *n* physiologiste *mf*.
physiology [ˌfɪzɪ'ɒlədʒɪ] *n* physiologie *f*.
physiotherapist [ˌfɪzɪəʊ'θerəpɪst] *n* kinésithérapeute *mf*.
physiotherapy [ˌfɪzɪəʊ'θerəpɪ] *n* kinésithérapie *f*; [after accident or illness] rééducation *f*; **to go for** OR **to have** ~ faire des séances de kinésithérapie.
physique [fɪ'ziːk] *n* constitution *f* physique, physique *m*; **to have a fine** ~ avoir un beau corps; **to have a poor** ~ être chétif.
phytogenesis [ˌfaɪtəʊ'dʒenɪsɪs] *n* phytogenèse *f*.
phytogeny [faɪ'tɒdʒənɪ] = **phytogenesis**.
phytoplankton [ˌfaɪtə'plæŋktən] *n* phytoplancton *m*.
pi [paɪ] ◇ *n* MATH pi *m*.
◇ *adj inf Br pej* -**1.** [pious] bigot *pej*. -**2.** [self-satisfied] suffisant.
Piacenza [pjə'tʃentsə] *pr n* Plaisance.
pianist ['pɪənɪst] *n* pianiste *mf*.
piano[1] [pɪ'ænəʊ] (*pl* **pianos**) ◇ *n* piano *m*.
◇ *comp* [duet, lesson, stool, teacher, tuner] de piano; [music] pour piano; [lid, leg] du piano; ~ **key** touche *f*; **the** ~ **keys** le clavier (du piano); ~ **organ** piano *m* mécanique; ~ **player** pianiste *mf*.
piano[2] ['pjɑːnəʊ] *adj & adv* [softly] piano (*inv*).
piano accordion [pɪ'ænəʊ-] *n* accordéon *m* (à touches).
pianoforte [pɪˌænəʊ'fɔːtɪ] *n fml* pianoforte *m*.
Pianola® [ˌpɪə'nəʊlə] *n* Pianola® *m*.
piano roll [pɪ'ænəʊ-] *n* bande *f* perforée (*pour piano mécanique*).
piazza [pɪ'ætsə] *n* -**1.** [square] place *f*, piazza *f*. -**2.** *Br* [gallery] galerie *f*. -**3.** *Am* [veranda] véranda *f*.
pic *inf* [pɪk] (*pl* **pics** OR **pix** [pɪks]) *n* [photograph] photo *f*; [picture] illustration *f*.
pica ['paɪkə] *n* -**1.** TYPO [unit] pica *m*. -**2.** [on typewriter] pica *m*. -**3.** MED pica *m*.
picador ['pɪkədɔːʳ] *n* picador *m*.
picaninny *inf* [ˌpɪkə'nɪnɪ] (*pl* **picaninnies**) = **piccaninny**.
Picardy ['pɪkədɪ] *pr n* Picardie *f*; **in** ~ en Picardie.
picaresque [ˌpɪkə'resk] *adj* picaresque.
picayune *inf* [ˌpɪkə'juːn] ◇ *adj Am* [unimportant] insignifiant; [worthless] sans valeur.
◇ *n* pièce *f* de cinq cents; **I don't care a** ~ je m'en fiche royalement.
piccalilli [ˌpɪkə'lɪlɪ] *n* piccalilli *m* (*sauce piquante à base de pickles et de moutarde*).
piccaninny *inf* [ˌpɪkə'nɪnɪ] (*pl* **piccaninnies**) *n* négrillon *m*, -onne *f* (*attention: le terme «piccaninny», comme son équivalent français, est considéré comme raciste*).
piccolo ['pɪkələʊ] (*pl* **piccolos**) *n* piccolo *m*, picolo *m*.
pick [pɪk] ◇ *vt* -**1.** [select] choisir; **he always** ~**s the most expensive dish** il choisit toujours le plat le plus cher; **she's been** ~**ed for the England team** elle a été sélectionnée dans l'équipe d'Angleterre; **to** ~ **a winner** [in racing] choisir un cheval gagnant; **you really (know how to)** ~ **them!** *iron* tu les choisis bien! ❑ **to** ~ **one's way**: **they** ~**ed their way along the narrow ridge** ils avancèrent prudemment le long de la crête étroite. -**2.** [gather - fruit, flowers] cueillir; [- mushrooms] ramasser; **to** ~ **cherries/grapes** [for pleasure] cueillir des cerises/du raisin; [as job] faire la cueillette des cerises/les vendanges. -**3.** [remove] enlever; **I had to** ~ **the cat hairs off my dress** il a fallu que j'enlève les poils de chat de ma robe; **he was** ~**ing a spot/a scab** il était en train de gratter un bouton/une croûte || [remove bits of food, debris etc from]: **they** ~**ed the bones clean** ils n'ont rien laissé sur les os; **to** ~ **one's nose** se mettre les doigts dans le nez; **to** ~ **one's teeth** se curer les dents ❑ **to** ~ **sb/sthg to pieces** démolir qqn/qqch. -**4.** [provoke]: **to** ~ **a fight** chercher la bagarre; **to** ~ **a quarrel with sb** chercher noise OR querelle à qqn. -**5.** [lock] crocheter. -**6.** [pluck - guitar string] pincer; [- guitar] pincer les cordes de.
◇ *vi*: **to** ~ **and choose**: **I like to be able to** ~ **and choose** j'aime bien avoir le choix; **he always has to** ~ **and choose** *pej* il faut toujours qu'il fasse le difficile; **with your qualifications you can** ~ **and choose** avec vos diplômes, toutes les portes vous sont ouvertes.
◇ *n* -**1.** [choice] choix *m*; **take your** ~ faites votre choix; **you can have your** ~ **of them** vous pouvez choisir celui qui vous plaît ❑ **the** ~ **of the bunch** *inf* le dessus du panier, le gratin. -**2.** [tool] pic *m*, pioche *f*.
◆ **pick at** *vt insep* -**1.** [pull at - thread, loose end] tirer sur; [- flake of paint, scab] gratter. -**2.** [food] manger du bout des dents; **he only** ~**ed at the fish** il a à peine touché au poisson. -**3.** [criticize pettily] être sur le dos de.
◆ **pick off** *vt sep* -**1.** [shoot one by one] abattre (un par un); **marksmen** ~**ed off the leaders** des tireurs ont abattu les meneurs. -**2.** [remove - scab, paint] gratter.
◆ **pick on** *vt insep* -**1.** [victimize] harceler, s'en prendre à; ~ **on someone your own size!** tu devrais t'en prendre à quelqu'un de ta taille! -**2.** [single out] choisir; **why** ~ **on today of all days?** pourquoi choisir ce jour entre tous?
◆ **pick out** *vt sep* -**1.** [choose] choisir. -**2.** [spot, identify] repérer, reconnaître; **I tried to** ~ **him out in the crowd** j'ai essayé de le repérer dans la foule; **she's easy to** ~ **out because of her hair** elle est facile à reconnaître à cause de ses cheveux. -**3.** [highlight, accentuate] rehausser; **the stitching is** ~**ed out in bright green** un vert vif fait ressortir les coutures. -**4.** [play - tune] jouer d'une manière hésitante.
◆ **pick over, pick through** *vt insep* [fruit, vegetables etc] trier.
◆ **pick up** ◇ *vt sep* -**1.** [lift] ramasser; ~ **up those books!** ramassez ces livres!; **to** ~ **up the telephone** décrocher le téléphone; **to** ~ **o.s. up** se relever ❑ **they left me to** ~ **up the bill** *Br* OR **the tab** *Am* ils m'ont laissé l'addition; **to** ~ **up the pieces** recoller les morceaux. -**2.** [give lift to] prendre; **I never** ~ **up hitchhikers** je ne prends jamais d'auto-stoppeurs. -**3.** [collect, fetch]: **my father** ~**ed me up at the station** mon père est venu me chercher à la gare; **helicopters were sent to** ~ **up the wounded** on a envoyé des hélicoptères pour ramener les blessés; **I have to** ~ **up a parcel at the post office** je dois passer prendre un colis à la poste. -**4.** [acquire - skill] apprendre; **did you** ~ **up any**

Greek during your stay? avez-vous appris un peu de grec pendant votre séjour?; to ~ up bad habits prendre de mauvaises habitudes || [win - reputation, prize] gagner; our country ~ed up most of the medals notre pays a remporté la plupart des médailles. -5. [glean - idea, information] glaner; I've ~ed up some useful tips since I started work here j'ai glané quelques bons tuyaux depuis que j'ai commencé à travailler ici. -6. *inf* [buy cheaply]: to ~ up a bargain dénicher une bonne affaire; I ~ed it up at the flea market je l'ai trouvé au marché aux puces. -7. [catch - illness, infection] attraper. -8. *inf* [earn] se faire; you can ~ up good money working on the rigs on peut se faire pas mal de fric en travaillant sur les plates-formes pétrolières. -9. *inf* [arrest] pincer. -10. *inf* [start relationship with] draguer; he ~ed her up in a bar il l'a draguée dans un bar. -11. [detect] détecter; he ~ed up the sound of a distant bell il perçut le son d'une cloche dans le lointain; the dogs ~ed up the scent again les chiens ont retrouvé la piste. -12. RADIO & TV [receive] capter. -13. [notice] relever; the proofreaders ~ up most of the mistakes les correcteurs repèrent OR relèvent la plupart des erreurs. -14. [criticize]: nobody ~ed him up on his sexist comments personne n'a relevé ses remarques sexistes. -15. [resume] reprendre; we ~ed up the discussion where we'd left off nous avons repris la discussion là où nous l'avions laissée. -16. [return to] revenir sur, reprendre; I'd like to ~ up a point you made earlier j'aimerais revenir sur une remarque que vous avez faite tout à l'heure. -17. [gather - speed, momentum] prendre. -18. *inf* [revive] remonter, requinquer.

◇ *vi insep* -1. [get better - sick person] se rétablir, se sentir mieux. -2. [improve - business, weather] s'arranger, s'améliorer; [- trade] reprendre; the market is ~ing up after a slow start COMM après avoir démarré doucement le marché commence à prendre. -3. [resume] continuer; they ~ed up where they had left off [in conversation] ils ont repris la conversation là où ils l'avaient laissée; [in game] ils ont repris le jeu là où ils l'avaient laissé.

pickaback ['pɪkəbæk] = **piggyback**.

pickaninny [,pɪkə'nɪnɪ] (*pl* pickaninnies) = **piccaninny**.

pickaxe *Br*, **pickax** *Am* ['pɪkæks] *n* pic *m*, pioche *f*.

picked [pɪkt] *adj* [products, items] sélectionné; [people] d'élite, trié sur le volet.

picker ['pɪkəʳ] *n* [of fruit, cotton etc] cueilleur *m*, -euse *f*, ramasseur *m*, -euse *f*; grape-~ vendangeur *m*, -euse *f*; strawberry-~ cueilleur de fraises; mushroom-~ ramasseur de champignons.

pickerel ['pɪkərəl] (*pl inv* OR pickerels) *n* brochet *m*.

picket ['pɪkɪt] ◇ *n* -1. INDUST [group] piquet *m* de grève; there was a ~ outside the factory il y avait un piquet de grève devant l'usine; to be on ~ duty faire partie d'un piquet de grève || [individual] gréviste *mf*, piquet *m* de grève; 20 ~s stood in front of the factory 20 grévistes se tenaient devant l'usine. -2. [outside embassy, ministry - group] groupe *m* de manifestants; [- individual] manifestant *m*, -e *f*. -3. MIL piquet *m*. -4. [stake] piquet *m*.

◇ *vt* -1. INDUST [workplace, embassy]: the strikers ~ed the factory les grévistes ont mis en place un piquet de grève devant l'usine; demonstrators ~ed the consulate at the week-end des manifestants ont bloqué le consulat ce week-end. -2. [fence] palissader. -3. [tie up] attacher, mettre au piquet.

◇ *vi* INDUST mettre en place un piquet de grève.

picket fence *n* clôture *f* de piquets, palissade *f*.

picketing ['pɪkətɪŋ] *n (U)* -1. [of workplace] piquets *mpl* de grève; there is heavy ~ at the factory gates les piquets de grève sont très nombreux aux portes de l'usine. -2. [of ministry, embassy]: there was ~ outside the embassy today aujourd'hui, il y a eu des manifestations devant l'ambassade.

picket line *n* piquet *m* de grève; to be OR to stand on a ~ faire partie d'un piquet de grève; to cross a ~ franchir un piquet de grève.

picking ['pɪkɪŋ] *n* -1. [selection - of object] choix *m*; [- of team] sélection *f*. -2. [of fruit, vegetables] cueillette *f*, ramassage *m*; cherry-/strawberry-~ cueillette des cerises/des fraises; mushroom-/potato-~ ramassage des champignons/des pommes de terre. -3. [of lock] crochetage *m*.

◆ **pickings** *npl* -1. [remains] restes *mpl*; you can have the ~s vous pouvez prendre ce qui reste. -2. *inf* [spoils] grapillage *m*, gratte *f*; there are rich OR easy ~s to be had on pourrait se faire pas mal d'argent, ça pourrait rapporter gros.

pickle ['pɪkl] ◇ *n* -1. *Am* [gherkin] cornichon *m*. -2. [vinegar] vinaigre *m*; [brine] saumure *f*. -3. *inf* [mess, dilemma] pétrin *m*; to be in a (pretty) ~ être dans le pétrin OR dans de beaux draps. -4. *inf Br* [mischievous child] petit diable *m*, fripon *m*, -onne *f*. -5. *(U) Br* [food] pickles *mpl (petits oignons, cornichons, morceaux de choux-fleurs etc, macérés dans du vinaigre)*.

◇ *vt* -1. CULIN [in vinegar] conserver dans le vinaigre; [in brine] conserver dans la saumure. -2. TECH [metal] nettoyer à l'acide OR dans un bain d'acide.

pickled ['pɪkld] *adj* -1. CULIN [in vinegar] au vinaigre; [in brine] conservé dans la saumure; ~ herring rollmops *m inv*. -2. *inf* [drunk] bourré, rond.

picklock ['pɪklɒk] *n* -1. [instrument] crochet *m*, passe-partout *m inv*. -2. [burglar] crocheteur *m* (de serrures).

pick-me-up *inf n* remontant *m*.

pickpocket ['pɪk,pɒkɪt] *n* pickpocket *m*, voleur *m*, -euse *f* à la tire.

pick-up *n* -1. AUT [vehicle]: ~ (truck) pick-up *m inv*, camionnette *f* (découverte). -2. *inf* [casual relationship] partenaire *mf* de rencontre. -3. [act of collecting]: the truck made several ~s on the way le camion s'est arrêté plusieurs fois en route pour charger des marchandises; where will the ~ be made? où est-ce qu'on doit passer prendre les marchandises?; ~ point [for cargo] aire *f* de chargement; [for passengers] point *m* de ramassage, lieu *m* de rendez-vous. -4. [on record player]: ~ (arm) pick-up *m inv dated*, lecteur *m*. -5. *(U) Am* AUT [acceleration] reprises *fpl*; this car has got good ~ cette voiture a de bonnes reprises. -6. [improvement - of business, economy] reprise *f*; we're hoping for a ~ in sales nous espérons une reprise des ventes. -7. *inf* [arrest] arrestation *f*. -8. TECH [detector] détecteur *m*, capteur *m*. -9. RADIO & TV [reception] réception *f*.

picky *inf* ['pɪkɪ] (*compar* pickier, *superl* pickiest) *adj* difficile; she's really ~ about her food elle est très difficile pour la nourriture; don't be so ~! arrête de faire le difficile!

picnic ['pɪknɪk] (*pt & pp* picnicked, *cont* picnicking) ◇ *n* -1. *literal* pique-nique *m*; to go on OR for a ~ faire un pique-nique; let's have a ~ faisons un pique-nique; we took a ~ lunch ce midi nous avons pique-niqué. -2. *inf fig* [easy task]: it's no ~ showing tourists around London ce n'est pas une partie de plaisir que de faire visiter Londres aux touristes; it was no ~ cleaning all the pans ça n'a pas été du gâteau de nettoyer toutes les casseroles.

◇ *vi* pique-niquer.

picnic basket, **picnic hamper** *n* panier *m* à pique-nique.

picnicker ['pɪknɪkəʳ] *n* pique-niqueur *m*, -euse *f*.

picofarad ['pi:kə,færəd] *n* picofarad *m*.

picosecond ['pi:kə,sekənd] *n* picoseconde *f*.

Pict [pɪkt] *n* Picte *mf*.

Pictish ['pɪktɪʃ] ◇ *n* langue *f* picte.

◇ *adj* picte.

pictogram ['pɪktəgræm], **pictograph** ['pɪktəgrɑ:f] *n* -1. LING [symbol] pictogramme *m*, idéogramme *m*. -2. [chart] graphique *m*.

pictorial [pɪk'tɔ:rɪəl] ◇ *adj* -1. [in pictures] en images; [magazine, newspaper] illustré. -2. [vivid - style] vivant. -3. ART pictural.

◇ *n* illustré *m*.

picture ['pɪktʃəʳ] ◇ *n* -1. [gen] image *f*; [drawing] dessin *m*; [painting] peinture *f*, tableau *m*; he used ~s to illustrate his talk il a illustré sa conférence à l'aide d'images; a book with ~s in it/no ~s in it un livre avec des/sans illustrations; to draw a ~ dessiner; to paint a ~ peindre; to draw/to paint a ~ of sthg dessiner/peindre qqch; to paint a ~ of sb peindre le portrait de qqn || [photograph] photo *f*, photographie *f*; to take a ~ prendre une photo; to take a ~ of sb, to take sb's ~ prendre une photo de qqn, prendre qqn en photo; to have one's ~ taken se faire prendre en photo; I saw your ~ in the paper j'ai vu votre photo dans le journal || [on television] image *f*; the ~'s blurred l'image est floue ❑ 'Pictures from an Exhibition' *Mussorgsky* 'Tableaux d'une exposition'; 'The Picture of Dorian Gray' *Wilde* 'le Portrait de Dorian Gray'. -2. [film] film *m*; she was in several Hitchcock ~s elle a joué dans plusieurs films de Hitchcock; to go to the ~s *inf* aller au ciné. -3. [description] tableau *m*, portrait *m*; his novels give a vivid ~ of the period l'époque est peinte de façon très vivante dans ses romans, ses romans brossent un portrait très vivant de l'époque; the TV series gives a good ~ of life in a mining town cette série télévisée donne un bon aperçu de la vie dans une ville minière; the ~ he painted was a depressing one il a brossé OR fait un tableau déprimant de la situation. -4. [idea, image] image *f*; I have a strong mental ~ of what war was like je m'imagine très bien ce qu'était la guerre; they have a distorted ~ of the truth ils se font une fausse idée de la vérité; he's the ~ of health il respire la santé, il est resplendissant de santé; she was the ~ of despair elle était l'image vivante du désespoir; he's the ~ of his elder brother c'est (tout) le portrait de son frère aîné. -5. [situation] situation *f*; the economic ~ is bleak la situation économique est inquiétante. -6. *phr*: to be in the ~ *inf* être au courant; she hates being left out of the ~ elle déteste qu'on la laisse dans l'ignorance; to put sb in the ~ *inf* mettre qqn au courant; I get the ~! je comprends!, j'y suis!; doesn't she look a ~! n'est-elle pas adorable OR ravissante!; you're no ~ yourself! tu n'es pas une beauté non plus!; her face was a real ~ when she heard the news! il fallait voir sa tête quand elle a appris la nouvelle!; the big ~ [overview] une vue d'ensemble.

◇ *vt* -1. [imagine] s'imaginer, se représenter; I can't quite ~ him as a teacher j'ai du mal à me l'imaginer comme enseignant; just ~ the scene imaginez un peu la scène. -2. [describe] dépeindre, représenter. -3. [paint, draw etc] représenter; the artist ~d her on horseback l'artiste l'a représentée à cheval; he was ~d with her on the front page of all the papers une photo où il était en sa compagnie s'étalait à la une de tous les journaux.

picture book *n* livre *m* d'images.

picture card *n* [in card games] figure *f*.

picture frame *n* cadre *m* (pour tableaux).

picturegoer ['pɪktʃə,gəʊəʳ] *n Br dated* cinéphile *mf*.

picture hat *n* capeline *f*.

picture house *n Br dated* cinéma *m*.

picture library *n* banque *f* d'images.

picture palace = **picture house**.

picture postcard *n dated* carte *f* postale (illustrée).

◆ **picture-postcard** *adj* [view] qui ressemble à une OR qui fait carte postale.

picture rail *n* cimaise *f*.

picture research *n* documentation *f* iconographique.

picture researcher *n* documentaliste *mf* iconographique.

picturesque [,pɪktʃə'resk] *adj* pittoresque.

picturesquely [ˌpɪktʃəˈresklɪ] *adv* de façon pittoresque; **the village is ~ situated** le village se trouve dans un site pittoresque.

picture tube *n* TV tube *m* image.

picture window *n* fenêtre *f* OR baie *f* panoramique.

picture writing *n* écriture *f* idéographique.

PID *n abbr of* **pelvic inflammatory disease.**

piddle *inf* [ˈpɪdl] ◇ *vi* faire pipi.
◇ *n*: **to have a ~** faire pipi.

piddling *inf* [ˈpɪdlɪŋ] *adj* [details] insignifiant; [job, pay] minable.

pidgin [ˈpɪdʒɪn] *n* LING pidgin *m*.

pidgin English *n* -**1.** LING pidgin *m*, pidgin english *m*. -**2.** *pej*: **to speak ~** parler de façon incorrecte.

pidginization [ˌpɪdʒɪnaɪˈzeɪʃn] *n* pidginisation *f*.

pie [paɪ] *n* -**1.** CULIN [with fruit] tarte *f*; [with meat, fish etc] tourte *f*; **apple ~** tarte aux pommes; **chicken ~** tourte au poulet; **pork/game ~** pâté *m* de porc/de gibier en croûte ☐ **it's just ~ in the sky** *inf* ce sont des paroles OR promesses en l'air; **I want my piece of the ~** je veux ma part du gâteau. -**2.** TYPO pâte *f*.

piebald [ˈpaɪbɔːld] ◇ *adj* pie *(inv)*.
◇ *n* cheval *m* pie.

piece [piːs] *n* -**1.** [bit - of chocolate, paper, wood] morceau *m*, bout *m*; [- of land] parcelle *f*, lopin *m*; [with uncountable nouns]: **a ~ of bread** un morceau de pain; **a ~ of advice** un conseil; **a ~ of information** un renseignement; **a ~ of news** une nouvelle; **~s of advice/information/news** des conseils/renseignements/nouvelles; **that was a real ~ of luck** cela a vraiment été un coup de chance; **it's a superb ~ of craftsmanship** OR **workmanship** c'est du très beau travail; **to be in ~s** [in parts] être en pièces détachées; [broken] être en pièces OR en morceaux; **to be in one ~** [undamaged] être intact; [uninjured] être indemne; [safe] être sain et sauf; **to be all of a ~** [in one piece] être tout d'une pièce OR d'un seul tenant; [consistent] être cohérent; [alike] se ressembler; **his actions are of a ~ with his opinions** ses actes sont conformes à ses opinions; **to break sthg into ~s** mettre qqch en morceaux OR en pièces; **to pull sthg to ~s** *literal* [doll, garment, book] mettre qqch en morceaux; [flower] effeuiller qqch; *fig* [argument, suggestion, idea] démolir qqch; **to pull sb to ~s** *fig* descendre qqn en flammes; **to come to ~s** [into separate parts] se démonter; [break] se briser; **the toy came to ~s in my hands** le jouet s'est brisé entre mes mains; **to fall to ~s** partir en morceaux, **to go (all) to ~s** *inf* [person] s'effondrer, craquer; [team] se désintégrer; [market] s'effondrer; **to take to ~s** démonter ☐ **it's a ~ of cake** *inf* c'est du gâteau; **he's a nasty ~ of work** *inf Br* c'est un sale type; **I gave him a ~ of my mind** *inf* [spoke frankly] je lui ai dit son fait OR ce que j'avais sur le cœur; [spoke harshly] je lui ai passé un savon; **to say** OR **to speak one's ~** dire ce qu'on a sur le cœur. -**2.** [item] pièce *f*; **a ~ of furniture** un meuble; **to sell sthg by the ~** vendre qqch à la pièce OR au détail ‖ [amount of work]: **to be paid by the ~** être payé à la pièce OR à la tâche. -**3.** [part - of mechanism, set] pièce *f*; [- of jigsaw] pièce *f*, morceau *m*; **to put sthg together ~ by ~** assembler qqch pièce par pièce OR morceau par morceau; **an 18-~ dinner service** un service de table de 18 pièces; **an 18-~ band** un orchestre de 18 musiciens. -**4.** GAMES [in chess] pièce *f*; [in draughts, checkers] pion *m*. -**5.** [performance] morceau *m*; [musical composition] morceau *m*, pièce *f*; [sculpture] pièce *f* (de sculpture); **a piano ~** un morceau pour piano. -**6.** [newspaper article] article *m*; **there was a ~ about it in yesterday's paper** il y a eu un article à ce sujet OR on en a parlé dans le journal d'hier. -**7.** [coin] pièce *f*; **a 50p ~** une pièce de 50 pence. -**8.** *inf* [firearm, cannon] pièce *f*. -**9.** ▽ [girl]: **she's a nice** OR **tasty ~** c'est un beau brin de fille. -**10.** *Am* [time] moment *m*; [distance] bout *m* de chemin; **he walked with me a ~** il a fait un bout de chemin avec moi.
◆ **piece together** *vt sep* -**1.** [from parts - broken object] recoller; [- jigsaw] assembler; **the collage was ~d together from scraps of material** le collage était fait OR constitué de petits bouts de tissu. -**2.** [story, facts] reconstituer.

piecemeal [ˈpiːsmiːl] ◇ *adv* [little by little] peu à peu, petit à petit; **he told the story ~** il a raconté l'histoire par bribes; **the town was rebuilt ~ after the war** la ville a été reconstruite par étapes après la guerre.
◇ *adj* [fragmentary] fragmentaire, parcellaire.

piece rate *n* paiement *m* à la pièce; **to be on ~** être payé aux pièces.

piecework [ˈpiːswɜːk] *n* travail *m* à la pièce; **to be on ~** travailler à la pièce.

pieceworker [ˈpiːswɜːkəʳ] *n* travailleur *m*, -euse *f* à la pièce.

pie chart *n* graphique *m* circulaire, camembert *m*.

piecrust [ˈpaɪkrʌst] *n* couche *f* de pâte *(pour recouvrir une tourte)*.

pied [paɪd] *adj* [gen] bariolé, bigarré; [animal] pie *(inv)*.

pie dish *n* plat *m* à tarte; [for meat] terrine *f*; [oven-proof] plat *m* allant au four.

Piedmont [ˈpiːdmənt] *pr n* Piémont *m*; **in ~** dans le Piémont.

Piedmontese [ˌpiːdmənˈtiːz] ◇ *n* Piémontais *m*, -e *f*.
◇ *adj* piémontais.

Pied Piper (of Hamelin) [-ˈhæmlɪn] *pr n*: **the ~** le joueur de flûte de Hamelin.

pied wagtail *n* bergeronnette *f* grise de Yarrell.

pie-eyed *inf adj* bourré.

pie plate *n Am* plat *m* allant au four.

pier [pɪəʳ] *n* -**1.** *Br* [at seaside] jetée *f*. -**2.** [jetty] jetée *f*; [landing stage] embarcadère *m*; [breakwater] digue *f*. -**3.** [pillar] pilier *m*, colonne *f*; [of bridge] pile *f*.

pierce [pɪəs] *vt* -**1.** [make hole in] percer, transpercer; **the knife ~d her lung** le couteau lui a perforé OR transpercé le poumon; **she had her ears ~d** elle s'est fait percer les oreilles; **his words ~d my heart** ses paroles me fendirent le cœur. -**2.** [subj: sound, scream] percer; **a cry ~d the silence** un cri perça OR déchira le silence ‖ [subj: light] percer; **the beam ~d the darkness** le faisceau perça l'obscurité ‖ [subj: cold]: **we were ~d (through) with cold** nous étions transis OR morts de froid; **the biting wind ~d his clothing** le vent glacial transperçait ses vêtements. -**3.** [penetrate - defence, barrier] percer; **the attack ~d enemy lines** l'attaque a percé les lignes ennemies.

pierced [pɪəst] *adj* percé; **~ earring** boucle *f* d'oreilles pour oreilles percées; **to have ~ ears** avoir les oreilles percées.

piercing [ˈpɪəsɪŋ] *adj* [scream, eyes, look] perçant; [question] lancinant; [wind] glacial.

piercingly [ˈpɪəsɪŋlɪ] *adv*: **the wind is ~ cold** il fait un vent glacial; **she looked at me ~** elle m'a fixé d'un regard perçant; **a ~ loud scream** un cri perçant.

pier glass *n* trumeau *m*.

pierhead [ˈpɪəhed] *n* musoir *m*.

Pierrot [ˈpɪərəʊ] *pr n* Pierrot.

pietism [ˈpaɪətɪzm] *n* piétisme *m*.

piety [ˈpaɪətɪ] (*pl* **pieties**) *n* piété *f*.

piezoelectric [ˌpiːzəʊɪˈlektrɪk] *adj* piézoélectrique.

piezoelectricity [ˌpiːzəʊˌɪlekˈtrɪsətɪ] *n* piézoélectricité *f*.

piezometer [ˌpiːˈzɒmɪtəʳ] *n* piézomètre *m*.

piffle *inf* [ˈpɪfl] *Br* ◇ *n (U)* balivernes *fpl*, niaiseries *fpl*; **don't talk ~!** ne dis pas de bêtises!
◇ *interj*: **(absolute) ~!** des sottises tout ça!
◇ *vi* dire des bêtises; **what are you piffling on about?** qu'est-ce que tu radotes?

piffling *inf* [ˈpɪflɪŋ] *adj Br* [excuse, amount] insignifiant; **a ~ little man** un moins que rien.

pig [pɪg] (*pt* & *pp* **pigged**, *cont* **pigging**) ◇ *n* -**1.** ZOOL cochon *m*, porc *m*; **~s might fly!** quand les poules auront des dents!; **you made a real ~'s ear of that** ça, vous avez fait du beau!; **to buy a ~ in a poke** acheter chat en poche. -**2.** *inf* [greedy person] goinfre *m*; [dirty eater] cochon *m*, -onne *f*; **to eat like a ~** manger comme un cochon OR un porc; **to make a ~ of o.s.** se goinfrer, s'empiffrer. -**3.** [dirty person] cochon *m*, -onne *f*; **to live like ~s** vivre dans une écurie OR porcherie. -**4.** *inf* [unpleasant person] ordure *f*; **(male) chauvinist/fascist ~!** sale phallocrate/fasciste!; **the dirty ~!** le monstre! ‖ [unpleasant task]: **it's a real ~ of a job** ce travail est un véritable cauchemar. -**5.** *inf pej* [policeman] flic *m*, poulet *m*.
◇ *vt inf* -**1.** [food] bâfrer, se goinfrer de, s'empiffrer de; **we really pigged ourselves at Christmas** on s'en est mis plein la lampe à Noël. -**2.** *phr*: **to ~ it** vivre comme des cochons.
◇ *vi* [sow] mettre bas.
◆ **pig out** *inf vi insep* se goinfrer, s'empiffrer.

pigeon [ˈpɪdʒɪn] *n* -**1.** ORNITH pigeon *m*; **~ fancier** colombophile *mf*; **~ loft** pigeonnier *m*; **~ shooting** tir *m* OR chasse *f* aux pigeons. -**2.** *inf Br* [business]: **it's not my ~** ce n'est pas mon problème; **that's their ~** c'est leurs affaires OR leurs oignons. -**3.** *inf fig* [dupe] pigeon *m*.

pigeon-breasted [-ˌbrestɪd], **pigeon-chested** [-ˌtʃestɪd] *adj*: **to be ~** avoir la poitrine bombée.

pigeonhole [ˈpɪdʒɪnhəʊl] ◇ *n* casier *m* (à courrier); **he tends to put people in ~s** *fig* il a tendance à étiqueter les gens OR à mettre des étiquettes aux gens.
◇ *vt* -**1.** [file] classer. -**2.** [postpone] différer, remettre (à plus tard). -**3.** [classify] étiqueter, cataloguer; **they ~d me as a feminist** ils m'avaient étiquetée comme féministe.

pigeon-toed *adj*: **to be ~** avoir les pieds tournés en dedans.

piggery [ˈpɪgərɪ] (*pl* **piggeries**) *n* -**1.** [pig farm, pigsty] porcherie *f*. -**2.** [greediness] gloutonnerie *f*.

piggish [ˈpɪgɪʃ] *adj pej* -**1.** [dirty] sale, cochon; [greedy] glouton. -**2.** *inf Br* [stubborn] têtu.

piggy *inf* [ˈpɪgɪ] (*pl* **piggies**) ◇ *n baby talk* [pig] (petit) cochon *m*; [toe] doigt *m* de pied; [finger] doigt *m*; **~ in the middle** *jeu d'enfants au cours duquel deux enfants se lancent un ballon alors qu'un troisième placé au milieu essaie de l'attraper*; **I'm tired of being ~ in the middle** j'en ai assez d'être le dindon de la farce.
◇ *adj inf* -**1.** [greedy] glouton, goinfre. -**2.** [features]: **~ eyes** de petits yeux porcins.

piggyback [ˈpɪgɪbæk] ◇ *adv*: **to ride** OR **to be carried ~** se faire porter sur le dos de qqn.
◇ *n*: **to give sb a ~** porter qqn sur le dos.
◇ *adj* [ride] sur le dos.

piggy bank *n* tirelire *f (en forme de petit cochon)*.

pig-headed *adj* têtu, obstiné.

pig-headedly [-ˈhedɪdlɪ] *adv* obstinément, avec entêtement.

pig-headedness [-ˈhedɪdnɪs] *n* entêtement *m*, obstination *f*.

pig iron *n* fonte *f* brute.

Pig Latin *n* argot *m* codé, ≃ javanais *m*.

piglet [ˈpɪglɪt] *n* cochonnet *m*, porcelet *m*.

pigman [ˈpɪgmən] (*pl* **pigmen** [-mən]) *n* porcher *m*.

pigmeat [ˈpɪgmiːt] *n* (viande *f* de) porc *m*.

pigment [*n* ˈpɪgmənt, *vb* pɪgˈment] ◇ *n* pigment *m*.
◇ *vt* pigmenter.

pigmentation [ˌpɪgmənˈteɪʃn] *n* pigmentation *f*.

Pigmy [ˈpɪgmɪ] = **Pygmy**.

pignut [ˈpɪgnʌt] *n* -**1.** [earthnut] gland *m* OR noix *f* de terre. -**2.** *Am* [hickory nut] noix *f* de hickory.

pigpen [ˈpɪgpen] *n Am literal* & *fig* porcherie *f*.

pigskin [ˈpɪgskɪn] ◇ *n* -**1.** [leather] peau *f* de porc; **it's made of ~** c'est en (peau de) porc. -**2.** *Am* [football] ballon *m (de football américain)*.
◇ *comp* [bag, watchstrap] en (peau de) porc.

pigsticking ['pɪg͵stɪkɪŋ] *n* chasse *f* au sanglier.

pigsty ['pɪgstaɪ] (*pl* pigsties) *n literal* & *fig* porcherie *f*.

pigswill ['pɪgswɪl] *n* pâtée *f* (pour les cochons); our school meals are ~ *fig* ce qu'on (nous) sert à la cantine de l'école est bon pour les cochons.

pigtail ['pɪgteɪl] *n* natte *f*.

pika ['paɪkə] *n* pika *m*, lapin *m*.

pike [paɪk] (*pl inv* OR pikes) *n* -**1.** [fish] brochet *m*. -**2.** [spear] pique *f*. -**3.** *Br dial* [hill] pic *m*. -**4.** = **turnpike**.

pikestaff ['paɪkstɑːf] *n* hampe *f* (d'une pique).

pilaf(f) ['pɪlæf] = **pilau**.

pilaster [pɪ'læstəʳ] *n* pilastre *m*.

Pilate ['paɪlət] *pr n* Pilate; Pontius ~ Ponce Pilate.

pilau [pɪ'laʊ] *n* pilaf *m*; ~ rice riz *m* pilaf.

pilchard ['pɪltʃəd] *n* pilchard *m*.

pile [paɪl] ◇ *n* -**1.** [stack] pile *f*; [heap] tas *m*; to put books/magazines in a ~ empiler des livres/magazines; she left her clothes/records in a ~ on the floor elle a laissé ses vêtements/disques en tas par terre. -**2.** *inf (usu pl)* [large quantity] tas *m or mpl*, masses *fpl*; to have ~s of money avoir plein d'argent, être plein aux as; I've got ~s of work to do j'ai un tas de boulot OR un boulot dingue. -**3.** *inf* [fortune]: to make one's ~ faire fortune. -**4.** [large building] édifice *m*; she owns a huge Jacobean ~ in the country elle a un immense manoir du XVIIe siècle à la campagne. -**5.** [battery] pile *f*. -**6.** NUCL pile *f*. -**7.** CONSTR pieu *m*; [for bridge] pile *f*; built on ~s sur pilotis. -**8.** *(U)* TEX fibres *fpl*, poil *m*; a deep-~ carpet une moquette épaisse.
◇ *vt* [stack] empiler; she ~d her clothes neatly on the chair elle empila soigneusement ses habits sur la chaise; don't ~ those records on top of one another n'empilez pas ces disques les uns sur les autres; she ~d her clothes into the suitcase elle a mis tous ses habits pêle-mêle dans la valise; we ~d the toys into the car on a entassé les jouets dans la voiture; the table was ~d high with papers il y avait une grosse pile de papiers sur la table; he ~d more coal on the fire il a remis du charbon dans le feu; he ~d spaghetti onto his plate il a rempli son assiette de spaghettis; a plate ~d with mashed potato une assiette remplie OR pleine de purée; she wears her hair ~d high on her head ses cheveux sont ramenés en chignon au sommet de sa tête.
◇ *vi*: they all ~d off/onto the bus ils sont tous descendus du bus/montés dans le bus en se bousculant; we ~d up the stairs nous avons monté l'escalier en nous bousculant.
◆ **pile in** *inf vi insep* [enter] s'entasser; they opened the doors and we all ~d in ils ont ouvert les portes et nous nous sommes tous bousculés pour entrer ‖ [join fight]: once the first punch was thrown we all ~d in après le premier coup de poing, on s'est tous lancés dans la bagarre.
◆ **pile into** *inf vt insep* -**1.** [crash] rentrer dans; the two cars ~d into each other les deux voitures se sont rentrées dedans OR se sont télescopées. -**2.** [attack - physically] rentrer dans, foncer dans; [- verbally] rentrer dans, tomber sur.
◆ **pile off** *vi insep inf* [from bus, train] descendre en se bousculant.
◆ **pile on** *inf* ◇ *vi insep* [onto bus, train] s'entasser, monter en s'entassant.
◇ *vt sep* -**1.** [increase - suspense] faire durer; [- pressure] augmenter; to ~ on the agony forcer la dose, dramatiser (à l'excès). -**2.** *phr*: to ~ it on [exaggerate] exagérer, en rajouter; stop piling it on! n'en rajoutez pas!
◆ **pile out** *inf vi insep* [off bus, train] descendre en se bousculant; [from cinema, lecture hall] sortir en se bousculant.
◆ **pile up** ◇ *vi insep* -**1.** [crash - car] s'écraser. -**2.** [accumulate - work, debts] s'accumuler, s'entasser; [- washing, clouds] s'amonceler.
◇ *vt sep* -**1.** [stack] empiler. -**2.** [accumulate - evidence, examples] accumuler.

pile driver *n* -**1.** CONSTR sonnette *f*. -**2.** *inf fig* [blow] coup *m* violent.

pile dwelling *n* habitation *f* lacustre OR sur pilotis.

piles [paɪlz] *npl* MED hémorroïdes *fpl*.

pile-up *n* carambolage *m*; there was a 50-car ~ in the fog 50 voitures se sont télescopées OR carambolées dans le brouillard.

pilfer ['pɪlfəʳ] *vi* & *vt* voler *(des objets sans valeur)*.

pilferage ['pɪlfərɪdʒ] *n* = **pilfering**.

pilferer ['pɪlfərəʳ] *n* voleur *m*, -euse *f (d'objets sans valeur)*.

pilfering ['pɪlfərɪŋ] *n* vol *m (d'objets sans valeur)*.

pilgrim ['pɪlgrɪm] *n* pèlerin *m*; 'Pilgrim's Progress' *Bunyan* 'le Voyage du pèlerin'.

pilgrimage ['pɪlgrɪmɪdʒ] *n* pèlerinage *m*; they made OR went on a ~ to Lourdes ils sont allés en pèlerinage à Lourdes; I made a ~ to my childhood home *fig* je suis retourné visiter la maison de mon enfance ❑ 'Childe Harold's Pilgrimage' *Byron* 'le Pèlerinage de Childe Harold'.

Pilgrim Fathers *pl pr n*: the ~ les (Pères) Pèlerins *mpl*.

THE PILGRIM FATHERS:
Puritains persécutés en Angleterre, les «Pèlerins» parvinrent en Amérique à bord du «Mayflower» et fondèrent la première colonie permanente du nouveau monde, à Plymouth (dans ce qui devait devenir l'État du Massachusetts), en 1620.

---

pill [pɪl] *n* -**1.** MED pilule *f*, comprimé *m*; to sugar OR to sweeten the ~ (for sb) dorer la pilule (à qqn). -**2.** [contraceptive pill]: the ~ la pilule; to go on the ~ commencer à prendre la pilule; to be on the ~ prendre la pilule.
◆ **Pill** = **pill 2**.

pillage ['pɪlɪdʒ] ◇ *vt* mettre à sac, piller.
◇ *vi* se livrer au pillage.
◇ *n* pillage *m*.

pillar ['pɪləʳ] *n* -**1.** [structural support] pilier *m*; [ornamental] colonne *f*; to go from ~ to post tourner en rond; he was sent from ~ to post on l'a envoyé à droite et à gauche; the Pillars of Hercules GEOG les colonnes d'Hercule. -**2.** [of smoke] colonne *f*; [of water] trombe *f*; a ~ of salt BIBLE une statue de sel ‖ [mainstay] pilier *m*; a ~ of society un pilier de la société; to be a ~ of strength être ferme comme un roc; you've been a real ~ of strength vous avez été un soutien précieux.

pillar box *n Br* boîte *f* à lettres.

pillar-box red *adj Br* rouge vif.

pillared ['pɪləd] *adj* à piliers, à colonnes.

pillbox ['pɪlbɒks] *n* -**1.** MED boîte *f* à pilules. -**2.** MIL blockhaus *m inv*, casemate *f*. -**3.** [hat] toque *f*.

pillion ['pɪljən] ◇ *n* -**1.** [on motorbike]: ~ (seat) siège *m* arrière; ~ passenger OR rider passager *m*, -ère *f (sur une moto)*. -**2.** [on horse] selle *f* de derrière.
◇ *adv*: to ride ~ [on motorbike] voyager sur le siège arrière; [on horse] monter en croupe.

pillock▽ ['pɪlək] *n Br* con *m*, couillon *m*.

pillory ['pɪlərɪ] (*pl* pillories, *pt* & *pp* pilloried)
◇ *n* pilori *m*.
◇ *vt* HIST & *fig* mettre OR clouer au pilori.

pillow ['pɪləʊ] ◇ *n* -**1.** [on bed] oreiller *m*. -**2.** TEX [for lace] carreau *m* (de dentellière). -**3.** *Am* [on chair, sofa] coussin *m*.
◇ *vt* [rest] reposer; he ~ed his head on his arms il posa sa tête sur ses bras.

pillowcase ['pɪləʊkeɪs] *n* taie *f* d'oreiller.

pillow fight *n* bataille *f* de polochons.

pillowslip ['pɪləʊslɪp] *Br*, **pillow sham** *Am* = **pillowcase**.

pillow talk *n (U)* confidences *fpl* sur l'oreiller.

pilot ['paɪlət] ◇ *n* -**1.** AERON & NAUT pilote *m*; *fig* [guide] guide *m*. -**2.** TECH [on tool] guidage *m*. -**3.** = **pilot light**.
◇ *vt* -**1.** AERON & NAUT piloter. -**2.** [guide] piloter, guider; he's ~ed the company through several crises il a sorti l'entreprise de la crise OR de ses difficultés à plusieurs reprises; she ~ed the bill through parliament POL elle s'est assurée que le projet de loi serait voté. -**3.** [test] tester, expérimenter; the project was ~ed at Harvard University le projet a été testé à l'Université de Harvard.
◇ *adj* [trial - study, programme, scheme] d'essai, pilote, expérimental.
◇ *comp* [error] de pilotage.

pilotage ['paɪlətɪdʒ] *n* pilotage *m*.

pilot boat *n* bateau-pilote *m*.

pilot engine *n* locomotive *f* pilote.

pilot film *n* épisode *m* pilote.

pilot fish *n* (poisson *m*) pilote *m*.

pilot house *n* poste *m* de pilotage.

pilot jet *n* veilleuse *f* (au gaz).

pilot lamp *n* veilleuse *f* (électrique).

pilot light *n* veilleuse *f*.

pilot officer *n* sous-lieutenant *m* AÉRON.

pilot whale *n* globicéphale *m*.

pimento [pɪ'mentəʊ] (*pl* **pimentos**) *n* piment *m*.

pimp *inf* [pɪmp] ◇ *n* maquereau *m*, souteneur *m*.
◇ *vi inf* faire le maquereau.

pimpernel ['pɪmpənel] *n* mouron *m*.

pimple ['pɪmpl] *n* bouton *m* MÉD.

pimply ['pɪmplɪ] (*compar* pimplier, *superl* pimpliest) *adj* boutonneux.

pin [pɪn] (*pt* & *pp* pinned, *cont* pinning)
◇ *n* -**1.** [for sewing] épingle *f*; [safety pin] épingle *f*; [drawing pin] punaise *f*; [hairpin] épingle *f*; she took a ~ from her hair elle enleva une épingle de ses cheveux ❑ for two ~s I'd let the whole thing drop il ne faudrait pas beaucoup me pousser pour que je laisse tout tomber, si je ne me retenais pas, je laisserais tout tomber; he doesn't care two ~s about it il s'en moque complètement; you could have heard a ~ drop on aurait entendu voler une mouche. -**2.** *Am* [brooch] broche *f*; [badge] insigne *m*. -**3.** *inf (usu pl)* [leg] quille *f*, guibole *f*, guibolle *f*; he's a bit unsteady on his ~s il ne tient pas bien sur ses guiboles. -**4.** [peg - in piano, violin] cheville *f*; [- in hinge, pulley] goujon *m*; [- in hand grenade] goupille *f*. -**5.** ELEC [on plug] broche *f*; two-~ plug prise *f* à deux broches. -**6.** MED [for broken bone] broche *f*. -**7.** [in skittles, bowling] quille *f*. -**8.** [in wrestling - gen] prise *f*; [- shoulders on floor] tombé *m*. -**9.** [in chess] clouage *m*. -**10.** [in golf] drapeau *m*.
◇ *vt* -**1.** [attach - with pin or pins] épingler; [- with drawing pin or pins] punaiser; she had a brooch pinned to her jacket elle portait une broche épinglée à sa veste; there was a sign pinned to the door un écriteau était punaisé sur la porte ‖ *fig*: to ~ one's hopes on sb/sthg mettre ses espoirs dans qqn/qqch; to ~ one's faith on sb placer sa foi en qqn; the crime was pinned on James c'est James qu'on a accusé du délit, on a mis le délit sur le dos de James; they pinned the blame on the shop assistant ils ont rejeté la responsabilité sur la vendeuse, ils ont mis ça sur le dos de la vendeuse; they can't ~ anything on me il ne peuvent rien prouver contre moi. -**2.** [immobilize] immobiliser, coincer; they pinned his arms behind his back ils lui ont coincé les bras derrière le dos; to ~ sb to the ground/against a wall clouer qqn au sol/contre un mur; she was pinned under a boulder elle était coincée OR bloquée sous un rocher. -**3.** [in chess] clouer.
◆ **pin back** *vt sep hum*: ~ back your ears! *inf* ouvrez vos oreilles!, écoutez bien!; keep your ears pinned back *inf* continuez à bien écouter.
◆ **pin down** *vt sep* -**1.** [with pin or pins] fixer avec une épingle OR des épingles; [with drawing pin or pins] fixer avec une punaise OR des punaises. -**2.** [immobilize, trap] immobiliser, coincer; his legs were pinned down by the fallen tree ses jambes étaient coincées sous l'arbre. -**3.** [define clearly - difference, meaning] mettre le doigt sur, cerner avec précision. -**4.** [commit] amener à se décider; try to ~ her

down to a definite schedule essayez d'obtenir d'elle un planning définitif; **he doesn't want to be pinned down** il veut avoir les coudées franches, il tient à garder sa liberté de manœuvre.

◆ **pin together** *vt sep* épingler, attacher avec une épingle OR des épingles.

◆ **pin up** *vt sep* -**1.** [poster] punaiser; [results, names] afficher. -**2.** [hem] épingler; [hair] relever (avec des épingles); **she wears her hair pinned up** elle porte ses cheveux relevés en chignon.

PIN [pɪn] (*abbr of* **personal identification number**) *n*: ~ **(number)** code *m* confidentiel.

pinafore [ˈpɪnəfɔːʳ] *Br n* -**1.** [apron] tablier *m*. -**2.** = **pinafore dress**.

pinafore dress *n* robe *f* chasuble.

pinball [ˈpɪnbɔːl] *n* [game] flipper *m*; **to play ~** jouer au flipper; ~ **machine** OR **table** flipper.

pincer [ˈpɪnsəʳ] *n* [of crab] pince *f*.

◆ **pincers** *npl* [tool] tenaille *f*, tenailles *fpl*; **a pair of ~s** une tenaille, des tenailles.

pincer movement *n* MIL manœuvre *f* OR mouvement *m* d'encerclement.

pinch [pɪntʃ] ◇ *vt* -**1.** [squeeze] pincer; **she ~ed her hand in the gate** elle s'est pincé la main dans la barrière; **he ~ed her cheek** il lui a pincé la joue; **I had to ~ myself to make sure I wasn't dreaming** je me suis pincé pour voir si je ne rêvais pas; **these new shoes ~ my feet** ces chaussures neuves me font mal aux pieds. -**2.** *inf Br* [steal] piquer, faucher; **to ~ sthg from sb** piquer qqch à qqn; **I had my stereo ~ed** on m'a piqué ma chaîne stéréo. -**3.** *inf* [arrest] pincer; **they got ~ed for shoplifting** ils se sont fait pincer pour vol à l'étalage. -**4.** HORT pincer.

◇ *vi* -**1.** [shoes] serrer, faire mal (aux pieds). -**2.** [economize]: **to ~ and scrape** économiser sur tout, regarder (de près) à la dépense.

◇ *n* -**1.** [squeeze] pincement *m*; **at a ~** *Br*, **in a ~** *Am* à la rigueur; **if it comes to the ~** s'il le faut vraiment, en cas de nécessité absolue; **we're beginning to feel the ~** nous commençons à devoir nous priver. -**2.** [of salt, snuff] pincée *f*; **you must take what he says with a ~ of salt** il ne faut pas prendre ce qu'il dit pour argent comptant.

◆ **pinch back, pinch off, pinch out** *vt sep* HORT pincer.

pinchbeck [ˈpɪntʃbek] ◇ *n* -**1.** [alloy] chrysocale *m*. -**2.** *fig* [sham] toc *m*.

◇ *adj* -**1.** *literal* en chrysocale. -**2.** *fig* [sham] en toc.

pinched [pɪntʃt] *adj* -**1.** [features] tiré; **his face looked pale and ~** il était pâle et avait les traits tirés; ~ **with cold** transi de froid. -**2.** [lacking]: **I'm a bit ~ for money** je suis à court d'argent; **I'm a bit ~ for time** je n'ai pas beaucoup de temps; **they're ~ for space in their flat** ils sont à l'étroit OR ils n'ont pas beaucoup de place dans leur appartement.

pinch-hit *vi Am* -**1.** SPORT remplacer un joueur. -**2.** [gen] effectuer un remplacement; **he's pinch-hitting for Joe** il remplace Joe.

pinchpenny [ˈpɪntʃpenɪ] (*pl* **pinchpennies**) ◇ *adj* de bout de chandelle.

◇ *n* grippe-sou *m*.

pincushion [ˈpɪnˌkʊʃn] *n* pelote *f* à épingles.

Pindar [ˈpɪndəʳ] *pr n* Pindare.

Pindaric [pɪnˈdærɪk] *adj* pindarique.

pine [paɪn] ◇ *n* BOT [tree, wood] pin *m*.

◇ *comp* [furniture] en pin.

◇ *vi* -**1.** [long]: **to ~ for sthg** désirer qqch ardemment, soupirer après qqch; **he was pining for home** il avait le mal du pays; **they're pining to be given another chance** ce qu'ils désirent par-dessus tout, c'est qu'on leur accorde une seconde chance. -**2.** [grieve] languir; **she was pining for her lover** elle se languissait de son amant.

◆ **pine away** *vi insep* dépérir.

pineal [ˈpɪnɪəl] *adj* pinéal, de l'épiphyse.

pineal gland *n* épiphyse *f*.

pineapple [ˈpaɪnˌæpl] ◇ *n* ananas *m*.

◇ *comp* [juice, chunks] d'ananas; [ice cream] à l'ananas.

pineapple weed *n* matricaire *f*.

pine cone *n* pomme de pin *f*.

pine grove *n* pinède *f*.

pine kernel *n* pignon *m*, pigne *f* BOT.

pine marten *n* martre *f*.

pine needle *n* aiguille *f* de pin.

pine nut = **pine kernel**.

pinewood [ˈpaɪnwʊd] *n* -**1.** [group of trees] pinède *f*. -**2.** [material] bois *m* de pin, pin *m*.

ping [pɪŋ] ◇ *n* & *onomat* ding *m*.

◇ *vi* -**1.** faire ding; [timer] sonner. -**2.** *Am* [car engine] cliqueter.

pinger [ˈpɪŋəʳ] *n* minuteur *m* (de cuisine).

pinging [ˈpɪŋɪŋ] *Am* = **pinking**.

ping-pong, **ping pong** [ˈpɪŋpɒŋ] *n* ping-pong *m*; ~ **player** pongiste *mf*; ~ **ball** balle *f* de ping-pong.

pinhead [ˈpɪnhed] *n* -**1.** *literal* tête *f* d'épingle. -**2.** *inf* [fool] andouille *f*, crétin *m*.

pinheaded *inf* [pɪnˈhedɪd] *adj* idiot.

pinhole [ˈpɪnhəʊl] *n* trou *m* d'épingle.

pinhole camera *n* appareil *m* à sténopé.

pinion [ˈpɪnjən] ◇ *n* -**1.** ORNITH [wing] aileron *m*. -**2.** *lit* [wing] aile *f*. -**3.** MECH pignon *m*; ~ **wheel** roue *f* à pignon.

◇ *vt* -**1.** [hold fast] retenir de force; **two policemen ~ed his arms** deux policiers le retenaient par le bras; **we were ~ed against the wall by the crowd** la foule nous coinçait contre le mur. -**2.** ORNITH [bird] rogner les ailes à.

pink [pɪŋk] ◇ *n* -**1.** [colour] rose *m*. -**2.** *fig*: **to be in the ~ (of health)** se porter à merveille; **you're looking in the ~!** *inf* tu as l'air en pleine forme! -**3.** [flower] œillet *m*; **garden ~** mignardise *f*.

◇ *adj* -**1.** [in colour] rose; **to paint a room ~** peindre une pièce en rose; **the sky turned ~** le ciel vira au rose OR rosit; **she went** OR **turned ~ with delight** elle rosit de bonheur; **to go** OR **to turn ~ with anger/embarrassment** rougir de colère/confusion ☐ **to see ~ elephants** *hum* voir des éléphants roses; 'The Pink Panther' *Edwards* 'la Panthère rose'. -**2.** *inf* POL [left-wing] de gauche, gauchisant.

◇ *vt* -**1.** [wound - subj: marksman] blesser (légèrement); [- subj: bullet] érafler; **he ~ed my shoulder with his sword** il m'a éraflé OR égratigné l'épaule d'un coup d'épée. -**2.** SEW cranter. -**3.** [punch holes in] perforer.

◇ *vi Br* [car engine] cliqueter.

pinkeye [ˈpɪŋkaɪ] *n* MED conjonctivite *f* aiguë contagieuse; VETER ophtalmie *f* périodique.

pink gin *n* cocktail *m* de gin et d'angustura.

pinkie [ˈpɪŋkɪ] = **pinky**.

pinking [ˈpɪŋkɪŋ] *n Br* AUT cliquetis *m*, cliquettement *m*.

pinking shears *npl* SEW ciseaux *mpl* à cranter.

pinkish [ˈpɪŋkɪʃ] *adj* rosâtre, rosé; POL *inf* gauchisant.

pink noise *n* bruit *m* rose.

pinko *inf* [ˈpɪŋkəʊ] (*pl* **pinkos** OR **pinkoes**) *n pej* gauchisant *m*, -e *f*.

pink slip *inf n Am* lettre *f* OR avis *m* de licenciement; **to get a ~** se faire renvoyer.

pinky *inf* [ˈpɪŋkɪ] (*pl* **pinkies**) *n* petit doigt *m*.

pin money *n* argent *m* de poche; **she works at weekends to earn a bit of ~** elle travaille le week-end pour se faire un peu d'argent pour ses menus plaisirs.

pinnace [ˈpɪnɪs] *n* chaloupe *f*.

pinnacle [ˈpɪnəkl] *n* -**1.** [mountain peak] pic *m*, cime *f*; [rock formation] piton *m*, gendarme *m*. -**2.** *fig* [of fame, career] apogée *m*, sommet *m*; **it represents the ~ of modern technology** c'est le fin du fin de la technologie moderne. -**3.** ARCHIT pinacle *m*.

pinnate [ˈpɪneɪt] *adj* penné.

pin number *n* code *m* secret *(de carte bancaire)*.

pinny *inf* [ˈpɪnɪ] (*pl* **pinnies**) *n* tablier *m*.

Pinocchio [pɪˈnəʊkɪəʊ] *pr n* Pinocchio; 'The Adventures of ~' *Collodi* 'les Aventures de Pinocchio'.

pinoc(h)le [ˈpiːnʌkl] *n* *jeu de cartes ressemblant à la belote.*

pinpoint [ˈpɪnpɔɪnt] ◇ *vt* -**1.** [locate - smell, leak] localiser; [- on map] localiser, repérer. -**2.** [identify - difficulty] mettre le doigt sur.

◇ *n* pointe *f* d'épingle; **a ~ of light** un minuscule point lumineux.

◇ *adj* -**1.** [precise] très précis; **with ~ accuracy** avec une précision parfaite. -**2.** [tiny] minuscule.

pinprick [ˈpɪnprɪk] *n* -**1.** [puncture] piqûre *f* d'épingle; **a ~ of light** un petit point lumineux. -**2.** [irritation] agacement *m*, tracasserie *f*.

pins and needles *inf n* *(U)* fourmillements *mpl*; **I've got ~ in my arm** j'ai des fourmis dans le bras, je ne sens plus mon bras ☐ **to be on ~** *Am* trépigner d'impatience, ronger son frein.

pinstripe [ˈpɪnstraɪp] ◇ *n* TEX rayure *f* (très fine).

◇ *adj* = **pinstriped**.

pinstriped [ˈpɪnstraɪpt] *adj* rayé; ~ **suit** costume *m* rayé.

pint [paɪnt] *n* -**1.** [measure] pinte *f*, ≃ demi-litre *m*. -**2.** *inf Br* [beer] bière *f*; **I had a few ~s last night** j'ai bu quelques bières hier soir.

pinta *inf* [ˈpaɪntə] *n Br* pinte *f* de lait.

pintable [ˈpɪnteɪbl] *n Br* flipper *m*.

pintail [ˈpɪnteɪl] *n* ORNITH pilet *m* à queue pointue.

pinto [ˈpɪntəʊ] (*pl* **pintos** OR **pintoes**) ◇ *n Am* cheval *m* pie.

◇ *adj Am* [gen] tacheté; [horse] pie *(inv)*.

pinto bean *n* coco *m* rose.

pint-sized *inf adj pej* tout petit, minuscule.

pin tuck *n* SEW nervure *f*.

pinup [ˈpɪnʌp] ◇ *n* pin-up *f inv*.

◇ *adj* [photo] de pin-up; ~ **girl** pin-up *f*.

pinwheel [ˈpɪnwiːl] *n* -**1.** [firework] soleil *m (feu d'artifice)*. -**2.** [cogwheel] roue *f* dentée. -**3.** *Am* [windmill] moulin *m* à vent *(jouet)*.

pinworm [ˈpɪnwɜːm] *n* oxyure *m*.

pion [ˈpaɪɒn] *n* pion *m* PHYS.

pioneer [ˌpaɪəˈnɪəʳ] ◇ *n* -**1.** [explorer, settler] pionnier *m*, -ère *f*. -**2.** [of technique, activity] pionnier *m*, -ère *f*; **she was a ~ in the field of psychoanalysis** elle a été une pionnière de la psychanalyse; **they were ~s in the development of heart surgery** ils ont ouvert la voie en matière de chirurgie cardiaque. -**3.** MIL pionnier *m*, sapeur *m*. -**4.** BOT espèce *f* pionnière.

◇ *comp* [work, research] novateur, original.

◇ *vt*: **to ~ research in nuclear physics** être à l'avant-garde de la recherche en physique nucléaire; **the town is ~ing a job-creation scheme** la municipalité expérimente un nouveau programme de création d'emplois; **the factory ~ed the use of robots** l'usine a été la première à utiliser des robots.

pioneering [ˌpaɪəˈnɪərɪŋ] *adj* [work, spirit] novateur, original.

pious [ˈpaɪəs] *adj* -**1.** [person, act, text] pieux. -**2.** [falsely devout] cagot *lit*, hypocrite. -**3.** [unrealistic] irréel; **to have ~ hopes** avoir de vains espoirs, nourrir des espoirs chimériques.

piously [ˈpaɪəslɪ] *adv* pieusement.

pip [pɪp] (*pt* & *pp* **pipped**, *cont* **pipping**) ◇ *n* -**1.** [in fruit] pépin *m*; **orange ~** pépin d'orange. -**2.** *Br* [sound] bip *m*; [during telephone call] tonalité *f (indiquant une unité supplémentaire)*; TELEC [time signal]: **the ~s** le signal sonore, le signal horaire. -**3.** [on playing card, domino] point *m*. -**4.** [on radar screen] spot *m*. -**5.** *inf* MIL ficelle *f (galon)*. -**6.** *inf phr*: **to give sb the ~** *Br dated* courir sur le haricot à qqn. -**7.** VETER pépie *f*.

◇ *vi* -**1.** [chirrup] pépier. -**2.** [hatch out] éclore.

◇ *vt Br* -**1.** [defeat] battre, vaincre; **to ~ sb at the post** coiffer qqn au poteau. -**2.** *inf* [hit with bullet] atteindre; **he got pipped in the leg** il a pris une balle dans la jambe.

THE PIPS:
Cinq tops courts et un long indiquent l'heure juste à la radio en Grande-Bretagne.

pipe [paɪp] ◇ *n* **-1.** [for smoking] pipe *f*; **he smokes a ~** il fume la pipe; **he smokes four ~s a day** il fume quatre pipes par jour ❑ **put that in your ~ and smoke it!** *inf* mets ça dans ta poche et ton mouchoir par-dessus! **-2.** [for gas, liquid etc] tuyau *m*, conduite *f*; [for stove] tuyau *m*; **to lay gas ~s** poser des conduites de gaz; **the ~s have frozen** les canalisations ont gelé. **-3.** MUS [gen] pipeau *m*; [boatswain's whistle] sifflet *m*; [on organ] tuyau *m*; **the ~s** [bagpipes] la cornemuse; **a ~ band** un orchestre de cornemuses. **-4.** ANAT & ZOOL tube *m*; **respiratory ~** tube respiratoire. **-5.** [birdsong] pépiement *m*, gazouillis *m*. **-6.** *inf Am* [telephone] bigophone *m*; **get on the ~ to Roy** passe un coup de bigophone à Roy. **-7.** GEOL: **volcanic ~** cheminée *f* volcanique.
◇ *comp* [bowl, stem] de pipe; [tobacco] à pipe.
◇ *vt* **-1.** [convey - liquid] acheminer par tuyau; **natural gas is ~d to the cities** le gaz naturel est acheminé jusqu'aux villes par gazoducs; **the irrigation system will ~ water to the fields** le système d'irrigation amènera l'eau jusqu'aux champs; **untreated sewage is ~d into the lake** les égouts se déversent directement dans le lac; **to ~ coolant through a system** faire circuler un produit refroidissant dans un système. **-2.** MUS [tune] jouer. **-3.** NAUT [order] siffler; **to ~ sb aboard** rendre à qqn les honneurs du sifflet *(quand il monte à bord)*; **to ~ sb in/out** saluer l'arrivée/le départ de qqn au sifflet. **-4.** [say] dire d'une voix flûtée. **-5.** SEW passepoiler. **-6.** CULIN: **to ~ cream onto a cake** décorer un gâteau de crème fouettée *(à l'aide d'une poche à douille)*.
◇ *vi* MUS [on bagpipes] jouer de la cornemuse; [on simple pipe] jouer du pipeau.
◆ **pipe down** *inf vi insep* la mettre en sourdine.
◆ **pipe up** *vi insep* **-1.** [person] se faire entendre; **"me too!", he ~d up** «moi aussi!», dit-il, sortant de son silence. **-2.** [band] se mettre à jouer.

pipeclay [ˈpaɪpkleɪ] *n* terre *f* de pipe.

pipe cleaner *n* cure-pipe *m*.

piped music [paɪpt-] *n* musique *f* d'ambiance.

pipe dream *n* chimère *f*; **you and your ~s!** toi et tes châteaux en Espagne!

pipe fitter *n* tuyauteur *m*.

pipeline [ˈpaɪplaɪn] *n* **-1.** [gen] pipeline *m*; [for oil] oléoduc *m*; [for gas] gazoduc *m*. **-2.** *fig*: **to have a ~ to sb** *inf Am* avoir l'oreille de qqn; **they have a new model in the ~** ils sont en train de mettre un nouveau modèle au point; **he's got another film/project in the ~** il travaille actuellement sur un autre film/projet; **important changes are in the ~ for next year** d'importants changements sont prévus pour l'année prochaine.

pipe major *n* cornemuse *f* principale.

pipemma [ˌpɪpˈemə] *adv dated* & TELEC de l'après-midi.

pipe organ *n* grandes orgues *fpl*.

piper [ˈpaɪpəʳ] *n* [gen] joueur *m*, -euse *f* de pipeau; [of bagpipes] joueur *m*, -euse *f* de cornemuse, cornemuseur *m*; **he who pays the ~ calls the tune** *prov* celui qui paie les pipeaux commande la musique *prov*.

pipe rack *n* râtelier *m* à pipes.

pipette *Br*, **pipet** *Am* [pɪˈpet] *n* pipette *f*.

piping [ˈpaɪpɪŋ] ◇ *n* **-1.** [system of pipes] tuyauterie *f*, canalisations *fpl*; **a piece of copper ~** un tuyau de cuivre. **-2.** SEW passepoil *m*. **-3.** MUS [gen] son *m* du pipeau OR de la flûte; [of bagpipes] son de la cornemuse. **-4.** CULIN décoration *f* (appliquée à la douille).
◇ *adv* [as intensifier]: **~ hot** très chaud, brûlant; **a cup of ~ hot tea** une tasse de thé bien chaud.
◇ *adj* [voice] flûté.

piping bag *n* CULIN poche *f* à douille.

pipit [ˈpɪpɪt] *n* pipit *m*.

pipkin [ˈpɪpkɪn] *n* poêlon *m*.

pippin [ˈpɪpɪn] *n* **-1.** [apple] (pomme *f*) reinette *f*. **-2.** [seed] pépin *m*.

pip-pip *inf interj Br dated* [goodbye] salut!

pipsqueak *inf* [ˈpɪpskwiːk] *n pej* demi-portion *f*.

piquancy [ˈpiːkənsɪ] *n* **-1.** [interest] piquant *m*, piment *m*; **it adds ~ to the situation** cela corse un peu la situation. **-2.** [taste] goût *m* piquant.

piquant [ˈpiːkənt] *adj* piquant.

pique [piːk] ◇ *n* dépit *m*, ressentiment *m*; **he resigned in a fit of ~** il a démissionné par pur dépit, il était tellement dépité qu'il a démissionné.
◇ *vt* **-1.** [vex] dépiter, irriter, froisser. **-2.** [arouse] piquer, exciter; **my curiosity was ~d** cela a piqué ma curiosité. **-3.** [pride]: **to ~ o.s. on (doing) sthg** se piquer de (faire) qqch.

piqued [piːkt] *adj* [resentful] vexé, froissé.

piquet [pɪˈket] *n* piquet *m (jeu de cartes)*.

piracy [ˈpaɪrəsɪ] (*pl* **piracies**) *n* **-1.** [of vessel] piraterie *f*; **air ~** piraterie aérienne. **-2.** [of software, book, tape etc] piratage *m*; [of idea] copie *f*, vol *m*.

Piraeus [paɪˈrɪəs] *pr n* Le Pirée.

piranha [pɪˈrɑːnə] (*pl inv* OR **piranhas**) *n* piranha *m*, piraya *m*.

pirate [ˈpaɪrət] ◇ *n* **-1.** [person] pirate *m*; [ship] navire *m* de pirates. **-2.** [of software, book, tape etc] pirate *m*; [of idea] voleur *m*, -euse *f*.
◇ *comp* [raid, flag] de pirates.
◇ *vt* [software, book, tape etc] pirater; [idea] s'approprier, voler; **~d edition** édition *f* pirate.

pirate radio *n* radio *f* pirate.

piratic(al) [paɪˈrætɪk(l)] *adj* de pirate.

pirouette [ˌpɪrʊˈet] ◇ *n* pirouette *f*.
◇ *vi* pirouetter.

Pisa [ˈpiːzə] *pr n* Pise; **the Leaning Tower of ~** la tour de Pise.

piscatorial [ˌpɪskəˈtɔːrɪəl], **piscatory** [ˈpɪskətrɪ] *adj fml* halieutique; [tribe] de pêcheurs.

Pisces [ˈpaɪsiːz] ◇ *pr n* ASTROL & ASTRON Poissons *mpl*.
◇ *n*: **she's (a) ~** elle est Poissons.

pisciculture [ˈpɪsɪkʌltʃəʳ] *n* pisciculture *f*.

pish [pɪʃ] *interj dated* peuh!

piss▽ [pɪs] ◇ *vi* **-1.** [urinate] pisser; **to ~ in the wind** se fatiguer pour rien; **~ on it!** *Am* [forget it] laisse béton!; [I'm fed up] j'en ai plein le cul! **-2.** [rain]: **it's ~ing with rain** il pleut comme vache qui pisse.
◇ *vt* pisser; **to ~ one's pants** pisser dans sa culotte.
◇ *n* pisse *f*; **to have** OR **to take a ~** pisser (un coup) ❑ **to go on the ~** se soûler la gueule; **to take the ~ out of sb** *Br* [mock] se foutre de la gueule de qqn; *Am* [calm down] calmer qqn; **it's a piece of ~** *Br* c'est du gâteau.
◆ **piss about**▽ *Br*, **piss around**▽ ◇ *vi insep* déconner, faire le con; **we don't have time to ~ about** on n'a pas de temps à perdre en conneries; **don't ~ around with my stuff** arrête de tripoter mes affaires OR de foutre le bordel dans mes affaires.
◇ *vt sep* emmerder.
◆ **piss down**▽ *vi insep* [rain]: **it's ~ing (it) down** il pleut comme vache qui pisse.
◆ **piss off**▽ ◇ *vi insep* foutre le camp; **~ off!** fous OR fous-moi le camp!
◇ *vt sep* faire chier; **to be ~ed off** [bored] s'emmerder; [angry] être en rogne; **to be ~ed off with sb** en avoir plein le cul de qqn.

piss artist▽ *n Br* [drunkard] poivrot *m*, -e *f*, soûlard *m*, -e *f*.

pissed▽ [pɪst] *adj* **-1.** [drunk] beurré, schlass; **to get ~** se soûler la gueule ❑ **to be ~ as a newt** OR **out of one's head** être soûl comme un cochon OR complètement noir. **-2.** *Am* [angry] en rogne; **I was pretty ~ about it** ça m'a vraiment foutu en rogne.

pisshead▽ [ˈpɪshed] *n* **-1.** *Br* [drunkard] poivrot *m*, -e *f*, soûlard *m*, -e *f*. **-2.** *Am* [mean person] salaud *m*, salope *f*; [bore] emmerdeur *m*, -euse *f*.

piss-take▽ *n* [mockery] mise *f* en boîte; [of book, film] parodie *f*.

piss-up▽ *n Br*: **to go on** OR **to have a ~** se biturer, se soûler la gueule ❑ **he couldn't organise a ~ in a brewery** il n'est pas foutu d'organiser quoi que ce soit.

pistachio [pɪˈstɑːʃɪəʊ] (*pl* **pistachios**) ◇ *n* **-1.** [nut] pistache *f*; [tree] pistachier *m*; **~** OR **~-flavoured ice cream** glace à la pistache. **-2.** [colour] (vert *m*) pistache *m*.
◇ *adj* (vert) pistache *(inv)*.

piste [piːst] *n* piste *f* (de ski).

pistil [ˈpɪstɪl] *n* pistil *m*.

pistol [ˈpɪstl] *n* pistolet *m*; **I heard ~ shots** j'ai entendu des coups de feu; **he's holding a ~ to her head** *fig* il lui met le couteau sur la gorge.

pistol grip *n* [of tool, camera] crosse *f*.

pistol-whip *vt* frapper (au visage) avec un pistolet.

piston [ˈpɪstən] *n* piston *m* MECH.

piston ring *n* segment *m* (de piston).

piston rod *n* tige *f* de piston, bielle *f*.

pit [pɪt] (*pt* & *pp* **pitted**, *cont* **pitting**) ◇ *n* **-1.** [hole in ground] fosse *f*, trou *m*; [pothole in road] nid *m* de poule; **to dig a ~** creuser un trou. **-2.** [shallow mark - in metal] marque *f*, piqûre *f*; [- on skin] cicatrice *f*, marque *f*. **-3.** [mine] mine *f*, puits *m*; [mineshaft] puits *m* de mine; **to go down the ~** descendre dans la mine; **to work down the ~** travailler à la mine. **-4.** [quarry] carrière *f*. **-5.** *Br* THEAT [for orchestra] fosse *f* (d'orchestre); [seating section] parterre *m*. **-6.** *Am* ST. EX parquet *m* (de la Bourse). **-7.** *(usu pl)* AUT [at race track] stand *m* (de ravitaillement); **to make a ~ stop** s'arrêter au stand. **-8.** [in cockfighting] arène *f*. **-9.** SPORT [for long jump] fosse *f*. **-10.** ANAT creux *m*; **the ~ of the stomach** le creux de l'estomac. **-11.** *Am* [in fruit] noyau *m*. **-12.** *lit* [hell]: **the ~** l'enfer *m*.
◇ *comp* [closure] de mine; [worker] de fond; [accident] minier; **~ pony** cheval *m* de mine; **~ prop** poteau *m* OR étau *m* de mine, étançon *m*.
◇ *vt* **-1.** [mark] marquer; **his face was pitted with acne** son visage était criblé d'acné; **meteors have pitted the surface of the moon** la lune est criblée de cratères laissés par les météores; **a road pitted with potholes** une route criblée de nids-de-poule; **pitted with rust** piqué par la rouille. **-2.** [oppose] opposer, dresser; **she was pitted against the champion** on l'a opposée à la championne; **to ~ one's wits against sb** se mesurer à OR avec qqn. **-3.** *Am* [fruit] dénoyauter; **pitted olives** olives dénoyautées.
◆ **pits** *inf npl* [awful thing, place]: **it's the ~s!** c'est l'horreur!; **this town is the ~s** cette ville est un vrai trou.

pit-a-pat = **pitter-patter**.

pit bull terrier *n* pit bull *m*.

pitch [pɪtʃ] ◇ *vt* **-1.** [throw] lancer, jeter; **she found herself ~ed into the political arena** *fig* elle se trouva propulsée dans l'arène politique. **-2.** MUS [note] donner; [tune] donner le ton de; [one's voice] poser; **I can't ~ my voice any higher** je n'arrive pas à chanter dans un ton OR un registre plus aigu; **the music was ~ed too high/low for her** la musique était trop forte/basse pour elle. **-3.** [set level of]: **we must ~ the price at the right level** il faut fixer le prix au bon niveau; **our prices are ~ed too high** nos prix sont trop élevés; **he ~ed his speech at the level of the man in the street** son discours était à la portée de l'homme de la rue, il avait rendu son discours accessible à l'homme de la rue. **-4.** [set up - camp] établir; **let's ~ camp here** établissons notre camp OR dressons nos tentes ici. **-5.** [in cricket] lancer; [in golf] pitcher. **-6.** *inf* [tell] raconter.
◇ *vi* **-1.** [fall over] tomber; **to ~ headlong** tomber la tête la première; **the passengers ~ed forwards/backwards** les passagers ont été projetés en avant/en arrière. **-2.** [bounce - ball] rebondir. **-3.** AERON & NAUT tanguer. **-4.** [in baseball] lancer, être lanceur; **to be in there ~ing** *inf Am fig* y mettre du sien. **-5.** [slope - roof] être incliné; **the roof ~es sharply** le toit est fortement incliné.
◇ *n* **-1.** [tone] ton *m*; **the ~ of his voice grew higher and higher** sa voix devint de plus en plus aiguë; **to have perfect ~** avoir l'oreille juste,

avoir de l'oreille. -**2.** [particular level or degree] niveau *m*, degré *m*; [highest point] comble *m*; **a high ~ of excitement was reached** l'excitation était presque à son comble; **how did their relationship reach such a ~?** comment leurs relations ont-elles pu se détériorer à ce point?; **the suspense was at its highest ~** le suspense était à son comble. -**3.** *Br* [sports field] terrain *m*; **rugby ~** terrain de rugby. -**4.** [act of throwing] lancer *m*, lancement *m*; **the ball went full ~ through the window** la balle passa à travers la vitre sans rebondir. -**5.** *inf Br* [street vendor's place] place *f*, emplacement *m*. -**6.** *inf* [spiel] boniment *m*; **the salesman's ~** le boniment du vendeur. -**7.** [slope - of roof etc] pente *f*, inclinaison *f*. -**8.** [movement - of boat, aircraft] tangage *m*. -**9.** TECH [of screw, cogwheel, rotor] pas *m*. -**10.** [in golf] pitch *m*. -**11.** [natural tar] poix *f*; [distillation residue] brai *m*. -**12.** *phr*: **to make a ~ for sthg** *inf Am* jeter son dévolu sur qqch; **he made a ~ at her** il lui a fait du plat, il a essayé de la draguer.

◆ **pitch in** *vi insep* [start work] s'attaquer au travail; [lend a hand] donner un coup de main; **everybody is expected to ~ in** on attend de chacun qu'il mette la main à la pâte.

◆ **pitch into** *vt insep* [attack] s'attaquer à; **they ~ed into me** ils me sont tombés dessus; **they ~ed into the meal** ils ont attaqué le repas.

◆ **pitch on** *vt insep* choisir, opter pour.

◆ **pitch out** *vt sep* [rubbish] jeter; [person] expulser, mettre à la porte.

pitch-and-putt *n* pitch-and-putt *m* *(forme simplifiée du golf)*.

pitch-and-toss *n* *jeu d'adresse et de hasard utilisant des pièces de monnaie.*

pitch-black *adj* [water] noir comme de l'encre; [hair] noir ébène *(inv)*; [night] noir; **the cave was ~** la caverne était plongée dans l'obscurité totale; **it's ~ in here** il fait noir comme dans un four ici.

pitchblende ['pɪtʃblend] *n* pechblende *f*.

pitch-dark *adj* [night] noir; **it was ~ inside** à l'intérieur, il faisait noir comme dans un four.

pitched [pɪtʃt] *adj* [roof] en pente.

pitched battle *n* MIL & *fig* bataille *f* rangée.

pitcher ['pɪtʃəʳ] *n* -**1.** [jug - earthenware] cruche *f*; [- metal, plastic] broc *m*; *Am* [smaller - for milk] pot *m*. -**2.** [in baseball] lanceur *m*.

pitchfork ['pɪtʃfɔːk] ◇ *n* fourche *f* (à foin).

◇ *vt* -**1.** [hay] fourcher. -**2.** *fig* [person] propulser; **she was literally ~ed into the job** elle a été littéralement parachutée à ce poste.

pitch pine *n* pitchpin *m*.

pitch pipe *n* diapason *m* *(sifflet)*.

piteous ['pɪtɪəs] *adj* pitoyable.

piteously ['pɪtɪəslɪ] *adv* pitoyablement.

pitfall ['pɪtfɔːl] *n* -**1.** [hazard] embûche *f*, piège *m*. -**2.** HUNT piège *m*, trappe *f*.

pith [pɪθ] *n* -**1.** [in citrus fruit] peau *f* blanche *(sous l'écorce des agrumes)*. -**2.** [crux] substance *f*, moelle *f*; **this is the ~ of the matter** c'est le cœur OR le fond du problème ‖ [force] vigueur *f*, force *f*; **his argument lacks ~** son argument manque de force. -**3.** [in stem, bone] moelle *f*.

pithead ['pɪthed] *n* carreau *m* de mine; **~ ballot** vote *m* des mineurs.

pithecanthropus [,pɪθɪkæn'θrəupəs] (*pl* **pithecanthropi** [-paɪ]) *n* pithécanthrope *m*.

pith helmet *n* casque *m* colonial.

pithiness ['pɪθɪnɪs] *n* concision *f*.

pithy ['pɪθɪ] (*compar* **pithier**, *superl* **pithiest**) *adj* [comment, writing] concis, lapidaire.

pitiable ['pɪtɪəbl] *adj* -**1.** [arousing pity] pitoyable. -**2.** [arousing contempt] piteux, lamentable.

pitiably ['pɪtɪəblɪ] *adv* -**1.** [touchingly] pitoyablement. -**2.** [contemptibly] lamentablement.

pitiful ['pɪtɪful] *adj* -**1.** [arousing pity] pitoyable; **it's ~ to see people living on the street** cela fait pitié de voir des gens à la rue. -**2.** [arousing contempt] piteux, lamentable; **they're paid a ~ wage** ils touchent un salaire de misère.

pitifully ['pɪtɪfulɪ] *adv* -**1.** [touchingly] pitoyablement; **she was ~ thin** sa maigreur faisait peine à voir, elle était maigre à faire pitié. -**2.** [contemptibly] lamentablement; **a ~ bad performance** une prestation lamentable.

pitiless ['pɪtɪlɪs] *adj* [person] impitoyable, sans pitié; [weather] rude, rigoureux.

pitilessly ['pɪtɪlɪslɪ] *adv* impitoyablement, sans pitié.

pitman ['pɪtmən] (*pl* **pitmen** [-mən]) *n dial* mineur *m*.

piton ['piːtɒn] *n* piton *m* (d'alpiniste).

pitta (bread) ['pɪtə-] *n* pita *m*.

pittance ['pɪtəns] *n* somme *f* misérable OR dérisoire; **to work for a ~** travailler pour un salaire de misère; **to live on a ~** vivre de presque rien.

pitted ['pɪtɪd] *adj* [olives, cherries] dénoyauté.

pitter-patter ['pɪtə,pætəʳ] ◇ *n* [of rain, hail] crépitement *m*; [of feet] trottinement *m*; [of heart] battement *m*.

◇ *adv*: **to go ~** [feet] trottiner; [heart] palpiter; **the rain fell ~ on the leaves** la pluie tambourinait doucement sur les feuilles.

Pittsburgh ['pɪtsbɜːg] *pr n* Pittsburgh.

pituitary [pɪ'tjuːɪtrɪ] ◇ *n*: **~ (gland)** glande *f* pituitaire, hypophyse *f*.

◇ *adj* pituitaire.

pit viper *n* crotaliné *m*.

pity ['pɪtɪ] (*pl* **pities**, *pt* & *pp* **pitied**) ◇ *n* -**1.** [compassion] pitié *f*, compassion *f*; **I feel great ~ for them** j'ai beaucoup de pitié pour eux, je les plains énormément; **the sight moved her to ~** le spectacle l'a apitoyée OR attendrie; **out of ~** par pitié; **to take** OR **to have ~ on sb** avoir pitié de qqn. -**2.** [mercy] pitié *f*, miséricorde *f*; **have ~ on the children!** ayez pitié des enfants!; **he showed no ~ to the traitors** il s'est montré impitoyable envers les traîtres; **for ~'s sake!** [entreaty] pitié!; [annoyance] par pitié! -**3.** [misfortune, shame] dommage *m*; **what a ~!** c'est dommage!; **it's a ~ (that) she isn't here** quel dommage qu'elle ne soit pas là; **it seems a ~ not to finish the bottle** ce serait dommage de ne pas finir la bouteille; **we're leaving tomorrow, more's the ~** nous partons demain, malheureusement.

◇ *vt* avoir pitié de, s'apitoyer sur; **he pities himself** il s'apitoie sur son sort; **they are greatly to be pitied** ils sont bien à plaindre.

pitying ['pɪtɪɪŋ] *adj* [look, smile] de pitié, compatissant.

pityingly ['pɪtɪɪŋlɪ] *adv* avec compassion, avec pitié.

Pius ['paɪəs] *pr n* Pie.

pivot ['pɪvət] ◇ *n* MECH, MIL & *fig* pivot *m*.

◇ *vi* -**1.** *literal* pivoter; **~ on your left foot** pivotez sur votre pied gauche. -**2.** *fig*: **his life ~s around his family** toute son existence tourne autour de sa famille.

◇ *vt* faire pivoter.

◆ **pivot on** *vt insep* dépendre de; **everything ~s on her decision** tout dépend de sa décision.

pivotal ['pɪvətl] *adj* [crucial] crucial, central.

pivot bridge *n* pont *m* tournant.

pix *inf* [pɪks] *npl* [photos] photos *fpl*; [cinema] cinoche *m*.

pixel ['pɪksl] *n* pixel *m*.

pixie ['pɪksɪ] *n* fée *f*, lutin *m*; **~ hat** bonnet *m* pointu; **~ boots** bottines *fpl*.

pixy ['pɪksɪ] (*pl* **pixies**) = **pixie**.

pizazz *inf* [pɪ'zæz] = **pizzazz**.

pizza ['piːtsə] *n* pizza *f*.

pizzazz *inf* [pɪ'zæz] *n* [dynamism] tonus *m*, punch *m*; [panache] panache *m*.

pizzeria [,piːtsə'rɪə] *n* pizzeria *f*.

pizzicato [,pɪtsɪ'kɑːtəu] *n* pizzicato *m*.

pizzle ['pɪzl] *n arch* & *dial* verge *f* (de taureau).

pl *written abbr of* **plural**.

Pl. *written abbr of* **place**.

P & L *written abbr of* **profit and loss**.

placard ['plækɑːd] ◇ *n* [on wall] affiche *f*, placard *m*; [hand-held] pancarte *f*.

◇ *vt* -**1.** [wall, town] placarder. -**2.** [advertisement] placarder, afficher.

placate [plə'keɪt] *vt* apaiser, calmer.

placating [plə'keɪtɪŋ] *adj* apaisant, lénifiant.

placatory [plə'keɪtərɪ] *adj* apaisant, conciliant.

place [pleɪs] ◇ *n* -**1.** [gen - spot, location] endroit *m*, lieu *m*; **this is the ~** c'est ici; **the ~ where the accident happened** l'endroit où a eu lieu l'accident; **keep the documents in a safe ~** gardez les documents en lieu sûr; **'store in a cool ~'** 'à conserver au frais'; **this looks like a good ~ to pitch the tent** l'endroit semble parfait pour monter la tente; **this is neither the time nor the ~ to discuss it** ce n'est ni le moment ni le lieu pour en discuter; **I had no particular ~ to go** je n'avais nulle part où aller; **you can't be in two ~s at once** on ne peut pas être en deux endroits à la fois; **her leg is fractured in two ~s** elle a deux fractures à la jambe; **there are still one or two ~s where the text needs changing** le texte doit encore être modifié en un ou deux endroits ❑ **to go ~s** [travel] aller quelque part; **that girl will go ~s!** *inf* cette fille ira loin!; **~ of birth** lieu de naissance; **~ of safety order** *ordonnance autorisant une personne ou un organisme à garder des enfants maltraités en lieu sûr.* -**2.** *Am* [in adverbial phrases]: **no ~** nulle part; **I'm not going any ~** je ne vais nulle part; **some ~** quelque part; **I've looked every ~** j'ai cherché partout. -**3.** [locality]: **do you know the ~ well?** est-ce que tu connais bien le coin?; **she comes from a ~ called Barton** elle vient d'un endroit qui s'appelle Barton; **the whole ~ went up in flames** [building] tout l'immeuble s'est embrasé; [house] toute la maison s'est embrasée; **how long have you been working in this ~?** depuis combien de temps travaillez-vous ici?; **~ of work** lieu *m* de travail; **we had lunch at a little ~ in the country** nous avons déjeuné dans un petit restaurant de campagne ❑ **to shout** OR **to scream the ~ down** *inf* hurler comme un forcené; **another ~** *Br* POL [in the House of Commons] la Chambre des lords; [in the House of Lords] la Chambre des communes. -**4.** [house] maison *f*; [flat] appartement *m*; **nice ~ you've got here** c'est joli chez vous; **your ~ or mine?** on va chez toi ou chez moi?; **they met up at Ali's ~** ils se sont retrouvés chez Ali. -**5.** [proper or assigned position] place *f*; **take your ~s!** prenez vos places!; **I lost my ~ in the queue** j'ai perdu ma place dans la file d'attente; **everything is in its ~** tout est à sa place; **put it back in its proper ~** remets-le à sa place; **push the lever till it clicks into ~** poussez le levier jusqu'au déclic; **suddenly everything fell** OR **clicked into ~** *fig* [I saw the light] tout à coup, ça a fait tilt; [everything went well] tout s'est arrangé; **I'll soon put him in his ~** j'aurai vite fait de le remettre à sa place; **to know one's ~** savoir se tenir à sa place; **it's not really my ~ to say** ce n'est pas à moi de le dire. -**6.** [role, function] place *f*; **what would you do (if you were) in my ~?** que feriez-vous (si vous étiez) à ma place?; **try and put yourself in his ~** essaie de te mettre à sa place; **it occupies a central ~ in his philosophy** cela occupe une place centrale dans sa philosophie; **robots took the ~ of human workers** des robots ont remplacé les hommes dans l'accomplissement de leur tâche; **if she leaves there's nobody to take** OR **to fill her ~** si elle part, il n'y a personne pour la remplacer; **he needs to find his ~ in society** il a besoin de trouver sa place dans la société. -**7.** [seat - on train, in theatre etc] place *f*; [- on committee] siège *m*; **she gave up her ~ to an old man** elle a offert sa place à un vieux monsieur; **save me a ~** garde-moi une place; **to change ~s with sb** *literal* échanger sa place contre celle de qqn; *fig* être à la place de qqn; **we changed ~s so that he could sit by the window** nous avons échangé nos places pour qu'il puisse s'asseoir près de la fenêtre; **I wouldn't change ~s with her for anything** pour rien au monde je n'aimerais être à sa place; **there are a few ~s left on the next flight** il reste quelques places sur le prochain vol; **she has a ~ on the new commission** elle siège à la

nouvelle commission. -**8.** [table setting] couvert *m*; **how many ~s should I set?** combien de couverts dois-je mettre? -**9.** [post, vacancy] place *f*, poste *m*; **to get a ~ at university** être admis à l'université; **there is keen competition for university ~s** il y a une forte compétition pour les places en faculté. -**10.** [ranking - in competition, hierarchy etc] place *f*; **the prize for second ~** le prix pour la deuxième place; **Brenda took third ~ in the race/exam** Brenda a terminé troisième de la course/a été reçue troisième à l'examen; **the team is in fifth ~** l'équipe est en cinquième position; **for me, work takes second ~ to my family** pour moi, la famille passe avant le travail. -**11.** [in book, speech etc]: **I've lost my ~** je ne sais plus où j'en étais. -**12.** MATH: **to 3 decimal ~s, to 3 ~s of decimals** jusqu'à la troisième décimale. -**13.** *phr*: **to take ~** avoir lieu; **the meeting will take ~ in Geneva** la réunion aura lieu à Genève.
◇ *vt* -**1.** [put, set] placer, mettre; **she ~d the vase on the shelf** elle plaça le vase sur l'étagère; **he ~d an ad in the local paper** il a fait passer OR mis une annonce dans le journal local; **the proposals have been ~d before the committee** les propositions ont été soumises au comité. -**2.** [find work or a home for] placer; **to ~ sb in care** placer qqn; **all the refugee children have been ~d** tous les enfants réfugiés ont été placés. -**3.** *(usu passive)* [situate] placer, situer; **you are better ~d to judge than I am** vous êtes mieux placé que moi pour en juger; **we met several people similarly ~d** nous avons rencontré plusieurs personnes qui se trouvaient dans la même situation; **how are you ~d for money at the moment?** quelle est ta situation financière en ce moment? -**4.** *(usu passive)* [rank - in competition, race etc] placer, classer; **she was ~d third** elle était en troisième position; **the runners ~d in the first five go through to the final** les coureurs classés dans les cinq premiers participent à la finale; **the horse we bet on wasn't even ~d** le cheval sur lequel nous avions parié n'est même pas arrivé placé; **I would ~ her amongst the best writers of our time** je la classerais parmi les meilleurs écrivains de notre époque. -**5.** [identify] (se) remettre; **I can't ~ him** je n'arrive pas à (me) le remettre. -**6.** [order] placer, passer; [bet] placer; **~ your bets!** [in casino] faites vos jeux! -**7.** FIN [invest] placer; [sell] écouler.
◇ *vi Am* [in racing] être placé.
◆ **all over the place** *adv phr*: [everywhere] partout; **you always leave your things all over the ~!** tu laisses toujours traîner tes affaires partout! ‖ [in disorder] en désordre; **my hair's all over the ~** je suis complètement décoiffé.
◆ **in place** *adv phr* en place; **hold it in ~ while I nail it in** tiens-le en place pendant que je le cloue.
◆ **in place of** *prep phr* à la place de; **she came in ~ of her sister** elle est venue à la place de sa sœur.
◆ **in places** *adv phr* par endroits.
◆ **in the first place** *adv phr*: **what drew your attention to it in the first ~?** qu'est-ce qui a attiré votre attention à l'origine OR en premier lieu?; **I didn't want to come in the first ~** d'abord, je ne voulais même pas venir; **in the first ~, it's too big, and in the second ~...** premièrement, c'est trop grand, et deuxièmement..., primo, c'est trop grand, et secundo...
◆ **out of place** *adj phr*: **the wardrobe looks out of ~ in such a small room** l'armoire n'a pas l'air à sa place dans une pièce aussi petite; **he felt out of ~ amongst so many young people** il ne se sentait pas à sa place parmi tous les jeunes; **such remarks are out of ~ at a funeral** de telles paroles sont déplacées lors d'un enterrement.

placebo [plə'siːbəʊ] (*pl* **placebos** OR **placeboes**) *n literal & fig* placebo *m*.

placebo effect *n* MED effet *m* placebo.

place card *n* *carte marquant la place des convives à table.*

place kick *n* SPORT coup *m* de pied placé.

place mat *n* set *m* (de table).

placement ['pleɪsmənt] *n* -**1.** [gen - act of putting, sending] placement *m*; [situation, position] situation *f*, localisation *f*. -**2.** [job-seeking] placement *m*; **~ office** *Am* UNIV centre *m* d'orientation (professionnelle). -**3.** [work experience] stage *m* en entreprise.

place-name *n* nom *m* de lieu; **the study of ~s** la toponymie.

placenta [plə'sentə] (*pl* **placentas** OR **placentae** [-tiː]) *n* placenta *m*.

place setting *n* couvert *m*.

placid ['plæsɪd] *adj* [person, attitude] placide; [lake, town] tranquille, calme.

placidity [plə'sɪdətɪ] *n* [of person, attitude] placidité *f*; [of place] calme *m*, tranquillité *f*.

placidly ['plæsɪdlɪ] *adv* placidement.

placing ['pleɪsɪŋ] *n* [act of putting] placement *m*; [situation, position] situation *f*, localisation *f*; [arrangement] disposition *f*.

placket ['plækɪt] *n* SEW patte *f* (de boutonnage).

plagiarism ['pleɪdʒjərɪzm] *n* plagiat *m*; **it's a crude (piece of) ~** c'est un plagiat grossier.

plagiarist ['pleɪdʒjərɪst] *n* plagiaire *mf*.

plagiarize, -ise ['pleɪdʒjəraɪz] *vt* plagier.

plague [pleɪg] ◇ *n* -**1.** [bubonic]: **the ~** la peste; **to avoid sb like the ~** fuir qqn comme la peste; **he avoids work like the ~** il est allergique au travail *hum*; **a ~ on them!** *arch* qu'ils crèvent! -**2.** [epidemic] épidémie *f*; **there's been a veritable ~ of burglaries** *fig* il y a eu toute une série de cambriolages. -**3.** [scourge] fléau *m*; BIBLE plaie *f*; **a ~ of rats** une invasion de rats. -**4.** *inf* [annoying person] enquiquineur *m*, -euse *f*.
◇ *vt* -**1.** [afflict] tourmenter; **the region is ~d by floods** la région est en proie aux inondations; **we are ~d with tourists in the summer** l'été, nous sommes envahis par les touristes; **we are ~d with mosquitoes in the summer** l'été, nous sommes infestés de moustiques; **it's an old injury that still ~s him** c'est une vieille blessure dont il souffre encore; **the industry has been ~d with strikes this year** l'industrie a beaucoup souffert des grèves cette année. -**2.** [pester] harceler; **to ~ sb with telephone calls** harceler qqn de coups de téléphone.

plaguey *inf*, **plaguy** *inf* ['pleɪgɪ] *adj dated* enquiquinant.

plaice [pleɪs] (*pl inv* OR **plaices**) *n* carrelet *m*, plie *f*.

plaid [plæd] ◇ *n* -**1.** [fabric, design] tartan *m*, tissu *m* écossais. -**2.** [worn over shoulder] plaid *m*.
◇ *adj* (en tissu) écossais.

Plaid Cymru [ˌplaɪd'kʌmrɪ] *pr n* *parti nationaliste gallois.*

plain [pleɪn] ◇ *n* -**1.** plaine *f*; **the Great Plains** [of North America] les Grandes Plaines. -**2.** [in knitting] maille *f* à l'endroit.
◇ *adj* -**1.** [not patterned, unmarked] uni; **~ blue wallpaper** papier peint bleu uni; **under ~ cover, in a ~ envelope** sous pli discret; **~ paper** [unheaded] papier sans en-tête; [unruled] papier non réglé. -**2.** [simple, not fancy] simple; **a ~ dress** une robe toute simple; **he's just a ~ soldier** il n'est que simple soldat; **she was just ~ Sarah Ferguson then** elle s'appelait tout simplement Sarah Ferguson à l'époque; **I like good ~ cooking** j'aime la bonne cuisine bourgeoise OR simple ‖ [with nothing added - omelette, rice] nature *(inv)*; **a ~ piece of bread and butter** une simple tartine beurrée. -**3.** [clear, obvious] clair, évident, manifeste; **it's ~ that he's lying** il est clair OR évident qu'il ment; **it soon became ~ that I was lost** j'ai vite réalisé OR je me suis vite rendu compte que j'étais égaré; **his embarrassment was ~ to see** on pouvait voir qu'il était gêné, sa gêne était évidente; **the facts are ~** c'est clair, les choses sont claires; **I want to make our position absolutely ~ to you** je veux que vous compreniez bien notre position; **she made her intentions ~** elle n'a pas caché ses intentions; **he made it ~ to us that he wasn't interested** il nous a bien fait comprendre que cela ne l'intéressait pas; **I thought I'd made myself ~** je croyais avoir été assez clair ❑ **it's as ~ as a pikestaff** OR **as the nose on your face** *inf* c'est clair comme de l'eau de roche, ça saute aux yeux; **it's ~ sailing from now on** maintenant ça va marcher tout seul OR comme sur des roulettes. -**4.** [blunt, unambiguous] franc; **the ~ truth of the matter is I'm bored** la vérité, c'est que je m'ennuie; **let me be ~ with you** je vais être franc avec vous; **I want a ~ yes or no answer** je veux une réponse claire et nette; **the time has come for ~ words** OR **speaking** le moment est venu de parler franchement; **I told him in ~ English what I thought** je lui ai dit ce que je pensais sans mâcher mes mots. -**5.** [unattractive] pas très beau, quelconque; **she's a bit of a ~ Jane** ce n'est pas une beauté OR une Vénus. -**6.** [in knitting]: **~ stitch/row** maille *f*/rang *m* à l'endroit; **~ one, purl two** une maille à l'endroit, deux à l'envers.
◇ *adv* -**1.** [clearly] franchement, carrément; **you couldn't have put it any ~er** tu n'aurais pas pu être plus clair. -**2.** *inf Am* [utterly] complètement, carrément; **he's just ~ crazy** il est complètement cinglé; **I just ~ forgot!** j'ai tout bonnement oublié!

plainchant ['pleɪntʃɑːnt] = **plainsong**.

plain chocolate *n* chocolat *m* noir OR à croquer.

plain clothes *npl*: **to be in** OR **to wear ~** être en civil.
◆ **plain-clothes** *adj* en civil.

plain flour *n* farine *f* (sans levure).

plainly ['pleɪnlɪ] *adv* -**1.** [manifestly] clairement, manifestement; **you ~ weren't listening** manifestement, vous n'écoutiez pas, il est évident que vous n'écoutiez pas; **he was ~ tired** il était visiblement fatigué; **she's ~ his favourite** il est clair qu'elle est sa préférée. -**2.** [distinctly - remember, hear] clairement, distinctement. -**3.** [simply - dress, lunch] simplement. -**4.** [bluntly, unambiguously] franchement, carrément, sans ambages.

plainness ['pleɪnnɪs] *n* -**1.** [of clothes, cooking] simplicité *f*. -**2.** [clarity, obviousness] clarté *f*. -**3.** [unattractiveness] physique *m* quelconque OR ingrat.

plain sailing *n*: **it's ~ from now on** maintenant ça va marcher tout seul OR comme sur des roulettes.

Plains Indian *n* Indien *m*, -enne *f* de la (Grande) Prairie OR des (Grandes) Prairies.

plainsman ['pleɪnzmən] (*pl* **plainsmen** [-mən]) *n* [gen] habitant *m* de la plaine; [of Great Plains] habitant *m* de la (Grande) Prairie.

plainsong ['pleɪnsɒŋ] *n* plain-chant *m*.

plain-spoken *adj* qui a son franc-parler.

plaint [pleɪnt] *n lit* plainte *f*, lamentation *f*.

plaintiff ['pleɪntɪf] *n* JUR demandeur *m*, -eresse *f*, plaignant *m*, -e *f*.

plaintive ['pleɪntɪv] *adj* [voice, sound] plaintif.

plaintively ['pleɪntɪvlɪ] *adv* plaintivement.

plait [plæt] ◇ *n* [of hair] natte *f*, tresse *f*; [of straw] tresse *f*.
◇ *vt* [hair, rope, grass] natter, tresser; [garland] tresser.

plan [plæn] (*pt & pp* **planned**, *cont* **planning**)
◇ *n* -**1.** [strategy] plan *m*, projet *m*; **to draw up** OR **to make a ~** dresser OR établir un plan; **what's your ~ of action** OR **campaign?** qu'est-ce que vous comptez faire?; **to put a ~ into operation** mettre un plan en œuvre; **to go according to ~** se dérouler comme prévu OR selon les prévisions; **five-year ~** ECON plan quinquennal; **flight/career ~** plan de vol/de carrière. -**2.** [intention, idea] projet *m*; **I had to change my holiday ~s** j'ai dû changer mes projets de vacances; **we had made ~s to stay at a hotel** nous avions prévu de descendre à l'hôtel; **what are your ~s for Monday?** qu'est-ce que tu as prévu pour lundi?; **the ~ is to meet up at John's** l'idée, c'est de se retrouver chez John. -**3.** [diagram, map] plan *m*; **I'll draw you a ~ of the office** je vais vous dessiner un plan du bureau. -**4.** [outline - of book, essay,

lesson] plan *m*; **rough ~** canevas *m*, esquisse *f*. -**5.** ARCHIT plan *m*; **drawn in ~ and in elevation** dessiné en plan et en élévation.

◇ *vt* -**1.** [organize in advance - project] élaborer; [- concert, conference] organiser, monter; [- crime, holiday, trip] préparer; ECON planifier; **~ your time carefully** organisez votre emploi du temps avec soin; **they're planning a surprise for you** ils te préparent une surprise; **they're planning a new venture** ils ont en projet une nouvelle entreprise; **the Pope's visit is planned for March** la visite du pape doit avoir lieu en mars; **an industrial estate is planned for this site** il est prévu d'aménager un parc industriel sur ce site; **everything went as planned** tout s'est déroulé comme prévu. -**2.** [intend] projeter; **we're planning to go to the States** nous projetons d'aller aux États-Unis; **~ to finish it in about four hours** comptez environ quatre heures pour le terminer. -**3.** [design - house, garden, town] concevoir, dresser les plans de. -**4.** [make outline of - book, essay] faire le plan de, esquisser; [- lesson] préparer.

◇ *vi* faire des projets; **it is important to ~ ahead** il est important de faire des projets pour l'avenir.

◆ **plan for** *vt insep* prévoir; **we didn't ~ for this many people** nous n'avions pas prévu OR nous n'attendions pas autant de monde; **you must ~ for everything** vous devez tout prévoir OR parer à toute éventualité.

◆ **plan on** *vt insep* -**1.** [intend] projeter; **what are you planning on doing?** qu'est-ce que vous projetez de faire OR vous avez l'intention de faire? -**2.** [expect] compter sur; **we hadn't planned on it raining** nous n'avions pas prévu qu'il pleuvrait.

planar ['pleɪnəʳ] *adj* GEOM plan.

plane [pleɪn] ◇ *n* -**1.** [aeroplane] avion *m*; **~ crash** accident d'avion. -**2.** ARCHIT, ART & MATH plan *m*; **vertical ~** plan vertical. -**3.** [level, degree] plan *m*; **she's on a higher intellectual ~** elle est d'un niveau intellectuel plus élevé. -**4.** [tool] rabot *m*. -**5.** BOT: **~ (tree)** platane *m*.

◇ *adj* [flat] plan, plat; MATH plan; **~ geometry** géométrie *f* plane.

◇ *vi* -**1.** [glide] planer. -**2.** *inf* [travel by plane] voyager par OR en avion; **we ~d back** on est revenus par avion.

◇ *vt* [in carpentry]: **~ (down)** raboter.

planet ['plænɪt] *n* planète *f*.

planetarium [ˌplænɪ'teərɪəm] (*pl* **planetariums** OR **planetaria** [-rɪə]) *n* planétarium *m*.

planetary ['plænɪtrɪ] *adj* planétaire.

planetology [ˌplænɪ'tɒlədʒɪ] *n* planétologie *f*.

plangent ['plændʒənt] *adj lit* [loud] sonore, retentissant; [sad] plaintif, mélancolique.

planisphere ['plænɪˌsfɪəʳ] *n* planisphère *m*.

plank [plæŋk] ◇ *n* -**1.** [board] planche *f*; **to walk the ~** subir le supplice de la planche. -**2.** *fig* article *m*; **the main ~ of their policy** la pièce maîtresse de leur politique.

◇ *vt* [floor, room] planchéier.

planking ['plæŋkɪŋ] *n (U)* planches *fpl*, planchéiage *m*; **the floor consists of rough ~** quelques planches mal dégrossies font office de plancher.

plankton ['plæŋktən] *n* plancton *m*.

planned [plænd] *adj* projeté, en projet; **news of the ~ sale was leaked** le projet de vente s'est ébruité; **a demonstration against the ~ nuclear power station** une manifestation contre le projet de centrale nucléaire; **Shula was a ~ baby** Shula était un bébé désiré OR voulu ❑ **~ economy** ECON économie *f* planifiée; **~ obsolescence** INDUST obsolescence *f* planifiée, désuétude *f* calculée; **~ parenthood** planning *m* familial.

planner ['plænəʳ] *n* -**1.** [ECON & gen] planificateur *m*, -trice *f*; **programme ~** RADIO & TV programmateur *m*, -trice *f*; **(town) ~** urbaniste *mf*. -**2.** [chart - in diary, on wall] planning *m*.

planning ['plænɪŋ] *n* -**1.** [of concert, conference] organisation *f*; [of lesson, menu] préparation *f*; [of campaign] organisation *f*, préparation *f*; **the new product is still in the ~ stage** le nouveau produit n'en est encore qu'au stade de projet. -**2.** [of economy, production] planification *f*; **demographic ~** planification des naissances. -**3.** [of town, city] urbanisme *m*.

planning blight *n (U) Br effets négatifs possibles de l'urbanisation.*

planning permission *n (U)* permis *m* de construire.

plant [plɑːnt] ◇ *n* -**1.** BOT plante *f*; **azaleas make good house ~s** l'azalée est une excellente plante d'appartement. -**2.** [factory] usine *f*. -**3.** *(U)* [industrial equipment] équipement *m*, matériel *m*; [buildings and equipment] bâtiments et matériel. -**4.** *inf* [frame-up] coup *m* monté; **he claims the heroin was a ~ by the police** il prétend que l'héroïne a été mise là par la police (pour le compromettre). -**5.** *inf* [infiltrator] agent *m* infiltré, taupe *f*.

◇ *comp* BOT: **~ food** engrais *m (pour plantes d'appartement)*; **~ life** flore *f*.

◇ *vt* -**1.** [flowers, crops, seed] planter; **fields ~ed with wheat** des champs (plantés) de blé. -**2.** *inf* [firmly place] planter; **she ~ed herself in the doorway** elle se planta OR se campa dans l'entrée ‖ [offload]: **don't try and ~ the blame on me!** *Br* n'essaie pas de me faire porter le chapeau!; **they ~ed their kids on us for the weekend** ils nous ont laissé leurs gosses sur les bras pour le week-end. -**3.** *inf* [give - kick, blow] envoyer, donner; [- kiss] planter; **he ~ed a punch on his nose** il lui a mis un coup de poing sur le nez. -**4.** [in someone's mind] mettre, introduire; **her talk ~ed doubts in their minds** son discours a semé le doute dans leur esprit; **who ~ed that idea in your head?** qui t'a mis cette idée dans la tête? -**5.** [hide - bomb] mettre, placer; [- microphone] cacher; [infiltrate - spy] infiltrer; **he says the weapons were ~ed in his flat** il prétend que les armes ont été placées dans son appartement pour le compromettre; **to ~ evidence on sb** cacher un objet compromettant sur qqn pour l'incriminer.

◆ **plant out** *vt sep* [young plants] repiquer.

Plantagenet [plæn'tædʒənɪt] *n* Plantagenêt *mf*.

plantain ['plæntɪn] *n* plantain *m*.

plantar ['plæntəʳ] *adj* plantaire.

plantation [plæn'teɪʃn] *n* plantation *f*; **sugar ~** plantation de canne à sucre.

planter ['plɑːntəʳ] *n* -**1.** [person] planteur *m*, -euse *f*; **tea ~** planteur de thé. -**2.** [machine] planteuse *f*. -**3.** [flowerpot holder] cache-pot *m inv*.

planter's punch *n* (punch *m*) planteur *m*.

plantigrade ['plæntɪgreɪd] ◇ *adj* plantigrade.

◇ *n* plantigrade *m*.

plant kingdom *n*: **the ~** le règne végétal.

plant louse *n* puceron *m*.

plant pot *n* pot *m* (de fleurs).

plaque [plɑːk] *n* -**1.** [on wall, monument] plaque *f*. -**2.** DENT: **(dental) ~** plaque *f* dentaire.

plash [plæʃ] *lit* ◇ *n* [of waves, oars] clapotement *m*, clapotis *m*; [of stream, fountain] murmure *m*.

◇ *vi* [waves] clapoter; [oars] frapper l'eau avec un bruit sourd; [stream, fountain] murmurer.

plashy ['plæʃɪ] (*compar* **plashier**, *superl* **plashiest**) *adj lit* [marshy] marécageux.

plasma ['plæzmə] *n* MED & PHYS plasma *m*; **blood ~** plasma sanguin.

plasma cell *n* plasmocyte *m*.

plaster ['plɑːstəʳ] ◇ *n* -**1.** [for walls, modelling] plâtre *m*; **~ of Paris** plâtre de Paris OR à mouler. -**2.** [for broken limbs] plâtre *m*; **her arm was in ~** *Br* elle avait le bras dans le plâtre. -**3.** *Br* [for cut]: **(sticking) ~** pansement *m* (adhésif); **corn ~s** pansements coricides.

◇ *comp* [model, statue] de OR en plâtre.

◇ *vt* -**1.** CONSTR & MED plâtrer. -**2.** [smear - ointment, cream] enduire; **she had ~ed make-up on her face, her face was ~ed with make-up** elle avait une belle couche de maquillage sur la figure; **they were ~ed with mud** ils étaient couverts de boue. -**3.** [make stick] coller; **the rain had ~ed his shirt to his back** la pluie lui avait plaqué la chemise sur le dos; **he tried to ~ his hair down with oil** il mit de l'huile sur ses cheveux pour essayer de les plaquer sur sa tête. -**4.** [cover]: **to ~ sthg with** couvrir qqch de; **to ~ a wall with notices, to ~ notices over a wall** couvrir un mur d'affiches; **the town was ~ed with election posters** les murs de la ville étaient tapissés OR recouverts d'affiches électorales. -**5.** *inf* [defeat heavily] écraser; [beat up] tabasser, passer à tabac.

◆ **plaster over, plaster up** *vt sep* [hole, crack] boucher (avec du plâtre).

plasterboard ['plɑːstəbɔːd] *n* Placoplâtre® *m*.

plaster cast *n* -**1.** MED plâtre *m*. -**2.** ART moule *m* (en plâtre).

plastered *inf* ['plɑːstəd] *adj* [drunk] bourré; **to get ~** se soûler.

plasterer ['plɑːstərəʳ] *n* plâtrier *m*.

plastering ['plɑːstərɪŋ] *n* CONSTR plâtrage *m*.

plasterwork ['plɑːstəwɜːk] *n (U)* CONSTR plâtre *m*, plâtres *mpl*.

plastic ['plæstɪk] ◇ *n* -**1.** [material] plastique *m*, matière *f* plastique; **the ~s industry** l'industrie du plastique. -**2.** *inf (U)* [credit cards] cartes *fpl* de crédit; **she pays for everything with ~** elle règle tous ses achats avec des cartes de crédit; **to put sthg on ~** acheter qqch avec une carte de crédit.

◇ *adj* -**1.** [made of plastic] en OR de plastique; **~ cups** gobelets *mpl* en plastique. -**2.** [malleable] plastique, malléable; [adaptable] influençable. -**3.** ART plastique; **the ~ arts** les arts *mpl* plastiques. -**4.** *inf pej* [artificial] synthétique; **the ~ rubbish they call bread** cette espèce de caoutchouc qu'ils appellent du pain.

plastic bomb *n* charge *f* de plastique, bombe *f* au plastique.

plastic bullet *n* balle *f* en plastique.

plastic explosive *n* plastic *m*; **the laboratory was blown up with ~s** le laboratoire a été plastiqué.

Plasticine® ['plæstɪsiːn] *n* pâte *f* à modeler.

plasticity [plæs'tɪsətɪ] *n* plasticité *f*.

plastic money *inf n (U)* cartes *fpl* de crédit.

plastic surgeon *n* [cosmetic] chirurgien *m*, -enne *f* esthétique; [therapeutic] plasticien *m*, -enne *f*.

plastic surgery *n* [cosmetic] chirurgie *f* esthétique; [therapeutic] chirurgie *f* plastique OR réparatrice; **she had ~ on her nose** elle s'est fait refaire le nez.

plate [pleɪt] ◇ *n* -**1.** [for eating] assiette *f*; [for serving] plat *m*; **he ate a huge ~ of spaghetti** il a mangé une énorme assiette de spaghetti ❑ **to hand sthg to sb on a ~** servir qqch à qqn sur un plateau d'argent; **she was handed the job on a ~** on lui a offert cet emploi sans qu'elle ait à lever le petit doigt; **to have a lot on one's ~** avoir du pain sur la planche. -**2.** [piece of metal, glass etc] plaque *f*; [rolled metal] tôle *f*; **he has a metal ~ in his thigh** il a une plaque en métal dans la cuisse ❑ **microscope ~** lamelle *f*. -**3.** [with inscription] plaque *f*; **a car with foreign ~s** une voiture avec une plaque d'immatriculation étrangère OR immatriculée à l'étranger. -**4.** [on cooker] plaque *f* (de cuisson). -**5.** [dishes, cutlery - silver] vaisselle *f* en argent; [- gold] vaisselle *f* en or; **the burglars took all the (silver) ~** les cambrioleurs ont pris toute l'argenterie. -**6.** [coated metal] plaqué *m*; [metal coating] placage *m*; **the knives are silver ~** les couteaux sont en plaqué argent. -**7.** TYPO [for printing] cliché *m*; [for engraving] planche *f*; [illustration] planche *f*, hors-texte *m inv*; **offset ~** plaque *f* offset. -**8.** PHOT plaque *f* (sensible). -**9.** [for church collection] plateau *m* (de quête). -**10.** ANAT & ZOOL plaque *f*. -**11.** [denture] dentier *m*, appareil *m* OR prothèse *f* dentaire; [for straightening teeth] appareil *m* (orthodontique). -**12.** [in earth's crust] plaque *f*. -**13.** [trophy, race] trophée *m*. -**14.** ELEC & ELECTRON plaque *f*.

◇ *vt* -**1.** [coat with metal] plaquer; **a silver-/**

gold-~d watch une montre plaquée argent/or; nickel ~d nickelé. -2. [cover with metal plates] garnir de plaques; [armour plate] blinder. -3. TYPO clicher.

◆ **Plate** *pr n*: the River ~ le Rio de la Plata.

plate armour *n* armure *f (en plaques de fer).*

plateau ['plætəʊ] (*pl* **plateaus** OR **plateaux** [-təʊz]) *n* GEOG & *fig* plateau *m*; **to reach a ~** [activity, process] atteindre un palier.

plateful ['pleɪtfʊl] *n* assiettée *f*, assiette *f*.

plate glass *n* verre *m* (à vitres).

◆ **plate-glass** *adj* en verre; **~ window** vitrine *f*.

platelayer ['pleɪt,leɪəʳ] *n Br* RAIL poseur *m* de rails.

platelet ['pleɪtlɪt] *n* ANAT plaquette *f* (sanguine).

platen ['plætn] *n* -1. [on typewriter] rouleau *m*, cylindre *m*; **~ knob** bouton *m* (d'entraînement) du cylindre. -2. [in printing press] platine *f*. -3. [on machine tool] table *f*, plateau *m*.

plate rack *n* égouttoir *m*.

plate tectonics *n (U)* tectonique *f* des plaques.

platewarmer ['pleɪt,wɔːməʳ] *n* chauffe-plats *m inv*.

platform ['plætfɔːm] *n* -1. [stage] estrade *f*; [for speakers] tribune *f*; **she shared the ~ with her rival** elle était à la même tribune que son rival; **it serves as a ~ for their racist views** *fig* cela sert de tribune pour propager leurs opinions racistes. -2. [raised structure] plate-forme *f*; **gun ~** plate-forme de tir; **loading ~** quai *m* de chargement. -3. [at station] quai *m*. -4. POL [programme] plate-forme *f*; **electoral ~** plate-forme électorale. -5. *Br* [on bus] plate-forme *f*. -6. COMPUT plate-forme *f*.

◆ **platforms** = **platform shoes**.

platform scale *n* (balance *f* à) bascule *f*.

platform shoes *npl* chaussures *fpl* à semelles compensées.

platform-soled *adj* à semelles compensées.

platform soles *npl* semelles *fpl* compensées.

platform ticket *n* ticket *m* de quai.

plating ['pleɪtɪŋ] *n* [gen] placage *m*; [in gold] dorage *m*, dorure *f*; [in silver] argentage *m*, argenture *f*; [in nickel] nickelage *m*.

platinum ['plætɪnəm] ◇ *n* platine *m*.

◇ *adj* [colour] platine *(inv)*.

◇ *comp* [jewellery, pen] en platine.

platinum blonde *n* blonde *f* platine.

◆ **platinum-blonde** *adj* (blond) platine *(inv)*.

platinum record *n* MUS disque *m* de platine.

platitude ['plætɪtjuːd] *n* -1. [trite remark] platitude *f*, lieu *m* commun. -2. [triteness] platitude *f*.

platitudinous [,plætɪ'tjuːdɪnəs] *adj fml* banal, d'une grande platitude.

Plato ['pleɪtəʊ] *pr n* Platon.

platonic [plə'tɒnɪk] *adj* [love, relationship] platonique.

◆ **Platonic** *adj* PHILOS platonicien.

Platonism ['pleɪtənɪzm] *n* platonisme *m*.

Platonist ['pleɪtənɪst] *n* platonicien *m*, -enne *f*.

platoon [plə'tuːn] *n* MIL section *f*; [of bodyguards, firemen etc] armée *f*.

platter ['plætəʳ] *n* -1. [for serving] plat *m*; **seafood ~** plateau *m* de fruits de mer. -2. *inf Am* [record] disque *m*.

platypus ['plætɪpəs] *n* ornithorynque *m*.

plaudits ['plɔːdɪts] *npl fml* -1. [applause] applaudissements *mpl*. -2. [praise] éloges *mpl*; **her poetry won her ~ from the critics** ses poésies lui ont valu les éloges de la critique.

plausibility [,plɔːzə'bɪlətɪ] *n* plausibilité *f*.

plausible ['plɔːzəbl] *adj* [excuse, alibi, theory] plausible; [person] crédible; **he's a very ~ liar** il ment de façon très convaincante.

plausibly ['plɔːzəblɪ] *adv* de façon convaincante; **he argued his case very ~** il s'est défendu de façon très convaincante.

Plautus ['plɔːtəs] *pr n* Plaute.

play [pleɪ] ◇ *vt* -1. [games, cards] jouer à; **to ~ tennis/poker/dominoes** jouer au tennis/au poker/aux dominos; **to ~ hide-and-seek** jouer à cache-cache; **the children were ~ing dolls/soldiers** les enfants jouaient à la poupée/aux soldats; **how about ~ing some golf after work?** si on faisait une partie de golf après le travail?; **do you ~ any sports?** pratiquez-vous un sport?; **squash is ~ed indoors** le squash se pratique en salle ❑ **to ~ the game** SPORT jouer selon les règles; *fig* jouer le jeu; **I won't ~ his game** je ne vais pas entrer dans son jeu; **she's ~ing games with you** elle te fait marcher; **to ~ it cool** *inf* ne pas s'énerver, garder son calme; **to ~ favorites** *Am* faire du favoritisme; **to play sb for a fool** rouler qqn; **the meeting's next week, how shall we ~ it?** *inf* la réunion aura lieu la semaine prochaine, quelle va être notre stratégie?; **to ~ (it) safe** ne pas prendre de risque, jouer la sécurité. -2. [opposing player or team] jouer contre, rencontrer; **Italy ~s Brazil in the finals** l'Italie joue contre OR rencontre le Brésil en finale; **I ~ed him at chess** j'ai joué aux échecs avec lui; **he will ~ Karpov** il jouera contre Karpov. -3. [match] jouer, disputer; **to ~ a match against sb** disputer un match avec OR contre qqn; **how many tournaments has he ~ed this year?** à combien de tournois a-t-il participé cette année?; **the next game will be ~ed on Sunday** la prochaine partie aura lieu dimanche. -4. [player] faire jouer; **the coach didn't ~ her until the second half** l'entraîneur ne l'a fait entrer (sur le terrain) qu'à la deuxième mi-temps. -5. [card, chess piece] jouer; **to ~ spades/trumps** jouer pique/atout; **how should I ~ this hand?** comment devrais-je jouer cette main? ❑ **she ~ed her ace** *literal* elle a joué son as; *fig* elle a abattu sa carte maîtresse; **he ~s his cards close to his chest** il cache son jeu. -6. [position] jouer; **he ~s winger/defence** il joue ailier/en défense. -7. [shot, stroke] jouer; **she ~ed a chip shot to the green** elle a fait un coup coché jusque sur le green; **try ~ing your backhand more** essayez de faire plus de revers; **to ~ a six iron** [in golf] jouer un fer numéro six; **he ~ed the ball to me** il m'a envoyé la balle. -8. [gamble on - stock market, slot machine] jouer à; **to ~ the horses** jouer aux courses; **to ~ the property market** spéculer sur le marché immobilier; **he ~ed the red/the black** il a misé sur le rouge/le noir ❑ **to ~ the field** jouer sur plusieurs tableaux. -9. [joke, trick]: **to ~ a trick/joke on sb** jouer un tour/faire une farce à qqn; **your memory's ~ing tricks on you** votre mémoire vous joue des tours. -10. CIN & THEAT [act - role, part] jouer, interpréter; **Cressida was ~ed by Joan Dobbs** le rôle de Cressida était interprété par Joan Dobbs; **who ~ed the godfather in Coppola's film?** qui jouait le rôle du parrain dans le film de Coppola? ‖ *fig*: **to ~ a part** OR **role in sthg** prendre part OR contribuer à qqch; **an affair in which prejudice ~s its part** une affaire dans laquelle les préjugés entrent pour beaucoup OR jouent un rôle important. -11. CIN & THEAT [perform at - theatre, club]: **they ~ed Broadway last year** ils ont joué à Broadway l'année dernière; **"Othello" is ~ing the Strand for another week** «Othello» est à l'affiche du Strand pendant encore une semaine; **he's now ~ing the club circuit** il se produit maintenant dans les clubs. -12. [act as]: **to ~ the fool** faire l'idiot OR l'imbécile; **some doctors ~ God** il y a des médecins qui se prennent pour Dieu sur terre; **to ~ host to sb** recevoir qqn; **to ~ the hero** jouer les héros; **one ~ed the heavy while the other asked the questions** l'un jouait les méchants tandis que l'autre posait les questions; **don't ~ the wise old professor with me!** ce n'est pas la peine de jouer les grands savants avec moi! -13. [instrument] jouer de; [note, melody, waltz] jouer; **to ~ the violin** jouer du violon; **to ~ the blues** jouer du blues; **they're ~ing our song/Strauss** ils jouent notre chanson/du Strauss; **to ~ scales on the piano** faire des gammes au piano. -14. [put on - record, tape] passer, mettre; [- radio] mettre, allumer; [- tapedeck, jukebox] faire marcher; **don't ~ the stereo so loud** ne mets pas la chaîne si fort; **he's in his room ~ing records** il écoute des disques dans sa chambre; **I'll ~ the first side again** *Br* OR **over** *Am* **for you** je vous repasse OR je vous fais réécouter la première face. -15. [direct - beam, nozzle] diriger; **he ~ed his torch over the cave walls** il promena le faisceau de sa lampe sur les murs de la grotte. -16. [fish] fatiguer.

◇ *vi* -1. jouer, s'amuser; [frolic - children, animals] folâtrer, s'ébattre; **I like to work hard and ~ hard** quand je travaille, je travaille, quand je m'amuse, je m'amuse; **he didn't mean to hurt you, he was only ~ing** il ne voulait pas te faire de mal, c'était juste pour jouer; **don't ~ on the street!** ne jouez pas dans la rue!; **to ~ with dolls/with guns** jouer à la poupée/à la guerre. -2. GAMES & SPORT jouer; **to ~ well/badly/regularly** jouer bien/mal/régulièrement; **it's her (turn) to ~** c'est à elle de jouer, c'est (à) son tour; **to ~ in a tournament** participer à un tournoi; **he ~s in the Italian team** il joue dans l'équipe d'Italie; **she ~ed into the left corner** elle a envoyé la balle dans l'angle gauche; **try ~ing to his backhand** essayez de jouer sur son revers; **to ~ to win** jouer pour gagner ❑ **to ~ dirty** SPORT ne pas jouer franc jeu; *fig* ne pas jouer le jeu; **to ~ fair** SPORT jouer franc jeu; *fig* jouer le jeu; **to ~ into sb's hands** faire le jeu de qqn; **you're ~ing right into his hands!** tu entres dans son jeu!; **to ~ hard to get** *inf* se faire désirer; **to ~ for time** essayer de gagner du temps. -3. [gamble] jouer; **to ~ for drinks/for money** jouer les consommations/de l'argent. -4. MUS [person, band, instrument] jouer; [record] passer; **I heard a guitar ~ing** j'entendais le son d'une guitare; **music ~ed in the background** [recorded] des haut-parleurs diffusaient de la musique d'ambiance; [band] un orchestre jouait en fond sonore; **is that Strauss ~ing?** est-ce que c'est du Strauss que l'on entend? ‖ [radio, stereo]: **a radio was ~ing upstairs** on entendait une radio en haut; **the stereo was ~ing full blast** on avait mis la chaîne à fond. -5. CIN & THEAT [act] jouer; **the last film she ~ed in** le dernier film dans lequel elle a joué. -6. CIN & THEAT [show, play, film] se jouer; **Hamlet is ~ing tonight** on joue Hamlet ce soir; **the film is ~ing to full houses** le film fait salle comble; **the same show has been ~ing there for five years** cela fait cinq ans que le même spectacle est à l'affiche; **now ~ing at all Park Cinemas** actuellement dans toutes les salles (de cinéma) Park; **what's ~ing at the Rex?** qu'est-ce qui passe au Rex? ‖ [give performances]: **the company will be ~ing in the provinces** la compagnie va faire une tournée en province. -7. [feign] faire semblant; **to ~ dead** faire le mort; **to ~ innocent** OR **dumb** *inf* faire l'innocent, jouer les innocents. -8. [breeze, sprinkler, light]: **to ~ (on)** jouer (sur); **sun ~ed on the water** le soleil jouait sur l'eau; **a smile ~ed on** OR **about** OR **over his lips** un sourire jouait sur ses lèvres; **lightning ~ed across the sky** le ciel était zébré d'éclairs.

◇ *n* -1. [fun, recreation] jeu *m*; **I like to watch the children at ~** j'aime regarder les enfants jouer ❑ **~ on words** jeu *m* de mots, calembour *m*. -2. SPORT [course, conduct of game] jeu *m*; **~ was interrupted by a shower** le match a été interrompu par une averse; **~ on the centre court is starting** la partie sur le court central commence; **there was some nice ~ from Brooks** Brooks a réussi de belles actions OR a bien joué; **she managed to keep the ball in ~** elle a réussi à garder la balle en jeu; **out of ~** sorti, hors jeu ‖ *Am* [move, manoeuvre] combinaison *f*; **she scored off a passing ~** elle a marqué un but après une combinaison de passes; **the coach calls the ~s** l'entraîneur choisit les combinaisons. -3. [turn] tour *m*; **whose ~ is it?** c'est à qui de jouer? -4. [manoeuvre] stratagème *m*; **it was a ~ to get money/their sympathy** c'était un stratagème pour obtenir de l'argent/pour s'attirer leur sympathie; **he is making a ~ for the presidency** il se lance dans la course à la présidence; **she made a ~ for my boyfriend** elle a fait des avances à mon copain. -**5.** [gambling] jeu *m*; **I lost heavily at last night's ~** j'ai perdu gros au jeu hier soir. -**6.** [activity, interaction] jeu *m*; **the result of a complex ~ of forces** le résultat d'un jeu de forces complexe; **to come into ~** entrer en jeu; **to bring sthg into ~** mettre qqch en jeu. -**7.** THEAT pièce *f* (de théâtre); **to be in a ~** jouer dans une pièce; **it's been ages since I've seen** OR **gone to see a ~** ça fait des années que je ne suis pas allé au théâtre ❑ **radio ~** pièce radiophonique; **television ~** dramatique *f*. -**8.** TECH [slack, give] jeu *m*; **there's too much ~ in the socket** il y a trop de jeu dans la douille; **give the rope more ~** donnez plus de mou à la corde; **to give** OR **to allow full ~ to sthg** *fig* donner libre cours à qqch. -**9.** [of sun, colours] jeu *m*; **I like the ~ of light and shadow in his photographs** j'aime les jeux d'ombre et de lumière dans ses photos. -**10.** *inf* [attention, interest] intérêt *m*; **the summit meeting is getting a lot of media ~** les médias font beaucoup de tapage OR battage autour de ce sommet; **in my opinion she's getting far too much ~** à mon avis, on s'intéresse beaucoup trop à elle; **they made a lot of ~** OR **a big ~ about his war record** ils ont fait tout un plat de son passé militaire.

◆ **play about** *vi insep Br* [have fun - children] jouer, s'amuser; [frolic] s'ébattre, folâtrer.

◆ **play about with** *vt insep* -**1.** [fiddle with, tamper with]: **to ~ about with sthg** jouer avec OR tripoter qqch; **stop ~ing about with the aerial** arrête de jouer avec OR de tripoter l'antenne; **I don't think we should be ~ing about with genes** à mon avis, on ne devrait pas s'amuser à manipuler les gènes. -**2.** [juggle] considérer; **I'll ~ about with the figures and see if I can come up with something more reasonable** je vais jouer un peu avec les chiffres et voir si je peux suggérer quelque chose de plus raisonnable; **she ~ed about with several endings for her novel** elle a essayé plusieurs versions pour le dénouement de son roman. -**3.** *inf* [trifle with]: **to ~ about with sb** faire marcher qqn.

◆ **play along** ◇ *vi insep* [cooperate] coopérer; **to ~ along with sb** OR **with sb's plans** entrer dans le jeu de qqn; **you'd better ~ along** tu as tout intérêt à te montrer coopératif.
◇ *vt sep* [tease, deceive] faire marcher.

◆ **play around** *vi insep* -**1.** = **play about**. -**2.** *inf* [have several lovers] coucher à droite et à gauche.

◆ **play around with** = **play about with**.

◆ **play at** *vt insep* -**1.** [subj: child] jouer à; **to ~ at cops and robbers** jouer aux gendarmes et aux voleurs; **just what do you think you're ~ing at?** *fig* à quoi tu joues exactement? -**2.** [dally in - politics, journalism] faire en dilettante; **you're just ~ing at being an artist** tu joues les artistes; **you can't ~ at being a revolutionary** tu ne peux pas t'improviser révolutionnaire.

◆ **play back** *vt sep* [cassette, film] repasser; **~ the last ten frames back** repassez les dix dernières images.

◆ **play by** *inf vt sep Am*: **~ it by me again** reprenez votre histoire depuis le début.

◆ **play down** *vt sep* [role, difficulty, victory] minimiser; **we've been asked to ~ down the political aspects of the affair** on nous a demandé de ne pas insister sur le côté politique de l'affaire; **her book rightly ~s down the conspiracy theory** son livre minimise à juste titre la thèse du complot.

◆ **play in** *vt sep* -**1.** [in basketball]: **to ~ the ball in** remettre la balle en jeu. -**2.** *Br fig*: **to ~ o.s. in** s'habituer, se faire la main.

◆ **play off** *vi insep* [teams, contestants] jouer les barrages.

◆ **play off against** *vt sep*: **he ~ed Bill off against his father** il a monté Bill contre son père; **he ~ed his enemies off against each other** il a monté ses ennemis l'un contre l'autre.

◆ **play on** ◇ *vt insep* [weakness, naivety, trust] jouer sur; **his political strength comes from ~ing on people's fears** il tire sa force politique de sa capacité à jouer sur la peur des gens; **the waiting began to ~ on my nerves** l'attente commençait à me porter sur les nerfs.
◇ *vi insep* continuer à jouer; **the referee waved them to ~ on** l'arbitre leur fit signe de continuer à jouer.

◆ **play out** *vt sep* -**1.** [enact - scene] jouer; **to ~ out a fantasy** satisfaire un fantasme; **the drama was ~ed out between rioters and police** les incidents ont eu lieu entre les émeutiers et les forces de police. -**2.** *inf (usu pass)* [exhaust] crever; **I'm ~ed out** je suis crevé.

◆ **play through** *vi insep* [in golf] dépasser d'autres joueurs; **may we ~ through?** vous permettez que nous vous dépassions?

◆ **play up** ◇ *vt sep* -**1.** [exaggerate - role, importance] exagérer; [stress] souligner, insister sur; **in the interview, ~ up your sales experience** pendant l'entretien, mettez en avant OR insistez sur votre expérience de la vente; **his speech ~ed up his working-class background** son discours mettait l'accent sur ses origines populaires; **the press ~ed up her divorce** la presse a monté son divorce en épingle. -**2.** *inf Br* [bother] tracasser; **my back is ~ing me up** mon dos me joue encore des tours; **don't let the kids ~ you up** ne laissez pas les enfants vous marcher sur les pieds.
◇ *vi insep inf Br* [cause problems]: **my back is ~ing up** mon dos me joue encore des tours; **he ~s up when his mother leaves** il pique une crise chaque fois que sa mère s'en va; **the car is ~ing up at the moment** la voiture fait des siennes en ce moment.

◆ **play up to** *vt insep*: **to ~ up to sb** [flatter] faire de la lèche à qqn.

◆ **play upon** = **play on** *vt insep*.

◆ **play with** *vt insep* -**1.** [toy with - pencil, hair] jouer avec; **he was ~ing with the radio dials** il jouait avec les boutons de la radio; **he only ~ed with his meat** il a à peine touché à sa viande ❑ **to ~ with fire** jouer avec le feu. -**2.** [manipulate - words] jouer sur; [- rhyme] manier; **she ~s with language in bold and startling ways** elle manipule la langue avec une audace saisissante. -**3.** [consider - idea] caresser; **he ~ed with the idea for weeks before rejecting it** il a caressé l'idée pendant des semaines avant de l'abandonner; **we're ~ing with the idea of buying a house** nous pensons à acheter une maison; **here are a few suggestions to ~ with** voici quelques suggestions que je soumets à votre réflexion. -**4.** [treat casually - someone's affections] traiter à la légère; **don't you see he's just ~ing with you?** tu ne vois pas qu'il se moque de toi OR qu'il te fait marcher? -**5.** [have available - money, time] disposer de; **how much time have we got to ~ with?** de combien de temps disposons-nous?; **they've got $2 million to ~ with** ils disposent de deux millions de dollars. -**6.** *inf euph*: **to ~ with o.s.** [masturbate] se toucher.

playable ['pleɪəbl] *adj* jouable.

play-act *vi* -**1.** *fig* [pretend] jouer la comédie; **he's not in pain, he's just ~ing!** il n'a pas mal, il joue la comédie OR c'est du cinéma!; **stop ~ing!** arrête ton cinéma OR de jouer la comédie! -**2.** [act in plays] faire du théâtre.

play-acting *n* -**1.** [pretence] (pure) comédie *f fig*, cinéma *m fig*. -**2.** [acting in play] théâtre *m*.

playback ['pleɪbæk] *n* -**1.** [replay] enregistrement *m*; **we watched the ~ after the programme** nous avons regardé l'enregistrement après l'émission. -**2.** [function] lecture *f*; **put it on ~** mettez-le en position lecture ❑ **~ head** tête *f* de lecture.

playbill ['pleɪbɪl] *n* -**1.** [poster] affiche *f* (de théâtre). -**2.** [programme] programme *m*.

playboy ['pleɪbɔɪ] *n* playboy *m*; **'The Playboy of the Western World'** *Synge* 'le Baladin du monde occidental'.

Play-Doh® ['pleɪ,dəʊ] *n sorte de pâte à modeler.*

player ['pleɪəʳ] *n* -**1.** [of game, sport] joueur *m*, -euse *f*; **bridge ~** bridgeur *m*, -euse *f*; **are you a poker ~?** est-ce que vous jouez au poker? -**2.** [of musical instrument] joueur *m*, -euse *f*; **she's a piano/guitar ~** elle joue du piano/de la guitare. -**3.** *arch* [actor] acteur *m*, -trice *f*.

player piano *n* piano *m* mécanique.

playfellow ['pleɪ,feləʊ] *n Br* camarade *mf* (de jeux).

playful ['pleɪfʊl] *adj* [lively - person] gai, espiègle; [- animal] espiègle; [good-natured - nudge, answer] taquin; **to be in a ~ mood** être d'humeur enjouée.

playfully ['pleɪfʊlɪ] *adv* [answer, remark] d'un ton taquin; [act] avec espièglerie.

playfulness ['pleɪfʊlnɪs] *n* enjouement *m*, espièglerie *f*.

playgoer ['pleɪ,gəʊəʳ] *n* amateur *m* de théâtre; **disappointed ~s were demanding their money back** des spectateurs déçus demandaient à être remboursés.

playground ['pleɪgraʊnd] *n* [at school] cour *f* de récréation; [in park] aire *f* de jeu; **the islands are a ~ for the rich** *fig* les îles sont des lieux de villégiature pour les riches.

playgroup ['pleɪgruːp] *n réunion régulière d'enfants d'âge préscolaire généralement surveillés par une mère.*

playhouse ['pleɪhaʊs, *pl* -haʊzɪz] *n* -**1.** [theatre] théâtre *m*. -**2.** [children's] maison *f* de poupée.

playing ['pleɪɪŋ] *n* MUS: **the pianist's ~ was excellent** le pianiste jouait merveilleusement bien; **guitar ~ is becoming more and more popular** de plus en plus de gens jouent de la guitare.

playing card *n* carte *f* à jouer.

playing field *n Br* terrain *m* de sport; **to have a level ~** *fig* être sur un pied d'égalité.

playlet ['pleɪlɪt] *n* pièce *f* en un acte.

playlist ['pleɪlɪst] *n* RADIO playlist *f (programme des disques à passer).*

playmate ['pleɪmeɪt] *n* camarade *mf* (de jeux).

play-off *n* SPORT (match *m* de) barrage *m*.

playpen ['pleɪpen] *n* parc *m (pour bébés).*

play-reading *n* lecture *f* d'une pièce (de théâtre).

playroom ['pleɪrʊm] *n* [in house] salle *f* de jeux.

playschool ['pleɪskuːl] = **playgroup**.

playsuit ['pleɪsuːt] *n* [for child] barboteuse *f*.

play-the-ball *n* [in rugby league] dégagement *m* au talon *(après un tenu).*

plaything ['pleɪθɪŋ] *n literal & fig* jouet *m*.

playtime ['pleɪtaɪm] *n* récréation *f*; **at ~** pendant la récréation.

playwright ['pleɪraɪt] *n* dramaturge *m*, auteur *m* dramatique.

plaza ['plɑːzə] *n* -**1.** [open square] place *f*. -**2.** *Am* [shopping centre] centre *m* commercial; **toll ~** péage *m* (d'autoroute).

plc, PLC *(abbr of* **public limited company***) n Br* ≈ SARL.

plea [pliː] *n* -**1.** [appeal] appel *m*, supplication *f*; **they ignored his ~ for help** ils n'ont pas répondu à son appel au secours; **she made a ~ to the nation not to forget the needy** elle conjura la nation de ne pas oublier les nécessiteux. -**2.** JUR [argument] argument *m*; [defence] défense *f*; **what is your ~?** plaidez-vous coupable ou non coupable?; **to enter a ~ of guilty/not guilty/insanity** plaider coupable/non coupable/la démence. -**3.** [excuse, pretext] excuse *f*, prétexte *m*; **his ~ of ill health didn't fool anyone** sa prétendue maladie n'a trompé personne.

plea bargaining *n* JUR *possibilité pour un inculpé de se voir notifier un chef d'inculpation moins grave s'il accepte de plaider coupable.*

plead [pliːd] (*Br pt & pp* **pleaded**, *Am pt & pp* **pleaded** OR **pled** [pled]) ◇ *vi* -**1.** [beg] supplier; **to ~ for forgiveness** implorer le pardon; **she ~ed to be given more time** elle supplia qu'on lui accorde plus de temps; **to ~ with sb** supplier OR implorer qqn; **I ~ed with her to give me a second chance** je la suppliai de me donner une deuxième chance. -**2.** JUR plaider; **to ~ in court** plaider devant le tribunal; **to ~ guilty/not guilty** plaider coupable/non coupa-

ble; to ~ for the defence plaider pour la défense; how does the accused ~? l'accusé plaide-t-il coupable ou non coupable?
◇ *vt* -1. [beg] implorer, supplier; "please let me go" he ~ed «laissez-moi partir, je vous en prie» implora-t-il; she ~ed that her son be forgiven elle supplia que l'on pardonne à son fils. -2. [gen & JUR] plaider; to ~ sb's case défendre qqn; *fig* plaider la cause de qqn; who will ~ our cause to the government? qui plaidera notre cause auprès du gouvernement?; to ~ self-defence plaider la légitime défense. -3. [put forward as excuse] invoquer, alléguer; [pretend] prétexter; we could always ~ ignorance nous pourrions toujours prétendre que nous ne savions pas; she ~ed a prior engagement elle a prétendu qu'elle était déjà prise.

pleading ['pli:dɪŋ] ◇ *adj* implorant, suppliant.
◇ *n* -1. [entreaty] supplication *f*, prière *f*; I couldn't resist her ~ OR ~s je n'ai pas pu résister à ses prières. -2. JUR [presentation of case] plaidoyer *m*, plaidoirie *f*.
◆ **pleadings** *npl* JUR [written exchange of allegations] ≃ débats *mpl* préliminaires *(visant à fixer les points de litige)*.

pleadingly ['pli:dɪŋlɪ] *adv* [look] d'un air suppliant OR implorant; [ask] d'un ton suppliant OR implorant.

pleasant ['pleznt] *adj* -1. [enjoyable, attractive] agréable, plaisant; thank you for a most ~ evening merci pour cette merveilleuse soirée; it was ~ to be out in the countryside again c'était agréable de se retrouver de nouveau à la campagne. -2. [friendly - person, attitude, smile] aimable, agréable; she was very ~ to us as a rule elle était en général très aimable à notre égard.

pleasantly ['plezntlɪ] *adv* -1. [attractively] agréablement; the room was ~ arranged la pièce était aménagée de façon agréable. -2. [enjoyably] agréablement; ~ surprised agréablement surpris. -3. [kindly - speak, smile] aimablement.

pleasantness ['plezntnɪs] *n* -1. [attractiveness] attrait *m*, charme *m*. -2. [enjoyableness] agrément *m*. -3. [friendliness] amabilité *f*, affabilité *f*.

pleasantry ['plezntrɪ] (*pl* **pleasantries**) *n* [agreeable remark] propos *m* aimable; to exchange pleasantries échanger des civilités.

please [pli:z] ◇ *adv* -1. [requesting or accepting] s'il vous/te plaît; could you pass the salt, ~? pouvez-vous me passer le sel, s'il vous plaît?; another cup of tea? — (yes) ~! une autre tasse de thé? — oui, s'il vous plaît! OR volontiers!; may I sit beside you? — ~ do puis-je m'asseoir près de vous? — mais bien sûr; ~, make yourselves at home faites comme chez vous, je vous en prie; ~ carry on continuez, s'il vous plaît OR je vous en prie; ~, Miss! s'il vous plaît, Mademoiselle!; '~ ring' 'sonnez SVP', 'veuillez sonner'; 'quiet ~' 'silence'. -2. [pleading]: ~ don't hurt him je vous en prie, ne lui faites pas de mal. -3. [remonstrating]: Henry, ~, we've got guests! Henry, voyons, nous avons des invités! -4. [hoping]: ~ let them arrive safely! faites qu'ils arrivent sains et saufs!
◇ *vt* -1. [give enjoyment to] plaire à, faire plaisir à; [satisfy] contenter; he only did it to ~ his mother il ne l'a fait que pour faire plaisir à sa mère; he's always trying to ~ the boss il passe son temps à essayer de faire plaisir au patron; you can't ~ everybody on ne peut pas faire plaisir à tout le monde; to be easy/hard to ~ être facile/difficile à satisfaire. -2. *phr*: to ~ oneself faire comme on veut; ~ yourself! comme tu veux!; I can ~ myself what I do je fais ce qui me plaît; everything will be all right, ~ God! tout ira bien, plaise à Dieu!
◇ *vi* -1. [give pleasure] plaire, faire plaisir; to be eager to ~ chercher à faire plaisir. -2. [choose]: she does as OR what she ~s elle fait ce qu'elle veut OR ce qui lui plaît; I'll talk to whoever I ~! je parlerai avec qui je veux! ❑ as you ~! *fml* comme vous voudrez!, comme bon vous semblera!; if you ~ [requesting] *fml* s'il vous/te plaît; she told me I was fat, if you ~! figure-toi qu'elle m'a dit que j'étais gros!

pleased [pli:zd] *adj* content, heureux; a ~ smile un sourire satisfait; to be ~ with sthg/sb être content de qqch/qqn; you're looking very ~ with yourself! tu as l'air très content de toi!; I am not at all ~ with the results je ne suis pas du tout satisfait des résultats; I'm very ~ to be here this evening je suis très heureux d'être ici ce soir; Mr & Mrs Adams are ~ to announce... *fml* M. et Mme Adams sont heureux de OR ont le plaisir de vous faire part de...; she would be only too ~ to help us elle ne demanderait pas mieux que de nous aider; I'm very ~ (that) you could come je suis ravi que tu aies pu venir; I'm afraid they were none too ~! je crains qu'ils n'aient pas été très contents! ❑ ~ to meet you! enchanté (de faire votre connaissance)!; as ~ as Punch heureux comme un roi.

pleasing ['pli:zɪŋ] *adj* agréable, plaisant.

pleasingly ['pli:zɪŋlɪ] *adv* agréablement, plaisamment.

pleasurable ['pleʒərəbl] *adj* agréable, plaisant.

pleasurably ['pleʒərəblɪ] *adv* agréablement, plaisamment.

pleasure ['pleʒəʳ] ◇ *n* -1. [enjoyment, delight] plaisir *m*; to write/to paint for ~ écrire/peindre pour le plaisir; are you here on business or for ~? êtes-vous là pour affaires ou pour le plaisir?; to take OR to find ~ in doing sthg prendre plaisir OR éprouver du plaisir à faire qqch; I'd accept your invitation with ~, but... j'accepterais votre invitation avec plaisir, seulement...; another beer? — with ~! une autre bière? — avec plaisir OR volontiers!; the ~s of country life les plaisirs de la vie à la campagne; it's one of my few ~s in life c'est un de mes rares plaisirs dans la vie; thank you very much — my ~! OR it's a ~! merci beaucoup — je vous en prie!; it's a great ~ (to meet you) ravi de faire votre connaissance; would you do me the ~ of having lunch with me? *fml* me feriez-vous le plaisir de déjeuner avec moi?; may I have the ~ (of this dance)? *fml* m'accorderez-vous OR voulez-vous m'accorder cette danse?; Mr and Mrs Evans request the ~ of your company at their son's wedding *fml* M. et Mme Evans vous prient de leur faire l'honneur d'assister au mariage de leur fils. -2. *fml* [desire]: at your ~ à votre guise; they are appointed at the chairman's ~ ils sont nommés selon le bon vouloir du président; detained at His/Her Majesty's ~ *Br* JUR & *euph* emprisonné aussi longtemps qu'il plaira au roi/à la reine. -3. *euph* [sexual gratification] plaisir *m*.
◇ *comp* [yacht] de plaisance; [park] de loisirs; [cruise, tour] d'agrément ❑ ~ boat bateau *m* de plaisance; ~ trip excursion *f*.
◇ *vt arch* OR *lit* plaire à, faire plaisir à.

pleasure principle *n*: the ~ le principe de plaisir.

pleasure-seeker *n* hédoniste *mf*.

pleasure-seeking [-,si:kɪŋ] *adj* hédoniste.

pleat [pli:t] ◇ *n* pli *m*.
◇ *vt* plisser; a ~ed skirt une jupe plissée.

pleb [pleb] *n* -1. *pej* [plebeian] plébéien *m*, -enne *f*; it's not for the ~s ce n'est pas pour n'importe qui! -2. *inf pej Br* [vulgar person] plouc *m*; you ~! espèce de plouc! -3. ANTIQ: the ~s la plèbe.

plebby *inf* ['plebɪ] *adj Br* commun, vulgaire.

plebeian [plɪ'bi:ən] ◇ *n* plébéien *m*, -enne *f*.
◇ *adj* -1. *pej* [vulgar] plébéien; his tastes are rather ~ il a des goûts plutôt vulgaires. -2. ANTIQ plébéien.

plebiscite ['plebɪsaɪt] *n* plébiscite *m*.

plectrum ['plektrəm] (*pl* **plectrums** OR **plectra** [-trə]) *n* médiator *m*, plectre *m*.

pled [pled] *Am pt & pp* → **plead**.

pledge [pledʒ] ◇ *vt* -1. [promise] promettre; they have ~d £500 to the relief fund ils ont promis 500 livres à la caisse de secours; she ~d never to see him again [to herself] elle s'est promis de ne plus jamais le revoir; [to sb else] elle a promis de ne plus jamais le revoir; her heart is ~d to another *fml* son cœur est déjà pris. -2. *fml* [commit] engager; he ~d himself to fight for the cause il s'engagea à lutter pour la cause; I am ~d to secrecy j'ai juré de garder le secret; to ~ one's word donner OR engager sa parole. -3. [offer as security] donner en garantie; [pawn] mettre en gage, engager. -4. *fml* [toast] porter un toast à, boire à la santé de.
◇ *n* -1. [promise] promesse *f*; manifesto ~ promesse électorale; a £10 ~ un gage de 10 livres; thousands of people phoned in with ~s of money des milliers de personnes ont téléphoné en promettant de donner de l'argent; you have my ~ vous avez ma parole; I am under a ~ of secrecy j'ai juré de garder le secret; she told me under a ~ of secrecy elle me l'a dit sous le sceau du secret ❑ to sign OR to take the ~ [stop drinking] cesser de boire; Pledge of Allegiance *serment de loyauté prononcé à l'occasion du discours d'investiture du président des États-Unis*. -2. [security, collateral] gage *m*, garantie *f*; in ~ en gage. -3. [token, symbol] gage *m*; as a ~ of our sincerity comme gage de notre sincérité. -4. *fml* [toast] toast *m*; let us drink a ~ to their success portons un toast OR buvons à leur réussite.

Pleiades ['plaɪədi:z] *npl*: the ~ les Pléiades *fpl*.

Pleiocene ['plaɪəsi:n] = **Pliocene**.

Pleistocene ['plaɪstəsi:n] ◇ *adj* pléistocène.
◇ *n* pléistocène *m*.

plenary ['pli:nərɪ] ◇ *adj* -1. POL: ~ powers pleins pouvoirs *mpl*. -2. [meeting] plénier; in ~ session en séance plénière.
◇ *n* [plenary meeting] réunion *f* plénière; [plenary session] séance *f* plénière.

plenipotentiary [,plenɪpə'tenʃərɪ] (*pl* **plenipotentiaries**) ◇ *adj* plénipotentiaire; ambassador ~ ministre *m* plénipotentiaire.
◇ *n* plénipotentiaire *mf*.

plenitude ['plenɪtju:d] *n lit* plénitude *f*.

plenteous ['plentjəs] *lit* = **plentiful**.

plentiful ['plentɪful] *adj* [gen] abondant; [meal] copieux; we have a ~ supply of food nous avons de la nourriture en abondance.

plentifully ['plentɪfulɪ] *adv* abondamment, copieusement; weeds grow ~ there les mauvaises herbes y poussent en abondance.

plenty ['plentɪ] ◇ *pron* -1. [enough] (largement) assez, plus qu'assez; no thanks, I've got ~ non merci, j'en ai (largement) assez; £20 should be ~ 20 livres devraient suffire (amplement); they have ~ to live on ils ont largement de quoi vivre; there's no need to hurry, we've got ~ of time inutile de nous presser, nous avons largement le temps. -2. [a great deal] beaucoup; there's still ~ to be done il y a encore beaucoup à faire; there'll be ~ of other opportunities il y aura beaucoup d'autres occasions; you've got ~ of explaining to do tu vas devoir t'expliquer; we see ~ of Ray and Janet on voit beaucoup Ray et Janet.
◇ *n lit* [abundance] abondance *f*; the years of ~ les années d'abondance.
◇ *adv inf* -1. [a lot] beaucoup; there's ~ more food in the fridge il y encore plein de choses à manger dans le frigo; he sure talks ~ *Am* c'est un vrai moulin à paroles. -2. [easily]: the room is ~ big enough for two la pièce est largement assez grande pour deux.
◇ *det inf Am* OR *dial* [a lot of] plein de; there's ~ work to be done! ce n'est pas le boulot qui manque!
◆ **in plenty** *adv phr* en abondance.

pleonasm ['pli:ənæzm] *n* pléonasme *m*.

pleonastic [plɪə'næstɪk] *adj* pléonastique.

plethora ['pleθərə] *n* pléthore *f*.

pleura ['plʊərə] (*pl* **pleurae** [-ri:]) *n* plèvre *f*.

pleurisy ['plʊərəsɪ] *n (U)* pleurésie *f*.

Plexiglas® ['pleksɪglɑ:s] *n* Plexiglas® *m*.

plexus ['pleksəs] *n* -1. ANAT plexus *m*. -2. *fml* [intricate network] enchevêtrement *m*, dédale *m*.

pliability [,plaɪə'bɪlətɪ] *n* -1. [of material] flexibilité *f*. -2. [of person] malléabilité *f*, docilité *f*.

pliable ['plaɪəbl] *adj* -1. [material] flexible, pliable. -2. [person] malléable, accommodant, docile.

pliancy ['plaɪənsɪ] = **pliability**.
pliant ['plaɪənt] = **pliable**.
pliers ['plaɪəz] *npl* pince *f*; a pair of ~ une pince.
plight [plaɪt] ◇ *n* [bad situation] situation *f* désespérée; the ~ of the young homeless la situation désespérée dans laquelle se trouvent les jeunes sans-abri; to be in a sad OR sorry ~ être dans une situation désespérée; seeing my ~ she stopped to help voyant mon embarras, elle s'est arrêtée pour m'aider.
◇ *vt arch* [pledge] promettre, engager; to ~ one's troth se fiancer; to ~ one's word donner OR engager sa parole.
plimsoll ['plɪmsəl] *n Br* tennis *m*.
Plimsoll line, Plimsoll mark *n* ligne *f* de flottaison.
plink [plɪŋk] ◇ *n* bruit *m* métallique.
◇ *vi* faire un bruit métallique.
plinth [plɪnθ] *n* [of statue] socle *m*; [of column, pedestal] plinthe *f*.
Pliny ['plɪnɪ] *pr n*: ~ the Elder Pline l'Ancien; ~ the Younger Pline le Jeune.
Pliocene ['plaɪəsiːn] ◇ *adj* pliocène.
◇ *n* pliocène *m*.
PLO (*abbr of* Palestine Liberation Organization) *pr n* OLP *f*.
plod [plɒd] (*pt* & *pp* plodded, *cont* plodding) ◇ *vi* -**1.** [walk] marcher lourdement. -**2.** *inf* [carry on]: he'd been plodding along in the same job for years ça faisait des années qu'il faisait le même boulot; she kept plodding on until it was finished elle s'est acharnée jusqu'à ce que ce soit fini; I plodded through the first five chapters il a fallu que je me force pour arriver au bout des cinq premiers chapitres.
◇ *n*: we could hear the ~ of feet on entendait des pas lourds; we maintained a steady ~ nous avons gardé un pas régulier.
plodder ['plɒdəʳ] *n pej*: he's a bit of a ~ il est plutôt lent à la tâche.
plodding ['plɒdɪŋ] *adj pej* [walk, rhythm, style] lourd, pesant; [worker] lent.
plonk [plɒŋk] ◇ *n* -**1.** [heavy sound] bruit *m* sourd. -**2.** *inf Br* [cheap wine] pinard *m*.
◇ *vt inf* [put down] poser bruyamment; he ~ed his glass down il posa son verre bruyamment; she ~ed herself down on the sofa elle s'est affalée sur le canapé.
◇ *vi*: to ~ away on the piano jouer du piano *(mal et assez fort)*.
plop [plɒp] (*pt* & *pp* plopped, *cont* plopping) ◇ *n* plouf *m*, floc *m*.
◇ *adv*: the stone landed ~ in the water le caillou a fait plouf en tombant dans l'eau.
◇ *vi* [splash] faire plouf OR floc.
◇ *vt* [put] poser, mettre.
plosion ['pləʊʒn] *n* occlusion *f* LING.
plosive ['pləʊsɪv] ◇ *adj* occlusif.
◇ *n* occlusive *f*.
plot [plɒt] (*pt* & *pp* plotted, *cont* plotting) ◇ *n* -**1.** [conspiracy] complot *m*, conspiration *f*; a ~ to overthrow the government un complot pour renverser le gouvernement. -**2.** [story line - of novel, play] intrigue *f*; the ~ thickens l'affaire se corse. -**3.** [piece of land] terrain *m*; vacant/building ~ terrain vague/à bâtir; the land has been split up into 12 ~s le terrain a été divisé en 12 lotissements; we have a small vegetable ~ nous avons un petit potager OR carré de légumes. -**4.** *Am* [graph] graphique *m*. -**5.** *Am* ARCHIT plan *m*.
◇ *vt* -**1.** [conspire] comploter; they were accused of plotting to overthrow the government ils ont été accusés de complot OR de conspiration contre le gouvernement; I think they're plotting something je crois qu'ils préparent quelque chose. -**2.** [course, position] déterminer; they're trying to ~ the company's development over the next five years *fig* ils essaient de prévoir le développement de la société dans les cinq années à venir. -**3.** [graph] tracer, faire le tracé de; to ~ figures on OR onto a graph reporter des coordonnées sur un graphique. -**4.** [map, plan] lever.
◇ *vi* [conspire] comploter, conspirer; to ~ against conspirer contre.
plotter ['plɒtəʳ] *n* -**1.** [conspirator] conspirateur *m*, -trice *f*. -**2.** [device - gen] traceur *m*; COMPUT table *f* traçante, traceur *m* de courbes.
plotting ['plɒtɪŋ] *n (U)* -**1.** [conspiring] complots *mpl*, conspirations *fpl*. -**2.** COMPUT & MATH traçage *m*.
plough *Br*, **plow** *Am* [plaʊ] ◇ *n* charrue *f*; large areas of moorland have gone under the ~ de larges portions de lande ont été labourées ❑ to put one's hand to the ~ s'atteler à la tâche.
◇ *vt* -**1.** [land] labourer; [furrow] creuser. -**2.** *fig* [invest] investir; to ~ huge sums of money into sthg investir d'énormes sommes d'argent dans qqch.
◇ *vi* -**1.** AGR labourer. -**2.** [crash] emboutir, percuter; the truck ~ed into the wall le camion percuta le mur. -**3.** *Br dated* [fail exam] se faire recaler.
◆ **plough back** *vt sep* [profits] réinvestir.
◆ **plough in** *vt sep* [earth, crops, stubble] enfouir (en labourant).
◆ **plough through** *vt insep* [documents, papers] éplucher; the ship ~ed through the waves le navire fendait les flots; she ~ed (her way) through the crowd elle s'est frayé un chemin à travers la foule.
◆ **plough under** = **plough in**.
◆ **plough up** *vt sep* -**1.** AGR [field, footpath] labourer. -**2.** [rip up] labourer; the grass had been ~ed up by the motorbikes le gazon avait été labouré par les motos.
ploughing *Br*, **plowing** *Am* ['plaʊɪŋ] *n* labourage *m*.
ploughland *Br*, **plowland** *Am* ['plaʊlænd] *n (U)* terre *f* de labour, labours *mpl*.
ploughman *Br*, **plowman** *Am* ['plaʊmən] (*Br pl* ploughmen, *Am pl* plowmen [-mən]) *n* laboureur *m*.
ploughman's (lunch) *n assiette de fromage, de pain et de pickles (généralement servie dans un pub)*.
ploughshare *Br*, **plowshare** *Am* ['plaʊʃeəʳ] *n* soc *m*; to turn swords into ~s faire la paix, se réconcilier.
plover ['plʌvəʳ] *n* pluvier *m*.
plow *etc Am* = **plough**.
ploy [plɔɪ] *n* -**1.** [stratagem, trick] ruse *f*, stratagème *m*; it's just a ~ to get us to leave ce n'est qu'une ruse pour nous faire partir. -**2.** *inf dated* [pastime] passe-temps *m inv*; [job] turbin *m*.
PLP (*abbr of* Parliamentary Labour Party) *pr n Br* députés *mpl* du Parti travailliste.
PLR (*abbr of* Public Lending Right) *pr n droit d'auteur versé pour les ouvrages prêtés par les bibliothèques*.
pluck [plʌk] ◇ *vt* -**1.** [pick - flower, fruit] cueillir. -**2.** [pull] tirer, retirer; he ~ed the cigarette from my mouth il m'a arraché la cigarette de la bouche; the survivors were ~ed from the sea by helicopter les survivants ont été récupérés en mer par un hélicoptère; to be ~ed from the jaws of death être arraché à la mort. -**3.** [chicken] plumer; [feathers] arracher. -**4.** [instrument] pincer les cordes de; [string] pincer. -**5.** [eyebrow] épiler.
◇ *vi*: he ~ed at my sleeve il m'a tiré par la manche; she was ~ing at (the strings of) her guitar elle pinçait les cordes de sa guitare.
◇ *n* -**1.** [courage] courage *m*; it takes ~ to do that il faut du courage pour faire ça. -**2.** [tug] petite secousse *f*. -**3.** CULIN fressure *f*.
◆ **pluck up** *vt sep* -**1.** [uproot] arracher, extirper. -**2.** *fig*: to ~ up (one's) courage prendre son courage à deux mains; to ~ up the courage to do sthg trouver le courage de faire qqch.
pluckily ['plʌkɪlɪ] *adv* courageusement.
pluckiness ['plʌkɪnɪs] *n* courage *m*.
plucky ['plʌkɪ] (*compar* pluckier, *superl* pluckiest) *adj* courageux.
plug [plʌg] (*pt* & *pp* plugged, *cont* plugging) ◇ *n* -**1.** ELEC [on appliance, cable] fiche *f*, prise *f* (mâle); [socket - in wall] prise *f* (de courant). -**2.** [stopper - gen] bouchon *m*; [- in barrel] bonde *f*; [- for nose] tampon *m*. -**3.** [for sink, bath] bonde *f*; to pull the ~ out retirer la bonde ❑ to pull the ~ on sb/sthg *inf*: this will pull the ~ on our competitors cela va couper l'herbe sous le pied de nos concurrents; he pulled the ~ on our plan [stopped it] il a mis le holà à notre projet; this pulls the ~ on the whole operation ça fiche tout par terre. -**4.** AUT: (spark) ~ bougie *f*. -**5.** [for fixing screws] cheville *f*. -**6.** *inf* [advertising] coup *m* de pub; her book got another ~ on TV last night on a encore fait de la pub pour son livre à la télé hier soir. -**7.** [of tobacco] carotte *f*. -**8.** GEOL: (volcanic) ~ culot *m*. -**9.** *Am*: (fire) ~ bouche *f* d'incendie. -**10.** ▽ [blow] beigne *f*, gnon *m*.
◇ *vt* -**1.** [block - hole, gap] boucher; [- leak] colmater; they ~ed (up) the hole in the dam ils ont colmaté la brèche dans le barrage. -**2.** [insert] enficher; ~ the cable into the socket branchez le câble sur la prise. -**3.** *inf* [advertise] faire de la pub à; the radio stations are continually plugging her record les stations de radio passent son disque sans arrêt. -**4.** ▽ *Am* [shoot] flinguer.
◆ **plug away** *vi insep* travailler dur; he keeps plugging away at his work il s'acharne sur son travail.
◆ **plug in** ◇ *vt sep* brancher.
◇ *vi insep Am*: we try to ~ in to people's needs *fig* nous essayons d'être à l'écoute des besoins de la population.
plugboard ['plʌgbɔːd] *n* tableau *m* de raccordement.
plugged [plʌgd] *adj* [blocked - nose, ear] bouché.
plughole ['plʌghəʊl] *n* trou *m* d'écoulement; that's all our work gone down the ~! *inf Br* tout notre travail est fichu!
plug-in *adj* [radio] qui se branche sur le secteur; [accessory for computer, stereo etc] qui se branche sur l'appareil.
plug-ugly *inf* ◇ *adj* très moche, laid comme un pou.
◇ *n Am* [ruffian] voyou *m*, loubard *m*.
plum [plʌm] ◇ *n* -**1.** [fruit] prune *f*. -**2.** ~ (tree) prunier *m*. -**3.** [colour] couleur *f* lie-de-vin.
◇ *comp* [tart] aux prunes.
◇ *adj* -**1.** [colour] lie-de-vin *(inv)*, prune *(inv)*. -**2.** *inf* [desirable]: it's a ~ job c'est un boulot en or.
plumage ['pluːmɪdʒ] *n* plumage *m*.
plumb [plʌm] ◇ *n* -**1.** [weight] plomb *m*; ~ bob plomb *m*. -**2.** [verticality] aplomb *m*; the wall is out of ~ le mur n'est pas d'aplomb OR à l'aplomb.
◇ *adj* -**1.** [vertical] vertical, à l'aplomb. -**2.** *inf Am* [utter, complete] complet, absolu; it's a ~ nuisance! c'est la barbe!
◇ *adv* -**1.** [in a vertical position] à l'aplomb, d'aplomb; ~ with d'aplomb avec. -**2.** *inf* [exactly, right] exactement, en plein; ~ in the middle of the first act en plein OR au beau milieu du premier acte. -**3.** *inf Am* [utterly, completely] complètement, tout à fait; I'm ~ exhausted! je suis complètement crevé!; she's ~ crazy! elle est complètement dingue!
◇ *vt* sonder; to ~ the depths toucher le fond; his films ~ the depths of bad taste ses films sont d'un mauvais goût inimaginable.
◆ **plumb in** *vt sep* effectuer le raccordement de; [washing machine] raccorder.
plumbago [plʌm'beɪgəʊ] (*pl* plumbagos) *n* -**1.** [plant] plumbago *m*. -**2.** [graphite] plombagine *f*.
plumber ['plʌməʳ] *n* -**1.** [workman] plombier *m*. -**2.** *inf* [secret agent] plombier *m*.
plumber's friend, plumber's helper *n Am* [tool] ventouse *f (pour déboucher)*.
plumbic ['plʌmbɪk] *adj* plombique.
plumbing ['plʌmɪŋ] *n* -**1.** [job] plomberie *f*. -**2.** [pipes] plomberie *f*, tuyauterie *f*.
plumb line *n* CONSTR fil *m* à plomb; NAUT sonde *f*.

plum cake *n* cake *m*.
plum duff *Br* = **plum pudding**.
plume [pluːm] ◇ *n* -**1.** [feather] plume *f*; ostrich ~ plume d'autruche. -**2.** [on helmet] plumet *m*, panache *m*; [on hat] plumet *m*; [on woman's hat] plume *f*. -**3.** [of smoke] volute *f*; [of water] jet *m*.
◇ *vt* -**1.** [preen] lisser; **the swan ~d itself** OR **its feathers** le cygne se lissait les plumes. -**2.** *fig* & *lit* [pride]: **to ~ o.s. on sthg** se glorifier de qqch.
plumed [pluːmd] *adj* -**1.** [hat, helmet] emplumé, empanaché. -**2.** [bird]: **brightly ~ peacocks** des paons au plumage éclatant.
plummet ['plʌmɪt] ◇ *vi* -**1.** [plunge, dive] tomber, plonger, piquer; **he ~ed from the roof** il est tombé du toit; **the plane ~ed towards the earth** l'avion piqua vers le sol. -**2.** [drop, go down - price, rate, amount] chuter, dégringoler; **his popularity has ~ed** sa cote de popularité a beaucoup baissé; **the value of the pound ~ed** la livre a chuté; **educational standards have ~ed** le niveau d'instruction a considérablement baissé.
◇ *n* [weight] plomb *m*; [plumb line] fil *m* à plomb.
plummy ['plʌmɪ] (*compar* **plummier**, *superl* **plummiest**) *adj* -**1.** *Br pej* [voice, accent] snob. -**2.** [colour] prune *(inv)*.
plump [plʌmp] ◇ *adj* [person] rondelet, dodu; [arms, legs] dodu, potelé; [fowl] dodu, bien gras; [fruit] charnu.
◇ *adv* [heavily] lourdement; [directly] exactement, en plein; **he ran ~ into me** il m'a heurté de plein fouet; **it landed ~ in the middle** ça a atterri en plein milieu.
◇ *vt* -**1.** [pillow, cushion] retaper. -**2.** [fowl] engraisser.
◆ **plump down** ◇ *vt sep*: **to ~ sthg down** laisser tomber qqch (lourdement); **she ~ed herself/her bag down next to me** elle s'est affalée/a laissé tomber son sac à côté de moi.
◇ *vi insep* se laisser tomber (lourdement), s'affaler.
◆ **plump for** *inf vt insep* arrêter son choix sur, opter en faveur de.
◆ **plump out** *vi insep* s'arrondir, engraisser.
◆ **plump up** *vt sep* = **plump** *vt* **1**.
plumpness ['plʌmpnɪs] *n* rondeur *f*, embonpoint *m*.
plum pudding *n* plum-pudding *m*.
plunder ['plʌndəʳ] ◇ *vt* piller.
◇ *n* -**1.** [booty] butin *m*. -**2.** [act of pillaging] pillage *m*.
plunderer ['plʌndərəʳ] *n* pillard *m*, -e *f*.
plundering ['plʌndərɪŋ] ◇ *n* pillage *m*.
◇ *adj* pillard.
plunge [plʌndʒ] ◇ *vi* -**1.** [dive] plonger. -**2.** [throw o.s.] se jeter, se précipiter; [fall, drop] tomber, chuter; **the bus ~d into the river** le bus est tombé dans la rivière; **the helicopter ~d to the ground** l'hélicoptère piqua vers le sol; **to ~ to one's death** faire une chute mortelle; **I slipped and ~d forward** j'ai glissé et je suis tombé la tête la première OR la tête en avant. -**3.** *fig*: **sales have ~d by 30%** les ventes ont chuté de 30 %; **he ~d into a long and complicated story** il s'est lancé dans une histoire longue et compliquée; **she ~d bravely into the discussion** elle se lança courageusement dans la discussion; **the neckline ~s deeply at the front** le devant est très décolleté. -**4.** *inf* [gamble] flamber.
◇ *vt* -**1.** [immerse] plonger; **~ the tomatoes in the boiling water** plonger les tomates dans l'eau bouillante. -**2.** *fig* plonger; **he ~d his hands into his pockets** il enfonça les mains dans ses poches; **he was ~d into despair by the news** la nouvelle l'a plongé dans le désespoir; **the office was ~d into darkness** le bureau fut plongé dans l'obscurité.
◇ *n* -**1.** [dive] plongeon *m*; **to take the ~** se jeter à l'eau. -**2.** [fall, drop] chute *f*; **a ten-metre ~** une chute de dix mètres; **prices have taken a ~** les prix ont chuté OR se sont effondrés.
plunger ['plʌndʒəʳ] *n* -**1.** [for sinks, drains] ventouse *f*, déboucheur *m*. -**2.** [piston] piston *m*. -**3.** *inf Br* [gambler] flambeur *m*, -euse *f*.
plunging ['plʌndʒɪŋ] *adj* plongeant; **a ~ neckline** un décolleté plongeant.
plunk [plʌŋk] ◇ *n* -**1.** *inf* [sound] bruit *m* sourd; **I could hear the ~ of a guitar** j'entendais quelqu'un gratter sa guitare. -**2.** ▽ *Am* [blow] beigne *f*, gnon *m*.
◇ *vt* -**1.** *inf* [put down] poser lourdement. -**2.** *inf* [guitar, banjo] gratter. -**3.** ▽ *Am* [hit] flanquer une beigne à; [shoot] flinguer.
◆ **plunk down** *inf* ◇ *vt sep* = **plunk** *vt* **1**.
◇ *vi insep* se laisser tomber (lourdement), s'affaler.
pluperfect [ˌpluːˈpɜːfɪkt] ◇ *adj* plus-que-parfait; **the ~ tense** le plus-que-parfait.
◇ *n* plus-que-parfait *m*; **in the ~** au plus-que-parfait.
plural ['plʊərəl] ◇ *adj* -**1.** GRAMM [form, ending] pluriel, du pluriel; [noun] au pluriel. -**2.** [multiple] multiple; [heterogeneous] hétérogène, pluriel; **a ~ system of education** un système d'éducation diversifié; **a ~ society** une société plurielle.
◇ *n* GRAMM pluriel *m*; **in the ~** au pluriel.
pluralism ['plʊərəlɪzm] *n* -**1.** [gen & PHILOS] pluralisme *m*. -**2.** [holding of several offices] cumul *m*.
pluralist ['plʊərəlɪst] *n* [gen & PHILOS] pluraliste *mf*.
pluralistic [ˌplʊərəˈlɪstɪk] *adj* pluraliste.
plurality [plʊəˈrælətɪ] (*pl* **pluralities**) *n* -**1.** [multiplicity] pluralité *f*. -**2.** *Am* POL majorité *f* relative. -**3.** = **pluralism 2**.
pluralize, -ise ['plʊərəlaɪz] *vi* prendre le pluriel.
plus [plʌs] (*pl* **pluses** OR **plusses**) ◇ *prep* -**1.** MATH plus; **two ~ two is** OR **are** OR **makes four** deux plus deux OR deux et deux font quatre; **the result is ~ six** le résultat est plus six. -**2.** [as well as] plus; **there were six of us, ~ the children** nous étions six, sans compter les enfants; **£97 ~ VAT** 97 livres plus la TVA.
◇ *adj* -**1.** ELEC & MATH positif. -**2.** [good, positive] positif; **a ~ factor** un facteur positif, un plus; **on the ~ side, it's near the shops** un des avantages, c'est que c'est près des magasins; **it certainly is a big ~ point** c'est incontestablement un gros avantage. -**3.** *(after noun)* [over, more than]: **children of twelve ~** les enfants de douze ans et plus; **we're looking for somebody with talent ~** *inf* notre candidat devra avoir plus que du talent; **B ~** [in school marks] B plus.
◇ *n* -**1.** MATH plus *m*; **two minuses make a ~** deux moins font un plus. -**2.** [bonus, advantage] plus *m*, avantage *m*; **there are a number of ~es to the new plan** le nouveau projet comporte un certain nombre d'avantages.
◇ *conj inf* (et) en plus; **he's stupid, ~ he's ugly** il est bête, et en plus il est laid.
plus-fours *npl* pantalon *m* de golf.
plush [plʌʃ] ◇ *adj* -**1.** *inf* [luxurious] luxueux. -**2.** [made of plush] en peluche.
◇ *n* peluche *f*.
plushy *inf* ['plʌʃɪ] (*compar* **plushier**, *superl* **plushiest**) = **plush 1**.
plus sign *n* signe *m* plus.
Plutarch ['pluːtɑːk] *pr n* Plutarque.
Pluto ['pluːtəʊ] *pr n* Pluton.
plutocracy [pluːˈtɒkrəsɪ] (*pl* **plutocracies**) *n* ploutocratie *f*.
plutocrat ['pluːtəkræt] *n* ploutocrate *mf*.
plutocratic [ˌpluːtəˈkrætɪk] *adj* ploutocratique.
plutonium [pluːˈtəʊnɪəm] *n* plutonium *m*; **~ radiation** radiation *f* de plutonium.
pluvial ['pluːvjəl] *adj* pluvial.
pluviometer [ˌpluːvɪˈɒmɪtəʳ] *n* pluviomètre *m*.
ply [plaɪ] (*pl* **plies**, *pt* & *pp* **plied**) ◇ *n* -**1.** [thickness - gen] épaisseur *f*; [layer - of plywood] pli *m*; [strand - of rope, wool] brin *m*. -**2.** *inf* = **plywood**.
◇ *vt* -**1.** [supply insistently]: **to ~ sb with sthg: she plied us with food all evening** elle nous a gavés toute la soirée; **he plied us with drinks** il nous versait sans arrêt à boire; **we plied her with questions** nous l'avons assaillie de questions. -**2.** *lit* [perform, practise] exercer; **to ~ one's trade** exercer son métier. -**3.** *lit* [use, operate - tool] manier. -**4.** *lit* [travel - river, ocean] naviguer sur; **the barges that ~ the Thames** les péniches qui descendent et remontent le cours de la Tamise.
◇ *vi* -**1.** [seek work]: **to ~ for hire** [taxi] prendre des clients. -**2.** [travel - ship, boat]: **to ~ between** faire la navette entre.
-ply *in cpds*: **two/three~ toilet tissue** papier *m* hygiénique double/triple épaisseur; **five~ wood** contreplaqué *m* en cinq épaisseurs; **three~ wool** laine *f* à trois fils.
Plymouth Brethren ['plɪməθ-] *npl* darbystes *mpl*.
plywood ['plaɪwʊd] *n* contreplaqué *m*.
p.m. (*abbr of* **post meridiem**) *adv*: **3 ~** 3 h de l'après-midi, 15 h; **11 ~** 11 h du soir, 23 h.
PM *n* -**1.** *abbr of* **Prime Minister**. -**2.** *abbr of* **post mortem**.
PMG *n* -**1.** *abbr of* **Paymaster General**. -**2.** *abbr of* **Postmaster General**.
PMS (*abbr of* **premenstrual syndrome**) = **PMT**.
PMT (*abbr of* **premenstrual tension**) *n* syndrome *m* prémenstruel.
pneumatic [njuːˈmætɪk] *adj* pneumatique; **~ brakes** freins *mpl* à air comprimé.
pneumatically [njuːˈmætɪklɪ] *adv* pneumatiquement.
pneumatic drill *n* marteau-piqueur *m*.
pneumatics [njuːˈmætɪks] *n (U)* pneumatique *f*.
pneumatic tyre *n* pneu *m*.
pneumoconiosis [ˌnjuːməʊkəʊnɪˈəʊsɪs] *n* pneumoconiose *f*.
pneumonia [njuːˈməʊnjə] *n (U)* pneumonie *f*; **you'll catch** OR **get ~!** tu vas attraper une pneumonie!
pneumonologist [ˌnjuːməˈnɒlədʒɪst] *n* pneumologue *mf*.
pneumonology [ˌnjuːməˈnɒlədʒɪ] *n* pneumologie *f*.
pneumothorax [ˌnjuːməʊˈθɔːræks] *n* pneumothorax *m*.
po *inf* [pəʊ] (*pl* **pos**) *n Br* pot *m* (de chambre).
Po [pəʊ] *pr n*: **the (River) Po** le Pô.
PO -**1.** *written abbr of* **post office**. -**2.** *written abbr of* **petty officer**. -**3.** *abbr of* **postal order**.
POA (*abbr of* **Prison Officers' Association**) *pr n syndicat des agents pénitentiaires en Grande-Bretagne*.
poach [pəʊtʃ] ◇ *vt* -**1.** [hunt illegally] prendre en braconnant; **all the game has been ~ed** les braconniers ont tué tout le gibier. -**2.** *fig* [steal - idea] voler; [- employee] débaucher; **several of our staff have been ~ed by a rival company** plusieurs de nos employés ont été débauchés par un de nos concurrents; **to ~ sb's shots** [in tennis] piquer les balles de qqn. -**3.** CULIN pocher; **~ed egg** œuf *m* poché.
◇ *vi* braconner; **to ~ for hare** chasser le lièvre sur une propriété privée; **to ~ for salmon** prendre du saumon en braconnant; **to ~ on sb's territory** OR **preserves** *fig* braconner sur les terres de qqn, empiéter sur le territoire de qqn.
poacher ['pəʊtʃəʳ] *n* -**1.** [person] braconnier *m*. -**2.** CULIN pocheuse *f*; **egg ~** pocheuse.
poaching ['pəʊtʃɪŋ] *n* braconnage *m*.
POB, PO Box (*abbr of* **post office box**) *n* boîte *f* postale, BP *f*.
pock [pɒk] = **pockmark**.
pocked [pɒkt] = **pockmarked**.
pocket ['pɒkɪt] ◇ *n* -**1.** [on clothing] poche *f*; [on car door] compartiment *m*; **it's in your coat ~** c'est dans la poche de ton manteau; **take your hands out of your ~s!** enlève tes mains de tes poches!; **I went through his ~s** j'ai fouillé OR regardé dans ses poches; **he tried to pick her ~** il a essayé de lui faire les poches; **the maps are in the ~ of the car door** les cartes sont dans (le compartiment de) la portière de la voiture ❑ **to have sb in one's ~s** avoir qqn dans sa

poche; **we had the deal in our ~** le marché était dans la poche; **they live in each other's ~s** ils vivent entassés les uns sur les autres; **to line one's ~s** se remplir les poches, s'en mettre plein les poches; **he doesn't like putting his hand in his ~** il est du genre radin; **to be out of ~** en être de sa poche. -**2.** *fig* [financial resources] portefeuille *m*, porte-monnaie *m*; **we have prices to suit all ~s** nous avons des prix pour toutes les bourses. -**3.** [small area] poche *f*; **~s of water/unemployment** poches d'eau/de chômage; **~ of air** trou *m* d'air. -**4.** [on billiard or pool table] blouse *f*.
◇ *comp* [diary, camera, revolver etc] de poche.
◇ *vt* -**1.** [put in one's pocket] mettre dans sa poche, empocher; **I paid up and ~ed the change** j'ai payé et j'ai mis la monnaie dans ma poche || *fig*: **to ~ one's pride** mettre son amour-propre dans sa poche; **to ~ an insult** encaisser une insulte sans rien dire. -**2.** [steal]: **somebody must have ~ed the money** quelqu'un a dû mettre l'argent dans sa poche. -**3.** [in billiards, pool] mettre dans le trou OR la blouse *spec*. -**4.** SPORT [another runner] bloquer. -**5.** *Am* POL: **to ~ a bill** *garder un projet de loi sous le coude pour l'empêcher d'être adopté.*

pocket battleship *n* cuirassé *m* de poche.

pocket billiards *n* billard *m* américain.

pocketbook ['pɒkɪtbʊk] *n* -**1.** [notebook] calepin *m*, carnet *m*. -**2.** *Am* [handbag] pochette *f*.

pocket calculator *n* calculatrice *f* de poche.

pocketful ['pɒkɪtfʊl] *n* poche *f* pleine; **I've got ~s of small change** j'ai les poches pleines de petite monnaie.

pocket-handkerchief *n* mouchoir *m* de poche.

pocketknife ['pɒkɪtnaɪf] (*pl* **pocketknives** [-naɪvz]) *n* canif *m*.

pocket money *n Br* argent *m* de poche.

pocket-size(d) *adj* -**1.** [book, revolver etc] de poche. -**2.** [tiny] tout petit, minuscule.

pocket veto *n Am refus par le Président de signer une proposition de loi, pour l'empêcher d'être adoptée.*

pockmark ['pɒkmɑːk] *n* [on surface] marque *f*, petit trou *m*; [from smallpox] cicatrice *f* de variole; **his face is covered with ~s** il a le visage grêlé OR variolé.

pockmarked ['pɒkmɑːkt] *adj* [face] grêlé; [surface] criblé de petits trous; **~ with rust** piqué par la rouille.

pod [pɒd] (*pt* & *pp* **podded**, *cont* **podding**)
◇ *n* -**1.** BOT cosse *f*; **bean ~** cosse de haricot. -**2.** ENTOM oothèque *f*. -**3.** AERON nacelle *f*; ASTRONAUT capsule *f*.
◇ *vt Br* écosser.
◇ *vi* BOT produire des cosses.

podgy ['pɒdʒɪ] (*compar* **podgier**, *superl* **podgiest**) *adj Br* dodu, replet.

podiatrist [pə'daɪətrɪst] *n Am* pédicure *mf*.

podiatry [pə'daɪətrɪ] *n Am* pédicurie *f*.

podium ['pəʊdɪəm] (*pl* **podiums** OR **podia** [-dɪə]) *n* podium *m*.

POE *n* -**1.** *abbr of* **port of embarkation**. -**2.** *abbr of* **port of entry**.

poem ['pəʊɪm] *n* poème *m*.

poesy ['pəʊɪzɪ] *n arch* OR *lit* poésie *f*.

poet ['pəʊɪt] *n* poète *m*.

poetaster [,pəʊɪ'tæstəʳ] *n pej* rimailleur *m*, -euse *f*.

poetess ['pəʊɪtɪs] *n* poétesse *f*.

poetic(al) [pəʊ'etɪk(l)] *adj* poétique.

poetically [pəʊ'etɪklɪ] *adv* poétiquement.

poeticize, -ise [pəʊ'etɪsaɪz] *vt* poétiser.

poetic justice *n* justice *f* immanente; **it's ~ that they ended up losing** ce n'est que justice qu'ils aient fini par perdre.

poetic licence *n* licence *f* poétique.

poetics [pəʊ'etɪks] *n (U)* poétique *f*.

poet laureate (*pl* **poets laureate** OR **poet laureates**) *n* poète *m* lauréat.

poetry ['pəʊɪtrɪ] *n* poésie *f*.

poetry reading *n* lecture *f* de poèmes.

po-faced *inf* ['pəʊfeɪst] *adj Br* à l'air pincé.

pogo ['pəʊgəʊ] ◇ *n* [dance] pogo *m (danse punk)*.
◇ *vi* danser le pogo.

pogo stick *n* bâton *m* sauteur *(jeu)*.

pogrom ['pɒgrəm] *n* pogrom *m*.

poignancy ['pɔɪnjənsɪ] *n* caractère *m* poignant; **a moment of great ~** un moment d'intense émotion.

poignant ['pɔɪnjənt] *adj* poignant.

poignantly ['pɔɪnjəntlɪ] *adv* de façon poignante.

poinsettia [pɔɪn'setɪə] *n* poinsettia *m*.

point [pɔɪnt] ◇ *n* -**1.** [tip - of sword, nail, pencil etc] pointe *f*; **trim one end of the stick into a ~** taillez un des bouts de la branche en pointe; **his beard ended in a neat ~** sa barbe était soigneusement taillée en pointe; **draw a star with five ~s** dessinez une étoile à cinq branches; **a dog with white ~s** un chien aux pattes et aux oreilles blanches; **an eight-~ stag** un cerf huit cors. -**2.** [small dot] point *m*; **a tiny ~ of light** un minuscule point de lumière. -**3.** [specific place] point *m*, endroit *m*; **~ of intersection, intersection ~** point d'intersection; **'meeting ~'** 'point rencontre'; **the runners have passed the halfway ~** les coureurs ont dépassé la mi-parcours; **we're back to our ~ of departure** OR **our starting ~** nous sommes revenus au OR à notre point de départ; **to pass/to reach the ~ of no return** passer/atteindre le point de non-retour; **the ~ where the accident occurred** l'endroit où l'accident a eu lieu; **at that ~ you'll see a church on the left** à ce moment-là, vous verrez une église sur votre gauche; **the terrorists claim they can strike at any ~ in the country** les terroristes prétendent qu'ils peuvent frapper n'importe où dans le pays; **the bus service to Dayton and ~s west** le service de bus à destination de Dayton et des villes situées plus à l'ouest; **~s south of here get little rainfall** les régions situées au sud d'ici n'ont pas une grande pluviosité. -**4.** [particular moment] moment *m*; [particular period] période *f*; **the country is at a critical ~ in its development** le pays traverse une période OR phase critique de son développement; **we are at a critical ~** nous voici à un point critique; **there comes a ~ when a decision has to be made** il arrive un moment où il faut prendre une décision; **when it comes to the ~ of actually doing it** quand vient le moment de passer à l'acte; **at one ~ in the discussion** à un moment de la discussion; **at one ~ in my travels** au cours de mes voyages; **at one ~, I thought the roof was going to cave in** à un moment (donné), j'ai cru que le toit allait s'effondrer; **at one ~ in the book** à un moment donné dans le livre; **at that ~, I was still undecided** à ce moment-là, je n'avais pas encore pris de décision; **at that ~ in China's history** à ce moment précis de l'histoire de la Chine; **it's too late by this ~** il est déjà trop tard à l'heure qu'il est; **by that ~, I was too tired to move** j'étais alors tellement fatigué que je ne pouvais plus bouger. -**5.** [stage in development or process] point *m*; **she had reached the ~ of wanting a divorce** elle en était (arrivée) au point de vouloir divorcer; **thank God we haven't reached that ~!** Dieu merci, nous n'en sommes pas (encore arrivés) là!; **to be at the ~ of death** être sur le point de mourir; **the conflict has gone beyond the ~ where negotiations are possible** le conflit a atteint le stade où toute négociation est impossible; **to be on the ~ of sthg: the regime is on the ~ of collapse** le régime est au bord de l'effondrement; **I was on the ~ of admitting everything** j'étais sur le point de tout avouer; **she had worked to the ~ of exhaustion** elle avait travaillé jusqu'à l'épuisement; **he was jealous to the ~ of madness** sa jalousie confinait à la folie; **he stuffed himself to the ~ of being sick** *inf* il s'est gavé à en être malade. -**6.** [for discussion or debate] point *m*; **a seven-~ memorandum** un mémorandum en sept points; **let's go on to the next ~** passons à la question suivante OR au point suivant; **on this ~ we disagree** sur ce point nous ne sommes pas d'accord; **I want to emphasize this ~** je voudrais insister sur ce point; **are there any ~s I haven't covered?** y a-t-il des questions que je n'ai pas abordées?; **to make** OR **to raise a ~** faire une remarque; **to make the ~ that...** faire remarquer que...; **all right, you've made your ~!** d'accord, on a compris!; **the ~s raised in her article** les points qu'elle soulève dans son article; **the main ~s to keep in mind** les principaux points à garder à l'esprit; **let me illustrate my ~** laissez-moi illustrer mon propos; **to prove his ~ he showed us a photo** pour prouver ses affirmations, il nous a montré une photo; **I see** OR **take your ~** je vois ce que vous voulez dire OR où vous voulez en venir; **~ taken!** c'est juste!; **he may not be home — you've got a ~ there!** il n'est peut-être pas chez lui — ça c'est vrai!; **the fact that he went to the police is a ~ in his favour/a ~ against him** le fait qu'il soit allé à la police est un bon/mauvais point pour lui || [precise detail]: **I corrected her on a ~ of grammar** je l'ai corrigée sur un point de grammaire; **he rose on a ~ of order** il a demandé la parole pour soulever un point de procédure; **she was disqualified on a technical ~** elle a été disqualifiée pour OR sur une faute technique; **to make a ~ of doing sthg** tenir à faire qqch; **he made a ~ of speaking to her** il a tenu à lui adresser la parole; **kindly make a ~ of remembering next time** faites-moi le plaisir de ne pas oublier la prochaine fois. -**7.** [essential part, heart - of argument, explanation] essentiel *m*; [conclusion - of joke] chute *f*; **I get the ~** je comprends, je vois; **the ~ is (that) we're overloaded with work** le fait est que nous sommes débordés de travail; **we're getting off** OR **away from the ~** nous nous éloignons OR écartons du sujet; **that's the (whole) ~!** [that's the problem] c'est là (tout) le problème!; [that's the aim] c'est ça, le but!; **that's not the ~!** là n'est pas la question! ❑ **to be beside the ~: the money is/your feelings are beside the ~** l'argent n'a/vos sentiments n'ont rien à voir là-dedans; **get** OR **come to the ~!** dites ce que vous avez à dire!, ne tournez pas autour du pot!; **I'll come straight to the ~** je serai bref; **to keep to the ~** ne pas s'écarter du sujet. -**8.** [purpose] but *m*; [meaning, use] sens *m*, intérêt *m*; **the ~ of the game is to get rid of all your cards** le but du jeu est de se débarrasser de toutes ses cartes; **there's no ~ in asking him now** ça ne sert à rien OR ce n'est pas la peine de le lui demander maintenant; **what's the ~ of all this?** à quoi ça sert tout ça?; **I don't see the ~ of re-doing it** je ne vois pas l'intérêt de le refaire; **oh, what's the ~ anyway!** oh, et puis à quoi bon, après tout! -**9.** [feature, characteristic] point *m*; **the boss has his good ~s** le patron a ses bons côtés; **it's my weak ~** c'est mon point faible; **her strong ~ is her sense of humour** son point fort, c'est son sens de l'humour. -**10.** [unit - in scoring, measuring] point *m*; **the Dow Jones index is up/down two ~s** l'indice Dow Jones a augmenté/baissé de deux points; **who scored the winning ~?** qui a marqué le point gagnant?; **an ace is worth 4 ~s** un as vaut 4 points; **to win/to lead on ~s** [in boxing] gagner/mener aux points ❑ **game/match ~** [in tennis] balle *f* de jeu/de match; **merit ~s** SCH bons points *mpl*. -**11.** [on compass] point *m*; **the 32 ~s of the compass** les 32 points de la rose des vents; **our people were scattered to all ~s of the compass** *fig* notre peuple s'est retrouvé éparpillé aux quatre coins du monde. -**12.** GEOM point *m*; **a straight line between two ~s** une droite reliant deux points. -**13.** [in decimals] virgule *f*; **five ~ one** cinq virgule un. -**14.** [punctuation mark] point *m*; **three** OR **ellipsis ~s** points *mpl* de suspension; **vowel ~** point-voyelle *m*. -**15.** TYPO point *m*; **6 ~ type** caractères *mpl* de 6 points. -**16.** GEOG [promontory] pointe *f*, promontoire *m*. -**17.** AUT vis *f* platinée. -**18.** *Br* ELEC [socket]: **(power) ~** prise *f* (de courant). -**19.** HERALD point *m*.

◇ *vi* -**1.** [person] tendre le doigt; to ~ **at** OR **to** OR **towards sthg** montrer qqch du doigt; **she ~ed left** elle fit un signe vers la gauche; **he ~ed back down the corridor** il fit un signe vers le fond du couloir; **he ~ed at** OR **to me with his pencil** il pointa son crayon vers moi; **he was ~ing at me** son doigt était pointé vers moi; **it's rude to ~** ce n'est pas poli de montrer du doigt. -**2.** [roadsign, needle on dial]: **the signpost ~s up the hill** le panneau est tourné vers le haut de la colline; **a compass needle always ~s north** l'aiguille d'une boussole indique toujours le nord; **the weather vane is ~ing north** la girouette est orientée au nord; **when the big hand ~s to twelve** quand la grande aiguille est sur le douze. -**3.** [be directed, face - gun, camera] être braqué; [- vehicle] être dirigé, être tourné; **hold the gun with the barrel ~ing downwards** tenez le canon de l'arme pointé vers le bas; **the rifle/the camera was ~ing straight at me** la carabine/la caméra était braquée sur moi; **~ your flashlight over there** éclaire là-bas; **insert the disk with the arrow ~ing right** insérez la disquette, la flèche pointée OR pointant vers la droite; **the aerial should be ~ing in the direction of the transmitter** l'antenne devrait être tournée dans la direction de OR tournée vers l'émetteur; **he walks with his feet ~ing outwards** il marche les pieds en dehors. -**4.** [dog] tomber en arrêt.

◇ *vt* -**1.** [direct, aim - vehicle] diriger; [- flashlight, hose] pointer, braquer; [- finger] pointer, tendre; **to ~ one's finger at sb/sthg** montrer qqn/qqch du doigt; **he ~ed his finger accusingly at Gus** il pointa un doigt accusateur vers Gus, il montra OR désigna Gus d'un doigt accusateur; **to ~ a gun at sb** braquer une arme sur qqn; **he ~ed the rifle at my head** il a braqué le fusil sur ma tête; **she ~ed the camera at me** elle braqua son appareil photo sur moi; **she ~ed the truck towards the garage** elle tourna le camion vers le garage; **he ~ed the boat out to sea** il a mis le cap vers le large ‖ [send - person]: **if anybody shows up, just ~ them in my direction** si quelqu'un arrive, tu n'as qu'à me l'envoyer; **just ~ him to the nearest bar** tu n'as qu'à lui indiquer le chemin du bar le plus proche ❑ **to ~ the finger at sb/sthg** montrer qqn/qqch du doigt. -**2.** DANCE: **to ~ one's toes** faire des pointes. -**3.** CONSTR [wall, building] jointoyer. -**4.** *lit* [moral, necessity] souligner, faire ressortir. -**5.** [sharpen - stick, pencil] tailler. -**6.** LING mettre des points-voyelles à. -**7.** *phr*: **to ~ the way** [subj: arrow, signpost] indiquer la direction OR le chemin; *fig* [subj: person] montrer le chemin; **he ~ed the way to future success** il a montré le chemin de la réussite; **her research ~s the way to a new understanding of the phenomenon** ses recherches vont permettre d'appréhender le phénomène sous un angle différent; **they ~ the way (in) which reform must go** ils indiquent la direction dans laquelle les réformes doivent aller.

◆ **points** *npl* -**1.** *Br* RAIL aiguilles *fpl*. -**2.** DANCE (chaussons *mpl* à) pointes *fpl*; **she's already (dancing) on ~s** elle fait déjà des pointes.

◆ **at this point in time** *adv phr* pour l'instant; **no more details are available at this ~ in time** pour l'instant, nous ne disposons pas d'autres détails.

◆ **in point of fact** *adv phr* en fait, à vrai dire.

◆ **to the point** *adj phr* pertinent.

◆ **up to a point** *adv phr* jusqu'à un certain point; **did the strategy succeed? — up to a ~** est-ce que la stratégie a réussi? — dans une certaine mesure; **productivity can be increased up to a ~** la productivité peut être augmentée jusqu'à un certain point; **she can be persuaded, but only up to a ~** il est possible de la convaincre, mais seulement jusqu'à un certain point.

◆ **point out** *vt sep* -**1.** [indicate] indiquer, montrer; **I'll ~ the church out to you as we go by** je vous montrerai OR vous indiquerai l'église quand nous passerons devant. -**2.** [mention, call attention to] signaler; **she ~ed out several mistakes to us** elle nous a signalé plusieurs erreurs, elle a attiré notre attention sur plusieurs erreurs; **I'd like to ~ out that it was my idea in the first place** je vous ferai remarquer que l'idée est de moi; **he ~ed out that two people were missing** il fit remarquer qu'il manquait deux personnes.

◆ **point to** *vt insep* -**1.** [signify, denote] signifier, indiquer; [foreshadow] indiquer, annoncer; **the facts ~ to only one conclusion** les faits ne permettent qu'une seule conclusion; **all the evidence ~s to him** toutes les preuves indiquent que c'est lui; **everything ~s to CIA involvement** tout indique que la CIA est impliquée. -**2.** [call attention to] attirer l'attention sur; **ecologists ~ to the destruction of forest land** les écologistes attirent notre attention sur la destruction des forêts; **they proudly ~ to the government's record** ils invoquent avec fierté le bilan du gouvernement.

◆ **point up** *vt sep* [subj: person, report] souligner, mettre l'accent sur; **his account ~s up the irony of the defeat** son exposé met l'accent sur l'ironie de la défaite ‖ [subj: event] faire ressortir; **the accident ~s up the need for closer cooperation** l'accident fait ressortir le besoin d'une coopération plus étroite.

point-blank ◇ *adj* -**1.** [shot] (tiré) à bout portant; **he was shot at ~ range** on lui a tiré dessus à bout portant. -**2.** [refusal, denial] catégorique; [question] (posé) de but en blanc, (posé) à brûle-pourpoint.

◇ *adv* -**1.** [shoot] à bout portant. -**2.** [refuse, deny] catégoriquement; [ask] de but en blanc, à brûle-pourpoint.

point-by-point *adj* méthodique.

point duty *n Br*: **to be on ~** diriger la circulation.

pointed ['pɔɪntɪd] *adj* -**1.** [sharp] pointu; **~ arch** ARCHIT arche *f* en ogive; **~ style** ARCHIT style *m* gothique. -**2.** [meaningful - look, comment] insistant; [- reference] peu équivoque. -**3.** [marked] ostentatoire; **with ~ indifference** avec une indifférence ostentatoire.

-pointed *in cpds*: **five/six~** [gen] à cinq/six pointes; [star] à cinq/six branches.

pointedly ['pɔɪntɪdlɪ] *adv* -**1.** [meaningfully - look, comment] de façon insistante; **she looked at me ~** elle m'a lancé un regard qui en disait long. -**2.** [markedly] de façon marquée OR prononcée; **she ~ ignored me all evening** elle m'a ostensiblement ignoré pendant toute la soirée.

pointer ['pɔɪntə^r] *n* -**1.** [for pointing - stick] baguette *f*; [- arrow] flèche *f*. -**2.** [on dial] aiguille *f*. -**3.** [indication, sign] indice *m*, signe *m*; **there are several ~s as to what really happened** plusieurs indices nous permettent de deviner ce qui s'est réellement passé; **all the ~s indicate an impending economic recovery** tout indique que la reprise économique est imminente; **a ~ to the future** une idée de ce que l'avenir nous réserve. -**4.** COMPUT pointeur *m*. -**5.** [dog] pointer *m*.

pointillism ['pɔɪntɪlɪzm] *n* pointillisme *m*.

pointillist ['pɔɪntɪlɪst] ◇ *adj* pointilliste.

◇ *n* pointilliste *mf*.

pointing ['pɔɪntɪŋ] *n (U)* CONSTR [act, job] jointoiement *m*; [cement work] joints *mpl*.

pointless ['pɔɪntlɪs] *adj* [gen] inutile, vain; [crime, violence, vandalism] gratuit; **all my efforts seemed ~** tous mes efforts semblaient inutiles OR vains; **it's ~ trying to convince him** ça ne sert à rien OR il est inutile d'essayer de le convaincre.

pointlessly ['pɔɪntlɪslɪ] *adv* [gen] inutilement, vainement; [hurt, murder, vandalize] gratuitement.

pointlessness ['pɔɪntlɪsnɪs] *n* [gen] inutilité *f*; [of remark] manque *m* d'à-propos; [of crime, violence, vandalism] gratuité *f*.

point of order *n* point *m* de procédure; **he rose on a ~** il a demandé la parole pour soulever un point de procédure.

point of reference *n* point *m* de référence.

point-of-sale *adj* sur le point OR sur le lieu de vente; **~ advertising** publicité *f* sur le lieu de vente, PLV *f*.

point of view *n* point *m* de vue, opinion *f*.

point shoes *npl* DANCE (chaussons *mpl* à) pointes *fpl*.

pointsman ['pɔɪntsmən] (*pl* **pointsmen** [-mən]) *n Br* RAIL aiguilleur *m*.

point-to-point *n Br rallye hippique pour cavaliers amateurs.*

poise [pɔɪz] ◇ *n* -**1.** [composure, coolness] calme *m*, aisance *f*, assurance *f*. -**2.** [physical bearing] port *m*, maintien *m*; [gracefulness] grâce *f*.

◇ *vt* [balance] mettre en équilibre; [hold suspended] tenir suspendu; **she ~d herself on the arm of my chair** elle s'est assise gracieusement sur le bras de mon fauteuil.

poised [pɔɪzd] *adj* -**1.** [balanced] en équilibre; [suspended] suspendu; **she held her glass ~ near her lips** elle tenait son verre près de ses lèvres; **he was ~ between life and death** il était entre la vie et la mort. -**2.** [ready, prepared] prêt; **~ for action** prêt à agir. -**3.** [composed, self-assured] calme, assuré.

poison ['pɔɪzn] ◇ *n* -**1.** poison *m*; [of reptile] venin *m*. -**2.** *fig* poison *m*, venin *m*; **the ~ spreading through our society** le mal qui se propage dans notre société; **they hate each other like ~** ils se détestent cordialement; **he's absolute ~!** *inf* c'est un vrai poison! ❑ **what's your ~?** *hum* qu'est-ce que tu bois?, qu'est-ce que je t'offre?

◇ *comp* [mushroom, plant] vénéneux; [gas] toxique; **~ gland** ZOOL glande *f* à venin.

◇ *vt* -**1.** *literal* empoisonner; **to ~ sb with sthg** empoisonner qqn à qqch; **a ~ed arrow/drink** une flèche/boisson empoisonnée; **all these pesticides are ~ing the air** tous ces pesticides empoisonnent l'atmosphère. -**2.** *fig* envenimer, gâcher; **his arrival ~ed the atmosphere** son arrivée rendit l'atmosphère insupportable; **they are ~ing his mind** ils sont en train de le corrompre; **he ~ed our minds against her** il nous a montés contre elle.

poisoner ['pɔɪznə^r] *n* empoisonneur *m*, -euse *f*.

poison gas *n* gaz *m* toxique.

poisoning ['pɔɪznɪŋ] *n* empoisonnement *m*; **lead ~** saturnisme *m*; **mercury ~** empoisonnement au mercure.

poison ivy *n* sumac *m* vénéneux.

poisonous ['pɔɪznəs] *adj* -**1.** [mushroom, plant] vénéneux; [snake, lizard] venimeux; [gas, chemical] toxique; **mercury is highly ~** le mercure est très toxique. -**2.** *fig* [person] malveillant, venimeux; [remark, allegation] venimeux; **he's got a ~ tongue** il a une langue de vipère.

poison-pen letter *n* lettre *f* anonyme.

poke [pəʊk] ◇ *vt* -**1.** [push, prod - gen] pousser; [- with elbow] donner un coup de coude à; **somebody ~d me in the back** quelqu'un m'a donné un coup dans le dos. -**2.** [stick, thrust] enfoncer; **she ~d her finger/knife into the tart** elle enfonça son doigt/son couteau dans la tarte; **to ~ a hole in sthg** faire un trou dans qqch; **he ~d his stick at me** il fit un mouvement avec son bâton dans ma direction; **she opened the door and ~d her head in/out** elle ouvrit la porte et passa sa tête à l'intérieur/à l'extérieur; **he's always poking his nose into other people's business** *fig* il se mêle toujours de ce qui ne le regarde pas. -**3.** [fire] tisonner. -**4.** *inf* [punch] flanquer un coup de poing à; **I ~d him in the nose** je lui ai flanqué un coup de poing sur le nez. -**5.** ▽ [have sex with] tirer un coup avec.

◇ *n* -**1.** [push, prod] poussée *f*, (petit) coup *m*; **he gave me a ~ in the back** il m'a donné un (petit) coup dans le dos; **give the fire a ~** donne un coup de tisonnier dans le feu. -**2.** *inf Am* [punch] gnon *m*, marron *m*; **he's asking for a ~ in the nose!** il va prendre un marron s'il continue! -**3.** *dial* [pocket] poche *f*; [bag] pochette *f*.

◆ **poke about, poke around** *vi insep* fouiller, fourrager; she **~d around in her bag for her purse** elle a fouillé dans son sac pour trouver son porte-monnaie.

◆ **poke along** *vi insep Am* avancer lentement.

◆ **poke out** ◇ *vi insep* [stick out] dépasser; **the new shoots were just poking out of the ground** les nouvelles pousses commençaient tout juste à sortir de terre.

◇ *vt sep* [remove] déloger; **to ~ sb's eye out** crever un œil à qqn.

poker ['pəʊkəʳ] *n* -**1.** [card game] poker *m*. -**2.** [for fire] tisonnier *m*.

poker dice ◇ *n* [game] poker *m* d'as.

◇ *npl* [set of dice] dés *mpl* pour le poker d'as.

poker face *n* visage *m* impassible OR impénétrable; **she kept a ~** son visage n'a pas trahi la moindre émotion OR est resté totalement impassible.

poker-faced *adj* (au visage) impassible.

pokerwork ['pəʊkəwɜːk] *n (U)* [art] pyrogravure *f*; [objects] pyrogravures *fpl*.

pokey ['pəʊkɪ] ◇ *n* ▽ *Am* [prison] tôle *f*; **in ~** en tôle.

◇ *adj inf* = **poky**.

poky *inf* ['pəʊkɪ] (*compar* **pokier**, *superl* **pokiest**) *adj* -**1.** *Br* [house, room - cramped] exigu. -**2.** *Am* [slow] lambin.

Polack ▽ ['pəʊlæk] *n offensive* Polaque *mf*.

Poland ['pəʊlənd] *pr n* Pologne *f*; **in ~** en Pologne.

polar ['pəʊləʳ] *adj* -**1.** CHEM, ELEC, GEOG & MATH polaire; **the Polar Circle** le cercle polaire; **~ coordinates** coordonnées *fpl* polaires; **the ~ lights** l'aurore *f* polaire; **~ regions** les régions *fpl* polaires. -**2.** *fig* [totally opposite - opinions, attitudes] diamétralement opposé.

polar bear *n* ours *m* polaire OR blanc.

polarimeter [,pəʊlə'rɪmɪtəʳ] *n* polarimètre *m*.

polarity [pəʊ'lærətɪ] (*pl* **polarities**) *n* polarité *f*.

polarization [,pəʊləraɪ'zeɪʃn] *n* polarisation *f*.

polarize, -ise ['pəʊləraɪz] ◇ *vt* polariser.

◇ *vi* se polariser.

Polaroid® ['pəʊlərɔɪd] ◇ *adj* [camera] Polaroid®; [film] pour Polaroid®; [glasses] à verre polarisé.

◇ *n* [camera] Polaroid®; [photo] photo *f* OR cliché *m* Polaroid®.

◆ **Polaroids**® *npl* [sunglasses] lunettes *fpl* de soleil à verre polarisé.

pole [pəʊl] ◇ *n* -**1.** ELEC & GEOG pôle *m*; **to travel from ~ to ~** parcourir la terre entière ❑ **they are ~s apart** ils n'ont absolument rien en commun; **their positions on disarmament are ~s apart** leurs positions sur le désarmement sont diamétralement opposées. -**2.** [rod] bâton *m*, perche *f*; [for tent] montant *m*; [in fence, construction] poteau *m*, pieu *m*; [for gardening] tuteur *m*; [for climbing plants] rame *f*; [for polevaulting, punting] perche *f*; [for skier] bâton *m*. -**3.** [mast - for phonelines] poteau *m*; [- for flags] mât *m*; **barber's ~** enseigne *f* de coiffeur. -**4.** [for climbing] mât *m*; [in fire-station] perche *f*; **you're up the ~!** *inf Br* [mistaken] tu te gourres!; [mad] tu es fou OR cinglé!; **the kids are driving me up the ~!** *Br* les gosses me rendent dingue! -**5.** *Am* [on racecourse] corde *f*. -**6.** [unit of measure] ≃ perche *f*.

◇ *vt* -**1.** [punt] faire avancer (avec une perche). -**2.** [plants] ramer.

Pole [pəʊl] *n* Polonais *m*, -e *f*.

poleaxe *Br*, **poleax** *Am* ['pəʊlæks] ◇ *n* -**1.** [weapon] hache *f* d'armes. -**2.** [for slaughter] merlin *m*.

◇ *vt literal* abattre; *fig* terrasser.

poleaxed *inf* ['pəʊlækst] *adj* -**1.** [surprised] baba, épaté. -**2.** [drunk] bourré, beurré.

polecat ['pəʊlkæt] (*pl inv* OR **polecats**) *n* -**1.** [European, African] putois *m*. -**2.** *Am* [skunk] mouffette *f*, mouffette *f*.

pole jump = **pole vault**.

polemic [pə'lemɪk] ◇ *adj* polémique.

◇ *n* [argument] polémique *f*.

◆ **polemics** *n (U)* [skill, practice] art *m* de la polémique.

polemical [pə'lemɪkl] *adj* polémique.

polemicist [pə'lemɪsɪst] *n* polémiste *mf*.

pole position *n* [in motor racing] pole position *f*; **to be in ~** être en pole position.

Pole Star *n* (étoile *f*) Polaire *f*.

pole vault *n* saut *m* à la perche.

◆ **pole-vault** *vi* [as activity] faire du saut à la perche; [on specific jump] faire un saut à la perche.

pole-vaulter [-,vɔːltəʳ] *n* perchiste *mf*.

police [pə'liːs] ◇ *npl* police *f*; **the ~ are on their way** la police arrive, les gendarmes arrivent; **he's in the ~** il est dans la police, c'est un policier; **a man is helping ~ with their enquiries** un homme est entendu par les policiers dans le cadre de leur enquête; **18 ~ were injured** 18 policiers ont été blessés.

◇ *comp* [vehicle, patrol, spy] de police; [protection, work] de la police, policier; [harassment] policier; **~ complaints procedure** procédure *f* pour porter plainte contre la police; **he was taken into ~ custody** il a été emmené en garde à vue; **a ~ escort** une escorte policière; **all ~ leave was cancelled** les permissions des policiers ont été annulées; **~ powers were extended** les pouvoirs de la police ont été étendus; **there was a heavy ~ presence** d'importantes forces de police se trouvaient sur place ❑ **Police Complaints Board** ≃ Inspection *f* générale des services; **the Police Federation** *le syndicat de la police britannique*.

◇ *vt* -**1.** [subj: policemen] surveiller, maintenir l'ordre dans; **the streets are being ~d 24 hours a day** les rues sont surveillées par la police 24 heures sur 24; **the May Day parade/the match was heavily ~d** d'importantes forces de police étaient présentes lors du défilé du 1er mai/du match || [subj: guards, vigilantes] surveiller; **the factory is ~d by security guards** l'usine est surveillée par des vigiles; **vigilante groups ~ the neighbourhood** des groupes d'autodéfense maintiennent l'ordre dans le quartier || [subj: army, international organization] surveiller, contrôler; **the area is ~d by army patrols** des patrouilles militaires veillent au maintien de l'ordre dans la région. -**2.** [regulate - prices] contrôler; [- agreement] veiller à l'application OR au respect de; **prices are ~d by consumer associations** les associations de consommateurs contrôlent les prix. -**3.** *Am* [clean - military camp] nettoyer.

police academy *n Am* école *f* de police.

police cell *n* cellule *f* d'un poste de police.

police chief *n* ≃ préfet *m* de police.

police commissioner *n Am* commissaire *m* de police.

police constable *n Br* ≃ gardien *m* de la paix, ≃ agent *m* (de police).

police court *n* tribunal *m* de police.

police dog *n* chien *m* policier.

police force *n* police *f*; **the local ~** la police locale; **to join the ~** entrer dans la police.

police inspector *n* inspecteur *m*, -trice *f* de police.

policeman [pə'liːsmən] (*pl* **policemen** [-mən]) *n* agent *m* (de police), policier *m*.

police officer *n* policier *m*, agent *m* de police.

police record *n* casier *m* judiciaire; **she has no ~** elle n'a pas de casier judiciaire, son casier judiciaire est vierge.

police sergeant *n* ≃ brigadier *m* (de police).

police state *n* État *m* OR régime *m* policier.

police station *n* [urban] poste *m* de police, commissariat *m* (de police); [rural] gendarmerie *f*.

police wagon *n Am* fourgon *m* cellulaire.

policewoman [pə'liːs,wʊmən] (*pl* **policewomen** [-,wɪmɪn]) *n* femme *f* policier.

policy ['pɒləsɪ] (*pl* **policies**) ◇ *n* -**1.** POL politique *f*; **the government's economic policies** la politique économique du gouvernement. -**2.** COMM [of company, organization] politique *f*, orientation *f*; **they don't know what ~ to adopt** ils ne savent pas quelle politique adopter; **this is in line with company ~** ça va dans le sens de la politique de l'entreprise; **our ~ is to hire professionals only** nous avons pour politique de n'engager que des professionnels. -**3.** [personal principle, rule of action] principe *m*, règle *f*; **her ~ has been always to tell the truth** elle a toujours eu pour principe de dire la vérité; **it's bad ~ to reveal your objectives early on** c'est une mauvaise tactique de dévoiler vos objectifs à l'avance. -**4.** [for insurance] police *f*; **to take out an insurance ~** souscrire une police d'assurance.

◇ *comp* [decision, statement] de principe; [debate] de politique générale.

policyholder ['pɒləsɪ,həʊldəʳ] *n* assuré *m*, -e *f*.

policymaker ['pɒləsɪ,meɪkəʳ] *n* POL responsable *mf* politique; COMM décideur *m*.

polio ['pəʊlɪəʊ] *n (U)* polio *f*.

poliomyelitis [,pəʊlɪəʊmaɪə'laɪtɪs] *n (U)* poliomyélite *f*.

polish ['pɒlɪʃ] ◇ *vt* -**1.** [furniture] cirer, encaustiquer; [brass, car] astiquer; [mirror] astiquer; [shoes] cirer, brosser; [gemstone] polir. -**2.** *fig* [perfect] polir, perfectionner; **to ~ one's prose/style** polir sa prose/son style. -**3.** [person] parfaire l'éducation de; **his manners could do with ~ing** ses manières laissent à désirer.

◇ *n* -**1.** [for wood, furniture] encaustique *f*, cire *f*; [for shoes] cirage *m*; [for brass, car, silverware] *produit d'entretien pour le cuivre, la voiture, l'argenterie etc*; [for fingernails] vernis *m*. -**2.** [act of polishing]: **to give sthg a ~** astiquer qqch; **give your shoes a quick ~** donne un petit coup de brosse à tes chaussures; **the brass could do with a ~** les cuivres auraient besoin d'être astiqués. -**3.** [shine, lustre] brillant *m*, éclat *m*; **the silver has a lovely ~** l'argent a un bel éclat; **his shoes have lost their ~** ses chaussures ont perdu leur lustre; **to put a ~ on sthg** faire briller qqch. -**4.** *fig* raffinement *m*, élégance *f*; **she has a lot of ~** elle est très raffinée.

◆ **polish off** *inf vt sep* -**1.** [finish - meal] finir, avaler; **they ~ed off half a loaf between them** ils ont avalé la moitié d'un pain à eux seuls; **they soon ~ed off the rest of the beer** ils ont eu vite fait de finir ce qui restait de bière. -**2.** [complete - job] expédier; [- book, essay] en finir avec. -**3.** [beat - competition] se débarrasser de, écraser; [kill] liquider, descendre.

◆ **polish up** ◇ *vi insep*: **brass ~es up well** le cuivre est facile à faire briller.

◇ *vt sep* -**1.** [furniture, shoes] faire briller; [diamond] polir. -**2.** *fig* [perfect - maths, language] perfectionner, travailler; [- technique] parfaire, améliorer.

Polish ['pəʊlɪʃ] ◇ *n* LING polonais *m*.

◇ *npl* [people]: **the ~** les Polonais.

◇ *adj* polonais.

polished ['pɒlɪʃt] *adj* -**1.** [surface] brillant, poli. -**2.** CULIN [rice] décortiqué. -**3.** [person] qui a du savoir-vivre, raffiné; [manners] raffiné. -**4.** [performer] accompli; [performance] parfait, impeccable; [style] raffiné, élégant.

polisher ['pɒlɪʃəʳ] *n* [person] cireur *m*, -euse *f*; [machine] polissoir *m*; [for floors] cireuse *f*.

Politburo ['pɒlɪt,bjʊərəʊ] (*pl* **Politburos**) *n* Politburo *m*.

polite [pə'laɪt] *adj* -**1.** [person] poli, courtois; [remark, conversation] poli, aimable; **to be ~ to sb** être poli envers OR avec qqn; **it is ~ to ask first** quand on est poli, on demande d'abord; **to make ~ conversation** faire la conversation; **she was very ~ about my poems** elle s'est montrée très diplomate dans ses commentaires sur mes poèmes. -**2.** [refined - manners] raffiné, élégant; **~ society** la bonne société, le beau monde.

politely [pə'laɪtlɪ] *adv* poliment, de manière courtoise.

politeness [pə'laɪtnɪs] *n* politesse *f*, courtoisie *f*; **out of ~** par politesse.

politic ['pɒlətɪk] *adj fml* [shrewd] habile, avisé; [wise] judicieux, sage; **it would not be ~ to refuse** ce ne serait pas prudent de refuser.

political [pə'lɪtɪkl] *adj* -**1.** politique; **man is a ~ animal** l'homme est un animal politique. -**2.** [interested in politics]: **he's always been very ~** il s'est toujours intéressé à la politique.

politically [pə'lɪtɪklɪ] *adv* politiquement.

politically correct *adj caractéristique d'un mouvement intellectuel américain qui vise à établir une nouvelle éthique, notamment en bannissant de la langue certains termes jugés discriminants.*

POLITICALLY CORRECT:
Le mouvement «PC» remplace par exemple: «American Indian» par «Native American», «Black» par «African American», «disabled» par «differently abled», «blind» par «visually challenged».

---

political science *n (U)* sciences *fpl* politiques.

political scientist *n* spécialiste *mf* en sciences politiques.

politician [,pɒlɪ'tɪʃn] *n* -**1.** [gen] homme *m* politique, femme *f* politique. -**2.** *Am pej* politicien *m*, -enne *f*.

politicization [pə,lɪtɪsaɪ'zeɪʃn] *n* politisation *f*.

politicize, -ise [pə'lɪtɪsaɪz] ◇ *vt* politiser; **the whole issue has become highly ~d** on a beaucoup politisé toute cette question.
◇ *vi* faire de la politique.

politicking ['pɒlətɪkɪŋ] *n pej activité politique visant uniquement à obtenir des suffrages.*

politico *inf* [pə'lɪtɪkəʊ] (*pl* **politicos** OR **politicoes**) *n pej* politicard *m*, -e *f*.

politico- *in cpds* politico-.

politics ['pɒlətɪks] ◇ *n (U)* -**1.** [as a profession]: **to go into ~** faire de la politique; **local ~** politique locale; **~ has never attracted her** la politique ne l'a jamais intéressée. -**2.** [art or science] politique *f*; **she studied ~ at university** elle a étudié les sciences politiques à l'université. -**3.** [activity] politique *f*; **I tried not to be drawn into office ~** j'ai essayé de ne pas me laisser entraîner dans les intrigues de bureau ❑ **sexual ~** *ensemble des idées et des problèmes touchant aux droits des femmes, des homosexuels etc.*
◇ *npl* [opinions] idées *fpl* OR opinions *fpl* politiques; **what exactly are her ~?** quelles sont ses opinions politiques au juste?

polity ['pɒlətɪ] (*pl* **polities**) *n fml* [state] État *m*; [administration] organisation *f* politique OR administrative; [political unit] entité *f* politique.

polka ['pɒlkə] ◇ *n* polka *f*.
◇ *vi* danser la polka.

polka dot *n* pois *m* TEXT.
◆ **polka-dot** *adj* à pois.

poll [pəʊl] ◇ *n* -**1.** POL [elections] élection *f*, élections *fpl*, scrutin *m*; **the ~ took place in June** les élections ont eu lieu en juin; **to go to the ~s** voter, se rendre aux urnes; **the country will go to the ~s in September** la population se rendra aux urnes en septembre, le pays votera en septembre; **eve of ~ voting intentions** les intentions de vote à la veille du scrutin; **the party is likely to be defeated at the ~s** le parti sera probablement battu aux élections || [vote] vote *m*; [votes cast] suffrages *mpl* (exprimés), nombre *m* de voix; **there was an unexpectedly heavy ~** contrairement aux prévisions, il y a eu un fort taux de participation au scrutin; **the ecology candidate got 3% of the ~** le candidat écologiste a obtenu OR recueilli 3% des suffrages OR des voix. -**2.** [survey - of opinion, intentions] sondage *m*; **to conduct a ~ on** OR **about sthg** faire un sondage d'opinion sur qqch, effectuer un sondage auprès de la population concernant qqch; **the latest ~ puts the Socialists in the lead** le dernier sondage donne les socialistes en tête. -**3.** [count, census] recensement *m*. -**4.** [list - of taxpayers] rôle *m* nominatif; [- of electors] liste *f* électorale.
◇ *vt* -**1.** POL [votes] recueillir, obtenir; **the Greens ~ed 14 % of the vote** les verts ont obtenu 14 % des voix. -**2.** [person] sonder, recueillir l'opinion de; **most of those ~ed were in favour of the plan** la plupart des personnes interrogées OR sondées étaient favorables au projet. -**3.** *Am* [assembly] inscrire le vote de. -**4.** COMPUT [terminal] appeler; [data] recueillir. -**5.** [tree] étêter; [cattle] décorner.
◇ *vi* [voter] voter.

pollard ['pɒləd] ◇ *n* -**1.** BOT têtard *m (arbre)*. -**2.** ZOOL animal *m* sans cornes.
◇ *vt* -**1.** BOT étêter. -**2.** ZOOL décorner.

pollen ['pɒlən] *n* pollen *m*; **~ analysis** analyse *f* pollinique.

pollen count *n* indice *m* pollinique (de l'air).

pollinate ['pɒləneɪt] *vt* polliniser.

pollination [,pɒlɪ'neɪʃn] *n* pollinisation *f*.

polling ['pəʊlɪŋ] *n (U)* -**1.** POL [voting] vote *m*, suffrage *m*; [elections] élections *fpl*, scrutin *m*; **the result of the ~** le résultat du scrutin OR des élections; **~ takes place every five years** le scrutin a lieu tous les cinq ans; **the first round of ~** le premier tour de scrutin OR des élections; **~ is up on last year** la participation au vote est plus élevée que l'année dernière. -**2.** [for opinion poll] sondage *m*.

polling booth *n* isoloir *m*.

polling day *n* jour *m* des élections OR du scrutin.

polling station *n* bureau *m* de vote.

polliwog ['pɒlɪwɒg] *n Am* ZOOL têtard *m*.

pollster *inf* ['pəʊlstəʳ] *n* enquêteur *m*, -euse OR -trice *f*, sondeur *m*, -euse *f*; **the ~s are predicting a high turnout** les sondages prévoient un fort taux de participation.

poll tax *n* -**1.** [in UK] *impôt local aboli en 1993, basé sur le nombre d'occupants adultes d'un logement.* -**2.** [in US] *impôt, aboli en 1964, donnant droit à être inscrit sur les listes électorales.* -**3.** HIST capitation *f*.

pollutant [pə'lu:tnt] *n* polluant *m*.

pollute [pə'lu:t] *vt* polluer; **the rivers are ~d with toxic waste** les cours d'eau sont pollués par les déchets toxiques.

polluter [pə'lu:təʳ] *n* pollueur *m*, -euse *f*.

pollution [pə'lu:ʃn] *n* -**1.** [of environment] pollution *f*; **experts are trying to identify the source of the ~** les experts tentent de localiser la source OR l'origine de la pollution. -**2.** *(U)* [pollutants] polluants *mpl*; **volunteers are helping to clear the beach of ~** des volontaires participent aux opérations d'assainissement de la plage. -**3.** *fml* [emission of semen] pollution *f* nocturne.

Pollyanna [,pɒlɪ'ænə] *n individu naïvement optimiste.*

pollywog ['pɒlɪwɒg] = **polliwog**.

polo ['pəʊləʊ] (*pl* **polos**) ◇ *n* -**1.** SPORT polo *m*. -**2.** *Am* [shirt] = **polo shirt**.
◇ *comp* [match, stick] de polo.

polonaise [,pɒlə'neɪz] *n* MUS & SEW polonaise *f*.

polo neck *n Br* [collar] col *m* roulé; [sweater] (pull *m* à) col *m* roulé.
◆ **polo-neck(ed)** *adj Br* à col roulé.

polonium [pə'ləʊnɪəm] *n* polonium *m*.

polony [pə'ləʊnɪ] (*pl* **polonies**) *n Br* salami *m*, saucisson *m* de Bologne.

polo shirt *n* polo *m (chemise)*.

poltergeist ['pɒltəgaɪst] *n* esprit *m* frappeur, poltergeist *m*.

poltroon [pɒl'tru:n] *n arch* poltron *m*, -onne *f*.

poly *inf* ['pɒlɪ] (*pl* **polys**) *Br* = **polytechnic**.

polyamide [,pɒlɪ'æmaɪd] *n* polyamide *m*.

polyandrous [,pɒlɪ'ændrəs] *adj* polyandre.

polyandry ['pɒlɪændrɪ] *n* polyandrie *f*.

polyanthus [,pɒlɪ'ænθəs] (*pl* **polyanthuses** OR polyanthi [-θaɪ]) *n* -**1.** [primrose] primevère *f*. -**2.** [narcissus] narcisse *m* à bouquet.

polyatomic [,pɒlɪə'tɒmɪk] *adj* polyatomique.

polybasic [,pɒlɪ'beɪsɪk] *adj* polybasique.

polychromatic [,pɒlɪkrəʊ'mætɪk] *adj* -**1.** [multicoloured] multicolore, polychrome. -**2.** PHYS [light] polychromatique.

polychrome ['pɒlɪkrəʊm] ◇ *adj* polychrome.
◇ *n* objet *m* polychrome.

polyclinic [,pɒlɪ'klɪnɪk] *n* polyclinique *f*.

polycyclic [,pɒlɪ'saɪklɪk] *adj* polycyclique.

Polydorus [,pɒlɪ'dɔ:rəs] *pr n* Polydore.

polyester [,pɒlɪ'estəʳ] ◇ *n* polyester *m*.
◇ *adj* (de OR en) polyester.

polyethylene [,pɒlɪ'eθɪli:n] = **polythene**.

polygamist [pə'lɪgəmɪst] *n* polygame *m*.

polygamous [pə'lɪgəməs] *adj* polygame.

polygamy [pə'lɪgəmɪ] *n* polygamie *f*.

polygenesis [,pɒlɪ'dʒenɪsɪs] *n* -**1.** BIOL polygénie *f*. -**2.** [of man] polygénisme *m*.

polyglot ['pɒlɪglɒt] ◇ *adj* [person] polyglotte; [edition] multilingue.
◇ *n* [person] polyglotte *mf*; [book] édition *f* multilingue.

polyglot(t)ism ['pɒlɪglɒtɪzm] *n* multilinguisme *m*.

polygon ['pɒlɪgɒn] *n* polygone *m*.

polygonal [pɒ'lɪgənl] *adj* polygonal.

polygraph ['pɒlɪgrɑ:f] *n* -**1.** [lie detector] détecteur *m* de mensonge. -**2.** [copying device] photocopieuse *f*.

polyhedral [,pɒlɪ'hi:drəl] *adj* polyèdre, polyédrique.

polyhedron [,pɒlɪ'hi:drən] (*pl* **polyhedrons** OR polyhedra [-drə]) *n* polyèdre *m*.

polymath ['pɒlɪmæθ] *n fml* puits *m* de science *fig*, esprit *m* encyclopédique.

polymer ['pɒlɪməʳ] *n* polymère *m*.

polymeric [,pɒlɪ'merɪk] *adj* polymère.

polymerization [,pɒlɪməraɪ'zeɪʃn] *n* polymérisation *f*.

polymerize, -ise ['pɒlɪməraɪz] *vt* & *vi* polymériser.

polymorph ['pɒlɪmɔ:f] *n* BIOL espèce *f* polymorphe; CHEM substance *f* polymorphe.

polymorphic [,pɒlɪ'mɔ:fɪk] *adj* polymorphe.

polymorphism [,pɒlɪ'mɔ:fɪzm] *n* [gen] polymorphisme *m*; CHEM polymorphie *f*.

Polynesia [,pɒlɪ'ni:zjə] *pr n* Polynésie *f*; **in ~** en Polynésie; **French ~** la Polynésie française.

Polynesian [,pɒlɪ'ni:zjən] ◇ *n* -**1.** [person] Polynésien *m*, -enne *f*. -**2.** LING polynésien *m*.
◇ *adj* polynésien.

polynomial [,pɒlɪ'nəʊmjəl] ◇ *adj* polynomial.
◇ *n* polynôme *m*.

polyp ['pɒlɪp] *n* polype *m*.

polyphase ['pɒlɪfeɪz] *adj* polyphasé.

Polyphemus [,pɒlɪ'fi:məs] *pr n* Polyphème.

polyphonic [,pɒlɪ'fɒnɪk], **polyphonous** [pə'lɪfənəs] *adj* polyphonique.

polyphony [pə'lɪfənɪ] *n* polyphonie *f*.

polypropylene [,pɒlɪ'prəʊpɪli:n] *n* polypropylène *m*.

polysemous [pə'lɪsɪməs] *adj* polysémique.

polysemy [pə'lɪsɪmɪ] *n* polysémie *f*.

polystyrene [,pɒlɪ'staɪri:n] *n* polystyrène *m*; **~ cement** colle *f* polystyrène; **~ tiles** carreaux *mpl* de polystyrène.

polysyllabic(al) [,pɒlɪsɪ'læbɪk(l)] *adj* polysyllabe, polysyllabique.

polysyllable ['pɒlɪ,sɪləbl] *n* polysyllabe *m*.

polysyndeton [,pɒlɪ'sɪndətən] *n* -**1.** [in rhetoric] polysyndète *f*, syndèse *f*. -**2.** GRAMM *phrase contenant plus de deux propositions coordonnées.*

polysynthetic [,pɒlɪsɪn'θetɪk] *adj* LING polysynthétique.

polytechnic [,pɒlɪ'teknɪk] *n en Grande-Bretagne, avant 1993, établissement d'enseignement supérieur qui appartenait à un système différent de celui des universités. Depuis 1993, les «polytechnics» ont acquis le statut d'universités.*

polytheism ['pɒlɪθi:ɪzm] *n* polythéisme *m*.

polythene ['pɒlɪθi:n] ◇ *n* polyéthylène *m*, Polythène® *m*.
◇ *comp* en plastique, en polyéthylène *spec*, en Polythène® *spec*; **~ bag** sac *m* (en) plastique.

polyunsaturated [,pɒlɪʌn'sætʃəreɪtɪd] *adj* polyinsaturé.

polyurethane [,pɒlɪ'jʊərəθeɪn] *n* polyuréthane *m*, polyuréthanne *m*; **~ foam** mousse *f* de polyuréthane.

polyvalent [ˌpɒlɪ'veɪlənt] *adj* polyvalent CHEM & MED.

polyvinyl [ˌpɒlɪ'vaɪnɪl] *adj* polyvinylique; ~ **chloride** chlorure *m* de polyvinyle.

pom *inf* [pɒm] *Austr* & *NZ* = **pommie**.

pomade [pə'meɪd] ◇ *n* pommade *f (pour les cheveux)*.
◇ *vt* pommader.

pomander [pə'mændəʳ] *n* [bag] sachet *m* aromatique; [orange stuck with cloves] pomme *f* d'amour.

pome [pəʊm] *n* fruit *m* à pépins.

pomegranate ['pɒmɪˌgrænɪt] *n* grenade *f (fruit)*; ~ **tree** grenadier *m*.

pomelo ['pɒmɪləʊ] (*pl* **pomelos**) *n* pomelo *m*.

Pomerania [ˌpɒmə'reɪnjə] *pr n* Poméranie *f*; **in** ~ en Poméranie.

Pomeranian [ˌpɒmə'reɪnjən] ◇ *n* -**1.** [person] Poméranien *m*, -enne *f*. -**2.** [dog] loulou *m* (de Poméranie).
◇ *adj* poméranien.

pommel ['pɒml] (*Br pt* & *pp* **pommelled**, *cont* **pommelling**, *Am pt* & *pp* **pommeled**, *cont* **pommeling**) ◇ *n* pommeau *m*.
◇ *vt* = **pummel**.

pommel horse *n* cheval-d'arçons *m inv*.

pommie *inf*, **pommy** *inf* ['pɒmɪ] (*pl* **pommies**) ◇ *n Austr* & *NZ hum* OR *pej* angliche *mf pej*.
◇ *adj* angliche *pej*.

pomology [pɒ'mɒlədʒɪ] *n* AGR pomologie *f*.

pomp [pɒmp] *n* pompe *f*, faste *m*; **with great** ~ en grande pompe; **the** ~ **of great state occasions** le faste des grandes cérémonies nationales.

pompadour ['pɒmpəˌdʊəʳ] *n* coiffure *f* style Pompadour.

Pompeii [pɒm'peiiː] *pr n* Pompéi.

Pompeiian [pɒm'peɪən] ◇ *n* Pompéien *m*, -enne *f*.
◇ *adj* pompéien.

Pompey ['pɒmpɪ] *pr n* Pompée.

pompom ['pɒmpɒm] *n* -**1.** [flower, bobble] pompon *m*. -**2.** *inf* MIL canon *m* antiaérien.

pomposity [pɒm'pɒsətɪ] (*pl* **pomposities**) *n* -**1.** *(U)* [of manner] comportement *m* pompeux, manières *fpl* pompeuses. -**2.** [of ceremony] apparat *m*, pompe *f*; [of style] caractère *m* pompeux.

pompous ['pɒmpəs] *adj* [pretentious] pompeux, prétentieux.

pompously ['pɒmpəslɪ] *adv* pompeusement; **it's rather** ~ **called a marina** on qualifie cela, assez pompeusement, de marina.

ponce *inf* [pɒns] *Br* ◇ *n* -**1.** [pimp] maquereau *m*. -**2.** *pej* [effeminate man] homme *m* efféminé.
◇ *vi* -**1.** [pimp] faire le maquereau. -**2.** *pej* [behave effeminately] faire des simagrées, minauder.
◆ **ponce about** *inf*, **ponce around** *inf vi insep* [mess around] traîner; **stop poncing around and get on with it** arrête un peu de traîner et dépêche-toi.

poncey *inf*, **poncy** *inf* ['pɒnsɪ] *adj Br pej* efféminé.

poncho ['pɒntʃəʊ] (*pl* **ponchos**) *n* poncho *m*.

pond [pɒnd] *n* [small] mare *f*; [large] étang *m*; [in garden] bassin *m*; ~ **life** la faune des étangs.

ponder ['pɒndəʳ] ◇ *vi* [think] réfléchir; [meditate] méditer; **he spent hours** ~**ing over the meaning of it all** il passa des heures à méditer sur le sens de tout cela; **she had plenty of time to** ~ **on** OR **upon the folly of her ways** elle a eu tout le temps de réfléchir à la stupidité de ses actes.
◇ *vt* réfléchir à OR sur; **I sat down and** ~**ed what to do next** je m'assis et considérai ce que j'allais faire ensuite; **she retreated to her own room to** ~ **her next move** elle se retira dans sa chambre pour réfléchir à la décision qu'elle allait prendre.

ponderable ['pɒndərəbl] *adj fml* pondérable.
◆ **ponderables** *npl fml* données *fpl* mesurables.

ponderous ['pɒndərəs] *adj* [heavy] pesant, lourd; [slow] lent, laborieux; [dull] lourd; **with** ~ **steps** d'un pas lourd; **a** ~ **style** un style lourd OR laborieux; **he has a very** ~ **way of speaking** il s'exprime avec difficulté OR laborieusement.

ponderously ['pɒndərəslɪ] *adj* [heavily] lourdement; [laboriously] laborieusement; **he walked** ~ **across the yard** il traversa la cour d'un pas pesant; **after a long pause, he said** ~**: "I'm not entirely sure what you mean"** au bout d'un long moment, il dit péniblement: «je ne suis pas sûr de bien vous comprendre».

Pondicherry [ˌpɒndɪ'tʃerɪ] *pr n* Pondichéry.

pond lily = **water lily**.

pond skater *n* gerris *m*.

pond snail *n* limnée *f*.

pondweed ['pɒndwiːd] *n* potamot *m*.

pone [pəʊn] *n Am*: ~ **(bread)** pain *m* de maïs.

pong *inf* [pɒŋ] ◇ *n Br* puanteur *f*.
◇ *vi* cocoter.

pontiff ['pɒntɪf] *n* souverain pontife *m*, pape *m*.

pontifical [pɒn'tɪfɪkl] *adj* -**1.** RELIG pontifical. -**2.** [pompous] pompeux.

pontificate [*vb* pɒn'tɪfɪkeɪt, *n* pɒn'tɪfɪkɪt] ◇ *vi* [gen & RELIG] pontifier; **he's always pontificating about** OR **on something or other** *pej* il faut toujours qu'il pontifie.
◇ *n* pontificat *m*.

Pontius Pilate ['pɒntjəs-] *pr n* Ponce Pilate.

pontoon [pɒn'tuːn] *n* -**1.** [float] ponton *m*; [on seaplane] flotteur *m*. -**2.** [card game] vingt-et-un *m*.

pontoon bridge *n* pont *m* flottant.

pony ['pəʊnɪ] (*pl* **ponies**) *n* -**1.** ZOOL poney *m*; **we went for a** ~ **ride** nous avons fait une promenade à dos de poney. -**2.** [glass] verre *m* à liqueur. -**3.** ▽ *Br* [£25] *25 livres*; [bet] *pari de 25 livres*. -**4.** *inf Am* SCH [crib] antisèche *f*.

pony express *n service postal américain à cheval mis en place en 1860 et détrôné par l'apparition du télégraphe.*

ponytail ['pəʊnɪteɪl] *n* queue de cheval *f*; **she does her hair in a** ~ elle a OR se fait une queue de cheval.

pony-trekking *n* randonnée *f* à dos de poney; **to go** ~ faire une randonnée à dos de poney.

poo *inf* [puː] *n* & *vi* = **pooh**.

pooch *inf* [puːtʃ] *n Am* toutou *m*.

poodle ['puːdl] *n* caniche *m*; **I'm not your** ~! *fig* je ne suis pas ton chien!

poof [pʊf] ◇ *n* ▽ *Br pej* pédé *m*.
◇ *interj*: **and then it was gone,** ~, **just like that** et puis hop! il a disparu d'un coup.

poofter▽ ['pʊftəʳ] = **poof** *n*.

poofy▽ ['pʊfɪ] (*compar* **poofier**, *superl* **poofiest**) *adj Br pej* efféminé; **he's a bit** ~ il fait un peu pédé.

pooh *inf* [puː] *Br* ◇ *interj* [with disgust] pouah; [with disdain] peuh.
◇ *n baby talk* caca *m*.
◇ *vi baby talk* faire caca.

Pooh-Bah *inf* ['puː'bɑː] *n Br* cumulard *m*, -e *f*.

pooh-pooh *inf vt Br* rire de, ricaner de.

pool [puːl] ◇ *n* -**1.** [pond - small] mare *f*; [- large] étang *m*; [- ornamental] bassin *m*; **rock** ~ mare d'eau de mer au milieu des rochers. -**2.** [puddle] flaque *f*; **a** ~ **of blood** une flaque OR une mare de sang; **a** ~ **of light** un rond de lumière. -**3.** [swimming pool] piscine *f*. -**4.** [in harbour] bassin *m*; [in canal, river] plan *m* d'eau. -**5.** [of money] cagnotte *f*; [in card games] cagnotte *f*, poule *f*. -**6.** [of workmen, babysitters] groupe *m*, groupement *m*; [of experts] équipe *f*; [of typists] pool *m*; [of cars - in firm] parc *m*; [of ideas] réserve *f*; [of talent] pépinière *f*, réserve *f*. -**7.** [consortium] cartel *m*, pool *m*; [group of producers] groupement *m* de producteurs. -**8.** *Am* FIN [group] groupement *m*; [agreement] entente *f*, accord *m*. -**9.** [American billiards] billard *m* américain; **to shoot** ~ *Am* jouer au billard américain.
◇ *vt* [resources, cars] mettre en commun; [efforts, ideas] unir.

poolroom ['puːlˌruːm] *n* salle *f* de billard.

pools [puːlz] *npl Br*: **the (football)** ~ les concours de pronostics (au football); **to win the (football)** ~ gagner aux pronostics (au football); ~ **coupon** fiche *f* de pari, grille *f* de pronostics *(au football)*.

pool table *n* (table *f* de) billard *m*.

poon▼ [puːn] *n Am* chatte *f*.

Poona ['puːnə] *pr n* Poona, Pune.

poontang▼ ['puːntæŋ] *Am* = **poon**.

poop [puːp] *n*: ~ **(deck)** poupe *f*.
◆ **poop out** *vi insep Am* [drop out] déclarer forfait.

pooped *inf* [puːpt] *adj Am*: ~ **(out)** vanné, HS.

pooper-scooper ['puːpəˌskuːpəʳ] *n* ≃ motocrotte *f*.

poor [pʊəʳ] ◇ *adj* -**1.** [financially - person, area, country] pauvre; ~ **people** les pauvres; ECON les économiquement faibles; **they're too** ~ **to own a car** ils n'ont pas les moyens d'avoir une voiture; **the oil crisis made these countries considerably** ~**er** la crise du pétrole a considérablement appauvri ces pays ☐ ~ **as a church mouse** pauvre comme Job. -**2.** [mediocre in quantity - gen] maigre; [- output, sale figures] faible, médiocre; **there was an unusually** ~ **turnout** il est venu beaucoup moins de monde que d'habitude; **his pay is very** ~ il est très mal payé ‖ [mediocre in quality - land, soil] maigre, pauvre; [- effort, excuse] piètre; [- piece of work] médiocre; [- results] médiocre, piètre; [- weather, summer] médiocre; ~ **quality goods** marchandises de mauvaise qualité; **in** ~ **condition** en mauvais état; **the match took place in** ~ **light** le match a eu lieu alors qu'on n'y voyait pratiquement rien; **the joke was in extremely** ~ **taste** la plaisanterie était du plus mauvais goût; **she has very** ~ **taste in clothes** elle s'habille avec un goût douteux; **the team put in a** ~ **performance** l'équipe n'a pas très bien joué; **our side put up a very** ~ **show** notre équipe a donné un piètre spectacle; **don't be such a** ~ **loser!** [in game] ne sois pas si mauvais perdant!; **I have only a** ~ **understanding of economics** je ne comprends pas grand-chose à l'économie; ~ **work** SCH travail insuffisant; **our chances of success are very** ~ nos chances de réussite sont bien maigres. -**3.** [weak - memory, sight] mauvais; **to be in** ~ **health** être en mauvaise santé; **I have rather** ~ **sight** j'ai une mauvaise vue; **I have rather** ~ **hearing** j'entends mal. -**4.** [in ability] peu doué; **I'm a** ~ **cook** je ne suis pas doué pour la cuisine; **my spelling/French is** ~ je ne suis pas fort en orthographe/en français; **she's a** ~ **sailor** elle n'a pas le pied marin; **she's a** ~ **traveller** elle supporte mal les voyages; **he is very** ~ **at maths/at making speeches** il n'est pas doué en maths/pour les discours. -**5.** [inadequate] faible; **their food is** ~ **in vitamins** leur alimentation est pauvre en vitamines. -**6.** [pitiful] pauvre; **you** ~ **thing!** mon pauvre!; **the** ~ **girl!** la pauvre (fille)!; ~ **me!** pauvre de moi!; ~ **(old) Bill** le pauvre Bill.
◇ *npl*: **the** ~ les pauvres *mpl*; **the** ~ **are always with us** il y a toujours des pauvres parmi nous; **the new** ~ les nouveaux pauvres.

poor box *n* tronc *m* des pauvres.

poorhouse ['pʊəhaʊs, *pl* -haʊzɪz] *n dans le passé, hospice pour les indigents.*

poor law *n Br loi qui régissait autrefois l'assistance publique.*

THE POOR LAWS:
Premières lois sociales anglaises, en 1597 et 1601. Motivées autant par la peur et la honte du pauvre que par la charité, et visant à améliorer le sort des plus démunis (construction d'hôpitaux, d'écoles, de logements etc) tout en condamnant les «oisifs» de la société, elles ouvrirent la voie au système d'aide sociale en Angleterre et en Europe.

---

poorly ['pʊəlɪ] (*compar* **poorlier**, *superl* **poorliest**) ◇ *adj Br* malade, souffrant; **his condition is described as** ~ MED son état est considéré comme sérieux.

◇ *adv* [badly] mal; ~ lit mal éclairé; ~ **dressed** pauvrement OR mal vêtu; **I did ~ in the maths test** je n'ai pas bien réussi à l'interrogation de maths; **the school was very ~ maintained** l'école était assez mal entretenue; **to think ~ of sb** avoir une mauvaise opinion de qqn.

poorness ['pʊənɪs] *n* -**1.** [financially] pauvreté *f*. -**2.** [mediocrity] médiocrité *f*, pauvreté *f*.

poor relation *n Br fig* parent *m* pauvre; **we're definitely considered the ~s of the publishing world** on nous considère vraiment comme les parents pauvres de l'édition.

poor-spirited *adj* pusillanime; **it was rather ~ of him** il a fait preuve d'une certaine lâcheté OR d'un certain manque de courage.

poor White *n pej Am personne de race blanche appartenant aux classes défavorisées.*

poove▽ [puːv] *Br* = **poof** *n*.

pop [pɒp] (*pt* & *pp* **popped**, *cont* **popping**) ◇ *onomat* pan; **to go ~** [cork] sauter; [balloon] éclater.

◇ *n* -**1.** MUS musique *f* pop. -**2.** [sound] bruit *m* de bouchon qui saute, bruit *m* sec; **we heard a ~** on a entendu un bruit sec. -**3.** [drink] boisson *f* gazeuse OR pétillante; **ginger ~** boisson gazeuse au gingembre. -**4.** *inf Am* [father] papa *m*.

◇ *written abbr of* **population.**

◇ *comp* [group, singer, video] pop *(inv)*; **~ magazines** des magazines de rock; **~ concert** concert *m* rock; **~ music** musique *f* pop, pop music *f*.

◇ *vi* -**1.** [cork, buttons] sauter; [bulb, balloon] éclater; **to make a popping noise** faire un bruit de bouchon qui saute; **champagne corks popped and the party began** les bouchons de champagne sautèrent et la fête commença; **to ~ open** [box, bag] s'ouvrir tout d'un coup; [buttons] sauter. -**2.** [ears] se déboucher d'un seul coup; [eyes] s'ouvrir tout grand; **his eyes almost popped out of his head in surprise** de surprise, les yeux lui sont presque sortis de la tête. -**3.** *inf Br* [go] faire un saut; **to ~ into town** faire un saut en ville; **she popped into the butcher's on her way home** elle a fait un saut chez OR elle est passée en vitesse chez le boucher sur le chemin du retour.

◇ *vt* -**1.** [balloon, bag] crever; [button, cork] faire sauter; [corn] faire éclater. -**2.** *inf* [put] mettre, fourrer; **she popped her purse into her bag** elle a fourré son porte-monnaie dans son sac; **just pop the paper through the letterbox** glissez juste le journal dans la boîte aux lettres; **she kept popping tablets into her mouth** elle n'arrêtait pas de se fourrer des comprimés dans la bouche; **he popped his head over the wall** sa tête surgit en haut du mur; **let's ~ open a bottle of beer** *Am* ouvrons une bouteille de bière. -**3.** *inf* [hit]: **he popped me one on the chin** il m'a fichu un coup de poing au menton. -**4.** *drugs sl*: **to ~ pills** prendre des comprimés *(pour se droguer)*. -**5.** *inf dated* [pawn] mettre au clou. -**6.** *phr*: **he's finally popped the question** *inf* il a finalement demandé sa main; **to ~ one's clogs** *inf Br* casser sa pipe.

◆ **pop in** *vi insep Br* faire une petite visite; **~ in on your way home** passez chez moi en rentrant (à la maison); **to ~ in to see sb** passer voir qqn.

◆ **pop off** *inf vi insep* -**1.** [leave] s'en aller, filer; **he popped off home to get his tennis things** il est allé chez lui chercher ses affaires de tennis. -**2.** [die] casser sa pipe.

◆ **pop out** *inf vi insep* sortir un instant; **to ~ out to the tobacconist's** faire un saut au bureau de tabac.

◆ **pop over** *inf vi insep Br* passer, faire une petite visite; **she popped over to see me** elle est passée me voir.

◆ **pop up** *inf vi insep* -**1.** [go upstairs] faire un saut en haut OR à l'étage; **~ up to see me sometime** monte donc me voir un de ces jours. -**2.** [crop up] surgir; **his name seems to ~ up everywhere** on ne parle que de lui.

popadum ['pɒpədəm] *n galette indienne.*

pop art *n* pop art *m*.

popcorn ['pɒpkɔːn] *n* pop-corn *m inv*.

pope [pəʊp] *n* -**1.** [in Catholic Church] pape *m*. -**2.** [in Eastern Orthodox Church] pope *m*.

popemobile *inf* ['pəʊpməbiːl] *n* papamobile *f*.

popery ['pəʊpərɪ] *n pej* papisme *m*.

pope's nose = **parson's nose**.

pop-eyed *inf adj* ébahi, aux yeux écarquillés; **to stare ~ at sthg** regarder qqch bouche bée.

popgun ['pɒpgʌn] *n* pistolet *m* (d'enfant) à bouchon.

popinjay ['pɒpɪndʒeɪ] *n arch* & *pej* vaniteux *m*, -euse *f*, prétentieux *m*, -euse *f*.

popish ['pəʊpɪʃ] *adj pej* papiste; **the Popish Plot** *Br* HIST le complot catholique.

THE POPISH PLOT:
Rumeur lancée en 1678 par Titus Oates et selon laquelle un complot catholique visait à assassiner Charles II, à massacrer les protestants et à incendier Londres. Elle sema la terreur parmi la population et fut responsable de l'assassinat de nombreux catholiques.

---

poplar (tree) ['pɒplə^r-] *n* peuplier *m*.

poplin ['pɒplɪn] ◇ *n* popeline *f*.
◇ *adj* en popeline.

popover ['pɒp,əʊvə^r] *n* -**1.** [garment] débardeur *m*. -**2.** *Am* chausson *m* CULIN; **apple ~** chausson *m* aux pommes.

poppa *inf* ['pɒpə] *n Am* papa *m*.

poppadom, poppadum ['pɒpədəm] = **popadum**.

popper ['pɒpə^r] *n* -**1.** *Br* [press-stud] bouton-pression *m*, pression *f*. -**2.** *Am* [for popcorn] appareil *m* à pop-corn. -**3.** *drugs sl* ampoule *f* de nitrite d'amyle.

poppet ['pɒpɪt] *n* -**1.** *inf Br* chéri *m*, -e *f*, mignon *m*, -onne *f*; **be a ~ and fetch my bag for me** sois mignon et va me chercher mon sac; **thanks, ~** [to girl] merci ma mignonne. -**2.** [valve] soupape *f* (à champignon).

poppy ['pɒpɪ] (*pl* **poppies**) *n* -**1.** [flower] coquelicot *m*; [opium poppy] pavot *m*; [paper flower] coquelicot *m* en papier *(vendu le jour de l'Armistice)*; **~ seed** graine *f* de pavot. -**2.** [colour] rouge *m* coquelicot *(inv)*.

poppycock *inf* ['pɒpɪkɒk] *n (U) Br dated* sottises *fpl*, balivernes *fpl*.

Poppy Day *pr n journée de commémoration pendant laquelle on porte un coquelicot en papier en souvenir des soldats britanniques morts lors des guerres mondiales.*

pops *inf* [pɒps] *n Am* [term of address to father] papa *m*; [~ to old man] pépé *m*.

pop shop *inf n dated* mont-de-piété *m*.

Popsicle® ['pɒpsɪkl] *n Am* glace *f* en bâtonnet.

popsy *inf* ['pɒpsɪ] (*pl* **popsies**) *n Br dated* pépée *f*.

populace ['pɒpjʊləs] *n* -**1.** [population] population *f*; **the whole ~ is up in arms** *fig* la population entière s'est rebellée. -**2.** [masses] masses *fpl*, peuple *m*.

popular ['pɒpjʊlə^r] *adj* -**1.** [well-liked - person] populaire; **she's very ~ with her pupils** elle est très populaire auprès de ses élèves, ses élèves l'aiment beaucoup; **Britain's most ~ TV personality** la personnalité la plus populaire de la télévision britannique; **he was a very ~ president** ce fut un président très populaire; **he isn't very ~ with his men** il n'est pas très bien vu de ses hommes, ses hommes ne l'aiment pas beaucoup; **I'm not going to be very ~ when they find out it's my fault!** je ne vais pas être bien vu quand ils découvriront que c'est de ma faute! -**2.** [appreciated by many - product, colour] populaire; [- restaurant, resort] très couru, très fréquenté; **the film was very ~ in Europe** le film a été un très grand succès en Europe; **the most ~ book of the year** le livre le plus vendu OR le best-seller de l'année; **videotapes are a ~ present** les vidéocassettes sont des cadeaux très appréciés; **it's very ~ with the customers** les clients l'apprécient beaucoup; **a ~ line** un article qui se vend bien; **it's always been a ~ café with young people** ce café a toujours été très populaire auprès des jeunes. -**3.** [common] courant, répandu; **a ~ misconception** une erreur répandue OR fréquente || [general] populaire; **on** OR **by ~ demand** à la demande générale; **it's an idea that enjoys great ~ support** c'est une idée qui a l'approbation générale OR de tous; **~ unrest** mécontentement *m* populaire ❑ **~ front** POL front *m* populaire. -**4.** [aimed at ordinary people] populaire; **~ music** musique *f* populaire; **a book of ~ mechanics** un livre de mécanique pour tous OR à la portée de tous; **the ~ press** la presse à grand tirage et à sensation; **quality goods at ~ prices** marchandises de qualité à des prix abordables.

◆ **populars** *inf npl Br* presse *f* à grand tirage et à sensation.

popularity [,pɒpjʊ'lærətɪ] *n* popularité *f*; **they enjoy a certain ~ with young people** ils jouissent d'une certaine popularité auprès des jeunes; **sociologists have failed to explain their ~** les sociologues n'ont pas su expliquer leur popularité.

popularization [,pɒpjʊləraɪ'zeɪʃn] *n* -**1.** [of trend, activity] popularisation *f*; [of science, philosophy] vulgarisation *f*. -**2.** [book] œuvre *f* de vulgarisation.

popularize, -ise ['pɒpjʊləraɪz] *vt* -**1.** [make popular] populariser; **a sport ~d by television** un sport que la télévision a rendu populaire. -**2.** [science, philosophy] vulgariser.

popularizer ['pɒpjʊləraɪzə^r] *n* [of fashion, ideas] promoteur *m*, -trice *f*.

popularly ['pɒpjʊləlɪ] *adv* généralement; [commonly] couramment, communément; **antirrhinums are ~ known as snapdragons** les antirrhinums sont plus connus sous le nom de gueules-de-loup; **once the earth was ~ thought to be flat** autrefois tout le monde croyait que la Terre était plate.

populate ['pɒpjʊleɪt] *vt* [inhabit] peupler, habiter; [colonize] peupler, coloniser; **a town ~d by miners and their families** une ville habitée par des mineurs et leurs familles; **a densely ~d country** un pays fortement peuplé OR à forte densité de population.

population [,pɒpjʊ'leɪʃn] ◇ *n* population *f*; **the whole ~ is in mourning** tous les habitants portent OR toute la population porte le deuil; **the white ~ of South Africa** la population blanche d'Afrique du Sud; **Edinburgh has a ~ of about half a million** Édimbourg compte environ un demi-million d'habitants; **the prison ~** la population carcérale; **the beaver ~ is declining** la population de castors est en baisse.

◇ *comp* [control, fall, increase] démographique, de la population; **~ explosion** explosion *f* démographique.

populism ['pɒpjʊlɪzm] *n* populisme *m*.

populist ['pɒpjʊlɪst] *n* populiste *mf*.

populous ['pɒpjʊləs] *adj* populeux.

pop-up *adj* [book, birthday card] en relief; [toaster] automatique.

porcelain ['pɔːsəlɪn] ◇ *n* porcelaine *f*.
◇ *comp* [dish, vase, lamp] en porcelaine.

porcelain clay *n* kaolin *m*.

porch [pɔːtʃ] *n* -**1.** [entrance] porche *m*. -**2.** *Am* [veranda] véranda *f*.

porcine ['pɔːsaɪn] *adj* porcin.

porcupine ['pɔːkjʊpaɪn] *n* porc-épic *m*.

pore [pɔː^r] ◇ *n* [in skin, plant, fungus, rock] pore *m*.
◇ *vi*: **to ~ over** [book] être plongé dans OR absorbé par; [picture, details] étudier de près.

pork [pɔːk] ◇ *n* CULIN porc *m*.
◇ *comp* [chop, sausage] de porc.

pork barrel *inf n Am* POL *projet local entrepris par un parlementaire ou un parti à des fins électorales.*

pork-barrel legislation *n Am* POL *action menée par un parlementaire pour favoriser des intérêts locaux dans sa circonscription.*

pork butcher *n* ≃ charcutier *m*, -ère *f*.

porker ['pɔːkəʳ] *n* -**1.** *literal* porcelet *m (engraissé par la boucherie)*. -**2.** *inf fig & hum* petit cochon *m*.

pork pie *n* ≃ paté *m* en croûte *(à la viande de porc)*.

porkpie hat [ˌpɔːkpaɪ-] *n chapeau de feutre rond et aplati.*

pork scratchings *npl petits morceaux croustillants de couenne de porc mangés comme amuse-gueule.*

porky *inf* ['pɔːkɪ] (*compar* porkier, *superl* porkiest) *adj pej* [fat] gros, gras, adipeux *pej*.

porn *inf* [pɔːn] ◇ *n* porno *m*; hard ~ hard-core *m*; soft ~ porno *m* soft; ~ shop sex-shop *m*.
◇ *adj* porno.

porno *inf* ['pɔːnəʊ] *adj* porno.

pornographer [pɔː'nɒgrəfəʳ] *n* pornographe *mf*.

pornographic [ˌpɔːnə'græfɪk] *adj* pornographique.

pornography [pɔː'nɒgrəfɪ] *n* pornographie *f*; the customs officers impounded a large consignment of ~ les douaniers ont saisi une grande quantité de revues pornographiques.

porosity [pɔː'rɒsɪtɪ] (*pl* porosities) *n* porosité *f*.

porous ['pɔːrəs] *adj* poreux.

porousness ['pɔːrəsnɪs] *n* porosité *f*.

porphyry ['pɔːfɪrɪ] (*pl* porphyries) *n* porphyre *m*.

porpoise ['pɔːpəs] (*pl inv* OR porpoises) *n* marsouin *m*.

porridge ['pɒrɪdʒ] *n* -**1.** CULIN porridge *m*. -**2.** *Br prison sl* peine *f* de prison; to do ~ faire de la tôle.

porridge oats *npl* flocons *mpl* d'avoine.

porringer ['pɒrɪndʒəʳ] *n récipient à porridge.*

port [pɔːt] ◇ *n* -**1.** [harbour] port *m*; to come into ~ entrer dans le port; we put into ~ at Naples nous avons relâché dans le port de Naples; we left ~ before dawn nous avons appareillé avant l'aube; the country's largest ~ le plus grand port du pays ❑ ~ of call NAUT escale *f*; *fig* course *f*; her last ~ of call was the bank elle est passée à la banque en dernier; ~ of entry port de débarquement; any ~ in a storm nécessité fait loi *prov*. -**2.** [wine] porto *m*. -**3.** [window - on ship, plane] hublot *m*. -**4.** [for loading] sabord *m* (de charge). -**5.** MIL [in wall] meurtrière *f*; [in tank] fente *f* de visée. -**6.** COMPUT port *m*. -**7.** TECH [in engine] orifice *m*; inlet/outlet ~ orifice d'admission/d'échappement. -**8.** NAUT [left side] bâbord *m*; the ship listed to ~ le navire donnait de la gîte à bâbord; ship to ~! navire à bâbord! -**9.** AERON côté *m* gauche, bâbord *m*.
◇ *comp* [authorities, activity, facilities] portuaire; [bow, quarter] de bâbord; on the ~ side à bâbord.
◇ *vt* -**1.** COMPUT transférer. -**2.** MIL: ~ arms! présentez armes! -**3.** NAUT: ~ the helm! barre à bâbord!

portability [ˌpɔːtə'bɪlətɪ] *n* [gen & COMPUT] portabilité *f*.

portable ['pɔːtəbl] ◇ *adj* -**1.** portatif, portable; ~ pension pension *f* transférable; ~ TV (set) télévision *f* portative. -**2.** COMPUT [software, program] compatible.
◇ *n* [typewriter] machine *f* portative; [TV] télévision *f* portative; [computer] ordinateur *m* portatif.

portage ['pɔːtɪdʒ] *n* -**1.** [transport] transport *m*; [cost] (frais *mpl* de) port *m*. -**2.** NAUT portage *m*.

Portakabin® ['pɔːtəˌkæbɪn] *n* [gen] baraquement *m* préfabriqué.

portal ['pɔːtl] *n lit* portail *m*; she found herself standing at the ~s of a new life *fig* elle se trouvait à l'aube d'une nouvelle vie.

portal vein *n* veine *f* porte.

Port-au-Prince ['pɔːtəʊ'prɪns] *pr n* Port-au-Prince.

portcullis [ˌpɔːt'kʌlɪs] *n* herse *f (de château fort)*.

portend [pɔː'tend] *vt fml & lit* (laisser) présager, annoncer; who knows what mysteries these events may ~? qui sait quels mystères ces événements présagent?

portent ['pɔːtənt] *n fml & lit* -**1.** [omen] présage *m*, augure *m*; [bad omen] mauvais présage *m*; a ~ of evil un très mauvais présage. -**2.** [significance] portée *f*, signification *f*.

portentous [pɔː'tentəs] *adj lit* -**1.** [ominous - sign] de mauvais présage OR augure. -**2.** [momentous - event] capital, extraordinaire; I've nothing very ~ to announce je n'ai rien d'extraordinaire OR de très important à annoncer. -**3.** [serious] grave, solennel; her face took on a ~ air elle prit un air solennel. -**4.** [pompous] pompeux.

portentously [pɔː'tentəslɪ] *adv lit* -**1.** [ominously] sinistrement. -**2.** [momentously] mémorablement. -**3.** [seriously] solennellement. -**4.** [pompously] pompeusement.

porter ['pɔːtəʳ] *n* -**1.** [of luggage] porteur *m*. -**2.** *Br* [door attendant - in hotel] portier *m*; [- in block of flats] concierge *mf*, gardien *m*, -enne *f*; [- on private estate] gardien *m*, -enne *f*; [- in university, college] appariteur *m*. -**3.** *Am* RAIL [on train] employé *m*, -e *f* des wagons-lits. -**4.** [beer] porter *m*, bière *f* brune.

porterage ['pɔːtərɪdʒ] *n* [transport] transport *m* (par porteurs); [cost] coût *m* du transport.

porterhouse (steak) ['pɔːtəhaʊs-] *n* chateaubriand *m*, châteaubriant *m*.

portfolio [ˌpɔːt'fəʊljəʊ] (*pl* portfolios) *n* -**1.** [briefcase] porte-documents *m inv*. -**2.** [dossier - of artist] dossier *m*. -**3.** POL portefeuille *m*; minister without ~ ministre *m* sans portefeuille. -**4.** ST. EX portefeuille *m* (financier OR d'investissements).

porthole ['pɔːthəʊl] *n* hublot *m*.

portico ['pɔːtɪkəʊ] (*pl* porticos OR porticoes) *n* ARCHIT portique *m*.

portion ['pɔːʃn] *n* -**1.** [part, section] partie *f*; I've read only a ~ of the book je n'ai lu qu'une partie du livre. -**2.** [share] part *f*; he cut the cake into five ~s il a coupé le gâteau en cinq (parts); three ~s of flour to one ~ of sugar trois mesures OR doses de farine pour une mesure OR dose de sucre. -**3.** [helping - of food] portion *f*. -**4.** *lit* [fate] sort *m*, destin *m*; it fell to my ~ to break the news to her c'est à moi qu'échut le devoir de lui annoncer la nouvelle. -**5.** [dowry]: (marriage) ~ *arch* dot *f*.
◆ **portion out** *vt sep* distribuer, répartir.

Portland cement ['pɔːtlənd-] *n* portland *m*, ciment *m* Portland.

Portland stone *n* pierre *f* de Portland.

portliness ['pɔːtlɪnɪs] *n* corpulence *f*, embonpoint *m*.

portly ['pɔːtlɪ] (*compar* portlier, *superl* portliest) *adj* corpulent, fort; a ~ gentleman un monsieur corpulent.

portmanteau [ˌpɔːt'mæntəʊ] (*pl* portmanteaus OR portmanteaux [-təʊz]) ◇ *n* grande valise *f*.
◇ *adj* qui combine plusieurs éléments OR styles.

portmanteau word *n* mot-valise *m*.

Port of Spain *pr n* Port of Spain.

Porton Down ['pɔːtən-] *pr n ville du Wiltshire.*

> **PORTON DOWN:**
> Ville célèbre pour son centre de microbiologie. Ce centre a suscité des controverses pour ses recherches sur les armes bactériologiques et chimiques et pour ses expériences sur des animaux vivants.

portrait ['pɔːtreɪt] ◇ *n* -**1.** [gen & ART] portrait *m*; he had his ~ painted il a fait faire son portrait; a ~ of 18th century society un portrait de la société du XVIIIe siècle ❑ 'Portrait of the Artist as a Young Dog' *Thomas* 'Portrait de l'artiste en jeune chien'; 'A Portrait of the Artist as a Young Man' *Joyce* 'Portrait de l'artiste jeune par lui-même'; 'The Portrait of a Lady' *James* 'Un portrait de femme'. -**2.** PRINT: to print in ~ imprimer à la française.
◇ *adj* PRINT à la française.

portrait gallery *n* galerie *f* de portraits.

portraitist ['pɔːtreɪtɪst] *n* portraitiste *mf*.

portrait painter *n* portraitiste *mf*.

portrait photograph *n* portrait *m* photographique, photo-portrait *f*.

portrait photographer *n* photographe *mf* d'art.

portraiture ['pɔːtrɪtʃəʳ] *n* art *m* du portrait.

portray [pɔː'treɪ] *vt* -**1.** [represent] représenter; he ~ed John as a scoundrel il a représenté John sous les traits d'un voyou. -**2.** [act role of] jouer le rôle de; in the film he ~s King Richard dans le film il joue le rôle du roi Richard. -**3.** [depict in words] dépeindre; she vividly ~s medieval life elle fait une vivante description de la vie au Moyen Âge. -**4.** [artist] peindre, faire le portrait de.

portrayal [pɔː'treɪəl] *n* -**1.** [description] portrait *m*, description *f*; he disputes the ~ of the protesters as extremists il conteste la façon dont les médias présentent les protestataires comme des extrémistes. -**2.** ART portrait *m*. -**3.** THEAT interprétation *f*.

Port Said [-seɪd] *pr n* Port-Saïd.

Portugal ['pɔːtʃʊgl] *pr n* Portugal *m*; in ~ au Portugal.

Portuguese [ˌpɔːtʃʊ'giːz] (*pl inv*) ◇ *n* -**1.** [person] Portugais *m*, -e *f*. -**2.** LING portugais *m*.
◇ *adj* portugais.

Portuguese man-of-war *n* physalie *f*.

pose [pəʊz] ◇ *n* -**1.** [position - gen, ART & PHOT] pose *f*; to take up OR to strike a ~ prendre une pose. -**2.** [pretence] bluff *m*; their puritanism is only a ~ leur puritanisme n'est qu'une façade.
◇ *vi* -**1.** ART & PHOT poser; to ~ for a photograph/for an artist poser pour une photographie/pour un artiste; to ~ in the nude poser nu; she ~d as a nymph elle a posé en nymphe. -**2.** [masquerade]: he ~d as a hero il s'est posé en héros, il s'est fait passer pour un héros; a man posing as a policeman un homme se faisant passer pour un policier.
◇ *vt* [constitute - problem] poser, créer; [- threat] constituer; [set - question] poser; [put forward - claim, idea] formuler.

Poseidon [pɒ'saɪdn] *pr n* Poséidon; 'The ~ Adventure' *Neame* 'l'Aventure du Poséidon'.

poser *inf* ['pəʊzəʳ] *n* -**1.** [question - thorny] question *f* épineuse; [- difficult] colle *f*; that's a bit of a ~! alors ça, c'est une colle! -**2.** *pej* [show-off] poseur *m*, -euse *f*.

poseur [pəʊ'zɜːʳ] *n pej* poseur *m*, -euse *f*.

posh *inf* [pɒʃ] *Br* ◇ *adj* [clothes] chic; [person] élégant, BCBG ‖ [car] chic; [house] de riches; [restaurant] huppé; the ~ part of town les quartiers chics de la ville; to join a ~ tennis club s'inscrire à un club de tennis huppé OR chic; he moves in some very ~ circles il fréquente des milieux très huppés OR des gens de la haute; ~ people don't usually come here généralement les gens de la haute ne viennent pas ici; he has a ~ accent il a un accent snob.
◇ *adv*: to talk ~ parler avec un accent snob.
◆ **posh up** *inf vt sep Br* [person] pomponner; [town, house] embellir; go and ~ yourself up va te faire beau; she was all ~ed up elle était sur son trente et un.

posit ['pɒzɪt] *vt fml* [idea] avancer; [theory] avancer, postuler.

position [pə'zɪʃn] ◇ *n* -**1.** [place] position *f*, place *f*, emplacement *m*; to change OR to shift ~ changer de place; you've changed the ~ of the lamp vous avez changé la lampe de place; remember the ~ of the cards souvenez-vous de la position des cartes; white is now in a strong ~ [in chess] les blancs sont maintenant très bien placés; they put the machine guns in OR into ~ ils mirent les mitrailleuses en batterie; take up your ~s!, get into ~! [actors, dancers] à vos places!; [soldiers, guards] à vos postes! -**2.** [pose, angle, setting] position *f*; in a sitting ~ en position assise; hold the spray can in an upright ~ tenez le vaporisateur en position verticale; the ~ of the pointer on the

dial la position de l'aiguille sur le cadran; **the switch/lever should be in the off ~** l'interrupteur/le levier devrait être en position arrêt. -**3.** [circumstances] situation *f*, position *f*; **the ~ as I see it is this** voici comment je vois la situation OR les choses; **to be in a bad/good ~** être en mauvaise/bonne posture; **you're in a bad ~** OR **in no ~ to judge** vous êtes mal placé pour (en) juger; **to be in a ~ to do sthg** être en mesure de faire qqch; **put yourself in my ~** mettez-vous à ma place; **it's an awkward ~ to be in** c'est une drôle de situation; **our financial ~ is improving** notre situation financière s'améliore; **the present economic ~** la conjoncture économique actuelle. -**4.** [rank - in table, scale] place *f*, position *f*; **they're in tenth ~ in the championship** ils sont à la dixième place OR ils occupent la dixième place du championnat ‖ [in hierarchy] position *f*, situation *f*; **a person in my ~ can't afford a scandal** une personne de mon rang ne peut se permettre un scandale; **his ~ in the firm is unclear** sa situation au sein de l'entreprise n'est pas claire; **what exactly is his ~ in the government?** quelles sont exactement ses fonctions au sein du gouvernement? ‖ [social standing] position *f*, place *f*; **she is concerned about her social ~** elle est préoccupée par sa position sociale. -**5.** [standpoint] position *f*, point *m* de vue; **try to see things from my ~** essayez de voir les choses de mon point de vue; **could you make your ~ clear on this point?** pouvez-vous préciser votre position à ce sujet?; **to take up a ~ on sthg** adopter une position OR prendre position sur qqch; **his ~ on the death penalty is indefensible** son point de vue sur la peine de mort est indéfendable. -**6.** [job] poste *m*, situation *f*; **there were four candidates for the ~ of manager** il y avait quatre candidats au poste de directeur; **it is a ~ of great responsibility** c'est un poste à haute responsabilité; **what was your previous ~?** quel était votre poste précédent? ❑ **~ of trust** poste *m* de confiance. -**7.** ADMIN [in bank, post office] guichet *m*; **'~ closed'** 'guichet fermé'. -**8.** SPORT [in team, on field] position *f*; **he can play in any ~** il peut jouer à n'importe quelle position OR place; **the full back was out of ~** l'arrière était mal placé. -**9.** MIL position *f*; **the men took up ~ on the hill** les hommes prirent position sur la colline; **to defend a ~** défendre une position; **to jockey** OR **to jostle** OR **to manoeuvre for ~** *literal* chercher à occuper le terrain; *fig* chercher à obtenir la meilleure place.
◇ *vt* -**1.** [put in place - cameras, equipment] mettre en place, placer, disposer; [- precisely] mettre en position; [- guests, officials] placer; **the TV cameras were ~ed round the square** les caméras de télé ont été disposées autour de la place; **he ~ed himself on the roof** il a pris position sur le toit. -**2.** *(usu pass)* [situate - house, building] situer, placer; SPORT placer; **the school is ~ed near a dangerous crossroads** l'école est située OR placée près d'un carrefour dangereux; **the flat is well ~ed** l'appartement est bien situé. -**3.** [post - guards] placer, poster; **they have ~ed their ships in the gulf** ils ont envoyé leurs navires dans le golfe. -**4.** COMM [product] positionner.

positional [pəˈzɪʃənl] *adj* [warfare] de position, de positions; LING [variant] contextuel; **~ astronomy** astrométrie *f*, astronomie *f* de position; **~ notation** MATH numération *f* positionnelle.

positive [ˈpɒzətɪv] ◇ *adj* -**1.** [sure] sûr, certain; **are you ~ about that?** en êtes-vous sûr?; **are you absolutely sure? — yes, ~** en êtes-vous absolument sûr? — sûr et certain; **I'm ~ (that) he wasn't there** je suis absolument sûr qu'il n'y était pas; **it's absolutely ~** c'est sûr et certain. -**2.** [constructive] positif; **it's one of my few ~ achievements** c'est une des rares choses positives OR constructives que j'aie faites; **haven't you got any ~ suggestions?** n'avez-vous rien à proposer qui fasse avancer les choses?; **she has a very ~ approach to the problem** son approche du problème est très positive OR constructive; **~ thinking** idées *fpl* constructives. -**3.** [affirmative - reply, response] positif, affirmatif; [- test, result] positif. -**4.** [definite - fact, progress] réel, certain; [clear - change, advantage] réel, effectif; [precise - instructions] formel, clair; **we have ~ evidence of his involvement** nous avons des preuves irréfutables de son implication; **his intervention was a ~ factor in the release of the hostages** son intervention a efficacement contribué à la libération des otages; **the team needs some ~ support** l'équipe a besoin d'un soutien réel OR effectif ❑ **proof ~** *Br*, **~ proof** preuve *f* formelle. -**5.** [as intensifier - absolute] absolu, véritable, pur; **the whole thing was a ~ nightmare** tout cela était un véritable cauchemar; **a ~ delight** un pur délice; **a ~ pleasure** un véritable plaisir; **it's a ~ lie** c'est un mensonge, ni plus ni moins. -**6.** [assured] assuré, ferme; **she answered in a very ~ tone** elle a répondu d'un ton très assuré OR très ferme. -**7.** ELEC, MATH & PHOT positif. -**8.** *Am* POL [progressive] progressiste.
◇ *n* -**1.** GRAMM positif *m*; **in the ~** à la forme positive. -**2.** [answer] réponse *f* positive OR affirmative, oui *m*; **to reply in the ~** répondre par l'affirmative OR affirmativement. -**3.** PHOT épreuve *f* positive. -**4.** ELEC borne *f* positive.

positive discrimination *n (U)* discrimination *f* positive *(mesures favorisant les membres de groupes minoritaires)*; **~ in favour of people with disabilities** mesures en faveur des handicapés.

positive feedback *n* [in electronic circuit] réaction *f* positive; [in mechanical or cybernetic system] feed-back *m inv* positif, rétroaction *f* positive; **I didn't get much ~ on my suggestion** *fig* il n'y a pas eu beaucoup de réactions positives à la suite de ma proposition.

positively [ˈpɒzətɪvlɪ] *adv* -**1.** [absolutely] absolument, positivement; [definitely] incontestablement, positivement; **it's ~ ridiculous** c'est absolument ridicule; **her behaviour was ~ disgraceful** elle s'est comportée de manière absolument scandaleuse. -**2.** [constructively] positivement; **it's important to act/think ~** il est important d'agir/de penser de façon positive. -**3.** [affirmatively] affirmativement; [with certainty] avec certitude, positivement; **the body has been ~ identified** le cadavre a été formellement identifié. -**4.** ELEC positivement; **~ charged** chargé positivement.

positive pole *n* -**1.** [magnet] pôle *m* nord. -**2.** [anode] anode *f (pôle positif)*.

positive vetting [ˈvetɪŋ-] *n* contrôle *m* OR enquête *f* de sécurité *(sur un candidat à un poste touchant à la sécurité nationale)*.

positivism [ˈpɒzɪtɪvɪzm] *n* positivisme *m*.

positivist [ˈpɒzɪtɪvɪst] ◇ *n* positiviste *mf*.
◇ *adj* positiviste.

positron [ˈpɒzɪtrɒn] *n* positron *m*, positon *m*.

poss *inf* [pɒs] *adj* possible; **as soon as ~** dès que possible.

posse [ˈpɒsɪ] *n Am autrefois, petit groupe d'hommes rassemblés par le shérif en cas d'urgence*; **to get up a ~** réunir un groupe d'hommes; **a ~ of fans were in hot pursuit** *fig* des fans en détachement spécial s'étaient lancés dans une poursuite échevelée.

possess [pəˈzes] *vt* -**1.** [have possession of - permanently] posséder, avoir; [- temporarily] être en possession de, détenir, avoir; **I would give all I ~ to be with you** je donnerais tout ce que je possède OR j'ai pour être avec toi; **what proof do you ~?** quelles preuves avez-vous?; **she ~es a clear understanding of the subject** elle connaît bien son sujet, elle a une bonne connaissance du sujet. -**2.** [obsess] obséder; **he was completely ~ed by the idea of going to India** il était complètement obsédé par l'idée d'aller en Inde; **what on earth ~ed him to do such a thing?** qu'est-ce qui lui a pris de faire une chose pareille? -**3.** *fml & lit*: **to ~ o.s. of sthg** se munir de qqch.

possessed [pəˈzest] *adj* -**1.** [controlled - by an evil spirit] possédé; **she/her soul is ~ by the devil** elle/son âme est possédée du démon; **he was shouting like one ~** il criait comme un possédé ‖ *lit* [filled]: **~ by curiosity** dévoré de OR en proie à la curiosité; **~ by hatred** en proie à la haine ❑ **'The Possessed'** *Dostoevsky* 'les Possédés'. -**2.** *fml & lit*: **~ of**: **none of her children was ~ of any great talent** aucun de ses enfants n'était particulièrement doué.

possession [pəˈzeʃn] *n* -**1.** [gen] possession *f*; **to be in ~ of sthg** être en possession de qqch; **he was found in ~ of a flick-knife, a flick-knife was found in his ~** il a été trouvé en possession d'un couteau à cran d'arrêt; **she was charged with ~ of illegal substances** elle a été inculpée pour détention de stupéfiants; **the file is no longer in my ~** le dossier n'est plus en ma possession, je ne suis plus en possession du dossier; **to be in full ~ of one's senses** être en pleine possession de ses moyens; **to be in** OR **to have ~ (of the ball)** SPORT avoir le ballon; **certain documents have come into my ~** certains documents sont tombés en ma possession; **she got ~ of the house two weeks ago** elle a pris possession de la maison il y a deux semaines; **do they have ~ of the necessary documents?** ont-ils OR possèdent-ils les documents nécessaires?; **to take ~ of sthg** [acquire] prendre possession de qqch; [by force] s'emparer de OR s'approprier qqch; [confiscate] confisquer qqch ❑ **~ is nine points** OR **parts** OR **tenths of the law** *Br* possession vaut titre. -**2.** JUR [of property] possession *f*, jouissance *f*; **to take ~** prendre possession ❑ **immediate ~** jouissance immédiate. -**3.** [by evil] possession *f*.
◆ **possessions** *npl* -**1.** [belongings] affaires *fpl*, biens *mpl*; **the jade vases are our most precious ~s** les vases en jade sont ce que nous possédons de plus précieux. -**2.** [colonies] possessions *fpl*; [land] terres *fpl*.

possessive [pəˈzesɪv] ◇ *adj* -**1.** [gen] possessif; **he's very ~ about his belongings** il a horreur de prêter ses affaires; **she's ~ about her children** c'est une mère possessive. -**2.** GRAMM possessif; **~ adjective/pronoun** adjectif *m*/pronom *m* possessif.
◇ *n* GRAMM [case] (cas *m*) possessif *m*; [word] possessif *m*.

possessively [pəˈzesɪvlɪ] *adv* de manière possessive; **she clung ~ to her father's hand** elle agrippa jalousement la main de son père.

possessiveness [pəˈzesɪvnɪs] *n* caractère *m* possessif, possessivité *f*.

possessor [pəˈzesəʳ] *n* possesseur *m*, propriétaire *mf*; **I found myself the ~ of an old manor house** je me suis trouvé propriétaire d'un vieux manoir.

posset [ˈpɒsɪt] *n boisson d'autrefois à base de lait chaud et de bière ou de vin.*

possibility [ˌpɒsəˈbɪlətɪ] (*pl* **possibilities**) *n* -**1.** [chance] possibilité *f*, éventualité *f*; **it's a ~** c'est une possibilité, c'est bien possible; **the ~ of a settlement is fading fast** la perspective d'un règlement est de moins en moins probable; **is there any ~ of you coming up for the weekend?** pourriez-vous venir ce week-end?, y a-t-il des chances que vous veniez ce week-end?; **if there's any ~ of leaving early, I'll let you know** s'il y a moyen de partir de bonne heure, je vous le ferai savoir; **there's no ~ of that happening** il n'y a aucune chance OR aucun risque que cela se produise; **there's little ~ of any changes being made to the budget** il est peu probable que le budget soit modifié; **there's a strong ~ we'll know the results tomorrow** il est fort possible que nous connaissions les résultats demain; **they hadn't even considered the ~ that he might leave** ils n'avaient même pas envisagé qu'il puisse partir. -**2.** [person - for job] candidat *m*, -e *f* possible; [- as choice] choix *m* possible; **she's still a ~** elle conserve toutes ses chances.

◆ **possibilities** *npl* [potential] possibilités *fpl*; **the job has a lot of possibilities** le poste offre de nombreuses perspectives; **job possibilities** possibilités d'emploi.

possible ['pɒsəbl] ◇ *adj* -**1.** [which can be done] possible; **if ~** si possible; **I'll be there, if at all ~** j'y serai, dans la mesure du possible; **that's ~** c'est possible, ça se peut; **it's quite ~ to complete the job in two months** il est tout à fait possible de terminer le travail en deux mois; **it wasn't ~ to achieve our objectives** il ne nous a pas été possible d'atteindre nos objectifs; **it isn't ~ for her to come** il ne lui est pas possible OR il lui est impossible de venir || *(in comparisons)*: **as far as ~** [within one's competence] dans la mesure du possible; [at maximum distance] aussi loin que possible; **as long as ~** aussi longtemps que possible; **as much** OR **as many as ~** autant que possible; **as soon as ~** dès que OR le plus tôt possible || *(with superl adj)*: **the best/the smallest ~** le meilleur/le plus petit possible; **I mean that in the nicest ~ way** je dis cela sans méchanceté (aucune). -**2.** [conceivable, imaginable] possible, imaginable; **the best of all ~ worlds** le meilleur des mondes possibles; **he tried all ~ means** il a essayé tous les moyens possibles (et imaginables); **there's no ~ way out** il n'y a absolument aucune issue; **it seems barely ~** cela semble à peine possible; **it doesn't seem ~ that anyone could be so stupid** il est difficile d'imaginer que l'on puisse être aussi bête; **the doctors did everything ~ to save her** les médecins ont fait tout leur possible OR tout ce qu'ils ont pu pour la sauver; **what ~ benefit can we get from it?** quel bénéfice peut-on bien en tirer?; **it's ~ (that) he won't come** il se peut qu'il ne vienne pas; **it's just ~ she's forgotten** il n'est pas impossible qu'elle ait oublié; **we chose several ~ candidates** on a choisi plusieurs candidats possibles; **there is a ~ risk of flooding on low ground** il y a des risques d'inondations en contrebas || [feasible] possible, faisable; **he comes to see me whenever ~** il vient me voir quand il le peut; **the grant made it ~ for me to continue my research** la bourse m'a permis de poursuivre mes recherches; **it's one ~ answer to the problem** c'est une solution possible au problème. -**3.** [potentiel] éventuel; **~ risks** des risques éventuels; **~ consequences** des conséquences éventuelles.
◇ *n* -**1.** [activity] possible *m*; **diplomacy is the art of the ~** la diplomatie est l'art du possible. -**2.** [choice] choix *m* possible; [candidate] candidature *f* susceptible d'être retenue; **we looked at ten houses, of which two were ~s** nous avons visité dix maisons dont deux nous intéressent OR sont à retenir; **she is still a ~ for the prize/job** elle garde toutes ses chances d'avoir le prix/d'obtenir le poste || SPORT [player] joueur *m* susceptible d'être choisi; **the England ~s** *Br* les joueurs susceptibles de faire partie de l'équipe d'Angleterre.
◆ **Possibles** *npl Br*: **the Possibles versus the Probables** *hum* l'équipe B contre l'équipe A.

possibly ['pɒsəblɪ] *adv* -**1.** [perhaps] peut-être; **he is ~ the greatest musician of his time** c'est peut-être le plus grand musicien de son temps; **~ (so)/~ not, but he had no other choice** peut-être (bien)/peut-être pas, mais il n'avait pas le choix; **will you be there tomorrow? — ~** vous serez là demain? — c'est possible; **could you ~ lend me £5?** vous serait-il possible de me prêter 5 livres? -**2.** [conceivably] *(with modal verbs)*: **what advantage can we ~ get from it?** quel avantage pouvons-nous espérer en tirer?; **she can't ~ get here on time** elle ne pourra jamais arriver à l'heure; **where can they ~ have got to?** où peuvent-ils bien être passés?; **run as fast as you ~ can** cours aussi vite que tu peux; **the doctors did all they ~ could to save her** les médecins ont fait tout ce qu'ils ont pu OR tout leur possible pour la sauver; **I'll come whenever I ~ can** je viendrai chaque fois que cela me sera possible; **I couldn't ~ accept your offer** je ne puis accepter votre proposition; **she might ~ still be here** il se pourrait qu'elle soit encore ici.

possum ['pɒsəm] *n* [American] opossum *m*; [Australian] phalanger *m*; **to play ~** *inf* faire le mort.

post [pəʊst] ◇ *n* -**1.** *Br* [letters] courrier *m*; [postal service] poste *f*, courrier *m*; **has the ~ come?** est-ce que le facteur est passé?; **did it come through the ~** OR **by ~?** est-ce que c'est arrivé par la poste?; **I sent it by ~** je l'ai envoyé par la poste; **can you put the cheque in the ~?** pouvez-vous poster le chèque?; **do you want the letters to go first or second class ~?** voulez-vous envoyer ces lettres au tarif normal ou au tarif lent? || [delivery] (distribution *f* du) courrier *m*; **a parcel came in this morning's ~** un paquet est arrivé au courrier de ce matin || [collection] levée *f* (du courrier); **I don't want to miss the ~** je ne veux pas manquer la levée; **will we still catch the ~?** pourrons-nous poster le courrier à temps OR avant la levée?; **I missed the ~** quand je suis arrivé, la levée était déjà faite OR le courrier était déjà parti || [post office] poste *f*; [letterbox] boîte *f* à lettres; **can you take the letters to the ~?** [post office] pouvez-vous porter les lettres à la poste?; [post them] pouvez-vous poster les lettres OR mettre les lettres à la boîte? -**2.** [station] relais *m* de poste; [rider] courrier *m*. -**3.** [of sign, street lamp, fence] poteau *m*; [of four-poster bed] colonne *f*; [upright - of door] montant *m*. -**4.** [in racing] poteau *m*; **his horse was beaten at the ~** son cheval s'est fait coiffer au poteau. -**5.** FTBL poteau *m*, montant *m*; **the near/far ~** le premier/deuxième poteau. -**6.** [job] poste *m*, emploi *m*; **he got a ~ as an economist** il a obtenu un poste d'économiste; **a university/diplomatic ~** un poste universitaire/de diplomate; **a government ~** un poste au gouvernement. -**7.** [duty station] poste *m*; **remain at your ~** restez à votre poste; **a sentry ~** un poste de sentinelle. -**8.** *Am* [trading post] comptoir *m*.
◇ *vt* -**1.** [letter - put in box] poster, mettre à la poste; [- send by post] envoyer par la poste; **to ~ sthg to sb** envoyer qqch à qqn par la poste, poster qqch à qqn ❑ **to keep sb ~ed** tenir qqn au courant. -**2.** [station] poster; **they ~ed men all around the house** ils ont posté des hommes tout autour de la maison. -**3.** *Br* [transfer - employee] muter, affecter. -**4.** [publish - banns, names] publier; [- on bulletin board] afficher; **he has been ~ed missing** il a été porté disparu; **'~ no bills'** *Am* 'défense d'afficher'. -**5.** BANK & ADMIN inscrire, enregistrer; **to ~ an entry** passer une écriture; **to ~ the ledger** tenir le grand-livre à jour. -**6.** *Am* [issue]: **to ~ bail** déposer une caution.
◆ **post on** *vt sep* [letters] faire suivre; **can you ~ my letters on to me?** pouvez-vous faire suivre mon courrier?
◆ **post up** *vt sep* -**1.** [notice] afficher. -**2.** [ledger] mettre à jour *(les écritures)*.

postage ['pəʊstɪdʒ] ◇ *n (U)* [postal charges] tarifs *mpl* postaux OR d'affranchissement; [cost of posting] frais *mpl* d'expédition OR d'envoi OR de port; **what's the ~ on this parcel?** c'est combien pour envoyer ce paquet? ❑ **~ and packing** *Br* OR **handling** *Am* frais de port et d'emballage.
◇ *comp* [rates] postal.

postage due stamp *n* timbre *m* taxe.

postage stamp *n* timbre *m*, timbre-poste *m*.

postal ['pəʊstl] *adj* [charge, code, district] postal; [administration, service, strike] des postes; [delivery] par la poste; **~ vote** *Br* vote *m* par correspondance.

postal order *n Br* mandat *m* postal.

postbag ['pəʊstbæg] *n Br* -**1.** [sack] sac *m* postal. -**2.** [correspondence] courrier *m*; **we've got a full ~ this morning** nous avons reçu énormément de lettres OR une avalanche de courrier ce matin.

postbox ['pəʊstbɒks] *n Br* boîte *f* à OR aux lettres.

postbus ['pəʊstbʌs] *n Br car transportant (en milieu rural) du courrier et des voyageurs.*

postcard ['pəʊstkɑːd] *n* carte *f* postale.

post chaise [-ʃeɪz] *n* chaise *f* de poste.

postcode ['pəʊstkəʊd] *n Br* code *m* postal.

postdate [,pəʊst'deɪt] *vt* -**1.** [letter, cheque] postdater. -**2.** [event] assigner une date postérieure à; **historians now ~ the event by several centuries** les historiens pensent aujourd'hui que l'événement a eu lieu des siècles plus tard.

postdoctoral [,pəʊst'dɒktərəl], **postdoctorate** [,pəʊst'dɒktərət] *adj* UNIV postdoctoral.

poster ['pəʊstə^r] *n* [informative] affiche *f*; [decorative] poster *m*.

poste restante [,pəʊst'restɑːnt] *n* poste *f* restante; **you can write to me ~ Florence** vous pouvez m'écrire poste restante à Florence.

posterior [pɒ'stɪərɪə^r] ◇ *adj* -**1.** *fml* [in time] postérieur. -**2.** TECH [rear] arrière.
◇ *n inf hum* [of a person] postérieur *m*, arrière-train *m*.

posterity [pɒ'sterətɪ] *n* postérité *f*; **for ~** pour la postérité; **to go down to ~** entrer dans la postérité OR l'histoire.

postern ['pɒstən] *n* poterne *f*.

poster paint *n* gouache *f*.

post exchange *n Am* MIL magasin *m* pour militaires.

post-free ◇ *adj* -**1.** *Br* [prepaid] port payé. -**2.** [free of postal charge] dispensé d'affranchissement.
◇ *adv* -**1.** *Br* [prepaid] en port payé. -**2.** [free of postal charge] en franchise postale.

postgraduate [,pəʊst'grædʒʊət] ◇ *n* étudiant *m*, -e *f* de troisième cycle.
◇ *adj* [diploma, studies] de troisième cycle.

posthaste [,pəʊst'heɪst] *adv lit* à toute vitesse, en toute hâte.

post horn *n* trompe *f* (de la malle-poste).

post-horse *n* cheval *m* de poste.

post house *n* relais *m* de poste.

posthumous ['pɒstjʊməs] *adj* posthume.

posthumously ['pɒstjʊməslɪ] *adj* après la mort; **the poems were published ~** les poèmes ont été publiés après la mort de l'auteur; **the decoration was awarded ~** la décoration a été décernée à titre posthume.

postil(l)ion [pə'stɪljən] *n* postillon *m*.

postimpressionism [,pəʊstɪm'preʃnɪzm] *n* postimpressionnisme *m*.

postimpressionist [,pəʊstɪm'preʃnɪst] ◇ *n* postimpressionniste *mf*.
◇ *adj* postimpressionniste.

postindustrial [,pəʊstɪn'dʌstrɪəl] *adj* postindustriel.

posting ['pəʊstɪŋ] *n* -**1.** *Br* [of diplomat] nomination *f*, affectation *f*; [of soldier] affectation *f*; **to get an overseas ~** être nommé en poste à l'étranger. -**2.** COMM [in ledger] inscription *f*, enregistrement *m*. -**3.** *Br* [of letter] expédition *f* par la poste.

postman ['pəʊstmən] (*pl* **postmen** [-mən]) *n* facteur *m*, préposé *m* ADMIN.

postman's knock *n jeu d'enfant dans lequel un des joueurs fait semblant de distribuer des lettres, en échange desquelles il reçoit un baiser.*

postmark ['pəʊstmɑːk] ◇ *n* [on letter] cachet *m* de la poste; **date as ~** le cachet de la poste faisant foi.
◇ *vt* oblitérer; **the letter is ~ed Phoenix** la lettre vient de OR a été postée à Phoenix.

postmaster ['pəʊst,mɑːstə^r] *n* receveur *m* des Postes.

Postmaster General (*pl* **Postmasters General**) *n* ≃ ministre *m* des Postes et Télécommunications.

post meridiem [-mə'rɪdɪəm] *adv fml* [in afternoon] de l'après-midi; [in evening] du soir.

postmistress ['pəʊst,mɪstrɪs] *n* receveuse *f* des Postes.

post-modernism *n* postmodernisme *m*.

post-modernist ◇ *n* postmoderniste *mf*.
◇ *adj* postmoderniste.

postmortem [ˌpəʊst'mɔːtəm] ◇ *n* -**1.** MED autopsie *f*; **to carry out a ~** pratiquer une autopsie. -**2.** *fig* autopsie *f*; **they held a ~ on the game** ils ont disséqué OR analysé le match après coup.
◇ *adj* après le décès; **~ examination** autopsie *f*.

postnatal [ˌpəʊst'neɪtl] *adj* postnatal; **~ depression** dépression *f* postnatale.

post office *n* -**1.** [place] (bureau *m* de) poste *f*; [service] (service *m* des) postes *fpl*, poste *f*; **the Post Office** la Poste; **~ and general stores** *petite épicerie de village faisant office de bureau de poste*. -**2.** *Am* = **postman's knock**.

post office box *n* boîte *f* postale.

post office savings *n Br* ≃ Caisse *f* (nationale) d'épargne; **we have a little money in ~** nous avons un peu d'argent à la Caisse d'épargne.

postoperative [ˌpəʊst'ɒpərətɪv] *adj* postopératoire.

postpaid [ˌpəʊst'peɪd] *adj* & *adv* franco, franc de port.

postpone [ˌpəʊst'pəʊn] *vt* remettre (à plus tard), reporter; **the meeting was ~d for three weeks/until a later date** la réunion a été reportée de trois semaines/remise à une date ultérieure; **we had to ~ our decision** nous avons dû différer notre décision.

postponement [ˌpəʊst'pəʊnmənt] *n* [of meeting, match] renvoi *m* (à une date ultérieure), report *m*; [of holiday] report *m*.

postposition [ˌpəʊstpə'zɪʃn] *n* GRAMM postposition *f*.

postprandial [ˌpəʊst'prændɪəl] *adj fml* postprandial; **I like to take a ~ nap/walk** j'aime faire une petite sieste/promenade après le déjeuner.

postscript ['pəʊsskrɪpt] *n* post-scriptum *m inv*.

post-synch *inf* ['pəʊsˌsɪŋk] = **postsynchronization**.

postsynchronization, -isation ['pəʊsˌsɪŋkrənaɪ'zeɪʃn] *n* postsynchronisation *f*.

postulant ['pɒstjʊlənt] *n* postulant *m*, -e *f* RELIG.

postulate [*vb* 'pɒstjʊleɪt, *n* 'pɒstjʊlət] *fml*
◇ *vt* -**1.** [hypothesize] poser comme hypothèse; **to ~ the existence of an underground lake** soutenir l'hypothèse d'un lac souterrain; **we ~ that a cure will soon be found** nous sommes sûrs qu'on trouvera bientôt un remède. -**2.** [take as granted] postuler, poser comme principe; **the charter ~s that all men are equal** la charte part du principe que tous les hommes sont égaux.
◇ *n* postulat *m*.

posture ['pɒstʃəʳ] ◇ *n* -**1.** [body position] posture *f*, position *f*; **to keep an upright ~** se tenir droit. -**2.** *fig* [attitude] attitude *f*.
◇ *vi* se donner des airs, poser.

postvocalic [ˌpəʊstvə'kælɪk] *adj* postvocalique.

postwar [ˌpəʊst'wɔːʳ] *adj* d'après-guerre, après la guerre; **the ~ period** l'après-guerre *m or f*; **in the immediate ~ period** au cours des années qui ont immédiatement suivi la guerre, tout de suite après la guerre.

posy ['pəʊzɪ] (*pl* **posies**) *n* petit bouquet *m* (de fleurs).

pot [pɒt] (*pt* & *pp* **potted**, *cont* **potting**)
◇ *vt* -**1.** [jam] mettre en pot OR pots; [fruit] mettre en conserve. -**2.** [plant] mettre en pot. -**3.** *Br* [in snooker]: **to ~ the ball** mettre la bille dans la poche OR la blouse. -**4.** *Br* [shoot] tuer; **she potted a partridge** elle a abattu une perdrix; **he's out potting rabbits** il est à la chasse au lapin.
◇ *vi* -**1.** [do pottery] faire de la poterie. -**2.** *Br* [shoot]: **to ~ at sthg** tirer sur qqch.
◇ *n* -**1.** [container - for paint, plant, jam etc] pot *m*; [teapot] théière *f*; [coffeepot] cafetière *f*; **a ~ of paint/mustard** un pot de peinture/de moutarde; **I drank a whole ~ of tea/coffee** j'ai bu une théière/une cafetière entière; **I'll make another ~ of tea/coffee** je vais refaire du thé/café; **a ~ of tea for two** du thé pour deux personnes ❑ **(chamber) ~** pot *m* de chambre, vase *m* de nuit. -**2.** [saucepan] casserole *f*; **~s and pans** batterie *f* de cuisine; **(cooking) ~** marmite *f*, fait-tout *m inv*; **it's a case of the ~ calling the kettle black** *Br prov* c'est la Pitié qui se moque de la Charité *prov*. -**3.** [pottery object] poterie *f*, pot *m*; **to throw a ~** tourner une poterie. -**4.** *inf* SPORT [trophy] trophée *m*, coupe *f*. -**5.** *Am* [kitty] cagnotte *f*. -**6.** *inf* [belly] bedaine *f*, brioche *f*. -**7.** *inf Br* [shot]: **to take a ~ at sthg** tirer sur qqch. -**8.** *drugs sl* marie-jeanne *f*. -**9.** ELEC potentiomètre *m*. -**10.** *phr*: **to go to ~** *inf* [country] aller à la dérive; [morals] dégénérer; [plans] tomber à l'eau; [person] se laisser aller; **everything has gone to ~** tout est fichu.

◆ **pots** *inf npl Br* [large amount] tas *mpl*, tonnes *fpl*; **to have ~s of money** avoir plein de fric, être plein aux as.

◆ **pot on** *vt sep* [plant] rempoter.

◆ **pot up** *vt sep* [plant] empoter.

potable ['pəʊtəbl] *adj lit* OR *hum* potable, buvable.

potash ['pɒtæʃ] *n (U)* potasse *f*.

potassium [pə'tæsɪəm] *n (U)* potassium *m*; **~ permanganate** permanganate *m* de potassium.

potassium-argon dating *n* datation *f* au potassium-argon.

potation [pəʊ'teɪʃn] *n lit* OR *hum* [drink] boisson *f* (alcoolisée); [drinking] libations *fpl*.

potato [pə'teɪtəʊ] (*pl* **potatoes**) ◇ *n* pomme *f* de terre; **boiled ~es** pommes de terre à l'eau; **can I have some more ~** OR **~es?** est-ce que je peux reprendre des pommes de terre? ❑ **the ~ famine** *Ir* HIST la disette de la pomme de terre.
◇ *comp* [farming, salad] de pommes de terre.

THE POTATO FAMINE:
Famine qui sévit en Irlande en 1845, provoquée par la maladie de la pomme de terre, aliment de base de la population. Plongeant le pays dans la misère, cette catastrophe poussa plus d'un million de personnes à émigrer aux États-Unis.

---

potato beetle *n* doryphore *m*.

potato blight *n* mildiou *m* de la pomme de terre.

potato bug = **potato beetle**.

potato chip *n* -**1.** *Br* [French fry] (pomme *f*) frite *f*. -**2.** *Am* [crisp] (pomme *f*) chips *f*.

potato crisp *n Br* (pomme *f*) chips *f*.

potato masher *n* presse-purée *m inv*.

potato peeler *n* [implement] éplucheur *m*, épluche-légumes *m*, (couteau *m*) économe *m*; [machine] éplucheuse *f*.

potato soup *n* soupe *f* de pommes de terre.

potbellied ['pɒtˌbelɪd] *adj* -**1.** [person] bedonnant; **to be ~** avoir du ventre. -**2.** **~ stove** poêle *m*.

potbelly ['pɒtˌbelɪ] (*pl* **potbellies**) *n* -**1.** [stomach] ventre *m*, bedon *m*; **to have a ~** avoir du ventre. -**2.** *Am* [stove] poêle *m*.

potboiler *inf* ['pɒtˌbɔɪləʳ] *n* gagne-pain *m*; **he only writes ~s** il n'écrit que pour faire bouillir la marmite.

pot-bound *adj* [plant] qui a besoin d'être rempoté.

poteen [pɒ'tiːn] *n Ir whisky fabriqué clandestinement*.

potency ['pəʊtənsɪ] (*pl* **potencies**) *n* -**1.** [strength - of spell, influence, argument] force *f*, puissance *f*; [- of medicine] efficacité *f*; [- of drink] (forte) teneur *f* en alcool. -**2.** [virility] puissance *f*, virilité *f*.

potent ['pəʊtənt] *adj* -**1.** [spell, influence] fort, puissant; [argument] convaincant; [medicine, poison, antidote] actif; [drink] fort (en alcool); **~ stuff, this rum!** il est fort, ce rhum! -**2.** [virile] viril.

potentate ['pəʊtənteɪt] *n* POL potentat *m*; *fig* magnat *m*.

potential [pə'tenʃl] ◇ *adj* -**1.** [possible] possible, potentiel; **that boy is a ~ genius** ce garçon est un génie en puissance; **they're ~ criminals** ce sont des criminels en puissance; **we mustn't discourage ~ investors** il ne faut pas décourager les investisseurs éventuels OR potentiels. -**2.** LING potentiel. -**3.** ELEC & PHYS potentiel; **~ difference** différence *f* de potentiel; **~ energy** énergie *f* potentielle.
◇ *n* -**1.** *(U)* [of person] promesse *f*, possibilités *fpl* (d'avenir); **your son has ~** votre fils a de l'avenir OR un avenir prometteur; **she has the ~ to succeed** elle a la capacité de réussir; **they don't have much intellectual ~** ils n'ont pas de grandes capacités intellectuelles; **she has great ~ as an actress** OR **great acting ~** elle a toutes les qualités d'une grande actrice; **she has ~ as an athlete** elle peut devenir une grande athlète; **to fulfil one's ~** donner toute sa mesure; **he never achieved his full ~** il n'a jamais exploité pleinement ses capacités || [of concept, discovery, situation] possibilités *fpl*; **the idea has ~** l'idée a de l'avenir; **your latest invention has great ~ for developing countries** votre dernière invention ouvre de grandes perspectives dans les pays en voie de développement; **the scheme has no ~** le projet n'a aucun avenir; **there is little ~ for development in the firm** l'entreprise offre peu de possibilités de développement; **the country's military ~** le potentiel militaire du pays || [of place] possibilités *fpl*; **the area/garden has real ~** le quartier/le jardin offre de nombreuses possibilités. -**2.** ELEC & MATH potentiel *m*.

potentiality [pəˌtenʃɪ'ælətɪ] (*pl* **potentialities**) *n* -**1.** [likelihood] potentialité *f*. -**2.** [potential] possibilités *fpl*, perspective *f* (d'avenir); **to have potentialities** offrir de nombreuses possibilités.

potentially [pə'tenʃəlɪ] *adv* potentiellement; **she's ~ a great writer** elle pourrait être un grand écrivain; **~ lethal poisons** des poisons qui peuvent être mortels.

potentiometer [pəˌtenʃɪ'ɒmɪtəʳ] *n* potentiomètre *m*.

potful ['pɒtfʊl] *n* [volume] (contenu *m* d'un) pot *m*; **a ~ of coffee** un pot plein de café, une cafetière pleine.

pothead ['pɒthed] *n drugs sl* fumeur *m*, -euse *f* de haschisch.

potheen [pɒ'tiːn] = **poteen**.

pother ['pɒðəʳ] *n* agitation *f*; **to get into a ~ over sthg** se mettre dans tous ses états au sujet de qqch.

potherb ['pɒthɜːb] *n* [as seasoning] herbe *f* aromatique; [as vegetable] légume *m* vert.

pothole ['pɒthəʊl] *n* -**1.** [in road] fondrière *f*, nid-de-poule *m*. -**2.** [underground] caverne *f*, grotte *f*.

potholer ['pɒtˌhəʊləʳ] *n Br* spéléologue *mf*.

potholing ['pɒtˌhəʊlɪŋ] *n (U) Br* spéléologie *f*; **to go ~** faire de la spéléologie.

pothook ['pɒthʊk] *n* -**1.** [in fireplace] crémaillère *f (crochet en forme de s)*. -**2.** [in writing] boucle *f*.

pothunter ['pɒtˌhʌntəʳ] *n pej* -**1.** HUNT chasseur *m*, -euse *f* sans scrupules. -**2.** [archaeologist] archéologue *mf* amateur. -**3.** SPORT chasseur *m*, -euse *f* de médailles.

potion ['pəʊʃn] *n* -**1.** MED potion *f*. -**2.** *fig* potion *f*, breuvage *m*; **love ~** philtre *m* d'amour; **magic ~** potion magique.

potlatch ['pɒtlætʃ] *n* -**1.** ANTHR potlatch *m*. -**2.** *inf Am* fête *f* bruyante.

potluck *inf* [ˌpɒt'lʌk] *n*: **to take ~** [for meal] manger à la fortune du pot; [take what one finds] s'en remettre au hasard.

pot plant *n Br* plante *f* d'intérieur.

potpourri [ˌpəʊ'pʊərɪ] *n* pot-pourri *m*.

potroast ['pɒtrəʊst] *vt* rôtir à la cocotte.

pot roast *n* rôti *m* à la cocotte.

Potsdam ['pɒtsdæm] *pr n* Potsdam.

potshard ['pɒtʃɑːd], **potsherd** ['pɒtʃɜːd] *n* ARCHEOL tesson *m* de poterie, fragment *m*.

pot shot *n*: **to take a ~ at sthg** [fire at] tirer à l'aveuglette sur qqch; [attempt] faire qqch à l'aveuglette.

pottage ['pɒtɪdʒ] *n* potage *m* épais.

potted ['pɒtɪd] *adj* -**1.** HORT en pot; ~ **palm** palmier *m* en pot; ~ **plant** plante *f* verte. -**2.** CULIN [cooked] (cuit) en terrine; [conserved] (conservé) en terrine OR en pot; ~ **meat** ≃ terrine *f*; ~ **shrimps** crevettes *fpl* en conserve. -**3.** *inf* [condensed - version] condensé, abrégé; a ~ **history of the Second World War** un abrégé d'histoire de la Seconde Guerre mondiale; **she gave me a ~ version of the truth** elle m'a donné une version sommaire des faits.

potter ['pɒtəʳ] ◇ *n* potier *m*, -ère *f*; ~**'s clay** argile *f* de potier, terre *f* glaise; ~**'s wheel** tour *m* de potier; ~**'s field** *Am* cimetière *m* des pauvres.
◇ *vi inf Br* s'occuper de choses et d'autres, bricoler; **after lunch, I'll ~ down to the post office** après le déjeuner, je ferai un saut à la poste; **I spent the evening just ~ing** j'ai passé la soirée à traînasser.
◆ **potter about** *inf Br* ◇ *vi insep* s'occuper, bricoler; **to ~ about in the garden** faire de petits travaux OR bricoler dans le jardin.
◇ *vt insep*: **to ~ about the house/garden** faire de petits travaux OR bricoler dans la maison/le jardin.
◆ **potter along** *inf vi insep Br* aller son petit bonhomme de chemin; **I'd better be ~ing along now** bon, il faudrait que je commence à y aller; **I might ~ along to the library later** j'irai peut-être faire un tour à la bibliothèque tout à l'heure.
◆ **potter around** *inf Br* = **potter about**.

pottery ['pɒtərɪ] (*pl* **potteries**) *n* -**1.** *(U)* [craft] poterie *f*. -**2.** *(U)* [earthenware] poterie *f*, poteries *fpl*; [ceramics] céramiques *fpl*; **a beautiful piece of ~** une très belle poterie. -**3.** [workshop] atelier *m* de poterie.

potting ['pɒtɪŋ] *n (U)* -**1.** HORT rempotage *m*; ~ **compost** terreau *m*. -**2.** [pottery] poterie *f*.

potting shed *n* remise *f* OR resserre *f* (de jardin).

pot-trained *Br* = **potty-trained**.

potty ['pɒtɪ] (*pl* **potties**, *compar* **pottier**, *superl* **pottiest**) ◇ *n* [for children] pot *m* (de chambre).
◇ *adj inf Br* fou, cinglé, dingue; **to be ~ about sthg** être toqué de qqch; **he's absolutely ~ about her** il est absolument fou d'elle.

potty-train *vt*: **to ~ a child** apprendre à un enfant à aller sur son pot.

potty-trained *adj* propre.

potty-training *n* apprentissage *m* de la propreté.

pouch [paʊtʃ] *n* -**1.** [bag] (petit) sac *m*; [for tobacco] blague *f*; [for money] sac *m*, bourse *f*; [for ammunition] cartouchière *f*, giberne *f*; [for gunpowder] sacoche *f*, sac *m*; [for mail] sac *m* (postal). -**2.** ZOOL [of marsupial, in cheeks] poche *f*, abajoue *f*; [pocket of skin] poche *f*. -**3.** *Am* [for diplomats] valise *f* diplomatique.

pouf(fe) [puːf] *n Br* -**1.** [cushion] pouf *m*. -**2.** ▽ *Br* = **poof** *n*.

poulterer ['pəʊltərəʳ] *n Br* volailler *m*, -ère *f*.

poultice ['pəʊltɪs] ◇ *n* MED cataplasme *m*.
◇ *vt* mettre un cataplasme à.

poultry ['pəʊltrɪ] ◇ *n (U)* [meat] volaille *f*.
◇ *npl* [birds] volaille *f*, volailles *fpl*.

poultry farm *n* élevage *m* de volaille OR de volailles.

poultry farmer *n* éleveur *m*, -euse *f* de volaille OR de volailles, aviculteur *m*, -trice *f*.

poultry farming *n* élevage *m* de volaille OR de volailles, aviculture *f*.

poultryman ['pəʊltrɪmən] (*pl* **poultrymen** [-mən]) *n* -**1.** [breeder] éleveur *m* de volaille OR de volailles, aviculteur *m*. -**2.** [dealer] marchand *m* de volaille, volailler *m*.

pounce [paʊns] ◇ *vi* sauter, bondir; **the cat crouched nearby, ready to ~** le chat était tapi là, prêt à bondir; **a man ~d (out) from behind the bush** un homme a surgi de derrière le buisson.
◇ *n* bond *m*; **with a sudden ~** d'un bond.
◆ **pounce on, pounce upon** *vt insep* -**1.** [subj: animal] se jeter sur, bondir sur; [subj: bird] se jeter sur, fondre sur; [subj: police] saisir, arrêter; **the customs ~d on the drug-runners** les douaniers ont arrêté les trafiquants de drogue. -**2.** [in criticism] bondir sur, sauter sur; **they ~ on your slightest mistake** ils sautent OR bondissent sur la moindre de vos erreurs. -**3.** [seize - opportunity] sauter sur, saisir.

pound [paʊnd] ◇ *n* -**1.** [weight] livre *f*; **to sell goods by the ~** vendre des marchandises à la livre; **three ~** OR **~s of apples** trois livres de pommes; **two dollars a ~** deux dollars la livre ❑ **to get one's ~ of flesh** obtenir ce que l'on exigeait; **he wants his pound of flesh** il veut son dû à n'importe quel prix. -**2.** [money] livre *f*; **have you got change for a ~?** avez-vous la monnaie d'une livre?; **two for a ~** deux pour une livre; **the ~ fell yesterday against the deutschmark** la livre est tombée hier face au Deutsche Mark ❑ ~ **coin** pièce *f* d'une livre; **the Lebanese/Maltese ~** la livre libanaise/maltaise; **the ~ sterling** la livre sterling. -**3.** [for dogs, cars] fourrière *f*.
◇ *vt* -**1.** [crush, pulverize - grain] broyer, concasser; [- rocks] concasser, écraser. -**2.** [hammer, hit] cogner sur, marteler; **she ~ed the table with her fist** elle martelait la table du poing; **the soldiers' heavy boots ~ed the earth** les soldats martelaient le sol de leurs lourdes bottes; **the waves ~ed the rocks/boat** les vagues battaient les rochers/venaient s'écraser violemment contre le bateau; **he began ~ing the typewriter keys** il commença à taper sur OR à marteler le clavier de la machine à écrire; **the teacher tried to ~ spelling rules into her pupils** *fig* le professeur s'efforçait de faire rentrer les règles d'orthographe dans la tête de ses élèves. -**3.** [bombard, shell] bombarder, pilonner; **they ~ed the enemy positions with mortar fire** ils ont bombardé les positions ennemies au mortier. -**4.** [walk - corridor] faire les cent pas dans, aller et venir dans; **to ~ the streets** battre le pavé; **to ~ the beat** faire sa ronde.
◇ *vi* -**1.** [hammer - on table, ceiling] cogner, taper; [- on piano, typewriter] taper; **the neighbours started ~ing on the ceiling** les voisins ont commencé à cogner au plafond; **we had to ~ on the door before anyone answered** il a fallu frapper à la porte à coups redoublés avant d'obtenir une réponse; **the waves ~ed against the rocks** les vagues venaient s'écraser sur OR fouettaient les rochers; **the rain was ~ing on the roof** la pluie tambourinait sur le toit. -**2.** [rhythmically - drums] battre; [- heart] battre fort; [- with fear, excitement] battre la chamade; **my head was ~ing from the noise** le bruit me martelait la tête. -**3.** [more heavily]: **he ~ed down the stairs** il descendit l'escalier bruyamment; **the elephants ~ed through the jungle** les éléphants se déplaçaient lourdement à travers la jungle.
◆ **pound away** *vi insep* -**1.** [at task] travailler avec acharnement; **he spent the holidays ~ing away at his thesis** il a passé les vacances à travailler dur à sa thèse. -**2.** [on typewriter, piano, drums] taper; **she's been ~ing away at her typewriter since 8 o'clock** elle s'acharne sur sa machine à écrire depuis 8 h; **every weekend, he ~s away on his drums** il passe ses week-ends à taper sur sa batterie. -**3.** [with artillery]: **to ~ away at the enemy lines** pilonner sans arrêt les lignes ennemies.
◆ **pound down** *vt sep* -**1.** [crush] piler, concasser; ~ **the millet down to a fine powder** réduisez le millet en une poudre fine; ~ **the mixture down to a pulp** réduisez le mélange en bouillie. -**2.** [flatten - earth] pilonner, tasser.
◆ **pound out** *vt sep Br* -**1.** [rhythm] marteler; **the pianist was ~ing out a tune** le pianiste martelait un air. -**2.** [letter, document] taper (avec fougue); **she ~s out a book a month** elle sort OR écrit un livre par mois.
◆ **pound up** *vt sep* piler, concasser.

poundage ['paʊndɪdʒ] *n (U)* -**1.** [on weight] droits *mpl* perçus par livre de poids. -**2.** [on value] droits *mpl* perçus par livre de valeur. -**3.** [weight] poids *m (en livres)*.

pound cake *n* ≃ quatre-quarts *m inv*.

-pounder ['paʊndəʳ] *in cpds*: **a fifteen~** [fish] un poisson de 15 livres; **a two-hundred~** [shell] un obus de 200 livres; **a six~** [gun] un canon qui tire des obus de six livres.

pounding ['paʊndɪŋ] *n* -**1.** [noise] martèlement *m*. -**2.** *(U)* [beating - of heart] battements *mpl*; **I could hear the ~ of her heart** j'entendais son cœur qui battait à tout rompre. -**3.** *inf* [battering] rossée *f*; **he took a real ~ in the first five rounds** il a pris une bonne volée OR il s'est drôlement fait rosser pendant les cinq premières reprises; **the jetty/harbour took a ~ in the storm** la jetée/le port en a pris un coup pendant la tempête; **the dollar took a severe ~ last week** le dollar a été sérieusement malmené la semaine dernière. -**4.** *inf* [severe defeat] déculottée *f*, piquette *f*; **the team took a real ~ last week** l'équipe a subi une lourde défaite OR s'est fait battre à plate couture la semaine dernière.

pour [pɔːʳ] ◇ *vt* -**1.** [liquid] verser; **she ~ed milk into their mugs** elle a versé du lait dans leurs tasses; **we ~ed the water/wine down the sink** nous avons vidé l'eau/jeté le vin dans l'évier; ~ **the cider into the jug** versez le cidre dans le pichet; **her jeans were so tight she looked as if she'd been ~ed into them** son jeans était tellement serré qu'elle semblait avoir été coulée dedans; **to ~ scorn on sb** *fig* traiter qqn avec mépris ‖ [serve] servir, verser; **to ~ a drink for sb** servir à boire à qqn; ~ **yourself a drink** servez-vous OR versez-vous à boire; **may I ~ you some wine?** je vous sers du vin?; **would you ~ the tea?** voulez-vous servir le thé? ❑ **to ~ cold water on** OR **over sb's plans** *inf* décourager OR refroidir qqn dans ses projets; **to ~ oil on troubled waters** calmer les esprits. -**2.** [invest] investir; **he ~ed all his energy into the project** il a mis toute son énergie dans le projet; **I've already ~ed a fortune into the firm** j'ai déjà investi une fortune dans la société.
◇ *vi* -**1.** [light, liquid, smoke] se déverser, couler à flots; **water ~ed from the gutters** l'eau débordait des gouttières; **tears ~ed down her face** elle pleurait à chaudes larmes; **blood ~ed from the wound** la blessure saignait abondamment; **the sweat was ~ing off his back** son dos ruisselait de sueur; **light ~ed into the church** l'église était inondée de lumière; **smoke ~ed out of the blazing building** des nuages de fumée s'échappaient de l'immeuble en flammes. -**2.** [rain] pleuvoir à verse; **it's ~ing (down), it's ~ing with rain** il pleut à verse OR à torrents; **the rain ~ed down** la pluie tombait à verse. -**3.** [crowd] affluer; **spectators ~ed into/out of the cinema** une foule de spectateurs entrait dans le cinéma/sortait du cinéma; **thousands of cars ~ed out of Paris** des milliers de voitures se pressaient aux portes de Paris; **reporters ~ into Cannes for the festival** les journalistes affluent à Cannes pour le festival. -**4.** [pan, jug]: **to ~ well/badly** verser bien/mal.
◆ **pour away** *vt sep* [empty] vider; [throw out] jeter.
◆ **pour down** *vi insep* = **pour** *vi* **2**.
◆ **pour forth** *vi insep lit* [light, water] se déverser; [people] affluer.
◆ **pour in** *vi insep* -**1.** [rain, light] entrer à flots; **rain ~ed in through a hole in the roof** la pluie entrait à flots par un trou dans le plafond. -**2.** [cars, refugees, spectators] arriver en masse; [information, reports] affluer, arriver en masse; **offers of help ~ed in from all sides** des offres d'aide ont afflué de toutes parts; **money ~ed in for the disaster victims** des milliers de dons ont été envoyés pour les victimes de la catastrophe.
◆ **pour off** *vt sep* [liquid, excess] vider.
◆ **pour on** *vt sep* [cream] verser.
◆ **pour out** ◇ *vt sep* -**1.** [liquid] verser. -**2.** [information, propaganda] répandre, diffuser; [substances]: **the industry ~s out tons of dangerous chemicals** l'industrie déverse des

tonnes de produits chimiques dangereux. -**3.** [emotions] donner libre cours à; **she ~ed out all her troubles to me** elle m'a raconté tout ce qu'elle avait sur le cœur; **to ~ out one's heart to sb** parler à qqn à cœur ouvert.
◇ *vi insep* [water] jaillir, couler à flots; [tears] couler abondamment; [light] jaillir.

pouring ['pɔːrɪŋ] *adj* -**1.** [rain] battant, diluvien; **we were stranded in the ~ rain** nous étions coincés sous une pluie battante. -**2.** [cream] liquide; **the sauce should be of ~ consistency** il faut que la sauce soit bien liquide.

pout [paʊt] (*pl sense 2 inv* OR **pouts**) ◇ *vi* faire la moue.
◇ *vt* dire en faisant la moue.
◇ *n* -**1.** [facial expression] moue *f*; **with a ~** en faisant la moue. -**2.** [fish - eelpout] lycode *m*, lotte *f*; [- whiting] tacaud *m*.

pouter ['paʊtəʳ] *n* [bird] boulant *m*.

poverty ['pɒvətɪ] *n* -**1.** [financial] pauvreté *f*, misère *f*; **to live in ~** vivre dans le besoin. -**2.** [shortage - of resources] manque *m*; [- of ideas, imagination] pauvreté *f*, manque *m*; [weakness - of style, arguments] pauvreté *f*, faiblesse *f*. -**3.** [of soil] pauvreté *f*, aridité *f*.

poverty line *n* seuil *m* de pauvreté; **to live on/below the ~** vivre à la limite/en dessous du seuil de pauvreté.

poverty-stricken *adj* [person] dans la misère, dans le plus grand dénuement; [areas] misérable, où sévit la misère.

poverty trap *n situation inextricable de ceux qui dépendent de prestations sociales qu'ils perdent pour peu qu'ils trouvent une activité, même peu rémunérée.*

pow [paʊ] *onomat* [from collision] vlan, v'lan; [from gun] pan.

POW *n abbr of* **prisoner of war.**

powder ['paʊdəʳ] ◇ *n* -**1.** [gen & MIL] poudre *f*; **in ~ form** en poudre, sous forme de poudre; **to grind sthg to a ~** réduire qqch en poudre, pulvériser qqch ❑ **to keep one's ~ dry** *Br* se tenir prêt, être aux aguets. -**2.** *dated* & MED: **to take a headache ~** prendre un médicament (en sachet) contre le mal de tête ❑ **to take a ~** *inf Am* ficher le camp, décamper.
◇ *vt* -**1.** [crush, pulverize] pulvériser, réduire en poudre. -**2.** [make up] poudrer; **to ~ one's face** se poudrer le visage; **to ~ one's nose** *euph* [go to the toilet] aller se repoudrer le nez. -**3.** [sprinkle] saupoudrer; **the Christmas tree was ~ed with artificial snow** le sapin de Noël était saupoudré de neige artificielle.

powder blue *n* bleu *m* pastel.
◆ **powder-blue** *adj* bleu pastel (*inv*).

powder compact *n* poudrier *m*.

powdered ['paʊdəd] *adj* -**1.** [milk, eggs] en poudre; [coffee] instantané; **~ sugar** *Am* sucre *m* glace. -**2.** [hair, face] poudré.

powder horn *n* corne *f*, cartouche *f* à poudre.

powder keg *n* [of gunpowder] baril *m* de poudre; *fig* poudrière *f*.

powder puff *n* houppette *f*.

powder room *n euph* toilettes *fpl* (pour dames).

powdery ['paʊdərɪ] *adj* -**1.** [covered in powder] couvert de poudre. -**2.** [like powder] poudreux; **~ snow** (neige *f*) poudreuse *f*. -**3.** [crumbling] friable.

power ['paʊəʳ] ◇ *n* -**1.** [strength, force - gen] puissance *f*, force *f*; **they could see the ~ of his muscles** ils voyaient travailler ses muscles puissants; **I underestimated the ~ of the explosion** j'ai sous-estimé la puissance OR la force de l'explosion; **we want greater economic and industrial ~** nous voulons renforcer la puissance économique et industrielle ‖ PHYS [of engine, lens, microscope] puissance *f*; **at full ~** à plein régime; **the vehicle moves under its own ~** le véhicule se déplace par ses propres moyens OR de façon autonome ❑ **sea/air ~** puissance *f* maritime/aérienne; **more ~ to your elbow!** *inf Br* bonne chance!, bon courage! -**2.** [influence] pouvoir *m*, puissance *f*; **the ~ of the Church/of student unions** le pouvoir de l'Église/des syndicats étudiants; **I'll do everything in my ~ to help you** je ferai tout mon possible OR tout ce qui est en mon pouvoir pour vous aider; **at the height of his ~s** à l'apogée de son pouvoir ‖ [control] pouvoir *m*; **to have sb in one's ~** avoir qqn en son pouvoir; **to fall into sb's ~** tomber au pouvoir de qqn ‖ POL pouvoir *m*; **to be in ~** être au pouvoir; **to come to/take ~** arriver au/prendre le pouvoir. -**3.** [authority] autorité *f*, pouvoir *m*; [of assembly] pouvoir *m*; **to have the ~ to decide/judge** avoir le pouvoir de décider/juger, avoir autorité pour décider/juger; **the committee doesn't really have much ~** le comité n'a pas grand pouvoir; **it's beyond** OR **outside my ~** cela dépasse ma compétence OR ne relève pas de mon autorité; **it's beyond my ~ to do anything** je n'ai pas compétence en la matière, je ne suis pas habilité à intervenir; **no ~ on earth will persuade me to go** rien au monde ne me persuadera d'y aller ‖ [influential group or person] puissance *f*; **the President is the real ~ in the land** c'est le président qui détient le véritable pouvoir dans le pays; **to be a ~ in the land** avoir une grande influence OR être très puissant dans un pays ❑ **the ~s of darkness** les forces OR puissances des ténèbres; **the ~ behind the throne** [individual] l'éminence *f* grise, celui *m*/celle *f* qui tire les ficelles; [group] ceux qui tirent les ficelles, les véritables acteurs; **the ~s that be** *fml* OR *hum* les autorités constituées; 'The Power and the Glory' *Greene* 'la Puissance et la gloire'. -**4.** POL [state] puissance *f*; **the great Western ~s** les grandes puissances occidentales. -**5.** [ability, capacity] capacité *f*, pouvoir *m*; **he has great ~s as an orator** OR **great oratorical ~s** il a de grands talents oratoires; **it's within her ~ to do it** c'est en son pouvoir, elle est capable de le faire; **magical/aphrodisiacal ~s** pouvoirs magiques/aphrodisiaques; **to have great ~s of persuasion/suggestion** avoir un grand pouvoir OR une grande force de persuasion/suggestion; **the body's ~s of resistance** la capacité de résistance du corps; **she has great intellectual ~s** elle a de grandes capacités intellectuelles ‖ [faculty] faculté *f*, pouvoir *m*; **her ~s are failing** ses facultés déclinent; **the ~ of sight** la vue; **the ~ of hearing** l'ouïe *f*; **he lost the ~ of speech** il a perdu l'usage de la parole. -**6.** ELEC [current] courant *m*; **to turn on/cut off the ~** mettre/couper le courant. -**7.** ELEC & PHYS [energy] énergie *f*; **nuclear/solar ~** énergie nucléaire/solaire. -**8.** JUR [proxy] pouvoir *m*. -**9.** MATH puissance *f*; **5 to the ~ (of) 6** 5 puissance 6; **raised to the 5th ~** élevé à la puissance 5. -**10.** *phr*: **a ~ of good** *inf*: **the holiday did me a ~ of good** les vacances m'ont fait énormément de bien.
◇ *comp* [source, consumption] d'énergie; [cable] électrique; [brakes, steering] assisté; **~ breakfast** petit déjeuner *m* d'affaires; **~ dressing** *façon de s'habiller qu'adoptent certaines femmes cadres dans le but de projeter une image d'autorité.*
◇ *vt* [give power to] faire fonctionner OR marcher; [propel] propulser; **the boat is ~ed by gas turbines** le bateau est propulsé par des turbines à gaz; **~ed by solar energy** fonctionnant à l'énergie solaire.
◇ *vi* avancer à toute vitesse, foncer; **he ~ed into his opponent** il fonça sur son adversaire; **the leading cars ~ed down the home straight** les voitures de tête foncèrent dans la dernière ligne.
◆ **power up** *vt sep* [machine] mettre en marche.

power-assisted *adj* assisté.

power base *n* assise *f* politique.

powerboat ['paʊəbəʊt] *n* [outboard] hors-bord *m inv*; [inboard] vedette *f* (rapide); **~ racing** courses *fpl* offshore.

power broker *n* décideur *m* politique.

power cut *n* coupure *f* de courant.

power dive *n* AERON (descente *f* en) piqué *m*.

power drill *n* perceuse *f* électrique.

-powered ['paʊəd] *in cpds*: **high/low~** de haute/faible puissance; **a high~ executive** un cadre très haut placé; **steam/wind~** mû par la vapeur/le vent; **jet~** propulsé par un moteur à réaction.

power failure *n* panne *f* de courant.

powerful ['paʊəfʊl] ◇ *adj* -**1.** [strong] puissant; **a ~ swimmer** un excellent nageur; **she has a very ~ voice** elle a une voix très puissante; **the engine isn't ~ enough** le moteur n'est pas assez puissant; **~ binoculars** jumelles puissantes OR à fort grossissement; **there was a ~ smell of fish** il y avait une forte odeur de poisson; **a ~ kick** un violent coup de pied; **~ drugs** médication *f* puissante OR active; **she has a ~ imagination** elle a une imagination débordante; **he has been a ~ influence in her life** il a exercé une influence décisive dans sa vie. -**2.** [influential - person] fort, influent; [- country, firm] puissant.
◇ *adv inf Br* vachement; **to try ~ hard** faire un effort surhumain.

powerfully ['paʊəfʊlɪ] *adv* puissamment; **he's ~ built** il est d'une stature imposante.

power game *n* lutte *f* d'influence, course *f* au pouvoir.

powerhouse ['paʊəhaʊs, *pl* -haʊzɪz] *n* -**1.** ELEC centrale *f* électrique. -**2.** *fig* [person] personne *f* énergique, locomotive *f*; **she's a ~ of energy** elle déborde d'énergie ‖ [place] pépinière *f*; **the university became a ~ of new ideas** l'université est devenue une vraie pépinière d'idées nouvelles.

powerless ['paʊəlɪs] *adj* impuissant, désarmé; **they were ~ to prevent the scandal** ils n'ont rien pu faire pour éviter le scandale; **our arguments were ~ in the face of such conviction** nos arguments sont restés lettre morte devant une telle conviction.

powerlessly ['paʊəlɪslɪ] *adv* sans pouvoir rien faire; **I watched ~ as the dogs attacked** j'ai regardé, impuissant, les chiens attaquer.

powerlessness ['paʊəlɪsnɪs] *n* impuissance *f*.

power line *n* ligne *f* à haute tension.

power of attorney *n* JUR procuration *f*.

power pack *n* ELEC bloc *m* d'alimentation.

power plant *n* -**1.** [factory] centrale *f* électrique. -**2.** [generator] groupe *m* électrogène. -**3.** [engine] groupe *m* moteur.

power play *n* [in ice hockey] coup *m* de force.

power point *n* prise *f* de courant.

power politics *n (U)* politique *f* du coup de force.

power set *n* MATH ensemble *m* des sous-ensembles.

power sharing [-ˌʃeərɪŋ] *n* POL partage *m* du pouvoir.

power station *n* centrale *f* (électrique).

power steering *n* direction *f* assistée.

power structure *n* [system] hiérarchie *f*, répartition *f* des pouvoirs; [people with power] *ensemble des personnes qui détiennent le pouvoir.*

power tool *n* outil *m* électrique.

powwow ['paʊwaʊ] ◇ *n* [of American Indians] assemblée *f*; *fig* & *hum* [meeting] réunion *f*; [discussion] discussion *f*, pourparlers *mpl*; **to have** OR **to hold a ~** discuter.
◇ *vi inf* discuter.

pox *inf* [pɒks] *n* vérole *f*; **a ~ on him!** *arch* qu'il aille au diable!

poxy▽ ['pɒksɪ] (*compar* **poxier**, *superl* **poxiest**) *adj* -**1.** MED vérolé. -**2.** *Br* [lousy] merdique.

Poznan ['pɒznən] *pr n* Poznan.

pp (*written abbr of* **per procurationem**) pp.

p & p *written abbr of* **postage and packing.**

PPE (*abbr of* **philosophy, politics, and economics**) *n Br philosophie, science politique et science économique (cours à l'université).*

ppm (*abbr of* **parts per million**) ppm.

PPS ◇ *n Br abbr of* **parliamentary private secretary.**
◇ (*written abbr of* **post postscriptum**) PPS.

ppsi (*abbr of* **pounds per square inch**) *livres au pouce carré (mesure de pression).*

PQ *written abbr of* **Province of Quebec.**

Pr. (*written abbr of* **prince**) Pce.

PR ◇ *n* -**1.** *abbr of* **proportional representation.** -**2.** *abbr of* **public relations.**
◇ *written abbr of* **Puerto Rico.**

practicability [ˌpræktɪkəˈbɪlətɪ] *n* -**1.** [of plan, action] faisabilité *f*, viabilité *f*; **we discussed the ~ of the project** nous avons discuté de la viabilité du projet. -**2.** [of road] praticabilité *f*.

practicable [ˈpræktɪkəbl] *adj* -**1.** [feasible] réalisable, praticable; [possible] possible; **as far as ~** autant que possible, autant que faire se peut. -**2.** [road] praticable.

practical [ˈpræktɪkl] ◇ *adj* -**1.** [convenient, easy to use] pratique, commode; **this electric screwdriver is very ~** ce tournevis électrique est très pratique. -**2.** [sensible, commonsense - person] (qui a le sens) pratique, doué de sens pratique; [- mind, suggestion] pratique; **my sister's the ~ one** s'il y a quelqu'un qui a le sens pratique, c'est bien ma sœur; **now, be ~, we can't afford a new car** allons, un peu de bon sens, nous n'avons pas les moyens de nous offrir une nouvelle voiture; **is white the most ~ colour?** le blanc, c'est ce qu'il y a de plus pratique comme couleur? -**3.** [training, experience, question] pratique, concret; **does it have any ~ application?** est-ce qu'il y a une application pratique?; **for all ~ purposes** à toutes fins utiles; **he has a ~ knowledge of German** il connaît l'allemand usuel ❑ **~ nurse** *Am* aide-soignant *m*, -e *f*. -**4.** [virtual]: **it's a ~ impossibility** c'est pratiquement impossible.
◇ *n Br* SCH & UNIV [class] travaux *mpl* pratiques, TP *mpl*; [exam] épreuve *f* pratique.

practicality [ˌpræktɪˈkælətɪ] (*pl* **practicalities**) *n* [of person] sens *m* pratique; [of ideas] nature *f* pratique; **I'm not too sure about the ~ of his suggestions** je doute que ses propositions puissent trouver une application pratique.
◆ **practicalities** *npl* [details] détails *mpl* pratiques; **let's get down to practicalities** venons-en aux détails pratiques.

practical joke *n* farce *f*; **to play a ~ on sb** faire une farce OR jouer un tour à qqn.

practical joker *n* farceur *m*, -euse *f*.

practically [ˈpræktɪklɪ] *adv* -**1.** [sensibly] de manière pratique; **she very ~ suggested telephoning home** elle a eu la bonne idée de suggérer qu'on téléphone chez elle; **to be ~ dressed** être habillé de façon pratique. -**2.** [based on practice] pratiquement; **the whole course is very much ~ based** le cours est fondé en grande partie sur la pratique. -**3.** [almost] presque, pratiquement; **~ alone/finished** pratiquement seul/terminé. -**4.** [in practice] dans la pratique; **~ speaking** en fait.

practicalness [ˈpræktɪklnɪs] = **practicality.**

practice [ˈpræktɪs] ◇ *n* -**1.** [habit] pratique *f*, habitude *f*; [custom] pratique *f*, coutume *f*, usage *m*; **tribal/religious ~s** pratiques tribales/religieuses; **they make a regular ~ of going jogging on Sundays** ils font régulièrement du jogging le dimanche; **he makes a ~ of voting against** OR **he makes it a ~ to vote against the government** il se fait une règle de voter contre le gouvernement; **they've introduced the ~ of morning prayer** ils ont introduit la prière du matin; **it's not company ~ to refund deposits** il n'est pas dans les habitudes de la société de rembourser les arrhes; **it's normal ~ among most shopkeepers** c'est une pratique courante chez les commerçants; **it's our usual ~** c'est ce que nous faisons habituellement, c'est notre politique habituelle; **it's standard ~ to make a written request** la procédure habituelle veut que l'on fasse une demande par écrit. -**2.** [exercise - of profession, archery, witchcraft] pratique *f*. -**3.** [training] entraînement *m*; [rehearsal] répétition *f*; [study - of instrument] étude *f*, travail *m*; **I've had a lot of ~ at** OR **in dealing with difficult negotiations** j'ai une grande habitude des négociations difficiles; **it's good ~ for your interview** c'est un bon entraînement pour votre entrevue; **to be in ~** être bien entraîné; **to be out of ~** manquer d'entraînement; **I'm getting out of ~** [on piano] je commence à avoir les doigts rouillés; [at sport] je commence à manquer d'entraînement; [at skill] je commence à perdre la main; **it's time for your piano ~** c'est l'heure de travailler ton piano ❑ **fire ~** exercice *m* d'incendie; **~ makes perfect** *prov* c'est en forgeant qu'on devient forgeron *prov*. -**4.** [training session] (séance *f* d') entraînement *m*; [rehearsal - of choir] répétition *f*. -**5.** [practical application] pratique *f*; **to put sthg in** OR **into ~** mettre qqch en pratique; **in ~** dans la pratique. -**6.** [professional activity] exercice *m*; **to be in ~ as a doctor** exercer en tant que médecin; **to go into** OR **to set up in ~ as a doctor** s'installer comme médecin, ouvrir un cabinet de médecin ❑ **medical/legal ~** l'exercice de la médecine/de la profession d'avocat. -**7.** [office, surgery] cabinet *m*; [clientele] clientèle *f*; **he has a country ~** il est médecin de campagne.
◇ *vt & vi Am* = **practise.**
◇ *comp* [game, run, session] d'entraînement.

practiced *Am* = **practised.**

practicing *Am* = **practising.**

practise *Br*, **practice** *Am* [ˈpræktɪs] ◇ *vt* -**1.** [for improvement - musical instrument] s'exercer à, travailler; [- song] travailler, répéter; [- foreign language] travailler, s'exercer à parler; SPORT [- stroke, shot] travailler; **to ~ one's scales** faire ses gammes; **she was practising a Chopin nocturne** elle travaillait un nocturne de Chopin; **can I ~ my French on you?** est-ce que je peux parler français OR pratiquer mon français avec vous?; **to ~ speaking French** s'entraîner à parler français; **you'll be able to ~ your Spanish in Madrid** à Madrid, vous pourrez en profiter pour pratiquer votre espagnol; **you should ~ your backhand** vous devriez travailler votre revers. -**2.** [put into practice - principle, virtue] pratiquer, mettre en pratique; **in this school, we ~ self-discipline** dans cette école, on pratique l'autodiscipline; **you should ~ what you preach** vous devriez donner l'exemple; **he doesn't ~ what he preaches** il ne met pas en pratique ce qu'il prêche. -**3.** [profession] exercer, pratiquer; **he ~s medicine** il pratique OR exerce la médecine. -**4.** [inflict] infliger; **the cruelty they ~d on their victims** les cruautés qu'ils infligeaient à OR les sévices qu'ils faisaient subir à leurs victimes. -**5.** [customs, beliefs] observer, pratiquer; **pagan rituals are still ~d in the area** on pratique encore certains rites païens dans la région. -**6.** RELIG pratiquer. -**7.** [magic] pratiquer.
◇ *vi* -**1.** [gen & MUS] s'entraîner, s'exercer; SPORT s'entraîner; **I'm just practising** je ne fais que m'entraîner; **she ~s a few hours every day** elle s'entraîne plusieurs heures par jour; **to ~ on the guitar** faire des exercices à la guitare. -**2.** [professionally] exercer; **he ~s in Edinburgh** il exerce à Édimbourg. -**3.** RELIG être pratiquant.

practised *Br*, **practiced** *Am* [ˈpræktɪst] *adj* -**1.** [experienced] expérimenté, chevronné; [skilled] habile. -**2.** [expert - aim, movement] expert; [- ear, eye] exercé. -**3.** [artificial - smile, charm] factice, étudié.

practising *Br*, **practicing** *Am* [ˈpræktɪsɪŋ] *adj* -**1.** RELIG pratiquant; **he's a ~ Jew** c'est un juif pratiquant. -**2.** [professionally - doctor] exerçant; [- lawyer, solicitor] en exercice. -**3.** [homosexual] actif.

practitioner [prækˈtɪʃnəʳ] *n* -**1.** MED: **(medical) ~** médecin *m*. -**2.** [gen] praticien *m*, -enne *f*.

praesidium [prɪˈsɪdɪəm] = **presidium.**

praetorian [prɪˈtɔːrɪən] *adj* prétorien; **~ guard** HIST & *fig* garde *f* prétorienne.

pragmatic [prægˈmætɪk] *adj* pragmatique; **~ sanction** pragmatique sanction *f*, pragmatique *f*.

pragmatics [prægˈmætɪks] *n (U)* LING pragmatique *f*.

pragmatism [ˈprægmətɪzm] *n* pragmatisme *m*.

pragmatist [ˈprægmətɪst] *n* pragmatiste *mf*.

Prague [prɑːg] *pr n* Prague.

prairie [ˈpreərɪ] *n* plaine *f* (herbeuse).
◆ **Prairie** *pr n*: **the Prairie** OR **Prairies** [in US] la Grande Prairie; [in Canada] les Prairies *fpl*.

prairie chicken *n* cupidon *m* des prairies.

prairie dog *n* chien *m* de prairie.

prairie oyster *n boisson à base d'œuf cru (remède contre les excès d'alcool).*

Prairie Provinces *pl pr n*: **the ~** les Provinces *fpl* des Prairies *(au Canada)*; **in the ~** dans les Provinces des Prairies.

Prairie State *pr n* Illinois *m*.

prairie wolf *n* coyote *m*.

praise [preɪz] ◇ *n* -**1.** [compliments] éloge *m*, louanges *fpl*; **she was full of ~ for their kindness** elle ne tarissait pas d'éloges sur leur gentillesse; **he was full of our ~** OR **~s** il ne tarissait pas d'éloges sur notre compte; **we have nothing but ~ for the way in which he handled the matter** nous ne pouvons que le féliciter de la façon OR nous n'avons que des éloges à lui faire pour la façon dont il s'est occupé de l'affaire; **her latest film has received high ~ from the critics** son dernier film a été couvert d'éloges par la critique; **it is beyond ~** on ne saurait être trop élogieux. -**2.** RELIG louange *f*, louanges *fpl*, gloire *f*; **to give ~ to the Lord** rendre gloire à Dieu; **~ (be to) the Lord!** Dieu soit loué!; **~ be!** *fig & dated* Dieu merci!; **hymn** OR **song of ~** cantique *m*.
◇ *vt* -**1.** louer, faire l'éloge de; **he ~d her for her patience** il la loua de OR pour sa patience; **he ~d her for having been so patient** il la loua d'avoir été si patiente; **to ~ sb to high heaven** OR **to the skies** couvrir qqn d'éloges, porter qqn aux nues. -**2.** RELIG louer, glorifier, rendre gloire à.
◆ **in praise of** *prep phr*: **the director spoke in ~ of his staff** le directeur fit l'éloge de son personnel; **she gave a speech in ~ of the institute's work** elle fit un discours élogieux sur les travaux de l'institut.

praiseworthiness [ˈpreɪzˌwɜːðɪnɪs] *n* mérite *m*.

praiseworthy [ˈpreɪzˌwɜːðɪ] *adj* [person] digne d'éloges; [action, intention, sentiment] louable, méritoire.

praline [ˈprɑːliːn] *n* praline *f*.

pram [præm] *n* -**1.** *Br* [for baby] voiture *f* d'enfant, landau *m*. -**2.** NAUT prame *f*.

PRAM [præm] (*abbr of* **programmable random access memory**) *n* RAM *f* programmable.

prance [prɑːns] ◇ *vi* -**1.** [cavort - horse] caracoler, cabrioler; [- person] caracoler, gambader; **the horses came prancing into the circus ring** les chevaux sont entrés en caracolant sur la piste du cirque. -**2.** [strut] se pavaner, se dandiner; **he came prancing into the room** il entra dans la pièce en se pavanant.
◇ *n* sautillement *m*.

prang *inf* [præŋ] ◇ *vt Br* [car] esquinter; [plane] bousiller.
◇ *n*: **he had a ~** [in car] il a eu un accident (de voiture) OR un accrochage; [in plane] son avion s'est planté.

prank [præŋk] *n* farce *f*, tour *m*; **to play a ~ on sb** jouer un tour OR faire une farce à qqn; **it's only a childish ~** c'est seulement une gaminerie; **they used to get up to all kinds of ~s when they were at school** ils faisaient toutes sortes de farces quand ils étaient à l'école.

prankster [ˈpræŋkstəʳ] *n* farceur *m*, -euse *f*; **he's a little ~** c'est un petit farceur OR polisson.

praseodymium [ˌpreɪzɪəʊˈdɪmɪəm] *n* praséodyme *m*.

prat▽ [præt] *n Br* couillon *m*.

prate [preɪt] *vi dated & pej* jacasser, bavarder; **they're always prating on about their holidays** ils n'en finissent pas de raconter leurs vacances.

pratfall *inf* [ˈprætfɔːl] *n* [fall] gadin *m*, pelle *f*; [blunder] gaffe *f*.

prattle *inf* [ˈprætl] *Br pej* ◇ *vi* [babble] babiller, jacasser; **she ~s away** OR **on about her chil-**

dren for hours elle radote pendant des heures au sujet de ses enfants || [converse] papoter; **they're forever prattling on about politics** ils sont toujours à discutailler politique.
◇ *n* [babble] babillage *m*; [conversation] papotage *m*, bavardage *m*.

prawn [prɔːn] *n* crevette *f* (rose), bouquet *m*.

prawn cocktail *n* cocktail *m* de crevettes.

praxis ['præksɪs] (*pl* **praxes** [-siːz]) *n fml* pratique *f*.

pray [preɪ] ◇ *vi* prier; **let us ~ to God for guidance** prions Dieu de nous guider; **to ~ for sb/for sb's soul** prier pour qqn/pour l'âme de qqn; **to ~ over sb's grave** prier sur la tombe de qqn; **she ~ed to God to save her child** elle pria Dieu qu'il sauve son enfant; **he ~s for release from pain** il prie pour que ses souffrances prennent fin; **she's past ~ing for** [will die] elle est perdue; **the country is past ~ing for at this stage** il n'y a plus d'espoir pour le pays à ce stade; **to ~ for rain** prier pour qu'il pleuve; **let's just ~ for fine weather** espérons qu'il fasse beau.
◇ *vt* -**1.** RELIG: **she ~ed God he might live** elle pria Dieu pour qu'il vive; **we ~ the rain will stop** nous prions pour que la pluie cesse; **I just ~ he doesn't come back** je prie Dieu OR le ciel (pour) qu'il ne revienne pas. -**2.** *arch* OR *fml* [request] prier; **to ~ sb to do sthg** prier qqn de faire qqch; **I ~ you** je vous (en) prie.
◇ *interj arch* OR *fml*: **~ be seated** asseyez-vous, je vous en prie; **~, do tell me** dites-le-moi, je vous (en) prie.

prayer [preəʳ] *n* -**1.** RELIG prière *f*; **to be at ~** être en prière, prier; **to kneel in ~** prier à genoux, s'agenouiller pour prier; **they believe he can be made well through ~** ils croient qu'on peut le guérir par la prière; **to say a ~ for sb** dire une prière pour qqn; **to say one's ~s** faire sa prière; **remember me in your ~s** pensez à moi OR ne m'oubliez pas dans vos prières; **her ~ was answered** sa prière fut exaucée ❑ **he doesn't have a ~** *inf* il n'a pas la moindre chance OR l'ombre d'une chance. -**2.** [wish] souhait *m*; **it is my earnest ~ that you will succeed** j'espère de tout cœur que vous réussirez, je souhaite sincèrement que vous réussissiez.
◆ **prayers** *npl* [at church] office *m* (divin), prière *f*; *Br* SCH prière *f* du matin.

prayer beads *n* chapelet *m*.

prayer book *n* bréviaire *m*.

prayer mat *n* tapis *m* de prière.

prayer meeting *n* réunion *f* de prière.

prayer rug = **prayer mat**.

prayer shawl *n* talith *m*, tallith *m*.

prayer wheel *n* moulin *m* à prières.

praying mantis ['preɪɪŋ-] *n* mante *f* religieuse.

preach [priːtʃ] ◇ *vi* -**1.** RELIG prêcher; **to ~ to sb** prêcher qqn; **to ~ to the converted** prêcher un converti. -**2.** [lecture] prêcher, sermonner; **stop ~ing at me!** arrête tes sermons OR de me faire la leçon!
◇ *vt* -**1.** RELIG prêcher; **to ~ a sermon** prêcher, faire un sermon. -**2.** *fig* [recommend] prêcher, prôner.

preacher ['priːtʃəʳ] *n* [gen] prédicateur *m*; *esp Am* [minister] pasteur *m*.

preachify *inf* ['priːtʃɪfaɪ] (*pt* **preachified**, *pp* **preachified**) *vi pej* faire la morale.

preaching ['priːtʃɪŋ] *n* (*U*) [sermon] prédication *f*; *pej* [moralizing] sermons *mpl*.

preachy *inf* ['priːtʃɪ] (*compar* **preachier**, *superl* **preachiest**) *adj pej* prêcheur, sermonneur.

preamble [priːˈæmbl] *n* préambule *m*; **Preamble to the Constitution** Préambule *m* de la Constitution des États-Unis.

preamplifier [priːˈæmplɪfaɪəʳ] *n* préamplificateur *m*.

prearrange [ˌpriːəˈreɪndʒ] *vt* fixer OR régler à l'avance; **at a ~d time** à une heure fixée à l'avance OR au préalable.

prebend ['prebənd] *n* prébende *f*.

prebendary ['prebəndrɪ] (*pl* **prebendaries**) *n* prébendier *m*.

Precambrian [ˌpriːˈkæmbrɪən] ◇ *n* précambrien *m*.
◇ *adj* précambrien.

precancerous [ˌpriːˈkænsərəs] *adj* précancéreux.

precarious [prɪˈkeərɪəs] *adj* précaire.

precariously [prɪˈkeərɪəslɪ] *adv* précairement; **~ balanced** en équilibre précaire.

precariousness [prɪˈkeərɪəsnɪs] *n* précarité *f*.

precast [ˌpriːˈkɑːst] *adj* [concrete element] préfabriqué.

precaution [prɪˈkɔːʃn] *n* précaution *f*; **as a ~** par précaution; **to take ~s** prendre des précautions; **she took the ~ of informing her solicitor** elle prit la précaution d'avertir son avocat; **fire ~s** mesures *fpl* de prévention contre l'incendie.

precautionary [prɪˈkɔːʃənərɪ] *adj* de précaution; **as a ~ measure** par mesure de précaution; **to take ~ measures** OR **steps against sthg** prendre des mesures préventives contre qqch.

precede [prɪˈsiːd] *vt* -**1.** [in order, time] précéder; **during the minutes preceding the operation** pendant les minutes précédant l'opération. -**2.** [in importance, rank] avoir la préséance sur, prendre le pas sur. -**3.** [preface] (faire) précéder.

precedence ['presɪdəns], **precedency** ['presɪdənsɪ] *n* (*U*) -**1.** [priority] priorité *f*; **to take** OR **to have ~ over sthg** avoir la priorité sur qqch; **her health must take ~ over all other considerations** sa santé doit passer avant toute autre considération. -**2.** [in rank, status] préséance *f*; **to have** OR **to take ~ over sb** avoir la préséance OR prendre le pas sur qqn.

precedent ['presɪdənt] ◇ *n* -**1.** JUR précédent *m*, jurisprudence *f*; **to set a ~** faire jurisprudence; **there is no ~** il n'y a pas de jurisprudence; **to follow a ~** s'appuyer sur un précédent, suivre la jurisprudence. -**2.** [example case] précédent *m*; **to create** OR **to set** OR **to establish a ~** créer un précédent; **without ~** sans précédent. -**3.** [tradition] tradition *f*; **the college has broken with ~ by electing a woman president** le collège a rompu avec la tradition en élisant une femme à la présidence.
◇ *adj* précédent.

precedented ['presɪdəntɪd] *adj* ayant (un) précédent.

preceding [prɪˈsiːdɪŋ] *adj* précédent; **the ~ day** le jour précédent, la veille; **the ~ evening** le soir précédent, la veille au soir; **on the ~ page** à la page précédente; **the ~ week/year** la semaine/l'année précédente.

precentor [prɪˈsentəʳ] *n* préchantre *m*.

precept ['priːsept] *n* précepte *m*.

preceptor [prɪˈseptəʳ] *n* précepteur *m*, -trice *f*.

precession [prɪˈseʃn] *n* précession *f*; **~ of the equinoxes** précession des équinoxes.

precinct ['priːsɪŋkt] *n* -**1.** [area - round castle, cathedral] enceinte *f*; [- for pedestrians, shopping] zone *f*, quartier *m*; **within the castle ~s** dans l'enceinte du château. -**2.** [boundary] pourtour *m*; **the question falls within the ~s of philosophy** la question est du domaine OR relève de la philosophie. -**3.** *Am* ADMIN arrondissement *m*, circonscription *f* administrative; **7th ~** 7ᵉ arrondissement; **~ police** police *f* de quartier OR d'arrondissement; **~ station** commissariat *m* de quartier OR d'arrondissement. -**4.** *Am* POL circonscription *f* électorale.
◆ **precincts** *npl* environs *mpl*, alentours *mpl*; **somewhere in the ~s** quelque part dans les environs OR alentours.

preciosity [ˌpresɪˈɒsətɪ] *n* préciosité *f*.

precious ['preʃəs] ◇ *adj* -**1.** [jewel, material, object] précieux, de grande valeur; **the world's most ~ resources** les ressources les plus précieuses de la planète. -**2.** [friend, friendship, moment] précieux; **my time is ~** mon temps est précieux; **the ambulance lost ~ minutes in a traffic jam** l'ambulance a perdu des minutes précieuses dans un embouteillage. -**3.** [affected - style, person] précieux. -**4.** *inf* [expressing irritation]: **I don't want your ~ advice** je ne veux pas de vos fichus conseils; **here's your ~ book!** le voilà ton sacré livre!
◇ *adv inf* très; **there's ~ little chance of that happening** il y a bien peu OR très peu de chances (pour) que cela se produise; **~ few of them turned up** il y en a très peu qui sont venus.
◇ *n*: **my ~** mon trésor.

precious metal *n* métal *m* précieux.

precious stone *n* pierre *f* précieuse.

precipice ['presɪpɪs] *n literal* précipice *m*; *fig* catastrophe *f*; **the car fell over the ~** la voiture est tombée dans le précipice.

precipitance [prɪˈsɪpɪtəns], **precipitancy** [prɪˈsɪpɪtənsɪ] *n* précipitation *f*.

precipitant [prɪˈsɪpɪtənt] ◇ *adj* précipité, hâtif.
◇ *n* précipitant *m*.

precipitate [*vb* & *n* prɪˈsɪpɪteɪt, *adj* prɪˈsɪpɪtət]
◇ *vt* -**1.** [downfall, ruin, crisis] précipiter, hâter. -**2.** [person, vehicle, object] précipiter. -**3.** CHEM précipiter.
◇ *vi* -**1.** CHEM se précipiter. -**2.** METEOR se condenser.
◇ *n* précipité *m*.
◇ *adj* -**1.** [hasty - action] précipité; [- decision, judgment] hâtif; [- remark] irréfléchi. -**2.** [steep] abrupt, à pic.

precipitately [prɪˈsɪpɪtətlɪ] *adv* précipitamment, avec précipitation.

precipitation [prɪˌsɪpɪˈteɪʃn] *n* (*U*) -**1.** [haste] précipitation *f*. -**2.** CHEM précipitation *f*. -**3.** METEOR précipitations *fpl*.

precipitous [prɪˈsɪpɪtəs] *adj* -**1.** [steep - cliff] à pic, escarpé; [- road, stairs] raide; [- fall] à pic. -**2.** [hasty] précipité.

precipitously [prɪˈsɪpɪtəslɪ] *adv* -**1.** [steeply] à pic, abruptement. -**2.** [hastily] précipitamment.

précis [*Br* ˈpreɪsiː, *Am* ˈpreɪsiː] (*pl inv* [*Br* -siːz, *Am* preˈsiːz]) ◇ *n* précis *m*, résumé *m*; **~ writing** compte rendu *m* de lecture.
◇ *vt* faire un résumé de.

precise [prɪˈsaɪs] *adj* -**1.** [exact - amount, detail] précis; [- location] exact; [- pronunciation] exact, juste; **eleven, to be ~** onze, pour être précis; **be more ~!** soyez plus précis!; **he was very ~ in his description** il a donné une description très précise OR détaillée; **at that ~ moment** à ce moment précis. -**2.** [meticulous - person, manner, mind, movement] précis, méticuleux. -**3.** *pej* [fussy] pointilleux, maniaque.

precisely [prɪˈsaɪslɪ] ◇ *adv* [exactly - explain] précisément, exactement; [measure] précisément, avec précision; **that describes it ~** c'est exactement cela; **that's ~ the reason (why) I'm not going** c'est précisément pourquoi je n'y vais pas; **she speaks very ~** elle s'exprime avec beaucoup de précision; **at 4 o'clock ~** à 4 h précises.
◇ *interj* précisément, exactement; **do you think it's too risky? — ~!** pensez-vous que ce soit trop risqué? — tout à fait! OR exactement!

preciseness [prɪˈsaɪsnɪs] *n* précision *f*.

precision [prɪˈsɪʒn] ◇ *n* précision *f*.
◇ *comp* [instrument, engineering, tool, bombing] de précision.

preclude [prɪˈkluːd] *vt fml* exclure, prévenir; **this rule ~s any possibility of a misunderstanding** cette règle exclut toute possibilité de malentendu; **the crisis ~s her (from) going to Moscow** la crise rend impossible son départ pour Moscou OR la met dans l'impossibilité de partir pour Moscou; **we were ~d from making any further progress** on ne pouvait plus faire de nouveaux progrès.

precocious [prɪˈkəʊʃəs] *adj* précoce.

precociously [prɪˈkəʊʃəslɪ] *adv* précocement, avec précocité.

precociousness [prɪˈkəʊʃəsnɪs], **precocity** [prɪˈkɒsətɪ] *n* précocité *f*.

precognition [ˌpriːkɒgˈnɪʃn] *n* [gift] prescience *f*, don *m* de seconde vue; [knowledge] connaissance *f* préalable.

pre-Columbian [ˌpriːkəˈlʌmbɪən] *adj* précolombien.

precombustion [ˌpriːkəm'bʌstʃn] *n* précombustion *f*.

preconceived [ˌpriːkən'siːvd] *adj* préconçu; ~ idea idée *f* préconçue.

preconception [ˌpriːkən'sepʃn] *n* préconception *f*, idée *f* préconçue.

precondition [ˌpriːkən'dɪʃn] ◇ *n* condition *f* préalable, condition *f* sine qua non; a university degree is a ~ for a diplomatic career il est impossible de faire carrière dans la diplomatie si l'on n'a pas un diplôme universitaire.
◇ *vt* conditionner.

precook [priː'kʊk] *vt* précuire.

precooked [priː'kʊkt] *adj* précuit.

precool [priː'kuːl] *vt* préréfrigérer.

precursor [ˌpriː'kɜːsəʳ] *n* [person] précurseur *m*; [event] signe *m* avant-coureur; the ~ of the modern computer l'ancêtre de l'ordinateur d'aujourd'hui; the stock exchange crash was a ~ to worldwide recession le krach boursier fut le signe précurseur de la récession à l'échelle mondiale.

precursory [ˌpriː'kɜːsərɪ] *adj* -**1.** [anticipatory] précurseur, annonciateur. -**2.** [introductory] préliminaire, préalable.

predaceous, **predacious** [prɪ'deɪʃəs] *adj* prédateur.

predate [priː'deɪt] *vt* -**1.** [give earlier date to - cheque] antidater; [- historical event] attribuer une date antérieure à. -**2.** [precede] être antérieur à.

predator ['predətəʳ] *n* -**1.** [animal, bird] prédateur *m*. -**2.** *fig* [person] rapace *m*.

predatory ['predətrɪ] *adj* -**1.** [animal, bird] prédateur. -**2.** *fig* [gen - person, instinct] rapace; [- attacker] pillard; the ~ world of advertising le milieu rapace de la publicité.

predecease [ˌpriːdɪ'siːs] *vt* mourir avant.

predecessor ['priːdɪsesəʳ] *n* [person, model] prédécesseur *m*; [event] précédent *m*.

predestination [priːˌdestɪ'neɪʃn] *n* prédestination *f*.

predestine [ˌpriː'destɪn] *vt* prédestiner; it was as if they were ~d to lose on aurait dit qu'ils étaient prédestinés à perdre.

predetermination ['priːdɪˌtɜːmɪ'neɪʃn] *n* prédétermination *f*.

predetermine [ˌpriːdɪ'tɜːmɪn] *vt* prédéterminer.

predetermined [ˌpriːdɪ'tɜːmɪnd] *adj* déterminé; at a ~ date à une date déterminée OR arrêtée d'avance.

predeterminer [ˌpriːdɪ'tɜːmɪnəʳ] *n* préarticle *m*, prédéterminant *m*.

predicable ['predɪkəbl] ◇ *adj* prédicable.
◇ *n* prédicable *m*.

predicament [prɪ'dɪkəmənt] *n* situation *f* difficile OR malencontreuse; to be in a ~ être dans une situation difficile; we'll have to find some way out of this ~ il va nous falloir trouver un moyen de nous sortir de ce guêpier.

predicate [*vb* 'predɪkeɪt, *n* & *adj* 'predɪkət] ◇ *vt fml* -**1.** [state] affirmer. -**2.** [base]: to ~ one's arguments/policy on sthg fonder ses arguments/sa politique sur qqch.
◇ *n* prédicat *m*.
◇ *adj* prédicatif.

predicate calculus *n* calcul *m* fonctionnel.

predicative [prɪ'dɪkətɪv] *adj* prédicatif.

predict [prɪ'dɪkt] *vt* prédire; she ~ed that he would have a long life elle a prédit qu'il vivrait longtemps; the weathermen are ~ing rain les météorologues annoncent de la pluie.

predictability [prɪˌdɪktə'bɪlətɪ] *n* prévisibilité *f*.

predictable [prɪ'dɪktəbl] *adj* prévisible; the outcome was ~ le résultat était prévisible; you're so ~! *pej* tu es tellement prévisible!

predictably [prɪ'dɪktəblɪ] *adv* [behave] de manière prévisible; ~, she forgot to tell him comme on pouvait le prévoir OR comme on pouvait s'y attendre, elle a oublié de le lui dire.

prediction [prɪ'dɪkʃn] *n* [gen] prévision *f*; [supernatural] prédiction *f*.

predictive [prɪ'dɪktɪv] *adj* prophétique.

predictor [prɪ'dɪktəʳ] *n* -**1.** [prophet] prophète *m*. -**2.** [in statistics] variable *f* indépendante.

predigested [ˌpriːdaɪ'dʒestɪd] *adj* prédigéré.

predilection [ˌpriːdɪ'lekʃn] *n* prédilection *f*; to have a ~ for sthg avoir une prédilection OR un faible pour qqch.

predispose [ˌpriːdɪs'pəʊz] *vt* prédisposer; to be ~d to do sthg être prédisposé à faire qqch; I was not ~d in his favour je n'étais pas prédisposé en sa faveur.

predisposition ['priːˌdɪspə'zɪʃn] *n* prédisposition *f*; to have a ~ to OR towards sthg avoir une prédisposition à qqch.

predominance [prɪ'dɒmɪnəns], **predominancy** [prɪ'dɒmɪnənsɪ] *n* prédominance *f*; with a ~ of red shades avec une prédominance de rouges.

predominant [prɪ'dɒmɪnənt] *adj* prédominant.

predominantly [prɪ'dɒmɪnəntlɪ] *adv* principalement; the population is ~ English-speaking la population est majoritairement anglophone.

predominate [prɪ'dɒmɪneɪt] *vi* -**1.** [be greater in number] prédominer; males still ~ over females in industry les hommes continuent à être plus nombreux que les femmes dans l'industrie. -**2.** [prevail] prédominer, prévaloir, l'emporter; a sense of apathy ~d at the meeting lors de la réunion, un sentiment d'apathie a prédominé.

pre-eminence *n* prééminence *f*.

pre-eminent *adj* prééminent.

pre-eminently *adv* de façon prépondérante, avant tout; the reasons are ~ economic les raisons sont avant tout économiques.

pre-empt [ˌpriː'empt] ◇ *vt* -**1.** [plan, decision] anticiper, devancer; the Prime Minister's decision ~ed their plans for social reform la décision du Premier ministre a devancé leurs projets de réforme sociale. -**2.** [land, property] acquérir par (droit de) préemption.
◇ *vi* [in bridge] faire une enchère de barrage.

pre-emption [ˌpriː'empʃn] *n* préemption *f*.

pre-emptive [ˌpriː'emptɪv] *adj* [right] de préemption; [strike] préventif; ~ bid [in bridge] (enchère *f* de) barrage *m*.

preen [priːn] *vt* -**1.** [plumage] lisser; the bird was ~ing its feathers OR was ~ing itself l'oiseau se lissait les plumes; to ~ o.s. *fig* se faire beau, se pomponner. -**2.** [pride]: to ~ o.s. on sthg s'enorgueillir de qqch; he ~ed himself on his success il s'enorgueillissait OR tirait fierté de son succès.

pre-establish *vt* préétablir.

preexist [ˌpriːɪg'zɪst] *vt* préexister à.

pre-existence *n* préexistence *f*.

pre-existent *adj* préexistant.

prefab *inf* ['priːfæb] *n* (bâtiment *m*) préfabriqué *m*; they live in a ~ ils habitent une maison préfabriquée.

prefabricate [ˌpriː'fæbrɪkeɪt] *vt* préfabriquer.

prefabricated [ˌpriː'fæbrɪkeɪtɪd] *adj*: ~ houses maisons *fpl* en préfabriqué.

preface ['prefɪs] ◇ *n* -**1.** [to text] préface *f*, avant-propos *m inv*; [to speech] introduction *f*, préambule *m*. -**2.** RELIG préface *f*.
◇ *vt* [book] préfacer; she ~d the book with a reply to her critics la préface de son livre est une réponse à ses critiques || [speech] faire précéder; he usually ~s his speeches with a joke d'habitude, il commence ses discours par une histoire drôle; I'd like to ~ my lecture by posing this question en guise d'introduction à cette conférence, je voudrais vous soumettre la question suivante.

prefaded [priː'feɪdɪd] *adj* [fabric] délavé.

prefatory ['prefətrɪ] *adj* [remarks] préliminaire, préalable; [note] liminaire; [page] de préface.

prefect ['priːfekt] *n* -**1.** SCH *élève chargé de la discipline*. -**2.** ADMIN [in France, Italy etc] préfet *m*.

prefecture ['priːfekˌtjʊəʳ] *n* préfecture *f*.

prefer [prɪ'fɜːʳ] *vt* -**1.** préférer, aimer mieux; I ~ Paris to London je préfère Paris à Londres, j'aime mieux Paris que Londres; I much ~ coffee to tea je préfère de beaucoup OR de loin le café au thé; she ~s living OR to live alone elle préfère vivre seule; he ~s to walk rather than take the bus il préfère marcher plutôt que de prendre le bus; many people ~ watching TV to going out OR rather than going out beaucoup de gens préfèrent regarder la télévision plutôt que de sortir; do you mind if I smoke? – I'd ~ (that) you didn't cela vous dérange si je fume? – j'aimerais mieux que vous ne le fassiez pas; I'd ~ you not to go je préférerais que vous n'y alliez pas. -**2.** JUR: to ~ charges against sb [civil action] porter plainte contre qqn; [police action] ≃ déférer qqn au parquet. -**3.** [submit - argument, petition] présenter. -**4.** FIN [creditor] privilégier.

preferable ['prefrəbl] *adj* préférable; it is ~ to book seats il est préférable de OR il vaut mieux retenir des places.

preferably ['prefrəblɪ] *adv* de préférence, préférablement; come tomorrow, ~ in the evening venez demain, de préférence dans la soirée.

preference ['prefərəns] *n* -**1.** [liking] préférence *f*; to have OR to show a ~ for sthg avoir une préférence pour qqch; his ~ is for Mozart il préfère Mozart; he lives in the country by ~ il a choisi de vivre à la campagne; in order of ~ par ordre de préférence; they chose the first candidate in ~ to the second ils ont choisi le premier candidat plutôt que le second; what is your ~? que préférez-vous? -**2.** [priority] préférence *f*, priorité *f*; to have OR to be given ~ over avoir la priorité sur.

preference share *n Br* action *f* privilégiée.

preferential [ˌprefə'renʃl] *adj* préférentiel, privilégié; to get ~ treatment bénéficier d'un traitement de faveur.

preferment [prɪ'fɜːmənt] *n* [gen & RELIG] avancement *m*, promotion *f*.

preferred [prɪ'fɜːd] *adj* -**1.** [best liked] préféré. -**2.** COMM: ~ creditor créancier *m* prioritaire.

preferred stock *n (U) Am* actions *fpl* privilégiées.

prefiguration [priːˌfɪgə'reɪʃn] *n* préfiguration *f*.

prefigure [priː'fɪgəʳ] *vt* -**1.** [foreshadow] préfigurer. -**2.** [foresee] se figurer OR s'imaginer (d'avance).

prefix ['priːfɪks] ◇ *n* préfixe *m*.
◇ *vt* préfixer.

preflight ['priːflaɪt] *adj* préalable au décollage; ~ checks vérifications avant décollage.

preformation [ˌpriːfɔː'meɪʃn] *n* préformation *f*.

prefrontal [ˌpriː'frʌntl] *adj* préfrontal.

preggers▽ ['pregəz] *adj*: she's ~ elle est en cloque.

pregnable ['pregnəbl] *adj* prenable.

pregnancy ['pregnənsɪ] (*pl* **pregnancies**) *n* [of woman] grossesse *f*; [of animal] gestation *f*.

pregnancy test *n* test *m* de grossesse.

pregnant ['pregnənt] *adj* -**1.** [woman] enceinte; [animal] pleine, grosse; to get OR to become ~ tomber enceinte; to get a woman ~ faire un enfant à une femme; to be six months ~ être enceinte de six mois; she was ~ with Brian then à cette époque, elle attendait Brian. -**2.** *fig* [pause, silence - with meaning] lourd OR chargé de sens; [- with tension] tendu.

preheat [ˌpriː'hiːt] *vt* préchauffer.

prehensile [prɪ'hensaɪl] *adj* préhensile.

prehistoric [ˌpriːhɪ'stɒrɪk] *adj literal* & *fig* préhistorique.

prehistory [ˌpriː'hɪstərɪ] *n* préhistoire *f*.

pre-ignition *n* préallumage *m*.

pre-industrial *adj* préindustriel.

prejudge [ˌpriː'dʒʌdʒ] *vt* [issue, topic] préjuger (de); [person] porter un jugement prématuré sur.

prejudice ['predʒʊdɪs] ◇ *n* -**1.** [bias] préjugé *m*; **to have a ~ against sb/sthg** avoir un préjugé contre qqn/qqch; **to have a ~ in favour of sb/sthg** avoir un préjugé en faveur de qqn/qqch; **he's full of ~** il est plein de préjugés; **racial ~** préjugés raciaux, racisme *m*; **I have a certain ~ in favour of the first solution** j'ai une petite préférence pour la première solution; **he claims to be without ~** il prétend être sans préjugés. -**2.** [detriment] préjudice *m*, tort *m*; **to the ~ of sb's rights** au préjudice OR au détriment des droits de qqn; **without ~ to your guarantee** JUR sans préjudice de votre garantie.
◇ *vt* -**1.** [influence] influencer, prévenir; **to ~ sb against/in favour of sthg** prévenir qqn contre/en faveur de qqch. -**2.** [jeopardize] compromettre, porter préjudice à, nuire à; **his political beliefs ~d his chances** ses opinions politiques ont compromis ses chances.

prejudiced ['predʒʊdɪst] *adj* [person] qui a des préjugés OR des idées préconçues; **to be ~ against sthg** avoir des préjugés contre qqch; **let's not be ~ about this** essayons de ne pas avoir d'idées préconçues là-dessus; **he is racially ~** il est raciste || [opinion] partial, préconçu; **her politics are ~** ses idées politiques sont fondées sur des préjugés.

prejudicial [,predʒʊ'dɪʃl] *adj* préjudiciable, nuisible; **the government's foreign policy is ~ to world peace** la politique étrangère du gouvernement risque de compromettre la paix mondiale.

prelacy ['preləsɪ] (*pl* **prelacies**) *n* -**1.** [office] prélature *f*. -**2.** [prelates generally]: **the ~** les prélats *mpl*.

prelate ['prelɪt] *n* prélat *m*.

prelim *inf* ['priːlɪm] (*abbr of* **preliminary exam**) *n* examen *m* préliminaire.
◆ **prelims** *npl* [in book] préliminaires *mpl*.

preliminary [prɪ'lɪmɪnərɪ] (*pl* **preliminaries**) ◇ *adj* préliminaire, préalable; **after a few ~ remarks** après quelques remarques préliminaires; **the ~ stages of the inquiry** les étapes préliminaires OR les débuts de l'enquête; **~ to departure** *fml*, **~ to leaving** *fml* avant le départ, avant de partir; **~ hearing** JUR première audience *f*; **~ investigation** JUR instruction *f* (d'une affaire).
◇ *n* -**1.** [gen] préliminaire *m*; **to go through all the preliminaries** passer par tous les préliminaires; **as a ~** en guise de préliminaire, au préalable. -**2.** [eliminating contest] épreuve *f* éliminatoire.

preliterate [priː'lɪtərɪt] *adj* [society] ne connaissant pas l'écriture.

prelude ['preljuːd] ◇ *n* [gen & MUS] prélude *m*.
◇ *vt* préluder à.

premarital [,priː'mærɪtl] *adj* prénuptial, avant le mariage; **~ sex** rapports *mpl* sexuels avant le mariage.

premature ['premə,tjʊəʳ] *adj* -**1.** [birth, child] prématuré, avant terme; **three months ~** né trois mois avant terme. -**2.** [death, decision, judgment] prématuré; **don't you think you're being a bit ~?** vous ne trouvez pas que c'est un peu prématuré?

prematurely ['premə,tjʊəlɪ] *adv* prématurément; **he was born ~** il est né avant terme; **he died ~** il est mort prématurément; **to be ~ bald/grey** être chauve/avoir les cheveux gris avant l'âge.

premed *inf* ['priːmed] ◇ *adj abbr of* **premedical**.
◇ *n* -**1.** *abbr of* **premedication**. -**2.** [student] ≃ étudiant *m*, -e *f* en première année de médecine. -**3.** [studies] ≃ études *fpl* de première année de médecine.

premedical [,priː'medɪkl] *adj* [studies] ≃ de première année de médecine; **she's a ~ student** ≃ elle est en première année de médecine.

premedication [,priːmedɪ'keɪʃn] *n* prémédication *f*.

premeditate [,priː'medɪteɪt] *vt* préméditer.

premeditated [,priː'medɪteɪtɪd] *adj* prémédité.

premeditation [priː,medɪ'teɪʃn] *n* préméditation *f*; **without ~** sans préméditation.

premenstrual [priː'menstrʊəl] *adj* prémenstruel.

premenstrual tension *Br*, **premenstrual syndrome** *Am n* syndrome *m* prémenstruel.

premier ['premjəʳ] ◇ *adj* premier, primordial.
◇ *n* Premier ministre *m*.

premiere ['premɪeəʳ] ◇ *n* CIN & THEAT première *f*; **the film's London/television ~** la première londonienne/télévisée du film.
◇ *vt* donner la première de; **the opera was ~d in Paris** la première de l'opéra a eu lieu à Paris.

Premier League *pr n championnat anglais de football disputé par les plus grands clubs professionnels.*

premiership ['premjəʃɪp] *n* poste *m* de Premier ministre; **during her ~** alors qu'elle était Premier ministre; **elected to the ~** choisi comme Premier ministre.

premise ['premɪs] ◇ *n* [hypothesis] prémisse *f*; **on the ~ that...** en partant du principe que...
◇ *vt fml*: **to ~ that** poser comme hypothèse que; **to be ~d on** être fondé sur.

premises ['premɪsɪz] *npl* -**1.** [place] locaux *mpl*, lieux *mpl*; **business ~** locaux commerciaux; **on the ~** sur les lieux, sur place; **to vacate the ~** quitter OR libérer les lieux. -**2.** JUR préalable *m*.

premiss ['premɪs] = **premise**.

premium ['priːmjəm] ◇ *n* -**1.** [insurance payment] prime *f* (d'assurance). -**2.** [bonus, extra cost] prime *f*; **exchange ~** ST. EX prime de change; **fresh fruit is (selling) at a ~** les fruits frais sont très recherchés OR font prime *spec*; **honesty is at a ~ these days** l'honnêteté se fait rare OR se perd de nos jours; **to put** OR **to place a (high) ~ on sthg** attacher beaucoup de valeur à OR faire grand cas de qqch. -**3.** *Am* [fuel] supercarburant *m*.
◇ *comp*: **~ price** prix *m* très réduit; **~ quality** qualité *f* extra.

premium bond *n* obligation *f* à prime.

premolar [,priː'məʊləʳ] ◇ *adj* prémolaire.
◇ *n* prémolaire *f*.

premonition [,premə'nɪʃn] *n* prémonition *f*, pressentiment *m*; **to have a ~ of sthg** pressentir qqch, avoir le pressentiment de qqch; **I had a ~ he wouldn't come** j'avais le pressentiment qu'il ne viendrait pas.

premonitory [prɪ'mɒnɪtrɪ] *adj* prémonitoire.

prenatal [,priː'neɪtl] *adj* prénatal.

prenuptial [,priː'nʌpʃl] *adj* prénuptial.

preoccupation [priː,ɒkjʊ'peɪʃn] *n* préoccupation *f*; **I have too many other ~s just now** j'ai trop d'autres préoccupations en ce moment; **I don't understand his ~ with physical fitness** je ne comprends pas qu'il soit si préoccupé par sa forme physique.

preoccupied [priː'ɒkjʊpaɪd] *adj* préoccupé; **to be ~ by** OR **with sthg** être préoccupé par OR de *lit* qqch; **he seems ~ with the idea** il semble que cette idée le préoccupe; **she was too ~ with her work to spare a thought for me** elle était trop préoccupée par son travail pour penser à moi.

preoccupy [priː'ɒkjʊpaɪ] (*pt & pp* **preoccupied**) *vt* préoccuper.

preop *inf* ['priːɒp] (*abbr of* **preoperative**) ◇ *adj* préopératoire; **~ medication** prémédication *f*, médication *f* préopératoire.
◇ *n*: **she's gone for a ~** elle est allée passer un examen préopératoire.

preordain [,priːɔː'deɪn] *vt*: **she felt ~ed to be a missionary** elle se sentait prédestinée à devenir missionnaire; **our defeat was ~ed** il était dit que nous perdrions.

prep *inf* [prep] SCH ◇ *n* (*U*) *Br* -**1.** [homework] devoirs *mpl*. -**2.** [study period] étude *f* (*après les cours*).
◇ *vi Am faire ses études dans un établissement privé.*

prepack [,priː'pæk], **prepackage** [,priː'pækɪdʒ] *vt* préemballer, conditionner; **the fruit is all ~ed** les fruits sont entièrement conditionnés.

prepackaging [,priː'pækɪdʒɪŋ] *n* préemballage *m*, conditionnement *m*.

prepaid [*pt* & *pp* ,priː'peɪd, *adj* 'priːpeɪd] ◇ *pt* & *pp* → **prepay**.
◇ *adj* payé (d'avance); **~ reply** réponse *f* payée.

preparation [,prepə'reɪʃn] *n* -**1.** (*U*) préparation *f*; **to be in ~** être en préparation; **in ~ for publication** en vue d'une publication; **in ~ for Christmas** pour préparer Noël; **the dish requires careful ~** ce plat exige une préparation extrêmement délicate; **as a ~ for public life** pour préparer à la vie publique. -**2.** (*C*) CHEM & PHARM préparation *f*; **to make up a ~** faire une préparation. -**3.** (*U*) *Br* SCH = **prep**.
◆ **preparations** *npl* [arrangements] préparatifs *mpl*, dispositions *fpl*; **~s for war** préparatifs de guerre; **she attended to the wedding ~s** elle s'est occupée des préparatifs du mariage.

preparatory [prɪ'pærətrɪ] *adj* [work] préparatoire; [measure] préalable, préliminaire; **the report is still at the ~ stage** le rapport en est encore au stade préliminaire OR préparatoire; **~ to the launch** *fml* avant le lancement; **~ to travelling abroad** *fml* avant de partir en voyage à l'étranger.

preparatory school *n* -**1.** [in UK] école *f* primaire privée (*pour enfants de sept à treize ans, préparant généralement à entrer dans une «public school»*). -**2.** [in US] *école privée qui prépare à l'enseignement supérieur.*

prepare [prɪ'peəʳ] ◇ *vt* [plan, food, lesson] préparer; **to ~ a meal for sb** préparer un repas à OR pour qqn; **to ~ a surprise for sb** préparer une surprise à qqn; **to ~ the way/the ground for negotiations** ouvrir la voie à/préparer le terrain pour des négociations; **we are preparing to leave tomorrow** nous nous préparons à partir demain || [person] préparer; **she's preparing them for the exam** elle les prépare à l'examen; **to ~ o.s. for sthg** se préparer à qqch; **~ yourself for the worst** préparez-vous OR attendez-vous au pire; **you'd better ~ yourself for some bad news** préparez-vous à recevoir de mauvaises nouvelles.
◇ *vi*: **to ~ for sthg** faire des préparatifs en vue de OR se préparer à qqch; **to ~ to do sthg** se préparer OR s'apprêter à faire qqch; **to ~ for departure** faire des préparatifs en vue d'un départ, se préparer à partir; **the country is preparing for war** le pays se prépare à la guerre; **to ~ for a meeting/an exam** préparer une réunion/un examen; **~ for the worst!** préparez-vous au pire!

prepared [prɪ'peəd] *adj* [ready - gen] préparé, prêt; [- answer, excuse] tout prêt; **I was ~ to leave** j'étais préparé OR prêt à partir; **he wasn't ~ for what he saw** [hadn't expected] il ne s'attendait pas à ce spectacle; [was shocked] il n'était pas préparé à voir cela; **you must be ~ for anything** il faut s'attendre à tout; **the Minister issued a ~ statement** le ministre fit une déclaration préparée à l'avance || [willing] prêt, disposé; **I am ~ to cooperate** je suis prêt OR disposé à coopérer.

preparedness [prɪ'peədnɪs] *n*: **~ for war** préparation *f* à la guerre.

prepay [,priː'peɪ] (*pt & pp* **prepaid** [-'peɪd]) *vt* payer d'avance.

prepayment [,priː'peɪmənt] *n* paiement *m* d'avance.

preponderance [prɪ'pɒndərəns] *n* [in importance] prépondérance *f*; [in number] supériorité *f* numérique; **there was a ~ of boys in the science subjects** les garçons étaient majoritaires dans les disciplines scientifiques.

preponderant [prɪ'pɒndərənt] *adj* prépondérant.

preponderantly [prɪ'pɒndərəntlɪ] *adv* [in importance] de façon prépondérante; [especially] surtout.

preponderate [prɪ'pɒndəreɪt] *vi* être prépondérant, prédominer; to ~ **over sthg** l'emporter sur qqch.

preposition [,prepə'zɪʃn] *n* préposition *f*.

prepositional [,prepə'zɪʃnl] *adj* prépositionnel; ~ **phrase** locution *f* prépositive.

prepositionally [,prepə'zɪʃnlɪ] *adv* prépositivement.

prepositive [prɪ'pɒzətɪv] *adj* prépositif.

prepossessing [,priːpə'zesɪŋ] *adj* avenant, engageant; **a most ~ young man** un jeune homme très présentable; **her manners are not very ~** ses manières ne font pas très bon effet OR laissent à désirer.

preposterous [prɪ'pɒstərəs] *adj* absurde, grotesque.

preposterously [prɪ'pɒstərəslɪ] *adv* absurdement, ridiculement.

preppie, **preppy** *inf* ['prepɪ] (*pl* **preppies**, *compar* **preppier**, *superl* **preppiest**) *Am* ◇ *n*: **she's a ~** elle est BCBG.
◇ *adj* BCBG.

preprandial [,priː'prændɪəl] *adj lit* OR *hum* [drink] avant le repas.

preprocessor [,priː'prəʊsesəʳ] *n* préprocesseur *m*.

preprogrammed [,priː'prəʊgræmd] *adj* préprogrammé.

prep school *n abbr of* preparatory school.

prepubescent [,priːpjuː'besənt] *adj* pré-pubère.

prepuce ['priːpjuːs] *n* prépuce *m*.

prequel *inf* ['priːkwəl] *n film dont l'action est antérieure à celle d'une œuvre existante.*

Pre-Raphaelite [,priː'ræfəlaɪt] ◇ *adj* préraphaélite.
◇ *n* préraphaélite *mf*.

prerecord [,priːrɪ'kɔːd] *vt* préenregistrer; **~ed TV debate** débat télévisé préenregistré OR en différé; **~ed cassette** cassette *f* enregistrée.

prerelease [,priːrɪ'liːs] ◇ *n* [of film] avant-première *f*; [of record] sortie *f* précommerciale.
◇ *vt* [film, record] faire sortir en avant-première.
◇ *adj*: ~ **publicity** *publicité qui précède la sortie d'un film, d'un livre, d'un disque.*

prerequisite [,priː'rekwɪzɪt] ◇ *n* (condition *f*) préalable *m*, condition *f* sine qua non; **to be a ~ for** OR **of sthg** être une condition préalable à qqch; **a knowledge of foreign languages is not a ~** la connaissance de langues étrangères n'est pas indispensable.
◇ *adj*: ~ **condition** condition *f* préalable.

prerevolutionary ['priː,revə'luːʃnərɪ] *adj* prérévolutionnaire.

prerogative [prɪ'rɒgətɪv] *n* prérogative *f*, apanage *m*; **to exercise one's ~** exercer ses prérogatives.

Pres. *written abbr of* president.

presage ['presɪdʒ] ◇ *n* présage *m*; **to have a ~ of doom** pressentir un malheur.
◇ *vt* présager, annoncer.

presbyopia [,prezbɪ'əʊpjə] *n* presbytie *f*.

presbyter ['prezbɪtəʳ] *n* membre *m* du conseil presbytéral.

Presbyterian [,prezbɪ'tɪərɪən] ◇ *adj* presbytérien.
◇ *n* presbytérien *m*, -enne *f*.

Presbyterianism [,prezbɪ'tɪərɪənɪzm] *n* presbytérianisme *m*.

presbytery ['prezbɪtrɪ] *n* -**1.** [house] presbytère *m*. -**2.** [court] presbyterium *m*. -**3.** [part of church] presbyterium *m*.

preschool [,priː'skuːl] ◇ *adj* [playgroup, age] préscolaire; [child] d'âge préscolaire.
◇ *n Am* école *f* maternelle.

preschooler [,priː'skuːləʳ] *n Am* enfant *mf* d'âge préscolaire.

prescience ['presɪəns] *n* prescience *f*.

prescient ['presɪənt] *adj* prescient.

prescribe [prɪ'skraɪb] *vt* -**1.** MED prescrire; **to ~ sthg for sb** prescrire qqch à qqn; **the doctor ~d her a month's rest** le médecin lui a prescrit un mois de repos; **what can you ~ for migraine?** que prescrivez-vous contre la migraine?; **'do not exceed the ~d dose'** 'ne pas dépasser la dose prescrite'. -**2.** [advocate] préconiser, recommander; **what cure would you ~ for the current economic problems?** quelles mesures préconiseriez-vous pour remédier aux problèmes économiques actuels? -**3.** [give, set - punishment] infliger; *Br* SCH [- books] inscrire au programme; **~d form/number** *Br* formulaire *m*/nombre *m* prescrit. -**4.** JUR prescrire.

prescription [prɪ'skrɪpʃn] ◇ *n* -**1.** MED ordonnance *f*; **the doctor wrote out a ~ for her** le médecin lui a rédigé OR fait une ordonnance; **to make up a ~ for sb** exécuter OR préparer une ordonnance pour qqn; **I'll give you a ~ for some antibiotics** je vais vous prescrire des antibiotiques; **to get sthg on ~** obtenir qqch sur ordonnance; **available** OR **obtainable only on ~** délivré seulement sur ordonnance. -**2.** [recommendation] prescription *f*; **what's your ~ for a happy life?** quelle est votre recette du bonheur?
◇ *comp*: **a ~ drug** un médicament délivré seulement sur ordonnance.

prescription charge *n Br* ≃ ticket *m* modérateur.

prescriptive [prɪ'skrɪptɪv] *adj* -**1.** LING [grammar, rule] normatif. -**2.** [dogmatic] dogmatique, strict. -**3.** [customary] consacré par l'usage.

prescriptivism [prɪ'skrɪptɪvɪzm] *n* normativisme *m*.

presence ['prezns] *n* -**1.** présence *f*; **in the ~ of sb** en présence de qqn; **it happened in my ~** cela s'est passé en ma présence; **to be aware of sb's ~** sentir la présence de qqn; **your ~ is requested at Saturday's meeting** vous êtes prié d'assister à la réunion de samedi; **to be admitted to the ~ of sb** être admis en présence de qqn; **~ of mind** présence *f* d'esprit; **to show/to have great ~ of mind** faire preuve d'une/avoir une grande présence d'esprit. -**2.** [number of people present] présence *f*; **there was a large student/police ~ at the demonstration** il y avait un nombre important d'étudiants/un important service d'ordre à la manifestation; **America has maintained a strong military ~ in the area** l'Amérique a maintenu une forte présence militaire dans la région. -**3.** [personality, magnetism] présence *f*; **to lack ~** manquer de présence; **she has great stage ~** elle a beaucoup de présence sur scène; **he certainly knows how to make his ~ felt** il sait très bien faire sentir sa présence. -**4.** [entity] présence *f*; **I could sense a ~ in the room** je sentais comme une présence dans la pièce.

present [*n* & *adj* 'preznt, *vb* prɪ'zent] ◇ *n* -**1.** [gift] cadeau *m*; **to give sb a ~** faire un cadeau à qqn; **we gave her a pony as a ~** nous lui avons offert un OR fait cadeau d'un poney; **to make sb a ~ of sthg** faire cadeau de qqch à qqn; **it's for a ~** [in shop] c'est pour offrir. -**2.** [in time] présent *m*; **at ~** actuellement, à présent; **up to the ~** jusqu'à présent, jusqu'à maintenant; **as things are** OR **stand at ~** au point où en sont les choses; **that's enough for the ~** ça suffit pour le moment OR pour l'instant; **to live only in** OR **for the ~** vivre pour l'instant présent OR au présent. -**3.** GRAMM présent *m*; **in the ~** au présent.
◇ *vt* -**1.** [gift] donner, offrir; [prize] remettre, décerner; **to ~ sthg to sb** OR **sb with sthg** donner OR offrir qqch à qqn; **they ~ed him with a clock** ils lui ont offert une OR fait cadeau d'une pendule; **he ~ed his collection to the museum** il a fait cadeau de sa collection au musée; **the singer was ~ed with a bunch of flowers** la chanteuse s'est vu offrir OR remettre un bouquet de fleurs; **who is going to ~ the prizes?** qui va procéder à la remise des prix?; **she was ~ed with first prize** on lui a décerné le premier prix; **the project ~s us with a formidable challenge** le projet constitue pour nous un formidable défi; **he ~ed us with a fait accompli** il nous a mis devant le fait accompli; **she ~ed him with a daughter** elle lui a donné une fille. -**2.** *fml* [introduce] présenter; **to ~ sb to sb** présenter qqn à qqn; **allow me to ~ Mr Jones** permettez-moi de vous présenter M. Jones; **to be ~ed at Court** être présenté à la Cour. -**3.** [put on - play, film] donner; [- exhibition] présenter, monter. -**4.** RADIO & TV présenter; **the programme was ~ed by Ian King** l'émission était présentée par Ian King. -**5.** [offer - entertainment] présenter; **we proudly ~ Donna Stewart** nous avons le plaisir OR nous sommes heureux de vous présenter Donna Stewart; **~ing Vanessa Brown in the title role** avec Vanessa Brown dans le rôle principal; **the opera company is ~ing a varied programme** la troupe de l'opéra présente un programme varié. -**6.** [put forward - apology, view, report] présenter; [orally] exposer; **the essay is well ~ed** la dissertation est bien présentée; **I wish to ~ my complaint in person** je tiens à déposer plainte moi-même; **when are you going to ~ your plans?** quand allez-vous soumettre vos projets?; **to ~ a bill in Parliament** présenter OR introduire un projet de loi au parlement. -**7.** [pose, offer - problem, difficulty] présenter, poser; [- chance, view] offrir; **the house ~ed a sorry sight** la maison offrait un triste spectacle; **if the opportunity ~s itself** si l'occasion se présente; **a strange idea ~ed itself to her** une idée étrange lui est venue; **the case ~s all the appearances of murder** tout semble indiquer qu'il s'agit d'un meurtre. -**8.** [show - passport, ticket] présenter; **you must ~ proof of ownership** vous devez présenter un certificat de propriété OR prouver que cela vous appartient; **~ arms!** MIL présentez armes! -**9.** [arrive, go]: **to ~ o.s.** se présenter; **she ~ed herself at 9 o'clock as instructed** elle se présenta, comme convenu, à 9 h. -**10.** MED: **the foetus ~ed itself normally** la présentation (fœtale) était normale.
◇ *vi* présenter.
◇ *adj* -**1.** [in attendance] présent; **to be ~ at a meeting** être présent à OR assister à une réunion; **how many were ~?** combien de personnes étaient là OR étaient présentes?; **those ~ were very moved** les personnes présentes étaient très émues, l'assistance était très émue; **~ company excepted** à l'exception des personnes présentes. -**2.** [current - price, government, job] actuel; **in the ~ case** dans le cas présent; **at the ~ time** actuellement, à l'époque actuelle; **up to the ~ day** jusqu'à présent, jusqu'à aujourd'hui; **given the ~ circumstances** étant donné les circonstances actuelles, dans l'état actuel des choses; **in the ~ writer's opinion** de l'avis de l'auteur de ces lignes. -**3.** GRAMM au présent; **indicative** , **indicative présent** *m* de l'indicatif.

presentable [prɪ'zentəbl] *adj* [person, room] présentable; [clothes] présentable, mettable; **do I look ~?** est-ce que j'ai l'air présentable?; **make yourself ~** arrange-toi un peu; **I'm afraid the room's not very ~** je crains que la pièce ne soit pas très présentable.

presentation [,prezn'teɪʃn] *n* -**1.** [showing] présentation *f*; **on ~ of this voucher** sur présentation de ce bon; **cheque payable on ~** chèque payable à vue || [putting forward - of ideas, facts] présentation *f*, exposition *f*; [- of petition] présentation *f*, soumission *f*; **he made a very clear ~ of the case** il a très clairement présenté l'affaire. -**2.** COMM [of product, policy] présentation *f*. -**3.** [introduction] présentation *f*; **can you make the ~s?** pouvez-vous faire les présentations? -**4.** [performance - of play, film] représentation *f*; **in a new ~ of "Hamlet"** dans une nouvelle mise en scène de «Hamlet». -**5.** [of piece of work] présentation *f*; **she lost marks for poor ~** elle a perdu des points parce que sa présentation n'était pas assez soignée. -**6.** [award - of prize, diploma] remise *f*; **to make sb a ~ of sthg** remettre qqch à qqn. -**7.** [award ceremony] = **presentation ceremony**. -**8.** MED [of foetus] présentation *f*.

presentation ceremony *n* cérémonie *f* de remise *(d'un prix)*.

presentation copy *n* [specimen] spécimen *m* (gratuit); [from writer] exemplaire *m* gratuit.

present-day *adj* actuel, contemporain.

presenter [prɪ'zentəʳ] *n* présentateur *m*, -trice *f*.

presentiment [prɪ'zentɪmənt] *n* pressentiment *m*.

presently ['prezəntlɪ] *adv* -**1.** [soon] bientôt, tout à l'heure; **he will be here** ~ il sera bientôt là; ~, **she got up and left** au bout de quelques minutes elle se leva et s'en alla. -**2.** [now] à présent, actuellement; **she's** ~ **working on a new novel** elle travaille actuellement à un nouveau roman.

presentment [prɪ'zentmənt] *n* -**1.** JUR déclaration *f*. -**2.** COMM [of bill] présentation *f*.

present participle *n* participe *m* présent.

present perfect *n* passé *m* composé; **in the** ~ au passé composé.

presents ['preznts] *npl* JUR: **by these** ~ par la présente (lettre).

present tense *n* présent *m*; **in the** ~ au présent.

preservation [,prezə'veɪʃn] *n* -**1.** [upkeep, maintenance - of tradition] conservation *f*; [- of leather, building, wood] entretien *m*; [- of peace, life] maintien *m*; **the mummy was in a good state of** ~ la momie était en bon état de conservation OR était bien conservée. -**2.** [of food] conservation *f*. -**3.** [protection] préservation *f*.

preservation order *n*: **to put a** ~ **on a building** classer un édifice *(monument historique)*.

preservation society *n* *association pour la protection des sites et monuments.*

preservative [prɪ'zɜːvətɪv] ◇ *n* agent *m* conservateur OR de conservation, conservateur *m*; **contains no artificial** ~**s** sans conservateurs artificiels.
◇ *adj* conservateur.

preserve [prɪ'zɜːv] ◇ *vt* -**1.** [maintain - tradition, building] conserver; [- leather] conserver, entretenir; [- silence] garder, observer; [- peace, life] maintenir; **to be well** ~**d** [building, specimen] être en bon état de conservation; [person] être bien conservé; **she managed to** ~ **her dignity** elle a réussi à garder OR conserver sa dignité; **they tried to** ~ **some semblance of normality** ils essayaient de faire comme si de rien n'était. -**2.** [protect] préserver, protéger; **Saints** ~ **us!** le Ciel OR Dieu nous préserve! -**3.** CULIN mettre en conserve; ~**d fruit** fruits *mpl* en conserve.
◇ *n* -**1.** HUNT réserve *f* (de chasse). -**2.** [privilege] privilège *m*, apanage *m*; **it's still very much a male** ~ c'est encore un domaine essentiellement réservé aux hommes; **cruises are the** ~ **of the rich** les croisières sont réservées aux OR sont le privilège des riches.
◆ **preserves** *npl* CULIN [jam] confitures *fpl*; [vegetables, fruit] conserves *fpl*; [pickles] pickles *mpl*.

preserver [prɪ'zɜːvəʳ] *n* sauveur *m*.

preset [,priː'set] (*pt* & *pp* preset) ◇ *vt* prérégler, régler à l'avance.
◇ *adj* préréglé, réglé d'avance.

preshrunk [,priː'ʃrʌŋk] *adj* irrétrécissable.

preside [prɪ'zaɪd] *vi* présider; **to** ~ **at a meeting/at table** présider une réunion/la table.
◆ **preside over** *vt insep* -**1.** [meeting] présider; [changes] présider à. -**2.** [subj: statue, building] dominer; **the statue** ~**d over the square** la statue dominait la place.

presidency ['prezɪdənsɪ] (*pl* presidencies) *n* présidence *f*.

president ['prezɪdənt] *n* -**1.** [of state] président *m*, -e *f*; **President Simpson** le président Simpson ❑ **'All the President's Men'** *Pakula* 'les Hommes du Président'. -**2.** [of club, organization] président *m*, -e *f*. -**3.** *Am* [of company, bank] président-directeur général *m*, P-D G *m*.

president-elect *n* *titre du président des États-Unis nouvellement élu (en novembre) jusqu'à la cérémonie d'investiture présidentielle (le 20 janvier).*

presidential [,prezɪ'denʃl] *adj* [elections, candidate] présidentiel; [aeroplane, suite] présidentiel, du président; **it's a** ~ **year** c'est l'année des élections présidentielles.

presiding officer [prɪ'zaɪdɪŋ-] *n* *Br* président *m* (de bureau de vote).

presidium [prɪ'sɪdɪəm] (*pl* **presidiums** OR **presidia** [-dɪə]) *n* praesidium *m*, présidium *m*.

presoak [,priː'səʊk] *vt* faire tremper.

press [pres] ◇ *vt* -**1.** [push - button, bell, trigger, accelerator] appuyer sur; **try** ~**ing it** essayez d'appuyer dessus; **he** ~**ed the lid shut** il a fermé le couvercle (en appuyant dessus); **to** ~ **sthg flat** aplatir qqch; **to** ~ **one's way through a crowd/to the front** se frayer un chemin à travers une foule/jusqu'au premier rang; **he was** ~**ed (up) against the railings** il s'est trouvé coincé contre le grillage; **I** ~**ed myself against the wall** je me suis collé contre le mur; **she** ~**ed a note into my hand** elle m'a glissé un billet dans la main; **he** ~**ed his nose (up) against the windowpane** il a collé son nez à la vitre; **he** ~**ed his hat down on his head** il rabattit OR enfonça son chapeau sur sa tête; **she** ~**ed the papers down into the bin** elle a enfoncé les papiers dans la poubelle. -**2.** [squeeze - hand, arm] presser, serrer; **she** ~**ed her son to her** elle serra son fils contre elle; [- grapes, olives] presser; **to** ~ **the flesh** *inf Am* POL prendre un bain de foule. -**3.** [urge] presser, pousser; **to** ~ **sb for payment/an answer** presser qqn de payer/répondre; **she** ~**ed me to tell her the truth** elle me pressa de lui dire la vérité || [harass] harceler, talonner; **his creditors were** ~**ing him hard** ses créanciers le harcelaient OR ne lui laissaient pas le moindre répit. -**4.** [force] forcer, obliger; **I was** ~**ed into signing the contract** j'ai été obligé de signer le contrat; **don't let yourself be** ~**ed into going** ne laissez personne vous forcer à y aller. -**5.** [impose, push forward - claim, advantage] appuyer, pousser; [- opinions] insister sur; **can I** ~ **a cup of tea on you?** *hum* puis-je vous offrir une tasse de thé?; **to** ~ **(home) an advantage** profiter d'un avantage; **to** ~ **one's attentions on sb** poursuivre qqn de ses assiduités; **I don't want to** ~ **the point** je ne veux pas insister; **to** ~ **charges against sb** JUR engager des poursuites contre qqn. -**6.** [iron - shirt, tablecloth] repasser. -**7.** [manufacture in mould - component] mouler; [- record] presser. -**8.** [preserve by pressing - flower] presser, faire sécher *(dans un livre ou un pressoir)*. -**9.** [in weightlifting] soulever. -**10.** [enlist by force] recruter OR enrôler de force; **to** ~ **into service** *fig* réquisitionner; **the local mechanic was** ~**ed into service** le mécanicien du coin fut réquisitionné pour la circonstance.
◇ *vi* -**1.** [push] appuyer; ~ **here** appuyez OR pressez ici; **he** ~**ed (down) on the accelerator** il appuya sur l'accélérateur. -**2.** [be a burden] *literal* faire pression; **the rucksack** ~**ed on his shoulders** le sac à dos pesait sur ses épaules || *fig* [troubles] peser; **her problems** ~**ed on her mind** ses problèmes lui pesaient. -**3.** [insist, campaign]: **he** ~**ed hard to get the grant** il a fait des pieds et des mains pour obtenir la bourse. -**4.** [surge]: **the crowd** ~**ed against the barriers/round the President** la foule se pressait contre les barrières/autour du président; **they** ~**ed forward to get a better view** ils poussaient pour essayer de mieux voir; **to** ~ **through a crowd** se frayer un chemin à travers une foule. -**5.** [iron] se repasser; **some shirts** ~ **easily** il y a des chemises qui se repassent facilement. -**6.** *phr*: **time** ~**es!** le temps presse!
◇ *n* -**1.** [newspapers] presse *f*; **the national/local** ~ la presse nationale/locale; **they advertised in the** ~ ils ont fait passer une annonce dans les journaux; **reports in the** ~ **were biased** les comptes rendus parus dans la presse étaient tendancieux ❑ **the Press Association** *la principale agence de presse britannique*; **the Press Council** *organisme indépendant veillant au respect de la déontologie dans la presse britannique.* -**2.** [journalists] presse *f*; **the** ~ **were there** la presse était là; **she's a member of the** ~ elle a une carte de presse; **the gentlemen of the** ~ *iron* ces messieurs de la presse. -**3.** [report, opinion] presse *f*; **to get (a) good/bad** ~ avoir bonne/mauvaise presse; **to give sb (a) good/bad** ~ faire l'éloge/la critique de qqn. -**4.** [printing] presse *f*; **to go to** ~ [book] être mis sous presse; [newspaper] partir à l'impression; **in** OR **at (the)** ~ sous presse; **the proofs were passed for** ~ on a donné le bon à tirer; **prices correct at time of going to** ~ prix corrects au moment de la mise sous presse. -**5.** [machine]: **(printing)** ~ presse *f*; **to set the** ~**es rolling** *literal* mettre les presses en marche; *fig* mettre la machine en marche. -**6.** [publisher] presses *fpl*. -**7.** [for tennis racket, handicrafts, woodwork, trousers] presse *f*; [for cider, wine] pressoir *m*. -**8.** [push]: **the machine dispenses hot coffee at the** ~ **of a button** il suffit d'appuyer sur un bouton pour que la machine distribue du café chaud. -**9.** [squeeze] serrement *m*; **he gave my hand a quick** ~ il m'a serré la main rapidement. -**10.** [crowd] foule *f*; [rush] bousculade *f*; **in the** ~ **for the door we became separated** dans la ruée de la foule vers la porte, nous avons été séparés. -**11.** [ironing] coup *m* de fer; **to give sthg a** ~ donner un coup de fer à qqch. -**12.** [cupboard] placard *m*. -**13.** [in weightlifting] développé *m*. -**14.** INDUST [forming machine] presse *f*. -**15.** MIL recrutement *m* de force. -**16.** NAUT: ~ **of sail** OR **canvas** pleine voilure *f*; **under** ~ **of sail** toutes voiles dehors.
◇ *comp* [campaign, card, reporter, photographer] de presse; [advertising, coverage] dans la presse; ~ **reports of the incident were inaccurate** les articles de presse relatant l'incident étaient inexacts.
◆ **press ahead** = **press on**.
◆ **press for** *vt insep* [demand] exiger, réclamer; **they** ~**ed for a pay rise** ils ont réclamé OR exigé une augmentation de salaire; **the residents are** ~**ing for a pedestrian zone** les résidents font pression pour obtenir une zone piétonnière; **the opposition are** ~**ing for an enquiry** l'opposition exige une enquête OR insiste pour que l'on fasse une enquête.
◆ **press in** *vt sep* enfoncer.
◆ **press on** *vi insep* [on journey] poursuivre OR continuer son chemin; **the travellers** ~**ed on in the darkness** les voyageurs poursuivirent leur chemin dans la nuit; **we must** ~ **on to York** OR **as far as York** il faut poursuivre jusqu'à York || [in enterprise, job] poursuivre, persévérer; **we** ~**ed on regardless** nous avons continué malgré tout.
◆ **press on with** *vt insep* [job, negotiations] continuer, poursuivre; **they** ~**ed on with the plan in spite of opposition** ils ont poursuivi leur projet malgré l'opposition rencontrée.

press agency *n* agence *f* de presse.

press agent *n* attaché *m*, -e *f* de presse.

press baron *n* magnat *m* de la presse.

press box *n* tribune *f* de (la) presse.

press button *n* bouton-poussoir *m*.
◆ **press-button** *adj* TELEC: ~ **dialling** numérotation *f* à touches.

press clipping = **press cutting**.

press conference *n* conférence *f* de presse.

press corps *n* journalistes *mpl*; **the White House** ~ les journalistes accrédités à la Maison-Blanche.

press cutting *n* coupure *f* de presse OR de journal; **a collection of** ~**s** une collection de coupures de journaux, un dossier de presse.

pressed [prest] *adj* -**1.** [flower] pressé, séché. -**2.** [hurried] pressé; [overworked] débordé.
◆ **pressed for** *adj phr* [short of] à court de; **we're** ~ **for space** nous manquons de place; **we're rather** ~ **for time** le temps nous est compté.

press gallery *n* tribune *f* de (la) presse *(par exemple au parlement)*.

press-gang ◇ *n* MIL & HIST racoleurs *mpl*, recruteurs *mpl*.
◇ *vt* -**1.** *Br* [force]: **to** ~ **sb into doing sthg** obliger qqn à faire qqch (contre son gré); **I was** ~**ed into taking part** on m'a obligé à participer. -**2.** MIL & HIST racoler, recruter de force.

pressing ['presɪŋ] ◇ *adj* -**1.** [urgent - appointment, business, debt] urgent; **the matter is ~** c'est une affaire urgente. -**2.** [insistent - demand, danger, need] pressant; **at her ~ invitation, we agreed to go** devant son insistance, nous avons accepté d'y aller. -**3.** [imminent - danger] imminent.
◇ *n* -**1.** [of fruit, record] pressage *m*. -**2.** [ironing] repassage *m*.

press kit *n* dossier *m* de presse *(distribué aux journalistes)*.

press lord = **press baron**.

pressman ['presmæn] (*pl* pressmen [-men]) *n* -**1.** [journalist] journaliste *m*. -**2.** [printer] typographe *m*.

pressmark ['presmɑːk] *n* cote *f (d'un livre)*.

press office *n* bureau *m* de presse.

press officer *n* responsable *mf* des relations avec la presse.

press-on *adj* adhésif.

press release *n* communiqué *m* de presse.

pressroom ['presrʊm] *n* salle *f* de presse.

press run *n* tirage *m*.

press secretary *n* POL ≃ porte-parole *m inv* du gouvernement.

press stud *n Br* bouton-pression *m*, pression *f*.

press-up *n Br* SPORT pompe *f*; **to do ~s** faire des pompes.

pressure ['preʃəʳ] ◇ *n* -**1.** METEOR & PHYS pression *f*; [of blood] tension *f*; **high/low ~ area** [on weather chart] zone *f* de hautes/basses pressions; **a ~ of 20 kilogrammes to the square centimetre** une pression de 20 kilos au centimètre carré; **to work at full ~** *fig* [person] travailler à plein régime; [machine, factory] tourner à plein régime ❑ **oil ~** pression d'huile; **tyre ~** pression des pneus OR de gonflage *spec*. -**2.** [squeezing] pression *f*; **she could feel the ~ of his grip on her arm** elle sentait la pression de sa poigne sur son bras. -**3.** *fig* [force, influence]: **to bring ~ to bear** *fml* OR **to put ~ on sb** faire pression OR exercer une pression sur qqn; **they put ~ on me to come** ils ont fait pression sur moi pour que je vienne; **she did it under ~** elle l'a fait contrainte et forcée; **she came under ~ from her parents** elle est venue parce que ses parents l'y ont obligée; **they're putting too much ~ on him** ils le soumettent à trop de pression. -**4.** *fig* [strain, stress - of circumstances, events] pression *f*; [- of doubts, worries] poids *m*; **the ~s of city life** le stress de la vie en ville; **I can't stand any more of this ~** je ne peux plus supporter cette tension; **he pleaded ~ of work** il s'est excusé en disant qu'il était débordé de travail; **to work under ~** travailler sous pression; **we're under ~ to finish on time** on nous presse de respecter les délais; **the ~ of work is too much for me** la charge de travail est trop lourde pour moi; **there's a lot of ~ on her to succeed** on fait beaucoup pression sur elle pour qu'elle réussisse; **the ~'s on!** il va falloir mettre les bouchées doubles!; **she's under a lot of ~ just now** elle est vraiment sous pression en ce moment.
◇ *vt* faire pression sur; **they ~d him into resigning** ils l'ont contraint à démissionner.

pressure cabin *n* cabine *f* pressurisée.

pressure chamber *n* MECH réservoir *m* d'air comprimé.

pressure-cook *vt* faire cuire à la cocotte-minute OR à l'autocuiseur.

pressure cooker *n* cocotte-minute *f*, autocuiseur *m*.

pressure feed *n* alimentation *f* par pression.

pressure gauge *n* jauge *f* de pression, manomètre *m*.

pressure group *n* groupe *m* de pression.

pressure point *n* point *m* de compression *(sur une artère)*.

pressure suit *n* scaphandre *m* pressurisé.

pressurization [ˌpreʃəraɪ'zeɪʃn] *n* pressurisation *f*.

pressurize, -ise ['preʃəraɪz] *vt* -**1.** [person, government] faire pression sur; **to ~ sb to do sthg** OR **into doing sthg** faire pression sur qqn pour qu'il fasse qqch. -**2.** AERON & ASTRONAUT pressuriser.

pressurized ['preʃəraɪzd] *adj* [container] pressurisé; [liquid, gas] sous pression; **a ~ cabin** une cabine pressurisée OR sous pression.

pressurized-water reactor *n* réacteur *m* à eau sous pression.

Prestel® ['prestel] *pr n service de vidéotexte de la British Telecom.*

prestidigitation ['prestɪˌdɪdʒɪ'teɪʃn] *n fml* OR *hum* prestidigitation *f*.

prestidigitator [ˌprestɪ'dɪdʒɪteɪtəʳ] *n fml* OR *hum* prestidigitateur *m*.

prestige [pre'stiːʒ] ◇ *n* prestige *m*.
◇ *adj* de prestige.

prestigious [pre'stɪdʒəs] *adj* prestigieux.

presto ['prestəʊ] *adv* presto; **hey ~!** et voilà, le tour est joué!

prestress [ˌpriː'stres] *vt* précontraindre.

prestressed concrete [ˌpriː'strest-] *n* béton *m* précontraint.

presumable [prɪ'zjuːməbl] *adj* présumable.

presumably [prɪ'zjuːməblɪ] *adv* vraisemblablement; **~, he isn't coming** il est probable qu'il ne viendra pas; **~, she married him in the end** elle a vraisemblablement OR sans doute fini par l'épouser.

presume [prɪ'zjuːm] ◇ *vt* -**1.** [suppose] présumer, supposer; **I ~ he isn't coming** je présume OR suppose qu'il ne viendra pas; **I ~d them to be aware** OR **that they were aware of the difficulties** je supposais qu'ils étaient au courant des difficultés; **missing, ~d dead** MIL manque à l'appel OR porté disparu, présumé mort; **every man is ~d innocent until proven guilty** JUR tout homme est présumé innocent tant qu'il n'a pas été déclaré coupable; **I ~ so** je (le) présume OR suppose; **Mr Chalmers, I ~** M. Chalmers, je présume. -**2.** [dare, take liberty] oser, se permettre; **I wouldn't ~ to contradict you** je ne me permettrais pas de vous contredire. -**3.** [presuppose] présupposer; **presuming they agree** à supposer qu'ils soient d'accord.
◇ *vi*: **I don't want to ~** je ne voudrais pas m'imposer; **to ~ on** OR **upon sb** abuser de la gentillesse de qqn.

presumption [prɪ'zʌmpʃn] *n* -**1.** [supposition] présomption *f*, supposition *f*; **the ~ is that he was drowned** on pense OR suppose qu'il s'est noyé; **there is a strong ~ that he is guilty** on croit que c'est lui le coupable; **it's only a ~** ce n'est qu'une hypothèse; **to act on a false ~** agir sur une OR à partir d'une fausse supposition; **we worked on the ~ that she would agree** nous avons agi en supposant qu'elle serait d'accord ❑ **~ of innocence** JUR présomption d'innocence. -**2.** *(U)* [arrogance] présomption *f*, prétention *f*; **she had the ~ to say I was lying** elle a eu l'audace de dire que je mentais; **excuse my ~, but haven't we met somewhere?** excusez mon audace, mais est-ce que nous ne nous sommes pas déjà rencontrés quelque part?

presumptive [prɪ'zʌmptɪv] *adj* [heir] présomptif; **~ proof** preuve *f* par déduction OR par présomption.

presumptuous [prɪ'zʌmptʃʊəs] *adj* présomptueux, arrogant.

presumptuously [prɪ'zʌmptʃʊəslɪ] *adv* présomptueusement, avec arrogance.

presumptuousness [prɪ'zʌmptʃʊəsnɪs] *n* présomption *f*, arrogance *f*.

presuppose [ˌpriːsə'pəʊz] *vt* présupposer.

presupposition [ˌpriːsʌpə'zɪʃn] *n* présupposition *f*.

pre-tax *adj* brut, avant (le prélèvement des) impôts; **~ profits** bénéfices *mpl* bruts OR avant impôts.

pre-teen ◇ *adj* [sizes, fashions] pour préadolescents; [problems] des préadolescents; **~ child** préadolescent *m*, -e *f*.
◇ *n* préadolescent *m*, -e *f*.

pretence *Br*, **pretense** *Am* [prɪ'tens] *n* -**1.** [false display] simulacre *m*; **to make a ~ of doing sthg** faire semblant OR mine de faire qqch; **everyone sees through her ~ of being the devoted wife** elle ne trompe personne en jouant les femmes dévouées; **he's not really ill, it's only** OR **all (a) ~!** il n'est pas vraiment malade, il fait seulement semblant OR c'est (simplement) de la comédie!; **at least SHE made some ~ of sympathy!** elle au moins, elle a fait comme si ça la touchait!; **a ~ of democracy** un simulacre de démocratie. -**2.** [pretext] prétexte *m*; **under** OR **on the ~ of doing sthg** sous prétexte de faire qqch; **he criticizes her on the slightest ~** il la critique pour un rien OR à la moindre occasion. -**3.** [claim] prétention *f*; **a woman without the slightest ~ of culture** une femme qui n'a pas la moindre prétention d'être cultivée; **he has** OR **makes no ~ to musical taste** il ne prétend pas OR il n'a pas la prétention de s'y connaître en musique. -**4.** *(U)* [arrogance] prétention *f*.

pretend [prɪ'tend] ◇ *vt* -**1.** [make believe]: **to ~ to do sthg** faire semblant de faire qqch, feindre de faire qqch; **they ~ to be rich** ils font semblant d'être riches; **they ~ed not to see** OR **to have seen us** ils ont fait semblant OR mine de ne pas nous voir; **she ~ed to be shocked** elle a fait semblant OR mine d'être choquée; **he ~ed not to be interested** il a fait semblant de ne pas être intéressé, il a joué les indifférents; **they ~ed to be ill** ils ont fait semblant d'être malades; **he ~ed to be** OR **that he was their uncle** il s'est fait passer pour leur oncle; **she ~s that everything is all right** elle fait comme si tout allait bien; **it's no use ~ing things will improve** cela ne sert à rien de faire comme si les choses allaient s'améliorer || [in children's play]: **let's ~ you're a princess** on dirait que tu serais une princesse; **you ~ to be Mummy** toi, tu serais une maman. -**2.** [claim] prétendre; **I don't ~ to be an expert** je ne prétends pas être un expert, je n'ai pas la prétention d'être un expert; **I don't ~ to understand** je ne prétends pas comprendre. -**3.** [feign - indifference, ignorance] feindre, simuler.
◇ *vi* -**1.** [feign] faire semblant; **there's no point in ~ing (to me)** inutile de faire semblant (avec moi); **I'm only ~ing!** c'est juste pour rire!; **stop ~ing and admit the truth** arrête de faire semblant et avoue la vérité || [in children's play]: **to play at let's ~** jouer à faire semblant OR comme si; **let's ~** faisons semblant OR comme si. -**2.** [lay claim] prétendre; **to ~ to sthg** prétendre à qqch; **he ~ed to her hand** *arch* il la courtisait.
◇ *adj inf* [child language - money, fight] pour faire semblant, pour jouer; **it was only ~!** c'était pour rire OR pour faire semblant!

pretended [prɪ'tendɪd] *adj* prétendu, soi-disant.

pretender [prɪ'tendəʳ] *n* -**1.** [to throne, title, right] prétendant *m*, -e *f*; **the Young Pretender** HIST le Jeune Prétendant. -**2.** [impostor] imposteur *m*.

pretense *Am* = **pretence**.

pretension [prɪ'tenʃn] *n* -**1.** *(C)* [claim] prétention *f*; **to have ~s to sthg** avoir des prétentions OR prétendre à qqch; **a film with intellectual ~s** un film qui a des prétentions intellectuelles; **I make no ~s to expert knowledge** je n'ai pas la prétention OR je ne me flatte pas d'être expert en la matière; **he has literary ~s** il se prend pour un écrivain. -**2.** *(U)* [pretentiousness] prétention *f*; **a man devoid of ~** un homme dénué de toute prétention.

pretentious [prɪ'tenʃəs] *adj* prétentieux.

pretentiously [prɪ'tenʃəslɪ] *adv* prétentieusement.

pretentiousness [prɪ'tenʃəsnɪs] *n (U)* prétention *f*.

preterit ['pretərət] *Am* = **preterite**.

preterite ['pretərət] ◇ *adj* prétérit; [form] du prétérit; **~ tense** prétérit *m*.
◇ *n* prétérit *m*; **in the ~** au prétérit.

preternatural [ˌpriːtə'nætʃrəl] ◇ *adj* surnaturel.
◇ *n* surnaturel *m*.

preternaturally [ˌpriːtə'nætʃrəlɪ] *adv* exceptionnellement.

pretext ['priːtekst] *n* prétexte *m*; **on** OR **under the ~ of doing sthg** sous prétexte de faire qqch; **it's just a ~ for avoiding work** ce n'est qu'un prétexte pour ne pas travailler.

Pretoria [prɪ'tɔːrɪə] *pr n* Pretoria.

prettify ['prɪtɪfaɪ] (*pt* & *pp* **prettified**) *vt pej* [room, garden] enjoliver; **to ~ o.s.** se pomponner.

prettily ['prɪtɪlɪ] *adv* joliment; **~ dressed** joliment habillé.

prettiness ['prɪtɪnɪs] *n* -**1.** [of appearance] beauté *f*; **she had a certain ~** elle avait une certaine beauté. -**2.** *pej* [of style] mièvrerie *f*.

pretty ['prɪtɪ] (*compar* **prettier**, *superl* **prettiest**, *pt* & *pp* **prettied**) ◇ *adj* -**1.** [attractive - clothes, girl, place] joli; **she's a ~ little thing** c'est une jolie OR ravissante petite fille; **who's a ~ boy?** [to parrot] le beau perroquet!; **it wasn't a ~ sight** ce n'était pas beau OR joli à voir ❑ **I'm not just a ~ face!** *inf* il y en a, là-dedans!; **to be as ~ as a picture** [person] être joli comme un cœur; [place] être ravissant. -**2.** *iron*: **this is a ~ state of affairs!** c'est du joli OR du propre!; **things have come to a ~ pass!** nous voilà bien!; **to lead sb a ~ dance** donner du fil à retordre à qqn. -**3.** *pej* [dainty - style, expression] précieux; [effeminate - boy] mignon; **it's not enough to make ~ speeches** il ne suffit pas de faire de beaux discours. -**4.** *phr*: **a ~ penny**: **it cost a ~ penny** ça a coûté une jolie petite somme.
◇ *adv inf* -**1.** [quite] assez; **it's ~ good/important** c'est pas mal du tout/assez important; **you did ~ well for a beginner** tu t'en es plutôt bien tiré pour un débutant; **we've got a ~ good idea of what she was like** nous nous imaginons assez bien comment elle était. -**2.** [almost] presque, à peu près, pratiquement; **I'm ~ certain I'm right** je suis presque sûr d'avoir raison; **it's ~ much the same team as last week** c'est à peu près la même équipe que la semaine dernière; **he told her ~ well everything** il lui a raconté pratiquement OR à peu près tout. -**3.** *phr*: **to be sitting ~** avoir la partie belle.
◇ *n inf dated* [girl, animal] mignon *m*, -onne *f*; **come here, my ~** viens ici, mon mignon.
◆ **pretty up** *vt sep* = **prettify**.

pretty-pretty *inf adj pej* [person] gentillet, mignonnet; [dress] cucul la praline *(inv)*; [painting] gentillet; [garden] mignon, gentil.

pretzel ['pretsl] *n* bretzel *m*.

prevail [prɪ'veɪl] *vi* -**1.** [triumph] l'emporter, prévaloir *lit*; **to ~ against sb** l'emporter OR prévaloir contre qqn; **to ~ over sb** l'emporter OR prévaloir sur qqn; **luckily, common sense ~ed** heureusement, le bon sens a prévalu OR l'a emporté. -**2.** [exist, be widespread - situation, opinion, belief] régner, avoir cours; **the rumour which is now ~ing** le bruit qui court en ce moment; **the conditions ~ing in the Third World** les conditions que l'on rencontre le plus souvent dans le tiers monde.
◆ **prevail on, prevail upon** *vt insep fml* persuader; **he was ~ed upon to accept the post** il s'est laissé persuader d'accepter le poste; **can I ~ on your good nature?** puis-je faire appel à votre bonté?; **he was not to be ~ed on** il fut impossible de le faire changer d'avis.

prevailing [prɪ'veɪlɪŋ] *adj* -**1.** [wind] dominant. -**2.** [belief, opinion] courant, répandu; [fashion] en vogue; **in the ~ conditions** [now] dans les conditions actuelles; [then] à l'époque; **the ~ political climate** le climat politique actuel; **according to ~ opinion** selon l'opinion la plus répandue; **the ~ exchange rate** le taux de change actuel.

prevalence ['prevələns] *n* [widespread existence] prédominance *f*; [of disease] prévalence *f*; [frequency] fréquence *f*; **the ~ of rented property surprised him** il fut surpris de constater à quel point les locations étaient répandues; **the ~ of these theories can only do harm** la popularité de ces théories ne peut qu'être nuisible.

prevalent ['prevələnt] *adj* -**1.** [widespread] répandu, courant; [frequent] fréquent; **violence is ~ in big cities** la violence est monnaie courante dans les grandes villes; **such behaviour is ~ among certain species** un tel comportement est prédominant chez certaines espèces; **to become ~** se généraliser. -**2.** [current - today] actuel, d'aujourd'hui; [- in past] de OR à l'époque.

prevaricate [prɪ'værɪkeɪt] *vi fml* tergiverser, user de faux-fuyants; **stop prevaricating!** assez de faux-fuyants!

prevarication [prɪˌværɪ'keɪʃn] *n fml* tergiversation *f*, faux-fuyant *m*, faux-fuyants *mpl*.

prevent [prɪ'vent] *vt* [accident, catastrophe, scandal] éviter; [illness] prévenir; **to ~ sb (from) doing sthg** empêcher qqn de faire qqch; **there is nothing to ~ our going** OR **to ~ us (from) going** rien ne nous empêche d'y aller; **I couldn't ~ her** je n'ai pas pu l'en empêcher; **we were unable to ~ the bomb from exploding** nous n'avons rien pu faire pour empêcher la bombe d'exploser; **they couldn't ~ his departure** ils n'ont pu l'empêcher de partir.

preventable [prɪ'ventəbl] *adj* évitable.

preventative [prɪ'ventətɪv] *adj* préventif; **to take ~ measures** prendre des mesures préventives.

preventible [prɪ'ventəbl] = **preventable**.

prevention [prɪ'venʃn] *n* prévention *f*; **the ~ of cruelty to animals** la protection des animaux ❑ **crime ~** lutte *f* contre la criminalité; **the Prevention of Terrorism Act** *loi sur la prévention du terrorisme permettant notamment la garde à vue de toute personne suspectée*; **~ is better than cure** *prov* mieux vaut prévenir que guérir *prov*.

preventive [prɪ'ventɪv] ◇ *adj* -**1.** [medicine] préventif, prophylactique; [measure] préventif. -**2.** *Br* JUR: **~ detention** *peine de prison allant de 5 à 14 ans.*
◇ *n* -**1.** [measure] mesure *f* préventive; **as a ~** à titre préventif. -**2.** MED médicament *m* préventif OR prophylactique.

preverbal [ˌpriː'vɜːbl] *adj* -**1.** [infant] qui ne parle pas encore; **~ communication** activité *f* préverbale. -**2.** GRAMM avant le verbe.

preview ['priːvjuː] ◇ *n* [of film, show, exhibition] avant-première *f*; [of art exhibition] vernissage *m*; **and here is a ~ of tomorrow's programmes** et voici un aperçu des programmes de demain; **can you give us a ~ of what to expect?** pouvez-vous nous donner une idée de ce à quoi il faut s'attendre?
◇ *vt*: **to ~ a film** [put on] donner un film en avant-première; [see] voir un film en avant première; **to ~ the evening's television viewing** passer en revue les programmes télévisés de la soirée.

previous ['priːvjəs] ◇ *adj* -**1.** [prior] précédent; **on a ~ occasion** auparavant; **I have a ~ engagement** j'ai déjà un rendez-vous, je suis déjà pris; **she has had several ~ accidents** elle a déjà eu plusieurs accidents; **have you any ~ experience of this kind of work?** avez-vous déjà une expérience de ce genre de travail?; **the two months ~ to your arrival** les deux mois précédant votre arrivée ‖ JUR: **he has no ~ convictions** il n'a pas de casier judiciaire, il a un casier judiciaire vierge; **he has had several ~ convictions** il a déjà fait l'objet de plusieurs condamnations. -**2.** [former] antérieur; **in a ~ life** dans une vie antérieure; **his ~ marriages ended in divorce** ses autres mariages se sont soldés par des divorces. -**3.** [with days and dates] précédent; **the ~ Monday** le lundi précédent; **the ~ June** au mois de juin précédent; **the ~ day** le jour précédent, la veille; **the ~ evening** le soir précédent, la veille au soir. -**4.** *inf Br* [premature, hasty] prématuré, hâtif; **aren't you being a little ~?** n'êtes-vous pas un peu pressé?, n'allez-vous pas un peu vite?
◇ *adv* antérieurement; **~ to his death** *fml* avant sa mort, avant qu'il ne meure.

previously ['priːvjəslɪ] *adv* -**1.** [in the past] auparavant, précédemment; **six weeks ~** six semaines auparavant OR plus tôt; **~, the country was under British rule** auparavant, le pays était sous autorité britannique. -**2.** [already] déjà; **we've met ~** nous nous sommes déjà rencontrés.

prevocalic [ˌpriːvə'kælɪk] *adj* prévocalique.

prewar [ˌpriː'wɔː'] *adj* d'avant-guerre; **the ~ years** l'avant-guerre *m ou f*.

prewash ['priːwɒʃ] ◇ *n* prélavage *m*.
◇ *vt* faire un prélavage de.

prey [preɪ] *n (U) literal* & *fig* proie *f*; **a bird/beast of ~** un oiseau/une bête de proie; **hens are often (a) ~ to foxes** les poules sont souvent la proie des renards; **the sheep fell (a) ~ to some marauding beast** les moutons ont été attaqués par un animal maraudeur; **to be (a) ~ to doubts/nightmares** être en proie au doute/à des cauchemars; **she was an easy ~ for** OR **to fast-talking salesmen** elle était une proie facile pour le boniment des vendeurs.
◆ **prey on, prey upon** *vt insep* -**1.** [subj: predator] faire sa proie de; **he ~ed on her fears** *fig* il profita de ce qu'elle avait peur; **the thieves ~ed upon old women** *fig* les voleurs s'en prenaient aux OR attaquaient les vieilles dames. -**2.** [subj: fear, doubts] ronger; **the thought continued to ~ on his mind** l'idée continuait à lui ronger l'esprit.

prezzie *inf* ['prezɪ] *n* cadeau *m*.

Priam ['praɪəm] *pr n* Priam.

priapic [praɪ'æpɪk] *adj* priapique.

priapism ['praɪəpɪzm] *n* priapisme *m*.

price [praɪs] ◇ *n* -**1.** [cost] prix *m*; **what ~ is the clock?** quel est le prix de cette pendule?; **what is the ~ of petrol?** à quel prix est l'essence?; **the ~ has risen** OR **gone up by 10 %** le prix a augmenté de 10 %; **petrol has gone down in ~** le prix de l'essence a baissé; **~s are rising/falling** les prix sont en hausse/baisse; **I paid a high ~ for it** je l'ai payé cher; **their ~s are a bit expensive** leurs prix sont un peu chers; **they pay top ~s for antique china** ils achètent la porcelaine ancienne au prix fort; **if the ~ is right** si le prix est correct; **to raise the ~ of sthg** augmenter le prix de qqch; **she got a good ~ for her car** elle a obtenu un bon prix de sa voiture; **to sell sthg at a reduced ~** vendre qqch à prix réduit; **I'll let you have the carpet at a reduced ~** je vous ferai un prix d'ami pour le tapis; **I got the chair at a reduced/at half ~** j'ai eu la chaise à prix réduit/à moitié prix; **her jewels fetched huge ~s at auction** ses bijoux ont atteint des sommes folles aux enchères; **that's my ~, take it or leave it** c'est mon dernier prix, à prendre ou à laisser; **name** OR **state your ~!** votre prix sera le mien!; **every man has his ~** tout homme s'achète; **he gave us a ~ for repairing the car** il nous a donné le prix des réparations à faire sur la voiture. -**2.** [value] prix *m*, valeur *f*; **to argue over the ~ of sthg** débattre le prix de qqch; **to put a ~ on sthg** [definite] fixer le prix OR la valeur de qqch; [estimate] évaluer le prix OR estimer la valeur de qqch; **I wouldn't like to put a ~ on that fur coat** je n'ose pas imaginer le prix de ce manteau de fourrure; **to put a ~ on sb's head** mettre la tête de qqn à prix; **there's a ~ on his head** sa tête a été mise à prix; **you can't put a ~ on love** l'amour n'a pas de prix; **what ~ all her hopes now?** que valent tous ses espoirs maintenant?; **he puts a high ~ on loyalty** il attache beaucoup d'importance OR il accorde beaucoup de valeur à la loyauté; **without ~** sans prix. -**3.** ST. EX cours *m*, cote *f*; **today's ~s** les cours du jour; **what is the ~ of gold?** quel est le cours de l'or? -**4.** *fig* [penalty] prix *m*; **it's a small ~ to pay for peace of mind** c'est bien peu de chose pour avoir l'esprit tranquille; **it's a high ~ to pay for independence** c'est bien cher payer l'indépendance; **you've paida high ~ for success** vous avez payé biencher votre réussite; **that's the ~ of fame** c'est la rançon de la gloire. -**5.** [chance, odds] cote *f*; **what ~ are they giving on**

Stardust? quelle est la cote de Stardust?; what ~ he'll keep his word? combien pariez-vous qu'il tiendra parole?; what ~ peace now? quelles sont les chances de paix maintenant? -6. [quotation] devis *m*.

◇ *comp* [bracket, range] de prix; [freeze, drop, rise, level] des prix.

◇ *vt* -1. [set cost of] fixer OR établir OR déterminer le prix de; **the book is ~d at £17** le livre coûte 17 livres; **his paintings are rather highly ~d** le prix de ses tableaux est un peu élevé; **a reasonably ~d hotel** un hôtel aux prix raisonnables || [estimate value of]: **how would you ~ that house?** à combien estimeriez-vous cette maison? -2. [indicate cost of] marquer le prix de; [with label] étiqueter; **this book isn't ~d** le prix de ce livre n'est pas indiqué. -3. [ascertain price of] demander le prix de, s'informer du prix de; **she ~d the stereo in several shops before buying it** elle a comparé le prix de la chaîne dans plusieurs magasins avant de l'acheter.

◆ **at any price** *adv phr*: **she wants a husband at any ~** elle veut un mari à tout prix OR coûte que coûte; **he wouldn't do it at any ~!** il ne voulait le faire à aucun prix OR pour rien au monde!

◆ **at a price** *adv phr* en y mettant le prix; **she'll help you, at a ~** elle vous aidera, à condition que vous y mettiez le prix; **you can get real silk, but only at a ~** vous pouvez avoir de la soie véritable, à condition d'y mettre le prix; **you got what you wanted, but at a ~!** vous avez eu ce que vous souhaitiez, mais à quel prix! OR mais vous l'avez payé cher!

◆ **price down** *vt sep Br* baisser le prix de, démarquer; **everything has been ~d down by 10 % for the sales** tous les articles ont été démarqués de 10 % pour les soldes.

◆ **price out** *vt sep*: **to ~ o.s.** OR **one's goods out of the market** perdre son marché OR sa clientèle en pratiquant des prix trop élevés; **we've been ~d out of the Japanese market** nous avons perdu le marché japonais à cause de nos prix; **cheap charter flights have ~d the major airlines out of the market** les vols charters à prix réduit ont fait perdre des parts de marché aux grandes compagnies aériennes; **imported textiles have ~d ours out** les importations de textiles, en cassant les prix, nous ont fait perdre toute compétitivité; **he ~d himself out of the job** il n'a pas été embauché parce qu'il a demandé un salaire trop élevé.

◆ **price up** *vt sep Br* [raise cost of] augmenter OR majorer le prix de, majorer; [on label] indiquer un prix plus élevé sur.

price control *n* contrôle *m* des prix.

price cut *n* rabais *m*, réduction *f* (de prix); **'huge ~s!'** 'prix sacrifiés!'.

price-cutting *n (U)* réductions *fpl* de prix.

-priced [praɪst] *in cpds*: **high~** à prix élevé, (plutôt) cher; **low~** à bas prix, peu cher; **over~** trop cher.

price-fixing [-fɪksɪŋ] *n* [control] contrôle *m* des prix; [rigging] entente *f* sur les prix.

price index *n* indice *m* des prix.

priceless ['praɪslɪs] *adj* -1. [precious - jewels, friendship] d'une valeur inestimable. -2. *inf* [funny - joke] tordant, bidonnant; [- person] impayable.

price list *n* tarif *m*, liste *f* des prix.

price-rigging *n* entente *f* sur les prix.

price-ring *n* cartel *m* des prix.

prices control = **price control**.

prices index = **price index**.

price tag *n* -1. [label] étiquette *f* de prix. -2. [value] prix *m*, valeur *f*; **what's the ~ on a Rolls these days?** combien vaut une Rolls de nos jours?

price war *n* guerre *f* des prix.

pricey *inf* ['praɪsɪ] (*compar* **pricier**, *superl* **priciest**) *adj* chérot.

prick [prɪk] ◇ *vt* -1. [jab, pierce] piquer, percer; **she ~ed her finger/herself with the needle** elle s'est piqué le doigt/elle s'est piquée avec l'aiguille; **to ~ holes in sthg** faire des trous dans qqch; **the kids were ~ing balloons with pins** les gosses crevaient des ballons avec des épingles; **the thorns ~ed their legs** les épines leur piquaient les jambes. -2. [irritate] piquer, picoter; **tears ~ed his eyes** les larmes lui piquaient les yeux; **the smoke was ~ing my eyes/throat** la fumée me piquait les yeux/la gorge; **his conscience was ~ing him** *fig* il n'avait pas la conscience tranquille, il avait mauvaise conscience.

◇ *vi* -1. [pin, cactus, thorn] piquer. -2. [be irritated] picoter; **my eyes are ~ing from the smoke** j'ai les yeux qui me piquent OR brûlent à cause de la fumée; **her conscience was ~ing (at her)** *fig* elle n'avait pas la conscience tranquille, elle avait mauvaise conscience.

◇ *n* -1. [from insect, pin, thorn] piqûre *f*; **he felt a sudden ~ in his finger** soudain il a senti quelque chose lui piquer le doigt; **~s of conscience** *fig* remords *mpl*. -2. ▼ [penis] bite *f*. -3. ▽ [person] con *m*, connard *m*.

◆ **prick out** *vt sep* HORT repiquer.

◆ **prick up** ◇ *vi insep* [ears] se dresser.

◇ *vt sep* dresser; **the dog ~ed up its ears** le chien a dressé les oreilles; **she ~ed up her ears at the sound of her name** elle a dressé OR tendu l'oreille en entendant son nom.

pricking ['prɪkɪŋ] *n* picotement *m*; **she felt a ~ in her fingers** elle avait des picotements dans les doigts; **the ~s of conscience** les remords *mpl*.

prickle ['prɪkl] ◇ *n* -1. [on rose, cactus] épine *f*, piquant *m*; [on hedgehog, porcupine] piquant *m*. -2. [sensation] picotement *m*.

◇ *vt* piquer.

◇ *vi* [skin] picoter, fourmiller; **her skin ~d with excitement** un frisson d'excitation lui parcourut la peau.

prickly ['prɪklɪ] (*compar* **pricklier**, *superl* **prickliest**) *adj* -1. [cactus, plant] épineux; [hedgehog] couvert de piquants; [beard] piquant; [clothes] qui pique; **his fingers felt ~** il avait des fourmillements dans les doigts; **his skin felt ~** sa peau le démangeait; **the surface felt ~** la surface était piquante; **a ~ sensation** une sensation de picotement. -2. *inf* [irritable - person] ombrageux, irritable; [- character] ombrageux; **he's very ~** il se froisse facilement, il est très susceptible; **she's a bit ~ today** elle est plutôt irritable aujourd'hui. -3. [delicate - subject, topic] épineux, délicat; **it's a ~ situation** c'est une situation épineuse OR délicate.

prickly heat *n (U)* fièvre *f* miliaire.

prickly pear *n* [fruit] figue *f* de Barbarie; [tree] figuier *m* de Barbarie.

pricy *inf* ['praɪsɪ] = **pricey**.

pride [praɪd] ◇ *n* -1. [satisfaction] fierté *f*; **she takes great ~ in her son** elle est très fière de son fils; **they take ~ in their town** ils sont fiers de leur ville; **to take (a) ~ in one's appearance** prendre soin de sa personne; **he takes no ~ in his work** il ne prend pas du tout son travail à cœur; **to take (a) ~ in doing sthg** mettre de la fierté à faire qqch, s'enorgueillir de faire qqch; **he had ~ in his sister's success** il était fier de la réussite de sa sœur; **she pointed with ~ to her new car** elle montra fièrement du doigt sa nouvelle voiture. -2. [self-respect] fierté *f*, amour-propre *m*; **a sense of ~** un sentiment d'amour-propre; **he has no ~** il n'a pas d'amour-propre; **her ~ was hurt** elle était blessée dans son amour-propre; **they have too much ~ to accept charity** ils sont trop fiers OR ils ont trop d'amour-propre pour accepter la charité. -3. *pej* [arrogance] orgueil *m*; **the sin of ~** le péché d'orgueil; **~ comes** OR **goes before a fall** *prov* plus on est fier, plus dure est la chute; **'Pride and Prejudice'** *Austen* 'Orgueil et préjugé'. -4. [most valuable thing] orgueil *m*, fierté *f*; **she is her parents' ~ and joy** elle fait la fierté de ses parents; **this painting is the ~ of the collection** ce tableau est le joyau de la collection ☐ **~ of place** place *f* d'honneur; **to have** OR **to take ~ of place** occuper la place d'honneur. -5. [of lions] groupe *m*.

◇ *vt*: **to ~ o.s. on** OR **upon sthg** être fier OR s'enorgueillir de qqch; **she ~d herself on being the youngest member of the team** elle s'enorgueillissait OR était fière d'être la plus jeune de l'équipe.

prier ['praɪəʳ] *n pej* fouineur *m*, -euse *f*.

priest [priːst] *n* prêtre *m*; **a Buddhist ~** un prêtre bouddhiste; **parish ~** curé *m*.

priestcraft ['priːstkrɑːft] *n* -1. [art, skills] sacerdoce *m*; **to learn ~** apprendre à être prêtre. -2. *pej* [influence] pouvoir *m* des curés.

priestess ['priːstɪs] *n* prêtresse *f*.

priest hole *n cachette pour les prêtres à l'époque des persécutions contre les catholiques.*

priesthood ['priːsthʊd] *n* [as vocation] prêtrise *f*; [clergy] clergé *m*; **to enter the ~** être ordonné prêtre.

priestly ['priːstlɪ] (*compar* **priestlier**, *superl* **priestliest**) *adj* sacerdotal, de prêtre.

priest-ridden *adj pej* dominé par l'Église.

prig [prɪg] *n Br*: **he's such a ~!** il fait toujours son petit saint!

priggish ['prɪgɪʃ] *adj Br* pharisaïque.

priggishness ['prɪgɪʃnɪs] *n Br* pharisaïsme *m*.

prim [prɪm] (*compar* **primmer**, *superl* **primmest**) *adj pej* -1. [affectedly proper - person] collet monté *(inv)*; [- attitude, behaviour] guindé, compassé; [- voice] affecté; **she's very ~ and proper** elle est très collet monté. -2. [neat - clothes] (très) comme il faut, (très) classique; [- house, hedge, lawn] impeccable; **it's too ~ for my taste** c'est trop comme il faut à mon goût.

prima ballerina [,priːmə-] *n* danseuse *f* étoile.

primacy ['praɪməsɪ] (*pl* **primacies**) *n* -1. [pre-eminence] primauté *f*, prééminence *f*; **the ~ of speech** LING la primauté de la parole. -2. RELIG primatie *f*.

prima donna [,priːmə'dɒnə] *n* -1. [opera singer] prima donna *f*. -2. *pej* diva *f*. -3. [star] star *f*.

primaeval [praɪ'miːvəl] = **primeval**.

prima facie [,praɪmə'feɪʃiː] ◇ *adv* à première vue, de prime abord.

◇ *adj* JUR: **a ~ case** une affaire simple a priori; **it's a ~ case of mistaken identity** a priori, il s'agit d'une erreur sur la personne; **there's a ~ case for not acting hastily** a priori, il ne faut pas agir trop hâtivement; **~ evidence** commencement *m* de preuve; **there is no ~ evidence** a priori, il n'y a aucune preuve.

primal ['praɪml] *adj* -1. [original] primitif, premier; **~ scream** PSYCH cri *m* primal. -2. [main] primordial, principal.

primal therapy *n* thérapie *f* primale.

primarily [*Br* 'praɪmərɪlɪ, *Am* praɪ'merəlɪ] *adv* -1. [mainly] principalement, avant tout. -2. [originally] primitivement, à l'origine.

primary ['praɪmərɪ] (*pl* **primaries**) ◇ *adj* -1. [main] principal, premier; [basic] principal, fondamental; **our ~ objective** notre premier objectif, notre objectif principal; **our ~ duty** notre premier devoir; **the ~ meaning of this word** le sens premier de ce mot; **this question is of ~ importance** cette question revêt une importance capitale; **the ~ cause of the accident** la cause principale de l'accident. -2. SCI primaire; **~ circuit** ELEC circuit *m* primaire; **~ feather** ORNITH rémige *f*; **~ tooth** ANAT dent *f* de lait. -3. SCH primaire; **~ education** enseignement *m* primaire. -4. ECON primaire; **the ~ sector** le (secteur) primaire; **the ~ sector industries** les industries du secteur primaire.

◇ *n* -1. POL (élection *f*) primaire *f (aux États-Unis)*. -2. [school] école *f* primaire. -3. [colour] couleur *f* primaire. -4. ORNITH rémige *f*. -5. ELEC (enroulement *m*) primaire *m*.

PRIMARIES:

Les primaires américaines sont des élections (directes ou indirectes selon les États) aboutissant à la sélection des candidats qui seront en lice pour représenter les deux grands partis nationaux à l'élection présidentielle.

---

primary accent *n* accent *m* principal.

primary cell *n* pile *f* primaire.

primary colour *n* couleur *f* primaire.

primary school *n* école *f* primaire; ~ teacher instituteur *m*, -trice *f*.

primary stress = **primary accent**.

primate ['praɪmeɪt] *n* -**1.** ZOOL primate *m*. -**2.** RELIG primat *m*; the Primate of All England *titre officiel de l'archevêque de Cantorbéry.*

prime [praɪm] ◇ *adj* -**1.** [foremost] premier, primordial; [principal] premier, principal; [fundamental] fondamental; one of the ~ causes of heart disease une des principales causes des maladies cardiaques; our ~ concern is to avoid loss of life notre préoccupation principale est d'éviter de faire des victimes; of ~ importance de la plus haute importance, d'une importance primordiale. -**2.** [perfect] parfait; [excellent] excellent; in ~ condition [person] en parfaite santé; [athlete] en parfaite condition; [car] en parfait état; it's a ~ example of what I mean c'est un excellent exemple de ce que je veux dire; ~ quality de première qualité; ~ beef bœuf *m* de première catégorie; ~ site emplacement *m* de premier ordre OR privilégié. -**3.** MATH [number] premier; 10 is ~ to 11 10 et 11 sont premiers entre eux.
◇ *n* -**1.** [best moment]: to be in one's ~ OR in the ~ of life être dans la fleur de l'âge; I'm past my ~ je ne suis plus dans la fleur de l'âge; these roses look a bit past their ~ ces roses sont plutôt défraîchies; these curtains look a bit past their ~ ces rideaux ont vu des jours meilleurs; when Romantic poetry was in its ~ lorsque la poésie romantique était à son apogée ❑ 'The Prime of Miss Jean Brodie' *Spark* 'le Bel Âge de Miss Brodie'. -**2.** MATH nombre *m* premier.
◇ *vt* -**1.** [gun, machine, pump] amorcer; to ~ sb with drink faire boire qqn; he was well ~d *inf* il était bien parti; to ~ the pump renflouer une entreprise. -**2.** [brief - person] mettre au courant, briefer; to ~ sb for a meeting préparer qqn à une réunion; he is well ~d in local politics il est bien renseigné sur la politique locale. -**3.** [with paint, varnish] apprêter.

prime cost *n* prix *m* de revient.

prime meridian *n* premier méridien *m*.

prime minister *n* Premier ministre *m*.

prime ministership, **prime ministry** *n* fonctions *fpl* de Premier ministre; during her ~ pendant qu'elle était Premier ministre.

prime mover *n* -**1.** PHYS force *f* motrice. -**2.** PHILOS cause *f* première. -**3.** *fig* [person] instigateur *m*, -trice *f*.

prime number *n* nombre *m* premier.

primer ['praɪmə^r] *n* -**1.** [paint] apprêt *m*. -**2.** [for explosives] amorce *f*. -**3.** [book - elementary] manuel *m* (élémentaire); [- for reading] abécédaire *m*; a Latin ~ un manuel de latin pour débutants.

prime rate *n* taux *m* d'escompte bancaire préférentiel, prime rate *m*.

prime time *n* heure *f* de grande écoute, prime time *m*.
◆ **prime-time** *adj* [TV programme, advertising] diffusé à une heure de grande écoute, de prime time.

primeval [praɪ'miːvl] *adj* -**1.** [prehistoric] primitif, des premiers âges OR temps; a ~ forest une forêt préhistorique OR primitive. -**2.** [primordial - fears, emotions] atavique, instinctif.

priming ['praɪmɪŋ] *n* *(U)* -**1.** [of pump] amorçage *m*; [of gun] amorce *f*. -**2.** [paint] première couche *f*.

primitive ['prɪmɪtɪv] ◇ *adj* primitif; ~ art art *m* primitif.
◇ *n* -**1.** [primitive person] primitif *m*, -ive *f*. -**2.** [artist] primitif *m*. -**3.** COMPUT & MATH primitive *f*.

primitivism ['prɪmɪtɪvɪzm] *n* primitivisme *m*.

primly ['prɪmlɪ] *adv pej* d'une manière guindée OR collet monté; to be ~ dressed être habillé très comme il faut; she sat ~ in the corner elle se tenait assise très sagement dans le coin; no thank you, he said ~ non merci, dit-il d'une voix affectée.

primness ['prɪmnɪs] *n pej* [of person] air *m* collet monté OR compassé; [of behaviour] caractère *m* maniéré OR compassé; [of dress] aspect *m* collet monté OR très comme il faut; [of voice] caractère *m* affecté.

primogenitor [,praɪməʊ'dʒenɪtə^r] *n* (premier) ancêtre *m*.

primogeniture [,praɪməʊ'dʒenɪtʃə^r] *n* primogéniture *f*.

primordial [praɪ'mɔːdjəl] *adj* primordial; ~ soup soupe *f* primitive.

primp [prɪmp] ◇ *vi* se faire beau.
◇ *vt*: to ~ o.s. (up) se faire beau.

primrose ['prɪmrəʊz] ◇ *n* -**1.** BOT primevère *f*. -**2.** [colour] jaune *m* pâle.
◇ *adj* jaune pâle *(inv)*.

primrose path *n*: the ~ la voie de la facilité.

primrose yellow *adj* jaune pâle *(inv)*.

primula ['prɪmjʊlə] (*pl* **primulas** OR **primulae** [-liː]) *n* primevère *f*.

Primus® ['praɪməs] *n Br*: ~ (stove) réchaud *m* (de camping).

prince [prɪns] *n literal & fig* prince *m*; Prince Rupert le prince Rupert; the Prince of Darkness le prince des ténèbres; the Prince of Peace le prince de la paix; the Prince of Wales le prince de Galles; he is a ~ among men c'est un prince parmi les hommes; to live like a ~ vivre comme un prince; 'The Prince' *Machiavelli* 'le Prince'; 'The Prince and the Pauper' *Twain* 'le Prince et le pauvre'.

Prince Charming *n* le Prince Charmant.

prince consort *n* prince *m* consort.

princedom ['prɪnsdəm] *n* principauté *f*.

Prince Edward Island *pr n* l'île *f* du Prince-Édouard.

princeling ['prɪnslɪŋ] *n* petit prince *m*.

princely ['prɪnslɪ] *adj* princier; a ~ sum une somme princière.

prince regent *n* prince *m* régent.

princess [prɪn'ses] *n* princesse *f*; Princess Caroline la princesse Caroline; the Princess of Wales la princesse de Galles; she's like a fairytale ~ c'est une princesse de conte de fées.

princess royal *n*: the ~ la princesse royale.

principal ['prɪnsəpl] ◇ *adj* [gen] principal; MUS [violin, oboe] premier.
◇ *n* -**1.** [head - of school] directeur *m*, -trice *f*; [- of university] doyen *m*, -enne *f*. -**2.** JUR [employer of agent] mandant *m*, commettant *m*. -**3.** [main character - in play] acteur *m* principal, actrice *f* principale; [- in orchestra] chef *m* de pupitre; [- in crime] auteur *m*. -**4.** FIN [capital - gen] capital *m*; [- of debt] principal *m*. -**5.** CONSTR [rafter] poutre *f* maîtresse.

principal boy *n jeune héros d'une pantomime dont le rôle est traditionnellement joué par une femme.*

principal clause *n* (proposition *f*) principale *f*.

principality [,prɪnsɪ'pælətɪ] *n* principauté *f*; the Principality [Wales] le pays de Galles.

principally ['prɪnsəplɪ] *adv* principalement.

principal parts *npl* temps *mpl* primitifs GRAMM.

principle ['prɪnsəpl] *n* -**1.** [for behaviour] principe *m*; she has high ~s elle a des principes; she was a woman of ~ c'était une femme de principes OR qui avait des principes; he has no ~s il n'a pas de principes; it's not the money, it's the ~ ce n'est pas pour l'argent, c'est pour le principe; on ~, as a matter of ~ par principe; it's a matter of ~ c'est une question de principe; it's against my ~s to eat meat j'ai pour principe de ne pas manger de viande; she makes it a ~ never to criticize others elle a pour principe de ne jamais critiquer les autres; to stick to one's ~s rester fidèle à ses principes; he's very strict in matters of ~ il est très à cheval sur les principes. -**2.** [fundamental law] principe *m*; to go back to first ~s remonter jusqu'au principe; the two systems operate on the same ~ les deux systèmes fonctionnent selon le même principe OR selon un principe identique. -**3.** [theory] principe *m*; in ~ en principe; basic ~ principe de base; to be based on false ~s reposer sur de faux principes OR de fausses prémisses; we acted on the ~ that everybody knew nous sommes partis du principe que tout le monde était au courant.

principled ['prɪnsəpld] *adj*: a ~ man un homme de principes OR qui a des principes; to take a ~ stand adopter une position de principe.

prink [prɪŋk] = **primp**.

print [prɪnt] ◇ *n* -**1.** [of publications]: to appear in ~ être imprimé OR publié; to see o.s./one's name in ~ voir ses écrits imprimés/son nom imprimé; her work will soon be in ~ son œuvre sera bientôt publiée ‖ [of book]: to be in/out of ~ être disponible/épuisé; the book is no longer in ~ le livre est épuisé; his unguarded comments got into ~ ses propos irréfléchis ont été publiés OR imprimés; he refused to believe the story until he saw it in ~ il a refusé de croire à l'histoire tant qu'il ne l'a pas vue publiée; the newspapers had already gone to ~ before the news broke les journaux étaient déjà sous presse lorsque la nouvelle est tombée. -**2.** *(U)* [characters] caractères *mpl*; in large/small ~ en gros/petits caractères; in bold ~ en caractères gras. -**3.** *(U)* [text] texte *m* (imprimé); I had to read through twenty pages of ~ j'ai dû lire vingt pages imprimées ❑ the small OR fine ~ on a contract les lignes en petits caractères en bas d'un contrat; don't forget to read the small ~ ne manquez pas de lire ce qui est écrit en petits caractères. -**4.** PHOT épreuve *f*, tirage *m*; to make a ~ from a negative tirer une épreuve d'un négatif. -**5.** ART [engraving] gravure *f*, estampe *f*; [reproduction] poster *m*. -**6.** TEX [fabric] imprimé *m*; [dress] robe *f* imprimée; a floral ~ un imprimé à fleurs. -**7.** [mark - from tyre, foot] empreinte *f*; [fingerprint] empreinte *f* digitale; the thief left his ~s all over the door handle le voleur a laissé ses empreintes partout sur la poignée de la porte.
◇ *comp* -**1.** TYPO: the ~ unions les syndicats *mpl* des typographes. -**2.** COMPUT: ~ drum tambour *m* d'impression; ~ head tête *f* d'impression; ~ menu menu *m* d'impression; ~ speed vitesse *f* d'impression.
◇ *adj* [dress] en tissu imprimé.
◇ *vt* -**1.** [book, newspaper, money] imprimer; [publish - story, article] publier; the novel is being ~ed le roman est sous presse OR en cours d'impression; 1,000 copies of the book had already been ~ed on avait déjà tiré le livre à 1 000 exemplaires; the papers refused to ~ the story les journaux ont refusé de publier cette histoire; ~ed in Scotland imprimé en Écosse. -**2.** [write] écrire en caractères d'imprimerie; ~ your name clearly écrivez votre nom lisiblement. -**3.** PHOT tirer. -**4.** TEX imprimer. -**5.** [mark] imprimer; the mark of a man's foot was ~ed in the wet sand la trace d'un pied d'homme était imprimée dans le sable humide ‖ *fig* [in memory] graver, imprimer; the incident remained ~ed in their memory l'incident est resté gravé dans leur mémoire.
◇ *vi* -**1.** imprimer; tomorrow's newspapers haven't started ~ing yet les journaux de demain ne sont pas encore sous presse OR à l'impression; the drawing should ~ well le dessin devrait bien ressortir à l'impression. -**2.** [in handwriting] écrire en caractères d'imprimerie. -**3.** PHOT [negative]: to ~ well sortir bien au tirage.
◆ **print off** *vt sep* -**1.** TYPO imprimer, tirer. -**2.** PHOT tirer.
◆ **print out** *vt sep* COMPUT imprimer.
◆ **print up** *vt sep* TYPO imprimer.

printable ['prɪntəbl] *adj* imprimable, publiable; some of their remarks were hardly ~ certaines de leurs remarques étaient difficilement publiables; my opinion on the matter is not ~ mon avis sur la question n'est pas très agréable à entendre.

printed ['prɪntɪd] *adj* -**1.** [gen] imprimé; ~ **cotton** coton *m* imprimé; ~ **matter** imprimés *mpl*; **the ~ word** l'écrit *m*. -**2.** [notepaper] à en-tête.

printed circuit *n* circuit *m* imprimé.

printer ['prɪntəʳ] *n* -**1.** [person - gen] imprimeur *m*; [- typographer] typographe *mf*; [- compositor] compositeur *m*, -trice *f*; **it's at the ~'s** c'est chez l'imprimeur OR à l'impression ❑ **~'s error** coquille *f*; **~'s ink** encre *f* d'imprimerie; **~'s mark** marque *f* d'imprimeur. -**2.** COMPUT imprimante *f*; ~ **driver** programme *m* de commande d'impression. -**3.** PHOT tireuse *f*.

printer's devil *n* apprenti *m* imprimeur.

printhead ['prɪnthed] *n* tête *f* d'impression.

printing ['prɪntɪŋ] *n* -**1.** [activity] imprimerie *f*; **he works in ~** il travaille dans l'imprimerie. -**2.** [copies printed] impression *f*, tirage *m*; **fourth ~** quatrième impression. -**3.** PHOT tirage *m*. -**4.** *(U)* [handwriting] (écriture *f* en) caractères *mpl* d'imprimerie.

printing ink *n* encre *f* d'imprimerie.

printing office *n* imprimerie *f*.

printing press *n* presse *f* (d'imprimerie).

printmaker ['prɪnt,meɪkəʳ] *n* -**1.** TYPO typographe *mf*. -**2.** ART graveur *m*.

printout ['prɪntaʊt] *n* [act of printing out] sortie *f* sur imprimante, tirage *m*; **to do a ~** sortir un document sur imprimante, imprimer (un document) || [printed version] sortie *f* papier, tirage *m*; [results of calculation] listing *m*; **here's the ~ of the results** voici le listing des résultats.

print shop *n* imprimerie *f*.

printwheel ['prɪntwiːl] *n* marguerite *f (d'imprimante)*.

prior ['praɪəʳ] ◇ *adj* -**1.** [earlier] antérieur, précédent; **she had a ~ engagement** elle était déjà prise || [preliminary] préalable; **without ~ notice** sans préavis; **without his ~ agreement** sans son accord préalable. -**2.** [more important]: **to have a ~ claim to** OR **on sthg** avoir un droit de priorité OR d'antériorité sur qqch; **her children had a ~ claim on her attention** ses enfants passaient avant tout.

◇ *n* RELIG (père *m*) prieur *m*.

◆ **prior to** *prep phr* avant, antérieurement à, préalablement à; ~ **to (his) departure...** avant son départ OR avant de partir...; ~ **to today** avant aujourd'hui; ~ **to any discussion** préalablement à OR avant toute discussion.

prioress ['praɪərɪs] *n* (mère *f*) prieure *f*.

prioritize, -ise [praɪ'ɒrɪtaɪz] *vt* donner OR accorder la priorité à; **if elected, we will ~ health care** si nous sommes élus, nous accorderons la priorité aux services de santé; **they've ~d those who've been waiting longest** ils ont donné la priorité à ceux qui avaient attendu le plus longtemps; **it's wrong to ~ any one issue** c'est un tort de donner la priorité à une question plutôt qu'à une autre.

priority [praɪ'ɒrətɪ] (*pl* **priorities**) *n* priorité *f*; **to give ~ to** donner OR accorder la priorité à; **to have** OR **to take ~ over** avoir la priorité sur; **to do sthg as a (matter of) ~** faire qqch en priorité; **the matter has top ~** l'affaire a la priorité absolue OR est absolument prioritaire; **the library came high/low on the list of priorities** la bibliothèque venait en tête/venait loin sur la liste des priorités; **you should get your priorities right** il faudrait que tu apprennes à distinguer ce qui est important de ce qui ne l'est pas; **the government has got its priorities all wrong** le gouvernement n'accorde pas la priorité aux choses les plus importantes; **according to ~** selon l'ordre de priorité.

priority share *n* action *f* privilégiée.

priory ['praɪərɪ] (*pl* **priories**) *n* prieuré *m*.

prise [praɪz] *vt Br*: **to ~ sthg open** ouvrir qqch à l'aide d'un levier; **he tried to ~ open the door** il a essayé de forcer la porte; **she managed to ~ her leg free** elle a réussi à dégager sa jambe; **we ~d the top off with a spoon** on a enlevé le couvercle à l'aide d'une cuillère; **we managed to ~ the information out of her** *fig* on a réussi à lui arracher le renseignement.

prism ['prɪzm] *n* prisme *m*.

prismatic [prɪz'mætɪk] *adj* prismatique.

prison ['prɪzn] ◇ *n* prison *f*; **to be in ~** être en prison; **he's been in ~** il a fait de la prison; **to go to ~** aller en prison, être emprisonné; **to send sb to ~, to put sb in ~** envoyer OR mettre qqn en prison; **to be sent to** OR **put in ~** être incarcéré; **to sentence sb to three years in ~** condamner qqn à trois ans de prison; **marriage had become a ~** *fig* le mariage était devenu une prison.

◇ *comp* [director, warder, cell] de prison; [food, conditions] en prison, dans les prisons; [system, regulations, administration] pénitentiaire, carcéral; ~ **sentence** peine *f* de prison.

prison camp *n* camp *m* de prisonniers.

prison colony *n* bagne *m*, colonie *f* pénitentiaire.

prisoner ['prɪznəʳ] *n* prisonnier *m*, -ère *f*, détenu *m*, -e *f*; **he's a ~ in Wormwood Scrubs** il est détenu à la prison de Wormwood Scrubs; **to take sb ~** faire qqn prisonnier; **to hold sb ~** retenir qqn prisonnier, détenir qqn; **to be taken ~** être fait prisonnier; **to be held ~** être détenu; **she became a ~ of her own fears** *fig* elle devint prisonnière de ses propres peurs ❑ **political ~** prisonnier OR détenu politique; **~ of conscience** prisonnier *m* d'opinion; **~ of war** prisonnier de guerre; **'The Prisoner of Zenda'** *Hope* 'Le prisonnier de Zenda'.

prison van *n* fourgon *m* cellulaire.

prison visitor *n* visiteur *m*, -euse *f* de prison.

prissy *inf* ['prɪsɪ] *adj* prude, bégueule.

pristine ['prɪstiːn] *adj* -**1.** [immaculate] parfait, immaculé; **of ~ cleanliness** d'une propreté immaculée; **in ~ condition** en parfait état. -**2.** [original] primitif, premier.

prithee ['prɪðɪ] *interj arch* je vous prie, s'il vous plaît.

privacy [*Br* 'privəsɪ, *Am* 'praɪvəsɪ] *n* -**1.** [seclusion] solitude *f*; **lack of ~** manque *m* d'intimité; **I have no ~ here** je ne peux jamais être seul ici; **can I have some ~ for a few hours?** pouvez-vous me laisser seul quelques heures?; **she hates having her ~ disturbed** elle déteste qu'on la dérange chez elle || [private life] vie *f* privée; **I value my ~** je tiens à ma vie privée; **you can't have any ~ if you're a star** les stars n'ont pas de vie privée; **an intrusion on sb's ~** une ingérence dans la vie privée de qqn; **in the ~ of one's own home** dans l'intimité de son foyer; **there's no ~ in this world** tout se sait dans ce bas monde. -**2.** [secrecy] intimité *f*, secret *m*; **they got married in the strictest ~** ils se sont mariés dans la plus stricte intimité.

private ['praɪvɪt] ◇ *adj* -**1.** [not for the public] privé; ~ **land** terrain *m* privé; ~ **fishing** pêche *f* gardée; ~ **performance** OR **showing** THEAT représentation *f* privée; ~ **road** voie *f* privée; **'private'** 'privé', 'interdit au public'. -**2.** [independent, not run or controlled by the state] privé; **they operate a ~ pension scheme** ils ont leur propre caisse de retraite; ~ **nursing home** foyer *m* privé pour personnes âgées. -**3.** [personal] privé, personnel; **for ~ reasons** pour des raisons personnelles; **don't interfere in my ~ affairs** OR **business** ne vous mêlez pas de mes affaires personnelles; ~ **agreement** accord *m* à l'amiable; **I thought we had a ~ agreement about it** je croyais que nous avions réglé ce problème entre nous; **it's my ~ opinion** c'est mon opinion personnelle; **it's a ~ joke** c'est une blague que vous ne pouvez pas comprendre; **my ~ address** mon adresse personnelle, mon domicile; **she lives in her own ~ fantasy world** elle vit dans un monde imaginaire bien à elle; **she keeps her ~ thoughts to herself** elle garde pour elle ses opinions personnelles. -**4.** [confidential] privé, confidentiel, personnel; **a ~ conversation** une conversation privée OR à caractère privé; **we had a ~ meeting** nous nous sommes vus en privé; **I have some ~ information about him** j'ai des renseignements confidentiels à son sujet OR le concernant; **keep it ~** gardez-le pour vous; **can I tell him? — no, it's ~** je peux le lui dire? — non c'est personnel; **'private'** [on envelope] 'personnel' ❑ ~ **hearing** JUR audience *f* à huis clos. -**5.** [individual - bank account] personnel; [- bathroom, lessons, tuition] particulier; **she has ~ lessons in French** elle prend des cours particuliers de français; ~ **pupil** élève *mf (à qui l'on donne des cours particuliers)*; **he has a lot of ~ pupils** il donne beaucoup de cours particuliers; ~ **teacher** précepteur *m*, -trice *f*; **this is a ~ house** c'est une maison particulière OR qui appartient à des particuliers; **in my ~ capacity** à titre personnel; **for your ~ use** pour votre usage personnel; **for your ~ information** à titre confidentiel; ~ **car** voiture *f* personnelle. -**6.** [quiet, intimate] intime, privé; **a ~ place** un endroit tranquille; **he's a very ~ person** c'est quelqu'un de très réservé; **they want a ~ wedding** ils veulent se marier dans l'intimité; **it was a ~ funeral** les obsèques ont eu lieu dans la plus stricte intimité; **do you have a ~ room where we can talk?** avez-vous une pièce où l'on puisse parler tranquillement? ❑ ~ **bar** *salon dans un pub*. -**7.** [ordinary]: **a ~ citizen** un (simple) citoyen, un particulier; ~ **soldier** (simple) soldat *m*.

◇ *n* MIL (simple) soldat *m*, soldat *m* de deuxième classe; **it belongs to Private Hopkins** ça appartient au soldat Hopkins; **Private Murdoch!** soldat Murdoch!

◆ **privates** *inf npl euph* parties *fpl (génitales)*.

◆ **in private** *adv phr* [confidentially] en privé, en confidence; [in private life] en privé, dans la vie privée; [personally] en privé, personnellement.

private company *n* entreprise *f* OR société *f* privée.

private detective *n* détective *m* privé.

private enterprise *n* libre entreprise *f*.

privateer [,praɪvə'tɪəʳ] *n* corsaire *m*.

private eye *inf n* privé *m*; Private Eye PRESS *magazine satirique britannique.*

private hotel *n* ≃ pension *f* de famille.

private income *n* rentes *fpl*; **to live on** OR **off a ~** vivre de ses rentes.

private investigator = **private detective**.

private life *n* vie *f* privée; **in (his) ~** dans sa vie privée, en privé; **she has no ~** elle n'a pas de vie privée.

privately ['praɪvɪtlɪ] *adv* -**1.** [not publicly]: **a ~ owned company** une entreprise privée; **she sold her house ~** elle a vendu sa maison de particulier à particulier; **they were married ~** leur mariage a eu lieu dans l'intimité; **to be ~ educated** [at school] faire ses études dans une école privée; [with tutor] avoir un précepteur; **the jury's deliberations took place ~** les délibérations du jury se sont déroulées à huis clos. -**2.** [personally] dans mon/son *etc* for intérieur, en moi-même/soi-même *etc*; **~, he didn't agree** intérieurement, il n'était pas d'accord; **~, I was disgusted** dans mon for intérieur, j'étais dégoûté || [secretly] secrètement; **~, he was plotting to oust his rival** il complotait secrètement OR en secret d'évincer son rival || [confidentially] en privé; **she informed me ~ that...** elle m'a informé en toute confidence que...; **we met ~** nous avons eu une entrevue privée; **can I see you ~?** puis-je vous voir en privé OR en tête-à-tête?; **I spoke to her ~** je lui ai parlé en tête-à-tête. -**3.** [as a private individual] à titre personnel; **he acted ~ and not in his capacity as mayor** il a agi à titre personnel et non en tant que maire.

private means *npl* rentes *fpl*, fortune *f* personnelle; **a man of ~** un rentier.

private member's bill *n* proposition *f* de loi.

private parts *inf* = **privates**.

private patient *n patient d'un médecin dont les consultations ne sont pas prises en charge par les services de santé.*

private practice *n* médecine *f* privée OR non conventionnée; **she's in ~** elle a un cabinet (médical) privé.

private property *n* propriété *f* privée; **'~, keep out!'** 'propriété privée', 'défense d'entrer'.

private school *n* ≃ école *f* libre.

private secretary *n* -**1.** COMM secrétaire particulier *m*, secrétaire particulière *f*. -**2.** *Br* POL *haut fonctionnaire dont le rôle est d'assister un ministre.*

private sector *n*: the ~ le secteur privé.
◆ **private-sector** *comp* [business, pay, bosses] privé.

private view *n* ART vernissage *m*.

privation [praɪ'veɪʃn] *n* privation *f*.

privative ['prɪvətɪv] ◇ *adj* privatif.
◇ *n* privatif *m*.

privatization [,praɪvɪtaɪ'zeɪʃn] *n* privatisation *f*.

privatize, -ise ['praɪvɪtaɪz] *vt* privatiser.

privet ['prɪvɪt] *n* troène *m*; ~ **hedge** haie *f* de troènes.

privilege ['prɪvɪlɪdʒ] ◇ *n* -**1.** [right, advantage] privilège *m*; the ~**s of the nobility** les privilèges de la noblesse; **to grant sb the** ~ **of doing sthg** accorder à qqn le privilège de faire qqch; **the fight for equality is a struggle against** ~ le combat pour l'égalité est une lutte contre les privilèges. -**2.** [honour] honneur *m*; **it was a** ~ **to do business with you** ce fut un honneur de travailler avec vous; **I had the** ~ **of attending his wedding** j'ai eu le bonheur OR la chance d'assister à son mariage. -**3.** POL: **parliamentary** ~ immunité *f* parlementaire.
◇ *vt* privilégier; **these tax changes** ~ **the rich** ces modifications fiscales privilégient les riches; **I was** ~**d to meet him after the war** j'ai eu le privilège OR la chance de le rencontrer après la guerre.

privileged ['prɪvɪlɪdʒd] ◇ *adj* -**1.** privilégié; **a** ~ **position** une position privilégiée; **a** ~ **minority** une minorité privilégiée, quelques privilégiés *mpl*; **only a** ~ **few were invited** seuls quelques privilégiés ont été invités; **the** ~ **few** la minorité privilégiée. -**2.** JUR [document, information] laissé à la discrétion du témoin; **such information is** ~ le témoin n'est pas obligé de divulguer une telle information.
◇ *npl*: **the** ~ les privilégiés *mpl*.

privy ['prɪvɪ] (*pl* **privies**) ◇ *adj* -**1.** *fml* [informed]: **to be** ~ **to sthg** *fml* être instruit de qqch, être au courant de qqch; **an officer who had been** ~ **to the plot was arrested** un officier qui était au courant du complot fut arrêté. -**2.** *arch* [secret] secret, caché.
◇ *n arch* OR *hum* [toilet] lieux *mpl* d'aisances.

Privy Council *n*: the ~ *le Conseil privé du souverain en Grande-Bretagne.*

PRIVY COUNCIL:
En font partie tous les ministres du gouvernement ainsi que d'autres personnalités du Commonwealth. Le «Privy Council» compte environ 400 membres, mais ils ne se réunissent en plénière que dans des circonstances exceptionnelles.

Privy Councillor *n membre du Conseil privé.*

Privy Purse *n* cassette *f* royale.

Privy Seal *n*: the ~ le Petit Sceau.

PRIVY SEAL:
Sceau apposé sur certains documents royaux qui ne sont pas assez importants pour recevoir le Grand Sceau (the Great Seal).

prize [praɪz] ◇ *n* -**1.** [for merit] prix *m*; **to award a** ~ **to sb** décerner un prix à qqn; **to win (the) first** ~ **in a contest** remporter le premier prix d'un concours; **she won the** ~ **for the best pupil** elle s'est vu décerner OR elle a reçu le prix d'excellence; **no** ~**s for guessing who won** *fig* vous n'aurez aucun mal à deviner le nom du gagnant; **the** ~ **list** le palmarès. -**2.** [in game] lot *m*; **to win first** OR **top** ~ **in the National Lottery** gagner le gros lot à la Loterie nationale; **the** ~ **list** la liste des gagnants; **consolation** ~ prix *m* de consolation. -**3.** NAUT prise *f*.
◇ *vt* -**1.** [for value] chérir, attacher une grande valeur à; [for quality] priser; **I** ~ **his friendship very highly** son amitié m'est très précieuse; **my most** ~**d possessions** mes biens les plus précieux; **original editions are highly** ~**d** les éditions originales sont très prisées OR recherchées. -**2.** = **prise**.
◇ *adj* -**1.** [prizewinning] primé, médaillé; ~ **lamb** agneau *m* primé OR médaillé. -**2.** [excellent] parfait, typique; **a** ~ **specimen of manhood** un superbe mâle; **that's a** ~ **example of what not to do!** c'est un parfait exemple de ce qu'il ne faut pas faire! ‖ [complete]: **a** ~ **fool** *inf* un parfait imbécile. -**3.** [valuable] de valeur; [cherished] prisé.

prize day *n Br* SCH (jour *m* de la) distribution *f* des prix.

prize draw *n* tombola *f*, loterie *f*.

prizefight ['praɪzfaɪt] *n* combat *m* professionnel.

prizefighter ['praɪzfaɪtəʳ] *n* boxeur *m* professionnel.

prizefighting ['praɪzfaɪtɪŋ] *n* boxe *f* professionnelle.

prize-giving *n* distribution *f* OR remise *f* des prix.

prize money *n* prix *m* en argent.

prize ring *n* ring *m (pour la boxe professionnelle).*

prizewinner ['praɪzwɪnəʳ] *n* [of exam, essay contest] lauréat *m*, -e *f*; [of game, lottery] gagnant *m*, -e *f*.

prizewinning ['praɪzwɪnɪŋ] *adj* [novel, entry] primé; [ticket, number, contestant] gagnant.

pro [prəʊ] (*pl* **pros**) ◇ *n inf* -**1.** (*abbr of* **professional**) pro *mf*; **to turn** ~ passer pro. -**2.** *Br* (*abbr of* **prostitute**) professionnelle *f*.
◇ *prep* [in favour of] pour; **he's very** ~ **capital punishment** c'est un partisan convaincu de la peine capitale.
◆ **pros** *npl*: **the** ~**s and cons** le pour et le contre; **the** ~**s and the antis** ceux qui sont pour et ceux qui sont contre.

pro- *in cpds* [in favour of] pro-; ~**American** proaméricain; **they were** ~**Stalin** ils étaient pour Staline, c'étaient des partisans de Staline.

PRO *n* -**1.** *abbr of* **public relations officer**. -**2.** *abbr of* Public Record Office.

proactive [prəʊ'æktɪv] *adj* PSYCH proactif.

pro-am ['prəʊ'æm] *adj* SPORT professionnel et amateur; **a** ~ **golf tournament** un open de golf.

probabilism ['prɒbəbɪlɪzm] *n* probabilisme *m*.

probability [,prɒbə'bɪlətɪ] (*pl* **probabilities**) *n* -**1.** [likelihood] probabilité *f*; **the** ~ **is that he won't come** il est probable qu'il ne viendra pas, il y a de fortes chances (pour) qu'il ne vienne pas; **there is little** OR **not much** ~ **of her changing her mind** il est peu probable qu'elle OR il y a peu de chance (pour) qu'elle change d'avis; **there is a strong** ~ **of that happening** il y a de fortes chances pour que cela se produise; **in all** ~ selon toute probabilité. -**2.** MATH calcul *m* des probabilités; **what is the** ~ OR **what are the probabilities of such a result?** quelle est la probabilité d'un tel résultat?

probable ['prɒbəbl] ◇ *adj* -**1.** [likely] probable, vraisemblable; **a** ~ **hypothesis** une hypothèse vraisemblable; **her success is more than** ~ son succès est plus que probable; **it's highly** ~ **that we won't arrive before 2 o'clock** il est fort probable OR plus que probable que nous n'arriverons pas avant 14 h; **it's hardly** ~ **that he will be there** il est peu probable qu'il soit là; **that's quite** ~ c'est tout à fait probable. -**2.** [plausible] vraisemblable; **it doesn't sound very** ~ **to me** ça ne me paraît pas très vraisemblable.
◇ *n*: **he's a** ~ **for the team next Saturday** il y a de fortes chances pour qu'il joue dans l'équipe samedi prochain; **the Probables and the Possibles** SPORT la sélection A et la sélection B.

probably ['prɒbəblɪ] *adv* probablement, vraisemblablement, selon toute probabilité; **you're** ~ **right** tu as probablement raison; ~ **not** probablement pas; **will you be able to come?** — ~ pourrez-vous venir? — probablement; **will he write to you?** — **very** ~ il t'écrira? — c'est très probable; **she's** ~ **left already** elle est probablement déjà partie, il est probable qu'elle soit déjà partie.

probate ['prəʊbeɪt] ◇ *n* [authentification] homologation *f*, authentification *f*, validation *f*; **to grant/to take out** ~ **of a will** homologuer/faire homologuer un testament; **to value sthg for** ~ évaluer OR expertiser qqch pour l'homologation d'un testament.
◇ *vt Am* [will] homologuer, faire authentifier.

probate court *n* tribunal *m* des successions et des tutelles.

probation [prə'beɪʃn] *n* -**1.** JUR probation *f*, ≃ condamnation *f* avec sursis et mise à l'épreuve; **to be on** ~ ≃ être en sursis avec mise à l'épreuve; **to put sb on** ~ ≃ condamner qqn avec mise à l'épreuve. -**2.** [trial employment] essai *m*; **period of** ~ période *f* d'essai; **to be on** ~ être en période d'essai. -**3.** RELIG probation *f*.

probationary [prə'beɪʃnrɪ] *adj* -**1.** [trial] d'essai; ~ **period** période *f* d'essai; ~ **teacher** professeur *m* stagiaire; ~ **year** *Br* SCH année *f* probatoire. -**2.** JUR de probation. -**3.** RELIG de probation, de noviciat.

probationer [prə'beɪʃnəʳ] *n* -**1.** [employee] employé *m*, -e *f* à l'essai OR en période d'essai; *Br* [teacher] (professeur *m*) stagiaire *mf*; [trainee nurse] élève *m* infirmier, élève *f* infirmière. -**2.** JUR probationnaire *mf*. -**3.** RELIG novice *mf*.

probation officer *n* ≃ agent *m* de probation.

probe [prəʊb] ◇ *n* -**1.** [investigation] enquête *f*, investigation *f*; **there has been a newspaper** ~ **into corruption** la presse a fait une enquête sur la corruption. -**2.** [question] question *f*, interrogation *f*; **he didn't respond to our** ~**s into** OR **about his past** il est resté muet lorsque nous avons essayé de l'interroger sur son passé. -**3.** ASTRONAUT, ELECTRON & MED sonde *f*; ZOOL trompe *f*.
◇ *vt* -**1.** [investigate] enquêter sur; **police are probing the company's accounts** la police épluche les comptes OR examine la comptabilité de la société. -**2.** [examine, sound out - person, motive, reasons] sonder; **to** ~ **sb about sthg** sonder qqn sur qqch. -**3.** [explore, poke around in] explorer, fouiller, sonder; MED sonder; **she** ~**d the snow with her umbrella** elle fouilla la neige avec la pointe de son parapluie.
◇ *vi* -**1.** [investigate] enquêter, faire une enquête; **the police are probing for clues** les policiers recherchent des indices; **the paper** ~**d into the allegations** le journal a enquêté sur les accusations; **if you** ~ **into his past, you'll have some surprises** si vous fouillez dans son passé, vous aurez des surprises. -**2.** MED faire un sondage.

probing ['prəʊbɪŋ] ◇ *adj* [look] inquisiteur, perçant; [mind] pénétrant, clairvoyant; [remark, question] perspicace; **after hours of** ~ **questioning** après des heures d'un interrogatoire très poussé.
◇ *n* (*U*) -**1.** [investigation] enquête *f*, investigations *fpl*; [questioning] questions *fpl*, interrogatoire *m*; **she didn't react to my** ~ je l'ai sondée, mais elle n'a pas réagi. -**2.** MED sondage *m*.

probity ['prəʊbətɪ] *n* probité *f*.

problem ['prɒbləm] ◇ *n* problème *m*; **a mathematical** ~ un problème de mathématique; **a technical/financial** ~ un problème technique/financier; **to cause** ~**s for sb** causer des ennuis OR poser des problèmes à qqn; **to solve a** ~ résoudre un problème; **he's got** ~**s with the police** il a des problèmes OR ennuis avec la police; **the oldest one is a real** ~ **to me** l'aîné me pose de réels problèmes; **that's going to be a bit of a** ~ ça va poser un petit problème; **that's no** ~! ça ne pose pas de OR aucun problème!; **can you come on Friday? — no** ~! *inf* pouvez-vous venir vendredi? — pas de problème OR sans problème!; **thanks for doing that for me — no** ~! *inf* merci d'avoir fait ça pour moi — pas de problème!; **I don't see what the** ~ **is** je ne vois pas où est le problème; **it's a** ~ **knowing** OR **to know what to get her for Christmas** c'est difficile de savoir quoi lui offrir pour Noël; **what's your** ~? *inf* c'est quoi ton problème?, qu'est-ce qui ne va pas?; **she has a bit of a weight** ~ elle a des problèmes de poids.

◇ *comp* [child, family, hair] à problèmes; [play] à thèse; **it's a real ~ case** c'est un cas qui pose de réels problèmes.

problematic(al) [,prɒblə'mætɪk(l)] *adj* problématique, incertain; **staying the night there could be a bit ~** ça paraît compliqué d'y passer la nuit.

problem page *n Br* courrier *m* du cœur.

problem-solving [-,sɒlvɪŋ] *n* résolution *f* de problèmes; **a ~ test** un test par résolution de problèmes.

proboscis [prəʊ'bɒsɪs] (*pl* **proboscises** [-sɪsi:z] OR **proboscides** [-sɪdi:z]) *n* ZOOL trompe *f*; *hum* [nose] appendice *m*.

procaine ['prəʊkeɪn] *n* procaïne *f*.

procedural [prə'si:dʒərəl] *adj* de procédure, procédural; **~ agreement** accord *m* de procédure OR sur la procédure; **~ fault** faute *f* de procédure; **~ motion** motion *f* d'ordre; **the delays were merely ~** les retards étaient dus à de simples questions de procédure.

procedure [prə'si:dʒə^r] *n* **-1.** procédure *f*; **you must follow (the) normal ~** vous devez suivre la procédure normale; **what's the correct ~?** comment doit-on procéder?, quelle est la marche à suivre? ❑ **criminal/civil (law) ~** JUR procédure *f* pénale/civile. **-2.** COMPUT procédure *f*, sous-programme *m*.

proceed [prə'si:d] *vi* **-1.** [continue] continuer, poursuivre; **you may ~** vous pouvez poursuivre OR continuer; **before ~ing any further with our investigations...** avant de poursuivre nos investigations..., avant de pousser plus avant nos investigations...; **just ~ with the announcement as usual** faites votre annonce comme à l'accoutumée; **before I ~** avant d'aller plus loin. **-2.** [happen] se passer, se dérouler; **is the meeting ~ing according to plan?** est-ce que la réunion se déroule comme prévu? **-3.** [move on] passer; **let's ~ to item 32** passons à la question 32; **to ~ to do sthg** [start] se mettre à faire qqch; [do next] passer à qqch; **he ~ed to tear up my report** puis, il a déchiré mon rapport. **-4.** [act] procéder, agir; **how should we ~?** comment devons-nous procéder?, quelle est la marche à suivre?; **I'm not sure how to ~** je ne vois pas très bien comment faire; **~ with caution** agissez avec prudence. **-5.** [go, travel] avancer, aller; [car] avancer, rouler; **they ~ed at a slow pace** ils ont avancé lentement; **she ~ed on her way** elle a poursuivi son chemin; **they are ~ing towards Calais** ils se dirigent vers Calais; **I then ~ed to the post office** je me suis ensuite rendu au bureau de poste; **I was ~ing along Henley Road in a westerly direction** je longeais Henley Road en me dirigeant vers l'ouest; **the road ~s along the coast** la route longe la côte. **-6.** JUR: **to ~ with charges against sb** poursuivre qqn en justice, intenter un procès contre qqn. **-7.** [originate] provenir; **problems ~ing from illiteracy** difficultés provenant OR découlant de l'analphabétisme; **their action ~ed from a desire to do good** c'est le désir de bien faire qui les a poussés à agir; **smells ~ing from the kitchen** des odeurs provenant de la cuisine.

◆ **proceed against** *vt insep* JUR engager des poursuites contre.

proceeding [prə'si:dɪŋ] *n* [course of action] manière *f* de procéder OR d'agir; **the best way of ~ would be to write to them** la meilleure façon de procéder serait de leur écrire, ce qu'il y a de mieux à faire c'est de leur écrire; **questionable financial ~s** des pratiques financières douteuses.

◆ **proceedings** *npl* **-1.** [happening, event] événement *m*; **the ~s passed off peacefully** tout s'est déroulé sans incident; **we watched the ~s on television** nous avons regardé la retransmission télévisée de la cérémonie. **-2.** [meeting] réunion *f*, séance *f*; **I missed some of the ~s** j'ai manqué une partie de la réunion OR des débats. **-3.** [records - of meeting] compte rendu *m*, procès-verbal *m*; [- of learned society] actes *mpl*. **-4.** JUR [legal action] procès *m*, poursuites *fpl*; **to take** OR **to institute (legal) ~s against sb** intenter une action (en justice) contre qqn, engager des poursuites contre qqn ‖ [legal process] procédure *f*; **legal ~s are very slow in this country** la procédure judiciaire est très lente dans ce pays.

proceeds ['prəʊsi:dz] *npl* recette *f*, somme *f* recueillie; **all ~ will go to charity** tout l'argent recueilli sera versé aux œuvres de charité.

process [*n* & *vt* 'prəʊses, *vi* prə'ses] ◇ *n* **-1.** [series of events, operation] processus *m*; **the ageing ~** le processus de vieillissement; **the democratic ~** le processus démocratique; **the peace ~** le processus de paix; **the ~ of reproduction** le processus de reproduction; **the whole ~ only takes a few minutes** tout le processus OR toute l'opération ne prend que quelques minutes; **teaching him French is a slow ~** il en faut du temps pour lui apprendre le français. **-2.** [method] procédé *m*, méthode *f*; **to develop a ~ for doing sthg** mettre au point un procédé pour faire qqch; **a photographic ~** un procédé photographique; **a new manufacturing ~** un nouveau procédé de fabrication; **by a ~ of elimination** par élimination; **by a ~ of trial and error** en procédant par tâtonnements; **to be in ~** être en cours. **-3.** JUR [legal action] procès *m*, action *f* en justice; [writ, summons] citation *f* (en justice), assignation *f* (en justice). **-4.** BIOL [outgrowth] processus *m*.

◇ *vt* **-1.** [transform - raw materials] traiter, transformer; [- cheese, meat, milk] traiter; [- nuclear waste] retraiter; COMPUT [- data] traiter; PHOT développer. **-2.** ADMIN & COMM [deal with - order, information, cheque] traiter; **my insurance claim is still being ~ed** ma déclaration de sinistre est toujours en cours de règlement; **we ~ thousands of applications every week** nous traitons des milliers de demandes chaque semaine.

◇ *vi* [march] défiler; RELIG défiler en procession; **the bishops ~ed slowly down the aisle** la procession des évêques avançait lentement dans l'allée centrale.

◆ **in the process** *adv phr*: **I managed to rescue the cat but I twisted my ankle in the ~** j'ai réussi à sauver le chat, mais je me suis tordu la cheville (en le faisant).

◆ **in the process of** *prep phr* en train de; **to be in the ~ of doing sthg** être en train de faire qqch; **it's in the ~ of being discussed/of being carried out** c'est en cours de discussion/en voie d'exécution; **in the ~ of speaking to him, I found out that his wife was dead** c'est en lui parlant que j'ai appris que sa femme était morte; **they're in the ~ of getting a divorce** ils sont en instance de divorce; **in the ~ of time** avec le temps, à la longue.

processed ['prəʊsest] *adj* [food] traité, industriel *pej*; **~ cheese** [for spreading] fromage *m* à tartiner; [in slices] fromage *m* en tranches.

process engineer *n* ingénieur *m* en procédés.

process engineering *n* ingénierie *f* de procédés.

processing ['prəʊsesɪŋ] *n* [gen & COMPUT] traitement *m*; **~ plant** [for sewage, nuclear waste etc] usine *f* de traitement.

procession [prə'seʃn] *n* **-1.** [ceremony] procession *f*, cortège *m*; RELIG procession *f*; **funeral ~** cortège *m* funèbre. **-2.** [demonstration] défilé *m*, cortège *m*. **-3.** [continous line] procession *f*, défilé *m*; **the soldiers marched in ~ through the town** les soldats ont défilé à travers la ville; **I've had a ~ of people through my office all day** toute la journée, ça a été un défilé permanent dans mon bureau.

processional [prə'seʃənl] ◇ *adj* processionnel; **a ~ march** une marche processionnelle.

◇ *n* RELIG [hymn] cantique *m* processionnel; [book] processional *m*.

processor ['prəʊsesə^r] *n* **-1.** COMPUT processeur *m*. **-2.** CULIN robot *m* ménager.

process printing *n* impression *f* en couleurs.

pro-choice [prəʊ'tʃɔɪs] *adj* pour l'avortement et l'euthanasie.

proclaim [prə'kleɪm] *vt* **-1.** [declare] proclamer, déclarer; **to ~ independence** proclamer l'indépendance; **on the day that peace was ~ed** le jour de l'armistice; **to ~ a state of emergency** proclamer l'état d'urgence; **a holiday was ~ed for the investiture** une journée de congé fut octroyée pour l'investiture; **many ~ed that he was mad** OR **~ed him to be mad** beaucoup de gens ont déclaré qu'il était fou; **he ~ed himself emperor** il s'est proclamé empereur; **she ~ed her innocence** elle a clamé son innocence. **-2.** [reveal] révéler, manifester, trahir; **his behaviour ~ed his nervousness** son comportement trahissait sa nervosité; **his expression ~ed his absolute sincerity** une sincérité totale se lisait sur son visage.

proclamation [,prɒklə'meɪʃn] *n* proclamation *f*, déclaration *f*; **by public ~** par proclamation publique; **to issue** OR **to make a ~** faire une proclamation.

proclivity [prə'klɪvətɪ] (*pl* **proclivities**) *n fml* propension *f*, inclination *f*, tendance *f*; **to have a ~ to** OR **towards sthg** avoir une propension à qqch; **sexual proclivities** penchant *m* pour certaines pratiques sexuelles.

proconsul [,prəʊ'kɒnsəl] *n* proconsul *m*.

procrastinate [prə'kræstɪneɪt] *vi* tergiverser, atermoyer, temporiser; **he's always procrastinating** il remet toujours tout au lendemain, il fait toujours traîner les choses; **if you hadn't ~d** [wasted time] si vous n'aviez pas fait traîner les choses; [hesitated] si vous n'aviez pas hésité.

procrastination [prə,kræstɪ'neɪʃn] *n* procrastination *f lit*, tendance *f* à tout remettre au lendemain; **~ is the thief of time** *prov* il ne faut jamais remettre au lendemain ce que l'on peut faire le jour même *prov*.

procrastinator [prəʊ'kræstɪneɪtə^r] *n* indécis *m*, -e *f*, velléitaire *mf*; **he's a terrible ~!** il a une fâcheuse tendance à toujours tout remettre au lendemain!

procreate ['prəʊkrɪeɪt] *fml* ◇ *vi* procréer.

◇ *vt* engendrer.

procreation [,prəʊkrɪ'eɪʃn] *n fml* procréation *f*.

Procrustean [prəʊ'krʌstɪən] *adj* de Procruste.

proctor ['prɒktə^r] ◇ *n* **-1.** JUR [agent] ≃ fondé *m* de pouvoir. **-2.** UNIV [in UK] représentant *m*, -e *f* du conseil de discipline; [in US - invigilator] surveillant *m*, -e *f* (à un examen). **-3.** RELIG procureur *m*.

◇ *vi* & *vt Am* surveiller.

procurable [prə'kjʊərəbl] *adj* que l'on peut se procurer OR obtenir; **these goods are ~ only from an overseas supplier** on ne peut se procurer ces denrées qu'auprès d'un fournisseur à l'étranger.

procuration [,prɒkjʊ'reɪʃn] *n* **-1.** [acquisition] obtention *f*, acquisition *f*. **-2.** JUR procuration *f*. **-3.** [of prostitutes] proxénétisme *m*.

procurator ['prɒkjʊreɪtə^r] *n* **-1.** JUR fondé *m* de pouvoir. **-2.** *Scot* = **procurator fiscal**. **-3.** ANTIQ procurateur *m*.

procurator fiscal *n en Écosse, magistrat qui fait office de procureur et qui remplit les fonctions du «coroner» en Angleterre.*

procure [prə'kjʊə^r] ◇ *vt* **-1.** *fml* [obtain] procurer, obtenir; [buy] (se) procurer, acheter; **to ~ sthg (for o.s.)** se procurer qqch; **the defence lawyers ~d his acquittal** les avocats de la défense ont obtenu son acquittement; **to ~ sthg for sb** procurer qqch à qqn. **-2.** JUR [prostitutes] procurer, prostituer. **-3.** *arch* [cause] procurer, causer, provoquer; **to ~ sb's death** [have killed] faire assassiner qqn; [cause death] provoquer la mort de qqn.

◇ *vi* JUR faire du proxénétisme.

procurement [prə'kjʊəmənt] *n* **-1.** [acquisition] obtention *f*, acquisition *f*. **-2.** COMM [buying] achat *m*, acquisition *f*; MIL acquisition *f* de matériel.

procurer [prə'kjʊərə^r] *n* JUR proxénète *m*.

procuress [prə'kjʊərɪs] *n* JUR proxénète *f*.

procuring [prə'kjʊərɪŋ] *n* **-1.** [acquisition] acquisition *f*, obtention *f*. **-2.** JUR proxénétisme *m*.

prod [prɒd] (*pt* & *pp* **prodded**, *cont* **prodding**)
◇ *n* -**1.** [with finger] petit coup *m* avec le doigt; [with stick] petit coup *m* de bâton; **I gave him a ~ with my walking stick** je lui ai donné un petit coup avec ma canne; **he gave the sausages a ~ with his fork** il a piqué les saucisses avec sa fourchette. -**2.** *fig* [urging]: **to give sb a ~** pousser OR aiguillonner qqn; **he needs a ~ to make him work** il faut le pousser pour qu'il travaille. -**3.** [stick] bâton *m*, pique *f*.
◇ *vt* -**1.** [with finger] donner un coup avec le doigt à, pousser du doigt; [with stick] pousser avec la pointe d'un bâton; **he prodded me in the back with his pen** il m'a donné un (petit) coup dans le dos avec son stylo; **he prodded the mattress with the end of his stick** il donna des petits coups dans le matelas avec la pointe de son bâton; **to ~ sausages with a fork** piquer des saucisses avec une fourchette. -**2.** *fig* [urge] pousser, inciter; **to ~ sb into doing sthg** pousser OR inciter qqn à faire qqch; **to ~ sb into action** pousser qqn à agir.
◆ **prod at** *vt insep* pousser, piquer; **she prodded at her food distractedly** elle piquait dans son assiette d'un air distrait.

Prod▽ [prɒd] *n Ir pej* Protestant *m*, -e *f*.

prodigal ['prɒdɪgl] ◇ *adj* prodigue; **the ~ son** BIBLE le fils prodigue.
◇ *n* prodigue *mf*.

prodigality [ˌprɒdɪ'gælətɪ] *n* prodigalité *f*.

prodigally ['prɒdɪgəlɪ] *adv* avec prodigalité.

prodigious [prə'dɪdʒəs] *adj* prodigieux.

prodigiously [prə'dɪdʒəslɪ] *adv* prodigieusement.

prodigy ['prɒdɪdʒɪ] (*pl* **prodigies**) *n* -**1.** [person] prodige *m*; **child** OR **infant ~** enfant *mf* prodige. -**2.** [marvel] prodige *m*.

prodrome ['prəʊdrəʊm] (*pl* **prodromes** OR **prodromata** [prəʊ'drəʊmətə]) *n* prodrome *m*.

produce [*vb* prə'djuːs, *n* 'prɒdjuːs] ◇ *vt* -**1.** [manufacture, make] produire, fabriquer; **we aren't producing enough spare parts** nous ne produisons pas assez de pièces détachées; **our factory ~s spare parts for washing machines** notre usine fabrique des pièces détachées pour machines à laver; **Denmark ~s dairy products** le Danemark est un pays producteur de produits laitiers; **we have ~d three new models this year** nous avons sorti trois nouveaux modèles cette année. -**2.** [yield - raw materials, crops] produire; [- interest, profit] rapporter; **this mine is producing less and less coal** la production de charbon de cette mine est en déclin; **this region ~s good wine** cette région produit du bon vin; **halogen lamps ~ a lot of light** les lampes halogènes donnent beaucoup de lumière; **my investments ~ a fairly good return** mes investissements sont d'un assez bon rapport; **this account ~s a high rate of interest** ce compte rapporte des intérêts élevés. -**3.** [write, record - book, record] produire, sortir; [publish] publier, éditer; **he hasn't ~d a new painting for over a year now** cela fait maintenant plus d'un an qu'il n'a rien peint; **she has ~d a lot of poetry** elle a publié de nombreux poèmes; **the publishers ~d a special edition** les éditeurs ont publié OR sorti une édition spéciale. -**4.** BIOL [give birth to - subj: woman] donner naissance à; [- subj: animal] produire, donner naissance à; [secrete - saliva, sweat etc] secréter; **she ~d many children** elle a eu de nombreux enfants. -**5.** [bring about - situation, problem] causer, provoquer, créer; [- illness, death] causer, provoquer; [- anger, pleasure, reaction] susciter, provoquer; [- effect] provoquer, produire; **the first candidate ~d a favourable impression on the panel** le premier candidat a fait une impression favorable sur le jury; **the team has ~d some good results/some surprises this season** l'équipe a obtenu quelques bons résultats/ provoqué quelques surprises cette saison. -**6.** [present, show - evidence, documents] présenter, produire; **he ~d a £5 note from his pocket** il a sorti un billet de 5 livres de sa poche; **you have to be able to ~ identification** vous devez pouvoir présenter une pièce d'identité; **the defendant was unable to ~ any proof** l'accusé n'a pu fournir OR apporter aucune preuve; **to ~ a witness** faire comparaître un témoin; **they ~d some excellent arguments** ils ont avancé d'excellents arguments; **she is continually producing new ideas** elle ne cesse d'avoir des idées nouvelles; **he finally managed to ~ the money** il a enfin réussi à trouver l'argent OR réunir la somme nécessaire; **the champion ~d some good shots** le champion a réussi quelques bons coups; **she can ~ a meal from nothing** il lui suffit d'un rien pour cuisiner un bon repas. -**7.** [film] produire; [play - organize, finance] produire; [- direct] réaliser, mettre en scène; [radio or TV programme - organize, finance] produire; [- direct] réaliser, mettre en ondes. -**8.** GEOM [line] prolonger, continuer. -**9.** CHEM, ELEC & PHYS [reaction, spark] produire; [discharge] produire, provoquer; [vacuum] faire, créer.
◇ *vi* -**1.** [yield - factory, mine] produire, rendre. -**2.** THEAT assurer la mise en scène; CIN [financer] assurer la production; [director] assurer la réalisation.
◇ *n (U)* produits *mpl* (alimentaires); **agricultural/dairy ~** produits agricoles/laitiers; **farm ~** produits agricoles OR de la ferme; **home ~** produits du pays; **~ of Spain** produit en Espagne.

producer [prə'djuːsəʳ] *n* -**1.** AGR & INDUST producteur *m*, -trice *f*. -**2.** [of film] producteur *m*, -trice *f*; [of play, of TV or radio programme - organizer, financer] producteur *m*, -trice *f*; [- director] réalisateur *m*, -trice *f*.

producer gas *n* gaz *m* de gazogène.

producer goods *npl* biens *mpl* de production.

-producing [prəˌdjuːsɪŋ] *in cpds* producteur de; **oil~** producteur de pétrole; **tear/sweat~ glands** glandes *f* lacrymales/sudoripares.

product ['prɒdʌkt] *n* -**1.** AGR, CHEM & INDUST produit *m*; **finished ~** INDUST produit fini; [piece of work] résultat *m* final; **food ~s** produits alimentaires, denrées *fpl* alimentaires; **~ of India** produit d'Inde. -**2.** [result] produit *m*, résultat *m*; **this book is the ~ of many years' hard work** ce livre est le fruit de longues années d'un travail acharné; **she's the ~ of an unhappy childhood** elle est le produit d'une enfance malheureuse; **the ~ of our labour** le résultat OR le fruit de notre travail; **that's the ~ of a lively imagination** c'est le produit d'une imagination débordante. -**3.** MATH produit *m*; **the ~ of x and y** le produit de x par y.

production [prə'dʌkʃn] *n* -**1.** [process of producing - of goods] production *f*, fabrication *f*; [- of crops, electricity, heat] production *f*; **the workers have halted ~** les travailleurs ont arrêté la production; **the model is now in ~** le modèle est en cours de production; **this model went into/out of ~ in 1989** on a commencé la fabrication de ce modèle/ce modèle a été retiré de la production en 1989. -**2.** [amount produced] production *f*; **an increase/fall in ~** une hausse/baisse de la production OR du rendement; **wine ~ has increased** la production viticole a augmenté. -**3.** [of film] production *f*; [of play, of radio or TV programme - organization, financing] production *f*; [- artistic direction] réalisation *f*, mise *f* en scène. -**4.** [show, work of art] CIN & THEAT spectacle *m*; RADIO & TV production *f*; ART & LITERAT œuvre *f*; **there's no need to make such a (big) ~ out of it!** *inf fig* il n'y a pas de quoi en faire un plat OR toute une histoire! -**5.** [presentation - of document, passport, ticket] présentation *f*; **on ~ of this voucher** sur présentation de ce bon.

production line *n* chaîne *f* de fabrication; **to work on the ~** travailler à la chaîne.

production manager *n* directeur *m*, -trice *f* de la production.

production platform *n* plate-forme *f* de production.

productive [prə'dʌktɪv] *adj* -**1.** [gén & ECON] productif; **~ labour** travail *m* productif; **the ~ forces** les forces productives OR de production. -**2.** [fertile - land] fertile; [- imagination] fertile, fécond; [prolific - writer, artist] prolifique. -**3.** [useful] fructueux, utile; **our visit/meeting has been very ~** notre visite/réunion a été très fructueuse. -**4.** [of situation, feeling etc]: **to be ~ of** engendrer, créer; **such methods are ~ of stress** de telles méthodes favorisent le stress. -**5.** LING productif.

productively [prə'dʌktɪvlɪ] *adv* -**1.** ECON d'une manière productive. -**2.** [usefully] utilement; [fruitfully] fructueusement, profitablement, avec profit.

productivity [ˌprɒdʌk'tɪvətɪ] ◇ *n* productivité *f*, rendement *m*.
◇ *comp* [fall, level] de productivité; **~ bonus** prime *f* de rendement OR de productivité.

proem ['prəʊem] *n* préface *f*.

prof *inf* [prɒf] (*abbr of* **professor**) *n* prof *mf*.

Prof. (*written abbr of* **professor**) Pr.

profanation [ˌprɒfə'neɪʃn] *n* profanation *f*.

profanatory [prə'fænətrɪ] *adj* profanateur.

profane [prə'feɪn] ◇ *adj* -**1.** [irreligious] sacrilège, impie *lit* OR *dated*. -**2.** [secular] profane, laïque. -**3.** [uninitiated] profane. -**4.** [vulgar - remark, language] vulgaire, grossier.
◇ *vt* profaner.

profanity [prə'fænətɪ] (*pl* **profanities**) *n* -**1.** [profane nature - of text] nature *f* OR caractère *m* profane; [- of action] impiété *f*; **an act of ~** une profanation. -**2.** [oath] grossièreté *f*, juron *m*; **to utter profanities** proférer des grossièretés.

profess [prə'fes] ◇ *vt* -**1.** [declare] professer *lit*, déclarer, proclamer; **to ~ hatred for** OR **of sb** professer sa haine pour qqn; **to ~ ignorance** avouer son ignorance; **to ~ an opinion** professer OR proclamer une opinion; **to ~ Catholicism/Islam** RELIG être catholique/musulman. -**2.** [claim] prétendre, déclarer; **she ~es to speak French** elle prétend parler le français. -**3.** [profession] exercer; **to ~ medicine** exercer la profession de médecin.
◇ *vi* RELIG prononcer ses vœux, faire sa profession.

professed [prə'fest] *adj* -**1.** [avowed] déclaré; **a ~ marxist** un marxiste déclaré; **that is my ~ aim** c'est mon but avoué. -**2.** [alleged] supposé, prétendu; **a ~ friend** un soi-disant ami; **she's a ~ expert in the field** elle se dit experte en la matière. -**3.** RELIG profès; **a ~ nun** une religieuse professe.

professedly [prə'fesɪdlɪ] *adv* -**1.** [avowedly]: **they are ~ anarchists** de leur propre aveu, ce sont des anarchistes; **she has ~ killed three people** d'après elle OR d'après ses dires, elle aurait tué trois personnes. -**2.** [allegedly] soi-disant, prétendument; **he came here ~ to help me** à l'en croire, il est venu pour m'aider; **she's ~ rich** c'est une femme prétendument riche.

profession [prə'feʃn] *n* -**1.** [occupation] profession *f*; **what's your ~?** quelle est votre profession?; **she's a lawyer by ~** elle exerce la profession d'avocat, elle est avocate (de profession); **I'm not an artist by ~** je ne suis pas un artiste professionnel; **the (liberal) ~s** les professions libérales; **learned ~** profession intellectuelle. -**2.** [body] (membres *mpl* d'une) profession *f*, corps *m*; **the teaching ~** le corps enseignant, les enseignants *mpl*. -**3.** [declaration] profession *f*, déclaration *f*; **~ of faith** profession de foi; **his ~s of love** ses déclarations d'amour; **the novice made his ~s** RELIG le novice a fait sa profession OR a prononcé ses vœux.

professional [prə'feʃənl] ◇ *adj* -**1.** [relating to a profession] professionnel; **the surgeon demonstrated his great ~ skill** le chirurgien a montré ses grandes compétences professionnelles; **a lawyer is a ~ man** un avocat exerce une profession libérale; **a club for ~ people** un club réservé aux membres des professions libérales; **it would be against ~ etiquette to tell you** vous le dire serait contraire aux usages OR à la déontologie de la profession; **his work is not up to ~ standards** son travail n'est pas ce

qu'on peut attendre d'un professionnel; **may I give you some ~ advice?** puis-je vous donner l'avis d'un professionnel?; **to take** OR **to get ~ advice** [gen] consulter un professionnel; [from doctor/lawyer] consulter un médecin/un avocat. -**2.** [as career, full-time] professionnel, de profession; **she's a ~ writer/photographer** elle est écrivain professionnel/photographe professionnelle; **he's a ~ painter** il vit de sa peinture; **a ~ soldier/diplomat** un militaire/diplomate de carrière; **some countries have a ~ army** certains pays ont une armée de métier; **he's a ~ drunk** *fig* il passe son temps à boire ‖ SPORT professionnel; **to go** OR **to turn ~** passer professionnel; **~ golf** le golf professionnel. -**3.** [in quality, attitude] professionnel; **a ~ piece of work** un travail de professionnel; **she is very ~ in her approach to the problem** elle aborde le problème de façon très professionnelle; **he works in a very ~ manner** il travaille en professionnel.
◇ *n* professionnel *m*, -elle *f*.

professional association *n* association *f* professionnelle.

professional foul *n* FTBL faute *f* délibérée.

professionalism [prə'feʃnəlɪzm] *n* professionnalisme *m*; **nobody would doubt her ~** personne ne remettrait en question son professionnalisme; **this burglary shows great ~** ce cambriolage est l'œuvre d'un professionnel.

professionally [prə'feʃnəlɪ] *adv* -**1.** [as profession] professionnellement; **he writes ~** il vit de sa plume; **she's a ~ qualified doctor** elle est médecin diplômé; **he plays ~** SPORT c'est un joueur professionnel; **I've only ever met her ~** mes seuls rapports avec elle ont été d'ordre professionnel OR ont été des rapports de travail; **we had the house painted ~** on a fait peindre la maison par un professionnel OR un homme de métier. -**2.** [skilfully, conscientiously] professionnellement, de manière professionnelle; **this work has been done very ~** c'est le travail d'un professionnel; **she works very ~** elle travaille en vraie professionnelle, elle fait un vrai travail de professionnel.

professor [prə'fesə^r] *n* UNIV [in UK - head of department] titulaire *mf* d'une chaire, professeur *m*; [in US - lecturer] enseignant *m*, -e *f* (de faculté OR d'université); **~ of sociology** *Br* titulaire de la chaire de sociologie, professeur responsable du département de sociologie; *Am* professeur de sociologie; **Professor Colin Appleton** le professeur Colin Appleton; **Dear Professor Appleton** Monsieur le Professeur; [less formally] (Cher) Monsieur.

professorial [,prɒfɪ'sɔːrɪəl] *adj* professoral.

professorship [prə'fesəʃɪp] *n* chaire *f*; **she has a ~ in French at Durham** elle occupe la chaire OR est titulaire de la chaire de français à l'Université de Durham.

proffer ['prɒfə^r] *vt fml* -**1.** [offer, present - drink, present] offrir, tendre; [- resignation] présenter, offrir, remettre; [- advice] donner; **we all ~ed our excuses to her** nous lui avons tous offert OR présenté nos excuses; **to ~ one's hand to sb** tendre la main à qqn. -**2.** [put forward - idea, opinion] émettre; [- remark, suggestion] émettre, faire.

proficiency [prə'fɪʃənsɪ] *n* compétence *f*, maîtrise *f*; **she attained a high degree of ~ in French** elle a acquis une grande maîtrise du français; **~ in driving is essential** une maîtrise de la conduite (automobile) est indispensable.

proficient [prə'fɪʃənt] *adj* [worker] compétent, expérimenté; [driver] expérimenté, chevronné; **she's a very ~ pianist** c'est une excellente pianiste; **I used to be quite ~ in French** j'étais d'un assez bon niveau OR j'avais un assez bon niveau en français.

proficiently [prə'fɪʃəntlɪ] *adv* de façon (très) compétente, avec (beaucoup de) maîtrise; **she speaks French ~** elle parle couramment le français.

profile ['prəʊfaɪl] ◇ *n* -**1.** ART & ARCHIT profil *m*; **to look at/to draw sb in ~** regarder/dessiner qqn de profil. -**2.** [description - of person] profil *m*, portrait *m*. -**3.** [of candidate, employee] profil *m*; **to have the right ~ for the job** avoir le bon profil pour le poste ‖ [level of prominence] : **to keep a high ~** être très en vue, faire parler de soi; **the President has been keeping a high ~ recently** le président a occupé le devant de la scène ces derniers temps; **to keep a low ~** adopter un profil bas, se montrer discret; **when the boss is in a bad mood I keep a low ~** lorsque le patron est de mauvaise humeur, je me fais tout petit OR je ne me fais pas remarquer. -**4.** [graph] profil *m*. -**5.** GEOG & GEOL profil *m*; **a soil ~** le profil d'un sol.
◇ *vt* -**1.** [show in profile] profiler; **his shadow was ~d against the wall** son ombre se profilait OR se découpait sur le mur. -**2.** [write profile of - person] établir le profil de, brosser le portrait de.

profile drag *n* traînée *f* de profil.

profit ['prɒfɪt] ◇ *n* -**1.** [financial gain] profit *m*, bénéfice *m*; **to make a ~ out of sthg** faire un bénéfice sur qqch; **we made a £200 ~ on the sale** nous avons réalisé un bénéfice de 200 livres sur cette vente; **to move into ~** devenir bénéficiaire; **to make** OR **to turn out a ~** réaliser un bénéfice; **to show a ~** rapporter (un bénéfice OR des bénéfices); **the fair didn't show much of a ~** la foire n'a pas beaucoup rapporté (de bénéfices); **to sell sthg at a ~** vendre qqch à profit, faire un profit sur la vente de qqch; **he only writes for ~** il n'écrit que pour l'argent; **I don't do it for ~** je ne le fais pas dans un but lucratif ❑ **~ and loss account** compte *m* de pertes et profits. -**2.** *fml* [advantage] profit *m*, avantage *m*; **to turn sthg to one's ~, to gain ~ from sthg** tirer profit OR avantage de qqch; **to do sthg for ~** faire qqch dans un but intéressé.
◇ *vt* profiter à, bénéficier à; **it won't ~ you to tell lies** cela ne vous servira à rien de mentir.
◇ *vi* profiter, tirer un profit OR avantage; **to ~ from** OR **by sthg** tirer profit OR avantage de qqch, profiter de qqch.

profitability [,prɒfɪtə'bɪlətɪ] *n* FIN rentabilité *f*; [of ideas, action] caractère *m* profitable OR fructueux.

profitable ['prɒfɪtəbl] *adj* -**1.** [lucrative] rentable, lucratif; **this shop is no longer ~** ce magasin n'est plus rentable; **a ~ investment** un investissement rentable OR lucratif; **it wouldn't be very ~ for me to sell** pour moi il ne serait pas très rentable de vendre, cela ne me rapporterait pas grand-chose de vendre. -**2.** [beneficial] profitable, fructueux; **we had a very ~ discussion** nous avons eu une discussion très fructueuse; **this is the most ~ way to do it** c'est la manière la plus avantageuse de le faire.

profitably ['prɒfɪtəblɪ] *adv* -**1.** FIN avec profit, d'une manière rentable; **we sold it very ~** on l'a vendu en faisant un bénéfice confortable. -**2.** [usefully] utilement, avec profit, profitablement; **use your time ~** ne gaspillez pas votre temps.

profit centre *n* centre *m* de profit.

profiteer [,prɒfɪ'tɪə^r] ◇ *n* profiteur *m*, -euse *f*.
◇ *vi* faire des bénéfices exorbitants.

profiteering [,prɒfɪ'tɪərɪŋ] *n*: **they were accused of ~** on les a accusés de faire des bénéfices excessifs.

profiterole [prə'fɪtərəʊl] *n* profiterole *f*.

profitless ['prɒfɪtlɪs] *adj* [FIN & gen] sans profit; **it would be absolutely ~ to do such a silly thing** il ne servirait à rien de faire quelque chose d'aussi stupide; **we spent a ~ afternoon** nous avons perdu OR gaspillé notre après-midi.

profit-making *adj* -**1.** [aiming to make profit] à but lucratif; **non ~ organization** association *f* à but non lucratif. -**2.** [profitable] rentable.

profit margin *n* marge *f* bénéficiaire.

profit motive *n* recherche *f* du profit, appât *m* du gain *pej*.

profit rate *n* taux *m* de profit OR de bénéfice.

profit-sharing *n* participation *f* OR intéressement *m* aux bénéfices; **we have a ~ agreement/scheme** nous avons un accord/un système de participation (aux bénéfices).

profit squeeze *n* compression *f* des bénéfices, étranglement *m* des marges.

profit-taking *n* prise *f* de bénéfice.

profligacy ['prɒflɪgəsɪ] *n fml* -**1.** [dissoluteness] débauche *f*, licence *f*. -**2.** [extravagance] (extrême) prodigalité *f*.

profligate ['prɒflɪgɪt] *fml* ◇ *adj* -**1.** [dissolute] débauché, dévergondé; **to behave in a ~ manner** se comporter en débauché; **a ~ way of life** une vie dissolue OR de débauche. -**2.** [extravagant] (très) prodigue, dépensier; [wasteful] (très) gaspilleur; **the ~ use of natural resources** le gaspillage des ressources naturelles; **she's ~ with her riches** elle gaspille ses richesses; **he's got ~ tastes** il a des goûts dispendieux *fml*.
◇ *n* -**1.** [dissolute person] débauché *m*, -e *f*, libertin *m*, -e *f*. -**2.** [spendthrift] dépensier *m*, -ère *f*.

pro-form ['prəʊfɔːm] *n* proforme *f*.

pro forma [,prəʊ'fɔːmə] ◇ *adj* pro forma *(inv)*.
◇ *adv* pour la forme.
◇ *n* = **pro forma invoice**.

pro forma invoice *n* facture *f* pro forma.

profound [prə'faʊnd] *adj* profond.

profoundly [prə'faʊndlɪ] *adv* profondément.

profundity [prə'fʌndətɪ] (*pl* **profundities**) *n* profondeur *f*.

profuse [prə'fjuːs] *adj* -**1.** [abundant, copious] abondant, profus *lit*; **~ vegetation** végétation abondante; **~ sweating** transpiration profuse. -**2.** [generous - praise, apologies] prodigue, profus; **to be ~ in one's compliments** se répandre en compliments; **to be ~ in one's apologies** se confondre en excuses.

profusely [prə'fjuːslɪ] *adv* -**1.** [abundantly, copiously] abondamment, en abondance, à profusion; **to sweat ~** transpirer abondamment. -**2.** [generously, extravagantly] : **they thanked her ~** ils la remercièrent avec effusion; **to praise sb ~** se répandre en éloges sur qqn; **she was ~ apologetic** elle s'est confondue en excuses.

profusion [prə'fjuːʒn] *n* profusion *f*, abondance *f*; **in ~** à profusion, en abondance.

prog *inf* [prɒg] *n Br abbr of* **programme**.

progenitor [prəʊ'dʒenɪtə^r] *n fml* -**1.** [ancestor] ancêtre *m*. -**2.** [originator] auteur *m*; [precursor] précurseur *m*.

progeny ['prɒdʒənɪ] *n fml* [offspring] progéniture *f*; [descendants] descendants *mpl*, lignée *f*.

progesterone [prə'dʒestərəʊn] *n* progestérone *f*.

prognathous [prɒg'neɪθəs] *adj* prognathe.

prognosis [prɒg'nəʊsɪs] (*pl* **prognoses** [-siːz]) *n fml* OR MED pronostic *m*.

prognostic [prɒg'nɒstɪk] ◇ *n* -**1.** MED [symptom] pronostic *m*. -**2.** *fml* [sign] présage *m*; [forecast] pronostic *m*.
◇ *adj* MED pronostique.

prognosticate [prɒg'nɒstɪkeɪt] *vt fml* [foretell] pronostiquer, présager, prédire; [foreshadow] annoncer, présager.

prognostication [prɒg,nɒstɪ'keɪʃn] *n* pronostic *m*.

program ['prəʊgræm] (*pt* & *pp* **programmed** OR **programed**, *cont* **programming** OR **programing**) ◇ *n* -**1.** *Am* = **programme**. -**2.** COMPUT programme *m*.
◇ *vt* -**1.** *Am* = **programme**. -**2.** COMPUT programmer.
◇ *vi* COMPUT programmer.

programable *Am* = **programmable**.

programer *Am* = **programmer**.

programmable *Br*, **programable** *Am* [prəʊ'græməbl] *adj* programmable; **~ function key** touche *f* de fonction programmable.

programme *Br*, **program** *Am* ['prəʊgræm] ◇ *n* -**1.** MUS, POL, THEAT programme *m*; **the ~ of the day's events** le programme des mani-

festations de la journée; **there's a change in the ~** il y a un changement de programme; **the ~ includes three pieces by Debussy** il y a trois morceaux de Debussy au programme; **an election ~** *esp Am* un programme électoral; **a research ~** un programme de recherches; **the party has adopted a new ~** le parti a adopté un nouveau programme; **what's (on) the ~ for next week?** quel est l'emploi du temps prévu pour la semaine prochaine? -**2.** [booklet] programme *m*; [syllabus] programme *m*; [timetable] emploi *m* du temps. -**3.** RADIO & TV [broadcast] émission *f*; **there's a good ~ about** OR **on opera on TV tonight** il y a une bonne émission sur l'opéra à la télévision ce soir || [TV station] chaîne *f*; [radio station] station *f*; **to change ~** TV changer de chaîne; RADIO changer de station.
◇ *vt* programmer; **the heating is ~d to switch itself off at night** le chauffage est programmé pour s'arrêter la nuit; **the documentary was ~d for 9 o'clock** le documentaire était programmé pour 21 h; **his arrival wasn't ~d** son arrivée n'était pas prévue; **all children are ~d to learn language** chez les enfants, la capacité d'apprentissage du langage est innée.

programmed learning ['prəʊgræmd-] *n* enseignement *m* programmé.

programme music *n* musique *f* à programme.

programme notes *npl* THEAT notes *fpl* sur le programme; **the ~ are very useful** les commentaires donnés dans le programme sont très utiles.

programmer *Br*, **programer** *Am* ['prəʊgræməʳ] *n* COMPUT -**1.** [person] programmeur *m*, -euse *f*. -**2.** [device] programmateur *m*.

programming ['prəʊgræmɪŋ] *n* programmation *f*; **~ language** langage *m* de programmation.

progress [*n* 'prəʊgres, *vb* prəʊ'gres] ◇ *n (U)* -**1.** [headway] progrès *mpl*; **they have made fast ~** ils ont avancé OR ils ont progressé rapidement; **Marie is making ~ in English** Marie fait des progrès en anglais; **we'll never make any ~ this way** nous ne ferons jamais de progrès OR jamais aucun progrès de cette façon; **the patient has made excellent ~** l'état du malade s'est nettement amélioré. -**2.** [evolution] progrès *m*; **to hinder ~** entraver OR freiner le progrès; **she believes in the ~ of mankind** elle croit au progrès de l'humanité; **you can't stop ~** on ne peut arrêter le progrès. -**3.** [forward movement] progression *f*; **we watched the ~ of the boat along the canal** nous avons regardé le bateau avancer le long du canal. -**4.** *arch* [journey] voyage *m*.
◇ *vi* -**1.** [make headway - negotiations, research] progresser, avancer; [- situation] progresser, s'améliorer; [- patient] aller mieux; [- student] progresser, faire des progrès; **the talks are ~ing well** les pourparlers sont en bonne voie. -**2.** [move forward] avancer; **to ~ towards a place/an objective** se rapprocher d'un lieu/d'un objectif; **as the day ~ed** à mesure que la journée avançait.
◆ **in progress** *adj phr*: **to be in ~** être en cours; **work in ~** travaux *mpl* en cours; **while the exam is in ~** pendant l'examen; **'service in ~'** [in cathedral] 'office en cours'; **the meeting is in ~** la réunion est en cours.

progress chaser *n* responsable *mf* du (suivi d'un) planning.

progression [prə'greʃn] *n* -**1.** [advance - of disease, army] progression *f*. -**2.** MATH & MUS progression *f*; **melodic ~** progression mélodique. -**3.** [series, sequence] série *f*, suite *f*; **I watched the endless ~ of suburban houses from the taxi** du taxi, j'ai regardé la succession sans fin des pavillons de banlieue.

progressive [prə'gresɪv] ◇ *adj* -**1.** [forward-looking - idea, teacher, jazz] progressiste; [- education, method] nouveau, moderne; **he has a very ~ outlook** sa vision des choses est très moderne. -**2.** [gradual - change] progressif; **~ income tax** impôt *m* progressif; **to do sthg in ~ steps** OR **stages** faire qqch par étapes successives || MED [disease] progressif; **~ hardening of the arteries** artériosclérose *f* progressive. -**3.** GRAMM [aspect] progressif.
◇ *n* -**1.** POL progressiste *mf*. -**2.** GRAMM forme *f* progressive, progressif *m*; **in the ~** à la forme progressive.

progressively [prə'gresɪvlɪ] *adv* -**1.** POL & SCH d'une manière progressiste; **to think ~** avoir des idées progressistes. -**2.** [gradually] progressivement, graduellement, petit à petit; **taxes were ~ increased** les impôts ont augmenté progressivement.

progressiveness [prə'gresɪvnɪs] *n* -**1.** [of ideas, teaching] caractère *m* progressiste. -**2.** [gradualness] progressivité *f*.

progress report *n* [gen] compte-rendu *m*; [on work] rapport *m* sur l'avancement des travaux; [on patient] bulletin *m* de santé; [on pupil] bulletin *m* scolaire.

prohibit [prə'hɪbɪt] *vt* -**1.** [forbid] interdire, défendre, prohiber; **to ~ sb from doing sthg** interdire OR défendre à qqn de faire qqch; **drinking alcohol at work is ~ed** il est interdit de boire de l'alcool sur le lieu de travail; **smoking is strictly ~ed** il est formellement interdit de fumer; **'smoking ~ed'** 'défense de fumer'; **'parking ~ed'** 'stationnement interdit'. -**2.** [prevent] interdire, empêcher; **his pacifism ~s him from joining the army** son pacifisme lui interdit OR l'empêche de s'engager dans l'armée; **my promise to her ~s me from saying more** la promesse que je lui ai faite m'interdit OR m'empêche d'en dire plus.

prohibition [ˌprəʊɪ'bɪʃn] *n* interdiction *f*, prohibition *f*; **the ~ of alcohol** la prohibition de l'alcool; **there should be a ~ on the sale of such goods** il devrait y avoir une loi qui interdise la vente de ce genre de marchandises.
◆ **Prohibition** *n Am* HIST la Prohibition.

PROHIBITION:
Le 18e amendement à la Constitution américaine instituant la Prohibition (interdiction de consommer et de vendre de l'alcool) fut voté en 1919 sous la pression de groupes religieux et conservateurs; mais la prolifération de bars clandestins («speakeasies») et l'apparition d'une guerre des gangs (les «bootleggers») pour le monopole de la vente d'alcool incitèrent le Congrès à voter l'annulation de cette mesure en 1933, et les États l'abandonnèrent un à un.

prohibitionism [ˌprəʊɪ'bɪʃənɪzm] *n* prohibitionnisme *m*.

prohibitionist [ˌprəʊɪ'bɪʃənɪst] ◇ *adj* prohibitionniste.
◇ *n* prohibitionniste *mf*.

prohibitive [prə'hɪbətɪv] *adj* prohibitif.

prohibitively [prə'hɪbətɪvlɪ] *adv*: **~ expensive** d'un coût prohibitif.

prohibitory [prə'hɪbɪtrɪ] *adj* prohibitif.

project [*n* 'prɒdʒekt, *vb* prə'dʒekt] ◇ *n* -**1.** [plan] projet *m*; **a fund-raising ~ to save** OR **for saving the shipyard** une collecte de fonds pour sauver le chantier naval; **they're working on a new building ~** ils travaillent sur un nouveau projet de construction || [enterprise, undertaking] opération *f*, entreprise *f*; **the start of the ~ has been delayed** le début de l'opération a été retardé. -**2.** SCH travaux *mpl* pratiques, dossier *m*; **the class has just finished a nature ~** la classe vient de terminer des travaux pratiques de sciences naturelles; **Tina's ~ was the best in the whole class** le dossier de Tina était le meilleur de toute la classe. -**3.** [study, research] étude *f*; **a mining ~** une étude minière. -**4.** *Am*: **(housing) ~** cité *f* HLM.
◇ *vt* -**1.** [plan] prévoir; **two new airports are ~ed for the next decade** il est prévu de construire deux nouveaux aéroports durant la prochaine décennie. -**2.** [foresee, forecast] prévoir; **we have attempted to ~ next year's figures/output** nous avons tenté de prévoir les chiffres/la production pour l'année prochaine. -**3.** [send forth - gen] projeter, envoyer; [- film, slide etc] projeter; **to ~ one's voice** projeter sa voix; **the missile was ~ed into space** le missile a été envoyé dans l'espace; **the explosion ~ed debris high into the air** l'explosion a projeté des débris très haut dans les airs; **try to ~ yourself forward into the 21st century** essayez d'imaginer que vous êtes au 21e siècle. -**4.** [present] présenter, projeter; **football hooligans ~ a poor image of our country abroad** les hooligans donnent une mauvaise image de notre pays à l'étranger; **to ~ one's personality** mettre sa personnalité en avant; **he tries to ~ himself as a great humanist** il essaie de se faire passer pour un grand humaniste. -**5.** PSYCH [transfer] projeter; **to ~ one's feelings onto sb** projeter ses sentiments sur qqn. -**6.** [cause to jut out] faire dépasser. -**7.** GEOM projeter; **to ~ a cylinder on** OR **onto a plane** projeter un cylindre sur un plan.
◇ *vi* -**1.** [protrude, jut out] faire saillie, dépasser; **the barrel of his gun ~ed from his overcoat** le canon de son revolver dépassait de son pardessus. -**2.** PSYCH se projeter. -**3.** [as personality]: **she doesn't ~ well** elle présente mal. -**4.** [with voice]: **to learn to ~** apprendre à projeter sa voix.

projected [prə'dʒektɪd] *adj* -**1.** [planned - undertaking, visit] prévu; **they are opposed to the ~ building scheme** ils sont contre le projet de construction. -**2.** [forecast - figures, production] prévu; **the ~ growth of the economy** la croissance économique prévue, les prévisions de croissance économique.

projectile [prə'dʒektaɪl] *n* projectile *m*.

projecting [prə'dʒektɪŋ] *adj* [roof, balcony etc] saillant, en saillie, qui fait saillie; [teeth] en avant.

projection [prə'dʒekʃn] *n* -**1.** CIN, GEOM & PSYCH projection *f*. -**2.** FIN [estimate] projection *f*, prévision *f*; **here are my ~s for the next ten years** voici mes prévisions pour les dix années à venir. -**3.** [of missile] lancement *m*, envoi *m*. -**4.** [protrusion] saillie *f*, avancée *f*; [overhang] surplomb *m*.

projectionist [prə'dʒekʃənɪst] *n* projectionniste *mf*.

projective [prə'dʒektɪv] *adj* projectif; **~ psychology** psychologie *f* projective.

projective geometry *n* géometrie *f* projective.

projective test *n* test *m* projectif.

project manager *n* [gen] chef *m* de projet; CONSTR maître *m* d'œuvre.

projector [prə'dʒektəʳ] *n* projecteur *m*.

Prokofiev [prə'kɒfɪef] *pr n* Prokofiev.

prolactin [prəʊ'læktɪn] *n* prolactine *f*.

prolapse ['prəʊlæps] ◇ *n* MED prolapsus *m*, ptôse *f*; **~ (of the uterus)** prolapsus OR descente *f* de l'utérus.
◇ *vi* descendre, tomber.

prole *inf* [prəʊl] *pej* ◇ *adj* prolo.
◇ *n* prolo *mf*.

prolegomenon [ˌprəʊle'gɒmɪnən] (*pl* **prolegomena** [-nə]) *n* prolégomènes *mpl*.

prolepsis [prəʊ'lepsɪs] (*pl* **prolepses** [-siːz]) *n* prolepse *f*.

proletarian [ˌprəʊlɪ'teərɪən] ◇ *n* prolétaire *mf*.
◇ *adj* -**1.** ECON, POL & SOCIOL prolétarien. -**2.** *pej* [behaviour, life, attitude] de prolétaire.

proletarianize, **-ise** [ˌprəʊlɪ'teərɪənaɪz] *vt* prolétariser.

proletariat [ˌprəʊlɪ'teərɪət] *n* prolétariat *m*.

pro-life ['prəʊ'laɪf] *adj* contre l'avortement et l'euthanasie.

proliferate [prə'lɪfəreɪt] *vi* proliférer.

proliferation [prəˌlɪfə'reɪʃn] *n* -**1.** [rapid increase] prolifération *f*. -**2.** [large amount or number] grande quantité *f*.

prolific [prə'lɪfɪk] *adj* prolifique.

prolix ['prəʊlɪks] *adj fml* prolixe.

prolixity [prəʊ'lɪksətɪ] *n fml* prolixité *f*.

prolog ['prəʊlɒg] *Am* = **prologue**.

prologue ['prəʊlɒg] *n literal & fig* prologue *m*; **her late arrival was the ~ to yet another row** son arrivée tardive allait être le prélude d'une OR préluder à une nouvelle querelle.

prolong [prə'lɒŋ] *vt* prolonger.

prolongation [,prəʊlɒŋ'geɪʃn] *n* [in time] prolongation *f*; [in space] prolongement *m*, extension *f*.

prolonged [prə'lɒŋd] *adj* long; **after a ~ absence** après une longue absence.

prom *inf* [prɒm] *n* -**1.** *abbr of* promenade **1,4**. -**2.** *Br abbr of* promenade concert.
◆ **proms** *inf npl festival de concerts-promenades.*

PROM [prɒm] (*abbr of* **programmable read only memory**) *n* COMPUT PROM *f inv*.

promenade [,prɒmə'nɑːd] ◇ *n* -**1.** *Br* [at seaside] front *m* de mer, promenade *f*. -**2.** *Br* MUS = **promenade concert**. -**3.** [walk] promenade *f*. -**4.** *Am* [dance] bal *m (de lycéens ou d'étudiants)*.
◇ *comp* THEAT [performance] *où les auditeurs doivent se déplacer pour suivre l'action de la pièce.*
◇ *vi fml* OR *hum* se promener.
◇ *vt fml* OR *hum* promener.

promenade concert *n* concert-promenade *m (où certains auditeurs se tiennent debout dans un promenoir).*

promenade deck *n* pont *m* promenade.

promenader [,prɒmə'nɑːdə^r] *n* MUS auditeur *m*, -trice *f* d'un concert-promenade.

Promethean [prə'miːθjən] *adj* prométhéen.

Prometheus [prə'miːθɪəs] *pr n* Prométhée.

promethium [prə'miːθɪəm] *n* prométhéum *m*.

prominence ['prɒmɪnəns] *n* -**1.** [importance] importance *f*; [fame] célébrité *f*; **to rise to ~** se hisser au premier rang; **to come into** OR **to ~** [become important] prendre de l'importance; [become famous] devenir célèbre; **to bring sb/sthg into ~** attirer l'attention sur qqn/qqch. -**2.** [protuberance] proéminence *f*; **the ~ of his ears was very noticeable** on ne voyait que ses oreilles décollées; **a rocky ~** une saillie rocheuse. -**3.** ASTRON protubérance *f* solaire.

prominent ['prɒmɪnənt] *adj* -**1.** [well-known] célèbre; [eminent] éminent; **she's a very ~ individual** c'est un personnage très en vue; **a scandal involving a ~ politician** un scandale impliquant un éminent homme politique; **he has a ~ position in the government** il est très haut placé au gouvernement ‖ [important] important; **she played a ~ part** OR **role in the war** elle a joué un rôle important OR de tout premier plan dans la guerre. -**2.** [striking, salient - detail, difference] frappant, remarquable; [- fact, feature] saillant, marquant; **put that poster in a ~ position** mettez cette affiche (dans un endroit) bien en vue. -**3.** [clearly visible - bones, muscles] saillant; [- land, structure, nose] proéminent; [- teeth] qui avance, proéminent.

prominently ['prɒmɪnəntlɪ] *adv* bien en vue; **he figures ~ in French politics** il occupe une position importante OR de premier plan dans la vie politique française; **the medal was ~ displayed** la médaille était mise en évidence.

promiscuity [,prɒmɪ'skjuːətɪ] *n* promiscuité *f* sexuelle.

promiscuous [prɒ'mɪskjʊəs] *adj* -**1.** [sexually - person]: **to be ~** avoir des mœurs sexuelles libres; **~ behaviour** promiscuité *f* sexuelle; **he's very ~** il couche avec n'importe qui. -**2.** *fig* [disorderly] confus.

promiscuousness [prɒ'mɪskjʊəsnɪs] = **promiscuity**.

promise ['prɒmɪs] ◇ *n* -**1.** [pledge] promesse *f*; **to make** OR **to give sb a ~** faire une promesse à qqn, donner sa parole à qqn; **to keep a ~** respecter OR tenir une promesse; **she always keeps her ~s** elle tient toujours ses promesses, elle tient toujours (sa) parole; **don't make ~s if you can't keep them** on ne fait pas de promesses quand on ne peut pas les tenir; **I kept** OR **held him to his ~** j'ai fait en sorte qu'il tienne parole; **to break one's ~** manquer à sa parole, ne pas tenir ses promesses; **a ~ of help** une promesse d'assistance; **he did it under (the) ~ of a Parliamentary seat** il l'a fait parce qu'on lui a promis un siège de député; **I'm under a ~ of secrecy** j'ai promis de garder le secret OR de ne rien dire ❑ **a ~ is a ~** chose promise, chose due *prov*; **~s, ~s!** toujours des promesses! -**2.** [hope, potential] promesse *f*; **she is full of ~** elle est pleine de promesse OR promesses; **an artist of ~** un artiste qui promet; **to hold out the ~ of sthg to sb** promettre qqch à qqn, faire espérer OR miroiter qqch à qqn.
◇ *vt* -**1.** [pledge] promettre; **to ~ sthg to sb, to ~ sb sthg** promettre qqch à qqn; **to ~ sb to do sthg** promettre à qqn de faire qqch; **I can't ~ (you) anything** je ne peux rien vous promettre; **he ~d himself a good meal** il se promit mentalement de faire un bon repas; **she ~d him (that) she would come** elle lui a promis de venir OR qu'elle viendrait; **you'll get into trouble, I ~ you!** tu auras des ennuis, je te le promets OR tu verras ce que je te dis!; **the weather forecast ~d us three days of good weather** la météo nous a promis OR annoncé trois jours de beau temps ❑ **to ~ the moon** OR **the earth** promettre la lune OR monts et merveilles. -**2.** [indicate] promettre, annoncer; **the sky ~s fine weather this afternoon** le ciel laisse présager un temps agréable pour cet après-midi; **next week already ~s to be difficult** la semaine prochaine promet déjà d'être difficile OR s'annonce déjà difficile. -**3.** [in marriage]: **she was ~d to the king's son at birth** dès sa naissance, elle fut promise au fils du roi.
◇ *vi* -**1.** promettre; **he wanted to come but he couldn't ~** il espérait pouvoir venir mais ne pouvait rien promettre; **OK, I ~!** d'accord, c'est promis! -**2.** *fig*: **to ~ well** [enterprise] promettre, s'annoncer bien; [person] être prometteur OR plein de promesses; [results, harvest, negotiations] s'annoncer bien; **his first article ~s well** son premier article promet OR est prometteur.

Promised Land *n* BIBLE & *fig* Terre *f* promise.

promising ['prɒmɪsɪŋ] *adj* -**1.** [full of potential - person] prometteur, qui promet, plein de promesses; **she's a ~ actress** c'est une actrice pleine de promesses OR qui promet. -**2.** [encouraging] prometteur, qui promet; **these are ~ signs** ce sont des signes prometteurs; **she got off to a ~ start** elle a fait des débuts prometteurs; **her work is very ~** son travail est très prometteur; **the forecast isn't very ~ for tomorrow** les prévisions météo n'annoncent rien de bon pour demain.

promisingly ['prɒmɪsɪŋlɪ] *adv* d'une façon prometteuse; **he began his acting career ~** il a débuté sa carrière d'acteur de façon prometteuse; **France started the match ~** la France a bien débuté la partie.

promissory note ['prɒmɪsərɪ-] *n* billet *m* à ordre.

promo *inf* ['prəʊməʊ] (*pl* **promos**) (*abbr of* **promotion**) *n* clip *m* (promotionnel).

promontory ['prɒməntrɪ] (*pl* **promontories**) *n* promontoire *m*.

promote [prə'məʊt] *vt* -**1.** [in profession, army] promouvoir; **to be** OR **to get ~d** être promu, monter en grade, obtenir de l'avancement; **Blyth has been ~d (to) captain** OR **to the rank of captain** Blyth a été promu (au grade de) capitaine; **she's been ~d (to) regional manager** elle a été promue (au poste de) directrice régionale. -**2.** SPORT: **the Rovers were ~d to the second division** les Rovers sont montés en deuxième division. -**3.** [foster] promouvoir, favoriser, encourager; **to ~ international cooperation** promouvoir OR favoriser OR encourager la coopération internationale; **cleanliness ~s health** la propreté est un facteur de santé; **to ~ economic growth** promouvoir OR favoriser la croissance économique. -**4.** COMM [advertise, publicize] promouvoir, faire la promotion de; **to ~ a new product** faire la promotion d'un nouveau produit; **she's in England to ~ her new record** elle est en Angleterre pour faire la promotion de son nouveau disque.

promoter [prə'məʊtə^r] *n* -**1.** COMM promoteur *m*, -trice *f* (des ventes). -**2.** [organizer - of match, concert] organisateur *m*, -trice *f*; [- of scheme] promoteur *m*, -trice *f*, instigateur *m*, -trice *f*. -**3.** [of peace, friendship] promoteur *m*, -trice *f*.

promotion [prə'məʊʃn] *n* -**1.** [advancement] promotion *f*, avancement *m*; **to get ~** être promu, obtenir de l'avancement; **there are good prospects of ~ in this company** il y a de réelles possibilités de promotion OR d'avancement dans cette société. -**2.** SPORT promotion *f*; **the team won ~ to the first division** l'équipe a gagné sa place en première division. -**3.** [encouragement, development] promotion *f*, développement *m*; **the ~ of good international relations** le développement de bonnes relations internationales. -**4.** COMM promotion *f*; **sales ~** promotion *f* des ventes; **(sales) ~ techniques** techniques *fpl* de promotion des ventes; **this week's ~** la promotion de la semaine; **I helped in the ~ of her new book** j'ai contribué à la promotion OR au lancement de son nouveau livre. -**5.** [in chess] promotion *f*.

promotional [prə'məʊʃənl] *adj* [material] promotionnel, publicitaire.

prompt [prɒmpt] ◇ *adj* -**1.** [quick] rapide, prompt; **a ~ answer/decision** une réponse/décision rapide; **to be ~ to take offence** être prompt à s'offenser; **Joan was ~ to answer our letter** Joan a répondu rapidement OR sans attendre à notre lettre; **you should give this matter ~ attention** vous devriez vous occuper de cette question sans (plus) attendre OR le plus rapidement possible; **to be ~ in paying one's debts** être prompt à payer ses dettes; **~ payment** COMM paiement *m* dans les délais. -**2.** [punctual] exact, à l'heure.
◇ *adv inf* [exactly]: **we begin at 9 o'clock ~** nous commençons à 9 h précises.
◇ *vt* -**1.** [provoke, persuade] pousser, inciter; **he's shy and needs to be ~ed to speak up** il est timide, il faut l'encourager à s'exprimer; **I felt ~ed to intervene** je me suis senti obligé d'intervenir; **the wave of strikes has ~ed the Government to step up its reform programme** la vague de grèves a incité le gouvernement à accélérer son programme de réformes; **his letter ~s me to think that he's mad** sa lettre m'incite à penser qu'il est fou; **what ~ed you to suggest such a thing?** qu'est-ce qui vous a incité à proposer une chose pareille?; **the scandal ~ed his resignation** le scandale a provoqué sa démission. -**2.** THEAT souffler.
◇ *n* -**1.** THEAT: **to give an actor a ~** souffler une réplique à un acteur. -**2.** COMPUT message-guide *m (au début de la ligne de commande).*

promptbook ['prɒmptbʊk] *n* manuscrit *m* (du souffleur).

prompt box *n* trou *m* (du souffleur).

prompter ['prɒmptə^r] *n* souffleur *m*, -euse *f*; TV téléprompteur *m*.

prompting ['prɒmptɪŋ] *n* -**1.** [persuasion] incitation *f*; **no amount of ~ will induce me to go there** rien ne pourra me décider à y aller; **she needed no ~** elle ne s'est pas fait prier, elle l'a fait d'elle-même; **at his mother's ~, he wrote a letter of thanks** à l'instigation OR sur l'insistance de sa mère, il a écrit une lettre de remerciement. -**2.** THEAT: **some actors need frequent ~** certains acteurs ont souvent recours au souffleur; **no ~!** ne soufflez pas!

promptitude ['prɒmptɪtjuːd] *fml* = **promptness**.

promptly ['prɒmptlɪ] *adv* -**1.** [quickly] promptement, rapidement; **he ~ sent off the telegram** il a rapidement envoyé le télégramme; **he paid up ~** il a payé immédiatement. -**2.** [punctually] ponctuellement; **he always gets up ~ at 7 o'clock** il se lève toujours à 7 h précises. -**3.** [immediately] aussitôt, tout de suite; **I ~ forgot what I was meant to do** j'ai aussitôt oublié ce que j'étais supposé faire.

promptness ['prɒmptnɪs] *n* **-1.** [quickness] promptitude *f*, rapidité *f*. **-2.** [punctuality] ponctualité *f*.

prompt note *n* COMM relance *f*.

prompt side *n* THEAT [in UK] côté *m* cour; [in US] côté *m* jardin.

promulgate ['prɒmlgeɪt] *vt fml* **-1.** [decree, law] promulguer. **-2.** [belief, idea, opinion] répandre, diffuser.

promulgation [,prɒml'geɪʃn] *n fml* **-1.** [of decree, law] promulgation *f*. **-2.** [of belief, idea, opinion] diffusion *f*, dissémination *f*.

prone [prəʊn] *adj* **-1.** [inclined, liable] sujet, enclin; to be ~ to do sthg être sujet OR enclin à faire qqch; to be ~ to accidents/illness être sujet aux accidents/à la maladie. **-2.** [prostrate] à plat ventre; in a ~ position couché sur le ventre.

proneness ['prəʊnnɪs] *n* tendance *f*, prédisposition *f*.

prong [prɒŋ] *n* [of fork] dent *f*; [of tuning fork] branche *f*; [of antler] pointe *f*; [of attack, argument] pointe *f*.

pronged [prɒŋd] *adj* à dents, à pointes.

-pronged *in cpds*: two~ [fork] à deux dents; MIL [attack] sur deux fronts; [argument] double.

pronominal [prə'nɒmɪnl] *adj* pronominal.

pronominalize, -ise [prə'nɒmɪnəlaɪz] *vt* pronominaliser.

pronoun ['prəʊnaʊn] *n* pronom *m*.

pronounce [prə'naʊns] ◇ *vt* **-1.** [say] prononcer; **his name is hard to ~** son nom est difficile à prononcer; **how's it ~d?** comment est-ce que ça se prononce?; **you don't ~ the "p" in "psalm"** on ne prononce pas le «p» de «psalm», le «p» de «psalm» est muet. **-2.** [declare] déclarer, prononcer; **the doctor ~d him dead** le médecin l'a déclaré mort; **judgment has not yet been ~d** le jugement n'est pas encore prononcé OR rendu.
◇ *vi* **-1.** [articulate] prononcer. **-2.** [declare] se prononcer; **to ~ for/against sthg** [gen] se prononcer pour/contre qqch; JUR prononcer pour/contre qqch; **to ~ on** OR **upon sthg** se prononcer sur qqch.

pronounceable [prə'naʊnsəbl] *adj* prononçable.

pronounced [prə'naʊnst] *adj* prononcé, marqué.

pronouncement [prə'naʊnsmənt] *n* déclaration *f*.

pronto *inf* ['prɒntəʊ] *adv* illico.

pronucleus [prəʊ'nju:klɪəs] (*pl* **pronuclei** [-klɪaɪ]) *n* pronucléus *m*.

pronunciation [prə,nʌnsɪ'eɪʃn] *n* prononciation *f*.

proof [pru:f] ◇ *n* **-1.** *(U)* [evidence] preuve *f*; **to show** OR **to give ~ of sthg** faire OR donner la preuve de qqch; **do you have any ~?** vous en avez la preuve OR des preuves?; **can you produce any ~ for your accusations?** avez-vous des preuves pour justifier vos accusations?; **you need ~ of identity** vous devez fournir une pièce d'identité; **we have written ~ of it** nous en avons la preuve écrite OR par écrit; **that's no ~!** ce n'est pas une preuve!; **by way of ~** comme OR pour preuve; **~ of purchase** reçu *m*; **he cited several other cases in ~ of his argument** il a cité plusieurs autres cas pour défendre sa thèse; **he gave her a locket as ~ of his love** il lui a offert un médaillon comme preuve de son amour pour elle OR en gage d'amour; **they showed ~ of great foresight** ils ont fait preuve d'une grande prévoyance ❑ **the ~ of the pudding is in the eating** *prov* il faut juger sur pièces. **-2.** PHOT & TYPO épreuve *f*; **to correct** OR **to read the ~s** corriger les épreuves. **-3.** [of alcohol] teneur *f* (en alcool); **45 % ~ brandy** ≃ cognac à 45 degrés.
◇ *adj Br*: **to be ~ against** [fire, bullets, acid, rust] être à l'épreuve de; [danger, temptation] être à l'abri de OR insensible à.
◇ *vt* **-1.** [cloth, tent] imperméabiliser. **-2.** TYPO [proofread] corriger les épreuves de; [produce proof of] préparer les épreuves de.

-proof [pruf, pru:f] *in cpds* à l'épreuve de; **acid~** à l'épreuve des acides; **an idiot~ mechanism** un mécanisme (totalement) indéréglable.

proofread ['pru:fri:d] (*pt* & *pp* **proofread** [-red]) *vt* corriger (les épreuves de).

proofreader ['pru:f,ri:dər] *n* correcteur *m*, -trice *f* (d'épreuves OR d'imprimerie).

proofreading ['pru:f,ri:dɪŋ] *n* correction *f* (d'épreuves).

proof spirit *n* [in UK] alcool *m* à 57°; [in US] alcool *m* à 50°.

prop [prɒp] (*pt* & *pp* **propped**, *cont* **propping**) ◇ *n* **-1.** [gen] support *m*; CONSTR [for tunnel, wall] étai *m*, étançon *m*; [in pit] étai *m*. **-2.** [pole, stick - for plant, flowers] tuteur *m*; [- for beans, peas] rame *f*; [- for vines] échalas *m*; [- for washing line] perche *f*. **-3.** RUGBY pilier *m*. **-4.** *fig* soutien *m*; **whisky is his ~** le whisky est son réconfort. **-5.** (*abbr of* **property**) THEAT accessoire *m*. **-6.** *inf abbr of* **propeller**.
◇ *vt* **-1.** [lean] appuyer; **she propped her bike (up) against the wall** elle a appuyé son vélo contre le mur; **~ yourself** OR **your back against these cushions** calez-vous contre OR adossez-vous à ces coussins; **he propped his head in his hands** il s'est pris la tête entre les mains. **-2.** *phr*: **to ~ (up)** [wall, tunnel] étayer, étançonner, consolider; [plants] mettre un tuteur à; [peas, beans] ramer; *fig* [regime, family, business] soutenir; **to ~ sthg open**: **I propped the door open with a chair** j'ai maintenu la porte ouverte avec une chaise; **the government stepped in to ~ up the franc** le gouvernement est intervenu pour soutenir le franc.

prop. *written abbr of* **proprietor**.

propaganda [,prɒpə'gændə] ◇ *n* propagande *f*.
◇ *comp* [film, machine, material, exercise] de propagande.

propagandist [,prɒpə'gændɪst] ◇ *adj* propagandiste.
◇ *n* propagandiste *mf*.

propagandize, -ise [,prɒpə'gændaɪz] ◇ *vi* faire de la propagande.
◇ *vt* [ideas, views] faire de la propagande pour OR en faveur de; [person, masses] faire de la propagande auprès de.

propagate ['prɒpəgeɪt] ◇ *vt* propager.
◇ *vi* se propager.

propagation [,prɒpə'geɪʃn] *n* propagation *f*.

propagator ['prɒpəgeɪtər] *n* **-1.** [gen] propagateur *m*, -trice *f*. **-2.** BOT & HORT germoir *m*.

propane ['prəʊpeɪn] *n* propane *m*.

propel [prə'pel] (*pt* & *pp* **propelled**, *cont* **propelling**) *vt* **-1.** [machine, vehicle etc] propulser, faire avancer. **-2.** [person] propulser, pousser; **she was propelled along the road by the crowd** elle fut poussée par la foule sur toute la longueur de la rue; **the sudden stop propelled us all forward** l'arrêt subit nous a tous propulsés vers l'avant; **he was propelled into the position of manager** on l'a bombardé directeur.

propellant, propellent [prə'pelənt] ◇ *n* [for rocket] propergol *m*; [for gun] poudre *f* propulsive; [in aerosol] (agent *m*) propulseur *m*.
◇ *adj* propulsif, propulseur.

propeller [prə'pelər] *n* hélice *f*.

propeller shaft *n* AERON arbre *m* porte-hélice; NAUT arbre *m* d'hélice; AUT arbre *m* de transmission.

propelling pencil [prə'pelɪŋ-] *n Br* portemine *m*.

propene ['prəʊpi:n] *n* propène *m*.

propensity [prə'pensətɪ] (*pl* **propensities**) *n fml* propension *f*, tendance *f*, penchant *m*; **he has a ~ for** OR **towards drink** il a tendance à boire (plus que de raison); **my ~ not to trust** OR **for not trusting other people** ma propension OR ma tendance à ne pas faire confiance aux autres.

proper ['prɒpər] ◇ *adj* **-1.** [correct] bon, juste, correct; **the ~ answer** la bonne réponse, la réponse correcte; **what is the ~ use of the imperfect?** quand doit-on utiliser l'imparfait?; **John wasn't waiting at the ~ place** John n'attendait pas au bon endroit OR là où il fallait; **she didn't come at the ~ time** elle s'est trompée d'heure; **you're not doing it in the ~ way** vous ne vous y prenez pas comme il faut; **he did the ~ thing by her** *dated* OR *hum* [he married her] il a réparé; **to think it ~ to do sthg** juger bon de faire qqch; **do as you think ~** faites comme bon vous semble. **-2.** [appropriate] convenable, approprié; **that noisy pub isn't a ~ place for a meeting** ce pub bruyant n'est pas un endroit approprié pour tenir une réunion; **that wasn't the ~ thing to say/to do** ce n'était pas ce qu'il fallait dire/faire; **you must go through the ~ channels** il faut suivre la filière officielle; **he wasn't wearing the ~ clothes** il n'était pas vêtu pour la circonstance; **evening dress is the ~ thing to wear for a ball** porter une tenue de soirée est de circonstance pour aller au bal; **I don't have the ~ tools for this engine** je n'ai pas les outils appropriés pour OR qui conviennent pour ce moteur; **put the scissors back in their ~ place** remettez les ciseaux à leur place; **I can't find the ~ word to describe him** je n'arrive pas à trouver le mot juste OR qui convient pour le décrire. **-3.** [real] vrai, véritable; **I haven't had a ~ meal in ages** il y a une éternité que je n'ai pas fait un vrai repas; **we must give the President a ~ welcome** nous devons réserver au président un accueil digne de ce nom; **it's a toy, not a ~ rifle** c'est un jouet, pas un vrai fusil; **they call him Joss but his ~ name's Ross** on l'appelle Joss mais son vrai nom c'est Ross; **he's not a ~ doctor** ce n'est pas un vrai docteur; **putting letters in envelopes isn't a ~ job** mettre des lettres dans des enveloppes n'a rien d'un vrai travail. **-4.** *inf Br* [as intensifier] vrai, véritable, complet; **it's a ~ catastrophe** c'est une vraie OR véritable catastrophe; **you're a ~ idiot** tu es un parfait imbécile OR un imbécile fini; **he made a ~ fool of himself** il s'est couvert de ridicule; **her room was in a ~ mess** il y avait un vrai bazar dans sa chambre; **I gave him a ~ telling-off** *inf* je lui ai passé un bon savon. **-5.** [respectable] correct, convenable, comme il faut; **that's not ~ behaviour** ce n'est pas convenable, cela ne se fait pas; **she's a very ~ young woman** c'est une jeune femme très bien; **may I take my shoes off? – no, that's not the ~ thing to do here** puis-je ôter mes chaussures? – non, ça ne se fait pas OR ce serait déplacé ici. **-6.** [predicative use - specifically] proprement dit; **he lives outside the city ~** il habite en dehors de la ville même OR proprement dite. **-7.** [characteristic]: **~ to** propre à, typique de; **illnesses ~ to tropical climates** maladies propres aux climats tropicaux.
◇ *adv* ▽ **-1.** *Br* [correctly] comme il faut; **I'll learn you how to talk ~!** je vais t'apprendre, moi, à causer comme il faut! **-2.** *Br dial* [very] très, vraiment, complètement; **he was ~ angry with me** il était très OR vraiment en colère contre moi.
◇ *n* RELIG propre *m*.

proper fraction *n* fraction *f* propre.

properly ['prɒpəlɪ] *adv* **-1.** [well, correctly] bien, juste, correctement; **the lid isn't on ~** le couvercle n'est pas bien mis; **the engine isn't working ~** le moteur ne marche pas bien; **for once they pronounced my name ~** pour une fois, ils ont prononcé mon nom correctement OR ils ont bien prononcé mon nom; **I haven't slept ~ in weeks** ça fait des semaines que je n'ai pas bien dormi; **she quite ~ intervened at that point** c'est avec raison OR à juste titre qu'elle est intervenue à ce moment-là. **-2.** [decently] correctement, convenablement, comme il faut; **patrons must be ~ dressed** une tenue vestimentaire correcte est exigée de nos clients; **eat ~!** mange proprement OR comme il faut!; **he didn't behave ~ towards her** il ne s'est pas comporté correctement envers elle; **I haven't thanked you ~** je ne vous ai pas remercié comme il faut OR comme il convient. -**3.** [strictly] proprement; **he isn't ~ speaking an expert** il n'est pas à proprement parler un expert. -**4.** *inf Br* [as intensifier] vraiment, complètement, tout à fait; **I'm ~ exhausted** je suis complètement crevé; **he looks ~ idiotic in those trousers** il a l'air complètement OR parfaitement idiot dans ce pantalon; **they were ~ told off** ils en ont pris pour leur grade.

proper name, proper noun *n* nom *m* propre.

propertied ['prɒpətɪd] *adj fml* possédant; **the ~ classes** les classes possédantes; **a ~ gentleman** un homme fortuné.

property ['prɒpətɪ] (*pl* **properties**) ◇ *n* -**1.** *(U)* [belongings] propriété *f*, biens *mpl*; **hands off! that's my ~!** n'y touchez pas, c'est à moi OR ça m'appartient!; **this book is the ~ of Theresa Lloyd** ce livre appartient à Theresa Lloyd; **government ~** propriété de l'État ‖ JUR biens *mpl*; **she left him all her ~** elle lui a laissé tous ses biens; **personal ~** biens meubles OR mobiliers OR personnels ‖ [objects] objets *mpl*; **this is stolen ~** ce sont des objets volés; **lost ~** objets *mpl* trouvés. -**2.** *(U)* [buildings] propriété *f*; [real estate] biens *mpl* immobiliers, immobilier *m*; [land] terres *fpl*; **Smythe is investing his money in ~** Smythe investit son argent dans l'immobilier; **they own a lot of ~ in the country** [houses] ils ont de nombreuses propriétés à la campagne; [land] ils ont de nombreuses terres à la campagne; **private ~** propriété privée; **a man of ~** un homme qui possède des biens immobiliers OR une fortune personnelle. -**3.** [plot of land] terrain *m*; [house, building] propriété *f*. -**4.** [quality] propriété *f*; **what are the chemical properties of cobalt?** quelles sont les propriétés chimiques du cobalt?; **healing properties** vertus *fpl* thérapeutiques OR curatives. -**5.** THEAT accessoire *m*.
◇ *comp* [speculator] immobilier; [owner, tax] foncier; **~ developer** promoteur *m* (immobilier).

property man *n* THEAT accessoiriste *m*.

property mistress *n* THEAT accessoiriste *f*.

prop forward *n* RUGBY pilier *m*.

prophecy ['prɒfɪsɪ] (*pl* **prophecies**) *n* prophétie *f*.

prophesy ['prɒfɪsaɪ] (*pt* & *pp* **prophesied**) ◇ *vt* prophétiser, prédire; **scaremongers prophesied the end of the world** des alarmistes ont annoncé la fin du monde; **to ~ that sthg will happen** prédire que qqch va arriver.
◇ *vi* faire des prophéties.

prophet ['prɒfɪt] *n* prophète *m*; **a ~ of doom** un prophète de malheur.
◆ **Prophets** *n* BIBLE: **(the Book of) Prophets** le livre des Prophètes.

prophetess ['prɒfɪtɪs] *n* prophétesse *f*.

prophetic(al) [prə'fetɪk(l)] *adj* prophétique.

prophetically [prə'fetɪklɪ] *adv* prophétiquement.

prophylactic [,prɒfɪ'læktɪk] ◇ *adj* prophylactique.
◇ *n* -**1.** [drug] médicament *m* prophylactique. -**2.** [condom] préservatif *m*.

prophylaxis [,prɒfɪ'læksɪs] (*pl* **prophylaxes** [-si:z]) *n* prophylaxie *f*.

propinquity [prə'pɪŋkwətɪ] *n fml* -**1.** [in space, time] proximité *f*. -**2.** [in kinship] consanguinité *f*.

propitiate [prə'pɪʃɪeɪt] *vt fml* apaiser.

propitiation [prə,pɪʃɪ'eɪʃn] *n fml* propitiation *f*.

propitiatory [prə'pɪʃɪətrɪ] *adj fml* propitiatoire.

propitious [prə'pɪʃəs] *adj fml* propice, favorable; **~ for sthg** propice à OR favorable à qqch; **it wasn't really a ~ moment to ask for a rise** le moment était plutôt mal choisi pour demander une augmentation.

proponent [prə'pəʊnənt] *n* avocat *m*, -e *f fig*, partisan *m*, -e *f*.

proportion [prə'pɔ:ʃn] ◇ *n* -**1.** [gen & MATH - ratio] proportion *f*, rapport *m*; **in the ~ of 6 parts water to 1 part shampoo** dans la proportion de 6 mesures d'eau pour 1 mesure de shampooing; **the sentence is out of all ~ to the crime** la peine est disproportionnée par rapport au OR est sans commune mesure avec le délit; **the price bears little ~ to its real value** le prix n'a guère de rapport avec sa véritable valeur; **the ~ of income to OR over expenditure** le rapport entre les revenus et les dépenses. -**2.** [perspective] proportion *f*; **to have a sense of ~** avoir le sens des proportions; **you seem to have got the problem out of (all) ~** vous semblez avoir exagéré OR grossi le problème; **you must try to see things in ~** vous devez essayer de ramener les choses à leur juste valeur; **the artist has got the tree out of ~** l'artiste n'a pas respecté les proportions de l'arbre. -**3.** [dimension] proportion *f*, dimension *f*; **a ship of vast ~s** un navire de grande dimension; **the affair has assumed worrying ~s** l'affaire a pris des proportions alarmantes. -**4.** [share, part] partie *f*, part *f*, pourcentage *m*; **she only got a small ~ of the profits** elle n'a touché qu'une petite part OR partie des bénéfices; **what ~ of your income do you spend on tobacco?** quel pourcentage de vos revenus dépensez-vous en tabac?
◇ *vt* proportionner; **to ~ one's expenditure to one's resources** proportionner ses dépenses à ses ressources, calculer ses dépenses en fonction de ses ressources.
◆ **in proportion to, in proportion with** *prep phr* par rapport à; **the office block is huge in ~ to the houses around it** l'immeuble de bureaux est énorme par rapport aux maisons qui l'entourent; **the job is badly paid in ~ to the effort required** cet emploi est mal payé vu le travail exigé; **his salary is not in ~ to his experience** son salaire ne correspond pas à son expérience; **the monthly payments are calculated in ~ to your income** les mensualités sont calculées en fonction de OR sont proportionnelles à vos revenus; **inflation may increase in ~ with wage rises** l'inflation risque d'augmenter proportionnellement aux augmentations de salaire.

proportional [prə'pɔ:ʃənl] *adj* proportionnel, en proportion; **her income is ~ to the work she puts in** ses revenus sont proportionnels au travail effectué.

proportionally [prə'pɔ:ʃnəlɪ] *adv* proportionnellement.

proportional representation *n* représentation *f* proportionnelle.

proportional spacing *n* espacement *m* proportionnel.

proportionate [*adj* prə'pɔ:ʃnət, *vb* prə'pɔ:ʃəneɪt] ◇ *adj* proportionné.
◇ *vt* = **proportion**.

proportionately [prə'pɔ:ʃnətlɪ] *adv* proportionnellement, en proportion.

proposal [prə'pəʊzl] *n* -**1.** [offer] proposition *f*, offre *f*; **to make a ~** faire OR formuler une proposition ‖ [of marriage] demande *f* en mariage; **she refused his ~** elle a rejeté sa demande en mariage, elle a refusé de l'épouser. -**2.** [suggestion] proposition *f*, suggestion *f*; **he accepted her ~ to go on holiday** il a accepté de partir en vacances, comme elle l'avait suggéré. -**3.** [plan, scheme] proposition *f*, projet *m*, plan *m*; **the ~ for a car park/to build a car park** le projet de parking/de construction d'un parking.

propose [prə'pəʊz] ◇ *vt* -**1.** [suggest] proposer, suggérer; **to ~ sthg to sb** proposer qqch à qqn; **to ~ doing sthg** proposer de faire qqch; **it was ~ed that we might like to stay a few days longer** on nous a proposé de rester quelques jours de plus; **I ~ (that) we all go for a drink** je propose OR suggère que nous allions tous prendre un verre. -**2.** [present - policy, resolution, scheme] proposer, présenter, soumettre; **to ~ sb's health, to ~ a toast to sb** porter un toast à (la santé de) qqn; **I ~ Jones as OR for treasurer** je propose Jones comme trésorier ‖ [in marriage]: **to ~ marriage to sb** demander qqn en mariage, faire une demande en mariage à qqn. -**3.** [intend] se proposer, avoir l'intention, compter; **I ~ taking OR to take a few days off work** je me propose de prendre quelques jours de congé; **they ~ leaving early** ils ont l'intention de partir de bonne heure.
◇ *vi* -**1.** [offer marriage] faire une demande en mariage; **to ~ to sb** demander qqn en mariage. -**2.** *phr*: **man ~s, God disposes** l'homme propose, Dieu dispose.

proposed [prə'pəʊzd] *adj* projeté; **the ~ visit** la visite prévue; **the building of the ~ car park has been delayed** le projet de construction d'un parking a été suspendu.

proposer [prə'pəʊzəʳ] *n* -**1.** [of motion] auteur *m* (d'une proposition). -**2.** [of candidate] parrain *m fig*, marraine *f fig*.

proposition [,prɒpə'zɪʃn] ◇ *n* -**1.** [proposal, statement] proposition *f*. -**2.** [task] affaire *f*; **that's quite a ~** c'est une tout autre affaire; **climbing that mountain will be no easy ~** ce ne sera pas une petite OR mince affaire que de gravir cette montagne; **that's a tough ~ you're making** ce n'est pas rien, ce que vous demandez là; **the boss is a tough ~** *inf* le patron n'est pas quelqu'un de commode OR facile, le patron est du genre coriace. -**3.** [available choice] solution *f*; **solar power is not an economic ~** l'énergie solaire n'est pas une solution rentable; **the deal wasn't a paying ~** l'affaire n'était pas rentable. -**4.** [offer of sex] proposition *f*; **to make sb a ~** faire des propositions (malhonnêtes) OR des avances à qqn. -**5.** MATH proposition *f*.
◇ *vt* faire des propositions (malhonnêtes) OR des avances à.

propound [prə'paʊnd] *vt fml* [argument, theory] avancer, mettre en avant; [opinion, idea] avancer, émettre; [problem] poser.

proprietary [prə'praɪətrɪ] *adj* -**1.** COMM de marque déposée; **a ~ process** un processus breveté; **~ brand** marque *f* déposée. -**2.** [attitude, behaviour, function] de propriétaire; **his manner towards her was rather ~** il était plutôt possessif avec elle.

proprietary colony *n* HIST *aux États-Unis, colonie octroyée à un propriétaire par la Couronne anglaise au XVIIe siècle.*

proprietary hospital *n Am* hôpital *m* privé, clinique *f* privée.

proprietary medicine *n* spécialité *f* pharmaceutique.

proprietary name *n* marque *f* déposée.

proprietor [prə'praɪətəʳ] *n* propriétaire *mf*.

proprietorial [prə,praɪə'tɔ:rɪəl] *adj* de propriétaire.

proprietorship [prə'praɪətəʃɪp] *n* propriété *f*, possession *f*; JUR (droit *m* de) propriété *f*; **'under new ~'** 'changement de propriétaire'.

proprietress [prə'praɪətrɪs] *n* propriétaire *f*.

propriety [prə'praɪətɪ] (*pl* **proprieties**) *n fml* -**1.** [decorum] bienséance *f*, convenance *f*; **the rules of ~ require you to write to her** les règles de la bienséance vous obligent à lui écrire; **his behaviour is lacking in ~** son comportement est tout à fait inconvenant OR déplacé; **to have a sense of ~** avoir le sens des convenances; **contrary to the proprieties** contraire aux bienséances OR convenances. -**2.** [suitability - of action, measure] opportunité *f*; [- of word, remark] justesse *f*, propriété *f*. -**3.** [rectitude] rectitude *f*; **to behave with ~** respecter les convenances.

prop shaft *n* arbre *m* de transmission.

propulsion [prə'pʌlʃn] *n* propulsion *f*.

propulsive [prə'pʌlsɪv] *adj* propulseur, propulsif.

propylene ['prɒpɪli:n] *n* propylène *m*.

pro rata [,prəʊ'rɑ:tə] *adj* & *adv* au prorata.

prorate ['prəʊreɪt] *vt Am* distribuer au prorata OR de façon proportionnelle.

prorogation [,prəʊrə'geɪʃn] *n* prorogation *f*.

prorogue [prəˈrəʊg] *vt* proroger.
prosaic [prəʊˈzeɪɪk] *adj* prosaïque.
prosaically [prəʊˈzeɪɪklɪ] *adv* prosaïquement.
Pros. Atty *written abbr of* **prosecuting attorney.**
proscenium [prəˈsiːnjəm] (*pl* **prosceniums** OR **proscenia** [-njə]) *n* proscenium *m*.
proscenium arch *n* THEAT ≃ manteau *m* d'Arlequin.
proscribe [prəʊˈskraɪb] *vt* proscrire.
proscription [prəʊˈskrɪpʃn] *n* proscription *f*.
prose [prəʊz] *n* **-1.** LITERAT prose *f*; **to write in ~** écrire en prose, faire de la prose. **-2.** *Br* SCH thème *m*.
prosecute [ˈprɒsɪkjuːt] ◇ *vt* **-1.** JUR poursuivre (en justice), engager des poursuites contre; **to ~ sb for sthg** poursuivre qqn (en justice) pour qqch; **he was ~d for disturbing the peace** il a été poursuivi pour tapage nocturne. **-2.** *fml* [pursue - war, investigation] poursuivre.
◇ *vi* JUR [lawyer - in civil case] représenter la partie civile; [- in criminal case] représenter le ministère public OR le parquet.
prosecuting attorney [ˈprɒsɪkjuːtɪŋ-] *n Am* ≃ procureur *m* (de la République).
prosecution [ˌprɒsɪˈkjuːʃn] *n* **-1.** JUR [proceedings] poursuites *fpl* (judiciaires); [indictment] accusation *f*; **to be liable to ~** s'exposer à des poursuites (judiciaires); **to bring a ~ against sb** poursuivre qqn en justice; **this is her second ~** c'est la deuxième fois qu'elle est poursuivie. **-2.** JUR [lawyer - in civil case] avocat *m* OR avocats *mpl* représentant les plaignants OR la partie plaignante; [- in criminal case] ministère *m* public, accusation *f*; **witness for the ~** témoin *m* à charge. **-3.** *fml* [pursuit] poursuite *f*; **the ~ of the war** la poursuite de la guerre; **in the ~ of his duties** dans l'exercice OR l'accomplissement de ses fonctions.
prosecutor [ˈprɒsɪkjuːtəʳ] *n* [person bringing case] plaignant *m*, -e *f*; [lawyer]: **(public) ~** procureur *m*.
proselyte [ˈprɒsəlaɪt] ◇ *n* prosélyte *mf*.
◇ *vi* & *vt esp Am* = **proselytize**.
proselytism [ˈprɒsəlɪtɪzm] *n* prosélytisme *m*.
proselytize, -ise [ˈprɒsəlɪtaɪz] ◇ *vi* faire du prosélytisme.
◇ *vt* faire un prosélyte de.
prose poem *n* poème *m* en prose.
prosodic [prəˈsɒdɪk] *adj* prosodique.
prosody [ˈprɒsədɪ] *n* prosodie *f*.
prospect [*n* ˈprɒspekt, *vb* prəˈspekt] ◇ *n* **-1.** [possibility] chance *f*, perspective *f*; **what are his ~s of success?** quelles chances a-t-il de réussir?; **there's little ~ of their winning the match** ils ont peu de chances de remporter OR il y a peu d'espoir (pour) qu'ils remportent le match; **we had given up all ~ of hearing from you** nous avions renoncé à tout espoir d'avoir OR nous pensions ne jamais plus recevoir de vos nouvelles. **-2.** [impending event, situation] perspective *f*; **I don't relish the ~ of working for him** la perspective de travailler pour lui ne m'enchante guère; **to have sthg in ~** avoir qqch en vue OR en perspective; **he has a bright future in ~** il a un bel avenir en perspective OR devant lui; **what are the weather ~s for tomorrow?** quelles sont les prévisions météorologiques pour demain? **-3.** (*usu pl*) [chance of success] perspectives *fpl* d'avenir; **the ~s are not very good** les choses se présentent plutôt mal; **the ~(s) for the automobile industry** les perspectives d'avenir de l'industrie automobile; **her ~s are bleak** ses perspectives d'avenir sont sombres; **she's a woman with good ~s** c'est une femme qui a de l'avenir OR une femme d'avenir; **this company has good ~s/no ~s** cette entreprise a un bel avenir devant elle/n'a pas d'avenir; **it's a job without any ~s of promotion** c'est un poste qui n'offre aucune perspective d'avancement; **good promotion ~s** de réelles possibilités d'avancement. **-4.** [person - customer] client *m* potentiel OR éventuel, prospect *m*; [- marriage partner] parti *m dated*; [- candidate] espoir *m*; **he's a good ~ for the manager's job** c'est un candidat potentiel au poste de directeur; **there are two young ~s in the team** l'équipe compte deux joueurs prometteurs OR qui ont un bel avenir devant eux; **Robbins is a good ~** Robbins a un bel avenir devant lui. **-5.** [view] perspective *f*, vue *f*.
◇ *vi* prospecter; **to ~ for oil** chercher du pétrole; **to ~ for new customers** rechercher OR démarcher de nouveaux clients.
◇ *vt* [area, land] prospecter.
prospecting [prəˈspektɪŋ] *n* prospection *f* MIN & PETR.
prospective [prəˈspektɪv] *adj* **-1.** [future] futur; **he's our ~ parliamentary candidate** il est notre futur candidat parlementaire; **Mrs Wilks is my ~ mother-in-law** Mme Wilks est ma future belle-mère. **-2.** [possible] potentiel, éventuel; **he's a ~ customer** c'est un client potentiel. **-3.** [intended, expected] en perspective; **my ~ trip to Ireland** le voyage que je projette de faire en Irlande.
prospector [prəˈspektəʳ] *n* prospecteur *m*, -trice *f*, chercheur *m*, -euse *f*; **gold ~s** chercheurs d'or.
prospectus [prəˈspektəs] *n* prospectus *m*.
prosper [ˈprɒspəʳ] *vt* prospérer.
prosperity [prɒˈsperətɪ] *n* prospérité *f*.
prosperous [ˈprɒspərəs] *adj* [business, area, family] prospère; [period] prospère, de prospérité; **~ winds** *lit* vents *mpl* favorables.
prosperously [ˈprɒspərəslɪ] *adv* de manière prospère; **they live ~** ils vivent dans la prospérité.
prostaglandin [ˌprɒstəˈglændɪn] *n* prostaglandine *f*.
prostate (gland) [ˈprɒsteɪt-] *n* prostate *f*.
prosthesis [prɒsˈθiːsɪs] (*pl* **prostheses** [-siːz]) *n* **-1.** MED prothèse *f*. **-2.** LING prosthèse *f*.
prosthetic [prɒsˈθetɪk] *adj* **-1.** MED prothétique. **-2.** LING prosthétique.
prostitute [ˈprɒstɪtjuːt] ◇ *n* prostituée *f*; **male ~** prostitué *m*.
◇ *vt fig* & *literal* prostituer; **to ~ o.s.** se prostituer.
prostitution [ˌprɒstɪˈtjuːʃn] *n* prostitution *f*.
prostrate [*adj* ˈprɒstreɪt, *vb* prɒˈstreɪt] ◇ *adj* **-1.** [lying flat] (couché) à plat ventre; [in submission] prosterné; **to lie ~ before sb** être prosterné devant qqn. **-2.** [exhausted] épuisé, abattu; [overwhelmed] prostré, accablé, atterré; **~ with grief** accablé de chagrin.
◇ *vt* **-1.** [flatten] prosterner; **to ~ o.s. before sb** se prosterner devant qqn. **-2.** [overwhelm] accabler, abattre; **to be ~d by illness** être accablé OR abattu par la maladie; **to be ~d with grief** être accablé de chagrin.
prostration [prɒˈstreɪʃn] *n* **-1.** [lying down] prosternement *m*; RELIG prostration *f*. **-2.** [exhaustion] prostration *f*, épuisement *m*; **the country was in a state of economic ~** l'économie du pays était en ruine.
prosy [ˈprəʊzɪ] (*compar* **prosier**, *superl* **prosiest**) *adj* [dull] ennuyeux, prosaïque; [long-winded] verbeux.
protactinium [ˌprəʊtækˈtɪnɪəm] *n* protactinium *m*.
protagonist [prəˈtægənɪst] *n* protagoniste *mf*.
protean [prəʊˈtiːən] *adj lit* changeant.
protect [prəˈtekt] *vt* protéger; **to ~ sb/sthg from** OR **against sthg** protéger qqn/qqch de OR contre qqch; **she ~ed her eyes from the sun** elle se protégea les yeux du soleil; **to ~ o.s. from sthg** se protéger de OR contre qqch; **~ed industries** industries *fpl* protégées; **it is important to ~ your civil rights** il est important de veiller à ce que vos droits civiques ne soient pas bafoués.
protected [prəˈtektɪd] *adj* protégé; **~ species** espèce *f* protégée.
protection [prəˈtekʃn] *n* **-1.** [safeguard] protection *f*; **this drug offers ~ against** OR **from the virus** ce médicament vous protège OR vous immunise contre le virus; **cyclists often wear face masks for ~ against car fumes** les cyclistes portent souvent des masques pour se protéger des gaz d'échappement des voitures; **she travelled under police ~** elle a voyagé sous la protection de la police; **environmental ~** protection *f* de l'environnement. **-2.** [insurance] protection *f*; **~ against fire and theft** protection contre l'incendie et le vol. **-3.** [run by gangsters]: **~ (money)** argent *m* versé aux racketteurs; **all the shopkeepers have to pay ~ (money)** tous les commerçants sont rackettés; **~ racket** racket *m*; **to run a ~ (racket)** être à la tête d'un racket.
protectionism [prəˈtekʃənɪzm] *n* protectionnisme *m*.
protectionist [prəˈtekʃənɪst] ◇ *adj* protectionniste.
◇ *n* protectionniste *mf*.
protective [prəˈtektɪv] *adj* **-1.** [person] protecteur; [behaviour, attitude] protecteur, de protection; **she's too ~ towards her children** elle a trop tendance à couver ses enfants; **he put a ~ arm around her** il l'a entourée d'un bras protecteur. **-2.** [material, clothes] de protection; [cover] protecteur, de protection. **-3.** ECON [duty, measure] protecteur.
protective coloration *n* homochromie *f*.
protective custody *n* détention *f* dans l'intérêt de la personne.
protectively [prəˈtektɪvlɪ] *adv* [behave, act] de façon protectrice; [speak] d'un ton protecteur, d'une voix protectrice; [look] d'un œil protecteur.
protectiveness [prəˈtektɪvnɪs] *n* attitude *f* protectrice.
protector [prəˈtektəʳ] *n* **-1.** [person] protecteur *m*, -trice *f*. **-2.** [on machine] dispositif *m* de protection, protecteur *m*.
◆ **Protector** *n Br* HIST: **the Protector** le Protecteur.
protectorate [prəˈtektərət] *n* protectorat *m*; **the Protectorate** *Br* HIST le Protectorat.

THE PROTECTORATE:
En Angleterre, période allant de 1649 à 1660, succédant à la guerre civile, et pendant laquelle Oliver Cromwell, se proclamant «Lord Protector», exerça son autorité sur le pays. Il transmit ensuite cette charge à son fils Richard.

protein [ˈprəʊtiːn] *n* protéine *f*; **~ deficiency** carence *f* en protéines.
pro tem *inf* [ˌprəʊˈtem], **pro tempore** [ˈprəʊˈtempərɪ] ◇ *adv* temporairement.
◇ *adj* intérimaire, temporaire.
protest [*n* & *comp* ˈprəʊtest, *vb* prəˈtest] ◇ *n* **-1.** [gen] protestation *f*; **to make a ~ against** OR **about sthg** élever une protestation contre qqch, protester contre qqch; **to register** OR **to lodge a ~ with sb** protester auprès de qqn; **in ~ against** OR **at sthg** en signe de protestation contre qqch; **they did it without the slightest ~** ils l'ont fait sans élever la moindre protestation OR sans protester le moins du monde; **despite their ~s, the children had to go to school** malgré leurs protestations, les enfants ont dû aller à l'école; **to stage a ~** [complaint] organiser une protestation; [demonstration] organiser une manifestation; **to do sthg under ~** faire qqch en protestant. **-2.** COMM & JUR protêt *m*.
◇ *vt* **-1.** [innocence, love etc] protester de; **"no one told me", she ~ed** «personne ne me l'a dit», protesta-t-elle; **she ~ed that it was unfair** elle déclara que ce n'était pas juste. **-2.** *Am* [measures, law etc] protester contre.
◇ *vi* protester; **to ~ at** OR **against/about sthg** protester contre qqch.
◇ *comp* [letter, meeting] de protestation; **~ demonstration** OR **march** manifestation *f*; **~ marcher** manifestant *m*, -e *f*; **~ vote** vote *m* de protestation.

Protestant ['prɒtɪstənt] ◇ *adj* protestant; the ~ Church l'Église *f* protestante; the ~ (work) ethic l'éthique *f* protestante (du travail).
◇ *n* Protestant *m*, -e *f*.

Protestantism ['prɒtɪstəntɪzm] *n* protestantisme *m*.

protestation [,prɒte'steɪʃn] *n* protestation *f*.

protester, protestor [prə'testəʳ] *n* [demonstrator] manifestant *m*, -e *f*; [complainer] protestataire *mf*.

protium ['prəʊtɪəm] *n* protium *m*.

protocol ['prəʊtəkɒl] *n* [gen & COMPUT] protocole *m*.

Proto-Indo-European [,prəʊtəʊ-] *n* proto-indo-européen *m*.

proton ['prəʊtɒn] *n* proton *m*.

proton microscope *n* microscope *m* protonique.

proton number *n* numéro *m* atomique.

protoplasm ['prəʊtəplæzm] *n* protoplasme *m*, protoplasma *m*.

prototype ['prəʊtətaɪp] *n* prototype *m*.

protozoan [,prəʊtə'zəʊən] (*pl* protozoans OR protozoa [-'zəʊə]) *n* protozoaire *m*.

protozoon [,prəʊtə'zəʊən] (*pl* protozoa [-'zəʊə]) = **protozoan**.

protract [prə'trækt] *vt* prolonger, faire durer.

protracted [prə'træktɪd] *adj* [stay] prolongé; [argument, negotiations] qui dure, (très) long.

protraction [prə'trækʃn] *n* prolongation *f*.

protractor [prə'træktəʳ] *n* -**1.** GEOM rapporteur *m*. -**2.** ANAT protracteur *m*.

protrude [prə'truːd] ◇ *vi* [rock, ledge] faire saillie; [eyes, chin] saillir; [teeth] avancer; the promontory ~s into the sea le promontoire s'avance dans la mer; his belly ~d over his trousers son ventre débordait de son pantalon; his feet ~d from under the bedclothes ses pieds dépassaient de sous les couvertures.
◇ *vt* avancer, pousser en avant.

protruding [prə'truːdɪŋ] *adj* [ledge] en saillie; [chin, ribs] saillant; [eyes] globuleux; [teeth] proéminent, protubérant; [belly] protubérant; the ~ end of the nail le bout du clou qui dépasse.

protrusion [prə'truːʒn] *n* [ledge, projection] saillie *f*; [bump] bosse *f*.

protrusive [prə'truːsɪv] = **protruding**.

protuberance [prə'tjuːbərəns] *n fml* protubérance *f*.

protuberant [prə'tjuːbərənt] *adj fml* protubérant.

proud [praʊd] ◇ *adj* -**1.** [pleased] fier; to be ~ of sb/sthg être fier de qqn/qqch; he was ~ to have won OR of having won il était fier d'avoir gagné; I'm ~ (that) you didn't give up je suis fier que tu n'aies pas abandonné; it's nothing to be ~ of! il n'y a vraiment pas de quoi être fier!; she was too ~ to accept elle était trop fière pour accepter; I'll do anything, I'm not ~ je ferai n'importe quoi, je ne suis pas fier; they are now the ~ parents of a daughter ils sont désormais les heureux parents d'une petite fille; we are ~ to present this concert nous sommes heureux de vous présenter ce concert; it was a ~ moment for me pour moi, ce fut un moment de grande fierté; it was her ~est possession c'était son bien le plus précieux. -**2.** [arrogant] fier, orgueilleux; he's a ~ man c'est un orgueilleux ❑ as ~ as a peacock fier comme un coq. -**3.** *lit* [stately - tree, mountain] majestueux, altier; [- bearing, stallion, eagle] fier, majestueux. -**4.** *Br* [protruding] qui dépasse; it's a few millimetres ~ ça dépasse de quelques millimètres; to stand ~ faire saillie; ~ flesh MED bourgeon *m* conjonctif OR charnu.
◇ *adv inf*: to do sb ~ [entertain lavishly] recevoir qqn comme un roi/une reine; [honour] faire honneur à qqn.

proudly ['praʊdlɪ] *adv* -**1.** [with pride] fièrement, avec fierté; we ~ present... nous sommes fiers de présenter... -**2.** [arrogantly] orgueilleusement. -**3.** [majestically] majestueusement.

Proustian ['pruːstjən] *adj* proustien.

provable ['pruːvəbl] *adj* prouvable, démontrable.

prove [pruːv] (*Br pt & pp* proved, *Am pt* proved, *pp* proved OR proven ['pruːvn]) ◇ *vt* -**1.** [verify, show] prouver; the facts ~ her (to be) guilty les faits prouvent qu'elle est coupable; the autopsy ~d that it was suicide l'autopsie prouva que c'était un suicide; the accused is innocent until ~d OR proven guilty l'accusé est innocent jusqu'à preuve du contraire OR tant que sa culpabilité n'est pas prouvée; to ~ sb right/wrong donner raison/tort à qqn; they can't ~ anything against us ils n'ont aucune preuve contre nous; I think I've ~d my point je crois avoir apporté la preuve de ce que j'avançais; it remains to be ~d whether the decision was correct rien ne prouve que cette décision était la bonne; she quickly ~d herself indispensable elle s'est vite montrée indispensable; he has already ~d his loyalty il a déjà prouvé sa fidélité, sa fidélité n'est plus à prouver. -**2.** LOGIC & MATH [proposition, theorem] démontrer. -**3.** [put to the test] mettre à l'épreuve; the method has not yet been ~d la méthode n'a pas encore fait ses preuves; to ~ o.s. faire ses preuves. -**4.** JUR [will] homologuer. -**5.** *arch* [experience] éprouver.
◇ *vi* -**1.** [turn out] s'avérer, se révéler; your suspicions ~d (to be) well-founded vos soupçons se sont avérés fondés OR légitimes; the arrangement ~d (to be) unworkable cet arrangement s'est révélé impraticable; the hotel ~d to be open l'hôtel s'avéra être ouvert; he may ~ (to be) of help to you il pourrait bien vous être utile; it has ~d impossible to find him il a été impossible de le retrouver; if that ~s to be the case s'il s'avère que tel est le cas. -**2.** CULIN [dough] lever.
◆ **prove out** *Am* ◇ *vt sep* mettre à l'épreuve.
◇ *vi insep* faire ses preuves.

proven ['pruːvn] ◇ *pp* → **prove**.
◇ *adj* -**1.** [tested] éprouvé; a woman of ~ courage une femme qui a fait preuve de courage; a candidate with ~ experience un candidat qui a déjà fait ses preuves; a ~ method une méthode qui a fait ses preuves. -**2.** JUR: a verdict of not ~ ≃ un non-lieu.

provenance ['prɒvənəns] *n* provenance *f*.

Provençal [,prɒvɒn'sɑːl] ◇ *n* -**1.** [person] Provençal *m*, -e *f*. -**2.** LING provençal *m*.
◇ *adj* provençal.

Provence [prɒ'vɑːns] *pr n* Provence *f*; in ~ en Provence.

provender ['prɒvɪndəʳ] *n* -**1.** [fodder] fourrage *m*, provende *f*. -**2.** [food] nourriture *f*.

proverb ['prɒvɜːb] *n* proverbe *m*.
◆ **Proverbs** *n* BIBLE: (the Book of) Proverbs le Livre des Proverbes.

proverbial [prə'vɜːbjəl] *adj* proverbial, légendaire.

proverbially [prə'vɜːbjəlɪ] *adv* proverbialement.

provide [prə'vaɪd] ◇ *vt* -**1.** [supply] pourvoir, fournir; to ~ sthg for sb, to ~ sb with sthg fournir qqch à qqn; who ~d them with that information? qui leur a fourni OR transmis ces renseignements?; they ~ a car for her use ils mettent une voiture à sa disposition; the plane is ~d with eight emergency exits l'avion dispose de huit sorties de secours; write the answers in the spaces ~d écrivez les réponses dans les blancs prévus à cet effet. -**2.** [offer, afford] offrir, fournir; a small summerhouse ~s some privacy un petit pavillon dans le jardin offre une certaine intimité; the new plant will ~ 2,000 jobs la nouvelle usine créera 2 000 emplois; I want to ~ my children with a good education je veux pouvoir offrir OR donner une bonne éducation à mes enfants; the book ~s a good introduction to linguistics ce livre est une bonne introduction à la linguistique; milk ~s a good source of protein le lait constitue un bon apport en protéines. -**3.** [stipulate - subj: contract, law] stipuler; the rules ~ that... le règlement stipule que...
◇ *vi*: to ~ against sthg se prémunir contre qqch.
◆ **provide for** *vt insep* -**1.** [support]: to ~ for sb pourvoir OR subvenir aux besoins de qqn; I have a family to ~ for j'ai une famille à nourrir; an insurance policy that will ~ for your children's future une assurance qui subviendra aux besoins de vos enfants; his widow was left well ~d for sa veuve était à l'abri du besoin. -**2.** [prepare]: to ~ for sthg se préparer à qqch; they hadn't ~d for the drop in demand la baisse de la demande les a pris au dépourvu; we try to ~ for all eventualities nous nous efforçons de parer à toute éventualité. -**3.** [contract, law]: to ~ for sthg stipuler OR prévoir qqch; the bill ~s for subsidies to be reduced le projet de loi prévoit une baisse des subventions.

provided [prə'vaɪdɪd] *conj*: ~ (that) pourvu que, à condition que; I'll wait for you ~ (that) it doesn't take too long je t'attendrai à condition que ce ne soit pas trop long; you can leave early ~ (that) you finish your work vous pouvez partir plus tôt à condition d'avoir fini votre travail.

providence ['prɒvɪdəns] *n* -**1.** [fate] providence *f*; Providence smiled on us la Providence nous a souri. -**2.** [foresight] prévoyance *f*; [thrift] économie *f*.

provident ['prɒvɪdənt] *adj* [foresighted] prévoyant; [thrifty] économe.

provident club *n Br système d'achat à tempérament proposé par certains grands magasins.*

providential [,prɒvɪ'denʃl] *adj* providentiel.

providentially [,prɒvɪ'denʃəlɪ] *adv* providentiellement.

providently ['prɒvɪdəntlɪ] *adv* avec prévoyance, prudemment.

provident society *n Br* société *f* de prévoyance.

provider [prə'vaɪdəʳ] *n* fournisseur *m*, -euse *f*; she's the family's sole ~ elle subvient seule aux besoins de la famille.

providing [prə'vaɪdɪŋ] = **provided**.

province ['prɒvɪns] *n* -**1.** [region, district] province *f*; the Province of Ontario/Ulster la province d'Ontario/d'Ulster; the Maritime/Prairie Provinces [of Canada] les provinces maritimes/des prairies. -**2.** [field, sphere - of activity] domaine *m*; [- of responsability] compétence *f*; politics was once the sole ~ of men autrefois, la politique était un domaine exclusivement masculin; staff supervision is not within my ~ la gestion du personnel n'est pas de mon ressort. -**3.** RELIG province *f* ecclésiastique.
◆ **provinces** *npl Br* [not the metropolis]: the ~s la province; I couldn't live in the ~s! je ne pourrais pas vivre en province!

provincial [prə'vɪnʃl] ◇ *adj* provincial.
◇ *n* -**1.** [from provinces] provincial *m*, -e *f*. -**2.** RELIG provincial *m*.

provincialism [prə'vɪnʃəlɪzm] *n* provincialisme *m*.

proving ground ['pruːvɪŋ-] *n* terrain *m* d'essai.

provision [prə'vɪʒn] ◇ *vt* approvisionner, ravitailler.
◇ *n* -**1.** [act of supplying] approvisionnement *m*, fourniture *f*, ravitaillement *m*; ~ of supplies in wartime is a major problem le ravitaillement en temps de guerre pose de graves problèmes; one of their functions is the ~ of meals for the homeless un de leurs rôles est de distribuer des repas aux sans-abri; the ~ of new jobs la création d'emplois. -**2.** [stock, supply] provision *f*, réserve *f*; to lay in ~s for the winter faire des provisions pour l'hiver; the US sent medical ~s les États-Unis envoyèrent des stocks de médicaments; I have a week's ~ of firewood left il me reste du bois OR assez de bois pour une semaine. -**3.** [arrangement, prepa-

ration] disposition *f*; **they are making ~s for a crisis** ils prennent des dispositions en vue d'une crise; **no ~ had been made for the influx of refugees** aucune disposition n'avait été prise pour faire face à l'afflux de réfugiés; **social service ~ has been cut again** les services sociaux ont à nouveau connu des compressions budgétaires; **to make ~s for one's family** pourvoir aux besoins de sa famille; **you should think about making ~s for the future** vous devriez penser à assurer votre avenir; **having a lot of children was a ~ for old age** le fait d'avoir de nombreux enfants constituait pour les parents une sorte d'assurance vieillesse. -**4.** [condition, clause] disposition *f*, clause *f*; **under the ~s of the UN charter/his will** selon les dispositions de la charte de l'ONU/de son testament; **a 4% increase is included in the budget's ~s** une augmentation de 4 % est prévue dans le budget; **notwithstanding any ~ to the contrary** JUR nonobstant toute clause contraire.

◆ **provisions** *npl* [food] vivres *mpl*, provisions *fpl*.

provisional [prəˈvɪʒənl] *adj* provisoire; **~ (driving) licence** *Br* permis *m* de conduire provisoire *(autorisation que l'on doit obtenir avant de prendre des leçons)*.

◆ **Provisional** ◇ *adj* POL: **the Provisional IRA** l'IRA *f* provisoire.

◇ *n* membre *m* de l'IRA provisoire.

provisionally [prəˈvɪʒnəlɪ] *adv* provisoirement.

proviso [prəˈvaɪzəʊ] (*pl* **provisos** OR **provisoes**) *n* stipulation *f*, condition *f*; **with the ~ that the goods be delivered within one month** à la condition expresse OR sous réserve que les marchandises soient livrées dans un délai d'un mois; **they accept, with one ~** ils acceptent, à une condition.

provisory [prəˈvaɪzərɪ] *adj* -**1.** [conditional] conditionnel. -**2.** = **provisional**.

provitamin [prəʊˈvɪtəmɪn, prəʊˈvaɪtəmɪn] *n* provitamine *f*.

Provo *inf* [ˈprəʊvəʊ] (*pl* **Provos**) *n* *Ir* POL membre *m* de l'IRA provisoire.

provocation [ˌprɒvəˈkeɪʃn] *n* provocation *f*; **he loses his temper at** OR **given the slightest ~** il se met en colère à la moindre provocation; **the crime was committed under ~** ce crime a été commis en réponse à une provocation.

provocative [prəˈvɒkətɪv] *adj* -**1.** [challenging] provocateur, provocant; **his early films were very ~** ses premiers films étaient très provocants; **she doesn't really think that, she was just being ~** elle ne le pense pas vraiment, c'est simplement de la provocation. -**2.** [seductive] provocant. -**3.** [obscene]: **a ~ gesture** un geste obscène.

provocatively [prəˈvɒkətɪvlɪ] *adv* [write, behave, dress] d'une manière provocante; [say] sur un ton provocateur OR provocant.

provoke [prəˈvəʊk] *vt* -**1.** [goad] provoquer; **to ~ sb into doing sthg** pousser qqn à faire qqch; **they'll shoot if in any way ~d** ils tireront à la moindre provocation; **the dog is dangerous when ~d** le chien devient méchant si on le provoque OR l'excite ‖ [infuriate] enrager; [vex] exaspérer. -**2.** [cause - accident, quarrel, anger] provoquer; **the revelations ~d a public outcry** les révélations ont soulevé un tollé général.

provoking [prəˈvəʊkɪŋ] *adj* [situation] contrariant; [person, behaviour] exaspérant.

provokingly [prəˈvəʊkɪŋlɪ] *adv* par provocation.

provost [*senses 1, 2 and 3* ˈprɒvəst, *sense 4* prəˈvəʊ] *n* -**1.** UNIV *Br* ≃ recteur *m*, *Am* ≃ doyen *m*. -**2.** RELIG doyen *m*. -**3.** *Scot* maire *m*. -**4.** MIL ≃ gendarme *m*.

provost court [ˈprɒvəst-] *n* tribunal *m* prévôtal.

provost guard [prəˈvəʊ-] *n* *Am* ≃ prévôté *f*.

provost marshal [prəˈvəʊ-] *n* prévôt *m*.

prow [praʊ] *n* proue *f*.

prowess [ˈpraʊɪs] *n* *(U)* -**1.** [skill] (grande) habileté *f*; **her ~ in negotiating** son habileté OR son savoir-faire en matière de négociations; **he showed great ~ on the sports field** il s'est révélé d'une adresse remarquable sur le terrain de sport; **sexual ~** prouesses *fpl* sexuelles. -**2.** [bravery] vaillance *f*.

prowl [praʊl] ◇ *vi* rôder.

◇ *vt* [street, jungle] rôder dans; **cats ~ed the rooftops** des chats rôdaient sur les toits.

◇ *n*: **to be on the ~** rôder; **the gang was on the ~ for likely victims** la bande était à la recherche d'une victime.

◆ **prowl about** *Br*, **prowl around** ◇ *vi insep* rôder.

◇ *vt insep* = **prowl** *vt*.

prowl car *n* *Am* voiture *f* de police en patrouille.

prowler [ˈpraʊləʳ] *n* rôdeur *m*, -euse *f*.

prowling [ˈpraʊlɪŋ] *adj* rôdeur.

prox *written abbr of* **proximo**.

proximity [prɒkˈsɪmətɪ] *n* proximité *f*; **in ~ to, in the ~ of** à proximité de.

proximo [ˈprɒksɪməʊ] *adv* ADMIN du mois prochain; **the 4th ~** le 4 du mois prochain.

proxy [ˈprɒksɪ] (*pl* **proxies**) *n* [person] mandataire *mf*, fondé *m*, -e *f* de pouvoir; [authorization] procuration *f*, mandat *m*; **to vote by ~** voter par procuration.

proxy vote *n* vote *m* par procuration.

prude [pruːd] *n* prude *f*; **don't be such a ~!** ne sois pas si prude!

prudence [ˈpruːdns] *n* prudence *f*, circonspection *f*.

prudent [ˈpruːdnt] *adj* prudent, circonspect.

prudently [ˈpruːdntlɪ] *adv* prudemment.

prudery [ˈpruːdərɪ] = **prudishness**.

prudish [ˈpruːdɪʃ] *adj* prude, pudibond.

prudishness [ˈpruːdɪʃnɪs] *n* pruderie *f*, pudibonderie *f*.

prune [pruːn] ◇ *n* -**1.** [fruit] pruneau *m*; **stewed ~s** pruneaux cuits. -**2.** *inf Br* [fool] patate *f*, ballot *m*.

◇ *vt* -**1.** [hedge, tree] tailler; [branch] élaguer. -**2.** *fig* [text, budget] élaguer, faire des coupes sombres dans; **to ~ (back** OR **down) expenditure** réduire les dépenses.

pruning [ˈpruːnɪŋ] *n* [of hedge, tree] taille *f*; [of branches] élagage *m*; *fig* [of budget, staff] élagage *m*; **there will have to be some ~ in this department** il va falloir faire du nettoyage dans ce service.

pruning hook *n* ébranchoir *m*.

pruning knife *n* serpette *f*.

prurience [ˈprʊərɪəns] *n* lubricité *f*, lascivité *f lit*.

prurient [ˈprʊərɪənt] *adj* lubrique, lascif.

pruritus [prʊˈraɪtəs] *n* prurit *m*.

Prussia [ˈprʌʃə] *pr n* Prusse *f*; **in ~** en Prusse.

Prussian [ˈprʌʃn] ◇ *n* Prussien *m*, -enne *f*.

◇ *adj* prussien.

Prussian blue *n* bleu *m* de Prusse.

prussic acid [ˈprʌsɪk-] *n* acide *m* prussique.

pry [praɪ] (*pt* & *pp* **pried**) ◇ *vt* *Am* = **prise**.

◇ *vi* fouiller, fureter; **I didn't mean to ~** je ne voulais pas être indiscret; **I told him not to ~ into my affairs** je lui ai dit de ne pas venir mettre le nez dans mes affaires; **he doesn't like people ~ing into his past** il n'aime pas qu'on aille fouiller dans son passé.

prying [ˈpraɪɪŋ] *adj* indiscret; **away from ~ eyes** à l'abri des regards indiscrets.

PS (*abbr of* **postscript**) *n* PS *m*.

psalm [sɑːm] *n* psaume *m*; **(the Book of) Psalms** (le livre des) Psaumes.

psalmbook [ˈsɑːmbʊk] *n* livre *m* de psaumes, psautier *m*.

psalmist [ˈsɑːmɪst] *n* psalmiste *m*; **the Psalmist** le Psalmiste.

psalmody [ˈsælmədɪ] (*pl* **psalmodies**) *n* psalmodie *f*.

Psalter [ˈsɔːltəʳ] *n* psautier *m*.

PSAT (*abbr of* **Preliminary Scholastic Aptitude Test**) *n* *examen blanc préparant au SAT.*

PSBR *n abbr of* **public sector borrowing requirement**.

psephologist [seˈfɒlədʒɪst] *n* spécialiste *mf* des élections.

psephology [seˈfɒlədʒɪ] *n* *étude statistique et sociologique des élections.*

pseud *inf* [sjuːd] ◇ *n* poseur *m*, -euse *f*, prétentieux *m*, -euse *f*.

◇ *adj* = **pseudo**.

pseudo *inf* [ˈsjuːdəʊ] *adj* [kindness, interest] prétendu; [person] faux.

pseudo- *in cpds* pseudo-.

pseudonym [ˈsjuːdənɪm] *n* pseudonyme *m*; **to write under a ~** écrire sous un pseudonyme OR sous un nom d'emprunt.

pseudonymous [sjuːˈdɒnɪməs] *adj* pseudonyme.

pseudopodium [ˌsjuːdəʊˈpəʊdɪəm] (*pl* **pseudopodia** [-dɪə]) *n* pseudopode *m*.

psi (*abbr of* **pounds per square inch**) *n* *livres au pouce carré (mesure de pression).*

psittacosis [ˌsɪtəˈkəʊsɪs] *n* *(U)* psittacose *f*.

psoriasis [sɒˈraɪəsɪs] *n* *(U)* psoriasis *m*.

psst [pst] *interj* psitt, pst.

PST *n* *Am abbr of* **Pacific Standard Time**.

PSV (*abbr of* **public service vehicle**) *n* = **PCV**.

psych *inf* [saɪk] *vt* -**1.** [psychoanalyse] psychanalyser. -**2.** *Am* [excite]: **I'm really ~ed about my vacation** je suis surexcité à l'idée de partir en vacances.

◆ **psych out** *inf vt sep* -**1.** [sense - sb's motives] deviner; [- situation] comprendre, piger. -**2.** [intimidate]: **he soon ~ed out his opponent and the game was his** très vite il a décontenancé son adversaire et il a gagné.

◆ **psych up** *inf vt sep* [motivate]: **to ~ o.s. up for sthg/to do sthg** se préparer psychologiquement à qqch/à faire qqch; **he had to ~ himself up to tell her** il a dû prendre son courage à deux mains pour arriver à le lui dire; **she ~ed herself up before the race** elle s'est concentrée avant la course; **they're all ~ed up and raring to go** ils rongent leur frein.

psyche[1] [ˈsaɪkɪ] *n* [mind] psyché *f*, psychisme *m*.

psyche[2] [saɪk] = **psych**.

Psyche [ˈsaɪkɪ] *pr n* Psyché.

psychedelia [ˌsaɪkəˈdiːlɪə] *npl* [objects] objets *mpl* psychédéliques; [dress, music etc] univers *m* psychédélique.

psychedelic [ˌsaɪkɪˈdelɪk] *adj* psychédélique.

psychiatric [ˌsaɪkɪˈætrɪk] *adj* psychiatrique; **he needs ~ help** il devrait consulter un psychiatre ❑ **~ nurse** infirmier *m*, -ère *f* psychiatrique.

psychiatrist [saɪˈkaɪətrɪst] *n* psychiatre *mf*.

psychiatry [saɪˈkaɪətrɪ] *n* psychiatrie *f*.

psychic [ˈsaɪkɪk] ◇ *adj* -**1.** [supernatural] parapsychique; **to be ~, to have ~ powers** avoir le don de double vue OR un sixième sens; **I'm not ~!** *hum* je ne suis pas devin! -**2.** [mental] psychique.

◇ *n* médium *m*.

psychical [ˈsaɪkɪkl] = **psychic** *adj*.

psycho *inf* [ˈsaɪkəʊ] (*pl* **psychos**) ◇ *n* psychopathe *mf*; **'Psycho'** *Hitchcock* 'Psychose'.

◇ *adj* psychopathe.

psychoanalyse *Br*, **-yze** *Am* [ˌsaɪkəʊˈænəlaɪz] *vt* psychanalyser.

psychoanalysis [ˌsaɪkəʊəˈnæləsɪs] *n* psychanalyse *f*; **to undergo ~** suivre une psychanalyse, se faire psychanalyser; **he spent five years in ~** il a été en psychanalyse pendant cinq ans.

psychoanalyst [ˌsaɪkəʊˈænəlɪst] *n* psychanalyste *mf*.

psychoanalytic(al) [ˈsaɪkəʊˌænəˈlɪtɪk(l)] *adj* psychanalytique.

psychobabble *inf* [ˈsaɪkəʊˌbæbl] *n* *pej* jargon *m* des psychologues.

psychodrama ['saɪkəʊˌdrɑːmə] *n* psychodrame *m*.

psychodynamic [ˌsaɪkəʊdaɪ'næmɪk] *adj* psychodynamique.

psychodynamics [ˌsaɪkəʊdaɪ'næmɪks] *n (U)* psychodynamisme *m*.

psychogenic [ˌsaɪkəʊ'dʒenɪk] *adj* psychogène.

psychogeriatric [ˌsaɪkəʊdʒerɪ'ætrɪk] *adj* psychogériatrique.

psychokinesis [ˌsaɪkəʊkɪ'niːsɪs] *n* psychokinèse *f*, psychokinésie *f*.

psycholinguistic [ˌsaɪkəʊlɪŋ'gwɪstɪk] *adj* psycholinguistique.

psycholinguistics [ˌsaɪkəʊlɪŋ'gwɪstɪks] *n (U)* psycholinguistique *f*.

psychological [ˌsaɪkə'lɒdʒɪkl] *adj* psychologique; **the ~ moment** le bon moment, le moment favorable OR psychologique.

psychological block *n* blocage *m* psychologique; **I have a ~ about driving** je fais un blocage quand il s'agit de conduire.

psychologically [ˌsaɪkə'lɒdʒɪklɪ] *adv* psychologiquement.

psychological warfare *n* guerre *f* psychologique.

psychologist [saɪ'kɒlədʒɪst] *n* psychologue *mf*.

psychology [saɪ'kɒlədʒɪ] *n* psychologie *f*; **it would be good/bad ~ to tell them** ce serait faire preuve de psychologie/d'un manque de psychologie que de le leur dire ❑ **child ~** psychologie infantile OR de l'enfant.

psychometric [ˌsaɪkə'metrɪk] *adj* psychométrique.

psychometrics [ˌsaɪkə'metrɪks] *n (U)* psychométrie *f*.

psychometry [saɪ'kɒmɪtrɪ] *n* psychométrie *f*.

psychomotor [ˌsaɪkəʊ'məʊtəʳ] *adj* psychomoteur.

psychoneurosis [ˌsaɪkəʊnjʊə'rəʊsɪs] (*pl* **psychoneuroses** [-siːz]) *n* psychonévrose *f*.

psychopath ['saɪkəpæθ] *n* psychopathe *mf*.

psychopathic [ˌsaɪkə'pæθɪk] *adj* [person] psychopathe; [disorder, personality] psychopathique.

psychopathology [ˌsaɪkəʊpə'θɒlədʒɪ] *n* psychopathologie *f*.

psychopathy [saɪ'kɒpəθɪ] *n* psychopathie *f*.

psychopharmacology [ˌsaɪkəʊˌfɑːmə'kɒlədʒɪ] *n* psychopharmacologie *f*.

psychophysiology [ˌsaɪkəʊfɪsɪ'ɒlədʒɪ] *n* psychophysiologie *f*.

psychosexual [ˌsaɪkəʊ'sekʃʊəl] *adj* psychosexuel.

psychosis [saɪ'kəʊsɪs] (*pl* **psychoses** [-siːz]) *n* psychose *f*.

psychosomatic [ˌsaɪkəʊsə'mætɪk] *adj* psychosomatique.

psychotherapist [ˌsaɪkəʊ'θerəpɪst] *n* psychothérapeute *mf*.

psychotherapy [ˌsaɪkəʊ'θerəpɪ] *n* psychothérapie *f*.

psychotic [saɪk'ɒtɪk] ◇ *adj* psychotique.
◇ *n* psychotique *mf*.

psychotropic [ˌsaɪkəʊ'trɒpɪk] *adj* psychotrope.

pt -1. *written abbr of* **pint**. -2. *written abbr of* **point**.

Pt. (*written abbr of* **point**) [on map] Pte.

PT *n* -1. (*abbr of* **physical training**) EPS *f*; **~ instructor** professeur *m* d'éducation physique. -2. *Am abbr of* **physical therapy**.

PTA (*abbr of* **parent-teacher association**) *n association de parents d'élèves et de professeurs.*

ptarmigan ['tɑːmɪgən] (*pl inv* OR **ptarmigans**) *n* lagopède *m* des Alpes.

Pte. *Br* MIL *written abbr of* **private**.

pterodactyl [ˌterə'dæktɪl] *n* ptérodactyle *m*.

PTO ◇ *Br* (*written abbr of* **please turn over**) TSVP.
◇ *n Am* (*abbr of* **parent-teacher organization**) = PTA.

Ptolemaic [ˌtɒlə'meɪɪk] *adj* -1. ANTIQ ptolémaïque. -2. ASTRON de Ptolémée; **~ system** système *m* de Ptolémée.

Ptolemy ['tɒləmɪ] *pr n* Ptolémée.

ptomaine ['təʊmeɪn] *n* ptomaïne *f*; **~ poisoning** intoxication *f* alimentaire.

ptosis ['təʊsɪs] (*pl* **ptoses** [-siːz]) *n* [of organ] ptôse *f*; [of eyelid] ptôsis *m*, blépharoptôse *f*.

PTV *n* -1. (*abbr of* **pay television**) *télévision à péage.* -2. (*abbr of* **public television**) *programmes télévisés éducatifs.*

pub [pʌb] (*abbr of* **public house**) *n* pub *m*; **we had a ~ lunch** nous avons déjeuné dans un pub; **~ grub** *inf nourriture (relativement simple) servie dans un pub.*

PUB:
Dans l'ensemble des îles Britanniques, le pub est un des grands foyers de la vie locale, mais son rôle social varie selon les régions (Angleterre, Écosse, Irlande) et selon qu'il se trouve en ville ou dans un village. Ces établissements – interdits aux personnes de moins de 16 ans – étaient soumis à des horaires sévèrement réglementés, qui se sont beaucoup assouplis récemment (voir «licensing hours»). De même, le pub a cessé d'être un simple débit de boissons pour devenir de plus en plus une sorte de brasserie-restaurant servant des repas légers.

---

pub. *written abbr of* **published**.

pub crawl *inf n Br*: **to go on a ~** ≃ faire la tournée des bars.

puberty ['pjuːbətɪ] *n* puberté *f*; **to reach ~** atteindre l'âge de la puberté.

pubes ['pjuːbiːz] (*pl inv*) *n* [region] pubis *m*, région *f* pubienne; [hair] poils *mpl* pubiens; [bones] (os *m* du) pubis *m*.

pubescence [pjuː'besns] *n* -1. [puberty] (âge *m* de la) puberté *f*. -2. [of plant, animal] pubescence *f*.

pubescent [pjuː'besnt] *adj* -1. [at puberty] pubère. -2. [plant, animal] pubescent.

pubic ['pjuːbɪk] *adj* pubien; **~ hair** poils *mpl* pubiens OR du pubis.

pubis ['pjuːbɪs] (*pl* **pubes** [-biːz]) *n* pubis *m*.

public ['pʌblɪk] ◇ *adj* -1. [of, by the state - education, debt] public; **built at ~ expense** construit avec des fonds publics ❑ **~ bill** *Br* POL ≃ projet *m* de loi d'intérêt général; **~ housing** *Am* logements *mpl* sociaux, ≃ HLM *f inv*; **~ housing project** *Am* ≃ cité *f* HLM; **~ money** deniers *mpl* OR fonds *mpl* publics; **~ official** fonctionnaire *mf*; **~ ownership** nationalisation *f*, étatisation *f*; **most airports are under ~ ownership** la plupart des aéroports appartiennent à l'État; **the ~ purse** *Br* le Trésor (public); **~ television** *Am* (télévision *f* du) service *m* public. -2. [open or accessible to all - place, meeting] public; **to hold a ~ inquiry** faire une enquête officielle; **was it a ~ trial?** le public pouvait-il assister au procès?; **let's talk somewhere less ~** allons discuter dans un endroit plus tranquille; **these gardens are ~ property!** ces jardins appartiennent à tout le monde! ❑ **~ baths** bains *mpl* publics; **~ library** bibliothèque *f* municipale. -3. [of, by the people] public; **~ affairs** affaires *fpl* publiques; **the ~ interest** OR **good** le bien OR l'intérêt *m* public; **in the ~ interest** dans l'intérêt général; **a ~ outcry** un tollé général; **to restore ~ confidence** regagner la confiance de la population; **~ awareness of the problem has increased** le public est plus sensible au problème maintenant; **the bill has ~ support** l'opinion publique est favorable au projet de loi; **the increase in crime is generating great ~ concern** la montée de la criminalité inquiète sérieusement la population; **to be in the ~ eye** occuper le devant de la scène (publique); **to disappear from the ~ eye** tomber dans les oubliettes ❑ **~ access channel** *Am* TV *chaîne du réseau câblé à laquelle peuvent avoir accès des particuliers.* -4. [publicly known, open] public; **to make sthg ~** rendre qqch public; **a ~ figure** une personnalité très connue; **to go into ~ life** se lancer dans les affaires publiques; **she's active in ~ life** elle prend une part active aux affaires publiques; **the contrast between his ~ and his private life** le contraste entre sa vie publique et sa vie privée; **it created a ~ scandal** ça a provoqué un scandale retentissant; **his first ~ statement** sa première déclaration publique; **he made a ~ denial of the rumours** il a démenti publiquement les rumeurs, il a apporté un démenti public aux rumeurs ❑ **~ spirit** sens *m* civique, civisme *m*. -5. ST. EX: **to go ~** être coté en Bourse; **the company is going ~** la société va être cotée en Bourse.
◇ *n* public *m*; **the ~ is** OR **are tired of political scandals** la population est lasse des scandales politiques; **her books reach a wide ~** ses livres touchent un public très large; **the film-going ~** les amateurs de OR les gens qui vont au cinéma; **the viewing ~** les téléspectateurs; **your ~ awaits** OR **await you** votre public vous attend.
◆ **in public** *adv phr* en public.

public-address system *n* (système *m* de) sonorisation *f*.

publican ['pʌblɪkən] *n* -1. *Br* [pub owner] patron *m*, -onne *f* de pub; [manager] tenancier *m*, -ère *f* de pub. -2. BIBLE [tax collector] publicain *m*.

public assistance *n Am* aide *f* sociale.

publication [ˌpʌblɪ'keɪʃn] *n* -1. [of book, statistics, banns] publication *f*; [of edict] promulgation *f*; **what's the book's ~ date?** quelle est la date de publication OR de parution du livre?; **her article has been accepted for ~** son article va être publié; **this isn't for ~** ceci doit rester entre nous. -2. [work] publication *f*, ouvrage *m* publié.

public bar *n Br* salle *f* de bar *(moins confortable et moins cher que le «lounge bar» ou le «saloon bar»).*

public company *n* ≃ société *f* anonyme *(dont les actions sont négociables en Bourse).*

public convenience *n Br* toilettes *fpl* publiques.

public corporation *n Br & Can* entreprise *f* publique.

public defender *n Am* avocat *m* commis d'office.

public domain *n*: **to be in the ~** [publication] être dans le domaine public.

public enemy *n* ennemi *m* public; **~ number one** ennemi public numéro un.

public enterprise *n* entreprise *f* publique.

public footpath *n Br* sentier *m* public.

public gallery *n* tribune *f* réservée au public.

public health *n* santé *f* publique; **~ hazard** risque *m* pour la santé publique; **the ~ authorities** *administration régionale des services publics de santé*; **~ clinic** centre *m* d'hygiène publique; **~ inspector** inspecteur *m* sanitaire.

public holiday *n* jour *m* férié, fête *f* légale.

public house *n Br fml* [pub] pub *m*, bar *m*; *Am* [inn] auberge *f*.

publicist ['pʌblɪsɪst] *n* -1. [press agent] (agent *m*) publicitaire *mf*. -2. [journalist] journaliste *mf*. -3. JUR publiciste *mf*.

publicity [pʌb'lɪsɪtɪ] ◇ *n* publicité *f*; **it'll give us free ~ for the product** ça fera de la publicité gratuite pour notre produit; **she/her film is getting** OR **attracting a lot of ~** on fait beaucoup de publicité autour d'elle/de son film; **the incident will mean bad ~ for us** cet incident va être mauvais pour OR va faire du tort à notre image de marque.
◇ *comp* [agent, agency, campaign] publicitaire, de publicité; [manager] de publicité; **~ gimmick** astuce *f* publicitaire; **~ stunt** coup *m* de pub.

publicity-seeking [-siːkɪŋ] *adj* [person] qui cherche à se faire de la publicité; [operation, manœuvre] publicitaire.

publicize, -ise ['pʌblɪsaɪz] *vt* -**1.** [make known]: **he doesn't like to ~ the fact that he's been in prison** il n'aime pas qu'on dise qu'il a fait de la prison; **his much ~d blunders don't help his image** ses célèbres gaffes ne font rien pour arranger son image de marque; **the government's environmental reforms have been well ~d in the press** la presse a beaucoup parlé des réformes du gouvernement en matière d'environnement. -**2.** [advertise - product, event] faire de la publicité pour; **the festival was well ~d** le festival a été annoncé à grand renfort de publicité.

public lavatory *n Br* toilettes *fpl* publiques.

public lending right *n droits que touche un auteur ou un éditeur pour le prêt de ses livres en bibliothèque.*

public limited company *n* société *f* à responsabilité limitée.

publicly ['pʌblɪklɪ] *adv* publiquement, en public; **his ~ declared intentions** les intentions qu'il avait affichées; **~ owned** ECON nationalisé; **the company is 51% ~ controlled** la compagnie est contrôlée à 51% par des capitaux publics.

public nuisance *n* -**1.** [act]: **the pub's late opening hours were creating a ~** les heures d'ouverture tardives du pub portaient atteinte à la tranquillité générale. -**2.** [person] fléau *m* public, empoisonneur *m*, -euse *f*.

public opinion *n* opinion *f* publique; **~ poll** sondage *m* (d'opinion).

public prosecutor *n* ≃ procureur *m* général, ≃ ministère *m* public.

Public Record Office *n Br* ≃ Archives *fpl* nationales.

public relations ◇ *n (U)* relations *fpl* publiques; **giving them a free meal was great ~** en leur offrant le repas, nous avons fait un excellent travail de relations publiques.
◇ *adj*: **~ consultant** conseil *m* en relations publiques; **~ exercise** opération *f* de relations publiques; **~ officer** responsable *mf* des relations publiques.

public school *n* -**1.** [in UK] public school *f*, école *f* privée (prestigieuse). -**2.** [in US] école *f* publique.

PUBLIC SCHOOL:
En Angleterre et au pays de Galles, le terme «public school» désigne une école privée de type traditionnel; certaines de ces écoles (Eton et Harrow, par exemple) sont très réputées et recherchées. La «public school» est censée former l'élite de la nation. Aux États-Unis et parfois en Écosse, le terme désigne une école publique.

---

public schoolboy *n Br* élève *m* d'une «public school».

public schoolgirl *n Br* élève *f* d'une «public school».

public sector *n* secteur *m* public; **~ borrowing requirement** emprunts *mpl* d'État.

public servant *n* fonctionnaire *mf*.

public service *n* -**1.** *Br* [civil service] fonction *f* publique; **she's in ~** elle est fonctionnaire. -**2.** [amenity] service *m* public OR d'intérêt général; ADMIN: **our organization performs a ~** notre association assure un service d'intérêt général.
◆ **public-service** *adj* RADIO & TV: **a public-service message** OR **announcement** un communiqué (d'un ministère) ☐ **Public-Service Commission** *Am commission chargée de la réglementation des sociétés privées assurant des services publics;* **public-service corporation** *Am société privée assurant un service public et réglementée par une commission d'État.*

public speaker *n* orateur *m*, -trice *f*; **he's a very good ~** c'est un excellent orateur.

public speaking *n* art *m* oratoire; **unaccustomed as I am to ~** *hum* bien que je n'aie pas l'habitude de prendre la parole en public; **~ contest** SCH concours *m* d'éloquence.

public spending *n (U)* dépenses *fpl* publiques OR de l'État.

public-spirited *adj* [gesture] d'esprit civique; [person]: **to be ~** faire preuve de civisme.

public transport *n (U)* transports *mpl* en commun; **~ users** usagers *mpl* des transports en commun.

public utility *n Am* -**1.** [company] *société privée assurant un service public et réglementée par une commission d'État.* -**2.** [amenity] service *m* public.

public works *npl* travaux *mpl* publics.

publish ['pʌblɪʃ] ◇ *vt* -**1.** [book, journal] publier, éditer; [author] éditer; **her latest novel has just been ~ed** son dernier roman vient de paraître; **he's a ~ed author** ses livres sont publiés; **it's ~ed by Larousse** c'est édité chez Larousse; **the magazine is ~ed quarterly** la revue paraît tous les trois mois; **the newspaper ~ed my letter** le journal a publié ma lettre. -**2.** [subj: author]: **he's ~ed poems in several magazines** ses poèmes ont été publiés dans plusieurs revues. -**3.** [make known - statistics, statement, banns] publier; **the price index which was ~ed on Monday** l'indice des prix publié lundi.
◇ *vi* -**1.** [newspaper] paraître; **the "Sun" didn't ~ yesterday** le «Sun» n'est pas paru hier. -**2.** [author] être publié; **she ~es regularly in women's magazines** ses articles sont régulièrement publiés dans la presse féminine.

publishable ['pʌblɪʃəbl] *adj* publiable; **her remarks aren't ~!** ses commentaires sont impubliables!, on ne peut pas publier ses commentaires!

publisher ['pʌblɪʃəʳ] *n* [person] éditeur *m*, -trice *f*; [company] maison *f* d'édition.

publishing ['pʌblɪʃɪŋ] ◇ *n* -**1.** [industry] édition *f*; **she's** OR **she works in ~** elle travaille dans l'édition. -**2.** [of book, journal] publication *f*.
◇ *comp*: **a ~ giant** un géant de l'édition; **a ~ empire** un des empires de l'édition.

publishing house *n* maison *f* d'édition.

Publius ['pʌblɪəs] *pr n* Publius.

puce [pjuːs] ◇ *n* couleur *f* puce.
◇ *adj* puce *(inv)*.

puck [pʌk] *n* -**1.** [in ice hockey] palet *m*. -**2.** [sprite] lutin *m*, farfadet *m*.

pucker ['pʌkəʳ] ◇ *vi* [face, forehead] se plisser; [fabric, collar] goder, godailler.
◇ *vt* [face, forehead] plisser; [fabric, collar] faire goder, faire godailler; **she ~ed her lips at the sour taste** elle fit la grimace en sentant le goût acide; **the seam/hem is ~ed** la couture/l'ourlet fait des plis.
◇ *n* [crease] pli *m*.
◆ **pucker up** ◇ *vi insep* -**1.** = **pucker** *vi*. -**2.** *inf* [for kiss] avancer les lèvres.
◇ *vt sep* = **pucker** *vt*.

puckish ['pʌkɪʃ] *adj* espiègle.

pud [pʊd] *n* -**1.** *inf Br abbr of* **pudding**. -**2.** ▼ *Am* [penis] bite *f*.

pudding ['pʊdɪŋ] *n* -**1.** [sweet dish]: **jam ~** pudding *m* à la confiture; **rice/tapioca ~** riz *m*/tapioca *m* au lait. -**2.** *Br* [part of meal] dessert *m*; **what are we having for ~?** qu'est-ce qu'il y a comme dessert? -**3.** [savoury dish]: **steak-and-kidney ~** *viande de bœuf et rognons en croûte.* -**4.** [sausage] boudin *m*; **black ~** boudin *m* noir. -**5.** *inf Br* [podgy person] boudin *m*. -**6.** *phr*: **to be in the ~ club** *inf Br* avoir un polichinelle dans le tiroir.

pudding basin, pudding bowl *n Br jatte dans laquelle on fait cuire le pudding*; **~ haircut** coupe *f* au bol.

pudding head *inf n Br* andouille *f*, patate *f*.

pudding stone *n* GEOL poudingue *m*.

puddle ['pʌdl] ◇ *n* flaque *f*.
◇ *vt* [clay] malaxer.
◆ **puddle about** *Br*, **puddle around** *vi insep* -**1.** [wade] patauger, barboter. -**2.** *inf Am* [laze] flemmarder, traîner. -**3.** *inf Am* [tinker, potter] faire des bricoles.

pudendum [pjuː'dendəm] *n*, **pudenda** [pjuː'dendə] *npl* parties *fpl* génitales.

pudgy ['pʌdʒɪ] *(compar* **pudgier**, *superl* **pudgiest)** = **podgy**.

pueblo ['pwebləʊ] *(pl* **pueblos)** *n Am* village *m* pueblo.

Pueblo ['pwebləʊ] *(pl inv* OR **Pueblos)** *n* Pueblo *mf*.

puerile ['pjʊəraɪl] *adj* puéril.

puerility [pjʊə'rɪlətɪ] *n* puérilité *f*.

puerperal [pjuː'ɜːpərəl] *adj* puerpéral; **~ fever** fièvre *f* puerpérale.

Puerto Rican [ˌpwɜːtəʊ'riːkən] ◇ *pr n* Portoricain *m*, -e *f*.
◇ *adj* portoricain.

Puerto Rico [ˌpwɜːtəʊ'riːkəʊ] *pr n* Porto Rico, Puerto Rico; **in ~** à Porto Rico, à Puerto Rico.

puff[1] [pʌf] ◇ *vt* -**1.** [smoke - cigar, pipe] tirer des bouffées de. -**2.** [emit, expel]: **to ~ (out) smoke/steam** envoyer des nuages de fumée/des jets de vapeur; **he sat opposite me ~ing smoke in my face!** il était assis en face de moi et m'envoyait sa fumée en pleine figure! -**3.** [pant]: **"I can't go on", he ~ed** «je n'en peux plus», haleta-t-il. -**4.** [swell - sail, parachute] gonfler. -**5.** *inf dated* [laud] vanter, faire mousser. -**6.** *phr*: **I'm ~ed (out)!** *inf* je n'ai plus de souffle!, je suis complètement essoufflé!
◇ *vi* -**1.** [blow - person] souffler; [- wind] souffler en bourrasques. -**2.** [pant] haleter; [breathe heavily] souffler; **I was ~ing as I climbed the stairs** je haletais en montant l'escalier; **he was ~ing and panting** il soufflait comme un phoque; **I ~ed along beside her** je courais, tout essoufflé, à ses côtés. -**3.** [smoke]: **to ~ on one's pipe/cigar** tirer sur sa pipe/son cigare. -**4.** [issue - smoke, steam] sortir. -**5.** [move - train]: **the train ~ed into the station** le train entra en gare dans un nuage de fumée.
◇ *n* -**1.** [gust, whiff] bouffée *f*; [gasp] souffle *m*; **her breath came in short ~s** elle haletait; **a ~ of dust/smoke on the horizon** un nuage de poussière/fumée à l'horizon; **all our plans went up in a ~ of smoke** *fig* tous nos projets sont partis en fumée OR se sont évanouis. -**2.** [on cigarette, pipe] bouffée *f*; **to have** OR **to take a ~** tirer une bouffée. -**3.** [sound - of train] teuf-teuf *m*. -**4.** *inf Br* [breath] souffle *m*; **to be out of ~** être à bout de souffle OR essoufflé. -**5.** [fluffy mass]: **~s of cloud in the sky** des moutons OR des petits nuages dans le ciel. -**6.** [for make-up]: **(powder) ~** houppe *f* (à poudrer), houpette *f*. -**7.** [pastry] chou *m*; **cream ~** chou à la crème. -**8.** *Am* [eiderdown] édredon *m*. -**9.** *inf dated* [free publicity] publicité *f* gratuite; **to give sthg a ~** faire de la réclame pour qqch.
◆ **puff out** ◇ *vt sep* -**1.** [extinguish] souffler, éteindre (en soufflant). -**2.** [inflate, make rounded - cheeks, sail] gonfler; [- cushion, hair] faire bouffer; **the pigeon ~ed out its feathers** le pigeon fit gonfler ses plumes; **he ~ed out his chest** il bomba le torse; **the wind ~ed out the sails** les voiles se gonflèrent. -**3.** [emit]: **to ~ out smoke/steam** envoyer des nuages de fumée/de vapeur.
◇ *vi insep* -**1.** [parachute, sail] se gonfler. -**2.** [be emitted - smoke] s'échapper.
◆ **puff up** ◇ *vt sep* -**1.** = **puff out 2**. -**2.** *(usu pass)* [swell - lip, ankle, flesh] enfler; **her eyes were ~ed up** elle avait les yeux bouffis; **to be ~ed up with pride** *fig* être bouffi d'orgueil.
◇ *vi insep* [lip, ankle, eye] enfler, bouffir.

puff[2] [pʊf] = **poof**.

puff adder [pʌf-] *n* vipère *f* heurtante.

puffball ['pʌfbɔːl] *n* vesse-de-loup *f*; **giant ~** vesse-de-loup géante.

puffed [pʌft] *adj* -**1.** [rice, oats] soufflé; **~ wheat cereal** céréale *f* de blé soufflé. -**2.** *inf Br* [out of breath] essoufflé, à bout de souffle; **we were ~ (out) after the climb** la montée nous a essoufflés.

puffed sleeves = **puff sleeves**.

puffed-up *adj* -1. [swollen] boursouflé, enflé. -2. [conceited] suffisant, content de soi.

puffer ['pʌfəʳ] *n* -1. [fish] poisson *m* armé. -2. *inf Br* [train] train *m*.

puffin ['pʌfɪn] *n* macareux *m*.

puffiness ['pʌfɪnɪs] *n* boursouflure *f*.

puff pastry [pʌf-] *Br*, **puff paste** [pʌf-] *Am* *n* [for pies] pâte *f* feuilletée; [for puffs] pâte *f* à choux.

puff-puff *inf* [pʌf-] ◇ *n baby talk* [train] teuf-teuf *m*.
◇ *onomat* teuf-teuf.

puff sleeves [pʌf-] *npl* manches *fpl* ballon.

puffy ['pʌfɪ] (*compar* puffier, *superl* puffiest) *adj* [lip, cheek] enflé; [eye] bouffi; ~ clouds moutons *mpl*.

pug [pʌg] *n* -1. [dog] carlin *m*. -2. ▽ (*abbr of* pugilist) boxeur *m*.

pugilism ['pju:dʒɪlɪzm] *n lit* pugilat *m lit*, boxe *f*.

pugilist ['pju:dʒɪlɪst] *n lit* pugiliste *m lit*, boxeur *m*.

pugnacious [pʌg'neɪʃəs] *adj fml* pugnace, agressif.

pugnaciously [pʌg'neɪʃəslɪ] *adv fml* [say] avec pugnacité OR agressivité.

pugnacity [pʌg'næsətɪ] *n fml* pugnacité *f*.

pug nose *n* nez *m* camus.

pug-nosed [-nəʊzd] *adj* [face, person] au nez camus; to be ~ avoir le nez camus.

puke▽ [pju:k] ◇ *vt* dégueuler, gerber; you make me ~! tu me dégoûtes!
◇ *n* dégueulis *m*.

pukka *inf* ['pʌkə] *adj Br dated* OR *hum* -1. [genuine] vrai, authentique, véritable; a ~ sahib *hum* un vrai gentleman; ~ information des renseignements exacts. -2. [done well] bien fait, très correct; [excellent] de premier ordre. -3. [socially acceptable] (très) comme il faut.

pulchritude ['pʌlkrɪtju:d] *n lit* beauté *f*, splendeur *f*.

Pulitzer Prize ['pju:lɪtsəʳ-] *n*: the ~ le prix Pulitzer.

pull [pʊl] ◇ *vt* -1. [object - yank, tug] tirer; [- drag] traîner; she ~ed my hair elle m'a tiré les cheveux; to ~ the blinds baisser les stores; to ~ the curtains *Br* OR drapes *Am* tirer OR fermer les rideaux; we ~ed the heavy log across to the fire nous avons traîné la lourde bûche jusqu'à la cheminée; ~ the lamp towards you tirez la lampe vers vous; he ~ed his chair closer to the fire il approcha sa chaise de la cheminée; she ~ed the hood over her face elle abaissa le capuchon sur son visage; he ~ed the steering wheel to the right il a donné un coup de volant à droite; to ~ a drawer open ouvrir un tiroir; she came in and ~ed the door shut behind her elle entra et ferma la porte derrière elle; ~ the rope taut tendez la corde; ~ the knot tight serrez le nœud; ~ the tablecloth straight tendez la nappe || [person] tirer, entraîner; he was ~ing her towards the exit il l'entraînait vers la sortie; the current ~ed us into the middle of the river le courant nous a entraînés au milieu de la rivière; he ~ed himself onto the riverbank il se hissa sur la berge; the sound of the doorbell ~ed him out of his daydream *fig* le coup de sonnette l'a tiré de OR arraché à ses rêveries; he was ~ed off the first team *fig* on l'a écarté OR exclu de la première équipe || [remove forcibly] arracher; he ~ed the wrapping from the package il arracha l'emballage du paquet; he ~ed the sheets off the bed il enleva les draps du lit; she ~ed her hand from mine elle retira (brusquement) sa main de la mienne ❑ ~ the other one (it's got bells on)! *inf Br* mon œil!, à d'autres!; to ~ sthg to bits OR pieces *literal* démonter qqch; *fig* démolir qqch. -2. [operate - lever, handle] tirer; ~ the trigger appuyez OR pressez sur la détente. -3. [tow, draw - load, trailer, carriage, boat] tirer, remorquer; carts ~ed by mules des charrettes tirées par des mules; a suitcase with wheels that you ~ behind you une valise à roulettes qu'on tire OR traîne derrière soi; the barges were ~ed along the canals les péniches étaient halées le long des canaux. -4. [take out - tooth] arracher, extraire; [- weapon] tirer, sortir; he ~ed a dollar bill from his wad/wallet il a tiré un billet d'un dollar de sa liasse/sorti un billet d'un dollar de son portefeuille; he ~ed a gun on me il a braqué un revolver sur moi; getting him to talk is like ~ing teeth! *hum* il faut lui arracher les mots de la bouche!; can you ~ that file for me? *inf* pourriez-vous me sortir ce dossier? -5. [strain - muscle, tendon]: she ~ed a muscle elle s'est déchiré un muscle, elle s'est fait un claquage; my shoulder feels as if I've ~ed something j'ai l'impression que je me suis froissé un muscle de l'épaule. -6. *inf* [bring off] réussir; she has ~ed several daring financial coups elle a réussi plusieurs opérations financières audacieuses; he ~ed a big bank job in Italy il a réussi un hold-up de première dans une banque italienne; to ~ a trick on sb jouer un tour à qqn; what are you trying to ~? qu'est-ce que vous êtes en train de combiner OR manigancer?; don't try and ~ anything! n'essayez pas de jouer au plus malin! ❑ I ~ed an all-nighter *Am* j'ai bossé toute la nuit. -7. [hold back]: to ~ a horse [in horseracing] retenir un cheval ❑ to ~ one's punches *literal* & *fig* retenir ses coups, ménager son adversaire; she didn't ~ any punches elle n'y est pas allée de main morte. -8. [in golf - ball] puller; to ~ a shot puller. -9. [in rowing - boat] faire avancer à la rame; he ~s a good oar c'est un bon rameur; the boat ~s eight oars c'est un bateau à huit avirons. -10. TYPO [proof] tirer. -11. COMPUT extraire. -12. [gut - fowl] vider. -13. *inf* [attract - customers, spectators] attirer; the festival ~ed a big crowd le festival a attiré beaucoup de monde; how many votes will he ~? combien de voix va-t-il récolter? -14. *Br* [serve - draught beer] tirer; he ~s pints at the Crown *inf* il est barman au Crown. -15. ▽ *Br* [seduce] lever.
◇ *vi* -1. [exert force, tug] tirer; ~ harder! tirez plus fort!; the bandage may ~ when I take it off le pansement risque de vous tirer la peau quand je l'enlèverai; the steering ~s to the right la direction tire à droite. -2. [rope, cord]: the rope ~ed easily la corde filait librement. -3. [go, move - vehicle, driver]: ~ into the space next to the Mercedes mettez-vous OR garez-vous à côté de la Mercedes; he ~ed into the right-hand lane il a pris la file de droite; ~ into the garage entrez dans le garage; when the train ~s out of the station quand le train quitte la gare. -4. [strain, labour - vehicle] peiner; [- horse] tirer sur le mors; the overloaded truck ~ed up the slope le camion surchargé montait la côte avec difficulté; the 2-litre model ~s very well AUT le modèle 2 litres a de bonnes reprises. -5. *inf* [exert influence, give support]: the head of personnel is ~ing for you OR on your behalf vous avez le chef du personnel derrière vous. -6. [snag - sweater] filer; my sweater's ~ed in a couple of places mon pull a plusieurs mailles filées. -7. [row] ramer; to ~ for shore ramer vers la côte; to ~ with a long stroke ramer à grands coups d'aviron.
◇ *n* -1. [tug, act of pulling] coup *m*; to give sthg a ~, to give a ~ on sthg tirer (sur) qqch; we'll need a ~ to get out of the mud nous aurons besoin que quelqu'un nous remorque OR nous prenne en remorque pour nous désembourber; with a ~ the dog broke free le chien tira sur sa laisse et s'échappa; she felt a ~ at OR on her handbag elle a senti qu'on tirait sur son sac à main; I felt a ~ on the fishing line ça mordait. -2. [physical force - of machine] traction *f*; [- of sun, moon, magnet] attraction *f*; the winch applies a steady ~ le treuil exerce une traction continue; the gravitational ~ is stronger on Earth la gravitation est plus forte sur Terre; we fought against the ~ of the current nous luttions contre le courant qui nous entraînait. -3. [resistance - of bowstring] résistance *f*; adjust the trigger if the ~ is too stiff for you réglez la détente si elle est trop dure pour vous. -4. [psychological, emotional attraction] attrait *m*; the ~ of city life l'attrait de la vie en ville; he resisted the ~ of family tradition and went his own way il a résisté à l'influence de la tradition familiale pour suivre son propre chemin. -5. *inf* [influence, power] influence *f*; his money gives him a certain political ~ son argent lui confère une certaine influence OR un certain pouvoir politique; his father's ~ got him in son père l'a pistonné. -6. [climb] montée *f*; it'll be a long ~ to the summit la montée sera longue (et difficile) pour atteindre le sommet; it's going to be a long uphill ~ to make the firm profitable *fig* ça sera difficile de remettre l'entreprise à flot. -7. [in rowing - stroke] coup *m* de rame OR d'aviron; with another ~ he was clear of the rock d'un autre coup de rame, il évita le rocher; it will be a hard ~ upstream il faudra ramer dur pour remonter le courant. -8. [at cigar] bouffée *f*; [at drink, bottle] gorgée *f*; to take a ~ at OR on one's beer boire OR prendre une gorgée de bière || [on cigarette, pipe]: to take a ~ at OR on tirer sur. -9. (*usu in cpds*) [knob, handle] poignée *f*; [cord] cordon *m*; [strap] sangle *f*. -10. [snag - in sweater] accroc *m*. -11. TYPO épreuve *f*. -12. [in golf] pull *m*.

◆ **pull about** *vt sep* [handle roughly - person] malmener; [- clothes] tirer sur; stop ~ing me about! mais lâche-moi donc!

◆ **pull ahead** *vi insep* prendre de l'avance; to ~ ahead of one's competitors/classmates prendre de l'avance sur ses concurrents/ses camarades de classe.

◆ **pull along** *vt sep* [load, vehicle] tirer; he was ~ing the suitcase along by the strap il tirait la valise derrière lui par la sangle || [person] entraîner; she ~ed me along by my arm elle m'entraînait en me tirant par le bras.

◆ **pull apart** ◇ *vt sep* -1. [take to pieces - machine, furniture] démonter; now you've ~ed it all apart, are you sure you can fix it? maintenant que tu as tout démonté, es-tu sûr de pouvoir le réparer? -2. [destroy, break] mettre en morceaux OR en pièces; the wreck was ~ed apart by the waves les vagues ont disloqué l'épave; tell him where it's hidden or he'll ~ the place apart *inf* dites-lui où c'est (caché) sinon il va tout saccager. -3. *fig* [demolish - essay, theory] démolir. -4. [separate - fighters, dogs] séparer; [- papers] détacher, séparer. -5. [make suffer] déchirer.
◇ *vi insep* [furniture] se démonter, être démontable; the shelves simply ~ apart les étagères se démontent sans outils.

◆ **pull around** *vt sep* -1. [cart, toy, suitcase] tirer derrière soi. -2. [make turn] tourner, faire pivoter; he tried to ~ the horse around il essaya de faire faire demi-tour à son cheval.

◆ **pull at** *vt insep* -1. [strain at, tug at] tirer sur; the dog ~ed at the leash le chien tira sur la laisse; we ~ed at the rope nous avons tiré sur la corde; I ~ed at his sleeve je l'ai tiré par la manche; each ~ed at an oar chacun tirait sur un aviron; the wind ~ed at her hair le vent faisait voler ses cheveux. -2. [suck - pipe, cigar] tirer sur; [- bottle]: he ~ed at his bottle of beer il a bu une gorgée de bière.

◆ **pull away** ◇ *vi insep* -1. [withdraw - person] s'écarter, se détourner; I put out my hand but she ~ed away j'ai tendu la main vers elle mais elle s'est détournée; he had me by the arm but I managed to ~ away il me tenait par le bras mais j'ai réussi à me dégager. -2. [move off - vehicle, ship] démarrer; [- train, convoy] s'ébranler; the boat ~ed away from the bank le bateau quitta la rive. -3. [get ahead - runner, competitor] prendre de l'avance; she's ~ing away from the pack elle prend de l'avance sur le peloton, elle se détache du peloton.
◇ *vt sep* [withdraw - covering, hand] retirer; she ~ed her hand away elle retira OR ôta sa main; he ~ed me away from the window il m'éloigna de la fenêtre || [grab] arracher; she ~ed the book away from him elle lui arracha le livre.

◆ **pull back** ◇ *vi insep* -**1.** [withdraw - troops, participant] se retirer; **it's too late to ~ back now** il est trop tard pour se retirer OR pour faire marche arrière maintenant. -**2.** [step backwards] reculer; **to ~ back involuntarily** avoir un mouvement de recul involontaire. -**3.** [jib - horse, person] regimber.
◇ *vt sep* -**1.** [draw backwards or towards one] retirer; **he ~ed his hand back** il retira OR ôta sa main; **she ~ed back the curtains** elle ouvrit les rideaux; **~ the lever back** tirez le levier (vers l'arrière); **he ~ed me back from the railing** il m'a éloigné de la barrière. -**2.** [withdraw - troops] retirer.
◆ **pull down** ◇ *vt sep* -**1.** [lower - lever, handle] tirer (vers le bas); [- trousers, veil] baisser; [- suitcase, book] descendre; **~ the blind/the window down** baissez le store/la vitre; **with his hat ~ed down over his eyes** son chapeau rabattu sur les yeux; **she ~ed her skirt down over her knees** elle ramena sa jupe sur ses genoux; **I ~ed him down onto the chair** je l'ai fait asseoir sur la chaise. -**2.** [demolish - house, wall] démolir, abattre; **they're ~ing down the whole neighbourhood** ils démolissent tout le quartier; **it'll ~ down the government** *fig* ça va renverser le gouvernement. -**3.** *inf* [weaken - subj: illness] affaiblir, abattre; [depress] déprimer, abattre. -**4.** *inf Am* [earn] gagner, se faire.
◇ *vi insep* [blind] descendre.
◆ **pull in** ◇ *vi insep* [vehicle, driver - stop] s'arrêter; [- park] se garer; [- move to side of road] se rabattre; [train] entrer en gare; **I ~ed in for petrol** je me suis arrêté pour prendre de l'essence; **the car in front ~ed in to let me past** la voiture devant moi s'est rabattue pour me laisser passer.
◇ *vt sep* -**1.** [line, fishing net] ramener; **they ~ed the rope in** ils tirèrent la corde à eux; **to ~ sb in** [into building, car] tirer qqn à l'intérieur, faire entrer qqn; [into water] faire tomber qqn à l'eau ‖ [stomach] rentrer. -**2.** [attract - customers, investors, investment] attirer; **her show is really ~ing them in** son spectacle attire les foules. -**3.** *inf* [earn - subj: person] gagner, se faire; [- subj: business] rapporter. -**4.** *inf* [arrest] arrêter, embarquer.
◆ **pull off** ◇ *vi insep* -**1.** [move off] démarrer; [after halt] redémarrer. -**2.** [leave main road] quitter la route; **he ~ed off onto a side road** il bifurqua sur une petite route ‖ [stop] s'arrêter; **there's no place to ~ off** il n'y a pas de place pour s'arrêter.
◇ *vt sep* -**1.** [clothes, boots, ring] enlever, retirer; [cover, bandage, knob] enlever; [page from calendar, sticky backing] détacher; [wrapping, wallpaper] enlever; **I ~ed her hat off** je lui ai enlevé son chapeau; [more violently] je lui ai arraché son chapeau. -**2.** *inf* [accomplish - deal, stratagem, mission, shot] réussir; [- press conference, negotiations] mener à bien; [- plan] réaliser; **the deal will be difficult to ~ off** cette affaire ne sera pas facile à négocier; **will she (manage to) ~ it off?** est-ce qu'elle va y arriver?
◆ **pull on** ◇ *vt sep* [clothes, boots, pillow slip] mettre, enfiler.
◇ *vt insep* -**1.** [tug at - rope, handle etc] tirer sur. -**2.** [draw on - cigarette, pipe] tirer sur.
◆ **pull out** ◇ *vi insep* -**1.** [withdraw - troops, ally, participant] se retirer; **when they ~ed out of Vietnam** quand ils se sont retirés du Viêt-nam; **she's ~ing out of the election** elle retire sa candidature; **they've ~ed out of the deal** ils se sont retirés de l'affaire. -**2.** [move off - vehicle, ship] démarrer; [- train, convoy] s'ébranler; **she was ~ing out of the garage** elle sortait du garage ‖ [move towards centre of road]: **he ~ed out to overtake** il a déboîté pour doubler; **a truck suddenly ~ed out in front of me** soudain, un camion m'a coupé la route; **to ~ out into traffic** s'engager dans la circulation; **to ~ out of a dive** AERON sortir d'un piqué, se rétablir. -**3.** [economy]: **to ~ out of a recession/a crisis** sortir de la récession/d'une crise. -**4.** [slide out]: **the sofa ~s out into a bed** le canapé se transforme en lit; **the shelves ~ out** on peut retirer les étagères; **the table top ~s out** c'est une table à rallonges.
◇ *vt sep* -**1.** [remove - tooth, hair, weeds] arracher; [- splinter, nail] enlever; [- plug, cork] ôter, enlever; [produce - wallet, weapon] sortir, tirer; **she ~ed a map out of her bag** elle a sorti une carte de son sac; **he ~ed a page out of his notebook** il a déchiré une feuille de son carnet; **~ the paper gently out of the printer** retirez doucement le papier de l'imprimante; **the tractor ~ed us out of the mud/ditch** le tracteur nous a sortis de la boue/du fossé; **to ~ the country out of recession** sortir le pays de la récession; **to ~ sb out of a tight spot** tirer qqn d'un mauvais pas. -**2.** [draw towards one - drawer] tirer; [unfold] déplier; **~ the bed out from the wall** écartez le lit du mur; **he ~ed a chair out from under the table** il a écarté une chaise de la table. -**3.** [withdraw - troops, contestant] retirer; **the battalion was ~ed out of the border area** le bataillon a été retiré de la région frontalière; **he threatened to ~ the party out of the coalition** il menaça de retirer le parti de la coalition. -**4.** COMPUT [select, produce - data] sortir.
◆ **pull over** ◇ *vt sep* -**1.** [draw into specified position] tirer, traîner; **~ the chair over to the window** amenez la chaise près de la fenêtre; **she ~ed the dish over and helped herself** elle a tiré le plat vers OR à elle et s'est servie. -**2.** [make fall - pile, person, table] faire tomber, renverser; **watch out you don't ~ that lamp over** fais attention de ne pas faire tomber cette lampe. -**3.** *(usu passive)* [stop - vehicle, driver] arrêter; **I got ~ed over for speeding** je me suis fait arrêter pour excès de vitesse.
◇ *vi insep* [vehicle, driver - stop] s'arrêter; [- move to side of road] se ranger, se rabattre; **~ over and let the fire engine past** rangez-vous OR rabattez-vous sur le côté et laissez passer les pompiers.
◆ **pull round** *Br* ◇ *vt sep* -**1.** = **pull around**. -**2.** [revive] ranimer; **a drop of brandy will ~ her round** un peu de cognac la remettra OR remontera.
◇ *vi insep* [regain consciousness] revenir à soi, reprendre connaissance; [recover] se remettre.
◆ **pull through** ◇ *vi insep* [recover] s'en sortir, s'en tirer.
◇ *vt sep* -**1.** [draw through - rope, thread] faire passer; **~ the needle through to the other side** faites sortir l'aiguille de l'autre côté. -**2.** [help survive or surmount] tirer d'affaire.
◆ **pull to** *vt sep* [shut - door, gate] fermer.
◆ **pull together** ◇ *vi insep* [on rope] tirer ensemble; [on oars] ramer à l'unisson; *fig* [combine efforts] concentrer ses efforts, agir de concert; **we've all got to ~ together on this one** *fig* il faut que nous nous y mettions tous ensemble, il faut que nous nous attelions tous ensemble à la tâche.
◇ *vt sep* -**1.** [place together, join] joindre. -**2.** [organize - demonstration, rescue team] organiser; [prepare] préparer; **I've ~ed together a few suggestions** j'ai préparé OR noté quelques propositions. -**3.** *phr*: **to ~ o.s. together** se reprendre, se ressaisir; **~ yourself together!** ressaisissez-vous!, ne vous laissez pas aller!
◆ **pull up** ◇ *vi insep* -**1.** [stop] s'arrêter; **as I was ~ing up at the red light** alors que j'allais m'arrêter au feu rouge; **~ up at OR outside the main entrance** arrêtez-vous devant l'entrée principale; **to ~ up short** s'arrêter net OR brusquement. -**2.** *inf* [ease up] se détendre, se relâcher. -**3.** [draw even] rattraper; **to ~ up with sb** rattraper qqn; **Sun Boy is ~ing up on the outside!** Sun Boy remonte à l'extérieur! -**4.** [improve - student, athlete, performance] s'améliorer.
◇ *vt sep* -**1.** [draw upwards - trousers, sleeve, blanket, lever] remonter; [hoist] hisser; **they ~ed the boat up onto the beach** ils ont tiré le bateau sur la plage; **she ~ed herself up onto the ledge** elle s'est hissée sur le rebord. -**2.** [move closer - chair] approcher; **I ~ed a chair up to the desk** j'ai approché une chaise du bureau; **why don't you ~ up a chair and join us?** prenez donc une chaise et joignez-vous à nous!; **he ~ed the crate up to the scales** il a traîné la caisse jusqu'à la balance. -**3.** [uproot - weeds] arracher; [- bush, stump, tree] arracher, déraciner; [rip up - floorboards] arracher. -**4.** [stop - person, vehicle, horse] arrêter; [check - person] retenir; **his warning ~ed me up short** je me suis arrêté net lorsqu'il m'a crié de faire attention; **he was about to tell them everything but I ~ed him up (short)** il était sur le point de tout leur dire mais je lui ai coupé la parole. -**5.** *inf* [improve - score, mark] améliorer; [- average] remonter. -**6.** *inf Br* [rebuke] réprimander, enguirlander; **he was ~ed up for being late** il s'est fait enguirlander pour être arrivé en retard; **if your work is sloppy, they'll ~ you up on it** si ton travail est bâclé, tu vas te faire taper sur les doigts.

pullback ['pʊlbæk] *n* MIL repli *m*, retraite *f*.

pulldown ['pʊldaʊn] *adj* [bench, counter] à abattant; **~ menu** COMPUT menu *m* déroulant; **~ seat** strapontin *m*.

pullet ['pʊlɪt] *n* poulette *f*.

pulley ['pʊlɪ] *n* [wheel, device] poulie *f*; TECH [set of parallel wheels] molette *f*.

pull-in *n Br* AUT [café] café *m* au bord de la route, ≃ restaurant *m* routier.

Pullman ['pʊlmən] (*pl* **Pullmans**) *n* -**1.** [sleeping car]: **~ (carriage** OR **car)** (voiture *f*) pullman *m*. -**2.** [train] rapide *m* de nuit.

pull-on *adj*: **~ boots** bottes *fpl* (sans lacets); **~ skirt** jupe *f* à taille élastique.

pullout ['pʊlaʊt] ◇ *n* -**1.** [magazine supplement] supplément *m* détachable. -**2.** [fold-out] hors-texte *m inv (qui se déplie)*. -**3.** [withdrawal - gen & MIL] retrait *m*; [- of candidate] désistement *m*; [evacuation] évacuation *f*; **investment ~** désinvestissement *m*. -**4.** AERON rétablissement *m*.
◇ *adj* [magazine section] détachable; [map, advertising page] hors texte *(inv)*; [legs, shelf] rétractable; **~ bed** canapé-lit *m*.

pullover ['pʊl,əʊvəʳ] *n* pullover *m*, pull *m*.

pull tab *n* [on can] anneau *m*, bague *f*.

pullulate ['pʌljʊleɪt] *vi* -**1.** [teem, breed] pulluler. -**2.** BOT [germinate] germer.

pull-up *n* -**1.** SPORT traction *f (sur une barre ou sur des anneaux)*; **to do ~s** faire des tractions. -**2.** *Br* = **pull-in**.

pulmonary ['pʌlmənərɪ] *adj* pulmonaire.

pulp [pʌlp] ◇ *n* -**1.** [in fruit] pulpe *f*; [for paper] pâte *f* à papier, pulpe *f*; [in tooth] pulpe *f*; **~ and paper mill** fabrique *f* de papier. -**2.** [mush] bouillie *f*; **to beat** OR **to smash to a ~** réduire en bouillie OR en marmelade. -**3.** MIN pulpe *f*.
◇ *vt* -**1.** [crush - wood] réduire en pâte; [- fruit, vegetables] réduire en pulpe; [- book] mettre au pilon. -**2.** [remove pulp from] ôter la pulpe de.
◇ *comp* -**1.** *pej* [novel, fiction] de hall de gare; **~ magazine** magazine *m* à sensation; **~ writer** romancier *m*, -ère *f* de hall de gare. -**2.** ANAT [cavity, canal] pulpaire.

pulpit ['pʊlpɪt] *n* RELIG chaire *f*; *fig* [clergy]: **the ~** le clergé, les ecclésiastiques *mpl*.

pulpwood ['pʌlpwʊd] *n* pâte *f* à bois.

pulpy ['pʌlpɪ] (*compar* **pulpier**, *superl* **pulpiest**) *adj* -**1.** [fruit, tissue, mass] pulpeux. -**2.** *inf pej* [novel, magazine] à sensation.

pulsar ['pʌlsɑːʳ] *n* pulsar *m*.

pulsate [pʌl'seɪt] *vi* -**1.** [throb - heart] battre fort, pulser MÉD; [- music, room] vibrer; **the pulsating rhythm of jazz** le rythme syncopé du jazz; **the pulsating beat of the drums** le rythme lancinant des tambours. -**2.** PHYS subir des pulsations; ASTRON [variable star] pulser.

pulsation [pʌl'seɪʃn] *n* [of heart, arteries] battement *m*, pulsation *f*; ASTRON & PHYS pulsation *f*.

pulsatory ['pʌlsətərɪ] *adj* [gen] pulsatoire; [insect, organ] pulsatile.

pulse [pʌls] ◇ *n* -**1.** MED pouls *m*; [single throb] pulsation *f*; **he took my ~** il a pris mon pouls; **her ~ (rate) is a hundred** son pouls est à cent (pulsations par minute); **my ~ quickens when I see her** quand je la vois, j'ai le cœur qui bat plus fort. -**2.** ELECTRON & PHYS [series] série *f* d'impulsions; [single] impulsion *f*. -**3.** [vibration] rythme *m* régulier; **I felt the ~ of the ship's motors** je sentais le rythme régulier des moteurs du navire. -**4.** [bustle, life] animation *f*. -**5.** BOT [plant] légumineuse *f*; CULIN: **(dried) ~s** légumes *mpl* secs.
◇ *vi* [blood] battre; [music, room] vibrer; **a vein ~d in his temple** une veine palpitait sur sa tempe; **the whole place ~d with life** il y avait partout une animation extraordinaire; **the music ~d inside my head** la musique résonnait dans ma tête.

pulse modulation *n* ELECTRON [of one parameter] modulation *f* d'impulsions; [by pulse series] modulation *f* par impulsions.

pulverize, -ise ['pʌlvəraɪz] *vt literal & fig* pulvériser.

puma ['pjuːmə] (*pl inv* OR **pumas**) *n* puma *m*.

pumice ['pʌmɪs] ◇ *n*: **~ (stone)** (pierre *f*) ponce *f*.
◇ *vt* poncer, passer à la pierre ponce.

pummel ['pʌml] (*Br pt & pp* **pummelled**, *cont* **pummelling**, *Am pt & pp* **pummeled**, *cont* **pummeling**) *vt* -**1.** [punch repeatedly] donner des coups de poing à, marteler à coups de poing; **she pummelled his chest** elle lui martelait la poitrine à coups de poings OR de ses poings. -**2.** [massage] masser, palper. -**3.** [knead - dough] pétrir.

pump [pʌmp] ◇ *n* -**1.** MECH pompe *f*; **bicycle/hand/water ~** pompe à vélo/à main/à eau; **fuel ~** AUT pompe d'alimentation; **~ attendant** pompiste *mf*. -**2.** [shoe - for dancing] ballerine *f*; [- for gym] tennis *m*. -**3.** *inf Am* [heart] cœur *m*, palpitant *m*.
◇ *vt* -**1.** [displace - liquid, gas] pomper; **to ~ sthg out of sthg** pomper OR aspirer qqch de qqch; **the water is ~ed into a tank** l'eau est acheminée dans un réservoir au moyen d'une pompe; **the factory ~s its waste directly into the river** l'usine déverse ses déchets directement dans la rivière; **they ~ed air into the football** ils ont gonflé le ballon de foot; **coolant is ~ed through the system** une pompe fait circuler le liquide de refroidissement dans le système; **to ~ gas** *Am* travailler comme pompiste. -**2.** [empty - stomach] vider; **he had to have** OR **to get his stomach ~ed** on a dû lui faire un lavage d'estomac. -**3.** [inflate - tyre, ball etc] gonfler. -**4.** [move back and forth - pedal, handle] appuyer sur OR actionner (plusieurs fois); **~ the brakes or they'll lock** freinez progressivement ou les freins se bloqueront; **to ~ sb's hand** *fig* secouer vigoureusement la main de qqn. -**5.** *inf* [shoot]: **to ~ sb full of lead** cribler qqn de plomb. -**6.** *inf* [money] investir; **he ~ed a fortune into the business** il a investi une fortune dans cette affaire; **public money is being ~ed into the area** la région reçoit des subventions gouvernementales importantes. -**7.** *inf* [interrogate] interroger, tirer les vers du nez à; **they ~ed her for information** ils l'ont cuisinée. -**8.** *phr*: **to ~ iron** *inf* faire de la gonflette.
◇ *vi* -**1.** [machine, person] pomper; [heart] battre fort. -**2.** [liquid] couler à flots, jaillir; **blood ~ed from the wound** du sang coulait de la blessure.
◆ **pump in** *vt sep* -**1.** [liquid, gas] refouler; **the village ~s in water from the river** l'eau du village est amenée de la rivière à l'aide d'un système de pompage. -**2.** *inf* [funds, capital] investir, injecter.
◆ **pump out** ◇ *vt sep* -**1.** [liquid, gas] pomper; [stomach] vider; **it took two hours to ~ the bilge out** il a fallu deux heures pour pomper OR écoper l'eau de la cale. -**2.** *inf pej* [mass-produce - music, graduates, products] produire; [- books, essays] produire à la chaîne, pondre en série.
◇ *vi* [liquid, blood] couler à flots.
◆ **pump up** *vt sep* -**1.** [liquid, mixture] pomper. -**2.** [inflate] gonfler.

pumpernickel ['pʌmpənɪkl] *n* ≃ pain *m* noir, pumpernickel *m*.

pump gun *n* fusil *m* à pompe.

pumping station *n* [building] station *f* de pompage; [machinery] installation *f* de pompage.

pumpkin ['pʌmpkɪn] *n* potiron *m*; [smaller] citrouille *f*; **~ fritters** beignets *mpl* au potiron; **~ pie** tarte *f* au potiron *(dessert achevant traditionnellement le dîner de Thanksgiving)*.

pumpkinseed ['pʌmpkɪnsiːd] *n* -**1.** BOT graine *f* de potiron. -**2.** ZOOL perche-soleil *m*, calicoba *m*.

pump priming *n* ECON *relance de l'économie par injection de fonds publics.*

pump room *n* [at spa - building] pavillon *m*; [- room] buvette *f*.

pun [pʌn] (*pt & pp* **punned**, *cont* **punning**)
◇ *n* calembour *m*, jeu *m* de mots.
◇ *vi* faire des calembours.

punch [pʌntʃ] ◇ *n* -**1.** [blow] coup *m* de poing; **he gave him a ~ on the chin/in the stomach** il lui a donné un coup de poing dans le menton/dans l'estomac; **to have** OR **to pack a powerful ~** avoir du punch. -**2.** *fig* [effectiveness - of person] punch *m*; [of speech, cartoon, play] mordant *m*; **find a slogan with a bit more ~** trouvez un slogan un peu plus accrocheur. -**3.** [for holes - in paper] perforateur *m*; [- in metal] poinçonneuse *f*; [for tickets - hand-operated] poinçonneuse *f*; [- machine] composteur *m*; [steel rod, die] poinçon *m*. -**4.** [for stamping design] machine *f* à estamper. -**5.** [for nails, bolts] chasse-clou *m*. -**6.** [drink] punch *m*.
◇ *vt* -**1.** [hit - once] donner un coup de poing à; [- repeatedly] marteler à coups de poing; **he ~ed him in** OR **on the jaw** il lui a donné un coup de poing dans les gencives; **he ~ed the door** il a martelé la porte à coups de poing. -**2.** [key, button] appuyer sur; **I ~ed the return key** j'ai appuyé sur la touche retour. -**3.** [pierce - ticket] poinçonner; [- in machine] composter; [- paper, computer card] perforer; [- sheet metal] poinçonner; **to ~ a hole in sthg** faire un trou dans qqch; **to ~ the time clock** OR **one's time card** pointer. -**4.** [stamp] estamper.
◇ *vi* [strike] frapper; **no ~ing!** pas de coups de poing!; **they were ~ing away at each other** ils se donnaient des coups de poing.
◆ **punch in** ◇ *vt sep* -**1.** [enter - code, number] taper, composer; [- figures, data] introduire. -**2.** [knock in - door] défoncer (à coups de poing); [- nails] enfoncer; **I'll ~ your face** OR **head** OR **teeth in!** *inf* je vais te casser la figure!
◇ *vi insep Am* [on time clock] pointer (en arrivant).
◆ **punch out** ◇ *vt sep* -**1.** [enter - code, number] taper, composer. -**2.** [cut out - form, pattern] découper; **the holes are ~ed out by a machine** les trous sont faits par une machine. -**3.** [remove - nail, bolt] enlever au chasse-clou. -**4.** [stamp] estamper, emboutir. -**5.** *inf Am* [beat up] tabasser; **to get ~ed out** se faire tabasser. -**6.** *inf* AERON [subj: pilot] s'éjecter.
◇ *vi insep Am* [on time clock] pointer (en partant).

Punch [pʌntʃ] *pr n* ≃ Polichinelle; **~-and-Judy show** ≃ (spectacle *m* de) guignol *m*; **as pleased as ~** heureux comme un roi.

PUNCH AND JUDY:

Le «Punch and Judy show» est un spectacle très apprécié des enfants en Grande-Bretagne. Il est souvent présenté dans un jardin public ou sur une plage. On y retrouve Punch le bossu, sa femme Judy avec laquelle il se querelle constamment, et leur chien Toby.

---

punch-bag *n Br* -**1.** SPORT sac *m* de sable, punching-bag *m*. -**2.** *fig* [victim] souffre-douleur *m inv*.

punch ball *n Br* punching-ball *m*.

punch bowl *n* bol *m* à punch.

punch card *Am* = **punched card**.

punch-drunk *adj* [boxer] groggy; *fig* abruti, sonné; **I was ~ after seeing four films in a row** après avoir vu quatre films d'affilée, j'étais complètement abruti.

punched card ['pʌntʃt-] *n Br* COMPUT carte *f* perforée.

Punchinello [,pʌntʃɪ'neləʊ] *pr n* Polichinelle.

punching bag ['pʌntʃɪŋ-] *Am* = **punch-bag**.

punching ball *Am* = **punch ball**.

punch line *n* fin *f (d'une plaisanterie)*; **I've forgotten the ~** j'ai oublié la fin OR comment ça finit.

punch-up *inf n* bagarre *f*; **they had a ~** ils se sont bagarrés.

punchy *inf* ['pʌntʃɪ] (*compar* **punchier**, *superl* **punchiest**) *adj* -**1.** [stimulating, lively] plein de punch; **he produced a ~ piece of writing on the election campaign** il a écrit un texte plein de punch sur la campagne électorale. -**2.** = **punch-drunk**.

punctilio [pʌŋk'tɪlɪəʊ] (*pl* **punctilios**) *n* -**1.** [attitude] formalisme *m*. -**2.** [point] formalité *f*.

punctilious [pʌŋk'tɪlɪəs] *adj* pointilleux.

punctiliously [pʌŋk'tɪlɪəslɪ] *adv* pointilleusement, de façon pointilleuse.

punctual ['pʌŋktʃʊəl] *adj* [bus, train] à l'heure; [person] ponctuel; **be ~ for the interview** soyez à l'heure pour l'entretien.

punctuality [,pʌŋktʃʊ'ælətɪ] *n* ponctualité *f*, exactitude *f*.

punctually ['pʌŋktʃʊəlɪ] *adv* [begin, arrive] à l'heure; [pay] ponctuellement; **the flight left ~ at 9/at noon** le vol est parti à 9 h pile /à midi juste.

punctuate ['pʌŋktʃʊeɪt] *vt* ponctuer.

punctuation [,pʌŋktʃʊ'eɪʃn] *n* ponctuation *f*.

punctuation mark *n* signe *m* de ponctuation.

puncture ['pʌnktʃəʳ] ◇ *n* -**1.** [in tyre, ball, balloon] crevaison *f*; **one of the front tyres had a ~** un des pneus avant était crevé; **I had a ~ on the way to work** j'ai crevé en allant travailler; **the garage has repaired the ~** le garage a réparé le pneu crevé; **~ repair kit** trousse *f* de réparation pour crevaisons. -**2.** [gen - hole] perforation *f*. -**3.** MED ponction *f*.
◇ *vt* -**1.** [gen] perforer; **the bullet ~d his lung** la balle lui a perforé le poumon. -**2.** [tyre, ball, balloon] crever. -**3.** *fig* [pride, self-esteem] blesser, porter atteinte à.
◇ *vi* crever.

pundit ['pʌndɪt] *n* -**1.** [expert] expert *m (qui pontifie)*. -**2.** [Brahmin] pandit *m*.

Pune ['puːnə] = **Poona**.

pungency ['pʌndʒənsɪ] *n* -**1.** [of smell, taste] âcreté *f*; [of food] piquant *m*. -**2.** [of wit, remark] causticité *f*, mordant *m*.

pungent ['pʌndʒənt] *adj* -**1.** [smell, taste - sour] âcre; [- spicy] piquant. -**2.** [wit, remark] caustique, mordant.

Punic ['pjuːnɪk] *adj* punique; **the ~ Wars** les guerres *fpl* puniques.

punish ['pʌnɪʃ] *vt* -**1.** [person, crime] punir; **they will be ~ed for their mistakes** ils seront punis pour leurs erreurs; **such offences are ~ed by imprisonment** ce genre de délit est passible d'une peine de prison. -**2.** *inf* [attack relentlessly - opponent, enemy etc] malmener; **they ~ed the French defence** ils ont malmené OR mis à mal la défense française; **to ~ a bottle of wine/whisky** *hum* faire un sort à une bouteille de vin/de whisky.

punishable ['pʌnɪʃəbl] *adj* punissable; **a ~ offence** un délit; **~ by prison/a £50 fine** passible d'emprisonnement/d'une amende de 50 livres.

punishing ['pʌnɪʃɪŋ] ◇ *n* -**1.** [punishment] punition *f*. -**2.** *inf* [relentless attack]: **to take a ~** [opponent, team] se faire malmener; *hum* [bottle] en prendre un coup; **the car's suspension/this bottle of wine has taken a ~** la suspension de la voiture /cette bouteille de vin OR en a pris un coup.

◇ *adj* [heat, climb, effort] exténuant; [defeat] écrasant; a ~ race une course exténuante.

punishment ['pʌnɪʃmənt] *n* -**1.** [act of punishing] punition *f*, châtiment *m*. -**2.** [means of punishment] punition *f*, châtiment *m*, sanction *f*; JUR peine *f*; **I had to dig the garden as a ~** comme punition, j'ai dû bêcher le jardin; **no ~ is harsh enough for them** aucune peine n'est assez sévère pour eux; **to make the ~ fit the crime** adapter le châtiment au délit. -**3.** *inf* [heavy use]: **the landing gear can take a lot of ~** même soumis à rude épreuve, le train d'atterrissage tiendra le coup.

punitive ['pju:nətɪv] *adj* -**1.** [expedition] punitif. -**2.** [measures, tax, taxation] écrasant; **to take ~ action** avoir recours à des sanctions; **~ damages** dommages *mpl* et intérêts *mpl* dissuasifs.

Punjab [,pʌn'dʒɑ:b] *pr n*: **the ~** le Pendjab; **in the ~** au Pendjab.

Punjabi [,pʌn'dʒɑ:bɪ] ◇ *n* -**1.** [person] Pendjabi *mf*. -**2.** LING pendjabi *m*.
◇ *adj* pendjabi, du Pendjab.

punk [pʌŋk] ◇ *n* -**1.** [music, fashion] punk *m*. -**2.** [punk rocker] punk *mf*. -**3.** ∇ *Am* [worthless person] vaurien *m*, -enne *f*; [hoodlum] voyou *m*.
◇ *adj* -**1.** [music, fashion, hairstyle] punk *(inv)*; **~ rock** punk *m*; **~ rocker** punk *mf*. -**2.** *inf Am* [worthless] nul. -**3.** ∇ *Am* [ill]: **he's feeling kind of ~** il se sent un peu nase.

punky ['pʌŋkɪ] *adj* punk *(inv)*.

punnet ['pʌnɪt] *n Br* barquette *f*.

punster ['pʌnstəʳ] *n* faiseur *m*, -euse *f* de calembours OR de jeux de mots.

punt¹ [pʌnt] ◇ *n* -**1.** [boat] *longue barque à fond plat manœuvrée à la perche*. -**2.** SPORT [kick] coup *m* de pied de volée.
◇ *vt* -**1.** [boat] faire avancer à la perche. -**2.** SPORT [kick] envoyer d'un coup de pied de volée.
◇ *vi* -**1.** [in boat]: **to go ~ing** faire un tour en barque. -**2.** *Br* [gamble] jouer.

punt² [pʊnt] *n* [currency] livre *f* irlandaise.

punter ['pʌntəʳ] *n Br* -**1.** [gambler] parieur *m*, -euse *f*. -**2.** *inf* [customer] client *m*, -e *f*; **the average ~** le client type OR moyen; **the ~s** le public. -**3.** ∇ [prostitute's client] micheton *m*.

puny ['pju:nɪ] (*compar* **punier**, *superl* **puniest**) *adj* -**1.** [frail - person, animal, plant] malingre, chétif; [- arms, legs] maigre, grêle. -**2.** [feeble - effort] pitoyable.

pup [pʌp] (*pt* & *pp* **pupped**, *cont* **pupping**)
◇ *n* -**1.** [young dog] chiot *m*; [young animal] jeune animal *m*; **spaniel ~** jeune OR petit épagneul *m*; **seal ~** jeune OR bébé phoque *m*; **to be in ~** [bitch] être pleine. -**2.** *inf* [youth] blanc-bec *m*; **you cheeky young ~!** espèce de petit blanc-bec!
◇ *vi* mettre bas.

pupa ['pju:pə] (*pl* **pupas** OR **pupae** [-pi:]) *n* nymphe *f*, chrysalide *f*, pupe *f*.

pupate [pju:'peɪt] *vi* se métamorphoser (en nymphe OR en chrysalide).

pupil ['pju:pl] ◇ *n* -**1.** [gen] élève *mf*; [of primary school] écolier *m*, -ère *f*; [of lower secondary school] collégien *m*, -enne *f*; [of upper secondary school] lycéen *m*, -enne *f*; [of painter, musician] élève *mf*. -**2.** JUR [minor ward] pupille *mf*. -**3.** ANAT pupille *f*.
◇ *comp* SCH [participation, power] des élèves.

puppet ['pʌpɪt] ◇ *n* -**1.** [gen] marionnette *f*; [string puppet] fantoche *m*, pantin *m*; **glove ~** marionnette *f* à gaine. -**2.** *fig* pantin *m*, fantoche *m*.
◇ *comp* -**1.** [theatre] de marionnettes; **~ show** (spectacle *m* de) marionnettes *fpl*. -**2.** POL [government, president] fantoche.

puppeteer [,pʌpɪ'tɪəʳ] *n* marionnettiste *mf*.

puppetry ['pʌpɪtrɪ] *n* [art - of making] fabrication *f* de marionnettes; [- of manipulating] art *m* du marionnettiste.

puppy ['pʌpɪ] (*pl* **puppies**) *n* chiot *m*.

puppy fat *n Br (U)* rondeurs *fpl* de l'adolescence.

puppy love *n* amourette *f*, amour *m* d'adolescent; **it's only ~** ce n'est qu'une amourette OR qu'un amour de jeunesse.

purblind ['pɜ:blaɪnd] *adj* -**1.** [poorly sighted] malvoyant. -**2.** *lit* [obtuse] obtus, borné.

purchase ['pɜ:tʃəs] ◇ *vt* acheter; **to ~ sthg from sb** acheter qqch à qqn; **to ~ sthg for sb, to ~ sb sthg** acheter qqch à OR pour qqn.
◇ *n* -**1.** [buy, buying] achat *m*; **to make a ~** faire un achat; **date of ~** date *f* d'achat. -**2.** [grip] prise *f*; **she managed to gain (a) ~ on a small ledge** elle parvint à trouver une prise dans le rocher.

purchase price *n* prix *m* d'achat.

purchaser ['pɜ:tʃəsəʳ] *n* acheteur *m*, -euse *f*.

purchase tax *n* taxe *f* à l'achat.

purchasing power ['pɜ:tʃəsɪŋ-] *n* pouvoir *m* d'achat.

purdah ['pɜ:də] *n chez certains peuples hindous et musulmans, système qui astreint les femmes à une vie retirée*; **to be in ~** *literal* être reclus; *fig* vivre en reclus.

pure [pjʊəʳ] *adj* -**1.** [unadulterated, untainted] pur; **a ~ silk tie** une cravate (en) pure soie; **~ air** air *m* pur; **~ water** eau *f* pure; **~ thoughts** pensées *fpl* pures; **~ white** blanc *m* immaculé; **the ~ tones of the flute** le son clair OR pur de la flûte ❑ **as ~ as the driven snow** blanc comme neige. -**2.** [science, maths, research] pur. -**3.** [as intensifier] pur; **by ~ chance** par pur hasard; **it's the truth, ~ and simple** c'est la vérité pure et simple.

purebred ['pjʊəbred] *adj* de race (pure).

puree, purée ['pjʊəreɪ] (*pt* & *pp* **pureed** OR **puréed**, *cont* **pureeing** OR **puréeing**) ◇ *n* purée *f*; **tomato ~** [gen] purée de tomates; [in tube] concentré *m* de tomates.
◇ *vt* réduire en purée; **~d carrots** purée *f* de carottes.

purely ['pjʊəlɪ] *adj* purement; **~ and simply** purement et simplement; **ours is a ~ professional relationship** nos rapports sont purement OR strictement professionnels.

pureness ['pjʊənɪs] *n* pureté *f*.

purgation [pɜ:'geɪʃn] *n* purgation *f*.

purgative ['pɜ:gətɪv] ◇ *n* purgatif *m*.
◇ *adj* purgatif.

purgatory ['pɜ:gətrɪ] *n* RELIG purgatoire *m*; **rush hour is absolute ~** *fig* les heures de pointe sont un véritable enfer!

purge [pɜ:dʒ] ◇ *vt* -**1.** POL [party, organization] purger, épurer; [undesirable elements] éliminer; **the extreme right was ~d from the party** le parti s'est débarrassé de son extrême droite. -**2.** [free, rid] débarrasser, délivrer; **~ your mind of such morbid ideas** chassez ces idées morbides de votre esprit. -**3.** JUR [clear] disculper, innocenter. -**4.** MED OR *dated* [bowels] purger.
◇ *n* -**1.** [gen & POL] purge *f*, épuration *f*; **he carried out a ~ of the army** il procéda à une purge au sein de l'armée. -**2.** MED purge *f*.

purification [,pjʊərɪfɪ'keɪʃn] *n* -**1.** [of water, oil] épuration *f*. -**2.** RELIG purification *f*; **the Purification (of the Virgin Mary)** la Purification (de la Vierge Marie).

purifier ['pjʊərɪfaɪəʳ] *n* [device - for water, oil] épurateur *m*; [- for air, atmosphere] purificateur *m*.

purify ['pjʊərɪfaɪ] (*pt* & *pp* **purified**) *vt* [water, oil] épurer; [air, soul] purifier.

purism ['pjʊərɪzm] *n* purisme *m*.

purist ['pjʊərɪst] ◇ *adj* puriste.
◇ *n* puriste *mf*.

puritan ['pjʊərɪtən] ◇ *n* puritain *m*, -e *f*.
◇ *adj* puritain.
◆ **Puritan** RELIG ◇ *n* puritain *m*, -e *f*.
◇ *adj* puritain.

THE PURITANS:
Protestants anglais radicaux apparus au XVIᵉ siècle, dont beaucoup se réclamaient du calvinisme, et qui souhaitaient purger l'Église anglicane de tout rite catholique. Soutenus par la Chambre des communes mais rejetés par Elizabeth Ière, ils réussirent à s'imposer pendant la période du Protectorat de Cromwell.

puritanical [,pjʊərɪ'tænɪkl] *adj* puritain.

puritanism ['pjʊərɪtənɪzm] *n* puritanisme *m*.
◆ **Puritanism** *n* RELIG puritanisme *m*.

purity ['pjʊərətɪ] *n* pureté *f*.

purl [pɜ:l] ◇ *n* [in knitting]: **~ (stitch)** maille *f* à l'envers.
◇ *vt* tricoter à l'envers; **knit one, ~ one** une maille à l'endroit, une maille à l'envers.

purler *inf* ['pɜ:ləʳ] *n Br dated*: **to come OR to take a ~** se casser la figure.

purlieus ['pɜ:lju:z] *npl lit* alentours *mpl*, environs *mpl*; **in the ~ of** aux alentours de, dans les environs de.

purloin [pɜ:'lɔɪn] *vt fml* OR *hum* dérober, voler.

purple ['pɜ:pl] ◇ *n* -**1.** [colour] violet *m*. -**2.** [dye, cloth] pourpre *f*. -**3.** [high rank]: **the ~** la pourpre.
◇ *adj* -**1.** [in colour] violet, pourpre. -**2.** [prose] emphatique, ampoulé.

purple heart *inf n* [drug] pilule *f* d'amphétamine.
◆ **Purple Heart** *n Am médaille décernée aux blessés de guerre*.

purple patch, purple passage *n* morceau *m* de bravoure.

purplish ['pɜ:plɪʃ] *adj* violacé.

purport [*vb* pə'pɔ:t, *n* 'pɜ:pɔ:t] *fml* ◇ *vt* [claim] prétendre; **he ~s to be an expert** il prétend être un expert, il se fait passer pour un expert; **her book ~s to be the definitive work on the French Revolution** son livre se veut la somme de ce qui a été écrit sur la Révolution française.
◇ *n* signification *f*, teneur *f*.

purported [pə'pɔ:tɪd] *adj fml* prétendu.

purportedly [pə'pɔ:tɪdlɪ] *adv fml* prétendument.

purpose ['pɜ:pəs] ◇ *n* -**1.** [objective, reason] but *m*, objet *m*; **what's the ~ of your visit?** quel est le but OR l'objet de votre visite?; **he buys real estate for tax ~s** il investit dans l'immobilier pour des raisons fiscales; **it suits my ~s to stay here** j'ai de bonnes raisons de rester ici; **to do sthg with a ~ in mind** OR **for a ~** faire qqch dans un but précis; **for this ~** dans ce but, à cet effet; **but that's the whole ~ of the exercise!** mais tout l'intérêt de l'exercice est là!; **her remarks were to the ~/not to the ~** ses remarques étaient pertinentes/hors de propos. -**2.** [use, function] usage *m*; [end, result] fin *f*; **what is the ~ of this room/object?** à quoi sert cette pièce/cet objet?; **the hangar wasn't built for that ~** le hangar n'était pas destiné à cet usage; **for our ~s** pour ce que nous voulons faire; **for the ~s of this demonstration** pour les besoins de cette démonstration; **£5,000 will be enough for present ~s** 5 000 livres suffiront à couvrir nos besoins actuels; **the funds are to be used for humanitarian ~s** les fonds seront utilisés à des fins humanitaires; **the money will be put OR used to good ~** l'argent sera bien employé; **he will use his knowledge to good ~** there il pourra y mettre à profit ses connaissances; **we are arguing to no ~** nous discutons inutilement; **my efforts had been to no ~** mes efforts étaient restés vains; **the negotiations have been to little ~** les négociations n'ont pas abouti à grand-chose. -**3.** [determination] résolution *f*, détermination *f*; **she has great strength of ~** elle a une volonté de fer, c'est quelqu'un de très déterminé; **to have a sense of ~** avoir un but dans la vie.
◇ *vt lit* avoir l'intention de.

◆ **on purpose** *adv phr* exprès; I did it on ~ je l'ai fait exprès; I avoided the subject on ~ j'ai fait exprès d'éviter OR j'ai délibérément évité la question.

purpose-built *adj Br* construit OR conçu pour un usage spécifique; ~ flats for the disabled appartements *mpl* spécialement adaptés aux besoins des handicapés; a ~ conference centre un centre de conférence entièrement conçu pour cet usage.

purposeful ['pɜːpəsfʊl] *adj* [person] résolu; [look, walk] résolu, décidé; [act] réfléchi.

purposefully ['pɜːpəsfʊlɪ] *adv* [for a reason] dans un but précis, délibérément; [determinedly] d'un air résolu; she walked forward ~ elle avança d'un pas résolu.

purposeless ['pɜːpəslɪs] *adj* [life] sans but, vide de sens; [act, violence] gratuit.

purposely ['pɜːpəslɪ] *adv* exprès, délibérément.

purposive ['pɜːpəsɪv] *adj fml* délibéré.

purr [pɜːʳ] ◇ *vi* [cat, engine] ronronner.

◇ *vt* susurrer; "do have another drink" she ~ed «vous prendrez bien encore un verre» susurra-t-elle.

◇ *n* [of cat] ronronnement *m*, ronron *m*; [of engine] ronronnement *m*.

purse [pɜːs] ◇ *n* -**1.** *Br* [for coins] porte-monnaie *m inv*. -**2.** *Am* [handbag] sac *m* à main. -**3.** FIN [wealth, resources] bourse *f*; to hold OR to control the ~ strings *fig* tenir les cordons de la bourse. -**4.** SPORT [prize money] bourse *f*.

◇ *vt* [lips] pincer.

purser ['pɜːsəʳ] *n* NAUT commissaire *m* de bord.

pursuance [pə'sjʊəns] *n fml* exécution *f*, accomplissement *m*; in (the) ~ of his duties dans l'exercice de ses fonctions.

pursuant [pə'sjʊənt]

◆ **pursuant to** *prep phr fml* [following] à la suite de, suivant; [in accordance with] conformément à.

pursue [pə'sjuː] *vt* -**1.** [chase, follow] poursuivre; *fig* suivre, poursuivre; he was being ~d by dogs il était poursuivi par des chiens; she was ~d by ill fortune/ill health elle était poursuivie par la malchance/la maladie. -**2.** [strive for] poursuivre, rechercher; we are all pursuing the same goals nous poursuivons tous les mêmes buts. -**3.** [carry out] exécuter, mettre en œuvre; the policies ~d by the previous government la politique menée par le gouvernement précédent || [practise] exercer; I have no time to ~ any hobbies je n'ai pas de temps à consacrer à des hobbies. -**4.** [take further] poursuivre; if I may ~ that line of argument si je peux me permettre de pousser plus loin OR de développer ce raisonnement; to ~ a point insister sur OR revenir sur un point.

pursuer [pə'sjuːəʳ] *n* poursuivant *m*, -e *f*.

pursuit [pə'sjuːt] *n* -**1.** [chasing] poursuite *f*; they went out in ~ of the vandals ils se sont lancés à la poursuite des vandales; with a pack of dogs in hot ~ avec une meute de chiens à leurs trousses. -**2.** [striving after] poursuite *f*, quête *f*, recherche *f*; the ~ of knowledge/happiness la quête du savoir/du bonheur. -**3.** [occupation, pastime] occupation *f*; leisure ~s loisirs *mpl*, passe-temps *m inv*. -**4.** SPORT [cycle race] poursuite *f*.

pursuit plane *n* avion *m* de chasse.

purulence ['pjʊərʊləns] *n* purulence *f*.

purulent ['pjʊərʊlənt] *adj* purulent.

purvey [pə'veɪ] *vt* -**1.** [sell] vendre, fournir; to ~ sthg to sb fournir qqch à qqn, approvisionner qqn en qqch. -**2.** [communicate - information, news] communiquer; [- lies, rumours] colporter.

purveyance [pə'veɪəns] *n* fourniture *f*, approvisionnement *m*.

purveyor [pə'veɪəʳ] *n fml* -**1.** [supplier] fournisseur *m*, -euse *f*; ~s of marmalade to HM the Queen fournisseurs en confiture de Sa Majesté la Reine. -**2.** [spreader - of gossip, lies] colporteur *m*, -euse *f*.

purview ['pɜːvjuː] *n* -**1.** *fml* [scope] champ *m*, domaine *m*; the matter falls within/outside the ~ of the committee la question relève/ne relève pas de la compétence du comité. -**2.** JUR [body of statute] texte *m*.

pus [pʌs] *n* pus *m*.

push [pʊʃ] ◇ *vt* -**1.** [shove, propel] pousser; she ~ed the door open/shut elle ouvrit/ferma la porte (en la poussant); he ~ed her onto the chair il la poussa sur la chaise; a man was ~ed out of the window quelqu'un a poussé un homme par la fenêtre; he ~ed the branches apart il a écarté les branches ❑ to ~ one's way: she ~ed her way to the bar elle se fraya un chemin jusqu'au bar. -**2.** [insert] enfoncer, introduire; ~ one tube into the other enfoncez un tube dans l'autre || [thrust] enfoncer; he ~ed a gun into my ribs il m'enfonça un revolver dans les côtes; she ~ed the cork into the bottle elle enfonça le bouchon dans la bouteille; he ~ed his hands into his pockets il enfonça ses mains dans ses poches; ~ all that mess under the bed pousse tout ce bazar sous le lit. -**3.** [press - doorbell, pedal, button] appuyer sur. -**4.** [cause to move in specified direction]: it will ~ inflation upwards cela va relancer l'inflation; the crisis is ~ing the country towards chaos la crise entraîne le pays vers le chaos; he is ~ing the party to the right il fait glisser le parti vers la droite; buying the car will ~ us even further into debt en achetant cette voiture, nous allons nous endetter encore plus; economic conditions have ~ed the peasants off the land les paysans ont été chassés des campagnes par les conditions économiques. -**5.** [pressurize] pousser; [force] forcer, obliger, contraindre; to ~ sb to do sthg pousser qqn à faire qqch; to ~ sb into doing sthg forcer OR obliger qqn à faire qqch; his parents ~ed him to become a doctor ses parents l'ont poussé à devenir médecin; her teacher ~ed her in Latin son professeur l'a poussée à travailler en latin; their coach doesn't ~ them hard enough leur entraîneur ne les pousse pas assez; I like to ~ myself hard j'aime me donner à fond; he ~ed the car to its limits il a poussé la voiture à la limite de ses possibilités; you're still weak, so don't ~ yourself tu es encore faible, vas-y doucement; he won't do it if he's ~ed too hard il ne le fera pas si l'on insiste trop; I won't be ~ed! je ne céderai pas!; when I ~ed her, she admitted it quand j'ai insisté, elle a avoué; he keeps ~ing me for the rent il me relance sans cesse au sujet du loyer. -**6.** [advocate, argue for - idea, method] prôner, préconiser; [promote - product] promouvoir; he's trying to ~ his own point of view/his own candidate il essaie d'imposer son point de vue personnel/son candidat à lui; the mayor is ~ing his town as the best site for the conference le maire présente sa ville comme le meilleur endroit pour tenir la conférence; adverts ~ing beauty products des publicités pour des produits de beauté. -**7.** [stretch, exaggerate - argument, case] présenter avec insistance, insister sur; if we ~ the comparison a little further si on pousse la comparaison un peu plus loin ❑ I'll try to arrive by 7 p.m., but it's ~ing it a bit *inf* je tâcherai d'arriver à 19 h, mais ça va être juste; that's ~ing it a bit! *inf* c'est un peu fort! -**8.** *inf* [sell - drugs] revendre. -**9.** *inf* [approach] friser; to be ~ing thirty friser la trentaine; the car was ~ing 100 mph la voiture frisait les 160 (km/h).

◇ *vi* -**1.** [shove] pousser; no ~ing please! ne poussez pas, s'il vous plaît!; 'push' [on door] 'poussez'; people were ~ing to get in les gens se bousculaient pour entrer; he ~ed through the crowd to the bar il s'est frayé un chemin jusqu'au bar à travers la foule; somebody ~ed past me quelqu'un est passé en me bousculant. -**2.** [press - on button, bell, knob] appuyer. -**3.** [advance, move forwards] avancer; the army ~ed towards the border l'armée a avancé jusqu'à la frontière || [progress] évoluer; the country is ~ing towards democracy le pays évolue vers la démocratie. -**4.** [extend - path, fence] s'étendre; the road ~ed deep into the hills la route s'enfonçait dans les collines.

◇ *n* -**1.** [shove] poussée *f*; to give sb/sthg a ~ pousser qqn/qqch; would you give me a ~? AUT pourriez-vous me pousser? ❑ to give sb the ~ *Br inf* [from job] virer qqn; [in relationship] plaquer qqn; he got the ~ [from boss] il s'est fait virer; [from girlfriend] elle l'a plaqué; when it comes to the ~ *inf* au moment critique OR crucial; I can lend you the money if it comes to the ~ *inf* au pire, je pourrai vous prêter l'argent; I can do it at a ~ *inf* je peux le faire si c'est vraiment nécessaire; when ~ comes to shove au moment critique OR crucial. -**2.** [act of pressing]: the door opens at the ~ of a button il suffit d'appuyer sur un bouton pour que la porte s'ouvre; he expects these things to happen at the ~ of a button *fig* il s'attend à ce que ça se fasse sur commande. -**3.** *fig* [trend]: the ~ towards protectionism is gathering strength la tendance au protectionnisme se renforce. -**4.** [encouragement] mot *m* d'encouragement; he'll do it, but he needs a ~ il le fera, mais il a besoin qu'on le pousse un peu; the boy's a bit mixed up, but he just needs a ~ in the right direction il est un peu désorienté, mais il suffit de le mettre sur la bonne voie. -**5.** MIL [advance] poussée *f*; the platoon made a ~ to capture the airfield la section a fait une poussée pour s'emparer de l'aérodrome. -**6.** [campaign] campagne *f*; a sales ~ une campagne de promotion des ventes; there's a national ~ for improved housing il y a une campagne à l'échelle nationale pour l'amélioration du logement. -**7.** [drive, dynamism] dynamisme *m*; he has a lot of ~ il est très dynamique.

◆ **push about** *vt sep Br* -**1.** [physically] malmener; he didn't hit her but he was ~ing her about il ne l'a pas frappée mais il la malmenait. -**2.** [bully] donner des ordres à; I won't be ~ed about! *fig* je ne vais pas me laisser marcher sur les pieds!

◆ **push ahead** *vi insep* [make progress]: they decided to ~ ahead with the plans to extend the school ils ont décidé d'activer les projets d'extension de l'école.

◆ **push along** ◇ *vt sep* [trolley, pram] pousser (devant soi).

◇ *vi insep inf* [leave] filer; I'll be ~ing along now bon, il est temps que je file.

◆ **push around** = **push about**.

◆ **push aside** *vt sep* -**1.** [objects] pousser. -**2.** [reject - proposal, idea] écarter, rejeter; [neglect - problem]: you can't just ~ aside the problem like that vous ne pouvez pas faire comme si le problème n'existait pas; issues which have been ~ed aside des questions qui ont été volontairement écartées; I ~ed my doubts aside je n'ai pas tenu compte de mes doutes.

◆ **push away** *vt sep* repousser; she ~ed my hand away elle repoussa ma main; he ~ed his chair away from the fire il éloigna sa chaise du feu.

◆ **push back** *vt sep* -**1.** [push backwards or away - person] repousser (en arrière); [- bedclothes] rejeter, repousser; he ~ed me back from the door il m'a éloigné de la porte. -**2.** [repulse - troops] repousser; the enemy was ~ed back ten miles/to the river l'ennemi a été repoussé d'une quinzaine de kilomètres/jusqu'à la rivière. -**3.** [postpone] repousser; the meeting has been ~ed back to Friday la réunion a été repoussée à vendredi.

◆ **push down** ◇ *vt sep* -**1.** [lever, handle] abaisser; [pedal] appuyer sur; she ~ed the clothes down in the bag elle a tassé les vêtements dans le sac. -**2.** [knock over] renverser, faire tomber.

◇ *vi insep* [on pedal, lever] appuyer (sur la pédale/manette *etc*).

◆ **push for** *vt insep* [argue for] demander; [campaign for] faire campagne pour; [agitate for] militer pour; some ministers were ~ing for more monetarist policies certains ministres demandaient une politique plus monétariste; to ~ for a 35-hour week demander la semaine de 35 heures; I'm going to ~ for a bigger budget je vais faire tout ce qui est en mon pouvoir pour obtenir un budget plus important.

◆ **push forward** ◇ *vt sep literal* pousser (en avant); to ~ o.s. forward *fig* se mettre en avant, se faire valoir.

◇ *vi insep* -**1.** [advance - person, car] se frayer un chemin; [- crowd, herd] se presser en avant. -**2.** = **push ahead**.

◆ **push in** ◇ *vt sep* -**1.** [drawer] pousser; [electric plug, key, cassette] enfoncer, introduire; [disk] insérer; [knife, stake, spade] enfoncer; [button, switch] appuyer sur; ~ **the button right in** appuyer à fond sur le bouton. -**2.** [person]: **they ~ed me in the water** ils m'ont poussé dans l'eau; **he opened the cell door and ~ed me in** il ouvrit la porte de la cellule et me poussa à l'intérieur. -**3.** [break down - panel, cardboard] enfoncer; **the door had been ~ed in** la porte avait été enfoncée.

◇ *vi insep* [in queue] se faufiler; **he ~ed in next to Sue** il s'est faufilé à côté de Sue; **no ~ing in!** faites la queue!

◆ **push off** ◇ *vi insep* -**1.** *inf* [go away] filer; **time for me to ~ off** il faut que je file; ~ **off!** de l'air!, dégage! -**2.** [in boat] pousser au large.

◇ *vt sep* -**1.** [knock off] faire tomber; **they ~ed me off the ladder** ils m'ont fait tomber de l'échelle; **I ~ed him off the chair** je l'ai fait tomber de sa chaise. -**2.** [boat] déborder.

◆ **push on** ◇ *vi insep* [on journey - set off again] reprendre la route, se remettre en route; [- continue] poursuivre OR continuer son chemin; **let's ~ on to Dundee** poussons jusqu'à Dundee || [keep working] continuer, persévérer; **they're ~ing on with the reforms** ils poursuivent leurs efforts pour faire passer les réformes.

◇ *vt sep* [urge on]: **to ~ sb on to do sthg** pousser OR inciter qqn à faire qqch.

◆ **push out** ◇ *vt sep* -**1.** [person, object]: **they ~ed the car out of the mud** ils ont désembourbé la voiture en la poussant; **the bed had been ~ed out from the wall** le lit avait été écarté du mur ❑ **to ~ the boat out** *literal* déborder l'embarcation; *fig* faire la fête. -**2.** [stick out - hand, leg] tendre. -**3.** [grow - roots, shoots] faire, produire. -**4.** [oust] évincer; [dismiss from job] mettre à la porte; **we've been ~ed out of the Japanese market** nous avons été évincés du marché japonais. -**5.** *inf* [churn out - articles, books] produire à la chaîne, pondre en série.

◇ *vi insep* [appear - roots, leaves] pousser; [- snowdrops, tulips] pointer.

◆ **push over** *vt sep* -**1.** [pass - across table, floor] pousser; **he ~ed the book over to me** il poussa le livre vers moi. -**2.** [knock over] faire tomber, renverser; [from ledge, bridge] pousser, faire tomber; **many cars had been ~ed over onto their sides** beaucoup de voitures avaient été renversées sur le côté.

◆ **push through** ◇ *vt sep* -**1.** [project, decision] faire accepter; [bill, budget] réussir à faire voter OR passer; **he managed to ~ the deal through** il a réussi à conclure l'affaire. -**2.** [thrust - needle] passer; **she eventually managed to ~ her way through (the crowd)** elle réussit finalement à se frayer un chemin (à travers la foule).

◇ *vi insep* [car, person] se frayer un chemin; [troops, army] avancer.

◆ **push to** *vt sep* [door, drawer] fermer.

◆ **push up** *vt sep* -**1.** [push upwards - handle, lever] remonter, relever; [- sleeves] remonter, retrousser; **she ~ed herself up onto her feet** elle se releva ❑ **he's ~ing up (the) daisies** *inf* il mange les pissenlits par la racine. -**2.** [increase - taxes, sales, demand] augmenter; [- prices, costs, statistics] faire monter; **the effect will be to ~ interest rates up** cela aura pour effet de faire grimper les taux d'intérêt.

push-bike *inf n Br* vélo *m*, bécane *f*.

push-broom *n Am* (grand) balai *m*.

push button *n* bouton *m*.

◆ **push-button** *adj* [telephone] à touches; [car window] à commande automatique; **push-button controls** commandes *fpl* automatiques; **push-button warfare** guerre *f* presse-bouton.

pushcart ['pʊʃkɑːt] *n Am* charrette *f* à bras.

pushchair ['pʊʃtʃeə^r] *n Br* poussette *f*.

pushed [pʊʃt] *adj* -**1.** *inf* [lacking - money, time]: **to be ~ for sthg** manquer de OR être à court de qqch; **we're really ~ for time** nous n'avons que très peu de temps; **I'd like to stay longer, but I'm a bit ~** j'aimerais rester plus longtemps, mais je suis assez pressé. -**2.** [in difficulty]: **to be hard ~ to do sthg** avoir du mal à faire qqch; **a lot of them would be hard ~ to name the President of France** beaucoup d'entre eux auraient du mal à dire qui est le président de la République française.

pusher *inf* ['pʊʃə^r] *n* [drug dealer] trafiquant *m*, -e *f* (de drogue), dealer *m*.

pushiness *inf* ['pʊʃɪnɪs] *n* [ambitiousness] arrivisme *m*; [forwardness] insistance *f*; **I can't stand his ~** je ne supporte pas sa façon de s'imposer.

pushing ['pʊʃɪŋ] *n* bousculade *f*; **no ~!** ne poussez pas!

Pushkin ['pʊʃkɪn] *pr n* Pouchkine.

pushover *inf* ['pʊʃ,əʊvə^r] *n* -**1.** [easy thing] jeu *m* d'enfant; **the exam was a ~** l'examen était un jeu d'enfant; **the match will be a ~** le match, c'est du tout cuit OR ça va être du gâteau. -**2.** [sucker] pigeon *m*; **when it comes to flattery, I'm a complete ~** la flatterie marche à tous les coups avec moi. -**3.** SPORT [in rugby]: ~ **try** essai *m* collectif (par les avants).

pushpin ['pʊʃpɪn] *n Am* punaise *f*.

push-pull *adj* ELEC: ~ **circuit** montage *m* symétrique.

pushrod ['pʊʃrɒd] *n* AUT poussoir *m* de soupape.

push-start ◇ *n* AUT: **to give sb a ~** pousser la voiture de qqn pour la faire démarrer.

◇ *vt* faire démarrer en poussant.

push-up *n* pompe *f (exercice physique)*.

pushy *inf* ['pʊʃɪ] (*compar* **pushier**, *superl* **pushiest**) *adj pej* [ambitious] arriviste; [attention-seeking] qui cherche à se faire valoir OR mousser; **don't be so ~** arrête de te faire mousser.

pusillanimity [,pjuːsɪlə'nɪmətɪ] *n fml* pusillanimité *f*.

pusillanimous [,pjuːsɪ'lænɪməs] *adj fml* pusillanime.

puss [pʊs] *n* -**1.** *inf* [cat] minou *m*; **'Puss in Boots'** *Perrault* 'le Chat botté'. -**2.** ▽ [mouth, face] gueule *f*.

pussy ['pʊsɪ] (*pl* **pussies**) *n* -**1.** *inf* [cat] minou *m*. -**2.** ▼ [female sex organs] chatte *f*.

pussycat *inf* ['pʊsɪkæt] *n* minou *m*.

pussyfoot *inf* ['pʊsɪfʊt] *vi* atermoyer, tergiverser; **stop ~ing (about** OR **around)!** assez tergiversé!

pussy willow *n* saule *m* blanc.

pustule ['pʌstjuːl] *n* pustule *f*.

put [pʊt] (*pt* & *pp* **put**, *cont* **putting**) ◇ *vt* **A.** -**1.** [into specified place or position] mettre; ~ **the saucepan on the shelf** mets la casserole sur l'étagère; ~ **the chairs nearer the table** approche les chaises de la table; **she ~ her hand on my shoulder** elle a mis sa main sur mon épaule; **he ~ his arm around my shoulders** il passa son bras autour de mes épaules; **to ~ one's head round the door** passer la tête par la porte; **did you ~ any salt in?** as-tu mis du sel (dedans)?; ~ **some more water on to boil** remettez de l'eau à chauffer; **he ~ another brick on the pile** il a mis une autre brique sur la pile; **she ~ a match to the wood** elle a allumé le bois || [send]: **to ~ an advert in the paper** mettre une annonce dans le journal; **they want to ~ me in an old folks' home** ils veulent me mettre dans une maison pour les vieux; **to ~ a child to bed** mettre un enfant au lit, coucher un enfant; **to ~ a man on the moon** envoyer un homme sur la lune || *fig*: **I didn't know where to ~ myself!** je ne savais plus où me mettre!; ~ **yourself in my place** mettez-vous à ma place; **we ~ a lot of stress** OR **emphasis on creativity** nous mettons beaucoup l'accent sur la créativité; **don't ~ too much trust in what he says** ne te fie pas trop à ce qu'il dit ❑ ~ **it there!** *inf* [shake hands] tope-là! -**2.** [push or send forcefully]: **he ~ his fist through the window** il a passé son poing à travers la fenêtre; **he ~ a bullet through his head** il s'est mis une balle dans la tête; **she ~ her pen through the whole paragraph** elle a rayé tout le paragraphe d'un coup de stylo. -**3.** [impose - responsibility, tax] mettre; **it ~s an extra burden on our department** c'est un fardeau de plus pour notre service; **the new tax will ~ 5p on a packet of cigarettes** la nouvelle taxe augmentera de 5 pence le prix d'un paquet de cigarettes. -**4.** [into specified situation or state] mettre; **you're putting me in an awkward position** vous me mettez dans une situation délicate; **I hope I've not ~ you to too much trouble** j'espère que je ne vous ai pas trop dérangé; **music always ~s him in a good mood** la musique le met toujours de bonne humeur; **the new rules will be ~ into effect next month** le nouveau règlement entrera en vigueur le mois prochain; **to ~ sb out of a job** mettre qqn au chômage; **to ~ a prisoner on bread and water** mettre un prisonnier au pain sec et à l'eau; **the money will be ~ to good use** l'argent sera bien employé; **the dog had to be ~ to sleep** il a fallu piquer le chien. -**5.** [write down] mettre, écrire; **I forgot to ~ my address** j'ai oublié de mettre mon adresse; **what date shall I ~?** quelle date est-ce que je mets? -**6.** [bring about]: **to ~ an end** OR **a stop to sthg** mettre fin OR un terme à qqch.

B. -**1.** [say, express] dire, exprimer; **to ~ one's thoughts into words** exprimer sa pensée, s'exprimer; **let me ~ it this way** laissez-moi l'exprimer ainsi; **it was, how shall I ~ it, rather long** c'était, comment dirais-je, un peu long; **he ~ it better than that** il l'a dit OR formulé mieux que ça; **she ~ it politely but firmly** elle l'a dit poliment mais clairement; **as Churchill once ~ it** comme l'a dit Churchill un jour; **to ~ it briefly** OR **simply, they refused** bref OR en un mot, ils ont refusé; **putting it in terms you'll understand...** plus simplement, pour que vous compreniez... -**2.** [present, submit - suggestion, question] soumettre; [- motion] proposer, présenter; **to ~ a proposal to the board** présenter une proposition au conseil d'administration; **he ~ his case very well** il a très bien présenté son cas; **I have a question to ~ to the Prime Minister** j'ai une question à soumettre au Premier ministre; **I ~ it to you that you are the real culprit** je vous accuse d'être le véritable coupable; **I ~ it to the delegates that now is the time to act** je tiens à dire aux délégués que c'est maintenant qu'il faut agir.

C. [classify in hierarchy] placer, mettre; **I wouldn't ~ them in the same class as the Beatles** je ne les mettrais OR placerais pas dans la même catégorie que les Beatles; **of course I ~ my family above my job** bien sûr que je fais passer ma famille avant mon travail.

D. -**1.** [set to work]: **they ~ her on the Jones case** ils l'ont mise sur l'affaire Jones. -**2.** [apply, invest - effort] investir, consacrer; **to ~ a lot of time/energy into sthg** consacrer beaucoup de temps/d'énergie à qqch, investir beaucoup de temps/d'énergie dans qqch; **she ~s more into their relationship than he does** elle s'investit plus que lui dans leur relation; **he ~ everything he had into his first service** SPORT il a tout mis dans son premier service. -**3.** [invest - money] placer, investir; **she had ~ all her savings into property** elle avait investi OR placé toutes ses économies dans l'immobilier. -**4.** [bet] parier, miser; **he ~ all his winnings on the red** il misa tous ses gains sur le rouge.

E. -**1.** SPORT: **to ~ the shot** OR **the weight** lancer le poids. -**2.** NAUT: **to ~ a ship into port** rentrer un bateau au port.

◇ *vi* NAUT: **to ~ to sea** lever l'ancre, appareiller; **they had to ~ back into harbour** ils ont dû rentrer au port; we ~ **into port at Bombay** nous avons fait escale à Bombay.

◇ *n* -**1.** SPORT lancer *m* (du poids); **his third ~** son troisième lancer. -**2.** ST. EX option *f* de vente; **~ and call** stellage *m*, double option *f*.

◆ **put about** ◇ *vt sep* -**1.** [spread - gossip, story] faire courir; **it is being ~ about that he intends resigning** le bruit court qu'il a l'intention de démissionner. -**2.** NAUT: **to ~ a boat about** faire virer un bateau. -**3.** *inf Br* [sexually]: **to ~ o.s. about** coucher à droite à gauche.

◇ *vi insep* NAUT virer de bord.

◆ **put across** *vt sep* -**1.** [communicate] faire comprendre; **I don't know how to ~ the argument across to them** je ne sais pas comment leur faire comprendre cet argument; **she's good at putting herself across** elle sait se mettre en valeur. -**2.** *inf Br phr*: **don't try putting anything across on me!** ne me prends pas pour un imbécile!

◆ **put aside** *vt sep* -**1.** [stop - activity, work] mettre de côté, poser. -**2.** [disregard, ignore] écarter, laisser de côté; **let's ~ aside our differences of opinion for the moment** laissons nos différends de côté pour le moment. -**3.** [save] mettre de côté; **we have a little money ~ aside** nous avons un peu d'argent de côté.

◆ **put at** *vt sep* [estimate] estimer; **they ~ the cost of repairs to the bridge at around $10,000** ils estiment le montant des réparations du pont à environ 10 000 dollars.

◆ **put away** *vt sep* -**1.** [tidy] ranger; **~ your toys away!** range tes jouets! -**2.** [lock up - in prison] mettre sous les verrous; [- in mental home] enfermer. -**3.** *inf* [eat] enfourner, s'envoyer; [drink] descendre, écluser. -**4.** [save] mettre de côté; **I have a few pounds ~ away** j'ai un peu d'argent de côté, j'ai quelques économies.

◆ **put back** ◇ *vt sep* -**1.** [replace, return] remettre; **~ that record back where you found it!** remets ce disque où tu l'as trouvé! -**2.** [postpone] remettre; **the meeting has been ~ back to Thursday** la réunion a été repoussée OR remise à jeudi. -**3.** [slow down, delay] retarder; **the strike has ~ our schedule back at least a month** la grève nous a fait perdre au moins un mois sur notre planning. -**4.** [turn back - clock] retarder; **we ~ the clocks back next weekend** le week-end prochain, on passe à l'heure d'hiver. -**5.** *inf* [drink] descendre, écluser.

◇ *vi insep* NAUT: **to ~ back (to port)** rentrer au port.

◆ **put by** *vt sep* [save] mettre de côté; **have you got anything ~ by?** avez-vous un peu d'argent de côté?

◆ **put down** ◇ *vt sep* -**1.** [on table, floor etc] poser; **~ that knife down at once!** pose ce couteau tout de suite!; **to ~ the phone down** raccrocher; **he ~ the phone down on me** il m'a raccroché au nez; **it's one of those books you just can't ~ down** c'est un de ces livres que tu ne peux pas poser avant de l'avoir fini. -**2.** [drop off - passenger] déposer, laisser. -**3.** [write down] écrire, inscrire; **~ down your name and address** écrivez votre nom et votre adresse; **she ~ us down as Mr and Mrs Smith** elle nous a inscrits sous le nom de M. et Mme Smith; **it's never been ~ down in writing** ça n'a jamais été mis par écrit; **I can ~ it down as expenses** je peux le faire passer dans mes notes de frais. -**4.** [place on agenda] inscrire à l'ordre du jour; **to ~ down a motion of no confidence** déposer une motion de censure. -**5.** [enrol, enlist] inscrire; **they've already ~ their son down for public school** ils ont déjà inscrit leur fils dans une école privée. -**6.** [quell] réprimer, étouffer; **the revolt was ~ down by armed police** la révolte a été réprimée par les forces de police. -**7.** [belittle] rabaisser; **he's always putting students down** il passe son temps à critiquer les étudiants. -**8.** *Br euph* [kill]: **to have a cat/dog ~ down** faire piquer un chat/chien. -**9.** [pay as deposit] verser; **I've already ~ £50 down on the sofa** j'ai déjà versé 50 livres pour le canapé. -**10.** [store - wine] mettre en cave. -**11.** [put to bed - baby] coucher. -**12.** [land - plane] poser.

◇ *vi insep* [land - plane, pilot] atterrir, se poser.

◆ **put down as** *vt sep* classer parmi; **I think they'd ~ me down as a mere amateur** je crois qu'ils me classeraient parmi les simples amateurs.

◆ **put down for** *vt sep* inscrire pour; **~ me down for £20** inscrivez-moi pour 20 livres; **I'll ~ you down for Thursday at 3 o'clock** je vous mets jeudi à 15 h.

◆ **put down to** *vt sep* mettre sur le compte de; **you can't ~ all the country's problems down to inflation** vous ne pouvez pas mettre tous les problèmes du pays sur le compte de l'inflation; **I ~ it down to her stubbornness** je mets ça sur le compte de son entêtement.

◆ **put forth** *vt insep* -**1.** *lit* [sprout - shoots, leaves] produire. -**2.** *fml* [state] avancer.

◆ **put forward** *vt sep* -**1.** [suggest - proposal, idea, hypothesis] avancer; [- candidate] proposer; **she ~ her name forward for the post of treasurer** elle a posé sa candidature au poste de trésorière. -**2.** [turn forward - clock, hands of clock] avancer; **we ~ the clocks forward next weekend** le week-end prochain, on passe à l'heure d'été. -**3.** [bring forward] avancer; **the meeting has been ~ forward to early next week** la réunion a été avancée au début de la semaine prochaine.

◆ **put in** ◇ *vt sep* -**1.** [place inside bag, container, cupboard] mettre dans; **he ~ the eggs in the fridge** il a mis les œufs dans le réfrigérateur; **to ~ the ball in** RUGBY remettre la balle en jeu. -**2.** [insert, include] insérer, inclure; **have you ~ in the episode about the rabbit?** as-tu inclus l'épisode du lapin? -**3.** [interject] placer; **her name was Alice, the woman ~ in** elle s'appelait Alice, ajouta la femme. -**4.** [install] installer; **we're having central heating ~ in** nous faisons installer le chauffage central. -**5.** [devote - time] passer; **I've ~ in a lot of work on that car** j'ai beaucoup travaillé sur cette voiture; **I ~ in a few hours' revision before supper** j'ai passé quelques heures à réviser avant le dîner; **to ~ in a full day at the office** passer toute la journée au bureau. -**6.** [appoint] nommer; **they've ~ in a new manager at the factory** ils ont nommé un nouveau directeur à l'usine. -**7.** [submit - request, demand] déposer, soumettre; **they ~ in a claim for a 10% pay rise** ils ont déposé une demande d'augmentation de salaire de 10 %; **to ~ in an application for a job** déposer sa candidature pour OR se présenter pour un emploi.

◇ *vi insep* NAUT faire escale; **we ~ in at Wellington** nous avons fait escale à Wellington.

◆ **put in for** *vt insep*: **to ~ in for sthg** [post] poser sa candidature pour qqch; [leave, promotion] faire une demande de qqch, demander qqch; **she ~ in for a transfer to Florida** elle a demandé à être mutée en Floride.

◆ **put off** *vt sep* -**1.** [drop off - passenger] déposer, laisser; **just ~ me off at the corner** vous n'avez qu'à me laisser OR me déposer au coin. -**2.** [postpone] renvoyer, remettre; **the meeting has been ~ off until tomorrow** la réunion a été repoussée OR remise à demain; **I kept putting off telling him the truth** je continuais à repousser le moment de lui dire la vérité; **I can't ~ him off again** je ne peux pas encore annuler un rendez-vous avec lui. -**3.** [dissuade]: **once he's made up his mind nothing in the world can ~ him off** une fois qu'il a pris une décision, rien au monde ne peut le faire changer d'avis. -**4.** [distract] déranger, empêcher de se concentrer; **he deliberately tries to ~ his opponent off** il fait tout pour empêcher son adversaire de se concentrer; **the noise ~ her off her service** le bruit l'a gênée OR dérangée pendant son service. -**5.** [repel] dégoûter, rebuter; **it's the smell that ~s me off** c'est l'odeur qui me rebute; **don't be ~ off by his odd sense of humour** ne te laisse pas rebuter par son humour un peu particulier; **the experience ~ me off skiing for good** l'expérience m'a définitivement dégoûté du ski; **it ~ me off my dinner** ça m'a coupé l'appétit.

◆ **put on** *vt sep* -**1.** [clothes, make-up, ointment] mettre; **~ your hat on** mets ton chapeau. -**2.** [present, stage - play, opera] monter; [- poetry reading, whist drive, slide show] organiser. -**3.** [lay on, provide]: **they ~ on excellent meals on Sundays** ils servent d'excellents repas le dimanche; **they have ~ on 20 extra trains** ils ont ajouté 20 trains. -**4.** [gain - speed, weight] prendre; **I've ~ on a few pounds** j'ai pris quelques kilos. -**5.** [turn on, cause to function - light, radio, gas] allumer; [- record, tape] mettre; [- handbrake] mettre, serrer; **~ the heater on** mets OR allume le chauffage; **to ~ on the brakes** freiner. -**6.** [start cooking] mettre (à cuire); **I forgot to ~ the peas on** j'ai oublié de mettre les petits pois à cuire; **I've ~ the kettle on for tea** j'ai mis de l'eau à chauffer pour le thé. -**7.** [bet] parier; **I ~ £10 on the favourite** j'ai parié 10 livres sur le favori. -**8.** [assume] prendre; **to ~ on airs** prendre des airs; **he ~ on a silly voice** il a pris une voix ridicule ❑ **don't worry, he's just putting it on** ne t'inquiète pas, il fait semblant. -**9.** *inf* [tease] faire marcher; **you're putting me on!** là, tu me fais marcher! -**10.** [apply - pressure] exercer. -**11.** [add] ajouter; **the tax increase will ~ another 10p on a gallon of petrol** l'augmentation de la taxe va faire monter le prix du gallon d'essence de 10 pence. -**12.** [impose] imposer; **new restrictions have been ~ on bringing animals into the country** de nouvelles restrictions ont été imposées à l'importation d'animaux dans le pays. -**13.** [attribute]: **it's hard to ~ a price on it** c'est difficile d'en évaluer OR estimer le prix.

◆ **put onto** *vt sep* [help find] indiquer à; **I'll ~ you onto a good solicitor** je vous donnerai le nom d'un OR je vous indiquerai un bon avocat; **she's ~ me onto quite a few bargains** elle m'a indiqué plusieurs bonnes affaires; **to ~ the police/taxman onto sb** dénoncer qqn à la police/au fisc; **what ~ you onto the butler, detective inspector?** qu'est-ce qui vous a amené à soupçonner le maître d'hôtel, commissaire?

◆ **put out** ◇ *vt sep* -**1.** [place outside] mettre dehors, sortir; **have you ~ the dustbin out?** as-tu sorti la poubelle?; **I'll ~ the washing out (to dry)** je vais mettre le linge (dehors) à sécher. -**2.** [remove]: **to ~ sb's eye out** éborgner qqn; **you almost ~ my eye out!** tu as failli m'éborgner! -**3.** [issue, publish - apology, announcement] publier; [- story, rumour] faire circuler; **police have ~ out a description of the wanted man** la police a publié une description de l'homme qu'elle recherche ‖ [broadcast] émettre; **to ~ out an SOS** lancer un SOS. -**4.** [extinguish - fire, light, candle] éteindre; [- cigarette] éteindre, écraser; **don't forget to ~ the light out when you leave** n'oubliez pas d'éteindre (la lumière) en partant. -**5.** [lay out, arrange] sortir; **the valet had ~ out a suit for me** le valet de chambre m'avait sorti un costume. -**6.** [stick out, stretch out - arm, leg] étendre, allonger; [- hand] tendre; [- tongue] tirer; **she walked up to me and ~ out her hand** elle s'approcha de moi et me tendit la main. -**7.** [dislocate]: **to ~ one's shoulder/ankle out** se démettre l'épaule/la cheville; **I've ~ my back out** je me suis déplacé une vertèbre. -**8.** [annoy, upset]: **to be ~ out about sthg** être fâché à cause de qqch; **he seems quite ~ out about it** on dirait que ça l'a vraiment contrarié. -**9.** [inconvenience] déranger; **I hope I haven't ~ you out** j'espère que je ne vous ai pas dérangé; **she's always ready to ~ herself out for other people** elle est toujours prête à rendre service. -**10.** [sprout - shoots, leaves] produire. -**11.** [make unconscious - with drug, injection] endormir. -**12.** [subcontract] sous-traiter; **we ~ most of our work out** nous confions la plus grande partie de notre travail à des sous-traitants. -**13.** HORT [plant out] repiquer.

◇ *vi insep* -**1.** NAUT prendre le large; **to ~ out to sea** faire appareiller. -**2.** *inf Am* [sexually]:

everyone knows she ~s out tout le monde sait qu'elle est prête à coucher.

◆ **put over** = **put across**.

◆ **put over on** *inf vt sep phr*: to ~ **one over on sb** avoir OR rouler qqn; **he tried to ~ one over on us** il a essayé de nous avoir OR rouler.

◆ **put round** *vt sep* [spread - gossip, story] faire courir OR circuler.

◆ **put through** *vt sep* -**1.** TELEC [connect] passer la communication à; **hold on, I'll try to ~ you through** ne quittez pas, je vais essayer de vous passer la communication; ~ **the call through to my office** passez-moi la communication dans mon bureau; **I'll ~ you through to Mrs Powell** je vous passe Mme Powell. -**2.** [carry through, conclude] conclure; **we finally ~ through the necessary reforms** nous avons fini par faire passer les réformes nécessaires. -**3.** [subject to] soumettre à; **he was ~ through a whole battery of tests** on l'a soumis à toute une série d'examens; **I'm sorry to ~ you through this** je suis désolé de vous imposer ça ❑ **to ~ sb through it** *inf* en faire voir de toutes les couleurs OR des vertes et des pas mûres à qqn; **he really ~ me through it** il m'en a vraiment fait voir (de toutes les couleurs). -**4.** [pay for]: **he ~ himself through college** il a payé ses études.

◆ **put together** *vt sep* -**1.** [combine] *(usu passive)* mettre ensemble, réunir; **he's more trouble than the rest of them ~ together** il nous crée plus de problèmes à lui seul que tous les autres réunis. -**2.** [assemble - kit, furniture, engine] monter, assembler; **to ~ sthg (back) together again** remonter qqch. -**3.** [compile - dossier] réunir; [- proposal, report] préparer; [- story, facts] reconstituer; **we're trying to ~ together enough evidence to convict him** nous essayons de réunir assez de preuves pour le faire condamner. -**4.** [organize - show, campaign] organiser, monter.

◆ **put under** *vt sep* [with drug, injection] endormir.

◆ **put up** ◇ *vt sep* -**1.** [raise, hoist - hand] lever; [- flag] hisser; [- hood] relever; [- umbrella] ouvrir; ~ **your hands up!** haut les mains!; ~ **'em up!** *inf* [hands] haut les mains!; [fists] défends-toi! -**2.** [erect, build - tent] dresser, monter; [- house, factory] construire; [- monument, statue] ériger; **they ~ up a statue to her** ils érigèrent une statue en son honneur. -**3.** [install, put in place] mettre; **they've already ~ up the Christmas decorations** ils ont déjà installé les décorations de Noël; **the shopkeeper ~ up the shutters** le commerçant a baissé le rideau de fer. -**4.** [send up - rocket, satellite] lancer. -**5.** [display - sign] mettre; [- poster] afficher; **the results will be ~ up tomorrow** les résultats seront affichés demain. -**6.** [show - resistance] offrir, opposer; **to ~ up a good show** bien se défendre; **to ~ up a struggle** se défendre, se débattre. -**7.** [present - argument, proposal] présenter; **he ~s up a good case for abstention** il y a des arguments convaincants en faveur de l'abstention. -**8.** [offer for sale]: **to ~ sthg up for sale/auction** mettre qqch en vente/aux enchères. -**9.** [put forward - candidate] présenter; [- person, name] proposer (comme candidat); **we are not putting up any candidates** nous ne présentons aucun candidat. -**10.** [provide - capital]: **who's putting the money up for the new business?** qui finance la nouvelle entreprise?; **we ~ up our own money** nous sommes auto-financés. -**11.** [increase] faire monter, augmenter; **this will ~ up the price of meat** ça va faire augmenter OR monter le prix de la viande. -**12.** [give hospitality to] loger; **to ~ sb up for the night** coucher qqn. -**13.** [urge, incite]: **to ~ sb up to (doing) sthg** pousser qqn à (faire) qqch. -**14.** *arch* [put away - sword, pistol] rengainer.

◇ *vi insep* -**1.** *Br* [stay - in hotel] descendre; [- with friends] loger; **which hotel will you be putting up at?** dans quel hôtel descendrez-vous?; **I'm putting up at Gary's for the moment** je loge chez Gary pour le moment. -**2.** [stand - in election] se présenter, se porter candidat; **she ~ up as a Labour candidate** elle s'est présentée comme candidate du parti travailliste. -**3.** *Am phr*: ~ **up or shut up!** *inf* assez parlé, agissez!

◆ **put upon** *vt insep (usu passive)* abuser de; **you shouldn't let yourself be ~ upon like that!** tu ne devrais pas te laisser marcher sur les pieds comme ça!

◆ **put up with** *vt insep* supporter, tolérer; **I refuse to ~ up with this noise any longer!** je ne supporterai pas ce bruit une minute de plus!

putative ['pjuːtətɪv] *adj fml* putatif.

put-down *inf n* [snub] rebuffade *f*.

put-in *n* RUGBY introduction *f*.

put-off *inf n Am* [evasion] faux-fuyant *m*; [excuse] prétexte *m*.

put-on ◇ *adj* affecté, simulé.
◇ *n inf* -**1.** [pretence] simulacre *m*. -**2.** [hoax] canular *m*. -**3.** *Am* [charlatan] charlatan *m*.

put-put *inf (pt & pp* **put-putted**, *cont* **put-putting**) *Br* ◇ *n* teuf-teuf *m*.
◇ *vi*: **to ~ along** avancer en faisant teuf-teuf.

putrefaction [ˌpjuːtrɪ'fækʃn] *n* putréfaction *f*.

putrefy ['pjuːtrɪfaɪ] (*pt & pp* **putrefied**) ◇ *vi* se putréfier; **~ing corpses** des cadavres en état de putréfaction OR de décomposition.
◇ *vt* putréfier.

putrescence [pjuː'tresns] *n fml* putrescence *f*.

putrescent [pjuː'tresnt] *adj fml* putrescent.

putrid ['pjuːtrɪd] *adj* -**1.** [decaying] putride; **a ~ smell** une odeur nauséabonde. -**2.** *inf* [awful] dégueulasse.

putsch [pʊtʃ] *n* putsch *m*, coup *m* d'État.

putt [pʌt] ◇ *n* putt *m*.
◇ *vi & vt* putter.

puttee ['pʌtɪ] *n* bande *f* molletière.

putter ['pʌtəʳ] ◇ *n* SPORT -**1.** [club] putter *m*. -**2.** [person]: **he's a good ~** il putte bien.
◇ *vi* -**1.** [vehicle] avancer en faisant teuf-teuf. -**2.** *Am* = **potter**.

putting ['pʌtɪŋ] *n* SPORT putting *m*.

putting green *n* green *m*.

putty ['pʌtɪ] (*pt & pp* **puttied**) ◇ *n* -**1.** [for cracks, holes] mastic *m*; [for walls] enduit *m*; **my legs feel like ~** j'ai les jambes en coton ❑ **Max is ~ in her hands** elle fait de Max (tout) ce qu'elle veut, Max ne sait pas lui résister. -**2.** [colour] (couleur *f*) mastic *m*.
◇ *vt* mastiquer.

putty knife *n* couteau *m* à mastiquer, spatule *f* de vitrier.

put-up *inf adj Br*: ~ **job** coup *m* monté.

put-upon *adj Br* exploité; **he's very ~** tout le monde l'exploite; **his poor ~ wife** sa pauvre femme qui lui sert de bonne à tout faire.

put-you-up *n Br* canapé-lit *m*.

puzzle ['pʌzl] ◇ *n* -**1.** [game - gen] jeu *m* de patience; [jigsaw] puzzle *m*; [brainteaser] casse-tête *m inv*; [riddle] devinette *f*; **crossword ~** mots croisés *mpl*. -**2.** [problem] question *f* (difficile); [enigma, mystery] énigme *f*, mystère *m*; **how he escaped remains a ~** la façon dont il s'y est pris pour s'évader reste un mystère OR une énigme. -**3.** [perplexity] perplexité *f*; **he was in a ~ about what to do** il ne savait pas trop quoi faire.
◇ *vt* laisser perplexe; **you ~ me, Mr Cox** je ne suis pas sûr de vous suivre, M. Cox; **his wife still ~d him** sa femme restait un mystère pour lui; **I'm still ~d to know how he got out** j'essaie toujours de comprendre comment il s'y est pris pour sortir; **don't ~ your head over** OR **about it** ne vous tracassez pas pour ça.
◇ *vi* [wonder] se poser des questions; [ponder] réfléchir.

◆ **puzzle out** *vt sep Br* [meaning, solution, route, way] trouver, découvrir; [code, enigma, handwriting] déchiffrer; [problem] résoudre; [behaviour, intentions] comprendre; **I was never able to ~ her out** je ne suis jamais arrivé OR parvenu à la comprendre; **can you ~ out what he meant?** avez-vous une idée de ce qu'il voulait dire?

◆ **puzzle over** *vt insep* [answer, explanation] essayer de trouver; [absence, letter, theory] essayer de comprendre; [enigma, crossword] essayer de résoudre; [code, handwriting] essayer de déchiffrer; **we're still puzzling over why he did it** nous nous demandons toujours ce qui a bien pu le pousser à faire cela; **he ~d over the list of figures** *Br* la liste des chiffres le laissait perplexe; **that'll give you something to ~ over!** *Br* cela vous donnera de quoi réfléchir!

puzzle book *n* [gen] livre *m* de jeux; [of crosswords] livre *m* de mots croisés.

puzzled ['pʌzld] *adj* perplexe; **you look ~** tu as l'air perplexe; **the public are ~** les gens sont perplexes OR ne savent pas quoi penser.

puzzlement ['pʌzlmənt] *n* perplexité *f*.

puzzler ['pʌzləʳ] *n* énigme *f*, casse-tête *m inv*; **his statement is a real ~** sa déclaration est des plus ambiguës.

puzzling ['pʌzlɪŋ] *adj* [behaviour, remark] qui laisse perplexe; [symbol, machine] incompréhensible; **it's ~ that he hasn't sent word** c'est curieux qu'il n'ait pas donné signe de vie; **it remains a ~ phenomenon** c'est un phénomène encore inexpliqué; **it's a ~ affair** c'est une affaire difficile à éclaircir.

PVC (*abbr of* **polyvinyl chloride**) *n* PVC *m*.

Pvt. *written abbr of* **private**.

pw (*written abbr of* **per week**) p.sem.

PWA (*abbr of* **person with AIDS**) *n* sidéen *m*, -enne *f*.

PX (*abbr of* **post exchange**) *n Am* MIL *économat pour les militaires et leurs familles.*

pye-dog [paɪ-] *n* chien *m* errant *(en Asie)*.

Pygmalion [pɪg'meɪljən] *pr n* Pygmalion.

pygmy ['pɪgmɪ] (*pl* **pygmies**) ◇ *n* -**1.** ZOOL [small animal] nain *m*, -e *f*. -**2.** *fig* [small or insignificant person] nain *m*; **he's a political ~** c'est un homme politique sans importance.
◇ *adj* pygmée.

◆ **Pygmy** ◇ *n* Pygmée *mf*.
◇ *adj* pygmée.

pyjama *Br*, **pajama** *Am* [pə'dʒɑːmə] *comp* [jacket, trousers] de pyjama; ~ **party** *fête où l'on doit venir en pyjama.*

◆ **pyjamas** *Br*, **pajamas** *Am npl* pyjama *m*; **a pair of ~s** un pyjama; **he was in his ~s** il était en pyjama; **(lounging) ~s** *Br* pyjama *m* d'intérieur *(pour femmes)*.

pylon ['paɪlən] *n* [gen & ARCHEOL] pylône *m*.

PYO *written abbr of* **pick your own**.

Pyongyang [ˌpjɒŋ'jæŋ] *pr n* Pyongyang.

pyorrhoea *Br*, **pyorrhea** *Am* [ˌpaɪə'rɪə] *n* pyorrhée *f*.

pyramid ['pɪrəmɪd] ◇ *n* pyramide *f*; **age** OR **population ~** pyramide des âges.
◇ *vt* -**1.** [build in pyramid form] ériger en forme de pyramide. -**2.** FIN [companies] structurer en holdings.

pyramidal [pɪ'ræmɪdl] *adj* pyramidal.

pyramid selling *n* vente *f* à la boule de neige.

pyre ['paɪəʳ] *n*: **(funeral) ~** bûcher *m* funéraire.

Pyrenean [ˌpɪrə'niːən] *adj* pyrénéen.

Pyrenean mountain dog *n* chien *m* des Pyrénées, pyrénéen *m*.

Pyrenees [ˌpɪrə'niːz] *pl pr n*: **the ~** les Pyrénées *fpl*.

pyrethrum [paɪ'riːθrəm] *n* pyrèthre *m*.

pyretic [paɪ'retɪk] *adj* pyrétique.

Pyrex ®['paɪreks] ◇ *n* Pyrex® *m*.
◇ *comp* [dish, bowl] en Pyrex®.

pyrexia [paɪ'reksɪə] *n* pyrexie *f*.

pyrite [paɪ'raɪt], **pyrites** [paɪ'raɪtiːz] *n* pyrite *f*.

pyroelectricity ['paɪrəʊɪ,lek'trɪsətɪ] *n* pyroélectricité *f.*
pyrography [paɪ'rɒgrəfɪ] *n* pyrogravure *f.*
pyromania [,paɪrə'meɪnɪə] *n* pyromanie *f.*
pyromaniac [,paɪrə'meɪnɪæk] *n* pyromane *mf.*
pyrostat ['paɪrəʊstæt] *n* pyrostat *m.*
pyrotechnic(al) [,paɪrəʊ'teknɪk(l)] *adj* pyrotechnique.
pyrotechnics [,paɪrəʊ'teknɪks] ◇ *n (U)* [process] pyrotechnie *f.*
◇ *npl* - **1.** [display] feu *m* d'artifice. - **2.** *fig* [display of skill] performance *f* éblouissante.
Pyrrhic victory ['pɪrɪk-] *n* victoire *f* à la Pyrrhus.
Pythagoras [paɪ'θægərəs] *pr n* Pythagore.
Pythagoras' theorem *n* théorème *m* de Pythagore.
Pythagorean [paɪ,θægə'riːən] ◇ *adj* [relating to Pythagoras] pythagoricien; [relating to Pythagoras' theorem] pythagorique; ~ **numbers** nombres *mpl* pythagoriques.
◇ *n* pythagoricien *m,* - enne *f.*
python ['paɪθn] *n* python *m.*
◆ **Python** *pr n* Python.
pyx [pɪks] *n* RELIG ciboire *m.*

Q

q (*pl* **q's** OR **qs**), **Q** (*pl* **Q's** OR **Qs**) [kjuː] *n* [letter] q *m*, Q *m*.
q *written abbr of* **quart**.
Q (*written abbr of* **Queen**) [in chess] D.
Qatar ['kætɑːʳ] = **Katar**.
QC (*abbr of* **Queen's Counsel**) *n Br* ≃ bâtonnier *m* de l'ordre.
QED (*abbr of* **quod erat demonstrandum**) *adv* CQFD.
QE2 (*abbr of* **Queen Elizabeth II**) *pr n grand paquebot de luxe.*
QM *n abbr of* **quartermaster**.
Qom [kʊm] *pr n* Qom, Qum.
QSO (*abbr of* **quasi-stellar object**) *n* objet *m* quasistellaire, QSO *m*.
qt¹ *written abbr of* **quart**.
qt², **QT** (*abbr of* **quiet**)
◆ **on the qt** *inf adv phr Br* en douce.
qty (*written abbr of* **quantity**) qté.
qua [kweɪ] *prep fml* en tant que; **money ∼ money does not interest us** l'argent en lui-même ne nous intéresse pas.
quack [kwæk] ◇ *vi* [duck] cancaner, faire coin-coin.
◇ *n* **-1.** [of duck] cancanement *m*, coin-coin *m inv*. **-2.** [charlatan] charlatan *m*. **-3.** *inf Br & Austr hum* [doctor] toubib *m*.
◇ *adj* [medicine, method] de charlatan, charlatanesque; **∼ doctor** charlatan *m*.
◇ *onomat*: **∼ (∼)!** coin coin!
quackery ['kwækərɪ] *n* charlatanisme *m*.
quad [kwɒd] *n* **-1.** *abbr of* **quadruplet**. **-2.** *abbr of* **quadrangle**. **-3.** *abbr of* **quadraphonic**. **-4.** TYPO cadrat *m*.
Quadragesima [ˌkwɒdrə'dʒesɪmə] *n* Quadragésime *f*.
quadrangle ['kwɒdræŋgl] *n* **-1.** GEOM quadrilatère *m*; **complete ∼** quadrangle *m*. **-2.** [courtyard] cour *f*.
quadrangular [kwɒ'dræŋgjʊləʳ] *adj* quadrangulaire.
quadrant ['kwɒdrənt] *n* **-1.** GEOM quadrant *m*. **-2.** ASTRON & NAUT quart-de-cercle *m*, quadrant *m*.
quadraphonic [ˌkwɒdrə'fɒnɪk] *adj* quadriphonique; **in ∼ sound** en quadriphonie.
quadratic [kwɒ'drætɪk] ◇ *adj* MATH quadratique; **∼ equation** équation *f* quadratique OR du second degré.
◇ *n* équation *f* quadratique OR du second degré.
quadrature ['kwɒdrətʃəʳ] *n* quadrature *f*.
quadriceps ['kwɒdrɪseps] (*pl inv* OR **quadricepses** [-sɪz]) *n* quadriceps *m*.
quadrilateral [ˌkwɒdrɪ'lætərəl] ◇ *adj* quadrilatère, quadrilatéral.
◇ *n* quadrilatère *m*.
quadrille [kwə'drɪl] *n* quadrille *m*.
quadripartite [ˌkwɒdrɪ'pɑːtaɪt] *adj* quadripartite.
quadriplegia [ˌkwɒdrɪ'pliːdʒə] *n* tétraplégie *f*, quadriplégie *f*.
quadriplegic [ˌkwɒdrɪ'pliːdʒɪk] ◇ *adj* tétraplégique.
◇ *n* tétraplégique *mf*.
quadrisyllable ['kwɒdrɪˌsɪləbl] *n* quadrisyllabe *m*.
quadroon [kwɒ'druːn] *n* quarteron *m*, -onne *f*.
quadrophonic [ˌkwɒdrə'fɒnɪk] = **quadraphonic**.
quadruped ['kwɒdrʊped] ◇ *adj* quadrupède.
◇ *n* quadrupède *m*.
quadruple [kwɒ'druːpl] ◇ *adj* quadruple.
◇ *n* quadruple *m*.
◇ *vi & vt* quadrupler.
quadruplet ['kwɒdrʊplɪt] *n* quadruplé *m*, -e *f*.
quadruplicate [kwɒ'druːplɪkət] ◇ *adj* quadruple.
◇ *n*: **in ∼** en quatre exemplaires.
quaff [kwɒf] *vt lit* boire.
quagmire ['kwægmaɪəʳ] *n literal & fig* bourbier *m*.
quahog ['kwɑːhɒg] *n Am grand clam (spécialité de la Nouvelle-Angleterre).*
quail [kweɪl] (*pl inv* OR **quails**) ◇ *n* [bird] caille *f*.
◇ *vi* [feel afraid] trembler; [give way, lose heart] perdre courage; **to ∼ before sb/sthg** trembler devant qqn/qqch; **he ∼ed at the thought of having to talk to her** il tremblait à l'idée d'avoir à lui parler; **I ∼ed before the enormity of the task** j'ai perdu courage devant l'énormité de la tâche.
quaint [kweɪnt] *adj* **-1.** [picturesque] pittoresque; **the ∼ narrow streets of the old town** les rues étroites et pittoresques de la vieille ville ‖ [old-fashioned] au charme désuet; **she made a ∼ curtsey** elle exécuta une révérence au charme désuet. **-2.** [odd] bizarre, étrange; **what a ∼ idea!** quelle drôle d'idée!
quaintly ['kweɪntlɪ] *adv* **-1.** [picturesquely] de façon pittoresque; **the ∼ old-fashioned villages** les vieux villages pittoresques ‖ [in an old-fashioned way]: **they dress very ∼** ils s'habillent à l'ancienne (mode). **-2.** [oddly] bizarrement, étrangement.
quaintness ['kweɪntnɪs] *n* **-1.** [picturesqueness] pittoresque *m*; [old-fashioned charm] charme *m* vieillot OR désuet. **-2.** [oddness] bizarrerie *f*, étrangeté *f*.
quake [kweɪk] ◇ *vi* **-1.** [person] trembler, frémir; **to ∼ with fear** trembler de peur; **I was quaking at the thought of having to confront her** je tremblais à l'idée d'avoir à lui faire face. **-2.** [earth] trembler.
◇ *n inf* tremblement *m* de terre.
Quaker ['kweɪkəʳ] ◇ *n* quaker *m*, -eresse *f*.
◇ *adj* des quakers.
Quakerism ['kweɪkərɪzm] *n* quakerisme *m*.
qualification [ˌkwɒlɪfɪ'keɪʃn] *n* **-1.** [diploma] diplôme *m*; **candidates with formal ∼s in translating** des candidats possédant un diplôme de traducteur; **list your academic ∼s** indiquez vos diplômes scolaires et universitaires. **-2.** [ability, quality] aptitude *f*, compétence *f*; [for job] qualification *f*; **the main ∼ we are looking for is a creative mind** ce que nous attendons avant tout du candidat, c'est qu'il fasse preuve d'un esprit créatif. **-3.** [restriction] réserve *f*; **they accepted the idea with some/without ∼** ils acceptèrent l'idée avec quelques réserves/sans réserve. **-4.** [act of qualifying] qualification *f*; **her ∼ for the semi-final** sa qualification pour la demi-finale; **most of our students find jobs after ∼** la plupart de nos étudiants trouvent du travail dès qu'ils ont obtenu leur diplôme.
qualified ['kwɒlɪfaɪd] *adj* **-1.** [trained] qualifié, diplômé; **∼ teachers** professeurs *mpl* qualifiés OR diplômés; **our staff are highly ∼** notre personnel est hautement qualifié. **-2.** [able, competent] compétent, qualifié; **I don't feel ∼ to discuss such matters** ces questions sont hors de ma compétence. **-3.** [limited, conditional] mitigé, nuancé; **their efforts met with ∼ praise** leurs efforts ont recueilli des louanges mitigées OR réservées; **∼ acceptance** acceptation *f* conditionnelle OR sous condition.
qualifier ['kwɒlɪfaɪəʳ] *n* **-1.** SPORT [person] qualifié *m*, -e *f*; [contest] (épreuve *f*) éliminatoire *f*. **-2.** GRAMM qualificatif *m*.
qualify ['kwɒlɪfaɪ] (*pt & pp* **qualified**)
◇ *vi* **-1.** [pass exams, complete training] obtenir son diplôme; **only 10% of the students go on to ∼** seuls 10 % des étudiants finissent par obtenir leur diplôme; **to ∼ as an accountant/a vet** obtenir son diplôme de comptable/vétérinaire. **-2.** [be eligible]: **in a few years I'll ∼ for a pension** dans quelques années, j'aurai droit à la retraite; **none of the candidates really ∼ for the post** aucun candidat ne répond véritablement aux conditions requises pour ce poste; **it hardly qualifies as a success** *fig* c'est loin d'être une réussite. **-3.** [in competition] se qualifier; **he qualified for the finals** il s'est qualifié pour la finale.
◇ *vt* **-1.** [make able or competent] qualifier, habiliter; **her experience qualifies her for the post** son expérience lui permet de prétendre à ce poste; **this diploma qualifies you to practise acupuncture** par ce diplôme, vous êtes habilité à pratiquer l'acupuncture; **what qualifies him to talk about French politics?** en quoi est-il qualifié pour parler de la politique française? **-2.** [modify - statement, criticism] mitiger, atténuer; [put conditions on] poser des conditions; **they qualified their acceptance of the plan** ils

ont accepté le projet sous conditions. -**3.** [describe] qualifier; **I wouldn't ~ the play as a masterpiece** je n'irai pas jusqu'à qualifier cette pièce de chef-d'œuvre. -**4.** GRAMM qualifier.

qualifying ['kwɒlɪfaɪɪŋ] *adj*: **~ examination** [at end of course] examen *m* de fin d'études; [to get onto course] examen *m* d'entrée; **~ heat** OR **round** SPORT (épreuve *f*) éliminatoire *f*; **~ mark** *Br* SCH moyenne *f*.

qualitative ['kwɒlɪtətɪv] *adj* qualitatif.

qualitative analysis *n* analyse *f* qualitative.

qualitatively ['kwɒlɪtətɪvlɪ] *adv* qualitativement.

quality ['kwɒlətɪ] (*pl* **qualities**) ◇ *n* -**1.** [standard, nature] qualité *f*; **the high/poor ~ of the workmanship** la bonne/mauvaise qualité du travail; **the ~ of life** la qualité de la vie. -**2.** [high standard, excellence] qualité *f*; **never mind the price, I'm only interested in ~** peu importe le prix, ce que je recherche, c'est la qualité; **we have a reputation for ~** nous sommes réputés pour la qualité de nos produits. -**3.** [feature, attribute] qualité *f*; **these are the qualities we are looking for in our candidates** voici les qualités que nous recherchons chez nos candidats; **he has a lot of good qualities** il a de nombreuses qualités; **I don't doubt her intellectual qualities** je ne doute pas de ses capacités intellectuelles; **these tyres have superior road-holding qualities** ces pneus offrent une meilleure adhérence au sol. -**4.** *Br* [newspaper]: **~ (paper)** *quotidien ou journal du dimanche de qualité (par opposition à la presse populaire)*. -**5.** *arch* [high social status] qualité *f*; **a gentleman of ~** un homme de qualité. -**6.** [tone] timbre *m*. -**7.** LING [in phonetics] qualité *f*.
◇ *comp* [goods, work, shop] de qualité.

quality assurance *n Br* garantie *f* de qualité.

quality circle *n Br* cercle *m* de qualité.

quality control *n* contrôle *m* de qualité.

qualm [kwɑːm] *n* -**1.** [scruple] scrupule *m*; [misgiving] appréhension *f*, inquiétude *f*; **I occasionally have ~s about the job I do** il m'arrive d'avoir des scrupules à faire le travail que je fais; **she has no ~s about going out alone** elle ne craint pas de sortir seule. -**2.** [pang of nausea] haut-le-cœur *m inv*, nausée *f*.

quandary ['kwɒndərɪ] (*pl* **quandaries**) *n* dilemme *m*; **I'm in a dreadful ~** je suis confronté à un terrible dilemme; **she was in a ~ over** OR **about whether or not to tell him** elle ne parvenait pas à décider si elle devait le lui dire.

quango ['kwæŋgəʊ] (*abbr of* **quasiautonomous non-governmental organization**) *n Br organisme semi-public*.

QUANGO:
Un «quango» est un organisme semi-public surtout financé par l'État mais disposant d'une certaine autonomie; le British Council en est un exemple.

---

quanta ['kwɒntə] *pl* → **quantum**.

quantifiable ['kwɒntɪfaɪəbl] *adj* quantifiable.

quantifier ['kwɒntɪfaɪə^r] *n* -**1.** GRAMM quantificateur *m*, quantifieur *m*. -**2.** LOGIC & MATH quantificateur *m*.

quantify ['kwɒntɪfaɪ] (*pt* & *pp* **quantified**) *vt* -**1.** [estimate] quantifier, évaluer quantitativement; **it is hard to ~ the damage** il est difficile d'évaluer l'ampleur des dégâts. -**2.** LOGIC quantifier.

quantitative ['kwɒntɪtətɪv], **quantitive** ['kwɒntətɪv] *adj* quantitatif.

quantitative analysis *n* analyse *f* quantitative.

quantity ['kwɒntətɪ] (*pl* **quantities**) *n* [gen, LING & MATH] quantité *f*; **what ~ of sugar do you need for the cake?** de quelle quantité de sucre avez-vous besoin pour le gâteau?; **in ~** en (grande) quantité; **they produce large quantities of cereals** OR **cereals in large quantities** ils produisent de grandes quantités de céréales OR des céréales en grande quantité.

quantity surveying *n* métrage *m*.

quantity surveyor *n* métreur *m*.

quantize, -ise ['kwɒntaɪz] *vt* quantifier PHYS.

quantum ['kwɒntəm] (*pl* **quanta** [-tə]) *n* quantum *m*.

quantum jump, quantum leap *n* progrès *m* énorme, bond *m* en avant; **the new model represents a ~** le nouveau modèle représente un grand bond en avant.

quantum mechanics *n (U)* (mécanique *f*) quantique *f*.

quantum number *n* nombre *m* quantique.

quantum theory *n* théorie *f* des quanta OR quantique.

quarantine ['kwɒrəntiːn] ◇ *n* quarantaine *f* MÉD; **our dog is in ~** notre chien est en quarantaine.
◇ *vt* mettre en quarantaine.

quarantine flag *n* pavillon *m* de quarantaine.

quark [kwɑːk] *n* -**1.** PHYS quark *m*. -**2.** [cheese] fromage *m* blanc.

quarrel ['kwɒrəl] (*Br pt* & *pp* **quarrelled**, *cont* **quarrelling**, *Am pt* & *pp* **quarreled**, *cont* **quarreling**) ◇ *n* -**1.** [dispute] querelle *f*, dispute *f*; **they had a ~ over money** ils se sont disputés pour des histoires d'argent; **are you trying to start a ~?** tu cherches la dispute?; **to pick a ~ with sb** chercher querelle à qqn. -**2.** [cause for complaint]: **my only ~ with the plan is its cost** la seule chose que je reproche à ce projet, c'est son coût; **I have no ~ with her proposal** je n'ai rien contre sa proposition.
◇ *vi* -**1.** [argue] se disputer, se quereller; **I don't want to ~ with you over** OR **about this** je ne veux pas me disputer avec toi à ce sujet OR à propos de cela; **they're always quarrelling over money** ils se disputent sans cesse pour des histoires d'argent. -**2.** [take issue]: **I can't ~ with your figures** je ne peux pas contester vos chiffres; **critics might ~ with parts of the introduction** les critiques pourraient trouver à redire à certains passages de l'introduction.

quarrelling *Br*, **quarreling** *Am* ['kwɒrəlɪŋ] *n (U)* disputes *fpl*, querelles *fpl*.

quarrelsome ['kwɒrəlsəm] *adj* querelleur.

quarrier ['kwɒrɪə^r] *n* carrier *m*.

quarry ['kwɒrɪ] (*pl* **quarries**, *pt* & *pp* **quarried**)
◇ *n* -**1.** [excavation] carrière *f*; **slate ~** carrière d'ardoise, ardoisière *f*. -**2.** [prey] proie *f*.
◇ *vt* -**1.** [sand, slate, marble etc] extraire. -**2.** [land, mountain] exploiter; **the hills have been extensively quarried** de nombreuses carrières ont été ouvertes dans les collines.
◇ *vi* exploiter; **they are ~ing for marble** ils exploitent une carrière de marbre.

quarrying ['kwɒrɪɪŋ] *n* -**1.** [of sand, slate, marble etc] extraction *f*. -**2.** [of land, mountain] exploitation *f*; **the countryside has been spoilt by ~** les carrières ont défiguré OR massacré le paysage.

quarryman ['kwɒrɪmən] (*pl* **quarrymen** [-mən]) *n* carrier *m*.

quarry tile *n* carreau *m*.

quart [kwɔːt] *n* ≃ litre *m*; **you can't fit a ~ into a pint pot** *Br prov* à l'impossible nul n'est tenu *prov*.

quarter ['kwɔːtə^r] ◇ *adj*: **a ~ hour/century/pound** un quart d'heure/de siècle/de livre.
◇ *vt* -**1.** [divide into four] diviser en quatre; **to ~ a cake** couper un gâteau en quatre parts égales. -**2.** [divide by four] diviser par quatre; **prices have been ~ed** les prix ont été divisés par quatre. -**3.** [lodge] loger; MIL cantonner; **the troops are ~ed in the town** les soldats sont logés en ville. -**4.** [dismember] écarteler. -**5.** [subj: hunting dog]: **to ~ the ground** quêter.
◇ *n* -**1.** [one fourth] quart *m*; **during the first ~ of the century** au cours du premier quart de ce siècle; **a ~ of a century/of an hour** un quart de siècle/d'heure; **a ton and a ~, one and a ~ tons** une tonne un quart; **he ate a ~/three ~s of the cake** il a mangé le quart/les trois quarts du gâteau; **it's a ~/three ~s empty** c'est au quart/aux trois quarts vide; **we've only done (a) ~ of the work** nous n'avons fait que le quart du travail. -**2.** [in telling time] quart *m*; **(a) ~ to six, (a) ~ of six** *Am* six heures moins le quart; **(a) ~ past six** *Br*, **(a) ~ after six** *Am* six heures et quart. -**3.** [period of 3 months] trimestre *m*; **published every ~** publié tous les trimestres OR tous les trois mois. -**4.** [US and Canadian money] (pièce *f* de) vingt-cinq cents *mpl*. -**5.** [weight - quarter of hundredweight] ≃ 12 kg; [- quarter pound] quart *m* de livre, 113 g. -**6.** [direction] direction *f*, côté *m*; **offers of help poured in from all ~s** des offres d'aide affluèrent de tous côtés; **the decision has been criticized in certain ~s** la décision a été critiquée dans certains milieux; **in well-informed ~s** dans les milieux bien informés; **the wind is in the port/starboard ~** NAUT le vent souffle par la hanche de bâbord/tribord. -**7.** [part of town] quartier *m*. -**8.** [phase of moon] quartier *m*; **the moon is in the first/last ~** la lune est dans le premier/dernier quartier. -**9.** SPORT [period of play] quart-temps *m inv*. -**10.** [part of butchered animal] quartier *m*. -**11.** (*usu neg*) *lit* [mercy] quartier *m*; **they gave no ~** ils ne firent pas de quartier; **there was no ~ given or asked** on ne fit pas de quartier.
◆ **quarters** *npl* [accommodation] domicile *m*, résidence *f*; **she took up ~s in central London** elle a élu domicile OR s'est installée dans le centre de Londres; **many families live in very cramped ~s** de nombreuses familles vivent dans des conditions de surpeuplement; **the servants' ~s** les appartements des domestiques ❑ **married ~s** logement *m* pour couples mariés.

quarterback ['kwɔːtəbæk] ◇ *n* SPORT quarterback *m*, quart-arrière *m Can*.
◇ *vt Am* -**1.** SPORT [team] jouer quarterback dans. -**2.** *fig* être le stratège de, diriger la stratégie de.

quarter day *n Br* (jour *m* du) terme *m*.

quarterdeck ['kwɔːtədek] *n* -**1.** [part of ship] plage *f* arrière NAUT. -**2.** [personnel]: **the ~** les officiers.

quarterfinal [ˌkwɔːtə'faɪnl] *n* quart *m* de finale; **they were knocked out in the ~s** ils ont été éliminés en quart de finale.

quarter-hourly *adj* & *adv* tous les quarts d'heure.

quartering ['kwɔːtərɪŋ] *n* -**1.** [dividing up] division *f* en quatre. -**2.** MIL [billeting] cantonnement *m*.

quarterlight ['kwɔːtəlaɪt] *n* [in UK] déflecteur *m* AUT.

quarterly ['kwɔːtəlɪ] ◇ *adj* trimestriel.
◇ *n* publication *f* trimestrielle.
◇ *adv* trimestriellement, tous les trois mois.

quartermaster ['kwɔːtəˌmɑːstə^r] *n* -**1.** [in army] commissaire *m*; HIST intendant *m*. -**2.** [in navy] officier *m* de manœuvre.

quarter note *n Am* noire *f* MUS.

quarter rest *n Am* soupir *m* MUS.

quarter sessions *npl* -**1.** [in England and Wales] ≃ cour *f* d'assises *(remplacée en 1972 par la Crown Court)*. -**2.** [in US] *dans certains États, tribunal local à compétence criminelle, pouvant avoir des fonctions administratives*.

quarterstaff ['kwɔːtəstɑːf] *n* bâton *m (utilisé comme arme)*.

quarter tone *n* MUS quart *m* de ton.

quartet(te) [kwɔː'tet] *n* -**1.** [players - classical] quatuor *m*; [- jazz] quartette *m*; [group of four people] quatuor *m*. -**2.** [piece of music] quatuor *m*.

quarto ['kwɔːtəʊ] (*pl* **quartos**) ◇ *n* in-quarto *m inv*.
◇ *adj* in quarto *(inv)*.

quartz [kwɔːts] ◇ *n* quartz *m*.
◇ *comp* [clock, watch] à quartz.

quartz crystal *n* cristal *m* de quartz.

quartz-iodine lamp *n* lampe *f* à iode.

quartzite ['kwɔːtsaɪt] *n* quartzite *m*.

quasar ['kweɪzɑː^r] *n* quasar *m*.

quash [kwɒʃ] *vt Br* -**1.** [annul - sentence, verdict] casser; [- decision] annuler. -**2.** [suppress - revolt] étouffer, écraser; [- emotion] réprimer, refouler; [- suggestion] rejeter, repousser; **their creativity is ~ed at an early age** leur créativité est étouffée dès leur jeune âge.

quasi- [ˈkweɪzaɪ] *in cpds* quasi; **a ~official organization** une organisation quasi officielle.

quasi-stellar *adj* quasistellaire.

quasi-stellar object *n* objet *m* quasistellaire.

quatercentenary [ˌkwætəsenˈtiːnərɪ] (*pl* **quatercentenaries**) *n* quatrième centenaire *m*.

quaternary [kwəˈtɜːnərɪ] ◇ *adj* CHEM & MATH quaternaire.
◇ *n* [set of four] ensemble *m* de quatre (éléments).
◆ **Quaternary** GEOL ◇ *adj* quaternaire.
◇ *n*: **the Quaternary** le quaternaire.

quatrain [ˈkwɒtreɪn] *n* quatrain *m*.

quaver [ˈkweɪvə^{r}] ◇ *vi* [voice] trembloter, chevroter; [person] parler d'une voix tremblotante OR chevrotante.
◇ *n* -**1.** [of sound, in voice] chevrotement *m*, tremblement *m*. -**2.** *Br* MUS croche *f*.

quavering [ˈkweɪvərɪŋ] ◇ *adj* tremblotant, chevrotant.
◇ *n* tremblement *m*, chevrotement *m*.

quaveringly [ˈkweɪvərɪŋlɪ] *adv* d'une voix tremblotante OR chevrotante, avec des trémolos dans la voix.

quaver rest *n Br* demi-soupir *m* MUS.

quavery [ˈkweɪvərɪ] = **quavering** *adj*.

quay [kiː] *n* quai *m*.

quayside [ˈkiːsaɪd] *n* quai *m*; **we walked along the ~** nous nous sommes promenés le long du quai; **she was waiting at the ~** elle attendait sur le quai.

queasiness [ˈkwiːzɪnɪs] *n* (*U*) -**1.** [nausea] nausée *f*. -**2.** [uneasiness] scrupules *mpl*.

queasy [ˈkwiːzɪ] (*compar* **queasier**, *superl* **queasiest**) *adj* -**1.** [nauseous] nauséeux; **I** OR **my stomach felt a little ~** j'avais un peu mal au cœur. -**2.** [uneasy] mal à l'aise, gêné.

Quebec [kwɪˈbek] *pr n* -**1.** [province] Québec *m*; **in ~** au Québec. -**2.** [city] Québec.

Quebecker, Quebecer [kwɪˈbekə^{r}] *n* Québécois *m*, -e *f*.

Quebecois, Québecois [kebeˈkwɑː] (*pl inv*) *n* Québécois *m*, -e *f*.

queen [kwiːn] ◇ *n* -**1.** [sovereign, king's wife] reine *f*; **the Queen of England/Spain/Belgium** la reine d'Angleterre/d'Espagne/de Belgique; **Queen Elizabeth II** la reine Élisabeth II; **she was ~ to Charles II** elle fut la reine OR l'épouse de Charles II. -**2.** [woman considered best] reine *f*; **the ~ of the blues** la reine du blues. -**3.** [in cards, chess] dame *f*, reine *f*; **he played his ~ of clubs** il joua sa dame de trèfle. -**4.** [of bees, ants] reine *f*. -**5.** ▽ *pej* [homosexual] tante *f*, pédale *f*.
◇ *vt* -**1.** *Br phr*: **to ~ it** *inf* prendre des airs de (grande) marquise; **she thinks she can ~ it over us!** elle s'imagine qu'elle est supérieure à nous! -**2.** [in chess]: **to ~ a pawn** aller à dame.

queen bee *n* reine *f* des abeilles; **she's the ~ round here** *inf fig* c'est elle la patronne ici.

queen consort *n* reine *f* (*épouse du roi*).

queenly [ˈkwiːnlɪ] *adj* royal, majestueux.

queen mother *n* reine *f* mère.

queen regent *n* reine *f* régente.

Queens [kwiːnz] *pr n* Queens (*quartier de New York*).

Queen's Bench (Division) *n En Angleterre et au Pays de Galles, l'une des trois divisions de la High Court*, ≃ tribunal *m* de grande instance.

Queensberry [ˈkwiːnzbrɪ] *pr n*: **the ~ Rules** *réglementations régissant les matches de boxe*.

Queen's Counsel *n* ≃ bâtonnier *m* de l'ordre (*en Angleterre*).

Queen's English *n l'anglais britannique correct*; **she speaks the ~** elle s'exprime dans un anglais très soigné.

Queen's evidence *n Br*: **to turn ~** témoigner contre ses complices.

Queen's highway *n Br*: **the ~** la voie publique.

Queensland [ˈkwiːnzlənd] *pr n* Queensland *m*; **in ~** dans le Queensland.

Queenslander [ˈkwiːnzləndə^{r}] *n* habitant *m*, -e *f* du Queensland, originaire *mf* du Queensland.

Queen's Regulations *npl Br* règlement *m* militaire.

Queen's Speech *n* [in UK]: **the ~** *allocution prononcée par la reine (mais préparée par le gouvernement) lors de la rentrée parlementaire et dans laquelle elle définit les grands axes de la politique gouvernementale*.

queer [kwɪə^{r}] ◇ *adj* -**1.** [strange] étrange, bizarre; **he's a ~ fish!** c'est un drôle d'individu! -**2.** [suspicious] suspect, louche; **there've been some ~ goings-on around here** il s'est passé des choses bizarres ici. -**3.** *inf* [queasy] mal fichu, patraque. -**4.** *inf* [crazy] timbré, cinglé; **he's a bit ~ in the head** il lui manque une case. -**5.** ▽ [homosexual] homo; *pej* pédé *m*. -**6.** *inf Am* [counterfeit]: **~ money** fausse monnaie *f*.
◇ *n* ▽ homo *m*; *pej* pédé *m*.
◇ *vt inf* gâter, gâcher; **to ~ sb's pitch** *Br* couper l'herbe sous les pieds de qqn.

queer-bashing▽ [-ˌbæʃɪŋ] *n Br pej* chasse *f* aux pédés.

queerly [ˈkwɪəlɪ] *adv* étrangement, bizarrement; **she looked at me ~** elle me regarda d'un drôle d'air.

queerness [ˈkwɪənɪs] *n* -**1.** [strangeness] étrangeté *f*, bizarrerie *f*. -**2.** [queasiness] nausée *f*.

queer street *n Br*: **to be in ~** *inf dated* être dans une mauvaise passe.

quell [kwel] *vt* -**1.** [quash - revolt, opposition] réprimer, étouffer. -**2.** [overcome - emotion, passion] dompter, maîtriser. -**3.** [allay - pain] apaiser, soulager; [- doubts, fears] dissiper.

quench [kwentʃ] *vt* -**1.** *literal*: **to ~ one's thirst** étancher sa soif, se désaltérer. -**2.** [fire, flames] éteindre. -**3.** METALL tremper.

quern [kwɜːn] *n* moulin *m* à céréales (*à meules de pierre*).

querulous [ˈkwerʊləs] *adj* [person] pleurnicheur; [voice, tone] plaintif, gémissant.

querulously [ˈkwerʊləslɪ] *adv* d'un ton plaintif.

query [ˈkwɪərɪ] (*pl* **queries**, *pt & pp* **queried**)
◇ *n* -**1.** [question] question *f*; [doubt] doute *m*; **she accepted my explanation without a ~** elle a accepté mon explication sans poser de questions; **the latest facts to come to light raise a ~ about his honesty** les derniers faits qui ont été mis au jour jettent un doute sur son honnêteté. -**2.** *Br* [question mark] point *m* d'interrogation.
◇ *vt* -**1.** [express doubt about] mettre en doute; **it is not for me to ~ their motives** ce n'est pas à moi de mettre en doute leurs mobiles; **the accountant queried the figures** le comptable posa des questions sur les chiffres. -**2.** [ask] demander; **"how much is it?", she queried** «combien est-ce?», demanda-t-elle. -**3.** *Am* [interrogate] interroger; **he queried me about my trip** il m'a posé des questions sur mon voyage.

query language *n* COMPUT langage *m* d'interrogation.

quest [kwest] ◇ *n* quête *f*; **in ~ of truth** en quête de OR à la recherche de la vérité.
◇ *vi lit*: **to ~ for** OR **after sthg** se mettre en quête de qqch.

question [ˈkwestʃn] ◇ *n* -**1.** [query] question *f*; **to ask sb a ~** poser une question à qqn; **I wish to put a ~ to the chairman** j'aimerais poser une question au président; **you haven't answered my ~** vous n'avez pas répondu à ma question; **they obeyed without ~** ils ont obéi sans poser de questions ☐ **(Prime Minister's) Question Time** *session bi-hebdomadaire du Parlement britannique réservée aux questions des députés au Premier ministre*. -**2.** [matter, issue] question *f*; [problem] problème *m*; **her article raises some important ~s** son article soulève d'importantes questions OR d'importants problèmes; **it raises the ~ of what teachers should do in such cases** cela nous conduit à nous demander ce que les enseignants devraient faire dans des cas comme celui-là; **the place/time in ~** le lieu/l'heure en question; **the person in ~ is away at the moment** la personne en question est absente en ce moment; **the Jewish ~** la question juive; **the ~ is, will he do it?** toute la question est de savoir s'il le fera; **that is the ~** voilà la question; **but that's not the ~** mais là n'est pas la question; **it's a ~ of how much you want to spend** tout dépend de la somme que vous voulez mettre; **it's only a ~ of money/time** c'est seulement une question d'argent/de temps. -**3.** (*U*) [doubt] doute *m*; **there's no ~ about it, he was murdered** il a été assassiné, cela ne fait aucun doute; **his honesty was never in ~** son honnêteté n'a jamais été mise en doute OR remise en question; **to bring** OR **to call sthg into ~** remettre qqch en question; **she is without** OR **beyond ~ the best** elle est incontestablement la meilleure; **they know beyond ~ where their interests lie** ils savent parfaitement (bien) où est leur intérêt; **whether they are happier now is open to ~** sont-ils plus heureux maintenant? on peut se le demander. -**4.** [possibility]: **there's no ~ of our making the same mistake again** nous ne sommes pas près de refaire la même erreur; **there's no ~ of his coming with us, it's out of the ~ that he should come with us** il est hors de question qu'il vienne avec nous; **I'm sorry, you can't go, it's out of the ~!** je regrette, vous ne pouvez pas y aller, c'est hors de question!
◇ *vt* -**1.** [interrogate] interroger, poser des questions à; [subj: police] interroger; SCH interroger. -**2.** [doubt - motives, honesty] mettre en doute, remettre en question; [- statement, claim] mettre en doute, contester; **I ~ed whether it was wise to continue** je me suis demandé s'il était bien sage de continuer.

questionable [ˈkwestʃənəbl] *adj* -**1.** [doubtful] contestable, douteux; **his involvement in the affair is ~** sa participation dans cette affaire reste à démontrer OR à prouver; **it is ~ whether she knew** rien ne prouve qu'elle était au courant. -**2.** [suspicious - motives] douteux, louche; [- behaviour] louche. -**3.** [strange - taste, style] douteux.

questioner [ˈkwestʃənə^{r}] *n* [gen, in quiz show] animateur *m*, -trice *f*; JUR interrogateur *m*, -trice *f*; **she sent her ~s away** elle renvoya ceux qui l'interrogeaient; **our next ~ is from Belfast** RADIO & TV la question suivante nous vient de Belfast.

question form *n* GRAMM forme *f* interrogative.

questioning [ˈkwestʃənɪŋ] ◇ *adj* interrogateur.
◇ *n* interrogation *f*; **he was taken in for ~** JUR il a été interpellé pour être interrogé.

questioningly [ˈkwestʃənɪŋlɪ] *adv* de manière interrogative.

question mark *n* point *m* d'interrogation; *fig*: **a large ~ hangs over the future of this country** il est impossible de prédire quel sort attend ce pays OR sera réservé à ce pays; **there is a ~ over her reasons for leaving** on ignore les raisons qui l'ont poussée à partir.

question master *n* meneur *m* de jeu; RADIO & TV animateur *m*, -trice *f* (*d'un jeu*).

questionnaire [ˌkwestʃəˈneə^{r}] *n* questionnaire *m*.

question tag *n tournure en fin de phrase changeant celle-ci en question*.

queue [kjuː] ◇ *n Br* queue *f*, file *f* d'attente; **they were standing in a ~** ils faisaient la queue; **to form a ~** former une queue; **a long ~ of cars** une longue file de voitures; **I was first in the ~** j'étais le premier de la file; **we joined the ~ for foreign exchange** nous avons fait la queue devant le bureau de change.
◇ *vi Br* faire la queue; **'~ here for tickets'** file d'attente pour les billets.
◆ **queue up** *vi insep Br* faire la queue.

queue-jump *vi Br* essayer de passer avant son tour, resquiller.

queue-jumper *n Br* resquilleur *m*, -euse *f (qui n'attend pas son tour)*.

quibble ['kwɪbl] ◇ *vi* chicaner; **to ~ over details** chicaner sur des détails.
◇ *n* chicane *f*; **I have one small ~** il y a juste une petite chose qui me gêne.

quibbler ['kwɪbləʳ] *n* chicaneur *m*, -euse *f*, chicanier *m*, -ère *f*.

quibbling ['kwɪblɪŋ] ◇ *adj* chicaneur, chicanier.
◇ *n* chicanerie *f*.

Quiberon ['kiːbrɔ̃] *pr n*: **the ~ peninsula** la presqu'île de Quiberon.

quiche [kiːʃ] *n* quiche *f*.

quick [kwɪk] ◇ *adj* -**1.** [rapid] rapide; [easy - profits] rapide, facile; **he's a ~ worker** *literal* il travaille vite; *fig* il ne perd pas de temps; **be ~ (about it)!** faites vite!, dépêchez-vous!; **I need a ~ answer** j'ai besoin d'une réponse rapide; **to have a ~ look** jeter un rapide coup d'œil; **can I have a ~ word?** est-ce que je peux vous parler un instant?; **she did the job in double ~ time** elle a fait le travail en deux temps, trois mouvements OR en un rien de temps; **we had a ~ lunch** nous avons déjeuné sur le pouce; **let's have a ~ one** *inf* OR **a ~ drink** prenons un verre en vitesse; **the questions came in ~ succession** les questions se sont succédé à un rythme très rapide ❑ **~ march!** en avant, marche!; (as) **~ as lightning** OR **as a flash** rapide OR vif comme l'éclair. -**2.** [sharp] alerte, éveillé, vif; **he is ~ to learn** il apprend vite; **she has a ~ ear** elle a l'oreille fine; **she has a ~ eye for detail** aucun détail ne lui échappe; **thanks to his ~ eye for bargains** grâce au chic qu'il a pour dénicher OR faire les bonnes affaires; **I was ~ to notice the difference** j'ai tout de suite remarqué la différence; **she's too ~ for me** elle est trop rapide pour moi ❑ **she's ~ on the uptake** elle comprend vite; **they were very ~ off the mark** *Br* ils n'ont pas perdu de temps. -**3.** [hasty - judgment] hâtif, rapide; **he has a ~ temper** il s'emporte facilement; **he is ~ to take offence** il est prompt à s'offenser, il se vexe pour un rien.
◇ *adv* rapidement; **come ~!** venez vite!; **to get rich ~** s'enrichir rapidement.
◇ *n Br* [of fingernail] vif *m*; **his nails were bitten to the ~** il s'était rongé les ongles jusqu'au sang ❑ **her remark cut him to the ~** sa remarque l'a piqué au vif.
◇ *npl arch* [living]: **the ~ and the dead** les vivants *mpl* et les morts *mpl*.

quick- *in cpds*. **~dry** OR **~drying paint** peinture à séchage rapide; **~setting cement** ciment à prise rapide.

quick assets *npl* liquidités *fpl*, avoirs *mpl* liquides.

quick-change artist *n* spécialiste *mf* des transformations rapides.

quicken ['kwɪkn] ◇ *vt* -**1.** [hasten] accélérer, hâter; MUS [tempo] presser; **to ~ one's pace** OR **step** hâter OR presser le pas. -**2.** [stir - imagination] stimuler; [- hatred, desire] exciter; [- appetite, interest] stimuler; [- resolve] hâter; **the incident ~ed his sense of injustice** l'incident a aiguisé son sentiment d'injustice.
◇ *vi* -**1.** [step, pulse] s'accélérer; **my heart** OR **pulse ~ed** mon cœur se mit à battre plus vite. -**2.** [hopes, fire] se ranimer. -**3.** [foetus] commencer à bouger.

quickening ['kwɪknɪŋ] *n* accélération *f*; **a ~ of the pulse** une accélération du pouls.

quickfire ['kwɪkfaɪəʳ] *adj*: **he directed ~ questions at me** il m'a mitraillé de questions; **a series of ~ questions** un feu roulant de questions.

quick-freeze (*pt* quick-froze, *pp* quick-frozen) *vt* surgeler.

quickie *inf* ['kwɪkɪ] *n* -**1.** [gen] truc *m* vite fait; [question] question *f* rapide. -**2.** [sex] coup *m* en vitesse OR entre deux portes. -**3.** [drink] pot *m* rapide; **we stopped at a pub for a ~ on** s'est arrêtés dans un bar pour prendre un pot en vitesse.

quicklime ['kwɪklaɪm] *n* chaux *f* vive.

quickly ['kwɪklɪ] *adv* rapidement, vite; **come as ~ as possible** venez aussi vite que possible; **he ~ telephoned the doctor** il se dépêcha d'appeler le médecin.

quickness ['kwɪknɪs] *n* -**1.** [rapidity - of movement, pulse] rapidité *f*; [- of mind, reaction] rapidité, vivacité *f*. -**2.** [acuteness - of sight, wit] vivacité *f*; [- of hearing] finesse *f*. -**3.** [hastiness]: **his ~ of temper** sa promptitude à s'emporter.

quicksand ['kwɪksænd] *n*, **quicksands** ['kwɪksændz] *npl* sables *mpl* mouvants.

quickset ['kwɪkset] *adj Br*: **~ hedge** haie *f* vive.

quicksilver ['kwɪk,sɪlvəʳ] ◇ *n* vif-argent *m*, mercure *m*.
◇ *adj* [mind] très vif, comme du vif-argent.

quickstep ['kwɪkstep] *n* quickstep *m*.

quick-tempered *adj*: **he is ~** il s'emporte facilement.

quick-witted *adj* à l'esprit vif; **she is very ~** [in answers] elle a de la repartie; [in intelligence] elle a l'esprit vif.

quid *inf* [kwɪd] (*pl sense 1 inv*) *n* -**1.** *Br* [pound] livre *f*; **could you lend me ten ~?** t'as pas dix livres à me prêter? -**2.** [tobacco] chique *f*. -**3.** *phr*: **we're ~s in** *Br* on est peinards.

quiddity ['kwɪdətɪ] (*pl* **quiddities**) *n* quiddité *f*.

quid pro quo [,kwɪdprəʊ'kwəʊ] (*pl* **quid pro quos**) *n* contrepartie *f*, récompense *f*; **what did she get as a ~ for her silence?** qu'est-ce qu'elle a reçu en contrepartie de son silence?

quiescence [kwaɪ'esns] *n lit* tranquillité *f*, quiétude *f*.

quiescent [kwaɪ'esnt] *adj lit* [passive] passif; [peaceful] tranquille.

quiet ['kwaɪət] ◇ *adj* -**1.** [silent - person] tranquille, silencieux; **be** OR **keep ~!** taisez-vous!; **could you try to keep them ~?** pourriez-vous essayer de les faire taire?; **~ please!** silence, s'il vous plaît!; **you're very ~** vous ne dites pas grand-chose; **keep ~ about what you've seen** ne dites rien de ce que vous avez vu ‖ [subdued, soft] tranquille; **we were having a ~ conversation** nous bavardions tranquillement; **can I have a ~ word with you?** est-ce que je peux vous dire un mot en particulier?; **in a ~ voice** d'une voix douce ❑ **it was as ~ as the grave** il régnait un silence de mort; **she was as ~ as a mouse** elle ne faisait pas le moindre bruit; 'The Quiet American' *Greene* 'Un Américain bien tranquille'. -**2.** [calm, tranquil] calme, tranquille, paisible; FIN [market, business, dealing] calme; **to lead a ~ life** mener une vie paisible OR tranquille; **the TV keeps the children ~** pendant qu'ils regardent la télé, les enfants se tiennent tranquilles; **sit ~ for ten minutes** restez assis tranquillement pendant dix minutes; **to have a ~ drink** boire un verre tranquillement; **we had a ~ Christmas** nous avons passé un Noël tranquille; **she had a ~ night** elle a passé une nuit tranquille OR paisible; **all is ~** tout va bien, rien à signaler ❑ **all ~ on the western front** *hum* à l'ouest rien de nouveau; **anything for a ~ life** tout pour avoir la paix. -**3.** [docile - animal] docile; [easy -baby] calme; [uncommunicative] silencieux, peu communicatif. -**4.** [private - wedding] dans l'intimité; [- party] avec quelques intimes, avec peu d'invités; [secret] secret, dissimulé; **keep the news ~** gardez la nouvelle pour vous. -**5.** [subtle, discreet - irony] discret; [- optimism] tranquille; [- anger] sourd; [- despair, resentment] secret; **he had a ~ smile on his lips** il avait un petit sourire aux lèvres. -**6.** [muted - colour, style] sobre; **he's a ~ dresser** il s'habille sobrement OR sans ostentation.
◇ *n* silence *m*; **to ask for ~** demander le silence; **a minute's ~** une minute de silence.
◇ *vt* [calm] calmer; [silence] faire taire.
◆ **on the quiet** *adv phr Br* [in secrecy] en douce, en cachette; [discreetly] discrètement, en douceur; [in confidence] en confiance.
◆ **quiet down** *vi insep Am* se calmer.

quieten ['kwaɪətn] ◇ *vt Br* [child, audience] calmer, apaiser; [conscience] tranquilliser, apaiser; [doubts] dissiper; **does that ~ your fears?** est-ce que cela dissipe vos craintes?
◇ *vi* [child] se calmer; [music] devenir plus doux.
◆ **quieten down** ◇ *vi insep* -**1.** [become quiet - person] se calmer; [- storm, wind] se calmer, s'apaiser; **the meeting gradually ~ed down** peu à peu, l'assemblée s'est calmée. -**2.** [become reasonable] s'assagir; **he's ~ed down a lot since he got married** il s'est beaucoup assagi depuis son mariage.
◇ *vt sep* [calm] calmer, apaiser; [shut up] faire taire.

quietism ['kwaɪətɪzm] *n* quiétisme *m*.

quietist ['kwaɪətɪst] ◇ *adj* quiétiste.
◇ *n* quiétiste *mf*.

quietly ['kwaɪətlɪ] *adv* [silently] silencieusement, sans bruit; [gently, softly] doucement, calmement; [peacefully] tranquillement, paisiblement; **sit ~** restez assis tranquillement; **a ~ flowing river** une rivière au cours paisible; **they got married ~** ils se sont mariés dans l'intimité.

quietness ['kwaɪətnɪs] *n* [stillness] tranquillité *f*, calme *m*; [silence] silence *m*.

quietude ['kwaɪətjuːd] *n lit* quiétude *f*.

quietus [kwaɪ'iːtəs] *n* -**1.** *lit* [death] trépas *m*. -**2.** JUR [settlement of debt] règlement *m*.

quiff [kwɪf] *n* [hairstyle] banane *f*.

quill [kwɪl] *n* -**1.** [feather] penne *f*; [shaft of feather] hampe *f* creuse; [of hedgehog, porcupine] piquant *m*. -**2.** [pen] plume *f* (d'oie).

quill pen *n* plume *f* d'oie.

quilt [kwɪlt] *n* [eiderdown] édredon *m*; [bedspread] dessus-de-lit *m inv*; [duvet] couette *f*.

quilted ['kwɪltɪd] *adj* matelassé.

quilting ['kwɪltɪŋ] *n* -**1.** [fabric] tissu *m* matelassé; [on furniture] capitonnage *m*. -**2.** [of clothing] ouatinage *m*; [of furniture covering] capitonnage *m*. -**3.** [hobby] *réalisation d'ouvrages (vêtements, dessus de lit) en tissu matelassé*.

quin [kwɪn] (*abbr of* **quintuplet**) *n Br* quintuplé *m*, -e *f*.

quince [kwɪns] ◇ *n* [fruit] coing *m*; [tree] cognassier *m*.
◇ *comp* [jam, jelly] de coing.

quincentenary [,kwɪnsen'tiːnərɪ] *n* cinq-centième anniversaire *m*.

quincentennial [,kwɪnsen'tenɪəl] ◇ *n* cinq-centième anniversaire *m*.
◇ *adj* cinq-centième.

quinine [kwɪ'niːn] *n* quinine *f*.

Quinquagesima [,kwɪŋkwə'dʒesɪmə] *n* Quinquagésime *f*.

quinquennial [kwɪŋ'kwenɪəl] *adj* quinquennal.

quinquennium [kwɪŋ'kwenɪəm] (*pl* **quinquenniums** OR **quinquennia** [-nɪə]) *n* quinquennat *m*.

quinsy ['kwɪnzɪ] *n dated* amygdalite *f* purulente.

quint [kwɪnt] (*abbr of* **quintuplet**) *n Am* quintuplé *m*, -e *f*.

quintal ['kwɪntl] *n* quintal *m*.

quintessence [kwɪn'tesns] *n* quintessence *f*.

quintessential [kwɪntə'senʃl] *adj* typique, type; **she's the ~ Parisian** c'est la Parisienne type; **he's the ~ English gentleman** c'est le gentleman anglais typique.

quintet(te) [kwɪn'tet] *n* quintette *m*.

quintillion [kwɪn'tɪljən] *n Br* quintillion *m* (10^{30}); *Am* trillion *m* (10^{18}).

quintuple [kwɪn'tjuːpl] ◇ *adj* quintuple.
◇ *n* quintuple *m*.
◇ *vi & vt* quintupler.

quintuplet [kwɪn'tjuːplɪt] *n* quintuplé *m*, -e *f*.

quintuplicate [kwɪn'tjuːplɪkɪt] *n*: **in ~** en cinq exemplaires.

quip [kwɪp] (*pt & pp* **quipped**, *cont* **quipping**) ◇ *n* [remark - witty] bon mot *m*, mot *m* d'esprit; [- sarcastic] sarcasme *m*; [gibe] quolibet *m*; **to make a ~** faire un bon mot OR de l'esprit; **he**

made a nasty ~ about her humble origins il a fait une remarque désobligeante sur ses origines modestes.
◇ *vt*: **"only if I'm asked", he quipped** «seulement si on me le demande», lança-t-il d'un air malicieux.
quipster *inf* ['kwɪpstəʳ] *n Br* plaisantin *m*.
quire ['kwaɪəʳ] *n* [in bookbinding] cahier *m*; [of paper] main *f* (de papier).
Quirinal ['kwɪrɪnl] *pr n* mont *m* Quirinal.
quirk [kwɜːk] *n* -**1.** [idiosyncrasy] manie *f*, excentricité *f*. -**2.** [accident] bizarrerie *f*, caprice *m*; **by a ~ of fate we met in Sydney** par un caprice du destin, nous nous sommes rencontrés à Sydney. -**3.** [flourish] fioriture *f*.
quirky ['kwɜːkɪ] *adj* bizarre, original.
quirt [kwɜːrt] *Am* ◇ *n* cravache *f*.
◇ *vt* cravacher.
quisling ['kwɪzlɪŋ] *n pej* collaborateur *m*, -trice *f*.
quit [kwɪt] (*pt & pp* quit OR quitted, *cont* quitting) ◇ *vt* -**1.** [leave] quitter; **we have to ~ the premises by the end of the month** nous devons quitter les lieux avant la fin du mois. -**2.** *Am* [give up, stop] quitter, cesser; **he ~ school at 15** il a quitté l'école à 15 ans; **he ~ his job** il a quitté son travail; **I ~ work at 4 o'clock** je quitte le travail à 16 h; **I've ~ smoking** j'ai arrêté OR cessé de fumer; **~ it!** arrête!, ça suffit!
◇ *vi* -**1.** [give up] renoncer, abandonner; [resign] démissionner; **I ~!** *inf* j'abandonne!; **I want to ~** j'ai envie de tout laisser tomber; **you shouldn't ~ so easily** vous ne devriez pas abandonner la partie si facilement. -**2.** *Am* [leave] partir.
◇ *adj*: **to be ~ of sb/sthg** être débarrassé de qqn/qqch.
quite [kwaɪt] ◇ *adv & predet* -**1.** [moderately] assez; **the film is ~ good** le film est assez bon; **it's ~ cold today** il fait assez froid aujourd'hui; **I'd ~ like to go** ça me plairait assez d'y aller; **~ a difficult job** un travail assez difficile; **~ a good job** un assez bon emploi; **~ a lot of people seem to believe it** un bon nombre de gens semblent le croire; **there were ~ a few good paintings** il y avait un assez grand nombre de bons tableaux; **there was ~ a crowd** il y avait pas mal de monde; **I've been here for ~ some time** je suis ici depuis un bon moment OR depuis assez longtemps; **he was in France for ~ some time** il a passé pas mal de temps en France. -**2.** [completely, absolutely] parfaitement, tout à fait; **she's ~ right** elle a tout à fait OR parfaitement raison; **the story isn't ~ true** l'histoire n'est pas tout à fait OR entièrement vraie; **I ~ understand** je comprends tout à fait OR parfaitement; **she's ~ brilliant** elle est vraiment très brillante; **we've always been ~ happy together** nous avons toujours été parfaitement heureux ensemble; **if you've ~ finished** si vous avez terminé; **that's ~ another matter!** ça, c'est autre chose!; **not ~ a month ago** il y a un peu moins d'un mois; **you've had ~ enough** vous en avez eu largement assez; **that's ~ enough!** ça suffit comme ça!; **it's ~ the thing** c'est très à la mode; **he's ~ the young gentleman** c'est le parfait jeune homme. -**3.** [exactly] exactement, tout à fait; **that wasn't ~ what I had in mind** ce n'est pas exactement ce que j'avais en tête; **I'm not ~ sure what you mean** je ne vois pas très bien ce que vous voulez dire. -**4.** [expressing approval, appreciation]: **that was ~ a OR ~ some party!** *inf* ça a été une sacrée soirée!; **she's ~ a girl!** c'est une sacrée nana! ❑ **his speech was ~ something** son discours était tout à fait remarquable.
◇ *interj*: **~ (so)!** tout à fait!, parfaitement!
Quito ['kiːtəʊ] *pr n* Quito.
quits [kwɪts] *adj* quitte; **I'm ~ with her now** maintenant, je suis quitte envers elle; **now we're ~** maintenant nous sommes quittes; **let's call it ~** [financially] disons que nous sommes quittes; [in fight, argument] restons-en là.
quittance ['kwɪtəns] *n* FIN & JUR quittance *f*.
quitter *inf* ['kwɪtəʳ] *n* dégonflé *m*, -e *f*.
quiver ['kwɪvəʳ] ◇ *vi* -**1.** [tremble - person] frémir, trembler; [- lips, hands, voice] trembler; **to ~ with fear/rage** trembler de peur/rage; **to ~ with emotion** frissonner d'émotion; **the ~ing tones of the violin** les trémolos du violon. -**2.** [flutter - heart] trembler, frémir; [leaves] frémir, frissonner; [- flame] trembler, vaciller.
◇ *n* -**1.** [tremble] tremblement *m*; [of violin] trémolo *m*, frémissement *m*; **a ~ of fear went down my spine** un frisson de peur me parcourut le dos; **he had a ~ in his voice** sa voix tremblait d'émotion; **her heart gave a ~** son cœur fit un bond dans sa poitrine. -**2.** [for arrows] carquois *m*.
qui vive [kiː'viːv] *n Br*: **on the ~** sur le qui-vive.
Quixote ['kwɪksət] *pr n*: **Don ~** don Quichotte.
quixotic [kwɪk'sɒtɪk] *adj* [idealistic] idéaliste, chimérique; [chivalrous] généreux, chevaleresque.
quixotically [kwɪk'sɒtɪklɪ] *adv* à la (manière de) don Quichotte.
quiz [kwɪz] (*pl* quizzes, *pt & pp* quizzed, *cont* quizzing) ◇ *n* -**1.** [game - on TV] jeu *m* télévisé; [- on radio] jeu *m* radiophonique; [- in newspaper] questionnaire *m*; **~ programmes** OR **shows** les jeux télévisés; **general knowledge ~ test** *m* de culture générale. -**2.** *Am* SCH [test] interrogation *f*.
◇ *vt* -**1.** [question] interroger, questionner; **to ~ sb about sthg** interroger qqn au sujet de qqch. -**2.** *Am* SCH [test] interroger.
quizmaster ['kwɪz,mɑːstəʳ] *n* RADIO & TV animateur *m*, -trice *f* *(d'un jeu)*.
quizzical ['kwɪzɪkl] *adj* [questioning] interrogateur; [ironic] ironique, narquois; **to give sb a ~ look** lancer un regard narquois à qqn.
quizzically ['kwɪzɪklɪ] *adv* [questioningly] d'un air interrogateur; [ironically] d'un air ironique OR narquois.
Qum [kʊm] = **Qom**.
quod *inf* [kwɒd] *n Br* [jail] tôle *f*; **he's in ~** il est en tôle.
quoin [kɔɪn] *n* [cornerstone] pierre *f* d'angle; [keystone] clef *f* de voûte.
quoit [kɔɪt] *n* [in game] anneau *m*; **to play ~s** jouer aux anneaux.
quondam ['kwɒndæm] *adj lit* ancien; **her ~ suitor** son ancien prétendant.
Quonset hut ®['kwɒnsɪt-] *n Am* abri *m* préfabriqué *(en tôle ondulée)*.
quorate ['kwɔːreɪt] *adj Br* où le quorum est atteint.
quorum ['kwɔːrəm] *n* quorum *m*; **we don't have a ~** le quorum n'est pas atteint.
quota ['kwəʊtə] *n* -**1.** [limited quantity] quota *m*, contingent *m*; **they are admitted on a ~ system** il y a un numerus clausus OR un quota pour les admissions. -**2.** [share] part *f*, quota *m*.
quotable ['kwəʊtəbl] *adj* -**1.** [worth quoting] digne d'être cité; **an eminently ~ phrase** une phrase tout à fait digne d'être citée. -**2.** [on the record] que l'on peut citer; **are these figures ~?** peut-on citer ces chiffres?; **what he said is not ~** ce qu'il a dit ne peut être répété. -**3.** ST. EX cotable.
quotation [kwəʊ'teɪʃn] *n* -**1.** [remark, sentence] citation *f*. -**2.** ST. EX cours *m*, cotation *f*. -**3.** COMM [estimate] devis *m*; [for insurance] cotation *f*.
quotation marks *npl* guillemets *mpl*.
quote [kwəʊt] ◇ *vt* -**1.** [cite - words, example, statistics] citer; **can I ~ you on that?** me permettez-vous de citer ce que vous venez de dire?; **don't ~ me on that** [don't repeat it] ne le répétez pas; [don't say it was me who told you] ne dites pas que c'est moi qui vous l'ai dit; **she ~d several passages from the book** elle cita plusieurs passages du livre; **he said, ~, get lost, unquote** il a dit, je cite, allez vous faire voir; **their leader was ~d as denying the allegation** leur leader aurait rejeté l'accusation; **you are ~d as saying he's mad** vous auriez dit qu'il était fou. -**2.** ADMIN & COMM: **please ~ this reference (number)** prière de mentionner cette référence. -**3.** [specify - price] indiquer, annoncer; ST. EX coter; **gold prices were ~d at £500** l'or a été coté à 500 livres; **can you ~ me a price?** pouvez-vous me donner OR m'indiquer un prix?
◇ *vi* -**1.** [cite] faire des citations; **to ~ from Yeats** citer Yeats. -**2.** COMM: **to ~ for a job** faire un devis pour un travail.
◇ *n* -**1.** [quotation] citation *f*; [statement] déclaration *f*. -**2.** [estimate] devis *m*. -**3.** [quotation mark] guillemet *m*; **in ~s** entre guillemets.
quoth [kwəʊθ] *vt arch*: **"nay", ~ the King** «non», fit OR dit le roi.
quotidian [kwɒ'tɪdɪən] *adj fml* quotidien.
quotient ['kwəʊʃnt] *n* quotient *m*.
Qur'an *etc* [kɒ'rɑːn] = **Koran**.
qv (*written abbr of* **quod vide**) *expression renvoyant le lecteur à une autre entrée dans une encyclopédie.*
qwerty, Qwerty ['kwɜːtɪ] *n*: **~ keyboard** clavier *m* qwerty.

R

r (*pl* r's OR rs), **R** (*pl* R's OR Rs) [ɑːʳ] *n* [letter] r *m*, R *m*; the three Rs la lecture, l'écriture et l'arithmétique *(qui constituent les fondements de l'enseignement primaire)*.

R ◇ -**1.** (*written abbr of* right) dr. -**2.** *written abbr of* river. -**3.** (*written abbr of* Réaumur) R. -**4.** *Am written abbr of* Republican. -**5.** *Br* (*written abbr of* Rex) *suit le nom d'un roi.* -**6.** *Br* (*written abbr of* Regina) *suit le nom d'une reine.* -**7.** *written abbr of* radius. -**8.** *written abbr of* road. -**9.** *written abbr of* registered (trademark).
◇ *adj Am* (*abbr of* restricted) *indique qu'un film est interdit aux moins de 17 ans.*

RA ◇ *n* -**1.** *abbr of* rear admiral. -**2.** (*abbr of* Royal Academician) *membre de la Royal Academy.*
◇ *pr n abbr of* Royal Academy.

RAAF [ræf] (*abbr of* Royal Australian Air Force) *pr n armée de l'air australienne.*

Rabat [rəˈbɑːt] *pr n* Rabat.

rabbet [ˈræbɪt] ◇ *n* [groove] feuillure *f*.
◇ *vt* feuiller.

rabbet plane *n* feuilleret *m*.

rabbi [ˈræbaɪ] *n* rabbin *m*; chief ~ grand rabbin.

rabbinic [rəˈbɪnɪk] *adj* rabbinique.
◆ **Rabbinic** *n* hébreu *m* rabbinique.

rabbinical [rəˈbɪnɪkl] *adj* rabbinique.

rabbit [ˈræbɪt] ◇ *n* -**1.** [animal] lapin *m*, -e *f*; doe ~ lapine *f*; young ~ lapereau *m*; wild ~ lapin de garenne. -**2.** *inf Br* [poor player]: I'm a bit of a ~ at chess je ne suis pas très bon aux échecs.
◇ *comp* [coat, stole] en (peau de) lapin.
◇ *vi*: to go ~ing chasser le lapin.
◆ **rabbit on** *inf vi insep* [talk] jacasser; he's been ~ing on about his money problems il me rebat les oreilles de ses problèmes d'argent; he's always ~ing on at me about it il me serine cette histoire à longueur de journée; what's she ~ing on about? de quoi elle cause?

rabbit burrow, **rabbit hole** *n* terrier *m* (de lapin).

rabbit hutch *n* clapier *m*, cage *f* OR cabane *f* à lapins; *fig* [housing] cage *f* à lapins.

rabbit punch *n* coup *m* du lapin.

rabbit warren *n* -**1.** *literal* garenne *f*. -**2.** *fig* labyrinthe *m*, dédale *m*.

rabble [ˈræbl] *n* -**1.** [mob]: the ~ *pej* la populace, la racaille. -**2.** TECH [in foundry] râble *m*.

rabble-rouser *n* agitateur *m*, -trice *f*, démagogue *mf*.

rabble-rousing ◇ *n* démagogie *f*.
◇ *adj* démagogique.

Rabelaisian [ˌræbəˈleɪzɪən] *adj* rabelaisien.

rabid [ˈræbɪd, ˈreɪbɪd] *adj* -**1.** MED [animal] enragé; [person] atteint de la rage. -**2.** *fig* [extremist, revolutionary] enragé; [hatred] farouche; [anger] féroce.

rabidly [ˈræbɪdlɪ, ˈreɪbɪdlɪ] *adv* férocement, farouchement.

rabies [ˈreɪbiːz] *n (U)* rage *f* MÉD.

RAC (*abbr of* Royal Automobile Club) *pr n*: the ~ *un des deux grands clubs automobiles de Grande-Bretagne.*

raccoon [rəˈkuːn] ◇ *n* raton *m* laveur.
◇ *comp* [coat, stole] en (fourrure de) raton laveur.

race [reɪs] ◇ *n* -**1.** [competition] course *f*; an 800 metre ~ une course de OR sur 800 mètres; a horse ~ une course de chevaux; to have OR to run a ~ courir, participer à une course; a day at the ~s une journée aux courses; a ~ against time une course contre la montre; it'll be a ~ to finish on time il faudra se dépêcher pour finir à temps; the ~ for the Presidency la course à la présidence. -**2.** [ethnic group] race *f*; [in anthropology] ethnie *f*; he belongs to the ~ of poets *fig* il est de la race des poètes; the French ~ *dated* la nation française; the human ~ la race OR l'espèce humaine. -**3.** *lit* [passing - of sun, moon] course *f*; [- of life] cours *m*. -**4.** [current] fort courant *m*; [in sea channel] raz *m* (de courant). -**5.** AERON [slipstream] sillage *m*; [turbulence] turbulence *f*. -**6.** TECH [for ball bearings] voie *f* de roulement.
◇ *comp* [discrimination, hatred, prejudice] racial.
◇ *vi* -**1.** [compete] faire la course; the cars/drivers were racing against each other les voitures/conducteurs faisaient la course; his horse will be racing at Ascot son cheval courra à Ascot. -**2.** [go fast, rush] aller à toute allure OR vitesse; to ~ in/out/past entrer/sortir/passer à toute allure; they ~d out of the café ils se précipitèrent hors du café; to ~ for a bus courir pour attraper un bus; she ~d downstairs elle a dévalé l'escalier; you'll have to ~ to catch your train tu vas devoir te dépêcher si tu veux avoir ton train; my pulse began to ~ mon cœur se mit à battre plus fort OR plus vite; a thousand ideas ~d through her mind mille idées lui sont passées par la tête; the competition is racing ahead of us nous sommes en train de nous faire dépasser par la concurrence. -**3.** [of engine] s'emballer.
◇ *vt* -**1.** [compete against] faire la course avec; (I'll) ~ you there! à qui y arrivera le premier! -**2.** [rush]: the casualties were ~d to hospital les blessés ont été transportés d'urgence à l'hôpital; to ~ a bill through Parliament faire adopter un projet de loi en toute hâte. -**3.** [put into a race]: to ~ a horse faire courir un cheval; this colt hasn't yet been ~d ce poulain n'a pas encore couru; to ~ pigeons faire des courses de pigeons. -**4.** AUT: to ~ the engine accélérer; [excessively] faire s'emballer le moteur.

race card *n* programme *m* (des courses).

racecourse [ˈreɪskɔːs] *n* -**1.** champ *m* de courses, hippodrome *m*. -**2.** *Am* [for cars, motorbikes] circuit *m*; [for runners, cycles] piste *f*.

racegoer [ˈreɪsˌgəʊəʳ] *n* turfiste *mf*.

racehorse [ˈreɪshɔːs] *n* cheval *m* de course.

raceme [ˈræsiːm] *n* grappe *f (inflorescence)*.

race meeting *n* courses *fpl*.

racer [ˈreɪsəʳ] *n* [runner] coureur *m*, -euse *f*; [horse] cheval *m* de course; [car] voiture *f* de course; [cycle] vélo *m* de course.

race relations *npl* relations *fpl* interraciales; ~ body OR board organisme *m* luttant contre la discrimination raciale.

race riot *n* émeute *f* raciale.

racetrack [ˈreɪstræk] *n* [gen] piste *f*; [for horses] champ *m* de courses, hippodrome *m*.

raceway [ˈreɪsweɪ] *n Am* -**1.** = **racetrack**. -**2.** [millrace] bief *m*.

Rachel [ˈreɪtʃl] *pr n* BIBLE Rachel.

rachitic [rəˈkɪtɪk] *adj* MED rachitique.

rachitis [rəˈkaɪtɪs] *n* MED rachitisme *m*.

Rachmaninoff [rækˈmænɪnɒf] *pr n* Rachmaninov.

Rachmanism [ˈrækmənɪzm] *n pressions exercées par un propriétaire sur ses locataires pour obtenir leur éviction.*

racial [ˈreɪʃl] *adj* -**1.** [concerning a race] racial, ethnique. -**2.** [between races] racial; ~ **discrimination** discrimination *f* raciale; ~ **harmony** harmonie *f* OR entente *f* raciale; ~ **violence** violence *f* raciale.

racialism [ˈreɪʃəlɪzm] *n* racisme *m*.

racialist [ˈreɪʃəlɪst] ◇ *adj* raciste.
◇ *n* raciste *mf*.

racially [ˈreɪʃəlɪ] *adv* du point de vue racial; the characteristic is not ~ determined cette caractéristique n'est pas déterminée par l'appartenance à une race; ~ prejudiced raciste.

raciness [ˈreɪsɪnɪs] *n* verve *f*, brio *m*.

racing [ˈreɪsɪŋ] ◇ *n*: (horse) ~ courses *fpl* de chevaux; motor ~ courses *fpl* automobiles; cycle ~ courses *fpl* cyclistes.
◇ *comp* [bicycle, yacht] de course.

racing car *n* voiture *f* de course.

racing cyclist *n* coureur *m*, -euse *f* cycliste.

racing driver *n* coureur *m*, -euse *f* automobile, pilote *mf* (de course).

racing pigeon *n* pigeon *m* voyageur *(de compétition)*.

racism [ˈreɪsɪzm] *n* racisme *m*.

racist [ˈreɪsɪst] ◇ *adj* raciste.
◇ *n* raciste *mf*.

rack [ræk] ◇ *n* -**1.** [shelf] étagère *f*; [for cooling, drying] grille *f*, claie *f*; [for fodder, bicycles, test tubes, pipes] râtelier *m*; [for bottles] casier *m*; (dish) ~ égouttoir *m*; (luggage) ~ [in train, bus] filet *m* (à bagages); [on cycle] porte-bagages *m inv*; (stereo) ~ meuble *m* pour chaîne hi-fi; (tool) ~ porte-outils *m inv* || [in shop] présentoir *m*; (clothes) ~ triangle *m* (à vêtements); to buy a suit off the ~ acheter un costume en prêt-à-porter. -**2.** HIST chevalet *m*; to put sb on

the ~ *literal* faire subir à qqn le supplice du chevalet; *fig* mettre qqn au supplice; **that question put him on the ~** cette question l'a mis dans une position très difficile. **-3.** MECH crémaillère *f*. **-4.** CULIN: **~ of lamb** carré *m* d'agneau. **-5.** *phr*: **to go to ~ and ruin** [house] tomber en ruine; [garden] être à l'abandon; [person] dépérir; [company] péricliter; [country, institution] aller à vau-l'eau.
◇ *vt* **-1.** [torture] faire subir le supplice du chevalet à; *fig* tenailler, ronger; **~ed by guilt** tenaillé par un sentiment de culpabilité; **to ~ one's brains** se creuser la tête. **-2.** [wine] soutirer.
◆ **rack up** *vt sep Am* [points] marquer.

rack and pinion *n* crémaillère *f*; **~ railway** = **rack railway**.

racket ['rækɪt] ◇ *n* **-1.** SPORT [bat] raquette *f*; **tennis ~** raquette de tennis. **-2.** [snowshoe] raquette *f*. **-3.** *inf* [din] boucan *m*; **the neighbours are making a terrible ~** les voisins font un boucan épouvantable. **-4.** [extortion] racket *m*; [fraud] escroquerie *f*; [traffic] trafic *m*; **this lottery is such a ~** cette loterie, c'est de l'arnaque. **-5.** *inf* [job] boulot *m*; **what's your ~?** vous travaillez dans quoi?; **is she still in the teaching/publishing ~?** est-ce qu'elle est encore dans l'enseignement/l'édition?
◇ *vi* [be noisy] faire du boucan.
◆ **rackets** *n* (U) [game] racket-ball *m*.
◆ **racket about** *inf Br*, **racket around** *inf vi insep dated* [enjoy oneself] faire la bombe.

racketeer [,rækə'tɪəʳ] ◇ *n* racketteur *m*.
◇ *vi* racketter.

racketeering [,rækə'tɪərɪŋ] *n* racket *m*.

racket press *n* presse-raquette *m*.

racking ['rækɪŋ] *adj* [pain] atroce, déchirant.

rack railway *n* chemin *m* de fer à crémaillère.

rack rent *n Br* loyer *m* exorbitant.

raconteur [,rækɒn'tɜːʳ] *n* raconteur *m*, -euse *f*.

racoon [rə'kuːn] = **raccoon**.

racquet ['rækɪt] = **racket** *n* **1**.

racquetball ['rækɪtbɔːl] *n* racquetball *m*.

racy ['reɪsɪ] (*compar* **racier**, *superl* **raciest**) *adj* **-1.** [lively] plein de verve OR de brio. **-2.** [suggestive] osé. **-3.** [wine] racé.

rad [ræd] *n* rad *m*.

RADA ['rɑːdə] (*abbr of* Royal Academy of Dramatic Art) *pr n* *conservatoire britannique d'art dramatique*.

radar ['reɪdɑːʳ] ◇ *n* radar *m*; **to navigate by ~** naviguer au radar.
◇ *comp* [image, screen, station] radar; **~ blip** top *m* d'écho (radar); **~ operator** radariste *mf*; **~ scanner** antenne *f* radar.

radar beacon *n* radiophare *m*.

radar trap *n* contrôle *m* radar.

raddle ['rædl] ◇ *n* ocre *f* rouge.
◇ *vt* [face] maquiller avec du rouge; [sheep] marquer à l'ocre.

raddled ['rædld] *adj* ravagé.

radial ['reɪdjəl] ◇ *adj* radial; **~ roads** routes *fpl* en étoile.
◇ *n* **-1.** [tyre] pneu *m* radial OR à carcasse radiale. **-2.** [line] rayon *m*.

radial engine *n* moteur *m* en étoile.

radial-ply *adj* AUT à carcasse radiale.

radial tyre *n* pneu *m* radial OR à carcasse radiale.

radian ['reɪdjən] *n* radian *m*.

radiance ['reɪdjəns] *n* **-1.** [of light, sun] éclat *m*, rayonnement *m*; *fig* [beauty, happiness] éclat *m*. **-2.** PHYS exitance *f*.

radiancy ['reɪdjənsɪ] = **radiance**.

radiant ['reɪdjənt] ◇ *adj* **-1.** *lit* [bright] radieux; **her ~ beauty** *fig* sa beauté éclatante. **-2.** [happy] radieux, rayonnant; **the bride was ~** la mariée était radieuse; **he was ~ with joy** il rayonnait de joie. **-3.** PHYS radiant, rayonnant. **-4.** BOT rayonnant.
◇ *n* **-1.** PHYS point *m* radiant. **-2.** ASTRON radiant *m*.

radiant flux *n* flux *m* de rayonnement.

radiant heat *n* chaleur *f* rayonnante.

radiant heating *n* chauffage *m* par rayonnement.

radiantly ['reɪdjəntlɪ] *adv* [shine, glow] avec éclat; [smile] d'un air radieux; **~ beautiful** d'une beauté éclatante.

radiate ['reɪdɪeɪt] ◇ *vi* **-1.** [emit energy] émettre de l'énergie; [be emitted] rayonner, irradier; **heat ~s from the centre** le centre dégage de la chaleur. **-2.** [spread] rayonner; **the roads which ~ from Chicago** les routes qui partent de Chicago.
◇ *vt* **-1.** [heat] émettre, dégager; [light] émettre. **-2.** *fig*: **to ~ health** être rayonnant OR rayonner de santé; **the children ~ happiness** les enfants rayonnent de bonheur; **his manner ~d confidence** il semblait très sûr de lui.

radiation [,reɪdɪ'eɪʃn] *n* **-1.** [energy radiated] rayonnement *m*, rayonnements *mpl*; NUCL rayons *mpl*; **atomic ~** radiation *f* OR rayonnement atomique; **low-level ~** radiation de faible intensité; **~ therapy** radiothérapie *f*. **-2.** [act of radiating] rayonnement *m*, radiation *f*.

radiation sickness *n* mal *m* des rayons.

radiator ['reɪdɪeɪtəʳ] *n* [gen & AUT] radiateur *m*; **~ grille** calandre *f*.

radical ['rædɪkl] ◇ *adj* radical.
◇ *n* **-1.** POL radical *m*, -e *f*. **-2.** LING, MATH & CHEM radical *m*.

radicalism ['rædɪkəlɪzm] *n* radicalisme *m*.

radically ['rædɪklɪ] *adv* radicalement.

radicand ['rædɪkænd] *n* MATH quantité *f* radicale.

radices ['reɪdɪsiːz] *pl* → **radix**.

radicle ['rædɪkl] *n* **-1.** BOT [part of plant embryo] radicule *f*; [rootlet] radicelle *f*. **-2.** CHEM radical *m*.

radii ['reɪdɪaɪ] *pl* → **radius**.

radio ['reɪdɪəʊ] (*pl* radios) ◇ *n* **-1.** [apparatus] radio *f*; **to turn the ~ on/off** allumer/éteindre la radio. **-2.** [system] radio *f*; **they talk to base by ~** ils communiquent avec la base par radio ‖ [industry, activity] radio; **I heard it on the ~** je l'ai entendu à la radio; **to be on the ~** passer à la radio; **Radio Birmingham** Radio Birmingham.
◇ *comp* [broadcast, play, programme] radiophonique; [contact, link, silence] radio (*inv*); [announcer, technician] à la radio.
◇ *vt* **-1.** [person] appeler OR contacter par radio. **-2.** [message, information] envoyer par radio; [position, movement] signaler par radio.
◇ *vi* envoyer un message radio; **to ~ for a doctor** demander un médecin par radio; **she ~ed for help/instructions** elle demanda de l'aide/des instructions par radio.

RADIO:
Les principales stations de radio de la BBC sont: Radio 1 (bulletins d'information, musique pop et rock); Radio 2 (variétés, sports); Radio 3 (musique classique); Radio 4 (actualités, reportages, théâtre, programmes éducatifs); Radio 5 (sports, programmes éducatifs). La BBC comprend également 39 stations locales. Il exite d'autre part plus de 100 stations indépendantes, dont deux diffusent à l'échelle nationale (Classic FM et Independent Music Radio).

---

radioactive [,reɪdɪəʊ'æktɪv] *adj* radioactif; **~ fallout** retombées *fpl* radioactives; **~ waste** déchets *mpl* radioactifs OR nucléaires.

radioactivity [,reɪdɪəʊæk'tɪvətɪ] *n* radioactivité *f*.

radio alarm (clock) *n* radioréveil *m*.

radio astronomy *n* radioastronomie *f*.

radio beacon *n* radiobalise *f*.

radio beam *n* faisceau *m* radio.

radiobiology [,reɪdɪəʊbaɪ'ɒlədʒɪ] *n* radiobiologie *f*.

radio car *n* voiture *f* radio.

radiocarbon [,reɪdɪəʊ'kɑːbən] *n* radiocarbone *m*, carbone 14 *m*.

radiocarbon dating *n* datation *f* au carbone 14.

radio cassette *n* radiocassette *m*.

radiocast ['reɪdɪəʊkɑːst] *vt Am* radiodiffuser.

radiochemistry [,reɪdɪəʊ'kemɪstrɪ] *n* radiochimie *f*.

radiocommunication ['reɪdɪəʊkə,mjuːnɪ'keɪʃn] *n* radiocommunication *f*.

radio compass *n* radiocompas *m*.

radio control *n* télécommande *f* (par) radio, radiocommande *f*.

radio-controlled *adj* radioguidé.

radioelement [,reɪdɪəʊ'elɪmənt] *n* radioélément *m*.

radio frequency *n* fréquence *f* radioélectrique, radiofréquence *f*.

radiogram ['reɪdɪəʊ,græm] *n* **-1.** *dated* [radio and record player] radio *f* avec pick-up. **-2.** [message] radiogramme *m*. **-3.** = **radiograph**.

radiograph ['reɪdɪəʊgrɑːf] *n* radiographie *f*.

radiographer [,reɪdɪ'ɒgrəfəʳ] *n* radiologue *mf*, radiologiste *mf*.

radiography [,reɪdɪ'ɒgrəfɪ] *n* radiographie *f*.

radio ham *n* radioamateur *m*.

radioisotope [,reɪdɪəʊ'aɪsətəʊp] *n* radioisotope *m*, isotope *m* radioactif.

radiological [,reɪdɪə'lɒdʒɪkl] *adj* radiologique.

radiologist [,reɪdɪ'ɒlədʒɪst] *n* radiologue *mf*, radiologiste *mf*.

radiology [,reɪdɪ'ɒlədʒɪ] *n* radiologie *f*.

radiometer [,reɪdɪ'ɒmɪtəʳ] *n* radiomètre *m*.

radio microphone *n* microphone *m* sans fil.

radionuclide [,reɪdɪəʊ'njuːklaɪd] *n* nucléide *m* radioactif.

radiopager ['reɪdɪəʊ,peɪdʒəʳ] *n* récepteur *m* d'appel OR de poche.

radiophone ['reɪdɪəʊfəʊn] = **radiotelephone**.

radioscopic [,reɪdɪəʊ'skɒpɪk] *adj*: **~ image** radiophotographie *f*.

radioscopy [,reɪdɪ'ɒskəpɪ] *n* radioscopie *f*.

radiosonde ['reɪdɪəʊsɒnd] *n* radiosonde *f*.

radio star *n* radiosource *f*.

radio station *n* station *f* de radio.

radio taxi *n* radio-taxi *m*.

radiotelegraph [,reɪdɪəʊ'telɪgrɑːf] ◇ *n* radiotélégraphie *f*.
◇ *vt* envoyer par radiotélégraphie.

radiotelegraphy [,reɪdɪəʊtɪ'legrəfɪ] *n* radiotélégraphie *f*.

radiotelephone [,reɪdɪəʊ'telɪfəʊn] *n* radiotéléphone *m*.

radiotelephony [,reɪdɪəʊtɪ'lefənɪ] *n* radiotéléphonie *f*.

radio telescope *n* radiotélescope *m*.

radiotherapist [,reɪdɪəʊ'θerəpɪst] *n* radiothérapeute *mf*.

radiotherapy [,reɪdɪəʊ'θerəpɪ] *n* radiothérapie *f*.

radio wave *n* onde *f* hertzienne OR radioélectrique.

radish ['rædɪʃ] *n* radis *m*.

radium ['reɪdɪəm] *n* radium *m*; **~ therapy** OR **treatment** curiethérapie *f*.

radius ['reɪdɪəs] (*pl* **radiuses** OR **radii** [-dɪaɪ]) *n* **-1.** [gen & MATH] rayon *m*; **within** OR **in a ~ of 20 km** dans un rayon de 20 km; **~ of action** MIL rayon d'action. **-2.** ANAT radius *m*.

radix ['reɪdɪks] (*pl* **radices** [-dɪsiːz]) *n* **-1.** MATH base *f*. **-2.** LING radical *m*.

radon (gas) ['reɪdɒn-] *n* radon *m*.

RAF (*abbr of* Royal Air Force) *pr n* *armée de l'air britannique*.

raffia ['ræfɪə] *n* raphia *m*.

raffish ['ræfɪʃ] *adj* dissolu.

raffle ['ræfl] ◇ *n* tombola *f*; **~ ticket** billet *m* de tombola.
◇ *vt*: **to ~ (off)** mettre en tombola.

raft [rɑːft] ◇ *n* **-1.** [craft - gen] radeau *m*; [- inflatable] matelas *m* pneumatique; SPORT raft *m*. **-2.** [logs] train *m* de flottage. **-3.** *inf* [large

amount] tas *m*, flopée *f*; **we've got ~s of** OR **a ~ of mail** nous avons reçu des tas de lettres. -**4.** CONSTR radier *m*.
◇ *vt*: **they ~ wood down the river** ils envoient le bois en aval dans des trains de flottage.
◇ *vi* voyager en radeau; **to go ~ing** SPORT faire du rafting.

rafter ['rɑːftəʳ] *n* CONSTR chevron *m*.

rag [ræg] (*pt* & *pp* **ragged**, *cont* **ragging**) ◇ *n* -**1.** [cloth] chiffon *m*; **he wiped his hands on a ~** il s'essuya les mains avec un chiffon; **a piece of ~** un bout de chiffon ❑ **to chew the ~** *inf* discuter le bout de gras; **to feel like a wet ~** *inf* [physically] être crevé; [emotionally] être vidé; **to lose one's ~** *inf* se mettre en boule; **to be a red ~ to a bull**: **when he said that to her it was like a red ~ to a bull** elle a vu rouge après ce qu'il lui a dit. -**2.** [worn-out garment] loque *f*; **this old dress is an absolute ~** cette vieille robe est une vraie loque. -**3.** [shred, scrap] lambeau *m*; **torn to ~s** mis en lambeaux. -**4.** *inf pej* [newspaper] feuille *f* de chou; **the local ~** la feuille de chou du coin. -**5.** ▽ *Am* [sanitary towel] serviette *f* hygiénique; **to be on the ~** avoir ses ragnagnas. -**6.** *Br* UNIV: **~ mag** *magazine humoristique publié pendant 'rag week'*; **~ (week)** *semaine pendant laquelle les étudiants préparent des divertissements, surtout au profit des œuvres charitables.* -**7.** *Br* [joke] farce *f*, canular *m*. -**8.** MUS ragtime *m*.
◇ *vt* [tease] taquiner; **they ragged her about her accent** ils la taquinaient au sujet de son accent.
◆ **rags** *npl* [worn-out clothes] guenilles *fpl*, haillons *mpl*, loques *fpl*; **a tramp dressed in ~s** un clochard vêtu de haillons; **in ~s and tatters** en loques ❑ **to go from ~s to riches** passer de la misère à la richesse; **a ~s-to-riches story** un véritable conte de fées.

raga ['rɑːgə] *n* raga *m inv*.

ragamuffin ['rægə͵mʌfɪn] *n* [vagrant] va-nu-pieds *m inv*, gueux *m*, gueuse *f*; [urchin] galopin *m*, polisson *m*, -onne *f*.

rag-and-bone man *n Br* chiffonnier *m*.

ragbag ['rægbæg] *n Br fig* ramassis *m*, bric-à-brac *m inv*, fouillis *m*; **a ~ of ideas** un fouillis d'idées (confuses).

rag doll *n* poupée *f* de chiffon.

rage [reɪdʒ] ◇ *n* -**1.** [anger] rage *f*, fureur *f*; **the boss was in a ~** le patron était furieux; **to fly into a ~** entrer dans une rage folle; **a fit of ~** un accès OR une crise de rage. -**2.** *inf* [fashion] mode *f*; **to be all the ~** faire fureur. -**3.** [of sea, elements] furie *f*.
◇ *vi* -**1.** [person] être furieux, s'emporter; **he was raging against the Government** il pestait contre le gouvernement. -**2.** [sea] se déchaîner; [storm, war] faire rage; **a gun battle was raging in the valley** une fusillade faisait rage dans la vallée; **the plague was raging throughout Europe** la peste ravageait l'Europe; **the argument still ~s** la question est toujours très controversée.

ragged ['rægɪd] *adj* -**1.** [tattered - clothes] en lambeaux, en loques, en haillons; [- person] loqueteux, vêtu de loques OR de haillons. -**2.** [uneven] irrégulier; **the ~ coastline** la côte accidentée; **a ~ edge** un bord irrégulier; **they formed a ~ line** ils se mirent en file irrégulière. -**3.** [erratic - performance] inégal, décousu. -**4.** *phr*: **to run sb ~** *inf* éreinter OR crever qqn; **I've been running myself ~ for you!** je me suis vraiment décarcassé pour toi!

ragged robin *n* fleur *f* de coucou (*lychnis*).

raggedy *inf* ['rægɪdɪ] *adj* en loques.

raggle-taggle *inf* ['rægl͵tægl] *adj Br* débraillé, négligé.

raging ['reɪdʒɪŋ] *adj* -**1.** [intense - pain] insupportable, atroce; [- fever] violent; **I had ~ toothache** j'avais une rage de dents; **I've got a ~ thirst** je meurs de soif; **~ anticlericalism** un anticléricalisme virulent. -**2.** [storm, blizzard] déchaîné, violent; [sea] démonté; [torrent] furieux. -**3.** [person] furieux.

raglan ['ræglən] ◇ *n* raglan *m*.
◇ *adj* raglan *(inv)*.

ragman ['rægmən] (*pl* **ragmen** [-mən]) = **rag-and-bone man**.

ragout ['ræguː] *n* ragoût *m*.

rag-rolling *n* CONSTR *technique qui consiste à appliquer la peinture à l'aide d'un chiffon.*

ragtag ['rægtæg] *Br* ◇ *adj* de bric et de broc.
◇ *n*: **the ~ and bobtail** la racaille, la populace.

ragtime ['rægtaɪm] *n* ragtime *m*.

rag trade *inf n* confection *f*; **he's in the ~** il est OR travaille dans les fringues.

ragweed ['rægwiːd] *n* ambroisie *f* BOT, ambrosia *f*.

rag week = **rag** *n* **6**.

ragworm ['rægwɜːm] *n* néréide *f*, néréis *m*.

ragwort ['rægwɜːt] *n* jacobée *f*, herbe *f* de Saint-Jacques.

rah [rɑː] *interj Am* hourra.

raid [reɪd] ◇ *n* -**1.** MIL raid *m*, incursion *f*; **they made a ~ over the border** ils ont fait une incursion de l'autre côté de la frontière; **the bombing ~s on the capital** les raids aériens sur la capitale; **they fear a terrorist ~ on the palace** ils craignent une attaque terroriste contre le palais. -**2.** [by police] descente *f*, rafle *f*; **a police ~** une descente de police; **a drugs ~** une descente de police (pour saisir de la drogue). -**3.** [robbery] hold-up *m*, braquage *m*; **a ~ on a bank** un hold-up dans une banque; **a ~ on the fridge** *hum* une razzia dans le frigo. -**4.** ST. EX raid *m*.
◇ *vt* -**1.** MIL [subj: army] faire un raid OR une incursion dans; [subj: airforce] bombarder. -**2.** [subj: police] faire une descente OR une rafle dans. -**3.** [subj: thieves]: **to ~ a bank** dévaliser une banque; **somebody's ~ed my locker** quelqu'un a fouillé dans mon casier; **to ~ the fridge** *hum* dévaliser le frigo.

raider ['reɪdəʳ] *n* -**1.** MIL membre *m* d'un commando; **the ~s were repelled** le commando a été repoussé ❑ **'Raiders of the Lost Ark'** *Spielberg* 'les Aventuriers de l'arche perdue'. -**2.** [thief] voleur *m*, -euse *f*; **the bank ~s have all been arrested** les auteurs du hold-up (de la banque) ont tous été arrêtés. -**3.** ST. EX: **(corporate) ~** raider *m*.

raiding party ['reɪdɪŋ-] *n* commando *m*.

rail [reɪl] ◇ *n* -**1.** [bar - gen] barre *f*; [- in window, on bridge] garde-fou *m*; [- on ship] bastingage *m*; [- on balcony] balustrade *f*; [- on stairway] rampe *f*; [- for carpet] tringle *f*; **towel ~** porte-serviettes *m inv*. -**2.** [for train, tram] rail *m*; **the live ~** le rail sous tension || [mode of transport]: **to travel by ~** voyager en train; **it's quicker by ~!** c'est plus rapide en train! ❑ **to go off the ~s** [train] dérailler; *fig* [person] perdre la tête OR le nord. -**3.** ORNITH râle *m*.
◇ *comp* [traffic, transport, link, tunnel] ferroviaire; [ticket, fare] de train; [journey, travel] en train; [employee, union] des chemins de fer; [strike] des chemins de fer, des cheminots; **the ~ strike has affected the whole of France** la grève SNCF a touché la France entière.
◇ *vt* [enclose] clôturer.
◇ *vi* [complain bitterly]: **to ~ against** OR **at** pester contre; **she ~ed against her fate** elle fulminait contre son sort.
◆ **rails** *npl* [fencing] grille *f*; [in horseracing] corde *f*.
◆ **rail in** *vt sep* clôturer.
◆ **rail off** *vt sep* fermer (au moyen d'une barrière); **the end of the hall was ~ed off** une barrière interdisait l'accès au fond de la salle.

railcar ['reɪlkɑːʳ] *n* autorail *m*.

railcard ['reɪlkɑːd] *n Br carte pour jeunes ou retraités permettant de bénéficier de tarifs avantageux sur les chemins de fer britanniques*; **student ~** carte *f* de réduction pour étudiant.

railhead ['reɪlhed] *n* tête *f* de ligne.

railing ['reɪlɪŋ] *n* -**1.** [barrier - gen] barrière *f*; [- on bridge] garde-fou *m*; [- on balcony] balustrade *f*. -**2.** [upright bar] barreau *m*. -**3.** = **railings**.

◆ **railings** *npl* [fence] grille *f*; **she squeezed through the ~s** elle se glissa entre les barreaux de la grille.

raillery ['reɪlərɪ] *n* raillerie *f*.

railroad ['reɪlrəʊd] *Am* = **railway**.

railway ['reɪlweɪ] *Br* ◇ *n* -**1.** [system, organization] chemin *m* de fer; **I'd never travelled by Russian ~** OR **on the Russian ~s** je n'avais jamais pris le train en Russie; **he works on the ~s** il est cheminot. -**2.** [track] voie *f* ferrée.
◇ *comp* [bridge, traffic, travel, tunnel] ferroviaire; [company] ferroviaire, de chemin de fer; [journey] en train; [employee, union] des chemins de fer; **~ worker** cheminot *m*.

railway carriage *n Br* wagon *m*, voiture *f*.

railway crossing *n Br* passage *m* à niveau.

railway embankment *n Br* remblai *m*.

railway engine *n Br* locomotive *f*.

railway line *n Br* -**1.** [route] ligne *f* de chemin de fer. -**2.** [track] voie *f* ferrée; [rail] rail *m*.

railwayman ['reɪlweɪmən] (*pl* **railwaymen** [-mən]) *n Br* cheminot *m*.

railway station *n Br* [gen] gare *f* (de chemin de fer); [in France] gare *f* SNCF.

railway track *n Br* voie *f* ferrée.

railway yard *n Br* dépôt *m*.

raiment ['reɪmənt] *n (U) lit* atours *mpl*.

rain [reɪn] ◇ *n* -**1.** *literal* pluie *f*; **it was pouring with ~** il pleuvait à verse; **the ~ was heavy** il pleuvait beaucoup; **a light ~ was falling** il tombait une pluie fine; **come in out of the ~** rentre, ne reste pas sous la pluie; **it looks like ~** on dirait qu'il va pleuvoir; **Venice in the ~** Venise sous la pluie; **the ~s** la saison des pluies ❑ **come ~ or shine** quoi qu'il arrive; **don't worry, you'll be as right as ~ in a minute** *inf* ne t'inquiète pas, ça va passer. -**2.** *fig* [of projectiles, blows] pluie *f*.
◇ *vi* pleuvoir; **it's ~ing** il pleut; **arrows ~ed from the sky** des flèches pleuvaient du ciel ❑ **it's ~ing cats and dogs** *inf* il pleut des cordes, il tombe des hallebardes; **it never ~s but it pours** *Br prov*, **when it rains, it pours** *Am prov* un malheur n'arrive jamais seul *prov*.
◇ *vt* faire pleuvoir; **they ~ed blows on his head** ils firent pleuvoir des coups sur sa tête.
◆ **rain down** ◇ *vi insep* [projectiles, blows etc] pleuvoir.
◇ *vt sep* [projectiles, blows etc] faire pleuvoir.
◆ **rain off** *vt sep Br*: **the game was ~ed off** [cancelled] la partie a été annulée à cause de la pluie; [abandoned] la partie a été abandonnée à cause de la pluie.
◆ **rain out** *vt sep* -**1.** [campers]: **to be ~ed out** être chassé par la pluie. -**2.** *Am* = **rain off**.

rainbelt ['reɪnbelt] *n* zone *f* des pluies.

rainbow ['reɪnbəʊ] ◇ *n* arc-en-ciel *m*; **all the colours of the ~** toutes les couleurs de l'arc-en-ciel ❑ **it's at the end of the ~** c'est un mirage; **to chase ~s** se bercer d'illusions.
◇ *comp*: **~ coalition** *coalition représentant un large éventail de tendances.*

rainbow-coloured *adj* arc-en-ciel *(inv)*, multicolore.

rainbow trout *n* truite *f* arc-en-ciel.

rain check *n Am bon pour un autre match (ou spectacle) donné par suite d'une annulation à cause de la pluie*; **I'll take a ~ on that** *inf fig* ça sera pour une autre fois.

rain cloud *n* nuage *m* de pluie.

raincoat ['reɪnkəʊt] *n* imperméable *m*.

rain dance *n* danse *f* de la pluie.

raindrop ['reɪndrɒp] *n* goutte *f* de pluie.

rainfall ['reɪnfɔːl] *n* [amount of rain] pluviosité *f*.

rainforest ['reɪn͵fɒrɪst] *n* forêt *f* pluviale.

rain gauge *n* pluviomètre *m*.

rainless ['reɪnlɪs] *adj* sans pluie.

rainmaker ['reɪn͵meɪkəʳ] *n* faiseur *m* de pluie.

rainout ['reɪnaʊt] *n* -**1.** *(U)* [pollution] *retombées entraînées par la pluie.* -**2.** *Am* SPORT *match annulé à cause du mauvais temps.*

rainproof ['reɪnpruːf] ◇ *adj* imperméable.
◇ *vt* imperméabiliser.

rainstorm ['reɪnstɔːm] *n* pluie *f* torrentielle.

rainwater ['reɪn,wɔːtəʳ] *n* eau *f* de pluie OR pluviale.

rainwear ['reɪnweəʳ] *n (U)* vêtements *mpl* de pluie.

rainy ['reɪnɪ] (*compar* **rainier**, *superl* **rainiest**) *adj* pluvieux; **the ~ season** la saison des pluies; **to save sthg for a ~ day** garder qqch pour les mauvais jours.

raise [reɪz] ◇ *vt* -**1.** [lift, move upwards - gen] lever; [- burden, lid] soulever; **to ~ one's head** lever la tête; **she didn't ~ her eyes from her book** elle n'a pas levé les yeux de son livre; **he tried to ~ himself from the sofa** il essaya de se lever du canapé; **she ~d herself to her full height** elle se dressa de toute sa hauteur. -**2.** [increase - offer, price, tax] augmenter; [- interest rates] relever; [- temperature, tension] faire monter; **the speed limit has been ~d to 150 km/h** la limitation de vitesse est passée à 150 km/h; **the age limit has been ~d to 18** la limite d'âge a été repoussée à 18 ans. -**3.** [boost, improve] remonter, élever; **our aim is to ~ overall standards** notre but est d'élever le niveau global; **to ~ sb's spirits** remonter le moral à qqn; **to ~ sb's hopes** donner des espoirs à qqn. -**4.** [promote] élever, promouvoir; **~d to the rank of colonel** élevé au rang de colonel; **the Queen ~d him to the peerage** la reine l'éleva à la pairie. -**5.** [collect together - support] réunir; [- army] lever; **we have ~d over a million signatures** nous avons réuni plus d'un million de signatures. -**6.** [obtain - money] trouver, obtenir; [- taxes] lever; **we have to ~ $10,000 by Friday** il faut que nous trouvions 10 000 dollars d'ici vendredi; **they're raising funds for a new church roof** ils collectent des fonds pour construire un nouveau toit à l'église. -**7.** [make, produce]: **they ~d a cheer when she came in** ils ont poussé des bravos quand elle est entrée; **to ~ the alarm** donner l'alarme; **he managed to ~ a smile when he saw us** il a réussi à sourire en nous voyant ❑ **to ~ hell** *inf* OR **Cain** *inf* OR **the roof** *inf* [make a noise] faire un boucan de tous les diables; [cause a fuss] faire un scandale. -**8.** [cause as reaction - laugh, welt, blister] provoquer; **his jokes didn't even ~ a smile** ses plaisanteries n'ont même pas fait sourire. -**9.** *esp Am* [rear - children, family] élever. -**10.** *esp Am* [breed - livestock] élever; [grow - crops] cultiver. -**11.** [introduce, bring up - point, subject, question] soulever; **she ~d several objections** elle souleva plusieurs objections; **this might ~ doubts as to his competence** ça pourrait soulever OR susciter des doutes quant à ses compétences. -**12.** [erect] élever, ériger; **to ~ a statue to sb** ériger une statue en l'honneur de qqn. -**13.** [resuscitate] ressusciter; [evoke - spirit] évoquer; **they were making enough noise to ~ the dead** ils faisaient un bruit à réveiller les morts. -**14.** [end - ban, siege] lever. -**15.** [contact] contacter; **the radio officer was trying to ~ Boston** le radio essayait de contacter Boston. -**16.** [in bridge] monter sur; [in poker] relancer; **I'll ~ you 5 pounds** je relance de 5 livres. -**17.** CULIN [dough, bread] faire lever. -**18.** MATH élever; **to ~ a number to the power of n** élever un nombre à la puissance n. -**19.** NAUT: **to ~ land** arriver en vue de terre.
◇ *vi* [in bridge] monter, enchérir; [in poker] relancer.
◇ *n* -**1.** *Am* [pay increase] augmentation *f* de salaire. -**2.** [in bridge] enchère *f*; [in poker] relance *f*.
◆ **raise up** *vt sep*: **to ~ o.s. up** se soulever; **she ~d herself up onto the chair** elle se hissa sur la chaise.

raised [reɪzd] *adj* -**1.** [ground, platform, jetty etc] surélevé; [pattern] en relief. -**2.** CULIN levé, à la levure. -**3.** LING [vowel] haut. -**4.** TEX cardé, gratté.

raised beach *n* GEOG plage *f* soulevée.

raiser ['reɪzəʳ] *n* [of livestock] éleveur *m*, -euse *f*; [of crops] cultivateur *m*, -trice *f*.

raisin ['reɪzn] *n* raisin *m* sec.

raising agent ['reɪzɪŋ-] *n (C)* levure *f*.

Raj [rɑːdʒ] *n*: **the ~** l'empire *m* britannique (en Inde).

rajah ['rɑːdʒə] *n* raja *m*, rajah *m*, radjah *m*.

rake [reɪk] ◇ *n* -**1.** [in garden, casino] râteau *m*. -**2.** [libertine] roué *m*, libertin *m*; **'The Rake's Progress'** *Hogarth* 'la Carrière du roué'; *Stravinsky* 'le Libertin'. -**3.** THEAT pente *f*; NAUT [of mast, funnel] quête *f*.
◇ *vt* -**1.** [soil, lawn, path] ratisser, râteler; **she ~d the leaves into a pile** elle ratissa les feuilles en tas. -**2.** [search] fouiller (dans); **to ~ one's memory** fouiller dans ses souvenirs. -**3.** [scan] balayer; **his eyes ~d the audience** son regard parcourut l'assistance; **a searchlight ~d the darkness** un projecteur fouilla l'obscurité. -**4.** [strafe] balayer; **machine-gun fire ~d the trench** le feu d'une mitrailleuse balaya la tranchée.
◇ *vi* -**1.** [search]: **to ~ among** OR **through** fouiller dans. -**2.** [slope] être en pente, être incliné.
◆ **rake in** *inf vt sep* [money] ramasser; **to be racking it in** toucher un joli paquet.
◆ **rake off** *inf vt sep* [share of profits] empocher, ramasser; **he was raking off 10% of the profits** il empochait OR ramassait 10 % des bénéfices.
◆ **rake out** *vt sep* -**1.** [fire] enlever les cendres de; [ashes] enlever. -**2.** [search out] dénicher.
◆ **rake over** *vt sep* -**1.** [soil, lawn, path] ratisser. -**2.** *fig* remuer; **why ~ over the past?** pourquoi remuer le passé?
◆ **rake up** *vt sep* -**1.** [collect together - leaves, weeds] ratisser; [- people] réunir, rassembler. -**2.** [dredge up] déterrer; **to ~ up sb's past** fouiller dans le passé de qqn.

raked [reɪkt] *adj* [inclined] incliné.

rake-off *inf n* petit profit *m*.

rakish ['reɪkɪʃ] *adj* -**1.** [jaunty] désinvolte, insouciant; **he wore his hat at a ~ angle** il portait son chapeau avec désinvolture. -**2.** [boat] à la forme élancée, allongé.

rale [rɑːl] *n* MED râle *m*.

rally ['rælɪ] (*pl* **rallies**, *pt* & *pp* **rallied**) ◇ *n* -**1.** [gathering - gen] rassemblement *m*; MIL [during battle] ralliement *m*; POL rassemblement *m*, (grand) meeting *m*. -**2.** [recovery - gen] amélioration *f*; ST. EX reprise *f*; **the England team staged a ~ in the second half** l'équipe anglaise s'est reprise au cours de la deuxième mi-temps. -**3.** AUT rallye *m*; **the Monte Carlo ~** le rallye de Monte-Carlo; **~ driver** pilote *m* de rallye. -**4.** SPORT (long) échange *m*.
◇ *vi* -**1.** [assemble, gather - gen] se rassembler; [- troops, supporters] se rallier; **they rallied to the party/to the defence of their leader** ils se sont ralliés au parti/pour défendre leur chef. -**2.** [recover - gen] s'améliorer; [- sick person] aller mieux, reprendre des forces; [- stock market, share prices] se reprendre; **the pound rallied in the afternoon** la livre est remontée dans l'après-midi. -**3.** AUT faire des rallyes; **to go ~ing** faire un rallye.
◇ *vt* -**1.** [gather] rallier, rassembler; **she's trying to ~ support for her project** elle essaie de rallier des gens pour soutenir son projet. -**2.** [summon up] reprendre; **to ~ one's spirits** reprendre ses esprits. -**3.** [boost] ranimer; **the news rallied their morale** la nouvelle leur a remonté le moral. -**4.** *arch* [tease] taquiner.
◆ **rally round** ◇ *vi insep*: **all her family rallied round** toute sa famille est venue lui apporter son soutien.
◇ *vt insep*: **they rallied round her** ils lui ont apporté leur soutien.

rallycross ['rælɪkrɒs] *n Br* rallye-cross *m*.

rallying ['rælɪɪŋ] *adj*: **~ cry/point** cri *m*/point *m* de ralliement.

ram [ræm] (*pt* & *pp* **rammed**, *cont* **ramming**) ◇ *n* -**1.** ZOOL bélier *m*. -**2.** HIST: **(battering) ~** bélier *m*. -**3.** TECH [piston] piston *m*; [flattening tool] hie *f*, dame *f*; [pile driver] mouton *m*; [lifting pump] bélier *m* hydraulique.
◇ *vt* -**1.** [bang into] percuter; NAUT aborder; [in battle] éperonner; **the police car rammed them twice** la voiture de police les a percutés deux fois. -**2.** [push] pousser (violemment); **a table had been rammed up against the door** une table avait été poussée contre la porte; **she rammed the bolt home** elle repoussa le verrou (violemment); **she rammed the papers into her bag** elle fourra les papiers dans son sac; **he rammed his pipe with tobacco** il bourra sa pipe; **in order to ~ home the point** *fig* pour enfoncer le clou.
◇ *vi*: **to ~ into sthg** entrer dans OR percuter qqch.

RAM [ræm] (*abbr of* **random access memory**) *n* RAM *f*.

Ramadan [,ræmə'dæn] *n* ramadan *m*.

ramble ['ræmbl] ◇ *n* [hike] randonnée *f* (pédestre); [casual walk] promenade *f*; **to go for a ~** aller faire un tour.
◇ *vi* -**1.** [hike] faire une randonnée. -**2.** [wander] se balader. -**3.** [talk] divaguer, radoter; **he ~d on and on about nothing** il n'arrêtait pas de parler pour ne rien dire. -**4.** [plant] pousser à tort et à travers. -**5.** [path, stream] serpenter.

rambler ['ræmbləʳ] *n* -**1.** [hiker] randonneur *m*, -euse *f*. -**2.** [in speech]: **he's a bit of a ~** il est du genre radoteur. -**3.** BOT plante *f* sarmenteuse.

rambling ['ræmblɪŋ] ◇ *adj* -**1.** [building] plein de coins et de recoins. -**2.** [conversation, style] décousu; [ideas, book, thoughts] incohérent, sans suite; [person] qui divague, qui radote. -**3.** [plant] sarmenteux; **~ rose** rosier *m* sarmenteux.
◇ *n* [hiking] randonnée *f*; **to go ~** aller en randonnée.

rambunctious [ræm'bʌŋkʃəs] *adj* remuant, turbulent.

rambutan ['ræmbuːtn] *n* ramboutan *m*.

RAMC (*abbr of* **Royal Army Medical Corps**) *pr n* *service de santé des armées britanniques.*

ramekin, ramequin ['ræmɪkɪn] *n* ramequin *m*.

Rameses ['ræmɪsiːz] = **Ramses**.

ramification [,ræmɪfɪ'keɪʃn] *n* -**1.** [implication] implication *f*; **I'm not sure if you understand all the ~s of this decision** je ne suis pas sûr que vous compreniez toutes les conséquences qu'aura cette décision. -**2.** [branching] ramification *f*.

ramify ['ræmɪfaɪ] (*pt* & *pp* **ramified**) ◇ *vt* ramifier.
◇ *vi* se ramifier.

ramjet ['ræmdʒet] *n* [engine] statoréacteur *m*, tuyère *f* thermopropulsive; [aircraft] avion *m* à statoréacteur.

ramp [ræmp] *n* pente *f*, rampe *f*; [in road works] dénivellation *f*.

rampage [ræm'peɪdʒ] ◇ *n* fureur *f*; **to be on the ~** être déchaîné; **to go on the ~** se livrer à des actes de violence; **football fans went on the ~ through the town** des supporters de football ont saccagé la ville; **the headmaster's on the ~!** le directeur est déchaîné!
◇ *vi* se déchaîner; **a herd of elephants ~d through the bush** un troupeau d'éléphants avançait dans la brousse en balayant tout sur son passage; **they ~d through the town** ils ont saccagé la ville.

rampant ['ræmpənt] *adj* -**1.** [unrestrained] déchaîné, effréné; **they're ~ Marxists** ce sont des marxistes purs et durs; **corruption is ~** la corruption sévit; **the disease is ~** la maladie fait des ravages. -**2.** [exuberant - vegetation] exubérant, foisonnant. -**3.** *(after n)* HERALD rampant.

rampart ['ræmpɑːt] ◇ *n literal* & *fig* rempart *m*.
◇ *vt* fortifier (d'un rempart).

rampion ['ræmpjən] *n* raiponce *f*.

ramraider ['ræm,reɪdəʳ] *n* *personne qui cambriole les magasins en fracassant les vitrines avec sa voiture.*

ramrod ['ræmrɒd] ◇ *n* baguette *f* *(d'arme à feu)*; **to sit/to stand as stiff as a ~** être assis/se tenir raide comme un piquet.
◇ *adv*: **the sentry stood ~ straight** la sentinelle se tenait debout, raide comme un piquet.

Ramses ['ræmsiːz] *pr n* Ramsès.

ramshackle [ˈræm,ʃækl] *adj* délabré.

ramshorn snail [ˈræmz,hɔːn-] *n* planorbe *f.*

ran [ræn] *pt* → **run**.

RAN (*abbr of* Royal Australian Navy) *pr n* *marine de guerre australienne.*

ranch [rɑːntʃ] *Am* ◇ *n* ranch *m*; **chicken ~** élevage *m* de poulets.
◇ *comp*: **~ hand** ouvrier *m* agricole; **~ house** *maison basse faisant partie d'un ranch.*
◇ *vi* exploiter un ranch.◇
◇ *vt*: **to ~ cattle** élever du bétail (sur un ranch).

rancher [ˈrɑːntʃəʳ] *n* [owner] propriétaire *mf* de ranch; [manager] exploitant *m*, -e *f* de ranch; [worker] garçon *m* de ranch, cow-boy *m*.

ranching [ˈrɑːntʃɪŋ] *n* exploitation *f* d'un ranch; **cattle/chicken ~** élevage *m* de bétail/de poulets.

rancid [ˈrænsɪd] *adj* rance; **to go** OR **to turn ~** rancir.

rancor *Am* = **rancour**.

rancorous [ˈræŋkərəs] *adj* rancunier.

rancour *Br*, **rancor** *Am* [ˈræŋkəʳ] *n* rancœur *f*, rancune *f*.

rand [rænd] (*pl inv*) *n* [money] rand *m*.

R and B *n abbr of* **rhythm and blues**.

R and D *n abbr of* **research and development**.

random [ˈrændəm] *adj* aléatoire, fait OR choisi au hasard; **a ~ number** un nombre aléatoire; **the arrangement of the dots seems completely ~** la disposition des points semble complètement aléatoire; **a ~ sample** un échantillon pris au hasard; **a ~ selection of goods** des marchandises prises au hasard, une sélection arbitraire de marchandises; **a ~ shot** une balle perdue; **~ violence** violence *f* aveugle.
◆ **at random** *adv phr* au hasard; **chosen at ~** choisi au hasard; **to lash out at ~** distribuer des coups à l'aveuglette.

random access *n* COMPUT accès *m* aléatoire OR direct.
◆ **random-access** *adj* COMPUT à accès aléatoire OR direct; **random-access memory** mémoire *f* vive.

randomize, **-ise** [ˈrændəmaɪz] *vt* COMPUT randomiser.

R and R (*abbr of* **rest and recreation**) *n* permission *f*.

randy *inf* [ˈrændɪ] (*compar* **randier**, *superl* **randiest**) *adj* excité; **he's a ~ devil** c'est un chaud lapin; **a ~ old man** un vieux satyre.

ranee [ˈrɑːnɪ] = **rani**.

rang [ræŋ] *pt* → **ring**.

range [reɪndʒ] ◇ *n* **-1.** [of missile, sound, transmitter etc] portée *f*; [of vehicle, aircraft] autonomie *f*; **medium-~** OR **intermediate-~ missiles** missiles *mpl* à portée intermédiaire; **at long/short ~** à longue/courte portée; **out of ~** hors de portée; **don't fire until they're within** OR **in ~** ne tirez pas avant qu'ils soient à portée de tir; **I called to them as soon as they were in ~** je les ai appelés dès qu'ils ont été à portée de voix; **it can kill a man at a ~ of 800 metres** ça peut tuer un homme à une distance de 800 mètres; **~ of vision** champ *m* visuel; **it gives you some idea of the ~ of their powers** ça vous donne une petite idée de l'étendue de leurs pouvoirs. **-2.** [bracket] gamme *f*, éventail *m*, fourchette *f*; **there is a wide ~ of temperatures in these parts** il existe de très grands écarts de température dans ces régions ❑ **children in the same age ~** les enfants dans la même tranche d'âge; **price ~** gamme OR fourchette de prix; **it's within my price ~** c'est dans mes prix. **-3.** [set, selection] gamme *f*; **we stock a wide ~ of office materials** nous avons en stock une large gamme de matériels de bureaux; **the ~ of possibilities is almost infinite** l'éventail des possibilités est presque infini; **we talked on a wide ~ of topics** nous avons discuté de sujets très divers; **it provoked a wide ~ of reactions** ça a provoqué des réactions très diverses ‖ COMM: **the new autumn ~** [of clothes] la nouvelle collection d'automne; **this car is the top/bottom of the ~** cette voiture est le modèle haut/bas de gamme. **-4.** *fig* [scope] champ *m*, domaine *m*; **that is beyond the ~ of the present inquiry** cela ne relève pas de cette enquête; **that lies outside the ~ of my responsibility** ça dépasse les limites de ma responsabilité. **-5.** [of mountains] chaîne *f*. **-6.** [prairie] prairie *f*. **-7.** [practice area]: **(shooting** OR **firing** OR **rifle) ~** champ *m* de tir; **missile ~** champ *m* de tir de missiles. **-8.** MUS [of instrument] étendue *f*, portée *f*; [of voice] tessiture *f*. **-9.** [cooker] fourneau *m* (de cuisine). **-10.** [row, line] rang *m*, rangée *f*. **-11.** BIOL [habitat] habitat *m*.
◇ *vi* **-1.** [vary] aller, s'étendre; **their ages ~ from 5 to 12** OR **between 5 and 12** ils ont de 5 à 12 OR entre 5 et 12 ans; **the quality ~s from mediocre to excellent** la qualité varie de médiocre à excellent. **-2.** [roam]: **to ~ over** parcourir; **they ~ over the countryside** ils parcourent la campagne; **thugs ~ through the city streets** des voyous rôdent dans les rues de la ville. **-3.** [extend]: **the survey ~d over the whole country** l'enquête couvrait la totalité du pays; **our conversation ~d over a large number of topics** nous avons discuté d'un grand nombre de sujets. **-4.** [of gun]: **to ~ over** avoir une portée de.
◇ *vt* **-1.** [roam] parcourir. **-2.** [arrange] ranger; [put in a row or in rows] mettre OR disposer en rang OR rangs; **the troops ~d themselves in front of the embassy** les troupes se rangèrent devant l'ambassade; **the desks are ~d in threes** les pupitres sont en rangées de trois. **-3.** [join, ally] ranger, rallier; **the forces ~d against me** les forces ralliées contre moi. **-4.** [classify] classer, ranger. **-5.** [aim - cannon, telescope] braquer. **-6.** TYPO aligner, justifier.

rangefinder [ˈreɪndʒ,faɪndəʳ] *n* télémètre *m*.

ranger [ˈreɪndʒəʳ] *n* **-1.** [in park, forest] garde *m* forestier. **-2.** *Am* [lawman] ≃ gendarme *m*. **-3.** *Am* MIL ranger *m*.
◆ **Ranger (Guide)** *n* guide *m*.

Rangoon [ræŋˈguːn] *pr n* Rangoon.

rangy [ˈreɪndʒɪ] (*compar* **rangier**, *superl* **rangiest**) *adj* **-1.** [tall and thin] grand et élancé. **-2.** [roomy] spacieux.

rani [ˈrɑːnɪ] *n* rani *f*.

rank [ræŋk] ◇ *n* **-1.** [grade] rang *m*, grade *m*; **promoted to the ~ of colonel** promu (au rang de OR au grade de) colonel; **the ~ of manager** le titre de directeur ❑ **to pull ~** faire valoir sa supériorité hiérarchique; **I don't want to have to pull ~ on you** je ne veux pas avoir à user de mon autorité sur vous. **-2.** [quality] rang *m*; **we have very few players in the first** OR **top ~** nous avons très peu de joueurs de premier ordre. **-3.** [social class] rang *m*, condition *f* (sociale); **the lower ~s of society** les couches inférieures de la société. **-4.** [row, line] rang *m*, rangée *f*; [on chessboard] rangée *f*; **a double ~ of policemen** une double rangée de policiers ❑ **to break ~s** MIL rompre les rangs; *fig* se désolidariser; **to close ~s** MIL & *fig* serrer les rangs. **-5.** *Br*: **(taxi) ~** station *f* (de taxis). **-6.** MATH [in matrix] rang *m*.
◇ *vt* **-1.** [rate] classer; **she is ~ed among the best contemporary writers** elle est classée parmi les meilleurs écrivains contemporains; **I ~ this as one of our finest performances** je considère que c'est une de nos meilleures représentations; **he is ~ed number 3** il est classé numéro 3. **-2.** [arrange] ranger. **-3.** *Am* [outrank] avoir un grade supérieur à; **a general ~s a captain** un général est au-dessus d'un capitaine.
◇ *vi* **-1.** [rate] se classer; **it ~s high/low on our list of priorities** c'est/ce n'est pas une de nos priorités; **he hardly ~s as an expert** on ne peut guère le qualifier d'expert. **-2.** *Am* MIL être l'officier supérieur.
◇ *adj* **-1.** [as intensifier] complet, véritable; **it's a ~ injustice** c'est une injustice flagrante; **he is a ~ outsider in this competition** il fait figure d'outsider dans cette compétition. **-2.** [foul-smelling] infect, fétide; [rancid] rance; **his shirt was ~ with sweat** sa chemise empestait la sueur. **-3.** [coarse - person, language] grossier. **-4.** *lit* [profuse - vegetation] luxuriant; [- weeds] prolifique.
◆ **ranks** *npl* **-1.** [members] rangs *mpl*; **to join the ~s of the opposition/unemployed** rejoindre les rangs de l'opposition/des chômeurs. **-2.** MIL [rank and file]: **the ~s, other ~s** les hommes du rang; **to come up through** OR **to rise from the ~s** sortir du rang; **to reduce an officer to the ~s** dégrader un officier.

-rank *in cpds*: **top~** grand, majeur; **second~** petit, mineur.

rank and file *n*: **the ~** MIL les hommes du rang; POL la base; **we'll have to consult the ~** il faudra que nous consultions la base.
◆ **rank-and-file** *adj* de la base; **to protect rank-and-file interests** protéger les intérêts de la base.

ranker [ˈræŋkəʳ] *n* MIL [private] homme *m* du rang; [officer] officier *m* sorti du rang.

ranking [ˈræŋkɪŋ] ◇ *n* classement *m*.
◇ *adj Am* **-1.** MIL: **~ officer** officier *m* responsable. **-2.** [prominent] de premier ordre.

-ranking *in cpds*: **high~** de haut rang OR grade; **low~** de bas niveau.

rankle [ˈræŋkl] *vi*: **their decision still ~s with me** leur décision m'est restée en travers de la gorge.

rankness [ˈræŋknɪs] *n* **-1.** [smell] puanteur *f*; [taste] rance *m*. **-2.** *lit* [luxuriance - of vegetation] luxuriance *f*, profusion *f*.

ransack [ˈrænsæk] *vt* **-1.** [plunder] saccager, mettre à sac; **the burglars had ~ed his flat** les cambrioleurs avaient saccagé son appartement. **-2.** [search] fouiller, retourner; **he ~ed the wardrobe for his tie** il mit l'armoire sens dessus dessous pour trouver sa cravate.

ransom [ˈrænsəm] ◇ *n* rançon *f*; **the family paid the ~ (money)** la famille a payé la rançon; **they held her to ~** ils l'ont kidnappée pour avoir une rançon; **they're holding the country to ~** *fig* ils tiennent le pays en otage ❑ **a king's ~** une fortune.
◇ *vt* rançonner.

rant [rænt] *vi* fulminer; **they ~ed on and on** ils n'arrêtaient pas de fulminer; **to ~ at sb** fulminer contre qqn; **to ~ and rave** tempêter, tonitruer.

ranter [ˈræntəʳ] *n* énergumène *mf*, exalté *m*, -e *f*.

ranting [ˈræntɪŋ] ◇ *n (U)* vociférations *fpl*.
◇ *adj* déclamatoire.

ranunculus [rəˈnʌŋkjʊləs] *n* renoncule *f*.

rap [ræp] (*pt* & *pp* **rapped**, *cont* **rapping**) ◇ *vt* **-1.** [strike] frapper sur, cogner sur; **she rapped the desk** elle frappa sur le bureau; **to ~ sb's knuckles, to ~ sb over the knuckles** *fig* sermonner qqn. **-2.** [in newspaper headlines] réprimander.
◇ *vi* **-1.** [knock] frapper, cogner; **somebody rapped on the door** quelqu'un a frappé (à la porte). **-2.** *inf Am* [chat] bavarder, discuter le bout de gras. **-3.** MUS jouer du rap.
◇ *n* **-1.** [blow, sound] coup *m* (sec); [rebuke] réprimande *f*; **to be given a ~ over** OR **on the knuckles** *fig* se faire taper sur les doigts; **to take the ~ for sthg** *inf* écoper pour qqch. **-2.** ▽ *Am* [legal charge] accusation *f*; **he's up on a murder/drugs ~** il est accusé de meurtre/dans une affaire de drogue; **it's a bum ~** c'est un coup monté; **to beat the ~** échapper à la justice. **-3.** *inf Am* [chat]: **~ session** bavardage *m*; **we had a good ~ session** on a discuté pendant un bon bout de temps. **-4.** MUS rap *m*. **-5.** *inf Br phr*: **I don't care a ~!** je m'en fiche (pas mal)!
◆ **rap out** *vt sep* **-1.** [say sharply] lancer, lâcher; **she rapped out an order** elle lança un ordre. **-2.** [tap out - message] taper.

rapacious [rəˈpeɪʃəs] *adj* rapace.

rapaciously [rəˈpeɪʃəslɪ] *adv* avec rapacité OR avidité.

rapaciousness [rəˈpaɪʃəsnɪs], **rapacity** [rəˈpæsətɪ] *n* rapacité *f*.

rape [reɪp] ◇ *n* **-1.** [sex crime] viol *m*; **to commit ~** perpétrer un viol; **~ victim** victime *f* d'un

viol; the ~ of the countryside *fig* la dévastation de la campagne ❑ ~ crisis centre centre d'accueil pour femmes violées. -2. *arch* [abduction] rapt *m*; 'The Rape of the Lock' *Pope* 'la Boucle dérobée'; 'The Rape of the Sabine Women' 'l'Enlèvement des Sabines'. -3. BOT colza *m*. -4. [remains of grapes] marc *m* (de raisin).
◇ *vt* violer.
rape oil *n* huile *f* de colza.
rapeseed ['reɪpsiːd] *n* graine *f* de colza; ~ **oil** = **rape oil**.
Raphael ['ræfeɪəl] *pr n* Raphaël.
rapid ['ræpɪd] *adj* rapide; in ~ **succession** en une succession rapide; a ~ **pulse** un pouls rapide.
◆ **rapids** *npl* rapide *m*, rapides *mpl*; **to shoot the** ~**s** franchir le rapide OR les rapides.
rapid eye movement *n mouvement des globes oculaires pendant le sommeil paradoxal.*
rapid-fire *adj* MIL à tir rapide; *fig* [questions, jokes] qui se succèdent à toute allure.
rapidity [rə'pɪdətɪ] *n* rapidité *f*.
rapidly ['ræpɪdlɪ] *adv* rapidement.
rapid transit *n Am* transport *m* urbain rapide.
rapier ['reɪpjəʳ] ◇ *n* rapière *f*.
◇ *comp*: ~ **thrust** coup *m* de rapière; her ~ **wit** son esprit acerbe.
rapine ['ræpaɪn] *n lit* rapine *f*.
rapist ['reɪpɪst] *n* violeur *m*.
rapper ['ræpəʳ] *n* -1. [on door] heurtoir *m*. -2. MUS musicien *m* rap.
rapport [ræ'pɔːʳ] *n* rapport *m*; **I have a good ~ with him** j'ai de bons rapports avec lui.
rapscallion [ræp'skæljən] *n arch* fripon *m*, -onne *f arch*, gredin *m*, -e *f*.
rapt [ræpt] *adj* -1. [engrossed] absorbé, captivé; **the clown held the children** ~ le clown fascinait les enfants; **with ~ attention** complètement absorbé. -2. [delighted] ravi; ~ **with joy** transporté de joie; a ~ **smile** un sourire ravi.
raptor ['ræptəʳ] *n* rapace *m*.
rapture ['ræptʃəʳ] *n* ravissement *m*, extase *f*; **to go into ~s over** OR **about sthg** s'extasier sur qqch; **they were in ~s about their presents** leurs cadeaux les ont ravis.
rapturous ['ræptʃərəs] *adj* [feeling] intense, profond; [gaze] ravi, extasié; [praise, applause] enthousiaste; **the champions were given a ~ welcome** on a réservé un accueil délirant aux champions.
rapturously ['ræptʃərəslɪ] *adv* [watch] d'un air ravi, avec ravissement; [praise, applaud] avec enthousiasme.
rare [reəʳ] *adj* -1. [uncommon] rare; a ~ **stamp** un timbre rare; **it's ~ to see such marital bliss nowadays** un tel bonheur conjugal est rare de nos jours; **on ~ occasions** en de rares occasions; **on the ~ occasions when I've seen him angry** les rares fois où je l'ai vu en colère; a ~ **opportunity** une occasion exceptionnelle ❑ **he's a ~ bird** c'est un oiseau rare. -2. [exceptional] rare, exceptionnel; **she has a ~ gift** elle a un don exceptionnel. -3. *inf* [extreme] énorme; **you gave me a ~ fright!** tu m'as fait une peur bleue OR une de ces peurs! || [excellent] fameux, génial; **we had a ~ old time** on s'est amusés comme des fous. -4. [meat] saignant. -5. [rarefied - air, atmosphere] raréfié.
rarebit ['reəbɪt] = **Welsh rarebit**.
rare earth *n* CHEM terre *f* rare.
rarefaction [,reərɪ'fækʃn] *n* raréfaction *f*.
rarefied ['reərɪfaɪd] *adj* -1. [air, atmosphere] raréfié; **to become ~** se raréfier. -2. [refined] raffiné; **the ~ circles in which she moves** les milieux raffinés dans lesquels elle évolue.
rarefy ['reərɪfaɪ] (*pt* & *pp* **rarefied**) ◇ *vt* raréfier.
◇ *vi* se raréfier.
rarely ['reəlɪ] *adv* rarement.
rareness ['reənɪs] *n* rareté *f*.
raring *inf* ['reərɪŋ] *adj* impatient; **to be ~ to go** ronger son frein.
rarity ['reərətɪ] (*pl* **rarities**) *n* -1. [uncommon person, thing] rareté *f*; **a foreigner's a ~ in these parts** les étrangers sont rares par ici. -2. [scarcity] rareté *f*.
rascal ['rɑːskl] *n* -1. [naughty child] polisson *m*, -onne *f*. -2. *lit* [rogue] vaurien *m*, gredin *m*.
rascally ['rɑːskəlɪ] *adj lit* [person] coquin; [deed] de coquin.
rash [ræʃ] ◇ *n* -1. MED rougeur *f*, éruption *f*; **to come out in a ~** avoir une éruption; **oysters bring me out in a ~** les huîtres me donnent des éruptions. -2. [wave, outbreak] vague *f*; **a ~ of strikes** une vague de grèves; **last summer's ~ of air disasters** la série noire de catastrophes aériennes de l'été dernier.
◇ *adj* imprudent; **it was ~ of her to walk out** c'était imprudent de sa part de partir comme ça; **don't be ~** soyez prudent; ~ **words** des paroles irréfléchies; **I bought it in a ~ moment** je l'ai acheté dans un moment de folie OR sur un coup de tête.
rasher ['ræʃəʳ] *n Br* tranche *f (de bacon)*.
rashly ['ræʃlɪ] *adv* imprudemment; **I rather ~ offered to drive her home** dans un moment de folie j'ai offert de la reconduire chez elle.
rashness ['ræʃnɪs] *n* imprudence *f*.
rasp [rɑːsp] ◇ *n* -1. [file] râpe *f*. -2. [sound] bruit *m* de râpe; **the ~ in his voice** sa voix rauque.
◇ *vt* -1. [scrape, file] râper. -2. [say] dire d'une voix rauque.
◇ *vi* [make rasping noise] grincer, crisser.
◆ **rasp out** *vt sep* crier d'une voix rauque.
raspberry ['rɑːzbərɪ] (*pl* **raspberries**) ◇ *n* -1. [fruit] framboise *f*. -2. [noise]: **to blow a ~** faire pfft *(en signe de dérision)*; **the announcement was greeted with a chorus of raspberries** la nouvelle fut accueillie par des sifflements.
◇ *comp* [jam] de framboises; [tart] aux framboises; ~ **bush** OR **cane** framboisier *m* BOT.
◇ *adj* [colour] framboise *(inv)*.
rasping ['rɑːspɪŋ] ◇ *adj* [noise] grinçant, crissant; [voice] grinçant.
◇ *n* [noise] grincement *m*, crissement *m*.
Rasputin [ræ'spjuːtɪn] *pr n* Raspoutine.
Rasta ['ræstə] ◇ *n* (*abbr of* Rastafarian) rasta *mf*.
◇ *adj* rasta *(inv)*.
Rastafarian [,ræstə'feərɪən] ◇ *n* rastafari *mf*.
◇ *adj* rastafari *(inv)*.
Rastafarianism [,ræstə'feərɪənɪzm] *n* rastafarisme *m*.
raster ['ræstəʳ] *n* PHYS & TV trame *f*.
rat [ræt] (*pt* & *pp* **ratted**, *cont* **ratting**) ◇ *n* -1. ZOOL rat *m*; **female ~, she-~** rate *f*; **baby ~** raton *m* ❑ **black ~** rat noir; **grey** OR **sewer ~** rat d'égout, surmulot *m*; **to look like a drowned ~** avoir l'air d'un chien mouillé. -2. *inf* [as insult - gen] ordure *f*; **you dirty ~!** espèce d'ordure!
◇ *vi* -1. *literal*: **to go ratting** faire la chasse aux rats. -2. *inf fig* retourner sa veste.
◆ **rat on** *inf vt insep* -1. [betray] vendre; [inform on] moucharder. -2. [go back on] revenir sur.
ratable ['reɪtəbl] = **rateable**.
ratafia [,rætə'fɪə] *n* -1. [liqueur] ratafia *m*. -2. ~ **(biscuit)** macaron *m*.
ratal ['reɪtl] *n Br* ADMIN [of building] valeur *f* locative imposable; [of site] évaluation *f* cadastrale (d'impôts locaux).
rat-arsed▽ ['rætɑːst] *adj Br* bourré; **to get ~** se bourrer la gueule.
rat-a-tat(-tat) ['rætə,tæt('tæt)] *n* toc-toc *m*.
ratbag *inf* ['rætbæg] *n Br* peau *f* de vache; **the old ~!** la vieille chouette!
ratcatcher ['ræt,kætʃəʳ] *n* [gen] chasseur *m*, -euse *f* de rats; [official] agent *m* de la dératisation.
ratchet ['rætʃɪt] *n* rochet *m*; ~ **wrench** clé *f* à rochet; ~ **wheel** roue *f* à rochet; **this had a ~ effect on prices** *fig* cela a entraîné une augmentation irréversible des prix.
◆ **ratchet up** *vt sep* [prices, inflation] faire augmenter de façon irréversible.
rate [reɪt] ◇ *n* -1. [ratio, level] taux *m*; **the birth/death/divorce ~** le taux de natalité/de mortalité/de divorce; **the success ~ is falling** le taux de réussite est en baisse; **how do you explain the high suicide ~?** comment expliquez-vous le nombre élevé de suicides?; **the hourly ~ is going to be increased** le taux horaire va être augmenté ❑ ~ **of return** taux de rendement; ~ **of taxation** taux d'imposition; **interest ~** taux d'intérêt; **exchange ~, ~ of exchange** taux de change. -2. [cost, charge] tarif *m*; **his ~s have gone up** ses prix ont augmenté; **postal** OR **postage ~** tarifs postaux; **standard/reduced ~** tarif normal/réduit ❑ **the going ~** le tarif en vigueur OR normal. -3. [speed] vitesse *f*, train *m*; **at the ~ we're going** OR **at this ~ we'll never get there** au rythme où nous allons, nous n'y arriverons jamais; **she shot past at a terrific ~** elle est passée comme une flèche ❑ **pulse ~** (fréquence *f* du) pouls *m*; **at a ~ of knots** à toute vitesse OR allure. -4. *phr*: **any ~** *inf* enfin bref.
◇ *vt* -1. [reckon, consider] considérer; **she's ~d as one of the best players in the world** elle est classée parmi les meilleures joueuses du monde; **to ~ sb/sthg highly** avoir une haute opinion de qqn/qqch, faire grand cas de qqn/qqch. -2. [deserve] mériter; **her film ~s better reviews** son film mérite de meilleures critiques. -3. *inf* [have high opinion of]: **I don't ~ him as an actor** à mon avis, ce n'est pas un bon acteur; **I don't ~ their chances much** je ne pense pas qu'ils aient beaucoup de chance. -4. *Br* [fix rateable value of] fixer la valeur locative imposable de. -5. *lit* [scold] tancer.
◇ *vi* [rank high] se classer; **he ~s highly in my estimation** je le tiens en très haute estime.
◆ **rates** *npl Br dated* impôts *mpl* locaux.
◆ **at any rate** *adv phr* de toute façon, de toute manière, en tout cas.
-rate *in cpds*: **first~** de premier ordre; **second~** de deuxième ordre.
rateable ['reɪtəbl] *adj*: ~ **value** *Br* ≃ valeur *f* locative imposable.
rate-cap *vt* [in UK]: **the town council was rate-capped** le gouvernement a fixé un plafond aux impôts locaux.
rate-capping [-,kæpɪŋ] *n* [in UK] *plafonnement des impôts locaux par le gouvernement.*
ratepayer ['reɪt,peɪəʳ] *n* [in UK] contribuable *mf*.
ratfink▽ ['rætfɪŋk] *n Am* salaud *m*.
rather ['rɑːðəʳ] ◇ *adv* -1. [slightly, a bit] assez, un peu; **I was ~ tired** j'étais assez fatigué; **it's ~ too small for me** c'est un peu trop petit pour moi; **she cut me ~ a large slice** OR **a ~ large slice** elle m'a coupé une tranche plutôt grande; **it tastes ~ like honey** ça a un peu le goût du miel; **I ~ rashly volunteered** j'ai offert mes services un peu rapidement. -2. *Br* [as intensifier]: **I ~ like this town** je trouve cette ville plutôt agréable; **she's ~ nice** elle est plutôt sympa. -3. [expressing preference] plutôt; **I'd** OR **I would ~ go by car** je préférerais OR j'aimerais mieux y aller en voiture; **I'd ~ not do it today** je préférerais OR j'aimerais mieux ne pas le faire aujourd'hui; **would you ~ go to Scotland?** préféreriez-vous aller en Écosse?; **shall we go out tonight? — I'd ~ not** si on sortait ce soir? — je n'ai pas très envie ❑ ~ **you than me!** je n'aimerais pas être à votre place! -4. [more exactly] plutôt, plus exactement; **she's English, or ~ Scottish** elle est anglaise, ou plutôt écossaise; **bring some wine, or ~ some champagne** apportez du vin, ou mieux OR plutôt du champagne.
◇ *interj Br dated* et comment; **cold, isn't it? — ~!** il fait froid, n'est-ce pas? — plutôt!
◆ **rather than** *prep phr*: **you should congratulate his wife ~ than him** c'est sa femme que tu devrais féliciter, pas lui; **it's a melodrama ~ than a tragedy** c'est un mélodrame plus qu'une tragédie. *conj phr* plutôt que; ~ **than walk I took the bus** plutôt que d'y aller à pied, j'ai pris le bus.
ratification [,rætɪfɪ'keɪʃn] *n* ratification *f*.
ratify ['rætɪfaɪ] (*pt* & *pp* **ratified**) *vt* ratifier.
rating ['reɪtɪŋ] *n* -1. [ranking] classement *m*; pop-

ularity ~ cote *f* de popularité || FIN [of bank, company] notation *f*. -2. [appraisal, opinion] évaluation *f*, estimation *f*. -3. NAUT matelot *m*. -4. [scolding] *lit* réprimande *f*, admonestation *f*.
◆ **ratings** *npl* RADIO & TV indice *m* d'écoute; **to be high in the ~s** avoir un fort indice d'écoute; **the ~s battle** OR **war** la course à l'Audimat®.

ratio ['reɪʃɪəʊ] (*pl* **ratios**) *n* -1. [gen] proportion *f*, rapport *m*; **in the ~ of six to one** dans la proportion de six contre un; **the teacher-student ~ is 1 to 10** le rapport enseignants-étudiants est de 1 pour 10. -2. MATH raison *f*, proportion *f*. -3. ECON ratio.

ratiocinate [,rætɪ'ɒsɪneɪt] *vi fml* raisonner.

ratiocination [,rætɪɒsɪ'neɪʃn] *n fml* raisonnement *m*.

ration ['ræʃn] ◇ *n literal* & *fig* ration *f*; **I've had my ~ of television for today** j'ai eu ma dose de télévision pour aujourd'hui.
◇ *comp*: **~ book** carnet *m* de tickets de rationnement; **~ card** carte *f* de rationnement.
◇ *vt* -1. [food] rationner; **they are ~ed to one pound of meat a week** ils sont rationnés à une livre de viande par semaine; **I've ~ed myself to five cigarettes a day** je me suis rationné à cinq cigarettes par jour. -2. [funds]: **arts subsidies are being ~ed because of the recession** les subventions à la culture sont limitées du fait de la récession.
◆ **rations** *npl* [food] vivres *mpl*; **to be on double/short ~s** toucher une ration double/réduite; **half ~s** demi-rations *fpl*.
◆ **ration out** *vt sep* rationner.

rational ['ræʃənl] ◇ *adj* -1. [capable of reason] doué de raison, raisonnable; **a ~ being** un être doué de raison. -2. [reasonable, logical - person] raisonnable; [- behaviour, explanation] rationnel; **he seems incapable of ~ thought** il semble incapable de raisonner logiquement. -3. [of sound mind, sane] lucide. -4. MATH rationnel.
◇ *n* rationnel *m*.

rationale [,ræʃə'nɑːl] *n* -1. [underlying reason] logique *f*; **what is the ~ for** OR **behind their decision?** quelle logique sous-tend leur décision? -2. [exposition] exposé *m*.

rationalism ['ræʃənəlɪzm] *n* rationalisme *m*.

rationalist ['ræʃənəlɪst] ◇ *adj* rationaliste.
◇ *n* rationaliste *mf*.

rationalistic [,ræʃənə'lɪstɪk] *adj* rationaliste.

rationality [,ræʃə'nælətɪ] *n* -1. [of belief, system etc] rationalité *f*. -2. [faculty] raison *f*.

rationalization [,ræʃənəlaɪ'zeɪʃn] *n* rationalisation *f*.

rationalize, -ise ['ræʃənəlaɪz] *vt* -1. [gen & COMM] rationaliser. -2. MATH rendre rationnel.

rationally ['ræʃənəlɪ] *adv* rationnellement.

rational number *n* nombre *m* rationnel.

rationing ['ræʃənɪŋ] *n* -1. [of food] rationnement *m*. -2. [of funds]: **banks are warning of mortgage ~** les banques annoncent qu'elles vont limiter le nombre de prêts immobiliers.

Ratisbon ['rætɪzbɒn] *pr n* Ratisbonne.

rat kangaroo *n* rat-kangourou *m*.

ratlin(e) ['rætlɪn] *n* enfléchure *f*.

rat poison *n* mort-aux-rats *f inv*.

rat race *n* jungle *f fig*; **she dropped out of the ~ to live in the country** elle quitta la jungle des affaires pour vivre à la campagne.

rats *inf* [ræts] *interj hum* zut.

rattan [rə'tæn] ◇ *n* [plant] rotang *m*; [substance] rotin *m*.
◇ *comp* [furniture] en rotin.

rat-tat ['ræt,tæt] = **rat-a-tat(-tat)**.

ratter ['rætəʳ] *n* [dog, cat] chasseur *m* de rats.

rattle ['rætl] ◇ *vi* [gen] faire du bruit; [car, engine] faire un bruit de ferraille; [chain, machine, dice] cliqueter; [gunfire, hailstones] crépiter; [door, window] vibrer; **the trains make the windows ~** les trains font vibrer les fenêtres; **somebody was rattling at the door** quelqu'un secouait la porte; **an old car came rattling down the hill** une vieille voiture descendait la côte dans un bruit de ferraille.
◇ *vt* -1. [box] agiter *(en faisant du bruit)*; [key] faire cliqueter; [chain, dice] agiter, secouer; [door, window] faire vibrer. -2. [disconcert] ébranler, secouer; **I was ~d** ça m'a secoué.
◇ *n* -1. [noise - of chains] bruit *m*; [- of car, engine] bruit *m* de ferraille; [- of keys] cliquetis *m*; [- of gunfire, hailstones] crépitement *m*; [- of window, door] vibration *f*, vibrations *fpl*. -2. [for baby] hochet *m*; [for sports fan] crécelle *f*. -3. ZOOL [of rattlesnake] grelot *m*.
◆ **rattle around** *vi insep*: **you'll be rattling around in that big old house!** tu seras perdu tout seul dans cette grande maison!
◆ **rattle off** *vt sep* [speech, list] débiter, réciter à toute allure; [piece of work] expédier; [letter, essay] écrire en vitesse.
◆ **rattle on** *vi insep* jacasser.
◆ **rattle through** *vt insep* [speech, meeting etc] expédier.

rattlebrain *inf* ['rætlbreɪn] *n dated* écervelé *m*, -e *f*.

rattlebrained *inf* ['rætlbreɪnd] *adj dated* [person] écervelé, qui a un pois chiche à la place du cerveau; [idea] stupide.

rattler *inf* ['rætləʳ] *Am* = **rattlesnake**.

rattlesnake ['rætlsneɪk] *n* serpent *m* à sonnettes, crotale *m*.

rattletrap *inf* ['rætltræp] *n Br dated* [car] tacot *m*.

rattling ['rætlɪŋ] ◇ *n* = **rattle 1**.
◇ *adj* -1. [sound]: **there was a ~ noise** on entendait un cliquetis; **her ~ old banger** *inf* son vieux tacot bringuebalant. -2. [fast] rapide; **at a ~ pace** à vive allure.
◇ *adv inf dated*: **we had a ~ good time** on s'est drôlement amusés; **this book is a ~ good read** ce livre est vraiment formidable.

rat trap *n* -1. *literal* piège *m* à rats, ratière *f*. -2. *Am* [building] taudis *m*.

ratty *inf* ['rætɪ] (*compar* **rattier**, *superl* **rattiest**) *adj* -1. [irritable] de mauvais poil. -2. *Am* [shabby] miteux.

raucous ['rɔːkəs] *adj* -1. [noisy] bruyant. -2. [hoarse] rauque.

raucously ['rɔːkəslɪ] *adv* -1. [noisily] bruyamment. -2. [hoarsely] d'une voix rauque.

raucousness ['rɔːkəsnɪs] *n* -1. [noisiness] tapage *m*. -2. [hoarseness] ton *m* rauque.

raunchiness ['rɔːntʃɪnɪs] *n* sensualité *f*.

raunchy *inf* ['rɔːntʃɪ] (*compar* **raunchier**, *superl* **raunchiest**) *adj* -1. [woman] d'une sensualité débordante; [song, film etc] torride. -2. *Am* [slovenly] négligé.

ravage ['rævɪdʒ] *vt* ravager, dévaster; **the city had been ~d by war** la ville avait été ravagée par la guerre.
◆ **ravages** *npl*: **the ~s of time** les ravages du temps.

ravaged ['rævɪdʒd] *adj* ravagé.

rave [reɪv] ◇ *vi* -1. [be delirious] délirer. -2. [talk irrationally] divaguer. -3. [shout] se déchaîner; **she started raving at me** elle a commencé à me hurler dessus. -4. *inf* [praise] s'extasier; **to ~ about sthg/sb** s'extasier sur qqch/qqn. -5. *inf Br* [at party] faire la bringue OR la fête.
◇ *n inf* -1. [praise] critique *f* élogieuse. -2. [fashion, craze] mode *f*; **the latest ~** la dernière mode, le dernier cri. -3. *Br* [party] rave *f (grande fête organisée par des jeunes, généralement dans un bâtiment désaffecté, et où l'on danse sur de la house music, du rap etc, et où l'on prend de la drogue)*.
◇ *adj inf* -1. [enthusiastic] élogieux; **the play got ~ reviews** OR **notices** les critiques de la pièce furent très élogieuses. -2. [trendy] branché.
◆ **rave up** *vt sep Br dated*: **to ~ it up** *inf* faire la bringue OR la fête.

ravel ['rævl] (*Br pt* & *pp* **ravelled**, *cont* **ravelling**, *Am pt* & *pp* **raveled**, *cont* **raveling**) ◇ *vt* -1. [entangle] emmêler, enchevêtrer. -2. = **ravel out**.
◇ *vi* -1. [tangle up] s'emmêler, s'enchevêtrer. -2. [fray] s'effilocher. -3. CONSTR [road surface] se détériorer.
◆ **ravel out** ◇ *vt sep* -1. [cloth] effilocher; [threads] démêler. -2. *lit* [mystery] éclaircir; [difficulty] démêler.
◇ *vi insep* s'effilocher.

raven ['reɪvn] ◇ *n* (grand) corbeau *m*; **'The Raven'** *Poe* 'le Corbeau'.
◇ *adj lit* noir comme un corbeau OR comme du jais.

raven-haired *adj lit* aux cheveux de jais.

ravening ['rævənɪŋ] *adj lit* vorace.

Ravenna [rə'venə] *pr n* Ravenne.

ravenous ['rævənəs] *adj* -1. [hungry] affamé; **I was ~!** j'avais une faim de loup! -2. [rapacious] *lit* vorace.

ravenously ['rævənəslɪ] *adv* voracement; [as intensifier]: **to be ~ hungry** avoir une faim de loup.

raver *inf* ['reɪvəʳ] *n Br* [partygoer] fêtard *m*, -e *f*, noceur *m*, -euse *f*; **she's a little ~!** elle est pas coincée, elle!

rave-up *inf n Br dated* fête *f*; **to have a ~** faire une fête.

ravine [rə'viːn] *n* ravin *m*.

raving ['reɪvɪŋ] ◇ *adj* -1. [mad] délirant. -2. [as intensifier]: **she's no ~ beauty** elle n'est pas d'une beauté éblouissante; **he's a ~ lunatic** *inf* c'est un fou furieux, il est fou à lier.
◇ *adv inf*: **~ mad** fou à lier.
◆ **ravings** *npl* divagations *fpl*.

ravioli [,rævɪ'əʊlɪ] *n* (U) ravioli *mpl*, raviolis *mpl*.

ravish ['rævɪʃ] *vt* -1. [delight] *lit* ravir, transporter de joie. -2. *arch* OR *lit* [rape] violer; [abduct] ravir.

ravishing ['rævɪʃɪŋ] *adj* ravissant, éblouissant.

ravishingly ['rævɪʃɪŋlɪ] *adv* de façon ravissante; [as intensifier]: **~ beautiful** d'une beauté éblouissante.

ravishment ['rævɪʃmənt] *n* -1. *lit* [delight] ravissement *m*. -2. *arch* OR *lit* [rape] viol *m*; [abduction] enlèvement *m*.

raw [rɔː] ◇ *adj* -1. [uncooked] cru. -2. [untreated - sugar, latex, leather] brut; [- milk] cru; [- spirits] pur; [- cotton, linen] écru; [- silk] grège, écru; [- sewage] non traité. -3. [data, statistics] brut. -4. [sore - gen] sensible, irrité; [- wound, blister] à vif; [- nerves] à fleur de peau; **the remark touched a ~ nerve (in him)** *fig* la remarque l'a touché OR piqué au vif. -5. [emotion, power, energy] brut. -6. [inexperienced] inexpérimenté; **a ~ recruit** un bleu. -7. [weather] rigoureux, rude; **a ~ February night** une froide nuit de février. -8. [forthright] franc, direct. -9. *Am* [rude, coarse] grossier, cru. -10. *phr*: **to give sb a ~ deal** traiter qqn de manière injuste; **he got a ~ deal from his last job** il n'était pas gâté dans son dernier emploi; **the unemployed get a ~ deal** les chômeurs n'ont pas la part belle.
◇ *n phr*: **in the ~** *inf* à poil; **to touch sb on the ~** *Br* toucher OR piquer qqn au vif.

rawboned ['rɔːbəʊnd] *adj* décharné.

rawhide ['rɔːhaɪd] *n* -1. [skin] cuir *m* vert OR brut. -2. [whip] fouet *m* (de cuir).

Rawlplug® ['rɔːlplʌg] *n* cheville *f*, fiche *f*.

raw material *n (usu pl)* matière *f* première; **her marriage provided her with ~ for her novel** son mariage lui a servi de matière première pour son roman.

rawness ['rɔːnɪs] *n* -1. [natural state] nature *f* brute. -2. [soreness] irritation *f*. -3. [inexperience] inexpérience *f*, manque *m* d'expérience. -4. [of weather] rigueur *f*, rudesse *f*. -5. [frankness] franchise *f*. -6. *Am* [coarseness - of person, language] grossièreté *f*.

ray [reɪ] *n* -1. [of light] rayon *m*; **a ~ of sunlight** un rayon de soleil; **ultraviolet ~s** rayons ultra-violets. -2. *fig* lueur *f*; **a ~ of comfort** une petite consolation; **a ~ of hope** une lueur d'espoir; **he's a little ~ of sunshine** *iron* il est de charmante humeur. -3. [fish] raie *f*. -4. MUS ré *m*.

ray gun *n* pistolet *m* à rayons.

rayon ['reɪɒn] ◇ *n* rayonne *f*.
◇ *adj* en rayonne.

raze [reɪz] *vt* raser; **the village was ~d to the ground** le village fut entièrement rasé.

razor [ˈreɪzəʳ] ◇ *n* rasoir *m*; **electric/safety ~** rasoir *m* électrique/de sûreté; **the company is on a** OR **the ~'s edge** l'entreprise est sur le fil du rasoir; **these people are living on the ~'s edge** ces gens vivent dans la peur et l'incertitude.
◇ *vt* raser.

razorback [ˈreɪzəbæk] *n* -**1.** [whale] balénoptère *m*, rorqual *m*. -**2.** *Am* [pig] sanglier *m*.

razorbill [ˈreɪzəbɪl] *n* pingouin *m*.

razor blade *n* lame *f* de rasoir.

razor clam *Am* = **razor-shell**.

razor cut *n* [hairstyle] coupe *f* au rasoir.
◆ **razor-cut** *vt* [hair] couper au rasoir.

razor-sharp *adj* -**1.** [blade] tranchant comme un rasoir OR comme une lame de rasoir; [nails] acéré. -**2.** [person, mind] vif.

razor-shell *n Br* couteau *m* ZOOL.

razor wire *n (U)* barbelés *mpl* tranchants.

razzle▽ [ˈræzl] *n Br*: **to be** OR **to go on the ~** faire la bringue OR la nouba.

razzle-dazzle *inf*, **razzmatazz** *inf* [ˈræzməˈtæz] *n* clinquant *m*; **the ~ of Hollywood** le côté tape-à-l'œil de Hollywood.

R & B (*abbr of* **rhythm and blues**) *n* R & B *m*.

RC *n abbr of* **Roman Catholic**.

RCA *pr n abbr of* **Royal College of Art**.

RCAF (*abbr of* **Royal Canadian Air Force**) *pr n armée de l'air canadienne.*

RCMP (*abbr of* **Royal Canadian Mounted Police**) *pr n police montée canadienne.*

RCN (*abbr of* **Royal Canadian Navy**) *pr n marine de guerre canadienne.*

Rd *written abbr of* **road**.

R & D (*abbr of* **research and development**) *n* R-D *f*.

RDC *n abbr of* **rural district council**.

re¹ [reɪ] *n* MUS ré *m*.

re² [riː] *prep* -**1.** ADMIN & COMM: **~ your letter of the 6th June** en réponse à OR suite à votre lettre du 6 juin || [in letter heading]: **Re: job application** Objet: demande d'emploi. -**2.** JUR: (in) ~ en l'affaire de.

RE ◇ *n abbr of* **religious education**.
◇ *written abbr of* **Royal Engineers**.

reach [riːtʃ] ◇ *vt* -**1.** [arrive at - destination] arriver à; **we'll never ~ Las Vegas by nightfall** nous n'arriverons jamais à Las Vegas avant la tombée de la nuit; **they ~ed port** ils arrivèrent au OR gagnèrent le port; **I've ~ed the end of chapter one** je suis arrivé à la fin du premier chapitre; **the letter hasn't ~ed him yet** la lettre ne lui est pas encore parvenue; **the sound of laughter ~ed their ears** des rires parvenaient à leurs oreilles. -**2.** [extend as far as - stage, point, level] arriver à, atteindre; **the water ~ed my knees** l'eau m'arrivait aux genoux; **contributions have ~ed the million-pound mark** le montant des contributions a atteint un million de livres; **to ~ the age of 80** atteindre l'âge de 80 ans; **inflation has ~ed record levels** l'inflation a atteint des niveaux record. -**3.** [come to - agreement, decision, conclusion] arriver à, parvenir à; [- compromise] arriver à, aboutir à. -**4.** [be able to touch] atteindre; **can you ~ the top shelf?** est-ce que tu peux atteindre la dernière étagère?; **the ladder doesn't quite ~ the roof** l'échelle n'atteint pas tout à fait le toit; **his feet don't ~ the floor** ses pieds ne touchent pas par terre. -**5.** [pass, hand] passer; **could you ~ me that book?** pourriez-vous me passer ce livre? -**6.** [contact] joindre; **you can always ~ me at this number** vous pouvez toujours me joindre à ce numéro. -**7.** *Am* [bribe] soudoyer.
◇ *vi* -**1.** [with hand] tendre la main; **she ~ed for her glass** elle tendit la main pour prendre son verre; **he ~ed across the table for the mustard** il allongea le bras par-dessus la table pour prendre la moutarde ❑ **~ for the sky!** haut les mains!; **to ~ for the stars** viser haut. -**2.** [extend] s'étendre; **the fields ~ down to the river** les champs s'étendent jusqu'au fleuve || [carry - voice] porter. -**3.** [be long enough]: **it won't ~** ce n'est pas assez long. -**4.** NAUT faire une bordée.
◇ *n* -**1.** [range] portée *f*, atteinte *f*; **within ~** à portée de la main; **within ~ of** à (la) portée de; **the house is within easy ~ of the shops** la maison est à proximité des magasins; **within everyone's ~** [affordable by all] à la portée de toutes les bourses; **out of ~** hors de portée; **out of ~ of** hors de (la) portée de; **'do not leave within ~ of children'** 'ne pas laisser à la portée des enfants'; **nuclear physics is beyond my ~** la physique nucléaire, ça me dépasse complètement. -**2.** [in boxing] allonge *f*; **a good** OR **long ~** une bonne allonge. -**3.** NAUT bordée *f*, bord *m*.
◆ **reaches** *npl* étendue *f*; **vast ~es of water/moorland** de vastes étendues d'eau/de lande; **the upper/the lower ~es of a river** l'amont/l'aval d'une rivière; **the upper ~es of society** *fig* les échelons supérieurs de la societé.
◆ **reach back** *vi insep* [in time] remonter; **a family ~ing back to the 16th century** une famille qui remonte au XVIᵉ siècle.
◆ **reach down** ◇ *vt sep* descendre.
◇ *vi insep* -**1.** [person] se baisser. -**2.** [coat, hair] descendre; **her skirt ~ed down to her ankles** sa jupe lui descendait jusqu'aux chevilles.
◆ **reach out** ◇ *vt sep* [arm, hand] tendre, étendre; **he ~ed out his hand and took the money** il étendit la main et prit l'argent.
◇ *vi insep* tendre OR étendre le bras; **~ out for Jesus!** tendez la main vers le Seigneur!
◆ **reach up** *vi insep* -**1.** [raise arm] lever le bras. -**2.** [rise]: **to ~ up to** arriver à; **the water ~ed up to my waist** l'eau m'arrivait à la taille.

reachable [ˈriːtʃəbl] *adj* -**1.** [town, destination] accessible; **is it ~ by boat?** peut-on y aller OR accéder par bateau? -**2.** [contactable] joignable; **he's ~ at the following number** on peut le joindre au numéro suivant.

reach-me-down *inf n Br* vieux vêtement *m (que les aînés passent aux cadets)*.

react [rɪˈækt] *vi* réagir; **to ~ to sthg** réagir à qqch; **the patient is ~ing well to the treatment** le malade réagit bien au traitement; **to ~ against sb/sthg** réagir contre qqn/qqch; **the acid ~s with the metal** l'acide réagit avec le métal.

reactance [rɪˈæktəns] *n* réactance *f*.

reactant [rɪˈæktənt] *n* réactif *m*.

reaction [rɪˈækʃn] *n* -**1.** [gen, CHEM, MED & PHYS] réaction *f*; **their ~ to the news was unexpected** ils ont réagi à la nouvelle de façon inattendue; **her work is a ~ against abstract art** son œuvre est une réaction par rapport à l'art abstrait; **public ~ to the policy has been mixed** la réaction du public face à cette mesure a été mitigée. -**2.** [reflex] réflexe *m*; **it slows down your ~s** cela ralentit vos réflexes. -**3.** POL réaction *f*; **the forces of ~** les forces réactionnaires.

reactionary [rɪˈækʃənrɪ] ◇ *adj* réactionnaire.
◇ *n* réactionnaire *mf*.

reaction engine *n* moteur *m* à réaction.

reactivate [rɪˈæktɪveɪt] *vt* réactiver.

reactive [rɪˈæktɪv] *adj* [gen, CHEM & PHYS] réactif; PSYCH réactionnel.

reactiveness [rɪˈæktɪvnɪs], **reactivity** [ˌriːækˈtɪvətɪ] *n* réactivité *f*.

reactor [rɪˈæktəʳ] *n* réacteur *m*.

read¹ [riːd] (*pt* & *pp* read [red]) ◇ *vt* -**1.** [book, magazine etc] lire; **~ me a story** lis-moi une histoire; **I read it in the paper** je l'ai lu dans le journal; **everything I've read about the subject** tout ce que j'ai lu à ce sujet; **she read herself to sleep** elle a lu jusqu'à ce qu'elle s'endorme; **for "Barry" ~ "Harry"** lire «Harry» à la place de «Barry»; **can you ~ music/braille/Italian?** savez-vous lire la musique/le braille/l'italien? ❑ **to ~ sb's lips** *literal* lire sur les lèvres de qqn; **~ my lips** *fig* faites-moi confiance; **to take sthg as read** considérer qqch comme allant de soi. -**2.** [interpret] interpréter, lire; **I ~ it this way** c'est comme ça que je l'interprète. -**3.** [understand - person, mood] comprendre; **to ~ sb's thoughts** lire dans les pensées de qqn; **I can ~ him like a book!** je sais comment il fonctionne!; **he ~s the game very well** SPORT il a un bon sens du jeu. -**4.** [via radio] recevoir; **~ing you loud and clear** je vous reçois cinq sur cinq; **I ~ you** *fig* je vous comprends. -**5.** [at university] étudier; **he read history** il a étudié l'histoire, il a fait des études d'histoire. -**6.** [gauge, dial, barometer] lire; **to ~ the meter** relever le compteur. -**7.** [register - subj: gauge, dial, barometer] indiquer; **the thermometer is ~ing 40°** le thermomètre indique 40°. -**8.** [announce - subj: notice] annoncer; **a sign on the door read "staff only"** un écriteau sur la porte indiquait «réservé au personnel». -**9.** [proofs] corriger. -**10.** [data, disk] lire.
◇ *vi* -**1.** [person] lire; **she's learning to ~** elle apprend à lire; **to ~ to sb** faire la lecture à qqn; **to ~ to o.s.** lire; **I'd read about it in the papers** je l'avais lu dans les journaux; **we've all read about** OR **of such phenomena** nous avons tous lu des textes qui traitent de tels phénomènes ❑ **to ~ between the lines** lire entre les lignes. -**2.** [text]: **her article ~s well/badly** son article se lit facilement/ne se lit pas facilement; **the table ~s from left to right** le tableau se lit de gauche à droite; **the book ~s like a translation** à la lecture, on sent que ce roman est une traduction; **article 22 ~s as follows** voici ce que dit l'article 22. -**3.** [gauge, meter etc]: **the dials ~ differently** les cadrans n'indiquent pas le même chiffre. -**4.** [student]: **what's he ~ing?** qu'est-ce qu'il fait comme études?; **to ~ for a degree** préparer un diplôme.
◇ *n* -**1.** [act of reading]: **to have a ~** lire; **can I have a ~ of your paper?** est-ce que je peux jeter un coup d'œil sur ton journal? -**2.** [reading matter]: **her books are a good ~** ses livres se lisent bien.
◆ **read back** *vt sep* [dictated letter] relire.
◆ **read in** *vt sep* [subj: computer] lire (en mémoire).
◆ **read into** *vt sep*: **you shouldn't ~ too much into their silence** vous ne devriez pas accorder trop d'importance à leur silence.
◆ **read off** *vt sep* -**1.** [rapidly] lire d'un trait; [aloud] lire (à haute voix). -**2.** [figure on dial, scale etc] relever.
◆ **read on** *vi insep* lire la suite.
◆ **read out** *vt sep* -**1.** [aloud] lire (à haute voix). -**2.** [subj: computer] lire. -**3.** *Am* [expel] expulser.
◆ **read over** *vt sep* relire.
◆ **read through** ◇ *vt insep* [skim through] parcourir.
◇ *vt sep* [carefully] relire (soigneusement).
◆ **read up** *vt sep* étudier.
◆ **read up on** *vt insep* = **read up**.

read² [red] ◇ *pt* & *pp* → **read**.
◇ *adj*: **he's widely ~** c'est un homme cultivé.

readability [ˌriːdəˈbɪlətɪ] *n* lisibilité *f*.

readable [ˈriːdəbl] *adj* -**1.** [handwriting] lisible. -**2.** [book] qui se laisse lire.

readdress [ˌriːəˈdres] *vt* [mail] faire suivre.

reader [ˈriːdəʳ] *n* -**1.** [of book] lecteur *m*, -trice *f*; **she's an avid ~** c'est une passionnée de lecture; **I'm not a fast ~** je ne lis pas vite; **he's not a great ~** il ne lit pas beaucoup ❑ **publisher's ~** lecteur *m*, -trice *f* de manuscrits *(dans une maison d'édition)*. -**2.** COMPUT lecteur *m*; **optical character ~** lecteur *m* optique de caractères. -**3.** [reading book] livre *m* de lecture; [anthology] recueil *m* de textes; **German ~** recueil de textes allemands. -**4.** *Br* UNIV ≃ maître-assistant *m*, -e *f*. -**5.** *Am* UNIV ≃ assistant *m*, -e *f*. -**6.** RELIG [Protestant] lecteur *m*, -trice *f*; [Jewish] chantre *m*.

readership [ˈriːdəʃɪp] *n* -**1.** [of newspaper, magazine] nombre *m* de lecteurs, lectorat *m*; **what is their ~ (figure)?** combien ont-ils de lecteurs?; **this book should attract a wide ~** ce livre devrait intéresser un grand nombre de lecteurs. -**2.** *Br* UNIV ≃ poste *m* de maître-assistant. -**3.** *Am* UNIV ≃ fonction *f* d'assistant.

readily [ˈredɪlɪ] *adv* -**1.** [willingly] volontiers. -**2.** [with ease] facilement, aisément; **~ understandable ideas** des idées qu'on comprend facilement; **our products are ~ available** nos produits sont en vente partout.

readiness ['redɪnɪs] *n* -**1.** [preparedness]: **to be in ~ for sthg** être préparé à qqch; **to be in a state of ~** être fin prêt. -**2.** [willingness] empressement *m*; **their ~ to assist us** leur empressement à nous aider.

reading ['riːdɪŋ] ◇ *n* -**1.** [activity] lecture *f*; **~, writing and arithmetic** la lecture, l'écriture et le calcul. -**2.** [reading material] lecture *f*; **light ~** lecture facile OR distrayante; **his autobiography makes fascinating/dull ~** son autobiographie est passionnante/ennuyeuse à lire. -**3.** [recital] lecture *f*; **the ~ of the will** la lecture du testament. -**4.** [from instrument, gauge] indication *f*; **the ~ on the dial was wrong** les indications qui apparaissaient sur le cadran étaient fausses; **to take a ~** lire les indications données par un compteur. -**5.** POL lecture *f*; **to give a bill its first/second ~** examiner un projet de loi en première/deuxième lecture. -**6.** [interpretation] interprétation *f*; **my ~ of the situation** la manière dont j'interprète la situation; **a new ~ of Dante** une nouvelle lecture de Dante. -**7.** [variant] variante *f*.
◇ *comp*: **take some ~ matter** emmenez de quoi lire; **the ~ public** le public des lecteurs.

reading age *n Br* niveau *m* de lecture; **she has a ~ of 11** elle a le niveau de lecture d'un enfant de 11 ans.

reading book *n* livre *m* de lecture.

reading desk *n* pupitre *m*; RELIG lutrin *m*.

reading glass *n* [magnifying glass] loupe *f (pour lire)*.
◆ **reading glasses** *npl* [spectacles] lunettes *fpl* pour lire.

reading lamp *n* lampe *f* de bureau.

reading light *n* liseuse *f*.

reading list *n* [syllabus] liste *f* des ouvrages au programme; [for further reading] liste *f* des ouvrages recommandés.

reading room *n* salle *f* de lecture.

readjust [,riːə'dʒʌst] ◇ *vt* -**1.** [readapt]: **to ~ o.s.** se réadapter. -**2.** [alter - controls, prices, clothing] rajuster, réajuster.
◇ *vi* se réadapter; **to ~ to sthg** se réadapter à qqch.

readjustment [,riːə'dʒʌstmənt] *n* -**1.** [readaptation] réadaptation *f*. -**2.** [alteration] rajustement *m*, réajustement *m*.

readmission [,riːəd'mɪʃn] *n* [to political party] réintégration *f*; [to hospital] réadmission *f*; **'no ~'** [on ticket] 'ce ticket ne sera accepté qu'une seule fois à l'entrée'.

readmit [,riːəd'mɪt] *vt*: **she has been readmitted to hospital** elle a été réadmise à l'hôpital; **he was readmitted to the concert** on l'a relaissé passer à l'entrée du concert.

read-only memory [riːd-] *n* mémoire *f* morte.

readout ['riːdaʊt] *n* COMPUT [gen] lecture *f*; [on screen] affichage *m*; [on paper] sortie *f* papier OR sur imprimante, listing *m*.

readvertise [,riː'ædvətaɪz] ◇ *vt* repasser une annonce de.
◇ *vi* repasser une annonce.

readvertisement [,riːəd'vɜːtɪsmənt] *n* deuxième annonce *f*; **'this is a ~'** 'deuxième annonce d'offre d'emploi'.

read-write head [riːd-] *n* tête *f* de lecture-écriture.

read-write memory [riːd-] *n* mémoire *f* vive.

ready ['redɪ] (*compar* **readier**, *superl* **readiest**, *pl* **readies**, *pt* & *pp* **readied**) ◇ *adj* -**1.** [prepared] prêt; **are you ~?** êtes-vous prêt?; **he's just getting ~** il est en train de se préparer; **to be ~ to do sthg** être prêt à faire qqch; **to be ~ for anything** être prêt à tout; **he's not ~ for such responsibility** il n'est pas prêt pour affronter une telle responsabilité; **she's always ~ with an answer, she always has an answer ~** elle a toujours réponse à tout; **to get sthg ~** préparer qqch; **I'll get the room/the dinner ~** je vais préparer la chambre/le dîner; **to get ~ to do sthg** se préparer OR s'apprêter à faire qqch; **to get ~ for bed** s'apprêter à aller au lit; **we're ~ when you are** nous n'attendons que toi; **to make ~** *arch* OR *lit* se préparer; **dinner's ~!** c'est prêt!; **are you ~ to order?** vous avez choisi?; **the tomatoes are ~ for eating** les tomates sont bonnes à manger ❑ **~, steady, go!** à vos marques, prêts, partez! -**2.** [willing] prêt, disposé; **~ to do sthg** prêt à faire qqch; **she's always ~ to lend a hand** elle est toujours prête à donner un coup de main; **I'm ~ to agree with you on that point** je suis entièrement d'accord avec vous sur ce point-là; **they are always ~ to find fault** ils sont toujours prêts à critiquer; **don't be so ~ to believe him** ne le crois pas systématiquement; **we're ~ to negotiate** nous sommes prêts OR disposés à négocier; **you know me, I'm ~ for anything** tu me connais, je suis toujours partant; **I'm ~ for bed!** j'ai envie d'aller me coucher! -**3.** [quick] prompt; **she has a ~ wit** elle a l'esprit d'à-propos; **she has a ~ tongue** elle n'a pas la langue dans sa poche; **he had a ~ smile** il souriait facilement. -**4.** [likely]: **~ to do sthg** sur le point de faire qqch; **she looks ~ to explode** on dirait qu'elle est sur le point d'exploser; **I'm ~ to collapse!** je suis à bout de forces!, je suis épuisé! -**5.** [easily accessible]: **a ~ market for our products** un marché tout trouvé pour nos produits; **~ to hand** [within reach] à portée de main; [available] à disposition; **~ cash** OR **money** (argent *m*) liquide *m*.
◇ *n inf Br* [money]: **the ~, the readies** le fric, le pognon.
◇ *adv Br*: **~ cut ham** jambon *m* prétranché; **~ salted peanuts** cacahuètes *fpl* salées.
◇ *vt* préparer; **to ~ o.s. for sthg** se préparer pour qqch.
◆ **at the ready** *adj phr* (tout) prêt.

ready-cooked *adj* précuit.

ready-made ◇ *adj* -**1.** [clothes] de prêt-à-porter; [food] précuit. -**2.** [excuse, solution, argument] tout prêt.
◇ *n* [garment] vêtement *m* de prêt-à-porter.

ready-mix *adj* [cake] fait à partir d'une préparation; [concrete] prémalaxé.

ready reckoner *n* barème *m*.

ready-to-serve *adj* prêt à l'emploi.

ready-to-wear *adj*: **~ clothing** prêt-à-porter *m*.

reaffirm [,riːə'fɜːm] *vt* réaffirmer.

reafforest [,riːə'fɒrɪst] *vt* reboiser.

reafforestation ['riːə,fɒrɪ'steɪʃn] *n* reboisement *m*, reforestation *f*.

reagent [riː'eɪdʒənt] *n* réactif *m*.

real [rɪəl] ◇ *adj* -**1.** [authentic] vrai, véritable; **they're ~ silver** ils sont en argent véritable; **are her pearls ~?** ces perles sont elles vraies?; **a ~ man** un vrai homme; **we'll never know her ~ feelings** nous ne saurons jamais quels étaient vraiment ses sentiments; **I don't know his ~ name** je ne connais pas son vrai nom; **my first ~ job** mon premier vrai travail; **we have no ~ cause for concern** nous n'avons aucune raison de nous inquiéter; **that's what I call a ~ cup of tea!** ça, c'est ce que j'appelle une tasse de thé! ❑ **it's the ~ thing** [authentic object] c'est du vrai de vrai; [true love] c'est le grand amour. -**2.** [actually existing] réel; **the ~ world** le monde réel; **the threat is a very ~ one** la menace est bien réelle; **in ~ life** dans la réalité. -**3.** [net, overall] réel; **salaries have fallen in ~ terms** les salaires ont baissé en termes réels. -**4.** [as intensifier] vrai, véritable; **it was a ~ surprise** ce fut une vraie surprise; **she's a ~ pain** elle est vraiment rasante. -**5.** COMPUT, MATH, PHILOS & PHYS réel; **~ image** image *f* réelle. -**6.** *phr*: **get ~!**▽ arrête de délirer!
◇ *adv inf Am* vachement.
◇ *n* PHILOS: **the ~** le réel.
◆ **for real** *inf adv* & *adj phr* pour de vrai OR de bon; **this time it's for ~** cette fois-ci c'est la bonne; **is he for ~?**▽ d'où il sort, celui-là?

real ale *n Br* bière *f* artisanale.

real estate *n (U)* -**1.** *Am* [property] biens *mpl* immobiliers; **he works in ~** il travaille dans l'immobilier. -**2.** *Br* JUR biens *mpl* fonciers.
◆ **real-estate** *comp Am* immobilier; **real-estate agent** agent *m* immobilier; **real-estate office** agence *f* immobilière.

realia [,riː'eɪlɪə] *npl textes ou objets authentiques utilisés par les enseignants pour animer leurs cours.*

realign [,riːə'laɪn] ◇ *vt* aligner (de nouveau); POL regrouper.
◇ *vi* s'aligner (de nouveau); POL se regrouper.

realignment [,riːə'laɪnmənt] *n* (nouvel) alignement *m*; POL regroupement *m*.

realism ['rɪəlɪzm] *n* réalisme *m*.

realist ['rɪəlɪst] ◇ *adj* réaliste.
◇ *n* réaliste *mf*.

realistic [,rɪə'lɪstɪk] *adj* -**1.** [reasonable] réaliste. -**2.** [lifelike] ressemblant.

realistically [,rɪə'lɪstɪklɪ] *adv* de façon réaliste; **they can't ~ expect us to do all this** ils ne peuvent pas s'attendre sérieusement à ce que nous fassions tout cela.

reality [rɪ'ælətɪ] (*pl* **realities**) *n* réalité *f*; **the ~ OR realities of living in today's Britain** les réalités de la vie dans la Grande-Bretagne d'aujourd'hui; **will our dream ever become (a) ~?** notre rêve deviendra-t-il un jour réalité?; **you have to face ~** il faut que tu regardes la réalité en face.
◆ **in reality** *adv phr* en réalité.

realizable ['rɪəlaɪzəbl] *adj* [gen & FIN] réalisable.

realization [,rɪəlaɪ'zeɪʃn] *n* -**1.** [awareness]: **this sudden ~ left us speechless** cette découverte nous a laissés sans voix; **there has been a growing ~ on the part of the government that...** le gouvernement s'est peu à peu rendu compte que...; **his ~ that he was gay** la prise de conscience de son homosexualité. -**2.** [of aim, dream, project] réalisation *f*. -**3.** FIN [of assets] réalisation *f*.

realize, -ise ['rɪəlaɪz] *vt* -**1.** [be or become aware of] se rendre compte de; **I don't think you ~ the work involved** je ne crois pas que tu te rendes compte de tout le travail que ça représente; **do you ~ what time it is?** tu te rends compte de OR tu as vu l'heure qu'il est?; **I didn't ~ how late it was** je ne m'étais pas rendu compte qu'il était si tard; **it made me ~ what a fool I had been** cela m'a fait comprendre quel imbécile j'avais été; **I ~ you're busy, but...** je sais que tu es occupé, mais... -**2.** [achieve] réaliser; **will we ever ~ our goal of unity?** parviendrons-nous un jour à réaliser notre objectif d'unité?; **my worst fears were ~d** ce que je craignais le plus s'est produit OR est arrivé; **a job where you could ~ your full potential** un travail qui te permettrait de te réaliser complètement. -**3.** FIN [yield financially] rapporter; [convert into cash] réaliser.

real-life *adj* vrai; **the ~ drama of her battle against illness** le drame affreux de sa lutte contre la maladie.

reallocate [,riː'æləkeɪt] *vt* [funds, resources] réaffecter, réattribuer; [task, duties] redistribuer.

really ['rɪəlɪ] ◇ *adv* -**1.** [actually] vraiment, réellement; **did you ~ say that?** as-tu vraiment dis ça?; **what's she ~ like?** comment est-elle vraiment?; **here's what ~ happened** voilà ce qui s'est vraiment passé. -**2.** [as intensifier] vraiment; **these cakes are ~ delicious** ces gâteaux sont vraiment délicieux; **you ~ ought to see it** il faut vraiment que vous le voyiez; **it ~ doesn't matter** ce n'est vraiment pas important; **you ~ shouldn't be here** vous ne devriez vraiment pas être ici; **now you're ~ being silly!** tu es vraiment ridicule! -**3.** [reducing force of negative statements]: **it doesn't ~ matter** ce n'est pas vraiment important; **you shouldn't ~ be here** vous ne devriez pas vraiment être ici; **I don't ~ know** je ne sais pas vraiment. -**4.** [tentative use]: **he's quite nice, ~** il est plutôt sympa, en fait; **do you want to go? – I suppose I do ~** tu veux y aller? – pourquoi pas, après tout. -**5.** [in surprise, interest]: **(oh) ~?** oh, vraiment?, c'est pas vrai?
◇ *interj* [in irritation]: **(well) ~!** enfin!

realm [relm] *n* -**1.** [field, domain] domaine *m*; **the ~ of the supernatural** le domaine du surnaturel; it is within the ~s of possibility c'est du domaine du possible. -2. [kingdom] *lit* royaume *m*.

real number *n* nombre *m* réel.

realpolitik [reɪ'ɑːlpɒlɪtiːk] *n* realpolitik *f*.

real property *n (U)* biens *mpl* immobiliers OR immeubles.

real tennis *n* jeu *m* de paume; to play ~ jouer à la paume.

real time *n* COMPUT temps *m* réel.
◆ **real-time** *adj* [system, control, processing] en temps réel.

realtor ['rɪəltəʳ] *n Am* agent *m* immobilier.

realty ['rɪəltɪ] *n (U) Am* biens *mpl* immobiliers.

ream [riːm] ◇ *n* [of paper] rame *f*; to write ~s *inf fig* écrire des tartines.
◇ *vt* -1. TECH fraiser. -2. *Am* [lemon] presser. -3. *inf Am* [person] rouler.

reamer ['riːməʳ] *n* -1. TECH fraise *f*. -2. *Am* [lemon squeezer] presse-citron *m inv*.

reanimate [,riː'ænɪmeɪt] *vt* réanimer.

reanimation [,riːænɪ'meɪʃn] *n* réanimation *f*.

reap [riːp] ◇ *vt* -1. [crop] moissonner, faucher. -2. *fig* récolter, tirer; to ~ the benefit OR the benefits of sthg récolter les bénéfices de qqch; she ~ed a rich reward elle a été bien récompensée.
◇ *vi* moissonner, faire la moisson.

reaper ['riːpəʳ] *n* -1. [machine] moissonneuse *f*; ~ and binder moissonneuse-lieuse *f*. -2. [person] moissonneur *m*, -euse *f*; the (Grim) Reaper *lit* la Faucheuse.

reaping ['riːpɪŋ] *n* moisson *f*; ~ machine moissonneuse *f*.

reappear [,riːə'pɪəʳ] *vi* [person, figure, sun] réapparaître; [lost object] refaire surface.

reappearance [,riːə'pɪərəns] *n* réapparition *f*.

reapply [,riːə'plaɪ] (*pt & pp* **reapplied**) *vi*: to ~ for a job poser de nouveau sa candidature pour un poste; previous applicants need not ~ les personnes ayant déjà posé leur candidature n'ont pas besoin de le faire à nouveau.

reappoint [,riːə'pɔɪnt] *vt* réengager, rengager.

reappointment [,riːə'pɔɪntmənt] *n*: since her ~ as minister for the arts depuis qu'elle a été nommée à nouveau ministre de la Culture.

reappraisal [,riːə'preɪzl] *n* réexamen *m*.

reappraise [,riːə'preɪz] *vt* réexaminer.

rear [rɪəʳ] ◇ *n* -1. [of place] arrière *m*; at the ~ of the bus à l'arrière du bus; the garden at the ~ *Br* OR in the ~ *Am* of the house le jardin qui est derrière la maison; they attacked them from the ~ ils les ont attaqués par derrière. -2. MIL arrière *m*, arrières *mpl*; to bring up the ~ MIL & *fig* fermer la marche. -3. *inf* [buttocks] arrière-train *m*.
◇ *adj* [door, wheel] arrière *(inv)*, de derrière; [engine] arrière; [carriages] de queue; is there a ~ entrance? est-ce qu'il y a une entrée par derrière? ❑ ~ lamp OR light *Br* AUT feu *m* arrière; ~ window lunette *f* arrière; 'Rear Window' *Hitchcock* 'Fenêtre sur cour'.
◇ *vt* -1. [children, animals] élever; [plants] cultiver. -2. [head, legs] lever, relever; racism has ~ed its ugly head again *fig* le spectre du racisme a refait son apparition.
◇ *vi* -1. [horse]: to ~ (up) se cabrer. -2. [mountain, skyscraper]: to ~ (up) se dresser.

rear admiral *n* contre-amiral *m*.

rear-engined *adj* avec moteur à l'arrière.

rearguard ['rɪəgɑːd] *n* arrière-garde *f*.

rearguard action *n* combat *m* d'arrière-garde; to fight a ~ *literal & fig* mener un combat d'arrière-garde.

rear gunner *n* mitrailleur *m* arrière.

rearm [riː'ɑːm] ◇ *vt* [nation, ship] réarmer.
◇ *vi* réarmer.

rearmament [rɪ'ɑːməmənt] *n* réarmement *m*.

rearmost ['rɪəməʊst] *adj* dernier.

rear-mounted *adj* monté à l'arrière.

rearrange [,riːə'reɪndʒ] *vt* -1. [arrange differently - furniture, objects] réarranger, changer la disposition de; [- flat, room] réaménager. -2. [put back in place] réarranger; she ~d her hair elle se recoiffa. -3. [reschedule] changer la date/l'heure de; the meeting has been ~d for Monday la réunion a été remise à lundi; we'll have to ~ our schedule il faudra réaménager notre programme.

rearrangement [,riːə'reɪndʒmənt] *n* -1. [different arrangement] réarrangement *m*, réaménagement *m*. -2. [rescheduling] changement *m* de date/d'heure.

rearrest [,riːə'rest] *vt* arrêter de nouveau.

rearview mirror ['rɪəvjuː-] *n* rétroviseur *m*.

rearward ['rɪəwəd] ◇ *adj* [part, end] arrière *(inv)*; [motion] en arrière, vers l'arrière.
◇ *adv* = **rearwards**.
◇ *n* arrière *m*.

rearwards ['rɪəwədz] *adv* en arrière, vers l'arrière.

rear-wheel drive *n* AUT traction *f* arrière.

reason ['riːzn] ◇ *n* -1. [cause, motive] raison *f*; what is the ~ for his absence? quelle est la raison de son absence?; did he give a ~ for being so late? a-t-il donné la raison d'un tel retard?; the ~ (why) they refused la raison de leur refus, la raison pour laquelle ils ont refusé; I (can) see no ~ for disagreeing OR to disagree je ne vois pas pourquoi je ne serais pas d'accord; why do you ask? — oh, no particular ~ pourquoi est-ce que tu me demandes ça? — oh, comme ça; she wouldn't tell me the ~ why elle ne voulait pas me dire pourquoi; you have every ~ OR good ~ to be angry vous avez de bonnes raisons d'être en colère; we have/there is ~ to believe he is lying nous avons de bonnes raisons de croire/il y a lieu de croire qu'il ment; I chose him for the simple ~ I liked him je l'ai choisi pour la simple et bonne raison qu'il me plaisait; but that's the only ~ I came! mais c'est pour ça que je suis venue!; that's no ~ to get annoyed ce n'est pas une raison pour s'énerver; all the more ~ for trying again OR to try again raison de plus pour réessayer; for ~s best known to herself pour des raisons qu'elle est seule à connaître; for some ~ (or other) pour une raison ou pour une autre; give me one good ~ why I should believe you! donne-moi une bonne raison de te croire!; they were upset, and with (good) ~ ils étaient bouleversés, et à juste titre; she's my ~ for living elle est ma raison de vivre. -2. [common sense] raison *f*; he won't listen to ~ il refuse d'entendre raison; I can't make her listen to ~ je n'arrive pas à lui faire entendre raison OR à la raisonner; at last he saw ~ il a fini par entendre raison; your demands are beyond all ~ vos exigences dépassent les limites du raisonnable ❑ it stands to ~ c'est logique, ça va de soi. -3. [rationality] raison *f*; man has the power of ~ l'homme est doué de raison.
◇ *vi* raisonner; to ~ with sb raisonner qqn; I tried to ~ with them j'ai essayé de les raisonner OR de leur faire entendre raison.
◇ *vt* -1. [maintain] maintenir, soutenir; [work out] calculer, déduire; [conclude] conclure; they ~ed that the fault must be in the cooling system ils en ont déduit que la défaillance devait provenir du système de refroidissement. -2. [persuade]: I ~ed him out of the idea je l'ai persuadé OR convaincu d'abandonner son idée; she ~ed me into/out of going elle m'a persuadé/dissuadé d'y aller.
◆ **by reason of** *prep phr* en raison de.
◆ **for reasons of** *prep phr*: for ~s of space/national security pour des raisons de place/sécurité nationale.
◆ **within reason** *adv phr* dans la limite du raisonnable; you can do what you like, within ~ vous pouvez faire ce que vous voulez, dans la limite du raisonnable.
◆ **reason out** *vt sep* résoudre *(par la raison)*.

reasonable ['riːznəbl] *adj* -1. [sensible - person, behaviour, attitude] raisonnable; [- explanation, decision] raisonnable, sensé; be ~! soyez raisonnable!; you must be ~ in your demands vos revendications doivent être raisonnables. -2. [moderate - price] raisonnable, correct; [- restaurant] qui pratique des prix raisonnables. -3. [fair, acceptable - offer, suggestion] raisonnable, acceptable; we've had quite a ~ day nous avons passé une journée plutôt agréable; beyond all ~ doubt indubitablement.

reasonableness ['riːznəblnɪs] *n* -1. [of person, behaviour] caractère *m* raisonnable. -2. [of price] modération *f*.

reasonably ['riːznəblɪ] *adv* -1. [behave, argue] raisonnablement; one can ~ expect... on est en droit d'attendre...; ~ priced at $100 au prix raisonnable OR modéré de 100 dollars. -2. [quite, rather]: ~ good assez bien, pas mal.

reasoned ['riːznd] *adj* [argument, decision] raisonné.

reasoning ['riːznɪŋ] *n* raisonnement *m*.

reassemble [,riːə'sembl] ◇ *vt* -1. [people, arguments] rassembler. -2. [machinery] remonter.
◇ *vi* se rassembler; Parliament/school ~s in September la rentrée parlementaire/des classes a lieu en septembre.

reassembly [,riːə'semblɪ] *n* -1. [of group] rassemblement *m*; POL rentrée *f*. -2. [of machine] remontage *m*.

reassert [,riːə'sɜːt] *vt* [authority] réaffirmer; you'll have to ~ yourself vous devrez imposer à nouveau OR réaffirmer votre autorité.

reassess [,riːə'ses] *vt* -1. [position, opinion] réexaminer. -2. FIN [damages] réévaluer; [taxation] réviser.

reassessment [,riːə'sesmənt] *n* -1. [of position, opinion] réexamen *m*. -2. FIN [of damages] réévaluation *f*; [of taxes] révision *f*.

reassign [,riːə'saɪn] *vt* réaffecter.

reassurance [,riːə'ʃɔːrəns] *n* -1. [comforting] réconfort *m*; she turned to me for ~ elle s'est tournée vers moi OR est venue à moi pour que je la rassure. -2. [guarantee] assurance *f*, confirmation *f*; despite his ~ OR ~s that the contract is still valid bien qu'il affirme que le contrat est toujours valable; the government has given ~s that... le gouvernement a assuré que...

reassure [,riːə'ʃɔːʳ] *vt* -1. [comfort] rassurer; I feel ~d now je me sens rassuré maintenant. -2. FIN réassurer.

reassuring [,riːə'ʃɔːrɪŋ] *adj* rassurant.

reassuringly [,riːə'ʃɔːrɪŋlɪ] *adv* d'une manière rassurante; he smiled at me ~ il me fit un sourire pour me rassurer ‖ [as intensifier]: ~ simple d'une grande simplicité.

reawake [,riːə'weɪk] (*pt* **reawoke** [-'wəʊk] OR **reawaked**, *pp* **reawoken** [-'wəʊkn] OR **reawaked**) *vi* se réveiller de nouveau.

reawaken [,riːə'weɪkn] ◇ *vt* [person] réveiller; [concern, interest] réveiller; [feelings] faire renaître, raviver.
◇ *vi* [person] se réveiller de nouveau.

reawakening [,riːə'weɪknɪŋ] *n* [of sleeper] réveil *m*; [of interest, concern] réveil *m*; the ~ of national pride le réveil de l'orgueil national.

rebarbative [rɪ'bɑːbətɪv] *adj fml* rébarbatif.

rebate ['riːbeɪt] *n* -1. [reduction - on goods] remise *f*, ristourne *f*; [- on tax] dégrèvement *m*; [refund] remboursement *m*. -2. = **rabbet**.

Rebecca [rɪ'bekə] *pr n* Rébecca.

rebel [*n & adj* 'rebl, *vb* rɪ'bel] (*pt & pp* **rebelled**, *cont* **rebelling**) ◇ *n* [in revolution] rebelle *mf*, insurgé *m*, -e *f*; *fig* rebelle *mf*.
◇ *adj* [soldier] rebelle; [camp, territory] des rebelles; [attack] de rebelles.
◇ *vi* se rebeller; to ~ against sthg/sb se révolter contre qqch/qqn ‖ [stomach] *hum*: my stomach rebelled mon estomac a protesté.

rebellion [rɪ'beljən] *n* rébellion *f*, révolte *f*; in open ~ en rébellion ouverte; to rise (up) in ~ against sthg/sb se révolter contre qqch/qqn.

rebellious [rɪ'beljəs] *adj* [child, hair] rebelle; [troops] insoumis.

rebelliously [rɪ'beljəslɪ] *adv* [reply] d'un ton de défi; [act] en rebelle.

rebelliousness [rɪ'beljəsnɪs] *n* [of child, politician] esprit *m* de rébellion; [of soldier] insoumission *f*; [of inhabitants] disposition *f* à la rébellion.

rebirth [ˌriːˈbɜːθ] *n* renaissance *f*.

reboot [riːˈbuːt] *vt* [computer] réinitialiser; [programme] relancer.

rebore [ˈriːbɔːʳ] ◇ *vt* réaléser.
◇ *n* réalésage *m*.

reborn [ˌriːˈbɔːn] *adj* réincarné; **to be ~** renaître; **I feel ~** je me sens renaître.

rebound [*vb* ˌriːˈbaʊnd, *n* ˈriːbaʊnd]
◇ *vi* -**1.** [ball] rebondir; **the ball ~ed against the wall/into the road** le ballon a rebondi contre le mur/sur la route. -**2.** *fig*: **to ~ on sb** se retourner contre qqn; **the situation ~ed on us** la situation s'est retournée contre nous. -**3.** [recover – business] reprendre, repartir; [– prices] remonter.
◇ *n* -**1.** [of ball] rebond *m*; **to catch a ball on the ~** attraper une balle au rebond. -**2.** *phr*: **to be on the ~** [after relationship] être sous le coup d'une déception sentimentale; [after setback] être sous le coup d'un échec; **he married her on the ~** il l'a épousée à la suite d'une déception sentimentale.

rebroadcast [ˌriːˈbrɔːdkɑːst] ◇ *n* retransmission *f*.
◇ *vt* retransmettre.

rebuff [rɪˈbʌf] ◇ *vt* [snub] rabrouer; [reject] repousser.
◇ *n* rebuffade *f*; **to meet with** OR **to suffer a ~** [person] essuyer une rebuffade; [request] être repoussé.

rebuild [ˌriːˈbɪld] (*pt* & *pp* **rebuilt** [-ˈbɪlt]) *vt* [town, economy] rebâtir, reconstruire; [relationship, life] reconstruire; **we must ~ confidence in industry** nous devons faire renaître la confiance dans l'industrie.

rebuilding [ˌriːˈbɪldɪŋ] *n* [of town, economy, relationship] reconstruction *f*; **~ work** travaux *mpl* de réfection OR de reconstruction.

rebuke [rɪˈbjuːk] ◇ *vt* [reprimand] réprimander; **to ~ sb for sthg** reprocher qqch à qqn; **to ~ sb for doing** OR **having done sthg** reprocher à qqn d'avoir fait qqch.
◇ *n* reproche *m*, réprimande *f*.

rebus [ˈriːbəs] *n* rébus *m*.

rebut [riːˈbʌt] (*pt* & *pp* **rebutted**, *cont* **rebutting**) *vt* réfuter.

rebuttal [riːˈbʌtl] *n* réfutation *f*.

rec [rek] *n Br* -**1.** *abbr of* **recreation ground**. -**2.** *abbr of* **recreation room**.

recalcitrance [rɪˈkælsɪtrəns] *n fml* caractère *m* OR esprit *m* récalcitrant.

recalcitrant [rɪˈkælsɪtrənt] *adj fml* récalcitrant.

recall [*vb* rɪˈkɔːl, *n* ˈriːkɔːl] ◇ *vt* -**1.** [remember] se rappeler, se souvenir de; **I don't ~ seeing** OR **having seen her** je ne me rappelle pas l'avoir vue; **as far as I can ~** aussi loin que je m'en souvienne; **as I ~** si mes souvenirs sont bons; **as you may ~** comme vous vous en souvenez peut-être. -**2.** [evoke – past] rappeler. -**3.** [send for – actor, ambassador] rappeler; [– Parliament] rappeler (en session extraordinaire); [– library book, hire car] demander le retour de; [– faulty goods] rappeler. -**4.** MIL rappeler.
◇ *n* -**1.** [memory] rappel *m*, mémoire *f*; **total ~** aptitude à se souvenir des moindres détails; **to be beyond** OR **past ~** être oublié à tout jamais. -**2.** MIL rappel *m*.
◇ *comp*: **~ button** [on phone] rappel *m* automatique; **~ slip** [for library book] fiche *f* de rappel.

recant [rɪˈkænt] ◇ *vt* [religion] abjurer; [opinion] rétracter.
◇ *vi* [from religion] abjurer; [from opinion] se rétracter .

recantation [ˌriːkænˈteɪʃn] *n* [of religion] abjuration *f*; [of statement] rétractation *f*.

recap [ˈriːkæp] (*pt* & *pp* **recapped**, *cont* **recapping**) ◇ *n* -**1.** [summary] récapitulation *f*. -**2.** *Am* [tyre] pneu *m* rechapé.
◇ *vt* -**1.** [summarize] récapituler; **so, to ~** donc, pour récapituler OR résumer. -**2.** *Am* [tyre] rechaper.

recapitalize, -ise [ˌriːˈkæpɪtəlaɪz] *vt* changer la structure financière de.

recapitulate [ˌriːkəˈpɪtjʊleɪt] *vt* récapituler; **so, to ~** donc, pour récapituler OR résumer.

recapitulation [ˈriːkəˌpɪtjʊˈleɪʃn] *n* récapitulation *f*.

recapture [ˌriːˈkæptʃəʳ] ◇ *vt* -**1.** [prisoner, town] reprendre; [animal] capturer. -**2.** [regain – confidence] reprendre; [– feeling, spirit] retrouver; [evoke – subj: film, book, play] recréer, faire revivre. -**3.** *Am* FIN saisir.
◇ *n* -**1.** [of escapee, animal] capture *f*; [of town] reprise *f*. -**2.** *Am* FIN saisie *f*.

recast [ˌriːˈkɑːst] (*pt* & *pp* **recast**) ◇ *vt* -**1.** [redraft] réorganiser, restructurer; **their policies have been ~ in a more acceptable form** ils ont restructuré leur politique de façon plus satisfaisante. -**2.** [play] changer la distribution de; [actor] donner un nouveau rôle à; **he was ~ in the role of Prospero** on lui a donné un nouveau rôle, celui de Prospero. -**3.** METALL refondre.
◇ *n* METALL refonte *f*.

recce *inf* [ˈrekɪ] (*pt* & *pp* **recced** OR **recceed**) MIL
◇ *vt* reconnaître.
◇ *vi* faire une reconnaissance.
◇ *n* reconnaissance *f*; **to go on a ~** MIL aller en reconnaissance; [gen] faire la reconnaissance des lieux.

recd, rec'd *written abbr of* **received**.

recede [riːˈsiːd] ◇ *vi* -**1.** [move away – object] s'éloigner; [– waters] refluer; [– tide] descendre; **to ~ into the distance** disparaître dans le lointain. -**2.** [fade – hopes] s'évanouir; [– fears] s'estomper; [– danger] s'éloigner. -**3.** [hairline]: **his hair has started to ~** son front commence à se dégarnir. -**4.** FIN baisser.
◇ *vt* JUR [right] rétrocéder; [land] recéder.

receding [rɪˈsiːdɪŋ] *adj* -**1.** [hair]: **to have a ~ hairline** avoir le front qui se dégarnit. -**2.** FIN en baisse.

receipt [rɪˈsiːt] ◇ *n* -**1.** [for purchase] reçu *m*, ticket *m* de caisse; [for bill] acquit *m*; [for rent, insurance] quittance *f*; [for meal, taxi fare] reçu *m*; [from customs] récépissé *m*. -**2.** [reception] réception *f*; **to pay on ~** payer à la réception; **to acknowledge ~ of sthg** COMM accuser réception de qqch; **on ~ of your results** dès que vous aurez reçu vos résultats; **I am in ~ of the goods** COMM j'ai bien reçu les marchandises.
◇ *vt Br* acquitter; **a ~ed bill** une facture acquittée.
◆ **receipts** *npl* [money] recettes *fpl*.

receivable [rɪˈsiːvəbl] *adj* recevable; COMM [outstanding] à recevoir; **accounts ~** comptes *mpl* clients, créances *fpl*.
◆ **receivables** *npl* [debts] comptes *mpl* clients, créances *fpl*; [bills] effets *mpl* à recevoir.

receive [rɪˈsiːv] ◇ *vt* -**1.** [gift, letter] recevoir; **to ~ sthg from sb** recevoir qqch de qqn; **we ~d your letter on Monday** nous avons reçu votre lettre OR votre lettre nous est parvenue lundi; **to ~ a high salary** recevoir OR toucher un salaire élevé; **'~d with thanks'** COMM 'acquitté', 'pour acquit'; **to ~ damages** JUR obtenir OR recevoir des dommages-intérêts; **she ~d ten years** JUR elle a été condamnée à dix ans de réclusion. -**2.** [blow] recevoir; [insult, refusal] essuyer; [criticism] être l'objet de; **he has ~d dreadful/excellent treatment** il a été traité d'une manière épouvantable/avec beaucoup d'égards; **she ~d injuries from which she has since died** elle est morte des suites de ses blessures. -**3.** [greet, welcome] accueillir, recevoir; **the new film was enthusiastically ~d** le nouveau film a été accueilli avec enthousiasme; **their offer was not well ~d** leur proposition n'a pas reçu un accueil favorable; **will Madam ~ the doctor now?** *fml* Madame recevra-t-elle le médecin maintenant? ‖ [into club, organization] admettre; **to be ~d into the Church** être reçu OR admis dans le sein de l'Église. -**4.** [signal, broadcast] recevoir, capter; **I'm receiving you loud and clear** je vous reçois cinq sur cinq. -**5.** SPORT: **to ~ service** recevoir le service. -**6.** JUR [stolen goods] receler. -**7.** [accommodate] *fml* recevoir, prendre; **holes were drilled to ~ the pegs** des trous étaient percés pour recevoir les chevilles.
◇ *vi* -**1.** [have guests] *fml* recevoir. -**2.** SPORT recevoir, être le receveur. -**3.** RELIG recevoir la communion. -**4.** JUR [thief] receler; **to be accused of receiving** être accusé de recel.

received [rɪˈsiːvd] *adj*: **~ idea/opinion** idée *f* reçue OR toute faite; **~ wisdom** sagesse *f* populaire.

Received Pronunciation *n Br* prononciation *f* standard (de l'anglais).

Received Standard *n Am* prononciation *f* standard (de l'américain).

receiver [rɪˈsiːvəʳ] *n* -**1.** [SPORT & gen] receveur *m*, -euse *f*; [of consignment] destinataire *mf*, consignataire *mf*; [of stolen goods] receleur *m*, -euse *f*. -**2.** [on telephone] combiné *m*, récepteur *m*; **to lift/to replace the ~** décrocher/raccrocher (le téléphone); **~ rest** berceau *m* (du combiné). -**3.** TV récepteur *m*, poste *m* de télévision; RADIO récepteur *m*, poste *m* de radio. -**4.** FIN administrateur *m* judiciaire; **they have been placed in the hands of the ~, the ~ has been called in** ils ont été placés sous administration judiciaire. -**5.** CHEM récipient *m*.

receiver general (*pl* **receivers general**) *n Am* receveur *m* des impôts.

receivership [rɪˈsiːvəʃɪp] *n* FIN: **to go into ~** être placé sous administration judiciaire.

receiving [rɪˈsiːvɪŋ] ◇ *adj* [office] de réception; [country] d'accueil.
◇ *n* [of stolen property] recel *m*.

receiving end *n* -**1.** SPORT: **to be at the ~** recevoir (le service). -**2.** *phr*: **to be on the ~** *inf*: **if anything goes wrong, you'll be on the ~** si ça tourne mal, c'est toi qui vas payer les pots cassés; **she was on the ~ of their bad mood** c'est sur elle qu'ils ont passé leur mauvaise humeur.

receiving order *n Br* JUR ordonnance *f* de mise sous administration judiciaire OR sous séquestre.

recension [rɪˈsenʃn] *n* [revision] révision *f*; [text] texte *m* révisé, texte *m* revu et corrigé.

recent [ˈriːsnt] *adj* [new] récent, nouveau; [modern] récent, moderne; **in ~ months** ces derniers mois; **~ developments** les derniers événements; **have you any ~ news of them?** avez-vous eu de leurs nouvelles récemment?

recently [ˈriːsntlɪ] *adv* récemment, dernièrement, ces derniers temps; **I saw her as ~ as yesterday** je l'ai vue pas plus tard qu'hier; **until ~** jusqu'à ces derniers temps; **I hadn't heard of it until very ~** je n'en ai entendu parler que très récemment.

receptacle [rɪˈseptəkl] *n* -**1.** *fml* [container] récipient *m*. -**2.** *Am* ELEC prise *f* de courant (femelle).

reception [rɪˈsepʃn] *n* -**1.** [welcome] réception *f*, accueil *m*; **to get a warm ~** recevoir un accueil chaleureux; **to get a cold ~** être reçu froidement; **the film got an enthusiastic ~ from the critics** les critiques ont réservé un accueil enthousiaste à ce film. -**2.** [formal party] réception *f*; **to hold a ~** donner une réception. -**3.** [in hotel] réception *f*; [in office] accueil *m*; **at ~** à la réception. -**4.** RADIO & TV réception *f*. -**5.** *Am* SPORT [of ball] réception *f*. -**6.** *Br* SCH ≃ cours *m* préparatoire; **~ class** première année *f* de maternelle.

reception centre *n Br* centre *m* d'accueil.

reception clerk *n Am* réceptionniste *mf*.

reception committee *n* comité *m* d'accueil *aussi hum*.

reception desk *n* [in hotel] réception *f*; [in office] accueil *m*.

receptionist [rɪˈsepʃənɪst] *n* [in hotel] réceptionniste *mf*; [in office] hôtesse *f* d'accueil; **he's a ~ at Larousse** il travaille à l'accueil chez Larousse.

reception room *n* [in hotel] salle *f* de réception; *Br* [in house] salon *m*.

receptive [rɪˈseptɪv] *adj* réceptif; **to be ~ to new ideas** être ouvert aux idées nouvelles.

receptiveness [rɪˈseptɪvnɪs], **receptivity** [ˌresepˈtɪvətɪ] *n* réceptivité *f*.

receptor [rɪˈseptəʳ] *n* ACOUST & PHYSIOL récepteur *m*.

recess [*Br* rɪ'ses, *Am* 'riːses] ◇ *n* -1. [alcove - gen] renfoncement *m*; [- in bedroom] alcôve *f*; [for statue] niche *f*; [in doorway] embrasure *f*. -2. [of mind, memory] recoin *m*, tréfonds *m*. -3. *Am* JUR suspension *f* d'audience; the court went into ~ l'audience a été suspendue. -4. *Am* SCH récréation *f*; during the ~ pendant la récréation; to go ~ aller en récréation. -5. [closure - of parliament] vacances *fpl* parlementaires, intersession *f* parlementaire; [- of courts] vacances *fpl* judiciaires, vacations *fpl*; Parliament is in ~ for the summer le Parlement est en vacances pour l'été.
◇ *vi Am* JUR suspendre l'audience; POL suspendre la séance.
◇ *vt* encastrer.

recessed [*Br* rɪ'sest, *Am* 'riːsest] *adj* encastré; ~ bookshelves étagères encastrées; ~ lighting éclairage encastré.

recession [rɪ'seʃn] *n* -1. ECON récession *f*; the economy is in ~ l'économie est en récession. -2. *fml* [retreat] recul *m*, retraite *f*. -3. RELIG sortie *f* en procession du clergé. -4. JUR rétrocession *f*.

recessional [rɪ'seʃənl] ◇ *n* RELIG *cantique de sortie en procession du clergé.*
◇ *adj* -1. [hymn] de sortie (processionnelle). -2. ECON de (la) récession.

recessionary [rɪ'seʃənrɪ] *adj* ECON de crise, de récession.

recessive [rɪ'sesɪv] ◇ *adj* -1. [gene] récessif. -2. [backward - measure] rétrograde.
◇ *n* [gene] gène *m* récessif; [organism] sujet *m* récessif.

recharge [*vb* ˌriː'tʃɑːdʒ, *n* 'riːtʃɑːdʒ] ◇ *vt* [battery, rifle] recharger; to ~ one's batteries recharger ses batteries.
◇ *n* recharge *f*.

rechargeable [ˌriː'tʃɑːdʒəbl] *adj* rechargeable.

recidivism [rɪ'sɪdɪvɪzm] *n* récidive *f* JUR.

recidivist [rɪ'sɪdɪvɪst] ◇ *adj* récidiviste.
◇ *n* récidiviste *mf*.

Recife [re'siːfə] *pr n* Recife.

recipe ['resɪpɪ] *n* CULIN recette *f*; *fig* recette *f*, secret *m*; a ~ for success/long life le secret de la réussite/la longévité; it's a ~ for disaster c'est le meilleur moyen pour aller droit à la catastrophe.

recipient [rɪ'sɪpɪənt] *n* -1. [of letter] destinataire *mf*; [of cheque] bénéficiaire *mf*; [of award, honour] récipiendaire *m*; he was the proud ~ of a gold watch il a eu la chance de se voir remettre une montre en or. -2. MED [of transplant] receveur *m*, -euse *f*.

reciprocal [rɪ'sɪprəkl] ◇ *adj* [mutual] réciproque, mutuel; [bilateral] réciproque, bilateral; GRAMM & MATH réciproque.
◇ *n* MATH réciproque *f*.

reciprocate [rɪ'sɪprəkeɪt] ◇ *vt* -1. [favour, invitation, smile] rendre; [love, sentiment] répondre à, rendre. -2. MECH actionner d'un mouvement alternatif.
◇ *vi* -1. [in congratulations, compliments] retourner le compliment; [in fight] rendre coup pour coup; [in dispute] rendre la pareille; [in argument] répondre du tac au tac. -2. MECH avoir un mouvement de va-et-vient.

reciprocating [rɪ'sɪprəkeɪtɪŋ] *adj* MECH alternatif; ~ engine moteur *m* alternatif.

reciprocation [rɪˌsɪprə'keɪʃn] *n*: in ~ for en retour de; his ~ of her feelings was clear il était clair que leurs sentiments étaient réciproques.

reciprocity [ˌresɪ'prɒsətɪ] *n* réciprocité *f*.

recital [rɪ'saɪtl] *n* -1. MUS & LITERAT récital *m*; piano/poetry ~ récital de piano/poésie. -2. [narrative] narration *f*, relation *f*; [of details] énumération *f*; she bored us with a ~ of all her ills elle nous a assommés avec une énumération de tous ses malheurs.
◆ **recitals** *npl* JUR préambule *m (à un acte notarié)*.

recitation [ˌresɪ'teɪʃn] *n* récitation *f*.

recitative [ˌresɪtə'tiːv] *n* récitatif *m*.

recite [rɪ'saɪt] ◇ *vt* [play, poem] réciter, déclamer; [details, facts] réciter, énumérer.
◇ *vi* réciter; *Am* SCH réciter sa leçon.

reckless ['reklɪs] *adj* -1. [rash] imprudent; [thoughtless] irréfléchi; [fearless] téméraire; it was rather a ~ promise c'était une promesse assez hardie; it would be ~ to ignore the consequences/the danger il serait imprudent de ne pas tenir compte des conséquences/du danger. -2. ADMIN & JUR: ~ driving conduite *f* imprudente; ~ driver conducteur *m* imprudent, conductrice *f* imprudente.

recklessly ['reklɪslɪ] *adv* [rashly] imprudemment; [thoughtlessly] sans réfléchir; [fearlessly] avec témérité; to spend ~ dépenser sans compter; they rather ~ promised to contribute £500 ils ont promis assez imprudemment OR un peu hâtivement de donner 500 livres; he drives very ~ il conduit dangereusement.

recklessness ['reklɪsnɪs] *n* [rashness] imprudence *f*; [thoughtlessness] insouciance *f*, étourderie *f*; [fearlessness] témérité *f*.

reckon ['rekn] ◇ *vt* -1. [estimate]: there were ~ed to be about fifteen hundred demonstrators on a estimé à mille cinq cents le nombre des manifestants; I ~ this building to be about 300 years old je pense que ce bâtiment a environ 300 ans. -2. [consider] considérer; I ~ this restaurant to be the best in town je considère ce restaurant comme le meilleur de la ville; I don't ~ her chances much *inf* OR much to her chances *inf* je ne crois pas qu'elle ait beaucoup de chances. -3. *inf* [suppose, think] croire, supposer; I ~ you're right je crois bien que tu as raison; I ~ the omelette is ready je crois que l'omelette est prête; how old do you ~ he is? quel âge lui donnez-vous?; it's all over, I ~ je suppose que tout est fini; what do you ~? qu'en pensez-vous? -4. [expect] compter, penser; they had ~ed to make more profit from the venture ils comptaient OR pensaient que l'entreprise leur rapporterait de plus gros bénéfices. -5. *fml* [calculate] calculer.
◇ *vi* [calculate] calculer, compter.
◆ **reckon in** *vt sep Br* compter, inclure.
◆ **reckon on** *vt insep* -1. [rely on] compter sur; you can ~ on him making a mess of it tu peux compter sur lui pour tout gâcher; don't ~ on it n'y comptez pas. -2. [expect] s'attendre à, espérer; I was ~ing on more je m'attendais à plus; she had ~ed on going next week elle avait prévu d'y aller la semaine prochaine; I didn't ~ on that extra cost je n'avais pas prévu ces frais supplémentaires.
◆ **reckon up** ◇ *vt sep* [bill, total, cost] calculer.
◇ *vi insep* faire ses comptes; to ~ up with sb régler ses comptes avec qqn.
◆ **reckon with** *vt insep* -1. [take into account] tenir compte de, songer à; they didn't ~ with the army/the opposition ils ont compté sans l'armée/l'opposition; she's a force to be ~ed with elle a une influence avec laquelle il faut compter || [as opponent] avoir affaire à; we had to ~ with stiff opposition nous avons eu affaire à une forte opposition; you'll have to ~ with his brother il faudra compter avec son frère. -2. [cope with] compter avec; you'll have to ~ with another guest il vous faudra compter avec un invité supplémentaire.
◆ **reckon without** *vt insep Br* -1. [do without] se passer de, se débrouiller sans; you'll have to ~ without my help il faudra vous débrouiller sans OR vous passer de moi. -2. *inf* [ignore, overlook]: he ~ed without the gold price il n'a pas pris en compte le cours de l'or; she had ~ed without the fact that they had no car elle n'avait pas pris en compte le fait qu'ils n'avaient pas de voiture.

reckoning ['rekənɪŋ] *n* -1. *(U)* [calculation] calcul *m*, compte *m*; you are way out in your ~ vous vous êtes complètement trompé dans vos comptes OR calculs; on OR by my ~, you owe us £50 d'après mes calculs, vous nous devez 50 livres; in the final ~ en fin de compte. -2. [estimation] estimation *f*; [opinion] avis *m*; to the best of my ~ pour autant que je puisse en juger; by OR on any ~ she's a fine pianist personne ne niera que c'est une excellente pianiste. -3. NAUT estime *f*.

reclaim [rɪ'kleɪm] ◇ *vt* -1. [land - gen] mettre en valeur; they have ~ed 1,000 hectares of land from the forest/marshes ils ont défriché 1 000 hectares de forêt/asséché 1 000 hectares de marais; they have ~ed 1,000 hectares of land from the sea/the desert ils ont gagné 1 000 hectares de terres sur la mer/le désert. -2. [salvage] récupérer; [recycle] recycler. -3. [deposit, baggage] récupérer, réclamer; to ~ sthg from sb récupérer qqch auprès de qqn. -4. *lit* [sinner, drunkard] ramener dans le droit chemin.
◇ *n*: to be past OR beyond ~ être irrécupérable; baggage ~ livraison *f* des bagages.

reclaimable [rɪ'kleɪməbl] *adj* [land] amendable; [waste - for salvage] récupérable; [- for recycling] recyclable.

reclamation [ˌreklə'meɪʃn] *n* -1. [of land - gen] remise *f* en valeur; [- from forest] défrichement *m*; [- from sea, marsh] assèchement *m*, drainage *m*; [- from desert] reconquête *f*. -2. [salvage] récupération *f*; [recycling] recyclage *m*.

reclassify [ˌriː'klæsɪfaɪ] (*pt* & *pp* **reclassified**) *vt* reclasser.

recline [rɪ'klaɪn] ◇ *vt* -1. [head] appuyer. -2. [seat] baisser, incliner.
◇ *vi* -1. [be stretched out] être allongé, être étendu; [lie back] s'allonger; he was reclining on the sofa il était allongé OR étendu sur le canapé. -2. [seat] être inclinable, avoir un dossier inclinable.

reclining [rɪ'klaɪnɪŋ] *adj* [seat] inclinable, à dossier inclinable; ~ chair chaise *f* longue.

recluse [rɪ'kluːs] *n* reclus *m*, -e *f*; to live like a ~ vivre en reclus OR en ermite; she's a bit of a ~ elle aime la solitude.

reclusive [rɪ'kluːsɪv] *adj* reclus.

recognition [ˌrekəg'nɪʃn] *n* -1. [identification] reconnaissance *f*; she disguised her voice to avoid ~ elle déguisa sa voix pour ne pas être reconnue; the town has changed beyond OR out of all ~ la ville est méconnaissable; she's changed him beyond OR out of all ~ elle l'a changé du tout au tout ❑ optical/speech ~ COMPUT reconnaissance optique/de la parole. -2. [acknowledgment, thanks] reconnaissance *f*; in ~ of en reconnaissance de. -3. [appreciation]: to win OR to achieve ~ être (enfin) reconnu; to seek ~ (for o.s.) chercher à être reconnu; his play received little ~ sa pièce est passée quasi inaperçue; public ~ la reconnaissance du public. -4. [realization - of problem] reconnaissance *f*; the report led to the ~ that there is indeed a problem le rapport nous a amenés à reconnaître qu'il y a effectivement un problème. -5. [of state, organization, trade union] reconnaissance *f*.

recognizable ['rekəgnaɪzəbl] *adj* reconnaissable.

recognizably ['rekəgnaɪzəblɪ] *adv* d'une manière OR façon reconnaissable; the car was not ~ Japanese on n'aurait pas dit une voiture japonaise, cette voiture ne ressemblait pas à une voiture japonaise.

recognizance [rɪ'kɒgnɪzəns] *n* JUR [bond] engagement *m*; [monies] caution *f*; to enter into ~s for sb [with money] verser une caution pour qqn; [personally] se porter garant de qqn.

recognize, -ise ['rekəgnaɪz] *vt* -1. [identify - person, place, voice] reconnaître; you'll ~ him by his hat vous le reconnaîtrez à son chapeau; they ~d him for what he was ils le reconnurent pour ce qu'il était || COMPUT reconnaître. -2. [acknowledge - person] reconnaître les talents de; [- achievement] reconnaître. -3. [be aware of, admit] reconnaître; I ~ (that) I made a mistake je reconnais OR j'admets que je me suis trompé; the scale of the disaster has finally been ~d on a fini par se rendre compte de l'étendue du désastre. -4. ADMIN & POL [state, diploma] reconnaître. -5. *Am* [in debate] donner la parole à.

recognized ['rekəgnaɪzd] *adj* [acknowledged] reconnu, admis; a ~ fact un fait reconnu; she's a ~ authority on medieval history c'est une autorité en histoire médiévale || [identified] reconnu; [official] officiel, attitré; that's not the ~ legal term ce n'est pas le terme juridique officiel.

recoil [*vb* rɪ'kɔɪl, *n* 'riːkɔɪl] ◇ *vi* -**1.** [person] reculer; she ~ed in horror horrifiée, elle recula; to ~ from doing sthg reculer devant l'idée de faire qqch. -**2.** [firearm] reculer; [spring] se détendre; the plan was bound to ~ on him *fig* il était à prévoir que le plan se retournerait contre lui.
◇ *n* -**1.** [of gun] recul *m*; [of spring] détente *f*. -**2.** [of person] mouvement *m* de recul; *fig* répugnance *f*.

recoilless ['riːkɔɪlɪs] *adj* MIL & TECH sans recul.

recollect [,rekə'lekt] *vt* se souvenir de, se rappeler; I don't ~ having asked her je ne me rappelle pas le lui avoir demandé; as far as I (can) ~ autant que je m'en souvienne, autant qu'il m'en souvienne.

recollection [,rekə'lekʃn] *n* [memory] souvenir *m*; I have no ~ of it je n'en ai aucun souvenir; I have a slight ~ of it je n'en ai qu'un vague souvenir; to the best of my ~ (pour) autant que je m'en souvienne.

recombinant [riː'kɒmbɪnənt] *adj*: ~ DNA AND recombinant.

recombination [,riːkɒmbɪ'neɪʃn] BIOL & PHYS recombinaison *f*.

recommence [,riːkə'mens] *vi* & *vt* recommencer.

recommend [,rekə'mend] *vt* -**1.** [speak in favour of] recommander; she ~ed him for the job elle l'a recommandé pour cet emploi; I'll ~ you to the Minister j'appuyerai votre candidature auprès du ministre || [think or speak well of] recommander; the book has been highly ~ed to me le livre m'a été fortement recommandé; it's a restaurant I can thoroughly ~ c'est un restaurant que je recommande vivement; the town has little to ~ it la ville a peu d'attraits. -**2.** [advise] recommander, conseiller; I ~ you (to) see the film je vous recommande OR conseille d'aller voir ce film; not (to be) ~ed à déconseiller. -**3.** *arch* OR *fml* [entrust] recommander; to ~ one's soul to God recommander son âme à Dieu; the orphans were ~ed to the care of their grandmother les orphelins ont été confiés à leur grand-mère.

recommendable [,rekə'mendəbl] *adj* recommandable.

recommendation [,rekəmen'deɪʃn] *n* [personal] recommandation *f*; on your/his ~ sur votre/sa recommandation || [of committee, advisory body] recommandation *f*, to make a faire une recommandation.

recommendatory [,rekə'mendətrɪ] *adj* [letter] de recommandation.

recommit [,riːkə'mɪt] *vt* -**1.** POL [bill] renvoyer devant une commission. -**2.** [prisoner] réincarcérer. -**3.** [crime] commettre une nouvelle fois.

recompense ['rekəmpens] ◇ *n* -**1.** [reward] récompense *f*; in ~ for your trouble en récompense de OR pour vous récompenser de votre peine. -**2.** JUR [compensation] dédommagement *m*, compensation *f*.
◇ *vt* récompenser; to ~ sb for sthg [gen] récompenser qqn de qqch; JUR dédommager qqn de OR pour qqch.

recompose [,riːkəm'pəʊz] *vt* -**1.** [text] réécrire; [print] recomposer. -**2.** [calm]: to ~ o.s. se ressaisir.

reconcilable ['rekənsaɪləbl] *adj* [opinions] conciliable, compatible; [people] compatible.

reconcile ['rekənsaɪl] *vt* -**1.** [people] réconcilier; [ideas, opposing principles] concilier; Peter and Jane are ~d at last Peter et Jane se sont enfin réconciliés; you cannot ~ morality with politics on ne saurait concilier moralité et politique. -**2.** [resign]: to ~ o.s. OR to become ~d to sthg se résigner à qqch; she ~d herself to the idea of going elle s'est faite à l'idée de partir. -**3.** [win over]: to ~ sb to sthg faire accepter qqch à qqn. -**4.** [settle - dispute] régler, arranger.

reconciliation [,rekənsɪlɪ'eɪʃn] *n* [between people] réconciliation *f*; [between ideas] conciliation *f*, compatibilité *f*.

recondite ['rekəndaɪt] *adj fml* [taste] ésotérique; [text, style] abscons, obscur; [writer] obscur.

recondition [,riːkən'dɪʃn] *vt* remettre en état OR à neuf.

reconditioned [,riːkən'dɪʃnd] *adj* remis à neuf; *Br* [tyre] rechapé; ~ engine AUT (moteur *m*) échange *m* standard.

reconfigure [,riːkən'fɪgəʳ] *vt* COMPUT reconfigurer.

reconfirm [,riːkən'fɜːm] *vt* [booking] confirmer; [opinion, decision] réaffirmer.

reconnaissance [rɪ'kɒnɪsəns] *n* MIL reconnaissance *f*; aerial ~ reconnaissance aérienne; ~ flight vol *m* de reconnaissance.

reconnect [,riːkə'nekt] *vt* rebrancher; TELEC reconnecter.

reconnoitre *Br*, **reconnoiter** *Am* [,rekə'nɔɪtəʳ]
◇ *vt* MIL reconnaître.
◇ *vi* effectuer une reconnaissance.

reconquer [,riː'kɒŋkəʳ] *vt* reconquérir.

reconquest [,riː'kɒŋkwest] *n* reconquête *f*.

reconsider [,riːkən'sɪdəʳ] ◇ *vt* [decision, problem] réexaminer; [topic] se repencher sur; [judgment] réviser, revoir.
◇ *vi* reconsidérer la question; I advise you to ~ je vous conseille de revoir votre position.

reconsideration ['riːkən,sɪdə'reɪʃn] *n* [reexamination] nouvel examen *m*, nouveau regard *m*; [of judgment] révision *f*.

reconstitute [,riː'kɒnstɪtjuːt] *vt* reconstituer.

reconstituted [,riː'kɒnstɪtjuːtɪd] *adj* reconstitué; ~d vegetable protein protéine *f* végétale reconstituée.

reconstitution ['riː,kɒnstɪ'tjuːʃn] *n* reconstitution *f*.

reconstruct [,riːkən'strʌkt] *vt* [house, bridge] reconstruire, rebâtir; [crime, event] reconstituer; [government, system] reconstituer.

reconstruction [,riːkən'strʌkʃn] *n* [of building] reconstruction *f*; [of shop, façade] réfection *f*; [of crime, event] reconstitution *f*; [of government] reconstitution *f*; the Reconstruction *Am* HIST la Reconstruction.

THE RECONSTRUCTION:
Période allant de 1865 à 1876, succédant à la guerre de Sécession et pendant laquelle les États de l'ex-Confédération (États sudistes) étaient réintégrés dans l'Union à condition d'avoir adopté les trois amendements à la Constitution fédérale précisant les droits des Noirs et stipulant l'élimination des Confédérés de toute activité politique et administrative.

---

reconvene [,riːkən'viːn] *vt* reconvoquer.

record [*vb* rɪ'kɔːd, *n* & *comp* 'rekɔːd]
◇ *vt* -**1.** [takenote of - fact, complaint, detail] noter, enregistrer; [- in archives, on computer] enregistrer; your objection has been ~ed nous avons pris acte de votre objection; to ~ the minutes OR the proceedings of a meeting ADMIN faire le procès-verbal OR le compte rendu d'une réunion || [attest, give account of] attester, rapporter; no biography ~s the visit aucune biographie ne fait mention de OR n'atteste la visite; the debate was ~ed in the newsletter le débat a été rapporté dans le bulletin d'informations; their answer was not ~ed leur réponse n'a pas été enregistrée; a photograph was taken to ~ the event une photographie a été prise pour rappeler cet événement; the book ~s life in medieval England le livre dépeint OR évoque la vie en Angleterre au Moyen Âge; how many votes were ~ed? POL combien de voix ont été exprimées? || [explain, tell] raconter, rapporter; history ~s that 30,000 soldiers took part selon les livres d'histoire, 30 000 soldats y ont participé. -**2.** [indicate - measurement] indiquer; [- permanently] enregistrer; temperatures of 50° were ~ed on a relevé des températures de 50°. -**3.** [music, tape, TV programme] enregistrer; the group are in the studio ~ing their new album le groupe est dans le studio en train d'enregistrer son nouveau disque. -**4.** SPORT [score] marquer; he ~ed a time of 10.7 seconds for the 100 metres il a couru le 100 m en 10.7 secondes.
◇ *vi* [on tape, video] enregistrer; don't touch the video, it's ~ing ne touchez pas au magnétoscope, il est en train d'enregistrer; his voice doesn't ~ well sa voix ne se prête pas bien à l'enregistrement.
◇ *n* -**1.** [account, report] rapport *m*; [note] note *f*; [narrative] récit *m*; to make a ~ of sthg noter qqch; to strike sthg from the ~ rayer qqch du procès-verbal; they keep a ~ of all deposits/all comings and goings ils enregistrent tous les versements/toutes les allées et venues; the book provides a ~ of 19th-century Parisian society le livre évoque la société parisienne au XIXᵉ siècle || [testimony] témoignage *m*; [evidence] preuve *f*; there is no ~ of the siege rien ne prouve que le siège ait vraiment eu lieu; do you have any ~ of the transaction? avez-vous gardé une trace de la transaction?; there's no ~ of it at all ce n'est mentionné nulle part; the carvings are a ~ of civilization on the island les sculptures témoignent de l'existence d'une civilisation sur l'île || [from instrument] trace *f*; [graph] courbe *f*; the apparatus gives a permanent ~ of ground movements l'appareil enregistre en permanence les mouvements du sol; to put OR to set the ~ straight mettre les choses au clair; a newspaper of ~ un journal qui fait autorité. -**2.** [past history] passé *m*; [file] dossier *m*; his past ~ with the firm son passé dans l'entreprise; she has an excellent attendance ~ elle a été très assidue, elle n'a presque jamais été absente; the plane has a good safety ~ l'avion est réputé pour sa sécurité || [criminal or police file] casier *m* (judiciaire); to have a ~ avoir un casier judiciaire; a clean ~ un casier judiciaire vierge; he has a ~ of previous convictions il a déjà été condamné || [reputation] réputation *f*; the makers have an excellent ~ for high quality les fabricants sont très réputés pour l'excellente qualité de leurs produits; case ~ MED dossier *m* médical; JUR dossier *m* judiciaire; service OR army ~ MIL états *mpl* de service; school ~ dossier *m* scolaire. -**3.** [disc] disque *m*; [recording] enregistrement *m*; to make OR to cut a ~ faire OR graver un disque. -**4.** [gen & SPORT] record *m*; to set/to break a ~ établir/battre un record; the 200 m ~ le record du 200 m ❑ 'The Guinness Book of Records' *McWhirter* 'le Livre Guinness des records'. -**5.** COMPUT enregistrement *m*.
◇ *comp* -**1.** [company, label, producer, shop] de disques. -**2.** [profits, sales, summer, temperature] record *(inv)*; in ~ time en un temps record; a ~ score un score record; to reach ~ levels atteindre un niveau record; a ~ number of spectators une affluence record.

◆ **records** *npl* [of government, police, hospital] archives *fpl*; [of history] annales *fpl*; [of conference, learned society] actes *mpl*; [register] registre *m*; [of proceedings, debate] procès-verbal *m*, compte rendu *m*; the wettest June since ~s began le mois de juin le plus humide depuis que l'on tient des statistiques ❑ public ~s office archives *fpl* nationales; police accident ~s liste *f* des accidents enregistrés par la police.

◆ **for the record** *adv phr* pour mémoire, pour la petite histoire; just for the ~, you started it! je te signale au passage que c'est toi qui a commencé!

◆ **off the record** ◇ *adj phr* confidentiel; I want these remarks to be off the ~ je veux que ces remarques restent confidentielles; the negotiations were off the ~ [secret] les négociations étaient secrètes; [unofficial] les négociations étaient officieuses; [not reported] les négociations n'ont pas été rapportées (dans la presse); [not recorded] les négociations n'ont pas été enregistrées; all this is strictly off the ~

fig tout ceci doit rester strictement entre nous. ◇ *adv phr*: **he admitted off the ~ that he had known** il a admis en privé qu'il était au courant. ◆ **on record** *adv phr* enregistré; **it's on ~ that you were informed** il est établi que vous étiez au courant; **we have it on ~ that...** il est attesté OR établi que...; **it isn't on ~** il n'y en a aucune trace; **to put** OR **to place sthg on ~** [say] dire OR déclarer qqch officiellement; [write] consigner qqch par écrit; **I wish to go on ~ as saying that...** je voudrais dire officiellement OR publiquement que...; **it's the wettest June on ~** c'est le mois de juin le plus humide que l'on ait connu; **it's the only example on ~** c'est le seul exemple connu.

record-breaker *n* SPORT nouveau recordman *m*, nouvelle recordwoman *f*; **the new product is a ~** *Br fig* le nouveau produit bat tous les records.

record-breaking *adj* -**1.** SPORT: **a ~ jump** un saut qui a établi un nouveau record. -**2.** [year, temperatures] record *(inv)*.

record cabinet *n* discothèque *f (meuble)*.

record card *n* fiche *f*.

record-changer *n* changeur *m* de disques (automatique).

record deck *n* platine *f* (tourne-disque).

recorded [rɪ'kɔːdɪd] *adj* -**1.** [music, message, tape] enregistré; [programme] préenregistré; [broadcast] transmis en différé. -**2.** [fact] attesté, noté; [history] écrit; [votes] exprimé; **throughout ~ history** pendant toute la période couverte par les écrits historiques.

recorded delivery *n Br* recommandé *m*; **to send (by) ~** envoyer en recommandé avec accusé de réception.

recorder [rɪ'kɔːdəʳ] *n* -**1.** [apparatus] enregistreur *m*; **flight ~** enregistreur de vol. -**2.** [musical instrument] flûte *f* à bec. -**3.** [keeper of records] archiviste *mf*; **court ~** JUR greffier *m*. -**4.** *Br* JUR *avocat nommé à la fonction de magistrat (à temps partiel)*.

record holder *n* recordman *m*, recordwoman *f*, détenteur *m*, -trice *f* d'un record.

recording [rɪ'kɔːdɪŋ] ◇ *n* [of music, data] enregistrement *m*; **this is a very poor ~** cet enregistrement est très mauvais; **a mono ~** un enregistrement (en) mono.
◇ *comp* -**1.** MUS & TV *etc* [equipment, session, studio] d'enregistrement; [company] de disques; [star] du disque; **she's a ~ artist for Phonolog** elle enregistre (des disques) chez Phonolog. -**2.** [indicating - apparatus] enregistreur. -**3.** ADMIN & JUR [official, clerk - in census] chargé du recensement; [- in court of law] qui enregistre les débats.

Recording Angel *n* BIBLE & *fig l'ange qui tient le livre des actes (bons et mauvais) de chacun*.

recording head *n* tête *f* d'enregistrement.

recording studio *n* studio *m* d'enregistrement.

record library *n* discothèque *f (de prêt)*.

record player *n* tourne-disque *m*, platine *f*.

record token *n* chèque-disque *m*.

recork [ˌriː'kɔːk] *vt* reboucher.

recount [rɪ'kaʊnt] *vt* [story, experience] raconter.

re-count [*vb* ˌriː'kaʊnt, *n* 'riːkaʊnt] ◇ *vt* [count again] recompter, compter de nouveau.
◇ *n* POL nouveau décompte *m*; **to demand a ~** exiger un nouveau décompte; **there were four ~s** on a compté le nombre de bulletins de vote à quatre reprises.

recoup [rɪ'kuːp] *vt* -**1.** [get back - losses, cost] récupérer; **to ~ one's investments** rentrer dans ses fonds; **to ~ one's costs** rentrer dans OR couvrir ses frais. -**2.** [pay back] rembourser, dédommager. -**3.** [from taxes] défalquer, déduire.

recourse [rɪ'kɔːs] *n* -**1.** [gen] recours *m*; **to have ~ to sthg** recourir à qqch, avoir recours à qqch. -**2.** FIN recours *m*.

recover [rɪ'kʌvəʳ] ◇ *vt* -**1.** [get back - property] récupérer, retrouver; [- debt, loan, deposit] récupérer, recouvrer; **to ~ sthg from sb** récupérer qqch de qqn; **50 bodies have been ~ed** 50 corps ont été retrouvés || [take back] reprendre; **to ~ sthg from sb** reprendre qqch à qqn || [regain - territory, ball] regagner; [- composure, control, hearing] retrouver; [- advantage] reprendre; **to ~ one's breath/footing** reprendre haleine/pied; **to ~ one's balance** retrouver son équilibre; **to ~ one's senses** se ressaisir; **to ~ consciousness** reprendre connaissance; **to ~ one's strength** reprendre des forces; **to ~ lost ground** *literal* & *fig* regagner du terrain. -**2.** [salvage - wreck, waste] récupérer; [- from water] récupérer, repêcher. -**3.** JUR: **to ~ damages** obtenir des dommages-intérêts. -**4.** [extract - from ore] extraire.
◇ *vi* -**1.** [after accident] se remettre; [after illness] se rétablir, guérir; **the patient is ~ing in hospital** le malade se remet à l'hôpital; **to ~ from sthg** se remettre de qqch; **to be fully ~ed** être complètement guéri OR rétabli || [after surprise, setback] se remettre; **I still haven't ~ed from the shock** je ne me suis pas encore remis du choc. -**2.** [currency, economy] se redresser; [market] reprendre, se redresser; [prices, shares] se redresser, remonter. -**3.** JUR gagner son procès, obtenir gain de cause.

re-cover [ˌriː'kʌvəʳ] *vt* recouvrir.

recoverable [rɪ'kʌvrəbl] *adj* [debt] recouvrable; [losses, mistake] réparable; [by-product] récupérable.

recovery [rɪ'kʌvərɪ] (*pl* **recoveries**) *n* -**1.** [of lost property, wreck] récupération *f*; [of debt] recouvrement *m*, récupération *f*; **the ~ of his sight changed his life** le fait de recouvrer la vue a transformé sa vie. -**2.** [from illness] rétablissement *m*, guérison *f*; **to make a speedy ~** se remettre vite; **she is making a good ~** elle est en bonne voie de guérison. -**3.** [of economy] relance *f*, redressement *m*; [of prices, shares] redressement *m*, remontée *f*; [of currency] redressement *m*; [of market, business] reprise *f*; **to stage** OR **to make a ~** SPORT reprendre le dessus; **the country made a slow ~ after the war** le pays s'est rétabli lentement après la guerre; **to be past** OR **beyond ~** [situation] être irrémédiable OR sans espoir; [loss] être irrécupérable OR irréparable. -**4.** [of wreck, waste] récupération *f*; [from water] récupération *f*, repêchage *m*. -**5.** COMPUT [of files] récupération *f*. -**6.** JUR [of damages] obtention *f*.

recovery position *n* MED position *f* latérale de sécurité.

recovery room *n* MED salle *f* de réanimation.

recovery vehicle *n Br* dépanneuse *f*.

recreant ['rekrɪənt] *arch* ◇ *adj* [cowardly] lâche; [disloyal] perfide, déloyal.
◇ *n* [coward] lâche *mf*; [turncoat] renégat *m*, -e *f*.

re-create *vt* [past event] reconstituer; [place, scene] recréer.

recreation [ˌrekrɪ'eɪʃn] *n* -**1.** [relaxation] récréation *f*, détente *f*; **she only reads for** OR **as ~** elle ne lit que pour se délasser OR se détendre. -**2.** SCH récréation *f*.

re-creation *n* [of event, scene] recréation *f*, reconstitution *f*.

recreational [ˌrekrɪ'eɪʃənl] *adj* de loisir; **~ drug** drogue *f* douce.

recreational vehicle *Am* = **RV**.

recreation ground *n* terrain *m* de jeux.

recreation room *n* [in school, hospital] salle *f* de récréation; [in hotel] salle *f* de jeux; *Am* [at home] salle *f* de jeux.

recriminate [rɪ'krɪmɪneɪt] *vt fml* récriminer; **to ~ against sb** récriminer contre qqn.

recrimination [rɪˌkrɪmɪ'neɪʃn] *n (usu pl)*: **~s** récriminations *fpl*.

recriminatory [rɪ'krɪmɪnətrɪ] *adj* récriminateur.

recrudescence [ˌriːkruː'desns] *n fml* recrudescence *f*.

recrudescent [ˌriːkruː'desnt] *adj fml* recrudescent.

recruit [rɪ'kruːt] ◇ *n* [gen & MIL] recrue *f*.
◇ *vt* [member, army] recruter; [worker] recruter, embaucher.

recruiting [rɪ'kruːtɪŋ] *n* recrutement *m*.

recruiting office *n* bureau *m* de recrutement.

recruiting officer *n* MIL recruteur *m*; HIST racoleur *m*.

recruitment [rɪ'kruːtmənt] *n* recrutement *m*; **~ campaign** campagne *f* de recrutement.

rectal ['rektəl] *adj* rectal.

rectangle ['rekˌtæŋgl] *n* rectangle *m*.

rectangular [rek'tæŋgjʊləʳ] *adj* rectangulaire.

rectifiable ['rektɪfaɪəbl] *adj* [gen, CHEM & MATH] rectifiable, qui peut être rectifié; ELEC qui peut être redressé.

rectification [ˌrektɪfɪ'keɪʃn] *n* -**1.** [correction] rectification *f*, correction *f*. -**2.** CHEM & MATH rectification *f*; ELEC redressement *m*.

rectifier ['rektɪfaɪəʳ] *n* -**1.** ELEC redresseur *m*; CHEM rectificateur *m*. -**2.** [person] correcteur *m*, -trice *f*.

rectify ['rektɪfaɪ] (*pt* & *pp* **rectified**) *vt* -**1.** [mistake] rectifier, corriger; [oversight] réparer; [situation] redresser. -**2.** CHEM & MATH rectifier; ELEC redresser.

rectilinear [ˌrektɪ'lɪnɪəʳ] *adj* rectiligne.

rectitude ['rektɪtjuːd] *n* rectitude *f*; **moral ~** droiture *f*.

recto ['rektəʊ] (*pl* **rectos**) *n* PRINT recto *m*.

rector ['rektəʳ] *n* -**1.** RELIG [Anglican, Presbyterian] pasteur *m*; [Catholic] recteur *m*. -**2.** *Br* SCH proviseur *m*, directeur *m*, -trice *f*. -**3.** *Scot* UNIV président *m*, -e *f* d'honneur.

rectory ['rektərɪ] (*pl* **rectories**) *n* presbytère *m*.

rectum ['rektəm] (*pl* **rectums** OR **recta** [-tə]) *n* rectum *m*.

recumbent [rɪ'kʌmbənt] *adj lit* couché, étendu, allongé; **~ figure** ART figure *f* couchée, gisant *m*; **~ effigy** [on grave] gisant *m*.

recuperate [rɪ'kuːpəreɪt] ◇ *vi* se remettre, récupérer; **to ~ from sthg** se remettre de qqch.
◇ *vt* [materials, money] récupérer; [loss] compenser; [strength] reprendre.

recuperation [rɪˌkuːpə'reɪʃn] *n* -**1.** MED rétablissement *m*. -**2.** [of materials] récupération *f*. -**3.** FIN [of market] reprise *f*.

recuperative [rɪ'kuːpərətɪv] *adj* [medicine] régénérateur, reconstituant; [sleep, break] réparateur; [powers] de récupération.

recur [rɪ'kɜːʳ] (*pt* & *pp* **recurred**, *cont* **recurring**) *vi* -**1.** [occur again] se reproduire; [reappear] réapparaître, revenir; **it's a notion which ~s every now and then** c'est une idée qui revient OR qu'on retrouve de temps en temps; **come back if the problem ~s** revenez si le problème réapparaît OR se représente. -**2.** [to memory] revenir à la mémoire. -**3.** MATH se reproduire, se répéter.

recurrence [rɪ'kʌrəns] *n* [of mistake, notion, event] répétition *f*; [of disease, symptoms] réapparition *f*; [of subject, problem] retour *m*; **there must be no ~ of such behaviour** ce genre de comportement ne devra jamais se reproduire.

recurrent [rɪ'kʌrənt] *adj* -**1.** [repeated] récurrent; **I get ~ headaches/bouts of flu** j'ai souvent des maux de tête/la grippe; **~ expenses** [gen] dépenses *fpl* courantes; COMM frais *mpl* généraux. -**2.** ANAT & MED récurrent.

recurring [rɪ'kɜːrɪŋ] *adj* -**1.** [persistent - problem] qui revient OR qui se reproduit souvent; [- dream, nightmare] qui revient sans cesse. -**2.** MATH périodique; **2 point 7 ~** 2 virgule 7 périodique.

recurring decimal *n* fraction *f* périodique.

recursion [rɪ'kɜːʃn] *n* récurrence *f*.

recursive [rɪ'kɜːsɪv] *adj* récursif.

recusant ['rekjʊzənt] RELIG ◇ *adj* réfractaire.
◇ *n* rebelle *mf* à l'Église.

recyclable [ˌriː'saɪkləbl] *adj* recyclable.

recycle [ˌriː'saɪkl] *vt* [materials] recycler; [money] réinvestir.

recycled [ˌriː'saɪkld] *adj* [materials] recyclé; **~ paper** papier *m* recyclé.

recycling [,riːˈsaɪklɪŋ] *n* recyclage *m.*

red [red] (*compar* **redder**, *superl* **reddest**) ◇ *adj* -**1.** [gen] rouge; [hair] roux; **to go ~** rougir; **~ with anger/shame** rouge de colère/honte; **to take a ~ pen to sthg** corriger qqch à l'encre rouge; **to be ~ in the face** [after effort] avoir la figure toute rouge; [with embarrassment] être rouge de confusion ☐ **to go into ~ ink** *Am* [person] être à découvert; [company] être en déficit; **to be as ~ as a beetroot** être rouge comme une pivoine OR une écrevisse; **it's like a ~ rag to a bull** c'est comme le rouge pour les taureaux; **'(Little) Red Riding Hood'** *Perrault* 'le Petit Chaperon rouge'. -**2.** *inf pej* & POL rouge.
◇ *n* -**1.** [colour] rouge *m*; **dressed in ~** habillé en rouge ☐ **to see ~** voir rouge. -**2.** [in roulette] rouge *m*; [in snooker] (bille *f*) rouge *f*. -**3.** [wine] rouge *m*. -**4.** *inf pej* & POL rouge *mf*, coco *mf pej*; **~s under the bed** *expression évoquant la psychose du communisme.* -**5.** [deficit]: **to be in the ~** [accounts, company] être dans le rouge; [person] être à découvert, avoir un découvert (bancaire); **to be £5,000 in the ~** [company] avoir un déficit de 5 000 livres; [person] avoir un découvert de 5 000 livres; **to get out of the ~** [company] sortir du rouge; [person] combler son découvert.

red admiral *n* ENTOM vulcain *m.*

red alert *n* alerte *f* rouge; **to be on ~** être en état d'alerte maximale.

red ant *n* fourmi *f* rouge.

Red Army *pr n* Armée *f* rouge.

red blood cell *n* globule *m* rouge.

red-blooded *inf adj* vigoureux, viril.

redbreast [ˈredbrest] *n* rouge-gorge *m.*

redbrick university [ˈredbrɪk-] *n université britannique fondée à la fin du XIXe siècle.*

redcap [ˈredkæp] *n* -**1.** *inf Br* MIL policier *m* militaire. -**2.** *Am* RAIL porteur *m.*

red card *n* SPORT carton *m* rouge; **to get** OR **to receive the ~** recevoir le carton rouge.

red carpet *n* tapis *m* rouge; **to roll out the ~ for sb** [for VIP] dérouler le tapis rouge en l'honneur de qqn; [for guest] mettre les petits plats dans les grands en l'honneur de qqn; **to give sb the red-carpet treatment** réserver un accueil fastueux OR princier à qqn.

red cent *inf n Am*: **it's not worth a ~** ça ne vaut pas un clou OR un centime.

Red China *inf pr n* Chine *f* communiste OR populaire.

redcoat [ˈredkəʊt] *n Br* -**1.** HIST soldat *m* anglais. -**2.** [in holiday camp] animateur *m*, -trice *f.*

red corpuscle *n* globule *m* rouge.

Red Crescent *pr n* Croissant-Rouge *m.*

Red Cross (Society) *pr n* Croix-Rouge *f.*

redcurrant [ˈredkʌrənt] *n* groseille *f* (rouge); **~ bush** groseillier *m* rouge; **~ jelly** gelée *f* de groseille.

red deer *n* cerf *m* commun.

redden [ˈredn] ◇ *vt* rougir, rendre rouge; [hair] teindre en roux.
◇ *vi* [person, face] rougir, devenir (tout) rouge; [leaves] devenir roux, roussir; **to ~ with shame** rougir de honte.

reddish [ˈredɪʃ] *adj* rougeâtre; [fur] roussâtre; [hair] roussâtre, qui tire sur le roux.

red duster *inf Br* = **Red Ensign.**

red dwarf *n* ASTRON naine *f* rouge.

redecorate [,riːˈdekəreɪt] ◇ *vt* [repaint] refaire les peintures de; [re-wallpaper] retapisser; **we're redecorating the flat** nous sommes en train de repeindre et de retapisser l'appartement.
◇ *vi* [repaint] refaire les peintures; [re-wallpaper] refaire les papiers peints.

redecoration [riː,dekəˈreɪʃn] *n* [with paint] remise *f* à neuf des peintures; [with wallpaper] remise *f* à neuf des papiers peints.

redeem [rɪˈdiːm] *vt* -**1.** [from pawn] dégager, retirer. -**2.** [cash - voucher] encaisser; [- bond, share] réaliser; [exchange - coupon, savings stamps] échanger; [- banknote] compenser. -**3.** [pay - debt] rembourser, s'acquitter de; [- bill] honorer; [- loan, mortgage] rembourser. -**4.** [make up for - mistake, failure] racheter, réparer; [- crime, sin] expier; **to ~ o.s.** se racheter. -**5.** [save - situation, position] sauver; [- loss] récupérer, réparer; [- honour] sauver; RELIG [sinner] racheter. -**6.** [fulfil - promise] s'acquitter de, tenir; [- obligation] satisfaire à, s'acquitter de. -**7.** [free - slave] affranchir.

redeemable [rɪˈdiːməbl] *adj* -**1.** [voucher] remboursable; [debt] remboursable, amortissable; **the stamps are not ~ for cash** les timbres ne peuvent être échangés contre des espèces. -**2.** [error] réparable; [sin, crime] expiable, rachetable; [sinner] rachetable.

redeemer [rɪˈdiːməʳ] *n* RELIG & *fig* rédempteur *m.*

redeeming [rɪˈdiːmɪŋ] *adj* [characteristic, feature] qui rachète OR compense les défauts; **his one ~ feature** sa seule qualité, la seule chose qui le rachète.

redefine [,riːdɪˈfaɪn] *vt* [restate - objectives, terms] redéfinir; [modify] modifier.

redemption [rɪˈdempʃn] *n* -**1.** [from pawn] dégagement *m*. -**2.** [of debt, loan, mortgage, voucher] remboursement *m*; ST. EX [of shares] liquidation *f*; **~ yield** rendement *m* à l'échéance. -**3.** [gen & RELIG] rédemption *f*, rachat *m*; **past** OR **beyond ~** [person] perdu à tout jamais, qui ne peut être racheté; [situation, position] irrémédiable, irrécupérable; [book, furniture] irréparable, irrécupérable.

redemptive [rɪˈdemptɪv] *adj* rédempteur.

Red Ensign *n pavillon de la marine marchande britannique.*

redeploy [,riːdɪˈplɔɪ] *vt* [troops, forces, resources] redéployer; [workers] reconvertir.

redeployment [,riːdɪˈplɔɪmənt] *n* [of troops, resources] redéploiement *m*; [of workers] reconversion *f.*

redevelop [,riːdɪˈveləp] *vt* -**1.** [region] réexploiter, revitaliser; [urban area] rénover, reconstruire; [tourism, industry] relancer. -**2.** [argument] réexposer. -**3.** PHOT redévelopper.

redevelopment [,riːdɪˈveləpmənt] *n* -**1.** [of region] revitalisation *f*, développement *m*; [of urban area] rénovation *f*; [of tourism, industry] relance *f*; **urban ~** rénovation *f* urbaine. -**2.** PHOT redéveloppement *m.*

redeye [ˈredaɪ] *n Am* -**1.** ▽ [whisky] mauvais whisky *m*, ≃ gnôle *f*. -**2.** *inf* [night flight] vol *m* de nuit.

red eye *n* PHOT *tache rouge dans les yeux des personnes photographiées au flash.*

red-eyed *adj* aux yeux rouges.

red-faced *adj literal* rougeaud; *fig* rouge de confusion OR de honte.

red flag *n* [gen & POL] drapeau *m* rouge.
◆ **Red Flag** *n*: **the Red Flag** *chant socialiste anglais.*

red fox *n* renard *m* roux.

red giant *n* ASTRON géante *f* rouge.

red grouse *n* grouse *f*, coq *m* de bruyère écossais.

Red Guard *pr n* garde *f* rouge.

red-haired *adj* aux cheveux roux, roux; **a ~ girl** une rousse.

red-handed *adv*: **to be caught ~** être pris en flagrant délit OR la main dans le sac.

red hat *n* RELIG barrette *f (de cardinal).*

redhead [ˈredhed] *n* roux *m*, rousse *f.*

red-headed = **red-haired.**

red heat *n*: **to bring** OR **to raise a metal to ~** chauffer OR porter un métal au rouge.

red herring *n* -**1.** *fig* diversion *f*; **it's just a ~** ce n'est qu'un truc pour nous dépister OR pour brouiller les pistes. -**2.** CULIN hareng *m* saur.

red-hot *adj* -**1.** [metal] chauffé au rouge. -**2.** [very hot] brûlant. -**3.** *fig* [keen] passionné, enthousiaste. -**4.** [recent - news, information] de dernière minute. -**5.** [sure - tip, favourite] certain, sûr. -**6.** [expert] calé; **he's ~ on the best investments** c'est un expert en matière d'investissements. -**7.** [strong - passion] fort, puissant. -**8.** [sensational - scandal, story] croustillant, sensationnel.

red-hot poker *n* BOT tritoma *m.*

redial [,riːˈdaɪəl] ◇ *vt*: **to ~ a number** refaire un numéro.
◇ *n*: **automatic ~** système *m* de rappel du dernier numéro.

Red Indian *n* Peau-Rouge *mf.*

redirect [,riːdɪˈrekt] *vt* -**1.** [mail] faire suivre, réexpédier; [aeroplane, traffic] dérouter; **the plane was ~ed to Oslo** l'avion a été dérouté sur Oslo. -**2.** *fig* [efforts, attentions] réorienter.

rediscover [,riːdɪˈskʌvəʳ] *vt* redécouvrir.

rediscovery [,riːdɪˈskʌvrɪ] (*pl* **rediscoveries**) *n* redécouverte *f.*

redistribute [,riːdɪˈstrɪbjuːt] *vt* [money, wealth, objects] redistribuer; [tasks] réassigner.

redistribution [ˈriː,dɪstrɪˈbjuːʃn] *n* redistribution *f.*

red lead *n* minium *m.*

red-letter day *n Br* jour *m* à marquer d'une pierre blanche.

red light *n* AUT feu *m* rouge; **to go through a ~** passer au rouge, brûler le feu rouge.
◆ **red-light** *adj*: **red-light district** quartier *m* chaud.

red-line *vt* discriminer contre *(dans l'attribution de logements ou d'assurances).*

red meat *n* viande *f* rouge.

red mullet *n* rouget barbet *m.*

redneck *inf* [ˈrednek] *Am pej* ◇ *n Américain d'origine modeste qui a des idées réactionnaires et des préjugés racistes.*
◇ *comp* [attitude] de plouc, borné.

redness [ˈrednɪs] *n (U)* rougeur *f*; [of hair] rousseur *f*; [inflammation] rougeurs *fpl.*

redo [,riːˈduː] (*pt* **redid** [-ˈdɪd], *pp* **redone** [-ˈdʌn]) *vt* refaire; [hair] recoiffer; [repaint] refaire, repeindre.

redolence [ˈredələns] *n lit* parfum *m*, odeur *f.*

redolent [ˈredələnt] *adj lit* -**1.** [perfumed]: **~ of** OR **with lemon** qui sent le citron, qui a une odeur de citron. -**2.** [evocative, reminiscent]: **the style is ~ of James Joyce** le style rappelle celui de James Joyce.

redouble [,riːˈdʌbl] ◇ *vt* -**1.** [in intensity] redoubler; **to ~ one's efforts** redoubler ses efforts OR d'efforts. -**2.** CARDS surcontrer.
◇ *vi* CARDS surcontrer.
◇ *n* CARDS surcontre *m.*

redoubt [rɪˈdaʊt] *n* MIL redoute *f*; *fig* forteresse *f.*

redoubtable [rɪˈdaʊtəbl] *adj* [formidable] redoutable, terrifiant; [awe-inspiring] impressionnant.

redound [rɪˈdaʊnd] *vi fml*: **to ~ on** OR **upon sb** [negatively] retomber sur qqn; [positively] rejaillir sur qqn; **to ~ to sb's advantage** être OR rejaillir à l'avantage de qqn; **her behaviour can only ~ to her credit** sa conduite ne peut qu'être portée à son crédit.

red-pencil *vt* [correct] biffer au crayon rouge; [censor] censurer.

red pepper *n* [spice] (poivre *m* de) cayenne *m*; [vegetable] poivron *m* rouge.

redraft [*vb* ,riːˈdrɑːft, *n* ˈriːdrɑːft] ◇ *vt* [bill, contract] rédiger de nouveau; [demand] reformuler.
◇ *n* [rewriting] nouvelle rédaction *f*; [reformulation] reformulation *f.*

redress [rɪˈdres] ◇ *vt* [grievance, errors] réparer; [wrong] réparer, redresser; [situation] rattraper; **to ~ the balance** rétablir l'équilibre.
◇ *n* [gen & JUR] réparation *f*; **to seek ~ for sthg** demander réparation de qqch.

Red Sea *pr n*: **the ~** la mer Rouge.

red setter *n* setter *m* irlandais.

redshank [ˈredʃæŋk] *n* (chevalier *m*) gambette *m.*

redskin▽ [ˈredskɪn] *n dated* Peau-Rouge *mf (attention: le terme «redskin» est considéré comme raciste).*

Red Square *pr n* la place Rouge.

red squirrel *n* écureuil *m* commun d'Europe.

redstart ['redstɑːt] *n* rouge-queue *m*, rossignol *m* des murailles.

red tape *n* [bureaucracy] paperasserie *f*; **there's too much ~** il y a trop de paperasserie OR de bureaucratie.

red tide *n* marée *f* rouge.

reduce [rɪ'djuːs] ◇ *vt* -**1.** [risk, scale, time, workload] réduire, diminuer; [temperature] abaisser; [speed] réduire, ralentir; [in length] réduire, raccourcir; [in size] réduire, rapetisser, diminuer; [in weight] réduire, alléger; [in height] réduire, abaisser; [in thickness] réduire, amenuiser; [in strength] réduire, affaiblir; **the record has been ~d by two seconds** le record a été amélioré de deux secondes; **I'm trying to ~ my sugar consumption by half** j'essaie de réduire ma consommation de sucre de moitié; **you must ~ the power** il faut réduire la puissance. -**2.** COMM & FIN [price] baisser; [rate, expenses, cost] réduire; [tax] alléger, réduire; [goods] solder, réduire le prix de; **the shirt was ~d to £15** la chemise était soldée à 15 livres. -**3.** [render]: **to ~ sthg to ashes/to a pulp** réduire qqch en cendres/en bouillie; **to ~ sb to silence/to tears/to poverty/to submission** réduire qqn au silence/aux larmes/à la pauvreté/à l'obéissance; **we were ~d to helpless laughter** nous riions sans pouvoir nous arrêter; **she was ~d to buying her own pencils** elle en était réduite à acheter ses crayons elle-même. -**4.** CULIN [sauce] faire réduire. -**5.** CHEM & MATH réduire; **to ~ fractions to a common denominator** réduire des fractions à un dénominateur commun. -**6.** MED [fracture] réduire; [swelling] résorber, résoudre. -**7.** [dilute] diluer. -**8.** JUR: **to ~ sthg to writing** consigner qqch par écrit. -**9.** *arch* OR *lit* [subjugate] soumettre. -**10.** MIL dégrader.
◇ *vi* -**1.** CULIN réduire. -**2.** [slim] maigrir.

reduced [rɪ'djuːst] *adj* [price, rate, scale] réduit; [goods] soldé, en solde; **at ~ prices** à prix réduits; **on a ~ scale** en plus petit; **'~ to clear'** 'articles en solde' ❑ **to be in ~ circumstances** *euph* être dans la gêne.

reducer [rɪ'djuːsə^r] *n* TECH réducteur *m*; PHOT affaiblisseur *m*; [for slimmer] appareil *m* d'amaigrissement.

reducible [rɪ'djuːsəbl] *adj* réductible.

reducing [rɪ'djuːsɪŋ] *adj* CHEM & TECH réducteur; [diet] amaigrissant.

reducing agent *n* (agent *m*) réducteur *m*.

reducing cream *n* crème *f* amincissante.

reduction [rɪ'dʌkʃn] *n* -**1.** [lessening - gen] réduction *f*, diminution *f*; [- in temperature] baisse *f*, diminution *f*; [- in length] réduction *f*, raccourcissement *m*; [- in weight] réduction *f*, diminution *f*; [- in strength] réduction *f*, affaiblissement *m*; [- in speed] réduction *f*, ralentissement *m*; **staff ~s** compression *f* de personnel; **the ~ of the argument to basic principles** la réduction du débat à des principes fondamentaux. -**2.** COMM & FIN [in price, cost] baisse *f*, diminution *f*; [in rate] baisse *f*; [in expenses] réduction *f*, diminution *f*; [in tax] dégrèvement *m*; [on goods] rabais *m*, remise *f*; **to make a 5% ~ on an article** faire une remise de 5 % sur un article; **cash ~** [discount] remise *f* OR escompte *m* au comptant; [refund] remise *f* en espèces. -**3.** CHEM, MATH & PHOT réduction *f*. -**4.** TECH [of gear] démultiplication *f*. -**5.** MED [of fracture] réduction *f*; [of swelling] résorption *f*.

reductionism [rɪ'dʌkʃənɪzm] *n* réductionnisme *m*.

reductive [rɪ'dʌktɪv] *adj* réducteur.

redundancy [rɪ'dʌndənsɪ] (*pl* **redundancies**) ◇ *n* -**1.** *Br* [layoff] licenciement *m*; [unemployment] chômage *m*; **voluntary ~** départ *m* volontaire; **there is a high level of ~ here** il y a un fort taux de chômage ici; **5,000 redundancies have been announced** on a annoncé 5 000 licenciements. -**2.** [superfluousness] caractère *m* superflu; [repetition] répétition *f*, redondance *f*; [tautology] tautologie *f*. -**3.** COMPUT, LING & TELEC redondance *f*.
◇ *comp*: **~ notice** *Br* lettre *f* de licenciement; **~ payment** *Br* indemnité *f* de licenciement.

redundant [rɪ'dʌndənt] *adj* -**1.** INDUST licencié, au chômage; **to become** OR **to be made ~** être licencié OR mis au chômage. -**2.** [superfluous] superflu, surabondant; [repetitive] répétitif, qui fait double emploi; [tautologous] pléonastique; **much of what you write is ~** il y a beaucoup de redites OR répétitions dans ce que vous écrivez. -**3.** COMPUT, LING & TELEC redondant.

reduplicate [*vb* rɪ'djuːplɪkeɪt, *adj* rɪ'djuːplɪkɪt]
◇ *vt* redoubler; LING rédupliquer.
◇ *vi* être redoublé; LING être réduplique.
◇ *adj* redoublé; LING réduplique.

reduplication [rɪˌdjuːplɪ'keɪʃn] *n* redoublement *m*; LING réduplication *f*.

redwing ['redwɪŋ] *n* *Br* mauvis *m*.

redwood ['redwʊd] *n* séquoia *m*.

re-echo ◇ *vt* renvoyer en écho.
◇ *vi* retentir; **the wood ~ed with his shouts** le bois retentit OR résonna de ses cris.

reed [riːd] ◇ *n* -**1.** BOT roseau *m*. -**2.** MUS anche *f*; **the ~s** les instruments *mpl* à anche. - *phr*: **he's a broken ~** on ne peut pas compter sur lui.
◇ *comp* [chair, mat] en roseau OR roseaux, fait de roseaux.

reed bunting *n* bruant *m* des roseaux.

reeding ['riːdɪŋ] *n* ARCHIT rudenture *f*.

reed instrument *n* instrument *m* à anche.

reedit [ˌriː'edɪt] *vt* rééditer.

reed organ *n* harmonium *m*.

reed pipe *n* pipeau *m*, chalumeau *m*.

reed stop *n* jeu *m* d'anches.

re-educate *vt* rééduquer.

re-education *n* rééducation *f*.

reed warbler *n* fauvette *f* des roseaux, rousserolle *f*.

reedy ['riːdɪ] (*compar* **reedier**, *superl* **reediest**) *adj* -**1.** [place] envahi par les roseaux. -**2.** [sound, voice] flûté, aigu.

reef [riːf] ◇ *n* -**1.** [in sea] récif *m*, écueil *m*; *fig* écueil *m*. -**2.** MIN filon *m*. -**3.** NAUT ris *m*.
◇ *vt* [spar] rentrer; **to ~ a sail** prendre un ris dans une voile.

reefer ['riːfə^r] *n* -**1.** [garment]: **~ (jacket)** caban *m*. -**2.** *inf dated* [drug] joint *m*. -**3.** *inf Br* [lorry] camion *m* frigorifique.

reef knot *n* nœud *m* plat.

reek [riːk] ◇ *vi* -**1.** [smell] puer, empester; **it ~s of tobacco in here** ça empeste OR pue le tabac ici; **it ~s of hypocrisy** *fig* ça pue l'hypocrisie; **this place ~s of money** *fig* cet endroit pue le fric. -**2.** *Scot* [chimney] fumer.
◇ *n* puanteur *f*.

reel [riːl] ◇ *n* -**1.** [for thread, film, tape] bobine *f*; [for hose] dévidoir *m*, enrouleur *m*; [for cable] enrouleur *m*; [for rope-making] caret *m*; **(fishing) ~** moulinet *m* (de pêche). -**2.** [film, tape] bande *f*, bobine *f*. -**3.** [dance] quadrille *m* (écossais ou irlandais); MUS branle *m* (écossais ou irlandais).
◇ *vi* -**1.** [stagger] tituber, chanceler; **the blow sent me ~ing across the room** le coup m'a envoyé valser à travers la pièce; **the force of the shock made us ~** la violence du choc nous a fait chanceler; **to ~ back/down/out** reculer/descendre/sortir en chancelant; **a drunk came ~ing downstairs** un ivrogne descendait l'escalier en titubant. -**2.** *fig* [whirl - head, mind] tournoyer; **my head is ~ing** j'ai la tête qui tourne; **he is still ~ing from the shock** il ne s'est pas encore remis du choc; **the room started ~ing before her** la pièce a commencé à vaciller autour d'elle.
◇ *vt* bobiner.
◆ **reel in** *vt sep* [cable, hose] enrouler; [fish] remonter, ramener; [line] enrouler, remonter.
◆ **reel off** *vt sep* [poem, speech, story] débiter.
◆ **reel out** *vt sep* [thread] dévider, dérouler; FISHING [line] laisser filer.
◆ **reel up** *vt sep* enrouler.

re-elect *vt* réélire.

re-election *n* réélection *f*; **to stand** OR **to run for ~** se représenter aux élections.

reel holder *n* porte-bobines *m inv*.

reel-to-reel ◇ *adj* [system, tape recorder] à bobines.
◇ *n* magnétophone *m* à bobines.

re-embark *vi* & *vt* rembarquer.

re-emerge *vi* [new facts] ressortir; [idea, clue] réapparaître; [problem, question] se reposer; [from hiding, tunnel] ressortir, ressurgir.

re-emergence *n* réapparition *f*.

re-emphasize, -ise *vt* insister une fois de plus sur, souligner une nouvelle fois.

re-employ *vt* [materials] réemployer, remployer; [workers] réembaucher, rembaucher.

re-employment *n* [of materials] réemploi *m*, remploi *m*; [of workers] réembauche *f*.

re-enact *vt* -**1.** [scene, crime] reconstituer; **we were able to ~ the incident in detail** nous avons pu reconstituer l'incident en détail. -**2.** ADMIN & POL [legislation] remettre en vigueur.

re-enactment *n* -**1.** [of scene, crime] reconstitution *f*. -**2.** ADMIN, JUR & POL [of regulation, legislation] remise *f* en vigueur.

re-engage *vt* -**1.** [troops] rengager; [employee] réengager, rengager. -**2.** [mechanism] rengréner; **to ~ the clutch** rembrayer.

re-engagement *n* -**1.** [of troops, of worker] réengagement *m*, rengagement *m*. -**2.** TECH rengrènement *m*.

re-enlist MIL ◇ *vt* réengager, rengager.
◇ *vi* se réengager, se rengager.

re-enter ◇ *vi* -**1.** [come back in] rentrer, entrer à nouveau; ASTRONAUT rentrer dans l'atmosphère. -**2.** [candidate]: **to ~ for an exam** se réinscrire à un examen.
◇ *vt* -**1.** [room, country] rentrer dans, entrer à nouveau dans; [atmosphere] rentrer dans. -**2.** COMPUT [data] saisir à nouveau, réintroduire.

re-entry (*pl* **re-entries**) *n* -**1.** [gen & ASTRONAUT] rentrée *f*. -**2.** MUS [of theme] reprise *f*.

re-entry point *n* ASTRONAUT point *m* de rentrée.

re-equip *vt* ré-équiper.

re-establish *vt* -**1.** [order] rétablir; [practice] restaurer; [law] remettre en vigueur. -**2.** [person] réhabiliter, réintégrer; **the team have ~ed themselves as the best in the country** l'équipe s'est imposée de nouveau comme la meilleure du pays; **to ~ o.s.** OR **one's position** rétablir sa position.

re-establishment *n* -**1.** [of order] rétablissement *m*; [of practice] restauration *f*; [of law] remise *f* en vigueur. -**2.** [of person] réintégration *f*; **her ~ as team leader** sa réintégration en tant que chef d'équipe.

re-evaluate *vt* réévaluer.

re-evaluation *n* réévaluation *f*.

reeve [riːv] ◇ (*pt* & *pp* **reeved** OR **rove** [rəʊv]) ◇ *n* -**1.** *Br* HIST [in town] premier magistrat *m*; [in manor] intendant *m*. -**2.** *Can* président *m* (du conseil municipal).
◇ *vt* NAUT [fasten] capeler.

re-examination *n* [of question] réexamen *m*; JUR nouvel interrogatoire *m*.

re-examine *vt* [question, case] réexaminer, examiner de nouveau; [witness] réinterroger, interroger de nouveau; [candidate] faire repasser un examen à.

re-export [*vb* ˌriːek'spɔːt, *n* ˌriː'ekspɔːt]
◇ *vt* réexporter.
◇ *n* -**1.** [of goods] réexportation *f*. -**2.** [product] marchandise *f* de réexportation.

ref *inf* [ref] *n* *Br abbr of* **referee**.

ref, ref. (*written abbr of* **reference**) réf.; **your ~** v/réf.

reface [ˌriː'feɪs] *vt* [wall] ravaler.

refashion [ˌriː'fæʃn] *vt* [object] refaçonner; [image] reconstruire.

refectory [rɪ'fektərɪ] (*pl* **refectories**) *n* réfectoire *m*.

refer [rɪ'fɜː^r] (*pt* & *pp* **referred**, *cont* **referring**) *vt* -**1.** [submit, pass on] soumettre, renvoyer; **the dispute has been referred to arbitration** le litige a été soumis à arbitrage OR à l'arbitrage d'un médiateur; **I ~ the matter to you for a decision** je m'en remets à vous pour prendre une décision sur la question; **the question has been referred to Jane** la question a été soumise à Jane; **to ~ a case to a higher court** renvoyer OR déférer une affaire à une instance supérieure; **the contract has been referred to us** le contrat nous a été soumis || [send, direct] renvoyer; **my doctor referred me to the hospital/to a specialist** mon docteur m'a envoyé à l'hôpital/chez un spécialiste || [in writing, reading] renvoyer; **I ~ you to Ludlow's book** je vous renvoie au livre de Ludlow; **here the author ~s us to "Alice in Wonderland"** ici l'auteur nous renvoie à «Alice au pays des merveilles» || BANK: **to ~ a cheque to drawer** refuser d'honorer un chèque; **'referred to drawer'** 'voir le tireur'. -**2.** [attribute] attribuer; **to ~ sthg to an event** attribuer qqch à un événement. -**3.** MED: **the pain may be referred to another part of the body** il peut y avoir irradiation de la douleur dans d'autres parties du corps. -**4.** JUR: **to ~ the accused** déférer l'accusé. -**5.** UNIV [student] refuser, recaler; [thesis] renvoyer pour révision.

◆ **refer back** *vt sep* -**1.** [put off - meeting, decision] ajourner, remettre (à plus tard). -**2.** [redirect -case] renvoyer; **the case was referred back to our office** l'affaire a été renvoyée à notre service.

◆ **refer to** *vt insep* -**1.** [allude to]: **to ~ to sthg** faire allusion OR référence à qqch, parler de qqch; **no-one ~s to it now** personne n'en parle plus maintenant; **I don't know what you are referring to** je ne sais pas à quoi vous faites allusion OR de quoi vous parlez; **he keeps referring to me as Dr Rayburn** il ne cesse de m'appeler Dr Rayburn; **the revolutionaries are referred to as Mantras** ces révolutionnaires sont connus sous le nom de Mantras; **that comment ~s to you** cette remarque s'adresse à vous; **they ~ to themselves as martyrs** ils se qualifient eux-mêmes de martyrs. -**2.** [relate to] correspondre à, faire référence à; **the numbers ~ to footnotes** les chiffres correspondent à OR font référence à des renvois en bas de page || [apply, be connected to] s'appliquer à, s'adresser à; **these measures only ~ to taxpayers** ses mesures ne s'appliquent qu'aux contribuables. -**3.** [consult - notes] consulter; [- instructions] se référer à; [- book, page] se reporter à; [- person]: **I shall have to ~ to my boss** je dois en référer à OR consulter mon patron.

referable [rɪ'fɜːrəbl] *adj*: **~ to** attribuable à, qui relève de.

referee [ˌrefə'riː] ◇ *n* -**1.** SPORT arbitre *m*; TENNIS juge *m* arbitre. -**2.** *Br* [for job] répondant *m*, -e *f*; **I was ~ OR I acted as his ~ for his last job** je lui ai fourni une recommandation pour son dernier emploi; **you can give my name as a ~** vous pouvez me citer comme référence; **please give the names of three ~s** veuillez nous donner le nom de trois personnes susceptibles de fournir une lettre de recommandation. -**3.** JUR conciliateur *m*, médiateur *m*.

◇ *vt* SPORT arbitrer.

◇ *vi* SPORT être arbitre; **who'll ~ for us?** qui va nous servir d'arbitre?

reference ['refrəns] ◇ *n* -**1.** [allusion] allusion *f*; **to make a ~ to sthg** faire allusion à qqch; **it's a biblical ~** c'est une allusion OR une référence biblique; **look up the ~ in the dictionary** cherchez la référence dans le dictionnaire. -**2.** [consultation] consultation *f*; **they refused the application without ~ to me** ils ont refusé la demande sans me consulter. -**3.** [recommendation - for job] recommandation *f*, référence *f*; **could you give me a ~ please?** pouvez-vous me fournir des références, s'il vous plaît?; **I'm often asked for ~s** on me demande souvent de fournir des lettres de recommandation; **banker's ~** références *fpl* bancaires. -**4.** [in code, catalogue] référence *f*; [on map] coordonnées *fpl*; [footnote] renvoi *m*; COMM référence *f*; **quote this ~** rappelez cette référence; **our ~** notre référence. -**5.** [remit - of commission] compétence *f*, pouvoirs *mpl*; **the question is outside the tribunal's ~** la question n'est pas de la compétence du tribunal. -**6.** LING référence *f*. -**7.** JUR [of case] renvoi *m*.

◇ *vt* -**1.** [refer to] faire référence à. -**2.** [thesis] faire OR compiler la liste des citations dans; [quotation] donner la référence de.

◇ *comp* [material, section] de référence; [value, quantity] de référence, étalon.

◆ **with reference to, in reference to** *prep phr* en ce qui concerne.

reference book *n* ouvrage *m* de référence.

reference library *n* bibliothèque *f* d'ouvrages de référence.

reference number *n* numéro *m* de référence.

referendum [ˌrefə'rendəm] (*pl* **referendums** OR **referenda** [-də]) *n* référendum *m*; **to hold a ~** organiser un référendum.

referent ['refərənt] *n* référent *m*.

referential [ˌrefə'renʃl] *adj* référentiel.

referral [rɪ'fɜːrəl] *n* -**1.** [forwarding] renvoi *m*. -**2.** [consultation] consultation *f*. -**3.** UNIV [of thesis] renvoi *m* pour révision. -**4.** [person] patient *m* *(qui a été envoyé par son médecin chez un spécialiste)*.

referred pain [rɪ'fɜːd-] *n* douleur *f* irradiée.

refill [*vb* ˌriː'fɪl, *n* 'riːfɪl] ◇ *vt* [glass] remplir (à nouveau); [lighter, canister] recharger.

◇ *n* [for pen, lighter] (nouvelle) cartouche *f*; [for propelling pencil] mine *f* de rechange; [for notebook] recharge *f*; [drink]: **do you need a ~?** *inf* je vous en ressers un?

◇ *comp* de rechange.

refillable [ˌriː'fɪləbl] *adj* rechargeable.

refinance [ˌriː'faɪnæns] *vt* refinancer.

refine [rɪ'faɪn] *vt* -**1.** [oil, sugar] raffiner; [ore, metal] affiner; [by distillation] épurer. -**2.** [model, manners] améliorer; [judgment, taste] affiner; [lecture, speech] parfaire, peaufiner.

◆ **refine on, refine upon** *vt insep* parfaire, peaufiner.

refined [rɪ'faɪnd] *adj* -**1.** [oil, sugar] raffiné; [ore] affiné; [by distillation] épuré. -**2.** [style, person, taste] raffiné.

refinement [rɪ'faɪnmənt] *n* -**1.** [of oil, sugar] raffinage *m*; [of metals, ore] affinage *m*; [by distillation] épuration *f*. -**2.** [of person] délicatesse *f*, raffinement *m*; [of taste, culture] raffinement *m*; [of morals] pureté *f*; **a man of ~** un homme raffiné. -**3.** [of style, discourse, language] subtilité *f*, raffinement *m*. -**4.** [improvement] perfectionnement *m*, amélioration *f*; **it's a ~ on an old process** c'est un processus ancien qui a été amélioré; **all the latest technical ~s** tous les derniers perfectionnements techniques.

refiner [rɪ'faɪnəʳ] *n* [of oil, sugar] raffineur *m*, -euse *f*; [of metal] affineur *m*, -euse *f*.

refinery [rɪ'faɪnərɪ] (*pl* **refineries**) *n* [for oil, sugar] raffinerie *f*; [for metals] affinerie *f*.

refit [*vb* ˌriː'fɪt, *n* 'riːfɪt] (*pt* & *pp* **refitted**, *cont* **refitting**) ◇ *vt* -**1.** [repair] remettre en état. -**2.** [refurbish] rééquiper, renouveler l'équipement de.

◇ *vi* [ship] être remis en état.

◇ *n* [of plant, factory] rééquipement *m*, nouvel équipement *m*; [of ship] remise *f* en état, réparation *f*.

reflate [ˌriː'fleɪt] *vt* -**1.** [ball, tyre] regonfler. -**2.** ECON relancer.

reflation [ˌriː'fleɪʃn] *n* ECON relance *f*.

reflationary [ˌriː'fleɪʃənrɪ] *adj* ECON [policy] de relance; **~ pressure** pression *f* pour une relance (économique).

reflect [rɪ'flekt] ◇ *vt* -**1.** [image] refléter; [sound, heat] renvoyer; [light] réfléchir; **the mirror ~ed the light from the lamp** le miroir réfléchissait la lumière de la lampe; **her face was ~ed in the mirror/water** son visage se reflétait dans la glace/dans l'eau; **she saw herself ~ed in the window** elle a vu son image dans la vitre; **the plate ~s heat (back) into the room** la plaque renvoie la chaleur dans la pièce; **the sound was ~ed off the rear wall** le son était renvoyé par le mur du fond. -**2.** *fig* [credit] faire jaillir, faire retomber; **the behaviour of a few ~s discredit on us all** le comportement de quelques-uns porte atteinte à l'honneur de tous; **he bathed in the ~ed glory of his wife's achievements** il laissait rejaillir sur lui l'éclat de la réussite de sa femme. -**3.** *fig* [personality, reality] traduire, refléter; **the graph ~s population movements** le graphique traduit les mouvements de population; **many social problems are ~ed in his writing** de nombreux problèmes de société sont évoqués dans ses écrits. -**4.** [think] penser, se dire; [say] dire, réfléchir; **I often ~ that...** je me dis souvent OR je me fais souvent la réflexion que...; **Peter might know, she ~ed** Peter saura peut-être, songeait-elle.

◇ *vi* [think] réfléchir; **to ~ on a question** réfléchir sur une question; **I'll ~ on it** j'y songerai OR réfléchirai; **after ~ing for a while...** après mûre réflexion...

◆ **reflect on, reflect upon** *vt insep* [negatively] porter atteinte à, nuire à; [positively] rejaillir sur; [cast doubt on] mettre en doute, jeter le doute sur; **their behaviour ~s well on them** leur comportement leur fait honneur; **this will ~ badly upon the company** ceci va porter atteinte à l'image de l'entreprise.

reflection [rɪ'flekʃn] *n* -**1.** [of light, sound, heat] réflexion *f*. -**2.** [image] reflet *m*; **a ~ in the mirror/window** un reflet dans la glace/vitre; **can you see your ~?** voyez-vous votre reflet?; **there is some ~ on the screen** il y a des reflets sur l'écran; **the result was not a fair ~ of the game** *fig* le résultat ne reflétait pas la manière dont le match s'était joué; **an accurate ~ of reality** *fig* un reflet exact de la réalité. -**3.** [comment] réflexion *f*, remarque *f*, observation *f*; **to make a ~ on sthg** faire une réflexion sur qqch; **~s on James Joyce/on Communism** réflexions sur James Joyce/sur le communisme || [criticism] critique *f*; **his book was seen as a ~ on the government** son livre a été perçu comme une critique du gouvernement; **it's no ~ on their integrity** leur intégrité n'est pas en cause; **my comment was not meant to be a ~ on you** ce que j'ai dit ne vous visait pas personnellement. -**4.** [deliberation] réflexion *f*; [thought] pensée *f*; **on ~** après OR à la réflexion, en y réfléchissant; **on due ~** après mûre réflexion; **with no ~** sans avoir réfléchi.

reflective [rɪ'flektɪv] *adj* -**1.** OPT [surface] réfléchissant, réflecteur; [power, angle] réflecteur; [light] réfléchi. -**2.** [mind, person] pensif, réfléchi; [faculty] de réflexion.

reflectively [rɪ'flektɪvlɪ] *adv* [speak] d'un ton pensif; [behave] d'un air songeur.

reflector [rɪ'flektəʳ] *n* réflecteur *m*; AUT catadioptre *m*.

reflex ['riːfleks] ◇ *n* -**1.** [gen & PHYSIOL] réflexe *m*. -**2.** PHOT (appareil *m*) reflex *m*.

◇ *adj* -**1.** PHYSIOL réflexe; **~ action** réflexe *m*. -**2.** OPT & PHYS réfléchi. -**3.** PHOT reflex *(inv)*; **~ camera** (appareil *m*) reflex *m*. -**4.** MATH rentrant.

reflexion [rɪ'flekʃn] *Br* = **reflection**.

reflexive [rɪ'fleksɪv] ◇ *adj* -**1.** GRAMM réfléchi. -**2.** PHYSIOL réflexe. -**3.** LOGIC & MATH réflexif.

◇ *n* GRAMM réfléchi *m*.

reflexively [rɪ'fleksɪvlɪ] *adv* GRAMM [in meaning] au sens réfléchi; [in form] à la forme réfléchie.

reflexive pronoun *n* pronom *m* réfléchi.

reflexive verb *n* verbe *m* réfléchi.

reflexology [ˌriːflek'sɒlədʒɪ] *n* réflexothérapie *f*.

refloat [ˌriː'fləʊt] ◇ *vt fig* & NAUT renflouer.

◇ *vi* être renfloué.

refocus [ˌriː'fəʊkəs] (*pt* & *pp* **refocused** OR **refocussed**, *cont* **refocusing** OR **refocussing**) ◇ *vt* [projector, camera] refaire la mise au point de; **it has ~ed attention on the problem** *fig* cela a attiré une nouvelle fois l'attention sur ce problème.

◇ *vi* refaire la mise au point.

reforest [ˌriː'fɒrɪst] = **reafforest**.

reforestation [riːˌfɒrɪ'steɪʃn] = **reafforestation**.

reform [rɪ'fɔːm] ◇ *vt* -**1.** [modify - law, system, institution] réformer. -**2.** [person] faire perdre ses mauvaises habitudes à; [drunkard] faire renon-

cer à la boisson; [habits, behaviour] corriger; to ~ o.s. s'amender, se corriger.
◇ *vi* se corriger, s'amender.
◇ *n* réforme *f*.

re-form ◇ *vt* -**1.** MIL [ranks] remettre en rang, reformer; [men] rallier. -**2.** [return to original form] rendre sa forme primitive OR originale à; [in new form] donner une nouvelle forme à; [form again] reformer.
◇ *vi* -**1.** MIL [men] se remettre en rangs; [ranks] se reformer. -**2.** [group, band] se reformer; **the band has ~ed for a charity concert** le groupe s'est reformé pour donner un concert de bienfaisance.

Reform Act = **Reform Bill**.

reformation [ˌrefəˈmeɪʃn] *n* -**1.** [of law, institution] réforme *f*. -**2.** [of behaviour] réforme *f*; [of criminal, addict etc] réinsertion *f*.
◆ **Reformation** ◇ *n*: the Reformation la Réforme.
◇ *comp* [music, writer] de la Réforme.

reformative [rɪˈfɔːmətɪv] *adj* [concerning reform] de réforme; [reforming] réformateur.

reformatory [rɪˈfɔːmətrɪ] ◇ *adj* réformateur.
◇ *n Br* ≃ maison *f* de redressement; *Am* ≃ centre *m* d'éducation surveillée.

Reform Bill *n Br* HIST *loi de réforme du système parlementaire*; the great ~s les grandes réformes.

THE GREAT REFORM BILLS:
Série de réformes parlementaires (1832, 1867, 1884-85) concernant le droit de vote et la représentation parlementaire. Elles ouvrirent la voie à l'adoption du suffrage universel en Grande-Bretagne.

reformed [rɪˈfɔːmd] *adj* -**1.** [person] qui a perdu ses mauvaises habitudes; [prostitute, drug addict] ancien; **he's a ~ character since his marriage** il s'est assagi depuis son mariage. -**2.** [institution, system] réformé. -**3.** RELIG [Christian] réformé; [Jewish] non orthodoxe.

reformer [rɪˈfɔːməʳ] *n* réformateur *m*, -trice *f*.

reformism [rɪˈfɔːmɪzm] *n* réformisme *m*.

reformist [rɪˈfɔːmɪst] ◇ *adj* réformiste.
◇ *n* réformiste *mf*.

reform school *n Am* ≃ centre *m* d'éducation surveillée.

refract [rɪˈfrækt] ◇ *vt* réfracter.
◇ *vi* se réfracter.

refracting [rɪˈfræktɪŋ] *adj* [material, prism] réfringent; [angle] de réfraction.

refracting telescope *n* télescope *m*, lunette *f* astronomique.

refraction [rɪˈfrækʃn] *n* [phenomenon] réfraction *f*; [property] réfringence *f*.

refractive [rɪˈfræktɪv] *adj* réfringent.

refractive index *n* indice *m* de réfraction.

refractor [rɪˈfræktəʳ] *n* -**1.** OPT & PHYS [apparatus] appareil *m* de réfraction; [material, medium] milieu *m* réfringent. -**2.** ASTRON réfracteur *m*, lunette *f* astronomique.

refractory [rɪˈfræktərɪ] *adj* -**1.** *fml* [person] réfractaire, rebelle. -**2.** MED & TECH réfractaire.

refrain [rɪˈfreɪn] ◇ *vi* [hold back]: **to ~ from (doing) sthg** s'abstenir de (faire) qqch; **she ~ed from making a remark** elle s'est retenue OR abstenue de faire une remarque; **he couldn't ~ from smiling** il n'a pu s'empêcher de sourire; **'please ~ from smoking'** 'prière de ne pas fumer'.
◇ *n* MUS, POET & *fig* refrain *m*.

reframe [ˌriːˈfreɪm] *vt* [approach, point of view] changer de; [argument] remanier; [question] reformuler.

refreeze [ˌriːˈfriːz] (*pt* **refroze** [-ˈfrəʊz], *pp* **refrozen** [-ˈfrəʊzn]) *vt* [ice, ice-cream] remettre au congélateur; [food] recongeler.

refresh [rɪˈfreʃ] *vt* -**1.** [revive - subj: drink, shower, ice] rafraîchir; [- subj: exercise, swim] revigorer; [- subj: sleep] reposer, détendre; **I feel ~ed** [after shower, drink] je me sens rafraîchi; [after exercise] je me sens revigoré; [after rest] je me sens reposé; **they returned ~ed** [from rest, holiday] ils sont revenus détendus; [from exercise] ils sont revenus revigorés; **they woke ~ed** ils se sont réveillés frais et dispos. -**2.** [memory, experience] rafraîchir; **let me ~ your memory** laissez-moi vous rafraîchir la mémoire; **she wanted to ~ her German** elle voulait se remettre à l'allemand.

refresher [rɪˈfreʃəʳ] *n* -**1.** [drink] boisson *f* rafraîchissante. -**2.** *Br* JUR honoraires *mpl* supplémentaires.

refresher course *n* stage *m* OR cours *m* de recyclage.

refreshing [rɪˈfreʃɪŋ] *adj* -**1.** [physically - drink, rain, breeze] rafraîchissant; [- exercise] tonique, revigorant; [- sleep] réparateur, reposant; [- holiday] reposant. -**2.** [mentally - idea] original, stimulant; [- sight] réconfortant; [- performance] plein de vie; **a ~ change** un changement agréable OR appréciable.

refreshingly [rɪˈfreʃɪŋlɪ] *adv*: **it's ~ different** c'est un changement agréable.

refreshment [rɪˈfreʃmənt] *n* [of body, mind] repos *m*, délassement *m*; **would you like some ~?** [food] voulez-vous manger un morceau?; [drink] voulez-vous boire quelque chose?
◆ **refreshments** *npl* rafraîchissements *mpl*; **'~s available'** 'buvette'.

refreshment bar, refreshment stall *n* buvette *f*.

refrigerant [rɪˈfrɪdʒərənt] ◇ *adj* réfrigérant.
◇ *n* -**1.** [substance] mélange *m* réfrigérant. -**2.** MED réfrigérant *m*.

refrigerate [rɪˈfrɪdʒəreɪt] *vt* [in cold store] frigorifier, réfrigérer; [freeze] congeler; [put in fridge] mettre au réfrigérateur.

refrigeration [rɪˌfrɪdʒəˈreɪʃn] *n* réfrigération *f*; **industrial ~** froid *m* industriel.

refrigerator [rɪˈfrɪdʒəreɪtəʳ] ◇ *n* [in kitchen] réfrigérateur *m*; [storeroom] chambre *f* frigorifique.
◇ *comp* [ship, lorry] frigorifique; **~ unit** machine *f* frigorifique.

refrigerator-freezer *n Am* réfrigérateur-congélateur *m*.

refringent [rɪˈfrɪndʒənt] *adj* réfringent.

refuel [ˌriːˈfjʊəl] (*Br pt & pp* **refuelled**, *cont* **refuelling**, *Am pt & pp* **refueled**, *cont* **refueling**)
◇ *vt* ravitailler (en carburant).
◇ *vi* se ravitailler en carburant; *fig* [with food, drink] se restaurer; **the aeroplane refuelled in mid-flight** l'avion s'est ravitaillé en vol.

refuelling *Br*, **refueling** *Am* [ˌriːˈfjʊəlɪŋ]
◇ *n* ravitaillement *m* (en carburant).
◇ *comp* [boom, tanker] de ravitaillement; **to make a ~ stop** AUT s'arrêter pour prendre de l'essence; AERON faire une escale technique.

refuge [ˈrefjuːdʒ] *n* -**1.** [shelter - gen] refuge *m*, abri *m*; [- in mountains] refuge *m*; [- for crossing road] refuge *m*; **women's ~** foyer *m* pour femmes battues. -**2.** [protection - from weather]: **to take ~ from the rain** s'abriter de la pluie; **she took ~ in the tent** elle s'est réfugiée sous la tente || [from attack, reality]: **to seek ~** chercher refuge; **he sought ~ from his persecutors** il chercha un asile pour échapper à ses persécuteurs; **to seek ~ in drugs** chercher refuge dans la drogue; **to take ~ in fantasy** se réfugier dans l'imagination; **place of ~** [from rain] abri *m*; [from pursuit] (lieu *m* d') asile *m*.

refugee [ˌrefjʊˈdʒiː] *n* réfugié *m*, -e *f*.

refugee camp *n* camp *m* de réfugiés.

refulgent [rɪˈfʌldʒənt] *adj lit* [day] resplendissant; [sun] éclatant, radieux.

refund [*vb* riːˈfʌnd, *n* ˈriːfʌnd] ◇ *vt* -**1.** [expenses, excess, person] rembourser; **to ~ sthg to sb** rembourser qqch à qqn; **they ~ed me the postage** ils m'ont remboursé les frais de port. -**2.** FIN & JUR [monies] restituer.
◇ *n* -**1.** COMM remboursement *m*; **to get** OR **to obtain a ~** se faire rembourser. -**2.** FIN & JUR [of monies] restitution *f*. -**3.** *Am* [of tax] bonification *f* de trop-perçu.

refundable [riːˈfʌndəbl] *adj* remboursable.

refurbish [ˌriːˈfɜːbɪʃ] *vt* réaménager.

refurbishment [ˌriːˈfɜːbɪʃmənt] *n* remise *f* à neuf.

refurnish [ˌriːˈfɜːnɪʃ] *vt* [house] remeubler.

refusal [rɪˈfjuːzl] *n* -**1.** [of request, suggestion] refus *m*, rejet *m*; **to meet with a ~** essuyer OR se heurter à un refus; **to receive a ~** recevoir une réponse négative; **we don't understand your ~ to compromise** nous ne comprenons pas les raisons pour lesquelles vous vous opposez à un compromis. -**2.** EQUIT refus *m*. -**3.** [denial - of justice, truth] refus *m*, déni *m*.

refuse[1] [rɪˈfuːz] ◇ *vt* -**1.** [turn down - invitation, gift] refuser; [- offer] refuser, décliner; [- request, proposition] refuser, rejeter; **to ~ to do sthg** refuser de OR se refuser à faire qqch; **I ~ to accept that all is lost** je refuse de croire que tout soit perdu; **I ~d to take delivery of the parcel** j'ai refusé d'accepter le paquet; **he has proposed to her several times but has always been ~d** il l'a demandée plusieurs fois en mariage mais a toujours essuyé un refus || EQUIT refuser; **to ~ a jump** refuser de sauter. -**2.** [deny - permission] refuser (d'accorder); [- help, visa] refuser; **he was ~d entry** on lui a refusé l'entrée; **they were ~d a loan** on leur a refusé un prêt; **we were ~d permission to see him** on nous a refusé la permission de le voir.
◇ *vi* [person] refuser; [horse] refuser l'obstacle.

refuse[2] [ˈrefjuːs] *n Br* [household] ordures *fpl* (ménagères); [garden] détritus *mpl*; [industrial] déchets *mpl*; **'no ~'** 'défense de déposer les ordures'.

refuse bin *n Br* poubelle *f*.

refuse chute *n Br* vide-ordures *m inv*.

refuse collection *n Br* ramassage *m* d'ordures.

refuse collector *n Br* éboueur *m*.

refuse disposal *n Br* traitement *m* des ordures; **~ unit** broyeur *m* d'ordures.

refuse dump *n Br* [public] décharge *f* (publique), dépotoir *m*.

refus(e)nik [rɪˈfjuːznɪk] *n* refuznik *mf*.

refutable [ˈrefjʊtəbl] *adj* réfutable.

refutation [ˌrefjuːˈteɪʃn] *n* réfutation *f*.

refute [rɪˈfjuːt] *vt* [disprove] réfuter; [deny] nier.

reg (*written abbr of* **registered**): **~ trademark** marque *f* déposée.

regain [rɪˈgeɪn] *vt* -**1.** [territory] reconquérir; **to ~ possession of sthg** rentrer en possession de qqch; **to ~ lost time** rattraper le temps perdu || [health] recouvrer; [strength] retrouver; [sight, composure] retrouver, recouvrer; [glory] retrouver; **to ~ consciousness** reprendre connaissance; **to ~ one's balance** retrouver l'équilibre; **to ~ one's footing** reprendre pied. -**2.** *fml* [get back to - road, place, shelter] regagner.

regal [ˈriːgl] ◇ *adj literal* royal, *fig* [person, bearing] majestueux; [banquet, decor] somptueux.
◇ *n* MUS régale *f*.

regale [rɪˈgeɪl] *vt*: **to ~ sb with sthg** régaler qqn de qqch.

regalia [rɪˈgeɪljə] *npl* -**1.** [insignia] insignes *mpl*. -**2.** [finery, robes] accoutrement *m*, atours *mpl*; **to be in full ~** [judge, general] être en grande tenue; *fig & hum* [woman] être paré de tous ses atours.

regally [ˈriːgəlɪ] *adv* royalement, majestueusement.

regard [rɪˈgɑːd] ◇ *vt* -**1.** [consider] considérer, regarder; [treat] traiter; **I ~ him as** OR **like a brother** je le considère comme un frère; **I ~ their conclusions as correct** OR **to be correct** je tiens leurs conclusions pour correctes; **I prefer to ~ the whole thing as a joke** je préfère considérer toute l'affaire comme une plaisanterie; **we didn't ~ the problem as deserving attention** nous n'avons pas considéré que le problème méritait notre attention; **he ~s himself as an expert** il se considère comme OR il se prend pour un expert || [esteem] estimer, tenir en estime; **to ~ sb highly** tenir qqn en grande estime; **highly ~ed** très estimé. -**2.** *fml* [observe] regarder, observer; **they ~ed me with some trepidation** ils m'ont regardé avec une certaine inquiétude. -**3.** [heed - advice, wishes] tenir compte de.

◇ *n* -**1.** [notice, attention] considération *f*, attention *f*; to pay ~ to sthg tenir compte de qqch, faire attention à qqch; **they paid scant ~ to my explanations** ils n'ont guère fait attention à mes explications; **having ~ to his age** en tenant compte de OR eu égard à son âge; **having ~ to paragraph 24** ADMIN vu le paragraphe 24. -**2.** [care, respect] souci *m*, considération *f*, respect *m*; **to have ~ for sb** avoir de la considération pour qqn; **they have no ~ for your feelings** ils ne se soucient pas de vos sentiments; **Peter has scant ~ for copyright** Peter se soucie peu des droits d'auteur; **they showed no ~ for our wishes** ils n'ont tenu aucun compte de nos souhaits; **without ~ for the difficulties** sans se soucier des difficultés; **with no ~ for his health** sans se soucier de sa santé; **she did it out of ~ for me** elle l'a fait par égard pour moi; **with due ~ for your elders** avec les égards dus à vos aînés; **without due ~ to** sans tenir compte de. -**3.** [connection] : **in this ~** à cet égard. -**4.** [esteem] estime *f*, considération *f*; **I hold them in high ~** je les tiens en grande estime. -**5.** *fml* [eyes, look] regard *m*.

◆ **regards** *npl* [in letters] : ~s, Peter bien cordialement, Peter; **kind ~s** bien à vous || [in greetings] : **give them my ~s** transmettez-leur mon bon souvenir; **he sends his ~s** vous avez le bonjour de sa part.

◆ **as regards** *prep phr* en ce qui concerne, pour ce qui est de; **as ~s the cost** en ce qui concerne le coût, quant au coût.

◆ **in regard to, with regard to** *prep phr* en ce qui concerne.

regardful [rɪ'gɑːdfʊl] *adj fml*: **to be ~ of** [needs, wishes, difficulties] être attentif à, faire attention à; [children, interests, image] s'occuper de, soigner.

regarding [rɪ'gɑːdɪŋ] *prep* quant à, en ce qui concerne, pour ce qui est de; **what are we going to do ~ Fred?** qu'allons-nous faire en ce qui concerne Fred?; **questions ~ management** des questions relatives à la gestion.

regardless [rɪ'gɑːdlɪs] *adv* [in any case] quand même, en tout cas; [without worrying] sans s'occuper OR se soucier du reste; **they carried on ~** ils continuèrent quand même.

◆ **regardless of** *prep phr*: **~ of what you think** [without bothering] sans se soucier de ce que vous pensez; [whatever your opinion] quelles que soient vos idées; **~ of the danger** sans se soucier du danger; **~ of the expense** sans regarder à la dépense.

regatta [rɪ'gætə] *n* régate *f*.

regd = **reg**.

regency ['riːdʒənsɪ] (*pl* **regencies**) *n* régence *f*.

◆ **Regency** *comp* [style, furniture, period] Regency *(inv)*, de la Régence anglaise.

regenerate [*vb* rɪ'dʒenəreɪt, *adj* rɪ'dʒenərət]

◇ *vt* régénérer; **to ~ interest in sthg** provoquer un regain d'intérêt pour qqch.

◇ *vi* se régénérer.

◇ *adj* régénéré.

regeneration [rɪˌdʒenə'reɪʃn] *n* [gen] régénération *f*; [of interest] regain *m*; [of urban area] reconstruction *f*, rénovation *f*.

regenerative [rɪ'dʒenərətɪv] *adj* régénérateur.

regent ['riːdʒənt] *n* -**1.** HIST régent *m*, -e *f*. -**2.** *Am membre du conseil d'administration d'une université.*

reggae ['regeɪ] ◇ *n* reggae *m*.

◇ *comp* [music, singer] reggae *(inv)*.

regicide ['redʒɪsaɪd] *n* [person] régicide *mf*; [crime] régicide *m*.

regime, régime [reɪ'ʒiːm] *n* -**1.** POL & SOCIOL régime *m*; **under the present ~** sous le régime actuel; **military ~** régime militaire. -**2.** = **regimen**.

regimen ['redʒɪmen] *n* régime *m (sous surveillance médicale)*.

regiment [*n* 'redʒɪmənt, *vb* 'redʒɪment]

◇ *n* MIL & *fig* régiment *m*.

◇ *vt* [organize] enrégimenter; [discipline] soumettre à une discipline trop stricte.

regimental [ˌredʒɪ'mentl] *adj* MIL [mess, dress] régimentaire, du régiment; [band, mascot] du régiment; *fig* [organization] trop discipliné, enrégimenté.

◆ **regimentals** *npl* uniforme *m* OR tenue *f* (militaire); **in full ~s** en grande tenue.

regimental sergeant major *n* ≃ adjudant-chef *m*.

regimentation [ˌredʒɪmen'teɪʃn] *n pej* [of business, system] organisation *f* quasi militaire; [in school] discipline *f* étouffante OR trop sévère.

regimented ['redʒɪmentɪd] *adj* strict; **a ~ lifestyle** un mode de vie strict.

Regina [rɪ'dʒaɪnə] *n Br*: **Victoria ~** la reine Victoria; **~ vs Smith** JUR le ministère public contre Smith.

region ['riːdʒən] *n* -**1.** GEOG région *f*; **in the Liverpool ~** dans la région de Liverpool; **the nether** OR **lower ~s** *fig* les Enfers. -**2.** [in body] région *f*; **in the ~ of the heart** dans la région du cœur; **in the lower back ~** dans la région lombaire. -**3.** [realm - of knowledge, sentiments] domaine *m*; **now we move into the ~ of mere speculation** là, nous entrons dans le domaine de la spéculation pure.

◆ **in the region of** *prep phr* environ; **in the ~ of 10 kg** dans les 10 kg (environ); **in the ~ of £500** aux environs de OR dans les 500 livres.

regional ['riːdʒənl] *adj* régional.

regional development *n* [building, land development] aménagement *m* du territoire; [for jobs] action *f* régionale; **~ corporation** *Br organisme pour l'aménagement du territoire.*

regionalism ['riːdʒənəlɪzm] *n* régionalisme *m*.

regionalist ['riːdʒənəlɪst] ◇ *adj* régionaliste.

◇ *n* régionaliste *mf*.

regionalization [ˌriːdʒənəlaɪ'zeɪʃn] *n* régionalisation *f*.

regionalize, -ise ['riːdʒənəlaɪz] *vt* régionaliser.

regionally ['riːdʒnəlɪ] *adv* à l'échelle régionale.

register ['redʒɪstə[r]] ◇ *vt* -**1.** [record - name] (faire) enregistrer, (faire) inscrire; [- birth, death] déclarer; [- vehicle] (faire) immatriculer; [- trademark] déposer; [- on list] inscrire; [- request] enregistrer; [- readings] relever, enregistrer; MIL [recruit] recenser; **to ~ a complaint** déposer une plainte; **to ~ a protest** protester; **to ~ one's vote** exprimer son vote, voter; **record wind speeds have been ~ed in the country** on a enregistré des vitesses record du vent dans le pays; **I'd like officially to ~ my disagreement** je voudrais exprimer officiellement mon désaccord. -**2.** [indicate] indiquer; **the needle is ~ing 700 kg** l'aiguille indique 700 kg || FIN enregistrer; **the pound/the stock exchange has ~ed a fall** la livre/la Bourse a enregistré une baisse || [subj: person, face] exprimer; **her face ~ed disbelief** l'incrédulité se lisait sur son visage. -**3.** [obtain - success] remporter; [- defeat] essuyer. -**4.** *inf* [understand] saisir, piger; **they don't seem to have ~ed (the fact) that the situation is hopeless** ils ne semblent pas se rendre compte que la situation est désespérée. -**5.** [parcel, letter] envoyer en recommandé. -**6.** [at railway station, airport etc - suitcase] (faire) enregistrer. -**7.** TYPO mettre en registre. -**8.** TECH (faire) aligner, faire coïncider.

◇ *vi* -**1.** [enrol] s'inscrire, se faire inscrire; [in hotel] s'inscrire sur OR signer le registre (de l'hôtel); **to ~ at night school/for Chinese lessons** s'inscrire aux cours du soir/à des cours de chinois; **foreign nationals must ~ with the police** les ressortissants étrangers doivent se faire enregistrer au commissariat de police; **to ~ with a GP/on the electoral roll** se faire inscrire auprès d'un médecin traitant/sur les listes électorales. -**2.** [be understood] : **maths just doesn't ~ with him** il ne comprend absolument rien aux maths; **her success didn't really ~ with her** elle ne s'était pas vraiment rendu compte de son succès; **the truth slowly began to ~ (with me)** petit à petit, la vérité m'est apparue || [have effect] : **his name doesn't ~ (with me)** son nom ne me dit rien. -**3.** [instrument] donner une indication; **is the needle/the barometer ~ing?** est-ce que l'aiguille/le baromètre indique quelque chose?; **the current was too weak to ~** le courant était trop faible pour donner une indication. -**4.** TECH coïncider, être aligné; TYPO être en registre.

◇ *n* -**1.** [book] registre *m*; [list] liste *f*; SCH registre *m* de présences, cahier *m* d'appel; [on ship] livre *m* de bord; **to keep a ~** tenir un registre; **to call** OR **to take the ~** SCH faire l'appel ❑ **electoral ~** liste *f* électorale; **commercial** OR **trade ~** registre *m* du commerce; **~ of shipping** registre *m* maritime; **~ of births, deaths and marriages** registre *m* de l'état civil. -**2.** [gauge] enregistreur *m*; [counter] compteur *m*; [cash till] caisse *f* (enregistreuse). -**3.** [pitch - of voice] registre *m*, tessiture *f*; [- of instrument] registre. -**4.** LING registre *m*, niveau *m* de langue. -**5.** TYPO registre *m*; **to be in/out of ~** être/ne pas être en registre. -**6.** ART & COMPUT registre *m*.

registered ['redʒɪstəd] *adj* -**1.** [student, elector] inscrit; [charity] *Br* agréé; FIN [bond, securities] nominatif ❑ **~ childminder** nourrice *f* agréée; **~ company** société *f* inscrite au registre du commerce. -**2.** [letter, parcel] recommandé; **send it ~** *Br* envoyez-le en recommandé.

registered disabled *adj Br*: **to be ~** avoir une carte d'invalidité.

Registered General Nurse = **RGN**.

Registered Nurse *n* infirmier diplômé *m* OR infirmière diplômée *f* d'État.

registered office *n Br* siège *m* social.

registered post *n Br* envoi *m* recommandé.

registered tonnage *n* NAUT jauge *f*.

Registered Trademark *n* marque *f* déposée.

register office ADMIN = **registry office**.

register ton *n* NAUT tonneau *m* (de jauge).

registrar [ˌredʒɪ'strɑː[r]] *n* -**1.** *Br* ADMIN officier *m* de l'état civil; **to inform the ~'s office of a death** déclarer un décès au bureau de l'état civil. -**2.** *Br* & *NZ* MED chef *m* de clinique. -**3.** JUR greffier *m*. -**4.** *Am* UNIV chef *m* du service OR du bureau des inscriptions; *Br* UNIV président *m (d'une université)*. -**5.** COMM & FIN: **companies' ~** responsable *mf* du registre des sociétés.

registration [ˌredʒɪ'streɪʃn] *n* -**1.** [of name] enregistrement *m*; [of student] inscription *f*; [of trademark] dépôt *m*; [of vehicle] immatriculation *f*; [of luggage] enregistrement *m*; [of birth, death] déclaration *f*; **land ~** inscription au cadastre. -**2.** *Br* SCH appel *m*. -**3.** [of mail] recommandation *f*. -**4.** MUS [on organ] registration *f*.

registration document *n Br* AUT ≃ carte *f* grise.

registration fee *n* frais *mpl* OR droits *mpl* d'inscription.

registration number *n* -**1.** *Br* AUT numéro *m* d'immatriculation; **the car has the ~ E 123 SYK** la voiture est immatriculée E 123 SYK. -**2.** [of student] numéro *m* d'inscription; [of baggage] numéro *m* d'enregistrement.

registration plate *n Austr* & *NZ* AUT plaque *f* d'immatriculation OR minéralogique.

registry ['redʒɪstrɪ] (*pl* **registries**) *n* -**1.** [registration] enregistrement *m*; UNIV inscription *f*. -**2.** [office] bureau *m* d'enregistrement. -**3.** NAUT immatriculation *f*; **a ship of Japanese ~** un navire battant pavillon japonais; **port of ~** port *m* d'attache.

registry office *n Br* bureau *m* de l'état civil; **to be married at a ~** ≃ se marier à la mairie.

Regius professor ['riːdʒjəs-] *n Br* UNIV *professeur titulaire d'une chaire de fondation royale.*

regnal ['regnəl] *adj*: **~ year** année *f* du règne.

regnant ['regnənt] *adj* -**1.** *(after n)* [queen, prince] régnant. -**2.** *lit* [idea] répandu; [taste] prépondérant.

regrade [ˌriː'greɪd] *vt* [essay] noter de nouveau; [officer, objects] reclasser.

regress [*vb* rɪ'gres, *n* 'riːgres] ◇ *vi* -**1.** BIOL & PSYCH régresser; **to ~ to childhood** régresser à un stade infantile; **to ~ to an earlier stage**

régresser. -**2.** SCH [go back] reculer, revenir en arrière.
◇ *n* = **regression**.

regression [rɪ'greʃn] *n* -**1.** BIOL & PSYCH régression *f*. -**2.** [retreat] recul *m*, régression *f*.

regressive [rɪ'gresɪv] *adj* BIOL, FIN & PSYCH régressif; [movement] de recul.

regret [rɪ'gret] (*pt & pp* **regretted**, *cont* **regretting**)
◇ *vt* -**1.** [be sorry about - action, behaviour] regretter; I ~ **to say** [apologize] j'ai le regret de OR je regrette de dire; [unfortunately] hélas, malheureusement; **we ~ to inform you** nous avons le regret de vous informer; I ~ **having agreed** OR **agreeing to go** je regrette d'avoir accepté d'y aller; I ~ **ever mentioning it** je regrette d'en avoir jamais parlé; I ~ **not being able to come** je regrette OR je suis désolé de ne pouvoir venir; **she ~s that she never met Donovan** elle regrette de n'avoir jamais rencontré Donovan; **the accident/error is greatly to be regretted** [gen] l'accident/l'erreur est absolument déplorable; [in diplomatic language] l'accident/l'erreur est infiniment regrettable; **you'll live to ~ this!** vous le regretterez!; **the airline ~s any inconvenience caused to passengers** la compagnie s'excuse pour la gêne occasionnée. -**2.** *lit* [lament] regretter; **she will be much regretted** on la regrettera beaucoup; **he ~s his student days** il regrette l'époque où il était étudiant.
◇ *n* [sorrow, sadness] regret *m*; **with ~** avec regret; **we announce with ~ the death of our chairman** nous avons le regret de vous faire part de la mort de notre directeur; **much to our ~** à notre grand regret; **to express one's ~s at** OR **about sthg** exprimer ses regrets devant qqch; **I have no ~s** je n'ai pas de regrets, je ne regrette rien; **do you have any ~s about** OR **for what you did?** regrettez-vous ce que vous avez fait?; **to send sb one's ~s** [condolences] exprimer ses regrets à qqn; [apologies] s'excuser auprès de qqn.

regretful [rɪ'gretfʊl] *adj* [person] plein de regrets; [expression, attitude] de regret; **to be** OR **to feel ~ about sthg** regretter qqch.

regretfully [rɪ'gretfʊlɪ] *adv* [sadly] avec regret; [unfortunately] malheureusement.

regrettable [rɪ'gretəbl] *adj* [unfortunate] regrettable, malencontreux; [annoying] fâcheux, ennuyeux; **it is most ~ that you were not informed** il est fort regrettable que vous n'ayez pas été informé.

regrettably [rɪ'gretəblɪ] *adv* [unfortunately] malheureusement, malencontreusement; [irritatingly] fâcheusement.

regroup [,riː'gruːp] ◇ *vt* regrouper.
◇ *vi* se regrouper.

regt *written abbr of* **regiment**.

regular ['regjʊlə^r] ◇ *adj* -**1.** [rhythmical - footsteps, movement, sound] régulier; [even - breathing, pulse] régulier, égal; **as ~ as clockwork** [punctual] réglé comme une horloge; [frequent] réglé comme du papier à musique. -**2.** [frequent - meetings, service, salary] régulier; **at ~ intervals** à intervalles réguliers; **it's a ~ occurrence** cela arrive régulièrement; **she has ~ treatment** elle suit régulièrement un traitement. -**3.** [usual - brand, dentist, supplier] habituel; [- customer] régulier; [listener, reader] fidèle; **who is your ~ doctor?** qui est votre médecin traitant?; **to be in ~ employment** avoir un emploi régulier; **she's a ~ reader of this paper** elle lit ce journal régulièrement ‖ [normal, ordinary - price, model] courant; [- size] courant, standard; [- procedure] habituel; **to go through the ~ channels** suivre la filière normale OR habituelle; **it's ~ practice to pay by cheque** les paiements par chèque sont pratique courante ‖ [permanent - agent] attitré, permanent; [- police force] permanent, régulier; [- army] de métier; [- soldier] de carrière ❑ ~ **(grade) gas** *Am* AUT (essence *f*) ordinaire *m*. -**4.** [even - features, teeth] régulier; [smooth, level] uni, égal. -**5.** [ordered - hours] régulier; [- life] bien réglé. -**6.** GRAMM & MATH régulier; ~ **verb** verbe *m* régulier. -**7.** *inf* [as intensifier] vrai, véritable; **a ~ mess** une vraie pagaille. -**8.** *inf Am* [pleasant] sympathique, chouette; **a ~ guy** un type sympa. -**9.** RELIG [clergy] régulier. -**10.** *Am* POL [loyal to party] fidèle au parti.
◇ *n* -**1.** [customer - in bar] habitué *m*, -e *f*; [- in shop] client *m*, -e *f* fidèle. -**2.** [contributor, player]: **she's a ~ on our column** elle contribue régulièrement à notre rubrique; **he's a ~ in the team** il joue régulièrement dans l'équipe. -**3.** [soldier] militaire *m* de carrière. -**4.** RELIG religieux *m* régulier, régulier *m*. -**5.** *Am* [fuel] ordinaire *m*. -**6.** *Am* POL [loyal party member] membre *m* fidèle (du parti).
◇ *adv dial* régulièrement.

regularity [,regjʊ'lærətɪ] (*pl* **regularities**) *n* régularité *f*.

regularization [,regjʊləraɪ'zeɪʃn] *n* régularisation *f*.

regularize, -ise ['regjʊləraɪz] *vt* régulariser.

regularly ['regjʊləlɪ] *adv* régulièrement.

regulate ['regjʊleɪt] *vt* -**1.** [control, adjust -machine, expenditure] régler; [- flow] réguler; **the machine is ~d by a lever** la machine se règle à l'aide d'un levier. -**2.** [organize - habit, life] régler; [- with rules] réglementer; **he followed a well ~d diet** il suivit un régime équilibré.

regulation [,regjʊ'leɪʃn] ◇ *n* -**1.** [ruling] règlement *m*; **it's contrary to** OR **against (the) ~s** c'est contraire au règlement; **it complies with EC ~s** c'est conforme aux dispositions communautaires. -**2.** [adjustment, control - of machine] réglage *m*; [- of flow] régulation *f*.
◇ *comp* [size, haircut, issue, dress] réglementaire; [pistol, helmet] d'ordonnance.

regulator ['regjʊleɪtə^r] *n* -**1.** [person] régulateur *m*, -trice *f*. -**2.** [apparatus] régulateur *m*.

regulatory ['regjʊlətrɪ] *adj* réglementaire.

regulo ['regjʊləʊ] *n*: ~ **(mark) 4** *Br* thermostat 4.

regurgitate [rɪ'gɜːdʒɪteɪt] ◇ *vt* [food] régurgiter; *fig* [facts] régurgiter, reproduire.
◇ *vi* [bird] dégorger.

regurgitation [rɪ,gɜːdʒɪ'teɪʃn] *n* régurgitation *f*.

rehabilitate [,riːə'bɪlɪteɪt] *vt* -**1.** [convict, drug addict, alcoholic] réhabiliter, réinsérer; [restore to health] rééduquer; [find employment for] réinsérer. -**2.** [reinstate - idea, style] réhabiliter. -**3.** [renovate - aera, building] réhabiliter.

rehabilitation ['riːə,bɪlɪ'teɪʃn] *n* -**1.** [of disgraced person, memory, reputation] réhabilitation *f*; [of convict, alcoholic, drug addict] réhabilitation *f*, réinsertion *f*; [of disabled person] rééducation *f*; [of unemployed] réinsertion. -**2.** [of idea, style] réhabilitation *f*. -**3.** [of area, building] réhabilitation *f*.

rehabilitation centre *n* [for work training] centre *m* de réadaptation; [for drug addicts] centre de réinsertion.

rehash *inf* [*vb* ,riː'hæʃ, *n* 'riːhæʃ] *pej* ◇ *vt* -**1.** *Br* [rearrange] remanier. -**2.** [repeat - argument] ressasser; [- programme] reprendre; [- artistic material] remanier.
◇ *n* réchauffé *m*; **it's just a ~** ce n'est que du réchauffé.

rehear [,riː'hɪə^r] (*pt & pp* **reheard** [-'hɜːd]) *vt* JUR entendre de nouveau, réviser.

rehearing [,riː'hɪərɪŋ] *n* JUR révision *f* de procès.

rehearsal [rɪ'hɜːsl] *n literal & fig* répétition *f*; **when's the ~?** quand est-ce qu'on répète?; **she's in ~** elle est en répétition; **the play is currently in ~** ils sont en train de répéter.

rehearse [rɪ'hɜːs] ◇ *vt* -**1.** MUS, THEAT & *fig* [play, music, speech, coup d'état] répéter; [actors, singers, orchestra] faire répéter; **you'd better ~ your speech** vous feriez bien de répéter votre discours; **well ~d** [play, performance] bien répété, répété avec soin; [actor] qui a bien répété son rôle, qui sait son rôle sur le bout des doigts; [request, coup d'état, applause] bien OR soigneusement préparé. -**2.** [recite - list, facts, complaints] réciter, énumérer; [- old arguments] répéter, ressasser.
◇ *vi* MUS & THEAT répéter.

reheat [,riː'hiːt] *vt* réchauffer.

Rehoboam [,riːə'bəʊəm] *pr n* Roboam.

rehouse [,riː'haʊz] *vt* reloger.

reification [,reɪɪfɪ'keɪʃn] *n* réification *f*.

reify ['reɪɪfaɪ] (*pt & pp* **reified**) *vt* réifier.

reign [reɪn] ◇ *n* règne *m*; **in** OR **under the ~ of** sous le règne de; **the ~ of silence** le règne du silence; **~ of terror** règne de terreur.
◇ *vi* -**1.** *literal* régner. -**2.** *fig* [predominate] régner; **silence ~s** le silence règne; **to ~ supreme** régner en maître; **plague/terror ~s over the town** la peste sévit dans/la terreur règne sur la ville.

reigning ['reɪnɪŋ] *adj* -**1.** *literal* [monarch, emperor] régnant. -**2.** [present - champion] en titre. -**3.** [predominant - attitude, idea] régnant, dominant.

reimburse [,riːɪm'bɜːs] *vt* rembourser; **to ~ sb (for) sthg** rembourser qqch à qqn OR qqn de qqch; **I was ~d** je me suis fait rembourser.

reimbursement [,riːɪm'bɜːsmənt] *n* remboursement *m*.

reimport [*vb* ,riːɪm'pɔːt, *n* ,riː'ɪmpɔːt]
◇ *vt* réimporter.
◇ *n* réimportation *f*.

rein [reɪn] *n* -**1.** [for horse] rêne *f*. -**2.** *fig* [control] bride *f*; **to give (a) free ~ to sb** laisser à qqn la bride sur le cou; **to give free ~ to one's emotions/imagination** donner libre cours à ses émotions/son imagination; **to keep a ~ on sthg** tenir qqch en bride, maîtriser qqch; **to keep a tight ~ on sb** tenir la bride haute à qqn.
◆ **reins** *npl* [for horse, child] rêne *f*; **the ~s of government** *fig* les rênes du gouvernement.
◆ **rein back** ◇ *vi insep* tirer sur les rênes, serrer la bride.
◇ *vt sep* faire ralentir, freiner.
◆ **rein in** ◇ *vi insep* ralentir.
◇ *vt sep* -**1.** [horse] serrer la bride à, ramener au pas. -**2.** *fig* [person] ramener au pas; [emotions] maîtriser, réfréner.

reincarnate [*vb* riː'ɪnkɑːneɪt, *adj* ,riːɪn'kɑːnɪt]
◇ *vt* réincarner.
◇ *adj* réincarné.

reincarnation [,riːɪnkɑː'neɪʃn] *n* réincarnation *f*.

reindeer ['reɪn,dɪə^r] (*pl inv*) *n* renne *m*.

reindeer moss *n* cladonie *f*.

reinfect [,riːɪn'fekt] *vt* réinfecter.

reinfection [,riːɪn'fekʃn] *n* réinfection *f*.

reinforce [,riːɪn'fɔːs] *vt* -**1.** MIL renforcer. -**2.** [gen & CONSTR - wall, heel] renforcer. -**3.** *fig* [demand] appuyer; [argument] renforcer.

reinforced concrete [,riːɪn'fɔːst-] *n* béton *m* armé.

reinforcement [,riːɪn'fɔːsmənt] ◇ *n* -**1.** [gen & MIL] renfort *m*; **~s have arrived** des renforts sont arrivés. -**2.** [gen & CONSTR] armature *f*; **~s were used to prestress the concrete** on a utilisé des armatures pour fabriquer le béton armé. -**3.** *fig* [strengthening] renforcement *m*.
◇ *comp* [troops, ships, supplies] de renfort.

reinsert [,riːɪn'sɜːt] *vt* réinsérer.

reinstate [,riːɪn'steɪt] *vt* [employee] réintégrer, rétablir (dans ses fonctions); [idea, system] rétablir, restaurer.

reinstatement [,riːɪn'steɪtmənt] *n* réintégration *f*.

reinsurance [,riːɪn'ʃɔːrəns] *n* réassurance *f*.

reinsure [,riːɪn'ʃɔː^r] *vt* réassurer.

reintegrate [,riː'ɪntɪgreɪt] *vt* réintégrer.

reintegration ['riː,ɪntɪ'greɪʃn] *n* réintégration *f*.

reinterpret [,riːɪn'tɜːprɪt] *vt* réinterpréter.

reintroduce ['riː,ɪntrə'djuːs] *vt* réintroduire.

reinvest [,riːɪn'vest] *vt* réinvestir.

reinvestment [,riːɪn'vestmənt] *n* réinvestissement *m*.

reinvigorate [,riːɪn'vɪgəreɪt] *vt* revigorer.

reissue [riː'ɪʃuː] ◇ *vt* -**1.** [book] rééditer; [film] rediffuser, ressortir. -**2.** ADMIN & FIN [banknote, shares, stamps] réémettre.
◇ *n* -**1.** [of book] réédition *f*; [of film] rediffusion *f*. -**2.** ADMIN & FIN nouvelle émission *f*.

reiterate [riːˈɪtəˌreɪt] *vt* répéter, réaffirmer.

reiteration [riːˌɪtəˈreɪʃn] *n* réitération *f*.

reiterative [riːˈɪtərətɪv] *adj* réitératif.

reject [*vb* rɪˈdʒekt, *n* & *comp* ˈriːdʒekt] ◇ *vt* -**1.** [offer, suggestion, unwanted article] rejeter; [advances, demands] rejeter, repousser; [application, manuscript] rejeter, refuser; [suitor] éconduire, repousser; [belief, system, values] rejeter. -**2.** MED [foreign body, transplant] rejeter. -**3.** COMPUT rejeter.
◇ *n* -**1.** COMM [in factory] article *m* OR pièce *f* de rebut; [in shop] (article *m* de) second choix *m*; *fig* [person] personne *f* marginalisée. -**2.** COMPUT rejet *m*.
◇ *comp* [merchandise] de rebut; [for sale] (de) second choix; [shop] d'articles de second choix.

rejection [rɪˈdʒekʃn] *n* -**1.** [of offer, manuscript, application] refus *m*; [of advances, demands] rejet *m*; **her application met with ~** sa candidature a été rejetée OR n'a pas été retenue; **to be afraid of ~** [emotional] avoir peur d'être rejeté. -**2.** MED rejet *m*.

rejection slip *n* lettre *f* de refus.

rejig [ˌriːˈdʒɪg] (*pt* & *pp* **rejigged**, *cont* **rejigging**) *vt Br* -**1.** [reequip] rééquiper, réaménager. -**2.** [reorganize] réarranger, revoir.

rejigger [ˌriːˈdʒɪgəʳ] *Am* = **rejig**.

rejoice [rɪˈdʒɔɪs] ◇ *vi* se réjouir; **they ~d at** OR **over the good news** ils se réjouissaient OR ils étaient ravis de la bonne nouvelle; **he ~s in the name of French-Edwardes** *hum* il a le privilège de porter le nom de French-Edwardes; **the hotel ~s in the title "Imperial Palace"** l'hôtel porte le nom ronflant de «Palais Impérial».
◇ *vt* réjouir, ravir.

rejoicing [rɪˈdʒɔɪsɪŋ] *n* réjouissance *f*; **it was the occasion of much ~** OR **of great ~s** ce fut l'occasion de grandes réjouissances.

rejoin[1] [ˌriːˈdʒɔɪn] *vt* -**1.** [go back to] rejoindre; **to ~ one's regiment** MIL rallier OR rejoindre son régiment; **to ~ ship** NAUT rallier le bord; **we ~ed the main road a few miles later** nous avons rejoint la nationale quelques kilomètres plus loin. -**2.** [join again] rejoindre; [club] se réinscrire à; **to ~ the majority** POL rallier la majorité.

rejoin[2] [rɪˈdʒɔɪn] *vt* & *vi* [reply] répliquer.

rejoinder [rɪˈdʒɔɪndəʳ] *n* réplique *f*.

rejuvenate [rɪˈdʒuːvəneɪt] *vt* rajeunir.

rejuvenating cream [rɪˈdʒuːvəneɪtɪŋ-] *n* crème *f* de beauté rajeunissante.

rejuvenation [rɪˌdʒuːvəˈneɪʃn] *n* rajeunissement *m*.

rekindle [ˌriːˈkɪndl] ◇ *vt* [fire] rallumer, attiser; *fig* [enthusiasm, desire, hatred] raviver, ranimer.
◇ *vi* [fire] se rallumer; *fig* [feelings] se ranimer.

relabel [ˌriːˈleɪbl] *vt* réétiqueter.

relapse [rɪˈlæps] ◇ *n* MED & *fig* rechute *f*; **to have a ~** faire une rechute, rechuter.
◇ *vi* -**1.** MED rechuter, faire une rechute. -**2.** [go back] retomber; **to ~ into silence** redevenir silencieux; **the country has ~d into war** le pays est à nouveau plongé dans la guerre; **to ~ into depression** replonger dans la dépression.

relate [rɪˈleɪt] ◇ *vt* -**1.** [tell - events, story] relater, faire le récit de; [- details, facts] rapporter; **strange to ~, we never met him again** chose curieuse, nous ne l'avons jamais plus revu. -**2.** [connect - ideas, events] rapprocher, établir un rapport OR un lien entre; **we can ~ this episode to a previous scene in the novel** nous pouvons établir un lien entre cet épisode et une scène antérieure du roman; **she always ~s everything to herself** elle ramène toujours tout à elle.
◇ *vi* -**1.** [connect - idea, event] se rapporter, se rattacher; **I don't understand how the two ideas ~** je ne comprends pas la relation entre les deux idées; **this ~s to what I was just saying** ceci est lié à OR en rapport avec ce que je viens de dire. -**2.** [have relationship, interact]: **at school, they learn to ~ to other children** à l'école, ils apprennent à vivre avec d'autres enfants; **I just can't ~ to my parents** je n'arrive pas à communiquer avec mes parents. -**3.** *inf* [appreciate]: **I can't ~ to his music** je n'accroche pas à sa musique.

related [rɪˈleɪtɪd] *adj* -**1.** [in family] parent; **we are ~** nous sommes parents; **she is ~ to the president** elle est parente du président; **they are ~ on his father's side** ils sont parents par son père; **to be ~ by marriage to sb** être parent de qqn par alliance; **they aren't ~** ils n'ont aucun lien de parenté; **they are closely ~** ils sont proches parents || [animal, species] apparenté; [language] de même famille, proche; **an animal ~ to the cat** un animal apparenté au OR de la famille du chat. -**2.** [connected] connexe, lié; [neighbouring] voisin; **psychoanalysis and other ~ areas** la psychanalyse et les domaines qui s'y rattachent; **problems ~ to health** problèmes qui se rattachent OR qui touchent à la santé; **the two topics are closely ~** les deux sujets sont étroitement liés; **the two events are not ~** les deux événements n'ont aucun rapport || ADMIN & JUR afférent; **questions ~ to official procedure** des questions afférentes à la procédure officielle. -**3.** MUS relatif.

-related *in cpds* lié à; **business~ activities** des activités liées OR ayant rapport aux affaires; **performance~ bonus** prime *f* d'encouragement.

relating [rɪˈleɪtɪŋ]
◆ **relating to** *prep phr* ayant rapport à, relatif à, concernant.

relation [rɪˈleɪʃn] *n* -**1.** [member of family] parent *m*, -e *f*; **they have ~s in Paris** ils ont de la famille à Paris; **he's a ~** il est de ma famille; **she is no ~ of mine** il n'y a aucun lien de parenté entre nous; **is she a ~ of yours?** est-elle de votre famille? -**2.** [kinship] parenté *f*; **what ~ is he to you?** quelle est sa parenté avec vous? -**3.** [connection] rapport *m*, relation *f*; **to have** OR **to bear a ~ to sthg** avoir (un) rapport à qqch, être en rapport avec qqch; **your answer bore no ~ to the question** votre réponse n'avait rien à voir avec la question. -**4.** [relationship, contact] rapport *m*, relation *f*; [between people, countries] rapport *m*, rapports *mpl*; **to enter into ~** OR **~s with sb** entrer OR se mettre en rapport avec qqn; **their ~s are somewhat strained** ils ont des rapports assez tendus; **to have (sexual) ~s with sb** *fml* avoir des rapports (sexuels) avec qqn; **to break off diplomatic ~s** interrompre les relations diplomatiques. -**5.** *fml* [narration - of events, story] récit *m*, relation *f*; [- of details] rapport *m*.
◆ **in relation to, with relation to** *prep phr* par rapport à, relativement à.

relational [rɪˈleɪʃənl] *adj* relationnel.

relational database *n* COMPUT base *f* de données relationnelle.

relationship [rɪˈleɪʃnʃɪp] *n* -**1.** [between people, countries] rapport *m*, rapports *mpl*, relation *f*, relations *fpl*; **to have a good/bad ~ with sb** [gen] avoir de bonnes/mauvaises relations avec qqn; **I'd like to talk to you about our ~** j'aimerais qu'on parle un peu de nous deux; **a ~ is something you have to work at** être en couple, ça demande des efforts; **our ~ is purely a business one** nos relations sont simplement des relations d'affaires; **they have a good/bad ~** ils s'entendent bien/mal; **he has a very close ~ with his mother** il est très lié à sa mère; **she has a good ~ with her class** elle a de bons rapports avec sa classe. -**2.** [kinship] lien *m* OR liens *mpl* de parenté; **what is your exact ~ to her?** quels sont vos liens de parenté exacts OR quelle est votre parenté exacte avec elle? -**3.** [connection - between ideas, events, things] rapport *m*, relation *f*, lien *m*.

relative [ˈrelətɪv] ◇ *adj* -**1.** [comparative] relatif; **to live in ~ comfort** vivre dans un confort relatif; **the ~ advantages of electricity as opposed to gas** les avantages relatifs de l'électricité par rapport au gaz || [proportional] relatif; **taxation is ~ to income** l'imposition est proportionnelle au revenu || [respective] respectif; **the ~ qualities of the two candidates** les qualités respectives des deux candidats ❑ **~ atomic mass** poids *m* OR masse *f* atomique. -**2.** [not absolute] relatif. -**3.** MUS relatif; **~ minor/major** ton *m* mineur/majeur relatif. -**4.** GRAMM relatif; **~ clause** (proposition *f*) relative *f*; **~ pronoun** pronom *m* relatif; **~ conjunction** conjonction *f* relative.
◇ *n* -**1.** [person] parent *m*, -e *f*; **she has ~s in Canada** elle a de la famille au Canada; **he's a ~ of mine** il fait partie de ma famille. -**2.** GRAMM relatif *m*.
◆ **relative to** *prep phr* relativement à.

relative density *n* densité *f* relative.

relative humidity *n* humidité *f* relative.

relatively [ˈrelətɪvlɪ] *adv* relativement; **~ difficult** relativement OR assez difficile; **~ speaking** relativement parlant.

relativism [ˈrelətɪvɪzm] *n* relativisme *m*.

relativist [ˈrelətɪvɪst] ◇ *adj* relativiste.
◇ *n* relativiste *mf*.

relativistic [ˌrelətɪˈvɪstɪk] *adj* relativiste.

relativity [ˌreləˈtɪvətɪ] *n* relativité *f*; **theory of ~** théorie *f* de la relativité.

relativization [ˌrelətɪvaɪˈzeɪʃn] *n* relativisation *f*.

relativize, -ise [ˈrelətɪvaɪz] *vt* relativiser.

relax [rɪˈlæks] ◇ *vi* -**1.** [person] se détendre, se délasser; [in comfort, on holiday] se relaxer, se détendre; **you need to ~** vous avez besoin de détente OR de vous détendre || [calm down] se calmer, se détendre; **try and ~ a bit** essayez de vous détendre un peu; **~!** [calm down] du calme!; [don't worry] rassurez-vous! -**2.** [grip] se relâcher, se desserrer; [muscle] se relâcher, se décontracter; TECH [spring] se détendre; **his face ~ed into a smile** son visage s'est détendu et il a souri; **to ~ in one's efforts** relâcher ses efforts.
◇ *vt* -**1.** [mind] détendre, délasser; [muscles] relâcher, décontracter; **the music will ~ you** la musique vous détendra. -**2.** [grip] relâcher, desserrer; MED [bowels] relâcher. -**3.** *fig* [discipline, restriction] assouplir, relâcher; **the government has ~ed the laws on immigration** le gouvernement a assoupli les lois sur l'immigration; **during the holiday period, parking restrictions are ~ed** la réglementation du stationnement est plus souple pendant la période des vacances || [concentration, effort] relâcher.

relaxant [rɪˈlæksənt] ◇ *n* (médicament *m*) relaxant *m*; **muscle ~** myorelaxant *m*, décontracturant *m*.
◇ *adj* relaxant.

relaxation [ˌriːlækˈseɪʃn] *n* -**1.** [rest] détente *f*, relaxation *f*; **she needs a week of ~** elle a besoin d'une semaine de détente OR de repos; **he plays golf for ~** il joue au golf pour se détendre; **she finds ~ in gardening** pour elle, le jardinage est une détente. -**2.** [loosening - of grip] relâchement *m*, desserrement *m*; *fig* [- of authority, law] relâchement *m*, assouplissement *m*.

relaxed [rɪˈlækst] *adj* -**1.** [person, atmosphere] détendu, décontracté; [smile] détendu; **to feel/to look ~** se sentir/avoir l'air détendu; **he's very ~ about the whole business** cette affaire n'a pas l'air de beaucoup le perturber || [attitude] décontracté. -**2.** [muscle] relâché; [discipline] assoupli.

relaxing [rɪˈlæksɪŋ] *adj* [restful - atmosphere, afternoon, holiday] reposant; **she finds gardening ~** elle trouve le jardinage reposant; **you need a nice ~ bath** ce qu'il te faut, c'est un bon bain pour te détendre.

relay [ˈriːleɪ] (*pt* & *pp senses 1 & 2* **relayed**, *pt* & *pp sense 3* **relaid** [-ˈleɪd]) ◇ *n* -**1.** [team - of athletes, workers, horses] relais *m*; **to work in ~s** *Br* travailler par relais, se relayer. -**2.** RADIO & TV [transmitter] réémetteur *m*, relais *m*; [broadcast] émission *f* relayée. -**3.** ELEC & TECH relais *m*. -**4.** SPORT: **~ (race)** (course *f* de) relais *m*; **the 4 x 100 m ~** le relais 4 x 100 m.
◇ *vt* -**1.** [pass on - message, news] transmettre. -**2.** RADIO & TV [broadcast] relayer, retransmettre. -**3.** [cable, carpet] reposer.

relay station *n* relais *m*.

relearn [ˌriːˈlɜːn] (*Br pt & pp* **relearned** OR **relearnt** [-ˈlɜːnt], *Am pt & pp* **relearned**) *vt* réapprendre, rapprendre.

release [rɪˈliːs] ◇ *n* -**1.** [from captivity] libération *f*; [from prison] libération *f*, mise *f* en liberté, élargissement *m* ADMIN; [from custody] mise *f* en liberté, relaxe *f*; [from work] congé *m* (spécial); **on his ~ from prison** lors de sa mise en liberté, dès sa sortie de prison; **~ on bail** mise en liberté provisoire (sous caution); **~ on parole** libération *f* conditionnelle ‖ *fig* [from obligation, promise] libération *f*, dispense *f*; [from pain, suffering] délivrance *f*; **death was a ~ for her** pour elle, la mort a été une délivrance ❑ **order of ~** ordre *m* de levée d'écrou. -**2.** COMM [from bond, customs] congé *m*. -**3.** [letting go - of handle, switch] déclenchement *m*; [- of brake] desserrage *m*; **the ~ of the atom bomb** le largage de la bombe atomique. -**4.** [distribution - of film] sortie *f*; [- of book, record] sortie *f*, parution *f*; **the film is on general ~** le film est sorti ‖ [new film, book, record] nouveauté *f*; **her latest ~ is called "Chrissy"** son dernier disque s'appelle «Chrissy»; **it's a new ~** ça vient de sortir. -**5.** MECH [lever] levier *m*; [safety catch] cran *m* de sûreté.
◇ *comp* [button, switch] de déclenchement.
◇ *vt* -**1.** [prisoner] libérer, relâcher, élargir ADMIN; [from custody] remettre en liberté, relâcher, relaxer; [captive person, animal] libérer; [employee, schoolchild] libérer, laisser partir; **to ~ sb from bondage** libérer qqn de ses chaînes; **to be ~d on bail** JUR être libéré sous caution; **the earthquake victims were ~d from the wreckage** les victimes du tremblement de terre ont été dégagées des décombres; **the children were ~d into the care of their grandparents** on a confié les enfants à leurs grands-parents; **death finally ~d her from her suffering** la mort a mis un terme à ses souffrances ‖ [from obligation] libérer, dégager; [from promise] dégager, relever; **he was ~d from his vows** il a été relevé OR dispensé de ses vœux; **to ~ sb from a debt** remettre une dette à qqn. -**2.** [let go - from control, grasp] lâcher; [- feelings] donner OR laisser libre cours à; **he ~d his grip on my hand** il m'a lâché la OR il a lâché ma main ‖ [bomb] larguer, lâcher; [gas, heat] libérer, dégager; **the explosion ~d chemicals into the river** l'explosion a libéré des agents chimiques dans la rivière; **insecticides were ~d over the crops** des pesticides ont été répandus sur les récoltes. -**3.** [issue - film] sortir; [- book, record] sortir, faire paraître. -**4.** [goods, new model] mettre en vente OR sur le marché; [stamps, coins] émettre. -**5.** [make public - statement] publier; [- information, story] dévoiler, annoncer; **the company refuses to ~ details of the contract** la compagnie refuse de divulguer OR de faire connaître les détails du contrat. -**6.** [lever, mechanism] déclencher; [brake] desserrer; **to ~ the clutch** AUT débrayer; **to ~ the shutter** PHOT déclencher (l'obturateur); **~ the catch to open the door** pour ouvrir la porte, soulever le loquet. -**7.** FIN [credits, funds] dégager, débloquer. -**8.** [property, rights] céder.

release print *n* CIN copie *f* d'exploitation.

relegate [ˈrelɪgeɪt] *vt* -**1.** [person, thought, thing] reléguer; **to ~ sb/sthg to sthg** reléguer qqn/qqch à qqch. -**2.** SPORT [team] reléguer, déclasser; **to be ~d** FTBL descendre en OR être relégué à la division inférieure. -**3.** [refer - issue, question] renvoyer.

relegation [ˌrelɪˈgeɪʃn] *n* -**1.** [demotion - of person, team, thing] relégation *f*. -**2.** [referral - of issue, matter] renvoi *m*.

relent [rɪˈlent] *vi* -**1.** [person] se laisser fléchir OR toucher; **they begged him for mercy but he would not ~** ils lui ont demandé grâce mais il est demeuré implacable OR impitoyable; **he finally ~ed and let us go** il a finalement accepté de nous laisser partir. -**2.** [storm] s'apaiser.

relentless [rɪˈlentlɪs] *adj* -**1.** [merciless] implacable, impitoyable. -**2.** [sustained - activity, effort] acharné, opiniâtre; [- noise] ininterrompu; [- rain] incessant.

relentlessly [rɪˈlentlɪslɪ] *adv* -**1.** [mercilessly] impitoyablement, implacablement. -**2.** [persistently] avec acharnement OR opiniâtreté; **he worked ~** il travailla avec acharnement; **the rain beat down ~** il n'a pas cessé de pleuvoir à verse.

relet [ˌriːˈlet] *vt* relouer.

relevance [ˈreləvəns], **relevancy** [ˈreləvənsɪ] *n* pertinence *f*, intérêt *m*; **I don't see the ~ of your remark** la pertinence de votre remarque m'échappe; **what is the ~ of this to the matter under discussion?** quel est le rapport avec ce dont on parle?; **this question has little ~ for us** cette question ne nous concerne pas vraiment.

relevant [ˈreləvənt] *adj* -**1.** [pertinent - information, comment, beliefs, ideas] pertinent; **facts ~ to the case** des faits en rapport avec l'affaire; **such considerations are not ~** de telles considérations sont hors de propos; **confine yourself to the ~ facts** ne vous écartez pas du sujet; **her novels no longer seem ~ to modern life** ses romans ne sont plus d'actualité. -**2.** [appropriate] approprié; **fill in your name in the ~ space** inscrivez votre nom dans la case correspondante; **have you brought the ~ file?** avez-vous apporté le dossier approprié OR le bon dossier?

reliability [rɪˌlaɪəˈbɪlətɪ] *n* -**1.** [of person] sérieux *m*; [of information] sérieux *m*, fiabilité *f*; [of memory, judgment] sûreté *f*, fiabilité *f*. -**2.** [of clock, engine] fiabilité *f*.

reliable [rɪˈlaɪəbl] *adj* -**1.** [trustworthy - friend] sur qui on peut compter, sûr; [- worker] à qui on peut faire confiance, sérieux; [- witness] digne de confiance OR de foi; [- account, information] sérieux, sûr; [- memory, judgment] fiable, auquel on peut se fier; **he's very ~** on peut toujours compter sur lui OR lui faire confiance; **the news came from a ~ source** la nouvelle provenait d'une source sûre. -**2.** [clock, machine, car] fiable; **my watch isn't very ~** ma montre n'est pas très fiable.

reliably [rɪˈlaɪəblɪ] *adv* sérieusement; **we are ~ informed that...** nous avons appris de bonne source OR de source sûre que...

reliance [rɪˈlaɪəns] *n* -**1.** [trust] confiance *f*; **to place ~ on sb/sthg** faire confiance à qqn/qqch. -**2.** [dependence] dépendance *f*; **his ~ on their advice** le fait qu'il ne fasse rien sans les consulter; **her ~ on alcohol** sa dépendance vis-à-vis de l'alcool.

reliant [rɪˈlaɪənt] *adj* -**1.** [dependent] dépendant; **we are heavily ~ on your advice** vos conseils nous sont indispensables; **he is too ~ on tranquillizers** il a trop recours aux tranquillisants. -**2.** [trusting] confiant; **to be ~ on sb** faire confiance à OR avoir confiance en qqn.

relic [ˈrelɪk] *n* -**1.** RELIG relique *f*; [vestige] relique *f*, vestige *m*. -**2.** *inf fig & pej* [old person] croulant *m*, vieux débris *m*.

relict [ˈrelɪkt] *n* -**1.** BIOL & ECOL relique *f*; GEOL forme *f* relique. -**2.** *arch* [widow] veuve *f*.

relief [rɪˈliːf] ◇ *n* -**1.** [from anxiety, discomfort, pain] soulagement *m*; **to bring ~ to sb** soulager qqn, apporter un soulagement à qqn; **the medicine gave OR brought her little ~ from the pain** le médicament ne la soulagea guère; **he finds ~ in writing** ça le soulage d'écrire; **to our great ~, much to our ~** à notre grand soulagement; **it was a great ~ to her when the exams ended** la fin des examens fut un grand soulagement pour elle. -**2.** [aid] secours *m*, aide *f*; **to send ~ to third world countries** apporter de l'aide aux pays du tiers-monde; **famine ~** aide *f* alimentaire. -**3.** *Am* [state benefit] aide *f* sociale; **to be on ~** recevoir des aides sociales OR des allocations. -**4.** [diversion] divertissement *m*, distraction *f*; **he included a few comic scenes in the play for light ~** il a inclus plusieurs scènes comiques dans la pièce pour détendre l'atmosphère; **she reads detective novels for light ~** elle lit des romans policiers pour se distraire. -**5.** [of besieged city] libération *f*, délivrance *f*. -**6.** [of guard, team] relève *f*; **I've been on duty all night with only one hour's ~** j'ai été de garde toute la nuit, sauf une heure pendant laquelle j'ai été relevé; **~s have arrived** [gen] la relève OR l'équipe de relève est arrivée; [troops] les troupes de relève sont arrivées, la relève est arrivée. -**7.** ART relief *m*; **the inscription stood out in ~** l'inscription était en relief ‖ [contrast] relief *m*; **the mountains stood out in bold ~ against the sky** les montagnes se détachaient OR se découpaient nettement sur le ciel; **to bring OR to throw sthg into ~** *fig* mettre qqch en relief OR en valeur. -**8.** GEOG relief *m*. -**9.** JUR [redress] réparation *f*; [exemption] dérogation *f*, exemption *f*; **tax ~** dégrèvement *m* fiscal.
◇ *comp* -**1.** [extra - transport, service] supplémentaire; [replacement - worker, troops, team] de relève; [- bus, machine] de remplacement. -**2.** [for aid - fund, organization] de secours; **~ work** coopération *f*; **~ worker** *membre d'une organisation humanitaire qui travaille sur le terrain*.

relief map *n* carte *f* en relief.

relief printing *n* impression *f* en relief.

relief road *n* itinéraire *m* bis, route *f* de délestage.

relieve [rɪˈliːv] *vt* -**1.** [anxiety, distress, pain] soulager, alléger; [poverty] soulager; **the good news ~d her of her anxiety** la bonne nouvelle a dissipé ses inquiétudes; **to ~ congestion** MED & TRANSP décongestionner. -**2.** [boredom, gloom] dissiper; [monotony] briser; **the darkness of the room was ~d only by the firelight** la pièce n'était éclairée que par la lueur du feu; **they ~d the monotony of the evening by playing cards** pour briser la monotonie de la soirée, ils ont joué aux cartes. -**3.** [unburden]: **to ~ sb of sthg** soulager OR débarrasser qqn de qqch; **he ~d her of her suitcase** il l'a débarrassée de sa valise; **to ~ sb of their wallet** *hum* délester qqn de son portefeuille; **to ~ sb of an obligation** décharger OR dégager qqn d'une obligation; **to ~ sb of his duties OR position** relever qqn de ses fonctions. -**4.** [aid - population, refugees, country] secourir, venir en aide à. -**5.** [replace - worker, team] relayer, prendre la relève de; [- guard, sentry] relever. -**6.** [liberate - fort, city] délivrer, libérer; [from siege] lever le siège de. -**7.** *euph* [urinate]: **to ~ o.s.** se soulager.

relieved [rɪˈliːvd] *adj* soulagé; **to feel ~** se sentir soulagé; **we were greatly ~ at the news** nous avons été très soulagés d'apprendre la nouvelle.

relievo [rɪˈliːvəʊ] (*pl* **relievos**) *n* ART relief *m*

relight [ˌriːˈlaɪt] (*pt & pp* **relighted** OR **relit** [-ˈlɪt]) *vt* rallumer.

religion [rɪˈlɪdʒn] *n* -**1.** RELIG religion *f*; **the Jewish ~** la religion OR la confession juive; **what is your ~?** à quelle confession appartenez-vous?; **to enter ~** entrer en religion; **a man of ~** un homme de religion OR d'Église; **various ~s were represented at the conference** diverses confessions étaient représentées à la conférence; **it's against my ~ to work on Sundays** *literal & hum* ma religion m'interdit de travailler le dimanche. -**2.** *fig* [obsession] religion *f*, culte *m*; **to make a ~ of sthg** se faire une religion de qqch; **sport is a ~ with him** le sport est son dieu.

religiosity [rɪˌlɪdʒɪˈɒsətɪ] *n* religiosité *f*.

religious [rɪˈlɪdʒəs] ◇ *adj* -**1.** [authority, order, ceremony, art] religieux; [war] de religion; **~ education OR instruction** instruction *f* religieuse. -**2.** [devout] religieux, croyant; **she is very ~** elle est très pieuse OR croyante. -**3.** *fig* [scrupulous] religieux; **to do sthg with ~ care** faire qqch avec un soin religieux.
◇ *n* [monk, nun] religieux *m*, -euse *f*.

religiously [rɪˈlɪdʒəslɪ] *adv literal & fig* religieusement.

reline [ˌriːˈlaɪn] *vt* [garment] mettre une nouvelle doublure à, redoubler; [picture] rentoiler; **to ~ the brakes** AUT changer les garnitures de freins.

relinquish [rɪ'lɪŋkwɪʃ] vt -1. [give up - claim, hope, power] abandonner, renoncer à; [- property, possessions] se dessaisir de; [- right] renoncer à; she ~ed all hope of ever seeing him again elle abandonna tout espoir de le revoir un jour; he ~ed his voting rights to the chairman il a cédé son droit de vote au président. -2. [release - grip, hold]: to ~ one's hold of OR on sthg literal lâcher qqch; fig relâcher l'étreinte que l'on a sur qqch.

relinquishment [rɪ'lɪŋkwɪʃmənt] n abandon m, renonciation f; the ~ of one's rights l'abandon de OR la renonciation à ses droits.

reliquary ['relɪkwərɪ] (pl reliquaries) n reliquaire m.

relish ['relɪʃ] ◇ n -1. [pleasure, enthusiasm] goût m, plaisir m, délectation f; to do sthg with ~ faire qqch avec délectation OR grand plaisir, adorer faire qqch; to eat/to drink with ~ adorer manger/boire; he has lost his ~ for reading il a perdu son goût pour la lecture. -2. [condiment, sauce] condiment m, sauce f; horseradish ~ sauce f au raifort. -3. [flavour] goût m, saveur f; life had lost its ~ for her fig la vie avait perdu toute saveur pour elle.
◇ vt -1. [enjoy] savourer; to ~ one's triumph savourer son triomphe; I bet he's ~ing this moment je parie qu'il savoure cet instant || [look forward to]: I don't ~ the idea OR prospect OR thought of seeing them again l'idée OR la perspective de les revoir ne m'enchante OR ne me réjouit guère. -2. [savour - food, drink] savourer, se délecter de.

relive [,riː'lɪv] vt revivre.

reload [,riː'ləʊd] vt recharger.

relocate [,riːləʊ'keɪt] ◇ vt installer ailleurs, délocaliser; the facilities were ~d to Scotland les services ont été réinstallés OR délocalisés en Écosse.
◇ vi s'installer ailleurs, déménager.

relocation [,rɪləʊ'keɪʃn] n [of premises, industry] délocalisation f, déménagement m; [of population] relogement m; ~ expenses indemnité f de déménagement.

reluctance [rɪ'lʌktəns] n -1. [unwillingness] répugnance f; to do sthg with ~ faire qqch à contrecœur OR de mauvais gré; she expressed some ~ to get involved in the matter elle a dit qu'elle n'avait pas envie de se laisser entraîner dans cette histoire. -2. PHYS réluctance f.

reluctant [rɪ'lʌktənt] adj -1. [unwilling] peu enclin OR disposé; to be ~ to do sthg être peu enclin à faire qqch, n'avoir pas envie de faire qqch; she was ~ to admit the truth elle ne voulait pas admettre OR n'avait pas envie d'admettre la vérité. -2. [against one's will - commitment, promise, approval] accordé à contrecœur; she gave a ~ smile elle eut un sourire contraint; she was a ~ sex symbol c'est bien malgré elle qu'elle était devenue un sex-symbol.

reluctantly [rɪ'lʌktəntlɪ] adv à contrecœur; to do sthg ~ faire qqch à contrecœur; she sat down ~ elle s'est assise à contrecœur.

rely [rɪ'laɪ] (pt & pp relied)
◆ **rely on, rely upon** vt insep -1. [depend on] compter sur, faire confiance à; she can always be relied upon to give good advice on peut toujours compter sur elle pour donner de bons conseils; we were ~ing on the weather being good nous comptions sur du beau temps; we relied on you bringing the records on comptait sur vous pour apporter les disques; you can never ~ on them on ne peut jamais compter sur eux; he can never be relied upon to keep a secret on ne peut lui confier aucun secret; you may ~ on OR upon it vous pouvez compter dessus; I ~ on my daughter to drive me to the shops je dépends de ma fille pour me conduire aux magasins; he relies on his family for everything il dépend de sa famille pour tout; she relies too much on luck elle compte trop sur la chance; I'm ~ing on you to find a solution je compte sur vous pour trouver une solution. -2. JUR [call on] invoquer; the points of fact and law relied on les arguments de fait et de droit invoqués.

REM (abbr of rapid eye movement) n mouvements oculaires rapides; ~ sleep sommeil m paradoxal.

remain [rɪ'meɪn] vi -1. [be left] rester; 6 hens ~ il reste 6 poules; very little ~s OR there ~s very little of the original building il ne reste pas grand-chose du bâtiment d'origine; much ~s to be discussed il y a encore beaucoup de choses à discuter; that ~s to be seen cela reste à voir; it ~s to be seen whether he will agree (il) reste à savoir s'il sera d'accord; the fact ~s that we can't afford this house il n'en reste pas moins que OR toujours est-il que nous ne pouvons pas nous offrir cette maison; all that ~ed to be done was to say goodbye il ne restait plus qu'à se dire au revoir; it only ~s for me to thank you il ne me reste plus qu'à vous remercier. -2. [stay] rester, demeurer; please ~ seated OR in your seats veuillez rester assis; to ~ faithful to sb rester fidèle à qqn; to ~ silent garder le silence, rester silencieux; for reasons that ~ unknown pour des raisons inconnues; the weather ~ed settled le temps est resté stable; ~ here, please restez-là, je vous prie; he ~ed behind after the meeting il est resté après la réunion; it ~s a mystery whether... on ignore toujours si...; the real reasons were to ~ a secret/mystery les véritables raisons devaient demeurer secrètes/ne furent jamais élucidées; he has ~ed the same despite all that has happened il n'a pas changé malgré tout ce qui s'est passé; let things ~ as they are laissez les choses telles qu'elles sont; I ~, Sir, your most faithful servant fml & dated veuillez agréer OR je vous prie d'agréer, Monsieur, l'expression de mes sentiments les plus respectueux.

remainder [rɪ'meɪndəʳ] ◇ n -1. [leftover - food, supplies, time] reste m; [- money] solde m; [- debt] reliquat m; [- people]: the ~ went on a picnic les autres sont allés pique-niquer; for the ~ of his life pour le restant de ses jours; she spent the ~ on sweets elle a dépensé ce qui restait en bonbons. -2. MATH reste m. -3. [unsold book] invendu m; [unsold product] fin f de série. -4. JUR usufruit m avec réversibilité.
◇ vt COMM solder.

remaining [rɪ'meɪnɪŋ] adj qui reste, restant; the only ~ member of her family la seule personne de sa famille (qui soit) encore en vie; the ~ guests le reste des invités; it's our only ~ hope c'est le seul espoir qui nous reste, c'est notre dernier espoir.

remains [rɪ'meɪnz] npl -1. [of meal, fortune] restes mpl; [of building] restes mpl, vestiges mpl. -2. euph & fml [corpse] restes mpl, dépouille f mortelle.

remake [vb ,riː'meɪk, n 'riːmeɪk] (pt & pp remade [-'meɪd]) ◇ vt refaire.
◇ n [film] remake m.

remand [rɪ'mɑːnd] Br ◇ vt JUR [case] renvoyer; [defendant] déférer; to ~ sb in custody placer qqn en détention préventive; to ~ sb on bail mettre qqn en liberté OR libérer qqn sous caution; the magistrate ~ed the case for a week le magistrat a renvoyé l'affaire à huitaine.
◇ n renvoi m; to be on ~ [in custody] être en détention préventive; [on bail] être libéré sous caution.

remand centre n Br centre de détention préventive.

remand home n Br ≃ centre m d'éducation surveillée.

remark [rɪ'mɑːk] ◇ n -1. [comment] remarque f, réflexion f; to make OR to pass a ~ faire une remarque; to make OR to pass ~s about sthg/sb faire des réflexions sur qqch/qqn; she made the ~ that no one knew the truth elle fit remarquer OR observer que personne ne savait la vérité; it was a valid ~ c'était une réflexion pertinente; to let sthg pass without ~ laisser passer qqch sans faire de commentaire. -2. fml [attention] attention f, intérêt m; worthy of ~ digne d'attention; his behaviour did not escape ~ son comportement n'est pas passé inaperçu.
◇ vt -1. [comment] (faire) remarquer, (faire) observer; "the days are getting longer", she ~ed «les jours rallongent», fit-elle remarquer. -2. fml [notice] remarquer.
◆ **remark on, remark upon** vt insep: to ~ on OR upon sthg [comment] faire un commentaire OR une observation sur qqch; [criticize] faire des remarques sur qqch; he ~ed on the lateness of the hour il fit remarquer qu'il était tard.

remarkable [rɪ'mɑːkəbl] adj [quality, aspect] remarquable; [event, figure] remarquable, marquant; they are ~ for their modesty ils sont d'une rare modestie OR remarquablement modestes.

remarkably [rɪ'mɑːkəblɪ] adv remarquablement.

remarriage [,riː'mærɪdʒ] n remariage m.

remarry [,riː'mærɪ] (pt & pp remarried) vi se remarier.

rematch [vb ,riː'mætʃ, n 'riːmætʃ] SPORT ◇ vt [players, contestants] opposer de nouveau.
◇ n [return] match m retour; [second] deuxième match m.

Rembrandt ['rembrænt] pr n Rembrandt.

remediable [rɪ'miːdjəbl] adj remédiable.

remedial [rɪ'miːdjəl] adj -1. [action] réparateur; [measures] de redressement. -2. Br SCH [classes, education] de rattrapage, de soutien; [pupil, student] qui n'a pas le niveau; she teaches ~ maths elle donne des cours de rattrapage OR de soutien en maths; ~ teaching rattrapage m scolaire. -3. MED [treatment] correctif, curatif; ~ exercises gymnastique f corrective.

remedy ['remədɪ] (pl remedies, pt & pp remedied) ◇ n -1. literal & fig remède m; it's a good ~ for insomnia/boredom c'est un bon remède contre l'insomnie/l'ennui; to find a ~ for sthg trouver un remède à qqch. -2. Br JUR recours m; to have no ~ at law against sb n'avoir aucun recours légal contre qqn.
◇ vt MED remédier à; [failure] rattraper, remédier à; the situation cannot be remedied la situation est sans issue; how can we ~ the loss of our three best players? comment remédier à la perte de nos trois meilleurs joueurs?

remember [rɪ'membəʳ] ◇ vt -1. [recollect - face, person, past event] se souvenir de, se rappeler; don't you ~ me? [in memory] vous ne vous souvenez pas de moi?; [recognize] vous ne me reconnaissez pas?; I ~ him as a child je me souviens de lui enfant; I ~ locking the door je me rappelle avoir OR je me souviens d'avoir fermé la porte à clé; I don't ~ ever going OR having gone there je ne me rappelle pas y être jamais allé; do you ~ me knocking on your door? vous souvenez-vous que j'ai frappé à votre porte?; I can't ~ anything else c'est tout ce dont je me souviens; I ~ when there was no such thing as a paid holiday je me souviens de l'époque où les congés payés n'existaient pas; I can't ~ her name son nom m'échappe, je ne me souviens pas de son nom; I can never ~ names je n'ai aucune mémoire des noms; we have nothing to ~ him by nous n'avons aucun souvenir de lui; she will always be ~ed as a great poet on se souviendra toujours d'elle comme d'un grand poète; as you will ~, the door is always locked vous savez sans doute que la porte est toujours fermée à clef; nobody could ~ such a thing happening before personne n'avait jamais vu une chose pareille se produire. -2. [not forget] penser à, songer à; ~ my advice n'oubliez pas mes conseils; ~ to close the door n'oubliez pas de OR pensez à fermer la porte; we can't be expected to ~ everything nous ne pouvons quand même pas penser à tout; you must ~ that smoking is forbidden n'oubliez pas qu'il est interdit de fumer; that's a date worth ~ing voilà une date qu'il faudrait ne pas oublier; she will ~ you in her prayers elle ne vous oubliera pas OR elle pensera à vous dans ses prières || [be mindful of]:

~ where you are! un peu de tenue, voyons!; ~ **who you're talking to!** à qui croyez-vous parler?; **he ~ed himself just in time** il s'est repris juste à temps. -**3.** [give regards to]: ~ **me to your parents** rappelez-moi au bon souvenir de vos parents; **she asked to be ~ed to you** elle vous envoie son meilleur souvenir. -**4.** [give tip or present to]: **please ~ the driver** n'oubliez pas le chauffeur; **she always ~s me on my birthday** elle n'oublie jamais le jour de mon anniversaire; **he ~ed me in his will** il a pensé à moi dans son testament. -**5.** [commemorate - war] commémorer; [- victims] se souvenir de.
◇ *vi* se souvenir; **I ~ now** maintenant, je m'en souviens; **as far as I can ~** autant qu'il m'en souvienne; **not that I ~** pas que je m'en souvienne; **if I ~ rightly** si je me OR si je m'en souviens bien, si j'ai bonne mémoire.

remembrance [rɪ'membrəns] *n* -**1.** [recollection] souvenir *m*, mémoire *f*; **to the best of my ~** autant qu'il m'en souvienne; **I have no ~ of it** je n'en ai gardé aucun souvenir. -**2.** [memory] souvenir *m*. -**3.** [keepsake] souvenir *m*; **she gave him a ring as a ~ of her** elle lui a donné une bague en souvenir d'elle. -**4.** [commemoration] souvenir *m*, commémoration *f*; ~ **service, service of ~** cérémonie *f* du souvenir, commémoration *f*.
◆ **in remembrance of** *prep phr*: in ~ of sthg/sb en souvenir OR en mémoire de qqch/qqn.

Remembrance Day, Remembrance Sunday *n Br* (commémoration *f* de l') Armistice *m (le dimanche avant ou après le 11 novembre)*.

remind [rɪ'maɪnd] *vt* -**1.** [tell] rappeler à; **to ~ sb to do sthg** rappeler à qqn de faire qqch, faire penser à qqn qu'il faut faire qqch; **to ~ sb about sthg** rappeler qqch à qqn; ~ **him that we're going out** rappelez-lui que nous sortons; **can you ~ me about the bills/to pay the bills?** pouvez-vous me faire penser aux factures/me rappeler qu'il faut payer les factures?; **do I need to ~ you of the necessity for discretion?** inutile de vous rappeler que la discrétion s'impose; **how many times do they have to be ~ed?** combien de fois faut-il le leur rappeler?; **I'm glad you ~ed me** je suis content que vous me l'ayez rappelé; **that ~s me!** à propos!, pendant que j'y pense!; **passengers are ~ed that the duty-free shop will close in five minutes** nous rappelons aux voyageurs que la boutique hors taxe ferme dans cinq minutes. -**2.** [be reminiscent of]: **she ~s me of my sister** elle me rappelle ma sœur; **the music ~ed them of Greece** la musique leur rappelait la Grèce.

reminder [rɪ'maɪndəʳ] *n* [spoken] rappel *m*; [written] pense-bête *m*; ADMIN & COMM rappel *m*; **to give sb a ~ to do sthg** rappeler à qqn qu'il doit faire qqch; **final ~** dernier rappel; **she tied a knot in her handkerchief as a ~** elle a fait un nœud à son mouchoir pour ne pas oublier; **the picture was a ~ of her life in Paris** cette image lui rappelait sa vie à Paris; **their success was a ~ of his own failure** leur réussite lui rappelait son propre échec; **we gave him a gentle ~ that it's her birthday tomorrow** nous lui avons discrètement rappelé que demain c'est son anniversaire.

reminisce [,remɪ'nɪs] *vi* raconter ses souvenirs (avec nostalgie); **to ~ about the past** évoquer le passé OR parler du passé avec nostalgie.

reminiscence [,remɪ'nɪsns] *n* [memory] réminiscence *f*, souvenir *m*.
◆ **reminiscences** *npl* [memoirs] mémoires *mpl*.

reminiscent [,remɪ'nɪsnt] *adj* -**1.** [suggestive]: ~ **of** qui rappelle, qui fait penser à; **in a voice ~ of that of her mother** OR **of her mother's** d'une voix qui fait penser à OR qui rappelle celle de sa mère; **parts of the book are ~ of Proust** on trouve des réminiscences de Proust dans certaines parties du livre, certaines parties du livre rappellent Proust. -**2.** [nostalgic - person, smile] nostalgique.

remiss [rɪ'mɪs] *adj fml* négligent; **he is ~ in his duties** il néglige ses devoirs; **it was rather ~ of you to forget her birthday** c'était un peu négligent OR léger de votre part d'oublier son anniversaire.

remission [rɪ'mɪʃn] *n* -**1.** *Br* JUR [release - from prison sentence] remise *f* (de peine); [- from debt, claim] remise *f*; **he was granted five years' ~ for good behaviour** on lui a accordé une remise de peine de cinq ans pour bonne conduite; ~ **from a debt** remise d'une dette ‖ ADMIN [dispensation] dispense *f*; **he asked for the ~ of a deposit** il a demandé à être dispensé de verser une caution. -**2.** MED & RELIG rémission *f*.

remit [*vb* rɪ'mɪt, *n* 'riːmɪt] (*pt & pp* **remitted**, *cont* **remitting**) ◇ *vt* -**1.** [release - from penalty, sins] remettre; **his sentence was remitted by five years** il a bénéficié d'une remise de peine de cinq ans; **to ~ sb's debt** remettre la dette de qqn, tenir qqn quitte d'une dette; **to ~ sb's sentence** accorder une remise de peine à qqn ‖ [dispense, exonerate - fees, tax] remettre; **his exam fees were remitted** il a été dispensé des droits d'examen. -**2.** [send - money] envoyer; **to ~ a sum of money to sb** envoyer une somme (d'argent) à qqn. -**3.** JUR [case] renvoyer. -**4.** *fml* [defer] différer, remettre. -**5.** *fml* [relax - attention, activity] relâcher.
◇ *vi* -**1.** [lessen - zeal] diminuer; [- attention, efforts] se relâcher; [- storm] s'apaiser, se calmer. -**2.** MED [fever] tomber, diminuer; [disease] régresser.
◇ *n* attributions *fpl*, pouvoirs *mpl*; **that's outside their ~** cela n'entre pas dans (le cadre de) leurs attributions; **our ~ is to...** il nous incombe de...

remittal [rɪ'mɪtl] *n* -**1.** FIN [of debt] remise *f*. -**2.** JUR renvoi *m*.

remittance [rɪ'mɪtns] *n* -**1.** [payment] versement *m*; [settlement] paiement *m*, règlement *m*; **to send a ~ to sb** envoyer un versement à qqn. -**2.** [delivery - of papers, documents] remise *f*.

remittee [rɪ,mɪ'tiː] *n* ADMIN destinataire *mf (d'un envoi de fonds)*.

remittent [rɪ'mɪtnt] *adj* MED rémittent.

remitter, remittor [rɪ'mɪtəʳ] *n* FIN remettant *m*, -e *f*; [of letter, document] porteur *m*.

remix [*vb* ,riː'mɪks, *n* 'riːmɪks] ◇ *vt* [record, recording] remixer, refaire le mixage de.
◇ *n* remix *m*.

remnant ['remnənt] *n* [remains - of meal, material] reste *m*; [vestige - of beauty, culture] vestige *m*; **the ~s of the army/his fortune** ce qui reste de l'armée/de sa fortune.
◆ **remnants** *npl* COMM [unsold goods] invendus *mpl*; [fabric] coupons *mpl* (de tissus); [oddments] fins *fpl* de série.

remodel [,riː'mɒdl] (*Br pt & pp* **remodelled**, *cont* **remodelling**, *Am pt & pp* **remodeled**, *cont* **remodeling**) *vt* remodeler.

remold *Am* = **remould**.

remonstrate ['remənstreɪt] *vi fml* protester; **to ~ with sb** faire des remontrances à qqn; **to ~ against sthg** protester contre qqch.

remorse [rɪ'mɔːs] *n* remords *m*; **he was filled with ~ at what he had done** il était pris de remords en songeant à ce qu'il avait fait; **she felt no ~** elle n'éprouvait aucun remords; **without ~** [with no regret] sans remords; [pitilessly] sans pitié.

remorseful [rɪ'mɔːsfʊl] *adj* plein de remords.

remorsefully [rɪ'mɔːsfʊlɪ] *adv* avec remords.

remorseless [rɪ'mɔːslɪs] *adj* -**1.** [with no regret] sans remords. -**2.** [relentless] implacable, impitoyable.

remorselessly [rɪ'mɔːslɪslɪ] *adv* -**1.** [with no regret] sans remords. -**2.** [relentlessly] impitoyablement, implacablement.

remorselessness [rɪ'mɔːslɪsnɪs] *n* [lack of regret] absence *f* de remords; [relentlessness] absence *f* de pitié.

remortgage [,riː'mɔːgɪdʒ] *vt* [house, property] hypothéquer de nouveau, prendre une nouvelle hypothèque sur.

remote [rɪ'məʊt] *adj* -**1.** [distant - place] éloigné, lointain; [- time, period] lointain, reculé; [- ancestor] éloigné; **in the remotest parts of the continent** au fin fond du continent; **they live in a very ~ area** ils vivent dans un endroit très isolé. -**2.** [aloof - person, manner] distant, froid; [faraway - look] lointain, vague; [- voice] lointain; **she seems very ~** elle semble être très distante OR d'un abord difficile. -**3.** [unconnected - idea, comment] éloigné; **your comments are rather ~ from the subject** vos commentaires n'ont pas grand-chose à voir avec le sujet. -**4.** [slight - chance] petit, faible; [- ressemblance] vague, lointain; **our chances of success are rather ~** nos chances de réussite sont assez minces, nous n'avons que peu de chances de réussir; **it's a ~ possibility** c'est très peu probable; **I haven't the remotest idea** je n'en ai pas la moindre idée. -**5.** COMPUT [terminal] commandé à distance; ~ **job entry** lancement *m* de tâches à distance; ~ **loading** téléchargement *m*; ~ **sensing** télédétection *f*.

remote control *n* télécommande *f*, commande *f* à distance.

remote-controlled *adj* télécommandé.

remotely [rɪ'məʊtlɪ] *adv* -**1.** [slightly] faiblement, vaguement; **the two subjects are only very ~ linked** il n'y a qu'un rapport très lointain entre les deux sujets; **it is ~ possible that I'm mistaken** il n'est pas absolument impossible que je fasse erreur; **she's not ~ interested** ça ne l'intéresse pas le moins du monde OR absolument pas; **I'm not even ~ tired** je ne suis pas fatigué du tout OR absolument pas fatigué. -**2.** [distantly]: **the house is ~ situated** la maison se trouve dans un coin isolé; **they are ~ related** ils sont parents éloignés. -**3.** [aloofly] de façon distante OR hautaine; [dreamily] vaguement, de façon songeuse.

remoteness [rɪ'məʊtnɪs] *n* -**1.** [distance - in space] éloignement *m*, isolement *m*; [- in time] éloignement *m*. -**2.** [aloofness - of person] distance *f*, froideur *f*.

remould *Br*, **remold** *Am* [*vb* ,riː'məʊld, *n* 'riːməʊld] ◇ *vt* -**1.** ART & TECH remouler, refaçonner. -**2.** AUT [tyre] rechaper. -**3.** *fig* [person, character] changer, remodeler.
◇ *n* [tyre] pneu *m* rechapé.

remount [*vb* ,riː'maʊnt, *n* 'riːmaʊnt] ◇ *vt* -**1.** [horse, bicycle] remonter sur; [hill, steps] remonter, gravir à nouveau; [ladder] remonter à OR sur. -**2.** [picture] rentoiler; [photograph] remplacer le support de; [jewel] remonter.
◇ *vi* [on horse, bicycle] remonter.
◇ *n* EQUIT remonte *f*.

removable [rɪ'muːvəbl] *adj* -**1.** [detachable - lining, cover] amovible, détachable. -**2.** [transportable - furniture, fittings] mobile, transportable.

removal [rɪ'muːvl] ◇ *n* -**1.** [of garment, stain, object] enlèvement *m*; [of abuse, evil, threat] suppression *f*; MED [of organ, tumour] ablation *f*; **make-up ~** démaquillage *m*. -**2.** [change of residence] déménagement *m*; **their ~ from Dublin** leur départ de Dublin; **their ~ to Dublin** leur départ pour Dublin; **we haven't notified them of our ~** nous ne les avons pas avertis de notre changement de domicile ‖ [transfer] transfert *m*; **the ~ of the prisoner to a safer place** le transfert OR le déplacement du prisonnier dans un endroit plus sûr. -**3.** [dismissal]: ~ **from office** révocation *f*, renvoi *m*.
◇ *comp* [expenses, firm, van] de déménagement; ~ **man** *Br* déménageur *m*; ~ **van** camion *m* de déménagement.

remove [rɪ'muːv] ◇ *vt* -**1.** [take off, out - clothes, object] enlever, retirer, ôter; [- stain] enlever, faire partir; MED [- organ, tumour] enlever, retirer; **to ~ one's make-up** se démaquiller; **to ~ hair from one's legs** s'épiler les jambes ‖ [take or send away - object] enlever; [- person] faire sortir; **to ~ a picture from the wall** enlever un tableau du mur, décrocher un tableau; **the chairs were ~d to the attic** les chaises ont été mises au grenier; **she was ~d to hospital** elle a été transportée à l'hôpital OR hospitalisée; **the child must be ~d from its mother** il faut retirer l'enfant à sa mère; **death has ~d her from us**

la mort nous l'a enlevée; **the soldiers were ~d to the front** on envoya les soldats au front; **she ~d herself to her room** *fml* elle se retira dans sa chambre; **~ the prisoner!** [in courtroom] qu'on emmène le prisonnier! || [dismiss - employee] renvoyer; [- official] révoquer, destituer; **his opponents had him ~d from office** ses opposants l'ont fait révoquer. -**2.** [suppress - clause, paragraph] supprimer; [- suspicion, doubt, fear] dissiper; **all obstacles have been ~d** tous les obstacles ont été écartés; **does this ~ your objection?** est-ce que cela répond à votre objection?; **his name was ~d from the list** son nom ne figure plus sur la liste || *euph* [kill] faire disparaître, tuer; **I want him ~d** je veux qu'on le fasse disparaître.

◇ *vi fml* -**1.** [firm, premises, family] déménager; **our office ~d to Glasgow** notre service s'est installé à Glasgow. -**2.** [person - go]: **she ~d to her room** elle se retira dans sa chambre.

◇ *n* -**1.** [distance] distance *f*; **this is but one ~ from blackmail** ça frôle le chantage; **it's several ~s** OR **a far ~ from what we need** ce n'est vraiment pas ce qu'il nous faut; **it's only a slight ~ from his usual themes** ça ne diffère pas beaucoup de ses thèmes habituels. -**2.** [degree of kinship] degré *m* de parenté.

removed [rɪ'muːvd] *adj*: **to be far ~ from** être très éloigné OR loin de; **what you say is not far ~ from the truth** ce que vous dites n'est pas bien éloigné de la vérité; **one stage ~ from insanity** au bord de la folie ❑ **first cousin once/twice ~** cousin *m*, cousine *f* au premier/deuxième degré.

remover [rɪ'muːvəʳ] *n* -**1.** [of furniture] déménageur *m*. -**2.** [solvent]: **nail-varnish ~** dissolvant *m* (pour vernis à ongles); **paint ~** décapant *m* (pour peinture); **stain ~** détachant *m*.

remunerate [rɪ'mjuːnəreɪt] *vt* rémunérer.

remuneration [rɪˌmjuːnə'reɪʃn] *n* rémunération *f*; **to receive ~ for sthg** être rémunéré OR payé pour qqch.

remunerative [rɪ'mjuːnərətɪv] *adj* rémunérateur.

renaissance [rə'neɪsəns] ◇ *n* renaissance *f*; **the Renaissance** ART & HIST la Renaissance.

◇ *comp* [art, painter] de la Renaissance; [palace, architecture, style] Renaissance *(inv)*.

Renaissance man *n* homme *m* aux talents multiples.

renal ['riːnl] *adj* rénal.

rename [ˌriː'neɪm] *vt* rebaptiser.

renascence [rɪ'næsns] *n* renaissance *f*.

renascent [rɪ'næsnt] *adj* renaissant.

renationalization [riːˌnæʃnəlaɪ'zeɪʃn] *n* renationalisation *f*.

renationalize, -ise [riː'næʃnəlaɪz] *vt* renationaliser.

rend [rend] (*pt* & *pp* **rent** [rent]) *vt lit* -**1.** [tear - fabric] déchirer; [- wood, armour] fendre; *fig* [- silence, air] déchirer; **the country was rent in two by political strife** le pays était profondément divisé par les conflits politiques; **a flash of lightning rent the sky** un éclair déchira le ciel; **to ~ sb's heart** fendre le cœur à qqn. -**2.** [wrench] arracher; **the child was rent from its mother's arms** on a arraché l'enfant des bras de sa mère.

render ['rendəʳ] *vt* -**1.** [deliver - homage, judgment, verdict] rendre; [- assistance] prêter; [- help] fournir; [submit - bill, account] présenter, remettre; **to ~ an account of sthg** [explain] rendre compte de qqch; COMM remettre OR présenter le compte de qqch; **account ~ed** COMM rappel *m* de facture; **to ~ sb a service** rendre (un) service à qqn; **to ~ an explanation of sthg** fournir une explication à qqch; **to ~ thanks to sb** remercier qqn, faire des remerciements à qqn; **to ~ thanks to God** rendre grâce à Dieu ❑ **~ unto Caesar the things that are Caesar's** BIBLE rendez à César ce qui appartient à César *phr*. -**2.** [cause to become] rendre; **a misprint ~ed the text incomprehensible** une coquille rendait le texte incompréhensible. -**3.** [perform - song, piece of music] interpréter; [convey - atmosphere, spirit] rendre, évoquer. -**4.** [translate] rendre, traduire; **~ed into English** rendu OR traduit en anglais. -**5.** CULIN faire fondre. -**6.** CONSTR crépir, enduire de crépi.

◆ **render down** *vt sep Br* CULIN faire fondre; [reduce] réduire.

◆ **render up** *vt sep lit* [fortress] rendre; [hostage] libérer, rendre; [secret] livrer.

rendering ['rendərɪŋ] *n* -**1.** [performance - of song, play, piece of music] interprétation *f*. -**2.** [evocation - of atmosphere, spirit] évocation *f*. -**3.** [translation] traduction *f*. -**4.** CONSTR crépi *m*.

rendezvous ['rɒndɪvuː] (*pl inv* ['rɒndɪvuːz]) ◇ *n* -**1.** [meeting] rendez-vous *m*. -**2.** [meeting place] lieu *m* de rendez-vous.

◇ *vi* [friends] se retrouver; [group, party] se réunir; **to ~ with sb** rejoindre qqn; **the boats ~ed successfully after the operation** les bateaux se sont retrouvés comme prévu après l'opération.

rendition [ren'dɪʃn] *n* -**1.** [of poem, piece of music] interprétation *f*. -**2.** [translation] traduction *f*. -**3.** *arch* [surrender] reddition *f*.

renegade ['renɪgeɪd] ◇ *n* renégat *m*, -e *f*.

◇ *adj* renégat.

renege [rɪ'niːg] *vi* [in cards] faire une renonce.

◆ **renege on** *vt insep* [responsibilities] manquer à; [agreement] revenir sur; **to ~ on a promise/contract** revenir sur sa parole/un contrat.

renegotiate [ˌriːnɪ'gəʊʃɪeɪt] *vi* & *vt* renégocier.

renegue [rɪ'niːg] = **renege**.

renew [rɪ'njuː] *vt* -**1.** [extend validity - passport, library book] renouveler; [- contract, lease] renouveler, reconduire; **to ~ one's subscription to sthg** renouveler son abonnement OR se réabonner à qqch. -**2.** [repeat - attack, promise, threat] renouveler; [restart - correspondence, negotiations] reprendre; **to ~ one's acquaintance with sb** renouer avec qqn || [increase - strength] reconstituer, reprendre; **to ~ one's efforts to do sthg** redoubler d'efforts pour faire qqch. -**3.** [replace - supplies] renouveler, remplacer; [- batteries, mechanism] remplacer, changer.

renewable [rɪ'njuːəbl] *adj* renouvelable.

renewal [rɪ'njuːəl] *n* -**1.** [extension - of validity] renouvellement *m*; [restart - of negotiations, hostilities] reprise *f*; [- of acquaintance] fait *m* de renouer; [increase - of energy, enthusiasm, hope] regain *m*; [repetition - of promise, threat] renouvellement *m*. -**2.** [renovation] rénovation *f*. -**3.** RELIG renouveau *m*.

renewed [rɪ'njuːd] *adj* [confidence, hope] renouvelé; [vigour, force] accru; **with ~ enthusiasm** avec un regain d'enthousiasme; **~ outbreaks of fighting** recrudescence *f* des combats.

rennet ['renɪt] *n* -**1.** [for cheese, junket] presure *f*. -**2.** ZOOL caillette *f*.

renounce [rɪ'naʊns] ◇ *vt* [claim, title] abandonner, renoncer à; [faith, principle, habit] renoncer à, renier; [treaty] dénoncer; **to ~ the world** renoncer au monde.

◇ *vi* [in cards] renoncer.

renovate ['renəveɪt] *vt* remettre à neuf, rénover.

renovation [ˌrenə'veɪʃn] *n* remise *f* à neuf, rénovation *f*.

renown [rɪ'naʊn] *n* renommée *f*, renom *f*; **a man of great ~** un homme de grand renom.

renowned [rɪ'naʊnd] *adj* renommé, célèbre, réputé; **to be ~ for sthg** être connu OR célèbre pour qqch.

rent [rent] ◇ *pt* & *pp* → **rend**.

◇ *vt* -**1.** [subj: tenant, hirer] louer, prendre en location; **to ~ sthg from sb** louer qqch à qqn; **they ~ed a car for the holidays** ils ont loué une voiture pour les vacances; **their house must be expensive to ~** le loyer de leur maison doit être élevé. -**2.** [subj: owner] louer, donner en location; **to ~ sthg (out) to sb** louer qqch à qqn.

◇ *n* -**1.** [for apartment, house] loyer *m*; [for farm] loyer *m*, fermage *m*; [for car, television] (prix *m* de) location *f*; **to live in an apartment ~-free** habiter un appartement sans payer de loyer; **for ~** à louer. -**2.** ECON loyer *m*. -**3.** [tear] déchirure *f*. -**4.** [split - in movement, party] rupture *f*, scission *f*.

rent-a-car *n* location *f* de voitures.

rent-a-crowd *inf*, **rent-a-mob** *inf Br n* [protestors] agitateurs *mpl* professionnels; [audience, supporters] claque *f*.

rental ['rentl] ◇ *n* -**1.** [hire agreement - for car, house, TV, telephone] location *f*. -**2.** [payment - for property, land] loyer *m*; [- for TV, car, holiday accommodation] (prix *m* de) location *f*; [- for telephone] abonnement *m*, redevance *f*. -**3.** [income] (revenu *m* des) loyers *mpl*. -**4.** *Am* [apartment] appartement *m* en location; [house] maison *f* en location; [land] terrain *m* en location.

◇ *adj* [agency] de location; **~ agreement** contrat *m* de location; **~ charge** [for telephone] abonnement *m*; [for TV, car] prix *m* de location; **~ library** *Am* bibliothèque *f* de prêt.

rent book *n* carnet *m* de quittances de loyer.

rent boy *n* jeune prostitué *m (pour hommes)*.

rent collector *n* receveur *m*, -euse *f* des loyers.

rent control *n* contrôle *m* des loyers.

rent-controlled *adj* dont le loyer est contrôlé.

rented ['rentɪd] *adj* loué, de location.

rent-free ◇ *adj* exempt de loyer.

◇ *adv* sans payer de loyer, sans avoir de loyer à payer.

rent rebate *n* réduction *f* de loyer.

rent-roll *n Br* [register] registre *m* de l'état des loyers; [income] revenu *m* des loyers.

rent strike *n* grève *f* des loyers.

rent tribunal *n* commission *f* de contrôle des loyers.

renumber [ˌriː'nʌmbəʳ] *vt* renuméroter.

renunciation [rɪˌnʌnsɪ'eɪʃn] *n* -**1.** [of authority, claim, title] renonciation *f*, abandon *m*; [of faith, religion] renonciation *f*, abjuration *f*; [of principle] abandon *m*, répudiation *f*; [of treaty] dénonciation *f*. -**2.** JUR répudiation *f*.

reoccupy [ˌriː'ɒkjʊpaɪ] (*pt* & *pp* **reoccupied**) *vt* réoccuper.

reopen [ˌriː'əʊpn] ◇ *vt* -**1.** [door, border, book, bank account] rouvrir. -**2.** [restart - hostilities] reprendre; [- debate, negotiations] reprendre, rouvrir.

◇ *vi* -**1.** [door, wound] se rouvrir; [shop, theatre] rouvrir; [school - after holiday] reprendre. -**2.** [negotiation] reprendre.

reopening [ˌriː'əʊpnɪŋ] *n* [of shop] réouverture *f*; [of negotiations] reprise *f*.

reorder [*vb* ˌriː'ɔːdəʳ, *n* 'riːɔːdəʳ] ◇ *vt* -**1.** COMM [goods, supplies] commander de nouveau, faire une nouvelle commande de. -**2.** [rearrange - numbers, statistics, objects] reclasser, réorganiser.

◇ *n* COMM nouvelle commande *f*.

reorganization [ˈriːˌɔːgənaɪ'zeɪʃn] *n* réorganisation *f*.

reorganize, -ise [ˌriː'ɔːgənaɪz] ◇ *vt* réorganiser.

◇ *vi* se réorganiser.

rep [rep] *n* -**1.** *inf* COMM (*abbr of* **representative**) VRP *m*. -**2.** *abbr of* **repertory**. -**3.** TEX reps *m*. -**4.** *inf Am abbr of* **reputation**.

Rep *n Am abbr of* **Representative**.

repack [ˌriː'pæk] *vt* [goods] remballer, emballer de nouveau; [suitcase] refaire.

repackage [ˌriː'pækɪdʒ] *vt* -**1.** [goods] remballer. -**2.** *Am* [public image] redorer *fig*.

repaint [ˌriː'peɪnt] *vt* repeindre.

repair [rɪ'peəʳ] ◇ *vt* -**1.** [mend - car, tyre, machine] réparer; [- road, roof] réparer, refaire; [- clothes] raccommoder; [- hull] radouber, caréner; [- tights] repriser; **he ~ed the hole in his trousers** il a raccommodé son pantalon; **she ~ed her tights** elle a reprisé ses bas; **to have one's shoes ~ed** faire réparer ses chaussures. -**2.** [make amends for - error, injustice] réparer, remédier à.

◇ *vi fml* OR *hum* aller, se rendre; **let us ~ to bed** allons nous coucher.

◇ *n* -**1.** [mending - of car, machine, roof] réparation *f*, remise *f* en état; [- of clothes] raccommodage *m*; [- of shoes] réparation *f*; [- of road] réfection *f*, remise *f* en état; NAUT radoub *m*; to carry out **~s to** OR **on sthg** effectuer des réparations sur qqch; **to be under ~** être en réparation; **'road under ~'** 'travaux'; **'closed for ~s'** 'fermé pour (cause de) travaux'; **'road ~s'** réfection de la chaussée; **the bridge was damaged beyond ~** le pont avait subi des dégâts irréparables; **the ~s to the car cost him a fortune** les travaux de réparation OR les réparations sur la voiture lui ont coûté une fortune ❑ **~ kit** trousse *f* à outils. -**2.** [condition] état *m*; **to be in good/bad ~** être en bon/mauvais état; **to keep sthg in good ~** bien entretenir qqch; **the road is in a terrible state of ~** la route est très mal entretenue OR en très mauvais état.

repairable [rɪ'peərəbl] *adj* réparable.

repairer [rɪ'peərəʳ] *n* réparateur *m*, -trice *f*.

repairman [rɪ'peəmən] (*pl* **repairmen** [-mən]) *n* réparateur *m*.

repaper [,riː'peɪpəʳ] *vt* retapisser.

reparable ['repərəbl] *adj* réparable.

reparation [,repə'reɪʃn] *n* -**1.** *fml* [amends] réparation *f*; **to make ~s for sthg** réparer qqch *fig*. -**2.** *(usu pl)* [damages - after war, invasion etc] réparations *fpl*.

repartee [,repɑː'tiː] *n* -**1.** [witty conversation] esprit *m*, repartie *f*; **to be good at ~** avoir la repartie facile, avoir de la repartie. -**2.** [witty comment] repartie *f*, réplique *f*.

repartition [,riːpɑː'tɪʃn] ◇ *n* répartition *f*.
◇ *vt* redistribuer, répartir de nouveau.

repast [rɪ'pɑːst] *n fml* repas *m*.

repatriate [*vb* ,riː'pætrɪeɪt, *n* riː'pætrɪət]
◇ *vt* rapatrier.
◇ *n* rapatrié *m*, -e *f*.

repatriation [,riːpætrɪ'eɪʃn] *n* rapatriement *m*.

repay [riː'peɪ] (*pt* & *pp* **repaid** [-'peɪd]) *vt* -**1.** [refund - creditor, loan] rembourser; **to ~ a debt** *literal* rembourser une dette; *fig* s'acquitter d'une dette; **he repaid her the money she had lent him** il lui a remboursé l'argent qu'elle lui avait prêté. -**2.** [return - visit] rendre; [- hospitality, kindness] rendre, payer de retour; **how can I ever ~ you (for your kindness)?** comment pourrai-je jamais vous remercier (pour votre gentillesse)?; **to ~ good for evil** rendre le bien pour le mal ‖ [reward - efforts, help] récompenser; **to be repaid for one's efforts/persistence** être récompensé de ses efforts/sa persévérance; **her generosity was repaid with indifference** tout ce qu'elle a obtenu en échange de sa générosité, c'est de l'indifférence.

repayable [riː'peɪəbl] *adj* remboursable; **the amount is ~ in five years** la somme est remboursable sur cinq ans OR en cinq annuités.

repayment [riː'peɪmənt] *n* -**1.** [of money, loan] remboursement *m*; **~s can be spread over 12 months** les remboursements peuvent être échelonnés sur 12 mois; **mortgage ~s** remboursement *m* de prêt-logement. -**2.** [reward - for kindness, effort] récompense *f*.

repeal [rɪ'piːl] ◇ *vt* [law] abroger, annuler; [prison sentence] annuler; [decree] rapporter, révoquer.
◇ *n* [law] abrogation *f*; [prison sentence] annulation *f*; [decree] révocation *f*.

repeat [rɪ'piːt] ◇ *vt* -**1.** [say again - word, secret, instructions] répéter; [- demand, promise] répéter, réitérer; **you're ~ing yourself** vous vous répétez; **I don't dare ~ what he said** je n'ose pas répéter ce qu'il a dit; **it doesn't bear ~ing** [rude] c'est trop grossier pour être répété; [trivial] ça ne vaut pas la peine d'être répété. -**2.** [redo, reexecute - action, attack, mistake] répéter, renouveler; MUS reprendre; **I wouldn't like to ~ the experience** je n'aimerais pas renouveler l'expérience; **it's history ~ing itself** c'est l'histoire qui se répète; **the same little ritual is ~ed every morning** le même petit rituel se renouvelle chaque matin; **the pattern ~s itself** le motif se répète. -**3.** RADIO & TV [broadcast] rediffuser. -**4.** COMM [order, offer] renouveler. -**5.** SCH & UNIV [class, year] redoubler.
◇ *vi* -**1.** [say again] répéter; **I ~, I have never heard of him** je le répète, je n'ai jamais entendu parler de lui; **I shall never, ~ never, go there again** je n'y retournerai jamais, mais alors ce qui s'appelle jamais; **~ after me** SCH répétez après moi. -**2.** [recur] se répéter, se reproduire; MATH se reproduire périodiquement. -**3.** [food] donner des renvois; **onions always ~ on me** les oignons me donnent toujours des renvois. -**4.** *Am* POL voter plus d'une fois *(à une même élection)*. -**5.** [watch, clock] être à répétition.
◇ *n* -**1.** [gen] répétition *f*; **~ function** COMPUT fonction *f* de répétition. -**2.** MUS [passage] reprise *f*; [sign] signe *m* de reprise. -**3.** RADIO & TV [broadcast] rediffusion *f*, reprise *f*.
◇ *comp* [order, visit] renouvelé; **~ offender** récidiviste *mf*; **~ prescription** ordonnance *f* *(de renouvellement d'un médicament)*; **she gave me a ~ prescription** elle a renouvelé mon ordonnance.

repeatable [rɪ'piːtəbl] *adj* susceptible d'être répété; **what he said is not ~** je n'ose pas répéter ce qu'il a dit.

repeated [rɪ'piːtɪd] *adj* répété.

repeatedly [rɪ'piːtɪdlɪ] *adv* à plusieurs OR maintes reprises; **you have been told ~ not to play by the canal** on vous a dit cent fois OR on vous a souvent dit de ne pas jouer près du canal; **I've ~ said that I can't come on Mondays** j'ai répété à maintes reprises OR j'ai bien dit que je ne pouvais (pas) venir le lundi.

repeater [rɪ'piːtəʳ] *n* -**1.** [clock] pendule *f* à répétition; [alarm] réveil *m* à répétition. -**2.** [gun] fusil *m* à répétition. -**3.** ELEC répéteur *m*. -**4.** *Am* SCH redoublant *m*, -e *f*. -**5.** *Am* POL électeur *m*, -trice *f* qui vote plus d'une fois *(à une même élection)*.

repeating [rɪ'piːtɪŋ] *adj* -**1.** MATH périodique. -**2.** [gun] à répétition.

repeating decimal *n* fraction *f* décimale périodique.

repeat performance *n* THEAT deuxième représentation *f*; **we don't want a ~ of last year's chaos** *fig* nous ne voulons pas que le désordre de l'année dernière se reproduise; **to give a ~** *pej* jouer la même comédie.

repechage [,repə'ʃɑːʒ] *n* repêchage *m* SPORT.

repel [rɪ'pel] (*pt* & *pp* **repelled**, *cont* **repelling**)
◇ *vt* -**1.** [drive back - attacker, advance, suggestion] repousser. -**2.** [disgust - subj: unpleasant sight, smell etc] rebuter, dégoûter; **the sight of blood repelled him** la vue du sang lui soulevait le cœur OR le dégoûtait. -**3.** ELEC & PHYS repousser.
◇ *vi* ELEC & PHYS se repousser.

repellent, repellant [rɪ'pelənt] ◇ *adj* repoussant, répugnant; **to find sb/sthg ~** éprouver de la répugnance pour qqn/qqch.
◇ *n* -**1.** [for insects] insecticide *m*; [for mosquitoes] anti moustiques *m inv*. -**2.** [for waterproofing] imperméabilisant *m*.

repent [rɪ'pent] ◇ *vi* se repentir; **to ~ of sthg** se repentir de qqch.
◇ *vt* se repentir de.

repentance [rɪ'pentəns] *n* repentir *m*.

repentant [rɪ'pentənt] *adj* repentant.

repercussion [,riːpə'kʌʃn] *n* -**1.** [consequence] répercussion *f*, retentissement *m*, contrecoup *m*; **to have ~s on** avoir des répercussions sur; **the scandal has had serious ~s on his family life** le scandale a eu de sérieuses répercussions sur sa vie familiale; **the ~s of the affair** les répercussions OR le contrecoup de l'affaire. -**2.** [echo] répercussion *f*.

repertoire ['repətwɑːʳ] *n literal* & *fig* répertoire *m*.

repertory ['repətrɪ] (*pl* **repertories**) *n* -**1.** THEAT: **to be OR to act in ~** faire partie d'une troupe de répertoire, jouer dans un théâtre de répertoire; **~ (theatre)** théâtre *m* de répertoire. -**2.** = **repertoire**.

repertory company *n* compagnie *f* OR troupe *f* de répertoire.

repetition [,repɪ'tɪʃn] *n* -**1.** [of words, orders] répétition *f*. -**2.** [of action, activity] répétition *f*, renouvellement *m*; **I don't want any ~ of this disgraceful behaviour** je ne veux plus vous voir vous conduire de cette façon scandaleuse. -**3.** MUS reprise *f*.

repetitious [,repɪ'tɪʃəs] *adj* plein de répétitions OR de redites.

repetitive [rɪ'petɪtɪv] *adj* [activity, work, rhythm] répétitif, monotone; [song, speech] plein de répétitions; [person] qui se répète.

rephrase [,riː'freɪz] *vt* reformuler; **can you ~ that remark/question?** pouvez-vous formuler cette remarque/question autrement?

repine [rɪ'paɪn] *vi lit* [be sad] languir, dépérir; [complain] maugréer.

replace [rɪ'pleɪs] *vt* -**1.** [put back] replacer, remettre (à sa place OR en place); **to ~ the receiver** [on telephone] reposer le combiné, raccrocher (le téléphone). -**2.** [person] remplacer; [mechanism, tyres] remplacer; **you can go if you find someone to ~ you** vous pouvez partir si vous vous faites remplacer par quelqu'un; **to ~ a worn part by** OR **with a new one** remplacer une pièce usée (par une pièce neuve).

replaceable [rɪ'pleɪsəbl] *adj* remplaçable; **he is easily ~** on peut le remplacer facilement.

replacement [rɪ'pleɪsmənt] ◇ *n* -**1.** [putting back] remise *f* en place. -**2.** [substitution] remplacement *m*; **the ~ of damaged books** le remplacement des livres endommagés. -**3.** [person] remplaçant *m*, -e *f*. -**4.** [engine or machine part] pièce *f* de rechange; [product] produit *m* de remplacement.
◇ *comp* [part] de rechange; [person] remplaçant; **~ teacher** (professeur *m*) suppléant *m*, remplaçant *m*, -e *f* SCOL.

replant [,riː'plɑːnt] *vt* replanter.

replay [*n* 'riːpleɪ, *vb* ,riː'pleɪ] ◇ *n* -**1.** TV ralenti *m*; **the ~ clearly shows the foul** on voit bien la faute au ralenti. -**2.** SPORT match *m* rejoué.
◇ *vt* [match] rejouer; [record, piece of film, video] repasser.

replenish [rɪ'plenɪʃ] *vt fml* -**1.** [restock - cellar, stock] réapprovisionner; **to ~ one's supplies of sthg** se réapprovisionner en qqch. -**2.** [refill - glass] remplir de nouveau; **to ~ one's glass** se resservir à boire.

replenishment [rɪ'plenɪʃmənt] *n fml* [of stock, supplies] réapprovisionnement *m*; [of glass] remplissage *m*.

replete [rɪ'pliːt] *adj fml* [full] rempli, plein; [person - full up] rassasié; **to be ~ with** [food] être repu OR rassasié de; [fuel, supplies] être (bien) ravitaillé en.

repletion [rɪ'pliːʃn] *n fml* satiété *f*; **to eat to ~** se rassasier, manger à satiété.

replica ['replɪkə] *n* [of painting, model, sculpture] réplique *f*, copie *f*; [of document] copie *f* (exacte); **she is the exact ~ of her mother** c'est la réplique vivante OR exacte de sa mère.

replicate ['replɪkeɪt] ◇ *vt* [reproduce] reproduire; **certain cells ~ themselves** BIOL certaines cellules se reproduisent par mitose.
◇ *vi* BIOL se reproduire par mitose.

replication [,replɪ'keɪʃn] *n* [gen] reproduction *f*; BIOL reproduction *f* par mitose.

reply [rɪ'plaɪ] (*pl* **replies**, *pt* & *pp* **replied**)
◇ *n* -**1.** [answer] réponse *f*; [retort] réplique *f*; **he made no ~** il n'a pas répondu. -**2.** JUR réplique *f*.
◇ *vt* [answer] répondre; [retort] répliquer, rétorquer; **"I don't know", she replied** «je ne sais pas», répondit-elle; **what did you ~?** qu'avez-vous répondu?
◇ *vi* répondre; **to ~ to sb** répondre à qqn; **have you replied to their offer/letter?** avez-vous répondu à leur offre/lettre?
◆ **in reply to** *prep phr* en réponse à; **to say sthg in ~ to sb/sthg** dire qqch en réponse à qqn/qqch; **in ~ to your letter** en réponse à votre lettre.

reply coupon *n* coupon-réponse *m*.

reply-paid *adj Br* avec réponse payée; **~ letter** lettre *f* avec réponse payée.

repoint [,riː'pɔɪnt] *vt* CONSTR rejointoyer.

report [rɪ'pɔːt] ◇ *vt* -**1.** [announce] annoncer, déclarer, signaler; **the discovery of a new**

vaccine is ~ed on annonce la découverte d'un nouveau vaccin; it is ~ed from Delhi that a ten-year contract has been signed on annonce à Delhi qu'un contrat de dix ans a été signé; to ~ the position of a ship signaler la position d'un navire; the company ~s a profit for the first time in five years l'entreprise annonce un bénéfice pour la première fois depuis cinq ans; the doctors ~ his condition as comfortable les médecins déclarent son état satisfaisant. -**2.** [subj: press, media - event, match] faire un reportage sur; [- winner] annoncer; [- debate] faire le compte rendu de; **the newspapers ~ heavy casualties** les journaux font état de nombreuses victimes; **our correspondent ~s that troops have left the city** notre correspondant nous signale que des troupes ont quitté la ville; **her resignation is ~ed in several papers** sa démission est annoncée dans plusieurs journaux; **the speech was ~ed in the 8 o'clock news bulletin** il y avait un compte rendu du discours dans le bulletin d'informations de 20 h; **~ing restrictions were not lifted** JUR l'interdiction faite aux journalistes de rapporter les débats n'a pas été levée || [unconfirmed news]: **it is ~ed that a woman drowned** une femme se serait noyée; **the plane is ~ed to have crashed in the jungle** l'avion se serait écrasé dans la jungle; **he is ~ed to have left** OR **as having left the country** il aurait quitté le pays. -**3.** [give account of] faire état de, rendre compte de; **the police have ~ed some progress in the fight against crime** la police a annoncé des progrès dans la lutte contre la criminalité; **to ~ one's findings** [in research] rendre compte des résultats de ses recherches; [in inquiry, commission] présenter ses conclusions. -**4.** [burglary, disappearance, murder] signaler; [wrongdoer] dénoncer, porter plainte contre; **I'd like to ~ an accident** je voudrais signaler un accident; **to ~ sb missing (to the police)** signaler la disparition de qqn (à la police); **to be ~ed missing/dead** être porté disparu/au nombre des morts; **nothing to ~** rien à signaler; **they were ~ed to the police for vandalism** on les a dénoncés à la police pour vandalisme; **the school ~ed the boy's rudeness to his parents** l'école a signalé l'insolence du garçon à ses parents. -**5.** *fml* [present]: **to ~ o.s. for duty** se présenter au travail.

◇ *vi* -**1.** [make a report - committee] faire son rapport, présenter ses conclusions; [- police] faire un rapport; [- journalist] faire un reportage; **to ~ on sthg** ADMIN faire un rapport sur qqch; PRESS faire un reportage sur qqch; **to ~ on a murder case** faire un rapport sur un meurtre; **to ~ on an aircraft hijacking** faire un reportage sur un détournement d'avion; **she's ~ing on the train crash** elle fait un reportage sur l'accident de train; **he ~s for the BBC** il est reporter OR journaliste à la BBC; **this is Keith Owen, ~ing from Moscow for CBS** de Moscou, pour la CBS, Keith Owen. -**2.** [in hierarchy]: **to ~ to sb** être sous les ordres de qqn; **I ~ directly to the sales manager** je dépends directement du chef des ventes. -**3.** [present o.s.] se présenter; **~ to my office** présentez-vous à mon bureau; **to ~ for duty** prendre son service, se présenter au travail; **~ to the sergeant when you arrive** [go and see] présentez-vous au sergent à votre arrivée; [give account] faites votre rapport au sergent quand vous arriverez; **to ~ to base** MIL [go] se présenter à la base; [contact] contacter la base; **to ~ to barracks** OR **to one's unit** MIL rallier son unité; **to ~ sick** se faire porter malade.

◇ *n* -**1.** [account, review] rapport *m*; **to draw up** OR **to make a ~ on sthg** faire un rapport sur qqch; **he gave an accurate ~ of the situation** il a fait un rapport précis sur la situation; **official/police ~** rapport officiel/de police || [summary - of speech, meeting] compte rendu *m*; [official record] procès-verbal *m*; **his ~ on the meeting** son compte rendu de la réunion || COMM & FIN [review] rapport *m*; [balance sheet] bilan *m*; **sales ~** rapport *m* OR bilan *m* commercial. -**2.** [in media] reportage *m*; [investigation] enquête *f*; [bulletin] bulletin *m*; **to do a ~ on sthg** faire un reportage OR une enquête sur qqch; **here is a ~ from Keith Owen** RADIO & TV voici le reportage de Keith Owen; **according to newspaper/intelligence ~s** selon les journaux/les services de renseignements || [allegation] allégation *f*, rumeur *f*; [news] nouvelle *f*; **we have had ~s of several burglaries in city stores** on nous a signalé plusieurs cambriolages dans les magasins du centre-ville; **there are ~s of civil disturbances in the North** il y aurait des troubles dans le Nord; **~s are coming in of an earthquake** on parle d'un tremblement de terre; **I only know it by ~** je ne le sais que par ouï-dire, j'en ai seulement entendu parler; **news/weather ~** bulletin d'informations/météorologique. -**3.** *Br* SCH: **(school) ~** bulletin *m* (scolaire); **end of term ~** bulletin *m* trimestriel. -**4.** JUR [of court proceedings] procès-verbal *m*; **law ~s** recueil *m* de jurisprudence. -**5.** *fml* [repute] renom *m*, réputation *f*; **a man of good/evil ~** un homme de bonne/mauvaise réputation. -**6.** [sound - of explosion, shot] détonation *f*.

◆ **report back** ◇ *vi insep* -**1.** [return - soldier] regagner ses quartiers, rallier son régiment; [- journalist, salesman] rentrer; **to ~ back to headquarters** MIL rentrer au quartier général; [salesman, clerk] rentrer au siège; **I have to ~ back to the office** il faut que je repasse au bureau; **what time did he ~ back?** à quelle heure est-il rentré OR était-il de retour? -**2.** [present report] présenter son rapport; **the commission must first ~ back to the minister** la commission doit d'abord présenter son rapport au ministre; **can you ~ back on what was discussed?** pouvez-vous rapporter ce qui a été dit?; **please ~ back to me before you decide anything** veuillez vous en référer à moi avant de prendre une décision.

◇ *vt sep* [results, decision] rapporter, rendre compte de.

◆ **report out** *vt sep Am* POL [bill, legislation] renvoyer après examen.

reportage [,repɔː'tɑːʒ] *n* reportage *m*.

report card *n* SCH bulletin *m* OR carnet *m* scolaire.

reported [rɪ'pɔːtɪd] *adj*: **there have been ~ sightings of dolphins off the coast** on aurait vu des dauphins près des côtes; **the last ~ sighting of the aircraft** la dernière fois que l'on a vu l'avion; **what was their last ~ position?** où ont-ils été signalés pour la dernière fois?

reportedly [rɪ'pɔːtɪdlɪ] *adv*: **he is ~ about to resign** il serait sur le point de démissionner; **300 people have ~ been killed** 300 personnes auraient été tuées.

reported speech *n* GRAMM style *m* OR discours *m* indirect; **in ~** en style indirect.

reporter [rɪ'pɔːtə^r] *n* -**1.** [for newspaper] journaliste *mf*, reporter *m*; RADIO & TV reporter *m*. -**2.** [scribe - in court] greffier *m*, -ère *f*; [- in parliament] sténographe *mf*.

report stage *n Br* POL *examen d'un projet de loi avant la troisième lecture*; **the bill has reached ~** ≃ le projet de loi vient de passer en commission.

repose [rɪ'pəʊz] ◇ *vt fml* -**1.** [rest] reposer; **to ~ o.s.** se reposer. -**2.** [place - confidence, trust] mettre, placer.

◇ *vi* -**1.** [rest - person] se reposer; [- the dead] reposer. -**2.** [be founded - belief, theory] reposer; **to ~ on firm evidence** reposer sur des preuves solides.

◇ *n fml* repos *m*; **in ~** au OR en repos; **to pray for the ~ of a soul** prier pour le repos d'une âme.

reposition [,riːpə'zɪʃn] *vt* repositionner.

repository [rɪ'pɒzɪtrɪ] (*pl* **repositories**) *n* -**1.** [storehouse - large] entrepôt *m*; [- smaller] dépôt *m*. -**2.** [of knowledge, secret] dépositaire *mf*.

repossess [,riːpə'zes] *vt* reprendre possession de; JUR saisir; **they have** OR **their house has been ~ed** leur maison a été mise en saisie immobilière.

repossession [,riːpə'zeʃn] *n* reprise *f* de possession; JUR saisie *f*.

repossession order *n* ordre *m* de saisie.

repot [,riː'pɒt] (*pt* & *pp* **repotted**, *cont* **repotting**) *vt* [plant] rempoter.

repp [rep] = **rep 3**.

reprehend [,reprɪ'hend] *vt* [person] réprimander; [conduct, action] condamner, désavouer.

reprehensible [,reprɪ'hensəbl] *adj* répréhensible.

reprehensibly [,reprɪ'hensəblɪ] *adv* de façon répréhensible.

reprehension [,reprɪ'henʃn] *n fml* [rebuke] réprimande *f*; [criticism] condamnation *f*.

represent [,reprɪ'zent] *vt* -**1.** [symbolize - subj: diagram, picture, symbol] représenter; **the statue ~s peace** la statue représente OR symbolise la paix; **what does the scene ~?** que représente la scène? -**2.** [depict] représenter, dépeindre; [describe] décrire; **he ~ed her as a queen** il l'a peinte sous les traits d'une reine. -**3.** [constitute - achievement, change] représenter, constituer; **this new development ~s a danger to world peace** ce fait nouveau représente un danger pour la paix mondiale; **the book ~s five years' work** le livre représente cinq années de travail. -**4.** POL [voters, members] représenter; **she ~s Tooting** elle est députée de OR elle représente la circonscription de Tooting || [be delegate for - subj: person] représenter; **the President was ~ed by the ambassador** le Président était représenté par l'ambassadeur; **I ~ the agency** je viens de la part de l'agence; **the best lawyers are ~ing the victims** les victimes sont représentées par les meilleurs avocats || [opinion] représenter; **the voice of women is not ~ed on the committee** les femmes ne sont pas représentées au comité || [in numbers] représenter; **foreign students are well ~ed in the university** il y a une forte proportion d'étudiants étrangers à l'université. -**5.** [express, explain - advantages, prospect, theory] présenter; **they ~ed their grievances to the director** ils ont fait part de OR présenté leurs griefs au directeur. -**6.** THEAT [subj: actor] jouer, interpréter.

re-present [,riːprɪ'zent] *vt* présenter de nouveau.

representation [,reprɪzen'teɪʃn] *n* -**1.** POL représentation *f*. -**2.** [description, presentation] représentation *f*.

◆ **representations** *npl* [complaints] plaintes *fpl*, protestations *fpl*; [intervention] démarche *f*, intervention *f*; **to make ~s to sb** [complain] se plaindre auprès de qqn; [intervene] faire des démarches auprès de qqn.

representational [,reprɪzen'teɪʃənl] *adj* [gen] représentatif; ART figuratif.

representationalism [,reprɪsen'teɪʃənəlɪzm] *n* ART art *m* figuratif.

representationalist [,reprɪzen'teɪʃənəlɪst] ◇ *adj* ART (du genre) figuratif.

◇ *n* ART figuratif *m*.

representative [,reprɪ'zentətɪv] ◇ *adj* -**1.** [typical] typique, représentatif; **to be ~ of sthg** être représentatif de qqch; **the high rate of abstention is ~ of the lack of interest in politics** le fort taux d'abstention est représentatif du manque d'intérêt pour la politique; **is this a ~ sample of your results?** est-ce un échantillon représentatif de vos résultats? -**2.** POL représentatif.

◇ *n* -**1.** [gen] représentant *m*, -e *f*; **he is our country's ~ abroad** il représente notre pays à l'étranger. -**2.** COMM: **(sales) ~** représentant *m*, -e *f* (de commerce). -**3.** *Am* POL → **House of Representatives**.

repress [rɪ'pres] *vt* [rebellion] réprimer; PSYCH refouler.

repressed [rɪ'prest] *adj* [gen] réprimé; PSYCH refoulé.

repression [rɪ'preʃn] *n* [gen] répression *f*; PSYCH refoulement *m*.

repressive [rɪ'presɪv] *adj* [authority, system] répressif; [measures] de répression, répressif.
repressiveness [rɪ'presɪvnɪs] *n* [of legislation, régime] caractère *m* répressif.
reprieve [rɪ'priːv] ◇ *vt* -1. JUR [prisoner - remit] gracier; [- postpone] accorder un sursis à. -2. *fig* [give respite to - patient] accorder un répit OR un sursis à; [- company] accorder un sursis à.
◇ *n* -1. JUR remise *f* de peine, grâce *f*; **the condemned man was given a ~** le condamné a été gracié. -2. *fig* [respite - from danger, illness] sursis *m*, répit *m*; [extra time] délai *m*.
reprimand ['reprɪmɑːnd] ◇ *vt* réprimander; **the children were severely ~ed** les enfants ont été sévèrement réprimandés; **he was ~ed for being late** [worker] il a reçu un blâme pour son retard; [schoolchild] on lui a donné un avertissement pour son retard.
◇ *n* [rebuke] réprimande *f*; [professional] blâme *m*.
reprint [*vb* ˌriː'prɪnt, *n* 'riːprɪnt] ◇ *vt* réimprimer; **the book is being ~ed** le livre est en réimpression.
◇ *n* réimpression *f*; **her novel is on its tenth ~** son roman en est à sa dixième réimpression.
reprisal [rɪ'praɪzl] *n* représailles *fpl*; **to take ~s (against sb)** user de représailles OR exercer des représailles (contre qqn); **by way of** OR **in ~, as a ~** par représailles; **he was shot as a ~ for yesterday's killing** on l'a fusillé en représailles de l'assassinat d'hier.
repro *inf* ['riːprəʊ] (*abbr of* **reproduction**) (*pl* **repros**) *n* (épreuve *f*) repro *f*.
reproach [rɪ'prəʊtʃ] ◇ *n* -1. [criticism] reproche *m*; **in a tone of ~** sur un ton réprobateur OR de reproche; **to heap ~es on sb** accabler qqn de reproches; **above** OR **beyond ~** au-dessus de tout reproche, irréprochable. -2. [source of shame] honte *f*; **to be a ~ to** être la honte de.
◇ *vt* faire des reproches à; **to ~ sb with sthg** reprocher qqch à qqn; **she ~ed him for** OR **with having broken his promise** elle lui reprochait d'avoir manqué à sa parole; **I ~ myself for failing to warn them** je m'en veux de ne pas les avoir prévenus; **I have nothing to ~ myself for** OR **with** je n'ai rien à me reprocher; **he was ~ed for his insensitivity** on lui a reproché son manque de sensibilité.
reproachful [rɪ'prəʊtʃfʊl] *adj* [voice, look, attitude] réprobateur; [tone, words] de reproche, réprobateur.
reproachfully [rɪ'prəʊtʃfʊlɪ] *adv* avec reproche; **"why not?", she said ~** «pourquoi pas?», dit-elle d'un ton de reproche; **to look at sb ~** lancer des regards réprobateurs à qqn.
reprobate ['reprəbeɪt] ◇ *adj* dépravé.
◇ *n* deprave *m*, -e *f*.
◇ *vt* réprouver.
reprobation [ˌreprə'beɪʃn] *n* réprobation *f*.
reprocess [ˌriː'prəʊses] *vt* retraiter.
reprocessing [ˌriː'prəʊsesɪŋ] *n* retraitement *m*; **nuclear ~** retraitement des déchets nucléaires.
reproduce [ˌriːprə'djuːs] ◇ *vt* reproduire.
◇ *vi* se reproduire.
reproduction [ˌriːprə'dʌkʃn] ◇ *n* -1. BIOL reproduction *f*. -2. [of painting, document] reproduction *f*, copie *f*.
◇ *comp*: **~ furniture** reproduction *f* OR copie *f* de meubles d'époque; **a ~ Regency armchair** une reproduction OR copie d'un fauteuil Régence.
reproductive [ˌriːprə'dʌktɪv] *adj* [organs, cells, process] reproducteur, de reproduction.
reprogram [ˌriː'prəʊgræm] *vt* reprogrammer, programmer de nouveau.
REPROM [ˌriː'prɒm] *n* COMPUT mémoire *f* morte reprogrammable.
reproof [rɪ'pruːf] *n* réprimande *f*, reproche *m*.
reproval [rɪ'pruːvl] *n* reproche *m*; **a look of ~** un regard chargé de reproche.
reprove [rɪ'pruːv] *vt* [person] réprimander; [action, behaviour] réprouver; **he was ~d for his conduct** on lui a reproché sa conduite.
reproving [rɪ'pruːvɪŋ] *adj* réprobateur.
reprovingly [rɪ'pruːvɪŋlɪ] *adv* [look] d'un air réprobateur OR de reproche; [say] d'un ton réprobateur OR de reproche.
reptile ['reptaɪl] ◇ *adj* reptile.
◇ *n* reptile *m*.
reptile house *n* vivarium *m*.
reptilian [rep'tɪlɪən] ◇ *adj* -1. ZOOL reptilien. -2. *fig* & *pej* reptile.
◇ *n* reptile *m*.
republic [rɪ'pʌblɪk] *n* POL & *fig* république *f*; **the ~ of letters** la république des lettres ❑ **the Republic of Ireland** la République d'Irlande; 'The Republic' *Plato* 'la République'.
republican [rɪ'pʌblɪkən] ◇ *adj* républicain.
◇ *n* républicain *m*, -e *f*.
republicanism [rɪ'pʌblɪkənɪzm] *n* républicanisme *m*.
Republican party *pr n*: **the ~** le Parti républicain.
republication ['riːˌpʌblɪ'keɪʃn] *n* [of book] réédition *f*, nouvelle édition *f*; [of banns] nouvelle publication *f*.
republish [ˌriː'pʌblɪʃ] *vt* [book] rééditer; [banns] republier, publier de nouveau.
repudiate [rɪ'pjuːdɪeɪt] *vt* [reject - opinion, belief] renier, désavouer; [- evidence] réfuter; [- authority, accusation, charge] rejeter; [- spouse] répudier; [- friend] désavouer; [- gift, offer] refuser, repousser; [go back on - obligation, debt, treaty] refuser d'honorer.
repudiation [rɪˌpjuːdɪ'eɪʃn] *n* -1. [of belief, opinion] reniement *m*, désaveu *m*; [of spouse] répudiation *f*; [of friend, accusation] rejet *m*; [of gift, offer] refus *m*, rejet *m*. -2. [of obligation, debt] refus *m* d'honorer.
repugnance [rɪ'pʌgnəns] *n* répugnance *f*.
repugnant [rɪ'pʌgnənt] *adj* répugnant; **I find the idea ~** cette idée me répugne.
repulse [rɪ'pʌls] ◇ *vt* [attack, offer] repousser; **their avarice ~s me** je trouve leur avarice choquante.
◇ *n* MIL [defeat] défaite *f*, échec *m*; *fig* [refusal] refus *m*, rebuffade *f*.
repulsion [rɪ'pʌlʃn] *n* répulsion *f*.
repulsive [rɪ'pʌlsɪv] *adj* [idea, sight, appearance] répugnant, repoussant; PHYS répulsif.
repulsively [rɪ'pʌlsɪvlɪ] *adv* de façon repoussante OR répugnante; **~ ugly** d'une laideur repoussante; **~ dirty** d'une saleté répugnante OR repoussante.
repulsiveness [rɪ'pʌlsɪvnɪs] *n* aspect *m* OR caractère *m* repoussant.
repurchase [ˌriː'pɜːtʃɪs] ◇ *n* rachat *m*.
◇ *vt* racheter.
reputable ['repjʊtəbl] *adj* [person, family] qui a bonne réputation, honorable, estimable; [firm, tradesman] qui a bonne réputation; [profession] honorable; [source] sûr; **they're a very ~ firm** c'est une entreprise d'excellente réputation.
reputation [ˌrepjʊ'teɪʃn] *n* réputation *f*; **the firm has a good ~** l'entreprise a une bonne réputation; **she has a ~ as a cook** sa réputation de cuisinière n'est plus à faire; **they have a ~ for good service** ils sont réputés pour la qualité de leur service; **he certainly lives up to his ~ as a big spender** il mérite tout à fait sa réputation de grand dépensier.
repute [rɪ'pjuːt] ◇ *n* réputation *f*, renom *m*; **to be of good ~** avoir (une) bonne réputation; **a firm of some ~** une entreprise d'un certain renom; **a wine of great ~** un vin hautement réputé OR de grand renom; **I only know her by ~** je ne la connais que de réputation; **she is held in high ~ by all her colleagues** elle jouit d'une excellente réputation auprès de ses collègues.
◇ *vt* [only pass]: **she is ~d to be wealthy** elle passe pour riche; **he is ~d to be a genius** il passe pour un génie.
reputed [rɪ'pjuːtɪd] *adj* réputé; **~ father** JUR père *m* putatif.
reputedly [rɪ'pjuːtɪdlɪ] *adv* d'après ce qu'on dit; **he is ~ a millionaire** on le dit milliardaire.
reqd *written abbr of* **required**.
request [rɪ'kwest] ◇ *n* -1. [demand] demande *f*, requête *f*; **to make a ~** faire une demande; **to grant** OR **to meet sb's ~** accéder à la demande OR à la requête de qqn; **at sb's ~** à la demande OR requête de qqn; **I did it at** OR **on her ~** je l'ai fait à sa demande OR à sa requête; **to do sthg on ~** faire qqch sur simple demande; **tickets are available on ~** des billets peuvent être obtenus sur simple demande; **by popular ~** à la demande générale. -2. [record - on radio] disque *m* demandé par un auditeur; [- at dance] *disque ou chanson demandé par un membre du public*; **to play a ~ for sb** passer un disque à l'intention de qqn; **here is a birthday ~ for Sarah Brown** voici une chanson (qui a été demandée) pour l'anniversaire de Sarah Brown.
◇ *vt* demander; **to ~ sb to do sthg** demander à qqn OR prier qqn de faire qqch; **'visitors are ~ed not to touch the objects on display'** 'les visiteurs sont priés de ne pas toucher aux objets exposés'; **Mr and Mrs Booth ~ the pleasure of your company** M. et Mme Booth vous prient de leur faire l'honneur de votre présence; **I enclose a postal order for £5, as ~ed** selon votre demande, je joins un mandat postal de 5 livres; **to ~ sthg of sb** *fml* demander qqch à qqn.
request programme *n émission où les disques qui passent à l'antenne ont été choisis par les auditeurs.*
request stop *n Br* arrêt *m* facultatif.
requiem ['rekwɪəm] *n* requiem *m*.
requiem mass *n* messe *f* de requiem.
require [rɪ'kwaɪəʳ] *vt* -1. [need - attention, care etc] exiger, nécessiter, demander; **extreme caution is ~d** une extrême vigilance s'impose; **is that all you ~?** c'est tout ce qu'il vous faut?, c'est tout ce dont vous avez besoin?; **if ~d** si besoin est, s'il le faut; **when ~d** quand il le faut; **your presence is urgently ~d** on vous réclame d'urgence. -2. [demand - qualifications, standard, commitment] exiger, requérir, réclamer; **to ~ sthg of sb** exiger qqch de qqn; **to ~ sb to do sthg** exiger que qqn fasse qqch; **candidates are ~d to provide three photographs** les candidats doivent fournir trois photographies; **the law ~s you to wear seat-belts** la loi exige que vous portiez une ceinture de sécurité; **custom/tradition ~s it** c'est l'usage/la tradition (qui veut cela); **this job ~s skill and experience** ce travail demande OR requiert OR réclame compétence et expérience; **what do you ~ of me?** que voulez-vous OR qu'attendez-vous de moi?; **it is ~d that you begin work at 8 a.m. every morning** on exige de vous que vous commenciez votre travail à 8 h tous les matins; **'formal dress ~d'** [on invitation] 'tenue correcte exigée'.
required [rɪ'kwaɪəd] *adj* [conditions, qualifications, standard] requis, exigé; **in** OR **by the ~ time** dans les délais (prescrits); **to reach the ~ standard** atteindre le niveau requis; **~ reading** SCH & UNIV lectures *fpl* à faire.
requirement [rɪ'kwaɪəmənt] *n* -1. [demand] exigence *f*, besoin *m*; **to meet sb's ~s** satisfaire aux exigences OR aux besoins de qqn; **this doesn't meet our ~s** ceci ne répond pas à nos exigences; **according to your ~s** selon vos besoins || [necessity] besoin *m*, nécessité *f*; **energy ~s** besoins énergétiques. -2. [condition, prerequisite] condition *f* requise; **she doesn't fulfil the ~s for the job** elle ne remplit pas les conditions requises pour le poste; **dedication is an essential ~** le dévouement est une condition essentielle; **what are the course ~s?** [for enrolment] quelles conditions faut-il remplir pour s'inscrire à ce cours?; [as student] quel niveau doit-on avoir pour suivre ce cours?
requisite ['rekwɪzɪt] ◇ *n fml* objet *m* nécessaire; **toilet ~s** articles *mpl* OR accessoires *mpl* de toilette.
◇ *adj* requis, nécessaire; **he didn't have the ~ amount of money** il n'avait pas assez d'argent OR l'argent qu'il fallait.

requisition [ˌrekwɪˈzɪʃn] ◇ *n* -**1.** MIL réquisition *f*; to make a ~ for supplies réquisitionner des provisions. -**2.** COMM demande *f*; the boss put in a ~ for staplers le patron a fait une demande d'agrafeuses.
◇ *vt* MIL & *fig* réquisitionner; my car was ~ed to take the team to the match *hum* ma voiture a été réquisitionnée pour emmener l'équipe au match.

requital [rɪˈkwaɪtl] *n fml* [repayment] récompense *f*; [retaliation] revanche *f*; in ~ of OR for sthg [as reward] en récompense de OR pour qqch; [in retaliation] pour se venger de qqch.

requite [rɪˈkwaɪt] *vt* -**1.** [return - payment, kindness] récompenser, payer de retour; to ~ sb's love répondre à l'amour de qqn. -**2.** [satisfy - desire] satisfaire. -**3.** [avenge - injury] venger.

reread [ˌriːˈriːd] (*pt* & *pp* reread [-ˈred]) *vt* relire.

reredos [ˈrɪədɒs] *n* retable *m*.

rerelease [ˌriːrɪˈliːs] ◇ *vt* [film, record] ressortir.
◇ *n* [film, record] reprise *f*.

reroute [ˌriːˈruːt] *vt* dérouter, changer l'itinéraire de; the flight was ~d to Shannon le vol a été dérouté sur Shannon; the traffic was ~d through the suburbs la circulation a été déviée vers la banlieue.

rerun [*n* ˈriːrʌn, *vb* ˌriːˈrʌn] (*pt* reran [-ˈræn], *pp* rerun, *cont* rerunning) ◇ *n* [of film] reprise *f*; [of TV serial] rediffusion *f*; it's a ~ of last year's final ils repassent la finale de l'an dernier.
◇ *vt* -**1.** [film] passer de nouveau; [TV series] rediffuser. -**2.** [race] courir de nouveau; the race had to be ~ la course a dû être recourue.

resale [ˈriːseɪl] *n* revente *f*.

resale price maintenance *n* vente *f* au détail à prix imposé.

reschedule [*Br* ˌriːˈʃedjuːl, *Am* ˌriːˈskedʒʊl] *vt* -**1.** [appointment, meeting] modifier l'heure ou la date de; [bus, train, flight] modifier l'horaire de; [plan, order] modifier le programme de; the meeting has been ~d for next week la réunion a été déplacée à la semaine prochaine. -**2.** FIN [debt] rééchelonner.

rescind [rɪˈsɪnd] *vt fml* [judgment] casser, annuler; [agreement] annuler; [law] abroger; [contract] résilier.

rescission [rɪˈsɪʒn] *n* [of judgment] cassation *f*, annulation *f*; [of agreement] annulation *f*; [of law] abrogation *f*; [of contract] résiliation *f*.

rescue [ˈreskjuː] ◇ *vt* [from danger] sauver; [from captivity] délivrer; [in need, difficulty] secourir, venir au secours de; to ~ sb from drowning sauver qqn de la noyade; they were ~d from a potentially dangerous situation on les a tirés d'une situation qui aurait pu être dangereuse; the survivors were waiting to be ~d les survivants attendaient des secours || *fig*: thanks for rescuing me from that boring conversation merci de m'avoir délivré, cette conversation m'assommait; to ~ sb's name from oblivion arracher le nom de qqn à l'oubli.
◇ *n* [from danger, drowning] sauvetage *m*; [from captivity] délivrance *f*; [in need, difficulty] secours *m*; to go/to come to sb's ~ aller/venir au secours OR à la rescousse de qqn; ~ was impossible toute opération de sauvetage était impossible.
◇ *comp* [attempt, mission, operation, party, team] de sauvetage, de secours; ~ worker sauveteur *m*.

rescuer [ˈreskjʊəʳ] *n* sauveteur *m*.

reseal [ˌriːˈsiːl] *vt* [envelope] recacheter; [jar] refermer hermétiquement.

resealable [ˌriːˈsiːləbl] *adj* qui peut être recacheté.

research [rɪˈsɜːtʃ] ◇ *n (U)* recherche *f*, recherches *fpl*; to do ~ into sthg faire des recherches sur qqch; she's engaged in ~ in genetics/into rare viruses elle fait des recherches en génétique/sur les virus rares; what kind of ~ do you do? quel type de recherches faites-vous?; ~ into the problem revealed a worrying trend les recherches sur le problème ont révélé une tendance inquiétante; an excellent piece of ~ un excellent travail de recherche; ~ and development recherche *f* et développement *m*, recherche-développement *f*; scientific ~ la recherche scientifique.
◇ *vt* [article, book, problem, subject] faire des recherches sur; your essay is not very well ~ed votre travail n'est pas très bien documenté.
◇ *vi* faire des recherches OR de la recherche.
◇ *comp* [establishment, work] de recherche; ~ worker chercheur *m*, -euse *f*.

researcher [rɪˈsɜːtʃəʳ] *n* chercheur *m*, -euse *f*.

research student *n* étudiant *m*, -e *f* qui fait de la recherche *(après la licence)*.

reseat [ˌriːˈsiːt] *vt* -**1.** [person - sit again] faire rasseoir; [- change place] assigner une nouvelle place à; to ~ o.s. [sit down] se rasseoir; [change place] changer de place. -**2.** [chair] refaire le fond de; [trousers] remettre un fond à. -**3.** MECH [valve] roder.

resection [riːˈsekʃn] *n* MED résection *f*.

reselect [ˌriːsɪˈlekt] *vt* sélectionner de nouveau.

resell [ˌriːˈsel] (*pt* & *pp* resold [-ˈsəʊld]) *vt* revendre.

resemblance [rɪˈzembləns] *n* ressemblance *f*; to bear a ~ to sb ressembler vaguement à qqn; the brothers show a strong family ~ les frères se ressemblent beaucoup; any ~ to persons living or dead is purely accidental toute ressemblance avec des personnes existantes ou ayant existé ne peut être que fortuite; the newspaper account bears little ~ to the actual interview il n'y a qu'une vague ressemblance entre l'article du journal et l'interview proprement dite.

resemble [rɪˈzembl] *vt* ressembler à; they ~ each other greatly ils se ressemblent beaucoup.

resent [rɪˈzent] *vt* [person] en vouloir à, éprouver de la rancune à l'égard de; [remark, criticism] ne pas apprécier; to ~ sthg bitterly/strongly éprouver un sentiment d'amertume/un vif ressentiment à l'égard de qqch; he ~ed their criticism il n'a pas apprécié leurs critiques; I ~ their presence le fait qu'ils soient là me déplaît; I ~ that remark! voilà une remarque que je n'apprécie guère!; I ~ that! je proteste!; her presence in the country was strongly ~ed sa présence dans le pays a été très mal acceptée; I ~ them taking over OR the fact that they have taken over je leur en veux de prendre tout en charge; they ~ her enjoying herself ils lui en veulent de s'amuser.

resentful [rɪˈzentfʊl] *adj* plein de ressentiment; to feel ~ about OR at sthg éprouver du ressentiment à l'égard de qqch, mal accepter qqch; to be ~ about OR of sb's achievements envier sa réussite à qqn; don't be so ~! ne soyez pas si rancunier!

resentfully [rɪˈzentfʊlɪ] *adv* avec ressentiment.

resentment [rɪˈzentmənt] *n* ressentiment *m*.

reservation [ˌrezəˈveɪʃn] ◇ *n* -**1.** [doubt] réserve *f*, restriction *f*; to have ~s about sthg faire OR émettre des réserves sur qqch; I have ~s about letting them go abroad j'hésite à les laisser partir à l'étranger; without ~ OR ~s sans réserve; to accept sthg without ~ approuver qqch sans réserve; with (some) ~s avec certaines réserves; he expressed some ~s about the plan il a émis quelques doutes à propos OR au sujet du projet. -**2.** [booking] réservation *f*; to make a ~ [on train] réserver une OR sa place; [in hotel] réserver OR retenir une chambre; [in restaurant] réserver une table; the secretary made all the ~s la secrétaire s'est occupée de toutes les réservations; I have a ~ [at hotel] j'ai une réservation, j'ai réservé une chambre. -**3.** [enclosed area] réserve *f*; Indian ~ réserve indienne. -**4.** *Br* AUT [on dual carriageway]: (central) ~ bande *f* médiane. -**5.** RELIG: the Reservation (of the sacrament) la Sainte Réserve.
◇ *comp* [desk] des réservations.

reserve [rɪˈzɜːv] ◇ *vt* -**1.** [keep back] réserver, mettre de côté; to ~ one's strength garder OR ménager ses forces; to ~ the right to do sthg se réserver le droit de faire qqch; to reserve (one's) judgment about sthg ne pas se prononcer sur qqch. -**2.** [book] réserver, retenir; these seats are ~d for VIPs ces places sont réservées aux personnalités.
◇ *n* -**1.** [store - of energy, money, provisions] réserve *f*; to draw on one's ~s puiser dans ses réserves; the body's food ~s les réserves nutritives du corps; the nation's coal ~s les réserves de charbon du pays; he has great ~s of energy il a beaucoup d'énergie en réserve OR de grandes réserves d'énergie; cash ~s réserves de caisse; gold ~s réserves d'or. -**2.** [storage] réserve *f*; to have OR to keep in ~ avoir OR garder en réserve; luckily, they have some money in ~ heureusement, ils ont (mis) un peu d'argent de côté. -**3.** *Br* [doubt, qualification] réserve *f*; without ~ sans réserve, sans restriction; with all proper ~s sous toutes réserves. -**4.** [reticence] réserve *f*, retenue *f*; to break through sb's ~ amener qqn à sortir de sa réserve. -**5.** MIL réserve *f*; to call up the ~ OR ~s faire appel à la réserve OR aux réservistes. -**6.** [area of land] réserve *f*; nature ~ réserve naturelle; Indian ~ réserve indienne. -**7.** SPORT remplaçant *m*, -e *f*; to play for the ~s jouer dans l'équipe de réserve. -**8.** [at auction] prix *m* minimum.
◇ *comp* -**1.** FIN [funds, currency, resources] de réserve. -**2.** SPORT remplaçant; the ~ goalkeeper le gardien de but remplaçant; the ~ team l'équipe *f* de réserve.

reserve bank *n* banque *f* de réserve.

reserve currency *n* fonds *m* de réserve.

reserved [rɪˈzɜːvd] *adj* -**1.** [shy - person] timide, réservé; she is very ~ elle est très réservée. -**2.** [doubtful]: to be ~ in one's opinion about sthg ne pas se prononcer sur qqch; he has always been rather ~ about the scheme il a toujours exprimé des doutes sur ce projet. -**3.** [room, seat] réservé; all rights ~ tous droits réservés.

reservedly [rɪˈzɜːvɪdlɪ] *adv* avec réserve, avec retenue.

reserve price *n* prix *m* minimum.

reserve tank *n* AUT réservoir *m* de secours.

reservist [rɪˈzɜːvɪst] *n* réserviste *m*.

reservoir [ˈrezəvwɑːʳ] *n literal* & *fig* réservoir *m*.

reset [*vb* ˌriːˈset, *n* ˈriːset] (*pt* & *pp* reset, *cont* resetting) ◇ *vt* -**1.** [jewel] remonter. -**2.** [watch, clock] remettre à l'heure; [alarm] réenclencher; [counter] remettre à zéro. -**3.** COMPUT réinitialiser. -**4.** MED [limb] remettre en place; [fracture] réduire. -**5.** TYPO recomposer. -**6.** [lay]: to ~ the table [in restaurant] remettre le couvert; [in home] remettre la table.
◇ *n* COMPUT réinitialisation *f*.

resettle [ˌriːˈsetl] ◇ *vt* [refugees, population] établir OR implanter (dans une nouvelle région); [territory] repeupler.
◇ *vi* se réinstaller.

resettlement [ˌriːˈsetlmənt] *n* [of people] établissement *m* OR implantation *f* (dans une nouvelle région); [of territory] repeuplement *m*.

reshape [ˌriːˈʃeɪp] *vt* [clay, material] refaçonner; [novel, policy] réorganiser, remanier.

reshuffle [ˌriːˈʃʌfl] ◇ *vt* -**1.** POL [cabinet] remanier. -**2.** [cards] rebattre, battre de nouveau.
◇ *n* -**1.** POL remaniement *m*; a Cabinet ~ un remaniement ministériel. -**2.** [in cards]: to have a ~ battre les cartes à nouveau.

reside [rɪˈzaɪd] *vi fml* -**1.** [live] résider; they ~ in New York ils résident OR ils sont domiciliés à New York. -**2.** *fig* [be located]: authority ~s in OR with the Prime Minister c'est le Premier ministre qui est investi de l'autorité; the problem ~s in the fact that there is too much traffic le problème est dû au fait qu'il y a trop de circulation.

residence [ˈrezɪdəns] *n* -**1.** [home] résidence *f*, demeure *f*; town/country ~ résidence en ville/à la campagne; official summer ~ résidence officielle d'été; 'desirable ~ for sale' [in advert] 'belle demeure OR demeure de caractère à vendre'; to take up ~ in a new house s'installer OR s'établir dans une nouvelle maison;

they took up ~ in Oxford ils se sont installés OR ils ont élu domicile à Oxford; **Lord Bellamy's ~** *fml* la résidence de Lord Bellamy; **the Hancock ~** *hum* la résidence des Hancock ❑ **to be in ~** [monarch] être en résidence; **writer/artist in ~** écrivain *m*/artiste *mf* en résidence; **place of ~** [on form] domicile *m*; **I gave London as my place of ~** j'ai mis Londres comme lieu de résidence. -**2.** UNIV: **(university) ~** résidence *f* (universitaire). -**3.** [period of stay] résidence *f*, séjour *m*; **a short period of ~ in Spain** un bref séjour en Espagne; **after three years' ~ abroad** après avoir résidé pendant trois ans à l'étranger.

residence hall *n Am* résidence *f* (universitaire).

residence permit *n* ≃ permis *m* de séjour.

residency ['rezɪdənsɪ] (*pl* **residencies**) *n* -**1.** *fml* [home] résidence *f* officielle. -**2.** *Am* MED *période d'études spécialisées après l'internat.*

resident ['rezɪdənt] ◇ *n* -**1.** [of town] habitant *m*, -e *f*; [of street] riverain *m*, -e *f*; [in hotel, hostel] pensionnaire *mf*; [foreigner] résident *m*, -e *f*; **(local) ~s association** association *f* des habitants (du quartier); **are you a ~ of an EC country?** ADMIN êtes-vous ressortissant d'un pays membre de la communauté européenne?; **'~s only'** 'interdit sauf aux riverains'. -**2.** *Am* MED interne *mf*. -**3.** ZOOL résident *m*.
◇ *adj* -**1.** [as inhabitant] résidant; **the ~ population** la population résidante OR fixe; **to be ~ in a country** résider dans un pays; **to have permanent ~ status** avoir le statut de résident permanent; **the swallow is ~ to the area** l'hirondelle réside dans la région. -**2.** [teacher, staff] qui habite sur place, à demeure; **our ~ interpreter** notre interprète; **our ~ pianist** notre pianiste attitré. -**3.** COMPUT résident.

residential [,rezɪ'denʃl] *adj* [district, accommodation] résidentiel; [status] de résident; [course, job] sur place.

residual [rɪ'zɪdjʊəl] ◇ *adj* [gen] restant; CHEM & GEOL résiduel; PHYS [magnetism] rémanent.
◇ *n* MATH reste *m*; CHEM & GEOL résidu *m*.

residuary [rɪ'zɪdjʊərɪ] *adj* [gen] restant; CHEM résiduaire; GEOL résiduel; **~ legatee** JUR légataire *m* universel.

residue ['rezɪdju:] *n* [leftovers] reste *m*, restes *mpl*; [of money, estate] reliquat *m*; CHEM & PHYS résidu *m*; MATH reste *m*, reliquat *m*.

resign [rɪ'zaɪn] ◇ *vi* -**1.** [from post] démissionner, donner sa démission; **she ~ed from her job/from the committee** elle a démissionné de son emploi/du comité. -**2.** CHESS abandonner.
◇ *vt* -**1.** [give up - advantage] renoncer à; [- job] démissionner de; [- function] se démettre de, démissionner de; **she was forced to ~ the party leadership** elle a dû démissionner de la tête du parti. -**2.** [give away] céder; **to ~ sthg to sb** céder qqch à qqn; **I ~ed my voting rights to the chairman** j'ai cédé mon droit de vote au président. -**3.** [reconcile]: **to ~ o.s. to one's fate** se résigner à son sort; **I had ~ed myself to going alone** je m'étais résigné à y aller seul.

re-sign [,ri:'saɪn] *vt* [document] signer une nouvelle fois.

resignation [,rezɪg'neɪʃn] *n* -**1.** [from job] démission *f*; **to hand in** OR **to tender** *fml* **one's ~** donner sa démission. -**2.** [acceptance - of fact, situation] résignation *f*.

resigned [rɪ'zaɪnd] *adj* résigné; **to become ~ to (doing) sthg** se résigner à (faire) qqch; **she is ~ to her fate** elle s'est résignée à son sort; **she gave me a ~ look/smile** elle m'a regardé/souri avec résignation.

resignedly [rɪ'zaɪnɪdlɪ] *adv* avec résignation.

resilience [rɪ'zɪlɪəns] *n* -**1.** [of rubber, metal - springiness] élasticité *f*; [- toughness] résistance *f*. -**2.** [of character, person] énergie *f*, ressort *m*; [of institution] résistance *f*.

resilient [rɪ'zɪlɪənt] *adj* -**1.** [rubber, metal - springy] élastique; [- tough] résistant. -**2.** [person - in character] qui a du ressort, qui ne se laisse pas abattre OR décourager; [- in health, condition] très résistant.

resin ['rezɪn] *n* résine *f*.

resiniferous [,rezɪ'nɪfərəs] *adj* résinifère.

resinous ['rezɪnəs] *adj* résineux.

resist [rɪ'zɪst] ◇ *vt* [temptation, attack, change, pressure] résister à; [reform] s'opposer à; **I can't ~ chocolates** je ne peux pas résister aux chocolats; **he couldn't ~ having just one more drink** il n'a pas pu résister à l'envie de prendre un dernier verre; **nobody can ~ her** personne ne peut lui résister; **I can't ~ it!** c'est plus fort que moi!; **he was charged with ~ing arrest** *fml* il a été inculpé de résistance aux forces de l'ordre.
◇ *vi* résister, offrir de la résistance.

resistance [rɪ'zɪstəns] ◇ *n* [gen, ELEC, MED, PHYS & PSYCH] résistance *f*; **their ~ to all reform** leur opposition (systématique) à toute réforme; **they offered no ~ to the new measures** ils ne se sont pas opposés aux nouvelles mesures; **they put up fierce ~ to their attackers** ils opposèrent une vive résistance à leurs agresseurs; **her ~ to infection is low** elle offre peu de résistance à l'infection ❑ **air/wind ~** résistance de l'air/du vent; **the French/Dutch Resistance** HIST la Résistance française/hollandaise.
◇ *comp* [movement] de résistance; [group] de résistants; **~ fighter** résistant *m*, -e *f*.

resistant [rɪ'zɪstənt] ◇ *adj* [gen, ELEC, MED & PHYS] résistant; **she is very ~ to change** elle est très hostile au changement; **~ to antibiotics** résistant aux antibiotiques.
◇ *n* résistant *m*, -e *f*.

-resistant *in cpds*: **heat~** qui résiste à la chaleur; **water~** résistant à l'eau; **flame~** ignifugé.

resistor [rɪ'zɪstə^r] *n* ELEC résistance *f (objet)*.

resit [*vb* ,ri:'sɪt, *n* 'ri:sɪt] (*pt* & *pp* **resat** [-'sæt], *cont* **resitting**) ◇ *vt* [exam] repasser.
◇ *n* examen *m* de rattrapage.

resole [,ri:'səʊl] *vt* ressemeler.

resolute ['rezəlu:t] *adj* [determined - person, expression, jaw] résolu; [steadfast - faith, courage, refusal] inébranlable; **he is ~ in his decision** il est inébranlable dans sa décision; **to be ~ in one's efforts** être déterminé dans ses efforts.

resolutely ['rezəlu:tlɪ] *adv* [oppose, struggle, believe] résolument; [refuse] fermement; **she marched forward ~** elle avança d'un pas résolu.

resoluteness ['rezəlu:tnɪs] *n* résolution *f*, détermination *f*.

resolution [,rezə'lu:ʃn] *n* -**1.** [decision] résolution *f*, décision *f*; **to be full of good ~s** être plein de bonnes résolutions; **she made a ~ to stop smoking** elle a pris la résolution d'arrêter de fumer. -**2.** [formal motion] résolution *f*; **they passed/adopted/rejected a ~ to limit the budget** ils ont voté/adopté/rejeté une résolution pour limiter le budget; **the statutes can only be changed by ~** les statuts ne peuvent être modifiés que par l'adoption d'une résolution. -**3.** [determination] résolution *f*; **to say/to act with ~** dire/agir avec fermeté; **a note of ~ entered her voice** sa voix a pris un ton résolu; **he always showed ~** il a toujours fait preuve de résolution. -**4.** [settling, solving] résolution *f*; **in Act V we see the ~ of the tragedy** au cinquième acte, nous assistons au dénouement de la tragédie. -**5.** COMPUT, OPT & TV résolution *f*; **high ~ screen** écran *m* à haute résolution. -**6.** MED & MUS résolution *f*.

resolvable [rɪ'zɒlvəbl] *adj* résoluble, soluble.

resolve [rɪ'zɒlv] ◇ *vt* -**1.** [work out - quarrel, difficulty, dilemma] résoudre; [- doubt] dissiper; MATH [- equation] résoudre; **there are a few points left to ~** il nous reste encore quelques petits problèmes à résoudre; **have you ~d your difficulties yet?** avez-vous résolu vos difficultés? -**2.** [decide] (se) résoudre; **to ~ to do sthg** décider de OR se résoudre à faire qqch; **I ~d to resign** j'ai pris la décision de démissionner; **she had ~d that he would have to leave** elle avait décidé qu'il devrait partir; **it was ~d that...** il a été résolu OR on a décidé que... -**3.** [break down, separate] résoudre, réduire; **the problem can be ~d into three simple questions** le problème peut se résoudre en OR être ramené à trois questions simples. -**4.** OPT & PHYS [parts, peaks] distinguer; [image] résoudre. -**5.** MED résoudre, faire disparaître. -**6.** MUS résoudre.
◇ *vi* -**1.** [separate, break down] se résoudre. -**2.** MUS [chord] être résolu.
◇ *n* -**1.** [determination] résolution *f*; **it only strengthened our ~** ça n'a fait que renforcer notre détermination. -**2.** [decision] résolution *f*, décision *f*; **to make a ~ to do sthg** prendre la résolution de faire qqch.

resolved [rɪ'zɒlvd] *adj* résolu, décidé, déterminé; **I was firmly ~ to go** j'étais fermement décidé à partir.

resonance ['rezənəns] *n* résonance *f*.

resonant ['rezənənt] *adj* -**1.** [loud, echoing] retentissant, sonore. -**2.** ACOUST, MUS & PHYS résonant, résonnant; **~ cavity** cavité *f* résonante.

resonantly ['rezənəntlɪ] *adv* d'une voix retentissante.

resonate ['rezəneɪt] *vi* [noise, voice, laughter, place] résonner, retentir; **the valley ~d with their cries** la vallée retentissait de leurs cris.

resonator ['rezəneɪtə^r] *n* résonateur *m*.

resorb [rɪ'sɔ:b] ◇ *vt* -**1.** MED résorber. -**2.** [absorb again] réabsorber.
◇ *vi* MED se résorber.

resorption [rɪ'sɔ:pʃn] *n* MED résorption *f*.

resort [rɪ'zɔ:t] *n* -**1.** [recourse] recours *m*; **without ~ to threats** sans avoir recours aux menaces; **the doctor is our last ~** le médecin est notre dernier recours; **as a last ~** en dernier ressort; **call me only as a last** OR **in the last ~** ne m'appelez qu'en dernier ressort; **flight was the only ~ left to me** OR **my only ~** il ne me restait plus qu'à fuir. -**2.** [holiday place] station *f*; **seaside/ski ~** station balnéaire/de sports d'hiver; **~ development** aménagement *m* touristique; **luxury ~ hotel** hôtel *m* de tourisme de luxe. -**3.** [haunt, hang-out] repaire *m*.
◆ **resort to** *vt insep* -**1.** [violence, sarcasm etc] avoir recours à, recourir à; **you ~ed to lying to your wife** vous en êtes venu à mentir à votre femme. -**2.** *arch* OR *lit* [town] se rendre à.

resound [rɪ'zaʊnd] *vi* -**1.** [noise, words, explosion] retentir, résonner; **the trumpet ~ed through the barracks** le son de la trompette retentissait dans toute la caserne. -**2.** [hall, cave, hills, room] retentir; **the woods ~ed with birdsong** les bois étaient pleins de chants d'oiseaux. -**3.** *fml* OR *lit* [spread - rumour] se propager; **the declaration ~ed throughout the country** la déclaration a eu un retentissement national.

resounding [rɪ'zaʊndɪŋ] *adj* **1.** [loud noise, blow, wail] retentissant; [- voice] sonore, claironnant; [explosion] violent; **with a ~ splash** avec un grand plouf; **greeted with ~ applause** accueilli par des applaudissements retentissants. -**2.** [unequivocal] retentissant, éclatant; **it was a ~ failure** ce fut un échec retentissant; **he was met with a ~ refusal** on lui a opposé un refus catégorique.

resoundingly [rɪ'zaʊndɪŋlɪ] *adv* -**1.** [loudly] bruyamment. -**2.** [unequivocally - win] d'une manière retentissante OR décisive; [- criticize, condemn] sévèrement; **the measure was ~ unpopular** cette mesure fut extrêmement impopulaire; **the team was ~ beaten** l'équipe a été battue à plate couture.

resource [rɪ'sɔ:s] ◇ *n* -**1.** [asset] ressource *f*; **there's a limit to the ~s we can invest** il y a une limite à la somme que nous pouvons investir; **your health is a precious ~** ta santé est un précieux capital; **natural/energy ~s** ressources naturelles/énergétiques. -**2.** [human capacity] ressource *f*; **the task called for all my ~s of tact** cette tâche a demandé toute ma diplomatie ❑ **after lunch I'll leave you to your own ~s** après le déjeuner je vous abandonnerai à votre sort *hum*; **left to their own ~s, they're likely to mess everything up** livrés à eux-mêmes, ils risquent de tout gâcher. -**3.** [ingenuity] ressource *f*; a man of ~ un homme plein de ressource OR ressources.

◇ *comp* SCH & UNIV: ~ OR ~s centre/room centre *m*/salle *f* de documentation; ~ materials [written] documentation *f*; [audio-visual] aides *fpl* pédagogiques; ~ person [in career centre] conseiller *m*, -ère *f* d'orientation; [in library] bibliothécaire *mf* *(chargé d'orienter les usagers et d'entreprendre certaines recherches bibliographiques)*.

resourceful [rɪ'sɔːsfʊl] *adj* ingénieux, plein de ressource OR ressources.

resourcefully [rɪ'sɔːsfʊlɪ] *adv* ingénieusement; **he acted ~ in a difficult situation** dans cette situation difficile il s'est montré très ingénieux.

resourcefulness [rɪ'sɔːsfʊlnɪs] *n* ressource *f*, ingéniosité *f*.

respect [rɪ'spekt] ◇ *vt* -**1.** [esteem - person, judgment, right, authority] respecter; **I ~ him for his efficiency** je le respecte pour son efficacité; **if you don't ~ yourself, no one else will** si vous ne vous respectez pas vous-même, personne ne vous respectera. -**2.** [comply with - rules, customs] respecter; **to ~ sb's wishes** respecter les volontés de qqn; **we don't have to ~ his wishes** nous ne sommes pas tenu de faire ce qu'il veut; **you should ~ the laws of any country you visit** il faut respecter les lois des pays dans lesquels on va.

◇ *n* -**1.** [esteem] respect *m*, estime *f*; **I have (an) enormous ~ for her competence** je respecte infiniment sa compétence; **I don't have much ~ for his methods** je n'ai pas beaucoup de respect pour ses méthodes; **she is held in great ~ by her colleagues** elle est très respectée OR elle est tenue en haute estime par ses collègues; **you have to get** OR **to gain the children's ~** il faut savoir se faire respecter par les enfants; **you have lost all my ~** je n'ai plus aucun respect pour toi; **he has no ~ for authority/money** il méprise l'autorité/l'argent. -**2.** [care, politeness] respect *m*, égard *m*; **show a little ~!** un peu de respect!; **he should show more ~ for local customs** il devrait se montrer plus respectueux des coutumes locales; **they have no ~ for public property** ils n'ont aucun respect pour le bien public; **to do sthg out of ~ for sthg/sb** faire qqch par respect pour qqch/qqn; **I stood up in ~** je me suis levé respectueusement; **guns should be treated with ~** les armes à feu doivent être maniées avec précaution; **with (all due) ~, Mr Clark...** avec tout le respect que je vous dois, M. Clark...; **with the utmost ~ to Boyd, his figures aren't conclusive** malgré tout le respect que je dois à Boyd, ses chiffres ne sont guère concluants. -**3.** [regard, aspect] égard *m*; **in every ~** à tous les égards; **in some/other ~s** à certains/d'autres égards; **in many ~s** à bien des égards. -**4.** [compliance, observance] respect *m*, observation *f*; **his strict ~ of the letter of the law** son strict respect de la loi.

◆ **respects** *npl* [salutations] respects *mpl*, hommages *mpl*; **give my ~s to your father** présentez mes respects à votre père; **to pay one's ~s to sb** présenter ses respects OR ses hommages à qqn; **I went to the funeral to pay my last ~s** je suis allé à l'enterrement pour lui rendre un dernier hommage.

◆ **with respect to** *prep phr* quant à, en ce qui concerne.

respectability [rɪˌspektə'bɪlətɪ] *n* respectabilité *f*.

respectable [rɪ'spektəbl] *adj* -**1.** [socially proper, worthy] respectable, convenable, comme il faut; **a thoroughly ~ part of town** un quartier tout à fait comme il faut; **I'm a ~ married woman!** je suis une femme mariée et respectable!; **that's not done in ~ society** ça ne se fait pas dans la bonne société; **to be outwardly ~** avoir l'apparence de la respectabilité; **I'm sure he had a very ~ reason** je suis sûr qu'il avait une raison tout à fait respectable OR honorable; **to make o.s. (look) ~** se préparer. -**2.** [fair - speech, athlete] assez bon; [- amount, wage, distance] respectable, correct; **a ~ actor** un acteur qui n'est pas dénué de talent; **a ~ first novel** un premier roman qui n'est pas dénué d'intérêt; **I play a ~ game of golf** je joue passablement bien au golf; **he left a ~ tip** il a laissé un pourboire correct.

respectably [rɪ'spektəblɪ] *adv* [properly] convenablement, comme il faut; **he's ~ married** il est convenablement marié; **she has to dress ~ for work** elle doit s'habiller correctement pour son travail.

respected [rɪ'spektɪd] *adj* respecté; **she's a highly ~ researcher** c'est une chercheuse très respectée.

respecter [rɪ'spektəʳ] *n*: **she is no ~ of tradition** elle ne fait pas partie de ceux qui respectent la tradition; **disease is no ~ of class** nous sommes tous égaux devant la maladie.

respectful [rɪ'spektfʊl] *adj* respectueux.

respectfully [rɪ'spektfʊlɪ] *adv* respectueusement.

respecting [rɪ'spektɪŋ] *prep* concernant, en ce qui concerne.

respective [rɪ'spektɪv] *adj* respectif.

respectively [rɪ'spektɪvlɪ] *adv* respectivement.

respiration [ˌrespə'reɪʃn] *n* respiration *f*.

respirator ['respəreɪtəʳ] *n* [mask, machine] respirateur *m*.

respiratory [*Br* rɪ'spɪrətrɪ, *Am* 'respərətɔːrɪ] *adj* respiratoire; **~ system** système *m* respiratoire; **~ problem** OR **problems** troubles *mpl* respiratoires.

respire [rɪ'spaɪəʳ] *vi* & *vt* *lit* respirer.

respite ['respaɪt] ◇ *n* -**1.** [pause, rest] répit *m*; **without ~** sans répit OR relâche; **there wasn't a moment's ~ from the noise** il y avait un bruit ininterrompu; **he never has any ~ from the pain** la douleur ne lui laisse aucun répit. -**2.** [delay] répit *m*, délai *m*; [stay of execution] sursis *m*; **we've been given a week's ~ before we need to pay** on nous a accordé un délai d'une semaine pour payer.

◇ *vt* *fml* accorder un sursis à.

resplendence [rɪ'splendəns] *n* *lit* [splendour] splendeur *f*; [brightness] resplendissement *m* *lit*.

resplendent [rɪ'splendənt] *adj* [splendid] magnifique, splendide; [shining] resplendissant; **Joe, ~ in his new suit** Joe, resplendissant OR magnifique dans son nouveau costume; **her face was ~ with joy/health** son visage resplendissait de joie/de santé.

resplendently [rɪ'splendəntlɪ] *adv* [dress, decorate] somptueusement; [shine] avec éclat.

respond [rɪ'spɒnd] ◇ *vi* -**1.** [answer - person, guns] répondre; **to ~ to a request** répondre à une demande; **she ~ed with a smile** elle a répondu par un sourire. -**2.** [react] répondre, réagir; **the steering is slow to ~** la direction ne répond pas bien; **the cells ~ by producing enzymes** les cellules réagissent en produisant des enzymes; **the patient is ~ing** le malade réagit positivement; **her condition/tumour isn't ~ing to treatment** le traitement ne semble pas agir sur sa maladie/tumeur; **syphilis ~s to antibiotics** les antibiotiques sont efficaces contre la syphilis ‖ [person]: **they'll ~ to the crisis by raising taxes** ils répondront à la crise en augmentant les impôts; **are people ~ing to the candidate's message?** l'opinion publique réagit-elle favorablement au message du candidat?; **he doesn't ~ well to criticism** il réagit mal à la critique; **to ~ to flattery** être sensible à la flatterie.

◇ *vt* répondre; **"who cares?", he ~ed angrily** «qu'est-ce que ça peut bien faire?», répondit-il avec colère.

◇ *n* -**1.** ARCHIT [for arch] pilier *m* butant; [ending colonnade] colonne *f* engagée. -**2.** RELIG répons *m*.

respondent [rɪ'spɒndənt] ◇ *n* -**1.** JUR défendeur *m*, -eresse *f*. -**2.** [in opinion poll] sondé *m*, -e *f*; **10% of the ~s** 10 % des personnes interrogées. -**3.** PSYCH [reflex] répondant *m*.

◇ *adj* PSYCH répondant.

response [rɪ'spɒns] *n* -**1.** [answer] réponse *f*; **have you had any ~ to your request yet?** avez-vous obtenu une réponse à votre demande?; **when asked, she gave** OR **made no ~** quand on lui a posé la question, elle n'a pas répondu; **he smiled in ~** il a répondu par un sourire. -**2.** [reaction] réponse *f*, réaction *f*; **their ~ to the rioting was harsh** ils ont sévèrement réprimé les émeutes; **their proposals met with a favourable/lukewarm ~** leurs propositions ont été accueillies favorablement/ont reçu un accueil mitigé; **~ from the public was disappointing** la réponse du public a été décevante. -**3.** [in bridge] réponse *f*. -**4.** RELIG répons *m*. -**5.** MED réaction *f*.

◆ **in response to** *prep phr* en réponse à; **he resigned in ~ to the party's urging/to the pressure** il a démissionné, cédant à l'insistance du parti/à la pression.

response time *n* COMPUT temps *m* de réponse; MED & PSYCH temps *m* de réaction.

responsibility [rɪˌspɒnsə'bɪlətɪ] (*pl* **responsibilities**) *n* -**1.** [control, authority] responsabilité *f*; **~ for the campaign has been transferred to her** c'est à elle qu'incombe désormais la responsabilité de la campagne; **to have ~ for sthg** avoir la charge OR la responsabilité de qqch; **the project is their joint ~** le projet relève de leur responsabilité à tous les deux; **a position of great ~** un poste à haute responsabilité; **how much ~ for the operation did the president really have?** jusqu'à quel point le président était-il responsable de l'opération?; **can he handle all that ~?** est-il capable d'assumer toutes ces responsabilités?; **he authorized it on his own ~** il l'a autorisé de son propre chef, il a pris sur lui de l'autoriser. -**2.** [accountability] responsabilité *f*; **he has no sense of ~** il n'a aucun sens des responsabilités; **to accept** OR **to assume ~ for one's mistakes** assumer la responsabilité de ses erreurs; **I take full ~ for the defeat** je prends (sur moi) l'entière responsabilité de la défaite. -**3.** [task, duty] responsabilité *f*; **responsibilities include product development** vous assurerez entre autres le développement des nouveaux produits; **it's his ~!** ça le regarde!; **they have a ~ to the shareholders/the electors** ils ont une responsabilité envers les actionnaires/les électeurs; **to shirk one's responsibilities** fuir ses responsabilités; **children are a big ~** c'est une lourde responsabilité que d'avoir des enfants.

responsible [rɪ'spɒnsəbl] *adj* -**1.** [in charge, in authority] responsable; **who's ~ for research?** qui est chargé de la recherche?; **he was ~ for putting the children to bed** c'était lui qui couchait les enfants; **a ~ position** un poste à responsabilité. -**2.** [accountable] responsable; **~ for sthg** responsable de qqch; **he's not ~ for her behaviour** il n'est pas responsable de ses actes; **human error/a malfunction was ~ for the disaster** la catastrophe était due à une erreur humaine/à une défaillance technique; **who's ~ for this mess?** qui est l'auteur OR le responsable de cette pagaille?; **he can be held legally ~ for the accident** il peut être tenu légalement responsable de l'accident; **I hold you personally ~** je vous tiens personnellement responsable; **he is ~ only to the managing director** il n'est responsable que devant le directeur général. -**3.** [serious, trustworthy] sérieux, responsable; **it wasn't very ~ of him** ce n'était pas très sérieux de sa part; **~ newspapers won't print the story** les journaux sérieux ne publieront pas cet article; **the chemical industry has become more environmentally ~** l'industrie chimique se préoccupe davantage de l'environnement; **they aren't ~ parents** ce ne sont pas des parents dignes de ce nom; **our bank makes ~ investments** notre banque a une politique d'investissement responsable.

responsibly [rɪ'spɒnsəblɪ] *adv* de manière responsable; **to behave ~** avoir un comportement responsable.

responsive [rɪ'spɒnsɪv] *adj* -**1.** [person - sensitive] sensible; [- receptive] ouvert; [- enthusiastic] enthousiaste; [- affectionate] affectueux; **I asked him for advice, but he**

wasn't very ~ je lui ai demandé des conseils mais il semblait peu disposé à me répondre; to be ~ to praise être sensible aux compliments; management should be ~ to suggestions la direction devrait être ouverte aux suggestions; the play opened to a ~ audience la première a eu lieu devant un public enthousiaste. -2. [brakes, controls, keyboard] sensible; the patient isn't proving ~ to treatment le malade ne réagit pas au traitement; the industry is not ~ to market signals l'industrie ne réagit OR ne répond pas aux sollicitations du marché. -3. [answering - glance, smile, nod] en réponse.

responsiveness [rɪ'spɒnsɪvnɪs] *n* -1. [of person - sensitivity] sensibilité *f*; [- receptiveness] ouverture *f*; [- enthusiasm] enthousiasme *m*; [- affection] affection *f*, tendresse *f*. -2. [of brakes, controls, keyboard] sensibilité *f*.

respray [*vb* ˌriː'spreɪ, *n* 'riːspreɪ] ◇ *vt* [car] repeindre.
◇ *n*: I took the car in for a ~ j'ai donné la voiture à repeindre.

rest [rest] ◇ *n* -1. [remainder]: take the ~ of the cake prenez le reste OR ce qui reste du gâteau; take the ~ of the cakes prenez les autres gâteaux OR les gâteaux qui restent; the ~ of the time they watch television le reste du temps, ils regardent la télévision; he's the only amateur, the ~ of them are professionals c'est le seul amateur, les autres sont des professionnels; the ~ of the group disagreed le reste du groupe n'était pas d'accord ❑ and all the ~ (of it) *inf*, and the ~ *inf* et tout le reste OR tout le tralala. -2. [relaxation] repos *m*; [pause] repos *m*, pause *f*; (a) ~ will do him good un peu de repos lui fera du bien; try to get some ~ essayez de vous reposer (un peu); I had OR I took a ten-minute ~ je me suis reposé pendant dix minutes, j'ai fait une pause de dix minutes; you need a week's ~/a good night's ~ vous avez besoin d'une semaine de repos/d'une bonne nuit de sommeil; after a moment's ~ après s'être reposé quelques instants; after her afternoon ~ après sa sieste; day of ~ journée *f* de repos; she had to take several ~s while climbing the stairs en montant l'escalier elle a été obligée de s'arrêter à plusieurs reprises; he needs a ~ from the pressure/the children il a besoin de se détendre/d'un peu de temps sans les enfants; he gave her no ~ until she consented il ne lui a pas laissé une minute de répit jusqu'à ce qu'elle accepte; you'd better give the skiing a ~ vous feriez mieux de ne pas faire de ski pendant un certain temps ❑ ~ and recuperation *Am* MIL permission *f*; *hum* vacances *fpl*; to put OR to set sb's mind at ~ tranquilliser OR rassurer qqn; give it a ~! *inf* arrête, tu veux? 3. [motionlessness] repos *m*; the machines are at ~ les machines sont au repos; her hands were rarely at ~ ses mains restaient rarement inactives; to come to ~ [vehicle, pendulum, ball] s'immobiliser, s'arrêter; [bird, falling object] se poser. -4. *euph* [death] paix *f*; eternal ~ repos *m* éternel; he's finally at ~ il a finalement trouvé la paix; to lay sb to ~ porter qqn en terre; to lay OR to put to ~ [rumour] dissiper; [allegation, notion] abandonner. -5. [support] support *m*, appui *m*; [in snooker] repose-queue *m*; she used it as a ~ for her camera elle s'en est servie comme appui pour son appareil photo. -6. MUS silence *m*; semibreve ~ *Br*, whole ~ *Am* pause *f*; minim ~ *Br*, half ~ *Am* demi-pause *f*; crotchet ~ *Br*, quarter ~ *Am* soupir *m*; quaver ~ *Br*, eighth ~ *Am* demi-soupir *m*. -7. [in poetry] césure *f*.
◇ *vi* -1. [relax, stop working] se reposer; they set off again after ~ing for an hour ils se sont remis en route après s'être reposés pendant une heure; horses ~ing in the shade des chevaux qui se reposent à l'ombre; we shall not ~ until the fight is won nous n'aurons de cesse que la lutte ne soit gagnée. -2. [be held up or supported] reposer; the buildings ~ on solid foundations les bâtiments reposent sur des fondations solides; his arm ~ed on the back of the sofa son bras reposait sur le dossier du canapé ‖ [lean - person] s'appuyer; [- bicycle, ladder] être appuyé; she was ~ing on her broom elle était appuyée sur son balai; the skis were ~ing against the wall les skis étaient appuyés contre le mur. -3. [depend, be based - argument, hope] reposer; the theory ~s on a false assumption la théorie repose sur une hypothèse fausse; the whole problem ~s on a misunderstanding tout le problème repose sur un malentendu. -4. [be, remain] être; ~ assured we're doing our best soyez certain que nous faisons de notre mieux; their fate ~s in your hands leur sort est entre vos mains; that's how things ~ between us voilà où en sont les choses entre nous; can't you let the matter ~? ne pouvez-vous pas abandonner cette idée?; he just won't let it ~ il y revient sans cesse. -5. [reside, belong] résider; power ~s with the committee c'est le comité qui détient le pouvoir; the choice ~s with you c'est à vous de choisir; the decision doesn't ~ with me la décision ne dépend pas de moi. -6. [alight - eyes, gaze] se poser. -7. *euph* [lie dead] reposer; '~ in peace' 'repose en paix'. -8. JUR: the defence ~s la défense conclut sa plaidoirie. -9. AGR [lie fallow] être en repos OR en jachère; to let a field ~ laisser un champ en repos OR en jachère.
◇ *vt* -1. [allow to relax] laisser reposer; they had to stop to ~ the camels ils ont dû s'arrêter pour laisser se reposer les chameaux; sit down and ~ your legs asseyez-toi et repose-toi les jambes. -2. [support, lean] appuyer; she ~ed her bicycle against a lamp post elle appuya sa bicyclette contre un réverbère; I ~ed my suitcase on the step j'ai posé ma valise sur la marche; he ~ed his arm on the back of the sofa son bras reposait sur le dossier du canapé. -3. *phr*: I ~ my case JUR j'ai conclu mon plaidoyer; *fig* je n'ai rien d'autre à ajouter.
◆ **for the rest** *adv phr* pour le reste, quant au reste.
◆ **rest up** *inf vi insep* se reposer (un peu), prendre un peu de repos.

restage [ˌriː'steɪdʒ] *vt* remettre en scène.

rest area *n* AUT aire *f* de repos.

restart [*vb* ˌriː'stɑːt, *n* 'riːstɑːt] ◇ *vt* -1. [activity] reprendre, recommencer; [engine, mechanism] remettre en marche. -2. COMPUT [system] relancer, redémarrer; [program] relancer.
◇ *vi* -1. [job, project] reprendre, recommencer; [engine, mechanism] redémarrer. -2. COMPUT [system] redémarrer; [program] reprendre.
◇ *n* -1. [of engine, mechanism] remise *f* en marche. -2. COMPUT [of system] redémarrage *m*; warm/cold ~ redémarrage à chaud/à froid ‖ [of program] reprise *f*; ~ point point *m* de reprise.

restate [ˌriː'steɪt] *vt* -1. [reiterate - argument, case, objection] répéter, réitérer; [- one's intentions, innocence, faith] réaffirmer; the unions ~d their position les syndicats ont réaffirmé leur position. -2. [formulate differently] reformuler.

restatement [ˌriː'steɪtmənt] *n* -1. [repetition - of argument, case, objection] répétition *f*, réitération *f*; [- of one's intentions, innocence, faith] réaffirmation *f*. -2. [different formulation] reformulation *f*; a ~ of our objectives is perhaps necessary at this stage à ce stade, nous devrions peut-être reformuler nos objectifs.

restaurant ['restərɒnt] *n* restaurant *m*.

restaurant car *n Br* wagon-restaurant *m*, voiture-restaurant *f*.

restaurateur [ˌrestɒrə'tɜːʳ] *n* restaurateur *m*, -trice *f* (*en alimentation*).

rest cure *n* cure *f* de repos.

rest day *n* jour *m* de repos.

rested ['restɪd] *adj* reposé.

restful ['restfʊl] *adj* reposant, délassant, paisible.

restfully ['restfʊlɪ] *adv* paisiblement.

rest home *n* maison *f* de retraite.

resting place ['restɪŋ-] *n* -1. *literal* lieu *m* de repos. -2. *fig & lit* [grave] dernière demeure *f*.

restitution [ˌrestɪ'tjuːʃn] *n* restitution *f*; the company was ordered to make full ~ of the monies la société a été sommée de restituer l'intégralité de la somme.

restive ['restɪv] *adj* -1. [nervous, fidgety] nerveux, agité. -2. [unmanageable] rétif, difficile.

restively ['restɪvlɪ] *adv* nerveusement.

restiveness ['restɪvnɪs] *n* -1. [of person] nervosité *f*, agitation *f*. -2. [of horse] caractère *m* rétif.

restless ['restlɪs] *adj* -1. [fidgety] nerveux, agité; [impatient] impatient; I get ~ after a few days in the country après quelques jours à la campagne, je ne tiens plus en place; the audience was beginning to grow ~ le public commençait à s'impatienter. -2. [constantly moving] agité; her ~ mind son esprit en ébullition. -3. [giving no rest]: a ~ night une nuit agitée.

restlessly ['restlɪslɪ] *adv* -1. [nervously] nerveusement; [impatiently] impatiemment, avec impatience; to pace ~ up and down faire les cent pas. -2. [sleeplessly]: she tossed ~ all night elle a eu une nuit très agitée.

restlessness ['restlɪsnɪs] *n* [fidgeting, nervousness] nervosité *f*, agitation *f*; [impatience] impatience *f*; the audience began showing signs of ~ le public a commencé à montrer des signes d'impatience.

restock [ˌriː'stɒk] *vt* -1. [with food, supplies] réapprovisionner; to ~ a freezer regarnir un congélateur. -2. [with fish] empoissonner; [with game] réapprovisionner en gibier.

restoration [ˌrestə'reɪʃn] *n* -1. [giving back] restitution *f*. -2. [re-establishment, bringing back] restauration *f*, rétablissement *m*; the ~ of law and order la restauration de l'ordre public; the ~ of the monarchy la restauration de la monarchie. -3. [repairing, cleaning - of work of art, building] restauration *f*.
◆ **Restoration** HIST ◇ *n*: the Restoration la Restauration anglaise.
◇ *comp* [literature, drama] de (l'époque de) la Restauration (anglaise).

THE RESTORATION:
La restauration, en 1660, de la monarchie britannique par l'avènement de Charles II mit fin à la période d'austérité du Protectorat de Cromwell.

---

restorative [rɪ'stɒrətɪv] ◇ *adj* fortifiant, remontant.
◇ *n* fortifiant *m*, remontant *m*.

restore [rɪ'stɔːʳ] *vt* -1. [give back] rendre, restituer; the jewels have been ~d to their rightful owners les bijoux ont été rendus OR restitués à leurs propriétaires légitimes. -2. [re-establish, bring back - peace, confidence, order, right] restaurer, rétablir; [- monarchy] restaurer; [- monarch] remettre sur le trône; ~d to his former post rétabli OR réintégré dans ses anciennes fonctions; if the left-wing government is ~d to power si le gouvernement de gauche revient au pouvoir; it ~d my faith in human nature cela m'a redonné confiance en la nature humaine; the treatment should soon ~ his health OR him to health le traitement devrait très vite le remettre sur pied; she managed to ~ the company to profitability grâce à elle, l'entreprise fait de nouveau des profits. -3. [repair, clean - work of art, building] restaurer.

restorer [rɪ'stɔːrəʳ] *n* ART restaurateur *m*, -trice *f* (*de tableaux*).

restrain [rɪ'streɪn] *vt* -1. [hold back, prevent] retenir, empêcher; ~ him from spending so much money empêchez-le de dépenser tant d'argent; I couldn't ~ myself from making a remark je n'ai pas pu m'empêcher de faire une remarque. -2. [overpower, bring under control - person] maîtriser; it took four policemen to ~ him il a fallu quatre policiers pour le maîtriser. -3. [repress - emotion, anger, laughter] contenir, réprimer. -4. [imprison] interner, emprisonner.

restrained [rɪ'streɪnd] *adj* -1. [person] retenu, réservé; [emotion] contenu, maîtrisé; they sat in ~ silence ils étaient assis ensemble et se retenaient de parler. -2. [colour, style] sobre, discret.

restraint [rɪ'streɪnt] *n* -1. [self-control] retenue *f*; with remarkable ~ avec une retenue remarquable. -**2.** [restriction] restriction *f*, contrainte *f*; **certain ~s should be put on the committee's powers** il faudrait restreindre les pouvoirs du comité; **the right to travel without ~** le droit de se déplacer en toute liberté OR librement; **to place** OR **to keep sb under ~** JUR interner qqn. -**3.** [control] contrôle *m*; **a policy of price ~** une politique de contrôle des prix.

restrict [rɪ'strɪkt] *vt* restreindre, limiter; **I try to ~ myself to ten cigarettes a day** j'essaie de me limiter à dix cigarettes par jour; **airlines ~ the amount of luggage you can take** les lignes aériennes limitent la quantité de bagages qu'on peut emporter.

restricted [rɪ'strɪktɪd] *adj* -**1.** [limited] limité, restreint; **the choice is too ~** le choix est trop restreint ❑ **~ area** [out of bounds] zone *f* interdite; *Br* AUT [with parking restrictions] zone *f* à stationnement réglementé; [with speed limit] zone *f* à vitesse limitée. -**2.** ADMIN [secret - document, information] secret, confidentiel. -**3.** [narrow - ideas, outlook] étroit, borné.

restricted users group *n* COMPUT *nombre restreint d'utilisateurs ayant accès à des informations confidentielles.*

restriction [rɪ'strɪkʃn] *n* -**1.** [limitation] restriction *f*, limitation *f*; **they'll accept no ~ of their liberty** ils n'accepteront pas qu'on restreigne leur liberté; **to put** OR **to place** OR **to impose ~s on sthg** imposer des restrictions sur qqch ❑ **speed ~** limitation de vitesse. -**2.** LOGIC & MATH condition *f*.

restrictive [rɪ'strɪktɪv] *adj* -**1.** [clause, list] restrictif, limitatif; [interpretation] strict. -**2.** LING [clause] déterminatif.

restrictive practice *n* [by union] pratique *f* syndicale restrictive; [by traders] atteinte *f* à la libre concurrence.

restring [,riː'strɪŋ] (*pt* & *pp* **restrung** [-'strʌŋ]) *vt* [bow] remplacer la corde de; [musical instrument] remplacer les cordes de; [tennis racket] recorder; [beads] renfiler.

rest room *n Am* toilettes *fpl*.

restructure [,riː'strʌktʃəʳ] *vt* restructurer.

rest stop *n Am* AUT aire *f* de stationnement OR de repos.

restyle [,riː'staɪl] *vt* [car] changer le design de; [hair, clothes] changer de style de; [magazine] changer la présentation de.

result [rɪ'zʌlt] ◇ *n* -**1.** [consequence] résultat *m*, conséquence *f*; **with disastrous ~s** avec des conséquences désastreuses; **the net ~** le résultat final; **the problems we're having are the ~ of a misunderstanding** les problèmes que nous connaissons actuellement sont dus à un malentendu; **I overslept, with the ~ that I was late for work** je ne me suis pas réveillé à temps, et du coup, je suis arrivé à mon travail en retard. -**2.** [success] résultat *m*; **our policy is beginning to get** OR **show ~s** notre politique commence à porter ses fruits; **they're looking for sales staff who can get ~s** ils cherchent des vendeurs capables d'obtenir de bons résultats. -**3.** [of match, exam, election] résultat *m*; **the football ~s** les résultats des matches de football; **she got good A-level ~s** *Br* ≃ elle a obtenu de bons résultats au baccalauréat; **our team needs a ~ next week** SPORT [win] notre équipe a besoin d'une victoire OR de gagner la semaine prochaine; **the company's ~s are down on last year** FIN les résultats financiers de l'entreprise sont moins bons que (ceux de) l'année dernière. -**4.** MATH [of sum, equation] résultat *m*.

◇ *vi* résulter; **who knows what will ~ from such a step?** qui sait ce qui résultera d'une telle démarche?; **the fire ~ed from a short circuit** c'est un court-circuit qui a provoqué l'incendie; **a price rise would inevitably ~** il en résulterait OR il s'ensuivrait inévitablement une augmentation des prix; **to ~ in avoir pour résultat**; **the dispute ~ed in her resigning** la dispute a entraîné sa démission; **the attack ~ed in heavy losses on both sides** l'attaque s'est soldée par d'importantes pertes des deux côtés.

◆ **as a result** *adv phr*: **as a ~, I missed my flight** à cause de cela, j'ai manqué mon avion.

◆ **as a result of** *prep phr* à cause de; **I was late as a ~ of the strike** j'ai été en retard en raison de la grève.

resultant [rɪ'zʌltənt] ◇ *adj* [gen, MATH & MUS] résultant.

◇ *n* MATH & PHYS résultante *f*.

resultant tone *n* son *m* résultant.

resume [rɪ'zjuːm] ◇ *vt* -**1.** [seat, activity, duties] reprendre; **after he left, we ~d our discussion** après son départ, nous avons repris notre discussion; **kindly ~ your seats** *fml* veuillez reprendre vos places OR vous rasseoir. -**2.** *arch* [sum up] résumer.

◇ *vi* reprendre, continuer; **when everyone's ready, we can ~** quand tout le monde sera prêt nous pourrons continuer OR poursuivre.

résumé ['rezjuːmeɪ] *n* -**1.** [summary] résumé *m*. -**2.** *Am* [curriculum vitae] curriculum vitae *m inv*.

resumption [rɪ'zʌmpʃn] *n* reprise *f*.

resurface [,riː'sɜːfɪs] ◇ *vi literal* & *fig* refaire surface; **the stolen jewels ~d in Australia** les bijoux volés ont refait surface en Australie.

◇ *vt* [road] refaire.

resurgence [rɪ'sɜːdʒəns] *n* réapparition *f*, renaissance *f*.

resurgent [rɪ'sɜːdʒənt] *adj* renaissant; **the threat of ~ nationalism** la menace du nationalisme renaissant.

resurrect [,rezə'rekt] *vt literal* & *fig* ressusciter; **~ed from the dead** ressuscité des OR d'entre les morts; **they've ~ed this old tradition** ils ont ressuscité cette vieille tradition; **the minister succeeded in ~ing his career** le ministre réussit à faire redémarrer sa carrière OR à donner une nouvelle impulsion à sa carrière.

resurrection [,rezə'rekʃn] *n* résurrection *f*; **the Resurrection (of Christ)** la résurrection (du Christ), la Résurrection.

resuscitate [rɪ'sʌsɪteɪt] *vt* ranimer, réanimer.

resuscitation [rɪ,sʌsɪ'teɪʃn] *n* réanimation *f*.

resuscitator [rɪ'sʌsɪteɪtəʳ] *n* [apparatus] respirateur *m*; [person] réanimateur *m*, -trice *f*.

retable [rɪ'teɪbl] *n* retable *m*.

retail ['riːteɪl] ◇ *n* (vente *f* au) détail *m*.

◇ *adj* de détail; **they run a ~ hifi business** ils ont un magasin de matériel hi-fi ❑ **~ goods** marchandises *fpl* vendues au détail; **~ outlet** point *m* de vente (au détail); **the ~ price** le prix de OR au détail; **~ shop** magasin *m* de détail.

◇ *adv* au détail.

◇ *vt* -**1.** COMM vendre au détail. -**2.** *fml* [story, event, experience] raconter; [gossip, scandal] répandre, colporter *pej*.

◇ *vi* [goods] se vendre (au détail); **they ~ at £10 each** ils se vendent à 10 livres la pièce.

retailer ['riːteɪləʳ] *n* détaillant *m*, -e *f*.

retail price index *n Br* indice *m* des prix de détail.

retain [rɪ'teɪn] *vt* -**1.** [keep] garder; **the village has ~ed its charm** le village a conservé son charme. -**2.** [hold, keep in place] retenir; **to ~ heat** retenir la chaleur. -**3.** [remember] retenir, garder en mémoire; **I just can't ~ dates** je suis tout à fait incapable de retenir les dates. -**4.** [reserve - place, hotel room] retenir, réserver. -**5.** [engage - solicitor] engager; **~ing fee** provision *f*.

retainer [rɪ'teɪnəʳ] *n* -**1.** [servant] domestique *mf*, serviteur *m arch*. -**2.** [retaining fee] provision *f*. -**3.** [nominal rent] loyer *m* nominal.

retaining wall [rɪ'teɪnɪŋ-] *n* mur *m* de soutènement.

retake [*vb* ,riː'teɪk, *n* 'riːteɪk] (*pt* **retook** [-'tʊk], *pp* **retaken** [-'teɪkn]) ◇ *vt* -**1.** [town, fortress] reprendre. -**2.** [exam] repasser. -**3.** CIN [shot] reprendre, refaire; [scene] refaire une prise (de vues) de.

◇ *n* -**1.** [of exam] nouvelle session *f*. -**2.** CIN nouvelle prise *f* (de vues).

retaliate [rɪ'tælɪeɪt] *vi* se venger, riposter; **the government ~d by banning all foreign coal imports** le gouvernement a riposté en interdisant toutes les importations de charbon; **the goalkeeper was sent off for retaliating** le gardien de but a été expulsé pour avoir riposté à l'agression; **she ~d against her critics** elle a riposté à l'attaque de ses critiques.

retaliation [rɪ,tælɪ'eɪʃn] *n (U)* représailles *fpl*, vengeance *f*; **in ~ (for sthg)** en OR par représailles (contre qqch).

retaliatory [rɪ'tælɪətrɪ] *adj* de représailles, de rétorsion; **a ~ attack** une riposte; **to take ~ measures** exercer des représailles, riposter.

retard [rɪ'tɑːd] ◇ *vt fml* OR SCI retarder.

◇ *n Am offensive* retardé *m*, -e *f*.

retardant [rɪ'tɑːdnt] ◇ *n* SCI retardateur *m*.

◇ *adj fml* OR SCI retardateur.

retardation [,riːtɑː'deɪʃn] *n* -**1.** [mental] arriération *f*. -**2.** [delaying] retardement *m*.

retarded [rɪ'tɑːdɪd] ◇ *adj* -**1.** [mentally] arriéré. -**2.** [delayed] retardé.

◇ *npl dated*: **the (mentally) ~** les arriérés *mpl* mentaux; **a school for the ~** une école pour enfants arriérés.

retch [retʃ] ◇ *vi* avoir un OR des haut-le-cœur; **the smell made me ~** l'odeur m'a donné des haut-le-cœur OR m'a soulevé l'estomac.

◇ *n* haut-le-cœur *m inv*.

retching ['retʃɪŋ] *n* haut-le-cœur *m inv*.

retd *written abbr of* retired.

retell [,riː'tel] (*pt* & *pp* **retold** [-'təʊld]) *vt* raconter de nouveau.

retelling [,riː'telɪŋ] *n* nouvelle version *f*; **the story gained in the ~** l'histoire gagnait à être racontée de nouveau.

retention [rɪ'tenʃn] *n* -**1.** [keeping] conservation *f*. -**2.** MED [holding] rétention *f*; **fluid ~** rétention d'eau; **urine ~** rétention d'urine. -**3.** [memory] rétention *f*.

retentive [rɪ'tentɪv] *adj* [memory] qui retient bien; **she's a very ~ pupil** c'est une élève qui a une très bonne mémoire.

retentiveness [rɪ'tentɪvnɪs] *n* mémoire *f*.

retexture [,riː'tekstʃəʳ] *vt* apprêter de nouveau.

rethink [*vb* ,riː'θɪŋk, *n* 'riːθɪŋk] (*pt* & *pp* **rethought** [-'θɔːt]) ◇ *vt* repenser; **we'll have to ~ our strategy** il faudra repenser OR revoir notre stratégie.

◇ *n*: **a ~ of the whole project is necessary** il faut repenser le projet dans son ensemble; **to have a ~ about sthg** réfléchir de nouveau à qqch.

reticence ['retɪsəns] *n* réticence *f*.

reticent ['retɪsənt] *adj* réticent; **he's ~ about explaining his reasons** il hésite OR est peu disposé à expliquer ses raisons.

reticently ['retɪsəntlɪ] *adv* avec réticence.

reticle ['retɪkl] *n* réticule *m*.

reticulate(d) [rɪ'tɪkjʊleɪt(ɪd)] *adj* réticulé.

reticule ['retɪkjuːl] *n* -**1.** [bag] réticule *m*. -**2.** OPT = **reticle**.

reticulum [rɪ'tɪkjʊləm] (*pl* **reticula** [-lə]) *n* réticulum *m*.

retina ['retɪnə] (*pl* **retinas** OR **retinae** [-niː]) *n* rétine *f*.

retinal ['retɪnl] *adj* rétinien.

retinue ['retɪnjuː] *n* suite *f*, cortège *m*.

retire [rɪ'taɪəʳ] ◇ *vi* -**1.** [from job] prendre sa retraite; [from business, politics] se retirer; **to ~ at 65** prendre sa retraite à 65 ans; **to ~ from the political scene** se retirer de la scène politique. -**2.** *fml* OR *hum* [go to bed] aller se coucher. -**3.** [leave] se retirer; **the jury ~d to consider its verdict** les jurés se sont retirés pour délibérer; **shall we ~ to the lounge?** si nous passions au salon?; **to ~ to a monastery** se retirer dans un monastère; **to ~ hurt** SPORT abandonner à la suite d'une blessure. -**4.** MIL [pull back] se replier.

◇ *vt* -**1.** [employee] mettre à la retraite. -**2.** MIL [troops] retirer. -**3.** FIN [coins, bonds, shares] retirer de la circulation.

retired [rɪ'taɪəd] *adj* -**1.** [from job] retraité, à la retraite. -**2.** [secluded] retiré; **to live a ~ life** mener une vie retirée; **a ~ spot** un endroit retiré OR isolé.

retiree [,rɪtaɪə'riː] *n Am* retraité *m*, -e *f*.

retirement [rɪ'taɪəmənt] *n* -**1.** [from job] retraite *f*; **how do you plan to spend your ~?** comment comptez-vous passer votre retraite?; **to take early ~** partir en préretraite. -**2.** [seclusion] isolement *m*, solitude *f*. -**3.** MIL [pulling back] repli *m*.

retirement age *n* âge *m* de la retraite.

RETIREMENT AGE:
L'âge de la retraite est actuellement de 65 ans pour les hommes et 60 ans pour les femmes en Grande-Bretagne; aux États-Unis, il est fixé à 65 ans pour les hommes et les femmes.

---

retirement benefit *n* indemnité *f* de départ en retraite, prime *f* de mise à la retraite.

retirement pay *n* retraite *f*.

retirement pension *n* (pension *f* de) retraite *f*.

retiring [rɪ'taɪərɪŋ] *adj* -**1.** [reserved] réservé. -**2.** [leaving - official, chairman, MP] sortant. -**3.** [employee] qui part à la retraite; **to reach ~ age** atteindre l'âge de la retraite.

retold [ˌriː'təʊld] *pt* & *pp* → **retell**.

retool [ˌriː'tuːl] ◇ *vt* -**1.** INDUST rééquiper. -**2.** *inf Am* [reorganize] réorganiser.
◇ *vi* -**1.** INDUST se rééquiper. -**2.** *inf Am* [reorganize] se réorganiser.

retort [rɪ'tɔːt] ◇ *vi* & *vt* rétorquer, riposter.
◇ *n* -**1.** [reply] riposte *f*, réplique *f*. -**2.** CHEM cornue *f*.

retouch [ˌriː'tʌtʃ] *vt* [gen & PHOT] retoucher.

retrace [rɪ'treɪs] *vt* -**1.** [go back over - route] refaire; **to ~ one's steps** rebrousser chemin, revenir sur ses pas. -**2.** [reconstitute - past events, sb's movements] reconstituer.

retract [rɪ'trækt] ◇ *vt* -**1.** [withdraw - statement, confession] retirer, rétracter *lit*; [go back on - promise, agreement] revenir sur. -**2.** [draw in - claws, horns] rétracter, rentrer; AERON [- wheels] rentrer, escamoter.
◇ *vi* -**1.** [recant] se rétracter, se désavouer. -**2.** [be drawn in - claws, horns] se rétracter; AERON [- wheels] rentrer; **the undercarriage ~s** le train d'atterrissage est escamotable.

retractable [rɪ'træktəbl] *adj* -**1.** [aerial, undercarriage] escamotable. -**2.** [statement] que l'on peut rétracter OR désavouer.

retractile [rɪ'træktaɪl] *adj* rétractile.

retraction [rɪ'trækʃn] *n* [withdrawal of false information] démenti *m*.

retrain [ˌriː'treɪn] ◇ *vt* recycler.
◇ *vi* se recycler.

retraining [ˌriː'treɪnɪŋ] *n* recyclage *m*; **a ~ programme** un programme de recyclage.

retread [*vb* ˌriː'tred, *n* 'riːtred] (*pt* **retrod** [-'trɒd], *pp* **retrodden** [-'trɒdn] OR **retrod** [-'trɒd]) ◇ *vt* AUT rechaper.
◇ *n* pneu *m* rechapé.

retreat [rɪ'triːt] ◇ *vi* -**1.** MIL battre en retraite, se replier; **the management was forced to ~ on this point** *fig* la direction a été obligée de céder sur ce point. -**2.** [gen] se retirer; **we ~ed towards the back of the room** nous nous sommes retirés au fond de la salle; **to ~ to the country** se retirer à la campagne.
◇ *n* -**1.** [MIL & gen - withdrawal] retraite *f*, repli *m*; **to beat/to sound the ~** battre/sonner la retraite; **this is a considerable ~ from the unions' original position** les syndicats ont fait là des concessions importantes par rapport à leur position initiale ☐ **to beat a hasty ~** prendre ses jambes à son cou. -**2.** [refuge] refuge *m*, asile *m*; **a mountain ~** un refuge de montagne. -**3.** RELIG retraite *f*; **to go on a ~** faire une retraite.

retrench [riː'trentʃ] ◇ *vt* [costs, expenses] réduire, restreindre.
◇ *vi* faire des économies, se restreindre.

retrenchment [riː'trentʃmənt] *n* [of costs, expenses] réduction *f*, compression *f*.

retrial [ˌriː'traɪəl] *n* nouveau procès *m*.

retribution [ˌretrɪ'bjuːʃn] *n* punition *f*, châtiment *m*; **it is divine ~** c'est le châtiment de Dieu.

retributive [rɪ'trɪbjʊtɪv] *adj* [involving punishment] de punition, de châtiment; [avenging] vengeur; **they have no ~ powers** ils n'ont pas le pouvoir de punir; **~ measures will be taken against the culprits** les coupables seront punis.

retrievable [rɪ'triːvəbl] *adj* [object] récupérable; [fortune, health] recouvrable; [error, loss] réparable; [situation] rattrapable.

retrieval [rɪ'triːvl] *n* -**1.** [getting back - of object] récupération *f*; [- of fortune, health] recouvrement *m*. -**2.** COMPUT récupération *f*, extraction *f*; **data ~** recherche *f* de données. -**3.** [making good - of mistake] réparation *f*; **the situation is beyond ~** il n'y a plus rien à faire (pour sauver la situation).

retrieve [rɪ'triːv] ◇ *vt* -**1.** [get back - lost object] récupérer; [- health, fortune] recouvrer, retrouver; **I ~d my bag from the lost property office** j'ai récupéré mon sac au bureau des objets trouvés. -**2.** [save] sauver; **she managed to ~ her coat from the fire** elle réussit à sauver son manteau du feu. -**3.** COMPUT [data] récupérer, extraire. -**4.** [make good - mistake] réparer; [- situation] rattraper, sauver. -**5.** HUNT rapporter.
◇ *vi* HUNT rapporter le gibier.

retriever [rɪ'triːvəʳ] *n* [dog] retriever *m*; **golden ~** golden retriever *m*.

retro ['retrəʊ] *adj* retro (*inv*); **~ fashions** la mode rétro.

retroact [ˌretrəʊ'ækt] *vi* -**1.** [have retroactive effect] avoir un effet rétroactif, rétroagir *lit*. -**2.** [act in opposition] réagir.

retroaction [ˌretrəʊ'ækʃn] *n* rétroaction *f*.

retroactive [ˌretrəʊ'æktɪv] *adj* rétroactif.

retroactively [ˌretrəʊ'æktɪvlɪ] *adv* rétroactivement.

retrofit ['retrəʊfɪt] (*pt* & *pp* **retrofitted**) *vt* équiper après fabrication.

retroflexed ['retrəʊflekst] *adj* -**1.** LING rétroflexe. -**2.** ANAT rétrofléchi.

retroflexion [ˌretrəʊ'flekʃn] *n* rétroflexion *f*.

retrograde ['retrəgreɪd] ◇ *adj* rétrograde.
◇ *vi* -**1.** [gen] rétrograder. -**2.** *Am* MIL [retreat] battre en retraite.

retrogress [ˌretrə'gres] *vi fml* -**1.** [degenerate] régresser. -**2.** [move backwards] rétrograder.

retrogression [ˌretrə'greʃn] *n* rétrogression *f*, régression *f*.

retrogressive [ˌretrə'gresɪv] *adj* rétrogressif, régressif.

retropack ['retrəʊpæk] *n* système *m* de rétrofusées.

retrorocket ['retrəʊˌrɒkɪt] *n* rétrofusée *f*.

retrospect ['retrəspekt]
◆ **in retrospect** *adv phr* rétrospectivement, avec le recul.

retrospection [ˌretrə'spekʃn] *n* rétrospection *f*.

retrospective [ˌretrə'spektɪv] ◇ *adj* rétrospectif.
◇ *n* ART rétrospective *f*.

retrospectively [ˌretrə'spektɪvlɪ] *adv* rétrospectivement.

retrovirus ['retrəʊˌvaɪrəs] *n* rétrovirus *m*.

retry [ˌriː'traɪ] (*pt* & *pp* **retried**) *vt* JUR refaire le procès de, juger à nouveau.

retsina [ret'siːnə] *n* retsina *m*.

retune [ˌriː'tjuːn] ◇ *vt* -**1.** MUS réaccorder. -**2.** RADIO régler.
◇ *vi* RADIO: **listeners in Europe are invited to ~ to medium wave** les auditeurs en Europe sont invités à se mettre à l'écoute OR prendre l'écoute sur ondes moyennes; **don't forget to ~ tomorrow to the same wavelength** n'oubliez pas de reprendre l'écoute demain sur la même longueur d'ondes.

return [rɪ'tɜːn] ◇ *vi* -**1.** [go back] retourner; [come back] revenir; **they've ~ed to Australia** [speaker is in Australia] ils sont revenus en Australie; [speaker is elsewhere] ils sont retournés OR repartis en Australie; **as soon as she ~s** dès son retour; **to ~ home** rentrer (à la maison OR chez soi). -**2.** [to subject, activity, former state] revenir; **let's ~ to your question** revenons à votre question; **when I ~ed to consciousness** quand j'ai repris connaissance, quand je suis revenu à moi; **to ~ to work** reprendre le travail; **she ~ed to her reading** elle reprit sa lecture; **he soon ~ed to his old ways** il est vite retombé dans OR il a vite repris ses anciennes habitudes; **the situation should ~ to normal next week** la situation devrait redevenir normale la semaine prochaine. -**3.** [reappear - fever, pain, good weather, fears] réapparaître.
◇ *vt* -**1.** [give back] rendre; [take back] rapporter; [send back] renvoyer, retourner; **the jewels have been ~ed to their rightful owners** les bijoux ont été rendus à leurs propriétaires légitimes; **I have to ~ the library books today** il faut que je rapporte les livres à la bibliothèque aujourd'hui; **~ this coupon for your fabulous free gift** renvoyez ce bon pour obtenir votre magnifique cadeau; **'~ to sender'** 'retour à l'expéditeur'; **she ~ed my look** elle me regarda à son tour; **the soldiers ~ed our fire** les soldats répondirent à notre tir. -**2.** [replace, put back] remettre; **she ~ed the file to the drawer** elle remit le dossier dans le tiroir. -**3.** [repay - greeting, kindness, compliment] rendre (en retour); **how can I ~ your favour?** comment vous remercier?; **they ~ed our visit the following year** ils sont venus nous voir à leur tour l'année suivante ‖ [reciprocate - affection] rendre; **she did not ~ his love** l'amour qu'il éprouvait pour elle n'était pas partagé. -**4.** SPORT [hit or throw back] renvoyer. -**5.** *Br* [elect] élire; **she was ~ed as member for Tottenham** elle a été élue député de Tottenham. -**6.** [reply] répondre. -**7.** JUR [pronounce - verdict] rendre, prononcer; **to ~ a verdict of guilty** rendre un verdict de culpabilité. -**8.** FIN [yield - profit, interest] rapporter. -**9.** [in bridge] rejouer; **East ~s clubs for dummy's ace** Est rejoue pique pour l'as du mort.
◇ *adj* [fare] aller (et) retour; [trip, flight] de retour; **the ~ journey** le (voyage du) retour.
◇ *n* -**1.** [going or coming back] retour *m*; **on her ~** à son retour ☐ **the point of no ~** le point de non-retour; 'The Return of the Native' *Hardy* 'le Retour au pays natal'. -**2.** [giving or taking back] retour *m*; [sending back] renvoi *m*, retour *m*; **by ~ (of post)** *Br* par retour du courrier; **on ~ of this coupon** sur renvoi de ce bon. -**3.** *Br* [round trip] aller et retour *m*; **two ~s to Edinburgh, please** deux allers et retours pour Édimbourg, s'il vous plaît; **a weekend ~** un billet aller et retour valable du vendredi au dimanche soir. -**4.** [to subject, activity, earlier state] retour *m*; **a ~ to normal** un retour à la normale; **a ~ to traditional methods** un retour aux méthodes traditionnelles; **the strikers' ~ to work** la reprise du travail par les grévistes. -**5.** [reappearance - of fever, pain, good weather] réapparition *f*, retour *m*. -**6.** FIN [yield] rapport *m*; **a 10% ~ on investment** un rendement de 10 % sur la somme investie. -**7.** [for income tax] (formulaire *m* de) déclaration *f* d'impôts. -**8.** SPORT [esp in tennis] retour *m*. -**9.** ARCHIT retour *m*.
◆ **returns** *npl* -**1.** [results] résultats *mpl*; [statistics] statistiques *fpl*, chiffres *mpl*; **the election ~s** les résultats des élections; **first ~s indicate a swing to the left** les premiers résultats du scrutin indiquent un glissement à gauche. -**2.** [birthday greetings]: **many happy ~s (of the day)!** bon OR joyeux anniversaire!
◆ **in return** *adv phr* en retour, en échange; **in ~, he's letting me use his car** en retour OR en échange, il me laisse utiliser sa voiture.
◆ **in return for** *prep phr* en échange de.

returnable [rɪ'tɜːnəbl] *adj* -**1.** [container, bottle] consigné. -**2.** [document] à retourner; **~ by July 1st** à renvoyer avant le 1er juillet.

returner [rɪ'tɜːnəʳ] *n* [person returning to work] *personne réintégrant la vie professionnelle après une période d'inactivité volontaire.*

returning officer [rɪ'tɜːnɪŋ-] *n* président *m*, -e *f* du bureau de vote.

return match *n* match *m* retour.

return ticket *n Br* (billet *m* d') aller (et) retour *m*.

retype [ˌriːˈtaɪp] *vt* [document, text] retaper.

reuben [ˈruːbɪn] *n Am* CULIN *sandwich chaud au pastrami, corned beef et fromage.*

reunification [ˌriːjuːnɪfɪˈkeɪʃn] *n* réunification *f*.

reunify [ˌriːˈjuːnɪfaɪ] (*pt* & *pp* **reunified**) *vt* réunifier.

reunion [ˌriːˈjuːnjən] *n* réunion *f*; **a family ~** une réunion familiale.

Reunion [riːˈjuːnjən] *pr n*: **~ (Island)** (l'île *f* de) la Réunion; **in ~** à la Réunion.

reunite [ˌriːjuːˈnaɪt] ◇ *vt* réunir; **when the hostages were ~d with their families** quand les otages ont retrouvé leur famille.
◇ *vi* se réunir.

reupholster [ˌriːʌpˈhəʊlstəʳ] *vt* rembourrer (de nouveau).

reusable [riːˈjuːzəbl] *adj* réutilisable, recyclable.

re-use [*vb* ˌriːˈjuːz, *n* ˌriːˈjuːs] ◇ *vt* réutiliser, remployer, recycler.
◇ *n* réutilisation *f*, remploi *m*, recyclage *m*.

rev *inf* [rev] (*pt* & *pp* **revved**, *cont* **revving**) ◇ *n* (*abbr of* **revolution**) AUT tour *m*; **3,000 ~s per minute** 3000 tours par minute.
◇ *vt* & *vi* = **rev up**.
◆ **rev up** *inf* ◇ *vt sep* [engine] emballer.
◇ *vi insep* [driver] appuyer sur l'accélérateur; [engine] s'accélérer.

revaccinate [ˌriːˈvæksɪneɪt] *vt* revacciner.

revaluate [ˌriːˈvæljʊeɪt] *Am* = **revalue**.

revaluation [ˌriːvæljʊˈeɪʃn] *n* [of currency, property etc] réévaluation *f*.

revalue [ˌriːˈvæljuː] *vt* -**1.** [currency] réévaluer. -**2.** [property] réévaluer, estimer à nouveau la valeur de.

revamp *inf* [ˌriːˈvæmp] *vt* rafistoler, retaper.

revanchism [rɪˈvæntʃɪzm] *n* revanchisme *m*.

revanchist [rɪˈvæntʃɪst] ◇ *adj* revanchiste.
◇ *n* revanchiste *mf*.

rev counter *inf n* compte-tours *m inv*.

Revd *written abbr of* **reverend**.

reveal [rɪˈviːl] *vt* -**1.** [disclose, divulge] révéler; **the press ~ed he had accepted bribes** la presse révéla qu'il avait accepté des pots-de-vin; **to ~ a secret** révéler OR divulguer un secret. -**2.** [show] révéler, découvrir, laisser voir; **she removed the veil to ~ her face** elle enleva son voile pour découvrir son visage; **he tried hard not to ~ his true feelings** il s'efforça de ne pas révéler ses vrais sentiments; **the undertaking ~ed itself to be impossible** l'entreprise s'est révélée impossible.

revealing [rɪˈviːlɪŋ] *adj* -**1.** [experience, action, remark] révélateur. -**2.** [dress] décolleté, qui ne cache rien; [neckline] décolleté.

revealingly [rɪˈviːlɪŋlɪ] *adv* -**1.** [significantly]: **~, not one of them speaks a foreign language** il est révélateur qu'aucun d'entre eux ne parle une langue étrangère. -**2.** [exposing the body]: **a ~ short dress** une robe courte qui laisse tout voir OR qui montre tout.

reveille [*Br* rɪˈvælɪ, *Am* ˈrevəlɪ] *n* MIL réveil *m*; **sound the ~!** sonnez le réveil!

revel [ˈrevl] (*Br pt* & *pp* **revelled**, *cont* **revelling**, *Am pt* & *pp* **reveled**, *cont* **reveling**) *vi* -**1.** [bask, wallow] se délecter; **to ~ in sthg** se délecter de OR à qqch. -**2.** [make merry] s'amuser.
◆ **revels** *npl* festivités *fpl*.

revelation [ˌrevəˈleɪʃn] *n* révélation *f*; **divine ~** révélation divine; **her talent was a ~ to me** son talent a été une révélation pour moi ❑ **the Revelation (of Saint John the Divine), Revelations** l'Apocalypse *f* (de saint Jean l'Évangéliste).

revelatory [ˌrevəˈleɪtərɪ] *adj* révélateur.

reveller *Br*, **reveler** *Am* [ˈrevələʳ] *n* fêtard *m*, -e *f*, noceur *m*, -euse *f*.

revelry [ˈrevəlrɪ] *n* , **revelries** *npl* festivités *fpl*.

revenge [rɪˈvendʒ] ◇ *n* -**1.** [vengeance] vengeance *f*, revanche *f*; **I'll get** OR **I'll take my ~ on him for this!** il va me le payer!; **she did it out of ~** elle l'a fait pour se venger OR par vengeance. -**2.** SPORT revanche *f*.
◇ *vt* venger; **how can I ~ myself on them for this insult?** comment leur faire payer cette insulte?

revengeful [rɪˈvendʒfʊl] *adj* vengeur, vindicatif.

revengefully [rɪˈvendʒfʊlɪ] *adv* vindicativement, par vengeance.

revenger [rɪˈvendʒəʳ] *n* vengeur *m*, -eresse *f*.

revenue [ˈrevənjuː] ◇ *n* revenu *m*; **state ~** OR **~s** les revenus publics OR de l'État.
◇ *comp* [department, official] du fisc.

revenue bond *n* obligation *f* d'État *(remboursable par le revenu du projet qu'elle finance)*.

revenue cutter *n* vedette *f* des garde-côtes.

revenue man *n* agent *m* du fisc.

revenue stamp *n* timbre *m* fiscal.

revenue tariff *n* tarif *m* douanier fiscal.

reverberate [rɪˈvɜːbəreɪt] ◇ *vi* -**1.** [sound] résonner, retentir; **the building ~d with their cries** l'immeuble retentissait de leurs cris. -**2.** [light] se réverbérer. -**3.** *fig* [spread] retentir; **the scandal ~d through the country** ce scandale a secoué tout le pays.
◇ *vt* -**1.** [sound] renvoyer, répercuter. -**2.** [light] réverbérer.

reverberation [rɪˌvɜːbəˈreɪʃn] *n* -**1.** [of sound] retentissement *m*, résonnement *m*. -**2.** [of light] réverbération *f*. -**3.** *fig* [repercussion] retentissement *m*, répercussion *f*; **the crisis had ~s in neighbouring countries** la crise a eu des répercussions dans les pays voisins.

reverberator [rɪˈvɜːbəreɪtəʳ] *n* réflecteur *m*.

revere [rɪˈvɪəʳ] *vt* révérer, vénérer; **she was a much ~d figure** c'était une personnalité très respectée.

reverence [ˈrevərəns] ◇ *n* -**1.** [respect] révérence *f*, vénération *f*; **they hold her in ~** ils la révèrent OR vénèrent. -**2.** [term of address]: **Your Reverence** mon révérend (Père); **His Reverence the Archbishop** Son Excellence l'archevêque.
◇ *vt* révérer, vénérer.

reverend [ˈrevərənd] ◇ *adj* -**1.** RELIG: **a ~ gentleman** un révérend père; **the Reverend Paul James** le révérend Paul James. -**2.** [gen - respected] vénérable, révéré.
◇ *n* [Protestant] pasteur *m*; [Catholic] curé *m*; **yes, ~** [Protestant] oui, Monsieur le pasteur; [Catholic] oui, Monsieur le curé.

Reverend Mother *n* Révérende Mère *f*.

reverent [ˈrevərənt] *adj* respectueux, révérencieux *lit*.

reverential [ˌrevəˈrenʃl] *adj* révérenciel.

reverently [ˈrevərəntlɪ] *adv* avec révérence, révérencieusement *lit*.

reverie [ˈrevərɪ] *n lit* [gen & MUS] rêverie *f*.

revers [rɪˈvɪəʳ] (*pl inv* [rɪˈvɪəz]) *n* revers *m*.

reversal [rɪˈvɜːsl] *n* -**1.** [change - of situation, tendency] retournement *m*; [- of opinion] revirement *m*; [- of order, roles] interversion *f*, inversion *f*; **a complete ~ of policy** un changement total de politique. -**2.** [setback] revers *m*; **~ of fortune** revers de fortune; **the patient has suffered a ~** le malade a fait une rechute. -**3.** JUR [annulment] annulation *f*. -**4.** PHOT inversion *f*.

reversal film *n* film *m* inversible.

reverse [rɪˈvɜːs] ◇ *vt* -**1.** [change - process, trend] renverser; [- situation] retourner; [- order, roles, decline] inverser; **this could ~ the effects of all our policies** ceci pourrait annuler les effets de toute notre politique; **the unions have ~d their policy** les syndicats ont fait volte-face; **I had to ~ my opinion of him** j'ai dû réviser complètement l'opinion que j'avais de lui; **it ~d all our plans** cela a bouleversé tous nos projets. -**2.** [turn round - garment] retourner; [- photo] inverser. -**3.** [annul - decision] annuler; JUR casser, annuler. -**4.** [cause to go backwards - car] mettre en marche arrière; [- machine] renverser la marche de; **this lever ~s the belt** ce levier permet d'inverser la marche de la courroie; **she ~d the car up the street** elle remonta la rue en marche arrière; **he ~d the truck into a lamp-post** en faisant marche arrière avec le camion il est rentré dans un réverbère. -**5.** TELEC: **to ~ the charges** appeler en PCV; **she always ~s the charges when she phones her parents** elle appelle toujours ses parents en PCV.
◇ *vi* AUT [car, driver] faire marche arrière; **she ~d up the street** elle remonta la rue en marche arrière; **the driver in front ~d into me** la voiture qui était devant moi m'est rentrée dedans en marche arrière.
◇ *n* -**1.** AUT marche *f* arrière; **in ~** en marche arrière; **he put the bus into ~** le conducteur de l'autobus passa en marche arrière; **the company's fortunes are going into ~** *fig* l'entreprise connaît actuellement un revers de fortune. -**2.** [contrary] contraire *m*, inverse *m*, opposé *m*; **unfortunately, the ~ is true** malheureusement, c'est le contraire qui est vrai; **did you enjoy it? — quite the ~** cela vous a-t-il plu? — pas du tout; **she is the ~ of shy** elle est tout sauf timide; **try to do the same thing in ~** essayez de faire la même chose dans l'ordre inverse. -**3.** [other side - of cloth, leaf] envers *m*; [- of sheet of paper] verso *m*; [- of coin, medal] revers *m*. -**4.** [setback] revers *m*, échec *m*; [defeat] défaite *f*; **his condition has suffered a ~** il a rechuté. -**5.** TYPO noir *m* au blanc; **in ~** en réserve.
◇ *adj* -**1.** [opposite, contrary] inverse, contraire, opposé; **we are now experiencing the ~ trend** actuellement, c'est l'inverse qui se produit; **in ~ order** en ordre inverse; **in the ~ direction** en sens inverse. -**2.** [back]: **the ~ side** [of cloth, leaf] l'envers; [of sheet of paper] le verso; [of coin, medal] le revers. -**3.** [turned around] inversé; **a ~ image** une image inversée. -**4.** AUT: **~ gear** marche *f* arrière.

reverse-charge call *n Br* appel *m* en PCV.

reverser [rɪˈvɜːsəʳ] *n* TECH inverseur *m*; **thrust ~** inverseur de poussée.

reverse video *n* vidéo *f* inverse.

reversi [rɪˈvɜːsɪ] *n* reversi *m* (sur échiquier).

reversible [rɪˈvɜːsəbl] *adj* [coat, process] réversible; [decision] révocable.

reversing light [rɪˈvɜːsɪŋ-] *n* feu *m* de recul.

reversion [rɪˈvɜːʃn] *n* -**1.** [to former condition, practice] retour *m*; **a ~ to anarchy** un retour à l'anarchie. -**2.** BIOL & JUR réversion *f*.

revert [rɪˈvɜːt] *vi* retourner, revenir; **they ~ed to barbarism** ils ont à nouveau sombré dans la barbarie; **he soon ~ed to his old ways** il est vite retombé dans OR il a vite repris ses anciennes habitudes; **to ~ to childhood** retomber en enfance; **the field has ~ed to a wild meadow** le champ est retourné à l'état de prairie; **the property ~s to the spouse** JUR les biens reviennent à l'époux; **to ~ to type** retrouver sa vraie nature.

revetment [rɪˈvetmənt] *n* mur *m* de soutènement.

review [rɪˈvjuː] ◇ *n* -**1.** [critical article] critique *f*; **the play got good/bad ~s** la pièce a eu de bonnes/mauvaises critiques. -**2.** [magazine] revue *f*; [radio or TV programme] magazine *m*. -**3.** [assessment - of situation, conditions] étude *f*, examen *m*, bilan *m*; **the annual ~ of expenditure** le bilan annuel des dépenses; **she first gave us a brief ~ of the situation** elle nous a d'abord présenté un court bilan de la situation; **pollution controls are under ~** on est en train d'examiner la réglementation en matière de pollution; **~ board** commission *f* d'étude. -**4.** [reassessment - of salary, prices, case] révision *f*; **all our prices are subject to ~** tous nos prix sont susceptibles d'être révisés; **my salary comes** OR **is up for ~ next month** mon salaire doit être révisé le mois prochain; **he asked for a ~ of his case** JUR il a demandé la révision de son procès. -**5.** MIL [inspection] revue *f*. -**6.** *Am* SCH & UNIV [revision] révision *f*. -**7.** = **revue**.
◇ *vt* -**1.** [write critical article on] faire la critique de; **she ~s books for an Australian paper** elle

est critique littéraire pour un journal australien. -**2.** [assess] examiner, étudier, faire le bilan de; [reassess] réviser, revoir; JUR [case] réviser; **they should ~ their security arrangements** ils devraient revoir leurs dispositifs de sécurité; **to ~ a decision** reconsidérer une décision. -**3.** [go back over, look back on] passer en revue; **we shall be ~ing the events of the past year** nous passerons en revue les événements qui se sont produits au cours de l'année passée. -**4.** MIL [troops] passer en revue. -**5.** [revise] réviser; **she quickly ~ed her notes before the speech** elle jeta un dernier coup d'œil sur ses notes avant le discours; **he's ~ing his French** *Am* il révise son français.

review copy *n* exemplaire *m* de service de presse.

reviewer [rɪ'vjuːəʳ] *n* PRESS critique *m*; **book ~** critique littéraire.

revile [rɪ'vaɪl] *vt lit* vilipender, injurier; **our much ~d education system** notre système scolaire tellement décrié OR dont on dit tant de mal.

revise [rɪ'vaɪz] ◇ *vt* -**1.** [alter - policy, belief, offer, price] réviser. -**2.** [read through - text, manuscript] revoir, corriger. -**3.** [update] mettre à jour, corriger; **our dictionaries are ~d regularly** nos dictionnaires sont régulièrement mis à jour. -**4.** *Br* SCH & UNIV réviser; **have you ~d your geography?** as-tu révisé ta géographie?
◇ *vi Br* SCH & UNIV réviser; **she's revising for her end-of-year exams** elle révise pour ses examens de fin d'année.
◇ *n* TYPO deuxième épreuve *f*.

revised [rɪ'vaɪzd] *adj* -**1.** [figures, estimate] révisé. -**2.** [edition] revu et corrigé.

Revised Version *n*: **the ~** *traduction anglaise de la Bible faite en 1885.*

reviser [rɪ'vaɪzəʳ] *n* [gen] réviseur *m*, -euse *f*; TYPO correcteur *m*, -trice *f*.

revision [rɪ'vɪʒn] *n* -**1.** [alteration etc] révision *f*; **the book has undergone several ~s** ce livre a été révisé OR remanié plusieurs fois. -**2.** *Br* SCH & UNIV révision *f*.

revisionism [rɪ'vɪʒnɪzm] *n* révisionnisme *m*.

revisionist [rɪ'vɪʒnɪst] ◇ *adj* révisionniste.
◇ *n* révisionniste *mf*.

revisit [,riː'vɪzɪt] *vt* [place] revisiter; [person] retourner voir; **Dickens ~ed** *fig* un réexamen de Dickens ❑ **'Brideshead Revisited'** *Waugh* 'le Retour au château'.

revitalize, -ise [,riː'vaɪtəlaɪz] *vt* revitaliser.

revival [rɪ'vaɪvl] *n* -**1.** [resurgence] renouveau *m*, renaissance *f*; **a ~ of interest in Latin poets** un regain d'intérêt pour les poètes latins; **a Catholic ~** un renouveau du catholicisme. -**2.** [bringing back - of custom, language] rétablissement *m*; **they would like to see a ~ of Victorian values** ils souhaitent le retour aux valeurs de l'époque victorienne. -**3.** [of play, TV series] reprise *f*. -**4.** [from a faint] reprise *f* de connaissance; [from illness] récupération *f*.

revivalism [rɪ'vaɪvəlɪzm] *n* -**1.** RELIG revivalisme *m*. -**2.** [of past] passéisme *m*.

revivalist [rɪ'vaɪvəlɪst] ◇ *n* -**1.** RELIG revivaliste *mf*; **Hindu ~s** des revivalistes hindous. -**2.** [of past] traditionaliste *mf*.
◇ *adj* RELIG revivaliste; **a ~ meeting** une réunion revivaliste.

revive [rɪ'vaɪv] ◇ *vi* -**1.** [regain consciousness] reprendre connaissance, revenir à soi; [regain strength or form] récupérer. -**2.** [flourish again - business, the economy] reprendre; [- movement, group] renaître, ressusciter; [- custom, expression] réapparaître; **their interest ~d when the clowns came on** ils ont recommencé à trouver le spectacle intéressant quand les clowns sont entrés en scène; **interest in her work is beginning to ~** on assiste à un renouveau OR regain d'intérêt pour son œuvre.
◇ *vt* -**1.** [restore to consciousness] ranimer; MED réanimer; [restore strength to] remonter. -**2.** [make flourish again - discussion, faith, memory] ranimer, raviver; [- business, the economy] relancer, faire redémarrer; [- interest, hope, fear] raviver, faire renaître; **a plan to ~ the city centre** un projet destiné à dynamiser le centre-ville; **~d interest in the art of this period** un renouveau OR regain d'intérêt pour l'art de cette époque. -**3.** [bring back - law] remettre en vigueur; [- fashion] relancer; [- style, look] remettre en vogue; [- custom, language, movement] raviver, ressusciter; **prewar fashions have been ~d** on est revenu à la mode de l'avant-guerre. -**4.** [play, TV series] reprendre.

revivify [riː'vɪvɪfaɪ] *vt* revivifier.

revocation [,revə'keɪʃn] *n* [of decision] annulation *f*; [of measure, law] abrogation *f*, annulation *f*, révocation *f*; [of will] révocation *f*, annulation *f*; [of title, diploma, permit, right] retrait *m*.

revoke [rɪ'vəʊk] *vt* [decision] annuler; [measure, law] abroger, annuler, révoquer; [will] révoquer, annuler; [title, diploma, permit, right] retirer.

revolt [rɪ'vəʊlt] ◇ *vi* [rise up] se révolter, se rebeller, se soulever; **they ~ed against the tyrant** ils se soulevèrent contre le tyran.
◇ *vt* dégoûter; **she is ~ed by the idea** l'idée la dégoûte OR la révolte; **the sight of food ~s me at the moment** la vue de la nourriture m'écœure OR me dégoûte en ce moment.
◇ *n* -**1.** [uprising] révolte *f*, rébellion *f*; **the peasants rose up in ~** les paysans se sont révoltés OR soulevés; **they are in ~ against the system** ils se rebellent contre le système. -**2.** [disgust] dégoût *m*; [indignation] indignation *f*.

revolting [rɪ'vəʊltɪŋ] *adj* -**1.** [disgusting - story, scene] dégoûtant; [- person, act] ignoble; [- food, mess] écœurant, immonde. -**2.** *inf* [nasty] affreux.

revoltingly [rɪ'vəʊltɪŋlɪ] *adv* de façon dégoûtante; **he's ~ ugly/dirty** il est d'une laideur/d'une saleté repoussante || [as intensifier]: **she's so ~ clever!** ça m'écœure qu'on puisse être aussi intelligent!

revolution [,revə'luːʃn] *n* -**1.** POL & *fig* révolution *f*; **a ~ in computer technology** une révolution dans le domaine de l'informatique. -**2.** [turn] révolution *f*, tour *m*; [turning] révolution *f*; **100 ~s per minute** TECH 100 tours OR révolutions par minute.

revolutionary [,revə'luːʃnərɪ] (*pl* **revolutionaries**) ◇ *adj* révolutionnaire.
◇ *n* révolutionnaire *mf*.

revolutionist [,revə'luːʃənɪst] = **revolutionary**.

revolutionize, -ise [,revə'luːʃənaɪz] *vt* -**1.** [change radically] révolutionner. -**2.** POL [country] faire une révolution dans; [people] insuffler des idées révolutionnaires à.

revolve [rɪ'vɒlv] ◇ *vi* -**1.** [rotate] tourner; **the moon ~s around OR round the earth** la Lune tourne autour de la Terre; **couples ~d slowly on the dance floor** des couples évoluaient OR tournaient lentement sur la piste de danse. -**2.** [centre, focus] tourner; **their conversation ~d around OR round two main points** leur conversation tournait autour de deux points principaux; **everything ~s around your decision** tout dépend de votre décision; **his whole life ~s around his work** sa vie tout entière est centrée OR axée sur son travail. -**3.** [recur] revenir; **the seasons ~** les saisons se succèdent; **ideas ~d in her mind** elle tournait et retournait des idées dans sa tête.
◇ *vt* -**1.** [rotate] faire tourner. -**2.** *fml* [ponder] considérer, ruminer; **he ~d the arguments in his mind** il passait mentalement les différents arguments en revue.

revolver [rɪ'vɒlvəʳ] *n* revolver *m*.

revolving [rɪ'vɒlvɪŋ] *adj* [gen] tournant; [chair] pivotant; TECH rotatif; ASTRON en rotation; **~ light** [on ambulance, police car] gyrophare *m*.

revolving credit *n* crédit *m* documentaire renouvelable, crédit *m* revolving.

revolving door *n* tambour *m (porte)*.

revolving fund *n* fonds *m* renouvelable.

revue [rɪ'vjuː] *n* revue *f* THÉÂT.

revulsion [rɪ'vʌlʃn] *n* -**1.** [disgust] répulsion *f*, dégoût *m*; **she turned away in ~** elle s'est détournée, dégoûtée. -**2.** [recoiling] (mouvement *m* de) recul *m*. -**3.** MED révulsion *f*.

reward [rɪ'wɔːd] ◇ *n* récompense *f*; **they're offering a $500 ~** ils offrent 500 dollars de récompense OR une récompense de 500 dollars; **as a ~ for his efforts** en récompense de ses efforts; **I do everything for him, and what do I get in ~?** je fais tout pour lui, et tu vois comment il me remercie?; **she gave it to me as a ~ for helping her** elle me l'a donnée pour me remercier de l'avoir aidée.
◇ *vt* récompenser; **he was handsomely ~ed with a cheque for £1,000** on l'a généreusement récompensé par un chèque de 1 000 livres; **our patience has finally been ~ed** notre patience est enfin récompensée; **I'm sure the book will ~ your attention** je suis sûr que la lecture de ce livre vous sera profitable; **his alibi might ~ investigation** ça vaut peut-être la peine d'enquêter sur son alibi.

rewarding [rɪ'wɔːdɪŋ] *adj* gratifiant; **a very ~ experience/career** une expérience/carrière très gratifiante; **the conference was most ~** le colloque était très enrichissant; **financially ~** rémunérateur, lucratif.

rewind [*vb* ,riː'waɪnd, *n* 'riːwaɪnd] (*pt* & *pp* **rewound** [-'waʊnd]) ◇ *vt* rembobiner.
◇ *vi* se rembobiner.
◇ *n* rembobinage *m*; **it has automatic ~** ça se rembobine automatiquement; **~ button** bouton *m* de rembobinage.

rewire [,riː'waɪəʳ] *vt* [house] refaire l'électricité dans; [machine] refaire les circuits électriques de; **we had to get the place ~d** nous avons dû faire refaire l'électricité.

reword [,riː'wɜːd] *vt* reformuler.

rework [,riː'wɜːk] *vt* -**1.** [speech, text] retravailler; **his last novel ~s the same theme** son dernier roman reprend le même thème. -**2.** INDUST retraiter.

reworking [,riː'wɜːkɪŋ] *n* reprise *f*; **the film is a ~ of the "doppelgänger" theme** le film reprend le thème du double.

rewound [,riː'waʊnd] *pt* & *pp* → **rewind**.

rewrap [,riː'ræp] (*pt* & *pp* **rewrapped**, *cont* **rewrapping**) *vt* remballer.

rewrite [*vb* ,riː'raɪt, *n* 'riːraɪt] (*pt* **rewrote** [-'rəʊt], *pp* **rewritten** [-'rɪtn]) ◇ *vt* récrire, réécrire; [for publication] récrire, rewriter.
◇ *n* -**1.** *inf* [act] réécriture *f*, rewriting *m*; **can you do a ~ job on this?** pouvez-vous me récrire OR rewriter ça? -**2.** [text] nouvelle version *f*; **it's a modern ~ of Romeo and Juliet** c'est une version moderne de Roméo et Juliette.

rewrite rule *n* règle *f* de réécriture.

rewritten [,riː'rɪtn] *pp* → **rewrite**.

rewrote [,riː'rəʊt] *pt* → **rewrite**.

Rex [reks] *n Br*: **Edward/George ~** le roi Édouard/Georges, Édouard/Georges Roi; **~ v Gibson** JUR la Couronne contre Gibson.

REX (*abbr of* **real-time executive routine**) *n superviseur en temps réel.*

Reykjavik ['rekjəvɪk] *pr n* Reykjavik.

RF *n abbr of* **radio frequency**.

RFC (*written abbr of* **Rugby Football Club**) *n club de rugby.*

RGN (*abbr of* **registered general nurse**) *n Br* infirmier *m* diplômé, infirmière *f* diplômée d'État *(remplacé en 1992 par RN)*.

Rh (*written abbr of* **rhesus**) Rh.

rhapsodic [ræp'sɒdɪk] *adj* -**1.** [ecstatic] extatique; [full of praise] dithyrambique. -**2.** MUS rhapsodique, rapsodique.

rhapsodize, -ise ['ræpsədaɪz] *vi* s'extasier; **to ~ about sthg** s'extasier sur qqch.

rhapsody ['ræpsədɪ] (*pl* **rhapsodies**) *n* -**1.** [ecstasy] extase *f*; **to go into rhapsodies about sthg** s'extasier sur qqch. -**2.** MUS & LITERAT rhapsodie *f*, rapsodie *f*.

rhea ['riːə] *n* nandou *m*.

Rheims [riːmz] *pr n* Reims.

rheme [riːm] *n* commentaire *m*; LING rhème *m*.

Rhenish ['ri:nɪʃ] ◇ *adj* rhénan, du Rhin; ~ wine vin *m* du Rhin.
◇ *n* vin *m* du Rhin.

rhenium ['ri:nɪəm] *n* rhénium *m*.

rheostat ['ri:əstæt] *n* rhéostat *m*.

rhesus baby ['ri:səs-] *n* bébé *m* Rhésus.

rhesus factor *n* facteur *m* Rhésus.

rhesus monkey *n* rhésus *m* ZOOL.

rhesus negative *adj* Rhésus négatif.

rhesus positive *adj* Rhésus positif.

rhetoric ['retərɪk] *n* rhétorique *f*.

rhetorical [rɪ'tɒrɪkl] *adj* rhétorique; **his question was purely ~** sa question était purement rhétorique.

rhetorically [rɪ'tɒrɪklɪ] *adv* en rhétoricien; **"who knows?", she asked ~** «qui sait?», demanda-t-elle sans vraiment attendre de réponse; **I was only asking ~** je demandais ça simplement pour la forme.

rhetorical question *n* question *f* posée pour la forme.

rhetorician [,retə'rɪʃn] *n* [speaker] rhétoricien *m*, -enne *f*, rhéteur *m pej*; [teacher of rhetoric] rhéteur *m*.

rheum [ru:m] *n* chassie *f*.

rheumatic [ru:'mætɪk] ◇ *adj* [symptom] rhumatismal; [person] rhumatisant; [limbs] atteint de rhumatismes; **his ~ fingers** ses doigts déformés par les rhumatismes.
◇ *n* rhumatisant *m*, -e *f*.

rheumatic fever *n* rhumatisme *m* articulaire aigu.

rheumaticky *inf* [ru:'mætɪkɪ] *adj* [person] rhumatisant; [limbs] atteint de rhumatismes.

rheumatics *inf* [ru:'mætɪks] *npl* rhumatismes *mpl*.

rheumatism ['ru:mətɪzm] *n* rhumatisme *m*.

rheumatoid ['ru:mətɔɪd] *adj* rhumatoïde.

rheumatoid arthritis *n* polyarthrite *f* rhumatoïde.

rheumatologist [,ru:mə'tɒlədʒɪst] *n* rhumatologue *mf*.

rheumatology [,ru:mə'tɒlədʒɪ] *n* rhumatologie *f*.

rheumy ['ru:mɪ] (*compar* **rheumier**, *superl* **rheumiest**) *adj* chassieux.

Rh factor = **rhesus factor**.

Rhine [raɪn] *pr n*: **the (River) ~** le Rhin.

Rhineland ['raɪnlænd] *pr n* Rhénanie *f*.

Rhineland-Palatinate *pr n* Rhénanie-Palatinat *f*.

rhinestone ['raɪnstəʊn] *n* caillou *m* du Rhin.

Rhine wine *n* vin *m* du Rhin.

rhino ['raɪnəʊ] (*pl inv* OR **rhinos**) *n* rhinocéros *m*.

rhinoceros [raɪ'nɒsərəs] (*pl inv* OR **rhinoceroses** OR **rhinoceri** [-raɪ]) *n* rhinocéros *m*.

rhinoplasty ['raɪnəʊ,plæstɪ] *n* rhinoplastie *f*.

rhizome ['raɪzəʊm] *n* rhizome *m*.

Rh-negative = **rhesus negative**.

Rhode Island [rəʊd-] *pr n* Rhode Island *m*; **in ~** dans le Rhode Island.

Rhode Island Red *n* poule *f* Rhode-Island.

Rhodes [rəʊdz] *pr n* Rhodes; **in ~** à Rhodes; **the Colossus of ~** le colosse de Rhodes.

Rhodesia [rəʊ'di:ʃə] *pr n* Rhodésie *f*; **in ~** en Rhodésie; **Northern/Southern ~** Rhodésie du Nord/du Sud.

Rhodesian [rəʊ'di:ʃn] ◇ *n* Rhodésien *m*, -enne *f*.
◇ *adj* rhodésien.

Rhodesian man *n* l'homme *m* de Rhodésie.

rhodium ['rəʊdɪəm] *n* rhodium.

rhododendron [,rəʊdə'dendrən] *n* rhododendron *m*.

rhomb [rɒm] = **rhombus**.

rhombic ['rɒmbɪk] *adj* -**1.** GEOM rhombique. -**2.** MINER [crystal] orthorhombique.

rhombic aerial *n* antenne *f* rhombique.

rhomboid ['rɒmbɔɪd] ◇ *n* parallélogramme *m* *(dont les côtés adjacents sont inégaux)*.
◇ *adj* rhomboïdal, rhombiforme.

rhombus ['rɒmbəs] (*pl* **rhombuses** OR **rhombi** [-baɪ]) *n* losange *m*.

Rhône [rəʊn] *pr n*: **the (River) ~** le Rhône; **the ~ glacier** le glacier du Rhône.

Rh-positive = **rhesus positive**.

rhubarb ['ru:bɑ:b] *n* -**1.** BOT rhubarbe *f*. -**2.** THEAT brouhaha *m*, murmures *mpl*. -**3.** ▽ *Am* [squabble] chamailleries *fpl*, engueulade *f*.

rhyme [raɪm] ◇ *n* -**1.** [sound] rime *f*; **the use of ~** l'emploi de la rime; **give me a ~ for "mash"** trouve-moi un mot qui rime avec «mash» ❑ **without ~ or reason** sans rime ni raison; **their demands have neither ~ nor reason** leurs revendications ne riment à rien. -**2.** *(U)* [poetry] vers *mpl*; **in ~** en vers. -**3.** [poem] poème *m*; **I've made up a ~ about you** j'ai composé un petit poème sur toi.
◇ *vi* -**1.** [word, lines] rimer; **what ~s with "orange"?** qu'est-ce qui rime avec «orange»? -**2.** [write verse] écrire OR composer des poèmes.
◇ *vt* faire rimer; **you can't ~ "lost" with "host"** on ne peut pas faire rimer «lost» avec «host».

rhymed [raɪmd] *adj* rimé; **~ verse** vers *mpl* rimés.

rhymer ['raɪmə^r] = **rhymester**.

rhyme royal *n* septain *m* *(dont le schéma des rimes est ABABBCC)*.

rhyme scheme *n* combinaison *f* de rimes.

rhymester ['raɪmstə^r] *n pej* rimeur *m*, -euse *f*, rimailleur *m*, -euse *f*.

rhyming dictionary ['raɪmɪŋ-] *n* dictionnaire *m* de rimes.

rhyming slang *n sorte d'argot qui consiste à remplacer un mot par un groupe de mots choisis pour la rime.*

RHYMING SLANG:
Ce type d'argot est traditionnellement employé par les «Cockneys», mais certaines expressions sont passées dans la langue courante. Exemples: «pork pie» (lie); «brown bread» (dead).

---

rhythm ['rɪðm] *n* rythme *m*; **she's got ~** elle a le sens du rythme.

rhythm and blues *n* rhythm and blues *m*.

rhythm guitar *n* guitare *f* rythmique.

rhythmic(al) ['rɪðmɪk(l)] *adj* rythmique; **~ structure/movement** structure *f*/mouvement *m* rythmique; **the ~ rattling of the train** le bruit régulier du train; **Greek music is less ~** la musique grecque est moins rythmée.

rhythmically ['rɪðmɪklɪ] *adv* rythmiquement; **they swayed ~ with the music** ils se balançaient au rythme de la musique.

rhythm method *n* méthode *f* des températures.

rhythm section *n* section *f* rythmique.

RI ◇ *n abbr of* **religious instruction**.
◇ *written abbr of* **Rhode Island**.

rial [rɪ'ɑ:l] *n* rial *m*.

rib [rɪb] (*pt* & *pp* **ribbed**, *cont* **ribbing**) ◇ *n* -**1.** ANAT côte *f*; **he dug** OR **he poked her in the ~s** il lui a donné un petit coup de coude ❑ **floating ~** côte flottante; **true/false ~** vraie/fausse côte. -**2.** CULIN côte *f*; **~ of beef** côte de bœuf; **barbecued spare ~s** travers *mpl* de porc grillés sauce barbecue. -**3.** [of vault, leaf, aircraft or insect wing] nervure *f*; [of ship's hull] couple *m*, membre *m*; [of umbrella] baleine *f*. -**4.** [in knitting] côte *f*. -**5.** [on mountain - spur] éperon *m*; [- crest] arête *f*. -**6.** [vein of ore] veine *f*, filon *m*.
◇ *vt inf* [tease] taquiner, mettre en boîte.

RIBA *pr n abbr of* **Royal Institute of British Architects**.

ribald ['rɪbəld] *adj lit* [joke, language] grivois, paillard; [laughter] égrillard.

ribaldry ['rɪbəldrɪ] *n lit* paillardises *fpl*, grivoiserie *f*.

riband, **ribband** ['rɪbənd] *n* -**1.** [award] ruban *m*, décoration *f*. -**2.** *arch* [in hair] ruban *m*.

ribbed [rɪbd] *adj* -**1.** [leaf, vault] à nervures. -**2.** [sweater, fabric] à côtes.

ribbing ['rɪbɪŋ] *n* -**1.** *(U)* TEX côtes *fpl*. -**2.** *inf* [teasing] taquinerie *f*, mise *f* en boîte; **to get a ~ from sb** être mis en boîte par qqn.

ribbon ['rɪbən] ◇ *vt* -**1.** [adorn with ribbon] enrubanner. -**2.** *fig* [streak] sillonner, zébrer. -**3.** [cut] couper en rubans; [shred] mettre en lambeaux.
◇ *n* -**1.** [in hair, for typewriter, medal, parcel] ruban *m*. -**2.** *fig* [of road] ruban *m*; [of land] bande *f*; [of cloud] traînée *f*; **her dress hung in ~s** sa robe était en lambeaux OR en loques.

ribbon development *n Br* croissance *f* urbaine linéaire *(le long des grands axes routiers)*.

ribcage ['rɪbkeɪdʒ] *n* cage *f* thoracique.

riboflavin(e) [,raɪbəʊ'fleɪvɪn] *n* riboflavine *f*.

ribonucleic acid [,raɪbəʊnju:'kli:ɪk-] *n* acide *m* ribonucléique.

rib-tickler *inf n hum* plaisanterie *f*.

rice [raɪs] ◇ *n* riz *m*; **~ paddy** rizière *f*.
◇ *vt Am* [potatoes] faire une purée de.

rice bowl *n* -**1.** *literal* bol *m* à riz. -**2.** *fig* [region] région *f* productrice de riz; **this province was the ~ of Burma** cette province était le grenier à riz de la Birmanie.

riced [raɪst] *adj Am*: **~ potatoes** purée *f* (de pommes de terre).

ricefield ['raɪsfi:ld] *n* rizière *f*.

rice paper *n* papier *m* de riz.

rice pudding *n* riz *m* au lait.

ricer ['raɪsə^r] *n Am* presse-purée *m inv*.

rice wine *n* alcool *m* de riz, saké *m*.

rich [rɪtʃ] ◇ *adj* -**1.** [wealthy, affluent] riche; **it doesn't affect ~ people** ça ne touche pas les riches; **they want to get ~ quick** ils veulent s'enrichir très vite; **the ~ part of town** les quartiers riches, les beaux quartiers. -**2.** [elegant, luxurious] riche, luxueux, somptueux; **~ tapestries** des tapisseries somptueuses. -**3.** [abundant, prolific] riche, abondant; **~ in vitamins/proteins** riche en vitamines/protéines; **~ vegetation** végétation luxuriante; **there are ~ pickings to be had** *literal* & *fig* ça peut rapporter gros. -**4.** [fertile] riche, fertile; **~ soil** sol *m* fertile OR riche; **a ~ imagination** une imagination fertile. -**5.** [full, eventful] riche; **she led a very ~ life** elle a eu une vie bien remplie; **their culture was extremely ~** ils avaient une culture extrêmement riche. -**6.** [strong, intense - colour] riche, chaud, vif; [- voice, sound] chaud, riche; [- smell] fort. -**7.** CULIN [food] riche; [meal] lourd; **your diet is too ~** vous mangez trop d'aliments riches. -**8.** [funny] drôle; **~ humour** humour *m* très drôle; **I say, that's a bit ~!** *inf* c'est un peu fort (de café)!, ça, c'est le comble!
◇ *npl*: **the ~** les riches *mpl*.
◆ **riches** *npl* richesses *fpl*.

-rich *in cpds* riche en...; **vitamin~ foods** aliments *mpl* riches en vitamines.

Richard ['rɪtʃəd] *pr n*: **~ the Lionheart** Richard Cœur de Lion.

richly ['rɪtʃlɪ] *adv* -**1.** [handsomely, generously] largement, richement; **they will be ~ rewarded** ils seront largement OR généreusement récompensés. -**2.** [thoroughly] largement, pleinement; **the punishment she so ~ deserved** le châtiment qu'elle méritait amplement. -**3.** [abundantly] abondamment, richement; **the region is ~ provided with arable land** la région est riche en terres arables; **~ illustrated** richement illustré. -**4.** [elegantly, luxuriously] somptueusement, luxueusement; **~ dressed/furnished** somptueusement habillé/meublé. -**5.** [vividly]: **~ coloured** aux couleurs riches OR vives.

richness ['rɪtʃnɪs] *n* -**1.** [wealth, affluence] richesse *f*. -**2.** [elegance, luxury] luxe *m*, richesse *f*. -**3.** [abundance] abondance *f*, richesse *f*; **an amazing ~ of detail** une étonnante abondance de détails. -**4.** [fertility] richesse *f*, fertilité *f*; **the ~ of the soil/of her imagination** la richesse du sol/de son imagination. -**5.** [fullness, eventfulness] richesse *f*; **the ~ of his experience** la richesse de son expérience. -**6.** [strength, intensity - of colour, voice, sound] richesse *f*; [- of smell] intensité *f*.

Richter scale ['rɪktəʳ-] *n* échelle *f* de Richter.

rick [rɪk] ◇ *n* -**1.** AGR meule *f (de foin etc)*. -**2.** [in ankle, wrist] entorse *f*; [in neck] torticolis *m*.
◇ *vt* -**1.** AGR mettre en meules. -**2.** *Br* [sprain] faire une entorse à; **to ~ one's neck** attraper un torticolis.

rickets ['rɪkɪts] *n (U)* rachitisme *m*; **to have ~** souffrir de rachitisme, être rachitique.

rickety ['rɪkətɪ] *adj* -**1.** [shaky - structure] branlant; [- chair] bancal; [- vehicle] (tout) bringuebalant. -**2.** [feeble - person] frêle, chancelant. -**3.** MED rachitique.

rickrack ['rɪkræk] *n (U)* feston *m*.

rickshaw ['rɪkʃɔː] *n* [pulled] pousse *m inv*, pousse-pousse *m inv*; [pedalled] cyclo-pousse *m inv*.

ricochet ['rɪkəʃeɪ] (*pt* & *pp* **ricocheted** [-ʃeɪd] OR **ricochetted** [-ʃetɪd], *cont* **ricocheting** [-eɪɪŋ] OR **ricochetting** [-ʃetɪŋ]) ◇ *n* ricochet *m*; **he was injured by a ~** il a été blessé par une balle qui a ricoché.
◇ *vi* ricocher; **to ~ off sthg** ricocher sur qqch.

ricrac ['rɪkræk] = **rickrack**.

rictus ['rɪktəs] *n* rictus *m*.

rid [rɪd] (*pt* & *pp* **rid** OR **ridded**, *cont* **ridding**) ◇ *vt* débarrasser; **to ~ a house of rats** débarrasser une maison de ses rats, dératiser une maison; **we must ~ the country of corruption** il faut débarrasser le pays de la corruption; **you should ~ yourself of such illusions!** arrêtez de vous bercer d'illusions!
◇ *adj*: **to get ~ of** se débarrasser de; **how can we get ~ of all this rubbish?** comment nous débarrasser de tout ce bazar?; **to be ~ of** être débarrassé de; **I was glad to be ~ of them** j'étais content d'être débarrassé d'eux.

riddance ['rɪdəns] *n* débarras *m*; **good ~ (to bad rubbish)!** *inf* bon débarras!

ridden ['rɪdn] ◇ *pp* → **ride**.
◇ *adj* affligé, atteint.

-ridden *in cpds*: **flea~** infesté de puces; **disease~** infesté de maladies; **debt~** criblé de dettes.

riddle ['rɪdl] ◇ *n* -**1.** [poser] devinette *f*; **to ask sb a ~** poser une devinette à qqn. -**2.** [mystery] énigme *f*; **to talk** OR **to speak in ~s** parler par énigmes. -**3.** [sieve] crible *m*, tamis *m*.
◇ *vt* -**1.** [pierce] cribler; **they ~d the car with bullets** ils criblèrent la voiture de balles. -**2.** [sift] passer au crible, cribler.

riddled ['rɪdld] *adj* plein; **a wall ~ with holes** un mur plein de trous; **his letter is ~ with spelling mistakes** sa lettre est pleine de fautes d'orthographe.

ride [raɪd] (*pt* **rode** [rəʊd], *pp* **ridden** ['rɪdn]) ◇ *vt* -**1.** [horse] monter à; [camel, donkey, elephant] monter à dos de; **I don't know how to ~ a horse/a camel** je ne sais pas monter à cheval/à dos de chameau; **they were riding horses/donkeys/camels** ils étaient à cheval/à dos d'âne/à dos de chameau; **she rode her mare in the park each day** elle montait sa jument chaque jour dans le parc; **Razzle, ridden by Jo Burns** Razzle, monté par Jo Burns; **he rode Prince into town** il a pris Prince pour aller en ville; **she rode her horse back** elle est revenue à cheval; **they rode their horses across the river** ils ont traversé la rivière sur leurs chevaux; **he rode his horse down the lane** il descendit le chemin à cheval. -**2.** [bicycle, motorcycle] monter sur; **he won't let me ~ his bike** il ne veut pas que je monte sur OR que je me serve de son vélo; **I don't know how to ~ a bike/a motorbike** je ne sais pas faire du vélo/conduire une moto; **she was riding a motorbike** elle était à OR en moto; **she ~s her bicycle everywhere** elle se déplace toujours à bicyclette; **he ~s his bike to work** il va travailler à vélo, il va au travail à vélo; **a gang of youths riding racers** une bande de jeunes (montés) sur des vélos de course; **he's riding his tricycle in the yard** il fait du tricycle dans la cour. -**3.** [go about - fields, valleys] parcourir; **when the Sioux rode the prairies** à l'époque où les Sioux parcouraient OR sillonnaient la prairie; **you can ~ this highway to Tucson** *Am* vous pouvez prendre OR suivre cette route jusqu'à Tucson. -**4.** [participate in - race] faire; **she's ridden four races this year** elle a fait quatre courses cette année; **he rode a good race** [jockey, horse] il a fait une bonne course. -**5.** *Am* [have a go on - roundabout, fairground attraction] faire un tour de; [lift, ski lift] prendre; **do you want to ~ the roller coaster?** veux-tu faire un tour sur les montagnes russes?; **he rode the chairlift to the top of the slope** il a pris le télésiège jusqu'au sommet de la piste; **she wanted to ~ the miniature train** elle voulait monter dans le petit train. -**6.** *Am* [travel on - bus, subway, train, ferry] prendre; **do you ~ this line often?** est-ce que vous prenez souvent cette ligne?; **she ~s a bus to work** elle prend le bus pour aller travailler, elle va travailler en bus; **he spent three hours riding the subway** il a passé trois heures dans le métro. -**7.** [move with - sea, waves] se laisser porter par; **to ~ the rapids** descendre les rapides; **surfers were riding the waves** des surfeurs glissaient sur les vagues; **hang gliders were riding the updrafts** des deltaplanes se laissaient porter par les courants ascendants; **the candidate is riding a surge of popularity** *fig* le candidat est porté par une vague de popularité ❑ **to ~ one's luck** compter sur sa chance; **to ~ the storm** NAUT étaler la tempête; *fig* surmonter la crise. -**8.** [take, recoil with - punch, blow] encaisser. -**9.** *Am* [nag] harceler; **stop riding her!** laisse-la tranquille!; **you ~ the kids too hard** tu es trop dur avec les gosses; **you're always riding me about being late** tu me reproches sans arrêt d'être en retard. -**10.** *inf Am* [tease] taquiner, mettre en boîte; **we were riding him about his accent** nous le taquinions au sujet de son accent; **my colleagues are really going to ~ me!** je vais être la risée de mes collègues! -**11.** [copulate with - subj: animal] monter; [- subj: person] ▽grimper. -**12.** *Am* [give a lift to] amener; **hop in and I'll ~ you home** monte, je te ramène chez toi. -**13.** *Am phr*: **to ~ sb out of town** [drive out] chasser qqn de la ville; [ridicule] tourner qqn en ridicule OR en dérision; **the sheriff was ridden out of town** ils ont chassé le shérif de la ville.
◇ *vi* -**1.** [ride a horse] monter (à cheval), faire du cheval; **she learnt to ~ very young** elle a appris à faire du cheval OR à monter à cheval très jeune; **I wish I could ~ like you!** j'aimerais bien être aussi bon cavalier que OR monter à cheval aussi bien que vous!; **I like to ~ on the beach in the morning** j'aime faire du cheval le matin sur la plage; **I was stiff after riding all day** j'avais des courbatures après avoir chevauché toute la journée OR après une journée entière à cheval ❑ **Zorro/Nixon ~s again!** *hum* Zorro/Nixon est de retour! -**2.** [go - on horseback] aller (à cheval); [- by bicycle] aller (à bicyclette); [- by car] aller (en voiture); **we rode along the canal and over the bridge** nous avons longé le canal et traversé le pont; **he rode by on a bicycle/on a white horse/on a donkey** il passa à bicyclette/sur un cheval blanc/monté sur un âne; **they ~ to work on the bus/train** ils vont travailler en autobus/train; **I want to ~ in the front seat/in the first carriage** je veux monter à l'avant/dans la voiture de tête; **she was riding in the back seat** elle était assise à l'arrière; **have you ever ridden in a rickshaw?** avez-vous jamais pris un pousse-pousse?; **I'll ~ up/down in the lift** je monterai/descendrai en ascenseur; **they rode to the top in the cable car** ils ont pris la télécabine pour aller au sommet; **you can ~ on the handlebars/my shoulders** tu peux monter sur le guidon/mes épaules; **to ~ off** [leave] partir; [move away] s'éloigner; **he rode off into the sunset** il s'éloigna vers le soleil couchant ❑ **to be riding for a fall** courir à l'échec; **to ~ roughshod over** passer outre à. -**3.** [float, sail] voguer; **to ~ with the current** voguer au fil de l'eau; **the raft will ~ over the reef** le radeau franchira le récif; **to ~ at anchor** être ancré; **the buoy rode with the swell** la bouée se balançait au gré de la houle; **the moon was riding high** la lune était haut dans le ciel ❑ **we'll have to ~ with it** *inf* il faudra faire avec; **to ~ with the punches** *inf Am* encaisser (les coups). -**4.** [be sustained - person] être porté; **she was riding on a wave of popularity** elle était portée par une vague de popularité; **he rode to victory on a policy of reform** il a obtenu la victoire grâce à son programme de réformes; **the team is riding high** l'équipe a le vent en poupe; **he's riding on his reputation** il vit sur sa réputation. -**5.** [depend] dépendre; **everything ~s on whether the meeting is successful** tout dépend de la réussite de la réunion; **my reputation is riding on the outcome** ma réputation est en jeu. -**6.** [money in bet] miser; **I've $5 riding on the favourite** j'ai misé 5 dollars sur le favori; **they have a fortune riding on this project** ils ont investi une fortune dans ce projet. -**7.** [continue undisturbed]: **he decided to let the matter ~** il a décidé de laisser courir; **let it ~!** laisse tomber!
◇ *n* -**1.** [trip - for pleasure] promenade *f*, tour *m*; **to go for a car/motorcycle ~** (aller) faire un tour OR une promenade en voiture/en moto; **we went on long bicycle/horse ~s** nous avons fait de longues promenades à bicyclette/à cheval; **a donkey ~** une promenade à dos d'âne; **he saddled up and went for his morning ~** il sella son cheval et partit faire sa promenade matinale; **he's got a ~ in the 3:00 at Sandown** [jockey] il monte dans la course de 15 h à Sandown; **how about a ~ in my new car?** et si on faisait un tour dans ma nouvelle voiture?; **give Tom a ~** OR **let Tom have a ~ on your tricycle** laisse Tom monter sur ton tricycle; **give me a ~ on your back** porte-moi sur ton dos; **his sister came along for the ~** sa sœur est venue faire un tour avec nous || [when talking about distance] parcours *m*, trajet *m*; **she has a long car/bus ~ to work** elle doit faire un long trajet en voiture/en bus pour aller travailler; **allow an hour for the bus ~** comptez une heure de trajet en bus; **it's a long bus ~ to Mexico** c'est long d'aller en car au Mexique; **it's a 30-minute ~ by bus/train/car** il faut 30 minutes en bus/train/voiture; **how much will the ~ cost?** combien le voyage va-t-il coûter? -**2.** [quality of travel]: **this type of suspension gives a smoother ~** ce type de suspension est plus confortable ❑ **the journalists gave her a rough ~** les journalistes ne l'ont pas ménagée; **it looks as if we're in for a bumpy ~** *fig* ça promet! -**3.** *Am* [lift - in car]: **can you give me a ~ to the station?** peux-tu me conduire à la gare?; **I have a ~ coming** on vient me chercher; **get a ~ to the party with Bill** demande à Bill s'il peut t'emmener à la fête; **don't accept ~s from strangers** ne montez pas dans la voiture de quelqu'un que vous ne connaissez pas; **we got from New York to Chicago in one ~** nous sommes allés de New York jusqu'à Chicago dans la même voiture. -**4.** [in fairground - attraction] manège *m*; [- turn] tour *m*; **it's 50p a ~** c'est 50 pence le tour; **he wanted to go on all the ~s** il a voulu faire un tour sur chaque manège; **to have a ~ on the big wheel** faire un tour sur la grande roue. -**5.** [bridle path] piste *f* cavalière; [wider] allée *f* cavalière. -**6.** *inf phr*: **to take sb for a ~** [deceive] faire marcher qqn; [cheat] arnaquer OR rouler qqn; *Am* [kill] descendre OR liquider qqn; **take a ~!** *Am* fous-moi la paix!

◆ **ride about** *Br*, **ride around** *vi insep*: **she ~s about** OR **around in a limousine** elle se déplace en limousine; **I saw him riding about in a brand new sports car** je l'ai vu passer dans une voiture de sport toute neuve.

◆ **ride down** *vt sep* -**1.** [knock over] renverser; [trample] piétiner. -**2.** [catch up with] rattraper; **they rode the wounded doe down** ils ont poursuivi la biche blessée jusqu'à ce qu'ils la rattrapent.

◆ **ride in** *vt sep* [horse] préparer *(pour un concours)*.

◆ **ride out** ◇ *vt insep* [difficulty, crisis] surmonter; [recession] survivre à; **if we can ~ out the**

next few months si nous pouvons tenir OR nous maintenir à flot encore quelques mois; **they managed to ~ out a bad stretch** ils ont réussi à se tirer d'une mauvaise passe ❑ **to ~ out the storm** NAUT étaler la tempête; *fig* surmonter la crise, tenir.
◇ *vi insep* sortir *(à cheval, à bicyclette etc).*
◆ **ride up** *vi insep* [garment] remonter.

rider ['raɪdəʳ] *n* -**1.** [of horse, donkey] cavalier *m*, -ère *f*; [of bicycle] cycliste *mf*; [of motorcycle] motocycliste *mf*. -**2.** [proviso] condition *f*, stipulation *f*; **he agrees, with the ~ that he won't have to pay for it** il est d'accord à condition que ce ne soit pas lui qui paie; **I'd like to add one small ~ to what my colleague said** j'aimerais apporter une petite précision à ce qu'a dit mon collègue. -**3.** [annexe - to contract] annexe *f*; *Br* JUR [jury recommendation] recommandation *f*. -**4.** [on scales] curseur *m*.

ridership ['raɪdəʃɪp] *n Am* nombre *m* de voyageurs.

ridge [rɪdʒ] ◇ *n* -**1.** [of mountains] crête *f*, ligne *f* de faîte; [leading to summit] crête *f*, arête *f*. -**2.** [raised strip or part] arête *f*, crête *f*; AGR [in ploughed field] crête *f*; **the wet sand formed ~s** le sable mouillé était couvert de petites rides; **a ~ of high pressure** METEOR une crête de haute pression, une dorsale barométrique *spec*. -**3.** [of roof] faîte *m*.
◇ *vt* [crease] sillonner, rider; **you should ~ the roof with new tiles** vous devriez poser de nouvelles faîtières sur votre toit.

ridged [rɪdʒd] *adj* ridé; **her brow was ~ with worry** l'inquiétude se lisait sur son visage.

ridgepiece ['rɪdʒpiːs] *n* ARCHIT panne *f* faîtière.

ridgepole ['rɪdʒpəʊl] *n* -**1.** [for tent] faîtière *f*. -**2.** = **ridgepiece**.

ridge tent *n* tente *f* à faîtière.

ridge tile *n* (tuile *f*) faîtière *f*.

ridgeway ['rɪdʒweɪ] *n chemin de randonnée qui suit une ligne de faîte.*

ridicule ['rɪdɪkjuːl] ◇ *n* ridicule *m*; **to pour ~ on sthg, to hold sthg up to ~** tourner qqch en ridicule; **to lay o.s. open to ~** s'exposer au ridicule.
◇ *vt* ridiculiser, tourner en ridicule.

ridiculous [rɪ'dɪkjʊləs] ◇ *adj* ridicule; **you look ~ in that hat** tu as l'air ridicule avec ce chapeau; **£500? don't be ~!** 500 livres? vous plaisantez!; **to make o.s. look ~** se ridiculiser, se couvrir de ridicule.
◇ *n*: **the ~** le ridicule.

ridiculously [rɪ'dɪkjʊləslɪ] *adv* ridiculement; **it's ~ expensive** [price] c'est un prix exorbitant; [article, shop] c'est beaucoup trop cher; **it's ~ cheap** [price] c'est un prix dérisoire; [article, shop] c'est très bon marché.

ridiculousness [rɪ'dɪkjʊləsnɪs] *n* ridicule *m*; **the ~ of the situation** le (côté) ridicule de la situation.

riding ['raɪdɪŋ] ◇ *n* -**1.** EQUIT: **(horse) ~** équitation *f*; **to go ~** faire de l'équitation OR du cheval; **do you like ~?** aimez-vous l'équitation OR monter à cheval? -**2.** [in Yorkshire] division *f* administrative. -**3.** [in Canada, New Zealand] circonscription *f* électorale.
◇ *comp* [boots, jacket] de cheval; [techniques] d'équitation.

riding breeches *npl* culotte *f* de cheval.

riding crop *n* cravache *f*.

riding habit *n* tenue *f* d'amazone.

riding school *n* école *f* d'équitation.

rife [raɪf] *adj* -**1.** [widespread] répandu; **corruption is ~** la corruption est chose commune. -**2.** [full]: **~ with** abondant en; **the garden is ~ with caterpillars** le jardin est envahi par les chenilles; **the office is ~ with rumour** les langues vont bon train au bureau.

riff [rɪf] *n* riff *m*.

riffle ['rɪfl] ◇ *vt* -**1.** [magazine, pages] feuilleter. -**2.** [cards] battre, mélanger. -**3.** *Am* = **ripple**.
◇ *n Am* -**1.** [rapids] rapide *m*, rapides *mpl*. -**2.** = **ripple**.
◆ **riffle through** *vt insep* feuilleter.

riffraff ['rɪfræf] *n* racaille *f*.

rifle ['raɪfl] ◇ *vt* -**1.** [search] fouiller (dans); **I caught him rifling my desk** je l'ai surpris en train de fouiller dans mon bureau. -**2.** [rob] dévaliser; **they ~d the safe** ils ont dévalisé le coffre-fort. -**3.** [steal] voler; **all the money had been ~d** tout l'argent avait été volé. -**4.** [gun barrel] rayer.
◇ *vi*: **to ~ through sthg** fouiller dans qqch.
◇ *n* [gun] fusil *m*.
◇ *comp* [bullet, butt, shot] de fusil.
◆ **rifles** *npl* MIL [unit] fusiliers *mpl*.

rifle grenade *n* grenade *f* à fusil.

rifleman ['raɪflmən] (*pl* **riflemen** [-mən]) *n* fusilier *m*.

rifle range *n* -**1.** [for practice] champ *m* de tir. -**2.** [distance]: **within ~** à portée de tir OR de fusil.

rifling ['raɪflɪŋ] *n (U)* [in gun barrel] rayures *fpl*.

rift [rɪft] ◇ *n* -**1.** [gap, cleavage] fissure *f*, crevasse *f*; GEOL [fault] faille *f*; **a ~ in the clouds** une trouée dans les nuages. -**2.** *fig* [split] cassure *f*, faille *f*; POL scission *f*; [quarrel] désaccord *m*, querelle *f*; **in order to prevent a ~ in our relationship** pour éviter une rupture; **there is a deep ~ between them** un abîme les sépare; **she hasn't seen her family since that ~** elle n'a pas vu sa famille depuis cette dispute; **a ~ in the opposition** une scission au sein de l'opposition.
◇ *vt* scinder.
◇ *vi* se scinder.

rift valley *n* fossé *m* d'effondrement.

Rift Valley *pr n*: **the ~** la Rift Valley.

rig [rɪg] (*pt* & *pp* **rigged**, *cont* **rigging**) ◇ *vt* -**1.** [fiddle] truquer; **they were accused of rigging the match/the elections** on les a accusés d'avoir truqué le match/les élections; **the dice were rigged** les dés étaient truqués OR pipés; **the whole affair was rigged!** c'était un coup monté du début jusqu'à la fin!; **to ~ a jury** manipuler un jury. -**2.** NAUT gréer. -**3.** [install] monter, bricoler.
◇ *n* -**1.** [gen - equipment] matériel *m*. -**2.** NAUT gréement *m*. -**3.** PETR [on land] derrick *m*; [offshore] plate-forme *f*; **drilling ~** tour *f* de forage, derrick *m*. -**4.** *inf* [clothes] tenue *f*, fringues *fpl*. -**5.** *Am* [truck] semi-remorque *m*.
◆ **rig down** *vt sep* & *vi insep* dégréer.
◆ **rig out** *vt sep* -**1.** *inf* [clothe] habiller; **he was rigged out in a cowboy costume** il était habillé OR déguisé en cowboy; **look at the way she's rigged out!** *pej* regarde comme elle est fagotée! -**2.** [equip] équiper.
◆ **rig up** *vt sep* [install] monter, installer.

Riga ['riːgə] *pr n* Riga.

-rigged [rɪgd] *in cpds* gréé.

rigger ['rɪgəʳ] *n* -**1.** NAUT gréeur *m*. -**2.** PETR *personne qui travaille sur un chantier de forage.*

rigging ['rɪgɪŋ] *n* -**1.** NAUT gréement *m*. -**2.** THEAT machinerie *f*. -**3.** [fiddling] trucage *m*.

rigging loft *n* -**1.** NAUT (atelier *m* de) garniture *f*. -**2.** THEAT cintre *m*.

right [raɪt] ◇ *adj* -**1.** [indicating location, direction] droit; **raise your ~ hand** levez la main droite; **the ~ side of the stage** le côté droit de OR la droite de la scène; **take the next ~ (turn)** prenez la prochaine à droite; **would you like to try the ~ shoe?** [in shop] vous voulez essayer le pied droit? -**2.** [accurate, correct - prediction] juste, exact; [- answer, address] bon; **the weather forecasts are never ~** les prévisions météo ne sont jamais exactes; **he didn't give me the ~ change** il ne m'a pas rendu la monnaie exacte; **the station clock is ~** l'horloge de la gare est juste OR à l'heure; **have you got the ~ time?** est-ce que vous avez l'heure exacte?; **the sentence doesn't sound/look quite ~** la phrase sonne/a l'air un peu bizarre; **there's something not quite ~ in what he says** il y a quelque chose qui cloche dans ce qu'il dit ‖ [person]: **to be ~** avoir raison; **the customer is always ~** le client a toujours raison; **you were ~ about the bus schedules/about him/about what she would say** vous aviez raison au sujet des horaires de bus/à son sujet/sur ce qu'elle dirait; **I was ~ in thinking he was an actor** j'avais raison de penser que c'était un acteur; **am I ~ in thinking you're German?** vous êtes bien allemand, ou est-ce que je me trompe?; **you're the eldest, am I ~** OR **is that ~?** c'est (bien) toi l'aîné, ou est-ce que je me trompe?; **I owe you $5, ~?** je te dois 5 dollars, c'est (bien) ça?; **and I'm telling you you still owe me £10, ~!** et moi je te dis que tu me dois encore 10 livres, vu?; **he's sick today, ~?** il est malade aujourd'hui, non?; **that's ~** c'est juste, oui; **he got the pronunciation/spelling ~** il l'a bien prononcé/épelé; **she got the answer ~** elle a donné la bonne réponse; **I never get those quadratic equations ~** je me trompe toujours avec ces équations quadratiques; **he got the time ~ but the date wrong** il ne s'est pas trompé d'heure mais de date; **make sure you get your figures/her name ~** faites attention de ne pas vous tromper dans vos calculs/sur son nom; **get your facts ~!** vérifiez vos renseignements!; **he got it ~ this time** il ne s'est pas trompé cette fois-ci; **let's get this ~** mettons les choses au clair; **time proved her ~** le temps lui a donné raison ❑ **how ~ you are!** vous avez cent fois raison!; **to put sb ~ (about sthg/sb)** détromper qqn (au sujet de qqch/qqn); **he thought he could get away with it, but I soon put him ~** il croyait qu'il pourrait s'en tirer comme ça mais je l'ai vite détrompé; **to put** OR **set ~** [fallen or squint object] redresser, remettre d'aplomb; [clock] remettre à l'heure; [machine, mechanism] réparer; [text, record] corriger; [oversight, injustice] réparer; **to put things** OR **matters ~** [politically, financially etc] redresser OR rétablir la situation; [in relationships] arranger les choses; **he made a mess of it and I had to put things ~** il a raté son coup et j'ai dû réparer les dégâts. -**3.** [appropriate - diploma, tool, sequence, moment] bon; [best - choice, decision] meilleur; **are we going in the ~ direction?** est-ce que nous allons dans le bon sens?; **I think it's the ~ strategy** je crois que c'est la bonne stratégie; **when the time is ~** au bon moment, au moment voulu; **you'll know when the time is ~** tu sauras quand ce sera le bon moment; **to be in the ~ place at the ~ time** être là où il faut quand il faut; **I can't find the ~ word** je ne trouve pas le mot juste; **if the price is ~** si le prix est intéressant; **the colour is just ~** la couleur est parfaite; **the magazine has just the ~ mix of news and commentary** la revue a juste ce qu'il faut d'informations et de commentaires; **she's the ~ woman for the job** c'est la femme qu'il faut pour ce travail; **the ~ holiday for your budget** les vacances qui conviennent le mieux à votre budget; **the frame is ~ for the picture** le cadre convient tout à fait au tableau; **her hairdo isn't ~ for her** sa coiffure ne lui va pas; **teaching isn't ~ for you** l'enseignement n'est pas ce qu'il vous faut; **she's the ~ person to talk to** c'est à elle qu'il faut s'adresser; **is this the ~ sort of outfit to wear?** est-ce la bonne tenue?; **place the document ~ side down/up** placez le document face en bas/vers le haut; **turn the socks ~ side in/out** mettez les chaussettes à l'envers/à l'endroit; **it wasn't the ~ thing to say** ce n'était pas la chose à dire; **you've done the ~ thing to tell us about it** vous avez bien fait de nous en parler; **he did the ~ thing, but for the wrong reasons** il a fait le bon choix, mais pour de mauvaises raisons; **you're not doing it the ~ way!** ce n'est pas comme ça qu'il faut faire OR s'y prendre!; **there's no one ~ way to go about it** il n'y a pas qu'une façon de s'y prendre; **that's the ~ way to approach the problem** c'est comme ça qu'il faut aborder la question ❑ **Mr Right** *inf* l'homme idéal. -**4.** [fair, just] juste, équitable; [morally good] bien *(inv)*; [socially correct] correct; **it's not ~ to separate the children** ce n'est pas bien de séparer les enfants; **I don't think capital punishment is ~** je ne crois pas que la peine de mort soit juste; **it is only ~ and proper for the**

father to be present il est tout à fait naturel que le père soit présent; do you think it's ~ for them to sell arms? est-ce que vous croyez qu'ils ont raison de vendre des armes?; I thought it ~ to ask you first j'ai cru bon de vous demander d'abord; I don't feel ~ leaving you alone ça me gêne de te laisser tout seul; it's only ~ that you should know il est juste que vous le sachiez; I only want to do what is ~ je ne cherche qu'à bien faire ❑ to do the ~ thing (by sb) bien agir (avec qqn). -**5.** [functioning properly]: the window is still not ~ la fenêtre ne marche pas bien encore; there's something not quite ~ with the motor le moteur ne marche pas très bien. -**6.** [healthy] bien *(inv)*; I don't feel ~ je ne me sens pas très bien, je ne suis pas dans mon assiette; my knee doesn't feel ~ j'ai quelque chose au genou; a rest will put OR set you ~ again un peu de repos te remettra; to be ~ in the head *inf*: he's not quite ~ in the head *inf* ça ne va pas très bien dans sa tête; to be in one's ~ mind avoir toute sa raison; nobody in their ~ mind would refuse such an offer! aucune personne sensée ne refuserait une telle offre! -**7.** [satisfactory] bien *(inv)*; things aren't ~ between them ça ne va pas très bien entre eux; does the hat look ~ to you? le chapeau, ça va?; I can't get this hem ~ je n'arrive pas à faire un bel ourlet ❑ to come ~ *inf* s'arranger. -**8.** [indicating social status] bien *(inv)*, comme il faut; she took care to be seen in all the ~ places elle a fait en sorte d'être vue partout où il fallait; you'll only meet her if you move in the ~ circles vous ne la rencontrerez que si vous fréquentez le beau monde; to know the ~ people connaître des gens bien placés; he went to the ~ school and belonged to the ~ clubs il a fréquenté une très bonne école et a appartenu aux meilleurs clubs. -**9.** GEOM [angle, line, prism, cone] droit; ~ triangle *Am* triangle *m* rectangle. -**10.** *inf Br* [as intensifier] vrai, complet; I felt like a ~ idiot je me sentais vraiment bête; the government made a ~ mess of it le gouvernement a fait un beau gâchis ❑ there was a ~ one in here this morning! *inf* on a eu un vrai cinglé ce matin! -**11.** *inf dial* [ready] prêt.

◇ *adv* -**1.** [in directions] à droite; turn ~ at the traffic lights tournez à droite au feu (rouge); look ~ regardez à droite; the party is moving further ~ le parti est en train de virer plus à droite ❑ they're giving out gifts ~ and left OR ~, left and centre *inf* ils distribuent des cadeaux à tour de bras; they're accepting offers ~ and left OR ~, left and centre *inf* ils acceptent des offres de tous les côtés. -**2.** [accurately, correctly - hear] bien; [- guess] juste; [- answer, spell] bien, correctement; if I remember ~ si je me rappelle bien; he predicted the election results ~ il a vu juste en ce qui concernait les résultats des élections. -**3.** [properly] bien, comme il faut; the door doesn't shut ~ la porte ne ferme pas bien; nothing works ~ in this house! rien ne marche comme il faut dans cette maison!; you're not holding the saw ~ tu ne tiens pas la scie comme il faut; the top isn't on ~ le couvercle n'est pas bien mis; if we organize things ~, there'll be enough time si nous organisons bien les choses, il y aura assez de temps; I hope things go ~ for you j'espère que tout ira bien pour toi; nothing is going ~ today tout va de travers aujourd'hui; he can't do anything ~ il ne peut rien faire correctement OR comme il faut; do it ~ the next time! ne vous trompez pas la prochaine fois!; the roast is done just ~ le rôti est cuit à la perfection. -**4.** [emphasizing precise location]: the lamp's shining ~ in my eyes j'ai la lumière de la lampe en plein dans les yeux OR en pleine figure; it's ~ opposite the post office c'est juste en face de la poste; it's ~ in front of/behind you c'est droit devant vous/juste derrière vous; I'm ~ behind you there *fig* je suis entièrement d'accord avec vous là-dessus; I stepped ~ in it j'ai marché en plein dedans; he shot him ~ in the forehead il lui a tiré une balle en plein front; the hotel was ~ on the beach l'hôtel donnait directement sur la plage; it broke ~ in the middle ça a cassé juste au milieu; I left it ~ here je l'ai laissé juste ici; stay ~ there ne bougez pas. -**5.** [emphasizing precise time] juste, exactement; I arrived ~ at that moment je suis arrivé juste à ce moment-là; ~ in the middle of the fight au beau milieu de la bagarre. -**6.** [all the way]: it's ~ at the back of the drawer/at the front of the book c'est tout au fond du tiroir/juste au début du livre; ~ down to the bottom jusqu'au fond; ~ from the start dès le début; move ~ over allez jusqu'au fond; his shoes were worn ~ through ses chaussures étaient usées jusqu'à la corde; the car drove ~ through the road-block la voiture est passée à travers le barrage; the path leads ~ to the lake le sentier va jusqu'au lac; that girl is going ~ to the top *fig* cette fille ira loin; the water came ~ up to the window l'eau est montée jusqu'à la fenêtre; we worked ~ up until the last minute nous avons travaillé jusqu'à la toute dernière minute. -**7.** [immediately] tout de suite; I'll be ~ over je viens tout de suite; I'll be ~ with you je suis à vous tout de suite; let's talk ~ after the meeting parlons-en juste après la réunion. -**8.** [justly, fairly] bien; [properly, fittingly] correctement; you did ~ tu as bien fait; to do ~ by sb agir correctement envers qqn. -**9.** ▽ *Br dial* [very] bien; she was ~ nice elle était bien aimable.

◇ *n* -**1.** [in directions] droite *f*; look to the OR your ~ regardez à droite OR sur votre droite; keep to the OR your ~ restez à droite; he was seated on your ~ il était assis à ta droite; from ~ to left de droite à gauche. -**2.** POL droite *f*; the ~ is OR are divided la droite est divisée; he's to the ~ of the party leadership il est plus à droite que les dirigeants du parti. -**3.** [in boxing - fist, punch] droit *m*, droite *f*. -**4.** [entitlement] droit *m*; the ~ to vote/of asylum le droit de vote/d'asile; to have a ~ to sthg avoir droit à qqch; she has a ~ to half the profits elle a droit à la moitié des bénéfices; to have a OR the ~ to do sthg avoir le droit de faire qqch; you've no ~ to talk to me like that! tu n'as pas le droit de me parler ainsi!; you have every ~ to be angry tu as toutes les raisons d'être en colère; by what ~? de quel droit? ❑ as of ~ *fml* de (plein) droit; he's American by ~ of birth il est américain de naissance; in one's own ~: she's rich in her own ~ elle a une grande fortune personnelle; he became a leader in his own ~ il est lui-même devenu leader. -**5.** [what is good, moral] bien *m*; he's old enough to know ~ from wrong il est assez grand pour distinguer ce qui est bien de ce qui est mal; to be in the ~ être dans le vrai, avoir raison; he put himself in the ~ by apologizing il s'est racheté en s'excusant.

◇ *interj*: come tomorrow — ~ (you are)! venez demain — d'accord!; ~, let's get to work! bon OR bien, au travail!; ~ (you are) then, see you later bon alors, à plus tard.

◇ *vt* -**1.** [set upright again - chair, ship] redresser; the crane ~ed the derailed carriage la grue a redressé le wagon qui avait déraillé; the raft will ~ itself le radeau se redressera (tout seul). -**2.** [redress - situation] redresser, rétablir; [- damage] réparer; [- injustice] réparer; to ~ a wrong redresser un tort; to ~ the balance rétablir l'équilibre; the problem won't just ~ itself ce problème ne va pas se résoudre de lui-même OR s'arranger tout seul.

◇ *vi* [car, ship] se redresser.

◆ **rights** *npl* -**1.** [political, social] droits *mpl*; I know my ~s je connais mes droits; you'd be within your ~s to demand a refund vous seriez dans votre (bon) droit si vous réclamiez un remboursement; read him his ~s *Am* [on arresting a suspect] prévenez-le de ses droits; human/gay ~s les droits de l'homme/des homosexuels. -**2.** COMM droits *mpl*; who has the mineral/film/distribution ~s? qui détient les droits miniers/d'adaptation cinématographique/de distribution? -**3.** FIN: (application) ~ OR ~s droits *mpl* OR privilège *m* de souscription; ~s issue émission *f* prioritaire. -**4.** *phr*: to put OR to set to ~s [room] mettre en ordre; [firm, country] redresser; [situation] arranger; they've been going on for hours, setting the world to ~s *hum* ça fait des heures qu'ils parlent, ils sont en train de refaire le monde.

◆ **by right(s)** *adv phr* en principe; she ought, by ~s, to get compensation en principe, elle devrait toucher une compensation.

◆ **right away** *adv phr* [at once] tout de suite, aussitôt; [from the start] dès le début; [first go] du premier coup; ~ away, sir! tout de suite, monsieur!; I knew ~ away there'd be trouble j'ai su tout de suite OR dès le début qu'il y aurait des problèmes.

◆ **right now** *adv phr* -**1.** [at once] tout de suite. -**2.** [at the moment] pour le moment.

◆ **right off** *Am* = **right away**.

right-about turn *n* demi-tour *m*.

right angle *n* angle *m* droit; the corridors are at ~s les couloirs sont perpendiculaires; a line at ~s to the base une ligne perpendiculaire à la base; the path made a ~ le sentier formait un coude.

right-angled *adj* [hook, turn] à angle droit.

right-angled triangle *n Br* triangle *m* rectangle.

righten ['raɪtn] *vt* redresser.

righteous ['raɪtʃəs] *adj* -**1.** [just] juste; [virtuous] vertueux. -**2.** *pej* [self-righteous] suffisant; ~ indignation colère indignée.

righteously ['raɪtʃəslɪ] *adv* -**1.** [virtuously] vertueusement. -**2.** *pej* [self-righteously] avec suffisance.

righteousness ['raɪtʃəsnɪs] *n* vertu *f*, rectitude *f*.

right-footed [-'fʊtɪd] *adj* qui se sert de son pied droit.

right-footer [-'fʊtəʳ] *n* -**1.** SPORT joueur *m*, -euse *f* qui joue du pied droit. -**2.** *Ir pej* [Protestant] protestant *m*, -e *f*.

rightful ['raɪtfʊl] *adj* légitime.

rightfully ['raɪtfʊlɪ] *adv* légitimement.

right-hand *adj* droit; the ~ side of the road le côté droit de la route; it's in the ~ drawer c'est dans le tiroir de droite; a ~ bend un virage à droite; my ~ glove mon gant droit.

right-hand drive *n* AUT conduite *f* à droite; a ~ vehicle un véhicule avec la conduite à droite.

right-handed *adj* -**1.** [person] droitier. -**2.** [punch] du droit. -**3.** [scissors, golf club] pour droitiers; [screw] fileté à droite.

right-hander [-'hændəʳ] *n* -**1.** [person] droitier *m*, -ère *f*. -**2.** [blow] coup *m* du droit.

right-hand man *n* bras *m* droit.

right-ho *inf* = **righto**.

Right Honourable *adj Br titre utilisé pour s'adresser à certains hauts fonctionnaires ou à quelqu'un ayant un titre de noblesse.*

rightism ['raɪtɪzm] *n* idées *fpl* de droite.

rightist ['raɪtɪst] ◇ *n* homme *m*, femme *f* de droite; they're ~s ils sont de droite.

◇ *adj* de droite.

rightly ['raɪtlɪ] *adv* -**1.** [correctly] correctement, bien; ~ dressed for the occasion habillé pour la circonstance; I don't ~ know *inf* je ne sais pas bien. **2.** [with justification] à juste titre, avec raison; he was ~ angry, he was angry and ~ so il était en colère à juste titre.

right-minded *adj* honnête, probe; every ~ citizen/Christian tout citoyen/chrétien honnête.

rightness ['raɪtnɪs] *n* -**1.** [accuracy - of answer] exactitude *f*, justesse *f*; [- of guess] justesse *f*. -**2.** [justness - of decision, judgment] équité *f*; [- of claim] légitimité *f*. -**3.** [appropriateness - of tone, dress] justesse *f*, caractère *m* approprié.

righto *inf* ['raɪtəʊ] *interj Br* OK, d'ac.

right-of-centre *adj* centre droit.

right of way (*pl* rights of way) *n* -**1.** AUT priorité *f*; it's your ~ vous avez (la) priorité; to have (the) ~ avoir (la) priorité. -**2.** [right to cross land] droit *m* de passage. -**3.** [path, road] chemin *m*; *Am* [for power line, railroad etc] voie *f*.

right-on *inf adj* intello de gauche.

Right Reverend *adj Br*: the ~ James Brown [Protestant] le très révérend James Brown; [Catholic] monseigneur Brown.

rights issue *n* droit *m* préférentiel de souscription.

right-thinking *adj* raisonnable, sensé.

right-to-work movement *n syndicat s'opposant à la pratique du «syndicat unique» aux États-Unis.*

right wing *n* -**1.** POL droite *f*; the ~ of the party l'aile droite du parti. -**2.** SPORT [position] aile *f* droite; [player] ailier *m* droit.
◆ **right-wing** *adj* POL de droite; she's more right-wing than the others elle est plus à droite que les autres.

right-winger *n* -**1.** POL homme *m*, femme *f* de droite; he's a ~ il est de droite; measures unpopular with ~s mesures peu appréciées par la droite. -**2.** SPORT ailier *m* droit.

righty-oh *inf* [ˌraɪtɪ'əʊ] = **righto**.

rigid ['rɪdʒɪd] *adj* -**1.** [structure, material] rigide; [body, muscle] raide; he was ~ with fear il était paralysé par la peur; it shook me ~! *inf* ça m'a fait un de ces coups! -**2.** [person, ideas, policy] rigide, inflexible; [discipline] strict, sévère.

rigid disk *n* disque *m* dur.

rigidity [rɪ'dʒɪdətɪ] *n* -**1.** [of structure, material] rigidité *f*; [of body, muscle] raideur *f*. -**2.** [of person, ideas, policy] rigidité *f*, inflexibilité *f*; [of discipline] sévérité *f*.

rigidly ['rɪdʒɪdlɪ] *adv* rigidement, avec raideur; the rules are ~ applied le règlement est rigoureusement appliqué.

rigmarole *inf* ['rɪgmərəʊl] *n* -**1.** [procedure] cirque *m*; I don't want to go through all the ~ of applying for a licence je ne veux pas m'embêter à déposer une demande de permis. -**2.** [talk] charabia *m*, galimatias *m*.

rigor ['rɪgəʳ] *n* -**1.** *Am* = **rigour**. -**2.** *(U)* MED [before fever] frissons *mpl*; [in muscle] crampe *f*.

rigor mortis [ˌrɪgə'mɔːtɪs] *n* rigidité *f* cadavérique.

rigorous ['rɪgərəs] *adj* rigoureux; ~ proof LOGIC & MATH preuve *f* rigoureuse.

rigorously ['rɪgərəslɪ] *adv* rigoureusement, avec rigueur.

rigour *Br*, **rigor** *Am* ['rɪgəʳ] *n* rigueur *f*.

rigout *inf* ['rɪgaʊt] *n* accoutrement *m*.

rile [raɪl] *vt* -**1.** [person] agacer, énerver. -**2.** *Am* [water] troubler.

Riley ['raɪlɪ] *pr n*: to live the life of ~ *inf* mener une vie de pacha.

rill [rɪl] *n* -**1.** *lit* [brook] ruisselet *m*. -**2.** [on moon] vallée *f*. -**3.** [from erosion] ravine *f*.

rim [rɪm] (*pt* & *pp* **rimmed**, *cont* **rimming**) ◇ *n* -**1.** [of bowl, cup] bord *m*; [of eye, lake] bord *m*, pourtour *m*; [of well] margelle *f*. -**2.** [of spectacles] monture *f*. -**3.** [of wheel] jante *f*. -**4.** [of dirt] marque *f*; a ~ of coffee left in the cup des traces de café à l'intérieur de la tasse; there was a black ~ around the bath il y avait une trace de crasse tout autour de la baignoire.
◇ *vt* border; trees ~ the lake le lac est bordé OR entouré d'arbres.

rime [raɪm] ◇ *n* -**1.** *lit* [frost] givre *m*, gelée *f* blanche. -**2.** *arch* = **rhyme**.
◇ *vt lit* givrer.

Rimini ['rɪmɪnɪ] *pr n* Rimini.

rimless ['rɪmlɪs] *adj* [spectacles] sans monture.

-rimmed [rɪmd] *in cpds*: gold/steel~ spectacles lunettes *fpl* à monture en or/d'acier.

Rimsky-Korsakov [ˌrɪmskɪ'kɔːsəkɒf] *pr n* Rimski-Korsakov.

rimy ['raɪmɪ] (*compar* **rimier**, *superl* **rimiest**) *adj lit* givré.

rind [raɪnd] *n* [on bacon] couenne *f*; [on cheese] croûte *f*; [on fruit] écorce *f*; [of bark] couche *f* extérieure.

ring [rɪŋ] (*senses 1 & 2 pt* **rang** [ræŋ], *pp* **rung** [rʌŋ], *senses 3, 4, 5 & 6 pt & pp* **ringed**) ◇ *n* -**1.** [sound of bell] sonnerie *f*; there was a ~ at the door on a sonné (à la porte); she answered the phone after just one ~ le téléphone n'avait sonné qu'une fois quand elle a décroché; give two long ~s and one short one sonnez trois fois, deux coups longs et un coup bref; the ~ of the church bells le carillonnement des cloches de l'église. -**2.** [sound] son *m*; [resounding] retentissement *m*; the ~ of their voices in the empty warehouse leurs voix qui résonnaient dans l'entrepôt vide ‖ *fig* [note] note *f*, accent *m*; his words had a ~ of truth il y avait un accent de vérité dans ses paroles; the name has a familiar ~ ce nom me dit quelque chose; that excuse has got a familiar ~! j'ai déjà entendu ça quelque part! -**3.** [telephone call] coup *m* de téléphone; give me a ~ tomorrow passez-moi un coup de téléphone OR appelez-moi demain. -**4.** [set of bells] jeu *m* de cloches. -**5.** [on finger] anneau *m*, bague *f*; [in nose, ear] anneau *m* ❑ 'The Ring of the Nibelung' *Wagner* 'l'Anneau du Nibelung'. -**6.** [round object] anneau *m*; [for serviette] rond *m*; [for swimmer] bouée *f*; [for identifying bird] bague *f*; [of piston] segment *m*; moor the boat to that ~ amarrez le bateau à cet anneau; the ~s [in gym] les anneaux *mpl*; curtain ~ anneau de rideau. -**7.** [circle] cercle *m*, rond *m*; [of smoke] rond *m*; [in or around tree trunk] anneau *m*; all stand in a ~ mettez-vous tous en cercle; she looked round the ~ of faces elle regarda les visages tout autour d'elle; the glasses left ~s on the piano les verres ont laissé des ronds OR marques sur le piano; the ~s of Saturn les anneaux de Saturne; there's a ~ around the moon la lune est cernée d'un halo; he has ~s round his eyes il a les yeux cernés ❑ to run OR to make ~s round sb *inf* éclipser OR écraser qqn. -**8.** [for boxing, wrestling] ring *m*; [in circus] piste *f*. -**9.** *Br* [for cooking - electric] plaque *f*; [- gas] feu *m*, brûleur *m*. -**10.** [group of people] cercle *m*, clique *f pej*; price-fixing ~ cartel *m*; spy/drug ~ réseau *m* d'espions/de trafiquants de drogue. -**11.** CHEM [of atoms] chaîne *f* fermée.
◇ *vt* -**1.** [bell, alarm] sonner; I rang the doorbell j'ai sonné à la porte; the church clock ~s the hours l'horloge de l'église sonne les heures ❑ the name/title ~s a bell ce nom/titre me dit quelque chose; to ~ the bell *inf* [succeed] décrocher le pompon; to ~ the changes [on church bells] carillonner; *fig* changer; to ~ the changes on sthg apporter des changements à qqch. -**2.** *Br* [phone] téléphoner à, appeler; don't ~ us, we'll ~ you *hum* laissez-nous votre adresse, on vous écrira. -**3.** [surround] entourer, encercler; a lake ~ed with trees un lac entouré OR bordé d'arbres. -**4.** [draw circle round] entourer d'un cercle; ~ the right answer entourez la bonne réponse. -**5.** [bird] baguer; [bull, pig] anneler. -**6.** [in quoits, hoopla - throw ring round] lancer un anneau sur.
◇ *vi* -**1.** [chime, peal - bell, telephone, alarm] sonner; [with high pitch] tinter; [long and loud] carillonner; the doorbell rang on a sonné (à la porte). -**2.** [resound] résonner, retentir; their laughter rang through the house leurs rires résonnaient dans toute la maison; the theatre rang with applause la salle retentissait d'applaudissements; my ears are ~ing j'ai les oreilles qui bourdonnent; my ears are still ~ing with their laughter, their laughter still ~s in my ears leurs rires retentissent encore à mes oreilles; to ~ true/false/hollow sonner vrai/faux/creux. -**3.** [summon] sonner; to ~ for the maid sonner la bonne; I rang for a glass of water j'ai sonné pour qu'on m'apporte un verre d'eau; you rang, Sir? Monsieur a sonné? -**4.** *Br* [phone] téléphoner.
◆ **ring around** = **ring round**.
◆ **ring back** *vi insep* & *vt sep Br* [phone back] rappeler.
◆ **ring down** *vt sep*: to ~ down the curtain THEAT baisser le rideau; to ~ down the curtain on sthg *fig* mettre un terme à qqch.
◆ **ring in** ◇ *vi insep Br* téléphoner; listeners are encouraged to ~ in on encourage les auditeurs à téléphoner (au studio).
◇ *vt sep* -**1.** *Austr* & *NZ* [rope in] enrôler. -**2.** *phr*: to ~ the New Year in sonner les cloches pour annoncer la nouvelle année.
◆ **ring off** *vi insep Br* raccrocher.
◆ **ring out** ◇ *vi insep* retentir.
◇ *vt sep*: to ~ out the old year sonner les cloches pour annoncer la fin de l'année.
◆ **ring round** *vt insep* téléphoner à, appeler; if you ~ round everybody, I'm sure you'll find someone to help si tu appelles tout le monde, tu trouveras bien quelqu'un pour t'aider.
◆ **ring up** *vt sep Br* -**1.** [phone] téléphoner à, appeler. -**2.** [on cash register - sale, sum] enregistrer. -**3.** *phr*: to ~ up the curtain THEAT lever le rideau; to ~ up the curtain on sthg *fig* inaugurer qqch, marquer le début de qqch.

ring-a-ring-a-roses *n chanson que chantent les enfants en faisant la ronde.*

ring binder *n* classeur *m* (à anneaux).

ringbolt ['rɪŋbəʊlt] *n* boulon *m* à anneau de levage.

ring circuit *n* circuit *m* de bouclage.

ringdove ['rɪŋdʌv] *n* (pigeon *m*) ramier *m*.

ringed plover [rɪŋd-] *n* pluvier *m* à collier.

ringer ['rɪŋəʳ] *n* -**1.** [of bells] sonneur *m*, carillonneur *m*, -euse *f*. -**2.** *inf* [double] sosie *m*; he's a (dead) ~ for you vous vous ressemblez comme deux gouttes d'eau. -**3.** ▽ *Am* SPORT [horse] *cheval qui participe frauduleusement à une course*; [player] *joueur participant frauduleusement à un match*. -**4.** *inf Austr* [expert] as *m*, crack *m*.

ring finger *n* annulaire *m*.

ringing ['rɪŋɪŋ] ◇ *adj* sonore, retentissant.
◇ *n* -**1.** [of doorbell, phone, alarm] sonnerie *f*; [of cowbell] tintement *m*; [of church bells] carillonnement *m*. -**2.** [of cries, laughter] retentissement *m*; [in ears] bourdonnement *m*.

ringing tone *n* sonnerie *f*, signal *m* d'appel.

ringleader ['rɪŋˌliːdəʳ] *n* meneur *m*, -euse *f*.

ringlet ['rɪŋlɪt] *n* boucle *f* (de cheveux).

ring main *n* conducteur *m* de bouclage.

ringmaster ['rɪŋˌmɑːstəʳ] *n* ≃ Monsieur Loyal *m*.

ring-pull *n Br* anneau *m*, bague *f (sur une boîte de boisson)*; ~ can cannette *f*, boîte *f (qu'on ouvre en tirant sur une bague)*.

ring road *n* rocade *f*.

ringside ['rɪŋsaɪd] *n (U)* SPORT premiers rangs *mpl*; to have a ~ seat *fig* être aux premières loges.

ring spanner *n Br* clé *f* polygonale.

ringway ['rɪŋweɪ] *Br* = **ring road**.

ringworm ['rɪŋwɜːm] *n* teigne *f*.

rink [rɪŋk] *n* [for ice-skating] patinoire *f*; [for roller-skating] piste *f (pour patins à roulettes)*.

rinky-dink *inf* ['rɪŋkɪdɪŋk] *adj Am* ringard.

rinse [rɪns] ◇ *vt* rincer; she ~d her hands/her mouth elle se rinça les mains/la bouche; ~ the soap out of the clothes rincez les vêtements.
◇ *n* -**1.** [gen] rinçage *m*; I gave the shirt a good ~ j'ai bien rincé la chemise; put the washing machine on ~ mettez le lave-linge sur rinçage. -**2.** [for hair] rinçage *m*; blue ~ rinçage bleu.
◆ **rinse out** *vt sep* rincer.

Rio ['riːəʊ], **Rio de Janeiro** [ˌriːəʊdədʒə'nɪərəʊ] *pr n* Rio de Janeiro.

Rio Grande [ˌriːəʊ'grændɪ] *pr n*: the ~ le Rio Grande.

Rio Negro [ˌriːəʊ'neɪgrəʊ] *pr n*: the ~ le Rio Negro.

riot ['raɪət] ◇ *n* -**1.** [civil disturbance] émeute *f*; race ~s émeutes raciales. -**2.** *inf* [funny occasion]: the party was a ~ on s'est éclatés à la fête ‖ [funny person]: Jim's a ~ Jim est désopilant OR impayable. -**3.** [profusion] profusion *f*; the garden is a ~ of colour le jardin offre une véritable débauche de couleurs.
◇ *vi* participer à OR faire une émeute; they are afraid the people will ~ ils craignent des émeutes populaires.
◇ *adv*: to run ~: a group of youths ran ~ un groupe de jeunes a provoqué une émeute; the team ran ~ in the second half l'équipe s'est

déchaînée au cours de la seconde mi-temps; **her imagination ran ~** son imagination s'est déchaînée; **the vegetation is running ~** la végétation est foisonnante.

riot act *n* loi *f* antiémeutes; **to read the ~** *inf* faire acte d'autorité; **I decided to read them the ~** j'ai décidé de les rappeler à l'ordre.

rioter ['raɪətəʳ] *n* émeutier *m*, -ère *f*.

rioting ['raɪətɪŋ] *n (U)* émeutes *fpl*.

riotous ['raɪətəs] *adj* **-1.** [mob] déchaîné; [behaviour] séditieux; **~ assembly** JUR attroupement *m* séditieux. **-2.** [debauched] débauché; **to lead a ~ life** mener une vie déréglée OR dissolue || [exuberant, noisy] tapageur, bruyant; **a ~ party was going on upstairs** à l'étage au-dessus, des fêtards s'en donnaient à cœur joie; **bursts of ~ laughter** des éclats de rire bruyants. **-3.** [funny] désopilant, tordant.

riotously ['raɪətəslɪ] *adv* **-1.** [seditiously] de façon séditieuse. **-2.** [noisily] bruyamment. **-3.** [as intensifier]: **it's ~ funny** *inf* c'est à mourir OR à hurler de rire.

riot police *npl* police *f* OR forces *fpl* antiémeutes.

riot shield *n* bouclier *m* antiémeutes.

riot squad *n* brigade *f* antiémeutes.

rip [rɪp] (*pt* & *pp* **ripped**, *cont* **ripping**) ◇ *vt* **-1.** [tear] déchirer *(violemment)*; **he ripped the envelope open** il déchira l'enveloppe; **to ~ sthg to shreds** OR **pieces** mettre qqch en morceaux OR en lambeaux. **-2.** [snatch] arracher; **she ripped the book from my hands** elle m'arracha le livre des mains. **-3.** *inf Am* [rob] voler; **she ripped him for all he had** elle lui a piqué tout ce qu'il avait.
◇ *vi* **-1.** [tear] se déchirer. **-2.** *inf* [go fast] aller à fond de train OR à fond la caisse; **a motorbike ripped past** une moto est passée à toute allure ❑ **let it ~!** [go ahead] vas-y!; [accelerate] appuie sur le champignon!; **now they're gone we can really let ~** maintenant qu'ils sont partis, on va pouvoir s'éclater; **to let ~ at sb** enguirlander qqn.
◇ *n* déchirure *f*.
◆ **rip off** *vt sep* **-1.** [tear off] arracher; **the binding had been ripped off the book** la reliure du livre avait été arrachée. **-2.** *inf* [cheat, overcharge] arnaquer; **they ~ off tourists** ils arnaquent les touristes. **-3.** *inf* [rob] dévaliser; **they ripped off a bank** ils ont braqué une banque || [steal] faucher, piquer; **my wallet was ripped off** je me suis fait faucher mon portefeuille; **he ripped off our idea** il nous a piqué notre idée.
◆ **rip out** *vt sep* arracher.
◆ **rip through** *vt insep* [subj: explosion, noise] déchirer; **we ripped through the work in no time** *fig* on a expédié le travail en un rien de temps.
◆ **rip up** *vt sep* [paper, cloth] déchirer *(violemment)*, mettre en pièces; [road surface, street] éventrer.

RIP (*written abbr of* **rest in peace**) RIP.

riparian [rɪ'peərɪən] *fml* ◇ *adj* [person, property] riverain; [rights] des riverains.
◇ *n* riverain *m*, -e *f*.

ripcord ['rɪpkɔːd] *n* poignée *f* d'ouverture *(de parachute)*.

ripe [raɪp] *adj* **-1.** [fruit, vegetable] mûr; [cheese] fait, à point. **-2.** [age]: **to live to a ~ old age** vivre jusqu'à un âge avancé; **he married at the ~ old age of 80** il s'est marié au bel âge de 80 ans. **-3.** [ready] prêt, mûr; **the country is ~ for a change of regime** le pays est mûr pour un changement de régime; **this land is ~ for development** ce terrain ne demande qu'à être aménagé; **the time is ~ to sell** c'est le moment de vendre. **-4.** [full - lips] sensuel, charnu; [breasts] plantureux. **-5.** [pungent - smell] âcre. **-6.** *inf* [vulgar] égrillard.

ripen ['raɪpn] ◇ *vi* [gen] mûrir; [cheese] se faire; **her feelings for him had ~ed over the years** *fig* ses sentiments pour lui avaient mûri avec le temps.
◇ *vt* [subj: sun] mûrir; [subj: farmer] (faire) mûrir; **sun-~ed oranges** oranges mûries au soleil.

ripeness ['raɪpnɪs] *n* maturité *f*.

rip-off *inf n* **-1.** [swindle] escroquerie *f*, arnaque *f*; **that restaurant's a ~** ce restaurant est une arnaque. **-2.** [theft] vol *m*, fauche *f*; **it's a ~ from an Osborne play** ils ont pompé l'idée dans une pièce d'Osborne.

riposte [*Br* rɪ'pɒst, *Am* rɪ'pəʊst] ◇ *n* **-1.** [retort] riposte *f*, réplique *f*. **-2.** FENCING riposte *f*.
◇ *vi* riposter.

ripper ['rɪpəʳ] *n* **-1.** [criminal] éventreur *m*; **Jack the Ripper** Jack l'Éventreur. **-2.** [machine] scarificateur *m*.

ripping *inf* ['rɪpɪŋ] *adj Br dated* épatant, sensass.

ripple ['rɪpl] ◇ *n* **-1.** [on water] ride *f*, ondulation *f*; [on wheatfield, hair, sand] ondulation *f*. **-2.** [sound - of waves] clapotis *m*; [- of brook] gazouillis *m*; [- of conversation] murmure *m*; **a ~ of excitement ran through the crowd** *fig* un murmure d'excitation parcourut la foule; **a ~ of laughter ran through the audience** des rires discrets parcoururent l'assistance. **-3.** [repercussion] répercussion *f*, vague *f*; **her resignation hardly caused a ~** sa démission a fait très peu de bruit; **~ effect** effet *m* de vague. **-4.** CULIN: **strawberry/chocolate ~ (ice cream)** glace *f* marbrée à la fraise/au chocolat. **-5.** ELECTRON oscillation *f*.
◇ *vi* **-1.** [undulate - water] se rider; [- wheatfield, hair] onduler; **moonlight ~d on the surface of the lake** le clair de lune scintillait sur la surface du lac; **the muscles ~d in his back** ses muscles se dessinaient sous la peau de son dos; **rippling muscles** muscles saillants OR puissants. **-2.** [murmur - water, waves] clapoter. **-3.** [resound, have repercussions] se répercuter; **the scandal ~d through the whole department** le scandale s'est répercuté à travers OR a fait des vagues dans tout le service.
◇ *vt* [water, lake] rider.

rip-roaring *inf adj* [noisy] bruyant, tapageur; [great, fantastic] génial, super; **we had a ~ time** on s'est amusés comme des fous; **a ~ success** un succès monstre.

ripsaw ['rɪpsɔː] *n* scie *f* à refendre.

ripsnorter *inf* ['rɪp,snɔːtəʳ] *n* petite merveille *f*; **his new film's a ~** son nouveau film est vraiment génial.

riptide ['rɪptaɪd] *n* contre-courant *m*, turbulence *f*.

rise [raɪz] (*pt* **rose** [rəʊz], *pp* **risen** ['rɪzn]) ◇ *vi* **-1.** [get up - from chair, bed] se lever; [- from knees, after fall] se relever; **he rose (from his chair) to greet me** il s'est levé (de sa chaise) pour me saluer; **to ~ to one's feet** se lever, se mettre debout; **he ~s late every morning** il se lève tard tous les matins; **the horse rose on its hind legs** le cheval s'est cabré ❑ **~ and shine!** debout! **-2.** [sun, moon, fog] se lever; [smoke, balloon] s'élever, monter; [tide, river level] monter; [river] prendre sa source; [land] s'élever; [fish] mordre; THEAT [curtain] se lever; CULIN [dough] lever; [soufflé] monter; **to ~ into the air** [bird, balloon] s'élever (dans les airs); [plane] monter OR s'élever (dans les airs); **the birds rose above our heads** les oiseaux se sont envolés au-dessus de nos têtes; **to ~ to the surface** [swimmer, whale] remonter à la surface; **the colour rose in** OR **to her cheeks** le rouge lui est monté aux joues; **his eyebrows rose in surprise** il leva les sourcils de surprise; **laughter/cheers rose from the crowd** des rires/des hourras montèrent de la foule; **disturbing images rose into my mind** des images troublantes me vinrent à l'esprit; **to ~ from the dead** RELIG ressusciter d'entre les morts; **to ~ into heaven** RELIG monter au ciel; **to ~ to the occasion** se montrer à la hauteur de la situation ❑ **to ~ to the bait** *literal* & *fig* mordre à l'hameçon; **he looked as if he'd risen from the grave** il avait une mine de déterré. **-3.** [increase - value] augmenter; [- number, amount] augmenter, monter; [- prices, costs] monter, augmenter, être en hausse; [- temperature, pressure] monter; [- barometer] monter, remonter; [- wind] se lever; [- tension, tone, voice] monter; [- feeling, anger, panic] monter, grandir; **gold has risen in value by 10%** la valeur de l'or a augmenté de 10 %; **to ~ by 10 dollars/by 10%** augmenter de 10 dollars/de 10 %; **to make prices ~** faire monter les prix; **rents are rising fast** les loyers augmentent rapidement; **his spirits rose when he heard the news** il a été soulagé OR heureux d'apprendre la nouvelle. **-4.** [mountains, buildings] se dresser, s'élever; **the trees rose above our heads** les arbres se dressaient au-dessus de nos têtes; **the mountain ~s to 2,500 m** la montagne a une altitude de OR culmine à OR s'élève à 2 500 m; **the steeple ~s 200 feet into the air** le clocher a OR fait 60 mètres de haut; **many new apartment blocks have risen in the past ten years** de nombreux immeubles neufs ont été construits au cours des dix dernières années ❑ **to ~ from the ashes** renaître de ses cendres. **-5.** [socially, professionally] monter, réussir; **to ~ in society** réussir socialement; **to ~ in the world** faire son chemin dans le monde; **to ~ to fame** devenir célèbre; **to ~ in sb's esteem** monter dans l'estime de qqn; **to ~ from the ranks** sortir du rang; **she rose to the position of personnel manager** elle a réussi à devenir chef du personnel. **-6.** [revolt] se soulever, se révolter; **to ~ in revolt (against sb/sthg)** se révolter (contre qqn/qqch); **to ~ in protest against sthg** se soulever contre qqch. **-7.** [adjourn - assembly, meeting] lever la séance; [- Parliament, court] clore la session; **Parliament rose for the summer recess** la session parlementaire est close pour les vacances d'été.
◇ *n* **-1.** [high ground] hauteur *f*, éminence *f*; [slope] pente *f*; **we reached the top of a steep ~** nous sommes arrivés au sommet d'une côte raide. **-2.** [of moon, sun, curtain] lever *m*; [to power, influence] montée *f*, ascension *f*; INDUST [development] essor *m*; **the ~ and fall of the tide** le flux et le reflux de la marée; **the ~ and fall of the Roman Empire** la croissance et la chute OR la grandeur et la décadence de l'Empire romain; **the ~ and fall of the fascist movement** la montée et la chute du mouvement fasciste; **the actor's ~ to fame was both rapid and spectacular** cet acteur a connu un succès à la fois rapide et spectaculaire. **-3.** [increase - of price, crime, accidents] hausse *f*, augmentation *f*; [- in bank rate, interest] relèvement *m*, hausse *f*; [- of temperature, pressure] hausse *f*; [- of affluence, wealth] augmentation *f*; **to be on the ~** être en hausse; **there has been a steep ~ in house prices** les prix de l'immobilier ont beaucoup augmenté; **there was a 10% ~ in the number of visitors** le nombre de visiteurs a augmenté de 10 %; **there has been a steady ~ in the number of accidents** les accidents sont en augmentation régulière; **~ in value** appréciation *f*; **to speculate on a ~** ST. EX miser sur la hausse || *Br* [in salary] augmentation *f* (de salaire); **to be given a ~** être augmenté. **-4.** [of river] source *f*. **-5.** *phr*: **to give ~ to sthg** donner lieu à qqch, entraîner qqch; **it gave ~ to a lot of hostility/difficulties** cela a provoqué une forte hostilité/beaucoup de difficultés; **their disappearance gave ~ to great scandal/suspicion** leur disparition a provoqué un énorme scandale/éveillé de nombreux soupçons; **to get** OR **to take a ~ out of sb** *inf Br* faire réagir qqn, faire marcher qqn.
◆ **rise above** *vt insep* [obstacle, fear] surmonter; [figure] dépasser; **politics should ~ above the level of personal attacks** le débat politique ne devrait pas se situer au niveau des attaques personnelles.
◆ **rise up** *vi insep* **-1.** [get up] se lever; **to ~ up from one's chair** se lever de sa chaise || [go up] monter, s'élever; **the smoke/the balloon rose up into the sky** la fumée/le ballon s'élevait dans le ciel. **-2.** [revolt] se soulever, se révolter; **to ~ up against an oppressor** se soulever contre un oppresseur. **-3.** RELIG ressusciter; **to ~ up from the dead** ressusciter d'entre les

morts. -**4.** [appear] apparaître; **a strange sight rose up before his eyes** un spectacle étrange s'offrit alors à son regard; **a shadowy figure rose up out of the mist** une ombre surgit de la brume.

risen ['rɪzn] ◇ *pp* → **rise**.
◇ *adj* ressuscité; **Christ is ~** le Christ est ressuscité.

riser ['raɪzəʳ] *n* -**1.** [person]: **to be an early/late ~** être un lève-tôt *(inv)* /lève-tard *(inv)*. -**2.** [of step] contremarche *f*. -**3.** [in plumbing] conduite *f* montante.

risibility [,rɪzə'bɪlətɪ] (*pl* **risibilities**) *n fml* faculté *f* de rire, propension *f* à rire.

risible ['rɪzəbl] *adj fml* risible, ridicule.

rising ['raɪzɪŋ] ◇ *n* -**1.** [revolt] insurrection *f*, soulèvement *m*. -**2.** [of sun, moon, of theatre curtain] lever *m*. -**3.** [of prices] augmentation *f*, hausse *f*. -**4.** [of river] crue *f*; [of ground] élévation *f*. -**5.** [from dead] résurrection *f*. -**6.** [of Parliament, an assembly] ajournement *m*, clôture *f* de séance.
◇ *adj* -**1.** [sun] levant; **they were up early to see the ~ sun** ils se levèrent de bonne heure pour voir le soleil se lever OR le soleil levant. -**2.** [tide] montant; [water level] ascendant. -**3.** [ground, road] qui monte. -**4.** [temperature, prices] en hausse; FIN [market] orienté à la hausse. -**5.** [up-and-coming]: **the ~ generation** la nouvelle génération, la génération montante; **he's a ~ celebrity** c'est une étoile montante. -**6.** [emotion] croissant.
◇ *adv inf Br*: **she's ~ 40** elle va sur ses 40 ans.

rising damp *n* humidité *f* ascensionnelle OR par capillarité.

rising trot *n* trot *m* enlevé OR à l'anglaise.

risk [rɪsk] ◇ *n* -**1.** [gen] risque *m*; **to take a ~** prendre un risque; **to run the ~** courir le risque; **the government runs the ~ of losing support** le gouvernement (court le) risque de ne plus être soutenu; **if you don't leave now there's a ~ of you not arriving on time** si vous ne partez pas maintenant, vous risquez de ne pas arriver à temps; **is there any ~ of him making another blunder?** est-ce qu'il risque de commettre un nouvel impair?; **it's not worth the ~** c'est trop risqué; **that's a ~ we'll have to take** c'est un risque à courir; **do it at your own ~** faites-le à vos risques et périls; **'cars may be parked here at the owner's ~'** les automobilistes peuvent stationner ici à leurs risques (et périls); **at the ~ of one's life** au péril de sa vie; **at the ~ of sounding ignorant, how does one open this box?** au risque de passer pour un idiot, j'aimerais savoir comment on ouvre cette boîte? -**2.** [in insurance] risque *m*; **fire ~** risque d'incendie; **he's a bad ~** c'est un client à risques.
◇ *vt* risquer, hasarder *fml*; **don't ~ your career/reputation on a shady deal** ne risquez pas votre carrière/réputation sur une affaire louche; **you're ~ing an accident when you drive so fast** vous risquez un accident en conduisant si vite; **to ~ defeat** risquer d'être battu ❑ **to ~ one's neck** OR **skin, to ~ life and limb** risquer sa peau.
◆ **at risk** *adj phr*: **there's too much at ~** les risques OR les enjeux sont trop importants; **our children are at ~ from all kinds of violence** nos enfants ont toutes sortes de violences à craindre; **all our jobs are at ~** tous nos emplois sont menacés; **to be at ~** MED & SOCIOL être vulnérable, être une personne à risque.

risk capital *n (U) Br* capitaux *mpl* à risques.

riskiness ['rɪskɪnɪs] *n (U)* risques *mpl*, hasards *mpl*, aléas *mpl*.

risk-taking *n (U) fait m de prendre des risques*; **we knew there would be some ~ involved** nous savions que ce ne serait pas sans risques.

risky ['rɪskɪ] (*compar* **riskier**, *superl* **riskiest**) *adj* [hazardous] risqué, hasardeux; **~ business** entreprise hasardeuse.

risotto [rɪ'zɒtəʊ] (*pl* **risottos**) *n* risotto *m*.

risqué ['riːskeɪ] *adj* [story, joke] risqué, osé, scabreux.

rissole ['rɪsəʊl] *n* rissole *f* CULIN.

rite [raɪt] *n* rite *m*; **initiation/fertility ~s** rites d'initiation/de fertilité; **~ of passage** cérémonie *f* d'initiation; **'The Rite of Spring'** *Stravinsky* 'le Sacre du printemps'.

ritual ['rɪtʃʊəl] ◇ *n* rituel *m*; **everyone has to go through the ~ of official receptions** nul ne peut échapper au cérémonial des réceptions officielles.
◇ *adj* rituel; **we all had to sit down to the ~ Sunday lunch** *fig* dimanche, nous avons tous dû prendre part au déjeuner rituel.

ritualism ['rɪtʃʊəlɪzm] *n* ritualisme *m*.

ritualist ['rɪtʃʊəlɪst] *n* ritualiste *mf*.

ritualistic [,rɪtʃʊə'lɪstɪk] *adj* ritualiste.

ritualize, ise ['rɪtʃʊəlaɪz] *vt* ritualiser.

ritually ['rɪtʃʊəlɪ] *adv* rituellement.

ritzy *inf* ['rɪtsɪ] (*compar* **ritzier**, *superl* **ritziest**) *adj* classe, très chic, luxueux.

rival ['raɪvl] (*Br pt & pp* **rivalled**, *cont* **rivalling**, *Am pt & pp* **rivaled**, *cont* **rivaling**) ◇ *n* [gen] rival *m*, -e *f*; COMM rival *m*, -e *f*, concurrent *m*, -e *f*; 'The Rivals' *Sheridan* 'les Rivaux'.
◇ *adj* [gen] rival; COMM concurrent, rival.
◇ *vt* [gen] rivaliser avec; COMM être en concurrence avec; **his talent doesn't ~ hers** il n'est pas aussi doué qu'elle; **no-one can ~ her when it comes to business acumen** son sens des affaires n'a pas d'égal; **your stubbornness is rivalled only by your narrow-mindedness** votre entêtement n'a d'égal que votre étroitesse d'esprit.

rivalry ['raɪvlrɪ] (*pl* **rivalries**) *n* rivalité *f*; **there's a lot of ~ between the two brothers** il y a une forte rivalité entre les deux frères; **in ~ with sb** en concurrence OR rivalité avec qqn.

riven ['rɪvn] *adj* déchiré, divisé; **the party was ~ by deep ideological divisions** le parti était déchiré par de profondes divergences idéologiques.

river ['rɪvəʳ] ◇ *n* -**1.** [as tributary] rivière *f*; [flowing to sea] fleuve *m*; **we sailed up/down the ~** nous avons remonté/descendu la rivière ❑ **to be up the ~** *inf Am* [in prison] être en taule. -**2.** *fig* [of mud, lava] coulée *f*; **a ~ of blood** un fleuve de sang.
◇ *comp* [port, system, traffic] fluvial; [fish] d'eau douce.

riverbank ['rɪvəbæŋk] *n* rive *f*, berge *f*; **on the ~** sur la rive (de la rivière OR du fleuve).

river basin *n* bassin *m* fluvial.

riverbed ['rɪvəbed] *n* lit *m* de rivière OR de fleuve.

river blindness *n* cécité *f* des rivières, onchocercose *f spéc*.

riverine ['rɪvəraɪn] *adj* [fluvial] fluvial; [riverside] riverain.

riverside ['rɪvəsaɪd] ◇ *n* bord *m* d'une rivière OR d'un fleuve, rive *f*; **we walked along the ~** nous nous sommes promenés le long de la rivière.
◇ *adj* au bord d'une rivière OR d'un fleuve; **a ~ park** un parc situé au bord de l'eau OR d'une rivière.

rivet ['rɪvɪt] ◇ *n* rivet *m*.
◇ *vt* -**1.** TECH riveter, river. -**2.** *fig*: **to be ~ed to the spot** rester cloué OR rivé sur place; **the children were ~ed to the television set** les enfants étaient rivés au poste de télévision. -**3.** [fascinate] fasciner.

riveter ['rɪvɪtəʳ] *n* [person] riveur *m*; [machine] riveteuse *f*.

riveting ['rɪvɪtɪŋ] *adj* fascinant, passionnant, captivant.

Riviera [,rɪvɪ'eərə] *pr n*: **the French ~** la Côte d'Azur; **on the French ~** sur la Côte d'Azur; **the Italian ~** la Riviera italienne; **on the Italian ~** sur la Riviera italienne.

rivulet ['rɪvjʊlɪt] *n* (petit) ruisseau *m*, ru *m lit*.

Riyadh ['riːæd] *pr n* Riyad, Riad.

RMT (*abbr of* **National Union of Rail, Maritime and Transport Workers**) *pr n syndicat britannique des cheminots et des gens de mer.*

RN ◇ *pr n abbr of* **Royal Navy**.
◇ *n Br* (*abbr of* **registered nurse**) -**1.** [nurse] infirmier *m* diplômé (d'État); infirmière *f* diplômée (d'État). -**2.** [qualification] diplôme *m* (d'État) d'infirmier.

RNA (*abbr of* **ribonucleic acid**) *n* ARN *m*.

RNLI (*abbr of* **Royal National Lifeboat Institution**) *pr n société britannique de sauvetage en mer.*

RNZAF (*abbr of* **Royal New Zealand Air Force**) *pr n armée de l'air néo-zélandaise.*

RNZN (*abbr of* **Royal New Zealand Navy**) *pr n marine de guerre néo-zélandaise.*

roach [rəʊtʃ] (*pl sense 1 inv* OR **roaches**) *n* -**1.** [fish] gardon *m*. -**2.** *inf* [cockroach] cafard *m*, cancrelat *m*. -**3.** *drugs sl* [of marijuana cigarette] filtre *m*.

road [rəʊd] ◇ *n* -**1.** *literal* route *f*; [small] chemin *m*; **main** OR **major ~** route principale, (route) nationale *f*; **minor ~** route secondaire; **by ~** par la route; **the Liverpool ~** la route de Liverpool; **is this the (right) ~ for** OR **to Liverpool?** est-ce la (bonne) route pour Liverpool?; **are we on the right ~?** sommes-nous sur la bonne route?; **on the ~ to Liverpool, the car broke down** en allant à Liverpool, la voiture est tombée en panne; **we took the ~ from Manchester to Liverpool** on a pris la route qui va de Manchester à Liverpool OR qui relie Manchester à Liverpool; **to take to the ~** [driver] prendre la route OR le volant; [tramp] partir sur les routes; **to be on the ~** [pop star, troupe] être en tournée; **we've been on the ~ since 6 o'clock this morning** nous roulons depuis 6 h ce matin; **his car shouldn't be on the ~** sa voiture devrait être retirée de la circulation; **someone of his age shouldn't be on the ~** une personne de son âge ne devrait pas prendre le volant; **the price on the ~ excludes numberplates and delivery** *Br* le prix clés en mains ne comprend pas les frais de livraison et d'immatriculation; **my car is off the ~ at the moment** ma voiture est en panne OR chez le garagiste ‖ [street] rue *f*; **a ~ of shops/of houses** une rue de magasins/de maisons, une artère commerçante/résidentielle; **he lives just down the ~** il habite un peu plus loin dans la même rue; **Mr. James from across the ~** M. James qui habite en face; **he lives across the ~ from us** il habite en face de chez nous ‖ [roadway] route *f*, chaussée *f*; **to stand in the middle of the ~** se tenir au milieu de la route OR de la chaussée ❑ **one for the ~** *inf* un petit coup avant de partir; **the ~ to hell is paved with good intentions** *prov* l'enfer est pavé de bonnes intentions *prov*; **'On the Road'** *Kerouac* 'Sur la route'. -**2.** *fig* [path] chemin *m*, voie *f*; **to be on the right ~** être sur la bonne voie; **to be on the ~ to success/recovery** être sur le chemin de la réussite/en voie de guérison; **he is on the ~ to an early death** il est (bien) parti pour mourir jeune; **you're in my ~!** *inf Br* [I can't pass] vous me bouchez le passage!; [I can't see] vous me bouchez la vue!; **get out of my ~!** *inf Br* poussez-vous!, dégagez! -**3.** *Am* [railway] chemin de fer *m*, voie *f* ferrée. -**4.** (*usu pl*) NAUT rade *f*. -**5.** [in mine] galerie *f*. -**6.** *inf Br dial phr*: **any ~ (up)** de toute façon; **it's too late any ~** de toute façon, c'est trop tard.
◇ *comp* [traffic, transport, bridge] routier; [accident] de la route; [conditions, construction, repairs] des routes.

roadbed ['rəʊdbed] *n* CONSTR empierrement *m*; RAIL ballast *m*.

roadblock ['rəʊdblɒk] *n* barrage *m* routier.

road book *n* guide *m* routier.

road-fund licence *n Br* vignette *f* (automobile).

road hog *inf n* chauffard *m*.

roadholding ['rəʊd,həʊldɪŋ] *n* tenue *f* de route.

roadhouse ['rəʊdhaʊs, *pl* -haʊzɪz] *n* relais *m* routier.

roadie *inf* ['rəʊdɪ] *n technicien qui accompagne les groupes de rock en tournée.*

roadman ['rəʊdmən] (*pl* **roadmen** [-mən]) *n* cantonnier *m*.

road manager *n* responsable *m* de tournée *(d'un chanteur ou d'un groupe pop)*.
roadmap ['rəʊdmæp] *n* carte *f* routière.
road metal *n* ballast *m*.
road racing *n* compétition *f* automobile *(sur route)*.
road roller *n* rouleau *m* compresseur.
roadrunner ['rəʊd,rʌnəʳ] *n* coucou *m* terrestre de Californie.
road safety *n* sécurité *f* routière.
road sense *n* [for driver] sens *m* de la conduite; [for pedestrian]: **children have to be taught ~** on doit apprendre aux enfants à faire attention à la circulation.
roadshow ['rəʊdʃəʊ] *n* [gen] tournée *f*; [radio show] *animation en direct proposée par une station de radio en tournée.*
roadside ['rəʊdsaɪd] ◇ *n* bord *m* de la route, bas-côté *m*; **we stopped the car by the ~** nous avons arrêté la voiture au bord OR sur le bord de la route.
◇ *adj* au bord de la route; **~ inn** auberge située au bord de la route.
road sign *n* panneau *m* de signalisation.
roadstead ['rəʊdsted] *n* rade *f*.
roadster ['rəʊdstəʳ] *n* **-1.** [car] roadster *m*. **-2.** [bicycle] bicyclette *f* (de tourisme).
roadsweeper ['rəʊd,swiːpəʳ] *n* [person] balayeur *m*, -euse *f*; [vehicle] balayeuse *f*.
road tax *n* *Br* taxe *f* sur les automobiles; **~ disc** vignette *f* (automobile).
road test *n* essai *m* sur route.
◆ **road-test** *vt* essayer sur route.
road-user *n* usager *m*, -ère *f* de la route.
roadway ['rəʊdweɪ] *n* chaussée *f*.
road works *npl* travaux *mpl* (d'entretien des routes).
roadworthiness ['rəʊd,wɜːðɪnɪs] *n* état *m* général *(d'un véhicule)*.
roadworthy ['rəʊd,wɜːðɪ] *adj* [vehicle] en état de rouler.
roam [rəʊm] ◇ *vt* **-1.** [travel - world] parcourir; [- streets] errer dans; **to ~ the seven seas** aller aux quatre coins du monde. **-2.** [hang about - streets] traîner dans.
◇ *vi* [wander] errer, voyager sans but; **he allowed his imagination/his thoughts to ~** *fig* il a laissé vagabonder son imagination/ses pensées.
◆ **roam about** *Br*, **roam around** *vi insep* **-1.** [travel] vagabonder, bourlinguer. **-2.** [aimlessly] errer, traîner.
roamer ['rəʊməʳ] *n* vagabond *m*, -e *f*.
roaming ['rəʊmɪŋ] ◇ *adj* vagabond, errant.
◇ *n* vagabondage *m*.
roan [rəʊn] ◇ *adj* rouan.
◇ *n* rouan *m*.
roar [rɔːʳ] ◇ *vi* [lion] rugir; [bull] beugler, mugir; [elephant] barrir; [person] hurler, crier; [crowd] hurler; [radio, music] beugler, hurler; [sea, wind] mugir; [storm, thunder] gronder; [fire] ronfler; [cannon] tonner; [car, motorcycle, engine] vrombir; **to ~ with anger** rugir OR hurler de colère; **to ~ with laughter** se tordre de rire; **to ~ with pain** hurler de douleur; **it made everyone ~ (with laughter)** ça a déclenché un tonnerre d'hilarité OR l'hilarité générale; **the car ~ed past** [noisily] la voiture est passée en vrombissant; [fast] la voiture est passée à toute allure; **the leading car ~ed into the pits** la voiture de tête est arrivée à toute allure à son stand; **he ~ed up to us on his motorbike** il est venu vers nous à toute allure en faisant vrombir sa moto.
◇ *vt* [feelings, order] hurler; **the sergeant ~ed (out) an order to the men** le sergent a hurlé un ordre aux hommes; **he ~ed something at me** il m'a hurlé quelque chose; **the crowd ~ed their delight** la foule hurlait de joie.
◇ *n* [of lion] rugissement *m*; [of bull] mugissement *m*, beuglement *m*; [of elephant] barrissement *m*; [of sea, wind] mugissement *m*; [of thunder, storm] grondement *m*; [of fire] ronflement *m*; [of cannons] grondement *m*; [of crowd] hurlements *mpl*; [of engine] vrombissement *m*; **~s of laughter** gros OR grands éclats de rire; **the ~ of the traffic outside my window is awful** le vacarme de la circulation sous ma fenêtre est épouvantable.
roaring ['rɔːrɪŋ] ◇ *adj* **-1.** [lion] rugissant; [bull] mugissant, beuglant; [elephant] qui barrit; [person, crowd] hurlant; [sea, wind] mugissant; [thunder, storm] qui gronde; [engine] vrombissant; **a ~ fire** une bonne flambée. **-2.** *fig* [excellent]: **a ~ success** un succès fou; **to do a ~ trade** *Br* faire des affaires en or; **they did a ~ trade in pancakes** ils ont vendu énormément de crêpes.
◇ *adv inf*: **~ drunk** ivre mort, complètement bourré.
Roaring Forties *npl* NAUT quarantièmes *mpl* rugissants.
Roaring Twenties *npl*: **the ~** les Années *fpl* folles.
roast [rəʊst] ◇ *vt* **-1.** [meat] rôtir; [peanuts, chestnuts] griller; [coffee] griller, torréfier; **I decided to ~ a chicken for dinner** j'ai décidé de faire un poulet rôti pour le dîner. **-2.** [minerals] calciner. **-3.** *fig* [by sun, fire] griller, rôtir; **I sat ~ing my toes by the fire** j'étais assis devant le feu pour me réchauffer les pieds.
◇ *vi* **-1.** [meat] rôtir. **-2.** *fig* [person] avoir très chaud; **we spent a week ~ing in the sun** nous avons passé une semaine à nous rôtir au soleil.
◇ *adj* rôti; **~ beef** rôti *m* de bœuf, rosbif *m*; **~ chicken** poulet *m* rôti; **~ veal/pork** rôti *m* de veau/de porc; **~ potatoes** pommes de terre *fpl* rôties au four.
◇ *n* **-1.** [joint of meat] rôti *m*; **the Sunday ~** le rôti du dimanche. **-2.** *Am* [barbecue] barbecue *m*; **to have a ~** faire un barbecue.
roaster ['rəʊstəʳ] *n* [bird] volaille *f* à rôtir.
roasting ['rəʊstɪŋ] ◇ *n* **-1.** [of meat] rôtissage *m*; [of coffee] torréfaction *f*; **~ spit** tournebroche *m*; **~ tin** plat *m* à rôtir. **-2.** *inf Br fig* [harsh criticism] savon *m*; **to give sb a ~** *inf* passer un savon à qqn.
◇ *adj inf* [weather] torride; **it was ~ in her office** il faisait une chaleur à crever dans son bureau; **I'm ~!** je crève de chaud!
rob [rɒb] (*pt* & *pp* **robbed**, *cont* **robbing**) *vt* **-1.** [person] voler; [bank] dévaliser; [house] cambrioler; **to ~ sb of sthg** voler OR dérober qqch à qqn; **I've been robbed!** au voleur!; **someone has robbed the till!** on a volé l'argent de la caisse! **-2.** *fig* [deprive] priver; **to ~ sb of sthg** priver qqn de qqch; **the immigrants were robbed of their rights** les immigrés ont été privés de leurs droits; **the team was robbed of its victory** l'équipe s'est vue ravir la victoire; **we were robbed!** [after match] on nous a volés!
❑ **to ~ Peter to pay Paul** déshabiller Pierre pour habiller Paul.
robber ['rɒbəʳ] *n* [of property] voleur *m*, -euse *f*.
robbery ['rɒbərɪ] (*pl* **robberies**) *n* **-1.** [of property] vol *m*; [of bank] hold-up *m*; [of house] cambriolage *m*; **~ with violence** vol *m* avec coups et blessures, vol *m* qualifié *spec*. **-2.** *inf* [overcharging] vol *m*; **it's just plain ~!** c'est de l'escroquerie OR du vol manifeste!
robe [rəʊb] ◇ *n* **-1.** [dressing gown] peignoir *m*, robe *f* de chambre. **-2.** [long garment - gen] robe *f*; [- for judge, academic] robe *f*, toge *f*.
◇ *vt* [dress - gen] habiller, vêtir; [- in robe] vêtir d'une robe; **~d in red** vêtu de rouge; **to ~ o.s.** se vêtir.
◇ *vi* [judge] revêtir sa robe.
Robert the Bruce [,rɒbətðə'bruːs] *pr n* Robert Bruce.
robin ['rɒbɪn] *n* **-1.** [European]: **~ (redbreast)** rouge-gorge *m*. **-2.** [American] merle *m* américain.
Robin Hood *pr n* Robin des Bois.
Robinson Crusoe ['rɒbɪnsən'kruːsəʊ] *pr n* Robinson Crusoé.
robot ['rəʊbɒt] ◇ *n* **-1.** *literal* & *fig* [automaton] robot *m*, automate *m*. **-2.** *SAfr* [traffic lights] feux *mpl* de circulation.
◇ *comp* [pilot, vehicle, system] automatique.
robot bomb *n* bombe *f* volante.
robot dancing *n* *danse des années 80 caractérisée par des mouvements saccadés.*
robotic [rəʊ'bɒtɪk] *adj* robotique.
robotics [rəʊ'bɒtɪks] *n (U)* robotique *f*.
robotize, -ise ['rəʊbətaɪz] *vt* robotiser.
robust [rəʊ'bʌst] *adj* [person] robuste, vigoureux, solide; [health] solide; [appetite] robuste, solide; [wine] robuste, corsé; [structure] solide; [economy, style, car] robuste; [response, defence] vigoureux, énergique.
robustly [rəʊ'bʌstlɪ] *adv* solidement, avec robustesse.
robustness [rəʊ'bʌstnɪs] *n* [of person] robustesse *f*, vigueur *f*; [of appetite] robustesse *f*, solidité *f*; [of furniture, health] solidité *f*; [of economy, style, car] robustesse *f*; [of response, defence] vigueur *f*.
roc [rɒk] *n* rock *m*.
rock [rɒk] ◇ *n* **-1.** [substance] roche *f*, roc *m*; **the lighthouse is built on ~** le phare est construit sur le roc. **-2.** [boulder] rocher *m*; **the boat struck the ~s** le bateau a été jeté sur les rochers
❑ **to see the ~s ahead** *fig* anticiper les difficultés futures; **to be on the ~s** *inf* [person] être dans la dèche; [firm] être en faillite; [enterprise, marriage] mal tourner, tourner à la catastrophe; **this time last year the firm seemed to be on the ~s** l'an dernier à cette époque, l'entreprise semblait être au bord de la faillite; **to go on the ~s** [firm] faire faillite; [enterprise, marriage] mal tourner; **on the ~s** [drink] avec des glaçons; **'Brighton Rock'** *Greene* 'le Rocher de Brighton'. **-3.** [music, dance] rock *m*. **-4.** [in place names] rocher *m*, roche *f*; **the Rock (of Gibraltar)** (le rocher de) Gibraltar. **-5.** *Am* [stone, pebble] pierre *f*. **-6.** *Br* [sweet] ≃ sucre *m* d'orge. **-7.** RELIG [stronghold] rocher *m*, roc *m*; **Rock of Ages** Jésus-Christ. **-8.** ▽ [diamond] diam *m*. **-9.** ▽ *(usu pl)* [testicle] couille *f*.
◇ *comp* [film] rock; [band, record] (de) rock; [radio station] de rock; **a ~ guitarist** un guitariste rock.
◇ *vt* **-1.** [swing to and fro - baby] bercer; [- chair] balancer; [- lever] basculer; [- boat] ballotter, tanguer; **to ~ a baby to sleep** bercer un bébé pour l'endormir; **he ~ed himself in the rocking chair** il se balançait dans le fauteuil à bascule; **the boat was ~ed by the waves** [gently] le bateau était bercé par les flots; [violently] le bateau était ballotté par les vagues
❑ **to ~ the boat** jouer les trouble-fête, semer le trouble; **now you've settled in, you must be careful not to ~ the boat** maintenant que tu es bien adapté, essaie de ne pas nous causer d'ennuis. **-2.** [shake] secouer, ébranler; **the village was ~ed by an explosion/an earthquake** le village fut ébranlé par une explosion/un tremblement de terre; **the stock market crash ~ed the financial world to its core** le krach boursier a ébranlé en profondeur le monde de la finance; **she was ~ed by the news** elle a été bouleversée par les nouvelles.
◇ *vi* **-1.** [sway] se balancer; **to ~ on a chair** se balancer sur une chaise. **-2.** [quake] trembler; **to ~ with laughter** se tordre de rire. **-3.** [jive] danser le rock.
rockabilly ['rɒkə,bɪlɪ] *n* rockabilly *m*.
rock and roll *n* rock *m* (and roll); **to do the ~** danser le rock.
rock bass *n* achigan *m* de roche.
rock bottom *n* *fig*: **to hit ~** [person] avoir le moral à zéro, toucher le fond; [firm, finances] atteindre le niveau le plus bas.
◆ **rock-bottom** *adj* [price] défiant toute concurrence, le plus bas.
rock bun, **rock cake** *n* rocher *m* *(gâteau)*.
rock candy *n* *Am* sucre *m* d'orge.
rock climber *n* varappeur *m*, -euse *f*.
rock climbing *n* escalade *f* (de rochers), varappe *f*; **to go ~** faire de l'escalade OR de la varappe.
rock crystal *n* cristal *m* de roche.
rock dash *n* *Am* [pebbledash] crépi *m*.
rocker ['rɒkəʳ] *n* **-1.** [of cradle, chair] bascule *f*; **to be off one's ~** *inf* être cinglé, débloquer.

-**2.** [rocking chair] fauteuil *m* à bascule. -**3.** *Br* [youth] rocker *m*; **the Rockers** *jeunes motards aux cheveux longs qui rivalisaient avec les «Mods» dans les années 60.*

rocker arm *n* culbuteur *m*.

rockery ['rɒkərɪ] (*pl* **rockeries**) *n* (jardin *m* de) rocaille *f*.

rocket ['rɒkɪt] ◇ *n* -**1.** AERON & ASTRONAUT fusée *f*; **to fire** OR **to send up a ~** lancer une fusée ❑ **to go off like a ~** partir comme une fusée; **to get a ~ (from sb)** *inf Br* se faire enguirlander (par qqn); **to give sb a ~** *inf Br* enguirlander qqn. -**2.** MIL [missile] roquette *f*; **to fire a ~** lancer une roquette. -**3.** [signal, flare] fusée *f*. -**4.** [firework] fusée *f*.
◇ *vt* -**1.** [missile, astronaut] lancer (dans l'espace); **the spacecraft was ~ed to the moon** le vaisseau spatial a été lancé en direction de la lune. -**2.** [record, singer] faire monter en flèche; **the record ~ed the group into the top 10** grâce à ce disque, le groupe est monté en flèche jusqu'au top 10.
◇ *vi* [price, sales] monter en flèche; **to ~ to fame** devenir célèbre du jour au lendemain; **the group ~ed up the charts** le groupe est monté dans le hit-parade comme une flèche; **the car ~ed down the road/round the track** la voiture a descendu la rue/fait le tour de la piste à une vitesse incroyable.
◇ *comp* [propulsion] par fusée; [engine] de fusée.

rocket bomb *n* roquette *f*.

rocket gun *n* fusil *m* lance-roquettes.

rocket launcher *n* AERON & ASTRONAUT lance-fusées *m inv*; MIL lance-roquettes *m inv*.

rocket range *n* base *f* de lancement de missiles.

rocketry ['rɒkɪtrɪ] *n* -**1.** [science] fuséologie *f*. -**2.** [rockets collectively] arsenal *m* de fusées.

rock face *n* paroi *f* rocheuse.

rockfall ['rɒkfɔːl] *n* chute *f* de pierres OR de rochers.

rockfish ['rɒkfɪʃ] (*pl inv* OR **rockfishes**) *n* gobie *m*, rascasse *f*.

rock garden *n* jardin *m* de rocaille.

rock-hard *adj* dur comme le roc.

Rockies ['rɒkɪz] *pl pr n*: **the ~** les Rocheuses *fpl*.

rocking ['rɒkɪŋ] *n* -**1.** [of chair, boat] balancement *m*; [of baby] bercement *m*; [of head - to rhythm] balancement *m*. -**2.** MECH oscillation *f*.

rocking chair *n* fauteuil *m* à bascule, rocking-chair *m*.

rocking horse *n* cheval *m* à bascule.

rock-like *adj* comme un OR le roc.

rock melon *n Am, Austr* & *NZ* cantaloup *m*.

rock music *n* rock *m*.

rock'n'roll = **rock and roll**.

rock oil *n* pétrole *m*.

rock plant *n* plante *f* de rocaille.

rock pool *n* mare *f* d'eau de mer dans les rochers.

rock salmon *n* roussette *f*.

rock salt *n* sel *m* gemme.

rocky ['rɒkɪ] (*compar* rockier, *superl* rockiest) *adj* -**1.** [seabed, mountain] rocheux; [path, track] rocailleux. -**2.** [unstable - situation] précaire, instable; [- government] peu stable.

Rocky Mountains *pl pr n*: **the ~** les montagnes *fpl* Rocheuses.

rococo [rə'kəʊkəʊ] ◇ *adj* rococo.
◇ *n* rococo *m*.

rod [rɒd] *n* -**1.** [stick, bar - of iron] barre *f*; [- of wood] baguette *f*; [- for curtains, carpet] tringle *f*; [- for fishing] canne *f*; [- for punishment] baguette *f*; [- flexible] verge *f*; SCH [pointer] baguette *f*; **to be beaten with a ~** recevoir des coups de baguette ❑ **~ and line** FISHING canne à pêche; **~ fishing** pêche *f* à la ligne; **~ of office** (symbole *m* de) pouvoir *m*; **to rule with a ~ of iron** gouverner d'une main OR poigne de fer; **to make a ~ for one's own back** donner des bâtons pour se faire battre. -**2.** [of uranium] barre *f*. -**3.** MECH [in engine] tige *f*; [mechanism]: **~s** tringlerie *f*, timonerie *f*. -**4.** [for surveying] mire *f*. -**5.** ANAT [in eye] bâtonnet *m*. -**6.** [linear or square measure] ≃ perche *f*. -**7.** ▽ *Am* [gun] flingue *m*. -**8.** ▽ [car] voiture *f* gonflée. -**9.** ▼ [penis] bite *f*.

rode [rəʊd] *pt* → **ride**.

rodent ['rəʊdənt] ◇ *adj* rongeur.
◇ *n* rongeur *m*.

rodent operative *n Br* ADMIN spécialiste *mf* de la dératisation.

rodeo ['rəʊdɪəʊ] (*pl* **rodeos**) *n* rodéo *m*.

Rodeo Drive *pr n luxueuse rue commerçante à Hollywood, aux États-Unis.*

roe [rəʊ] (*pl sense 2 inv* OR **roes**) *n* (*U*) -**1.** [eggs] œufs *mpl* de poisson; [sperm] laitance *f*; **cod ~** œufs de cabillaud. -**2.** ZOOL: **~ (deer)** chevreuil *m*.

roebuck ['rəʊbʌk] *n* chevreuil *m* mâle.

Roedean ['rəʊdiːn] *pr n*: **~ (School)** *célèbre école privée pour jeunes filles en Angleterre.*

roentgen ['rɒntjən] ◇ *n* röntgen *m*, rœntgen *m*.
◇ *adj*: **~ rays** rayons *mpl* X.

roentgenotherapy [,rɒntjənəʊ'θerəpɪ] *n* radiothérapie *f*.

rogation [rəʊ'geɪʃn] *n* (*usu pl*) rogations *fpl*.

Rogation Days *npl* rogations *fpl*.

Rogation Sunday *n* dimanche *m* des rogations.

roger ['rɒdʒə'] ◇ *interj* TELEC reçu et compris, d'accord; **~ and out** message reçu, terminé.
◇ *vt* ▽ *Br* baiser.

rogue [rəʊg] ◇ *n* -**1.** [scoundrel] escroc *m*, filou *m*; [mischievous child] polisson *m*, -onne *f*, coquin *m*, -e *f*. -**2.** [animal] solitaire *m*.
◇ *adj* -**1.** [animal] solitaire; **a ~ elephant** un éléphant solitaire. -**2.** *Am* [delinquent] dévoyé.

roguery ['rəʊgərɪ] (*pl* **rogueries**) *n* [dishonesty] malhonnêteté *f*; [evil] méchanceté *f*.

rogues' gallery *n* [in police files] photographies *fpl* de repris de justice; **they're a real ~!** ils ont des mines patibulaires!

roguish ['rəʊgɪʃ] *adj* [mischievous] espiègle, malicieux, coquin.

roister ['rɔɪstə'] *vi* faire la fête.

roisterer ['rɔɪstərə'] *n* noceur *m*, -euse *f*.

roisterous ['rɔɪstərəs] *adj* [behaviour] tapageur; [crowd] bruyant.

role, rôle [rəʊl] *n* rôle *m*; **to have** OR **to play the leading ~** jouer le rôle principal; **she had** OR **she played an important ~ in this project** elle a joué un rôle important dans ce projet ❑ **~ model** modèle *m*; **~ play** SCH & PSYCH jeu *m* de rôles; **~ playing** (*U*) jeux *mpl* de rôles.

roll [rəʊl] ◇ *vt* -**1.** [ball] (faire) rouler; [dice] jeter, lancer; [cigarette, umbrella] rouler; [coil] enrouler; **to ~ yarn into a ball** faire des pelotes de laine; **she ~ed the child in a blanket** elle a enroulé OR enveloppé l'enfant dans une couverture; **the hedgehog ~ed itself into a tight ball** le hérisson s'est mis en boule; **the dog ~ed itself in the mud** le chien s'est roulé dans la boue; **to ~ sthg in** OR **between one's fingers** rouler qqch entre ses doigts; **the boy ~ed the modelling clay into a long snake** le garçon roula la pâte à modeler pour en faire un long serpent; **he ~ed his sleeves above his elbows** il a roulé OR retroussé ses manches au-dessus du coude; **to ~ the presses** faire tourner les presses; **to ~ dice** jouer aux dés; **to ~ one's r's** rouler les r; **to ~ one's hips/shoulders** rouler les hanches/épaules; **to ~ one's eyes in fright** rouler les yeux de frayeur; **she's a company executive, wife and housekeeper all ~ed into one** *fig* elle cumule les rôles de cadre dans sa société, d'épouse et de ménagère; **to ~ one's own** *Br* [cigarettes] rouler ses cigarettes. -**2.** [flatten - grass] rouler; [- pastry, dough] étendre; [- gold, metal] laminer; [- road] cylindrer. -**3.** *inf Am* [rob] dévaliser.
◇ *vi* -**1.** [ball] rouler; **to ~ in the mud** [gen] se rouler dans la boue; [wallow] se vautrer dans la boue; **his eyes ~ed in horror** il roulait des yeux horrifiés; **the ball ~ed under the car/down the stairs** la balle roula sous la voiture/en bas de l'escalier; **the boulders ~ed down the mountainside** les rochers dévalaient la montagne; **the car ~ed down the hill/the slope** la voiture dévalait la colline/la pente; **the ball ~ed along the floor** la balle roulait sur le sol; **the parade ~ed slowly past the window** le défilé passait lentement devant la fenêtre; **the bus ~ed into the yard** le bus est entré dans la cour; **the car ~ed to a halt** la voiture s'est arrêtée lentement ‖ [sweat] dégouliner; [tears] rouler; **tears ~ed down her face** des larmes roulaient sur ses joues; **sweat ~ed off his back** la sueur lui dégoulinait dans le dos ❑ **to be ~ing in money** OR **~ing in it** *inf* rouler sur l'or, être plein aux as; **he had them ~ing in the aisles** il les faisait mourir de rire; **heads will ~** des têtes vont tomber. -**2.** [ship] avoir du roulis; [plane - with turbulence] avoir du roulis; [- in aerobatics] faire un tonneau OR des tonneaux; ASTRONAUT tourner sur soi-même. -**3.** [machine, camera] tourner; **to keep the cameras/the presses ~ing** laisser tourner les caméras/les presses; **the credits started to ~** [of film] le générique commença à défiler; **the wheels never stop ~ing** les roues ne s'arrêtent jamais de tourner ❑ **to get** OR **to start things ~ing** mettre les choses en marche; **to keep the ball** OR **the show ~ing** COMM faire tourner la boutique; THEAT faire en sorte que le spectacle continue; **let the good times ~** que la fête continue. -**4.** [drums] rouler; [thunder] gronder; [voice] retentir; [music] retentir, résonner; [organ] résonner, sonner.
◇ *n* -**1.** [of carpet, paper] rouleau *m*; [of banknotes] liasse *f*; [of tobacco] carotte *f*; [of butter] coquille *f*; [of fat, flesh] bourrelet *m*; [of film] rouleau *m*, bobine *f*; [of tools, equipment] trousse *f*. -**2.** (bread) **~** petit pain *m*. -**3.** [of ball] roulement *m*; [of dice] lancement *m*; [of car, ship] roulis *m*; [of plane - in turbulence] roulis *m*; [- in aerobatics] tonneau *m*; [of hips, shoulders] balancement *m*; [of sea] houle *f*; [somersault] galipette *f*; **to have a ~ in the hay** *inf* [make love] se rouler dans le foin. -**4.** [list - of members] liste *f*, tableau *m*; ADMIN & NAUT rôle *m*; SCH liste *f* des élèves; **to call the ~** faire l'appel; **to be on the ~** [of club] être membre; *Br* SCH faire partie des élèves; **falling ~s** baisse *f* d'effectifs; **nominal ~** liste nominative ❑ **~ of honour** MIL liste des combattants morts pour la patrie; SCH tableau *m* d'honneur. -**5.** [of drum] roulement *m*; [of thunder] grondement *m*; **I can hear the ~s of thunder/the far-off ~ of a drum** j'entends gronder le tonnerre/le roulement lointain d'un tambour.

◆ **roll about** *vi insep Br* rouler çà et là; **to ~ about on the floor/grass** se rouler par terre/dans l'herbe; **to ~ about with laughter** *fig* se tordre de rire, se tenir les côtes.

◆ **roll along** ◇ *vi insep* -**1.** [river] couler; [car] rouler; **the car was ~ing along at 140 km/h** la voiture roulait à 140. -**2.** *fig* [project] avancer. -**3.** *inf* [go] passer, se pointer, s'amener; **let's ~ along to Jake's place** si on se pointait chez Jake?, si on débarquait chez Jake?
◇ *vt sep* [hoop, ball] faire rouler; [car, wheelbarrow] pousser.

◆ **roll around** = **roll about**.

◆ **roll away** ◇ *vi insep* [car, clouds] s'éloigner; [terrain] s'étendre; **the hills ~ed away into the distance** les collines disparaissaient au loin; **the ball ~ed away into the street** la balle a roulé jusque dans la rue; **suddenly all my troubles simply ~ed away** *fig* subitement tous mes ennuis s'éloignèrent.
◇ *vt sep* [take away] emmener; [put away] ranger.

◆ **roll back** ◇ *vt sep* -**1.** [push back - carpet] rouler, enrouler; [- blankets] replier; [- enemy, difficulties] faire reculer; **the doctor ~ed the wheelchair back against the wall** le médecin recula la chaise roulante contre le mur. -**2.** [bring back] ramener. -**3.** [prices] casser. -**4.** [time] faire reculer; **it would be nice to ~ back the years**

ce serait bien de revenir des années en arrière.
◇ *vi insep* [waves] se retirer; [memories, time] revenir.

◆ **roll by** *vi insep* -**1.** [time] s'écouler, passer. -**2.** [car] passer.

◆ **roll down** ◇ *vi insep* rouler en bas, descendre en roulant; [tears, sweat] couler.
◇ *vt sep* [blind] baisser; [sleeves] redescendre; [blanket] replier; [hoop, ball] faire rouler.

◆ **roll in** ◇ *vi insep* -**1.** [arrive] arriver; [come back] rentrer; they finally ~ed in at 3 o'clock in the morning ils sont finalement rentrés à 3 h du matin. -**2.** [car] entrer; [waves] déferler. -**3.** *inf* [money] rentrer; [crowds] affluer.
◇ *vt sep* [bring in] faire entrer; [barrel, car] faire entrer en roulant.

◆ **roll off** ◇ *vi insep* [fall] tomber en roulant; [on floor] rouler par terre; the top ~ed off into the bath le bouchon a roulé dans la baignoire.
◇ *vt sep* [print] imprimer.
◇ *vt insep* TYPO: to ~ off the presses sortir des presses.

◆ **roll on** ◇ *vi insep* -**1.** [ball] continuer à rouler. -**2.** [time] s'écouler. -**3.** *phr Br*: ~ on Christmas! vivement (qu'on soit à) Noël!; ~ on the day when I'm my own boss! vivement que je sois mon propre patron!
◇ *vt sep* -**1.** [paint] appliquer au rouleau; [deodorant] appliquer. -**2.** [stockings] enfiler.

◆ **roll out** ◇ *vi insep* sortir; to ~ out of bed [person] sortir du lit; the ball ~ed out from under the sofa la balle est sortie de sous le canapé.
◇ *vt sep* -**1.** [ball] rouler (dehors); [car, barrel] rouler OR pousser dehors; [map] dérouler; [pastry] étendre (au rouleau); we ~ed the lawn mower out into the garden nous avons sorti la tondeuse dans le jardin ❑ to ~ out the red carpet dérouler le tapis rouge. -**2.** [produce - goods, speech] débiter.

◆ **roll over** ◇ *vi insep* [person, animal] se retourner; [car] faire un tonneau; to ~ over and over [in bed] se retourner plusieurs fois; [car] faire une série de tonneaux.
◇ *vt sep* retourner.
◇ *vt insep* rouler sur; [subj: car] écraser.

◆ **roll past** ◇ *vt insep* passer devant.
◇ *vi insep* passer.

◆ **roll up** ◇ *vt sep* [map, carpet] rouler; [sleeves] retrousser; [trousers] remonter, retrousser; *Am* [window] remonter; to ~ sthg up in a blanket enrouler OR envelopper qqch dans une couverture.
◇ *vi insep* -**1.** [carpet] se rouler; the map keeps ~ing up on its own impossible de faire tenir cette carte à plat; to ~ up into a ball se rouler en boule. -**2.** *inf* [arrive] se pointer, s'amener.
◇ *interj*: ~ up! ~ up! approchez!

rollaway ['rəʊləweɪ] *adj* à roulettes.

rollback ['rəʊlbæk] *n Am* réduction *f*, baisse *f*.

roll bar *n* arceau *m* de sécurité.

roll call *n* appel *m*; to take (the) ~ faire l'appel.

roll collar *n* col *m* roulé.

rolled [rəʊld] *adj* -**1.** [paper] en rouleau; [carpet] roulé. -**2.** [iron] laminé. -**3.** [tobacco] en carotte; ~ oats flocons *mpl* d'avoine.

rolled gold *n* plaqué *m* or; a ~ bracelet un bracelet en plaqué or.

rolled-up *adj* roulé, enroulé.

roller ['rəʊlə^r] *n* -**1.** [cylinder - for paint, pastry, garden, hair] rouleau *m*; [- for blind] enrouleur *m*; [- of typewriter] rouleau *m*, cylindre *m*; TEX calandre *f*; METALL laminoir *m*; she had her hair in ~s elle s'était mis des bigoudis. -**2.** [wheel - for marking, furniture] roulette *f*; [- in machine] galet *m*; the piano is on ~s le piano est sur roulettes. -**3.** [of sea] rouleau *m*.

roller bearing *n* roulement *m* à rouleaux.

roller blades *npl* patins *mpl* en ligne.

roller blind *n* store *m* à enrouleur.

roller coaster *n* montagnes *fpl* russes, grand huit *m*.

roller skate *n* patin *m* à roulettes.
◆ **roller-skate** *vi* faire du patin à roulettes.

roller-skater *n* patineur *m*, -euse *f (à roulettes)*.

roller-skating *n* patinage *m* à roulettes.

roller towel *n* essuie-mains *m (monté sur un rouleau)*.

roll film *n* pellicule *f* en bobine.

rollick *inf* ['rɒlɪk] ◇ *vi* [romp] s'ébattre; [celebrate] faire la noce.
◇ *n* ébats *mpl*.
◆ **rollick about** *vi insep Br* s'ébattre, faire le fou.

rollicking *inf* ['rɒlɪkɪŋ] ◇ *adj* [joyful] joyeux; [noisy] bruyant; to lead a ~ life mener une vie de patachon; we had a ~ (good) time on s'est amusés comme des fous.
◇ *n Br*: to get a ~ se faire enguirlander.

rolling ['rəʊlɪŋ] ◇ *adj* -**1.** [object] roulant, qui roule. -**2.** [countryside, hills] ondulant; to have a ~ gait rouler les hanches. -**3.** [sea] houleux; [boat] qui a du roulis. -**4.** [fog] enveloppant; [thunder] grondant. -**5.** [mobile - target] mobile, mouvant; a ~ plan for development un plan de développement constamment remis à jour. -**6.** [strikes] tournant.
◇ *n* -**1.** [of ball, marble] roulement *m*; [of dice] lancement *m*. -**2.** [of boat] roulis *m*. -**3.** [of drum] roulement *m*; [of thunder] grondement *m*. -**4.** [of shoulders] roulement *m*. -**5.** METALL laminage *m*.
◇ *adv inf Br*: to be ~ drunk être complètement soûl.

rolling mill *n* [factory] usine *f* de laminage; [equipment] laminoir *m*.

rolling pin *n* rouleau *m* à pâtisserie.

rolling stock *n* matériel *m* roulant.

rolling stone *n* [person] vadrouilleur *m*, -euse *f*; to be a ~ rouler sa bosse, avoir une âme de vagabond; a ~ gathers no moss *prov* pierre qui roule n'amasse pas mousse *prov*.

rollmop ['rəʊlmɒp] *n* rollmops *m*.

roll neck *n* col *m* roulé.
◆ **roll-neck** = **roll-necked**.

roll-necked *adj* à col roulé.

roll-on ◇ *n* -**1.** [deodorant] déodorant *m* à bille. -**2.** [corset] gaine *f*, corset *m*.
◇ *adj*: ~ deodorant déodorant *m* à bille; ~ lip-gloss brillant *m* à lèvres.

roll-on/roll-off ◇ *n* [ship] (navire *m*) transbordeur *m*, ferry-boat *m*; [system] roll on-roll off *m inv*, manutention *f* par roulage.
◇ *adj* [ferry] transbordeur, ro-ro *(inv)*.

rolltop ['rəʊltɒp] *n*: ~ (desk) bureau *m* à cylindre.

roll-up ◇ *adj* [map] qui s'enroule.
◇ *n inf Br* cigarette *f* roulée; she smokes ~s elle roule elle-même ses cigarettes.

roll-your-own *inf* = **roll-up** *n*.

roly-poly [ˌrəʊlɪ'pəʊlɪ] (*pl* roly-polies) ◇ *adj inf* grassouillet, rondelet.
◇ *n* -**1.** *inf* [plump person]: she's a real ~ elle est vraiment grassouillette. -**2.** CULIN: ~ (pudding) gâteau *m* roulé à la confiture.

ROM [rɒm] (*abbr of* read only memory) *n* ROM *f*.

romaine [rəʊ'meɪn] *n Am*: ~ (lettuce) (laitue *f*) romaine *f*.

Roman ['rəʊmən] ◇ *n* Romain *m*, -e *f*; TYPO romain *m*; the Epistle of Paul to the ~s l'Épître de saint Paul aux Romains.
◇ *adj* -**1.** [gen & RELIG] romain; ~ Britain *période de domination romaine en Grande-Bretagne allant du Ier siècle av. J.C. au IVe siècle ap. J.C.*; ~ road voie *f* romaine. -**2.** [nose] aquilin.

Roman alphabet *n* alphabet *m* romain.

Roman calendar *n* calendrier *m* romain.

Roman candle *n* chandelle *f* romaine.

Roman Catholic ◇ *adj* catholique.
◇ *n* catholique *mf*.

Roman Catholicism *n* catholicisme *m*.

romance [rəʊ'mæns] ◇ *n* -**1.** [love affair] liaison *f* (amoureuse); to have a ~ with sb [affair] avoir une liaison avec qqn; [idyll] vivre un roman d'amour avec qqn; a holiday ~ un amour de vacances. -**2.** [love] amour *m* (romantique); everyone dreams of ~ tout le monde rêve d'un grand amour. -**3.** [romantic novel] roman *m* d'amour, roman *m* à l'eau de rose *pej*; [film] film *m* romantique, film *m* à l'eau de rose *pej*; historical ~ *roman d'amour situé à une époque ancienne*. -**4.** [attraction, charm] charme *m*, poésie *f*; [excitement] attrait *m*; after a while the ~ wore off après quelque temps, le charme s'estompa. -**5.** [fantasy] fantaisie *f*; [invention] invention *f*; most of what he says is just ~ il invente presque tout ce qu'il raconte. -**6.** LITERAT roman *m*. -**7.** MUS romance *f*.
◇ *comp*: ~ writer romancier *m*, -ère *f*, auteur *m* d'histoires romanesques.
◇ *vi* laisser vagabonder son imagination, fabuler; to ~ on OR about sthg fabuler OR broder sur qqch.
◆ **Romance** ◇ *n* LING roman *m*.
◇ *adj*: the Romance languages les langues *fpl* romanes.

romancer [rəʊ'mænsə^r] *n* -**1.** [writer] *auteur d'œuvres romanesques*. -**2.** [fantasizer] fabulateur *m*, -trice *f*.

Roman Empire *n*: the ~ l'Empire *m* romain.

Romanesque [ˌrəʊmə'nesk] ◇ *adj* roman ARCHIT.
◇ *n* roman *m* ARCHIT.

Romani ['rəʊmənɪ] = **Romany** *n*.

Romania [ruː'meɪnjə] *pr n* Roumanie *f*; in ~ en Roumanie.

Romanian [ruː'meɪnjən] ◇ *n* -**1.** [person] Roumain *m*, e *f*. -**2.** LING roumain *m*.
◇ *adj* roumain.

Romanic [rəʊ'mænɪk] ◇ *adj* romain, des Romains.
◇ *n* LING roman *m*.

romanize, -ise ['rəʊmənaɪz] *vt* romaniser.

Roman law *n* droit *m* romain.

Roman numeral *n* chiffre *m* romain.

Romans(c)h [rəʊ'mænʃ] ◇ *n* romanche *m*.
◇ *adj* romanche.

romantic [rəʊ'mæntɪk] ◇ *adj* -**1.** romantique; ~ love l'amour romantique; they had a ~ attachment ils ont eu une liaison amoureuse. -**2.** [unrealistic] romanesque; she still has some ~ ideas about life elle a encore des idées romanesques sur l'existence.
◇ *n* romantique *mf*; he's an incurable ~ c'est un éternel romantique.
◆ **Romantic** *adj* ART, LITERAT & MUS romantique; the French Romantic poets les poètes romantiques français.

romantically [rəʊ'mæntɪklɪ] *adv* de manière romantique, romantiquement *lit*; we're ~ involved nous avons une liaison amoureuse; a hotel set ~ by the side of a lake un hôtel situé dans un cadre romantique tout près d'un lac.

romanticism [rəʊ'mæntɪsɪzm] *n* romantisme *m*.
◆ **Romanticism** *n* ART, LITERAT & MUS romantisme *m*.

romanticist [rəʊ'mæntɪsɪst] *n* romantique *mf*.

romanticize, -ise [rəʊ'mæntɪsaɪz] *vt* [idea, event] idéaliser; they have a ~d view of life in Britain ils ont une vision très romantique de la vie en Grande-Bretagne.

Romany ['rəʊmənɪ] (*pl* Romanies) ◇ *n* -**1.** [person] Bohémien *m*, -enne *f*, Rom *mf*. **2.** LING rom *m*.
◇ *adj* bohémien, rom.

Rome [rəʊm] *pr n* Rome; when in ~, do as the Romans do *prov* quand tu seras à Rome, fais comme les Romains *prov*; ~ wasn't built in a day Rome ne s'est pas faite OR Paris ne s'est pas fait en un jour; all roads lead to ~ tous les chemins mènent à Rome.

Romeo ['rəʊmɪəʊ] ◇ *pr n* Roméo; '~ and Juliet' *Shakespeare, Berlioz* 'Roméo et Juliette'.
◇ *n*: he's a real ~ *fig* c'est un vrai Roméo.

Romish ['rəʊmɪʃ] *adj pej* papiste.

romp [rɒmp] ◇ *vi* s'ébattre (bruyamment); the children were ~ing gleefully in the garden les enfants s'ébattaient joyeusement dans le jardin; the favourite ~ed home ten lengths ahead le favori est arrivé avec dix bonnes longueurs d'avance.

◇ *n* -**1.** [frolic] ébats *mpl*, gambades *fpl*. -**2.** [film, play] farce *f*, comédie *f*. -**3.** *inf Br* [easy win]: it was a ~ c'était du gâteau.
◆ **romp through** *vt insep*: to ~ through one's work expédier son travail sans difficulté; she ~ed through the test elle a réussi le test haut la main.

rompers ['rɒmpəz] *npl*, **romper suit** *n* barboteuse *f*.

Romulus ['rɒmjʊləs] *pr n*: ~ and Remus Romulus et Rémus.

rondeau ['rɒndəʊ] (*pl* **rondeaux**) *n* rondeau *m*.

rondo ['rɒndəʊ] (*pl* **rondos**) *n* rondo *m*.

Roneo® ['rəʊnɪəʊ] ◇ *n* Ronéo® *f*.
◇ *vt* ronéotyper, ronéoter.

röntgen *etc* ['rɒntjən] = **roentgen**.

rood [ruːd] ◇ *n* -**1.** [cross] crucifix *m*, croix *f (qui surplombe le jubé)*; the Holy Rood la Sainte Croix. -**2.** *Br* [square measure] ≃ 1000 m^2.
◇ *comp* [arch, beam] du jubé.

rood screen *n* jubé *m*.

roof [ruːf] (*pl* **roofs** OR **rooves** [ruːvz])
◇ *n* -**1.** [of building] toit *m*; [of cave, tunnel] plafond *m*; [of branches, trees] voûte *f*; [of car] toit *m*, pavillon *m*; to live under the same ~ vivre sous le même toit; I won't have this sort of behaviour under my ~ je ne tolérerai pas ce genre de comportement sous mon toit OR chez moi; to be without a ~ over one's head être à la rue; the Celestial ~ *fig* la voûte céleste ❑ to go through OR to hit the ~ *inf* [person] piquer une crise, sortir de ses gonds; [prices] flamber. -**2.** [roof covering] toiture *f*. -**3.** ANAT: ~ of the mouth voûte *f* du palais.
◇ *vt* couvrir d'un toit; ~ed with corrugated iron avec un toit en tôle ondulée.
◆ **roof over** *vt sep* recouvrir.

-roofed [ruːft] *in cpds*: flat~ warehouses des entrepôts à toits plats OR en terrasse.

roof garden *n* jardin *m* sur le toit.

roofing ['ruːfɪŋ] *n* toiture *f*, couverture *f*; ~ materials matériaux *mpl* pour toitures.

roofing felt *n* carton *m* bitumé OR goudronné.

roofless ['ruːflɪs] *adj* sans toit, à ciel ouvert.

roof light *n* AUT plafonnier *m*; [window] lucarne *f*.

roof rack *n* galerie *f* AUT.

rooftop ['ruːftɒp] ◇ *n* toit *m*; a chase over the ~s une poursuite sur les toits; to shout OR to proclaim sthg from the ~s *fig* crier qqch sur les toits.
◇ *comp*: police marksmen have taken up ~ positions des tireurs d'élite ont pris position sur le toit.

rook [rʊk] ◇ *n* -**1.** [bird] freux *m*, corbeau *m*. -**2.** [in chess] tour *f*. -**3.** *dated* [swindler] escroc *m*, filou *m*.
◇ *vt inf* rouler, escroquer.

rookery ['rʊkərɪ] (*pl* **rookeries**) *n* [of rooks] colonie *f* de freux; a ~ of seals/penguins une colonie de phoques/manchots.

rookie *inf* ['rʊkɪ] *n Am* [recruit] bleu *m*.

room [ruːm, rʊm] ◇ *n* -**1.** [in building, public place] salle *f*; [in house] pièce *f*; [in hotel] chambre *f*; the house has ten ~s la maison comporte dix pièces; '~ to let OR to rent' 'chambre à louer'; his ~s are in Bayswater il habite à Bayswater ❑ dining/living ~ salle à manger/de séjour; sitting ~ salon *m*; ~ and board chambre avec pension; the smallest ~ *Br euph* [toilet] le petit coin; 'Room at the Top' *Braine* 'Une pièce en haut'; 'A Room of One's Own' *Woolf* 'Une chambre à soi'; 'A Room with a View' *Forster* 'Avec vue sur l'Arno'; *Ivory* 'Chambre avec vue'. -**2.** [space, place] place *f*; is there enough ~ for everybody? y a-t-il assez de place pour tout le monde?; there's plenty of ~ il y a beaucoup de place; it takes up too much ~ ça prend trop de place; to make ~ for sb faire une place OR de la place pour qqn; it's time to make ~ for young people with fresh ideas *fig* il est temps de laisser la place à des gens jeunes avec des idées neuves; ~ to OR for manoeuvre *literal* place pour manœuvrer; *fig* marge de manœuvre; the new legislation leaves little ~ for manoeuvre la nouvelle loi laisse une faible marge de manœuvre; there's ~ for improvement [make better] il y a des progrès à faire; [below standard] ça laisse à désirer; there's still ~ for discussion/hope on peut encore discuter/espérer; there's no ~ for doubt il n'y a plus aucun doute possible ❑ there's no ~ to swing a cat in here *Br* il n'y a pas la place de se retourner ici. -**3.** [people in room] salle *f*; the whole ~ protested toute la salle a protesté.
◇ *vi Am* loger; to ~ with sb [share flat] partager un appartement avec qqn; [in hotel] partager une chambre avec qqn.

-roomed [ruːmd] *in cpds*: a five~ flat un appartement de cinq pièces, un cinq-pièces.

roomer ['ruːməʳ] *n Am* pensionnaire *mf*.

roomette [ruːm'et] *n Am petit wagon-lit à une place*.

roomful ['ruːmfʊl] *n* pleine salle *f* OR pièce *f*; a ~ of furniture une pièce pleine de meubles; a ~ of people une salle pleine de monde.

roominess ['ruːmɪnɪs] *n* grandes dimensions *fpl*, dimensions *fpl* généreuses.

rooming house ['ruːmɪŋ-] *n Am* immeuble *m (avec chambres à louer)*.

roommate ['ruːmmeɪt] *n* [in boarding school, college] camarade *mf* de chambre; *Am* [in flat] *personne avec qui l'on partage un logement*.

room service *n* service *m* dans les chambres *(dans un hôtel)*.

room temperature *n* température *f* ambiante; this plant must be kept at ~ cette plante doit être placée dans une pièce chauffée; 'to be served at ~' [wine] 'servir chambré'.

roomy ['ruːmɪ] (*compar* **roomier**, *superl* **roomiest**) *adj* [house, office] spacieux; [suitcase, bag] grand; [coat] ample.

roorback ['rʊəbæk] *n Am* POL pamphlet *m* diffamatoire.

roost [ruːst] ◇ *n* perchoir *m*, juchoir *m*.
◇ *vi* [bird] se percher, (se) jucher; his misdeeds came home to ~ ses méfaits se sont retournés contre lui.

rooster ['ruːstəʳ] *n Am* coq *m*.

root [ruːt] ◇ *n* -**1.** BOT & *fig* racine *f*; to pull up a plant by its ~s déraciner une plante; to take ~ BOT & *fig* prendre racine; to put down ~s BOT & *fig* prendre racine, s'enraciner. -**2.** ANAT [of tooth, hair, nail, tongue] racine *f*. -**3.** [source] source *f*; [cause] cause *f*; [bottom] fond *m*; the ~ of all evil la source de tout mal; to get at OR to the ~ of the problem aller au fond du problème; poor housing is at the ~ of much delinquency la mauvaise qualité des logements est souvent à l'origine de la délinquance. -**4.** LING [in etymology] racine *f*; [baseform] radical *m*, base *f*. -**5.** MATH racine *f*; the cube ~ of 27 la racine cubique de 27. -**6.** MUS fondamentale *f*.
◇ *comp* [cause, problem] fondamental, de base.
◇ *vt* enraciner; he stood ~ed to the spot *fig* il est resté cloué sur place.
◇ *vi* -**1.** [plant] s'enraciner, prendre racine. -**2.** [pigs] fouiller *(avec le groin)*; to ~ for truffles chercher des truffes.
◆ **roots** *npl* [of person - origin] racines *fpl*, origines *fpl*; he has no real ~s il n'a pas de véritables racines; she is in search of her ~s elle est à la recherche de ses origines; their actual ~s are in Virginia en fait, ils sont originaires de Virginie.
◆ **root about** *Br*, **root around** *vi insep* [animal] fouiller *(avec le museau)*; [person] fouiller; to ~ about for sthg fouiller pour trouver qqch.
◆ **root for** *vt insep* [team] encourager, soutenir.
◆ **root out** *vt sep* -**1.** [from earth] déterrer; [from hiding place] dénicher. -**2.** [suppress] supprimer, extirper.
◆ **root through** *vt insep* [search through] fouiller.
◆ **root up** *vt sep* [plant] déraciner; [subj: pigs] déterrer.

root-and-branch *adj* [reform] complet.
◆ **root and branch** *adv*: corruption must be eliminated root and branch il faut éradiquer la corruption.

root beer *n boisson gazeuse à base d'extraits végétaux*.

root canal *n* canal *m* dentaire; ~ treatment traitement *m* canalaire.

root crop *n* racine *f* comestible.

rooted ['ruːtɪd] *adj* [prejudice, belief, habits] enraciné; deeply ~ superstitions des superstitions bien enracinées OR profondément ancrées.

rootle ['ruːtl] *vi Br* [pigs] fouiller *(avec le groin)*.

rootless ['ruːtlɪs] *adj* sans racine OR racines.

rootlet ['ruːtlɪt] *n* radicelle *f*.

root mean square *n* moyenne *f* quadratique.

rootstock ['ruːtstɒk] *n* rhizome *m*.

rope [rəʊp] ◇ *n* -**1.** [gen] corde *f*; [collectively] cordage *m*; [of steel, wire] filin *m*; [cable] câble *m*; [for bell, curtains] cordon *m*; a piece OR length of ~ un bout de corde, une corde ❑ to come to the end of one's ~ être au bout du rouleau; to give sb more ~ laisser à qqn une plus grande liberté d'action, lâcher la bride à qqn; she gave him plenty of ~ elle lui a donné une grande liberté d'action OR marge de manœuvre; give him enough ~ and he'll hang himself si on le laisse faire, il creusera sa propre tombe; 'Rope' *Hitchcock* 'la Corde'. -**2.** [in mountaineering] cordée *f*. -**3.** [of pearls] collier *m*; [of onions] chapelet *m*.
◇ *vt* -**1.** [package] attacher avec une corde, corder; the climbers were ~d together les alpinistes étaient encordés; he was ~d to a post il a été attaché à un poteau. -**2.** *Am* [cattle, horses] prendre au lasso.
◆ **ropes** *npl* -**1.** BOXING cordes *fpl*; to be on the ~s [boxer] être dans les cordes; *fig* être aux abois; to be up against the ~s être le dos au mur. -**2.** [know-how]: to know the ~s connaître les ficelles OR son affaire; to show OR to teach sb the ~s montrer les ficelles du métier à qqn; to learn the ~s se mettre au courant, apprendre à se débrouiller.
◆ **rope in** *vt sep* -**1.** [land] entourer de cordes, délimiter par des cordes. -**2.** [cattle] mettre dans un enclos. -**3.** *fig*: to ~ sb in to do sthg enrôler qqn pour faire qqch; he got himself ~d in as chairman il a été forcé d'accepter la présidence.
◆ **rope off** *vt sep* [part of hall, of church] délimiter par une corde; [street, building] interdire l'accès de.
◆ **rope up** ◇ *vi insep* s'encorder.
◇ *vt sep* -**1.** [parcel] attacher avec une corde, corder. -**2.** [climbers] encorder.

ropedancer ['rəʊp,dɑːnsəʳ] *n* funambule *mf*, danseur *m*, -euse *f* de corde.

rope ladder *n* échelle *f* de corde.

rope sandals *npl* espadrilles *fpl*.

rope trick *n tour de prestidigitation réalisé avec une cordelette*.

ropewalker ['rəʊp,wɔːkəʳ] *n* funambule *mf*.

rop(e)y ['rəʊpɪ] (*compar* **ropier**, *superl* **ropiest**) *adj Br* -**1.** *inf* [mediocre] médiocre, pas fameux; [ill] mal fichu. -**2.** [substance] visqueux.

ro-ro ['rəʊrəʊ] = **roll-on/roll-off**.

Rorschach test ['rɔːʃɑːk-] *n* test *m* de Rorschach.

rosary ['rəʊzərɪ] (*pl* **rosaries**) *n* -**1.** RELIG [beads] chapelet *m*, rosaire *m*; [prayers] rosaire *m*; to tell OR to say the ~ dire son rosaire. -**2.** [rose garden] roseraie *f*.

rose [rəʊz] ◇ *pt* → **rise**.
◇ *n* -**1.** BOT [flower] rose *f*; [bush] rosier *m*; life isn't just a bed of ~s, life isn't all ~s tout n'est pas rose dans la vie; her life isn't exactly a bed of ~s sa vie n'est pas vraiment rose; there's no ~ without a thorn il n'y a pas de roses sans épines, chaque médaille a son revers; to come up ~s [enterprise] marcher comme sur des roulettes; [person] réussir, avoir le vent en

poupe; **under the ~** *lit* en cachette, en confidence; **that'll put the ~s back into your cheeks** ça va te redonner des couleurs. -**2.** [rose shape - on hat, dress] rosette *f*; [- on ceiling] rosace *f*. -**3.** [colour] rose *m*. -**4.** [on hosepipe, watering can] pomme *f*.
◇ *adj* rose, de couleur rose.

rosé ['rəʊzeɪ] *n* (vin *m*) rosé *m*.

roseate ['rəʊzɪət] *adj lit* rose.

rosebay ['rəʊzbeɪ] *n* laurier-rose *m*.

rosebed ['rəʊzbed] *n* parterre *m* OR massif *m* de roses.

Rose Bowl [rəʊz-] *pr n*: **the ~** *match de football universitaire organisé le Jour de l'An à Pasadena, en Californie.*

rosebud ['rəʊzbʌd] *n* bouton *m* de rose.

rosebush ['rəʊzbʊʃ] *n* rosier *m*.

rose-coloured *adj* rose, rosé; **to see life through ~ spectacles** voir la vie en rose.

rose garden *n* roseraie *f*.

rose hip *n* gratte-cul *m*, cynorhodon *m spec*; **~ syrup** sirop *m* d'églantine.

rosemary ['rəʊzmərɪ] (*pl* **rosemaries**) *n* romarin *m*.

Rosenberg ['rəʊzənbɜːg] *pr n* Rosenberg; **the ~ case** l'affaire *f* Rosenberg.

THE ROSENBERG CASE:
Procès aboutissant à l'exécution, en 1953, des époux Rosenberg, scientifiques américains accusés d'avoir livré à l'URSS des informations sur la bombe atomique. Premiers civils à être condamnés à mort pour espionnage, leur exécution souleva des protestations dans le monde entier de la part de ceux qui y voyaient l'œuvre du maccarthysme.

---

roseola [rəʊ'ziːələ] *n* (U) roséole *f*.

rose quartz *n* quartz *m* rose.

rose-red *adj* vermeil.

rose-tinted *adj* teinté en rose.

rose tree *n* rosier *m*.

Rosetta [rə'zetə] *pr n* Rosette; **the ~ Stone** la pierre de Rosette.

rosette [rəʊ'zet] *n* -**1.** [made of ribbons] rosette *f*; SPORT cocarde *f*. -**2.** ARCHIT rosace *f*. -**3.** BOT rosette *f*.

rosewater ['rəʊz,wɔːtəʳ] *n* eau *f* de rose.

rose window *n* rosace *f*.

rosewood ['rəʊzwʊd] ◇ *n* bois *m* de rose.
◇ *comp* en bois de rose.

Rosicrucian [,rəʊzɪ'kruːʃn] ◇ *n* rosicrucien *m*, -enne *f*, rose-croix *m inv*.
◇ *adj* rosicrucien.

Rosicrucianism [,rəʊzɪ'kruːʃənɪzm] *n* philosophie *f* de l'ordre de la Rose-Croix.

rosin ['rɒzɪn] ◇ *n* colophane *f*, arcanson *m*.
◇ *vt* traiter à la colophane, enduire de colophane.

ROSPA ['rɒspə] (*abbr of* **Royal Society for the Prevention of Accidents**) *pr n* *association britannique pour la prévention des accidents.*

roster ['rɒstəʳ] ◇ *n* [list] liste *f*; [for duty] tableau *m* de service; **by ~** à tour de rôle; **promotion ~** tableau d'avancement.
◇ *vt* inscrire au tableau de service OR au planning; **I'm ~ed on Sunday** je suis de service dimanche.

rostrum ['rɒstrəm] (*pl* **rostrums** OR **rostra** [-trə]) -**1.** [platform - for speaker] estrade *f*, tribune *f*; [- for conductor] estrade *f*; SPORT podium *m*; **to take the ~** monter sur l'estrade OR à la tribune. -**2.** HIST & NAUT rostres *mpl*.

rosy ['rəʊzɪ] (*compar* **rosier**, *superl* **rosiest**) *adj* [in colour] rose, rosé; **to have ~ cheeks** avoir les joues roses || *fig* [future, situation] brillant, qui se présente bien; **to paint a ~ picture of a situation** peindre une situation en rose; **to have a ~ view of life** voir la vie en rose.

rot [rɒt] (*pt* & *pp* **rotted**, *cont* **rotting**) ◇ *vi* -**1.** [fruit, vegetable] pourrir, se gâter; [teeth] se carier. -**2.** *fig* [person] pourrir; **to ~ in prison** pourrir OR croupir en prison; **let them ~!** *inf* qu'ils crèvent!
◇ *vt* [vegetable, fibres] (faire) pourrir; [tooth] carier, gâter.
◇ *n* -**1.** [of fruit, vegetable] pourriture *f*; [of tooth] carie *f*. -**2.** *fig* [in society] pourriture *f*; **the ~ has set in** ça commence à se gâter; **to stop the ~** redresser la situation. -**3.** (U) [nonsense - spoken] bêtises *fpl*, sottises *fpl*; [- written] bêtises *fpl*; [- on TV] émission *f* idiote, émissions *fpl* idiotes; **don't talk ~!** ne dis pas de sottises!; **that's utter ~!** c'est vraiment n'importe quoi!
◆ **rot away** *vi insep* tomber en pourriture.

rota ['rəʊtə] *n* roulement *m*; [for duty] tableau *m* de service, planning *m*; **on a ~ basis** à tour de rôle, par roulement.
◆ **Rota** *n* RELIG rote *f*.

Rotarian [rəʊ'teərɪən] ◇ *adj* rotarien.
◇ *n* rotarien *m*.

rotary ['rəʊtərɪ] (*pl* **rotaries**) ◇ *adj* rotatif.
◇ *n Am* rond-point *m*.

Rotary Club *pr n* Rotary Club *m*; **~ member** rotarien *m*.

rotary cultivator *n* motoculteur *m*.

rotary engine *n* moteur *m* rotatif.

rotary press *n* rotative *f*.

rotary tiller *n Am* motoculteur *m*.

rotate [*vb* rəʊ'teɪt, *adj* 'rəʊteɪt] ◇ *vt* -**1.** [turn] faire tourner; [on pivot] faire pivoter. -**2.** AGR [crops] alterner. -**3.** [staff] faire un roulement de; [jobs] faire à tour de rôle OR par roulement.
◇ *vi* -**1.** [turn] tourner; [on pivot] pivoter. -**2.** [staff] changer de poste par roulement.
◇ *adj* BOT rotacé.

rotating [rəʊ'teɪtɪŋ] *adj* -**1.** *literal* tournant, rotatif; **~ body** corps *m* en rotation. -**2.** AGR: **~ crops** cultures *fpl* alternantes OR en rotation.

rotation [rəʊ'teɪʃn] *n* -**1.** [of machinery, planets] rotation *f*; **~s per minute** tours *mpl* par minute. -**2.** [of staff, jobs] roulement *m*; **in** OR **by ~** par roulement, à tour de rôle. -**3.** [of crops] rotation *f*.

rotator [rəʊ'teɪtəʳ] *n* -**1.** [spindle] axe *m* rotatif; [machine] appareil *m* rotateur; [propeller] hélice *f*. -**2.** ANAT rotateur *m*.

rotatory ['rəʊtətrɪ] *adj* rotatoire.

rotavate ['rəʊtəveɪt] = **rotovate**.

Rotavator® ['rəʊtəveɪtəʳ] = **Rotovator**.

rote [rəʊt] ◇ *n* routine *f*; **to learn sthg by ~** apprendre qqch par cœur.
◇ *adj*: **~ learning** apprentissage *m* par cœur.

rotgut▽ ['rɒtgʌt] *n* (U) [spirits] tord-boyaux *m inv*; [wine] piquette *f*.

rotisserie [rəʊ'tɪːsərɪ] *n* [spit] rôtissoire *f*.

rotogravure [,rəʊtəgrə'vjʊəʳ] *n* rotogravure *f*.

rotor ['rəʊtəʳ] *n* rotor *m*.

rotor arm *n* [of helicopter] rotor *m*; [of engine] rotor *m*, balai *m*.

rotor blade *n* pale *f* de rotor.

rotovate ['rəʊtəveɪt] *vt* labourer avec un motoculteur.

Rotovator® ['rəʊtəveɪtəʳ] *n Br* motoculteur *m*.

rotten ['rɒtn] *adj* -**1.** [fruit, egg, wood] pourri; [tooth] carié, gâté. -**2.** [corrupt] pourri, corrompu; **~ through and through** OR **to the core** complètement pourri, corrompu jusqu'à la moelle. -**3.** *inf* [person - unfriendly] rosse, peu aimable; **to be ~ to sb** être dur avec qqn; **what a ~ thing to say!** c'est moche de dire des choses pareilles!; **I feel ~ about what happened** je ne suis pas très fier de ce qui est arrivé; **what a ~ trick!** quel sale tour!; **you ~ so-and-so!** *inf* tu es vraiment dur! -**4.** *inf* [ill] mal en point; **I feel ~** je ne me sens pas du tout dans mon assiette; **you look ~** vous n'avez pas l'air en forme. -**5.** *inf* [bad] lamentable, nul; [weather] pourri; [performer] mauvais, nul; **he's a ~ goalkeeper** il est nul OR il ne vaut rien comme gardien de but; **what ~ luck!** quelle poisse!; **I always get the ~ jobs!** on me refile toujours les sales besognes!; **I've had a ~ time recently** j'ai traversé une sale période récemment || [in indignation] fichu; **keep your ~ (old) sweets!** tes bonbons pourris, tu peux te les garder!

rotten borough *n* HIST *circonscription électorale britannique dont les électeurs, bien que peu nombreux, pouvaient élire un député (avant 1832).*

rottenly ['rɒtnlɪ] *adv* abominablement; **to behave ~ to sb** se conduire d'une manière inqualifiable avec qqn.

rotter *inf* ['rɒtəʳ] *n Br dated* crapule *f*.

Rotterdam ['rɒtədæm] *pr n* Rotterdam.

rotting ['rɒtɪŋ] *adj* qui pourrit, pourri.

rotund [rəʊ'tʌnd] *adj* -**1.** [shape] rond, arrondi; [person] rondelet. -**2.** [style, speech] grandiloquent.

rotunda [rəʊ'tʌndə] *n* rotonde *f*.

rotundity [rəʊ'tʌndətɪ] *n* -**1.** [of person] embonpoint *m*. -**2.** [of style, speech] grandiloquence *f*.

rouble ['ruːbl] *n* rouble *m*.

roué ['ruːeɪ] *n arch* OR *hum* roué *m*, débauché *m*.

rouge [ruːʒ] ◇ *n* rouge *m* (à joues).
◇ *vt*: **she had ~d cheeks** elle s'était mis du rouge aux joues.

rough [rʌf] ◇ *adj* -**1.** [uneven - surface, skin, hands] rugueux, rêche; [- road] accidenté, rocailleux; [- coast] accidenté; [- cloth] rêche; [- edge] rugueux; **~ linen** gros lin *m*; **~ ground** [bumpy] terrain *m* rocailleux OR raboteux; [waste] terrain *m* vague. -**2.** [violent, coarse - behaviour] brutal; [- manners] rude, fruste; [- neighbourhood] dur, mal fréquenté; **they came in for some ~ treatment** ils ont été malmenés; **the parcels got some ~ handling** les paquets ont été traités sans ménagement OR malmenés; **they're ~ kids** ce sont des petites brutes OR des petits voyous; **he's a ~ customer** c'est un dur; **~ play** SPORT jeu *m* brutal; **rugby can be a ~ game** le rugby peut être un jeu brutal; **you see some ~ behaviour at football matches** *inf* on voit des violences OR des brutalités aux matches de foot; **they were ~ with** OR **on the new recruits** ils n'ont pas été tendres avec les nouvelles recrues ❑ **he has a ~ tongue** il ne mâche pas ses mots; **to give sb the ~ edge of one's tongue** réprimander qqn, ne pas ménager ses reproches à qqn. -**3.** [unpleasant, harsh] rude, dur; **to have a ~ life** avoir une vie dure; **she's had a ~ time of it** elle en a vu des dures OR de toutes les couleurs; **they gave him a ~ time** OR **ride** ils lui ont mené la vie dure; **we got a ~ deal** on n'a pas eu de veine; **to make things ~ for sb** mener la vie dure à qqn; **he was ~ on us** il n'a pas été tendre avec nous; **it's ~ on her** [unlucky] c'est dur pour elle; [unjust] c'est injuste pour elle; **~ luck!** pas de veine!; **~ justice** justice *f* sommaire. -**4.** [not finalized]: **~ draft** OR **work** brouillon *m*; **~ sketch** croquis *m*, ébauche *f*; **just give me a ~ sketch** OR **outline of your plans** donnez-moi juste un aperçu de vos projets; **~ paper** papier *m* brouillon || [approximate] approximatif; **at a ~ guess** grosso modo, approximativement; **I only need a ~ estimate** je n'ai pas besoin d'une réponse précise; **to have a ~ idea of sthg** avoir une idée approximative de qqch; **it gives you a ~ guide** cela vous donne une indication approximative || [crude - equipment] grossier, rudimentaire; **they built a ~ canoe from a log** ils ont construit un canoë de fortune avec un tronc d'arbre. -**5.** [sea] agité, houleux; [climate] rude; **we had a ~ crossing** on a eu une traversée agitée; **~ weather** gros temps *m*; **~ passage** *literal* traversée *f* difficile; **the bill had a ~ passage through the House** *fig* le projet de loi a eu des difficultés à passer à la Chambre. -**6.** [sound, voice] rauque; [tone] brusque; [speech, accent] rude, grossier. -**7.** [taste] âcre; **~ wine** gros vin *m*. -**8.** [ill] mal en point; **I'm feeling a bit ~** je ne suis pas dans mon assiette.
◇ *n* -**1.** [ground] terrain *m* rocailleux; GOLF rough *m*; **to take the ~ with the smooth** prendre les choses comme elles viennent. -**2.** [draft] brouillon *m*; **in ~** à l'état de brouillon OR d'ébauche; **he drafted the proposal in ~** il rédigea un brouillon de la proposition. -**3.** *inf* [hoodlum] dur *m*, voyou *m*.
◇ *adv* [play] brutalement; [speak] avec rudesse; **to treat sb ~** malmener qqn; **to live ~** vivre à

la dure; to sleep ~ *Br* coucher à la dure OR dans la rue.
◇ *vt phr*: to ~ it *inf Br* vivre à la dure.
◆ **rough out** *vt sep Br* [drawing, plan] ébaucher, esquisser.
◆ **rough up** *vt sep* -**1.** [hair] ébouriffer; [clothes] mettre en désordre. -**2.** *inf* [person] tabasser, passer à tabac.

roughage ['rʌfɪdʒ] *n (U)* fibres *fpl* (alimentaires).

rough-and-ready *adj* -**1.** [makeshift - equipment, apparatus] rudimentaire, de fortune; [careless - work] grossier, fait à la hâte; [- methods] grossier, expéditif. -**2.** [unrefined - person] sans façons, rustre; [- living conditions] dur.

rough-and-tumble ◇ *adj* [life - hectic] mouvementé; [- disorderly] désordonné.
◇ *n* [fight] bagarre *f*; [hurly-burly] tohu-bohu *m inv*; the ~ of politics le bouillonnement de la politique; I enjoyed the ~ of circus life la vie mouvementée du cirque me plaisait.

roughcast ['rʌfkɑːst] ◇ *adj* crépi.
◇ *n* crépi *m*.
◇ *vt* crépir.

rough diamond *n literal* diamant *m* brut; he's a ~ *Br fig* il est bourru mais il a un cœur d'or.

rough-dry (*pt* & *pp* **rough-dried**) ◇ *vt* sécher sans repasser OR repassage.
◇ *adj* séché sans repassage.

roughen ['rʌfn] ◇ *vt* [surface] rendre rugueux; [hands] rendre rugueux OR rêche.
◇ *vi* devenir rugueux.

rough-hewn *adj* taillé grossièrement; his ~ features *fig* son visage taillé à coups de serpe.

roughhouse *inf* ['rʌfhaʊs] *n* bagarre *f*.

roughly ['rʌflɪ] *adv* -**1.** [brutally] avec brutalité, brutalement; they treated us very ~ ils nous ont traités avec brutalité; he answered her very ~ il lui a répondu sur un ton très sec. -**2.** [sketchily - draw] grossièrement; [crudely - make] grossièrement, sans soin; the dress is ~ stitched la robe est grossièrement cousue. -**3.** [approximately] approximativement, à peu près; ~ 500 à peu près OR environ 500; it was ~ five o'clock il était environ 17 h; ~ speaking en gros, approximativement; she told me ~ how to get there elle m'a expliqué en gros comment y aller.

roughneck ['rʌfnek] *n* -**1.** *inf* [thug] voyou *m*, dur *m*. -**2.** [oil-rig worker] *ouvrier travaillant sur une plate-forme pétrolière.*

roughness ['rʌfnɪs] *n* -**1.** [of surface, hands] rugosité *f*; [of road, ground] inégalités *fpl*. -**2.** [of manner, behaviour] rudesse *f*; [of reply, speech] brusquerie *f*; [of person] rudesse *f*, brutalité *f*, [of living conditions] rudesse *f*, dureté *f*. -**3.** [of sea] agitation *f*.

roughrider ['rʌf,raɪdəʳ] *n* dresseur *m*, -euse *f* de chevaux.

roughshod ['rʌfʃɒd] ◇ *adj Br* [horse] ferré à glace.
◇ *adv Br phr*: to ride ~ over faire peu de cas de.

rough sleeper *n* [homeless person] SDF *mf*.

rough-spoken *adj* [vulgar] au langage grossier.

roulette [ruː'let] *n* roulette *f*.

Roumania *etc* [ruː'meɪnjə] = **Romania**.

round [raʊnd] ◇ *adj* -**1.** [circular] rond, circulaire; [spherical] rond, sphérique; to have a ~ face avoir la figure ronde; she looked up, her eyes ~ with surprise elle leva des yeux écarquillés de surprise; the earth is ~ la terre est ronde. -**2.** [in circumference]: the tree is 5 metres ~ l'arbre fait 5 mètres de circonférence. -**3.** [curved - belly, cheeks] rond; to have ~ shoulders avoir le dos rond OR voûté ❑ ~ arch arc *m* en plein cintre. -**4.** [figures] rond; 500, in ~ numbers 500 tout rond; a ~ dozen une douzaine tout rond. -**5.** *lit* [candid] net, franc; they gave a ~ denial ils ont nié tout net. -**6.** LING [vowel] arrondi.
◇ *prep* -**1.** [on all sides of] autour de; to sit ~ the fire/table s'asseoir autour du feu/de la table; the village is built ~ a green le village est construit autour d'un jardin public; they were all grouped ~ the teacher ils étaient tous rassemblés autour du professeur; the story centres ~ one particular family l'histoire est surtout centrée autour d'une famille. -**2.** [measuring the circumference of]: the pillar is three feet ~ the base la base du pilier fait trois pieds de circonférence. -**3.** [in the vicinity of, near] autour de; the countryside ~ Bath is lovely la campagne autour de Bath est très belle; they live somewhere ~ here ils habitent quelque part par ici. -**4.** [to the other side of]: the nearest garage is just ~ the corner le garage le plus proche est juste au coin de la rue; she disappeared ~ the back of the house elle a disparu derrière la maison; the orchard is ~ the back le verger est derrière; to go ~ the corner passer le coin, tourner au coin; there must be a way ~ the problem *fig* il doit y avoir un moyen de contourner ce problème. -**5.** [so as to cover]: he put a blanket ~ her legs il lui enveloppa les jambes d'une couverture. -**6.** [so as to encircle] autour de; he put his arm ~ her shoulders/waist il a passé son bras autour de ses épaules/de sa taille; she wears a scarf ~ her neck elle porte une écharpe autour du cou; the shark swam ~ the boat le requin faisait des cercles autour du bateau; Drake sailed ~ the world Drake a fait le tour du monde en bateau; the earth goes OR moves ~ the sun la terre tourne autour du soleil; they were dancing ~ a fire ils dansaient autour d'un feu. -**7.** [all over, everywhere in]: all ~ the world dans le monde entier, partout dans le monde; to travel ~ the world/country faire le tour du monde/du pays; she looked ~ the room elle a promené son regard autour de la pièce; to walk ~ the town faire le tour de la ville (à pied); we went for a stroll ~ the garden nous avons fait une balade dans le jardin; there's a rumour going ~ the school une rumeur circule dans l'école. -**8.** [approximately] environ, aux environs de; ~ 6 o'clock aux environs de OR vers les 6 h; ~ Christmas aux environs de Noël.
◇ *adv* -**1.** [on all sides] autour; there's a fence all ~ il y a une clôture tout autour; there are trees all the way ~ il y a des arbres tout autour ❑ taking things all ~ à tout prendre, tout compte fait. -**2.** [to other side]: you'll have to go ~, the door's locked il faudra faire le tour, la porte est fermée à clé; we drove ~ to the back nous avons fait le tour (par derrière). -**3.** [in a circle or cycle]: turn the wheel right ~ OR all the way ~ faites faire un tour complet à la roue; the shark swam ~ in circles le requin tournait en rond; all year ~ tout au long de OR toute l'année; summer will soon be OR come ~ again l'été reviendra vite. -**4.** [in the opposite direction]: turn ~ and look at me retournez-vous et regardez-moi; she looked ~ at us elle se retourna pour nous regarder; we'll have to turn the car ~ on va devoir faire demi-tour; try it the other way ~ essayez dans l'autre sens; is it the right way ~? est-ce qu'il est à l'endroit?; it's the wrong way ~ c'est dans le mauvais sens; no, it was the other way ~, HE invited ME non, c'est le contraire, c'est lui qui m'a invité. -**5.** [to various parts]: we spent the summer just travelling ~ on a passé l'été à voyager; can I have a look ~? je peux jeter un coup d'œil? -**6.** [from one person to another]: hand the sweets ~, hand ~ the sweets faites passer les bonbons; there's a rumour going ~ il y a une rumeur qui court; there wasn't enough to go ~ il n'y en avait pas assez pour tout le monde. -**7.** [to a particular place]: she came ~ to see me elle est passée me voir; let's invite some friends ~ et si on invitait des amis?; come ~ for supper some time viens dîner un soir; take these cakes ~ to her house apportez-lui ces gâteaux. -**8.** [to a different place, position]: she's always moving the furniture ~ elle passe son temps à changer les meubles de place; try shifting the aerial ~ a bit essaie de bouger un peu l'antenne. -**9.** [by indirect route]: we had to take the long way ~ on a dû faire le grand tour OR un grand détour; she went ~ by the stream elle fit un détour par le ruisseau.
◇ *n* -**1.** [circle] rond *m*, cercle *m*. -**2.** [slice - of ham, cheese, bread, toast] tranche *f*; [sandwich] sandwich *m*. -**3.** [one in a series - of discussions, negotiations] série *f*; [- of elections] tour *m*; [- of increases] série *f*, train *m*; the next ~ of arms talks will be held in Moscow les prochains pourparlers sur le désarmement auront lieu à Moscou; his life is one long ~ of parties il passe sa vie à faire la fête. -**4.** [delivery] ronde *f*; a paper/milk ~ une distribution de journaux/de lait; to do OR make the ~s circuler; she's doing OR making the ~s of literary agents elle fait le tour des agents littéraires; to go on one's ~s [paperboy, milkman] faire sa tournée; [doctor] faire ses visites ❑ to go the ~s circuler; there's a joke/rumour/virus going the ~s in the office il y a une blague/une rumeur/un virus qui circule au bureau; there are several theories going the ~s at the moment il y a plusieurs théories qui circulent en ce moment. -**5.** [routine]: the daily ~ le train-train quotidien, la routine quotidienne. -**6.** [in golf] partie *f*. -**7.** [in boxing, wrestling] round *m*, reprise *f*. -**8.** [in cards] partie *f*. -**9.** [in showjumping]: there were six clear ~s six chevaux avaient fait un sans-faute. -**10.** [stage of competition] tour *m*, manche *f*; she's through to the final ~ elle participera à la finale. -**11.** [of drinks] tournée *f*; it's my ~ c'est ma tournée; let's have another ~ prenons encore un verre. -**12.** [of cheering] salve *f*; a ~ of applause des applaudissements *mpl*; give her a ~ of applause on peut l'applaudir; they got a ~ of applause ils se sont fait applaudir. -**13.** [of ammunition] cartouche *f*; how many ~s have we got left? combien de cartouches nous reste-t-il? -**14.** [song] canon *m*. -**15.** THEAT: theatre in the ~ théâtre *m* en rond.
◇ *vt* -**1.** [lips, vowel] arrondir. -**2.** [corner] tourner; NAUT [cape] doubler, franchir.
◆ **round about** ◇ *prep phr* environ; we need ~ about 6,000 posters il nous faut environ 6 000 affiches; ~ about midnight vers minuit.
◇ *adv phr* alentour OR des alentours; the villages ~ about les villages alentour OR des alentours.
◆ **round and round** ◇ *adv phr*: to go ~ and ~ tourner; we drove ~ and ~ for hours on a tourné en rond pendant des heures; my head was spinning ~ and ~ j'avais la tête qui tournait.
◇ *prep phr*: we drove ~ and ~ the field on a fait plusieurs tours dans le champ; the helicopter flew ~ and ~ the lighthouse l'hélicoptère a tourné plusieurs fois autour du phare.
◆ **round down** *vt sep* arrondir au chiffre inférieur; their prices were ~ed down to the nearest £10 ils ont arrondi leurs prix aux 10 livres inférieures.
◆ **round off** *vt sep* -**1.** [finish, complete] terminer, clore; he ~ed off his meal with a glass of brandy il a terminé son repas par un verre de cognac. -**2.** [figures - round down] arrondir au chiffre inférieur; [- round up] arrondir au chiffre supérieur.
◆ **round on** *vt insep* attaquer, s'en prendre à.
◆ **round out** ◇ *vi insep* prendre des rondeurs.
◇ *vt sep* [complete] compléter; [deepen] approfondir.
◆ **round up** *vt sep* -**1.** [cattle, people] rassembler; [criminals] ramasser. -**2.** MATH [figures] arrondir au chiffre supérieur.

roundabout ['raʊndəbaʊt] ◇ *n Br* -**1.** [at fair] manège *m*. -**2.** AUT rond-point *m*.
◇ *adj* détourné, indirect; to take a ~ route prendre un chemin détourné; he has a ~ way of doing things il a une façon détournée de faire les choses; by ~ means par des moyens détournés.

round dance *n* ronde *f*.

rounded ['raʊndɪd] *adj* -**1.** [shape] arrondi; [cheeks] rond, rebondi; [vowel] arrondi. -**2.** [number] arrondi. -**3.** [style] harmonieux.

roundel ['raʊndl] *n* -**1.** LITERAT rondeau *m.* -**2.** AERON cocarde *f.* -**3.** [window] œil-de-bœuf *m*; [panel, medal] médaillon *m.*

roundelay ['raʊndɪleɪ] *n* [dance] ronde *f*; [song] rondeau *m.*

rounders ['raʊndəz] *n (U) Br sport proche du baseball.*

round-eyed *adj literal* aux yeux ronds; *fig* [surprised] avec des yeux ronds.

round-faced *adj* au visage rond.

Roundhead ['raʊndhed] *n Br* HIST: the **~s** les têtes rondes *(partisans du Parlement pendant la guerre civile anglaise, de 1642 à 1646).*

roundhouse ['raʊndhaʊs, *pl* -haʊzɪz] *n* rotonde *f.*

rounding ['raʊndɪŋ] *n* COMPUT & MATH arrondi *m*, arrondissage *m*; **~ error** erreur *f* d'arrondi.

roundish ['raʊndɪʃ] *adj* plutôt rond; **she has a ~ figure** elle est plutôt rondelette.

roundly ['raʊndlɪ] *adv fig* [severely] vivement, sévèrement; **the film was ~ attacked for its racist content** le film fut vivement critiqué pour son caractère raciste ‖ *Br* [plainly] carrément; **he told her ~ what he thought** il lui a dit carrément ce qu'il pensait.

roundness ['raʊndnɪs] *n* -**1.** [shape] rondeur *f.* -**2.** [frankness] franchise *f.* -**3.** [of sound, voice] richesse *f*, ampleur *f.*

round robin *n* -**1.** [letter] pétition *f (où les signatures sont disposées en rond).* -**2.** *Am* [contest] poule *f.*

round-shouldered *adj*: **to be ~** avoir le dos rond, être voûté.

roundsman ['raʊndzmən] (*pl* **roundsmen** [-mən]) *n Br* livreur *m.*

round table *n* table *f* ronde.

◆ **round-table** *adj*: **round-table discussions** OR **negotiations** table *f* ronde.

◆ **Round Table** *pr n*: **the Round Table** la Table ronde.

round-the-clock *adj* 24 heures sur 24; **a ~ vigil** une permanence nuit et jour.

round trip *n* (voyage *m*) aller et retour *m*; **I did the ~ in 6 hours** j'ai fait l'aller-retour en 6 heures.

round-trip ticket *n Am* (billet *m*) aller-retour *m.*

roundup ['raʊndʌp] *n* -**1.** [of cattle, people] rassemblement *m*; [of criminals] rafle *f.* -**2.** [of news, sports] résumé *m* de l'actualité.

roundworm ['raʊndwɜːm] *n* ascaride *m.*

rouse [raʊz] *vt* -**1.** [wake - person] réveiller; **the burglar ~d them (from their sleep)** le cambrioleur les a réveillés OR les a tirés de leur sommeil; **he was ~d from his thoughts by the doorbell** la sonnette l'a arraché à ses pensées; **she did everything to ~ him from his apathy** elle a tout fait pour le faire sortir de son apathie; **it's time you ~d yourself and did some work** il est temps de vous secouer et de vous mettre au travail. -**2.** [provoke - interest, passion] éveiller, exciter; [- hope] éveiller; [- suspicion] éveiller, susciter; [- admiration, anger, indignation] susciter, provoquer; **to ~ a crowd** exciter une foule; **to ~ sb to action** pousser OR inciter qqn à agir; **to ~ sb to anger, to ~ sb's anger** susciter la colère de qqn, mettre qqn en colère; **to be ~d to anger** se mettre en colère; **now she's ~d, sparks will fly** maintenant qu'elle s'est mise en colère, ça va barder. -**3.** HUNT [game] lever.

rousing ['raʊzɪŋ] *adj* [speech] vibrant, passionné; [march, music] entraînant; [applause] enthousiaste.

roust [raʊst] *vt*: **to ~ sb (out) from bed** faire sortir qqn du lit.

roustabout ['raʊstəbaʊt] *n Am* ouvrier *m*, manœuvre *m.*

rout [raʊt] ◇ *n* -**1.** MIL déroute *f*, débâcle *f*; **to put an enemy/army to ~** mettre un ennemi/une armée en déroute. -**2.** JUR attroupement *m* illégal.

◇ *vt* MIL mettre en déroute OR en fuite; *fig* [team, opponent] battre à plate couture, écraser.

◇ *vi* fouiller; **the pigs were ~ing in the soil for worms** les porcs fouillaient le sol pour y trouver des vers.

◆ **rout about** *vi insep* fouiller.

◆ **rout out** *vt sep* -**1.** [find] dénicher. -**2.** [remove, force out] déloger, expulser; **they ~ed us out of our hiding-place** ils nous ont délogés de notre cachette.

route [*Br* ruːt, *Am* raʊt] ◇ *n* -**1.** [way - gen] itinéraire *m*, route *f*; **what is the best ~ to Manchester?** quel est le meilleur itinéraire pour aller à Manchester?; **the climbers took the easy ~ up the south face** les alpinistes ont emprunté l'itinéraire OR la voie la plus facile, par la face sud; **a large crowd lined the ~** il y avait une foule nombreuse sur tout le parcours; **giving up one's studies is hardly the best ~ to success** *fig* le meilleur moyen de réussir ce n'est pas d'abandonner ses études; **sea/air ~** voie maritime/aérienne; **trade ~** route commerciale. -**2.** [for buses] trajet *m*, parcours *m*; **we need a map of the bus ~s** il nous faut un plan des lignes d'autobus; **are they on a bus ~?** sont-ils desservis par les autobus? -**3.** MED voie *f*; **by oral ~** par voie orale. -**4.** *Am* [for deliveries] tournée *f*; **he's got a paper ~** il livre des journaux à domicile. -**5.** *Am* [highway] ≃ route *f* (nationale), ≃ nationale *f*; **Route 66** ≃ la nationale 66.

◇ *vt* -**1.** [procession, motorist] fixer l'itinéraire de, diriger; [train, bus] fixer l'itinéraire de; **the police ~d the marchers via Post Street** la police a fait passer les manifestants par Post Street; **during the building work, the buses are ~d along the sidestreets** pendant les travaux, les bus passent par les petites rues. -**2.** [luggage, parcel] expédier, acheminer; **our bags have been ~d to Hong Kong** nos bagages ont été expédiés sur OR à Hongkong.

◆ **en route** *adv phr* en route; **we were en ~ for the park when it started to hail** nous nous dirigions vers le parc quand il a commencé à grêler; **we stopped en ~ for a meal** nous nous sommes arrêtés en route pour manger.

route map *n* [for roads] carte *f* routière; [for buses] plan *m* du réseau; [for trains] carte *f* du réseau.

route march *n* marche *f* d'entraînement.

router ['raʊtəʳ] *n* détoureuse *f.*

routine [ruː'tiːn] ◇ *n* -**1.** [habit] routine *f*, habitude *f*; **our Sunday morning walk has become a regular ~** notre promenade du dimanche matin est devenue une habitude. -**2.** *pej* routine *f*; **daily ~** la routine quotidienne, le train-train quotidien. -**3.** [formality] formalité *f*; **it's just ~** c'est une simple formalité. -**4.** [dance, play] numéro *m*, séquence *f*; **they taught us some new dance ~s** ils nous ont appris de nouveaux enchaînements de danse. -**5.** [insincere act]: **don't give me that old ~!** ne me ressors pas cette vieille rengaine!, mets un autre disque! -**6.** COMPUT sous-programme *m*, routine *f.*

◇ *adj* -**1.** [ordinary, regular - flight, visit] de routine; [- investigation] de routine, d'usage; **can I ask you some ~ questions?** puis-je vous poser quelques questions de routine?; **she comes in once a year for a ~ check-up** elle vient une fois par an pour un examen de routine. -**2.** [everyday] de routine. -**3.** [monotonous] routinier, monotone.

routinely [ruː'tiːnlɪ] *adv* systématiquement.

roux [ruː] (*pl inv* [ruːz]) *n* roux *m* CULIN.

rove [rəʊv] ◇ *vi* -**1.** [person] errer, vagabonder. -**2.** [eyes] errer; **her eyes ~d over the page/the crowd** son regard errait sur la page/parmi la foule.

◇ *vt* [country] parcourir, errer dans; [streets] errer dans.

rover ['rəʊvəʳ] *n* vagabond *m*, -e *f.*

◆ **Rover** *pr n nom typique donné aux chiens,* ≃ Médor.

roving ['rəʊvɪŋ] ◇ *adj* vagabond, nomade; **to lead a ~ life** mener une vie de nomade; **~ reporter** reporter *m*; **he has a ~ commission** il a toute liberté de manœuvre; **he has a ~ eye (for the girls)** *fig* il aime bien lorgner les filles.

◇ *n* vagabondage *m.*

row[1] [rəʊ] ◇ *n* -**1.** [of chairs, trees] rangée *f*; [of seeds, vegetables] rang *m*; [of people - next to one another] rangée *f*; [- behind one another] file *f*, queue *f*; [of cars] file *f*; [in knitting] rang *m*; **for the third time in a ~** pour la troisième fois de suite; **she put the boxes in a ~** elle aligna les boîtes; **they sat/stood in a ~** ils étaient assis/debout en rang. -**2.** [in cinema, hall] rang *m*; **in the third ~** au troisième rang. -**3.** RUGBY ligne *f*; **the front/second/back ~** la première/deuxième/troisième ligne (de mêlée). -**4.** *Br* [in street names] rue *f*; **56 Charrington Row** 56 rue Charrington. -**5.** COMPUT ligne *f.* -**6.** [in boat] promenade *f* (en bateau à rames); **to go for a ~** faire une promenade en canot à rames; **to have a ~ round the island** faire le tour de l'île à la rame; **it was a hard ~** il a fallu ramer dur.

◇ *vi* [in boat] ramer; **to ~ across a lake** traverser un lac à la rame ‖ SPORT faire de l'aviron; **the Cambridge team ~ed round the canal bend in the lead** l'équipe d'aviron de Cambridge arriva en tête au virage du canal.

◇ *vt* [boat] faire avancer à la rame OR à l'aviron; [passengers] transporter en canot; **Morgan ~ed the boat across the lake** Morgan traversa le lac à la rame; **Morgan ~ed the tourists across the lake** Morgan fit traverser le lac aux touristes dans un bateau à rames; **to ~ a race** faire une course d'aviron.

row[2] [raʊ] ◇ *n Br* -**1.** [quarrel] dispute *f*, querelle *f*; **to have a ~ with sb** se disputer avec qqn; **to get into a ~** se faire gronder; **a ~ broke out as a result of the new legislation** la nouvelle loi a fait beaucoup de raffut. -**2.** [din] tapage *m*, vacarme *m*; **to make a ~** faire du tapage OR du vacarme; **stop that ~!** arrêtez ce boucan!; **what's all the ~ about?** qu'est-ce que c'est que tout ce raffut? ❑ **shut your ~!** *inf* la ferme!

◇ *vi* se disputer; **to ~ with sb** se disputer avec qqn.

rowan ['raʊən, 'rəʊən] *n* [tree] sorbier *m*; [fruit] sorbe *f.*

rowboat ['rəʊbəʊt] *n Am* bateau *m* à rames.

rowdiness ['raʊdɪnɪs] *n* tapage *m*, chahut *m.*

rowdy ['raʊdɪ] (*compar* **rowdier**, *superl* **rowdiest**, *pl* **rowdies**) ◇ *adj* [person] chahuteur, bagarreur; [behaviour] chahuteur; **what a ~ bunch!** quelle bande de chahuteurs!

◇ *n* bagarreur *m*, voyou *m*; [at football matches] hooligan *m.*

rowdyism ['raʊdɪɪzm] *Br* = **rowdiness**.

rower ['rəʊəʳ] *n* rameur *m*, -euse *f.*

row house [rəʊ-] *n Am maison attenante aux maisons voisines.*

rowing ['rəʊɪŋ] *n* [gen] canotage *m*; SPORT aviron *m*; **to go ~** faire du canotage OR de l'aviron.

rowing boat *n Br* bateau *m* à rames.

rowing machine *n* rameur *m.*

rowlock ['rɒlək] *n* dame *f* de nage.

royal ['rɔɪəl] ◇ *adj* -**1.** *literal* [family, residence] royal; [horse, household, vehicle] royal, du roi, de la reine; **by ~ charter** par acte du souverain ❑ **~ assent** *signature royale qui officialise une loi*; **the Royal Enclosure** *la tribune royale à Ascot*; **the Royal Family** la famille royale; **the Royal Show** *le salon annuel de l'agriculture en Grande-Bretagne*; **the Royal Variety Show** *spectacle de variétés organisé à Londres en faveur de la Fédération des artistes de variétés.* -**2.** *fig* & *fml* [splendid] royal, princier; **they gave us a (right) ~ welcome** ils nous ont accueillis comme des rois; **we had a ~ time** nous nous sommes amusés comme des fous; **to be in ~ spirits** être d'excellente humeur. -**3.** *fig* [perfect]: **the ~ road to fame/success** la voie royale vers la renommée/la réussite. -**4.** [paper] (format) grand raisin; **~ octavo/quarto** in-huit *m*/in-quarto *m* raisin.

◇ *n inf membre de la famille royale*; **the Royals** la famille royale.

Royal Academy (of Arts) *pr n* Académie *f* royale britannique.
Royal Air Force *pr n* armée *f* de l'air britannique.
royal blue *n* bleu roi *m*.
◆ **royal-blue** *adj* bleu roi *(inv)*.
Royal Engineers *pl pr n* génie *m* militaire britannique.
royal flush *n* flush *m* royal.
Royal Highness *n*: Your ~ Votre Altesse Royale; His ~, the Prince of Wales Son Altesse Royale, le prince de Galles.
royal icing *n Br* CULIN *glaçage à base de sucre glace et de blancs d'œufs (utilisé pour les cakes).*
Royal Institution *pr n* Académie *f* des sciences britannique.
royalism ['rɔɪəlɪzm] *n* royalisme *m*.
royalist ['rɔɪəlɪst] ◇ *adj* royaliste.
◇ *n* royaliste *mf*.
royal jelly *n* gelée *f* royale.
royally ['rɔɪəlɪ] *adv literal & fig* royalement; [like a king] en roi; [like a queen] en reine.
Royal Mail *pr n*: the ~ *la Poste britannique.*
Royal Marines *pl pr n* Marines *mpl* (britanniques).
Royal Navy *pr n* marine *f* nationale britannique.
Royal Society *pr n* Académie *f* des sciences britannique.

THE ROYAL SOCIETY:
Société à vocation scientifique fondée par Charles II en 1660. Elle contribua à renforcer la crédibilité des hommes de science, qui jouirent également d'une plus grande liberté. En firent notamment partie Isaac Newton et Robert Boyle.

---

royalty ['rɔɪəltɪ] ◇ *comp*: ~ payments [for writer] (paiement *m* des) droits *mpl* d'auteur; [for patent] (paiement *m* des) royalties *fpl*.
◇ *n* -**1.** [royal family] famille *f* royale. -**2.** [rank] royauté *f*.
◆ **royalties** *npl* [for writer, musician] droits *mpl* d'auteur; [for patent] royalties *fpl*, redevance *f*.
Royal Ulster Constabulary *pr n*: the ~ *corps de police d'Irlande du Nord.*
rozzer▽ ['rɒzəʳ] *n Br dated* flic *m*, poulet *m*.
RP (*abbr of* received pronunciation) *n prononciation standard de l'anglais britannique.*
RPI (*abbr of* retail price index) *n Br* indice *m* des prix à la consommation.
rpm (*written abbr of* revolutions per minute) tr/min.
RR *Am written abbr of* railroad.
RSA (*abbr of* Royal Society of Arts) *pr n* société *f* royale des arts.
RSC (*abbr of* Royal Shakespeare Company) *pr n célèbre troupe de théâtre basée à Stratford-on-Avon et à Londres.*
RSFSR (*abbr of* Russian Soviet Federal Socialist Republic) *pr n* RSFSR *f*; in the ~ en RSFSR.
RSI (*abbr of* repetitive strain/stress injury) *n douleur dans le bras due à certains mouvements de tête que font les violonistes, les pianistes ou les opérateurs de saisie.*
RSJ (*abbr of* rolled-steel joist) *n* solive *f* en I.
RSM ◇ *n* (*abbr of* regimental sergeant major) ≃ adjudant-chef *m*.
◇ *pr n* (*abbr of* Royal Society of Music) ≃ Académie *f* de musique.
RSPB (*abbr of* Royal Society for the Protection of Birds) *pr n ligue britannique pour la protection des oiseaux.*
RSPCA (*abbr of* Royal Society for the Prevention of Cruelty to Animals) *pr n société britannique protectrice des animaux,* ≃ SPA *f*.
RST (*abbr of* Royal Shakespeare Theatre) *pr n célèbre théâtre à Stratford-upon-Avon.*
RSVP (*written abbr of* répondez s'il vous plaît) RSVP.
RTE (*abbr of* Radio Télefis Éireann) *pr n* office *m* de radio et de télévision irlandais.

Rt Hon *written abbr of* Right Honourable.
Rt Rev *written abbr of* Right Reverend.
RU (*abbr of* Rugby Union) ◇ *n* SPORT rugby *m* (à quinze).
◇ *pr n* [authority] fédération *f* de rugby.
rub [rʌb] (*pt & pp* rubbed, *cont* rubbing) ◇ *vt* -**1.** [gen] frotter; to ~ sthg with a pad/cloth frotter qqch avec un tampon/chiffon; she was rubbing her leg against the chair elle se frottait la jambe contre la chaise; these shoes ~ my heels ces chaussures me blessent aux talons; to ~ one's eyes se frotter les yeux; to ~ one's hands (in delight) se frotter les mains (de joie); we rubbed ourselves dry with a towel nous nous sommes séchés OR essuyés avec une serviette; ~ it clean with meths nettoyez-le en le frottant avec de l'alcool à brûler; ~ it better! [to child] frotte! ❑ to ~ shoulders with sb côtoyer OR coudoyer qqn; she really rubbed his nose in it elle a retourné le couteau dans la plaie. -**2.** [ointment, lotion]: ~ the ointment into the skin faire pénétrer la pommade; ~ your chest with the ointment frottez-vous la poitrine avec la pommade ❑ to ~ salt into the wound remuer le couteau dans la plaie. -**3.** [polish] astiquer, frotter.
◇ *vi* frotter; the cat rubbed against my leg le chat s'est frotté contre ma jambe; her leg rubbed against mine sa jambe a effleuré la mienne; my shoe is rubbing ma chaussure me fait mal.
◇ *n* -**1.** [rubbing] frottement *m*; [massage] friction *f*, massage *m*; give yourself a ~ with the towel frictionnez-vous avec la serviette; can you give my back a ~? pouvez-vous me frotter le dos?; give it a ~! [after injury] frotte! -**2.** [with rag, duster] coup *m* de chiffon; [with brush] coup *m* de brosse; [with teatowel] coup *m* de torchon; give the table/glasses a ~ passez un coup de chiffon sur la table/les verres; give your shoes a ~ [with cloth] donne un coup de chiffon à tes chaussures; [with brush] donne un coup de brosse à tes chaussures. -**3.** SPORT [unevenness] inégalité *f* (du terrain). -**4.** *Br phr*: there's the ~! voilà le nœud du problème!, c'est là que le bât blesse!; what's the ~? où est le problème?
◆ **rub along** *inf vi insep Br* -**1.** [manage] se débrouiller; she ~s along in tennis elle se débrouille au tennis; we don't have much money, but we ~ along on n'a pas beaucoup d'argent mais on se débrouille. -**2.** [get on - people] s'entendre; they ~ along (together) ils s'entendent tant bien que mal.
◆ **rub away** ◇ *vt sep* -**1.** [stain, writing] faire disparaître en frottant; the inscription has been rubbed away l'inscription a été effacée. -**2.** [wipe - tears, sweat] essuyer; she rubbed away the sweat with a towel elle s'épongea avec une serviette.
◇ *vi insep* disparaître en frottant; these stains won't ~ away on a beau frotter, ces taches ne partent pas.
◆ **rub down** *vt sep* -**1.** [horse] bouchonner; [dog] frotter *(pour sécher)*; to ~ o.s. down se sécher. -**2.** [clean - wall] frotter, nettoyer en frottant; [with sandpaper] frotter, poncer.
◆ **rub in** *vt sep* [lotion, oil] faire pénétrer (en frottant); ~ the butter into the mixture CULIN travailler la pâte (du bout des doigts) pour incorporer le beurre ❑ to ~ it in remuer le couteau dans la plaie, insister lourdement; there's no need to ~ it in inutile de remuer le couteau dans la plaie; he is always rubbing it in that he was right all along il ne manque jamais de rappeler qu'il avait raison depuis le début.
◆ **rub off** ◇ *vt sep* [erase - writing] effacer; [- mark, dirt] enlever en frottant.
◇ *vi insep* -**1.** [mark] s'en aller, partir; the red dye has rubbed off on my shirt/hands la teinture rouge a déteint sur ma chemise/m'a déteint sur les mains; the newspaper ink rubbed off on the cushions l'encre du journal a noirci les coussins. -**2.** *fig* [quality] déteindre; with a bit of luck, her common sense will ~ off on the twins avec un peu de chance, son bon sens déteindra sur les jumeaux.
◆ **rub on** *vt sep* [spread] étaler (en frottant); [apply] appliquer (en frottant).
◆ **rub out** ◇ *vt sep* -**1.** [erase - stain, writing] effacer. -**2.** ▽ *Am* [kill] liquider, descendre.
◇ *vi insep* [mark, stain] partir, s'en aller (en frottant).
◆ **rub together** *vt sep* frotter l'un contre l'autre; I rubbed my hands together to try to keep warm je me suis frotté les mains pour essayer de me réchauffer.
◆ **rub up** ◇ *vi insep* -**1.** [animal] se frotter; the cat rubbed up against my leg le chat s'est frotté contre ma jambe; to ~ up against sb *fig* côtoyer qqn, coudoyer qqn. -**2.** *inf Br* [revise]: to ~ up on sthg revoir qqch, réviser qqch.
◇ *vt sep* -**1.** [polish] frotter, astiquer. -**2.** *inf* [revise] potasser; it's time you rubbed up your Greek il est temps que tu potasses ton grec. -**3.** *phr*: to ~ sb up the wrong way prendre qqn à rebrousse-poil.
rubber ['rʌbəʳ] ◇ *adj* [ball, gloves, hose] en OR de caoutchouc; [bullet] en caoutchouc; ~ boots *Am* bottes *fpl* en caoutchouc; ~ dinghy canot *m* pneumatique; ~ ring bouée *f* (de natation).
◇ *n* -**1.** [material] caoutchouc *m*; to lay ~ ▽ *Am* démarrer en trombe OR sur les chapeaux de roue. -**2.** *Br* [eraser - for pencil] gomme *f*; (board) ~ tampon *m (pour essuyer le tableau).* -**3.** *inf Am* [condom] préservatif *m*, capote *f*. -**4.** [in bridge, whist] robre *m*, rob *m*; to play a ~ faire un robre.
◆ **rubbers** *npl Am* [boots] caoutchoucs *mpl*, bottes *fpl* en caoutchouc.
rubber band *n* élastique *m*.
rubber cement *n* dissolution *f* de caoutchouc.
rubber cheque *inf n fig* chèque *m* sans provision, chèque *m* en bois.
rubberize, -ise ['rʌbəraɪz] *vt* caoutchouter.
rubberneck *inf* ['rʌbənek] ◇ *n* -**1.** [onlooker] badaud *m*, -e *f*. -**2.** [tourist] touriste *mf*.
◇ *vi* faire le badaud.
rubber plant *n* caoutchouc *m*, ficus *m*.
rubber stamp *n* tampon *m* OR timbre *m* en caoutchouc.
◆ **rubber-stamp** *vt* -**1.** *literal* tamponner. -**2.** *fig* [decision] approuver sans discussion.
rubber tree *n* hévéa *m*.
rubbery ['rʌbərɪ] *adj* caoutchouteux.
rubbing ['rʌbɪŋ] *n* -**1.** [gen] frottement *m*. -**2.** ART décalque *m*; to take a ~ of an inscription décalquer une inscription *(en frottant)*.
rubbing alcohol *n* alcool *m* à 90 (degrés).
rubbish ['rʌbɪʃ] ◇ *n (U)* -**1.** [from household] ordures *fpl* (ménagères); [from garden] détritus *mpl*; [from factory] déchets *mpl*; [from building site] gravats *mpl*; ~ van *Br* camion *m* d'éboueurs. -**2.** *inf* [worthless goods] camelote *f*, pacotille *f*; this book is ~ ce livre ne vaut rien. -**3.** *inf* [nonsense] bêtises *fpl*, sottises *fpl*; don't talk ~! ne dis pas de bêtises!; ~! mon œil!, et puis quoi encore!; this film is absolute ~! ce film est complètement nul!
◇ *vt inf* débiner; he always ~es my ideas il faut toujours qu'il débine mes idées.
rubbish bin *n Br* poubelle *f*.
rubbish chute *n Br* [in building] vide-ordures *m inv*; [at building site] gaine *f* d'évacuation des gravats.
rubbish dump *n Br* décharge *f* (publique), dépotoir *m*.
rubbish heap *n Br* [household] tas *m* d'ordures; [garden] tas *m* de détritus; [public] décharge *f*, dépotoir *m*.
rubbishy *inf* ['rʌbɪʃɪ] *adj Br* [poor quality - goods] de pacotille; [stupid - idea, book] débile; what a ~ programme! quelle émission débile!
rubble ['rʌbl] *n (U)* -**1.** [ruins] décombres *mpl*; [debris] débris *mpl*; [stones] gravats *mpl*; the building was reduced to (a heap of) ~ l'immeuble n'était plus qu'un amas de décombres.

-**2.** [for roadmaking, building] blocage *m*, blocaille *f*.

rubblework ['rʌblwɜːk] *n* maçonnerie *f* en moellons bruts.

rubdown ['rʌbdaʊn] *n* friction *f*; **to give sb a ~** frictionner qqn; **to give a horse a ~** bouchonner un cheval.

rube *inf* [ruːb] *n Am* plouc *m*, péquenot *m*.

rubella [ruː'belə] *n (U)* MED rubéole *f*.

Rubicon ['ruːbɪkən] *pr n* Rubicon *m*; **to cross** OR **to pass the ~** franchir le Rubicon.

rubicund ['ruːbɪkənd] *adj* rubicond.

rubidium [ruː'bɪdɪəm] *n* rubidium *m*.

ruble ['ruːbl] = **rouble**.

rubric ['ruːbrɪk] *n* rubrique *f*.

ruby ['ruːbɪ] (*pl* **rubies**) ◇ *n* -**1.** [jewel] rubis *m*. -**2.** [colour] couleur *f* (de) rubis, couleur *f* vermeille.
◇ *adj* -**1.** [in colour] vermeil, rubis *(inv)*; **~ (red) lips** des lèvres vermeilles; **~ port** porto *m* rouge. -**2.** [made of rubies] de rubis. -**3.** [anniversary]: **~ wedding (anniversary)** noces *fpl* de vermeil.

RUC *pr n abbr of* **Royal Ulster Constabulary**.

ruche [ruːʃ] ◇ *vt* rucher.
◇ *n* ruché *m*.

ruck [rʌk] ◇ *n* -**1.** SPORT [in rugby] mêlée *f* ouverte; [in race] peloton *m*. -**2.** [fight] bagarre *f*; **there was a bit of a ~ last night** il y a eu de la bagarre hier soir. -**3.** [crease] faux pli *m*, godet *m*. -**4.** [masses]: **the (common) ~** les masses *fpl*, la foule.
◇ *vi* -**1.** SPORT former une mêlée ouverte; **the Welsh forwards ~ed well** les avants gallois étaient bons dans les mêlées ouvertes. -**2.** [crease] se froisser, se chiffonner.
◇ *vt* [crease] froisser, chiffonner.
◆ **ruck up** *vi insep* se froisser.

rucksack ['rʌksæk] *n* sac *m* à dos.

ruckus *inf* ['rʌkəs] *n Am* boucan *m*.

ructions *inf* ['rʌkʃnz] *npl* grabuge *m*; **there'll be ~ if they find out** il va y avoir du grabuge OR ça va barder s'ils l'apprennent.

rudd [rʌd] *n* rotengle *m*, gardon *m* rouge.

rudder ['rʌdəʳ] *n* [of boat, plane] gouvernail *m*.

rudderless ['rʌdəlɪs] *adj* [boat] sans gouvernail; *fig* à la dérive.

ruddiness ['rʌdɪnɪs] *n* teint *m* rouge.

ruddy ['rʌdɪ] (*compar* **ruddier**, *superl* **ruddiest**)
◇ *adj* -**1.** [red - gen] rougeâtre, rougeoyant; [- face] rougeaud, rubicond; **to have a ~ complexion** avoir le teint rouge, être rougeaud. -**2.** *inf Br dated* [as intensifier] fichu, sacré; **he's eaten the ~ lot!** il a tout mangé, ce sale goinfre!
◇ *adv inf Br dated* [as intensifier] sacrément, vachement; **he was ~ marvellous!** il a été super chouette!

rude [ruːd] *adj* -**1.** [ill-mannered] impoli, mal élevé; [stronger] grossier; [insolent] insolent; **to be ~ to sb** être impoli envers qqn; **it's ~ to talk with your mouth full** c'est mal élevé de parler la bouche pleine; **he was very ~ about my new hairstyle** il a fait des commentaires très désagréables sur ma nouvelle coiffure. -**2.** [indecent, obscene] indécent, obscène, grossier; **to make a ~ gesture** faire un geste obscène; **a ~ joke** une histoire grivoise OR scabreuse; **~ words** gros mots *mpl*. -**3.** [sudden] rude, violent, brutal; **a ~ shock** un choc brutal; **it was a ~ awakening for us** nous avons été rappelés brutalement à la réalité. -**4.** *lit* [rudimentary, rough - tool, hut] rudimentaire, grossier. -**5.** *lit* [primitive - tribesman, lifestyle] primitif, rude. -**6.** *lit* [vigorous] vigoureux; **to be in ~ health** être en pleine santé.

rudely ['ruːdlɪ] *adv* -**1.** [impolitely] impoliment, de façon mal élevée; [stronger] grossièrement; [insolently] insolemment. -**2.** [indecently, obscenely] indécemment, d'une manière obscène; **to gesture ~** faire un geste obscène. -**3.** [suddenly] violemment, brutalement. -**4.** [in a rudimentary way] grossièrement; **~ made tools** des outils rudimentaires.

rudeness ['ruːdnɪs] *n* -**1.** [impoliteness] impolitesse *f*; [stronger] grossièreté *f*; [insolence] insolence *f*. -**2.** [indecency, obscenity] indécence *f*, obscénité *f*. -**3.** [suddenness] violence *f*, brutalité *f*. -**4.** [rudimentary nature] caractère *m* rudimentaire; [primitive nature] caractère *m* primitif.

rudiment ['ruːdɪmənt] *n* ANAT rudiment *m*.
◆ **rudiments** *npl* [of a language, a skill] rudiments *mpl*, notions *fpl* élémentaires.

rudimentary [ˌruːdɪ'mentərɪ] *adj* [gen & ANAT] rudimentaire.

rue [ruː] ◇ *vt lit* OR *hum* regretter; **I lived to ~ my words** toute ma vie, j'ai regretté mes propos; **I ~ the day I met him** je maudis le jour où je l'ai rencontré.
◇ *n* BOT rue *f*.

rueful ['ruːfʊl] *adj* [sad] triste, chagrin *lit*.

ruefully ['ruːfʊlɪ] *adv* [sadly] tristement; [regretfully] avec regret.

ruff [rʌf] ◇ *n* -**1.** [collar] fraise *f*; ZOOL [on bird] collier *m*. -**2.** ORNITH [sandpiper] combattant *m*. -**3.** [in cards] action *f* de couper; **I was expecting a ~** je m'attendais à ce que la carte soit coupée.
◇ *vt* [in cards] couper.

ruffian ['rʌfjən] *n* voyou *m*; *hum* [naughty child] petit vaurien *m*.

ruffianly ['rʌfjənlɪ] *adj* [person] brutal; [appearance, behaviour] de voyou.

ruffle ['rʌfl] ◇ *vt* -**1.** [hair, fur, feathers] ébouriffer; [clothes] friper, froisser, chiffonner; **the wind ~d her hair** le vent ébouriffait ses cheveux; **the parrot ~d its feathers** le perroquet hérissa ses plumes. -**2.** [lake, sea, grass] agiter. -**3.** [upset - person] troubler, décontenancer.
◇ *n* -**1.** [frill - on dress] ruche *f*. -**2.** [ripple - on lake, sea] ride *f*.

ruffled ['rʌfld] *adj* -**1.** [flustered] décontenancé. -**2.** [rumpled - sheets] froissé; [- hair] ébouriffé. -**3.** [decorated with frill] ruché, plissé.

rug [rʌg] *n* -**1.** [for floor] carpette *f*, (petit) tapis *m*; **to pull the ~ from under sb's feet** couper l'herbe sous le pied à qqn; **to sweep sthg under the ~** *Am fig* enterrer qqch . -**2.** *Br* [blanket] couverture *f*; **tartan ~** plaid *m*.

rugby ['rʌgbɪ] ◇ *n*: **~ (football)** rugby *m*.
◇ *comp* [ball, match, team] de rugby; **~ player** joueur *m*, -euse *f* de rugby, rugbyman *m*.

rugby league *n* rugby *m* OR jeu *m* à treize.

rugby tackle *n* plaquage *m*.
◆ **rugby-tackle** *vt* plaquer; **the policeman rugby-tackled him** le policier l'a plaqué.

rugby union *n* rugby *m* à quinze.

rugged ['rʌgɪd] *adj* -**1.** [countryside, region] accidenté; [road, path - bumpy] cahoteux, défoncé; [- rocky] rocailleux; [coastline] échancré, découpé. -**2.** [face, features] rude; **he had ~ good looks** il était d'une beauté sauvage. -**3.** [unrefined - person, character, manners] rude, mal dégrossi; [- lifestyle] rude, fruste; [determined - resistance] acharné. -**4.** [healthy] vigoureux, robuste; [tough - clothing, equipment, vehicle] solide, robuste.

ruggedness ['rʌgɪdnɪs] *n (U)* -**1.** [of countryside, region] caractère *m* accidenté; [of road, path] inégalités *fpl*; [of coastline] échancrures *fpl*; **the ~ of the terrain** les inégalités du terrain. -**2.** [of face, features] irrégularité *f*. -**3.** [of person, manners, lifestyle] rudesse *f*. -**4.** [toughness - of clothing, equipment, vehicle] solidité *f*, robustesse *f*.

rugger *inf* ['rʌgəʳ] *n Br* rugby *m*.

ruin ['ruːɪn] ◇ *n* -**1.** *(usu pl)* [remains] ruine *f*; **the monastery is now a ~** le monastère n'est plus qu'une ruine; **the ~s of an old castle** les ruines d'un vieux château; **the economy/town is in ~s** l'économie/la ville est en ruine. -**2.** [destruction] ruine *f*; **this spelt the ~ of our hopes** c'était la fin de nos espoirs; **to fall into ~** tomber en ruine; **you will be my ~** OR **the ~ of me** tu me perdras. -**3.** [bankruptcy] ruine *f*; **the business was on the brink of (financial) ~** l'affaire était au bord de la ruine.
◇ *vt* -**1.** [destroy] ruiner, détruire, abîmer; [spoil] gâter, gâcher; **that's ~ed our chances** ça nous a fait perdre toutes nos chances; **you're ~ing your eyesight** tu es en train de t'abîmer la vue OR les yeux; **the rain ~ed our trip** la pluie a gâché notre voyage; **you've ~ed my best dress** tu as abîmé ma plus jolie robe. -**2.** [bankrupt] ruiner.

ruination [ruːɪ'neɪʃn] *n* ruine *f*, perte *f*; **you'll be the ~ of me!** tu me perdras!; **the ~ of the countryside** la destruction de la campagne.

ruined ['ruːɪnd] *adj* -**1.** [house, reputation, health] en ruine, ruiné; [clothes] abîmé. -**2.** [person - financially] ruiné.

ruinous ['ruːɪnəs] *adj* -**1.** [expensive] ruineux; **maintaining such a large house proved ~** l'entretien d'une aussi grande maison s'est avéré ruineux. -**2.** [disastrous] désastreux.

ruinously ['ruːɪnəslɪ] *adv* de façon ruineuse; **~ expensive** ruineux.

rule [ruːl] ◇ *n* -**1.** [law, tenet] règle *f*; [regulation] règlement *m*; **the ~s of chess/grammar** les règles du jeu d'échecs/de la grammaire; **to break the ~s** ne pas respecter les règles; **to play according to the ~s** OR **by the ~s (of the game)** jouer suivant les règles (du jeu); **the ~s and regulations** le règlement; **the club ~s are very strict on this point** le règlement du club est très strict sur ce point; **smoking is against the ~s, it's against the ~s to smoke** le règlement interdit de fumer; **that contravenes ~ 5b** c'est contraire à la règle 5b; **to stretch** OR **to bend the ~s (for sb)** faire une entorse au règlement (pour qqn) ❑ **~ of thumb** point *m* de repère. -**2.** [convention, guideline] règle *f*; **~s of conduct** règles de conduite; **the ~s for a happy marriage** comment réussir son mariage; **he makes it a ~ not to trust anyone** il a comme OR pour règle de ne faire confiance à personne. -**3.** [normal state of affairs] règle *f*; **tipping is the ~ here** les pourboires sont de règle ici; **it's often the case, but there's no hard and fast ~** c'est souvent le cas, mais il n'y a pas de règle absolue; **politeness seems to be the exception rather than the ~** on dirait que la politesse est l'exception plutôt que la règle; **long hair was the ~ in those days** tout le monde avait les cheveux longs à cette époque. -**4.** [government] gouvernement *m*, autorité *f*; [reign] règne *m*; **a return to majority/mob ~** un retour à la démocratie/à l'anarchie; **the territories under French ~** les territoires sous autorité française; **in the days of British ~** à l'époque de la domination britannique; **the ~ of law** (l'autorité de) la loi. -**5.** [for measuring] règle *f*; **folding ~** mètre *m* pliant; **metre ~** mètre *m*.
◇ *vt* -**1.** [govern - country] gouverner; **if I ~d the world** si j'étais maître du monde. -**2.** [dominate - person] dominer; [- emotion] maîtriser; **their lives are ~d by fear** leur vie est dominée par la peur; **don't be ~d by what he says** ce n'est pas à lui de vous dire ce que vous avez à faire ❑ **to ~ the roost** faire la loi. -**3.** [judge, decide] juger, décider; **the referee ~d the ball out** OR **that the ball was out** l'arbitre a déclaré OR jugé que la balle était hors jeu; **the strike was ~d illegal** la grève a été jugée illégale; **the court ~d that he should have custody of the children** c'est à lui que la cour a accordé la garde des enfants. -**4.** [draw - line, margin] tirer à la règle; [draw lines on - paper] régler.
◇ *vi* -**1.** [govern - monarch, dictator] régner; [- elected government] gouverner; **he ~d over a vast kingdom** il régna sur un vaste royaume; **Chelsea ~ OK!** *inf* vive l'équipe de Chelsea! -**2.** [prevail] régner; **chaos ~d** le désordre régnait; **the philosophy currently ruling in the party** la philosophie actuellement en vigueur au parti. -**3.** JUR [decide] statuer; **to ~ on a dispute** statuer sur un litige; **to ~ against/in favour of sb** décider OR prononcer contre/en faveur de qqn.
◆ **as a (general) rule** *adv phr* en règle générale.
◆ **rule off** *vt sep* tirer une ligne sous.
◆ **rule out** *vt sep* [possibility, suggestion, suspect] exclure, écarter; **we cannot ~ out that possibility** on ne saurait exclure cette éventualité; **she cannot be ~d out of the inquiry** elle n'a

pas encore été mise hors de cause; the injury ~s him out of Saturday's game sa blessure ne lui permettra pas de jouer samedi.

rulebook ['ru:lbʊk] *n* règlement *m*; the ~ le règlement, les règles *fpl*; to do sthg by the ~ faire qqch strictement selon les règles; to go by the ~ suivre scrupuleusement le règlement.

ruled [ru:ld] *adj* [paper, block] réglé.

ruler ['ru:ləʳ] *n* -**1.** [sovereign] souverain *m*, -e *f*; [president, prime minister etc] homme *m* d'État, dirigeant *m*. -**2.** [for measuring] règle *f*.

ruling ['ru:lɪŋ] ◇ *adj* -**1.** [governing - monarch] régnant; [- party] au pouvoir; [- class] dirigeant; football's ~ body les instances dirigeantes du football. -**2.** [dominant - feeling, passion, factor] dominant.
◇ *n* JUR [finding] décision *f*, jugement *m*.

rum [rʌm] (*compar* rummer, *superl* rummest)
◇ *n* [drink] rhum *m*.
◇ *comp* [ice cream, toddy] au rhum.
◇ *adj inf Br dated* [odd] bizarre; he's a ~ old chap c'est un drôle de bonhomme; I was feeling a bit ~ je n'étais pas dans mon assiette.

Rumania *etc* [ru:'meɪnjə] = **Romania**.

rumba ['rʌmbə] ◇ *n* rumba *f*.
◇ *vi* danser la rumba.

rum baba *n* baba *m* au rhum.

rumble ['rʌmbl] ◇ *n* -**1.** [of thunder, traffic, cannons] grondement *m*; [of conversation] murmure *m*, bourdonnement *m*; [in stomach] borborygme *m*, gargouillis *m*, gargouillement *m*. -**2.** *inf Am* [street fight] bagarre *f*, castagne *f* (*entre gangs*).
◇ *vi* -**1.** [thunder, traffic, cannons] gronder; [stomach] gargouiller; trucks were rumbling past all night toute la nuit, on entendait le grondement des camions. -**2.** *inf Am* [fight] se bagarrer.
◇ *vt* -**1.** *inf Br* [discover - plan] découvrir; [understand - person, trick] piger; I soon ~d their little game j'ai tout de suite pigé leur petit jeu. -**2.** [mutter - comment, remark] grommeler, bougonner.
◆ **rumble on** *vi insep* [person] palabrer; [conversation, debate] ne pas en finir; he ~d on about India for a good hour il a palabré sur l'Inde pendant une bonne heure; the dispute's been rumbling on for weeks now le conflit dure depuis des semaines.

rumble seat *n Am* strapontin *m*.

rumbling ['rʌmblɪŋ] *n* [of thunder, traffic, cannons] grondement *m*; [of stomach] borborygmes *mpl*, gargouillis *mpl*, gargouillements *mpl*.
◆ **rumblings** *npl* [of discontent] grondement *m*, grondements *mpl*; [omens] présages *mpl*; I've heard ~s to that effect j'ai entendu des bruits qui semblent le confirmer.

rumbustious *inf* [rʌm'bʌstʃəs] *adj Br* [boisterous] exubérant, tapageur, bruyant; [unruly] turbulent, indiscipliné.

rumen ['ru:men] (*pl* rumens OR rumina [-mɪnə]) *n* ZOOL panse *f* (*de ruminant*), rumen *m*.

ruminant ['ru:mɪnənt] ◇ *adj* -**1.** ZOOL ruminant. -**2.** *lit* = **ruminative**.
◇ *n* ZOOL ruminant *m*.

ruminate ['ru:mɪneɪt] ◇ *vi* -**1.** ZOOL ruminer. -**2.** *fml* [person] ruminer; I've been ruminating over OR about OR on your suggestion j'ai longuement réfléchi à votre proposition.
◇ *vt* -**1.** ZOOL ruminer. -**2.** *fml* [person] ruminer.

rumination [,ru:mɪ'neɪʃn] *n* rumination *f*.

ruminative ['ru:mɪnətɪv] *adj* [person] pensif, méditatif; [look, mood] pensif.

ruminatively ['ru:mɪnətɪvlɪ] *adv* pensivement.

rummage ['rʌmɪdʒ] ◇ *n* -**1.** [search]: to have a ~ through OR around in sthg fouiller (dans) qqch. -**2.** *Am* [jumble] bric-à-brac *m*.
◇ *vi* fouiller; he ~d in OR through his pockets il fouilla dans ses poches.
◆ **rummage about** *Br*, **rummage around** = **rummage** *vi*.
◆ **rummage out**, **rummage up** *vt sep* dénicher.

rummage sale *n Am* vente *f* de charité.

rummer ['rʌməʳ] *n* grand verre *m* à pied.

rummy ['rʌmɪ] (*pl* rummies, *compar* rummier, *superl* rummiest) ◇ *n* -**1.** [card game] rami *m*. -**2.** *inf Am* [drunk] alcolo *mf*, poivrot *m*, -e *f*.
◇ *adj* = **rum**.

rumour *Br*, **rumor** *Am* ['ru:məʳ] ◇ *n* rumeur *f*, bruit *m* (qui court); there's a ~ going round OR ~ has it that he's going to resign le bruit court qu'il va démissionner; the ~ that she's left the country is untrue la rumeur selon laquelle elle aurait quitté le pays n'est pas fondée.
◇ *vt*: it is ~ed that... le bruit court que...; she is ~ed to be extremely rich on la dit extrêmement riche; he is ~ed to have killed a man on dit OR le bruit court qu'il a tué un homme.

rumourmonger *Br*, **rumormonger** *Am* ['ru:mə,mʌŋgəʳ] *n* commère *f*.

rump [rʌmp] *n* -**1.** [of mammal] croupe *f*; CULIN culotte *f*; [of bird] croupion *m*; *hum* [of person] postérieur *m*, derrière *m*. -**2.** [remnant]: the organization was reduced to a ~ il ne restait pas grand-chose de l'organisation.

rumple ['rʌmpl] *vt* [clothes] friper, froisser, chiffonner; [banknote, letter] froisser; [hair, fur] ébouriffer; the wind had ~d my hair le vent m'avait décoiffé; pages ~d at the edges des pages cornées.

Rump Parliament *pr n*: the ~ le Parlement croupion (*nom du Parlement anglais pendant la période du Protectorat de Cromwell, de 1649 à 1660*).

rump steak *n* romsteck *m*, rumsteck *m*.

rumpus *inf* ['rʌmpəs] *n* raffut *m*, boucan *m*; the announcement caused a ~ la nouvelle fit l'effet d'une bombe; to kick up a ~ faire du chahut OR des histoires.

rumpus room *n esp Am* salle *f* de jeu (*souvent située au sous-sol et également utilisée pour des fêtes*).

rumpy-pumpy *inf* ['rʌmpɪ,pʌmpɪ] *n Br hum* partie *f* de jambes en l'air.

run [rʌn] (*pt* ran [ræn], *pp* run, *cont* running)
◇ *vi* **A.** -**1.** [gen] courir; I ~ every morning in the park je cours tous les matins dans le parc; they ran out of the house ils sont sortis de la maison en courant; to ~ upstairs/downstairs monter/descendre l'escalier en courant; I had to ~ for the train j'ai dû courir pour attraper le train; ~ and fetch me a glass of water cours me chercher un verre d'eau; I've been running all over the place looking for you j'ai couru partout à ta recherche; to ~ to meet sb courir OR se précipiter à la rencontre de qqn ‖ *fig*: I didn't expect her to go running to the press with the story je ne m'attendais pas à ce qu'elle coure raconter l'histoire à la presse; don't come running to me with your problems ne viens pas m'embêter avec tes problèmes. -**2.** [compete in race] courir; there are twenty horses running in the race vingt chevaux participent à la course; she ran for her country in the Olympics elle a couru pour son pays aux jeux Olympiques ‖ [be positioned in race] arriver; [in cricket, baseball] marquer; Smith is running second Smith est en seconde position. -**3.** [flee] se sauver, fuir; if the night watchman sees you, ~ (for it *inf*)! si le veilleur de nuit te voit, tire-toi OR file!; he turned and ran il prit ses jambes à son cou; ~ for your lives! sauve qui peut!; you can't just keep running from your past *fig* vous ne pouvez pas continuer à fuir votre passé.
B. -**1.** [road, railway, boundary] passer; a tunnel ~s under the mountain un tunnel passe sous la montagne; the railway line ~s through a valley/over a viaduct le chemin de fer passe dans une vallée/sur un viaduc; the pipes ~ under the road les tuyaux passent sous la route; the road ~s alongside the river/parallel to the coast la route longe la rivière/la côte; hedgerows ~ between the fields des haies séparent les champs; the road ~s due north la route va droit vers le nord; a canal running from London to Birmingham un canal qui va de Londres à Birmingham; a high fence ~s around the building une grande barrière fait le tour du bâtiment; the lizard has red markings running down its back le dos du lézard est zébré de rouge; the line of print ran off the page la ligne a débordé de la feuille; our lives seem to be running in different directions *fig* il semble que nos vies prennent des chemins différents. -**2.** [hand, fingers]: his fingers ran over the controls ses doigts se promenèrent sur les boutons de commande; her eyes ran down the list elle parcourut la liste des yeux. -**3.** [travel - thoughts, sensation]: a shiver ran down my spine un frisson me parcourut le dos; his thoughts ran to that hot August day in Paris cette chaude journée d'août à Paris lui revint à l'esprit. -**4.** [describing song, poem, theory etc]: their argument OR reasoning ~s something like this voici plus ou moins leur raisonnement. -**5.** [occur - inherited trait, illness]: twins ~ in our family les jumeaux sont courants dans la famille; heart disease ~s in the family les maladies cardiaques sont fréquentes dans notre famille. -**6.** [spread - rumour, news] se répandre. -**7.** [move or travel freely - ball, vehicle] rouler; the pram ran down the hill out of control le landau a dévalé la côte; the crane ~s on rails la grue se déplace sur des rails; the piano ~s on casters le piano est monté sur (des) roulettes; the truck ran off the road le camion a quitté la route ‖ [slip, slide - rope, cable] filer; let the cord ~ through your hands laissez la corde filer entre vos mains. -**8.** [drive] faire un tour OR une promenade; why don't we ~ down to the coast/up to London? si on faisait un tour jusqu'à la mer/jusqu'à Londres? -**9.** NAUT [boat]: to ~ (before the wind) filer vent arrière.
C. -**1.** [flow - water, tap, nose] couler; [paint] goutter; let the water ~ until it's hot laisse couler l'eau jusqu'à ce qu'elle soit chaude; you've let the water ~ cold tu as laissé couler l'eau trop longtemps, elle est devenue froide; your bath is running ton bain est en train de couler; your nose is running tu as le nez qui coule; the cold made our eyes ~ le froid nous piquait les yeux; her mascara had ~ son mascara avait coulé; the hot water ~s along/down this pipe l'eau chaude passe/descend dans ce tuyau; their faces were running with sweat *Br* leurs visages ruisselaient de transpiration; tears ran down her face des larmes coulaient sur son visage ❑ my blood ran cold mon sang se figea. -**2.** [river, stream] couler; the river ran red with blood les eaux de la rivière étaient rouges de sang; the Jari ~s into the Amazon le Jari se jette dans l'Amazone. -**3.** [butter, ice cream, wax] fondre; [cheese] couler. -**4.** [in wash - colour, fabric] déteindre; wash that dress separately, the colour might ~ lave cette robe à part, elle pourrait déteindre. -**5.** [tide] monter.
D. -**1.** [operate - engine, machine, business] marcher, fonctionner; to ~ on OR off electricity/gas/diesel fonctionner à l'électricité/au gaz/au diesel; the tape recorder was still running le magnétophone était encore en marche; leave the engine running laissez tourner le moteur; the new assembly line is up and running la nouvelle chaîne de montage est en service; do not interrupt the program while it is running COMPUT ne pas interrompre le programme en cours d'exécution; this software ~s on DOS ce logiciel tourne sous DOS; everything is running smoothly *fig* tout marche très bien. -**2.** [public transport] circuler; this train doesn't ~/only ~s on Sundays ce train ne circule pas/ne circule que le dimanche; some bus lines ~ all night certaines lignes d'autobus sont en service toute la nuit; trains running to Calais are cancelled les trains pour OR en direction de Calais sont annulés; he took the tube that ~s through Clapham il prit la ligne de métro qui passe par Clapham.
E. -**1.** [last] durer; the sales ~ from the beginning to the end of January les soldes durent du début à la fin janvier; the sales have only another two days to ~ il ne reste que deux

jours de soldes; **the meeting ran for an hour longer than expected** la réunion a duré une heure de plus que prévu; **I'd like the ad to ~ for a week** je voudrais que l'annonce passe pendant une semaine. -**2.** [be performed - play, film] tenir l'affiche; **his new musical should ~ and ~!** sa nouvelle comédie musicale devrait tenir l'affiche pendant des mois!; **this soap opera has been running for 20 years** ça fait 20 ans que ce feuilleton est diffusé; **America's longest-running TV series** la plus longue série télévisée américaine. -**3.** [be valid, remain in force - contract] être OR rester valide; [- agreement] être OR rester en vigueur; **the lease has another year to ~** le bail n'expire pas avant un an; **your subscription will ~ for two years** votre abonnement sera valable deux ans. -**4.** FIN [be paid, accumulate - interest] courir; **interest ~s from January 1st** les intérêts courent à partir du 1er janvier. -**5.** [range] aller; **the colours ~ from dark blue to bright green** les couleurs vont du bleu foncé au vert vif.

F. -**1.** [indicating current state or condition]: **feelings were running high** les passions étaient exacerbées; **their ammunition was running low** ils commençaient à manquer de munitions; **to ~ late** être en retard, avoir du retard; **programmes are running ten minutes late** les émissions ont toutes dix minutes de retard; **sorry I can't stop, I'm running a bit late** désolé, je ne peux pas rester, je suis un peu en retard; **events are running in our favour** les événements tournent en notre faveur. -**2.** [reach]: **inflation was running at 18%** le taux d'inflation était de 18 %.

G. -**1.** *Am* [be candidate, stand] se présenter; **to ~ for president** OR **the presidency** être candidat aux élections présidentielles OR à la présidence; **she's running on a law-and-order ticket** elle se présente aux élections avec un programme basé sur la lutte contre l'insécurité; **he ran against Reagan in 1984** il s'est présenté contre Reagan en 1984. -**2.** [ladder - stocking, tights] filer.

◇ *vt* **A.** -**1.** [manage - company, office] diriger, gérer; [- shop, restaurant, club] tenir, diriger; [- theatre] diriger; [- house] tenir; [- country] gouverner, diriger; **she ~s the bar while her parents are away** elle tient le bar pendant l'absence de ses parents; **a badly ~ organization** une organisation mal gérée; **the library is ~ by volunteer workers** la bibliothèque est tenue par des bénévoles; **the farm was too big for him to ~ alone** la ferme était trop grande pour qu'il puisse s'en occuper seul; **who's running this outfit?** *inf* qui est le patron ici?; **I wish she'd stop trying to ~ my life!** j'aimerais bien qu'elle arrête de me dire comment vivre ma vie! -**2.** [organize, lay on - service, course, contest] organiser; **to ~ a bridge tournament/a raffle** organiser un tournoi de bridge/une tombola; **they ~ evening classes in computing** ils organisent des cours du soir en informatique ‖ [train, bus] mettre en service; **they ~ extra trains in the summer** l'été ils mettent (en service) des trains supplémentaires; **several private companies ~ buses to the airport** plusieurs sociétés privées assurent un service d'autobus pour l'aéroport. -**3.** [operate, work -piece of equipment] faire marcher, faire fonctionner; **you can ~ it off solar energy/the mains** vous pouvez le faire fonctionner à l'énergie solaire/sur secteur ‖ [vehicle]: **I can't afford to ~ a car any more** *Br* je n'ai plus les moyens d'avoir une voiture; **she ~s a Porsche** elle roule en Porsche. -**4.** [conduct - experiment, test] effectuer. -**5.** COMPUT [program] exécuter.

B. -**1.** [do or cover at a run - race, distance] courir; **to ~ the marathon** courir le marathon; **I can still ~ 2 km in under 7 minutes** j'arrive encore à courir OR à couvrir 2 km en moins de 7 minutes; **the children were running races** les enfants faisaient la course; **the race will be ~ in Paris next year** la course aura lieu à Paris l'année prochaine; **to ~ messages** OR **errands** faire des commissions OR des courses ❑ **he'd ~ a mile if he saw it** il prendrait ses jambes à son cou s'il voyait ça; **it looks as if his race is ~** on dirait qu'il a fait son temps. -**2.** [cause to run]: **you're running the poor boy off his feet!** le pauvre, tu es en train de l'épuiser!; **to be ~ off one's feet** être débordé; **to ~ o.s. to a standstill** courir jusqu'à l'épuisement. -**3.** [enter for race - horse, greyhound] faire courir. -**4.** [chase] chasser; **the outlaws were ~ out of town** les hors-la-loi furent chassés de la ville. -**5.** [hunt] chasser; **to ~ deer** chasser le cerf.

C. -**1.** [transport - goods] transporter; [give lift to - person] accompagner; **I'll ~ you to the bus stop** je vais te conduire à l'arrêt de bus; **I've got to ~ these boxes over to my new house** je dois emporter ces boîtes dans ma nouvelle maison. -**2.** [smuggle] faire le trafic de; **he's suspected of running drugs/guns** il est soupçonné de trafic de drogue/d'armes. -**3.** [drive - vehicle] conduire; **I ran the car into the driveway** j'ai mis la voiture dans l'allée; **could you ~ your car back a bit?** pourriez-vous reculer un peu votre voiture?; **I ran my car into a lamppost** je suis rentré dans un réverbère (avec ma voiture); **he tried to ~ me off the road!** il a essayé de me faire sortir de la route!

D. -**1.** [pass, quickly or lightly] passer; **she ran her hands over the controls** elle promena ses mains sur les boutons de commande; **he ran his hand/a comb through his hair** il passa sa main/un peigne dans ses cheveux; **I'll ~ a duster over the furniture** je passerai un coup de chiffon sur les meubles; **she ran her finger down the list/her eye over the text** elle parcourut la liste du doigt/le texte des yeux. -**2.** [send via specified route]: **we could ~ a cable from the house** nous pourrions amener un câble de la maison; **it would be better to ~ the wires under the floorboards** ce serait mieux de faire passer les fils sous le plancher; **~ the other end of the rope through the loop** passez l'autre bout de la corde dans la boucle.

E. -**1.** [go through or past - blockade] forcer; [- rapids] franchir; *Am* [- red light] brûler. -**2.** [cause to flow] faire couler; **~ the water into the basin** faites couler l'eau dans la cuvette; **to ~ a bath** faire couler un bain. -**3.** [publish] publier; **the local paper is running a series of articles on the scandal** le journal local publie une série d'articles sur le scandale; **to ~ an ad (in the newspaper)** passer OR faire passer une annonce (dans le journal). -**4.** [enter for election] présenter; **they're running a candidate in every constituency** ils présentent un candidat dans chaque circonscription. -**5.** MED: **to ~ a temperature** OR **fever** avoir de la fièvre. -**6.** [expose o.s. to]: **to ~ the danger** OR **risk of doing sthg** courir le risque de faire qqch; **you ~ the risk of a heavy fine** vous risquez une grosse amende; **do you realize the risks you're running?** est-ce que vous réalisez les risques que vous prenez?

◇ *n* -**1.** [action] course *f*; **to go for a ~** aller faire du jogging; **to go for a five-mile ~** courir huit kilomètres; **I took the dog for a ~ in the park** j'ai emmené le chien courir dans le parc; **two policemen arrived at a ~** deux policiers sont arrivés au pas de course; **to break into a ~** se mettre à courir; **to make a ~ for it** prendre la fuite, se sauver ❑ **we have the ~ of the house while the owners are away** nous disposons de toute la maison pendant l'absence des propriétaires; **we give the au pair the ~ of the place** nous laissons à la jeune fille au pair la libre disposition de la maison; **to be on the ~: the murderer is on the ~** le meurtrier est en cavale; **she was on the ~ from her creditors/the police** elle essayait d'échapper à ses créanciers/à la police; **we've got them on the ~!** MIL & SPORT nous les avons mis en déroute!; **you've had a good ~ (for your money), it's time to step down** tu en as bien profité, maintenant il faut laisser la place à un autre; **they gave the Russian team a good ~ for their money** ils ont donné du fil à retordre à l'équipe soviétique. -**2.** [race] course *f*; **a charity ~** une course de charité. -**3.** [drive] excursion *f*, promenade *f*; **we went for a ~ down to the coast** nous sommes allés nous promener au bord de la mer; **she took me for a ~ in her new car** elle m'a emmené faire un tour dans sa nouvelle voiture; **there was very little traffic on the ~ down** nous avons rencontré très peu de circulation; **shall I make** OR **do a beer ~?** *inf hum* je vais chercher de la bière? ‖ [for smuggling] passage *m*; **the gang used to make ~s across the border** le gang passait régulièrement la frontière. -**4.** [route, itinerary] trajet *m*, parcours *m*; **the buses on the London to Glasgow ~** les cars qui font le trajet OR qui assurent le service Londres-Glasgow; **it's only a short ~ into town** le trajet jusqu'au centre-ville n'est pas long. -**5.** AERON [flight] vol *m*, mission *f*; **bombing ~** mission de bombardement. -**6.** SPORT [in cricket, baseball] point *m*. -**7.** [track - for skiing, bobsleighing] piste *f*. -**8.** [series, continuous period] série *f*, succession *f*, suite *f*; **they've had a ~ of ten defeats** ils ont connu dix défaites consécutives; **you seem to be having a ~ of good/bad luck** on dirait que la chance est/n'est pas de ton côté en ce moment ‖ [series of performances]: **the play had a triumphant ~ on Broadway** la pièce a connu un succès triomphal à Broadway; **the play had a ~ of nearly two years** la pièce a tenu l'affiche (pendant) presque deux ans ❑ **in the long/short ~** à long/court terme. -**9.** [in card games] suite *f*. -**10.** INDUST [production] lot *m*, série *f*; **a ~ of less than 500 would be uneconomical** fabriquer une série de moins de 500 unités ne serait pas rentable ❑ **print ~** TYPO tirage *m*. -**11.** [general tendency, trend] tendance *f*; **to score against the ~ of play** marquer contre le jeu; **I was lucky and got the ~ of the cards** j'avais de la chance, les cartes m'étaient favorables; **the usual ~ of colds and upset stomachs** les rhumes et les maux de ventre habituels; **she's well above the average** OR **ordinary ~ of students** elle est bien au-dessus de la moyenne des étudiants; **the ordinary ~ of mankind** le commun des mortels; **in the ordinary ~ of things,...** normalement,... -**12.** [great demand] ruée *f*; **the heatwave caused a ~ on suntan cream** la vague de chaleur provoqua une ruée sur les crèmes solaires; **a ~ on the banks** une panique bancaire ‖ ST. EX: **there was a ~ on the dollar** il y a eu une ruée sur le dollar. -**13.** [operation - of machine] opération *f*; **computer ~** passage *m* machine. -**14.** [bid - in election] candidature *f*; **his ~ for the presidency** sa candidature à la présidence. -**15.** [ladder - in stocking, tights] échelle *f*, maille *f* filée; **I've got a ~ in my tights** mon collant est filé. -**16.** [enclosure - for animals] enclos *m*; **chicken ~** poulailler *m*. -**17.** MUS roulade *f*.

◆ **runs** *inf npl* [diarrhoea] courante *f*; **to have the ~s** avoir la courante.

◆ **run about** *vi insep* courir (çà et là); **I've been running about all day looking for you!** j'ai passé ma journée à te chercher partout!

◆ **run across** ◇ *vi insep* traverser en courant. ◇ *vt insep* [meet - acquaintance] rencontrer par hasard, tomber sur; [find - book, reference] trouver par hasard, tomber sur.

◆ **run after** *vt insep literal & fig* courir après; **it's not like her to ~ after a man** ce n'est pas son genre de courir après un homme.

◆ **run along** *vi insep* [go away] s'en aller, partir; **it's getting late, I must be running along** il se fait tard, il faut que j'y aille; **~ along to bed now, children!** allez les enfants, au lit maintenant!

◆ **run around** *vi insep* -**1.** = **run about**. -**2.** [husband] courir après les femmes; [wife] courir après les hommes; **he's always running around with other women** il est toujours en train de courir après d'autres femmes.

◆ **run away** *vi insep* -**1.** [flee] se sauver, s'enfuir; **their son has ~ away from home** leur fils a fait une fugue; **I'll be with you in a minute, don't ~ away** je serai à toi dans un instant, ne te sauve pas; **~ away and play now, children** allez jouer ailleurs, les enfants; to ~ away from one's responsibilities *fig* fuir ses responsabilités. -**2.** [elope] partir.

◆ **run away with** *vt insep* -**1.** [secretly or illegally] partir avec; he ran away with his best friend's wife il est parti avec la femme de son meilleur ami; he ran away with the takings il est parti avec la caisse. -**2.** [overwhelm]: don't let your excitement ~ away with you gardez votre calme; she tends to let her imagination ~ away with her elle a tendance à se laisser emporter par son imagination. -**3.** [get - idea]: don't go running away with the idea OR the notion that it will be easy n'allez pas vous imaginer que ce sera facile. -**4.** [win - race, match] emporter haut la main; [- prize] remporter; they ran away with nearly all the medals ils ont remporté presque toutes les médailles.

◆ **run back** ◇ *vi insep* -**1.** *literal* retourner OR revenir en courant. -**2.** [review]: to ~ back over sthg passer qqch en revue.

◇ *vt sep* -**1.** [drive back] raccompagner (en voiture); she ran me back home elle m'a ramené OR raccompagné chez moi; he ran me back on his motorbike il m'a raccompagné en moto. -**2.** [rewind - tape, film] rembobiner.

◆ **run by** *vt sep*: to ~ sthg by sb [submit] soumettre qqch à qqn; you'd better ~ that by the committee vous feriez mieux de demander l'avis du comité; ~ that by me again répétez-moi ça.

◆ **run down** ◇ *vi insep* -**1.** *literal* descendre en courant. -**2.** [clock, machine] s'arrêter; [battery - through use] s'user; [- through a fault] se décharger; the batteries in the radio are beginning to ~ down les piles de la radio commencent à être usées.

◇ *vt sep* -**1.** [reduce, diminish] réduire; they are running down their military presence in Africa ils réduisent leur présence militaire en Afrique; the government was accused of running down the steel industry le gouvernement a été accusé de laisser dépérir la sidérurgie. -**2.** *inf* [criticize, denigrate] rabaisser; they're always running her friends down ils passent leur temps à dire du mal de OR à dénigrer ses amis; stop running yourself down all the time cesse de te rabaisser constamment. -**3.** AUT [pedestrian, animal] renverser, écraser; he was ~ down by a bus il s'est fait renverser par un bus. -**4.** [track down - animal, criminal] (traquer et) capturer; [- object] dénicher; I finally ran down the reference in the library j'ai fini par dénicher la référence à la bibliothèque.

◆ **run in** ◇ *vi insep* -**1.** *literal* entrer en courant. -**2.** *Br* [car, engine]: 'running in' 'en rodage'.

◇ *vt sep* -**1.** *Br* [car, engine] roder. -**2.** *inf* [arrest] pincer.

◆ **run into** *vt insep* -**1.** [encounter - problem, difficulty] rencontrer. -**2.** [meet - acquaintance] rencontrer (par hasard), tomber sur. -**3.** [collide with - subj: car, driver] percuter, rentrer dans; I ran into a lamppost je suis rentrée dans un réverbère. -**4.** [amount to] s'élever à; debts running into millions of dollars des dettes qui s'élèvent à des millions de dollars. -**5.** [merge into] se fondre dans, se confondre avec; the red ~s into orange le rouge devient orange; the words began to ~ into each other before my eyes les mots commençaient à se confondre devant mes yeux.

◆ **run off** ◇ *vi insep* -**1.** = **run away**. -**2.** [liquid] s'écouler.

◇ *vt sep* -**1.** [print] tirer, imprimer; [photocopy] photocopier; ~ me off five copies of this report faites-moi cinq copies de ce rapport. -**2.** SPORT [race] disputer; the heats will be ~ off tomorrow les éliminatoires se disputeront demain. -**3.** [lose - excess weight, fat] perdre en courant. -**4.** [liquid] laisser s'écouler.

◆ **run on** ◇ *vi insep* -**1.** [continue] continuer, durer; [drag on] s'éterniser; the play ran on for hours la pièce a duré des heures; the discussion ran on for an extra hour la discussion a duré une heure de plus que prévu. -**2.** *inf* [talk nonstop] parler sans cesse; he does ~ on rather il ne cesse pas de parler. -**3.** [line of text] suivre sans alinéa; [verse] enjamber.

◇ *vt sep* [lines of writing] ne pas découper en paragraphes; [letters, words] ne pas séparer, lier.

◆ **run out** ◇ *vi insep* -**1.** *literal* [person, animal] sortir en courant; [liquid] s'écouler. -**2.** [be used up - supplies, money, ammunition] s'épuiser, (venir à) manquer; [- time] filer; hurry up, time is running out! dépêchez-vous, il ne reste plus beaucoup de temps!; their luck finally ran out la chance a fini par tourner, leur chance n'a pas duré. -**3.** [expire - contract, passport, agreement] expirer, venir à expiration.

◇ *vt sep* -**1.** [cable, rope] laisser filer. -**2.** [in cricket]: to ~ a batsman out mettre un batteur hors jeu.

◆ **run out of** *vt insep* manquer de; we're running out of ammunition nous commençons à manquer de munitions; to ~ out of patience être à bout de patience; he's ~ out of money il n'a plus d'argent; to ~ out of petrol tomber en panne d'essence.

◆ **run out on** *vt insep* [spouse, colleague] laisser tomber, abandonner; she ran out on her husband elle a quitté son mari; his assistants all ran out on him ses assistants l'ont tous abandonné OR laissé tomber.

◆ **run over** ◇ *vt sep* [pedestrian, animal] écraser, renverser; I nearly got ~ over j'ai failli me faire écraser OR renverser.

◇ *vt insep* [review] revoir; [rehearse] répéter; [recap] récapituler; let's ~ over the arguments one more time before the meeting reprenons les arguments une dernière fois avant la réunion; could you ~ over the main points for us? pourriez-vous nous récapituler les principaux points?

◇ *vi insep* -**1.** [overflow] déborder; my cup runneth over *lit* je nage dans le bonheur. -**2.** [run late] dépasser l'heure; RADIO & TV dépasser le temps d'antenne; the programme ran over by 20 minutes l'émission a dépassé son temps d'antenne de 20 minutes.

◆ **run past** ◇ *vi insep literal* passer en courant.

◇ *vt sep* = **run by**.

◆ **run through** ◇ *vt insep* -**1.** *literal* traverser en courant. -**2.** [pervade - thought, feeling]: a strange idea ran through my mind une idée étrange m'a traversé l'esprit; a thrill of excitement ran through her un frisson d'émotion la parcourut; an angry murmur ran through the crowd des murmures de colère parcoururent la foule; his words kept running through my head ses paroles ne cessaient de retentir dans ma tête; an air of melancholy ~s through the whole film une atmosphère de mélancolie imprègne tout le film. -**3.** [review] revoir; [rehearse] répéter; [recap] récapituler; she ran through the arguments in her mind elle repassa les arguments dans sa tête. -**4.** [read quickly] parcourir (des yeux), jeter un coup d'œil sur. -**5.** [squander - fortune] gaspiller.

◇ *vt sep*: to ~ sb through (with a sword) transpercer qqn (d'un coup d'épée).

◆ **run to** *vt insep* -**1.** [amount to] se chiffrer à; her essay ran to 20 pages sa dissertation faisait 20 pages. -**2.** [afford, be enough for]: your salary should ~ to a new computer ton salaire devrait te permettre d'acheter un nouvel ordinateur; the budget won't ~ to champagne le budget ne nous permet pas d'acheter du champagne. -**3.** [become]: to ~ to fat devenir gros.

◆ **run up** ◇ *vi insep* [climb rapidly] monter en courant; [approach] approcher en courant; a young man ran up to me un jeune homme s'approcha de moi en courant.

◇ *vt sep* -**1.** [debt, bill] laisser s'accumuler; I've ~ up a huge overdraft j'ai un découvert énorme. -**2.** [flag] hisser. -**3.** [sew quickly] coudre (rapidement OR à la hâte).

◆ **run up against** *vt insep* [encounter] se heurter à; we've ~ up against some problems nous nous sommes heurtés à quelques problèmes.

runabout *inf* ['rʌnəbaʊt] *n* [car] petite voiture *f*, voiture *f* de ville; [boat] runabout *m*; [plane] petit avion *m*.

runaround *inf* ['rʌnəraʊnd] *n*: to give sb the ~ raconter des salades à qqn; [husband, wife] tromper qqn.

runaway ['rʌnəweɪ] ◇ *n* [gen] fugitif *m*, -ive *f*; [child - from home, school etc] fugueur *m*, -euse *f*.

◇ *adj* -**1.** [convict] fugitif; [child] fugueur; [horse] emballé; [train, car] fou; a ~ marriage un mariage clandestin. -**2.** [rampant, extreme - inflation] galopant; [- success] fou; her book was this year's ~ bestseller son livre a été le best-seller de l'année; a ~ victory une victoire remportée haut la main.

rundown ['rʌndaʊn] *n* -**1.** [reduction] réduction *f*, déclin *m*; the ~ of the coal industry le déclin de l'industrie houillère. -**2.** *inf* [report] compte rendu *m*; to give sb a ~ of OR on sthg mettre qqn au courant de qqch.

run-down *inf adj* -**1.** [tired] vanné, crevé; I think you're just a bit ~ je pense que c'est juste un peu de surmenage; I'm feeling very ~ je me sens complètement à plat. -**2.** [dilapidated] délabré.

rune [ruːn] *n* rune *f*.

rung [rʌŋ] ◇ *pp* → **ring** (*bell*).

◇ *n* [of ladder] barreau *m*, échelon *m*; [of chair] barreau *m*; *fig* [in hierarchy] échelon *m*; he's on the top ~ of his profession il a atteint l'échelon le plus élevé dans sa profession.

runic ['ruːnɪk] *adj* runique.

run-in *inf n* -**1.** *inf* [quarrel] engueulade *f*, prise *f* de bec; I had a bit of a ~ with the police last week j'ai eu un petit accrochage avec la police la semaine dernière. -**2.** = **run-up 1,2**.

runnel ['rʌnl] *n lit* ruisselet *m*, ru *m lit*.

runner ['rʌnə^r] *n* -**1.** [in race - person] coureur *m*, -euse *f*; [- horse] partant *m*; he's a good/fast ~ il court bien/vite. -**2.** [messenger] coursier *m*, -ère *f*. -**3.** (*usu in cpds*) [smuggler] contrebandier *m*, -ère *f*, trafiquant *m*, -e *f*; drug ~ trafiquant *m* de drogue. -**4.** [slide - for door, drawer etc] glissière *f*; [- on sledge] patin *m*; [- on skate] lame *f*. -**5.** BOT coulant *m*, stolon *m*. -**6.** [stair carpet] tapis *m* d'escalier.

runner bean *n Br* haricot *m* d'Espagne.

runner-up (*pl* runners-up) *n* second *m*, -e *f*; her novel was ~ for the Prix Goncourt son roman était le second favori pour le prix Goncourt; there will be 50 consolation prizes for the runners-up il y aura 50 lots de consolation pour les autres gagnants.

running ['rʌnɪŋ] ◇ *n* -**1.** SPORT course *f* (à pied); ~ is forbidden in the corridors il est interdit de courir dans les couloirs ❑ to make the ~ SPORT mener le train; *fig* prendre l'initiative; to be in the ~ for sthg être sur les rangs pour obtenir qqch; to be out of the ~ ne plus être dans la course. -**2.** [management] gestion *f*, direction *f*; [organization] organisation *f*; she leaves the day-to-day ~ of the department to her assistant elle laisse son assistant s'occuper de la gestion quotidienne du service. -**3.** [working, functioning] marche *f*, fonctionnement *m*. -**4.** [operating] conduite *f*, maniement *m*. -**5.** [smuggling] contrebande *f*; drug ~ trafic *m* de drogue.

◇ *adj* -**1.** [at a run - person, animal] courant, qui court; to take a ~ kick at sthg prendre son élan pour donner un coup de pied dans qqch ❑ ~ jump *literal* saut *m* avec élan; (go) take a ~ jump! *inf* va te faire voir (ailleurs)! -**2.** (*after n*) [consecutive] de suite; three times/weeks/years ~ trois fois/semaines/années de suite. -**3.** [continuous] continu, ininterrompu; ~ account FIN compte *m* courant; ~ battle lutte *f* continuelle; ~ total montant *m* à reporter. -**4.** [flowing]: the sound of ~ water le bruit de l'eau qui coule; to wash sthg under ~ water laver qqch à l'eau courante; all the rooms have ~ water toutes les chambres ont l'eau courante; a ~ tap un robinet qui coule; a ~ sore une plaie suppurante. -**5.** [working, operating]: in ~ order en état de marche ❑ ~ costs frais *mpl* d'exploitation; [of car] frais *mpl* d'entretien; ~

repairs réparations *fpl* courantes. -**6.** [cursive - handwriting] cursif.
◇ *comp* [shoe, shorts, track] de course (à pied).
running board *n* marchepied *m.*
running commentary *n* RADIO & TV commentaire *m* en direct; **she gave us a ~ on what the neighbours were doing** *fig* elle nous a expliqué en détail ce que les voisins étaient en train de faire.
running head *n* TYPO titre *m* courant.
running mate *n Am* POL *personne choisie par un candidat à la présidence des États-Unis pour être son vice-président s'il est élu.*
running stitch *n* SEW point *m* droit.
running title *n* TYPO titre *m* courant.
runny ['rʌnɪ] (*compar* **runnier**, *superl* **runniest**) *adj* -**1.** [sauce, honey] liquide; [liquid] (très) fluide; **a ~ egg** un œuf dont le jaune coule; **a ~ omelette** une omelette baveuse. -**2.** [nose] qui coule; [eye] qui pleure; **I've got a ~ nose** j'ai le nez qui coule.
run-off *n* -**1.** SPORT [final] finale *f*; [after tie] belle *f.* -**2.** [water] trop-plein *m.*
run-of-the-mill *adj* ordinaire, banal.
run-on *n* -**1.** [in printed matter] texte *m* composé à la suite *(sans alinéa).* -**2.** [in dictionary] sous-entrée *f.*
runt [rʌnt] *n* -**1.** [animal] avorton *m.* -**2.** *inf* [person] avorton *m.*
run-through *n* [review] révision *f*; [rehearsal] répétition *f*; [recap] récapitulation *f.*
run-up *n* -**1.** SPORT élan *m*; **she only takes a short ~** elle ne prend pas beaucoup d'élan. -**2.** [period before] période *f* préparatoire; **the ~ to the elections** la période qui précède les élections OR pré-électorale. -**3.** *Am* [increase] augmentation *f*, hausse *f.*
runway ['rʌnweɪ] *n* AERON piste *f* (d'atterrissage OR d'envol); **~ lights** feux *mpl* de piste.
rupee [ruː'piː] *n* roupie *f.*
rupture ['rʌptʃəʳ] ◇ *n* -**1.** [split] rupture *f.* -**2.** [hernia] hernie *f.*
◇ *vt* -**1.** [split] rompre. -**2.** MED: **to ~ o.s.** se faire une hernie.
rural ['rʊərəl] *adj* [life, country, scenery] rural.
rural dean *n Br* doyen *m.*
rural district *n Br* ≃ canton *m.*
Ruritania [ˌrʊərɪ'teɪnjə] *pr n nom d'un petit pays imaginaire d'Europe centrale, théâtre par excellence d'intrigues et d'aventures romanesques.*
ruse [ruːz] *n* ruse *f*; **it's just a ~ to get us to agree** ce n'est qu'une ruse pour obtenir notre accord.
rush [rʌʃ] ◇ *vi* -**1.** [hurry, dash - individual] se précipiter; [- crowd] se ruer, se précipiter; [- vehicle] foncer; **I ~ed home after work** je me suis précipité chez moi après le travail; **people ~ed out of the blazing house** les gens se ruèrent hors de la maison en flammes; **there's no need to ~** pas besoin de se presser; **passers-by ~ed to help the injured man** des passants se sont précipités au secours du blessé; **the dog ~ed at me** le chien s'est précipité OR jeté sur moi; **a group of demonstrators ~ed at the speaker** un groupe de manifestants se rua sur l'orateur; **he ~ed in/out/past** il est entré précipitamment/sorti précipitamment/passé à toute allure. -**2.** [act overhastily]: **to ~ into a decision** prendre une décision à la hâte; **now don't ~ into anything** ne va pas foncer tête baissée. -**3.** [surge - air] s'engouffrer; [- liquid] jaillir; **the cold water ~ed over her bare feet** l'eau froide déferla sur ses pieds nus; **I could hear the wind ~ing through the trees** j'entendais le vent s'engouffrer dans les branches; **the blood ~ed to her head** le sang lui est monté à la tête; **I felt the blood ~ to my face** j'ai senti le sang me monter au visage.
◇ *vt* -**1.** [do quickly] expédier; [do overhastily] faire à la hâte OR à la va-vite; **I don't like having to ~ my work** je n'aime pas devoir expédier mon travail; **I'll ~ it off on the computer** l'ordinateur me fera ça en deux minutes; **don't ~ your food** ne mange pas trop vite. -**2.** [cause to hurry] bousculer, presser; [pressurize] faire pression sur, forcer la main à; **don't ~ me!** ne me bouscule pas!; **she was too ~ed to stay and talk** elle était trop pressée pour rester bavarder; **to ~ sb into sthg** OR **doing sthg** forcer qqn à faire qqch à la hâte; **don't be ~ed into signing** ne signez pas sous la pression ❑ **to be ~ed off one's feet** être complètement débordé. -**3.** [attack - person] attaquer, agresser; [- place] attaquer, prendre d'assaut; **a group of prisoners ~ed the guards** un groupe de prisonniers s'attaqua aux gardiens. -**4.** [transport quickly] transporter d'urgence; [send quickly] envoyer OR expédier d'urgence; **the injured were ~ed to hospital** les blessés ont été transportés d'urgence à l'hôpital; **they ~ed a first aid team to the site** ils ont envoyé en toute hâte une équipe de premiers secours sur les lieux; **please ~ me your new catalogue** veuillez me faire parvenir au plus vite votre nouveau catalogue. -**5.** *inf Am* [court] courtiser.
◇ *n* -**1.** [hurry] précipitation *f*, hâte *f*; **to do sthg in a ~** faire qqch à la hâte; **to be in a ~** être (très) pressé; **what's the ~?** pourquoi tant de précipitation?; **there's no (great) ~** rien ne presse; **it'll be a bit of a ~, but we should make it** il faudra se dépêcher mais on devrait y arriver; **your essay was written in too much of a ~** vous avez fait votre dissertation à la va-vite. -**2.** [stampede] ruée *f*, bousculade *f*; **there was a ~ for the door** tout le monde s'est rué vers la porte; **I lost a shoe in the ~** j'ai perdu une chaussure dans la bousculade ‖ [great demand] ruée; **they're expecting a ~ to get tickets, they're expecting a ~ on** OR **for tickets** ils s'attendent à ce que les gens se ruent sur les billets; **there's a ~ on that particular model** ce modèle est très demandé. -**3.** [busy period] heure *f* de pointe OR d'affluence; **the six o'clock ~** la foule de six heures ‖ [in shops, post office etc]: **I try to avoid the lunchtime ~** j'essaie d'éviter la foule de l'heure du déjeuner; **the holiday ~** [leaving] les grands départs en vacances; [returning] les embouteillages des retours de vacances. -**4.** [attack] attaque *f*, assaut *m*; **to make a ~ at** OR **for sb** se jeter sur qqn. -**5.** [surge - of water] jaillissement *m*; [- of air] bouffée *f*; [- of emotion, nausea] accès *m*, montée *f*; **I could hear nothing above the ~ of water** le bruit de l'eau (qui bouillonnait) m'empêchait d'entendre quoi que ce soit; **she had a ~ of blood to the head** le sang lui est monté à la tête. -**6.** BOT jonc *m*; [for seats] paille *f*; **~ mat** natte *f* (de jonc); **the floor is covered with ~ matting** des nattes (de jonc) recouvrent le sol. -**7.** *drugs sl* [from drugs] flash *m.*
◇ *adj* -**1.** [urgent] urgent; **it's a ~ job for Japan** c'est un travail urgent pour le Japon; **~ order** commande *f* urgente. -**2.** [hurried] fait à la hâte OR à la va-vite; **I'm afraid it's a bit of a ~ job** je suis désolé, le travail a été fait un peu vite OR a été un peu bâclé. -**3.** [busy - period] de pointe, d'affluence.
◆ **rushes** *npl* CIN rushes *mpl*, épreuves *fpl* de tournage.
◆ **rush about** *Br*, **rush around** *vi insep* courir çà et là; **stop ~ing about!** arrête de courir dans tous les sens!
◆ **rush in** *vi insep* -**1.** *literal* entrer précipitamment OR à toute allure. -**2.** [decide overhastily]: **you always ~ in without thinking first** tu fonces toujours tête baissée sans réfléchir.
◆ **rush out** ◇ *vi insep* sortir précipitamment OR à toute allure.
◇ *vt sep* [book, new product] sortir rapidement.
◆ **rush through** *vt sep* [job] expédier; [goods ordered] envoyer d'urgence; [order, application] traiter d'urgence; [bill, legislation] faire voter à la hâte.
◆ **rush up** ◇ *vi insep* accourir.
◇ *vt sep* envoyer d'urgence; **troops were ~ed up as reinforcements** on envoya d'urgence des troupes en renfort.
rush candle = **rush light**.
rush hour *n* heure *f* de pointe OR d'affluence; **I never travel at ~** je ne me déplace jamais aux heures de pointe.
◆ **rush-hour** *comp* [crowds, traffic] des heures de pointe OR d'affluence.
rush light *n* chandelle *f* à mèche de jonc.
rusk [rʌsk] *n* biscotte *f.*
russet ['rʌsɪt] ◇ *n* -**1.** [colour] brun roux *m inv.* -**2.** [apple] reinette *f.*
◇ *adj* [colour] brun roux *(inv).*
Russia ['rʌʃə] *pr n* Russie *f*; **in ~** en Russie.
Russian ['rʌʃn] ◇ *n* -**1.** [person] Russe *mf.* -**2.** LING russe *m.*
◇ *adj* russe.
Russian dressing *n* sauce *f* (de salade) relevée au piment.
Russian roulette *n* roulette *f* russe.
Russian salad *n* salade *f* russe.
Russian wolfhound *n* lévrier *m* russe.
russification [ˌrʌsɪfɪ'keɪʃn] *n* russification *f.*
Russky *inf* ['rʌskɪ] (*pl* **Russkies**) *n* Ruskof *m*, Ruski *mf.*
Russo- ['rʌsəʊ] *in cpds* russo-.
rust [rʌst] ◇ *n* -**1.** [on metal & BOT] rouille *f.* -**2.** [colour] couleur *f* rouille.
◇ *adj* rouille *(inv).*
◇ *vi* rouiller, se rouiller; **it's completely ~ed through** il est complètement mangé par la rouille; **the car was left to ~ away** la voiture fut abandonnée à la rouille.
◇ *vt* rouiller.
◆ **rust up** *vi insep* rouiller, se rouiller; **the hinges have ~ed up** les gonds sont bloqués par la rouille.
rusted ['rʌstɪd] *adj esp Am* rouillé.
rustic ['rʌstɪk] ◇ *adj* rustique.
◇ *n* paysan *m*, -anne *f*, campagnard *m*, -e *f.*
rusticate ['rʌstɪkeɪt] *fml* ◇ *vt Br* UNIV [student] renvoyer OR expulser temporairement.
◇ *vi* [retire to country] se retirer à la campagne; [live in country] vivre à la campagne.
rustiness ['rʌstɪnɪs] *n* rouille *f.*
rustle ['rʌsl] ◇ *vi* -**1.** [make sound - gen] produire un froissement OR bruissement; [- leaves] bruire; [- dress, silk] froufrouter; **something was rustling against the window** quelque chose frottait contre la fenêtre; **the leaves ~d in the wind** les feuilles bruissaient dans le vent. -**2.** [steal cattle] voler du bétail.
◇ *vt* -**1.** [leaves] faire bruire; [papers] froisser; [dress, silk] faire froufrouter. -**2.** [cattle] voler.
◇ *n* [sound - gen] froissement *m*, bruissement *m*; [- of dress, silk] froufrou *m*, froufroutement *m.*
◆ **rustle up** *inf vt sep* [meal] faire en vitesse; **I could ~ up an omelette for you** je pourrais te faire une omelette en vitesse.
rustler ['rʌsləʳ] *n* -**1.** [of cattle] voleur *m*, -euse *f* de bétail; **horse ~** voleur de chevaux. -**2.** *inf Am* [dynamic person] homme *m* dynamique, femme *f* dynamique.
rustling ['rʌslɪŋ] *n* -**1.** [sound - gen] froissement *m*, bruissement *m*; [- of leaves] bruissement *m*; [- of dress, silk] froufrou *m*, froufroutement *m.* -**2.** [of cattle] vol *m* de bétail; **horse ~** vol *m* de chevaux.
rustproof ['rʌstpruːf] ◇ *adj* [metal, blade] inoxydable; [paint] antirouille *(inv).*
◇ *vt* traiter contre la rouille.
rustproofing ['rʌstpruːfɪŋ] *n* traitement *m* antirouille.
rust-resistant = **rustproof** *adj.*
rusty ['rʌstɪ] (*compar* **rustier**, *superl* **rustiest**) *adj literal & fig* rouillé; **a ~ old car** une vieille voiture rouillée; **my German is a bit ~** mon allemand est un peu rouillé; **a ~ brown dress** une robe brun rouille.
rut [rʌt] (*pt & pp* **rutted**, *cont* **rutting**) ◇ *n* -**1.** [in ground] ornière *f.* -**2.** *fig* routine *f*; **to be (stuck) in a ~** s'encroûter; **to get out of the ~** sortir de l'ornière. -**3.** ZOOL rut *m*; **in ~** en rut.
◇ *vt* [ground] sillonner; **the track had been deeply rutted by tractors** des tracteurs avaient creusé de profondes ornières dans le chemin.
◇ *vi* ZOOL être en rut.
rutabaga [ˌruːtə'beɪgə] *n Am* rutabaga *m*, chou-navet *m.*

Ruth [ruːθ] *pr n* Ruth.

Ruthenia [ruːˈθiːnjə] *pr n* Ruthénie *f*; in ~ en Ruthénie.

Ruthenian [ruːˈθiːnjən] ◇ *n* Ruthénien *m*, -enne *f*.
◇ *adj* ruthénien.

ruthenium [ruːˈθiːnɪəm] *n* ruthénium *m*.

rutherford [ˈrʌðəfəd] *n* rutherford *m*.

rutherfordium [ˌrʌðəˈfɔːdɪəm] *n* rutherfordium *m*.

ruthless [ˈruːθlɪs] *adj* [person, behaviour - unpitying] impitoyable, cruel; [- determined] résolu, acharné; [criticism] impitoyable, implacable.

ruthlessly [ˈruːθlɪslɪ] *adv* [pitilessly] impitoyablement, sans pitié; [relentlessly] implacablement.

ruthlessness [ˈruːθlɪsnɪs] *n* [of person, behaviour - pitilessness] caractère *m* impitoyable, dureté *f*; [- determination] acharnement *m*; [of criticism] dureté *f*.

rutted [ˈrʌtɪd] *adj* sillonné; a badly ~ road une route complètement défoncée.

ruttish [ˈrʌtɪʃ] *adj* -**1.** [animal] en rut. -**2.** *pej* [person] libidineux, salace.

RV *n* -**1.** *abbr of* revised version. -**2.** *Am* (*abbr of* recreational vehicle) camping-car *m*.

Rwanda [rʊˈændə] ◇ *pr n* GEOG Ruanda *m*, Rwanda *m*; in ~ au Ruanda.
◇ *n* LING ruanda *m*.

Rwandan [rʊˈændən] ◇ *n* Ruandais *m*, -e *f*.
◇ *adj* ruandais.

rye [raɪ] *n* -**1.** [cereal] seigle *m*; 'The Catcher in the Rye' *Salinger* 'l'Attrape-cœur'. -**2.** [drink] = **rye whiskey**.

rye bread *n* pain *m* de seigle.

ryegrass [ˈraɪgrɑːs] *n* ray-grass *m inv*.

rye whiskey *n* whisky *m* (de seigle).

S

s (*pl* **s's** OR **ss**), **S** (*pl* **S's** OR **Ss**) [es] *n* [letter] s *m*, S *m*.

S (*written abbr of* **south**) S.

SA ◇ -**1.** *written abbr of* South Africa. -**2.** *written abbr of* South America.
◇ *pr n abbr of* Salvation Army.

Saar [sɑːʳ] *pr n*: the ~ la Sarre.

Saarbrücken [ˌsɑːˈbrʊkən] *pr n* Sarrebruck.

Saarland [ˈsɑːlænd] *pr n* Sarre *f*; in ~ dans la Sarre.

Sabbath [ˈsæbəθ] *n* RELIG [Christian] dimanche *m*, jour *m* du Seigneur; [Jewish] sabbat *m*; **to observe/to break the** ~ [Christian] observer/violer le repos du dimanche; [Jew] observer/violer le sabbat.
◆ **sabbath** *n*: (witches') sabbath sabbat *m (de sorcières)*.

sabbatical [səˈbætɪkl] ◇ *adj* [gen & RELIG] sabbatique; to take a ~ year prendre une année sabbatique.
◇ *n* congé *m* sabbatique.

saber *Am* = **sabre**.

sable [ˈseɪbl] ◇ *n* [animal, fur] zibeline *f*.
◇ *adj* [colour] noir; HERALD sable *(inv)*.
◇ *comp* [coat] de OR en zibeline; [paintbrush] en poil de martre.

sable antelope *n* hippotrague *m* noir.

sabot [ˈsæbəʊ] *n* -**1.** [shoe] sabot *m*. -**2.** MIL sabot *m*.

sabotage [ˈsæbətɑːʒ] ◇ *n* sabotage *m*.
◇ *vt* saboter.

saboteur [ˌsæbəˈtɜːʳ] *n* saboteur *m*, -euse *f*.

sabra *inf* [ˈsæbrə] *n Am* sabra *mf*.

sabre *Br*, **saber** *Am* [ˈseɪbəʳ] *n* sabre *m*.

sabre-rattling ◇ *n (U)* bruits *mpl* de sabre.
◇ *adj* belliqueux.

sabre-toothed tiger *n* machairodonte *m*.

sac [sæk] *n* ANAT & BOT sac *m*.

saccharide [ˈsækəraɪd] *n* saccharide *m*, glucide *m*.

saccharin [ˈsækərɪn] *n* saccharine *f*.

saccharine [ˈsækərɪn] ◇ *adj* -**1.** CHEM saccharin. -**2.** *fig* & *pej* [exaggeratedly sweet - smile] mielleux; [- politeness] onctueux; [- sentimentality] écœurant, sirupeux.
◇ *n* = **saccharin**.

saccharose [ˈsækərəʊz] *n* saccharose *m*.

sacerdotal [ˌsæsəˈdəʊtl] *adj* sacerdotal.

sachet [ˈsæʃeɪ] *n* sachet *m*.

sack [sæk] ◇ *n* -**1.** [bag] (grand) sac *m*; **two ~s of potatoes** deux sacs de pommes de terre; **grocery** ~ *Am* sac *m* à provisions. -**2.** *inf Br* [dismissal] licenciement *m*; **to give sb the** ~ virer qqn; **to get the** ~ se faire virer; **you'll get me the** ~ tu vas me faire perdre mon boulot. -**3.** [pillage] sac *m*, pillage *m*. -**4.** *inf* [bed] pieu *m*, plumard *m*; **to hit the** ~ se pieuter. -**5.** *arch* [wine] vin *m* blanc sec.
◇ *vt* -**1.** *inf* [dismiss] mettre à la porte, virer. -**2.** [pillage] mettre à sac, piller.
◆ **sack out** *inf vi insep Am* s'endormir.

sackbut [ˈsækbʌt] *n* saqueboute *f*.

sackcloth [ˈsækklɒθ] *n* toile *f* à sac OR d'emballage; **to wear ~ and ashes** RELIG faire pénitence avec le sac et la cendre; **to be in ~ and ashes** *fig* être contrit.

sackful [ˈsækfʊl] *n* sac *m*; (whole) **~s of flour** des sacs entiers de farine; **we've been getting letters by the** ~ nous avons reçu des sacs entiers de lettres.

sacking [ˈsækɪŋ] *n* -**1.** TEX toile *f* à sac OR d'emballage. -**2.** *inf* [dismissal] licenciement *m*. -**3.** [pillaging] sac *m*, pillage *m*.

sackload [ˈsækləʊd] = **sackful**.

sack race *n* course *f* en sac.

sacrament [ˈsækrəmənt] *n* sacrement *m*.
◆ **Sacrament** *n*: **the Blessed** OR **holy Sacrament** le saint sacrement.

sacramental [ˌsækrəˈmentl] ◇ *adj* [rite] sacramentel; [theology] sacramentaire.
◇ *n* sacramental *m*.

sacred [ˈseɪkrɪd] *adj* -**1.** [holy] sacré, saint; a ~ **place** un lieu saint; ~ **to their gods** consacré à leurs dieux; ~ **to his memory** voué OR dédié à sa mémoire; ~ **music** musique *f* sacrée OR religieuse. -**2.** [solemn, important - task, duty] sacré, solennel; [- promise, right] inviolable, sacré; [revered, respected] sacré; **nothing was ~ in his eyes** il n'y avait rien de sacré pour lui; **is nothing ~ any more?** on ne respecte donc plus rien aujourd'hui?

sacred cow *n fig* vache *f* sacrée.

Sacred Heart *n* RELIG Sacré-Cœur *m*.

sacredness [ˈseɪkrɪdnɪs] *n* -**1.** [holiness] caractère *m* sacré. -**2.** [solemness, importance] inviolabilité *f*.

sacrifice [ˈsækrɪfaɪs] ◇ *n* RELIG & *fig* sacrifice *m*; **to offer sthg (up) as a ~ to the gods** offrir qqch en sacrifice aux dieux; **I've made a lot of ~s for you** j'ai fait beaucoup de sacrifices pour vous.
◇ *vt* RELIG & *fig* sacrifier; **to ~ sthg to God** sacrifier qqch à Dieu; **she ~d herself for her children** elle s'est sacrifiée pour ses enfants.

sacrificial [ˌsækrɪˈfɪʃl] *adj* [rite, dagger] sacrificiel; [lamb, victim] du sacrifice.

sacrilege [ˈsækrɪlɪdʒ] *n literal* & *fig* sacrilège *m*; **to commit** ~ commettre un sacrilège.

sacrilegious [ˌsækrɪˈlɪdʒəs] *adj literal* & *fig* sacrilège.

sacristan [ˈsækrɪstn] *n* sacristain *m*.

sacristy [ˈsækrɪstɪ] (*pl* **sacristies**) *n* sacristie *f*.

sacrosanct [ˈsækrəʊsæŋkt] *adj literal* & *fig* sacro-saint.

sacrum [ˈseɪkrəm] (*pl* **sacra** [-krə]) *n* sacrum *m*.

sad [sæd] (*compar* **sadder**, *superl* **saddest**) *adj* -**1.** [unhappy, melancholy] triste; [stronger] affligé; **it makes me ~ to see what's become of them** ça me rend triste OR m'attriste de voir ce qu'ils sont devenus; **I shall be ~ to see you leave** je serai désolé de vous voir partir; **to be ~ at heart** avoir le cœur gros; **the flowers look** OR **are a bit ~** les fleurs ont triste mine. -**2.** [depressing - news, day, story] triste; [- sight, occasion] triste, attristant; [- painting, music, landscape] lugubre, triste; [- loss] cruel, douloureux; **but ~ to say it didn't last long** mais, malheureusement, cela n'a pas duré; **she came to a ~ end** elle a eu une triste fin; **the ~ fact is that he's incompetent** c'est malheureux à dire, mais c'est un incapable. -**3.** [regrettable, unsatisfactory] triste, regrettable; **it's a ~ state of affairs when this sort of thing can go unpunished** il est vraiment regrettable que de tels actes restent impunis; **it's a ~ reflection on modern society** ça n'est pas flatteur pour la société moderne.

SAD *n abbr of* seasonal affective disorder.

sadden [ˈsædn] *vt* rendre triste, attrister; [stronger] affliger.

saddle [ˈsædl] ◇ *n* -**1.** [on horse, bicycle] selle *f*; **to be in the** ~ *literal* & *fig* être en selle; **you'll soon be back in the ~ again** vous allez bientôt pouvoir vous remettre en selle. -**2.** CULIN [of lamb, mutton] selle *f*; [of hare] râble *m*. -**3.** GEOG col *m*.
◇ *vt* -**1.** [horse] seller. -**2.** *inf* [lumber]: **to ~ sb with sthg** refiler qqch à qqn; **I always get ~d with doing the nasty jobs** c'est toujours moi qui fais le sale boulot; **she was ~d with the children** elle s'est retrouvée avec les enfants sur les bras; **I don't want to ~ myself with any more work** je ne veux pas me taper du travail supplémentaire.
◆ **saddle up** *vi insep* seller sa monture.

saddlebacked [ˈsædlbækt] *adj* [horse] ensellé.

saddlebag [ˈsædlbæg] *n* [for bicycle, motorcycle] sacoche *f*; [for horse] sacoche *f* de selle.

saddlebill [ˈsædlbɪl] *n* jabiru *m*.

saddlebow [ˈsædlbəʊ] *n* [pommel] pommeau *m* (de selle); [front] arçon *m*.

saddlecloth [ˈsædlklɒθ] *n* tapis *m* de selle.

saddle horse *n* cheval *m* de selle.

saddler [ˈsædləʳ] *n* sellier *m*.

saddlery [ˈsædlərɪ] (*pl* **saddleries**) *n* [trade, shop, goods] sellerie *f*.

saddle soap *n* cirage *m* pour selles.

saddle sore *n* [on rider] *meurtrissures provoquées par de longues heures en selle*; [on horse] écorchure *f* OR excoriation *f* sous la selle.
◆ **saddle-sore** *adj*: **he was saddle-sore** il avait les fesses meurtries par de longues heures à cheval.

Sadducee [ˈsædjʊsiː] *n* Saducéen *m*, -enne *f*, Sadducéen *m*, -enne *f*.

sadism ['seɪdɪzm] *n* sadisme *m*.
sadist ['seɪdɪst] *n* sadique *mf*.
sadistic [sə'dɪstɪk] *adj* sadique.
sadly ['sædlɪ] *adv* -**1.** [unhappily] tristement; **she looked at me ~** elle m'a regardé tristement OR d'un air triste. -**2.** [unfortunately] malheureusement; **~, I won't be able to come** malheureusement, je ne pourrai pas venir. -**3.** [regrettably] déplorablement; **you are ~ mistaken** vous vous trompez du tout au tout; **the house had been ~ neglected** la maison était dans un état déplorable.
sadness ['sædnɪs] *n* tristesse *f*.
sadomasochism [,seɪdəʊ'mæsəkɪzm] *n* sadomasochisme *m*.
sadomasochist [,seɪdəʊ'mæsəkɪst] *n* sadomasochiste *mf*.
sadomasochistic ['seɪdəʊ,mæsə'kɪstɪk] *adj* sadomasochiste.
Saducee ['sædjʊsiː] = **Sadhucee**.
s.a.e., sae *n Br abbr of* stamped addressed envelope.
safari [sə'fɑːrɪ] *n* safari *m*; **they've gone on** OR **they're on ~** ils font un safari.
safari jacket *n* saharienne *f*.
safari park *n* safari park *m*.
safari suit *n* saharienne *f*.
safe [seɪf] ◇ *adj* -**1.** [harmless, not dangerous - car, machine] sûr; [- structure, building, fastening] solide; [- beach] pas dangereux; **the staircase doesn't look very ~** l'escalier n'a pas l'air très sûr; **they claim nuclear power is perfectly ~** ils prétendent que l'énergie nucléaire n'est pas du tout dangereuse; **this part of town is/isn't ~ at night** ce quartier est/n'est pas sûr la nuit; **this medicine is/isn't ~ for young children** ce médicament convient/ne convient pas aux enfants en bas âge; **is it ~ to come out now?** est-ce qu'on peut sortir (sans danger OR sans crainte) maintenant?; **is it ~ to swim here?** est-ce qu'on peut OR est-ce dangereux de nager ici?; **it isn't ~ to play in the street** il est dangereux de jouer dans la rue; **the bomb has been made ~** la bombe a été désamorcée; **the police kept the crowd at a ~ distance** les policiers ont empêché la foule d'approcher de trop près □ **the ~ period** *inf* MED *période du cycle pendant laquelle la femme est censée ne pas être féconde*; **~ sex** le sexe sans risque; **safer sex** le sexe à moindre risque. -**2.** [not risky, certain - course of action] sans risque OR risques, sans danger; [- investment] sûr; [- guess] certain; [- estimate] raisonnable; **to play ~** ne pas prendre de risques; **I played it ~ and arrived an hour early** pour ne pas prendre de risques, je suis arrivé une heure en avance; **you're always ~ ordering a steak** on ne prend jamais de risques en commandant un steak; **a ~ winner** un gagnant certain; **it's a ~ bet that he'll be late** on peut être sûr qu'il arrivera en retard; **the safest option** l'option la moins risquée; **I think it's ~ to say that everybody enjoyed themselves** je pense que l'on peut dire avec certitude que ça a plu à tout le monde; **it is a ~ assumption that...** on peut présumer sans risque que...; **take an umbrella (just) to be on the ~ side** prends un parapluie, c'est plus sûr OR au cas où □ **~ seat** *Br* POL *siège de député qui traditionnellement va toujours au même parti*; **it's as ~ as houses** cela ne présente pas le moindre risque; **better ~ than sorry** *prov* deux précautions valent mieux qu'une *prov*. -**3.** [secure - place] sûr; **keep it in a ~ place** gardez-le en lieu sûr; **is there anywhere ~ to leave my handbag?** y a-t-il un lieu sûr où je puisse laisser mon sac à main?; **in ~ hands** en mains sûres; **in ~ custody** [child] sous bonne garde; [securities, assets etc] en dépôt □ **~ haven** zone *f* protégée; **~ house** [for spies, wanted man] lieu *m* sûr. -**4.** [reliable]: **is he ~ with the money/the children?** est-ce qu'on peut lui confier l'argent/les enfants (sans crainte)?; **she's a very ~ driver** c'est une conductrice très sûre, elle ne prend pas de risques au volant. -**5.** [protected, out of danger] en sécurité, hors de danger; **I don't feel ~ alone at night** je ne me sens pas en sécurité tout seul la nuit; **the money's ~ in the bank** l'argent est en sécurité à la banque; **keep ~!** *Am* prends bien soin de toi!; **the secret will be ~ with her** elle ne risque pas d'ébruiter le secret; **~ from attack** à l'abri d'une attaque; **nobody is ~ from suspicion** personne n'est à l'abri des soupçons; **no woman is ~ with him** c'est un coureur invétéré; **you don't look very ~ standing on that chair** tu as l'air d'être en équilibre instable debout sur cette chaise; **(have a) ~ journey!** bon voyage! -**6.** [unharmed, undamaged] sain et sauf; **we shall pay upon ~ delivery of the goods** nous payerons après réception des marchandises; **he arrived ~ (and sound)** il est arrivé sain et sauf.
◇ *n* -**1.** [for money, valuables etc] coffre-fort *m*. -**2.** [for food] garde-manger *m inv*.
safeblower ['seɪf,bləʊə^r] *n* perceur *m*, -euse *f* de coffres-forts *(qui emploie des explosifs)*.
safebreaker ['seɪf,breɪkə^r] *n* perceur *m*, -euse *f* de coffres-forts.
safe-conduct [-'kɒndʌkt] *n* sauf-conduit *m*.
safecracker ['seɪf,krækə^r] *Am* = **safebreaker**.
safe-deposit box *n* coffre *m (dans une banque)*.
safeguard ['seɪfgɑːd] ◇ *vt* sauvegarder; **to ~ sb/sthg against sthg** protéger qqn/qqch contre qqch.
◇ *n* sauvegarde *f*; **as a ~ against theft** comme précaution contre le vol.
safekeeping [,seɪf'kiːpɪŋ] *n* (bonne) garde *f*; **she was given the documents for ~** on lui a confié les documents; **the money is in your ~** je vous confie l'argent.
safelight ['seɪflaɪt] *n* PHOT lampe *f* inactinique.
safely ['seɪflɪ] *adv* -**1.** [without taking risks] sûrement; **drive ~!** soyez prudent sur la route!; **an area where women can ~ go out at night** un quartier où les femmes peuvent sortir la nuit en toute tranquillité; **you can ~ invest with them** vous pouvez investir chez eux en toute tranquillité. -**2.** [confidently, certainly] avec confiance OR certitude; **we can ~ predict that...** nous pouvons prédire avec certitude que... -**3.** [securely] en sécurité, à l'abri; **I've put the money away ~** j'ai mis l'argent en sécurité; **all the doors and windows are ~ locked** toutes les portes et les fenêtres sont bien fermées. -**4.** [without incident] sans incident; **I'm just phoning to say I've arrived ~** je téléphone juste pour dire que je suis bien arrivé; **the bill was seen ~ through Parliament** le projet de loi fut voté sans problème par le Parlement.
safety ['seɪftɪ] ◇ *n* [absence of danger] sécurité *f*; **the injured were helped to ~** on a aidé les blessés à se mettre à l'abri; **there are fears for the ~ of the hostages** on craint pour la vie des otages; **we are concerned about the ~ of imported toys** nous craignons que les jouets importés présentent certains dangers; **he ran for ~** il a couru se mettre à l'abri; **he reached ~** il arriva en lieu sûr; **in a place of ~** en lieu sûr; **there's ~ in numbers** plus on est nombreux, plus on est en sécurité; **~ first!** ne prenez pas de risques! □ **road ~** sécurité *f* routière.
◇ *comp* [device, feature, measures etc] de sécurité; **~ regulations** consignes *fpl* de sécurité.
safety belt *n* ceinture *f* de sécurité.
safety catch *n* -**1.** [on gun] cran *m* de sécurité. -**2.** [on window, door] cran *m* de sûreté.
safety chain *n* [on door] chaîne *f* de sûreté; [on bracelet] chaînette *f* de sûreté.
safety curtain *n* THEAT rideau *m* de fer.
safety-deposit box = **safe-deposit box**.
safety film *n* film *m* de protection.
safety-first *adj* [campaign, measures] de sécurité; [investment, shares] de toute sécurité.
safety glass *n* verre *m* de sécurité.
safety helmet *n* casque *m* (de protection).
safety island *n Am* refuge *m (sur une route)*.
safety lamp *n* lampe *f* de mineur.
safety match *n* allumette *f* de sûreté.
safety net *n literal & fig* filet *m*; **without a ~** sans filet.
safety officer *n* responsable *mf* de la sécurité.
safety pin *n* -**1.** [fastener] épingle *f* de nourrice OR de sûreté. -**2.** [of grenade, bomb] goupille *f* de sûreté.
safety razor *n* rasoir *m* de sûreté.
safety valve *n literal & fig* soupape *f* de sûreté.
saffron ['sæfrən] ◇ *n* -**1.** BOT & CULIN safran *m*. -**2.** [colour] jaune *m* safran.
◇ *adj* (jaune) safran *(inv)*.
sag [sæg] *(pt & pp* **sagged**, *cont* **sagging)** ◇ *vi* -**1.** [rope] être détendu; [roof, beam, shelf, bridge] s'affaisser; [branch] ployer; [jowls, cheeks, hemline] pendre; [breasts] tomber; **the bed ~s in the middle** le lit s'affaisse au milieu. -**2.** [prices, stocks, demand] fléchir, baisser; [conversation] traîner; **the novel ~s a bit in the middle** le roman perd un peu de son intérêt au milieu; **their spirits sagged** ils perdirent courage.
◇ *n* -**1.** [in rope] relâchement *m*; [of structure] affaissement *m*. -**2.** [in prices, stocks, demand] fléchissement *m*, baisse *f*.
saga ['sɑːgə] *n* -**1.** [legend, long novel, film] saga *f*. -**2.** [complicated story]: **I heard the whole ~ of her trip to France** elle m'a raconté son voyage en France en long et en large; **it's a ~ of bad management and wrong decisions** c'est une longue histoire de mauvaise gestion et de mauvaises décisions.
sagacious [sə'geɪʃəs] *adj lit* [person] sagace, perspicace, avisé; [remark] judicieux.
sagaciously [sə'geɪʃəslɪ] *adv lit* avec sagacité, judicieusement.
sagaciousness [sə'geɪʃəsnɪs], **sagacity** [sə'gæsətɪ] *n lit* sagacité *f*.
sage [seɪdʒ] ◇ *n* -**1.** *lit* [wise person] sage *m*. -**2.** BOT & CULIN sauge *f*; **~ and onion stuffing** farce *f* à la sauge et à l'oignon.
◇ *adj lit* [wise] sage, judicieux.
sagebrush ['seɪdʒbrʌʃ] *n* armoise *f*.
sage green *n* vert cendré *m*.
◆ **sage-green** *adj* vert cendré *(inv)*.
sagely ['seɪdʒlɪ] *adv* avec sagesse, avec sagacité.
sagging ['sægɪŋ] *adj* -**1.** [rope] détendu; [bed, roof, bridge] affaissé; [shelf, beam] qui ploie; [hemline] qui pend; [jowls, cheeks] pendant; [breasts] tombant. -**2.** [prices, demand] en baisse; [spirits] abattu, découragé.
Sagittarius [,sædʒɪ'teərɪəs] ◇ *pr n* ASTROL & ASTRON Sagittaire *m*.
◇ *n*: **he's a ~** il est (du signe du) Sagittaire.
sago ['seɪgəʊ] *n* sagou *m*; **~ pudding** sagou au lait.
sago palm *n* sagoutier *m*.
Sahara [sə'hɑːrə] *pr n*: **the ~ (Desert)** le (désert du) Sahara.
Saharan [sə'hɑːrən] ◇ *n* LING saharien *m*.
◇ *adj* saharien; **sub-~ Africa** Afrique *f* subsaharienne.
sahib ['sɑːɪb] *n* sahib *m*.
said [sed] ◇ *pt & pp* → **say**.
◇ *adj*: **the ~ Howard Riley** le dit OR dénommé Howard Riley; **the ~ Anne Smith** la dite OR dénommée Anne Smith; **the ~ articles** les dits articles.
Saida ['saɪdə] *pr n* Saida, Sayda.
sail [seɪl] ◇ *n* -**1.** [on boat] voile *f*; **in full ~** toutes voiles dehors; **the boat was under ~** le bateau était sous voiles; **they rounded the cape under ~** ils doublèrent le cap à la voile; **under 300 m^2 of ~** avec une voilure de 300 m^2; **to set ~** [boat] prendre la mer, appareiller; [person] partir (en bateau); **to make ~** [hoist sails] hisser les voiles; [leave] prendre la mer, appareiller. -**2.** [journey] voyage *m* en bateau; [pleasure trip] promenade *f* en bateau; **to go for a ~** faire un tour en bateau; **it's a few hours' ~ from here** c'est à quelques heures d'ici en bateau. -**3.** [of windmill] aile *f*.
◇ *vi* -**1.** [move over water - boat, ship] naviguer; **the trawler was ~ing north** le chalutier se dirigeait OR cinglait vers le nord; **the boat ~ed**

up/down the river le bateau remonta/descendit le fleuve; **the ferry ~ed into Dover** le ferry-boat entra dans le port de Douvres ❑ **to ~ close to the wind** naviguer au (plus) près; *fig* jouer un jeu dangereux. -**2.** [set off - boat, passenger] partir, prendre la mer, appareiller; **the Britannica ~s at noon** le Britannica appareille à midi. -**3.** [travel by boat] voyager (en bateau); **are you flying or ~ing?** est-ce que vous y allez en avion ou en bateau?; **they ~ed from Liverpool to Boston** ils ont fait le voyage de Liverpool à Boston en bateau. -**4.** [as sport or hobby]: **to ~, to go ~ing** faire de la voile. -**5.** *fig*: **swans ~ed by on the lake** des cygnes glissaient sur le lac; **birds ~ed across the sky** des oiseaux passaient dans le ciel; **a sports car ~ed past me** une voiture de sport m'a doublé à toute vitesse; **the balloons ~ed into the air** les ballons se sont envolés; **the ball ~ed over the wall** la balle est passée par-dessus le mur; **my hat ~ed off my head and into the water** un coup de vent m'a arraché mon chapeau qui s'est retrouvé dans l'eau; **she ~ed across the room to greet me** elle traversa la pièce d'un pas majestueux pour venir à ma rencontre.

◇ *vt* -**1.** [boat - subj: captain] commander; [- subj: helmsman, yachtsman] barrer; **have you ever ~ed a catamaran before?** est-ce que vous avez déjà barré un catamaran?; **to ~ a boat through a channel** manœuvrer un bateau dans un chenal; **she ~ed the boat into port** elle a manœuvré OR piloté le bateau jusque dans le port. -**2.** [cross - sea, lake] traverser; **to ~ the Atlantic single-handed** traverser l'Atlantique en solitaire; **to ~ the seas** parcourir les mers.

◆ **sail into** *inf vt insep* [attack] tomber à bras raccourcis sur.

◆ **sail through** *vt insep & vi insep* [succeed] réussir haut la main.

sailboard ['seɪlbɔːd] *n* planche *f* à voile.

sailboarder ['seɪl,bɔːdə^r] *n* véliplanchiste *mf*.

sailboarding ['seɪl,bɔːdɪŋ] *n* planche *f* à voile *(activité)*.

sailboat ['seɪlbəʊt] *n Am* voilier *m*, bateau *m* à voile.

sailcloth ['seɪlklɒθ] *n* toile *f* à voile OR à voiles.

sailing ['seɪlɪŋ] *n* -**1.** [activity] navigation *f*; [hobby] voile *f*, navigation *f* de plaisance; [sport] voile *f*. -**2.** [departure] départ *m*; **there are three ~s a day for Cherbourg** il y a trois départs par jour pour Cherbourg.

sailing boat *n* voilier *m*, bateau *m* (à voiles).

sailing dinghy *n* canot *m* à voile.

sailing ship *n* (grand) voilier *m*, navire *m* à voile OR à voiles.

sailmaker ['seɪl,meɪkə^r] *n* voilier *m (personne)*.

sailor ['seɪlə^r] *n* -**1.** [gen] marin *m*, navigateur *m*, -trice *f*; **I'm a good/bad ~** j'ai/je n'ai pas le pied marin. -**2.** [as rank] matelot *m*.

sailor collar *n* col *m* marin.

sailor hat *n* béret *m* de marin.

sailor suit *n* costume *m* marin.

sailplane ['seɪlpleɪn] *n* planeur *m*.

sainfoin ['sænfɔɪn] *n* sainfoin *m*.

saint [seɪnt] *n* saint *m*, -e *f*; **Saint David** saint David; **Saint David's day** la Saint-David; **Saint David's (Church)** (l'église *f*) Saint-David; **All Saints' (Day)** la Toussaint.

Saint Bernard [*Br* -'bɜːnəd, *Am* -bər'nɑːrd] *n* [dog] saint-bernard *m inv*.

sainted ['seɪntɪd] *adj* [person] sanctifié; [place] sacré, consacré; **my ~ aunt!** *inf dated* vingt dieux!

Saint Elmo's fire [-'elməʊ-] *n* feu *m* Saint-Elme.

Saint Gotthard Pass [-'gɒtəd-] *pr n*: **the ~** le col du Saint-Gothard.

Saint Helena [-ɪ'liːnə] *pr n* Sainte-Hélène; **on ~** à Sainte-Hélène.

sainthood ['seɪnthʊd] *n* sainteté *f*.

Saint John's wort [-wɜːt] *n* millepertuis *m*.

Saint Lawrence [-'lɒrəns] *pr n*: **the ~ (River)** le Saint-Laurent.

Saint Lawrence Seaway *pr n* GEOG voie *f* maritime du Saint-Laurent.

saintlike ['seɪntlaɪk] = **saintly**.

saintliness ['seɪntlɪnɪs] *n* sainteté *f*.

Saint Lucia [-'luːʃə] *pr n* Sainte-Lucie.

saintly ['seɪntlɪ] (*compar* **saintlier**, *superl* **saintliest**) *adj* [life, behaviour, humility, virtue] de saint; **she was a ~ woman** c'était une vraie sainte.

Saint Mark's Square *pr n* la place Saint-Marc.

Saint Peter *pr n*: **~'s Basilica** la basilique Saint-Pierre.

Saint Petersburg [-'piːtəzbɜːg] *pr n* Saint-Pétersbourg.

Saint Pierre and Miquelon [-,pjɜːrən'mɪkəlɒn] *pr n* Saint-Pierre-et-Miquelon; **in ~** à Saint-Pierre-et-Miquelon.

saint's day *n* fête *f (d'un saint)*.

Saint Vitus' dance [-'vaɪtəs] *n* MED danse *f* de Saint-Guy, chorée *f*.

saith [seθ] *arch* OR BIBLE *pres sg* → **say**.

saithe [seɪθ] *n Br* colin *m*, lieu *m* noir.

sake[1] [seɪk] *n*: **for sb's ~** [for their good] pour (le bien de) qqn; [out of respect for] par égard pour qqn; [out of love for] pour l'amour de qqn; **do it for my ~/for your own ~** fais-le pour moi/pour toi; **I only came for your ~** je ne suis venu qu'à cause de toi OR que pour toi; **please come, for both our ~s** viens s'il te plaît, fais-le pour nous deux; **they decided not to divorce for the ~ of the children** ils ont décidé de ne pas divorcer à cause des enfants; **I walk to work for its own ~, not to save money** je vais travailler à pied pour le plaisir, pas par esprit d'économie; **they're just talking for the ~ of talking** OR **of it** ils parlent pour ne rien dire; **art for art's ~** l'art pour l'art; **for the ~ of higher profits** pour réaliser de plus gros bénéfices; **all that for the ~ of a few dollars** tout ça pour quelques malheureux dollars; **for old times' ~** en souvenir du passé; **for the ~ of argument, let's assume it costs £100** (pour les besoins de la discussion,) admettons que ça coûte 100 livres; **for goodness** OR **God's** OR **Christ's** OR **pity's** OR **heaven's ~!** pour l'amour du ciel OR de Dieu!

sake[2] ['sɑːkɪ] *n* [drink] saké *m*.

Sakhalin ['sækəliːn] *pr n* Sakhaline.

sal [sæl] *n* CHEM sel *m*.

salaam [sə'lɑːm] ◇ *n* salutation *f* à l'orientale.
◇ *vi* saluer à l'orientale.
◇ *interj* salam.

salable ['seɪləbl] *adj* vendable.

salacious [sə'leɪʃəs] *adj fml* [joke, book, look] salace, grivois, obscène.

salaciousness [sə'leɪʃəsnɪs], **salacity** [sə'læsətɪ] *n fml* salacité *f*, grivoiserie *f*, obscénité *f*.

salad ['sæləd] *n* salade *f*; **chicken ~** poulet *m* en salade; **tomato/fruit/mixed ~** salade de tomates/de fruits/mixte.

salad bar *n* [restaurant] *restaurant où l'on mange des salades*; *Br* [area] salad bar *m*.

salad bowl *n* saladier *m*.

salad cream *n Br sorte de mayonnaise (vendue en bouteille)*.

salad days *npl fig & lit* années *fpl* de jeunesse.

salad dressing *n* [gen] sauce *f (pour salade)*; [French dressing] vinaigrette *f*.

salad oil *n* huile *f* pour assaisonnement.

salad servers *npl* couverts *mpl* à salade.

Salamanca [,sælə'mæŋkə] *pr n* Salamanque.

salamander ['sælə,mændə^r] *n* salamandre *f*.

salami [sə'lɑːmɪ] *n* salami *m*, saucisson *m* sec.

salaried ['sælərɪd] *adj* salarié; **a ~ job** [gen] un emploi salarié; [as opposed to wage-earning] *emploi dont le salaire est mensuel et non hebdomadaire*.

salary ['sælərɪ] (*pl* **salaries**) ◇ *n* salaire *m*; **I have to bring up a family on a teacher's ~** je dois faire vivre ma famille avec un salaire d'enseignant.
◇ *comp* [bracket, level, scale] des salaires; **~ earner** salarié *m*, -e *f*.

sale [seɪl] ◇ *n* -**1.** [gen] vente *f*; **to make a ~** conclure une vente; **the ~ of alcohol is forbidden** la vente d'alcool est interdite; **~s of satellite TV dishes are growing** les ventes d'antennes paraboliques sont en hausse; **the branch with the highest ~s** la succursale avec le chiffre de vente le plus élevé; **'for ~'** 'à vendre'; **I'm afraid that article is not for ~** je regrette, cet article n'est pas à vendre; **our house is up for ~** nous avons mis notre maison en vente; **to put sthg up for ~** mettre qqch en vente; **on ~** en vente; **on ~ at a supermarket near you** en vente dans tous les supermarchés; **we bought the goods on a ~ or return basis** nous avons acheté la marchandise à condition ❑ **~ of work** vente *f* de charité. -**2.** [event] soldes *mpl*; **the January ~s attract huge crowds** les soldes de janvier attirent les foules; **the ~s are on in London** les soldes ont commencé à Londres; **I got it in a ~** je l'ai acheté en solde ❑ **closing-down ~** liquidation *f*; **~ price** prix *m* soldé. -**3.** [auction] vente *f* (aux enchères).
◇ *comp* [goods] soldé.

◆ **sales** *comp* [department, executive] des ventes, commercial; [promotion, forecasts, figures] des ventes.

saleable ['seɪləbl] = **salable**.

Salem ['seɪləm] *pr n* Salem; **the ~ witch trials** *Am* HIST la chasse aux sorcières de Salem.

THE SALEM WITCH TRIALS:
Série de procès qui se déroulèrent dans une atmosphère d'hystérie collective, aboutissant à la pendaison d'une vingtaine de personnes accusées de sorcellerie, dans la ville américaine de Salem (Massachusetts) en 1692.

---

saleratus [,sælə'reɪtəs] *n Am* CULIN bicarbonate *m* de soude.

Salerno [sə'lɜːnəʊ] *pr n* Salerne.

saleroom ['seɪlrʊm] *n Br* salle *f* des ventes.

salesclerk [*Br* 'seɪlzklɑːk, *Am* 'seɪlzklɜːrk] *n Am* vendeur *m*, -euse *f*.

sales force *n* force *f* de vente.

salesgirl ['seɪlzgɜːl] *n* vendeuse *f*.

salesman ['seɪlzmən] (*pl* **salesmen** [-mən]) *n* [in shop] vendeur *m*; [rep] représentant *m* (de commerce); **an insurance/encyclopedia ~** un représentant en assurances/encyclopédies.

sales manager *n* directeur *m* commercial, directrice *f* commerciale.

salesmanship ['seɪlzmənʃɪp] *n* art *m* de la vente, technique *f* de vente; **high-pressure** OR **aggressive ~** techniques de vente agressives.

salesperson ['seɪlz,pɜːsn] (*pl* **salespeople** [-,piːpl]) *n* [in shop] vendeur *m*, -euse *f*; [rep] représentant *m*, -e *f* (de commerce).

sales pitch = **sales talk**.

sales rep, sales representative *n* représentant *m*, -e *f* (de commerce).

sales resistance *n* réticence *f* de la part du consommateur; **our product met with some initial ~** le public n'a pas accepté notre produit tout de suite.

salesroom ['seɪlzrʊm] *Am* = **saleroom**.

sales slip *n Am* ticket *m* de caisse.

sales talk *n* boniment *m*.

sales tax *n Am* taxe *f* à la vente.

saleswoman ['seɪlz,wʊmən] (*pl* **saleswomen** [-,wɪmɪn]) *n* [in shop] vendeuse *f*; [rep] représentante *f* (de commerce).

Salic law ['sælɪk-] *n* HIST loi *f* salique.

salient ['seɪljənt] ◇ *adj* saillant.
◇ *n* ARCHIT & MIL saillant *m*.

salify ['sælɪfaɪ] (*pt & pp* **salified**) *vt* salifier.

salina [sə'laɪnə] *n* [marsh] marais *m* salant; [spring] source *f* saline; [lake] lac *m* salé.

saline ['seɪlaɪn] *adj* salin; **~ drip** MED perfusion *f* saline.

salinity [sə'lɪnətɪ] *n* salinité *f*.

salinometer [,sælɪ'nɒmɪtə^r] *n* salinomètre *m*.

saliva [sə'laɪvə] *n* salive *f*.

salivary gland ['sælɪvərɪ-] *n* glande *f* salivaire.

salivate ['sælɪveɪt] *vi* saliver.

salivation [,sælɪ'veɪʃn] *n* salivation *f.*

sallow ['sæləʊ] ◇ *adj* [gen] jaunâtre; [face, complexion] jaunâtre, cireux.
◇ *n* BOT saule *m.*

sallowness ['sæləʊnɪs] *n* teint *m* cireux.

sally ['sælɪ] (*pl* sallies, *pt* & *pp* sallied) *n* -**1.** [gen & MIL] sortie *f*; a successful ~ into the world of cinema *fig* une entrée réussie dans le monde du cinéma. -**2.** *fml* [quip] saillie *f lit.*
◆ **sally forth, sally out** *vi insep lit* sortir; we all sallied forth OR out into the snow nous sommes tous partis gaillardement sous la neige.

Sally Army *inf n Br abbr of* Salvation Army.

salmon ['sæmən] (*pl inv* OR salmons) *n* saumon *m*; smoked ~ saumon fumé; young ~ tacon *m.*

salmonella [,sælmə'nelə] (*pl* salmonellae [-li:]) *n* salmonella *f inv*, salmonelle *f*; ~ poisoning salmonellose *f.*

salmonellosis [,sælmənе'ləʊsɪs] *n* salmonellose *f.*

salmon pink *n* (rose *m*) saumon *m.*
◆ **salmon-pink** *adj* (rose) saumon *(inv).*

salmon trout *n* truite *f* saumonée.

Salome [sə'ləʊmɪ] *pr n* Salomé.

salon ['sælɒn] *n* salon *m*; hairdressing/beauty ~ salon *m* de coiffure/beauté.

Salonica, Salonika [sə'lɒnɪkə] *pr n* Salonique, Thessalonique.

saloon [sə'lu:n] *n* -**1.** *Br* = **saloon car**. -**2.** [public room] salle *f*, salon *m*; [on ship] salon *m*. -**3.** *Am* [bar] bar *m*; [in Wild West] saloon *m*. -**4.** *Br* = **saloon bar**.

saloon bar *n Br* salon *m (dans un pub).*

saloon car *n Br* conduite *f* intérieure, berline *f.*

salpingitis [,sælpɪn'dʒaɪtɪs] *n* salpingite *f.*

salsa ['sælsə] *n* MUS salsa *f.*

salsify ['sælsɪfaɪ] (*pl* salsifies) *n* salsifis *m.*

salt [sɔ:lt, sɒlt] ◇ *n* -**1.** CHEM & CULIN sel *m*; there's too much ~ in the soup la soupe est trop salée; the ~ of the earth le sel de la terre ❑ table ~ sel de table; I should take everything he says with a grain OR pinch of ~ je ne devrais pas prendre tout ce qu'il dit au pied de la lettre; to rub ~ into sb's wounds remuer le couteau dans la plaie. -**2.** *inf* [sailor]: old ~ (vieux) loup *m* de mer.
◇ *vt* -**1.** [food] saler. -**2.** [roads] saler, répandre du sel sur.
◇ *adj* salé; ~ pork porc *m* salé, petit salé *m.*
◆ **salts** *npl* PHARM sels *mpl*; like a dose of ~s rapidement.
◆ **salt away** *inf vt sep fig* [money] mettre de côté.
◆ **salt down** *vt sep* saler, conserver dans du sel.

SALT [sɔ:lt, sɒlt] (*abbr of* Strategic Arms Limitation Talks/Treaty) *n* SALT *m*; ~ talks négociations *fpl* SALT.

saltcellar ['sɔ:lt,selə^r] *n* salière *f.*

salted ['sɔ:ltɪd] *adj* salé.

salt flat *n* salant *m.*

salt-free *adj* sans sel.

saltiness ['sɔ:ltɪnɪs] *n* [quality of salt] salinité *f*; [taste] goût *m* salé.

salt lake *n* lac *m* salé.

Salt Lake City *pr n* Salt Lake City.

saltlick ['sɔ:ltlɪk] *n* -**1.** [block] pierre *f* à lécher. -**2.** [place] salant *m.*

salt marsh *n* marais *m* salant.

salt mine *n* mine *f* de sel.

saltpan ['sɔ:ltpæn] *n* marais *m* salant.

saltpetre *Br*, **saltpeter** *Am* [,sɔ:lt'pi:tə^r] *n* salpêtre *m.*

salt shaker *n Am* salière *f.*

salt tax *n* HIST gabelle *f.*

salt water *n* eau *f* salée.
◆ **saltwater** *adj* [fish, plant] de mer.

saltworks ['sɔ:ltwɜ:ks] *n* saline *f*, salines *fpl.*

salty ['sɔ:ltɪ] (*compar* saltier, *superl* saltiest) *adj* [food, taste] salé; [deposit] saumâtre.

salubrious [sə'lu:brɪəs] *adj* -**1.** [respectable] respectable, bien; it's not the most ~ of bars c'est un bar plutôt mal famé. -**2.** [healthy] salubre, sain.

salubrity [sə'lu:brətɪ] *n* salubrité *f.*

saluki [sə'lu:kɪ] *n* saluki *m.*

salutary ['sæljʊtrɪ] *adj* salutaire; a ~ lesson une leçon salutaire.

salutation [,sælju:'teɪʃn] *n* -**1.** [greeting] salut *m*, salutation *f*. -**2.** [on letter] formule *f* de début de lettre.

salute [sə'lu:t] ◇ *n* -**1.** MIL [with hand] salut *m*; to give (sb) a ~ faire un salut (à qqn); the lieutenant returned his ~ le lieutenant lui a rendu son salut; to stand at ~ garder le salut; to take the ~ passer les troupes en revue || [with guns] salve *f*; a twenty-one gun ~ une salve de vingt et un coups de canon. -**2.** [greeting] salut *m*, salutation *f*. -**3.** [tribute] hommage *m*; a ~ to British artists un hommage aux artistes britanniques.
◇ *vt* -**1.** MIL [with hand] saluer; [with guns] tirer une salve en l'honneur de; to ~ the flag saluer le drapeau. -**2.** [greet] saluer; she ~d me with a wave elle m'a salué d'un geste de la main. -**3.** [acknowledge, praise] saluer, acclamer; the press today ~s a new world champion la presse salue aujourd'hui un nouveau champion du monde.
◇ *vi* MIL faire un salut.

Salvador ['sælvədɔ:^r] *pr n* Salvador *(port).*

Salvadorean, Salvadorian [,sælvə'dɔ:rɪən] ◇ *n* Salvadorien *m*, -enne *f.*
◇ *adj* salvadorien.

salvage ['sælvɪdʒ] ◇ *vt* -**1.** [vessel, cargo, belongings] sauver; [old newspapers, scrap metal] récupérer; they managed to ~ some furniture from the fire ils ont réussi à sauver quelques meubles de l'incendie; a counter ~d from an old butcher's shop un comptoir récupéré dans une ancienne boucherie. -**2.** *fig* [mistake, meal] rattraper; [situation] rattraper, sauver; to ~ one's reputation sauver sa réputation.
◇ *n* -**1.** [recovery – of vessel, cargo, belongings, furniture] sauvetage *m*; [– of old newspapers, scrap metal] récupération *f*. -**2.** *(U)* [things recovered – from shipwreck, disaster] objets *mpl* sauvés; [– for re-use, recycling] objets *mpl* récupérés. -**3.** [payment] indemnité *f* OR prime *f* de sauvetage.
◇ *comp* [company, operation, vessel] de sauvetage.

salvation [sæl'veɪʃn] *n* -**1.** RELIG salut *m*. -**2.** *fig*: writing has always been my ~ écrire m'a toujours sauvé; the country's ~ does not lie in rearmament le pays ne va pas trouver son salut dans le réarmement, ce n'est pas le réarmement qui va sauver le pays.

Salvation Army *pr n*: the ~ l'Armée *f* du salut.

salvationist [sæl'veɪʃənɪst] *n* -**1.** [member of evangelical sect] salutiste *mf*. -**2.** [member of Salvation Army] salutiste *mf.*

salve [sælv] ◇ *n* -**1.** [ointment] baume *m*, pommade *f*; lip ~ pommade pour les lèvres. -**2.** *fig* [relief] baume *m lit*, apaisement *m.*
◇ *vt* -**1.** [relieve] calmer, soulager; I did it to ~ my conscience je l'ai fait par acquit de conscience. -**2.** [salvage] sauver.

salver ['sælvə^r] *n* plateau *m* (de service); a silver ~ un plateau en argent.

salvia ['sælvɪə] *n* BOT salvia *f*, sauge *f.*

salvo ['sælvəʊ] (*pl* salvos OR salvoes) *n* -**1.** MIL salve *f*. -**2.** *fig* [of applause] salve *f*; [of laughter] éclat *m*; [of insults] torrent *m.*

sal volatile [,sælvə'lætəlɪ] *n (U)* sel *m* volatile, sels *mpl* (anglais).

salvor ['sælvə^r] *n* sauveteur *m* (en mer).

Salzburg ['sæltsbɜ:g] *pr n* Salzbourg.

SAM [sæm] (*abbr of* surface-to-air missile) *n* missile *m* sol-air.

Samaria [sə'meərɪə] *pr n* Samarie *f*; in ~ en Samarie.

Samaritan [sə'mærɪtn] ◇ *n* RELIG Samaritain *m*, -e *f*; the Good ~ le bon Samaritain; she's a real good ~ elle est très secourable.
◇ *adj* samaritain.
◆ **Samaritans** *pl pr n*: the ~s *association proposant un soutien moral par téléphone aux personnes déprimées*, ≃ SOS Amitié.

samarium [sə'meərɪəm] *n* samarium *m.*

samba ['sæmbə] ◇ *n* samba *f.*
◇ *vi* danser la samba.

sambo▼ ['sæmbəʊ] (*pl* sambos) *n terme raciste et vieilli désignant un Noir*, ≃ nègre *m.*

same [seɪm] ◇ *adj* même; she's wearing the ~ glasses as you elle porte les mêmes lunettes que toi; you saw the ~ film I did tu as vu le même film que moi; their son is the ~ age as ours leur fils a le même âge que le nôtre; are you still at the ~ address? êtes-vous toujours à la même adresse?; the two suitcases are exactly the ~ colour/shape les deux valises sont exactement de la même couleur/ont exactement la même forme; it always seems to be the ~ people who suffer on dirait que ce sont toujours les mêmes qui souffrent; they are one and the ~ thing c'est une seule et même chose; they are one and the ~ person ils ne font qu'un; it all boils down to the ~ thing cela revient au même; see you ~ time, ~ place je te retrouve à la même heure, au même endroit ❑ ~ difference! *inf* c'est du pareil au même!
◇ *pron* -**1.** the ~ [unchanged] le même *m*, la même *f*, les mêmes *mfpl*; it's the ~ as before c'est comme avant; life's just not the ~ now they're gone les choses ont changé depuis qu'ils sont partis; the city centre is still the ~ le centre ville n'a pas changé; it's not spelt the ~ ça ne s'écrit pas de la même façon; she is exactly the ~ elle n'a pas changé du tout || [identical] identique; the two vases are exactly the ~ les deux vases sont identiques. -**2.** [used in comparisons]: the ~ la même chose; it's the ~ in Italy c'est la même chose OR c'est pareil en Italie; it's always the ~ c'est toujours la même chose OR toujours pareil; it's not a bit the ~ ce n'est pas du tout la même chose OR pas du tout pareil; it's the ~ here as in France c'est la même chose ici qu'en France ❑ aren't you Freddie Fortescue? – the very ~ vous n'êtes pas Freddie Fortescue? – lui-même; (the) ~ again, please la même chose (, s'il vous plaît); if it's all the ~ to you, I'll go now si cela ne vous fait rien, je vais partir maintenant; it's all OR just the ~ to me what you do tu peux faire ce que tu veux, ça m'est bien égal; I was really cross – ~ here! *inf* j'étais vraiment fâché – et moi donc!; Happy Christmas – (and the) ~ to you! Joyeux Noël – à vous aussi OR de même!; stupid idiot – and the ~ to you! *inf* espèce d'imbécile! – imbécile toi-même! -**3.** JUR: the ~ [aforementioned] le susdit *m*, la susdite *f*. -**4.** COMM: and for delivery of ~ et pour livraison de ces (mêmes) articles.
◆ **all the same, just the same** *adv phr* quand même; all OR just the ~, I would like to know what happened quand même, j'aimerais bien savoir ce qui s'est passé; all the ~, I still like her je l'aime bien quand même; thanks all the ~ merci quand même.

same-day *adj* COMM [processing, delivery] dans la journée.

sameness ['seɪmnɪs] *n* -**1.** [similarity] similitude *f*, ressemblance *f*. -**2.** [tedium] monotonie *f*, uniformité *f.*

samey *inf* ['seɪmɪ] *adj Br pej* monotone, ennuyeux.

samizdat ['sæmɪzdæt] *n* samizdat *m.*

Samoa [sə'məʊə] *pr n* Samoa *m*; in ~ à Samoa.

Samoan [sə'məʊən] ◇ *n* -**1.** [person] Samoan *m*, -e *f*. -**2.** LING samoan *m.*
◇ *adj* samoan.

samosa [sə'məʊsə] (*pl inv* OR samosas) *n petit pâté indien à la viande ou aux légumes.*

samovar ['sæmə,vɑ:^r] *n* samovar *m.*

Samoyed [sə'mɔɪəd] (*pl inv* OR Samoyeds)
◇ *npl* [people]: the ~ les Samoyèdes *mpl*.
◇ *n* LING samoyède *m*.

sampan ['sæmpæn] *n* sampan *m*, sampang *m*.

samphire ['sæmfaɪəʳ] *n*: (rock) ~ criste-marine *f*, crithme *m*; **golden** ~ inule *f*; **marsh** ~ salicorne *f*.

sample ['sɑːmpl] ◇ *n* -**1.** [gen, COMM & SOCIOL] échantillon *m*; **a free** ~ un échantillon gratuit; **a representative** ~ **of the population** un échantillon représentatif de la population; **please bring a** ~ **of your work** veuillez apporter un échantillon de votre travail; **up to** ~ COMM conforme à l'échantillon. -**2.** GEOL, MED & SCI échantillon *m*, prélèvement *m*; [of blood] prélèvement *m*; [of urine] échantillon *m*; **water/rock** ~**s** prélèvements *mpl* d'eau/de roche; **to take a** ~ prélever un échantillon, faire un prélèvement; **to take a blood** ~ faire une prise de sang.
◇ *comp*: **a** ~ **bottle/pack** *etc* un échantillon; **we'll send you a** ~ **bottle of our shampoo** nous vous enverrons un échantillon de notre shampooing; **do the** ~ **exercise first** faites d'abord l'exercice donné à titre d'exemple; **a** ~ **question from last year's exam paper** un exemple de question tiré de l'examen de l'année dernière.
◇ *vt* -**1.** [food, drink] goûter (à), déguster; [new experience, way of life] goûter à. -**2.** MUS échantillonner.

sampler ['sɑːmpləʳ] *n* -**1.** SEW modèle *m* de broderie. -**2.** [collection of samples] échantillonnage *m*, sélection *f*. -**3.** MUS échantillonneur *m*.

sampling ['sɑːmplɪŋ] *n* [gen & COMPUT] échantillonnage *m*.

Samson ['sæmsn] *pr n*: ~ **and Delilah** Samson et Dalila; **he's a real** ~ il est fort comme un Turc.

Samuel ['sæmjʊəl] *pr n* BIBLE Samuel; **the Books of** ~ les livres *mpl* de Samuel.

samurai ['sæmʊraɪ] (*pl inv*) *n* samouraï *m*, samourai *m inv*.

Sana'a [sɑː'nɑː] *pr n* Sana'a.

sanatorium [,sænə'tɔːrɪəm] (*pl* sanatoriums OR sanatoria [-rɪə]) *n* [nursing home] sanatorium *m*; [sick bay] infirmerie *f*.

sancta ['sæŋktə] *pl* → **sanctum**.

sanctification [,sæŋktɪfɪ'keɪʃn] *n* sanctification *f*.

sanctify ['sæŋktɪfaɪ] (*pt & pp* sanctified) *vt* sanctifier.

sanctimonious [,sæŋktɪ'məʊnjəs] *adj* moralisateur; **I hate his** ~ **manner** je ne supporte pas ses airs de petit saint.

sanctimoniously [,sæŋktɪ'məʊnjəslɪ] *adv* [look] d'un air de petit saint, [speak] d'un ton bigot OR moralisateur.

sanctimoniousness [,sæŋktɪ'məʊnjəsnɪs] *n* airs *mpl* de petit saint, pharisaïsme *m*.

sanction ['sæŋkʃn] ◇ *n* -**1.** [approval] sanction *f*, accord *m*, consentement *m*; **with the** ~ **of the government** avec l'accord du gouvernement; **it hasn't yet been given official** ~ ceci n'a pas encore été officiellement approuvé OR sanctionné, ceci n'a pas encore eu l'approbation OR sanction officielle; **it has the** ~ **of long usage** c'est consacré par l'usage. -**2.** [punitive measure] sanction *f*; **the firm was accused of** ~**s busting** la société a été accusée d'avoir contourné les sanctions; **to impose (economic)** ~**s on a country** prendre des sanctions (économiques) à l'encontre d'un pays.
◇ *vt* sanctionner, entériner; [behaviour] approuver; **tradition has long** ~**ed this error** la tradition a entériné OR consacré cette erreur depuis longtemps.

sanctity ['sæŋktətɪ] *n* [of person, life] sainteté *f*; [of marriage, property, place - holiness] caractère *m* sacré; [- inviolability] inviolabilité *f*.

sanctuary ['sæŋktʃʊərɪ] (*pl* sanctuaries) *n* -**1.** [holy place] sanctuaire *m*. -**2.** [refuge] refuge *m*, asile *m*; **to seek** ~ chercher asile OR refuge ❑ **wildlife** ~ réserve *f* animale.

sanctum ['sæŋktəm] (*pl* sanctums OR sancta [-tə]) *n* -**1.** [holy place] sanctuaire *m*. -**2.** *hum* [private place] refuge *m*, retraite *f*, tanière *f*; **he's in his inner** ~ il s'est retiré dans sa tanière.

sand [sænd] ◇ *n* -**1.** [substance] sable *m*; **miles of golden** ~**s** des kilomètres de sable doré; **shifting** ~ sables mouvants; **the** ~**s of time** le temps qui passe; **to build on** ~ *fig* bâtir sur le sable. -**2.** ▽ *Am* [courage] cran *m*.
◇ *comp* [dune] de sable.
◇ *vt* -**1.** [polish, smooth] poncer. -**2.** [spread sand on] sabler.
◆ **sand down** *vt sep* [wood, metal] poncer au papier de verre, décaper.

sandal ['sændl] *n* -**1.** [footwear] sandale *f*. -**2.** = **sandalwood**.

sandalwood ['sændlwʊd] *n* bois *m* de santal; ~ **oil** essence *f* de bois de santal.

sandbag ['sændbæg] (*pt & pp* sandbagged)
◇ *n* sac *m* de sable OR de terre.
◇ *vt* -**1.** [shore up] renforcer avec des sacs de sable; [protect] protéger avec des sacs de sable. -**2.** *inf* [hit] assommer. -**3.** *inf Am* [coerce]: **to** ~ **sb into doing sthg** forcer qqn à faire qqch.

sandbank ['sændbæŋk] *n* banc *m* de sable.

sandbar ['sændbɑːʳ] *n* barre *f* *(dans la mer, dans un estuaire)*.

sandblast ['sændblɑːst] ◇ *vt* décaper à la sableuse, sabler.
◇ *n* jet *m* de sable.

sandblaster ['sænd,blɑːstəʳ] *n* sableuse *f*.

sandblasting ['sænd,blɑːstɪŋ] *n* décapage *m* à la sableuse, sablage *m*.

sand-blind *adj* mal voyant.

sandbox ['sændbɒks] *n* -**1.** RAIL sablière *f*. -**2.** [for children] bac *m* à sable.

sandboy ['sændbɔɪ] *n phr*: **(as) happy as a** ~ heureux comme un poisson dans l'eau.

sand-cast *vt* couler en sable.

sandcastle ['sænd,kɑːsl] *n* château *m* de sable.

sand dollar *n* clypéastéroïde *m*.

sand eel *n* lançon *m*, équille *f*.

sander ['sændəʳ] *n* [tool] ponceuse *f*; **finishing** ~ ponceuse *f* à bande; **orbital** ~ ponceuse *f* orbitale.

sand flea *n* [sandhopper] puce *f* de mer, talitre *m*; [chigoe] chique *f*.

sand fly *n* phlébotome *m*, mouche *f* des sables.

sandglass ['sændglɑːs] *n* sablier *m*.

sandhopper ['sænd,hɒpəʳ] *n* puce *f* de mer.

Sandhurst ['sændhɜːst] *pr n* *centre de formation militaire britannique établi à Sandhurst, dans le Berkshire.*

sanding ['sændɪŋ] *n* -**1.** [of wood, plaster] ponçage *m*. -**2.** [of roads] sablage *m*.

Sandinista [,sændɪ'niːstə] ◇ *adj* sandiniste.
◇ *n* sandiniste *mf*.

sand lance = **sand eel**.

sand lot *n Am* terrain *m* vague.

sandman ['sændmæn] *n* marchand *m* de sable *fig*.

sand martin *n* hirondelle *f* de rivage.

Sandown Park ['sændaʊn-] *pr n* *champ de courses dans le Surrey (Angleterre).*

sandpaper ['sænd,peɪpəʳ] ◇ *n* papier *m* de verre.
◇ *vt* poncer (au papier de verre).

sandpie ['sændpaɪ] *n* pâté *m* de sable.

sandpiper ['sænd,paɪpəʳ] *n* bécasseau *m*, chevalier *m*.

sandpit ['sændpɪt] *n Br* -**1.** [for children] bac *m* à sable. -**2.** [quarry] sablonnière *f*.

Sandringham ['sændrɪŋəm] *pr n* *village du Norfolk où la famille royale possède une résidence de campagne.*

sandshoe ['sændʃuː] *n Br* (chaussure *f* de) tennis *m*.

sandstone ['sændstəʊn] *n* grès *m*.

sandstorm ['sændstɔːm] *n* tempête *f* de sable.

sand trap *n Am* bunker *m* (de sable).

sand wedge *n* sand-wedge *m*.

sandwich ['sænwɪdʒ] ◇ *n* -**1.** [bread] sandwich *m*; **a ham** ~ un sandwich au jambon. -**2.** = **sandwich cake**.
◇ *vt* -**1.** *inf* [place] intercaler; **I'll try to** ~ **you (in) between appointments** j'essaierai de vous caser entre deux rendez-vous. -**2.** *inf* [trap] prendre en sandwich, coincer; **I was** ~**ed (in) between two large Russians** j'étais coincé entre deux gros Russes. -**3.** [join] joindre, coller; **we** ~**ed the boards together with glue** nous avons collé les planches.

sandwich bar *n Br* ≃ snack *m* *(où on vend des sandwiches)*.

sandwich board *n* panneau *m* publicitaire *(porté par un homme-sandwich)*.

sandwich cake *n Br* gâteau *m* fourré.

sandwich course *n Br* *formation en alternance.*

sandwich loaf *n* ≃ pain *m* de mie.

sandwich man *n* homme-sandwich *m*.

sandy ['sændɪ] (*compar* sandier, *superl* sandiest) *adj* -**1.** [beach, desert] de sable; [soil, road] sablonneux; [water, alluvium] sableux; [floor, clothes] couvert de sable. -**2.** [in colour] (couleur) sable *(inv)*; **he has** ~ OR ~**-coloured hair** il a les cheveux blond roux.

sand yacht *n* char *m* à voile.

sand-yachting *n* char *m* à voile; **to go** ~ faire du char à voile.

sane [seɪn] *adj* -**1.** [person] sain d'esprit; **to be of** ~ **mind** être sain d'esprit; **how do you manage to stay** ~ **in this environment?** comment fais-tu pour ne pas devenir fou dans une ambiance pareille? -**2.** [action] sensé; [attitude, approach, policy] raisonnable, sensé.

sanely ['seɪnlɪ] *adv* raisonnablement.

Sanforize® ['sænfəraɪz] *vt* sanforiser.

San Francisco [,sænfrən'sɪskəʊ] *pr n* San Francisco; **the** ~ **earthquake** le tremblement de terre de San Francisco.

THE SAN FRANCISCO EARTHQUAKE:
La plus importante catastrophe naturelle qu'aient connue les États-Unis (avril 1906). L'incendie provoqué par le séisme dura trois jours et détruisit les trois quarts de la ville, jetant 225 000 personnes à la rue et faisant 400 millions de dollars de dégâts. La ville fut reconstruite très rapidement avec l'aide du pays tout entier.

---

sang [sæŋ] *pt* → **sing**.

sangfroid [,sɒŋ'frwɑː] *n* sang-froid *m*.

sangria [sæŋ'grɪə] *n* sangria *f*.

sanguinary ['sæŋgwɪnərɪ] *adj lit* [murderer, tyrant] sanguinaire; [battle] sanglant.

sanguine ['sæŋgwɪn] ◇ *adj* -**1.** [optimistic - person, temperament] optimiste, confiant; [- attitude, prospect]: **he was** ~ **about the company's prospects** il voyait l'avenir de l'entreprise avec optimisme. -**2.** *lit* [ruddy - complexion] sanguin, rubicond.
◇ *n* ART sanguine *f*.

sanguinely ['sæŋgwɪnlɪ] *adv* avec optimisme OR confiance.

sanguineous [sæŋ'gwɪnɪəs] = **sanguine** *adj*.

sanies ['seɪnɪiːz] *n* pus *m*.

sanitarium [,sænɪ'teərɪəm] *Am* = **sanatorium**.

sanitary ['sænɪtrɪ] *adj* -**1.** [hygienic] hygiénique; **the kitchen didn't look very** ~ la cuisine n'avait pas l'air très propre. -**2.** [arrangements, conditions, measures, equipment] sanitaire.

sanitary engineer *n* technicien *m* du service sanitaire.

sanitary inspector *n* inspecteur *m* de la santé publique.

sanitary towel *Br*, **sanitary napkin** *Am* *n* serviette *f* hygiénique.

sanitation [,sænɪ'teɪʃn] *n* [public health] hygiène *f* publique; [sewers] système *m* sanitaire; [plumbing] sanitaires *mpl*; **the shanty towns have no** ~ **whatsoever** les bidonvilles n'ont absolument aucun système sanitaire.

sanitation worker *n Am* éboueur *m*.

sanitize, ise ['sænɪtaɪz] *vt* -**1.** [disinfect] désinfecter. -**2.** *fig* [expurgate] expurger; **the original tapes had been ~d** les bandes originales avaient été expurgées; **this is the ~d image he would like to project** c'est l'image proprette OR aseptisée qu'il voudrait présenter.

sanity ['sænətɪ] *n* -**1.** [mental health] santé *f* mentale; **to lose one's ~** perdre la raison. -**2.** [reasonableness] bon sens *m*, rationalité *f*.

sank [sæŋk] *pt* → **sink**.

San Marino [,sænmə'riːnəʊ] *pr n* Saint-Marin; in ~ à Saint-Marin.

sans [sænz] *prep arch* sans.

San Salvador [,sæn'sælvədɔːʳ] *pr n* San Salvador.

San Sebastian [,sænsə'bæstɪən] *pr n* Saint-Sébastien.

Sanskrit ['sænskrɪt] ◇ *adj* sanskrit.
◇ *n* sanskrit *m*.

sansserif [,sæn'serɪf] *n (U)* TYPO caractères *mpl* bâton OR sans empattement.

Santa *inf* ['sæntə], **Santa Claus** ['sæntə,klɔːz] *pr n* le père Noël.

Santa Fe [,sæntə'feɪ] *pr n* Santa Fe.

Santiago [,sæntɪ'ɑːgəʊ] *pr n* Santiago.

Santiago de Compostela [-dəkɒmpɒ'stelə] *pr n* Saint-Jacques-de-Compostelle.

Santorini [,sæntə'riːnɪ] *pr n* Santorin.

Sao Paulo [,saʊ'paʊləʊ] *pr n* -**1.** [city] Sao Paulo. -**2.** [state]: **~ (State)** Sao Paulo *m*, l'État *m* de Sao Paulo; in ~ dans le Sao Paulo.

sap [sæp] (*pt* & *pp* **sapped**, *cont* **sapping**) ◇ *n* -**1.** BOT sève *f*. -**2.** *inf Am* [fool] bêta *m*, -asse *f*, andouille *f*; [gullible person] nigaud *m*, -e *f*. -**3.** *inf Am* [cosh] matraque *f*, gourdin *m*. -**4.** MIL sape *f*.
◇ *vt* -**1.** *fig* [strength, courage] saper, miner. -**2.** *Am* [cosh] assommer (d'un coup de gourdin). -**3.** MIL saper.

saphead *inf* ['sæphed] *n Am* bêta *m*, -asse *f*, andouille *f*.

sapient ['seɪpjənt] *adj fml* sage.

sapling ['sæplɪŋ] *n* -**1.** BOT jeune arbre *m*. -**2.** *lit* [youth] jouvenceau *m*.

saponaceous [,sæpə'neɪʃəs] *adj* saponacé.

sapper ['sæpəʳ] *n Br* MIL soldat *m* du génie, sapeur *m*.

Sapphic ['sæfɪk] ◇ *adj* -**1.** [relating to Sappho] saphique. -**2.** LITERAT: **~ metre** vers *m* saphique. -**3.** *dated* [lesbian] saphique.
◇ *n* LITERAT [verse, line] saphique *m*.

sapphire ['sæfaɪəʳ] ◇ *n* [gem, colour] saphir *m*.
◇ *adj* [in colour] saphir *(inv)*.
◇ *comp* [ring, pendant] de saphir.

sapphism ['sæfɪzm] *n* saphisme *m*.

Sappho ['sæfəʊ] *pr n* Sapho, Sappho.

sappy ['sæpɪ] (*compar* **sappier**, *superl* **sappiest**) *adj* -**1.** [tree, leaves] plein de sève; [wood] vert. -**2.** *inf Am* [stupid] cloche. -**3.** *inf Am* [corny] nunuche.

sapwood ['sæpwʊd] *n* aubier *m*.

saraband(e) ['særəbænd] *n* sarabande *f*.

Saracen ['særəsn] ◇ *n* Sarrasin *m*, -e *f*.
◇ *adj* sarrasin.

Saragossa [,særə'gɒsə] *pr n* Saragosse.

Sarah ['seərə] *pr n* Sarah, Sara.

Sarajevo [,særə'jeɪvəʊ] *pr n* Sarajevo.

Saratoga [,særə'təʊgə] *pr n* Saratoga; **the battle of ~** la bataille de Saratoga.

THE BATTLE OF SARATOGA:
Bataille décisive, en 1777, de la guerre d'Indépendance américaine, à l'issue de laquelle les Anglais durent se rendre. Cette victoire décida la France à apporter son aide aux États-Unis.

Sarawak [sə'rɑːwək] *pr n* Sarawak; in ~ à Sarawak.

sarcasm ['sɑːkæzm] *n (U)* sarcasme *m*; **enough of your ~!** ça suffit, les sarcasmes!

sarcastic [sɑː'kæstɪk] *adj* sarcastique.

sarcastically [sɑː'kæstɪklɪ] *adv* d'un ton sarcastique.

sarcoma [sɑː'kəʊmə] (*pl* **sarcomas** OR **sarcomata** [-mətə]) *n* sarcome *m*.

sarcophagus [sɑː'kɒfəgəs] (*pl* **sarcophaguses** OR **sarcophagi** [-gaɪ]) *n* sarcophage *m*.

sardine [sɑː'diːn] *n* sardine *f*; **we were packed** OR **crammed in like ~s** nous étions serrés comme des sardines.

Sardinia [sɑː'dɪnjə] *pr n* Sardaigne *f*; in ~ en Sardaigne.

Sardinian [sɑː'dɪnjən] ◇ *n* -**1.** [person] Sarde *mf*. -**2.** LING sarde *m*.
◇ *adj* sarde.

sardonic [sɑː'dɒnɪk] *adj* sardonique.

sardonically [sɑː'dɒnɪklɪ] *adv* sardoniquement.

sargasso [sɑː'gæsəʊ] (*pl* **sargassos**) *n* sargasse *f*.

Sargasso Sea *pr n*: the ~ la mer des Sargasses.

sarge *inf* [sɑːdʒ] (*abbr of* **sergeant**) *n* sergent *m*.

sari ['sɑːrɪ] *n* sari *m*.

Sark [sɑːk] *pr n* Sercq.

sarky *inf* ['sɑːkɪ] (*compar* **sarkier**, *superl* **sarkiest**) *adj Br* sarcastique; **don't you get ~ with me!** ne sois pas sarcastique avec moi!

sarnie▽ ['sɑːnɪ] (*abbr of* **sandwich**) *n Br* sandwich *m*.

sarong [sə'rɒŋ] *n* sarong *m*.

sarsaparilla [,sɑːspə'rɪlə] *n* [plant] salsepareille *f*; [drink] boisson *f* à la salsepareille.

sartorial [sɑː'tɔːrɪəl] *adj* vestimentaire; **his ~ elegance** son élégance vestimentaire, l'élégance de sa mise.

Sartrean, Sartrian ['sɑːtrɪən] *adj* sartrien.

SAS (*abbr of* **Special Air Service**) *pr n commando d'intervention spéciale de l'armée britannique.*

SASE *n Am abbr of* **self-addressed stamped envelope**.

sash [sæʃ] *n* -**1.** [belt] ceinture *f* (en étoffe); [sign of office] écharpe *f*. -**2.** [frame of window, door] châssis *m*, cadre *m*.

sashay *inf* ['sæʃeɪ] *vi Am* [saunter] flâner; [strut] parader, se pavaner; **he ~ed in and said hello** [casually] il entra d'un pas nonchalant et dit bonjour; [ostentatiously] il entra en se pavanant et dit bonjour.

sash cord *n* corde *f (d'une fenêtre à guillotine)*.

sash window *n* fenêtre *f* à guillotine.

Saskatchewan [sæs'kætʃɪwən] *pr n* Saskatchewan *m*; in ~ dans le Saskatchwan.

sasquatch ['sæskwætʃ] *n animal légendaire (sorte de yéti) du Canada et du nord des États-Unis.*

sass *inf* [sæs] *Am* ◇ *n* culot *m*, toupet *m*.
◇ *vt* répondre (avec impertinence) à; **don't you ~ me!** ne me réponds pas sur ce ton!

sassafras ['sæsəfræs] *n* sassafras *m*; **~ oil** essence *f* de sassafras.

Sassenach ['sæsənæk] *n Scot pej terme péjoratif par lequel les Écossais désignent les Anglais.*

sassy *inf* ['sæsɪ] (*compar* **sassier**, *superl* **sassiest**) *adj Am* culotté, gonflé.

sat [sæt] *pt* & *pp* → **sit**.

Sat. (*written abbr of* **Saturday**) sam.

SAT [sæt] (*abbr of* **Scholastic Aptitude Test**) *n examen d'entrée à l'université aux États-Unis.*

Satan ['seɪtn] *pr n* Satan.

satanic [sə'tænɪk] *adj* satanique; **'The Satanic Verses'** *Rushdie* 'les Versets sataniques'.

satanically [sə'tænɪklɪ] *adv* sataniquement, d'une manière satanique.

satanism ['seɪtənɪzm] *n* satanisme *m*.

satanist ['seɪtənɪst] ◇ *adj* sataniste.
◇ *n* sataniste *mf*.

satchel ['sætʃəl] *n* cartable *m*.

sate [seɪt] *vt* [satisfy - person] rassasier; [- hunger] assouvir; [- thirst] étancher; **to feel ~d** se sentir rassasié OR repu.

sateen [sæ'tiːn] *n* satinette *f*.

satellite ['sætəlaɪt] ◇ *n* -**1.** ASTRON & TELEC satellite *m*; **broadcast live by ~** transmis en direct par satellite; **communications ~** satellite de télécommunications. -**2.** [country] pays *m* satellite; **the country is a ~ of the United States** c'est un pays satellite des États-Unis. -**3.** [in airport] satellite *m*.
◇ *comp* -**1.** [broadcast, broadcasting, network, relay] par satellite; **~ dish** antenne *f* de télévision par satellite; **~ television** télévision *f* par satellite; **ten ~ channels** dix chaînes (de télévision) par satellite. -**2.** [country] satellite; **~ state** état *m* satellite; **~ town** ville *f* satellite.

satiate ['seɪʃɪeɪt] *vt lit* -**1.** [satisfy - hunger, desire] assouvir; [- thirst] étancher. -**2.** [gorge] rassasier; **~d with pleasure** repu de plaisir.

satiation [,seɪʃɪ'eɪʃn] *n* satiété *f*; **to the point of ~** à satiété, jusqu'à satiété.

satiety [sə'taɪətɪ] = **satiation**.

satin ['sætɪn] ◇ *n* satin *m*.
◇ *comp* -**1.** [dress, shirt] en OR de satin. -**2.** [finish] satiné.

satinet(te) [,sætɪ'net] *n* satinette *f*.

satin stitch *n* plumetis *m*.

satin weave *n* armure *f* satin.

satinwood ['sætɪnwʊd] *n* (bois *m* de) satin *m*, satiné *m*.

satire ['sætaɪəʳ] *n* satire *f*; **it's a ~ on the English** c'est une satire contre les Anglais; **her novels are full of wit and ~** ses romans sont pleins de traits d'esprit et d'observations satiriques.

satiric(al) [sə'tɪrɪk(l)] *adj* satirique.

satirically [sə'tɪrɪklɪ] *adv* satiriquement.

satirist ['sætərɪst] *n* satiriste *mf*.

satirize, ise ['sætəraɪz] *vt* faire la satire de; **in her book, she ~s English manners** son livre est une satire OR fait la satire des mœurs anglaises.

satisfaction [,sætɪs'fækʃn] *n* -**1.** [fulfilment - of curiosity, hunger, demand, conditions] satisfaction *f*; [- of contract] exécution *f*, réalisation *f*; [- of debt] acquittement *m*, remboursement *m*; **the ~ of the union's demands** la satisfaction des revendications syndicales. -**2.** [pleasure] satisfaction *f*, contentement *m*; **to our (great) ~,** they left early à notre (grande) satisfaction, ils sont partis tôt; **is everything to your ~?** est-ce que tout est à votre convenance?; **the plan was agreed to everyone's ~** le projet fut accepté à la satisfaction générale; **to the ~ of the court** d'une manière qui a convaincu le tribunal; **I don't get much job ~** je ne tire pas beaucoup de satisfaction de mon travail. -**3.** [pleasing thing] satisfaction *f*; **life's little ~s** les petites satisfactions de la vie. -**4.** [redress - of a wrong] réparation *f*; [- of damage] dédommagement *m*; [- of an insult] réparation *f*; **to demand ~** [gen] exiger réparation; [in a duel] demander satisfaction.

satisfactorily [,sætɪs'fæktərəlɪ] *adv* de façon satisfaisante; **the trip went off most ~** le voyage s'est déroulé de manière tout à fait satisfaisante.

satisfactory [,sætɪs'fæktərɪ] *adj* satisfaisant; **we're looking for a solution ~ to both sides** nous recherchons une solution satisfaisante pour les deux parties; **their progress is only ~** leurs progrès sont satisfaisants, sans plus; **I hope she has a ~ excuse** j'espère qu'elle a une excuse valable; **the patient's condition is ~** l'état du malade n'est pas inquiétant.

satisfied ['sætɪsfaɪd] *adj* -**1.** [happy] satisfait, content; **a ~ customer** un client satisfait; **a ~ sigh** un soupir de satisfaction; **the teacher isn't ~ with their work** le professeur n'est pas satisfait de leur travail; **are you ~ now you've made her cry?** tu es content de l'avoir fait pleurer?; **they'll have to be ~ with what they've got** ils devront se contenter de ce qu'ils ont. -**2.** [convinced] convaincu, persuadé; **I'm not entirely ~ with the truth of his story** je ne suis pas tout à fait convaincu que son histoire soit vraie.

satisfy ['sætɪsfaɪ] (*pt* & *pp* **satisfied**) ◇ *vt* -**1.** [please] satisfaire, contenter; **nothing satisfies him** il n'est jamais content; **Richard Fox has satisfied the examiners in the following subjects** SCH Richard Fox a été reçu dans les matières suivantes. -**2.** [fulfil - curiosity, desire,

hunger] satisfaire; [- thirst] étancher; [- demand, need, requirements] satisfaire à, répondre à; [- conditions, terms of contract] remplir; [- debt] s'acquitter de. -**3.** [prove to] persuader, convaincre; **you have to ~ the authorities that you have been resident here for three years** vous devez prouver aux autorités que vous résidez ici depuis trois ans; **I satisfied myself that all the windows were closed** je me suis assuré que toutes les fenêtres étaient fermées.
◇ *vi* donner satisfaction; **the drink that satisfies** la boisson qui étanche la soif.

satisfying ['sætɪsfaɪɪŋ] *adj* [job, outcome, evening] satisfaisant; [meal] substantiel.

satisfyingly ['sætɪsfaɪɪŋlɪ] *adv* de façon satisfaisante.

satrap ['sætrəp] *n* satrape *m*.

satsuma [ˌsæt'suːmə] *n Br* mandarine *f*.

saturate ['sætʃəreɪt] *vt* -**1.** *fig* [swamp] saturer; **to ~ sb with sthg** saturer qqn de qqch; **the market is ~d** le marché est saturé. -**2.** [drench] tremper; **my clothes were ~d** mes vêtements étaient complètement trempés. -**3.** CHEM saturer.

saturated ['sætʃəreɪtɪd] *adj* -**1.** CHEM saturé; **~ fats** graisses *fpl* saturées; **~ solution** solution *f* saturée. -**2.** [very wet] trempé.

saturation [ˌsætʃə'reɪʃn] *n* saturation *f*.

saturation bombing *n* bombardement *m* intensif.

saturation point *n* point *m* de saturation; **we've reached ~** nous sommes arrivés à saturation; **the market is at** OR **has reached ~** le marché est saturé.

Saturday ['sætədɪ] *n* samedi *m*; **~ night special**▽ *Am* revolver *m* de poche; **'~ Night Fever'** *Badham* 'la Fièvre du samedi soir'.

Saturn ['sætən] *pr n* ASTRON & MYTH Saturne.

saturnalia [ˌsætə'neɪljə] *n* saturnales *fpl*.

saturnine ['sætənaɪn] *adj* saturnien.

satyr ['sætə^r] *n* satyre *m*.

satyriasis [ˌsætə'raɪəsɪs] *n* satyriasis *m*.

sauce [sɔːs] *n* -**1.** CULIN sauce *f*; **apple ~** compote *f* de pommes; **tomato/mint ~** sauce tomate/à la menthe; **what's ~ for the goose is ~ for the gander** *prov* ce qui est bon pour l'un est bon pour l'autre. -**2.** *inf* [insolence] culot *m*, toupet *m*; **what a ~!** quel culot OR toupet!

sauce boat *n* saucière *f*.

saucebox *inf* ['sɔːsbɒks] *n* petit effronté *m*, petite effrontée *f*.

saucepan ['sɔːspən] *n* casserole *f*.

saucer ['sɔːsə^r] *n* soucoupe *f*.

saucily *inf* ['sɔːsɪlɪ] *adv* -**1.** [cheekily] avec effronterie. -**2.** [provocatively] de manière provocante.

sauciness *inf* ['sɔːsɪnɪs] *n* -**1.** [cheekiness] effronterie *f*. -**2.** [provocativeness] provocation *f*, aspect *m* provocant.

saucy *inf* ['sɔːsɪ] (*compar* saucier, *superl* sauciest) *adj* -**1.** [cheeky] effronté. -**2.** [provocative - action] provocant; [- postcard, joke] grivois.

Saudi (Arabian) ['saʊdɪ-] ◇ *n* Saoudien *m*, -enne *f*.
◇ *adj* saoudien.

Saudi Arabia *pr n* Arabie Saoudite *f*; **in ~** en Arabie Saoudite.

sauerkraut ['saʊəkraʊt] *n* choucroute *f*.

Saul [sɔːl] *pr n* Saül.

sauna ['sɔːnə] *n* sauna *m*.

saunter ['sɔːntə^r] ◇ *vi* se promener d'un pas nonchalant, flâner; **to ~ in/out/across** entrer/sortir/traverser d'un pas nonchalant; **to ~ down the street** descendre la rue d'un pas nonchalant; **I think I'll ~ down to the library** je pense que je vais aller faire un petit tour jusqu'à la bibliothèque.
◇ *n* petite promenade *f*; **to go for a ~** (aller) faire une petite balade OR un petit tour.

saurian ['sɔːrɪən] ◇ *adj* saurien.
◇ *n* saurien *m*.

sausage ['sɒsɪdʒ] *n* saucisse *f*; [of pre-cooked meats] saucisson *m*; **she rolled her napkin into a ~** elle a fait un boudin de sa serviette ❑ **garlic ~** saucisson *m* à l'ail; **pork ~s** saucisses *fpl* de porc; **not a ~!** *inf Br* que dalle!, des clous!

sausage dog *n Br hum* teckel *m*.

sausage machine *n* machine *f* à saucisses.

sausage meat *n* chair *f* à saucisse.

sausage roll *n* *sorte de friand à la saucisse*.

sauté [*Br* 'səʊteɪ, *Am* səʊ'teɪ] (*pt* & *pp* sautéed, *cont* sautéing) ◇ *vt* faire sauter; **~ the potatoes in a little butter** faire sauter les pommes de terre dans un peu de beurre.
◇ *adj*: **~ potatoes** pommes de terre sautées.
◇ *n* sauté *m*.

savage ['sævɪdʒ] ◇ *adj* -**1.** [ferocious - person] féroce, brutal; [- dog] méchant; [- fighting, tiger] féroce; [reply, attack] violent, féroce; **he came in for some ~ criticism from the press** il a été violemment critiqué dans la presse; **the new policy deals a ~ blow to the country's farmers** la nouvelle politique porte un coup très dur OR fatal aux agriculteurs. -**2.** [primitive - tribe] primitif; [- customs] barbare, primitif.
◇ *n* sauvage *mf*; **they behaved like ~s** ils se sont comportés comme des sauvages; **they're little better than ~s** ce sont de vrais sauvages.
◇ *vt* -**1.** [subj: animal] attaquer; **she was ~d by a tiger** elle a été attaquée par un tigre. -**2.** [subj: critics, press] attaquer violemment; **the opposition leader ~d the government's latest proposals** le chef de l'opposition a violemment attaqué les dernières propositions du gouvernement.

savagely ['sævɪdʒlɪ] *adv* sauvagement, brutalement.

savagery ['sævɪdʒrɪ] *n* -**1.** [brutality] sauvagerie *f*, férocité *f*, brutalité *f*; **the ~ of the assault** la brutalité de l'agression. -**2.** [primitive state]: **the tribe still lives in ~** la tribu vit toujours à l'état sauvage.

savanna(h) [sə'vænə] *n* savane *f*.

save [seɪv] ◇ *vt* -**1.** [rescue] sauver; **she ~d my life** elle m'a sauvé la vie; **to ~ sb from a fire/from drowning** sauver qqn d'un incendie/de la noyade; **the doctors managed to ~ her eyesight** les médecins ont pu lui sauver la vue; **he ~d me from making a terrible mistake** il m'a empêché de faire une erreur monstrueuse; **they had only the belongings they had ~d from the flood** ils n'avaient que les affaires qu'ils avaient sauvées de l'inondation; **nothing can ~ their marriage now** rien ne peut plus sauver leur mariage; **to ~ a species from extinction** sauver une espèce en voie de disparition; **~d by the bell!** sauvé par le gong! ❑ **to ~ one's neck** *inf* OR **skin** *inf* OR **hide** *inf* OR **bacon** *inf* sauver sa peau; **I couldn't climb up there to ~ my life** *inf* je serais bien incapable de grimper là-haut; **he can't play baseball/sing to ~ his life** *inf* il joue au baseball/chante comme un pied; **to ~ face** sauver la face; **to ~ the day** sauver la mise. -**2.** [put by - money] économiser, épargner, mettre de côté; **I ~ £100 a month in a special account** j'économise 100 livres par mois sur un compte spécial; **how much money have you got ~d?** à combien se montent vos économies?, combien d'argent avez-vous mis de côté?; **I'm saving money to buy a car** je fais des économies pour acheter une voiture ‖ [collect] collectionner; **do you still ~ stamps?** est-ce que tu collectionnes toujours les timbres? -**3.** [economize on - fuel, electricity] économiser, faire des économies de; [- money] économiser; [- effort] économiser; [- time, space] gagner; [- strength] ménager, économiser; **buy now and ~ £15!** achetez dès maintenant et économisez 15 livres!; **their advice ~d me a fortune** leurs conseils m'ont fait économiser une fortune; **you'd ~ a lot of time if you used a computer** vous gagneriez beaucoup de temps si vous utilisiez un ordinateur; **a computer would ~ you a lot of time** un ordinateur vous ferait gagner beaucoup de temps. -**4.** [spare - trouble, effort] éviter, épargner; [- expense] éviter; **it'll ~ you getting up early/going into town** ça t'évitera de te lever tôt/d'aller en ville; **thanks, you've ~d me a trip/having to go myself** merci, vous m'avez évité un trajet/d'y aller moi-même. -**5.** [protect - eyes, shoes] ménager. -**6.** [reserve] garder, mettre de côté; **I'll ~ you a place** je te garderai une place; **I always ~ the best part till last** je garde toujours le meilleur pour la fin. -**7.** FTBL [shot, penalty] arrêter; **to ~ a goal** arrêter OR bloquer un tir. -**8.** RELIG [sinner, mankind] sauver, délivrer; [soul] sauver. -**9.** COMPUT sauvegarder.
◇ *vi* -**1.** [spend less] faire des économies, économiser; **you ~ if you buy in bulk** on fait des économies en achetant en gros; **to ~ on fuel** économiser sur le carburant. -**2.** [put money aside] faire des économies, épargner; **I'm saving for a new car** je fais des économies pour acheter une nouvelle voiture.
◇ *n* -**1.** FTBL arrêt *m*; **great ~!** superbe arrêt! -**2.** COMPUT sauvegarde *f*.
◇ *prep fml* sauf, hormis; **we'd thought of every possibility ~ one** nous avions pensé à tout sauf à ça.
◆ **save for** *prep phr* à part; **~ for the fact we lost, it was a great match** à part le fait qu'on a perdu, c'était un très bon match; **she was utterly alone, ~ for one good friend** à part une seule amie, elle n'avait personne.
◆ **save up** ◇ *vt sep* = **save** *vt* **2.**
◇ *vi insep* = **save** *vi* **2.**

save as you earn *n Br* plan *m* d'épargne *(avec prélèvements automatiques sur le salaire)*.

saveloy ['sævəlɔɪ] *n* cervelas *m*.

saver ['seɪvə^r] *n* -**1.** [person] épargnant *m*, -e *f*; **small ~s** les petits épargnants. -**2.** [product] bonne affaire *f*; **super ~ (ticket)** billet *m* à tarif réduit.

-saver *in cpds*: **it's a real money~** ça permet d'économiser de l'argent OR de faire des économies.

Save the Children Fund *pr n* *organisme international d'assistance à l'enfance*.

Savile Row [ˌsævɪl'rəʊ] *pr n* *rue de Londres célèbre pour ses tailleurs de luxe*.

saving ['seɪvɪŋ] ◇ *n* -**1.** [thrift] épargne *f*; **measures to encourage ~** des mesures pour encourager l'épargne. -**2.** [money saved] économie *f*; **we made a ~ of £20 on the usual price** nous avons fait une économie de 20 livres sur le prix habituel; **he drew all his ~s out of the bank** il a retiré toutes ses économies de la banque.
◇ *prep fml* sauf, hormis; **~ Your Grace** *fml* sauf le respect que je dois à Votre Excellence.

-saving *in cpds*: **energy~** qui économise de l'énergie; **time~** qui fait gagner du temps.

saving grace *n* *bon côté qui rachète des défauts*; **her sense of humour is her ~** elle rachète ses défauts OR elle se rachète par son sens de l'humour; **the film has one ~** une seule chose sauve le film.

savings account *n* compte *m* sur livret.

savings and loan association *n Am* caisse *f* d'épargne logement.

savings bank *n* caisse *f* d'épargne.

savings bond *n Am* bon *m* d'épargne.

savings book *n Br* livret *m* (de caisse) d'épargne.

savings certificate *n Br* bon *m* d'épargne.

savings stamp *n Br* timbre-épargne *m*.

saviour *Br*, **savior** *Am* ['seɪvjə^r] *n* sauveur *m*; **the Saviour** le Sauveur.

savoir-faire [ˌsævwɑː'feə^r] *n* [know-how] savoir-faire *m*; [social skills] savoir-vivre *m*.

savor *etc Am* = **savour**.

savory ['seɪvərɪ] *n* BOT sarriette *f*.

savour *Br*, **savor** *Am* ['seɪvə^r] ◇ *n* -**1.** [taste] goût *m*, saveur *f*; **it has a ~ of garlic** il y a un petit goût d'ail. -**2.** [interest, charm] saveur *f*; **life had lost its ~ for him** il avait perdu toute joie de vivre.
◇ *vt* [taste] goûter (à), déguster; [enjoy - food, experience, one's freedom] savourer; **he ~ed the memory of his triumph** il savourait le souvenir de son succès triomphal.

◇ *vi*: to ~ of sthg sentir qqch; it ~s of heresy cela sent l'hérésie.

savouriness *Br*, **savoriness** *Am* ['seɪvərɪnɪs] *n* saveur *f*.

savoury *Br*, **savory** *Am* ['seɪvərɪ] ◇ *adj* -**1.** [salty] salé; [spicy] épicé; ~ **biscuits** biscuits salés. -**2.** [appetizing] savoureux; a ~ **meal** un repas savoureux. -**3.** *fml* [wholesome]: **it's not a very ~ subject** c'est un sujet peu ragoûtant; **he's not a very ~ individual** c'est un individu peu recommandable.

◇ *n petit plat salé servi soit comme hors d'œuvre, soit en fin de repas après le dessert.*

Savoy [sə'vɔɪ] ◇ *pr n* Savoie *f*; **in ~** en Savoie.

◇ *adj* savoyard.

savoy cabbage *n* chou *m* frisé de Milan.

savvy *inf* ['sævɪ] ◇ *n* [know-how] savoir-faire *m*; [shrewdness] jugeote *f*, perspicacité *f*.

◇ *vi dated*: **no ~** j'sais pas.

◇ *adj Am* [well-informed] bien informé, calé; [shrewd] perspicace, astucieux.

saw [sɔː] (*Br pt* **sawed**, *pp* **sawed** OR **sawn** [sɔːn], *Am pt* & *pp* **sawed**) ◇ *pt* → **see**.

◇ *n* -**1.** [tool] scie *f*; **to cut sthg up with a ~** couper OR débiter qqch à la scie; **metal ~** scie à métaux. -**2.** [saying] dicton *m*.

◇ *vt*: **to ~ a tree into logs** débiter un arbre en rondins; **he ~ed the table in half** il a scié la table en deux; **his arms ~ed the air** *fig* il battait l'air de ses bras.

◇ *vi* scier; **she ~ed through the branch** elle a scié la branche; **he was ~ing away at the cello** *fig* il raclait le violoncelle.

◆ **saw down** *vt sep* [tree] abattre.

◆ **saw off** *vt sep* scier, enlever à la scie.

◆ **saw up** *vt sep* scier en morceaux, débiter à la scie.

sawbones *inf* ['sɔːbəʊnz] *n Am* chirurgien *m*.

sawbuck ['sɔːbʌk] *n Am* -**1.** = **sawhorse**. -**2.** *inf* [$10] (billet *m* de) dix dollars *mpl*.

sawdust ['sɔːdʌst] *n* sciure *f* (de bois).

sawed-off *Am* = **sawn-off**.

sawfly ['sɔːflaɪ] (*pl* **sawflies**) *n* mouche *f* à scie, tenthrède *f*.

sawhorse ['sɔːhɔːs] *n* chevalet *m* (pour scier du bois), chèvre *f*.

sawmill ['sɔːmɪl] *n* scierie *f*.

sawn [sɔːn] *pp* → **saw**.

sawn-off *adj* -**1.** [truncated] scié, coupé (à la scie); ~ **shotgun** carabine *f* à canon scié. -**2.** *inf Br* [short - person] court sur pattes.

sawtooth ['sɔːtuːθ] ◇ *n* dent *f* de scie.

◇ *adj* = **sawtoothed**.

sawtoothed ['sɔːtuːθt] *adj* en dents de scie.

sawyer ['sɔːjəʳ] *n* scieur *m*.

sax *inf* [sæks] (*abbr of* **saxophone**) *n* saxo *m*.

saxifrage ['sæksɪfrɪdʒ] *n* saxifrage *f*.

Saxon ['sæksn] ◇ *n* -**1.** [person] Saxon *m*, -onne *f*. -**2.** LING saxon *m*.

◇ *adj* saxon.

Saxony ['sæksənɪ] *pr n* Saxe *f*; **in ~** en Saxe; **Lower ~** Basse-Saxe *f*.

saxophone ['sæksəfəʊn] *n* saxophone *m*.

saxophonist [*Br* sæk'sɒfənɪst, *Am* 'sæksəfəʊnɪst] *n* saxophoniste *mf*.

say [seɪ] (*pt* & *pp* **said** [sed], *3rd pers pres sing* **says** [sez]) ◇ *vt* **A.** -**1.** [put into words] dire; **to ~ sthg (to sb)** dire qqch (à qqn); **to ~ hello/goodbye to sb** dire bonjour/au revoir à qqn; ~ **hello to them for me** dites-leur bonjour de ma part; **I think you can ~ goodbye to your money** *fig* je crois que vous pouvez dire adieu à votre argent; **to ~ yes/no** dire oui/non; **did you ~ yes or no to his offer?** tu as répondu oui ou non à sa proposition?; **I wouldn't ~ no!** je ne dis pas non!, ce n'est pas de refus!; **I wouldn't ~ no to a cold drink** je prendrais volontiers une boisson fraîche; **to ~ please/thank you** dire s'il vous plaît/merci; **I said to myself "let's wait a bit"** je me suis dit «attendons un peu»; **to ~ a prayer (for)** dire une prière (pour); **to ~ one's prayers** faire sa prière; **I can't ~ Russian names properly** je n'arrive pas à bien prononcer les noms russes || [expressing fact, idea, comment]: **to ~ sthg about sthg: what did he ~ about his plans?** qu'a-t-il dit de ses projets?; **don't ~ too much about our visit** ne parlez pas trop de notre visite; **what did you ~ in reply?** qu'avez-vous répondu?; **well, ~ something then!** eh bien, dites quelque chose!; **I can't think of anything to ~** je ne trouve rien à dire; **I have nothing to ~** [gen] je n'ai rien à dire; [no comment] je n'ai aucune déclaration à faire; **I have nothing more to ~ on the matter** je n'ai rien à ajouter là-dessus; **nothing was said about going to Moscow** on n'a pas parlé d'aller OR il n'a pas été question d'aller à Moscou; **let's ~ no more about it** n'en parlons plus; **can you ~ that again?** pouvez-vous répéter ce que vous venez de dire?; ~ **what you think** dites ce que vous pensez; ~ **what you mean** dites ce que vous avez à dire; **the chairman would like to ~ a few words** le président voudrait dire quelques mots; **he didn't have a good word to ~ about the plan** il n'a dit que du mal du projet; **he doesn't have a good word to ~ about anybody** il n'a jamais rien de positif à dire sur personne; **he didn't have much to ~ for himself** [spoke little] il n'avait pas grand-chose à dire; [no excuses] il n'avait pas de véritable excuse à donner; **he certainly has a lot to ~ for himself** il n'a pas la langue dans la poche; **as you might ~** pour ainsi dire; **so ~ing, he walked out** sur ces mots, il est parti; **to ~ nothing of the overheads** sans parler des frais; **just ~ the word, you only have to ~ (the word)** *Br* vous n'avez qu'un mot à dire ❑ **to ~ one's piece** dire ce qu'on a à dire; **it goes without ~ing that we shall travel together** il va sans dire OR il va de soi que nous voyagerons ensemble; **you can ~ that again!** c'est le cas de le dire!, je ne vous le fais pas dire!; **you said it!** *inf* tu l'as dit!; ~ **no more** n'en dis pas plus; **enough said** [I understand] je vois; **well said!** bien dit!; ~ **when** dis-moi stop. -**2.** [with direct or indirect speech] dire; **"not at all", she said** «pas du tout», dit-elle; **she ~s (that) the water's too cold** elle dit que l'eau est trop froide; **she said (we were) to come** elle a dit qu'on devait venir; **she said to get back early** elle a dit qu'on devait rentrer tôt; **they said on the news that...** on a dit OR annoncé aux informations que...; **they said it was going to rain** ils ont annoncé de la pluie. -**3.** [claim, allege] dire; **they ~ ghosts really do exist** ils disent que les fantômes existent vraiment; **you know what they ~, no smoke without fire** tu sais ce qu'on dit, il n'y a pas de fumée sans feu; **it is said that no one will ever know the real story** on dit que personne ne saura jamais ce qui s'est vraiment passé; **these fans are said to be very efficient** ces ventilateurs sont très efficaces, d'après ce qu'on dit; **he is said to have emigrated** on dit qu'il a émigré; **that's what she ~s** c'est ce qu'elle dit; **don't ~ you've forgotten!** ne (me) dites pas que vous avez oublié!; **who can ~?** qui sait?; **who can ~ when he'll come?** qui peut dire quand il viendra? -**4.** [expressing personal opinion] dire; **as you ~, he is the best candidate** comme tu dis, c'est lui le meilleur candidat; **so he ~s** c'est ce qu'il dit; **I really can't ~ which I prefer** je ne peux vraiment pas dire lequel je préfère; **(you can) ~ what you like, but I'm going** vous pouvez dire ce que vous voulez, moi je m'en vais; **I can't ~ how long it will last** je ne peux pas dire combien de temps cela va durer; **I must ~ she's been very helpful** je dois dire qu'elle nous a beaucoup aidés; **well this is a fine time to arrive, I must ~!** *iron* en voilà une heure pour arriver!; **I'll ~ this much for them, they don't give up easily** au moins, on peut dire qu'ils n'abandonnent pas facilement; **I'll ~ this for him, he certainly tries hard** je dois reconnaître qu'il fait tout son possible; **you might as well ~ we're all mad!** autant dire qu'on est tous fous!; **I should ~ so** bien sûr que oui, je pense bien; **as they ~** comme ils disent OR on dit; **and so ~ all of us** et nous sommes tous d'accord OR de cet avis ❑ **there's no ~ing what will happen** impossible de prédire ce qui va arriver; **to ~ the least** c'est le moins qu'on puisse dire; **it's rather dangerous, to ~ the least** c'est plutôt dangereux, c'est le moins qu'on puisse dire; **I was surprised, not to ~ astounded** j'étais surpris, pour ne pas dire stupéfait; **there's something to be said for the idea** l'idée a du bon; **there's not much to be said for the idea** l'idée ne vaut pas grand-chose; **there's a lot to be said for doing sport** il y a beaucoup d'avantages à faire du sport; **that's not ~ing much** ça ne veut pas dire grand-chose; **it doesn't ~ much for his powers of observation** cela en dit long sur son sens de l'observation; **that isn't ~ing much for him** ce n'est pas à son honneur; **it ~s a lot for his courage/about his real motives** cela en dit long sur son courage/ses intentions réelles.

B. -**1.** [think] dire, penser; **I ~ you should leave** je pense que vous devriez partir; **what do you ~ we drive over** OR **to driving over to see them?** que diriez-vous de prendre la voiture et d'aller les voir?; **what do you ~?** [do you agree?] qu'en dites-vous?; **what will people ~?** que vont dire les gens?; **what did they ~ to your offer?** qu'ont-ils dit de votre proposition?; **what would you ~ to a picnic?** que diriez-vous d'un pique-nique?, si on faisait un pique-nique?; **when would you ~ would be the best time for us to leave?** quel serait le meilleur moment pour partir, à votre avis?; **to look at them, you wouldn't ~ they were a day over forty** à les voir, on ne leur donnerait pas plus de quarante ans. -**2.** [suppose, assume]: **(let's) ~ your plan doesn't work, what then?** admettons que votre plan ne marche pas, qu'est-ce qui se passe?; ~ **he doesn't arrive, who will take his place?** si jamais il n'arrive pas, qui prendra sa place?; **look at, ~, Jane Austen or George Eliot...** prends Jane Austen ou George Eliot, par exemple...; **come tomorrow, ~ after lunch** venez demain, disons OR mettons après le déjeuner; **shall we ~ Sunday?** disons dimanche, d'accord? -**3.** [indicate, register] indiquer, marquer; **the clock ~s 10.40** la pendule indique 10 h 40; **the sign ~s 50 km** le panneau indique 50 km; **the gauge ~s 3.4** la jauge indique OR marque 3,4; **it ~s "shake well"** c'est marqué «bien agiter»; **the instructions ~ (to) open it out of doors** dans le mode d'emploi, on dit qu'il faut l'ouvrir dehors. -**4.** [express - subj: intonation, eyes] exprimer, marquer; **his expression said everything** son expression était très éloquente OR en disait long; **that look ~s a lot** ce regard en dit long. -**5.** [mean]: **it's short, that's to ~, about 20 pages** c'est court, ça fait 20 pages; **that's not to ~ I don't like it** cela ne veut pas dire que je ne l'aime pas.

◇ *vi* [tell] dire; **he won't ~** il ne veut pas le dire; **I'd rather not ~** je préfère ne rien dire; **I can't ~ exactly** je ne sais pas au juste; **it's not for me to ~** [speak] ce n'est pas à moi de le dire; [decide] ce n'est pas à moi de décider; **I can't ~ fairer than that** je ne peux pas mieux dire ❑ **so to ~** pour ainsi dire; **I ~!** [expressing surprise] eh bien!; [to attract attention] dites!; **you don't ~!** *inf* sans blague!, ça alors!

◇ *n*: **to have a ~ in sthg** avoir son mot à dire dans qqch; **I had no ~ in choosing the wallpaper** on ne m'a pas demandé mon avis pour le choix du papier peint; **we had little ~ in the matter** on ne nous a pas vraiment demandé notre avis; **to have one's ~** dire ce qu'on a à dire; **now you've had your ~, let me have mine** maintenant que vous avez dit ce que vous aviez à dire, laissez-moi parler.

◇ *interj Am* dites donc!; ~, **aren't you June Naylor, the novelist?** dites donc, vous ne seriez pas June Naylor, la romancière?

◆ **when all's said and done** *adv phr* tout compte fait, au bout du compte.

SAYE *n abbr of* **save as you earn**.

saying ['seɪɪŋ] *n* dicton *m*, proverbe *m*; **as the ~ goes** [proverb] comme dit le proverbe; [people in general] comme on dit.

say-so *n Br* -**1.** [authorization]: **I'm not going without her ~** je n'irai pas sans qu'elle m'y autorise OR sans son accord; **he refused to do it without the boss's ~** il a refusé de le faire sans avoir l'aval du patron; **you may open the box only on my ~** n'ouvrez OR vous ne pourrez ouvrir la boîte que lorsque je vous le dirai, n'ouvrez pas la boîte avant que je vous le dise. -**2.** [assertion]: **I won't believe it just on his ~** ce n'est pas parce qu'il l'a dit que j'y crois.

SBA (*abbr of* Small Business Administration) *pr n organisme fédéral américain d'aide aux petites entreprises.*

SBS *n abbr of* sick building syndrome.

SC ◇ *n abbr of* supreme court.
◇ *written abbr of* South Carolina.

S/C *written abbr of* self contained.

scab [skæb] (*pt & pp* scabbed, *cont* scabbing)
◇ *n* -**1.** MED [from cut, blister] croûte *f*. -**2.** BOT & ZOOL gale *f*. -**3.** *inf pej* [strikebreaker] jaune *mf*. -**4.** *inf* [cad] crapule *f*, sale type *m*.
◇ *vi* -**1.** MED former une croûte. -**2.** *inf Br pej* briser une grève, refuser de faire grève.

scabbard ['skæbəd] *n* [for sword] fourreau *m*; [for dagger, knife] gaine *f*, étui *m*.

scabbard-fish *n* sabre *m*.

scabby ['skæbɪ] (*compar* scabbier, *superl* scabbiest) *adj* -**1.** MED [skin] croûteux, recouvert d'une croûte. -**2.** *inf pej* [mean - person] mesquin; [- attitude] moche.

scabies ['skeɪbiːz] *n* (*U*) gale *f*.

scabious ['skeɪbjəs] ◇ *adj* MED scabieux.
◇ *n* BOT scabieuse *f*.

scabrous ['skeɪbrəs] *adj lit* -**1.** [joke, story] scabreux, osé; [subject] scabreux, risqué. -**2.** [skin] rugueux, rêche.

scad [skæd] (*pl sense 1 inv* OR scads) *n* -**1.** [fish] carangue *f*, chinchard *m*. -**2.** *inf* (*usu pl*) [lots] tas *m*, floppée *f*; **~s of apples** des tas de pommes.

scaffold ['skæfəʊld] *n* -**1.** CONSTR échafaudage *m*. -**2.** [for execution] échafaud *m*; **to go to the ~** monter à l'échafaud.

scaffolder ['skæfəldəʳ] *n* monteur *m* d'échafaudages.

scaffolding ['skæfəldɪŋ] *n* [framework] échafaudage *m*.

scag [skæg] *n drugs sl* héroïne *f*.

scalar ['skeɪləʳ] ◇ *adj* scalaire.
◇ *n* scalaire *m*.

scalawag ['skæləwæg] *n Am* = **scallywag**.

scald [skɔːld] ◇ *vt* -**1.** [hands, skin] ébouillanter; **I ~ed myself with the milk** je me suis ébouillanté avec le lait; **the hot tea ~ed my tongue** le thé bouillant m'a brûlé la langue. -**2.** CULIN [tomatoes] ébouillanter; [milk] porter presque à ébullition. -**3.** [sterilize] stériliser.
◇ *vi* brûler.
◇ *n* brûlure *f (causée par un liquide, de la vapeur)*; **I got a nasty ~** je me suis bien ébouillanté.

scalding ['skɔːldɪŋ] ◇ *adj* -**1.** [water] bouillant; [metal, tea, soup, tears] brûlant. -**2.** [sun] brûlant; [heat] suffocant, torride; [weather] très chaud, torride. -**3.** [criticism] cinglant, acerbe.
◇ *adv*: **~ hot** [coffee] brûlant; [weather] torride.

scale [skeɪl] ◇ *n* -**1.** [of model, drawing] échelle *f*; **the sketch was drawn to ~** l'esquisse était à l'échelle; **the map is on a ~ of 1 cm to 1 km** l'échelle de la carte est de 1 cm pour 1 km; **the ~ of the map is 1 to 50,000** la carte est au 50 millième; **the drawing is out of ~** OR **is not to ~** le croquis n'est pas à l'échelle. -**2.** [for measurement, evaluation] échelle *f*; [of salaries, taxes] échelle *f*, barème *m*; **the social ~** l'échelle sociale; **at the top of the ~** en haut de l'échelle; **it all depends on your ~ of values** tout dépend de votre échelle de valeurs ‖ [graduation] échelle *f* (graduée), graduation *f*. -**3.** [extent] échelle *f*, étendue *f*; [size] importance *f*; **the ~ of the devastation** l'étendue des dégâts; **the sheer ~ of the problem** l'ampleur même du problème; **we've started to produce fruit on a large ~** nous avons commencé à produire des fruits sur une grande échelle; **on an industrial ~** à l'échelle industrielle. -**4.** MUS gamme *f*; **to practise** OR **to do one's ~s** faire ses gammes; **the ~ of D major** la gamme de ré majeur. -**5.** [of fish, reptile] écaille *f*; [of epidermis] squame *f*; **the ~s fell from her eyes** *fig* les écailles lui sont tombées des yeux. -**6.** [in kettle, pipes] tartre *m*, (dépôt *m*) calcaire *m*; [on teeth] tartre *m*. -**7.** [of paint, plaster, rust] écaille *f*, écaillure *f*. -**8.** [scale pan] plateau *m* (de balance). -**9.** *Am* [for weighing] pèse-personne *m*, balance *f*.
◇ *vt* -**1.** [climb over - wall, fence] escalader. -**2.** [drawing] dessiner à l'échelle. -**3.** [test] graduer, pondérer. -**4.** [fish, paint] écailler; [teeth, pipes] détartrer.
◇ *vi* [paint, rust] s'écailler; [skin] peler.
◆ **scales** *npl* [for food] balance *f*; [for letters] pèse-lettre *m*; [for babies] pèse-bébé *m*; [public] bascule *f*; **(a pair of) kitchen ~s** une balance de cuisine; **(a pair of) bathroom ~s** un pèse-personne.
◆ **scale down** *vt sep* -**1.** [drawing] réduire l'échelle de. -**2.** [figures, demands] réduire, baisser, diminuer; **production is being ~d down** on a entrepris de réduire la production.
◆ **scale off** ◇ *vi insep* [paint, rust] s'écailler.
◇ *vt sep* écailler.
◆ **scale up** *vt sep* -**1.** [drawing] augmenter l'échelle de. -**2.** [figures, demands] réviser à la hausse, augmenter; **allowances were ~d up by 10%** les allocations ont été augmentées de 10 %.

scaled [skeɪld] *adj* [pipe, kettle, tooth] entartré.

scale drawing *n* dessin *m* à l'échelle.

scale model *n* [of car, plane] modèle *m* réduit; [of buildings, town centre] maquette *f*.

scalene ['skeɪliːn] *adj* scalène.

scalepan ['skeɪlpæn] *n* plateau *m* de balance.

scallion ['skæljən] *n Am* CULIN [spring onion] oignon *m* blanc; [leek] poireau *m*; [shallot] échalote *f*.

scallop ['skɒləp] ◇ *vt* -**1.** CULIN [fish, vegetable] gratiner; **~ed potatoes** gratin *m* de pommes de terre. -**2.** SEW [edge, hem] festonner.
◇ *n* CULIN & ZOOL coquille Saint-Jacques *f*.
◆ **scallops** *npl* SEW festons *mpl*.

scalloped ['skɒləpt] *adj* -**1.** CULIN: **~ potatoes** gratin *m* de pommes de terre. -**2.** SEW [edge, hem] festonné.

scallywag ['skælɪwæg] *n* -**1.** *inf* [rascal] voyou *m*, coquin *m*. -**2.** *Am* HIST *sudiste favorable à l'émancipation des Noirs (et par conséquent considéré comme un traître par les siens).*

scalp [skælp] ◇ *n* -**1.** [top of head] cuir *m* chevelu. -**2.** [Indian trophy] scalp *m*. -**3.** *fig* [trophy] trophée *m*; HUNT trophée *m* de chasse. -**4.** *inf Am* [profit] petit profit *m*.
◇ *vt* -**1.** [person, animal] scalper. -**2.** *inf* [tickets] vendre en réalisant un bénéfice substantiel; **to ~ shares** OR **securities** *Am* boursicoter. -**3.** *inf* [cheat] arnaquer; **to get ~ed** se faire avoir OR arnaquer.

scalpel ['skælpəl] *n* scalpel *m*.

scalper ['skælpər] *n Am* revendeur *m*, -euse *f* de tickets à la sauvette *(pour un concert, un match etc).*

scaly ['skeɪlɪ] (*compar* scalier, *superl* scaliest) *adj* [creature] écailleux; [paint] écaillé; [skin] squameux; [pipe] entartré.

scam▽ [skæm] *n* escroquerie *f*, arnaque *f*.

scamp *inf* [skæmp] ◇ *n* [child] garnement *m*, coquin *m*, -e *f*; [rogue] voyou *m*.
◇ *vt* [work] bâcler.

scamper ['skæmpəʳ] ◇ *vi* -**1.** [small animal] trottiner; **we could hear mice ~ing around in the attic** on entendait des souris trottiner OR qui trottinaient dans le grenier ‖ [children] gambader, galoper; **the kids ~ed into the house/up the stairs** les gosses sont entrés dans la maison/ont monté l'escalier en courant. -**2.** *inf* [work quickly]: **I positively ~ed through the book** j'ai lu le livre à toute vitesse.
◇ *n* trottinement *m*.
◆ **scamper about** *vi insep* [animal] courir OR trottiner çà et là; [children] gambader.
◆ **scamper away, scamper off** *vi insep* détaler, se sauver.

scampi ['skæmpɪ] *n (U)* scampi *mpl*.

scan [skæn] (*pt & pp* scanned, *cont* scanning)
◇ *vt* -**1.** [look carefully at] scruter, fouiller du regard; [read carefully] lire attentivement; **we scanned the horizon** nous avons scruté l'horizon; **the troops scanned the sky for enemy planes** les soldats scrutaient OR observaient le ciel à la recherche d'avions ennemis; **I scanned her face for some reaction** j'ai scruté son visage pour y déceler quelque réaction. -**2.** [consult quickly - report, notes] lire en diagonale, parcourir rapidement; [- magazine] feuilleter; [- screen, image] balayer; [- tape, memory] lire; **he ~s the local papers for bargains** il parcourt le journal local à la recherche de bonnes affaires. -**3.** PHYS [spectrum] balayer, parcourir; [subj: radar, searchlight] balayer. -**4.** MED examiner au scanner, faire une scanographie de. -**5.** ELECTRON & TV balayer. -**6.** LITERAT scander.
◇ *vi* LITERAT se scander; **this line doesn't ~** ce vers est faux.
◇ *n* -**1.** MED scanographie *f*, examen *m* au scanner. -**2.** LITERAT scansion *f*. -**3.** ELECTRON & TV balayage *m*.

scandal ['skændl] *n* -**1.** [disgrace] scandale *m*; **the whole business is an absolute ~!** toute cette affaire est absolument scandaleuse OR est un véritable scandale!; **it would cause a dreadful ~ if the newspapers found out** cela provoquerait un horrible scandale si les journaux en entendaient parler; **it's a ~ that people like them should be let free** c'est scandaleux de laisser des gens pareils en liberté; **it's a national ~** c'est une honte nationale OR un scandale public. -**2.** *(U)* [gossip] ragots *mpl*; [evil] médisance *f*, médisances *fpl*, calomnie *f*; **to spread ~ about sb** répandre des ragots sur le compte de qqn; **this newspaper specializes in ~** c'est un journal à scandale; **the latest society ~** les derniers potins mondains; **a juicy bit of ~** des ragots savoureux OR croustillants.

scandalize, -ise ['skændəlaɪz] *vt* scandaliser, choquer; **he was ~d by what she said** il a été scandalisé par ses propos; **she's easily ~d** elle se scandalise OR s'indigne vite.

scandalmonger ['skændl,mʌŋgəʳ] *n* mauvaise langue *f*, colporteur *m*, -euse *f* de ragots.

scandalmongering ['skændl,mʌŋgərɪŋ] *n (U)* commérage *m*, médisance *f*.

scandalous ['skændələs] *adj* -**1.** [conduct] scandaleux, choquant; [news, price] scandaleux; **it's absolutely ~ that they should expect you to work late!** vous forcer à travailler tard, c'est un véritable scandale! -**2.** [gossip] calomnieux.

scandalously ['skændələslɪ] *adv* -**1.** [act] scandaleusement. -**2.** [speak, write] de manière diffamatoire; **she gave a ~ explicit account of their affair** elle a raconté leur liaison en termes si explicites que c'en était choquant.

Scandinavia [,skændɪ'neɪvjə] *pr n* Scandinavie *f*; **in ~** en Scandinavie.

Scandinavian [,skændɪ'neɪvjən] ◇ *n* -**1.** [person] Scandinave *mf*. -**2.** LING scandinave *m*.
◇ *adj* scandinave.

scandium ['skændɪəm] *n* scandium *m*.

scanner ['skænəʳ] *n* -**1.** MED & ELECTRON scanner *m*. -**2.** [for radar] antenne *f*. -**3.** COMPUT: **(optical) ~** scanner *m*.

scanning electron microscope ['skænɪŋ-] *n* microscope *m* électronique à balayage.

scansion ['skænʃn] *n* LITERAT scansion *f*.

scant [skænt] ◇ *adj* maigre; **to pay ~ attention to sb/sthg** ne prêter que peu d'attention à qqn/qqch; **she received ~ praise** elle n'a reçu que de maigres louanges; **they showed ~ regard for our feelings** ils ne se sont pas beaucoup souciés OR ils se sont peu souciés de ce que nous pouvions ressentir; **a ~ teaspoonful** une cuillerée à café rase.

◇ *vt* -**1.** [skimp on] lésiner sur; [restrict] restreindre. -**2.** [treat superficially] traiter de manière superficielle.

scantily ['skæntɪlɪ] *adv* [furnished] pauvrement, chichement; [dressed] légèrement; ~ **clad bathing beauties** de belles baigneuses légèrement vêtues.

scantiness ['skæntɪnɪs] *n* [of meal] frugalité *f*; [of crops] maigreur *f*; [of knowledge] insuffisance *f*; [of dress] légèreté *f*.

scanty ['skæntɪ] (*compar* **scantier**, *superl* **scantiest**) *adj* -**1.** [small in number, quantity - meal, crops] maigre, peu abondant; [- income, payment] maigre, modeste; [- information, knowledge] maigre, limité; [- applause] maigre, peu fourni; [- audience] clairsemé; [- praise, aid] limité. -**2.** [brief - clothing] léger; **she was wearing only a ~ negligee** elle ne portait qu'un néglígé qui ne cachait pas grand-chose *hum*.

scapegoat ['skeɪpgəʊt] *n* bouc *m* émissaire.

scapegrace ['skeɪpgreɪs] *n Br* voyou *m*, vaurien *m*.

scapolite ['skæpəˌlaɪt] *n* scapolite *f*, wernérite *f*.

scapula ['skæpjʊlə] (*pl* **scapulas** OR **scapulae** [-liː]) *n* omoplate *f*.

scapular ['skæpjʊləʳ] ◇ *adj* scapulaire.

◇ *n* scapulaire *m*.

scar [skɑːʳ] (*pt* & *pp* **scarred**, *cont* **scarring**) ◇ *n* -**1.** [from wound, surgery] cicatrice *f*; [from deep cut on face] balafre *f*. -**2.** *fig* [on land, painted surface, tree] cicatrice *f*, marque *f*; [emotional] cicatrice *f*; **the ~s of battle** les traces de la bataille; **the mine was like an ugly ~ on the landscape** la mine déparait terriblement le paysage. -**3.** [rock] rocher *m* escarpé; [in river] écueil *m*.

◇ *vt* -**1.** [skin, face] laisser une cicatrice sur; **his hands were badly scarred** il avait sur les mains de profondes cicatrices; **smallpox had scarred his face** il avait le visage grêlé par la variole. -**2.** *fig* [surface] marquer; **the paintwork was badly scarred** la peinture était tout éraflée; **bullet holes scarred the walls** les murs portaient des traces de balles ‖ [emotionally] marquer; **she was permanently scarred by the experience** cette expérience l'avait marquée pour la vie.

◇ *vi* [form scar] se cicatriser; [leave scar] laisser une cicatrice.

◆ **scar over** *vi insep* [form scar] former une cicatrice; [close up] se cicatriser.

scarab ['skærəb] *n* scarabée *m*.

Scaramouche [ˌskærə'muːʃ] *pr n* Scaramouche.

scarce ['skeəs] ◇ *adj* [rare] rare; [infrequent] peu fréquent; [in short supply] peu abondant; **sugar is ~ at the moment** il y a une pénurie de sucre en ce moment; **to become ~** se faire rare; **water is becoming ~** l'eau commence à manquer; **rain is ~ in this region** il ne pleut pas souvent dans cette région ❑ **to make o.s. ~** *inf* [run away] se sauver, décamper; [get out] débarrasser le plancher; **can you make yourself ~ for half an hour?** peux-tu disparaître pendant une demi-heure?

◇ *adv lit* à peine; **I could ~ believe my eyes** j'en croyais à peine mes yeux.

scarcely ['skeəslɪ] *adv* -**1.** [no sooner] à peine; **we had ~ begun** OR **~ had we begun when the bell rang** nous avions tout juste commencé quand OR à peine avions-nous commencé que la cloche a sonné. -**2.** [barely]: **he ~ spoke to me** c'est tout juste s'il m'a adressé la parole; **we ~ saw her** nous l'avons à peine vue; **she's ~ more than a child** elle n'est encore qu'une enfant; **~ any** presque pas de; **~ anybody** presque personne; **~ anything** presque rien; **I know ~ any of those people** je ne connais pratiquement personne parmi ces gens OR pratiquement aucune de ces personnes; **he has ~ any hair left** il n'a presque plus de cheveux; **they were ~ ever together** ils n'étaient presque jamais ensemble. -**3.** [indicating difficulty] à peine, tout juste; **I could ~ tell his mother, now could I!** je ne pouvais quand même pas le dire à sa mère, non?; **I ~ know where to begin** je ne sais pas trop par où commencer; **I can ~ wait** je bous d'impatience; **I can ~ wait to meet her** j'ai hâte de la rencontrer; **I can ~ believe what you're saying** j'ai du mal à croire ce que vous dites.

scarceness ['skeəsnɪs] = **scarcity**.

scarcity ['skeəsətɪ] (*pl* **scarcities**) *n* [rarity] rareté *f*; [lack] manque *m*; [shortage] manque *m*, pénurie *f*; **there is a ~ of new talent today** les nouveaux talents se font rares; **the ~ of food** le manque de vivres, la disette.

scarcity value *n* valeur *f* de rareté; **the book has a high ~** ce livre vaut cher parce qu'il est pratiquement introuvable OR parce qu'il n'en existe que très peu d'exemplaires.

scare [skeəʳ] ◇ *vt* effrayer, faire peur à; **thunder really ~s me** le tonnerre me fait vraiment très peur; **you'll ~ her** vous allez lui faire peur OR l'effrayer ❑ **the film ~d me stiff!** *inf* le film m'a flanqué une de ces frousses!; **to ~ the wits** OR **the living daylights** OR **the life out of sb** *inf* flanquer une peur bleue OR une trouille pas possible à qqn; **he ~d the shit**▼ OR **the hell** *inf* **out of me** il m'a foutu les jetons.

◇ *vi* s'effrayer, prendre peur; **he ~s easily** il a peur de tout, un rien l'effraie; **I don't ~ easily** je ne suis pas peureux.

◇ *n* -**1.** [fright] peur *f*, frayeur *f*; **to give sb a ~** effrayer qqn, faire peur à qqn. -**2.** [alert] alerte *f*; [rumour] bruit *m* alarmiste, rumeur *f*; **there was another war ~ last year** l'an dernier on a craint une autre guerre; **a takeover ~** des rumeurs concernant une possible OPA; **a bomb/fire ~** une alerte à la bombe/au feu.

◇ *comp* [sensational - headlines] alarmiste; [frightening - story] effrayant, qui fait peur.

◆ **scare away, scare off** *vt sep* [bird, customer] faire fuir.

◆ **scare up** *inf vt sep Am* dénicher.

scarecrow ['skeəkrəʊ] *n* [for birds] épouvantail *m*; *fig* [person - thin] squelette *m*; [- badly dressed] épouvantail *m*.

scared ['skeəd] *adj* [frightened] effrayé; [nervous] craintif, peureux; **to be ~ (of sthg)** avoir peur (de qqch); **he was ~ to ask** il avait peur de demander; **he's ~ of being told off/that she might tell him off** il craint de se faire gronder/qu'elle ne le gronde; **to be ~ stiff** OR **to death** avoir une peur bleue; **I was ~ out of my wits!** j'étais mort de peur!; **to run like a ~ rabbit** courir comme un dératé.

scaredy cat *inf* ['skeədɪ-] *n* froussard *m*, -e *f*.

scaremonger ['skeəˌmʌŋgəʳ] *n* alarmiste *mf*.

scaremongering ['skeəˌmʌŋgrɪŋ] *n* alarmisme *m*.

scarf [skɑːf] (*pl sense 1* **scarfs** OR **scarves** [skɑːvz], *pl senses 2 & 3* **scarfs**) ◇ *n* -**1.** [long] écharpe *f*; [headscarf, cravat] foulard *m*. -**2.** ~ **(join)** enture *f*, assemblage *m* à mi-bois. -**3.** CONSTR [cut] entaille *f*.

◇ *vt* CONSTR -**1.** [join] joindre par enture. -**2.** [cut] entailler.

Scarface ['skɑːfeɪs] *pr n* le Balafré.

scarify ['skeərɪfaɪ] (*pt* & *pp* **scarified**) *vt* -**1.** AGR & MED scarifier. -**2.** *inf* [frighten] donner la frousse à.

scarlatina [ˌskɑːlə'tiːnə] *n* *(U)* MED scarlatine *f*.

scarlet ['skɑːlət] ◇ *adj* [gen] écarlate; [face - from illness, effort] cramoisi; [- from shame] écarlate, cramoisi.

◇ *n* écarlate *f*.

scarlet fever *n* *(U)* scarlatine *f*.

scarlet pimpernel *n* BOT mouron *m* rouge; 'The Scarlet Pimpernel' *Orczy* 'le Mouron rouge'.

scarlet runner *n Br* haricot *m* (à rames).

scarlet woman *n Br hum* femme *f* de mauvaise vie.

scarp [skɑːp] *n* escarpement *m*.

scarped [skɑːpt] *adj* escarpé, abrupt.

scarper *inf* ['skɑːpəʳ] *vi Br* déguerpir, se barrer; **~!** fichez le camp!

scar tissue *n* tissu *m* cicatriciel.

scarves [skɑːvz] *pl* → **scarf 1**.

scary *inf* ['skeərɪ] (*compar* **scarier**, *superl* **scariest**) *adj* -**1.** [frightening - place, person] effrayant; [- story] qui donne le frisson. -**2.** [fearful] peureux.

scat [skæt] (*pt* & *pp* **scatted**, *cont* **scatting**) ◇ *vi inf* [go away] se sauver, ficher le camp; **~!** allez, ouste!

◇ *n* MUS scat *m*.

scathing ['skeɪðɪŋ] *adj* [criticism, remark] caustique, cinglant; **to give sb a ~ look** foudroyer qqn du regard; **he can be very ~** il sait se montrer acerbe OR cinglant.

scathingly ['skeɪðɪŋlɪ] *adv* [retort, criticize] de manière cinglante; **she refers to him ~ as "the toad"** elle l'appelle méchamment «le crapaud».

scatological [ˌskætə'lɒdʒɪkl] *adj* scatologique.

scatology [skæ'tɒlədʒɪ] *n* scatologie *f*.

scatter ['skætəʳ] ◇ *vt* -**1.** [strew] éparpiller, disperser; **don't ~ your toys all over the room** n'éparpille pas tes jouets partout dans la pièce; **papers had been ~ed all over the desk** le bureau était jonché OR couvert de papiers. -**2.** [spread] répandre; [sprinkle] saupoudrer; **she ~ed crumbs for the birds** elle a jeté des miettes de pain aux oiseaux; **we ~ed the floor with sawdust** nous avons répandu de la sciure sur le sol; **to ~ seeds** semer des graines à la volée. -**3.** [disperse - crowd, mob] disperser; [- enemy] mettre en fuite; [- clouds] dissiper, disperser; **my friends are ~ed all over the world** mes amis sont dispersés aux quatre vents OR un peu partout dans le monde. -**4.** PHYS [light] disperser.

◇ *vi* -**1.** [people, clouds] se disperser; **they told us to ~** ils nous ont dit de partir. -**2.** [beads, papers] s'éparpiller.

◇ *n* -**1.** [of rice, bullets] pluie *f*; **a ~ of farms on the hillside** quelques fermes éparpillées à flanc de coteau. -**2.** [in statistics] dispersion *f*.

◆ **scatter about, scatter around** *vt sep* éparpiller.

scatter bomb *n* obus *m* à mitraille, shrapnel *m*, shrapnell *m*.

scatterbrain ['skætəbreɪn] *n* tête *f* de linotte, étourdi *m*, -e *f*.

scatterbrained ['skætəbreɪnd] *adj* écervelé, étourdi.

scatter cushion *n* petit coussin *m*.

scattered ['skætəd] *adj* -**1.** [strewn] éparpillé; **papers/toys lying ~ all over the floor** des papiers/des jouets éparpillés par terre; **the table was ~ with empty cups** il y avait des tasses vides éparpillées sur la table. -**2.** [sprinkled] parsemé; **the tablecloth was ~ with crumbs** la nappe était parsemée de miettes. -**3.** [dispersed - population] dispersé, disséminé; [- clouds] épars, [- villages, houses] épars; [- light] diffus; **his ~ fortune** sa fortune dissipée; **she tried to collect her ~ thoughts** elle essaya de mettre de l'ordre dans ses idées; **~ showers** averses *fpl* intermittentes.

scatter-gun *n* fusil *m* de chasse.

scattering ['skætərɪŋ] *n* -**1.** [small number]: **a ~ of followers** une poignée d'adeptes; **there was a ~ of farms** il y avait quelques fermes çà et là. -**2.** [dispersion] dispersion *f*.

scatter rug *n* petit tapis *m*, carpette *f*.

scattiness *inf* ['skætɪnɪs] *n* [forgetfulness] étourderie *f*; [silliness] sottise *f*.

scatty *inf* ['skætɪ] (*compar* **scattier**, *superl* **scattiest**) *adj* [forgetful] étourdi, écervelé; [silly] bêta.

scavenge ['skævɪndʒ] ◇ *vi* -**1.** [bird, animal]: **to ~ (for food)** chercher sa nourriture. -**2.** [person]: **if you haven't got any tools, you'll have to ~** si vous n'avez pas d'outils, il va falloir en récupérer à droite et à gauche; **he was scavenging among the dustbins** il fouillait dans OR faisait les poubelles.

◇ *vt* -**1.** [material, metals] récupérer; **he managed to ~ a meal** il a finalement trouvé quelque chose à se mettre sous la dent. -**2.** [streets] nettoyer.

scavenger ['skævɪndʒəʳ] *n* -**1.** ZOOL charognard *m*. -**2.** [salvager] ramasseur *m* d'épaves;

[in rubbish] pilleur *m* de poubelles. -**3.** *Br* [street cleaner] éboueur *m*.

scavenger hunt *n* ≃ chasse *f* au trésor.

SCE (*abbr of* Scottish Certificate of Education) *n certificat de fin d'études secondaires en Écosse.*

scenario [sɪ'nɑːrɪəʊ] (*pl* **scenarios**) *n* scénario *m*.

scenarist [*Br* 'siːnərɪst, *Am* sɪ'nɑːrɪst] *n* scénariste *mf*.

scene [siːn] *n* -**1.** [sphere of activity, milieu] scène *f*, situation *f*; **the world political ~** la scène politique internationale; **she's a newcomer on** OR **to the sports ~** c'est une nouvelle venue sur la scène sportive OR dans le monde du sport; **the drug ~** le monde de la drogue; **she came on the ~ just when we needed her** elle est arrivée juste au moment où nous avions besoin d'elle; **he disappeared from the ~ for a few years** il a disparu de la circulation OR de la scène pendant quelques années. -**2.** CIN & THEAT [in film] scène *f*, séquence *f*; [in play] scène *f*; **the murder/love ~** la scène du meurtre/d'amour; **Act IV ~ 2** Acte IV scène 2; **to set the ~** planter le décor; **the ~ is set** OR **takes place in Bombay** la scène se passe OR l'action se déroule à Bombay; **the ~ was set for the arms negotiations** *fig* tout était prêt pour les négociations sur les armements. -**3.** [place, spot] lieu *m*, lieux *mpl*, endroit *m*; **the ~ of the disaster** l'endroit où s'est produit la catastrophe; **the ~ of the crime** le lieu du crime; **the police were soon on the ~** la police est rapidement arrivée sur les lieux OR sur place; **I was first on the ~** j'étais le premier présent OR le premier sur les lieux; **to arrive on the ~** arriver sur place; **~ of operations** MIL théâtre *m* des opérations. -**4.** [image] scène *f*, spectacle *m*; [incident] scène *f*, incident *m*; **~s of horror/violence** scènes d'horreur/de violence; **~s from** OR **of village life** scènes de la vie villageoise; **just picture the ~** essayez de vous représenter la scène; **there were some nasty ~s at the match** il y a eu des incidents violents lors du match; **a ~ of married bliss** une scène de bonheur conjugal ‖ [view] spectacle *m*, perspective *f*, vue *f*; **a ~ of calm beauty lay before us** nous avions devant nous un paysage d'une beauté paisible; **a change of ~ will do you good** un changement d'air OR de décor vous fera du bien ‖ ART tableau *m*, scène *f*; **city/country ~s** scènes de ville/champêtres. -**5.** [fuss, row] scène *f*; **to make a ~** faire une scène; **to have a ~ with sb** se disputer avec qqn; **he made an awful ~ about it** il en a fait toute une histoire. -**6.** *inf* [favourite activity]: **jazz isn't really my ~** le jazz, ça n'est pas vraiment mon truc.

scene change *n* changement *m* de décors.

scene designer *n* décorateur *m*, -trice *f* de théâtre.

scene dock *n* case *f* à décor OR décors.

scenery ['siːnərɪ] *n* -**1.** [natural setting] paysage *m*; **mountain ~** paysage de montagne; **I was admiring the ~** j'admirais le paysage; **the ~ round here is lovely** les paysages sont très beaux par ici; **we drove through picturesque ~** nous avons traversé des paysages très pittoresques; **she needs a change of ~** *fig* elle a besoin de changer de décor OR d'air. -**2.** THEAT décor *m*, décors *mpl*.

sceneshifter ['siːnʃɪftəʳ] *n* machiniste *m* THÉÂT.

scenic ['siːnɪk] *adj* -**1.** [of surroundings] pittoresque; **let's take the ~ route** prenons la route touristique. -**2.** ART & THEAT scénique.

scenic railway *n* -**1.** [for tourists] petit train *m* (touristique). -**2.** [in fairground] montagnes *fpl* russes.

scent [sent] ◇ *n* -**1.** [smell] parfum *m*, odeur *f*; **the ~ of new-mown hay** l'odeur du foin fraîchement fauché; **the ~ of polished wood** le parfum OR l'odeur de bois ciré. -**2.** HUNT [track -of animal] fumet *m*; [- of person] odeur *f*; [track] trace *f*, piste *f*; **the hounds are on the ~** OR **have picked up the ~ of a fox** les chiens sont sur la trace d'un renard OR ont dépisté un renard; **they've lost the ~** ils ont perdu la piste; **to put** OR **to throw sb off the ~** semer qqn; **we're on the ~ of a major scandal** nous flairons un gros scandale. -**3.** *Br* [perfume] parfum *m*.

◇ *vt* -**1.** [smell - prey] flairer; [detect - danger, treachery] flairer, subodorer. -**2.** [perfume] parfumer; **~ed notepaper** papier *m* à lettres parfumé.

scentless ['sentlɪs] *adj* -**1.** [odourless - substance] inodore; [- flower] sans parfum. -**2.** [unable to smell] sans odorat.

scepter *Am* = **sceptre**.

sceptic *Br*, **skeptic** *Am* ['skeptɪk] ◇ *adj* sceptique.

◇ *n* sceptique *mf*.

sceptical *Br*, **skeptical** *Am* ['skeptɪkl] *adj* sceptique.

sceptically *Br*, **skeptically** *Am* ['skeptɪklɪ] *adv* avec scepticisme.

scepticism *Br*, **skepticism** *Am* ['skeptɪsɪzm] *n* scepticisme *m*.

sceptre *Br*, **scepter** *Am* ['septəʳ] *n* sceptre *m*.

SCF *pr n abbr of* Save the Children Fund.

schedule [*Br* 'ʃedjuːl, *Am* 'skedʒʊl] ◇ *n* -**1.** [programme] programme *m*; [calendar] programme *m*, calendrier *m*; [timetable] programme *m*, emploi *m* du temps; [plan] prévisions *fpl*, plan *m*; **I have a busy ~** [for visit] j'ai un programme chargé; [in general] j'ai un emploi du temps chargé; [over period] j'ai un calendrier chargé; **everything went according to ~** tout s'est déroulé comme prévu; **the work was carried out according to ~** le travail a été effectué selon les prévisions; **we are on ~** OR **up to ~** nous sommes dans les temps; **our work is ahead of/behind ~** nous sommes en avance/en retard dans notre travail; **the bridge was opened on/ahead of ~** le pont a été ouvert à la date prévue/en avance sur la date prévue; **the doors opened on ~** les portes se sont ouvertes à l'heure prévue; **a ~ was agreed for the work** on s'est mis d'accord sur un programme de travail OR un planning pour le travail; **to fall behind ~** prendre du retard sur les prévisions de travail. -**2.** [timetable - for transport] horaire *m*; **the train is on ~** le train est à l'heure; **the trains were running behind ~** les trains avaient du retard. -**3.** [list - of prices] barème *m*; [- of contents] inventaire *m*; [- of payments] échéancier *m*; [for taxes] rôle *m*; **~ of charges** tarifs *mpl*. -**4.** JUR [annexe] annexe *f*, avenant *m*.

◇ *vt* -**1.** [plan - event] fixer la date OR l'heure de; [- appointment] fixer; **the meeting was ~d for 3 o'clock/Wednesday** la réunion était prévue pour 15 heures/mercredi; **the plane was ~d to touch down at 18.45** il était prévu que l'avion arrive OR l'arrivée de l'avion était prévue à 18 h 45; **the building is ~d for demolition** il est prévu que le bâtiment soit démoli; **she wasn't ~d to arrive until Sunday** elle ne devait pas arriver OR il n'était pas prévu qu'elle arrive avant dimanche; **which day is the film ~d for?** quel jour a été retenu pour le film?; **it's ~d for Saturday** il est programmé pour samedi; **you aren't ~d to sing until later** d'après le programme, vous devez chanter plus tard (dans la soirée). -**2.** [period, work, series] organiser; **to ~ one's time** aménager OR organiser son temps; **to ~ a morning** établir l'emploi du temps d'une matinée; **our whole week is ~d** notre programme OR emploi du temps pour cette semaine est déjà établi; **that lunch hour is already ~d** ce déjeuner est déjà réservé; **to ~ one's reading** se faire un plan de lecture. -**3.** [topic, item] inscrire; **it's ~d as a topic for the next meeting** c'est inscrit à l'ordre du jour de la prochaine réunion. -**4.** *Br* ADMIN [monument] classer.

scheduled [*Br* 'ʃedjuːld, *Am* 'skedʒʊld] *adj* -**1.** [planned] prévu; **at the ~ time** à l'heure prévue; **he didn't make his ~ speech** il n'a pas prononcé le discours qu'il avait prévu; **we announce a change to our ~ programmes** TV nous annonçons une modification de nos programmes. -**2.** [regular - flight] régulier; [- stop, change] habituel. -**3.** [official - prices] tarifé. -**4.** *Br* ADMIN: **~ building** bâtiment *m* classé (monument historique); **the ~ territories** la zone sterling. -**5.** [privileged]: **~ castes** castes qui ont droit à certains privilèges *(en Inde)*.

scheelite ['ʃiːlaɪt] *n* scheelite *f*.

Scheherazade [ʃəˌherə'zɑːd] *pr n* Shéhérazade.

schema ['skiːmə] (*pl* **schemata** [-mətə]) *n* -**1.** [diagram] schéma *m*. -**2.** PHILOS & PSYCH schème *m*.

schematic [skɪ'mætɪk] ◇ *adj* schématique.

◇ *n* schéma *m*.

scheme [skiːm] ◇ *n* -**1.** [plan] plan *m*, projet *m*; **a ~ for helping the homeless** un projet pour aider les sans-abri; **a ~ for new investment** un plan OR projet pour de nouveaux investissements; **a ~ to get rich quick** un procédé pour s'enrichir rapidement; **he's always dreaming up mad ~s for entertaining the children** il a toujours des idées lumineuses pour distraire les enfants; **the ~ of things** l'ordre des choses; **where does he fit into the ~ of things?** quel rôle joue-t-il dans cette affaire?; **it just doesn't fit into her ~ of things** cela n'entre pas dans sa conception des choses. -**2.** [plot] intrigue *f*, complot *m*; [unscrupulous] procédé *m* malhonnête; **their little ~ didn't work** leur petit complot a échoué. -**3.** *Br* ADMIN plan *m*, système *m*; **the firm has a profit-sharing/a pension ~** l'entreprise a un système de participation aux bénéfices/un régime de retraites complémentaires; **the unions would not agree to the new productivity ~** les syndicats ont refusé d'accepter OR ont rejeté le nouveau plan de productivité; **government unemployment ~s** plans antichômage du gouvernement ❑ **housing ~** lotissement *m*; **National Savings Scheme** ≃ Caisse *f* nationale d'épargne. -**4.** [arrangement] disposition *f*, schéma *m*.

◇ *vi* intriguer; **to ~ to do sthg** projeter de faire qqch; **they ~d against the general** ils ont comploté contre le général.

◇ *vt* combiner, manigancer.

schemer ['skiːməʳ] *n* intrigant *m*, -e *f*; [in conspiracy] conspirateur *m*, -trice *f*.

scheming ['skiːmɪŋ] ◇ *n (U)* intrigues *fpl*, machinations *fpl*.

◇ *adj* intrigant, conspirateur.

schism ['sɪzm, 'skɪzm] *n* schisme *m*.

schismatic [sɪz'mætɪk, skɪz'mætɪk] ◇ *adj* schismatique.

◇ *n* schismatique *mf*.

schist [ʃɪst] *n* schiste *m*.

schist oil *n* huile *f* de schiste.

schizo▽ ['skɪtsəʊ] (*pl* **schizos**) ◇ *adj* schizophrène, schizo.

◇ *n* schizophrène *mf*, schizo *mf*.

schizoid ['skɪtsɔɪd] ◇ *adj* schizoïde.

◇ *n* schizoïde *mf*.

schizophrenia [ˌskɪtsə'friːnjə] *n* schizophrénie *f*; **to suffer from ~** être atteint de schizophrénie, être schizophrène.

schizophrenic [ˌskɪtsə'frenɪk] ◇ *adj* schizophrène.

◇ *n* schizophrène *mf*.

schlemiel▽, **schlemihl**▽ [ʃlə'miːl] *n esp Am* pauvre type *m* OR mec *m*.

schlep(p)▽ [ʃlep] (*pt* & *pp* **schlepped**, *cont* **schlepping**) *esp Am* ◇ *vt* trimbaler; **I've got to ~ all this stuff over to the office** il faut que je trimballe OR transbahute tous ces trucs au bureau.

◇ *vi*: **to ~ (around)** se trimbaler.

◇ *n* crétin *m*, -e *f*.

Schleswig-Holstein ['ʃlezvɪg'hɒlstaɪn] *pr n* Schleswig-Holstein *m*; **in ~** dans le Schleswig-Holstein.

schlock▽ [ʃlɒk] ◇ *n* -**1.** [worthless objects] camelote *f*. -**2.** *esp Am* [lazy person] flemmard *m*, -e *f*.

◇ *adj* en toc.

schlong▼ [ʃlɒŋ] *n Am* pine *f*.

schmal(t)z *inf* [ʃmɔːlts] *n* sentimentalité *f*.
schmal(t)zy *inf* [ˈʃmɔːltsɪ] *adj* à l'eau de rose.
schmuck▽ [ʃmʌk] *n* connard *m*.
schnap(p)s [ʃnæps] (*pl inv*) *n* schnaps *m*.
schnorkel [ˈʃnɔːkl] *Br* = **snorkel**.
scholar [ˈskɒləʳ] *n* -**1.** [academic] érudit *m*, -e *f*, savant *m*; [specialist] spécialiste *mf*; [intellectual] intellectuel *m*, -elle *f*; **an Egyptian ~** un spécialiste de l'Égypte; **I'm not much of a ~** je ne suis pas très savant. -**2.** [holder of grant] boursier *m*, -ère *f*. -**3.** *dated* [pupil] élève *mf*; **she's a poor/good ~** c'est une mauvaise/bonne élève.
scholarly [ˈskɒləlɪ] *adj* -**1.** [person] érudit, cultivé. -**2.** [article, work] savant. -**3.** [approach] rigoureux, scientifique. -**4.** [circle] universitaire.
scholarship [ˈskɒləʃɪp] *n* -**1.** SCH & UNIV [grant] bourse *f*; **to win a ~ to Stanford** obtenir une bourse pour Stanford *(sur concours)*; **~ student** OR **holder** boursier *m*, -ère *f*. -**2.** [knowledge] savoir *m*, érudition *f*.
scholastic [skəˈlæstɪk] ◇ *adj* -**1.** [ability, record, supplier] scolaire; [profession] d'enseignant; [competition] inter-écoles; **~ agency** agence *f* de placement (pour enseignants). -**2.** [philosophy, approach, argument] scolastique.
◇ *n* scolastique *m*.
scholasticism [skəˈlæstɪsɪzm] *n* scolastique *f*.
school [skuːl] ◇ *n* -**1.** [educational establishment] école *f*, établissement *m* scolaire; [secondary school - to age 15] collège *m*; [- 15 to 18] lycée *m*; **to go to ~** aller à l'école OR au collège OR au lycée; **to be at** OR **in ~** être à l'école OR en classe; **to go back to ~** [after illness] reprendre l'école; [after holidays] rentrer; **parents have a duty to send their children to ~** les parents ont le devoir d'envoyer leurs enfants à l'école OR de scolariser leurs enfants; **what are you going to do when you leave ~?** qu'est-ce que tu comptes faire quand tu auras quitté l'école OR fini ta scolarité?; **I was at ~ with him** j'étais en classe avec lui, c'était un de mes camarades de classe; **to go skiing/sailing with the ~** ≃ aller en classe de neige/de mer; **television for ~s** télévision *f* scolaire ‖ [classes] école *f*, classe *f*, classes *fpl*, cours *mpl*; **there's no ~ today** il n'y a pas (d') école OR il n'y a pas classe aujourd'hui; **~ starts at nine** l'école commence OR les cours commencent à 9 h; **~ starts back next week** c'est la rentrée (scolaire OR des classes) la semaine prochaine; **see you after ~** on se voit après l'école OR la classe ‖ [pupils] école *f*; **the whole ~ is** OR **are invited** toute l'école est invitée ‖ *fig* école *f*; **the ~ of life** l'école de la vie ❑ **~s broadcasting** émissions *fpl* scolaires; **'The School for Scandal'** *Sheridan* 'l'École de la médisance'. -**2.** [institute] école *f*, académie *f*; **~ of dance, dancing ~** académie OR école de danse; **~ of music** [gen] école de musique; [superior level] conservatoire *m*; **driving ~, ~ of motoring** auto-école *f*, école *f* de conduite. -**3.** UNIV [department] département *m*, institut *m*; [faculty] faculté *f*; [college] collège *m*; *Am* [university] université *f*; **~ of medicine** faculté de médecine; **London School of Economics** institut d'études économiques de l'université de Londres; **she's at law ~** elle fait des études de droit, elle fait son droit ‖ [at Oxbridge] salle *f* d'examens; **history ~s** examens finals OR finaux d'histoire. -**4.** [of art, literature] école *f*; **a doctor of the old ~** *fig* un médecin de la vieille école OR de la vieille garde; **the Florentine/classical ~** l'école florentine/classique ❑ **~ of thought** *literal* école *f* de pensée; *fig* théorie *f*. -**5.** [training session] stage *m*; **a two-day ~ for doctors** un stage de deux jours pour les médecins. -**6.** HIST: **the Schools** l'École *f*, la scolastique. -**7.** [of fish, porpoise] banc *m*.
◇ *comp* [doctor, report] scolaire; **~ day** journée *f* scolaire OR d'école; **~ dinners** repas *mpl* servis à la cantine (de l'école); **~ fees** frais *mpl* de scolarité; **~ governor** *Br* membre *m* du conseil de gestion de l'école; **~ milk** *lait offert aux élèves dans le primaire*.
◇ *vt* -**1.** [send to school] envoyer à l'école, scolariser. -**2.** [train - person] entraîner; [- animal] dresser; **to be ~ed in monetary/military matters** être rompu aux questions monétaires/militaires; **she ~ed herself to listen to what others said** elle a appris à écouter (ce que disent) les autres; **she is well ~ed in diplomacy** elle a une bonne formation diplomatique.
school age *n* âge *m* scolaire.
schoolbag [ˈskuːlbæg] *n* cartable *m*.
schoolbook [ˈskuːlbʊk] *n* livre *m* OR manuel *m* scolaire.
schoolboy [ˈskuːlbɔɪ] *n* écolier *m*; **~ slang** argot *m* scolaire.
school bus *n* car *m* de ramassage scolaire.
schoolchild [ˈskuːltʃaɪld] (*pl* **schoolchildren** [-tʃɪldrən]) *n* écolier *m*, -ère *f*.
schooldays [ˈskuːldeɪz] *npl* années *fpl* d'école.
school district *n aux États-Unis, autorité locale décisionnaire dans le domaine de l'enseignement primaire et secondaire.*
schoolfellow [ˈskuːlˌfeləʊ] *n* camarade *m* OR copain *m* de classe.
schoolgirl [ˈskuːlgɜːl] ◇ *n* écolière *f*.
◇ *comp*: **~ complexion** teint *m* de jeune fille; **she had the usual ~ crush on the gym teacher** comme toutes les filles de son âge, elle était tombée amoureuse de son prof de gym.
school holiday *n* jour *m* de congé scolaire; **tomorrow is a ~** il n'y a pas école OR classe OR cours demain; **during the ~s** pendant les vacances OR congés scolaires.
school hours *npl* heures *fpl* de classe OR d'école; **in ~** pendant les heures de classe; **out of ~** en dehors des heures de classe.
schoolhouse [ˈskuːlhaʊs, *pl* -haʊzɪz] *n* école *f* (du village).
schooling [ˈskuːlɪŋ] *n* -**1.** [education] instruction *f*, éducation *f*; [enrolment at school] scolarité *f*; **I haven't had much ~** je ne suis pas allé longtemps à l'école, je ne suis pas très instruit; **~ is compulsory** la scolarité est obligatoire. -**2.** [of horse] dressage *m*.
schoolkid *inf* [ˈskuːlkɪd] *n* écolier *m*, -ère *f*; **he's only a ~** ce n'est qu'un gosse.
school-leaver *n Br jeune qui entre dans la vie active à la fin de sa scolarité.*
school-leaving age *n* fin *f* de la scolarité obligatoire; **the ~ was raised to 16** l'âge légal de fin de scolarité a été porté à 16 ans.
schoolma'am *inf*, **schoolmarm** *inf* [ˈskuːlmɑːm] *n* -**1.** *hum* [teacher] maîtresse *f* d'école. -**2.** *Br pej* [prim woman] bégueule *f*.
schoolman [ˈskuːlmən] (*pl* **schoolmen** [-mən]) *n* HIST & PHILOS scolastique *m*.
schoolmarmish *inf* [ˈskuːlmɑːmɪʃ] *adj Br pej*: **she's very ~** elle fait très maîtresse d'école.
schoolmaster [ˈskuːlˌmɑːstəʳ] *n Br* [at primary school] maître *m*, instituteur *m*; [at secondary school] professeur *m*.
schoolmate [ˈskuːlmeɪt] *n* camarade *mf* d'école.
schoolmistress [ˈskuːlˌmɪstrɪs] *n Br* [primary school] maîtresse *f*, institutrice *f*; [secondary school] professeur *m*.
schoolroom [ˈskuːlrʊm] *n* (salle *f* de) classe *f*.
schoolteacher [ˈskuːlˌtiːtʃəʳ] *n* [at any level] enseignant *m*, -e *f*; [at primary school] instituteur *m*, -trice *f*; [at secondary school] professeur *m*.
schoolteaching [ˈskuːlˌtiːtʃɪŋ] *n* enseignement *m*.
school tie *n cravate propre à une école et faisant partie de l'uniforme.*
schooltime [ˈskuːltaɪm] *n* [school hours] heures *fpl* d'école; [outside holidays] année *f* scolaire.
school uniform *n* uniforme *m* scolaire.
schoolwork [ˈskuːlwɜːk] *n (U)* travail *m* scolaire; [at home] devoirs *mpl*, travail *m* à la maison.
school year *n* année *f* scolaire; **my ~s** ma scolarité, mes années d'école; **the ~ runs from September to July** l'année scolaire dure de septembre à juillet.
schooner [ˈskuːnəʳ] *n* -**1.** NAUT schooner *m*. -**2.** [for sherry, beer] grand verre *m*; **a ~ of sherry** un verre de xérès.
schuss [ʃʊs] ◇ *n* schuss *m*.
◇ *vi* descendre tout schuss.
schwa [ʃwɑː] *n* [in phonetics] schwa *m*.
sciatic [saɪˈætɪk] *adj* sciatique; **~ nerve** nerf *m* sciatique.
sciatica [saɪˈætɪkə] *n* sciatique *f*.
science [ˈsaɪəns] ◇ *n (U)* [gen] science *f*, sciences *fpl*; **modern ~** la science moderne; **she studied ~** elle a fait des études de science OR scientifiques; **I've always been interested in ~** j'ai toujours été intéressé par les sciences ‖ [branch] science *f*; **farming is becoming more and more of a ~** l'agriculture devient de plus en plus scientifique.
◇ *comp* [exam] de science; [teacher] de science, de sciences; [student] en sciences; [lab, subject] scientifique.
science fiction *n* science-fiction *f*.
science park *n* parc *m* scientifique.
scientific [ˌsaɪənˈtɪfɪk] *adj* -**1.** [research, expedition] scientifique; **on ~ principles** selon des principes scientifiques. -**2.** [precise, strict] scientifique, rigoureux.
scientifically [ˌsaɪənˈtɪfɪklɪ] *adv* scientifiquement, de manière scientifique; **~ speaking** d'un OR du point de vue scientifique.
scientism [ˈsaɪəntɪzm] *n* PHILOS scientisme *m*.
scientist [ˈsaɪəntɪst] *n* [worker] scientifique *m*; [academic] scientifique *mf*, savant *m*.
Scientology® [ˌsaɪənˈtɒlədʒɪ] *n* RELIG scientologie *f*.
sci-fi *inf* [ˌsaɪˈfaɪ] *n abbr of* **science fiction**.
scilicet [ˈsaɪlɪset] *adv fml* à savoir, c'est-à-dire.
Scilly Isles [ˈsɪlɪ-], **Scillies** [ˈsɪlɪz] *pl pr n*: **the ~** les îles *fpl* Sorlingues; **in the ~** aux îles Sorlingues.
scimitar [ˈsɪmɪtəʳ] *n* cimeterre *m*.
scintilla [sɪnˈtɪlə] *n*: **there is not a ~ of doubt that...** il n'y a pas le moindre doute OR il ne fait pas l'ombre d'un doute que...
scintillate [ˈsɪntɪleɪt] *vi* [stars] scintiller, briller; *fig* [person - in conversation] briller, être brillant; **to ~ with wit** briller par son esprit, pétiller d'esprit.
scintillating [ˈsɪntɪleɪtɪŋ] *adj* [conversation, wit] brillant, pétillant, étincelant; [person, personality] brillant.
scintillation [ˌsɪntɪˈleɪʃn] *n* scintillation *f*.
scion [ˈsaɪən] *n* -**1.** *lit* [descendant] descendant *m*, -e *f*. -**2.** BOT scion *m*.
Scipio [ˈskɪpɪəʊ] *pr n* Scipion.
scission [ˈsɪʃn] *n* scission *f*.
scissor [ˈsɪzəʳ] *vt* couper avec des ciseaux.
◆ **scissors** *npl*: (**a pair of**) **~s** (une paire de) ciseaux *mpl*.
scissors hold *n* SPORT ciseau *m*.
scissors jump *n* SPORT saut *m* en ciseaux, ciseau *m*.
scissors kick *n* SPORT ciseau *m*.
sclerosis [skləˈrəʊsɪs] *n (U)* BOT, MED & *fig* sclérose *f*.
sclerotic [skləˈrɒtɪk] *adj* -**1.** MED sclérosé. -**2.** BOT scléreux, sclérosé.
scoff [skɒf] ◇ *vi* -**1.** [mock] se moquer, être méprisant; **they ~ed at my efforts/ideas** ils se sont moqués de mes efforts/idées; **don't ~, I'm serious** ne te moque pas de moi, je parle sérieusement. -**2.** *inf* [eat] s'empiffrer.
◇ *vt inf Br* [eat] bouffer, s'empiffrer de; **he ~ed the whole packet** il s'est enfilé tout le paquet; **don't ~ your food like that** ne t'empiffre pas comme ça.
scoffer [ˈskɒfəʳ] *n* railleur *m*, -euse *f*.
scoffing [ˈskɒfɪŋ] ◇ *n* moquerie *f*, sarcasme *m*.
◇ *adj* railleur, sarcastique.
scold [skəʊld] ◇ *vt* gronder, réprimander; **we were ~ed** OR **we got ~ed for giggling in class** on s'est fait gronder pour avoir pouffé de rire OR parce qu'on avait pouffé de rire en classe.

◇ *vi* rouspéter.
◇ *n arch* chipie *f*, mégère *f*.

scolding ['skəʊldɪŋ] *n* gronderie *f*, gronderies *fpl*, réprimande *f*, réprimandes *fpl*; **to give sb a ~ for doing sthg** gronder qqn pour avoir fait qqch; **he got a good ~ from his mother for lying** il s'est fait attraper par sa mère pour avoir menti.

scollop ['skɒləp] = **scallop**.

scone [skɒn] *n* scone *m* *(petit pain rond)*; **cheese ~** scone au fromage.

scoop [sku:p] ◇ *n* -**1.** PRESS scoop *m*, exclusivité *f*; **to get** OR **to make a ~** faire un scoop; **the paper got a ~ on the story** le journal a publié la nouvelle en exclusivité. -**2.** [utensil, ladle - for ice-cream, potatoes] cuillère *f* à boule; [- for flour, grain] pelle *f*; [- for water] écope *f*; [on crane, dredger] pelle *f*; [on bulldozer] lame *f*. -**3.** [amount scooped - of ice-cream, potatoes] boule *f*; [- of flour, grain] pelletée *f*; [- of earth, rocks] pelletée *f*. -**4.** *inf Br* FIN [profit] bénéfice *m* (important); **to make a ~** faire un gros bénéfice.
◇ *vt* -**1.** [take, measure, put] prendre (avec une mesure); **to ~ flour/grain from a bin** prendre de la farine/du grain dans un tonneau; **the ice-cream was ~ed into a dish** on a mis la glace dans un plat (à l'aide d'une cuillère); **she ~ed the papers into her case** elle a ramassé les journaux dans sa mallette; **we had to ~ the water out of the barrel** nous avons dû vider le tonneau avec un récipient; **she ~ed the grain out of the bucket** elle a pris le grain dans le seau à l'aide d'une mesure || [serve] servir (avec une cuillère); **he ~ed the potatoes onto my plate** il m'a servi des pommes de terre. -**2.** FIN [market] s'emparer de; [competitor] devancer; **they ~ed a big profit** ils ont ramassé un gros bénéfice; **to ~ the field** OR **the pool** *fig* tout rafler. -**3.** PRESS [story] publier en exclusivité; [competitor] publier avant, devancer.
◆ **scoop out** *vt sep* -**1.** [take - with scoop] prendre (avec une cuillère); [- with hands] prendre (avec les mains). -**2.** [hollow - wood, earth] creuser; [empty, remove] vider; **~ out the tomatoes** épépinez OR égrenez les tomates; **~ out the flesh from the grapefruit** évidez le pamplemousse.
◆ **scoop up** *vt sep* -**1.** [take, pick up - in scoop] prendre OR ramasser à l'aide d'une pelle OR d'un récipient; [- in hands] prendre OR ramasser dans les mains; **the gangsters ~ed the money up and jumped into the car** les gangsters ont ramassé l'argent et ont sauté dans la voiture; **she ~ed the papers up in her arms** elle a ramassé une brassée de journaux. -**2.** [gather together] entasser; **can you ~ up the spilt beans?** pouvez-vous faire un tas avec les haricots qui ont été renversés?

scoopful ['sku:pfʊl] *n* pelletée *f*.

scoop neck *n* décolleté *m*.

scoot *inf* [sku:t] ◇ *vi* filer; **the children ~ed across the fields/up the stairs** les enfants ont filé à travers champs/ont monté les escaliers à toute vitesse; **~!** fichez le camp!, allez, ouste!
◇ *n*: **to make a ~ for it** *Br* prendre ses jambes à son cou.
◆ **scoot away** *inf*, **scoot off** *inf vi insep* filer.

scooter ['sku:tə^r] *n* -**1.** [child's] trottinette *f*. -**2.** [moped]: **(motor) ~** scooter *m*. -**3.** *Am* [ice yacht] yacht *m* à glace.

scope [skəʊp] *n* -**1.** [range] étendue *f*, portée *f*; [limits] limites *fpl*; **what is the ~ of the enquiry?** jusqu'où portent OR vont les ramifications de l'enquête?; **does the matter fall within the ~ of the law?** est-ce que l'affaire tombe sous le coup de la loi?; **it is beyond the ~ of this study/of my powers** cela dépasse le cadre de cette étude/de mes compétences; **to extend the ~ of one's activities/of an enquiry** élargir le champ de ses activités/le cadre d'une enquête; **the book is too narrow in ~** le livre est d'une portée trop limitée || [size, extent - of change] étendue *f*; [- of undertaking] étendue *f*, envergure *f*; **it's a venture of unusual ~** c'est une entreprise d'une envergure exceptionnelle. -**2.** [opportunity, room] occasion *f*, possibilité *f*; **there's plenty of ~ for development/for improvement** les possibilités de développement/d'amélioration ne manquent pas; **the job gave him full/little ~ to demonstrate his talents** son travail lui fournissait de nombreuses/peu d'occasions de montrer ses talents; **I'd like a job with more ~** j'aimerais un poste qui me donne plus de perspectives d'évolution. -**3.** *inf* [telescope] télescope *m*; [microscope] microscope *m*; [periscope] périscope *m*.

scorbutic [skɔ:'bju:tɪk] *adj* scorbutique.

scorch [skɔ:tʃ] ◇ *vt* -**1.** [with iron - clothing, linen] roussir, brûler légèrement; [with heat - skin] brûler; [- meat] brûler, carboniser; [- woodwork] brûler, marquer. -**2.** [grass, vegetation - with sun] roussir, dessécher; [- with fire] brûler. -**3.** *inf* [criticize] éreinter.
◇ *vi* -**1.** [linen] roussir. -**2.** *inf Br* [in car] filer à toute allure; [on bike] pédaler comme un fou OR à fond de train; **we were soon ~ing along at over 100 mph** nous filions bientôt à plus de 160 à l'heure.
◇ *n* [on linen] marque *f* de roussi; [on hand, furniture] brûlure *f*; **there's a ~ (mark) on my shirt** ma chemise a été roussie; **the cigarette has left a ~ (mark) on the table** la cigarette a fait une marque de brûlure sur la table.

scorched-earth policy *n* politique *f* de la terre brûlée.

scorcher *inf* ['skɔ:tʃə^r] *n* -**1.** [hot day] journée *f* torride; **yesterday was a real ~** hier c'était une vrai fournaise. -**2.** [something exciting, fast etc]: **this film is a ~** ce film est absolument génial; **she's a real ~** c'est une fille superbe.

scorching ['skɔ:tʃɪŋ] ◇ *adj* -**1.** [weather, tea, surface] brûlant; **the sun is ~** il fait un soleil de plomb. -**2.** [criticism] cinglant. -**3.** [of speed]: **the car does a ~ 120 mph** la voiture file à 190 à l'heure.
◇ *adv*: **a ~ hot day** une journée torride.

score [skɔ:^r] ◇ *n* -**1.** SPORT score *m*; CARDS points *mpl*; **the ~ was five-nil** le score était de cinq à zéro; **there was still no ~ at half-time** à la mi-temps, aucun but n'avait encore été marqué; **to make a high ~** FTBL marquer de nombreux buts; CARDS & GAMES faire beaucoup de points; **to keep the ~** GAMES compter OR marquer les points; SPORT tenir le score; [on scorecard] tenir la marque || [in exam, test - mark] note *f*; [- result] résultat *m*; **to get a good ~** obtenir une bonne note; **the final ~** FTBL le score final; [gen & CARDS] le résultat final; **what's the ~?** FTBL quel est le score?; [gen & CARDS] on a marqué combien de points?; [in tennis] où en est le jeu?; *fig* on en est où? ❑ **to know the ~** *inf* connaître le topo. -**2.** *fig* [advantage - in debate] avantage *m*, points *mpl*; **to make a ~ off an opponent** marquer des points sur son adversaire. -**3.** [debt] compte *m*; **I prefer to forget old ~s** je préfère oublier les vieilles histoires. -**4.** [subject, cause] sujet *m*, titre *m*; **don't worry on that ~** ne vous inquiétez pas à ce sujet; **he deserved to be rejected on more than one ~** il méritait d'être refusé à plus d'un titre; **on what ~ was I turned down?** à quel titre OR sous quel prétexte ai-je été refusé? -**5.** [twenty] vingtaine *f*; **three ~ and ten** *arch* soixante-dix || [many]: **~s of people** beaucoup de gens; **I've told you ~s of times** je vous l'ai dit des centaines de fois; **motorbikes by the ~** des motos par dizaines. -**6.** MUS partition *f*; CIN & THEAT musique *f*; **Cleo wrote the (film) ~** Cleo est l'auteur de la musique (du film); **to follow the ~** suivre (sur) la partition. -**7.** [mark - on furniture] rayure *f*; [notch, deep cut] entaille *f*; [in leather] entaille *f*, incision *f*; GEOL strie *f*.
◇ *vt* -**1.** SPORT [goal, point] marquer; **to ~ 5 goals/50 points for one's team** marquer 5 buts/50 points pour son équipe; **to ~ a hit** [with bullet, arrow, bomb] atteindre la cible; [in fencing] toucher; *fig* réussir; **the bomber ~d a direct hit** le bombardier a visé en plein sur la cible; **to ~ a success** remporter un succès || [in test, exam - marks] obtenir; **she ~d the highest mark** elle a obtenu OR eu la note la plus élevée; **he's always trying to ~ points off me** *fig* il essaie toujours d'avoir le dessus avec moi. -**2.** [scratch] érafler; [make shallow cut in - paper] marquer; [- rock] strier; [- pastry, meat] inciser, faire des incisions dans. -**3.** MUS [symphony, opera] orchestrer; **the piece is ~d for six trombones/treble voices** le morceau est écrit pour six trombones/pour soprano || CIN & THEAT composer la musique de. -**4.** *Am* [grade, mark - test] noter.
◇ *vi* -**1.** SPORT [team, player] marquer un point OR des points; FTBL marquer un but OR des buts; [scorekeeper] marquer les points; **the team didn't ~** l'équipe n'a pas marqué; **would you mind scoring for us?** vous voulez bien marquer les points pour nous? || [in test]: **to ~ high/low** obtenir un bon/mauvais score. -**2.** [succeed] avoir du succès, réussir; **he certainly ~s with the girls** il a du succès auprès des filles, c'est sûr; **that's where we ~** c'est là que nous l'emportons, c'est là que nous avons l'avantage. -**3.** ▽ [sexually] avoir une touche; **did you ~?** tu as réussi à tomber une fille? -**4.** *drugs sl* [get drugs] se procurer de la drogue.
◆ **score off** ◇ *vt insep* prendre l'avantage sur, marquer des points sur.
◇ *vt sep* rayer, barrer.
◆ **score over** *vt insep* -**1.** = **score off** *vt insep*. -**2.** [be more successful than] avoir l'avantage sur.
◆ **score out**, **score through** *vt sep* biffer, barrer.
◆ **score up** *vt sep* -**1.** [subj: team, player] marquer. -**2.** [debt] marquer, noter.

scoreboard ['skɔ:bɔ:d] *n* tableau *m* d'affichage *(du score)*.

scorecard ['skɔ:kɑ:d] *n* -**1.** [for score - in game] fiche *f* de marque OR de score; [- in golf] carte *f* de parcours. -**2.** [list of players] liste *f* des joueurs.

score draw *n* FTBL match *m* nul *(où chaque équipe a marqué)*.

scorekeeper ['skɔ:ˌki:pə^r] *n* marqueur *m*, -euse *f*.

scoreline ['skɔ:laɪn] *n* score *m*.

scorer ['skɔ:rə^r] *n* -**1.** FTBL [regularly] buteur *m*; [of goal] marqueur *m*; **Watkins was the ~** c'est Watkins qui a marqué le but. -**2.** [scorekeeper] marqueur *m*, -euse *f*. -**3.** [in test, exam]: **the highest ~** le candidat qui obtient le meilleur score.

scoresheet ['skɔ:ʃi:t] *n* feuille *f* de match.

scoria ['skɔ:rɪə] (*pl* **scoriae** [-rii:]) *n* scorie *f*.

scoring ['skɔ:rɪŋ] *n* *(U)* -**1.** FTBL [of goals] marquage *m* d'un but; [number scored] buts *mpl* (marqués); **the ~ was fairly slow** il nous a fallu assez longtemps pour marquer. -**2.** CARDS & GAMES [scorekeeping] marquage *m* des points, marque *f*; [points scored] points *mpl* marqués; **I'm not sure about the ~** je ne suis pas sûr de la manière dont on marque les points. -**3.** [scratching] rayures *fpl*, éraflures *fpl*; [notching] entaille *f*, entailles *fpl*; GEOL striage *m*. -**4.** MUS [orchestration] orchestration *f*; [arrangement] arrangement *m*; [composition] écriture *f*.

scorn [skɔ:n] ◇ *n* -**1.** [contempt] mépris *m*, dédain *m*; **I feel nothing but ~ for them** ils ne m'inspirent que du mépris. -**2.** [object of derision] (objet *m* de) risée *f*; **she was the ~ of the whole school** elle était la risée de toute l'école.
◇ *vt* -**1.** [be contemptful of] mépriser. -**2.** [reject - advice, warning] rejeter, refuser d'écouter; [- idea] rejeter; [- help] refuser, dédaigner; **she ~ed to answer** *lit* elle n'a pas daigné répondre.

scornful ['skɔ:nfʊl] *adj* dédaigneux, méprisant; **she's rather ~ about** OR **of my ideas** elle manifeste un certain mépris envers mes idées.

scornfully ['skɔ:nfʊlɪ] *adv* avec mépris, dédaigneusement; **they looked at us ~** ils nous ont regardés avec dédain OR d'un air méprisant; **"of course not", he said ~** «bien sûr que non», dit-il d'un ton méprisant.

Scorpio ['skɔ:pɪəʊ] ◇ *pr n* ASTROL & ASTRON Scorpion *m*.
◇ *n*: **he's a ~** il est Scorpion.

scorpion ['skɔːpjən] *n* ZOOL scorpion *m*.
scorpion fish *n* rascasse *f*, scorpène *f spec*.
Scot [skɒt] *n* Écossais *m*, -e *f*; the ~s les Écossais.
scotch [skɒtʃ] *vt* -**1.** [suppress - revolt, strike] mettre fin à, réprimer, étouffer; [- rumour] étouffer; **we'll have to ~ that idea** il faudra abandonner cette idée. -**2.** [hamper - plans] entraver, contrecarrer. -**3.** [block - wheel] caler.
Scotch [skɒtʃ] ◇ *n* [whisky] scotch *m*; **a glass of ~** un verre de scotch.
◇ *npl* [people]: **the ~** les Écossais *mpl*.
◇ *adj* écossais.
Scotch broth *n* *soupe écossaise à base de légumes et d'orge perlée.*
Scotch egg *n* *œuf dur entouré de chair à saucisse et enrobé de chapelure.*
Scotch mist *n* bruine *f*.
Scotch pancake *n* *crêpe épaisse.*
Scotch pine *n* pin *m* sylvestre.
Scotch tape® *n Am* Scotch® *m*.
◆ **scotch-tape**® *vt* scotcher.
Scotch terrier = **Scottish terrier**.
Scotch whisky *n* scotch *m*, whisky *m* écossais.
scot-free *adj* impuni; **they were let off ~** on les a relâchés sans les punir.
Scotland ['skɒtlənd] *pr n* Écosse *f*; **in ~** en Écosse.
Scotland Yard *pr n* *ancien nom du siège de la police à Londres (aujourd'hui New Scotland Yard)*, ≃ Quai *m* des Orfèvres.
Scots [skɒts] ◇ *n* [language - Gaelic] écossais *m*, erse *m*; [- Lallans] anglais *m* d'Écosse.
◇ *adj* [accent, law, name] écossais; **do you know the ~ language?** connaissez-vous l'écossais?
Scotsman ['skɒtsmən] (*pl* Scotsmen [-mən]) *n* Écossais *m*; **the ~** PRESS *un des grands quotidiens écossais.*
Scots pine *n* pin *m* sylvestre.
Scotswoman ['skɒtsˌwʊmən] (*pl* Scotswomen [-ˌwɪmɪn]) *n* Écossaise *f*.
Scotticism ['skɒtɪsɪzm] *n* expression *f* propre à l'anglais d'Écosse.
scottie ['skɒtɪ] = **Scottish terrier**.
Scottish ['skɒtɪʃ] ◇ *n* LING écossais *m*.
◇ *npl*: **the ~** les Écossais *mpl*.
◇ *adj* écossais.
Scottish Gaelic *n* LING gaélique *m* d'Écosse, erse *m*.
Scottish National Party *pr n* *parti indépendantiste écossais fondé en 1934.*
Scottish terrier *n* scottish-terrier *m*, Scotch-terrier *m*.
scotty ['skɒtɪ] (*pl* scotties) = **Scottish terrier**.
scoundrel ['skaʊndrəl] *n* bandit *m*, vaurien *m*; [child] vilain *m*, -e *f*, coquin *m*, -e *f*; **come here you little ~!** viens ici, petit coquin OR vaurien!
scour ['skaʊəʳ] ◇ *vt* -**1.** [clean - pan] récurer; [- metal surface] décaper; [- floor] lessiver, frotter; [- tank] vidanger, purger. -**2.** [scratch] rayer. -**3.** [subj: water, erosion] creuser; **the rain water had ~ed a deep channel in the hillside** l'eau de pluie avait creusé une profonde rigole sur le flanc de la colline. -**4.** [search - area] ratisser, fouiller; **the surrounding countryside was ~ed for the missing girl** on a ratissé OR fouillé la campagne environnante pour retrouver la jeune fille disparue; **the police spent the weekend ~ing the woods** la police a passé le week-end à battre les bois; **I've ~ed the whole library looking for her** j'ai fouillé toute la bibliothèque pour la trouver.
◇ *n*: **give the pans a good ~** récurez bien les casseroles; **the sink could do with a ~** l'évier aurait bien besoin d'être récuré.
◆ **scour about** *vi insep Br* battre la campagne; **they ~ed about after** OR **for a red car** ils ont parcouru toute la région à la recherche d'une voiture rouge.
◆ **scour away** *vt sep* éroder, emporter par érosion.
◆ **scour off** *vt sep* enlever (à l'aide d'un tampon à récurer).
scourer ['skaʊərəʳ] *n* tampon *m* à récurer.
scourge [skɜːdʒ] ◇ *n* -**1.** [bane] fléau *m*; **the ~ of war/of disease** le fléau de la guerre/de la maladie; **pollution is the ~ of the century** la pollution est le fléau de ce siècle. -**2.** [person] peste *f*. -**3.** [whip] fouet *m*.
◇ *vt* -**1.** [afflict] ravager. -**2.** [whip] fouetter.
scouring pad ['skaʊərɪŋ-] *n* tampon *m* à récurer.
scouring powder *n* poudre *f* à récurer.
scourings ['skaʊərɪŋz] *npl* résidu *m* (de récurage).
Scouse *inf* [skaʊs] *Br* ◇ *n* -**1.** [person] *surnom donné aux habitants de Liverpool.* -**2.** [dialect] *dialecte de la région de Liverpool.*
◇ *adj* de Liverpool.
scout [skaʊt] ◇ *n* -**1.** [boy] scout *m*, éclaireur *m*; [girl] scoute *f*, éclaireuse *f*; **he's a good ~** *Am* c'est un chouette OR brave type. -**2.** MIL [searcher] éclaireur *m*; [watchman] sentinelle *f*, guetteur *m*; [ship] vedette *f*; [aircraft] avion *m* de reconnaissance. -**3.** [for players, models, dancers] dénicheur *m* de vedettes. -**4.** [exploration] tour *m*; **to have** OR **to take a ~ around** (aller) reconnaître le terrain. -**5.** *Br* AUT [patrolman] dépanneur *m*.
◇ *comp* [knife, uniform] (de) scout, d'éclaireur; **~ camp** camp *m* scout; **the ~ movement** le mouvement scout, le scoutisme.
◇ *vt* [area] explorer; MIL reconnaître; **to ~ (out) a trail** reconnaître une piste.
◇ *vi* partir en reconnaissance; **he used to ~ for the cavalry** il était éclaireur dans OR il effectuait des missions de reconnaissance pour la cavalerie.
◆ **scout about** *Br*, **scout around** *vi insep* explorer les lieux; MIL partir en reconnaissance; **to ~ about for an excuse** chercher un prétexte.
◆ **Scout** = **scout 1**.
scout car *n* scout-car *m*.
scouting ['skaʊtɪŋ] *n* -**1.** [movement]: **~, Scouting** scoutisme *m*. -**2.** MIL reconnaissance *f*.
scoutmaster ['skaʊtˌmɑːstəʳ] *n* chef *m* scout.
scow [skaʊ] *n* NAUT chaland *m*.
scowl [skaʊl] ◇ *n* [angry] mine *f* renfrognée OR hargneuse, air *m* renfrogné; [threatening] air *m* menaçant; **judging from his ~, I gathered he had lost** à (en juger par) son air renforgné, j'ai compris qu'il avait perdu; **she had an angry ~ on her face** la colère se lisait sur son visage; **of course not, she said with a ~** bien sûr que non, dit-elle d'un air renfrogné.
◇ *vi* [angrily] se renfrogner, faire la grimace; [threateningly] prendre un air menaçant; **to ~ at sb** jeter un regard mauvais à qqn.
scowling ['skaʊlɪŋ] *adj* [face] renfrogné, hargneux; **he fell silent, a ~ look on his face** il s'est tu, l'air renfrogné.
SCR (*abbr of* **senior common room**) *n Br* *salle des étudiants de 3ᵉ cycle.*
scrabble ['skræbl] ◇ *vi* -**1.** [search]: **she was scrabbling in the grass for the keys** elle cherchait les clés à tâtons dans l'herbe; **the man was scrabbling for a handhold on the cliff face** l'homme cherchait désespérément une prise sur la paroi de la falaise. -**2.** [scrape] gratter. -**3.** [scuffle]: **to ~ with sb for sthg** lutter avec qqn pour s'emparer de qqch.
◇ *n* [scramble]: **there was a wild ~ for the food** les gens se ruèrent sur la nourriture.
◆ **scrabble about** *Br*, **scrabble around** *vi insep* [grope] fouiller, tâtonner; **I had to ~ about in the drawer for a bit of string** j'ai dû fouiller dans le tiroir pour trouver un bout de ficelle; **she was scrabbling about on all fours looking for her contact lens** à quatre pattes, elle cherchait à tâtons son verre de contact.
Scrabble® ['skræbl] *n* Scrabble® *m*; **do you fancy a game of ~?** tu veux faire un Scrabble?
scrag [skræg] (*pt* & *pp* **scragged**, *cont* **scragging**) ◇ *n* -**1.** [person] personne *f* très maigre; [horse] haridelle *f*. -**2.** [neck] cou *m*. -**3.** = **scrag end**.
◇ *vt inf* tordre le cou à.
scrag end *n Br* CULIN collet *m* *(de mouton ou de veau)*.
scraggy ['skrægɪ] (*compar* scraggier, *superl* scraggiest) *adj* -**1.** [thin - neck, person] efflanqué, maigre, décharné; [- horse, cat] efflanqué, étique *lit*. -**2.** [jagged] déchiqueté.
scram [skræm] (*pt* & *pp* **scrammed**, *cont* **scramming**) ◇ *vi* -**1.** [get out] déguerpir, ficher le camp; **~, all of you!** fichez-moi tous le camp! -**2.** [reactor] être arrêté d'urgence.
◇ *vt* [reactor] arrêter d'urgence.
◇ *n* [of reactor] arrêt *m* d'urgence.
scramble ['skræmbl] ◇ *vi* -**1.** [verb of movement - hurriedly or with difficulty]: **they ~d for shelter** ils se sont précipités pour se mettre à l'abri; **he ~d into a diving suit** il a enfilé à la hâte une combinaison de plongée; **he ~d to his feet** il s'est levé précipitamment; **to ~ away** s'enfuir à toutes jambes; **to ~ down** dégringoler; **to ~ up** grimper avec difficulté; **she ~d out of the path of the bus** elle a tout juste eu le temps de s'écarter pour ne pas être renversée par le bus; **I had to ~ over three rows of seats** j'ai dû escalader trois rangées de sièges; **to ~ over rocks** escalader des rochers en s'aidant des mains; **the soldiers ~d up the hill** les soldats ont escaladé la colline tant bien que mal. -**2.** [scrabble, fight]: **to ~ for seats** se bousculer pour trouver une place assise, se ruer sur les places assises; **everyone was scrambling to get to the telephones** tout le monde se ruait vers les téléphones; **as happens every summer, young people are having to ~ for jobs** comme tous les étés, les jeunes doivent se battre OR se démener pour trouver un boulot. -**3.** AERON & MIL décoller sur-le-champ. -**4.** SPORT: **to go scrambling** faire du trial.
◇ *vt* -**1.** RADIO & TELEC brouiller. -**2.** [jumble] mélanger. -**3.** AERON & MIL ordonner le décollage immédiat de. -**4.** CULIN [eggs] brouiller; **I'll ~ some eggs** je vais faire des œufs brouillés.
◇ *n* -**1.** [rush] bousculade *f*, ruée *f*; **my glasses were broken in the ~ to get out** mes lunettes ont été cassées dans la ruée vers la sortie; **there was a ~ for seats** *literal* on s'est bousculé pour avoir une place assise, on s'est rué sur les places assises; [for tickets] on s'est arraché les places; **there was a ~ for the door** nous nous sommes rués vers la porte; **a ~ for profits/for jobs** une course effrénée au profit/à l'emploi. -**2.** SPORT [on motorbikes] course *f* de trial. -**3.** AERON & MIL décollage *m* immédiat. -**4.** [in rock climbing] grimpée *f* à quatre pattes.
scrambled egg ['skræmbld-] *n*, **scrambled eggs** *npl* œufs *mpl* brouillés.
scrambler ['skræmbləʳ] *n* RADIO & TELEC brouilleur *m*.
scrambling ['skræmblɪŋ] *n* -**1.** *Br* SPORT trial *m*. -**2.** [in rock climbing] grimpée *f* à quatre pattes.
scrap [skræp] (*pt* & *pp* **scrapped**, *cont* **scrapping**) ◇ *n* -**1.** [small piece - of paper, cloth] bout *m*; [- of bread, cheese] petit bout *m*; [- of conversation] bribe *f*; **he left a few ~s of poetry** il a laissé quelques vers; **~s of news/of information** des bribes de nouvelles/d'informations; **there isn't a ~ of truth in the story** il n'y a pas une parcelle de vérité OR il n'y a absolument rien de vrai dans cette histoire; **it didn't do me a ~ of good** [action] cela ne m'a servi absolument à rien; [medicine] cela ne m'a fait aucun bien; **what I say won't make a ~ of difference** ce que je dirai ne changera rien du tout. -**2.** [waste]: **we sold the car for ~** on a vendu la voiture à la ferraille OR à la casse; **it has no value even as ~** même à la casse, ça ne vaut rien; **~ (metal)** ferraille *f*. -**3.** *inf* [fight] bagarre *f*; **to get into** OR **to have a ~ with** se bagarrer avec qqn.
◇ *vt* -**1.** [discard - shoes, furniture] jeter; [- idea, plans] renoncer à, abandonner; [- system] abandonner, mettre au rancart; [- machinery] mettre au rebut OR au rancart; **you can ~ the whole idea** vous pouvez laisser tomber OR abandonner cette idée. -**2.** [send for scrap - car, ship] envoyer OR mettre à la ferraille OR à la casse.
◇ *vi inf* [fight] se bagarrer.
◇ *comp* [value] de ferraille; **~ lead** plomb *m* de récupération; **~ iron** OR **metal** ferraille *f*; **~ merchant** *Br* ferrailleur *m*; **~ (metal) dealer**

ferrailleur *m*; ~ **yard** chantier *m* de ferraille, casse *f*; **I found it in a ~ yard** je l'ai trouvé à la ferraille OR à la casse.

◆ **scraps** *npl* [food] restes *mpl*; [fragments] débris *mpl*.

scrapbook ['skræpbʊk] *n* album *m (de coupures de journaux, de photos etc)*.

scrape [skreɪp] ◇ *vt* -**1.** [rasp, rub - boots, saucepan, earth] gratter, racler; [- tools] gratter, décaper; [- vegetables, windows] gratter; ~ **the mud off your shoes** enlève OR gratte la boue de tes chaussures; **I spent the afternoon scraping the paint off the door** j'ai passé l'après-midi à gratter la peinture de la porte; **to ~ sthg clean/smooth** gratter qqch pour qu'il soit propre/lisse; **I ~d (at) the ground with a stick** j'ai gratté le sol avec un bâton; **the boat ~d the bottom** [ran aground] le bateau a touché le fond; [on beach] le bateau s'est échoué sur le sable || [drag] traîner; **don't ~ the chair across the floor like that** ne traîne pas la chaise par terre comme ça ❑ **to ~ the bottom of the barrel** racler les fonds de tiroir; **you took him on? you must really be scraping the bottom of the barrel!** tu as embauché ce type-là? tu devais vraiment être coincé! -**2.** [touch lightly] effleurer, frôler; [scratch - paint, table, wood] rayer; **the plane just ~d the surface of the water** l'avion frôla OR rasa la surface de l'eau; **I just ~d the garage door as I drove in** j'ai seulement frôlé OR effleuré la porte du garage en rentrant la voiture. -**3.** [skin, knee] érafler; **I ~d my knee** je me suis éraflé le genou. -**4.** [with difficulty]: **to ~ a living** arriver tout juste à survivre, vivoter; **to ~ acquaintance with sb** *Br* se débrouiller pour faire la connaissance de qqn.

◇ *vi* -**1.** [rub] frotter; [rasp] gratter; **the door ~d shut** la porte s'est refermée en grinçant; **the gardener ~d at the ground with a stick** le jardinier grattait la terre avec un bâton; **I heard the noise of his pen scraping across the paper** j'entendais le grattement de son stylo sur le papier. -**2.** *fig* [avoid with difficulty]: **she just ~d clear of the bus in time** elle a évité le bus de justesse; **the ambulance just ~d past** l'ambulance est passée de justesse. -**3.** [economize] faire des petites économies. -**4.** [be humble] faire des courbettes OR des ronds de jambes.

◇ *n* -**1.** [rub, scratch]: **he had a nasty ~ on his knee** il avait une méchante éraflure au genou, il s'était bien éraflé le genou; **don't worry if it won't come clean, just give it a quick ~** ne t'inquiète pas si ça ne part pas, frotte-le OR gratte-le un peu. -**2.** *inf* [dilemma, trouble] pétrin *m*; **to get into a ~** se mettre dans le pétrin; **now you've really got yourself into a ~!** vous voilà dans de beaux draps OR dans un sacré pétrin!; **you got me into this ~, now get me out of it!** c'est vous qui m'avez mis dans ce pétrin, maintenant il faut me tirer de là! -**3.** [scraping] grattement *m*, grincement *m*. -**4.** = **scraping 2**.

◆ **scrape along** *vi insep* [financially] se débrouiller, vivre tant bien que mal; **she had to ~ along on a small pension** elle devait se débrouiller avec une petite retraite; **we'll ~ along somehow** on va se débrouiller avec ce qu'on a.

◆ **scrape away** ◇ *vt sep* enlever en grattant. ◇ *vi insep* gratter; **to ~ away at a violin** racler du violon; **the gardener was scraping away at the dry earth** le jardinier grattait la terre sèche.

◆ **scrape by** *vi insep* [financially] se débrouiller; **I have just enough to ~ by (on)** j'ai juste assez d'argent pour me débrouiller.

◆ **scrape down** *vt sep* [paintwork] décaper; [woodwork, door] gratter.

◆ **scrape in** *vi insep* [in election] être élu de justesse; **I just ~d in as the doors were closing** j'ai réussi à entrer juste au moment où les portes se fermaient.

◆ **scrape into** *vt insep*: **he just ~d into university/parliament** il est entré à l'université/au parlement d'extrême justesse.

◆ **scrape off** ◇ *vt sep* [mud, paint] enlever au grattoir OR en grattant; [skin] érafler

◇ *vi insep* s'enlever au grattoir; **this paint ~s off easily** pour enlever cette peinture, il suffit de la gratter.

◆ **scrape out** *vt sep* -**1.** [saucepan] récurer, racler; [residue] enlever en grattant OR raclant; **to ~ out a mixing bowl** [with spatula] racler un bol avec une spatule; [with finger] racler un bol avec le doigt. -**2.** [hollow] creuser.

◆ **scrape through** ◇ *vt insep* [exam] réussir de justesse; [doorway, gap] passer (de justesse); **the government will probably just ~ through the next election** le gouvernement va probablement réussir tout juste à l'emporter OR va probablement l'emporter de justesse aux prochaines élections.

◇ *vi insep* [in exam] réussir de justesse; [in election] être élu OR l'emporter de justesse; [financially] se débrouiller tout juste; [through gap] passer de justesse.

◆ **scrape together** *vt sep* -**1.** [two objects] frotter l'un contre l'autre. -**2.** [into pile] mettre en tas. -**3.** [collect - supporters, signatures] réunir OR rassembler à grand-peine; [- money for o.s.] réunir en raclant les fonds de tiroirs; [- money for event] réunir avec beaucoup de mal.

◆ **scrape up** = **scrape together 3**.

scraper ['skreɪpəʳ] *n* grattoir *m*; [for muddy shoes] décrottoir *m*.

scraperboard ['skreɪpəbɔːd] *n* carte *f* à gratter.

scrapheap ['skræphiːp] *n* -**1.** *literal* décharge *f*. -**2.** *fig* rebut *m*; **to be thrown on OR consigned to the ~** être mis au rebut.

scraping ['skreɪpɪŋ] ◇ *adj* [sound] de grattement.

◇ *n* -**1.** [sound] grattement *m*; **I could hear the sound of ~** j'ai entendu un grattement OR un bruit de grattement; **the ~ of chalk on the blackboard** le crissement OR le grincement de la craie sur le tableau. -**2.** [thin layer] mince couche *f*; **toast with a ~ of butter** du pain grillé recouvert d'une mince couche de beurre.

◆ **scrapings** *npl* [food] déchets *mpl*, restes *mpl*; [from paint, wood] raclures *fpl*; **give the ~s to the dogs** donnez les restes aux chiens.

scrap paper *n Br* (papier *m*) brouillon *m*.

scrapper *inf* ['skræpəʳ] *n Br* bagarreur *m*, -euse *f*.

scrappy ['skræpɪ] (*compar* **scrappier**, *superl* **scrappiest**) *adj* -**1.** [disconnected] décousu; **I had rather a ~ education** je n'ai pas bénéficié d'une instruction très suivie. -**2.** *inf Am* [quarrelsome] bagarreur, chamailleur.

scratch [skrætʃ] ◇ *vt* -**1.** [itch, rash] gratter; **to ~ one's head** se gratter la tête || [earth, surface] gratter; **he was ~ing the ground with a stick** il grattait le sol avec un bâton; **you've barely ~ed the surface** *fig* vous avez fait un travail très superficiel, vous avez seulement effleuré la question; **they ~ a living selling secondhand books** *Br fig* ils gagnent péniblement leur vie en vendant des livres d'occasion ❑ **you ~ my back, and I'll ~ yours** si vous me rendez ce service, je vous le revaudrai OR je vous renverrai l'ascenseur. -**2.** [subj: cat] griffer; [subj: thorn, nail] égratigner, écorcher; **the cat ~ed my hand** le chat m'a griffé la main; **she ~ed her hand on the brambles** elle s'est écorché OR égratigné la main dans les ronces || [mark - woodwork, marble] rayer, érafler; [- glass, record] rayer; **the car's hardly ~ed** la voiture n'a presque rien OR n'a pratiquement aucune éraflure; **the paintwork's badly ~ed** la peinture est sérieusement éraflée; **someone has ~ed their initials on the tree** quelqu'un a gravé ses initiales sur l'arbre. -**3.** [irritate] gratter; **this wool ~es my skin** cette laine me gratte la peau. -**4.** SPORT [cancel - match] annuler. -**5.** *Am* POL rayer de la liste.

◇ *vi* -**1.** [person, monkey] se gratter; **stop ~ing** arrête de te gratter. -**2.** [hen] gratter (le sol); [pen] gratter; **I could hear something ~ing at the door** j'entendais quelque chose gratter à la porte, j'entendais un grattement à la porte. -**3.** [cat] griffer; [brambles, nail] griffer, écorcher.

◇ *n* -**1.** [for itch] grattement *m*; **to have a ~** se gratter; **the dog was having a good ~** le chien se grattait un bon coup. -**2.** [from cat] coup *m* de griffe; [from fingernails] coup *m* d'ongle; [from thorns, nail] égratignure *f*, écorchure *f*; **how did you get that ~?** comment est-ce que tu t'es égratigné?; **I've got a ~ on my hand** je me suis égratigné la main; **her hands were covered in ~es** elle avait les mains tout écorchées OR couvertes d'égratignures; **it's only a ~** ce n'est qu'une égratignure; **we escaped without a ~** on s'en est sorti sans une égratignure. -**3.** [mark - on furniture] rayure *f*, éraflure *f*; [- on glass, record] rayure *f*. -**4.** *phr*: **to be up to ~** [in quality] avoir la qualité voulue; [in level] avoir le niveau voulu; **her work still isn't up to ~** son travail n'est toujours pas satisfaisant; **their performance wasn't up to OR didn't come up to ~** leur performance n'était pas suffisante OR à la hauteur; **we must get the team up to ~ before April** il faut mettre l'équipe à niveau avant avril.

◇ *adj* [team, meal] improvisé; [player] scratch (*inv*), sans handicap; [shot] au hasard.

◆ **from scratch** *adv phr* à partir de rien OR de zéro; **I learnt Italian from ~ in six months** j'ai appris l'italien en six mois en ayant commencé à zéro.

◆ **scratch off** *vt sep* enlever en grattant.

◆ **scratch out** *vt sep* [name] raturer; **to ~ sb's eyes out** arracher les yeux à qqn; **I'll ~ your eyes out!** *fig* je vais t'écorcher vif!

◆ **scratch together** *vt sep Br* [team] réunir (difficilement); [sum of money] réunir OR rassembler (en raclant les fonds de tiroir).

◆ **scratch up** *vt sep* -**1.** [dig up - bone, plant] déterrer. -**2.** *Br* [money] réunir (en raclant les fonds de tiroir).

scratch mark *n* [on hand] égratignure *f*; [on leather, furniture] rayure *f*, éraflure *f*.

scratch pad *n Am* bloc-notes *m*; ~ **memory** COMPUT mémoire *f* bloc-notes.

scratch paper *Am* = **scrap paper**.

scratch sheet *n Am* [for horse races] journal *m* des courses.

scratch test *n* test *m* cutané.

scratchy ['skrætʃɪ] (*compar* **scratchier**, *superl* **scratchiest**) *adj* -**1.** [prickly - jumper, blanket] rêche, qui gratte; [- bush] piquant. -**2.** [pen] qui gratte. -**3.** [drawing, writing] griffonné. -**4.** [record] rayé.

scrawl [skrɔːl] ◇ *n* griffonnage *m*, gribouillage *m*; **I can't read this ~** je ne peux pas déchiffrer ce gribouillage; **I thought I recognized his ~** je pensais bien avoir reconnu ses gribouillis; **her signature is just a ~** sa signature est totalement illisible.

◇ *vt* griffonner, gribouiller; **she left me a ~ed note** elle m'a laissé quelques mots griffonnés; **he ~ed her a note** il lui a griffonné un mot; **someone has ~ed anti-war slogans on the walls** quelqu'un a gribouillé des slogans pacifistes sur le mur.

◇ *vi* gribouiller.

scrawny ['skrɔːnɪ] (*compar* **scrawnier**, *superl* **scrawniest**) *adj* -**1.** [person, neck] efflanqué, décharné; [cat, chicken] efflanqué, étique *lit*. -**2.** [vegetation] maigre.

scream [skriːm] ◇ *vi* -**1.** [shout] crier, pousser des cris, hurler; [baby] crier, hurler; [birds, animals] crier; **to ~ at sb** crier après qqn; **to ~ in anger/with pain** hurler de colère/de douleur; **to ~ in delight** crier OR hurler de plaisir; **she ~ed for help** elle cria à l'aide OR au secours; **they were ~ing with laughter** ils se tordaient de rire, ils riaient aux éclats. -**2.** [tyres] crisser; [engine, siren] hurler; **bombers ~ed over the rooftops** les bombardiers hurlèrent en survolant les toits.

◇ *vt* -**1.** [shout] hurler; **she just stood there ~ing insults at me** elle est restée plantée là à me couvrir d'insultes; **she ~ed her anger** *lit* elle hurlait sa colère; **she ~ed herself hoarse** elle cria jusqu'à en perdre la voix ❑ **to ~ one's head off** crier à tue-tête; **to ~ blue murder** crier comme un putois OR un perdu. -**2.** [order, answer] hurler; **"come here at once!", she ~ed** «viens ici tout de suite!», hurla-t-elle. -**3.** [newspaper] étaler; **headlines ~ed the news of his defeat** la nouvelle de sa défaite s'étalait en gros titres.

◇ *n* -**1.** [cry] cri *m* perçant, hurlement *m*; **she gave a loud ~** elle a poussé un hurlement; **I heard terrible ~s coming from next door** j'ai entendu des hurlements atroces qui venaient d'à côté; **~s of laughter** des éclats de rire ❑ 'The Scream' *Munch* 'le Cri'. -**2.** [of tyres] crissement *m*; [of sirens, engines] hurlement *m*. -**3.** [person]: **he's an absolute ~** il est vraiment désopilant OR impayable; **you do look a ~ in that hat!** vous êtes à mourir de rire avec ce chapeau! || [situation, event]: **the party was a ~** on s'est amusés comme des fous à la soirée; **it's a ~ the way they clamber up the bars** c'est vraiment tordant de les voir grimper aux barreaux.

◆ **scream out** ◇ *vi insep* pousser de grands cris; **to ~ out in pain** hurler de douleur; **she ~ed out in her sleep** elle a poussé un grand cri pendant qu'elle dormait.
◇ *vt sep* hurler.

screamer ['skriːməʳ] *n* -**1.** [shouter] personne *f* qui crie (beaucoup). -**2.** *inf* [funny person] personne *f* désopilante; [film] film *m* désopilant; [joke] blague *f* désopilante. -**3.** *inf Am* PRESS & TYPO point *m* d'exclamation.

screaming ['skriːmɪŋ] *adj* [fans] qui crie, qui hurle; [tyres] qui crisse; [sirens, jets] qui hurle; [need] criant; **~ headlines** grandes manchettes *fpl*; **he tends to dress in ~ reds and greens** il s'habille souvent de rouges et de verts criards.

screamingly *inf* ['skriːmɪŋlɪ] *adv*: **~ funny** on ne peut plus drôle, à se tordre OR à mourir de rire.

scree [skriː] *n* *(U)* éboulis *m*, pierraille *f*.

screech [skriːtʃ] ◇ *vi* -**1.** [owl] ululer, hululer, huer; [gull] crier, piailler; [parrot] crier; [monkey] hurler. -**2.** [person - in high voice] pousser des cris stridents OR perçants; [- loudly] hurler; [singer] crier, chanter d'une voie stridente. -**3.** [tyres] crisser; [brakes, machinery] grincer (bruyamment); [siren, jets] hurler; **the car ~ed to a halt** la voiture s'est arrêtée dans un crissement de pneus; **the machine ~ed to a stop** la machine s'est arrêtée en grinçant; **the car came ~ing round the corner** la voiture a pris le virage dans un crissement de pneus.
◇ *vt* [order] hurler, crier à tue-tête; **"never", she ~ed** «jamais», dit-elle d'une voix stridente.
◇ *n* -**1.** [of owl] ululement *m*, hululement *m*; [of gull] cri *m*, piaillement *m*; [of parrot] cri *m*; [of monkey] hurlement *m*; **the parrot gave a loud ~** le perroquet a poussé un grand cri. -**2.** [of person] cri *m* strident OR perçant; [with pain, rage] hurlement *m*; **we heard ~es of laughter coming from next door** on entendait des rires perçants qui venaient d'à côté; **"never", she said with a ~** «jamais», dit-elle d'une voix stridente. -**3.** [of tyres] crissement *m*; [of brakes] grincement *m*; [of sirens, jets] hurlement *m*; **we stopped with a ~ of brakes/tyres** on s'arrêta dans un grincement de freins/dans un crissement de pneus.

screech owl *n* chat-huant *m*, hulotte *f*.

screed [skriːd] *n* -**1.** [essay, story] longue dissertation *f*; [letter] longue lettre *f*; [speech] laïus *m*; **he wrote ~s and ~s on the French Revolution** il écrivit des pages et des pages OR des volumes sur la Révolution française. -**2.** CONSTR [level] règle *f* à araser le béton; [depth guide] guide *m*; [plaster] plâtre *m* de ragrément OR de ragréage.

screen [skriːn] ◇ *n* -**1.** CIN, PHOT & TV écran *m*; **stars of stage and ~** des vedettes de théâtre et de cinéma; **the book was adapted for the ~** le livre a été porté à l'écran. -**2.** [for protection - in front of fire] pare-étincelles *m inv*; [- over window] moustiquaire *f*. -**3.** [for privacy] paravent *m*; **the girls formed a ~ round her while she changed** les filles ont fait écran autour d'elle pendant qu'elle se changeait; **a ~ of trees** un rideau d'arbres; **the rooms are divided by sliding ~s** les pièces sont séparées par des cloisons coulissantes. -**4.** *fig* [mask] écran *m*, masque *m*; **it's only a ~ to hide his embarassment** ce n'est qu'un masque pour cacher sa gêne. -**5.** [sieve] tamis *m*, crible *m*; [filter - for employees, candidates] filtre *m*, crible *m*. -**6.** SPORT écran *m*.
◇ *vt* -**1.** CIN & TV [film] projeter, passer. -**2.** [shelter, protect] protéger; **he ~ed his eyes from the sun with his hand** il a mis sa main devant ses yeux pour se protéger du soleil; **they've tried to ~ her from the harsh realities of life** ils ont essayé de la protéger des dures réalités de la vie || [hide] cacher, masquer; **to ~ sthg from sight** cacher OR masquer qqch aux regards; **a line of trees ~ed the entrance** une rangée d'arbres cachait l'entrée. -**3.** [filter, check - employees, applications, suspects] passer au crible; **we ~ all our security staff** nous faisons une enquête préalable sur tous les candidats aux postes d'agent de sécurité; **all airlines now ~ passengers systematically** les compagnies aériennes font maintenant passer systématiquement tous les passagers par un détecteur; **the hospital ~s thousands of women a year for breast cancer** MED l'hôpital fait passer un test de dépistage du cancer du sein à des milliers de femmes tous les ans. -**4.** [sieve - coal, dirt] cribler, passer au crible.
◇ *comp* [actor, star] de cinéma.

◆ **screen off** *vt sep* -**1.** [put screens round - patient] abriter derrière un paravent; [- bed] entourer de paravents; **the police had ~ed off the garden** la police avait mis des bâches autour du jardin. -**2.** [divide, separate - with partition] séparer par une cloison; [- with curtain] séparer par un rideau; [- with folding screen] séparer par un paravent; **the manager's office is ~ed off from the typing pool by a glass partition** le bureau du directeur est séparé du pool des dactylos par une cloison vitrée. -**3.** [hide - with folding screen] cacher derrière un paravent; [- with curtain] cacher derrière un rideau; [- behind trees, wall] cacher; **the house was ~ed off from the road by tall trees** de grands arbres empêchaient de voir la maison depuis la route.

◆ **screen out** *vt sep* filtrer, éliminer; **this cream ~s out UV rays** cette crème protège des UV, cette crème absorbe OR filtre les UV; **unsuitable blood donors are ~ed out** les donneurs dont le sang est inutilisable sont exclus OR éliminés.

screen door *n Am* porte *f* avec moustiquaire.

screening ['skriːnɪŋ] *n* -**1.** CIN projection *f* (en salle); TV passage *m* (à l'écran), diffusion *f*. -**2.** [of applications, candidates] tri *m*, sélection *f*; [for security] contrôle *m*; MED [for cancer, tuberculosis] test *m* OR tests *mpl* de dépistage; **she went for cancer ~** elle est allée passer un test de dépistage du cancer. -**3.** [mesh] grillage *m*. -**4.** [of coal] criblage *m*; **coal ~s** [waste] déchets *mpl* de charbon.

screen memory *n* souvenir écran *m*.

screenplay ['skriːnpleɪ] *n* scénario *m*.

screen printing *n* sérigraphie *f*.

screen process *n* sérigraphie *f*.

screen test *n* CIN bout *m* d'essai.

◆ **screen-test** *vt* faire faire un bout d'essai à; **she was screen-tested for the part** on lui a fait faire un bout d'essai pour le rôle.

screenwriter ['skriːn,raɪtəʳ] *n* scénariste *mf*.

screw [skruː] ◇ *n* -**1.** [for wood] vis *f*; [bolt] boulon *m*; [in vice] vis *f*; **to turn the ~** OR **~s** *fig* serrer la vis ❑ **to put the ~s on sb** *inf* faire pression sur qqn; **the Mafia put the ~s on him** la mafia lui a forcé la main; **to have a ~ loose** *inf* avoir la tête fêlée, être fêlé. -**2.** [turn] tour *m* de vis; **give it a couple more ~s** donnez-lui encore un ou deux tours de vis. -**3.** [thread] pas *m* de vis. -**4.** [propeller] hélice *f*. -**5.** *Br* [of salt, tobacco] cornet *m*; **a ~ of paper** un cornet en papier. -**6.** *prison sl* maton *m*. -**7.** ▽ *Br* [salary] salaire *m*, paye *f*; **he's on a good ~** il gagne plein de fric. -**8.** ▼ [sexual]: **to have a ~** *Br* baiser, s'envoyer en l'air; **she's a good ~** elle baise bien.
◇ *vt* -**1.** [bolt, screw] visser; [handle, parts] fixer avec des vis; [lid on bottle] visser; **to ~ sthg shut** fermer qqch (en vissant); **to ~ the lid on a bottle** visser le bouchon d'une bouteille; **~ it tight** vissez-le bien. -**2.** [crumple] froisser, chiffonner; **I ~ed the letter/my handkerchief into a ball** j'ai fait une boule de la lettre/de mon mouchoir. -**3.** [wrinkle - face]: **he ~ed his face into a grimace** une grimace lui tordit le visage; **he ~ed his face into a forced smile** il grimaça un sourire. -**4.** *inf* [obtain] arracher; **to ~ a promise/an agreement out of sb** arracher une promesse/un accord à qqn; **he managed to ~ the money/the answer out of her** il a réussi à lui soutirer l'argent/la réponse. -**5.** ▽[con] arnaquer, baiser; **we've been ~ed!** on s'est fait arnaquer OR baiser! -**6.**▼ [sexually] baiser. -**7.**▽ [as invective]: **~ you all!** allez tous vous faire foutre!; **~ the expense!** et merde, je peux bien m'offrir ça!
◇ *vi* -**1.** [bolt, lid] se visser. -**2.** ▽ [sexually] baiser.

◆ **screw around** *vi insep* -**1.** ▽ *Am* [waste time] glander; [fool about] déconner. -**2.** ▼ [sleep around] baiser avec n'importe qui, coucher à droite à gauche.

◆ **screw down** ◇ *vt sep* visser.
◇ *vi insep* se visser.

◆ **screw off** ◇ *vt sep* dévisser.
◇ *vi insep* se dévisser.

◆ **screw on** ◇ *vt sep* visser; **the cupboard was ~ed on to the wall** le placard était vissé au mur.
◇ *vi insep* se visser; **it ~s on to the wall** ça se visse dans le mur.

◆ **screw round** *vt sep Br* visser, tourner; **he ~ed his head round to see** il a brusquement tourné la tête pour voir.

◆ **screw up** *vt sep* -**1.** [tighten, fasten] visser. -**2.** [crumple - handkerchief, paper] chiffonner, faire une boule de. -**3.** *Br* [eyes] plisser; **she ~ed up her eyes** elle plissa les yeux; **he ~ed up his face in concentration** la concentration fit se plisser les traits de son visage; **to ~ up one's courage** prendre son courage à deux mains. -**4.** *inf* [mess up - plans, chances] bousiller, foutre en l'air; [- person] faire perdre ses moyens à, angoisser, mettre dans tous ses états; **he's ~ed up any chance of promotion** il a foutu en l'air toute chance de promotion; **the divorce really ~ed her up** le divorce l'a complètement perturbée OR déboussolée.

screwball *inf* ['skruːbɔːl] *Am* ◇ *n* -**1.** [crazy] cinglé *m*, -e *f*, dingue *mf*. -**2.** [in baseball] *balle qui dévie de sa trajectoire*.
◇ *adj* cinglé, dingue.

screwdriver ['skruː,draɪvəʳ] *n* -**1.** [tool] tournevis *m*. -**2.** [drink] vodka-orange *f*.

screwed▽ [skruːd] *adj Br* beurré.

screwed-up *adj* -**1.** [crumpled] froissé, chiffonné. -**2.** *inf* [confused] paumé; [neurotic] perturbé, angoissé; **I just feel very ~ about the whole thing** tout cela m'angoisse terriblement, **he's very ~** il est complètement paumé.

screw jack *n* cric *m* à vis.

screw propeller *n* NAUT hélice *f*.

screw thread *n* pas *m* OR filet *m* de vis.

screw top *n* couvercle *m* qui se visse; **the jar has a ~** le couvercle du pot se visse.

◆ **screwtop** *adj* dont le couvercle se visse.

screwy *inf* ['skruːɪ] (*compar* **screwier**, *superl* **screwiest**) *adj* timbré, cinglé.

scribble ['skrɪbl] ◇ *vt* -**1.** [note, drawing] gribouiller, griffonner; **she left me a hastily ~d note** elle m'a laissé un mot gribouillé à la hâte; **she ~d a few lines to her sister** elle griffonna quelques lignes à l'intention de sa sœur. -**2.** [wool] carder.
◇ *vi* gribouiller.
◇ *n* gribouillis *m*, gribouillage *m*, griffonnage *m*; **the last word was an illegible ~** le dernier mot n'était qu'un illisible gribouillis; **I can't read this ~** je n'arrive pas à déchiffrer ce gribouillage; **what are all these ~s?** qu'est-ce que c'est que tous ces gribouillis?

◆ **scribble down** *vt sep* [address, number] griffonner, noter (rapidement).

◆ **scribble out** *vt sep* -**1.** [cross out] biffer, raturer. -**2.** [write] griffonner.

scribbler ['skrɪbləʳ] *n Br pej* [author] écrivaillon *m*.

scribbling ['skrɪblɪŋ] *n* gribouillis *m*, gribouillage *m*.

scribbling pad *n* bloc-notes *m*.

scribe [skraɪb] ◇ *n* scribe *m*.
◇ *vt* graver.

scriber ['skraɪbəʳ] *n* traçoir *m*, traceret *m*.

scrimmage ['skrɪmɪdʒ] ◇ *n* -**1.** SPORT mêlée *f*. -**2.** [brawl] mêlée *f*, bagarre *f*.
◇ *vi* SPORT faire une mêlée.
◇ *vt* SPORT [ball] mettre dans la mêlée.

scrimp [skrɪmp] ◇ *vi* lésiner; **she ~s on food** elle lésine sur la nourriture; **to ~ and save** économiser sur tout, se serrer la ceinture.
◇ *vt* [children, family] se montrer pingre avec; [food] lésiner sur.

scrimshank *inf* ['skrɪmʃæŋk] *vi Br* MIL tirer au flanc.

scrimshanker *inf* ['skrɪmʃæŋkəʳ] *n Br* MIL tire-au-flanc *m inv*.

scrip [skrɪp] *n* -**1.** ST. EX titre *m* provisoire. -**2.** [of paper] morceau *m*.

scrip issue *n* ST. EX émission *f* d'actions gratuites.

script [skrɪpt] ◇ *n* -**1.** [text] script *m*, texte *m*; CIN script *m*. -**2.** *(U)* [handwriting] script *m*, écriture *f* script; **the letter is written in beautiful ~** la lettre est superbement calligraphiée; **to write in ~** écrire en script ‖ [lettering, characters] écriture *f*, caractères *mpl*, lettres *fpl*; **Arabic ~** caractères arabes, écriture arabe; **in italic ~** en italique. -**3.** [copy] JUR original *m*; UNIV copie *f* (d'examen).
◇ *vt* CIN écrire le script de.

scripted ['skrɪptɪd] *adj* [speech, interview etc] (dont le texte a été) écrit d'avance.

script girl *n* scripte *mf*, script girl *f*.

scriptural ['skrɪptʃərəl] *adj* biblique.

Scripture ['skrɪptʃəʳ] *n* -**1.** [Christian] Écriture *f* (sainte); **a reading from the ~s** une lecture biblique OR de la Bible; **a ~ lesson** une leçon d'études bibliques. -**2.** [non-Christian]: **the ~s** les textes *mpl* sacrés.

scriptwriter ['skrɪpt,raɪtəʳ] *n* scénariste *mf*.

scrivener ['skrɪvnəʳ] *n arch* écrivain *m* public.

scrod [skrɒd] *n Am* CULIN moruette *f*.

scrofula ['skrɒfjʊlə] *n* *(U)* scrofule *f*.

scrofulous ['skrɒfjʊləs] *adj* scrofuleux.

scroll [skrəʊl] ◇ *n* -**1.** [of parchment] rouleau *m*. -**2.** [manuscript] manuscrit *m* (ancien). -**3.** [on column, violin, woodwork] volute *f*.
◇ *vt* COMPUT faire défiler.
◇ *vi* COMPUT défiler.
◆ **scroll through** *vt insep* COMPUT faire défiler d'un bout à l'autre.

scrolling ['skrəʊlɪŋ] *n* COMPUT défilement *m*.

scroll saw *n* scie *f* à chantourner.

scrooge [skruːdʒ] *n* grippe-sou *m*, harpagon *m*.
◆ **Scrooge** *pr n* *personnage de Dickens incarnant l'avarice.*

scrotum ['skrəʊtəm] (*pl* **scrotums** OR **scrota** [-tə]) *n* scrotum *m*.

scrounge *inf* [skraʊndʒ] ◇ *vt* [sugar, pencil] emprunter, piquer; [meal] se faire offrir; [money] se faire prêter; **he tried to ~ $10 off me** il a essayé de me taper de 10 dollars; **can I ~ a lift?** pouvez-vous m'emmener en voiture?
◇ *vi*: **he came scrounging round** *Br* OR **around** *Am* **to see what he could find** il est venu faire un tour pour voir s'il n'y avait pas quelque chose à récolter; **to ~ on** OR **off sb** [habitually] vivre aux crochets de qqn; **he's always scrounging off his friends** il fait toujours le pique-assiette chez ses amis, il tape toujours ses amis; **I'm sorry to be always scrounging** je suis désolé d'être toujours à quémander.
◇ *n*: **to be on the ~** [for food] venir quémander de quoi manger; [for cigarette] venir quémander une cigarette; **she's on the ~ for a meal** elle veut se faire inviter à manger; **he's always on the ~** il vit toujours aux crochets des autres.

scrounger *inf* ['skraʊndʒəʳ] *n* pique-assiette *mf*, parasite *m*.

scrub [skrʌb] (*pt* & *pp* **scrubbed**, *cont* **scrubbing**) ◇ *vt* -**1.** [clean, wash] brosser *(avec de l'eau et du savon)*; [floor, carpet] nettoyer à la brosse, frotter avec une brosse; [saucepan, sink] frotter, récurer; [clothes, face, back] frotter; [fingernails] brosser; **to ~ sthg clean** nettoyer qqch à fond, récurer qqch; **~ yourself all over** frotte-toi bien partout; **have you scrubbed your hands clean?** est-ce que tu t'es bien nettoyé les mains? -**2.** [cancel - order] annuler; [- plans, holiday] annuler, laisser tomber; **we'll have to ~ dinner** il faudra qu'on se passe de dîner ‖ [recording, tape] effacer; **I'd prefer to ~ that remark** j'aimerais mieux que cette remarque soit effacée. -**3.** TECH [gas] laver.
◇ *vi*: **I spent the morning scrubbing** j'ai passé la matinée à frotter les planchers OR les sols.
◇ *n* -**1.** [with brush] coup *m* de brosse; **give the floor a good ~** frotte bien le plancher; **can you give my back a ~?** peux-tu me frotter le dos? -**2.** [vegetation] broussailles *fpl*. -**3.** *Am* SPORT [team] équipe *f* de seconde zone; [player] joueur *m*, -euse *f* de second ordre. -**4.** *inf Austr* [wilderness] cambrousse *f*.
◆ **scrub away** ◇ *vt sep* [mark, mud] faire partir en brossant.
◇ *vi insep* partir à la brosse.
◆ **scrub down** *vt sep* [wall, paintwork] lessiver; [horse] bouchonner.
◆ **scrub out** ◇ *vt sep* -**1.** [dirt, stain] faire partir à la brosse; [bucket, tub] nettoyer à la brosse; [pan] récurer; [ears] nettoyer, bien laver. -**2.** [erase - graffiti, comment] effacer; [- name] barrer, biffer.
◇ *vi insep* partir à la brosse.
◆ **scrub up** *vi insep* MED [before operation] se laver les mains.

scrubber ['skrʌbəʳ] *n* -**1.** [for saucepans] tampon *m* à récurer. -**2.** ▽ *Br pej* [whore] pute *f*.

scrubbing brush *Br* ['skrʌbɪŋ-], **scrub brush** *Am n* brosse *f* à récurer.

scrubby ['skrʌbɪ] (*compar* **scrubbier**, *superl* **scrubbiest**) *adj* -**1.** [land] broussailleux. -**2.** [tree, vegetation] rabougri. -**3.** *inf Br* [messy] en désordre.

scrubland ['skrʌblænd] *n* maquis *m*, garrigue *f*.

scrubwoman ['skrʌb,wʊmən] (*pl* **scrubwomen** [-,wɪmɪn]) *n Am* femme *f* de ménage.

scruff [skrʌf] *n* -**1.** *inf Br* [untidy person] individu *m* débraillé OR dépenaillé OR peu soigné; [ruffian] voyou *m*; **you look a real ~** tu es ficelé comme l'as de pique. -**2.** *phr*: **by the ~ of the neck** par la peau du cou.

scruffily ['skrʌfɪlɪ] *adv*: **~ dressed** dépenaillé, mal habillé.

scruffy ['skrʌfɪ] (*compar* **scruffier**, *superl* **scruffiest**) *adj* [appearance, clothes] dépenaillé, crasseux; [hair] ébouriffé; [building, area] délabré, miteux; **he's a ~ dresser** il s'habille mal.

scrum [skrʌm] (*pt* & *pp* **scrummed**, *cont* **scrumming**) ◇ *n* -**1.** RUGBY mêlée *f*. -**2.** [brawl] mêlée *f*, bousculade *f*; **there was a ~ for tickets** les gens se sont bousculés pour obtenir des billets.
◇ *vi* former une mêlée.
◆ **scrum down** *vi insep* former une mêlée; **~ down!** [as instruction] mêlée!

scrum-cap *n* casquette *f (de joueur de rugby)*.

scrumhalf [,skrʌm'hɑːf] *n* demi *m* de mêlée.

scrummage ['skrʌmɪdʒ] ◇ *n* -**1.** RUGBY mêlée *f*. -**2.** [brawl] mêlée *f*, bousculade *f*; **there was a ~ for the best bargains** les gens se sont arrachés les soldes les plus intéressants.
◇ *vi* RUGBY former une mêlée.

scrump *inf* [skrʌmp] *Br* ◇ *vi*: **to go ~ing (for apples)** aller chaparder (des pommes).
◇ *vt* [apples] chaparder.

scrumptious *inf* ['skrʌmpʃəs] *adj* délicieux, succulent.

scrumpy ['skrʌmpɪ] *n* *cidre brut et sec fabriqué dans le sud-ouest de l'Angleterre.*

scrunch [skrʌntʃ] ◇ *vt* [biscuit, apple] croquer; [snow, gravel] faire craquer OR crisser; [paper - noisily] froisser (bruyamment).
◇ *vi* [footsteps - on gravel, snow] craquer, faire un bruit de craquement; [gravel, snow - underfoot] craquer, crisser.
◇ *n* [of gravel, snow, paper] craquement *m*, bruit *m* de craquement.
◇ *onomat* crac! crac!
◆ **scrunch up** *vt sep* -**1.** [crumple - paper] froisser; **he ~ed up his face in disgust** il a fait une grimace de dégoût. -**2.** *Am* [hunch]: **she was sitting with her shoulders ~ed up** elle était assise, les épaules rentrées.

scruple ['skruːpl] ◇ *n* scrupule *m*; **he has no ~s** il n'a aucun scrupule; **he had ~s about accepting payment** il avait des scrupules à accepter qu'on le paie; **to act without ~** agir sans scrupule.
◇ *vi (only in negative uses)*: **they don't ~ to cheat** ils n'ont aucun scrupule OR ils n'hésitent pas à tricher.

scrupulous ['skruːpjʊləs] *adj* -**1.** [meticulous] scrupuleux, méticuleux; **she's very ~ about her dress** elle prête une attention scrupuleuse à la façon dont elle s'habille; **they're rather ~ about punctuality** ils tiennent beaucoup à la ponctualité; **the papers were all in ~ order** les papiers avaient été rangés avec un soin méticuleux; **he acted with ~ honesty** il a agi avec une honnêteté irréprochable. -**2.** [conscientious] scrupuleux.

scrupulously ['skruːpjʊləslɪ] *adv* [meticulously] scrupuleusement, parfaitement; [honestly] scrupuleusement, avec scrupule; **~ clean** d'une propreté impeccable; **~ honest** d'une honnêteté irréprochable; **~ punctual** parfaitement à l'heure.

scrutineer [,skruːtɪ'nɪəʳ] *n Br* POL scrutateur *m*, -trice *f*.

scrutinize, -ise ['skruːtɪnaɪz] *vt* scruter, examiner attentivement.

scrutiny ['skruːtɪnɪ] (*pl* **scrutinies**) *n* -**1.** [examination] examen *m* approfondi; [watch] surveillance *f*; [gaze] regard *m* insistant; **to be under ~** [prisoners] être sous surveillance; [accounts, staff] faire l'objet d'un contrôle; **to come under ~** être contrôlé; **everything we do is under close ~** tous nos actes sont surveillés de près; **her work does not stand up to close ~** son travail ne résiste pas à un examen minutieux. -**2.** *Br* POL deuxième pointage *m* (des suffrages).

scuba ['skjuːbə] *n* scaphandre *m* autonome.

scuba dive *vi* faire de la plongée sous-marine.

scuba diver *n* plongeur *m* sous-marin, plongeuse *f* sous-marine.

scuba diving *n* plongée *f* sous-marine.

scud [skʌd] (*pt* & *pp* **scudded**, *cont* **scudding**) *vi* glisser, filer; **clouds scudded across the sky** des nuages filaient dans le ciel; **two boats scudded across the lake** deux voiliers filaient sur le lac; **she sent the pebble scudding over the waves** elle envoya le galet voler au-dessus des vagues.

scuff [skʌf] ◇ *vt* -**1.** [shoe, leather] érafler, râper; **her shoes were all ~ed (up)** ses chaussures étaient toutes éraflées OR râpées. -**2.** [drag]: **to ~ one's feet** marcher en traînant les pieds, traîner les pieds.
◇ *vi* marcher en traînant les pieds.
◇ *n*: **~ (mark)** éraflure *f*.

scuffle ['skʌfl] ◇ *n* -**1.** [fight] bagarre *f*, échauffourée *f*; **after a brief ~, he was marched away by the police** après une courte bagarre, il fut emmené par les policiers. -**2.** [of feet] piétinement.
◇ *vi* -**1.** [fight] se bagarrer, se battre; **demonstrators ~d with the police** des manifestants se sont battus avec la police, il y a eu des bagarres entre manifestants et policiers. -**2.** [with feet] marcher en traînant les pieds; **they ~d along the corridor** ils avançaient dans le couloir en traînant les pieds.
◇ *vt*: **they stood at the door, scuffling their feet** ils piétinaient devant la porte.

scuffling ['skʌflɪŋ] *n* bruit *m* étouffé.

scull [skʌl] ◇ *n* -**1.** [double paddle] godille *f*; [single oar] aviron *m*. -**2.** [boat] yole *f*.

◇ *vt* [with double paddle] godiller; [with oars] ramer.
◇ *vi* ramer en couple; to go ~ing faire de l'aviron.

scullery ['skʌlərɪ] (*pl* **sculleries**) *n Br* arrière-cuisine *f*.

scullery maid *n Br* fille *f* de cuisine.

sculpt [skʌlpt] ◇ *vt* sculpter.
◇ *vi* faire de la sculpture.

sculptor ['skʌlptəʳ] *n* sculpteur *m*.

sculptress ['skʌlptrɪs] *n* (femme *f*) sculpteur *m*.

sculptural ['skʌlptʃərəl] *adj* sculptural.

sculpture ['skʌlptʃəʳ] ◇ *n* -**1.** [art] sculpture *f*. -**2.** [object] sculpture *f*; **it's a beautiful (piece of)** ~ c'est une très belle sculpture.
◇ *vt* sculpter.
◇ *vi* sculpter; to ~ **in bronze** sculpter dans le bronze.

scum [skʌm] ◇ *n* [on liquid, sea] écume *f*; [in bath] (traînées *fpl* de) crasse *f*; METALL écume *f*, scories *fpl*; **to take the** ~ **off** [liquid] écumer; [bath] nettoyer.
◇ *npl inf* [people] rebut *m*, lie *f*; **they're just** ~ ce sont des minables; **the** ~ **of the earth** le rebut de l'humanité; **they treated us like** ~ on nous a traités comme des moins que rien OR des chiens.

scumbag▽ ['skʌmbæg] *n* salaud *m*, ordure *f*.

scummy ['skʌmɪ] (*compar* **scummier**, *superl* **scummiest**) *adj* -**1.** [liquid] écumeux. -**2.** ▽ [person] salaud.

scuncheon ['skʌntʃən] *n* ARCHIT battée *f*.

scunner ['skʌnəʳ] ◇ *n Scot* [dislike]: **to take a** ~ **to sb/sthg** prendre qqn/qqch en grippe.
◇ *vt Scot* détester, avoir horreur de.

scupper ['skʌpəʳ] ◇ *vt Br* -**1.** [ship] saborder. -**2.** [plans, attempt] saborder, faire capoter; **we're completely** ~**ed unless we can find the cash** on est finis si on ne trouve pas l'argent.
◇ *n* NAUT dalot *m*.

scurf [skɜːf] *n (U)* [dandruff] pellicules *fpl*; [on skin] squames *fpl*; [on plant] lamelles *fpl*.

scurfy ['skɜːfɪ] (*compar* **scurfier**, *superl* **scurfiest**) *adj* [scalp] couvert de pellicules; [skin] squameux.

scurrility [skʌ'rɪlətɪ] (*pl* **scurrilities**) *n* -**1.** [of remarks] caractère *m* calomnieux OR outrageant; [of action] bassesse *f*. -**2.** [vulgarity] grossièreté *f*.

scurrilous ['skʌrələs] *adj* [lying] calomnieux, mensonger; [insulting] outrageant, ignoble; [bitter] fielleux; [vulgar] grossier, vulgaire.

scurry ['skʌrɪ] (*pt* & *pp* **scurried**, *pl* **scurries**) ◇ *vi* se précipiter, courir; **all the animals were** ~**ing for shelter** tous les animaux couraient pour se mettre à l'abri; **they scurried for the trees** ils se précipitèrent vers les arbres; **the sound of** ~**ing feet** le bruit de pas précipités.
◇ *n* -**1.** [rush] course *f* (précipitée), débandade *f*; **there was a** ~ **for the door** tout le monde s'est rué vers la porte. -**2.** [sound - of feet] bruit *m* de pas précipités.
◆ **scurry away, scurry off** *vi insep* [animal] détaler; [person] décamper, prendre ses jambes à son cou.
◆ **scurry out** *vi insep* [animal] détaler; [person] sortir à toute vitesse.

scurvy ['skɜːvɪ] (*compar* **scurvier**, *superl* **scurviest**) ◇ *n (U)* scorbut *m*.
◇ *adj* [trick] honteux, ignoble; **you** ~ **knave!** *arch* OR *hum* (espèce de) misérable fripon!

scutcheon ['skʌtʃn] = **escutcheon**.

scuttle ['skʌtl] ◇ *vi insep* [run] courir à pas précipités, se précipiter.
◇ *vt* -**1.** NAUT saborder; **the whole fleet was** ~**d** tout la flotte a été sabordée. -**2.** [hopes] ruiner; [plans] saborder, faire échouer.
◇ *n* -**1.** [run] course *f* précipitée, débandade *f*. -**2.** (coal) ~ seau *m* à charbon. -**3.** NAUT écoutille *f*. -**4.** *Am* [in ceiling, floor] trappe *f*.
◆ **scuttle away, scuttle off** *vi insep* [animal] détaler; [person] déguerpir, se sauver.
◆ **scuttle out** *vi insep* sortir précipitamment.

scuttlebutt ['skʌtlbʌt] *n* [for drinking] fontaine *f*; NAUT tonneau *m* d'eau douce.

scuzzy▽ ['skʌzɪ] *adj Am* dégueulasse.

Scylla ['sɪlə] *pr n* → **Charybdis**.

scythe [saɪð] ◇ *n* faux *f*.
◇ *vt* faucher.

SD *written abbr of* South Dakota.

SDI (*abbr of* Strategic Defense Initiative) *pr n* IDS *f*.

SDLP *pr n abbr of* Social Democratic and Labour Party.

SDP *pr n abbr of* Social Democratic Party.

SDRs (*abbr of* special drawing rights) *npl* DTS *mpl*.

SE (*written abbr of* south-east) S-E.

sea [siː] ◇ *n* -**1.** GEOG mer *f*; **by land and** ~ par terre et par mer; **to travel by** ~ voyager par mer OR par bateau; **the goods were sent by** ~ les marchandises ont été expédiées par bateau; **he's spent all his life on the** ~ il a passé toute sa vie en mer; **at** ~ [boat, storm] en mer; [as sailor] de OR comme marin; **we spent six months at** ~ on a passé six mois en mer; **life at** ~ la vie en mer OR de marin; **to swim in the** ~ nager OR se baigner dans la mer; **to put (out) to** ~ prendre la mer; **to go to** ~ [boat] prendre la mer; [sailor] se faire marin; **to run away to** ~ partir se faire marin; **to look out to** ~ regarder vers le large; **the little boat was swept** OR **washed out to** ~ le petit bateau a été emporté vers le large; **across** OR **over the** ~ OR ~**s** outre-mer; **a heavy** ~, **heavy** ~**s** une grosse mer ❑ **the Sea of Tranquillity** la mer de la Tranquillité; ~ **and air search** recherches *fpl* maritimes et aériennes; **to be at** ~ *inf Br* [be lost] nager; [be mixed-up] être déboussolé OR désorienté; **when it comes to computers, I'm all at** ~ je ne connais strictement rien aux ordinateurs; **he's been all at** ~ **since his wife left him** il est complètement déboussolé OR il a complètement perdu le nord depuis que sa femme l'a quitté; **the resignation of our secretary has left the reference department all at** ~ la démission de notre secrétaire a totalement perturbé notre service des archives. -**2.** [seaside] bord *m* de la mer; **they live by** OR **beside the** ~ ils habitent au bord de la mer; **the town is by the** ~ la ville est au bord de la mer. -**3.** [large quantity - of blood, mud] mer *f*; [- of problems, faces] multitude *f*.
◇ *comp* [fish] de mer; ~ **bathing** bains *mpl* de mer; ~ **battle** bataille *f* navale; ~ **breeze** brise *f* marine; ~ **view** vue *f* sur la mer.

sea air *n* air *m* marin OR de la mer.

sea anemone *n* anémone *f* de mer.

sea bass *n* bar *m*, loup *m*.

seabed ['siːbed] *n* fond *m* de la mer OR marin.

seabird ['siːbɜːd] *n* oiseau *m* de mer.

seaboard ['siːbɔːd] *n* littoral *m*, cote *f*; **on the Atlantic** ~ sur la côte atlantique.

seaborne ['siːbɔːn] *adj* [trade] maritime; [goods, troops] transporté par mer OR par bateau.

sea bream *n* daurade *f*, dorade *f*.

sea captain *n* capitaine *m* de la marine marchande.

sea change *n* changement *m* radical, profond changement.

seacoast [ˌsiː'kəʊst] *n* côte *f*, littoral *m*.

sea cow *n* vache *f* marine, sirénien *m*.

sea cucumber *n* concombre *m* de mer, holothurie *f*.

sea dog *n* -**1.** [fish] roussette *f*, chien *m* de mer; [seal] phoque *m*. -**2.** *lit* OR *hum* [sailor] (vieux) loup *m* de mer. -**3.** [in fog] arc-en-ciel *m* *(aperçu dans le brouillard)*.

seafarer ['siːˌfeərəʳ] *n* marin *m*.

seafaring ['siːˌfeərɪŋ] ◇ *adj* [nation] maritime, de marins; [life] de marin.
◇ *n* vie *f* de marin.

seafloor ['siːflɔːʳ] *n* fond *m* de (la) mer OR marin.

sea fog *n* brouillard *m* *(en mer)*.

seafood ['siːfuːd] *n (U)* (poissons *mpl* et) fruits *mpl* de mer.

seafront ['siːfrʌnt] *n* bord *m* de mer, front *m* de mer.

sea god *n* dieu *m* marin OR de la mer.

seagoing ['siːˌgəʊɪŋ] *adj* [trade, nation] maritime; [life] de marin; **a** ~ **man** un marin, un homme de mer; **a** ~ **ship** un navire de haute mer, un (navire) long-courrier.

sea green *n* vert *m* glauque.
◆ **sea-green** *adj* glauque.

seagull ['siːgʌl] *n* mouette *f*; **'The Seagull'** *Chekhov* 'la Mouette'.

seahorse ['siːhɔːs] *n* hippocampe *m*.

seakale ['siːkeɪl] *n* chou *m* marin, crambe *m*.

seal [siːl] ◇ *n* -**1.** ZOOL phoque *m*. -**2.** [tool] sceau *m*, cachet *m*; [on document, letter] sceau *m*; [on crate] plombage *m*; [on battery, gas cylinder] bande *f* de garantie; [on meter] plomb *m*; **given under my hand and** ~ *Br* ADMIN & JUR signé et scellé par moi; **to put one's** ~ **to a document** apposer son sceau à un document; **does the project have her** ~ **of approval?** est-ce qu'elle a approuvé le projet?; **to put** OR **to set the** ~ **on sthg** [confirm] sceller qqch; [bring to end] mettre fin à qqch. -**3.** *(U)* JUR [on door] scellé *m*, scellés *mpl*; **under** ~ sous scellés; **under (the)** ~ **of secrecy/of silence** *fig* sous le sceau du secret/du silence; **under the** ~ **of confession** RELIG dans le secret de la confession. -**4.** COMM label *m*; ~ **of quality** label de qualité. -**5.** [joint - for engine, jar, sink] joint *m* d'étanchéité; [putty] mastic *m*. -**6.** [stamp]: **Christmas** ~ timbre *m* de Noël.
◇ *vt* -**1.** [document] apposer son sceau à, sceller; ~**ed with a kiss** scellé d'un baiser; **her fate is** ~**ed** *fig* son sort est réglé; **they finally** ~**ed the deal** *fig* ils ont enfin conclu l'affaire. -**2.** [close - envelope] cacheter, fermer; [- with sticky tape] coller, fermer; [- jar] sceller, fermer hermétiquement; [- can] souder; [- tube, mineshaft] sceller; [window, door - for insulation] isoler; ~**ed orders** des ordres scellés sous pli; **my lips are** ~**ed** *fig* mes lèvres sont scellées. -**3.** JUR [door] apposer des scellés sur; [evidence] mettre sous scellés; [at customs - goods] (faire) sceller. -**4.** CULIN [meat] saisir.
◇ *vi* ZOOL: **to go** ~**ing** aller à la chasse au phoque.
◆ **seal in** *vt sep* enfermer hermétiquement; **the flavour is** ~**ed in by freeze-drying** le produit garde toute sa saveur grâce à la lyophilisation.
◆ **seal off** *vt sep* [passage, road] interdire l'accès de; [entrance] condamner; **the street had been** ~**ed off** la rue avait été fermée (à la circulation).
◆ **seal up** *vt sep* = **seal** *vt* **2**.

sea lane *n* couloir *m* de navigation.

sealant ['siːlənt] *n* -**1.** [paste, putty] produit *m* d'étanchéité; [paint] enduit *m* étanche; [for radiator] anti-fuite *m*. -**2.** [joint] joint *m* d'étanchéité.

sealed [siːld] *adj* scellé; [document] scellé; [envelope] cacheté; [jar] fermé hermétiquement; [mineshaft] obturé, bouché; [joint] étanche.

sealed-beam *adj*: ~ **headlight** phare *m* type sealed-beam.

sea legs *npl*: **to find** OR **to get one's** ~ s'amariner, s'habituer à la mer.

sealer ['siːləʳ] *n* -**1.** [hunter] chasseur *m* de phoques; [ship] navire *m* équipé pour la chasse aux phoques. -**2.** [paint, varnish] enduit *m*, première couche *f*.

sea level *n* niveau *m* de la mer; **above/below** ~ au-dessus/au-dessous du niveau de la mer.

sealing ['siːlɪŋ] *n* -**1.** [hunting] chasse *f* aux phoques. -**2.** [of document] cachetage *m*; [of crate] plombage *m*; [of door] scellage *m*; [of shaft, mine] fermeture *f*, obturation *f*.

sealing wax *n* cire *f* à cacheter.

sea lion *n* otarie *f*.

sea-lord *n Br* NAUT amiral *m* de l'état-major de la marine.

seal-point *n* seal-point *m*.

seal ring *n* chevalière *f*.

sealskin ['siːlskɪn] ◇ *n* peau *f* de phoque.
◇ *adj* en peau de phoque.

seam [siːm] ◇ *n* -**1.** [on garment, stocking] couture *f*; [in airbed, bag] couture *f*, joint *m*; [weld] soudure *f*; [between planks] joint *m*; **your coat is coming** OR **falling apart at the ~s** votre manteau se découd; **my suitcase was bulging** OR **bursting at the ~s** ma valise était pleine à craquer; **their marriage is coming** OR **falling apart at the ~s** *fig* leur mariage craque. -**2.** [of coal, ore] filon *m*, veine *f*; [in rocks] couche *f*.
◇ *comp* [in cricket]: a ~ **bowler** *un lanceur qui utilise les coutures de la balle pour la faire dévier.*
◇ *vt* [garment] faire une couture dans, coudre; [plastic, metal, wood] faire un joint à.

seaman ['siːmən] (*pl* seamen [-mən]) *n* -**1.** [sailor] marin *m*. -**2.** [in US Navy] quartier-maître *m* de 2ᵉ classe; ~ **apprentice** matelot *m* en formation; ~ **recruit** matelot *m*.

seamanship ['siːmənʃɪp] *n (U)* qualités *fpl* de marin.

seamark ['siːmɑːk] *n* NAUT amer *m*, repère *m*.

seamed [siːmd] *adj* [furrowed] ridé, sillonné; **the rock was ~ with quartz** la roche était veinée de quartz; **his face was ~ by deep wrinkles** son visage était marqué de profondes rides.

seamen ['siːmən] *pl* → **seaman**.

sea mile *n* mille *m* marin.

seamless ['siːmlɪs] *adj* sans couture; *fig* homogène, cohérent.

seamlessly ['siːmlɪslɪ] *adv* d'une façon cohérente OR homogène.

seamstress ['semstrɪs] *n* couturière *f*.

seamy ['siːmɪ] (*compar* seamier, *superl* seamiest) *adj* sordide, louche; **the ~ side of life** le côté sordide de la vie.

séance ['seɪɑːns] *n* -**1.** [for raising spirits] séance *f* de spiritisme. -**2.** [meeting] séance *f*, réunion *f*.

sea otter *n* loutre *f* de mer.

seaplane ['siːpleɪn] *n* hydravion *m*.

seaport ['siːpɔːt] *n* port *m* maritime.

sear [sɪəʳ] ◇ *vt* -**1.** [burn] brûler; [brand] marquer au fer rouge; MED cautériser; **the scene ~ed itself on my memory** la scène est restée gravée OR marquée dans ma mémoire. -**2.** [wither] dessécher, flétrir. -**3.** *arch* [harden - heart, feelings] endurcir.
◇ *n* [burn] (marque *f* de) brûlure *f*.
◇ *adj lit* desséché, flétri.
◆ **sear through** *vt insep* [metal, wall] traverser, percer; **the pain ~ed through me** la douleur me transperça.

search [sɜːtʃ] ◇ *vt* -**1.** [look in - room] chercher (partout) dans; [- pockets, drawers] fouiller (dans), chercher dans; **we've ~ed the whole house for the keys** nous avons cherché dans toute la maison pour retrouver les clés; **she ~ed her bag for a comb** elle fouilla dans son sac à la recherche d'une peigne. -**2.** [subj: police, customs] fouiller; [with warrant] perquisitionner, faire une perquisition dans; **the flat was ~ed for drugs** on a fouillé l'appartement pour trouver de la drogue; **the spectators were ~ed before they were let in** les spectateurs ont été fouillés à l'entrée; **they ~ed the undergrowth for the murder weapon** on a fouillé le sous-bois OR on a passé le sous-bois au peigne fin pour retrouver l'arme du crime; **customs ~ed our luggage/our car** les douaniers ont fouillé nos bagages/notre voiture □ ~ **me!** *inf* je n'en ai pas la moindre idée! -**3.** [examine, consult - records] chercher dans; [- memory] chercher dans, fouiller; [- conscience] sonder; COMPUT [file] consulter; **I ~ed her face for some sign of emotion** j'ai cherché sur son visage des signes d'émotion.
◇ *vi* chercher; **to ~ for sthg** chercher qqch, rechercher qqch; **to ~ after the truth** rechercher la vérité ‖ COMPUT: **to ~ for a file** rechercher un fichier; **'searching'** 'recherche'.
◇ *n* -**1.** [gen] recherche *f*, recherches *fpl*; **in the ~ for** OR **in my ~ for ancestors, I had to travel to Canada** au cours des recherches OR de mes recherches pour retrouver mes ancêtres, j'ai dû me rendre au Canada; **at first light, the ~ for the missing climbers was resumed** dès l'aube, les recherches ont repris pour retrouver les alpinistes disparus; **helicopters made a ~ for survivors** des hélicoptères ont fait OR effectué des recherches pour retrouver des survivants; **to make a ~ through one's pockets/the drawers** fouiller (dans) ses poches/les tiroirs □ ~ **and rescue operation** opération *f* de recherche et secours. -**2.** [by police, customs - of house, person, bags] fouille *f*; [- with warrant] perquisition *f*; **the police made a thorough ~ of the premises** la police a fouillé les locaux de fond en comble; **customs carried out a ~ of the van** les douaniers ont procédé à la fouille de la camionnette; **the ~ unearthed a stockpile of arms** la fouille a permis de mettre à jour une cache d'armes. -**3.** COMPUT recherche *f*.
◆ **in search of** *prep phr* à la recherche de; **in ~ of the truth** à la recherche de la vérité; **I went in ~ of a restaurant** je suis parti à la recherche d'un restaurant.
◆ **search out** *vt sep* [look for] rechercher; [find] trouver, dénicher.
◆ **search through** *vt insep* [drawer, pockets] fouiller (dans); [case, documents] fouiller; [records] consulter, faire des recherches dans; [memory] fouiller, chercher dans.

searcher ['sɜːtʃəʳ] *n* chercheur *m*, -euse *f*; **300 ~s combed the woods** 300 personnes ont passé les bois au peigne fin; **~s after truth** ceux qui sont à la recherche de la vérité.

searching ['sɜːtʃɪŋ] *adj* -**1.** [look, eyes] pénétrant; **he gave me a ~ look** il m'a lancé un regard pénétrant. -**2.** [examination] rigoureux, minutieux; **he asked me some ~ questions** il m'a posé des questions inquisitrices.

searchingly ['sɜːtʃɪŋlɪ] *adv* [look] de façon pénétrante; [examine] rigoureusement; [question] minutieusement.

searchlight ['sɜːtʃlaɪt] *n* projecteur *m*; **in the ~** à la lumière des projecteurs.

search party *n* équipe *f* de secours.

search warrant *n* mandat *m* de perquisition.

searing ['sɪərɪŋ] *adj* -**1.** [pain] fulgurant; [light] éclatant, fulgurant. -**2.** [attack, criticism] sévère, impitoyable.

Sears Roebuck® [ˌsɪəz'rəʊbʌk] *pr n grande chaîne de magasins américaine.*

seascape ['siːskeɪp] *n* -**1.** [view] paysage *m* marin. -**2.** ART marine *f*.

sea scout *n* scout *m* marin.

sea serpent *n* serpent *m* de mer.

sea shanty *n* chanson *f* de marins.

seashell ['siːʃel] *n* coquillage *m*.

seashore ['siːʃɔːʳ] *n* [edge of sea] rivage *m*, bord *m* de (la) mer; [beach] plage *f*.

seasick ['siːsɪk] *adj*: **to be ~** avoir le mal de mer.

seasickness ['siːsɪknɪs] *n* mal *m* de mer.

seaside ['siːsaɪd] ◇ *n* bord *m* de (la) mer; **we spent the afternoon at the ~** nous avons passé l'après-midi au bord de la mer OR à la mer; **we live by** OR **at the ~** nous habitons au bord de la mer.
◇ *comp* [holiday, vacation] au bord de la mer, à la mer; [town, hotel] au bord de la mer, de bord de mer; ~ **landlady** *Br propriétaire d'une pension de famille au bord de la mer*; ~ **resort** station *f* balnéaire.

sea slug *n* nudibranche *m*.

sea snake *n* serpent *m* de mer.

season ['siːzn] ◇ *n* -**1.** [summer, winter etc] saison *f*; **in the rainy ~** pendant la saison des pluies □ **'The Four Seasons'** *Vivaldi* 'les Quatre Saisons'. -**2.** [for trade] saison *f*; **the start of the tourist/of the holiday ~** le début de la saison touristique/des vacances; **at the height of the Christmas ~** en pleine période de Noël; **it's a busy ~ for tour operators** c'est une époque très chargée pour les voyagistes; **the low/high ~** la basse/haute saison; **in ~** en saison; **off ~** hors saison. -**3.** [for fruit, vegetables] saison *f*; **strawberries are in/out of ~** les fraises sont/ne sont pas de saison, c'est/ce n'est pas la saison des fraises. -**4.** [for breeding] époque *f*, période *f*; **the breeding ~** la période de la reproduction, la saison des amours; **to be in ~** [animal] être en chaleur. -**5.** [for sport, entertainment] saison *f*; **the football ~** la saison de football; **next ~, he's playing for Liverpool** la saison prochaine, il joue dans l'équipe de Liverpool ‖ [for show, actor] saison *f*; **the summer ~** la saison d'été; **he did a ~ at Brighton** il a fait la saison de Brighton; **a new ~ of French drama** RADIO & TV un nouveau cycle de pièces de théâtre français ‖ [for hunting] saison *f*, période *f*; **the hunting/fishing ~** la saison de la chasse/de la pêche; **the grouse ~** la saison de (la chasse à) la grouse; **the start of the ~** HUNT l'ouverture de la chasse; FISHING l'ouverture de la pêche ‖ [for socializing] saison *f*; **the social ~** la saison mondaine; **the London/New York ~** la saison londonienne/newyorkaise. -**6.** [Christmas]: **'Season's Greetings'** 'Joyeux Noël et Bonne Année'. -**7.** *lit* [suitable moment] moment *m* opportun; **in due ~** en temps voulu, au moment opportun.
◇ *vt* -**1.** [food - with seasoning] assaisonner; [- with spice] épicer; **his speech was ~ed with witty remarks** *fig* son discours était parsemé OR agrémenté de remarques spirituelles. -**2.** [timber] (faire) sécher, laisser sécher; [cask] abreuver. -**3.** *fml* [moderate] modérer, tempérer.

seasonable ['siːznəbl] *adj* -**1.** [weather] de saison. -**2.** [opportune] à propos, opportun.

seasonal ['siːzənl] *adj* saisonnier; ~ **worker** saisonnier *m*; ~ **affective disorder** troubles *mpl* de l'humeur saisonniers.

seasonally ['siːznəlɪ] *adv* de façon saisonnière; ~ **adjusted statistics** statistiques corrigées des variations saisonnières, statistiques désaisonnalisées.

seasoned ['siːznd] *adj* -**1.** [food] assaisonné, épicé; **highly ~** bien épicé OR relevé. -**2.** [wood] desséché, séché. -**3.** [experienced] expérimenté, chevronné, éprouvé; **a ~ traveller** un voyageur expérimenté.

seasoning ['siːznɪŋ] *n* -**1.** [for food] assaisonnement *m*; **there isn't enough ~** ce n'est pas assez assaisonné. -**2.** [of wood] séchage *m*; [of cask] abreuvage *m*.

season ticket *n* (carte *f* d') abonnement *m*; **to take out a ~** prendre un abonnement; ~ **holder** abonné *m*, -e *f*.

seat [siːt] ◇ *n* -**1.** [chair, stool] siège *m*; [on bicycle] selle *f*; [in car - single] siège *m*; [- bench] banquette *f*; [on train, at table] place *f*; **take a ~** asseyez-vous, prenez un siège; **please stay in your ~s** restez assis s'il vous plaît; **keep a ~ for me** gardez-moi une place. -**2.** [accommodation, place - in theatre, cinema, train] place *f*; [space to sit] place *f* assise; **I'd like to book two ~s for tomorrow** je voudrais réserver deux places pour demain; **please take your ~s** veuillez prendre OR gagner vos places; **I couldn't find a ~ on the train** je n'ai pas pu trouver de place (assise) dans le train. -**3.** [of trousers] fond *m*; [of chair] siège *m*; [buttocks] derrière *m* □ **they grabbed him by the ~ of his pants** ils l'ont attrapé par le fond du pantalon; **by the ~ of one's pants** *inf* de justesse. -**4.** POL siège *m*; **he kept/lost his ~** il a été/il n'a pas été réélu; **she has a ~ in Parliament** elle est député; **he was elected to a ~ on the council** [municipal] il a été élu conseiller municipal; [commercial] il a été élu au conseil; **the government has a 30-~ majority** le gouvernement a une majorité de 30 sièges. -**5.** [centre - of commerce] centre *m*; ADMIN siège *m*; MED [- of infection] foyer *m*; **the ~ of government/of learning** le siège du gouvernement/du savoir. -**6.** [manor]: (**country**) ~ manoir *m*. -**7.** EQUIT: **to have a good ~** se tenir bien en selle, avoir une bonne assiette; **to lose one's ~** être désarçonné. -**8.** TECH [of valve] siège *m*; [of machine] embase *f*, surface *f* d'appui.
◇ *vt* -**1.** [passengers, children] faire asseoir; [guests - at table] placer; **please be ~ed** veuillez vous asseoir; **please remain ~ed** restez OR veuillez rester assis. -**2.** [accommodate] avoir des places assises pour; **the plane can ~ 400** l'avion a une capacité de 400 personnes; **how**

many does the bus ~? combien y a-t-il de places assises dans le bus?; **how many does the table ~?** combien de personnes peut-on asseoir autour de la table?; **we can only ~ 40 people** nous n'avons de place que pour 40 personnes. -**3.** [chair] mettre un fond à; [with straw] rempailler; [with cane] canner. -**4.** TECH [valve] ajuster le siège de.
◇ *vi* [skirt, trousers] se déformer (à l'arrière).

seat belt *n* ceinture *f* de sécurité.

-seater ['siːtəʳ] *in cpds*: **two/four~ (car)** voiture *f* à deux/quatre places.

seating ['siːtɪŋ] ◇ *n (U)* -**1.** [seats] sièges *mpl*; [benches, pews] bancs *mpl*; **the ~ isn't very comfortable** les sièges ne sont pas très confortables. -**2.** [sitting accommodation] places *fpl* (assises); **there's additional ~ at the back** il y a des places (assises) supplémentaires au fond; **there's ~ for 300 in the hall** il y a 300 places dans la salle; **there's ~ for eight round this table** on peut asseoir huit personnes autour de cette table. -**3.** [plan] affectation *f* des places; **who's in charge of the ~?** qui est chargé de placer les gens? -**4.** [material - cloth, canvas] (tissu *m* du) siège *m*; [- wicker] cannage *m*. -**5.** TECH [of bearing] logement *m*; [of valve] siège *m*.
◇ *comp*: **~ accommodation** OR **capacity** nombre *m* de places assises; **the hall has ~ accommodation for 800 people** la salle a une capacité de 800 places (assises); **the ~ arrangements** le placement *m* OR la disposition *f* des gens; **~ plan** [in theatre] plan *m* de la disposition des places; [at table] plan *m* de table.

SEATO ['siːtəʊ] (*abbr of* Southeast Asia Treaty Organization) *pr n* OTASE *f*.

sea trout *n* truite *f* de mer.

sea urchin *n* oursin *m*.

sea wall *n* digue *f*.

seaward ['siːwəd] ◇ *adj* de (la) mer; **~ breeze** brise *f* de mer; **on the ~ side** du côté de la mer.
◇ *adv* = **seawards**.

seawards ['siːwədz] *adv* vers la mer OR le large; **to sail ~** mettre le cap au large.

seawater ['siːˌwɔːtəʳ] *n* eau *f* de mer.

seaway ['siːweɪ] *n* route *f* maritime.

seaweed ['siːwiːd] *n (U)* algues *fpl*.

seaworthiness ['siːˌwɜːðɪnɪs] *n* navigabilité *f*.

seaworthy ['siːˌwɜːðɪ] *adj* [boat] en état de naviguer.

sebaceous [sɪ'beɪʃəs] *adj* sébacé.

Sebastian [sɪ'bæstjən] *pr n*: **Saint ~** saint Sébastien.

Sebastopol [sɪ'bæstəpəl] *pr n* Sébastopol.

seborrhoea *Br*, **seborrhea** *Am* [ˌsebə'rɪːə] *n* séborrhée *f*.

sebum ['siːbəm] *n* sébum *m*.

sec *inf* [sek] (*abbr of* **second**) *n* seconde *f*, instant *m*; **in a ~!** une seconde!; **I'll only be a ~** j'en ai pour une seconde.

Sec. *written abbr of* second.

SEC (*abbr of* Securities and Exchange Commission) *pr n* commission *f* américaine des opérations de Bourse, ≃ COB *f*.

SECAM ['siːkæm] (*abbr of* **séquentiel couleur à mémoire**) *n* secam *m*.

secant ['siːkənt] *n* secante *f*.

secateurs [ˌsekə'tɜːz] *npl Br*: **(pair of) ~** sécateur *m*.

secede [sɪ'siːd] *vi* faire sécession, se séparer; **they voted to ~ from the federation** ils ont voté en faveur de leur sécession de la fédération.

secession [sɪ'seʃn] *n* sécession *f*, scission *f*.

secessionist [sɪ'seʃnɪst] ◇ *adj* sécessionniste.
◇ *n* sécessionniste *mf*.

seclude [sɪ'kluːd] *vt* éloigner du monde, isoler; **they are ~d from the world** ils sont retirés du monde; **she ~s herself from contact with society** elle se coupe de tout contact avec autrui.

secluded [sɪ'kluːdɪd] *adj* [village] retiré, à l'écart; [garden] tranquille; **to live a ~ life** mener une vie solitaire, vivre en reclus; **I tried to find a ~ corner to read** j'ai essayé de trouver un coin tranquille pour lire.

seclusion [sɪ'kluːʒn] *n* -**1.** [isolation - chosen] solitude *f*, isolement *m*; **he lives a life of total ~** il vit en solitaire OR retiré du monde. -**2.** [isolation - imposed] isolement *m*; **the ~ of women** l'isolement des femmes.

second[1] ['sekənd] ◇ *n* -**1.** [unit of time] seconde *f*; **the ambulance arrived within ~s** l'ambulance est arrivée en quelques secondes. -**2.** [instant] seconde *f*, instant *m*; **I'll be with you in a ~** je serai à vous dans un instant; **I'll only be a ~** j'en ai seulement pour deux secondes; **just a** OR **half a ~!** une seconde! -**3.** MATH seconde *f*. -**4.** [in order] second *m*, -e *f*, deuxième *mf*; **I was the ~ to arrive** je suis arrivé deuxième OR le deuxième; **to come a close ~** [in race] être battu de justesse. -**5.** [in duel] témoin *m*, second *m*; [in boxing] soigneur *m*; **~s out!** soigneurs hors du ring! -**6.** AUT seconde *f*; **in ~** en seconde. -**7.** *Br* UNIV: **an upper/lower ~** une licence avec mention bien/assez bien. -**8.** MUS seconde *f*.
◇ *adj* -**1.** [in series] deuxième; [of two] second; **he's ~ only to his teacher as a violinist** en tant que violoniste, il n'y a que son professeur qui le surpasse OR qui lui soit supérieur; **every ~ person** une personne sur deux; **to be ~ in command** [in hierarchy] être deuxième dans la hiérarchie; MIL commander en second; **he's ~ in line for promotion** il sera le second à bénéficier d'une promotion; **he's ~ in line for the throne** c'est le deuxième dans l'ordre de succession au trône; **~ floor** *Br* deuxième étage *m*; *Am* premier étage; **in the ~ person singular/plural** GRAMM à la deuxième personne du singulier/pluriel; **to take ~ place** [in race] prendre la deuxième place; [in exam] être deuxième; **his wife took ~ place to his career** sa femme venait après sa carrière; **and in the ~ place...** [in demonstration, argument] et en deuxième lieu...; **~ showing** deuxième représentation; **for the ~ time** pour la deuxième fois ❑ **it's ~ nature to her** c'est une deuxième nature chez elle; **~ reading** POL seconde lecture *f*; **~ teeth** deuxième dentition *f*, dentition *f* définitive; **~ violin** MUS deuxième violon *m*; **as a goalkeeper, he's ~ to none** comme gardien de but, il n'a pas son pareil; **her short stories are ~ to none** ses nouvelles sont inégalées OR sans pareil; **'The Second Sex'** *Beauvoir* 'le Deuxième Sexe'. -**2.** [additional, extra] deuxième, second, autre; **he was given a ~ chance (in life)** on lui a accordé une seconde chance (dans la vie); **you are unlikely to get a ~ chance to join the team** il est peu probable que l'on vous propose à nouveau de faire partie de l'équipe; **to take a ~ helping** se resservir; **would you like a ~ helping/a ~ cup?** en reprendrez-vous (un peu/une goutte)?; **can I have a ~ helping of meat?** est-ce que je peux reprendre de la viande?; **they have a ~ home in France** ils ont une résidence secondaire en France; **I'd like a ~ opinion** [doctor] je voudrais prendre l'avis d'un confrère; [patient] je voudrais consulter un autre médecin; **I need a ~ opinion on these results** j'aimerais avoir l'avis d'un tiers sur ces résultats.
◇ *adv* -**1.** [in order] en seconde place; **to come ~** [in race] arriver en seconde position; **she arrived ~** [at party, meeting] elle est arrivée la deuxième; **the horse came ~ to Juniper's Lad** le cheval s'est classé deuxième derrière Juniper's Lad. -**2.** [with superl adj]: **the ~ oldest** le cadet; **the ~ largest** le deuxième par ordre de grandeur. -**3.** [secondly] en second lieu, deuxièmement.
◇ *vt* [motion] appuyer; [speaker] appuyer la motion de; **I'll ~ that!** je suis d'accord!
◆ **seconds** *npl* -**1.** [goods] marchandises *fpl* de second choix; [crockery] vaisselle *f* de second choix. -**2.** *inf* [of food] rab *m*; **are there any ~s?** il y a du rab?

second[2] [sɪ'kɒnd] *vt Br fml* [employee] affecter (provisoirement), envoyer en détachement; MIL détacher; **she was ~ed to the UN** elle a été détachée à l'ONU; **Peter was ~ed for service abroad** Peter a été envoyé en détachement à l'étranger.

secondary ['sekəndrɪ] (*pl* **secondaries**) ◇ *adj* -**1.** [gen & MED] secondaire; **the word has a ~ meaning** le mot a un sens secondaire ‖ [minor] secondaire, de peu d'importance; **this issue is of ~ importance** cette question est d'une importance secondaire; **it's only a ~ problem** c'est un problème secondaire OR qui a peu d'importance; **any other considerations are ~ to her well being** son bien-être prime sur toute autre considération ❑ **~ accent** accent *m* secondaire; **~ cause** PHILOS cause *f* seconde; **~ cell** ELEC élément *m* d'accumulateur; **~ colour** couleur *f* secondaire OR binaire; **~ era** GEOL (ère *f*) secondaire *m*; **~ product** sous-produit *m*. -**2.** SCH secondaire *m*; **~ education** enseignement *m* secondaire OR du second degré.
◇ *n* -**1.** [deputy] subordonné *m*, -e *f*, adjoint *m*, -e *f*. -**2.** ASTRON satellite *m*. -**3.** MED [tumour] tumeur *f* secondaire, métastase *f*.

secondary modern (school) *n Br établissement secondaire d'enseignement général et technique, aujourd'hui remplacé par la «comprehensive school».*

secondary picketing *n (U) Br* INDUST piquets *mpl* de grève de solidarité.

secondary school *n établissement secondaire*; **~ teacher** professeur *m* du secondaire.

secondary stress *n* accent *m* secondaire.

second ballot *n* deuxième tour *m*.

second best ◇ *n* pis-aller *m inv*; **I refuse to make do with ~** je refuse de me contenter d'un pis-aller.
◇ *adv*: **to come off ~** être battu, se faire battre.
◆ **second-best** *adj* [clothes, objects] de tous les jours.

second chamber *n* [gen] deuxième chambre *f*; [in UK] Chambre *f* des lords; [in US] Sénat *m*.

second childhood *n* gâtisme *m*, seconde enfance *f*; **he's in his ~** il est retombé en enfance.

second class *n* RAIL seconde *f* (classe *f*).
◆ **second-class** ◇ *adj* -**1.** RAIL de seconde (classe); **a ~ season ticket** un abonnement de seconde; **two ~ returns to Glasgow** deux allers (et) retours pour Glasgow en seconde (classe). -**2.** [hotel] de seconde catégorie. -**3.** [mail] à tarif réduit OR lent. -**4.** *Br* UNIV: **a ~ honours degree** ≃ une licence avec mention (assez) bien. -**5.** [inferior] de qualité inférieure.
◇ *adv* -**1.** RAIL en seconde (classe); **to travel ~** voyager en seconde. -**2.** [for mail]: **to send a parcel ~** expédier un paquet en tarif réduit.

SECOND-CLASS MAIL:
Le tarif postal réduit est utilisé en Grande-Bretagne pour les lettres et les paquets non urgents. Aux États-Unis, il est réservé aux magazines et aux journaux.

second-class citizen *n* citoyen *m*, -enne *f* de seconde zone; **to be treated like a ~** être traité comme un citoyen de seconde zone.

Second Coming *n* RELIG: **the ~** le deuxième avènement du Messie.

second cousin *n* cousin *m*, -e *f* au second degré, cousin *m* issu OR cousine *f* issue de germains.

second-degree burn *n* brûlure *f* au deuxième degré.

seconder ['sekəndəʳ] *n* -**1.** [in debate - of motion] personne *f* qui appuie une motion. -**2.** [of candidate] deuxième parrain *m*.

second-generation *adj* [immigrant, computer] de la seconde génération.

second-guess *inf vt* -**1.** [after event] comprendre après coup. -**2.** [before event] essayer de prévoir OR d'anticiper.

second hand *n* [of watch, clock] aiguille *f* des secondes, trotteuse *f*.
◆ **second-hand** ◇ *adj* -**1.** [car, clothes, books] d'occasion; **second-hand shop** magasin *m* d'occasions. -**2.** [information] de seconde main; **to hear** OR **to discover sthg at second-hand** apprendre OR découvrir qqch de seconde main.

◇ *adv* -**1.** [buy] d'occasion. -**2.** [indirectly]: **I heard the news second-hand** j'ai appris la nouvelle indirectement.

second-in-command *n* MIL commandant *m* en second; NAUT second *m*, officier *m* en second; [in hierarchy] second *m*, adjoint *m*.

second language *n* langue *f* seconde.

second lieutenant *n* sous-lieutenant *m*.

secondly ['sekəndlɪ] *adv* deuxièmement, en deuxième lieu.

secondment [sɪ'kɒndmənt] *n Br fml* détachement *m*, affectation *f* provisoire; **to be on ~** [teacher] être en détachement; [diplomat] être en mission.

second name *n* nom *m* de famille.

second officer *n* NAUT (officier *m* en) second *m*.

second-rate *adj* [goods, equipment] de qualité inférieure; [film, book] médiocre; [politician, player] médiocre, de second ordre.

second sight *n* seconde OR double vue *f*; **to have ~** avoir un don de double vue.

second-strike *adj* [weapons] de deuxième frappe.

second-string *adj Am* SPORT remplaçant.

second thought *n*: **to have ~s** avoir des doutes; **he left his family without a ~** il a quitté sa famille sans réfléchir OR sans se poser de questions; **on ~s** *Br* OR **on ~** *Am* **I'd better go myself** toute réflexion faite, il vaut mieux que j'y aille moi-même.

secrecy ['siːkrəsɪ] *n (U)* secret *m*; **the negotiations were carried out in the strictest ~** les négociations ont été menées dans le plus grand secret; **absolute ~ is vital to the success of the mission** le secret absolu est essentiel pour le succès de la mission || [mystery] mystère *m*; **there's no ~ about their financial dealings** ils ne font aucun mystère de leurs affaires financières.

secret ['siːkrɪt] ◇ *n* -**1.** [information kept hidden] secret *m*; **it's a ~ between you and me** c'est un secret entre nous; **I have no ~s from her** je ne lui cache rien; **can you keep a ~?** pouvez-vous garder un secret?; **shall we let them into the ~?** est-ce qu'on va les mettre dans le secret OR dans la confidence?; **I'll tell you** OR **I'll let you into a ~** je vais vous dire OR révéler un secret; **not many people were in on the ~** il n'y avait pas beaucoup de gens qui étaient dans la confidence OR au courant; **I make no ~ of** OR **about my humble origins** je ne cache pas mes origines modestes. -**2.** [explanation] secret *m*; **the ~ of his success** le secret de sa réussite; **the ~ is to warm the dish first** le secret consiste à chauffer le plat d'abord; **the ~ of making pastry** le secret pour réussir une pâte. -**3.** [mystery] secret *m*, mystère *m*; **the ~s of nature** les secrets OR les mystères de la nature; **these locks have** OR **hold no ~ for me** ces serrures n'ont pas de secret pour moi.

◇ *adj* -**1.** [meeting, plan] secret; **~ funds** caisse *f* noire, fonds *mpl* secrets; **the news was kept ~** la nouvelle a été gardée OR tenue secrète, on n'a pas révélé la nouvelle; **they managed to keep their plans ~** ils ont réussi à tenir leurs projets secrets || [personal] secret; **it's my ~ belief that he doesn't really love her** je crois secrètement OR en mon for intérieur qu'il ne l'aime pas vraiment ☐ **~ ballot** vote *m* à bulletin secret. -**2.** [hidden - door] caché, dérobé; [- compartment, safe] caché; **a ~ hiding place** une cachette secrète. -**3.** [identity] inconnu; **the flowers were from a ~ admirer of hers** les fleurs venaient d'un admirateur inconnu. -**4.** [secluded - beach, garden] retiré, secret.

◆ **in secret** *adv phr* en secret, secrètement.

secret agent *n* agent *m* secret; 'The Secret Agent' *Conrad* 'l'Agent secret'.

secretaire [ˌsekrɪ'teəʳ] *n* secrétaire *m (meuble)*.

secretarial [ˌsekrə'teərɪəl] *adj* [tasks] de secrétaire, de secrétariat; **I have a part-time ~ job** j'ai un travail de secrétaire à mi-temps; **she does ~ work** elle fait un travail de secrétariat OR de secrétaire; **I followed a ~ course** j'ai pris des cours de secrétariat; **~ skills** notions *fpl* de secrétariat; **~ college** OR **school** école *f* de secrétariat.

secretariat [ˌsekrə'teərɪət] *n* secrétariat *m*.

secretary [*Br* 'sekrətrɪ, *Am* 'sekrəˌterɪ] (*pl* **secretaries**) *n* -**1.** [COMM & gen] secrétaire *mf*. -**2.** POL [minister] secrétaire *m* d'État, ministre *m*; **Secretary of Defense** secrétaire *m* d'État à la Défense *(équivalent américain du ministre de la Défense)*; **~ of state** *Br* ministre; *Am* secrétaire *m* d'État, ministre des Affaires étrangères; **Secretary (of State) for Education** *Br* ministre de l'Éducation; **Treasury Secretary** *Am* ministre des Finances; **parliamentary private ~** *Br député à la Chambre des Communes travaillant en liaison avec un ministre*. -**3.** [diplomat] secrétaire *m* d'ambassade.

secretary bird *n* ORNITH serpentaire *m*, secrétaire *m*.

secretary-general *n* secrétaire *m* général, secrétaire *f* générale.

secrete [sɪ'kriːt] *vt* -**1.** ANAT & MED sécréter. -**2.** *fml* [hide] cacher.

secretion [sɪ'kriːʃn] *n* -**1.** ANAT & MED sécrétion *f*. -**2.** *fml* [act of hiding] action *f* de cacher.

secretive ['siːkrətɪv] *adj* [nature] secret; [behaviour] cachottier; **she's very ~ about her new job** elle ne dit pas grand-chose de son nouveau travail; **she's quite a ~ person** c'est une personne assez secrète.

secretively ['siːkrətɪvlɪ] *adv* en se cachant, discrètement.

secretiveness ['siːkrətɪvnɪs] *n (U)* [of character] réserve *f*; [keeping secrets] cachotteries *fpl*.

secretly ['siːkrɪtlɪ] *adv* [do, act] en secret, secrètement; [believe, think] en son for intérieur, secrètement.

secret police *n* police *f* secrète.

secret service *n* services *mpl* secrets.

◆ **Secret Service** *n* [in US]: **the ~** *service de protection du président, du vice-président des États-Unis et de leurs familles.*

sect [sekt] *n* secte *f*.

sectarian [sek'teərɪən] *adj* sectaire; **~ violence** violence *f* d'origine religieuse.

sectarianism [sek'teərɪənɪzm] *n* sectarisme *m*.

section ['sekʃn] ◇ *n* -**1.** [sector] section *f*, partie *f*; **the business ~ of the community** les commerçants et les hommes d'affaires de notre communauté; **there has been snow over large ~s of Southern England** il a neigé sur une grande partie du sud de l'Angleterre; **the residential ~ of the town** les quartiers résidentiels de la ville || [division - of staff, services] section *f*; [- in army] groupe *m* de combat; [- in orchestra] section *f*; **the brass/percussion ~** les cuivres/percussions. -**2.** [component part - of furniture] élément *m*; [- of tube] section *f*; [- of track, road] section *f*, tronçon *m*; RAIL section *f*; **the kitchen units/the shelves come in easy-to-assemble ~s** les éléments de cuisine/les étagères se vendent en kit. -**3.** [subdivision - of law] article *m*; [- of book, exam, text] section *f*, partie *f*; [- of library] section *f*; **the children's ~** la section pour enfants || [of newspaper - page] page *f*; [- pages] pages *fpl*; **the sports/women's ~** les pages des sports/réservées aux femmes || [in department store] rayon *m*; **furniture/children's ~** rayon meubles/enfants. -**4.** *Am* RAIL [train] train *m* supplémentaire; [sleeper] compartiment-lits *m*. -**5.** [cut, cross-section - drawing] coupe *f*, section *f*; GEOM section *f*; [for microscope] coupe *f*, lamelle *f*; [in metal] profilé *m*. -**6.** MED sectionnement *m*. -**7.** *Am* [land] *division (administrative) d'un mille carré.*

◇ *vt* sectionner.

◆ **section off** *vt sep* séparer; **part of the church was ~ed off** l'accès à une partie de l'église était interdit.

sectional ['sekʃənl] *adj* -**1.** [furniture] en kit. -**2.** [interests] d'un groupe. -**3.** [drawing] en coupe.

sectionalism ['sekʃənəlɪzm] *n* défense *f* des intérêts régionaux OR d'un groupe.

section gang *n Am* RAIL (équipe *f* de) terrassiers *mpl*.

section hand *n Am* RAIL terrassier *m*.

section mark *n* signe *m* de paragraphe.

sector ['sektəʳ] ◇ *n* -**1.** [area, realm] secteur *m*, domaine *m*; ECON secteur *m*; [part, subdivision] secteur *m*, partie *f*; COMPUT [of screen] secteur *m*; **the banking ~** le secteur bancaire; **whole ~s of society live below the poverty line** des catégories sociales entières vivent en dessous du seuil de pauvreté. -**2.** MIL secteur *m*, zone *f*. -**3.** GEOM secteur *m*. -**4.** [for measuring] compas *m* de proportion.

◇ *vt* diviser en secteurs; ADMIN & GEOG sectoriser.

secular ['sekjʊləʳ] *adj* -**1.** [life, clergy] séculier. -**2.** [education, school] laïque. -**3.** [music, art] profane. -**4.** [ancient] séculaire. -**5.** ASTRON séculaire.

secularism ['sekjʊlərɪzm] *n* laïcisme *m*.

secularization [ˌsekjʊləraɪ'zeɪʃn] *n* sécularisation *f*.

secularize, -ise ['sekjʊləraɪz] *vt* séculariser; [education] laïciser.

secure [sɪ'kjʊəʳ] ◇ *adj* -**1.** [protected] sûr, en sécurité, en sûreté; **put the papers in a ~ place** mettez les papiers en lieu sûr; **I feel ~ from** OR **against attack** je me sens à l'abri des attaques. -**2.** [guaranteed - job] sûr; [- victory, future] assuré; **a country must ensure its borders are ~** un pays doit assurer ses frontières OR faire en sorte que ses frontières soient sûres. -**3.** [calm, confident] tranquille, sécurisé; **now she's married, she feels more ~** maintenant qu'elle est mariée, elle se sent plus sécurisée; **I was ~ in the belief that all danger was past** j'étais intimement persuadé que tout danger était écarté. -**4.** [solid - investment, base] sûr; [- foothold, grasp] sûr, ferme; [solidly fastened - bolt, window] bien fermé; [- scaffolding, aerial] solide, qui tient bien; [- knot] solide; **can you make the door/the rope ~?** pouvez-vous vous assurer que la porte est bien fermée/la corde est bien attachée?

◇ *vt* -**1.** *fml* [obtain] se procurer, obtenir; [agreement] obtenir; [loan] obtenir, se voir accorder; **to ~ a majority** [gen] obtenir une majorité; POL emporter la majorité; **to ~ the release of sb** obtenir la libération de qqn; **will it be possible to ~ a hall for the debate?** serait-il possible de réserver une salle pour le débat? -**2.** [fasten, fix - rope] attacher; [- parcel] ficeler; [- ladder, aerial] bien fixer; [- window, lock] bien fermer; **the rope was ~d around a rock** la corde était solidement attachée à un rocher; **~ the ladder against the wall first** assurez-vous d'abord que l'échelle est bien appuyée contre le mur. -**3.** [guarantee - future] assurer; [- debt] garantir. -**4.** [from danger] préserver; **we did everything we could to ~ the boat against** OR **from the storm** nous avons tout fait pour protéger le bateau contre la tempête.

secured [sɪ'kjʊəd] *adj* FIN [debt, loan] garanti.

securely [sɪ'kjʊəlɪ] *adv* -**1.** [firmly] fermement, solidement; **the door was ~ fastened** la porte était bien fermée OR verrouillée. -**2.** [safely] en sécurité, en sûreté; **put the jewels ~ away** mettez les bijoux en lieu sûr.

secure tenancy *n* location *f* assurée OR garantie.

security [sɪ'kjʊərətɪ] (*pl* **securities**) ◇ *n* -**1.** [safety] sécurité *f*; **terrorism is a threat to national ~** le terrorisme menace la sécurité nationale; **the President's national ~ advisers** les conseillers du président en matière de sécurité nationale; **they slipped through the ~ net** ils sont passés au travers des mailles du filet des services de sécurité || [police measures, protection etc] sécurité *f*; **for reasons of ~** par mesure de OR pour des raisons de sécurité; **there was maximum ~ for the President's visit** des mesures de sécurité exceptionnelles ont été prises pour la visite du président; **maximum ~ wing** [in prison] quartier *m* de haute surveillance. -**2.** *(U)* [assurance] sécurité *f*; **job ~** sécurité de l'em-

ploi; to have ~ of tenure [in job] être titulaire, avoir la sécurité de l'emploi; [as tenant] avoir un bail qui ne peut être résilié; what she really needs is emotional ~ ce qu'il lui faut vraiment c'est une sécurité affective; financial ~ sécurité matérielle OR financière. -3. [guarantee] garantie *f*, caution *f*; what ~ do you have for the loan? quelle garantie avez-vous pour couvrir ce prêt?; have you anything to put up as ~? qu'est-ce que vous pouvez fournir comme garantie?; she gave her diamonds as ~ for the loan elle a donné ses diamants comme garantie pour le prêt; loans without ~ prêts *mpl* sans garantie || [guarantor] garant *m*, -e *f*; to stand ~ for sb *Br* se porter garant de qqn; to stand ~ for a loan avaliser un prêt. -4. [department] sécurité *f*; please call ~ appelez la sécurité s'il vous plaît. -5. COMPUT sécurité *f*.
◇ *comp* [measures] de sécurité; ~ device sécurité *f*.
◆ **securities** *npl* FIN titres *mpl*, actions *fpl*, valeurs *fpl*; government securities titres *mpl* d'État; the securities market le marché des valeurs.

security blanket *n morceau de tissu que certains jeunes enfants ont toujours avec eux pour se rassurer.*

Security Council *n* Conseil *m* de Sécurité.

security guard *n* garde *m* (chargé de la sécurité); [for armoured van] convoyeur *m* de fonds.

security leak *n* fuite *f* de documents OR d'informations concernant la sécurité.

security officer *n* [on ship] officier *m* chargé de la sécurité; [in firm] employé *m* chargé de la sécurité; [inspector] inspecteur *m* de la sécurité.

security police *n* (services *mpl* de la) sûreté *f*.

security risk *n*: she's considered to be a ~ on considère qu'elle représente un risque pour la sécurité.

secy (*written abbr of* secretary) secr.

sedan [sɪ'dæn] *n* -1. *Am* [car] berline *f*. -2. [chair]: ~ (chair) chaise *f* à porteurs.

sedate [sɪ'deɪt] ◇ *adj* [person, manner] calme, posé; [behaviour] calme, pondéré; we strolled home at a ~ pace nous sommes rentrés chez nous sans hâte OR en flânant; we live a very ~ existence nous menons une existence très calme.
◇ *vt* donner des sédatifs à; he's heavily ~d il prend de fortes doses de calmants.

sedately [sɪ'deɪtlɪ] *adv* posément, calmement; she walked ~ back to her house elle est revenue chez elle d'un pas lent OR tranquille.

sedation [sɪ'deɪʃn] *n* sédation *f*; under ~ sous calmants.

sedative ['sedətɪv] ◇ *adj* calmant.
◇ *n* calmant *m*.

sedentary ['sedntrɪ] *adj* sédentaire.

sedge [sedʒ] *n* laîche *f*, carex *m*.

sedge warbler *n* phragmite *m* des joncs.

sedilia [se'dɪlɪə] *npl* stalles *fpl*.

sediment ['sedɪmənt] ◇ *n* -1. GEOL sédiment *m*. -2. [in liquid] sédiment *m*, dépôt *m*; [in wine] dépôt *m*, lie *f*.
◇ *vt* déposer.
◇ *vi* se déposer.

sedimentary [ˌsedɪ'mentərɪ] *adj* sédimentaire; ~ rock roche *f* sédimentaire.

sedimentation [ˌsedɪmen'teɪʃn] *n* sédimentation *f*.

sedition [sɪ'dɪʃn] *n* sédition *f*.

seditious [sɪ'dɪʃəs] *adj* séditieux.

seduce [sɪ'djuːs] *vt* -1. [sexually] séduire. -2. [attract] séduire, attirer; [draw] entraîner; she was ~d away from the company by an offer of more money on l'a persuadée de OR incitée à quitter la société en lui offrant plus d'argent.

seducer [sɪ'djuːsə^r^] *n* séducteur *m*, -trice *f*.

seduction [sɪ'dʌkʃn] *n* séduction *f*.

seductive [sɪ'dʌktɪv] *adj* [person] séduisant; [personality] séduisant, attrayant; [voice, smile] aguichant, séducteur; they made me a very ~ offer ils m'ont fait une offre très séduisante OR alléchante; she was wearing a rather ~ dress elle était plutôt séduisante dans cette robe.

seductively [sɪ'dʌktɪvlɪ] *adv* [dress] d'une manière séduisante; [smile] d'une manière enjôleuse.

seductiveness [sɪ'dʌktɪvnɪs] *n* caractère *m* séduisant.

sedulous ['sedjʊləs] *adj fml* diligent, persévérant.

sedulously ['sedjʊləslɪ] *adv fml* assidûment, avec persévérance.

sedum ['siːdəm] *n* sédum *m*.

see [siː] (*pt* saw [sɔː], *pp* seen [siːn]) ◇ *vt*
A. -1. [perceive with eyes] voir; can you ~ me? est-ce que tu me vois?; I can't ~ a thing je ne vois rien; she could ~ a light in the distance elle voyait une lumière au loin; he saw her talk OR talking to the policeman il l'a vue parler OR qui parlait au policier; did anyone ~ you take it? est-ce que quelqu'un t'a vu le prendre?; did you ~ what happened? avez-vous vu ce qui s'est passé?; let me ~ your hands fais-moi voir OR montre-moi tes mains; can I ~ your newspaper a minute? puis-je voir votre journal OR jeter un coup d'œil sur votre journal un instant?; we've never actually spoken, but I ~ her around a lot nous ne nous sommes jamais vraiment parlé, mais je la croise assez souvent; I could ~ she'd been crying je voyais qu'elle avait pleuré; I don't want to be seen with him je ne veux pas être vu OR qu'on me voie avec lui; there wasn't a car to be seen il n'y avait pas une seule voiture en vue; nothing more was ever seen of her on ne l'a plus jamais revue || [imagine]: she began to ~ spies everywhere elle s'est mise à voir des espions partout; there's nothing there, you're ~ing things! il n'y a rien, tu as des hallucinations!; I could ~ what was going to happen (a mile off *inf*) *fig* je le voyais venir (gros comme une maison) ❑ could you ~ your way (clear) to lending me £20? est-ce que vous pourriez me prêter 20 livres?; to ~ the back OR last of sthg en avoir fini avec qqch; I'll be glad to ~ the back OR last of her je serai content d'être débarrassé d'elle; ~ing is believing *prov* il faut le voir pour le croire. -2. [watch - film, play, programme] voir; I saw it on the news je l'ai vu au journal télévisé; did you ~ the match last night? as-tu vu le match hier soir? -3. [refer to - page, chapter] voir; ~ page 317 voir page 317.
B. -1. [meet by arrangement, consult] voir; you should ~ a doctor tu devrais voir OR consulter un médecin; I'll be ~ing my lawyer about this je vais consulter mon avocat à ce sujet; I'll be ~ing the candidates next week je verrai les candidats la semaine prochaine. -2. [meet by chance] voir, rencontrer; guess who I saw at the supermarket! devine qui j'ai vu OR qui j'ai rencontré au supermarché! -3. [visit - person, place] voir; come round and ~ me some time passe me voir un de ces jours; they came to ~ me in hospital ils sont venus me voir à l'hôpital; I've always wanted to ~ China j'ai toujours voulu voir la Chine; to ~ the world voir le monde. -4. [receive a visit from] recevoir, voir; he's too ill to ~ anyone il est trop malade pour voir qui que ce soit; she can't ~ you right now, she's busy elle ne peut pas vous voir maintenant, elle est trop occupée. -5. [spend time with socially] voir; do you still ~ the Browns? est-ce que vous voyez toujours les Brown?; we've seen quite a lot of them recently nous les avons beaucoup vus dernièrement; we ~ less of them these days nous les voyons moins en ce moment; is he ~ing anyone at the moment? [going out with] est-ce qu'il a quelqu'un en ce moment? -6. *phr*: ~ you! *inf*, (I'll) be ~ing you! *inf* salut!; ~ you later! *inf* à tout à l'heure!; ~ you around! *inf* à un de ces jours!; ~ you tomorrow/this evening/next week! *inf* à demain/ce soir/la semaine prochaine!; ~ you in London! *inf* on se verra à Londres!
C. -1. [understand] voir, comprendre; I ~ what you mean je vois OR comprends ce que vous voulez dire; I don't ~ what's so funny! je ne vois pas ce qu'il y a de si drôle!; I could ~ his point je voyais ce qu'il voulait dire; I don't ~ any point in going back now je ne vois pas du tout l'intérêt qu'il y aurait à y retourner maintenant; I can ~ why you were worried je vois pourquoi vous étiez inquiet; I can't ~ that it matters je ne vois pas quelle importance ça a. -2. [consider, view] voir; try to ~ things from my point of view essayez de voir les choses de mon point de vue; we ~ things differently nous ne voyons pas les choses de la même façon; you'll ~ things differently in the morning demain tu verras les choses d'un autre œil; he doesn't ~ his drinking as a problem il ne se considère pas comme un alcoolique; how do you ~ the current situation? que pensez-vous de la situation actuelle?; as I ~ it, it's the parents who are to blame à mon avis, ce sont les parents qui sont responsables. -3. [imagine, picture] voir, s'imaginer; I can't ~ him getting married je ne le vois pas OR je ne me l'imagine pas se mariant; she just couldn't ~ herself as a wife and mother elle ne s'imaginait pas se mariant et ayant des enfants; I can't ~ it myself moi, je n'arrive pas à imaginer ça.
D. -1. [try to find to] voir; I'll ~ if I can fix it je vais voir si je peux le réparer; I'll ~ what I can do je vais voir ce que je peux faire; go and ~ if he's still asleep va voir s'il dort encore; she called by to ~ what had happened elle est venue pour savoir ce qui s'était passé. -2. [notice, become aware of] voir; I can't ~ any improvement je ne vois pas d'amélioration; they must have seen how worried I was ils ont dû voir combien j'étais inquiet. -3. [discover, learn] voir; I'm pleased to ~ you're enjoying life je suis heureux de voir que tu profites de la vie; I'll be interested to ~ how he gets on je serais curieux de voir comment il se débrouillera; I ~ (that) he's getting married j'ai appris qu'il allait se marier; I saw it in the paper this morning je l'ai vu OR lu ce matin dans le journal; as we shall ~ in a later chapter comme nous le verrons dans un chapitre ultérieur; I ~ she's in the new Scorsese film je vois qu'elle est dans le nouveau film de Scorsese. -4. [make sure] s'assurer, veiller à; ~ that all the lights are out before you leave assurez-vous que OR veillez à ce que toutes les lumières soient éteintes avant de partir; ~ (that) everything's ready for when they arrive veillez à ce que tout soit prêt pour leur arrivée ❑ she'll ~ you right *inf* elle veillera à ce que tu ne manques de rien, elle prendra bien soin de toi. -5. [inspect - file, passport, ticket] voir; can I ~ your ticket, sir? puis-je voir votre ticket, Monsieur?
E. -1. [experience] voir, connaître; he thinks he's seen it all il croit tout savoir; most recruits never ~ active service la plupart des recrues ne voient jamais la guerre de près; our car has seen better days notre voiture a connu des jours meilleurs. -2. [witness] voir; they have seen their purchasing power halved ils ont vu leur pouvoir d'achat diminuer de moitié; last year saw an increase in profits l'année dernière a vu une augmentation des bénéfices; the next decade will ~ enormous changes la prochaine décennie verra se produire des changements considérables; this old house has seen some changes cette vieille maison a subi quelques transformations; I never thought I'd ~ the day when he'd admit he was wrong je n'aurais jamais cru qu'un jour il admettrait avoir tort; you don't ~ athletes like her any more! il n'y a plus beaucoup d'athlètes comme elle!
F. -1. [accompany] accompagner; I'll ~ you to the bus stop je t'accompagne à l'arrêt du bus; I'll ~ you home je te raccompagne chez toi; ~ Mr Smith to the door, please veuillez raccompagner M. Smith jusqu'à la porte; he saw her into a taxi/onto the train il l'a mise dans un taxi/le train. -2. [in poker] voir; I'll ~ you je vous vois; I'll ~ your ten dollars and raise you twenty je vois vos dix dollars et je relance de vingt.
◇ *vi* -1. [perceive with eyes] voir; I can't ~

without (my) glasses je ne vois rien sans mes lunettes; **he may never ~ again** il se peut qu'il ne voie plus jamais; **on a clear day you can ~ as far as the coast** par temps clair on voit jusqu'à la mer; **cats can ~ in the dark** les chats voient dans l'obscurité; **to ~ into the future** voir OR lire dans l'avenir; **she can't ~ any further than the end of her nose** elle ne voit pas plus loin que le bout de son nez; **for all to ~** au vu et au su de tous. -**2.** [find out] voir; **is that the baby crying? – I'll go and ~** c'est le bébé qu'on entend pleurer? – je vais voir; **you'll ~!** tu verras! -**3.** [understand] voir, comprendre; **it makes no difference as far as I can ~** autant que je puisse en juger, ça ne change rien; **you ~, there's something else you should know** tu vois, il y a quelque chose d'autre que tu devrais savoir; **I was tired, you ~, and...** j'étais fatigué, voyez-vous, et...; **now ~ here, young man!** écoutez-moi, jeune homme!; **I haven't quite finished – so I ~** je n'ai pas tout à fait terminé – c'est ce que je vois; **I ~** [expressing understanding or disapproval] je vois; **I don't want any trouble, ~?** *inf* je ne veux pas d'histoires, OK? -**4.** [indicating a pause or delay]: **let me** OR **let's ~** voyons voir; **Mum said you'd take us to the fair – we'll ~** Maman a dit que tu nous amènerais à la foire – on verra (ça).

◇ *n* RELIG [of bishop] siège *m* épiscopal, évêché *m*; [of archbishop] archevêché *m*.

◆ **see about** *vt insep* s'occuper de; **I'll ~ about making the reservations** je m'occuperai des réservations; **they're sending someone to ~ about the gas** ils envoient quelqu'un pour vérifier le gaz; **they won't let us in – we'll (soon) ~ about that!** *inf* ils ne veulent pas nous laisser entrer – c'est ce qu'on va voir!

◆ **see around** *vt insep* = **see round**.

◆ **see in** ◇ *vt sep* -**1.** [escort] faire entrer. -**2.** [celebrate]: **to ~ in the New Year** fêter le Nouvel An.

◇ *vt insep* trouver; **what can she possibly ~ in him?** qu'est-ce qu'elle peut bien lui trouver?

◇ *vi insep literal* voir à l'intérieur.

◆ **see off** *vt sep* -**1.** [say goodbye to] dire au revoir à; **she came to ~ me off at the station** elle est venue à la gare me dire au revoir. -**2.** [chase away] chasser; **~ him off!** [to dog] chasse-le! -**3.** [repel - attack] repousser.

◆ **see out** *vt sep* -**1.** [accompany to the door] reconduire OR raccompagner à la porte; **can you ~ yourself out?** pouvez-vous trouver la sortie tout seul?; **goodbye, I'll ~ myself out** au revoir, ce n'est pas la peine de me raccompagner. -**2.** [last]: **we've got enough food to ~ the week out** nous avons assez à manger pour tenir jusqu'à la fin de la semaine. -**3.** [celebrate]: **to ~ out the Old Year** fêter le Nouvel An.

◆ **see over** *vt insep* = **see round**.

◆ **see round** *vt insep* visiter; **they came to ~ round the house** ils sont venus pour visiter la maison.

◆ **see through** ◇ *vt insep* -**1.** [window, fabric] voir à travers. -**2.** [be wise to - person] ne pas être dupe de, voir dans le jeu de; [- trick, scheme, behaviour] ne pas se laisser tromper par; **she saw through his apparent cheerfulness** elle ne s'est pas laissée tromper OR abuser par OR elle n'a pas été dupe de son apparente bonne humeur.

◇ *vt sep* -**1.** [bring to a successful end] mener à bonne fin; **we can count on her to ~ the job through** on peut compter sur elle pour mener l'affaire à bien. -**2.** [support, sustain]: **I've got enough money to ~ me through the week** j'ai assez d'argent pour tenir jusqu'à la fin de la semaine; **their love has seen them through many a crisis** leur amour les a aidés à surmonter de nombreuses crises; **her good humour will always ~ her through any difficulties** sa bonne humeur lui permettra toujours de traverser les moments difficiles.

◆ **see to** *vt insep* -**1.** [look after] s'occuper de; **I'll ~ to the dinner** je m'occuperai du dîner; **~ to it that everything's ready by 5 p.m.** veillez à ce que tout soit prêt pour 17 h; **she saw to it that our picnic was ruined** [thanks to her] elle a fait en sorte de gâcher notre pique-nique. -**2.** [repair] réparer; **you should get the brakes seen to** tu devrais faire réparer les freins.

seed [siːd] ◇ *n* -**1.** BOT & HORT *(C)* graine *f*; *(U)* graines *fpl*, semence *f*; **sunflower ~s** graines de tournesol; **grass ~** semence pour gazon ☐ **to go** OR **to run to ~** HORT monter en graine; *fig* [physically] se laisser aller, se décatir; [mentally] perdre ses facultés; **his mother has really gone to ~ during the past year** sa mère a bien baissé OR s'est bien décatie au cours de l'année passée. -**2.** [in fruit, tomatoes] pépin *m*. -**3.** [source] germe *m*; **the ~s of doubt/of suspicion** les germes du doute/de la suspicion. -**4.** BIBLE & *lit* [offspring] progéniture *f*; [sperm] semence *f*. -**5.** SPORT tête *f* de série; **the top ~s** les meilleurs joueurs classés.

◇ *vt* -**1.** BOT & HORT [garden, field] ensemencer; [plants] planter; **~ed borders** bordures *fpl* ensemencées; **to ~ clouds** ensemencer les nuages. -**2.** [take seeds from - raspberries, grapes] épépiner. -**3.** SPORT: **~ed player** tête *f* de série; **he's ~ed number 5** il est tête de série numéro 5.

◇ *vi* [lettuce] monter en graine; [corn] grener.

seedbed ['siːdbed] *n* semis *m*, couche *f* à semis; **a ~ of revolution** *fig* les germes d'une révolution.

seedbox ['siːdbɒks] *n* germoir *m*.

seedcake ['siːdkeɪk] *n* gâteau *m* aux graines de carvi.

seedcorn ['siːdkɔːn] *n* blé *m* de semence; **~ investments** investissements *mpl* pour l'avenir.

seedily ['siːdɪlɪ] *adv* minablement, de façon miteuse.

seediness ['siːdɪnɪs] *n* -**1.** [appearance] aspect *m* miteux OR minable. -**2.** *inf dated* [of health] mauvais état *m*.

seeding machine ['siːdɪŋ-] *n* semoir *m*.

seedless ['siːdlɪs] *adj* sans pépins.

seedling ['siːdlɪŋ] *n* [plant] semis *m*, jeune plant *m*; [tree] jeune plant *m*.

seed merchant *n* grainetier *m*, -ère *f*.

seed money *n* capital *m* initial OR de départ, mise *f* de fonds.

seed pearl *n* semence *f* de perles.

seedpod ['siːdpɒd] *n* BOT cosse *f*.

seed potato *n* pomme *f* de terre de semence.

seedsman ['siːdzmən] (*pl* **seedsmen** [-mən]) *n* grainetier *m*.

seedy ['siːdɪ] (*compar* **seedier**, *superl* **seediest**) *adj* -**1.** [person, hotel, clothes] miteux, minable; **a ~-looking drunk approached her** un ivrogne d'aspect minable OR miteux s'avança vers elle; **the hotel was in the seediest part of town** l'hôtel était dans le quartier le plus délabré de la ville. -**2.** *inf dated* [unwell] patraque, mal fichu. -**3.** [fruit] plein de pépins.

seeing[1] ['siːɪŋ] *n* [vision] vue *f*, vision *f*; **~ is believing** *prov* il faut le voir pour le croire.

seeing[2] ['siːɪŋ] *conj* vu que; **~ (that** OR **as how** *inf*) **no-one came, we decided to leave** vu que OR étant donné que personne n'est venu, nous avons décidé de partir; **I decided not to encourage him, ~ as how he was married** *inf* je décidai de ne pas l'encourager, puisqu'il était OR vu qu'il était marié.

seeing eye (dog) *n Am* chien *m* d'aveugle.

seek [siːk] (*pt & pp* **sought** [sɔːt]) ◇ *vt* -**1.** [search for - job, person, solution] chercher, rechercher; **he constantly sought her approval** il cherchait constamment à obtenir son approbation; **he sought revenge on them** il a cherché à se venger d'eux; **they sought (for) an answer to their problems** ils ont cherché une réponse à leurs problèmes; **we'd better ~ help** il vaut mieux aller chercher de l'aide; **they sought shelter from the rain** ils ont cherché à se mettre à l'abri de la pluie; **we sought shelter in a shop doorway** nous avons cherché refuge OR à nous réfugier dans l'entrée d'un magasin; **to ~ one's fortune** chercher fortune; **to ~ re-election** chercher à se faire réélire; **to ~ after sthg** rechercher qqch. -**2.** [ask for - advice, help] demander, chercher; **I sought professional advice** j'ai demandé conseil à un professionnel, j'ai cherché conseil auprès d'un professionnel; **he sought my help** il m'a demandé de l'aide OR de l'aider. -**3.** [attempt]: **to ~ to do sthg** chercher à faire qqch, tenter de faire qqch; **we are ~ing to improve housing conditions** nous nous efforçons d'améliorer OR nous cherchons à améliorer les conditions de logement. -**4.** [move towards] chercher; **water ~s its own level** l'eau atteint spontanément son niveau; **heat-seeking missile** missile *m* thermoguidé.

◇ *vi* chercher; **~ and you shall find** BIBLE cherchez et vous trouverez.

◆ **seek out** *vt sep* -**1.** [go to see] aller voir. -**2.** [search for] chercher, rechercher; [dig out] dénicher.

seeker ['siːkəʳ] *n* chercheur *m*, -euse *f*; **a ~ after pleasure/truth** une personne qui recherche le plaisir/la vérité.

-seeker *in cpds*: **pleasure/peace~** personne qui recherche le plaisir/la paix.

seem [siːm] *vi* **A.** -**1.** [with adjective] sembler, paraître, avoir l'air; **he ~s very nice** il a l'air très gentil; **you don't ~ very pleased with the result** vous n'avez pas l'air ravi du résultat; **you ~ (to be) lost** vous semblez (être) OR vous avez l'air (d'être) perdu; **things aren't always what they ~ (to be)** les apparences sont parfois trompeuses; **just do whatever ~s right** fais ce que tu jugeras bon de faire; **the wind makes it ~ colder than it is** on dirait qu'il fait plus froid à cause du vent; **her behaviour ~ed perfectly normal to me** son comportement m'a semblé tout à fait normal; **how does the situation ~ to you? – it ~s hopeless** que pensez-vous de la situation? – elle me semble désespérée; **how did grandfather ~ to you? – he ~ed much older** comment as-tu trouvé grand-père? – j'ai trouvé qu'il avait beaucoup vieilli. -**2.** [with infinitive] sembler, avoir l'air; **the door ~ed to open by itself** la porte sembla s'ouvrir toute seule; **she ~s to have recovered completely** elle a l'air d'être tout à fait remise; **he didn't ~ to know, he ~ed not to know** il n'avait pas l'air de savoir; **you ~ to think you can do as you like here** vous avez l'air de croire que vous pouvez faire ce que vous voulez ici; **I ~ to sleep better with the window open** je crois que je dors mieux avec la fenêtre ouverte || [used to soften a statement, question etc]: **I ~ to remember (that)...** je crois bien me souvenir que...; **I'm sorry, I ~ to have forgotten your name** excusez-moi, je crois que j'ai oublié votre nom; **now, what ~s to be the problem?** alors, quel est le problème d'après vous? || [with 'can't', 'couldn't']: **I can't ~ to do it** je n'y arrive pas; **I can't ~ to remember** je n'arrive pas à me souvenir; **I couldn't ~ to get any answer** impossible d'obtenir une réponse. -**3.** [with noun, often with 'like'] sembler, paraître; **he ~s (like) a nice boy** il a l'air très sympathique OR d'un garçon charmant; **it ~s (like) an excellent idea** cela me semble (être) une excellente idée; **after what ~ed (like) ages, the doctor arrived** après une attente qui parut interminable, le médecin arriva; **it ~s like only yesterday** il me semble que c'était hier.

B. -**1.** [impersonal use]: **it ~ed that** OR **as if nothing could make her change her mind** il semblait que rien ne pourrait la faire changer d'avis; **it ~ed as though we'd known each other for years** nous avions l'impression de nous connaître depuis des années; **it ~s to me there's no solution** j'ai l'impression qu'il n'y a pas de solution; **there ~s to be some mistake** on dirait qu'il y a une erreur; **there ~ to be many opponents of the bill** il semble y avoir OR qu'il y ait beaucoup de gens qui s'opposent au projet de loi; **there doesn't ~ (to be) much point in going on** je ne crois pas qu'il y ait grand intérêt à continuer; **we've been having a spot of bother – so it ~s** OR **would ~!** nous avons eu un petit problème – on dirait bien! -**2.** [indicating that information is hearsay or second-hand] paraître; **it ~s** OR **it would ~ (that) he already**

knew il semble OR il semblerait qu'il était déjà au courant; he doesn't ~ to have known about the operation apparemment, il n'était pas au courant de l'opération; it ~s over 200 people were killed il paraît que plus de 200 personnes ont été tuées; it would ~ so il paraît que oui; it would ~ not il paraît que non, apparemment pas.

seeming ['siːmɪŋ] *adj* apparent; I don't trust him, for all his ~ concern over our welfare je n'ai aucune confiance en lui bien qu'il semble se préoccuper de notre bien-être; her explanation soon resolved any ~ contradictions in her story ses précisions ne tardèrent pas à lever les apparentes contradictions de son récit.

seemingly ['siːmɪŋlɪ] *adv* -**1.** [judging by appearances] apparemment, en apparence; she has ~ limitless amounts of money les sommes d'argent dont elle dispose semblent être illimitées. -**2.** [from reports] à ce qu'il paraît; ~ so/not il paraît que oui/non; he ~ never received the letter à ce qu'il paraît, il n'a jamais reçu la lettre.

seemly ['siːmlɪ] (*compar* seemlier, *superl* seemliest) *adj lit* -**1.** [of behaviour] convenable, bienséant; it is not ~ to ask so many personal questions cela ne se fait pas de poser tant de questions personnelles. -**2.** [of dress] décent; it was hardly the most ~ attire for a supper party ce n'était certainement pas la tenue la plus indiquée pour un dîner.

seen [siːn] *pp* → **see**.

seep [siːp] *vi* filtrer, s'infiltrer; water was ~ing through the cracks in the floor l'eau s'infiltrait par OR filtrait à travers les fissures du sol.

◆ **seep away** *vi insep* s'écouler goutte à goutte.

◆ **seep in** *vi insep* -**1.** [liquid] s'infiltrer. -**2.** *fig* faire son effet.

◆ **seep out** *vi insep* -**1.** [blood, liquid] suinter; [gas, smoke] se répandre. -**2.** [information, secret] filtrer.

seepage ['siːpɪdʒ] *n* [gradual - process] suintement *m*, infiltration *f*; [- leak] fuite *f*.

seer [sɪəʳ] *n lit* prophète *m*, prophétesse *f*.

seersucker ['sɪə,sʌkəʳ] *n* crépon *m* de coton, seersucker *m*.

seesaw ['siːsɔː] ◇ *n* balançoire *f* (à bascule).

◇ *comp* [motion] de bascule.

◇ *vi* osciller.

seethe [siːð] *vi* -**1.** [liquid, lava] bouillir, bouillonner; [sea] bouillonner. -**2.** [with anger, indignation] bouillir; he was seething with anger il bouillait de rage; the country is currently seething with unrest le mécontentement gronde en ce moment dans le pays. -**3.** [teem] grouiller; the streets seethed with shoppers les rues grouillaient de gens qui faisaient leurs courses.

seething ['siːðɪŋ] *adj* -**1.** [liquid, sea] bouillonnant. -**2.** [furious] furieux. -**3.** [teeming] grouillant; a ~ mass of people une masse fourmillante de gens.

see-through *adj* transparent.

segment [*n* 'segmənt, *vb* seg'ment] ◇ *n* -**1.** [piece - gen, ANAT & GEOM] segment *m*; [- of fruit] quartier *m*; in ~s par segments. -**2.** [part - of book, film, programme] partie *f*. -**3.** LING segment *m*.

◇ *vt* segmenter, diviser OR partager en segments.

◇ *vi* se segmenter.

segmentation [,segmen'teɪʃn] *n* segmentation *f*.

segmented [seg'mentɪd] *adj* segmentaire.

Segovia [sɪ'gəʊvɪə] *pr n* Ségovie.

segregate ['segrɪgeɪt] ◇ *vt* [separate] séparer; [isolate] isoler; he went to a school where the sexes were ~d l'école qu'il a fréquentée n'était pas mixte; the children were ~d into racial groups les enfants ont été regroupés en fonction de leur race; the sick were ~d from the other villagers les malades étaient tenus à l'écart des autres habitants du village.

◇ *vi* [in genetics] se diviser.

segregated ['segrɪgeɪtɪd] *adj* POL *où la ségrégation raciale est pratiquée.*

segregation [,segrɪ'geɪʃn] *n* -**1.** POL ségrégation *f*. -**2.** [separation - of sexes, patients] séparation *f*. -**3.** [in genetics] division *f*.

segregationist [,segrɪ'geɪʃnɪst] ◇ *adj* ségrégationniste.

◇ *n* ségrégationniste *mf*.

seine [seɪn] *n*: ~ (net) senne *f*.

Seine [seɪn] *pr n*: the (River) ~ la Seine.

seise [siːz] *vt* JUR mettre en possession de; to be OR to stand ~d of a property posséder une propriété de droit.

seismic ['saɪzmɪk] *adj* sismique, séismique.

seismograph ['saɪzməgrɑːf] *n* sismographe *m*, séismographe *m*.

seismography [saɪz'mɒgrəfɪ] *n* sismographie *f*, séismographie *f*.

seismologist [saɪz'mɒlədʒɪst] *n* sismologue *mf*, séismologue *mf*.

seismology [saɪz'mɒlədʒɪ] *n* sismologie *f*, séismologie *f*.

seize [siːz] ◇ *vt* -**1.** [grasp] attraper, saisir; [in fist] saisir, empoigner; my mother ~d me by the arm/the collar ma mère m'a attrapé par le bras/le col; she ~d the rail to steady herself elle s'agrippa à la rampe pour ne pas tomber; he ~d a knife and held it to my throat il s'empara d'un couteau OR il saisit un couteau et l'appuya sur ma gorge; to ~ hold of sthg saisir OR attraper qqch; someone ~d hold of my arm quelqu'un m'a empoigné par le bras. -**2.** [by force] s'emparer de, saisir; to ~ power s'emparer du pouvoir; the rebels have ~d control of the radio station les rebelles se sont emparés de la station de radio; pirates ~d the ship des pirates se sont rendus maîtres du navire; five hostages were ~d during the hold-up les auteurs du hold-up ont pris cinq otages. -**3.** [arrest - terrorist, smuggler] se saisir de, appréhender, capturer; [capture, confiscate - contraband, arms] se saisir de, saisir; JUR [property] saisir; all copies of the book were ~d tous les exemplaires du livre ont été saisis. -**4.** [opportunity] saisir, sauter sur; ~ any opportunity that comes your way saute sur la moindre occasion qui se présentera. -**5.** [understand - meaning] saisir; he is quick to ~ the implications il saisit vite les implications. -**6.** [overcome] saisir; to be ~d with fright être saisi d'effroi; to be ~d with rage avoir un accès de rage; she was ~d with a desire to travel elle fut prise d'une envie irrésistible de voyager; the story never really ~s your imagination l'histoire ne parvient jamais à vraiment frapper l'imagination; I was ~d with a sudden sneezing fit j'ai soudain été pris d'éternuements. -**7.** *Am* = **seise**.

◇ *vi* [mechanism] se gripper.

◆ **seize on** *vt insep* [opportunity] saisir, sauter sur; [excuse] saisir; [idea] saisir, adopter.

◆ **seize up** *vi insep* -**1.** [machinery] se gripper; the brakes ~d up les freins se sont grippés OR bloqués. -**2.** [system] se bloquer; traffic in the centre has ~d up completely la circulation dans le centre est complètement bloquée. -**3.** [leg] s'ankyloser; [back] se bloquer; [heart] s'arrêter.

◆ **seize upon** = **seize on**.

seizure ['siːʒəʳ] *n* -**1.** *(U)* [of goods, property] saisie *f*; [of city, fortress] prise *f*; [of ship] capture *f*; [arrest] arrestation *f*; ~ of power prise de pouvoir; the police made a big arms ~ la police a saisi un important stock d'armes. -**2.** MED crise *f*, attaque *f*; to have a ~ *literal* & *fig* avoir une attaque; heart ~ crise cardiaque.

seldom ['seldəm] *adv* rarement; I ~ see her je la vois rarement, je la vois peu; he ~ comes il ne vient que OR il vient rarement; he ~, if ever, visits his mother il rend rarement, pour ne pas dire jamais, visite à sa mère.

select [sɪ'lekt] ◇ *vt* [gen] choisir; [team] sélectionner; you have been ~ed from among our many customers vous avez été choisie parmi nos nombreux clients; she hopes to be ~ed to play for Ireland elle espère faire partie de la sélection qui jouera pour l'Irlande.

◇ *adj* -**1.** [elite - restaurant, neighbourhood] chic, sélect; [- club] fermé, sélect; the membership is very ~ les membres appartiennent à la haute société; she invited a few ~ friends elle a invité quelques amis choisis; only a ~ few were informed seuls quelques privilégiés furent informés. -**2.** [in quality - goods] de (premier) choix.

select committee *n* POL commission *f* d'enquête parlementaire.

selected [sɪ'lektɪd] *adj* [friends, poems] choisi; [customers] privilégié; [fruit, cuts of meat] de (premier) choix; before a ~ audience devant un public choisi.

selection [sɪ'lekʃn] ◇ *n* -**1.** [choice] choix *m*, sélection *f*; [of team] sélection *f*; no one thought he stood a chance of ~ personne ne pensait qu'il serait sélectionné; make your ~ from among the books on the bottom shelf faites votre choix parmi les livres de l'étagère du bas; the restaurant offers an excellent ~ of wines ce restaurant propose un excellent choix de vins OR dispose d'une excellente carte des vins. -**2.** [of stories, music] choix *m*, sélection *f*; a ~ of poems [in book] poèmes *mpl* choisis; [for recital] un choix de poèmes; ~s from Balzac morceaux *mpl* choisis de Balzac.

◇ *comp* [committee, criteria] de sélection.

selective [sɪ'lektɪv] *adj* -**1.** [gen] sélectif; we can't take them all, we have to be ~ on ne peut pas les emmener tous, il faut faire un choix; you should be more ~ in your choice of friends/in your reading vous devriez choisir vos amis/vos lectures avec plus de discernement; there was a wave of ~ strikes il y eut une série de grèves tournantes ❑ ~ breeding élevage *m* sélectif; ~ entry SCH sélection *f*; ~ service *Am* service *m* militaire obligatoire, conscription *f*; ~ weedkiller herbicide *m* sélectif; ~ welfare allocations *fpl* sociales sélectives. -**2.** ELECTRON sélectif.

selectively [sɪ'lektɪvlɪ] *adv* sélectivement, de manière sélective.

selectivity [,sɪlek'tɪvətɪ] *n* -**1.** [choice] discernement *m*. -**2.** ELECTRON sélectivité *f*.

selector [sɪ'lektəʳ] *n* -**1.** [gen & SPORT] sélectionneur *m*. -**2.** TELEC & TV sélecteur *m*.

selenium [sɪ'liːnɪəm] *n* sélénium *m*.

selenography [,siːlə'nɒgrəfɪ] *n* sélénographie *f*.

self [self] (*pl* selves [selvz]) ◇ *n* -**1.** [individual]: she's back to her old OR usual ~ elle est redevenue elle-même OR comme avant; she's only a shadow of her former ~ elle n'est plus que l'ombre d'elle-même; he was his usual tactless ~ il a fait preuve de son manque de tact habituel; they began to reveal their true selves ils ont commencé à se montrer sous leur véritable jour. -**2.** PSYCH moi *m*; the conscious ~ le moi conscient. -**3.** [self-interest]: all she thinks of is ~, ~, ~ elle ne pense qu'à sa petite personne. -**4.** [on cheque]: pay ~ payez à l'ordre de soi-même.

◇ *adj* [matching] assorti.

◇ *in cpds* -**1.** [of o.s.] de soi-même, auto-; ~-actualization épanouissement *m* de la personnalité; ~-accusation autoaccusation *f*; ~-admiration narcissisme *m*. -**2.** [by o.s.] auto-, par soi-même; ~-financing qui s'autofinance. -**3.** [automatic] auto-, automatique; ~-checking à contrôle automatique; ~-lubricating autolubrifiant; ~-opening à ouverture automatique.

self-absorbed *adj* égocentrique.

self-absorption *n* égocentrisme *m*.

self-abuse *n pej* onanisme *m*, masturbation *f*.

self-addressed *adj*: send three ~ envelopes envoyez trois enveloppes portant vos nom et adresse.

self-adhesive *adj* autocollant, autoadhésif.

self-analysis *n* autoanalyse *f*.

self-appointed *adj* qui s'est nommé OR proclamé lui-même; she is our ~ guide elle a assumé d'elle-même le rôle de guide au sein de notre groupe.

self-assembly *adj* [furniture] en kit.

self-assertive *adj* sûr de soi, impérieux.

self-assurance *n* confiance *f* en soi, aplomb *m*; **she has plenty of ~** elle ne manque pas de confiance en elle.

self-assured *adj*: **he's very ~** il est très sûr de lui.

self-aware *adj* conscient de soi-même.

self-awareness *n* conscience *f* de soi.

self-catering *adj Br* [flat, accommodation] indépendant *(avec cuisine)*; [holiday] dans un appartement OR un logement indépendant.

self-centred *Br*, **self-centered** *Am adj* égocentrique.

self-certification *n* certificat *m* de maladie *(rédigé par un employé)*.

self-cleaning *adj* autonettoyant.

self-closing *adj* à fermeture automatique.

self-coloured *Br*, **self-colored** *Am adj* uni.

self-complacent *adj* satisfait de soi, suffisant.

self-composure *n* calme *m*, sang-froid *m*; **to keep/to lose one's ~** garder/perdre son sang-froid.

self-conceited *adj* vaniteux, suffisant.

self-confessed *adj* [murderer, rapist] qui reconnaît sa culpabilité; **he's a ~ drug addict** il avoue lui-même qu'il se drogue.

self-confidence *n* confiance *f* en soi, assurance *f*; **she is full of/she lacks ~** elle a une grande/elle manque de confiance en elle.

self-confident *adj* sûr de soi, plein d'assurance.

self-confidently *adv* avec assurance OR aplomb.

self-congratulation *n* autosatisfaction *f*.

self-congratulatory *adj* satisfait de soi.

self-conscious *adj* -**1.** [embarrassed] timide, gêné; **to make sb feel ~** intimider qqn; **he's very ~ about his red hair** il fait un complexe de ses cheveux roux; **I feel very ~ in front of all these people** je me sens très mal à l'aise devant tous ces gens. -**2.** [style] appuyé; **I find her writing too ~** je trouve son style un peu trop appuyé.

self-consciously *adv* timidement.

self-consciousness *n* timidité *f*, gêne *f*.

self-contained *adj* -**1.** [device] autonome -**2.** [flat] indépendant. -**3.** [person] réservé.

self-contradictory *adj* qui se contredit; **your arguments are ~** vos arguments se contredisent.

self-control *n* sang-froid *m*, maîtrise *f* de soi; **at that point I lost all ~** à ce moment-là, j'ai perdu tout mon sang-froid.

self-controlled *adj* maître de soi.

self-critical *adj* qui fait son autocritique.

self-criticism *n* autocritique *f*.

self-defeating [-dɪ'fiːtɪŋ] *adj* contraire au but recherché.

self-defence *n* -**1.** [physical] autodéfense *f*; **the art of ~** l'art de l'autodéfense. -**2.** JUR légitime défense *f*; **it was ~** j'étais en état de légitime défense; **to plead ~** plaider la légitime défense; **to act in ~** agir en état de légitime défense; **I shot him in ~** j'ai tiré sur lui en état de légitime défense.

self-denial *n* abnégation *f*, sacrifice *m* de soi.

self-deprecating *adj*: **to be ~** se déprécier.

self-destruct ◇ *vi* s'autodétruire.
◇ *adj* [mechanism] autodestructeur.

self-destruction *n* -**1.** [of spacecraft, missile] autodestruction *f*. -**2.** PSYCH [of personality] autodestruction *f*. -**3.** [suicide] suicide *m*.

self-destructive *adj* autodestructeur.

self-determination *n* POL autodétermination *f*.

self-determined *adj* POL autodéterminé.

self-discipline *n* [self-control] maîtrise *f* de soi; [good behaviour] autodiscipline *f*.

self-disciplined *adj* [self-controlled] maître de soi; [well-behaved] qui fait preuve d'autodiscipline.

self-doubt *n* doute *m* de soi-même.

self-drive *adj*: **~ car** voiture *f* sans chauffeur; **~ car hire** location *f* de voitures sans chauffeur.

self-educated *adj* autodidacte.

self-effacing *adj* modeste, effacé.

self-employed ◇ *adj* indépendant, qui travaille à son compte.
◇ *npl*: **the ~** les travailleurs *mpl* indépendants.

self-esteem *n* respect *m* de soi, amour-propre *m*.

self-evident *adj* évident, qui va de soi, qui saute aux yeux; **the truth is ~** la vérité saute aux yeux; **it's ~ that neither side can win** il est évident qu'aucune des deux parties ne peut gagner.

self-evidently *adv* bien évidemment.

self-examination *n* examen *m* de conscience.

self-explanatory *adj* qui se passe d'explications, évident.

self-expression *n* expression *f* libre.

self-financing [-faɪ'nænsɪŋ] *adj* autofinancé.

self-fulfilling *adj*: **~ prophecy** *prophétie défaitiste qui se réalise.*

self-governing *adj* autonome POL.

self-government *n* autonomie *f* POL.

self-help ◇ *n* autonomie *f*; [in welfare] entraide *f*.
◇ *comp*: **~ group** groupe *m* d'entraide; **~ guide** guide *m* pratique.

selfhood ['selfhʊd] *n* PSYCH le soi.

self-hypnosis *n* autohypnose *f*.

self-image *n* image *f* de soi-même.

self-importance *n* suffisance *f*.

self-important *adj* vaniteux, suffisant.

self-imposed [-ɪm'pəʊzd] *adj* que l'on s'impose à soi-même; **~ exile** exil *m* volontaire.

self-improvement *n* perfectionnement *m* des connaissances personnelles.

self-induced *adj* que l'on provoque soi-même.

self-indulgence *n* complaisance *f* envers soi-même, habitude *f* de ne rien se refuser.

self-indulgent *adj* qui ne se refuse rien; **I find the book terribly ~** je trouve le livre terriblement complaisant.

self-inflicted [-ɪn'flɪktɪd] *adj*: **his wounds were ~** il s'était auto-infligé ses blessures.

self-interest *n* intérêt *m* personnel; **to act out of ~** agir par intérêt personnel.

self-interested *adj* intéressé, qui agit par intérêt personnel.

selfish ['selfɪʃ] *adj* égoïste; **you're acting out of purely ~ motives** vous agissez par pur égoïsme.

selfishly ['selfɪʃlɪ] *adv* égoïstement.

selfishness ['selfɪʃnɪs] *n* égoïsme *m*.

self-justification *n* autojustification *f*.

self-knowledge *n* connaissance *f* de soi.

selfless ['selflɪs] *adj* altruiste, désintéressé.

selflessly ['selflɪslɪ] *adv* de façon désintéressée, avec désintéressement.

selflessness ['selflɪsnɪs] *n* altruisme *m*, désintéressement *m*.

self-loading *adj* [gun] automatique.

self-locking *adj* à verrouillage automatique.

self-love *n* narcissisme *m*, amour *m* de soi-même.

self-made *adj* qui a réussi tout seul OR par ses propres moyens; **a ~ man** un self-made man.

self-mockery *n* autodérision *f*.

self-opinionated *adj* sûr de soi.

self-perpetuating [-pə'petʃʊeɪtɪŋ] *adj* qui se perpétue.

self-pity *n* apitoiement *m* sur soi-même OR sur son sort; **she's full of ~** elle s'apitoie beaucoup sur son sort.

self-pitying *adj* qui s'apitoie sur son (propre) sort; **don't be so ~** cesse de t'apitoyer sur ton sort.

self-portrait *n* [in painting] autoportrait *m*; [in book] portrait *m* de l'auteur par lui-même.

self-possessed *adj* maître de soi, qui garde son sang-froid.

self-possession *n* sang-froid *m*.

self-preservation *n* instinct *m* de conservation.

self-proclaimed *adj*: **he is the ~ king of the ring** il s'est proclamé lui-même roi du ring; **she's a ~ art critic** elle se proclame critique d'art.

self-propelled *adj* autopropulsé.

self-raising *Br*, **self-rising** *Am adj*: **~ flour** farine *f* avec levure incorporée.

self-regard *n* égoïsme *m*.

self-regulating [-'regjʊleɪtɪŋ] *adj* autorégulateur.

self-reliant *adj* indépendant; **you must learn to be more ~** tu dois apprendre à moins compter sur les autres.

self-respect *n* respect *m* de soi, amour-propre *m*.

self-respecting [-rɪ'spektɪŋ] *adj* qui se respecte; **no ~ girl would be seen dead going out with him** une fille qui se respecte ne sortirait pour rien au monde avec lui.

self-restraint *n* retenue *f*; **to exercise ~** se retenir; **with great ~** avec beaucoup de retenue.

self-righteous *adj* suffisant.

self-righteousness *n* suffisance *f*, pharisaïsme *m*.

self-righting [-'raɪtɪŋ] *adj* inchavirable.

self-rising *Am* = **self-raising**.

self-rule *n* autonomie *f* POL.

self-sacrifice *n* abnégation *f*; **there's no need for ~** vous n'avez pas besoin de vous sacrifier (pour les autres).

self-sacrificing [-'sækrɪfaɪsɪŋ] *adj* qui se sacrifie, qui a l'esprit de sacrifice.

selfsame ['selfseɪm] *adj* même, identique; **the ~ day I got the sack** *inf* le jour même j'ai été viré.

self-satisfied *adj* suffisant, content de soi; **she gave a ~ smile** elle esquissa un sourire empreint de suffisance.

self-sealing *adj* [envelope] autocollant, autoadhésif; [tank] à obturation automatique.

self-seeking [-'siːkɪŋ] *adj* égoïste.

self-service ◇ *adj* en self-service, en libre service; **~ restaurant** self-service *m*; **~ shop** libre-service *m*.
◇ *n* [restaurant] self-service *m*; [garage, shop] libre-service *m*.

self-serving *adj* intéressé.

self-starter *n* starter *m* automatique.

self-styled [-'staɪld] *adj* prétendu, soi-disant; **he's a ~ expert on the matter** il se prétend OR c'est un soi-disant expert en la matière.

self-sufficiency *n* -**1.** [of person - independence] indépendance *f*; [- self-assurance] suffisance *f*. -**2.** ECON [of nation, resources] autosuffisance *f*; ECON & POL: **(economic) ~** autarcie *f*.

self-sufficient *adj* -**1.** [person - independent] indépendant; [- self-assured] plein de confiance en soi, suffisant. -**2.** ECON [nation, resources] autosuffisant; **~ in copper** autosuffisant en cuivre || ECON & POL autarcique.

self-supporting *adj* -**1.** [financially] indépendant. -**2.** [framework] autoporteur, autoportant.

self-tapping [-'tæpɪŋ] *adj*: **~ screw** vis *f* autotaraudeuse.

self-taught *adj* autodidacte.

self-test *n* COMPUT test *m* imprimante.

self-willed *adj* têtu, obstiné.

self-winding [-'waɪndɪŋ] *adj* [watch] qui n'a pas besoin d'être remonté, (à remontage) automatique.

sell [sel] (*pt* & *pp* **sold** [səʊld]) ◇ *vt* -**1.** [goods] vendre; **to ~ sb sthg** OR **sthg to sb** vendre qqch à qqn; **he sold me his car for $1,000** il m'a vendu sa voiture (pour) 1 000 dollars; **stamps are now also sold in some shops** les timbres sont maintenant vendus aussi dans certains magasins; **he ~s computers for a living** il gagne sa vie en vendant des ordinateurs; **the book sold 50,000 copies, 50,000 copies of the book were sold** le livre s'est vendu à 50 000 exemplaires; **to ~ sthg for cash** vendre qqch au comptant; **to ~ sthg cheap** vendre qqch à bas prix; **they ~ the cassettes at £3 each or £30 a dozen** ils vendent les cassettes 3 livres pièce ou 30 livres la douzaine; **what really ~s newspapers is scandal** ce sont les scandales qui font vraiment vendre les journaux; **he'd ~ his own grandmother for a pint of beer** il vendrait son âme pour une bière; **she was sold into slavery/prostitution** on l'a vendue comme esclave/prostituée; **she sold her body** OR **herself to buy food** elle s'est prostituée pour acheter à manger; **they sold classified information to our competitors** ils ont vendu des renseignements confidentiels à nos concurrents; **he sold state secrets to the enemy** il a vendu des secrets d'État à l'ennemi; **to ~ one's soul (to the devil)** vendre son âme (au diable); **we'd ~ our souls for a holiday in the Caribbean** *hum* nous ferions n'importe quoi pour passer des vacances aux Caraïbes □ **we were sold a pup** *inf dated* OR **a dud** *inf* [cheated] on nous a roulés; [sold rubbish] on nous a vendu de la camelote. -**2.** [promote - idea] faire accepter; **she sold the idea to the whole council** elle a fait accepter l'idée à tout le conseil; **as a politician, it is important to be able to ~ yourself** les hommes politiques doivent savoir se mettre en valeur. -**3.** *phr:* **to ~ sb short** *inf* [cheat] rouler qqn; [disparage] débiner qqn; **don't ~ yourself short** il faut vous mettre en valeur; **I'm often accused of ~ing the country short** on m'accuse souvent de donner une mauvaise image du pays; **to ~ sb down the river** trahir qqn. -**4.** [make enthusiastic about] convaincre; **I'm completely sold on the idea** je suis emballé par l'idée. -**5.** *inf* [cheat, deceive] rouler; **we've been sold!** on s'est fait avoir OR posséder!

◇ *vi* se vendre; **the record is ~ing well** le disque se vend bien; **the cakes ~ for** OR **at 70 pence each** les gâteaux se vendent (à) OR valent 70 pence pièce; **sorry, I'm not interested in ~ing (my car/house)** désolé, je ne cherche pas à vendre (ma voiture/maison) □ **to ~ short** FIN vendre à découvert; **they sold like hot cakes** ils se sont vendus comme des petits pains.

◇ *n* -**1.** COMM vente *f.* -**2.** *inf* [disappointment] déception *f*; [hoax] attrape-nigaud *m.*

◆ **sell back** *vt sep* revendre.

◆ **sell off** *vt sep* [at reduced price] solder; [clear] liquider; [get cash] vendre; **the house was sold off to pay debts** la maison a été vendue pour régler des créances; **they're ~ing the plates off at bargain prices** ils liquident les assiettes à des prix défiant toute concurrence.

◆ **sell on** *vt sep* revendre *(en faisant du bénéfice).*

◆ **sell out** ◇ *vt sep* -**1.** [concert, match]: **the match was sold out** le match s'est joué à guichets fermés. -**2.** [betray] trahir. -**3.** ST. EX vendre, réaliser.

◇ *vi insep* -**1.** COMM [sell business] vendre son commerce; [sell stock] liquider (son stock); [run out] vendre tout le stock; **my father sold out and retired** mon père a vendu son affaire et a pris sa retraite; **he sold out to some Japanese investors** il a vendu à des investisseurs japonais; **we've sold out of sugar** nous n'avons plus de sucre, nous avons écoulé tout notre stock de sucre. -**2.** [be traitor] trahir; **to ~ out to the enemy** passer à l'ennemi; **the government were accused of ~ing out to terrorism** le gouvernement fut accusé d'avoir traité avec les terroristes; **critics accuse her of ~ing out as a writer** les critiques l'accusent d'être un écrivain vendu OR sans principes.

◆ **sell up** ◇ *vt sep* -**1.** FIN & JUR [goods] opérer la vente forcée de, procéder à la liquidation de. -**2.** COMM [business] vendre, liquider.

◇ *vi insep* [shopkeeper] vendre son fonds de commerce OR son affaire; [businessman] vendre son affaire.

sell-by date *n* date *f* limite de vente.

seller [ˈseləʳ] *n* -**1.** [person - gen] vendeur *m*, -euse *f*; [- merchant] vendeur *m*, -euse *f*, marchand *m*, -e *f*; **it's a ~'s market** le marché est à la hausse OR favorable aux vendeurs. -**2.** [goods]: **these shoes are good/poor ~s** ces chaussures se vendent bien/mal; **it's one of our biggest ~s** c'est un des articles qui se vend le mieux.

selling [ˈselɪŋ] *n (U)* vente *f.*

selling point *n* avantage *m*, atout *m*, point *m* fort.

selling price *n* prix *m* de vente.

selloff [ˈselɒf] *n* [gen] vente *f*; [of shares] dégagement *m.*

Sellotape® [ˈseləteɪp] *n Br* Scotch® *m*, ruban *m* adhésif.

◆ **sellotape** *vt Br* scotcher, coller avec du ruban adhésif.

sell-out *n* -**1.** COMM liquidation *f.* -**2.** [betrayal] trahison *f*; [capitulation] capitulation *f.* -**3.** [of play, concert etc]: **it was a ~** on a vendu tous les billets; **the match was a ~** le match s'est joué à guichets fermés.

seltzer [ˈseltsəʳ] *n*: **~ (water)** eau *f* de Seltz.

selvage, selvedge [ˈselvɪdʒ] *n* lisière *f (d'un tissu).*

selves [selvz] *pl* → **self.**

semanteme [sɪˈmæntiːm] *n* sémantème *m.*

semantic [sɪˈmæntɪk] *adj* sémantique.

semantically [sɪˈmæntɪklɪ] *adv* du point de vue sémantique.

semanticist [sɪˈmæntɪsɪst] *n* sémanticien *m*, -enne *f.*

semantics [sɪˈmæntɪks] *n (U)* sémantique *f.*

semaphore [ˈseməfɔːʳ] ◇ *n* -**1.** *(U)* [signals] signaux *mpl* à bras; **in** OR **by ~** par signaux à bras. -**2.** RAIL & NAUT sémaphore *m.*

◇ *vt* transmettre par signaux à bras.

semblance [ˈsembləns] *n* semblant *m*, apparence *f*; **a ~ of order** un semblant d'ordre; **we need to show at least some ~ of unity** nous devons au moins montrer un semblant d'unité.

semeiology *etc* [ˌsemɪˈɒlədʒɪ] = **semiology.**

sememe [ˈsiːmiːm] *n* sémème *m.*

semen [ˈsiːmen] *n (U)* sperme *m*, semence *f.*

semester [sɪˈmestəʳ] *n* semestre *m.*

semi *inf* [ˈsemɪ] *n* -**1.** *Br abbr of* **semi-detached house.** -**2.** *abbr of* **semifinal.** -**3.** *Am, Austr & NZ (abbr of* **semitrailer)** semi *m.*

semi- *in cpds* -**1.** [partly] semi-, demi-; **~arid** semi-aride; **in ~darkness** dans la pénombre OR la semi-obscurité; **he's ~retired** OR **in ~retirement** il est en semi-retraite. -**2.** [twice]: **~annual** semestriel.

semi-automatic ◇ *adj* semi-automatique.

◇ *n* arme *f* semi-automatique.

semibreve [ˈsemɪbriːv] *n* ronde *f* MUS.

semicircle [ˈsemɪˌsɜːkl] *n* demi-cercle *m.*

semicircular [ˌsemɪˈsɜːkjʊləʳ] *adj* demi-circulaire, semi-circulaire.

semicolon [ˌsemɪˈkəʊlən] *n* point-virgule *m.*

semiconduction [ˌsemɪkənˈdʌkʃn] *n* semi-conduction *f.*

semiconductor [ˌsemɪkənˈdʌktəʳ] *n* semi-conducteur *m.*

semiconscious [ˌsemɪˈkɒnʃəs] *adj* à demi OR moitié conscient; **she was only ~** [losing] elle avait pratiquement perdu connaissance; [regaining] elle n'avait pas encore tout à fait repris connaissance.

semiconsciousness [ˌsemɪˈkɒnʃəsnɪs] *n*: **in a state of ~** à demi conscient.

semiconsonant [ˌsemɪˈkɒnsənənt] *n* semi-consonne *f.*

semidarkness [ˌsemɪˈdɑːknɪs] *n* pénombre *f.*

semi-detached *adj*: **~ house** maison *f* jumelée.

semifinal [ˌsemɪˈfaɪnl] *n* demi-finale *f*; **she lost in the ~s** elle a perdu en demi-finale.

semifinalist [ˌsemɪˈfaɪnəlɪst] *n* demi-finaliste *mf.*

semifluid [ˌsemɪˈfluːɪd] ◇ *adj* semi-liquide, semi-fluide.

◇ *n* semi-fluide *m.*

semi-invalid *n*: **he is a ~** il n'est pas très valide.

semiliterate [ˌsemɪˈlɪtərət] *adj* quasi analphabète.

seminal [ˈsemɪnl] *adj* -**1.** ANAT & BOT séminal; **~ duct** voie *f* séminale; **~ fluid** liquide *m* séminal. -**2.** [important] majeur, qui fait école; **she was a ~ influence on his art** elle eut une influence majeure sur son art.

seminar [ˈsemɪnɑːʳ] *n* -**1.** [conference] séminaire *m*, colloque *m.* -**2.** UNIV [class] séminaire *m*, travaux *mpl* dirigés.

seminarian [ˌsemɪˈneərɪən] *n* séminariste *mf.*

seminary [ˈsemɪnərɪ] *(pl* **seminaries)** *n* RELIG & SCH [for boys, priests] séminaire *m*; [for girls] pensionnat *m* de jeunes filles.

seminiferous [ˌsemɪˈnɪfərəs] *adj* séminifère.

semiologist [ˌsemɪˈɒlədʒɪst] *n* sémioticien *m*, -enne *f*, sémiologue *mf.*

semiology [ˌsemɪˈɒlədʒɪ] *n* sémiologie *f.*

semiotic [ˌsemɪˈɒtɪk] *adj* sémiotique.

semiotics [ˌsemɪˈɒtɪks] *n (U)* sémiotique *f.*

semiprecious [ˈsemɪˌpreʃəs] *adj* semi-précieux.

semiprofessional [ˌsemɪprəˈfeʃənl] ◇ *adj* semi-professionnel.

◇ *n* semi-professionnel *m*, -elle *f.*

semiquaver [ˈsemɪˌkweɪvəʳ] *n* double croche *f.*

semiretired [ˌsemɪrɪˈtaɪəd] *adj* en semi-retraite.

semiskilled [ˌsemɪˈskɪld] *adj* [worker] spécialisé.

semisubmersible [ˌsemɪsəbˈmɜːsəbl] ◇ *adj* semi-submersible.

◇ *n* plateforme *f* semi-submersible.

Semite [ˈsiːmaɪt] *n* Sémite *mf.*

Semitic [sɪˈmɪtɪk] ◇ *n* LING langue *f* sémitique, sémitique *m.*

◇ *adj* sémite, sémitique.

semitone [ˈsemɪtəʊn] *n* demi-ton *m.*

semitrailer [ˌsemɪˈtreɪləʳ] *n* semi-remorque *m.*

semitropical [ˌsemɪˈtrɒpɪkl] *adj* semi-tropical.

semivowel [ˈsemɪˌvaʊəl] *n* semi-voyelle *f.*

semolina [ˌseməˈliːnə] *n* semoule *f*; **~ pudding** gâteau *m* de semoule.

sempiternal [ˌsempɪˈtɜːnl] *adj lit* sempiternel, éternel.

sempstress [ˈsempstrɪs] = **seamstress.**

sen. *written abbr of* senior.

Sen. *written abbr of* Senator.

SEN *(abbr of* **State Enrolled Nurse)** *n infirmier ou infirmière diplômé(e) d'État.*

senate [ˈsenɪt] *n* -**1.** POL sénat *m*; **the United States Senate** le Sénat américain. -**2.** UNIV Conseil *m* d'Université.

SENATE:

Le Sénat constitue, avec la Chambre des Représentants, l'organe législatif américain; composé de 100 membres (deux par État), il détient l'exclusivité du droit d'impeachment.

---

senator [ˈsenətəʳ] *n* sénateur *m.*

senatorial [ˌsenəˈtɔːrɪəl] *adj* sénatorial.

send [send] *(pt & pp* **sent** [sent]) ◇ *vt* -**1.** [letter, parcel, money] envoyer, expédier; **to ~ sb a letter, to ~ a letter to sb** envoyer une lettre à qqn; **he sent (us) word that he would be delayed** il (nous) a fait savoir qu'il aurait du retard; **he sent word to say he would be late** il a fait dire OR savoir qu'il serait en retard; **she ~s her love** OR **regards** elle vous envoie ses amitiés; **~ them our love** embrassez-les pour nous; **~ them our best wishes** faites-leur nos amitiés; **I sent my luggage by train** j'ai fait expédier OR envoyer mes bagages par le train; **it's like manna sent from heaven** c'est une véritable aubaine; **what will the future ~ us?** que nous réserve l'avenir?; **we sent help to the refugees** nous avons envoyé des secours aux réfugiés; **they sent a car to fetch us** ils ont envoyé une voiture nous chercher || [to carry out task] envoyer; **she sent her daughter for the meat** OR **to get the meat** elle a envoyé sa fille chercher la viande; **she sent her brother on an errand/with a message** elle a envoyé son frère faire une course/porter un message; **the children were sent to say goodnight** on envoya les enfants dire bonsoir; **the dogs were sent after him** on lança les chiens à sa poursuite OR à ses trousses ❑ **to ~ sb packing** *inf* OR **about his business** envoyer promener qqn, envoyer qqn sur les roses. -**2.** [to a specific place] envoyer; **the government sent an ambassador to Mexico** le gouvernement envoya un ambassadeur au Mexique; **~ the children indoors** faites rentrer les enfants; **~ him to me** envoyez-le moi; **~ him to my office** dites-lui de venir dans mon bureau, envoyez-le moi; **he sent the ball over the heads of the spectators** il envoya le ballon par-dessus la tête des spectateurs; **the collision sent showers of sparks/clouds of smoke into the sky** la collision fit jaillir une gerbe d'étincelles/provoqua des nuages de fumée; **the sound sent shivers down my spine** le bruit m'a fait froid dans le dos; **the news sent a murmur of excitement through the hall** la nouvelle provoqua un murmure d'agitation dans la salle; **heavy smoking sent him to an early grave** il est mort prématurément parce qu'il fumait trop || [order]: **I was sent to bed/to my room** on m'a envoyé me coucher/dans ma chambre; **to ~ sb home** [from school] renvoyer qqn chez lui; [from abroad] rapatrier qqn; INDUST [lay off] mettre qqn en chômage technique; **to ~ sb to prison** envoyer qqn en prison; **to ~ sb to school** envoyer qqn à l'école. -**3.** *(with present participle)* [propel] envoyer, expédier; **a gust of wind sent the papers flying across the table** un coup de vent balaya les papiers qui se trouvaient sur la table; **I sent the cup flying** j'ai envoyé voler la tasse; **the blow sent me flying** le coup m'a envoyé rouler par terre; **a sudden storm sent us all running for shelter** un orage soudain nous força à courir nous mettre à l'abri; **the boy sent the marbles rolling across the floor** le garçon envoya les billes rouler par terre. -**4.** [into a specific state] rendre; **the noise is ~ing me mad** OR **out of my mind** le bruit me rend fou; **the news sent them into a panic** les nouvelles les ont fait paniquer; **to ~ sb to sleep** *literal* & *fig* endormir qqn. -**5.** *inf dated* [into raptures] emballer; **his voice really ~s me** sa voix me fait vraiment craquer.

◇ *vi* -**1.** [send word]: **he sent to say he couldn't come** il nous a fait savoir qu'il ne pouvait pas venir. -**2.** [for information, equipment]: **we sent to Paris for a copy** nous avons demandé une copie à Paris.

◆ **send away** ◇ *vt sep* -**1.** [letter, parcel] expédier, mettre à la poste. -**2.** [person] renvoyer, faire partir; **the children were sent away to school** les enfants furent mis en pension.

◇ *vi insep*: **to ~ away for sthg** se faire envoyer qqch; [by mail order] commander qqch par correspondance; [from catalogue] commander qqch sur catalogue.

◆ **send back** *vt sep* -**1.** [return - books, goods] renvoyer; **~ the chocolates back to the shop** renvoyez les chocolats au magasin. -**2.** [order - person]: **we sent her back to fetch a coat** OR **for a coat** nous l'avons envoyée prendre un manteau.

◆ **send down** ◇ *vt sep* -**1.** [person, lift] faire descendre, envoyer en bas; **they sent me down to the cellar** ils m'ont fait descendre à la cave; **she was sent down to ask if they wanted coffee** on l'a envoyée en bas pour demander s'ils voulaient du café. -**2.** [prices, temperature] faire baisser, provoquer la baisse de. -**3.** *Br* UNIV [student] expulser, renvoyer. -**4.** *inf* [to prison] envoyer en prison; **he was sent down for twenty years** il a écopé de vingt ans (de prison), il en a pris pour vingt ans.

◇ *vi insep* [by message or messenger]: **to ~ down for sthg** (se) faire monter qqch.

◆ **send for** *vt insep* -**1.** [doctor, taxi] faire venir, appeler; [mother, luggage] faire venir; [police] appeler; [help] envoyer chercher; **we sent for another bottle** on a demandé une autre bouteille. -**2.** [by post, from catalogue] se faire envoyer, commander; [catalogue, price list] demander.

◆ **send forth** *vt insep lit* -**1.** [army, messenger] envoyer. -**2.** [produce - leaves] produire; [- light] produire, émettre; [- smell] répandre; [- cry] pousser.

◆ **send in** *vt sep* -**1.** [visitor] faire entrer; [troops, police] envoyer. -**2.** [submit - report, form] envoyer; [- suggestions, resignation] envoyer, soumettre; **why don't you ~ your name in for the competition?** pourquoi ne pas vous inscrire au concours?; **to ~ in a request** faire une demande; **please ~ in a written application** veuillez envoyer une demande écrite; [for job] veuillez poser votre candidature par écrit.

◆ **send off** ◇ *vt sep* -**1.** [by post] expédier, mettre à la poste. -**2.** [person] envoyer; **I sent him off home/upstairs** je l'ai envoyé chez lui/en haut; **they sent us off to bed/to get washed** ils nous ont envoyés nous coucher/nous laver; **they are sent off to school every morning** on les envoie à l'école tous les matins. -**3.** SPORT expulser. -**4.** [to sleep]: **to ~ sb off (to sleep)** *literal* & *fig* endormir qqn.

◇ *vi insep*: **to ~ off for sthg** [by catalogue] commander qqch par correspondance OR sur catalogue; [by post] se faire envoyer qqch.

◆ **send on** *vt sep* -**1.** [mail] faire suivre; **to ~ a message on to sb** faire suivre un message à qqn; **my luggage was sent on to New York** [in advance] on a expédié mes bagages à New York; [by mistake] mes bagages ont été expédiés à New York par erreur; **if you've forgotten anything, we'll ~ it on** si vous avez oublié quelque chose, nous vous le renverrons. -**2.** [person]: **they sent us on ahead** OR **in front** ils nous ont envoyés en éclaireurs; **we sent them on to find a hotel** nous les avons envoyés en éclaireurs pour trouver un hôtel; **they sent me on to Dundee** [further] ils m'ont envoyé jusqu'à Dundee. -**3.** SPORT [player] faire entrer (sur le terrain).

◆ **send out** ◇ *vt sep* -**1.** [by post - invitations] expédier, poster. -**2.** [messengers, search party] envoyer, dépêcher; [patrol] envoyer; **they sent out a car for us** ils ont envoyé une voiture nous chercher || [transmit - message, signal] envoyer; **a call was sent out for Dr Bramley** on a fait appeler le Dr Bramley. -**3.** [outside] envoyer dehors; **we sent them all out into the garden** on les a tous envoyés dans le jardin; **~ the children out to play** envoyez les enfants jouer dehors || [on errand, mission] envoyer; **we sent her out for coffee** nous l'avons envoyée chercher du café; **they sent me out to Burma** ils m'ont envoyé en Birmanie. -**4.** [produce, give out - leaves] produire; [- light, heat] émettre, répandre, diffuser; [- fumes, smoke, smell] répandre.

◇ *vi insep*: **to ~ out for coffee/sandwiches** [to shop] envoyer quelqu'un commander du café/des sandwiches.

◆ **send round** *vt sep* -**1.** [circulate - petition] faire circuler; **to ~ round the hat** faire la quête. -**2.** [dispatch - messenger, repairman] envoyer; [- message] faire parvenir; **they sent a car round** ils ont envoyé une voiture; **her mother sent her round to our house for some sugar** sa mère l'a envoyée chez nous demander du sucre.

◆ **send up** *vt sep* -**1.** [messenger, luggage, drinks] faire monter; [rocket, flare] lancer; [plane] faire décoller; [smoke] répandre. -**2.** [raise - price, pressure, temperature] faire monter. -**3.** *inf* [ridicule] mettre en boîte, se moquer de. -**4.** *inf Am* [to prison] envoyer en prison, coffrer.

sender ['sendəʳ] *n* expéditeur *m*, -trice *f*; **return to ~** retour à l'expéditeur.

send-off *n*: **to give sb a ~** dire au revoir à qqn, souhaiter bon voyage à qqn; **he was given a warm ~ by all his colleagues** tous les collègues sont venus lui faire des adieux chaleureux.

send-up *inf n* parodie *f*.

Seneca ['senɪkə] *pr n* Sénèque *m*.

Senegal [ˌsenɪ'gɔːl] *pr n* Sénégal *m*; **in ~** au Sénégal.

Senegalese [ˌsenɪgə'liːz] (*pl inv*) ◇ *n* Sénégalais *m*, -e *f*.
◇ *adj* sénégalais.

Senegambia [ˌsenɪ'gæmbɪə] *pr n* Sénégambie *f*.

Senegambian [ˌsenɪ'gæmbɪən] ◇ *n* Sénégambien *m*, -enne *f*.
◇ *adj* sénégambien.

senescence [sɪ'nesns] *n* sénescence *f*.

senescent [sɪ'nesnt] *adj* sénescent.

senile ['siːnaɪl] *adj* sénile; **~ decay** dégénérescence *f* sénile; **~ dementia** démence *f* sénile.

senility [sɪ'nɪlətɪ] *n* sénilité *f*.

senior ['siːnjəʳ] ◇ *adj* -**1.** [in age] plus âgé, aîné; [in rank] (de grade) supérieur; **I am ~ to them** [higher position] je suis leur supérieur; [longer service] j'ai plus d'ancienneté qu'eux; **~ airport officials refused to comment** la direction de l'aéroport s'est refusée à toute déclaration; **~ clerk** commis *m* principal, chef *m* de bureau; **~ executive** cadre *m* supérieur; **~ government official** haut fonctionnaire *m*; **~ officer** officier *m* supérieur; **George is the ~ partner in our firm** Georges est l'associé principal de notre société. -**2.** SCH: **~ master** *Br* professeur *m* principal || *Am*: **~ high school** lycée *m*; **~ year** terminale *f*, dernière année *f* d'études secondaires.

◇ *n* -**1.** [older person] aîné *m*, -e *f*; **he is my ~ by six months, he is six months my ~** il a six mois de plus que moi, il est de six mois mon aîné. -**2.** *Am* SCH élève *mf* de terminale; UNIV étudiant *m*, -e *f* de licence. -**3.** *Br* SCH: **the ~s** ≃ les grands *mpl*, les grandes *fpl*. -**4.** [in hierarchy] supérieur *m*, -e *f*.

◆ **Senior** *adj* [in age]: **John Brown ~** John Brown père.

senior citizen *n* personne *f* âgée OR du troisième âge; **~s' club** club *m* du troisième âge; **~s' rail pass** ≃ Carte *f* Vermeil.

Senior Common Room *n Br* UNIV salle *f* des professeurs.

seniority [ˌsiːnɪ'ɒrətɪ] *n* -**1.** [in age] priorité *f* d'âge; **he became chairman by virtue of ~** il est devenu président parce qu'il était le plus âgé OR le doyen. -**2.** [in rank] supériorité *f*; **to have ~ over sb** être le supérieur de qqn || [length of service] ancienneté *f*; **according to** OR **by ~** en fonction de OR à l'ancienneté.

Senior Service *n Br* marine *f*.

senna ['senə] *n* séné *m*; **~ tea** infusion *f* OR tisane *f* de séné.

sensate ['senseɪt] *adj* perçu par les sens.

sensation [sen'seɪʃn] *n* -**1.** *(U)* [sensitivity] sensation *f*; **the cold made me lose all ~ in my hands** le froid m'a complètement engourdi les mains. -**2.** [impression] impression *f*, sensation *f*; **I had a strange ~ in my leg** j'avais une drôle de sensation dans la jambe; **I had the ~ of falling** j'avais la sensation OR l'impression de tomber. -**3.** [excitement, success] sensation *f*; **to cause a ~** faire sensation; **the film was a ~** le film a fait sensation.

sensational [sen'seɪʃənl] *adj* -**1.** [causing a sensation] sensationnel, qui fait sensation; **a ~ story** une histoire sensationnelle; **a ~ crime** un crime qui fait sensation; **it was the most ~ event of the year** ce fut l'événement le plus sensationnel de l'année. -**2.** [press] à sensation. -**3.** [wonderful] formidable, sensationnel; **you look ~** tu es superbe; **that's ~ news** c'est une nouvelle formidable OR sensationnelle.

sensationalism [sen'seɪʃnəlɪzm] *n* -**1.** [in press, novels etc] sensationnalisme *m*. -**2.** PHILOS sensationnisme *m*. -**3.** PSYCH sensualisme *m*.

sensationalist [sen'seɪʃnəlɪst] ◇ *n* [writer] auteur *m* à sensation; [journalist] journaliste *mf* à sensation.
◇ *adj* à sensation.

sensationally [sen'seɪʃnəlɪ] *adv* d'une manière sensationnelle; [as intensifier]: **we found this ~ good restaurant** *inf* on a découvert un restaurant vraiment génial.

sense [sens] ◇ *n* -**1.** [faculty] sens *m*; **to be in possession of all one's ~s** jouir de toutes ses facultés; **to excite the ~s** exciter les sens; **some sixth ~ warned me of danger** une sorte de sixième sens m'avertit du danger. -**2.** [sensation] sensation *f*; [feeling] sentiment *m*; **I felt a certain ~ of pleasure** j'ai ressenti un certain plaisir; **I felt a ~ of shame** je me suis senti honteux; **children need a ~ of security** les enfants ont besoin de se sentir en sécurité; **there's a new ~ of foreboding in her writing** ses écrits sont maintenant empreints d'un sentiment d'angoisse devant l'avenir ‖ [notion] sens *m*, notion *f*; **she seems to have lost all ~ of reality** elle semble avoir perdu le sens des réalités; **I lost all ~ of time** j'ai perdu toute notion de l'heure; **to have a (good) ~ of direction** avoir le sens de l'orientation; **she lost her ~ of direction when her husband died** *fig* elle a perdu le nord après la mort de son mari; **he has a good ~ of humour** il a le sens de l'humour; **I try to teach them a ~ of right and wrong** j'essaie de leur inculquer la notion du bien et du mal; **she acted out of a ~ of duty/of responsibility** elle a agi par sens du devoir/des responsabilités; **they have no business ~ at all** ils n'ont aucun sens des affaires; **he has an overdeveloped ~ of his own importance** il est trop imbu de lui-même. -**3.** [practicality, reasonableness] bon sens *m*; **to show good ~** faire preuve de bon sens; **to see ~** entendre raison; **oh, come on, talk ~!** voyons, ne dis pas n'importe quoi!; **there's no ~ in all of us going** cela ne sert à rien OR c'est inutile d'y aller tous; **there's a lot of ~ in what she says** il y beaucoup de bon sens dans ce qu'elle dit, ce qu'elle dit est tout à fait sensé; **they didn't even have enough ~ to telephone** ils n'ont même pas eu l'idée de téléphoner ❑ **'Sense and Sensibility'** *Austen* 'Bon sens et sensibilité'. -**4.** [meaning - of word, expression] sens *m*, signification *f*; [- of text] sens *m*; **don't take what I say in its literal ~** ne prenez pas ce que je dis au sens propre OR au pied de la lettre; **in every ~ of the word** dans tous les sens du terme; **I think we have, in a very real ~, grasped the problem** je crois que nous avons parfaitement saisi le problème; **I got the general ~** j'ai saisi le sens général. -**5.** [coherent message] sens *m*; **to make ~** [words] avoir un sens; [be logical] tenir debout, être sensé; **can you make (any) ~ of this message?** est-ce que vous arrivez à comprendre ce message?; **it makes no ~** ça n'a pas de sens; **it makes ~ to wait** c'est une bonne idée d'attendre; **it doesn't make ~ to wait** c'est idiot d'attendre; **to talk ~** dire des choses sensées. -**6.** [way]: **in a ~** dans un sens; **in no ~** en aucune manière; **in more ~s than one** dans tous les sens.

◇ *vt* -**1.** [feel - presence] sentir; [- danger, catastrophe] pressentir; **I ~d something was wrong** j'ai senti que quelque chose n'allait pas; **I ~d as much** c'est bien l'impression OR le sentiment que j'avais; **I ~d her meaning** j'ai compris ce qu'elle voulait dire. -**2.** ELECTRON détecter; COMPUT lire.

◆ **senses** *npl* [sanity, reason] raison *f*; **to come to one's ~s** [become conscious] reprendre connaissance; [be reasonable] revenir à la raison; **you've taken leave of your ~s!** vous avez perdu la raison OR la tête!; **to bring sb to his/her ~s** ramener qqn à la raison.

senseless ['senslɪs] *adj* -**1.** [futile] insensé, absurde; **it's ~ trying to persuade her** inutile d'essayer OR on perd son temps à essayer de la persuader; **there has been a lot of ~ killing in this war** cette guerre a fait beaucoup de morts inutiles; **what a ~ waste of time!** quelle perte de temps stupide! -**2.** [unconscious] sans connaissance; **to knock sb ~** assommer qqn; **he fell ~ to the deck** il est tombé sans connaissance sur le pont (du navire).

senselessly ['senslɪslɪ] *adv* stupidement, de façon absurde.

senselessness ['senslɪsnɪs] *n* [silliness] manque *m* de bon sens, stupidité *f*; [absurdity] absurdité *f*.

sense organ *n* organe *m* sensoriel OR des sens.

sensibility [,sensɪ'bɪlətɪ] (*pl* **sensibilities**) *n* [physical or emotional] sensibilité *f*; **he's a man of great ~** c'est un homme d'une grande sensibilité; **~ to pain** sensibilité à la douleur.

◆ **sensibilities** *npl* susceptibilité *f*, susceptibilités *fpl*; **we must avoid offending our viewers' sensibilities** nous devons éviter de heurter la sensibilité de nos spectateurs.

sensible ['sensəbl] *adj* -**1.** [reasonable - choice] judicieux, sensé; [- reaction] sensé, qui fait preuve de bon sens; [- person] sensé, doué de bon sens; **it's a very ~ idea** c'est une très bonne idée; **the most ~ thing to do is to phone** la meilleure chose à faire, c'est de téléphoner. -**2.** [practical - clothes, shoes] pratique; **you need ~ walking shoes** il vous faut de bonnes chaussures de marche; **it's not a very ~ swimsuit** ce maillot de bain n'est pas très pratique. -**3.** *fml* [notable - change] sensible, appréciable. -**4.** *fml* & *lit* [aware]: **I am ~ of the fact that things have changed between us** j'ai conscience du fait que les choses ont changé entre nous.

sensibly ['sensəblɪ] *adv* -**1.** [reasonably] raisonnablement; **they very ~ decided to give up before someone got hurt** ils ont pris la décision raisonnable de renoncer avant que quelqu'un ne soit blessé; **to be ~ dressed** porter des vêtements pratiques. -**2.** *fml* [perceptibly] sensiblement, perceptiblement.

sensing ['sensɪŋ] *n (U)* ELECTRON exploration *f*, sondage *m*.

sensitive ['sensɪtɪv] *adj* -**1.** [eyes, skin] sensible; **my eyes are very ~ to bright light** j'ai les yeux très sensibles à la lumière vive; **special soaps for ~ skin** savons spéciaux pour peaux sensibles OR délicates. -**2.** [emotionally] sensible; **we are all ~ to kindness** nous sommes tous sensibles à la gentillesse. -**3.** [aware] sensibilisé; **the seminar made us more ~ to the problem** le séminaire nous a sensibilisés au problème. -**4.** [touchy - person] susceptible; [- age] où l'on est susceptible; [- public opinion] sensible; **she's very ~ about her height/looks** elle n'aime pas beaucoup qu'on lui parle de sa taille/de son apparence ‖ [difficult - issue, topic] délicat, épineux; **you're touching on a ~ area** vous abordez un sujet délicat OR épineux ‖ [information] confidentiel; **avoid such politically ~ issues** évitez des questions politiques aussi délicates. -**5.** [instrument] sensible; PHOT [film] sensible; [paper] sensibilisé. -**6.** ST. EX [market] instable.

-sensitive *in cpds* sensible; **heat~** sensible à la chaleur, thermosensible; **price~** sensible aux fluctuations des prix; **voice~** sensible à la voix.

sensitively ['sensɪtɪvlɪ] *adv* avec sensibilité.

sensitivity [,sensɪ'tɪvətɪ] *n* -**1.** [physical] sensibilité *f*. -**2.** [emotional] sensibilité *f*; [touchiness] susceptibilité *f*. -**3.** [of equipment] sensibilité *f*. -**4.** ST. EX instabilité *f*.

sensitize, -ise ['sensɪtaɪz] *vt* sensibiliser, rendre sensible.

sensor ['sensəʳ] *n* détecteur *m*, capteur *m*.

sensorium [sen'sɔːrɪəm] (*pl* **sensoriums** OR **sensoria** [-rɪə]) *n* sensorium *m*.

sensory ['sensərɪ] *adj* [nerve, system] sensoriel; **~ perception** perception *f* sensorielle.

sensual ['sensjʊəl] *adj* sensuel.

sensualism ['sensjʊəlɪzm] *n* [gen] sensualité *f*; PHILOS sensualisme *m*.

sensualist ['sensjʊəlɪst] *n* [gen] personne *f* sensuelle; PHILOS sensualiste *mf*.

sensuality [,sensjʊ'ælətɪ] *n* sensualité *f*.

sensuous ['sensjʊəs] *adj* [music, arts] qui affecte les sens; [lips, person] sensuel.

sensuously ['sensjʊəslɪ] *adv* voluptueusement, sensuellement.

sensuousness ['sensjʊəsnɪs] *n* volupté *f*.

sent [sent] *pt* & *pp* → **send**.

sentence ['sentəns] ◇ *n* -**1.** GRAMM phrase *f*; **~ structure** structure *f* de phrase. -**2.** JUR condamnation *f*, peine *f*, sentence *f*; **to pass ~ on sb** prononcer une condamnation contre qqn; **to pronounce ~** prononcer la sentence; **life/death ~** condamnation à perpétuité/à mort; **under ~ of death** condamné à mort; **he got a 5-year ~ for burglary** il a été condamné à 5 ans de prison OR à une peine de 5 ans pour cambriolage.

◇ *vt* JUR condamner; **to ~ sb to life imprisonment** condamner qqn à la prison à perpétuité.

sententious [sen'tenʃəs] *adj* sententieux, pompeux.

sententiously [sen'tenʃəslɪ] *adv* sententieusement.

sententiousness [sen'tenʃəsnɪs] *n* [personality] caractère *m* sententieux; [in speech] ton *m* sententieux.

sentient ['senʃɪənt] *adj fml* doué de sensation.

sentiment ['sentɪmənt] *n* -**1.** [feeling] sentiment *m*; **your ~s towards my sister** vos sentiments envers ma soeur, les sentiments que vous éprouvez pour ma sœur ‖ [opinion] sentiment *m*, avis *m*, opinion *f*; **my ~s exactly** c'est exactement ce que je pense, voilà mon sentiment. -**2.** [sentimentality] sentimentalité *f*; **there's no place for ~ in business matters** il n'y a pas de place pour les sentiments en affaires.

sentimental [,sentɪ'mentl] *adj* sentimental; **the photos have great ~ value** ces photos ont une grande valeur sentimentale.

sentimentalism [,sentɪ'mentəlɪzm] *n* sentimentalisme *m*.

sentimentalist [,sentɪ'mentəlɪst] *n* sentimental *m*, -e *f*.

sentimentality [,sentɪmen'tælətɪ] (*pl* **sentimentalities**) *n* sentimentalité *f*, sensiblerie *f pej*.

sentimentalize, -ise [,sentɪ'mentəlaɪz] ◇ *vt* [to others] présenter de façon sentimentale; [to o.s.] percevoir de façon sentimentale.

◇ *vi* faire du sentiment.

sentimentally [,sentɪ'mentəlɪ] *adv* sentimentalement, de manière sentimentale; **he spoke ~ about his past** il a évoqué son passé avec émotion.

sentinel ['sentɪnl] *n* sentinelle *f*, factionnaire *m*.

sentry ['sentrɪ] (*pl* **sentries**) *n* sentinelle *f*, factionnaire *m*.

sentry box *n* guérite *f*.

sentry duty *n* MIL faction *f*; **to be on ~** être en OR de faction.

Seoul [səʊl] *pr n* Séoul.

sepal ['sepəl] *n* sépale *m*.

separable ['seprəbl] *adj* séparable.

separate [*adj* & *n* 'seprət, *vb* 'sepəreɪt] ◇ *adj* [different, distinct - category, meaning, issue] distinct, à part; [- incident] différent; **that's quite a ~ matter** ça, c'est une toute autre affaire; **they sleep in ~ rooms** [children] ils ont chacun leur chambre; [couple] ils font chambre à part; **administration and finance are in ~ departments** l'administration et les finances relèvent de services différents; **the canteen is ~ from the main building** la cantine se trouve à l'extérieur du bâtiment principal; **begin each chapter on a ~ page** commencez chaque chapitre sur une nouvelle page; **I'd prefer them to come on ~ days** je préférerais qu'ils viennent à des jours différents; **it happened on four ~ occasions** cela s'est produit à quatre reprises; **she likes to keep her home life ~ from the office** elle tient à ce que son travail n'empiète pas sur sa vie privée; **the peaches must be kept ~ from the lemons** les pêches et les citrons ne doivent pas être mélangés; **he was kept ~ from the other children** on le tenait à l'écart OR on l'isolait des autres enfants ‖ [independent - entrance, living quarters] indépendant, particulier; [- existence, organization] indépendant;

they lead very ~ lives ils mènent chacun leur vie □ ~ school *Can* ≃ école *f* libre; **they went their ~ ways** *literal* [after meeting] ils sont partis chacun de leur côté; *fig* [in life] chacun a suivi sa route.
◇ *n* -**1.** [in stereo] élément *m* séparé. -**2.** *Am* [offprint] tiré *m* à part.
◇ *vt* -**1.** [divide, set apart] séparer; **he stepped in to ~ the fighting dogs** il est intervenu pour séparer les chiens qui se battaient; **her parents are ~d** ses parents sont séparés; **the Bosphorus ~s Europe from Asia** le Bosphore sépare l'Europe de l'Asie; **the seriously ill were ~d from the other patients** les malades gravement atteints étaient isolés des autres patients; **the records can be ~d into four categories** les disques peuvent être divisés OR classés en quatre catégories || [detach - parts, pieces] séparer, détacher; **the last three coaches will be separated from the rest of the train** les trois derniers wagons seront détachés du reste du train. -**2.** [keep distinct] séparer, distinguer; **to ~ reality from myth** distinguer le mythe de la réalité, faire la distinction entre le mythe et la réalité. -**3.** CULIN [milk] écrémer; [egg] séparer; **~ the whites from the yolks** séparez les blancs des jaunes.
◇ *vi* -**1.** [go different ways] se quitter, se séparer; **they ~d after the meeting** ils se sont quittés après la réunion. -**2.** [split up - couple] se séparer, rompre; [- in boxing, duel] rompre; POL [party] se scinder; **they ~d on good terms** ils se sont séparés à l'amiable; **the party ~d into various factions** le parti s'est scindé en diverses factions. -**3.** [come apart, divide - liquid] se séparer; [- parts] se séparer, se détacher, se diviser; **the boosters ~ from the shuttle** les propulseurs auxiliaires se détachent de la navette; **the model ~s into four parts** la maquette se divise en quatre parties.
◆ **separates** *npl* [clothes] coordonnés *mpl*.
◆ **separate out** ◇ *vt sep* séparer, trier.
◇ *vi insep* se séparer.
◆ **separate up** *vt sep* séparer, diviser; **to ~ sthg up into equal shares** diviser OR partager qqch en parts égales.

separately ['seprətlɪ] *adv* -**1.** [apart] séparément, à part; **woollens must be washed ~** les lainages doivent être lavés séparément. -**2.** [individually] séparément; **can we pay ~?** pouvons-nous payer séparément OR avoir des additions séparées?; **they don't sell yogurts ~** ils ne vendent pas les yaourts à l'unité.

separateness ['seprətnɪs] *n* séparation *f*.

separation [,sepə'reɪʃn] *n* -**1.** [division] séparation *f*; **the ~ of Church and State** la séparation de l'Église et de l'État; **her ~ from her family caused her great heartache** sa séparation d'avec sa famille l'a beaucoup chagrinée. -**2.** [of couple] séparation *f*; **trial ~** séparation à l'essai; **legal** OR **judicial ~** séparation de corps.

separation allowance *n* -**1.** MIL allocation *f* mensuelle *(versée par l'armée à la femme d'un soldat)*. -**2.** [alimony] pension *f* alimentaire.

separatism ['seprətɪzm] *n* séparatisme *m*.

separatist ['seprətɪst] ◇ *adj* séparatiste.
◇ *n* séparatiste *mf*.

separator ['sepəreɪtə^r] *n* [gen] séparateur *m*; CULIN [for milk] écrémeuse *f*.

Sephardi [se'fɑːdiː] (*pl* Sephardim [-dɪm]) *n* Séfarade *mf*.

Sephardic [se'fɑːdɪk] *adj* séfarade.

sepia ['siːpjə] ◇ *n* -**1.** [pigment, print] sépia *f*. -**2.** [fish] seiche *f*.
◇ *adj* sépia *(inv)*.

sepoy ['siːpɔɪ] *n* cipaye *m*.

sepsis ['sepsɪs] *n* septicité *f*.

Sept. (*written abbr of* September) sept.

September [sep'tembə^r] ◇ *n* septembre *m*.
◇ *comp* [weather, weekend] (du mois) de septembre.

Septembrist [sep'tembrɪst] *n* septembriseur *m*.

septenary ['septɪnərɪ] *adj* septénaire.

septennial [sep'tenjəl] *adj* septennal.

septet [sep'tet] *n* septuor *m*.

septic ['septɪk] *adj* septique; [wound] infecté; **to go** OR **to become ~** s'infecter; **I have a ~ finger** j'ai une blessure infectée au doigt; **~ poisoning** septicémie *f*.

septicaemia, **septicemia** [,septɪ'siːmɪə] *n (U)* septicémie *f*.

septic tank *n* fosse *f* septique.

septuagenarian [,septjʊədʒɪ'neərɪən] ◇ *adj* septuagénaire.
◇ *n* septuagénaire *mf*.

Septuagesima [,septjʊə'dʒesɪmə] *n* septuagésime *f*.

Septuagint ['septjʊədʒɪnt] *n*: **the ~** la version des Septante.

septum ['septəm] *n* ANAT septum *m*.

septuplet [sep'tjuːplɪt] *n* -**1.** [baby] septuplé *m*, -e *f*; **~s** des septuplés. -**2.** MUS septolet *m*.

sepulcher *Am* = **sepulchre**.

sepulchral [sɪ'pʌlkrəl] *adj* [figure, voice] sépulcral; [atmosphere] funèbre, lugubre.

sepulchre *Br*, **sepulcher** *Am* ['sepʌlkə^r] *n* sépulcre *m*.

sequel ['siːkwəl] *n* -**1.** [result, aftermath] conséquence *f*, suites *fpl*, conséquences *fpl*; [to illness, war] séquelles *fpl*; **as a ~ to this event** à la suite de cet événement; **there was a disastrous ~ to the race** la course a eu des suites OR des conséquences désastreuses. -**2.** [to novel, film etc] suite *f*.

sequence ['siːkwəns] ◇ *n* -**1.** [order] suite *f*, ordre *m*; **in ~** [in order] par ordre, en série; [one after another] l'un après l'autre; **numbered in ~** numérotés dans l'ordre; **in historical ~** par ordre chronologique; **logical ~** suite logique; **~ of tenses** GRAMM concordance *f* des temps. -**2.** [series] série *f*; [in cards] séquence *f*; **the ~ of events** le déroulement OR l'enchaînement des événements. -**3.** CIN & MUS séquence *f*; **dance ~** numéro *m* de danse; **film ~** séquence de film. -**4.** LING & MATH séquence *f*. -**5.** BIOL & CHEM séquençage *m*.
◇ *vt* -**1.** [order] classer, ordonner. -**2.** BIOL & CHEM faire le séquençage de.

sequencer ['siːkwənsə^r] *n* séquenceur *m*.

sequential [sɪ'kwenʃl] *adj* -**1.** COMPUT séquentiel; **~ access** accès *m* séquentiel. -**2.** *fml* [following] subséquent; **a lower income is ~ upon retirement** la retraite entraîne une baisse de revenus.

sequentially [sɪ'kwenʃəlɪ] *adv* [follow, happen] séquentiellement.

sequester [sɪ'kwestə^r] *vt* -**1.** *fml* [set apart] isoler, mettre à part. -**2.** *fml* [shut away] séquestrer; **he was ~ed in his office** il a été séquestré dans son bureau. -**3.** JUR [goods, property] séquestrer, placer sous séquestre.

sequestered [sɪ'kwestəd] *adj lit* [place] retiré, isolé; **to lead a ~ life** vivre à l'écart, mener une vie de reclus.

sequestrate [sɪ'kwestreɪt] *vt* -**1.** JUR séquestrer, placer sous séquestre. -**2.** *fml* [confiscate] saisir.

sequestration [,siːkwe'streɪʃn] *n* JUR mise *f* sous séquestre; *fml* [confiscation] saisie *f*.

sequin ['siːkwɪn] *n* paillette *f*.

sequin(n)ed ['siːkwɪnd] *adj* pailleté.

sequoia [sɪ'kwɔɪə] *n* séquoia *m*.

serac ['seræk] *n* sérac *m*.

seraglio [se'rɑːlɪəʊ] (*pl* seraglios) *n* sérail *m*.

seraph ['serəf] (*pl* seraphs OR seraphim [-fɪm]) *n* séraphin *m*.

seraphic [se'ræfɪk] *adj lit* séraphique.

seraphim ['serəfɪm] *pl* → **seraph**.

Serb [sɜːb] ◇ *n* Serbe *mf*.
◇ *adj* serbe.

Serbia ['sɜːbjə] *pr n* Serbie *f*; **in ~** en Serbie.

Serbian ['sɜːbjən] ◇ *n* -**1.** [person] Serbe *mf*. -**2.** LING serbe *m*.
◇ *adj* serbe.

Serbo-Croat [,sɜːbəʊ'krəʊæt], **Serbo-Croatian** [,sɜːbəʊkrəʊ'eɪʃn] ◇ *n* LING serbo-croate *m*.
◇ *adj* serbo-croate.

sere [sɪə^r] *adj lit* flétri, desséché.

serenade [,serə'neɪd] ◇ *n* sérénade *f*.
◇ *vt* [sing] chanter une sérénade à; [play] jouer une sérénade à; **she ~d me to sleep** elle m'a chanté une sérénade pour m'endormir.

serendipity [,serən'dɪpətɪ] *n lit don de faire des découvertes (accidentelles)*; **you don't find such things by ~** ces choses-là ne tombent pas du ciel.

serene [sɪ'riːn] *adj* [person, existence, sky] serein; [sea, lake] calme; **His/Her Serene Highness** *fml* Son Altesse Sérénissime.

serenely [sɪ'riːnlɪ] *adv* sereinement, avec sérénité; **she was ~ unaware of what was going on** elle vivait dans la douce inconscience de ce qui se passait autour d'elle; **"of course not", she answered ~** «bien sûr que non», répondit-elle tranquillement.

serenity [sɪ'renətɪ] *n* sérénité *f*.

serf [sɜːf] *n* serf *m*, serve *f*.

serfdom ['sɜːfdəm] *n* servage *m*.

serge [sɜːdʒ] ◇ *n* serge *f*.
◇ *comp* [cloth, trousers] de OR en serge; **a blue ~ suit** un costume de OR en serge bleue.

sergeant ['sɑːdʒənt] *n* -**1.** MIL [in army] sergent *m*; [in air force] *Br* sergent-chef *m*; *Am* caporal-chef *m*. -**2.** [in police] brigadier *m*.

sergeant-at-arms *n* huissier *m* d'armes.

sergeant major *n* sergent-chef *m*.

serial ['sɪərɪəl] ◇ *n* -**1.** RADIO & TV feuilleton *m*; **TV ~** feuilleton télévisé || [in magazine] feuilleton *m*; **published in ~ form** publié sous forme de feuilleton. -**2.** [periodical] périodique *m*.
◇ *adj* -**1.** [in series] en série; [from series] d'une série; [forming series] formant une série; **in ~ order** en ordre sériel. -**2.** [music] sériel. -**3.** COMPUT [processing, transmission] série *(inv)*; **~ access** accès *m* séquentiel; **~ port** port *m* série.

serialization, **-isation** [,sɪərɪəlaɪ'zeɪʃn] *n* [of book] publication *f* en feuilleton; [of play, film] adaptation *f* en feuilleton.

serialize, **-ise** ['sɪərɪəlaɪz] *vt* [book] publier en feuilleton; [play, film] adapter en feuilleton; [in newspaper] publier OR faire paraître en feuilleton.

serial killer *n* tueur *m* fou *(qui commet des meurtres en série)*.

serially ['sɪərɪəlɪ] *adv* -**1.** MATH en série. -**2.** PRESS [as series] en feuilleton, sous forme de feuilleton; [periodically] périodiquement, sous forme de périodique.

serial number *n* [of car, publication] numéro *m* de série; [of cheque, voucher] numéro *m*; [of soldier] (numéro *m*) matricule *m*.

serial rights *npl* droits *mpl* de reproduction en feuilleton.

sericulture [,serɪ'kʌltʃə^r] *n* sériciculture *f*.

series ['sɪəriːz] (*pl inv*) *n* -**1.** [set, group - gen, CHEM & GEOL] série *f*; [sequence - gen & MATH] séquence *f*, suite *f*. -**2.** LING & MUS série *f*, séquence *f*; **we drove through a ~ of mining villages** on a traversé en voiture une série de villages miniers; **a whole ~ of catastrophes** toute une série de catastrophes. -**3.** [of cars, clothes] série *f*; **~ IV computer** ordinateur série IV. -**4.** RADIO & TV série *f*; **an American detective ~** une série policière américaine; **TV ~** série télévisée || [in magazine, newspaper] série *f* d'articles; **there's a ~ on** OR **about the life of the stars** il y a une série d'articles sur la vie des stars. -**5.** [collection - of stamps, coins, books] collection *f*, série *f*; **a new detective ~** une nouvelle série OR collection de romans policiers. -**6.** ELEC série *f*; **wired in ~** branché en série. -**7.** SPORT série *f* de matches; **a Test ~ between the West Indies and Australia** une série de matches entre les Antilles et l'Australie.

series connection *n* ELEC montage *m* en série.

serif ['serɪf] *n* TYPO empattement *m*.

serious ['sɪərɪəs] *adj* -**1.** [not frivolous - suggestion, subject, worker, publication, writer, theatre] sérieux; **is that a ~ offer?** c'est une offre sérieuse?; **the book is meant for the ~ student**

of astronomy le livre est destiné aux personnes qui possèdent déjà de solides connaissances en astronomie; life is a ~ business la vie est une affaire sérieuse; it's a ~ occasion c'est un moment solennel; can I have a ~ conversation with you? est-ce qu'on peut parler sérieusement?; she's a ~ actress [cinema] elle fait des films sérieux; [theatre] elle joue dans des pièces sérieuses; the ~ cinemagoer le cinéphile averti. -2. [in speech, behaviour] sérieux; you can't be ~! vous n'êtes pas sérieux!; I'm quite ~ je suis tout à fait sérieux, je ne plaisante absolument pas; is she ~ about Peter? est-ce que c'est sérieux avec Peter? -3. [thoughtful - person, expression] sérieux, plein de sérieux; [- voice, tone] sérieux, grave; don't look so ~ ne prends pas cet air sérieux || [careful - examination] sérieux, approfondi; [- consideration] sérieux, sincère; he's giving ~ thought OR consideration to emigrating il songe sérieusement à émigrer. -4. [grave - mistake, problem, illness] sérieux, grave; the situation is ~ la situation est préoccupante; ~ crime crime *m*; those are ~ allegations ce sont de graves accusations; it poses a ~ threat to airport security cela constitue une menace sérieuse pour la sécurité des aéroports; there have been several ~ border clashes il y a eu plusieurs affrontements graves à la frontière; his condition is described as ~ MED son état est jugé préoccupant || [considerable - damage] important, sérieux; [- loss] lourd; [- doubt] sérieux; the fire caused ~ damage to the hotel l'incendie a causé d'importants dégâts à l'hôtel. -5. *inf* [as intensifier]: we're talking ~ money here il s'agit de grosses sommes d'argent; they go in for some really ~ drinking at the weekends le week-end, qu'est-ce qu'ils descendent!

seriously ['sɪərɪəslɪ] *adv* -1. [earnestly] sérieusement, avec sérieux; to take sb/sthg ~ prendre qqn/qqch au sérieux; he takes himself too ~ il se prend trop au sérieux; are you ~ suggesting we sell it? pensez-vous sérieusement que nous devrions vendre?; she is ~ thinking of leaving him elle pense OR songe sérieusement à le quitter; think about it ~ before you do anything réfléchissez-y bien avant de faire quoi que ce soit; ~ though, what are you going to do? sérieusement, qu'est-ce que vous allez faire?; you can't ~ expect me to believe that! vous plaisantez, j'espère? -2. [severely - damage] sérieusement, gravement; [- ill] gravement; [- injured, wounded] grièvement; she is ~ worried about him elle se fait énormément de souci à son sujet.

serious-minded *adj* sérieux.

seriousness ['sɪərɪəsnɪs] *n* -1. [of person, expression] sérieux *m*; [of voice, manner] (air *m*) sérieux *m*; [of intentions, occasion, writing] sérieux *m*; in all ~ sérieusement, en toute sincérité. -2. [of illness, situation, loss] gravité *f*; [of allegation] sérieux *m*; [of damage] importance *f*, étendue *f*; it is a matter of some ~ c'est une affaire assez sérieuse; it will take some weeks to assess the ~ of the damage on ne pourra pas évaluer l'étendue OR l'ampleur des dégâts avant plusieurs semaines; you don't seem aware of the ~ of the problem vous ne semblez pas avoir conscience de la gravité du problème.

serjeant ['sɑːdʒənt] = sergeant.

sermon ['sɜːmən] *n* -1. RELIG sermon *m*; to give OR to preach a ~ faire un sermon; the Sermon on the Mount BIBLE le Sermon sur la Montagne. -2. *fig* & *pej* sermon *m*, laïus *m*; he gave me a ~ on the evils of drink il m'a fait un sermon sur les effets néfastes de l'alcool.

sermonize, -ise ['sɜːmənaɪz] ◇ *vt* sermonner.
◇ *vi* faire des sermons, prêcher.

serology [sɪə'rɒlədʒɪ] *n* sérologie *f*.

serous ['sɪərəs] *adj* séreux.

serpent ['sɜːpənt] *n* serpent *m*.

serpentine ['sɜːpəntaɪn] ◇ *adj lit* [winding] sinueux, qui serpente.
◇ *n* MINER serpentine *f*.

SERPS [sɜːps] (*abbr of* State Earnings-Related Pension Scheme) *n* *régime de retraite minimal en Grande-Bretagne*.

serrated [sɪ'reɪtɪd] *adj* [edge] en dents de scie, dentelé; [knife, scissors, instrument] cranté, en dents de scie.

serration [sɪ'reɪʃn] *n* dentelure *f*.

serried ['serɪd] *adj* serré; in ~ ranks en rangs serrés.

serum ['sɪərəm] (*pl* serums OR sera [-rə]) *n* sérum *m*.

servant ['sɜːvənt] *n* -1. [in household] domestique *mf*; [maid] bonne *f*, servante *f*; I'm not your ~! je ne suis pas ta bonne!; ~s' quarters appartements *mpl* des domestiques. -2. [of God, people] serviteur *m*; politicians are the ~s of the community les hommes politiques sont au service de la communauté. -3. *fml* & *dated* [in correspondence]: your most obedient ~ votre très humble OR dévoué serviteur, veuillez agréer l'expression de mes sentiments les plus dévoués.

servant girl *n* servante *f*, bonne *f*.

serve [sɜːv] ◇ *vt* -1. [employer, monarch, country, God] servir; she has ~d the company well over the years elle a bien servi la société pendant des années ❑ you cannot ~ two masters *prov* nul ne peut servir deux maîtres *prov*. -2. [in shop, restaurant - customer] servir; to ~ sb with sthg servir qqch à qqn; are you being ~d? est-ce qu'on s'occupe de vous? -3. [provide - with electricity, gas, water] alimenter; [- with transport service] desservir; the village is ~d with water from the Roxford reservoir le village est alimenté en eau depuis le réservoir de Roxford; the town is well ~d with transport facilities la ville est bien desservie par les transports en commun; this train ~s all stations south of Roxborough ce train dessert toutes les gares au sud de Roxborough. -4. [food, drink] servir; dinner is ~d le dîner est servi; coffee is now being ~d in the lounge le café est servi au salon; they ~d me (with) some soup ils m'ont servi de la soupe; melon is often ~d with port on sert souvent le melon avec du porto; the wine should be ~d at room temperature le vin doit être servi chambré; this recipe ~s four cette recette est prévue pour quatre personnes; to ~ mass RELIG servir la messe. -5. [be suitable for] servir; the plank ~d him as a rudimentary desk la planche lui servait de bureau rudimentaire; this box will ~ my purpose cette boîte fera l'affaire; when the box had ~d its purpose, he threw it away quand il n'eut plus besoin de la boîte, il la jeta; it must ~ some purpose cela doit bien servir à quelque chose; it ~s no useful purpose cela ne sert à rien de spécial. -6. [term, apprenticeship] faire; he has ~d two terms (of office) as president il a rempli deux mandats présidentiels; to ~ one's apprenticeship as an electrician faire son apprentissage d'électricien; to ~ one's time MIL faire son service || [prison sentence] faire; to ~ time faire de la prison; he has ~d his time il a purgé sa peine; she ~d four years for armed robbery elle a fait quatre ans (de prison) pour vol à main armée. -7. JUR [summons, warrant, writ] notifier, remettre; to ~ sb with a summons, to ~ a summons on sb remettre une assignation à qqn; to ~ sb with a writ, to ~ a writ on sb assigner qqn en justice. -8. SPORT servir; she ~d the ball into the net son service a échoué dans le filet. -9. AGR servir. -10. *phr*: it ~s you right c'est bien fait pour toi; it ~s them right for being so selfish! ça leur apprendra à être si égoïstes!
◇ *vi* -1. [in shop or restaurant, at table] servir; to ~ at table servir à table; Violet ~s in the dining-room in the evenings Violet s'occupe du service dans la salle à manger le soir; could you ~, please? pourriez-vous faire le service, s'il vous plaît? || [be in service - maid, servant] servir; she ~d as Lady Greenmount's maid elle était au service de Lady Greenmount. -2. [as soldier] servir; to ~ in the army servir dans l'armée; he ~d as a corporal during the war il a servi comme caporal pendant la guerre; her grandfather ~d under General Adams son grand-père a servi sous les ordres du général Adams || [in profession]: he ~d as treasurer for several years il a exercé les fonctions de trésorier pendant plusieurs années || [on committee]: she ~s on the housing committee elle est membre de la commission au logement. -3. [function, act - as example, warning] servir; let that ~ as a lesson to you! que cela vous serve de leçon!; it only ~s to show that you shouldn't listen to gossip cela prouve qu'il ne faut pas écouter les commérages; the tragedy should ~ as a reminder of the threat posed by nuclear power cette tragédie devrait rappeler à tous la menace que représente l'énergie nucléaire || [be used as]: this stone will ~ to keep the door open cette pierre servira à maintenir la porte ouverte; their bedroom had to ~ as a cloakroom for their guests leur chambre a dû servir OR faire office de vestiaire pour leurs invités. -4. SPORT servir, être au service; whose turn is it to ~? c'est à qui de servir?; Smith to ~ au service, Smith; he ~d into the net son service a échoué dans le filet. -5. RELIG servir la messe.
◇ *n* SPORT service *m*; it's your ~ c'est à vous de servir; to have a good ~ avoir un bon service.

◆ **serve out** ◇ *vt sep* -1. [food] servir; [provisions] distribuer. -2. [period of time] faire; the president retired before he had ~d his term out le président a pris sa retraite avant d'arriver à OR d'atteindre la fin de son mandat; to ~ out a prison sentence purger une peine (de prison).
◇ *vi insep* SPORT sortir son service.

◆ **serve up** *vt sep* [meal, food] servir; *fig* [facts, information] servir, débiter; she ~s up the same old excuse every time elle ressort chaque fois la même excuse.

server ['sɜːvəʳ] *n* -1. [at table] serveur *m*, -euse *f*. -2. SPORT serveur *m*, -euse *f*. -3. RELIG servant *m*. -4. [utensil] couvert *m* de service. -5. COMPUT serveur *m*.

servery ['sɜːvərɪ] (*pl* serveries) *n* [hatch] guichet *m*, passe-plat *m*; [counter] comptoir *m*.

service ['sɜːvɪs] ◇ *n* -1. [to friend, community, country, God] service *m*; in the ~ of one's country au service de sa patrie; he was rewarded for ~s rendered to industry/to his country il a été récompensé pour services rendus à l'industrie/à son pays; to require the ~s of a priest/of a doctor avoir recours aux services d'un prêtre/d'un médecin; many people gave their ~s free beaucoup de gens donnaient des prestations bénévoles; at your ~ à votre service, à votre disposition; to be of ~ to sb rendre service à qqn, être utile à qqn; may I be of ~ (to you)? *fml* puis-je vous aider OR vous être utile?; [in shop] qu'y a-t-il pour votre service?; she's always ready to be of ~ elle est très serviable, elle est toujours prête à rendre service; the jug had to do ~ as a teapot le pichet a dû faire office de OR servir de théière; to do sb a ~ rendre (un) service à qqn; he did me a great ~ by not telling them il m'a rendu un grand service en ne leur disant rien; the car has given us/has seen good ~ la voiture nous a bien servi/a fait long usage. -2. [employment - in firm] service *m*; 20 years' ~ with the same company 20 ans de service dans la même entreprise; bonuses depend on length of ~ les primes sont versées en fonction de l'ancienneté || [as domestic servant] service; to be in ~ être domestique; to go into OR to enter sb's ~ entrer au service de qqn; he's in Lord Bellamy's ~ il est au service de Lord Bellamy. -3. [in shop, hotel, restaurant] service *m*; the food was good but the ~ was poor on a bien mangé mais le service n'était pas à la hauteur; you get fast ~ in a supermarket on est servi rapidement dans un supermarché; '10% ~ included/not included' 'service 10 % compris/non compris'; 10% is added for ~ service 10 % non compris; ~ with a smile [slogan] servi avec le sourire. -4. MIL service *m*; he saw active ~ in Korea il

a servi en Corée, il a fait la campagne de Corée; the ~s les (différentes branches des) forces armées; their son is in the ~s leur fils est dans les forces armées. -5. ADMIN [department, scheme] service *m*; bus/train ~ service d'autobus/de trains; a new 24-hour banking ~ un nouveau service bancaire fonctionnant 24 heures sur 24; a bus provides a ~ between the two stations un autobus assure la navette entre les deux gares ❑ the diplomatic ~ le service diplomatique; health/social ~s services de santé/sociaux. -6. RELIG [Catholic] service *m*, office *m*; [Protestant] service *m*, culte *m*; to attend (a) ~ assister à l'office OR au culte. -7. [of car, machine - upkeep] entretien *m*; [- overhaul] révision *f*; the car is due for its 20,000 mile ~ la voiture arrive à la révision des 32 000 km. -8. [working order - esp of machine] service *m*; to bring a machine into ~ mettre une machine en service; to come into ~ [system, bridge] entrer en service; the cash dispenser isn't in ~ at the moment le distributeur automatique de billets est hors service OR n'est pas en service en ce moment. -9. [set of tableware] service *m*; tea/dinner ~ service à thé/de table. -10. SPORT service *m*; Smith broke his opponent's ~ Smith a pris le service de son adversaire OR a fait le break. -11. JUR [of summons, writ] signification *f*, notification *f*; ~ of documents signification d'actes. -12. [tree] sorbier *m*, cormier *m*.
◇ *vt* -1. [overhaul - central heating, car] réviser; to have one's car ~d faire réviser sa voiture; the car has been regularly ~d la voiture a été régulièrement entretenue. -2. FIN [debt] assurer le service de. -3. AGR [subj: bull, stallion] servir.
◇ *comp* -1. [entrance, hatch, lift, stairs] de service. -2. AUT & MECH [manual, record] d'entretien. -3. MIL [family, pay] de militaire; [conditions] dans les forces armées.
◆ **services** *npl* -1. *Br* [on motorway] aire *f* de service. -2. COMM & ECON services *mpl*; goods and ~s biens et services; more and more people will be working in ~s de plus en plus de gens travailleront dans le tertiaire.

serviceable ['sɜːvɪsəbl] *adj* -1. [durable - clothes, material] qui fait de l'usage, qui résiste à l'usure; [- machine, construction] durable, solide. -2. [useful - clothing, tool] commode, pratique. -3. [usable] utilisable, qui peut servir; this coat is still ~ ce manteau peut encore servir. -4. [ready for use] prêt à servir.

service academy *n Am* école *f* militaire.

service area *n* -1. AUT [on motorway] aire *f* de service. -2. RADIO zone *f* desservie OR de réception.

serviceberry ['sɜːvɪs,berɪ] (*pl* serviceberries) *n* sorbe *f*, corme *f*.

service ceiling *n* AERON plafond *m* de fonctionnement normal.

service charge *n* service *m*; they've forgotten to include the ~ on the bill ils ont oublié de facturer le service.

service flat *n Br appartement avec services ménagers et de restauration.*

service game *n* TENNIS jeu *m* de service.

service industry *n* industrie *f* de services.

service line *n* SPORT ligne *f* de service.

serviceman ['sɜːvɪsmən] (*pl* servicemen [-mən]) *n* -1. MIL militaire *m*. -2. *Am* [mechanic] dépanneur *m*.

service module *n* ASTRONAUT module *m* de service.

service plaza *n Am* relais *m*.

service road *n* [behind shops, factory] *voie d'accès réservée aux livreurs*; [on motorway] *voie d'accès réservée à l'entretien et aux services d'urgence.*

service station *n* station-service *f*.

servicewoman ['sɜːvɪs,wʊmən] (*pl* servicewomen [-,wɪmɪn]) *n* femme *f* soldat.

servicing ['sɜːvɪsɪŋ] *n* -1. [of heating, car] entretien *m*. -2. [by transport] desserte *f*; the ~ of an area by rail la desserte d'une région par chemin de fer.

serviette [,sɜːvɪ'et] *n Br* serviette *f* (de table); ~ ring rond *m* de serviette.

servile ['sɜːvaɪl] *adj* [person, behaviour] servile, obséquieux; [admiration, praise] servile; [condition, task] servile, d'esclave.

servility [sɜː'vɪlətɪ] *n* servilité *f*.

serving ['sɜːvɪŋ] ◇ *n* -1. [of drinks, meal] service *m*. -2. [helping] portion *f*, part *f*.
◇ *adj* ADMIN [member, chairman] actuel, en exercice.

servitude ['sɜːvɪtjuːd] *n* servitude *f*; in a state of ~ en esclavage.

servo ['sɜːvəʊ] (*pl* servos) ◇ *adj* servo-.
◇ *n* [mechanism] servomécanisme *m*; [motor] servomoteur *m*.

servo-assisted [-ə'sɪstɪd] *adj* TECH assisté; ~ brakes freinage *m* assisté, servofreins *mpl*.

servomechanism ['sɜːvəʊ,mekənɪzm] *n* servomécanisme *m*.

servomotor ['sɜːvəʊ,məʊtəʳ] *n* servomoteur *m*.

sesame ['sesəmɪ] *n* sésame *m*; open ~! sésame, ouvre-toi!

sesame oil *n* huile *f* de sésame.

sesame seed *n* graine *f* de sésame.

sessile ['sesaɪl] *adj* sessile.

session ['seʃn] *n* -1. ADMIN, JUR & POL séance *f*, session *f*; this court is now in ~ l'audience est ouverte; the House is not in ~ during the summer months la Chambre ne siège pas pendant les mois d'été; to go into secret ~ siéger à huis clos. -2. [interview, meeting, sitting] séance *f*; [for painter, photographer] séance *f* de pose; he had a long ~ with his psychiatrist il a eu une longue séance chez son psychiatre; we're having another ~ tomorrow [working] nous avons encore une séance de travail OR nous allons retravailler demain; [negotiation, discussion] nous avons encore une séance (de négociations OR d'entretiens) demain; a drinking ~ une beuverie. -3. SCH [classes] cours *mpl*. -4. *Am* & *Scot* UNIV [term] trimestre *m*; [year] année *f* universitaire; school is in ~ *Am* on est en période scolaire. -5. RELIG conseil *m* presbytéral.

sessional ['seʃənl] *adj* de séance.

session musician *n* musicien *m*, -enne *f* de studio.

sestet [ses'tet] *n* sizain *m*.

set [set] (*pt* & *pp* set, *cont* setting) ◇ *vt* **A.** -1. [put in specified place or position] mettre, poser; he ~ his cases down on the platform il posa ses valises sur le quai; she ~ the steaming bowl before him elle plaça le bol fumant devant lui; to ~ sb ashore débarquer qqn. -2. (*usu passive*) [locate, situate - building, story] situer; the house is ~ in large grounds la maison est située dans un grand parc; his eyes are ~ too close together ses yeux sont trop rapprochés; the story is ~ in Tokyo l'histoire se passe OR se déroule à Tokyo; her novels are ~ in the 18th century ses romans se passent au XVIIIᵉ siècle. -3. [adjust - gen] régler; [- mechanism] mettre; I've ~ the alarm for six j'ai mis le réveil à (sonner pour) six heures; how do I ~ the margins? comment est-ce que je fais pour placer les marges?; ~ the timer for one hour mettez le minuteur sur une heure; first ~ the control knob to the desired temperature mettez tout d'abord le bouton de réglage sur la température voulue; the lever was ~ in the off position le levier était sur «arrêt»; ~ your watches an hour ahead avancez vos montres d'une heure; I ~ my watch to New York time j'ai réglé ma montre à l'heure de New York; he's so punctual you can ~ your watch by him! il est si ponctuel qu'on peut régler sa montre sur lui! -4. [fix into position] mettre, fixer; [jewel, diamond] sertir, monter; to ~ a bone réduire une fracture; the brooch was ~ with pearls la broche était sertie de perles; the ruby was ~ in a simple ring le rubis était monté sur un simple anneau; the handles are ~ into the drawers les poignées sont encastrées dans les tiroirs; there was a peephole ~ in the door il y avait un judas dans la porte; metal bars had been ~ in the concrete des barres en métal avaient été fixées dans le béton. -5. [lay, prepare in advance - table] mettre; [- trap] poser, tendre; ~ an extra place at table rajoutez un couvert. -6. [place - in hierarchy] placer; they ~ a high value on creativity ils accordent une grande valeur à la créativité. -7. [establish - date, schedule, price, terms] fixer, déterminer; [- rule, guideline, objective] établir; [- mood, precedent] créer; they still haven't ~ a date for the party ils n'ont toujours pas fixé de date pour la réception; you've ~ yourself a tough deadline OR a tough deadline for yourself vous vous êtes fixé un délai très court; it's up to them to ~ their own production targets c'est à eux d'établir OR de fixer leurs propres objectifs de production; a deficit ceiling has been ~ un plafonnement du déficit a été imposé OR fixé OR décidé; the price was ~ at £500 le prix a été fixé à 500 livres; the judge ~ bail at $1,000 le juge a fixé la caution à 1 000 dollars; how are exchange rates ~? comment les taux de change sont-ils déterminés?; to ~ a new fashion OR trend lancer une nouvelle mode; to ~ a new world record établir un nouveau record mondial; to ~ the tone for OR of sthg donner le ton de qqch.
B. -1. [indicating change of state or activity]: to ~ sthg alight OR on fire mettre le feu à qqch; it ~s my nerves on edge ça me crispe; she ~ me in the right direction *literal* & *fig* elle m'a mis sur la bonne voie; he/the incident ~ the taxman on my trail il/l'incident a mis le fisc sur ma piste; to ~ the dogs on sb lâcher les chiens sur qqn; the incident ~ the family against him l'incident a monté la famille contre lui; it will ~ the country on the road to economic recovery cela va mettre le pays sur la voie de la reprise économique; his failure ~ him thinking son échec lui a donné à réfléchir; the scandal will ~ the whole town talking le scandale va faire jaser toute la ville; the wind ~ the leaves dancing le vent a fait frissonner les feuilles; to ~ a machine going mettre une machine en marche. -2. [solidify - yoghurt, jelly, concrete] faire prendre; pectin will help to ~ the jam la pectine aidera à épaissir la confiture. -3. [make firm, rigid]: his face was ~ in a frown son visage était figé dans une grimace renfrognée; she ~ her jaw and refused to budge elle serra les dents et refusa de bouger; we had ~ ourselves to resist nous étions déterminés à résister. -4. [pose - problem] poser; [assign - task] fixer; the strikers' demands ~ the management a difficult problem les exigences des grévistes posent un problème difficile à la direction; I ~ them to work tidying the garden je les ai mis au désherbage du jardin; I've ~ myself the task of writing to them regularly je me suis fixé la tâche de leur écrire régulièrement. -5. *Br* SCH [exam] composer, choisir les questions de; [books, texts] mettre au programme; she ~ the class a maths exercise, she ~ a maths exercise for the class elle a donné un exercice de maths à la classe; who ~s the test questions? qui choisit les questions de l'épreuve? -6. [hair]: to ~ sb's hair faire une mise en plis à qqn; and I've just had my hair ~! et je viens de me faire faire une mise en plis!; I ~ my own hair je me fais moi-même mes mises en plis. -7. HORT [plant] planter. -8. TYPO [text, page] composer. -9. MUS [poem, words]: to ~ sthg to music mettre qqch en musique.
◇ *vi* -1. [sun, stars] se coucher. -2. [become firm - glue, cement, plaster, jelly, yoghurt] prendre. -3. [bone] se ressouder. -4. (*with infinitive*) [start] se mettre; he ~ to work il s'est mis au travail. -5. [plant, tree] prendre racine. -6. [hen] couver. -7. [wind]: the wind looks ~ fair to the east on dirait un vent d'ouest.
◇ *n* -1. [of facts, conditions, characteristics] ensemble *m*; [of people] groupe *m*; [of events, decisions, questions] série *f*, suite *f*; [of numbers, names, instructions, stamps, weights] série *f*; [of tools, keys, golf clubs, sails] jeu *m*; [of books] collection *f*; [of furniture] ensemble *m*; [of dishes] service *m*; [of tyres] train *m*; PRINT [of proofs, characters] jeu *m*; they make a ~ ils vont

ensemble; they've detected two ~s of fingerprints ils ont relevé deux séries d'empreintes digitales OR les empreintes digitales de deux personnes; given another ~ of circumstances, things might have turned out differently dans d'autres circonstances, les choses auraient pu se passer différemment; he made me a duplicate ~ [keys] il m'a fait un double des clés; [contact lenses] il m'en a fait une autre paire; the first ~ of reforms la première série OR le premier train de réformes; a full ~ of the encyclopedia une encyclopédie complète; a full ~ of Tolstoy's works une collection complète des œuvres de Tolstoï; they ran a whole ~ of tests on me ils m'ont fait subir toute une série d'examens; the cups/the chairs are sold in ~s of six les tasses/les chaises sont vendues par six; I can't break up the ~ je ne peux pas les dépareiller; a ~ of matching luggage un ensemble de valises assorties; a ~ of table/bed linen une parure de table/de lit ❑ badminton/chess ~ jeu de badminton/d'échecs; they're playing with Damian's train ~ ils jouent avec le train électrique de Damian. -2. [social group] cercle *m*, milieu *m*; he's not in our ~ il n'appartient pas à notre cercle; we don't go around in the same ~ nous ne fréquentons pas le même milieu OR monde; the riding/yachting ~ le monde de l'équitation/du yachting; the Markham ~ Markham et ses amis. -3. MATH ensemble *m*; null ~ ensemble vide. -4. [electrical device] appareil *m*; RADIO & TV poste *m*; a colour TV ~ un poste de télévision OR un téléviseur couleur. -5. SPORT set *m*, manche *f*. -6. CIN, THEAT & TV [scenery] décor *m*; [place] CIN & TV plateau *m*; THEAT scène *f*; on (the) ~ CIN & TV sur le plateau; THEAT sur scène ❑ ~ designer CIN & TV chef décorateur *m*. -7. [part of performance - by singer, group]: he'll be playing two ~s tonight il va jouer à deux reprises ce soir; her second ~ was livelier la deuxième partie de son spectacle a été plus animée. -8. [for hair] mise *f* en plis; to have a ~ se faire faire une mise en plis. -9. [posture - of shoulders, body] position *f*, attitude *f*; [- of head] port *m*; I could tell he was angry by the ~ of his jaw rien qu'à la façon dont il serrait les mâchoires, j'ai compris qu'il était en colère. -10. [direction - of wind, current] direction *f*; suddenly the ~ of the wind changed le vent a tourné soudainement. -11. PSYCH [tendency] tendance *f*. -12. HORT [seedling] semis *m*; [cutting] bouture *f*; tomato/tulip ~s tomates/tulipes à repiquer. -13. [clutch of eggs] couvée *f*.

◇ *adj* -1. [specified, prescribed - rule, quantity, sum, wage] fixe; meals are at ~ times les repas sont servis à heures fixes; there are no ~ rules for raising children il n'y a pas de règles toutes faites pour l'éducation des enfants; the tasks must be done in the ~ order les tâches doivent être accomplies dans l'ordre prescrit ❑ ~ figures [in skating] figures *fpl* imposées; ~ menu OR meal *Br* menu *m*. -2. [fixed, rigid - ideas, views] arrêté; [- smile, frown] figé; her day followed a ~ routine sa journée se déroulait selon un rituel immuable; to become ~ in one's ways/one's views devenir rigide dans ses habitudes/ses opinions; ~ expression OR phrase GRAMM expression *f* figée. -3. [intent, resolute] résolu, déterminé; to be ~ on OR upon sthg vouloir qqch à tout prix; I'm (dead) ~ on finishing it tonight je suis (absolument) déterminé à le finir ce soir; he's dead ~ against it il s'y oppose formellement. -4. [ready, in position] prêt; are you (all) ~ to go? êtes-vous prêt à partir? -5. [likely] probablement; he seems well ~ to win il semble être sur la bonne voie OR être bien parti pour gagner; house prices are ~ to rise steeply les prix de l'immobilier vont vraisemblablement monter en flèche. -6. *Br* SCH [book, subject] au programme.

◆ **set about** *vt insep* -1. [start - task] se mettre à; she ~ about changing the tyre elle s'est mise à changer le pneu; I didn't know how to ~ about it je ne savais pas comment m'y prendre; how does one ~ about getting a visa? comment fait-on pour obtenir un visa? -2. [attack] attaquer, s'en prendre à; he ~ about the mugger with his umbrella il s'en est pris à son agresseur à coups de parapluie.

◆ **set against** *vt sep* -1. FIN [offset]: some of these expenses can be ~ against tax certaines de ces dépenses peuvent être déduites des impôts. -2. [friends, family] monter contre; religious differences have ~ family against family les différences religieuses ont monté les familles les unes contre les autres.

◆ **set ahead** *vt sep Am*: to ~ the clock ahead avancer l'horloge; we're setting the clocks ahead tonight on change d'heure cette nuit.

◆ **set apart** *vt sep* -1. *(usu passive)* [place separately] mettre à part OR de côté; there was one deck chair ~ slightly apart from the others il y avait une chaise longue un peu à l'écart des autres. -2. [distinguish] distinguer; her talent ~s her apart from the other students son talent la distingue des autres étudiants.

◆ **set aside** *vt sep* -1. [put down - knitting, book] poser. -2. [reserve, keep - time, place] réserver; [- money] mettre de côté; [arable land] mettre en friche; I've ~ tomorrow aside for house hunting j'ai réservé la journée de demain pour chercher une maison; the room is ~ aside for meetings la pièce est réservée aux réunions; can you ~ the book aside for me? pourriez-vous me mettre ce livre de côté?; chop the onions and ~ them aside coupez les oignons et réservez-les. -3. [overlook, disregard] mettre de côté, oublier, passer sur; they ~ their differences aside in order to work together ils ont mis de côté leurs différences pour travailler ensemble. -4. [reject - dogma, proposal, offer] rejeter; [annul - contract, will] annuler; JUR [verdict, judgment] casser.

◆ **set back** *vt sep* -1. [towards the rear]: the building is ~ back slightly from the road l'immeuble est un peu en retrait par rapport à la route. -2. [delay - plans, progress] retarder; his illness ~ him back a month in his work sa maladie l'a retardé d'un mois dans son travail. -3. *inf* [cost] coûter; the trip will ~ her back a good bit le voyage va lui coûter cher.

◆ **set down** *vt sep* -1. [tray, bag etc] poser. -2. *Br* [passenger] déposer; the bus ~s you down in front of the station le bus vous dépose devant la gare. -3. [note, record] noter, inscrire; try and ~ your thoughts down on paper essayez de mettre vos pensées par écrit. -4. [establish - rule, condition] établir; the government has ~ down a margin for pay increases le gouvernement a fixé une fourchette pour les augmentations de salaire; it is clearly ~ down that drivers must be insured il est clairement signalé OR indiqué que tout conducteur doit être assuré.

◆ **set forth** ◇ *vi insep lit* = **set off**.

◇ *vt insep fml* [expound - plan, objections] exposer, présenter; the recommendations are ~ forth in the last chapter les recommandations sont détaillées OR énumérées dans le dernier chapitre.

◆ **set in** ◇ *vi insep* [problems] survenir, surgir; [disease] se déclarer; [winter] commencer; [night] tomber; if infection ~s in si la plaie s'infecte; the bad weather has ~ in for the winter le mauvais temps s'est installé pour tout l'hiver; panic ~ in [began] la panique éclata; [lasted] la panique s'installa.

◇ *vt sep* SEW [sleeve] rapporter.

◆ **set off** ◇ *vi insep* partir, se mettre en route; he ~ off at a run il est parti en courant; I ~ off to explore the town je suis parti explorer la ville; after lunch, we ~ off again après le déjeuner, nous avons repris la route.

◇ *vt sep* -1. [alarm] déclencher; [bomb] faire exploser; [fireworks] faire partir. -2. [reaction, process, war] déclencher, provoquer; their offer ~ off another round of talks leur proposition a déclenché une autre série de négociations; to ~ sb off laughing faire rire qqn; it ~ her off on a long tirade against bureaucracy cela eut pour effet de la lancer dans une longue tirade contre la bureaucratie. -3. [enhance] mettre en valeur; the vase ~s off the flowers beautifully le vase met vraiment les fleurs en valeur. -4. FIN [offset]: some of these expenses can be ~ off against tax certaines de ces dépenses peuvent être déduites des impôts.

◆ **set on** = **set upon**.

◆ **set out** ◇ *vi insep* -1. = **set off**. -2. [undertake course of action] entreprendre; he has trouble finishing what he ~s out to do il a du mal à terminer ce qu'il entreprend; I can't remember now what I ~ out to do je ne me souviens plus de ce que je voulais faire à l'origine; they all ~ out with the intention of changing the world au début, ils veulent tous changer le monde; she didn't deliberately ~ out to annoy you il n'était pas dans ses intentions de vous froisser.

◇ *vt sep* -1. [arrange - chairs, game pieces] disposer; [spread out - merchandise] étaler. -2. [design] concevoir; the shopping centre is very well ~ out le centre commercial est très bien conçu. -3. [present] exposer, présenter; the information is ~ out in the table below ces données sont présentées dans le tableau ci-dessous.

◆ **set to** *vi insep* [begin work] commencer, s'y mettre; we ~ to with a will nous nous y sommes mis avec ardeur.

◆ **set up** ◇ *vt sep* -1. [install - equipment, computer] installer; [put in place - roadblock] installer, disposer; [- experiment] préparer; everything's ~ up for the show tout est préparé OR prêt pour le spectacle; ~ the chairs up in a circle mettez OR disposez les chaises en cercle; he ~ the chessboard up il a disposé les pièces sur l'échiquier || *fig*: to ~ up a meeting organiser une réunion; the equation ~s up a relation between the two variables l'équation établit un rapport entre les deux variables; the system wasn't ~ up to handle so many users le système n'était pas conçu pour gérer autant d'usagers; he ~ the situation up so she couldn't refuse il a arrangé la situation de telle manière qu'elle ne pouvait pas refuser. -2. [erect, build - tent, furniture kit, crane, flagpole] monter; [- shed, shelter] construire; [- monument, statue] ériger; to ~ up camp installer OR dresser le camp. -3. [start up, institute - business, scholarship] créer; [- hospital, school] fonder; [- committee, task force] constituer; [- system of government, republic] instaurer; [- programme, review process, system] mettre en place; [- inquiry] ouvrir; to ~ up house OR home s'installer; they ~ up house together ils se sont mis en ménage; to ~ up a dialogue entamer le dialogue; you'll be in charge of setting up training programmes vous serez responsable de la mise en place des programmes de formation; the medical system ~ up after the war le système médical mis en place après la guerre. -4. [financially, in business] installer, établir; he ~ his son up in a dry-cleaning business il a acheté à son fils une entreprise de nettoyage à sec; she could finally ~ herself up as an accountant elle pourrait enfin s'installer comme comptable; the money would ~ him up for life l'argent le mettrait à l'abri du besoin pour le restant de ses jours; the army ~ him up as a dictator l'armée l'installa comme dictateur. -5. [provide]: we're well ~ up with supplies nous sommes bien approvisionnés; she can ~ you up with a guide/the necessary papers elle peut vous procurer un guide/les papiers qu'il vous faut; I can ~ you up with a girlfriend of mine je peux te présenter à OR te faire rencontrer une de mes copines. -6. [restore energy to] remonter, remettre sur pied; have a brandy, that'll ~ you up prends un cognac, ça va te remonter. -7. *inf* [frame] monter un coup contre; she claims she was ~ up elle prétend qu'elle est victime d'un coup monté; he was ~ up as the fall guy on a fait de lui le bouc émissaire, il a joué le rôle de bouc émissaire.

◇ *vi insep* s'installer, s'établir; he's setting up in the fast-food business il se lance dans la restauration rapide; to ~ up on one's own [business] s'installer à son compte; [home] prendre son propre appartement.

◆ **set upon** *vt insep* [physically or verbally] attaquer, s'en prendre à.

setaside ['setəsaɪd] *n* mise *f* en jachère.

setback ['setbæk] *n* revers *m*, échec *m*; [minor] contretemps *m*.

set-in *adj* [sleeve] rapporté.

set piece *n* -**1.** ART, LITERAT & MUS morceau *m* de bravoure. -**2.** [fireworks] pièce *f* (de feu) d'artifice. -**3.** [of scenery] élément *m* de décor.

set point *n* TENNIS balle *f* de set.

set scrum *n* RUGBY mêlée *f* fermée.

setsquare ['setskweəʳ] *n* équerre *f (à dessiner)*.

sett [set] *n* -**1.** [for paving] pavé *m*. -**2.** [of badger] terrier *m* (de blaireau).

settee [se'tiː] *n* canapé *m*.

setter ['setəʳ] *n* -**1.** [dog] setter *m*. -**2.** [of jewels] sertisseur *m*.

set theory *n* théorie *f* des ensembles.

setting ['setɪŋ] *n* -**1.** [of sun, moon] coucher *m*. -**2.** [situation, surroundings] cadre *m*, décor *m*; THEAT décor *m*; the house is in a lovely country ~ la maison est située dans un très beau cadre campagnard; they photographed the foxes in their natural ~ ils ont photographié les renards dans leur milieu naturel; the film has Connemara as its ~ le film a pour cadre le Connemara. -**3.** [position, level - of machine, instrument] réglage *m*. -**4.** [for jewels] monture *f*; [of jewels] sertissage *m*. -**5.** [at table] set *m* de table. -**6.** MUS [of poem, play] mise *f* en musique; [for instruments] arrangement *m*, adaptation *f*; ~ for male voice arrangement pour voix d'homme. -**7.** [of fracture] réduction *f*; [in plaster] plâtrage *m*. -**8.** [of jam] prise *f*; [of cement] prise *f*, durcissement *m*. -**9.** TYPO composition *f*.

setting lotion *n* lotion *f* pour mise en plis.

setting-up *n* -**1.** [of company, organization] lancement *m*, création *f*; [of enquiry] ouverture *f*. -**2.** TYPO composition *f*.

settle ['setl] ◇ *vt* -**1.** [solve - question, issue] régler; [- dispute, quarrel] régler, trancher; to ~ differences régler OR trancher des différends; the case was ~d out of court l'affaire a été réglée à l'amiable; to ~ old scores régler des comptes ☐ that's ~d him OR his hash! *inf* ça l'a remis à sa place! -**2.** [determine, agree on - date, price] fixer; have you ~d where to go for the picnic? avez-vous décidé d'un endroit pour le pique-nique?; it was ~d that I would go to boarding school il fut convenu OR décidé que j'irais en pension; you must ~ that among yourselves il va falloir que vous arrangiez cela entre vous; nothing is ~d yet rien n'est encore décidé OR arrêté; that's one point ~d voilà déjà un point d'acquis; that's that ~d then! voilà une affaire réglée!; that's ~d then, I'll meet you at 8 o'clock alors c'est entendu OR convenu, on se retrouve à 8 h; that ~s it, the party's tomorrow! c'est décidé, la fête aura lieu demain!; that ~s it, he's fired trop c'est trop, il est renvoyé! -**3.** [pay - debt] régler; to ~ one's affairs mettre ses affaires en ordre, régler ses affaires; to ~ an account/a bill régler une note/une facture; to ~ a claim [insurance] régler un litige. -**4.** [install] installer; when I'm ~d, I'll write to you quand je serai installé, je vous écrirai; to ~ o.s. comfortably in an armchair s'installer confortablement dans un fauteuil; he ~d the children for the night il a mis les enfants au lit, il est allé coucher les enfants; to get ~d s'installer (confortablement) ‖ [arrange, place - on table, surface] installer, poser (soigneusement); she ~d the rug over her knees elle enroula la couverture autour de ses genoux. -**5.** [colonize] coloniser; Peru was ~d by the Spanish le Pérou a été colonisé par les Espagnols, les Espagnols se sont établis au Pérou. -**6.** [calm - nerves, stomach] calmer, apaiser; this brandy will ~ your nerves ce cognac te calmera les nerfs; the rain ~d the dust la pluie a fait retomber la poussière. -**7.** JUR [money, allowance, estate] constituer; to ~ an annuity on sb constituer une rente à qqn; she ~d all her money on her nephew elle a légué toute sa fortune à son neveu; how are you ~d for money at the moment? *fig* est-ce que tu as suffisamment d'argent en ce moment?

◇ *vi* -**1.** [go to live - gen] s'installer, s'établir; [- colonist] s'établir; she finally ~d abroad elle s'est finalement installée à l'étranger. -**2.** [become calm - nerves, stomach, storm] s'apaiser, se calmer; [- situation] s'arranger; wait for things to ~ before you do anything attends que les choses se calment OR s'arrangent avant de faire quoi que ce soit. -**3.** [install o.s. - in new flat, bed] s'installer; to ~ for the night s'installer pour la nuit; it took me a long time to ~ mon installation a pris du temps ‖ [adapt - to circumstances] s'habituer; I just can't ~ to my work somehow je ne sais pas pourquoi, mais je suis incapable de me concentrer sur mon travail. -**4.** [come to rest - dust, snow] retomber; [- sediment] se déposer; [- bird, insect, eyes] se poser; the snow began to ~ (on the ground) la neige commençait à tenir; let your dinner ~ before you go out prends le temps de digérer avant de sortir; a fly ~d on the butter une mouche s'est posée sur le beurre; her gaze ~ed on the book son regard se posa sur le livre. -**5.** [spread]: a look of utter contentment ~d on his face son visage prit une expression de profonde satisfaction; an eerie calm ~d over the village un calme inquiétant retomba sur le village; the cold ~d on his chest le rhume lui est tombé sur la poitrine. -**6.** CONSTR [road, wall, foundations] se tasser; contents may ~ during transport le contenu risque de se tasser pendant le transport; cracks appeared in the walls as the house ~d des fissures apparaissaient dans les murs au fur et à mesure que la maison se tassait OR s'affaissait. -**7.** [financially]: to ~ with sb for sthg régler le prix de qqch à qqn; can I ~ with you tomorrow? est-ce que je peux vous régler demain?; to ~ out of court régler une affaire à l'amiable. -**8.** [decide] se décider; they've ~d on a Volkswagen ils se sont décidés pour une Volkswagen; they've ~d on Rome for their honeymoon ils ont décidé d'aller passer leur lune de miel à Rome; they ~d on a compromise solution ils ont finalement choisi le compromis.

◇ *n* [seat] banquette *f* à haut dossier.

◆ **settle down** ◇ *vi insep* -**1.** [in armchair, at desk] s'installer; [in new home] s'installer, se fixer; [at school, in job] s'habituer, s'adapter; they ~d down by the fire for the evening ils se sont installés près du feu pour la soirée; to ~ down to watch television s'installer (confortablement) devant la télévision; it took the children some weeks to ~ down in their new school il a fallu plusieurs semaines aux enfants pour s'habituer à leur nouvelle école; Susan is finding it hard to ~ down to life in Paris Susan a du mal à s'habituer OR à s'adapter à la vie parisienne; to ~ down to work se mettre au travail. -**2.** *fig* [become stable - people] se ranger, s'assagir; it's about time Tom got married and ~d down il est temps que Tom se marie et s'installe dans la vie; they never ~ down anywhere for long ils ne se fixent jamais nulle part bien longtemps. -**3.** [concentrate, apply o.s.]: to ~ down to do sthg se mettre à faire qqch; I can't seem to ~ down to anything these days je n'arrive pas à me concentrer sur quoi que ce soit ces jours-ci. -**4.** [become calm - excitement] s'apaiser; [- situation] s'arranger.

◇ *vt sep* [person] installer; to ~ o.s. down in an armchair s'installer (confortablement) dans un fauteuil; she ~d the patient down for the night elle a installé le malade pour la nuit.

◆ **settle for** *vt insep* accepter, se contenter de; I won't ~ for less than £200 200 livres, c'est mon dernier prix, je ne descendrai pas au-dessous de 200 livres; there was no wine left so they had to ~ for beer comme il ne restait plus de vin, ils durent se contenter de bière; they ~d for a compromise ils ont choisi une solution de compromis.

◆ **settle in** *vi insep* [at new house] s'installer; [at new school, job] s'habituer, s'adapter; once we're ~d in, we'll invite you round une fois que nous serons installés, nous t'inviterons; it took him a while to ~ in at his new school il a mis un certain temps à s'habituer à sa nouvelle école.

◆ **settle into** ◇ *vt insep* [job, routine] s'habituer à, s'adapter à; she soon ~d into her new post elle s'est vite adaptée à son nouveau poste; life soon ~d into the usual dull routine la vie reprit bientôt son rythme monotone.

◇ *vt sep* installer dans; she's busy settling her daughter into her new flat elle est occupée à installer sa fille dans son nouvel appartement.

◆ **settle up** ◇ *vi insep* régler (la note); I must ~ up with the plumber il faut que je règle le plombier; can we ~ up? est-ce qu'on peut faire les comptes?

◇ *vt sep* régler.

settled ['setld] *adj* -**1.** [stable, unchanging - person] rangé, établi; [- life] stable, régulier; [- habits] régulier; he's very ~ in his ways il est très routinier, il a ses petites habitudes. -**2.** METEOR [calm] beau; the weather will remain ~ le temps demeurera au beau fixe. -**3.** [inhabited] peuplé; [colonized] colonisé. -**4.** [fixed - population] fixe, établi. -**5.** [account, bill] réglé.

settlement ['setlmənt] *n* -**1.** [resolution - of question, dispute] règlement *m*, solution *f*; [of problem] solution *f*. -**2.** [payment] règlement *m*; I enclose a cheque in ~ of your account veuillez trouver ci-joint un chèque en règlement de votre facture; out-of-court ~ règlement à l'amiable. -**3.** [agreement] accord *m*; to reach a ~ parvenir à OR conclure un accord; wage ~ accord salarial. -**4.** [decision - on details, date] décision *f*; ~ of the final details will take some time il faudra un certain temps pour régler les derniers détails. -**5.** JUR [financial] donation *f*; [dowry] dot *f*; [of annuity] constitution *f*; to make a ~ on sb faire une donation à OR en faveur de qqn. -**6.** [colony] colonie *f*; [village] village *m*; [dwellings] habitations *fpl*. -**7.** [colonization] colonisation *f*, peuplement *m*; signs of human ~ des traces d'une présence humaine. -**8.** [of contents, road] tassement *m*; [of sediment] dépôt *m*.

settler ['setləʳ] *n* colonisateur *m*, -trice *f*, colon *m*.

settling ['setlɪŋ] *n* -**1.** [of question, problem, dispute] règlement *m*. -**2.** [of account, debt] règlement *m*. -**3.** [of contents] tassement *m*. -**4.** [of country] colonisation *f*.

◆ **settlings** *npl* [sediment] dépôt *m*, sédiment *m*.

set-to *inf* (*pl* set-tos) *n* [fight] bagarre *f*; [argument] prise *f* de bec.

set-up *n* -**1.** [arrangement, system] organisation *f*, système *m*; the project manager explained the ~ to me le chef de projet m'a expliqué comment les choses fonctionnaient OR étaient organisées; this is the ~ voici comment ça se passe; what's the economic ~ in these countries? quel est le système économique de ces pays? -**2.** *inf* [frame-up] coup *m* monté.

seven ['sevn] ◇ *adj* sept; 'The Seven Samurai' *Kurosawa* 'les Sept Samouraïs'.

◇ *n* sept *m inv*.

sevenfold ['sevnfəʊld] ◇ *adj* septuple.

◇ *adv* au septuple; profits have increased ~ les bénéfices ont été multipliés par sept.

seven-league boots *npl* bottes *fpl* de sept lieux.

seven seas *npl*: the ~ toutes les mers (du monde); to sail the ~ parcourir les mers.

seventeen [ˌsevn'tiːn] ◇ *adj* dix-sept.

◇ *n* dix-sept *m inv*.

seventeenth [ˌsevn'tiːnθ] ◇ *adj* dix-septième.

◇ *n* [ordinal] dix-septième *mf*; [fraction] dix-septième *m*.

seventh ['sevnθ] ◇ *adj* septième.

◇ *n* [ordinal] septième *mf*; [fraction] septième *m*; MUS septième *f*.

Seventh Day Adventist *n* adventiste *mf* du septième jour.
seventh heaven *n* le septième ciel; to be in (one's) ~ être au septième ciel.
seventieth ['sevntjəθ] ◇ *adj* soixante-dixième.
◇ *n* [ordinal] soixante-dixième *mf*; [fraction] soixante-dixième *m*.
seventy ['sevntɪ] (*pl* **seventies**) ◇ *adj* soixante-dix.
◇ *n* soixante-dix *m inv*.
seventy-eight *n* [record] 78 tours *m inv*; **a collection of old 78s** une collection de vieux 78 tours.
seven-year itch *n hum* tentation *f* d'infidélité *(après sept ans de mariage)*.
sever ['sevəʳ] ◇ *vt* -**1.** [cut off - rope, limb] couper, trancher; **his hand was ~ed (at the wrist)** il a eu la main coupée (au poignet); **the roadworks ~ed a watermain** les travaux ont crevé une canalisation d'eau; **communications with outlying villages have been ~ed** les communications avec les villages isolés ont été rompues. -**2.** [cease - relationship, contact] cesser, rompre; **they ~ed all connections with the organization** ils ont cessé toute relation avec l'organisation; **she ~ed all ties with her family** elle a rompu tous les liens avec sa famille.
◇ *vi* se rompre, casser, céder; **the rope ~ed under the strain** la corde a cédé sous la tension.
several ['sevrəl] ◇ *det* plusieurs; **on ~ occasions** à plusieurs occasions OR reprises; **~ thousand dollars** plusieurs milliers de dollars.
◇ *pron* plusieurs; **~ of my colleagues have left** plusieurs de mes collègues sont partis; **~ of us** plusieurs d'entre nous; **there are ~ of them** ils sont plusieurs; **~ of us got together to organize a party** nous nous sommes mis à plusieurs pour organiser une soirée.
◇ *adj* JUR [separate] distinct.
severally ['sevrəlɪ] *adv fml* séparément, individuellement.
severance ['sevrəns] *n* [of relations] rupture *f*, cessation *f*; [of communications, contact] interruption *f*, rupture *f*.
severance pay *n (U)* indemnité *f* OR indemnités *fpl* de licenciement.
severe [sɪ'vɪəʳ] *adj* -**1.** [harsh - criticism, punishment, regulations] sévère, dur; [- conditions] difficile, rigoureux; [- storm] violent; [- winter, climate] rude, rigoureux; [- frost] intense; [- competition] rude, serré; **~ weather conditions** conditions *fpl* météorologiques très rudes ‖ [strict - tone, person] sévère; **she's too ~ with her children** elle est trop dure avec ses enfants; **I gave them a ~ telling-off** je les ai sévèrement grondés. -**2.** [serious - illness, handicap] grave, sérieux; [- defeat] grave; [- pain] vif, aigu; **I've got ~ backache/toothache** j'ai très mal au dos/une rage de dents; **to suffer ~ losses** subir de lourdes pertes; **his death was a ~ blow to them/to their chances** sa mort les a sérieusement ébranlés/a sérieusement compromis leurs chances; **it will be a ~ test of our capabilities** cela mettra nos aptitudes à rude épreuve. -**3.** [austere - style, dress, haircut] sévère, strict; **the building has a certain ~ beauty** l'édifice a une certaine beauté austère.
severely [sɪ'vɪəlɪ] *adv* -**1.** [harshly - punish, treat, criticize] sévèrement, durement; **don't judge them too ~** ne les jugez pas trop sévèrement OR avec trop de sévérité ‖ [strictly] strictement, sévèrement; **he spoke ~ to them** il leur parla d'un ton sec. -**2.** [seriously - ill, injured, disabled] gravement, sérieusement; **to be ~ handicapped** être gravement handicapé. -**3.** [austerely] d'une manière austère, sévèrement; **she dresses very ~** elle s'habille de manière très austère.
severity [sɪ'verətɪ] *n* -**1.** [harshness - of judgment, treatment, punishment, criticism] sévérité *f*, dureté *f*; [- of climate, weather] rigueur *f*, dureté *f*; [- of frost, cold] intensité *f*. -**2.** [seriousness - of illness, injury, handicap] gravité *f*, sévérité *f*. -**3.** [austerity] austérité *f*, sévérité *f*.
Seville [sə'vɪl] *pr n* Séville.
Seville orange *n* orange *f* amère, bigarade *f*.
sew [səʊ] (*pt* **sewed**, *pp* **sewn** [səʊn] OR **sewed**) ◇ *vt* coudre; **to ~ a button on(to) a shirt** coudre OR recoudre un bouton sur une chemise; **she can't even ~ a button on** elle ne sait même pas coudre un bouton; **could you ~ this armband on for me?** pouvez-vous me coudre ce brassard?; **he ~ed the money into the lining** il a cousu l'argent dans la doublure; **you'll have to ~ the pieces together again** il va falloir recoudre les pièces ensemble.
◇ *vi* coudre, faire de la couture.
◆ **sew up** *vt sep* -**1.** [tear, slit] coudre, recoudre; [seam] faire; MED [wound] coudre, recoudre, suturer; **I must ~ up this hole** il faut que je raccommode ce trou. -**2.** *inf fig* [arrange, settle - contract] régler; [- details] régler, mettre au point; **the deal is all sewn up** l'affaire est dans le sac ‖ [control] contrôler, monopoliser; **multinationals have sewn up the economy** les multinationales contrôlent l'économie; **they've got the election all sewn up** l'élection est gagnée d'avance.
sewage ['su:ɪdʒ] *n (U)* vidanges *fpl*, eaux *fpl* d'égout, eaux-vannes *fpl*; **the ~ system** les égouts *mpl*; **~ disposal** évacuation *f* des eaux usées.
sewage farm, **sewage works** *n* station *f* d'épuration.
sewer ['sʊəʳ] *n* [drain] égout *m*.
sewerage ['sʊərɪdʒ] *n (U)* -**1.** [disposal] évacuation *f* des eaux usées. -**2.** [system] égouts *mpl*, réseau *m* d'égouts. -**3.** [sewage] eaux *fpl* d'égout.
sewer rat *n* rat *m* d'égout.
sewing ['səʊɪŋ] ◇ *n* -**1.** [activity] couture *f*; **she likes ~** elle aime coudre OR la couture. -**2.** [piece of work] couture *f*, ouvrage *m*; **what have I done with my ~?** où ai-je posé ma couture?
◇ *comp* [basket, kit] à couture; [cotton] à coudre; [class] de couture.
sewing machine *n* machine *f* à coudre.
sewn [səʊn] *pp* → **sew**.
sex [seks] ◇ *n* -**1.** [gender] sexe *m*; **the club is open to both ~es** le club est ouvert aux personnes des deux sexes; **single ~ school** établissement *m* scolaire non mixte. -**2.** *(U)* [sexual intercourse] relations *fpl* sexuelles, rapports *mpl* (sexuels); **to have ~ with sb** avoir des rapports (sexuels) OR faire l'amour avec qqn; **extramarital ~** relations extraconjugales. -**3.** [sexual activity] sexe *m*; **that film is just full of ~** il n'y a que du sexe dans ce film; **all he ever thinks about is ~** c'est un obsédé (sexuel); **there is too much ~ and violence on TV** il y a trop de sexe et de violence à la télévision.
◇ *comp* sexuel; **~ drive** pulsion *f* sexuelle, pulsions *fpl* sexuelles, libido *f*; **~ life** vie *f* sexuelle.
◇ *vt* [animal] déterminer le sexe de.
sexadecimal [,seksə'desɪml] *adj* sexadécimal.
sexagenarian [,seksədʒɪ'neərɪən] ◇ *adj* sexagénaire.
◇ *n* sexagénaire *mf*.
sex appeal *n* sex-appeal *m*.
sex change *n* changement *m* de sexe; **to have a ~** changer de sexe.
sex chromosome *n* chromosome *m* sexuel.
sexed [sekst] *adj* BIOL & ZOOL sexué; **to be highly ~** [person] avoir des pulsions sexuelles très fortes, avoir une forte libido.
sex education *n* éducation *f* sexuelle.
sex hormone *n* hormone *f* sexuelle.
sexily ['seksɪlɪ] *adv* sensuellement; **he dances very ~** il danse de façon très sensuelle.
sexism ['seksɪzm] *n* sexisme *m*.
sexist ['seksɪst] ◇ *adj* sexiste.
◇ *n* sexiste *mf*.
sex kitten *inf n* bombe *f* sexuelle.
sexless ['sekslɪs] *adj* -**1.** BIOL asexué. -**2.** [person - asexual] asexué; [- frigid] frigide; [marriage] blanc.
sex-mad *inf adj*: **he's/she's ~** il/elle ne pense qu'à ça.
sex maniac *n* obsédé *m* sexuel, obsédée *f* sexuelle.
sex object *n* objet *m* sexuel.
sex offender *n* auteur *m* d'un délit sexuel.
sexologist [sek'sɒlədʒɪst] *n* sexologue *mf*.
sexology [sek'sɒlədʒɪ] *n* sexologie *f*.
sex organ *n* organe *m* sexuel.
sexpot *inf* ['sekspɒt] *n hum* homme *m* très sexy, femme *f* très sexy.
sex shop *n* sex-shop *m*.
sex-starved *adj hum* (sexuellement) frustré.
sex symbol *n* sex-symbol *m*.
sextant ['sekstənt] *n* sextant *m*.
sextet [seks'tet] *n* sextuor *m*.
sex therapist *n* sexologue *mf*.
sex therapy *n* sexothérapie *f*.
sexton ['sekstən] *n* sacristain *m*, bedeau *m*.
sextuple ['sekstjʊpl] ◇ *adj* sextuple.
◇ *n* sextuple *m*.
◇ *vi & vt* sextupler.
sextuplet ['sekstjʊplɪt] *n* sextuplé *m*, -e *f*.
sextuplicate [seks'tju:plɪkɪt] ◇ *n* sextuple *m*; **in ~** en six exemplaires.
◇ *adj* sextuple.
Sextus ['sekstəs] *pr n* Sextus.
sexual ['sekʃʊəl] *adj* sexuel.
sexual abuse *n* sévices *mpl* sexuels.
sexual harassment *n* harcèlement *m* sexuel.
sexual intercourse *n (U)* rapports *mpl* sexuels.
sexuality [,sekʃʊ'ælətɪ] *n* sexualité *f*.
sexually ['sekʃʊəlɪ] *adv* sexuellement; **to be ~ assaulted** être victime d'une agression sexuelle; **~ transmitted disease** maladie *f* sexuellement transmissible, MST *f*.
sexy *inf* ['seksɪ] (*compar* **sexier**, *superl* **sexiest**) *adj literal* sexy *(inv)*; *fig* branché.
Seychelles [seɪ'ʃelz] *pl pr n*: **the ~** les Seychelles *fpl*; **in the ~** aux Seychelles.
sez▽ [sez] = **says**.
SF (*abbr of* science fiction) *n* SF *f*.
SG *n abbr of* Surgeon General.
sh [ʃ] *interj* chut!
shabbily ['ʃæbɪlɪ] *adv* -**1.** [dressed, furnished] pauvrement. -**2.** [behave, treat] mesquinement, petitement; **I think she's been very ~ treated** je trouve qu'on l'a traitée avec beaucoup de mesquinerie OR de manière très mesquine.
shabbiness ['ʃæbɪnɪs] *n* -**1.** [poor condition - of dress, person] pauvreté *f*; [- of house, street] délabrement *m*; [- of carpet] mauvais état *m*. -**2.** [meanness - of behaviour, treatment, trick] mesquinerie *f*, petitesse *f*. -**3.** [mediocrity - of excuse, reasoning] médiocrité *f*.
shabby ['ʃæbɪ] (*compar* **shabbier**, *superl* **shabbiest**) *adj* -**1.** [clothes] râpé, élimé; [carpet, curtains] usé, élimé; [person] pauvrement vêtu; [hotel, house] miteux, minable; [furniture] pauvre, minable; [street, area] misérable, miteux. -**2.** [mean - behaviour, treatment] mesquin, vil, bas; **that was a ~ trick** c'était vraiment mesquin. -**3.** [mediocre - excuse] piètre; [- reasoning] médiocre.
shabby-genteel *adj* pauvre mais digne.
shack [ʃæk] *n* cabane *f*, case *f*, hutte *f*.
◆ **shack up** *inf vi insep*: **to ~ up with sb** s'installer avec qqn; **they've ~ed up together** ils vivent ensemble OR se sont mis à la colle.
shackle ['ʃækl] *vt literal* enchaîner, mettre aux fers; *fig* entraver; **he was ~d to the post** on l'a enchaîné au poteau.
◆ **shackles** *n pl literal* chaînes *fpl*, fers *mpl*; *fig* chaînes *fpl*, entraves *fpl*.
shad [ʃæd] *n* alose *f*.
shaddock ['ʃædək] *n sorte de pamplemousse.*
shade [ʃeɪd] ◇ *n* -**1.** [shadow] ombre *f*; **to sit in the ~** s'asseoir à l'ombre; **45 degrees in the ~** 45 degrés à l'ombre; **in the ~ of a tree** à l'ombre d'un arbre; **these trees give plenty of ~** ces arbres font beaucoup d'ombre ‖ ART ombre *f*, ombres *fpl*; **the use of light and ~ in the painting** l'utilisation des ombres et des lumières OR du clair-obscur dans le tableau

❑ to put sb in the ~ éclipser qqn; his achievements really put mine in the ~ ses réalisations éclipsent vraiment les miennes. -**2.** [variety - of colour] nuance *f*, ton *m*; a different ~ of green un ton de vert différent, une autre nuance de vert ‖ [nuance - of meaning, opinion] nuance *f*; all ~s of political opinion were represented toutes les nuances politiques étaient représentées, tous les courants politiques étaient représentés. -**3.** [for lamp] abat-jour *m inv*; [for eyes] visière *f*; *Am* [blind - on window] store *m*; to pull the ~s (down) baisser les stores. -**4.** *lit* [spirit] ombre *f*; the Shades MYTH les Enfers *mpl*, le royaume des ombres.
◇ *vt* -**1.** [screen - eyes, face] abriter; [- place] ombrager, donner de l'ombre à; he ~d his eyes (from the sun) with his hand il a mis sa main devant ses yeux pour se protéger du soleil. -**2.** [cover - light, lightbulb] masquer, voiler. -**3.** ART [painting] ombrer; [by hatching] hachurer; I've ~d the background green j'ai coloré l'arrière-plan en vert.
◇ *vi* [merge] se dégrader, se fondre; the blue ~s into purple le bleu se fond en violet; questions of right and wrong tend to ~ into each other les questions du bien et du mal ont tendance à se rejoindre.
◆ **shades** *npl* -**1.** *lit* [growing darkness]: the ~s of evening les ombres du soir. -**2.** *inf* [sunglasses] lunettes *fpl* de soleil. -**3.** [reminder, echo] échos *mpl*; ~s of Proust des échos proustiens.
◆ **a shade** *adv phr*: she's a ~ better today elle va un tout petit peu mieux aujourd'hui; his books are just a ~ too sentimental for me ses livres sont un peu trop sentimentaux pour moi.
◆ **shade in** *vt sep* [background] hachurer, tramer; [with colour] colorer.

shadiness ['ʃeɪdɪnɪs] *n* -**1.** [of place] ombre *f*. -**2.** [of behaviour, dealings] caractère *m* louche OR suspect.

shading ['ʃeɪdɪŋ] *n (U)* ART [in painting] ombres *fpl*; [hatching] hachure *f*, tramage *m*, hachures *fpl*; *fig* [difference] nuance *f*.

shadow ['ʃædəʊ] ◇ *n* -**1.** [of figure, building] ombre *f*; to see a ~ on a wall voir une ombre sur un mur; the ~ of suspicion fell on them on a commencé à les soupçonner; she's a ~ of her former self elle n'est plus que l'ombre d'elle-même ❑ he's afraid of his own ~ il a peur de son ombre; to live in sb's ~ vivre dans l'ombre de qqn; to cast a ~ on OR over sthg *literal & fig* projeter OR jeter une ombre sur qqch. -**2.** [under eyes] cerne *m*. -**3.** [shade] ombre *f*, ombrage *m*; in the ~ of the trees à l'ombre des arbres; in the ~ of the doorway dans l'ombre de la porte; she was standing in (the) ~ elle se tenait dans l'ombre; the gardens lie in ~ now les jardins sont maintenant à l'ombre. -**4.** [slightest bit] ombre *f*; without a OR the ~ of a doubt sans l'ombre d'un doute. -**5.** [detective]: I want a ~ put on him je veux qu'on le fasse suivre; he managed to lose his ~ il a réussi à semer la personne qui l'avait pris en filature. -**6.** [companion] ombre *f*; he follows me everywhere like a ~ il me suit comme mon ombre, il ne me lâche pas d'une semelle.
◇ *vt* -**1.** [follow secretly] filer, prendre en filature; our job was to ~ enemy submarines nous étions chargés de suivre les sous-marins ennemis. -**2.** [screen from light] *lit* ombrager; tall trees ~ed the pathway de grands arbres ombrageaient le chemin.
◇ *adj Br* POL: ~ cabinet cabinet *m* fantôme; the Shadow Education Secretary/Defence Secretary le porte-parole de l'opposition pour l'éducation/pour la défense nationale.
◆ **shadows** *npl lit* [darkness] ombre *f*, ombres *fpl*, obscurité *f*; the ~s of the evening les ombres du soir.

SHADOW MINISTERS:
Les «ministres fantômes» sont les parlementaires de l'opposition qui deviendraient ministres si l'opposition prenait le pouvoir.

---

shadow-box *vi* SPORT faire de la boxe à vide.

shadow-boxing *n* SPORT boxe *f* à vide; let's stop all this ~ and get down to business arrêtons de tourner autour du pot et parlons sérieusement.

shadowy ['ʃædəʊɪ] *adj* -**1.** [shady - woods, path] ombragé; he looked into the ~ depths il scruta les profondeurs insondables. -**2.** [vague - figure, outline] vague, indistinct; [- plan] vague, imprécis.

shady ['ʃeɪdɪ] (*compar* shadier, *superl* shadiest) *adj* -**1.** [place] ombragé. -**2.** *inf* [person, behaviour] louche, suspect; [dealings] louche.

shaft [ʃɑːft] ◇ *n* -**1.** [of spear] hampe *f*; [of feather] tuyau *m*; ARCHIT [of column] fût *m*; ANAT [of bone] diaphyse *f*. -**2.** [of axe, tool, golf club] manche *m*. -**3.** [of cart, carriage] brancard *m*, limon *m*; to put a horse between the ~s atteler un cheval. -**4.** MECH [for propeller, in machine] arbre *m*. -**5.** [in mine] puits *m*; [of ventilator, chimney] puits *m*, cheminée *f*; [of lift] cage *f*. -**6.** [of light] rai *m*; a ~ of wit *fig* un trait d'esprit. -**7.** *lit* [arrow] flèche *f*. -**8.** ▽ *Am phr*: he got the ~ qu'est-ce qu'il s'est pris!
◇ *vt* -**1.** ▽ [cheat]: he got ~ed il s'est fait rouler! -**2.** ▼ [have sex with] baiser.

shag [ʃæg] (*pt* & *pp* shagged) ◇ *n* -**1.** [of hair, wool] toison *f*; ~ (pile) carpet moquette *f* à poils longs. -**2.** ~ (tobacco) tabac *m* (très fort). -**3.** ORNITH cormoran *m* huppé. -**4.** ▼ [sex]: to have a ~ baiser. -**5.** *Am* [dance] shag *m*. -**6.** *Am* [ballboy] ramasseur *m* de balles.
◇ *vt* -**1.** ▽ [tire] crever; to be shagged (out) être complètement crevé OR HS. -**2.** ▼ [have sex with] baiser. -**3.** *Am* [follow] poursuivre. -**4.** *Am* [fetch] aller chercher.
◇ *vi* -**1.** ▼ [have sex] baiser. -**2.** *Am* [dance] danser le shag.

shaggy ['ʃægɪ] (*compar* shaggier, *superl* shaggiest) *adj* [hair, beard] hirsute, touffu; [eyebrows] hérissé, broussailleux; [dog, pony] à longs poils (rudes); [carpet, rug] à longs poils; a ~-looking man un homme hirsute.

shaggy dog story *n* histoire *f* sans queue ni tête.

shagreen [ʃæ'griːn] *n* chagrin *m (cuir)*.

shah [ʃɑː] *n* chah *m*, shah *m*; the Shah of Persia le chah de Perse.

shake [ʃeɪk] (*pt* shook [ʃʊk], *pp* shaken ['ʃeɪkn]) ◇ *vt* -**1.** [rug, tablecloth, person] secouer; [bottle, cocktail, dice] agiter; [subj: earthquake, explosion] ébranler, faire trembler; he had to be shaken awake on a dû le secouer pour le réveiller; she shook me by the shoulders elle m'a secoué par les épaules; the wind shook the branches le vent agitait les branches; they shook the apples from the tree ils secouèrent l'arbre pour (en) faire tomber les pommes; he shook the gravel into the bag il secouait le gravier pour le faire tomber dans le sac; to ~ sugar onto sthg saupoudrer qqch de sucre; to ~ vinegar onto sthg asperger qqch de vinaigre; to ~ salt/pepper onto sthg saler/poivrer qqch; '~ well before use' 'bien agiter avant l'emploi'; the dog shook itself (dry) le chien s'est ébroué (pour se sécher); they shook themselves free ils se sont libérés d'une secousse; he needs to be shaken out of his apathy il a besoin qu'on le secoue (pour le tirer de son apathie); he shook his head [in refusal] il a dit OR fait non de la tête; [in resignation, sympathy] il a hoché la tête ❑ ~ a leg! *inf* secoue-toi!, remue-toi!; to ~ the dust from one's feet partir le cœur léger. -**2.** [brandish] brandir; to ~ one's finger at sb [in warning] avertir qqn en lui faisant signe du doigt; [threateningly] menacer qqn du doigt; he shook his fist at him il l'a menacé du poing; the farmer shook his stick at the boys le fermier menaçait les garçons de son bâton ❑ he's made more films than you can ~ a stick at *inf* il a réalisé un nombre incroyable de films. -**3.** [hand] serrer; to ~ hands with sb, to ~ sb's hand serrer la main à qqn; they shook hands ils se sont serré la main; let me ~ you by the hand permettez-moi de vous serrer la main; let's ~ hands on the deal serrons-nous la main pour sceller cet accord. -**4.** [upset - faith, confidence, health, reputation] ébranler; they were rather shaken by the news ils ont été plutôt secoués par la nouvelle; the whole world was shaken by the news le monde entier a été ébranlé par la nouvelle; his beliefs would not be that easily shaken ses convictions ne sauraient être ébranlées pour si peu. -**5.** [amaze] bouleverser, ébranler; she shook everyone with her revelations tout le monde a été bouleversé par ses révélations; 10 days that shook the world 10 jours qui ébranlèrent le monde; I bet that shook him! voilà qui a dû le secouer!
◇ *vi* -**1.** [ground, floor, house] trembler, être ébranlé; [leaves, branches] trembler, être agité; the whole house shook with the sound la maison entière a été ébranlée par le bruit; the child shook free of his captor l'enfant a échappé à son ravisseur. -**2.** [with emotion - voice] trembler, frémir; [- body, knees] trembler; her whole frame shook elle tremblait de tous ses membres; to ~ with laughter se tordre de rire; to ~ with fear trembler de peur; to ~ with cold trembler de froid, grelotter; to ~ like a jelly OR leaf trembler comme une feuille; to ~ in one's shoes avoir une peur bleue, être mort de peur; his hands were shaking uncontrollably il ne pouvait empêcher ses mains de trembler. -**3.** [in agreement]: let's ~ on it! tope-là!; they shook on the deal ils ont scellé leur accord par une poignée de main.
◇ *n* -**1.** secousse *f*, ébranlement *m*; to give sthg a ~ secouer qqch; she gave the thermometer a few ~s elle secoua un peu le thermomètre; with a ~ of his head [in refusal, in resignation, sympathy] avec un hochement de tête; give him a ~ [to waken] secouez-le; I feel like giving him a good ~ [to stimulate] j'ai une furieuse envie de le secouer; to be all of a ~ *inf Br* être tout tremblant. -**2.** *inf* [moment] instant *m*; you go, I'll be there in a ~ OR a couple of ~s vas-y, j'arrive dans un instant OR dans une seconde; in two ~s (of a lamb's tail) en un clin d'œil. -**3.** *inf Am* [earthquake] tremblement *m* de terre. -**4.** *inf Am* milk-shake *m*; a banana ~ un milk-shake à la banane. -**5.** *inf Am* [deal]: he'll give you a fair ~ il ne te roulera pas. -**6.** MUS trille *m*.
◆ **shake down** ◇ *vi insep* -**1.** *inf* [go to bed] coucher; they had to ~ down on the floor for the night ils ont dû dormir OR coucher par terre. -**2.** *inf* [adapt - to new situation, job] s'habituer; she's new to the job but she'll ~ down soon enough elle débute dans le métier mais elle s'y fera rapidement. -**3.** [contents of packet, bottle] se tasser.
◇ *vt sep* -**1.** [from tree] faire tomber en secouant; to ~ cherries down from a tree secouer un arbre pour en faire tomber les cerises. -**2.** [after fall]: to ~ o.s. down s'ébrouer, se secouer. -**3.** *inf Am*: to ~ sb down [rob] racketter qqn; [search] fouiller qqn. -**4.** *inf Am* [test] essayer, tester.
◆ **shake off** *vt sep* -**1.** [physically] secouer; to ~ the sand/water off sthg secouer le sable/l'eau de qqch. -**2.** [get rid of - cold, pursuer, depression] se débarrasser de; [- habit] se défaire de, se débarrasser de.
◆ **shake out** ◇ *vt sep* -**1.** [tablecloth, rug] (bien) secouer; [sail, flag] déferler, déployer; [bag] vider en secouant; he shook the coins out of the bag il a fait tomber les pièces en secouant le sac. -**2.** [rouse - person]: I can't seem to ~ him out of his apathy je n'arrive pas à le tirer de son apathie.
◇ *vi insep* MIL se disperser, se disséminer.
◆ **shake up** *vt sep* -**1.** [physically - cushion, pillow] secouer, taper; [- bottle] agiter. -**2.** *fig* [upset - person] secouer, bouleverser; they were badly shaken up after the accident ils ont été très secoués après l'accident. -**3.** [rouse - person] secouer; he needs shaking up a bit il a besoin qu'on le secoue un peu. -**4.** *inf* [overhaul - organization, company] remanier, réorganiser de fond en comble.

◆ **shakes** *npl* -**1.** to have the ~s avoir la tremblote. -**2.** *phr*: no great ~s pas grand-chose; **I'm no great ~s at painting** OR **as a painter** je ne casse rien OR pas des briques comme peintre.

shakedown ['ʃeɪkdaʊn] ◇ *n* -**1.** [bed] lit *m* improvisé OR de fortune. -**2.** *inf* [of ship, plane - test] essai *m*; [flight, voyage] voyage *m* OR vol *m* d'essai. -**3.** ▽ *Am* [search] fouille *f*. -**4.** ▽ *Am* [extortion] racket *m*.
◇ *adj* [test, flight, voyage] d'essai.

shaken ['ʃeɪkn] *pp* → **shake**.

shakeout ['ʃeɪkaʊt] *n* ECON dégraissage *m*.

shaker ['ʃeɪkəʳ] *n* [for cocktails] shaker *m*; [for salad] panier *m* à salade; [for dice] cornet *m*; **sugar/flour ~** saupoudreuse *f* à sucre/farine.

Shakers ['ʃeɪkəz] *npl* Shakers *mpl (secte religieuse)*.

Shakespearean [ʃeɪk'spɪərɪən] *adj* shakespearien.

Shakespeareana ['ʃeɪk,spɪərɪ'ɑːnə] *npl* [by Shakespeare] écrits *mpl* de Shakespeare; [about Shakespeare] articles *mpl* et livres *mpl* sur Shakespeare.

Shakespearian [ʃeɪk'spɪərɪən] = **Shakespearean**.

shake-up *inf n* -**1.** [of company, organization] remaniement *m*, restructuration *f*. -**2.** [emotional] bouleversement *m*.

shakily ['ʃeɪkɪlɪ] *adv* -**1.** [unsteadily - walk] d'un pas chancelant OR mal assuré; [- write] d'une main tremblante; [- speak] d'une voix tremblante OR chevrotante. -**2.** [uncertainly] d'une manière hésitante OR peu assurée; **she started ~ then went on to win the game** au début, elle n'était pas très sûre d'elle, mais elle a fini par gagner la partie.

shakiness ['ʃeɪkɪnɪs] *n* -**1.** [unsteadiness - of chair, table] manque *m* de stabilité; [- of foundations, building] manque *m* de solidité; [- of hand] tremblement *m*; [- of voice] chevrotement *m*, tremblement *m*. -**2.** [weakness, uncertainty - of health, memory, argument, faith] faiblesse *f*; [- of knowledge] insuffisance *f*; [- of position, authority] fragilité *f*, faiblesse *f*; [- of future] incertitude *f*.

shaky ['ʃeɪkɪ] (*compar* shakier, *superl* shakiest) *adj* -**1.** [unsteady - chair, table] branlant, peu solide; [- ladder] branlant, peu stable; [- hand] tremblant, tremblotant; [- writing] tremblé; [- voice] tremblant, chevrotant; [- steps] chancelant; **he's a bit ~ on his legs** il ne tient pas bien sur ses jambes; **I'm still ~ after my accident** je ne me suis pas encore complètement remis de mon accident; **to be based** OR **built on ~ foundations** avoir des bases chancelantes. -**2.** [uncertain, weak - health, faith] précaire, vacillant; [- authority, regime] incertain, chancelant; [- future, finances] incertain, précaire; [- business] incertain; **her memory is a bit ~** sa mémoire n'est pas très sûre; **my memories of the war are rather ~** mes souvenirs de la guerre sont assez vagues; **things got off to a ~ start** les choses ont plutôt mal commencé; **my knowledge of German is a bit ~** mes notions d'allemand sont plutôt vagues; **he came up with some very ~ arguments** ses arguments étaient très peu convaincants.

shale [ʃeɪl] *n* argile *f* schisteuse, schiste *m* argileux.

shale oil *n* huile *f* de schiste.

shall [*weak form* ʃəl, *strong form* ʃæl] *modal vb* -**1.** [as future auxiliary]: **I ~** OR **I'll come tomorrow** je viendrai demain; **I ~ not** OR **I shan't be able to come** je ne pourrai pas venir; **we ~ have finished by tomorrow** nous aurons fini demain; **I ~ now attempt a triple somersault** je vais à présent essayer d'exécuter un triple saut périlleux. -**2.** [in suggestions, questions]: **~ I open the window?** voulez-vous que j'ouvre la fenêtre?; **I'll shut that window, ~ I?** je peux fermer cette fenêtre, si vous voulez; **we'll all go then, ~ we?** dans ce cas, pourquoi n'y allons-nous pas tous?; **what ~ we buy?** qu'est-ce qu'on va acheter?; **where ~ we go?** où est-ce qu'on va aller? -**3.** *fml* [emphatic use]: **you ~ go to the ball!** vous irez au bal!; **it ~ be done** ce sera fait; **thou shalt not kill** BIBLE tu ne tueras point.

shallot [ʃə'lɒt] *n* échalote *f*.

shallow ['ʃæləʊ] ◇ *adj* -**1.** [water, soil, dish] peu profond; **the ~ end** [of swimming pool] le petit bain. -**2.** [superficial - person, mind, character] superficiel, qui manque de profondeur; [- conversation] superficiel, futile; [- argument] superficiel. -**3.** [breathing] superficiel.
◇ *vi fml* devenir moins profond.
◆ **shallows** *npl* bas-fond *m*, bas-fonds *mpl*, haut-fond *m*, hauts-fonds *mpl*.

shallow-minded *adj*: **to be ~** être superficiel OR futile.

shallowness ['ʃæləʊnɪs] *n* -**1.** [of water, soil, dish] faible profondeur *f*. -**2.** [of mind, character, sentiments] manque *m* de profondeur; [of person] esprit *m* superficiel, manque *m* de profondeur; [of talk, ideas] futilité *f*. -**3.** [of breathing] respiration *f* restreinte.

shalt [ʃælt] *arch 2nd person sg* → **shall**.

sham [ʃæm] (*pt & pp* **shammed**, *cont* **shamming**)
◇ *n* -**1.** [pretence - of sentiment, behaviour] comédie *f*, faux-semblant *m*; **what he says is all ~** il n'y a rien de vrai dans ce qu'il dit; **her illness/grief is a ~** sa maladie/son chagrin n'est qu'une mascarade; **their marriage is a complete ~** leur mariage est une véritable farce. -**2.** [impostor - person] imposteur *m*; [- organization] imposture *f*.
◇ *adj* -**1.** [pretended - sentiment, illness] faux, feint, simulé; [- battle] simulé. -**2.** [mock - jewellery] imitation *(adj)*, faux; **a ~ election** un simulacre d'élections.
◇ *vt* feindre, simuler; **to ~ illness** faire semblant d'être malade.
◇ *vi* faire semblant, jouer la comédie; **he's not really ill, he's only shamming** il n'est pas vraiment malade, il fait semblant.

shaman ['ʃæmən] *n* chaman *m*.

shamanism ['ʃæmənɪzm] *n* chamanisme *m*.

shamateur *inf* ['ʃæmətɜːʳ] ◇ *n* SPORT faux amateur *m*.
◇ *adj* [competition, game, race] *auquel participent de faux amateurs.*

shamble ['ʃæmbl] *vi*: **to ~ (along)** marcher en traînant les pieds; **to ~ in/out/past** entrer/sortir/passer en traînant les pieds; **he ~d up to them** il s'approcha d'eux d'un pas traînant; **a shambling gait** une démarche traînante.

shambles ['ʃæmblz] *n* -**1.** [place] désordre *m*; **your room is a total ~!** ta chambre est dans un état!; **the house was in a ~** la maison était sens dessus dessous. -**2.** [situation, event] désastre *m*; **his life is (in) a real ~** sa vie est un véritable désastre; **the evening was a ~** la soirée fut un vrai désastre; **to make a ~ of a job** saboter un travail.

shambolic [ʃæm'bɒlɪk] *adj Br* désordonné.

shame [ʃeɪm] ◇ *n* -**1.** [feeling] honte *f*, confusion *f*; **to my great ~** à ma grande honte; **he has no sense of ~** il n'a aucune honte; **to lose all sense of ~** perdre toute honte; **have you no ~?** vous n'avez pas honte? -**2.** [disgrace, dishonour] honte *f*; **to bring ~ on one's family/country** déshonorer sa famille/sa patrie, couvrir sa famille/sa patrie de honte; **to put sb to ~** faire honte à qqn; **she works so hard, she puts you to ~** elle vous ferait honte, tellement elle travaille; **the ~ of it!** quelle honte!; **~ on him!** c'est honteux!, quelle honte! ‖ *Br* [in Parliament]: **her speech brought cries of "~!"** son discours provoqua des huées. -**3.** [pity] dommage *m*; **it's a ~!** c'est dommage!; **what a ~!** quel dommage!; **it's a ~ he can't come/you missed it** c'est dommage qu'il ne puisse pas venir/que vous l'ayez manqué; **it would be a great ~ if she missed it** ce serait vraiment dommage qu'elle ne le voie pas; **what a ~ he forgot to tell you!** quel dommage qu'il ait oublié de vous le dire!
◇ *vt* [disgrace - family, country] être la honte de, faire honte à, déshonorer; [put to shame] faire honte à, humilier; **their record on staff training ~s other firms** ce qu'ils réalisent en matière de formation du personnel devrait faire honte aux autres entreprises; **it ~s me to admit it** j'ai honte de l'avouer; **to ~ sb into doing sthg** obliger qqn à faire qqch en lui faisant honte; **she was ~d into admitting the truth** elle avait tellement honte qu'elle a dû avouer la vérité.

shamefaced [,ʃeɪm'feɪst] *adj* honteux, penaud; **he was a bit ~ about it** il en avait un peu honte.

shamefacedly [,ʃeɪm'feɪstlɪ] *adv* d'un air honteux OR penaud; **he admitted, rather ~, that it was his fault** il a reconnu, d'un air plutôt penaud, que c'était (de) sa faute.

shameful ['ʃeɪmfʊl] *adj* honteux, indigne; **it's ~ to spread such rumours!** c'est honteux OR une honte de faire courir de telles rumeurs!; **it's a ~ waste of talent** c'est un gaspillage de talent honteux OR scandaleux.

shamefully ['ʃeɪmfʊlɪ] *adv* honteusement, indignement; **she has been treated ~** elle a été traitée de façon honteuse; **they've been ~ neglected** ils ont été honteusement négligés; **he was ~ ignorant about the issue** son ignorance sur la question était honteuse.

shameless ['ʃeɪmlɪs] *adj* effronté, sans vergogne; **that's a ~ lie!** c'est un mensonge éhonté!; **they are quite ~ about it!** ils ne s'en cachent pas!; **she's a ~ hussy!** *hum* c'est une dévergondée!

shamelessly ['ʃeɪmlɪslɪ] *adv* sans honte, sans vergogne, sans pudeur; **to lie ~** mentir effrontément; **they were walking about quite ~ with nothing on** ils se promenaient tout nus sans la moindre gêne OR sans que ça ait l'air de les gêner.

shamelessness ['ʃeɪmlɪsnɪs] *n* effronterie *f*, impudence *f*.

shaming ['ʃeɪmɪŋ] *adj* mortifiant, humiliant; **how ~!** quelle humiliation!

shammy ['ʃæmɪ] *n*: **~ (leather)** peau *f* de chamois.

shampoo [ʃæm'puː] ◇ *n* shampooing *m*; **~ and set** shampooing *m* (et) mise en plis *f*.
◇ *vt* [person, animal] faire un shampooing à; [carpet] shampouiner; **to ~ one's hair** se faire un shampooing, se laver les cheveux; **to have one's hair ~ed** se faire faire un shampooing.

shamrock ['ʃæmrɒk] *n* trèfle *m*.

shamus▽ ['ʃeɪməs] *n Am dated* [policeman] flic *m*, poulet *m*; [detective] privé *m*.

shandy ['ʃændɪ] (*pl* **shandies**) *n Br* panaché *m*.

shanghai [,ʃæŋ'haɪ] *vt* -**1.** NAUT embarquer de force *(comme matelot)*. -**2.** *inf fig*: **to ~ sb into doing sthg** forcer qqn à faire qqch; **I was ~ed into it** on m'a forcé la main.

Shanghai [,ʃæŋ'haɪ] *pr n* Shanghai.

Shangri-La [,ʃæŋgrɪ'lɑː] *n* paradis *m* terrestre.

shank [ʃæŋk] *n* -**1.** ANAT jambe *f*; [of horse] canon *m*; CULIN jarret *m*. -**2.** [stem - of screw, anchor] manche *m*; [- of glass] pied *m*.

shanks's pony *inf* ['ʃæŋksɪz-] *n hum*: **to go on ~** *inf* aller pedibus OR à pattes.

shan't [ʃɑːnt] = **shall not**.

shantung [,ʃæn'tʌŋ] *n* shantung *m*, chantoung *m*.

shanty ['ʃæntɪ] (*pl* **shanties**) *n* -**1.** [shack] baraque *f*, cabane *f*. -**2.** [song] chanson *f* de marins.

shantytown ['ʃæntɪtaʊn] *n* bidonville *m*.

shape [ʃeɪp] ◇ *n* -**1.** [outer form] forme *f*; **the room was triangular in ~** la pièce était de forme triangulaire OR avait la forme d'un triangle; **a sweet in the ~ of a heart** un bonbon en forme de cœur; **the house/garden is an odd ~** la maison/le jardin a une drôle de forme; **all the pebbles are different ~s** OR **a different ~** chaque caillou a une forme différente; **they come in all ~s and sizes** il y en a de toutes les formes et de toutes les tailles; **she moulded the clay into ~** elle façonna l'argile; **he bent/beat the copper into ~** il plia/martela le cuivre; **my pullover lost its ~ in the wash** mon pull s'est déformé au lavage. -**2.** [figure, silhouette] forme *f*, silhouette *f*; **vague ~s could be seen in the mist** on distinguait des formes vagues dans la brume. -3. [abstract form or structure] forme *f*; the ~ of our society la structure de notre société; to take ~ prendre forme OR tournure; her plan was beginning to take ~ son projet commençait à se concrétiser OR à prendre forme; to give ~ to sthg donner forme à qqch; she plans to change the whole ~ of the company elle a l'intention de modifier complètement la structure de l'entreprise. -4. [guise] forme *f*; help eventually arrived in the ~ of her parents ce sont ses parents qui finirent par arriver pour lui prêter secours; he can't take alcohol in any ~ or form il ne supporte l'alcool sous aucune forme; the ~ of things to come ce qui nous attend, ce que l'avenir nous réserve. -5. [proper condition, fitness, effectiveness etc] forme *f*; to be in good/bad ~ [person] être en bonne/mauvaise forme, être/ne pas être en forme; [business, economy] marcher bien/mal; I'm rather out of ~ je ne suis pas très en forme; I need to get (back) into ~ j'ai besoin de me remettre en forme; the economy is in poor ~ at the moment l'économie est mal en point OR dans une mauvaise passe actuellement; to keep o.s. OR to stay in ~ garder la OR rester en forme; what sort of ~ was he in? dans quel état était-il?, comment allait-il? ❑ to knock OR to lick sthg into ~ *inf* arranger qqch, mettre qqch au point; I'll soon knock OR lick them into ~! *inf* [soldiers] j'aurai vite fait de les dresser, moi!; [team] j'aurai vite fait de les remettre en forme, moi! -6. [apparition, ghost] apparition *f*, fantôme *m*. -7. [mould - gen] moule *m*; [- for hats] forme *f*.

◇ *vt* -1. [mould - clay] façonner, modeler; [- wood, stone] façonner, tailler; she ~d the clay into rectangular blocks elle a façonné l'argile en blocs rectangulaires; he ~d a pot from the wet clay il a façonné un pot dans l'argile; the paper had been ~d into a cone le papier avait été plié en forme de cône. -2. [influence - events, life, future] influencer, déterminer; to ~ sb's character former OR pétrir le caractère de qqn. -3. [plan - essay] faire le plan de; [- excuse, explanation, statement] formuler. -4. SEW ajuster; the jacket is ~d at the waist la veste est ajustée à la taille.

◇ *vi* [develop - plan] prendre forme OR tournure; things are shaping well les choses se présentent bien OR prennent une bonne tournure || [person] se débrouiller; how is he shaping as a teacher? comment se débrouille-t-il dans l'enseignement?

◆ **shape up** *vi insep* -1. [improve] se secouer; you'd better ~ up, young man! il est temps que tu te secoues, jeune homme!; ~ up and look smart! *inf* grouille-toi! -2. *Am* [get fit again] retrouver la forme. -3. [progress, develop] prendre (une bonne) tournure, the business is beginning to ~ up les affaires commencent à bien marcher; our plans are shaping up nicely nos projets prennent une bonne tournure; the new team is shaping up well la nouvelle équipe commence à bien fonctionner; they are shaping up into a good orchestra ils commencent à former un bon orchestre; how is she shaping up as a translator? comment se débrouille-t-elle OR comment s'en sort-elle en tant que traductrice?; she isn't shaping up too badly elle ne se débrouille OR ne s'en sort pas trop mal.

SHAPE [ʃeɪp] (*abbr of* Supreme Headquarters Allied Powers Europe) *pr n* SHAPE *m*.

shaped [ʃeɪpt] *adj* -1. [garment] ajusté; [wooden or metal object] travaillé. -2. [in descriptions]: ~ like a triangle en forme de triangle; a rock ~ like a man's head un rocher qui a la forme d'une tête d'homme.

-shaped *in cpds* en forme de; egg/crescent~ en forme d'œuf/de croissant; pear~ en forme de poire, piriforme *spec*.

shapeless ['ʃeɪplɪs] *adj* [mass, garment, heap] informe; to become ~ se déformer.

shapelessness ['ʃeɪplɪsnɪs] *n* absence *f* de forme, aspect *m* informe.

shapeliness ['ʃeɪplɪnɪs] *n* [of legs] galbe *m*; [of figure] beauté *f*, belles proportions *fpl*.

shapely ['ʃeɪplɪ] (*compar* shapelier, *superl* shapeliest) *adj* [legs] bien galbé, bien tourné; [figure, woman] bien fait; a ~ pair of legs une belle paire de jambes.

shard [ʃɑːd] *n* -1. [of glass] éclat *m*; [of pottery] tesson *m*. -2. ZOOL élytre *m*.

share [ʃeəʳ] ◇ *vt* -1. [divide - money, property, food, chores] partager; he ~d the chocolate with his sister il a partagé le chocolat avec sa sœur; I ~d the chocolate among the children j'ai partagé le chocolat entre les enfants; responsibility is ~d between the manager and his assistant la responsabilité est partagée entre le directeur et son assistant; they must ~ the blame for the accident ils doivent se partager la responsabilité de l'accident; they ~d the work between them ils se sont partagé le travail. -2. [use jointly - tools, flat, bed] partager; we ~d a taxi home nous avons partagé un taxi pour rentrer; ~d line TELEC ligne *f* partagée, raccordement *m* collectif. -3. [have in common - interest, opinion] partager; [- characteristic] avoir en commun; [- worry, sorrow] partager, prendre part à, compatir à; I ~ your hope that war may be avoided j'espère comme vous qu'on pourra éviter la guerre; we ~ the same name nous avons le même nom; we ~ a common heritage nous avons un patrimoine commun; ~d experience expérience *f* partagée.

◇ *vi* partager; to ~ in [cost, work] participer à, partager; [profits] avoir part à; [credit, responsibility] partager; [joy, sorrow] prendre part à, partager; we all ~ in your grief nous compatissons tous à votre douleur; he doesn't like sharing il n'aime pas partager; some children will have to ~ certains enfants devront partager ❑ ~ and ~ alike *prov* à chacun sa part.

◇ *n* -1. [portion - of property, cost, food, credit, blame] part *f*; divided into equal ~s divisé en parts OR portions égales; there's your ~ voici votre part OR ce qui vous revient; they've had their ~ of misfortune ils ont eu leur part de malheurs; he's come in for his full ~ of criticism il a été beaucoup critiqué; they have their ~ of responsibility in this matter ils ont leur part de responsabilité dans cette affaire; we've had more than our (fair) ~ of rain this summer nous avons eu plus que notre compte de pluie cet été; he got his (fair) ~ of the profits il a eu sa part des bénéfices; they all had a ~ in the profits ils ont tous eu une part des bénéfices; to pay one's ~ payer sa part OR quote-part OR son écot; they went ~s in the cost of the present ils ont tous participé à l'achat du cadeau; I went half ~s with her on a payé la moitié chacun; to have a ~ in a business être l'un des associés dans une affaire. -2. [part, role - in activity, work] part *f*, rôle *m*; what was his ~ in the robbery? quelle part a-t-il prise au vol?; what was her ~ in it all? quel rôle a-t-elle joué dans tout cela?; to do one's ~ (of the work) faire sa part du travail; he hasn't done his ~ il n'a pas fait sa part du travail; to have a ~ in doing sthg contribuer à faire qqch; she must have had a ~ in his downfall elle doit être pour quelque chose dans sa chute. -3. ST. EX action *f*; ~ prices have fallen le prix des actions est tombé. -4. AGR soc *m* (de charrue).

◆ **share out** *vt sep* partager, répartir; the profits were ~d out among them ils se sont partagé les bénéfices.

share capital *n* capital *m* social.

share certificate *n* certificat *m* OR titre *m* d'actions.

sharecrop ['ʃeəkrɒp] (*pt* & *pp* sharecropped) ◇ *vt Am* cultiver (en tant que métayer).
◇ *vi* travailler comme métayer, avoir une ferme en métayage.

sharecropper ['ʃeəˌkrɒpəʳ] *n* métayer *m*, -ère *f*.

sharecropping ['ʃeəˌkrɒpɪŋ] *n Am système de métayage en usage dans le sud des États-Unis après la guerre de Sécession.*

sharefarmer ['ʃeəˌfɑːməʳ] *n Austr fermier qui partage ses bénéfices avec ses ouvriers.*

shareholder ['ʃeəˌhəʊldəʳ] *n* actionnaire *mf*.

shareholding ['ʃeəˌhəʊldɪŋ] *n* actionnariat *m*.

share index *n* indice *m* boursier.

share-out *n* partage *m*, répartition *f*.

shareware ['ʃeəweəʳ] *n (U)* shareware *m*.

sharing ['ʃeərɪŋ] ◇ *adj* [person] partageur.
◇ *n* [of money, power] partage *m*.

shark [ʃɑːk] *n* -1. ZOOL requin *m*. -2. *inf fig* [swindler] escroc *m*, filou *m*; [predator - in business] requin *m*; he's a real ~ c'est un véritable escroc; the ~s are out les requins ont flairé un bon coup. -3. *inf Am* [genius] génie *m*; to be a ~ at sthg être calé en qqch. -4. *Am* [at match] revendeur *m* de billets à la sauvette.

sharkskin ['ʃɑːkskɪn] ◇ *n* peau *f* de requin.
◇ *comp* en peau de requin.

sharp [ʃɑːp] ◇ *adj* -1. [blade, scissors, razor] affûté, bien aiguisé; [edge] tranchant, coupant; [point] aigu, acéré; [teeth, thorn] pointu; [claw] acéré; [needle, pin - for sewing] pointu; [- for pricking] qui pique; [pencil] pointu, bien taillé; these scissors are ~ ces ciseaux coupent bien; give me a ~ knife donnez-moi un couteau qui coupe || [nose] pointu; she has ~ features elle a des traits anguleux ❑ the ~ end la première ligne; the men and women at the ~ end les hommes et les femmes en première ligne. -2. [clear - photo, line, TV picture] net; [- contrast, distinction] net, marqué. -3. [abrupt, sudden - blow, bend, turn] brusque; [- rise, fall, change] brusque, soudain; the car made a ~ turn la voiture a tourné brusquement; a ~ rise/fall in prices une forte hausse/baisse des prix. -4. [piercing - wind, cold] vif, fort. -5. [intense - pain, disappointment] vif. -6. [sour, bitter - taste, food] âpre, piquant. -7. [harsh - words, criticism] mordant, cinglant; [- reprimand] sévère; [- voice, tone] âpre, acerbe; [- temper] vif; some ~ words were exchanged on échangea quelques propos acerbes; he can be very ~ with customers il lui arrive d'être très brusque avec les clients; she has a ~ tongue elle a la langue bien affilée. -8. [keen - eyesight] perçant; [- hearing, senses] fin; she is ~ of hearing elle a l'oreille OR l'ouïe fine; he has a ~ eye il a le coup d'œil; to have a ~ eye for a bargain savoir repérer une bonne affaire; to keep a ~ lookout for sb guetter qqn; keep a ~ lookout! restez à l'affût! || [in intellect, wit - person] vif, malin; [- child] vif, éveillé; [- judgment] vif; she has a very ~ mind elle a l'esprit très vif; she was too ~ for them elle était trop maligne pour eux ❑ he's as ~ as a needle [intelligent] il est malin comme un singe; [shrewd] il est très perspicace, rien ne lui échappe. -9. [quick, brisk - reflex, pace]: be ~ (about it)! dépêche-toi!; that was a ~ piece of work! ça a été vite fait!, ça n'a pas traîné! -10. [shrill - sound, cry] aigu, perçant. -11. MUS: C ~ minor do dièse mineur; to be ~ [singer] chanter trop haut; [violinist] jouer trop haut. -12. *pej* [unscrupulous - trading, lawyer] peu scrupuleux, malhonnête; accused of ~ practice accusé de procédés indélicats OR malhonnêtes. -13. *inf* [smart] classe *(adj)*; he's always been a ~ dresser il s'est toujours habillé très classe.

◇ *adv* -1. [precisely]: at 6 o'clock ~ à 6 h pile OR précises. -2. [in direction]: turn ~ left tournez tout de suite à gauche; the road turns ~ left la route tourne brusquement à gauche. -3. MUS [sing, play] trop haut *(adv)*, faux *(adv)*. -4. *inf phr*: look ~ (about it)! dépêche-toi!, grouille-toi!

◇ *n* MUS dièse *m*.

sharpen ['ʃɑːpn] ◇ *vt* -1. [blade, knife, razor] affiler, aiguiser, affûter; [pencil] tailler; [stick] tailler en pointe; the cat ~ed its claws on the wood le chat aiguisait ses griffes OR se faisait les griffes sur le bois. -2. [appetite, pain] aviver, aiguiser; [intelligence] affiner; the events ~ed my desire to travel les événements ont accru mon désir de voyager; you'll need to ~ your wits il va falloir te secouer. -3. [outline, image] mettre au point, rendre plus net; [contrast] accentuer, rendre plus marqué. -4. *Br* MUS diéser.

◇ *vi* [tone, voice] devenir plus vif OR âpre; [pain] s'aviver, devenir plus vif; [appetite] s'aiguiser; [wind, cold] devenir plus vif.

sharpener ['ʃɑːpnəʳ] *n*: **(knife) ~** [machine] aiguisoir *m* (à couteaux); [steel] fusil *m* (à aiguiser); **(pencil) ~** taille-crayon *m inv*.

sharpening ['ʃɑːpnɪŋ] *n* affilage *m*, aiguisage *m*, affûtage *m*.

sharpening stone *n* pierre *f* à affûter.

sharp-eyed *adj* [with good eyes] qui a l'œil vif; [with insight] à qui rien n'échappe.

sharpish *inf* ['ʃɑːpɪʃ] *adv Br* [quickly] en vitesse, sans tarder; **you'd better get over there ~!** tu ferais mieux d'y aller en vitesse!; **look ~!** grouille-toi!

sharply ['ʃɑːplɪ] *adv* -**1. ~ pointed** [knife] pointu; [pencil] à pointe fine, taillé fin; [nose, chin, shoes] pointu. -**2.** [contrast, stand out] nettement; [differ] nettement, clairement; **this contrasts ~ with her usual behaviour** voilà qui change beaucoup de son comportement habituel; **the bare trees stood out ~ against the snow** les arbres dénudés se détachaient nettement sur la neige. -**3.** [abruptly, suddenly - curve, turn] brusquement; [- rise, fall, change] brusquement, soudainement; **the car took the bend too ~** la voiture a pris le virage trop vite; **the road rises/drops ~** la route monte/descend en pente raide; **inflation has risen ~ since last year** l'inflation est montée en flèche depuis l'année dernière. -**4.** [harshly - speak] vivement, sèchement, de façon brusque; [- criticize] vivement, sévèrement; [- reply, retort] vertement, vivement; **she reprimanded him ~ for being late** elle lui a fait de vifs reproches pour son retard; **I had to speak to her ~ about her persistent lateness** j'ai dû lui faire des observations sévères au sujet de ses retards répétés. -**5.** [alertly - listen] attentivement.

sharpness ['ʃɑːpnɪs] *n* -**1.** [of blade, scissors, razor] tranchant *m*; [of needle, pencil, thorn] pointe *f* aiguë; [of features] aspect *m* anguleux. -**2.** [of outline, image, contrast] netteté *f*. -**3.** [of bend, turn] angle *m* brusque; [of rise, fall, change] soudaineté *f*. -**4.** [of wind, cold, frost] âpreté *f*. -**5.** [of taste, smell] piquant *m*, aigreur *f*. -**6.** [of word, criticism, reprimand] sévérité *f*; [of tone, voice] brusquerie *f*, aigreur *f*; **there was a certain ~ in the way he spoke to me** il m'a parlé sur un ton plutôt sec. -**7.** [of eyesight, hearing, senses] finesse *f*, acuité *f*; [of appetite, pain] acuité *f*; [of mind, intelligence] finesse *f*, vivacité *f*; [of irony, wit] mordant *m*; **~ of vision** acuité *f* visuelle.

sharpshooter ['ʃɑːpˌʃuːtəʳ] *n* tireur *m* d'élite.

sharp-sighted *adj* [with good eyes] qui a l'œil vif; [perspicacious] perspicace; [observant] observateur, à qui rien n'échappe.

sharpster *inf* ['ʃɑːpstəʳ] *n* escroc *m*, tricheur *m*, -euse *f*.

sharp-tempered *adj* coléreux, soupe au lait (*inv*).

sharp-tongued [-tʌŋd] *adj* caustique.

sharp-witted *adj* à l'esprit vif OR fin.

shat▼ [ʃæt] *pt* & *pp* → **shit**.

shatter ['ʃætəʳ] ◇ *vt* -**1.** [break - glass, window] briser, fracasser; [- door] fracasser; **a stone ~ed the windscreen** un caillou a fait éclater le pare-brise; **the noise ~ed my eardrums** le bruit m'a assourdi. -**2.** *fig* [destroy - career, health] briser, ruiner; [- nerves] démolir, détraquer; [- confidence, faith, hope] démolir, détruire; **they were ~ed by the news, the news ~ed them** ils ont été complètement bouleversés par la nouvelle, la nouvelle les a complètement bouleversés.

◇ *vi* [glass, vase, windscreen] voler en éclats; **her whole world ~ed** son univers tout entier s'est écroulé OR a été anéanti.

shattered ['ʃætəd] *adj* -**1.** [upset] bouleversé; **~ dreams** des rêves brisés. -**2.** *inf Br* [exhausted] crevé. -**3.** ▽ *Am* [drunk] bourré.

shattering ['ʃætərɪŋ] *adj* -**1.** [emotionally - news, experience] bouleversant; [disappointment] fort, cruel. -**2.** [extreme - defeat] écrasant; **a ~ blow** *literal* un coup violent; *fig* un grand coup. -**3.** *inf Br* [tiring] crevant.

-shattering *in cpds*: **earth~** extraordinaire, époustouflant; **an ear~ noise** un bruit à vous déchirer les tympans.

shatterproof ['ʃætəpruːf] *adj*: **~ glass** verre *m* sans éclats OR Securit®.

shave [ʃeɪv] ◇ *vt* -**1.** raser; **the barber ~d him** OR **his face** le barbier l'a rasé; **to ~ one's legs/one's head** se raser les jambes/la tête. -**2.** [wood] raboter; **can you ~ a few millimetres off the bottom of the door?** pouvez-vous raboter le bas de la porte de quelques millimètres? -**3.** [graze] raser, frôler; **the car just ~d the garage door** la voiture n'a fait que frôler la porte du garage. -**4.** [reduce] réduire; **to ~ a few pence off the price** faire un rabais de quelques centimes; **a few percentage points have been ~d off their lead** ils ont perdu un peu de leur avantage.

◇ *vi* se raser.

◇ *n*: **to have a ~** se raser; **you need a ~** tu as besoin de te raser; **to give sb a ~** raser qqn.

◆ **shave off** *vt sep* -**1. to ~ off one's beard/moustache** se raser la barbe/la moustache; **to ~ off one's hair** se raser les cheveux OR la tête. -**2.** = **shave** *vt* **2**.

shaven ['ʃeɪvn] *adj* [face, head] rasé.

shaver ['ʃeɪvəʳ] *n* -**1.** [razor] rasoir *m* (électrique). -**2.** *inf dated* [youngster] gosse *m*, gamin *m*.

Shavian ['ʃeɪvjən] ◇ *adj* [writings] de George Bernard Shaw; [style] à la Shaw; [society] consacré à Shaw.

◇ *n* partisan *m* OR disciple *mf* de George Bernard Shaw.

shaving ['ʃeɪvɪŋ] ◇ *n* -**1.** [of wood] copeau *m*; [of metal] copeau *m*, rognure *f*; [of paper] rognure *f*. -**2.** [act] rasage *m*.

◇ *comp* [cream, foam] à raser; **~ brush** blaireau *m*; **~ soap** savon *m* à barbe; **~ stick** (bâton *m* de) savon *m* à barbe.

shawl [ʃɔːl] *n* châle *m*.

shawl collar *n* col *m* châle.

shawm [ʃɔːm] *n* chalumeau *m* MUS.

she [ʃiː] ◇ *pron* -**1.** [referring to woman, girl] elle; **~'s tall** elle est grande; **~'s a teacher/an engineer** elle est enseignante/ingénieur; **~'s a very interesting woman** c'est une femme très intéressante; SHE **can't do it** elle? elle ne peut pas le faire; **if I were ~** *fml* si j'étais elle, si j'étais à sa place; **~ who** OR **whom he loves** *fml* celle qu'il aime || [referring to boat, car, country]: **~'s a fine ship** c'est un bateau magnifique; **~ can do over 120 mph** elle fait plus de 150 km à l'heure. -**2.** [referring to female animal]: **~'s a lovely dog/cat** c'est une chienne/chatte adorable.

◇ *n* [referring to animal, baby]: **it's a ~** [animal] c'est une femelle; [baby] c'est une fille.

she- *in cpds*: **~elephant** éléphant *m* femelle; **~bear** ourse *f*; **~dog** chienne *f*; **~wolf** louve *f*.

s/he (*written abbr of* **she/he**) *pers pron* il ou elle.

sheaf [ʃiːf] (*pl* **sheaves** [ʃiːvz]) ◇ *n* -**1.** [of papers, letters] liasse *f*. -**2.** [of barley, corn] gerbe *f*; [of arrows] faisceau *m*.

◇ *vt* gerber, engerber.

shear [ʃɪəʳ] (*pt* **sheared**, *pp* **sheared** OR **shorn** [ʃɔːn]) ◇ *vt* -**1.** [sheep, wool] tondre; **her blonde locks had been shorn** on avait tondu ses boucles blondes; **to be shorn of sthg** *fig* être dépouillé de qqch; **he was shorn of all real power** il s'est vu dépouiller de tout pouvoir véritable. -**2.** [metal] couper (net), cisailler; **the girder had been shorn in two** la poutre métallique avait été coupée en deux.

◇ *vi* céder.

◆ **shears** *npl* [for gardening] cisaille *f*; [for sewing] grands ciseaux *mpl*; [for sheep] tondeuse *f*; **a pair of ~s** HORT une paire de cisailles; SEW une paire de grands ciseaux.

◆ **shear off** ◇ *vt sep* [wool, hair] tondre; [branch] couper, élaguer; [something projecting] couper, enlever; **the tail section of the car had been ~ed off on impact** la partie arrière de la voiture avait été arrachée par le choc.

◇ *vi insep* [part, branch] se détacher; **the wing ~ed right off** l'aile a été complètement arrachée.

shearer ['ʃɪərəʳ] *n* [machine] tondeuse *f* (à moutons); [person] tondeur *m*, -euse *f*.

shearing ['ʃɪərɪŋ] *n* [process] tonte *f*.

◆ **shearings** *npl*: **~s (of wool)** laine *f* tondue.

shearwater ['ʃɪəˌwɔːtəʳ] *n* puffin *m*.

sheath [ʃiːθ] (*pl* **sheaths** [ʃiːðz]) *n* -**1.** [scabbard, case - for sword] fourreau *m*; [- for dagger] gaine *f*; [- for scissors, tool] étui *m*. -**2.** [covering - for cable] gaine *f*; [- for water pipe] gaine *f*, manchon *m*; BOT, ANAT & ZOOL gaine *f*. -**3.** *Br* [condom] préservatif *m*. -**4.** = **sheath dress**.

sheath dress *n* (robe *f*) fourreau *m*.

sheathe [ʃiːð] *vt* -**1.** [sword, dagger] rengainer; **the cat ~d her claws** la chatte a rentré ses griffes. -**2.** [cable] gainer; [water pipe] gainer, mettre dans un manchon protecteur; **she was ~d from head to foot in black satin** *fig* elle était moulée dans du satin noir de la tête aux pieds.

sheathing ['ʃiːðɪŋ] *n* [gen] revêtement *m*; [of cable] gaine *f*.

sheath knife *n* couteau *m* à gaine.

sheave [ʃiːv] *vt* gerber, engerber.

sheaves [ʃiːvz] *pl* → **sheaf**.

Sheba ['ʃiːbə] *pr n* Saba; **the Queen of ~** la reine de Saba.

shebang *inf* [ʃɪ'bæŋ] *n*: **the whole ~** tout le tremblement.

shebeen [ʃɪ'biːn] *n Ir, Scot* & *SAfr* débit *m* de boissons clandestin.

she-cat *n literal* chatte *f*; *fig* furie *f*.

shed [ʃed] (*pt* & *pp* **shed**, *cont* **shedding**) ◇ *n* -**1.** [in garden] abri *m*, remise *f*, resserre *f*; [lean-to] appentis *m*. -**2.** [barn] grange *f*, hangar *m*; [for trains, aircraft, vehicles] hangar *m*; **cattle ~** étable *f*. -**3.** [in factory] atelier *m*.

◇ *vt* -**1.** [cast off - leaves, petals] perdre; [- skin, shell] se dépouiller de; [- water] ne pas absorber; **the snake regularly ~s its skin** le serpent mue; **the dog has ~ her hairs all over the carpet** la chienne a laissé des poils partout sur la moquette; **the trees are beginning to ~ their leaves** les arbres commencent à perdre leurs feuilles || [take off - garments] enlever; **with the heat, he ~ first his tie, then his jacket** avec la chaleur, il a enlevé d'abord sa cravate, puis sa veste. -**2.** [get rid of - inhibitions, beliefs] se débarrasser de, se défaire de; [- staff] congédier. -**3.** [tears, blood] verser, répandre; [weight] perdre; **to ~ bitter tears over sthg** verser des larmes amères sur qqch; **they came to power without shedding civilian blood** ils ont pris le pouvoir sans faire couler le sang des civils. -**4.** [eject, lose] déverser; ASTRONAUT larguer; **the truck ~ its load on the by-pass** le camion a perdu son chargement sur la rocade; **the plane needs to ~ 10 tons of fuel** l'avion doit larguer 10 tonnes de carburant. -**5.** *phr*: **to ~ light on** *literal* éclairer; *fig* éclairer, éclaircir; **perhaps this will ~ some new light on the situation** ça éclairera peut-être la situation d'un jour nouveau.

she'd [*weak form* ʃɪd, *strong form* ʃiːd] -**1.** = **she had**. -**2.** = **she would**.

she-devil *n* furie *f*.

sheen [ʃiːn] *n* [on satin, wood, hair, silk] lustre *m*; [on apple] poli *m*; **his hair has lost its ~** ses cheveux ont perdu leur éclat; **the cello had a beautiful red ~** le violoncelle avait de magnifiques reflets rouges.

sheep [ʃiːp] (*pl inv*) ◇ *n* mouton *m*; [ewe] brebis *f*; **they're just a load of ~** *pej* ils se comportent comme des moutons (de Panurge) OR un troupeau de moutons ❑ **to separate** OR **to sort out the ~ from the goats** séparer le bon grain de l'ivraie.

◇ *comp* [farm, farming] de moutons.

sheep-dip *n* bain *m* parasiticide (pour moutons).

sheepdog ['ʃiːpdɒg] *n* chien *m* de berger.

sheepdog trial *n* concours *m* de chiens de berger.

sheepfold ['ʃi:pfəʊld] *n* parc *m* à moutons, bergerie *f*.

sheepish ['ʃi:pɪʃ] *adj* penaud.

sheepishly ['ʃi:pɪʃlɪ] *adv* d'un air penaud.

sheepishness ['ʃi:pɪʃnɪs] *n* air *m* penaud.

sheep's eyes *inf npl*: to cast OR to make ~ at sb *dated* faire les yeux doux à qqn.

sheepshank ['ʃi:pʃæŋk] *n* (nœud *m* de) jambe *f* de chien.

sheepshearer ['ʃi:pˌʃɪərəʳ] *n* [person] tondeur *m*, -euse *f* (de moutons); [machine] tondeuse *f* (à moutons).

sheepshearing ['ʃi:pˌʃɪərɪŋ] *n* tonte *f* (des moutons).

sheepskin ['ʃi:pskɪn] ◇ *n* -**1.** TEX peau *f* de mouton. -**2.** *inf Am* UNIV [diploma] parchemin *m*. ◇ *comp* [coat, rug] en peau de mouton.

sheep tick *n* mélophage *m*.

sheer [ʃɪəʳ] ◇ *adj* -**1.** [as intensifier] pur; **it was ~ coincidence** c'était une pure coïncidence; **the ~ scale of the project was intimidating** l'envergure même du projet était impressionnante; **the ~ boredom of her job drove her mad** elle s'ennuyait tellement dans son travail que ça la rendait folle; **by ~ accident** OR **chance** tout à fait par hasard, par pur hasard; **out of** OR **in ~ boredom** par pur ennui; **in ~ desperation** en désespoir de cause; **that's ~ nonsense!** c'est complètement absurde!; **it's ~ folly!** c'est de la folie pure! -**2.** [steep - cliff] à pic, abrupt; **it's a ~ 50 metre drop** cela descend à pic sur 50 mètres; **a ~ drop to the sea** un à-pic jusqu'à la mer; **we came up against a ~ wall of water** nous nous sommes trouvés devant un véritable mur d'eau. -**3.** TEX [stockings] extra fin, 15 deniers.
◇ *adv* à pic, abruptement.
◇ *vi* NAUT [ship] faire une embardée.
◆ **sheer away** *vi insep* -**1.** [ship] larguer les amarres, prendre le large. -**2.** [animal, shy person] filer, détaler; **to ~ away from** éviter.
◆ **sheer off** *vi insep* -**1.** [ship] faire une embardée. -**2.** *fig* [person] changer de chemin OR de direction; **when he saw us, he ~ed off in the opposite direction** il a fait demi-tour en nous apercevant.

sheet [ʃi:t] ◇ *n* -**1.** [for bed] drap *m*; [for furniture] housse *f*; [shroud] linceul *m*; [tarpaulin] bâche *f*; **to change the ~s (on a bed)** changer les draps (d'un lit). -**2.** [of paper] feuille *f*; [of glass, metal] feuille *f*, plaque *f*; [of cardboard, plastic] feuille *f*; [of iron, steel] tôle *f*, plaque *f*; **a ~ of newspaper** une feuille de journal; **the book is still in ~s** le livre n'a pas encore été relié ❑ **attendance ~** feuille de présence; **order ~** bulletin *m* de commande. -**3.** [newspaper] feuille *f*, journal *m*; **it's a weekly union ~** c'est une feuille syndicale hebdomadaire. -**4.** [of water, snow] nappe *f*, étendue *f*; [of rain] rideau *m*, torrent *m*; [of flame] rideau *m*; **a ~ of ice** une plaque de glace; [on road] une plaque de verglas; **the rain came down in ~s** il pleuvait des hallebardes OR à torrents. -**5.** CULIN: **baking ~** plaque *f* de four OR à gâteaux. -**6.** NAUT écoute *f*; **to be three ~s to the wind** *inf fig* en tenir une bonne.
◇ *vt* [figure, face] draper, couvrir d'un drap; [furniture] couvrir de housses; **~ed (over) in snow** *fig* couvert de neige.
◆ **sheet down** *vi insep* [rain, snow] tomber à torrents.

sheet anchor *n* NAUT ancre *f* de veille; *fig* ancre *f* de salut.

sheet bend *n* nœud *m* d'écoute.

sheet-fed *adj* [printer] feuille à feuille.

sheet feed *n* avancement *m* du papier.

sheet ice *n* plaque *f* de glace; [on road] (plaque *f* de) verglas *m*.

sheeting ['ʃi:tɪŋ] *n* -**1.** [cloth] toile *f* pour draps. -**2.** [plastic, polythene] feuillet *m*; [metal] feuille *f*, plaque *f*.

sheet lightning *n* éclair *m* en nappe OR en nappes.

sheet metal *n* tôle *f*.

sheet music *n (U)* partitions *fpl*.

sheet steel *n* tôle *f* d'acier.

sheik(h) [ʃeɪk] *n* cheikh *m*.

sheik(h)dom ['ʃeɪkdəm] *n* territoire *m* sous l'autorité d'un cheikh.

sheila(h) *inf* ['ʃi:lə] *n Austr* & *NZ* nana *f*.

shekel ['ʃekl] *n* [Israeli coin] shekel *m*; BIBLE sicle *m*.
◆ **shekels** *inf npl esp Am* [money] fric *m*, sous *mpl*.

sheldrake ['ʃeldreɪk] *n* tadorne *m*.

shelduck ['ʃeldʌk] *n* tadorne *m*, harle *m*.

shelf [ʃelf] (*pl* **shelves** [ʃelvz]) *n* -**1.** [individual] planche *f*, étagère *f*; [as part of set, in fridge] étagère *f*; [short] tablette *f*; [in oven] plaque *f*; [in shop] étagère *f*, rayon *m*; **to put up shelves/a ~** monter des étagères/une étagère; **to buy sthg off the ~** acheter qqch tout fait; **I bought the cakes off the ~** j'ai acheté les gâteaux tout faits; **you can't buy alcohol off the ~ in that shop** l'alcool n'est pas en vente libre dans ce magasin; **to stay on the shelves** [goods] se vendre difficilement ❑ **to be left on the ~** [woman] devenir vieille fille; [man] devenir vieux garçon. -**2.** GEOL banc *m*, rebord *m*, saillie *f*; [under sea] écueil *m*, plate-forme *f*.

shelf life *n* COMM durée *f* de conservation avant vente; **bread has a short ~** le pain ne se conserve pas très longtemps.

shelf mark *n* [of book] cote *f*.

shelf space *n* espace *m* disponible *(sur un rayonnage)*.

shell [ʃel] ◇ *n* -**1.** BIOL [gen - of egg, mollusc, nut] coquille *f*; [- of peas] cosse *f*; [- of crab, lobster, tortoise] carapace *f*; [empty - on seashore] coquillage *m*; **to come out of one's ~** *literal* & *fig* sortir de sa coquille; **to go back** OR **to retire into one's ~** *inf literal* & *fig* rentrer dans sa coquille; **defeated, he crawled back into his ~** vaincu, il rentra dans sa coquille. -**2.** [of building] carcasse *f*; [of car, ship, machine] coque *f*; **he's just an empty ~** il n'est plus que l'ombre de lui-même. -**3.** CULIN fond *m* (de tarte). -**4.** MIL obus *m*; *Am* [cartridge] cartouche *f*. -**5.** [boat] outrigger *m*.
◇ *comp* [ornament, jewellery] de OR en coquillages.
◇ *vt* -**1.** [peas] écosser, égrener; [nut] décortiquer, écaler; [oyster] ouvrir; [prawn, crab] décortiquer. -**2.** MIL bombarder (d'obus).
◆ **shell out** *inf* ◇ *vi insep* casquer; **to ~ out for sthg** casquer pour qqch, payer qqch; **I'm always shelling out** je suis toujours en train de casquer; **she had to ~ out for new school uniforms** elle a dû casquer pour acheter de nouveaux uniformes scolaires.
◇ *vt insep* payer, sortir; **I had to ~ out £500** j'ai dû sortir 500 livres.

she'll [ʃi:l] = **she will**.

shellac [ʃə'læk] (*pt* & *pp* **shellacked**) ◇ *n* gomme-laque *f*.
◇ *vt* -**1.** [varnish] laquer. -**2.** *inf Am* [defeat] battre à plate couture OR à plates coutures.

shellacking *inf* [ʃə'lækɪŋ] *n Am* raclée *f*; **to get a ~** prendre une raclée.

shelled [ʃeld] *adj* [peas] écossé, égrené; [nut, shellfish] décortiqué.

shellfire ['ʃelfaɪəʳ] *n (U)* tirs *mpl* d'obus; **we heard a lot of ~** on a entendu beaucoup de tirs d'obus.

shellfish ['ʃelfɪʃ] (*pl inv*) *n* -**1.** ZOOL [crab, lobster, shrimp] crustacé *m*; [mollusc] coquillage *m*. -**2.** *(U)* CULIN fruits *mpl* de mer.

shelling ['ʃelɪŋ] *n* MIL pilonnage *m*.

shellproof ['ʃelpru:f] *adj* MIL blindé, à l'épreuve des obus.

shell shock *n (U)* psychose *f* traumatique *(due à une explosion)*.

shell-shocked *adj* commotionné *(après une explosion)*; **a ~ soldier** un commotionné (de guerre); **I'm still feeling pretty ~ by it all** *fig* je suis encore sous le choc après toute cette histoire.

shell suit *n* survêtement *m (en polyamide froissé et doublé)*.

shelter ['ʃeltəʳ] ◇ *n* -**1.** [cover, protection] abri *m*; **to take** OR **to get under ~** se mettre à l'abri OR à couvert; **they took ~ from the rain under a tree** ils se sont abrités de la pluie sous un arbre; **where can we find ~?** où peut-on trouver un abri?; **we ran for ~** nous avons couru nous mettre à l'abri; **under the ~ of the mountain** à l'abri de la montagne ‖ [accommodation] asile *m*, abri *m*; **to give ~ to sb** [hide] donner asile à OR cacher qqn; [accommodate] héberger qqn; **they gave us food and ~** il nous ont offert le gîte et le couvert. -**2.** [enclosure - gen] abri *m*; [- for sentry] guérite *f*; **(bus) ~** Abribus® *m*.
◇ *vt* [protect - from rain, sun, bombs] abriter; [- from blame, suspicion] protéger; **to ~ sb from sthg** protéger qqn de qqch; **the trees ~ed us from the wind** les arbres nous abritaient du vent; **her reputation ~ed her from any scandal** sa réputation lui évita le scandale; **we were ~ed from the rain/from danger** nous étions à l'abri de la pluie/du danger ‖ [give asylum to - fugitive, refugee] donner asile à, abriter; **the police suspected them of ~ing a murderer** la police les soupçonnait d'abriter un assassin.
◇ *vi* s'abriter, se mettre à l'abri; [from bullets] se mettre à couvert; **he ~ed from the rain in a shop doorway** il s'est abrité de la pluie OR il s'est mis à l'abri de la pluie dans l'entrée d'un magasin.

shelterbelt ['ʃeltəbelt] *n* ceinture *f* de protection.

sheltered ['ʃeltəd] *adj* -**1.** [place] abrité. -**2.** [protected - industry] protégé *(de la concurrence)*; [- work] dans un centre pour handicapés; **to lead a ~ life** vivre à l'abri des soucis; **she led a very ~ life as a child** elle a eu une enfance très protégée.

sheltered accommodation, sheltered housing *n logement dans une résidence pour personnes âgées ou handicapées.*

shelve [ʃelv] ◇ *vt* -**1.** [put aside, suspend] laisser en suspens; **the project was ~d for two years** le projet a été abandonné pendant deux ans; **the problem has been ~d** le problème reste en suspens; **all discussion on the question has been ~d** toute discussion sur la question a été ajournée OR suspendue. -**2.** [books - in shop] mettre sur les rayons; [- at home] mettre sur les étagères. -**3.** [wall, room - in shop] garnir de rayons; [- at home] garnir d'étagères.
◇ *vi* [ground] être en pente douce; **the beach ~s steeply** la plage descend en pente raide.

shelves [ʃelvz] *pl* → **shelf**.

shelving ['ʃelvɪŋ] *n (U)* -**1.** [in shop] rayonnage *m*, rayonnages *mpl*, étagères *fpl*; [at home] étagères *fpl*. -**2.** [suspension - of plan, question etc] mise *f* en attente OR en suspens. -**3.** GEOL plateau *m*.

Shem [ʃem] *pr n* Sem.

shemozzle▽ [ʃɪ'mɒzl] *n esp Am* -**1.** [confusion] bazar *m*, pagaille *f*. -**2.** [fight] chamaillerie *f*, bagarre *f*.

shenanigans *inf* [ʃɪ'nænɪgənz] *npl* -**1.** [mischief] malice *f*, espièglerie *f*. -**2.** [scheming, tricks] manigances *fpl*, combines *fpl*; **there have been some ~ going on here** il s'est passé des choses pas très claires ici.

shepherd ['ʃepəd] ◇ *n* -**1.** berger *m*, pâtre *m lit*; **~'s crook** bâton *m* de berger, houlette *f*. -**2.** RELIG & *lit* pasteur *m*, berger *m*; **the Good Shepherd** le bon pasteur OR berger; **the Lord is my Shepherd** BIBLE l'Éternel est mon berger.
◇ *vt* -**1.** [tourists, children] guider, conduire; **the boys were ~ed onto the coach** on a fait entrer les garçons dans le car; **to ~ sb out of a room** escorter qqn jusqu'à la porte; **to ~ sb into a room** faire entrer OR introduire qqn dans une pièce. -**2.** [sheep] garder, surveiller; **he ~ed all the ewes into the fold** il a conduit toutes les brebis dans la bergerie.

shepherd boy *n* jeune berger *m* OR pâtre *m lit*.

shepherd dog *n* (chien *m* de) berger *m*.

shepherdess [ˌʃepə'des] *n* bergère *f*.

shepherd's pie *n* hachis *m* Parmentier.

shepherd's purse *n* BOT bourse-à-pasteur *f*.

sherbet ['ʃɜːbət] *n* -**1.** *Br* [powder] poudre *f* acidulée. -**2.** *Am* [ice] sorbet *m*.

sheriff ['ʃerɪf] *n* -**1.** *Am* [in Wild West and today] shérif *m*. -**2.** *Br* [crown officer] shérif *m*, officier *m* de la Couronne. -**3.** *Scot* JUR ≃ juge *m* au tribunal de grande instance.

Sheriff Court *n Scot* JUR ≃ tribunal *m* de grande instance.

Sherlock Holmes ['ʃɜːlɒk'həʊmz] *pr n*: 'The Adventures of ~' *Conan Doyle* 'les Aventures de Sherlock Holmes'.

Sherpa ['ʃɜːpə] *n* Sherpa *m*.

sherry ['ʃerɪ] (*pl* **sherries**) *n* sherry *m*, xérès *m*, vin *m* de Xérès.

she's [ʃiːz] -**1.** = **she has.** -**2.** = **she is.**

Shetland ['ʃetlənd] ◇ *pr n* GEOG: the ~**s**, the ~ **Isles**, the ~ **Islands** les (îles *fpl*) Shetland *fpl*; in the ~**s** OR the ~ **Isles** OR the ~ **Islands** dans les Shetland.

◇ *adj* -**1.** GEOG shetlandais. -**2.** TEX [pullover] en shetland; ~ **wool** laine *f* d'Écosse OR de Shetland.

Shetlander ['ʃetləndəʳ] *n* Shetlandais *m*, -e *f*.

Shetland pony *n* poney *m*.

Shetland sheepdog *n* berger *m* des Shetland.

shew [ʃəʊ] (*pt* **shewed**, *pp* **shewn** [ʃəʊn] OR **shewed**) *arch* = **show** *vt* & *vi*.

shh [ʃ] *interj* chut.

Shia(h) ['ʃiːə] ◇ *n* -**1.** [religion] chiisme *m*. -**2.** [Shiite]: ~ **(Muslim)** chiite *mf*.

◇ *adj* chiite.

shibboleth ['ʃɪbəˌleθ] *n* -**1.** [custom, tradition] vieille coutume *f*, vieille tradition *f*; [idea, principle] vieille idée *f*, vieux principe *m*. -**2.** [catchword] mot *m* d'ordre.

shield [ʃiːld] ◇ *n* -**1.** [carried on arm] bouclier *m*, écu *m* HÉRALD; **riot** ~ bouclier antiémeutes. -**2.** *fig* bouclier *m*, paravent *m*; **to provide a ~ against sthg** protéger contre qqch; **to use sthg/sb as a ~** se servir de qqch/qqn comme bouclier. -**3.** TECH [on machine] écran *m* de protection OR de sécurité; [on nuclear reactor, spacecraft] bouclier *m*; **nuclear** ~ bouclier atomique; **sun** ~ pare-soleil *m inv*. -**4.** [trophy] trophée *m*.

◇ *vt* protéger; **to ~ sb from sthg** protéger qqn de OR contre qqch; **we need a shelter to ~ us from the wind/sun** il nous faut un abri contre le vent/soleil; **the police think he's trying to ~ somebody** la police pense qu'il essaie de protéger quelqu'un; **she ~ed him with her own body** elle lui a fait un rempart de son corps.

shieling ['ʃiːlɪŋ] *n Scot* -**1.** [pasture] pâturage *m* (d'été). -**2.** [hut] abri *m* OR cabane *f* (de berger).

shift [ʃɪft] ◇ *vt* -**1.** [move, put elsewhere] déplacer, bouger; **it took three strong men to ~ the wardrobe** il a fallu trois hommes forts pour déplacer l'armoire; **help me ~ the bed nearer the window** aide-moi à rapprocher le lit de OR pousser le lit vers la fenêtre; **they're trying to ~ the blame onto me** ils essaient de rejeter la responsabilité sur moi ‖ [part of body] bouger, remuer; **she kept ~ing from one foot to the other** elle n'arrêtait pas de se balancer d'un pied sur l'autre; ~ **yourself!** *inf* [move] pousse-toi!, bouge-toi!; [hurry] remue-toi!, grouille-toi! ‖ [employee - to new job or place of work] muter; [- to new department] affecter; THEAT [scenery] changer; **he's got a job ~ing scenery** il a trouvé du travail comme machiniste. -**2.** [change] changer de; **they won't be ~ed from their opinion** impossible de les faire changer d'avis; **we're trying to ~ the balance towards exports** nous essayons de mettre l'accent sur les exportations; **the latest developments have ~ed attention away from this area** les événements récents ont détourné l'attention de cette région; **to ~ gears** *Am* changer de vitesse. -**3.** [remove - stain] enlever, faire partir. -**4.** *inf* COMM [sell] écouler; **how can we ~ this old stock?** comment écouler OR nous débarrasser de ces vieilles marchandises?

◇ *vi* -**1.** [move] se déplacer, bouger; **the cargo has ~ed in the hold** la cargaison s'est déplacée dans la cale; **the table won't ~, it's bolted to the floor** la table ne bougera pas, elle est fixée au sol; **the anticyclone is expected to ~ eastwards** l'anticyclone devrait se déplacer vers l'est; **could you ~ up** OR **along** OR **down a bit, please?** pourrais-tu te pousser un peu, s'il te plaît? -**2.** [change, switch - gen] changer; [- wind] tourner; **their policy has ~ed over the last week** leur politique a changé OR s'est modifiée au cours de la semaine; **in the second act the scene ~s to Venice** dans le deuxième acte, l'action se déroule à Venise; **to ~ into third/fourth (gear)** *Am* AUT passer en troisième/quatrième (vitesse). -**3.** *inf* [travel fast] filer; **he was really ~ing** il fonçait carrément. -**4.** [manage]: **to ~ for o.s.** se débrouiller tout seul; **he's had to learn to ~ for himself since his wife left** il a dû apprendre à se débrouiller tout seul depuis le départ de sa femme. -**5.** [stain] partir, s'enlever. -**6.** *inf Br* COMM [sell] se vendre; **those TVs just aren't ~ing at all** ces télévisions ne se vendent pas du tout.

◇ *n* -**1.** [change] changement *m*; **a ~ in position/opinion** un changement de position/d'avis; **there was a sudden ~ in public opinion/the situation** il y a eu un revirement d'opinion/de situation; **there was a light ~ in the wind** le vent a légèrement tourné; **a ~ in meaning** LING un glissement de sens ❑ **(gear) ~** *Am* AUT changement *m* de vitesse; **vowel/consonant ~** mutation *f* vocalique/consonantique. -**2.** [move] déplacement *m*; **there's been a ~ of population towards the towns** on a assisté à un déplacement de la population vers les villes; **get a ~ on!** *inf* grouille-toi!, magne-toi! -**3.** [turn, relay] relais *m*; **to do sthg in ~s** se relayer; **there was a lot of work so they did it in ~s** comme il y avait beaucoup de travail, ils se sont relayés (pour le faire); **I'm exhausted, can you take a ~ at the wheel?** je suis épuisé, peux-tu me relayer au volant? -**4.** INDUST [period of time] poste *m*, équipe *f*; **what ~ are you on this week?** à quel poste avez-vous été affecté cette semaine?; **I'm on the night/morning ~** je suis dans l'équipe de nuit/du matin; **she works long ~s** elle fait de longues journées; **he's on eight-hour ~s** il fait les trois-huit; **to work ~s, to be on ~s** travailler en équipe, faire les trois-huit ‖ [group of workers] équipe *f*, brigade *f*; **when does** OR **do the morning ~ arrive?** à quelle heure arrive l'équipe du matin? -**5.** *dated* [expedient] expédient *m*; **to make ~ with sthg** se contenter de qqch. -**6.** *Br dated* OR *Am* [woman's slip] combinaison *f*; [dress] (robe *f*) fourreau *m*. -**7.** COMPUT [in arithmetical operation] décalage *m*; [in word processing, telegraphy etc] touche *f* de majuscule; **press ~** appuyer sur la touche majuscule. -**8.** *Am* AUTO = **shift stick.**

◆ **shift over** *inf*, **shift up** *inf vi insep* se pousser, se déplacer; **can you ~ over** OR **up a bit?** tu peux te pousser un peu?

shifter ['ʃɪftəʳ] *n Am* AUT levier *m* de changement de vitesse.

shiftily ['ʃɪftɪlɪ] *adv* sournoisement.

shiftiness ['ʃɪftɪnɪs] *n* sournoiserie *f*.

shifting ['ʃɪftɪŋ] *adj* [ideas, opinions] changeant; [alliances] instable; [ground, sand] mouvant.

shift key *n* touche *f* de majuscule.

shiftless ['ʃɪftlɪs] *adj* [lazy] paresseux, fainéant; [apathetic] apathique, mou; [helpless] sans ressource, perdu.

shiftlessness ['ʃɪftlɪsnɪs] *n* [laziness] paresse *f*, fainéantise *f*; [apathy] apathie *f*, mollesse *f*; [helplessness] absence *f* de ressources.

shift lock *n* touche *f* de blocage des majuscules.

shift stick *n Am* AUTO levier *m* de (changement de) vitesse.

shift work *n* travail *m* en équipe; **she does ~** elle fait les trois-huit.

shift worker *n personne qui fait les trois-huit.*

shifty *inf* ['ʃɪftɪ] (*compar* **shiftier**, *superl* **shiftiest**) *adj* [look] sournois, furtif, fuyant; **he looks a ~ customer** *inf* il a l'air louche.

Shiism ['ʃiːɪzm] *n* chiisme *m*.

Shiite ['ʃiːaɪt] ◇ *n*: ~ **(Muslim)** chiite *mf*.

◇ *adj* chiite.

shillelagh [ʃɪ'leɪlɪ] *n* gourdin *m*.

shilling ['ʃɪlɪŋ] *n* -**1.** *Br* shilling *m (ancienne pièce valant 12 pence, soit un vingtième de livre)*. -**2.** [in Kenya, Tanzania etc] shilling *m*.

shilly-shally *inf* ['ʃɪlɪˌʃælɪ] (*pt* & *pp* **shilly-shallied**) *vi pej* hésiter; **stop ~ing (around)!** décide-toi enfin!

shilly-shallying *inf* ['ʃɪlɪˌʃælɪɪŋ] *n (U) pej* hésitations *fpl*, valse-hésitation *f*; **after a lot of ~ they eventually came to an agreement** après une longue valse-hésitation ils ont fini par se mettre d'accord.

shim [ʃɪm] *n* TECH rondelle *f* de calage, cale *f*.

shimmer ['ʃɪməʳ] ◇ *vi* [sequins, jewellery, silk] chatoyer, scintiller; [water] miroiter; **the sea ~ed in the moonlight, the moonlight ~ed on the sea** la mer miroitait au clair de lune; **the pavements ~ed in the heat** l'air tremblait au-dessus des trottoirs brûlants.

◇ *n* [of sequins, jewellery, silk] chatoiement *m*, scintillement *m*; [of water] miroitement *m*.

shimmering ['ʃɪmərɪŋ] *adj* [light] scintillant; [jewellery, silk] chatoyant; [water] miroitant.

shimmy ['ʃɪmɪ] (*pl* **shimmies**, *pt* & *pp* **shimmied**) ◇ *n* -**1.** [dance] shimmy *m*; **to do the ~** danser le shimmy. -**2.** *Am* AUT shimmy *m*, flottement *m* des roues directrices.

◇ *vi* -**1.** [dance] danser le shimmy. -**2.** *Am* AUT avoir du shimmy; **at speed it tends to ~** la direction a tendance à flotter à grande vitesse.

shin [ʃɪn] (*pt* & *pp* **shinned**) ◇ *n* -**1.** ANAT tibia *m*; **she kicked him in the ~s** elle lui a donné un coup de pied dans les tibias. -**2.** CULIN [of beef] gîte *m* OR gîte-gîte *m* (de bœuf); [of veal] jarret *m* (de veau).

◇ *vi* grimper; **to ~ (up) a lamp post** grimper à un réverbère; **he shinned to the top of the mast** il a grimpé au sommet du mât; **I shinned down the drainpipe** je suis descendu le long de la gouttière.

shinbone ['ʃɪnbəʊn] *n* tibia *m*.

shindig *inf* ['ʃɪndɪg] *n* -**1.** [party] (grande) fête *f*; **we had a real ~ last night** on a fait une sacrée java hier soir. -**2.** [fuss] tapage *m*; **he kicked up a real ~** il a fait un sacré tapage.

shine [ʃaɪn] (*pt* & *pp all senses of vi, sense 1 of vt* **shone** [ʃɒn], *sense 2 of vt* **shined**) ◇ *vi* -**1.** [sun, moon, lamp, candle] briller; [surface, glass, hair] briller, luire; **the sun was shining** le soleil brillait, il y avait du soleil; **the sun was shining in my eyes** j'avais le soleil dans les yeux, le soleil m'éblouissait; **there was a light shining in the window** une lumière brillait à la fenêtre; **bright light shone from the window** une lumière vive brillait à la fenêtre; **a small desk lamp shone on the table** une petite lampe de bureau éclairait la table; **his eyes shone with excitement** ses yeux brillaient OR son regard brillait d'émotion; **her face shone with joy** son visage rayonnait de joie. -**2.** [excel] briller; **John ~s at sports** John est très bon en sport.

◇ *vt* -**1.** [focus] braquer, diriger; **the guard shone his torch on the prisoner** le gardien a braqué sa lampe sur le prisonnier; **don't ~ that lamp in my eyes** ne m'éblouis pas avec cette lampe. -**2.** [polish] faire briller, faire reluire, astiquer.

◇ *n* -**1.** [polished appearance] éclat *m*, brillant *m*, lustre *m*; **to put a ~ on sthg, to give sthg a ~** faire reluire OR briller qqch; **to take the ~ off sthg** faire perdre son éclat à qqch, ternir qqch ❑ **to take a ~ to sb** *inf* [take a liking to] se prendre d'amitié pour qqn; [get a crush on] s'enticher de qqn. -**2.** [polish] polissage *m*; **your shoes need a ~** tes chaussures ont besoin d'un coup de brosse OR chiffon.

◆ **shine down** *vi insep* briller; **the hot sun shone down on us** le soleil tapait dur.

◆ **shine out, shine through** *vi insep* [light] jaillir; *fig* [courage, skill, generosity] rayonner, briller; she ~s out from the others in the class elle dépasse tous ses camarades de classe de la tête et des épaules.

◆ **shine up to** *inf vt insep Am* faire de la lèche à.

shiner *inf* [ˈʃaɪnəʳ] *n* [black eye] coquart *m*, œil *m* au beurre noir.

shingle [ˈʃɪŋgl] ◇ *n* -**1.** *(U)* [pebbles] galets *mpl*; ~ **beach** plage *f* de galets. -**2.** CONSTR [for roofing] bardeau *m*, aisseau *m*; ~ **roof** toit *m* en bardeaux. -**3.** *Am* [nameplate] plaque *f*. -**4.** [haircut] coupe *f* à la garçonne.

◇ *vt* -**1.** [roof] couvrir de bardeaux OR d'aisseaux. -**2.** [hair] couper à la garçonne.

shingles [ˈʃɪŋglz] *n (U)* MED zona *m*.

shingly [ˈʃɪŋglɪ] *adj* [ground] couvert de galets; [beach] de galets.

shinguard [ˈʃɪngɑːd] = **shinpad**.

shininess [ˈʃaɪnɪnɪs] *n* éclat *m*, brillant *m*.

shining [ˈʃaɪnɪŋ] ◇ *adj* -**1.** [gleaming - glass, metal, shoes] luisant, reluisant; [- eyes] brillant; [- face] rayonnant. -**2.** [outstanding] éclatant, remarquable; a ~ **example of bravery** un modèle de courage; **John is a ~ example to us all** John est un modèle pour nous tous.

◇ *n*: 'The Shining' *Kubrick* 'Shining'.

shinny [ˈʃɪnɪ] (*pt* & *pp* shinnied) *Am* = **shin** *vi*.

shinpad [ˈʃɪnpæd] *n* jambière *f*.

Shinto [ˈʃɪntəʊ] ◇ *n* shinto *m*.

◇ *adj* shintoïste.

Shintoism [ˈʃɪntəʊɪzm] *n* shintoïsme *m*.

Shintoist [ˈʃɪntəʊɪst] ◇ *adj* shintoïste.

◇ *n* shintoïste *mf*.

shinty [ˈʃɪntɪ] *n sorte de hockey sur gazon d'origine écossaise.*

shiny [ˈʃaɪnɪ] (*compar* shinier, *superl* shiniest) *adj* -**1.** [gleaming - glass, metal, shoes] luisant, reluisant; **my nose is ~** j'ai le nez qui brille. -**2.** [clothing - with wear] lustré; ~ **at the elbows** lustré aux coudes.

ship [ʃɪp] (*pt* & *pp* shipped) ◇ *n* -**1.** NAUT navire *m*, vaisseau *m*, bateau *m*; **on board** OR **aboard ~** à bord; **the ~'s company** l'équipage *m*; **the ~'s papers** les papiers *mpl* de bord ❑ **merchant ~** navire *m* marchand OR de commerce; **sailing ~** bateau *m* à voiles, voilier *m*; **the ~ of the desert** le vaisseau du désert; **the ~ of State** le char de l'État; **when my ~ comes in** OR **home** *inf* [money] quand je serai riche, quand j'aurai fait fortune; [success] quand j'aurai réussi dans la vie. -**2.** [airship] dirigeable *m*; [spaceship] vaisseau *m* (spatial).

◇ *vt* -**1.** [send by ship] expédier (par bateau OR par mer); [carry by ship] transporter (par bateau OR par mer); **we're having most of our luggage shipped** nous expédions la plupart de nos bagages par bateau. -**2.** [send by any means] expédier; [carry by any means] transporter; **the goods will be shipped by train** [sent] les marchandises seront expédiées par le train; [transported] les marchandises seront transportées par chemin de fer. -**3.** [embark - passengers, cargo] embarquer. -**4.** [take into boat - gangplank, oars] rentrer; [- water] embarquer.

◇ *vi* [passengers, crew] embarquer, s'embarquer.

◆ **ship off** *inf vt sep* expédier; **we've shipped the kids off to their grandparents'** nous avons expédié les gosses chez leurs grands-parents.

shipboard [ˈʃɪpbɔːd] ◇ *n*: **on ~** à bord (d'un navire).

◇ *adj* [romance, drama] qui a lieu à bord d'un navire.

ship broker *n* courtier *m* maritime.

shipbuilder [ˈʃɪpˌbɪldəʳ] *n* constructeur *m*, -trice *f* de navires.

shipbuilding [ˈʃɪpˌbɪldɪŋ] *n* construction *f* navale; **the ~ industry** (l'industrie *f* de) la construction navale.

ship canal *n* canal *m* maritime.

shipload [ˈʃɪpləʊd] *n* cargaison *f*, fret *m*.

shipmaster [ˈʃɪpˌmɑːstəʳ] *n* capitaine *m*, commandant *m*.

shipmate [ˈʃɪpmeɪt] *n* compagnon *m* de bord.

shipment [ˈʃɪpmənt] *n* -**1.** [cargo, goods sent] cargaison *f*; **arms ~** cargaison d'armes. -**2.** [sending of goods] expédition *f*.

shipowner [ˈʃɪpˌəʊnəʳ] *n* armateur *m*.

shipper [ˈʃɪpəʳ] *n* [charterer] affréteur *m*, chargeur *m*; [transporter] transporteur *m*; [sender] expéditeur *m*, -trice *f*.

shipping [ˈʃɪpɪŋ] ◇ *n (U)* -**1.** [ships] navires *mpl*; [traffic] navigation *f*; **dangerous to ~** dangereux pour la navigation; **~ has been warned to steer clear of the area** on a prévenu les navires qu'il fallait éviter le secteur; **the decline of British merchant ~** le déclin de la marine marchande britannique. -**2.** [transport - gen] transport *m*; [- by sea] transport *m* maritime; **cost includes ~** le coût du transport est compris. -**3.** [loading] chargement *m*, embarquement *m*.

◇ *comp* [company, line] maritime, de navigation; [sport, trade, intelligence] maritime; ~ **forecast** météo *f* OR météorologie *f* marine.

shipping agent *n* agent *m* maritime.

shipping clerk *n* expéditionnaire *mf*.

shipping lane *n* voie *f* de navigation.

ship's biscuit *n* biscuit *m* de mer.

ship's chandler *n* shipchandler *m*, marchand *m*, -e *f* d'articles de marine.

shipshape [ˈʃɪpʃeɪp] *adj* en ordre, rangé; **let's try to get this place ~** essayons de mettre un peu d'ordre ici ❑ **all ~ and Bristol fashion!** *inf hum* tout est impeccable!

shipwreck [ˈʃɪprek] ◇ *n* -**1.** [disaster at sea] naufrage *m*; **they died in a ~** ils ont péri dans un naufrage. -**2.** [wrecked ship] épave *f*.

◇ *vt* -**1. to be ~ed** [boat] faire naufrage; [passenger, crew] être naufragé; **they were ~ed on a desert island** ils ont échoué sur une île déserte; **a ~ed sailor** un marin naufragé. -**2.** *fig* & *literal* [ruin, spoil] ruiner.

shipwright [ˈʃɪpraɪt] *n* [company] constructeur *m* de navires; [worker] ouvrier *m*, -ère *f* de chantier naval.

shipyard [ˈʃɪpjɑːd] *n* chantier *m* naval; **hundreds of ~ workers were sacked** des centaines d'ouvriers des chantiers navals ont été licenciés.

shire [ˈʃaɪəʳ] *n Br* -**1.** [county] comté *m*. -**2.** = **shire horse**.

◆ **Shires** *pl pr n*: **the Shires** *les comtés (ruraux) du centre de l'Angleterre.*

shire horse *n* shire *m*.

shirk [ʃɜːk] ◇ *vt* [work, job, task] éviter de faire, échapper à; [duty] se dérober à; [problem, difficulty, question] esquiver, éviter; **he always ~s doing the washing-up** il s'arrange toujours pour éviter de OR ne pas faire la vaisselle; **she doesn't ~ her responsibilities** elle n'essaie pas de se dérober à ses responsabilités.

◇ *vi* tirer au flanc.

shirker [ˈʃɜːkəʳ] *n* tire-au-flanc *mf inv*.

shirr [ʃɜːʳ] *vt* -**1.** SEW froncer. -**2.** *Am* CULIN: ~**ed eggs** œufs *mpl* en ramequin.

shirring [ˈʃɜːrɪŋ] *n* SEW fronces *fpl*.

shirt [ʃɜːt] *n* [gen] chemise *f*; [footballer's etc] maillot *m*; ~ **collar/cuff** col *m*/manchette *f* de chemise ❑ **keep your ~ on!** *inf* ne vous énervez pas!; **to lose one's ~** *inf* y laisser sa chemise, perdre tout ce qu'on a; **to put one's ~ on sthg** miser toute sa fortune sur qqch.

shirtfront [ˈʃɜːtfrʌnt] *n* plastron *m*.

shirting [ˈʃɜːtɪŋ] *n* shirting *m*, tissu *m* pour chemises.

shirtless [ˈʃɜːtlɪs] *adj* sans chemise.

shirt-sleeved *adj* en manches OR bras de chemise.

shirtsleeves [ˈʃɜːtsliːvz] *npl*: **to be in (one's) ~** être en manches OR bras de chemise.

shirttail [ˈʃɜːtteɪl] *n* pan *m* de chemise.

shirtwaister [ˈʃɜːtˌweɪstəʳ] *Br*, **shirtwaist** [ˈʃɜːtweɪst] *Am n* robe *f* chemisier.

shirty *inf* [ˈʃɜːtɪ] (*compar* shirtier, *superl* shirtiest) *adj Br* désagréable; **don't get ~ with me** ne te mets pas en rogne contre moi.

shish kebab [ˈʃɪʃkəˌbæb] *n* chiche-kebab *m*.

shit▼ [ʃɪt] (*pt* & *pp* shat [ʃæt], *cont* shitting) ◇ *n* -**1.** [excrement] merde *f*; **to have a ~** (aller) chier; **to have the ~s** avoir la chiasse ❑ **dog ~** merde de chien; **tough ~!** tant pis pour ma/ta/sa *etc* gueule!; **to kick** OR **to beat** OR **to knock the ~ out of sb** casser la gueule à qqn; **to scare the ~ out of sb** foutre la trouille à qqn; **I don't give a ~** je m'en fous, j'en ai rien à foutre; **to give sb a lot of ~** faire chier qqn; **to be in the ~** être dans la merde; **no ~?** *Am* sans blague?; **when the ~ hits the fan** quand nous serons dans la merde (jusqu'au cou). -**2.** *(U)* [nonsense, rubbish] conneries *fpl*; **that's a load of ~!** c'est des conneries, tout ça!; **don't give me that ~!** arrête tes conneries! -**3.** [disliked person] salaud *m*, salope *f*, connard *m*, connasse *f*. -**4.** *drugs sl* [hashish] shit *m*, hasch *m*. -**5.** *Am* [anything]: **I can't see ~** j'y vois que dalle; **that doesn't mean ~** ça veut rien dire.

◇ *vi* chier.

◇ *vt*: **to ~ oneself** chier dans son froc.

◇ *interj* merde.

shite▼ [ʃaɪt] = **shit**.

shithead▼ [ˈʃɪthed] *n* [disliked person] salaud *m*, salope *f*.

shit-hot▼ *adj Am* vachement bon; **he's ~ as an actor** il est vachement bon comme acteur.

shithouse▼ [ˈʃɪthaʊs, *pl* -haʊzɪz] *n* chiottes *fpl*.

shitless▼ [ˈʃɪtlɪs] *adj*: **to be scared ~** avoir une trouille bleue; **to be bored ~** se faire chier à mort.

shit-scared▼ *adj*: **to be ~** chier dans son froc.

shitty▼ [ˈʃɪtɪ] (*compar* shittier, *superl* shittiest) *adj* -**1.** [worthless] merdique; **we stayed in a really ~ hotel** nous sommes descendus dans un hôtel vraiment merdique. -**2.** [mean] dégueulasse; **what a ~ thing to do!** c'est dégueulasse de faire ça!

shiv▽ [ʃɪv] *n crime sl* surin *m*.

shiver [ˈʃɪvəʳ] ◇ *vi* -**1.** [with cold, fever, fear] grelotter, trembler; [with excitement] frissonner, trembler. -**2.** NAUT [sail] faseyer. -**3.** [splinter] se fracasser, voler en éclats.

◇ *n* -**1.** [from cold, fever, fear] frisson *m*, tremblement *m*; [from excitement] frisson *m*; **it gives me the ~s** *inf* ça me donne le frisson OR des frissons. -**2.** [fragment] éclat *m*.

shivery [ˈʃɪvərɪ] *adj* [cold] frissonnant; [frightened] frissonnant, tremblant; [feverish] fiévreux, grelottant de fièvre.

shoal [ʃəʊl] ◇ *n* -**1.** [of fish] banc *m*. -**2.** *fig* [large numbers] foule *f*; ~**s of tourists** une foule de touristes. -**3.** [shallows] haut-fond *m*. -**4.** [sandbar] barre *f*; [sandbank] banc *m* de sable.

◇ *vi* [fish] se mettre OR se rassembler en bancs.

shock [ʃɒk] ◇ *n* -**1.** [surprise] choc *m*, surprise *f*; **she got a ~ when she saw me again** ça lui a fait un choc de me revoir; **what a ~ you gave me!** qu'est-ce que tu m'as fait peur! -**2.** [upset] choc *m*; **that comes as no ~ to me** ça ne m'étonne pas; **it's all been a bit of a ~ for us** tous ces événements nous ont bouleversés; **the news of his death came as a terrible ~ to me** la nouvelle de sa mort a été un grand choc pour moi. -**3.** ELEC décharge *f* (électrique); **to get a ~** recevoir OR prendre une décharge (électrique); **I got a nasty ~ from the toaster** j'ai pris une sacrée décharge en touchant le grille-pain. -**4.** [impact - of vehicles, armies] choc *m*, heurt *m*; [vibration - from explosion, earthquake] secousse *f*. -**5.** MED choc *m*; **to be in a state of ~**, **to be suffering from ~** être en état de choc; **post-operative ~** choc postopératoire. -**6.** [bushy mass]: **a ~ of hair** une crinière *fig*.

◇ *comp* [measures, argument, headline] choc *(inv)*; [attack] surprise *(inv)*; [tactics] de choc; [result, defeat] inattendu.

◇ *vt* -**1.** [stun] stupéfier, bouleverser, secouer; **I was ~ed to hear that she had left** j'ai été stupéfait d'apprendre qu'elle était partie; **she was deeply ~ed by her daughter's death** elle a été profondément bouleversée par la mort de sa fille. -**2.** [offend, scandalize] choquer, scandaliser; **his behaviour ~ed them** son comportement les a choqués OR scandalisés; **I'm not** easily ~ed, but that book... il en faut beaucoup pour me choquer, mais ce livre... -**3.** [incite, force]: **to ~ sb out of sthg** secouer qqn pour le sortir de qqch; **to ~ sb into action** pousser qqn à agir; **to ~ sb into doing sthg** secouer qqn jusqu'à ce qu'il fasse qqch. -**4.** ELEC donner une secousse OR un choc électrique à.

shock absorber *n* amortisseur *m*.

shocked [ʃɒkt] *adj* -**1.** [stunned] bouleversé, stupéfait; **a ~ meeting was told of the takeover** c'est avec stupéfaction que l'assemblée a appris le rachat de l'entreprise; **they all listened in ~ silence** ils ont tous écouté, muets de stupéfaction. -**2.** [offended, scandalized] choqué, scandalisé; **I tried to look suitably ~** je me suis efforcée de prendre un air scandalisé; **she spoke in ~ tones** elle parlait d'un ton scandalisé.

shocker *inf* [ˈʃɒkəʳ] *n* -**1.** [book] livre *m* à sensation; [film] film *m* à sensation; [news] nouvelle *f* sensationnelle; [play] pièce *f* à sensation; [story] histoire *f* sensationnelle; **that's a real ~ of a story** cette histoire est vraiment choquante. -**2.** *hum* [atrocious person]: **you little ~!** petit monstre!

shockheaded [ˈʃɒkhedɪd] *adj* hirsute.

shocking [ˈʃɒkɪŋ] ◇ *adj* -**1.** [scandalous] scandaleux, choquant; **a ~ price** un prix scandaleux; **it's ~ the way he behaves** son comportement est scandaleux, sa conduite est scandaleuse; **a ~ new film** un nouveau film scandaleux. -**2.** [horrifying] atroce, épouvantable; **a ~ crime** un crime affreux OR atroce. -**3.** *inf* [very bad] affreux, épouvantable; **you look ~ today** tu as une mine affreuse aujourd'hui; **his room is in a ~ state** sa chambre est dans un état épouvantable; **~ weather, isn't it?** quel temps affreux OR épouvantable!; **he's a ~ actor** il est nul comme acteur; **I'm ~ at football** je suis nul au football.
◇ *adv inf*: **it was raining something ~!** il fallait voir ce qu'il OR comme ça tombait!

shockingly [ˈʃɒkɪŋlɪ] *adv* -**1.** [as intensifier] affreusement, atrocement; **this whisky is ~ expensive** ce whisky est affreusement cher; **the weather has been ~ bad lately** la météo est vraiment affreuse depuis quelque temps. -**2.** [extremely badly] très mal, lamentablement; **he played ~ on Saturday** il a très mal joué samedi.

shocking pink ◇ *n* rose *m* bonbon.
◇ *adj* rose bonbon *(inv)*.

shockproof [ˈʃɒkpruːf] *adj* résistant aux chocs.

shock therapy, shock treatment *n* MED (traitement *m* par) électrochoc *m*, sismothérapie *f*.

shock troops *npl* troupes *fpl* de choc.

shock wave *n* onde *f* de choc; *fig* répercussion *f*.

shod [ʃɒd] *pt* & *pp* → **shoe**.

shoddily [ˈʃɒdɪlɪ] *adv* -**1.** [built, made] mal. -**2.** [meanly, pettily] de façon mesquine; **they've treated you ~** ils ont été mesquins avec vous.

shoddiness [ˈʃɒdɪnɪs] *n* -**1.** [poor quality] mauvaise qualité *f*. -**2.** [meanness, pettiness] mesquinerie *f*.

shoddy [ˈʃɒdɪ] (*compar* **shoddier**, *superl* **shoddiest**) ◇ *adj* -**1.** [of inferior quality] de mauvaise qualité; **~ workmanship** du travail mal fait; **a ~ imitation** une piètre OR médiocre imitation. -**2.** [mean, petty] sale; **that's a ~ trick to play on her!** on lui a joué un sale tour!; **I want no part in that ~ affair** je ne veux pas être mêlé à cette sale affaire.
◇ *n* tissu *m* shoddy OR de renaissance.

shoe [ʃuː] (*pt* & *pp* **shod** [ʃɒd]) ◇ *n* -**1.** [gen] chaussure *f*; **a pair of ~s** une paire de chaussures; **a man's/woman's ~** une chaussure d'homme/de femme; **to take off one's ~s** enlever ses chaussures, se déchausser; **to put on one's ~s** mettre ses chaussures, se chausser ❑ **~ size** pointure *f*; **I wouldn't like to be in his ~s** je n'aimerais pas être à sa place; **put yourself in my ~s** mettez-vous à ma place; **to step into** OR **to fill sb's ~s** prendre la place de qqn, succéder à qqn; **if the ~ fits (, wear it)** qui se sent morveux (qu'il) se mouche *prov*. -**2.** (horse) **~** fer *m* (à cheval). -**3.** AUT: (brake) **~** sabot *m* (de frein). -**4.** [in casino - for baccarat etc] sabot *m*. -**5.** [on electric train] frotteur *m*.
◇ *comp* [cream, leather] pour chaussures.
◇ *vt* -**1.** [horse] ferrer. -**2.** *(usu pass) lit* [person] chausser; **John was shod in sandals** John était chaussé de OR portait des sandales.

shoeblack [ˈʃuːblæk] *n dated* cireur *m*, -euse *f* (de chaussures).

shoe box *n* boîte *f* à chaussures.

shoebrush [ˈʃuːbrʌʃ] *n* brosse *f* à chaussures.

shoehorn [ˈʃuːhɔːn] *n* chausse-pied *m*.

shoelace [ˈʃuːleɪs] *n* lacet *m* (de chaussures); **your ~ is undone** ton lacet est défait.

shoe leather *n* cuir *m* pour chaussures; **save your ~ and take the bus** prenez l'autobus au lieu d'user vos souliers.

shoemaker [ˈʃuːˌmeɪkəʳ] *n* [cobbler] cordonnier *m*; [manufacturer] fabricant *m*, -e *f* de chaussures, chausseur *m*.

shoe polish *n* cirage *m*.

shoeshine [ˈʃuːʃaɪn] *n* -**1.** cirage *m*; **to get a ~** se faire cirer les chaussures. -**2.** *inf* = **shoeshine boy**.

shoeshine boy *n* (petit) cireur *m* (de chaussures).

shoeshop [ˈʃuːʃɒp] *n* magasin *m* de chaussures; **I was in the ~** j'étais chez le marchand de chaussures.

shoestring [ˈʃuːstrɪŋ] ◇ *n* -**1.** *Am* [shoelace] lacet *m* (de chaussure). -**2.** *inf phr*: **on a ~** avec trois fois rien; **the film was made on a ~** c'est un film à très petit budget; **cookery on a ~** la cuisine économique OR bon marché.
◇ *comp*: **~ budget** petit budget *m*.

shoetree [ˈʃuːtriː] *n* embauchoir *m*.

shone [ʃɒn] *pt* & *pp* → **shine**.

shoo [ʃuː] (*pt* & *pp* **shooed**) ◇ *interj* oust, ouste.
◇ *vt* chasser; **to ~ sb/sthg away** chasser qqn/qqch.

shoo-in *inf n Am*: **he's/she's a ~** il/elle gagnera à coup sûr; **it's a ~** *inf* c'est couru d'avance.

shook [ʃʊk] ◇ *pt* → **shake**.
◇ *n* AGR gerbe *f*, botte *f*.

shook-up *inf adj* bouleversé.

shoot [ʃuːt] (*pt* & *pp* **shot** [ʃɒt]) ◇ *vi* -**1.** [with gun] tirer; **~! tirez!**, feu!; **don't ~!** ne tirez pas!; **~ first and ask questions later** tirez d'abord et posez des questions ensuite; **to ~ at sb/sthg** tirer sur qqn/qqch; **to ~ on sight** tirer à vue; **to ~ to kill** tirer pour tuer; **to ~ into the air** tirer en l'air; **to ~ back (at sb)** retourner le feu (à qqn). -**2.** [hunt] chasser; **to go ~ing** aller à la chasse; **do you ~?** est-ce que vous chassez? -**3.** [go fast]: **she shot across the road** elle a traversé la rue comme une flèche; **I shot out after her** j'ai couru après elle; **he shot ahead of the other runners** il a rapidement distancé les autres coureurs; **she shot along the corridor** elle a couru à toutes jambes le long du couloir; **the bus was ~ing along** le bus filait à toute vitesse; **~ along to the baker's and get a loaf, will you?** est-ce que tu peux filer à la boulangerie acheter du pain?; **the rabbit shot into its burrow** le lapin s'est précipité dans son terrier; **the car shot out in front of us** [changed lanes] la voiture a déboîté tout d'un coup devant nous; [from another street] la voiture a débouché devant nous; **the water shot out of the hose** l'eau a jailli du tuyau d'arrosage; **debris shot into the air** des débris ont été projetés en l'air; **Paul has shot ahead at school recently** Paul a fait d'énormes progrès à l'école ces derniers temps; **a violent pain shot up my leg** j'ai senti une violente douleur dans la jambe. -**4.** CIN tourner; **~!** moteur!, on tourne!; **we'll begin ~ing next week** nous commencerons à tourner la semaine prochaine. -**5.** SPORT tirer, shooter. -**6.** *inf* [go ahead, speak]: **may I ask you something? — ~!** puis-je vous poser une question? — allez-y! -**7.** BOT [sprout] pousser; [bud] bourgeonner. -**8.** *Am*: **to ~ for** OR **at** [aim for] viser.
◇ *vt* -**1.** [hit] atteindre; [injure] blesser; **he's been badly shot** il a été grièvement blessé par balle OR balles; **she was shot in the arm/leg** elle a reçu une balle dans le bras/la jambe || [kill] abattre, descendre, tuer (d'un coup de pistolet OR de fusil); **to ~ o.s.** se tuer, se tirer une balle; **they shot him (dead)** ils l'ont tué OR abattu; **don't ~ the pianist** ne tirez pas sur le pianiste || [execute by firing squad] fusiller; **spies will be shot** les espions seront fusillés ❑ **you'll get me shot** *inf hum* je vais me faire incendier à cause de toi; **to ~ o.s. in the foot** *inf* ramasser une pelle; **'They Shoot Horses, Don't They?'** *Pollack* 'On achève bien les chevaux'. -**2.** [fire - gun] tirer un coup de; [- bullet] tirer; [- arrow] tirer, lancer, décocher; [- rocket, dart, missile] lancer; **they were ~ing their rifles in the air** ils tiraient des coups de feu en l'air; **to ~ it out with sb** *inf* s'expliquer avec qqn à coups de revolver OR de fusil; **to ~ questions at sb** *fig* bombarder OR mitrailler qqn de questions; **she shot a shy smile at him** *fig* elle lui jeta un petit sourire timide. -**3.** [hunt] chasser, tirer; **to ~ grouse** chasser la grouse. -**4.** CIN tourner; **the film was shot in Rome** le film a été tourné à Rome || PHOT prendre (en photo); **the photos were all shot on location in Paris** les photos ont toutes été prises à Paris. -**5.** GAMES & SPORT [play] jouer; **to ~ pool** jouer au billard américain; **to ~ dice** jouer aux dés || [score] marquer; **to ~ a goal/basket** marquer un but/panier; **he shot 71 in the first round** GOLF il a fait 71 au premier tour. -**6.** [send] envoyer; **the explosion shot debris high into the air** l'explosion a projeté des débris dans les airs; **she shot out a hand** elle a étendu le bras d'un geste vif. -**7.** [go through - rapids] franchir; [- traffic lights]: **the car shot the lights** la voiture a brûlé le feu rouge. -**8.** [bolt - close] fermer; [- open] ouvrir, tirer. -**9.** *drugs sl* [drugs] se shooter à; **to ~ heroin** se shooter à l'héroïne. -**10.** *Am phr*: **to ~ the breeze** OR **(the) bull** *inf* tailler une bavette, discuter le bout de gras; **to ~ one's wad**▽ tirer son coup.
◇ *n* -**1.** BOT pousse *f*; **bamboo ~s** pousses de bambou. -**2.** HUNT [party] partie *f* de chasse; **he went on a pheasant ~** il est allé chasser le faisan || [land] (terrain *m* de) chasse *f*; **to rent a ~** louer une chasse; **'private ~'** 'chasse gardée'. -**3.** *Am* [chute - for coal, rubbish etc] glissière *f*. -**4.** MIL tir *m*. -**5.** *Am* ASTRONAUT tir *m*, lancement *m*. -**6.** CIN tournage *m*. -**7.** *Am* [rapid] rapide *m*. -**8.** *inf phr*: **the whole (bang) ~** *inf* tout le tremblement.
◇ *interj inf Am* zut, mince.

◆ **shoot down** *vt sep* [person, plane, helicopter] abattre; **my proposal was shot down by the chairman** *inf* ma proposition a été démolie par le président ❑ **to ~ sb/sthg down in flames** *literal* & *fig* descendre qqn/qqch en flammes; **well, ~ me down! if it isn't Willy Power!** *inf Am* ça alors! mais c'est Willy Power!

◆ **shoot off** ◇ *vi insep* s'enfuir à toutes jambes; **he shot off down the alley** il s'est enfui à toutes jambes dans la ruelle.
◇ *vt sep* -**1.** [weapon] tirer, décharger; **they shot off their rifles to celebrate their victory** ils ont tiré des coups de feu en l'air pour fêter la victoire. -**2.** [limb] emporter, arracher. -**3.** *phr*: **to ~ one's mouth off** *inf* ouvrir le bec; **don't go ~ing your mouth off about it** ne va pas le crier sur les toits; **they killed him to stop him ~ing his mouth off to the police** ils l'ont tué pour l'empêcher d'aller tout raconter à la police.

◆ **shoot up** ◇ *vi insep* -**1.** [move skywards - flame, geyser, lava] jaillir; [- rocket] monter en flèche. -**2.** [increase - inflation, price] monter en flèche. -**3.** [grow] pousser rapidement OR vite; **you've really shot up since I last saw you!** qu'est-ce que tu as grandi depuis que je t'ai vu la dernière fois! -**4.** *drugs sl* [with drug] se shooter.
◇ *vt sep* -**1.** *inf Am* [with weapon - saloon, town] terroriser en tirant des coups de feu. -**2.** *drugs sl* [drug] se shooter à.

shooter▽ [ˈʃuːtəʳ] *n* [gun] flingue *m*.

shooting [ˈʃuːtɪŋ] ◇ *n* -**1.** *(U)* [firing] coups *mpl* de feu, fusillade *f*; **we heard a lot of ~ in the night** nous avons entendu de nombreux coups de feu dans la nuit. -**2.** [incident] fusillade *f*; **four people died in the ~** quatre personnes ont

trouvé la mort au cours de la fusillade || [killing] meurtre *m*; **there have been several ~s in the area** plusieurs personnes ont été tuées OR abattues dans le secteur. -**3.** [ability to shoot] tir *m*; **he's useless at ~** il tire mal. -**4.** *Br* HUNT chasse *f*; **I've done a lot of ~** j'ai beaucoup chassé. -**5.** CIN tournage *m*.
◇ *comp* -**1.** [with weapon]: **~ incident** fusillade *f*; **~ practice** entraînement *m* au tir. -**2.** HUNT de chasse; **~ lodge/party** pavillon *m*/ partie *f* de chasse; **the ~ season** la saison de la chasse; **he's not a ~ man** ce n'est pas un chasseur.
◇ *adj* [pain] lancinant.

shooting brake *n Br* AUT break *m*.

shooting gallery *n* stand *m* de tir.

shooting iron *inf n Am dated* pétoire *f*.

shooting script *n* découpage *m* CIN.

shooting star *n* étoile *f* filante.

shoot-out *inf n* fusillade *f*; **there was a ~ at the saloon** il y a eu une fusillade OR un règlement de comptes au bar.

shop [ʃɒp] (*pt* & *pp* **shopped**, *cont* **shopping**)
◇ *n* -**1.** *Br* [store] magasin *m*; [smaller] boutique *f*; **she's gone out to the ~s** elle est sortie faire des courses; **to have** OR **to keep a ~** être propriétaire d'un magasin, tenir un magasin; **would you mind the ~ for me for a few hours?** est-ce que vous voulez bien me tenir le magasin pendant quelques heures? ❑ **at the chemist's ~** chez le pharmacien, à la pharmacie; **at the fruit ~** chez le marchand de fruits, chez le fruitier, à la fruiterie; **shoe ~** marchand *m*, -e *f* de chaussures; **to set up ~** *literal* ouvrir un magasin; *fig* s'établir, s'installer; **he's set up ~ as a freelance translator** il s'est installé comme traducteur indépendant; **to shut up ~** *literal* & *fig* fermer boutique; **all over the ~** *inf* [everywhere] partout; [in disorder] en pagaille; **to talk ~** parler métier OR boutique. -**2.** [shopping trip]: **to do one's weekly ~** faire les courses OR les achats de la semaine. -**3.** *Br* [workshop] atelier *m*; **the repair/paint/assembly ~** l'atelier de réparations/de peinture/de montage.
◇ *vi* [for food, necessities] faire les OR ses courses; [for clothes, gifts etc] faire les magasins, faire du shopping; **he usually ~s on Mondays** d'habitude, il fait ses courses le lundi; **I always ~ at the local supermarket** je fais toujours mes courses OR mes achats au supermarché du coin; **to go shopping** faire des courses, courir les magasins; **I went shopping for a new dress** je suis allée faire les magasins pour m'acheter une nouvelle robe.
◇ *vt inf Br* [to the police] donner, balancer.
◆ **shop around** *vi insep* comparer les prix; **prices vary a lot, so ~ around** les prix varient énormément, il vaut mieux faire plusieurs magasins avant d'acheter; **I shopped around before opening a bank account** j'ai comparé plusieurs banques OR je me suis renseigné auprès de plusieurs banques avant d'ouvrir un compte; **our company is shopping around for new premises** notre société est à la recherche de nouveaux locaux.

shop assistant *n Br* vendeur *m*, -euse *f*.

shopfitter [ˈʃɒpˌfɪtəʳ] *n Br* décorateur *m*, -trice *f* de magasin.

shop floor *n* [place] atelier *m*; [workers]: **the ~** les ouvriers *mpl*; **he was on the ~ for 22 years before becoming personnel manager** il a passé 22 ans comme ouvrier avant de devenir directeur du personnel.
◆ **shop-floor** *comp*: **~ worker** ouvrier *m*, -ère *f*; **the decision was taken at ~ level** la décision a été prise par la base.

shopfront [ˈʃɒpfrʌnt] *n Br* devanture *f* (de magasin).

shopgirl [ˈʃɒpgɜːl] *n Br* vendeuse *f*.

shopkeeper [ˈʃɒpˌkiːpəʳ] *n Br* commerçant *m*, -e *f*; **small ~** petit commerçant.

shoplift [ˈʃɒplɪft] *vt* voler à l'étalage.

shoplifter [ˈʃɒpˌlɪftəʳ] *n* voleur *m*, -euse *f* à l'étalage.

shoplifting [ˈʃɒpˌlɪftɪŋ] *n* vol *m* à l'étalage.

shopper [ˈʃɒpəʳ] *n* -**1.** [person] personne *f* qui fait ses courses; **the streets were crowded with Christmas ~s** les rues étaient bondées de gens qui faisaient leurs courses pour Noël. -**2.** [shopping bag] cabas *m*.

shopping [ˈʃɒpɪŋ] ◇ *n* (*U*) -**1.** [for food, necessities] courses *fpl*; [for clothes, gifts etc] courses *fpl*, shopping *m*; **I do all the ~** c'est moi qui fais toutes les courses; **we're going into town to do some ~** nous allons en ville pour faire des courses OR pour faire le tour des magasins; **this area is good for ~** ce quartier est bon pour faire les courses; **to do a bit of ~** faire quelques (petites) courses OR emplettes. -**2.** [goods bought] achats *mpl*, courses *fpl*, emplettes *fpl*; **there were bags of ~ everywhere** il y avait des cabas remplis de provisions partout.
◇ *comp* [street, area] commerçant.

shopping bag *n* sac *m* OR filet *m* à provisions, cabas *m*.

shopping basket *n* panier *m* (à provisions).

shopping centre *n* centre *m* commercial.

shopping list *n* liste *f* des courses.

shopping mall *n Am* centre *m* commercial.

shopping trolley *n* chariot *m*.

shopsoiled [ˈʃɒpsɔɪld] *adj Br literal* & *fig* défraîchi.

shoptalk [ˈʃɒptɔːk] *n*: **all I ever hear from you is ~** tu ne fais que parler boutique OR travail.

shopwalker [ˈʃɒpˌwɔːkəʳ] *n Br* chef *m* de rayon.

shop window *n* vitrine *f* (de magasin); **a ~ for British exports** *fig* une vitrine pour les exportations britanniques.

shopworn [ˈʃɒpwɔːn] *Am* = **shopsoiled**.

shore [ʃɔːʳ] ◇ *n* -**1.** [edge, side - of sea] rivage *m*, bord *m*; [- of lake, river] rive *f*, rivage *m*, bord *m*; [coast] côte *f*, littoral *m*; **the ~s of the Mediterranean** les rivages de la Méditerranée; **can you see the houses on the other ~?** vois-tu les maisons sur l'autre rive? || [dry land] terre *f*; **all the crew members are on ~** tous les membres de l'équipage sont à terre; **to go on ~** débarquer. -**2.** [prop] étai *m*, étançon *m*.
◇ *vt* étayer, étançonner.
◆ **shores** *npl lit* [country] rives *fpl*; **he was one of the first Europeans to set foot on these ~s** il fut l'un des premiers Européens à poser le pied sur ces rives.
◆ **shore up** *vt sep Br*. -**1.** *literal* étayer, étançonner. -**2.** *fig* étayer, appuyer, consolider; **the army ~d up the crumbling dictatorship** l'armée a maintenu au pouvoir la dictature qui s'effondrait; **the government must act to ~ up the pound** le gouvernement doit prendre des mesures visant à renforcer la livre.

shorebird [ˈʃɔːbɜːd] *n* oiseau *m* des rivages.

shore crab *n* crabe *m* vert OR enragé.

shore leave *n* permission *f* à terre.

shoreline [ˈʃɔːlaɪn] *n* littoral *m*.

shore patrol *n Am* police *f* militaire (de la Marine).

shoreward [ˈʃɔːwəd] ◇ *adj* [near the shore] près du rivage OR de la côte; [facing the shore] face au rivage OR à la côte.
◇ *adv* = **shorewards**.

shorewards [ˈʃɔːwədz] *adv* vers le rivage OR la côte.

shorn [ʃɔːn] ◇ *pp* → **shear**.
◇ *adj* -**1.** [head, hair] tondu. -**2.** *fig*: **~ of** dépouillé de.

short [ʃɔːt] ◇ *adj* -**1.** [in length] court; **her dress is too ~/~er than yours** sa robe est trop courte/plus courte que la tienne; **to have ~ hair** avoir les cheveux courts; **to be ~ in the leg** [trousers] être court; **skirts are getting ~er and ~er** les jupes raccourcissent de plus en plus OR sont de plus en plus courtes; **the editor made the article ~er by a few hundred words** le rédacteur a raccourci l'article de quelques centaines de mots; **to win/to lose by a ~ head** SPORT gagner/perdre d'une courte tête; **she made a ~ speech** elle a fait un court OR petit discours; **he read out a ~ statement** il a lu une courte OR brève déclaration; **I'd just like to say a few ~ words** j'aimerais dire quelques mots très brefs; **~ and to the point** bref et précis ❑ **~ and sweet** *inf* court mais bien; **to be in ~ trousers** être en culottes courtes. -**2.** [in distance] court, petit; **a straight line is the ~est distance between two points** la ligne droite est le chemin le plus court entre deux points; **what's the ~est way home?** quel est le chemin le plus court pour rentrer?; **it's ~er this way** c'est plus court par ici; **we took the ~est route** nous avons pris le chemin le plus court; **to go for a ~ walk** faire une petite promenade; **a few ~ miles away** à quelques kilomètres de là à peine; **at ~ range** à courte portée; **how could he have missed at such ~ range?** comment a-t-il pu rater de si près?; **it's only a ~ distance from here** ce n'est pas très loin (d'ici); **she lives a ~ distance from the church** elle n'habite pas très loin de l'église; **they continued for a ~ distance** ils ont poursuivi un peu leur chemin. -**3.** [in height] petit, de petite taille; **he's ~ and stocky** il est petit et râblé. -**4.** [period, interval] court, bref; **a ~ stay** un court séjour; **you should take a ~ holiday** vous devriez prendre quelques jours de vacances; **after a ~ time** après un court intervalle OR un petit moment; **to have a ~ memory** avoir la mémoire courte; **for a ~ time I thought of becoming an actress** pendant quelque temps, j'ai pensé devenir actrice; **she was in London for a ~ time** elle a passé quelque temps à Londres; **I met him a ~ time** OR **while later** je l'ai rencontré peu (de temps) après; **it's rather ~ notice to invite them for tonight** c'est un peu juste pour les inviter ce soir; **time's getting ~** il ne reste plus beaucoup de temps; **a few ~ hours/years ago** il y a à peine quelques heures/années; **the days are getting ~er** les jours raccourcissent; **to demand ~er hours/a ~er working week** exiger une réduction des heures de travail/une réduction du temps de travail hebdomadaire ❑ **in the ~ run** à court terme; **to be on ~ time** *Br* faire des journées réduites. -**5.** FIN: **~ loan/investment** prêt *m*/investissement *m* à court terme. -**6.** [abbreviated]: **HF is ~ for high frequency** HF est l'abréviation de haute fréquence; **Bill is ~ for William** Bill est un diminutif de William. -**7.** [gruff] brusque, sec; **she tends to be a bit ~ with people** elle a tendance à être un peu brusque avec les gens; **Mary was very ~ with me on the telephone** Mary a été très sèche avec moi au téléphone; **to have a ~ temper** être irascible. -**8.** [sudden - sound, action] brusque; **her breath came in ~ gasps** elle avait le souffle court; **he gave a ~ laugh** il eut un rire bref; **~, sharp shock** *punition sévère mais de courte durée*. -**9.** [lacking, insufficient]: **to give sb ~ weight** ne pas donner le bon poids à qqn; **money is ~** on manque d'argent, l'argent manque; **whisky is in ~ supply** on manque OR on est à court de whisky; **to be ~ of breath** [in general] avoir le souffle court; [at the moment] être hors d'haleine; **to be ~ of staff** manquer de personnel; **to be ~ of sleep** n'avoir pas assez dormi; **I'm a bit ~ (of money) at the moment** je suis un peu à court (d'argent) en ce moment; **he's a bit ~ on imagination** *fig* il manque un peu d'imagination. -**10.** *Br* [drink]: **a ~ drink** un petit verre. -**11.** LING bref; **~ syllable/vowel** syllabe/ voyelle brève. -**12.** CULIN [pastry] ≃ brisé. -**13.** ST. EX [sale] à découvert. -**14.** [in betting - odds] faible.
◇ *adv* -**1.** [suddenly]: **to stop ~** s'arrêter net; **the driver stopped ~ just in front of the child** le conducteur s'arrêta net juste devant l'enfant ❑ **to pull** OR **to bring sb up ~** interrompre qqn; **to be taken** OR **caught ~** *inf Br* être pris d'un besoin pressant. -**2.** *phr*: **to fall ~ of** [objective, target] ne pas atteindre; [expectations] ne pas répondre à; **his winnings fell far ~ of what he had expected** ses gains ont été bien moindres que ce à quoi il s'attendait; **to go ~ (of sthg)** manquer (de qqch); **my children never went ~ of anything** mes enfants n'ont jamais manqué de rien; **to run ~ (of sthg)** être

à court (de qqch); **we're running ~ of fuel/ money/sugar** nous commençons à manquer de carburant/d'argent/de sucre; **time is running ~** le temps commence à manquer.
◇ *vt* ELEC court-circuiter.
◇ *vi* ELEC se mettre en court-circuit.
◇ *n* -**1.** *inf* ELEC court-circuit *m*. -**2.** *Br* [drink] *alcool servi dans de petits verres*. -**3.** CIN court-métrage *m*.
◆ **shorts** *npl* [short trousers] short *m*; **a pair of khaki ~s** un short kaki ‖ [underpants] caleçon *m*.
◆ **for short** *adv phr*: **they call him Ben for ~** on l'appelle Ben pour faire plus court; **trinitrotoluene, or TNT for ~** le trinitrotoluène ou TNT en abrégé.
◆ **in short** *adv phr* (en) bref.
◆ **short of** *prep phr* sauf; **he would do anything ~ of stealing** il ferait tout sauf voler; **nothing ~ of a miracle can save him now** seul un miracle pourrait le sauver maintenant; **~ of resigning, what can I do?** à part démissionner, que puis-je faire?

shortage [ˈʃɔːtɪdʒ] *n* [of labour, resources, materials] manque *m*, pénurie *f*; [of food] disette *f*, pénurie *f*; [of money] manque *m*; **a petrol ~, a ~ of petrol** une pénurie d'essence; **the housing/energy ~** la crise du logement/de l'énergie; **there's no ~ of good restaurants in this part of town** les bons restaurants ne manquent pas dans ce quartier.

short-arse▽ *n*: **he's a ~** il est court sur pattes.

short back and sides *n* coupe *f* courte OR dégagée sur la nuque et derrière les oreilles.

shortbread [ˈʃɔːtbred] *n* sablé *m*; **~ biscuit** *Br* sablé *m*.

shortcake [ˈʃɔːtkeɪk] *n* -**1.** *Br* CULIN [biscuit] = **shortbread**. -**2.** [cake] tarte *f* sablée.

short-change *vt* -**1.** *literal*: **to ~ sb** ne pas rendre assez (de monnaie) à qqn. -**2.** *inf* [swindle] rouler, escroquer.

short circuit *n* court-circuit *m*.
◆ **short-circuit** ◇ *vt* ELEC & *fig* court-circuiter.
◇ *vi* se mettre en court-circuit.

shortcoming [ˈʃɔːtˌkʌmɪŋ] *n* défaut *m*.

shortcrust pastry [ˈʃɔːtkrʌst-] *n* pâte *f* brisée.

short cut *n literal* & *fig* raccourci *m*; **to take a ~** prendre un raccourci.

short-cycle *adj* SCH à cycle court.

short-dated *adj* FIN à courte échéance.

short division *n* MATH division *f* à un ou deux chiffres.

shorten [ˈʃɔːtn] ◇ *vt* -**1.** [in length - garment, string] raccourcir; [- text, article, speech] raccourcir, abréger; **the name James is often ~ed to Jim** on utilise souvent Jim comme diminutif du prénom James. -**2.** [in time] écourter; **we had to ~ our trip** nous avons dû écourter notre voyage; **the new railway line will ~ the journey time to London** la nouvelle ligne de chemin de fer réduira le temps de trajet jusqu'à Londres.
◇ *vi* -**1.** [gen] (se) raccourcir. -**2.** [in betting - odds] devenir moins favorable.

shortening [ˈʃɔːtnɪŋ] *n* -**1.** CULIN matière *f* grasse. -**2.** [of garment, string] raccourcissement *m*; [of text, article, speech] raccourcissement *m*, abrègement *m*; [of time, distance] réduction *f*.

shortfall [ˈʃɔːtfɔːl] *n* insuffisance *f*, manque *m*; **there's a ~ of $100** il manque 100 dollars; **a ~ in coal supplies was expected** on prévoyait que les réserves de charbon seraient insuffisantes.

short-haired *adj* [person] à cheveux courts; [animal] à poil ras.

shorthand [ˈʃɔːthænd] *n* sténographie *f*, sténo *f*; **to take notes in ~** prendre des notes en sténo.

shorthanded [ˌʃɔːtˈhændɪd] *adj* à court de personnel; **we're very ~ at the moment** nous sommes vraiment à court OR nous manquons vraiment de personnel en ce moment.

shorthand typist *n* sténodactylo *mf*.

short-haul *adj* [transport] à courte distance; **~ aircraft** court-courrier *m*.

shorthorn [ˈʃɔːthɔːn] *n* shorthorn *m* (*race de bovins*).

shortie [ˈʃɔːtɪ] *n* -**1.** *inf* = **shorty**. -**2.** [nightdress] chemise *f* de nuit courte, nuisette *f*.

shortish [ˈʃɔːtɪʃ] *adj* [in length] plutôt court; [in height] plutôt petit; [in time] plutôt court OR bref.

short list *n Br* liste *f* de candidats présélectionnés.
◆ **short-list** *vt Br*: **five candidates have been ~ed** cinq candidats ont été présélectionnés.

short-lived [-lɪvd] *adj* [gen] de courte durée, éphémère, bref; [animal, species] à la vie éphémère.

shortly [ˈʃɔːtlɪ] *adv* -**1.** [soon] bientôt, sous peu, avant peu; **I'll join you ~** je vous rejoindrai bientôt; **~ afterwards** peu (de temps) après. -**2.** [gruffly] sèchement, brusquement. -**3.** [briefly] brièvement, en peu de mots.

shortness [ˈʃɔːtnɪs] *n* [in length] manque *m* de longueur; [in height] petite taille *f*; [in time] brièveté *f*; [of speech, essay] brièveté.

short-order cook *n* cuisinier *m*, -ère *f* dans un snack-bar.

short-range *adj* -**1.** [weapon] de courte portée; [vehicle, aircraft] à rayon d'action limité. -**2.** [prediction, outlook] à court terme.

shortsighted [ˌʃɔːtˈsaɪtɪd] *adj* -**1.** *literal* myope. -**2.** *fig* myope, qui manque de perspicacité OR de prévoyance; **I find their attitude extremely ~** je trouve qu'ils font preuve d'un manque total de prévoyance.

shortsightedly [ˌʃɔːtˈsaɪtɪdlɪ] *adv* -**1.** *literal*: **he peered ~ at the book** il scruta le livre de ses yeux myopes. -**2.** *fig*: **to act ~** agir sans prévoyance.

shortsightedness [ˌʃɔːtˈsaɪtɪdnɪs] *n* -**1.** *literal* myopie *f*. -**2.** *fig* myopie *f*, manque *m* de perspicacité OR de prévoyance.

short-sleeved *adj* à manches courtes.

short-staffed [-stɑːft] *adj* à court de personnel; **we're a bit ~** nous sommes un peu à court de OR nous manquons un peu de personnel.

short-stay *adj*: **~ car park** parking *m* courte durée; **~ patient** patient *m* hospitalisé pour une courte durée.

short story *n* nouvelle *f*.

short-tempered *adj* irascible, irritable.

short tennis *n* tennis *m* pour enfants.

short-term *adj* à court terme; **~ loan** prêt *m* à court terme.

short-time *adj Br*: **to be on ~ working** être en chômage partiel.

short ton *n* tonne *f* (américaine), short ton *f*.

short wave *n* onde *f* courte; **on ~** sur ondes courtes.
◆ **short-wave** *comp* [radio] à ondes courtes; [programme, broadcasting] sur ondes courtes.

shorty *inf* [ˈʃɔːtɪ] (*pl* **shorties**) *n* petit *m*, -e *f*, minus *m*, nabot *m*.

Shostakovich [ˌʃɒstəˈkəʊvɪtʃ] *pr n* Chostakovitch.

shot [ʃɒt] ◇ *pt* & *pp* → **shoot**.
◇ *n* -**1.** [instance of firing] coup *m* (de feu); **he fired four ~s** il a tiré quatre coups de feu; **to have** OR **to fire** OR **to take a ~ at sthg** tirer sur qqch; **he hit it with his first ~** il l'a atteint du premier coup ❑ **a ~ across the bows** *literal* & *fig* un coup de semonce; **it was a ~ in the dark** j'ai/il a *etc* dit ça au hasard; **the dog was off like a ~** *inf* le chien est parti comme une flèche; **would you marry him? – like a ~!** *inf* est-ce que tu l'épouserais? – sans hésiter OR et comment!; **I'd accept the offer like a ~** *inf* j'accepterais l'offre sans la moindre hésitation; **the ~ heard around the world** *expression évoquant le début de la guerre d'Indépendance américaine*. -**2.** [sound of gun] coup *m* de feu; **I was woken by a ~** j'ai été réveillé par un coup de feu. -**3.** (*U*) [shotgun pellets] plomb *m*, plombs *mpl*. -**4.** [marksman] tireur *m*, -euse *f*, fusil *m*; **she's a good ~** c'est une excellente tireuse, elle tire bien; **she's a poor ~** elle tire mal. -**5.** SPORT [at goal - in football, hockey etc] tir *m*; [stroke - in tennis, cricket, billiards etc] coup *m*; [throw - in darts] lancer *m*; **his first ~ at goal hit the post** son premier tir a touché le poteau; **each player has three ~s** chaque joueur joue trois fois; **good ~!** bien joué! ❑ **to call the ~s** mener le jeu; **to call one's ~** *inf Am* annoncer la couleur. -**6.** SPORT: **to put the ~** lancer le poids. -**7.** ASTRONAUT [launch] tir *m*; **moon ~** lancement *m* d'un vaisseau lunaire. -**8.** PHOT photo *f*; CIN plan *m*, prise *f* de vue; **the opening ~s of the film** les premières images du film. -**9.** *inf* [try] tentative *f*, essai *m*; **I'd like to have a ~ at it** j'aimerais tenter le coup; **it's a bit of a long ~** il y a peu de chances pour que cela réussisse. -**10.** [injection] piqûre *f*; **tetanus ~** piqûre antitétanique; **a ~ in the arm** *fig* un coup de fouet *fig*. -**11.** [drink] (petit) verre *m*; **have a ~ of vodka** prenez un petit verre de vodka.
◇ *adj* -**1.** *Br* [rid]: **to get ~ of sthg/sb** *inf* se débarrasser de qqch/qqn; **I'll be glad to be ~ of them** je serai content d'en être débarrassé. -**2.** [streaked] strié; **~ silk** soie *f* changeante; **the book is ~ through with subtle irony** *fig* le livre est plein d'une ironie subtile. -**3.** *inf esp Am* [exhausted] épuisé, crevé; [broken, spoilt] fichu, bousillé; **my nerves are ~** je suis à bout de nerfs.

THE SHOT HEARD AROUND THE WORLD:
Titre d'un poème de Ralph Waldo Emerson, en hommage au premier coup de feu échangé entre les «Minutemen» américains et les forces anglaises, en avril 1775, à Lexington. L'écrivain y loue la détermination des colons et salue l'avènement d'une nouvelle nation.

---

shotgun [ˈʃɒtgʌn] ◇ *n* fusil *m* de chasse.
◇ *adj* forcé; **a ~ merger** une fusion imposée.
◇ *adv Am*: **to ride ~** voyager comme passager.

shotgun wedding *n* mariage *m* forcé.

shot put *n* lancer *m* du poids.

shot putter *n* lanceur *m*, -euse *f* de poids.

shot putting [-ˈpʊtɪŋ] *n* (lancer *m* du) poids *m*.

should [ʃʊd] *modal vb* -**1.** [indicating duty, necessity]: **I ~ be working, not talking to you** je devrais être en train de travailler au lieu de parler avec vous; **you really ~ call her, you know** tu devrais l'appeler, tu sais; **they ~ be severely punished** ils devraient être sévèrement punis; [indicating likelihood]: **they ~ have arrived by now** ils devraient être arrivés maintenant; **I ~ have finished the work yesterday** j'aurais dû finir ce travail hier; **the election results ~ be out soon** on devrait bientôt connaître les résultats des élections ‖ [indicating what is acceptable, desirable etc]: **I ~ never have married him** je n'aurais jamais dû l'épouser; **you shouldn't have done that!** tu n'aurais pas dû faire ça!; **you ~ have seen the state of the house!** si tu avais vu dans quel état était la maison!; **you ~ hear the way he talks!** il faut voir comment il s'exprime!; **~ he tell her? – yes he ~** est-ce qu'il devrait le lui dire? – oui, sans aucun doute; **I'm very sorry – and so you ~ be!** je suis vraiment désolé – il y a de quoi!; **why shouldn't I enjoy myself now and then?** pourquoi est-ce que je n'aurais pas le droit de m'amuser de temps en temps? ‖ [prefacing an important remark]: **I ~ perhaps say, at this point, that...** à ce stade, je devrais peut-être dire que... -**2.** (*forming conditional tense*) [would]: **I ~ like to meet your parents** j'aimerais rencontrer vos parents; **if I were you I ~ apologize** si j'étais à votre place, je présenterais mes excuses; **I shouldn't be surprised if they got married** cela ne m'étonnerait pas qu'ils se marient; **I ~ say** OR **think it costs about £50** je dirais que ça coûte dans les 50 livres; **I ~ have thought the answer was obvious** j'aurais pensé que la réponse était évidente; **~ you be interested, I know a good hotel there** si cela vous intéresse, je connais un bon hôtel là-bas; **how ~ I know?** comment voulez-vous que je le sache?; **I ~**

think so/not! j'espère bien/bien que non! -**3.** [were to - indicating hypothesis, speculation] : **if I ~ forget** si (jamais) j'oublie; **I'll be upstairs ~ you need me** je serai en haut si (jamais) vous avez besoin de moi; **suppose nobody ~ come?** et si personne ne venait? -**4.** [after 'that' and in expressions of feeling, opinion etc] : **it's strange (that) she ~ do that** c'est bizarre qu'elle fasse cela; **I'm anxious that she ~ come** je tiens à ce qu'elle vienne; **we decided we ~ meet at the station** nous avons décidé de nous retrouver à la gare; **lest it ~ rain** *lit* de crainte OR de peur qu'il ne pleuve. -**5.** *(after 'who' or 'what')* [expressing surprise] : **and who ~ I meet but Betty!** et sur qui je tombe? Betty! -**6.** *inf iron* [needn't] : **he ~ worry (about money), he owns half of Manhattan!** tu parles qu'il a des soucis d'argent, la moitié de Manhattan lui appartient!

shoulda *inf* ['ʃʊdə] = **should have**.

shoulder ['ʃəʊldəʳ] ◇ *n* -**1.** [part of body, of garment] épaule *f*; **he's got broad ~s** il est large d'épaules OR de carrure; **it's a bit big on the ~s** c'est un peu large aux épaules OR de carrure; **she put an arm around my ~** elle mit son bras autour de mon épaule; **you can carry it over your ~** tu peux le porter en bandoulière; **put a jacket over your ~s** mets une veste sur tes épaules; **I looked over my ~** j'ai jeté un coup d'œil derrière moi; **it's a heavy burden to place on his ~s** c'est une lourde charge à mettre sur ses épaules ❑ **to cry on sb's ~** pleurer sur l'épaule de qqn; **we all need a ~ to cry on** nous avons tous besoin d'une épaule pour pleurer; **to put one's ~ to the wheel** s'atteler à la tâche; **to stand ~ to ~** être coude à coude. -**2.** CULIN épaule *f*; **~ of lamb** épaule d'agneau. -**3.** [along road] accotement *m*, bas-côté *m*; **'soft ~'** 'accotement non stabilisé'; **hard ~** bande *f* d'arrêt d'urgence. -**4.** [on hill, mountain] replat *m*; [of bottle] renflement *m*.
◇ *vt* -**1.** [pick up] charger sur son épaule; **she ~ed the heavy load** elle chargea le lourd fardeau sur son épaule; **to ~ arms** MIL se mettre au port d'armes; **~ arms!** MIL portez armes! -**2.** *fig* [take on - responsibility, blame] assumer; [cost] faire face à. -**3.** [push] pousser (de l'épaule); **he ~ed me aside** il m'écarta d'un coup d'épaule; **I ~ed my way through the crowd** je me suis frayé un chemin à travers la foule (en jouant des épaules).

shoulder bag *n* sac *m* à bandoulière.

shoulder blade *n* omoplate *f*.

shoulder charge *n* charge *f* épaule contre épaule.
◆ **shoulder-charge** *vt* charger épaule contre épaule.

shoulder-high ◇ *adj* qui arrive (jusqu') à l'épaule; **we pushed through the ~ grass** nous nous frayâmes un chemin dans l'herbe qui nous arrivait (jusqu') à l'épaule.
◇ *adv*: **to carry sb ~** porter qqn en triomphe.

shoulder holster *n* holster *m*.

shoulder-length *adj* [hair] mi-long, qui arrive (jusqu') aux épaules.

shoulder pad *n* [in garment] épaulette *f (coussinet de rembourrage)*; SPORT protège-épaule *m*.

shoulder strap *n* [on dress, bra, accordion] bretelle *f*; [on bag] bandoulière *f*.

shouldn't ['ʃʊdnt] = **should not**.

should've ['ʃʊdəv] = **should have**.

shout [ʃaʊt] ◇ *n* -**1.** [cry] cri *m*, hurlement *m*; **I heard a ~ of joy** j'ai entendu un cri de joie; **give me a ~ if you need a hand** appelle-moi si tu as besoin d'un coup de main. -**2.** *inf Br & Austr* [round of drinks] tournée *f*; **whose ~ is it?** c'est à qui de payer la tournée?
◇ *vi* crier, hurler; **there's no need to ~, I can hear you** pas besoin de crier comme ça, je ne suis pas sourd; **to ~ at the top of one's voice** crier à tue-tête; **to ~ (out) for help** appeler au secours; **he ~ed (out) to her to be careful** il lui a crié de faire attention; **he ~ed at me for being late** il a crié parce que j'étais en retard ❑ **my new job is nothing to ~ about** *inf* mon nouveau travail n'a rien de bien passionnant.
◇ *vt* crier; **the sergeant ~ed (out) an order** le sergent hurla un ordre; **they ~ed themselves hoarse** ils crièrent jusqu'à en perdre la voix ❑ **to ~ sthg from the rooftops** crier qqch sur les toits.
◆ **shout down** *vt sep* [speaker] empêcher de parler en criant; [speech] couvrir par des cris; **she was ~ed down** les gens ont hurlé tellement fort qu'elle n'a pas pu parler.

shouting ['ʃaʊtɪŋ] *n (U)* cris *mpl*, vociférations *fpl*; **within ~ distance** à deux pas, tout près ❑ **it's all over bar the ~** c'est pour ainsi dire terminé.

shove [ʃʌv] ◇ *vt* -**1.** [push] pousser; [push roughly] pousser sans ménagement; **we ~d all the furniture up against the walls** nous avons poussé tous les meubles contre les murs; **he ~d me out of the way** il m'a écarté sans ménagement; **she ~d him down the stairs** elle l'a poussé dans les escaliers ‖ [insert, stick] enfoncer; **he ~d an elbow into my ribs** il m'enfonça son coude dans les côtes. -**2.** *inf* [put hurriedly or carelessly] mettre, flanquer, ficher; **~ it in the drawer** fiche-le dans le tiroir; **~ a few good quotes in and it'll be fine** tu y ajoutes quelques citations bien choisies et ce sera parfait.
◇ *vi* -**1.** [push] pousser; [jostle] se bousculer; **people kept pushing and shoving** les gens n'arrêtaient pas de se bousculer; **stop shoving!** arrêtez de pousser! -**2.** *inf Br* [move up] se pousser; **~ up OR over OR along a bit** pousse-toi un peu.
◇ *n* -**1.** [push] poussée *f*; **to give sb/sthg a ~** pousser qqn/qqch. -**2.** *inf phr* : **to give sb the ~** sacquer qqn; **to get the ~** se faire sacquer.
◆ **shove about** *Br*, **shove around** *vt sep* [jostle] bousculer; [mistreat] malmener; **don't let him ~ you about!** ne le laisse pas te marcher sur les pieds!
◆ **shove off** ◇ *vi insep* -**1.** *inf* [go away] se casser, se tirer; **~ off, I'm busy!** casse-toi, je suis occupé! -**2.** [boat] pousser au large.
◇ *vt sep* [boat] pousser au large, déborder.

shove-halfpenny *n* jeu *m* de palet de table.

shovel ['ʃʌvl] (*Br pt & pp* **shovelled**, *cont* **shovelling**, *Am pt & pp* **shoveled**, *cont* **shoveling**)
◇ *n* pelle *f*; [on excavating machine] pelle *f*, godet *m*; **coal ~** pelle mécanique.
◇ *vt* [coal, earth, sand] pelleter; [snow] déblayer (à la pelle); **they shovelled the gravel onto the drive** avec une pelle, ils ont répandu les gravillons sur l'allée; **~ all that rubble into a corner** prenez une pelle et mettez tous ces gravats dans un coin; **to ~ food into one's mouth** *inf* enfourner de la nourriture; **he shovelled his meal down** *inf* il a englouti son repas.

shovelful ['ʃʌvlfʊl] *n* pelletée *f*.

show [ʃəʊ] (*pt* **showed**, *pp* **shown** [ʃəʊn])
◇ *vt* -**1.** [display, present] montrer, faire voir; **to ~ sthg to sb, to ~ sb sthg** montrer qqch à qqn; **~ me your presents** fais-moi voir OR montre-moi tes cadeaux; **you have to ~ your pass/your ticket on the way in** il faut présenter son laissez-passer/son billet à l'entrée; **you're ~ing a lot of leg this evening!** tu es habillée bien court ce soir!; **a TV screen ~s what's happening in the next room** un écran de télévision permet de voir ce qui se passe dans la pièce d'à côté; **I had very little to ~ for my efforts** mes efforts n'avaient donné que peu de résultats; **three months' work, and what have we got to ~ for it?** trois mois de travail, et qu'est-ce que cela nous a rapporté?; **this jacket/colour really ~s the dirt** cette veste/couleur est vraiment salissante; **come out from behind there and ~ yourself!** sortez de là-derrière et montrez-vous!; **if he ever ~s himself round here again, I'll kill him!** si jamais il se montre encore par ici, je le tue!; **she ~ed herself more than willing to join in** elle s'est montrée plus que prête à participer; **to ~ one's age** faire son âge ‖ [reveal - talent, affection, readiness, reluctance] montrer, faire preuve de; **she never ~s any emotion** elle ne laisse jamais paraître OR ne montre jamais ses sentiments; **to ~ a preference for sthg** manifester une préférence pour qqch; **they will be shown no mercy** ils seront traités sans merci; **the audience began to ~ signs of restlessness** le public a commencé à s'agiter; **the situation is ~ing signs of improvement** la situation semble être en voie d'amélioration. -**2.** [prove] montrer, démontrer, prouver; **first I shall ~ that Greenham's theory cannot be correct** je démontrerai d'abord que la théorie de Greenham ne peut être juste; **it just ~s the strength of public opposition to the plan** cela montre à quel point le public est opposé à ce projet; **it just goes to ~ that nothing's impossible** c'est la preuve que rien n'est impossible; **it just goes to ~ what you can do if you work hard** cela montre OR c'est la preuve de ce que l'on peut faire en travaillant dur. -**3.** [register - subj: instrument, dial, clock] marquer, indiquer; **the thermometer ~s a temperature of 20° C** le thermomètre indique 20° C. -**4.** [represent, depict] montrer, représenter; **this photo ~s him at the age of 17** cette photo le montre à l'âge de 17 ans. -**5.** [point out, demonstrate] montrer, indiquer; **~ me how to do it** montrez-moi comment faire; **to ~ (sb) the way** montrer le chemin (à qqn); **the government has very much shown the way with its green policies** *fig* le gouvernement a bien donné l'exemple avec sa politique écologique ❑ **I'll ~ you!** *inf* tu vas voir! -**6.** [escort, accompany] : **let me ~ you to your room** je vais vous montrer votre chambre; **will you ~ this gentleman to the door?** veuillez reconduire Monsieur à la porte; **an usherette ~ed us to our seats** une ouvreuse nous a conduits à nos places. -**7.** [profit, loss] faire; **prices ~ a 10% increase on last year** les prix sont en hausse OR ont augmenté de 10 % par rapport à l'an dernier. -**8.** [put on - film, TV programme] passer; **the film has never been shown on television** le film n'est jamais passé à la télévision; **'as shown on TV'** 'vu à la télé'. -**9.** [exhibit - work of art, prize, produce] exposer; **some of the drawings have never been shown in Europe before** quelques-uns des dessins n'ont jamais été exposés en Europe auparavant.
◇ *vi* -**1.** [be visible - gen] se voir; [- petticoat] dépasser; **fear ~ed in his eyes** la peur se lisait dans ses yeux; **she doesn't like him, and it ~s** elle ne l'aime pas, et ça se voit; **a patch of sky ~ed through a hole in the roof** on voyait un pan de ciel à travers un trou dans le toit; **their tiredness is beginning to ~** ils commencent à donner des signes de fatigue. -**2.** [be on - film, TV programme] passer. -**3.** *Br* [in a vote] lever la main; **all those in favour please ~** que tous ceux qui sont pour lèvent la main. -**4.** *inf Am* [turn up] arriver, se pointer.
◇ *n* -**1.** [demonstration, display] démonstration *f*, manifestation *f*; [pretence] semblant *m*, simulacre *m*; **she put on a ~ of indifference** elle a fait semblant d'être indifférente ‖ [ostentation] ostentation *f*, parade *f*; **he always makes such a ~ of his knowledge** il faut toujours qu'il fasse étalage de ses connaissances; **the metal strips are just for ~** les bandes métalliques ont une fonction purement décorative ❑ **a ~ of strength** une démonstration de force; **a ~ of hands** un vote à main levée. -**2.** THEAT spectacle *m*; TV émission *f*; **we went to a restaurant after the ~** nous sommes allés au restaurant après le spectacle ❑ **variety ~** émission de variétés; **the ~ must go on** THEAT & *fig* le spectacle continue. -**3.** [exhibition] exposition *f*; [trade fair] foire *f*, salon *m*; **have you been to the Picasso ~?** avez-vous visité l'exposition Picasso?; **I dislike most of the paintings on ~** je n'aime pas la plupart des tableaux exposés; **the agricultural/motor ~** le salon de l'agriculture/de l'auto. -**4.** *inf* [business, affair] affaire *f*; **she planned and ran the whole ~** c'est elle qui a tout organisé et qui s'est occupée de tout; **it's up to you, it's your ~** c'est à toi de décider, c'est toi le chef ❑ **let's get this ~ on the road!** il faut y aller maintenant! -**5.** [achievement, performance] performance *f*,

prestation *f*; **the team put up a pretty good ~** l'équipe s'est bien défendue; **it's a pretty poor ~ when your own mother forgets your birthday** c'est un peu triste que ta propre mère oublie ton anniversaire ❑ **(jolly) good ~, Henry!** *dated* bravo, Henry!

◆ **show around** *vt sep* faire visiter; **my secretary will ~ you around (the factory)** ma secrétaire va vous faire visiter (l'usine).

◆ **show in** *vt sep* faire entrer.

◆ **show off** ◇ *vi insep* crâner, frimer, se faire remarquer; **stop ~ing off!** arrête de te faire remarquer!

◇ *vt sep* -**1.** [parade] faire étalage de; **to ~ off one's skill** faire étalage de son savoir-faire; **he only came to ~ off his new girlfriend** il n'est venu que pour exhiber sa nouvelle petite amie. -**2.** [set off] mettre en valeur; **the black background ~s off the colours nicely** le fond noir fait bien ressortir les couleurs.

◆ **show out** *vt sep* reconduire OR raccompagner (à la porte).

◆ **show over** *Br* = **show around**.

◆ **show round** = **show around**.

◆ **show through** *vi insep* se voir (à travers), transparaître; **the old paint still ~s through** l'ancienne peinture se voit encore à travers.

◆ **show up** ◇ *vi insep* -**1.** *inf* [turn up, arrive] arriver; **only two of our guests have shown up** seuls deux de nos invités sont arrivés. -**2.** [be visible] se voir, être visible; **the difference is so slight it hardly ~s up at all** la différence est tellement minime qu'elle se remarque à peine.

◇ *vt sep Br* -**1.** [unmask] démasquer; **the investigation ~ed him up for the coward he is** l'enquête a révélé sa lâcheté. -**2.** [draw attention to - deficiency, defect] faire apparaître, faire ressortir; **the poor results ~ up the deficiencies in the training programme** les mauvais résultats font apparaître les défauts du programme de formation. -**3.** [embarrass] faire honte à; **you're always ~ing me up in public** il faut toujours que tu me fasses honte en public.

showbiz *inf* ['ʃəʊbɪz] *n* show-biz *m*, monde *m* du spectacle; **she wants to get into ~** elle veut entrer dans le show-biz.

showboat ['ʃəʊbəʊt] *n Am* -**1.** [boat] bateau-théâtre *m*. -**2.** *inf* [person] cabotin *m*, -e *f*, m'as-tu-vu *mf inv*.

show business *n* show-business *m*, monde *m* du spectacle; **a show-business personality** une personnalité du monde du spectacle.

showcase ['ʃəʊkeɪs] ◇ *n* vitrine *f*; **a ~ for British exports** *fig* une vitrine pour les exportations britanniques.

◇ *adj* [role] prestigieux; [operation] de prestige.

◇ *vt* servir de vitrine à *fig*.

showdown ['ʃəʊdaʊn] *n* -**1.** [confrontation] confrontation *f*, épreuve *f* de force. -**2.** [in poker] étalement *m* du jeu.

shower ['ʃaʊə^r] ◇ *n* -**1.** [for washing] douche *f*; **to have** OR **to take a ~** prendre une douche. -**2.** METEOR averse *f*; **scattered ~s** averses intermittentes; **a snow ~** une chute de neige. -**3.** [stream - of confetti, sparks, gravel] pluie *f*; [- of praise, abuse] avalanche *f*; [- of blows] pluie *f*, volée *f*, grêle *f*. -**4.** *Am* [party] *fête au cours de laquelle les invités offrent des cadeaux*; **they're having a baby ~** ils font une fête où les invités apporteront des cadeaux pour leur bébé. -**5.** *inf Br pej* [group] bande *f*; **what a ~!** quelle bande de crétins!

◇ *vi* -**1.** [have a shower] prendre une douche, se doucher. -**2.** [rain] pleuvoir par averses; **it's started to ~** une averse a commencé. -**3.** *fig* [rain down] pleuvoir.

◇ *vt*: **passers-by were ~ed with broken glass** des passants ont été atteints par des éclats de verre; **they ~ed him with gifts, they ~ed gifts on him** ils l'ont comblé de cadeaux; **to ~ sb with kisses** couvrir qqn de baisers.

shower cap *n* bonnet *m* de douche.

showerproof ['ʃaʊəpruːf] *adj* imperméable.

showery ['ʃaʊərɪ] *adj*: **the weather was ~** il pleuvait de façon intermittente; **it will be rather a ~ day tomorrow** il y aura des averses demain.

showgirl ['ʃəʊɡɜːl] *n* girl *f*.

showground ['ʃəʊɡraʊnd] *n* parc *m* d'expositions.

show house *n* maison *f* témoin.

showily ['ʃəʊɪlɪ] *adv* de façon voyante OR ostentatoire.

showing ['ʃəʊɪŋ] *n* -**1.** [of paintings, sculpture] exposition *f*; [of film] projection *f*, séance *f*; **a private ~ of her new film** une projection privée de son nouveau film; **a special midnight ~** une séance spéciale à minuit. -**2.** [performance] performance *f*, prestation *f*; **on its present ~ our party should win hands down** à en juger par ses performances actuelles, notre parti devrait gagner haut la main.

showing off *n*: **I've had enough of his ~** j'en ai assez de sa vantardise.

show jumper *n* [rider] cavalier, -ère *m* *(participant à des concours de saut d'obstacle)*; [horse] sauteur *m*.

show jumping *n* jumping *m*, concours *m* de saut d'obstacles.

showman ['ʃəʊmən] (*pl* **showmen** [-mən]) *n* THEAT metteur *m* en scène; [in fairground] forain *m*; [circus manager] propriétaire *m* de cirque; **he's a real ~** *fig* il a vraiment le sens de la mise en scène.

showmanship ['ʃəʊmənʃɪp] *n* sens *m* de la mise en scène.

shown [ʃəʊn] *pp* → **show**.

show-off *inf n* frimeur *m*, -euse *f*.

showpiece ['ʃəʊpiːs] *n*: **that carpet is a real ~** ce tapis est une pièce remarquable; **the ~ of his collection** le joyau de sa collection; **the school had become a ~ of educational excellence** l'école est devenue un modèle quant à la qualité de l'enseignement.

showplace ['ʃəʊpleɪs] *n* endroit *m* pittoresque, site *m* touristique.

showroom ['ʃəʊrʊm] *n* salle *f* OR salon *m* d'exposition; **the new model will be in the ~s soon** le nouveau modèle sera bientôt chez votre concessionnaire; **a car in ~ condition** une voiture à l'état neuf.

showstopper ['ʃəʊˌstɒpə^r] *n* numéro *m* sensationnel; **her song was a real ~** sa chanson a eu OR remporté un succès fou.

show trial *n* procès *m* à grand spectacle.

showy ['ʃəʊɪ] (*compar* **showier**, *superl* **showiest**) *adj* voyant, ostentatoire.

shrank [ʃræŋk] *pt* → **shrink**.

shrapnel ['ʃræpnl] *n* -**1.** *(U)* [fragments] éclats *mpl* d'obus; **a piece of ~** un éclat d'obus. -**2.** [shell] shrapnel *m*.

shred [ʃred] ◇ *n* -**1.** [of paper, fabric etc] lambeau *m*; **in ~s** en lambeaux; **to tear sthg to ~s** *literal* déchirer qqch en petits morceaux; *fig* démolir qqch. -**2.** [of truth, evidence] parcelle *f*.

◇ *vt* -**1.** [tear up - paper, fabric] déchiqueter; **~ this document as soon as you have read it** détruisez ce document dès que vous l'aurez lu. -**2.** CULIN râper; **shredded cabbage** chou râpé.

shredder ['ʃredə^r] *n* -**1.** CULIN [manual] râpe *f*; [in food processor] disque-râpeur *m*. -**2.** [for documents] destructeur *m* de documents.

shrew [ʃruː] *n* -**1.** ZOOL musaraigne *f*. -**2.** *pej* [woman] mégère *f*, harpie *f*.

shrewd [ʃruːd] *adj* [person - astute] perspicace; [- crafty] astucieux, rusé, habile; [judgment] perspicace; **I had a ~ suspicion that they were up to something** je les soupçonnais fortement de manigancer quelque chose; **to make a ~ guess** deviner juste; **a ~ investment** un placement judicieux.

shrewdly ['ʃruːdlɪ] *adv* [act] avec perspicacité OR sagacité; [answer, guess] astucieusement.

shrewdness ['ʃruːdnɪs] *n* [astuteness] perspicacité *f*; [craftiness] habileté *f*, ruse *f*.

shrewish ['ʃruːɪʃ] *adj* [woman, character] acariâtre, hargneux.

shriek [ʃriːk] ◇ *vi* hurler, crier; **to ~ with pain** pousser un cri de douleur; **to ~ with laughter** hurler de rire.

◇ *vt* hurler, crier; **"stop!", he ~ed** «arrêtez!», hurla-t-il.

shrift [ʃrɪft] *n* -**1.** *arch* [confession] confession *f*; [absolution] absolution *f*. -**2.** *phr*: **to give sb short ~** envoyer promener qqn.

shrike [ʃraɪk] *n* pie-grièche *f*.

shrill [ʃrɪl] ◇ *adj* perçant, aigu, strident.

◇ *vi* [siren, whistle] retentir.

◇ *vt* crier d'une voix perçante; **"cooee!", she ~ed** «coucou!», cria-t-elle d'une voix perçante.

shrillness ['ʃrɪlnɪs] *n* [of voice] ton *m* perçant OR aigu; [of note, whistle] stridence *f lit*.

shrilly ['ʃrɪlɪ] *adv* [say, sing] d'une voix perçante OR aiguë; [whistle] d'une manière stridente.

shrimp [ʃrɪmp] ◇ *n* -**1.** ZOOL crevette *f*; **~ cocktail** cocktail *m* de crevettes; **~ crackers** chips *fpl* à la crevette. -**2.** *inf pej* [small person] minus *m*, avorton *m*.

◇ *vi*: **to go ~ing** aller aux crevettes.

shrine [ʃraɪn] *n* -**1.** [place of worship] lieu *m* saint. -**2.** [container for relics] reliquaire *m*. -**3.** [tomb] tombe *f*, mausolée *m*. -**4.** *fig* haut lieu *m*; **a ~ of learning** un haut lieu du savoir.

shrink [ʃrɪŋk] (*pt* **shrank** [ʃræŋk], *pp* **shrunk** [ʃrʌŋk]) ◇ *vi* -**1.** [garment, cloth] rétrécir. -**2.** [grow smaller - gen] rétrécir, rapetisser; [- economy] se contracter; [- meat] réduire; [- person] rapetisser; [- numbers, profits, savings] diminuer, baisser; [- business, trade] se réduire; **the wood has shrunk** le bois a dégonflé; **the village seems to have shrunk** le village semble plus petit; **the number of candidates has shrunk alarmingly** le nombre de candidats a diminué de façon inquiétante; **the size of computers has shrunk dramatically** les ordinateurs sont devenus nettement plus compacts; **my savings have shrunk (away) to nothing** mes économies ont complètement fondu. -**3.** [move backwards] reculer; **they shrank (away** OR **back) in horror** ils reculèrent, horrifiés; **to ~ into o.s.** se refermer OR se replier sur soi-même. -**4.** [shy away] se dérober; [hesitate] répugner; **he ~s from any responsibility** il se dérobe devant n'importe quelle responsabilité; **she shrank from the thought of meeting him again** l'idée de le revoir lui faisait peur.

◇ *vt* (faire) rétrécir; **old age had shrunk him** il s'était tassé avec l'âge.

◇ *n inf pej* [psychiatrist, psychoanalyst] psy *mf*.

shrinkage ['ʃrɪŋkɪdʒ] *n* *(U)* -**1.** [gen] rétrécissement *m*, contraction *f*; **allow for ~** tenir compte du rétrécissement; **they forecast a further ~ in output** ils prévoient une nouvelle diminution de la production. -**2.** COMM [of goods in transit] pertes *fpl*; [of goods stolen] vol *m* (des stocks).

shrinking ['ʃrɪŋkɪŋ] *adj* [fearful] craintif; [shy] timide.

shrinking violet *n* personne *f* sensible et timide.

shrink-wrap (*pt* & *pp* **shrink-wrapped**, *cont* **shrink-wrapping**) *vt* emballer sous film plastique.

shrive ['ʃraɪv] (*pt* **shrived** OR **shrove** [ʃrəʊv], *pp* **shrived** OR **shriven** ['ʃrɪvn]) *arch* ◇ *vt* confesser, absoudre.

◇ *vi* se confesser.

shrivel ['ʃrɪvl] (*Br pt* & *pp* **shrivelled**, *cont* **shrivelling**, *Am pt* & *pp* **shriveled**, *cont* **shriveling**) ◇ *vi* [fruit, vegetable] se dessécher, se ratatiner; [leaf] se recroqueviller; [flower, crops] se flétrir; [face, skin] se flétrir; [meat, leather] se racornir; **I almost shrivelled up with shame** j'ai failli mourir de honte.

◇ *vt* [fruit, vegetable] dessécher, ratatiner; [leaf] dessécher; [flower, crops] flétrir; [face, skin] flétrir, rider, parcheminer; [meat, leather] racornir; **a shrivelled old woman** une vieille femme toute ratatinée.

◆ **shrivel up** *vi insep* & *vt sep* = **shrivel**.

shriven ['ʃrɪvn] *pp* → **shrive**.

shroud [ʃraʊd] ◇ *n* -**1.** [burial sheet] linceul *m*, suaire *m*. -**2.** *fig* [covering] voile *m*, linceul *m*; **a ~ of mist/mystery** un voile de brume/mystère.

-**3.** [shield - for spacecraft] coiffe *f*. -**4.** [rope, cord - for aerial, mast etc] hauban *m*; [- on parachute] suspente *f*.
◇ *vt* -**1.** [body] envelopper dans un linceul OR suaire; **she always ~s herself in voluminous black clothes** elle se drape toujours dans de grands vêtements noirs. -**2.** [obscure] voiler, envelopper; **the town was ~ed in mist/darkness** la ville était noyée dans la brume/plongée dans l'obscurité; **its origins are ~ed in mystery** ses origines sont entourées de mystère.

shrove [ʃrəʊv] *pt* → **shrive**.

Shrovetide [ˈʃrəʊvtaɪd] *n* les jours *mpl* gras *(précédant le Carême)*.

Shrove Tuesday [ʃrəʊv-] *pr n* Mardi gras.

shrub [ʃrʌb] *n* arbrisseau *m*, arbuste *m*.

shrubbery [ˈʃrʌbərɪ] (*pl* **shrubberies**) *n* [shrub garden] jardin *m* d'arbustes; [scrubland] maquis *m*.

shrubby [ˈʃrʌbɪ] (*compar* **shrubbier**, *superl* **shrubbiest**) *adj* arbustif.

shrug [ʃrʌg] (*pt* & *pp* **shrugged**, *cont* **shrugging**)
◇ *vt*: **to ~ one's shoulders** hausser les épaules.
◇ *vi* hausser les épaules.
◇ *n* haussement *m* d'épaules.
◆ **shrug off** *vt sep* [disregard] dédaigner; **to ~ off one's problems** faire abstraction de ses problèmes; **she just shrugged off her failure** elle ne s'est pas laissé abattre par son échec; **it's not a problem you can simply ~ off** on ne peut pas faire simplement comme si le problème n'existait pas.

shrunk [ʃrʌŋk] *pp* → **shrink**.

shrunken [ˈʃrʌŋkn] *adj* [garment, fabric] rétréci; [person, body] ratatiné, rapetissé; [head] réduit.

shuck [ʃʌk] *Am* ◇ *n* [pod] cosse *f*; [of nut] écale *f*; [of chestnut] bogue *f*; [of maize] spathe *f*; [of oyster] coquille *f*.
◇ *vt* -**1.** [beans, peas] écosser; [nuts] écaler; [chestnuts, maize] éplucher; [oysters] écailler. -**2.** *inf* [discard] se débarrasser de; **to ~ (off) one's clothes** se déshabiller. -**3.** *inf* [tease] faire marcher, mener en bateau.

shucks *inf* [ʃʌks] *interj* (ah) zut.

shudder [ˈʃʌdəʳ] *vi* -**1.** [person] frissonner, frémir, trembler; **I ~ to think how much it must have cost!** je frémis rien que de penser au prix que ça a dû coûter!; **I wonder what they're doing now? — I ~ to think!** je me demande ce qu'ils sont en train de faire — je préfère ne pas savoir! -**2.** [vehicle, machine] vibrer; [stronger] trépider; **the train ~ed to a halt** le train s'arrêta dans une secousse.

shuffle [ˈʃʌfl] ◇ *vi* -**1.** [walk] traîner les pieds; **don't ~!** ne traîne pas les pieds!; **she ~s round the house in her slippers** elle traîne dans la maison en pantoufles; **he ~d shamefacedly into the room** il est entré tout penaud dans la pièce. -**2.** [fidget] remuer, s'agiter. -**3.** [in card games] battre les cartes.
◇ *vt* -**1.** [walk]: **to ~ one's feet** traîner les pieds; **he'll have trouble shuffling his way out of this one!** *fig* cette fois-ci, il ne va pas s'en tirer comme ça! -**2.** [move round - belongings, papers] remuer; **she was shuffling the papers on her desk** elle déplaçait les papiers qui se trouvaient sur son bureau. -**3.** [cards] battre, brasser; [dominoes] mélanger, brasser.
◇ *n* -**1.** [walk] pas *m* traînant. -**2.** [of cards] battage *m*; **let's give the cards a ~** battons les cartes; **it's your ~** c'est à toi de battre (les cartes).
◆ **shuffle off** ◇ *vi sep* partir en traînant les pieds; **to ~ off this mortal coil** *lit* OR *hum* quitter cette vie.
◇ *vt sep* [responsibility] se dérober à; **he ~d the responsibility off on to me** il s'est déchargé de la responsabilité sur moi.

shuffleboard [ˈʃʌflbɔːd] *n* jeu *m* de palet.

shufti *inf* [ˈʃʊftɪ] *n Br dated* coup *m* d'œil; **have a ~ at this!** jette un coup d'œil là-dessus!

shun [ʃʌn] (*pt* & *pp* **shunned**, *cont* **shunning**) *vt* fuir, éviter; **she ~s all publicity** elle fuit toute publicité.

'shun [ʃʌn] *interj* MIL garde-à-vous.

shunt [ʃʌnt] ◇ *vt* -**1.** [move] déplacer; **the neighbours upstairs were ~ing furniture around** les voisins du dessus déplaçaient des meubles; **they ~ed him off to the Fresno office** ils l'ont muté à Fresno. -**2.** *Br* RAIL [move about] manœuvrer; [direct] aiguiller; [marshal] trier; **the carriages had been ~ed into a siding** les wagons avaient été mis sur une voie de garage. -**3.** ELEC [circuit] shunter, monter en dérivation; [current] dériver.
◇ *vi* -**1.** RAIL manœuvrer. -**2.** [travel back and forth] faire la navette.
◇ *n* -**1.** RAIL manœuvre *f* (de triage). -**2.** ELEC shunt *m*, dérivation *f*. -**3.** MED shunt *m*. -**4.** *inf Br* [car crash] collision *f*.

shunter [ˈʃʌntəʳ] *n* locomotive *f* de manœuvre.

shunting [ˈʃʌntɪŋ] ◇ *n* -**1.** RAIL manœuvres *fpl* (de triage). -**2.** ELEC shuntage *m*, dérivation *f*.
◇ *comp* [engine, track] de manœuvre.

shunting yard *n* gare *f* de triage.

shush [ʃʊʃ] ◇ *interj* chut.
◇ *vt*: **he kept ~ing us** il n'arrêtait pas de nous dire de nous taire.

shut [ʃʌt] (*pt* & *pp* **shut**, *cont* **shutting**)
◇ *vt* -**1.** [close] fermer; **~ your eyes!** fermez les yeux!; **you shouldn't ~ your eyes to the problem** *fig* vous ne devriez pas fermer les yeux sur le problème; **~ your books** refermez OR fermez vos livres; **please ~ the door after you** veuillez fermer OR refermer la porte derrière vous ❑ **~ your mouth** *inf* OR **your face** *inf*! boucle-la!, la ferme! -**2.** [trap]: **her skirt got ~ in the door** sa robe est restée coincée dans la porte; **I ~ my finger in the door** je me suis pris le doigt dans la porte.
◇ *vi* -**1.** [door, window, container, cabinet etc] (se) fermer; **the door won't ~** la porte ne ferme pas; **the lid ~s very tightly** le couvercle ferme hermétiquement. -**2.** [shop, gallery etc] fermer; **the post office ~s at 6 pm** la poste ferme à 18 h.
◇ *adj* fermé; **keep your mouth** OR **trap ~!** *inf* ferme-la!, boucle-la!
◆ **shut away** *vt sep* [criminal, animal] enfermer; [precious objects] mettre sous clé; **I ~ myself away for two months to finish my novel** je me suis enfermé pendant deux mois pour terminer d'écrire mon roman.
◆ **shut down** ◇ *vt sep* [store, factory, cinema] fermer; [machine, engine] arrêter.
◇ *vi insep* [store, factory, cinema] fermer.
◆ **shut in** *vt sep* enfermer; **he went to the bathroom and ~ himself in** il est allé à la salle de bains et s'y est enfermé.
◆ **shut off** ◇ *vt sep* -**1.** [cut off - supplies, water, electricity] couper; [- radio, machine] éteindre, arrêter. -**2.** [isolate] couper, isoler; **the village was ~ off from the rest of the world** le village a été coupé du reste du monde. -**3.** [block] boucher; **that new building ~s off all our sunlight** ce nouvel immeuble nous cache la lumière du jour.
◇ *vi insep* se couper, s'arrêter; **it ~s off automatically** ça s'arrête automatiquement.
◆ **shut out** *vt sep* -**1.** [of building, room]: **she ~ us out** elle nous a enfermés dehors; **we got ~ out** nous ne pouvions plus rentrer. -**2.** [exclude] exclure; **he drew the curtains to ~ out the light** il tira les rideaux pour empêcher la lumière d'entrer; **she felt ~ out from all decision-making** elle avait l'impression que toutes les décisions étaient prises sans qu'elle soit consultée. -**3.** [block out - thought, feeling] chasser (de son esprit). -**4.** SPORT [opponent] empêcher de marquer.
◆ **shut up** ◇ *vi insep* -**1.** *inf* [be quiet] se taire; **~ up!** tais-toi!; **~ up and do your work** tais-toi et fais ton travail. -**2.** [close] fermer; **we decided to ~ up early** nous avons décidé de fermer tôt.
◇ *vt sep* -**1.** [close - shop, factory] fermer; **to ~ up shop** *Br literal* & *fig* fermer boutique. -**2.** [lock up, confine] enfermer. -**3.** *inf* [silence] faire taire.

shutdown [ˈʃʌtdaʊn] *n* fermeture *f* définitive.

shut-eye *inf n*: **to get a bit of ~** faire un somme, piquer un roupillon.

shut-in ◇ *adj* confiné, enfermé.
◇ *n Am* malade *m* qui reste confiné, malade *f* qui reste confinée.

shutoff [ˈʃʌtɒf] *n* -**1.** [device]: **the automatic ~ didn't work** le dispositif d'arrêt automatique n'a pas fonctionné. -**2.** [action] arrêt *m*.

shutout [ˈʃʌtaʊt] *n* -**1.** INDUST lock-out *m*. -**2.** SPORT *Am* victoire écrasante *(remportée sans que l'adversaire marque un seul point)*.

shutter [ˈʃʌtəʳ] *n* -**1.** [on window] volet *m*; **to put up the ~s** [gen] mettre les volets; [on shop] fermer boutique. -**2.** PHOT obturateur *m*.

shuttered [ˈʃʌtəd] *adj*: **~ windows** [with shutters fitted] fenêtres *fpl* à volets; [with shutters closed] fenêtres *fpl* aux volets fermés; **all the windows were tightly ~** les volets de toutes les fenêtres étaient bien fermés.

shutter priority *n* priorité *f* à l'obturation.

shutter release *n* déclencheur *m* d'obturateur.

shutter speed *n* vitesse *f* d'obturation.

shuttle [ˈʃʌtl] ◇ *n* -**1.** [vehicle, service] navette *f*; **there is a ~ bus service from the station to the stadium** il y a une navette d'autobus entre la gare et le stade; **the 8 o'clock ~ to Glasgow** la navette de 8 h pour Glasgow. -**2.** [on weaving loom, sewing machine] navette *f*. -**3.** = **shuttlecock**.
◇ *vi* faire la navette; **he ~s between New York and Chicago** il fait la navette entre New York et Chicago.
◇ *vt*: **a helicopter ~d the injured to hospital** un hélicoptère a fait la navette pour transporter les blessés à l'hôpital; **passengers are ~d to the airport by bus** les passagers sont transportés en bus à l'aéroport.

shuttlecock [ˈʃʌtlkɒk] *n* volant *m* *(au badminton)*.

shuttle diplomacy *n* navette *f* diplomatique.

shwa [ʃwɑː] = **schwa**.

shy [ʃaɪ] (*compar* **shyer**, *superl* **shyest**, *pt* & *pp* **shied**) ◇ *adj* -**1.** [person - timid] timide; [- ill at ease] gêné, mal à l'aise; [- unsociable] sauvage; **she gave a ~ smile** elle sourit timidement; **he's ~ of adults** il est timide avec les adultes; **she's camera ~** elle n'aime pas être prise en photo; **to make sb ~** intimider qqn; **most people are ~ of speaking in public** la plupart des gens ont peur de parler en public; **don't be ~ of asking for more** n'hésitez pas à en redemander. -**2.** [animal, bird] peureux. -**3.** *Am* [short, lacking]: **to be ~ of** manquer de, être à court de; **we're $600 ~ of making our goal** il nous manque 600 dollars pour atteindre notre objectif.
◇ *n Br* -**1.** [throw] lancer *m*, jet *m*; **he took a ~ at the pigeon with a stone** il a lancé une pierre sur le pigeon. -**2.** [attempt] essai *m*, tentative *f*; **she decided to have** OR **to take a ~ at skiing** elle a décidé d'essayer le ski.
◇ *vi* [horse] broncher; **his horse shied at the last fence** son cheval a bronché devant le dernier obstacle.
◇ *vt* lancer, jeter.
◆ **shy away from** *vt insep* éviter de; **she shied away from talking to him** elle a évité de lui parler.

Shylock [ˈʃaɪlɒk] *n pej* usurier *m*, -ère *f*.

shyly [ˈʃaɪlɪ] *adv* timidement.

shyness [ˈʃaɪnɪs] *n* timidité *f*.

shyster *inf* [ˈʃaɪstəʳ] *n esp Am* [crook] escroc *m*, filou *m*; [corrupt lawyer] avocat *m* marron.

si [siː] *n* MUS si *m inv*.

SI (*abbr of* **Système International**) *n* SI *m*; **~ unit** unité *f* SI.

Siam [ˌsaɪˈæm] *pr n* Siam *m*; **in ~** au Siam.

Siamese [ˌsaɪəˈmiːz] (*pl inv*) ◇ *n* -**1.** [person] Siamois *m*, -e *f*. -**2.** LING siamois *m*. -**3.** = **Siamese cat**.
◇ *adj* siamois.

Siamese cat *n* chat *m* siamois.

Siamese twins *npl* [male] frères *mpl* siamois; [female] sœurs *fpl* siamoises.

sib *inf* [sɪb] = **sibling**.

SIB *pr n* (*abbr of* **Securities and Investments Board**) *organisme mis en place en 1986 pour superviser le marché financier londonien.*

Siberia [saɪ'bɪərɪə] *pr n* Sibérie *f*; **in ~** en Sibérie.

Siberian [saɪ'bɪərɪən] ◇ *n* Sibérien *m*, -enne *f*.
◇ *adj* sibérien.

sibilance ['sɪbɪləns] *n* sifflement *m*.

sibilant ['sɪbɪlənt] *adj* sifflant.

sibilate ['sɪbɪleɪt] ◇ *vt* prononcer en sifflant.
◇ *vi* siffler.

sibling ['sɪblɪŋ] ◇ *n* [brother] frère *m*; [sister] sœur *f*; **all his ~s** tous ses frères et sœurs; **Bob and Sue are ~s** Bob et Sue sont frère et sœur.
◇ *adj*: **~ rivalry** rivalité *f* entre frères et sœurs.

sibyl ['sɪbl] *n* sibylle *f*.

sibylline ['sɪbəlaɪn] *adj* sibyllin.

sic [sɪk] *adv* sic.

siccative ['sɪkətɪv] *n* siccatif *m*.

Sicilian [sɪ'sɪljən] ◇ *n* -**1.** [person] Sicilien *m*, -enne *f*. -**2.** LING sicilien *m*.
◇ *adj* sicilien.

Sicily ['sɪsɪlɪ] *pr n* Sicile *f*; **in ~** en Sicile.

sick [sɪk] ◇ *adj* -**1.** [unwell - person, plant, animal] malade; [- state] maladif; **to fall ~, to get** OR **to take ~** *Am* tomber malade; **to look ~** *Am* avoir l'air malade; **my secretary is off ~** ma secrétaire est absente, elle est malade; **they care for ~ people** ils soignent les malades; **to report** OR **to go** *inf* **~** MIL se faire porter malade OR pâle; **are you ~ in the head or something?** *inf* tu n'es pas un peu malade?; **to be ~ with fear/worry** être malade de peur/d'inquiétude; **you're so good at it you make me look ~!** *inf Am* tu le fais si bien que j'ai l'air complètement nul! -**2.** [nauseous]: **to be ~** vomir; **to feel ~** avoir envie de vomir OR mal au coeur; **I get ~ at the sight of blood** la vue du sang me rend malade OR me soulève le cœur; **oysters make me ~** les huîtres me rendent malade; **you'll make yourself ~ if you eat too fast** tu vas te rendre malade si tu manges trop vite; **the very idea gives me a ~ feeling in my stomach** rien que d'y penser j'ai mal au cœur; **I felt ~ to my stomach** j'avais mal au cœur ❑ **to be ~ as a dog** *inf* être malade comme un chien. -**3.** [fed up, disgusted] écœuré, dégoûté; **I'm ~ (and tired) of telling you!** j'en ai assez de te le répéter!; **it made him ~ to think of all that waste** ça l'écœurait de penser à tout ce gâchis; **you make me ~!** tu m'écœures OR me dégoûtes!; **he was ~ of living alone** il en avait assez de vivre seul ❑ **to be ~ to death of sb/sthg** *inf* en avoir vraiment assez OR ras le bol de qqn/qqch; **I was as ~ as a parrot!** *Br hum* j'en étais malade!; **to be ~ at heart** *lit* avoir la mort dans l'âme. -**4.** *inf* [unwholesome] malsain, pervers; [morbid - humour] malsain; [- joke] macabre; **I find their relationship really ~** je trouve leurs rapports vraiment malsains; **that's the ~est thing I ever heard!** je n'ai jamais entendu quelque chose d'aussi écœurant! -**5.** *lit* [longing]: **to be ~ for sb/sthg** languir après qqn/qqch.
◇ *npl*: **the ~** les malades *mpl*.
◇ *n inf Br* [vomit] vomi *m*.
◆ **sick up** *inf vt sep Br* vomir, rendre.

sick-bag *n sachet mis à la disposition des passagers malades dans les avions.*

sickbay ['sɪkbeɪ] *n* infirmerie *f*.

sickbed ['sɪkbed] *n* lit *m* de malade.

sick building syndrome *n effets néfastes du séjour dans un environnement muni de l'air conditionné.*

sick call *n* -**1.** [visit - by doctor] visite *f* à domicile; [- by priest] visite *f* aux malades. -**2.** *Am* = **sick parade**.

sicken ['sɪkn] ◇ *vt* -**1.** [disgust, distress] écœurer, dégoûter; **it ~ed him to see them together** ça l'écœurait de les voir ensemble. -**2.** [make nauseous] donner mal au cœur à, écœurer; [make vomit] faire vomir; **the smell ~s me** cette odeur me soulève le cœur OR me donne des hauts-le-cœur.
◇ *vi* -**1.** [fall ill - person, animal] tomber malade; [- plant] dépérir; **he's ~ing for something** *Br* il couve quelque chose. -**2.** *lit* [become weary] se lasser; **she ~ed of her idle life** elle se lassa de mener une vie désœuvrée.

sickening ['sɪknɪŋ] *adj* -**1.** [nauseating - smell, mess] nauséabond, écœurant; [- sight] écœurant. -**2.** *fig* écœurant, répugnant; **it's ~ the way the refugees are treated** c'est écœurant, la façon dont on traite les réfugiés; **he fell with a ~ thud** il est tombé avec un bruit qui laissait présager le pire; **she's so talented it's ~!** *hum* elle est si douée que c'en est écœurant!

sickeningly ['sɪknɪŋlɪ] *adv*: **he's ~ pious** il est d'une piété écœurante; **she's ~ successful** *hum* elle réussit si bien que c'en est écœurant.

sick headache *n Br* migraine *f*.

sickle ['sɪkl] *n* faucille *f*; **a ~ moon** un mince croissant de lune.

sick leave *n* congé *m* (de) maladie; **to be (away) on ~** être en congé (de) maladie.

sickle-cell anaemia *n* drépanocytose *f*, anémie *f* à hématies falciformes.

sickliness ['sɪklɪnɪs] *n* -**1.** [of person] faiblesse *f*, fragilité *f*; [of complexion] pâleur *f* maladive. -**2.** [of food] goût *m* écœurant.

sick list *n* liste *f* des malades; **to be on the ~** se faire porter malade.

sickly ['sɪklɪ] (*compar* **sicklier**, *superl* **sickliest**) *adj* -**1.** [person] chétif, maladif; [complexion, pallor] maladif; [plant] chétif; [dawn, light, glare] blafard; [smile] pâle. -**2.** [nauseating] écœurant; [sentimentality] mièvre; **a ~ sweet smell** une odeur écœurante OR douceâtre. -**3.** *arch* [unwholesome - vapour, climate] insalubre, malsain.

sick-making *inf adj* dégueulasse.

sickness ['sɪknɪs] *n* -**1.** [nausea] nausée *f*. -**2.** [illness] maladie *f*; **radiation ~** mal *m* des rayons.

sickness benefit *n (U) Br* prestations *fpl* de l'assurance maladie, ≃ indemnités *fpl* journalières.

sick note *n* mot d'absence *(pour cause de maladie)*.

sicko ['sɪkəʊ] *adj Am* dérangé, malade.

sick parade *n Br* MIL: **to go on ~** se faire porter malade.

sick pay *n* indemnité *f* de maladie *(versée par l'employeur)*.

sickroom ['sɪkrʊm] *n* [sickbay] infirmerie *f*; [in home] chambre *f* de malade.

side [saɪd] ◇ *n* -**1.** [part of body - human] côté *m*; [- animal] flanc *m*; **lie on your ~** couchez-vous sur le côté; **I've got a pain in my right ~** j'ai mal au côté droit; **her fists were clenched at her ~s** ses poings étaient serrés le long de son corps; **I sat down at** OR **by his ~** je me suis assis à ses côtés OR à côté de lui; **the child remained at her mother's ~** l'enfant restait à côté de sa mère; **she was called to the president's ~** elle a été appelée auprès du président; **to get on sb's good/bad ~** s'attirer la sympathie/l'antipathie de qqn. -**2.** [as opposed to top, bottom, front, back] côté *m*; **the bottle was on its ~** la bouteille était couchée; **lay the barrel on its ~** mettez le fût sur le côté; **her hair is cut short at the ~s** ses cheveux sont coupés court sur les côtés; **there's a door at the ~** il y a une porte sur le côté; **the car was hit from the ~** la voiture a subi un choc latéral. -**3.** [outer surface - of cube, pyramid] côté *m*, face *f*; [flat surface - of biscuit, sheet of paper, cloth] côté *m*; [- of coin, record, tape] côté *m*, face *f*; **write on both ~s of the paper** écrivez recto verso; **grill for three minutes on each ~** passez au grill trois minutes de chaque côté; **'this ~ up'** 'haut'; **the right/wrong ~ of the cloth** l'endroit *m*/l'envers *m* du tissu; **the other ~ of the tape is blank** l'autre face de la cassette est vierge ‖ [inner surface - of bathtub, cave, stomach] paroi *f*; **the ~s of the crate are lined with newspaper** l'intérieur de la caisse est recouvert de papier journal ❑ **to know which ~ one's bread is buttered on** ne pas perdre le nord; **the other ~ of the coin** le revers de la médaille. -**4.** [edge - of triangle, lawn] côté *m*; [- of road, pond, river] bord *m*; **there's a wall on three ~s of the property** il y a un mur sur trois côtés du terrain; **she held on to the ~ of the pool** elle s'accrochait au rebord de la piscine; **a wave washed him over the ~** une vague l'emporta par-dessus bord; **I sat on the ~ of the bed** je me suis assis sur le bord du lit; **I sat on** OR **at the ~ of the road** je me suis assis au bord de la route; **she was kneeling by the ~ of the bed** elle était agenouillée à côté du lit. -**5.** [slope - of mountain, hill, valley] flanc *m*, versant *m*; **the village is set on the ~ of a mountain** le village est situé sur le flanc d'une montagne. -**6.** [opposing part] côté *m*; **on the other ~ of the room/wall** de l'autre côté de la pièce/du mur; **on** OR **to one ~ of the door** d'un côté de la porte; **you're driving on the wrong ~!** vous conduisez du mauvais côté!; **which ~ of the bed do you sleep on?** de quel côté du lit dors-tu?; **she got in on the driver's ~** elle est montée côté conducteur; **the sunny ~ of the stadium** le côté ensoleillé du stade; **the dark ~ of the moon** la face cachée de la lune; **the Mexican ~ of the border** le côté mexicain de la frontière; **the lamppost leaned to one ~** le réverbère penchait d'un côté; **he wore his hat on one ~** il portait son chapeau de côté; **move the bags to one ~** écartez OR poussez les sacs; **to jump to one ~** faire un bond de côté; **to take sb to one ~** prendre qqn à part; **leaving that on one ~ for the moment...** en laissant cela de côté pour l'instant...; **Manhattan's Lower East Side** le quartier sud-est de Manhattan; **it's way on the other ~ of town** c'est à l'autre bout de la ville; **on every ~, on all ~s** de tous côtés, de toutes parts; **they were attacked on** OR **from all ~s** ils ont été attaqués de tous côtés OR de toutes parts; **there were flames on every ~** il y avait des flammes de tous (les) côtés; **the ship rolled from ~ to ~** le bateau roulait; **he's on the right/wrong ~ of forty** il n'a pas encore/il a dépassé la quarantaine; **stay on the right ~ of the law** restez dans la légalité; **he operates on the wrong ~ of the law** il fait des affaires en marge de la loi; **there's no other hotel this ~ of Reno** il n'y a pas d'autre hôtel entre ici et Reno; **these are the best beaches this ~ of Hawaii** ce sont les meilleures plages après celles de Hawaii; **I can't see myself finishing the work this ~ of Easter** je ne me vois pas finir ce travail d'ici Pâques; **it's a bit on the pricey/small ~** c'est un peu cher/petit ❑ **to live on the right/wrong ~ of the tracks** *Am* habiter un bon/mauvais quartier. -**7.** [facet, aspect - of problem] aspect *m*, côté *m*; [- of person] côté *m*; **to examine all ~s of an issue** examiner un problème sous tous ses aspects; **there are many ~s to this issue** c'est une question complexe; **he stressed the positive/humanitarian ~** il a souligné le côté positif/humanitaire; **she's very good at the practical ~ of things** elle est excellente sur le plan pratique; **she has her good ~** elle a ses bons côtés; **I've seen his cruel ~** je sais qu'il peut être cruel; **she showed an unexpected ~ of herself** elle a révélé une facette inattendue de sa personnalité; **I've kept my ~ of the deal** j'ai tenu mes engagements dans cette affaire. -**8.** [group, faction] côté *m*, camp *m*; [team] équipe *f*; [party] POL parti *m*; **the winning ~** le camp des vainqueurs; **to pick** OR **to choose ~s** former des équipes; **whose ~ is he on?** de quel côté est-il?; **which ~ won the war?** qui a gagné la guerre?; **the rebel ~** les rebelles *mpl*; **there is mistrust on both ~s** il y a de la méfiance dans les deux camps; **there's still no concrete proposal on** OR **from their ~** il n'y a toujours pas de proposition concrète de leur part; **to go over to the other ~, to change ~s** changer de camp; **luck is on our ~** la chance est avec nous; **time is on their ~** le temps joue en leur faveur; **he has youth on his ~** il a l'avantage de la jeunesse; **he really let the ~ down** il nous/leur *etc* a fait faux bond; **don't let the ~ down!** nous comptons sur vous!; **she**

tried to get the committee on her ~ elle a essayé de mettre le comité de son côté; to take ~s prendre parti; he took Tom's ~ against me il a pris le parti de Tom contre moi; to be on the ~ of peace être pour la paix. -9. [position, point of view] point *m* de vue; there are two ~s to every argument dans toute discussion il y a deux points de vue; he's told me his ~ of the story il m'a donné sa version de l'affaire. -10. [line of descent]: she's a Smith on her mother's ~ c'est une Smith par sa mère; he's Polish on both ~s ses parents sont tous les deux polonais; my grandmother on my mother's/father's ~ ma grand-mère maternelle/paternelle; she gets her love for music from her mother's ~ of the family elle tient son goût pour la musique du côté maternel de sa famille; they are all blond on her father's ~ of the family ils sont tous blonds du côté de OR dans la famille de son père. -11. CULIN: ~ of pork demi-porc *m*; ~ of beef/lamb quartier *m* de bœuf/d'agneau. -12. *Br* [page of text] page *f*; I wrote ten ~s j'ai écrit dix pages. -13. *inf Br* [TV channel] chaîne *f*; what's on the other ~? qu'est-ce qu'il y a sur l'autre chaîne? -14. *Br* [in snooker, billiards etc] effet *m*. -15. *inf Br* [cheek] culot *m*; [arrogance] fierté *f*; there's no ~ to him il est très simple, ce n'est pas un frimeur.
◇ *vi*: to ~ with sb se ranger OR se mettre du côté de qqn, prendre parti pour qqn; it's in our interest to ~ with the majority nous avons intérêt à nous ranger du côté de la majorité; they all ~d against her ils ont fait cause commune contre elle.
◇ *adj* -1. [situated on one side - panel, window] latéral, de côté; ~ aisle [in church] bas-côté *m*; THEAT allée *f* latérale; ~ door porte *f* latérale; ~ entrance entrée *f* latérale; ~ pocket poche *f* extérieure; ~ rail [on bridge] garde-fou *m*; NAUT rambarde *f*. -2. [directional - view] de côté, de profil; [- elevation, kick] latéral; to do a ~ split DANCE faire un grand écart latéral; to put ~ spin on a ball SPORT donner de l'effet à une balle. -3. [additional] en plus; a ~ order of toast une portion de toast en plus OR en supplément.
◆ **on the side** *adv phr*: to make a bit of money on the ~ [gen] se faire un peu d'argent en plus OR supplémentaire; [dishonestly] remplir ses poches; she's an artist but works as a taxi driver on the ~ elle est artiste mais elle fait le chauffeur de taxi pour arrondir ses fins de mois; a hamburger with salad on the ~ un hamburger avec une salade; anything on the ~, sir? [in restaurant] *Am* et avec cela, Monsieur?
◆ **side by side** *adv phr* côte à côte; they were walking ~ by ~ ils marchaient côte à côte; the tribes lived peacefully ~ by ~ les tribus vivaient paisiblement côte à côte; the road and the river run ~ by ~ la route longe la rivière; we'll be working ~ by ~ with the Swiss on this project nous travaillerons en étroite collaboration avec les Suisses sur ce projet.

sidearm ['saɪdɑːm] *n* arme *f* de poing.

sideband ['saɪdbænd] *n* RADIO bande *f* latérale.

sideboard ['saɪdbɔːd] *n* [for dishes] buffet *m* bas.
◆ **sideboards** *Br* = **sideburns**.

sideburns ['saɪdbɜːnz] *npl* pattes *fpl*.

sidecar ['saɪdkɑːʳ] *n* -1. [on motorbike] side-car *m*. -2. [drink] side-car *m* *(cocktail composé de cognac, de cointreau et de jus de citron)*.

side chain *n* CHEM chaîne *f* latérale.

-sided ['saɪdɪd] *in cpds*: three/five~ à trois/cinq côtés; a many~ figure une figure polygonale; a glass~ box une boîte à parois de verre; elastic~ boots bottes avec de l'élastique sur les côtés; a steep~ valley une vallée encaissée.

side dish *n* plat *m* d'accompagnement; [of vegetables] garniture *f*; with a ~ of spinach avec une garniture d'épinards.

side drum *n* caisse *f* claire.

side effect *n* effet *m* secondaire; the drug was found to have harmful ~s on a découvert que la drogue avait des effets secondaires nocifs; consumers suffered the ~s of inflation les consommateurs ont subi les effets secondaires OR indésirables de l'inflation.

side glance *n literal* regard *m* oblique OR de côté; *fig* [allusion] allusion *f*.

side issue *n* question *f* secondaire.

sidekick *inf* ['saɪdkɪk] *n* acolyte *m*.

sidelight ['saɪdlaɪt] *n* -1. *Br* AUT feu *m* de position. -2. NAUT feu *m* de position. -3. [information]: to give (sb) a ~ on sthg donner à qqn un aperçu de qqch.

sideline ['saɪdlaɪn] ◇ *n* -1. SPORT [gen] ligne *f* de côté; [touchline] (ligne *f* de) touche *f*, ligne *f* de jeu; to wait on the ~s SPORT attendre sur la touche; *fig* attendre dans les coulisses; her injury kept her on the ~s all season sa blessure l'a laissée sur la touche pendant toute la saison; I prefer to stand on the ~s *fig* je préfère ne pas m'en mêler. -2. [job] activité *f* OR occupation *f* secondaire; as a ~ he takes wedding photos il fait des photos de mariage pour arrondir ses fins de mois. -3. COMM [product line] ligne *f* de produits secondaires; they've made recycling a profitable ~ ils ont fait du recyclage une activité secondaire rentable; it's only a ~ for us ce n'est pas notre spécialité.
◇ *vt* SPORT & *fig* mettre sur la touche.

sidelong ['saɪdlɒŋ] ◇ *adj* oblique, de côté; they exchanged ~ glances ils ont échangé un regard complice.
◇ *adv* en oblique, de côté.

sideman ['saɪdmən] (*pl* **sidemen** [-mən]) *n* MUS membre *m* de l'orchestre; he was one of Count Basie's sidemen in Chicago il a joué avec Count Basie à Chicago.

side meat *inf n Am* poitrine *f* fumée.

side-on ◇ *adv* de profil; ~, she looks very like you de profil, elle te ressemble beaucoup; the car was hit ~ la voiture a subi un choc latéral.
◇ *adj* [photo] de profil; [collision] latéral.

side order *n esp Am* portion *f*; I'd like a ~ of fries je voudrais aussi des frites.

side plate *n* petite assiette *f* *(que l'on met à gauche de chaque convive)*.

sidereal [saɪ'dɪərɪəl] *adj* sidéral.

side road *n* [minor road - in country] route *f* secondaire; [- in town] petite rue *f*; [road at right angles] rue *f* transversale; the car was coming out of a ~ la voiture débouchait d'une route transversale.

sidesaddle ['saɪd,sædl] ◇ *n* selle *f* de femme.
◇ *adv*: to ride ~ monter en amazone.

side salad *n* salade *f* *(pour accompagner un plat)*.

sideshow ['saɪdʃəʊ] *n* -1. [in fair - booth] stand *m*, baraque *f* foraine; [- show] attraction *f*. -2. [minor event] détail *m*.

sideslip ['saɪdslɪp] (*pt* & *pp* **sideslipped**, *cont* **sideslipping**) ◇ *n* -1. AERON glissade *f*. -2. AUT dérapage *m*; to go into ~ déraper.
◇ *vi* AERON glisser sur l'aile.

sidesman ['saɪdzmən] (*pl* **sidesmen** [-mən]) *n Br* RELIG ≃ bedeau *m*.

sidesplitting *inf* ['saɪd,splɪtɪŋ] *adj* [story, joke] tordant, bidonnant.

sidestep ['saɪdstep] (*pt* & *pp* **sidestepped**, *cont* **sidestepping**) ◇ *n* crochet *m*; SPORT esquive *f*.
◇ *vt* -1. [opponent, tackle - in football, rugby] crocheter; [- in boxing] esquiver. -2. [issue, question] éluder, éviter; [difficulty] esquiver; he'll ~ making any decision il évitera de prendre quelque décision que ce soit; they'll ~ the regulations/the law ils contourneront le règlement/la loi.
◇ *vi* -1. [dodge] esquiver. -2. [in skiing]: to ~ up a slope monter une pente en escalier. -3. [be evasive] rester évasif.

side street *n* [minor street] petite rue *f*; [at right angles] rue *f* transversale.

sidestroke ['saɪdstrəʊk] *n* nage *f* indienne; to swim ~ nager à l'indienne.

sideswipe ['saɪdswaɪp] ◇ *n* -1. [blow - glancing] coup *m* oblique; [- severe] choc *m* latéral. -2. [remark] allusion *f* désobligeante; he took a few ~s at the project il a fait quelques allusions désobligeantes sur le projet.
◇ *vt Am* faucher.

side table *n* petite table *f*; [for dishes] desserte *f*; [beside bed] table *f* de chevet.

sidetrack ['saɪdtræk] ◇ *vt* [person - in talk] faire dévier de son sujet; [- in activity] distraire; [enquiry, investigation] détourner; the speaker kept getting ~ed le conférencier s'écartait sans cesse de son sujet; sorry, I got ~ed for a moment pardon, je m'égare.
◇ *n* -1. [digression] digression *f*; he went off on a ~ [topic] il s'est écarté de son sujet; [activity] il s'est laissé distraire. -2. *Am* RAIL [in yard] voie *f* de garage; [off main line] voie *f* d'évitement.

sidewalk ['saɪdwɔːk] *n Am* trottoir *m*; to hit the ~s *inf* chercher du boulot.

sidewalk artist *n Am* artiste *mf* de rue *(qui dessine à la craie sur le trottoir)*.

sidewalk café *n Am* café *m* avec terrasse.

sidewalk furniture *n Am* mobilier *m* urbain.

sideways ['saɪdweɪz] ◇ *adv* [lean] d'un côté; [glance] obliquement, de côté; [walk] en crabe; to step ~ faire un pas de côté; I was thrown ~ j'ai été projeté sur le côté; the cup slid ~ la tasse glissa de côté; now turn ~ maintenant mettez-vous de profil; the pieces can move forwards and backwards but not ~ les pièces peuvent se déplacer en avant ou en arrière, mais pas latéralement ❑ the news really knocked him ~ *inf* [astounded him] la nouvelle l'a vraiment époustouflé; [upset him] la nouvelle l'a vraiment mis dans tous ses états.
◇ *adj* [step] de côté; [look] oblique, de côté; the job is a ~ move c'est une mutation et non pas une promotion.

side-wheeler *n Am* bateau *m* à aubes.

side-whiskers *npl* favoris *mpl*.

sidewinder ['saɪd,waɪndəʳ] *n Am* -1. [blow] grand coup *m* de poing. -2. [snake] crotale *m*, serpent *m* à sonnettes.

siding ['saɪdɪŋ] *n* -1. RAIL [in yard] voie *f* de garage; [off main track] voie *f* d'évitement. -2. *Am* CONSTR revêtement *m*.

sidle ['saɪdl] *vi* se faufiler; to ~ up OR over to sb se glisser vers OR jusqu'à qqn; to ~ in/out entrer/sortir furtivement; to ~ along marcher de côté, avancer de biais.

Sidon ['saɪdn] *pr n* Sidon.

SIDS *n abbr of* sudden infant death syndrome.

siege [siːdʒ] ◇ *n* MIL & *fig* siège *m*; to lay ~ to sthg assiéger qqch; to be under ~ être assiégé; to raise a ~ lever le siège; a state of ~ has been declared l'état de siège a été déclaré.
◇ *comp* [machine, warfare] de siège; to have a ~ mentality être toujours sur la défensive.

siege economy *n* économie *f* protectionniste.

Siegfried ['siːgfriːd] *pr n* Siegfried.

siemens ['siːmənz] (*pl inv*) *n* siemens *m*.

Siena [sɪ'enə] *pr n* Sienne.

sienna [sɪ'enə] ◇ *n* -1. [earth] terre *f* de Sienne; raw/burnt ~ terre de Sienne naturelle/brûlée. -2. [colour] ocre *m* brun.
◇ *adj* ocre brun *(inv)*.

sierra [sɪ'erə] *n* sierra *f*.

Sierra Leone [sɪ'erəlɪəʊn] *pr n* Sierra Leone *f*; in ~ en Sierra Leone.

Sierra Leonean [sɪ'erəlɪ'əʊnjən] ◇ *n habitant de la Sierra Leone*.
◇ *adj* de la Sierra Leone.

Sierra Madre [sɪ,erə'mɑːdreɪ] *pr n*: the ~ la Sierra Madre.

Sierra Nevada [sɪ,erənə'vɑːdə] *pr n*: the ~ la Sierra Nevada.

siesta [sɪ'estə] *n* sieste *f*; to have OR to take a ~ faire la sieste.

sieve [sɪv] ◇ *n* [gen] tamis *m*; [kitchen utensil] passoire *f*; [for gravel, ore] crible *m*; I've got a memory OR mind like a ~! ma mémoire est une vraie passoire!
◇ *vt* [flour, sand, powder] tamiser, passer au tamis; [purée, soup] passer; [gravel, ore] cribler, passer au crible.

sievert ['siːvət] *n* sievert *m*.

sift [sɪft] ◇ *vt* -**1.** [ingredients, soil] tamiser, passer au tamis; [gravel, seed, ore] cribler, passer au crible; ~ **a little sugar onto the cakes** saupoudrez un peu de sucre sur les gâteaux. -**2.** [scrutinize - evidence, proposal] passer au crible *fig*; **the experts are ~ing the facts** les experts passent les faits au crible. -**3.** = **sift out**.
◇ *vi* -**1.** [search] fouiller; **they ~ed through the garbage/the ruins** ils fouillaient (dans) les ordures/les ruines; **he was ~ing through some old correspondence** il était en train de fouiller dans une vieille correspondance. -**2.** [pass, filter] filtrer; **dust had ~ed in through the cracks** la poussière s'était infiltrée par les fentes; **I let the sand ~ through my fingers** j'ai laissé le sable couler entre mes doigts.
◆ **sift out** *vt sep* -**1.** [remove - lumps, debris] enlever (à l'aide d'un tamis OR d'un crible); **he ~ed out the lumps from the flour** il a tamisé la farine pour enlever les grumeaux. -**2.** [distinguish] dégager, distinguer; **they ~ed out the relevant information** ils n'ont retenu que les éléments intéressants.

sifter ['sɪftəʳ] *n* [sieve - for flour, powder, soil] tamis *m*; [- for gravel, seed, ore] crible *m*; [shaker] saupoudreuse *f*.

sifting ['sɪftɪŋ] *n* [of flour, powder, soil] tamisage *m*; [of seed, gravel, ore] criblage *m*.
◆ **siftings** *npl* [residue] résidu *m*; AGR criblure *f*.

sigh [saɪ] ◇ *vi* -**1.** [gen] soupirer, pousser un soupir; **to ~ with relief** pousser un soupir de soulagement. -**2.** *lit* [lament] se lamenter; **to ~ over sthg** se lamenter sur qqch || [grieve] soupirer; **to ~ for** OR **over sb/sthg** soupirer pour qqn/qqch. -**3.** [wind] murmurer; [tree, reed] bruire.
◇ *vt*: **"it's so lovely here", she ~ed** «c'est tellement joli ici», soupira-t-elle.
◇ *n* soupir *m*; **to give** OR **to heave a ~ of relief** pousser un soupir de soulagement.

sighing ['saɪɪŋ] *n (U)* [of person] soupirs *mpl*; [of wind] murmure *m*; [of trees] bruissement *m*.

sight [saɪt] ◇ *n* -**1.** [faculty, sense] vue *f*; **her ~ is failing** sa vue baisse; **to lose/to recover one's ~** perdre/recouvrer la vue. -**2.** [act, instance of seeing] vue *f*; **it was my first ~ of the Pacific** c'était la première fois que je voyais le Pacifique; **he fainted at the ~ of the blood** il s'est évanoui à la vue du sang; **to catch ~ of sb/sthg** apercevoir OR entrevoir qqn/qqch; **to lose ~ of sb/sthg** perdre qqn/qqch de vue; **at first ~ the place seemed abandoned** à première vue, l'endroit avait l'air abandonné; **it was love at first ~** ce fut le coup de foudre; **do you believe in love at first ~?** est-ce que tu crois au coup de foudre?; **I can't stand** OR **bear the ~ of him!** je ne le supporte pas!; **to know sb by ~** connaître qqn de vue; **to buy sthg ~ unseen** acheter qqch sans l'avoir vu; **he can play music at** OR *Am* **by ~** il sait déchiffrer une partition; **to shoot at** OR **on ~** tirer à vue; **payable at** OR *Am* **on ~** payable à vue. -**3.** [range of vision] (portée *f* de) vue *f*; **the plane was still in ~** l'avion était encore en vue; **there wasn't a taxi in ~** il n'y avait pas un (seul) taxi en vue; **I heard her voice but she was nowhere in ~** j'entendais sa voix mais je ne la voyais nulle part; **is the end in ~?** est-ce que tu en vois la fin?; **there's still no end in ~** je n'en vois pas la fin; **keep that car/your goal in ~** ne perdez pas cette voiture/votre but de vue; **the mountains came into ~** les montagnes sont apparues; **the runners came into ~** les coureurs sont apparus; **out of ~** hors de vue; **I watched her until she was out of ~** je l'ai regardée jusqu'à ce qu'elle disparaisse de ma vue; **keep out of ~!** ne vous montrez pas!, cachez-vous!; **keep it out of ~** ne le montrez pas, cachez-le; **she never lets him out of her ~** elle ne le perd jamais de vue; **get out of my ~!** disparais de ma vue!; **get that dog out of my ~!** faites disparaître ce chien!; **a peace settlement now seems within ~** un accord de paix semble maintenant possible; **it was impossible to get within ~ of the accident** il était impossible de s'approcher du lieu de l'accident pour voir ce qui se passait; **he had to give up within ~ of the summit** il a dû renoncer à quelques mètres du sommet ❑ **out of ~, out of mind** *prov* loin des yeux, loin du cœur *prov*. -**4.** [spectacle] spectacle *m*; **the cliffs were an impressive ~** les falaises étaient impressionnantes à voir; **beggars are a common ~ on the streets** on voit beaucoup de mendiants dans les rues; **it was not a pretty ~** ça n'était pas beau à voir; **the waterfalls are a ~ worth seeing** les cascades valent la peine d'être vues ❑ **you're a ~ for sore eyes!** Dieu merci te voilà! -**5.** [tourist attraction] attraction *f*; **one of the ~s of Rome** une des choses à voir à Rome; **I'll show you** OR **take you round the ~s tomorrow** je vous ferai visiter OR voir la ville demain. -**6.** *lit* [opinion, judgment] avis *m*, opinion *f*; **in my father's ~ she could do no wrong** aux yeux de mon père, elle était incapable de faire du mal; **we are all equal in the ~ of God** nous sommes tous égaux devant Dieu. -**7.** *inf* [mess] pagaille *f*; [ridiculously dressed person] tableau *m fig*; **the kitchen was a ~!** quelle pagaille dans la cuisine!; **your hair is a ~!** tu as vu tes cheveux?; **you look a ~ in that outfit!** tu as vu de quoi tu as l'air dans cette tenue?; **I must look a ~!** je ne dois pas être beau à voir! -**8.** [aiming device] viseur *m*; [on mortar] appareil *m* de pointage ❑ **wait till the target crosses your line of ~** attendez que la cible traverse votre ligne de mire; **to take a ~ on sthg** viser qqch; **front ~** guidon *m*; **notch ~** cran *m* de mire; **telescopic ~** lunette *f* de visée; **to have sthg in one's ~s** *literal* avoir qqch dans sa ligne de tir; *fig* avoir qqch en vue; **to lower one's ~s** viser moins haut; **to set one's ~s on sthg** décider d'obtenir qqch; **he's set his ~s on becoming a doctor** son ambition est de devenir médecin; **she has her ~s set on the presidency/a diplomatic career** elle vise la présidence/une carrière de diplomate.
◇ *vt* -**1.** [see] voir, apercevoir; [spot] repérer; **the clouds parted and we ~ed the summit** les nuages se déchirèrent et nous aperçûmes le sommet; **a submarine was ~ed** un sous-marin a été repéré. -**2.** [aim - gun] pointer; **he carefully ~ed his pistol at the target** il visa soigneusement la cible avec son pistolet.
◆ **a sight** *inf adv phr Br* beaucoup; **you'd earn a ~ more money working in industry** votre salaire serait beaucoup plus important si vous travailliez dans l'industrie; **it's a (far) ~ worse than before** c'est bien pire qu'avant; **he's a ~ too modest** il est bien OR beaucoup trop modeste; **not by a long ~** loin de là, bien au contraire.

sighted ['saɪtɪd] *adj* voyant; **the school also accepts ~ students** l'école reçoit aussi des étudiants voyants; **partially ~** mal voyant.

sighting ['saɪtɪŋ] *n*: **UFO ~s have increased** un nombre croissant de personnes déclarent avoir vu des ovnis.

sightless ['saɪtlɪs] *adj* [blind] aveugle.

sightline ['saɪtlaɪn] *n*: **to block sb's ~** boucher la vue de qqn; **drivers need an unobstructed ~ at intersections** les conducteurs doivent avoir un champ de vision dégagé aux croisements.

sightly ['saɪtlɪ] (*compar* **sightlier**, *superl* **sightliest**) *adj* agréable à regarder.

sight-read [-riːd] (*pt* & *pp* **sight-read** [-red]) *vi* & *vt* MUS déchiffrer.

sight-reading *n* MUS déchiffrage *m*.

sightsee ['saɪtsiː] *vi*: **to go ~ing** faire du tourisme.

sightseeing ['saɪt,siːɪŋ] ◇ *n* tourisme *m*; **to do some ~** faire du tourisme; [in town] visiter la ville.
◇ *comp*: **~ bus** car *m* de touristes; **I went on a ~ tour of Rome** j'ai fait une visite guidée de Rome.

sightseer ['saɪt,siːəʳ] *n* touriste *mf*.

sigma ['sɪgmə] *n* sigma *m*.

sign [saɪn] ◇ *n* -**1.** [gen, LING, MATH & MUS] signe *m*; **this ~ means "real leather"** ce symbole signifie «cuir véritable»; **minus ~** signe *m* moins. -**2.** [gesture, motion] signe *m*, geste *m*; **to make a ~ to sb** faire signe à qqn; **she made a ~ for me to enter** elle m'a fait signe d'entrer; **the chief made ~s for me to follow him** le chef m'a fait signe de le suivre; **to make the ~ of the cross** faire le signe de croix; **wait until the policeman gives the ~ to cross** attendez que le policier vous fasse signe de traverser; **the victory ~** le signe de la victoire. -**3.** [arranged signal] signal *m*; **a lighted lamp in the window is the ~ that it's safe** une lampe allumée à la fenêtre signifie qu'il n'y a pas de danger; **when I give the ~, run** à mon signal, courez. -**4.** [written notice - gen & AUT] panneau *m*; [- hand-written] écriteau *m*; [- on shop, bar, cinema etc] enseigne *f*; **the ~s are all in Arabic** tous les panneaux sont en arabe; **neon ~** enseigne *f* au néon; **I didn't see the stop ~** je n'ai pas vu le stop; **obey traffic ~s** respectez les panneaux de signalisation. -**5.** [evidence, indication] signe *m*, indice *m*; MED signe *m*; **the speech was interpreted as a ~ of goodwill** on a interprété son discours comme un signe de bonne volonté; **as a ~ of respect** en témoignage OR en signe de respect; **they wear red as a ~ of mourning** ils portent le rouge en signe de deuil; **a distended belly is a ~ of malnutrition** un ventre dilaté est un signe de sous-alimentation; **a red sunset is a ~ of fair weather** un coucher de soleil rouge est signe qu'il fera beau; **it's a ~ of the times** c'est un signe des temps; **if he's making jokes it's a good ~** c'est bon signe s'il fait des plaisanteries; **at the first ~ of trouble, he goes to pieces** *inf* au premier petit problème, il craque; **were there any ~s of a struggle?** y avait-il des traces de lutte?; **all the ~s are that the economy is improving** tout laisse à penser que l'économie s'améliore; **there's no ~ of her changing her mind** rien n'indique qu'elle va changer d'avis; **there's no ~ of the file anywhere** on ne trouve trace du dossier nulle part; **he gave no ~ of having heard me** il n'a pas eu l'air de m'avoir entendu; **is there any ~ of Amy yet? — not a ~** est-ce qu'on a eu des nouvelles de Amy? — pas la moindre nouvelle; **since then, he's given no ~ of life** depuis lors, il n'a pas donné signe de vie. -**6.** ASTROL signe *m*; **what ~ are you?** de quel signe êtes-vous? -**7.** RELIG [manifestation] signe *m*; **a ~ from God** un signe divin.
◇ *vt* -**1.** [document, book] signer; **~ your name here** signez ici; **here are the letters to be ~ed** voici les lettres à signer; **a ~ed Picasso lithograph** une lithographie signée (par Picasso); **he gave me a ~ed photo of himself** il m'a donné une photo dédicacée; **she ~s herself A.M. Hall** elle signe A.M. Hall; **the deal will be ~ed and sealed tomorrow** l'affaire sera définitivement conclue demain; **you're ~ing your own death warrant** *fig* vous signez votre arrêt de mort. -**2.** SPORT [contract] signer; [player] engager; **he's been ~ed for next season** il a été engagé pour la saison prochaine. -**3.** [provide with signs] signaliser; **the museum is not very well ~ed** la signalisation du musée n'est pas très bonne.
◇ *vi* -**1.** [write name] signer; **he ~ed with an X** il a signé d'une croix; **to ~ on the dotted line** *literal* signer à l'endroit indiqué; *fig* s'engager. -**2.** [signal]: **to ~ to sb to do sthg** faire signe à qqn de faire qqch. -**3.** [use sign language] communiquer par signes; **they were ~ing to each other** ils se parlaient par signes.
◆ **sign away** *vt sep* [right, land, inheritance] se désister de; [independence] renoncer à; [power, control] abandonner; **I felt I was ~ing away my freedom** j'avais l'impression qu'en signant, je renonçais à ma liberté.
◆ **sign in** ◇ *vi insep* -**1.** [at hotel] remplir sa fiche (d'hôtel); [in club] signer le registre. -**2.** [worker] pointer (en arrivant).
◇ *vt sep* -**1.** [guest] faire signer en arrivant;

guests must be ~ed in les visiteurs doivent être inscrits sur le registre en arrivant. -**2.** [file, book] rendre, retourner.

◆ **sign for** *vt insep* -**1.** [accept] signer; to ~ for a delivery/a registered letter signer un bon de livraison/le récépissé d'une lettre recommandée; the files have to be ~ed for il faut signer pour retirer les dossiers. -**2.** [undertake work] signer (un contrat d'engagement); she's ~ed for another series elle a signé pour un autre feuilleton.

◆ **sign off** *vi insep* -**1.** RADIO & TV terminer l'émission; it's time to ~ off for today il est l'heure de vous quitter pour aujourd'hui. -**2.** [in letter]: I'll ~ off now je vais conclure ici.

◆ **sign on** *Br* ◇ *vi insep* -**1.** = **sign up 3**. -**2.** [register as unemployed] s'inscrire au chômage; you have to ~ on every two weeks il faut pointer (au chômage) toutes les deux semaines.
◇ *vt sep* = **sign up 2**.

◆ **sign out** ◇ *vi insep* [gen] signer le registre (en partant); [worker] pointer (en partant).
◇ *vt sep* -**1.** [file, car] retirer (contre décharge); [library book] emprunter; the keys are ~ed out to Mr Hill c'est M. Hill qui a signé pour retirer les clés. -**2.** [hospital patient] autoriser le départ de; he ~ed himself out il est parti sous sa propre responsabilité.

◆ **sign over** *vt sep* transférer; she ~ed the property over to her son elle a transféré la propriété au nom de son fils; the house is being ~ed over to its new owners tomorrow les nouveaux propriétaires entrent en possession de la maison demain.

◆ **sign up** ◇ *vi insep* -**1.** [for job] se faire embaucher; he ~ed up as a crew member il s'est fait embaucher comme membre d'équipage. -**2.** MIL [enlist] s'engager; to ~ up for the Marines s'engager dans les marines. -**3.** [enrol] s'inscrire; she ~ed up for an evening class elle s'est inscrite à des cours du soir.
◇ *vt sep* -**1.** [employee] embaucher; MIL [recruit] engager. -**2.** [student, participant] inscrire.

signal ['sɪgnl] (*Br pt* & *pp* signalled, *cont* signalling, *Am pt* & *pp* signaled, *cont* signaling) ◇ *n* -**1.** [indication] signal *m*; to give sb the ~ to do sthg donner à qqn le signal de faire qqch; he'll give the ~ to attack il donnera le signal de l'attaque; she gave the ~ for us to leave elle nous a donné le signal de départ; it was the first ~ (that) the regime was weakening c'était le premier signe de l'affaiblissement du régime; they are sending the government a clear signal that... ils indiquent clairement au gouvernement que... ❑ to send smoke ~s envoyer des signaux de fumée. -**2.** RAIL sémaphore *m*. -**3.** RADIO, TELEC & TV signal *m*; radio ~ signal radiophonique; station ~ RADIO indicatif *m* (de l'émetteur).
◇ *comp* -**1.** NAUT: ~ book code *m* international des signaux; ~ beacon OR light AERON & NAUT balise *f*. -**2.** RADIO & TELEC [strength, frequency] de signal.
◇ *adj fml* insigne; you showed a ~ lack of tact vous avez fait preuve d'une maladresse insigne.
◇ *vt* -**1.** [send signal to] envoyer un signal à; he signalled the plane forward il a fait signe au pilote d'avancer; the brain ~s the muscles to contract le cerveau envoie aux muscles le signal de se contracter; to ~ sb *Am* faire signe à qqn. -**2.** [indicate - refusal] indiquer, signaler; [- malfunction] signaler, avertir de; the parachutist signalled his readiness to jump le parachutiste fit signe qu'il était prêt à sauter; the linesman signalled the ball out le juge de ligne a signalé que le ballon était sorti; the cyclist signalled a left turn le cycliste a indiqué qu'il tournait à gauche. -**3.** [announce, mark - beginning, end, change] marquer; the speech signalled a radical change in policy le discours a marqué une modification radicale de la politique.
◇ *vi* -**1.** [gesture] faire des signes; to ~ to sb to do sthg faire signe à qqn de faire qqch; he signalled for the bill il a fait signe qu'il voulait l'addition; she was signalling for us to stop elle nous faisait signe de nous arrêter. -**2.** [send signal] envoyer un signal; the satellite is still signalling le satellite émet OR envoie toujours des signaux. -**3.** AUT [with indicator] mettre son clignotant; [with arm] indiquer de la main un changement de direction.

signal box *n* RAIL poste *m* de signalisation.

signaling *Am* = **signalling**.

signalize, -ise ['sɪgnəlaɪz] *vt* -**1.** *Am* [call attention to] signaler, faire remarquer. -**2.** *fml* [distinguish, mark] marquer; his term of office was ~d by numerous scandals son mandat a été marqué par de nombreux scandales.

signalling *Br*, **signaling** *Am* ['sɪgnəlɪŋ] ◇ *n* -**1.** AERON, AUT, NAUT & RAIL signalisation *f*. -**2.** [warning] avertissement *m*; the ~ of any malfunction is automatic toute défaillance est signalée par un dispositif automatique. -**3.** [of electronic message] transmission *f*; the satellite ~ was interrupted le satellite a cessé d'émettre des signaux.
◇ *comp* [error, equipment] de signalisation; ~ flag NAUT pavillon *m* de signalisation; MIL drapeau *m* de signalisation.

signally ['sɪgnəlɪ] *adv fml*: they have ~ failed to achieve their goal ils n'ont manifestement pas pu atteindre leur but.

signalman ['sɪgnlmən] (*pl* signalmen [-mən]) *n* RAIL aiguilleur *m*; MIL & NAUT signaleur *m*.

signal-to-noise ratio *n* rapport *m* signal-bruit.

signal tower *n Am* poste *m* d'aiguillage.

signatory ['sɪgnətrɪ] (*pl* signatories) ◇ *n* signataire *mf*; Namibia is a ~ to OR of the treaty la Namibie a ratifié le traité.
◇ *adj* signataire; the ~ nations les nations signataires.

signature ['sɪgnətʃəʳ] ◇ *n* -**1.** [name] signature *f*; to put one's ~ to sthg apposer sa signature sur qqch. -**2.** [signing] signature *f*; to witness a ~ signer comme témoin; the bill is awaiting ~ *Am* POL le projet de loi attend la signature du président. -**3.** MUS: (key) ~ armature *f*. -**4.** *Am* PHARM [instructions] posologie *f*. -**5.** TYPO [section of book] cahier *m*; [mark] signature *f*.
◇ *comp*: Chanel and her ~ two-piece suit Chanel et le tailleur (deux-pièces) qui lui est si caractéristique.

signature tune *n Br* RADIO & TV indicatif *m* (musical); the song became their ~ *fig* cette chanson est devenue leur indicatif.

signboard ['saɪnbɔːd] *n* [gen] panneau *m*; [for notices] panneau *m* d'affichage; [for ads] panneau publicitaire; [on shop, bar, cinema etc] enseigne *f*.

signer ['saɪnəʳ] *n* signataire *mf*.

signet ['sɪgnɪt] *n* sceau *m*, cachet *m*.

signet ring *n* chevalière *f*.

significance [sɪg'nɪfɪkəns] *n* -**1.** [importance, impact] importance *f*, portée *f*; what happened? — nothing of any ~ qu'est-ce qui s'est passé? — rien d'important OR de spécial; his decision is of no ~ to our plans sa décision n'aura aucune incidence sur nos projets. -**2.** [meaning] signification *f*, sens *m*; sounds take on a new ~ at night la nuit, les bruits se chargent d'un autre sens OR acquièrent une autre signification; the ~ of her words escaped me at the time la signification de ses paroles m'a échappé sur le coup; the stones have religious ~ for the tribe les pierres ont une signification religieuse pour la tribu.

significant [sɪg'nɪfɪkənt] *adj* -**1.** [notable - change, amount, damage] important, considérable; [- discovery, idea, event] de grande portée; no ~ progress has been made on n'a guère fait de progrès; was anything ~ decided at the meeting? s'est-il décidé quelque chose d'important à la réunion? ❑ ~ other partenaire *mf* *(dans une relation affective)*. -**2.** [meaningful, indicative - look, pause] significatif; the government has made a small but ~ gesture le gouvernement a fait un geste petit mais significatif.

significant digits, significant figures *Am npl* chiffres *mpl* significatifs.

significantly [sɪg'nɪfɪkəntlɪ] *adv* -**1.** [differ, change, increase] considérablement; his health has improved ~ sa santé s'est considérablement améliorée; taxes have been ~ reduced les impôts ont été considérablement réduits; unemployment figures are not ~ lower le nombre de chômeurs n'a pas considérablement baissé. -**2.** [nod, frown, wink] de façon significative; she smiled ~ elle a eu un sourire lourd de signification OR qui en disait long; ~, she arrived early fait révélateur, elle est arrivée en avance.

signification [ˌsɪgnɪfɪ'keɪʃn] *n* signification *f*.

significative [sɪg'nɪfɪkətɪv] *adj* significatif.

signified ['sɪgnɪfaɪd] *n* LING signifié *m*.

signifier ['sɪgnɪfaɪəʳ] *n* LING signifiant *m*.

signify ['sɪgnɪfaɪ] (*pt* & *pp* signified) ◇ *vt* -**1.** [indicate, show] signifier, indiquer; she stood up, ~ing that the interview was over elle se leva, signifiant ainsi que l'entrevue était terminée; the riots ~ an urgent need for reform les émeutes indiquent un besoin pressant de réforme. -**2.** [mean] signifier, vouloir dire; for him, socialism signified chaos pour lui, le socialisme était synonyme de chaos.
◇ *vi inf* être important; it doesn't ~! c'est sans importance!

signing ['saɪnɪŋ] *n* *traduction simultanée en langage par signes.*

sign language *n* *(U)* langage *m* des signes; to speak in ~ parler par signes; using ~, he managed to ask for food (en s'exprimant) par signes, il s'est débrouillé pour demander à manger.

signpost ['saɪnpəʊst] ◇ *n* -**1.** *literal* poteau *m* indicateur. -**2.** *fig* [guide] repère *m*; [omen] présage *m*.
◇ *vt literal* & *fig* [indicate] indiquer; [provide with signs] signaliser; the village is clearly ~ed le chemin du village est bien indiqué.

signposting ['saɪnˌpəʊstɪŋ] *n* signalisation *f*.

signwriter ['saɪnˌraɪtəʳ] *n* peintre *m* en lettres.

Sikh [siːk] ◇ *n* Sikh *mf*.
◇ *adj* sikh.

silage ['saɪlɪdʒ] *n* ensilage *m*.

silence ['saɪləns] ◇ *n* silence *m*; an embarrassed/a shocked ~ un silence gêné/scandalisé; an explosion shattered the ~ of the night une explosion déchira le silence de la nuit; a ~ fell between them un silence s'installa entre eux; to suffer in ~ souffrir en silence; to pass sthg over in ~ passer qqch sous silence; his ~ on the issue/about his past intrigues me le silence qu'il garde à ce sujet/sur son passé m'intrigue; what's my ~ worth to you? combien êtes-vous disposé à payer pour acheter mon silence?; to observe a minute's ~ observer une minute de silence ❑ ~ is golden *prov* le silence est d'or *prov*.
◇ *vt* -**1.** [person] réduire au silence, faire taire; [sound] étouffer; [guns] faire taire; she ~d the child with a look d'un regard elle fit taire l'enfant; dissidents cannot be ~d forever on ne peut pas réduire les dissidents au silence OR faire taire les dissidents très longtemps. -**2.** [stifle - opposition] réduire au silence; [- conscience, rumours, complaints] faire taire.

silencer ['saɪlənsəʳ] *n* -**1.** [on gun] silencieux *m*. -**2.** *Br* AUT pot *m* d'échappement, silencieux *m*.

silent ['saɪlənt] ◇ *adj* -**1.** [saying nothing] silencieux; he was ~ for a moment il resta silencieux un moment; to fall ~ se taire; to keep OR to be ~ garder le silence, rester silencieux; history remains OR is ~ on this point l'histoire ne dit rien sur ce point ❑ to give sb the ~ treatment *inf* rester silencieux pour mettre qqn mal à l'aise. -**2.** [taciturn] silencieux, taciturne; Hal's the strong, ~ type Hal est du genre fort et taciturne. -**3.** [unspoken - prayer, emotion, reproach] muet; his mouth twisted in ~ agony sa bouche se tordit dans un cri de douleur muette. -**4.** [soundless - room, forest] silencieux, tranquille; [- tread] silencieux; [- film] muet; the machines/the wind fell ~ le bruit des machines/du vent cessa ❑ as ~ as the grave

muet comme la tombe. -**5.** LING muet; **the "g" is ~** le «g» est muet.
◇ *n* CIN film *m* muet; **the ~s** le (cinéma) muet.
silently ['saɪləntlɪ] *adv* silencieusement.
silent majority *n* majorité *f* silencieuse.
silent partner *n Am* COMM (associé *m*) commanditaire *m*, bailleur *m* de fonds.
Silesia [saɪ'liːzjə] *pr n* Silésie *f*; **in ~** en Silésie; **Lower ~** la basse Silésie; **Upper ~** la haute Silésie.
silex ['saɪleks] *n* silex *m*.
silhouette [ˌsɪluː'et] ◇ *n* silhouette *f*; **I saw her ~ at the window** j'ai aperçu sa silhouette à la fenêtre; **he could just see the church in ~ against the sky** il ne voyait que la silhouette de l'église qui se découpait contre le ciel.
◇ *vt (usu pass)*: **to be ~d against sthg** se découper contre qqch; **the tower was ~d against the sky** la tour se découpait sur le ciel; **she stood at the window, ~d against the light** elle se tenait à la fenêtre, sa silhouette se détachant à contre-jour.
silica ['sɪlɪkə] *n* silice *f*; **~ gel/glass** gel *m*/ verre *m* de silice.
silicate ['sɪlɪkɪt] *n* silicate *m*.
siliceous, silicious [sɪ'lɪʃəs] *adj* siliceux.
silicon ['sɪlɪkən] *n* silicium *m*.
silicon chip *n* puce *f*.
silicone ['sɪlɪkəʊn] *n* silicone *f*; **she's had a ~ implant** elle s'est fait poser des implants en silicone.
Silicon Valley *pr n* Silicon Valley *f (centre de l'industrie électronique américaine, situé en Californie).*
silicosis [ˌsɪlɪ'kəʊsɪs] *n (U)* silicose *f*.
silk [sɪlk] ◇ *n* -**1.** [fabric] soie *f*; [thread] fil *m* de soie; **fine ladies in their ~s and satins** de belles dames dans leurs plus beaux atours. -**2.** [filament - from insect, on maize] soie *f*. -**3.** *Br* JUR: **to take ~** être nommé avocat de la couronne.
◇ *comp* [scarf, blouse etc] de OR en soie; **the ~ industry** l'industrie *f* de la soie; **~ merchant** OR **trader** marchand *m*, -e *f* de soierie, soyeux *m spec*; **~ finish paint** peinture *f* satinée.
◆ **silks** *npl* [jockey's jacket] casaque *f*; **Jo Burns, in the Graham (Stable) ~s** Jo Burns, portant les couleurs (de l'Écurie) Graham.
silk cotton *n* kapok *m*; **silk-cotton tree** fromager *m*.
silken ['sɪlkn] *adj lit*. -**1.** [made of silk] de OR en soie. -**2.** [like silk - hair, cheek etc] soyeux; [- voice, tone] doux.
silk hat *n* haut-de-forme *m*, chapeau *m* haut de forme.
silk screen *n*: **~ (printing** OR **process)** sérigraphie *f*.
◆ **silk-screen** *vt* sérigraphier, imprimer en sérigraphie.
silkworm ['sɪlkwɜːm] *n* ver *m* à soie; **~ breeder** sériciculteur *m*; **~ breeding** sériciculture *f*.
silkworm moth *n* bombyx *m* du mûrier.
silky ['sɪlkɪ] (*compar* silkier, *superl* silkiest) *adj* -**1.** [like silk - hair, cheek] soyeux. -**2.** [suave - tone, manner] doux. -**3.** [made of silk] de OR en soie.
sill [sɪl] *n* -**1.** [ledge - gen] rebord *m*; [- of window] rebord *m*, appui *m*; [- of door] seuil *m*. -**2.** AUT marchepied *m*. -**3.** MIN [deposit] filon *m*, gisement *m*.
silliness ['sɪlɪnɪs] *n* bêtise *f*, stupidité *f*; **I want no more ~ from you!** arrête de faire l'idiot!
silly ['sɪlɪ] (*compar* sillier, *superl* silliest) ◇ *adj* -**1.** [foolish - person] bête, stupide; [- quarrel, book, grin, question] bête, stupide, idiot; [infantile] bébête; **I'm sorry, it was a ~ thing to say** excusez-moi, c'était bête de dire ça; **don't do anything ~** ne fais pas de bêtises; **how ~ of me!** que je suis bête!; **it's ~ to worry** c'est idiot de s'inquiéter; **you ~ idiot!** espèce d'idiot OR d'imbécile!; **you look ~ in that tie** tu as l'air ridicule avec cette cravate; **I couldn't get the ~ door open** *inf* je n'arrivais pas à ouvrir cette fichue OR satanée porte. -**2.** [comical - mask, costume, voice] comique, drôle; **we all wore ~ hats** nous portions tous des chapeaux marrants.
◇ *adv inf* [senseless]: **the blow knocked me ~** le coup m'a étourdi; **I was bored ~** je m'ennuyais à mourir; **I was scared ~** j'avais une peur bleue; **he drank himself ~** il s'est complètement soûlé.
silly-billy *inf* (*pl* silly-billies) *n* gros bêta *m*, grosse bêtasse *f*.
silly season *n Br* PRESS: **the ~** la période creuse *(pour les journalistes).*
silly-willy *inf* (*pl* silly-willies) *Am* = **silly-billy**.
silo ['saɪləʊ] (*pl* silos) *n* AGR & MIL silo *m*.
silt [sɪlt] *n* GEOL limon *m*; [mud] vase *f*.
◆ **silt up** ◇ *vi insep* [with mud] s'envaser; [with sand] s'ensabler.
◇ *vt sep* [subj: mud] envaser; [subj: sand] ensabler; **the old harbour is now completely ~ed up** le vieux port est maintenant complètement ensablé.
Silurian [saɪ'lʊərɪən] ◇ *adj* silurien.
◇ *n* silurien *m*.
silver ['sɪlvəʳ] ◇ *n* -**1.** [metal] argent *m*; **~ mine** mine *f* d'argent; **~ ore** minerai *m* argentifère. -**2.** *(U)* [coins] pièces *fpl* (d'argent); **I'd like two £10 notes and the rest in ~** je voudrais deux billets de 10 livres et le reste en pièces (de monnaie); **~ collection** quête *f*. -**3.** *(U)* [dishes] argenterie *f*; [cutlery - gen] couverts *mpl*; [- made of silver] argenterie *f*, couverts *mpl* en argent; **to clean the ~** nettoyer OR faire l'argenterie. -**4.** [colour] (couleur *f*) argent *m*. -**5.** SPORT [medal] médaille *f* d'argent; **he's hoping to win the ~** il espère remporter la médaille d'argent.
◇ *adj* -**1.** [of silver] d'argent, en argent; **is your ring ~?** est-ce que votre bague est en argent?
❑ **to be born with a ~ spoon in one's mouth** être né riche; **~ lining** bon côté *m*; **every cloud has a ~ lining** *prov* à quelque chose malheur est bon *prov*. -**2.** [in colour] argenté, argent *(inv)*; **~ hair** des cheveux argentés. -**3.** [sound] argentin; **she has a ~ tongue** elle sait parler.
◇ *vt literal & fig* argenter; **the moon ~ed the lake** la lune donnait au lac des reflets d'argent.
silver birch *n* bouleau *m* blanc.
silver bromide *n* bromure *m* d'argent.
silver chloride *n* chlorure *m* d'argent.
silvered ['sɪlvəd] *adj lit* argenté.
silver fir *n* [gen] sapin *m* blanc OR pectiné; [ornamental] sapin *m* argenté.
silverfish ['sɪlvəfɪʃ] (*pl inv* OR silverfishes) *n* [insect] poisson *m* d'argent, lépisme *m*.
silver foil *n* papier *m* d'aluminium.
silver fox *n* renard *m* argenté.
silver-gilt ◇ *n* vermeil *m*.
◇ *comp* en vermeil.
silver grey *n* gris *m* argenté.
◆ **silver-grey** *adj* gris argenté *(inv)*.
silver-haired *adj* aux cheveux argentés.
silver iodide *n* iodure *m* d'argent.
silver jubilee *n* (fête *f* du) vingt-cinquième anniversaire *m*; **the Queen's ~** le vingt-cinquième anniversaire de l'accession au trône de la reine.
silver maple *n* érable *m* à sucre OR du Canada.
silver medal *n* SPORT médaille *f* d'argent.
silver nitrate *n* nitrate *m* d'argent.
silver paper *n* papier *m* d'aluminium.
silver plate *n* -**1.** [coating] plaquage *m* d'argent; **the cutlery is ~** les couverts sont en plaqué argent. -**2.** [tableware] argenterie *f*.
◆ **silver-plate** *vt* argenter.
silver-plated *adj* argenté, plaqué argent; **~ tableware** argenterie *f*.
silver plating *n* argentage *m*; [layer] argenture *f*.
silver screen *n dated*: **the ~** le grand écran, le cinéma.
silverside ['sɪlvəsaɪd] *n Br* CULIN ≃ gîte *m* à la noix.
silversides ['sɪlvəsaɪdz] (*pl inv*) *n* ZOOL prêtre *m*.
silversmith ['sɪlvəsmɪθ] *n* orfèvre *m*.
silver standard *n* étalon *m* argent.
silverware ['sɪlvəweəʳ] *n* -**1.** [gen] argenterie *f*. -**2.** *Am* [cutlery] couverts *mpl*.
silver wedding *n*: **~ (anniversary)** noces *fpl* d'argent.
silvery ['sɪlvərɪ] *adj* [hair, fabric] argenté; [voice, sound] argentin.
silviculture ['sɪlvɪˌkʌltʃəʳ] *n* sylviculture *f*.
Simeon ['sɪmɪən] *pr n* Siméon.
simian ['sɪmɪən] ◇ *adj* simien; [resembling ape] simiesque.
◇ *n* simien *m*.
similar ['sɪmɪləʳ] *adj* -**1.** [showing resemblance] similaire, semblable; **they're very ~** ils se ressemblent beaucoup; **other customers have had ~ problems** d'autres clients ont eu des problèmes similaires OR analogues OR du même ordre; **they are very ~ in content** leurs contenus sont pratiquement identiques; **the print is ~ in quality to that of a typewriter** la qualité de l'impression est proche de celle d'une machine à écrire; **it's an assembly ~ to the US Senate** c'est une assemblée comparable au Sénat américain; **a fruit ~ to the orange** un fruit voisin de l'orange. -**2.** GEOM [triangles] semblable.
similarity [ˌsɪmɪ'lærətɪ] *n* [resemblance] ressemblance *f*, similarité *f*; **there is a certain ~ to her last novel** ça ressemble un peu à son dernier roman; **there are points of ~ in their strategies** leurs stratégies ont des points communs OR présentent des similitudes.
◆ **similarities** *npl* [features in common] ressemblances *fpl*, points *mpl* communs; **the molecules show similarities in structure** les molécules présentent des analogies de structure; **our similarities are more important than our differences** nos points communs sont plus importants que nos différends.
similarly ['sɪmɪləlɪ] *adv* -**1.** [in a similar way] d'une façon similaire; **the houses are ~ constructed** les maisons sont construites sur le même modèle; **other people were ~ treated** d'autres personnes ont été traitées de la même manière. -**2.** [likewise] de même; **~, it is obvious that...** de même, il est évident que...
simile ['sɪmɪlɪ] *n* LITERAT comparaison *f*.
similitude [sɪ'mɪlɪtjuːd] *n* similitude *f*.
simmer ['sɪməʳ] ◇ *vi* -**1.** [water, milk, sauce] frémir; [soup, stew] mijoter, mitonner; [vegetables] cuire à petit feu. -**2.** [smoulder - violence, quarrel, discontent] couver, fermenter; [seethe - with anger, excitement] être en ébullition; **unrest is ~ing in the big cities** des troubles couvent dans les grandes villes; **the audience ~ed with excitement** les spectateurs étaient en ébullition; **tempers are ~ing** les passions s'échauffent; **his anger ~ed just below the surface** il bouillait de colère. -**3.** [be hot] rôtir; [when humid] mijoter; **the city ~ed in the heat** la ville était accablée par la canicule.
◇ *vt* [milk, sauce] laisser frémir; [soup, stew] mijoter, mitonner; [vegetables] faire cuire à petit feu.
◇ *n* faible ébullition *f*; **bring the mixture to a ~** portez le mélange à ébullition.
◆ **simmer down** *inf vi insep* [person] se calmer; **~ down!** calme-toi!, du calme!
simnel cake ['sɪmnl-] *n Br gâteau aux fruits confits, recouvert de pâte d'amandes ou fourré à la pâte d'amandes (mangé traditionnellement à Pâques).*
Simon ['saɪmən] *pr n* Simon.
simony ['saɪmənɪ] *n* simonie *f*.
simoom [sɪ'muːm], **simoon** [sɪ'muːn] *n* simoun *m*.
simp *inf* [sɪmp] *n Am* bêta *m*, -asse *f*, nigaud *m*, -e *f*.
simper ['sɪmpəʳ] ◇ *vi* minauder.
◇ *vt*: **"of course, madam", he ~ed** «bien sûr, chère Madame», dit-il en minaudant.
◇ *n* sourire *m* affecté; **"may I help you?", she said with a ~** «vous désirez?», dit-elle en minaudant.
simpering ['sɪmpərɪŋ] *n (U)* minauderies *fpl*.

simple ['sɪmpl] *adj* -**1.** [easy] simple, facile; [uncomplicated] simple; **his reasons are never ~** ses raisons ne sont jamais simples; **it's a ~ operation** c'est une opération simple; **getting there was the ~ part** ce n'est pas d'y aller qui était difficile; **it's a ~ meal to prepare** c'est un repas facile à préparer; **it would be ~r to do it myself** ce serait plus simple que je le fasse OR si je le faisais moi-même; **it should be a ~ matter to change your ticket** tu ne devrais avoir aucun mal à changer ton billet; **let's hear your story, then, but keep it ~** bon, racontez votre histoire, mais passez-moi les détails. -**2.** [plain - tastes, ceremony, life, style] simple; **she wore a ~ black dress** elle portait une robe noire toute simple; **I want a ~ "yes" or "no"** répondez-moi simplement par «oui» ou par «non»; **let me explain in ~ terms** OR **language** laissez-moi vous expliquer ça en termes simples; **I did it for the ~ reason that I had no choice** je l'ai fait pour la simple raison que je n'avais pas le choix. -**3.** [unassuming] simple, sans façons; **despite her success, she remains ~ and unaffected** malgré sa réussite, elle est restée simple et naturelle. -**4.** [naive] simple, naïf; [feeble-minded] simple, niais; **he's a bit ~** il est un peu simplet. -**5.** [basic, not compound - substance, fracture, sentence] simple; BIOL [eye] simple; **~ equation** MATH équation *f* du premier degré.

simple fraction *n* fraction *f* ordinaire.

simple fracture *n* fracture *f* simple.

simple-hearted *adj* [person] candide, ouvert; [wisdom, gesture] simple, naturel.

simple interest *n (U)* intérêts *mpl* simples.

simple-minded *adj* [naive] naïf, simplet; [feeble-minded] simple d'esprit; **it's a very ~ view of society** c'est une vision très simpliste de la société.

simple-mindedness [-'maɪndɪdnɪs] *n* [naivety] naïveté *f*; [feeble-mindedness] simplicité *f* d'esprit.

Simple Simon *n* naïf *m*, nigaud *m*.

simple tense *n* temps *m* simple.

simpleton ['sɪmpltən] *n dated* nigaud *m*, -e *f*.

simplex ['sɪmpleks] ◇ *adj* COMPUT & TELEC simplex *(inv)*, unidirectionnel.
◇ *n* COMPUT & TELEC simplex *m*, transmission *f* unidirectionnelle; GEOM simplexe *m*; LING [sentence] unité *f* proportionnelle; [word] mot *m* simple.

simplicity [sɪm'plɪsətɪ] (*pl* **simplicities**) *n* simplicité *f*; **the instructions are ~ itself** les instructions sont simples comme bonjour OR tout ce qu'il y a de plus simple.

simplification [,sɪmplɪfɪ'keɪʃn] *n* simplification *f*.

simplify ['sɪmplɪfaɪ] (*pt* & *pp* **simplified**) *vt* simplifier.

simplistic [sɪm'plɪstɪk] *adj* simpliste.

simplistically [sɪm'plɪstɪklɪ] *adv* de manière simpliste.

simply ['sɪmplɪ] *adv* -**1.** [in a simple way] simplement, avec simplicité; **put quite ~, it's a disaster** c'est tout simplement une catastrophe. -**2.** [just, only] simplement, seulement; **it's not ~ a matter of money** ce n'est pas une simple question d'argent; **I ~ told her the truth** je lui ai tout simplement dit la vérité. -**3.** [as intensifier] absolument; **it's ~ perfect!** c'est absolument parfait!; **I ~ don't understand you** je ne vous comprends vraiment pas; **we ~ must go now** il faut absolument que nous partions maintenant.

simulacrum [,sɪmjʊ'leɪkrəm] (*pl* **simulacra** [-krə]) *n fml* OR *lit* simulacre *m*, semblant *m*.

simulate ['sɪmjʊleɪt] *vt* -**1.** [imitate - blood, battle, sound] simuler, imiter; **the insect ~s a piece of bark** l'insecte prend l'apparence d'un morceau d'écorce. -**2.** [feign - pain, pleasure] simuler, feindre. -**3.** COMPUT & TECH simuler.

simulated ['sɪmjʊleɪtɪd] *adj* simulé; **a ~ nuclear disaster** une catastrophe nucléaire simulée.

simulation [,sɪmjʊ'leɪʃn] *n* simulation *f*; **~ model** COMPUT modèle *m* de simulation.

simulator ['sɪmjʊleɪtəʳ] *n* simulateur *m*; **flight ~** simulateur de vol.

simulcast [*Br* 'sɪməlkɑːst, *Am* 'saɪməlkæst]
◇ *vt* diffuser simultanément à la télévision et à la radio.
◇ *adj* radiotélévisé.
◇ *n* émission *f* radiotélévisée.

simultaneity [,sɪməltə'nɪətɪ] *n* simultanéité *f*.

simultaneous [*Br* ,sɪməl'teɪnjəs, *Am* ,saɪməl'teɪnjəs] *adj* simultané; **~ translation** traduction *f* simultanée.

simultaneous equations *npl* système *m* d'équations différentielles.

simultaneously [*Br* ,sɪməl'teɪnjəslɪ, *Am* ,saɪməl'teɪnjəslɪ] *adv* simultanément, en même temps.

sin [sɪn] (*pt* & *pp* **sinned**, *cont* **sinning**)
◇ *n* péché *m*; **to commit a ~** pécher, commettre un péché; **the ~ of pride** le péché d'orgueil; **it's a ~ to tell a lie** mentir OR le mensonge est un péché; **it would be a ~ to sell it** ce serait un crime de le vendre ❑ **for my ~s, I'm the person in charge of all this** *hum* malheureusement pour moi, c'est moi le responsable de tout ça; **to live in ~** RELIG OR *hum* vivre dans le péché.
◇ *vi* pécher; **to ~ against sthg** pécher contre qqch; **to be more sinned against than sinning** être plus victime que coupable.

Sinai ['saɪnaɪ] *pr n* [region] Sinaï *m*; **the ~ (Desert)** le (désert du) Sinaï; **the ~ Peninsula** la presqu'île de Sinaï.

Sinbad ['sɪnbæd] *pr n*: **~ the Sailor** Sinbad le marin.

sin bin *inf n* -**1.** *Am* [brothel] lupanar *m*, bordel *m*. -**2.** SPORT banc *m* des pénalités, prison *f*.

since [sɪns] ◇ *prep* depuis; **he has been talking about it ~ yesterday/~ before Christmas** il en parle depuis hier/depuis avant Noël; **the fair has been held annually ever ~ 1950** la foire a lieu chaque année depuis 1950; **she's the best soul singer ~ Aretha Franklin** c'est la meilleure chanteuse de soul depuis Aretha Franklin; **how long is it ~ their divorce?** ça fait combien de temps qu'ils ont divorcé?; **~ then** depuis lors; **that was in 1966, ~ when the law has been altered** c'était en 1966; depuis, la loi a été modifiée; **~ when have you been married?** depuis quand êtes-vous marié?; **they really have changed – oh yes, ~ when?** ils ont vraiment changé – ah oui, depuis quand?
◇ *conj* -**1.** [in time] depuis que; **I've worn glasses ~ I was six** je porte des lunettes depuis que j'ai six ans OR depuis l'âge de six ans; **how long has it been ~ you last saw Hal?** ça fait combien de temps que tu n'as pas vu Hal?; **it's been ages ~ we've gone to a play** ça fait une éternité que nous ne sommes pas allés au théâtre; **~ leaving New York/changing jobs, I...** depuis que j'ai quitté New York/changé de travail, je...; **it had been ten years ~ I had seen him** cela faisait dix ans que je ne l'avais pas revu. -**2.** [expressing cause] puisque, comme; **~ you don't want to go, I'll go by myself** puisque OR comme tu ne veux pas y aller, j'irai tout seul.
◇ *adv* depuis; **she used to be his assistant, but she's ~ been promoted** elle était son assistante, mais depuis elle a été promue; **I've never seen it/her ~** je ne l'ai jamais revu/revue depuis.

◆ **ever since** ◇ *conj phr* depuis que; **ever ~ she resigned, things have been getting worse** depuis qu'elle a démissionné OR depuis sa démission, les choses ont empiré.
◇ *prep phr* depuis; **ever ~ that day he's been afraid of dogs** depuis ce jour-là, il a peur des chiens.
◇ *adv phr* depuis; **he arrived at 9 o'clock and he's been sitting there ever ~** il est arrivé à 9 h et il est assis là depuis.

◆ **long since** *adv phr*: **I've long ~ forgotten why** il y a longtemps que j'ai oublié pourquoi; **I've long ~ got used to it** il y a longtemps que j'y suis habitué.

sincere [sɪn'sɪəʳ] *adj* sincère; **please accept my ~ apologies** veuillez accepter mes sincères excuses; **it is my ~ belief that war can be avoided** je crois sincèrement qu'on peut éviter la guerre.

sincerely [sɪn'sɪəlɪ] *adv* sincèrement; **~ held views** des opinions auxquelles on croit sincèrement; **I ~ hope we can be friends** j'espère sincèrement que nous serons amis; **Yours ~** [formally] je vous prie d'agréer, Monsieur (OR Madame), mes sentiments les meilleurs; [less formally] bien à vous.

sincerity [sɪn'serətɪ] *n* sincérité *f*; **to doubt sb's ~** douter de la sincérité OR bonne foi de qqn; **in all ~, I must admit that...** en toute sincérité, je dois admettre que...

sine [saɪn] *n* MATH sinus *m*.

sinecure ['saɪnɪ,kjʊəʳ] *n* sinécure *f*.

sine die [,saɪnɪ'daɪiː] *adv* sine die.

sine qua non [,saɪnɪkweɪ'nɒn] *n* condition *f* sine qua non.

sinew ['sɪnjuː] *n* [tendon] tendon *m*; [muscle] muscle *m*; *lit* [strength] force *f*, forces *fpl*; **I will resist with every ~ of my body** je résisterai de toutes mes forces.

◆ **sinews** *npl lit* [source of strength] nerf *m*, vigueur *f*; **coal and steel were the ~s of our economy** le charbon et la sidérurgie étaient le nerf de notre économie.

sinewy ['sɪnjuːɪ] *adj* -**1.** [muscular - person, body, arm] musclé; [- neck, hands] nerveux. -**2.** [with tendons - tissue] tendineux; **~ meat** viande *f* nerveuse OR tendineuse. -**3.** *lit* [forceful - style] vigoureux, nerveux.

sinful ['sɪnfʊl] *adj* [deed, urge, thought] coupable, honteux; [world] plein de péchés, souillé par le péché; **his ~ ways** sa vie de pécheur; **~ man** pécheur *m*; **~ woman** pécheresse *f*; **how could such pleasure be ~?** comment un tel plaisir pourrait-il être coupable?; **she thought alcohol was ~** pour elle, boire de l'alcool était un péché; **it's downright ~!** c'est un vrai scandale!

sinfully ['sɪnfʊlɪ] *adv* d'une façon coupable OR scandaleuse.

sing [sɪŋ] (*pt* **sang** [sæŋ], *pp* **sung** [sʌŋ])
◇ *vi* -**1.** [person] chanter; **to ~ like a lark** chanter comme un rossignol; **she ~s of a faraway land** elle chante une terre lointaine ❑ **'Singin' in the Rain'** *Kelly, Donen* 'Chantons sous la pluie'. -**2.** [bird, kettle] chanter; [wind, arrow] siffler; [ears] bourdonner, siffler; **bullets sang past his ears** des balles sifflaient à ses oreilles; **the noise made my ears ~** ce bruit m'a fait bourdonner les oreilles. -**3.** *inf Am* [act as informer] parler; **he sang like a songbird at the trial** il a tout dit au procès; **somebody's been ~ing to our competitors** quelqu'un a vendu la mèche à OR tuyauté nos concurrents.
◇ *vt* -**1.** [song, note, mass] chanter; **to ~ opera/jazz** chanter de l'opéra/du jazz; **who ~s tenor?** qui est ténor?; **to ~ sb to sleep** chanter pour endormir qqn ❑ **now they're ~ing another** OR **a different tune** ils ont changé de ton. -**2.** [laud] célébrer, chanter; **to ~ sb's praises** chanter les louanges de qqn.

◆ **sing along** *vi insep* chanter (tous) ensemble; **they sang along with her in the chorus** ils ont repris le refrain avec elle; **to ~ along to** OR **with the radio** chanter en même temps que la radio.

◆ **sing out** *vi insep* -**1.** [sing loudly] chanter fort. -**2.** *inf* [shout] crier; **when you're ready, ~ out** quand tu seras prêt, fais-moi signe.

◆ **sing up** *vi insep* chanter plus fort; **~ up!** plus fort!

sing-along *n* chants *mpl* en chœur; **let's have a ~** chantons tous en chœur OR tous ensemble.

Singapore [,sɪŋə'pɔːʳ] ◇ *pr n* Singapour.
◇ *comp*: **~ dollar** dollar *m* de Singapour.

Singaporean [ˌsɪŋə'pɔːrɪən] ◇ *n* Singapourien *m*, -enne *f*.
◇ *adj* singapourien.

singe [sɪndʒ] (*cont* singeing) ◇ *vt* -**1.** [gen] brûler légèrement; [shirt, fabric, paper] roussir; **the lighter ~d his moustache** il s'est brûlé la moustache avec le briquet. -**2.** CULIN [carcass, chicken] flamber, passer à la flamme.
◇ *vi* [fabric] roussir.
◇ *n* [burn] brûlure *f* (légère); **~ (mark)** marque *f* de brûlure.

singer ['sɪŋəʳ] *n* chanteur *m*, -euse *f*; **she's a jazz ~** elle est chanteuse de jazz; **I'm a terrible ~** je chante affreusement mal.

Singhalese [ˌsɪŋhə'liːz] = **Sinhalese**.

singing ['sɪŋɪŋ] ◇ *n* -**1.** [of person, bird] chant *m*; [of kettle, wind] sifflement *m*; [in ears] bourdonnement *m*, sifflement *m*; **the ~ went on until dawn** on a chanté OR les chants ont continué jusqu'à l'aube; **we left after the ~ of the national anthem** nous sommes partis après l'hymne national. -**2.** [art] chant *m*; **to study ~** étudier le chant; **her ~ has improved** elle chante mieux.
◇ *adj* [lesson, teacher, contest] de chant; **she's got a fine ~ voice** elle a une belle voix; **it's a ~ role** c'est un rôle qui comporte des passages chantés.

singing telegram *n* *vœux présentés sous forme chantée, généralement à l'occasion d'un anniversaire.*

single ['sɪŋgl] ◇ *adj* -**1.** [sole] seul, unique; **the room was lit by a ~ lamp** la pièce était éclairée par une seule lampe; **the report comes in a ~ volume** le rapport est publié en un (seul) volume; **I can't think of one ~ reason why I should do it** je n'ai aucune raison de le faire; **there wasn't a ~ person in the street** il n'y avait pas un chat dans la rue; **not a ~ one of her friends came** pas un seul de ses amis OR aucun de ses amis n'est venu; **I couldn't think of a ~ thing to say** je ne trouvais absolument rien à dire ❑ **the Single Market** le Marché unique (européen). -**2.** [individual, considered discretely] individuel, particulier; **he gave her a ~ red rose** il lui a donné une rose rouge; **our ~ most important resource is oil** notre principale ressource est le pétrole; **what would my ~ best investment be?** quel serait le meilleur placement?; **we sell ~ items at a higher price per unit** le prix unitaire est plus élevé; **~ copies cost more** un exemplaire seul coûte plus cher; **in any ~ year, average sales are ten million** sur une seule année, les ventes sont en moyenne de dix millions; **every ~ apple** OR **every ~ one of the apples was rotten** toutes les pommes sans exception étaient pourries; **every ~ time I take the plane, there's some problem** chaque fois que je prends l'avion, il y a un problème. -**3.** [not double - flower, thickness] simple; [- combat] singulier; **five years ago we had ~ figure inflation** il y a cinq ans nous avions un taux d'inflation inférieur à 10 %; **the score is still in ~ figures** le score est toujours inférieur à dix; **~ yellow line** ligne *f* jaune. -**4.** [for one person - room] pour une personne; [- bed] d'une personne; **a ~ sheet** un drap pour un lit d'une personne. -**5.** [unmarried] célibataire; **the ~ life seems to agree with you** la vie de célibataire a l'air de te convenir; **he's a ~ parent** c'est un père célibataire. -**6.** *Br* [one way]: **a ~ ticket to Oxford** un aller (simple) pour Oxford; **the ~ fare is £12** un aller simple coûte 12 livres.
◇ *n* -**1.** [hotel room] chambre *f* pour une personne OR individuelle; **I've reserved a ~ with bath** j'ai réservé une chambre pour une personne avec bain. -**2.** [record] 45 tours *m inv*, single *m*. -**3.** *Br* [ticket] billet *m*, aller *m* simple; **we only have ~s left** THEAT il ne nous reste que des places séparées. -**4.** (*usu pl*) [money] *Br* pièce *f* d'une livre; *Am* billet *m* d'un dollar; **she gave me the change in ~s** *Br* elle m'a rendu la monnaie en pièces d'une livre; *Am* elle m'a rendu la monnaie en billets d'un dollar. -**5.** [in cricket] point *m*.
◆ **single out** *vt sep* [for attention, honour] sélectionner, distinguer; **a few candidates were ~d out for special praise** quelques candidats ont eu droit à des félicitations supplémentaires; **they were all guilty, so why ~ anyone out?** ils étaient tous coupables, alors pourquoi accuser quelqu'un en particulier?

single-action *adj* [firearm] que l'on doit réarmer après chaque coup.

single-breasted [-'brestɪd] *adj* [jacket, coat] droit.

single-celled [-seld] *adj* BIOL unicellulaire.

single cream *n* *Br* crème *f* (fraîche) liquide.

single-decker *n*: **~ (bus)** autobus *m* sans impériale.

single-density *adj* COMPUT: **~ disk** disquette *f* simple densité.

single-engined *adj* [plane] monomoteur.

single entry bookkeeping *n* comptabilité *f* en partie simple.

single file *n* file *f* indienne; **to walk in ~** marcher en file indienne OR à la queue leu leu.

single-handed ◇ *adv* [on one's own] tout seul, sans aucune aide; **she's tripled our sales ~** elle a triplé nos ventes à elle toute seule.
◇ *adj* -**1.** [unaided - voyage] en solitaire; **to be ~** être tout seul, n'avoir aucune aide. -**2.** [using one hand] à une main; **~ backhand shot** revers *m* à une main; **~ saw** (scie *f*) égoïne *f*.

single-handedly [-'hændɪdlɪ] *adv* -**1.** [on one's own] tout seul. -**2.** [with one hand] d'une seule main.

single-lens reflex *n* reflex *m* (mono-objectif).

single-masted [-'mɑːstɪd] *adj* à un (seul) mât.

single-minded *adj* résolu, acharné; **the ~ pursuit of money** la poursuite acharnée de l'argent; **to be ~ about sthg** s'acharner sur qqch; **he is ~ in his efforts to block the project** il fait tout ce qu'il peut pour bloquer le projet.

single-mindedly [-'maɪndɪdlɪ] *adv* avec acharnement OR ténacité.

single-mindedness [-'maɪndɪdnɪs] *n* résolution *f*, acharnement *m*.

single-parent family *n* famille *f* monoparentale.

single-party *adj* à parti unique.

singles ['sɪŋglz] (*pl inv*) ◇ *n* SPORT simple *m*; **the men's ~ champion** le champion du simple messieurs.
◇ *comp* [club, magazine] pour célibataires; **~ bar** bar *m* pour célibataires; **Tuesday is ~ night** mardi, c'est la soirée pour célibataires.

single-seater *n* AERON (avion *m*) monoplace *m*.

single-sex *adj* SCH non mixte.

single-space *vt* [on typewriter] taper avec un interligne simple; [on printer] imprimer avec un interligne simple; **the typescript should be d** le texte dactylographié devra être en interligne simple.

singlet ['sɪŋglɪt] *n* *Br* [undergarment] maillot *m* de corps; SPORT maillot *m*.

singleton ['sɪŋgltən] *n* CARDS & MATH singleton *m*.

single track *n* RAIL voie *f* unique.
◆ **single-track** *adj* à voie unique.

singly ['sɪŋglɪ] *adv* -**1.** [one at a time] séparément; **I'd rather see them ~** je préférerais les voir séparément. -**2.** [alone] seul; **they arrived either in couples or ~** ils sont arrivés en couples ou seuls. -**3.** [individually - packaged] individuellement; **you can't buy them ~** vous ne pouvez pas les acheter à la pièce.

singsong ['sɪŋsɒŋ] ◇ *n* -**1.** [melodious voice, tone]: **to speak in a ~** parler d'une voix chantante. -**2.** *Br* [singing] chants *mpl* (en chœur); **let's have a ~** chantons tous ensemble OR en chœur.
◇ *adj* [voice, accent] chantant; **in a ~ voice** d'une voix chantante.

singular ['sɪŋgjʊləʳ] ◇ *adj* -**1.** [remarkable] singulier; [odd] singulier, bizarre. -**2.** GRAMM singulier.
◇ *n* GRAMM singulier *m*; **in the third person ~** à la troisième personne du singulier.

singularity [ˌsɪŋgjʊ'lærətɪ] (*pl* **singularities**) *n* singularité *f*.

singularize, -ise ['sɪŋgjʊləraɪz] *vt* -**1.** [distinguish] singulariser. -**2.** GRAMM mettre au singulier.

singularly ['sɪŋgjʊləlɪ] *adv* singulièrement.

Sinhalese [ˌsɪŋhə'liːz] ◇ *n* -**1.** [person] Cinghalais *m*, -e *f*. -**2.** LING cinghalais *m*.
◇ *adj* cinghalais.

sinister ['sɪnɪstəʳ] *adj* -**1.** [ominous, evil] sinistre; **he looks very ~ in black** le noir lui donne un air sinistre. -**2.** HERALD senestre, sénestre.

sink [sɪŋk] (*pt* **sank** [sæŋk], *pp* **sunk** [sʌŋk]) ◇ *n* -**1.** [for dishes] évier *m*; [for hands] lavabo *m*; **double ~** évier à deux bacs; **~ board** *Am* égouttoir *m*. -**2.** [cesspool] puisard *m*; **a ~ of sin and corruption** un cloaque du vice. -**3.** GEOL doline *f*.
◇ *vi* -**1.** [below surface - boat] couler, sombrer; [- person, stone, log] couler; **to ~ like a stone** couler à pic; **the bottle sank slowly to the bottom of the pool** la bouteille a coulé lentement jusqu'au fond de la piscine; **the prow had not yet sunk beneath the surface** la proue n'était pas encore submergée; **Atlantis sank beneath the seas** l'Atlantide a été engloutie par les mers; **the sun/moon is ~ing** le soleil/la lune disparaît à l'horizon; **the moon sank behind the mountains** la lune a disparu derrière les montagnes; **as I climbed, the valley sank out of sight** au fur et à mesure que je grimpais, la vallée disparaissait; **to ~ without (a) trace** [whereabouts unknown] disparaître sans laisser de trace; *fig* [no longer famous] tomber dans l'oubli ❑ **it was a case of ~ or swim** il a bien fallu se débrouiller; **now it's up to them to ~ or swim by themselves** à eux maintenant de se débrouiller comme ils peuvent. -**2.** [in mud, snow etc] s'enfoncer; **at each step, I sank up to my knees in water** à chaque pas, je m'enfonçais dans l'eau jusqu'aux genoux; **the wheels sank deeper and deeper into the mud** les roues s'enfonçaient de plus en plus profondément dans la boue. -**3.** [subside - level, water, flames] baisser; [- building, ground] s'affaisser; **Venice is ~ing** Venise est en train de s'affaisser. -**4.** [sag, slump - person] s'affaler, s'écrouler; [- hopes] s'écrouler; **I sank back in my seat** je me suis enfoncé dans mon fauteuil; **her head sank back on the pillow** sa tête retomba sur l'oreiller; **he sank onto the bed** il s'est affalé OR il s'est laissé tomber sur le lit; **to ~ to the ground** s'effondrer; **to ~ to one's knees** tomber à genoux; **she sank down on her knees** elle tomba à genoux; **my heart** OR **spirits sank when I saw I was too late** j'ai perdu courage en voyant que j'arrivais trop tard; **his heart ~s every time he gets a letter from her** il a un serrement de cœur chaque fois qu'il reçoit une lettre d'elle. -**5.** [decrease, diminish - wages, rates, temperature] baisser; [more dramatically] plonger, chuter; **you have sunk in my estimation** tu as baissé dans mon estime; **the dollar has sunk to half its former value** le dollar a perdu la moitié de sa valeur; **profits have sunk to an all-time low** les bénéfices sont au plus bas ‖ [voice] se faire plus bas; **her voice had sunk to a whisper** [purposefully] elle s'était mise à chuchoter; [weakly] sa voix n'était plus qu'un murmure. -**6.** [slip, decline] sombrer, s'enfoncer; **to ~ into apathy/depression** sombrer dans l'apathie/dans la dépression; **he sank deeper into crime** il s'enfonça dans la délinquance; **the house sank into decay and ruin** la maison est tombée en ruines; **how could you ~ to this?** comment as-tu pu tomber si bas?; **to ~ to new depths** tomber plus bas; **the patient is ~ing fast** le malade décline rapidement; **he has sunk into a coma** il est tombé dans le coma; **I sank into a deep sleep** j'ai sombré dans un sommeil profond. -**7.** [penetrate - blade, arrow] s'enfoncer; **I felt the dog's teeth ~ into my arm** j'ai senti les crocs du chien s'enfoncer dans mon bras.
◇ *vt* -**1.** [boat, submarine] couler, envoyer par le fond; **to be sunk in thought** *fig* être plongé dans ses pensées. -**2.** [ruin - plans] faire échouer; **their bid has sunk any chance of us getting the contract** leur offre a réduit à néant nos chances

de décrocher le contrat; this latest scandal looks certain to ~ him ce dernier scandale va sûrement le couler; if they don't come we're sunk! *inf* s'ils ne viennent pas, nous sommes fichus! -**3.** [forget] oublier; he sank his troubles in drink il noya ses soucis dans l'alcool; they'll have to learn to ~ their differences il faudra qu'ils apprennent à oublier leurs différends. -**4.** [plunge, drive - knife, spear] enfoncer; they're ~ing the piles for the jetty ils sont en train de mettre en place les pilotis de la jetée; the fishpond was a metal basin sunk in the ground l'étang à poissons était un bassin en métal enfoncé dans le sol; I sank my teeth into the peach j'ai mordu dans la pêche; the dog sank its teeth into my leg le chien m'enfonça OR me planta ses crocs dans la jambe. -**5.** [dig, bore - well, mine shaft] creuser, forer. -**6.** [invest - money] mettre, investir; [- extravagantly] engloutir; we sank a fortune into this company nous avons englouti une fortune dans cette société. -**7.** SPORT [score - basket] marquer; [- putt] réussir; to ~ a shot [in snooker] couler une bille; [in basketball] réussir un tir OR un panier. -**8.** [debt] s'acquitter de, payer; FIN amortir. -**9.** *inf Br* [drink down] s'envoyer, siffler.

◆ **sink in** *vi insep* -**1.** [nail, blade] s'enfoncer. -**2.** [soak - varnish, cream] pénétrer. -**3.** [register - news] être compris OR assimilé; [- allusion] faire son effet; I heard what you said, but it didn't ~ in at the time je vous ai entendu, mais je n'ai pas vraiment saisi sur le moment; the implications of the epidemic have not yet sunk in on ne se rend pas encore vraiment compte OR on ne réalise pas encore quelles seront les conséquences de cette épidémie; I paused to let my words ~ in j'ai marqué une pause pour que mes paroles fassent leur effet.

sinker ['sɪŋkəʳ] *n* -**1.** [weight] plomb *m (pour la pêche)*. -**2.** *inf Am* [doughnut] beignet *m*; ~s and suds▽ des beignets et du café.

sinking ['sɪŋkɪŋ] ◇ *n* -**1.** [of ship - accidental] naufrage *m*; [- deliberate] torpillage *m*. -**2.** [of building, ground] affaissement *m*. -**3.** [of money] engloutissement *m*.

◇ *adj*: ~ feeling: to get that ~ feeling se sentir accablé; it was that ~ feeling you get when you realize you've made a dreadful mistake c'était l'accablement que l'on ressent quand on se rend compte qu'on a commis une erreur irréparable.

sinking fund *n* FIN caisse *f* OR fonds *mpl* d'amortissement.

sink tidy (*pl* sink tidies) *n rangement pour ustensiles sur un évier.*

sink unit *n* bloc-évier *m*.

sinner ['sɪnəʳ] *n* pécheur *m*, -eresse *f*.

Sinn Féin [ʃɪn'feɪn] *pr n* le Sinn Fein *(faction politique de l'IRA)*.

SINN FEIN:
Mouvement nationaliste et républicain irlandais fondé en 1902, qui se consacre à la lutte pour l'indépendance et la renaissance de la culture gaélique. Force politique vitale en Irlande à partir de 1916, il devient, après la seconde guerre mondiale, la branche politique de l'IRA (Irish Republican Army). Tourné vers le socialisme, il remporte cinq sièges aux élections de 1982, mais se divise quelques années plus tard, donnant naissance au «Sinn Fein républicain».

Sino- ['saɪnəʊ] *in cpds* sino-; the ~Japanese War la guerre sino-japonaise.

sinologist [saɪ'nɒlədʒɪst] *n* sinologue *mf*.

sinology [saɪ'nɒlədʒɪ] *n* sinologie *f*.

sinophile ['saɪnəfaɪl] *n* sinophile *mf*.

sinuosity [,sɪnjʊ'ɒsətɪ] *n* sinuosité *f*.

sinuous ['sɪnjʊəs] *adj* [road, neck, movement, reasoning] sinueux; he danced with ~ grace lorsqu'il dansait, son corps ondulait avec grâce.

sinus ['saɪnəs] *n* sinus *m*; for fast ~ relief pour dégager rapidement les sinus.

sinusitis [,saɪnə'saɪtɪs] *n (U)* sinusite *f*.

Sioux [suː] (*pl inv* [suː, suːz]) ◇ *n* -**1.** [person] Sioux *mf inv*. -**2.** LING sioux *m*.

◇ *adj* sioux *(inv)*; the ~ Indians les Sioux *mpl*.

sip [sɪp] (*pt & pp* sipped, *cont* sipping) ◇ *vt* [drink slowly] boire à petites gorgées OR à petits coups; [savour] siroter.

◇ *vi*: he was at the bar, sipping at a cognac il était au comptoir, sirotant un cognac.

◇ *n* petite gorgée *f*; can I have a ~? je peux goûter OR en boire un peu?; she took a ~ of wine elle a bu une petite gorgée de vin.

siphon ['saɪfn] ◇ *n* siphon *m*.

◇ *vt* -**1.** [liquid, petrol] siphonner. -**2.** [money, resources] transférer; [illicitly] détourner; the money is ~ed from one account into another l'argent est transféré d'un compte à un autre; huge sums were ~ed into public housing des sommes énormes ont été injectées dans les logements sociaux.

◆ **siphon off** *vt sep* -**1.** [liquid, petrol] siphonner. -**2.** [remove - money] absorber, éponger; [divert illegally] détourner; the private sector is ~ing off the best graduates le secteur privé absorbe les meilleurs diplômés; the road will ~ traffic off from the city centre la route va détourner une bonne partie de la circulation du centre-ville.

sir [sɜːʳ] *n* -**1.** [term of address] monsieur *m*; no, ~ [gen & SCH] non, Monsieur; MIL [to officer] non, mon général/mon colonel *etc*; (Dear) Sir [in letter] (Cher) Monsieur ❑ not for me, no ~! *inf* [emphatic] pas pour moi, ça non OR pas question! -**2.** [title of knight, baronet]: Sir Ian Hall sir Ian Hall; to be made a ~ être anobli. -**3.** *Br inf* [male teacher]: Sir's coming! le maître arrive!

sire ['saɪəʳ] ◇ *n* -**1.** [animal] père *m*. -**2.** *arch* [father] père *m*. -**3.** [term of address]: no, ~ [to king] non, sire; *arch* [to lord] non, seigneur.

◇ *vt* engendrer; Buttons, ~d by Goldfly Buttons, issu de Goldfly.

siree *inf* [sɜː'riː] = **sirree**.

siren ['saɪərən] *n* -**1.** [device] sirène *f*; ambulance/police ~ sirène d'ambulance/de voiture de police. -**2.** MYTH sirène *f*; *fig* [temptress] sirène *f*, femme *f* fatale.

siren call, siren song *n literal* chant *m* des sirènes; *fig* attrait *m*, appât *m*; who can resist the ~ of fame and wealth? qui peut résister à l'attrait de la gloire et de la fortune?

Sirius ['sɪrɪəs] *pr n* Sirius *m*.

sirloin ['sɜːlɔɪn] *n* aloyau *m*; a ~ steak un bifteck dans l'aloyau.

sirocco [sɪ'rɒkəʊ] (*pl* siroccos) *n* sirocco *m*, siroco *m*.

sirree *inf* [sɜː'riː] *interj Am*: yes/no ~! ça oui/non!

sis *inf* [sɪs] *n* [sister] frangine *f*, sœurette *f*.

sisal ['saɪsl] ◇ *n* sisal *m*.

◇ *adj* en OR de sisal.

sissy ['sɪsɪ] (*pl* sissies) ◇ *n* [coward] peureux *m*, -euse *f*; [effeminate person]: he's a real ~ c'est une vraie mauviette.

◇ *adj* [cowardly] peureux; [effeminate]: don't be so ~! t'es une mauviette, ou quoi?

sister ['sɪstəʳ] ◇ *n* -**1.** sœur *f*; they're ~s elles sont sœurs; my big/little ~ ma grande/petite sœur. -**2.** [nun] religieuse *f*, (bonne) sœur *f*; no, Sister non, ma sœur; Sister Pauline sœur Pauline. -**3.** *Br* [nurse] infirmière *f* en chef; I'll have to ask Sister il faudra que je demande à l'infirmière en chef. -**4.** POL [comrade] sœur *f*; our ~s in Africa nos sœurs d'Afrique. -**5.** *Am inf* [black woman] *nom donné par les Noirs américains à une femme noire.*

◇ *adj (esp with feminine nouns)* sœur; *(esp with masculine nouns)* frère; ~ countries pays *mpl* frères, nations *fpl* sœurs; ~ ship [belonging to same company] navire *m* de la même ligne; [identical] navire-jumeau *m*, sister-ship *m*.

sisterhood ['sɪstəhʊd] *n* -**1.** [group of women - gen & RELIG] communauté *f* de femmes. -**2.** [solidarity] solidarité *f* entre femmes.

sister-in-law (*pl* sisters-in-law) *n* belle-sœur *f*.

sisterly ['sɪstəlɪ] *adj* [kiss, hug] sororal *lit*, fraternel; [advice] de sœur; ~ devotion dévouement *m* de sœur.

Sistine Chapel ['sɪstiːn-] *pr n*: the ~ la chapelle Sixtine.

Sisyphus ['sɪsɪfəs] *pr n* Sisyphe; the myth of ~ le mythe de Sisyphe.

sit [sɪt] (*pt & pp* sat [sæt], *cont* sitting) ◇ *vi* -**1.** [take a seat] s'asseoir; [be seated] être assis; she came and sat next to me elle est venue s'asseoir à côté de moi; she sat by me all evening elle était assise à côté de moi toute la soirée; ~ in the back of the car mettez-vous à l'arrière (de la voiture); ~ still! tiens-toi OR reste tranquille!; ~! [to dog] assis!; they sat over the meal for hours ils sont restés à table pendant des heures; don't think I'm just going to ~ and wait for you! ne t'imagine pas que je vais rester là à t'attendre!; he ~s in front of the television all day il passe toute la journée devant la télévision ❑ ~ tight, I'll be back in a moment *inf* ne bouge pas, je reviens tout de suite; we just have to ~ tight and wait for things to get better on ne peut qu'attendre patiemment que les choses s'arrangent. -**2.** ART & PHOT [pose] poser; she sat for Modigliani elle a posé pour Modigliani. -**3.** [be a member]: to ~ on a board faire partie OR être membre d'un conseil d'administration; he sat for Swansea *Br* POL il était député de Swansea. -**4.** [be in session] être en séance, siéger; the council was still sitting at midnight à minuit, le conseil siégeait toujours OR était toujours en séance; the House ~s for another two months la session de la Chambre doit durer encore deux mois. -**5.** [baby-sit]: I'll ask Amy to ~ for us je demanderai à Amy de garder les enfants; she's sitting for the neighbours elle garde les enfants des voisins. -**6.** *Br* SCH & UNIV [be a candidate]: to ~ for an exam se présenter à OR passer un examen. -**7.** [be situated - building] être, se trouver; [- vase] être posé; the houses ~ nestled in a beautiful valley les maisons sont nichées OR blotties dans une belle vallée; a clock sat on the mantlepiece une horloge était posée sur la cheminée; your keys are sitting right in front of you tes clés sont là, devant ton nez; her mail sat in a pile on her desk son courrier était empilé sur son bureau; a tank sat in the middle of the road un char d'assaut était planté au milieu de la route; the wind ~s in the east *lit* le vent vient de l'est. -**8.** [remain inactive or unused] rester; the plane sat waiting on the runway l'avion attendait sur la piste; the letter sat unopened la lettre n'avait pas été ouverte. -**9.** [fit - coat, dress] tomber; the jacket ~s well on you la veste vous va parfaitement; the collar should ~ flat le col devait rester à plat ‖ *fig*: age ~s well on him la maturité lui va bien; the thought sat uneasily on my conscience cette pensée me pesait sur la conscience. -**10.** [bird - perch] se percher, se poser; [- brood] couver; they take turns sitting on the eggs ils couvent les œufs à tour de rôle.

◇ *vt* -**1.** [place] asseoir, installer; he sat the child in the pram il a assis l'enfant dans le landau. -**2.** [invite to be seated] faire asseoir; she sat me in the waiting room elle m'a fait asseoir dans la salle d'attente. -**3.** *Br* [examination] se présenter à, passer. -**4.** EQUIT: to ~ a horse badly/well monter (un cheval) mal/bien, avoir une mauvaise/bonne assiette.

◆ **sit about** *Br*, **sit around** *vi insep* rester à ne rien faire, traîner; she just ~s around (the house) all day elle reste toute la journée à la maison à ne rien faire; I'm not going to ~ around waiting for you je ne vais pas passer mon temps à t'attendre.

◆ **sit back** *vi insep* -**1.** [relax] s'installer confortablement; I sat back against the cushions je me suis calé contre les coussins; just ~ back and close your eyes installe-toi bien et ferme les yeux; ~ back and enjoy it détends-toi et profites-en. -**2.** [refrain from intervening]: I can't just ~ back and watch! je ne peux pas rester là à regarder sans rien faire!; he just ~s back and lets the others do the work il regarde les autres travailler sans lever le petit doigt; **we can't just ~ back and ignore the danger** nous ne pouvons tout de même pas faire comme s'il n'y avait pas de danger.

◆ **sit by** *vi insep* rester sans rien faire; **how can you ~ by while others suffer?** comment peux-tu rester sans rien faire quand d'autres souffrent?

◆ **sit down** ◇ *vi insep* s'asseoir; **please ~ down** asseyez-vous, je vous en prie; **I was just sitting down to work when the phone rang** j'étais sur le point de me mettre au travail quand le téléphone a sonné; **to ~ down to table** se mettre à table, s'attabler; **the two sides have decided to ~ down together at the negotiating table** les deux camps ont décidé de s'asseoir à la table des négociations.

◇ *vt sep* [place - person] asseoir, installer; **he sat himself down beside me** il s'est assis à côté de moi; **~ yourself down and have a drink** asseyez-vous et prenez un verre.

◆ **sit in** *vi insep* -**1.** [attend]: **to ~ in on a meeting/a class** assister à une réunion/un cours. -**2.** [replace]: **to ~ in for sb** remplacer qqn. -**3.** [hold a sit-in] faire un sit-in.

◆ **sit on** *inf vt insep* -**1.** [suppress, quash - file, report] garder le silence sur; [- suggestion, proposal] repousser, rejeter; **any new initiative is promptly sat on** on décourage rapidement toute nouvelle initiative. -**2.** [take no action on] ne pas s'occuper de; **his office has been sitting on those recommendations for months now** ça fait des mois que son bureau a ces recommandations sous le coude. -**3.** [silence - person] faire taire; [rebuff] rabrouer.

◆ **sit out** ◇ *vi insep* [sit outside] s'asseoir OR se mettre dehors.

◇ *vt sep* -**1.** [endure] attendre la fin de; **it was very boring but I sat it out** c'était très ennuyeux, mais je suis restée jusqu'au bout. -**2.** [not take part in]: **I think I'll ~ the next one out** [dance] je crois que je ne vais pas danser la prochaine danse; [in cards] je crois que je ne jouerai pas la prochaine main.

◆ **sit through** *vt insep* attendre la fin de; **I can't bear to ~ through another of his speeches** je ne supporterai pas un autre de ses discours; **we sat through dinner in silence** nous avons passé tout le dîner sans rien dire.

◆ **sit up** ◇ *vi insep* -**1.** [raise o.s. to sitting position] s'asseoir; [sit straight] se redresser; **she was sitting up in bed reading** elle lisait, assise dans son lit; **the baby can ~ up now** le bébé peut se tenir assis maintenant; **~ up straight!** redresse-toi!, tiens-toi droit! -**2.** [not go to bed] rester debout, ne pas se coucher; **don't bother sitting up for me** ne m'attendez pas; **I sat up watching TV until 3 a.m.** j'ai regardé la télé jusqu'à 3 h du matin; **I'll ~ up with her until the fever passes** je vais rester avec elle jusqu'à ce que sa fièvre tombe. -**3.** *inf* [look lively]: **to make sb ~ up** secouer qqn, secouer les puces à qqn; **the public began to ~ up and take notice** le public a commencé à montrer un certain intérêt.

◇ *vt sep* [child, patient] asseoir, redresser.

sitar [sɪ'tɑːʳ] *n* sitar *m*.

sitcom ['sɪtkɒm] *n* comédie *f* de situation, sitcom *m*.

sit-down ◇ *n* -**1.** **~ (strike)** *Br* grève *f* sur le tas. -**2.** *inf* [rest] pause *f*; **I could do with a bit of a ~** j'aimerais bien faire une pause OR m'asseoir un peu.

◇ *adj*: **~ dinner** dîner pris à table; **there are too many guests for a ~ meal** il y a trop d'invités pour que tout le monde puisse s'asseoir à table.

site [saɪt] ◇ *n* -**1.** [piece of land] terrain *m*; **the development project includes ~s for small businesses** le projet immobilier prévoit des terrains pour de petites entreprises; **caravan ~** terrain de camping pour caravanes. -**2.** [place, location] emplacement *m*, site *m*; **there's been a church on this ~ for centuries** cela fait des siècles qu'il y a une église à cet endroit OR ici; **this forest has been the ~ of several battles** cette forêt a été le théâtre de plusieurs batailles ❑ **~ of special scientific interest** *site protégé présentant un intérêt particulier du point de vue de la faune, de la flore ou de la géologie.* -**3.** CONSTR: **helmets must be worn on the ~** le port du casque est obligatoire sur le chantier; **(building) ~** chantier *m*; **demolition ~** chantier de démolition. -**4.** ARCHEOL site *m*. -**5.** *phr*: **on ~** sur place.

◇ *comp* CONSTR [office, inspection, visit] de chantier.

◇ *vt* placer, situer; **the argument continues over where the new airport should be ~d** les discussions continuent pour décider de l'emplacement du nouvel aéroport.

sit-in *n* -**1.** [demonstration] sit-in *m inv*; **to stage** OR **to hold a ~** faire un sit-in. -**2.** [strike] grève *f* sur le tas.

siting ['saɪtɪŋ] *n*: **the ~ of the nuclear plant is highly controversial** le choix de l'emplacement de la centrale nucléaire provoque une vive controverse; **access is important in the ~ of the stadium** l'accessibilité est un facteur important dans le choix du site pour le stade.

sitter ['sɪtəʳ] *n* -**1.** [babysitter] baby-sitter *mf*. -**2.** ART [model] modèle *m*. -**3.** [hen] couveuse *f*. -**4.** *inf Br* SPORT [easy chance] coup *m* facile; **to miss a ~** rater un coup facile.

sitting ['sɪtɪŋ] ◇ *n* [for meal] service *m*; ART [for portrait] séance *f* de pose; [of assembly, committee] séance *f*; **I read the book at** OR **in one ~** j'ai lu le livre d'une traite.

◇ *adj* -**1.** [seated] assis; **he propped up the body in a ~ position** il a calé le corps en position assise. -**2.** [in office] en exercice; **the ~ member for Leeds** le député actuel de Leeds.

sitting duck *inf n* [target] cible *m* facile; [victim] proie *f* facile, pigeon *m*; **old people are ~s for all sorts of confidence tricksters** les personnes âgées sont des proies faciles pour les escrocs en tous genres.

sitting room *n Br* salon *m*, salle *f* de séjour.

sitting target *n Br* cible *f* facile.

sitting tenant *n Br* locataire *mf* en place.

sitting trot *n* trot *m* assis.

situate ['sɪtjʊeɪt] *vt fml* [in place] situer, implanter; **they plan to ~ the new hospital near the town centre** ils envisagent d'implanter le nouvel hôpital près du centre-ville || [in context] resituer.

situated ['sɪtjʊeɪtɪd] *adj* -**1.** [physically] situé; **the house is conveniently ~ for shops and public transport** la maison est située à proximité des commerces et des transports en commun; **the town is well/badly ~ for tourist development** la situation de la ville est/n'est pas favorable à son développement touristique; **the island is strategically ~** l'île occupe une position stratégique. -**2.** [circumstantially]: **how are we ~ as regards the competition?** comment est-ce qu'on est situés par rapport à la concurrence?

situation [ˌsɪtjʊ'eɪʃn] *n* -**1.** [state of affairs] situation *f*; **the ~ at work/in China is getting worse** la situation au travail/en Chine ne s'arrange pas; **I've got myself into a ridiculous ~** je me suis mis dans une situation ridicule; **what would you do in my ~?** qu'est-ce que tu ferais à ma place OR dans ma situation?; **can't you do something about the ~?** ne pouvez-vous pas faire quelque chose?; **the firm's financial ~ isn't good** la situation financière de la société n'est pas bonne; **a crisis ~** une situation de crise; **it won't work in a classroom ~** ça ne marchera pas dans une salle de classe; **the skills needed in an interview ~** les compétences dont on a besoin pour faire face à un entretien. -**2.** [job] situation *f*, emploi *m*; **~s vacant/wanted** offres *fpl*/demandes *fpl* d'emploi. -**3.** [location] situation *f*, emplacement *m*.

situational [ˌsɪtjʊ'eɪʃnl] *adj* situationnel.

situation comedy *n* comédie *f* de situation.

situationism [ˌsɪtjʊ'eɪʃnɪzm] *n* situationnisme *m*.

situationist [ˌsɪtjʊ'eɪʃnɪst] ◇ *adj* situationniste.

◇ *n* situationniste *mf*.

sit-up *n* SPORT redressement *m* assis.

six [sɪks] ◇ *n* -**1.** [number] six *m*; **to be at ~es and sevens** *Br* être sens dessus dessous; **I'm at ~es and sevens as to what to do** je ne sais absolument pas quoi faire; **it's ~ of one and half a dozen of the other** *inf* c'est blanc bonnet et bonnet blanc, c'est kif-kif; **to get ~ of the best** *inf Br* SCH *dated* se faire fouetter. -**2.** [ice hockey team] équipe *f*; [cub or brownie patrol] patrouille *f*. -**3.** [in cricket] six points *mpl*; **he scored five ~es** il a marqué cinq fois six points.

◇ *adj* six; **to be ~ feet under** *inf* être six pieds sous terre, manger les pissenlits par la racine; **'Six Characters in Search of an Author'** *Pirandello* 'Six personnages en quête d'auteur'.

◆ **Six** *npl*: **the ~** [Common Market pre-1973] les Six *mpl*.

Six Counties *pl pr n*: **the ~** (les six comtés *mpl* de) l'Irlande *f* du Nord.

Six Day War *n*: **the ~** la guerre des six jours.

sixer ['sɪksəʳ] *n Br* [in cubs, brownies] chef *m* de patrouille.

sixfold ['sɪksfəʊld] ◇ *adj* sextuple.

◇ *adv* au sextuple; **the population has increased ~** la population a sextuplé OR s'est multipliée par six; **profits are up ~ on last year** les bénéfices sont six fois plus importants que OR se sont multipliés par six depuis l'année dernière.

six-footer *inf* [-'fʊtəʳ] *n* [person]: **both her sons are ~s** ses deux fils mesurent plus de 1,80 m.

six-gun = **six-shooter**.

six-pack *n* pack *m* de six; **he polishes off a couple of ~s every night** il s'envoie une bonne douzaine de bières chaque soir.

sixpence ['sɪkspəns] *n* [coin] (ancienne) pièce *f* de six pence; **it costs ~** ça coûte six pence.

six-shooter *inf n Am* pistolet *m* à six coups, six-coups *m inv*.

sixteen [sɪks'tiːn] ◇ *adj* seize; **she was sweet ~** c'était une jolie jeune fille de seize ans.

◇ *n* seize *m*.

sixteenmo [sɪks'tiːnməʊ] (*pl* **sixteenmos**) ◇ *adj* in-seize.

◇ *n* in-seize *m inv*.

sixteenth [sɪks'tiːnθ] ◇ *adj* seizième.

◇ *n* -**1.** [ordinal] seizième *m*. -**2.** [fraction] seizième *m*.

sixteenth note *n Am* MUS double croche *f*.

sixth [sɪksθ] ◇ *adj* sixième.

◇ *n* -**1.** [ordinal] sixième *mf*. -**2.** [fraction] sixième *m*. -**3.** MUS sixte *f*. -**4.** *Br* SCH: **to be in the lower/upper ~** ≃ être en première/en terminale.

◇ *adv* -**1.** [in contest] en sixième position, à la sixième place. -**2.** = **sixthly**.

sixth form *n Br* SCH *classe terminale de l'enseignement secondaire en Grande-Bretagne, préparant aux A-levels*, ≃ classes *fpl* de première et de terminale.

◆ **sixth-form** *adj* [student, teacher, subject] de première OR terminale; **sixth-form college** *établissement préparant aux A-levels*.

sixth former *n Br* SCH élève *mf* de première OR de terminale; **all the ~s** tous les élèves de première et de terminale.

sixthly ['sɪksθlɪ] *adv* sixièmement.

sixth sense *n* sixième sens *m*; **some ~ told me she wouldn't come** j'avais l'intuition qu'elle ne viendrait pas.

sixtieth ['sɪkstɪəθ] ◇ *adj* soixantième.

◇ *n* -**1.** [ordinal] soixantième *m*. -**2.** [fraction] soixantième *m*.

Sixtus ['sɪkstəs] *pr n* Sixte.

sixty ['sɪkstɪ] (*pl* **sixties**) ◇ *adj* soixante; **about ~ cars** une soixantaine de voitures; **he must be close to** OR **getting on for ~** il doit approcher de la soixantaine.

◇ *n* soixante *m*; **she's in her sixties** elle a entre soixante et soixante-dix ans; **sixties pop music** la musique pop des années soixante; **daytime temperatures will be in the sixties** pendant la journée, les températures seront comprises entre 15°C et 20°C ❑ that's the ~-four thousand dollar question! inf ça c'est la grande question!

sizable etc ['saɪzəbl] = sizeable.

size [saɪz] ◇ n -1. [gen] taille f; [of ball, tumour] taille f, grosseur f; [of region, desert, forest] étendue f, superficie f; [of difficulty, operation, protest movement] importance f, ampleur f; [of debt, bill, sum] montant m, importance f; to buy a house of comparable ~ in London would be impossible on ne pourrait pas acheter une maison de cette taille à Londres; the two rooms are the same ~ les deux pièces sont de la même taille OR ont les mêmes dimensions; it's about the ~ of a dinner plate c'est à peu près de la taille d'une assiette; the kitchen is the ~ of a cupboard la cuisine est grande comme un placard; my garden is half the ~ of hers mon jardin fait la moitié du sien; average family ~ is four persons la famille moyenne est composée de quatre personnes; you should have seen the ~ of the truck! si tu avais vu la taille du camion!; it's a city of some ~ c'est une ville assez importante; the town has no hotels of any ~ la ville n'a pas d'hôtel important; we weren't expecting a crowd of this ~ nous ne nous attendions pas à une foule aussi nombreuse; the crowd was steadily growing in ~ la foule grossissait à vue d'œil; the tumour is increasing in ~ la tumeur grossit; the budget will have to double in ~ le budget devra être multiplié par deux; the army has doubled in ~ les effectifs de l'armée ont doublé; a block of marble one cubic metre in ~ un bloc de marbre d'un mètre cube; the cupboards can be built to ~ les placards peuvent être construits sur mesure ❑ that's about the ~ of it! inf en gros, c'est ça! -2. [of clothes - gen] taille f; [of shoes, gloves, hat] pointure f, taille f; what ~ are you?, what ~ do you take? quelle taille faites-vous?; I take (a) ~ 40 je fais du 40; I take a ~ 7 shoe ≃ je chausse du 37; I need a ~ larger/smaller il me faut la taille au-dessus/au-dessous; we've nothing in your ~ nous n'avons rien dans votre taille; try this jacket on for ~ essayez cette veste pour voir si c'est votre taille ❑ collar ~ encolure f. -3. [for paper, textiles, leather] apprêt m; [for plaster] enduit m.
◇ vt -1. [sort] trier selon la taille. -2. [make] fabriquer aux dimensions voulues; the clothing is ~d for the American market les vêtements sont faits pour le marché américain. -3. [paper, textiles, leather] apprêter; [plaster] enduire.
◆ **size up** vt sep [stranger, rival] jauger; [problem, chances] mesurer; we all waited outside, sizing each other up nous attendions tous dehors, nous observant les uns les autres; she ~d up the situation immediately elle a tout de suite compris ce qui se passait.

-size = -sized.

sizeable ['saɪzəbl] adj [piece, box, car] assez grand; [apple, egg, tumour] assez gros; [sum, income, quantity, crowd] important; [town] assez important; [error] de taille; they were elected by a ~ majority ils ont été élus à une assez large majorité.

sizeably ['saɪzəblɪ] adv considérablement.

-sized [saɪzd] in cpds: medium~ de taille moyenne; small and medium~ businesses petites et moyennes entreprises fpl, PME fpl; a fair~ crowd une foule assez nombreuse; a man~ portion une grosse portion.

sizing ['saɪzɪŋ] n [process] apprêtage m; [substance] colle f.

sizzle ['sɪzl] ◇ vt -1. [sputter] grésiller. -2. inf [be hot]: the city ~d in the heat la ville étouffait sous la chaleur.
◇ n grésillement m.

sizzler inf ['sɪzləʳ] n journée f torride; it's going to be a ~! il va faire une chaleur torride aujourd'hui!

sizzling ['sɪzlɪŋ] ◇ adj -1. [sputtering] grésillant. -2. inf [hot] brûlant.
◇ adv inf: ~ hot brûlant.

SK written abbr of Saskatchewan.

ska [skɑː] n ska m.

skat [skæt] n jeu de cartes à 3 personnes, comprenant 32 cartes.

skate [skeɪt] (pl sense 2 inv OR skates)
◇ n -1. [ice] patin m à glace; [roller] patin m à roulettes; to get OR to put one's ~s on inf se dépêcher, se grouiller. -2. [fish] raie f.
◇ vi -1. [gen] patiner; to go skating [ice] faire du patin OR du patinage; [roller] faire du patin à roulettes; we used to ~ to school nous allions à l'école en patins à roulettes; couples ~d around the rink des couples patinaient autour de la piste ❑ to ~ on thin ice être sur un terrain dangereux, avancer en terrain miné. -2. [slide - pen, plate] glisser. -3. [person] glisser; his legs ~d out from under him ses jambes se sont dérobées sous lui.
◆ **skate around, skate over** vt insep [problem, issue] esquiver, éviter; the book ~s around OR over his two divorces le livre passe sous silence ses deux divorces.

skateboard ['skeɪtbɔːd] ◇ n skateboard m, planche f à roulettes.
◇ vi faire du skateboard OR de la planche à roulettes.

skateboarding ['skeɪtbɔːdɪŋ] n: to go ~ faire de la planche à roulettes OR du skateboard.

skater ['skeɪtəʳ] n [on ice] patineur m, -euse f; [on roller skates] patineur m, -euse f à roulettes.

skating ['skeɪtɪŋ] ◇ n [on ice] patin m (à glace); [on roller skates] patin m (à roulettes).
◇ adj de patinage.

skating rink n [for ice skating] patinoire f; [for roller skating] piste f pour patin à roulettes.

skedaddle inf [skɪ'dædl] vi mettre les voiles, se tirer, déguerpir; I'd better ~ il faut que je me sauve OR que je file.

skein [skeɪn] n -1. [of wool, silk] écheveau m. -2. [flight - of geese] vol m.

skeletal ['skelɪtl] adj squelettique.

skeleton ['skelɪtn] ◇ n -1. ANAT squelette m; he was little more than a ~ il n'avait plus que la peau sur les os ❑ to have a ~ in the cupboard Br OR closet Am avoir quelque chose à cacher. -2. CONSTR & CHEM [structure] squelette m. -3. [outline - of book, report] ébauche f, esquisse f; [- of project, strategy, speech] schéma m, grandes lignes fpl.
◇ comp [crew, team] (réduit au) minimum, squelettique pej; a ~ staff Br OR crew Am des effectifs réduits au minimum; they're running a ~ train service ils assurent un service minimum de trains.

skeleton key n passe-partout m inv, passe m.

skeptic etc Am = sceptic.

sketch [sketʃ] ◇ n -1. [drawing] croquis m, esquisse f; the map is only a ~ la carte n'est qu'un croquis. -2. [brief description] résumé m; historical ~ résumé historique; a biographical ~ of the author une biographie succincte de l'auteur; [on book jacket] une notice bibliographique sur l'auteur ‖ [preliminary outline - of book] ébauche f; [- of proposal, speech, campaign] grandes lignes fpl; give us a rough ~ of your plan donnez-nous un aperçu de ce que vous proposez ❑ character ~ portrait m OR description f rapide. -3. THEAT sketch m.
◇ vt -1. [person, scene] faire un croquis OR une esquisse de, croquer, esquisser; [line, composition, form] esquisser, croquer; [portrait, illustration] faire (rapidement); he began by ~ing the foreground il a commencé par esquisser OR croquer le premier plan. -2. [book] ébaucher, esquisser; [proposal, campaign, speech] ébaucher, préparer dans les grandes lignes.
◆ **sketch in** vt sep -1. [provide - background, main points] indiquer; Harry will ~ a few more details in for you Harry va vous donner encore quelques précisions. -2. [draw] ajouter, dessiner.
◆ **sketch out** vt sep -1. [book] ébaucher, esquisser; [campaign, plan, speech] ébaucher, préparer dans les grandes lignes; [details, main points] indiquer. -2. [draw] ébaucher.

sketchblock ['sketʃblɒk] n bloc m à dessins.

sketchbook ['sketʃbʊk] n carnet m à dessins; Picasso's ~s les carnets (de dessins) de Picasso.

sketchily ['sketʃɪlɪ] adv [describe, report] sommairement; his article is very ~ researched son article repose sur des recherches très superficielles.

sketchpad ['sketʃpæd] n carnet m à dessins.

sketchy ['sketʃɪ] (compar sketchier, superl sketchiest) adj [description, account] sommaire; [research, work, knowledge] superficiel; [idea, notion] vague; [plan] peu détaillé; my memory of that day is very ~ mes souvenirs de cette journée sont très flous.

skew [skjuː] ◇ vt [distort - facts, results] fausser; [- idea, truth] dénaturer; [- statistics]: it will ~ the sample ça va fausser l'échantillonnage.
◇ vi obliquer, dévier de sa trajectoire; the truck ~ed across the intersection le camion a traversé le carrefour en biais; he ~ed off the road il a quitté la route.
◇ adj Br -1. [crooked - picture] de travers; [- pole] penché. -2. [distorted - notion, view] partial; ~ distribution [in statistics] distribution f asymétrique. -3. [angled, slanting] oblique, en biais.
◇ n Br: to be on the ~ être de travers.

skewbald ['skjuːbɔːld] ◇ adj fauve et blanc, pie-rouge (inv).
◇ n cheval m fauve et blanc OR pie-rouge.

skewed [skjuːd] = skew adj.

skewer ['skjʊəʳ] ◇ n CULIN brochette f; [larger] broche f.
◇ vt CULIN [roast, duck] embrocher; [meat, mushrooms, tomatoes] mettre en brochette; fig [person] transpercer.

skew-whiff inf [ˌskjuː'wɪf] adj & adv Br de traviole, de travers.

skewy inf ['skjuːɪ] (compar skewier, superl skewiest) adj -1. [crooked - picture, hat] de traviole, de travers; the shelf is ~ l'étagère est de traviole OR de travers; the steering is ~ la direction est faussée, il y a du jeu dans la direction. -2. [weird, odd] farfelu.

ski [skiː] ◇ n -1. SPORT ski m (equipment); (a pair of) ~s (une paire de) skis. -2. AERON patin m, ski m.
◇ vi faire du ski, skier; to go ~ing [activity] faire du ski; [on holiday] partir aux sports d'hiver OR faire du ski; they ~ed down the slope ils descendirent la pente à ski.
◇ vt: I've never ~ed the red run je n'ai jamais descendu la piste rouge.
◇ comp [clothes, boots, lessons] de ski; [resort] de ski, de sports d'hiver; ~ instructor moniteur m, -trice f de ski; ~ pole OR stick bâton m de ski; ~ wax fart m (pour skis).

skibob ['skiːbɒb] n ski-bob m, véloski m.

skid [skɪd] (pt & pp skidded, cont skidding)
◇ vi -1. [on road - driver, car, tyre] déraper; the car skidded across the junction la voiture a traversé le carrefour en dérapant; I skidded into the truck j'ai dérapé et percuté le camion; to ~ to a halt s'arrêter en dérapant. -2. [slide - person, object] déraper, glisser; I skidded on the wet floor j'ai dérapé OR glissé sur le sol mouillé; the plates skidded off the tray les assiettes ont glissé du plateau.
◇ vt [vehicle]: he skidded the truck into the ditch il a perdu le contrôle du camion qui est parti dans le fossé.
◇ n -1. AUT dérapage m; to go into a ~ partir en dérapage, déraper; to get out of OR to correct a ~ redresser OR contrôler un dérapage. -2. [wedge] cale f. -3. Am [log] rondin m; [dragging platform] traîneau m, ≃ schlitte f ❑ to put the ~s on OR under sb mettre des bâtons dans les roues à qqn; to hit the ~s inf devenir clochard.

skiddoo inf [skɪ'duː] vi Am dated mettre les voiles, déguerpir; twenty-two ~! [get out] foutez-le camp, et plus vite que ça!; [let's go] barrons-nous!, tirons-nous!

skid-lid inf n Br casque m (de moto).

skid mark n trace f de pneus (après un dérapage).

skidoo inf [skɪ'duː] = skiddoo.

skidpan ['skɪdpæn] *n Br* piste *f* d'entraînement au dérapage.

skidproof ['skɪdpru:f] *adj* antidérapant.

skid road *n Am* - **1.** [for logs] voie *f* faite de troncs d'arbres, ≃ chemin *m* de schlitte. - **2.** = **skid row**.

skid row *inf n Am* quartier *m* des clochards; **you'll end up on** ~! tu es sur une mauvaise pente!

skier ['ski:əʳ] *n* skieur *m*, -euse *f*.

skiff [skɪf] *n* skiff *m*, yole *f*.

skiffle ['skɪfl] *n* skiffle *m* *(type de musique pop des années 50 jouée avec des guitares et des instruments à percussion improvisés)*.

skiing ['ski:ɪŋ] ◇ *n* ski *m* *(activité)*.
◇ *comp* [lessons, accident, clothes] de ski; **to go on a** ~ **holiday** partir aux sports d'hiver; ~ **instructor** moniteur *m*, -trice *f* de ski.

ski jump ◇ *n* [ramp] tremplin *m* de ski; [event, activity] saut *m* à skis.
◇ *vi* faire du saut à skis.

skilful *Br*, **skillful** *Am* ['skɪlfʊl] *adj* habile, adroit; **a** ~ **carpenter** un menuisier habile; **a** ~ **pianist** un pianiste accompli; **she's very** ~ **with the scissors** elle sait se servir d'une paire de ciseaux; **a** ~ **move** une démarche habile.

skilfully *Br*, **skillfully** *Am* ['skɪlfʊlɪ] *adv* habilement, avec habileté, adroitement.

skilfulness *Br*, **skillfulness** *Am* ['skɪlfʊlnɪs] *n* habileté *f*, adresse *f*.

ski lift *n* [gen] remontée *f* mécanique; [chair lift] télésiège *m*.

skill [skɪl] *n* - **1.** [ability] compétence *f*, aptitude *f*; [dexterity] habileté *f*, adresse *f*; [expertise] savoir-faire *m inv*; **you don't need any special** ~ ça ne demande aucune compétence précise; **it involves a lot of** ~ ça demande beaucoup d'habileté; **with great** ~ [in manoeuvre] avec une grande habileté; [diplomacy] avec un grand savoir-faire; [dexterity] avec beaucoup d'adresse; **his work shows** ~ **and imagination** son travail est plein de talent et d'imagination. - **2.** [learned technique] aptitude *f*, technique *f*; [knowledge] connaissances *fpl*; **management** ~**s** techniques de gestion; **poor reading** ~**s** de faibles aptitudes pour la lecture; **language** ~**s** aptitudes linguistiques; **computer technology requires us to learn new** ~**s** l'informatique nous oblige à acquérir de nouvelles compétences.

Skillcentre ['skɪl,sentəʳ] *n centre de formation professionnelle relevant du ministère de l'Emploi en Grande-Bretagne*.

skilled [skɪld] *adj* - **1.** INDUST [engineer, worker] qualifié; [task] de spécialiste; ~ **labour** main-d'œuvre *f* qualifiée. - **2.** [experienced - driver, negotiator] habile, expérimenté; [expert] habile, expert; [manually] adroit; [clever - gesture] habile, adroit; ~ **in the art of public speaking** versé dans l'art oratoire, rompu aux techniques oratoires; **he's** ~ **at mending bicycles** il est doué pour réparer les bicyclettes.

skillet ['skɪlɪt] *n Am* poêle *f* (à frire).

skillful *etc Am* = **skilful**.

skim [skɪm] (*pt* & *pp* skimmed, *cont* skimming)
◇ *vt* - **1.** [milk] écrémer; [jam] écumer; [floating matter - with skimmer] écumer, enlever avec une écumoire; [- with spatula] enlever avec une spatule; **to** ~ **the froth from** OR **off a glass of beer** enlever la mousse d'un verre de bière; **to** ~ **the fat from the gravy** dégraisser la sauce; **to** ~ **the cream from the milk** écrémer le lait. - **2.** [glide over - surface] effleurer, frôler; **the seagull skimmed the waves** la mouette volait au ras de l'eau OR rasait les vagues; **the glider skimmed the tops of the trees** le planeur frôlait OR rasait la cime des arbres; **the stone skimmed the lake** la pierre a ricoché à la surface du lac; **the book only** ~**s the surface** *fig* le livre ne fait qu'effleurer OR que survoler la question. - **3.** [stone] faire ricocher; **the children were skimming stones over the lake** les enfants faisaient des ricochets sur le lac. - **4.** [read quickly - letter, book] parcourir, lire en diagonale; [- magazine] parcourir, feuilleter.
◇ *vi*: **to** ~ **over the ground/across the waves** [bird] raser le sol/les vagues; **to** ~ **over** OR **across the lake** [stone] faire des ricochets sur le lac.
◆ **skim off** *vt sep* [cream, froth] enlever (avec une écumoire); **the book dealers skimmed off the best bargains** *fig* les marchands de livres ont fait les meilleures affaires.
◆ **skim over** *vt insep* [letter, report] parcourir, lire en diagonale; [difficult passage] lire superficiellement, parcourir rapidement.
◆ **skim through** *vt insep* [letter, page] parcourir, lire en diagonale; [magazine] feuilleter; **I only had time to** ~ **through the report** je n'ai eu que le temps de lire le rapport en vitesse.

skimmed milk *n* lait *m* écrémé.

skimmer ['skɪməʳ] *n* - **1.** ORNITH bec-en-ciseaux *m*. - **2.** CULIN écumoire *f*.

skim milk = **skimmed milk**.

skimming *inf* ['skɪmɪŋ] *n Am* [tax fraud] fraude *f* fiscale.

skimp [skɪmp] ◇ *vi* lésiner; **the builders** ~**ed on materials** les constructeurs ont lésiné sur les matériaux.
◇ *vt* [resources, food] économiser sur, lésiner sur; [job] faire à la va-vite.

skimpily ['skɪmpɪlɪ] *adv* [scantily]: ~ **dressed** légèrement vêtu.

skimpy ['skɪmpɪ] (*compar* skimpier, *superl* skimpiest) *adj* - **1.** [mean - meal, offering] maigre, chiche; [- praise, thanks] maigre, chiche. - **2.** [clothes, dress - too small] trop juste; [- light] léger; **a** ~ **skirt** une jupe étriquée.

skin [skɪn] (*pt* & *pp* skinned, *cont* skinning)
◇ *n* - **1.** [of person] peau *f*; **to have dark/fair** ~ avoir la peau brune/claire; **to have bad/good** ~ avoir une vilaine/jolie peau; **you're nothing but** ~ **and bone** tu n'as que la peau et les os; **we're all human under the** ~ au fond, nous sommes tous humains ❑ **she escaped by the** ~ **of her teeth** elle l'a échappé belle, elle s'en est tirée de justesse; **he got into office by the** ~ **of his teeth** il a été élu de justesse; **she nearly jumped out of her** ~ elle a sauté au plafond; **it's no** ~ **off my nose** *inf* ça ne me coûte rien *fig*, ça ne me gêne pas; **he really gets under my** ~ *inf* il me tape sur les nerfs, celui-là; **to save one's** ~ sauver sa peau; **to be soaked to the** ~ être trempé jusqu'aux os. - **2.** [from animal] peau *f*; **a crocodile-**~ **handbag** un sac en crocodile. - **3.** [on fruit, vegetable, sausage] peau *f*; [on onion] pelure *f*; **potatoes cooked in their** ~**s** des pommes de terre en robe des champs. - **4.** [on milk, pudding] peau *f*; **take the** ~ **off the custard** enlevez la peau de la crème anglaise. - **5.** [of plane] revêtement *m*; [of building] revêtement *m* extérieur; [of drum] peau *f*. - **6.** [for wine] outre *f*. - **7.** *inf* [skinhead] skin *m*. - **8.** ▽ *Br* [cigarette paper] papier *m* à cigarette.
◇ *vt* - **1.** [animal] dépouiller, écorcher; [vegetable] éplucher; **if I find him I'll** ~ **him alive** *fig* si je le trouve, je l'écorche vif ❑ **there's more than one way to** ~ **a cat** *prov* il y a bien des moyens d'arriver à ses fins. - **2.** [graze - limb] écorcher; **I skinned my knee** je me suis écorché le genou. - **3.** *inf Br* [rob] plumer; **he got skinned at cards** il s'est laissé plumer aux cartes; **you've been skinned** tu t'es fait avoir OR arnaquer.
◇ *comp* [cancer, disease, tone] de la peau.
◆ **skins** ▽ *npl* [drums] batterie *f*.

skin-deep ◇ *adj* superficiel.
◇ *adv* superficiellement.

skin diver *n* plongeur *m*, -euse *f*.

skin diving *n* plongée *f* sous-marine.

skin flick ▽ *n* film *m* porno.

skinflint ['skɪnflɪnt] *n* avare *mf*.

skin food *n (U)* crème *f* nourrissante (pour la peau).

skinful *inf* ['skɪnfʊl] *n Br*: **he's had a** ~ il est beurré.

skin game ▽ *n* arnaque *f*.

skin graft *n* greffe *f* de la peau; **to have a** ~ subir une greffe de la peau.

skin grafting [-'grɑ:ftɪŋ] *n* greffage *m* de la peau.

skinhead ['skɪnhed] *n* skinhead *m*.

skinless ['skɪnlɪs] *adj* [sausages] sans peau.

skin mag ▽ *n Am* revue *f* porno.

-skinned [skɪnd] *in cpds* à la peau...; **she's dark**~ elle a la peau foncée.

skinny ['skɪnɪ] (*compar* skinnier, *superl* skinniest) *adj* très mince; **the** ~ **look is in fashion** c'est à la mode d'être très mince; **she's a** ~ **little thing** elle est petite et menue.

skinny-dip *inf* (*pt* & *pp* skinny-dipped, *cont* skinny-dipping) *vi* se baigner à poil.

skinny-dipping *inf* [-'dɪpɪŋ] *n* baignade *f* à poil; **to go** ~ se baigner à poil.

skint *inf* [skɪnt] *adj Br* fauché, raide.

skin test *n* MED cuti-réaction *f*.

skin-tight *adj* moulant.

skip [skɪp] (*pt* & *pp* skipped, *cont* skipping)
◇ *vi* - **1.** [with skipping rope] sauter à la corde. - **2.** [jump] sautiller; **he skipped out of the way** il s'est écarté d'un bond; **the children were skipping around in the garden** les enfants gambadaient dans le jardin; **the book keeps skipping from one subject to another** *fig* le livre passe sans arrêt d'un sujet à l'autre. - **3.** *inf* [go] faire un saut, aller; **we skipped across to Paris for the weekend** on a fait un saut à Paris pour le week-end.
◇ *vt* - **1.** [omit] sauter, passer; ~ **the details** passez les détails, épargnez-nous les détails; **let's** ~ **the next chapter** sautons le chapitre suivant || [miss - meeting, meal] sauter; SCH [- class] sécher; **we decided to** ~ **lunch** nous avons décidé de sauter le déjeuner OR de ne pas déjeuner; **my heart skipped a beat** *fig* mon cœur s'est arrêté de battre pendant une seconde ❑ ~ **it!** *inf* laisse tomber! - **2.** *inf* [leave] fuir, quitter; **the thieves have probably skipped the country by now** à l'heure qu'il est, les voleurs ont probablement quitté le pays.
◇ *n* - **1.** *inf* = **skipper**. - **2.** [jump] (petit) saut *m*; **with a little** ~**, she jumped over the rope** d'un bond léger, elle sauta par-dessus la corde. - **3.** [on lorry, for rubbish] benne *f*.
◆ **skip off** *inf vi insep* - **1.** [disappear] décamper; **they skipped off without doing the washing up** ils ont décampé sans faire la vaisselle. - **2.** [go] faire un saut; **we skipped off to Greece for a holiday** on est allés passer quelques jours de vacances en Grèce.
◆ **skip over** *vt insep* [omit] sauter, passer.

ski pants *npl* fuseau *m*, pantalon *m* de ski.

ski plane *n* avion *m* à skis.

skipper ['skɪpəʳ] ◇ *n* - **1.** NAUT [gen] capitaine *m*; [of yacht] skipper *m*. - **2.** SPORT capitaine *m*, chef *m* d'équipe. - **3.** *inf* [boss] patron *m*.
◇ *vt* - **1.** [ship, plane] commander, être le capitaine de; [yacht] skipper. - **2.** SPORT [team] être le capitaine de.

skipping ['skɪpɪŋ] *n* saut *m* à la corde.

skipping rope *n Br* corde *f* à sauter.

skirl [skɜ:l] ◇ *vi* [emit a sound] sonner; [player] jouer de la cornemuse.
◇ *n* son *m* (de la cornemuse).

skirmish ['skɜ:mɪʃ] ◇ *n fig* & MIL escarmouche *f*, accrochage *m*; **I had a bit of a** ~ **with the authorities** j'ai eu un différend avec les autorités.
◇ *vi* MIL s'engager dans une escarmouche; **to** ~ **with sb over sthg** *fig* avoir un accrochage OR s'accrocher avec qqn au sujet de qqch.

skirt [skɜ:t] ◇ *n* - **1.** [garment] jupe *f*; [part of coat] pan *m*, basque *f*. - **2.** MECH jupe *f*. - **3.** *Br* [cut of meat] ≃ flanchet *m*. - **4.** ▽ *(U) Br* [woman]: **a bit of** ~ une belle nana.
◇ *vt* - **1.** [go around] contourner; **the road** ~**s the mountain** la route contourne la montagne. - **2.** [avoid - issue, problem] éluder, esquiver.
◆ **skirt round** *vt insep* = **skirt** *vt*.

skirting (board) ['skɜ:tɪŋ-] *n Br* plinthe *f*.

ski run *n* piste *f* de ski.

skit [skɪt] *n* parodie *f*, satire *f*; **to do a** ~ **on sthg** parodier qqch; **it's a** ~ **on football commen-**

tators c'est une parodie des commentateurs de football.

ski tow *n* téléski *m*.

skitter [ˈskɪtəʳ] *vi* **-1.** [small animal] trottiner; [bird] voleter; **the bird ~ed over the ground** l'oiseau volait en rase-mottes. **-2.** [ricochet] faire des ricochets; **the stone ~ed across the lake** la pierre a fait des ricochets sur le lac.

skittish [ˈskɪtɪʃ] *adj* **-1.** [person - playful] espiègle; [- frivolous] frivole. **-2.** [horse] ombrageux, difficile.

skittishly [ˈskɪtɪʃlɪ] *adv* **-1.** [of person - playfully] avec espièglerie; [- frivolously] avec frivolité. **-2.** [of horse] d'une manière ombrageuse.

skittle [ˈskɪtl] *n* quille *f*.
◆ **skittles** *n* (jeu *m* de) quilles *fpl*; **to play ~s** jouer aux quilles, faire une partie de quilles.

skittle alley *n* piste *f* de jeu de quilles.

skive *inf* [skaɪv] *vi Br* [avoid work] tirer au flanc; SCH sécher les cours.
◆ **skive off** *inf Br* ◇ *vi insep* se défiler.
◇ *vt insep* [work, class] sécher; **to ~ off school** sécher les cours.

skiver *inf* [ˈskaɪvəʳ] *n Br* tire-au-flanc *m inv*.

skivvy *inf* [ˈskɪvɪ] (*pl* **skivvies**) ◇ *vi Br* faire la boniche; **I won't ~ for you** je ne vais pas vous servir de boniche.
◇ *n Br pej* bonne *f* à tout faire; **I'm not your ~** je ne suis pas ta boniche.
◆ **skivvies** *inf npl Am* sous-vêtements *mpl* (masculins).

skua [ˈskjuːə] *n* skua *m*.

skulduggery [skʌlˈdʌgərɪ] *n (U)* combines *fpl* OR manœuvres *fpl* douteuses.

skulk [skʌlk] *vi* rôder; **there's somebody ~ing (about) in the garden/bushes** il y a quelqu'un qui rôde dans le jardin/qui se cache dans les buissons; **to ~ away** OR **off** s'éclipser.

skull [skʌl] *n* crâne *m*; **can't you get it into your thick ~ that she doesn't like you!** *fig* tu n'as toujours pas compris qu'elle ne t'aime pas!

skull and crossbones *n* [motif] tête *f* de mort; [flag] pavillon *m* à tête de mort.

skullcap [ˈskʌlkæp] *n* **-1.** [headgear] calotte *f*. **-2.** BOT scutellaire *f*.

skullduggery [skʌlˈdʌgərɪ] = **skulduggery**.

skunk [skʌŋk] (*pl sense 1 inv* OR **skunks**, *pl sense 2* **skunks**) ◇ *n* **-1.** [animal] moufette *f*, mouffette *f*, sconse *m*; [fur] sconse *m*. **-2.** *inf* [person] canaille *f*, ordure *f*.
◇ *vt inf Am* [opponent] battre à plate couture, flanquer une déculottée à.

sky [skaɪ] (*pl* **skies**, *pt* & *pp* **skied** OR **skyed**) ◇ *n* [gen] ciel *m*; **the ~ went dark** le ciel s'est assombri; **smoke rose into the ~** de la fumée s'élevait dans le ciel, **the ~ at night** le ciel nocturne; **to sleep under the open ~** dormir à la belle étoile ☐ **the ~'s the limit** *inf* tout est possible.
◇ *vt* **-1.** FTBL [ball] envoyer au ciel. **-2.** [in rowing]: **to ~ the oars** lever les avirons trop haut.
◆ **skies** *npl* [climate] cieux *mpl*; [descriptive] ciels *mpl*; **we spend the winter under sunnier skies** nous passons l'hiver sous des cieux plus cléments; **Turner is famous for his skies** Turner est renommé pour ses ciels.

sky blue *n* bleu ciel *m*.
◆ **sky-blue** *adj* bleu ciel *(inv)*.

skycap *n* [ˈskaɪkæp] *Am* porteur *m (dans un aéroport)*.

skydiver [ˈskaɪˌdaɪvəʳ] *n* parachutiste *mf*.

skydiving [ˈskaɪˌdaɪvɪŋ] *n* parachutisme *m*.

sky-high ◇ *adj literal* très haut dans le ciel; *fig* [prices] inabordable, exorbitant.
◇ *adv* **-1.** *literal* très haut dans le ciel. **-2.** *fig* [very high]: **prices soared** OR **went ~** les prix ont grimpé en flèche; **the explosion blew the building ~** l'explosion a complètement soufflé le bâtiment; **our plans were blown ~** nos projets sont complètement tombés à l'eau.

skyjack [ˈskaɪdʒæk] *vt* [plane] détourner.

skyjacker [ˈskaɪˌdʒækəʳ] *n* pirate *m* de l'air.

skylark [ˈskaɪlɑːk] ◇ *n* alouette *f* des champs.
◇ *vi inf dated* faire le fou, chahuter.

skylarking *inf* [ˈskaɪlɑːkɪŋ] *n dated* chahut *m*.

skylight [ˈskaɪlaɪt] *n* lucarne *f*.

skyline [ˈskaɪlaɪn] *n* [horizon] horizon *m*; [urban]: **the New York ~** la silhouette (des immeubles) de New York.

sky pilot *n mil sl* aumônier *m (dans l'armée)*.

skyrocket [ˈskaɪˌrɒkɪt] ◇ *n* fusée *f*.
◇ *vi inf* [prices] grimper en flèche.

skyscape [ˈskaɪskeɪp] *n* ART & PHOT ciel *m*.

skyscraper [ˈskaɪˌskreɪpəʳ] *n* gratte-ciel *m inv*.

skyward(s) [ˈskaɪwəd(z)] *adj* & *adv* vers le ciel.

skyway [ˈskaɪweɪ] *n* **-1.** AERON couloir *m* aérien. **-2.** *Am* AUT route *f* surélevée.

skywriting [ˈskaɪˌraɪtɪŋ] *n* publicité *f* aérienne *(tracée dans le ciel par un avion)*.

slab [slæb] (*pt* & *pp* **slabbed**, *cont* **slabbing**) ◇ *n* **-1.** [block - of stone, wood] bloc *m*; [flat] plaque *f*, dalle *f*; [for path] pavé *m*; **the path was made of stone ~s** le chemin était pavé de pierres; **a wooden ~** un bloc de bois; **a concrete ~** une dalle de béton. **-2.** [piece - of cake] grosse tranche *f*; [- of chocolate] tablette *f*; [- of meat] pavé *m*. **-3.** [table, bench - of butcher] étal *m*; **on the ~** [in mortuary] sur la table d'autopsie; [for operation] *inf* sur la table d'opération.
◇ *vt* [cut - stone] tailler en blocs; [- log] débiter.

slack [slæk] ◇ *adj* **-1.** [loose - rope, wire] lâche, insuffisamment tendu; [- knot] mal serré, desserré; [- chain] lâche; [- grip] faible; **the rope is very ~** la corde a du mou; **the chain is very ~** la chaîne n'est pas assez tendue. **-2.** [careless - work] négligé; [- worker, student] peu sérieux, peu consciencieux; **he's becoming very ~ about his appearance/his work** il commence à négliger son apparence/son travail; **her work has become rather ~ lately** il y a eu un certain laisser-aller dans son travail dernièrement; **she's very ~ about** OR **at getting orders ready on time** elle n'est pas très sérieuse pour ce qui est de préparer les commandes en temps voulu. **-3.** [slow, weak - demand] faible; [- business] calme; **the ~ season for tourists** la période creuse pour le tourisme; **after lunch is my ~ period** après le déjeuner, c'est mon heure creuse; **business is ~ at the moment** les affaires marchent au ralenti en ce moment. **-4.** [lax - discipline, laws, control] mou, relâché; [- parents] négligent; **they're rather ~ about discipline** ils sont plutôt laxistes. **-5.** NAUT: **~ water, ~ tide** mer *f* étale.
◇ *n* **-1.** [in rope] mou *m*; [in cable joint] jeu *m*; NAUT [in cable] battant *m*; **to take up the ~ in a rope** tendre une corde; **leave a bit of ~** laissez un peu de mou. **-2.** *fig* [in economy] secteurs *mpl* affaiblis; **to take up the ~ in the economy** relancer les secteurs faibles de l'économie. **-3.** [still water] eau *f* morte; [tide] mer *f* étale. **-4.** [coal] poussier *m*.
◇ *vi* se laisser aller.
◆ **slack up** *inf vi insep* [slow down] se laisser aller.

slacken [ˈslækn] ◇ *vt* **-1.** [loosen - cable, rope] détendre, relâcher; [- reins] relâcher; [- grip, hold] desserrer. **-2.** [reduce - pressure, speed] réduire, diminuer; [- pace] ralentir; **the train ~ed speed** le train a ralenti.
◇ *vi* **-1.** [rope, cable] se relâcher; [grip, hold] se desserrer. **-2.** [lessen - speed, demand, interest] diminuer; [- business] ralentir; [- wind] diminuer de force; [- standards] baisser.
◆ **slacken off** ◇ *vt sep* **-1.** [rope] relâcher, donner du mou à. **-2.** [speed, pressure] diminuer; [efforts] relâcher.
◇ *vi insep* **-1.** [rope] se relâcher. **-2.** [speed, demand] diminuer.
◆ **slacken up** *vi insep* [speed] diminuer; [person] se relâcher.

slackening [ˈslæknɪŋ] *n* [in speed] diminution *f*, réduction *f*; [in interest] diminution *f*; [in demand] affaiblissement *m*; [in knot] desserrement *m*; [in rope] relâchement *m*; [in standards] abaissement *m*; **a ~ of speed** un ralentissement.

slacker *inf* [ˈslækəʳ] *n* fainéant *m*, -e *f*; **she's no ~** elle n'est pas fainéante.

slackly [ˈslæklɪ] *adv* [work] négligemment, sans soin; [hang] mollement.

slackness [ˈslæknɪs] *n* **-1.** [in rope] mou *m*. **-2.** [in business] ralentissement *m*. **-3.** [negligence] négligence *f*, paresse *f*.

slacks [slæks] *npl*: **(a pair of) ~** un pantalon.

slag [slæg] (*pt* & *pp* **slagged**, *cont* **slagging**) *n* **-1.** *(U)* [waste - from mine] stériles *mpl*; [- from foundry] scories *fpl*, crasses *fpl*; [- from volcano] scories *fpl* volcaniques. **-2.** ▽ *Br pej* [woman] garce *f*, salope *f*.
◆ **slag off** *inf vt sep Br* dénigrer, débiner.

slag heap *n* terril *m*, crassier *m*.

slain [sleɪn] ◇ *pp* → **slay**.
◇ *npl lit*: **the ~** les soldats tombés au champ d'honneur.

slake [sleɪk] *vt* **-1.** *lit* [thirst] étancher; [desire] assouvir. **-2.** CHEM éteindre.

slaked lime [sleɪkt-] *n* chaux *f* éteinte.

slalom [ˈslɑːləm] ◇ *n* [gen & SPORT] slalom *m*.
◇ *vi* slalomer, faire du slalom.

slam [slæm] (*pt* & *pp* **slammed**, *cont* **slamming**) ◇ *vt* **-1.** [close - window, door] claquer; [- drawer] fermer violemment; **to ~ the door shut** claquer la porte; **I tried to explain but she slammed the door in my face** j'ai essayé de lui expliquer mais elle m'a claqué la porte au nez ‖ [bang]: **he slammed the books on the desk** il a posé bruyamment les livres sur le bureau; **he slammed the ball into the net** il a envoyé le ballon dans le filet d'un grand coup de pied. **-2.** *inf* [defeat] écraser; **our team got slammed** notre équipe a été battue à plate couture. **-3.** *inf* [criticize] descendre; **her latest novel was slammed by the critics** son dernier roman à été descendu par les critiques.
◇ *vi* [door, window] claquer; **the door slammed shut** la porte a claqué.
◇ *n* **-1.** [of door, window] claquement *m*; **the door swung shut with a ~** la porte s'est refermée en claquant; **give the door a good ~** claque la porte un bon coup; **I heard a loud ~** j'ai entendu un grand claquement. **-2.** CARDS chelem *m*.
◆ **slam down** *vt sep* [lid] refermer en claquant; [books, keys] poser bruyamment; **she slammed the money down on the table** elle a jeté l'argent sur la table.
◆ **slam on** *vt sep*: **to ~ on the brakes** freiner brutalement; **he slammed on a hat and stormed out** il enfonça un chapeau sur sa tête et sortit comme un ouragan.
◆ **slam to** *vi sep* refermer en claquant; **she slammed the gate to** elle a refermé la porte en la claquant.

slam-bang *inf adv Am* **-1.** [directly]: **she ran ~ into me** elle m'est rentrée (en plein) dedans. **-2.** [recklessly] sans faire attention, n'importe comment.

slammer▽ [ˈslæməʳ] *n* [jail] tôle *f*.

slander [ˈslɑːndəʳ] ◇ *vt* [gen] calomnier, dire du mal de; JUR diffamer.
◇ *n* [gen] calomnie *f*; JUR diffamation *f*.

slanderer [ˈslɑːndərəʳ] *n* [gen] calomniateur *m*, -trice *f*; JUR diffamateur *m*, -trice *f*.

slanderous [ˈslɑːndrəs] *adj* [gen] calomniateur; JUR diffamatoire; **~ gossip** calomnies *fpl*.

slanderously [ˈslɑːndrəslɪ] *adv* [gen] calomnieusement; JUR de façon diffamatoire.

slang [slæŋ] ◇ *n* [gen & LING] argot *m*; **he uses a lot of ~** il emploie beaucoup de mots d'argot; **prison ~** argot carcéral OR de prison.
◇ *adj* argotique, d'argot.
◇ *vt inf Br* traiter de tous les noms; **they started ~ing each other in the street** ils commencèrent à se traiter de tous les noms dans la rue.

slanging match *inf* [ˈslæŋɪŋ-] *n Br* échange *m* d'insultes; **to have a ~ with sb** échanger des insultes avec qqn.

slangy ['slæŋɪ] (*compar* slangier, *superl* slangiest) *adj* argotique.

slant [slɑːnt] ◇ *n* -**1.** [line] ligne *f* oblique; [slope] inclinaison *f*; **the table has a ~** OR **is on a ~** la table penche OR n'est pas d'aplomb. -**2.** [point of view] perspective *f*, point *m* de vue; **his articles usually have an anti-government ~** il a tendance à critiquer le gouvernement dans ses articles; **the book gives a different ~ on the whole business** le livre offre un point de vue différent sur toute cette affaire OR présente toute l'affaire sous un jour différent.

◇ *vt* -**1.** [news, evidence] présenter avec parti pris OR de manière peu objective. -**2.** [line, perspective] incliner, faire pencher.

◇ *vi* [line, handwriting] pencher; [ray of light] passer obliquement.

slant-eyed *adj* aux yeux bridés, qui a les yeux bridés.

slanting ['slɑːntɪŋ] *adj* [floor, table] en pente, incliné; [writing] penché; [line] oblique, penché.

slantwise ['slɑːntwaɪz] *adv* [hang, fall] en oblique, obliquement; [write] d'une écriture penchée.

slap [slæp] (*pt* & *pp* slapped, *cont* slapping) ◇ *vt* -**1.** [hit] donner une claque à; **she slapped his face, she slapped him across the face** elle l'a giflé, elle lui a donné une gifle; **to ~ sb on the back** [for hiccups, in greeting] donner à qqn une tape dans le dos; [in praise] féliciter qqn en lui donnant une tape dans le dos ❑ **to ~ sb's wrist** OR **wrists, to ~ sb on the wrist** OR **wrists** taper sur les doigts de qqn. -**2.** [put]: **just ~ some paint over it** passe un coup de pinceau dessus; **~ some Sellotape across it** mets juste un bout de Scotch dessus.

◇ *vi*: **the waves slapped against the harbour wall** les vagues battaient contre la digue; **the flag was slapping against the mast** le drapeau claquait contre le mât.

◇ *n* -**1.** [smack] claque *f*; [on face] gifle *f*; [on back] tape *f* dans le dos; [on wrist] tape *f*; **they gave him a ~ on the back** [in praise] ils lui ont donné une tape dans le dos pour le féliciter ❑ **I got a ~ in the face** *literal* j'ai reçu une gifle; **it was a real ~ in the face** *fig* ça m'a fait l'effet d'une gifle; **I got away with just a ~ on the wrist** j'en ai été quitte pour une tape sur les doigts. -**2.** [noise]: **the ~ of bare feet on the floor** le bruit de pieds nus sur le plancher; **the ~ of the waves against the side of the boat** le clapotis des vagues contre la coque.

◇ *adv* *inf* en plein; **she rode ~ into me** elle m'est rentrée en plein dedans; **I ran ~ into a tree** je suis rentré en plein OR tout droit dans un arbre; **~ in the middle of the meeting** en plein OR au beau milieu de la réunion.

◆ **slap down** *vt sep* -**1.** [book, money] poser avec violence; **she slapped £1,000 down on the table** elle a jeté 1 000 livres sur la table. -**2.** *inf* [suggestion] rejeter; [person] rembarrer, envoyer promener OR paître.

◆ **slap on** *vt sep* -**1.** [paint] appliquer n'importe comment OR à la va-vite; [jam, butter] étaler généreusement; **~ some paint on the door** donne un coup de pinceau sur la porte; **the whitewash only needs to be slapped on** le blanc de chaux n'a pas besoin d'être étalé soigneusement; **hang on, I'll just ~ some make-up on** attends, je vais juste me maquiller vite fait. -**2.** [tax, increase]: **they slapped on a 3% surcharge** ils ont mis une surtaxe de 3 %; **10% was slapped on the price** ils ont augmenté le prix de 10 %.

slap and tickle *inf n Br* pelotage *m*; **a bit of ~** une partie de pelotage.

slap-bang *inf adv* en plein, tout droit; **she went ~(-wallop) into a tree** elle est rentrée en plein OR tout droit dans un arbre; **he walked ~ into his boss** *fig* il s'est trouvé nez à nez avec son patron.

slapdash ['slæpdæʃ] ◇ *adv* à la va-vite, sans soin, n'importe comment.

◇ *adj* [work] fait n'importe comment OR à la va-vite; [person] négligent; **he's very ~ in everything he does** il fait tout un peu n'importe comment OR à la va-vite.

slaphappy *inf* ['slæp,hæpɪ] *adj* relax.

slapjack ['slæpdʒæk] *n Am* CULIN crêpe *f*.

slapstick ['slæpstɪk] ◇ *n* grosse farce *f*, bouffonnerie *f*.

◇ *adj* [humour] bouffon; **~ comedy** comédie *f* bouffonne.

slap-up *inf adj Br*: **a ~ meal** un repas de derrière les fagots; **he invited me out for a ~ lunch** il m'a invité à déjeuner dans un restaurant chic.

slash [slæʃ] ◇ *vt* -**1.** [cut - gen] taillader; [- face] balafrer; **he ~ed my arm with a knife** il m'a tailladé le bras avec un couteau; **the bus seats had been ~ed by vandals** les sièges du bus avaient été lacérés par des vandales; **he ~ed his way through the jungle** il s'est taillé OR frayé un chemin à travers la jungle à coups de couteau. -**2.** [hit - with whip] frapper, cingler; [- with stick] battre; **the rider ~ed the horse with his whip** le cavalier frappait OR cinglait le cheval de son fouet; **she ~ed the bushes with a stick** elle donnait des coups de bâton dans les buissons. -**3.** *Am* [verbally] critiquer violemment; **she ~ed the government in her speech** elle a violemment critiqué le gouvernement dans son discours. -**4.** [prices] casser; [cost, taxes] réduire considérablement; **'prices ~ed!'** 'prix cassés!'; **prices have been ~ed by 40%** les prix ont été réduits de 40 %. -**5.** SEW: **a green jacket ~ed with blue** une veste verte avec des crevés laissant apercevoir du bleu.

◇ *vi*: **to ~ at sb with a knife/stick** donner des coups de couteau/de bâton en direction de qqn; **he ~ed at the bushes with a stick** il donna des coups de bâton dans les buissons.

◇ *n* -**1.** [with knife] coup *m* de couteau; [with sword] coup *m* d'épée; [with whip] coup *m* de fouet; [with stick] coup *m* de bâton. -**2.** [cut] entaille *f*; [on face] balafre *f*. -**3.** SEW crevé *m*. -**4.** TYPO (barre *f*) oblique *f*. -**5.** *Br phr*: **to have a ~**▽ pisser un coup.

slash-and-burn *adj* par abattage et brûlage des arbres.

slashing ['slæʃɪŋ] *adj* [attack] cinglant.

slat [slæt] *n* [in blinds, louvre] lamelle *f*; [wooden] latte *f*; AERON aileron *m*.

slate [sleɪt] ◇ *n* -**1.** CONSTR & SCH ardoise *f*; **put it on the ~** *inf Br fig* mettez-le sur mon compte. -**2.** *Am* POL liste *f* provisoire de candidats; **the Republicans have a full ~** les Républicains présentent des candidats dans toutes les circonscriptions.

◇ *vt* -**1.** [cover - roof] couvrir d'ardoises. -**2.** *Am* POL proposer *(un candidat)*; **Magee is ~d for President** Magee a été choisi comme candidat aux élections présidentielles. -**3.** *Am* [destine]: **she was ~d for a gold medal/for victory** elle devait remporter une médaille d'or/la victoire ‖ [expect] prévoir; **we're slating a full house** nous comptons faire salle comble. -**4.** *inf Br* [criticize - film, actor] descendre; **his latest novel was ~d by the critics** les critiques ont descendu son dernier roman.

◇ *comp* [mine] d'ardoise; [roof] en ardoise OR ardoises, d'ardoise; [industry] ardoisier; **~ quarry** carrière *f* d'ardoise, ardoisière *f*.

slate blue *n* bleu ardoise *m inv*.

◆ **slate-blue** *adj* bleu ardoise *(inv)*.

slate-coloured *adj* ardoise *(inv)*.

slate-grey *adj* gris ardoise *(inv)*.

slate quarry *n* carrière *f* d'ardoise, ardoisière *f*.

slater ['sleɪtəʳ] *n* -**1.** [roofer] couvreur *m*. -**2.** *Ir, Scot, Austr* & *NZ* [woodlouse] cloporte *m*.

slather ['slæðəʳ] ◇ *n* *inf Br*: **~s of cream** des masses OR des tonnes de crème.

◇ *vt* ▽*Am* -**1.** [waste] gaspiller. -**2.** [butter] étaler généreusement.

slating ['sleɪtɪŋ] *n* -**1.** *(U)* CONSTR [of roof] couverture *f*; [material] ardoises *fpl*. -**2.** *inf Br phr*: **to get a ~** [criticism] se faire descendre *(par la critique)*; [scolding] se faire enguirlander.

slatted ['slætɪd] *adj* à lattes.

slattern ['slætən] *n* souillon *f*.

slaty ['sleɪtɪ] *adj* [in colour] ardoise *(inv)*; [in appearance, texture] qui ressemble à l'ardoise.

slaughter ['slɔːtəʳ] ◇ *vt* -**1.** [kill - animal] abattre, tuer; [- people] massacrer, tuer (sauvagement). -**2.** *inf fig* [defeat - team, opponent] massacrer.

◇ *n* [of animal] abattage *m*; [of people] massacre *m*, tuerie *f*.

slaughterer ['slɔːtərəʳ] *n* [in abattoir] tueur *m* *(dans un abattoir)*; [murderer] meurtrier *m*, -ère *f*; [in massacre] massacreur *m*, -euse *f*.

slaughterhouse ['slɔːtəhaʊs, *pl* -haʊzɪz] *n* abattoir *m*.

Slav [slɑːv] ◇ *adj* slave.

◇ *n* Slave *mf*.

slave [sleɪv] ◇ *n literal* & *fig* esclave *mf*; **to be a ~ to fashion/habit** être esclave de la mode/de ses habitudes; **he's a ~ to drink** il est prisonnier de l'alcool.

◇ *vi* travailler comme un esclave OR un forçat, trimer; **I've been slaving over a hot stove all morning** j'ai travaillé comme un forçat à la cuisine toute la matinée; **he ~d over his books all day long** il était plongé dans ses livres à longueur de journée; **they ~d (away) to get their house finished in time** ils ont travaillé comme des forçats pour terminer leur maison à temps.

slave cylinder *n* cylindre *m* récepteur.

slave driver *n literal* meneur *m* d'esclaves; *fig* négrier *m*.

slaveholder ['sleɪv,həʊldəʳ] *n* propriétaire *mf* d'esclaves.

slave labour *n* [work] travail *m* fait par des esclaves; **the Great Wall was built by ~** la grande Muraille a été construite par des esclaves ‖ *fig* travail *m* de forçat; **I'm not working there any more, it's ~** je ne travaillerai plus pour eux, c'est le OR un vrai bagne.

slaver¹ ['sleɪvəʳ] *n* -**1.** [trader] marchand *m* d'esclaves. -**2.** [ship] (vaisseau *m*) négrier *m*.

slaver² ['slævəʳ] ◇ *vi* [dribble] baver; **the dog was ~ing at the mouth** le chien bavait.

◇ *n* [saliva] bave *f*.

◆ **slaver over** *vt insep* [person] s'extasier devant; [possession] convoiter; [event] se délecter de.

slavery ['sleɪvərɪ] *n* esclavage *m*; **to be sold into ~** être vendu comme esclave.

slave ship *n* négrier *m (bateau)*.

slave state *n Am* HIST État *m* esclavagiste.

slave trade *n* commerce *m* des esclaves; [of Africans] traite *f* des Noirs.

slave trader *n* marchand *m* d'esclaves, négrier *m*.

slavey *inf* ['sleɪvɪ] *n Br* boniche *f*.

Slavic ['slɑːvɪk] = **Slavonic**.

slavish ['sleɪvɪʃ] *adj* [mentality, habits] d'esclave; [devotion] servile; [imitation] sans aucune originalité, servile.

slavishly ['sleɪvɪʃlɪ] *adv* [work] comme un forçat; [copy, worship] servilement.

Slavonic [slə'vɒnɪk] ◇ *n* LING slave *m*; HIST slavon *m*.

◇ *adj* slave.

slaw [slɔː] *n Am* salade *f* de chou cru.

slay [sleɪ] (*pt* slew [sluː], *pp* slain [sleɪn]) *vt* -**1.** [kill] tuer. -**2.** *inf Br* [impress] impressionner. -**3.** *inf Br* [amuse] faire crever de rire.

slayer ['sleɪəʳ] *n lit* tueur *m*, -euse *f*.

sleaze *inf* [sliːz] *n* [squalidness] aspect *m* miteux, caractère *m* sordide; [pornography] porno *m*.

sleazy *inf* ['sliːzɪ] (*compar* sleazier, *superl* sleaziest) *adj* [squalid] miteux, sordide; [disreputable] mal famé; **a ~ bar** un bar miteux OR mal famé.

sled [sled] ◇ *n Br* = **sledge 1, 2**; *Am* = **sledge 1**.

◇ *vi Br* = **sledge 1, 2**; *Am* = **sledge 1**.

◇ *vt Am* transporter en luge.

sledge [sledʒ] ◇ *n* -**1.** [for fun or sport] luge *f*. -**2.** [pulled by animals] traîneau *m*.

◇ *vi* -**1.** *Br* [for fun or sport] faire de la luge; **to go sledging** faire de la luge; **children were sledging down the slope** des enfants descen-

daient la pente sur une OR en luge. -**2.** [pulled by animals] faire du traîneau.
◇ *vt Am* transporter en traîneau.

sledgehammer ['sledʒ,hæmə^r] *n* masse *f (outil)*; a ~ blow *fig* un coup très violent.

sleek [sliːk] *adj* -**1.** [fur, hair] luisant, lustré, lisse; [feathers] brillant, luisant; [bird] aux plumes luisantes; [cat] au poil soyeux OR brillant. -**2.** [person - in appearance] soigné, tiré à quatre épingles; [- in manner] onctueux, doucereux. -**3.** [vehicle, plane] aux lignes pures; the car has very ~ lines cette voiture a une très belle ligne.
◆ **sleek back, sleek down** *vt sep*: to ~ one's hair back OR down se lisser les cheveux.

sleekly ['sliːklɪ] *adv* -**1.** [glossily]: its fur shone ~ il avait le poil luisant. -**2.** [elegantly - dress] élégamment, avec chic. -**3.** [unctuously - behave] onctueusement, doucereusement.

sleekness ['sliːknɪs] *n* -**1.** [of fur, hair] brillant *m*, luisant *m*. -**2.** [of person - in appearance] chic *m*, élégance *f*; [- in manner] onctuosité *f*. -**3.** [of vehicle, plane] pureté *f* de lignes, ligne *f* aérodynamique.

sleep [sliːp] *(pt & pp* slept [slept]) ◇ *vi* -**1.** [rest] dormir; ~ well OR tight! bonne nuit!; did you ~ well? avez-vous bien dormi?; to ~ soundly dormir profondément OR à poings fermés; to ~ rough coucher sur la dure; I'm not ~ing well at the moment je ne dors pas bien en ce moment; she slept through the storm la tempête ne l'a pas réveillée ‖ [spend night] coucher, passer la nuit; can I ~ at your place? est-ce que je peux coucher OR dormir chez vous?; you can ~ on the sofa tu peux dormir OR coucher sur le canapé; where did you ~ last night? où est-ce que tu as passé la nuit? ❑ to ~ like a log dormir comme une souche OR comme un loir OR du sommeil du juste; 'The Sleeping Beauty' *Perrault, Tchaikovsky* 'la Belle au bois dormant'. -**2.** [daydream] rêvasser, rêver; Walsh is ~ing at the back of the class as usual Walsh rêvasse au fond de la classe, comme d'habitude. -**3.** *euph & lit* [be dead] dormir du dernier sommeil.
◇ *vt* -**1.** [accommodate]: the sofa bed ~s two deux personnes peuvent coucher dans le canapé-lit; the house ~s four on peut loger quatre personnes dans cette maison. -**2.** *phr*: I didn't ~ a wink all night je n'ai pas fermé l'œil de la nuit.
◇ *n* -**1.** [rest] sommeil *m*; to turn over in one's ~ se retourner dans son sommeil; to talk in one's ~ parler en dormant OR dans son sommeil; to walk in one's ~ être somnambule; to be in a deep ~ dormir profondément; to have a good ~ bien dormir; I only had two hours' ~ je n'ai dormi que deux heures; you need (to get) a good night's ~ il te faut une bonne nuit de sommeil; I couldn't get to ~ je n'arrivais pas à m'endormir; to go to ~ s'endormir; my legs have gone to ~ *fig* [numb] j'ai les jambes engourdies; [tingling] j'ai des fourmis dans les jambes; you're not going to lose ~ over it! tu ne vas pas en perdre le sommeil!; to put to ~ [patient] endormir; [horse, dog] *euph* piquer; the horse had to be put to ~ on a dû faire piquer le cheval; I was put to ~ before the operation on m'a endormi avant l'opération; to send sb to ~ *literal* endormir qqn; *fig* [bore] endormir qqn, assommer qqn. -**2.** *Br* [nap]: the children usually have a ~ in the afternoon en général les enfants font la sieste l'après-midi; I could do with a ~ je ferais bien un petit somme. -**3.** [substance in eyes] chassie *f*; to rub the ~ out of one's eyes se frotter les yeux *(au réveil)*. -**4.** *lit* [death] la mort.
◆ **sleep around** *inf vi insep* coucher à droite et à gauche.
◆ **sleep away** *vt sep*: he slept the night away il a dormi toute la nuit; he ~s the day away il passe toute la journée à dormir.
◆ **sleep in** *vi insep* -**1.** [lie in - voluntarily] faire la grasse matinée; [- involuntarily] se lever en retard. -**2.** [sleep at home] coucher à la maison; [staff] être logé sur place.
◆ **sleep off** *vt sep* [hangover, fatigue] dormir pour faire passer; he's ~ing off the effects of the journey il dort pour se remettre de la fatigue du voyage; he's ~ing it off *inf* il cuve son vin.
◆ **sleep on** ◇ *vi insep* continuer à dormir; let her ~ on a bit laisse-la dormir encore un peu; she slept on until lunchtime elle a dormi jusqu'à l'heure du déjeuner.
◇ *vt insep phr*: ~ on it la nuit porte conseil *prov*.
◆ **sleep out** *vi insep* [away from home] découcher; [in the open air] coucher à la belle étoile; [in tent] coucher sous la tente; some of the nurses ~ out les infirmières ne sont pas toutes logées sur place.
◆ **sleep through** ◇ *vi insep*: he slept through till five o'clock il a dormi jusqu'à cinq heures.
◇ *vt insep*: I slept through the last act j'ai dormi pendant tout le dernier acte; she slept through her alarm elle n'a pas entendu son réveil; they slept through my speech ils ont dormi pendant mon discours.
◆ **sleep together** *vi insep euph* coucher ensemble.
◆ **sleep with** *vt insep euph* coucher avec.

sleeper ['sliːpə^r] *n* -**1.** [sleeping person] dormeur *m*, -euse *f*; to be a light/heavy ~ avoir le sommeil léger/lourd. -**2.** [train] train-couchettes *m*; [sleeping car] wagon-lit *m*, voiture-lit *f*; [berth] couchette *f*; I took the ~ to Rome je suis allé à Rome en train-couchettes. -**3.** RAIL *Br* [track support] traverse *f*. -**4.** [spy] agent *m* dormant. -**5.** *Br* [earring] clou *m*. -**6.** *inf* [unexpected success] révélation *f*.

sleepily ['sliːpɪlɪ] *adv* [look] d'un air endormi; [speak] d'un ton endormi; she wandered ~ into the kitchen elle est arrivée à moitié endormie dans la cuisine.

sleepiness ['sliːpɪnɪs] *n* [of person] envie *f* de dormir; [of town] torpeur *f*.

sleeping ['sliːpɪŋ] *adj* qui dort, endormi; let ~ dogs lie *prov* ne réveillez pas le chat qui dort *prov*.

sleeping bag *n* sac *m* de couchage.

sleeping berth *n* RAIL & NAUT couchette *f*.

sleeping car *n* wagon-lit *m*.

sleeping draught *n Br* soporifique *m*.

sleeping partner *n Br* COMM (associé *m*) commanditaire *m*, bailleur *m* de fonds.

sleeping pill *n* somnifère *m*.

sleeping policeman *n Br* casse-vitesse *m inv*, ralentisseur *m*.

sleeping quarters *npl* chambres *fpl* à coucher; MIL chambrées *fpl*; SCH dortoir *m*.

sleeping sickness *n* maladie *f* du sommeil.

sleeping tablet = **sleeping pill**.

sleep-learning *n* apprentissage *m* en dormant, hypnopédie *f*.

sleepless ['sliːplɪs] *adj* -**1.** [without sleep] sans sommeil; I had OR spent a ~ night j'ai passé une nuit blanche, je n'ai pas fermé l'œil de la nuit. -**2.** *lit* [person] qui ne peut trouver le sommeil.

sleeplessly ['sliːplɪslɪ] *adv* sans pouvoir dormir.

sleeplessness ['sliːplɪsnɪs] *n (U)* insomnie *f*, insomnies *fpl*.

sleepwalk ['sliːpwɔːk] *vi*: he was ~ing last night il a eu une crise de somnambulisme hier soir.

sleepwalker ['sliːp,wɔːkə^r] *n* somnambule *mf*.

sleepwalking ['sliːp,wɔːkɪŋ] *n* somnambulisme *m*.

sleepwear ['sliːpweə^r] *n (U)* vêtements *mpl* de nuit.

sleepy ['sliːpɪ] *(compar* sleepier, *superl* sleepiest) *adj* -**1.** [person] qui a envie de dormir, somnolent; I'm OR I feel ~ j'ai sommeil, j'ai envie de dormir. -**2.** [town] plongé dans la torpeur.

sleepyhead *inf* ['sliːpɪhed] *n*: come on, ~, it's time for bed! allez, va au lit, tu dors debout!

sleet [sliːt] ◇ *n* neige *f* fondue *(tombant du ciel)*.
◇ *vi*: it's ~ing il tombe de la neige fondue.

sleeve [sliːv] *n* -**1.** [on garment] manche *f*; to have OR to keep something up one's ~ avoir plus d'un tour dans son sac; I wonder what else she's got up her ~ je me demande ce qu'elle nous réserve encore comme surprise; I've still got a few ideas up my ~ j'ai encore quelques idées en réserve. -**2.** TECH [tube] manchon *m*; [lining] chemise *f*. -**3.** *Br* [for record] pochette *f*.

sleeve board *n* jeannette *f*.

-sleeved [sliːvd] *in cpds* à manches...; short~ à manches courtes.

sleeveless ['sliːvlɪs] *adj* sans manches.

sleeve notes *npl Br texte figurant au dos des pochettes de disques.*

sleeving ['sliːvɪŋ] *n Br* ELEC gaine *f* isolante.

sleigh [sleɪ] ◇ *n* traîneau *m*; ~ ride promenade *f* en traîneau.
◇ *vi* se promener en traîneau, aller en traîneau.

sleigh bell *n* grelot *m* (de traîneau).

sleight of hand [slaɪt-] *n* [skill] dextérité *f*; [trick] tour *m* de passe-passe; by ~ par un tour de passe-passe.

slender ['slendə^r] *adj* -**1.** [slim, narrow - figure] mince, svelte; [- fingers, neck, stem] fin; Peter is tall and ~ Peter est grand et élancé; [- margin, beam] étroit. -**2.** [limited - resources] faible, maigre, limité; [- majority] étroit, faible; [- hope, chance] maigre, faible; [- knowledge] faible, limité; he's a person of ~ means *euph* il ne roule pas sur l'or.

slenderize *inf* ['slendəraɪz] *Am* ◇ *vi* maigrir, mincir.
◇ *vt* mincir, amincir.

slenderizing *inf* ['slendəraɪzɪŋ] *Am* ◇ *n* amaigrissement *m*.
◇ *adj* [diet] amaigrissant; [cream, product] amincissant; [exercises] pour maigrir; [lunch] qui ne fait pas grossir.

slenderly ['slendəlɪ] *adv*: ~ built svelte, mince.

slenderness ['slendənɪs] *n* -**1.** [of figure] minceur *f*, sveltesse *f*; [of neck, fingers] finesse *f*. -**2.** [of resources] insuffisance *f*; [of hope, majority] faiblesse *f*.

slept [slept] *pt & pp* → **sleep**.

sleuth *inf* [sluːθ] *hum* ◇ *n* (fin) limier *m*, détective *m*.
◇ *vi* enquêter.
◇ *vt* enquêter sur.

sleuthhound ['sluːθhaʊnd] *n* -**1.** *inf* = **sleuth**. -**2.** [dog] limier *m (chien)*.

sleuthing *inf* ['sluːθɪŋ] *n hum* travail *m* de détective; I decided to do a bit of ~ of my own j'ai décidé de mener ma propre petite enquête.

slew [sluː] ◇ *pt* → **slay**.
◇ *vi* -**1.** [pivot - person] pivoter, se retourner; he ~ed round in his chair il a pivoté sur sa chaise. -**2.** [vehicle - skid] déraper; [- swerve] faire une embardée; [- turn] virer; the car ~ed into the ditch la voiture a dérapé et a fini dans le fossé.
◇ *vt* -**1.** [turn, twist] faire tourner OR pivoter; NAUT [mast] virer, dévirer. -**2.** [vehicle] faire déraper; he ~ed the car around il a fait un tête-à-queue.
◇ *n inf*: a ~ of, ~s of un tas de; a whole ~ of photographers un tas de photographes; ~s of people des OR un tas de gens.

slewed *inf* [sluːd] *adj Br* rond, ivre; to get ~ prendre une cuite.

slice [slaɪs] ◇ *n* -**1.** [of bread, meat, cheese] tranche *f*; [of pizza] part *f*; [round] rondelle *f*, tranche *f*. -**2.** *fig* [share, percentage] part *f*, partie *f*; a large ~ of my income goes on rent une bonne partie de mes revenus est absorbée par le loyer; employees receive a ~ of the profits les employés reçoivent une part des bénéfices; they were all very keen to get a ~ of the action *inf* tout le monde voulait participer. -**3.** [utensil] pelle *f*, spatule *f*; cake ~ pelle *f* à gâteau. -**4.** SPORT slice *m*; to give a ball a ~ slicer une balle; she puts a lot of ~ in her serve elle slice beaucoup ses balles au service.
◇ *vt* -**1.** [cut into pieces - cake, bread] couper (en tranches); [- sausage, banana] couper (en rondelles); any way you ~ it *inf Am* il n'y a pas à tortiller. -**2.** [cut] couper, trancher. -**3.** SPORT couper, slicer.

◇ *vi* [knife] couper; [bread] se couper; this bread doesn't ~ very easily ce pain n'est pas très facile à couper.

◆ **slice away** *vt sep* [branch] couper (avec une machette).

◆ **slice off** *vt sep* [branch] couper; his finger was ~d off il a eu le doigt coupé; ~ me off some ham/cheese coupe-moi une tranche de jambon/fromage.

◆ **slice through** *vt insep* -**1.** [cut - rope, cable] couper (net), trancher; she just ~d straight through all the red tape *fig* elle a réussi à éviter toute la paperasserie. -**2.** [go, move] traverser (rapidement), fendre; the boat ~d through the water le bateau fendait l'eau; the arrow ~d through the air la flèche fendit l'air.

◆ **slice up** *vt sep* [loaf, cake] couper (en tranches); [banana] couper (en rondelles).

sliced bread [slaɪst-] *n* pain *m* (coupé) en tranches; it's the best thing since ~ *inf* on n'a rien fait de mieux depuis le fil à couper le beurre.

slice of life *n* THEAT tranche *f* de vie; [novel] description *f* réaliste.

slicer ['slaɪsər] *n* [gen] machine *f* à trancher; [for bread] machine *f* à couper le pain; [for meat] machine *f* à couper la viande; [for salami, ham] coupe-jambon *m inv*.

slick [slɪk] ◇ *adj* -**1.** *pej* [glib] qui a du bagout; [in speech] enjôleur; [in manner] doucereux; [in content] superficiel; she always has a ~ excuse elle a toujours une bonne excuse; he always has a ~ answer il a toujours réponse à tout; the explanation was rather too ~ l'explication était trop bonne (pour être vraie). -**2.** [smoothly efficient] habile; she made a ~ gear change elle effectua un changement de vitesse en souplesse; a ~ campaign une campagne astucieuse; a ~ sale une vente rondement menée; a ~ take-over un rachat rondement mené. -**3.** [style, magazine] beau. -**4.** [smart, chic] chic, tiré à quatre épingles; you're looking very ~ tu fais très chic. -**5.** [hair] lisse, lissé, luisant; [road surface] glissant, gras; [tyre] lisse. -**6.** *Am* [slippery] glissant; [greasy] gras; the road was ~ with ice/mud le verglas/la boue avait rendu la chaussée glissante. -**7.** *Am* [cunning] malin, rusé.

◇ *n* -**1.** [oil spill]: (oil) ~ [on sea] nappe *f* de pétrole; [on beach] marée *f* noire. -**2.** [tyre] pneu *m* lisse. -**3.** *Am* [glossy magazine] *magazine en papier glacé contenant surtout des articles et des photos sur la vie privée des stars.*

◆ **slick back, slick down** *vt sep*: to ~ one's hair back OR down se lisser les cheveux.

◆ **slick up** *vt sep Am* [appearance] mettre en valeur; [house, room] astiquer, faire reluire; to ~ o.s. up se pomponner.

slicker ['slɪkər] *n* -**1.** *inf* [sly person] combinard *m*, -e *f*. -**2.** *Am* [raincoat] imperméable *m*, ciré *m*.

slickly ['slɪklɪ] *adv* [answer] habilement; [perform] brillamment; his hair shone ~ il avait les cheveux luisants; the deal went through ~ enough l'affaire fut assez rondement menée.

slickness ['slɪknɪs] *n* -**1.** [of hair] brillant *m*, luisant *m*. -**2.** *pej* [in speech] bagout *m*; [in manner] caractère *m* doucereux; [in style] brillance *f* (apparente). -**3.** [of deal, sale] rapidité *f*, efficacité *f*.

slide [slaɪd] (*pt* & *pp* **slid** [slɪd]) ◇ *vi* -**1.** [on ice, slippery surface] glisser; he slid on the ice il a glissé sur la glace; he slid down the bannisters il a descendu l'escalier en glissant sur la rampe; tears slid down her face des larmes roulèrent sur son visage. -**2.** [move quietly]: the car slid away into the dark la voiture s'enfonça dans l'obscurité; she slid into/out of the room elle s'est glissée dans la pièce/hors de la pièce; the door slid open/shut la porte s'est ouverte/fermée en glissant; her eyes slid over the familiar objects in the room elle promena son regard sur les objets familiers de la pièce. -**3.** [go gradually] glisser; the sheet music slid (down) behind the piano la partition a glissé derrière le piano; she slid slowly into debt elle a fini par s'endetter; he's sliding into bad habits il est en train de prendre de mauvaises habitudes; to let things ~ laisser les choses aller à la dérive. -**4.** [prices, value] baisser.

◇ *vt* faire glisser, glisser; I slid the book into my pocket j'ai glissé le livre dans ma poche; he slid the door open/shut il a ouvert/fermé la porte en la faisant coulisser; ~ the lid into place faites glisser le couvercle à sa place; she slid the money across the table elle fit glisser l'argent sur la table.

◇ *n* -**1.** [in playground] toboggan *m*; [on ice, snow] glissoire *f*; [for logs] glissoire *f*. -**2.** [act of sliding] glissade *f*; to go into a ~ faire une glissade. -**3.** [fall - in prices] baisse *f*; the stock exchange is on a downward ~ la Bourse est en baisse; the ~ in standards la dégradation des valeurs. -**4.** PHOT diapositive *f*, diapo *f*; [for microscope] porte-objet *m*; I illustrated my lecture with ~s j'ai illustré mon cours avec des diapositives. -**5.** *Br* [in hair] barrette *f*. -**6.** [runner - in machine, trombone] coulisse *f*. -**7.** MUS coulé *m*.

◆ **slide off** *vi insep* -**1.** [lid] s'enlever en glissant; this part ~s off easily il suffit de faire coulisser cette pièce pour l'enlever. -**2.** [fall] glisser; the book keeps sliding off le livre n'arrête pas de glisser. -**3.** [go away - visitor] s'en aller discrètement, s'éclipser; where are you sliding off to? où est-ce que tu te sauves comme ça?; she slid off to the bar in the interval elle s'est éclipsée à l'entracte pour aller au bar.

◆ **slide over** ◇ *vt insep* [evade - issue] éviter de parler de, esquiver.

◇ *vi insep* se glisser; she slid over to me in the interval elle m'a rejoint pendant l'entracte; ~ over and let me drive pousse-toi et laisse-moi le volant.

slide fastener *n Am* fermeture *f* à glissière, fermeture *f* Éclair®.

slide guitar *n* slide guitar *f*.

slide projector *n* projecteur *m* de diapositives.

slide rule *n* règle *f* à calcul.

slide show *n* diaporama *m*.

slide valve *n* (soupape *f* à) clapet *m*.

sliding ['slaɪdɪŋ] ◇ *adj* [part] qui glisse; [movement] glissant; [door] coulissant; the safe was hidden behind a ~ panel le coffre était caché derrière un panneau mobile.

◇ *n* glissement *m*.

sliding roof *n* AUT toit *m* ouvrant.

sliding scale *n* [for salaries] échelle *f* mobile; [for prices] barème *m* des prix; [for tax] barème *m* des impôts.

slight [slaɪt] ◇ *adj* -**1.** [person - slender] menu, mince; [- frail] frêle; [structure] fragile, frêle; she is of ~ build elle est fluette. -**2.** [minor, insignificant - error, increase, movement] faible, léger, petit; [- cut, graze] léger; there's a ~ drizzle/wind il y a un peu de crachin/de vent; the difference is only very ~, there's only a very ~ difference la différence est minime, il n'y a qu'une très légère différence; he has a ~ accent il a un léger accent; she has a ~ temperature elle a un peu de température; she has a ~ cold elle est un peu enrhumée; a ~ piece of work un ouvrage insignifiant || [in superl form]: it makes not the ~est bit of difference ça ne change absolument rien; I haven't the ~est idea je n'en ai pas la moindre idée; he gets angry at the ~est thing il se fâche pour un rien; they haven't the ~est chance of winning ils n'ont pas la moindre chance OR la plus petite chance de l'emporter; not in the ~est pas le moins du monde, pas du tout.

◇ *vt* [snub] manquer d'égards envers; [insult] insulter; [offend] froisser, blesser; she felt ~ed elle a été blessée OR froissée; to ~ sb's memory faire affront à la mémoire de qqn.

◇ *n* [snub, insult] manque *m* d'égards, vexation *f*, affront *m*; it's a ~ on her reputation c'est une offense à sa réputation.

slighting ['slaɪtɪŋ] *adj* offensant, désobligeant.

slightingly ['slaɪtɪŋlɪ] *adv* [behave] d'une manière désobligeante; to speak ~ of sb faire des remarques désobligeantes sur qqn.

slightly ['slaɪtlɪ] *adv* -**1.** [a little] un peu, légèrement; I know him only ~ je le connais très peu; ~ better légèrement mieux, un peu mieux; a ~ higher number un chiffre un peu plus élevé; I felt ever so ~ ridiculous *Br* je me suis senti légèrement ridicule. -**2.** [slenderly]: ~ built fluet, frêle.

slightness ['slaɪtnɪs] *n* -**1.** [of number, increase] caractère *m* insignifiant OR négligeable. -**2.** [of build] minceur *f*; [frailty] fragilité *f*.

slily ['slaɪlɪ] = **slyly**.

slim [slɪm] (*compar* **slimmer**, *superl* **slimmest**, *pt* & *pp* **slimmed**) ◇ *adj* -**1.** [person, waist, figure] mince, svelte; [wrist] mince, fin, délicat; a ~-hipped young man un jeune homme aux hanches étroites; to keep ~ rester mince. -**2.** [volume, wallet, diary] mince. -**3.** [faint, feeble - hope, chance] faible, minime; [- pretext] mince, piètre, dérisoire; they have only a ~ chance of winning the next election ils n'ont que de faibles chances de gagner les prochaines élections.

◇ *vi* [get thin] maigrir, mincir; [diet] faire OR suivre un régime.

◇ *vt* [subj: diet, exercise] faire maigrir.

◆ **slim down** ◇ *vt sep* -**1.** [subj: diet] faire maigrir; [subj: clothes] amincir. -**2.** *fig* [industry] dégraisser; [workforce] réduire; [ambitions, plans] limiter, réduire; [design, car] épurer, alléger; a slimmed-down version of the old model une version épurée de l'ancien modèle.

◇ *vi insep* -**1.** [person] maigrir, suivre un régime. -**2.** [industry] être dégraissé.

slime [slaɪm] *n* [sticky substance] substance *f* gluante OR poisseuse; [from snail] bave *f*; [mud] vase *f*.

slimline ['slɪmlaɪn] *adj* -**1.** [butter] allégé; [milk, cheese] sans matière grasse, minceur *(inv)*; [soft drink] light *(inv)*. -**2.** *fig*: clothes for the new ~ you des vêtements pour votre nouvelle silhouette allégée; the ~ version of the 1990 model la version épurée du modèle 90.

slimmer ['slɪmər] *n* personne *f* qui suit un régime (amaigrissant); good news for ~s une bonne nouvelle pour ceux qui veulent maigrir OR perdre du poids.

slimming ['slɪmɪŋ] ◇ *n* amaigrissement *m*; ~ can be bad for you les régimes amaigrissants ne sont pas toujours bons pour la santé.

◇ *adj* -**1.** [diet] amaigrissant; [cream, product] amincissant; [exercises] pour maigrir; [meal] à faible teneur en calories. -**2.** [flattering - dress, suit, colour] amincissant.

slimness ['slɪmnɪs] *n* -**1.** [of person, waist, figure] minceur *f*, sveltesse *f*; [of wrist, ankle] minceur *f*, finesse *f*, délicatesse *f*. -**2.** [weakness - of chance, hope] faiblesse *f*.

slimy ['slaɪmɪ] (*compar* **slimier**, *superl* **slimiest**) *adj* -**1.** [with mud] vaseux, boueux; [with oil, secretion] gluant, visqueux; [wall] suintant; ~ stones des pierres glissantes; the slug left a ~ trail la limace laissa une traînée visqueuse. -**2.** *Br* [obsequious - person] mielleux; [- manners] doucereux, obséquieux; I can't stand him, he's so ~ je ne le supporte pas, il est tellement mielleux.

sling [slɪŋ] (*pt* & *pp* **slung** [slʌŋ]) ◇ *vt* -**1.** [fling] jeter, lancer; the children were ~ing stones at the statue les enfants lançaient des pierres sur la statue; can you ~ the ball back to me? pouvez-vous me relancer le ballon?; she slung the case into the back of the car elle a jeté la valise à l'arrière de la voiture; can you ~ me (over) the salt? *inf* tu peux me balancer le sel?; if he's not careful, he'll get slung off the course *inf* s'il ne fait pas attention, il se fera virer du cours ❑ to ~ mud (at sb) couvrir (qqn) de boue; to ~ one's hook *inf* mettre les bouts, ficher le camp. -**2.** [lift, hang - load] hisser; NAUT élinguer; the hammock was slung between two trees le hamac était suspendu OR accroché entre deux arbres; the soldiers wore rifles slung across OR over their shoulders les soldats portaient des fusils en bandoulière; the jacket was slung over the back of the chair la veste était négligemment jetée sur le dossier de la chaise; he slung his jacket over his shoulder il

a jeté sa veste par-dessus son épaule; **I slung the towel over the washing line** j'ai jeté la serviette par-dessus la corde à linge.
◇ *n* -**1.** [for broken arm] écharpe *f*; **she had her arm in a ~** elle avait le bras en écharpe. -**2.** [for baby] porte-bébé *m*. -**3.** [for loads - NAUT & CONSTR] élingue *f*; [belt] courroie *f*; [rope] corde *f*, cordage *m*; [for removal men] corde *f*, courroie *f*; [for rifle] bretelle *f*; [for mast] cravate *f*. -**4.** [weapon] fronde *f*; [toy] lance-pierres *m inv*. -**5.** [for climber] baudrier *m*. -**6.** [cocktail] sling *m* *(cocktail à base de spiritueux et de jus de citron, allongé d'eau plate ou gazeuse)*; gin ~ gin-fizz *m*.
◆ **sling away** *inf vt sep Br* bazarder, balancer, ficher en l'air.
◆ **sling out** *inf vt sep Br* [person] flanquer OR ficher à la porte; [rubbish, magazines etc] bazarder, ficher en l'air; **he was slung out on his ear** il a été fichu à la porte, on l'a fichu dehors.
◆ **sling over** *inf vt sep Br* lancer, envoyer; **can you ~ the paper over?** tu peux me lancer le journal?
◆ **sling up** *inf vt sep* suspendre, accrocher.

slingback ['slɪŋbæk] *n Br* chaussure *f* à talon découvert.

slingshot ['slɪŋʃɒt] *n Am* lance-pierres *m inv*.

slink [slɪŋk] (*pt & pp* slunk [slʌŋk]) *vi*: **to ~ in/out** entrer/sortir furtivement; **she slunk into the room** elle s'est glissée discrètement dans la pièce; **to ~ away** s'éclipser.

slinkily *inf* ['slɪŋkɪlɪ] *adv* [walk] d'une démarche ondoyante; [dress] d'une manière sexy.

slinky *inf* ['slɪŋkɪ] (*compar* slinkier, *superl* slinkiest) *adj* [manner] aguichant; [dress] sexy *(inv)*; [walk] ondoyant, chaloupé.

slip [slɪp] (*pt & pp* slipped, *cont* slipping)
◇ *vi* -**1.** [lose balance, slide] glisser; **I slipped on some loose shale/on the ice** j'ai glissé sur de la terre glaise/sur une plaque de verglas; **he slipped and fell** il glissa et tomba ‖ [move unexpectedly] glisser; **the knife slipped and cut my finger** le couteau a glissé et je me suis coupé le doigt; **my hand slipped** ma main a glissé; **the cup slipped out of my hands** la tasse m'a glissé des mains; **she let the sand ~ through her fingers** elle laissa le sable glisser entre ses doigts; **the prize slipped from her grasp** OR **from her fingers** *fig* le prix lui a échappé; **somehow, the kidnappers slipped through our fingers** *fig* je ne sais comment les ravisseurs nous ont filé entre les doigts. -**2.** [go gradually] glisser; **the patient slipped into a coma** le patient a glissé OR s'est enfoncé peu à peu dans le coma; **she slipped into the habit of visiting him every day** petit à petit elle a pris l'habitude d'aller le voir tous les jours. -**3.** [go down] baisser; **prices have slipped (by) 10%** les prix ont baissé de 10 %. -**4.** [go discreetly or unnoticed] se glisser, se faufiler; **to ~ into bed** se glisser dans son lit; **she slipped quietly into the room** elle s'est glissée discrètement dans la pièce; **the thieves managed to ~ through the road blocks** les voleurs ont réussi à passer à travers les barrages routiers; **why don't you ~ through the kitchen/round the back?** pourquoi ne passez-vous pas par la cuisine/par derrière?; **some misprints have slipped into the text** des coquilles se sont glissées dans le texte ‖ [go quickly] se faufiler; **we slipped through the rush hour traffic** on s'est faufilés dans les embouteillages des heures de pointe ‖ [into clothes]: **I'll ~ into something cooler** je vais enfiler OR mettre quelque chose de plus léger; **he slipped into a dressing gown** il a passé OR mis une robe de chambre. -**5.** [slide - runners, drawer] glisser; **the back should just ~ into place** l'arrière devrait glisser à sa place. -**6.** *inf* [be less efficient]: **you're slipping!** tu n'es plus ce que tu étais! -**7.** AUT [clutch] patiner. -**8.** *phr*: **to let ~** [opportunity] laisser passer OR échapper; [word] lâcher, laisser échapper; **you shouldn't let this chance ~** *Br* tu ne devrais pas laisser passer cette chance; **she let (it) ~ that she was selling her house** elle a laissé échapper qu'elle vendait sa maison.
◇ *vt* -**1.** [give or put discreetly] glisser; **to ~ sb a note** glisser un mot à qqn; **to ~ a letter into sb's hand/pocket** glisser une lettre dans la main/la poche de qqn; **I slipped the pen into my pocket** j'ai glissé le stylo dans ma poche; **~ the car into gear** mettez la voiture en prise; **~ the key under the door** glissez la clé sous la porte; **I slipped the photo between the pages of the book** j'ai glissé la photo entre les pages du livre; **she slipped the jigsaw piece into place** elle a fait glisser le morceau de puzzle à sa place. -**2.** [escape]: **it slipped my mind** ça m'est sorti de la tête; **her name has completely slipped my memory** j'ai complètement oublié son nom. -**3.** [release]: **he slipped the dog's lead** *Br* il a lâché la laisse du chien; **the dog slipped its lead** *Br* le chien s'est dégagé de sa laisse; **to ~ anchor/a cable** filer l'ancre/un câble; **to ~ a stitch** glisser une maille; **to ~ a disc, to have a slipped disc** MED avoir une hernie discale. -**4.** AUT [clutch] faire patiner.
◇ *n* -**1.** [piece of paper]: **~ (of paper)** feuille *f* OR bout *m* de papier; **withdrawal ~** [in bank] bordereau *m* de retrait; **delivery ~** COMM bordereau *m* de livraison. -**2.** [on ice, banana skin] glissade *f*. -**3.** [mistake] erreur *f*; [blunder] bévue *f*; [careless oversight] étourderie *f*; [moral] écart *m*, faute *f* légère; **~ of the tongue** OR **pen** lapsus *m*; **there's many a ~ twixt cup and lip** *Br prov* il y a loin de la coupe aux lèvres *prov*. -**4.** [landslide] éboulis *m*, éboulement *m*. -**5.** [petticoat - full length] combinaison *f*, fond *m* de robe; [- skirt] jupon *m*. -**6.** BOT bouture *f*. -**7.** NAUT *(usu pl)* cale *f*; **the Queen Helen is still on the ~s** le Queen Helen est toujours en cale sèche. -**8.** TECH [glaze] engobe *m*. -**9.** *phr*: **a ~ of a girl** *Br* une petite jeune; **a ~ of a boy** *Br* un petit jeune; **to give sb the ~** semer qqn.
◆ **slips** *npl* -**1.** THEAT coulisses *fpl*. -**2.** SPORT [in cricket] station *f* à droite du guichet.
◆ **slip along** *vi insep* -**1.** [go quickly] faire un saut; **I'll just ~ along to the chemist's** je fais juste un saut à la pharmacie. -**2.** [discreetly] aller en cachette.
◆ **slip away** *vi insep* [person] s'éclipser, partir discrètement; [moment] passer; [boat] s'éloigner doucement; **her children gradually slipped away from her** *fig* ses enfants se sont peu à peu éloignés d'elle; **I felt my life slipping away** j'avais l'impression que ma vie me glissait entre les doigts.
◆ **slip back** *vi insep* [car] glisser (en arrière); [person] revenir discrètement; **he slipped back into a coma** il est retombé dans le coma; **she slipped back for a sweater** elle est retournée chercher un pull-over; **he slipped back into his old habits** il est retombé dans ses vieilles habitudes.
◆ **slip by** *vi insep* [time] passer; [person] se faufiler; **I slipped by without being noticed** je me suis faufilé sans qu'on me remarque.
◆ **slip down** *vi insep* -**1.** [fall - picture, car, socks, skirt] glisser. -**2.** [go or come down] descendre; **can you ~ down to the shops for me?** *inf Br* peux-tu aller me faire quelques courses?
◆ **slip in** ◇ *vi insep* [person] entrer discrètement OR sans se faire remarquer; [boat] entrer lentement; **I just slipped in for five minutes** je n'ai fait qu'entrer cinq minutes, je suis juste passé; **a blank page has slipped in by mistake** une page blanche s'y est glissée par erreur; **some misprints have slipped in somehow** des fautes de frappe se sont glissées dans le texte.
◇ *vt sep* [moving part] faire glisser à sa place; [quotation, word] glisser, placer; **to ~ the clutch in** AUT embrayer.
◆ **slip off** ◇ *vi insep* -**1.** [go away] s'éclipser. -**2.** [fall - bottle, hat, book] glisser (et tomber).
◇ *vt sep* [remove - coat, hat] enlever, ôter; [- shoe, ring, sock] enlever; [- top, lid] faire glisser pour ouvrir.
◆ **slip on** *vt sep* [dress, ring, coat] mettre, enfiler; [lid] mettre OR remettre (en faisant glisser).
◆ **slip out** ◇ *vi insep* -**1.** [leave - person] sortir discrètement, s'esquiver. -**2.** [escape - animal, child] s'échapper; **the word slipped out before he could stop himself** le mot lui a échappé; **the story slipped out** l'affaire s'est ébruitée. -**3.** [go out] sortir (un instant); **I'll just ~ out into the garden** je sors un instant dans le jardin; **I'll ~ out and buy some milk** je sors juste acheter du lait.
◇ *vt sep* sortir.
◆ **slip over** ◇ *vi insep* aller; **we slipped over to Blackpool to see them** nous sommes allés à Blackpool pour les voir.
◇ *vt sep phr*: **to ~ one over on sb** *inf* rouler qqn.
◆ **slip past** *vi insep* [time] passer; [person] se faufiler; **I managed to ~ past unseen** j'ai réussi à passer discrètement.
◆ **slip round** *vi insep* -**1.** *Br* [go] passer; **can you ~ round after supper?** peux-tu passer (chez moi) après souper? -**2.** [saddle] se retourner; [skirt] tourner.
◆ **slip through** *vi insep* [person] passer sans se faire remarquer; [mistake] passer inaperçu.
◆ **slip up** *inf vi insep* faire une gaffe; **you've slipped up badly here** tu t'es bien planté.

slipcase ['slɪpkeɪs] *n* [for single volume] étui *m*; [for several volumes, for records] coffret *m*.

slipcover ['slɪpkʌvəʳ] *n Am* -**1.** [for furniture] housse *f*. -**2.** = **slipcase**.

slipknot ['slɪpnɒt] *n* nœud *m* coulant.

slip-on ◇ *adj* [shoe] sans lacets.
◇ *n* chaussure *f* sans lacets.

slipover ['slɪp,əʊvəʳ] ◇ *adj* [garment] qui s'enfile par la tête.
◇ *n* débardeur *m* *(vêtement)*.

slippage ['slɪpɪdʒ] *n* -**1.** MECH patinage *m*. -**2.** [in targeting] retard *m* *(par rapport aux prévisions)*; [in standards] baisse *f*.

slipped disc [slɪpt-] *n* hernie *f* discale.

slipper ['slɪpəʳ] ◇ *n* [soft footwear] chausson *m*, pantoufle *f*; [mule] mule *f*; [for dancing] escarpin *m*.
◇ *vt Br* [hit]: **to ~ sb** donner une fessée à qqn *(avec une pantoufle)*.

slipper bath *n* [in bathroom] (baignoire *f*) sabot *m*.
◆ **slipper baths** *npl* [public] bains *mpl* publics.

slipperiness ['slɪpərɪnɪs] *n* -**1.** [of surface, soap]: **the ~ of the road** l'état glissant de la route. -**2.** [of person - evasiveness] caractère *m* insaisissable OR fuyant; [- unreliability] nature *f* peu fiable.

slippery ['slɪpərɪ] *adj* -**1.** [surface, soap] glissant; **the path is ~** le chemin est glissant; **we're on the ~ slope to bankruptcy** *fig* nous allons droit à la faillite. -**2.** *inf* [person - evasive] fuyant; [unreliable] sur qui on ne peut pas compter; **he's a ~ customer** c'est le genre de type à qui on ne peut pas se fier ❑ **he's (as) ~ as an eel** il est fuyant comme une anguille.

slippy ['slɪpɪ] (*compar* slippier, *superl* slippiest) *adj* -**1.** [slippery] glissant. -**2.** *inf Br* [fast]: **look ~!** grouille-toi!

slip road *n Br* bretelle *f* d'accès.

slip sheet *n* TYPO feuille *f* intercalaire.

slipshod ['slɪpʃɒd] *adj* [appearance] négligé, débraillé; [habits, behaviour] négligent; [style] peu soigné, négligé; [work] négligé, mal fait.

slip stitch *n* SEW point *m* perdu.

slipstream ['slɪpstriːm] ◇ *n* AUT sillage *m*.
◇ *vt* [driver] rester dans le sillage de.

slip-up *inf n* bévue *f*, gaffe *f*; **there must have been a ~** quelqu'un a dû faire une gaffe; **there mustn't be any ~s** pas de gaffe.

slipway ['slɪpweɪ] *n* NAUT [for repairs] cale *f* de halage; [for launching] cale *f* de lancement.

slit [slɪt] (*pt & pp* slit, *cont* slitting) ◇ *n* [narrow opening] fente *f*; [cut] incision *f*; **the skirt has a ~ at the back** la jupe a une fente OR est fendue dans le dos; **make a ~ in the surface** faire une incision superficielle.
◇ *vt* -**1.** [split] fendre; [cut] inciser, couper; **the skirt was ~ up the side** la jupe était fendue sur le côté; **the mattress had been ~ open** le matelas avait été éventré; **to ~ sb's throat** égorger qqn; **she ~ her wrists** elle s'est ouvert les veines. -**2.** [open - parcel, envelope] ouvrir

(avec un couteau OR un coupe-papier); she ~ the packet open with a knife elle a ouvert le paquet avec un couteau.
◇ *adj* [skirt] fendu; [eyes] bridé.

slither ['slɪðəʳ] *vi* -**1.** [snake] ramper, onduler. -**2.** [car, person - slide] glisser, patiner; [- skid] déraper; **the car ~ed on a patch of oil** la voiture a dérapé sur une flaque d'huile; **I ~ed down the tree/drainpipe** je me suis laissé glisser le long de l'arbre/de la gouttière.

slithery ['slɪðərɪ] *adj* [surface] glissant; [snake] ondulant.

slit pocket *n* poche *f* fendue.

slit trench *n* MIL tranchée *f* étroite.

sliver ['slɪvəʳ] *n* -**1.** [of glass] éclat *m*. -**2.** [small slice - of cheese, cake] tranche *f* fine.

slivovitz ['slɪvəvɪts] *n* slivovitz *m*.

Sloane [sləʊn] *n*: ~ (Ranger) *personne de la haute bourgeoisie (généralement une jeune femme) portant des vêtements sports mais chics et parlant de façon affectée,* ≃ NAP *f*.

Sloaney *inf* ['sləʊnɪ] *adj* ≃ NAP.

slob *inf* [slɒb] *n* [dirty] souillon *mf*; [uncouth] plouc *m*; [lazy] flemmard *m*, -e *f*.
◆ **slob about** *inf Br*, **slob around** *inf*
◇ *vi insep* traînasser.
◇ *vt insep* traînasser.

slobber ['slɒbəʳ] ◇ *vi* -**1.** [dribble - baby, dog] baver; **to ~ over** baver sur; **the baby has ~ed all over the book** le bébé a bavé partout sur le livre; **the dog came and ~ed all over me** le chien est venu baver sur moi. -**2.** *fig*: **to ~ over** [possession, pet] s'extasier sur OR devant; [person] faire des ronds de jambe à.
◇ *n* -**1.** [dribble] bave *f*. -**2.** *pej* [behaviour] sensiblerie *f*.

slobbery ['slɒbərɪ] *adj* [kiss] baveux.

sloe [sləʊ] *n* [berry] prunelle *f*; [tree] prunellier *m*.

sloe-eyed *adj* aux yeux de biche.

sloe gin *n* gin *m* à la prunelle.

slog *inf* [slɒg] (*pt & pp* slogged, *cont* slogging)
◇ *n* -**1.** [hard task] travail *m* d'Hercule; [chore] corvée *f*, travail *m* pénible; [effort] (gros) effort *m*; **it was a real ~ to finish in time** on a dû bosser comme des malades pour finir à temps; **what a ~!** quelle corvée!; **it was a ~ teaching them history** leur enseigner l'histoire n'était pas une mince affaire; **it's been a long hard ~ for her to get where she is** elle en a bavé pour arriver là où elle est; **it was quite a ~ getting up that hill** on en a bavé pour monter cette côte. -**2.** *Br* [hit] grand coup *m*; **he gave the ball an almighty ~** il a frappé la balle de toutes ses forces.
◇ *vi* -**1.** [work hard] trimer, bosser; **she spent all weekend slogging away at that report** elle a passé tout le week-end à trimer sur ce rapport; **she slogged on until ten o'clock** elle est restée bosser jusqu'à 10h; **do we really have to ~ through all this paperwork?** est-ce qu'il est indispensable de se farcir toute cette paperasse? -**2.** [walk, go] avancer péniblement; **he slogged (along) through the snow** il avançait péniblement dans la neige; **we slogged slowly up the hill** nous avons gravi la côte à pas lents; **I had to ~ back home again** j'ai dû refaire tout le trajet pour rentrer à la maison.
◇ *vt* -**1.** [move]: **we slogged our way through the snow/across the fields** nous nous sommes péniblement frayé un chemin dans la neige/avons péniblement traversé les champs. -**2.** *Br* [hit - ball] donner un grand coup dans; [- person] cogner sur; **to ~ it out** *inf* [fight] se tabasser; [argue] s'enguirlander.

slogan ['sləʊgən] *n* slogan *m*.

slogger *inf* ['slɒgəʳ] *n Br* bosseur *m*, -euse *f*.

sloop [sluːp] *n* sloop *m*.

slop [slɒp] (*pt & pp* slopped, *cont* slopping)
◇ *vi* [spill] renverser; **the tea slopped into the saucer/onto the tablecloth** le thé s'est renversé dans la soucoupe/sur la nappe || [overflow - liquid] déborder; **the soup slopped onto the cooker** la soupe a débordé sur la cuisinière.
◇ *vt* renverser; **he slopped soup onto the tablecloth** il a renversé OR répandu de la soupe sur la nappe; **don't ~ water all over the floor** ne renverse pas d'eau par terre.
◇ *n (U)* [liquid waste - for pigs] pâtée *f*; [- from tea, coffee] fond *m* de tasse; [tasteless food] mixture *f pej*.
◆ **slop about** *Br*, **slop around** ◇ *vi insep* -**1.** [liquid] clapoter. -**2.** [paddle] patauger; **the children were slopping about in the puddles** les enfants pataugeaient dans les flaques d'eau. -**3.** *inf* [be lazy] traînasser; **I just slopped around all morning** j'ai traînassé OR flemmardé toute la matinée.
◇ *vt sep* [paint] éclabousser; [tea] renverser.
◇ *vt insep inf*: **he ~s about the house doing nothing** il traîne à la maison à ne rien faire.
◆ **slop out** *vi insep* [prisoner] vider les seaux hygiéniques.
◆ **slop over** ◇ *vi insep* [spill] se renverser; [overflow] déborder; **the water slopped over onto the floor** l'eau s'est renversée OR a débordé sur le sol.
◇ *vt sep* renverser, répandre.

slop basin *n Br* vide-tasses *m inv*.

slop bucket = **slop pail**.

slope [sləʊp] ◇ *n* -**1.** [incline - of roof] inclinaison *f*, pente *f*; [- of ground] pente *f*; **a steep/gentle ~** une pente raide/douce; **the house is built on a ~** la maison a été construite sur une pente; **rifle at the ~** MIL fusil sur l'épaule. -**2.** [hill - up] côte *f*, montée *f*; [- down] pente *f*, descente *f*; [mountainside] versant *m*, flanc *m*; **tea is grown on the higher ~s** on cultive le thé plus haut sur les versants de la montagne; **on the ~s of Mount Fuji** sur les versants du mont Fuji. -**3.** [for skiing] piste *f*.
◇ *vi* [roof] être en pente OR incliné; [writing] pencher; **the beach ~d gently to the sea** la plage descendait en pente douce vers la mer; **the table ~s** la table penche OR n'est pas droite.
◇ *vt* MIL: **~ arms!** portez arme!
◆ **slope off** *inf vi insep* filer.

sloping ['sləʊpɪŋ] *adj* [table, roof] en pente, incliné; [writing] penché; [shoulders] tombant.

slop pail *n* [for pigs] seau *m* à pâtée; [in kitchen] seau *m* à ordures; [for cleaning] seau *m*.

sloppily ['slɒpɪlɪ] *adv* -**1.** [work] sans soin; [dress] de façon négligée. -**2.** *inf Br* [sentimentally] avec sensiblerie OR mièvrerie.

sloppiness ['slɒpɪnɪs] *n* -**1.** [of work] manque *m* de soin OR de sérieux; [in dress] négligence *f*, manque *m* de soin; [of thought] flou *m*, manque *m* de précision. -**2.** *inf* [of emotions] sensiblerie *f*, mièvrerie *f*.

sloppy ['slɒpɪ] (*compar* sloppier, *superl* sloppiest) *adj* -**1.** [untidy - appearance] négligé, débraillé; [careless - work] bâclé, négligé; [- writing] peu soigné; [- thinking] flou, vague, imprécis; **he has a very ~ way of speaking** il s'exprime d'une manière peu élégante. -**2.** *inf* [loose - garment] large, lâche. -**3.** *inf* [sentimental - person, letter] sentimental; [- book, film] à l'eau de rose; **stop all that ~ talk!** arrête de faire du sentiment!

sloppy joe *inf n* -**1.** *Br* [sweater] gros pull *m*. -**2.** *Am* [hamburger] hamburger *m*.

slosh [slɒʃ] ◇ *vt* -**1.** *inf* [spill] renverser, répandre; [pour - onto floor] répandre; [- into glass, bucket] verser; **she ~ed some bleach into the bucket** elle a versé de l'eau de Javel dans le seau || [apply - paint, glue] flanquer; **she ~ed whitewash on OR over the wall** elle a barbouillé le mur de blanc de chaux. -**2.** ▽ *Br* [hit] mettre une beigne à.
◇ *vi* -**1.** *inf* [liquid] se répandre; **the juice ~ed all over the cloth** le jus s'est renversé partout sur la nappe; **water ~ed over the edge** l'eau a débordé. -**2.** *inf* [move - in liquid, mud] patauger; **we ~ed through the mud** on a pataugé dans la boue.
◇ *onomat* plouf!
◆ **slosh about** *Br*, **slosh around** *inf vi insep* [liquid] clapoter; [person] patauger; **the water ~ed about in the bucket** l'eau clapotait dans le seau; **the children were ~ing about in puddles** les enfants pataugeaient dans des flaques d'eau.

sloshed *inf* [slɒʃt] *adj* rond, soûl; **to get ~** prendre une cuite.

slot [slɒt] (*pt & pp* slotted, *cont* slotting)
◇ *n* -**1.** [opening - for coins, papers] fente *f*; [groove] rainure *f*; **put the coin in the ~** mettez la pièce dans la fente; **there's a ~ in the door for letters** il y a une fente dans la porte pour le courrier. -**2.** [in schedule, timetable] tranche *f* OR plage *f* horaire, créneau *m*; RADIO & TV créneau *m*; **we could put the new series in the 7:30 ~** on pourrait caser OR placer le nouveau feuilleton dans le créneau de 19 h 30; **what shall we put in the ~ before the news?** qu'est-ce qu'on va mettre dans la tranche OR le créneau qui précède les informations? || [opening] créneau *m*; **there's a ~ for someone with marketing skills** il y a un créneau pour quelqu'un qui s'y connaît en marketing. -**3.** AERON fente *f*.
◇ *vt* -**1.** [insert] emboîter; **~ this bit in here** [in machine, model] introduisez cette pièce ici; [in jigsaw] posez OR mettez cette pièce ici. -**2.** [find time for, fit] insérer, faire rentrer; **she managed to ~ me into her timetable** elle a réussi à me réserver un moment OR à me caser dans son emploi du temps.
◇ *vi* -**1.** [fit - part] rentrer, s'encastrer, s'emboîter; **the tape ~s into the recorder here** c'est ici qu'on introduit la cassette dans le magnétophone; **the blade ~s into the handle** la lame rentre dans le manche. -**2.** [in timetable, schedule] rentrer, s'insérer; **our programme ~s into the space after the news** notre émission s'insère dans le créneau qui suit les informations; **where do we ~ into the scheme?** où intervenons-nous dans le projet?
◆ **slot in** ◇ *vt sep* [into schedule] faire rentrer; **she just ~s me in when it suits her** elle n'est disponible pour moi que quand ça l'arrange; **when can you ~ me in?** quand pouvez-vous me caser OR trouver un moment pour moi?
◇ *vi insep* [part] s'emboîter, s'encastrer; [programme] s'insérer.
◆ **slot together** ◇ *vt sep* emboîter, encastrer; **~ these two parts together** emboîtez ces deux pièces l'une dans l'autre.
◇ *vi insep* s'emboîter, s'encastrer; **the two parts ~ together** les deux pièces s'emboîtent l'une dans l'autre.

sloth [sləʊθ] *n* -**1.** [laziness] paresse *f*. -**2.** ZOOL paresseux *m*.

slothful ['sləʊθfʊl] *adj* paresseux.

slothfully ['sləʊθfʊlɪ] *adv* paresseusement, avec indolence.

slot machine *n* [for vending] distributeur *m* (automatique); [for gambling] machine *f* à sous.

slotted spatula ['slɒtɪd-] *n Am* pelle *f* à poisson.

slotted spoon *n* écumoire *f*.

slouch [slaʊtʃ] ◇ *vi*: **she was ~ing against the wall** elle était nonchalamment adossée au mur; **stop ~ing!** redresse-toi!; **to ~ in/out** entrer/sortir en traînant les pieds.
◇ *vt*: **to ~ one's shoulders** rentrer les épaules.
◇ *n* -**1.** [in posture]: **to have a ~** avoir le dos voûté. -**2.** *inf* [person]: **he's no ~ when it comes to housework** ce n'est pas un empoté pour ce qui est du ménage.
◆ **slouch about** *Br*, **slouch around** *vi insep* se traîner.

slouch hat *n* chapeau *m* à larges bords.

slough[1] [slaʊ] *n* [mud pool] bourbier *m*; [swamp] marécage *m*; **a ~ of gloom/of despair** *fig* un accès de mélancolie/de désespoir ❑ **the Slough of Despond** le tréfonds du désespoir.

slough[2] [slʌf] ◇ *n* -**1.** [skin - of snake] dépouille *f*, mue *f*; MED escarre *f*. -**2.** CARDS carte *f* défaussée.
◇ *vt*: **the snake ~s its skin** le serpent mue.
◆ **slough off** *vt sep* [skin] se dépouiller de; **the snake ~s off its skin** le serpent mue || *fig* [worries] se débarrasser de; [habit] perdre, se débarrasser de.

Slovak [ˈsləʊvæk] ◇ *n* -**1.** [person] Slovaque *mf*. -**2.** LING slovaque *m*.
◇ *adj* slovaque.

Slovakia [sləˈvækɪə] *pr n* Slovaquie *f*; **in ~** en Slovaquie.

Slovakian [sləˈvækɪən] ◇ *n* Slovaque *mf*.
◇ *adj* slovaque.

sloven [ˈslʌvn] *n lit* souillon *mf*.

Slovene [ˈsləʊviːn] ◇ *n* -**1.** [person] Slovène *mf*. -**2.** LING slovène *m*.
◇ *adj* slovène.

Slovenia [sləˈviːnjə] *pr n* Slovénie *f*; **in ~** en Slovénie.

Slovenian [sləˈviːnjən] ◇ *n* Slovène *mf*.
◇ *adj* slovène.

slovenliness [ˈslʌvnlɪnɪs] *n* [of dress] négligé *m*, débraillé *m*; [of habits] laisser-aller *m*; [of work] manque *m* de soin.

slovenly [ˈslʌvnlɪ] *adj* [appearance] négligé, débraillé; [habits] relâché; [work] peu soigné; [style, expression] relâché, négligé; **he's often ~ in appearance** il fait souvent négligé.

slow [sləʊ] ◇ *adj* -**1.** [not fast - movements, speed, service, traffic] lent; **he's a ~ worker** il travaille lentement; **it's ~ work** c'est un travail qui n'avance pas vite OR de longue haleine; **~ growth** ANAT, BOT & ECON croissance *f* lente; **to make ~ progress** [in work, on foot] avancer lentement; **~ movement** MUS mouvement *m* lent; **a ~ dance** un slow; **it was ~ going, the going was ~** ça n'avançait pas; **with ~ steps** d'un pas lent; **we had a painfully ~ journey** le voyage a duré un temps fou; **the pace of life is ~** on vit au ralenti; **the fog was/the clouds were ~ to clear** le brouillard a mis/les nuages ont mis longtemps à se dissiper || [in reactions] lent; **he was rather ~ to make up** OR **in making up his mind** il a mis assez longtemps à se décider; **she wasn't ~ to offer her help/in accepting the cheque** elle ne se fit pas prier pour proposer son aide/pour accepter le chèque; **I was rather ~ to understand** OR **in understanding** il m'a fallu assez longtemps pour comprendre; **you were a bit ~ there** là, tu t'es laissé prendre de vitesse; **she's very ~ to anger** il lui en faut beaucoup pour se mettre en colère || [in progress] lent; **the company was ~ to get off the ground** la société a été lente à démarrer || [intellectually] lent; **he's a ~ learner/reader** il apprend/lit lentement; **they're rather ~ in that class** les élèves de cette classe sont assez lents ❑ **the ~ lane** AUT [when driving on left] la file de gauche; [when driving on right] la file de droite; **~ train** omnibus *m*; **to be ~ off the mark** *Br literal* être lent à démarrer; *fig* avoir l'esprit lent. -**2.** [slack - business, market] calme; **business is ~** les affaires ne marchent pas fort; **~ economic growth** une faible croissance économique. -**3.** [dull - evening, film, party] ennuyeux. -**4.** [clock] qui retarde; **your watch is (half an hour) ~** ta montre retarde (d'une demi-heure). -**5.** CULIN: **~ burner** feu *m* doux; **bake in a ~ oven** faire cuire à four doux.
◇ *adv* lentement; **go a bit ~er** ralentissez un peu; **the clock is going** OR **running ~** l'horloge prend du retard; **'slow'** [road marking] 'ralentir'; **~ astern!** NAUT arrière doucement! ❑ **to go ~** faire une grève perlée.
◇ *vt* ralentir; **I ~ed the horse to a trot** j'ai mis le cheval au trot; **these drugs ~ the heart rate** ces médicaments ralentissent le rythme cardiaque; **the mud ~ed our progress** la boue nous a ralentis.
◆ **slow down** ◇ *vt sep* -**1.** [in speed - bus, machine, progress] ralentir; [- person] (faire) ralentir; [in achievement, activity] ralentir; **having to write the addresses by hand ~ed the work down** le fait de devoir écrire les adresses à la main a ralenti le travail; **production is ~ed down during the winter** pendant l'hiver, la production tourne au ralenti. -**2.** [delay] retarder.
◇ *vi insep* [driver, train, speed] ralentir; *fig* [person] ralentir; **if he doesn't ~ down he'll have a heart attack** s'il ne ralentit pas le rythme il va faire une crise cardiaque; **~ down!** moins vite!; **growth ~ed down in the second quarter** il y a eu une diminution OR un ralentissement de la croissance au cours du deuxième trimestre.
◆ **slow up** = **slow down**.

slow burn *n Am*: **to do a ~** sentir la colère monter.

slowcoach *inf* [ˈsləʊkəʊtʃ] *n Br* [in moving] lambin *m*, -e *f*, traînard *m*, -e *f*; [in thought] balourd *m*, -e *f*, lourdaud *m*, -e *f*; **come on ~!** allez, du nerf!

slowdown [ˈsləʊdaʊn] *n* -**1.** *Am* [go-slow] grève *f* perlée. -**2.** [slackening] ralentissement *m*.

slow handclap *n Br* applaudissements *mpl* rythmés *(pour montrer sa désapprobation)*; **they gave him the ~** ≃ ils l'ont sifflé.

slowly [ˈsləʊlɪ] *adv* -**1.** [not fast] lentement; **the bus came ~ down the hill** le bus a descendu la côte lentement; **could you walk/speak more ~?** pouvez-vous marcher/parler moins vite? ❑ **~ but surely** lentement mais sûrement. -**2.** [gradually] peu à peu.

slow match *n* mèche *f* à combustion lente.

slow motion *n* CIN & TV ralenti *m*; **in ~** au ralenti.
◆ **slow-motion** *adj* (tourné) au ralenti; **slow-motion replay** TV ralenti *m*.

slow-moving *adj* [person, car] lent; [film, plot] dont l'action est lente; [market] stagnant; **~ target** cible *f* qui bouge lentement.

slowness [ˈsləʊnɪs] *n* -**1.** [of progress, reaction, service, traffic] lenteur *f*; [of plot, play] lenteur *f*, manque *m* d'action. -**2.** [of intellect] lenteur *f* (d'esprit). -**3.** [of trading, market] stagnation *f*. -**4.** [of watch] retard *m*.

slowpoke *inf* [ˈsləʊpəʊk] *Am* = **slowcoach**.

slow-witted [-ˈwɪtɪd] *adj* (intellectuellement) lent.

slowworm [ˈsləʊwɜːm] *n* orvet *m*.

SLR (*abbr of* **single-lens reflex**) *n* reflex *m* (mono-objectif).

sludge [slʌdʒ] *n (U)* -**1.** [mud] boue *f*, vase *f*; [snow] neige *f* fondue. -**2.** [sediment] dépôt *m*, boue *f*. -**3.** [sewage] vidanges *fpl*.

slue [sluː] *Am* = **slew** *vi* & *vt*.

sluff [slʌf] = **slough** CARDS.

slug [slʌg] (*pt* & *pp* **slugged**, *cont* **slugging**)
◇ *n* -**1.** ZOOL limace *f*. -**2.** *inf fig* [lazy person] mollusque *m*. -**3.** PRINT [of metal] lingot *m*. -**4.** *Am* [token] jeton *m*. -**5.** *inf* [hit] beigne *f*. -**6.** *inf* [drink] coup *m*; [mouthful] lampée *f*; **to take a ~ of whisky** boire une gorgée de whisky. -**7.** *inf* [bullet] balle *f*.
◇ *vt inf* -**1.** [hit] frapper (fort), cogner; **he was slugged over the head with a rubber cosh** il a reçu un coup de matraque en caoutchouc sur la tête. -**2.** *phr*: **to ~ it out** *inf* [fight] se taper dessus; [argue] s'enguirlander; **I left them to ~ it out** [fight] je les ai laissés régler leurs comptes à coups de poing.

sluggard [ˈslʌgəd] *n lit* paresseux *m*, -euse *f*, fainéant *m*, -e *f*.

slugger *inf* [ˈslʌgəʳ] *n* SPORT [boxer] cogneur *m*, puncheur *m*; [in ball games] joueur *m*, -euse *f* qui frappe très fort.

sluggish [ˈslʌgɪʃ] *adj* -**1.** [lethargic] mou, apathique. -**2.** [slow - traffic, growth, reaction] lent; [- digestion] lent, paresseux; [- market, business] calme, stagnant; **trading is always rather ~ on Mondays** les affaires ne marchent jamais très bien OR très fort le lundi. -**3.** [engine] qui manque de reprise OR de nervosité; **the engine is very ~ in the mornings** le moteur est très lent à démarrer le matin.

sluggishly [ˈslʌgɪʃlɪ] *adv* [slowly] lentement; [lethargically] mollement; **trading began ~** les affaires ont démarré lentement; **the market reacted ~** la bourse a réagi faiblement; **the car started ~** la voiture a démarré avec difficulté.

sluggishness [ˈslʌgɪʃnɪs] *n* [lethargy] mollesse *f*; [of reaction, pulse, market] lenteur *f*; [of growth] faiblesse *f*, lenteur *f*; [of engine] manque *m* de nervosité.

sluice [sluːs] ◇ *n* -**1.** [lock] écluse *f*; [gate] porte *f* OR vanne *f* d'écluse; [channel] canal *m* à vannes; *(U)* [lock water] eaux *fpl* retenues par la vanne. -**2.** [wash]: **to give sthg a ~ (down)** laver qqch à grande eau; **to give sb a ~ (down)** asperger qqn d'eau.
◇ *vt* -**1.** [drain] drainer; [irrigate] irriguer. -**2.** [wash] laver à grande eau; MIN [ore] laver; **to ~ sthg (down)** laver qqch à grande eau; **they ~d out the stable** ils ont lavé l'écurie à grande eau; **we ~d down the meal with cheap red wine** on a arrosé le repas d'un petit rouge.

sluice gate, **sluice valve** *n* porte *f* OR vanne *f* d'écluse.

sluiceway [ˈsluːsweɪ] *n* canal *m* à vannes.

slum [slʌm] (*pt* & *pp* **slummed**, *cont* **slumming**)
◇ *n literal* & *fig* taudis *m*; [district] quartier *m* pauvre, bas quartiers *mpl*; **~ dwelling** taudis *m*.
◇ *vt Br*: **to ~ it** *inf* s'encanailler.
◇ *vi inf hum*: **we're slumming tonight** on va s'encanailler ce soir *hum*.

slumber [ˈslʌmbəʳ] ◇ *n lit* sommeil *m* (profond); **deep in ~** plongé dans un sommeil profond.
◇ *vi* dormir.

slumber party *n Am* soirée *f* entre copines *(au cours de laquelle on regarde des films, on discute et on dort toutes ensemble)*.

slumberwear [ˈslʌmbəweəʳ] *n (U)* vêtements *mpl* de nuit.

slum clearance *n Br* rénovation *f* OR aménagement *m* des quartiers insalubres.

slummy [ˈslʌmɪ] (*compar* **slummier**, *superl* **slummiest**) *adj* [area, house, lifestyle] sordide, misérable.

slump [slʌmp] ◇ *n* -**1.** [in attendance, figures, popularity] chute *f*, forte baisse *f*, baisse *f* soudaine; **there has been a ~ in investment** les investissements sont en forte baisse; **a ~ in prices/demand** une forte baisse des prix/de la demande. -**2.** ECON [depression] crise *f* économique; [recession] récession *f*; ST. EX effondrement *m* (des cours), krach *m* (boursier). -**3.** *Am* SPORT passage *m* à vide.
◇ *vi* -**1.** [flop - with fatigue, illness] s'écrouler, s'effondrer; **she ~ed (down) in an armchair** elle s'est effondrée dans un fauteuil. -**2.** [shoulders] avoir le dos voûté. -**3.** [collapse - business, prices, market] s'effondrer; [morale, attendance] baisser soudainement.
◇ *vt (usu pass)*: **to be ~ed in an armchair** être affalé OR affaissé dans un fauteuil; **he was ~ed over the wheel** [in car] il était affaissé sur le volant.
◆ **slump back** *vi insep* retomber en arrière.

slung [slʌŋ] *pt* & *pp* → **sling**.

slunk [slʌŋk] *pt* & *pp* → **slink**.

slur [slɜːʳ] (*pt* & *pp* **slurred**, *cont* **slurring**)
◇ *n* -**1.** [insult] insulte *f*, affront *m*; **a racial ~** une insulte raciste || [blot, stain] tache *f*; **it's a ~ on his character** c'est une tache à sa réputation; **to cast a ~ on sb** porter atteinte à la réputation de qqn. -**2.** [confused sound] articulation *f* confuse. -**3.** MUS liaison *f*.
◇ *vt* -**1.** [speech] mal articuler; **his speech was slurred** il articulait mal. -**2.** [denigrate] dénigrer. -**3.** MUS lier.
◇ *vi* [speech, words] devenir indistinct; **his speech slurred** ses paroles étaient indistinctes.

slurp *inf* [slɜːp] ◇ *vt* & *vi* boire bruyamment.
◇ *n*: **a loud ~** un lapement bruyant; **can I have a quick ~ of your tea?** je peux boire une gorgée de ton thé?

slurry [ˈslʌrɪ] *n* [cement, clay] barbotine *f*; [manure] purin *m*.

slush [slʌʃ] *n* -**1.** [snow] neige *f* fondue; [mud] gadoue *f*. -**2.** *inf* [sentimentality] sensiblerie *f*.

slush fund *n* caisse *f* noire *(servant généralement au paiment des pots-de-vin)*.

slushy [ˈslʌʃɪ] (*compar* **slushier**, *superl* **slushiest**) *adj* -**1.** [snow] fondu; [ground] détrempé; [path] couvert de neige fondue. -**2.** [film, book] à l'eau de rose.

slut [slʌt] *n pej* [slowenly woman] souillon *f*; [immoral woman] fille *f* facile.

sluttish ['slʌtɪʃ] *adj pej* [appearance] de souillon, sale; [morals] dépravé; [behaviour] débauché, dépravé.

sly [slaɪ] (*compar* slyer OR slier, *superl* slyest OR sliest) ◇ *adj* -**1.** [cunning, knowing] rusé; **he's a ~ (old) devil** OR **dog** c'est une fine mouche; **he gave me a ~ look/smile** il m'a regardé/souri d'un air rusé. -**2.** [deceitful - person] sournois; [- behaviour] déloyal; **that was a ~ trick** c'était un tour plutôt malhonnête. -**3.** [mischievous] malin, espiègle. -**4.** [secretive] dissimulé; **he's a ~ one!** c'est un petit cachottier!
◇ *n phr*: **on the ~** *inf* en douce.

slyboots *inf* ['slaɪbuːts] *n Br* (petit) malin *m*, (petite) maligne *f*.

slyly ['slaɪlɪ] *adv* -**1.** [cunningly] de façon rusée, avec ruse. -**2.** [deceitfully] sournoisement. -**3.** [mischievously] avec espièglerie, de façon espiègle. -**4.** [secretly] discrètement.

slyness ['slaɪnɪs] *n* -**1.** [cunning] ruse *f*. -**2.** [deceitfulness] fausseté *f*. -**3.** [mischief] espièglerie *f*. -**4.** [secrecy] dissimulation *f*.

SM *n abbr of* **sergeant major**.

s/m *n abbr of* **sadomasochism**.

S & M (*abbr of* **sadism and masochism**) *n* S-M *m*.

smack [smæk] ◇ *n* -**1.** [slap] grande tape *f*, claque *f*; [on face] gifle *f*; [on bottom] fessée *f*; **to give sb a ~ in the face** gifler qqn; **to give sb a ~ on the bottom** donner une tape sur les fesses à qqn; **a ~ in the face** OR **eye** *fig* une gifle, une rebuffade; **take a good ~ at the ball** donne un grand coup dans le ballon. -**2.** [sound] bruit *m* sec; [of whip] claquement *m*; **there was a resounding ~ as the bat hit the ball** la batte heurta la balle avec un claquement sonore. -**3.** [taste] léger OR petit goût *m*; CULIN soupçon *m*. -**4.** [boat] smack *m*, sémaque *m*. -**5.** [kiss] gros baiser *m*; **to give sb a ~ on the lips** faire un gros baiser à qqn. -**6.** *inf Br* [try]: **to have a ~ at doing sthg** essayer de faire qqch; **I'll have a ~ at it** je vais essayer. -**7.** *drugs sl* [heroin] poudre *f*, blanche *f*.
◇ *vt* donner une grande tape à, donner une claque à; [in face] donner une gifle à, gifler; [on bottom] donner une fessée à; **to ~ sb's face** OR **sb in the face** gifler qqn, donner une gifle à qqn; **to ~ sb's bottom** [in punishment] donner la fessée à qqn; [in play] donner une tape sur les fesses à qqn; **she ~ed the book down on the table** elle posa le livre sur la table avec un claquement sonore; **to ~ one's lips** se lécher les babines.
◇ *vi*: **to ~ of sthg** *literal & fig* sentir qqch; **the whole thing ~s of corruption** tout ça, ça sent la corruption.
◇ *adv* -**1.** [forcefully] en plein; **she went ~ into a wall** elle est rentrée en plein dans un mur; **she kissed him ~ on the lips** elle l'a embrassé en plein sur la bouche. -**2.** [exactly] en plein; **we arrived ~ in the middle of the meeting** nous sommes arrivés au beau milieu de la réunion.

smack-dab *esp Am*, **smack-bang** = **smack** *adv* **2**.

smacker *inf* ['smækəʳ] *n* -**1.** [kiss] grosse bise *f*. -**2.** [banknote] *Am* dollar *m*; *Br* [pound] livre *f*; **ten lovely ~s** dix beaux billets.
◆ **smackers** *inf npl* [lips] lèvres *fpl*.

smacking ['smækɪŋ] ◇ *n* fessée *f*; **I gave the child a good ~** j'ai donné une bonne fessée à l'enfant.
◇ *adj inf Br*: **at a ~ pace** à vive allure, à toute vitesse.

small [smɔːl] ◇ *adj* -**1.** [in size - person, town, garden] petit; **~ children** les jeunes enfants; **in ~ letters** en (lettres) minuscules; **~ sizes** les petites tailles; **to get** OR **to grow ~er** devenir plus petit, diminuer; **to make ~er** [garment] diminuer; [hole] réduire; **the new wallpaper makes the room look ~er** le nouveau papier peint rapetisse la pièce; **to make o.s. ~** se faire tout petit ❑ **the ~est room** *euph* le petit coin; **to feel ~** se trouver OR se sentir bête; **to make sb look** OR **feel ~** humilier qqn. -**2.** [in number - crowd] peu nombreux; [- family] petit; [in quantity - amount, percentage, resources] petit, faible; [- supply] petit; [- salary, sum] petit, modeste; [- helping] petit, peu copieux; [- meal] léger; **the audience was very ~** l'assistance était très peu nombreuse, il y avait très peu de monde; **a country with a ~ population** un pays à faible population; **the ~est possible number of guests** le moins d'invités possible; **to get** OR **to grow ~er** diminuer, décroître; **the problems don't get any ~er** les problèmes ne vont pas (en) s'amenuisant; **to make ~er** [income] diminuer; [staff] réduire. -**3.** [in scale, range] petit; [minor] petit, mineur; **down to the ~est details** jusqu'aux moindres détails; **it's no ~ achievement** c'est une réussite non négligeable; **there's the ~ matter of the £150 you still owe me** il reste ce petit problème des 150 livres que tu me dois; **a ~ voice** une petite voix; **I like to be able to help in a ~ way** j'aime me sentir utile; **he felt responsible in his own ~ way** il se sentait responsable à sa façon ‖ COMM: **a ~ farmer** un petit cultivateur; **~ businessmen** les petits entrepreneurs *mpl* OR patrons *mpl*; **~ businesses** [firms] les petites et moyennes entreprises *fpl*, les PME *fpl*; [shops] les petits commerçants *mpl*. -**4.** [mean, narrow] petit, mesquin; **they've got ~ minds** ce sont des esprits mesquins.
◇ *adv*: **to cut sthg up ~** couper qqch en tout petits morceaux; **to roll sthg up ~** [long] rouler qqch bien serré; [ball] rouler qqch en petite boule; **the cat curled itself up ~** le chat s'est roulé en boule.
◇ *n*: **he took her by the ~ of the waist** il l'a prise par la taille; **I have a pain in the ~ of my back** j'ai mal aux reins OR au creux des reins.
◆ **smalls** *inf npl hum* sous-vêtements *mpl*.

small ad *n* petite annonce *f*.

small arms *npl* armes *fpl* portatives.

small beer *inf n Br*: **it's ~** c'est de la petite bière; **we're very ~ in the advertising world** nous sommes très peu de chose OR nous ne représentons pas grand-chose dans le monde de la publicité.

small-bore *adj* de petit calibre.

small change *n* petite monnaie *f*.

small-claims court *n* JUR tribunal *m* d'instance.

small fry *n* menu fretin *m*; **he's ~** *Br* OR **a ~** *Am* il ne compte pas.

smallholder ['smɔːl,həʊldəʳ] *n Br* petit propriétaire *m*.

smallholding ['smɔːl,həʊldɪŋ] *n Br* petite propriété *f*.

small hours *npl* petit matin *m*; **in the ~** au petit matin.

small intestine *n* intestin *m* grêle.

smallish ['smɔːlɪʃ] *adj* [room, child] assez petit; [income] assez modeste; [family] assez peu nombreux; [meal] assez léger.

small letter *n* (lettre *f*) minuscule *f*; **in ~s** en (lettres) minuscules.

small-minded *adj* [attitude, person] mesquin.

small-mindedness [-'maɪndɪdnɪs] *n* mesquinerie *f*, petitesse *f*.

smallness ['smɔːlnɪs] *n* -**1.** [of child] petite taille *f*; [of hand, room] petitesse *f*; [of salary, fee] modicité *f*; [of extent] caractère *m* limité. -**2.** [of mind] mesquinerie *f*.

small potatoes *inf npl Am* = **small beer**.

smallpox ['smɔːlpɒks] *n* variole *f*.

small print *n*: **in ~** en petits caractères, écrit petit; **make sure you read the ~ before you sign** lisez bien ce qui est écrit en petits caractères avant de signer.

small scale *n* petite échelle *f*; **on a ~** sur une petite échelle.
◆ **small-scale** *adj* [replica, model] à taille réduite, réduit; [operation] à petite échelle; **a small-scale event** un événement de peu d'importance.

small screen *n*: **the ~** le petit écran.

small talk *n (U)* papotage *m*, menus propos *mpl*; **to make ~** échanger des banalités; **I'm no good at ~** je ne sais pas faire la conversation.

small-time *adj* peu important, de petite envergure; **a ~ thief/crook** un petit voleur/escroc.

small-timer *inf n* minable *mf*.

small-town *adj* provincial; **~ rivalries** rivalités *fpl* de clocher; **~ gossip** commérages *mpl* de quartier.

smalt [smɔːlt] *n* smalt *m*.

smarm *inf* [smɑːm] ◇ *vt Br pej* faire du plat OR lécher les bottes à; **you won't ~ your way out of this one!** tu ne t'en tireras pas avec des flatteries, cette fois-ci!
◇ *vi*: **to ~ up to sb** passer de la pommade à OR lécher les bottes à qqn.
◇ *n* obséquiosité *f*; **full of ~** très obséquieux.

smarmily *inf* ['smɑːmɪlɪ] *adv Br pej* avec onctuosité, mielleusement.

smarmy *inf* ['smɑːmɪ] (*compar* **smarmier**, *superl* **smarmiest**) *adj Br pej* [toadying] lèche-bottes *(inv)*; [obsequious] obséquieux.

smart [smɑːt] ◇ *adj* -**1.** *Br* [elegant - person, clothes] chic, élégant; **she's a ~ dresser** elle s'habille avec beaucoup de chic; **you look very ~ in your new suit** vous avez beaucoup d'allure avec votre nouveau costume ‖ [fashionable - hotel, district] élégant, chic; **the ~ set** les gens chics, le beau monde. -**2.** [clever - person] malin, habile; [- reply] habile, adroit; [- shrewd person] habile, astucieux; [witty - person, remark] spirituel; **he's a ~ lad** il n'est pas bête; **he's trying to be ~** il essaie de faire le malin; **he thinks he's so ~** il se croit très malin; **it was ~ of her to think of it** c'était futé de sa part d'y penser; **she was too ~ for them** elle était trop maligne OR futée pour eux. -**3.** [impertinent] impertinent, audacieux; **don't get ~ with me!** n'essaie pas de jouer au plus malin avec moi! -**4.** [quick - pace, rhythm] vif, prompt; **that was ~ work!** voilà du travail rapide!, voilà qui a été vite fait!; **look ~!** *inf* grouille-toi! -**5.** [sharp - reprimand] bon, bien envoyé; **a ~ slap across the face** une bonne gifle; **give the top a ~ tap** donnez une bonne tape sur le dessus; **give the top a ~ pull** tirez fort sur le dessus. -**6.** COMPUT intelligent.
◇ *vi* -**1.** [eyes, wound] cuire, picoter, brûler; **her eyes were ~ing** elle avait les yeux qui piquaient; **the onion made her eyes ~** les oignons lui piquaient les yeux OR la faisaient pleurer; **my face was still ~ing from the blow** le visage me cuisait encore du coup que j'avais reçu. -**2.** [person] être piqué au vif; **he's still ~ing from the insult** il n'a toujours pas digéré l'insulte.
◇ *adv* [quickly - walk] vivement, à vive allure; [- act] vivement, promptement.
◇ *n* -**1.** [pain] douleur *f* cuisante; *fig* effet *m* cinglant. -**2.** *inf Am* [useful hint] tuyau *m*, combine *f*.

smart aleck *inf n* je-sais-tout *mf inv*.
◆ **smart-aleck** *inf adj* gonflé.

smartarse▽ *Br*, **smartass**▽ *Am* ['smɑːtɑːs] = **smart aleck**.

smart card *n* carte *f* à puce.

smarten ['smɑːtn] *vt* -**1.** [improve appearance]: **to ~ o.s.** se faire beau. -**2.** *Br* [speed up]: **to ~ one's pace** accélérer l'allure.
◆ **smarten up** ◇ *vi insep* -**1.** [person] se faire beau; [restaurant] devenir plus chic, être retapé; [town, street] devenir plus pimpant; **I went upstairs to ~ up** je suis monté me faire beau. -**2.** *Br* [output, speed] s'accélérer.
◇ *vt sep* -**1.** [person] pomponner; [room, house] arranger, rendre plus élégant; **the town has been ~ed up for the president's visit** on a décoré la ville pour la visite du président; **a coat of paint would help ~ up the restaurant/the car** une couche de peinture et le restaurant/la voiture aurait déjà meilleure allure; **to ~ o.s. up** se faire beau, soigner son apparence. -**2.** [production] accélérer.

smartly ['smɑːtlɪ] *adv* -**1.** [elegantly] avec beaucoup d'allure OR de chic, élégamment. -**2.** [cleverly] habilement, adroitement. -**3.** [briskly - move] vivement; [- act, work] rapidement, promptement. -**4.** [sharply - reprimand] vertement; [- reply] du tac au tac, sèchement.

smart money *inf n*: **all the ~ is on him to win the presidency** il est donné pour favori aux élections présidentielles.

smartness ['smɑːtnɪs] *n* -**1.** *Br* [elegance - of appearance, dress, style] allure *f*, chic *m*, élégance *f*. -**2.** [cleverness] intelligence *f*, habileté *f*; [shrewdness] astuce *f*, vivacité *f* (d'esprit); [ingenuity] débrouillardise *f*. -**3.** [impertinence] impertinence *f*. -**4.** [briskness - of pace] rapidité *f*; [- of action, behaviour] promptitude *f*, rapidité *f*.

smarty *inf* ['smɑːtɪ] (*pl* **smarties**) *n* (Monsieur OR Madame OR Mademoiselle) je-sais-tout *mf inv*.

smarty-pants *inf* (*pl inv*) *n*: **you're a real ~ aren't you?** tu crois vraiment tout savoir!

smash [smæʃ] ◇ *n* -**1.** [noise - of breaking] fracas *m*; **with a loud ~** avec un grand fracas; **the vase fell with a ~** le vase s'est fracassé en tombant; **there was a tremendous ~ as the two cars collided** il y eut un très violent fracas quand les deux voitures entrèrent en collision. -**2.** [blow] coup *m* OR choc *m* violent; **a ~ on the head** un coup violent sur la tête. -**3.** *inf* [collision] collision *f*; [accident] accident *m*; [pile-up] carambolage *m*; **a five-car ~** un carambolage de cinq voitures. -**4.** ECON & FIN [collapse - of business, market] débâcle *f* (financière), effondrement *m* (financier); ST. EX krach *m*, effondrement *m* des cours; [bankruptcy] faillite *f*. -**5.** SPORT smash *m*. -**6.** *inf* [success] succès *m* bœuf; **it was a ~** ça a fait un tabac.
◇ *onomat* patatras.
◇ *adv*: **to go** OR **to run ~ into a wall** heurter un mur avec violence, rentrer en plein dans un mur.
◇ *vt* -**1.** [break - cup, window] fracasser, briser; **to ~ sthg to pieces** briser qqch en morceaux; **I've ~ed my glasses** j'ai cassé mes lunettes; **to ~ sthg open** ouvrir qqch d'un grand coup ‖ PHYS [atom] désintégrer. -**2.** [crash, hit] écraser; **he ~ed his fist (down) on the table** il écrasa son poing sur la table; **they ~ed their way in** ils sont entrés par effraction *(en enfonçant la porte ou la fenêtre)*; **the raft was ~ed against the rocks** le radeau s'est fracassé contre OR sur les rochers. -**3.** SPORT: **to ~ the ball** faire un smash, smasher; **he ~ed the ball into the net** il a envoyé son smash dans le filet. -**4.** [destroy - conspiracy, organization] briser, démolir; [- resistance, opposition] briser, écraser; [- chances, hopes, career] ruiner, briser; [- opponent, record] pulvériser.
◇ *vi* [break, crash] se briser, se fracasser; **to ~ into bits** se briser en mille morceaux; **the car ~ed into the lamppost** la voiture s'est écrasée contre le réverbère.
◆ **smash down** *vt sep* [door] fracasser, écraser.
◆ **smash in** *vt sep* [door, window] enfoncer; **to ~ sb's face** OR **head in** *inf* démolir le portrait à qqn.
◆ **smash up** *vt sep* [furniture] casser, démolir; [room, shop] tout casser OR démolir dans; [car] démolir.

smash-and-grab (raid) *n cambriolage commis en brisant une devanture*; **the jewels were stolen in a ~** des cambrioleurs ont brisé la vitrine et se sont enfuis avec les bijoux.

smashed *inf* [smæʃt] *adj* [on alcohol] rond; [on drugs] défoncé.

smasher *inf* ['smæʃəʳ] *n Br* -**1.** [person]: **she's a real ~** [in appearance] c'est un vrai canon; [in character] elle est vraiment sensass. -**2.** [object]: **it's a real ~!** c'est sensass!

smash hit *n* [song, record] gros succès *m*; **this record is a ~ in America** ce disque fait fureur OR connaît un succès fou en Amérique.

smashing *inf* ['smæʃɪŋ] *adj Br* super, terrible; **it was a ~ party!** ça a été une soirée du tonnerre!; **we had a ~ time!** on s'est super bien amusés!; **she's a ~ girl** c'est une fille super.

smash-up *n* [accident] accident *m*; [pile-up] carambolage *m*, télescopage *m*; **five cars were involved in the ~** cinq voitures se sont télescopées.

smattering ['smætərɪŋ] *n (U)* [of knowledge] notions *fpl* vagues; [of people, things] poignée *f*, petit nombre *m*; **they only have a ~ of grammar** ils n'ont que quelques vagues notions de grammaire; **she has a ~ of Italian** elle a quelques notions d'italien, elle sait un peu d'italien; **there was the usual ~ of artists at the party** comme toujours, il y avait un petit groupe d'artistes à la réception.

smaze *inf* [smeɪz] *n Am* brume *f*, smog *m*.

smear [smɪəʳ] ◇ *n* -**1.** [mark - on glass, mirror, wall] trace *f*, tache *f*; [longer] traînée *f*; [of ink] pâté *m*, bavure *f*; **~s of blood/paint** des traînées de sang/de peinture. -**2.** [slander] diffamation *f*; **a ~ on sb's integrity/reputation** une atteinte à l'honneur/à la réputation de qqn; **to use ~ tactics** avoir recours à la calomnie. -**3.** MED frottis *m*, prélèvement *m*.
◇ *vt* -**1.** [spread - butter, oil] étaler; [coat] barbouiller; **she ~ed the dish with butter** elle a beurré le plat; **to ~ paint/chocolate on one's face** se barbouiller le visage de peinture/de chocolat; **they ~ed red paint everywhere** ils ont tout barbouillé de peinture rouge. -**2.** [smudge]: **the ink on the page was ~ed** l'encre a coulé sur la page; **don't ~ the wet paint/varnish** ne faites pas de taches de peinture/de vernis; **the mirror was ~ed with fingermarks** il y avait des traces de doigts sur la glace. -**3.** [slander]: **to ~ sb** salir la réputation de qqn, calomnier qqn. -**4.** *inf Am* [thrash] battre à plates coutures.
◇ *vi* [wet paint, ink] se salir, se maculer.

smear campaign *n* campagne *f* de diffamation OR dénigrement.

smear test *n* MED frottis *m*.

smegma ['smegmə] *n* smegma *m*.

smell [smel] (*Br pt* & *pp* **smelled** OR **smelt** [smelt], *Am pt* & *pp* **smelled**) ◇ *vt* -**1.** [notice an odour of] sentir; **to ~ gas** sentir le gaz; **I can ~ (something) burning** (je trouve que) ça sent le brûlé; **she smelt** OR **she could ~ alcohol on his breath** elle s'aperçut que son haleine sentait l'alcool. -**2.** *fig* [sense - trouble, danger] flairer, pressentir; **to ~ a rat** flairer quelque chose de louche. -**3.** [sniff at - food] sentir, renifler; [- flower] sentir, humer; **she smelt the cream to see if it was fresh** elle a senti la crème pour voir si elle était fraîche.
◇ *vi* -**1.** [have odour] sentir; **to ~ good** OR **sweet** sentir bon; **to ~ bad** sentir mauvais; **it ~s awful!** ça pue!; **it ~s musty** ça sent le renfermé; **that soup ~s delicious!** cette soupe sent délicieusement bon!; **what does it ~ of** OR **like?** qu'est-ce que ça sent?; **it ~s of lavender** ça sent la lavande; **it ~s like lavender** on dirait de la lavande; **to ~ of treachery/hypocrisy** *fig* sentir la trahison/l'hypocrisie ❑ **to ~ fishy** sembler louche. -**2.** [have bad odour] sentir (mauvais); **his breath ~s** il a mauvaise haleine; **the dog ~s** le chien sent mauvais OR pue. **3.** [perceive odour]: **he can't ~** il n'a pas d'odorat; **you ~ with your nose** le nez sert à sentir.
◇ *n* -**1.** [sense - of person] odorat *m*; [- of animal] odorat *m*, flair *m*; **he has no sense of ~** il n'a pas d'odorat; **to have a keen sense of ~** avoir le nez fin. -**2.** [odour] odeur *f*; [bad odour] mauvaise odeur *f*, relent *m*; [stench] puanteur *f*; **there's a strong ~ of gas in here** il y a une forte odeur de gaz ici; **there was a ~ of burning in the kitchen** il y avait une odeur de brûlé dans la cuisine; **a ~ of onions cooking** une odeur d'oignons qui cuisent; **there was a lovely ~ of lavender** ça sentait bon la lavande; **does it have a ~?** est-ce que ça sent quelque chose?, est-ce que ça a une odeur?; **natural gas has no ~** le gaz naturel n'a pas d'odeur OR est inodore; **what an awful ~!** qu'est-ce que ça sent mauvais!; **the ~ of defeat/fear** *fig* l'odeur de la défaite/de la peur. -**3.** [sniff]: **have a ~ of this** sentez-moi ça.
◆ **smell out** *vt sep* [subj: dog] dénicher en flairant; *fig* [subj: person] découvrir, dépister; [secret, conspiracy] découvrir.

smelliness ['smelɪnɪs] *n* mauvaise odeur *f*; [stench] puanteur *f*.

smelling salts ['smelɪŋ-] *npl* sels *mpl*.

smelly ['smelɪ] (*compar* **smellier**, *superl* **smelliest**) *adj* [person, socks etc] qui sent mauvais, qui pue; **it's awfully ~ in here** ça sent horriblement mauvais OR ça pue ici; **to have ~ feet** sentir des pieds.

smelt [smelt] (*pl inv* OR **smelts**) ◇ *pt* & *pp* → **smell**.
◇ *n* [fish] éperlan *m*.
◇ *vt* METALL [ore] fondre; [metal] extraire par fusion.

smidgen *inf*, **smidgin** *inf* ['smɪdʒɪn] *n*: **a ~ of** un tout petit peu de; **there isn't a ~ of truth in what he says** il n'y a pas une ombre de vérité dans ce qu'il dit.

smile [smaɪl] ◇ *n* sourire *m*; **with a ~ on her lips** (avec) le sourire aux lèvres; **"of course" he said with a ~** «bien sûr» dit-il en souriant; **he has a nice ~** il a un joli sourire; **come on, give us a ~!** allez, fais-nous un sourire!; **she gave me a friendly little ~** elle m'a adressé un petit sourire amical; **to have a ~ on one's face** avoir le sourire; **take that ~ off your face!** arrête de sourire comme ça!; **to knock** OR **to wipe the ~ off sb's face** *inf fig* faire passer à qqn l'envie de sourire; **service with a ~** servi avec le sourire; **to be all ~s** être tout souriant OR tout sourire.
◇ *vi* sourire; **to ~ at sb** sourire à qqn; **to ~ to o.s.** sourire pour soi; **she ~d at his awkwardness** sa maladresse l'a fait sourire; **he ~d to think of it** il a souri en y pensant, y penser le faisait sourire; **keep smiling!** gardez le sourire!; **she sat smiling through it all** elle a gardé le sourire du début à la fin; **heaven ~d on them** *fig* le ciel leur sourit.
◇ *vt*: **to ~ one's approval** exprimer son approbation par un sourire; **to ~ one's thanks** remercier d'un sourire; **she ~d a sad smile** elle eut un sourire triste.

smiling ['smaɪlɪŋ] *adj* souriant.

smilingly ['smaɪlɪŋlɪ] *adv* en souriant, avec un sourire.

smirch [smɜːtʃ] *vt lit* -**1.** [stain] salir, souiller. -**2.** *fig* [name, reputation] salir, ternir.

smirk [smɜːk] ◇ *vi* [smugly] sourire d'un air suffisant OR avec suffisance; [foolishly] sourire bêtement.
◇ *n* [smug] petit sourire *m* satisfait OR suffisant; [foolish] sourire *m* bête.

smite [smaɪt] (*pt* **smote** [sməʊt], *pp* **smitten** ['smɪtn]) *vt* -**1.** *lit* OR *arch* [strike - object] frapper; [- enemy] abattre. -**2.** *(usu pass)* [afflict]: **to be smitten with remorse** être accablé de remords; **they were smitten with blindness/fear** ils ont été frappés de cécité/frayeur. -**3.** BIBLE [punish] châtier.

smith [smɪθ] *n* [blacksmith - gen] forgeron *m*; EQUIT maréchal-ferrant *m*.

smithereens [ˌsmɪðə'riːnz] *npl* morceaux *mpl*; **to smash sthg to ~** briser qqch en mille morceaux; **the house was blown to ~ in the explosion** la maison a été complètement soufflée par l'explosion.

Smithfield Market ['smɪθfiːld-] *pr n marché de gros de la viande à Londres.*

Smith Square *pr n place à Londres où se trouve le siège du parti conservateur.*

smithy ['smɪðɪ] (*pl* **smithies**) *n* forge *f*.

smitten ['smɪtn] ◇ *pp* → **smite**.
◇ *adj*: **he was ~ with** OR **by her beauty** il a été ébloui par sa beauté; **he's really ~ (with that girl)** il est vraiment très épris (de cette fille).

smock [smɒk] ◇ *n* [loose garment] blouse *f*; [maternity wear - blouse] tunique *f* de grossesse; [- dress] robe *f* de grossesse.
◇ *vt* faire des smocks à.

smocking [ˈsmɒkɪŋ] *n (U)* smocks *mpl*.

smog [smɒg] *n* smog *m*.

smoggy [ˈsmɒgɪ] (*compar* smoggier, *superl* smoggiest) *adj*: a ~ day une journée de smog; it's ~ il y a du smog.

smoke [sməʊk] ◇ *n* -**1.** [from fire, cigarette] fumée *f*; to go up in ~ [building] brûler; [plans] partir OR s'en aller en fumée; there's no ~ without fire *prov* il n'y a pas de fumée sans feu *prov*. -**2.** [act of smoking]: to have a ~ fumer; I went outside for a ~ je suis sorti fumer une cigarette. -**3.** *inf dated* [cigarette] clope *m or f*. -**4.** *Br drugs sl* [hashish] shit *m*. -**5.** *inf Br* [city]: the Smoke [any city] la grande métropole; [London] Londres.
◇ *vi* -**1.** [fireplace, chimney, lamp] fumer. -**2.** [person] fumer; do you mind if I ~? ça vous gêne si je fume? ☐ to ~ like a chimney *inf* fumer comme un pompier OR un sapeur.
◇ *vt* -**1.** [cigarette, pipe, opium etc] fumer; to ~ a pipe fumer la pipe. -**2.** CULIN & INDUST [fish, meat, glass] fumer. -**3.** [fumigate - plants, greenhouse, room] soumettre à des fumigations.
◆ **smoke out** *vt sep* -**1.** [from den, hiding place - fugitive, animal] enfumer; *fig* [discover - traitor] débusquer, dénicher; [- conspiracy, plot] découvrir. -**2.** [room] enfumer.
◆ **smoke up** *vt sep Am* [room] enfumer.

smoke bomb *n* bombe *f* fumigène.

smoked [sməʊkt] *adj* fumé; ~ salmon saumon *m* fumé; ~ glass verre *m* fumé.

smoke-dried *adj* fumé.

smoke-filled [-fɪld] *adj* enfumé.

smokehouse [ˈsməʊkhaʊs, *pl* -haʊzɪz] *n* fumoir *m (pour aliments)*.

smokeless fuel [ˈsməʊklɪs-] *n* combustible *m* non polluant.

smokeless zone *n zone dans laquelle seul l'usage de combustibles non polluants est autorisé.*

smoker [ˈsməʊkəʳ] *n* -**1.** [person] fumeur *m*, -euse *f*; to have a ~'s cough avoir une toux de fumeur. -**2.** [on train] compartiment *m* fumeurs.

smokescreen [ˈsməʊkskriːn] *n* MIL écran *m* OR rideau *m* de fumée; *fig* paravent *m*, couverture *f*.

smoke shop *n Am* tabac *m*.

smoke signal *n* signal *m* de fumée.

smokestack [ˈsməʊkstæk] *n* cheminée *f*.

smokestack industry *n* industrie *f* lourde.

smoking [ˈsməʊkɪŋ] *n*: I've given up ~ j'ai arrêté de fumer; 'no ~' 'défense de fumer'; ~ can cause cancer le tabac peut provoquer le cancer.

smoking compartment *n* compartiment *m* fumeurs.

smoking jacket *n* veste *f* d'intérieur.

smoking room *n* fumoir *m (pour fumeurs)*.

smoky [ˈsməʊkɪ] (*compar* smokier, *superl* smokiest) *adj* -**1.** [atmosphere, room] enfumé. -**2.** [chimney, lamp, fire] qui fume. -**3.** [in flavour - food] qui sent le fumé, qui a un goût de fumé. -**4.** [in colour] gris cendré *(inv)*.

smolder *etc Am* = **smoulder**.

smolt [sməʊlt] *n* tacon *m (poisson)*.

smooch *inf* [smuːtʃ] ◇ *n*: to have a ~ [kiss] se bécoter; [pet] se peloter.
◇ *vi* -**1.** [kiss] se bécoter. -**2.** *Br* [dance] danser joue contre joue.

smoochy *inf* [-smuːtʃɪ] (*compar* smoochier, *superl* smoochiest) *adj* [music] sentimental, tendre.

smooth [smuːð] ◇ *adj* -**1.** [surface] lisse; [pebble, stone] lisse, poli; [skin] lisse, doux; [chin - close-shaven] rasé de près; [- beardless] glabre, lisse; [hair, fabric, road] lisse; [sea, water] calme; this razor gives a ~ shave ce rasoir vous rase de près; the stone has been washed OR worn ~ by the sea la pierre avait été polie par la mer. -**2.** [ride, flight] confortable; [takeoff, landing] en douceur; they had a ~ crossing la traversée a été calme. -**3.** [steady, regular - flow, breathing, working, supply] régulier; [- organization] qui marche bien; [- rhythm, style] coulant; the ~ running of the service la bonne marche du service; the ~ running of the operation le bon déroulement de l'opération. -**4.** [trouble-free - life, course of events] paisible, calme; to get off to a ~ start démarrer en douceur; to make the way ~ for sb aplanir les difficultés pour qqn; the way is now ~ for further reforms il n'y a plus d'obstacles maintenant aux nouvelles réformes; the bill had a ~ passage through Parliament le projet de loi a été voté sans problèmes au Parlement. -**5.** CULIN [in texture] onctueux, homogène; [in taste] moelleux. -**6.** *pej* [slick, suave] doucereux, onctueux, suave; he's a ~ operator *inf* il sait y faire; he's a ~ talker c'est un beau parleur.
◇ *vt* -**1.** [tablecloth, skirt] défroisser; [hair, feathers] lisser; [wood] rendre lisse, planer; to ~ the way for sb, to ~ sb's path aplanir les difficultés pour qqn. -**2.** [rub - oil, cream] masser; to ~ oil into one's skin mettre de l'huile sur sa peau *(en massant doucement)*. -**3.** [polish] lisser, polir.
◇ *n* -**1.** to give one's hair a ~ lisser ses cheveux, se lisser les cheveux. -**2.** [smooth part] partie *f* lisse; [smooth surface] surface *f* unie.
◆ **smooth back** *vt sep* [hair] lisser en arrière; [sheet] rabattre en lissant.
◆ **smooth down** *vt sep* [hair] lisser; [sheets, dress] lisser, défroisser; [wood] planer, aplanir; *fig* [person] apaiser, calmer.
◆ **smooth out** *vt sep* [skirt, sheet, curtains] lisser, défroisser; [crease, pleat, wrinkle] faire disparaître (en lissant); *fig* [difficulties, obstacles] aplanir, faire disparaître.
◆ **smooth over** *vt sep* -**1.** [gravel, sand] rendre lisse (en ratissant); [soil] aplanir, égaliser. -**2.** *fig* [difficulties, obstacles] aplanir; [embarrassing situation]: to ~ things over arranger les choses.

smoothbore [ˈsmuːðbɔːʳ] ◇ *adj* à canon lisse.
◇ *n* fusil *m* non rayé.

smooth-faced *adj literal* au visage lisse; [after shaving] rasé de près; *fig & pej* trop suave OR poli, onctueux.

smoothie *inf* [ˈsmuːðɪ] *n pej*: he's a real ~ [in manner] il roule des mécaniques; [in speech] c'est vraiment un beau parleur.

smoothing iron [ˈsmuːðɪŋ-] *n* fer *m* à repasser *(non électrique)*.

smoothly [ˈsmuːðlɪ] *adv* -**1.** [easily, steadily - operate, drive, move] sans à-coups, en douceur; to run ~ [engine] tourner bien; [operation] marcher comme sur des roulettes; things are not going very ~ between them ça ne va pas très bien entre eux; the meeting went off quite ~ la réunion s'est déroulée sans heurt OR accroc. -**2.** [gently - rise, fall] doucement, en douceur; the plane took off ~ l'avion a décollé en douceur. -**3.** *pej* [talk] doucereusement; [behave] (trop) suavement.

smoothness [ˈsmuːðnɪs] *n* -**1.** [of surface] égalité *f*, aspect *m* uni OR lisse; [of fabric, of skin, of hair] douceur *f*; [of road] surface *f* lisse; [of sea] calme *m*; [of stone] aspect *m* lisse OR poli; [of tyre] aspect *m* lisse; she has a wonderful ~ of touch on the piano elle a un merveilleux doigté au piano. -**2.** [of flow, breathing, pace, supply] régularité *f*; [of engine, machine] bon fonctionnement *m*; [of life, course of events] caractère *m* paisible OR serein; *fig* [of temperament] calme *m*, sérénité *f*; the operation was carried out with great ~ l'opération s'est déroulée sans accroc OR heurt. -**3.** CULIN [of texture] onctuosité *f*; [of taste] moelleux *m*. -**4.** [of voice] douceur *f*. -**5.** *pej* [suaveness] caractère *m* doucereux OR mielleux, onctuosité *f*.

smooth-running *adj* [machine] qui fonctionne bien OR sans à-coups; [engine] qui tourne bien; [car] confortable *(qui roule sans secousses)*; [business, organization] qui marche bien; [plan, operation] qui se déroule bien.

smooth-shaven *adj* rasé de près.

smooth-spoken *adj* qui sait parler.

smooth-talk *vt*: don't let him ~ you ne te laisse pas enjôler par lui; she was ~ed into accepting the job ils l'ont convaincu d'accepter le travail à force de belles paroles.

smooth-tongued = **smooth-spoken**.

smoothy *inf* [ˈsmuːðɪ] = **smoothie**.

smorgasbord [ˈsmɔːgəsbɔːd] *n* CULIN smorgasbord *m*, buffet *m* scandinave.

smote [sməʊt] *pt* → **smite**.

smother [ˈsmʌðəʳ] ◇ *vt* -**1.** [suppress - fire, flames] étouffer; [- sound] étouffer, amortir; [- emotions, laughter, yawn] réprimer; [suppress - scandal, opposition] étouffer. -**2.** [suffocate - person] étouffer. -**3.** [cover] couvrir, recouvrir; strawberries ~ed in OR with cream des fraises couvertes de crème; she was ~ed in furs elle était emmitouflée dans des fourrures. -**4.** [overwhelm - with kindness, love] combler; to ~ sb with kisses couvrir OR dévorer qqn de baisers; to ~ sb with attention être aux petits soins pour qqn.
◇ *vi* [person] étouffer.

smoulder *Br*, **smolder** *Am* [ˈsməʊldəʳ] *vi* -**1.** [fire - before flames] couver; [- after burning] fumer. -**2.** [feeling, rebellion] couver; her eyes ~ed with passion son regard était plein de désir.

smouldering *Br*, **smoldering** *Am* [ˈsməʊldərɪŋ] *adj* [fire, anger, passion] qui couve; [embers, ruins] fumant; [eyes] de braise.

smudge [smʌdʒ] ◇ *n* -**1.** [on face, clothes, surface] (petite) tache *f*; [of make-up] traînée *f*; [on page of print] bavure *f*; you've got a ~ on your chin tu as du noir sur le menton ‖ [blur]: the ship was just a ~ on the horizon le navire n'était plus qu'une tache à l'horizon. -**2.** *Am* [fire] feu *m* (de jardin).
◇ *vt* [face, hands] salir; [clothes, surface] tacher, salir; [ink] répandre; [writing] étaler; you've made me ~ my lipstick à cause de toi je me suis mis du rouge à lèvres partout.
◇ *vi* [ink, make-up] faire des taches; [print] être maculé; [wet paint] s'étaler.

smudgy [ˈsmʌdʒɪ] (*compar* smudgier, *superl* smudgiest) *adj* [make-up, ink] étalé; [print, page] maculé; [writing] à demi effacé; [face] sali, taché; [outline] estompé, brouillé.

smug [smʌg] (*compar* smugger, *superl* smuggest) *adj pej* [person] content de soi, suffisant; [attitude, manner, voice] suffisant; he's so ~! ce qu'il peut être suffisant OR content de sa petite personne!; you sound awfully ~ about the whole thing tu as l'air content OR fier de toi.

smuggle [ˈsmʌgl] ◇ *vt* [contraband] passer en contrebande; [into prison - mail, arms] introduire clandestinement; to ~ sthg through customs passer qqch en fraude à la douane; the terrorists were ~d over the border les terroristes ont passé la frontière clandestinement; they are suspected of smuggling arms/heroin on les soupçonne de trafic d'armes/d'héroïne ‖ *fig* [into classroom, meeting etc] introduire subrepticement.
◇ *vi* faire de la contrebande.
◆ **smuggle in** *vt sep* [on a large scale - drugs, arms] faire entrer OR passer en contrebande; [as tourist - cigarettes, alcohol] introduire en fraude; [move secretly - books, mail etc] introduire clandestinement; to ~ goods/mercenaries into a country introduire des marchandises/des mercenaires clandestinement dans un pays; he managed to ~ a knife into the prison il a réussi à faire entrer OR passer clandestinement un couteau dans la prison.
◆ **smuggle out** *vt sep* [goods] faire sortir en fraude OR en contrebande; he was ~d out of the country il a quitté le pays clandestinement OR en secret.

smuggled [ˈsmʌgld] *adj* [arms, drugs] passé en contrebande; [excised goods] de contrebande; ~ goods contrebande *f*.

smuggler [ˈsmʌgləʳ] *n* contrebandier *m*, -ère *f*; drug ~ trafiquant *m*, -e *f* de drogue.

smuggling [ˈsmʌglɪŋ] *n* contrebande *f*.

smugly [ˈsmʌglɪ] *adv* [say] d'un ton suffisant, avec suffisance; [look, smile] d'un air suffisant, avec suffisance.

smut [smʌt] (*pt & pp* smutted, *cont* smutting) ◇ *n* -**1.** *inf (U)* [obscenity] cochonneries *fpl*;

[pornography] porno *m*; **that bookshop sells nothing but ~** cette librairie ne vend que du porno. -**2.** *Br* [speck of dirt] poussière *f*; [smudge of soot] tache *f* de suie; **you've got a ~ on your cheek** tu as de la suie sur la joue; **I've got a ~ in my eye** j'ai une poussière dans l'œil. -**3.** AGR charbon *m* OR nielle *f* du blé.
◇ *vt* [smudge, stain] salir, noircir.

smuttiness *inf* ['smʌtɪnɪs] *n* obscénité *f*.

smutty ['smʌtɪ] (*compar* **smuttier**, *superl* **smuttiest**) *adj* -**1.** *inf* [obscene] cochon; [pornographic] porno; **a book full of ~ stories** un livre plein d'histoires cochonnes. -**2.** [dirty - hands, face, surface] sali, noirci.

Smyrna ['smɜːnə] *pr n* Smyrne.

snack [snæk] ◇ *n* -**1.** [light meal] casse-croûte *m inv*, en-cas *m inv*; **to have a ~** casser la croûte, manger un morceau; **to have a ~ lunch** déjeuner sur le pouce. -**2.** *(usu pl)* [appetizer - esp at party] amuse-gueule *m*.
◇ *vi Am* grignoter.

snack bar *n* snack *m*, snack-bar *m*.

snaffle ['snæfl] ◇ *vt* -**1.** *inf Br* [get] se procurer; [steal] piquer, faucher; **they ~d (up) all the prizes** ils ont raflé tous les prix. -**2.** EQUIT mettre un bridon à.
◇ *n*: **~ (bit)** mors *m* brisé, bridon *m*.

snafu▽ [snæ'fuː] ◇ *adj* MIL en pagaille, bordélique.
◇ *vt Am* mettre la pagaille OR le bordel dans.
◇ *n* pagaille *f*, bordel *m fig*.

snag [snæg] (*pt & pp* **snagged**, *cont* **snagging**)
◇ *n* -**1.** [problem] problème *m*, difficulté *f*, hic *m*; **to come across** OR **to run into a ~** tomber sur un hic OR sur un os; **there are several ~s in your plan** il y a plusieurs choses qui clochent dans ton projet; **the only ~ is that you have to pay first** le seul problème, c'est qu'il faut payer d'abord. -**2.** [tear - in garment] accroc *m*; [- in stocking] fil *m* tiré. -**3.** [sharp protuberance] aspérité *f*; [tree stump] chicot *m*; **I caught my dress on a ~** j'ai fait un accroc à ma robe.
◇ *vt* -**1.** [tear - cloth, garment] faire un accroc à, déchirer; **she snagged her stocking on the brambles** elle a accroché son bas OR fait un accroc à son bas dans les ronces. -**2.** *inf Am* [obtain] s'emparer de.
◇ *vi* s'accrocher; **the rope snagged on the ledge** la corde s'est trouvée coincée sur le rebord.

snail [sneɪl] *n* escargot *m*; **at a ~'s pace** [move, walk] comme un escargot, à une allure d'escargot; [change, progress] très lentement.

snake [sneɪk] ◇ *n* -**1.** ZOOL serpent *m*; **~s alive!** *Br dated* ciel! -**2.** [person] vipère *f*; **he's a real ~** c'est un faux jeton ❑ **a ~ in the grass** un faux frere. -**3.** ECON serpent *m* (monétaire).
◇ *vi* serpenter, sinuer *lit*; **the smoke ~d upwards** une volute de fumée s'élevait vers le ciel; **the path ~d between the trees** le chemin serpentait entre les arbres.
◇ *vt*: **the river/road ~s its way down to the sea** le fleuve serpente/la route descend en lacets jusqu'à la mer.

snakebird ['sneɪkbɜːd] *n* oiseau-serpent *m*.

snakebite ['sneɪkbaɪt] *n* morsure *f* de serpent.

snake charmer *n* charmeur *m*, -euse *f* de serpent.

snakes and ladders *n (U) jeu d'enfants ressemblant au jeu de l'oie.*

snakeskin ['sneɪkskɪn] ◇ *n* peau *f* de serpent.
◇ *comp* [shoes, handbag] en (peau de) serpent.

snaky ['sneɪkɪ] (*compar* **snakier**, *superl* **snakiest**) *adj* -**1.** [sinuous - river, road, movement] sinueux. -**2.** [person] insidieux, perfide; [cunning, acts] perfide.

snap [snæp] (*pt & pp* **snapped**, *cont* **snapping**)
◇ *vt* -**1.** [break - sharply] casser net; [- with a crack] casser avec un bruit sec; **to ~ sthg in two** OR **in half** casser qqch en deux d'un coup sec. -**2.** [make cracking sound] faire claquer; **she snapped her case shut** elle ferma sa valise d'un coup sec; **she only needs to ~ her fingers and he comes running** il lui suffit de claquer des doigts pour qu'il arrive en courant; **to ~ one's fingers at sb** faire claquer ses doigts pour attirer l'attention de qqn; [mockingly] faire la nique à qqn; **they snapped their fingers at the idea** ils ont rejeté l'idée avec mépris. -**3.** [say brusquely] dire d'un ton sec OR brusque; **"no", he snapped** «non», dit-il d'un ton sec. -**4.** [seize - gen] saisir; [- subj: dog] happer; **she snapped the letter out of my hand** elle m'a arraché la lettre des mains. -**5.** *inf* PHOT prendre une photo de.
◇ *vi* -**1.** [break - branch] se casser net OR avec un bruit sec, craquer; [- elastic band] claquer; [- rope] se casser, rompre; **to ~ in two** se casser net. -**2.** [make cracking sound - whip, fingers] claquer; **to ~ open/shut** s'ouvrir/se fermer avec un bruit sec OR avec un claquement ❑ **~ to it!** *inf* grouille-toi!, magne-toi! -**3.** *fig* [person, nerves] craquer; **after his divorce he just snapped** après son divorce, il a craqué. -**4.** [speak brusquely]: **to ~ at sb** parler à qqn d'un ton sec; **there's no need to ~!** tu n'as pas besoin de parler sur ce ton-là! -**5.** [try to bite]: **to ~ at** chercher à OR essayer de mordre; **the dog snapped at his ankles** le chien essayait de lui mordre les chevilles; **the fish snapped at the bait** les poissons cherchaient à happer l'appât; **the taxmen were beginning to ~ at his heels** *fig* les impôts commençaient à le talonner.
◇ *n* -**1.** [of whip] claquement *m*; [of sthg breaking, opening, closing] bruit *m* sec; **with a ~ of his fingers** en claquant des doigts; **to open/to close sthg with a ~** ouvrir/refermer qqch d'un coup sec; **the branch broke with a ~** la branche a cassé avec un bruit sec. -**2.** [of jaws]: **to make a ~ at sb/sthg** essayer de mordre qqn/qqch; **the puppy made a ~ at my ankles** le chiot a essayé de me mordiller les chevilles; **the dog made a ~ at the bone** le chien a essayé de happer l'os. -**3.** *inf* PHOT photo *f*, instantané *m*; **to take a ~ of sb** prendre qqn en photo; **holiday ~s** photos de vacances. -**4.** *Br* CARDS ≃ bataille *f*; **to play ~** ≃ jouer à la bataille. -**5.** METEOR: **a cold ~, a ~ of cold weather** une vague de froid. -**6.** *inf* [effort] effort *m*; [energy] énergie *f*; **put some ~ into it!** allez, mettez-y un peu de nerf! -**7.** *inf Am* [easy task]: **it's a ~!** c'est simple comme bonjour! -**8.** CULIN biscuit *m*, petit gâteau *m* sec. -**9.** [clasp, fastener] fermoir *m*. -**10.** *inf Br dial* [food] bouffe *f*.
◇ *adj* -**1.** [vote] éclair; [reaction] immédiat; [judgment] irréfléchi, hâtif; **she made a ~ decision to go to Paris** elle décida tout à coup d'aller à Paris; **the President made a ~ decision to send troops** le Président décida immédiatement d'envoyer des troupes; **to call a ~ election** procéder à une élection surprise. -**2.** *inf Am* [easy] facile.
◇ *adv*: **to go ~** casser net.
◇ *interj Br* -**1.** CARDS: **~!** ≃ bataille! -**2.** *inf* [in identical situation]: **~!** tiens!, quelle coïncidence!; **my mother's a teacher — ~, so's mine!** ma mère est prof — tiens! la mienne aussi!

◆ **snap off** ◇ *vt sep* casser; **he snapped off a piece of chocolate** il a cassé un morceau de chocolat ❑ **to ~ sb's head off** *inf* envoyer promener qqn.
◇ *vi insep* casser net.

◆ **snap on** *vt sep Am*: **to ~ a light on** allumer une lampe.

◆ **snap out** ◇ *vi insep*: **to ~ out of** [depression, mood, trance] se sortir de, se tirer de; [temper] dominer, maîtriser; **~ out of it!** [depression] ne te laisse pas aller comme ça!; [bad temper] ne t'énerve pas comme ça!; **he can't seem to ~ out of this mood** he's in il n'a pas l'air de vouloir changer d'humeur.
◇ *vt sep* [question] poser d'un ton sec; [order, warning] lancer brutalement; **"stop!" he snapped out** «arrête!» lança-t-il brutalement.

◆ **snap up** *vt sep* -**1.** [subj: dog, fish] happer, attraper. -**2.** *fig* [bargain, offer, opportunity] sauter sur, se jeter sur; **the records were snapped up in no time** les disques sont partis OR se sont vendus en un rien de temps; **the cakes/the best bargains were soon snapped up** les gâteaux sont partis/les meilleures affaires sont parties très vite. -**3.** *inf Am phr*: **~ it up!** dépêchons!

snap bean *n Am* haricot *m* vert.

snapdragon ['snæpˌdrægən] *n* muflier *m*, gueule-de-loup *f*.

snap fastener *n* [press stud] bouton-pression *m*, pression *f*; [clasp - on handbag, necklace] fermoir *m* (à pression).

snap-on *adj* [collar, cuffs, hood] détachable, amovible (à pressions).

snapper ['snæpəʳ] (*pl inv* OR **snappers**) *n* [fish] lutjanidé *m*; **red ~** vivaneau *m*.

snappily *inf* ['snæpɪlɪ] *adv* -**1.** [dress] avec chic. -**2.** [act, converse] vivement; [work] vite, sans traîner; [reply] du tac-au-tac.

snappish ['snæpɪʃ] *adj* [dog] hargneux, toujours prêt à mordre; [person] hargneux; [voice] mordant, cassant; [reply] brusque, cassant, sec; **she's in a very ~ mood today** elle n'est pas à prendre avec des pincettes aujourd'hui.

snappy *inf* ['snæpɪ] (*compar* **snappier**, *superl* **snappiest**) *adj* -**1.** [fashionable]: **she's a ~ dresser** elle sait s'habiller. -**2.** [lively - pace, rhythm] vif, entraînant; [- dialogue, debate] plein d'entrain, vivant; [- style, slogan] qui a du punch; [- reply] bien envoyé; **look ~!** *inf* grouille-toi!, active!; **make it ~!** *inf* et que ça saute! -**3.** [unfriendly - person] hargneux; [- answer] brusque; [- voice] cassant; **you're a bit ~ today!** tu es de mauvais poil aujourd'hui!; **a ~ little dog** un petit roquet.

snapshot ['snæpʃɒt] *n* instantané *m*.

snare [sneəʳ] ◇ *n* -**1.** [trap - gen] piège *m*; [- made of rope, wire] lacet *m*, collet *m*, lacs *m*; *fig* piège *m*, traquenard *m*; **to set a ~** tendre un piège; **to be caught in a ~** [animal] être pris dans un piège; *fig* [person] être pris au piège; **the ~s of love** *lit* les pièges de l'amour. -**2.** MUS: **~ (drum)** caisse *f* claire.
◇ *vt* [animal - gen] piéger; [- in wire or rope trap] prendre au lacet OR au collet; *fig* [person] prendre au piège, piéger.

snarl [snɑːl] ◇ *vi* -**1.** [dog] gronder, grogner; [person] gronder; **the dog ~ed at me as I walked past** le chien a grogné quand je suis passé; **the lions ~ed at their tamer** les lions rugissaient contre leur dompteur; **there's no need to ~ at me!** tu n'as pas besoin de prendre ce ton hargneux pour me parler! -**2.** [thread, rope, hair] s'emmêler; [traffic] se bloquer; [plan, programme] cafouiller.
◇ *vt* -**1.** [person] lancer d'une voix rageuse, rugir; **to ~ a reply** répondre d'une voix rageuse; **"shut up", she ~ed** «tais-toi», lança-t-elle d'un ton hargneux. -**2.** [thread, rope, hair] enchevêtrer, emmêler; **you hair is all ~ed** tu as les cheveux tout emmêlés; **the wool is all ~ed** la laine est tout enchevêtrée.
◇ *n* -**1.** [sound] grognement *m*, grondement *m*; **to give a ~** [subj: dog] pousser un grognement; [subj: tiger] feuler; [subj: person] gronder; **she answered him with a ~** elle lui a répondu d'un ton hargneux. -**2.** [tangle - in thread, wool, hair] nœud *m*, nœuds *mpl*; **caught in a ~ of traffic** pris dans un embouteillage OR un bouchon.

◆ **snarl up** ◇ *vi insep* = **snarl** *vi* **2**.
◇ *vt sep (usu pass)* -**1.** [thread, rope, hair] emmêler, enchevêtrer; **to get ~ed up** s'emmêler, s'enchevêtrer. -**2.** [traffic] bloquer, coincer; [plans] faire cafouiller; **the postal service is completely ~ed up** le service des postes est complètement bloqué.

snarl-up *n* [of traffic] bouchon *m*, embouteillage *m*; [of plans] cafouillage *m*.

snatch [snætʃ] ◇ *vt* -**1.** [seize - bag, money] saisir; [- opportunity] saisir, sauter sur; **to ~ sthg from sb** OR **from sb's hands** arracher qqch des mains de qqn; **a boy on a motorbike ~ed her bag** un garçon en moto lui a arraché son sac; **his mother ~ed him out of the path of the bus** sa mère l'a attrapé par le bras pour l'empêcher d'être renversé par le bus. -**2.** [manage to get - meal, drink] avaler à la hâte; [- holiday, rest] réussir à avoir; **to ~ some sleep** réussir à dormir un peu; **I was only able to ~ a**

sandwich j'ai juste eu le temps d'avaler un sandwich; **to ~ a glance at sb** lancer un coup d'œil furtif à qqn. -**3.** [steal] voler; [kiss] voler, dérober; [victory] décrocher. -**4.** [kidnap] kidnapper.

◇ *vi* [to child]: **don't ~!** [from hand] prends-le doucement!; [from plate] prends ton temps!; **to ~ at sthg** essayer de saisir OR d'attraper qqch; **she ~es at the slightest hope/opportunity** *fig* elle s'accroche au moindre espoir/saute sur la moindre occasion.

◇ *n* -**1.** [grab] geste *m* vif de la main *(pour attraper qqch)*; **to make a ~ at sthg** essayer de saisir OR d'attraper qqch; **to make a ~ at victory** *fig* essayer de s'emparer de la victoire. -**2.** *inf Br* [robbery] vol *m* à l'arraché; **bag ~** vol (de sac) à l'arraché. -**3.** *inf* [kidnapping] kidnapping *m*. -**4.** [fragment - of conversation] fragment *m*, bribes *fpl*; [- of song, music] fragment *m*, mesure *f*; [- of poetry] fragment *m*, vers *m*; **she could only catch a few ~es of their conversation/the song** elle ne put saisir que quelques bribes de leur conversation/quelques mesures de la chanson. -**5.** [short spell] courte période *f*; **to sleep in ~es** dormir par intervalles OR de façon intermittente; **to work in ~es** travailler par à-coups. -**6.** [in weightlifting] arraché *m*. -**7.** ▼ [vagina] con *m*, chatte *f*.

◆ **snatch away** *vt sep* [letter, plate etc] arracher, enlever d'un geste vif; [hope] ôter, enlever; **to ~ sthg away from sb** arracher qqch à qqn; **she ~ed her hand away from the hot stove** elle a vite enlevé sa main du fourneau brûlant; **victory was ~ed from them in the last minute** la victoire leur a été soufflée à la dernière minute.

◆ **snatch up** *vt sep* ramasser vite OR vivement OR d'un seul coup; **she ~ed up her child** elle a saisi OR empoigné son enfant.

-snatcher ['snætʃəʳ] *in cpds* arracheur *m*, -euse *f*; **bag~** voleur *m*, -euse *f* (de sac) à l'arraché.

snatch squad *n Br groupe de policiers chargé d'arrêter les meneurs (lors d'une manifestation).*

snatchy *inf* ['snætʃɪ] (*compar* **snatchier**, *superl* **snatchiest**) *adj* [sleep] intermittent; [work] fait par à-coups OR de façon intermittente; [conversation] à bâtons rompus.

snazzily *inf* ['snæzɪlɪ] *adv* [dress] avec chic.

snazzy *inf* ['snæzɪ] (*compar* **snazzier**, *superl* **snazziest**) *adj* [garment] chic, qui a de l'allure; [car, house] chouette; **she's a ~ dresser** elle s'habille avec chic, elle est toujours bien sapée; **he's got a ~ new suit** il s'est acheté un nouveau costume drôlement chic.

sneak [sniːk] (*Br pt & pp* **sneaked**, *Am pt & pp* **sneaked** OR **snuck** [snʌk]) ◇ *vi* -**1.** [verb of movement] se glisser, se faufiler; [furtively] se glisser furtivement; [quietly] se glisser à pas feutrés OR sans faire de bruit; [secretly] se glisser sans se faire remarquer; **to ~ up/down the stairs** monter/descendre l'escalier furtivement; **to ~ into/out of a room** entrer dans une pièce/sortir d'une pièce à pas feutrés; **he ~ed into her bedroom** il s'est glissé OR faufilé dans sa chambre; **we ~ed in at the back** nous nous sommes glissés dans le fond discrètement OR sans nous faire remarquer; **they ~ed into the cinema without paying** ils se sont introduits dans le cinéma sans payer; **we managed to ~ past the guards/window** nous avons réussi à passer devant les gardes/la fenêtre sans nous faire remarquer; **I ~ed round to the back door** je me suis glissé sans bruit jusqu'à la porte de derrière. -**2.** *inf Br* SCH moucharder, cafter; **to ~ on sb** moucharder qqn.

◇ *vt* -**1.** [give - letter, message] glisser en douce OR sans se faire remarquer; **they ~ed the money to her** ils lui ont glissé l'argent en douce; **the visitor managed to ~ him a knife** le visiteur réussit à lui glisser un couteau sans se faire remarquer. -**2.** [take] enlever, prendre; **he ~ed the keys from her pocket** il a pris les clés dans sa poche sans qu'elle s'en aperçoive; **to ~ a look at sthg** lancer OR jeter un coup d'œil furtif à qqch. -**3.** *inf* [steal] chiper, piquer, faucher.

◇ *n inf* -**1.** [devious person] faux jeton *m*. -**2.** *Br* SCH cafardeur *m*, -euse *f*, mouchard *m*, -e *f*.

◇ *adj* [attack] furtif.

◆ **sneak away, sneak off** *vi insep* se défiler, s'esquiver.

◆ **sneak up** *vi insep* s'approcher à pas feutrés OR furtivement; **to ~ up on** OR **behind sb** s'approcher de qqn à pas feutrés.

sneaker ['sniːkəʳ] *n Am* (chaussure *f* de) tennis *m or f*, basket *m or f*.

sneaking ['sniːkɪŋ] *adj* [feeling, respect] inavoué, secret; **she had a ~ suspicion that he was guilty** elle ne pouvait (pas) s'empêcher de penser qu'il était coupable; **she felt a ~ admiration for him** elle ne pouvait (pas) s'empêcher de l'admirer; **I had a ~ feeling that he was right** quelque chose me disait qu'il avait raison.

sneak preview *n* avant-première *f* privée; **I was given a ~ of the new film** j'ai pu voir le nouveau film en avant-première.

sneak thief *n Br* chapardeur *m*, -euse *f*.

sneaky ['sniːkɪ] (*compar* **sneakier**, *superl* **sneakiest**) *adj* [person] sournois; [action] faite en cachette, faite à la dérobée; **I caught him having a ~ cigarette** je l'ai surpris en train de fumer une cigarette en cachette.

sneer [snɪəʳ] ◇ *vi* ricaner, sourire avec mépris OR d'un air méprisant; **don't ~** ne sois pas si méprisant; **to ~ at sb/sthg** se moquer de qqn/qqch; **an achievement not to be ~ed at** un exploit qu'il ne faudrait pas minimiser.

◇ *n* [facial expression] ricanement *m*, rictus *m*; [remark] raillerie *f*, sarcasme *m*; **"who do you think you are?", he said with a ~** «pour qui est-ce que tu te prends?», dit-il en ricanant OR ricana-t-il.

sneering ['snɪərɪŋ] ◇ *adj* ricaneur, méprisant.

◇ *n (U)* ricanement *m*, ricanements *mpl*.

sneeringly ['snɪərɪŋlɪ] *adv* [look] d'un air ricaneur, en ricanant; [say] d'un ton ricaneur, en ricanant.

sneeze [sniːz] ◇ *n* éternuement *m*.

◇ *vi* éternuer; **an offer not to be ~d at** *inf fig* une proposition qui n'est pas à dédaigner OR sur laquelle il ne faut pas cracher.

snick [snɪk] ◇ *n* -**1.** [notch] petite entaille *f*, encoche *f*; **to make a ~ in sthg** faire une entaille OR une encoche à qqch. -**2.** [in cricket] *coup (de batte) qui fait dévier la balle.*

◇ *vt* -**1.** [cloth, wood] faire une petite entaille OR une encoche dans. -**2.** [in cricket] couper la balle.

snicker ['snɪkəʳ] ◇ *n* -**1.** [snigger] ricanement *m*. -**2.** [of horse] (petit) hennissement *m*.

◇ *vi* -**1.** [snigger] ricaner. -**2.** [horse] hennir doucement.

snide [snaɪd] *adj* [sarcastic] narquois, railleur; [unfriendly] inamical, insidieux; **I've had enough of your ~ remarks!** j'en ai assez de tes sarcasmes!; **a ~ dig at his colleagues** une remarque inamicale destinée à ses collègues.

snidely ['snaɪdlɪ] *adv* [sarcastically] railleusement; [in unfriendly manner] insidieusement.

sniff [snɪf] ◇ *vi* -**1.** [from cold, crying etc] renifler. -**2.** [scornfully] faire la grimace OR la moue.

◇ *vt* -**1.** [smell - food, soap] renifler, sentir l'odeur de; [- rose, perfume] humer, sentir l'odeur de; [subj: dog] renifler, flairer; **the dog was ~ing the bone suspiciously** le chien flairait l'os d'un air soupçonneux. -**2.** [inhale - air] humer, respirer; [- smelling salts] respirer; [- cocaine] sniffer, priser; [- snuff] priser; [- glue] respirer, sniffer. -**3.** [say scornfully] dire d'un air méprisant OR dédaigneux; **"it's not my cup", she ~ed** «ce n'est pas ma tasse», fit-elle d'un air méprisant.

◇ *n* [gen] reniflement *m*; **to give a ~** *literal* renifler; [scornfully] faire la grimace OR la moue; **"I've no idea", she said with a scornful ~** «je n'en ai aucune idée», dit-elle d'un air dédaigneux; **to have** OR **to take a ~ of sthg** renifler OR flairer qqch; **take a ~ of this meat/this perfume** renifle-moi cette viande/ce parfum; **one ~ of that stuff is enough to knock you out** *inf* une bouffée de ce truc et tu tombes raide; **I didn't even get a ~ of a cup of coffee** *fig* ils ne m'ont même pas offert une tasse de café.

◆ **sniff at** *vt insep* -**1.** *literal*: **to ~ at sthg** [subj: person] renifler qqch; [subj: dog] renifler OR flairer qqch. -**2.** *fig* faire la grimace OR la moue devant; **to ~ at an idea/a une suggestion** faire la grimace devant une idée/suggestion; **their offer is not to be ~ed at** leur offre n'est pas à dédaigner.

◆ **sniff out** *vt sep* [subj: dog] découvrir en reniflant OR en flairant; [criminal] découvrir, dépister; [secret] découvrir.

sniffer dog ['snɪfəʳ-] *n* chien *m* policier *(dressé pour le dépistage de la drogue, des explosifs).*

sniffle ['snɪfl] ◇ *vi* [sniff] renifler; [have runny nose] avoir le nez qui coule.

◇ *n* [sniff] (léger) reniflement *m*; [cold] petit rhume *m* de cerveau; **to have the ~s** *inf* avoir le nez qui coule.

sniffy *inf* ['snɪfɪ] (*compar* **sniffier**, *superl* **sniffiest**) *adj* méprisant, dédaigneux; **to be ~ about sthg** faire le dédaigneux devant qqch.

snifter ['snɪftəʳ] *n* -**1.** *inf Br* [drink] petit verre *m* (d'alcool); **fancy a ~?** tu prends un petit verre? -**2.** *Am* [glass] verre *m* à dégustation.

snigger ['snɪgəʳ] ◇ *vi* ricaner, rire dans sa barbe; **to ~ at** [suggestion, remark] ricaner en entendant; [appearance] se moquer de, ricaner à la vue de.

◇ *n* rire *m* en dessous; [sarcastic] ricanement *m*; **to give a ~** ricaner.

sniggering ['snɪgərɪŋ] ◇ *n (U)* rires *mpl* en dessous; [sarcastic] ricanements *mpl*.

◇ *adj* ricaneur.

snip [snɪp] (*pt & pp* **snipped**, *cont* **snipping**) ◇ *n* -**1.** [cut] petit coup *m* de ciseaux, petite entaille *f* OR incision *f*. -**2.** [sound] clic *m*; **he could hear the ~ of scissors** il entendait le clic-clac de ciseaux. -**3.** [small piece - of cloth, paper] petit bout *m*; [- of hair] mèche *f* (coupée). -**4.** *inf Br* [bargain] (bonne) affaire *f*; [horse] tuyau *m* sûr. -**5.** *inf Br* [cinch]: **it's a ~!** c'est du gâteau!, c'est simple comme bonjour!

◇ *vt* couper *(en donnant de petits coups de ciseaux).*

◇ *vi*: **he was snipping at the hedge** il coupait la haie.

◆ **snip off** *vt sep* couper OR enlever (à petits coups de ciseaux); **the rose heads had been snipped off** les roses avaient été décapitées.

snipe [snaɪp] (*pl inv*) ◇ *n* bécassine *f*.

◇ *vi* -**1.** [shoot] tirer (d'une position cachée); **to ~ at sb** *literal* tirer sur qqn; *fig* [criticize] critiquer qqn par en-dessous; **sniping criticism** critiques insidieuses. -**2.** HUNT aller à la chasse aux bécassines.

sniper ['snaɪpəʳ] *n* tireur *m* embusqué OR isolé; **killed by a ~'s bullet** abattu par un tireur (embusqué).

snippet ['snɪpɪt] *n* [of material, paper] petit bout *m*; [of conversation, information] bribe *f*; **a ~ of news** une petite nouvelle.

snippy ['snɪpɪ] (*compar* **snippier**, *superl* **snippiest**) *adj Am* brusque, vif.

snitch *inf* [snɪtʃ] ◇ *n* -**1.** [person] cafardeur *m*, -euse *f*, mouchard *m*, -e *f*. -**2.** *Br hum* [nose] pif *m*. -**3.** *Br phr*: **it's a ~** [easy] c'est simple comme bonjour; [bargain] c'est une (bonne) occase.

◇ *vi* [tell tales] moucharder; **to ~ on sb** moucharder OR cafarder qqn.

◇ *vt* [steal] chiper, piquer, faucher.

snivel ['snɪvl] (*Br pt & pp* **snivelled**, *cont* **snivelling**, *Am pt & pp* **sniveled**, *cont* **sniveling**) ◇ *vi* [whine] pleurnicher; [because of cold] renifler (continuellement); [with runny nose] avoir le nez qui coule; **stop snivelling!** [crying] arrête de pleurnicher comme ça!; [sniffing] arrête de renifler comme ça!

◇ *vt*: **"it wasn't my fault", he snivelled** «ce n'était pas de ma faute», fit-il en pleurnichant.

◇ *n* [sniffing] reniflement *m*, reniflements *mpl*; [tears] pleurnichements *mpl*; **to have a ~** pleurnicher.

sniveller *Br*, **sniveler** *Am* ['snɪvləʳ] pleurnicheur *m*, -euse *f*, pleurnichard *m*, -e *f*.

snivelling *Br*, **sniveling** *Am* ['snɪvlɪŋ] ◇ *adj* pleurnicheur, larmoyant; **shut up, you ~ little wretch!** tais-toi, espèce de pleurnicheur!
◇ *n (U)* [crying] pleurnichements *mpl*; [because of cold] reniflement *m*, reniflements *mpl*; **stop your ~!** [tears] arrête de pleurnicher comme ça!; [sniffing] arrête de renifler comme ça!

snob [snɒb] *n* snob *mf*; **she's an awful ~/a bit of a ~** elle est terriblement/un peu snob; **to be an intellectual/a literary ~** être un snob intellectuel/en matière de littérature; **inverted** *Br* OR **reverse ~** *personne d'origine modeste qui affiche un mépris pour les valeurs bourgeoises.*

snobbery ['snɒbərɪ] *n* snobisme *m*.

snobbish ['snɒbɪʃ] *adj* snob.

snobbishness ['snɒbɪʃnɪs] *n* snobisme *m*.

snobby *inf* ['snɒbɪ] (*compar* **snobbier**, *superl* **snobbiest**) = **snobbish**.

Sno-Cat® ['snəʊkæt] = **snowcat**.

snog *inf* [snɒg] (*pt* & *pp* **snogged**, *cont* **snogging**) *Br* ◇ *vi* se rouler une pelle.
◇ *vt* rouler une pelle à.
◇ *n*: **to have a ~** se rouler une pelle.

snogging *inf* ['snɒgɪŋ] *n Br*: **there was a lot of ~ going on** ça s'embrassait dans tous les coins.

snood [snu:d] *n* résille *f (pour les cheveux)*.

snook [snu:k] *n* -**1.** ZOOL brochet *m* de mer. -**2.** → **cock**.

snooker ['snu:kəʳ] ◇ *n* snooker *m (sorte de billard joué avec 22 boules)*.
◇ *vt* -**1.** *inf Br* [thwart] mettre dans l'embarras, mettre dans une situation impossible; [trick] arnaquer, avoir; **we're ~ed!** [stuck] on est coincé!; [tricked] on s'est fait avoir!; **they've got us ~ed!** ils nous ont eus! -**2.** GAMES laisser dans une position difficile.

snoop *inf* [snu:p] ◇ *vi* fourrer son nez dans les affaires des autres; **someone has been ~ing about in my room** quelqu'un est venu fouiner dans ma chambre; **to ~ on sb** espionner qqn; **he's always ~ing around** il est toujours à se mêler des affaires des autres OR de ce qui ne le regarde pas.
◇ *n* -**1.** [search]: **to have a ~ around** fouiller, fouiner; **she had a good ~ around the house** elle a fouillé OR fureté partout dans la maison. -**2.** = **snooper**.

snooper ['snu:pəʳ] *n* fouineur *m*, -euse *f*; **she's a born ~** c'est une vraie fouineuse.

snoot *inf* [snu:t] *n Br* pif *m*.

snooty *inf* ['snu:tɪ] (*compar* **snootier**, *superl* **snootiest**) *adj* [person] snobinard; [restaurant] snob; **she's very ~** c'est une vraie pimbêche.

snooze *inf* [snu:z] ◇ *n* petit somme *m*, roupillon *m*; **to have a ~** faire un petit somme, piquer un roupillon; **he always has a ~ in the afternoon** il fait toujours la sieste l'après-midi; **~ (position)** [on alarm clock] (position *f*) sommeil *m*.
◇ *vi* sommeiller, piquer un roupillon; [in afternoon] faire la sieste.

snore [snɔ:ʳ] ◇ *vi* ronfler.
◇ *n* ronflement *m*.

snorer ['snɔ:rəʳ] *n* ronfleur *m*, -euse *f*.

snoring ['snɔ:rɪŋ] *n (U)* ronflement *m*, ronflements *mpl*.

snorkel ['snɔ:kl] (*Br pt* & *pp* **snorkelled**, *cont* **snorkelling**, *Am pt* & *pp* **snorkeled**, *cont* **snorkeling**) ◇ *n* [of swimmer] tuba *m*; [on submarine] schnorchel *m*, schnorkel *m*.
◇ *vi* nager sous l'eau *(avec un tuba)*.

snort [snɔ:t] ◇ *vi* -**1.** [horse] s'ébrouer; [pig] grogner; [bull] renâcler. -**2.** [person – in anger] grogner, ronchonner; **to ~ with laughter** s'étouffer OR pouffer de rire; **he ~ed in disbelief** il eut un petit grognement incrédule.
◇ *vt* -**1.** [angrily] grogner; [laughingly] dire en pouffant de rire; **"nonsense!", he ~ed** «c'est absurde!», grommela-t-il. -**2.** ▽ [cocaine] sniffer.
◇ *n* -**1.** [of bull, horse] ébrouement *m*; [of person] grognement *m*; **the horse gave a loud ~** le cheval s'ébroua bruyamment; **he gave a ~ of contempt** il poussa un grognement de mépris; **he gave a ~ of laughter** il pouffa de rire. -**2.** *inf* [drink] petit verre *m* (d'alcool).

snorter *inf* ['snɔ:təʳ] *n Br* -**1.** [as intensifier]: **her second serve was a ~** son deuxième service a été terrible; **a ~ of a performance** une interprétation époustouflante; **a ~ of a problem** un vrai casse-tête, un sacré problème; **he wrote them a real ~ of a letter** il leur a écrit une vraie lettre d'engueulade. -**2.** [drink] petit verre *m* (d'alcool); **to have a ~** prendre un petit verre.

snot *inf* [snɒt] *n* -**1.** [in nose] morve *f*; **~ rag**▽ tire-jus *m*. -**2.** [person] morveu *m*, -euse *f*; **you pathetic little ~!** pauvre petit morveux!

snotty *inf* ['snɒtɪ] (*compar* **snottier**, *superl* **snottiest**, *pl* **snotties**) ◇ *adj* -**1.** [nose] qui coule; [face, child] morveux. -**2.** [uppity] crâneur, snobinard; **a ~ letter** une lettre agressive.
◇ *n* NAUT aspirant *m*.

snotty-faced *inf adj* morveux, qui a le nez qui coule.

snotty-nosed *inf adj literal* & *fig* morveux.

snout [snaʊt] *n* -**1.** [of pig] groin *m*, museau *m*; [of other animal] museau *m*. -**2.** [projection] saillie *f*; **the ~ of a gun** le canon d'un fusil. -**3.** *inf hum* [nose] pif *m*. -**4.** ▽ *Br* [cigarette] sèche *f*, clope *f*; [tobacco] tabac *m*, foin *m*. -**5.** *inf Br* [informer] mouchard *m*, -e *f*, indic *m*.

snow [snəʊ] ◇ *n* -**1.** *literal* neige *f*; **heavy ~ is forecast** la météo prévoit d'abondantes chutes de neige; **the ~s of yesteryear** les neiges d'antan; **the roads are covered with ~** les routes sont enneigées ❑ **'Snow White and the Seven Dwarfs'** *Grimm, Disney* 'Blanche-Neige et les sept nains'; **'The Snow Maiden'** *Rimsky-Korsakov* 'Fleur de neige'; **'The Snow Queen'** *Andersen* 'la Reine des glaces'. -**2.** *fig* [on screen] neige *f*. -**3.** *drugs sl* [cocaine] neige *f sl*.
◇ *vi* neiger; **it's ~ing** il neige.
◇ *vt inf Am* [sweet-talk] baratiner; **she ~ed him into giving her the money** elle l'a embobiné pour qu'il lui donne l'argent.
◆ **snow in** *vt sep*: **to be ~ed in** être bloqué par la neige.
◆ **snow under** *vt sep fig*: **to be ~ed under with work** être débordé OR complètement submergé de travail; **they're ~ed under with applications/offers** ils ont reçu une avalanche de demandes/d'offres.
◆ **snow up** *vt sep*: **to be ~ed up** [house, village, family] être bloqué par la neige; [road] être complètement enneigé.

snowball ['snəʊbɔ:l] ◇ *n* -**1.** boule *f* de neige; **they had a ~ fight** ils ont fait une bataille de boules de neige ❑ **he hasn't a ~'s chance in hell** *inf* il n'a pas l'ombre d'une chance. -**2.** [cocktail] snowball *m (advokaat allongé de limonade)*.
◇ *comp*: **~ effect** effet *m* boule de neige.
◇ *vt* bombarder de boules de neige, lancer des boules de neige à.
◇ *vi fig* faire boule de neige.

snowbank ['snəʊbæŋk] *n* congère *f*.

snowberry ['snəʊbərɪ] (*pl* **snowberries**) *n* boule-de-neige *f* BOT.

snow-blind *adj*: **to be ~** être atteint de OR souffrir de la cécité des neiges.

snow blindness *n* cécité *f* des neiges.

snow blower *n* chasse-neige *m* à soufflerie.

snow-boot *n* après-ski *m*.

snowbound ['snəʊbaʊnd] *adj* [person, house, village] bloqué par la neige; [road] enneigé.

snowcap ['snəʊkæp] *n* sommet *m* couronné de neige.

snow-capped *adj* couronné de neige.

snowcat ['snəʊkæt] *n* autoneige *f*, motoneige *f*.

snow-clad *adj* couvert de neige, enneigé.

snowdrift ['snəʊdrɪft] *n* congère *f*.

snowdrop ['snəʊdrɒp] *n* perce-neige *m or f inv*.

snowfall ['snəʊfɔ:l] *n* -**1.** [snow shower] chute *f* de neige. -**2.** [amount] enneigement *m*.

snow fence *n* pare-neige *m inv*.

snowfield ['snəʊfi:ld] *n* champ *m* de neige.

snowflake ['snəʊfleɪk] *n* flocon *m* de neige.

snow goose *n* oie *f* des neiges.

snow job *inf n Am*: **to give sb a ~** baratiner qqn; **it's a ~** c'est du baratin.

snow leopard *n* léopard *m* des neiges, once *f*.

snowline ['snəʊlaɪn] *n* limite *f* des neiges éternelles.

snowman ['snəʊmæn] (*pl* **snowmen** [-men]) *n* bonhomme *m* de neige.

snowmobile ['snəʊməbi:l] = **snowcat**.

snowplough *Br*, **snowplow** *Am* ['snəʊplaʊ] ◇ *n* -**1.** [vehicle] chasse-neige *m inv*. -**2.** [in skiing] chasse-neige *m inv*.
◇ *vi* [in skiing] faire du chasse-neige.

snowshoe ['snəʊʃu:] *n* raquette *f (pour marcher sur la neige)*.

snowslide ['snəʊslaɪd], **snowslip** ['snəʊslɪp] *n* avalanche *f*.

snowstorm ['snəʊstɔ:m] *n* tempête *f* de neige.

snowsuit ['snəʊsu:t] *n* combinaison *f* de ski.

snow tyre *n* pneu *m* neige.

snow-white *adj* blanc comme neige.

snowy ['snəʊɪ] (*compar* **snowier**, *superl* **snowiest**) *adj* -**1.** [weather, region etc] neigeux; [countryside, roads etc] enneigé, couvert OR recouvert de neige; [day] de neige; **a ~ Christmas** un Noël enneigé. -**2.** *fig* [hair, beard] de neige; [sheets, tablecloth] blanc comme neige.

snowy owl *n* chouette *f* blanche, harfang *m*.

SNP *pr n abbr of* Scottish National Party.

Snr (*written abbr of* Senior) *utilisé après le nom de quelqu'un pour le distinguer d'un autre membre de la famille, plus jeune et portant le même nom.*

snub [snʌb] (*pt* & *pp* **snubbed**, *cont* **snubbing**) ◇ *n* rebuffade *f*.
◇ *vt* [person] remettre à sa place, rabrouer; [offer, suggestion] repousser (dédaigneusement); **to be snubbed** essuyer une rebuffade; **I felt snubbed** je me suis senti rabroué.
◇ *adj* [nose] retroussé.

snub-nosed *adj* au nez retroussé.

snuck [snʌk] *pt* & *pp* → **sneak**.

snuff [snʌf] ◇ *n* tabac *m* à priser; **to take ~** priser; **a pinch of ~** une prise (de tabac) ❑ **to be up to ~** *inf dated* [in good health] être en forme; [of sufficient quality] être à la hauteur.
◇ *vi* [sniff] priser.
◇ *vt* -**1.** [candle] moucher. -**2.** *phr*: **to ~ it** *inf hum* casser sa pipe. -**3.** [sniff] renifler, flairer.
◆ **snuff out** *vt sep* [candle] éteindre, moucher; *fig* [hope] ôter, supprimer; [rebellion] étouffer; [enthusiasm] briser.

snuffbox ['snʌfbɒks] *n* tabatière *f (pour tabac à priser)*.

snuffer ['snʌfəʳ] *n*: **(candle) ~** éteignoir *m*.
◆ **snuffers** *npl* mouchettes *fpl*.

snuffle ['snʌfl] ◇ *vi* -**1.** [sniffle] renifler. -**2.** [in speech] parler du nez, nasiller.
◇ *vt* dire OR prononcer d'une voix nasillarde.
◇ *n* -**1.** [sniffle] reniflement *m*; **to have the ~s** être un peu enrhumé. -**2.** [in speech] voix *f* nasillarde; **to speak in a ~** parler d'une voix nasillarde.

snuff movie *inf n film pornographique comportant une scène de meurtre filmée en direct.*

snug [snʌg] ◇ *adj* -**1.** [warm and cosy – bed, room] douillet, (bien) confortable; [– sleeping bag, jacket] douillet, bien chaud; **a ~ little house** une petite maison confortable; **it's very ~ in this room** on est bien OR il fait bon dans cette pièce; **I wish I was home and ~ in bed** j'aimerais être bien au chaud dans mon lit ❑ **to be (as) ~ as a bug in a rug** *inf* être bien au chaud. -**2.** [fit] bien ajusté; **my skirt is a ~ fit** ma jupe me va comme un gant. -**3.** [harbour] bien abrité; [hideout] sûr.
◇ *n Br* [in pub] petite arrière-salle *f*.

snuggery ['snʌgərɪ] (*pl* **snuggeries**) *n Br* petite pièce *f* douillette; [in pub] petite arrière-salle *f*.

snuggle ['snʌgl] ◇ *vi* se blottir, se pelotonner; **to ~ into a corner** se blottir OR se pelotonner dans un coin.
◇ *vt* [child, kitten] serrer contre soi, câliner.
◇ *n* câlin *m*; **to have a ~** (se) faire un câlin.

◆ **snuggle down** *vi insep* se blottir, se pelotonner; to ~ down under the blankets s'enfouir sous les couvertures; she ~d down to sleep elle se pelotonna pour dormir; she ~d down beside her mum elle s'est blottie contre sa maman.

◆ **snuggle up** *vi insep*: to ~ up to sb se blottir OR se serrer contre qqn.

snugly ['snʌglɪ] *adv* -**1.** [cosily] douillettement, confortablement; soon they were settled ~ by the fire ils se retrouvèrent bientôt réunis autour d'un bon feu. -**2.** [in fit]: the skirt fits ~ la jupe est très ajustée; the two parts fit together ~ les deux pièces s'emboîtent parfaitement.

so[1] [səʊ] ◇ *adv* -**1.** *(before adj, adv)* [to such an extent] si, tellement; I'm so glad to see you ça me fait tellement plaisir OR je suis si content de te voir; he can be so irritating at times il est tellement énervant par moments; she makes me so angry elle a le don de me mettre en colère; I've never been so surprised in all my life jamais de ma vie je n'avais eu une surprise pareille OR une telle surprise; it was so beautiful a sight *fml* c'était un si beau spectacle; she was so shocked (that) she couldn't speak [result] elle était tellement choquée qu'elle ne pouvait pas parler; so complex was the problem that it baffled even the experts le problème était si OR tellement complexe que même les experts ne comprenaient pas; his handwriting's so bad (that) it's illegible OR so bad as to be illegible il écrit si mal que c'est impossible à lire; would you be so kind as to carry my case? auriez-vous l'amabilité OR la gentillesse de porter ma valise?; is it so very hard to say you're sorry? est-ce si difficile de demander pardon? || *(after verb)* comme ça, ainsi; you mustn't worry so il ne faut pas te faire du souci comme ça; I wish he wouldn't go on so j'aimerais qu'il arrête de radoter || *(with 'that' clause)*: she so detests him OR she detests him so that she won't even speak to him elle le hait au point de refuser OR elle le déteste tellement qu'elle refuse de lui parler; he was upset, so much so that he cried il était bouleversé, à tel point qu'il en a pleuré || *(in negative comparisons)* si, aussi; I'm not so sure je n'en suis pas si sûr; it's not so bad, there's only a small stain ça n'est pas si grave que ça, il n'y a qu'une petite tache; the young and the not so young les jeunes et les moins jeunes; he's not so handsome as his father/as all that il n'est pas aussi beau que son père/si beau que ça; he was not so ill (that) he couldn't go out il n'était pas malade au point de ne pas pouvoir sortir. -**2.** [indicating a particular size, length etc]: the table is about so high/wide la table est haute/large comme ça à peu près. -**3.** [referring to previous statement, question, word etc]: I believe/think/suppose so je crois/pense/suppose; I don't believe/think so je ne crois/pense pas; I don't suppose so je suppose que non; I hope so [answering question] j'espère que oui; [agreeing] j'espère bien, je l'espère; who says so? qui dit ça?; I told you so! je vous l'avais bien dit!; if so si oui; perhaps so peut-être bien; quite so tout à fait, exactement; so I believe/see c'est ce que je crois/vois; so I've been told/he said c'est ce qu'on m'a dit/qu'il a dit; isn't that Jane over there? — why, so it is! ce ne serait pas Jane là-bas? — mais si (c'est elle)!; he was told to leave the room and did so immediately on lui a ordonné de quitter la pièce et il l'a fait immédiatement; she was furious and understandably/and justifiably so elle était furieuse et ça se comprend/et c'est normal; the same only more so tout autant sinon plus; he's very sorry — so he should be! il est désolé — c'est la moindre des choses OR j'espère bien! || [used mainly by children]: I can so! *inf* si, je peux!; I didn't say that! — you did so! *inf* je n'ai pas dit ça! — si, tu l'as dit! ❑ so be it! *arch* OR *hum* soit!, qu'il en soit ainsi!; so help me God! *fml* que Dieu me vienne en aide! -**4.** [likewise] aussi; I had brought food, and so had they j'avais apporté de quoi manger et eux aussi; we arrived early and so did he nous sommes arrivés tôt et lui aussi; if he can do it, then so can I s'il peut OR est capable de le faire, alors moi aussi; my shoes are Italian and so is my shirt mes chaussures sont italiennes et ma chemise aussi. -**5.** [like this, in this way] ainsi; hold the pen (like) so tenez le stylo ainsi OR comme ceci; any product so labelled is guaranteed lead-free tous les produits portant cette étiquette sont garantis sans plomb; the laptop computer is so called because... l'ordinateur lap-top tient son nom de... || [in such a way]: the helmet is so constructed as to absorb OR that it absorbs most of the impact le casque est conçu de façon à amortir le choc ❑ it (just) so happens that... il se trouve (justement) que...; she likes everything (to be) just so elle aime que tout soit parfait; it has to be positioned just so or it won't go in il faut le mettre comme ça sinon ça n'entre pas. -**6.** [introducing the next event in a sequence]: and so to bed! et maintenant au lit!; and so we come to the next question et maintenant nous en venons à la question suivante; so then she left alors elle est partie || [requesting more information]: so what's the problem? alors, qu'est-ce qui ne va pas? || [summarizing, inferring]: so we can't go after all donc nous ne pouvons plus y aller || [in exclamations] alors; so you're Anna's brother! alors (comme ça) vous êtes le frère d'Anna?; so that's why she didn't phone! alors c'est pour ça qu'elle n'a pas téléphoné!; so publish it! eh bien OR alors allez-y, publiez-le! || [introducing a concession] et alors; so I'm late, who cares? je suis en retard, et alors, qu'est-ce que ça peut faire?; so it costs a lot of money, we can afford it ça coûte cher, et alors? on peut se le permettre; so? et alors?, et après? ❑ he'll be angry — so what? il va se fâcher! — qu'est-ce que ça peut (me) faire OR et alors?; so what if she does find out! qu'est-ce que ça peut faire si elle s'en rend compte?

◇ *conj* -**1.** [indicating result] donc, alors; the door was open, so I went in la porte était ouverte, alors je suis entré. -**2.** [indicating purpose] pour que, afin que; give me some money so I can buy some sweets donne-moi de l'argent pour que je puisse acheter des bonbons. -**3.** [in the same way] de même; as 3 is to 6, so 6 is to 12 le rapport entre 6 et 12 est le même qu'entre 3 et 6; as he has lived so will he die il mourra comme il a vécu.

◇ *adj* ainsi, vrai; is that so? c'est vrai?; *iron* vraiment?; that is so c'est vrai, c'est exact; if that is so si c'est le cas, s'il en est ainsi.

◆ **or so** *adv phr* environ, à peu près; it costs £5 or so ça coûte environ 5 livres; there were thirty or so people il y avait trente personnes environ OR à peu près, il y avait une trentaine de personnes.

◆ **so as** *inf conj phr* pour que, afin que.

◆ **so as to** *conj phr* pour, afin de; she went to bed early so as not to be tired next day elle s'est couchée tôt afin de OR pour ne pas être fatiguée le lendemain.

◆ **so that** *conj phr* -**1.** [in order that] pour que, afin que; they tied him up so that he couldn't escape ils l'ont attaché afin qu'il OR pour qu'il ne s'échappe pas; I took a taxi so that I wouldn't be late j'ai pris un taxi pour ne pas être en retard. -**2.** [with the result that] si bien que, de façon à ce que; she didn't eat enough, so that in the end she fell ill elle ne mangeait pas assez, de telle sorte OR si bien qu'elle a fini par tomber malade.

◆ **so to speak, so to say** *adv phr* pour ainsi dire.

so[2] [səʊ] *n* MUS sol *m*.

SO *n abbr of* standing order.

soak [səʊk] ◇ *vt* -**1.** [washing, food] faire OR laisser tremper; he ~ed the shirts in warm water il a fait tremper les chemises dans de l'eau chaude; ~ the prunes overnight laisser tremper les pruneaux toute la nuit; to ~ o.s. (in the bath) faire trempette dans la baignoire. -**2.** [drench - person, dog etc] tremper; to be ~ed through OR to the skin être trempé jusqu'aux os; I got ~ed waiting in the rain je me suis fait tremper en attendant sous la pluie; his shirt was ~ed in blood/in sweat sa chemise était maculée de sang/trempée de sueur. -**3.** *fig* [immerse] imprégner; to ~ o.s. in the history of a period se plonger dans OR s'imprégner de l'histoire d'une époque. -**4.** *inf* [exploit - by swindling] rouler, arnaquer; [- through taxation] faire casquer; to ~ the rich faire casquer les riches.

◇ *vi* [washing] tremper; he put the washing (in) to ~ il a mis le linge à tremper; to ~ in the bath faire trempette dans la baignoire.

◇ *n* -**1.** [in water] trempage *m*; the shirts are in ~ les chemises sont en train de tremper; these shirts need a good ~ il faut laisser OR bien faire tremper ces chemises; I had a nice long ~ in the bath je suis resté longtemps plongé dans un bon bain. -**2.** *inf* [heavy drinker] soûlard *m*, -e *f*, pochard *m*, -e *f*. -**3.** *inf Br* [rain shower] saucée *f*, rincée *f*.

◆ **soak in** *vi insep* -**1.** [water] pénétrer, s'infiltrer. -**2.** *inf fig* [comment, news] faire son effet; she told me what happened, but it hasn't ~ed in yet elle m'a dit ce qui s'est passé, mais je n'ai pas encore vraiment bien compris.

◆ **soak out** ◇ *vi insep* [dirt, stains] partir (au trempage).

◇ *vt sep* [dirt, stains] faire disparaître OR partir (en faisant tremper).

◆ **soak through** *vi insep* [liquid] filtrer au travers, s'infiltrer.

◆ **soak up** *vt sep* -**1.** [absorb] absorber; we spent a week ~ing up the sun nous avons passé une semaine à lézarder OR à nous faire dorer au soleil; they come to Europe to ~ up the culture ils viennent en Europe pour s'imbiber de culture. -**2.** *inf hum* [drink]: he can really ~ it up il peut vraiment boire comme un trou.

soaked [səʊkt] *adj fig* [immersed] imprégné; the place is ~ in history l'endroit est imprégné d'histoire.

soaking ['səʊkɪŋ] ◇ *adj* trempé; take off your shirt, it's ~ enlève ta chemise, elle est trempée; I'm ~ (wet)! je suis trempé jusqu'aux os!

◇ *n* -**1.** [gen] trempage *m*; these clothes need a good ~ il faut laisser tremper ces vêtements || [in rain] *inf*: to get a ~ se faire tremper OR saucer. -**2.** *inf* [financial loss] perte *f* financière; we got a real ~ on the stock market on a vraiment beaucoup perdu à la bourse.

so-and-so *inf n* -**1.** [referring to stranger] untel *m*, unetelle *f*; Mr ~ Monsieur Untel; Mrs ~ Madame Unetelle. -**2.** [annoying person]: you little ~! espèce de petit minable!

soap [səʊp] ◇ *n (U)* -**1.** savon *m*; a bar of ~ un savon, une savonnette; ~ bubble bulle *f* de savon. -**2.** *inf* = **soft soap**. -**3.** *inf phr Am*: no ~! des clous!, des nèfles! -**4.** *inf* = **soap opera**.

◇ *vt* savonner.

◆ **soap down** *vt sep* savonner; to ~ o.s. down se savonner.

◆ **soap up** *inf vt sep* -**1.** [flatter] passer de la pommade à. -**2.** *Am* [bribe] soudoyer.

soapbox ['səʊpbɒks] ◇ *n* -**1.** *literal* caisse *f* à savon; *fig* [for speaker] tribune *f* improvisée OR de fortune; get off your ~! ne monte pas sur tes grands chevaux! -**2.** [go-kart] chariot *m*, ≃ kart *m (sans moteur)*.

◇ *comp* [orator] de carrefour; [oratory] de démagogue; he's just a ~ orator ce n'est qu'un orateur de carrefour.

soapdish ['səʊpdɪʃ] *n* porte-savon *m*.

soapflakes ['səʊpfleɪks] *npl* paillettes *fpl* de savon, savon *m* en paillettes.

soap opera *n* RADIO & TV soap-opera *m*.

soap powder *n* lessive *f* (en poudre), poudre *f* à laver.

soapstone ['səʊpstəʊn] *n* stéatite *f*.

soapsuds ['səʊpsʌdz] *npl* [foam] mousse *f* de savon; [soapy water] eau *f* savonneuse.

soapy ['səʊpɪ] *(compar* soapier, *superl* soapiest) *adj* -**1.** [water, hands, surface] savonneux; [taste] de savon. -**2.** *inf fig & pej* [person, manner, voice] onctueux, mielleux.

soar [sɔːʳ] *vi* -**1.** [bird, plane] monter en flèche; [flames] jaillir; to ~ into the sky OR the air [bird, balloon etc] s'élever dans les airs; the ball ~ed over the fence/our heads le ballon s'est envolé au-dessus de la clôture/de nos têtes; the jet ~ed above us l'avion est monté en flèche au-dessus de nous. -**2.** [spire] se dresser vers le ciel; [mountain] s'élever vers le ciel; the mountain seemed to ~ into the clouds la montagne paraissait s'élancer dans les nuages. -**3.** [temperature, profits, prices] monter OR grimper en flèche; [suddenly] faire un bond; sales have ~ed since the TV adverts les ventes ont grimpé en flèche depuis les publicités à la télé. -**4.** [spirits] remonter en flèche; [hopes, imagination] grandir démesurément; [reputation] monter en flèche. -**5.** [sound, music] s'élever.

soaring ['sɔːrɪŋ] ◇ *adj* -**1.** [bird, glider] qui s'élève dans le ciel; [spire, tower] qui s'élance vers le ciel; [mountain] qui s'élève vers le ciel; the ~ spire of the cathedral la flèche de la cathédrale qui s'élance vers le ciel. -**2.** [prices, inflation] qui monte OR qui grimpe en flèche; [imagination] débordant; [hopes, reputation] grandissant.
◇ *n* [of bird] essor *m*, élan *m*; [of plane] envol *m*; [of prices] envolée *f*, explosion *f*.

SOAS ['səʊæs] (*abbr of* School of Oriental and African Studies) *pr n* *école des études orientales et africaines de Londres.*

sob¹ [sɒb] (*pt & pp* sobbed, *cont* sobbing) ◇ *n* sanglot *m*; she answered him with a ~ elle lui répondit dans un sanglot; it wasn't me, he said with a ~ ce n'est pas moi, dit-il en sanglotant; with a ~ in her voice la voix étouffée par un sanglot.
◇ *vi* sangloter.
◇ *vt*: to ~ o.s. to sleep s'endormir à force de sangloter OR en sanglotant; "I can't remember!", he sobbed «je ne me rappelle pas», dit-il en sanglotant OR dans un sanglot.
◆ **sob out** *vt sep* raconter en sanglotant; she sobbed out her grief son chagrin se traduisait par des sanglots; to ~ one's heart out sangloter de tout son corps, pleurer à gros sanglots.

sob² *inf*, **SOB** *inf* ['esəʊbiː] *n Am abbr of* son of a bitch.

sobbing ['sɒbɪŋ] ◇ *n (U)* sanglots *mpl*; stop your ~ arrête de sangloter.
◇ *adj* sanglotant.

sober ['səʊbəʳ] ◇ *adj* -**1.** [not drunk] sobre; he's always ~ il ne boit jamais; he's never ~ il est toujours ivre ‖ [sobered up] dessoûlé; wait until he's ~ again attends qu'il dessoûle ☐ to be as ~ as a judge [serious] être sérieux comme un pape; [temperate] être sobre comme un chameau. -**2.** [moderate - person] sérieux, posé, sensé; [- attitude, account, opinion] modéré, mesuré; [- manner] sérieux, posé. -**3.** [serious, solemn - atmosphere, occasion] solennel, plein de solennité; [- expression] grave, plein de gravité; [- voice] grave, empreint de gravité; [- reminder] solennel; you're in (a) ~ mood vous êtes d'humeur bien solennelle. -**4.** [subdued - colour, clothing] discret, sobre; he was wearing a ~ blue tie il portait une cravate d'un bleu sobre; of ~ appearance d'aspect sobre. -**5.** [plain - fact, reality] (tout) simple; [- truth] simple, tout nu; the ~ fact is... le fait est que...; a man of ~ tastes un homme aux goûts simples OR sobres.
◇ *vt* [calm] calmer, assagir.
◆ **sober down** ◇ *vi insep* [calm down] se calmer, s'assagir.
◇ *vt sep* [calm] calmer, assagir.
◆ **sober up** *vi insep & vt sep* dessoûler.

sobering ['səʊbərɪŋ] *adj*: it's a ~ thought cela donne à réfléchir; what she said had a ~ effect on everyone ce qu'elle a dit donnait à réfléchir à tous.

soberly ['səʊbəlɪ] *adv* [act, speak] avec sobriété OR modération OR mesure; [dress] sobrement, discrètement; he said ~ [calmly] dit-il d'un ton posé OR mesuré; [solemnly] dit-il d'un ton grave; the soldiers filed ~ past les soldats défilèrent solennellement.

soberness ['səʊbənɪs] = **sobriety**.

sobersides *inf* ['səʊbəsaɪdz] *n Br*: he's a real ~ c'est un vrai bonnet de nuit.

sobriety [səʊ'braɪətɪ] *n* -**1.** [non-drunkenness] sobriété *f*; his ~ cannot be guaranteed rien ne garantit qu'il ne sera pas ivre. -**2.** [moderation - of person] sobriété *f*, sérieux *m*; [- of opinion, judgement] mesure *f*, modération *f*; [- of manner, style, tastes] sobriété *f*. -**3.** [solemnity - of occasion] solennité *f*; [- of voice] ton *m* solennel OR grave; [- of mood] sobriété *f*. -**4.** [of colour, dress] sobriété *f*.

sobriquet ['səʊbrɪkeɪ] *n lit* sobriquet *m*.

sob story *inf n pej* histoire *f* larmoyante, histoire *f* à vous fendre le cœur; she's always full of sob stories elle cherche toujours à vous apitoyer OR à vous fendre le cœur avec ses histoires; he told us some ~ about his deprived childhood il nous a parlé de son enfance malheureuse, à faire pleurer dans les chaumières.

Soc [sɒk] (*abbr of* Society) *n* ≃ club *m* (*abréviation utilisée dans la langue parlée notamment par les étudiants pour désigner les différents clubs universitaires*).

so-called [-kɔːld] *adj* soi-disant (*inv*), prétendu; his ~ aunt sa soi-disant tante; ~ social workers des soi-disant assistants sociaux; her ~ boudoir son boudoir, comme elle l'appelle.

soccer ['sɒkəʳ] ◇ *n* football *m*, foot *m*.
◇ *comp* [pitch, match, team] de football, de foot; [supporter] d'une équipe de foot; ~ hooligans hooligans *mpl* (*lors de matches de football*); ~ player footballeur *m*, -euse *f*.

sociability [ˌsəʊʃə'bɪlətɪ] *n* sociabilité *f*.

sociable ['səʊʃəbl] ◇ *adj* -**1.** [enjoying company] sociable, qui aime la compagnie (des gens); [friendly] sociable, amical; [evening] amical, convivial; try to be more ~ [go out more] essaie de sortir un peu et de rencontrer des gens; [mix more] essaie d'être un peu plus sociable; I'm not in a ~ mood je ne suis pas d'humeur sociable, je n'ai pas envie de voir de monde. -**2.** SOCIOL & ZOOL sociable.
◇ *n Am* fête *f*.

sociably ['səʊʃəblɪ] *adv* [behave] de manière sociable, amicalement; [say] amicalement.

social ['səʊʃl] ◇ *adj* -**1.** [background, behaviour, conditions, reform, tradition] social; [phenomenon] social, de société; to bow to ~ pressures se plier aux pressions sociales; they are our ~ equals ils sont de même condition sociale que nous; they move in high ~ circles ils évoluent dans les hautes sphères de la société; ~ benefits prestations *fpl* sociales; ~ class classe *f* sociale; it's ~ death to wear such clothes there *hum* plus personne ne te connaît si tu t'habilles comme ça pour y aller ☐ ~ conscience conscience *f* sociale; ~ order ordre *m* social; ~ outcast paria *m*. -**2.** [in society - activities] mondain; [leisure] de loisir OR loisirs; his life is one mad ~ whirl il mène une vie mondaine insensée. -**3.** [evening, function] amical. -**4.** ZOOL social; ants are ~ insects les fourmis sont une espèce sociale; man is a ~ animal l'homme est un animal social.
◇ *n* soirée *f* (dansante).

social climber *n* arriviste *mf*.

social climbing *n* arrivisme *m*.

social contract *n* contrat *m* social.

social democracy *n* -**1.** [system] social-démocratie *f*. -**2.** [country] démocratie *f* socialiste; we live in a ~ nous vivons dans une démocratie socialiste.

social democrat *n* social-démocrate *mf*.

social democratic *adj* social-démocrate.

Social Democratic and Labour Party *pr n* *parti travailliste d'Irlande du Nord.*

Social Democratic Party *pr n* Parti *m* social-démocrate.

social disease *n* [gen] maladie *f* provoquée par des facteurs socio-économiques; *euph* [venereal] maladie *f* vénérienne.

social drinker *n*: he's purely a ~ il ne boit pas seul, il boit seulement en société OR en compagnie.

social drinking *n* alcoolisme *m* mondain.

social engineering *n* manipulation *f* des structures sociales.

social fund *n* *caisse d'aide sociale.*

social insurance *n (U)* prestations *fpl* sociales.

socialism ['səʊʃəlɪzm] *n* socialisme *m*.

socialist ['səʊʃəlɪst] ◇ *adj* socialiste.
◇ *n* socialiste *mf*.

socialistic [ˌsəʊʃə'lɪstɪk] *adj* socialiste, de nature socialiste.

socialite ['səʊʃəlaɪt] *n* mondain *m*, -e *f*, personne *f* qui fréquente la haute société; she's a famous ~ elle est connue pour fréquenter beaucoup la haute société.

sociality [ˌsəʊʃɪ'ælətɪ] *n* socialité *f*.

socialization [ˌsəʊʃəlaɪ'zeɪʃn] *n* POL & PSYCH socialisation *f*.

socialize, -ise ['səʊʃəlaɪz] ◇ *vi* [go out] sortir, fréquenter des gens; [make friends] se faire des amis; to ~ with sb frayer avec qqn; she used to ~ a lot when she was at college elle sortait beaucoup quand elle était étudiante; he finds it difficult to ~ il a du mal à lier connaissance, il est très peu sociable.
◇ *vt* POL & PSYCH socialiser.

socialized medicine ['səʊʃəlaɪzd-] *n esp Am* *système de sécurité sociale.*

socializing ['səʊʃəlaɪzɪŋ] *n* fait *m* de fréquenter des gens; ~ between teachers and pupils is discouraged les relations entre élèves et professeurs ne sont pas encouragées.

social life *n* vie *f* mondaine; to have a busy ~ [be fashionable] mener une vie très mondaine; [go out often] sortir beaucoup; he doesn't have much of a ~ il ne sort pas beaucoup; there isn't much of a ~ in this town les gens ne sortent pas beaucoup dans cette ville, il ne se passe rien dans cette ville; what's the ~ like here? est-ce que vous sortez beaucoup ici?

socially ['səʊʃəlɪ] *adv* socialement; ~ acceptable behaviour comportement socialement acceptable; we've never met ~ on ne s'est jamais rencontrés en société.

social science *n* sciences *fpl* humaines.

social scientist *n* spécialiste *mf* des sciences humaines.

social security *n* -**1.** [gen] prestations *fpl* sociales; to be on ~ toucher une aide sociale. -**2.** *Br* [money paid to unemployed] ≃ allocations *fpl* de chômage.

social services *npl* services *mpl* sociaux.

social studies *npl* sciences *fpl* sociales.

social work *n* assistance *f* sociale, travail *m* social.

social worker *n* assistant social *m*, assistante sociale *f*, travailleur social *m*, travailleuse sociale *f*.

society [sə'saɪətɪ] (*pl* societies) ◇ *n* -**1.** [social community] société *f*; it is a danger to ~ cela constitue un danger pour la société; for the good of ~ dans l'intérêt de la société; woman's place in ~ la place de la femme dans la société. -**2.** [nation, group] société *f*; primitive/industrial societies des sociétés primitives/industrielles; Western ~ la société occidentale. -**3.** [fashionable circles]: (high) ~ la haute société, le (beau OR grand) monde; to make one's debut in ~ faire ses débuts dans le monde. -**4.** *lit* [company] société *f*, compagnie *f*; to avoid the ~ of sb éviter la société de qqn; I do not care for their ~ je ne me plais pas en leur compagnie OR en leur société; in polite ~ dans la bonne société OR le (beau) monde. -**5.** [association, club] société *f*, association *f*; [for sports] club *m*, association *f*; SCH & UNIV [for debating, study etc] société *f*; charitable ~ œuvre *f* de charité, association *f* caritative; the Society of Friends la Société des Amis (*les Quakers*); the Society of Jesus la Société de Jésus.
◇ *comp* [gossip, news, wedding] mondain; the ~

column PRESS la chronique mondaine; a ~ man/woman un homme/une femme du monde.

sociobiology [ˌsəʊsɪəʊbaɪˈɒlədʒɪ] *n* sociobiologie *f.*

sociocultural [ˌsəʊsɪəʊˈkʌltʃərəl] *adj* socioculturel.

socioeconomic [ˈsəʊsɪəʊˌiːkəˈnɒmɪk] *adj* socio-économique.

sociolinguistic [ˌsəʊsɪəʊlɪŋˈgwɪstɪk] *adj* sociolinguistique.

sociolinguistics [ˌsəʊsɪəʊlɪŋˈgwɪstɪks] *n (U)* sociolinguistique *f.*

sociological [ˌsəʊsjəˈlɒdʒɪkl] *adj* sociologique.

sociologist [ˌsəʊsɪˈɒlədʒɪst] *n* sociologue *mf.*

sociology [ˌsəʊsɪˈɒlədʒɪ] *n* sociologie *f.*

sociometric [ˌsəʊsɪəʊˈmetrɪk] *adj* sociométrique.

sociometry [ˌsəʊsɪˈɒmɪtrɪ] *n* sociométrie *f.*

sociopath [ˌsəʊsɪəʊˈpæθ] *n* sociopathe *mf.*

sociopathic [ˌsəʊsɪəʊˈpæθɪk] *adj* sociopathe, sociopathique.

sociopolitical [ˌsəʊsɪəʊpəˈlɪtɪkl] *adj* sociopolitique.

sock [sɒk] ◇ *n* -**1.** [garment] chaussette *f*; (ankle) ~ socquette *f*; **to pull one's ~s up** *inf* se secouer (les puces); **put a ~ in it!** *inf Br* la ferme! -**2.** [insole] semelle *f* (intérieure). -**3.** [of horse] paturon *m*. -**4.** AERON & METEOR: (wind) ~ manche *f* à air. -**5.** *inf* [blow] gnon *m*, beigne *f*; **I got a ~ on the jaw** j'ai pris une beigne.
◇ *adv inf*: **the blow caught him ~ in the face** il a pris le coup en pleine poire.
◇ *vt inf* [hit] flanquer une beigne à; **he ~ed him on the jaw** il lui a flanqué un coup de poing à la mâchoire; **they ~ed me over the head with a cosh** ils m'ont flanqué un coup de matraque sur la tête ❑ **~ it to him!**, **~ him one!** fous-lui une beigne!, cogne-le!; **~ it to them!** [in performance] allez, montrez-leur un peu de quoi vous êtes capables!; **~ it to me then!** allez, accouche!
◆ **sock away** *inf vt sep Am* [money] mettre de côté, économiser; **to ~ it away** remplir son bas de laine.
◆ **sock in** *inf vt sep Am* [airport] fermer *(à cause de mauvaises conditions météorologiques).*

sockdolager *inf*, **sockdologer** *inf* [sɒkˈdɒlədʒəʳ] *n Am* -**1.** [decisive blow] coup *m* décisif. -**2.** [remarkable person] personne *f* extraordinaire; [phenomenon] chose *f* extraordinaire; **that was a ~ of a thunderstorm/film!** quel orage incroyable/film génial!

socket [ˈsɒkɪt] *n* -**1.** ELEC [for bulb] douille *f*; *Br* [in wall] prise *f* (de courant). -**2.** ESP TECH cavité *f*; [in carpentry] mortaise *f*; **it fits into a ~** ça s'emboîte dans un support prévu à cet effet. -**3.** ANAT [of arm, hipbone] cavité *f* articulaire; [of tooth] alvéole *f*; [of eye] orbite *f*; **her arm was pulled out of its ~** elle a eu l'épaule luxée; **her eyes almost popped** OR **jumped out of their ~s** *fig* les yeux lui en sont presque sortis de la tête.

socket joint *n* -**1.** [in carpentry] joint *m* à rotule. -**2.** ANAT énarthrose *f.*

socket set *n* coffret *m* de douilles.

socket wrench *n* clef *f* à douille.

sockeye [ˈsɒkaɪ] *n* ZOOL saumon *m* rouge.

socking *inf* [ˈsɒkɪŋ] *adv Br* [as intensifier] vachement; **he had a ~ great bruise!** il avait un de ces bleus!

Socrates [ˈsɒkrətiːz] *pr n* Socrate.

Socratic [sɒˈkrætɪk] *adj* socratique *(inv).*

sod [sɒd] (*pt* & *pp* **sodded**, *cont* **sodding**) ◇ *n* -**1.**▽ *Br* [obnoxious person] enfoiré *m*, con *m*; **the stupid ~!** tu parles d'un enfoiré!; **you (rotten) ~!** espèce de saligaud!; **he's a real ~!** c'est un salopard! -**2.** ▽ *Br* [fellow] bougre *m*, con *m*; **poor ~** le pauvre con; **he's not such a bad old ~** ce n'est pas un mauvais bougre. -**3.** ▽ *Br* [difficult or unpleasant thing] corvée *f*; **it's a ~ of a job** c'est vraiment chiant comme boulot; **these screws are real ~s to get out** ces vis sont vraiment emmerdantes OR chiantes à enlever ❑ **that's ~'s law** c'est la poisse. -**4.** [of turf] motte *f* (de gazon); [earth and grass] terre *f*; [lawn] gazon *m*; **the ~ of old Ireland** la bonne vieille terre d'Irlande.
◇ *vt* ▽ *Br*: **~ it!** merde!; **~ him!** qu'il aille se faire foutre!
◇ *interj* ▽ *Br*: **~!** merde!
◆ **sod off**▽ *vi insep Br* foutre le camp; **~ off!** va te faire foutre!

soda [ˈsəʊdə] *n* -**1.** CHEM soude *f*; **caustic ~** soude caustique; **washing ~** cristaux *mpl* de soude. -**2.** [sparkling water] eau *f* de Seltz; **a whisky and ~** un whisky soda. -**3.** *Am* [soft drink] soda *m*.

soda ash *n* soude *f* du commerce.

soda biscuit *n Br biscuit sec à la levure chimique.*

soda bread *n* pain *m* à la levure chimique.

soda fountain *n Am* -**1.** [café] ≃ café *m*; [counter] buvette *f (où sont servis des sodas).* -**2.** [apparatus] siphon *m* d'eau de Seltz.

soda jerk *inf n Am* serveur *m*, -euse *f (de soda).*

soda lime *n* chaux *f* sodée.

sodality [səˈdælətɪ] (*pl* **sodalities**) *n* -**1.** *fml* [fellowship] fraternité *f*, camaraderie *f*. -**2.** RELIG [association] confrérie *f.*

sod all▽ *n Br*: **he does ~ around the house** il n'en fout pas une dans la maison; **I'll tell you what you'll get out of him: ~!** tu sais ce qu'il te donnera: que dalle!

soda siphon *n* siphon *m* (d'eau de Seltz).

soda water *n* eau *f* de Seltz.

sodden [ˈsɒdn] *adj* [ground] détrempé; [clothes] trempé; **to be ~ with drink** *fig* être abruti par l'alcool.

sodding▽ [ˈsɒdɪŋ] *Br* ◇ *adj* foutu; **I lost my ~ umbrella** j'ai perdu ce foutu parapluie.
◇ *adv* vachement; **you can ~ well do it yourself!** tu n'as qu'à le faire toi-même, merde!

sodium [ˈsəʊdɪəm] *n* sodium *m.*

sodium bicarbonate *n* bicarbonate *m* de soude.

sodium carbonate *n* carbonate *m* de sodium, soude *f.*

sodium chloride *n* chlorure *m* de sodium.

sodium lamp *n* lampe *f* à vapeur de sodium.

sodium sulphate *n* sulfate *m* de sodium.

sodium-vapour lamp = **sodium lamp.**

Sodom [ˈsɒdəm] *pr n*: **~ and Gomorrah** Sodome et Gomorrhe.

sodomite [ˈsɒdəmaɪt] *n* sodomite *m.*

sodomize, -ise [ˈsɒdəmaɪz] *vt* sodomiser.

sodomy [ˈsɒdəmɪ] *n* sodomie *f.*

sofa [ˈsəʊfə] *n* sofa *m*, canapé *m.*

sofa bed *n* canapé-lit *m.*

Sofia [ˈsəʊfjə] *pr n* Sofia.

soft [sɒft] ◇ *adj* -**1.** [to touch - skin, hands] doux; [- wool, fur, pillow] doux, moelleux; [- leather] souple; [- material, hair] doux, soyeux; **as ~ as velvet/as a baby's bottom** doux comme du velours/comme une peau de bébé; **to become ~** OR **~er, to get ~** OR **~er** [skin] s'adoucir; [leather] s'assouplir; **the cream will make your hands/the leather ~** la crème t'adoucira les mains/assouplira le cuir. -**2.** [yielding to pressure - bed, mattress] moelleux; [- collar, ground, snow] mou; [- butter] mou, ramolli; [- muscles, body] ramolli, avachi, flasque; [too yielding - bed, mattress] mou; **the butter has gone ~** le beurre s'est ramolli; **the mattress will get ~er with wear** le matelas deviendra plus moelleux à l'usage; **mix to a ~ paste** mélanger jusqu'à obtention d'une pâte molle; **these chocolates have ~ centres** ces chocolats sont mous à l'intérieur; **the brakes are ~** *fig* il y a du mou dans les freins; **the brakes have gone ~** *fig* il y a du mou dans la pédale de frein; **the going is ~** [in horseracing] le terrain est mou ❑ **~ cheese** fromage *m* à pâte molle. -**3.** [malleable - metal, wood, stone] tendre; [- pencil] gras, tendre; **~ contact lenses** lentilles *fpl* souples. -**4.** [gentle - breeze, rain, words] doux; [- expression, eyes] doux, tendre; [- curve, shadow] doux; [- climate, weather] doux, clément; **she suits a ~er hairstyle** ce qui lui va bien, c'est une coiffure plus souple; **it's a ~ day** *Br* il bruine aujourd'hui. -**5.** [quiet, not harsh - voice, music] doux; [- sound, accent] doux, léger; [- tap, cough] petit, léger; [- step] feutré; **yes, he said in a ~ whisper/voice** oui, murmura-t-il doucement/dit-il d'une voix douce; **she gave a ~ laugh** elle rit doucement. -**6.** [not bright - colour, glow] doux; [- shade] doux, pastel *(inv)*; [- light] doux, tamisé. -**7.** [blurred - outline] estompé, flou. -**8.** [kind, gentle - person] doux, tendre; [- reply] gentil, aimable; [- glance] doux, gentil; **to have a ~ heart** avoir le cœur tendre; **to have a ~ nature** être doux de nature ‖ [lenient] indulgent; **you're too ~ with the boy** vous êtes trop indulgent avec le garçon; **to be ~ on sb** se montrer indulgent envers qqn, faire preuve d'indulgence envers qqn; **to be ~ on terrorism** faire preuve de laxisme envers le terrorisme. -**9.** [weak - physically] mou; **the boy's too ~** ce garçon n'a pas de caractère; **you're getting ~** tu te ramollis; **city life has made you ~** la vie citadine t'a ramolli. -**10.** *inf* [mentally]: **he's going ~ in his old age** il devient gâteux en vieillissant; **you must be ~ in the head!** ça va pas, non?; **don't be ~** [stop crying] arrête de pleurer; [silly] arrête de dire des bêtises. -**11.** [fond]: **to be ~ on sb** *inf* avoir le béguin pour qqn; **to have a ~ spot for sb** avoir un faible pour qqn. -**12.** [easy - life] doux, tranquille, facile; [- job] facile; **to have a ~ time of it** *inf* se la couler douce; **it's the ~ option** c'est la solution de facilité; **to take the ~ option** opter pour la solution de facilité. -**13.** [moderate] modéré; **the ~ left** POL la gauche modérée; **to take a ~ line on sthg** adopter une ligne modérée sur qqch; [compromise] adopter une politique de compromis sur qqch. -**14.** ECON & FIN [currency] faible; [market] faible, lourd; **~ terms** conditions *fpl* favorables; **~ loan** prêt *m* avantageux OR à des conditions avantageuses. -**15.** [water] doux. -**16.** LING [consonant] doux. -**17.** [drug] doux.
◇ *adv* doucement.

softball [ˈsɒftbɔːl] *n Am* -**1.** [game] *sorte de base-ball joué sur un terrain plus petit et avec une balle moins dure.* -**2.** [ball] *balle utilisée au softball (plus grande et plus molle qu'une balle de base-ball).*

soft-boiled [-bɔɪld] *adj*: **~ egg** œuf *m* (à la) coque.

softbound [ˈsɒftbaʊnd] = **soft-cover.**

soft-centred *adj* [chocolate, sweet] mou.

soft coal *n* houille *f* grasse.

soft-core *adj* [pornography] soft *(inv).*

soft-cover *adj* broché.

soft drink *n* boisson *f* non alcoolisée.

soften [ˈsɒfn] ◇ *vt* -**1.** [butter, ground] ramollir; [skin, water] adoucir; [fabric, wool, leather] assouplir; **a cream to ~ chapped skin** une crème pour adoucir les peaux gercées; **~ the paste by kneading it between your fingers** ramollir la pâte en la malaxant avec les doigts; **centuries of erosion had ~ed the stone** des siècles d'érosion avaient rendu la pierre tendre. -**2.** [voice, tone] adoucir, radoucir; [colour, light, sound] adoucir, atténuer; **to ~ one's voice** [less strident] parler d'une voix plus douce; [quieter] parler moins fort. -**3.** [make less strict] assouplir; **he has ~ed his stance on vegetarianism** son attitude envers le végétarisme est plus modérée qu'avant. -**4.** [lessen - pain, emotion] soulager, adoucir, atténuer; [- shock, effect, impact] adoucir, amoindrir; [- opposition, resistance] réduire, amoindrir; **to ~ the blow** *literal* & *fig* amortir le choc.
◇ *vi* -**1.** [butter, ground etc] se ramollir; [skin] s'adoucir; [cloth, wool, leather] s'assouplir. -**2.** [become gentler - eyes, expression, voice] s'adoucir; [- breeze, rain] s'atténuer; [- lighting, colour] s'atténuer, s'adoucir; [- angle, outline] s'adoucir, s'estomper. -**3.** [become friendlier, more receptive]: **to ~ towards sb** se montrer plus indulgent envers qqn; **their attitude towards immigration has ~ed noticeably** leur position par rapport à l'immigration est nettement plus tolérante; **his face ~ed** son expres-

sion se radoucit; her heart ~ed at the sound of his voice elle s'attendrit en entendant sa voix.

◆ **soften up** ◇ *vt sep* -**1.** *inf* [make amenable - gen] attendrir, rendre plus souple; [- by persuasion] amadouer; [- aggressively] intimider; **they tried to ~ us up with champagne lunches** ils ont essayé de nous amadouer à coups de déjeuners au champagne; **they sent in bully boys to ~ the shopkeepers up** ils ont envoyé des gros bras pour intimider les commerçants. -**2.** MIL affaiblir. -**3.** [make softer - butter, ground] ramollir; [- skin] adoucir; [- leather] assouplir.
◇ *vi insep* -**1.** [ground] devenir mou, se ramollir; [butter] se ramollir; [leather] s'assouplir; [skin] s'adoucir. -**2.** [become gentler - person, voice] s'adoucir; to ~ **up on sb** faire preuve de plus d'indulgence envers qqn.

softener ['sɒfnəʳ] *n* -**1.** **(water)** ~ adoucisseur *m* (d'eau); **(fabric)** ~ assouplissant *m* (textile). -**2.** *inf* [bribe] pot-de-vin *m*.

softening ['sɒfnɪŋ] *n* [of substance, ground] ramollissement *m*; [of fabric, material] assouplissement *m*, adoucissement *m*; [of attitude, expression, voice] adoucissement *m*; [of colours, contrasts] atténuation *f*; **there has been no ~ of attitude on the part of the management** la direction n'a pas modéré son attitude ❑ ~ **of the brain** MED ramollissement *m* cérébral.

soft focus *n* PHOT flou *m* artistique.

soft fruit *n* *(U)* ≃ fruits *mpl* rouges.

soft furnishings *npl Br* tissus *mpl* d'ameublement.

soft goods *npl Br* tissus *mpl*, textiles *mpl*.

soft-headed *inf adj* [weak-minded] faible d'esprit; [silly] bête, idiot.

softhearted [ˌsɒft'hɑːtɪd] *adj* (au cœur) tendre.

softie *inf* ['sɒftɪ] (*pl* **softies**) *n* -**1.** [weak] mauviette *f*, mollasson *m*, -onne *f*; [coward] poule *f* mouillée, dégonflé *m*, -e *f*. -**2.** [softhearted] sentimental *m*, -e *f*; **he's just a big ~ really** au fond, c'est un grand sentimental.

soft landing *n* atterrissage *m* en douceur.

softly ['sɒftlɪ] *adv* -**1.** [quietly - breathe, say, sing, whisper] doucement; [- move, walk] à pas feutrés, (tout) doucement. -**2.** [gently - blow, touch] doucement, légèrement. -**3.** [fondly - smile, look] tendrement, avec tendresse.

softly-softly *Br* ◇ *adv* tout doucement, avec prudence.
◇ *adj* prudent; **try a ~ approach** allez-y doucement.

softness ['sɒftnɪs] *n* -**1.** [to touch - of skin, hands, hair] douceur *f*; [- of fabric, wool, fur, pillow] douceur *f*, moelleux *m*; [- of leather] souplesse *f*. -**2.** [to pressure - of bed, ground, snow, butter] mollesse *f*; [- of collar] souplesse *f*; [- of wood] tendreté *f*. -**3.** [gentleness - of breeze, weather, voice, music] douceur *f*; [- of expression, manner] douceur *f*, gentillesse *f*; [- of eyes, light, colour] douceur *f*; [- of outline, curve] flou *m*, douceur *f*. -**4.** [kindness - of person] douceur *f*; [- of heart] tendresse *f*; [indulgence] indulgence *f*. -**5.** [weakness - of character, person] mollesse *f*. -**6.** [easiness - of life] douceur *f*; [- of job] facilité *f*. -**7.** *inf* [silliness] niaiserie *f*, stupidité *f*.

soft palate *n* voile *m* du palais.

soft pedal (*Br pt* & *pp* **soft-pedalled**, *cont* **soft-pedalling**, *Am pt* & *pp* **soft-pedaled**, *cont* **soft-pedaling**) *n* [on piano] pédale *f* douce, sourdine *f*.
◆ **soft-pedal** ◇ *vi* -**1.** MUS mettre la sourdine. -**2.** *fig*: to ~ **on reforms/negotiations** ralentir le rythme des réformes/négociations.
◇ *vt fig* glisser sur, atténuer.

soft porn *n* porno *m* soft.

soft science *n*: the ~s ≃ les sciences *fpl* humaines.

soft sell *n* COMM *méthodes de vente non agressives*; **she has a flair for the ~** elle a le don de OR pour circonvenir ses clients.

soft-shell crab *n* crabe *m* à carapace molle.

soft-shelled turtle *n* tortue *f* à carapace molle.

soft shoulder = **soft verge**.

soft soap *n* -**1.** MED savon *m* vert. -**2.** *(U) inf* [flattery] flagornerie *f*, flatterie *f*, flatteries *fpl*.
◆ **soft-soap** *vt* passer de la pommade à.

soft-spoken *adj* à la voix douce.

soft top *inf n* AUT (voiture *f*) décapotable *f*.

soft touch *inf n Br* pigeon *m*; **he's a real ~** [easily fooled] il se laisse berner facilement; [for money] il se laisse avoir OR rouler facilement.

soft toy *n* (jouet *m* en) peluche *f*.

soft verge *n* [on road] accotement *m* non stabilisé.

software ['sɒftweəʳ] ◇ *n* COMPUT logiciel *m*, software *m*.
◇ *comp*: ~ **house** société *f* de services et de conseils en informatique; ~ **package** progiciel *m*.

softwood ['sɒftwʊd] *n* bois *m* tendre.

softy *inf* ['sɒftɪ] = **softie**.

soggy ['sɒgɪ] (*compar* **soggier**, *superl* **soggiest**) *adj* [ground] détrempé, imbibé d'eau; [clothes] trempé; [bread, cake] mou; [rice] trop cuit, collant; **the ground is ~ underfoot** on s'enfonce dans le sol détrempé; **my shoes are all ~** mes chaussures sont trempées.

soh [səʊ] *n* MUS sol *m*.

Soho ['səʊhəʊ] *pr n* *quartier chaud de Londres connu pour ses restaurants.*

soil [sɔɪl] ◇ *n* -**1.** [earth] terre *f*; **to work the ~** travailler la terre. -**2.** [type of earth] terre *f*, sol *m*; **good farming ~** de la bonne terre agricole; **sandy/clay ~s** sols sablonneux/argileux, terres sablonneuses/argileuses. -**3.** *fig* [land] terre *f*, sol *m*; **his native ~** sa terre natale; **on Irish ~** sur le sol irlandais. -**4.** *(U)* [excrement] excréments *mpl*, ordures *fpl*; [sewage] vidange *f*.
◇ *vt* -**1.** [dirty - clothes, linen, paper] salir; *fig* & *lit* souiller; **she refused to ~ her hands with such work** elle a refusé de se salir les mains avec ce genre de travail. -**2.** *fig* [reputation] salir, souiller, entacher.
◇ *vi* [clothes, material] se salir; **these covers ~ easily** ces housses sont salissantes.

soiled [sɔɪld] *adj* [dressings] usagé; [bedlinen] souillé; [goods] défraîchi.

soil pipe *n* tuyau *m* de vidange.

sojourn ['sɒdʒɜːn] *lit* ◇ *n* séjour *m*.
◇ *vi* séjourner.

solace ['sɒləs] *lit* ◇ *n* consolation *f*, réconfort *m*; **he found ~ in religion** il a trouvé un réconfort dans la religion.
◇ *vt* [person] consoler, réconforter; [pain, suffering] soulager.

solar ['səʊləʳ] *adj* -**1.** [of, concerning the sun - heat, radiation] solaire, du soleil; [- cycle, year] solaire; ~ **eclipse** éclipse *f* solaire. -**2.** [operated by the sun, using the sun's power - energy, heating] solaire; ~ **battery** batterie *f* solaire.

solar cell *n* pile *f* solaire, photopile *f*.

solar flare *n* éruption *f* solaire.

solar furnace *n* four *m* solaire.

solarium [sə'leərɪəm] *n* solarium *m*.

solar panel *n* panneau *m* solaire.

solar plexus *n* plexus *m* solaire.

solar power *n* énergie *f* solaire.

solar-powered [-'paʊəd] *adj* à énergie solaire.

solar system *n* système *m* solaire.

sold [səʊld] ◇ *pt* & *pp* → **sell**.
◇ *adj* -**1.** COMM vendu. -**2.** *inf fig*: **to be ~ on sb/sthg** être emballé par qqn/qqch; **he's really ~ on her** il est vraiment entiché OR toqué d'elle; **she's ~ on the new plan** elle est complètement emballée par le nouveau projet.
◆ **sold out** *adj phr* -**1.** [goods] épuisé; '~ **out**' [for play, concert] 'complet'; **the concert was completely ~ out** tous les billets pour le concert ont été vendus. -**2.** [stockist]: **we're ~ out of bread** nous avons vendu tout le pain, il ne reste plus de pain.

solder ['sɒldəʳ] ◇ *vt* souder; **to ~ a wire to a contact** souder un fil à un plot.
◇ *n* soudure *f*, métal *m* d'apport; **brazing ~** soudure au laiton, brasure *f*; **soft ~** soudure à l'étain, brasure *f* tendre.

soldering iron ['sɒldərɪŋ-] *n* fer *m* à souder.

soldier ['səʊldʒəʳ] ◇ *n* -**1.** soldat *m*, militaire *m*; **to become a ~** se faire soldat, entrer dans l'armée; **to play (at) ~s** [children] jouer aux soldats OR à la guerre; *pej* [country, adults] jouer à la guerre OR à la guéguerre ❑ ~ **of Christ** soldat du Christ; ~ **of fortune** soldat de fortune; **old ~** MIL vétéran *m*; **don't play** OR **come** *inf* **the old ~ with me** ne prenez pas de grands airs avec moi. -**2.** ENTOM soldat *m*.
◇ *vi* être soldat, servir dans l'armée.
◆ **soldier on** *vi insep Br* continuer OR persévérer (malgré tout); **despite the freezing conditions they ~ed on** ils ont persévéré en dépit d'un froid glacial.

soldier ant *n* (fourmi *f*) soldat *m*.

soldiering ['səʊldʒərɪŋ] *n* carrière *f* OR vie *f* (de) militaire; **to go ~** partir à l'armée OR à la guerre; **their love of ~** leur amour de la vie militaire; **after many years' ~** après avoir servi pendant de nombreuses années dans l'armée.

soldierly ['səʊldʒəlɪ] *adj* [act, behaviour] de soldat; [appearance, manner, bearing] militaire.

soldiery ['səʊldʒərɪ] *n* -**1.** [soldiers collectively] soldats *mpl*, militaires *mpl*. -**2.** [profession] métier *m* de soldat.

sole [səʊl] (*pl sense 3 inv* OR **soles**) ◇ *adj* -**1.** [only] seul, unique; **the ~ survivor** le seul survivant. -**2.** [exclusive] exclusif; **to have ~ rights on sthg** avoir l'exclusivité des droits sur qqch; **to have ~ responsibility for sthg** être entièrement responsable de qqch ❑ ~ **agent** COMM concessionnaire *mf*; ~ **legatee** JUR légataire *m* universel, légataire *f* universelle.
◇ *n* -**1.** [of foot] plante *f*. -**2.** [of shoe, sock] semelle *f*. -**3.** [fish] sole *f*.
◇ *vt* ressemeler; **to have one's shoes ~d** faire ressemeler ses chaussures.

solecism ['sɒlɪsɪzm] *n* -**1.** GRAMM solécisme *m*. -**2.** *fml* [violation of good manners] manque *m* de savoir-vivre.

-soled [səʊld] *in cpds* à semelle de; **rubber~ shoes** chaussures *fpl* à semelles de caoutchouc.

solely ['səʊllɪ] *adv* -**1.** [only] seulement, uniquement. -**2.** [entirely] entièrement; **to be ~ responsible for sthg** être entièrement responsable de qqch.

solemn ['sɒləm] *adj* -**1.** [grave, serious] sérieux, grave, solennel; **a ~ face** un visage grave OR solennel ‖ [sombre] sobre; **a ~ grey suit** un costume gris sobre. -**2.** [formal - agreement, promise] solennel; **a ~ oath** un serment solennel. -**3.** [grand - occasion, music] solennel; ~ **mass** grand-messe *f*, messe *f* solennelle.

solemnify [sə'lemnɪfaɪ] (*pt* & *pp* **solemnified**) *vt* rendre solennel OR sérieux.

solemnity [sə'lemnətɪ] (*pl* **solemnities**) *n* -**1.** [serious nature] sérieux *m*, gravité *f*. -**2.** [formality] solennité *f*; **she was received with great ~** elle fut accueillie en grande solennité OR très solennellement. -**3.** (*usu pl*) *lit* [solemn event] solennité *f*; **the Easter solemnities** les solennités de Pâques.

solemnization [ˌsɒləmnaɪ'zeɪʃn] *n lit* [gen] solennisation *f lit*; [of marriage] célébration *f*.

solemnize, -ise ['sɒləmnaɪz] *vt lit* [gen] solenniser *lit*; [marriage] célébrer.

solemnly ['sɒləmlɪ] *adv* -**1.** [seriously, gravely] gravement, solennellement; **"it's time I left", he said ~** «il est temps que je parte», dit-il d'un ton grave; **she ~ believes that what she did was right** elle croit fermement que ce qu'elle a fait était juste. -**2.** [formally] solennellement; **they ~ swore to avenge their brother's death** ils jurèrent solennellement de venger la mort de leur frère. -**3.** [grandly] solennellement, avec solennité.

solenoid ['səʊlɪnɔɪd] *n* solénoïde *m*.

sol-fa [ˌsɒl'fɑː] *n* solfège *m*.

solfeggio [sɒl'fedʒɪəʊ] (*pl* **solfeggios** OR **solfeggi** [-dʒɪ]) *n* solfège *m*.

solicit [sə'lɪsɪt] ◇ *vt* -**1.** [business, support, information] solliciter; [opinion] demander. -**2.** [subj: prostitute] racoler.
◇ *vi* [prostitute] racoler.

solicitation [səˌlɪsɪ'teɪʃn] *n* sollicitation *f*.

soliciting [sə'lɪsɪtɪŋ] *n* [by prostitute] racolage *m*.

solicitor [sə'lɪsɪtəʳ] *n* -**1.** *Br* JUR ≃ avocat *m*, -e *f*, ≃ conseil *m* juridique. -**2.** *Am* ADMIN conseil *m* juridique d'une municipalité. -**3.** [person who solicits] solliciteur *m*, -euse *f*; **'caution, unofficial ~s'** *Am* attention aux démarcheurs non autorisés.

solicitor general (*pl* solicitors general OR solicitor generals) *n* -**1.** [in UK] conseil *m* (juridique de la Couronne). -**2.** [in US] représentant *m* du gouvernement *(auprès de la Cour suprême)*.

solicitous [sə'lɪsɪtəs] *adj* [showing consideration, concern] plein de sollicitude; [eager, attentive] empressé; [anxious] soucieux; **he was most ~ about your future happiness** il était extrêmement soucieux de votre avenir et de votre bonheur.

solicitously [sə'lɪsɪtəslɪ] *adv* [with consideration, concern] avec sollicitude; [eagerly, attentively] avec empressement; [anxiously] avec inquiétude.

solicitude [sə'lɪsɪtjuːd] *n* [consideration, concern] sollicitude *f*; [eagerness, attentiveness] empressement *m*; [anxiety] souci *m*, préoccupation *f*.

solid ['sɒlɪd] ◇ *adj* -**1.** [not liquid or gas] solide; **a ~ body** un corps solide; **frozen ~** complètement gelé; **the fat had set ~** la graisse était complètement figée; **she can't eat ~ food** elle ne peut pas absorber d'aliments solides. -**2.** [of one substance] massif; **her necklace is ~ gold** son collier est en or massif; **~ oak furniture** meubles *mpl* en chêne massif; **they dug until they reached ~ rock** ils ont creusé jusqu'à ce qu'ils atteignent la roche compacte; **caves hollowed out of ~ rock** des grottes creusées à même la roche. -**3.** [not hollow] plein; **~ tyres** pneus pleins. -**4.** [unbroken, continuous] continu; **a ~ yellow line** une ligne jaune continue; **I worked for eight ~ hours** OR **eight hours ~** j'ai travaillé sans arrêt pendant huit heures, j'ai travaillé huit heures d'affilée; **we had two ~ weeks of rain** nous avons eu deux semaines de pluie ininterrompue; **~ compound** GRAMM composé *m* écrit en un seul mot. -**5.** *Am* [of one colour] uni; **the walls were painted a ~ green** les murs étaient peints en vert uni. -**6.** [dense, compact] dense, compact; **knead it until it forms a ~ mass** travailler jusqu'à ce que cela forme une masse compacte; **the streets were a ~ mass of people** les rues étaient noires de monde; **the concert hall was packed ~** la salle de concert était bondée. -**7.** [powerful - blow] puissant; **I gave him a ~ punch to the jaw** je lui ai assené un violent coup de poing sur la mâchoire. -**8.** [sturdy, sound - structure, understanding, relationship] solide; [- evidence, argument] solide, irréfutable; [- advice] valable, sûr; **a man of ~ build** un homme bien charpenté; **their marriage was never ~** leur mariage n'a jamais été très solide; **I have very ~ reasons for believing the opposite** j'ai de solides raisons de croire le contraire; **we need somebody with some ~ experience in the field** nous avons besoin de quelqu'un qui possède une solide expérience de travail sur le terrain; **he's a good ~ worker** c'est un bon travailleur ❑ **to be on ~ ground** *literal* être sur la terre ferme; *fig* être en terrain sûr. -**9.** [respectable, worthy] respectable, honorable; **the ~ citizens of this town** les respectables citoyens de cette ville. -**10.** POL [firm] massif; [unanimous] unanime; **we have the ~ support of the electorate** nous avons le soutien massif des électeurs; **the south is ~ for the Christian Democrats** le sud soutient massivement les démocrates-chrétiens; **the strike was 100% ~** la grève était totale; **the committee was ~ against the proposal** le comité a rejeté la proposition à l'unanimité. -**11.** MATH: **~ figure** solide *m*.
◇ *n* GEOM & PHYS solide *m*.
◆ **solids** *npl* -**1.** [solid food] aliments *mpl* solides; **I can't eat ~s** je ne peux pas absorber d'aliments solides. -**2.** CHEM particules *fpl* solides; **milk ~s** extrait *m* du lait.

solid angle *n* MATH angle *m* solide.

solidarity [ˌsɒlɪ'dærətɪ] ◇ *n* solidarité *f*; **they went on strike in ~ with the miners** ils ont fait grève par solidarité avec les mineurs.
◇ *comp* [strike] de solidarité.

solid fuel *n* combustible *m* solide.
◆ **solid-fuel** *adj* à combustible solide; **a solid-fuel heating system** un chauffage à combustibles solides.

solid geometry *n* MATH géométrie *f* des solides.

solidification [səˌlɪdɪfɪ'keɪʃn] *n* solidification *f*.

solidify [sə'lɪdɪfaɪ] (*pt* & *pp* **solidified**)
◇ *vi* -**1.** [liquid, gas] se solidifier. -**2.** [system, opinion] se consolider.
◇ *vt* -**1.** [liquid, gas] solidifier. -**2.** [system, opinion] consolider.

solidity [sə'lɪdətɪ] *n* solidité *f*.

solidly ['sɒlɪdlɪ] *adv* -**1.** [sturdily] solidement; **the town hall stands ~ in the middle of the square** la mairie est solidement plantée au milieu de la place ‖ [person]: **to be ~ built** avoir une forte carrure. -**2.** [thoroughly] très, tout à fait; **a ~ established reputation** une réputation solidement établie. -**3.** [massively] massivement, en masse; **Massachusetts voted ~ for the Democrats** l'État du Massachussetts a voté massivement OR en masse pour les démocrates. -**4.** [continuously] sans arrêt; **I worked ~ for five hours** j'ai travaillé sans interruption pendant cinq heures.

solid-state *adj* -**1.** PHYS des solides. -**2.** ELECTRON à semi-conducteurs.

solidus ['sɒlɪdəs] (*pl* solidi [-daɪ]) *n* TYPO barre *f* oblique.

soliloquize, -ise [sə'lɪləkwaɪz] *vi* soliloquer, monologuer.

soliloquy [sə'lɪləkwɪ] (*pl* **soliloquies**) *n* soliloque *m*, monologue *m*.

solipsism ['sɒlɪpsɪzm] *n* solipsisme *m*.

solipsistic [ˌsɒlɪp'sɪstɪk] *adj* solipsiste.

solitaire [ˌsɒlɪ'teəʳ] *n* -**1.** [pegboard] solitaire *m*. -**2.** *Am* [card game] réussite *f*, patience *f*; **to play ~** faire des réussites OR des patiences. -**3.** [gem] solitaire *m*.

solitary ['sɒlɪtrɪ] (*pl* **solitaries**) ◇ *adj* -**1.** [alone - person, life, activity] solitaire; **she had a ~ childhood** elle a eu une enfance solitaire. -**2.** [single] seul, unique; **a ~ tree on the horizon** un seul arbre à l'horizon; **can you give me one ~ reason why I should go?** peux-tu me donner une seule raison d'y aller? -**3.** [remote - place] retiré, isolé. -**4.** [empty of people] vide, désert; **the ~ streets of the suburbs** les rues désertes de la banlieue.
◇ *n* -**1.** *inf* = **solitary confinement**. -**2.** [person] solitaire *mf*.

solitary confinement *n* isolement *m (d'un prisonnier)*.

solitude ['sɒlɪtjuːd] *n* solitude *f*; **to live in ~** vivre dans la solitude.

solo ['səʊləʊ] (*pl* solos) ◇ *n* -**1.** MUS solo *m*; **he played a violin/drum ~** il a joué un solo de violon/de batterie. -**2.** [flight] vol *m* solo. -**3.** = **solo whist**.
◇ *adj* -**1.** MUS solo; **she plays ~ violin** elle est soliste de violon, elle est violon solo. -**2.** [gen] en solitaire; **the first ~ attempt on the north face** la première tentative d'escalade de la face nord en solitaire; **her first ~ flight** son premier vol en solo.
◇ *adv* -**1.** MUS en solo; **to play/to sing ~** jouer/chanter en solo. -**2.** [gen] seul, en solitaire, en solo; **to fly ~** voler en solo.

soloist ['səʊləʊɪst] *n* soliste *mf*.

Solomon ['sɒləmən] *pr n* Salomon.

Solomon Islander *n* Salomonien *m*, -enne *f*.

Solomon Islands *pl pr n*: **the ~** les îles *fpl* Salomon; **in the ~** dans les îles Salomon.

Solothurn ['sɒləˌθɜːn] *pr n* Soleure; **in ~** en Soleure.

solo whist *n* solo *m (variante du whist)*.

solstice ['sɒlstɪs] *n* solstice *m*; **the summer/winter ~** le solstice d'été/d'hiver.

solubility [ˌsɒljʊ'bɪlətɪ] *n* solubilité *f*.

solubilize, -ise ['sɒljʊbɪlaɪz] *vt* solubiliser.

soluble ['sɒljʊbl] *adj* -**1.** [substance] soluble. -**2.** [problem] soluble.

solute ['sɒljuːt] *n* soluté *m*, corps *m* dissous.

solution [sə'luːʃn] *n* -**1.** [answer - to problem, equation, mystery] solution *f*; **a political ~ to the conflict** une solution politique au conflit. -**2.** [act of solving - of problem, equation, mystery] résolution *f*; **our main aim should be the rapid ~ of the problem** notre principal objectif devrait être de résoudre rapidement le problème. -**3.** CHEM & PHARM solution *f*; **salt in ~** sel en solution.

solvable ['sɒlvəbl] *adj* soluble.

solve [sɒlv] *vt* [equation] résoudre; [problem] résoudre, trouver la solution de; [crime, mystery] élucider; **I couldn't ~ a single clue in the Times crossword** je n'ai pas réussi à trouver une seule définition dans les mots croisés du Times.

solvency ['sɒlvənsɪ] *n* solvabilité *f*.

solvent ['sɒlvənt] ◇ *adj* -**1.** [financially] solvable. -**2.** [substance, liquid] dissolvant.
◇ *n* solvant *m*, dissolvant *m*.

solvent abuse *n fml* usage *m* de solvants hallucinogènes.

Solzhenitsyn [ˌsɒlʒə'nɪtsɪn] *pr n* Soljenitsyne.

Som. *written abbr of* Somerset.

soma ['səʊmə] (*pl* somas OR somata [-mətə]) *n* soma *m*.

Somali [sə'mɑːlɪ] ◇ *n* -**1.** [person] Somalien *m*, -enne *f*. -**2.** LING somali *m*.
◇ *adj* somalien.

Somalia [sə'mɑːlɪə] *pr n* Somalie *f*; **in ~** en Somalie.

Somalian [sə'mɑːlɪən] = **Somali**.

Somali Democratic Republic *pr n*: **the ~** la République démocratique de Somalie.

Somaliland [sə'mɑːlɪlænd] *pr n* Somalie *f*; **British/Italian ~** Somalie britannique/italienne.

somatic [sə'mætɪk] *adj* somatique.

somatology [ˌsəʊmə'tɒlədʒɪ] *n* somatologie *f*.

somber *etc Am* = **sombre**.

sombre *Br*, **somber** *Am* ['sɒmbəʳ] *adj* -**1.** [dark - colour, place] sombre. -**2.** [grave, grim - outlook, person, day] sombre, morne; **what are you looking so ~ about?** pourquoi cet air si sombre?; **a ~ episode in the history of Europe** un épisode sombre dans l'histoire de l'Europe.

sombrely *Br*, **somberly** *Am* ['sɒmbəlɪ] *adv* sombrement.

sombreness *Br*, **somberness** *Am* ['sɒmbənɪs] *n* -**1.** [darkness] obscurité *f*; **the ~ of the colours** les couleurs sombres. -**2.** [graveness, grimness] gravité *f*, caractère *m* sombre; **the news was announced with great ~** on annonça la nouvelle avec beaucoup de gravité.

sombrero [sɒm'breərəʊ] (*pl* **sombreros**) *n* sombrero *m*.

some [sʌm] ◇ *det* -**1.** [a quantity of] *(before uncountable nouns)*: **don't forget to buy ~ cheese/beer/garlic** n'oublie pas d'acheter du fromage/de la bière/de l'ail; **let me give you ~ advice** laissez-moi vous donner un conseil ‖ [a number of] *(before plural nouns)* des; **we've invited ~ friends round** nous avons invité des amis à la maison; **I met ~ old friends last night** j'ai rencontré de vieux amis hier soir. -**2.** [not all] *(before uncountable nouns)*: **~ wine/software is very expensive** certains vins/logiciels coûtent très cher; **~ petrol still contains lead** il existe encore de l'essence avec plomb ‖ *(before plural nouns)* certains *mpl*, certaines *fpl*; **~ English people like frogs' legs** certains Anglais aiment les cuisses de grenouille; **~ cars shouldn't be allowed on the road** il y a des voitures qu'on ne devrait pas laisser circuler; **~ employees like the new system, others don't** certains employés aiment le nouveau système, d'autres pas. -**3.** [a fairly large amount of] *(before uncountable nouns)* un certain *m*, une certaine *f*; **I haven't been abroad for ~ time** ça fait un certain temps que je ne suis pas allé à l'étranger; it happened (quite) ~ time ago ça s'est passé il y a (bien) longtemps; it's ~ distance from here c'est assez loin d'ici; the money should go ~ way towards compensating them l'argent devrait les dédommager dans une certaine mesure; not without ~ opposition non sans rencontrer une certaine opposition || [a fairly large number of] *(before plural nouns)* certains *mpl*, certaines *fpl*, quelques *mfpl*; it happened ~ years ago ça s'est passé il y a quelques années. -4. [a fairly small amount of] *(before uncountable nouns)* un peu de; you might have shown ~ gratitude! tu aurais pu faire preuve d'un peu de gratitude (,quand même)!; you must have ~ idea of how much it will cost vous devez avoir une petite idée de combien ça va coûter; I hope I've been of ~ help to you j'espère que je vous ai un peu aidé || [a fairly small number of] *(before plural nouns)*: I'm glad ~ people understand me! je suis content qu'il y ait quand même des gens qui me comprennent! -5. [not known or specified]: we must find ~ alternative il faut que nous trouvions une autre solution; he's gone to ~ town in the north il est parti dans une ville quelque part dans le nord; she works for ~ publishing company elle travaille pour je ne sais quelle maison d'édition; I'll get even with them ~ day! je me vengerai d'eux un de ces jours OR un jour ou l'autre!; come back ~ other time revenez un autre jour. -6. *inf* [expressing scorn]: did you go to the party? — ~ party! est-ce que tu es allé à la fête? — tu parles d'une fête!; ~ hope we've got of winning! comme si on avait la moindre chance de gagner! || [expressing irritation, impatience]: ~ people! il y a des gens, je vous assure! -7. *inf* [expressing admiration, approval]: that was ~ party! ça c'était une fête!; he's ~ tennis player! c'est un sacré tennisman!

◇ *pron* -1. [an unspecified number or amount - as subject] quelques-uns *mpl*, quelques-unes *fpl*, certains *mpl*, certaines *fpl*; ~ are plain and ~ OR others are patterned certains sont unis et certains OR d'autres ont des motifs; ~ say it wasn't an accident certains disent OR il y a des gens qui disent que ce n'était pas un accident || [as object] en; I've got too much cake, do you want ~? j'ai trop de gâteau, en voulez-vous un peu?; can I have ~ more? est-ce que je peux en reprendre?; where are the envelopes? — there are ~ in my drawer où sont les enveloppes? — il y en a dans mon tiroir ❑ he wants the lot and then ~ il veut tout et puis le reste. -2. [not all]: ~ of the snow had melted une partie de la neige avait fondu; I only believe ~ of what I read in the papers je ne crois pas tout ce que je lis dans les journaux; ~ of the most beautiful scenery in the world is in Australia quelques-uns des plus beaux paysages du monde se trouvent en Australie; I've seen ~ of her films j'ai vu quelques-uns OR certains de ses films; ~ of us/them certains d'entre nous/eux; if you need pencils, take ~ of these/mine si vous avez besoin de crayons à papier, prenez quelques-uns de ceux-ci/des miens; do you want ~ or all of them? en voulez-vous quelques-uns ou les voulez-vous tous?

◇ *adv* -1. [approximately] quelque, environ; it's ~ fifty kilometres from London c'est à environ cinquante kilomètres OR c'est à une cinquantaine de kilomètres de Londres; ~ 500 people quelque 500 personnes. -2. *inf Am* [a little] un peu; [a lot] beaucoup, pas mal; I need to rest up ~ j'ai besoin de me reposer un peu; admit it, you like her ~! avoue-le, tu l'aimes bien!

somebody ['sʌmbədɪ] *pron* -1. [an unspecified person] quelqu'un; I'm busy, ask ~ else je suis occupé, demande à quelqu'un d'autre; ~ big/small quelqu'un de grand/de petit; they're looking for ~ with a lot of experience ils cherchent quelqu'un qui ait beaucoup d'expérience; there's ~ on the phone for you on vous demande au téléphone; ~'s at the door, there's ~ at the door on a frappé; ~ in the crowd/from head office quelqu'un dans la foule/à la direction; ~ has left their OR his OR her umbrella behind quelqu'un a oublié son parapluie; ~ or other quelqu'un, je ne sais qui. -2. [an important person]: you really think you're ~, don't you? tu te crois vraiment quelqu'un, n'est-ce pas?

someday ['sʌmdeɪ] *adv* un jour (ou l'autre), un de ces jours; ~ we'll go to the Bahamas un jour (ou l'autre), nous irons aux Bahamas.

somehow ['sʌmhaʊ] *adv* -1. [in some way or another] d'une manière ou d'une autre, d'une façon ou d'une autre; don't worry, we'll manage ~ (or other) ne t'inquiète pas, nous nous débrouillerons d'une façon ou d'une autre; she'd ~ (or other) managed to lock himself in elle avait trouvé moyen de s'enfermer. -2. [for some reason] pour une raison ou pour une autre, je ne sais pas trop pourquoi; ~ I'm not surprised he didn't come je ne sais pas trop pourquoi, mais cela ne m'étonne pas qu'il ne soit pas venu; it ~ doesn't look right je ne sais pas pourquoi mais il me semble qu'il y a quelque chose qui ne va pas.

someone ['sʌmwʌn] = **somebody**.

someplace ['sʌmpleɪs] *Am* = **somewhere 1**.

somersault ['sʌməsɔːlt] ◇ *n* [roll] culbute *f*; [by car] tonneau *m*; [acrobatic feat - in air] saut *m* périlleux; to do OR to turn ~s faire des culbutes.

◇ *vi* faire la culbute OR un saut périlleux OR des sauts périlleux; [car] faire un tonneau OR des tonneaux.

Somerset House ['sʌməset-] *pr n* *édifice sur le Strand à Londres.*

SOMERSET HOUSE:
Dans cet édifice du XVIIIe siècle se trouvaient autrefois l'état civil, les impôts et d'autres administrations.

---

something ['sʌmθɪŋ] ◇ *pron* -1. [an unspecified object, event, action etc] quelque chose; there must be ~ going on il doit se passer quelque chose; I've got ~ in my eye j'ai quelque chose dans l'œil; ~ flashed past the window une lumière est passée devant la fenêtre; I've thought of ~ j'ai eu une idée; don't just stand there, do ~! ne reste pas là, fais quelque chose!; ~ else quelque chose d'autre, autre chose; ~ or other quelque chose; ~ big/small quelque chose de grand/de petit; I've done/said ~ stupid j'ai fait/dit une bêtise; I've got a feeling there's ~ wrong j'ai le sentiment que quelque chose ne va pas; there's ~ wrong with the ship's computer l'ordinateur de bord ne marche pas bien; take ~ to read on the train prenez quelque chose à lire OR prenez de quoi lire dans le train; he gave them ~ to eat/drink il leur a donné à manger/boire; would you like ~ to eat? voulez-vous manger quelque chose?; a film with ~ for everybody un film qui peut plaire à tout le monde; they all want ~ for nothing ils veulent tous avoir tout pour rien; you can't get ~ for nothing on n'a rien pour rien; there's ~ about him/in the way he talks that reminds me of Gary il y a quelque chose chez lui/dans sa façon de parler qui me rappelle Gary; there must be ~ in OR to all these rumours il doit y avoir quelque chose de vrai dans toutes ces rumeurs; she's ~ in the City/in insurance elle travaille dans la finance/dans les assurances ❑ would you like a little ~ to drink? voulez-vous un petit quelque chose à boire?; she slipped the head waiter a little ~ elle a glissé un petit pourboire au maître d'hôtel; that new singer has got ~ ce nouveau chanteur n'est pas mal; he's got a certain ~ il a un petit quelque chose; I'm sure she's got ~ going with him *inf* je suis sûr qu'il y a quelque chose entre elle et lui; I think you've got ~ there! je crois que vous avez un début d'idée, là!; at least they've replied to my letter, that's ~ au moins, ils ont répondu à ma lettre, c'est mieux que rien OR c'est toujours ça; wow, that's ~ else! *inf* ça, c'est génial!; well, isn't that ~? *inf* et bien, ça alors!; it was really ~ to see those kids dancing! c'était quelque chose de voir ces gosses danser!; the new model is really ~ *inf* le nouveau modèle est sensationnel. -2. *inf* [in approximations]: the battle took place in 1840 ~ la bataille a eu lieu dans les années 1840; he's forty ~ il a dans les quarante ans; it cost £7 ~ ça a coûté 7 livres et quelques || [replacing forgotten word, name etc]: her friend, Maisie ~ (or other) son amie, Maisie quelque chose. -3. *phr*: ~ of: he's ~ of an expert in the field c'est en quelque sorte un expert dans ce domaine; she became ~ of a legend elle est devenue une sorte de légende; how they do it remains ~ of a mystery comment ils s'y prennent, ça c'est un mystère; to be OR have ~ to do with avoir un rapport avec; her job is OR has ~ to do with the Stock Exchange son travail a un rapport avec la Bourse; I don't know what it means, I think it's got ~ to do with nuclear physics je ne sais pas ce que ça veut dire, je crois que ça a (quelque chose) à voir avec la physique nucléaire; I'm sure the weather has ~ to do with it je suis sûre que le temps y est pour quelque chose OR que ça a un rapport avec le temps.

◇ *adv* -1. [a little] un peu; ~ over a month's salary un peu plus d'un mois de salaire; temperatures were ~ under what we expected les températures étaient un peu en-dessous de ce que nous attendions || [somewhere]: ~ in the region of $10,000 quelque chose comme 10 000 dollars; an increase of ~ between 10 and 15 per cent une augmentation de 10 à 15 pour cent. -2. *inf* [as intensifier] vraiment, vachement; it hurts ~ awful *inf* ça fait vachement mal.

◆ **or something** *inf adv phr*: would you like a cup of tea or ~? veux-tu une tasse de thé, ou autre chose?; she must be ill or ~ elle doit être malade ou quelque chose dans ce genre-là; I thought they were engaged or ~ je croyais qu'ils étaient fiancés ou quelque chose comme ça; are you deaf or ~? tu es sourd ou quoi?

◆ **something like** *prep phr* -1. [rather similar to]: it looks ~ like a grapefruit ça ressemble un peu à un pamplemousse ❑ now that's ~ like it! c'est déjà mieux! -2. [roughly] environ; it's ~ like 5 metres long/wide ça fait quelque chose comme 5 mètres de long/large; it costs ~ like £500 ça coûte quelque chose comme OR dans les 500 livres.

sometime ['sʌmtaɪm] ◇ *adv* -1. [in future] un jour (ou l'autre), un de ces jours; you must come and see us ~ il faut que vous veniez nous voir un de ces jours; I hope we'll meet again ~ soon j'espère que nous nous reverrons bientôt; you'll have to face up to it ~ or other un jour ou l'autre il faudra bien voir les choses en face; her baby is due ~ in May elle attend son bébé pour le mois de mai; ~ before/after next April après le mois/d'ici au mois d'avril; ~ next year dans le courant de l'année prochaine. -2. [in past]: she phoned ~ last week elle a téléphoné (dans le courant de) la semaine dernière; it happened ~ before/after the Second World War ça s'est passé avant/après la Seconde Guerre mondiale; ~ around 1920 vers 1920.

◇ *adj* -1. [former] ancien; Mrs Evans, the club's ~ president l'ancienne présidente du club, Mme Evans. -2. *Am* [occasional] intermittent; he was a baseball player and ~ golfer il jouait au base-ball et parfois au golf; it's very much a ~ thing *inf* c'est très épisodique.

sometimes ['sʌmtaɪmz] *adv* quelquefois, parfois; I ~ think that it's a waste of time parfois je me dis que c'est une perte de temps; you can be so irritating ~! qu'est-ce que tu peux être agaçant quelquefois!; ~ (they're) friendly, ~ they're not tantôt ils sont aimables, tantôt (ils ne le sont) pas.

someway *inf* ['sʌmweɪ] *Am* = **somehow 1**.

somewhat ['sʌmwɒt] quelque peu, un peu; I was ~ disappointed j'ai été quelque peu déçu; everybody came, ~ to my surprise tout le monde est venu, ce qui n'a pas été sans me surprendre ❑ I was in ~ of a hurry to get home j'étais quelque peu pressé de rentrer chez moi; it was ~ of a failure c'était plutôt un échec.

somewhere ['sʌmweəʳ] *adv* -**1.** [indicating an unspecified place] quelque part; ~ in the drawer/on the desk quelque part dans le tiroir/sur le bureau; she's ~ around elle est quelque part par là, elle n'est pas loin; let's go ~ else allons ailleurs OR autre part; but it's got to be ~ or other! mais il doit bien être quelque part!; I read ~ that it can be fatal j'ai lu quelque part que ça peut être mortel; I'm looking for ~ to stay je cherche un endroit où loger; she's found ~ more comfortable to sit elle a trouvé un siège plus confortable ❑ now we're getting ~! nous arrivons enfin à quelque chose! -**2.** [approximately] environ; she earns ~ around $2,000 a month elle gagne quelque chose comme 2 000 dollars par mois; ~ between five and six hundred people were there il y avait entre cinq et six cents personnes; he must be ~ in his forties il doit avoir entre 40 et 50 ans.

somnambulism [sɒm'næmbjʊlɪzm] *n* somnambulisme *m*.

somnambulist [sɒm'næmbjʊlɪst] *n* somnambule *mf*.

somniferous [sɒm'nɪfərəs] *adj* soporifique, somnifère.

somnolence ['sɒmnələns] *n* somnolence *f*.

somnolent ['sɒmnələnt] *adj* somnolent.

son [sʌn] *n* -**1.** fils *m*; she's got two ~s elle a deux fils OR garçons; the ~s of Ireland *fig* les fils de l'Irlande ❑ ~ and heir héritier *m*; 'All my Sons' *Miller* 'Tous mes fils'; 'Dombey and Son' *Dickens* 'Dombey et fils'; 'Sons and Lovers' *Lawrence* 'Amants et fils'. -**2.** *inf* [term of address] fiston *m*.
◆ **Son** *n* RELIG Fils *m*; the Father, the Son and the Holy Ghost le Père, le Fils et le Saint-Esprit ❑ the Son of God le Fils de Dieu; the Son of Man le Fils de l'Homme.

sonant ['səʊnənt] ◇ *adj* LING sonore.
◇ *n* sonore *f*.

sonar ['səʊnɑːʳ] *n* sonar *m*.

sonata [sə'nɑːtə] *n* sonate *f*; piano/violin ~ sonate pour piano/violon.

sonatina [ˌsɒnə'tiːnə] *n* sonatine *f*.

sonde [sɒnd] *n* sonde *f* ASTRONAUT & MÉTÉO.

sone [səʊn] *n* sone *m*.

song [sɒŋ] *n* -**1.** chanson *f*; I'll sing you a ~ je vais vous chanter une chanson ❑ a ~ and dance act un numéro de comédie musicale; the Song of Songs, the Song of Solomon BIBLE le Cantique des cantiques; I bought it/it was going for a ~ je l'ai acheté/ça se vendait pour une bouchée de pain OR trois fois rien; to make a ~ and dance about sthg *inf Br* faire toute une histoire pour qqch; she gave me that old ~ and dance about being broke *inf* elle m'a ressorti son couplet habituel, comme quoi elle était fauchée; to be on ~ *inf Br* être en super forme. -**2.** [songs collectively, act of singing] chanson *f*; an anthology of British ~ une anthologie de la chanson britannique; they all burst into ~ ils se sont tous mis à chanter; we raised our voice in ~ nous avons entonné une chanson à pleins poumons. -**3.** [of birds, insects] chant *m*.

songbird ['sɒŋbɜːd] *n* oiseau *m* chanteur.

songbook ['sɒŋbʊk] *n* recueil *m* de chansons.

song cycle *n* cycle *m* de chansons.

songfest ['sɒŋfest] *n Am* festival *m* de chant.

songster ['sɒŋstəʳ] *n* -**1.** [person] chanteur *m*, -euse *f*. -**2.** *lit* [bird] oiseau *m* chanteur.

songstress ['sɒŋstrɪs] *n lit* chanteuse *f*.

song thrush *n* grive *f* musicienne.

songwriter ['sɒŋˌraɪtəʳ] *n* [of lyrics] parolier *m*, -ère *f*; [of music] compositeur *m*, -trice *f*; [of lyrics and music] auteur-compositeur *m*.

sonic ['sɒnɪk] *adj* -**1.** [involving, producing sound] acoustique; ~ frequency fréquence *f* acoustique. -**2.** [concerning speed of sound] sonique.

sonic barrier = **sound barrier**.

sonic boom *n* bang *m*.

son-in-law (*pl* sons-in-law) *n* gendre *m*, beau-fils *m*.

sonnet ['sɒnɪt] *n* sonnet *m*.

sonny *inf* ['sʌnɪ] *n* fiston *m*; come here, ~ (boy OR Jim) viens-là, fiston.

sonobuoy ['səʊnəˌbɔɪ] *n* bouée *f* acoustique.

son-of-a-bitch▽ (*pl* sons-of-bitches) *n Am* salaud *m*, fils *m* de pute.

son-of-a-gun *inf* (*pl* sons-of-guns) *n Am*: you old ~! sacré bonhomme!

sonority [sə'nɒrətɪ] *n* sonorité *f*.

sonorous ['sɒnərəs] *adj* -**1.** [resonant] sonore. -**2.** [grandiloquent] grandiloquent.

sonorously ['sɒnərəslɪ] *adv* [speak, sing] d'une voix sonore; [echo, crash] avec un bruit retentissant.

soon [suːn] *adv* -**1.** [in a short time] bientôt, sous peu; (I'll) see you OR speak to you ~! à bientôt!; write ~! écris-moi vite!; I'll be back ~ je serai vite de retour; a burglar can ~ open a lock like that un cambrioleur a vite fait d'ouvrir une serrure comme celle-ci; she phoned ~ after you'd left elle a téléphoné peu après ton départ. -**2.** [early] tôt; oh dear, I spoke too ~! mince, j'ai parlé trop tôt!; it's too ~ to make any predictions il est trop tôt pour se prononcer; how ~ can you finish it? pour quand pouvez-vous le terminer?; the police have arrived, and not a moment too ~ les policiers sont arrivés, et ce n'est pas trop tôt.
◆ **as soon as** *conj phr* dès que, aussitôt que; as ~ as possible dès OR aussitôt que possible; phone me as ~ as you hear anything téléphonez-moi dès que vous aurez des nouvelles; he came as ~ as he could il est venu dès OR aussitôt qu'il a pu.
◆ **(just) as soon** *adv phr*: I'd (just) as ~ go by boat as by plane j'aimerais autant OR mieux y aller en bateau qu'en avion; do you want to come with us? — I'd just as ~ not, if you don't mind veux-tu venir avec nous? — j'aimerais autant OR mieux pas, si ça ne t'ennuie pas; I'd just as ~ he came tomorrow j'aimerais autant OR mieux qu'il vienne demain; I'd as ~ die as do that! plutôt mourir que de faire ça!

sooner ['suːnəʳ] ◇ *adv* (*compar of* soon) -**1.** [earlier] plus tôt; the ~ the better le plus tôt sera le mieux; the ~ it's over the ~ we can leave plus tôt ce sera fini, plus tôt nous pourrons partir; no ~ said than done! aussitôt dit, aussitôt fait!; no ~ had I sat down than the phone rang again je venais juste de m'asseoir quand le téléphone a de nouveau sonné; it was bound to happen ~ or later cela devait arriver tôt ou tard. -**2.** [indicating preference]: would you ~ I called back tomorrow? préférez-vous que je rappelle demain?; shall we go out tonight? — I'd ~ not si on sortait ce soir? — j'aimerais mieux pas; I'd ~ die than go through that again! plutôt mourir que de revivre ça!
◇ *n Am* [pioneer] pionnier *m*, -ère *f* du Far West *(se dit surtout de ceux qui s'installaient sans posséder de titre légal de propriété)*.

Sooner ['suːnəʳ] *n habitant ou natif de l'Oklahoma*; the ~ State l'Oklahoma *m*.

soonish ['suːnɪʃ] *adv* assez rapidement.

soot [sʊt] *n* suie *f*.
◆ **soot up** *vt sep* [dirty] couvrir OR recouvrir de suie; [clog] encrasser.

sooth [suːθ] *n arch*: in ~ en vérité.

soothe [suːð] *vt* -**1.** [calm, placate - person, anger, fears] calmer, apaiser. -**2.** [relieve - pain] calmer, soulager; this will ~ your sore throat ça va soulager votre mal de gorge.

soothing ['suːðɪŋ] *adj* -**1.** [music, words, voice] apaisant; [atmosphere, presence] rassurant; the music had a ~ effect on them la musique les a calmés; the chairman made the usual ~ noises *inf* le président a fait son laïus habituel pour calmer les esprits. -**2.** [lotion, ointment] lénitif, calmant.

soothingly ['suːðɪŋlɪ] *adv* [gen] d'une manière apaisante OR rassurante; [say, speak] d'un ton apaisant OR tranquillisant.

soothsayer ['suːθˌseɪəʳ] *n* devin *m*, devineresse *f*.

soothsaying ['suːθˌseɪɪŋ] *n* divination *f*.

sooty ['sʊtɪ] (*compar* sootier, *superl* sootiest) *adj* -**1.** [dirty] couvert de suie, noir de suie. -**2.** [dark] noir comme de la suie.

sop [sɒp] (*pt* & *pp* sopped, *cont* sopping) *n* [concession, appeasement]: they threw in the measure as a ~ to the ecologists ils ont ajouté cette mesure pour amadouer les écologistes; she said it as a ~ to their pride/feelings elle l'a dit pour flatter leur amour-propre/pour ménager leur sensibilité.
◆ **sops** *npl* CULIN pain *m* trempé.
◆ **sop up** *vt sep* absorber.

SOP (*abbr of* standard operating procedure) *n marche à suivre normale*.

sophism ['sɒfɪzm] *n* sophisme *m*.

sophist ['sɒfɪst] *n* [false reasoner] sophiste *mf*.
◆ **Sophist** *n* PHILOS sophiste *m*.

sophistic(al) [sə'fɪstɪk(l)] *adj* sophistique.

sophisticate [sə'fɪstɪkeɪt] *n* personne *f* raffinée; he thinks he's a ~ il se croit raffiné.

sophisticated [sə'fɪstɪkeɪtɪd] *adj* -**1.** [person, manner, tastes - refined] raffiné; [- chic] chic, élégant; [- well-informed] bien informé; [- mature] mûr; they used to think it was ~ to smoke ils croyaient que ça faisait chic de fumer; a ~ restaurant un restaurant chic; the electorate has become too ~ to believe that promise l'électorat est désormais trop bien informé OR trop averti pour croire à cette promesse. -**2.** [argument, novel, film - subtle] subtil; [- complicated] complexe. -**3.** [machine, system, technology - advanced] sophistiqué, perfectionné.

sophistication [səˌfɪstɪ'keɪʃn] *n* -**1.** [of person, manners, tastes - refinement] raffinement *m*; [- chic] chic *m*, élégance *f*; [- maturity] maturité *f*; the growing ~ of cinema audiences la maturité croissante du public de cinéma. -**2.** [of argument, novel, film - subtlety] subtilité *f*; [- complexity] complexité *f*. -**3.** [of machine, system, technology] sophistication *f*, perfectionnement *m*.

sophistry ['sɒfɪstrɪ] (*pl* sophistries) *n* -**1.** [argumentation] sophistique *f*. -**2.** [argument] sophisme *m*.

Sophocles ['sɒfəkliːz] *pr n* Sophocle.

sophomore ['sɒfəmɔːʳ] *n Am* étudiant *m*, -e *f* de seconde année.

soporific [ˌsɒpə'rɪfɪk] ◇ *adj* soporifique.
◇ *n* soporifique *m*, somnifère *m*.

sopping *inf* ['sɒpɪŋ] *adj* & *adv*: ~ (wet) [person] trempé (jusqu'aux os); [shirt, cloth] détrempé.

soppy *inf* ['sɒpɪ] (*compar* soppier, *superl* soppiest) *adj Br* -**1.** [sentimental - person] sentimental, fleur bleue *(inv)*; [- story, picture] sentimental, à l'eau de rose. -**2.** [silly] nigaud, bébête. -**3.** [in love]: to be ~ about sb avoir le béguin pour qqn.

soprano [sə'prɑːnəʊ] (*pl* sopranos OR soprani [-niː]) ◇ *n* [singer] soprano *mf*; [voice, part, instrument] soprano *m*; to sing ~ avoir une voix de soprano.
◇ *adj* [voice, part] de soprano; [music] pour soprano; ~ saxophone saxophone *m* soprano.

sorb [sɔːb] *n* [fruit] sorbe *f*; [tree] sorbier *m*.

sorbet ['sɔːbeɪ] *n* -**1.** *Br* sorbet *m*. -**2.** *Am pulpe de fruit glacée*.

sorbic acid ['sɔːbɪk-] *n* acide *m* sorbique.

sorbitol ['sɔːbɪtɒl] *n* sorbitol *m*.

sorcerer ['sɔːsərəʳ] *n* sorcier *m*; 'The Sorcerer's Apprentice' *Dukas* 'l'Apprenti sorcier'.

sorceress ['sɔːsərɪs] *n* sorcière *f*.

sorcery ['sɔːsərɪ] *n* sorcellerie *f*.

sordid ['sɔːdɪd] *adj* -**1.** [dirty, wretched] sordide, misérable; they live in extremely ~ conditions ils vivent dans des conditions vraiment sordides. -**2.** [base, loathsome] sordide, infâme, vil; they've got ~ little minds ce sont des esprits mesquins et sordides; a ~ affair une affaire sordide; I'll spare you the ~ details je vous épargnerai les détails sordides.

sordino [sɔːˈdiːnəʊ] (*pl* **sordini** [-niː]) *n* sourdine *f* MUS.

sore [sɔːʳ] ◇ *adj* -**1.** [aching] douloureux; **we stopped to rest our ~ feet** nous nous sommes arrêtés pour reposer nos pieds endoloris; **I'm ~ all over** j'ai mal partout; **I've a ~ throat** j'ai mal à la gorge; **my arms/legs are ~** j'ai mal aux bras/jambes, mes bras/jambes me font mal; **don't touch me there, it's ~** ne me touche pas là, ça fait mal; **where is it ~?** où as-tu mal?; **it's a ~ point with her** *fig* elle est très sensible sur ce point OR là-dessus. -**2.** *inf Am* [angry] en boule; **are you still ~ at me?** est-ce que tu es toujours en boule contre moi?; **he got ~** il s'est mis en boule ‖ [resentful] vexé, amer; **he's ~ because they left him out of the team** il est vexé parce qu'ils l'ont laissé en dehors de l'équipe. -**3.** *lit* [great] grand; **in ~ distress** dans une grande détresse; **to be in ~ need of sthg** avoir grand besoin de qqch.
◇ *n* plaie *f*; **open ~s** des plaies ouvertes.
◇ *adv arch* grandement; **they were ~ afraid** ils éprouvèrent une grande frayeur.

sorehead *inf* [ˈsɔːhed] *n Am* râleur *m*, -euse *f*; **don't be such a ~!** ne râle pas comme ça!, quel râleur tu fais!

sorely [ˈsɔːlɪ] *adv* -**1.** [as intensifier] grandement; **the house is ~ in need of a new coat of paint** la maison a grandement OR bien besoin d'être repeinte; **we are ~ pressed for time** nous manquons cruellement de temps; **she will be ~ missed** elle nous manquera cruellement; **I was ~ tempted to accept her offer** j'ai été très tenté d'accepter sa proposition. -**2.** *lit* [painfully]: **~ wounded** grièvement blessé.

sorghum [ˈsɔːgəm] *n* sorgho *m*.

sorority [səˈrɒrətɪ] (*pl* **sororities**) *n Am* UNIV [association] club *m* d'étudiantes; [residence] résidence *f* (universitaire) pour femmes.

sorrel [ˈsɒrəl] ◇ *n* -**1.** BOT & CULIN oseille *f*. -**2.** [colour] roux *m*, brun rouge *m*. -**3.** [horse] alezan *m* clair.
◇ *adj* [gen] roux; [horse] alezan clair *(inv)*.

sorrow [ˈsɒrəʊ] ◇ *n* chagrin *m*, peine *f*, tristesse *f*; [stronger] affliction *f*, douleur *f*; **I am writing to express my ~ at your sad loss** je vous écris pour vous faire part de la tristesse que j'ai éprouvée en apprenant votre deuil; **her ~ at OR over losing the match was short-lived** le chagrin qu'elle a éprouvé OR la tristesse qu'elle a éprouvée d'avoir perdu le match n'a pas duré; **to our great ~** à notre grand regret; **more in ~ than in anger** avec plus de tristesse que de colère; **his son's failure was a great ~ to him** l'échec de son fils lui a fait OR causé beaucoup de peine; **life is full of joys and ~s** la vie est faite de joies et de peines ❑ **'The Sorrows of Young Werther'** *Goethe* 'les Souffrances du jeune Werther'.
◇ *vi lit* éprouver du chagrin OR de la peine; **he is still ~ing over his son's death** il pleure encore la mort de son fils.

sorrowful [ˈsɒrəʊfʊl] *adj* [person] triste; [look, smile] affligé.

sorrowfully [ˈsɒrəʊflɪ] *adv* tristement.

sorrowing [ˈsɒrəʊɪŋ] *adj* attristé, affligé.

sorry [ˈsɒrɪ] (*compar* **sorrier**, *superl* **sorriest**) *adj* -**1.** [in apologies] désolé; **I'm ~ we won't be able to fetch you** je regrette que OR je suis désolé que nous ne puissions venir vous chercher; **(I'm) ~ to have bothered you** (je suis) désolé de vous avoir dérangé; **I'm ~ to say there's little we can do** malheureusement, nous ne pouvons pas faire grand-chose; **I'm so OR very OR terribly ~** je suis vraiment navré; **ouch, that's my foot! — (I'm) ~!** aïe! mon pied! — je suis désolé OR excusez-moi!; **(I'm) ~ about the mess** excusez le désordre; **I'm ~ about the mix-up** excusez-moi pour la confusion; **~ to interrupt you but you're wanted on the phone** excusez-moi de vous interrompre mais on vous demande au téléphone; **~ about forgetting your birthday** désolé d'avoir oublié ton anniversaire; **he said he was ~** il a présenté ses excuses; **say (you're) ~ to the lady** demande pardon à la dame; **what's the time? — ~?** quelle heure est-il? — pardon? OR comment?; **they're coming on Tuesday, ~, Thursday** ils viennent mardi, pardon, jeudi. -**2.** [regretful]: **to be ~** regretter; **I'm ~ I ever came here!** je regrette d'être venu ici!; **you'll be ~ for this** tu le regretteras. -**3.** [expressing sympathy] désolé, navré, peiné; **I was ~ to hear about your father's death** j'ai été désolé OR peiné OR navré d'apprendre la mort de votre père. -**4.** [pity]: **to be OR to feel ~ for sb** plaindre qqn; **it's the children I feel ~ for** ce sont les enfants que je plains; **there's no need to feel ~ for them** ils ne sont pas à plaindre; **she felt ~ for him and gave him a pound** elle eut pitié de lui et lui donna une livre; **to be OR to feel ~ for o.s.** s'apitoyer sur soi-même OR sur son propre sort; **stop feeling ~ for yourself!** arrête un peu de t'apitoyer sur ton propre sort!; **he's just feeling a bit ~ for himself** il est juste un peu déprimé. -**5.** [pitiable, wretched] triste, piteux; **to cut a ~ figure** faire triste OR piètre figure; **they were a ~ sight after the match** ils étaient dans un triste état après le match; **the garden was in a ~ state** le jardin était en piteux état OR dans un triste état; **it's a ~ state of affairs** c'est bien triste.

sort [sɔːt] ◇ *n* -**1.** [kind, type] sorte *f*, espèce *f*, genre *m*; [brand] marque *f*; **a hat with a ~ of veil** un chapeau avec une sorte OR une espèce OR un genre de voile; **it's a strange ~ of film** c'est un drôle de film; **it's a different ~ of problem** c'est un autre type de problème; **I've got a ~ of feeling about what the result will be** j'ai comme un pressentiment sur ce que sera le résultat; **I think that he's some ~ of specialist OR that he's a specialist of some ~** je crois que c'est un genre de spécialiste; **she's not the ~ (of woman) to let you down** elle n'est pas du genre à vous laisser tomber; **I love this OR these** *inf* **~ of biscuits** j'adore ces biscuits-là; **there's too much of this ~ of thing going on** il se passe trop de choses de ce genre; **they're not our ~ (of people)** nous ne sommes pas du même monde; **I know your ~!** les gens de ton espèce, je les connais!; **what ~ of fish are we having?** qu'est-ce qu'on mange comme poisson?; **what ~ of washing machine have you got?** qu'est-ce que vous avez comme (marque de) machine à laver?; **what ~ of dog is that?** qu'est-ce que c'est comme chien OR comme race de chien?; **what ~ of woman is she?** quel genre de femme est-ce?; **what ~ of girl do you take me for?** pour qui me prenez-vous?; **what ~ of way is that to speak to your grandmother?** en voilà une façon de parler à ta grand-mère!; **good luck, and all that ~ of thing!** bonne chance, et tout et tout!; **there are all ~s of materials to choose from** on peut choisir parmi toutes sortes de matériaux; **I've heard all ~s of good things about you** j'ai entendu dire beaucoup de bien de vous ❑ **I said nothing of the ~!** je n'ai rien dit de pareil OR de tel!; **you were drunk last night — I was nothing of the ~!** tu étais ivre hier soir — absolument pas! OR mais pas du tout!; **I feel out of ~s** je ne suis pas dans mon assiette; **it takes all ~s (to make a world)** *prov* il faut de tout pour faire un monde *prov*. -**2.** *inf* [person]: **she's a good ~** [young woman] c'est une brave fille; [older woman] c'est une brave femme. -**3.** [gen & COMPUT - act of sorting] tri *m*; **the program will do an alphabetical ~** le programme exécutera un tri alphabétique; **I've had a ~ through all the winter clothes** *inf* j'ai trié tous les vêtements d'hiver ❑ **~ routine** routine *f* de tri.
◇ *vt* -**1.** [classify] classer, trier; [divide up] répartir; [separate] séparer; COMPUT trier; **to ~ mail** trier le courrier; **I've ~ed the index cards into alphabetical order** j'ai classé OR trié les fiches par ordre alphabétique; **they were ~ing the shirts according to colour** ils triaient les chemises selon leur couleur; **~ the cards into two piles** répartissez les cartes en deux piles; **~ the letters into urgent and less urgent** répartissez les lettres entre celles qui sont urgentes et celles qui le sont moins; **help me ~ the good fruit from the bad** aidez-moi à séparer les bons fruits des mauvais. -**2.** [organize] = **sort out 2**.
◆ **of a sort, of sorts** *adj phr*: **they served us champagne of a ~ OR of ~s** ils nous ont servi une espèce de champagne.
◆ **sort of** *inf adv phr*: **I ~ of expected it to rain** je m'attendais un peu à ce qu'il pleuve; **I'm ~ of glad that I missed them** je suis plutôt content de les avoir ratés; **it's ~ of big and round** c'est du genre grand et rond; **did you hit him? — well, ~ of** tu l'as frappé? — en quelque sorte, oui.
◆ **sort out** *vt sep* -**1.** [classify] = **sort** *vt* **1**. -**2.** [select and set aside] trier; **I've been ~ing out some books for you to take** j'ai trié quelques livres pour que tu les emportes; **we've already ~ed out the likely candidates from the rest** nous avons déjà trié les candidats intéressants (et les autres). -**3.** [tidy up - papers, clothes, room, cupboard] ranger; [put in order - finances, ideas] mettre en ordre; **she needs to get her personal life ~ed out** il faut qu'elle règle ses problèmes personnels. -**4.** [settle, resolve - problem, dispute] régler, résoudre; **I'm glad that bit of bother has been ~ed out** je suis content que ce petit problème ait été réglé; **they still haven't ~ed out the mistake in my tax demand** ils n'ont toujours pas réglé cette erreur dans ma feuille d'impôts; **everything's ~ed out now** tout est arrangé maintenant; **once the initial confusion had ~ed itself out** une fois que la confusion du début se fut dissipée; **things will ~ themselves out in the end** les choses finiront par s'arranger. -**5.** [work out]: **have you ~ed out how to do it?** est-ce que tu as trouvé le moyen de le faire?; **she couldn't ~ out what they wanted** elle n'arrivait pas à savoir au juste ce qu'ils voulaient; **I'm trying to ~ out what's been going on** j'essaie de savoir OR de comprendre ce qui s'est passé ‖ [arrange] arranger, fixer; **we still have to ~ out a date for the next meeting** il nous faut encore arranger OR choisir une date pour la prochaine réunion. -**6.** *inf Br* [solve the problems of - person]: **he's very depressed, you should try to ~ him out** il est très déprimé, tu devrais essayer de l'aider à s'en sortir; **she needs time to ~ herself out** il lui faut du temps pour régler ses problèmes. -**7.** *inf Br* [punish] régler son compte à; **just wait till he gets home, I'll ~ him out!** attends un peu qu'il rentre à la maison, je vais lui régler son compte!
◆ **sort through** *vt insep* trier; **I've been ~ing through the old magazines** j'ai trié les vieux magazines.

sorta *inf* [ˈsɔːtə] = **sort of**.

sort code *n* BANK code *m* guichet.

sorter [ˈsɔːtəʳ] *n* -**1.** [person] trieur *m*, -euse *f*; **letter ~** employé *m*, -e *f* au tri postal. -**2.** [machine - gen] trieur *m*; [- for punched cards] trieuse *f*.

sortie [ˈsɔːtiː] *n* MIL sortie *f*; **I sometimes make the odd ~ to the pub** *hum* de temps en temps je fais une petite sortie au pub.

sorting [ˈsɔːtɪŋ] *n* tri *m*; **~ routine** COMPUT routine *f* de tri.

sorting code = **sort code**.

sorting office *n* centre *m* de tri.

sort-out *inf n Br* [tidying] rangement *m*; **the attic needs a good ~** il faudrait ranger le grenier.

SOS (*abbr of* **save our souls**) *n* SOS *m*; **to send out an ~** lancer un SOS; **we received an ~ message** nous avons reçu un SOS.

so-so *inf adj* pas fameux; [in health] comme ci comme ça, couci-couça; **the film was only ~** le film n'était pas fameux.

sot [sɒt] *n lit* ivrogne *m*, -esse *f*.

Sotheby's [ˈsʌðəbiːz] *pr n* *société londonienne de vente aux enchères.*

sottish [ˈsɒtɪʃ] *adj lit* sot, stupide, abruti.

sotto voce [ˌsɒtəʊˈvəʊtʃɪ] *adv* -**1.** [gen] à voix basse. -**2.** MUS sotto voce.

sou [suː] *n* sou *m*.

soufflé ['suːfleɪ] *n* soufflé *m*; **cheese/chocolate ~** soufflé au fromage/au chocolat; **~ dish** moule *m* à soufflé.

sough [saʊ] *lit* ◇ *vi* murmurer, susurrer.
◇ *n* murmure *m*, susurrement *m (du vent)*.

sought [sɔːt] *pt & pp* → **seek**.

sought-after *adj* recherché; **furniture of this period is much ~** les meubles de cette époque sont très recherchés (actuellement).

soul [səʊl] ◇ *n* -**1.** RELIG âme *f*; **God rest his ~!** que Dieu ait son âme!; **All Soul's Day** le jour des Morts, la Toussaint; **upon my ~!** *dated* grands dieux!; **you've got no ~!** tu n'as pas de cœur! || [emotional depth] profondeur *f*; **it was a polished performance, but it lacked ~** c'était une performance très accomplie, mais sans profondeur ❑ **I can't call my ~ my own these days** je ne m'appartiens plus ces jours-ci. -**2.** [leading figure] âme *f*; **she was the ~ of the early feminist movement** elle était l'âme du mouvement féministe à ses débuts. -**3.** [perfect example] modèle *m*; **the ~ of discretion** la discrétion même OR personnifiée. -**4.** [person] personne *f*, âme *f*; **poor old ~!** le pauvre!, la pauvre!; **there wasn't a ~ in the streets** il n'y avait pas âme qui vive dans les rues; **I didn't know a ~ at the party** je ne connaissais personne à la réception; **I won't tell a ~** je ne le dirai à personne || *lit*: **a town of 20,000 ~s** une ville de 20 000 âmes; **the ship went down with all ~s** le navire a sombré corps et biens. -**5.** [music] (musique *f*) soul *f*, soul music *f*; **a ~ singer** un chanteur de soul.
◇ *adj Am dated caractéristique de la culture des Noirs américains.*

soul brother *inf n Am dated* frère *m* de race.

soul-destroying [-dɪˌstrɔɪɪŋ] *adj* [job] abrutissant; [situation, place] déprimant.

soul food *inf n cuisine traditionnelle des Noirs américains.*

soulful ['səʊlfʊl] *adj* [song, performance, sigh] émouvant, attendrissant; [look, eyes] expressif.

soulfully ['səʊlfʊlɪ] *adv* [sing, perform, sigh] de façon émouvante OR attendrissante; [look] de façon expressive.

soulless ['səʊllɪs] *adj* -**1.** [inhuman - place] inhumain, sans âme; [- work] abrutissant. -**2.** [heartless] sans cœur, insensible.

soul mate *n* âme *f* sœur.

soul music *n* musique *f* soul, soul music *f*.

soul-searching *n* introspection *f*; **after much ~ she decided to hand in her resignation** après mûre réflexion OR après avoir mûrement réfléchi, elle décida de donner sa démission.

soul sister *inf n Am dated nom que les Noirs américains donnaient aux femmes noires.*

soul-stirring *adj* (profondément) émouvant.

sound [saʊnd] ◇ *n* -**1.** [noise - of footsteps, thunder, conversation] bruit *m*; [- of voice, musical instrument] son *m*; **I was woken by the ~ of voices/laughter/breaking glass** j'ai été réveillé par un bruit de voix/par des éclats de rires/par un bruit de verre cassé; **I love the ~ of her voice** j'adore le son de sa voix; **don't make a ~!** surtout ne faites pas de bruit!; **they tiptoed out without (making) a ~** ils sont sortis sur la pointe des pieds sans faire de bruit; **the plaintive ~ of the bagpipes** le son plaintif de la cornemuse ❑ **'The Sound and the Fury'** *Faulkner* 'le Bruit et la fureur'; **'The Sound of Music'** *Wise* 'la Mélodie du bonheur'. -**2.** PHYS son *m*; **light travels faster than ~** la lumière se déplace plus vite que le son; **the speed of ~** la vitesse du son. -**3.** LING son *m*; **it's a similar ~ to the Scots "ch"** c'est un son qui ressemble au «ch» écossais; **the English vowel ~s** les sons vocaliques de l'anglais ❑ **speech ~** phonème *m*. -**4.** RADIO & TV son *m*; **the ~ is very poor** le son est mauvais; **to turn the ~ up/down** monter/baisser le son OR volume. -**5.** [type of music] style *m* de musique, musique *f*; **the Liverpool ~** la musique de Liverpool; **a brand new ~ has hit the charts** un son complètement nouveau a fait son entrée au hit-parade. -**6.** [impression, idea] : **I don't like the ~ of these new measures** ces nouvelles mesures ne me disent rien qui vaille; **it's pretty easy by the ~ of it** ça a l'air assez facile. -**7.** [earshot] : **within the ~ of the church bells** à portée du son des cloches de l'église. -**8.** MED [probe] sonde *f*. -**9.** NAUT [sounding line] (ligne *f* de) sonde *f*. -**10.** GEOG [channel] détroit *m*, bras *m* de mer. -**11.** ZOOL [air bladder] vessie *f* natatoire.
◇ *comp* [level, recording] sonore; [broadcasting] radiophonique; LING [change] phonologique; **~ crew** équipe *f* du son.
◇ *adj* -**1.** [structure, building, wall - sturdy] solide; [- in good condition] en bon état; **built on ~ foundations** construit sur des fondations solides; **the house is structurally ~** le gros œuvre de la maison est en bon état. -**2.** [healthy - person] en bonne santé; [- body, mind, limbs] sain; **to be of ~ mind** être sain d'esprit ❑ **to be as ~ as a bell** être en parfaite santé; **to be ~ of wind and limb** avoir bon pied bon œil. -**3.** [sensible, well-founded - advice, idea, strategy] sensé, judicieux; [- argument, claim] valable, fondé, solide; **to show ~ judgment** faire preuve de jugement; **do you think that was a ~ move?** croyez-vous que c'était un acte judicieux? -**4.** [reliable, solid] solide, compétent; **we need somebody with a ~ grasp of the subject** il nous faut quelqu'un avec de solides connaissances en la matière; **my knowledge of German history isn't too ~** mes connaissances en ce qui concerne l'histoire de l'Allemagne laissent à désirer; **Crawford seems a ~ enough chap** Crawford semble être quelqu'un en qui on peut avoir confiance; **is she politically ~?** ses convictions politiques sont-elles solides? -**5.** [safe - investment] sûr; [- company, business] solide. -**6.** [severe - defeat] total; [- hiding] bon; **he needs a ~ thrashing** il a besoin d'une bonne correction. -**7.** [deep - sleep] profond; **I'm a very ~ sleeper** j'ai le sommeil profond.
◇ *adv*: **to be ~ asleep** dormir profondément OR à poings fermés.
◇ *vi* -**1.** [make a sound] sonner, résonner, retentir; **it ~s hollow if you tap it** ça sonne creux lorsqu'on tape dessus; **their voices ~ed very loud in the empty house** leurs voix résonnaient bruyamment dans la maison vide; **sirens ~ed in the streets** des sirènes retentissaient dans les rues; **if the alarm ~s, run** si vous entendez l'alarme, enfuyez-vous. -**2.** *Br* [be pronounced] se prononcer; **in English words are rarely spelt as they ~** en anglais, les mots s'écrivent rarement comme ils se prononcent. -**3.** [seem] sembler, paraître; **he ~ed sad** il semblait triste; **he ~ed bored** il semblait s'ennuyer; **it doesn't ~ very interesting to me** ça ne m'a pas l'air très intéressant; **(that) ~s like a good idea** ça semble être une bonne idée; **two weeks in Crete, that ~s nice!** deux semaines en Crète, pas mal du tout!; **the name ~ed French** le nom avait l'air d'être français; **you ~ as though** OR **you ~ as if** OR **you ~ like you've got a cold** on dirait que tu es enrhumé; **it ~s to me as though they don't want to do it** j'ai l'impression qu'ils ne veulent pas le faire; **it doesn't ~ to me as though they want to do it** je n'ai pas l'impression qu'ils veuillent le faire; **you ~ just like your brother on the phone** tu as la même voix que ton frère OR on dirait vraiment ton frère au téléphone; **it's an instrument which ~s rather like a recorder** c'est un instrument dont le son ressemble assez à OR est assez proche de la flûte à bec; **that ~s like the postman now** je crois entendre le facteur.
◇ *vt* -**1.** [bell, alarm] sonner; [wind instrument] sonner de; **the huntsman ~ed his horn** le chasseur sonna du cor; **the driver behind me ~ed his horn** le conducteur derrière moi a klaxonné; **they ~ed the church bells** ils sonnèrent les cloches; **the bugler ~ed the reveille** le clairon sonna le réveil; **to ~ a warning** lancer un avertissement. -**2.** [pronounce] prononcer; **the "p" isn't ~ed** le «p» ne se prononce pas; **he doesn't ~ his aitches** il ne prononce pas ses «h». -**3.** MED [chest, lungs] ausculter; [cavity, passage] sonder. -**4.** NAUT sonder. -**5.** [person] sonder; **I'll try to ~ their feelings on the matter** j'essaierai de connaître leur sentiment à cet égard.
◆ **sound off** *inf vi insep* -**1.** [declare one's opinions] crier son opinion sur tous les toits; [complain] râler; **he's always ~ing off about the management** il est toujours à râler contre la direction; **to ~ off at sb** [angrily] passer un savon à qqn. -**2.** [boast] se vanter.
◆ **sound out** *vt sep fig* sonder; **the company is ~ing out potential buyers** la compagnie sonde les acheteurs potentiels.

sound archives *npl* phonothèque *f*; **a recording from the BBC ~** un enregistrement qui vient des archives de la BBC.

sound barrier *n* mur *m* du son; **to break the ~** franchir le mur du son.

soundbite ['saʊndbaɪt] *n* petite phrase *(prononcée par un homme politique à la radio ou à la télévision pour frapper les esprits)*.

soundboard ['saʊndbɔːd] *n* -**1.** [over pulpit, rostrum] abat-voix *m inv*. -**2.** MUS table *f* d'harmonie.

sound box *n* caisse *f* de résonance.

sound effects *npl* bruitage *m*.

sound engineer *n* ingénieur *m* du son.

sounder ['saʊndəʳ] *n* NAUT sondeur *m*.

sound hole *n* [of violin, viola etc] ouïe *f*, esse *f*; [of guitar, lute etc] rosace *f*, rose *f*.

sounding ['saʊndɪŋ] *n* -**1.** AERON, METEOR & NAUT [measuring] sondage *m*. -**2.** [of bell, horn] son *m*; **wait for the ~ of the alarm** attendez le signal d'alarme OR que le signal d'alarme retentisse.
◆ **soundings** *npl* [investigations] sondages *mpl*; **to take ~s** faire des sondages.

-sounding *in cpds*: **a foreign~ name** un nom à consonance étrangère; **high~ phrases** des phrases ronflantes OR grandiloquentes.

sounding board *n* -**1.** *fig* [person] : **she uses her assistants as a ~ for any new ideas** elle essaie toutes ses nouvelles idées sur ses assistants. -**2.** = **soundboard**.

sounding line *n* (ligne *f* de) sonde *f*.

soundless ['saʊndlɪs] *adj* -**1.** [silent] silencieux. -**2.** *lit* [deep] insondable.

soundlessly ['saʊndlɪslɪ] *adv* [silently] silencieusement, sans bruit.

soundly ['saʊndlɪ] *adv* -**1.** [deeply - sleep] profondément. -**2.** [sensibly - advise, argue] judicieusement, avec bon sens. -**3.** [safely - invest] de façon sûre, sans risque OR risques. -**4.** [competently - work, run] avec compétence. -**5.** [thoroughly - defeat] à plate couture OR plates coutures; **he deserves to be ~ thrashed** il mérite une bonne correction.

soundness ['saʊndnɪs] *n* -**1.** [of body, mind] santé *f*, équilibre *m*; [of health] robustesse *f*. -**2.** [of building, structure] solidité *f*; [of business, financial situation] solvabilité *f*; [of decision, advice] bon sens *m*; [of argument, reasoning] justesse *f*. -**3.** [of sleep] profondeur *f*.

soundproof ['saʊndpruːf] ◇ *adj* insonorisé.
◇ *vt* insonoriser.

soundproofing ['saʊndpruːfɪŋ] *n* insonorisation *f*.

sound shift *n* mutation *f* phonologique.

sound system *n* [hi-fi] chaîne *f* hifi; [PA system] sonorisation *f*.

soundtrack ['saʊndtræk] *n* bande *f* sonore.

sound wave *n* onde *f* sonore.

soup [suːp] *n* -**1.** CULIN soupe *f*; [thin or blended] soupe *f*, potage *m*; [smooth and creamy] velouté *m*; **onion/fish/leek ~** soupe à l'oignon/de poisson/aux poireaux; **cream of mushroom ~** velouté de champignons ❑ **~ ladle** louche *f*; **to be in the ~** *inf* être dans le pétrin; **from ~ to nuts** *Am inf* du début à la fin. -**2.** ▽ [nitroglycerine] nitroglycérine *f*, nitro *f*.
◆ **soup up** *inf vt sep* [engine] gonfler; [car] gonfler le moteur de; [machine, computer program] perfectionner.

soupçon ['suːpsɒn] *n fml* OR *hum* soupçon *m*, pointe *f*.

souped-up *inf* [suːpt-] *adj* [engine] gonflé, poussé; [car] au moteur gonflé OR poussé; [machine, computer program] perfectionné.

soup kitchen *n* soupe *f* populaire.

soup plate *n* assiette *f* creuse OR à soupe.

soup spoon *n* cuillère *f* OR cuiller *f* à soupe.

soup tureen *n* soupière *f*.

soupy ['suːpɪ] (*compar* **soupier**, *superl* **soupiest**) *adj* -**1.** [thick] épais, dense. -**2.** *inf Am* [sentimental] à l'eau de rose.

sour [saʊəʳ] ◇ *adj* -**1.** [flavour, taste] aigre, sur. -**2.** [rancid - milk] tourné, aigre; [- breath] fétide; **the milk has gone** OR **turned ~** le lait a tourné. -**3.** [disagreeable - person, character, mood] aigre, revêche, hargneux; [- look] hargneux; [- comment, tone] aigre, acerbe. -**4.** [wrong, awry]: **to go** OR **to turn ~** mal tourner; **everything suddenly went ~ on us** tout a soudainement mal tourné pour nous; **their marriage went ~** leur mariage a tourné au vinaigre. -**5.** [too acidic - soil] trop acide.
◇ *vi* -**1.** [wine] surir, s'aigrir; [milk] tourner, aigrir. -**2.** [person, character] aigrir; [relationship] se dégrader, tourner au vinaigre; [situation] mal tourner.
◇ *vt* -**1.** [milk, wine] aigrir. -**2.** [person, character] aigrir; [relationship] gâter, empoisonner; [situation] gâter; **the experience ~ed his view of life** cette expérience l'a aigri.
◇ *n*: **whisky ~** whisky sour *m* (*cocktail à base de whisky et de jus de citron*).

source [sɔːs] ◇ *n* -**1.** [gen] source *f*; **they have traced the ~ of the power cut** ils ont découvert l'origine de la panne de courant; **energy ~s** sources d'énergie; **at ~** à la source; **~ of infection** MED foyer *m* d'infection. -**2.** [of information] source *f*; **the journalist refused to name his ~s** le journaliste a refusé de nommer ses sources; **according to reliable ~s war is imminent** selon des sources sûres, la guerre est imminente. -**3.** [of river] source *f*.
◇ *comp*: **~ material** OR **materials** [documents] documentation *f*.
◇ *vt*: **the quotations are ~d in footnotes** la source des citations figure dans les notes en bas de page.

source language *n* -**1.** LING langue *f* source. -**2.** COMPUT langage *m* source.

source program *n* COMPUT programme *m* source.

sour cream *n* crème *f* aigre.

sourdough ['saʊədəʊ] *n* -**1.** *dial* & CULIN levain *m*; **~ bread** pain *m* au levain. -**2.** [pioneer] pionnier *m*, -ère *f* (*de l'Alaska ou de l'Ouest du Canada*).

sour-faced *adj* à la mine revêche; **what are you looking so ~ about?** pourquoi cet air maussade OR cette mine revêche?

sour grapes *n* jalousie *f*, envie *f*; **it's a simple case of ~** c'est tout simplement du dépit.

sourly ['saʊəlɪ] *adj* aigrement, avec aigreur.

sour mash *n* *pâte spéciale utilisée dans la fabrication de certains whiskies américains.*

sourness ['saʊənɪs] *n* -**1.** [of flavour, taste] aigreur *f*, acidité *f*; [of milk] aigreur *f*. -**2.** [of person, character, mood] aigreur *f*; [of speech, comment] ton *m* aigre.

sourpuss *inf* ['saʊəpʊs] *n* grincheux *m*, -euse *f*.

soursop ['saʊəsɒp] *n* corossol *m*, cachiman *m* épineux.

sousaphone ['suːzəfəʊn] *n* sousaphone *m*.

souse [saʊs] ◇ *vt* -**1.** CULIN [in vinegar] (faire) mariner dans du vinaigre; [in brine] (faire) mariner dans de la saumure; **~d herrings** harengs au vinaigre. -**2.** [immerse] immerger, plonger; [drench] tremper; **he ~d himself with cold water** il s'aspergea abondamment d'eau froide. -**3.** *inf* [make drunk] soûler; **he comes home ~d every night** il rentre soûl tous les soirs.
◇ *n* CULIN [vinegar] marinade *f* de vinaigre; [brine] saumure *f*.

soutane [suː'tɑːn] *n* soutane *f*.

south [saʊθ] ◇ *n* -**1.** GEOG sud *m*; **the region to the ~ of Birmingham** la région qui est au sud de Birmingham; **I was born in the ~** je suis né dans le Sud; **in the South of France** dans le Midi (de la France); **the wind is in the ~** le vent vient du sud ‖ [in US]: **the South** le Sud, les États du Sud; **the Deep South** le Sud profond. -**2.** CARDS sud *m*.
◇ *adj* -**1.** GEOG sud (*inv*), du sud, méridional; **the ~ coast** la côte sud; **in ~ London** dans le sud de Londres; **in ~ India** dans le sud de l'Inde ❑ **the South Atlantic/Pacific** l'Atlantique *m*/le Pacifique Sud. -**2.** [wind] du sud.
◇ *adv* au sud, vers le sud; **the village lies ~ of York** le village est situé au sud de York; **the living room faces ~** la salle de séjour est exposée au sud; **the path heads (due) ~** le chemin va OR mène (droit) vers le sud; **walk ~ until you come to a main road** marchez vers le sud jusqu'à ce que vous arriviez à une route principale; **we're going ~ for our holidays** nous allons passer nos vacances dans le Sud; **I travelled ~** je suis allée vers le sud; **they live down ~** ils habitent dans le Sud.

South Africa *pr n* Afrique *f* du Sud; **in ~** en Afrique du Sud; **the Republic of ~** la République d'Afrique du Sud.

South African ◇ *n* Sud-Africain *m*, -e *f*.
◇ *adj* sud-africain, d'Afrique du Sud.

South America *pr n* Amérique *f* du Sud; **in ~** en Amérique du Sud.

South American ◇ *n* Sud-Américain *m*, -e *f*.
◇ *adj* sud-américain, d'Amérique du Sud.

South Australia *pr n* Australie-Méridionale *f*; **in ~** en Australie-Méridionale.

South Bank *pr n*: **the ~** *complexe sur la rive sud de la Tamise réunissant des salles de concert, des théâtres et des musées.*

southbound ['saʊθbaʊnd] *adj* en direction du sud; **the ~ carriageway of the motorway is closed** l'axe sud de l'autoroute est fermé (à la circulation).

South Carolina *pr n* Caroline *f* du Sud; **in ~** en Caroline du Sud.

South Dakota *pr n* Dakota *m* du Sud; **in ~** dans le Dakota du Sud.

southeast [,saʊθ'iːst] ◇ *n* sud-est *m*; **in the ~ of England** dans le sud-est de l'Angleterre.
◇ *adj* -**1.** GEOG sud-est (*inv*), du sud-est; **in ~ England** dans le sud-est de l'Angleterre. -**2.** [wind] de sud-est.
◇ *adv* au sud-est, vers le sud-est; **it's 50 miles ~ of Liverpool** c'est à 80 kilomètres au sud-est de Liverpool.

Southeast Asia *pr n* Asie *f* du Sud-Est; **in ~** en Asie du Sud-Est.

southeaster [,saʊθ'iːstəʳ] *n* vent *m* de sud-est.

southeasterly [,saʊθ'iːstəlɪ] (*pl* **southeasterlies**) ◇ *adj* -**1.** GEOG sud-est (*inv*), du sud-est; **to travel in a ~ direction** aller vers le sud-est. -**2.** [wind] de sud-est.
◇ *adv* au sud-est, vers le sud-est.
◇ *n* = **southeaster**.

southeastern [,saʊθ'iːstən] *adj* sud-est (*inv*), du sud-est; **the ~ suburbs** la banlieue sud-est.

southeastwards [,saʊθ'iːstwədz] *adv* vers le sud-est, en direction du sud-est.

souther ['saʊðəʳ] *n* NAUT fort vent *m* du sud.

southerly ['sʌðəlɪ] (*pl* **southerlies**) ◇ *adj* -**1.** GEOG sud (*inv*), du sud; **in a ~ direction** vers le sud; **a room with a ~ aspect** une pièce exposée au sud OR au midi. -**2.** [wind] du sud.
◇ *adv* vers le sud.
◇ *n* vent *m* du sud.

southern ['sʌðən] *adj* -**1.** GEOG sud (*inv*), du sud, méridional; **he has a ~ accent** il a un accent du sud; **~ Africa** l'Afrique *f* australe; **~ Europe** l'Europe *f* méridionale; **in ~ India** dans le sud de l'Inde ❑ **the ~ hemisphere** l'hémisphère *m* sud OR austral; **Southern Baptists** *membres de la Southern Baptist convention fondée en 1845 à Augusta en Géorgie.* -**2.** [wind] du sud.

Southern Cross *n*: **the ~** la Croix du Sud.

southerner ['sʌðənəʳ] *n* [gen] homme *m*, femme *f* du sud; [in continental Europe] méridional *m*, -e *f*; **she's a ~** elle vient du sud.

Southern Ireland *pr n* Irlande *f* du Sud; **in ~** en Irlande du Sud.

southernmost ['sʌðənməʊst] *adj* le plus au sud; **the ~ town in Chile** la ville la plus au sud du Chili; **the ~ limits of the Sahara** les limites méridionales du Sahara.

Southern Rhodesia *pr n* Rhodésie *f* du Sud.

south-facing *adj* [house, wall] (exposé) au sud OR au midi.

South Island *pr n* l'île *f* du Sud.

South Korea *pr n* Corée *f* du Sud; **in ~** en Corée du Sud.

South Korean ◇ *n* Sud-Coréen *m*, -enne *f*, Coréen *m*, -enne *f* du Sud.
◇ *adj* sud-coréen.

South Pacific *pr n*: **the ~** le Pacifique Sud.

southpaw *inf* ['saʊθpɔː] ◇ *n Am* gaucher *m*, -ère *f*.
◇ *adj* gaucher.

South Pole *pr n* pôle *m* Sud; **at the ~** au pôle Sud.

South Sea Bubble *pr n*: **the ~** *krach financier de 1720 en Angleterre.*

THE SOUTH SEA BUBBLE:
Krach financier qui eut lieu en 1720, après que la «South Sea Company» eut repris à son compte la dette nationale britannique en échange du monopole du commerce sur les mers du sud; cette nouvelle provoqua une ruée sur les actions de la compagnie et une spéculation avide, qui entraîna la chute des cours et la ruine de nombreux investisseurs.

South Seas *pl pr n*: **the ~** les mers *fpl* du Sud.

south-southeast ◇ *n* sud-sud-est *m*.
◇ *adj* sud-sud-est (*inv*), du sud-sud-est.
◇ *adv* au sud-sud-est, vers le sud-sud-est.

south-southwest ◇ *n* sud-sud-ouest *m*.
◇ *adj* sud-sud-ouest (*inv*), du sud-sud-ouest.
◇ *adv* au sud-sud-ouest, vers le sud-sud-ouest.

South Vietnam *pr n* Sud Viêt-Nam *m*; **in ~** au Sud Viêt-Nam.

South Vietnamese ◇ *n* Sud-Vietnamien *m*, -enne *f*; **the ~** les Sud-Vietnamiens.
◇ *adj* sud-vietnamien.

southward ['saʊθwəd] ◇ *adj* au sud.
◇ *adv* vers le sud, en direction du sud.

southwards ['saʊθwədz] = **southward** *adv*.

southwest [,saʊθ'west] ◇ *n* sud-ouest *m*; **in the ~ of the United States** dans le sud-ouest des États-Unis.
◇ *adj* -**1.** GEOG sud-ouest (*inv*), du sud-ouest; **in ~ Scotland** dans le sud-ouest de l'Écosse. -**2.** [wind] de sud-ouest.
◇ *adv* au sud-ouest, vers le sud-ouest; **it's ~ of London** c'est au sud-ouest de Londres.

southwester [,saʊθ'westəʳ] *n* vent *m* de sud-ouest, suroît *m*.

southwesterly [,saʊθ'westəlɪ] (*pl* **southwesterlies**) ◇ *adj* -**1.** GEOG sud-ouest (*inv*), du sud-ouest; **in a ~ direction** vers le sud-ouest. -**2.** [wind] de sud-ouest.
◇ *adv* au sud-ouest, vers le sud-ouest.
◇ *n* = **southwester**.

southwestern [,saʊθ'westən] *adj* sud-ouest (*inv*), du sud-ouest; **the ~ States** les États du sud-ouest.

southwestwards [,saʊθ'westwədz] *adv* vers le sud-ouest, en direction du sud-ouest.

South Yemen *pr n* Yémen *m* du Sud; **in ~** au Yémen du Sud.

souvenir [,suːvə'nɪəʳ] *n* souvenir *m* (*objet*).

sou'wester [saʊ'westəʳ] *n* -**1.** [headgear] suroît *m*. -**2.** [wind] = **southwester**.

sovereign ['sɒvrɪn] ◇ *n* -**1.** [monarch] souverain *m*, -e *f*. -**2.** [coin] souverain *m* (*ancienne pièce de monnaie britannique en or*).
◇ *adj* -**1.** POL [state, territory] souverain; [powers] souverain, suprême; [rights] de souveraineté; **Parliament remains ~** le parlement reste

souverain. -**2.** *lit* [excellent - remedy] souverain; [utmost - scorn, indifference] souverain, absolu.

sovereignty ['sɒvrɪntɪ] (*pl* **sovereignties**) *n* souveraineté *f*; **with no loss of ~** sans perte de souveraineté.

soviet ['səʊvɪət] *n* [council] soviet *m*; **the Supreme Soviet** le Soviet suprême.
◆ **Soviet** ◇ *n* [inhabitant] Soviétique *mf*.
◇ *adj* soviétique; **Soviet Russia** la Russie soviétique; **the Union of Soviet Socialist Republics** l'Union *f* des Républiques Socialistes Soviétiques.

sovietize, -ise ['səʊvɪətaɪz] *vt* soviétiser.

Soviet Union *pr n*: **the ~** l'Union *f* soviétique; **in the ~** en Union soviétique.

sow[1] [səʊ] (*pt* **sowed**, *pp* **sowed** OR **sown** [səʊn], *cont* **sowing**) ◇ *vt* -**1.** [seed, crop] semer; [field] ensemencer. -**2.** *fig* semer; **to ~ discord/terror** semer la discorde/la terreur; **he ~ed (the seeds of) doubt in their minds** il a semé le doute dans leur esprit; **it was at this time that the seeds of the Industrial Revolution were sown** c'est à cette époque que remontent les origines de la révolution industrielle ☐ **~ the wind and reap the whirlwind** *prov* qui sème le vent récolte la tempête *prov*.
◇ *vi* semer; **as you ~ so shall you reap** BIBLE comme tu auras semé tu moissonneras.

sow[2] [saʊ] *n* [pig] truie *f*.

sow bug [saʊ-] *n Am* cloporte *m*.

sower ['səʊəʳ] *n* [person] semeur *m*, -euse *f*; [machine] semoir *m*.

sowing ['səʊɪŋ] *n* -**1.** [act] ensemencement *m*. -**2.** *(U)* [work, period, seed] semailles *fpl*.

sown [səʊn] *pp* → **sow**.

sow thistle [saʊ-] *n* laiteron *m (potager)*.

sox *inf* [sɒks] *n pl Am* chaussettes *fpl*.

soy [sɔɪ] = **soy sauce**.

soya ['sɔɪə] *n* soja *m*; **~ flour/milk** farine *f*/ lait *m* de soja.

soya bean *Br*, **soybean** ['sɔɪbiːn] *Am n* graine *f* de soja.

soy sauce *n* sauce *f* de soja.

sozzled *inf* ['sɒzld] *adj Br* soûl, paf.

spa [spɑː] *n* -**1.** [resort] ville *f* d'eau. -**2.** [spring] source *f* minérale.

space [speɪs] ◇ *n* -**1.** ASTRON & PHYS espace *m*; **the first man in ~** le premier homme dans l'espace; **a particular point in ~ and time** un point particulier dans l'espace et le temps; **she sat staring into ~** elle était assise, le regard perdu dans le vide. -**2.** [room] espace *m*, place *f*; **there's too much wasted ~ in this kitchen** il y a trop de place perdue OR d'espace inutilisé dans cette cuisine; **your books take up an awful lot of ~** tes livres prennent énormément de place; **the large windows give an impression of ~** les grandes fenêtres donnent une impression d'espace; **he cleared a** OR **some ~ on his desk for the tray** il a fait un peu de place sur son bureau pour le plateau; **can you make ~ for one more?** pouvez-vous faire de la place pour une personne de plus?; **the author devotes a lot of ~ to philosophical speculations** l'auteur fait une large part aux spéculations philosophiques. -**3.** [volume, area, distance] espace *m*; **an enclosed ~** un espace clos; **there are at least five pubs in the ~ of a few hundred yards** il y a au moins cinq pubs sur quelques centaines de mètres ☐ **living ~** espace *m* vital; **a work ~** un coin pour travailler, un coin-travail; **advertising ~** espace *m* publicitaire. -**4.** [gap] espace *m*, place *f*; **there's barely any ~ between the houses** il n'y a pratiquement pas d'espace entre les maisons ‖ [on page, official form] espace *m*, case *f*; **leave a ~ for the teacher's comments** laissez un espace pour les remarques du professeur; **please add any further details in the ~ provided** veuillez ajouter tout détail supplémentaire dans la case prévue à cet effet ☐ **parking ~** place de parking. -**5.** TYPO [gap between words] espace *m*, blanc *m*; [blank type] espace *m*. -**6.** [period of time, interval] intervalle *m*, espace *m* (de temps), période *f*; **in** OR **within the ~ of six months** en (l'espace de) six mois; **over a ~ of several years** sur une période de plusieurs années; **it'll all be over in a very short ~ of time** tout sera fini dans très peu de temps OR d'ici peu. -**7.** [seat, place] place *f*.
◇ *comp* [programme, research, travel, flight] spatial.
◇ *vt* = **space out**.
◆ **space out** *vt sep* -**1.** [in space] espacer; **the buoys are well ~d out** les bouées sont largement espacées; **~ yourselves out a bit more** écartez-vous un peu plus les uns des autres. -**2.** [in time] échelonner, espacer; **~d out over a period of ten years** échelonné sur une période de dix ans.

space age *n*: **the ~** l'ère *f* spatiale.
◆ **space-age** *adj* -**1.** SCI de l'ère spatiale. -**2.** [futuristic] futuriste.

space bar *n* [on typewriter] barre *f* d'espacement.

space blanket *n* couverture *f* de survie.

space capsule *n* capsule *f* spatiale.

spacecraft ['speɪskrɑːft] *n* vaisseau *m* OR engin *m* spatial.

-spaced [speɪst] *in cpds* -**1.** [gen]: **the buildings are closely/widely~** les bâtiments sont proches les uns des autres/largement espacés; **widely~ eyes** des yeux très écartés. -**2.** TYPO: **single/double~** à interligne simple/double.

spaced-out▽ *adj* shooté; **they were ~ on acid** ils étaient shootés à l'acide.

space heater *n* radiateur *m*.

Space Invaders® *npl jeu vidéo dont le but est de détruire des envahisseurs venant de l'espace.*

spacelab ['speɪslæb] *n* laboratoire *m* spatial.

spaceman ['speɪsmæn] (*pl* **spacemen** [-men]) *n* [gen] spationaute *m*; [American] astronaute *m*; [Russian] cosmonaute *m*.

space platform = **space station**.

spaceport ['speɪspɔːt] *n* base *f* de lancement.

space probe *n* sonde *f* spatiale.

space race *n* course *f* pour la suprématie dans l'espace.

space rocket *n* fusée *f* spatiale OR interplanétaire.

space-saving *adj* qui fait gagner de la place.

spaceship ['speɪsʃɪp] *n* vaisseau *m* OR engin *m* spatial habité.

space shot *n* lancement *m* spatial.

space shuttle *n* navette *f* spatiale.

space-sick *adj*: **to be ~** avoir le mal de l'espace.

space sickness *n* mal *m* de l'espace.

space station *n* station *f* spatiale OR orbitale.

spacesuit ['speɪssuːt] *n* combinaison *f* spatiale.

space-time continuum *n* continuum *m* spatio-temporel.

space travel *n* voyages *mpl* dans l'espace, astronautique *f spec*.

space walk ◇ *n* marche *f* dans l'espace.
◇ *vi* marcher dans l'espace.

spacewoman ['speɪsˌwʊmən] (*pl* **spacewomen** [-ˌwɪmɪn]) *n* [gen] spationaute *f*, astronaute *f*; [Russian] cosmonaute *f*.

spacey▽ ['speɪsɪ] (*compar* **spacier**, *superl* **spaciest**) *adj* -**1.** [music] planant. -**2.** [person]: **to feel ~** être dans les vapes.

spacial ['speɪʃl] = **spatial**.

spacing ['speɪsɪŋ] *n* -**1.** [of text on page - horizontal] espacement *m*; [- vertical] interligne *m*; **typed in single/double ~** tapé avec interligne simple/double. -**2.** [between trees, columns, buildings etc] espacement *m*, écart *m*.

spacious ['speɪʃəs] *adj* [house, room, office] spacieux, grand; [park, property] étendu, grand.

spaciousness ['speɪʃəsnɪs] *n* grandeur *f*, dimensions *fpl* spacieuses.

spade [speɪd] *n* -**1.** [tool] bêche *f*; **to call a ~ a ~** appeler un chat un chat; **to have sthg in ~s** *inf Am* avoir des tonnes de qqch; **and you've got it in ~s** et tu en as à revendre. -**2.** [in cards] pique *m*; **my partner played a ~** mon partenaire a joué pique; **the ace/ten of ~s** l'as/le dix de pique. -**3.** ▼*terme raciste désignant un Noir,* ≃ nègre *m*, ≃ négresse *f*.

spadeful ['speɪdfʊl] *n* pelletée *f*.

spadework ['speɪdwɜːk] *n* travail *m* de préparation OR de déblayage.

spaghetti [spə'getɪ] *n (U)* spaghetti *mpl*, spaghettis *mpl*.

Spaghetti Junction *pr n surnom d'un échangeur sur l'autoroute M6 au nord de Birmingham.*

spaghetti western *n* western-spaghetti *m*.

Spain [speɪn] *pr n* Espagne *f*; **in ~** en Espagne.

spake [speɪk] *arch pt* → **speak**.

Spam® [spæm] *n pâté de jambon en conserve.*

span [spæn] (*pt* & *pp* **spanned**, *cont* **spanning**) ◇ *n* -**1.** [duration] durée *f*, laps *m* de temps; **memory ~** capacité *f* de mémorisation *(de courte durée)*; **a short attention ~** une capacité d'attention limitée; **man's ~ on earth** le séjour terrestre de l'homme ‖ [intervening period, interval] intervalle *m*; **his work covers a ~ of twenty-odd years** son œuvre s'étend sur une vingtaine d'années. -**2.** [range] gamme *f*; **we cover only a limited ~ of subjects** nous ne couvrons qu'un nombre restreint de sujets. -**3.** [of hands, arms, wings] envergure *f*. -**4.** [of bridge] travée *f*; [of arch, dome, girder] portée *f*. -**5.** [unit of measurement] empan *m*. -**6.** [matched pair - of horses, oxen] paire *f*.
◇ *vt* -**1.** [encompass, stretch over - in time, extent] couvrir, embrasser; **her career spanned more than 50 years** sa carrière s'étend sur plus de 50 ans. -**2.** [cross - river, ditch etc] enjamber, traverser; **a modern bridge now ~s the valley** un pont moderne enjambe maintenant la vallée. -**3.** [build bridge over] jeter un pont sur.
◇ *arch pt* → **spin**.

spang *inf* [spæŋ] *adv Am* directement, pile; **~ on target** en plein dans le mille.

spangle ['spæŋgl] ◇ *n* paillette *f*.
◇ *vt* pailleter, décorer de paillettes; **~d with gold** pailleté d'or; **stars ~d the night sky** le ciel était semé d'étoiles.

Spaniard ['spænjəd] *n* Espagnol *m*, -e *f*.

spaniel ['spænjəl] *n* épagneul *m*.

Spanish ['spænɪʃ] ◇ *adj* espagnol; **~ guitar** guitare *f* classique.
◇ *n* LING espagnol *m*.
◇ *npl*: **the ~** les Espagnols *mpl*.

Spanish America *pr n* Amérique *f* hispanophone.

Spanish-American ◇ *n* -**1.** [in the US] Hispanique *mf*. -**2.** [in Latin America] Hispano-Américain *m*, -e *f*.
◇ *adj* -**1.** [in the US] hispanique. -**2.** [in Latin America] hispano-américain. **3.** *Am* HIST: **the ~ War** la guerre hispano-américaine.

THE SPANISH-AMERICAN WAR:
Conflit qui opposa, en 1898, les États-Unis à l'Espagne dans les Caraïbes. Se posant en défenseurs des Cubains opprimés par les Espagnols, les Américains eurent la victoire facile. Elle leur permit d'étendre leur influence sur le Pacifique et les Caraïbes tout en conférant à leur pays le statut de puissance mondiale.

Spanish Armada *pr n*: **the ~** l'Invincible Armada *f*.

THE SPANISH ARMADA:
Flotte envoyée par Philippe II d'Espagne en 1588 dans le but d'envahir l'Angleterre et d'y rétablir le catholicisme. Malgré une supériorité numérique et une longue préparation, une série de contretemps et la maniabilité de la flotte britannique firent échouer le projet.

Spanish fly *n* -**1.** [insect] cantharide *f*. -**2.** [product] poudre *f* de cantharide.

Spanish Inquisition *n*: **the ~** l'Inquisition *f* espagnole.

Spanish Main *pr n*: **the ~** la mer des Caraïbes.

Spanish omelette *n* omelette *f* à l'espagnole.

Spanish onion *n* oignon *m* d'Espagne.

spank [spæŋk] ◇ *vt* donner une fessée à, fesser.
◇ *vi* [go at a lively pace]: to be OR to go ~ing along aller bon train OR à bonne allure.
◇ *n* tape *f* sur les fesses; to give a child a ~ donner une tape sur les fesses à un enfant.

spanking [ˈspæŋkɪŋ] ◇ *n* fessée *f*; to give sb a ~ donner une fessée à qqn.
◇ *adj inf* -**1.** [excellent] excellent; in ~ condition en excellent état. -**2.** [brisk] vif; a ~ breeze une bonne brise; to go at a ~ pace aller bon train OR à bonne allure.
◇ *adv inf*: ~ new flambant neuf; ~ clean propre comme un sou neuf.

spanner [ˈspænəʳ] *n* clé *f*, clef *f (outil)*; adjustable ~ clé à molette; to throw OR to put a ~ in the works poser des problèmes; if they both arrived together that would really put a ~ in the works s'ils arrivaient tous les deux ensemble ça poserait quelques problèmes.

spar [spɑːʳ] (*pt* & *pp* sparred, *cont* sparring)
◇ *vi* -**1.** [in boxing - train] s'entraîner (avec un sparring-partner); [- test out opponent] faire des feintes *(pour tester son adversaire)*; they sparred with each other for a few rounds ils boxèrent amicalement durant quelques rounds. -**2.** [argue] se disputer.
◇ *n* -**1.** [pole - gen] poteau *m*, mât *m*; NAUT espar *m*. -**2.** AERON longeron *m*. -**3.** MINER spath *m*.

spare [speəʳ] ◇ *adj* -**1.** [not in use] dont on ne se sert pas, disponible; [kept in reserve] de réserve, de rechange; [extra, surplus] de trop, en trop; take a ~ pullover prenez un pull de rechange; have you got a ~ piece of paper? est-ce que tu as une feuille de papier à me prêter?; have you got any ~ cash on you? est-ce que tu peux me prêter de l'argent?; we had no ~ cash left to buy souvenirs nous n'avions plus assez d'argent pour acheter des souvenirs; I've got two ~ tickets for the match j'ai deux billets en plus pour le match; I'll have some more cake if there's any going ~ *inf* je vais reprendre du gâteau s'il en reste; you can stay here if you want, we have a ~ bed tu peux rester ici si tu veux, nous avons un lit pour toi. -**2.** [free] libre, disponible; there are plenty of ~ seats at the back il y a de nombreuses places libres au fond; call in next time you have a ~ moment passez la prochaine fois que vous aurez un moment de libre. -**3.** [lean] maigre, sec. -**4.** [austere - style, decor] austère; [frugal - meal] frugal. -**5.** *inf Br* [mad]: to go ~ devenir dingue; to drive sb ~ rendre qqn fou.
◇ *n* -**1.** [spare part] pièce *f* de rechange; [wheel] roue *f* de secours; [tyre] pneu *m* de rechange. -**2.** [in ten-pin bowling] honneur *m* simple; to get OR to score a ~ réussir un honneur simple.
◇ *vt* -**1.** [make available, give] accorder, consacrer; Mr Austen can ~ you a few minutes this afternoon M. Austen peut vous consacrer quelques minutes cet après-midi; come and see us if you can ~ the time venez nous voir si vous avez le temps; ~ a thought for their poor parents! pensez un peu à leurs pauvres parents!; less money can be ~d for research these days on ne peut plus consacrer autant d'argent à la recherche aujourd'hui; can you ~ (me) a few pounds? vous n'auriez pas quelques livres (à me passer)? || [do without] se passer de; I'm afraid we can't ~ anyone at the moment je regrette mais nous ne pouvons nous passer de personne OR nous avons besoin de tout le monde en ce moment; I need £50, if you think you can ~ it j'aurais besoin de 50 livres si c'est possible. -**2.** [refrain from harming, punishing, destroying] épargner; a few villages were miraculously ~d par miracle, quelques villages furent épargnés; to ~ sb's life épargner la vie de qqn; to ~ sb's feelings ménager les sentiments de qqn; to ~ sb's blushes épargner qqn; ~ my blushes! ne me faites pas rougir! -**3.** [save - trouble, suffering] épargner, éviter; I could have ~d myself the bother j'aurais pu m'épargner le dérangement; she was ~d further distress by the judge's intervention l'intervention du juge mit fin à ses tortures; he was ~d the shame of a public trial la honte d'un procès public lui a été épargnée; ~ us the sordid details! épargnez-nous les détails (sordides)! -**4.** [economize] ménager; they ~d no expense on the celebrations ils n'ont reculé devant aucune dépense pour les fêtes; the first prize is a real luxury trip, with no expense ~d le premier prix est un voyage de rêve pour lequel on n'a pas regardé à la dépense; we shall ~ no effort to push the plan through nous ne reculerons devant aucun effort pour faire accepter le projet ❑ ~ the rod and spoil the child *prov* qui aime bien châtie bien *prov*.
◆ **to spare** *adj phr*: young people with money to ~ des jeunes qui ont de l'argent à dépenser; he's got enough money and to ~ il a plus d'argent qu'il ne lui en faut; do you have a few minutes to ~? avez-vous quelques minutes de libres OR devant vous?; we got to the airport with over an hour to ~ nous sommes arrivés à l'aéroport avec plus d'une heure d'avance; I caught the train with just a few seconds to ~ à quelques secondes près je ratais le train.

spare part *n* pièce *f* de rechange, pièce *f* détachée.

spare-part surgery *inf n* chirurgie *f* des greffes.

sparerib [speəˈrɪb] *n* travers *m* de porc.

spare room *n* chambre *f* d'amis.

spare time *n* temps *m* libre; what do you do in your ~? que faites-vous pendant votre temps libre OR pendant vos moments de loisirs?
◆ **spare-time** *adj* (fait) pendant ses moments de loisirs OR, à ses moments perdus; spare-time activities loisirs *mpl*.

spare tyre *n* -**1.** AUT pneu *m* de secours OR de rechange. -**2.** *inf* [roll of fat] bourrelet *m (à la taille)*.

spare wheel *n* roue *f* de secours.

sparing [ˈspeərɪŋ] *adj* -**1.** [economical - person] économe; she's very ~ with her compliments elle est très avare de compliments; they were ~ in their efforts to help us ils ne se sont pas donnés beaucoup de mal pour nous aider. -**2.** [meagre - quantity] limité, modéré; [- use] modéré, économe; the author makes ~ use of metaphors l'auteur utilise la métaphore avec parcimonie OR modération.

sparingly [ˈspeərɪŋlɪ] *adv* [eat] frugalement; [drink, use] avec modération; [praise] chichement, avec parcimonie; they should be watered often but ~ il faudrait les arroser souvent mais avec modération; use your strength ~ ménagez vos forces.

spark [spɑːk] ◇ *vt* [trigger - interest, argument] susciter, provoquer; the incident was the catalyst that ~ed the revolution c'est l'incident qui a déclenché la révolution; the news ~ed (off) an intense debate la nouvelle déclencha un débat animé.
◇ *vi* -**1.** [produce sparks - gen] jeter des étincelles. -**2.** AUT [spark plug, ignition system] allumer *(par étincelle)*.
◇ *n* -**1.** [from flame, electricity] étincelle *f*; *fig*: whenever they meet the ~s fly chaque fois qu'ils se rencontrent, ça fait des étincelles; they strike ~s off each other ils se stimulent mutuellement. -**2.** [flash, trace - of excitement, wit] étincelle *f*, lueur *f*; [- of interest, enthusiasm, understanding]: she hasn't a ~ of common sense elle n'a pas le moindre bon sens.
◆ **sparks** ▽ *n Br* [electrician] électricien *m*, -enne *f*; [radio operator] radio *m*.
◆ **spark off** *vt sep* = **spark**.

spark chamber *n* chambre *f* à étincelles.

spark gap *n* AUT écartement *m* des électrodes.

sparking plug [ˈspɑːkɪŋ-] *Br* = **spark plug**.

sparkle [ˈspɑːkl] ◇ *vi* -**1.** [jewel, frost, glass, star] étinceler, briller, scintiller; [sea, lake] étinceler, miroiter; [eyes] étinceler, pétiller. -**2.** [person] briller; [conversation] être brillant. -**3.** [wine, cider, mineral water] pétiller.
◇ *n* -**1.** [of jewel, frost, glass, star] étincellement *m*, scintillement *m*; [of sea, lake] étincellement *m*, miroitement *m*; [of eyes] éclat *m*; she has a ~ in her eye elle a des yeux pétillants. -**2.** [of person, conversation, wit, performance] éclat *m*.

sparkler [ˈspɑːkləʳ] *n* -**1.** [firework] cierge *m* magique. -**2.** ▽ *Br* [diamond] diam *m*.

sparkling [ˈspɑːklɪŋ] ◇ *adj* -**1.** [jewel, frost, glass, star] étincelant, scintillant; [sea, lake] étincelant, miroitant; [eyes] étincelant, pétillant. -**2.** [person, conversation, wit, performance] brillant. -**3.** [soft drink, mineral water] gazeux, pétillant.
◇ *adv*: ~ clean/white d'une propreté/blancheur éclatante.

sparkling wine *n* vin *m* mousseux.

spark plug *n* bougie *f* AUT.

sparring match [ˈspɑːrɪŋ-] *n* -**1.** [in boxing] combat *m* d'entraînement. -**2.** [argument] discussion *f* animée.

sparring partner *n* -**1.** [in boxing] sparring-partner *m*. -**2.** *fig* adversaire *m*.

sparrow [ˈspærəʊ] *n* moineau *m*.

sparrowhawk [ˈspærəʊhɔːk] *n*: (Eurasian) ~ épervier *m*; American ~ faucon *m* des moineaux.

sparse [spɑːs] *adj* clairsemé, rare.

sparsely [ˈspɑːslɪ] *adv* [wooded, populated] peu; the room was ~ furnished la pièce contenait peu de meubles; it grows only ~ in the north ça ne pousse pas beaucoup dans le nord.

sparseness [ˈspɑːsnɪs] *n* [of population] faible densité *f*; [of hair, vegetation] manque *m*.

Sparta [ˈspɑːtə] *pr n* Sparte.

Spartacist [ˈspɑːtəsɪst] ◇ *adj* spartakiste.
◇ *n* spartakiste *mf*.

Spartacus [ˈspɑːtəkəs] *pr n* Spartacus.

spartan [ˈspɑːtn] *adj fig* spartiate; ~ living conditions des conditions de vie spartiates; a ~ room une chambre austère OR sans aucun confort.
◆ **Spartan** HIST ◇ *n* Spartiate *mf*.
◇ *adj* spartiate.

spasm [ˈspæzm] *n* -**1.** [muscular contraction] spasme *m*. -**2.** [fit] accès *m*; a ~ of anger/pain un accès de colère/de douleur; he had a ~ of coughing il a eu une quinte de toux; she went into ~s of laughter elle a été prise d'une crise de fou rire; I tend to work in ~s *Br* j'ai tendance à travailler de façon irrégulière.

spasmodic [spæzˈmɒdɪk] *adj* -**1.** [intermittent] intermittent, irrégulier. -**2.** MED [pain, contraction] spasmodique.

spasmodically [spæzˈmɒdɪklɪ] *adv* de façon intermittente, par à-coups.

spastic [ˈspæstɪk] ◇ *n* -**1.** MED [gen] handicapé *m*, -e *f* (moteur); [person affected by spasms] spasmophilique *mf*. -**2.** ▽ *offensive* [clumsy person] maladroit *m*, -e *f*, lourdaud *m*, -e *f*.
◇ *adj* -**1.** MED [gen] handicapé (moteur); [affected by spasms] spasmophilique; ~ paralysis tétanie *f*. -**2.** ▽ *offensive* [clumsy] empoté, gourde.

spat [spæt] ◇ *n* -**1.** [gaiter] guêtre *f*. -**2.** *inf* [quarrel] prise *f* de bec. -**3.** [shellfish] naissain *m*.
◇ *pt* & *pp* → **spit**.

spate [speɪt] *n* -**1.** [of letters, visitors] avalanche *f*; [of abuse, insults] torrent *m*; a ~ of murders/burglaries une série de meurtres/cambriolages. -**2.** *Br* [flood] crue *f*; the river was in ~ le fleuve était en crue; sorry for interrupting you in full ~ *fig* je suis désolé de vous interrompre en plein discours.

spatial [ˈspeɪʃl] *adj* spatial.

spatiotemporal [ˌspeɪʃɪəʊˈtemprəl] *adj* spatiotemporel.

spatter [ˈspætəʳ] ◇ *vt* [splash] éclabousser; he ~ed ink on OR over the table il a fait des éclaboussures d'encre sur la table; the car ~ed me with mud, the car ~ed mud over me l'auto m'a éclaboussé OR aspergé de boue.
◇ *vi* [liquid] gicler; [oil] crépiter; rain ~ed on the windowpane la pluie crépitait sur la vitre.
◇ *n* [on garment] éclaboussure *f*, éclaboussures *fpl*; [sound - of rain, oil, applause] crépitement *m*.

spatterdash ['spætədæʃ] *n Am* [roughcast] crépi *m*.

spatula ['spætjʊlə] *n* -**1.** CULIN spatule *f*. -**2.** MED abaisse-langue *m inv*, spatule *f*.

spavin ['spævɪn] *n* éparvin *m*, épervin *m*.

spawn [spɔːn] ◇ *n (U)* -**1.** ZOOL [of frogs, fish] œufs *mpl*, frai *m*. -**2.** BOT [of mushrooms] mycélium *m*. -**3.** *fig* & *pej* [offspring] progéniture *f*.
◇ *vt* -**1.** ZOOL pondre. -**2.** *fig* [produce] engendrer.
◇ *vi* ZOOL frayer.

spay [speɪ] *vt* enlever les ovaires de.

SPCA (*abbr of* Society for the Prevention of Cruelty to Animals) *pr n société américaine protectrice des animaux*, ≃ SPA.

SPCC (*abbr of* Society for the Prevention of Cruelty to Children) *pr n société américaine pour la protection de l'enfance*.

speak [spiːk] (*pt* spoke [spəʊk], *pp* spoken ['spəʊkn]) ◇ *vi* -**1.** [talk] parler; to ~ to/with *esp Am* sb parler à/avec qqn; to ~ about OR of sthg parler de qqch; to ~ to sb about sthg parler à qqn de qqch; I'll ~ to her about it je lui en parlerai; to ~ in a whisper chuchoter; ~ to me! dites (-moi) quelque chose!; don't ~ to your mother like that! ne parle pas à ta mère sur ce ton!; ~ when you're spoken to! ne parlez que lorsque l'on s'adresse à vous!; don't ~ with your mouth full ne parle pas la bouche pleine; it seems I spoke too soon on dirait que j'ai parlé un peu vite; his plays are hugely popular, not to ~ of his many novels ses pièces sont extrêmement populaires, sans parler de ses nombreux romans ‖ [on telephone] parler; who's ~ing? [gen] qui est à l'appareil?; [switchboard] c'est de la part de qui?; Kate Smith ~ing Kate Smith à l'appareil, c'est Kate Smith; may I ~ to Kate? – ~ing puis-je parler à Kate? – c'est moi ❑ ~ now or forever hold your peace parlez maintenant ou gardez le silence pour toujours. -**2.** [in debate, meeting etc - make a speech] faire un discours, parler; [- intervene] prendre la parole, parler; he began to ~ il a pris la parole; she got up to ~ elle s'est levée pour parler; the chair called upon Mrs Fox to ~ le président a demandé à Mme Fox de prendre la parole; he was invited to ~ to us on OR about Chile il a été invité à venir nous parler du Chili; she spoke for an hour on imperialism elle a parlé de l'impérialisme pendant une heure; to ~ to OR on a motion soutenir une motion; to ~ from the floor intervenir dans un débat. -**3.** [be on friendly terms with]: she isn't ~ing to me elle ne me parle plus; I don't know them to ~ to je ne les connais que de vue; to be on ~ing terms with sb connaître qqn *(assez pour lui parler)*; we're no longer on ~ing terms nous ne nous parlons plus. -**4.** [as spokesperson]: to ~ for sb [on their behalf] parler au nom de qqn; [in their favour] parler en faveur de qqn; let her ~ for herself! laisse-la s'exprimer!; ~ for yourself! *hum* parle pour toi!; the facts ~ for themselves *fig* les faits parlent d'eux-mêmes; the title ~s for itself *fig* le titre se passe de commentaire. -**5.** [in giving an opinion]: generally ~ing en général; personally ~ing en ce qui me concerne, quant à moi; ~ing of which justement, à ce propos; financially ~ing financièrement parlant, du point de vue financier; ~ing as a politician en tant qu'homme politique; you shouldn't ~ ill of the dead tu ne devrais pas dire du mal des morts; he always ~s well/highly of you il dit toujours du bien/beaucoup de bien de vous; the gift ~s well of her concern for old people son don témoigne de l'intérêt qu'elle porte aux personnes âgées. -**6.** *fig* [give an impression]: everything he saw seemed to ~ to him of Greece tout ce qu'il voyait lui semblait évoquer la Grèce; his paintings ~ of terrible loneliness ses peintures expriment une immense solitude. -**7.** *lit* [sound - trumpet] sonner, retentir; [- organ pipe] parler; [- gun] retentir.
◇ *vt* -**1.** [say, pronounce] dire, prononcer; the baby spoke his first words le bébé a dit ses premiers mots; I only had three lines to ~ in the play je n'avais que trois lignes à dire dans la pièce; to ~ one's mind dire sa pensée OR façon de penser; she spoke my name in her sleep elle a prononcé mon nom dans son sommeil; he didn't ~ a word il n'a pas dit un mot; without a word being spoken sans qu'un mot ne soit prononcé; to ~ the truth dire la vérité; their behaviour ~s volumes for their generosity leur comportement en dit long sur leur générosité OR montre à quel point ils sont généreux; his silence ~s volumes son silence en dit long. -**2.** [language] parler; he doesn't ~ a word of Greek il ne parle pas un mot de grec; 'English spoken' 'ici on parle anglais'; we just don't ~ the same language *fig* nous ne parlons pas le même langage, c'est tout.

◆ **so to speak** *adv phr* pour ainsi dire.

◆ **to speak of** *adv phr*: there's no wind/mail to ~ of il n'y a presque pas de vent/de courrier.

◆ **speak for** *vt insep (usu pass)*: these goods are already spoken for ces articles sont déjà réservés OR retenus; she's already spoken for elle est déjà prise.

◆ **speak out** *vi insep* parler franchement, ne pas mâcher ses mots; don't be afraid to ~ out n'aie pas peur de parler franchement OR de dire ce que tu penses; to ~ out for sthg parler en faveur de qqch; to ~ out against sthg s'élever contre qqch; she spoke out strongly against the scheme elle a condamné le projet avec véhémence.

◆ **speak up** *vi insep* -**1.** [louder] parler plus fort; [more clearly] parler plus clairement. -**2.** [be frank] parler franchement; to ~ up for sb parler en faveur de qqn, défendre les intérêts de qqn; why didn't you ~ up? pourquoi n'avez-vous rien dit?

-speak *in cpds pej*: psycho~ jargon *m* psychologique OR des psychologues; computer~ langage *m* OR jargon *m* de l'informatique.

speakeasy ['spiːk,iːzɪ] (*pl* speakeasies) *n* bar *m* clandestin *(pendant la prohibition)*.

speaker ['spiːkəʳ] *n* -**1.** [gen] celui *m*, celle *f* qui parle; [in discussion] interlocuteur *m*, -trice *f*; [in public] orateur *m*, -trice *f*; [in lecture] conférencier *m*, -ère *f*; she's a good ~ elle sait parler OR s'exprimer en public; the chairman called the next ~ le président a appelé l'orateur suivant. -**2.** LING locuteur *m*, -trice *f*; native ~s of English ceux dont la langue maternelle est l'anglais; Spanish ~ hispanophone *mf*; she's a Polish ~ sa langue maternelle est le polonais; my parents are Welsh ~s mes parents sont galloisants OR parlent (le) gallois. -**3.** POL speaker *m*, président *m*, -e *f* de l'assemblée ❑ the Speaker (of the House of Commons) le président de la Chambre des communes; the Speaker of the House *le président de la Chambre des représentants américaine*. -**4.** [loudspeaker] haut-parleur *m*; [in stereo system] enceinte *f*, baffle *m*.

THE SPEAKER OF THE HOUSE:
Le président de la Chambre des représentants est l'une des personnalités politiques les plus influentes à la Maison-Blanche, et vient en deuxième position pour remplacer le président des États-Unis en cas de force majeure.

Speakers' Corner *pr n angle nord-est de Hyde Park où chacun peut venir le week-end haranguer la foule sur des tribunes improvisées*.

speaking ['spiːkɪŋ] ◇ *adj* -**1.** [involving speech]: do you have a ~ part in the play? est-ce que vous avez du texte?; she has a good ~ voice elle a une belle voix. -**2.** [which speaks - robot, machine, doll] parlant.
◇ *n* art *m* de parler; unaccustomed as I am to public ~... *hum* bien que je sois peu habitué à parler OR à prendre la parole en public...

-speaking *in cpds* -**1.** [person] parlant, qui parle; they're both German/Spanish~ ils sont tous deux germanophones/hispanophones; a child of Polish~ parents un enfant dont les parents sont de langue OR d'origine polonaise. -**2.** [country]: French/English~ countries les pays francophones/anglophones; the Arab~ world le monde arabophone.

speaking clock *n Br* horloge *f* parlante.

speaking tube *n* tuyau *m* acoustique.

spear [spɪəʳ] ◇ *n* -**1.** [weapon] lance *f*; [harpoon] harpon *m*. -**2.** [of asparagus, broccoli etc] pointe *f*.
◇ *vt* -**1.** [enemy] transpercer d'un coup de lance; [fish] harponner. -**2.** [food] piquer; he ~ed a piece of meat with his fork/on a skewer il a piqué un morceau de viande avec sa fourchette/enfilé un morceau de viande sur une brochette.

spearfish ['spɪəfɪʃ] (*pl inv* OR spearfishes) ◇ *n* marlin *m*.
◇ *vi Am* pratiquer la pêche sous-marine.

speargun ['spɪəgʌn] *n* fusil *m* (de pêche sous-marine).

spearhead ['spɪəhed] ◇ *n literal* & *fig* fer *m* de lance.
◇ *vt* [attack] être le fer de lance de; [campaign, movement] mener, être à la tête de.

spearmint ['spɪəmɪnt] ◇ *n* -**1.** [plant] menthe *f* verte; [flavour] menthe *f*. -**2.** [sweet] bonbon *m* à la menthe.
◇ *adj* [flavour] de menthe; [toothpaste, chewing gum] à la menthe.

spearwort ['spɪəwɜːt] *n* renoncule *f*.

spec [spek] *n* -**1.** *phr*: on ~ *inf Br* au hasard; I called by on ~ je suis passé au hasard; he bought the car on ~ il a risqué le coup en achetant la voiture; he bought the books on ~ il a acheté les livres dans l'espoir de faire une affaire. -**2.** *abbr of* specification.

special ['speʃl] ◇ *adj* -**1.** [exceptional, particular - offer, friend, occasion, ability] spécial; [- reason, effort, pleasure] particulier; [- powers] extraordinaire; pay ~ attention to the details faites particulièrement attention aux détails; this is a very ~ moment for me c'est un moment particulièrement important pour moi; as a ~ treat [present] comme cadeau; [outing] pour vous faire plaisir; can you do me a ~ favour? pouvez-vous me rendre un grand service?; I'll do it as a ~ favour to you je le ferai, mais c'est bien pour toi OR parce que c'est toi; it's a ~ case c'est un cas particulier OR à part; a ~ feature [in paper] un article spécial; [on TV] une émission spéciale; they put on a ~ train for the match ils ont prévu un train supplémentaire pour le match; what did you do last night? – nothing ~ qu'as-tu fait hier soir? – rien de spécial; I'm going to cook something ~ for dinner tonight ce soir, je vais cuisiner quelque chose qui sorte de l'ordinaire ❑ ~ interest holidays vacances *fpl* à thème. -**2.** [specific - need, problem] spécial, particulier; [- equipment] spécial; [- adviser] particulier; you need ~ permission il vous faut une autorisation spéciale; by ~ permission of the Lyme museum avec l'aimable autorisation du musée Lyme; she has a ~ interest in Italian art elle s'intéresse beaucoup à OR porte un intérêt tout particulier à l'art italien. -**3.** [peculiar] particulier; it has a ~ taste ça a un goût particulier OR assez spécial. -**4.** [valued] cher; this house is very ~ to me cette maison m'est très chère; you're very ~ to me je tiens beaucoup à toi; a ~ relationship des rapports privilégiés; a present for a ~ person un cadeau pour un être cher.
◇ *n* -**1.** [train] train *m* supplémentaire; [bus] car *m* supplémentaire; they put on a football/holiday ~ ils ont mis un train supplémentaire pour le match de football/les départs en vacances. -**2.** [in restaurant] spécialité *f*; the chef's/the house ~ la spécialité du chef/de la maison; today's ~ le plat du jour. -**3.** TV émission *f* spéciale; PRESS [issue] numéro *m* spécial; [feature] article *m* spécial; they brought out a ~ on the war ils ont sorti un numéro spécial sur la guerre. -**4.** *Br* [police officer] = **special constable**. -**5.** *Am* COMM offre *f* spéciale; sugar is on ~ today le sucre est en promotion aujourd'hui.

Special Air Service *pr n commando d'intervention spéciale de l'armée britannique*.

Special Branch *pr n renseignements généraux britanniques.*

special constable *n Br* auxiliaire *mf* de police.

special correspondent *n* PRESS envoyé *m* spécial.

special delivery *n service postal britannique garantissant la distribution du courrier sous 24 heures.*

special effects *npl* CIN & TV effets *mpl* spéciaux.

specialism ['speʃəlɪzm] *n* spécialisation *f*; **my ~ is maths** je me spécialise dans les maths.

specialist ['speʃəlɪst] ◇ *n* -**1.** [gen & MED] spécialiste *mf*; **she's a heart ~** elle est cardiologue; **he's a ~ in rare books** c'est un spécialiste en livres rares. -**2.** *Am* MIL officier *m* technicien.
◇ *adj* [skills, vocabulary] spécialisé, de spécialiste; [writing, publication] pour spécialistes; **it's a ~ job** c'est un travail de spécialiste; **to seek ~ advice** demander conseil à OR consulter un spécialiste; **~ teacher** professeur *m* spécialisé; **she's a ~ maths teacher** elle n'enseigne que OR enseigne uniquement les maths.

speciality [,speʃɪ'æləti] *Br* (*pl* **specialities**), **specialty** ['speʃltɪ] *Am* (*pl* **specialties**) *n* -**1.** [service, product] spécialité *f*; **a local ~** une spécialité de la région; **he made a ~ of croissants** il s'est spécialisé dans les croissants; **our ~ is electronic components** nous nous spécialisons OR nous sommes spécialisés dans les composants électroniques. -**2.** [area of study] spécialité *f*; **her ~ is Chinese** elle est spécialisée en chinois.

specialization [,speʃəlaɪ'zeɪʃn] *n* spécialisation *f*; **his ~ is computers** il est spécialisé en informatique.

specialize, -ise ['speʃəlaɪz] *vi* [company, restaurant, student] se spécialiser; **we ~ in Provençal cuisine/electronics** nous nous spécialisons dans la cuisine provençale/l'électronique.

specialized ['speʃəlaɪzd] *adj* spécialisé; **a hospital with highly ~ equipment** un hôpital avec des installations hautement spécialisées; **we need somebody with ~ knowledge** il nous faut un spécialiste.

special licence *n Br* dispense *f* de bans; **to be married by ~** se marier avec dispense de bans.

specially ['speʃəlɪ] *adv* -**1.** [above all] spécialement, particulièrement, surtout; **she was ~ interested in old cars** elle s'intéressait particulièrement OR surtout aux vieilles voitures; **I would ~ like to hear that song** j'aimerais beaucoup écouter cette chanson. -**2.** [on purpose, specifically] exprès, spécialement; **I made your favourite meal ~** j'ai fait exprès ton repas préféré; **the coat was ~ made for him** le manteau a été fait tout spécialement pour lui; **we've driven 500 miles ~ to see you** nous avons fait 800 kilomètres spécialement pour venir te voir. -**3.** [particularly] spécialement; **the chocolate mousse is ~ good here** la mousse au chocolat est particulièrement bonne ici; **do you want to come? — not ~** (est-ce que) tu veux venir? — pas spécialement.

special school *n Br* [for the physically handicapped] établissement *m* d'enseignement spécialisé *(pour enfants handicapés)*; [for the mentally handicapped] établissement *m* d'enseignement spécialisé *(pour enfants inadaptés)*.

special sort *n* TYPO caractère *m* spécial.

specialty ['speʃltɪ] (*pl* **specialties**) *n* -**1.** *Am* = **speciality**. -**2.** JUR contrat *m* sous seing privé.

speciate ['spiːʃɪeɪt] *vi* BIOL subir la spéciation.

specie ['spiːʃiː] *n (U)* [coins] espèces *fpl*, numéraire *m*; **in ~** *literal* en espèces, en numéraire; *fig* de manière identique.

species ['spiːʃiːz] (*pl inv*) *n* -**1.** BIOL espèce *f*; **a rare ~ of butterfly** une espèce rare de papillon. -**2.** *fig* espèce *f*; **an unusual ~ of politician** un homme politique d'une espèce rare.

specific [spə'sɪfɪk] ◇ *adj* -**1.** [explicit] explicite; [precise] précis; [clear] clair; [particular] particulier; **I gave him ~ instructions** je lui ai donné des instructions précises; **give me a ~ example** donnez-moi un exemple précis; **she was quite ~ about it** elle s'est montrée très claire OR précise à ce sujet; **what did he say? — nothing ~** qu'a-t-il dit? — rien de précis OR de particulier. -**2.** BIOL & BOT: **~ name** nom *m* spécifique OR d'espèce.
◇ *n* MED (remède *m*) spécifique *m*; **insulin is a ~ for diabetes** l'insuline est le médicament spécifique pour le diabète.
◆ **specifics** *npl* détails *mpl*; **let's not bother with the ~s of the case** inutile d'entrer dans les détails de l'affaire.

specifically [spə'sɪfɪklɪ] *adv* -**1.** [explicitly] explicitement; [precisely] précisément, de façon précise; [clearly] clairement, expressément; **his book does not ~ say what happened** son livre ne dit pas clairement ce qui s'est passé; **I ~ asked to speak to Mr Hawkins** j'avais bien spécifié OR précisé que je voulais parler à M. Hawkins; **I ~ told you to telephone** je t'avais bien dit de téléphoner. -**2.** [particularly] particulièrement; [specially] spécialement; [purposely] exprès, expressément; **our kitchens are ~ designed for the modern family** nos cuisines sont (tout) spécialement conçues pour la famille moderne; **it's not a ~ British problem** ce n'est pas un problème spécifiquement britannique.

specification [,spesɪfɪ'keɪʃn] *n* -**1.** *(often pl)* [in contract, of machine, building materials etc] spécifications *fpl*; **made (according) to ~** construit en fonction de spécifications techniques; **the builder didn't follow the architect's ~s** le constructeur n'a pas respecté le cahier des charges rédigé par l'architecte. -**2.** [stipulation] spécification *f*, précision *f*; **there was no ~ as to age** l'âge n'était pas précisé.

specific gravity *n* densité *f*.

specific heat *n* chaleur *f* spécifique.

specificity [,spesɪ'fɪsətɪ] (*pl* **specificities**) *n* spécificité *f*.

specify ['spesɪfaɪ] (*pt & pp* **specified**) *vt* spécifier, préciser; **the rules ~ a 5-minute break** le règlement spécifie une pause de 5 minutes; **unless otherwise specified** sauf indication contraire; **the person previously specified** la personne précitée OR déjà nommée; **on a specified date** à une date précise.

specimen ['spesɪmən] ◇ *n* -**1.** [sample - of work, handwriting] spécimen *m*; [- of blood] prélèvement *m*; [- of urine] échantillon *m*. -**2.** [single example] spécimen *m*; **this butterfly is a superb ~** ce papillon est un superbe spécimen; **a fine ~ of Gothic architecture** un bel exemple d'architecture gothique. -**3.** *inf fig & pej* [person] spécimen *m*; **he's a peculiar ~** c'est un drôle de spécimen; **that pathetic ~ is her husband** ce triste spécimen est son mari.
◇ *comp* [page, letter, reply] spécimen; **they will ask you for a ~ signature** ils vous demanderont un exemplaire de votre signature; **~ copy** spécimen *m (livre, magazine)*.

specious ['spiːʃəs] *adj* [argument, reasoning] spécieux; [appearance] trompeur.

speck [spek] ◇ *n* -**1.** [of dust, dirt] grain *m*; [in eye] poussière *f*; **there wasn't a ~ of dust anywhere** il n'y avait pas le moindre grain de poussière. -**2.** [stain, mark - gen] petite tache *f*; [- on skin, fruit] tache *f*, tavelure *f*; [- of blood] petite tache *f*; **I keep seeing black ~s in front of my eyes** j'ai souvent des taches noires devant les yeux. -**3.** [dot - on horizon, from height] point *m* noir; **from the top of the tower, the people looked like mere ~s** vus du haut de la tour, les gens avaient l'air de minuscules points noirs. -**4.** [tiny amount] tout petit peu *m*; **there isn't a ~ of truth in the rumour** il n'y a pas la moindre vérité OR un atome de vérité dans cette rumeur.
◇ *vt (usu pass)* tacheter.

speckle ['spekl] ◇ *n* moucheture *f*.
◇ *vt* tacheter, moucheter; **~d with yellow** tacheté OR moucheté de jaune.

speckled ['spekld] *adj* tacheté, moucheté.

specs *inf* [speks] (*abbr of* **spectacles**) *npl* lunettes *fpl*, binocles *mpl*.

spectacle ['spektəkl] *n* -**1.** [sight] spectacle *m*; **he was a sorry** OR **sad ~** il était triste à voir; **to make a ~ of o.s.** se donner en spectacle. -**2.** CIN, THEAT & TV superproduction *f*.

spectacled ['spektəkld] *adj* [gen & ZOOL] à lunettes.

spectacles ['spektəklz] *npl* lunettes *fpl*; **a pair of ~** une paire de lunettes.

spectacular [spek'tækjʊlə^r] ◇ *adj* [event, defeat, result, view] spectaculaire; **it was the most ~ success of the decade** ce fut la réussite la plus spectaculaire de la décennie; **there has been a ~ rise in house prices** le prix des maisons a fait un bond spectaculaire.
◇ *n* CIN, THEAT & TV superproduction *f*.

spectacularly [spek'tækjʊləlɪ] *adv* [big, beautiful] spectaculairement; **it went ~ wrong** ça s'est vraiment très mal passé.

spectate [spek'teɪt] *vi* assister à.

spectator [spek'teɪtə^r] *n* spectateur *m*, -trice *f*.

spectator sport *n* sport *m* grand public.

specter *Am* = **spectre**.

spectra ['spektrə] *pl* → **spectrum**.

spectral ['spektrəl] *adj* [gen & PHYS] spectral.

spectre *Br*, **specter** *Am* ['spektə^r] *n* spectre *m*.

spectrogram ['spektrəgræm] *n* spectrogramme *m*.

spectrograph ['spektrəgrɑːf] *n* spectrographe *m*.

spectroscope ['spektrəskəʊp] *n* spectroscope *m*.

spectroscopy [spek'trɒskəpɪ] *n* spectroscopie *f*.

spectrum ['spektrəm] (*pl* **spectrums** OR **spectra** [-trə]) *n* -**1.** PHYS spectre *m*. -**2.** *fig* [range] gamme *f*; **right across the ~** sur toute la gamme; **we've covered the whole ~ of opinion** nous avons couvert tous les secteurs d'opinion; **the political ~** l'éventail *m* politique.

spectrum analysis *n* analyse *f* spectrale.

speculate ['spekjʊleɪt] *vi* -**1.** [wonder] s'interroger, se poser des questions; [make suppositions] faire des suppositions; PHILOS spéculer; **we can only ~** nous ne pouvons que spéculer OR faire des suppositions; **the press is speculating about the future of the present government** la presse s'interroge sur l'avenir du gouvernement actuel. -**2.** COMM & FIN spéculer; **to ~ on the stock market** spéculer OR jouer en Bourse.

speculation [,spekjʊ'leɪʃn] *n* -**1.** *(U)* [supposition, conjecture] conjecture *f*, conjectures *fpl*, supposition *f*, suppositions *fpl*; PHILOS spéculation *f*; **it's pure ~** ce n'est qu'une hypothèse; **there's been a lot of ~ about her motives** tout le monde s'est demandé quels étaient ses motifs. -**2.** [guess] supposition *f*, conjecture *f*. -**3.** COMM & FIN spéculation *f*; **~ in oil** spéculation sur le pétrole.

speculative ['spekjʊlətɪv] *adj* spéculatif.

speculator ['spekjʊleɪtə^r] *n* COMM & ST. EX spéculateur *m*, -trice *f*.

speculum ['spekjʊləm] (*pl* **speculums** OR **specula** [-lə]) *n* MED spéculum *m*; OPT miroir *m*, réflecteur *m*.

sped [sped] *pt & pp* → **speed**.

speech [spiːtʃ] *n* -**1.** [ability to speak] parole *f*; [spoken language] parole *f*, langage *m* parlé; **to lose the power of ~** perdre (l'usage de) la parole; **their poetry is based on ~ rather than writing** leur poésie relève de la tradition orale plus que de l'écriture; **to express o.s. in ~** s'exprimer oralement OR par la parole ❑ **freedom of ~** liberté *f* d'expression; **~ is silver but silence is golden** *prov* la parole est d'argent, mais le silence est d'or *prov*. -**2.** [manner of speaking] façon *f* de parler, langage *m*; [elocution] élocution *f*, articulation *f*; **his ~ was slurred** il bafouillait; **her ~ grew hesitant** son élocution devenait hésitante. -**3.** [dialect, language] parler *m*, langage *m*; **the ~ of the islanders/local fishermen** le parler des habitants de l'île/des pêcheurs du coin. -**4.** [talk] discours *m*, allocution *f fml*; [shorter, more informal] speech *m*; **to make a ~ on** OR **about sthg** faire un discours sur qqch; **~! ~!** un discours!, un discours! ❑ the Queen's Speech POL le discours du Trône. -**5.** THEAT monologue *m*.

speech act *n* LING acte *m* de parole.

speech community *n* LING communauté *f* linguistique.

speech day *n* *Br* SCH distribution *f* des prix; on ~ le jour de la distribution des prix.

SPEECH DAY:
À la fin de l'année scolaire en Grande-Bretagne, certaines écoles invitent une personnalité à prononcer un discours et à distribuer des prix.

---

speech defect *n* défaut *m* de prononciation; ~s troubles *mpl* du langage.

speechify ['spiːtʃɪfaɪ] (*pt* & *pp* speechified) *vi* *pej* discourir, faire de beaux discours.

speech impediment *n* défaut *m* d'élocution OR de prononciation.

speechless ['spiːtʃlɪs] *adj* -**1.** [with amazement, disbelief] muet, interloqué; [with rage, joy] muet; she was ~ with admiration elle était muette d'admiration; to leave sb ~ laisser qqn sans voix; I'm ~! *inf* je ne sais pas quoi dire!, les bras m'en tombent! -**2.** [inexpressible - rage, fear] muet.

speechmaker ['spiːtʃˌmeɪkəʳ] *n* orateur *m*, -trice *f*.

speechmaking ['spiːtʃˌmeɪkɪŋ] *n* (U) discours *mpl*; *pej* beaux discours *mpl*.

speech pattern *n* schéma *m* linguistique.

speech processing *n* compréhension *f* du langage parlé.

speech recognition *n* COMPUT reconnaissance *f* de la parole.

speech sound *n* LING phone *m*, son *m* linguistique.

speech therapist *n* orthophoniste *mf*.

speech therapy *n* orthophonie *f*.

speechwriter ['spiːtʃˌraɪtəʳ] *n* personne *f* qui écrit des discours; she's the mayor's ~ c'est elle qui écrit les discours du maire.

speed [spiːd] (*pt* & *pp* *vi sense 1* sped [sped], *vi sense 2* speeded, *vt* sped [sped] OR speeded) ◇ *n* -**1.** [rate, pace - of car, progress, reaction, work] vitesse *f*; I was driving OR going at a ~ of 65 mph je roulais à 100 km/h; to do a ~ of 100 km/h faire du 100 km/h; at (a) great OR high ~ à toute vitesse, à grande vitesse; at top OR full ~ [drive] à toute vitesse OR allure; [work] très vite, en quatrième vitesse; at the ~ of light/sound à la vitesse de la lumière/du son ❑ reading ~ vitesse *f* de lecture; typing/shorthand ~ nombre *m* de mots-minute en dactylo/en sténo; wind/air ~ vitesse *f* du vent/de vol. -**2.** [rapid rate] vitesse *f*, rapidité *f*; he replied with ~ [quickly] il a répondu rapidement; [promptly] il a répondu avec promptitude; I hate having to work at ~ *Br* j'ai horreur de devoir travailler vite; the actress delivered her lines at ~ *Br* l'actrice a débité son texte à toute allure; to pick up/to lose ~ prendre/perdre de la vitesse. -**3.** [gear - of car, bicycle] vitesse *f*; a 10-~ racer un vélo de course à 10 vitesses. -**4.** PHOT [of film] rapidité *f*, sensibilité *f*; [of shutter] vitesse *f*; [of lens] luminosité *f*. -**5.** *drugs sl* speed *m*, amphétamines *fpl*.
◇ *vi* -**1.** [go fast] aller à toute allure; we sped across the field nous avons traversé le champ à toute allure; I saw her ~ing down the street je l'ai vue descendre la rue à toute allure; he sped away il est parti à toute vitesse, il a pris ses jambes à son cou; time seems to ~ by le temps passe comme un éclair; the jetplane sped through the sky le jet traversa le ciel comme un éclair; the torpedo sped through the water la torpille se déplaçait dans l'eau à toute vitesse. -**2.** AUT [exceed speed limit] faire des excès de vitesse, rouler trop vite; I was stopped for ~ing j'ai été arrêté pour excès de vitesse. -**3.** *drugs sl* [on amphetamines] être parti.
◇ *vt* [person]: to ~ sb on his way souhaiter bon voyage à qqn; I gave him a drink to ~ him on his way je lui ai offert quelque chose pour la route; God ~ (you)! *arch* (que) Dieu vous garde!
◆ **speed up** ◇ *vi insep* [gen] aller plus vite; [driver] rouler plus vite; [worker] travailler plus vite; [machine, film] accélérer; can't you get him to ~ up? [work harder] vous ne pouvez pas le faire travailler plus vite?; [hurry] vous ne pouvez pas le faire se dépêcher?
◇ *vt sep* [worker] faire travailler plus vite; [person] faire aller plus vite; [work] activer, accélérer; [pace] presser; [production] accélérer, augmenter; [reaction, film] accélérer.

speedboat ['spiːdbəʊt] *n* vedette *f* (rapide); [with outboard engine] hors-bord *m inv*.

speed bump *n* casse-vitesse *m*.

speed cop *inf n Am* motard *m* (de la police).

speeder ['spiːdəʳ] *n* [fast driver] *personne qui conduit vite*; [convicted driver] *automobiliste condamné pour excès de vitesse*.

speedily ['spiːdɪlɪ] *adv* [quickly] vite, rapidement; [promptly] promptement, sans tarder; [soon] bientôt.

speeding ['spiːdɪŋ] ◇ *n* AUT excès *m* de vitesse.
◇ *comp*: a ~ conviction une condamnation pour excès de vitesse; a ~ ticket un P-V pour excès de vitesse.

speed limit *n* limitation *f* de vitesse; the ~ is 60 la vitesse est limitée à 60.

speed merchant *inf n* mordu *m*, -e *f* de vitesse.

speedo *inf* ['spiːdəʊ] (*pl* speedos) *Br* = **speedometer**.

speedometer [spɪ'dɒmɪtəʳ] *n* compteur *m* de vitesse.

speed-read *vi* & *vt* lire selon la méthode de lecture rapide.

speed-reading *n* lecture *f* rapide.

speed trap *n* contrôle *m* de vitesse; radar ~ contrôle radar.

speed-up *n* accélération *f*.

speedway ['spiːdweɪ] *n* -**1.** [racing] speedway *m*. -**2.** *Am* [track] piste *f* de vitesse pour motos. -**3.** *Am* [expressway] voie *f* express OR rapide.

speedwell ['spiːdwel] *n* BOT véronique *f*.

Speedwriting® ['spiːdˌraɪtɪŋ] *n* sténo *f* alphabétique.

speedy ['spiːdɪ] (*compar* speedier, *superl* speediest) *adj* -**1.** [rapid] rapide; [prompt] prompt; her help brought a ~ end to the dispute son aide a permis de mettre rapidement fin au différend. -**2.** [car] rapide, nerveux.

speleologist [ˌspiːlɪ'ɒlədʒɪst] *n* spéléologue *mf*.

speleology [ˌspiːlɪ'ɒlədʒɪ] *n* spéléologie *f*.

spell [spel] (*Br pt* & *pp vi* & *vt senses 1, 2* & *3* spelt [spelt] OR spelled, *pt* & *pp vt sense 4* spelled, *Am pt* & *pp* spelled) ◇ *vt* -**1.** [write] écrire, orthographier; they've spelt my name wrong ils ont mal écrit mon nom; his name is spelt J-O-N son nom s'écrit J-O-N; how do you ~ it? comment est-ce que ça s'écrit?; he ~s Martin with a "y" il écrit Martin avec un «y» ‖ [aloud] épeler; shall I ~ my name for you? voulez-vous que j'épelle mon nom? -**2.** [subj: letters] former, donner; C-O-U-G-H ~s "cough" C-O-U-G-H donnent «cough». -**3.** *fig* [mean] signifier; the floods ~ disaster for our region les inondations signifient le désastre pour notre région; her discovery could ~ success for the business sa découverte pourrait être très profitable à notre entreprise. -**4.** [worker, colleague] relayer; can I ~ you at the wheel? est-ce que je peux vous relayer au volant?
◇ *vi*: to learn to ~ apprendre l'orthographe; he ~s badly il est mauvais en orthographe.
◇ *n* -**1.** [period] (courte) période *f*; we had a ~ of cold weather nous avons eu une période de (temps) froid; scattered showers and sunny ~s des averses locales et des éclaircies; she did OR had a ~ as a reporter elle a été journaliste pendant un certain temps; he had a dizzy ~ il a été pris de vertige. -**2.** [of duty] tour *m*; do you want me to take OR to do a ~ at the wheel? voulez-vous que je vous relaie au volant OR que je conduise un peu? -**3.** [magic words] formule *f* magique, incantation *f*; she muttered a ~ elle marmonna une incantation. -**4.** [enchantment] charme *m*, sort *m*, sortilège *m*; to cast OR to put a ~ on sb jeter un sort OR un charme à qqn, ensorceler OR envoûter qqn; she was put under an evil ~ on lui a jeté un maléfice OR mauvais sort; to break the ~ rompre le charme ❑ to be under sb's ~ *literal* & *fig* être sous le charme de qqn.
◆ **spell out** *vt sep* -**1.** [read out letter by letter] épeler; [decipher] déchiffrer. -**2.** [make explicit] expliquer bien clairement; let me ~ out the implications of his study laissez-moi expliquer en détail la portée de son étude; she spelt out in detail what the scheme would cost elle a expliqué en détail quel serait le coût du projet; do I have to ~ it out for you? est-ce qu'il faut que je mette les points sur les i?

spellbinder ['spelˌbaɪndəʳ] *n* -**1.** [speaker] orateur *m* fascinant, oratrice *f* fascinante. -**2.** [fascinating thing]: her latest novel is a ~ son dernier roman est un enchantement; the match was a ~ le match a tenu tout le monde en haleine.

spellbinding ['spelˌbaɪndɪŋ] *adj* ensorcelant, envoûtant.

spellbound ['spelbaʊnd] *adj* [spectator, audience] captivé, envoûté; the children listened ~ les enfants écoutaient, captivés; the film held me ~ from start to finish le film m'a tenu en haleine OR m'a captivé du début jusqu'à la fin.

spell-check ◇ *n* vérification *f* orthographique; to do OR run a ~ on a document effectuer la vérification orthographique d'un document.
◇ *vt* faire la vérification orthographique de.

spell-checker *n* correcteur *m* OR vérificateur *m* orthographique.

speller ['speləʳ] *n* -**1.** [person]: he is a good/bad ~ il est bon/mauvais en orthographe. -**2.** [book] livre *m* d'orthographe.

spelling ['spelɪŋ] ◇ *n* -**1.** [word formation] orthographe *f*; what is the ~ of this word? quelle est l'orthographe de OR comment s'écrit ce mot? -**2.** [ability to spell]: he is good at ~ il est fort en orthographe.
◇ *comp* [error, test, book] d'orthographe; [pronunciation] orthographique; ~ bee *Am* concours *m* d'orthographe; ~ mistake faute *f* d'orthographe.

spelling checker = **spell-checker**.

spelt [spelt] ◇ *pt* & *pp* → **spell** *vi* & *vt* **1, 2, 3**.
◇ *n* BOT épeautre *m*.

spelunker [spɪ'lʌŋkəʳ] *n Am* spéléologue *mf*.

spelunking [spɪ'lʌŋkɪŋ] *n Am* spéléologie *f*.

spencer ['spensəʳ] *n* [jacket] spencer *m*.

spend [spend] (*pt* & *pp* spent [spent]) ◇ *vt* -**1.** [money, fortune] dépenser; to ~ money on [food, clothes] dépenser de l'argent en; [house, car] dépenser de l'argent pour, consacrer de l'argent à; how much do you ~ on the children's clothes? combien (d'argent) dépensez-vous pour habiller vos enfants?; he ~s all his money (on) gambling il dépense tout son argent au jeu; he ~s most of his pocket money on (buying) records la plus grande partie de son argent de poche passe dans l'achat de disques; I consider it money well spent je considère que c'est un bon investissement; without ~ing a penny sans dépenser un centime, sans bourse délier ❑ to ~ a penny *inf Br euph* aller au petit coin. -**2.** [time - pass] passer; [- devote] consacrer; to ~ time on sthg/on doing sthg passer du temps sur qqch/à faire qqch; she spent the whole afternoon knitting elle a passé tout l'après-midi à tricoter; I spent three hours on the job le travail m'a pris OR demandé trois heures; what a way to ~ Easter! quelle façon de passer les vacances de Pâques!; I spent a lot of time and effort on this j'y ai consacré beaucoup de temps et d'efforts; she spent her life helping the underprivileged elle a consacré sa vie à aider les défavorisés. -**3.** [exhaust, use up] épuiser; the gale had spent itself le vent avait fini par tomber; she has at

last spent her indignation son indignation s'est enfin calmée.
◇ *vi* dépenser, faire des dépenses.
◇ *n Br* [allocated money] allocation *f*; **we must increase our marketing ~** nous devons augmenter le budget marketing.

spender ['spendəʳ] *n* dépensier *m*, -ère *f*; **she's a big ~** elle est très dépensière.

spending ['spendɪŋ] *n (U)* dépenses *fpl*; **public** OR **government ~** dépenses publiques; **a cut in defence ~** une réduction du budget de la défense.

spending money *n* argent *m* de poche.

spending power *n* pouvoir *m* d'achat.

spending spree *n*: **we went on a ~** nous avons fait des folies, nous avons dépensé des sommes folles.

spendthrift ['spendθrɪft] ◇ *n* dépensier *m*, -ère *f*; **she's a terrible ~** elle est terriblement dépensière, elle jette l'argent par les fenêtres.
◇ *adj* dépensier.

Spenserian [spen'sɪərɪən] *adj* [in style] à la manière de Spenser; [of Spenser] de Spenser.

spent [spent] ◇ *pt* & *pp* → **spend**.
◇ *adj* -**1.** [used up - fuel, bullet, match] utilisé; **~ cartridges** cartouches *fpl* brûlées; **he's a ~ force in the firm** il n'a plus rien à apporter à l'entreprise; **the party is a ~ force in politics** le parti n'a plus l'influence qu'il avait en politique; **her courage was ~** elle n'avait plus de courage. -**2.** [tired out] épuisé; **he was completely ~** il était épuisé OR à bout.

sperm [spɜːm] (*pl inv* OR **sperms**) *n* -**1.** [cell] spermatozoïde *m*. -**2.** [liquid] sperme *m*.

spermaceti [ˌspɜːmə'setɪ] *n* spermaceti *m*.

spermatic [spɜː'mætɪk] *adj* spermatique; **~ cord** cordon *m* spermatique; **~ fluid** sperme *m*.

spermatocyte ['spɜːmətəʊsaɪt] *n* spermatocyte *m*.

spermatozoon [ˌspɜːmətəʊ'zəʊɒn] (*pl* **spermatozoa** [-'zəʊə]) *n* spermatozoïde *m*.

sperm bank *n* banque *f* de sperme.

spermicidal [ˌspɜːmɪ'saɪdl] *adj* spermicide; **~ cream/jelly** crème *f*/gelée *f* spermicide.

spermicide ['spɜːmɪsaɪd] *n* spermicide *m*.

sperm whale *n* cachalot *m*.

spew [spjuː] ◇ *vt* -**1.** ▽ *literal* dégueuler. -**2.** *fig* vomir.
◇ *vi* -**1.** ▽ *literal* dégueuler. -**2.** *fig* [pour out] gicler; **the acid ~ed everywhere** l'acide a giclé partout.
◇ *n* ▽ vomi *m*, dégueulis *m*.
◆ **spew forth, spew out** *vi insep* & *vt sep lit* vomir.
◆ **spew up**▽ *vi insep* & *vt sep* vomir.

sphagnum ['sfægnəm] *n* sphaigne *f*.

sphere [sfɪəʳ] *n* -**1.** [globe] sphère *f*; *lit* [sky] cieux *mpl*; **the heavenly ~** la sphère céleste. -**2.** *fig* [of interest, activity] sphère *f*, domaine *m*; **her ~ of activity** [professional] son domaine d'activité; [personal] sa sphère d'activité; **it's not my ~** ce n'est pas de mon domaine, cela ne relève pas de mes compétences; **the question is outside the committee's ~** la question ne relève pas des compétences du comité; **the guests came from various social and professional ~s** les invités venaient de divers horizons sociaux et professionnels; **~ of influence** sphère d'influence; **in the public ~** [industry] dans le domaine public; [politics] dans la vie politique.

spherical ['sferɪkl] *adj* sphérique; **~ triangle** triangle *m* sphérique; **~ trigonometry/geometry** trigonométrie *f*/géométrie *f* sphérique.

spheroid ['sfɪərɔɪd] *n* sphéroïde *m*.

spheroidal [ˌsfɪə'rɔɪdl] *adj* sphéroïdal.

sphincter ['sfɪŋktəʳ] *n* sphincter *m*.

Sphinx [sfɪŋks] *pr n*: **the ~** le sphinx.

sphygmomanometer [ˌsfɪgməʊmə'nɒmɪtəʳ] *n* sphygmomanomètre *m*.

spic▼ [spɪk] *n Am terme injurieux désignant les Américains hispanophones, en particulier les Portoricains.*

spice [spaɪs] ◇ *n* -**1.** CULIN épice *f*; **mixed ~** épices mélangées; **kitchen ~s** épices de cuisine; **it needs more ~** ce n'est pas assez épicé OR relevé ❑ **~ cake** gâteau *m* aux épices; **~ rack** étagère *f* OR présentoir *m* à épices. -**2.** *fig* piquant *m*, sel *m*; **the story lacks ~** l'histoire manque de sel OR de piquant; **it added a bit of ~ to our routine** ça a ajouté un peu de piquant à notre train-train quotidien.
◇ *vt* -**1.** CULIN épicer, parfumer; **~d with nutmeg** parfumé à la muscade. -**2.** *fig* pimenter, corser; **the story is ~d with political anecdotes** l'histoire est pimentée d'anecdotes politiques.
◆ **spice up** *vt sep* = **spice 2**.

spiciness ['spaɪsɪnɪs] *n* -**1.** [of food] goût *m* épicé OR relevé. -**2.** *fig* [of story, adventure] piquant *m*.

spick-and-span ['spɪkənˌspæn] *adj* [room] impeccable, reluisant de propreté; [appearance] tiré à quatre épingles.

spicy ['spaɪsɪ] (*compar* **spicier**, *superl* **spiciest**) *adj* -**1.** [food] épicé. -**2.** *fig* [book, story] piquant, corsé.

spider ['spaɪdəʳ] *n* -**1.** ZOOL araignée *f*; **~'s web** toile *f* d'araignée. -**2.** *Br* [for luggage] araignée *f* (à bagages). -**3.** *Am* CULIN poêle *f* (à trépied).

spider crab *n* araignée *f* (de mer).

spiderman *inf* ['spaɪdəmæn] (*pl* **spidermen** [-men]) *n Br ouvrier travaillant sur de hautes constructions.*
◆ **Spiderman** *pr n* [cartoon hero] l'Araignée *m*.

spider monkey *n* singe *m* araignée, atèle *m*.

spider plant *n* chlorophytum *m*.

spiderweb ['spaɪdəweb] *n Am* toile *f* d'araignée.

spidery ['spaɪdərɪ] *adj* [in shape] en forme d'araignée; [finger] long et mince; **~ writing** pattes *fpl* de mouches.

spiel *inf* [ʃpiːl] ◇ *n* -**1.** [speech] laïus *m*, baratin *m*; **he gave his usual ~ about the need to work hard** il a ressorti son laïus habituel sur la nécessité de travailler dur. -**2.** [sales talk] baratin *m*.
◇ *vi* baratiner.

spiffing *inf* ['spɪfɪŋ] *adj Br dated* épatant.

spiffy ['spɪfɪ] (*compar* **spiffier**, *superl* **spiffiest**) *adj Am* chic.

spif(f)licate *inf* ['spɪflɪkeɪt] *vt Br dated* écrabouiller.

spigot ['spɪgət] *n* -**1.** [in cask] fausset *m*. -**2.** [part of tap] clé *f*. -**3.** *Am* [tap] robinet *m* (extérieur).

spike [spaɪk] ◇ *vt* -**1.** [shoes, railings] garnir de pointes. -**2.** [impale] transpercer. -**3.** *fig* [thwart] contrarier; **to ~ sb's guns** *Br* mettre des bâtons dans les roues à qqn. -**4.** *inf* [drink] corser; **my coffee was ~d with brandy** mon café était arrosé de cognac. -**5.** PRESS [story] rejeter.
◇ *vi* [in volleyball] smasher.
◇ *n* -**1.** [on railings, shoe] pointe *f*; [on cactus] épine *f*; [on tyre] clou *m*; [for paper] piquenotes *m inv*; **her hair was standing up in ~s** elle avait les cheveux coiffés en épis; **the story was put on the ~** PRESS l'article a été rejeté. -**2.** [peak - on graph] pointe *f*. -**3.** [nail] gros clou *m*. -**4.** [antler] dague *f*. -**5.** [in volleyball] smash *m*.
◆ **spikes** *inf npl* [shoes] chaussures *fpl* à pointes.

spiked [spaɪkt] *adj* [railings] à pointes de fer; [shoes] à pointes; [tyre] clouté, à clous.

spikenard ['spaɪknɑːd] *n* BOT nard *m* (indien).

spiky ['spaɪkɪ] (*compar* **spikier**, *superl* **spikiest**) *adj* -**1.** [branch, railings] garni OR hérissé de pointes; [hair] en épis; [writing] pointu. -**2.** *inf Br* [bad-tempered] chatouilleux, ombrageux.

spill [spɪl] (*Br pt* & *pp* **spilt** [spɪlt] OR **spilled**, *Am pt* & *pp* **spilled**) ◇ *vt* -**1.** [liquid, salt etc] renverser, répandre; **she spilt coffee down** OR **over her dress** elle a renversé du café sur sa robe; **try to carry the bucket upstairs without ~ing any water** essaie de monter le seau sans renverser d'eau; **she spilt the contents of her handbag onto the bed** elle vida (le contenu de) son sac à main sur le lit. -**2.** *fig* [secret] dévoiler; **to ~ the beans** *inf* vendre la mèche. -**3.** [blood] verser, faire couler; **not a drop of blood was ~ed** pas une goutte de sang n'a été versée. -**4.** [person]: **he was ~ed from his motorbike** il est tombé de sa moto; **the rider was ~ed into the stream** le cavalier a été projeté dans le ruisseau. -**5.** NAUT: **to ~ (wind from) a sail** étouffer une voile OR la toile.
◇ *vi* -**1.** [liquid, salt etc] se renverser, se répandre. -**2.** [crowd] se déverser; **the huge crowd ~ed into the square** l'immense foule se répandit sur OR envahit la place.
◇ *n* -**1.** [spillage - of liquid] renversement *m*. -**2.** [fall - from horse, bike] chute *f*, culbute *f*; *dated* [accident] accident *m*; **to take a ~** faire la culbute. -**3.** [channel] déversoir *m*. -**4.** *Austr* POL remaniement *m*. -**5.** [for fire] longue allumette *f*.
◆ **spill out** ◇ *vt sep* -**1.** [contents, liquid] renverser, répandre. -**2.** *fig* [secret] dévoiler, révéler; **he got drunk and ~ed out all his problems** il a bu et s'est mis à parler de tous ses problèmes.
◇ *vi insep* -**1.** [contents, liquid] se renverser, se répandre; **the water spilt out onto the floor** l'eau s'est renversée par terre. -**2.** *fig* [crowd] se déverser, s'échapper; **the commuters ~ed out of the train** un flot de banlieusards s'est échappé du train.
◆ **spill over** *vi insep* -**1.** [liquid] déborder, se répandre; **the tea ~ed over into the saucer** le thé a débordé dans la soucoupe. -**2.** *fig* [overflow] se déverser, déborder; **the city's population has ~ed over into the surrounding villages** les habitants de la ville ont envahi les villages environnants; **her work ~s over into her family life** son travail empiète sur sa vie familiale.

spillage ['spɪlɪdʒ] *n* [act of spilling] renversement *m*, fait *m* de renverser; [liquid spilt] liquide *m* renversé; **we managed to avoid too much ~** nous avons réussi à ne pas trop en renverser.

spillikin ['spɪlɪkɪn] *n* jonchet *m*; **to play ~s** jouer aux jonchets.

spillover ['spɪlˌəʊvəʳ] *n* -**1.** [act of spilling] renversement *m*; [quantity spilt] quantité *f* renversée. -**2.** [excess] excédent *m*. -**3.** ECON retombées *fpl* (économiques).

spillway ['spɪlweɪ] *n* déversoir *m*.

spilt [spɪlt] *Br pt* & *pp* → **spill**.

spin [spɪn] (*pt* & *pp* **spun** [spʌn], *cont* **spinning**) ◇ *vt* -**1.** [cause to rotate - wheel, chair] faire tourner; [- top] lancer, faire tournoyer; SPORT [- ball] donner de l'effet à; **to ~ the wheel** [in casino] faire tourner la roue; [in car] braquer. -**2.** [yarn, glass] filer; [thread] fabriquer; **he spun the glass into the shape of a swan** il a filé le verre en forme de cygne. -**3.** [subj: spider, silkworm] tisser. -**4.** [invent - tale] inventer, débiter; **she spun some yarn about the buses being on strike** elle a prétexté que les bus étaient en grève; **he ~s a good yarn** il raconte bien les histoires. -**5.** [in spin-dryer] essorer.
◇ *vi* -**1.** [rotate] tourner, tournoyer; SPORT [ball] tournoyer; **it ~s on its axis** il tourne sur son axe OR sur lui-même; **the skater/ballerina spun on one foot** le patineur/la ballerine virevolta sur un pied; **the room seemed to be spinning (around me)** la pièce semblait tourner autour de moi; **a strange shape was spinning across the sky** une forme étrange traversait le ciel en tournoyant sur elle-même; **the wheels were spinning in the mud** les roues patinaient dans la boue; **to ~ out of control** [plane] tomber en vrille; [car] faire un tête-à-queue. -**2.** *fig* [grow dizzy] tourner; **my head is spinning** j'ai la tête qui (me) tourne; **these figures make your head ~** ces chiffres vous donnent le tournis OR le vertige; **his mind was spinning from the recent events** les derniers événements lui donnaient le vertige. -**3.** [spinner] filer; [spider] tisser sa toile. -**4.** [in spin-dryer] essorer; **put the clothes in to ~** mets le linge à essorer. -**5.** [travel fast]: **we were spinning along at a hundred** on filait à cent à l'heure. -**6.** FISHING: **to ~ for pike** pêcher le brochet à la cuiller.
◇ *n* -**1.** [rotation] tournoiement *m*; **give the wheel a ~** faites tourner la roue; **give the top**

a ~ lancez la toupie; **the plane went into a ~** [accidentally] l'avion a fait une chute en vrille; [in aerobatics] l'avion a effectué une descente en vrille; **the car went into a ~** la voiture a fait un tête-à-queue; **my head is in a ~** *fig* j'ai la tête qui tourne. -**2.** *inf* [panic] : **to be in a (flat) ~** être dans tous ses états; **the office was thrown into a (flat) ~ by the arrival of the boss** les employés se sont affolés en voyant arriver le patron. -**3.** SPORT [on ball] effet *m*; **to put ~ on a ball** donner de l'effet à une balle. -**4.** [in spin-dryer] essorage *m*; **long/short ~** essorage complet/court; **to give sthg a ~** essorer qqch. -**5.** *inf* [ride - in car] tour *m*, balade *f*; **to go for a ~** faire une (petite) balade en voiture. -**6.** *inf* [try] : **to give sthg a ~** essayer OR tenter qqch; **would you like to give the car a ~?** voulez-vous essayer la voiture?

◆ **spin off** *vt sep* [hive off] : **they spun off their own company** ils ont monté leur propre affaire.

◆ **spin out** *vt sep* [story, idea] faire durer, délayer; [supplies, money] faire durer, économiser.

◆ **spin round** *Br*, **spin around** ◇ *vi insep* [planet, wheel] tourner (sur soi-même); [skater, top] tournoyer, tourner; [person] se retourner; **he suddenly spun round** il pivota sur ses talons OR se retourna brusquement; **she spun round and faced me** elle se retourna vivement vers moi.

◇ *vt sep* faire tourner.

spina bifida [ˌspaɪnə'bɪfɪdə] *n* spina-bifida *m inv*.

spinach ['spɪnɪdʒ] *n (U)* épinards *mpl*.

spinal ['spaɪnl] *adj* [nerve, muscle] spinal; [ligament, disc] vertébral; **a ~ injury** une blessure à la colonne vertébrale.

spinal column *n* colonne *f* vertébrale.

spinal cord *n* moelle *f* épinière.

spin bowler *n* bôleur *m*.

spindle ['spɪndl] *n* -**1.** [for spinning - by hand] fuseau *m*; [- by machine] broche *f*. -**2.** TECH broche *f*, axe *m*; [in motor, lathe] arbre *m*; [of valve] tige *f*.

spindleshanks ['spɪndlˌʃæŋks] *n* [person] grand gringalet *m*.

spindle tree *n* fusain *m*.

spindling ['spɪndlɪŋ] *adj* filiforme.

spindly ['spɪndlɪ] (*compar* **spindlier**, *superl* **spindliest**) *adj* [legs] grêle, comme des allumettes; [body] chétif, maigrichon; [tree] grêle; [plant] étiolé.

spin doctor *n pej expression désignant une personne chargée des relations avec la presse qui manipule et filtre les informations fournies à celle-ci.*

spindrift ['spɪndrɪft] *n (U)* embruns *mpl*.

spin-dry *vi* & *vt* essorer.

spin-dryer *n* essoreuse *f*.

spine [spaɪn] *n* -**1.** ANAT colonne *f* vertébrale; ZOOL épine *f* dorsale. -**2.** [prickle - of hedgehog] piquant *m*; [- of plant, rose] épine *f*. -**3.** [of book] dos *m*. -**4.** [of hill] crête *f*. -**5.** *Am* [courage] résolution *f*, volonté *f*.

spine-chiller *n* [book] livre *m* d'horreur; [film] film *m* d'épouvante; **that story is a real ~** c'est une histoire à vous glacer le sang.

spine-chilling *adj* à vous glacer le sang, terrifiant.

spinel [spɪ'nel] *n* spinelle *m*.

spineless ['spaɪnlɪs] *adj* -**1.** [weak] mou; [cowardly] lâche. -**2.** ZOOL invertébré. -**3.** BOT sans épines.

spinet [spɪ'net] *n* épinette *f*.

spinnaker ['spɪnəkəʳ] *n* spinnaker *m*, spi *m*.

spinner ['spɪnəʳ] *n* -**1.** TEX [person] fileur *m*, -euse *f*. -**2.** [in fishing] cuiller *f*. -**3.** [spin-dryer] essoreuse *f (à linge)*. -**4.** *Br* SPORT [bowler in cricket] lanceur *m*; [ball] balle *f* qui a de l'effet; **to bowl a ~** lancer une balle avec de l'effet.

spinneret ['spɪnəret] *n* ENTOM & TEX filière *f*.

spinney ['spɪnɪ] *n Br* bosquet *m*, boqueteau *m*, petit bois *m*.

spinning ['spɪnɪŋ] ◇ *n* -**1.** TEX [by hand] filage *m*; [by machine] filature *f*. -**2.** [in fishing] pêche *f* à la cuiller.

◇ *adj* tournant, qui tourne.

spinning jenny *n* jenny *f*.

spinning top *n* toupie *f*.

spinning wheel *n* rouet *m*.

spin-off *n* -**1.** [by-product] retombée *f*, produit *m* dérivé; **the ~s from research into nuclear physics** les retombées des recherches en physique nucléaire. -**2.** [work derived from another] : **the book is a ~ from the TV series** le roman est tiré de la série télévisée; **the TV series gave rise to a number of ~s** la série télévisée a donné lieu à plusieurs produits dérivés.

spinster ['spɪnstəʳ] *n* ADMIN & JUR célibataire *f*; *pej* vieille fille *f*.

spinsterhood ['spɪnstəhʊd] *n* célibat *m (pour une femme)*.

spiny ['spaɪnɪ] (*compar* **spinier**, *superl* **spiniest**) *adj* épineux, couvert d'épines.

spiny lobster *n* langouste *f*.

spiracle ['spaɪrəkl] *n* -**1.** ZOOL [in insect] stigmate *m*; [in whale] évent *m*, spiracle *m*; [in fish] ouïe *f*. -**2.** GEOL fissure *f*.

spiral ['spaɪərəl] (*Br pt* & *pp* **spiralled**, *cont* **spiralling**, *Am pt* & *pp* **spiraled**, *cont* **spiraling**) ◇ *n* -**1.** [gen, ECON & GEOM] spirale *f*; **in a ~** en spirale; **a ~ of smoke rose into the sky** une volute de fumée s'éleva dans le ciel; **the wage-price ~** la spirale des prix et des salaires; **an inflationary ~** une spirale inflationniste. -**2.** AERON vrille *f*.

◇ *adj* [motif, shell, curve] en (forme de) spirale; [descent, spring] en spirale; **the plane went into a ~ descent** l'avion commença une descente en vrille; **~ binding** reliure *f* spirale.

◇ *vi* -**1.** [in flight - plane] vriller; [- bird] voler en spirale; [in shape - smoke, stairs] former une spirale. -**2.** [prices, inflation] s'envoler, monter en flèche; **to ~ downwards** chuter.

◆ **spiral down** *vi insep* [plane] descendre en vrille; [leaf, feather] tomber en tourbillonnant.

◆ **spiral up** *vi insep* [plane, smoke] monter en spirale; [prices] monter en flèche.

spiral galaxy *n* galaxie *f* spirale.

spirally ['spaɪərəlɪ] *adv* [gen] en spirale; AERON en vrille.

spiral staircase *n* escalier *m* en colimaçon.

spire ['spaɪəʳ] *n* -**1.** ARCHIT flèche *f*. -**2.** [of blade of grass] tige *f*; [of mountain, tree] cime *f*.

spirit ['spɪrɪt] ◇ *n* -**1.** [non-physical part of being, soul] esprit *m*; **the poor in ~** les pauvres d'esprit; **the ~ is willing but the flesh is weak** l'esprit est prompt mais la chair est faible; **he is with us in ~** il est avec nous en esprit OR par l'esprit. -**2.** [supernatural being] esprit *m*; **I don't believe in ghosts or ~s** je ne crois ni aux fantômes ni aux esprits; **she is possessed by ~s** elle est possédée par des esprits; **to call up the ~s of the dead** évoquer les âmes des morts ☐ **evil ~s** esprits malins; **the ~ world** le monde des esprits. -**3.** [person] esprit *m*, âme *f*; **he is one of the great ~s of modern philosophy** c'est un des grands esprits de la philosophie moderne. -**4.** [attitude, mood] esprit *m*, attitude *f*; **the ~ of the age** l'esprit OR le génie de l'époque; **to do sthg in a ~ of fun** faire qqch pour s'amuser; **you mustn't do it in a ~ of vengeance** il ne faut pas le faire par esprit de vengeance; **she took my remarks in the wrong ~** elle a mal pris mes remarques; **he went about the job entirely in the wrong ~** il n'a pas compris dans quel esprit il devait travailler; **where's your fighting ~?** où est ton esprit combatif? ☐ **to enter into the ~ of things** [at party] se mettre au diapason; [in work] participer de bon cœur; **have you no team ~?** n'avez-vous aucun esprit d'équipe?; **that's the ~!** voilà comment il faut réagir!, à la bonne heure! -**5.** [loyalty] : **there is a strong community ~** il y a un fort esprit de groupe. -**6.** [deep meaning] esprit *m*, génie *m*; **the ~ of the law** l'esprit de la loi; **you haven't understood the ~ of the poem** vous n'avez pas saisi l'esprit du poème. -**7.** [energy] énergie *f*, entrain *m*; [courage] courage *m*; [character] caractère *m*; **to do sthg with ~** faire quelque chose avec entrain; **he replied with ~** il a répondu énergiquement; **they sang with ~** ils ont chanté avec entrain; **a man of ~** un homme de caractère; **he is entirely lacking in ~** il est complètement amorphe; **his ~ was broken** il avait perdu courage. -**8.** *(usu pl) Br* [alcoholic drink] alcool *m*, spiritueux *m*; **I prefer beer to ~s** je préfère la bière aux spiritueux; **brandy is my favourite ~** le cognac est mon alcool préféré; **taxes on ~s have increased** les taxes sur les spiritueux ont augmenté. -**9.** CHEM essence *f*, sel *m*; **~ OR ~s of ammonia** ammoniaque *m* liquide; **~ of turpentine** (essence de) térébenthine *f*.

◇ *vt* [move secretly] : **they ~ed her in/out by a side door** ils l'ont fait entrer/sortir discrètement par une porte dérobée; **he seems to have been ~ed into thin air** il semble avoir disparu comme par enchantement.

◆ **spirits** *npl* [mood, mental state] humeur *f*, état *m* d'esprit; [morale] moral *m*; **to be in good ~s** être de bonne humeur, avoir le moral; **to feel out of ~s** avoir le cafard; **to be in high ~s** être de très bonne humeur; **to be in low ~s** être déprimé; **you must keep your ~s up** il faut garder le moral, il ne faut pas vous laisser abattre; **my ~s rose at the thought** mon moral est remonté rien que d'y penser; **to raise sb's ~s** remonter le moral à qqn.

◆ **spirit away, spirit off** *vt sep* [carry off secretly] faire disparaître (comme par enchantement); [steal] escamoter, subtiliser.

spirited ['spɪrɪtɪd] *adj* -**1.** [lively - person] vif, plein d'entrain; [- horse] fougueux; [- manner] vif; [- reply, argument] vif; [- music, rhythm, dance] entraînant. -**2.** [courageous - person, action, decision, defence] courageux; **to put up a ~ resistance** résister courageusement, opposer une résistance courageuse; **he's a ~ young fellow** il ne manque pas de courage, ce petit.

spirit gum *n* colle *f* gomme.

spirit lamp *n* lampe *f* à alcool.

spiritless ['spɪrɪtlɪs] *adj* [lifeless] sans vie, sans entrain, apathique; [depressed] démoralisé, déprimé; [cowardly] lâche.

spirit level *n* niveau *m* à bulle.

Spirit of Saint Louis *pr n*: the ~ *avion spécialement conçu pour l'aviateur américain Charles Lindbergh, avec lequel il effectua, en 1927, la première traversée de l'Atlantique sans escale, de New York à Paris.*

spirit stove *n* réchaud *m* à alcool.

spiritual ['spɪrɪtʃʊəl] ◇ *adj* -**1.** [relating to the spirit] spirituel; **a very ~ man** un homme d'une grande spiritualité; **the ~ death of the people** la mort spirituelle du peuple; **a ~ heir** un successeur spirituel; **China is her ~ home** la Chine est sa patrie d'adoption. -**2.** [religious, sacred] religieux, sacré; **~ adviser** conseiller *m* spirituel.

◇ *n*: (**Negro**) **~** (negro) spiritual *m*.

spiritualism ['spɪrɪtʃʊəlɪzm] *n* RELIG spiritisme *m*; PHILOS spiritualisme *m*.

spiritualist ['spɪrɪtʃʊəlɪst] ◇ *adj* RELIG spirite; PHILOS spiritualiste.

◇ *n* RELIG spirite *mf*; PHILOS spiritualiste *mf*.

spirituality [ˌspɪrɪtʃʊ'ælətɪ] *n* spiritualité *f*.

◆ **spiritualities** *npl* biens *mpl* ecclésiastiques.

spiritually ['spɪrɪtʃʊəlɪ] *adv* spirituellement, en esprit.

spirit varnish *n* vernis *m* à alcool.

spirogyra [ˌspaɪrəʊ'dʒaɪrə] *n* spirogyre *f*.

spirt [spɜːt] = **spurt**.

spit [spɪt] (*pt* & *pp* **spit** OR **spat** [spæt], *cont* **spitting**) ◇ *vi* -**1.** [in anger, contempt] cracher; **to ~ at sb** cracher sur qqn; **to ~ in sb's face** cracher à la figure de qqn; **she spat at him** elle lui a craché dessus. -**2.** [while talking] postillonner, envoyer des postillons. -**3.** [hot fat] sauter, grésiller; **the oil spat onto my hand** l'huile m'a éclaboussé la main. -**4.** *phr*: **it's spitting (with rain)** il bruine, il pleut légèrement.

◇ *vt literal* & *fig* cracher.

◇ *n* -**1.** *(U)* [spittle - in mouth] salive *f*; [- spat out] crachat *m*; [- ejected while speaking] postillon *m*; [act of spitting] crachement *m*; ~ **and polish** MIL astiquage *m*; ~ **and sawdust** *expression évoquant un pub miteux*. -**2.** *inf Br* [likeness]: **he's the ~ of his dad** c'est son père tout craché. -**3.** [of insects] écume *f* printanière, crachat *m* de coucou. -**4.** *phr*: **there was just a ~ of rain** il n'est tombé que quelques gouttes de pluie. -**5.** CULIN broche *f*. -**6.** GEOG pointe *f*, langue *f* de terre. -**7.** HORT [spade's depth]: **to dig the ground three ~s deep** creuser la terre à une profondeur de trois fers de bêche.

◆ **spit out** *vt sep* [food, medicine, words, invective] cracher; **come on, ~ it out!** *inf* allez, accouche!

◆ **spit up** *vt sep* [blood, food] cracher.

spit curl *n Am* accroche-cœur *m*.

spite [spaɪt] ◇ *n* [malice] dépit *m*, malveillance *f*; **to do sthg out of ~** faire qqch par dépit; **out of pure ~** par pur dépit, par pure méchanceté.

◇ *vt* contrarier, vexer.

◆ **in spite of** *prep phr* en dépit de, malgré; **he went out in ~ of my advice** il est sorti en dépit de mes conseils; **in ~ of myself** malgré moi; **in ~ of the fact that we have every chance of winning** bien que nous ayons toutes les chances de gagner.

spiteful ['spaɪtfʊl] *adj* [person, remark, character] malveillant; **that was a ~ thing to say** c'était méchant de dire ça; **to have a ~ tongue** avoir une langue de vipère.

spitefully ['spaɪtfʊlɪ] *adv* par dépit, par méchanceté, méchamment.

spitefulness ['spaɪtfʊlnɪs] *n* méchanceté *f*.

spitfire *inf* ['spɪtfaɪəʳ] *n*: **she's a real ~** elle est très soupe au lait.

spit roast *n* rôti *m* à la broche.

◆ **spit-roast** *vt* faire rôtir à la broche.

Spitsbergen ['spɪts,bɜːgən] *pr n* Spitsberg, Spitzberg.

spitting ['spɪtɪŋ] *n*: **'no ~'** 'défense de cracher' ❑ **to be within ~ distance of**: **he was within ~ distance of me** *inf* il était à deux pas de moi.

spitting image *inf n*: **to be the ~ of sb**: **he's the ~ of his father** c'est son père tout craché.

spittle ['spɪtl] *n* [saliva - of person] salive *f*; [- of dog] bave *f*; [- on floor] crachat *m*.

spittoon [spɪ'tuːn] *n* crachoir *m*.

Spitzbergen ['spɪts,bɜːgən] = **Spitsbergen**.

spiv *inf* [spɪv] *n Br* filou *m*.

splash [splæʃ] ◇ *vt* -**1.** [with water, mud] éclabousser; **the bus ~ed us with mud** OR **~ed mud over us** le bus nous a éclaboussés de boue; **she ~ed wine on** OR **over her dress** elle a fait des taches de vin sur sa robe; **paint was ~ed on his trousers** il y avait des éclaboussures de peinture sur son pantalon; **I ~ed my face with cold water** OR **cold water onto my face** je me suis aspergé le visage d'eau froide OR avec de l'eau froide; **he ~ed his way across the river** il a traversé la rivière en pataugeant. -**2.** [pour carelessly] répandre; **he ~ed bleach on the tiles** il a répandu de l'eau de Javel sur le carrelage; **I ~ed disinfectant round the sink** j'ai aspergé le tour de l'évier de désinfectant. -**3.** [daub] barbouiller; **he ~ed whitewash on the wall** il a barbouillé le mur au blanc de chaux. -**4.** PRESS étaler; **the story was ~ed across the front page** l'affaire était étalée à la une des journaux.

◇ *vi* -**1.** [rain, liquid] faire des éclaboussures; **the tea ~ed onto the floor/over the book** le thé éclaboussa le sol/le livre; **the paint ~ed on my trousers** la peinture a éclaboussé mon pantalon; **heavy drops of rain ~ed on the ground** de grosses gouttes de pluie s'écrasaient sur le sol. -**2.** [walk, run etc] patauger, barboter; **we ~ed across the stream** nous avons traversé le ruisseau en pataugeant; **he ~ed through the mud/puddles** il a traversé la boue/les flaques d'eau en pataugeant.

◇ *n* -**1.** [noise] floc *m*, plouf *m*; **the ball made a loud ~** le ballon a fait un grand floc; **he fell/jumped in with a ~** il est tombé/il a sauté dedans avec un grand plouf. -**2.** [of mud, paint] éclaboussure *f*; [of colour, light] tache *f*; **to give sthg a ~ of colour** donner une touche de couleur à qqch; **~es of white** des taches blanches; **there was a bright ~ of light on the wall** il y avait une tache de lumière vive sur le mur. -**3.** [small quantity - of whisky] goutte *f*; [- of soda, tonic]: **would you like a ~ of soda in your whisky?** voulez-vous un peu de soda dans votre whisky?; **just a ~ of lemonade, please** juste une goutte de limonade, s'il vous plaît. -**4.** *inf fig* [sensation] sensation *f*; **to make a ~** faire sensation; **his arrival caused a bit of a ~** son arrivée n'est pas passée inaperçue.

◇ *adv*: **to go/to fall ~ into the water** entrer/tomber dans l'eau en faisant plouf.

◆ **splash about** *Br*, **splash around** ◇ *vi insep* [duck, swimmer] barboter; **he was ~ing about in the bath/swimming pool** il barbotait dans son bain/la piscine.

◇ *vt sep* [liquid] faire des éclaboussures de; [money] dépenser sans compter.

◆ **splash down** *vi insep* [spaceship] amerrir.

◆ **splash out** *inf* ◇ *vi insep* [spend] faire des folies; **to ~ out on sthg** se payer qqch.

◇ *vt insep* [money] claquer; **she ~ed out a lot of money on a camera** elle a claqué un argent fou pour s'acheter un appareil photo.

splashback ['splæʃbæk] *n* revêtement *m* *(derrière un évier, un lavabo)*.

splashboard ['splæʃbɔːd] *n* [on car] garde-boue *m inv*.

splashdown ['splæʃdaʊn] *n* [of spaceship] amerrissage *m*.

splashguard ['splæʃgaːd] *n Am* garde-boue *m inv*.

splashy *inf* ['splæʃɪ] *adj Am* tape-à-l'œil.

splat [splæt] ◇ *n* floc *m*.

◇ *adv*: **to go ~** faire floc.

splatter ['splætəʳ] ◇ *vt* éclabousser; **~ed with mud/blood** éclaboussé de boue/sang.

◇ *vi* [rain] crépiter; [mud] éclabousser.

◇ *n* -**1.** [mark - of mud, ink] éclaboussure *f*. -**2.** [sound - of rain] crépitement *m*.

splay [spleɪ] ◇ *vt* [fingers, legs] écarter; [feet] tourner en dehors.

◇ *vi* [fingers, legs] s'écarter; [feet] se tourner en dehors.

◆ **splay out** *vt sep* & *vi insep* = **splay**.

splayfooted [,spleɪ'fʊtɪd] *adj* [person] aux pieds plats; [horse] panard.

spleen [spliːn] *n* -**1.** ANAT rate *f*. -**2.** [bad temper] humeur *f* noire, mauvaise humeur *f*; **to vent one's ~ on sthg/sb** décharger sa bile sur qqch/qqn.

splendid ['splendɪd] ◇ *adj* -**1.** [beautiful, imposing - dress, setting, decor] splendide, superbe, magnifique. -**2.** [very good - idea, meal] excellent, magnifique; [- work] excellent, superbe; **I think he's a ~ cook** je trouve que c'est un excellent cuisinier; **~ isolation** splendide isolement; **we had a ~ time on holiday** nous avons passé d'excellentes vacances; **how ~ for you!** mais c'est formidable pour vous!

◇ *interj* excellent!, parfait!

splendidly ['splendɪdlɪ] *adv* -**1.** [dress, decorate, furnish] magnifiquement, superbement; [entertain] somptueusement; **he was ~ turned out in military uniform** il était vraiment superbe en uniforme militaire. -**2.** [perform] superbement; **you acted ~!** tu as été merveilleux!; **the children behaved ~** les enfants ont été des anges; **my work is going ~** mon travail avance à merveille.

splendiferous *inf* [,splen'dɪfərəs] *adj hum* épatant, mirobolant.

splendour *Br*, **splendor** *Am* ['splendəʳ] *n* splendeur *f*.

splenetic [splɪ'netɪk] *adj lit* [ill-humoured] atrabilaire.

splice [splaɪs] ◇ *vt* -**1.** **to ~ (together)** [film, tape] coller; [rope] épisser; [pieces of wood] enter; **to ~ one piece of tape onto another** coller un morceau de bande sur un autre ❑ **to ~ the mainbrace** *inf* NAUT ≃ distribuer une ration de rhum; [gen] boire un coup. -**2.** *inf Br hum* [marry]: **to get ~d** convoler (en justes noces).

◇ *n* [in tape, film] collure *f*; [in rope] épissure *f*; [in wood] enture *f*.

splint [splɪnt] ◇ *n* MED éclisse *f*, attelle *f*; **her arm was in a ~** OR **in ~s** elle avait le bras dans une attelle.

◇ *vt* éclisser, mettre dans une attelle.

splinter ['splɪntəʳ] ◇ *n* [of glass, wood] éclat *m*; [of bone] esquille *f*; [in foot, finger] écharde *f*.

◇ *vt* [glass, bone] briser en éclats; [wood] fendre en éclats.

◇ *vi* [glass, bone] se briser en éclats; [marble, wood] se fendre en éclats; [political party] se scinder, se fractionner.

splinter group *n* groupe *m* dissident OR scissionniste.

split [splɪt] (*pt* & *pp* **split**, *cont* **splitting**) ◇ *vt* -**1.** [cleave - stone] fendre, casser; [- slate] cliver; [- wood] fendre; **he was splitting wood for the fire** il fendait du bois pour faire du feu; **the lightning ~ the oak right down the middle** la foudre a fendu le chêne en plein milieu; **karate experts can ~ bricks with their bare hands** les karatékas sont capables de casser des briques à main nue; **to ~ sthg in two** OR **in half** casser OR fendre qqch en deux; **to ~ sthg open** ouvrir qqch *(en le coupant en deux ou en le fendant)*; **the customs ~ the boxes open** les douaniers ont ouvert les cartons d'un coup de canif; **he ~ his head open on the concrete** il s'est fendu le crâne sur le béton; **they ~ open the mattress in their search for drugs** ils ont éventré le matelas à la recherche de stupéfiants; **to ~ the atom** PHYS fissionner l'atome ❑ **to ~ hairs** couper les cheveux en quatre; **to ~ one's sides (laughing)** se tordre de rire. -**2.** [tear] déchirer; **the plastic sheet had been ~ right down the middle** la bâche en plastique avait été fendue en plein milieu; **I've ~ my trousers** j'ai déchiré mon pantalon. -**3.** [divide - family] diviser; POL [- party] diviser, créer OR provoquer une scission dans; **we were ~ into two groups** on nous a divisés en deux groupes; **you can't ~ it in three** on ne peut pas le diviser en trois; **the committee is ~ on this issue** le comité est divisé sur cette question; **the vote was ~ down the middle** les deux camps avaient obtenu exactement le même nombre de voix; **we were ~ 30-70** on était 30% d'un côté et 70% de l'autre. -**4.** [share - profits] (se) partager, (se) répartir; [- bill] (se) partager; FIN [- stocks] faire une redistribution de; **they decided to ~ the work/visits between them** ils ont décidé de se partager le travail/les visites; **to ~ the profits four ways** diviser les bénéfices en quatre; **to ~ the difference** [share out] partager la différence; [compromise] couper la poire en deux. -**5.** GRAMM: **to ~ an infinitive** *intercaler un adverbe ou une expression adverbiale entre «to» et le verbe*. -**6.** ▽ [leave] quitter; **we ~ town** nous avons quitté la ville; **I'm going to ~ this scene** je me tire OR barre.

◇ *vi* -**1.** [break - wood, slate] se fendre, éclater; **the ship ~ in two** le navire s'est brisé (en deux); **my head is splitting** *fig* j'ai un mal de tête atroce. -**2.** [tear - fabric] se déchirer; [- seam] craquer; **the bag ~ open** le sac s'est déchiré; **her dress ~ right down the back** le dos de sa robe s'est déchiré de haut en bas. -**3.** [divide - gen] se diviser, se fractionner; [- political party] se scinder; [- cell] se diviser; [- road, railway] se diviser, bifurquer; **the hikers ~ into three groups** les randonneurs se sont divisés en trois groupes; **the party ~ over the question of pollution** le parti s'est scindé OR divisé sur la question de la pollution; **the committee ~ down the middle on the issue** le comité s'est divisé en deux clans sur la question. -**4.** [separate - couple] se séparer; [- family, group] s'éparpiller, se disperser; **she has ~ with her old school friends** elle ne voit plus ses anciennes camarades de classe. -**5.** ▽ [leave] se casser, mettre les bouts; **let's ~!** on se casse!; **they ~ for San Francisco** ils sont partis à San Fransisco.

◇ *n* -**1.** [crack - in wood, rock] fissure *f*; **there is a long ~ in the wood** le bois est fendu sur une bonne longueur. -**2.** [tear] déchirure *f*. -**3.** [division] division *f*; [separation] séparation *f*; [quarrel] rupture *f*; POL scission *f*, schisme *m*; RELIG schisme *m*; [gap] fossé *m*, écart *m*; **the ~ between rich and poor nations** l'écart entre les pays riches et les pays pauvres; **a ~ in the ranks** une division dans les rangs; **there was a three-way ~ in the voting** les votes étaient répartis en trois groupes. -**4.** [share] part *f*; **he asked to be given his ~ of the booty** il a demandé qu'on lui donne sa part du butin. -**5.** [dessert]: **banana ~** banana split *m*. -**6.** *Am* [bottle]: **soda ~** petite bouteille *f* de soda.
◇ *adj* [lip, skirt] fendu.
◆ **splits** *npl*: **to do the ~s** *Br*, **to do ~s** *Am* faire le grand écart.
◆ **split off** ◇ *vi insep* -**1.** [branch, splinter] se détacher; **a large rock ~ off from the cliff** un gros rocher s'est détaché de la falaise. -**2.** [separate - person, group] se séparer; **we ~ off (from the others) to visit the museum** nous avons quitté les autres pour visiter le musée; **a radical movement ~ off from the main party** un mouvement radical s'est détaché du gros du parti.
◇ *vt sep* -**1.** [break, cut - branch, piece] enlever (en fendant). -**2.** [person, group] séparer; **our branch was ~ off from the parent company** notre succursale a été séparée de la maison mère.
◆ **split on** *inf vt insep Br* [inform] vendre, moucharder; **he ~ on his friend to the police** il a donné son ami à la police; **don't ~ on him!** ne le vends pas!
◆ **split up** ◇ *vi insep* -**1.** [wood, marble] se fendre; [ship] se briser. -**2.** [couple] se séparer, rompre; [friends] rompre, se brouiller; [meeting, members] se disperser; POL se diviser, se scinder; **to ~ up with sb** rompre avec qqn; **the search party ~ up into three groups** l'équipe de secours s'est divisée en trois groupes.
◇ *vt sep* -**1.** [wood] fendre; [cake] couper en morceaux; **he ~ the wood up into small pieces** il a fendu le bois en petits morceaux. -**2.** [divide - profits] partager; [- work] répartir; **let's ~ the work up between us** répartissons-nous le travail; **the teaching syllabus is ~ up into several chapters** le programme d'enseignement est divisé en plusieurs chapitres. -**3.** [separate] séparer; **the teacher ~ the boys up** le professeur a séparé les garçons; **the police ~ up the meeting/crowd** la police a mis fin à la réunion/dispersé la foule.

split cane *n* osier *m*.
◆ **split-cane** *adj* en osier.

split decision *n* SPORT [in boxing] victoire *f*, décision *f* aux points.

split end *n* fourche *f*.

split infinitive *n* GRAMM *infinitif où un adverbe ou une expression adverbiale est intercalé entre «to» et le verbe.*

split-level *adj* -**1.** [house, flat] à deux niveaux. -**2.** ~ **cooker** cuisinière *f* à éléments de cuisson séparés.

split pea *n* pois *m* cassé.

split personality *n* double personnalité *f*, dédoublement *m* de la personnalité.

split pin *n Br* goupille *f* fendue.

split ring *n* bague *f* à fente.

split screen *n* CIN écran *m* divisé.

split second *n*: **in a ~** en une fraction de seconde; **it only took a ~** cela n'a demandé qu'une fraction de seconde.
◆ **split-second** *adj* [timing, reaction] au quart de seconde.

split shift *n*: **he works a ~** sa journée de travail est divisée en deux tranches horaires.

split ticket *n Am* POL panachage *m*.

splitting ['splɪtɪŋ] ◇ *n* -**1.** [of wood, marble] fendage *m*; **the ~ of the atom** PHYS la fission de l'atome. -**2.** [of fabric, seams] déchirure *f*. -**3.** [division] division *f*. -**4.** [sharing] partage *m*.
◇ *adj*: **I have a ~ headache** j'ai un mal de tête atroce.

split-up *n* [gen] rupture *f*, séparation *f*; POL scission *f*.

splodge *inf* ['splɒdʒ] ◇ *n* -**1.** [splash - of paint, ink] éclaboussure *f*, tache *f*; [- of colour] tache *f*. -**2.** [dollop - of cream, of jam] bonne cuillerée *f*.
◇ *vt* éclabousser, barbouiller.
◇ *vi* s'étaler, faire des pâtés.

splosh *inf* [splɒʃ] ◇ *vi* -**1.** [splash - liquid] faire des éclaboussures; **the water ~ed on the floor** l'eau a éclaboussé le sol. -**2.** [as verb of movement]: **we ~ed through the mud/puddles** nous avons traversé la boue/les flaques d'eau en pataugeant.
◇ *vt* [pour - water, disinfectant] verser, mettre; [daub - paint] barbouiller.
◇ *n* éclaboussure *f*.

splotch [splɒtʃ] *Am* = **splodge**.

splurge *inf* [splɜːdʒ] ◇ *n* -**1.** [spending spree] folie *f*, folles dépenses *fpl*; **I went on** OR **I had a ~ and bought a fur coat** j'ai fait une folie, je me suis acheté un manteau de fourrure. -**2.** [display] fla-fla *m*, tralala *m*; **the book came out in a ~ of publicity** le livre est sorti avec un grand battage publicitaire; **a great ~ of colour** une débauche de couleur.
◇ *vt* [spend] dépenser; [waste] dissiper; **she ~d her savings on a set of encyclopedias** toutes ses économies ont été englouties par l'achat d'une encyclopédie.
◆ **splurge out** *vi insep* faire une folie OR des folies; **to ~ out on sthg** se payer qqch.

splutter ['splʌtəʳ] ◇ *vi* -**1.** [spit - speaker] postillonner; [- flames, fat] crépiter, grésiller; [- pen, ink] cracher. -**2.** [stutter - speaker] bredouiller; [- engine] tousser, avoir des ratés; **she was ~ing with rage** elle bredouillait de rage; **the engine ~ed and died** le moteur toussa et s'arrêta.
◇ *vt* [protest, apology, thanks] bredouiller, balbutier.
◇ *n* -**1.** [spitting - in speech] crachotement *m*; [- of fat, flames] crépitement *m*, grésillement *m*. -**2.** [stutter - in speech] bredouillement *m*, balbutiement *m*; [- of engine] toussotement *m*.

Spode [spəʊd] *n*: ~ **(china)** *porcelaine fabriquée par la manufacture Spode.*

spoil [spɔɪl] (*pt & pp* **spoilt** [spɔɪlt] OR **spoiled**) ◇ *vt* -**1.** [make less attractive or enjoyable] gâter, gâcher; **the tall chimneys ~ the view** les hautes cheminées gâchent OR gâtent la vue; **our holiday was spoilt by the wet weather/the news** le temps pluvieux/la nouvelle a gâché nos vacances; **you've spoilt everything by your foolish behaviour** tu as tout gâché avec ton comportement stupide; **the ending spoilt the film for me** la fin m'a gâché le film; **don't ~ the ending for me** ne me raconte pas la fin, ça va tout gâcher. -**2.** [damage] abîmer, endommager; **I spoilt my eyesight by reading in the dark** je me suis abîmé la vue OR les yeux en lisant dans la pénombre; **if you eat those chocolates, you'll ~ your appetite for dinner** si tu manges ces chocolats, tu n'auras plus faim OR plus d'appétit à l'heure du dîner; **the dinner was spoilt because they were late** le dîner a été gâché par leur retard ❑ **to ~ the ship for a hap'orth of tar** faire des économies de bouts de chandelle. -**3.** [pamper] gâter; **she's spoilt rotten** *inf* elle est super gâtée, c'est une enfant pourrie; **we like to ~ our clients** nous aimons gâter nos clients; **to ~ o.s.** s'offrir une petite folie. -**4.** POL [ballot paper] rendre nul.
◇ *vi* -**1.** [fruit, food] se gâter, s'abîmer; [in store, hold of ship] s'avarier, devenir avarié. -**2.** *phr*: **to be ~ing for a fight** être impatient d'en découdre.
◇ *n* (U) -**1.** = **spoils 1.** -**2.** [earth, diggings] déblai *m*, déblais *mpl*.
◆ **spoils** *npl* -**1.** [loot] butin *m*, dépouilles *fpl*; [profit] bénéfices *mpl*, profits *mpl*; [prize] prix *m*; **he made off with the ~s** il s'est enfui avec le butin; **the ~s of war** les dépouilles de la guerre. -**2.** *Am* POL assiette *f* au beurre.
◆ **spoil for** *vt insep*: **to be ~ing for a fight/an argument** chercher la bagarre/la dispute.

spoilage ['spɔɪlɪdʒ] *n* (U) [damage] détérioration *f*; [spoilt matter] déchets *mpl*.

spoiler ['spɔɪləʳ] *n* AUT becquet *m*; AERON aérofrein *m*.

spoilsman ['spɔɪlsmən] (*pl* **spoilsmen** [-mən]) *n Am* POL *personne qui bénéficie d'un piston politique.*

spoilsport ['spɔɪlspɔːt] *n* trouble-fête *mf inv*, rabat-joie *m inv*, empêcheur *m*, -euse *f* de tourner en rond.

spoils system *n Am* POL assiette *f* au beurre *pej*, système *m* des dépouilles.

spoilt [spɔɪlt] ◇ *pt & pp* → **spoil**.
◇ *adj* -**1.** [child] gâté; [behaviour] d'enfant gâté; **we were ~ for choice** nous n'avions que l'embarras du choix. -**2.** [harvest] abîmé; [food, dinner] gâché, gâté. -**3.** POL [ballot paper] nul.

spoke [spəʊk] ◇ *pt* → **speak**.
◇ *n* [in wheel] rayon *m*; [in ladder] barreau *m*, échelon *m*; [on ship's wheel] manette *f*; **to put a ~ in sb's wheel** *Br* mettre des bâtons dans les roues à qqn.

spoken ['spəʊkn] ◇ *pp* → **speak**.
◇ *adj* -**1.** [language, dialogue] parlé, oral; **the ~ word** la langue parlée, la parole; **she's better at the ~ language** elle se débrouille mieux lorsqu'il s'agit de parler. -**2.** *phr*: **to be ~ for** être pris; **she's already ~ for** elle est déjà prise.

-spoken *in cpds*: **soft~** à la voix douce; **well~** qui s'exprime bien.

spokeshave ['spəʊkʃeɪv] *n* vastringue *f*.

spokesman ['spəʊksmən] (*pl* **spokesmen** [-mən]) *n* porte-parole *m inv*; **a government ~, a ~ for the government** un porte-parole du gouvernement.

spokesperson ['spəʊks,pɜːsn] *n* porte-parole *m inv*.

spokeswoman ['spəʊks,wʊmən] (*pl* **spokeswomen** [-,wɪmɪn]) *n* porte-parole *m inv (femme)*.

spoliation [,spəʊlɪ'eɪʃn] *n* -**1.** [plundering] spoliation *f*, pillage *m*. -**2.** JUR [of document] altération *f*.

spondee ['spɒndiː] *n* spondée *m*.

sponge [spʌndʒ] ◇ *n* -**1.** ZOOL [in sea] éponge *f*. -**2.** [for cleaning, washing] éponge *f*; **I gave the table a ~** j'ai passé un coup d'éponge sur la table ❑ **to throw in the ~** jeter l'éponge. -**3.** *inf pej* [scrounger] parasite *m*. -**4.** *Br* [cake] gâteau *m* de Savoie; **jam/cream ~** gâteau de Savoie fourré à la confiture/à la crème.
◇ *vt* -**1.** [wipe - table, window] donner un coup d'éponge sur; [- body] éponger; **she ~d his face** elle lui a épongé le visage. -**2.** [soak up] éponger; **can you ~ the milk off the table?** peux-tu éponger le lait renversé sur la table? -**3.** *inf* [cadge - food, money] taper; **I ~d £20 off** OR **from him** je l'ai tapé de 20 livres; **can I ~ a cigarette off you?** est-ce que je peux te taper une cigarette?; **she ~d a meal off her friends** elle s'est fait inviter à manger par ses amis.
◇ *vi inf* [cadge]: **to ~ on** OR **from sb** vivre aux crochets de qqn; **she's always sponging** c'est un vrai parasite; **too many people ~ off the state** trop de gens vivent aux crochets de l'État.
◆ **sponge down** *vt sep* éponger, laver à l'éponge; **he ~d himself down** il s'est lavé avec une éponge.
◆ **sponge up** *vt sep* [liquid] éponger.

sponge bag *n Br* trousse *f* OR sac *m* de toilette.

sponge bath *n* toilette *f* à l'éponge.

sponge cake *n* gâteau *m* de Savoie.

sponge-down *n* coup *m* d'éponge.

sponge finger *n* boudoir *m (biscuit)*.

sponge pudding *n dessert chaud fait avec une pâte de gâteau de Savoie.*

sponger *inf* ['spʌndʒəʳ] *n pej* parasite *m*.

sponge rubber *n* mousse *f*, caoutchouc *m* Mousse®.

spongy ['spʌndʒɪ] (*compar* **spongier**, *superl* **spongiest**) *adj* spongieux.

sponsor ['spɒnsəʳ] ◇ *n* -**1.** COMM & SPORT [of sportsman, team, tournament] sponsor *m*; [of film, TV programme] sponsor *m*, commanditaire *m*; [of artist, musician] commanditaire *m*, mécène *m*; [of student, studies] parrain *m*; [for charity] donateur *m*, -trice *f*; **he's looking for ~s for his Channel swim** [for finance] il cherche des sponsors pour financer sa traversée de la Manche à la nage; [for charity] il cherche des gens qui accepteront de faire une donation aux bonnes œuvres s'il réussit sa traversée de la Manche à la nage; **to act as ~ for sb** sponsoriser qqn. -**2.** [of proposal, appeal] personne *f* qui lance; [of would-be club member] parrain *m*, marraine *f*; [guarantor - for loan] répondant *m*, -e *f*, garant *m*, -e *f*; [backer - for business] parrain *m*, bailleur *m* de fonds; **her uncle stood (as) ~ to her** [for loan] son oncle a été son répondant; [for business] son oncle l'a parrainée.
◇ *vt* -**1.** COMM & SPORT sponsoriser; RADIO & TV [programme] sponsoriser, parrainer; [concert, exhibition] parrainer, commanditer; [studies, student] parrainer; **the rally is ~ed by the milk industry** le rallye est sponsorisé par l'industrie laitière; **our firm ~ed her to the tune of £10,000** notre firme l'a sponsorisée pour un montant de 10 000 livres. -**2.** [for charity]: **I ~ed him to swim 10 miles** je me suis engagé à lui donner de l'argent (pour des œuvres charitables) s'il faisait OR parcourait 10 milles à la nage. -**3.** [appeal, proposal] présenter; [would-be club member] parrainer; [loan, borrower] se porter garant de; [firm] patronner; **to ~ a bill** POL présenter un projet de loi. -**4.** [godchild] être le parrain OR la marraine de.

sponsored walk ['spɒnsəd-] *n marche parrainée.*

SPONSORED WALK:
Les «sponsored walks» sont destinées à rassembler des fonds, chaque marcheur établissant une liste de personnes ayant accepté de donner une certaine somme d'argent par kilomètre parcouru. Le terme «sponsored» s'applique également à d'autres activités, sportives ou non: «sponsored swim», «sponsored parachute jump» etc.

---

sponsorship ['spɒnsəʃɪp] *n* -**1.** COMM & SPORT sponsoring *m*. -**2.** [of appeal, proposal] présentation *f*; POL [of bill] proposition *f*, présentation *f*; [of would-be club member, godchild] parrainage *m*; [of loan, borrower] cautionnement *m*.

spontaneity [ˌspɒntə'neɪətɪ] *n* spontanéité *f*.

spontaneous [spɒn'teɪnjəs] *adj* spontané.

spontaneous combustion *n* combustion *f* spontanée.

spontaneously [spɒn'teɪnjəslɪ] *adv* spontanément.

spoof *inf* [spu:f] ◇ *n* -**1.** [mockery] satire *f*, parodie *f*; **it's a ~ on horror films** c'est une parodie des films d'horreur. -**2.** [trick] blague *f*, canular *m*; **the whole thing was just a ~** c'était un simple canular du début à la fin.
◇ *adj* prétendu, fait par plaisanterie; **a ~ phone call** un canular téléphonique.
◇ *vi* raconter des blagues.
◇ *vt* [book, style] parodier; [person] faire marcher.

spook *inf* [spu:k] ◇ *n* -**1.** [ghost] fantôme *m*. -**2.** *Am* [spy] barbouze *mf*.
◇ *vt Am* -**1.** [frighten] faire peur à, effrayer. -**2.** [haunt] hanter.

spooky *inf* ['spu:kɪ] (*compar* **spookier**, *superl* **spookiest**) *adj* -**1.** [atmosphere] qui donne la chair de poule, qui fait froid dans le dos. -**2.** *Am* [skittish] peureux; [odd] bizarre.

spool [spu:l] ◇ *n* [of film, tape, thread] bobine *f*; [for fishing] tambour *m*; [of wire] rouleau *m*; SEW & TEX cannette *f*.
◇ *vt* bobiner.

spoon [spu:n] ◇ *n* -**1.** [utensil] cuiller *f*, cuillère *f*. -**2.** [quantity] cuillerée *f*; **add two ~s of sugar** ajoutez deux cuillerées de sucre. -**3.** FISHING cuiller *f*, cuillère *f*. -**4.** [in golf] spoon *m*.
◇ *vt* [food - serve] servir; [- transfer] verser; **to ~ the cream from** OR **off the milk** enlever la crème du lait avec une cuiller; **to ~ the fat from** OR **off the gravy** dégraisser la sauce à l'aide d'une cuiller; **he ~ed the ice cream into a bowl** il a servi la glace dans un bol (avec une cuiller); **she ~ed the porridge into his mouth** elle lui a fait manger la bouillie avec une cuiller.
◇ *vi inf dated* se faire des mamours.
◆ **spoon out** *vt sep* [serve] servir à l'aide d'une cuiller; [transfer] verser à l'aide d'une cuillère.
◆ **spoon up** *vt sep* [eat] manger avec une cuiller; [clear up] ramasser avec une cuiller.

spoonbill ['spu:nbɪl] *n* ORNITH spatule *f*.

spoonerism ['spu:nərɪzm] *n* contrepèterie *f*.

spoon-feed *vt* -**1.** *literal* [child, sick person] nourrir à la cuiller. -**2.** *fig*: **to ~ sb** mâcher le travail à qqn.

spoonful ['spu:nfʊl] *n* cuillerée *f*.

spoor [spɔ:ʳ] *n* trace *f*, traces *fpl*, empreintes *fpl*.

Sporades ['spɒrədi:z] *pl pr n*: **the ~** les Sporades *fpl*; **in the ~** aux Sporades.

sporadic [spə'rædɪk] *adj* sporadique; **~ outbreaks of gunfire** des coups de feu isolés OR sporadiques.

sporadically [spə'rædɪklɪ] *adv* sporadiquement.

spore [spɔ:ʳ] *n* spore *f*.

sporran ['spɒrən] *n Scot* escarcelle *f (portée avec le kilt)*.

sport [spɔ:t] ◇ *n* -**1.** [physical exercise] sport *m*; **she does** OR **plays a lot of ~** elle fait beaucoup de sport, elle est très sportive; **you shouldn't mix ~ and politics** tu ne devrais pas mélanger sport et politique; **minority ~s** les sports minoritaires; **I hated ~** OR **~s at school** je détestais le sport OR les sports à l'école ❑ **the ~ of kings** [horse racing] les courses de chevaux. -**2.** *lit* [hunting] chasse *f*; [fishing] pêche *f*. -**3.** *dated* [fun] amusement *m*, divertissement *m*; **to say sthg in ~** dire qqch pour rire OR en plaisantant; **it's great ~ flying these remote-controlled planes** c'est très amusant de faire voler ces avions radio-guidés; **to make ~ of sb/sthg** se moquer de qqn/qqch, tourner qqn/qqch en ridicule. -**4.** *inf* [friendly person] chic type *m*, chic fille *f*; **he's a real ~** c'est vraiment un chic type; **go on, be a ~!** allez, sois sympa! -**5.** [good loser]: **to be a (good) ~** être beau joueur; **they're not very good ~s** ils sont plutôt mauvais joueurs. -**6.** [gambler] joueur *m*, -euse *f*; [high flyer] bon vivant *m*. -**7.** *inf Austr & NZ* [fellow] pote *m*, vieux *m*. -**8.** BIOL variété *f* anormale.
◇ *vt* [wear] porter, arborer; **he was ~ing a tartan jacket/a yellow carnation** il portait une veste tartan/arborait un œillet jaune.
◇ *vi lit* batifoler, s'ébattre.
◆ **sports** ◇ *npl* [athletics meeting] meeting *m* d'athlétisme; [competition] compétition *f* sportive; **this weekend is the inter-regional ~s** ce week-end ont lieu les compétitions sportives inter-régionales; **the school ~s** la compétition sportive scolaire.
◇ *comp* [equipment, programme, reporter] sportif; [fan] de sport.

sporting ['spɔ:tɪŋ] *adj* -**1.** SPORT [fixtures, interests] sportif. -**2.** [friendly, generous - behaviour] chic *(inv)*; **it's very ~ of you** c'est très chic de votre part. -**3.** [fairly good - chance] assez bon; **we're in with a ~ chance** on a une assez bonne chance de gagner; **there's a ~ chance he'll come** il y a de fortes chances (pour) qu'il vienne.

sportingly ['spɔ:tɪŋlɪ] *adv* (très) sportivement.

sportive ['spɔ:tɪv] *adj lit* folâtre, badin.

sport jacket *Am* = **sports jacket**.

sports car *n* voiture *f* de sport.

sportscast ['spɔ:tskɑ:st] *n Am* émission *f* sportive.

sportscaster ['spɔ:tsˌkɑ:stəʳ] *n Am* reporter *m* sportif.

sports coat *Am* = **sports jacket**.

sports day *n Br* SCH *réunion sportive annuelle où les parents sont invités.*

sports jacket *n* veste *f* sport.

sportsman ['spɔ:tsmən] (*pl* **sportsmen** [-mən]) *n* -**1.** [player of sport] sportif *m*. -**2.** [person who plays fair]: **he's a real ~** il est très sport OR très fair-play OR beau joueur.

sportsmanlike ['spɔ:tsmənlaɪk] *adj* sportif.

sportsmanship ['spɔ:tsmənʃɪp] *n* sportivité *f*, sens *m* sportif.

sportsperson ['spɔ:tsˌpɜ:sn] (*pl* **sportspeople** [-ˌpi:pl]) *n* sportif *m*, sportive *f*.

sportswear ['spɔ:tsweəʳ] *n (U)* vêtements *mpl* de sport.

sportswoman ['spɔ:tsˌwʊmən] (*pl* **sportswomen** [-ˌwɪmɪn]) *n* sportive *f*.

sporty ['spɔ:tɪ] (*compar* **sportier**, *superl* **sportiest**) *adj* [person] sportif; [garment] de sport; **he's got a very ~ image** il a un look très sport.

spot [spɒt] (*pt & pp* **spotted**, *cont* **spotting**) ◇ *n* -**1.** [dot - on material, clothes] pois *m*; [- on leopard, giraffe] tache *f*, moucheture *f*; [- on dice, playing card] point *m*; **a tie with red ~s** une cravate à pois rouges; **I've got ~s before my eyes** j'ai des points lumineux OR des taches devant les yeux; **the carnations brought a ~ of colour into the church** les œillets apportaient une tache de couleur dans l'église. -**2.** [stain, unwanted mark] tache *f*; [on fruit] tache *f*, tavelure *f*; [splash] éclaboussure *f*; **a dirty ~** une tache, une salissure; **there are some ~s of mould on the jam** il y a des taches de moisissure sur la confiture; **how did you get these ~s of blood on your shirt?** d'où viennent ces taches de sang sur ta chemise? -**3.** *Br* [pimple] bouton *m*; [freckle] tache *f* de son OR de rousseur; **I've got a ~ on my chin** j'ai un bouton sur le menton; **to come out in ~s** avoir une éruption de boutons; **to suffer from ~s** souffrir d'acné. -**4.** [blemish - on character] tache *f*, souillure *f*; **there isn't a ~ on his reputation** sa réputation est sans tache. -**5.** [small amount - of liquid] goutte *f*; [- of salt] pincée *f*; [- of irony, humour] pointe *f*, soupçon *m*; **there were a few ~s of rain** il est tombé quelques gouttes (de pluie); **would you like cream in your coffee? — just a ~** voulez-vous de la crème dans votre café? — juste un soupçon; **I've got a ~ of bad news** *inf* j'ai une mauvaise nouvelle; **she hardly did a ~ of work** *inf* elle n'a quasiment rien fait; **I'm having a ~ of bother with the neighbours** *inf* j'ai quelques ennuis OR problèmes avec les voisins; **I could do with a ~ of sleep** *inf* un petit somme me ferait du bien; **do you want a ~ of supper?** *inf* veux-tu manger un morceau? -**6.** [place] endroit *m*, coin *m*; [site] site *m*; [on body] endroit *m*, point *m*; **a tender** OR **sore ~** un point sensible; **this is a peaceful ~** c'est un endroit très tranquille; **this is the exact ~ where the market cross was situated** c'est l'endroit exact où se trouvait la croix du marché ❑ **TV cameras are sent to all the trouble/hot ~s** des caméras de télévision sont envoyées dans tous les points du conflit/les points chauds; **night ~** *inf* boîte *f* de nuit; **that hits the ~!** *Am* ça fait du bien! -**7.** [aspect, feature, moment]: **the high ~ of our holiday in France** le meilleur moment de nos vacances en France; **the only bright ~ of the week** le seul bon moment de la semaine. -**8.** [position, job] poste *m*, position *f*. -**9.** *inf* [difficult situation] embarras *m*; **to be in a ~** être dans l'embarras; **we're in a bit of a (tight) ~** nous sommes dans le pétrin OR dans de beaux draps; **you're putting us in a ~** vous nous mettez dans l'embarras; **to put sb on the ~** prendre qqn au dépourvu, coincer qqn. -**10.** RADIO & TV [for artist, interviewee] numéro *m*; [news item] brève *f*; **he got a ~ on the Margie Warner show** [as singer, comedian] il a fait un numéro dans le show de Margie Warner; [interview] il s'est fait interviewer OR il est passé dans le show de Margie Warner ❑ **advertising ~** message *m* OR spot *m* publicitaire. -**11.** [spotlight] spot *m*, projecteur *m*. -**12.** [in billiards] mouche *f*. -**13.** *inf Am* [dollar]: **it'll cost you a ten-~** ça te coûtera dix dollars.
◇ *vt* -**1.** [notice - friend, object] repérer, aperce-

voir; [- talent, mistake] trouver, déceler; **I could ~ him a mile off** je pourrais le repérer à des kilomètres; **well spotted!** bien vu! -**2.** [stain] tacher; [mark with spots] tacheter; **the wall is spotted with mildew** le mur est taché OR piqué d'humidité; **the rain spotted the pavement** des gouttes de pluie formaient des taches sur le trottoir. -**3.** *Am* [opponent] accorder un avantage à; **he spotted his opponent ten points** il a cédé OR concédé dix points à son adversaire. -**4.** *Am* [stain] enlever; **a chemical for spotting clothes/stains** un produit pour détacher les vêtements/enlever les taches.

◇ *vi* -**1.** [garment, carpet] se tacher, se salir. -**2.** [rain]: **it's spotting with rain** il tombe quelques gouttes de pluie. -**3.** MIL servir d'observateur.

◇ *comp* -**1.** COMM [price] comptant; [transaction, goods] payé comptant. -**2.** [random - count, test] fait à l'improviste. -**3.** TV: **~ advertisement** spot *m* publicitaire; **~ announcement** flash *m*.

◆ **on the spot** *adv phr* [at once] sur-le-champ; [at the scene] sur les lieux, sur place; **he was killed on the ~** il a été tué sur le coup; **the man on the ~** [employee, diplomat] l'homme qui est sur place OR sur le terrain; [journalist] l'envoyé spécial; **the doctor arrived on the ~ in five minutes** le docteur est arrivé sur les lieux en cinq minutes; **to run on the ~** courir sur place.

◆ **on-the-spot** *adj phr*: **an on-the-~ fine** une amende immédiate; **an on-the-~ report** un reportage sur place OR sur le terrain.

spot cash *n Br* argent *m* liquide.

spot check *n* [investigation] contrôle *m* surprise; [for quality] sondage *m*; [by customs] fouille *f* au hasard.

◆ **spot-check** *vt* contrôler au hasard; [for quality] sonder.

spotless ['spɒtlɪs] *adj* [room, appearance] impeccable; [character] sans tache.

spotlessly ['spɒtlɪslɪ] *adv*: **~ clean** reluisant de propreté, d'une propreté impeccable.

spotlight ['spɒtlaɪt] (*pt* & *pp* **spotlit** [-lɪt])

◇ *n* -**1.** [in theatre] spot *m*, projecteur *m*; **in the ~** *literal* & *fig* sous le feu OR la lumière des projecteurs; **to turn the ~ on sb** *literal* braquer les projecteurs sur qqn; *fig* mettre qqn en vedette; **the ~ was on her** *literal* les projecteurs étaient braqués sur elle; *fig* elle était en vedette; **the political ~ was on Mrs Warner this week** les feux de l'actualité étaient braqués sur Mme Warner cette semaine. -**2.** [lamp - in home, on car] spot *m*.

◇ *vt* -**1.** THEAT diriger les projecteurs sur. -**2.** *fig* [personality, talent] mettre en vedette; [pinpoint - flaws, changes] mettre en lumière, mettre le doigt sur.

spotlit ['spɒtlɪt] *adj* éclairé par des projecteurs.

spot market *n* marché *m* au comptant.

spot-on *inf* ◇ *adj Br* -**1.** [correct - remark, guess] en plein dans le mille; [- measurement] pile, très précis. -**2.** [perfect] parfait.

◇ *adv* [guess] en plein dans le mille; **he timed it ~** il a calculé son coup à la seconde près.

spotted ['spɒtɪd] ◇ *pt* & *pp* → **spot**.

◇ *adj* -**1.** [leopard, bird] tacheté, moucheté; [apple, pear] tavelé. -**2.** [tie, dress] à pois. -**3.** [stained - carpet, wall] taché.

spotted dick *n Br* pudding *m* aux raisins.

spotted fever *n* fièvre *f* éruptive.

spotted flycatcher *n* gobe-mouches *m inv* gris.

spotter ['spɒtəʳ] ◇ *n* -**1.** [observer] observateur *m*, -trice *f*; [lookout] dénicheur *m*. -**2.** *Br* [enthusiast]: **train/plane ~** passionné *m*, -e *f* de trains/d'avions. -**3.** *inf Am* COMM surveillant *m*, -e *f* du personnel.

◇ *comp* [plane] de recherche OR recherches.

spotty ['spɒtɪ] (*compar* **spottier**, *superl* **spottiest**) *adj* -**1.** [covered with spots - skin, person] boutonneux; [- wallpaper] piqué OR tacheté d'humidité; [- mirror] piqueté, piqué; [stained] taché. -**2.** [patterned - fabric, tie] à pois. -**3.** [patchy] irrégulier; **a ~ performance** une représentation inégale.

spot-weld ◇ *vt* souder par points.

◇ *n* soudure *f* par points.

spouse [spaʊs] *n fml* époux *m*, épouse *f*; ADMIN & JUR conjoint *m*, -e *f*.

spout [spaʊt] ◇ *n* -**1.** [of teapot, kettle, tap, watering can] bec *m*; [of carton] bec *m* verseur; [of pump, gutter] dégorgeoir *m*; [of pipe] embout *m*. -**2.** [of water - from fountain, geyser] jet *m*; [- from whale] jet *m*, souffle *m* d'eau; [of flame] colonne *f*; [of lava] jet *m*; **a ~ of boiling water** un jet d'eau bouillante. -**3.** *Br phr*: **to be up the ~** *inf* [ruined] être fichu OR foutu; [pregnant] être enceinte; **our plans are up the ~** nos projets sont tombés à l'eau; **now we're really up the ~** maintenant nous sommes vraiment dans de beaux draps OR dans le pétrin.

◇ *vi* -**1.** [water, oil] jaillir, sortir en jet; [whale] souffler; **water ~ed out of the pipe** de l'eau jaillit du tuyau. -**2.** *inf pej* [talk] dégoiser; **he's always ~ing (on) about politics** il est toujours à dégoiser sur la politique.

◇ *vt* -**1.** [water, oil] faire jaillir un jet de; [fire, smoke] vomir, émettre un jet de. -**2.** *inf pej* [words, poetry] débiter, sortir; **she's always ~ing Latin quotations** elle est toujours en train de débiter OR sortir des citations latines.

sprain [spreɪn] ◇ *vt* [joint] fouler, faire une entorse à; [muscle] étirer; **she has ~ed her ankle** OR **has a ~ed ankle** elle s'est fait une entorse à la cheville OR s'est foulé la cheville.

◇ *n* entorse *f*, foulure *f*.

sprang [spræŋ] *pt* → **spring**.

sprat [spræt] *n* sprat *m*.

sprawl [sprɔːl] ◇ *vi* -**1.** [be sitting, lying] être affalé OR vautré; [sit down, lie down] s'affaler, se laisser tomber; **she was ~ing in the armchair/on the bed** elle était avachie dans le fauteuil/vautrée sur le lit; **the blow sent him ~ing** le coup l'a fait tomber de tout son long. -**2.** [spread] s'étaler, s'étendre; **the new industrial estate is beginning to ~ into the countryside** la nouvelle zone industrielle commence à grignoter OR envahir la campagne; **her signature ~ed across half the page** sa signature s'étalait sur la moitié de la page.

◇ *vt (usu pass)*: **she was ~ed in the armchair/on the pavement** elle était vautrée dans le fauteuil/étendue de tout son long sur le trottoir.

◇ *n* -**1.** [position] position *f* affalée; **she lay in an ungainly ~** elle était étendue de tout son long de façon peu élégante. -**2.** [of city] étendue *f*; **the urban ~ still hasn't reached us** l'expansion urbaine n'est pas encore arrivée jusqu'ici.

sprawling ['sprɔːlɪŋ] *adj* [body] affalé; [suburbs, metropolis] tentaculaire; [handwriting] informe.

spray [spreɪ] ◇ *vt* -**1.** [treat - crops, garden] faire des pulvérisations sur, traiter; [- field] pulvériser; [- hair, house plant] vaporiser; [sprinkle - road] asperger; **to ~ a plant with insecticide, to ~ insecticide on a plant** pulvériser de l'insecticide sur une plante; **she ~ed her hairstyle in place** elle s'est mis de la laque pour faire tenir sa coiffure; **I got ~ed with cold water** je me suis fait arroser OR asperger d'eau froide; **they ~ed the bar with bullets/with machine-gun fire** *fig* ils arrosèrent le bar de balles/de rafales de mitrailleuses. -**2.** [apply - water, perfume] vaporiser; [- paint, insecticide] pulvériser; [- coat of paint, fixer] mettre, appliquer; [- graffiti, slogan] écrire, tracer (à la bombe); **she ~ed perfume behind her ears** elle se vaporisa du parfum derrière les oreilles; **they ~ed water on the flames** ils vaporisèrent de l'eau sur les flammes; **she ~ed air freshener around the room** elle vaporisa du désodorisant dans la pièce.

◇ *vi* -**1.** [liquid] jaillir; **the water ~ed (out) over** OR **onto the road** l'eau a jailli sur la route. -**2.** [against crop disease] pulvériser, faire des pulvérisations.

◇ *n* -**1.** [droplets] gouttelettes *fpl* fines; [from sea] embruns *mpl*; **the liquid comes out in a fine ~** le liquide est pulvérisé. -**2.** [container - for aerosol] bombe *f*, aérosol *m*; [- for perfume] atomiseur *m*; [- for cleaning fluids, water, lotion] vaporisateur *m*; **this deodorant is a ~** ce déodorant est un aérosol; **throat ~** vaporisateur pour la gorge. -**3.** [act of spraying - of crops] pulvérisation *f*; [- against infestation] traitement *m* (par pulvérisation); [- of aerosol product] coup *m* de bombe; **I'll give your hair a light ~** je vais donner un petit coup de laque sur vos cheveux. -**4.** *fig* [of bullets] grêle *f*; **the welding sent up ~s** OR **a ~ of bright sparks** la soudure faisait voler des gerbes d'étincelles. -**5.** [cut branch] branche *f*; **forsythia ~s** branches de forsythia; **a single ~ of orchids in a vase** une simple branche d'orchidées dans un vase. -**6.** [bouquet] (petit) bouquet *m*. -**7.** [brooch] aigrette *f*.

◇ *comp* [insecticide, deodorant] en aérosol; **he took the car in for a ~ job** *inf Br* il a amené la voiture au garage pour la faire repeindre.

◆ **spray on** ◇ *vt sep* appliquer (à la bombe); **he ~ed on some deodorant** il s'est mis un peu de déodorant; **~ the paint on evenly** vaporisez la peinture de façon uniforme.

◇ *vi insep* [paint, polish, cleaner] s'appliquer (par pulvérisation); **the product ~s on** le produit est présenté sous forme d'aérosol.

spray can *n* [for aerosol] bombe *f*, aérosol *m*; [refillable] vaporisateur *m*.

sprayer ['spreɪəʳ] *n* -**1.** [container - for perfume] atomiseur *m*; [spray gun] pistolet *m* (à peinture); [nozzle] buse *f*. -**2.** AGR [machine] pulvérisateur *m*; [plane] avion-pulvérisateur *m*. -**3.** [person] arroseur *m*, -euse *f*.

spray gun *n* [for paint] pistolet *m* (à peinture).

spray-on *adj* en bombe, en aérosol; **~ deodorant** déodorant *m* en bombe OR en spray.

spray paint *n* peinture *f* en bombe; **a can of ~** une bombe de peinture.

◆ **spray-paint** *vt* [with can] peindre à la bombe; [with spray gun] peindre au pistolet.

spread [spred] (*pt* & *pp* **spread**) ◇ *vt* -**1.** [apply - jam, icing, plaster, glue] étaler; [- asphalt] répandre; [- manure] épandre; **I ~ mustard on the ham, I ~ the ham with mustard** j'ai étalé de la moutarde sur le jambon; **he ~ butter on a slice of toast** OR **a slice of toast with butter** il a tartiné de beurre une tranche de pain grillé. -**2.** [open out, unfold, stretch - wings, sails] étendre, déployer; [- arms, legs, fingers] écarter; [- map, napkin, blanket] étaler; [- rug] étendre; [- fan] ouvrir; **he ~ his handkerchief over his face** il étala son mouchoir sur son visage; **she lay on her back, her arms ~ (out)** elle était allongée sur le dos, les bras écartés ❑ **it's time you ~ your wings** il est temps que vous voliez de vos propres ailes. -**3.** [lay out, arrange - photos, cards, possessions] étaler; **he ~ his papers on the desk** il étala ses papiers sur le bureau; **her hair was ~ over the pillow** ses cheveux s'étalaient sur l'oreiller; **we ~ the contents of the bag over the floor** nous étalâmes le contenu du sac sur le sol. -**4.** [diffuse, disseminate - disease, fire] propager, répandre; [- news, idea, faith] propager; [- rumour] répandre, faire courir; [- terror, joy, panic] répandre; **the disease is ~ by rats** la maladie est propagée par les rats; **the wind will ~ the fire to the fields** le vent va propager l'incendie jusque dans les champs; **trade helped to ~ the new technology to Asia** le commerce a facilité la diffusion OR la dissémination de cette nouvelle technologie en Asie; **the attack is at noon, ~ the word!** l'attaque est pour midi, faites passer OR passez le mot!; **to ~ the gospel** prêcher OR répandre l'Évangile. -**5.** [strew, scatter - over an area] répandre; [- over a period of time] échelonner, étaler; **the floor was ~ with straw** le sol était recouvert de paille; **take your shoes off, you're ~ing dirt everywhere!** enlève tes chaussures, tu salis tout!; **the explosion had ~ debris over a large area** l'explosion avait dispersé des débris sur une grande superficie; **their troops are ~ (out) too thinly to be effective** leurs troupes sont trop dispersées pour être efficaces; **to ~ o.s. too thinly** disperser ses efforts; **the tourist season is now ~ over six months** la saison touristique s'étale maintenant sur six mois; to ~ (out) the losses over five years répartir les pertes sur cinq ans. -6. [divide up - tax burden, work load] répartir; a policy designed to ~ wealth more evenly une mesure qui vise à distribuer plus équitablement les richesses. -7. MUS [chord] arpéger.

◇ vi -1. [stain] s'élargir; [disease, suburb] s'étendre; [fire, desert, flood] gagner du terrain, s'étendre; [rumour, ideas, faith, terror, crime, suspicion] se répandre; the news ~ like wildfire la nouvelle s'est répandue comme une traînée de poudre; panic ~ through the crowd la panique a envahi OR gagné la foule; the epidemic is ~ing to other regions l'épidémie gagne de nouvelles régions; the cancer had ~ through her whole body le cancer s'était généralisé; the suburbs are ~ing further everyday les banlieues s'étendent chaque jour un peu plus; the flood waters have ~ across OR over the whole plain l'inondation a gagné toute la plaine; the species ~ throughout Africa l'espèce s'est répandue à travers toute l'Afrique; a ~ing waistline une taille qui s'épaissit. -2. [extend - over a period of time, a range of subjects] s'étendre; their correspondence ~s over 20 years leur correspondance s'étend sur 20 ans. -3. [butter, glue] s'étaler; the icing should ~ easily le glaçage devrait s'étaler facilement.

◇ n -1. [diffusion, growth - of epidemic, fire] propagation f, progression f; [- of technology, idea] diffusion f, dissémination f; [- of religion] propagation f; they are trying to prevent the ~ of unrest to other cities ils essaient d'empêcher les troubles d'atteindre OR de gagner d'autres villes. -2. [range - of products, ages, interests] gamme f, éventail m; the commission represented a broad ~ of opinion la commission représentait un large éventail d'opinions; maximum May temperatures show a ten-point ~ les températures maximales du mois de mai montrent une variation de dix degrés. -3. [wingspan] envergure f. -4. [period] période f; growth occurred over a ~ of several years la croissance s'étala sur une période de plusieurs années. -5. [expanse] étendue f; a ~ of land une étendue de terre. -6. [cover - for bed] couvre-lit m; [tablecloth] nappe f; [dustcover] housse f. -7. CULIN [paste] pâte f à tartiner; [jam] confiture f; salmon ~ beurre m de saumon; chocolate ~ chocolat m à tartiner. -8. PRESS & TYPO [two pages] double page f; [advertisement] double page f publicitaire; the event was given a good ~ l'événement a été largement couvert par la presse. -9. inf [meal] gueuleton m; the hotel lays on a decent ~ l'hôtel propose des repas tout à fait convenables. -10. inf Am [farm] ferme f; [ranch] ranch m; nice ~ you've got here! belle propriété que vous avez là! -11. ST. EX spread m. -12. Am [bedspread] couvre-lit m.

◇ adj -1. [arms, fingers, legs] écarté. -2. LING [vowel] non arrondi.

◆ **spread out** ◇ vi insep -1. [town, forest] s'étendre. -2. [disperse] se disperser; [in formation] se déployer; the search party had ~ out through the woods l'équipe de secours s'était déployée à travers les bois. -3. [open out - sail] se déployer, se gonfler. -4. [make o.s. at ease] s'installer confortablement; I need an office where I can ~ out j'ai besoin d'un bureau où je puisse étaler mes affaires.

◇ vt sep -1. (usu pass) [disperse] disperser, éparpiller; the buildings are ~ out among the trees les bâtiments sont dispersés parmi les arbres; the runners are now ~ out (along the course) les coureurs sont maintenant éparpillés le long du parcours; the population is very ~ out la population est très dispersée; in a city as ~ out as Los Angeles dans une ville aussi étendue que Los Angeles. -2. = **spread** vt 2, 3.

spread eagle n -1. HERALD aigle f éployée. -2. [in skating] grand aigle m; to do a ~ faire un grand aigle.

◆ **spread-eagle** ◇ vt -1. [lay flat]: he ~d himself against the wall il se plaqua contre le mur, bras et jambes écartés. -2. [knock flat] envoyer par terre; he was ~d by the blow le coup l'a fait tomber à la renverse.

◇ adj -1. = **spread-eagled**. -2. inf Am chauvin.

spread-eagled [-,i:gld] adj bras et jambes écartés; the police had him ~ against the wall les policiers l'ont plaqué contre le mur, bras et jambes écartés; sunbathers lay ~ on the sand les baigneurs étaient étalés sur le sable.

spreader ['spredəʳ] n AGR & TECH [for fertilizer, manure, asphalt] épandeur m, épandeuse f.

spreadsheet ['spredʃi:t] n tableur m.

spree [spri:] n fête f; to go OR to be on a ~ faire la fête; her drinking/gambling ~s les périodes où elle boit/joue; to go on a shopping ~ faire des folies dans les magasins.

sprig [sprɪg] n brin m.

sprightliness ['spraɪtlɪnɪs] n [of person] vivacité f, vitalité f; [of tune] gaieté f.

sprightly ['spraɪtlɪ] (compar sprightlier, superl sprightliest) adj [person] alerte, guilleret; [step] vif; [tune, whistle] gai; he's a ~ 80-year-old c'est un alerte octogénaire.

spring [sprɪŋ] (pt sprang [spræŋ] OR sprung [sprʌŋ], pp sprung) ◇ n -1. [season] printemps m; in (the) ~ au printemps; ~ is here! c'est le printemps!; the Spring Bank Holiday Br le dernier lundi de mai, jour férié en Grande-Bretagne. -2. [device, coil] ressort m; the ~s AUT la suspension. -3. [natural source] source f; volcanic ~s sources volcaniques. -4. [leap] bond m, saut m; he made a sudden ~ for the knife tout à coup, il bondit pour s'emparer du couteau. -5. [resilience] élasticité f; the diving board has plenty of ~ le plongeoir est très élastique; the mattress has no ~ left le matelas n'a plus de ressort; the news put a ~ in her step la nouvelle l'a rendue toute guillerette; he set out with a ~ in his step il est parti d'un pas alerte.

◇ comp -1. [flowers, weather, colours] printanier, de printemps; his new ~ collection sa nouvelle collection de printemps; ~ term SCH & UNIV ≃ dernier trimestre m. -2. [mattress] à ressorts; ~ binding reliure f à ressort. -3. [water] de source.

◇ vi -1. [leap] bondir, sauter; to ~ at bondir OR se jeter sur; the cat sprang at the bird le chat bondit sur l'oiseau; he saw the blow coming and sprang away in time il a vu le coup arriver et l'a esquivé de justesse; the couple sprang apart le couple se sépara hâtivement; the bus stopped and she sprang off le bus s'arrêta et elle descendit d'un bond; he sprang ashore/on board il sauta à terre/à bord; the car sprang forward la voiture fit un bond en avant; ~ing out of the armchair bondissant du fauteuil; I sprang to my feet je me suis levé d'un bond; to ~ to attention bondir au garde-à-vous. -2. [be released]: to ~ shut/open se fermer/s'ouvrir brusquement; the branch sprang back la branche s'est redressée d'un coup. -3. fig: the police sprang into action les forces de l'ordre passèrent rapidement à l'action; the engine sprang to OR into life le moteur s'est mis soudain en marche OR a brusquement démarré; she sprang to my defence elle a vivement pris ma défense; the issue has made the town ~ to life l'affaire a galvanisé la ville; to ~ to the rescue se précipiter pour porter secours; tears sprang to his eyes les larmes lui sont montées OR venues aux yeux; a protest sprang to her lips elle eut envie de protester; just say the first thing which ~s to mind dites simplement la première chose qui vous vient à l'esprit; you didn't notice anything strange? — nothing that ~s to mind vous n'avez rien remarqué d'anormal? — rien qui me frappe particulièrement; where did you ~ from? inf d'où est-ce que tu sors? -4. [originate] venir, provenir; the problem ~s from a misunderstanding le problème provient OR vient d'un malentendu; their conservatism ~s from fear leur conservatisme vient de ce qu'ils ont peur. -5. [plank - warp] gauchir, se gondoler; [- crack] se fendre. -6. inf Am [pay]: to ~ for sthg casquer pour qqch.

◇ vt -1. [trap] déclencher; [mine] faire sauter; [bolt] fermer; the mouse-trap had been sprung but it was empty la souricière OR tapette avait fonctionné, mais elle était vide. -2. [make known - decision, news] annoncer de but en blanc OR à brûle-pourpoint; I hate to have to ~ it on you like this cela m'embête d'avoir à vous l'annoncer de but en blanc comme ça; he doesn't like people ~ing surprises on him il n'aime pas les surprises OR qu'on lui réserve des surprises; to ~ a question on sb poser une question à qqn de but en blanc. -3. [develop]: to ~ a leak [boat] commencer à prendre l'eau; [tank, pipe] commencer à fuir; the radiator has sprung a leak il y a une fuite dans le radiateur. -4. [jump over - hedge, brook] sauter. -5. [plank - warp] gauchir, gondoler; [- crack] fendre. -6. HUNT [game] lever. -7. inf [prisoner] faire sortir; the gang sprung him from prison with a helicopter le gang l'a fait évader de prison en hélicoptère.

◆ **spring up** vi insep -1. [get up] se lever d'un bond. -2. [move upwards] bondir, rebondir; the lid sprang up le couvercle s'est ouvert brusquement; several hands sprang up plusieurs mains se sont levées. -3. [grow in size, height] pousser; hasn't Lisa sprung up this year! comme Lisa a grandi cette année! -4. [appear - towns, factories] surgir, pousser comme des champignons; [- doubt, suspicion, rumour, friendship] naître; [- difficulty, threat] surgir; [- breeze] se lever brusquement; new companies are ~ing up every day de nouvelles entreprises apparaissent chaque jour; an argument sprang up between them une querelle éclata entre eux.

spring balance n peson m à ressort.

springboard ['sprɪŋbɔ:d] n SPORT & fig tremplin m; the job is a ~ for ministerial office ce poste est un tremplin pour un portefeuille ministériel.

springbok ['sprɪŋbɒk] (pl inv OR springboks) n springbok.

◆ **Springbok** pr n: the Springboks [rugby team] les Springboks.

spring chicken n Am poulet m (à rôtir); he's no ~ il n'est plus tout jeune.

spring-clean ◇ vi faire un nettoyage de printemps.

◇ vt nettoyer de fond en comble.

◇ n Br nettoyage m de printemps; to give the house a ~ nettoyer la maison de fond en comble; the accounting department needs a ~ fig le service de comptabilité a besoin d'un bon coup de balai.

spring-cleaning n nettoyage m de printemps.

springe [sprɪndʒ] n [snare] collet m.

springer ['sprɪŋəʳ] n -1. = **springer spaniel**. -2. ARCHIT [stone] sommier m; [impost] imposte f.

springer spaniel n springer m.

spring fever n agitation f printanière.

spring greens npl choux mpl précoces.

spring lock n serrure f à fermeture automatique.

spring onion n petit oignon m blanc.

spring roll n rouleau m de printemps.

springtide ['sprɪŋtaɪd] n lit printemps m.

spring tide n grande marée f; [at equinox] marée f d'équinoxe (de printemps).

springtime ['sprɪŋtaɪm] n printemps m.

springy ['sprɪŋɪ] (compar springier, superl springiest) adj [mattress, diving board] élastique; [step] souple, élastique; [floor] souple; [moss, carpet] moelleux; [hair] dru.

sprinkle ['sprɪŋkl] ◇ vt -1. [salt, sugar, spices, breadcrumbs, talc] saupoudrer; [parsley, raisins] parsemer; I ~d sugar on OR over my cereal, I ~d my cereal with sugar j'ai saupoudré mes céréales de sucre; ~ with grated cheese recouvrez de fromage râpé; he ~d sawdust on the floor il a répandu de la sciure par terre || [liquid]: to ~ water on sthg OR sthg with water asperger qqch d'eau; he ~d vinegar on OR over his chips il mit un peu de vinaigre sur ses frites. -2. (usu pass) [strew, dot] parsemer, semer; the

sky was ~d with stars le ciel était parsemé d'étoiles; **the fields were ~d with snow** les champs étaient tachetés de neige; **his hair was ~d with grey** ses cheveux étaient légèrement grisonnants; **a speech ~d with metaphors** un discours émaillé de métaphores; **a few policemen were ~d among the crowd** quelques policiers étaient disséminés dans la foule.
◇ *vi* [rain] tomber des gouttes.
◇ *n* -**1.** [rain] petite pluie *f*; **I felt a ~ (of rain)** j'ai senti quelques gouttes (de pluie). -**2.** = **sprinkling**.

sprinkler ['sprɪŋkləʳ] *n* -**1.** AGR & HORT arroseur *m* (automatique); **~ truck** arroseuse *f*. -**2.** [fire-extinguishing device] sprinkler *m*; **~ system** installation *f* d'extinction automatique d'incendie. -**3.** [for holy water] goupillon *m*, aspersoir *m*.

sprinkling ['sprɪŋklɪŋ] *n* [small quantity] petite quantité *f*; [pinch] pincée *f*; **a ~ of paprika makes all the difference** une pincée de paprika fait toute la différence; **it was a male audience with a ~ of women** c'était une assistance masculine avec quelques rares femmes; **a ~ of freckles gave his face a youthful look** quelques taches de rousseur donnaient à son visage un air de jeunesse; **there was a ~ of grey in her hair** elle avait quelques cheveux gris.

sprint [sprɪnt] ◇ *n* SPORT [dash] sprint *m*; [race] course *f* de vitesse, sprint *m*; **he was beaten in the finishing ~** il a été battu au sprint final; **the 60 metre ~** le 60 mètres; **to break into** OR **to put on a ~** [gen] piquer un sprint.
◇ *vi* sprinter; **she ~ed to** OR **for her car** elle sprinta jusqu'à sa voiture.

sprinter ['sprɪntəʳ] *n* sprinter *m*.

sprit [sprɪt] *n* livarde *f*, baleston *f*, balestron *m*.

sprite [spraɪt] *n* MYTH [male] lutin *m*; [female] nymphe *f*; **water ~** naïade *f* MYTH.

spritzer ['sprɪtsəʳ] *n mélange de vin blanc et de soda.*

sprocket ['sprɒkɪt] *n* [wheel] pignon *m*; **film transport ~** PHOT pignon d'entraînement de la pellicule.

sprog *inf* [sprɒg] *n Br* -**1.** [child] gosse *mf*, môme *mf*. -**2.** MIL [novice] bleu *m*, nouvelle recrue *f*.

sprout [spraʊt] ◇ *n* -**1.** [on plant, from ground] pousse *f*; [from bean, potato] germe *m*; **alfalfa ~s** germes de luzerne. -**2.** (Brussels) ~s choux *mpl* de Bruxelles. -**3.** *inf Am* [child] gosse *mf*, môme *mf*.
◇ *vi* -**1.** [germinate - bean, seed, onion] germer. -**2.** [grow - leaves, hair] pousser; **he had hair ~ing from his ears** des touffes de poils lui sortaient des oreilles. -**3.** [appear] apparaître, surgir; **satellite TV receivers have ~ed on all the rooftops** des antennes paraboliques ont surgi sur tous les toits.
◇ *vt* -**1.** [grow - leaves] pousser, produire; [- beard] faire pousser; **some lizards can ~ new tails** la queue de certains lézards repousse. -**2.** [germinate - seeds, beans, lentils] faire germer.
◆ **sprout up** *vi insep* -**1.** [grow - grass, wheat, plant] pousser, pointer; [- person] pousser; **hasn't she ~ed up!** comme elle a poussé! -**2.** [appear - towns, factories] pousser comme des champignons, surgir; **a tented city had ~ed up overnight** une ville de toile avait poussé OR surgi pendant la nuit.

spruce [spruːs] (*pl inv*) ◇ *n* BOT épicéa *m*; [timber] épinette *f*.
◇ *adj* [person, car, building, town] pimpant; [haircut] net; [garment] impeccable; **~ white curtains** des rideaux blancs impeccables; **she looked very ~ in her uniform** elle était toute pimpante dans son uniforme.
◆ **spruce up** *vt sep* [car, building, town] donner un coup de neuf à; [paintwork] refaire; [child] faire beau; **a coat of paint will ~ the room up** une couche de peinture rafraîchira la pièce; **his image needs sprucing up** son image de marque a besoin d'être rafraîchie; **to ~ o.s. up, to get ~d up** se faire beau; **he was all ~d up** il était tiré à quatre épingles.

sprucely ['spruːslɪ] *adv* [painted, polished, starched] impeccablement; **~ dressed** tiré à quatre épingles.

sprung [sprʌŋ] ◇ *pt* & *pp* → **spring**.
◇ *adj* [mattress] à ressorts.

spry [spraɪ] (*compar* **sprier** OR **spryer**, *superl* **spriest** OR **spryest**) *adj* [person] alerte, leste.

spryly ['spraɪlɪ] *adv* agilement, lestement; **she leapt ~ out of bed** elle sauta lestement hors du lit.

SPUC [spʌk] (*abbr of* Society for the Protection of the Unborn Child) *pr n ligue contre l'avortement.*

spud [spʌd] (*pt* & *pp* **spudded**, *cont* **spudding**) ◇ *n* -**1.** *inf* [potato] patate *f*. -**2.** [gardening tool] sarcloir *m*.
◇ *vt* PETR: **to ~ a well (in)** amorcer un puits.

spud-bashing *inf n Br* MIL corvée *f* de patates.

spume [spjuːm] *n lit* écume *f*.

spun [spʌn] ◇ *pt* & *pp* → **spin**.
◇ *adj* filé; **her hair was like ~ gold** elle avait des cheveux d'or.

spun glass *n* verre *m* filé.

spunk [spʌŋk] *n* -**1.** *inf* [pluck] cran *m*, nerf *m*; **show some ~!** un peu de nerf, voyons! -**2.** ▼ *Br* [semen] foutre *m*.

spunky *inf* ['spʌŋkɪ] (*compar* **spunkier**, *superl* **spunkiest**) *adj* [person] plein de cran, qui a du cran; [retort, fight] courageux.

spun silk *n* schappe *f*.

spun sugar *n Am* barbe *f* à papa.

spun yarn *n* bitord *m*.

spur [spɜːʳ] (*pt* & *pp* **spurred**, *cont* **spurring**) ◇ *n* -**1.** EQUIT éperon *m*; **to win one's ~s** HIST gagner son épée de chevalier; *fig* faire ses preuves. -**2.** *fig* [stimulation] aiguillon *m*; **the ~ of competition** l'aiguillon de la concurrence; **easy credit is a ~ to consumption** le crédit facile pousse OR incite à la consommation; **on the ~ of the moment** sur le coup, sans réfléchir. -**3.** GEOG [ridge] éperon *m*, saillie *f*. -**4.** RAIL [siding] voie *f* latérale OR de garage; [branch line] embranchement *m*; **the warehouse is served by a ~ line** l'entrepôt est desservi par un embranchement. -**5.** [on motorway] bretelle *f*. -**6.** [breakwater] brise-lames *m inv*, digue *f*. -**7.** BOT & ZOOL éperon *m*; [on gamecock] ergot *m*.
◇ *vt* -**1.** [horse] éperonner. -**2.** *fig* inciter; **her words spurred me into action** ses paroles m'ont incité à agir.
◆ **spur on** *vt sep* -**1.** [horse] éperonner. -**2.** *fig* éperonner, aiguillonner; **their shouts spurred us on** leurs cris nous aiguillonnaient OR encourageaient; **to ~ sb on to do sthg** inciter OR pousser qqn à faire qqch; **the move towards rearmament was spurred on by the Cold War** la tendance au réarmement a été encouragée par la guerre froide.

spurge [spɜːdʒ] *n* euphorbe *f*.

spurge laurel *n* daphné *m*.

spurious ['spʊərɪəs] *adj* -**1.** [false - gen] faux; [- comparison, argument, reason, objection] spécieux; **your claim is a ~ one** votre revendication est sans fondement. -**2.** [pretended - enthusiasm, sympathy] simulé; [- flattery, compliment] hypocrite. -**3.** [of doubtful origin - text] apocryphe, inauthentique.

spuriously ['spjʊərɪəslɪ] *adv* faussement.

spurn [spɜːn] *vt* [gen] dédaigner, mépriser; [suitor] éconduire, rejeter; **those who ~ tradition** ceux qui dédaignent les traditions; **a ~ed lover** un amoureux éconduit.

spur-of-the-moment *adj* [purchase, phone call] fait sur le coup OR sans réfléchir; [excuse, tactics, invitation] improvisé; **I made a ~ decision** je me suis décidé sur le moment.

spurred [spɜːd] *adj* [boots] à éperons.

spurt [spɜːt] ◇ *vi* -**1.** [water, blood] jaillir, gicler; [flames, steam] jaillir; **beer ~ed (out) from the can** la bière a giclé de la boîte; **the milk ~ed into the pail** le lait gicla dans le seau; **some lemon juice ~ed into my eye** j'ai reçu une giclée de jus de citron dans l'œil. -**2.** [dash - runner, cyclist] sprinter, piquer un sprint; **he ~ed past us** il nous a dépassés comme une flèche; **the car ~ed through the maze of streets** la voiture fila à travers le dédale de rues.
◇ *vt* [gush - subj: pierced container] laisser jaillir; [spit - subj: gun, chimney] cracher; **his wound ~ed blood** le sang gicla OR jaillit de sa blessure; **we ~ed each other with water** nous nous sommes mutuellement aspergés d'eau.
◇ *n* -**1.** [of steam, water, flame] jaillissement *m*; [of blood, juice] giclée *f*; **the water came out of the tap in ~s** l'eau jaillit du robinet par à-coups; **a ~ of machine gun fire** une rafale de mitrailleuse. -**2.** [dash] accélération *f*; [at work] coup *m* de collier; [revival] regain *m*; [flash - of temper, jealousy, sympathy] sursaut *m*; **to put on a ~** [while running, cycling] piquer un sprint; [while working] donner un coup de collier; **after a brief ~ of economic growth** après un bref regain de croissance économique; **a ~ in prices** une poussée OR flambée des prix; **her inspiration came in ~s** l'inspiration lui venait par à-coups.
◆ **spurt out** *vi insep* = **spurt** *vi* **1**.

Sputnik ['spʊtnɪk] *n* Spoutnik *m*.

sputter ['spʌtəʳ] ◇ *vi* -**1.** [motor] toussoter, crachoter; [fire, candle] crépiter; **the engine ~ed to a halt** le moteur s'arrêta dans un toussotement. -**2.** [stutter] bredouiller, bafouiller; **he ~ed angrily** il bredouillait de colère. -**3.** [spit - gen] crachoter; [- when talking] postillonner.
◇ *vt* [curses, apology] bredouiller, bafouiller.
◇ *n* -**1.** [of motor] toussotement *m*, hoquet *m*; [of fire, candle] crépitement *m*; **the engine gave a final ~** le moteur toussa une dernière fois. -**2.** [stuttering] bredouillement *m*; **"go away!", he said with a ~** «va-t'en!», bredouilla-t-il.
◆ **sputter out** *vi insep* [candle, enthusiasm, anger] s'éteindre.

sputum ['spjuːtəm] (*pl* **sputa** [-tə]) *n* MED crachat *m*, expectoration *f*.

spy [spaɪ] (*pl* **spies**, *pt* & *pp* **spied**) ◇ *n* espion *m*, -onne *f*; **'The Spy Who Came in From the Cold'** *Le Carré, Ritt* 'l'Espion qui venait du froid'.
◇ *comp* [novel, film, scandal] d'espionnage; [network] d'espions; **~ ring** réseau *m* d'espions; **~ satellite** satellite *m* espion.
◇ *vi* [engage in espionage] faire de l'espionnage; **accused of ~ing for the enemy** accusé d'espionnage au profit de l'ennemi.
◇ *vt lit* [notice] apercevoir; [make out] discerner; **he spied someone running away** il a aperçu quelqu'un qui se sauvait.
◆ **spy on** *vt insep* espionner; **they now ~ on each other using satellites** maintenant ils s'espionnent à l'aide de satellites; **you've been ~ing on me!** tu m'as espionné!
◆ **spy out** *vt sep* [sb's methods, designs] chercher à découvrir (subrepticement); [landing sites] repérer; **to ~ out the land** *literal* & *fig* reconnaître le terrain.

spycatcher ['spaɪˌkætʃəʳ] *n* chasseur *m* d'espions.

spyglass ['spaɪglɑːs] *n* longue-vue *f*.

spyhole ['spaɪhəʊl] *n* judas *m*.

spying ['spaɪɪŋ] *n* [gen & INDUST] espionnage *m*.

spymaster ['spaɪˌmɑːstəʳ] *n* chef *m* des services secrets.

sq., **Sq.** *written abbr of* square.

squab [skwɒb] (*pl inv* OR **squabs**, *compar* **squabber**, *superl* **squabbest**) ◇ *n* -**1.** ORNITH pigeonneau *m*. -**2.** [person] homme *m* rond OR rondelet, femme *f* ronde OR rondelette. -**3.** [cushion] coussin *m* bien rembourré; [sofa] sofa *m*; AUT [of car seat] dossier *m*.
◇ *adj* -**1.** [tubby] rond, enrobé. -**2.** ORNITH sans plumes.

squabble ['skwɒbl] ◇ *vi* se disputer, se quereller.
◇ *n* dispute *f*, querelle *f*.

squabbling ['skwɒblɪŋ] *n (U)* chamailleries *fpl*, disputes *fpl*.

squad [skwɒd] *n* -**1.** [group - gen] équipe *f*, escouade *f*; **the England football ~** SPORT l'équipe anglaise de football. -**2.** MIL escouade *f*, section *f*. -**3.** [of police detachment] brigade *f*; **the drug ~** la brigade des stupéfiants.

squad car *n* voiture *f* de patrouille de police.

squaddy *inf* ['skwɒdɪ] (*pl* **squaddies**) *n Br* MIL bidasse *m*, troufion *m*.

squadron ['skwɒdrən] *n* [in air force] escadron *m*; [in navy - small] escadrille *f*; [- large] escadre *f*; [in armoured regiment, cavalry] escadron *m*.

squadron leader *n* [in air force] commandant *m*.

squalid ['skwɒlɪd] *adj* sordide.

squall [skwɔːl] ◇ *n* -**1.** METEOR [storm] bourrasque *f*, rafale *f*, grain *m* NAUT; [rain shower] grain *m*; **snow ~s** bourrasques de neige. -**2.** [argument] dispute *f*; **the treaty ratification caused a ~ in Parliament** la ratification du traité a soulevé une tempête au Parlement. -**3.** [bawling] braillement *m*.
◇ *vi* -**1.** [bawl] brailler; **he could hear ~ing children** il entendait brailler des enfants. -**2.** NAUT: **it was ~ing** on a pris un grain.
◇ *vt*: **"no!", he ~ed** «non!», brailla-t-il.

squally ['skwɔːlɪ] (*compar* **squallier**, *superl* **squalliest**) *adj* [wind] qui souffle par OR en rafales; [rain] qui tombe par rafales; **the weather will be ~** il y aura des bourrasques.

squalor ['skwɒləʳ] *n (U)* [degrading conditions] conditions *fpl* sordides; [filth] saleté *f* repoussante; **to live in ~** vivre dans des conditions sordides OR dans une misère noire; **the ~ of** OR **in the stairwell** la saleté repoussante de la cage d'escalier.

squamate ['skweɪmeɪt] *adj* [reptile] squamifère.

squamous ['skweɪməs] *adj* -**1.** [scaly] écailleux; [flaky] squameux. -**2.** BIOL: **~ cell** cellule *f* épithéliale; **~ epithelium** épithélium *m* simple.

squander ['skwɒndəʳ] *vt* [resources, time, money] gaspiller; [inheritance] dissiper; [opportunity] gâcher, passer à côté de; **huge sums were ~ed on unworkable schemes** des sommes énormes ont été dépensées en pure perte pour des projets irréalisables.

square [skweəʳ] ◇ *n* -**1.** [shape - gen & GEOM] carré *m*; **she arranged the pebbles in a ~** elle a disposé les cailloux en carré; **he folded the napkin into a neat ~** il a plié la serviette en un carré bien net; **cut the cake into ~s** coupez le gâteau en carrés; **the drawer is out of ~** le tiroir n'est pas d'équerre ❑ **to be on the ~** *inf* être réglo; **I'm telling you this on the ~** *inf* je vous le dis carrément. -**2.** [square object - gen] carré *m*; [- tile] carreau *m*; **a silk ~** un carré de soie; **a ~ of chocolate** un carré OR morceau de chocolat; **a bathroom in grey and white ~s** une salle de bains avec un carrelage gris et blanc. -**3.** [square space - in matrix, crossword, board game] case *f*; **locate ~ D4 on the map** trouvez la case D4 sur la carte ❑ **back to ~ one!** retour à la case départ!; **we're back at** OR **to ~ one** nous voilà revenus à la case départ; **I had to start from ~ one again** j'ai dû repartir à zéro. -**4.** [open area - with streets] place *f*; [- with gardens] square *m*; MIL [parade ground] place *f* d'armes; **barrack ~** cour *f* de caserne; **the town ~** la place, la grand-place. -**5.** MATH [multiple] carré *m*; **nine is the ~ of three** neuf est le carré de trois. -**6.** [instrument] équerre *f*. -**7.** *inf pej* [person] ringard *m*, -e *f*; **he's such a ~!** qu'est-ce qu'il est ringard!
◇ *adj* -**1.** [in shape - field, box, building, face] carré; **a tall man with ~ shoulders** un homme grand aux épaules carrées ❑ **to be a ~ peg in a round hole** être comme un chien dans un jeu de quilles. -**2.** [mile, inch etc] carré; **10 ~ kilometres** 10 kilomètres carrés; **the room is 15 feet ~** la pièce fait 5 mètres sur 5. -**3.** [at right angles] à angle droit; **a ~ corner** un angle droit; **the shelves aren't ~** les étagères ne sont pas droites ❑ **~ pass** SPORT passe *f* latérale; **~ leg**[cricket] *chasseur situé derrière le batteur.* -**4.** [fair, honest] honnête; **to give sb a ~ deal** agir correctement avec qqn; **I got a ~ deal on the car rental** je n'ai rien à redire au prix de location de la voiture; **the farmers aren't getting a ~ deal** les perdants dans l'affaire, ce sont les agriculteurs. -**5.** [substantial - meal] consistant. -**6.** [frank, blunt - person] franc; [- denial] clair, net, catégorique; **he won't give me a ~ answer** il refuse de me donner une réponse claire et nette. -**7.** [even, equal]: **we're all ~** [in money] nous sommes quittes; **they were (all) ~ at two games each** SPORT ils étaient à égalité deux parties chacun; **did you get things ~ with Julia?** est-ce que tu as pu arranger les choses avec Julia?
◇ *adv* -**1.** = **squarely**. -**2.** [at right angles]: **she set the box ~ with** OR **to the edge of the paper** elle a aligné la boîte sur les bords de la feuille de papier; **the house stands ~ to the street** la maison est parallèle à la rue. -**3.** [directly]: **he hit the ball ~ in the middle of the racket** il frappa la balle avec le milieu de sa raquette; **she looked him ~ in the face** elle le regarda bien en face.
◇ *vt* -**1.** [make square - pile of paper] mettre droit, aligner; [- stone] carrer; [- log] équarrir; [- shoulders] redresser; **it's like trying to ~ the circle** c'est la quadrature du cercle. -**2.** MATH carrer, élever au carré; **three ~d is nine** trois au carré égale neuf. -**3.** [reconcile] concilier; **how do you ~ your wealth with being a socialist?** comment arrivez-vous à concilier votre richesse avec vos idées socialistes?; **I couldn't ~ the story with the image I had of him** je n'arrivais pas à faire coïncider cette histoire avec l'image que j'avais de lui. -**4.** [settle - account, bill] régler; [- debt] acquitter; [- books] balancer, mettre en ordre; **to ~ accounts with sb** *fig* régler son compte à qqn. -**5.** SPORT: **his goal ~d the match** son but a mis les équipes à égalité. -**6.** *inf* [arrange] arranger; **can you ~ it with the committee?** pourriez-vous arranger cela avec le comité?; **we shouldn't do it unless we ~ it with them first** nous ne devrions pas le faire avant d'avoir arrangé ça avec eux. -**7.** *(usu pass)* [rule into squares] quadriller; **~d paper** papier *m* quadrillé. -**8.** *inf* [bribe] soudoyer.
◇ *vi* cadrer, coïncider; **his story doesn't ~ with the facts** son histoire ne cadre OR ne coïncide pas avec les faits; **her figures/results don't ~ with mine** ses chiffres/résultats ne cadrent pas avec les miens; **does their offer ~ with your asking price?** leur offre correspond-elle au prix que vous demandez?

◆ **square away** *inf vt sep (usu pass) Am* régler, mettre en ordre; **did you get everything ~d away?** est-ce que tu as pu tout régler?

◆ **square off** ◇ *vi insep* [opponents, boxers] se mettre en garde.
◇ *vt sep* -**1.** [piece of paper, terrain] quadriller. -**2.** [stick, log] carrer, équarrir.

◆ **square up** *vi insep* -**1.** [settle debt] régler les comptes; **I'll ~ up with you when you have finished all the work** je réglerai mes comptes avec toi dès que tu auras fini tout le travail. -**2.** = **square off**.

◆ **square up to** *vt insep* [confront - situation, criticism] faire face OR front à; [- in physical fight] se mettre en position de combat contre; **he ~d up to me** il se mit en garde devant moi; **the unions are squaring up to the management** les syndicats cherchent la confrontation avec la direction.

square-bashing *inf n Br (U)* MIL exercice *m*.

square bracket *n* crochet *m* IMPR; **in ~s** entre crochets.

square-cut *adj* [gem, rock] coupé à angle droit OR d'équerre; [log] équarri; *fig* [jaw] carré.

square dance *n* quadrille *m* américain.

◆ **square-dance** *vi* danser le quadrille américain.

square dancing *n (U)* quadrille *m* américain; **there'll be ~ at the saloon tonight** on va danser au saloon ce soir.

square knot *n Am* [reef knot] nœud *m* plat.

squarely ['skweəlɪ] *adv* -**1.** [firmly] fermement, carrément; [directly] en plein; **they are ~ opposed to the bill** ils sont fermement opposés au projet de loi; **we must confront the dilemma ~** nous devons affronter ce dilemme avec fermeté; **to look sb ~ in the eye** regarder qqn droit dans les yeux; **~ in the middle** en plein milieu; **the blow landed ~ on his nose** il a reçu le coup en plein sur le nez. -**2.** [honestly] honnêtement; **to deal ~ with sb** agir avec qqn de façon honnête.

Square Mile *pr n*: **the ~** *la City de Londres, dont la superficie fait environ un mile carré.*

square number *n* carré *m*.

square-rigged *adj* NAUT [boat] gréé en carré.

square root *n* racine *f* carrée.

squash [skwɒʃ] ◇ *vt* -**1.** [crush] écraser; **he sat on my hat and ~ed it** en s'asseyant il a écrasé mon chapeau; **you're ~ing me!** tu m'écrases!; **I was ~ed between two large ladies** j'étais serré OR coincé entre deux grosses dames; **we were ~ed in like sardines** nous étions serrés comme des sardines. -**2.** [cram, stuff] fourrer; **she ~ed the laundry down in the bag** elle a tassé le linge dans le sac; **I ~ed another sweater into my rucksack** j'ai pu faire entrer un pull supplémentaire dans mon sac à dos. -**3.** [silence, repress - person] remettre à sa place; [- objection] écarter; [- suggestion] repousser; [- argument] réfuter; [- hopes] réduire à néant; [- rumour] mettre fin à; [- rebellion] réprimer; **she ~ed him with a look** elle l'a foudroyé du regard.
◇ *vi* -**1.** [push - people] s'entasser; **all seven of us managed to ~ into her car** on a réussi à s'entasser à sept dans sa voiture. -**2.** [fruit, package] s'écraser; **be careful, the fruit ~es easily** faites attention, ces fruits s'écrasent facilement.
◇ *n* -**1.** [crush of people] cohue *f*; **with five of us it'll be a bit of a ~** à cinq, nous serons un peu serrés. -**2.** SPORT squash *m*. -**3.** *Br* [drink]: **lemon/orange ~** sirop *m* de citron/d'orange. -**4.** *Am* [vegetable] courge *f*.
◇ *comp* [ball, court, champion, racket] de squash; **~ court** terrain *m* de squash; **~ rackets** *Br* [game] squash *m*.

◆ **squash in** *vi insep* [people] s'entasser; **the lift arrived and everybody ~ed in** l'ascenseur arriva et tout le monde s'entassa dedans; **I ~ed in between two very fat men** je me suis fait une petite place entre deux hommes énormes.

◆ **squash together** ◇ *vi insep* [people] se serrer (les uns contre les autres), s'entasser.
◇ *vt sep* serrer, tasser.

squashy ['skwɒʃɪ] (*compar* **squashier**, *superl* **squashiest**) *adj* [fruit, package] mou, [cushion, sofa] moelleux; [ground] spongieux.

squat [skwɒt] (*pt & pp* **squatted**, *cont* **squatting**, *compar* **squatter**, *superl* **squattest**) ◇ *vi* -**1.** [crouch - person] s'accroupir; [- animal] se tapir; **we ate squatting (down) on our haunches** nous avons mangé accroupis. -**2.** [live] vivre dans un squat; **they're allowed to ~ in abandoned buildings** on leur permet de squatter dans des immeubles abandonnés.
◇ *vt* [building] squatter, squattériser.
◇ *n* -**1.** [building] squat *m*; [action] squat *m*, occupation *f* de logements vides; **the ~ held out for two years** le squat a duré deux ans. -**2.** [crouch] accroupissement *m*; **she rested in an easy ~** elle était confortablement assise sur ses talons.
◇ *adj* [person, figure] courtaud, ramassé; [building] trapu; **he had short, ~ legs** il avait des petites jambes trapues.

squatter ['skwɒtəʳ] *n* squatter *m*; *Austr* [rancher] squatter *m*, éleveur *m*; **there are ~ settlements all round the town** il y a des squats un peu partout dans la ville.

squaw [skwɔː] *n* -**1.** [American Indian] squaw *f*. -**2.** *inf pej* OR *hum* [woman] femme *f*, gonzesse *f*; [wife] épouse *f*; **my ~** la patronne, ma bourgeoise.

squawk [skwɔːk] ◇ *vi* -**1.** [bird] criailler; [person] brailler. -**2.** *inf* [complain] criailler, râler. -**3.** *inf* [inform] moucharder, vendre la mèche.
◇ *vt*: "let go of me!", she ~ed «lâchez-moi!», brailla-t-elle.
◇ *n* [of bird] criaillement *m*, cri *m*; [of person] cri *m* rauque; to let out OR to give a ~ pousser un cri rauque; the measure raised ~s of protest from the oil industry *fig* cette mesure a suscité de vives protestations au sein de l'industrie pétrolière.

squawk box *inf n Am* [loudspeaker] haut-parleur *m*; [intercom] interphone *m*; [telephone] bigophone *m*.

squeak [skwiːk] ◇ *vi* -**1.** [floorboard, chalk, wheel] grincer; [animal] piauler, piailler; [person] glapir; she ~ed with delight elle poussa un cri de joie. -**2.** *inf* [succeed narrowly]: the team ~ed into the finals l'équipe s'est qualifiée de justesse pour la finale; they ~ed past Canada to become the biggest wheat producer ils ont dépassé le Canada de justesse pour devenir le plus grand producteur de blé.
◇ *vt*: "who, me?", he ~ed «qui? moi?», glapit-il.
◇ *n* -**1.** [of floorboard, hinge, chalk etc] grincement *m*; [of animal] piaillement *m*; [of person] petit cri *m* aigu, glapissement *m*; [of soft toy] couinement *m*; to let out OR to give a ~ of pleasure pousser un petit cri de plaisir; don't let me hear one more ~ out of you! et que je ne t'entende plus! -**2.** *phr*: that was a narrow ~! on l'a échappé belle!
◆ **squeak by** *inf*, **squeak through** *inf vi insep* -**1.** [pass through] se faufiler; there was just enough room to ~ by il y avait juste assez de place pour se faufiler. -**2.** [succeed narrowly] réussir de justesse; [in exam] être reçu de justesse; [in election] l'emporter de justesse.

squeaky ['skwiːkɪ] (*compar* squeakier, *superl* squeakiest) *adj* [floorboard, bed, hinge] grinçant; [voice] aigu.

squeaky clean *inf adj* -**1.** [hands, hair] extrêmement propre; a shampoo that leaves your hair ~ un shampooing qui donne à vos cheveux une propreté impeccable. -**2.** [reputation] sans tache.

squeal [skwiːl] ◇ *vi* -**1.** [person] pousser un cri perçant; [tyres, brakes] crisser; [pig] couiner; to ~ with pain pousser un cri de douleur; to ~ with laughter hurler de rire; the car ~ed around the corner la voiture prit le virage dans un crissement de pneus ❑ he was ~ing like a stuck pig il criait comme un cochon qu'on égorge. -**2.** ▽ [inform] moucharder; to ~ on sb balancer qqn.
◇ *vt*: "ouch", she ~ed «aïe!», cria-t-elle.
◇ *n* [of person] cri *m* perçant; [of tyres, brakes] crissement *m*; he gave a ~ of delight il poussa un cri de joie.

squeamish ['skwiːmɪʃ] *adj* hypersensible; I'm very ~ about the sight of blood je ne supporte pas la vue du sang; she's ~ about physical violence elle ne supporte pas les scènes de violence; he was too ~ even to taste it il n'a même pas eu le courage d'y goûter; this film is not for the ~ ce film n'est pas conseillé aux âmes sensibles.

squeamishness ['skwiːmɪʃnɪs] *n* hypersensibilité *f*; her ~ really annoys me [about blood] ça m'énerve qu'elle supporte aussi mal la vue du sang; [about food] ça m'énerve qu'elle soit aussi difficile sur la nourriture; [about violence] ça m'énerve qu'elle supporte aussi mal les scènes de violence.

squeegee ['skwiːdʒiː] ◇ *n* [with rubber blade] raclette *f*; [sponge mop] balai-éponge *m*; PHOT [roller] rouleau *m* (*en caoutchouc*).
◇ *vt* [window] passer une raclette sur, laver avec une raclette.

squeeze [skwiːz] ◇ *vt* -**1.** [press - tube, sponge, pimple] presser; [- trigger] presser sur, appuyer sur; [- package] palper; [- hand, shoulder] serrer; I ~d as hard as I could j'ai serré aussi fort que j'ai pu; she ~d her knees together elle serra les genoux; I kept my eyes ~d tight shut j'ai gardé les yeux bien fermés. -**2.** [extract, press out - liquid] exprimer; [- paste, glue] faire sortir; I ~d a dab of cream onto my nose je me suis mis un peu de crème sur le nez; a glass of freshly ~d orange juice une orange pressée; to ~ the air out of OR from sthg faire sortir l'air de qqch en appuyant dessus. -**3.** *fig* [money, information] soutirer; it won't be easy to ~ the results out of him il ne sera pas facile de lui soutirer les résultats; you won't ~ another penny out of me! tu n'auras pas un sou de plus!; they want to ~ more concessions from the EC ils veulent forcer la CEE à faire de nouvelles concessions; she's squeezing a lot of publicity out of the issue elle exploite le sujet au maximum pour se faire de la publicité. -**4.** [cram, force] faire entrer (avec difficulté); I can't ~ another thing into my suitcase je ne peux plus rien faire entrer dans ma valise; they're squeezing more and more circuits onto microchips ils réussissent à mettre de plus en plus de circuits sur les puces; she ~d the ring onto her finger elle enfila la bague avec difficulté; he ~d his huge bulk behind the steering wheel il parvint à glisser son corps volumineux derrière le volant; 20 men were ~d into one small cell 20 hommes étaient entassés dans une petite cellule; the airport is ~d between the sea and the mountains l'aéroport est coincé entre la mer et les montagnes. -**5.** [constrain - profits, budget] réduire; [- taxpayer, workers] pressurer; universities are being ~d by the cuts les réductions (de budget) mettent les universités en difficulté; I'm a bit ~d for time/money *inf* question temps/argent, je suis un peu juste. -**6.** [in bridge] squeezer.
◇ *vi*: the lorry managed to ~ between the posts le camion a réussi à passer de justesse entre les poteaux; I ~d into the crowded room j'ai réussi à me glisser dans la salle bondée; they all ~d onto the bus ils se sont tous entassés dans le bus; can you ~ into that parking space? y a-t-il assez de place pour te garer là?; try and ~ into these trousers essayez de rentrer dans ce pantalon; it was possible just to ~ under the wire il était tout juste possible de se glisser sous le fil de fer.
◇ *n* -**1.** [amount - of liquid, paste] quelques gouttes *fpl*; a ~ of toothpaste un peu de dentifrice. -**2.** [crush of people] cohue *f*; it was a tight ~ [in vehicle, room] on était très serré; [through opening] on est passé de justesse. -**3.** [pressure, grip] pression *f*; [handshake] poignée *f* de main; [hug] étreinte *f*; he gave my hand a reassuring ~ il a serré ma main pour me rassurer ❑ to put the ~ on sb *inf* faire pression sur qqn. -**4.** *inf* [difficult situation] situation *f* difficile; in a ~ you can always borrow my car en cas de problème, tu peux toujours emprunter ma voiture. -**5.** ECON: (credit) ~ resserrement *m* du crédit. -**6.** [in bridge] squeeze *m*. -**7.** *inf Am* [friend] copain *m*, copine *f*.
◆ **squeeze in** ◇ *vi insep* [get in] se faire une petite place; I had to ~ in past six people to reach my seat j'ai dû me glisser devant six personnes pour atteindre mon siège.
◇ *vt sep* [in schedule] réussir à faire entrer; she's hoping to ~ in a trip to Rome too elle espère avoir aussi le temps de faire un saut à Rome; the dentist says he can ~ you in le dentiste dit qu'il peut vous prendre entre deux rendez-vous; can you ~ in a lunch with me next week? vous n'aurez pas une petite heure disponible pour déjeuner avec moi la semaine prochaine?
◆ **squeeze out** *vt sep* -**1.** [sponge, wet clothes] essorer. -**2.** [liquid] exprimer; TECH [plastic] extruder; I ~d out the last of the glue j'ai fini le tube de colle; she gently ~d the splinter out en pressant doucement, elle a fait sortir l'écharde. -**3.** [replace - candidate, competitor] l'emporter sur; we were ~d out by a German firm une société allemande nous a devancés d'une courte tête; the Japanese are squeezing them out of the market ils sont en train de se faire évincer du marché par les Japonais.
◆ **squeeze up** *vi insep* se serrer, se pousser.

squeezebox *inf* ['skwiːzbɒks] *n* [accordion] accordéon *m*, piano *m* à bretelles; [concertina] concertina *m*.

squeezer ['skwiːzəʳ] *n* CULIN presse-agrumes *m inv*; lemon ~ presse-citron *m inv*.

squelch [skweltʃ] ◇ *vi* -**1.** [walk - in wet terrain] patauger; [- with wet shoes] marcher les pieds trempés; I ~ed across the field j'ai traversé le champ en pataugeant; he ~ed into the kitchen il entra dans la cuisine avec les pieds trempés. -**2.** [make noise - mud] clapoter; I heard something soft ~ beneath my foot j'ai entendu quelque chose de mou s'écraser sous mon pied.
◇ *vt* -**1.** [crush] écraser. -**2.** *inf* [rumour] étouffer; [person] clouer le bec à.
◇ *n* [noise] clapotement; I heard the ~ of tyres in mud j'ai entendu le bruit des pneus dans la boue.

squib [skwɪb] *n* -**1.** [firecracker] pétard *m*. -**2.** [piece of satire] pamphlet *m*.

squid [skwɪd] (*pl inv* OR squids) *n* calmar *m*, calamar *m*, encornet *m*.

squidgy *inf* ['skwɪdʒɪ] (*compar* squidgier, *superl* squidgiest) *adj Br* mou, spongieux.

squiffy *inf* ['skwɪfɪ] (*compar* squiffier, *superl* squiffiest) *adj Br dated* éméché, pompette.

squiggle ['skwɪgl] ◇ *n* -**1.** [scrawl, doodle] gribouillis *m*. -**2.** [wavy line, mark] ligne *f* ondulée; something had left ~s in the sand quelque chose avait laissé des traces sinueuses sur le sable.
◇ *vi* -**1.** [scrawl, doodle] gribouiller, faire des gribouillages. -**2.** [twist - road, lines] sinuer, serpenter; [- worm] se tortiller.

squiggly *inf* ['skwɪglɪ] *adj* pas droit, ondulé.

squinch *inf* [skwɪntʃ] *vt Am*: to ~ one's eyes plisser les yeux.

squint [skwɪnt] ◇ *n* -**1.** MED strabisme *m*; to have a ~ loucher. -**2.** *inf* [glimpse] coup *m* d'œil; have OR take a ~ at this! vise-moi un peu ça!
◇ *vi* -**1.** MED loucher. -**2.** [half-close one's eyes] plisser les yeux; he ~ed at the photo [with difficulty] il regarda la photo en plissant les yeux; [quickly] il jeta un coup d'œil à la photo; [sidelong] il regarda la photo du coin de l'œil.

squint-eyed *adj* -**1.** *inf* [cross-eyed] qui louche, bigleux. -**2.** [sidelong] de côté.

squirarchy ['skwaɪərɑːkɪ] = **squirearchy**.

squire ['skwaɪəʳ] ◇ *n* -**1.** [landowner] *propriétaire d'un domaine en Grande-Bretagne*; he's the village ~ c'est le propriétaire du plus grand domaine du coin, Squire Greaves le squire Greaves. -**2.** [for knight] écuyer *m*. -**3.** *dated* [escort] cavalier *m*; her ~ for the evening son cavalier pour la soirée. -**4.** *inf Br* [term of address]: evening, ~! bonsoir, chef!
◇ *vt dated* [woman] escorter, accompagner.

squirearchy ['skwaɪərɑːkɪ] (*pl* squirearchies) *n* propriétaires *mpl* terriens; the island's planters form a ~ les planteurs de l'île forment une petite noblesse terrienne.

squirm [skwɜːm] ◇ *vi* -**1.** [wriggle] se tortiller; he ~ed out of my grasp il a échappé à mon étreinte en se tortillant; she ~ed with impatience elle était tellement impatiente qu'elle ne tenait plus en place. -**2.** [be ill-at-ease] être gêné, être très mal à l'aise; [be ashamed] avoir honte; to ~ with embarrassment être mort de honte; the reporters are going to make him ~! devant la presse, il ne saura pas où se mettre!; I still ~ when I remember how I treated her j'ai encore honte quand je pense à la manière dont je l'ai traitée; his speech was so bad it made me ~ son discours était si mauvais que j'en ai eu honte pour lui.
◇ *n*: she gave a ~ of embarrassment elle ne put cacher sa gêne.

squirrel [*Br* 'skwɪrəl, *Am* 'skwɜːrəl] (*Br pt & pp* squirrelled, *cont* squirrelling, *Am pt & pp* squirreled, *cont* squirreling) *n* -**1.** ZOOL écureuil *m*; red ~ écureuil; grey/flying ~ écureuil gris/

volant. -**2.** *fig* [hoarder]: she's a real ~ c'est une vraie fourmi.

◆ **squirrel away** *vt sep* [hoard, store] engranger *fig*; [hide] cacher; he's got a fortune squirrelled away in various Swiss banks il a amassé une fortune dans plusieurs banques suisses.

squirt [skwɜːt] ◇ *vt* [liquid] faire gicler; [mustard, ketchup, washing-up liquid] faire jaillir; ~ some oil on the hinges mettez quelques gouttes d'huile sur les gonds; they were ~ing each other with water, they were ~ing water at each other ils s'aspergeaient d'eau mutuellement; he ~ed some soda water into his whisky il versa une rasade d'eau de Seltz dans son whisky; she ~ed perfume on her wrists elle se vaporisa du parfum sur les poignets.

◇ *vi* [juice, blood, ink] gicler; [water] jaillir; juice ~ed onto my shirt le jus a giclé sur ma chemise; the milk ~ed (out) into the pail le lait giclait dans le seau.

◇ *n* -**1.** [of juice, ink] giclée *f*; [of water] jet *m*; [of mustard, ketchup, washing-up liquid] dose *f*; [of oil, perfume] quelques gouttes *fpl*. -**2.** *inf pej* [person] minus *m*; [short person] avorton *m*; [child] mioche *mf*; get lost, you little ~! va donc, eh minus!

squirt gun *n Am* pistolet *m* à eau.

squish *inf* [skwɪʃ] ◇ *vt Am* [crush] écrabouiller; he ~ed his nose against the glass il a écrasé son nez contre la vitre; the cake got all ~ed le gâteau était complètement écrabouillé.

◇ *vi* -**1.** *Am* [squash - insect, fruit] s'écrabouiller. -**2.** [squelch] clapoter; the mud ~ed between my toes la boue s'infiltrait entre mes orteils.

squishy *inf* ['skwɪʃɪ] (*compar* squishier, *superl* squishiest) *adj* [fruit, wax] mou; [chocolate] ramolli; [ground] boueux; a ~ blob of dough un petit tas de pâte molle.

squit *inf* [skwɪt] *n Br* -**1.** [person] minus *m*. -**2.** *(U)* [nonsense] bêtises *fpl*.

Sr -**1.** (*written abbr of* senior): Ralph Todd ~ Ralph Todd père. -**2.** *written abbr of* sister.

SRC ◇ *n Br* (*abbr of* students' representative council) *comité étudiant.*

◇ *pr n* (*abbr of* Science Research Council) *conseil de la recherche scientifique.*

Sri Lanka [ˌsriːˈlæŋkə] *pr n* Sri Lanka *m*; in ~ au Sri Lanka.

Sri Lankan [ˌsriːˈlæŋkn] ◇ *n* Sri Lankais *m*, -e *f*.

◇ *adj* sri lankais.

SRN *n abbr of* State Registered Nurse.

SRO *abbr of* standing room only.

SRV *n abbr of* space rescue vehicle.

SS ◇ (*abbr of* steamship) *initiales précédant le nom des navires de la marine marchande*; the ~ "Norfolk" le «Norfolk».

◇ *pr n* (*abbr of* Schutzstaffel): the ~ les SS; an ~ officer un officier SS.

SSA *pr n Am abbr of* Social Security Administration.

SSP *n abbr of* statutory sick pay.

SST *n abbr of* supersonic transport.

st *written abbr of* stone.

St -**1.** (*written abbr of* saint) St, Ste. -**2.** *written abbr of* street.

ST *n abbr of* Standard Time.

stab [stæb] (*pt & pp* stabbed, *cont* stabbing) ◇ *vt* -**1.** [injure - with knife] donner un coup de couteau à, poignarder; [- with bayonet] blesser d'un coup de baïonnette; [- with spear] blesser avec une lance; he stabbed me in the arm il me donna un coup de couteau dans le bras; they were stabbed to death ils ont été tués à coups de couteau; he was stabbed to death with a kitchen knife il a été tué avec un couteau de cuisine ❑ to ~ sb in the back *literal & fig* poignarder qqn dans le dos. -**2.** [thrust, jab] planter; she stabbed the needle into my arm elle planta l'aiguille dans mon bras; I stabbed myself in the thumb with a pin je me suis enfoncé une épingle dans le pouce; I stabbed my finger in his eye je lui ai enfoncé mon doigt dans l'œil; I stabbed a turnip with my fork j'ai piqué un navet avec ma fourchette.

◇ *vi*: he stabbed at the map with his finger il frappa la carte du doigt; she stabbed frantically at the different control buttons elle poussa frénétiquement les différents boutons de contrôle; he stabbed at the dead leaves with his walking stick il piquait les feuilles mortes de la pointe de sa canne.

◇ *n* -**1.** [thrust] coup *m* (de couteau OR de poignard); he made a vicious ~ at me with the broken bottle il fit un mouvement agressif vers moi avec la bouteille cassée; she felt the ~ of the needle in her finger elle a senti la piqûre de l'aiguille dans son doigt ❑ ~ wound blessure *f* par arme blanche; a man was rushed to hospital with ~ wounds un homme blessé à coups de couteau a été transporté d'urgence à l'hôpital; it was a ~ in the back c'était un véritable coup de poignard dans le dos. -**2.** *lit* [of neon, colour] éclat *m*; a ~ of lightning un éclair. -**3.** [of pain] élancement *m*; [of doubt, guilt] remords *m*; I felt a ~ of envy je sentis un pincement de jalousie. -**4.** *inf* [try]: to have OR to make OR to take a ~ at (doing) sthg s'essayer à (faire) qqch; why don't you take a ~ at it? pourquoi n'essayez-vous pas?

stabbing ['stæbɪŋ] ◇ *n* [knife attack] agression *f* (à l'arme blanche); there were two fatal ~s at the football match deux personnes ont été tuées à coups de couteau au match de football.

◇ *adj* [pain] lancinant.

stability [stəˈbɪlətɪ] *n* stabilité *f*; a period of political ~ une période de stabilité politique; it will undermine the ~ of their marriage cela va ébranler leur mariage; his mental ~ son équilibre mental.

stabilization [ˌsteɪbəlaɪˈzeɪʃn] *n* stabilisation *f*.

stabilize, -ise ['steɪbəlaɪz] ◇ *vt* stabiliser.

◇ *vi* se stabiliser; the political situation has ~d la situation politique s'est stabilisée.

stabilizer ['steɪbəlaɪzə^r] *n* -**1.** AERON, AUT & ELEC [device] stabilisateur *m*; NAUT stabilisateur *m*; [on bicycle] stabilisateur *m*; the measure is intended to act as an economic ~ *fig* cette mesure a pour but de stabiliser l'économie. -**2.** CHEM [in food] stabilisateur *m*, stabilisant *m*.

stable ['steɪbl] ◇ *adj* -**1.** [steady, permanent - gen] stable; [- marriage] solide; the patient's condition is ~ l'état du malade est stationnaire; he never had a ~ family life il n'a jamais eu de vie de famille stable. -**2.** [person, personality] stable, équilibré. -**3.** CHEM & PHYS stable.

◇ *n* -**1.** [building] écurie *f*; riding ~ OR ~s centre *m* d'équitation. -**2.** [group - of racehorses, racing drivers etc] écurie *f*.

◇ *vt* [take to stable] mettre à l'écurie; her horse is ~d at Dixon's son cheval est en pension chez Dixon.

stable boy *n* valet *m* d'écurie.

stable door *n* porte *f* d'écurie, porte *f* à deux vantaux OR battants; to shut OR to close the ~ after the horse has bolted envoyer les pompiers après l'incendie.

stable girl *n* valet *m* d'écurie *(fille)*.

stable lad *n* -**1.** = **stable boy**. -**2.** [in racing stable] lad *m*.

stablemate ['steɪblmeɪt] *n* -**1.** [horse] compagnon *m* d'écurie. -**2.** *fig* [person - at work] collègue *mf* de travail; [- from same school] camarade *mf* d'études.

stabling ['steɪblɪŋ] *n (U)* écuries *fpl*; we supply ~ for 40 horses nous pouvons accueillir 40 chevaux.

staccato [stəˈkɑːtəʊ] ◇ *adj* -**1.** MUS [note] piqué; [passage] joué en staccato; ~ mark trait *m* vertical. -**2.** [noise, rhythm] saccadé; in a ~ voice d'une voix saccadée.

◇ *adv* MUS staccato.

stack [stæk] ◇ *n* -**1.** [pile] tas *m*, pile *f*; a huge ~ of books une pile énorme de livres. -**2.** *inf* [large quantity] tas *m*; I've written a ~ of OR ~s of postcards j'ai écrit un tas de cartes postales; she has ~s of money elle est bourrée de fric. -**3.** AGR [of hay, straw] meule *f*. -**4.** [chimney] cheminée *f*. -**5.** AERON avions *mpl* en attente, empilage *m*; the ~ is twenty planes high il y a vingt avions qui attendent le feu vert de la tour de contrôle pour atterrir. -**6.** COMPUT [file] pile *f*. -**7.** MIL [of rifles] faisceau *m*. -**8.** [in library]: the ~ OR ~s les rayons *mpl*. -**9.** *Br* [measure of firewood] ≃ 3 stères *mpl (3,06 mètres cubes)*.

◇ *vt* -**1.** [pile - chairs, boxes etc] empiler; ~ the glasses in the cupboard empilez les verres dans l'armoire; oil cans were ~ed in pyramids des bidons d'huile étaient empilés en pyramide. -**2.** AGR [hay] mettre en meule OR meules. -**3.** [fill - room, shelf] remplir; his desk was ~ed high with files des piles de dossiers s'entassaient sur son bureau. -**4.** COMPUT empiler. -**5.** AERON [planes] mettre en attente (à altitudes échelonnées). -**6.** [fix, rig - committee] remplir de ses partisans; [- cards, odds etc]: to ~ the cards OR the deck truquer les cartes; he's playing with a ~ed deck *fig* [in his favour] les dés sont pipés en sa faveur; [against him] les dés sont pipés contre lui; the cards OR the odds are ~ed against us nous sommes dans une mauvaise situation; a woman lawyer starts with the cards ~ed against her une femme avocat part avec un handicap; the elections are heavily ~ed against the smaller parties ce mode de scrutin défavorise fortement les petits partis.

◇ *vi* s'empiler.

◆ **stacks** *inf adv Br* vachement; it's ~s easier c'est vachement plus facile.

◆ **stack up** ◇ *vt sep* [pile up] empiler.

◇ *vi insep* -**1.** *inf Am* [add up, work out]: I don't like the way things are ~ing up je n'aime pas la tournure que prennent les événements; I wanted someone honest and dynamic and that's how Jan ~s up je voulais quelqu'un d'honnête et de dynamique et Jan fait parfaitement l'affaire. -**2.** [compare] se comparer; our product ~s up well against theirs notre produit soutient bien la comparaison avec le leur; how does he ~ up against OR with the other candidates? que vaut-il comparé aux autres candidats?

stacked [stækt] *adj* -**1.** ~ heel talon *m* compensé. -**2.** ▽ [woman]: she's (well) ~ il y a du monde au balcon.

stacker ['stækə^r] *n* [worker] manutentionnaire *mf*; [pallet truck] transpalette *m*.

stadium ['steɪdjəm] (*pl* stadiums OR stadia [-djə]) *n* stade *m*.

staff [stɑːf] (*pl senses 3 & 4* staffs OR staves [stɑːvz]) ◇ *n* -**1.** [work force] personnel *m*; [teachers] professeurs *mpl*, personnel *m* enseignant; the company has a ~ of fifty l'effectif de la société est de cinquante personnes; we have ten lawyers on the ~ notre personnel comprend dix avocats; reductions in the clerical ~ une réduction du personnel administratif; is he ~ OR a member of ~? est-ce qu'il fait partie du personnel?; ~/student ratio taux *m* d'encadrement des étudiants. -**2.** MIL & POL état-major *m*; she was asked to join the President's campaign ~ on lui a demandé de faire partie de l'état-major de campagne du Président. -**3.** [rod] bâton *m*; [flagpole] mât *m*; [for shepherd] houlette *f*; [for bishop] crosse *f*, bâton *m* pastoral; *Br* [in surveying] jalon *m* TECH; *fig* [support] soutien *m*; the ~ of life [bread] l'aliment de base; *fig* le pain et le sel de la vie. -**4.** MUS portée *f*; treble ~ portée à la clé de sol.

◇ *comp* [canteen, outing etc] du personnel.

◇ *vt (usu pass)* pourvoir en personnel; the branch is ~ed by OR with competent people le personnel de la succursale est compétent; the committee is completely ~ed by volunteers le comité est entièrement composé de bénévoles.

staff association *n* ≃ comité *m* d'entreprise.

staff college *n* MIL école *f* supérieure de guerre.

staff corporal *n* MIL ≃ sergent-major *m*.

staffer ['stɑːfə^r] *n* PRESS rédacteur *m*, -trice *f*, membre *m* de la rédaction.

staffing ['stɑːfɪŋ] *n* [recruiting] recrutement *m*; the delay is due to ~ difficulties le retard est dû à des problèmes de recrutement.

staff nurse *n* infirmier *m*, -ère *f*.

staff officer *n* MIL officier *m* d'état-major.

staffroom ['stɑːfrʊm] *n* SCH salle *f* des enseignants OR des professeurs.

Staffs *written abbr of* Staffordshire.

staff sergeant *n* MIL *Br* ≃ sergent-chef *m*, *Am* ≃ sergent *m*.

stag [stæg] (*pl inv* OR stags) ◇ *n* -**1.** ZOOL cerf *m*. -**2.** *Br* ST. EX spéculateur *m*, -trice *f* sur un titre nouveau.

◇ *adj* -**1.** [event for men] entre hommes; **Thursday night is ~ night** le jeudi soir est réservé aux hommes. -**2.** *inf* [pornographic] porno; **~ films** films *mpl* pornos.

stag beetle *n* cerf-volant *m* ENTOM, lucane *m*.

stage [steɪdʒ] ◇ *n* -**1.** [period, phase - of development, project etc] stade *m*; [- of illness] stade *m*, phase *f*; **larval ~** stade larvaire; **the bill is at the committee ~** le projet de loi va maintenant être examiné par un comité; **we'll deal with that at a later ~** nous nous en occuperons plus tard; **the details can wait for a later ~** nous nous occuperons des détails plus tard; **at this ~ of the negotiations, I won't venture to comment** à ce stade des négociations, je m'interdirai tout commentaire; **the conflict is still in its early ~s** le conflit n'en est encore qu'à ses débuts; **the next ~ in computer technology** le stade suivant OR l'étape suivante du développement de l'informatique; **by** OR **in ~s** par paliers; **the changes were instituted in ~s** les changements ont été introduits progressivement; **to do sthg ~ by ~** faire qqch par étapes OR progressivement. -**2.** [stopping place, part of journey] étape *f*; **we travelled to Lisbon in easy ~s** nous avons voyagé jusqu'à Lisbonne par petites étapes; **(fare) ~** *Br* section *f*. -**3.** THEAT [place] scène *f*; **the ~** [profession, activity] le théâtre; **on ~** sur scène; **~ right/left** côté jardin/cour; **to go on ~** monter sur (la) scène; **to go on the ~** [as career] monter sur les planches, faire du théâtre; **he first appeared on the ~ in 1920** il a commencé à faire du théâtre en 1920; **to write for the ~** écrire pour la scène; **she was the first to bring the play to the London ~** elle a été la première à monter cette pièce sur la scène londonienne ‖ *fig*: **the political ~** la scène politique; **on the ~ of world events** sur la scène internationale; **his concerns always take centre ~** ses soucis à lui doivent toujours passer avant tout; **to set the ~ for sthg** préparer le terrain pour qqch. -**4.** ASTRONAUT étage *m*; **a three-~ satellite launcher** un lanceur spatial à trois étages. -**5.** [platform - gen] plate-forme *f*; [- on microscope] platine *f*; [scaffolding] échafaudage *m*; (landing) **~** débarcadère *m*. -**6.** = **stagecoach**. -**7.** ELECTRON [circuit part] étage *m*.

◇ *comp* [design] scénique; [version] pour le théâtre; **a ~ Irishman** une caricature d'Irlandais; **she has great ~ presence** elle a énormément de présence sur scène.

◇ *vt* -**1.** THEAT [put on - play] monter, mettre en scène; [set] situer; **it's the first time the play has been ~d** c'est la première fois qu'on monte cette pièce; **Macbeth was very well ~d** la mise en scène de Macbeth était très réussie; **the company is staging plays in parks this summer** la troupe joue dans les parcs cet été; **the play was ~d in Paris in the 20s** la pièce avait pour cadre le Paris des années 20. -**2.** [organize - ceremony, festival] organiser; [carry out - robbery] organiser; **to ~ a hijacking** détourner un avion; **to ~ a diversion** créer une OR faire diversion; **she ~d her entrance for maximum effect** elle prépara son entrée de façon à faire le plus d'effet possible; **the historic handshake was ~d for the TV cameras** la poignée de main historique était une mise en scène destinée aux caméras de télévision. -**3.** [fake - accident] monter, manigancer; **they ~d an argument for your benefit** ils ont fait semblant de se disputer parce que vous étiez là; **the murder was ~d to look like a suicide** le meurtre a été maquillé en suicide.

stagecoach ['steɪdʒkəʊtʃ] *n* diligence *f*; 'Stagecoach' *Ford* 'la Chevauchée fantastique'.

stagecraft ['steɪdʒkrɑːft] *n* [of playwright] maîtrise *f* de l'écriture théâtrale; [of director] maîtrise *f* de la mise en scène; [of actor] maîtrise *f* du jeu.

stage designer *n* décorateur *m* de théâtre.

stage direction *n* indication *f* scénique.

stage door *n* entrée *f* des artistes.

stage effect *n* effet *m* scénique.

stage fright *n* trac *m*; **to have ~** avoir le trac, être pris de trac.

stagehand ['steɪdʒhænd] *n* THEAT machiniste *mf*.

stage-manage *vt* -**1.** THEAT [play, production] s'occuper de la régie de. -**2.** [press conference, appearance] mettre en scène; **her arrival at the airport was ~d to generate publicity** son arrivée à l'aéroport a été une vraie mise en scène publicitaire; **the unrest was ~d to coincide with the summit meeting** les troubles ont été orchestrés de manière à coïncider avec le sommet.

stage manager *n* THEAT régisseur *m*.

stage name *n* nom *m* de scène.

stager ['steɪdʒəʳ] *n* -**1.** [veteran]: **old ~** vieux routier *m*, vétéran *m*. -**2.** *arch* [actor] acteur *m*.

stage set *n* THEAT décor *m*.

stagestruck ['steɪdʒstrʌk] *adj* possédé par le démon du théâtre, qui rêve de faire du théâtre.

stage whisper *n* aparté *m*; **"it's midnight", he announced in a loud ~** «il est minuit», chuchota-t-il, suffisamment fort pour que tout le monde l'entende.

stagey ['steɪdʒɪ] *Am* = **stagy**.

stagflation [stæg'fleɪʃn] *n* stagflation *f*.

stagger ['stægəʳ] ◇ *vi* [totter - person, horse] chanceler, tituber; **to ~ with tiredness** chanceler de fatigue; **to ~ out** sortir en chancelant OR titubant; **I ~ed over to the chair** je me suis dirigé vers la chaise d'un pas chancelant; **I ~ed under the weight** je titubais sous le poids; **we ~ed into bed at 3 o'clock in the morning** nous nous sommes écroulés sur nos lits à 3 h du matin.

◇ *vt* -**1.** *(usu pass)* [payments] échelonner; [holidays] étaler; **they plan to bring in ~ed working hours** ils ont l'intention de mettre en place un système d'échelonnement des heures de travail; **employees' vacation times are ~ed over the summer months** les vacances du personnel sont étalées sur tout l'été; **lampposts were ~ed along the street** la rue était jalonnée de réverbères; **~ed start** SPORT [on oval track] départ *m* décalé; **~ed wings** AERON ailes *fpl* décalées. -**2.** *(usu pass)* [astound] : **to be ~ed** être atterré, être stupéfait; **I was ~ed to learn of his decision** j'ai été stupéfait d'apprendre sa décision.

◇ *n* [totter] pas *m* chancelant; **he got up with a ~** il s'est levé en chancelant.

◆ **staggers** *n* [in diver] ivresse *f* des profondeurs; **(blind) ~s** [in sheep] tournis *m*, cœnurose *f*; [in horses] vertigo *m*.

staggering ['stægərɪŋ] ◇ *adj* [news, amount] stupéfiant, ahurissant; [problems] énorme; **it was a ~ blow** *literal* & *fig* ce fut un sacré coup; **the price tag is a ~ $500,000** c'est au prix astronomique de 500 000 dollars.

◇ *n* -**1.** [of vacations] étalement *m*; [of payments] échelonnement *m*. -**2.** [unsteady gait] démarche *f* chancelante.

staghound ['stæghaʊnd] *n* chien *m* d'équipage.

staging ['steɪdʒɪŋ] ◇ *n* -**1.** THEAT [of play] mise *f* en scène. -**2.** [scaffolding] échafaudage *m*; [shelving] rayonnage *f*. -**3.** ASTRONAUT largage *m (d'un étage de fusée)*.

◇ *comp* MIL: **~ area** OR **point** lieu *m* de rassemblement.

staging post *n* lieu *m* OR point *m* de ravitaillement.

stagnancy ['stægnənsɪ] *n* stagnation *f*.

stagnant ['stægnənt] *adj* -**1.** [water, pond - still] stagnant; [- stale] croupissant; [air - still] confiné; [- stale] qui sent le renfermé. -**2.** [trade, career] stagnant; [society] statique, en stagnation.

stagnate [stæg'neɪt] *vi* -**1.** [water - be still] stagner; [- be stale] croupir. -**2.** [economy, career] stagner; **he ~d in the same job for years** il a croupi dans le même emploi pendant des années.

stagnation [stæg'neɪʃn] *n* stagnation *f*.

stag night, **stag party** *n* [gen] soirée *f* entre hommes; [before wedding day]: **we're having** OR **holding a ~ for Bob** nous enterrons la vie de garçon de Bob.

stagy ['steɪdʒɪ] (*compar* stagier, *superl* stagiest) *adj* théâtral; **she's very ~** elle a des manières très théâtrales.

staid [steɪd] *adj* [person] rangé, collet monté *(inv) pej*; [colours] sobre, discret; [job] très ordinaire; **a man of ~ habits** un homme rangé; **a ~ and simple life** une vie simple et rangée; **the party was all very ~** la soirée fut sans surprises OR très banale.

staidly ['steɪdlɪ] *adv* [sit, watch] calmement; [walk, dance] dignement; [dress] sobrement.

staidness ['steɪdnɪs] *n* sobriété *f*.

stain [steɪn] ◇ *n* -**1.** [mark, spot] tache *f*; **coffee/ink ~s** taches de café/d'encre; **to leave a ~** laisser une tache; **I couldn't get the ~ out** je n'ai pas réussi à enlever OR faire disparaître la tache. -**2.** *fig* [on character] tache *f*; **it was a ~ on his reputation** cela a entaché sa réputation. -**3.** [colour, dye] teinte *f*, teinture *f*; **a wood ~** une teinture pour bois; **oak/mahogany ~** teinte chêne/acajou.

◇ *vt* -**1.** [soil, mark] tacher; **the sink was ~ed with rust** l'évier était taché de rouille; **smoking ~s your teeth** le tabac jaunit les dents; **his hands are ~ed with blood** *literal* & *fig* il a du sang sur les mains. -**2.** [honour, reputation] tacher, entacher, ternir. -**3.** [colour, dye - wood] teindre; [- glass, cell specimen] colorer; **the lake was ~ed pink by the dawn** la lumière rosée de l'aube se reflétait dans le lac.

◇ *vi* -**1.** [mark - wine, oil etc] tacher; **white wine doesn't ~** le vin blanc ne tache pas. -**2.** [become marked - cloth] se tacher; **silk ~s easily** la soie se tache facilement OR est salissante.

stained [steɪnd] *adj* -**1.** [soiled - collar, sheet] taché; [- teeth] jauni. -**2.** [coloured - gen] coloré; [- wood] teint.

-stained *in cpds* taché; **rust/ink~** taché de rouille/d'encre; **his sweat~ shirt** sa chemise tachée de transpiration; **nicotine~** jauni par la nicotine.

stained glass *n* vitrail *m*; **she works in ~** elle fabrique des vitraux.

◆ **stained-glass** *adj*: **stained-glass window** vitrail *m*.

stainless ['steɪnlɪs] *adj* -**1.** [rust-resistant] inoxydable. -**2.** *fig* sans tache, pur; **a ~ reputation** une réputation sans tache.

stainless steel ◇ *n* acier *m* inoxydable, Inox® *m*.

◇ *comp* en acier inoxydable, en Inox®.

stain remover *n* détachant *m*.

stair [steəʳ] *n* -**1.** [step] marche *f*; **the bottom ~** la première marche. -**2.** *lit* [staircase] escalier *m*.

◆ **stairs** *npl* [stairway] escalier *m*, escaliers *mpl*; **I slipped on the ~s** j'ai glissé dans l'escalier; **to run up/down the ~s** monter/descendre les escaliers en courant; **at the top of the ~s** en haut de l'escalier; **at the bottom** OR **the foot of the ~s** en bas OR au pied de l'escalier; **we passed on the ~s** on s'est croisés dans les escaliers ☐ **above/below ~s** *Br* chez les patrons/les domestiques.

staircase ['steəkeɪs] *n* escalier *m*.

stair-rod *n* tringle *f* d'escalier.

stairway ['steəweɪ] = **staircase**.

stairwell ['steəwel] *n* cage *f* d'escalier.

stake [steɪk] ◇ *n* -**1.** [post, pole] pieu *m*; [for plant] tuteur *m*; [in surveying] piquet *m*, jalon *m*; [for tent] piquet *m*; [for execution] poteau *m*; **to die** OR **to be burned at the ~** mourir sur le bûcher; **it's an important principle but I'm not**

about to go to the ~ for it *fig* c'est un principe important mais je ne me sacrifierais pas OR je ne mourrais pas pour le défendre ❑ **to (pull) up ~s** *Am* [leave place, job] faire ses valises; [continue journey] se remettre en route. -**2.** [in gambling] enjeu *m*, mise *f*; **to play for high ~s** jouer gros jeu; **the ~s are too high for me** l'enjeu est trop important pour moi; **to lose one's ~** perdre sa mise. -**3.** [interest, share] intérêt *m*, part *f*; [investment] investissement *m*, investissements *mpl*; [shareholding] participation *f*; **she has a 10% ~ in the company** elle a une participation de 10 % dans la société, elle détient 10 % du capital de la société; **the company has a big ~ in nuclear energy** la société a misé gros sur OR a fait de gros investissements dans le nucléaire; **we all have a ~ in the education of the young** l'éducation des jeunes nous concerne tous. -**4.** *Am* [savings] (petit) pécule *m*, bas *m* de laine.

◇ *vt* -**1.** [bet - sum of money, valuables] jouer, miser; *fig* [- reputation] jouer, risquer; **he ~d $10 on Birdy** il a joué OR misé OR mis 10 dollars sur Birdy; **she had ~d her reputation on the outcome of the negotiations** elle avait risqué OR joué sa réputation sur le résultat des négociations; **he had ~d everything OR his all on getting the job** il avait tout misé sur l'acceptation de sa candidature; **I'd ~ my all OR my life on it** j'en mettrais ma main au feu. -**2.** *Am* [aid financially] financer; **they are staking the newspaper for half a million dollars** ils investissent un demi-million de dollars dans le journal; **can you ~ me for a new suit?** *inf* est-ce que tu peux m'avancer de quoi m'acheter un nouveau costume? -**3.** [fasten - boat, animal] attacher (à un pieu OR un piquet); [- tent] attacher avec des piquets; [- plant] tuteurer. -**4.** [put forward]: **to ~ a OR one's claim to sthg** revendiquer qqch; **to ~ one's claim to a territory** *literal* revendiquer un territoire *(en le délimitant avec des piquets)*; **each gang has ~d its claim to a piece of the territory** chaque gang a délimité sa part de territoire; **she has ~d her claim to a place in the history of our country** elle mérite une place d'honneur dans l'histoire de notre pays. -**5.** *phr*: **to be at ~** être en jeu; **what OR how much is at ~?** quels sont les enjeux?, qu'est-ce qui est en jeu?; **basic issues of public health are at ~** les bases mêmes de la santé publique sont en jeu; **there are lives at ~!** il y a des vies en jeu!; **she has a lot at ~** elle joue gros jeu, elle risque gros.

◆ **stakes** *npl* [horse race] course *f* de chevaux; [money prize] prix *m*; **the Bingham Stakes** EQUIT le Prix de Bingham; **the promotion ~s** *fig* la course à l'avancement.

◆ **stake off** *vt sep* = **stake out 1**.

◆ **stake out** *vt sep* -**1.** [delimit - area, piece of land] délimiter (avec des piquets); [- boundary, line] marquer, jalonner; *fig* [- sphere of influence] définir; [- market] se tailler; [- job, research field] s'approprier. -**2.** *Am* [keep watch on] mettre sous surveillance, surveiller; **they've got the house ~d out** ils surveillent la maison.

stakeholder ['steɪk,həʊldəʳ] *n* [for bets] dépositaire *mf* des enjeux; [for property] dépositaire *mf* d'enjeux.

stakeout ['steɪkaʊt] *n Am* [activity] surveillance *f*; [place] locaux *mpl* sous surveillance; **to be on ~ duty** effectuer une surveillance.

Stakhanovism [stə'kænəvɪzm] *n* stakhanovisme *m*.

Stakhanovite [stə'kænəvaɪt] *n* stakhanoviste *mf*.

stalactite ['stæləktaɪt] *n* stalactite *f*.

stalag ['stælæg] *n* stalag *m*.

stalagmite ['stæləgmaɪt] *n* stalagmite *f*.

stale [steɪl] ◇ *adj* -**1.** [bread, cake] rassis, sec; [chocolate, cigarette] vieux; [cheese - hard] desséché; [- mouldy] moisi; [fizzy drink] éventé, plat; [air - foul] vicié; [- confined] confiné; **the car smelt of ~ cigarette smoke** la voiture sentait le tabac froid; **~ breath** haleine *f* fétide; **to go ~** [bread] (se) rassir; [chocolate, cigarette] perdre son goût; [cheese] se dessécher; [beer] s'éventer. -**2.** [idea, plot, joke] éculé, rebattu; [discovery, news] éventé, dépassé; [pleasure] émoussé, qui n'a plus de goût; [beauty] fané, défraîchi; **his arguments were ~ and unconvincing** ses arguments étaient éculés et peu convaincants; **her marriage had gone ~** son bonheur conjugal s'était fané, elle s'était lassée de son mariage; **he's getting ~ in that job** il sèche sur pied dans ce poste. -**3.** JUR [warrant] périmé; [debt] impayable; **~ cheque** FIN chèque *m* prescrit.

◇ *vi lit* [novelty, place, activity] perdre son charme.

stalemate ['steɪlmeɪt] ◇ *n* -**1.** [in chess] pat *m*; **the game ended in ~** la partie s'est terminée par un pat. -**2.** [deadlock] impasse *f*; **the nuclear arms ~** l'impasse de la course aux armements nucléaires; **the argument ended in (a) ~** la discussion s'est terminée dans une impasse; **the announcement broke the ~ in the negotiations** l'annonce a fait sortir les négociations de l'impasse.

◇ *vt (usu pass)* [in chess - opponent] faire pat à; **the negotiations were ~d** *fig* les négociations étaient dans l'impasse.

staleness ['steɪlnɪs] *n* [of food, air] manque *m* de fraîcheur; [of information, joke etc] manque *m* de nouveauté.

Stalin ['stɑːlɪn] *pr n* Staline.

Stalingrad ['stɑːlɪngræd] *pr n* Stalingrad.

Stalinism ['stɑːlɪnɪzm] *n* stalinisme *m*.

Stalinist ['stɑːlɪnɪst] ◇ *adj* stalinien.

◇ *n* stalinien *m*, - enne *f*.

stalk [stɔːk] ◇ *n* -**1.** BOT [of flower, plant] tige *f*; [of cabbage, cauliflower] trognon *m*; **(grape) ~s** râpe *f*, rafle *f*. -**2.** ZOOL pédoncule *m*; **his eyes stood out on ~s** *inf* il avait les yeux qui lui sortaient de la tête. -**3.** [gen - long object] tige *f*.

◇ *vt* -**1.** [game, fugitive etc] traquer. -**2.** [subj: wolf, ghost] rôder dans; **to ~ the woods/the bush on foot** [gen] battre les bois/la brousse à pied; HUNT faire une battue dans les bois/la brousse; **enemy patrols ~ed the hills** des patrouilles ennemies rôdaient dans les collines. -**3.** *lit* [subj: disease, terror] régner dans, rôder dans; **hunger ~ed the countryside** la faim régnait dans les campagnes; **evil ~s the night** les forces du mal rôdent dans la nuit.

◇ *vi* -**1.** [person]: **she ~ed out angrily/proudly/in disgust** elle sortit d'un air furieux/hautain/dégoûté; **he was ~ing up and down the deck** il arpentait le pont. -**2.** [prowl - tiger, animal] rôder; [hunt] chasser; **a ~ing lion** un lion en chasse; **famine ~ed through the land** *lit* la famine régnait dans le pays.

stalking horse ['stɔːkɪŋ-] *n* -**1.** *literal* cheval *m* d'abri. -**2.** *fig* stratagème *m*.

stall [stɔːl] ◇ *n* -**1.** [at market] étal *m*, éventaire *m*; [at fair, exhibition] stand *m*; **I bought some peaches at a fruit ~** j'ai acheté des pêches chez un marchand de fruits; **flower ~** *Br* [on street] kiosque *m* de fleuriste. -**2.** [for animal] stalle *f*; **(starting) ~s** EQUIT stalles de départ. -**3.** [cubicle] cabine *f*. -**4.** [in church] stalle *f*. -**5.** *Br* CIN & THEAT orchestre *m*, fauteuil *m* d'orchestre; **the ~s** l'orchestre; **a seat in the ~s** un fauteuil d'orchestre. -**6.** *Am* [in parking lot] emplacement *m (de parking)*. -**7.** [for finger] doigtier *m*. -**8.** AERON décrochage *m*; AUT calage *m (du moteur)*; **the aircraft went into a ~** l'avion a décroché. -**9.** [delaying tactic] manœuvre *f* dilatoire; [pretext] prétexte *m*.

◇ *vi* -**1.** [motor, vehicle, driver] caler; [plane] décrocher; [pilot] faire décrocher son avion. -**2.** [delay]: **to ~ for time** essayer de gagner du temps; **I can ~ for another month** je peux essayer de gagner du temps pendant encore un mois; **I think they're ~ing on the loan until we make more concessions** je crois qu'ils vont retarder le prêt jusqu'à ce que nous leur fassions davantage de concessions.

◇ *vt* -**1.** [motor, vehicle] caler; [plane] faire décrocher. -**2.** [delay - sale, decision] retarder; [- person] faire attendre; **try to ~ him (off)!** essayez de gagner du temps!; **I'll ~ her in the lobby while you grab a taxi** je la retiendrai dans le hall le temps que tu sautes dans un taxi; **I can't ~ them (off) for much longer** je ne peux guère les faire attendre plus longtemps; **the project/his career is ~ed** le projet/sa carrière en est au point mort; **we managed to ~ the enemy's advance** on a réussi à retarder la progression de l'ennemi. -**3.** [animal] mettre à l'étable.

stall-fed *adj* AGR engraissé à l'étable.

stallholder ['stɔːl,həʊldəʳ] *n* [in market] marchand *m*, -e *f* de OR des quatre-saisons; [in fair] forain *m*, -e *f*; [in exhibition] exposant *m*, -e *f*.

stalling ['stɔːlɪŋ] ◇ *n (U)* atermoiements *mpl*, manœuvres *fpl* dilatoires.

◇ *adj*: **~ tactic** manœuvre *f* dilatoire.

stallion ['stæljən] *n* étalon *m (cheval)*.

stalwart ['stɔːlwət] ◇ *adj* [person] robuste; [citizen, fighter] vaillant, brave; [work, worker] exemplaire; **he was a ~ supporter of the England team** c'était un supporter inconditionnel de l'équipe d'Angleterre.

◇ *n* fidèle *mf*; **the party ~s** les fidèles du parti.

stamen ['steɪmən] (*pl* **stamens** OR **stamina** ['stæmɪnə]) *n* BOT étamine *f*.

stamina ['stæmɪnə] *n* [physical] résistance *f*, endurance *f*; [mental] force *f* intérieure, résistance *f*; **to build up one's ~** SPORT développer son endurance; **she has more ~ than he does** elle est plus résistante que lui.

stammer ['stæməʳ] ◇ *vi* [through fear, excitement] balbutier, bégayer; [through speech defect] bégayer, être bègue.

◇ *vt* bredouiller, bégayer; **I managed to ~ (out) an apology** j'ai réussi à bredouiller des excuses.

◇ *n* [through fear, excitement] balbutiement *m*, bégaiement *m*; [through speech defect] bégaiement *m*; **to have a ~** bégayer, être bègue; **he has a bad ~** il est affligé d'un bégaiement prononcé.

stammerer ['stæmərəʳ] *n* bègue *mf*.

stammering ['stæmərɪŋ] *n* [through fear, excitement] bégaiement *m*, balbutiement *m*; [speech defect] bégaiement *m*.

stammeringly ['stæmərɪŋlɪ] *adv* en bégayant, en bredouillant.

stamp [stæmp] ◇ *n* -**1.** [sticker, token] timbre *m*; **fiscal OR revenue ~** timbre fiscal; **UNESCO ~s** timbres de l'Unesco; **television (licence) ~** timbre pour la redevance ❑ **(national insurance) ~** *Br* cotisation *f* de sécurité sociale; **(postage) ~** timbre, timbre-poste *m*; **the Stamp Act** *Am* HIST le Stamp Act; **trading ~** COMM vignette-épargne *f*, timbre-prime *m*. -**2.** [instrument - rubber stamp] tampon *m*, timbre *m*; [- for metal] poinçon *m*, [- for leather] fer *m*; **date ~** tampon dateur. -**3.** [mark, impression - in passport, library book etc] cachet *m*, tampon *m*; [- on metal] poinçon *m*; [- on leather] motif *m*; [- on antique] estampille *f*; [postmark] cachet *m* (d'oblitération de la poste); **he has an Israeli ~ in his passport** il a un visa israélien sur son passeport; **silversmith's ~** poinçon d'orfèvre; **~ of approval** *fig* approbation *f*, aval *m*. -**4.** [distinctive trait] marque *f*, empreinte *f*; **a work which bears the ~ of originality** une œuvre qui porte l'empreinte de l'originalité; **his story had the ~ of authenticity** son histoire semblait authentique; **poverty has left its ~ on him** la pauvreté a laissé son empreinte sur lui OR l'a marqué de son sceau; **their faces bore the ~ of despair** le désespoir se lisait sur leur visage. -**5.** [type, ilk, class] genre *m*, acabit *m pej*; [calibre] trempe *f*; **we need more teachers of his ~** nous avons besoin de plus d'enseignants de sa trempe; **of the old ~** [servant, worker] comme on n'en fait plus; [doctor, disciplinarian] de la vieille école. -**6.** [noise - of boots] bruit *m* (de bottes); [- of audience] trépignement *m*; **"no!", he cried with an angry ~ of his foot** «non!», cria-t-il rageusement en tapant du pied.

◇ *comp* [album, collection] de timbres, de timbres-poste.

◇ *vt* -**1.** [envelope, letter] timbrer, affranchir. -**2.** [mark - document] tamponner; [- leather, metal] estamper; **he ~ed the firm's name on each document** il a tamponné le nom de la société sur chaque document; **incoming mail is ~ed with the date received** le courrier qui arrive est tamponné à la date de réception; **the machine ~s the time on your ticket** la machine marque OR poinçonne l'heure sur votre ticket; **it's ~ed "fragile"** c'est marqué «fragile»; **the belt has a ~ed design** la ceinture porte un motif estampé. -**3.** [affect, mark - society, person] marquer; **as editor she ~ed her personality on the magazine** comme rédactrice en chef, elle a marqué la revue du sceau de sa personnalité. -**4.** [characterise, brand] étiqueter; **recent events have ~ed the president as indecisive** le président a été taxé d'indécision au vu des derniers événements; **her actions ~ed her as a pacifist in the eyes of the public** son action lui a valu une réputation de pacifiste. -**5.** [foot]: **she ~ed her foot in anger** furieuse, elle tapa du pied; **the audience were ~ing their feet and booing** la salle trépignait et sifflait; **they were ~ing their feet to keep warm** ils sautillaient sur place pour se réchauffer; **he ~ed the snow off his boots** il a tapé du pied pour enlever la neige de ses bottes.

◇ *vi* -**1.** [in one place - person] taper du pied; [- audience] trépigner; [- horse] piaffer; **I ~ed on his fingers** je lui ai marché sur les doigts; **he ~ed on the rotten plank and it broke** il a tapé du pied sur la planche pourrie et elle s'est cassée. -**2.** [walk]: **to ~ in/out** [noisily] entrer/sortir bruyamment; [angrily] entrer/sortir en colère; **he ~ed up the stairs** il monta l'escalier d'un pas lourd; **they were ~ing about** OR **around to keep warm** ils sautillaient sur place pour se réchauffer.

◆ **stamp down** *vt sep* [loose earth, snow] tasser avec les pieds; [peg] enfoncer du pied.

◆ **stamp on** *vt insep* [rebellion] écraser; [dissent, protest] étouffer; [proposal] repousser.

◆ **stamp out** *vt sep* -**1.** [fire] éteindre avec les pieds OR en piétinant. -**2.** [end - disease, crime] éradiquer; [- strike, movement] supprimer; [- dissent, protest] étouffer; [- ideas, corruption] extirper. -**3.** [hole] découper (à l'emporte-pièce); [medal] frapper; [pattern] estamper.

THE STAMP ACT:

Impôt britannique auquel furent soumises les colonies américaines à partir de 1765. Portant sur un certain nombre de publications, dont les actes juridiques et les journaux, il doit son nom au timbre justifiant de son acquittement. Premier impôt direct levé par la Couronne, il souleva une violente opposition chez les colons, qui obtinrent sa suppression un an plus tard.

---

stamp book *n* -**1.** [of postage stamps] carnet *m* de timbres OR de timbres-poste. -**2.** [for trading stamps] carnet *m* pour coller les vignettes-épargnes; **I got the toaster for ten ~s** j'ai eu le grille-pain avec dix carnets de vignettes.

stamp collecting *n* philatélie *f.*

stamp collector *n* collectionneur *m*, -euse *f* de timbres OR de timbres-poste, philatéliste *mf.*

stamped [stæmpt] *adj* [letter, envelope] timbré; **send a ~ addressed envelope** envoyez une enveloppe timbrée portant vos nom et adresse.

stampede [stæm'pi:d] ◇ *n* -**1.** [of animals] fuite *f*, débandade *f*; **what started the ~?** qu'est-ce qui a provoqué cette débandade? -**2.** [of people - flight] sauve-qui-peut *m inv*, débandade *f*; [- rush] ruée *f*; **there was a ~ for seats** il y a eu une ruée vers OR sur les sièges; **there's been a ~ to buy up the share issue** les acheteurs se sont précipités OR se sont jetés sur la souscription.

◇ *vi* [flee] s'enfuir (pris d'affolement); [rush] se ruer, se précipiter; **the cattle ~d across the river** pris d'affolement, le bétail a traversé la rivière; **shoppers ~d for the sales counters** les clients se sont rués OR se sont précipités vers les rayons des soldes; **the children came stampeding along the corridor** les enfants se sont rués dans le couloir.

◇ *vt* -**1.** [animals] faire fuir; [crowd] semer la panique dans. -**2.** [pressurize] forcer la main à; **don't let yourself be ~d into anything** ne vous laissez pas forcer la main.

stamping ground *inf* ['stæmpɪŋ-] *n* lieu *m* favori.

stance [stæns] *n* -**1.** [physical posture] posture *f*; **she altered her ~ slightly** elle changea légèrement de position; **he took up a boxer's ~** il adopta la position d'un boxeur; **he took up his usual ~ in front of the fire** il s'est planté devant le feu à sa place habituelle; **widen your ~** SPORT écartez les jambes. -**2.** [attitude] position *f*; **to adopt** OR **to take a tough ~ on sthg** adopter OR prendre une position ferme sur qqch.

stanch [stɑ:ntʃ] *Am* = **staunch** *vt.*

stanchion ['stænʃn] *n* -**1.** [post] étai *m*, étançon *m*; [in window] montant *m*. -**2.** [for cow] attache *f.*

stand [stænd] (*pt* & *pp* **stood** [stʊd]) ◇ *vi*

A. -**1.** [rise to one's feet] se lever, se mettre debout; **he refused to ~ for the national anthem** il a refusé de se lever pendant l'hymne national. -**2.** [be on one's feet] être OR se tenir debout; **I've been ~ing all day** je suis resté debout toute la journée; **I had to ~ all the way** j'ai dû voyager debout pendant tout le trajet; **she was so tired she could hardly ~** elle était si fatiguée qu'elle avait du mal à tenir debout OR sur ses jambes; **wear flat shoes if you have to ~ a lot** portez des chaussures à talons plats si vous devez rester debout pendant des heures; **I don't mind ~ing** ça ne me gêne pas de rester debout || [in a specified location] être (debout), rester (debout); **don't ~ near the edge** ne restez pas près du bord; **don't just ~ there, do something!** ne restez pas là à ne rien faire!; **~ clear!** écartez-vous!; **I saw her ~ing at the window** je l'ai vue (debout) à la fenêtre; **do you see that man ~ing over there?** vous voyez cet homme là-bas?; **where should I ~? — beside Yvonne** où devrais-je me mettre? — à côté d'Yvonne; **I'll be ~ing outside the theatre** j'attendrai devant le théâtre; **small groups of men stood talking at street corners** des hommes discutaient par petits groupes au coin des rues; **he was ~ing at the bar** il était debout au comptoir; **is there a chair I can ~ on?** y a-t-il une chaise sur laquelle je puisse monter?; **they were ~ing a little way off/in the wings** ils se tenaient un peu à l'écart/dans les coulisses; **excuse me, you're ~ing on my foot** excusez-moi, vous me marchez sur le pied; **to ~ in line** *Am* faire la queue; **~ in the corner!** SCH au coin! || [in a specified posture] se tenir; **to ~ upright** OR **erect** se tenir droit; **he was so nervous he couldn't ~ still** il était si nerveux qu'il ne tenait pas en place; **I stood perfectly still, hoping they wouldn't see me** je me suis figé sur place en espérant qu'ils ne me verraient pas; **~ still!** ne bougez pas!, ne bougez plus!; **~ with your feet apart** écartez les pieds; **the heron was ~ing on one leg** le héron se tenait debout sur une patte; **to ~ on tiptoe** se tenir sur la pointe des pieds ❑ **~ and deliver!** la bourse ou la vie! -**3.** [be upright - post, target etc] être debout; **not a stone was left ~ing** il ne restait plus une seule pierre debout; **the aqueduct has stood for centuries** l'aqueduc est là depuis des siècles; **the wheat stood high** les blés étaient hauts. -**4.** [be supported, be mounted] reposer; **the coffin stood on trestles** le cercueil reposait sur des tréteaux; **the house ~s on solid foundations** la maison repose OR est bâtie sur des fondations solides; **this argument ~s on three simple facts** *fig* ce raisonnement repose sur trois simples faits. -**5.** [be located - building, tree, statue] se trouver; [- clock, vase, lamp] être, être posé; **the fort ~s on a hill** la forteresse se trouve en haut d'une colline; **this is where the city gates once stood** c'est ici qu'autrefois se dressaient les portes de la ville; **the piano stood in the centre of the room** le piano était au centre OR occupait le centre de la pièce; **the bottles stood in rows of five** les bouteilles étaient disposées en rangées de cinq; **do you see the lorry ~ing next to my car?** vous voyez le camion qui est à côté de ma voiture?; **a wardrobe stood against one wall** il y avait une armoire contre un mur.

B. -**1.** [indicating current state of affairs, situation] être; **how do things ~?** où en est la situation?; **I'd like to know where I ~ with you** j'aimerais savoir où en sont les choses entre nous; **as things ~** telles que les choses se présentent; **he's dissatisfied with the contract as it ~s** il n'est pas satisfait du contrat tel qu'il a été rédigé; **just print the text as it ~s** faites imprimer le texte tel quel; **he ~s accused of rape** il est accusé de viol; **she ~s alone in advocating this approach** elle est la seule à préconiser cette approche; **I ~ corrected** je reconnais m'être trompé OR mon erreur; **the doors stood wide open** les portes étaient grandes ouvertes; **I've got a taxi ~ing ready** j'ai un taxi qui attend; **the police are ~ing ready to intervene** la police se tient prête à intervenir; **the party ~s united behind him** le parti est uni derrière lui; **no-one ~s above the law** personne n'est au-dessus des lois; **to ~ at** [gauge, barometer] indiquer; [score] être de; [unemployment] avoir atteint; **their turnover now ~s at three million pounds** leur chiffre d'affaires atteint désormais les trois millions de livres; **the exchange rate ~s at 5 francs to the dollar** le taux de change est de 5 francs pour un dollar; **nothing stood between her and victory** rien ne pouvait désormais l'empêcher de remporter la victoire; **it's the only thing ~ing between us and financial disaster** c'est la seule chose qui nous empêche de sombrer dans un désastre financier; **he ~s in danger of losing his job** il risque de perdre son emploi; **I stood lost in admiration** j'en suis resté béat d'admiration ❑ **to ~ in sb's way** *literal* être sur le chemin de qqn; *fig* gêner qqn; **don't ~ in my way!** ne reste pas sur mon chemin!; **nothing ~s in our way now** maintenant, la voie est libre; **if you want to leave school I'm not going to ~ in your way** si tu veux quitter l'école, je ne m'y opposerai pas; **it's his lack of experience that ~s in his way** c'est son manque d'expérience qui le handicape; **their foreign debt ~s in the way of economic recovery** leur dette extérieure constitue un obstacle à la reprise économique; **her pride is the only thing ~ing in the way of their reconciliation** son orgueil est le seul obstacle à leur réconciliation. -**2.** [remain] rester; [be left undisturbed - marinade, dough] reposer; [- tea] infuser; **the machines stood idle** les machines étaient arrêtées; **the houses stood empty awaiting demolition** les maisons, vidées de leurs occupants, attendaient d'être démolies; **time stood still** le temps semblait s'être arrêté; **the car has been ~ing in the garage for a year** ça fait un an que la voiture n'a pas bougé du garage; **the champion ~s unbeaten** le champion reste invaincu; **his theory stood unchallenged for a decade** pendant dix ans, personne n'a remis en cause sa théorie; **I've decided to let my flight reservation ~** j'ai décidé de ne pas changer ma réservation d'avion; **let the mixture ~ until the liquid is clear** laissez reposer le mélange jusqu'à ce que le liquide se clarifie. -**3.** [be valid, effective - offer, law] rester valable; [- decision] rester inchangé; **my invitation still ~s** vous êtes toujours le bienvenu; **the verdict ~s unless there's an appeal** le jugement reste valable à moins que l'on ne fasse appel; **even with this new plan, our objection still ~s** ce nouveau projet ne remet pas en cause notre objection première.

C. -**1.** [measure - person, tree] mesurer; **she ~s 5 feet in her stocking feet** elle mesure moins de 1,50 m pieds nus; **the building ~s ten storeys high** l'immeuble compte dix étages. -**2.** [rank] se classer, compter; **this hotel ~s among the best in the world** cet hôtel figure parmi les meilleurs du monde; **she ~s first/last in her class** *Am* elle est la première/la dernière de sa classe; I know she ~s high in your opinion je sais que tu as une très bonne opinion d'elle; for price and quality, it ~s high on my list en ce qui concerne le prix et la qualité, je le range OR le compte parmi les meilleurs. -3. [on issue]: how OR where does he ~ on the nuclear issue? quelle est sa position OR son point de vue sur la question nucléaire?; you ought to tell them where you ~ vous devriez leur faire part de votre position. -4. [succeed]: the government will ~ or fall on the outcome of this vote le maintien ou la chute du gouvernement dépend du résultat de ce vote □ united we ~, divided we fall l'union fait la force. -5. [be likely]: to ~ to lose risquer de perdre; to ~ to win avoir des chances de gagner; they ~ to make a huge profit on the deal ils ont des chances de faire un bénéfice énorme dans cette affaire. -6. *Br* [run in election] se présenter, être candidat; she stood for Waltham elle a été candidate à la circonscription de Waltham; will he ~ for re-election? va-t-il se représenter aux élections?; she's ~ing as an independent elle se présente en tant que candidate indépendante. -7. *Am* [stop] se garer *(pour un court instant)*; 'no ~ing' 'arrêt interdit'. -8. *Am* [pay] payer la tournée; you're ~ing c'est ta tournée.

◇ *vt* -1. [set, place] mettre, poser; he stood the boy on a chair il a mis le garçon debout sur une chaise; she stood her umbrella in the corner elle a mis son parapluie dans le coin; to ~ sthg on (its) end faire tenir qqch debout; help me ~ the bedstead against the wall aide-moi à dresser le sommier contre le mur. -2. [endure, withstand] supporter; his heart couldn't ~ the shock son cœur n'a pas résisté au OR n'a pas supporté le choc; it will ~ high temperatures without cracking cela peut résister à OR supporter des températures élevées sans se fissurer; how much weight can the bridge ~? quel poids le pont peut-il supporter?; the motor wasn't built to ~ intensive use le moteur n'a pas été conçu pour supporter un usage intensif; wool carpeting can ~ a lot of hard wear une moquette en laine est beaucoup plus solide; she's not strong enough to ~ another operation elle n'est pas assez forte pour supporter une nouvelle opération || *fig*: he certainly doesn't ~ comparison with Bogart il n'est absolument pas possible de le comparer avec Bogart; their figures don't ~ close inspection leurs chiffres ne résistent pas à un examen sérieux. -3. [put up with, bear - toothache, cold] supporter; [- behaviour] supporter, tolérer; I can't ~ it any longer! je n'en peux plus!; how can you ~ working with him? comment est-ce que vous faites pour OR comment arrivez-vous à travailler avec lui?; I've had as much as I can ~ of your griping! j'en ai assez de tes jérémiades!; I can't ~ (the sight of) him! je ne peux pas le supporter!, je ne peux pas le voir en peinture!; she can't ~ Wagner/smokers/flying elle déteste Wagner/les fumeurs/prendre l'avion. -4. *inf* [do with, need] supporter, avoir besoin de; oil company profits could certainly ~ a cut une diminution de leurs bénéfices ne ferait aucun mal aux compagnies pétrolières; he could ~ a bath! un bain ne lui ferait pas de mal!; could I ~ a drink! *Am* je ne dirais pas non à un verre! -5. [perform duty of] remplir la fonction de; to ~ witness for sb [at marriage] être le témoin de qqn. -6. *inf* [treat to]: to ~ sb a meal payer un repas à qqn; I'll ~ you a drink *Br*, I'll ~ you to a drink *Am* je t'offre un verre. -7. *phr*: to ~ a chance (of doing sthg) avoir de bonnes chances (de faire qqch); you don't ~ a chance! vous n'avez pas la moindre chance!; the plans ~ little chance of being approved les projets ont peu de chances d'être approuvés.

◇ *n* -1. [stall, booth - gen] stand *m*; [- in exhibition] stand *m*; [- in market] étal *m*, éventaire *m*; [- for newspapers] kiosque *m*; a shooting ~ un stand de tir. -2. [frame, support - gen] support *m*; [- for lamp, sink] pied *m*; [- on bicycle, motorbike] béquille *f*; [- for pipes, guns] râtelier *m*; COMM [- for magazines, sunglasses] présentoir *m*; [lectern] lutrin *m*; bicycle ~ [in street] râtelier à bicyclettes; plant ~ sellette *f*; plate ~ support à assiette, présentoir; revolving ~ COMM tourniquet *m*, présentoir rotatif; umbrella ~ porte-parapluies *m inv*. -3. [platform - gen] plate-forme *f*; [- for speaker] tribune *f*; [pulpit] chaire *f*. -4. [in sports ground] tribune *f*; the ~s roared un rugissement s'éleva des tribunes OR des gradins. -5. [for taxis]: (taxi) ~ station *f* de taxis. -6. *Am* [in courtroom] barre *f*; the first witness took the ~ le premier témoin est venu à la barre. -7. *literal & fig* [position] position *f*; to take a ~ on sthg prendre position à propos de qqch; what's your ~ on the issue? quelle est votre position sur la question?; he refuses to take a ~ il refuse de prendre position. -8. MIL & *fig* [defensive effort] résistance *f*, opposition *f*; they made a ~ at the foot of the hill ils ont résisté au pied de la colline; Custer's last ~ HIST la dernière bataille de Custer. -9. [of trees] bosquet *m*, futaie *f*; [of crop] récolte *f* sur pied; a fine ~ of corn un beau champ de blé; a ~ of bamboo un massif de bambous.

◆ **stand about** *Br*, **stand around** *vi insep* rester là, traîner *pej*; we stood about OR around waiting for the flight announcement nous restions là à attendre que le vol soit annoncé; the prisoners stood about OR around in small groups les prisonniers se tenaient par petits groupes; after Mass, the men ~ about OR around in the square après la messe, les hommes s'attardent sur la place; I'm not just going to ~ about waiting for you to make up your mind! je n'ai pas l'intention de poireauter là en attendant que tu te décides!

◆ **stand aside** *vi insep* [move aside] s'écarter; ~ aside, someone's fainted! écartez-vous, quelqu'un s'est évanoui!; he politely stood aside to let us pass il s'écarta OR s'effaça poliment pour nous laisser passer; to ~ aside in favour of sb [gen] laisser la voie libre à qqn; POL se désister en faveur de qqn.

◆ **stand back** *vi insep* -1. [move back] reculer, s'écarter; ~ back from the doors! écartez-vous des portes!; she stood back to look at herself in the mirror elle recula pour se regarder dans la glace; the painting is better if you ~ back from it le tableau est mieux si vous prenez du recul. -2. [be set back] être en retrait OR à l'écart; the house ~s back from the road la maison est en retrait de la route. -3. [take mental distance] prendre du recul; I need to ~ back and take stock j'ai besoin de prendre du recul et de faire le point.

◆ **stand by** ◇ *vi insep* -1. [not intervene] rester là (sans rien faire); how could you just ~ by and watch them mistreat that poor dog? comment as-tu pu rester là à les regarder maltraiter ce pauvre chien sans intervenir?; I stood by helplessly while they searched the room je restais là, impuissant, pendant qu'ils fouillaient la pièce. -2. [be ready - person] être OR se tenir prêt; [- vehicle] être prêt; [- army, embassy] être en état d'alerte; the riot squad was ~ing by to disperse the crowd la brigade antiémeutes se tenait prête à disperser la foule; we have an oxygen machine ~ing by nous avons une machine à oxygène prête en cas d'urgence; ~ by! attention!; ~ by for takeoff préparez-vous pour le décollage; ~ by to receive RADIO prenez l'écoute; ~ing by for orders! MIL à vos ordres!

◇ *vt insep* -1. [support - person] soutenir; I'll ~ by you through thick and thin je te soutiendrai OR je resterai à tes côtés quoi qu'il arrive. -2. [adhere to - promise, word] tenir; [- decision, offer] s'en tenir à; to ~ by an agreement respecter un accord; I ~ by my original analysis of the situation je m'en tiens à ma première analyse de la situation.

◆ **stand down** ◇ *vi insep* -1. *Br* POL [withdraw] se désister; [resign] démissionner; will he ~ down in favour of a younger candidate? va-t-il se désister en faveur d'un candidat plus jeune? -2. [leave witness box] quitter la barre; you may ~ down, Mr Simms vous pouvez quitter la barre, M. Simms. -3. MIL [troops] être déconsigné *(en fin d'alerte)*; ~ down! [after drill] rompez (les rangs)!

◇ *vt sep* [workers] licencier.

◆ **stand for** *vt insep* -1. [represent] représenter; what does DNA ~ for? que veut dire l'abréviation ADN?; the R ~s for Ryan le R signifie Ryan; the dove ~s for peace la colombe symbolise OR signifie la paix; we want our name to ~ for quality and efficiency nous voulons que notre nom soit synonyme de qualité et d'efficacité; she supports the values and ideas the party once stood for elle soutient les valeurs et les idées qui furent autrefois celles du parti; I detest everything that they ~ for! je déteste tout ce qu'ils représentent! -2. [tolerate] tolérer, supporter; [allow] permettre; I'm not going to ~ for it! je ne le tolérerai OR permettrai pas!

◆ **stand in** *vi insep* assurer le remplacement; to ~ in for sb remplacer qqn.

◆ **stand off** ◇ *vi insep* -1. [move away] s'écarter. -2. NAUT [take up position] croiser; [sail away] mettre le cap au large.

◇ *vt sep Br* [workers] mettre en chômage technique.

◇ *vt insep* NAUT [coast, island] croiser au large de; they have an aircraft carrier ~ing off Aden ils ont un porte-avions qui croise au large d'Aden.

◆ **stand out** *vi insep* -1. [protrude - vein] saillir; [- ledge] faire saillie, avancer; the veins in his neck stood out les veines de son cou saillaient OR étaient gonflées. -2. [be clearly visible - colour, typeface] ressortir, se détacher; [- in silhouette] se découper; the pink ~s out against the green background le rose ressort OR se détache sur le fond vert; the masts stood out against the sky les mâts se découpaient OR se dessinaient contre le ciel; the name on the truck stood out clearly le nom sur le camion était bien visible. -3. [be distinctive] ressortir, se détacher; this one book ~s out from all his others ce livre-ci surclasse tous les autres livres qu'il a écrits; there is no one issue which ~s out as being more important than the others il n'y a pas une question qui soit plus importante que les autres; she ~s out above all the rest elle surpasse OR surclasse tous les autres; I don't like to ~ out in a crowd je n'aime pas me singulariser; the day ~s out in my memory cette journée est marquée d'une pierre blanche dans ma mémoire. -4. [resist, hold out] tenir bon, tenir; they won't be able to ~ out for long ils ne pourront pas tenir OR résister longtemps; to ~ out against [attack, enemy] résister à; [change, tax increase] s'opposer avec détermination à; to ~ out for sthg revendiquer qqch; they are ~ing out for a pay increase/for better working conditions ils réclament une augmentation de salaire/de meilleures conditions de travail.

◆ **stand over** ◇ *vt insep* [watch over] surveiller; I can't work with someone ~ing over me je ne peux pas travailler quand quelqu'un regarde par-dessus mon épaule; she stood over him until he'd eaten every last bit elle ne l'a pas lâché avant qu'il ait mangé la dernière miette.

◇ *vt sep Br* [postpone] remettre (à plus tard); I'd prefer to ~ this discussion over until we have more information je préférerais remettre cette discussion jusqu'à ce que nous disposions de plus amples renseignements.

◇ *vi insep Br* être remis (à plus tard); we have two items ~ing over from the last meeting il nous reste deux points à régler depuis la dernière réunion.

◆ **stand to** *vi insep* MIL se mettre en état d'alerte; ~ to! à vos postes!

◆ **stand up** ◇ *vi insep* -1. [rise to one's feet] se lever, se mettre debout; she stood up to offer me her seat elle se leva pour m'offrir sa place □ to ~ up and be counted avoir le courage de ses opinions. -2. [be upright] être debout; I can't get the candle to ~ up straight je n'arrive pas à faire tenir la bougie droite. -**3.** [last] tenir, résister; **how is that repair job ~ing up?** est-ce que cette réparation tient toujours? -**4.** [be valid - argument, claim] être valable, tenir debout; **his evidence won't ~ up in court** son témoignage ne sera pas valable en justice.

◇ *vt sep* -**1.** [set upright - chair, bottle] mettre debout; **they stood the prisoner up against a tree** ils ont adossé le prisonnier à un arbre; **~ the ladder up against the wall** mettez OR appuyez l'échelle contre le mur. -**2.** *inf* [fail to meet] poser un lapin à, faire faux bond à; **I was stood up twice in a row** on m'a posé un lapin deux fois de suite.

◆ **stand up for** *vt insep* défendre; **to ~ up for o.s.** se défendre.

◆ **stand up to** *vt insep*: **to ~ up to sthg** résister à qqch; **to ~ up to sb** tenir tête à OR faire face à qqn; **he's too weak to ~ up to her** il est trop faible pour lui tenir tête; **she had a hard time ~ing up to their criticism** ça ne lui a pas été facile de faire face à leurs critiques; **her hypothesis doesn't ~ up to empirical testing** son hypothèse ne résiste pas à la vérification expérimentale.

stand-alone *adj* COMPUT [system] autonome; **it has ~ capability** ça peut fonctionner de façon autonome.

standard ['stændəd] ◇ *n* -**1.** [norm] norme *f*; [level] niveau *m*; [criterion] critère *m*; **most of the goods are** OR **come up to ~** la plupart des marchandises sont de qualité satisfaisante; **your work isn't up to ~** OR **is below ~** votre travail laisse à désirer; **he sets high ~s for himself** il est très exigeant avec lui-même; **to set quality ~s for a product** fixer des normes de qualité pour un produit; **it's an airline with high safety ~s** cette compagnie aérienne a des règles de sécurité très strictes; **their salaries are low by European ~s** leurs salaires sont bas par rapport aux salaires européens; **she's an Olympic ~ swimmer** c'est une nageuse de niveau olympique; **it's a difficult task by any ~** OR **by anybody's ~s** c'est indiscutablement une tâche difficile; **we apply the same ~s to all candidates** nous jugeons tous les candidats selon les mêmes critères; **their only ~ of success is money** leur unique critère de réussite, c'est l'argent; **we don't have the same aesthetic ~s** nous n'avons pas les mêmes valeurs esthétiques ❑ **~ of living** niveau de vie. -**2.** [moral principle] principe *m*; **I won't do it! I have my ~s!** je ne le ferai pas! j'ai des principes!; **to have high moral ~s** avoir de grands principes moraux. -**3.** [for measures, currency - model] étalon *m*; [in coins - proportion] titre *m*. -**4.** [established item] standard *m*; [tune] standard *m*; **a jazz ~** un classique du jazz. -**5.** *Am* [car]: **I can't drive a ~** je ne sais conduire que les voitures à boîte de vitesse automatique. -**6.** [flag] étendard *m*; [of sovereign, noble] bannière *f*; **under the ~ of Liberty** *fig* sous l'étendard de la liberté. -**7.** [support - pole] poteau *m*; [- for flag] mât *m*; [- for lamp] pied *m*; [- for power-line] pylône *m*. -**8.** *Br* [lamp] lampadaire *m* (de salon). -**9.** AGR & HORT [fruit tree] haute-tige *f*. -**10.** BOT [petal] étendard *m*. -**11.** *Br dated* SCH [class] classe *f*.

◇ *adj* -**1.** [ordinary, regular - gen] normal; [- model, size] standard; **they come in three ~ sizes** ils existent en trois tailles standard; **catalytic converters are now ~ features** les pots catalytiques sont désormais la norme; **the ~ return fare is $500** l'aller-retour au tarif normal coûte 500 dollars; **what's the ~ tip?** que laisse-t-on normalement comme pourboire?; **there's a ~ procedure for reporting accidents** il y a une procédure bien établie pour signaler les accidents; **any ~ detergent will do** n'importe quel détergent usuel fera l'affaire; **an apartment with all the ~ amenities** un appartement doté de tout le confort moderne; **it was just a ~ hotel room** c'était une chambre d'hôtel ordinaire; **she has a ~ speech for such occasions** elle a un discours tout prêt pour ces occasions; **~ gear shift** *Am* AUT changement *m* de vitesse manuel. -**2.** [measure - metre, kilogramme etc] étalon *(inv)*. -**3.** [text, work] classique, de base; **the ~ works in English poetry** les ouvrages classiques de la poésie anglaise; **it's the ~ work on the Reformation** c'est l'ouvrage de base sur la Réforme. -**4.** LING [pronunciation, spelling etc] standard; **~ English** l'anglais correct. -**5.** AGR & HORT [fruit tree, shrub] à haute tige; **~ rose** rose *f* tige.

standard bearer *n* -**1.** [of cause] porte-drapeau *m*; [of political party] chef *m* de file. -**2.** [of flag] porte-étendard *m*.

standard deviation *n* [in statistics] écart-type *m*.

standard gauge RAIL *n* voie *f* normale, écartement *m* normal.

◆ **standard-gauge** *adj* [line] à voie normale; [carriage, engine] pour voie normale.

standardization [,stændədaɪ'zeɪʃn] *n* -**1.** [gen] standardisation *f*; [of dimensions, terms etc] normalisation *f*. -**2.** TECH [verification] étalonnage *m*.

standardize, -ise ['stændədaɪz] *vt* -**1.** [gen] standardiser; [dimensions, products, terms] normaliser; **~d parts** pièces *fpl* standardisées OR standard. -**2.** TECH [verify] étalonner.

standard lamp *n Br* lampadaire *m* (de salon).

standard time *n* heure *f* légale.

standaway ['stændəweɪ] *adj* [skirt, sleeve] bouffant; **~ collar** *col qui dégage le cou ou les épaules.*

standby ['stændbaɪ] (*pl* **standbys**) ◇ *adj* -**1.** [equipment, provisions etc] de réserve; [generator] de secours; **to be on ~ duty** [doctor] être de garde OR d'astreinte; [flight personnel, emergency repairman] être d'astreinte; [troops, police, firemen] être prêt à intervenir; **the ~ team can take over operations within an hour** l'équipe de secours est prête à prendre le contrôle des opérations en moins d'une heure; **the shortages meant some factories were put on a ~ basis** à cause de la pénurie, certaines usines ont dû ralentir leur rythme de production; **in ~ position** RADIO en écoute. -**2.** AERON [ticket, fare] stand-by *(inv)*; [passenger] stand-by *(inv)*, en attente; **~ list** liste *f* d'attente. -**3.** FIN: **~ credit** crédit *m* stand-by OR de soutien; **~ loan** prêt *m* conditionnel.

◇ *n* -**1.** [substitute - person] remplaçant *m*, -e *f*; THEAT [understudy] doublure *f*; **to be on ~** [doctor] être de garde OR d'astreinte; [flight personnel, emergency repairman] être d'astreinte; [troops, police, firemen] être prêt à intervenir; **we have a repair crew on ~** nous avons une équipe de réparateurs prête à intervenir en cas de besoin; **make sure you have a ~** [equipment] vérifiez que vous en avez un OR une de secours; [person] assurez-vous que vous pouvez vous faire remplacer; **I'll keep the old typewriter as a ~** je garderai la vieille machine à écrire en cas de besoin OR au cas où; **eggs are a great ~ in the kitchen** des œufs sont toujours bons à avoir dans une cuisine; **that story is an old ~ of his** cette histoire lui a beaucoup servi. -**2.** AERON [system] stand-by *m inv*; [passenger] (passager *m*, -ère *f*) stand-by *m inv*; **to be on ~** [passenger] être en stand-by OR sur la liste d'attente.

◇ *adv* [travel] en stand-by.

standee [stæn'diː] *n Am* [in theatre] *spectateur qui n'a pas de place assise*; [in public transport] passager *m*, -ère *f* (qui reste) debout.

stand-in ◇ *n* [gen] remplaçant *m*, -e *f*; CIN [for lighting check] doublure *f*; [stunt person] cascadeur *m*, -euse *f*; THEAT [understudy] doublure *f*; **she asked him to go as her ~** elle lui a demandé de la remplacer.

◇ *adj* [gen] remplaçant; [office worker] intérimaire; [teacher] suppléant, qui fait des remplacements; **we'll need ~ staff during the summer** nous aurons besoin d'intérimaires pendant l'été; **I can't find a ~ speaker for tomorrow's session** je ne trouve personne qui puisse remplacer le conférencier prévu pour demain.

standing ['stændɪŋ] ◇ *adj* -**1.** [upright - position, person, object] debout *(inv)*; **~ room** OR **places** places *fpl* debout; **it was ~ room only at the meeting** il n'y avait plus de places assises OR la salle était pleine à craquer lors de la réunion ❑ **~ lamp** *Am* lampadaire *m* (de salon); **~ ovation** ovation *f*; **to get a ~ ovation** se faire ovationner; **~ stone** menhir *m*. -**2.** [stationary]: **~ jump** SPORT saut *m* à pieds joints; **~ start** SPORT départ *m* debout; AUT départ *m* arrêté; **it reaches 100 mph in 40 seconds from a ~ start** elle va de 0 à 160 km/h en 40 secondes; **~ wave** PHYS onde *f* stationnaire. -**3.** [grain, timber] sur pied; **~ crop** AGR récolte *f* sur pied; BIOL [of plankton] biomasse *f*. -**4.** [stagnant - water] stagnant. -**5.** [permanent - army, offer etc] permanent; [- claim] de longue date; **it's a ~ joke with us** c'est une vieille plaisanterie entre nous ❑ **to pay by ~ order** *Br* payer par prélèvement (bancaire) automatique; **I get paid by ~ order** je reçois mon salaire par virement bancaire; **~ orders** *Br* POL règlement *m* intérieur *(d'une assemblée délibérative)*.

◇ *n* -**1.** [reputation] réputation *f*; [status] standing *m*; **a man of your ~ needs to be more careful** un homme de votre standing se doit d'être plus prudent; **an economist of considerable ~** un économiste de grand renom OR très réputé; **people of lower/higher social ~** des gens d'une position sociale moins/plus élevée; **they are a family of some ~ in the community** c'est une famille qui jouit d'une certaine position dans la communauté; **enquiries were made into his financial ~** on a enquêté sur sa situation financière; **Mr Pym is a client in good ~ with our bank** M. Pym est un client très estimé de notre banque; **the scandal has damaged the company's ~ in the eyes of the public** le scandale a nui à la réputation de la société auprès du public. -**2.** [ranking] rang *m*, place *f*; SCH & SPORT [ordered list] classement *m*; **her ~ in the opinion polls is at its lowest yet** sa cote de popularité dans les sondages est au plus bas; **the ~s in the Senate are Liberals 62 seats and Conservatives 30** la répartition des sièges au Sénat est de 62 sièges pour les libéraux et 30 pour les conservateurs; **what's their ~ in the league table?** quel est leur classement dans le championnat? -**3.** [duration] durée *f*; **of long ~** de longue date; **of 15 years' ~** [collaboration, feud] qui dure depuis 15 ans; [treaty, account] qui existe depuis 15 ans; [friend, member] depuis 15 ans; **an employee of 10 years' ~** un salarié qui a 10 ans d'ancienneté dans l'entreprise. -**4.** *Am* AUT: **'no ~'** 'arrêt interdit'. -**5.** *Am* JUR position *f* en droit; **homosexuals have no ~ to collect alimony payments** aucune disposition légale n'autorise les homosexuels à toucher une pension alimentaire.

standoff ['stændɒf] *n* -**1.** POL [inconclusive clash] affrontement *m* indécis; [deadlock] impasse *f*; **their debate ended in a ~** leur débat n'a rien donné; **the ~ over the budget is making Wall Street nervous** l'impasse dans laquelle se trouve le budget inquiète Wall Street. -**2.** *Am* SPORT [tie] match *m* nul. -**3.** *Br* [in rugby]: **~ (half)** demi *m* d'ouverture.

standoffish [,stænd'ɒfɪʃ] *adj* distant, froid; **there's no need to be ~** ce n'est pas la peine de prendre cet air supérieur.

standoff missile *n* missile *m* tiré à distance de sécurité.

standpipe ['stændpaɪp] *n* -**1.** [in street - for fire brigade] bouche *f* d'incendie; [- for public] point *m* d'alimentation en eau de secours. -**2.** [in pumping system] tuyau *m* ascendant, colonne *f* d'alimentation.

standpoint ['stændpɔɪnt] *n* point *m* de vue; **try to see the situation from her ~** essayez de voir la situation de son point de vue à elle.

standstill ['stændstɪl] *n* arrêt *m*; **to come to a ~** [vehicle, person] s'immobiliser; [talks, work etc] piétiner; **to bring to a ~** [vehicle, person] arrêter; [talks, traffic] paralyser; **to be at a ~** [talks, career] être au point mort; [traffic] être paralysé; [economy] piétiner, stagner.

stand-up *adj* [collar] droit; [meal] (pris) debout; a ~ **fight** [physical] une bagarre en règle; [verbal] une discussion violente ❑ ~ **comic** OR **comedian** comique *mf (qui se produit seul en scène)*; ~ **counter** OR **diner** *Am* buvette *f*.

stank [stæŋk] *pt* → **stink**.

Stanley knife® ['stænlɪ-] *n* cutter *m*.

stannic ['stænɪk] *adj* stannique.

stanza ['stænzə] *n* -**1.** [in poetry] strophe *f*. -**2.** *Am* SPORT période *f*.

staphylococcus [,stæfɪləʊ'kɒkəs] (*pl* **staphylococci** [-'kɒksaɪ]) *n* staphylocoque *m*.

staple ['steɪpl] ◇ *n* -**1.** [for paper] agrafe *f*. -**2.** [for wire] cavalier *m*, crampillon *m*. -**3.** [foodstuff] aliment *m* OR denrée *f* de base; **kitchen** OR **household** ~**s** provisions *fpl* de base; ~**s are being rationed** en ce moment, les produits de première nécessité sont rationnés. -**4.** COMM & ECON [item] article *m* de base; [raw material] matière *f* première. -**5.** [constituent] partie *f* intégrale; **divorce cases are a** ~ **of his law practice** son cabinet s'occupe essentiellement de divorces. -**6.** TEX fibre *f* artificielle à filer.
◇ *vt* [paper, upholstery etc] agrafer; ~ **the sheets together** agrafez les feuilles; **posters were** ~**d on** OR **onto** OR **to the walls** des posters étaient agrafés aux murs.
◇ *adj* -**1.** [food, products] de base; [export, crop] principal; a ~ **diet of rice and beans** un régime à base de riz et de haricots; **for young children, milk is the** ~ **diet** pour de jeunes enfants, le lait est l'aliment de base; **the** ~ **diet of these TV channels consists of quiz shows and soap operas** *fig* les programmes de ces chaînes de télévision sont essentiellement constitués de jeux et de feuilletons; **their** ~ **commodity is cotton** le coton est leur produit de base; **tanks are a** ~ **feature of conventional warfare** les tanks sont un des éléments de base de la guerre conventionnelle. -**2.** TEX: ~ **fibre** fibre *f* artificielle à filer.

staple gun *n* agrafeuse *f* (professionnelle).

stapler ['steɪplə^r] *n* agrafeuse *f* (de bureau).

staple remover *n* ôte-agrafes *m inv*.

star [stɑː^r] (*pt* & *pp* **starred**, *cont* **starring**) ◇ *n* -**1.** [in sky] étoile *f*; **to sleep (out) under the** ~**s** dormir OR coucher à la belle étoile ❑ **the morning/evening star** l'étoile du matin/du soir; **falling** OR **shooting** ~ étoile filante; **to see** ~**s** voir trente-six chandelles; **The Star** PRESS *nom abrégé du Daily Star*. -**2.** [symbol of fate, luck] étoile *f*; ASTROL astre *m*, étoile *f*; **his** ~ **is rising** son étoile brille chaque jour davantage; **his** ~ **is on the wane** son étoile pâlit; **to be born under a lucky** ~ être né sous une bonne étoile; **I thanked my (lucky)** ~**s I wasn't chosen** j'ai remercié le ciel de ne pas avoir été choisi; **the influence of the** ~**s** l'influence des astres; **what do my** ~**s say today?** *inf* que dit mon horoscope aujourd'hui?; **it's written in the** ~**s** c'est le destin. -**3.** [figure, emblem] étoile *f*; SCH bon point *m*; **the restaurant has gained another** ~ le restaurant s'est vu décerner une étoile supplémentaire ❑ **the Star of David** l'étoile de David; **the Stars and Bars** le drapeau des États Confédérés; **the Stars and Stripes** *le drapeau américain*. -**4.** [asterisk] astérisque *m*. -**5.** [celebrity] vedette *f*, star *f*; **one film won't make him a** ~ un seul film ne fera pas de lui une vedette OR une star; **she was an up-and-coming rock** ~ elle était en train de devenir une grande star du rock; **he's a rising** ~ **in the ecologist movement** il est en train de devenir un personnage important du mouvement écologiste; **to be the** ~ **of the class** être la vedette de la classe ❑ **'A Star Is Born'** *Wellman* 'Une étoile est née'. -**6.** [blaze - on animal] étoile *f*.
◇ *vt* -**1.** CIN & THEAT avoir comme OR pour vedette; **the play starred David Caffrey** la pièce avait pour vedette David Caffrey; **"Casablanca", starring Humphrey Bogart and Ingrid Bergman** «Casablanca», avec Humphrey Bogart et Ingrid Bergman (dans les rôles principaux). -**2.** [mark with asterisk] marquer d'un astérisque. -**3.** *lit* [adorn with stars] étoiler; **candles starred the darkness** des bougies étoilaient l'obscurité; **the bay was starred with sail boats** la baie était parsemée de voiliers.
◇ *vi* CIN & THEAT être la vedette; **who starred with Redford in "The Sting"?** qui jouait avec Redford dans «l'Arnaque»?; **"Othello", with Laurence Olivier starring in the title role** «Othello», avec Laurence Olivier dans le rôle principal; **he's starring in a new TV serial** il est la vedette d'un nouveau feuilleton télévisé.
◇ *comp* -**1.** CIN & THEAT: **the** ~ **attraction of tonight's show** la principale attraction du spectacle de ce soir; **the** ~ **turn** la vedette; **to get** ~ **billing** être en tête d'affiche; **to give sb** ~ **billing** mettre qqn en tête d'affiche; **the hotel gives all its clients** ~ **treatment** cet hôtel offre à sa clientèle un service de première classe. -**2.** [salesman, pupil etc] meilleur; **he's our** ~ **witness** c'est notre témoin-vedette OR notre témoin principal. -**3.** ELEC: ~ **connection** couplage *m* en étoile; ~ **point** point *m* neutre.

-star *in cpds*: **a two**~ **hotel** un hôtel deux étoiles; **a four**~ **general** un général à quatre étoiles; **two**~ **petrol** *Br* (essence *f*) ordinaire *m*; **four**~ **petrol** *Br* super *m*.

star apple *n* pomme *f* étoilée.

starboard ['stɑːbəd] ◇ *n* NAUT tribord *m*; AERON tribord *m*, droite *f*; **to** ~ à tribord; **vessel to** ~**!** navire par tribord!
◇ *adj* NAUT [rail, lights] de tribord; AERON [door, wing] droit, de tribord.
◇ *vt* NAUT: **to** ~ **the helm** OR **rudder** mettre la barre à tribord.

starch [stɑːtʃ] ◇ *n* -**1.** [for laundry] amidon *m*, empois *m*. -**2.** [in cereals] amidon *m*; [in root vegetables] fécule *f*; **try and avoid** ~ OR ~**es** essayez d'éviter les féculents. -**3.** *inf (U)* [formality] manières *fpl* guindées. -**4.** *Am phr*: **to take the** ~ **out of sb** [critic, bully] rabattre le caquet à qqn.
◇ *vt* empeser, amidonner.

Star Chamber *n Br* HIST tribunal *m* correctionnel; *fig* & *pej* tribunal *m* arbitraire OR inquisitorial; **Court of** ~ *tribunal anglais de 1487*.
◆ **star-chamber** *adj pej* [decision] arbitraire; [trial, procedure] arbitraire, inquisitorial; **star-chamber sessions of the town council** des réunions secrètes OR à huis clos du conseil municipal.

COURT OF STAR CHAMBER:
Organe judiciaire anglais mis en place par Henri VII en 1487 dans le but de renforcer l'autorité de son gouvernement. Ce tribunal jouissait d'une grande popularité de par son impartialité et le fait qu'il échappait à la corruption des nobles, les obligeant à se plier à la justice royale.

---

starch-reduced *adj* [bread] de régime; [diet] pauvre en féculents.

starchy ['stɑːtʃɪ] (*compar* **starchier**, *superl* **starchiest**) *adj* -**1.** [diet] riche en féculents; [taste] farineux; ~ **foods** féculents *mpl*. -**2.** *pej* [person] guindé, compassé; **he's so** ~**!** on dirait qu'il a avalé son parapluie!

star-crossed *adj lit* maudit par le sort.

stardom ['stɑːdəm] *n* célébrité *f*, vedettariat *m*; **to rise to** ~ devenir célèbre, devenir une vedette; **he never actively sought** ~ il n'a jamais vraiment couru après la célébrité; **she has been groomed for** ~ on l'a façonnée pour en faire une vedette.

stardust ['stɑːdʌst] *n (U)* [illusions] chimères *fpl*, illusions *fpl*; [sentimentality] sentimentalité *f*; **to have** ~ **in one's eyes** [be deluded] être en proie aux chimères; [be a romantic] être très fleur bleue.

stare [steə^r] ◇ *vi* regarder (fixement); **to** ~ **at sb/sthg** regarder qqn/qqch fixement; **it's rude to** ~**!** ça ne se fait pas de regarder les gens comme ça!; **stop it, people are staring!** arrête, les gens nous regardent!; **I** ~**d into his eyes** je l'ai regardé dans le blanc des yeux; **she** ~**d at me in disbelief** elle m'a regardé avec des yeux incrédules; **to** ~ **in amazement** regarder d'un air ébahi; **he** ~**d straight ahead** il regardait fixement devant lui; **she sat staring into the distance** elle était assise, le regard perdu (au loin); **I** ~**d out of the train window** j'ai regardé longuement par la fenêtre du train; **doesn't being** ~**d at in the street bother you?** ça ne vous gêne pas d'attirer les regards des gens dans la rue?
◇ *vt* -**1.** [intimidate]: **to** ~ **sb into silence** faire taire qqn en le fixant du regard; **her steely eyes** ~**d him into submission** son regard d'acier l'a réduit à l'obéissance. -**2.** *phr*: **the answer is staring you in the face!** mais la réponse saute aux yeux!; **I'd looked everywhere for my keys and there they were staring me in the face** j'avais cherché mes clefs partout alors qu'elles étaient là sous mon nez; **failure was staring us in the face** nous courions à l'échec.
◇ *n* regard *m* (fixe); **to give sb a hostile/an incredulous** ~ fixer qqn d'un regard hostile/incrédule.
◆ **stare out** *Br*, **stare down** *Am vt sep* faire baisser les yeux à.

starfish ['stɑːfɪʃ] (*pl inv* OR **starfishes**) *n* étoile *f* de mer.

stargaze ['stɑːgeɪz] *vi* -**1.** [watch] observer les étoiles. -**2.** [daydream] rêvasser.

stargazer ['stɑːgeɪzə^r] *n* -**1.** [astronomer] astronome *mf*; [astrologer] astrologue *mf*. -**2.** [daydreamer] rêveur *m*, -euse *f*, rêvasseur *m*, -euse *f*. -**3.** [fish] uranoscope *m*.

stargazing ['stɑːgeɪzɪŋ] *n* -**1.** [astronomy] observation *f* des étoiles; [astrology] astrologie *f*; **economists are often accused of indulging in** ~ *fig* on accuse souvent les économistes de tirer des plans sur la comète. -**2.** *(U)* [daydreaming] rêveries *fpl*, rêvasseries *fpl*.

staring ['steərɪŋ] ◇ *adj* [bystanders] curieux; **with** ~ **eyes** [fixedly] aux yeux fixes; [wide-open] aux yeux écarquillés; [blank] aux yeux vides.
◇ *adv* → **stark**.

stark [stɑːk] ◇ *adj* -**1.** [bare, grim - landscape] désolé; [- branches, hills] nu; [- crag, rock] âpre, abrupt; [- room, façade] austère; [- silhouette] net; **in the** ~ **light of day** à la lumière crue du jour; **the chimneys rose in** ~ **relief against the sky** les cheminées se découpaient nettement contre le ciel; **the** ~ **simplicity of the shapes** l'austère dépouillement des formes. -**2.** [blunt - description, statement] cru, sans ambages; [- refusal, denial] catégorique; [harsh - words] dur; **the** ~ **realities of war** les dures réalités de la guerre; **those are the** ~ **facts** ce sont les faits tels qu'ils sont; **the** ~ **realism of her book** le réalisme cru de son livre. -**3.** [utter - brutality, terror] absolu; [- madness] pur; **in** ~ **poverty** dans la misère absolue OR la plus noire; **in** ~ **violation of the ceasefire** en violation flagrante du cessez-le-feu; **their foreign policy success is in** ~ **contrast to the failure of their domestic policies** la réussite de leur politique étrangère contraste nettement avec l'échec de leur politique intérieure.
◇ *adv* complètement; ~ **raving** OR **staring mad** *inf* complètement fou OR dingue; ~ **naked** tout nu.

starkers *inf* ['stɑːkəz] *adj* & *adv Br* à poil.

starkly ['stɑːklɪ] *adv* [describe] crûment; [tell] carrément, sans ambages; [stand out] nettement; **the room was** ~ **lit** la pièce était éclairée par une lumière crue; **in** ~ **realistic terms** en termes d'un réalisme cru.

starkness ['stɑːknɪs] *n* [of landscape, scene] désolation *f*; [of room, façade] austérité *f*; [of branches] nudité *f*; [of light] crudité *f*; [of life, reality] dureté *f*; **the** ~ **of the author's style** le style dépouillé de l'auteur; **a mirror offset the** ~ **of the bare walls** une glace adoucissait l'austérité des murs nus.

starless ['stɑːlɪs] *adj* sans étoile.

starlet ['stɑːlɪt] *n* starlette *f*.

starlight ['stɑːlaɪt] *n* lumière *f* des étoiles; **by** ~ à OR sous la lumière des étoiles.

starling ['stɑːlɪŋ] *n* étourneau *m*, sansonnet *m*.

starlit ['stɑːlɪt] *adj* [night] étoilé; [landscape] illuminé par les étoiles; [beach, sea] baigné par la lumière des étoiles.

starry ['stɑːrɪ] (*compar* starrier, *superl* starriest) *adj* -**1.** [adorned with stars] étoilé; a ~ **night** une nuit étoilée; the ~ **light** la lumière des étoiles. -**2.** [sparkling] étincelant, brillant; a ~ **diadem** un diadème étincelant. -**3.** *lit* & *fig* [lofty] élevé; **the ~ heights of Mount Olympus** les hauteurs infinies de l'Olympe.

starry-eyed *adj* [idealistic] idéaliste; [naive] naïf, ingénu; [dreamy] rêveur, dans la lune; **there's nothing ~ about her** elle a vraiment les pieds sur terre.

star sapphire *n* saphir *m* en forme d'étoile.

star shell *n* MIL obus *m* éclairant.

starship ['stɑːʃɪp] *n* vaisseau *m* spatial.

star sign *n* signe *m* (du zodiaque).

star-spangled [-'spæŋgld] *adj* [flag] étoilé; [sky] parsemé d'étoiles.

Star-Spangled Banner *n*: the ~ la bannière étoilée.

star-studded *adj* -**1.** [show, film] à vedettes; a ~ **cast** une distribution où figurent de nombreuses vedettes OR qui réunit une brochette de stars. -**2.** = **star-spangled**.

star system *n* -**1.** CIN & THEAT star-system *m*. -**2.** ASTRON système *m* stellaire.

start [stɑːt] ◇ *vt* -**1.** [begin - gen] commencer; [- climb, descent] amorcer; **I've ~ed the first chapter** [write] j'ai commencé (à écrire) le premier chapitre; [read] j'ai commencé (à lire) le premier chapitre; **to ~ doing** OR **to do sthg** commencer à OR se mettre à faire qqch; **it's ~ing to rain** il commence à pleuvoir; **it had just ~ed raining** OR **to rain when I left** il venait juste de commencer à pleuvoir quand je suis parti; **she ~ed driving** OR **to drive again a month after her accident** elle a recommencé à conduire OR elle s'est remise à conduire un mois après son accident; **to ~ school** [for the first time] commencer l'école; [after holidays] rentrer à OR reprendre l'école; **she ~ed her speech with a quotation from the Bible** elle a commencé son discours par une citation de la Bible; **I ~ed my investigation with a visit to Carl** j'ai commencé mon enquête par une visite chez Carl; **they ~ed the year with a deficit** ils ont commencé l'année avec un déficit; **he ~ed work at sixteen** il a commencé à travailler à seize ans; **he ~ed life as a delivery boy** il débuta dans la vie comme garçon livreur; **frogs ~ life as tadpoles** les grenouilles commencent par être des têtards; **go ahead and ~ lunch without me** allez-y, vous pouvez commencer (à déjeuner) sans moi; **I like to finish anything I ~** j'aime aller au bout de tout ce que j'entreprends; **I think I'm ~ing a cold** je crois que j'ai attrapé un rhume; **to get ~ed: I got ~ed on the dishes** je me suis mis à la vaisselle; **let's get ~ed!** allons-y!; **once he gets ~ed there's no stopping him** une fois lancé, il n'y a pas moyen de l'arrêter; **I need a coffee to get me ~ed in the morning** j'ai besoin d'un café pour commencer la journée. -**2.** [initiate, instigate - reaction, revolution, process] déclencher; [- fashion] lancer; [- violence] déclencher, provoquer; [- conversation, discussion] engager, amorcer; [- rumour] faire naître; **her article ~ed the controversy** son article a été à l'origine de la controverse; **which side ~ed the war?** quel camp a déclenché la guerre?; **the referee blew his whistle to ~ the match** l'arbitre siffla pour signaler le début du match; **it wasn't me who ~ed the quarrel/the fight!** ce n'est pas moi qui ai commencé la dispute/la bagarre!; **the breakup of the empire ~ed the process of decline** le démantèlement de l'empire a déclenché le processus de déclin; **to ~ a fire** [in fireplace] allumer le feu; [campfire] faire du feu; [by accident, bomb] mettre le feu; **the fire was ~ed by arsonists** l'incendie a été allumé par des pyromanes ❑ **are you trying to ~ something?** *inf*, **just what are you trying to ~?** *inf* tu cherches la bagarre, ou quoi? -**3.** [cause to behave in specified way] faire; **it ~ed her (off) crying/laughing** cela l'a fait pleurer/rire; **I'll ~ a team working on it right away** je vais mettre une équipe là-dessus tout de suite; **the news is going to ~ tongues wagging** la nouvelle va faire jaser. -**4.** [set in motion - motor, car] (faire) démarrer, mettre en marche; [- machine, device] mettre en marche; [- meal] mettre en route; **how do I ~ the tape (going)?** comment est-ce que je dois faire pour mettre le magnétophone en marche?; **I couldn't get the car ~ed** je n'ai pas réussi à faire démarrer la voiture; **to ~ the printer again, press this key** pour remettre en marche l'imprimante, appuyez sur cette touche. -**5.** [begin using - bottle, pack] entamer. -**6.** [establish, found - business, school, political party] créer, fonder; [- restaurant, shop] ouvrir; [- social programme] créer, instaurer; **to ~ a newspaper** créer OR fonder un journal; **to ~ a family** fonder un foyer. -**7.** [person - in business, work] installer, établir; **he ~ed his son in the family business** il a fait entrer son fils dans l'entreprise familiale; **his election success ~ed him on his political career** son succès aux élections l'a lancé dans sa carrière d'homme politique; **they ~ new pilots on domestic flights** ils font débuter les nouveaux pilotes sur les vols intérieurs; **I ~ on $500 a week** je débute à 500 dollars par semaine. -**8.** SPORT: **to ~ the race** donner le signal du départ. -**9.** HUNT [flush out] lever.

◇ *vi* -**1.** [in time] commencer; **the film ~s at 8 o'clock** le film commence à 20 h; **when did the contractions ~?** quand les contractions ont-elles commencé?; **our problems are just ~ing** nos ennuis ne font que commencer; **before the New Year/the rainy season ~s** avant le début de l'année prochaine/de la saison des pluies; **before the cold weather ~s** avant qu'il ne commence à faire froid; **~ing (from) next week** à partir de la semaine prochaine; **to ~ again** OR **afresh** recommencer; **to ~ all over again, to ~ again from scratch** recommencer à zéro; **school ~s on September 5th** la rentrée a lieu OR les cours reprennent le 5 septembre || [story, speech]: **calm down and ~ at the beginning** calmez-vous et commencez par le commencement; **I didn't know where to ~** je ne savais pas par quel bout commencer; **she ~ed with a joke/by introducing everyone** elle a commencé par une plaisanterie/par faire les présentations; **I'd like to ~ by saying how pleased I am to be here tonight** j'aimerais commencer par vous dire à quel point je suis heureux d'être parmi vous ce soir; **the book ~s with a quotation** le livre commence par une citation || [in career, job] débuter; **she ~ed in personnel/as an assistant** elle a débuté au service du personnel/comme assistante; **have you been working here long? — no, I've just ~ed** vous travaillez ici depuis longtemps? — non, je viens de commencer OR je débute; **gymnasts have to ~ young** les gymnastes doivent commencer jeunes ❑ **I'll have the soup to ~ (with)** pour commencer, je prendrai du potage; **she was an architect to ~ with, then a journalist** elle a d'abord été architecte, puis journaliste; **isn't it time you got a job? — don't YOU ~!** il serait peut-être temps que tu trouves du travail — tu ne vas pas t'y mettre, toi aussi! -**2.** [in space - desert, fields, slope, street] commencer; [- river] prendre sa source; **the neutral zone ~s at the river** la zone neutre commence à la rivière; **there's an arrow where the path ~s** il y a une flèche qui indique le début du sentier; **the bus route ~s at the station** la ligne de bus commence à la gare; **where does the tunnel ~?** où est l'entrée du tunnel? -**3.** [car, motor] démarrer, se mettre en marche; **the engines ~ed with a roar** les moteurs ont démarré en vrombissant; **why won't the car ~?** pourquoi la voiture ne veut-elle pas démarrer? -**4.** [set off - person, convoy] partir, se mettre en route; [- train] s'ébranler; **the tour ~s at** OR **from the town hall** la visite part de la mairie; **I'll have to ~ for the airport soon** il va bientôt falloir que je parte pour l'aéroport; **the train was ~ing across** OR **over the bridge** le train commençait à traverser le pont OR abordait le pont; **she ~ed along the path** elle s'engagea sur le sentier; **only four horses ~ed** SPORT quatre chevaux seulement ont pris le départ. -**5.** [range - prices] commencer; **houses here ~ at $100,000** ici, le prix des maisons démarre à 100 000 dollars; **return fares ~ from £299** on trouve des billets aller retour à partir de 299 livres. -**6.** [jump involuntarily - person] sursauter; [- horse] tressaillir, faire un soubresaut; [jump up] bondir; **he ~ed in surprise** il a tressailli de surprise; **she ~ed from her chair** elle bondit de sa chaise. -**7.** [gush] jaillir, gicler; **tears ~ed to his eyes** les larmes lui sont montées aux yeux.

◇ *n* -**1.** [beginning - gen] commencement *m*, début *m*; [- of inquiry] ouverture *f*; **it's the ~ of a new era** c'est le début OR le commencement d'une ère nouvelle; **the ~ of the school year** la rentrée scolaire; **the ~ of the footpath is marked by an arrow** le début du sentier est signalé par une flèche; **it was an inauspicious ~ to his presidency** c'était un début peu prometteur pour sa présidence; **things are off to a bad/good ~** ça commence mal/bien, on est mal/bien partis; **my new boss and I didn't get off to a very good ~** au début, mes rapports avec mon nouveau patron n'ont pas été des meilleurs; **to get a good ~ in life** prendre un bon départ dans la vie OR l'existence; **we want an education that will give our children a good ~** nous voulons une éducation qui donne à nos enfants des bases solides; **a second honeymoon will give us a fresh ~** une deuxième lune de miel nous fera repartir d'un bon pied; **the program will give ex-prisoners a fresh** OR **new ~ (in life)** le programme va donner aux anciens détenus une seconde chance (dans la vie); **to make a ~ (on sthg)** commencer (qqch); **to make** OR **to get an early ~** [gen] commencer de bonne heure; [on journey] partir de bonne heure; **I've made a good ~ on my Christmas shopping** j'ai déjà fait une bonne partie de mes achats de Noël; **I was lonely at the ~** au début je me sentais seule; **at the ~ of the war no one thought it would last very long** au début de la guerre, personne ne pensait qu'elle durerait très longtemps ❑ **from the ~** dès le début OR commencement; **the trip was a disaster from ~ to finish** le voyage a été un désastre d'un bout à l'autre; **I laughed from ~ to finish** j'ai ri du début à la fin; **the project was ill-conceived from ~ to finish** le projet était mal conçu de bout en bout. -**2.** SPORT [place] (ligne *f* de) départ *m*; [signal] signal *m* de départ; **they are lined up for** OR **at the ~** ils sont sur la ligne de départ; **where's the ~ of the rally?** où est le départ du rallye? -**3.** [lead, advance] avance *f*; **she has two hours' ~** OR **a two-hour ~ on us** elle a une avance de deux heures sur nous; **he gave him 20 metres' ~** OR **a 20-metre ~** il lui a accordé une avance de 20 mètres; **our research gives us a ~ over our competitors** nos recherches nous donnent de l'avance sur nos concurrents. -**4.** [jump] sursaut *m*; **she woke up with a ~** elle s'est réveillée en sursaut; **with a ~, I recognized my own handwriting** j'ai eu un sursaut quand j'ai reconnu ma propre écriture; **to give a ~** sursauter, tressaillir; **to give sb a ~** faire sursauter OR tressaillir qqn.

◆ **for a start** *adv phr* d'abord, pour commencer.

◆ **for starts** *inf Am* = **for a start**.

◆ **to start with** *adv phr* pour commencer, d'abord; **to ~ (off) with, my name isn't Jo** pour commencer OR d'abord, je ne m'appelle pas Jo.

◆ **start back** *vi insep* -**1.** [turn back] rebrousser chemin. -**2.** [start again] recommencer; **the children ~ back at school tomorrow** c'est la rentrée scolaire demain.

◆ **start in on** *vt insep* s'attaquer à; **I ~ed in on the pile of mail** je me suis attaqué à la pile de courrier; once he ~s in on liberty and democracy, there's no stopping him une fois qu'il est lancé sur le sujet de la liberté et de la démocratie, il n'y a plus moyen de l'arrêter; to ~ in on sb *inf* s'en prendre à qqn, tomber à bras raccourcis sur qqn.

◆ **start off** ◇ *vi insep* -**1.** [leave] partir, se mettre en route; he ~ed off at a run il est parti en courant; when do you ~ off on your trip? quand est-ce que vous partez en voyage? -**2.** [begin - book, speech, film] commencer; it ~s off with a description of the town ça commence par une description de la ville; ~ off with a summary of the problem commencez par un résumé du problème; the interview ~ed off badly/well l'entrevue a mal/bien commencé; I ~ed off agreeing with him au début, j'étais d'accord avec lui. -**3.** [in life, career] débuter; he ~ed off as a cashier il a débuté comme caissier; she ~ed off as a Catholic elle était catholique à l'origine; you're ~ing off with all the advantages vous partez avec tous les avantages.

◇ *vt sep* -**1.** [book, campaign, show] commencer; she ~ed the meeting off with introductions elle a commencé la réunion en faisant les présentations. -**2.** [person - on new task]: here's some wool to ~ you off voici de la laine pour commencer. -**3.** [set off] déclencher; what ~ed the alarm off? qu'est-ce qui a déclenché l'alarme?; if you mention it it'll only ~ her off again n'en parle pas, sinon elle va recommencer; to ~ sb off laughing/crying faire rire/pleurer qqn.

◆ **start on** *vt insep* -**1.** [begin - essay, meal] commencer; [- task, dishes] se mettre à; [- new bottle, pack] entamer; they had already ~ed on their dessert ils avaient déjà commencé à manger OR entamé leur dessert; after they'd searched the car they ~ed on the luggage après avoir fouillé la voiture, ils sont passés aux bagages. -**2.** [attack, berate] s'en prendre à; don't ~ on me, I'm not to blame! ne t'en prends pas à moi, ce n'est pas de ma faute!

◆ **start out** *vi insep* -**1.** = **start off.** -**2.** [begin career] se lancer, s'installer, s'établir; he ~ed out in business with his wife's money il s'est lancé dans les affaires avec l'argent de sa femme; when she ~ed out there were only a few women lawyers quand elle a commencé sa carrière, il y avait très peu de femmes avocats.

◆ **start over** *vi insep & vt sep Am* recommencer (depuis le début).

◆ **start up** ◇ *vt sep* -**1.** [establish, found - business, school, political party] créer, fonder; [- restaurant, shop] ouvrir. -**2.** [set in motion - car, motor] faire démarrer; [- machine] mettre en marche.

◇ *vi insep* -**1.** [guns, music, noise, band] commencer; [wind] se lever; the applause ~ed up again les applaudissements ont repris. -**2.** [car, motor] démarrer, se mettre en marche; [machine] se mettre en marche. -**3.** [set up business] se lancer, s'installer, s'établir.

starter ['stɑːtəʳ] *n* -**1.** AUT [motor, button] démarreur *m*; [on motorbike] kick *m*, kick-starter *m*, démarreur *m* au pied; ~ switch bouton *m* de démarrage; ~ handle *Am* AUT manivelle *f*. -**2.** [runner, horse] partant *m*; [in relay race] premier coureur *m*, première coureuse *f*; to be a slow ~ [gen & SPORT] être lent à démarrer, avoir du retard à l'allumage. -**3.** SPORT [official] starter *m*, juge *m* de départ; ~'s pistol OR gun pistolet *m* du starter; to be under ~'s orders [in horseracing] être sous les ordres du starter. -**4.** [fermenting agent] ferment *m*; yoghurt ~ ferment lactique pour yaourt. -**5.** *Br* [hors d'œuvre] hors-d'œuvre *m inv*; for ~s [in meal] comme hors-d'œuvre; *fig inf* pour commencer; the sock on the jaw was just for ~s ce coup de poing dans les gencives n'était qu'un hors-d'œuvre. -**6.** *inf Am* = **starter home.**

starter home *n* première maison *f (achetée par un individu ou un couple).*

starter motor *n* moteur *m* auxiliaire de démarrage.

starter pack *n* kit *m* de base.

starter set *n Am* [dishes] service *m* pour six.

starting ['stɑːtɪŋ] ◇ *n* commencement *m*; who wants to be responsible for the ~ of a nuclear war? qui veut assumer la responsabilité du déclenchement d'une guerre nucléaire?

◇ *adj* initial; the ~ line-up la composition initiale de l'équipe; ~ salary salaire *m* d'embauche.

starting block *n* starting-block *m*.

starting gate *n* SPORT [for horse] starting-gate *f*; [for skier] porte *f* de départ.

starting grid *n* [in motor racing] grille *f* de départ.

starting handle *n Br* AUT manivelle *f*.

starting line = **starting post.**

starting pistol *n* pistolet *m* du starter.

starting point *n* point *m* de départ.

starting post *n* SPORT ligne *f* de départ.

starting price *n* [gen] prix *m* initial; [in horseracing] cote *f* au départ; [at auction] mise *f* à prix, prix *m* d'appel.

startle ['stɑːtl] ◇ *vt* [person - surprise] surprendre, étonner; [- frighten, alarm] faire peur à, alarmer; [- cause to jump] faire sursauter; [animal, bird, fish] effaroucher; I didn't mean to ~ you je ne voulais pas vous faire peur; it ~d me OR I was ~d to see how much he had aged j'ai été surpris OR ça a été un choc pour moi de voir à quel point il avait vieilli; the noise ~d him out of his reverie le bruit l'a brusquement tiré de ses rêveries.

◇ *vi* s'effaroucher.

startled ['stɑːtld] *adj* [person] étonné; [expression, shout, glance] de surprise; [animal] effarouché; there was a ~ silence il y a eu un silence étonné; the ~ waiter dropped the tray le serveur, surpris, a laissé tomber son plateau; the ~ guests didn't move les invités, ahuris, restaient sans bouger.

startling ['stɑːtlɪŋ] *adj* étonnant, surprenant; [contrast, resemblance] saisissant; ~ green eyes des yeux d'un vert saisissant.

start-up *adj* [costs] de démarrage; ~ loan prêt *m* initial.

starvation [stɑːˈveɪʃn] *n* faim *f*; to die of OR from ~ mourir de faim; ~ had decimated the troops la famine avait décimé les troupes.

starvation diet *n literal* ration *f* de famine; *fig* régime *m* draconien; the prisoners subsisted on a ~ of rice and water les prisonniers devaient se contenter de riz et d'eau.

starvation wages *npl* salaire *m* de famine; they pay ~ ce sont des affameurs.

starve [stɑːv] ◇ *vi* [suffer] souffrir de la faim, être affamé; to ~ (to death) [die] mourir de faim; I'm starving! *inf* je meurs de faim!

◇ *vt* -**1.** [cause to suffer] affamer; he ~d himself to feed his child il s'est privé de nourriture pour donner à manger à son enfant; I'm ~d! *inf* je meurs de faim!; the garrison was ~d into surrender la garnison affamée a fini par se rendre. -**2.** [cause to die] laisser mourir de faim. -**3.** [deprive] priver; the libraries have been ~d of funds les bibliothèques manquent cruellement de subventions; to be ~d of affection être privé d'affection; the inhabitants were ~d of news les habitants étaient privés d'informations.

◆ **starve out** *vt sep* [rebels, inmates] affamer, réduire par la faim; [animal] obliger à sortir en l'affamant.

starveling ['stɑːvlɪŋ] *n lit* [person] crève-la-faim *m inv*; [animal] animal *m* famélique.

starving ['stɑːvɪŋ] *adj* affamé; I've got four ~ kids to feed! *inf* j'ai quatre gosses affamés à nourrir!; think of all the ~ people in the world pense à tous ces gens qui meurent de faim dans le monde.

Star Wars ◇ *pr n* la guerre des étoiles *(nom donné à l'Initiative de Défense Stratégique, programme militaire spatial mis en place dans les années 80 par le président Reagan).*

◇ *comp* [policy, advocate, weapon] de la Guerre des Étoiles; ~ research la recherche sur la défense stratégique.

stash *inf* [stæʃ] ◇ *vt* -**1.** [hide] planquer, cacher; it was ~ed under the bed c'était planqué OR caché sous le lit; he's probably got it ~ed (away) here somewhere il l'a certainement planqué OR caché ici quelque part; he's got a lot of money ~ed (away) somewhere il a plein de fric planqué quelque part. -**2.** [put away] ranger; let me ~ my things attends que je ramasse mon bazar.

◇ *n* -**1.** [reserve] réserve *f*; a ~ of money un magot; the police found a big ~ of guns/of cocaine la police a découvert une importante cache d'armes/un important stock de cocaïne. -**2.** *inf* [hiding place] planque *f*, cachette *f*. -**3.** *drugs sl* cache *f*.

◆ **stash away** *inf vt sep* = **stash** *vt*.

stasis ['steɪsɪs] (*pl* stases [-siːz]) *n* -**1.** MED stase *f*. -**2.** [equilibrium] équilibre *m*, repos *m*; [stagnation] stagnation *f*.

state [steɪt] ◇ *n* -**1.** [condition] état *m*; the country is in a ~ of war/shock le pays est en état de guerre/choc; a ~ of confusion prevailed la confusion régnait; chlorine in its gaseous/liquid ~ le chlore à l'état gazeux/liquide; to be in a good/bad ~ [road, carpet, car] être en bon/mauvais état; [person, economy, friendship] aller bien/mal; the house was in a good/poor ~ of repair la maison était en bon/mauvais état; he was in a ~ of confusion il ne savait plus où il en était; she was in no (fit) ~ to make a decision elle était hors d'état de OR elle n'était pas en état de prendre une décision; the car's not in a ~ to be driven la voiture n'est pas en état d'être conduite; to get into a ~ *inf* se mettre dans tous ses états; he gets into an awful ~ if I don't phone si je ne lui téléphone pas, il se met dans tous ses états; there's no need to get into such a ~ about it ce n'est pas la peine de te mettre dans un état pareil OR de t'affoler comme ça ❑ a ~ of emergency has been declared l'état d'urgence a été déclaré; ~ of mind état d'esprit; in your present ~ of mind dans l'état d'esprit dans lequel vous êtes; success is just a ~ of mind la réussite n'est qu'un état d'esprit; is he in a better ~ of mind? est-ce qu'il est dans de meilleures dispositions? -**2.** POL [nation, body politic] État *m*; a ~ within a ~ un État dans l'État; the member ~s les États membres; the head of ~ le chef de l'État; heads of ~ chefs d'État; the separation of (the) Church and (the) State la séparation de l'Église et de l'État ❑ ~ lottery *Am loterie d'État dont les gros lots sont soumis à l'impôt et sont versés au gagnant sur une période de 10 ou 20 ans;* the State Opening of Parliament *ouverture officielle du Parlement britannique en présence de la reine.* -**3.** [in US, Australia, India etc - political division] État *m*; the States *inf* les États-Unis, les US; the State of Ohio l'État de l'Ohio. -**4.** *Am* [department]: State le Département d'État. -**5.** [pomp] apparat *m*, pompe *f*; the carriages are used only on ~ occasions les carrosses sont uniquement réservés aux cérémonies de grande pompe. -**6.** *arch* [social position, estate] état *m*.

◇ *comp* -**1.** [secret] d'État; [subsidy, intervention] de l'État; ECON [sector] public; ~ buildings bâtiments *mpl* publics; the ~ airline la compagnie d'aviation nationale; a ~ funeral des funérailles nationales. -**2.** *Br* SCH [education system] public. -**3.** *Am* [not federal - legislature, policy, law] de l'État; the ~ capital la capitale de l'État; a ~ university une université d'État OR publique; the Michigan State team l'équipe de l'État du Michigan; a ~ park un parc régional. -**4.** [official, ceremonious] officiel; ~ dinner dîner *m* officiel OR d'apparat.

◇ *vt* [utter, say] déclarer; [express, formulate - intentions] déclarer; [- demand] formuler; [- proposition, problem, conclusions, views] énoncer, formuler; [- conditions] poser; the president ~d emphatically that the rumours were untrue le président a démenti catégoriquement les rumeurs; I have already ~d my position on that issue j'ai déjà fait connaître ma position à ce sujet; we ~ the current figures on page five les chiffres actuels sont donnés en page cinq; the regulations clearly ~ that daily checks must be made le règlement dit OR indique clairement que des vérifications quotidiennes doivent être effectuées; please ~ salary expectations veuillez indiquer le salaire souhaité; ~ your name and address donnez vos nom, prénoms et adresse; the man refused to ~ his business l'homme a refusé d'expliquer ce qu'il faisait; as ~d above ainsi qu'il est dit OR indiqué plus haut; ~ the figure as a percentage exprimez OR indiquez le chiffre en pourcentage; to ~ one's case présenter ses arguments; to ~ the case for the defence/the prosecution JUR présenter le dossier de la défense/de l'accusation.

◆ **in state** *adv phr* en grand apparat, en grande pompe; to lie in ~ être exposé solennellement; to live in ~ mener grand train.

state apartments *npl* appartements *mpl* de parade.

state bank *n Am* banque *f* de dépôts *(agréée par un État)*.

state capitalism *n* capitalisme *m* d'État.

state control *n* contrôle *m* étatique; [doctrine] étatisme *m*; to be put OR placed under ~ être nationalisé; ~ of the means of communication la nationalisation des moyens de communication.

state-controlled *adj* [industry] nationalisé; [economy] étatisé; [activities] soumis au contrôle de l'État; the oil company is 51% ~ l'État détient 51 % des actions de la compagnie pétrolière.

statecraft [ˈsteɪtkrɑːft] *n* [skill - in politics] habileté *f* politique; [- in diplomacy] (art *m* de la) diplomatie *f*; he is a master of ~ c'est un maître confirmé de la diplomatie.

stated [ˈsteɪtɪd] *adj* [amount, date] fixé; [limit] prescrit; [aim] déclaré; it will be finished within the ~ time cela va être terminé dans les délais prescrits OR prévus; at the ~ price au prix fixé OR convenu.

State Department *n Am* ministère *m* des Affaires étrangères.

State Enrolled Nurse *n Br* aide-soignant *m* diplômé, aide-soignante *f* diplômée.

statehood [ˈsteɪthʊd] *n*: the struggle for ~ la lutte pour l'indépendance; to achieve ~ devenir un État.

Statehouse [ˈsteɪthaʊs, *pl* -haʊzɪz] *n siège de l'assemblée législative d'un État aux États-Unis.*

stateless [ˈsteɪtlɪs] *adj* apatride; ~ person apatride *mf*.

state line *n Am* frontière *f* entre États.

stateliness [ˈsteɪtlɪnɪs] *n* [of ceremony, building, monument] majesté *f*, grandeur *f*; [of person, bearing] dignité *f*.

stately [ˈsteɪtlɪ] (*compar* statelier, *superl* stateliest) *adj* [ceremony, building] majestueux, imposant; [person, bearing] noble, plein de dignité.

stately home *n château ou manoir à la campagne, généralement ouvert au public.*

statement [ˈsteɪtmənt] *n* -**1.** [declaration - gen] déclaration *f*, affirmation *f*; [- to the press] communiqué *m*; a written/policy ~ une déclaration écrite/de principe; can you back that ~ up? pouvez-vous confirmer cette déclaration?; to put out OR to issue OR to make a ~ about sthg émettre un communiqué concernant qqch; the chairman was asked to withdraw his ~ le président a été prié de retirer sa déclaration; a ~ to the effect that... une déclaration selon laquelle...; to make a fashion ~ s'habiller à la dernière mode. -**2.** [act of stating - of theory, opinions, policy, aims] exposition *f*; [- of problem] exposé *m*, formulation *f*; [- of facts, details] exposé *m*, compte-rendu *m*. -**3.** JUR déposition *f*; to make a ~ to the police faire une déposition dans un commissariat de police; a sworn ~ une déposition faite sous serment ❑ ~ of claim demande *f* introductive d'instance. -**4.** COMM & FIN relevé *m*; bank ~ relevé de compte. -**5.** LING affirmation *f*. -**6.** COMPUT instruction *f*.

Staten Island [ˈstætn-] *pr n* Staten Island *(quartier de New York)*.

state of affairs *n* affaires *fpl*, circonstances *fpl* actuelles; nothing can be done in the present ~ vu les circonstances actuelles, on ne peut rien faire; this is an appalling ~ c'est une situation épouvantable.

state of the art *n* [of procedures, systems] pointe *f* du progrès; the ~ in linguistics l'état actuel des connaissances en linguistique.

◆ **state-of-the-art** *adj* [design, device] de pointe; the method incorporates ~ technology la méthode utilise des techniques de pointe; it's ~ *inf* c'est ce qui se fait de mieux, c'est du dernier cri.

State of the Union address *n*: the ~ le discours sur l'état de l'Union.

STATE OF THE UNION ADDRESS:
Ce discours radiotélévisé, dans lequel le président des États-Unis dresse le bilan de son programme et en définit les orientations, est prononcé devant le Congrès.

state-owned *adj* nationalisé.

state prison *n Am* prison *f* d'État *(pour les longues peines)*.

State Registered Nurse *n Br* infirmier *m* diplômé, infirmière *f* diplômée *(remplacé en 1992 par «Registered Nurse»)*.

stateroom [ˈsteɪtrʊm] *n* -**1.** [in ship] cabine *f* de grand luxe; *Am* [in railway coach] compartiment *m* privé. -**2.** [in public building] salon *m* (de réception).

state school *n Br* école *f* publique.

state's evidence *n Am*: to turn ~ *témoigner contre ses complices en échange d'une remise de peine.*

States General *n pl* États généraux *mpl*.

stateside *inf* [ˈsteɪtsaɪd] *adj & adv Am* aux États-Unis, ≃ au pays; he has a wife ~ il a une épouse au pays.

statesman [ˈsteɪtsmən] (*pl* statesmen [-mən]) *n* homme *m* d'État.

statesmanlike [ˈsteɪtsmənlaɪk] *adj* [protest, reply] diplomatique; [solution] de grande envergure; [caution] pondéré.

statesmanship [ˈsteɪtsmənʃɪp] *n* qualités *fpl* d'homme d'État; he showed great ~ in dealing with the problem il a traité ce problème avec toute l'habileté d'un grand chef d'État.

state socialism *n* socialisme *m* d'État.

stateswoman [ˈsteɪtsˌwʊmən] (*pl* stateswomen [-ˌwɪmɪn]) *n* femme *f* politique.

state trooper *n Am* ≃ gendarme *m*.

state visit *n* POL visite *f* officielle; he's on a ~ to Japan il est en voyage officiel au Japon.

state-wide ◇ *adj Am* [support, protest, celebration] dans tout l'État; the epidemic/our distribution is ~ l'épidémie/notre réseau de distribution s'étend à tout l'État.

◇ *adv* dans tout l'État; better schools are needed ~ on a besoin de meilleures écoles dans tout l'État.

static [ˈstætɪk] ◇ *adj* -**1.** [stationary, unchanging] stationnaire, stable; prices are fairly ~ just now les prix sont relativement stables en ce moment. -**2.** ELEC statique; ~ electricity électricité *f* statique.

◇ *n (U)* -**1.** RADIO & TELEC parasites *mpl*. -**2.** ELEC électricité *f* statique; you get a lot of ~ from nylon carpets les moquettes en nylon produisent beaucoup d'électricité statique. -**3.** *inf Am* [aggravation, criticism]: to give sb ~ about OR over sthg passer un savon à qqn à propos de qqch; to get a lot of ~ (about OR over sthg) se faire enguirlander (pour qqch).

statics [ˈstætɪks] *n (U)* SCI statique *f*.

station [ˈsteɪʃn] ◇ *n* -**1.** TRANSP gare *f*; [underground] station *f* (de métro); I'll meet you at Brighton ~ je vous retrouverai à la gare de Brighton; railway ~ *Br*, train ~ gare (de chemin de fer); bus OR coach ~ gare routière. -**2.** [establishment, building] station *f*, poste *m*; police ~ poste de police, commissariat *m*; I must ask you to accompany me to the ~ je dois vous demander de m'accompagner au commissariat; polling ~ *Br* bureau *m* de vote; weather ~ station météorologique. -**3.** [MIL & gen - position] poste *m*; to take up one's ~ prendre position; action OR battle ~s! à vos postes! -**4.** MIL [base] poste *m*, base *f*; airforce ~ *Br* base aérienne. -**5.** RADIO & TV station *f*; [smaller] poste *m* émetteur; commercial radio ~ station de radio commerciale, radio *f* commerciale; relay ~ station relais. -**6.** [social rank] rang *m*, condition *f*, situation *f*; they tend to forget their true ~ in life ils ont tendance à oublier leur véritable position sociale; to marry below one's ~ faire une mésalliance; to marry above one's ~ se marier au-dessus de sa condition sociale. -**7.** COMPUT station *f*. -**8.** RELIG: the Stations of the Cross le chemin de la Croix.

◇ *comp* [buffet, platform etc] de gare.

◇ *vt* -**1.** [position] placer, poster; police were ~ed at all the exits des policiers étaient postés à toutes les issues. -**2.** MIL [garrison]: British troops ~ed in Germany les troupes britanniques stationnées en Allemagne.

stationary [ˈsteɪʃnərɪ] *adj* -**1.** [not moving] stationnaire; he hit a ~ vehicle il a heurté un véhicule à l'arrêt OR en stationnement; ~ front METEOR front *m* stationnaire. -**2.** [fixed] fixe; ~ engine/shaft MECH moteur *m*/arbre *m* fixe.

station break *n Am* pause *f* OR page *f* de publicité.

stationer [ˈsteɪʃnəʳ] *n Br* papetier *m*, -ère *f*; ~'s (shop) papeterie *f*; at the ~'s à la papeterie.

stationery [ˈsteɪʃnərɪ] *n* [in general] papeterie *f*; [writing paper] papier *m* à lettres; a letter written on hotel ~ une lettre écrite sur le papier à en-tête d'un hôtel; school/office ~ fournitures *fpl* scolaires/de bureau.

station house *n Am* [police station] poste *m* de police, commissariat *m*; [fire station] caserne *f* de pompiers.

stationmaster [ˈsteɪʃnˌmɑːstəʳ] *n* chef *m* de gare.

station wagon *n Am* break *m*.

statistic [stəˈtɪstɪk] *n* chiffre *m*, statistique *f*; that particular ~ is certain to embarrass the government ces chiffres OR statistiques vont sûrement embarrasser le gouvernement; he may be just another ~ to the police, but he was my brother ce n'est peut-être qu'une statistique de plus pour la police, mais il s'agissait de mon frère.

statistical [stəˈtɪstɪkl] *adj* [analysis, technique] statistique; [error] de statistique; it's a ~ certainty c'est statistiquement certain; ~ mechanism mécanique *f* statistique.

statistically [stəˈtɪstɪklɪ] *adv* statistiquement.

statistician [ˌstætɪˈstɪʃn] *n* statisticien *m*, -enne *f*.

statistics [stəˈtɪstɪks] ◇ *n (U)* [science] statistique *f*.

◇ *npl* -**1.** [figures] statistiques *fpl*, chiffres *mpl*. -**2.** *inf* [of woman]: (vital) ~ mensurations *fpl*.

stative [ˈsteɪtɪv] *adj*: ~ verb verbe *m* d'état.

stator [ˈsteɪtəʳ] *n* stator *m*.

stats *inf* [stæts] = **statistics**.

statuary [ˈstætʃʊərɪ] ◇ *n (U) fml* [statues collectively] statues *fpl*; [art] statuaire *f*.

◇ *adj* statuaire; ~ marble marbre *m* statuaire.

statue [ˈstætʃuː] *n* statue *f*; the Statue of Liberty la statue de la Liberté.

statuesque [ˌstætjʊˈesk] *adj*: a ~ woman une femme d'une beauté sculpturale.

statuette [ˌstætjʊˈet] *n* statuette *f*.

stature [ˈstætʃəʳ] *n* -**1.** [height] stature *f*, taille *f*; he is rather short in OR of ~ il est plutôt petit. -**2.** [greatness] envergure *f*, calibre *m*; he doesn't have the ~ to be prime minister il n'a pas l'envergure d'un premier ministre; a mathematician of considerable ~ un mathématicien d'une très grande envergure.

status ['steɪtəs] ◇ *n* -**1.** [position - in society, hierarchy etc] rang *m*, position *f*, situation *f*; **what's your ~ in the company?** quelle est votre position dans l'entreprise?; **she quickly achieved celebrity ~** elle est vite devenue une célébrité. -**2.** [prestige] prestige *m*, standing *m*; **living here definitely confers a certain ~** le fait de vivre ici confère indéniablement un certain standing OR prestige. -**3.** [legal or official standing] statut *m*; **legal ~** statut légal; **marital ~** situation *f* de famille. -**4.** [general state or situation] état *m*, situation *f*, condition *f*; **to make a ~ report on sthg** faire le point sur qqch; **their financial ~ is under investigation** on enquête sur leur situation financière.
◇ *comp* [car, club] de prestige, prestigieux.

status line *n* COMPUT ligne *f* d'état.

status quo [ˌsteɪtəs'kwəʊ] *n* statu quo *m*; **to maintain** OR **to preserve the ~** maintenir le statu quo.

status symbol *n* marque *f* de prestige.

statute ['stætjuːt] *n* -**1.** JUR loi *f*; **~ of limitations** loi *f* de prescription, prescription *f* légale. -**2.** [of club, company, university] règle *f*; **the ~s** le règlement, les statuts *mpl*.

statute book *n Br* code *m* (des lois), recueil *m* de lois; **the new law is not yet on the ~** la nouvelle loi n'est pas encore entrée en vigueur.

statute law *n* droit *m* écrit.

statutorily ['stætjʊtərɪlɪ] *adv* statutairement.

statutory ['stætjʊtrɪ] *adj* -**1.** [regulations] statutaire; [rights, duties, penalty] statutaire, juridique; [holiday] légal; [offence] prévu par la loi; [price controls, income policy] obligatoire; **~ rape** *Am* détournement *m* de mineur; **~ sick pay** *indemnité de maladie versée par l'employeur*; **~ tenant** locataire *mf* en place. -**2.** *Br* [token]: **the ~ woman** la femme-alibi *(présente pour que soit respectée la réglementation sur l'égalité des sexes)*.

staunch [stɔːntʃ] ◇ *adj* [loyal] loyal, dévoué; [unswerving] constant, inébranlable; **he's my ~est ally** c'est mon allié le plus sûr.
◇ *vt* [liquid, blood] étancher; [flow] arrêter, endiguer.

staunchly ['stɔːntʃlɪ] *adv* [loyally] loyalement, avec dévouement; [unswervingly] avec constance, fermement; **their house is in a ~ Republican area** ils habitent un quartier résolument républicain.

staunchness ['stɔːntʃnɪs] *n* [loyalty] loyauté *f*, dévouement *m*; [firmness] constance *f*, fermeté *f*.

stave [steɪv] (*pt & pp* **staved** OR **stove** [stəʊv]) *n* -**1.** MUS portée *f*. -**2.** [stanza] stance *f*, strophe *f*. -**3.** [part of barrel] douve *f*, douelle *f*.
◆ **stave in** *vt sep* enfoncer, défoncer.
◆ **stave off** *vt sep* [defeat] retarder; [worry, danger] écarter; [disaster, threat] conjurer; [misery, hunger, thirst] tromper; **his lawyer tried to ~ off any awkward questions** son avocat a essayé d'éluder toute question gênante.

staves [steɪvz] *pl* → **staff, stave**.

stay [steɪ] ◇ *vi* -**1.** [remain] rester; **~ here** OR **~ put until I come back** restez ici OR ne bougez pas jusqu'à ce que je revienne; **I can't ~ long, I've got a train to catch** je ne peux pas rester longtemps, j'ai un train à prendre; **would you like to ~ for** OR **to dinner?** voulez-vous rester dîner?; **I don't want to ~ in the same job all my life** je ne veux pas faire le même travail toute ma vie; **to ~ awake all night** rester éveillé toute la nuit, ne pas dormir de la nuit; **it ~s dark here until at least 10 o'clock in the morning** ici, il ne fait pas jour avant 10 h du matin; **let's try and ~ calm** essayons de rester calmes; **she managed to ~ ahead of the others** elle a réussi à conserver son avance sur les autres; **~ tuned for the news** restez à l'écoute pour les informations; **personal computers have come to ~** OR **are here to ~** l'ordinateur personnel est devenu indispensable. -**2.** [reside temporarily]: **how long are you ~ing in New York?** combien de temps restez-vous à New York?; **we decided to ~ an extra week** nous avons décidé de rester une semaine de plus OR de prolonger notre séjour d'une semaine; **I always ~ at the same hotel** je descends toujours au même hôtel; **we met a couple ~ing at the same hotel as us** nous avons rencontré un couple qui séjournait au même hôtel que nous; **she's ~ing with friends** elle séjourne chez des amis; **to look for a place to ~** chercher un endroit où loger; **you can ~ here for the night, you can ~ the night here** tu peux coucher ici cette nuit OR passer la nuit ici. -**3.** *lit* [stop, pause] s'arrêter.
◇ *vt* -**1.** [last out] aller jusqu'au bout de, tenir jusqu'à la fin de; **to ~ the course** *literal* finir la course; *fig* tenir jusqu'au bout. -**2.** [stop] arrêter, enrayer; [delay] retarder; **to ~ sb's hand** retenir qqn; **to ~ one's hand** se retenir. -**3.** [prop up - wall] étayer; [secure with cables - mast] haubaner.
◇ *n* -**1.** [visit] séjour *m*; **hope you enjoy your ~!** je vous souhaite un bon séjour!; **an overnight ~ in hospital** une nuit d'hospitalisation. -**2.** JUR [suspension] suspension *f*; **~ of execution** ordonnance *f* à surseoir (à un jugement). -**3.** [support, prop] étai *m*, support *m*, soutien *m*. -**4.** [in corset] baleine *f*. -**5.** [cable, wire - for mast, flagpole etc] étai *m*, hauban *m*.
◆ **stays** *npl dated* corset *m*.
◆ **stay away** *vi insep* ne pas aller, s'abstenir d'aller; **she ~ed away from school last week** elle n'est pas allée à l'école la semaine dernière; **people are ~ing away from the beaches** les plages sont désertées en ce moment; **~ away from my sister!** ne t'approche pas de ma sœur!
◆ **stay behind** *vi insep* rester; **I'll ~ behind to clear up** je vais rester pour ranger; **a few pupils ~ed behind to talk to the teacher** quelques élèves sont restés (après le cours) pour parler au professeur.
◆ **stay down** *vi insep* -**1.** [gen] rester en bas. -**2.** *Br* SCH redoubler; **she had to ~ down a year** elle a dû redoubler. -**3.** [food]: **I do eat, but nothing will ~ down** je mange, mais je ne peux rien garder.
◆ **stay in** *vi insep* -**1.** [stay at home] rester à la maison, ne pas sortir; [stay indoors] rester à l'intérieur, ne pas sortir. -**2.** [be kept in after school] être consigné, être en retenue. -**3.** [not fall out] rester en place, tenir; **I can't get this nail to ~ in** je n'arrive pas à faire tenir ce clou.
◆ **stay on** *vi insep* rester; **more pupils are ~ing on at school after the age of 16** aujourd'hui, davantage d'élèves poursuivent leur scolarité au-delà de l'âge de 16 ans.
◆ **stay out** *vi insep* -**1.** [not come home] ne pas rentrer; **she ~ed out all night** elle n'est pas rentrée de la nuit. -**2.** [remain outside] rester dehors; **don't ~ out there in the rain!** ne reste pas dehors sous la pluie! -**3.** [remain on strike] rester en grève; **the miners ~ed out for nearly a year** la grève des mineurs a duré près d'un an. -**4.** [not get involved] ne pas se mêler; **~ out of this!** ne te mêle pas de ça!
◆ **stay over** *vi insep* -**1.** [not leave] s'arrêter un certain temps; **we decided to ~ over until the weekend** nous avons décidé de prolonger notre séjour jusqu'au week-end. -**2.** [stay the night] passer la nuit; **do you want to ~ over?** veux-tu passer la nuit ici?
◆ **stay up** *vi insep* -**1.** [not go to bed] veiller, ne pas se coucher; **don't ~ up too late** ne veillez pas OR ne vous couchez pas trop tard. -**2.** [not fall - building, mast] rester debout; [- socks, trousers] tenir; [remain in place - pictures, decorations] rester en place.
◆ **stay with** *inf vt insep*: **just ~ with it, you can do it** accroche-toi, tu peux y arriver.

stay-at-home *inf pej* ◇ *n* pantouflard *m*, -e *f*.
◇ *adj* pantouflard, popote *(inv)*.

stayer *inf* ['steɪəʳ] *n*: **he's a real ~** il est drôlement résistant.

staying power ['steɪɪŋ-] *n* résistance *f*, endurance *f*.

staysail ['steɪseɪl] *n* voile *f* d'étai.

stay stitch *n* point *m* d'arrêt.

STD *n* -**1.** *Br* TELEC (*abbr of* **subscriber trunk dialling**) automatique *m* (interurbain); **~ code** indicatif *m* de zone. -**2.** (*abbr of* **sexually transmitted disease**) MST *f*.

stead [sted] *n Br*: **in sb's ~** *fml* à la place de qqn; **he asked me to go in his ~** il m'a demandé d'y aller à sa place ❑ **to stand sb in good ~** rendre grand service OR être très utile à qqn.

steadfast ['stedfɑːst] *adj* -**1.** [unswerving] constant, inébranlable; [loyal] loyal, dévoué; **to be ~ in one's support of sb** apporter un soutien inconditionnel à qqn. -**2.** [steady - stare, gaze] fixe.

steadfastly ['stedfɑːstlɪ] *adv* avec constance, fermement.

steadfastness ['stedfɑːstnɪs] *n* constance *f*, fermeté *f*; **they showed great ~ of purpose** ils ont fait preuve d'une grande ténacité OR persévérance.

steadily ['stedɪlɪ] *adv* -**1.** [regularly - increase, decline] régulièrement, progressivement; [- breathe] régulièrement; [non-stop - rain] sans interruption, sans cesse; **her health grew ~ worse** sa santé s'est progressivement détériorée. -**2.** [firmly - stand] planté OR campé sur ses jambes; [- walk] d'un pas ferme; [- gaze] fixement, sans détourner les yeux.

steadiness ['stedɪnɪs] *n* -**1.** [regularity - of increase, speed, pulse etc] régularité *f*. -**2.** [stability - of ladder, relationship, market etc] stabilité *f*; [firmness - of voice] fermeté *f*; [- of hand] sûreté *f*; **the ~ of her gaze** la fixité de son regard. -**3.** [reliability - of person] sérieux *m*.

steady ['stedɪ] (*compar* **steadier**, *superl* **steadiest**, *pl* **steadies**, *pt & pp* **steadied**) ◇ *adj* -**1.** [regular, constant - growth, increase, decline] régulier, progressif; [- speed, pace] régulier, constant; [- pulse] régulier, égal; [- work] stable; [- income] régulier; **inflation remains at a ~ 5%** l'inflation s'est stabilisée à 5 %; **he's never been able to hold down a ~ job** il n'a jamais pu garder un emploi stable; **~ boyfriend** petit ami *m* régulier OR attitré; **~ girlfriend** petite amie *f* régulière OR attitrée; **I've got several boyfriends but no one ~** j'ai des flirts, mais pas de petit ami attitré. -**2.** [firm, stable - ladder, boat, relationship] stable; [- structure, desk, chair] solide, stable; **hold the ladder ~ for me** tiens-moi l'échelle; **to have a ~ hand** avoir la main sûre || [calm - voice] ferme; [- gaze] fixe; [- nerves] solide ❑ **ready, ~, go!** *Br* à vos marques, prêts, partez! -**3.** [reliable - person] sérieux.
◇ *adv*: **to go ~ with sb** sortir avec qqn; **are Diana and Paul going ~?** c'est sérieux entre Diana et Paul?
◇ *n inf Am* petit ami *m*, petite amie *f*.
◇ *interj*: **~ (on)!** [be careful] attention!; [calm down] du calme!; **! you almost knocked me over!** eh! doucement! tu as failli me faire tomber!
◇ *vt* -**1.** [stabilize] stabiliser; [hold in place] maintenir, retenir; **I reached out to ~ the vase** j'ai tendu le bras pour retenir le vase; **he almost fell off, but he managed to ~ himself** il a failli tomber, mais il a réussi à se rattraper; **she rested her elbows on the wall to ~ the camera** elle appuya ses coudes sur le mur pour que l'appareil photo ne bouge pas; **we were trying to ~ the boat** nous essayions de stabiliser le bateau. -**2.** [calm] calmer; **drink this, it'll ~ your nerves** bois ça, ça te calmera (les nerfs); **living with Edith has had a ~ing influence on him** il s'est assagi OR calmé depuis qu'il vit avec Edith.
◇ *vi* [boat, prices, stock market] se stabiliser; [pulse, breathing] devenir régulier; [person - regain balance] retrouver son équilibre; [- calm down] se calmer.

steady state theory *n* PHYS théorie *f* de l'état OR de l'univers stationnaire.

steak [steɪk] *n* -**1.** [beefsteak - for frying, grilling] steak *m*, bifteck *m*; **~ and chips** steak frites *m*. -**2.** [beef - for stews, casseroles] bœuf *m* à braiser; **~ and kidney pie** *tourte à la viande et aux rognons cuite au four*; **~ and kidney pudding** *tourte à la viande et aux rognons cuite à la vapeur*. -**3.** [cut - of veal, turkey] escalope *f*; [- of horse meat] steak *m*, bifteck *m*; [- of other meat] tranche *f*; [- of fish] tranche *f*, darne *f*.

steakhouse ['steɪkhaʊs, *pl* haʊzɪz] *n* grill *m*, grill-room *m*.

steak knife *n* couteau *m* à steak OR à viande.

steak tartare [-tɑː'tɑːʳ] *n* steak *m* tartare.

steal [stiːl] (*pt* stole [stəʊl], *pp* stolen ['stəʊln]) ◇ *vt* -**1.** [money, property] voler; to ~ sthg from sb voler qqch à qqn; **he stole money from her purse** il a volé de l'argent dans son porte-monnaie; **several paintings have been stolen from the museum** plusieurs tableaux ont été volés au musée; **they've stolen my idea!** ils ont volé mon idée! -**2.** *fig* [time] voler, prendre; [attention, affection] détourner; to ~ **sb's heart** séduire qqn; to ~ **all the credit for sthg** s'attribuer tout le mérite de qqch; **may I ~ a few moments of your precious time?** pouvez-vous m'accorder quelques instants de votre temps si précieux?; to ~ **a glance at sb** jeter un regard furtif à qqn ❑ to ~ **a march on sb** *Br* prendre qqn de vitesse, couper l'herbe sous le pied de qqn; to ~ **the show from sb** ravir la vedette à qqn; **he really stole the show with that act of his!** son numéro a été le clou du spectacle!; to ~ **sb's thunder** éclipser qqn.
◇ *vi* -**1.** [commit theft] voler; **he was caught ~ing** il a été pris en train de voler; **thou shalt not ~** BIBLE tu ne voleras point. -**2.** [move secretively]: to ~ **in/out** entrer/sortir à pas furtifs OR feutrés; to ~ **into a room** se glisser OR se faufiler dans une pièce; **she stole up on me from behind** elle s'est approchée de moi par derrière sans faire de bruit ‖ *fig*: **shadows began to ~ across the courtyard** *lit* des ombres commencèrent à envahir la cour; **a strange sadness stole over me** *lit* une étrange tristesse m'envahit.
◇ *n inf Am* [bargain] affaire *f*; **it was a ~** c'était une bonne affaire.
◆ **steal away** *vi insep* partir furtivement, s'esquiver.

stealing ['stiːlɪŋ] *n* vol *m*.

stealth [stelθ] *n* -**1.** [of animal] ruse *f*. -**2.** *(U)* [underhandedness] moyens *mpl* détournés; **the documents were obtained by ~** nous nous sommes procuré les documents en cachette OR par des moyens détournés.

stealthily ['stelθɪlɪ] *adv* furtivement, subrepticement, en catimini.

stealthy ['stelθɪ] (*compar* stealthier, *superl* stealthiest) *adj* furtif.

steam [stiːm] ◇ *n* -**1.** [vapour] vapeur *f*; [condensation] buée *f*; **she wiped the ~ from the mirror** elle essuya la buée sur la glace. -**2.** MECH & RAIL [as power] vapeur *f*; **the trains used to run on** OR **to work by ~** autrefois, les trains marchaient à la vapeur ❑ **at full ~** à toute vapeur, à pleine vitesse; **full ~ ahead!** en avant toute!; **to do sthg under one's own ~** faire qqch par ses propres moyens; **to get up** OR **to pick up ~** [vehicle] prendre de la vitesse; [campaign, project] être lancé; **the battle against drugs is finally picking up ~** la lutte contre la drogue est enfin bien lancée; **to let off ~** se défouler; **to run out of ~** s'essouffler, s'épuiser.
◇ *comp* [boiler, ferry, locomotive etc] à vapeur.
◇ *vt* -**1.** [unstick with steam]: **~ the stamps off the envelope** passez l'enveloppe à la vapeur pour décoller les timbres; **to ~ open an envelope** décacheter une enveloppe à la vapeur. -**2.** CULIN (faire) cuire à la vapeur; **~ed vegetables** légumes *mpl* (cuits) à la vapeur.
◇ *vi* -**1.** [soup, kettle, wet clothes] fumer. -**2.** [go - train, ship]: **the train ~ed into/out of the station** le train entra en gare/quitta la gare; **the liner ~ed into the harbour** le paquebot entra dans le port; **cargo boats regularly ~ed across the Atlantic** des cargos à vapeur traversaient régulièrement l'Atlantique; **my brother ~ed on ahead** *fig* mon frère filait devant; **she ~ed into/out of the room** *fig* elle est entrée dans/sortie de la pièce comme une furie.
◆ **steam up** ◇ *vi insep* [window, glasses] s'embuer, se couvrir de buée.
◇ *vt sep* [window, glasses] embuer.

steam bath *n* bain *m* de vapeur.

steamboat ['stiːmbəʊt] *n* bateau *m* à vapeur, vapeur *m*.

steam coal *n* charbon *m* à vapeur, houille *f* de chaudière.

steam-driven *adj* à vapeur.

steamed-up *inf* [stiːmd-] *adj* [angry] énervé, dans tous ses états; **what's he all ~ about?** pourquoi est-il dans tous ses états OR dans un état pareil?; **she got very ~ about the whole business** (toute) cette histoire l'a mise dans tous ses états OR l'a beaucoup énervée.

steam engine *n* MECH moteur *m* à vapeur; RAIL locomotive *f* à vapeur.

steamer ['stiːməʳ] *n* -**1.** NAUT bateau *m* à vapeur, vapeur *m*. -**2.** CULIN [pan] marmite *f* à vapeur; [basket inside pan] panier *m* de cuisson à la vapeur.

steam heat *n* chaleur *f* fournie par la vapeur.

steaming ['stiːmɪŋ] ◇ *adj* -**1.** [very hot] fumant. -**2.** *inf* [angry] furibard, furax.
◇ *adv*: **~ hot** fumant.

steam iron *n* fer *m* (à repasser) à vapeur.

steam point *n* point *m* d'ébullition.

steam radio *inf n Br dated & hum* -**1.** [broadcasting] ≃ la bonne vieille radio *(par opposition à la télévision)*. -**2.** [set] poste *m* de radio antédiluvien.

steamroll ['stiːmrəʊl] *vt* [road] cylindrer.

steamroller ['stiːm,rəʊləʳ] ◇ *n literal & fig* rouleau *m* compresseur; **to use ~ tactics** *fig* employer la technique du rouleau compresseur.
◇ *vt* -**1.** [crush - opposition, obstacle] écraser. -**2.** [force]: **to ~ a bill through Parliament** *faire passer une loi à la Chambre sans tenir compte de l'opposition*; **to ~ sb into doing sthg** forcer qqn à faire qqch. -**3.** = **steamroll**.

steamship ['stiːmʃɪp] *n* navire *m* à vapeur, vapeur *m*.

steam shovel *n Am* bulldozer *m*.

steamy ['stiːmɪ] (*compar* **steamier**, *superl* **steamiest**) *adj* -**1.** [room] plein de vapeur; [window, mirror] embué. -**2.** *inf* [erotic] érotique, d'un érotisme torride.

stearic [stɪ'ærɪk] *adj* stéarique; **~ acid** acide *m* stéarique.

steatite ['stɪə,taɪt] *n* stéatite *f*.

steed [stiːd] *n lit* coursier *m*.

steel [stiːl] ◇ *n* -**1.** [iron alloy] acier *m*; **rolled/cast/stainless ~** acier laminé/moulé/inoxydable; **to have nerves of ~** avoir des nerfs d'acier. -**2.** [steel industry] industrie *f* sidérurgique, sidérurgie *f*; **the nationalization of ~** la nationalisation de l'industrie sidérurgique. -**3.** [for sharpening knives] aiguisoir *m*. -**4.** *lit* [sword] fer *m*.
◇ *adj* [helmet, cutlery etc] en acier.
◇ *comp* [industry, plant] sidérurgique; [strike] des sidérurgistes; **~ manufacturer** sidérurgiste *mf*.
◇ *vt* -**1.** *Br* [harden]: **to ~ o.s. against sthg** se cuirasser contre qqch; **he ~ed himself against any further hurt** il s'est cuirassé contre toute nouvelle blessure sentimentale; **~ yourself for a terrible ordeal** préparez-vous à affronter une rude épreuve; **I had ~ed myself for the worst** je m'étais préparé au pire. -**2.** METALL aciérer.

steel band *n* MUS steel band *m*.

steel blue *n* bleu *m* acier.
◆ **steel-blue** *adj* bleu acier *(inv)*.

steel grey *n* gris *m* acier.
◆ **steel-grey** *adj* gris acier *(inv)*.

steel guitar *n* guitare *f* à cordes d'acier.

steel wool *n* paille *f* de fer.

steelworker ['stiːl,wɜːkəʳ] *n* sidérurgiste *mf*.

steelworks ['stiːlwɜːks] (*pl inv*) *n* aciérie *f*, usine *f* sidérurgique.

steely ['stiːlɪ] *adj* -**1.** [in colour] d'acier, gris acier *(inv)*. -**2.** [strong - determination, will] de fer; [- look] d'acier.

steelyard ['stiːljɑːd] *n* balance *f* romaine.

steep [stiːp] ◇ *adj* -**1.** [hill] raide, abrupt, escarpé; [slope] fort, raide; [cliff] abrupt; [road, path] raide, escarpé; [staircase] raide; **it's a ~ climb to the village** la montée est raide pour arriver au village; **the plane went into a ~ dive** l'avion se mit à piquer du nez. -**2.** [increase, fall] fort; a **~ drop in share prices** une forte chute du prix des actions. -**3.** *inf* [fee, price] excessif, élevé; **the prices are a bit ~** l'addition est plutôt salée. -**4.** *inf* [unreasonable]: **it's a bit ~ asking us to do all that work by Friday** c'est un peu fort OR un peu raide de nous demander de faire tout ce travail pour vendredi.
◇ *vt* [soak] (faire) tremper; CULIN (faire) macérer, (faire) mariner; **~ the onions in vinegar** faites macérer les oignons dans du vinaigre; **I want to ~ myself in the atmosphere of the place** *fig* je veux m'imprégner de l'atmosphère de l'endroit.
◇ *vi* [gen] tremper; CULIN macérer, mariner.

steeped [stiːpt] *adj* imprégné; **~ in tradition/mystery** imprégné de tradition/mystère.

steepen ['stiːpn] *vi* -**1.** [slope, road, path] devenir plus raide OR escarpé; **the climb ~ed as we neared the top** la pente devenait de plus en plus raide à mesure que nous approchions du sommet. -**2.** [increase - inflation, rate] croître.

steeple ['stiːpl] *n* clocher *m*, flèche *f*.

steeplechase ['stiːpltʃeɪs] *n* [in horse racing, athletics] steeple *m*, steeple-chase *m*.

steeplechaser ['stiːpl,tʃeɪsəʳ] *n* -**1.** [jockey] jockey *m* de steeple OR steeple-chase. -**2.** [runner] coureur *m*, -euse *f* de steeple OR steeple-chase.

steeplejack ['stiːpldʒæk] *n Br réparateur de clochers et de cheminées.*

steeply ['stiːplɪ] *adv* en pente raide, à pic; **the path climbs ~** le chemin monte en pente raide; **a ~ sloping field leads down to the lake** un champ descend en pente raide jusqu'au lac; **costs are rising ~** les coûts montent en flèche.

steepness ['stiːpnɪs] *n* -**1.** [of climb, road, staircase] raideur *f*. -**2.** [of price rise] importance *f*.

steer ['stɪəʳ] ◇ *vt* -**1.** [car] conduire; **the lorry was surprisingly easy to ~** le camion était étonnamment facile à conduire; **she ~ed the car into the garage/out onto the main road** elle a rentré la voiture au garage/conduit la voiture jusqu'à la route principale ‖ NAUT [boat] gouverner, barrer; **to ~ a course for** mettre le cap sur; **the management has decided to ~ a radically different course** *fig* la direction a décidé de changer radicalement de cap; **it's a dangerous course you're ~ing** *fig* vous vous engagez sur un terrain dangereux ❑ **~ed course** route *f* au compas OR apparente. -**2.** [person] guider, diriger; **she ~ed me over to a sofa** elle m'a guidé vers un canapé; **try to ~ him away from the bar** essayez de l'éloigner du bar. -**3.** [conversation, project etc] diriger; **I tried to ~ the conversation round to/away from the subject** j'ai essayé d'amener la conversation sur le sujet/de détourner la conversation du sujet; **she successfully ~ed the company through the crisis** elle a réussi à sortir la société de la crise; **to ~ a bill through Parliament** réussir à faire voter un projet de loi par le Parlement.
◇ *vi* -**1.** [driver] conduire; **I'd feel safer if you ~ed with both hands!** je me sentirais mieux si tu conduisais des deux mains!; **I ~ed carefully into the garage** j'ai manœuvré avec soin pour entrer dans le garage; **she ~ed smoothly round the bend** elle prit le virage en douceur ‖ NAUT [helmsman] gouverner, barrer; **~ for that buoy** mettez le cap sur cette bouée ❑ **to ~ clear of sthg/sb** éviter qqch/qqn; **~ clear of her husband, he's a real bore** évite son mari, c'est un vrai raseur. -**2.** [car]: **this car ~s very well/badly** cette voiture a une excellente/très mauvaise direction; **a taxi ~ed out of a side street** un taxi a débouché d'une rue latérale ‖ NAUT [boat] se diriger; **the ferry was ~ing for Dover** le ferry se dirigeait vers Douvres.
◇ *n* -**1.** AGR bœuf *m*. -**2.** *inf Am* [piece of advice] conseil *m*; [tip] tuyau *m*.

steerage ['stɪərɪdʒ] *n* NAUT -**1.** *dated* [accommodation] entrepont *m*; ~ **passengers** passagers *mpl* d'entrepont. -**2.** [steering] conduite *f*, pilotage *m*.

steerageway ['stɪərɪdʒweɪ] *n* NAUT vitesse *f* acquise, erre *f spec*; **to get up/to lose** ~ augmenter/diminuer l'erre.

steering ['stɪərɪŋ] ◇ *n* -**1.** AUT [apparatus, mechanism] direction *f*; [manner of driving] conduite *f*; **power** ~ direction assistée. -**2.** NAUT conduite *f*, pilotage *m*.
◇ *comp* AUT [arm, column, lever] de direction.

steering committee *n Br* comité *m* directeur.

steering gear *n* AERON & AUT mécanisme *m* de direction; NAUT appareil *m* à gouverner.

steering lock *n* AUT -**1.** [turning circle] rayon *m* de braquage. -**2.** [antitheft device] antivol *m* de direction.

steering wheel *n* -**1.** AUT volant *m*. -**2.** NAUT roue *f* du gouvernail, barre *f*.

steersman ['stɪəzmən] (*pl* **steersmen** [-mən]) *n* timonier *m*, barreur *m*.

stegosaurus [,stegə'sɔːrəs] *n* stégosaure *m*.

stein [staɪn] *n* chope *f*.

stellar ['stelə^r] *adj* -**1.** ASTRON stellaire. -**2.** *inf* CIN & THEAT: **the play boasts a** ~ **cast** cette pièce a une distribution éblouissante.

stem [stem] (*pt* & *pp* **stemmed**, *cont* **stemming**)
◇ *n* -**1.** BOT [of plant, tree] tige *f*; [of fruit, leaf] queue *f*. -**2.** [of glass] pied *m*. -**3.** [of tobacco pipe] tuyau *m*. -**4.** LING [of word] radical *m*. -**5.** TECH [in lock, watch] tige *f*; **winding** ~ tige de remontoir. -**6.** [vertical stroke - of letter] hampe *f*; [- of musical note] queue *f*. -**7.** NAUT [timber, structure] étrave *f*; [forward section] proue *f*; **from** ~ **to stern** de l'étrave à l'étambot. -**8.** BIBLE [family, stock] souche *f*.
◇ *vt* -**1.** [check, stop - flow, spread, bleeding] arrêter, endiguer; [- blood] étancher; [- river, flood] endiguer, contenir; **the government has taken new measures to** ~ **the flow of capital abroad** le gouvernement a pris de nouvelles mesures pour arrêter la fuite des capitaux à l'étranger; **they are trying to** ~ **the tide of protest** ils essaient d'endiguer le nombre croissant de protestations. -**2.** SPORT: **to** ~ **one's skis** faire un stem OR stemm.
◇ *vi* -**1.** [derive]: **to** ~ **from** avoir pour cause, être le résultat de; **all her difficulties** ~ **from her insecure childhood** tous ses problèmes ont pour cause une enfance difficile. -**2.** SPORT faire du stem OR stemm.

stem glass *n* verre *m* à pied.

-stemmed [stemd] *in cpds* -**1.** BOT à tige...; **a long/short/thin**~ **plant** une plante à tige longue/courte/mince. -**2.** [gen]: **a long/short**~ **glass** un verre à pied haut/bas; **a long/short**~ **pipe** une pipe à tuyau long/court.

stem turn *n* SPORT (virage *m* de) stem *m*.

stem-winder *n* montre *f* à remontoir.

Sten [sten] = **Sten gun**.

stench [stentʃ] *n* puanteur *f*, odeur *f* nauséabonde.

stencil ['stensl] (*Br pt* & *pp* **stencilled**, *cont* **stencilling**, *Am pt* & *pp* **stenciled**, *cont* **stenciling**) ◇ *n* -**1.** [for typing] stencil *m*. -**2.** [template] pochoir *m*. -**3.** [pattern] dessin *m* au pochoir.
◇ *vt* dessiner au pochoir.

Sten gun [sten-] *n* mitraillette *f* légère.

steno *inf* ['stenəʊ] (*pl* **stenos**) *n Am* -**1.** [stenographer] sténo *mf*. -**2.** [stenography] sténo *f*.

stenographer [stə'nɒgrəfə^r] *n Am* sténographe *mf*.

stenography [stə'nɒgrəfɪ] *n* sténographie *f*.

Stenotype® ['stenəʊtaɪp] *n* sténotype *f*.

stenotypist ['stenəʊ,taɪpɪst] *n* sténotypiste *mf*.

stentorian [sten'tɔːrɪən] *adj lit* [voice] de stentor.

step [step] (*pt* & *pp* **stepped**, *cont* **stepping**)
◇ *n* -**1.** [pace] pas *m*; **take two** ~**s forwards/backwards** faites deux pas en avant/en arrière; **I grew wearier with every** ~ **I took** je m'épuisais un peu plus à chaque pas (que je faisais); **I heard her** ~ OR ~**s on the stairs** j'ai entendu (le bruit de) ses pas dans l'escalier; **that's certainly put a spring in her** ~ ça a dû lui donner un peu de ressort; **he was following a few** ~**s behind me** il me suivait à quelques pas; **it's only a (short)** ~ **to the shops** les magasins sont à deux pas d'ici ❑ **watch your** ~! *literal* faites attention où vous mettez les pieds!; *fig* faites attention! -**2.** [move, action] pas *m*; [measure] mesure *f*, disposition *f*; **it's a great** ~ **forward for mankind** c'est un grand pas en avant pour l'humanité; **our first** ~ **will be to cut costs** notre première mesure sera de réduire les coûts; **to take** ~**s to do sthg**: **the government should take** ~**s to ban the book** le gouvernement devrait prendre des mesures pour interdire le livre; **what** ~**s have you taken?** quelles mesures avez-vous prises?; **it's only a short** ~ **from what you are suggesting to an outright ban** entre ce que vous suggérez et une interdiction absolue, il n'y a qu'un pas; **it's a** ~ **in the right direction** c'est un pas dans la bonne direction. -**3.** [stage] étape *f*; **the different** ~**s in the manufacturing process** les différentes étapes du processus de fabrication; **this promotion is a big** ~ **up for me** cette promotion est un grand pas en avant pour moi; **we are still one** ~ **ahead of our competitors** nous conservons une petite avance sur nos concurrents; **if I may take your argument one** ~ **further** si je peux pousser votre raisonnement un peu plus loin; **we'll support you every** ~ **of the way** nous vous soutiendrons à fond OR sur toute la ligne. -**4.** [stair - gen] marche *f*; [- into bus, train etc] marche-pied *m*; **a flight of** ~**s** un escalier; **the church** ~**s** le perron de l'église; **'mind the** ~**'** 'attention à la marche'. -**5.** DANCE pas *m*; **a minuet** ~ un pas de menuet; **do try and keep** ~! essaie donc de danser en mesure! -**6.** [in marching] pas *m*; **in** ~ au pas; **to march in** ~ marcher au pas; **to be out of** ~ ne pas être en cadence; **they were walking out of** ~ ils ne marchaient pas en cadence; **to break** ~ rompre le pas; **to change** ~ changer de pas; **to fall into** ~ se mettre au pas; **he fell into** ~ **beside me** arrivé à ma hauteur, il régla son pas sur le mien; **to keep** ~ marcher au pas ❑ **to be in** ~ **with the times/with public opinion** être au diapason de son temps/de l'opinion publique; **to be out of** ~ **with the times/with public opinion** être déphasé par rapport à son époque/à l'opinion publique. -**7.** *Am* MUS [interval] seconde *f*.
◇ *vi* -**1.** [take a single step] faire un pas; [walk, go] marcher, aller; ~ **this way, please** par ici, je vous prie; ~ **inside!** entrez!; **he carefully stepped round the sleeping dog** il contourna prudemment le chien endormi; **I stepped onto/off the train** je suis monté dans le/descendu du train; **she stepped lightly over the ditch** elle enjamba le fossé lestement. -**2.** [put one's foot down, tread] marcher; **I stepped on a banana skin/in a puddle** j'ai marché sur une peau de banane/dans une flaque d'eau ❑ ~ **on the gas!**, ~ **on it!** *inf* appuie sur le champignon!; **to** ~ **out of line** s'écarter du droit chemin.
◇ *vt* -**1.** [measure out] mesurer. -**2.** [space out] échelonner.

◆ **steps** *npl Br* [stepladder]: **(pair of)** ~**s** escabeau *m*.

◆ **step aside** *vi insep* -**1.** [move to one side] s'écarter, s'effacer. -**2.** = **step down 2**.

◆ **step back** *vi insep* -**1.** *literal* reculer, faire un pas en arrière. -**2.** *fig* prendre du recul; **we don't have time to** ~ **back and figure out what it all means** nous n'avons pas le temps de prendre du recul pour essayer de comprendre tout cela.

◆ **step down** ◇ *vi insep* -**1.** [descend] descendre. -**2.** [quit position, job] se retirer, se désister; **he stepped down in favour of a younger person** il a cédé la place à quelqu'un de plus jeune.
◇ *vt sep* ELEC [voltage] abaisser.

◆ **step forward** *vi insep* -**1.** *literal* faire un pas en avant. -**2.** *fig* [volunteer] se présenter, être volontaire.

◆ **step in** *vi insep* -**1.** [enter] entrer. -**2.** [intervene] intervenir.

◆ **step out** *vi insep* -**1.** [go out of doors] sortir. -**2.** [walk faster] presser le pas.

◆ **step out on** *vt insep Am*: **to** ~ **out on sb** laisser tomber qqn.

◆ **step up** ◇ *vi insep* s'approcher; **to** ~ **up to sb** s'approcher de qqn.
◇ *vt sep* -**1.** [increase - output, pace] augmenter, accroître; [- activity, efforts] intensifier. -**2.** ELEC [voltage] augmenter.

step aerobics *n* step *m*.

stepbrother ['step,brʌðə^r] *n* demi-frère *m*.

step-by-step ◇ *adv* [gradually] pas à pas, petit à petit.
◇ *adj* [point by point]: **a** ~ **guide to buying your own house** un guide détaillé pour l'achat de votre maison.

stepchild ['step,tʃaɪld] (*pl* **stepchildren** [-,tʃɪldrən]) *n* beau-fils *m*, belle-fille *f*.

stepdaughter ['step,dɔːtə^r] *n* belle-fille *f*.

step-down *n*: ~ **transformer** transformateur *m* dévolteur.

stepfather ['step,fɑːðə^r] *n* beau-père *m*.

Stephen ['stiːvn] *pr n*: **Saint** ~ saint Etienne.

step-in *adj* [skirt] à enfiler *(sans boutons ni fermeture Éclair)*.

stepladder ['step,lædə^r] *n* escabeau *m*.

stepmother ['step,mʌðə^r] *n* belle-mère *f*.

stepparent ['step,peərənt] *n* beau-père *m*, belle-mère *f*; **relations between children and their** ~**s are often difficult** les rapports entre un enfant et son beau-père ou sa belle-mère sont souvent difficiles.

steppe [step] *n* steppe *f*.

stepped-up [stept-] *adj* [output] accru, augmenté; [pace] plus rapide; [activity, efforts, war] intensifié.

stepping-stone ['stepɪŋ-] *n* -**1.** *literal* pierre *f* de gué. -**2.** *fig* tremplin *m*; **a** ~ **to a new career** un tremplin pour (se lancer dans) une nouvelle carrière.

stepsister ['step,sɪstə^r] *n* demi-sœur *f*.

stepson ['stepsʌn] *n* beau-fils *m (fils du conjoint d'un précédent mariage)*.

stere [stɪə^r] *n* stère *m*.

stereo ['sterɪəʊ] (*pl* **stereos**) ◇ *n* -**1.** [stereo sound] stéréo *f*; **broadcast in** ~ retransmis en stéréo. -**2.** [hifi system] chaîne *f* (stéréo); **I need a new** ~ il me faudrait une nouvelle chaîne.
◇ *adj* [cassette, record, record player] stéréo *(inv)*; [recording, broadcast] en stéréo.

stereogram ['sterɪəgræm] *n* -**1.** = **stereograph**. -**2.** *Br dated* chaîne *f* stéréo.

stereograph ['sterɪəgrɑːf] *n* stéréogramme *m*.

stereography [,sterɪ'ɒgrəfɪ] *n* stéréographie *f*.

stereometry [,sterɪ'ɒmɪtrɪ] *n* stéréométrie *f*.

stereophonic [,sterɪə'fɒnɪk] *adj* stéréophonique.

stereoscope ['sterɪəʊskəʊp] *n* stéréoscope *m*.

stereoscopic [,sterɪə'skɒpɪk] *adj* stéréoscopique.

stereoscopy [,sterɪ'ɒskəpɪ] *n* stéréoscopie *f*.

stereotype ['sterɪətaɪp] ◇ *n* -**1.** [idea, trait, convention] stéréotype *m*; **they don't really conform to our** ~ **of what Americans are like** ils ne correspondent pas vraiment au stéréotype que nous avons des Américains. -**2.** TYPO cliché *m*.
◇ *vt* -**1.** [person, role] stéréotyper. -**2.** TYPO clicher.

stereotyped ['sterɪəʊtaɪpt] *adj* stéréotypé; **the film is full of very** ~ **images of women** dans ce film, les personnages de femmes sont très stéréotypés OR les femmes ont des rôles très stéréotypés.

stereotypical [,sterɪəʊ'tɪpɪkl] *adj* stéréotypé.

stereotyping ['sterɪəʊ,taɪpɪŋ] *n*: **we want to avoid sexual** ~ nous voulons éviter les stéréotypes sexuels.

sterile ['steraɪl] *adj* stérile.
sterility [ste'rɪlətɪ] *n* stérilité *f*.
sterilization [ˌsterəlaɪ'zeɪʃn] *n* stérilisation *f*.
sterilize, -ise ['sterəlaɪz] *vt* stériliser; **~d milk** lait *m* stérilisé.
sterilizer ['sterəlaɪzəʳ] *n* stérilisateur *m*.
sterling ['stɜːlɪŋ] ◇ *n* -**1.** [currency] sterling *m inv*; **twenty thousand pounds ~** vingt mille livres sterling; **~ area** zone *f* sterling. -**2.** [standard] titre *m*. -**3.** [silverware] argenterie *f (fine)*.
◇ *adj* -**1.** [gold, silver] fin. -**2.** *fml* [first-class] excellent, de premier ordre.
◇ *comp* [reserves, balances] en sterling; [traveller's cheques] en livres sterling.
stern [stɜːn] ◇ *adj* -**1.** [strict, harsh - person, measure] sévère, strict; [- appearance] sévère, austère; [- discipline, punishment] sévère, rigoureux; [- look, rebuke] sévère, dur; [- warning] solennel, grave. -**2.** [robust] solide, robuste; **his wife is made of ~er stuff** sa femme est d'une autre trempe.
◇ *n* -**1.** NAUT arrière *m*, poupe *f*. -**2.** [of horse] croupe *f*.
sterna ['stɜːnə] *pl* → **sternum**.
sternforemost [stɜːn'fɔːməʊst] *adv* NAUT par l'arrière.
sternly ['stɜːnlɪ] *adv* sévèrement.
sternness ['stɜːnnɪs] *n* sévérité *f*.
Sterno can® ['stɜːnəʊ-] *n Am boîte contenant une substance inflammable et que l'on transporte pour cuisiner.*
sternum ['stɜːnəm] (*pl* sternums OR sterna [-nə]) *n* sternum *m*.
sternward(s) ['stɜːnwəd(z)] *adv* vers l'arrière.
steroid ['stɪərɔɪd] *n* stéroïde *m*; **the doctor put him on a course of ~s** le médecin lui a prescrit OR donné un traitement stéroïdien.
sterol ['stɪərɒl] *n* stérol *m*.
stertorous ['stɜːtərəs] *adj lit* stertoreux, ronflant.
stet [stet] *interj* TYPO bon, à maintenir.
stethoscope ['steθəskəʊp] *n* stéthoscope *m*.
Stetson® ['stetsn] *n* Stetson® *m*, chapeau *m* de cow-boy.
stevedore ['stiːvədɔːʳ] ◇ *n Am* docker *m*, débardeur *m*.
◇ *vi* travailler comme docker OR débardeur.
stew [stjuː] ◇ *n* CULIN ragoût *m*; **lamb/vegetable ~** ragoût d'agneau/de légumes (mijotés); **to be in a ~** *inf Br* [bothered] être dans tous ses états; [in a mess] être dans de beaux draps OR dans le pétrin.
◇ *vt* [meat] préparer en ragoût, cuire (en ragoût); [fruit] (faire) cuire en compote.
◇ *vi* CULIN [meat] cuire en ragoût, mijoter; [fruit] cuire; **leave the meat to ~ for at least two hours** laissez mijoter la viande pendant deux bonnes heures ‖ [tea] infuser trop longtemps ❑ **to let sb ~ (in their own juice)** *inf Br* laisser cuire OR mijoter qqn dans son jus.
steward ['stjʊəd] *n* -**1.** [on aeroplane, ship] steward *m*. -**2.** [at race, sports event] commissaire *m*; **~'s enquiry** *Br* enquête *f* des commissaires. -**3.** [at dance, social event] organisateur *m*, -trice *f*; [at meeting, demonstration] membre *m* du service d'ordre. -**4.** [of property] intendant *m*, -e *f*; [estate, finances] régisseur *m*, -euse *f*; [in college] économe *mf*.
stewardess ['stjʊədɪs] *n* hôtesse *f*.
stewardship ['stjʊədʃɪp] *n* intendance *f*, économat *m*.
stewed [stjuːd] *adj* -**1.** CULIN: **~ meat** ragoût *m*; **we had ~ lamb for supper** au dîner, nous avons mangé un ragoût d'agneau; **~ fruit** compote *f* de fruits. -**2.** [tea] trop infusé. -**3.** *inf* [drunk] bourré, cuité; **to get ~** se cuiter.
St. Ex. *written abbr of* stock exchange.
stg *written abbr of* sterling.
stick [stɪk] (*pt* & *pp* stuck [stʌk]) ◇ *n* -**1.** [piece of wood] bout *m* de bois; [branch] branche *f*; [twig] petite branche *f*, brindille *f*; **gather some ~s, we'll make a fire** ramassez du bois, on fera du feu. -**2.** [wooden rod - as weapon] bâton *m*; [walking stick] canne *f*, bâton *m*; [drumstick] baguette *f*; [for plants] rame *f*, tuteur *m*; [for lollipop] bâton *m*; **she had legs like ~s** elle avait des jambes comme des allumettes; **to give sb the ~** *Br* donner la bastonnade à qqn; **I'm going to take a ~ to that boy one day!** un jour je vais mettre une raclée à ce garçon!; **the threat of redundancy has become a ~ with which industry beats the unions** *fig* pour le patronat, la menace du licenciement est devenue une arme contre les syndicats; **a few ~s (of furniture)** *inf Br* quelques vagues meubles; **we don't have one ~ of decent furniture** nous n'avons pas un seul meuble convenable ❑ **to get (hold of) the wrong end of the ~** mal comprendre, comprendre de travers; **you've got (hold of) the wrong end of the ~ about this business** vous avez tout compris de travers dans cette histoire; **to get the short** OR **dirty end of the ~** être mal loti; **she got the short** OR **dirty end of the ~ as usual** c'est tombé sur elle comme d'habitude; **~s and stones may break my bones but words will never hurt me** *prov* la bave du crapaud n'atteint pas la blanche colombe *prov*. -**3.** [piece - of chalk] bâton *m*, morceau *m*; [- of cinnamon, incense, liquorice, dynamite] bâton *m*; [- of charcoal] morceau *m*; [- of chewing gum] tablette *f*; [- of glue, deodorant] bâton *m*, stick *m*; [- of celery] branche *f*; [- of rhubarb] tige *f*; French **~** baguette *f* (de pain). -**4.** GAMES & SPORT [in hockey, lacrosse] crosse *f*; [ski pole] bâton *m* (de ski); [baseball bat] batte *f*; [billiard cue] queue *f* de billard; [in pick-up-sticks] bâton *m*, bâtonnet *m*, jonchet *m*. -**5.** *inf (U) Br* [criticism] critiques *fpl* (désobligeantes); **to get** OR **to come in for a lot of ~**: **the police got a lot of ~ from the press** la police s'est fait éreinter OR démolir par la presse; **he got a lot of ~ from his friends about his new hairstyle** ses amis l'ont bien charrié avec sa nouvelle coupe. -**6.** *inf* [control lever] AERON manche *m* à balai; AUT levier *m* de vitesse. -**7.** MIL [cluster - of bombs] chapelet *m*; [- of parachutists] stick *m*. -**8.** *inf Br dated* [person] type *m*; **he's a dull** OR **dry old ~** il est rasoir; **she's not a bad old ~, she's a nice old ~** elle est plutôt sympa. -**9.** *inf* [glue] colle *f*; [stickiness] pouvoir *m* adhésif. -**10.** *Am dated drugs sl* [cannabis cigarette] joint *m*.
◇ *vt* -**1.** [jab, stab - spear, nail, knife] planter, enfoncer; [- needle] piquer, planter; [- pole, shovel] planter; [- elbow, gun] enfoncer; **he stuck his fork into a potato** il a planté sa fourchette dans une pomme de terre; **don't ~ drawing pins in the wall** ne plantez pas de punaises dans le mur; **there were maps with coloured pins stuck in them** il y avait des cartes avec des épingles de couleur; **a ham stuck with cloves** un jambon piqué de clous de girofle; **watch out! you almost stuck your umbrella in my eye!** fais attention! tu as failli m'enfoncer ton parapluie dans l'œil!; **he stuck his elbow in my ribs** il m'a enfoncé son coude dans les côtes; **she stuck the revolver in his back** elle lui a enfoncé le revolver dans le dos; **he pulled out his gun and stuck it in my face** *inf* il a sorti son arme et l'a brandie sous mon nez; **~ the skewer through the chicken** enfilez le poulet sur la broche, embrochez le poulet. -**2.** [insert] insérer, mettre, ficher; [put] mettre; **~ the candles in the holders** mettez les bougies dans les bougeoirs; **he stuck a rose in his lapel** il s'est mis une rose à la boutonnière; **she stuck the cork in the bottle** elle a enfoncé le bouchon dans le goulot de la bouteille; **to ~ a flower in one's hair** piquer une fleur dans ses cheveux; **here, ~ this under the chair leg** tenez, calez la chaise avec ça; **the door was closing but he managed to ~ his foot in it** la porte se refermait mais il réussit à glisser son pied dans l'entrebâillement OR à la bloquer du pied; **he stood there with a cigar stuck in his mouth/with his hands stuck in his pockets** il était planté là, un cigare entre les dents/les mains enfoncées dans les poches; **he stuck the card back in the pack** il a remis la carte dans le jeu; **she stuck her head into the office/out of the window** elle a passé la tête dans le bureau/par la fenêtre; **I had to ~ my fingers down my throat** il a fallu que je me mette les doigts dans la bouche ‖ [put casually] *inf* mettre, ficher; **mix it all together and ~ it in the oven** mélangez bien (le tout) et mettez au four; **can you ~ my name on the list?** tu peux ajouter mon nom sur la liste? ❑ **he can ~ the job!**▽ *Br* il sait où il peut se le mettre, son boulot!; **~ it!**▽ tu peux te le mettre où je pense OR quelque part! -**3.** [fasten] fixer; [pin up] punaiser; **she stuck the broom head on the handle** elle a fixé la brosse à balai au manche; **it was stuck on the notice-board with tacks** c'était punaisé au tableau d'affichage. -**4.** [with adhesive] coller; **help me ~ this vase together** aide-moi à recoller le vase; **to ~ a stamp on an envelope** coller un timbre sur une enveloppe; **he had posters stuck to the walls with Sellotape** il avait scotché des posters aux murs; **'~ no bills'** 'défense d'afficher'. -**5.** [kill - pig] égorger; **to squeal like a stuck pig** crier comme un cochon qu'on égorge. -**6.** *inf Br* [bear - person, situation] supporter; **I don't know how you've stuck it for so long** je ne sais pas comment tu as fait pour supporter ça si longtemps; **I can't ~ him** je ne peux pas le sentir; **what I can't ~ is her telling me how to run my life** ce que je ne supporte pas c'est qu'elle me dise comment je dois vivre; **I'm amazed she stuck a term, let alone three years** je suis étonné qu'elle ait tenu (le coup) un trimestre, et à plus forte raison trois ans. -**7.** *inf* [with chore, burden]: **to ~ sb with a fine/the blame** coller une amende/faire endosser la responsabilité à qqn; **I always get stuck with the dishes** je me retrouve toujours avec la vaisselle sur les bras, c'est toujours moi qui dois me taper la vaisselle. -**8.** *inf Am* [give injection to] faire une piqûre à, piquer.
◇ *vi* -**1.** [arrow, dart, spear] se planter; **I've got a splinter stuck in my finger** je me suis planté une écharde dans le doigt; **you'll find some tacks already ~ing in the notice-board** vous trouverez quelques punaises déjà plantées dans le tableau d'affichage. -**2.** [attach, adhere - wet clothes, bandage, chewing gum] coller; [- gummed label, stamp] tenir, coller; [- burr] s'accrocher; **the dough stuck to my fingers** la pâte collait à mes doigts; **the damp has made the stamps ~ together** l'humidité a collé les timbres les uns aux autres; **the dust will ~ to the wet varnish** la poussière va coller sur le vernis frais; **a butterfly had got stuck to the flypaper** un papillon était venu se coller au papier tue-mouches; **these badges ~ to any surface** ces autocollants adhèrent sur toutes les surfaces; **food won't ~ to these pans** ces casseroles n'attachent pas; **they had straw ~ing in their hair** ils avaient des brins de paille dans les cheveux; **the noodles had got all stuck together** les nouilles avaient collé OR étaient toutes collées; **have some porridge! that'll ~ to your ribs!** *inf Br* prends du porridge, ça tient au corps! -**3.** [become jammed, wedged - mechanism, drawer, key] se coincer, se bloquer; **the lorry stuck fast in the mud** le camion s'est complètement enlisé dans la boue; **he tried to wriggle out but his shoulders got stuck** il a essayé de se libérer en se tortillant mais ses épaules sont restées bloquées; **I have a fishbone stuck in my throat** j'ai une arête (de poisson) coincée dans la gorge ❑ **it ~s in my throat** *inf* OR *Br* **gullet** *inf* ça me reste sur l'estomac OR en travers de la gorge; **having to ask him for a loan really ~s in my throat** ça me coûte vraiment d'avoir à lui demander un prêt. -**4.** [remain, keep] rester; **they called him Boney as a child and the name stuck** quand il était petit, on le surnommait Boney et le nom lui est resté; **she has the kind of face that ~s in your memory** elle a un visage qu'on n'oublie pas OR dont on se souvient; **dates just never ~ in my head** je n'ai vraiment pas la mémoire des dates; **~ close to the house** restez près de la maison; **his bodyguards ~ close to him at all times** ses gardes du corps l'accompagnent

partout OR ne le quittent jamais d'une semelle; ~ to the main road suivez la route principale. -5. *inf* [be upheld]: we know he's guilty, but will the charge ~? nous savons qu'il est coupable, mais est-ce qu'un tribunal le condamnera?; to make the charge OR charges ~ prouver la culpabilité de qqn; the important thing now is to make the agreement ~ ce qui compte maintenant, c'est de faire respecter l'accord. -6. [extend, project]: the antenna was ~ing straight up l'antenne se dressait toute droite; his ticket was ~ing out of his pocket son billet sortait OR dépassait de sa poche; one leg was ~ing out of the sheets une jambe dépassait de sous les draps; only her head was ~ing out of the water seule sa tête sortait OR émergeait de l'eau. -7. [in card games]: (I) ~ j'arrête, je ne veux pas d'autre carte; the dealer must ~ on OR with seventeen le donneur doit s'arrêter à dix-sept.

◆ **sticks** *inf npl* [backwoods] cambrousse *f*; they live way out in the ~s ils habitent en pleine cambrousse.

◆ **stick around** *inf vi insep* [stay] rester (dans les parages); [wait] attendre; ~ around if you want, she'll be back in a little while tu peux rester si tu veux, elle ne va pas tarder à rentrer; I'm not ~ing around a moment longer! je n'attendrai pas une minute de plus!

◆ **stick at** *vt insep* -1. to ~ at it *Br* [persevere] persévérer. -2. [stop]: to ~ at nothing ne reculer OR n'hésiter devant rien; she'll ~ at nothing to get her way elle ne reculera devant rien pour parvenir à ses fins.

◆ **stick away** *inf vt sep* -1. [put away] ranger. -2. [hide] planquer.

◆ **stick by** *vt insep* -1. [person] soutenir; don't worry, I'll always ~ by you sois tranquille, je serai toujours là pour te soutenir. -2. [one's decision] s'en tenir à; I ~ by what I said je maintiens ce que j'ai dit.

◆ **stick down** ◇ *vt sep* -1. [flap, envelope] coller. -2. *inf Br* [note down] noter; [scribble] griffonner. -3. *inf* [place] poser; ~ the box down in the corner posez le carton dans le coin; he stuck the plate down in front of me il flanqua l'assiette devant moi.

◇ *vi insep* [flap, envelope] (se) coller.

◆ **stick in** ◇ *vt sep* -1. [nail, knife, spear] planter, enfoncer; [needle] piquer, enfoncer; [pole, shovel] enfoncer, planter; he stuck the knife all the way in il a enfoncé le couteau jusqu'au bout OR jusqu'à la garde; she stuck the knife in again and again elle donna plusieurs coups de couteau. -2. [insert - coin, bank card] insérer; [- electric plug] brancher; [- cork, sink plug] enfoncer; [word, sentence] ajouter; it's simple, just ~ the key in and turn c'est très simple, il suffit d'insérer la clé et de tourner; I stuck my hand in to test the water temperature j'y ai plongé la main pour vérifier la température de l'eau; he stuck his head in through the door il passa la tête par la porte; she's stuck in a lot of footnotes to give weight to her thesis elle a ajouté un tas de notes pour donner du poids à sa thèse. -3. [glue in] coller; there's not enough space to ~ in all these stamps/photos il ne reste pas assez de place pour coller tous ces timbres/toutes ces photos.

◇ *vi insep* [dart, arrow, spear] se planter; if the javelin doesn't ~ in the throw doesn't count si le javelot ne se plante pas, le jet ne compte pas; the last dart failed to ~ in la dernière fléchette n'est pas restée plantée.

◆ **stick on** ◇ *vt sep* -1. [fasten on - gummed badge, label, stamp] coller; [- china handle] recoller; [- broom head] fixer. -2. *inf* [jacket, boots] enfiler; he hurriedly stuck a hat on il s'est collé en vitesse un chapeau sur la tête.

◇ *vi insep* coller, se coller; the stamp won't ~ on le timbre ne colle pas; the patch ~s on when ironed la pièce se colle au tissu quand on la repasse.

◆ **stick out** ◇ *vt sep* -1. [extend - hand, leg] tendre, allonger; [- feelers, head] sortir; to ~ one's tongue out (at sb) tirer la langue (à qqn); he stuck his foot out to trip me up il a allongé la jambe pour me faire un croche-pied; I opened the window and stuck my head out j'ai ouvert la fenêtre et j'ai passé la tête au dehors; to ~ one's chest out bomber le torse; to ~ out one's lower lip faire la moue. -2. *phr*: to ~ it out *inf* tenir le coup jusqu'au bout.

◇ *vi insep* -1. [protrude - nail, splinter] sortir; [- teeth] avancer; [- plant, shoot] pointer; [- ledge, balcony] être en saillie; his belly stuck out over his belt son ventre débordait au-dessus de sa ceinture; her ears ~ out elle a les oreilles décollées; my feet stuck out over the end of the bed mes pieds dépassaient du lit; the front of the car stuck out of the garage l'avant de la voiture dépassait du garage. -2. [be noticeable - colour] ressortir; the red Mercedes really ~s out on ne voit que la Mercedes rouge; I don't like to ~ out in a crowd je n'aime pas me singulariser OR me faire remarquer; it's her accent that makes her ~ out c'est à cause de son accent qu'on la remarque.

◆ **stick out for** *vt insep* s'obstiner à vouloir, exiger; the union is ~ing out for a five per cent rise le syndicat continue à revendiquer une augmentation de cinq pour cent; after ~ing out for higher quotas, they had to settle for last year's levels après s'être battus pour obtenir une augmentation des quotas, ils ont dû se contenter de ceux de l'année dernière.

◆ **stick to** *vt insep*: it won't be easy to ~ to this schedule ce ne sera pas facile de tenir OR respecter ce planning; I can never ~ to diets je n'arrive jamais à suivre un régime longtemps; we must ~ to our plan nous devons continuer à suivre notre plan; once I make a decision I ~ to it une fois que j'ai pris une décision, je m'y tiens OR je n'en démords pas; to ~ to one's word OR promises tenir (sa) parole; to ~ to one's principles rester fidèle à ses principes; ~ as close to the truth as possible restez aussi près que possible de la vérité; she's still ~ing to her story elle maintient ce qu'elle a dit; ~ to the point! ne vous éloignez pas du sujet!; ~ to the facts! tenez-vous-en aux faits!; can we ~ to the business in hand? peut-être pourrions-nous en finir avec les digressions?; the author would be better off ~ing to journalism l'auteur ferait mieux de se cantonner au journalisme.

◆ **stick together** *inf vi insep* [people] rester ensemble; we'd better ~ together il vaut mieux que nous restions ensemble, il vaut mieux ne pas nous séparer; we'll get through the bad time if we ~ together *fig* on sortira de cette mauvaise passe si on se serre les coudes.

◆ **stick up** ◇ *vt sep* -1. [sign, notice, poster] afficher; [postcard] coller; [with drawing pins] punaiser. -2. [raise - pole] dresser; ~ the target back up redressez la cible; to ~ one's hand up lever la main ❑ ~ 'em up! *inf* haut les mains! -3. *inf Am* [rob - person, bank, supermarket] braquer.

◇ *vi insep* [point upwards - tower, antenna] s'élever; [- plant shoots] pointer; I saw a chimney ~ing up in the distance j'ai vu une cheminée qui s'élevait au loin; a branch was ~ing up out of the water une branche sortait de l'eau.

◆ **stick up for** *vt insep*: to ~ up for sb prendre la défense OR le parti de qqn; ~ up for yourself! ne te laisse pas faire!; he has trouble ~ing up for himself/his rights il a du mal à défendre ses intérêts/à faire valoir ses droits.

◆ **stick with** *vt insep* -1. [activity, subject] s'en tenir à, persister dans; now I've started the job, I'm going to ~ with it maintenant que j'ai commencé ce travail, je ne le lâche pas. -2. [person]: ~ with me, kid, and you'll be all right *inf* reste auprès de moi, petit, et tout ira bien.

sticker ['stɪkəʳ] *n* -1. [adhesive label] autocollant *m*. -2. *inf* [determined person]: she's a ~ elle est persévérante, elle va au bout de ce qu'elle entreprend.

stick figure *n personnage dessiné à l'aide de bâtonnets.*

stickiness ['stɪkɪnɪs] *n* -1. [of hands, substance, surface, jamjar] caractère *m* gluant OR poisseux. -2. [of weather, climate] moiteur *f*, humidité *f*.

sticking plaster ['stɪkɪŋ-] *n Br* pansement *m*, sparadrap *m*.

sticking point *n fig* point *m* de friction.

stick insect *n* phasme *m*.

stick-in-the-mud *inf n* [fogey] vieux croûton *m*; [killjoy] rabat-joie *m inv*; don't be such a ~! ne sois pas rabat-joie!

stickleback ['stɪklbæk] *n* épinoche *f (de rivière)*.

stickler ['stɪkləʳ] *n*: to be a ~ for [regulations, discipline, good manners] être à cheval sur; [tradition, routine] insister sur.

stickman ['stɪkmæn] (*pl* **stickmen** [-men]) *n Am* -1. [croupier] croupier *m*. -2. SPORT [hockey player] hockeyeur *m*, joueur *m* de hockey; [lacrosse player] joueur *m* de lacrosse; [billiard player] joueur *m* de billard. -3. = **stick figure**.

stick-on *adj* autocollant.

stickpin ['stɪkpɪn] *n Am* épingle *f* de cravate.

stick shift *n Am* AUT levier *m* de vitesse; I don't know how to drive a ~ je ne sais pas conduire une voiture à vitesses manuelles.

stick-up *inf n Am* braquage *m*, hold-up *m*; this is a ~! c'est un hold-up!

sticky ['stɪkɪ] (*compar* **stickier**, *superl* **stickiest**) *adj* -1. [adhesive] adhésif, gommé; ~ tape ruban *m* adhésif. -2. [tacky, gluey - hands, fingers] collant, poisseux; [- substance, surface, jamjar] gluant, poisseux; his mouth was all ~ with jam il avait la bouche poisseuse de confiture; to have ~ fingers *literal* avoir les doigts collants OR poisseux; *fig inf* être porté sur la fauche. -3. [sweaty] moite. -4. [humid - weather] moite, humide; it was a hot, ~ afternoon c'était un après-midi chaud et moite. -5. *inf* [awkward - situation] difficile, délicat; to be (batting) on a ~ wicket *Br* être dans une situation difficile; to come to a ~ end *Br* mal finir.

sticky-fingered *inf adj*: to be ~ être porté sur la fauche.

stiff [stɪf] ◇ *adj* -1. [rigid] raide, rigide; ~ paper/cardboard papier/carton rigide; a ~ brush une brosse à poils durs; to be ~ with terror être glacé de terreur ❑ as ~ as a poker raide comme un piquet; to keep a ~ upper lip garder son flegme. -2. [thick, difficult to stir] ferme, consistant; beat the mixture until it is ~ battez jusqu'à obtention d'une pâte consistante; beat the eggwhites until ~ battre les blancs en neige jusqu'à ce qu'ils soient (bien) fermes. -3. [difficult to move] dur; this door handle is very ~ cette poignée de porte est très dure; the drawers have got a bit ~ les tiroirs sont devenus un peu durs à ouvrir. -4. [aching] courbaturé, raide; I'm still ~ after playing squash the other day j'ai encore des courbatures d'avoir joué au squash l'autre jour; to have a ~ back avoir mal au dos; to have a ~ neck avoir un OR le torticolis. -5. [over-formal - smile, welcome] froid; [- person, manners, behaviour] froid, guindé; [- style] guindé. -6. [difficult] dur, ardu; to face ~ competition avoir affaire à forte concurrence; it will be a ~ match la partie sera dure; competition for university places is getting ~er la compétition pour les places à l'université devient de plus en plus acharnée. -7. [severe] sévère; a ~ sentence une condamnation sévère, une lourde condamnation; I sent them a ~ letter je leur ai envoyé une lettre bien sentie. -8. [strong - breeze, drink] fort; she poured herself a ~ whisky elle s'est versé un whisky bien tassé. -9. [high - price, bill] élevé. -10. [determined - resistance, opposition] tenace, acharné; [- resolve] ferme, inébranlable. -11. *inf Br* [full] plein (à craquer); the place was ~ with men in suits l'endroit était plein de messieurs en costume.

◇ *adv inf*: to be bored ~ mourir d'ennui; to be worried/scared ~ être mort d'inquiétude/de peur.

◇ *n* ▽ [corpse] macchabée *m*.

stiffen ['stɪfn] ◇ *vt* -1. [paper, fabric] raidir, renforcer. -2. [thicken - batter, dough, concrete]

donner de la consistance à; [- sauce] lier. -**3.** [make painful - arm, leg, muscle] courbaturer; **his joints had become ~ed by arthritis** ses articulations s'étaient raidies à cause de l'arthrite. -**4.** [strengthen - resistance, resolve] renforcer.
◇ *vi* -**1.** [harden - paper, fabric] devenir raide OR rigide. -**2.** [tense, stop moving] se raidir; **everybody in the room suddenly ~ed** tout à coup, tout le monde dans la pièce retint son souffle OR s'immobilisa. -**3.** [thicken - batter, dough, concrete] épaissir, devenir ferme; [- sauce] se lier. -**4.** [become hard to move - hinge, handle, door] se coincer. -**5.** [start to ache] s'ankyloser. -**6.** [strengthen - resistance, resolve] se renforcer; [- breeze] forcir.

stiffener ['stɪfnəʳ] *n* -**1.** [in collar] baleine *f*. -**2.** *inf Br* [drink] remontant *m*.

stiffening ['stɪfnɪŋ] *n* renforcement *m*.

stiffly ['stɪflɪ] *adv* -**1.** [rigidly]: **~ starched** très empesé OR amidonné; **they stood ~ to attention** ils se tenaient raides au garde-à-vous. -**2.** [painfully - walk, bend] avec raideur. -**3.** [coldly - smile, greet] froidement, d'un air distant.

stiff-necked *adj* opiniâtre, entêté, intraitable.

stiffness ['stɪfnɪs] *n* -**1.** [of paper, fabric] raideur *f*, rigidité *f*. -**2.** [of batter, dough, concrete] consistance *f*, fermeté *f*. -**3.** [of hinge, handle, door] dureté *f*. -**4.** [of joints, limbs] raideur *f*, courbatures *fpl*. -**5.** [of manners, smile, welcome] froideur *f*, distance *f*; [of style] caractère *m* guindé. -**6.** [difficulty - of exam, competition] difficulté *f*, dureté *f*. -**7.** [severity - of sentence, warning] sévérité *f*. -**8.** [determination - of resistance] ténacité *f*, acharnement *m*; [- of resolve] fermeté *f*.

stifle ['staɪfl] ◇ *vt* -**1.** [suppress - resistance, creativity, progress] réprimer, étouffer; [- tears, anger, emotion] réprimer; **to ~ a cough** réprimer une envie de tousser; **I tried to ~ my laughter/a yawn** j'ai essayé de ne pas rire/bailler. -**2.** [suffocate] étouffer, suffoquer.
◇ *vi* étouffer, suffoquer.

stifling ['staɪflɪŋ] *adj* suffocant, étouffant; **open the window, it's ~ in here!** ouvre la fenêtre, on étouffe ici!; **it was a ~ hot day** ce fut une journée étouffante de chaleur.

stigma ['stɪgmə] *n* -**1.** [social disgrace] honte *f*; **the ~ attached to having been in prison** l'opprobe qui ne quitte pas ceux qui ont fait de la prison. -**2.** BOT, MED & ZOOL stigmate *m*.

stigmata [stɪg'mɑːtə] *npl* RELIG stigmates *mpl*.

stigmatism ['stɪgmətɪzm] *n* OPT stigmatisme *m*.

stigmatize, -ise ['stɪgmətaɪz] *vt* stigmatiser.

stile [staɪl] *n* -**1.** [over fence] échalier *m*. -**2.** [turnstile] tourniquet *m*. -**3.** CONSTR [upright] montant *m*.

stiletto [stɪ'letəʊ] (*pl* **stilettos**) *n* -**1.** [heel] talon *m* aiguille. -**2.** [knife] stylet *m*.
◆ **stilettos** *npl* (chaussures *fpl* à) talons *mpl* aiguilles.

stiletto heel *n* talon *m* aiguille.

still[1] [stɪl] *adv* -**1.** [as of this moment] encore, toujours; **is it ~ raining?** est-ce qu'il pleut encore OR toujours?; **we're ~ waiting for the repairman to come** nous attendons toujours que le réparateur vienne; **there's ~ a bit of cake left** il reste encore un morceau de gâteau; **the worst was ~ to come** le pire n'était pas encore arrivé. -**2.** [all the same] quand même; **it's certainly difficult, but it's ~ better than my last job** c'est difficile, c'est sûr, mais c'est quand même mieux que mon dernier emploi; **whatever she's done, she's ~ your mother** quoi qu'elle ait fait, c'est quand même ta mère; **it's a shame we lost — ~, it was a good game** (c'est) dommage que nous ayons perdu — quand même, c'était un bon match; **~ and all** *inf* quand même. -**3.** *(with comparatives)* [even, yet] encore; **~ more/less** encore plus/moins; **~ further, further ~** encore plus loin; **the sea was getting ~ rougher** la mer était de plus en plus agitée.

still[2] [stɪl] ◇ *adj* -**1.** [motionless - person, object, air, surface] immobile; **her eyes were never ~** ses yeux ne restaient jamais immobiles; **be ~!** arrête de remuer! ❑ **~ waters run deep** *prov* méfie-toi de l'eau qui dort *prov*. -**2.** [calm] calme, tranquille; [quiet] silencieux; **a ~ night** une nuit calme. -**3.** [not fizzy] plat; **~ mineral water** eau *f* minérale non gazeuse OR plate.
◇ *adv* sans bouger; **stand ~!** ne bougez pas!; **my heart stood ~** mon cœur a cessé de battre; **they're so excited they can't sit ~** ils sont tellement excités qu'ils ne peuvent pas rester en place; **try to hold the camera ~** essaie de ne pas bouger l'appareil photo.
◇ *vt lit* -**1.** [silence] faire taire; **the voices of protest had been ~ed** on avait fait taire les contestataires. -**2.** [allay - doubts, fears] apaiser, calmer.
◇ *n* -**1.** *lit* [silence] silence *m*; **in the ~ of the night** dans le silence de la nuit. -**2.** CIN photo *f* (de plateau); **~ photographer** photographe *mf* de plateau. -**3.** [apparatus] alambic *m*.

stillbirth ['stɪlbɜːθ] *n* [birth] mort *f* à la naissance; [fœtus] enfant *m* mort-né, enfant *f* mort-née.

stillborn ['stɪlbɔːn] *adj* -**1.** MED mort-né. -**2.** *fig* [idea, plan] avorté.

still life (*pl* still lifes) *n* nature *f* morte.

stillness ['stɪlnɪs] *n* -**1.** [motionlessness] immobilité *f*. -**2.** [calm] tranquillité *f*, paix *f*.

stilt [stɪlt] *n* -**1.** [for walking] échasse *f*; **to walk on ~s** marcher sur des échasses. -**2.** ARCHIT pilotis *m*.

stilted ['stɪltɪd] *adj* [speech, writing, person] guindé, emprunté; [discussion] qui manque de naturel.

Stilton® ['stɪltn] *n* stilton *m*, fromage *m* de Stilton.

stimulant ['stɪmjʊlənt] ◇ *n* stimulant *m*; **devaluation acts as a ~ to exports** la dévaluation stimule les exportations.
◇ *adj* stimulant.

stimulate ['stɪmjʊleɪt] *vt* stimuler; **the bracing sea air ~d me** l'air de la mer m'a revigoré; **to ~ sb to do sthg** inciter OR encourager qqn à faire qqch; **sexually ~d** excité (sexuellement).

stimulating ['stɪmjʊleɪtɪŋ] *adj* -**1.** [medicine, drug] stimulant. -**2.** [work, conversation, experience] stimulant, enrichissant; **intellectually ~** intellectuellement stimulant.

stimulation [ˌstɪmjʊ'leɪʃn] *n* -**1.** [of person] stimulation *f*. -**2.** [stimulus] stimulant *m*.

stimulus ['stɪmjʊləs] (*pl* **stimuli** [-laɪ, -liː]) *n* -**1.** [incentive] stimulant *m*, incitation *f*; **her example will be a powerful ~ to others** son exemple sera un stimulant extrêmement efficace pour d'autres. -**2.** PHYSIOL stimulus *m*.

sting [stɪŋ] (*pt* & *pp* **stung** [stʌŋ]) ◇ *vt* -**1.** [subj: insect, nettle, scorpion] piquer; [subj: smoke] piquer, brûler; [subj: vinegar, acid, disinfectant] brûler; [subj: whip, rain] cingler; **the smoke stung my eyes** la fumée me brûlait OR me piquait les yeux. -**2.** [subj: remark, joke, criticism] piquer (au vif), blesser; **she was stung by their sharp criticisms** leurs critiques acérées l'ont piquée au vif; **our comments might ~ them into doing something** nos remarques les inciteront peut-être à faire quelque chose. -**3.** *inf* [cheat] arnaquer; **they stung me for £20** ils m'ont arnaqué de 20 livres.
◇ *vi* -**1.** [insect, nettle, scorpion] piquer; [vinegar, acid, disinfectant] brûler, piquer; [whip, rain] cingler. -**2.** [eyes, skin] piquer, brûler; **my eyes are ~ing** j'ai les yeux qui piquent.
◇ *n* -**1.** [organ - of bee, wasp, scorpion] aiguillon *m*, dard *m*; [- of nettle] poil *m* (urticant); **there's a ~ in the tail** *Br* il y a une mauvaise surprise à la fin; **his remarks often have a ~ in the tail** ses remarques sont rarement innocentes; **to take the ~ out of sthg** rendre qqch moins douloureux, adoucir qqch. -**2.** [wound, pain, mark - from insect, nettle, scorpion] piqûre *f*; [- from vinegar, acid, disinfectant] brûlure *f*; [- from whip] douleur *f* cinglante. -**3.** *inf* [trick] arnaque *f*; 'The Sting' *Hill* 'l'Arnaque'.

stingily ['stɪndʒɪlɪ] *adv* [give, serve out, behave] chichement.

stinginess ['stɪndʒɪnɪs] *n* [of person, behaviour] avarice *f*, pingrerie *f*; [of amount, helping] insuffisance *f*.

stinging ['stɪŋɪŋ] *adj* -**1.** [wound, pain] cuisant; [bite, eyes] qui pique; [lash, rain] cinglant. -**2.** [remark, joke, criticism] cinglant, mordant.

stinging nettle *n* ortie *f*.

stingray ['stɪŋreɪ] *n* pastenague *f*.

stingy ['stɪndʒɪ] *adj* [person] chiche; [amount, helping] misérable; **he's too ~ with his money** il est trop avare; **they're never ~ about food** ils ne lésinent jamais sur la nourriture.

stink [stɪŋk] (*pt* **stank** [stæŋk], *pp* **stunk** [stʌŋk])
◇ *vi* -**1.** [smell] puer, empester; **the room stank of cigarette smoke** la pièce puait OR empestait la fumée de cigarette. -**2.** *inf* [be bad]: **I think your idea ~s!** je trouve ton idée nulle!; **this town ~s!** cette ville est pourrie!
◇ *n* -**1.** [stench] puanteur *f*, odeur *f* nauséabonde; **what a ~!** qu'est-ce que ça pue! -**2.** *inf* [fuss] esclandre *m*; **to kick up** OR **to make** OR **to raise a ~ about sthg** faire un esclandre OR un scandale à propos de qqch.
◆ **stink out** *inf vt sep* -**1.** [drive away] chasser par la mauvaise odeur. -**2.** [fill with a bad smell] empester; **your cigar's ~ing the whole house out!** ton cigare empeste toute la maison!

stink-bomb *n* boule *f* puante.

stinker *inf* ['stɪŋkəʳ] *n* -**1.** [person] peau *f* de vache. -**2.** [unpleasant thing]: **the exam was a real ~!** cet examen était vraiment vache!; **today's crossword's a ~** les mots croisés d'aujourd'hui sont vraiment coriaces; **I've got a ~ of a cold** j'ai un rhume carabiné.

stinkhorn ['stɪŋkhɔːn] *n* BOT phallus *m* impudique, satyre *m* puant.

stinking ['stɪŋkɪŋ] ◇ *adj* -**1.** [smelly] puant, nauséabond. -**2.** *inf* [as intensifier]: **I'm tired of seeing this ~ mess all the time!** j'en ai assez de voir tout le temps cette pagaille OR ce bazar!; **I've got a ~ cold** j'ai un rhume carabiné.
◇ *adv inf* vachement; **to be ~ drunk** être soûl comme un cochon; **to be ~ rich** être plein de fric OR plein aux as.

stint [stɪnt] ◇ *n* -**1.** [period of work] période *f* de travail; [share of work] part *f* de travail; **she did a ~ in Africa/as a teacher** elle a travaillé pendant un certain temps en Afrique/comme professeur; **we expect everybody to do their ~** nous attendons de chacun qu'il fournisse sa part du travail; **I'll take** OR **I'll do another ~ at the wheel** je vais reprendre le volant. -**2.** *fml* [limitation]: **without ~** [spend] sans compter; [give] généreusement; [work] inlassablement.
◇ *vt Br* -**1.** [skimp on] lésiner sur; **don't ~ the cream** ne lésine pas sur la crème. -**2.** [deprive] priver; **he's incapable of ~ing himself of anything** il est incapable de se priver de quoi que ce soit.
◇ *vi Br*: **to ~ on sthg** lésiner sur qqch.

stipend ['staɪpend] *n* traitement *m*, appointements *mpl*.

stipendiary [staɪ'pendjərɪ] (*pl* **stipendiaries**)
◇ *adj* [work, person] rémunéré.
◇ *n* [clergyman] *prêtre percevant un traitement*; [magistrate] *juge d'un tribunal de police correctionnelle*.

stipple ['stɪpl] *vt* -**1.** [apply - paint] pointiller. -**2.** [mark - cement, wet paint] granuler.

stippled ['stɪpld] *adj* tacheté, moucheté; **~ with yellow** tacheté OR moucheté de jaune.

stipulate ['stɪpjʊleɪt] ◇ *vt* stipuler; **please ~ the quantity on your order form** veuillez stipuler la quantité sur votre commande; **the contract ~s that the work must be finished by March** le contrat stipule que le travail doit être terminé d'ici le mois de mars.
◇ *vi fml*: **to ~ for sthg** stipuler qqch; **the sum of money ~d for** la somme stipulée.

stipulation [ˌstɪpjʊ'leɪʃn] *n* stipulation *f*; **they accepted, but with the ~ that the time limit be extended** ils ont accepté sous réserve que les délais soient prolongés.

stir [stɜːʳ] (*pt* & *pp* **stirred**, *cont* **stirring**)
◇ *vt* -**1.** [mix] remuer, tourner; **your tea is**

sugared but not stirred ton thé est sucré mais il faut le remuer; ~ the flour into the sauce incorporez la farine à la sauce en remuant. -2. [move] agiter, remuer; a light breeze stirred the leaves une brise légère agitait les feuilles ❑ ~ yourself OR your stumps *inf*, it's time to go! *Br* grouille-toi, il est l'heure de partir! -3. [touch] émouvoir; his story has stirred us deeply son histoire nous a profondément émus. -4. [rouse, excite] éveiller, exciter; to ~ sb's curiosity/sympathy éveiller la curiosité/sympathie de qqn; to ~ sb to do sthg inciter OR pousser qqn à faire qqch; to ~ sb into action pousser qqn à agir.
◇ *vi* -1. [move - person] bouger, remuer; [- leaves] remuer; I shan't ~ from my bed until midday je ne bougerai pas de mon lit avant midi. -2. [awaken, be roused - feeling, anger] s'éveiller; a mood of nationalism was stirring in the country un sentiment nationaliste s'éveillait dans le pays. -3. *inf* [cause trouble] faire de la provocation OR des histoires.
◇ *n* -1. [act of mixing]: to give sthg a ~ remuer qqch; the sauce needs a ~ il faudrait remuer la sauce. -2. [commotion] émoi *m*, agitation *f*; to cause OR to create OR to make quite a ~ soulever un vif émoi, faire grand bruit; there was a big ~ about OR over the unemployment figures les chiffres du chômage ont soulevé un vif émoi. -3. [movement] mouvement *m*; a ~ of excitement un frisson d'excitation. -4. *prison sl* [prison] taule *f*.
◆ **stir in** *vt sep* CULIN ajouter OR incorporer en remuant.
◆ **stir up** *vt sep* -1. [disturb - dust, mud] soulever. -2. [incite, provoke - trouble] provoquer; [- emotions] exciter, attiser; [- dissent] fomenter; [- memories] réveiller; [- crowd, followers] ameuter; he likes stirring it OR things up il aime provoquer. -3. *lit* [fire] attiser, tisonner.

stir-fry ◇ *vt* CULIN faire sauter à feu vif *(tout en remuant)*.
◇ *adj* sauté; ~ pork porc sauté.

stirrer ['stɜːrəʳ] *n* -1. *inf* [troublemaker] provocateur *m*, -trice *f*. -2. [implement] fouet *m* CULIN.

stirring ['stɜːrɪŋ] ◇ *adj* [music, song] entraînant; [story] excitant, passionnant; [speech] vibrant.
◇ *n*: he felt vague ~s of guilt il éprouva un vague sentiment de culpabilité; the first ~s of what was to become the Romantic movement les premières manifestations de ce qui allait devenir le mouvement romantique.

stirrup ['stɪrəp] *n* EQUIT étrier *m*; to put one's feet in the ~s chausser les étriers.
◆ **stirrups** *npl* MED étriers *mpl*.

stirrup cup *n* coup *m* de l'étrier.

stirrup leather *n* étrivière *f*.

stirrup pump *n* seau-pompe *m*.

stitch [stɪtʃ] ◇ *n* -1. SEW point *m*; [in knitting] maille *f*; to drop a ~ sauter une maille; to pick up a ~ reprendre une maille ❑ I didn't have a ~ (of clothing) on *inf* j'étais nu comme un ver, j'étais dans le plus simple appareil; a ~ in time saves nine *prov* un point à temps en vaut cent *prov*. -2. MED point *m* de suture; she had to have ten ~es in her face il a fallu lui faire dix points de suture au visage; I'm having my ~es taken out tomorrow on m'ôte les fils demain. -3. [pain] point *m* de côté; to get a ~ attraper un point de côté. -4. *phr*: to be in ~es *inf* se tordre OR être écroulé de rire; his story had us in ~es son histoire nous a fait pleurer de rire.
◇ *vt* -1. [material, shirt, hem] coudre; he ~ed the button back on his shirt il a recousu son bouton de chemise. -2. MED suturer. -3. [in bookbinding] brocher.
◆ **stitch down** *vt sep* rabattre.
◆ **stitch up** *vt sep* -1. [material, shirt, hem] coudre. -2. MED suturer. -3. *inf* [deal] conclure, sceller. -4. *inf* [frame - person]: he reckons the police ~ed him up il pense que la police a monté un coup contre lui.

stitching ['stɪtʃɪŋ] *n* -1. [gen] couture *f*; the ~'s coming undone la couture se défait. -2. [in bookbinding] brochage *m*.

stoat [stəʊt] *n* hermine *f*.

stochastic [stɒ'kæstɪk] *adj* stochastique.

stock [stɒk] ◇ *n* -1. [supply] réserve *f*, provision *f*, stock *m*; COMM & INDUST stock *m*; we got in a ~ of food nous avons fait tout un stock de nourriture; huge ~s of nuclear weapons d'énormes stocks d'armes nucléaires; she always has a wonderful ~ of funny stories elle a toujours un tas d'histoires drôles en réserve; in ~ en stock, en magasin; out of ~ épuisé; I'm afraid we're out of ~ je regrette, nous n'en avons plus en stock ❑ to take ~ *literal* faire l'inventaire; *fig* faire le point; we took ~ of the situation nous avons fait le point de la situation. -2. [total amount] parc *m*; the housing ~ le parc de logements. -3. *(usu pl)* ST. EX [gen] valeur *f* mobilière; [share] action *f*; [bond] obligation *f*; mining ~s are falling les actions minières sont en baisse; to invest in ~s and shares investir dans des actions et obligations OR en portefeuille; government ~s obligations *fpl* OR titres *mpl* d'État. -4. FIN [equity] capital *m*; he already owns 27% of the company's ~ il possède déjà 27 % du capital de la société. -5. *fig* [value, credit] cote *f*; the Prime Minister's ~ is rising/falling la cote du Premier ministre est en hausse/en baisse; to put ~ in sthg faire (grand) cas de qqch; I don't put much ~ in this new system je ne suis pas très convaincu par ce nouveau système. -6. [descent, ancestry] souche *f*, lignée *f*; of peasant/noble ~ de souche paysanne/noble. -7. AGR [animals] cheptel *m*. -8. CULIN bouillon *m*; vegetable ~ bouillon de légumes. -9. [handle, butt - of gun, plough] fût *m*; [- of whip] manche *m*; [- of fishing rod] gaule *f*. -10. BOT giroflée *f*. -11. [tree trunk] tronc *m*; [tree stump] souche *f*. -12. HORT [stem receiving graft] porte-greffe *m*, sujet *m*; [plant from which graft is taken] plante *f* mère *(sur laquelle on prélève un greffon)*. -13. [in card games, dominoes] talon *m*, pioche *f*. -14. THEAT répertoire *m*. -15. [neckcloth] lavallière *f*, foulard *m*; riding ~ col-cravate *m*.
◇ *vt* -1. COMM [have in stock] avoir (en stock), vendre; I'm afraid we don't ~ that item any more je regrette, mais nous ne vendons plus OR nous ne faisons plus cet article. -2. [supply] approvisionner; [fill] remplir; they have a well ~ed cellar ils ont une cave bien approvisionnée; we ~ed the fridge with food nous avons rempli le frigo de nourriture. -3. [stream, lake] empoissonner; [farm] monter en bétail.
◇ *adj* -1. [common, typical - phrase, expression] tout fait; [- question, answer, excuse] classique. -2. COMM [kept in stock] en stock; [widely available] courant; the sale of ~ goods la liquidation du stock; available in all ~ sizes disponible dans toutes les tailles courantes. -3. AGR [for breeding] destiné à la reproduction. -4. THEAT [play] du répertoire.
◆ **stocks** *npl* -1. [instrument of punishment] pilori *m*; sentenced to the ~s condamné au pilori. -2. NAUT [frame] cale *f*; on the ~s en chantier.
◆ **stock up** ◇ *vi insep* s'approvisionner; to ~ up on OR with sthg s'approvisionner en qqch.
◇ *vt sep* approvisionner, garnir.

stockade [stɒ'keɪd] ◇ *n* -1. [enclosure] palissade *f*. -2. *Am* MIL [prison] prison *f* (militaire).
◇ *vt* palissader.

stockbreeder ['stɒk,briːdəʳ] *n* éleveur *m*, -euse *f* de bétail.

stockbreeding ['stɒk,briːdɪŋ] *n* élevage *m* de bétail.

stockbroker ['stɒk,brəʊkəʳ] *n* agent *m* de change.

stockbroker belt *n*: the ~ *partie de la banlieue sud de Londres où habitent les agents de change et autres personnes du même milieu socio-professionnel.*

stockbroking ['stɒk,brəʊkɪŋ] *n* commerce *m* des valeurs en Bourse.

stockbuild ['stɒkbɪld] *vi*: CWX have been ~ing in Gomez for several months cela fait plusieurs mois que CWX accumule des actions de Gomez.

stockbuilding ['stɒk,bɪldɪŋ] *n* achat *m* d'actions.

stock car *n* -1. AUT stock-car *m*; ~ racing (courses *fpl* de) stock-car *m*. -2. *Am* RAIL wagon *m* à bestiaux.

stock certificate *n Am* titre *m* FIN.

stock company *n Am* -1. FIN société *f* anonyme par actions. -2. THEAT troupe *f* de répertoire.

stock cube *n* bouillon *m* Kub®.

stock exchange *n* Bourse *f*; he lost a fortune on the ~ il a perdu une fortune à la Bourse.
◆ **stock-exchange** *comp* boursier, de la Bourse; ~ prices cours *m* des actions.

stock farm *n* élevage *m* (de bétail).

stock farming *n* élevage *m* (de bétail) *(activité)*.

stockfish ['stɒkfɪʃ] *n* stockfisch *m*, poisson *m* séché.

stockholder ['stɒk,həʊldəʳ] *n* actionnaire *mf*.

Stockholm ['stɒkhəʊm] *pr n* Stockholm.

stockily ['stɒkɪlɪ] *adv*: ~ built trapu, râblé.

stockiness ['stɒkɪnɪs] *n* aspect *m* trapu OR râblé; he inherited his ~ from his father il a hérité de la silhouette trapue OR râblée de son père.

stockinet(te) [,stɒkɪ'net] *n* [fabric] jersey *m*; [stitch] point *m* de jersey.

stocking ['stɒkɪŋ] *n* -1. [for women] bas *m*; silk ~s bas *mpl* de soie; ~ mask bas *m (utilisé par un bandit masqué)*. -2. *dated* [sock] bas *m* de laine; in one's ~ feet sans chaussures, en chaussettes.

stockinged ['stɒkɪŋd] *adj*: in one's ~ feet sans chaussures, en chaussettes.

stocking filler *n petit cadeau destiné à remplir le bas de laine à Noël.*

stocking stitch *n* point *m* de jersey.

stock-in-trade *n* -1. COMM marchandises *fpl* en stock OR en magasin. -2. *fig*: charm is part of an actor's ~ le charme est l'un des outils du comédien.

stockist ['stɒkɪst] *n* stockiste *mf*.

stockjobber ['stɒk,dʒɒbəʳ] *n* -1. *Br* [wholesale dealer in stocks] *intermédiaire en Bourse qui traite directement avec les agents de change et non avec le public (cette fonction n'existe plus depuis 1987)*. -2. *Am pej* agent *m* de change.

stockkeeper ['stɒk,kiːpəʳ] *n* -1. [cowherd] vacher *m*, -ère *f*, bouvier *m*, -ère *f*. -2. *Am* [storekeeper] magasinier *m*, -ère *f*.

stockman ['stɒkmən] (*pl* **stockmen** [-mən]) *n* [cowherd] vacher *m*, -ère *f*, bouvier *m*, -ère *f*; [breeder] éleveur *m*, -euse *f* (de bétail).

stock market *n* Bourse *f* (des valeurs), marché *m* financier; he lost a fortune on the ~ il a perdu une fortune à la Bourse; the London ~ is rising la Bourse de Londres est en hausse.
◆ **stock-market** *comp* boursier, de la Bourse; the ~ crash le krach boursier; ~ prices cours *m* des actions.

stockpile ['stɒkpaɪl] ◇ *n* stock *m*, réserve *f*.
◇ *vt* [goods] stocker, constituer un stock de; [weapons] amasser, accumuler.
◇ *vi* faire des stocks.

stockpiling ['stɒkpaɪlɪŋ] *n*: to accuse sb of ~ [food] accuser qqn de faire des réserves de nourriture; [weapon] accuser qqn de faire des réserves d'armes.

stockpot ['stɒkpɒt] *n* marmite *f (pour le bouillon)*.

stockroom ['stɒkrʊm] *n* magasin *m*, réserve *f*.

stock saddle *n Am* selle *f* de cow-boy.

stock-still *adv* (complètement) immobile; she was standing ~ in the middle of the road elle se tenait complètement immobile au milieu de la route.

stocktaking ['stɒk,teɪkɪŋ] *n* -1. COMM inventaire *m*; 'closed for ~' 'fermé pour inventaire'. -2. *fig*: the time has come for some long overdue ~ assez attendu! le moment est venu de faire le point.

stocky ['stɒkɪ] (*compar* **stockier**, *superl* **stockiest**) *adj* trapu, râblé.

stockyard ['stɒkjɑːd] *n* parc *m* à bestiaux.

stodge *inf* [stɒdʒ] *n Br (U)* -**1.** [food] aliments *mpl* bourratifs, étouffe-chrétien *m inv*; **the canteen food is pure ~** ce qu'on mange à la cantine est vraiment bourratif. -**2.** [writing] littérature *f* indigeste.

stodgy *inf* ['stɒdʒɪ] (*compar* stodgier, *superl* stodgiest) *adj* -**1.** [food, meal] bourratif, lourd. -**2.** [style] lourd, indigeste. -**3.** [person, manners, ideas] guindé.

stogie *inf*, **stogy** *inf* ['stəʊgɪ] (*pl* stogies) *n Am* cigare *m* bon marché.

stoic ['stəʊɪk] ◇ *adj* stoïque.
◇ *n* stoïque *mf*.
◆ **Stoic** *n* PHILOS stoïcien *m*, -enne *f*.

stoical ['stəʊɪkl] *adj* stoïque.

stoically ['stəʊɪklɪ] *adv* stoïquement, avec stoïcisme.

stoicism ['stəʊɪsɪzm] *n* stoïcisme *m*.
◆ **Stoicism** *n* PHILOS stoïcisme *m*.

stoke [stəʊk] *vt* -**1.** [fire, furnace] alimenter, entretenir; [locomotive, boiler] chauffer. -**2.** *fig* [emotions, feelings, anger] entretenir, alimenter.
◆ **stoke up** ◇ *vi insep* -**1.** [put fuel on - fire] alimenter le feu; [- furnace] alimenter la chaudière. -**2.** *inf Br* [fill one's stomach] s'empiffrer.
◇ *vt sep* = **stoke**.

stokehold ['stəʊkhəʊld] *n* NAUT chambre *f* de chauffe, chaufferie *f*.

stokehole ['stəʊkhəʊl] *n* -**1.** [in boiler, furnace] porte *f* de chauffe. -**2.** = **stokehold**.

stoker ['stəʊkə^r] *n* chauffeur *m* OR chargeur *m* *(d'un four, d'une chaudière etc)*.

STOL [stɒl] (*abbr of* short takeoff and landing) *n* ADAC *m*.

stole [stəʊl] ◇ *pt* → **steal**.
◇ *n* -**1.** étole *f*, écharpe *f*; **mink ~** étole de OR en vison. -**2.** RELIG étole *f*.

stolen ['stəʊln] *pp* → **steal**.

stolid ['stɒlɪd] *adj* flegmatique, impassible.

stolidity [stɒ'lɪdətɪ] *n* flegme *m*, impassibilité *f*.

stolidly ['stɒlɪdlɪ] *adv* flegmatiquement, avec flegme, de manière impassible.

stoma ['stəʊmə] (*pl* **stomata** [-mətə]) *n* stomate *m*.

stomach ['stʌmək] ◇ *n* -**1.** [organ] estomac *m*; **to have an upset ~** avoir l'estomac barbouillé; **I can't work on an empty ~** je ne peux pas travailler l'estomac vide; **he has a cast-iron ~** il a l'estomac solide; **to have a pain in one's ~** avoir mal à l'estomac; [lower] avoir mal au ventre; **the sight was enough to turn your ~** le spectacle avait de quoi vous soulever le cœur ❑ **an army marches on its ~** une armée ne peut pas se battre l'estomac vide. -**2.** [region of body] ventre *m*; **he has a fat ~** il a du ventre, lie **on your ~** couchez-vous sur le ventre. -**3.** *(usu neg)* [desire, appetite] envie *f*, goût *m*; **she has no ~ for spicy food** elle supporte mal la cuisine épicée; **I've no ~ for his vulgar jokes this evening** je n'ai aucune envie d'écouter ses plaisanteries vulgaires ce soir.
◇ *vt* -**1.** [tolerate] supporter, tolérer; **I just can't ~ the thought of him being my boss** je ne supporte simplement pas l'idée qu'il soit mon patron. -**2.** [digest] digérer; **I can't ~ too much rich food** je ne digère pas bien la cuisine riche.
◇ *comp* [infection] de l'estomac, gastrique; [ulcer, operation] à l'estomac; [pain] à l'estomac, au ventre.

stomachache ['stʌməkeɪk] *n* mal *m* de ventre; **to have (a) ~** avoir mal au ventre; **don't eat so much, you'll get (a) ~** ne mange pas tant, ça va te donner mal au ventre.

stomachic [stə'mækɪk] *adj* stomachique, stomacal.

stomach pump *n* pompe *f* stomacale.

stomatitis [,stəʊmə'taɪtɪs] *n (U)* stomatite *f*.

stomatologist [,stəʊmə'tɒlədʒɪst] *n* stomatologiste *mf*, stomatologue *mf*.

stomatology [,stəʊmə'tɒlədʒɪ] *n* stomatologie *f*.

stomp *inf* [stɒmp] ◇ *vi* marcher d'un pas lourd; **he ~ed out of the room** il est sorti de la pièce d'un pas lourd.
◇ *n* -**1.** [tread] pas *m* lourd. -**2.** [dance] *jazz que l'on danse en frappant du pied pour marquer le rythme.*

stone [stəʊn] (*pl senses 1-6* stones, *pl sense 7 inv* OR stones) ◇ *n* -**1.** [material] pierre *f*; **the houses are built of ~** les maisons sont en pierre; **are you made of ~?** *fig* n'as-tu donc pas de cœur?; **a heart of ~** *fig* un cœur de pierre. -**2.** [piece of rock] pierre *f*, caillou *m*; [on beach] galet *m*; **they threw ~s at me** ils m'ont lancé des pierres; **to fall like a ~** tomber comme une pierre ❑ **to leave no ~ unturned** remuer ciel et terre; **we will leave no ~ unturned to find the culprits** nous remuerons ciel et terre pour retrouver les coupables; **it's within a ~'s throw of the countryside** c'est à deux pas de la campagne. -**3.** [memorial] stèle *f*, pierre *f*; **standing ~** menhir *m*. -**4.** [gem] pierre *f*; **precious ~** pierre précieuse. -**5.** MED calcul *m*; **he has a ~ in his kidney** il a un calcul rénal. -**6.** [in fruit] noyau *m*. -**7.** [unit of weight] ≃ 6 kg; **she weighs about 8 ~** OR **~s** elle pèse dans les 50 kilos.
◇ *adj* de OR en pierre; **a ~ jar** un pot de grès.
◇ *vt* -**1.** [fruit, olive] dénoyauter. -**2.** [person, car] jeter des pierres sur, bombarder de pierres; [as punishment] lapider. -**3.** *Br phr*: **~ the crows!** *inf*, **~ me!** *inf* mince alors!

Stone Age *n*: **the ~** l'âge *m* de (la) pierre.
◆ **Stone-Age** *comp* [man, dwelling, weapon] de l'âge de (la) pierre.

stone-blind *adj* complètement aveugle.

stonebreaker ['stəʊn,breɪkə^r] *n* [person] casseur *m* de pierres; [machine] concasseur *m*.

stone-broke *inf* = **stony broke**.

stonechat ['stəʊntʃæt] *n* traquet *m* (pâtre).

stone-cold ◇ *adj* complètement froid.
◇ *adv inf*: **~ sober** pas du tout soûl.

stonecrop ['stəʊnkrɒp] *n* orpin *m*.

stonecutter ['stəʊn,kʌtə^r] *n* -**1.** [person - of stone] tailleur *m* de pierre; [- of precious stones] lapidaire *m*. -**2.** [machine] lapidaire *m*.

stoned^▽ [stəʊnd] *adj* [drunk] bourré, schlass; [drugged] défoncé.

stone-dead *adj* raide mort.

stone-deaf *adj* complètement sourd.

stone fruit *n Br* fruit *m* à noyau.

stone-ground *adj* moulu à la pierre.

stonemason ['stəʊn,meɪsn] *n* tailleur *m* de pierre.

stonewall [,stəʊn'wɔːl] *vi* -**1.** [filibuster] monopoliser la parole *(pour empêcher les autres de parler)*; [avoid questions] donner des réponses évasives. -**2.** SPORT jouer très prudemment, bétonner.

Stonewall [,stəʊn'wɔːl] *pr n Am* HIST Stonewall.

STONEWALL:
Terme faisant référence à un bar new-yorkais fréquenté par des homosexuels où, en 1969, les incessantes descentes de police provoquèrent des émeutes préludant à la naissance du mouvement pour l'égalité des droits des homosexuels.

---

stoneware ['stəʊnweə^r] *n* (poterie *f* en) grès *m*.

stonewashed ['stəʊnwɒʃt] *adj* [jeans, denim] délavé *(avant l'achat)*.

stonework ['stəʊnwɜːk] *n* maçonnerie *f*, ouvrage *m* en pierre.

stonily ['stəʊnɪlɪ] *adv* froidement; **to look at sb ~** regarder qqn froidement.

stonker *inf* ['stɒŋkə^r] *n*: **what a ~ of a goal!** quel but génial!

stony ['stəʊnɪ] (*compar* stonier, *superl* stoniest) *adj* -**1.** [covered with stones - ground, soil, road, land] pierreux, caillouteux, rocailleux; [- beach] de galets; **his requests fell on ~ ground** *fig* ses démarches n'ont rien donné. -**2.** [stone-like - texture, feel] pierreux. -**3.** [unfeeling] insensible; [look, silence] glacial; **a ~ heart** un cœur de pierre.

stony-broke *inf adj Br* fauché (comme les blés), à sec.

stony-faced *adj* au visage impassible.

stony-hearted *adj* au cœur de pierre.

stood [stʊd] *pt & pp* → **stand**.

stooge [stuːdʒ] *n* -**1.** *inf pej* larbin *m*, laquais *m*. -**2.** THEAT [straight man] faire-valoir *m inv*.

stook [stʊk] ◇ *n* moyette *f*.
◇ *vt* moyetter.

stool [stuːl] *n* -**1.** [seat] tabouret *m*; **bar/piano ~** tabouret de bar/de piano; **prayer ~** prie-Dieu *m inv*; **to fall between two ~s** *Br* être assis entre deux chaises. -**2.** MED selle *f*. -**3.** HORT [tree stump] souche *f*; [shoot] rejet *m* de souche; [base of plant] pied *m* de plante. -**4.** *Am* [windowsill] rebord *m* de fenêtre.

stoolie^▽ ['stuːlɪ] *Am* indic *mf*.

stoolpigeon *inf* ['stuːl,pɪdʒn] *n* indicateur *m*, -trice *f*, indic *mf*, mouchard *m*, -e *f*.

stoop [stuːp] ◇ *vi* -**1.** [bend down] se baisser, se pencher; **she ~ed to pick up her pen** elle se baissa OR se pencha pour ramasser son stylo. -**2.** [stand, walk with a stoop] avoir le dos voûté. -**3.** [abase o.s.] s'abaisser; **I can't believe he ~ed to lying** je n'arrive pas à croire qu'il se soit abaissé à mentir; **she would ~ to anything** elle est prête à toutes les bassesses ❑ **'She Stoops to Conquer'** *Goldsmith* 'Elle s'abaisse pour triompher'. -**4.** [condescend] daigner; **she wouldn't ~ to doing the dirty work herself** elle ne s'abaisserait pas à faire elle-même le sale travail. -**5.** [bird of prey] fondre, plonger.
◇ *vt* baisser, pencher, incliner; **he ~ed his head to go through the door** il a baissé la tête pour passer la porte.
◇ *n* -**1.** [of person]: **to walk with** OR **to have a ~** avoir le dos voûté. -**2.** [by bird of prey] attaque *f* en piqué. -**3.** *Am* [veranda] véranda *f*, porche *m*.

stooping ['stuːpɪŋ] *adj* [back, shoulders, figure] voûté.

stop [stɒp] (*pt & pp* stopped, *cont* stopping) ◇ *vt* -**1.** [cease, finish] arrêter, cesser; **it hasn't stopped raining all day** il n'a pas arrêté de pleuvoir toute la journée; **you should ~ smoking** tu devrais arrêter de fumer; **I wish they'd ~ that noise!** j'aimerais qu'ils arrêtent ce bruit!; **she stopped work when she got married** elle a arrêté de travailler quand elle s'est mariée; **~ it, that hurts!** arrête, ça fait mal! -**2.** [prevent] empêcher; **to ~ sb (from) doing sthg** empêcher qqn de faire qqch; **it's too late to ~ the meeting from taking place** il est trop tard pour empêcher la réunion d'avoir lieu; **she's made up her mind and there's nothing we can do to ~ her** elle a pris sa décision et nous ne pouvons rien faire pour l'arrêter. -**3.** [cause to halt] arrêter; **this lever ~s the motor** ce levier arrête le moteur; **I managed to ~ the car** j'ai réussi à arrêter la voiture; **a policeman stopped the traffic** un agent arrêta la circulation; **we could do nothing to ~ the bleeding** nous ne pouvions rien faire pour arrêter l'hémorragie; **a woman stopped me to ask the way to the station** une femme m'a arrêté pour me demander le chemin de la gare; **the sound of voices stopped him short** OR **stopped him in his tracks** un bruit de voix le fit s'arrêter net ❑ **to ~ a bullet** *inf* se prendre une balle; **~ thief!** au voleur! -**4.** [arrest] arrêter. -**5.** *Br* [withhold - sum of money, salary] retenir; **the money will be stopped out of your wages** la somme sera retenue sur votre salaire; **taxes are stopped at source** les impôts sont retenus à la source. -**6.** [interrupt] interrompre, arrêter; [suspend] suspendre, arrêter; [cut off] couper; **once he starts talking about the war there's no stopping him** une fois qu'il commence à parler de la guerre, on ne peut plus l'arrêter; **the referee stopped the fight in the third round** l'arbitre a arrêté le combat à la troisième reprise; **his father threatened to ~ his allowance** son père menaça de lui couper les vivres; **I forgot to ~ the newspaper** j'ai oublié de faire suspendre mon abonnement au journal; **to ~ a cheque** faire opposition à un chèque. -**7.** [block - hole, gap] boucher; **to ~ one's ears** se boucher les oreilles. -**8.** [fill - tooth] plomber.

-**9.** MUS [string] presser; [wind instrument] boucher.

◇ *vi* -**1.** [halt, pause - person, vehicle, machine] arrêter, s'arrêter; **go on, don't ~** continue, ne t'arrête pas; **my watch has stopped** ma montre s'est OR est arrêtée; **does the bus ~ near the church?** le bus s'arrête-t-il près de l'église?; **we can ~ for tea on the way** nous pouvons nous arrêter en chemin pour prendre le thé; **we drove from London to Edinburgh without stopping** nous avons roulé de Londres à Édimbourg d'une traite; **to ~ dead in one's tracks** s'arrêter net || *fig*: **she doesn't know where** OR **when to ~** elle ne sait pas s'arrêter; **they'll ~ at nothing to get what they want** ils ne reculeront devant rien pour obtenir ce qu'ils veulent; **we don't have time to ~ and think** nous n'avons pas le temps de nous arrêter pour réfléchir; **if you stopped to consider, you'd never do anything** si on prenait le temps de réfléchir, on ne ferait jamais rien; **they stopped short of actually harming him** ils ne lui ont pas fait de mal, mais il s'en est fallu de peu; **she began talking then stopped short** elle commença à parler puis s'arrêta net OR brusquement. -**2.** [come to an end] cesser, s'arrêter, se terminer; **the rain has stopped** la pluie s'est arrêtée; **wait for the music to ~** attendez que la musique s'arrête; **the road ~s a few miles east of Alice Springs** la route se termine à quelques kilomètres à l'est d'Alice Springs. -**3.** [stay] rester; [reside] loger; **I'm late, I can't ~** je suis en retard, je ne peux pas rester; **we've got friends stopping with us** nous avons des amis qui séjournent chez nous en ce moment; **which hotel did you ~ at?** dans quel hôtel êtes-vous descendus?

◇ *n* -**1.** [stopping place - for buses] arrêt *m*; [- for trains] station *f*; **we get off at the next ~** nous descendons au prochain arrêt. -**2.** [break - in journey, process] arrêt *m*, halte *f*; [- in work] pause *f*; **we made several ~s to pick up passengers** nous nous sommes arrêtés à plusieurs reprises pour prendre des passagers; **our first ~ was Brussels** nous avons fait une première halte à Bruxelles; **my whole career has been full of ~s and starts** ma carrière entière est faite de hauts et de bas. -**3.** [standstill] arrêt *m*; **to come to a ~** s'arrêter; **she brought the bus to a ~** elle arrêta le bus. -**4.** [end]: **to put a ~ to sthg** mettre fin OR un terme à qqch. -**5.** *Br* [full stop] point *m*; [in telegrams] stop *m*. -**6.** [on organ] jeu *m* (d'orgue); **to pull out all the ~s (to do sthg)** remuer ciel et terre (pour faire qqch). -**7.** [plug, stopper] bouchon *m*. -**8.** [blocking device] arrêt *m*. -**9.** PHOT diaphragme *m*. -**10.** LING occlusive *f*. **11.** [in bridge] contrôle *m*; **to have a ~ in hearts** avoir un contrôle à cœur.

◇ *comp* [button, mechanism, signal] d'arrêt.

◆ **stop around** *inf Am* = **stop by**.

◆ **stop away** *inf vi insep Br* rester absent.

◆ **stop by** *inf vi insep* passer; **you must ~ by and see us next time you're in London** il faut que vous passiez nous voir la prochaine fois que vous venez à Londres; **I'll ~ by at the chemist's on my way home** je passerai à la pharmacie en rentrant.

◆ **stop down** ◇ *vi insep* -**1.** *Br* [gen] rester en bas; **to ~ down a year** SCH redoubler une année. -**2.** PHOT diaphragmer.

◇ *vt sep* PHOT diaphragmer.

◆ **stop in** *inf vi insep Br* -**1.** [stay at home] ne pas sortir, rester à la maison. -**2.** = **stop by**.

◆ **stop off** *vi insep* s'arrêter, faire une halte.

◆ **stop out** *inf vi insep Br* ne pas rentrer.

◆ **stop over** *vi insep* [gen] s'arrêter, faire une halte; TRANSP [on flight, cruise] faire escale.

◆ **stop round** *inf Am* = **stop by**.

◆ **stop up** *inf vi insep Br* ne pas se coucher, veiller.

stop-and-go *Am* = **stop-go**.

stop bath *n* bain *m* d'arrêt.

stopcock ['stɒpkɒk] *n Br* robinet *m* d'arrêt.

stop consonant *n* (consonne *f*) occlusive *f*.

stope [stəʊp] *n* gradin *m*.

stopgap ['stɒpgæp] ◇ *n Br* bouche-trou *m*.
◇ *adj* de remplacement.

stop-go *adj* ECON: **~ policy** politique *f* économique en dents de scie *(alternant arrêt de la croissance et mesures de relance)*, politique *f* du stop-and-go.

stoplight ['stɒplaɪt] *n* -**1.** [traffic light] feu *m* rouge. -**2.** *Br* [brake-light] stop *m*.

stop-off *n* halte *f*, courte halte *f*.

stop order *n* ordre *m* stop.

stopover ['stɒp,əʊvəʳ] *n* [gen] halte *f*; [on cruise, flight] escale *f*.

stoppage ['stɒpɪdʒ] *n* -**1.** [strike] grève *f*, arrêt *m* de travail. -**2.** *Br* [sum deducted] retenue *f*; **my wages are a lot less after ~s** après les retenues, il ne reste plus grand-chose de mon salaire. -**3.** [halting, stopping] arrêt *m*, interruption *f*; FTBL arrêt *m* de jeu. -**4.** [blockage] obstruction *f*; MED occlusion *f*.

stop payment *n* opposition *f (à un chèque)*.

stopper ['stɒpəʳ] ◇ *n* -**1.** [for bottle, jar] bouchon *m*; [for sink] bouchon *m*, bonde *f*; [for pipe] obturateur *m*; [on syringe] embout *m* de piston; **I can't get the ~ out of the jar/back on the jar** je n'arrive pas à déboucher/à reboucher le bocal. -**2.** FTBL stoppeur *m*. -**3.** [in bridge] arrêt *m*; **to have a ~ in clubs** avoir un arrêt à trèfle.
◇ *vt* boucher, fermer.

stopping ['stɒpɪŋ] ◇ *n* -**1.** [coming or bringing to a halt] arrêt *m*. -**2.** [blocking] obturation *f*; **the ~ (up) of a leak** le colmatage d'une fuite. -**3.** [cancellation - of payment, leave etc] suspension *f*; [- of service] suppression *f*; [- of cheque] opposition *f*.
◇ *adj* [place] où l'on s'arrête.

stopping train *n Br* omnibus *m*.

stop-press ◇ *n* nouvelles *fpl* de dernière minute.
◇ *adj* de dernière heure OR minute.

stop sign *n* (signal *m* de) stop *m*.

stop valve *n* soupape *f* OR robinet *m* d'arrêt.

stopwatch ['stɒpwɒtʃ] *n* chronomètre *m*.

storage ['stɔːrɪdʒ] ◇ *n* -**1.** [putting into store] entreposage *m*, emmagasinage *m*, stockage *m*; [keeping, conservation] stockage *m*; **careful packing should prevent the goods being damaged in ~** un bon emballage devrait empêcher la détérioration des marchandises pendant le stockage; **our furniture is in ~** nos meubles sont au garde-meubles. -**2.** COMPUT (mise *f* en) mémoire *f*.
◇ *comp* -**1.** [charges] de stockage, d'emmagasinage. -**2.** COMPUT de mémoire.

storage battery *n* accumulateur *m*, batterie *f* secondaire.

storage card *n* carte *f* à mémoire.

storage cell = **storage battery**.

storage heater, **storage radiator** *n* radiateur *m* à accumulation.

storage space *n* espace *m* de rangement.

storage tank *n* [for fuel] réservoir *m* (de stockage); [for rainwater] citerne *f*.

storax ['stɔːræks] *n* [tree, resin] styrax *m*, storax *m*.

store [stɔːʳ] ◇ *n* -**1.** [large shop] grand magasin *m*; *Am* [shop] magasin *m*; **candy ~** *Am* confiserie *f*; **liquor ~** *Am* magasin *m* de vins et spiritueux. -**2.** [stock - of goods] stock *m*, réserve *f*, provision *f*; [- of food] provision *f*; [- of facts, jokes, patience, knowledge] réserve *f*; [- of wisdom] fonds *m*; **we should get in** OR **lay in a ~ of coal** nous devrions faire provision de charbon; **I have my own private ~ of tea** j'ai ma provision personnelle de thé. -**3.** [place - warehouse] entrepôt *m*, dépôt *m*; [- in office, home, shop] réserve *f*; [- in factory] magasin *m*, réserve *f*; **goods in ~** *Br* marchandises *fpl* en entrepôt; **furniture ~** garde-meubles *m inv*. -**4.** COMPUT [memory] mémoire *f*. -**5.** [value]: **to lay** OR **to put** OR **to set great ~ by sthg** faire grand cas de qqch; **I don't set much ~ by his advice** je ne fais pas grand cas de ses conseils.
◇ *comp* -**1.** *Am* [store-bought - gen] de commerce; [- clothes] de confection; **a ~ cake** un gâteau acheté dans une pâtisserie. -**2.** [for storage]: **~ cupboard** placard *m* de rangement.
◇ *vt* -**1.** [put away, put in store - goods, food] emmagasiner, entreposer; [- grain, crop] engranger; [- heat] accumuler, emmagasiner; [- electricity] accumuler; [- files, documents] classer; [- facts, ideas] engranger, enregistrer dans sa mémoire; **we ~d our furniture at my mother's house** nous avons laissé OR mis nos meubles chez ma mère; **they ~d the ship with provisions for the voyage** ils ont rempli le bateau de provisions pour le voyage. -**2.** [keep] conserver, stocker; **'~ in a cool place'** 'à conserver au frais'. -**3.** [fill with provisions] approvisionner. -**4.** COMPUT stocker.

◆ **stores** *npl* [provisions] provisions *fpl*; **the expedition's ~s are running low** l'expédition commence à manquer de provisions.

◆ **in store** *adv phr*: **they had a surprise in ~ for her** ils lui avaient réservé une surprise; **who knows what the future has in ~?** qui sait ce que l'avenir nous réserve?; **if only we'd realised all the problems that were in ~ for us** si seulement nous nous étions rendu compte de tous les problèmes qui nous attendaient.

◆ **store away**, **store up** *vt sep* garder en réserve; **he ~d (away) the anecdote for future use** il a noté l'anecdote en se disant qu'il la replacerait; **he's just storing up trouble for himself by keeping silent** en ne disant rien, il ne fait que se préparer des ennuis.

store-bought *adj* [gen] de commerce; [clothes] de confection; **a ~ cake** un gâteau de pâtisserie.

store detective *n* vigile *m (dans un magasin)*.

storefront ['stɔːfrʌnt] *n Am* devanture *f* de magasin.

storehouse ['stɔːhaʊs, *pl* -haʊzɪz] *n* -**1.** *literal* magasin *m*, entrepôt *m*, dépôt *m*. -**2.** *fig* [of information, memories] mine *f*.

storekeeper ['stɔː,kiːpəʳ] *n* -**1.** [in warehouse] magasinier *m*, -ère *f*. -**2.** *Am* [shopkeeper] commerçant *m*, -e *f*.

storeman ['stɔːmən] (*pl* **storemen** [-mən]) *n Br* manutentionnaire *m*.

storeroom ['stɔːrʊm] *n* -**1.** [in office, shop] réserve *f*; [in factory] magasin *m*, réserve *f*; [in home] débarras *m*. -**2.** NAUT soute *f*, magasin *m*.

storey *Br* (*pl* storeys), **story** *Am* (*pl* stories) ['stɔːrɪ] *n* étage *m*.

-storey(ed) *Br*, **-storied** *Am* ['stɔːrɪ(d)] *in cpds*: **a single~/five~ building** un bâtiment à un étage/à cinq étages.

stork [stɔːk] *n* cigogne *f*.

storm [stɔːm] ◇ *n* -**1.** METEOR tempête *f*; [thunderstorm] orage *m*; [on Beaufort scale] tempête *f*; **electric ~** orage *m*; **it was a ~ in a teacup** *Br* ce fut une tempête dans un verre d'eau. -**2.** *fig* [furore] tempête *f*, ouragan *m*; **the arms deal caused a political ~** la vente d'armes a déclenché un véritable scandale politique; **a ~ of protest** une tempête de protestations; **a ~ of criticism** une marée de condamnations || [roar] tempête *f*; **a ~ of applause** une tempête d'applaudissements; **a ~ of abuse** une tornade d'injures. -**3.** MIL: **to take by ~** prendre d'assaut; **the show took Broadway by ~** *fig* le spectacle a connu un succès foudroyant à Broadway.
◇ *vi* -**1.** [go angrily]: **to ~ in/out** entrer/sortir comme un ouragan; **she ~ed off without saying a word** elle est partie furieuse, sans dire un mot. -**2.** [be angry] tempêter, fulminer. -**3.** [thunderstorm]: **it ~ed all night** il y a eu de l'orage toute la nuit. -**4.** MIL donner OR livrer l'assaut; **the enemy ~ed through our defences** l'ennemi donna l'assaut et franchit nos lignes de défense.
◇ *vt* emporter, enlever d'assaut; **the troops ~ed the ramparts** les troupes ont pris d'assaut les remparts.

stormbound ['stɔːmbaʊnd] *adj* bloqué par l'orage OR la tempête.

storm cellar *n Am* abri *m* contre les cyclones.

storm centre *n* -**1.** METEOR œil *m* de la tempête OR du cyclone. -**2.** *fig* centre *m* de l'agitation, point *m* névralgique.

storm cloud *n* -**1.** METEOR nuage *m* d'orage. -**2.** *fig* nuage *m* menaçant; the ~s of war were gathering le danger OR la menace d'une guerre grandissait.

storm cone *n* cône *m* de tempête.

storm door *n Am* porte *f* extérieure *(qui double la porte de la maison pour éviter les courants d'air).*

storm drain *n* égout *m* pluvial.

storming ['stɔːmɪŋ] *n* [attack] assaut *m*; [capture] prise *f* (d'assaut); the ~ of the Bastille HIST la prise de la Bastille.

storm lantern *n* lampe *f* tempête.

Stormont ['stɔːmənt] *pr n château de la banlieue de Belfast qui a abrité le parlement d'Irlande du Nord entre 1921 et 1972.*

storm petrel *n* pétrel *m*.

stormproof ['stɔːmpruːf] *adj* à l'épreuve de la tempête.

storm trooper *n* membre *m* des troupes d'assaut; the ~s les troupes *fpl* d'assaut.

◆ **stormtrooper** *adj* [tactics] brutal, impitoyable.

storm troops *npl* troupes *fpl* d'assaut.

stormwater ['stɔːm,wɔːtəʳ] *n* eau *f* pluviale.

storm window *n* contre-fenêtre *f*.

stormy ['stɔːmɪ] (*compar* stormier, *superl* stormiest) *adj* -**1.** [weather] orageux, d'orage; [sea] houleux, démonté; it was a ~ day il faisait un temps orageux. -**2.** *fig* [debate, relationship] orageux; [look] furieux; [career, life] tumultueux, mouvementé.

stormy petrel = **storm petrel**.

story ['stɔːrɪ] (*pl* stories) *n* -**1.** [tale, work of fiction - spoken] histoire *f*; [- written] histoire *f*, conte *m*; to tell sb a ~ raconter une histoire à qqn; ghost ~ histoire *f* de fantômes; this is a true ~ c'est une histoire vraie; a collection of her poems and stories un recueil de ses poèmes et nouvelles; it's always the same old ~ *fig* c'est toujours la même histoire. -**2.** [plot - story line] intrigue *f*, scénario *m*; the ~ of the film is very complicated l'intrigue du film est très compliquée; I like a play with a good ~ to it j'aime les pièces qui ont une bonne intrigue. -**3.** [account] histoire *f*; I got the inside ~ from his wife j'ai appris la vérité sur cette histoire par sa femme; let me tell you my side of the ~ laisse-moi te donner ma version de l'histoire; well, that's my ~ and I'm sticking to it *hum* c'est la version officielle; the witness changed his ~ le témoin est revenu sur sa version des faits; but that's another ~ mais ça, c'est une autre histoire; that's not the whole ~, that's only part of the ~ mais ce n'est pas tout; we'll probably never know the whole OR full ~ nous ne saurons peut-être jamais le fin mot de l'histoire; to cut a long ~ short enfin bref. -**4.** [history] histoire *f*; his life ~ l'histoire de sa vie; that's the ~ of my life! *hum* ça m'arrive tout le temps! -**5.** *euph* [lie] histoire *f*; are you telling stories again? est-ce que tu racontes encore des histoires? -**6.** [rumour] rumeur *f*, bruit *m*; there's a ~ going about that they're getting divorced le bruit court qu'ils vont divorcer; or so the ~ goes c'est du moins ce que l'on raconte. -**7.** PRESS [article] article *m*; there's a front-page ~ about OR on the riots il y a un article en première page sur les émeutes; the editor refused to run her ~ le rédacteur en chef a refusé de publier son article; all the papers ran OR carried the ~ tous les journaux en ont parlé ‖ [event, affair] affaire *f*; have you been following this corruption ~? est-ce que vous avez suivi cette affaire de corruption?; the ~ broke just after the morning papers had gone to press on a appris la nouvelle juste après la mise sous presse des journaux du matin. -**8.** *Am* = **storey**.

storyboard ['stɔːrɪbɔːd] *n* story-board *m*, scénarimage *m offic*.

storybook ['stɔːrɪbʊk] ◇ *n* livre *m* de contes. ◇ *adj*: a ~ ending une fin romanesque; a ~ romance une idylle de conte de fées; a ~ castle un château de conte de fées.

story line *n* intrigue *f*, scénario *m*.

storyteller ['stɔːrɪ,teləʳ] *n* -**1.** conteur *m*, -euse *f*. -**2.** *euph* [liar] menteur *m*, -euse *f*.

stoup [stuːp] *n* RELIG bénitier *m*.

stout [staʊt] ◇ *adj* -**1.** [corpulent] gros, corpulent, fort. -**2.** [strong - stick] solide; [- structure, material] solide, robuste; a pair of ~ walking shoes une paire de chaussures de marche solides OR robustes. -**3.** [brave] vaillant, courageux; [firm, resolute - resistance, opposition, enemy] acharné; [- support, supporter] fidèle, loyal; a ~ heart un cœur vaillant.
◇ *n* stout *m*, bière *f* brune forte.

stouthearted [,staʊt'hɑːtɪd] *adj lit* vaillant, courageux.

stoutly ['staʊtlɪ] *adv* -**1.** [solidly] solidement, robustement; ~ built houses des maisons solides. -**2.** [bravely] vaillamment, courageusement; [firmly, resolutely - resist, defend, oppose] avec acharnement; [- support] fidèlement, loyalement; she still ~ maintains she was in the right elle continue à prétendre dur comme fer qu'elle avait raison.

stoutness ['staʊtnɪs] *n* -**1.** [corpulence] corpulence *f*, embonpoint *m*. -**2.** [solidity, strength - of structure, materials] solidité *f*, robustesse *f*. -**3.** [bravery] vaillance *f*, courage *m*; [firmness, resolution - of resistance, defence, opposition] acharnement *m*; [- of support, supporter] fidélité *f*, loyauté *f*; ~ of heart vaillance, courage.

stove [stəʊv] ◇ *pt* & *pp* → **stave**.
◇ *n* -**1.** [for heating] poêle *m*; paraffin ~ poêle à mazout. -**2.** [cooker - gen] cuisinière *f*; [- portable] réchaud *m*; [kitchen range] fourneau *m*; gas ~ cuisinière à gaz. -**3.** INDUST [kiln] four *m*, étuve *f*.

stove enamel *n* laque *f* OR vernis *m* à cuire.

stove-in *adj Am* défoncé, enfoncé.

stovepipe ['stəʊvpaɪp] *n* -**1.** *literal* tuyau *m* de poêle. -**2.** *inf* ~ (hat) tuyau *m* de poêle.
◆ **stovepipes** *npl Br* [trousers] pantalon-cigarette *m*.

stovies ['stəʊvɪz] *npl* CULIN *ragoût écossais de pommes de terre et d'oignons.*

stow [stəʊ] *vt* -**1.** [store] ranger, stocker; [in warehouse] emmagasiner; NAUT [cargo] arrimer; [equipment, sails] ranger; where do you ~ the coffee? où rangez-vous le café?; he ~ed the keys behind the clock [hid] il a caché les clés derrière la pendule; [hurriedly] il a fait disparaître les clés derrière la pendule. -**2.** [pack, fill] remplir. -**3.** ▽ *Br phr*: ~ it! [stop] ça suffit!; [shut up] la ferme!
◆ **stow away** ◇ *vi insep* [on ship, plane] s'embarquer clandestinement, être un passager clandestin; I ~ed away to Brazil je me suis embarqué clandestinement pour le Brésil.
◇ *vt sep* -**1.** = **stow 1**. -**2.** *inf Br* [food] enfourner; he can certainly ~ it away! qu'est-ce qu'il descend!

stowage ['stəʊɪdʒ] *n* -**1.** [of goods - in warehouse] emmagasinage *m*; [- on ship] arrimage *m*. -**2.** [capacity - gen] espace *m* utile OR de rangement; [- in warehouse] espace *m* d'emmagasinage; [- on ship] espace *m* d'arrimage.

stowaway ['stəʊəweɪ] *n* passager *m* clandestin, passagère *f* clandestine.

strabismus [strə'bɪzməs] *n* MED strabisme *m*.

straddle ['strædl] ◇ *vt* -**1.** [sit astride of - horse, bicycle, chair, wall] chevaucher; [mount - horse, bicycle] enfourcher; [step over - ditch, gap, obstacle] enjamber. -**2.** [span, spread over] enjamber; the bridge ~s the river le pont enjambe la rivière; the park ~s the state line le parc est à cheval sur la frontière entre les États. -**3.** MIL [target] encadrer. -**4.** *inf Am*: to ~ the fence [be non committal] ne pas prendre position; you can't ~ the fence vous devez prendre position.
◇ *vi inf Am fig* [sit on the fence] ne pas prendre position.

strafe [strɑːf] *vt* [with machine guns] mitrailler (au sol); [with bombs] bombarder.

straggle ['strægl] ◇ *vi* -**1.** [spread in long line - roots, creeper, branches] pousser de façon désordonnée; [be scattered - trees, houses] être disséminé; vines ~d over the fence la vigne envahissait la clôture; the suburbs ~d on for miles along the railway line la banlieue s'étendait sur des kilomètres le long de la voie ferrée; the excavations ~d down the hillside les fouilles s'étendaient jusqu'en bas de la colline ‖ [hang untidily - hair] pendre (lamentablement); her hair ~d over her forehead des mèches pendaient sur son front. -**2.** [linger] traîner, traînasser; she was straggling behind all the others elle traînassait derrière tous les autres; stop straggling! do try and keep up! ne traînez pas! essayez de rester groupés!; to ~ in/out entrer/sortir de manière dispersée OR par petits groupes; the crowd began to ~ away from the scene la foule commença à se disperser petit à petit.
◇ *n*: there was a constant ~ of visitors il y a eu un défilé ininterrompu de visiteurs; all I saw was a ~ of houses/trees on the hillside je n'ai aperçu que quelques maisons disséminées/quelques arbres disséminés sur la colline; a ~ of islands un long chapelet d'îles.

straggler ['stræglәʳ] *n* -**1.** [lingerer] traînard *m*, -e *f*; [in race] retardataire *mf*. -**2.** BOT gourmand *m*.

straggling ['stræglɪŋ] *adj* [vine, plant] maigre, (qui pousse) tout en longueur; [houses, trees] disséminé; [village, street] tout en longueur; [beard] épars; to have long, ~ hair avoir une chevelure longue et maigre.

straggly ['stræglɪ] *adj* [hair] maigre; [beard] épars, hirsute; [roots] long et mince.

straight [streɪt] ◇ *adj* -**1.** [not curved - line, road, nose] droit; [- hair] raide; a ~ line MATH une (ligne) droite; keep your back ~ tiens-toi droit, redresse-toi. -**2.** [level, upright] droit; the picture isn't ~ le tableau n'est pas droit OR est de travers; is my tie ~? est-ce que ma cravate est droite?; to put OR to set ~ [picture] remettre d'aplomb, redresser; [hat, tie] ajuster; hold OR keep the tray ~ tenez le plateau bien droit. -**3.** [honest, frank] franc, droit; to be ~ with sb être franc avec qqn; to give sb a ~ answer répondre franchement à qqn; to have a ~ talk about sthg parler franchement de qqch; he's always been ~ in his dealings with me il a toujours été honnête avec moi; to do some ~ talking parler franchement; at the meeting he did some ~ talking il n'a pas mâché ses mots à la réunion; it's time we did some ~ talking il faut qu'on parle, tous les deux; are you being ~ with me? est-ce que tu joues franc jeu avec moi? -**4.** [correct, clear] clair; to put OR to set the record ~ mettre les choses au clair; just to set the record ~ pour que ce soit bien clair; I'd like to get things ~ before I leave je voudrais mettre les choses au clair avant de partir; let's get this ~ entendons-nous bien sur ce point; have you put her ~? as-tu mis les choses au point avec elle?; now just you get this ~! mets-toi bien ceci dans la tête!, qu'on se mette bien d'accord sur ce point! -**5.** [tidy, in order - room, desk, accounts] en ordre; to put OR to set ~ [room, house] mettre en ordre, mettre de l'ordre dans; [affairs] mettre de l'ordre dans; put your desk ~ rangez votre bureau; put your things ~ on the desk mettez un peu d'ordre sur le bureau. -**6.** [quits] quitte; here's the £5 I owe you, now we're ~ voilà les 5 livres que je te dois, maintenant nous sommes quittes. -**7.** [direct] droit, direct; he hit him a ~ left il lui a porté un direct du gauche ‖ POL: ~ fight: a ~ fight between Labour and Conservative *une élection où ne se présentent que deux candidats, un travailliste et un conservateur* ☐ to vote a ~ ticket *Am* voter pour une liste sans panachage. -**8.** [pure, utter] pur; it's just ~ prejudice ce sont des préjugés, tout simplement; it's just ~ propaganda c'est de la propagande pure et simple. -**9.** [consecutive] consécutif, de suite; to

have three ~ wins gagner trois fois de suite OR d'affilée; we worked for three ~ days nous avons travaillé trois jours d'affilée; a ~ flush CARDS une quinte flush. -**10.** [neat - whisky, vodka] sec. -**11.** [serious] sérieux; to keep a ~ face garder son sérieux; ~ theatre le théâtre traditionnel; it's the first ~ role she's played in years c'est son premier rôle sérieux depuis des années. -**12.** *inf* [conventional] vieux jeu *(inv)*; [heterosexual] hétéro; [not a drug user] qui ne se drogue pas. -**13.** AUT [cylinders] en ligne; a ~ eight engine un moteur huit cylindres en ligne. -**14.** GEOM [angle] plat. -**15.** *Am* SCH: he got ~ As all term il n'a eu que de très bonnes notes tout le semestre; a ~ A student un étudiant brillant.
◇ *adv* -**1.** [in a straight line] droit, en ligne droite; try and walk ~! essaie de marcher droit!; the rocket shot ~ up la fusée est montée à la verticale OR en ligne droite; to shoot ~ viser juste || *fig*: I can't see ~ je ne vois pas bien; I can't think ~ je n'ai pas les idées claires ❑ to go ~ *inf* [criminal] revenir dans le droit chemin. -**2.** [upright - walk, sit, stand] (bien) droit; sit up ~! tiens-toi droit OR redresse-toi (sur ta chaise)! -**3.** [directly] (tout) droit, directement; he looked me ~ in the eye il me regarda droit dans les yeux; it's ~ across the road c'est juste en face; the car came ~ at me la voiture a foncé droit sur moi; come ~ home after the concert! rentre à la maison tout de suite après le concert!; go ~ to bed! va tout de suite te coucher!; the ball went ~ through the window la balle est passée par la fenêtre; the knife went ~ through my arm le couteau m'a transpercé le bras; they mostly go ~ from school to university pour la plupart, ils passent directement du lycée à l'université; to come ~ to the point aller droit au fait; it went ~ to his heart cela lui est allé droit au cœur; ~ ahead tout droit; where's the crossroads? — it's ~ ahead où se trouve le carrefour? — c'est tout droit devant vous; he looked ~ ahead il regarda droit devant lui; ~ off *inf* sur-le-champ, tout de suite; ~ on tout droit; go ~ on till you come to a roundabout continuez tout droit jusqu'à ce que vous arriviez à un rond-point; at the roundabout go ~ over au rond-point allez tout droit ❑ she gave it me ~ from the shoulder elle me l'a dit sans ambages OR sans prendre de gants. -**4.** [frankly] franchement, carrément, tout droit; I told him ~ (out) what I thought of him je lui ai dit franchement ce que je pensais de lui; I'm giving it to you ~ *inf* je vous le dis tout net ❑ ~ up *inf Br* [honestly] sans blague. -**5.** [neat, unmixed]: to drink whisky ~ boire son whisky sec.
◇ *n* -**1.** [on racecourse, railway track] ligne *f* droite; the final OR home ~ la dernière ligne droite ❑ to keep to the ~ and narrow rester dans le droit chemin. -**2.** [level]: to be out of ~ *Br* être de biais OR de travers; on the ~ TEX de droit fil. -**3.** *inf* [person]: he's a ~ [conventional person] il est conventionnel, c'est quelqu'un de conventionnel; [heterosexual] il est hétéro, c'est un hétéro.

straight-arm ◇ *adj* [in American football]: ~ tackle raffût *m*.
◇ *vt* raffûter.

straightaway [ˌstreɪtəˈweɪ] ◇ *adv* tout de suite, sur-le-champ.
◇ *adj Am* droit.
◇ *n Am* ligne *f* droite.

straight-cut *adj* [tobacco] *en tranches coupées dans le sens de la longueur des feuilles.*

straightedge [ˈstreɪtedʒ] *n* [gen] règle *f*; [in carpentry] limande *f*.

straighten [ˈstreɪtn] ◇ *vt* -**1.** [remove bend or twist from - line, wire] redresser; [- nail] redresser, défausser; [- wheel] redresser, dévoiler; [- hair] décrêper. -**2.** [adjust - picture] redresser, remettre d'aplomb; [- tie, hat] redresser, ajuster; [- hem] arrondir, rectifier; she ~ed her back OR shoulders elle se redressa; he had his nose ~ed il s'est fait redresser le nez. -**3.** [tidy - room, papers] ranger, mettre de l'ordre dans; [organize - affairs, accounts] mettre en ordre, mettre de l'ordre dans; ~ your desk before you leave rangez votre bureau avant de partir.
◇ *vi* [person] se dresser, se redresser; [plant] pousser droit; [hair] devenir raide; heading into the desert the road ~s à l'entrée du désert, la route devient droite.

◆ **straighten out** ◇ *vt sep* -**1.** [nail, wire] redresser. -**2.** [situation] débrouiller, arranger; [problem] résoudre; [mess, confusion] mettre de l'ordre dans, débrouiller; don't worry, things will ~ themselves out ne t'en fais pas, les choses vont s'arranger. -**3.** to ~ sb out *inf* [help] remettre qqn dans la bonne voie; [punish] remettre qqn à sa place; I'll soon ~ her out! je vais lui apprendre!
◇ *vi insep* [road] devenir droit; [plant] pousser droit; [hair] devenir raide.

◆ **straighten up** ◇ *vi insep* [person] se dresser, se redresser; [plant] pousser droit.
◇ *vt sep* [room, papers] ranger, mettre de l'ordre dans; [affairs] mettre de l'ordre dans, mettre en ordre.

straight-faced *adj* qui garde son sérieux, impassible.

straightforward [ˌstreɪtˈfɔːwəd] *adj* -**1.** [direct - person] direct; [- explanation] franc; [- account] très clair; it's impossible to get a ~ answer out of her il est impossible d'obtenir d'elle une réponse nette et précise. -**2.** [easy, simple - task, problem] simple, facile; [- instructions] clair; it was all quite ~ ce n'était pas compliqué du tout. -**3.** [pure, utter] pur; it's ~ elitism ça s'appelle de l'élitisme, c'est de l'élitisme pur et simple.

straightforwardly [ˌstreɪtˈfɔːwədlɪ] *adv* -**1.** [honestly - act, behave] avec franchise; [- answer] franchement, sans détour. -**2.** [without complications] simplement, sans anicroche; the meeting did not go off quite as ~ as hoped la réunion ne s'est pas passée aussi bien qu'on l'avait espéré.

straightjacket [ˈstreɪtˌdʒækɪt] = **straitjacket**.

straightlaced [ˌstreɪtˈleɪst] = **straitlaced**.

straight-line *adj* ECON & FIN constant.

straight man *n* faire-valoir *m inv*.

straight-out *inf adj Am* -**1.** [forthright - answer] net; [- refusal] catégorique; he gave a ~ answer il a répondu franchement. -**2.** [utter - liar, hypocrite] fieffé; [- lie, dishonesty] pur; [- opponent, supporter] inconditionnel.

straightway [ˈstreɪtweɪ] *adv arch* tout de suite, sur-le-champ.

strain [streɪn] ◇ *n* -**1.** [on rope, girder - pressure] pression *f*; [- tension] tension *f*; [- pull] traction *f*; [- weight] poids *m*; the rope snapped under the ~ la corde a rompu sous la tension; the weight put too much ~ on the rope le poids a exercé une trop forte tension sur la corde; to collapse under the ~ [bridge, animal] s'effondrer sous le poids; I took most of the ~ c'est moi qui ai fourni le plus gros effort; the buttress takes the ~ off the wall le contrefort réduit la pression qui s'exerce sur le mur; the girder can't take the ~ la poutre ne peut pas supporter cette pression OR sollicitation; the war is putting a great ~ on the country's resources la guerre pèse lourd sur OR grève sérieusement les ressources du pays; the new taxes take the ~ off the budget les nouveaux impôts renflouent le budget. -**2.** [mental or physical effort] (grand) effort *m*; [overwork] surmenage *m*; [tiredness] (grande) fatigue *f*; he's beginning to feel/show the ~ il commence à sentir la fatigue/à donner des signes de fatigue; I've been under great physical ~ je me suis surmené; it was quite a ~ for me to have to stand j'ai trouvé très fatigant de devoir rester debout; the ~ of making polite conversation l'effort que ça demande de faire la conversation à quelqu'un || [stress] stress *m*, tension *f* OR fatigue *f* nerveuse; the situation has put our family under a great deal of ~ la situation a mis notre famille à rude épreuve; recent events have placed considerable ~ on their relationship les événements récents ont mis leur relation à rude épreuve; he can't take the ~ anymore il ne peut plus supporter cette situation stressante; it's a terrible ~ on her nerves elle trouve ça difficile à supporter nerveusement; they've been under a lot of ~ recently leurs nerfs ont été mis à rude épreuve ces derniers temps; the arrival of a new secretary took the immediate ~ off me avec l'arrivée d'une nouvelle secrétaire, j'ai été immédiatement soulagée d'une partie de mon travail; I couldn't stand the ~ of commuting je trouvais trop épuisant de prendre les transports en commun tous les matins. -**3.** MED [of muscle] froissement *m*; [sprain - of ankle, wrist] entorse *f*; to give one's back a ~ se donner un tour de reins. -**4.** [breed, variety - of animals] lignée *f*, race *f*; [of plant, virus etc] souche *f*. -**5.** [style] genre *m*, style *m*; his other books are all very much in the same ~ ses autres livres sont tout à fait dans le même genre OR dans le même esprit. -**6.** [streak, touch] fond *m*, tendance *f*; there is a ~ of madness in the family il y a une prédisposition à la folie dans la famille; there's a strong ~ of fantasy in his novels il y a une grande part de rêve dans ses romans.
◇ *vt* -**1.** [rope, cable, girder] tendre (fortement); he ~ed the canvas over the frame il a tendu la toile sur le cadre; to be ~ed to breaking point être tendu au point de se rompre || [resources, economy, budget] grever; this new expense is ~ing our income to the limit nos revenus nous permettent tout juste cette dépense supplémentaire. -**2.** [force - voice] forcer; he ~ed his ears to hear what they were saying il tendit l'oreille pour entendre ce qu'ils disaient; to ~ one's eyes to see sthg plisser les yeux pour mieux voir qqch; to ~ every nerve OR sinew to do sthg s'efforcer de faire qqch. -**3.** [hurt, damage - muscle] froisser; [- eyes] fatiguer; reading small print ~s your eyes ça fatigue les yeux de lire des petits caractères; you'll ~ your eyes tu vas te fatiguer les yeux; I have to be careful not to ~ my heart il faut que je veille à ménager mon cœur; to ~ one's back se donner un tour de reins; I've ~ed my arm je me suis froissé un muscle du bras; to ~ o.s. [by gymnastics, lifting] se froisser un muscle; [by overwork] se surmener; mind you don't ~ yourself lifting that typewriter attention de ne pas te faire mal en soulevant cette machine à écrire || *hum*: don't ~ yourself! surtout ne te fatigue pas!; she lent a hand, but she didn't exactly ~ herself elle a mis la main à la pâte, mais elle ne s'est pas vraiment fatiguée. -**4.** [force - meaning] forcer; [- word] forcer le sens de; it would be ~ing the truth to call the play a masterpiece dire que cette pièce est un chef-d'œuvre serait exagéré. -**5.** [test - patience] mettre à l'épreuve, abuser de; [- friendship, relationship] mettre à l'épreuve, mettre à rude épreuve. -**6.** CULIN [soup, milk] passer; [vegetables] (faire) égoutter. -**7.** *lit* [press - child, lover] serrer; she ~ed the child to her breast elle serra l'enfant contre sa poitrine.
◇ *vi* -**1.** [pull] tirer fort; [push] pousser fort; she was ~ing at the door [pull] elle tirait sur la porte de toutes ses forces; [push] elle poussait (sur) la porte de toutes ses forces; the dog ~ed at the leash le chien tirait sur sa laisse; I had to ~ against the wind j'ai dû lutter contre le vent; she ~ed under the weight elle ployait sous la charge. -**2.** [strive] s'efforcer, faire beaucoup d'efforts; to ~ to do sthg s'efforcer de faire qqch; I ~ed to understand/hear what they were saying je me suis efforcé de comprendre/d'entendre ce qu'ils disaient; he tends to ~ after effect il a tendance à vouloir se faire remarquer. -**3.** [rope, cable] se tendre.

◆ **strains** *npl* [in music] accents *mpl*, accords *mpl*; [in verse] accents *mpl*; the crowd rose to the ~s of the national anthem le public s'est levé aux accents de l'hymne national.

◆ **strain off** *vt sep* [liquid] vider, égoutter.

strained [streɪnd] *adj* -**1.** [forced - manner, laugh] forcé, contraint; [- voice] forcé; [- language, style etc] forcé, exagéré; she gave me a ~ smile elle m'adressa un sourire contraint OR forcé.

-**2.** [tense - atmosphere, relations, person] tendu. -**3.** [sprained - ankle, limb] foulé; [- muscle] froissé; **to have a ~ shoulder** s'être froissé un muscle à l'épaule; **to have a ~ neck** avoir un torticolis || [tired - eyes] fatigué; **his eyes looked ~** il avait l'air d'avoir les yeux fatigués. -**4.** CULIN [liquid] filtré; [soup] passé; [vegetables] égoutté; [baby food] en purée.

strainer ['streɪnəʳ] *n* passoire *f*; **tea ~** passoire à thé, passe-thé *m inv*.

strait [streɪt] ◇ *n* GEOG: **~, ~s** détroit *m*.
◇ *adj arch* étroit.
◆ **straits** *npl* [difficulties] gêne *f*, situation *f* fâcheuse; **to be in financial ~s** avoir des ennuis financiers OR des problèmes d'argent.

STRAITS:
the Straits of Dover le pas de Calais;
the Strait of Gibraltar le détroit de Gibraltar;
the Strait of Hormuz OR **Ormuz** le détroit d'Hormuz OR d'Ormuz;
the Strait of Magellan le détroit de Magellan;
the Strait of Malacca le détroit de Malacca.

straitened ['streɪtnd] *adj*: **in ~ circumstances** dans le besoin OR la gêne.

straitjacket ['streɪt,dʒækɪt] *n* camisole *f* de force.

straitlaced [,streɪt'leɪst] *adj* collet monté *(inv)*; **he was always very proper and ~** il était toujours très digne et très guindé.

strand [strænd] ◇ *n* -**1.** [of thread, string, wire] brin *m*, toron *m*; **a ~ of hair** une mèche de cheveux. -**2.** [in argument, plot, sequence] fil *m*; **the main ~ of the narrative** le fil conducteur (du récit). -**3.** *lit* [beach] plage *f*; [shore] grève *f*, rivage *m*.
◇ *vt* -**1.** [ship, whale] échouer; **the ship was ~ed on a mudbank** le bateau s'est échoué sur un banc de vase. -**2.** *(usu pass)*: **to be ~ed** [person, vehicle] rester en plan OR coincé; **she was ~ed in Seville with no money** elle s'est retrouvée coincée à Séville sans un sou vaillant; **we were left ~ed with no way of getting home** on est restés en plan sans aucun moyen de rentrer chez nous.

stranded ['strændɪd] *adj* -**1.** [person, car] bloqué; **the ~ holidaymakers camped out in the airport** les vacanciers, ne pouvant pas partir, campèrent à l'aéroport. -**2.** BIOL & CHEM [molecule, sequence] torsadé.

strange [streɪndʒ] *adj* -**1.** [odd] étrange, bizarre; [peculiar] singulier, insolite; **it's ~ that he should be so late** c'est bizarre OR étrange qu'il ait tant de retard; **she has some ~ ideas** elle a des idées bizarres OR de drôles d'idées; **~ to say, I've never been there** chose curieuse OR étrange, je n'y suis jamais allé; **~ as it may seem** aussi étrange que cela paraisse OR puisse paraître; **truth is ~r than fiction** la vérité dépasse la fiction. -**2.** [unfamiliar] inconnu; **to find o.s. in ~ surroundings** se trouver dans un endroit inconnu; **~ faces** des visages inconnus; **I woke up to find a ~ man in my room** lorsque je me suis réveillé il y avait un inconnu dans ma chambre; **a ~ car was seen in the neighbourhood earlier in the week** en début de semaine on avait remarqué la présence dans le voisinage d'une voiture qu'on ne connaissait pas. -**3.** [unaccustomed] inaccoutumé; **he is still ~ to city life** il n'est pas encore accoutumé à OR il n'a pas encore l'habitude de la vie citadine. -**4.** [unwell] bizarre; **to look/to feel ~** avoir l'air/se sentir bizarre. -**5.** PHYS [matter, particle] étrange.

strangely ['streɪndʒlɪ] *adv* étrangement, bizarrement; **~ enough, I never heard of him again** chose curieuse OR chose étrange, je n'ai jamais plus entendu parler de lui; **her face was ~ familiar to him** son visage lui était singulièrement familier; **he spoke in a ~ calm voice** il parla d'une voix étonnamment calme.

strangeness ['streɪndʒnɪs] *n* -**1.** [of person, situation] étrangeté *f*, bizarrerie *f*, singularité *f*. -**2.** PHYS étrangeté *f*.

stranger ['streɪndʒəʳ] *n* -**1.** [unknown person] inconnu *m*, -e *f*; **never talk to ~s** ne parle jamais à des inconnus; **we are complete ~s** nous ne nous sommes jamais rencontrés; **we were ~s until yesterday** nous ne nous connaissons que depuis hier; **a perfect ~** un parfait inconnu; **they greeted each other for all the world like perfect ~s** ils se sont salués comme de parfaits étrangers; **she has become a ~ to her own family** elle est devenue une étrangère pour sa propre famille; **you've become quite a ~ round here** on ne vous voit plus beaucoup par ici OR dans les parages; **hello ~!** *hum* tiens, un revenant! -**2.** [person from elsewhere] étranger *m*, -ère *f*; **~s to the town often get lost** les étrangers se perdent souvent dans cette ville; **I'm a ~ here myself** je ne suis pas d'ici non plus. -**3.** [novice] novice *m*; **I am not exactly a ~ to classical music** je ne suis pas complètement ignorant en matière de musique classique; **he is no ~ to loneliness/misfortune** il sait ce qu'est la solitude/le malheur.

Strangers' Gallery *pr n*: **the ~** *la tribune du public à la Chambre des communes et à la Chambre des lords.*

strangle ['stræŋgl] *vt* -**1.** *literal* étrangler; **I could cheerfully have ~d that child** ce n'est pas l'envie qui me manquait d'étrangler cet enfant. -**2.** *fig* [opposition, growth, originality] étrangler, étouffer.

strangled ['stræŋgld] *adj* [cry, sob] étranglé, étouffé; [voice] étranglé.

stranglehold ['stræŋglhəʊld] *n* [grip around throat] étranglement *m*, étouffement *m*, strangulation *f*; [in wrestling] étranglement *m*; **to have a ~ on sb** *literal* & *fig* tenir qqn à la gorge; **to have a ~ on sthg** *fig* tenir qqch à la gorge; **they have a ~ on the government** ils tiennent le gouvernement à leur merci; **superstition still retains a ~ on the country** l'emprise des superstitions sur le pays est toujours très forte; **to have a ~ on the market/economy** jouir d'un monopole sur le marché/l'économie.

strangler ['stræŋgləʳ] *n* étrangleur *m*, -euse *f*.

strangling ['stræŋglɪŋ] *n* -**1.** [killing] étranglement *m*, strangulation *f*; *fig* [of opposition, protest, originality] étranglement *m*, étouffement *m*. -**2.** [case]: **there has been yet another ~** une nouvelle victime a été étranglée; **that brings to five the number of ~s** cela porte à cinq le nombre de personnes étranglées.

strangulate ['stræŋgjʊleɪt] *vt* -**1.** MED étrangler; **a ~d hernia** une hernie étranglée. -**2.** = **strangle**.

strangulation [,stræŋgjʊ'leɪʃn] *n* strangulation *f*; **the victim died of ~** la victime est morte étranglée.

strap [stræp] (*pt* & *pp* **strapped**, *cont* **strapping**)
◇ *n* -**1.** [belt - of leather] courroie *f*, sangle *f*, lanière *f*; [- of cloth, metal] sangle *f*, bande *f*. -**2.** [support - for bag, camera, on harness] sangle *f*; (**shoulder**) **~** bandoulière *f* || [fastening - for dress, bra] bretelle *f*; [- for hat, bonnet] bride *f*; [- for helmet] attache *f*; [- for sandal] lanière *f*; [- under trouser leg] sous-pied *m*; [- for watch] bracelet *m*. -**3.** [as punishment]: **to give sb/to get the ~** administrer/recevoir une correction (à coups de ceinture). -**4.** [on bus, underground] poignée *f*. -**5.** = **strop**. -**6.** TECH lien *m*.
◇ *vt* sangler, attacher; **she had a knife strapped to her leg** elle portait un couteau fixé à sa jambe.
◆ **strap down** *vt sep* sangler, attacher avec une sangle OR une courroie.
◆ **strap in** *vt sep* [in car] attacher la ceinture (de sécurité) de; [child - in high chair, pram] attacher avec un harnais OR avec une ceinture; **let me ~ you in** laisse-moi attacher ta ceinture; **he strapped himself into the driving seat** il s'est installé au volant et a attaché sa ceinture de sécurité; **are you strapped in?** as-tu mis ta ceinture?
◆ **strap on** *vt sep* [bag, watch] attacher; **the diver strapped his aqualung on** le plongeur mit son scaphandre.
◆ **strap up** *vt sep* [suitcase, parcel] sangler; [limbs, ribs] mettre un bandage à, bander.

straphang *inf* ['stræphæŋ] *vi Br* voyager debout *(dans les transports en commun).*

straphanger *inf* ['stræphæŋəʳ] *n Br* voyageur *m*, -euse *f* debout *(dans les transports en commun).*

strapless ['stræplɪs] *adj* [dress, bra etc] sans bretelles.

strapline ['stræplaɪn] *n* PRESS sous-titre *m*.

strapped *inf* [stræpt] *adj*: **to be ~ for cash** être fauché.

strapper *inf* ['stræpəʳ] *n* costaud *m*, -e *f*.

strapping *inf* ['stræpɪŋ] *adj* costaud; **a fine ~ girl** un beau brin de fille.

strata ['strɑːtə] *pl* → **stratum**.

stratagem ['strætədʒəm] *n* stratagème *m*.

strategic(al) [strə'tiːdʒɪk(l)] *adj* stratégique; **we decided on a ~ withdrawal of our troops** nous avons décidé d'opérer un repli stratégique de nos troupes; **a ~ position** une position stratégique.

strategically [strə'tiːdʒɪklɪ] *adv* stratégiquement, du point de vue de la stratégie.

strategics [strə'tiːdʒɪks] *n (U)* MIL (l'art *m* de la) stratégie *f*.

strategist ['strætɪdʒɪst] *n* stratège *m*.

strategy ['strætɪdʒɪ] (*pl* **strategies**) *n* [gen & MIL] stratégie *f*; **marketing strategies** stratégies de marketing.

strati ['streɪtaɪ] *pl* → **stratus**.

stratification [,strætɪfɪ'keɪʃn] *n* stratification *f*.

stratificational [,strætɪfɪ'keɪʃnl] *adj* LING stratificationnel.

stratified ['strætɪfaɪd] *adj* stratifié, en couches.

stratify ['strætɪfaɪ] (*pt* & *pp* **stratified**)
◇ *vt* stratifier.
◇ *vi* se stratifier.

stratigraphy [strə'tɪgrəfɪ] *n* stratigraphie *f*.

stratocumulus [,strætəʊ'kjuːmjʊləs] (*pl* **stratocumuli** [-laɪ]) *n* stratocumulus *m*.

stratosphere ['strætə,sfɪəʳ] *n* stratosphère *f*.

stratum ['strɑːtəm] (*pl* **strata** [-tə]) *n* -**1.** GEOL strate *f*, couche *f*. -**2.** *fig* couche *f*; **the various strata of society** les différentes couches de la société.

stratus ['streɪtəs] (*pl* **strati** [-taɪ]) *n* stratus *m*.

Stravinsky [strə'vɪnskɪ] *pr n* Stravinski.

straw [strɔː] ◇ *n* -**1.** AGR paille *f*; **man of ~** *Br*, **~ man** *Am* homme *m* de paille. -**2.** [for drinking] paille *f*; **to drink sthg through a ~** boire qqch avec une paille. -**3.** *phr*: **to catch** OR **to clutch at a ~** OR **at ~s** se raccrocher désespérément à la moindre lueur d'espoir; **you're just grasping at ~s** vous vous raccrochez à de faux espoirs; **to draw** OR **to get the short ~** être tiré au sort, être de corvée; **a ~ in the wind** un aperçu (de ce que l'avenir nous réserve); **that's the last ~** OR **the ~ that breaks the camel's back** c'est la goutte d'eau qui fait déborder le vase; **I don't care a ~** OR **two ~s!** *inf Br* je m'en fiche!; **it's not worth a ~** *inf* ça ne vaut pas un clou.
◇ *comp* [gen] de OR en paille; [roof] en paille, en chaume; **'Straw Dogs'** *Peckinpah* 'les Chiens de paille'.

strawberry ['strɔːbərɪ] (*pl* **strawberries**)
◇ *n* [fruit] fraise *f*; [plant] fraisier *m*.
◇ *comp* [jam] de fraises; [tart] aux fraises; [ice cream] à la fraise.

STRAWBERRIES AND CREAM:
En Grande-Bretagne, les fraises à la crème sont traditionnellement consommées lors de certaines manifestations en plein air, notamment aux tournois de tennis de Wimbledon.

strawberry blonde ◇ *adj* blond vénitien *(inv)*.
◇ *n* blonde *f* qui tire sur le roux.

strawberry mark *n* tache *f* de vin, envie *f*.

strawboard ['strɔːbɔːd] *n* carton-paille *m*.

straw-coloured *adj* (couleur) paille *(inv)*.

straw hat *n* chapeau *m* de paille.

straw mattress *n* paillasse *f*.

straw poll *n* [vote] vote *m* blanc; [opinion poll] sondage *m* d'opinion.

straw vote *Am* = **straw poll**.

stray [streɪ] ◇ *vi* -**1.** [child, animal] errer; **some sheep had ~ed onto the railway line** des moutons s'étaient aventurés sur la ligne de chemin de fer; **to ~ away** [get lost] s'égarer; [go away] s'en aller; **the children ~ed (away) from the rest of the group** les enfants se sont écartés du groupe; **we ~ed into what must have been the red light area** nous nous sommes retrouvés dans ce qui devait être le quartier des prostituées; **to ~ from the fold** *literal* & *fig* s'écarter du troupeau; **to ~ (away) from the right path** *literal* & *fig* faire fausse route. -**2.** [speaker, writer] s'éloigner du sujet; **but I am ~ing from the point** mais je m'écarte du sujet. -**3.** [thoughts] errer, vagabonder; **her thoughts ~ed (back) to her days in Japan** elle se mit à penser à sa vie au Japon.

◇ *n* [dog] chien *m* errant OR perdu; [cat] chat *m* errant OR perdu; [cow, sheep] animal *m* égaré; [child] enfant *m* perdu OR abandonné; **she set up a home for ~s** elle a ouvert un centre pour recueillir les chiens et les chats perdus.

◇ *adj* -**1.** [lost - dog, cat] perdu, errant; [- cow, sheep] égaré; [- child] perdu, abandonné. -**2.** [random - bullet] perdu; [- thought] vagabond; [- memory] fugitif; **she pushed back a few ~ curls** elle repoussa quelques mèches folles OR rebelles. -**3.** [occasional - car, boat] isolé, rare; **a few ~ cars drove by** quelques rares voitures passaient par là.

◆ **strays** *npl* RADIO & TELEC parasites *mpl*, friture *f*.

streak [striːk] ◇ *n* -**1.** [smear - of blood, dirt] filet *m*; [- of ink, paint] traînée *f*; **there were ~s of green ink across the page** il y avait des traînées d'encre verte sur la page; **there were a few ~s of cloud in an otherwise blue sky** il y avait quelques traînées nuageuses dans le ciel bleu; **the tears had left grubby ~s down her face** les larmes avaient laissé des traînées sales sur ses joues || [line, stripe - of light] trait *m*, rai *m*; [- of ore] filon *m*, veine *f*; [- in marble] veine *f*; **black wings with white ~s** des ailes noires avec des traînées blanches; **the carpet has green ~s** la moquette est striée de vert; **her hair had grey ~s in it** elle avait des cheveux gris; **to have blond ~s put in one's hair** se faire faire des mèches blondes; **~s of lightning lit up the sky** des éclairs zébraient le ciel; **they drove past like a ~ of lightning** leur voiture est passée comme un éclair. -**2.** [of luck] période *f*; **I've had a ~ of (good) luck** je viens de traverser une période faste; **he's hit a winning ~** [in gambling] la chance lui a souri; [good deal] il tient un bon filon; **he's just had a ~ of bad luck lately** il vient d'essuyer toute une série de revers. -**3.** [tendency]: **he has a mean ~** OR **a ~ of meanness in him** il est un peu mesquin; **there has always been a ~ of madness in the family** il y a toujours eu une prédisposition à la folie dans la famille || [trace] trace *f*; **there's a ~ of Indian blood in the family** il y a un peu de sang indien dans la famille. -**4.** *inf* [naked dash]: **to do a ~** *traverser un lieu public nu en courant.*

◇ *vt* [smear] tacher; **the wall was ~ed with paint** il y avait des traînées de peinture sur le mur; **her hands were ~ed with blue ink** elle avait des taches d'encre bleue sur les mains; **the mirror was ~ed with finger marks** il y avait des traces de doigts sur le miroir; **the sink was ~ed with coffee stains** il y avait des taches de café partout dans l'évier; **their cheeks were ~ed with tears** leurs joues étaient couvertes de larmes || [stripe] strier, zébrer; **the carpet is ~ed with green** la moquette est striée de vert; **marble ~ed with red** du marbre strié de rouge; **her hair is ~ed with grey** [natural] elle a des cheveux gris; [artificial] elle s'est fait des mèches grises; **she's had her hair ~ed** elle s'est fait faire des mèches.

◇ *vi* -**1.** [go quickly]: **to ~ in/out** entrer/sortir comme un éclair; **to ~ past** passer en courant d'air. -**2.** [run naked] faire du streaking *(traverser un lieu public nu en courant)*; **he was arrested for ~ing** ≃ il a été arrêté pour exhibitionnisme.

streaker *inf* ['striːkəʳ] *n* streaker *mf (personne nue qui traverse un lieu public en courant).*

streaky ['striːkɪ] (*compar* **streakier**, *superl* **streakiest**) *adj* -**1.** [colour, surface] marbré, jaspé, zébré; [rock, marble] veiné; **~ clouds** de longues traînées nuageuses. -**2.** CULIN [meat] entrelardé, persillé; **~ bacon** bacon *m* entrelardé.

stream [striːm] ◇ *n* -**1.** [brook] ruisseau *m*. -**2.** [current] courant *m*; **to go with the ~** *literal* aller au fil de l'eau; *fig* suivre le courant OR le mouvement; **to go against the ~** *literal* & *fig* aller à contre-courant. -**3.** [flow - of liquid] flot *m*, jet *m*; [- of air] courant *m*; [- of blood, lava] ruisseau *m*, flot *m*, cascade *f*, torrent *m*; [- of people, traffic] flot *m*, défilé *m* (continu); [- of tears] ruisseau *m*, torrent *m*; **the vent sent out a ~ of hot air** du conduit s'échappait un courant d'air chaud; **a red hot ~ of lava flowed down the mountain** une coulée de lave incandescente descendait le flanc de la montagne; **there was a continuous ~ of visitors** il y avait un défilé continu OR ininterrompu de visiteurs; **~s of wellwishers have been arriving all day** des flots de sympathisants sont arrivés tout au long de la journée; **we've received a steady ~ of applications** nous avons reçu un flot incessant de candidatures; **she unleashed a ~ of insults** elle lâcha un torrent d'injures ❑ **~ of consciousness** monologue *m* intérieur. -**4.** INDUST & TECH: **to be on/off ~** être en service/hors service; **to come on ~** être mis en service. -**5.** *Br* SCH classe *f* de niveau; **we're in the top ~** nous sommes dans la section forte.

◇ *vi* -**1.** [flow - water, tears] ruisseler, couler à flots; [- blood] ruisseler; **the wall was ~ing with condensation, condensation ~ed down the wall** la condensation ruisselait le long du mur; **tears ~ed down her face** des larmes ruisselaient sur son visage; **the onions made her eyes ~** les oignons l'ont fait pleurer; **sunlight ~ed into the room** le soleil entra à flots dans la pièce. -**2.** [flutter] flotter, voleter; **flags were ~ing in the wind** des drapeaux flottaient au vent; **her long hair ~ed (out) behind her** ses longs cheveux flottaient derrière elle. -**3.** [people, traffic]: **to ~ in/out** entrer/sortir à flots; **cars ~ed out of the city in their thousands** des milliers de voitures sortaient de la ville en un flot ininterrompu; **I watched as the demonstrators ~ed past** je regardai passer les flots de manifestants.

◇ *vt* -**1.** [flow with]: **to ~ blood/tears** ruisseler de sang/de larmes. -**2.** *Br* SCH répartir en classes de niveau.

streamer ['striːməʳ] *n* -**1.** [decoration] serpentin *m*. -**2.** [banner] banderole *f*; [pennant] flamme *f*. -**3.** ASTRON flèche *f* lumineuse. -**4.** PRESS manchette *f*.

streaming ['striːmɪŋ] ◇ *n Br* SCH répartition *f* en classes de niveau.

◇ *adj* [surface, window, windscreen] ruisselant; **I've got a ~ cold** *Br* j'ai attrapé un gros rhume.

streamline ['striːmlaɪn] ◇ *vt* -**1.** AUT & AERON donner un profil aérodynamique à, profiler, caréner. -**2.** ECON & INDUST [organization, production] rationaliser; [industry] dégraisser, restructurer.

◇ *n* -**1.** AUT & AERON ligne *f* aérodynamique, forme *f* profilée OR carénée. -**2.** PHYS écoulement *m* non perturbé.

streamlined ['striːmlaɪnd] *adj* -**1.** AUT & AERON aérodynamique, profilé, caréné. -**2.** *fig* [building] aux contours harmonieux; [figure] svelte. -**3.** ECON & INDUST [organization, production] rationalisé; [industry] dégraissé, restructuré.

streamlining ['striːmlaɪnɪŋ] *n* -**1.** AUT & AERON carénage *m*. -**2.** ECON & INDUST [of business, organization] rationalisation *f*; [of industry] dégraissage *m*, restructuration *f*.

street [striːt] ◇ *n* rue *f*; in *Br* OR on *Am* **a ~** dans une rue; **a ~ of houses** une rue résidentielle; **the whole ~ knows about it** toute la rue est au courant; **to put** OR **to turn sb (out) into the ~** mettre qqn à la rue; **to be on the ~** OR **~s** [as prostitute] *inf* faire le trottoir; [homeless person] être à la rue OR sur le pavé; **to take to the ~s** [protestors] descendre dans la rue; **to walk the ~s** [as prostitute] *inf* faire le trottoir; [from idleness] battre le pavé, flâner dans les rues; [in search] faire les rues; **they walked the ~s looking for her** ils ont parcouru la ville à pied à sa recherche ❑ **that's right up his ~!** *inf* [competence] c'est tout à fait son rayon OR dans ses cordes!; [interest] c'est tout à fait son truc!

◇ *comp* [sounds, noises] de la rue; [beggar, musician] des rues.

◆ **streets** *inf adv*: **to be ~s ahead of sb** dépasser qqn de loin; **they're ~s apart in the way they think** ils ne partagent pas du tout les mêmes opinions.

street Arab *Br dated* & *offensive* = **street urchin**.

street café *n Br* café *m* avec terrasse; **we had breakfast at a ~** nous avons pris le petit déjeuner à la terrasse d'un café.

streetcar ['striːtkɑːʳ] *n Am* tramway *m*; **'A Streetcar Named Desire'** *Williams, Kazan* 'Un tramway nommé Désir'.

street cleaner = **street sweeper**.

street cred *inf* [-kred], **street credibility** *n* ≃ allure *f* cool, ≃ look *m* branché; **she reckons the leather jacket gives her more ~** elle trouve que son blouson en cuir fait très branché OR lui donne l'air encore plus cool.

street cry *n* cri *m* de colporteur; **the street cries of old Paris** le cri des colporteurs du vieux Paris.

street door *n* porte *f* (qui donne) sur la rue, porte *f* d'entrée.

street guide *n* plan *m* de la ville, répertoire *m* des rues.

street hawker *n* colporteur *m*, -euse *f*.

streetlamp ['striːtlæmp], **streetlight** ['striːtlaɪt] *n* réverbère *m*.

street lighting *n* éclairage *m* public; **the ~ comes on at sunset** on allume la lumière dans les rues au coucher du soleil.

street map *n* plan *m* de la ville.

street market *n* marché *m* en plein air OR à ciel ouvert.

street party *n fête de rue organisée en l'honneur d'un événement national.*

street photographer *n* photostoppeur *m*, -euse *f*.

street sweeper *n* [person] balayeur *m*, -euse *f*; [machine] balayeuse *f*.

street theatre *n* théâtre *m* de rue OR de foire.

street trader *n* marchand *m* ambulant, marchande *f* ambulante.

street trading *n* vente *f* ambulante.

street urchin *n* gamin *m*, -e *f* OR gosse *mf* des rues.

street value *n* [of drugs] valeur *f* marchande.

street vendor *Am* = **street trader**.

streetwalker ['striːt,wɔːkəʳ] *n dated* fille *f* de joie.

streetwalking ['striːt,wɔːkɪŋ] *n dated* racolage *m*.

streetwise *inf* ['striːtwaɪz] *adj qui connaît la vie de la rue, ses dangers et ses codes.*

strength [streŋθ] *n* -**1.** *(U)* [physical power - of person, animal, muscle] force *f*, puissance *f*; **she doesn't know her own ~** elle ne connaît pas sa force; **his ~ failed him** ses forces l'ont trahi OR abandonné; **I haven't the ~ to lift these boxes** je n'ai pas assez de force OR je ne suis pas assez fort pour soulever ces cartons; **he has great ~ in his arms/hands** il a beaucoup de force dans les bras/les mains; **to lose ~** perdre des forces, s'affaiblir; **by sheer ~** de force; **with all my ~** de toutes mes forces || [health] forces *fpl*; **to get one's ~ back** reprendre des OR recouvrer ses forces ❑ **to go from ~ to ~** *literal* [sick person] aller de mieux en mieux; *fig* [business] être en plein essor. -**2.** [of faith, opinion, resolution] force *f*, fermeté *f*; [of emotion, feeling] force *f*; [of music, art] force *f*; **~ of character** force de caractère; **~ of purpose** résolution *f*;

they have no ~ of purpose ils n'ont aucune détermination; they have great ~ of purpose ils sont très déterminés; ~ of will volonté *f*; I haven't the ~ to start again je n'ai pas le courage de recommencer ❑ give me ~! pitié! -**3.** [intensity - of earthquake, wind] force *f*, intensité *f*; [- of current, light] intensité *f*; [- of sound, voice, lens, magnet] force *f*, puissance *f*. -**4.** [strong point, asset] force *f*, point *m* fort; **her ambition is her main ~** son ambition fait l'essentiel de sa force; **the nation's ~ lies in its young people** ce sont les jeunes qui font la force du pays; **it's one of their ~s** c'est un de leurs points forts. -**5.** [solidity] solidité *f*; *fig* [of claim, position, relationship] solidité *f*; [vigour - of argument, protest] force *f*, vigueur *f*; **to argue from a position of ~** être en position de force‖ FIN [of currency, economy] solidité *f*; **the dollar has gained/fallen in ~** le dollar s'est consolidé/a chuté. -**6.** [of alcohol] teneur *f* en alcool; [of solution] titre *m*; [of coffee, tobacco] force *f*. -**7.** *(U)* [numbers] effectif *m*, effectifs *mpl*; **the office staff is below** OR **under ~** il nous manque du personnel de bureau; **we're at full ~** nos effectifs sont au complet; **the staff must be brought up to ~** il faut engager du personnel; **the protestors turned up in ~** les manifestants sont venus en force OR en grand nombre.

◆ **on the strength of** *prep phr* en vertu de, sur la foi de; **he was accepted on the ~ of his excellent record** il a été accepté grâce à ses excellents antécédents; **I was convicted on the ~ of the flimsiest of evidence** j'ai été condamné sur la foi de preuves bien minces.

strengthen ['streŋθn] ◇ *vt* -**1.** [physically - body, muscle] fortifier, raffermir; [- person] fortifier, tonifier; [- voice] renforcer; [improve - eyesight, hearing] améliorer; **to ~ one's body by exercise** fortifier son corps en faisant de l'exercice; **to ~ one's grip** OR **hold on sthg** *literal* & *fig* resserrer son emprise sur qqch. -**2.** [reinforce - firm, nation] renforcer; [- fear, emotion, effect] renforcer, intensifier; [- belief, argument] renforcer; [- link, friendship] renforcer, fortifier; **the decision ~ed my resolve** la décision n'a fait que renforcer ma détermination ‖ [morally - person] fortifier; **I felt ~ed by the experience** je suis sorti plus fort de cette expérience. -**3.** [foundation, structure] renforcer, consolider; [material] renforcer. -**4.** FIN [currency, economy] consolider.
◇ *vi* -**1.** [physically - body, muscle] se fortifier, se raffermir; [- voice] devenir plus fort; [- grip] se resserrer. -**2.** [increase - influence, effect, desire] augmenter, s'intensifier; [- wind] forcir; [- current] augmenter, se renforcer; [- friendship, character, resolve] se renforcer, se fortifier. -**3.** FIN [prices, market] se consolider, se raffermir.

strengthening ['streŋθənɪŋ] ◇ *n* -**1.** [physical - of body, muscle] raffermissement *m*; [- of voice] renforcement *m*; [- of hold, grip] resserrement *m*. -**2.** [increase - of emotion, effect, desire] renforcement *m*, augmentation *f*, intensification *f*; [reinforcement - of character, friendship, position] renforcement *m*; [- of wind, current] renforcement *m*. -**3.** [of structure, building] renforcement *m*, consolidation *f*. -**4.** FIN consolidation *f*.
◇ *adj* fortifiant, remontant; MED tonifiant; **to have a ~ effect on sb** fortifier qqn.

strenuous ['strenjʊəs] *adj* -**1.** [physically - activity, exercise, sport] ardu; **it was a long, ~ climb** ce fut une longue et difficile ascension; **I'm not allowed to do anything ~** je ne dois pas me fatiguer; **avoid very ~ games like squash** évitez les sports comme le squash qui demandent une grande dépense d'énergie; **she leads a ~ life** elle mène une vie stressante. -**2.** [vigorous - opposition, support] acharné, énergique; [- protest] vigoureux, énergique; [- opponent, supporter] zélé, très actif; **to make ~ efforts to do sthg** faire des efforts considérables pour faire qqch; **he is a ~ campaigner for civil rights** il milite avec acharnement pour les droits civils.

strenuously ['strenjʊəslɪ] *adv* -**1.** [play, swim, work] en se dépensant beaucoup, en faisant de gros efforts. -**2.** [fight, oppose, resist] avec acharnement, énergiquement.

streptococcal [ˌstreptə'kɒkl], **streptococcic** [ˌstreptə'kɒksɪk] *adj* streptococcique.

streptococcus [ˌstreptə'kɒkəs] (*pl* **streptococci** [-'kɒksaɪ]) *n* streptocoque *m*.

streptomycin [ˌstreptə'maɪsɪn] *n* streptomycine *f*.

stress [stres] ◇ *n* -**1.** [nervous tension] stress *m*, tension *f* nerveuse; **to suffer from ~** être stressé; **to be under ~** [person] être stressé; [relationship] être tendu; **she's been under a lot of ~ lately** elle a été très stressée ces derniers temps; **the ~es and strains of city life** le stress de la vie urbaine; **the ~es and strains of being a parent** les angoisses qu'on éprouve lorsqu'on a des enfants; **she copes well in times of ~** elle sait faire face dans les moments difficiles ‖ [pressure] pression *f*; **I always work better under ~** je travaille toujours mieux quand je suis sous pression. -**2.** CONSTR & TECH contrainte *f*, tension *f*; **tensile ~** force *f* de tension; **to be in ~** [beam, girder] être sous contrainte; **there is too much ~ on the foundations** la contrainte que subissent les fondations est trop forte; **we have measured the ~es produced in the metal plates** nous avons mesuré l'effort que produisent les plaques métalliques; **can the girders take the ~?** est-ce que les poutres peuvent soutenir la charge OR la tension?; **earthquakes are caused by subterranean ~es** les tremblements de terre sont provoqués par des tensions souterraines. -**3.** [emphasis] insistance *f*; **to lay ~ on sthg** [fact, point, detail] insister sur, souligner; [qualities, values, manners] insister sur, mettre l'accent sur; **the ~ has always been on productivity** nous avons toujours mis l'accent sur la productivité. -**4.** LING [gen] accentuation *f*; **the rules of English sentence ~** les règles d'accentuation de la phrase anglaise‖ [on syllable] accent *m*; **the ~ is** OR **falls on the third syllable** l'accent tombe sur la troisième syllabe ‖ [accented syllable] syllabe *f* accentuée; **there are three ~es in the sentence** il y a trois syllabes accentuées dans la phrase. -**5.** MUS accent *m*.
◇ *vt* -**1.** [emphasize - fact, point, detail] insister sur, faire ressortir, souligner; [- value, qualities] insister sur, mettre l'accent sur; **this point cannot be ~ed enough** on ne saurait trop insister sur ce point. -**2.** [in phonetics, poetry, music] accentuer. -**3.** CONSTR & TECH [structure, foundation] mettre sous tension OR en charge; [concrete, metal] solliciter.

stressed [strest] *adj* -**1.** [person] stressé, tendu; [relationship] tendu. -**2.** [syllable, word] accentué.

stressed-out *inf adj* stressé.

stressful ['stresfʊl] *adj* [lifestyle, job, conditions] stressant; [moments] de stress; **to lead a ~ life** mener une vie très stressante.

stress mark *n* LING marque *f* d'accent.

stress-timed *adj*: ~ **language** *langue dont le rythme est fonction des syllabes accentuées.*

stretch [stretʃ] ◇ *vt* -**1.** [pull tight] tendre; **~ the rope tight** tendez bien la corde; **a cable was ~ed across the ravine** on avait tendu un câble à travers le ravin; **they ~ed a net over the pit** ils ont tendu un filet au-dessus de la fosse. -**2.** [pull longer or wider - elastic] étirer; [- garment, shoes] élargir; **to ~ sthg out of shape** déformer qqch; **don't pull your socks like that, you'll ~ them** ne tire pas sur tes chaussettes comme ça, tu vas les déformer. -**3.** [extend, reach to full length] étendre; **~ your arms upwards** tendez les bras vers le haut; **if I ~ up my hand I can reach the ceiling** si je tends la main (vers le haut) je peux toucher le plafond; **to ~ o.s.** s'étirer; **to ~ one's legs** se dégourdir les jambes; **the bird ~ed its wings** l'oiseau déploya ses ailes; **to ~ one's wings** *fig* prendre son envol. -**4.** [force, strain, bend - meaning, truth] forcer, exagérer; [- rules] tourner, contourner, faire une entorse à; [- principle] faire une entorse à; [- imagination] faire un gros effort de; **you're really ~ing my patience** ma patience a des limites; **they have ~ed their authority a bit too far** ils ont un peu abusé de leur autorité; **that's ~ing it a bit (far)!** là vous exagérez!, là vous allez un peu loin!; **it would be ~ing a point to call him a diplomat** dire qu'il est diplomate serait exagérer OR aller un peu loin; **I suppose we could ~ a point and let him stay** je suppose qu'on pourrait faire une entorse au règlement et lui permettre de rester. -**5.** [budget, income, resources, supplies - get the most from] tirer le maximum de; [- overload] surcharger, mettre à rude épreuve; **I can't ~ my income that far** mon salaire ne me permet pas de faire de telles dépenses; **our resources are ~ed to the limit** nos ressources sont exploitées OR utilisées au maximum; **our staff are really ~ed today** le personnel travaille à la limite de ses possibilités aujourd'hui; **to be fully ~ed** [machine, engine] tourner à plein régime; [factory, economy] fonctionner à plein régime; [person, staff] faire son maximum ‖ [person - use one's talents]: **the job won't ~ you enough** le travail ne sera pas assez stimulant pour vous; **she believes young people need to be ~ed** elle pense qu'il faut être exigeant avec les jeunes pour qu'ils donnent le meilleur d'eux-mêmes. -**6.** MED [ligament, muscle] étirer.
◇ *vi* -**1.** [be elastic] s'étirer; [become longer] s'allonger; [become wider] s'élargir; **this fabric tends to ~** ce tissu a tendance à s'étirer; **the shoes will ~ with wear** vos chaussures vont se faire OR s'élargir à l'usage; **my pullover has ~ed out of shape** mon pull s'est déformé. -**2.** [person, animal - from tiredness] s'étirer; [- on ground, bed] s'étendre, s'allonger; [- to reach something] tendre la main; **she ~ed lazily** elle s'étira nonchalamment; **he had to ~ to reach it** [reach out] il a dû tendre le bras pour l'atteindre; [stand on tiptoe] il a dû se mettre sur la pointe des pieds pour l'atteindre; **she ~ed across me to get the salt** elle a passé le bras devant moi pour attraper le sel; **can you ~ over and get me the paper?** pouvez-vous tendre le bras et me passer le journal?; **to ~ up to touch the ceiling** essayer de toucher le plafond *(en se mettant sur la pointe des pieds)*. -**3.** [spread, extend - in space, time] s'étendre; **the forest ~es as far as the eye can see** la forêt s'étend à perte de vue; **the road ~ed across 500 miles of desert** la route parcourait 800 km de désert; **minutes ~ed into hours** les minutes devenaient des heures; **our powers don't ~ as far as you imagine** nos pouvoirs ne sont pas aussi étendus que vous l'imaginez; **my salary won't ~ to a new car** mon salaire ne me permet pas d'acheter une nouvelle voiture.
◇ *n* -**1.** [expanse - of land, water] étendue *f*; **this ~ of the road is particularly dangerous in the winter** cette partie de la route est très dangereuse en hiver; **a new ~ of road/motorway** un nouveau tronçon de route/d'autoroute; **a long straight ~** une longue route en ligne droite; **it's a lovely ~ of river/scenery** cette partie de la rivière/du paysage est magnifique ‖ [on racetrack] ligne *f* droite; **to go into the final** OR **finishing ~** entamer la dernière ligne droite. -**2.** [period of time] laps *m* de temps; **for a long ~ of time** pendant longtemps; **for long ~es at a time there was nothing to do** il n'y avait rien à faire pendant de longues périodes; **to do a ~ of ten years in the army** passer dix ans dans l'armée; **a prison ~ of three years** une peine de prison de trois ans; **he did a ~ in Dartmoor** *inf* il a fait de la taule à Dartmoor. -**3.** [act of stretching] étirement *m*; **he stood up, yawned and had a ~** il se leva, bâilla et s'étira; **to give one's legs a ~** se dégourdir les jambes; **by no ~ of the imagination** même en faisant un gros effort d'imagination ❑ **by a long ~**: **he's the better writer by a long ~** c'est lui de loin le meilleur écrivain; **not by a long ~!** loin de là! -**4.** [elasticity] élasticité *f*; **there isn't much ~ in these gloves** ces gants ne sont pas très souples; **there's a lot of ~ in these stockings** ces bas

sont très élastiques OR s'étirent facilement. -5. SPORT [exercise] étirement *m*; do a couple of ~es before breakfast faites quelques exercices d'assouplissement avant le petit déjeuner.
◇ *adj* TEX [material, socks] élastique, stretch *(inv)*; [cover] extensible.
◆ **at a stretch** *adv phr* d'affilée; we worked for five hours at a ~ nous avons travaillé cinq heures d'affilée.
◆ **at full stretch** *adv phr*: to be at full ~ [factory, machine] fonctionner à plein régime OR à plein rendement; [person] se donner à fond, faire son maximum; we were working at full ~ nous travaillions d'arrache-pied; even at full ~, we can't meet the delivery date même en tournant à plein régime, nous ne pouvons pas respecter les délais de livraison.
◆ **stretch out** ◇ *vt sep* -1. [pull tight] tendre; the sheets had been ~ed out on the line to dry on avait étendu les draps sur le fil à linge pour qu'ils sèchent; the plastic sheet was ~ed out on the lawn la bâche en plastique était étalée sur la pelouse. -2. [extend, spread - arms, legs] allonger, étendre; [- hand] tendre; [- wings] déployer; she ~ed out her hand towards him/for the cup elle tendit la main vers lui/pour prendre la tasse; she lay ~ed out in front of the television elle était allongée par terre devant la télévision. -3. [prolong - interview, meeting] prolonger, faire durer; [- account] allonger; she has to ~ her thesis out a bit for publication il faut qu'elle étoffe un peu sa thèse pour la publier. -4. [make last - supplies, income] faire durer.
◇ *vi insep* -1. [person, animal] s'étendre, s'allonger; they ~ed out on the lawn in the sun ils se sont allongés au soleil sur la pelouse. -2. [forest, countryside] s'étendre; [prospects, season] s'étendre, s'étaler; a nice long holiday ~ed out before them ils avaient de longues vacances devant eux.

stretcher ['stretʃəʳ] *n* -1. MED brancard *m*, civière *f*. -2. [for shoes] tendeur *m*, forme *f*; [for gloves] ouvre-gants *m inv*; [in umbrella] baleine *f*; ART & SEW [for canvas] cadre *m*, châssis *m*. -3. CONSTR [brick, stone] panneresse *f*, carreau *m*. -4. [crossbar - in structure] traverse *f*, tirant *m*; [- on chair] barreau *m*, bâton *m*.

stretcher-bearer *n* brancardier *m*.

stretcher case *n blessé ou malade ayant besoin d'être porté sur un brancard*; I was practically a ~ by the time the parents got home *hum* je ne tenais plus debout OR j'étais bon pour l'hôpital quand les parents sont rentrés.

stretcher party *n* détachement *m* de brancardiers.

stretchmarks ['stretʃmɑːks] *npl* vergetures *fpl*.

stretchy ['stretʃɪ] (*compar* stretchier, *superl* stretchiest) *adj* élastique, extensible.

strew [struː] (*pt* strewed, *pp* strewn [struːn] OR strewed) *vt lit* -1. [scatter - seeds, flowers, leaves] répandre, éparpiller; [throw - toys, papers] éparpiller, jeter; [- debris] éparpiller, disséminer; they ~ed sand on the floor ils ont répandu du sable sur le sol; the guests ~ed confetti over the bride les invités ont lancé des confettis sur la mariée; wreckage was strewn all over the road il y avait des débris partout sur la route; their conversation was strewn with four-letter words leur conversation était truffée de gros mots. -2. [cover - ground, floor, path] joncher, parsemer; [- table] joncher; the path was strewn with leaves/litter l'allée était jonchée de feuilles/de détritus.

strewth▽ [struːθ] *interj Br dated*: ~! mon Dieu!, bon sang!

striated [straɪ'eɪtɪd] *adj* ANAT & GEOL strié.

striation [straɪ'eɪʃn] *n* striation *f*.

stricken ['strɪkn] *adj fml* -1. [ill] malade; [wounded] blessé; [damaged, troubled] ravagé, dévasté; to be ~ in years être âgé et infirme; our ~ industry notre industrie dévastée; the ~ army retreated l'armée défaite battit en retraite. -2. [afflicted] frappé, atteint; ~ by OR with blindness frappé de cécité; they were ~ with grief/fear ils étaient accablés de chagrin/transis de peur.

-stricken *in cpds*: grief~ accablé de chagrin; terror~ saisi d'épouvante.

strict [strɪkt] *adj* -1. [severe, stern - person, discipline] strict, sévère; you must be very ~ with them il faut être très strict avec eux || [inflexible - principles] strict, rigoureux; [- belief, code, rules] strict, rigide; they belong to a ~ religious sect ils appartiennent à une secte religieuse très stricte; she's a ~ vegetarian c'est une végétarienne pure et dure; I gave ~ orders not to be disturbed j'ai formellement ordonné qu'on ne me dérange pas; I'm on a ~ diet j'ai un régime très strict. -2. [exact, precise - meaning, interpretation] strict; in the ~ sense of the word au sens strict du terme; the ~ truth la stricte vérité; it's a ~ translation from the Hebrew c'est une traduction exacte OR fidèle de l'hébreu ❑ ~ construction *Am* JUR interprétation *f* stricte de la constitution. -3. [absolute - accuracy, hygiene] strict, absolu; he told me in the ~est confidence il me l'a dit à titre strictement confidentiel; in ~ secrecy dans le plus grand secret.

strictly ['strɪktlɪ] *adv* -1. [severely - act, treat] strictement, avec sévérité; the children were very ~ brought up les enfants ont reçu une éducation extrêmement stricte. -2. [exactly - interpret, translate] fidèlement, exactement; ~ speaking à strictement OR à proprement parler. -3. [absolutely, rigorously] strictement, absolument; what you say is not ~ accurate ce que vous dites n'est pas tout à fait exact; ~ confidential strictement confidentiel; to adhere ~ to one's principles adhérer rigoureusement à ses principes; the rules must be ~ observed le règlement doit être scrupuleusement observé; to adhere ~ to one's diet suivre scrupuleusement son régime; ~ forbidden OR prohibited formellement interdit; 'smoking ~ forbidden' 'défense absolue de fumer'.

strictness ['strɪktnɪs] *n* -1. [severity - of person, rules, diet] sévérité *f*. -2. [exactness - of interpretation] exactitude *f*, rigueur *f*.

stricture ['strɪktʃəʳ] *n fml* -1. [criticism] critique *f* sévère; to pass ~ on sb/sthg critiquer qqn/qqch sévèrement. -2. [restriction] restriction *f*. -3. MED striction *f*, sténose *f*.

stride [straɪd] (*pt* strode [strəʊd], *pp* stridden ['strɪdn]) ◇ *n* -1. [step] grand pas *m*, enjambée *f*, foulée *f* SPORT; to take big OR long ~s faire de grandes enjambées; with giant ~s à pas de géant; he crossed the threshold in OR with one ~ il a franchi le seuil d'une seule enjambée; she recognized him by his purposeful ~ elle l'a reconnu à son pas décidé ❑ to get OR to hit *Am* into one's ~ trouver son rythme; to be caught off ~ *Am* être pris au dépourvu; to take sthg in one's ~ faire qqch avec une facilité déconcertante; he took all their criticisms in his ~ leurs critiques n'ont pas semblé le déranger; they've always taken exams in their ~ ils ont toujours réussi leurs examens facilement; she takes everything in her ~ elle ne se laisse jamais démonter OR abattre; to put sb off their ~ faire perdre le rythme à qqn. -2. *fig* [progress]: to make great ~s faire de grands progrès, avancer à pas de géant; he is making great ~s in German il fait de grands progrès en allemand; he is making great ~s with his research sa recherche avance à grands pas.
◇ *vi* marcher à grands pas OR à grandes enjambées; to ~ away/in/out s'éloigner/entrer/sortir à grands pas; he came striding over OR up to them il avança vers eux à grands pas; she strode away across the fields elle s'éloigna à travers les champs à grands pas; he strode up and down the street il faisait les cent pas dans la rue; he strode up and down the room il arpentait la pièce.
◇ *vt* [streets, fields, deck] arpenter.
◆ **strides** *inf npl Br & Austr* [trousers] pantalon *m*.

stridency ['straɪdənsɪ] *n* stridence *f*.

strident ['straɪdnt] *adj* strident; ~ demands des revendications véhémentes.

stridently ['straɪdəntlɪ] *adv* [call, cry, sing] d'une voix stridente; [sound, ring] en faisant un bruit strident; [demand] avec véhémence, à grands cris.

stridulate ['strɪdjʊleɪt] *vi* striduler.

strife [straɪf] *n (U) fml* [conflict] dissensions *fpl*; [struggles] luttes *fpl*; [quarrels] querelles *fpl*; a period of political ~ une période marquée par des dissensions politiques; industrial ~ conflits sociaux; sectarian ~ luttes sectaires.

strife-torn *adj* déchiré par les conflits.

strike [straɪk] (*pt* & *pp* struck [strʌk], *cont* striking) ◇ *n* -1. [by workers] grève *f*; to go on ~ se mettre en OR faire grève; to be (out) on ~ être en grève; the Italian air ~ la grève des transports aériens en Italie; railway ~ grève des chemins de fer; teachers' ~ grève des enseignants; coal OR miners' ~ grève des mineurs; postal OR post office ~ grève des postes; rent ~ grève des loyers ❑ the General Strike *Br* HIST la grande grève. -2. MIL raid *m*, attaque *f*; to carry out air ~s against OR on enemy bases lancer des raids aériens contre des bases ennemies; retaliatory ~ raid de représailles || [nuclear] deuxième frappe *f*; [by bird of prey, snake] attaque *f*. -3. AERON & MIL [planes] escadre *f (d'avions participant à un raid)*. -4. PETR & MIN [discovery] découverte *f*; a gold ~ la découverte d'un gisement d'or; the recent oil ~s in the North Sea la découverte récente de gisements de pétrole en mer du Nord ❑ it was a lucky ~ c'était un coup de chance. -5. [of clock - chime, mechanism] sonnerie *f*; life was regulated by the ~ of the church clock la vie était rythmée par la cloche de l'église. -6. [act or instance of hitting] coup *m*; [sound] bruit *m*; the ~ of iron on iron le bruit du fer qui frappe le fer; he adjusted the ~ of the keys on the platen roll il a réglé la frappe des caractères contre le cylindre. -7. [in baseball] strike *m*; *Am fig* [black mark] mauvais point *m*; he has two ~s against him *fig* il est mal parti; being too young was another ~ against her *fig* le fait d'être trop jeune constituait un handicap supplémentaire pour elle. -8. [in bowling] honneur *m* double; to get OR to score a ~ réussir un honneur double. -9. FISHING [by fisherman] ferrage *m*; [by fish] touche *f*. -10. *arch*: at the ~ of day à la pointe OR au point du jour.
◇ *comp* -1. [committee, movement] de grève; to threaten ~ action menacer de faire OR de se mettre en grève. -2. MIL [aircraft, mission] d'intervention, d'attaque.
◇ *vt* -1. [hit] frapper; she raised her hand to ~ him elle leva la main pour le frapper; he struck me with his fist il m'a donné un coup de poing, the chairman struck the table with his gavel le président donna un coup de marteau sur la table; she took the vase and struck him on OR over the head elle saisit le vase et lui donna un coup sur la tête; she struck him across the face elle lui a donné une gifle; a light breeze struck the sails une légère brise gonfla les voiles; the phenomenon occurs when warm air ~s cold ce phénomène se produit lorsque de l'air chaud entre en contact avec de l'air froid; a wave struck the side of the boat une vague a heurté le côté du bateau || [inflict, deliver - blow] donner; he went for them striking blows left and right il s'est jeté sur eux, distribuant les coups de tous côtés; who struck the first blow? qui a porté le premier coup?, qui a frappé le premier?; he struck the tree a mighty blow with the axe il a donné un grand coup de hache dans l'arbre; the trailer struck the post a glancing blow la remorque a percuté le poteau en passant; to ~ a blow for democracy/women's rights *fig* [law, event] faire progresser la démocratie/les droits de la femme; [person, group] marquer des points en faveur de la démocratie/des droits des femmes. -2. [bump into, collide with] heurter, cogner; his foot struck the bar on his first jump son pied a heurté la barre lors de son premier saut; she fell and struck her head on OR against

the kerb elle s'est cogné la tête contre le bord du trottoir en tombant; **the Volvo struck the bus head-on** la Volvo a heurté le bus de plein fouet; **we've struck ground!** NAUT nous avons touché (le fond)! -**3.** [assail, attain - subj: bullet, torpedo, bomb] toucher, atteindre; [- subj: lightning] frapper; **the arrow struck the target** la flèche a atteint la cible; **a hail of bullets struck the car** la voiture a été mitraillée; **he was struck by a piece of shrapnel** il a été touché par OR il a reçu un éclat de grenade; **to be struck by lightning** être frappé par la foudre, être foudroyé || [afflict - subj: drought, disease, worry, regret] frapper; [- subj: storm, hurricane, disaster, wave of violence] s'abattre sur, frapper; **an earthquake struck the city** un tremblement de terre a frappé la ville; **he was struck by a heart attack** il a eu une crise cardiaque; **the pain struck her as she tried to get up** la douleur l'a saisie au moment où elle essayait de se lever; **I was struck by** OR **with doubts** j'ai été pris de doute, le doute s'est emparé de moi. -**4.** [occur to] frapper; **only later did it ~ me as unusual** ce n'est que plus tard que j'ai trouvé ça OR que cela m'a paru bizarre; **it suddenly struck him how little had changed** il a soudain pris conscience du fait que peu de choses avaient changé; **a terrible thought struck her** une idée affreuse lui vint à l'esprit; **it ~s me as useless/as the perfect gift** ça me semble inutile/être le cadeau idéal; **it doesn't ~ me as being the best course of action** il ne me semble pas que ce soit la meilleure voie à suivre. -**5.** [impress] frapper, impressionner; **the first thing that struck me was his pallor** la première chose qui m'a frappé, c'était sa pâleur; **what ~s you is the silence** ce qui (vous) frappe, c'est le silence; **how did she ~ you?** quelle impression vous a-t-elle faite?, quel effet vous a-t-elle fait?; **how did Tokyo/the film ~ you?** comment avez-vous trouvé Tokyo/le film?; **we can eat here and meet them later, how does that ~ you?** on peut manger ici et les retrouver plus tard, qu'en penses-tu?; **I was very struck with** *Br* OR **by** *Am* **the flat** l'appartement m'a plu énormément; **I wasn't very struck with** *Br* OR **by** *Am* **his colleague** son collègue ne m'a pas fait une grande impression. -**6.** [chime] sonner; **the church clock struck five** l'horloge de l'église a sonné cinq heures; **it was striking midnight as we left** minuit sonnait quand nous partîmes. -**7.** [play - note, chord] jouer; **she struck a few notes on the piano** elle a joué quelques notes sur le piano; **when he struck the opening chords the audience applauded** quand il a joué OR plaqué les premiers accords le public a applaudi; **to ~ a false note** MUS faire une fausse note; [speech] sonner faux; **his presence/his words struck a gloomy note** sa présence a/ses paroles ont mis une note de tristesse; **the report ~s an optimistic note/a note of warning for the future** le rapport est très optimiste/très alarmant pour l'avenir ❑ **to ~ a chord: does it ~ a chord?** est-ce que cela te rappelle OR dit quelque chose?; **to ~ a chord with the audience** faire vibrer la foule; **her description of company life will ~ a chord with many managers** beaucoup de cadres se reconnaîtront dans sa description de la vie en entreprise. -**8.** [arrive at, reach - deal, treaty, agreement] conclure; **to ~ a bargain** conclure un marché; **I'll ~ a bargain with you** je te propose un marché; **it's not easy to ~ a balance between too much and too little freedom** il n'est pas facile de trouver un équilibre OR de trouver le juste milieu entre trop et pas assez de liberté. -**9.** [cause a feeling of]: **to ~ fear** OR **terror into sb** remplir qqn d'effroi. -**10.** [cause to become] rendre; **to ~ sb blind/dumb** rendre qqn aveugle/muet; **the news struck us speechless with horror** nous sommes restés muets d'horreur en apprenant la nouvelle; **I was struck dumb by the sheer cheek of the man!** je suis resté muet devant le culot de cet homme!; **a stray bullet struck him dead** il a été tué par une balle perdue; **she was struck dead by a heart attack** elle a été foudroyée par une crise cardiaque; **God ~ me dead if I lie!** je jure que c'est la vérité! -**11.** [ignite - match] frotter, allumer; [- sparks] faire jaillir; **he struck a match** OR **a light** il a frotté une allumette. -**12.** [discover - gold] découvrir; [- oil, water] trouver; **to ~ it lucky** *inf Br* [material gain] trouver le filon; [be lucky] avoir de la veine; **to ~ it rich** *inf* trouver le filon, faire fortune. -**13.** [adopt - posture, attitude] adopter; **he struck an attitude of wounded righteousness** il a pris un air de dignité offensée. -**14.** [mint - coin, medal] frapper. -**15.** [take down - tent] démonter; NAUT [- sail] amener, baisser; **to ~ camp** lever le camp; **to ~ the flag** OR **the colours** NAUT amener les couleurs. -**16.** [delete - name, remark, person] rayer; [- from professional register] radier; **the judge ordered the evidence to be struck from the record** le juge a ordonné que le témoignage soit rayé du procès-verbal. -**17.** [attack] attaquer. -**18.** *Am* [go on strike at]: **the union is striking four of the company's plants** le syndicat a déclenché des grèves dans quatre des usines de la société; **students are striking their classes** les étudiants font la grève des cours; **the dockers are striking ships carrying industrial waste** les dockers refusent de s'occuper des cargos chargés de déchets industriels. -**19.** BOT: **to ~ roots** prendre racine; **the tree had struck deep roots into the ground** l'arbre avait des racines très profondes.

◇ *vi* -**1.** [hit] frapper; **she struck at me with her umbrella** elle essaya de me frapper avec son parapluie; **to ~ home** [blow] porter; [missile, remark] faire mouche ❑ **to ~ lucky** *inf* avoir de la veine; **~ while the iron is hot** *prov* il faut battre le fer pendant qu'il est chaud *prov*. -**2.** [stop working] faire grève; **they're striking for more pay** ils font grève pour obtenir une augmentation de salaire; **the nurses struck over the minister's decision to freeze wages** les infirmières ont fait grève suite à la décision du ministre de bloquer les salaires. -**3.** [attack - gen] attaquer; [- snake] mordre; [- wild animal] sauter OR bondir sur sa proie; [- bird of prey] fondre OR s'abattre sur sa proie; **the bombers struck at dawn** les bombardiers attaquèrent à l'aube; **the Liverpool murderer has struck again** l'assassin de Liverpool a encore frappé; **these are measures which ~ at the root/heart of the problem** voici des mesures qui attaquent le problème à la racine/qui s'attaquent au cœur du problème; **this latest incident ~s right at the heart of government policy** ce dernier incident remet complètement en cause la politique gouvernementale. -**4.** [chime] sonner; **midnight had already struck** minuit avait déjà sonné. -**5.** [happen suddenly - illness, disaster, earthquake] survenir, se produire, arriver; **we were travelling quietly along when disaster struck** nous roulions tranquillement lorsque la catastrophe s'est produite; **the first tremors struck at 3 a.m.** les premières secousses sont survenues à 3 h du matin. -**6.** FISHING [fisherman] ferrer; [fish] mordre (à l'hameçon).

◆ **strike back** *vi insep* se venger; MIL contre-attaquer.

◆ **strike down** *vt sep* foudroyer, terrasser.

◆ **strike off** ◇ *vt sep* -**1.** [delete, remove - from list] rayer, barrer; [- from professional register] radier. -**2.** [sever] couper. -**3.** TYPO tirer.

◇ *vi insep* [go] aller; **we struck off into the forest** nous sommes entrés OR avons pénétré dans la forêt.

◆ **strike on** *vt insep Br* [solution, right answer] trouver (par hasard), tomber sur; [plan] trouver; [idea] avoir.

◆ **strike out** ◇ *vi insep* -**1.** [set up on one's own] s'établir à son compte; [launch out] se lancer; **they decided to ~ out into a new field** ils ont décidé de se lancer dans un nouveau domaine. -**2.** [go] aller; **she struck out across the fields** elle prit à travers champs. -**3.** [swim]: **we struck out for the shore** nous avons commencé à nager en direction de la côte. -**4.** [aim a blow]: **he struck out at me** il essaya de me frapper; **they struck out in all directions with their truncheons** ils distribuaient des coups de matraque à droite et à gauche.

◇ *vt sep* [cross out] rayer, barrer.

◆ **strike through** *vt sep Br* [cross out] rayer, barrer.

◆ **strike up** ◇ *vt insep* -**1.** [start]: **to ~ up a conversation with sb** engager la conversation avec qqn; **to ~ up an acquaintance/a friendship with sb** lier connaissance/se lier d'amitié avec qqn. -**2.** MUS [start playing] commencer à jouer; **the band struck up the national anthem** l'orchestre commença à jouer l'hymne national OR entonna les premières mesures de l'hymne national.

◇ *vi insep* [musician, orchestra] commencer à jouer; [music] commencer.

◆ **strike upon** *Br* = **strike on**.

THE GENERAL STRIKE:

La plus grande grève générale qu'ait connue l'Angleterre, en 1926. Elle éclata dans le secteur minier et s'étendit rapidement à tous les secteurs industriels. Elle ne paralysa le pays que 9 jours, mais la grève des mineurs dura 6 mois.

---

strikebound ['straɪkbaʊnd] *adj* [factory, department] bloqué par une OR la grève; [industry, country] bloqué par des grèves.

strikebreaker ['straɪk,breɪkəʳ] *n* briseur *m*, -euse *f* de grève, jaune *m*.

strikebreaking ['straɪk,breɪkɪŋ] *n* refus *m* de faire grève.

strike force *n* -**1.** [nuclear capacity] force *f* de frappe. -**2.** [of police, soldiers - squad] détachement *m* OR brigade *f* d'intervention; [- larger force] force *f* d'intervention.

strikeover ['straɪk,əʊvəʳ] *n* surimpression *f*.

strike pay *n* salaire *m* de gréviste *(versé par le syndicat ou par un fonds de solidarité)*.

striker ['straɪkəʳ] *n* -**1.** INDUST gréviste *mf*. -**2.** FTBL buteur *m*. -**3.** [device - on clock] marteau *m*; [- in gun] percuteur *m*.

striking ['straɪkɪŋ] ◇ *adj* -**1.** [remarkable - contrast, resemblance, beauty] frappant, saisissant. -**2.** [clock] qui sonne les heures; **~ mechanism** sonnerie *f* (des heures). -**3.** MIL [force] d'intervention. -**4.** INDUST en grève; **~ workers** des travailleurs en grève, des grévistes. -**5.** *phr*: **within ~ distance** à proximité; **they came within ~ distance of finding a solution** ils ont failli trouvé OR presque trouvé une solution; **she lives within ~ distance of London** elle habite tout près de Londres.

◇ *n* -**1.** [of clock] sonnerie *f* (des heures). -**2.** [of coins] frappe *f*.

strikingly ['straɪkɪŋlɪ] *adv* remarquablement; **a ~ beautiful woman** une femme d'une beauté saisissante; **it was ~ obvious to everyone but me** c'était une évidence pour tout le monde sauf pour moi.

Strine [straɪn] *n hum* l'anglais *m* australien.

string [strɪŋ] (*pt* & *pp* **strung** [strʌŋ]) ◇ *n* -**1.** [gen - for parcel] ficelle *f*; [- on apron, pyjamas] cordon *m*; **a piece of ~** un bout OR un morceau de ficelle || [for puppet] ficelle *f*, fil *m* ❑ **to have sb on a ~** *inf* mener qqn par le bout du nez; **he pulls the ~s** c'est lui qui tire les ficelles; **to pull ~s for sb** *inf* [obtain favours] user de son influence OR faire jouer ses relations pour aider qqn; [get job, promotion] pistonner qqn; **she needs somebody to pull a few ~s for her** elle a besoin d'être pistonnée OR d'un coup de piston; **somebody pulled ~s to get him the job** il a eu le poste par piston; **no ~s attached** *inf* sans condition OR conditions; **there are no ~s attached** cela n'engage à rien. -**2.** [for bow, tennis racket, musical instrument] corde *f*; **the ~s** MUS les cordes ❑ **to have more than one/a second ~ to one's bow** avoir plus d'une/une seconde corde à son arc. -**3.** [row, chain - of beads, pearls] rang *m*, collier *m*; [- of onions, sausages] chapelet *m*; [- of visitors, cars] file *f*; **a ~ of islands** un chapelet d'îles; **a ~ of fairy lights** une guirlande (électrique); **she owns a ~ of**

shops elle est propriétaire d'une chaîne de magasins; a ~ of race horses une écurie de course. -4. [series - of successes, defeats] série *f*; [- of lies, insults] kyrielle *f*, chapelet *m*; he has a whole ~ of letters after his name il a toute une kyrielle de diplômes. -5. COMPUT & LING chaîne *f*; MATH séquence *f*. -6. BOT fil *m*.

◇ *comp* -1. MUS [band, instrument, orchestra] à cordes; ~ player musicien *m*, -enne *f* qui joue d'un instrument à cordes; the ~ section les cordes *fpl*; ~ quartet quatuor *m* à cordes. -2. [made of string] de OR en ficelle; ~ bag filet *m* à provisions; ~ vest tricot *m* de corps à grosses mailles.

◇ *vt* -1. [guitar, violin] monter, mettre des cordes à; [racket] corder; [bow] mettre une corde à. -2. [beads, pearls] enfiler. -3. [hang] suspendre; [stretch] tendre; Christmas lights had been strung across the street des décorations de Noël avaient été suspendues en travers de la rue; he strung the chain across the gateway il a tendu OR attaché la chaîne en travers de l'entrée. -4. CULIN [beans] enlever les fils de.

◆ **string along** *inf* ◇ *vi insep* -1. [tag along] suivre (les autres); do you mind if I ~ along? est-ce que ça vous gêne si je viens avec vous OR si je vous accompagne? -2. [agree]: to ~ along with sb se ranger à l'avis de qqn; he always ~s along with everybody else il est toujours d'accord avec tout le monde.

◇ *vt sep* [person] faire marcher.

◆ **string out** *vt sep* [washing, lamps] suspendre (sur une corde); lights were strung out along the runway des lumières s'échelonnaient le long de la piste; armed guards were strung out along the route des gardes armés avaient été postés tout le long du parcours.

◆ **string together** *vt sep* -1. [beads] enfiler; [words, sentences] enchaîner; she can barely ~ two words together in French c'est à peine si elle peut faire une phrase en français. -2. [improvise - story] monter, improviser; we managed to ~ together some story about missing the last bus on a raconté qu'on avait raté le dernier bus.

◆ **string up** *vt sep* -1. [lights] suspendre; [washing] étendre. -2. *inf* [hang - person] pendre; I could ~ her up! *fig* je lui tordrais bien le cou!

string bean *n* -1. [vegetable] haricot *m* vert. -2. *inf* [person] grande perche *f*.

stringboard ['strɪŋbɔːd] *n* limon *m* (d'escalier).

stringed [strɪŋd] *adj* [instrument] à cordes.

-stringed *in cpds*: five~ à cinq cordes.

stringency ['strɪndʒənsɪ] *n* -1. [severity] rigueur *f*, sévérité *f*. -2. ECON & FIN austérité *f*; there is a need for financial ~ des mesures d'austérité s'imposent.

stringent ['strɪndʒənt] *n* -1. [rules] rigoureux, strict, sévère; [measures, conditions] rigoureux, draconien. -2. ECON & FIN [market] tendu.

stringently ['strɪndʒəntlɪ] *adv* rigoureusement, strictement.

stringer ['strɪŋəʳ] *n* -1. PRESS reporter *m* local. -2. CONSTR [timber] poutre *f* de renforcement; [metal] serre *f*. -3. MINER filet *m*, veine *f*. -4. [stringboard] limon *m* (d'escalier).

string-puller [-,pʊləʳ] *n personne qui utilise ses relations.*

string-pulling [-,pʊlɪŋ] *n* piston *m*; he got the job through ~ il a décroché ce poste grâce à ses relations.

string variable *n* COMPUT variable *f* alphanumérique.

stringy ['strɪŋɪ] (*compar* stringier, *superl* stringiest) *adj* -1. [meat, vegetable] filandreux, fibreux; [cooked cheese] qui file. -2. [long - plant] (qui pousse) tout en longueur; [- build, limbs] filiforme.

strip [strɪp] (*pt* & *pp* stripped) ◇ *n* -1. [of paper, carpet] bande *f*; [of metal] bande *f*, ruban *m*; [of land] bande *f*, langue *f*; there was a thin ~ of light under the door il y avait un mince rai de lumière sous la porte; each house had a ~ of grass in front of it il y avait une bande de gazon devant chaque maison; a narrow ~ of water [sea] un étroit bras de mer; [river] un étroit ruban de rivière; can you cut off a ~ of material pouvez-vous couper une bande de tissu?; she cut the dough/material into ~s elle coupa la pâte en lamelles/le tissu en bandes; to tear sthg into ~s déchirer qqch en bandes ❑ the Strip, Sunset Strip *artère de Las Vegas où se trouvent tous les casinos.* -2. AERON piste *f*; landing ~ piste d'atterrissage. -3. [cartoon]: comic ~ bande *f* dessinée. -4. [light]: neon ~ tube *m* néon. -5. SPORT tenue *f*; the Liverpool ~ la tenue OR les couleurs de l'équipe de Liverpool. -6. [striptease] strip-tease *m*; to do a ~ faire un strip-tease.

◇ *vt* -1. [undress] déshabiller, dévêtir; they were stripped to the waist ils étaient torse nu, ils étaient nus jusqu'à la ceinture; to ~ sb naked déshabiller qqn (complètement). -2. [make bare - tree] dépouiller, dénuder; [- door, furniture] décaper; [- wire] dénuder; the walls need to be stripped first [of wallpaper] il faut d'abord enlever OR arracher le papier peint; [of paint] il faut d'abord décaper les murs. -3. [remove cover from] découvrir; [take contents from] vider; to ~ a bed défaire un lit; to ~ a room/house vider une pièce/maison; the windows had been stripped of their curtains on avait enlevé les rideaux des fenêtres; the Christmas tree looks odd stripped of its decorations le sapin a un drôle d'air une fois qu'on lui a enlevé ses décorations; the liner is to be completely stripped and refitted le paquebot doit être refait de fond en comble. -4. [remove - gen] enlever; [- paint] décaper; we stripped the wallpaper from the walls nous avons arraché le papier peint des murs; the birds have stripped the cherries from the trees les oiseaux ont fait des ravages dans les cerisiers; the storm stripped the leaves off the trees la tempête a dépouillé les arbres de leurs feuilles; the years of suffering had stripped away all pretence les années de souffrance avaient effacé toute trace d'affectation. -5. [deprive] dépouiller, démunir; to ~ sb of his/her privileges/possessions dépouiller qqn de ses privilèges/biens; he was stripped of his rank il a été dégradé; overcooking ~s vegetables of all their nutritional value une cuisson prolongée élimine tous les éléments nutritifs des légumes. -6. [dismantle - engine, gun] démonter. -7. TECH [screw, bolt] arracher le filet de; [gear] arracher les dents de.

◇ *vi* -1. [undress] se déshabiller, se dévêtir; to ~ to the waist se dévêtir jusqu'à la ceinture, se mettre torse nu. -2. [do a striptease] faire un strip-tease.

◆ **strip down** ◇ *vt sep* -1. [bed] défaire (complètement); [wallpaper] arracher, enlever; [door, furniture] décaper; to ~ the walls down [remove wallpaper] arracher OR enlever le papier peint des murs; [remove paint] décaper les murs; the text has been stripped down to its bare essentials *fig* le texte a été réduit à l'essentiel. -2. [dismantle - engine, mechanism] démonter.

◇ *vi insep* se déshabiller; he stripped down to his underpants il s'est déshabillé, ne gardant que son slip.

◆ **strip off** ◇ *vt sep* [gen] enlever, arracher; [clothes, shirt] enlever; [paint] décaper; to ~ the leaves off a tree dépouiller un arbre de ses feuilles; to ~ the bark off a tree dénuder un arbre de son écorce.

◇ *vi insep* se déshabiller, se mettre nu.

◆ **strip out** *vt sep* [engine, mechanism] démonter, démanteler.

strip cartoon *n Br* bande *f* dessinée.

strip club *n* boîte *f* de strip-tease.

strip cropping [-,krɒpɪŋ] *n* (U) culture *f* en bande *(pour limiter l'érosion).*

stripe [straɪp] ◇ *n* -1. [on animal] zébrure *f*; [on material, shirt] raie *f*, rayure *f*; [on car] filet *m*; black with orange ~s noir avec des rayures orange. -2. MIL galon *m*, chevron *m*; to get/to lose one's ~s gagner/perdre ses galons. -3. [kind] genre *m*; they are of the same political ~ ils partagent les mêmes idées politiques, ils appartiennent à la même famille politique. -4. [lash] coup *m* de fouet; [mark] marque *f* d'un coup de fouet.

◇ *vt* rayer, marquer de rayures.

striped [straɪpt] *adj* [animal] tigré, zébré; [material, shirt, pattern] rayé, à rayures; ~ with blue avec des rayures bleues.

stripey ['straɪpɪ] = **stripy**.

strip farming *n* -1. HIST système *m* des openfields. -2. = **strip cropping**.

strip light *n* (tube *m*) néon *m*.

strip lighting *n* éclairage *m* fluorescent OR au néon.

stripling ['strɪplɪŋ] *n lit* OR *hum* tout jeune homme *m*.

strip mining *n esp Am* extraction *f* à ciel ouvert.

strippagram ['strɪpəgræm] *n message qu'on envoie par l'intermédiaire d'une personne qui fait un strip-tease.*

stripped [strɪpt] *adj* [wood] décapé; ~ pine furniture meubles *mpl* en pin naturel.

stripper ['strɪpəʳ] *n* -1. [in strip club] strip-teaseuse *f*; the club had two male ~s le club avait deux strip-teaseurs. -2. [for paint]: (paint) ~ décapant *m*.

strip poker *n* strip-poker *m*.

strip search *n* fouille *f* corporelle *(la personne fouillée devant se déshabiller).*

◆ **strip-search** *vt*: to ~ sb fouiller qqn après l'avoir fait déshabiller; he was ~ed by prison warders des gardiens de prison lui ont fait subir une fouille corporelle OR l'ont fouillé après l'avoir fait déshabiller.

strip show *n* (spectacle *m* de) strip-tease *m*.

striptease ['stripti:z] *n* strip-tease *m*; ~ artist strip-teaseur *m*, -euse *f*.

stripy ['straɪpɪ] (*compar* stripier, *superl* stripiest) *adj* [material, shirt, pattern] rayé, à rayures; ZOOL tigré, zébré.

strive [straɪv] (*pt* strove [strəʊv], *pp* striven ['strɪvn]) *vt fml* & *lit* -1. [attempt]: to ~ to do sthg s'évertuer à OR s'acharner à faire qqch; to ~ after OR for sthg faire tout son possible pour obtenir qqch, s'efforcer d'obtenir qqch; to ~ for effect chercher à se faire remarquer à tout prix. -2. [struggle] lutter, se battre; to ~ against misfortune lutter OR se battre contre la mal chance; all her life she strove for success/recognition toute sa vie, elle s'est battue pour réussir/être reconnue.

strobe [strəʊb] *n* -1. ~ (lighting) lumière *f* stroboscopique. -2. = **stroboscope**.

stroboscope ['strəʊbəskəʊp] *n* stroboscope *m*.

strode [strəʊd] *pt* → **stride**.

stroke [strəʊk] ◇ *n* -1. [blow, flick] coup *m*; with a ~ of the whip d'un coup de fouet; with a ~ of the brush d'un coup de pinceau; with a ~ of the pen d'un trait de plume; a ~ of lightning un coup de foudre; they were given 50 ~s ils ont reçu 50 coups de fouet. -2. SPORT [in golf, tennis, cricket, billiards] coup *m*; [in swimming - movement] mouvement *m* des bras; [- style] nage *f*; [in rowing - movement] coup *m* d'aviron; [- technique] nage *f*; she swam across the river with quick ~s elle traversa rapidement la rivière à la nage; the Oxford team rowed at 25 ~s to the minute l'équipe d'Oxford ramait à une cadence de 25 coups à la minute; to keep ~ garder la cadence ❑ to set the ~ *literal* & *fig* donner la cadence; to put sb off his ~ *literal* [in rowing] faire perdre sa cadence OR son rythme à qqn; [in golf] faire manquer son coup à; *fig* faire perdre tous ses moyens à qqn; to be off one's ~ ne pas être au mieux de sa forme. -3. [mark - from pen, pencil] trait *m*; [from brush] trait *m*, touche *f*; [on letters, figures] barre *f*; written with thick/thin ~s écrit d'une écriture appuyée/fine‖ TYPO [oblique dash] barre *f* oblique; 225 ~ 62 *Br* 225 barre oblique 62. -4. [piece, example - of luck] coup *m*; [- of genius] trait *m*; it was a ~ of brilliance! c'était un coup de génie!; she didn't do a ~ (of work) all day *Br* elle n'a rien fait de la journée. -5. [of clock, bell] coup *m*; on the ~ of midnight sur le coup de minuit; on the ~ of 6 à 6 h sonnantes OR tapantes; **he arrived on the ~** il est arrivé à l'heure exacte OR précise; **at the third ~ it will be 6:32 precisely** *Br* TELEC au troisième top, il sera exactement 6 h 32. -**6.** MED attaque *f* (d'apoplexie); **to have a ~** avoir une attaque. -**7.** NAUT [oarsman] chef *m* de nage; **to row ~** être chef de nage, donner la nage. -**8.** TECH [of piston] course *f*; **two-/four-~** engine un moteur à deux/quatre temps. -**9.** [caress] caresse *f*; **she gave the cat a ~** elle a caressé le chat. -**10.** *inf* [compliment] compliment *m* flatteur.

◇ *vt* -**1.** [caress] caresser; **he ~d the back of her hand** il lui caressait le dos de la main; **she ~d the piano keys with her fingers** elle caressait les touches du piano. -**2.** [in rowing]: **to ~ a boat** être chef de nage, donner la nage. -**3.** SPORT [ball] frapper.

◇ *vi* [in rowing] être chef de nage, donner la nage.

◆ **at a stroke, at one stroke** *adv phr* d'un seul coup.

stroke play *n* [in golf] partie *f* par coups.

stroll [strəʊl] ◇ *vi* se balader, flâner; **to ~ in/out/past** entrer/sortir/passer sans se presser; **we ~ed round the shops** nous avons fait un petit tour dans les magasins.

◇ *vt*: **to ~ the streets** se promener dans les rues.

◇ *n* petit tour *m*, petite promenade *f*; **to go for a ~** aller faire un tour OR une petite promenade.

stroller ['strəʊlə^r] *n* -**1.** [walker] promeneur *m*, -euse *f*. -**2.** *Am* [pushchair] poussette *f*.

strolling ['strəʊlɪŋ] *adj* [player, musician] ambulant; **a troupe of ~ players** une troupe ambulante.

strong [strɒŋ] (*compar* **stronger** ['strɒŋgə^r], *superl* **strongest** ['strɒŋgɪst]) ◇ *adj* -**1.** [sturdy - person, animal, constitution, arms] fort, robuste; [- building] solide; [- cloth, material] solide, résistant; [- shoes, table] solide, robuste; **I'm not very ~** je ne suis pas très fort; **you need a ~ stomach to eat this junk** *inf* il faut avoir un estomac en béton pour manger des cochonneries pareilles; **you'd need a ~ stomach to go and watch that film** il faut avoir l'estomac bien accroché pour aller voir ce film ‖ [in health - person] en bonne santé; [- heart] solide, robuste; [- eyesight] bon; **he'll be able to go out once he's ~ again** il pourra sortir quand il aura repris des forces; **I wasn't very ~ as a child** je n'étais pas un enfant très robuste ❑ **to be as ~ as a horse** [powerful] être fort comme un turc OR un bœuf; [in good health] avoir une santé de fer. -**2.** [in degree, force - sea current, wind, light, lens, voice] fort, puissant; [- magnet] puissant; ELEC [- current] intense; MUS [- beat] fort; **there is a ~ element of suspense in the story** il y a beaucoup de suspense dans cette histoire; **it's my ~ suit** [in cards] c'est ma couleur forte; *fig* c'est mon fort; **tact isn't her ~ suit** OR **point** *fig* le tact n'est pas son (point) fort; **what are his ~ points?** quels sont ses points forts? ‖ [firm - conviction, belief] ferme, fort, profond; [- protest, support] énergique, vigoureux; [- measures] énergique, draconien; **he is a ~ believer in discipline** il est de ceux qui croient fermement à la discipline; **it is my ~ opinion that the men are innocent** je suis convaincu OR persuadé que ces hommes sont innocents; **she is a ~ supporter of the government** elle soutient le gouvernement avec ferveur; **she is a ~ supporter of Sunday trading** c'est une ardente partisane de l'ouverture des commerces le dimanche ‖ [intense, vivid - desire imagination, interest] vif; [- colour] vif, fort; **to exert a ~ influence on sb** exercer beaucoup d'influence OR une forte influence sur qqn ‖ [emotionally, morally - character] fort, bien trempé; [- feelings] intense, fort; [- nerves] solide; **she has a ~ personality** elle a une forte personnalité; **I have ~ feelings on** OR **about the death penalty** [against] je suis absolument contre la peine de mort; [for] je suis tout à fait pour la peine de mort; **I have no ~ feelings** OR **views one way or the other** cela m'est égal; **he had a ~ sense of guilt** il éprouvait un fort sentiment de culpabilité; **to have a ~ will** avoir de la volonté; **you'll have to be ~ now** [when consoling or encouraging] il va falloir être courageux maintenant. -**3.** [striking - contrast, impression] fort, frappant, marquant; [- accent] fort; **to bear a ~ resemblance to sb** ressembler beaucoup OR fortement à qqn; **his speech made a ~ impression on them** son discours les a fortement impressionnés OR a eu un profond effet sur eux; **there is a ~ chance** OR **probability that he will win** il y a de fortes chances pour qu'il gagne. -**4.** [solid - argument, evidence] solide, sérieux; **we have ~ reasons to believe them innocent** nous avons de bonnes OR sérieuses raisons de croire qu'ils sont innocents; **they have a ~ case** ils ont de bons arguments; **we're in a ~ bargaining position** nous sommes bien placés OR en position de force pour négocier. -**5.** [in taste, smell] fort; **I like ~ coffee** j'aime le café fort OR corsé; **this whisky is ~ stuff** ce whisky est fort; **there's a ~ smell of gas in here** il y a une forte odeur de gaz ici. -**6.** [in ability - student, team] fort; [- candidate, contender] sérieux; **he is a ~ contender for the presidency** il a de fortes chances de remporter l'élection présidentielle; **she is particularly ~ in science subjects** elle est particulièrement forte dans les matières scientifiques; **in very ~ form** en très grande forme; **the film was ~ on style but weak on content** le film était très bon du point de vue de la forme mais pas du tout du point de vue du contenu. -**7.** [tough, violent - language] grossier; **to use ~ language** dire des grossièretés, tenir des propos grossiers; **I wrote him a ~ letter** je lui ai écrit une lettre bien sentie; **she gave us her opinion in ~ terms** elle nous a dit ce qu'elle pensait sans mâcher ses mots; **his latest film is ~ stuff** son dernier film est vraiment dur. -**8.** [in number]: **an army 5,000 ~** une armée forte de 5 000 hommes; **the marchers were 400 ~** les manifestants étaient au nombre de 400. -**9.** COMM & ECON [currency, price] solide; [market] ferme; **the dollar has got ~er** le dollar s'est consolidé. -**10.** GRAMM [verb, form] fort.

◇ *adv inf*: **to be going ~** [person] être toujours solide OR toujours d'attaque; [machine, car] fonctionner toujours bien; [business, economy] être florissant, prospérer; **he's 80 years of age and still going ~** il a 80 ans et toujours bon pied bon œil; **the favourite was going ~ as they turned into the home straight** le favori marchait fort quand les chevaux ont entamé la dernière ligne droite; **to come on ~** [insist] insister lourdement; [make a pass] faire des avances; **that's (coming it) a bit ~!** vous y allez un peu fort!, vous exagérez!

strongarm *inf* ['strɒŋɑːm] *adj* [methods] brutal, violent; **to use ~ tactics** employer la manière forte.

◆ **strong-arm** *inf vt* faire violence à; **to strong-arm sb into doing sthg** forcer la main à qqn pour qu'il fasse qqch.

strongbox ['strɒŋbɒks] *n* coffre-fort *m*.

stronghold ['strɒŋhəʊld] *n* -**1.** MIL forteresse *f*, fort *m*. -**2.** *fig* bastion *m*; **a Conservative Party ~** un bastion du parti conservateur.

strong-limbed *adj* aux membres forts OR athlétiques OR vigoureux.

strongly ['strɒŋlɪ] *adv* -**1.** [greatly - regret] vivement, profondément; [- impress, attract] fortement, vivement; **the kitchen smelt ~ of bleach** il y avait une forte odeur de Javel dans la cuisine; **I ~ advise you to accept** je vous conseille vivement d'accepter; **I am ~ tempted to say yes** j'ai très envie de dire oui; **I ~ disagree with you** je ne suis pas du tout d'accord avec vous; **the report was ~ critical of the hospital** le rapport était extrêmement critique à l'égard de l'hôpital; **he ~ resembles his mother** il ressemble beaucoup à sa mère. -**2.** [firmly - believe, support] fermement; [forcefully - attack, defend, protest] énergiquement, vigoureusement, avec force; [- emphasize] fortement; **a ~ worded protest** une violente protestation; **I feel very ~ about the matter** c'est un sujet OR une affaire qui me tient beaucoup à cœur; **the importance of the elections cannot be too ~ stressed** on ne saurait trop insister sur l'importance des élections. -**3.** [sturdily - constructed] solidement; **~ built** [person] costaud, bien bâti; [wall, structure] solide, bien construit.

strongman ['strɒŋmæn] (*pl* **strongmen** [-men]) *n* hercule *m* (de foire).

strong-minded *adj* résolu, déterminé; **she is very ~** elle sait ce qu'elle veut.

strong-mindedness [-'maɪndɪdnɪs] *n* force *f* de caractère, résolution *f*.

strongroom ['strɒŋruːm] *n Br* [in castle, house] chambre *f* forte; [in bank] chambre *f* forte, salle *f* des coffres.

strong-willed *adj* volontaire, résolu, tenace.

strontium ['strɒntɪəm] *n* strontium *m*; **~ 90** strontium 90.

strop [strɒp] (*pt & pp* **stropped**, *cont* **stropping**) ◇ *n* cuir *m* (à rasoir).

◇ *vt* [razor] repasser sur le cuir.

strophe ['strəʊfɪ] *n* strophe *f*.

stroppy *inf* ['strɒpɪ] (*compar* **stroppier**, *superl* **stroppiest**) *adj Br*: **there's no need to get ~!** tu n'as pas besoin de monter sur tes grands chevaux!; **he can be a very ~ individual at times** il peut être très embêtant par moments.

strove [strəʊv] *pt* → **strive**.

struck [strʌk] ◇ *pt & pp* → **strike**.

◇ *adj Am* [industry] bloqué pour cause de grève; [factory] fermé pour cause de grève.

structural ['strʌktʃərəl] *adj* -**1.** [gen] structural; [change, problem] structurel, de structure; [unemployment] structurel; LING [analysis] structural, structurel; **~ linguistics/psychology** linguistique *f*/psychologie *f* structurale. -**2.** CONSTR [fault, steel] de construction; [damage, alterations] structural; **~ engineering** génie *m* civil.

structuralism ['strʌktʃərəlɪzm] *n* structuralisme *m*.

structuralist ['strʌktʃərəlɪst] ◇ *n* structuraliste *mf*.

◇ *adj* structuraliste.

structurally ['strʌktʃərəlɪ] *adv* -**1.** [gen] du point de vue de la structure; **~ similar** de structure semblable; **the book is ~ well written** le livre est bien structuré OR construit. -**2.** CONSTR du point de vue de la construction; **the building is ~ sound** le bâtiment est solidement construit.

structure ['stʌktʃə^r] ◇ *n* -**1.** [composition, framework] structure *f*; [of building] structure *f*, ossature *f*, armature *f*; **the ~ of the tower enables it to withstand winds of up to 150 mph** la structure de la tour lui permet de résister à des vents pouvant atteindre 249 km/h ❑ **cell ~** structure cellulaire; **sentence ~** structure de la phrase OR syntaxique; **social ~** structure sociale. -**2.** [building] construction *f*, bâtisse *f*; **the scaffolding was a flimsy-looking ~** l'échafaudage était une construction d'apparence fragile.

◇ *vt* structurer.

structured ['strʌktʃəd] *adj* structuré.

struggle ['strʌgl] ◇ *n* [gen] lutte *f*; [physical fight] bagarre *f*, lutte *f*; **armed ~** lutte armée; **power ~** lutte pour le pouvoir; **he got hurt in the ~** il a été blessé dans la bagarre; **there was evidence of a ~** il y avait des traces de lutte; **the rebels put up a fierce ~** les rebelles ont opposé une vive résistance; **they surrendered without a ~** ils se sont rendus sans opposer de résistance; **I finally succeeded but not without a ~** j'y suis finalement parvenu, non sans peine; **it was a ~ to convince him** on a eu du mal à le convaincre; **power ~** lutte pour le pouvoir; **there was a bitter ~ for leadership of the party** les candidats à la direction du parti se sont livrés une lutte acharnée; **bringing up the children on her own was an uphill ~** *Br* élever ses enfants seule n'a pas été facile; **it's a bit of a ~ to manage on one income** ce n'est pas

facile de s'en sortir avec un seul salaire; **it was a ~ for him to climb the ten flights of stairs** il a eu de la peine à monter les dix étages à pied.
◇ *vi* -**1.** [fight] lutter, se battre; **she ~d with her attacker** elle a lutté contre OR s'est battue avec son agresseur; **to ~ with one's conscience** se débattre avec sa conscience; **he ~d violently when they tried to force him into the car** il s'est violemment débattu quand ils ont essayé de le pousser dans la voiture. -**2.** [try hard, strive] lutter, s'efforcer, se démener; **I ~d to open the door** je me suis démené pour ouvrir la porte; **he ~d with the lock** il s'est battu avec la serrure; **she ~d to control her temper** elle avait du mal à garder son calme; **we're struggling to meet their deadlines** nous faisons tout notre possible pour finir dans les délais; **she had to ~ to make ends meet** elle a eu bien du mal à joindre les deux bouts; **I left him struggling through a Latin translation** je l'ai laissé aux prises avec une traduction latine. -**3.** [expressing movement]: **he ~d back up onto the ledge** il remonta avec peine OR avec difficulté sur la corniche; **he ~d into his clothes** il enfila ses habits avec peine; **the dog ~d out of the water** le chien s'est débattu pour sortir de l'eau; **she ~d through the undergrowth** elle s'est péniblement frayé un chemin à travers les broussailles; **to ~ to one's feet** [old person] se leveravec difficulté OR avec peine; [in fight] se relever péniblement; **to ~ up a hill** [person] gravir péniblement une colline; [car] peiner dans une côte.
◆ **struggle along** *vi insep literal* peiner, avancer avec peine; *fig* subsister avec difficulté; **how are you? – oh, struggling along** comment ça va? – oh, on fait aller.
◆ **struggle on** *vi insep* -**1.** = **struggle along**. -**2.** [keep trying] continuer à se battre; **we must ~ on** nous devons continuer à nous battre.
◆ **struggle through** *vi insep* [in difficult situation] subsister OR se débrouiller avec difficulté, se défendre tant bien que mal; **we'll ~ through somehow** on trouvera bien un moyen de se débrouiller.

struggling ['strʌglɪŋ] *adj* [hard up - painter, writer etc] qui tire le diable par la queue, qui a du mal à joindre les deux bouts.

strum [strʌm] (*pt* & *pp* **strummed**, *cont* **strumming**) ◇ *vt* [guitar] gratter sur; **to ~ a tune on the guitar** jouer un petit air à la guitare.
◇ *vi* [guitarist] gratter; **she started strumming on her guitar** elle commença à gratter sa guitare.
◇ *n* [on guitar] raclement *m*; **he gave the guitar a ~** il a gratté les cordes de la guitare.

strumming ['strʌmɪŋ] *n* [on guitar] raclement *m*.

strumpet ['strʌmpɪt] *n arch* OR *hum* femme *f* de petite vertu *arch*.

strung [strʌŋ] ◇ *pt* & *pp* → **string**.
◇ *adj* [guitar, piano] muni de cordes, monté; [tennis racket] cordé.

strung-out ▽ *adj* -**1.** *drugs sl*: **to be ~** [addicted] être accroché OR accro; [high] être shooté, planer; [suffering withdrawal symptoms] être en état de manque; **to get ~** se défoncer. -**2.** [uptight] crispé, tendu.

strung-up *inf adj* tendu, nerveux; **she's all ~ about her exams** elle est très tendue à la perspective de ses examens; **don't get ~ about it!** ne te mets pas dans tous tes états!

strut [strʌt] (*pt* & *pp* **strutted**, *cont* **strutting**) ◇ *n* -**1.** [support - for roof, wall] étrésillon *m*, étançon *m*, contrefiche *f*; [- for building] étai *m*, support *m*; [- between uprights] entretoise *f*, traverse *f*; [- for beam] jambe *f* de force; [- in plane wing, model] support *m*; **metal ~** support métallique. -**2.** [crossbar - of chair, ladder] barreau *m*. -**3.** [gait] démarche *f* fière.
◇ *vi*: **to ~ (about** OR **around)** plastronner, se pavaner; **he strutted about the room** il arpentait la pièce en se pavanant.
◇ *vt Am*: **to ~ one's stuff** *inf* se montrer en spectacle.

strychnine ['strɪkniːn] *n* strychnine *f*.

St Trinian's [-'trɪnɪənz] *pr n école de jeunes filles apparaissant dans des bandes dessinées et des films anglais; le nom évoque des élèves indisciplinées et impertinentes.*

stub [stʌb] (*pt* & *pp* **stubbed**, *cont* **stubbing**) ◇ *n* -**1.** [stump - of tree] chicot *m*, souche *f*; [- of pencil] bout *m*; [- of tail] moignon *m*; [- of cigarette] mégot *m*; **she was trying to write with a tiny ~ of pencil** elle essayait d'écrire avec un bout de crayon minuscule; **an ashtray full of cigarette ~s** un cendrier plein de mégots. -**2.** [counterfoil - of cheque] souche *f*, talon *m*; [- of ticket] talon *m*.
◇ *vt*: **to ~ one's toe/foot** se cogner le doigt de pied/le pied; **he stubbed his toe against the kerb** il a buté contre le bord du trottoir.
◆ **stub out** *vt sep* [cigarette] écraser.

stub axle *n* essieu *m* à chapes fermées.

stubble ['stʌbl] *n* -**1.** AGR chaume *m*. -**2.** [on chin] barbe *f* de plusieurs jours.

stubble burning *n* action *f* de brûler le chaume.

stubbly ['stʌblɪ] (*compar* **stubblier**, *superl* **stubbliest**) *adj* -**1.** [chin, face] mal rasé; [beard] de plusieurs jours; [hair] en brosse. -**2.** [field] couvert de chaume.

stubborn ['stʌbən] *adj* -**1.** [determined - person] têtu, obstiné; [- animal] rétif, récalcitrant; [- opposition] obstiné, acharné; [- refusal, insistence] obstiné; **she maintained a ~ silence** elle garda obstinément le silence OR s'obstina à ne rien dire; **as ~ as a mule** têtu comme une mule. -**2.** [resistant - cold, cough, symptoms] persistant, opiniâtre; [- stain] récalcitrant, rebelle.

stubbornly ['stʌbənlɪ] *adv* obstinément, opiniâtrement; **he ~ insisted on doing it himself** il s'obstina à le faire lui-même.

stubbornness ['stʌbənnɪs] *n* [of person] entêtement *m*, obstination *f*, opiniâtreté *f*; [of opposition, resistance] acharnement *m*.

stubby ['stʌbɪ] (*compar* **stubbier**, *superl* **stubbiest**, *pl* **stubbies**) ◇ *adj* [finger] boudiné, court et épais; [tail] très court, tronqué; [person] trapu; **a ~ pencil** un petit bout de crayon.
◇ *n inf Austr* [bottle of beer] canette *f*.

stucco ['stʌkəʊ] (*pl* **stuccos** OR **stuccoes**)
◇ *n* stuc *m*.
◇ *vt* stuquer.
◇ *comp* [ceiling, wall, façade] de OR en stuc, stuqué.

stuccoed ['stʌkəʊd] *adj* décoré de stuc.

stuck [stʌk] ◇ *pt* & *pp* → **stick**.
◇ *adj* -**1.** [jammed - window, mechanism] coincé, bloqué; [- vehicle, lift] bloqué; **he got his hand ~ inside the jar** il s'est pris OR coincé la main dans le pot; **the window was ~** la fenêtre était coincée; **the wheel is ~ fast** la roue est complètement coincée; **to get ~ in the mud** s'embourber; **to get ~ in the sand** s'enliser; **to be** OR **to get ~ in traffic** être coincé OR bloqué dans les embouteillages || [stranded] coincé, bloqué; **they were** OR **they got ~ at the airport overnight** ils sont restés bloqués OR ils ont dû passer toute la nuit à l'aéroport. -**2.** [in difficulty]: **if you get ~ go on to the next question** si tu sèches, passe à la question suivante; **he's never ~ for an answer** il a toujours réponse à tout; **to be ~ for money** être à court d'argent. -**3.** [in an unpleasant situation, trapped] coincé; **to be ~ in a boring/dead-end job** avoir un boulot ennuyeux/sans avenir. -**4.** *inf* [lumbered]: **to get** OR **to be ~ with sthg** se retrouver avec qqch sur les bras; **as usual I got ~ with (doing) the washing-up** comme d'habitude, c'est moi qui me suis tapé la vaisselle; **he was ~ with the nickname all through school** ce surnom lui est resté pendant toutes ses années d'école; **it's not a very good car but we're ~ with it** ce n'est pas génial comme voiture, mais on n'a pas le choix. -**5.** *inf* [fond, keen]: **to be ~ on sb** en pincer pour qqn; **I'm not exactly ~ on the idea** je ne peux pas dire que l'idée m'emballe vraiment. -**6.** *inf Br phr*: **he got ~ into his work** il s'est mis au travail; **get ~ in!** allez-y!

stuck-up *inf adj* bêcheur, snob; **she's very ~** elle s'y croit vraiment.

stud [stʌd] (*pt* & *pp* **studded**, *cont* **studding**) ◇ *n* -**1.** [nail, spike] clou *m (à grosse tête)*; [decorative] clou *m (décoratif)*; [on shoe] clou *m (à souliers)*, caboche *f*; [on belt] clou *m*; [on football boots, track shoes] crampon *m*; [on tyre] clou *m*. -**2.** [earring] = **stud earring**. -**3.** [on roadway] catadioptre *m*. -**4.** [on shirt]: **(collar) ~** bouton *m* de col. -**5.** TECH [screw] goujon *m*; [pin, pivot] tourillon *m*; [lug] ergot *m*. -**6.** CONSTR montant *m*. -**7.** [on chain] étai *m*. -**8.** [reproduction] monte *f*; **animals kept for ~** animaux destinés à la monte; **to put a stallion (out) to ~** mener un étalon à la monte; **to be at ~** saillir. -**9.** [stud farm] haras *m*. -**10.** [stallion] étalon *m*. -**11.** ▽ [man - gen] mec *m*; [promiscuous man] tombeur *m*; [lover] jules *m*. -**12.** *Am* = **stud poker**.
◇ *vt* [shoes, belt] clouter; [door, chest] clouter, garnir de clous; **stars studded the night sky** *fig* le ciel était parsemé d'étoiles.

studbook ['stʌdbʊk] *n* stud-book *m*.

studded ['stʌdɪd] *adj* -**1.** [tyre, belt, jacket] clouté. -**2.** [spangled]: **~ with** émaillé OR parsemé de; **a crown ~ with jewels** une couronne émaillée de pierres précieuses; **the sky was ~ with stars** le ciel était parsemé d'étoiles.

-studded *in cpds*: **diamond~** émaillé de diamants; **star~** [sky] parsemé d'étoiles; [show] plein de vedettes.

stud earring *n* clou *m* d'oreille.

student ['stjuːdnt] ◇ *n* UNIV étudiant *m*, -e *f*; SCH élève *mf*, lycéen *m*, -enne *f*; **she's a biology ~** OR **a ~ of biology** elle étudie la biologie OR est étudiante en biologie; **a good ~** un bon élève ❑ **mature ~** étudiant de plus de 26 ans; **'The Student Prince'** *Lubitsch* 'le Prince étudiant'.
◇ *comp* [life] d'étudiant, estudiantin; [hall of residence, canteen, club] universitaire; [participation] UNIV étudiant; SCH des élèves; [power] étudiant; [march, protest] UNIV d'étudiants, étudiant; SCH d'élèves, de lycéens; [attitudes] UNIV des étudiants; SCH des élèves.

student adviser *n* conseiller *m*, -ère *f* pédagogique.

student card *n* carte *f* d'étudiant.

student grant *n* bourse *f* (d'études).

student hostel *n* résidence *f* universitaire.

student lamp *n Am* lampe *f* de bureau.

student nurse *n* élève *m* infirmier, élève *f* infirmière.

studentship ['stjuːdntʃɪp] *n Br* bourse *f* (d'études).

students' union *n* -**1.** [trade union] syndicat *m* OR union *f* des étudiants. -**2.** [premises] = foyer *m* des étudiants.

STUDENTS' UNION:
Dans les universités britanniques, on appelle «students' union» à la fois le syndicat et les locaux où il se trouve. Le syndicat est chargé de défendre les intérêts des étudiants et de leur offrir des services.

student teacher *n* [in primary school] instituteur *m*, -trice *f* stagiaire; [in secondary school] professeur *m* stagiaire.

stud farm *n* haras *m*.

studhorse ['stʌdhɔːs] *n* étalon *m*.

studied ['stʌdɪd] *adj* [ease, politeness, indifference] étudié; [insult, rudeness, negligence] délibéré; [elegance] recherché; [manner, pose] étudié, affecté; **he wore a look of ~ boredom** il affichait l'ennui.

studio ['stjuːdɪəʊ] (*pl* **studios**) *n* [gen, CIN & RADIO] studio *m*.

studio apartment *n Am* studio *m*.

studio audience *n* public *m (présent lors de la diffusion ou de l'enregistrement d'une émission)*.

studio couch *n* canapé-lit *m*, canapé *m* convertible.

studio flat *n Br* studio *m*.

studio portrait *n* portrait *m* photographique.

studious ['stju:djəs] *adj* -**1.** [diligent - person] studieux, appliqué; [painstaking - attention, effort] soutenu; [- piece of work] soigné, sérieux. -**2.** [deliberate - indifference] délibéré, voulu.

studiously ['stju:djəslɪ] *adv* -**1.** [diligently - prepare, work, examine] minutieusement, soigneusement. -**2.** [deliberately] d'une manière calculée OR délibérée; **~ indifferent** d'une indifférence feinte; **she ~ ignored him** elle s'ingéniait à ignorer sa présence.

studiousness ['stju:djəsnɪs] *n* application *f* (à l'étude), assiduité *f*.

stud poker *n* stud-poker *m (variété de poker où certaines cartes sont exposées)*.

study ['stʌdɪ] (*pt* & *pp* **studied**, *pl* **studies**)
◇ *vt* -**1.** [gen, SCH & UNIV] étudier; **she's studying medicine/history** elle fait des études de médecine/d'histoire, elle est étudiante en médecine/histoire. -**2.** [examine - plan, evidence, situation] étudier, examiner; [observe - expression, reactions] étudier, observer attentivement; [- stars] observer.
◇ *vi* [gen] étudier; SCH & UNIV étudier, faire ses études; **she's ~ing to be an architect** elle fait des études pour devenir architecte OR des études d'architecture; **he's ~ing for a degree in history** il étudie dans le but d'obtenir un diplôme d'histoire; **where's Brian? — he's upstairs ~ing** où est Brian? — il travaille en haut; **to ~ for an exam** préparer un examen; **I studied under her at university** j'étais son élève OR je suivais ses cours à l'université.
◇ *n* -**1.** [gen] étude *f*; **she devotes most evenings to ~** elle passe la plupart de ses soirées à étudier; **he sets aside one day a week for ~** il consacre un jour par semaine à ses études; **the plan is under ~** le projet est à l'étude; **her thesis is a ~ of multi-racial communities** sa thèse est une étudedes communautés OR sur les communautés multiraciales; **I've made an extensive ~ of animal behaviour** j'ai fait une étude approfondie du comportement animal; **scientific studies have shown that...** des études OR des recherches scientifiques ont montré que... -**2.** [room] bureau *m*, cabinet *m* de travail. -**3.** ART, MUS & PHOT étude *f*; **a ~ in black** une étude en noir; **her face was a ~** *fig* & *lit* il fallait voir son visage.
◇ *comp* [hour, period, room] d'étude; **we have a ~ period on Monday mornings** nous avons une heure d'étude le lundi matin; **~ tour** voyage *m* d'étude.
◆ **studies** *npl* SCH & UNIV études *fpl*; **how are your studies going?** comment vont vos études?; **the School of Oriental Studies** l'Institut des Études orientales.

study group *n* groupe *m* de travail OR d'étude.

stuff [stʌf] ◇ *n (U)* -**1.** *inf* [indefinite sense - things] choses *fpl*, trucs *mpl*; [- substance] substance *f*, matière *f*; **he writes some good ~** il écrit de bons trucs; **what's that sticky ~ in the sink?** qu'est-ce que c'est que ce truc gluant dans l'évier?; **his pockets are always full of all kinds of ~** il a toujours un tas de trucs dans les poches; **it's made of tomatoes and onions and ~** il y a des tomates, des oignons et des trucs comme ça; **they go climbing and sailing and ~ like that** ils font de l'escalade, de la voile et des trucs du même genre; **this material is good ~** c'est un bon tissu OR du tissu de bonne qualité; **I used to drink whisky but now I never touch the ~** avant, je buvais du whisky, mais maintenant je n'y touche plus; **no thanks, I can't stand the ~** non merci, j'ai horreur de ça; **this whisky is strong ~** il arrache, ce whisky; **this mustard is strong ~** cette moutarde est forte; **the book is strong ~** [sexually explicit] ce livre n'est pas à mettre entre toutes les mains; [depressing] ce livre est dur; **she's a nice bit of ~!** c'est un canon! -**2.** *inf pej* [rubbish, nonsense] bêtises *fpl*, sottises *fpl*; **~ and nonsense!** *pej* balivernes!; **don't give me all that ~ about the British Empire!** passe-moi le topo débile sur l'empire britannique!; **you don't believe all that ~ about ghosts, do you?** vous ne croyez tout de même pas à toutes ces bêtises sur les fantômes?; **do you call that ~ art/music?** vous appelez çade l'art/de la musique?; **it's no use trying on that sweet and innocent ~ with me!** pas la peine de jouer au plus fin avec moi! -**3.** *inf* [possessions] affaires *fpl*; **clear all that ~ off the table!** enlève tout ce bazar de sur la table!; **have you packed all your ~?** est-ce que tu as fini de faire tes bagages? || [equipment] affaires *fpl*, matériel *m*; **where's my shaving/fishing ~?** où est mon matérielde rasage/de pêche? -**4.** *inf phr*: **to do one's ~** faire ce qu'on a à faire; **get out there and do your ~!** allez, fais ce que tu as à faire!; **that's the ~!** c'est ça!, allez-y!; **to know one's ~** connaître son affaire; **he certainly knows his ~** il connaît son affaire. -**5.** *lit* [essence] étoffe *f*; **he's the ~ that heroes are made of** il est de l'étoffe dont sont faits les héros; **the very ~ of melodrama** ce dont on fait les mélodrames. -**6.** *drugs sl* came *f*. -**7.** *arch* [fabric] étoffe *f* (de laine). -**8.** *Am* SPORT [spin] effet *m*.
◇ *vt* -**1.** *inf* [shove] fourrer; **he ~ed the papers into his pocket** il a fourré les papiers dans sa poche; **when the police came, he ~ed the drugs down the toilet** quand la police est arrivée, il a fourré la drogue dans la cuvette des toilettes; **just ~ everything under the bed** vous n'avez qu'à tout fourrer sous le lit || [expressing anger, rejection etc]: **he told me I could ~ my report**▽ il m'a dit qu'il se foutait pas mal de mon rapport; **you can ~ that idea!**▽ tu sais où tu peux te la mettre, ton idée!; **~ it!**▽ la ferme!; **get ~ed!**▽ va te faire foutre!; **~ him!**▽ il peut aller se faire foutre! -**2.** *inf* [cram, pack full] bourrer; **their house is ~ed with souvenirs from India** leur maison est bourrée de souvenirs d'Inde; **his teachers ~ed his head with a load of political nonsense** ses professeurs lui ont bourré le crâne d'un tas d'idées politiques fausses; **her head is ~ed with useless information** elle a la tête farcie de renseignements inutiles. -**3.** [plug - gap] boucher; **the hole had been ~ed with paper** le trou avait été bouché avec du papier. -**4.** [cushion, armchair] rembourrer; **~ed with foam** rembourré de mousse. -**5.** CULIN farcir; **~ed with sausagemeat** farci de chair à saucisse. -**6.** [in taxidermy - animal, bird] empailler. -**7.** *inf* [with food]: **to ~ o.s.** OR **one's face**▽ bâfrer, s'empiffrer; **to ~ o.s. with cake** s'empiffrer de gâteau; **stop ~ing your face with chocolate!** arrête de t'empiffrer de chocolat!; **I'm ~ed** je n'ai plus faim. -**8.** *Am* POL [ballot box] remplir de bulletins de votes truqués.
◆ **stuff away** *inf vt sep* [food] enfourner, s'enfiler.
◆ **stuff up** *vt sep* [block] boucher; **my nose is all ~ed up** j'ai le nez complètement bouché.

stuffed [stʌft] *adj* -**1.** CULIN farci. -**2.** [chair, cushion] rembourré; [animal] empaillé; [toy] en peluche.

stuffed shirt *n* prétentieux *m*, -euse *f*.

stuffily ['stʌfɪlɪ] *adv* [say, reply] d'un ton désapprobateur.

stuffiness ['stʌfɪnɪs] *n* -**1.** [of room] manque *m* d'air. -**2.** [of person] esprit *m* collet monté OR vieux jeu, pruderie *f*.

stuffing ['stʌfɪŋ] *n* -**1.** [for furniture, toys] rembourrage *m*, bourre *f*; [for clothes] rembourrage *m*; [in taxidermy] paille *f*; **he's got no ~!** *fig* il n'a rien dans le ventre!; **to knock the ~ out of sb** *inf* [in fight] casser la figure à qqn; **the news of his death really knocked the ~ out of me** *inf* ça m'a fait un sacré coup d'apprendre qu'il était mort. -**2.** CULIN farce *f*.

stuffy ['stʌfɪ] (*compar* **stuffier**, *superl* **stuffiest**) *adj* -**1.** [room] mal aéré, mal ventilé, qui sent le renfermé; **it's terribly ~ in here** [stale] ça sent terriblement le renfermé ici; [stifling] on manque d'air OR on étouffeici. -**2.** *pej* [person - prim] collet monté *(inv)*; [- old-fashioned] vieux jeu *(inv)*; [atmosphere, reception] guindé; **don't be so ~!** [shocked] il n'y a pas de quoi être scandalisé!; [prim] ne sois pas si prude!; [old-fashioned] ne sois pas si vieux jeu! -**3.** [dull - book, subject, lecture] ennuyeux. -**4.** [nose] bouché.

stultify ['stʌltɪfaɪ] (*pt* & *pp* **stultified**) *vt* [make stupid] abrutir; [stifle - creativity, talent] étouffer.

stultifying ['stʌltɪfaɪɪŋ] *adj* [work] abrutissant, assommant; [atmosphere] abrutissant, débilitant; **their policies have had a ~ effect on the country's economy** leur politique a paralysé OR étouffé l'économie du pays.

stumble ['stʌmbl] ◇ *vi* -**1.** [person] trébucher, faire un faux pas; [horse] broncher, faire un faux pas; **she ~d and fell** elle trébucha et tomba; **he ~d against me** il a trébuché et m'a heurté; **he ~d over the toys in the hall** il a trébuché sur les jouets dans le couloir; **to ~ along/in/out** avancer/entrer/sortir en trébuchant; **they ~d, exhausted, over the finishing line** ils ont franchi la ligne d'arrivée en titubant de fatigue; **he was stumbling about in the dark** il avançait en trébuchant dans le noir; **they ~d out into the bright light** ils sortirent en chancelant sous la lumière aveuglante. -**2.** [in speech] trébucher; **to ~ over a long word** trébucher sur un mot long; **he managed to ~ through his lecture** c'est d'une voix mal assurée qu'il a finalement prononcé son cours.
◇ *n* -**1.** [in walking] faux pas *m*. -**2.** [in speech]: **she read the poem without a ~** elle a lu le poème sans se tromper OR sans se reprendre une seule fois.
◆ **stumble across**, **stumble on**, **stumble upon** *vt insep* -**1.** [meet] rencontrer par hasard, tomber sur. -**2.** [discover] trouver par hasard, tomber sur.

stumblebum▽ ['stʌmblbʌm] *n Am* abruti *m*, -e *f*.

stumbling block ['stʌmblɪŋ-] *n* pierre *f* d'achoppement.

stump [stʌmp] ◇ *n* -**1.** [of tree] chicot *m*, souche *f*. -**2.** [of limb, tail] moignon *m*; [of tooth] chicot *m*; [of pencil, blade] (petit) bout *m*. -**3.** *Am* POL estrade *f (d'un orateur politique)*; **to be** OR **to go on the ~** faire une tournée électorale.
◇ *vt* -**1.** *inf* [bewilder] laisser perplexe; [with question] coller; **I'm ~ed** [don't know answer] je sèche; [don't know what to do] je ne sais pas quoi faire; **the question had them ~ed** la question les a laissés sans voix; **she's ~ed for an answer** [in quiz] elle ne connaît pas la réponse; [for solution] elle ne trouve pas de solution; **it ~s me how anybody could be so silly!** que quelqu'un puisse être aussi bête, ça me dépasse! -**2.** *Am* POL [constituency, state] faire une tournée électorale dans.
◇ *vi* -**1.** [walk heavily] marcher d'un pas lourd; **to ~ in/out** [heavily] entrer/sortir d'un pas lourd. -**2.** *Am* POL faire une tournée électorale.
◆ **stumps** *inf npl* [legs] quilles *fpl*.
◆ **stump up** *inf Br* ◇ *vi insep* casquer; **I had to ~ up for the taxi** c'est moi qui ai dû payer le taxi.
◇ *vt sep* [money] cracher, aligner; [deposit] payer.

stumpage ['stʌmpɪdʒ] *n Am* valeur *f* de bois d'œuvre.

stumpy ['stʌmpɪ] (*compar* **stumpier**, *superl* **stumpiest**) *adj* [person] boulot, courtaud; [arms, legs] court et épais; [tail] tronqué.

stun [stʌn] (*pt* & *pp* **stunned**, *cont* **stunning**) *vt* -**1.** [knock out] assommer. -**2.** *fig* [astonish] abasourdir, stupéfier.

stung [stʌŋ] *pt* & *pp* → **sting**.

stun gun *n* fusil *m* paralysant.

stunk [stʌŋk] *pp* → **stink**.

stunned [stʌnd] *adj* -**1.** [knocked out] assommé. -**2.** *fig* abasourdi, stupéfait; **she was ~ by the news** la nouvelle l'a abasourdi.

stunner *inf* ['stʌnəʳ] *n* [woman] fille *f* superbe; [car] voiture *f* fantastique.

stunning ['stʌnɪŋ] *adj* -**1.** [blow] étourdissant. -**2.** [astounding - news, event] stupéfiant, renversant; [beautiful - dress, car] fantastique; [- woman, figure] superbe; **the film wasn't exactly ~** le film n'avait rien de bien sensationnel.

stunningly ['stʌnɪŋlɪ] *adv* remarquablement, incroyablement; **she is ~ beautiful** elle est d'une beauté éblouissante.

stunt [stʌnt] ◇ *n* -**1.** [feat] tour *m* de force, exploit *m* spectaculaire; [in plane] acrobatie *f* (aérienne); **it was quite a ~!** il fallait le faire! -**2.** [by stunt man] cascade *f*; **to do a ~** [in plane] faire des acrobaties; [stunt man] faire une cascade. -**3.** [trick] truc *m*; [hoax] farce *f*, canular *m*; **to pull a ~** faire un canular OR une farce; **publicity ~** coup *m* de pub; **it's just a ~ to raise money** ce n'est qu'un truc OR une combine pour se faire de l'argent. -**4.** [plant] plante *f* chétive OR rabougrie; [animal] animal *m* dont la croissance a été freinée.
◇ *comp*: **~ driver** conducteur *m* cascadeur, conductrice *f* cascadeuse; **~ driving** cascades *fpl* automobiles; **~ pilot** aviateur *m*, -trice *f* qui fait des cascades, spécialiste *mf* de l'acrobatie aérienne.
◇ *vi* -**1.** AERON faire des acrobaties. -**2.** CIN & TV faire des cascades.
◇ *vt* [impede - growth, development] retarder; [- person] freiner OR retarder la croissance de; [- intelligence] freiner le développement de.

stunted ['stʌntɪd] *adj* [person] chétif; [plant] chétif, rabougri; [growth, intelligence] retardé.

stunt man *n* cascadeur *m*.

stunt woman *n* cascadeuse *f*.

stupa ['stu:pə] *n* stupa *m*, stoupa *m*.

stupefaction [,stju:pɪ'fækʃn] *n* stupéfaction *f*, stupeur *f*.

stupefied ['stju:pɪfaɪd] *adj* stupéfait.

stupefy ['stju:pɪfaɪ] (*pt & pp* **stupefied**) *vt* -**1.** [subj: alcohol, drugs, tiredness] abrutir; [subj: blow] assommer, étourdir. -**2.** [astound] stupéfier, abasourdir.

stupefying ['stju:pɪfaɪɪŋ] *adj* stupéfiant.

stupendous [stju:'pendəs] *adj* [amount, achievement, talent] extraordinaire, prodigieux; [event] prodigieux, extraordinaire; [book, film] extraordinaire.

stupendously [stju:'pendəslɪ] *adv* prodigieusement, formidablement.

stupid ['stju:pɪd] ◇ *adj* -**1.** [foolish] stupide, bête; **he's always saying/doing ~ things** il dit/faitsans arrêt des bêtises; **I was ~ enough to go and apologize** j'ai eu la sottise d'aller OR j'ai été assez bête pour aller m'excuser; **he's ~ enough to believe you** il est assez bête pour vous croire; **stop being so ~!** arrête de faire l'idiot OR l'imbécile! -**2.** *lit* [from alcohol, drugs, sleep] abruti, hébété; [from blow] étourdi; **he was still ~ from OR with sleep** il était encore abruti de sommeil; **to drink o.s. ~** s'abrutir d'alcool. -**3.** *inf* [wretched, confounded] maudit, fichu; **where did I put that ~ hammer?** où est-ce que j'ai mis ce maudit marteau?
◇ *n inf* bêta *m*, -asse *f*, idiot *m*, -e *f*; **I'm only joking, ~!** je plaisante, gros bêta!

stupidity [stju:'pɪdətɪ] (*pl* **stupidities**) *n* stupidité *f*, bêtise *f*, sottise *f*.

stupidly ['stju:pɪdlɪ] *adv* stupidement, bêtement; **I ~ forgot to phone them** je suis bête, j'ai oublié de leur téléphoner.

stupor ['stju:pə^r] *n* stupeur *f*, abrutissement *m*; **to be in a drunken ~** être abruti par l'alcool.

sturdily ['stɜ:dɪlɪ] *adv* -**1.** [solidly] solidement, robustement; **to be ~ built** [person] être costaud OR bien bâti; [toys, furniture, equipment] être solide; [house] être de construction solide, être robuste. -**2.** [firmly - deny, refuse, oppose] énergiquement, vigoureusement.

sturdiness ['stɜ:dɪnɪs] *n* -**1.** [solidity] solidité *f*, robustesse *f*. -**2.** [firmness] fermeté *f*; **with great ~ of purpose** avec une grande résolution.

sturdy ['stɜ:dɪ] (*compar* **sturdier**, *superl* **sturdiest**) *adj* -**1.** [robust - person] robuste, vigoureux; [- limbs] robuste; [- table, tree, shoes] robuste, solide. -**2.** [firm - denial, defence, opposition, support] énergique, vigoureux; [- voice] ferme; **with ~ determination** avec une ferme résolution.

sturgeon ['stɜ:dʒən] (*pl inv*) *n* esturgeon *m*.

stutter ['stʌtə^r] ◇ *n* bégaiement *m*; **to speak with a OR to have a ~** bégayer, être bègue.
◇ *vi* bégayer.
◇ *vt*: **to ~ (out)** bégayer, bredouiller; **she ~ed (out) an apology** elle bredouilla une excuse.

stutterer ['stʌtərə^r] *n* bègue *mf*.

stuttering ['stʌtərɪŋ] ◇ *n* bégaiement *m*.
◇ *adj* bègue, qui bégaie.

sty [staɪ] (*pl* **sties**) *n* -**1.** [for pigs] porcherie *f*. -**2.** = **stye**.

stye [staɪ] *n* orgelet *m*, compère-loriot *m*.

Stygian ['stɪdʒɪən] *adj lit* ténébreux, sombre; **~ gloom** ténèbres *fpl* impénétrables OR insondables.

style [staɪl] ◇ *n* -**1.** [manner] style *m*, manière *f*; ART, LITERAT & MUS style *m*; **in the ~ of Vermeer** dans le style de Vermeer; **February 12th old/new ~** [in calendar] le 12 février vieux/nouveau style; **~ of life** mode *m* de vie; **I don't like his ~ of dressing** je n'aime pas sa façon de s'habiller; **they've adopted a new management ~** [approach] ils ont adopté un nouveau style de gestion; **they danced the charleston, 1920s ~** ils ont dansé le charleston comme on le dansait dans les années vingt; **the meal was prepared in authentic Japanese ~** le repas a été préparé dans la plus pure tradition japonaise. -**2.** [fashion - in clothes] mode *f*; **to be dressed in the latest ~** être habillé à la dernière mode || [model, design] modèle *m*; **a new ~ of dress** un nouveau modèle de robe; **all the latest ~s** tous les derniers modèles; **this winter's ~s** les modèles de cet hiver; **the boots come in two ~s** ces bottes existent en deux modèles. -**3.** [elegance, sophistication - of person] allure *f*, chic *m*; [- of dress, picture, building, film] style *m*; **she's got real ~** elle a vraiment de l'allure OR du chic; **she does everything with great ~** elle fait tout avec beaucoup de style; **to live in ~** mener grand train, vivre dans le luxe; **he likes to do things in ~** il aime faire bien les choses; **they were dressed in ~** ils étaient habillés avec beaucoup de chic; **they made their entrance in great ~** ils ont fait une entrée très remarquée; **they drove off in ~ in a fleet of limousines** ils sont partis en grande pompe dans un cortège de limousines. -**4.** [type] genre *m*; **I wouldn't have thought cheating was your ~** je n'aurais jamais pensé que c'était ton genre de tricher; **I don't like his ~** je n'aime pas son genre; **that's the ~!** c'est ça!, bravo! -**5.** TYPO [in editing] style *m*; **house ~** style de la maison. -**6.** *Br fml* [title] titre *m*. -**7.** BOT style *m*. -**8.** = **stile**.
◇ *vt* -**1.** [call] appeler, désigner; **she ~s herself "countess"** elle se fait appeler «comtesse». -**2.** [design - dress, jewel, house] créer, dessiner; **dress ~d by Dior** robe créée par Dior; **to ~ sb's hair** coiffer qqn; **~d for comfort and elegance** conçu pour le confort et l'élégance. -**3.** PRESS & TYPO [manuscript] mettre au point *(selon les précisions stylistiques de l'éditeur)*.

-style *in cpds* dans le style de; **a sixties'~ haircut** une coupe de cheveux (dans le style des) années soixante; **baroque~ architecture** architecture *f* de style baroque, baroque *m*.

stylebook ['staɪlbʊk] *n* TYPO manuel *m* OR protocole *m* de style.

stylet ['staɪlɪt] *n* stylet *m*.

styli ['staɪlaɪ] *pl* → **stylus**.

styling ['staɪlɪŋ] *n* [of dress] forme *f*, ligne *f*; [of hair] coupe *f*; [of car] ligne *f*; **~ gel** gel *m* coiffant; **~ mousse** mousse *f* coiffante.

stylish ['staɪlɪʃ] *adj* [person] élégant, chic *(inv)*; [clothes, hotel, neighbourhood] élégant, chic *(inv)*; [book, film] qui a du style.

stylishly ['staɪlɪʃlɪ] *adv* [dress] avec chic, avec allure, élégamment; [live] élégamment; [travel] dans le luxe; [write] avec style OR élégance.

stylishness ['staɪlɪʃnɪs] *n* chic *m*, élégance *f*.

stylist ['staɪlɪst] *n* -**1.** [designer - for clothes] styliste *mf* (de mode), modéliste *mf*; [- for cars, furniture] styliste *mf*; **(hair) ~** coiffeur *m*, -euse *f*. -**2.** ART & LITERAT styliste *mf*.

stylistic [staɪ'lɪstɪk] *adj* ART, LITERAT & LING stylistique.

stylistically [staɪ'lɪstɪklɪ] *adv* d'un point de vue stylistique.

stylistics [staɪ'lɪstɪks] *n (U)* stylistique *f*.

stylize, -ise ['staɪlaɪz] *vt* styliser.

stylized ['staɪlaɪzd] *adj* stylisé.

stylograph ['staɪləʊgrɑ:f] *n* stylographe *m*.

stylus ['staɪləs] (*pl* **styluses** OR **styli** [-laɪ]) *n* [on record player] saphir *m*; [tool] style *m*, stylet *m*.

stymie ['staɪmɪ] ◇ *vt* -**1.** [in golf] barrer le trou à. -**2.** *inf fig* [person] coincer; [plan] ficher en l'air.
◇ *n* [in golf] trou *m* barré; *fig* obstacle *m*, entrave *f*.

styptic ['stɪptɪk] ◇ *adj* styptique.
◇ *n* styptique *m*.

styptic pencil *n* crayon *m* hémostatique.

Styria ['stɪrɪə] *pr n* Styrie *f*.

Styrofoam® ['staɪrəfəʊm] *n* polystyrène *m* expansé.

Styx [stɪks] *pr n*: **the (River) ~** le Styx.

suave [swɑ:v] *adj* -**1.** [polite, charming] poli; *pej* [smooth] doucereux, mielleux, onctueux; **he's a bit too ~ for my liking** je le trouve un peu trop doucereux. -**2.** [elegant] élégant, chic.

suavely ['swɑ:vlɪ] *adv* -**1.** [politely, charmingly] poliment; *pej* [smoothly] mielleusement. -**2.** [elegantly] avec élégance.

suaveness ['swɑ:vnɪs], **suavity** ['swɑ:vətɪ] *n* -**1.** [politeness, charm] politesse *f*; *pej* manières *fpl* doucereuses. -**2.** [elegance] élégance *f*.

sub [sʌb] (*pt & pp* **subbed**, *cont* **subbing**) ◇ *n* -**1.** *abbr of* **submarine**. -**2.** *abbr of* **subeditor**. -**3.** *abbr of* **subscription**. -**4.** *abbr of* **substitute**.
◇ *vi & vt* -**1.** *abbr of* **subcontract**. -**2.** *abbr of* **subedit**.

sub- *in cpds* sub-, sous; **to run a ~four minute mile** courir le mile en moins de quatre minutes.

subagent [,sʌb'eɪdʒənt] *n* sous-agent *m*.

subalpine [,sʌb'ælpaɪn] *adj* subalpin.

subaltern ['sʌbltən] ◇ *n* -**1.** *Br* MIL *officier de l'armée de terre d'un rang inférieur à celui de capitaine*. -**2.** [subordinate - gen] subalterne *mf*, subordonné *m*, -e *f*.
◇ *adj* subalterne.

sub-aqua [-'ækwə] *adj* sous-marin, subaquatique.

subaquatic [,sʌbə'kwætɪk] *adj* subaquatique.

subarctic [,sʌb'ɑ:ktɪk] ◇ *adj* -**1.** GEOG subarctique. -**2.** [very cold - weather, wind] glacial, arctique.
◇ *n* zone *f* subarctique.

subatomic [,sʌbə'tɒmɪk] *adj* subatomique.

subbasement ['sʌb,beɪsmənt] *n* deuxième sous-sol *m*.

subcategory ['sʌb,kætəgərɪ] (*pl* **subcategories**) *n* sous-catégorie *f*.

subclass ['sʌbklɑ:s] *n* sous-classe *f*.

subclinical [,sʌb'klɪnɪkl] *adj* infraclinique.

subcommittee ['sʌbkə,mɪtɪ] *n* sous-comité *m*, sous-commission *f*.

subcompact [,sʌbkəm'pækt] *n Am* (très) petite voiture *f*.

subconscious [,sʌb'kɒnʃəs] ◇ *adj* subconscient; **the ~ mind** le subconscient.
◇ *n* subconscient *m*.

subconsciously [,sʌb'kɒnʃəslɪ] *adv* d'une manière subconsciente, inconsciemment.

subcontinent [,sʌb'kɒntɪnənt] *n* sous-continent *m*; **the (Indian) Subcontinent** le sous-continent indien.

subcontract [*vb* ,sʌbkən'trækt, *n* sʌb'kɒntrækt] ◇ *vt* [pass on] (faire) sous-traiter; **they ~ some of the work (out) to local firms** ils sous-traitent une partie du travail à des entreprises locales.
◇ *vi* travailler en sous-traitance; **they have a lot of small companies who ~ for them** beaucoup de petites sociétés travaillent pour eux en sous-traitance.
◇ *n* (contrat *m* de) sous-traitance *f*.
◆ **subcontract out** *vt sep* = **subcontract** *vt*.

subcontracting [,sʌbkən'træktɪŋ] *adj* sous-traitant.

subcontractor [ˌsʌbkənˈtræktəʳ] *n* sous-traitant *m*.

subcortex [ˌsʌbˈkɔːteks] *n* zone *f* (cérébrale) sous-corticale.

subcritical [ˌsʌbˈkrɪtɪkl] *adj* sous-critique.

subculture [ˈsʌbˌkʌltʃəʳ] *n* -**1.** [gen & SOCIOL] subculture *f*. -**2.** BIOL culture *f* repiquée OR secondaire.

subcutaneous [ˌsʌbkjuːˈteɪnjəs] *adj* sous-cutané.

subcutaneously [ˌsʌbkjuːˈteɪnjəslɪ] *adv* de manière sous-cutanée; **to be injected ~** à administrer par injection sous-cutanée.

subdeacon [ˌsʌbˈdiːkən] *n* sous-diacre *m*.

subdeb *inf* [ˌsʌbˈdeb], **subdebutante** [ˌsʌbˈdebjuːtɑːnt] *n Am* préadolescente *f*.

subdistrict [ˈsʌbˌdɪstrɪkt] *n* subdivision *f* (d'arrondissement).

subdivide [ˌsʌbdɪˈvaɪd] ◇ *vt* subdiviser.
◇ *vi* se subdiviser.

subdivision [ˌsʌbdɪˈvɪʒn] *n* subdivision *f*.

subdominant [ˌsʌbˈdɒmɪnənt] *n* BIOL & MUS sous-dominante *f*.

subdue [səbˈdjuː] *vt* -**1.** [country, tribe] assujettir, soumettre; [rebels] soumettre; [rebellion] réprimer. -**2.** [feelings, passions] refréner, maîtriser; [fears, anxiety] apaiser.

subdued [səbˈdjuːd] *adj* -**1.** [person] silencieux; [mood] sombre; [emotion, feeling] contenu; [audience] peu enthousiaste; **you're very ~, what's the matter?** vous n'êtes pas très bavard, qu'est-ce qui ne va pas?; **it was rather a ~ gathering** ce fut un rassemblement plutôt tranquille. -**2.** [voice, sound] bas; [conversation] à voix basse. -**3.** [light, lighting] tamisé, atténué; [colours] sobre.

subedit [ˌsʌbˈedɪt] ◇ *vt* corriger, préparer pour l'impression.
◇ *vi* travailler comme secrétaire de rédaction.

subeditor [ˌsʌbˈedɪtəʳ] *n* secrétaire *mf* de rédaction.

subentry [ˌsʌbˈentrɪ] (*pl* **subentries**) *n* sous-entrée *f*.

subequatorial [ˈsʌbˌekwəˈtɔːrɪəl] *adj* subéquatorial.

subfamily [ˈsʌbˌfæməlɪ] (*pl* **subfamilies**) *n* sous-famille *f*.

subframe [ˈsʌbˌfreɪm] *n* AUT faux-chassis *m inv*.

subfusc [ˈsʌbfʌsk] ◇ *n Br* tenue *f* universitaire *(en particulier à Oxford)*.
◇ *adj lit* [dark] sombre; [dusky] bistre *(inv)*.

subgenus [ˌsʌbˈdʒiːnəs] (*pl* **subgenuses** OR **subgenera** [-dʒenərə]) *n* sous-genre *m*.

subgroup [ˈsʌbgruːp] *n* sous-groupe *m*.

subharmonic [ˌsʌbhɑːˈmɒnɪk] *adj* sous-harmonique.

subhead [ˈsʌbhed], **subheading** [ˈsʌbˌhedɪŋ] *n* [title] sous-titre *m*; [division] paragraphe *m*.

subhuman [ˌsʌbˈhjuːmən] ◇ *adj* [intelligence] limité; [crime] brutal, bestial; **to live in ~ conditions** vivre dans des conditions terribles OR inhumaines.
◇ *n* sous-homme *m*.

subject [*n*, *adj* & *prep* ˈsʌbdʒekt, *vb* səbˈdʒekt] ◇ *n* -**1.** [topic] sujet *m*; **on the ~ of** au sujet de, à propos de; **let's come** OR **get back to the ~** revenons à nos moutons; **don't try and change the ~** n'essaie pas de changer de conversation OR de sujet; **let's drop the ~** parlons d'autre chose; **while we're on the ~** à (ce) propos; **while we're on the ~ of holidays** puisque nous parlons de vacances; **that's a touchy ~** c'est un sujet délicat. -**2.** [in letters and memos]: **~: recruitment of new staff** objet: recrutement de personnel. -**3.** ART, LITERAT & PHOT sujet *m*; **the ~ of her film/novel** le sujet de son film/roman; **he always photographs his ~s in natural light** il photographie toujours ses sujets en lumière naturelle. -**4.** GRAMM & PHILOS sujet *m*. -**5.** SCH & UNIV matière *f*, discipline *f*; [field] domaine *m*; **she's taking exams in four ~s** elle passe des examens dans quatre matières; **I was always better at science ~s** j'ai toujours été plus fort en sciences; **it's not really my ~** ce n'est pas vraiment mon domaine; **that would be a good ~ for a PhD thesis** ce serait un bon sujet pour une thèse de doctorat. -**6.** POL sujet *m*, -ette *f*; **she is a British ~** c'est une ressortissante britannique; **foreign ~s** ressortissants *mpl* étrangers. -**7.** MED & PSYCH [of test] sujet *m*; **she'd be a good ~ for the new treatment** elle serait un bon sujet pour le nouveau traitement; **~s were tested for their reactions** on a testé la réaction des sujets. -**8.** [cause] sujet *m*, motif *m*, raison *f*; **he was the ~ of much comment** il a été l'objet de nombreux commentaires.
◇ *adj* -**1.** [subordinate] dépendant; **they are ~ to my authority** ils sont placés sous mon autorité, ils dépendent de moi; **we are all ~ to the rule of law** nous sommes tous soumis à la loi; **~ states** États *mpl* dépendants. -**2.** [liable, prone]: **~ to** sujet à; **he is ~ to frequent lung infections** il est sujet à de fréquentes infections pulmonaires; **~ to attack** exposé à l'attaque; **the terms are ~ to alteration without notice** les termes peuvent être modifiés sans préavis; **~ to tax** imposable; **the price is ~ to a handling charge** les frais de manutention sont en sus.
◇ *vt* -**1.** [country, people] soumettre, assujettir. -**2.** [expose]: **to ~ to** soumettre à; **they ~ all applicants to lengthy testing procedures** ils font passer de longs examens à tous les candidats; **the material was ~ed to intense heat** le matériau a été soumis OR exposé à une température très élevée; **I refuse to ~ anyone to such indignities** je refuse de faire subir de tels affronts à qui que ce soit.
◆ **subject to** *prep phr* [save for] sous réserve de, sauf; [conditional upon] à condition de; **these are the rules, ~ to revision** voici le règlement, sous réserve de modification; **~ to your passing the exam** à condition de réussir OR à condition que vous réussissiez l'examen.

subject catalogue *n* fichier *m* par matières.

subject index *n* [in book] index *m* des matières; [in library] fichier *m* par matières.

subjection [səbˈdʒekʃn] *n* -**1.** [act of subjecting] assujettissement *m*. -**2.** [state of being subjected] sujétion *f*, assujettissement *m*, soumission *f*; **they live in (a state of) complete ~** ils vivent dans la soumission la plus totale.

subjective [səbˈdʒektɪv] ◇ *adj* -**1.** [viewpoint, argument, criticism] subjectif. -**2.** GRAMM [pronoun, case] sujet; [genitive] subjectif. -**3.** MED [symptom] subjectif.
◇ *n* GRAMM (cas *m*) sujet *m*, nominatif *m*.

subjectively [səbˈdʒektɪvlɪ] *adv* subjectivement.

subjectivism [səbˈdʒektɪvɪzm] *n* subjectivisme *m*.

subjectivity [ˌsʌbdʒekˈtɪvətɪ] *n* subjectivité *f*.

subject matter *n* [topic] sujet *m*, thème *m*; [substance] substance *f*, contenu *m*.

subjoin [ˌsʌbˈdʒɔɪn] *vt* adjoindre.

sub judice [ˈdʒuːdɪsɪ] *adj* en instance, pendant; **I cannot comment on a case which is still ~** je ne peux faire aucun commentaire sur une affaire qui est encore en cours de jugement.

subjugate [ˈsʌbdʒʊgeɪt] *vt* -**1.** [people, tribe, country] assujettir, soumettre; [rebels] soumettre. -**2.** [feelings] dompter; [reaction] réprimer.

subjugation [ˌsʌbdʒʊˈgeɪʃn] *n* soumission *f*, assujettissement *m*.

subjunctive [səbˈdʒʌŋktɪv] ◇ *adj* subjonctif; **~ mood** mode *m* subjonctif.
◇ *n* subjonctif *m*; **in the ~** au subjonctif; **some verbs always take the ~** certains verbes sont toujours suivis du subjonctif.

subkingdom [ˌsʌbˈkɪŋdəm] *n* BIOL embranchement *m*.

sublease [ˌsʌbˈliːs] ◇ *n* sous-location *f*.
◇ *vt* sous-louer.

sublet [ˌsʌbˈlet] (*pt* & *pp* **sublet**, *cont* **subletting**) ◇ *vt* sous-louer.
◇ *n* sous-location *f*.

sublieutenant [ˌsʌblefˈtenənt] *n Br* ≃ enseigne *m* de vaisseau deuxième classe.

sublimate [*vb* ˈsʌblɪmeɪt, *n* ˈsʌblɪmət] ◇ *vt* [gen, CHEM & PSYCH] sublimer.
◇ *n* CHEM sublimé *m*.

sublimation [ˌsʌblɪˈmeɪʃn] *n* sublimation *f*.

sublime [səˈblaɪm] ◇ *adj* -**1.** [noble, inspiring] sublime. -**2.** *inf* [very good] génial, sensationnel; **you look ~** tu es superbe. -**3.** [utter - disregard, contempt, ignorance] suprême, souverain.
◇ *n*: **the ~** le sublime; **from the ~ to the ridiculous** du sublime au grotesque.
◇ *vt* sublimer.

sublimely [səˈblaɪmlɪ] *adv* complètement, totalement; **they were ~ unaware of the danger** ils étaient totalement inconscients du danger.

subliminal [ˌsʌbˈlɪmɪnl] *adj* infraliminaire, subliminaire, subliminal; **~ advertising** publicité *f* subliminale OR invisible.

sublimity [səˈblɪmətɪ] *n* sublimité *f*.

submachine gun [ˌsʌbməˈʃiːn-] *n* mitraillette *f*.

submarine [ˌsʌbməˈriːn] ◇ *n* sous-marin *m*.
◇ *adj* sous-marin.

submariner [sʌbˈmærɪnəʳ] *n* sous-marinier *m*.

submaxillary [ˌsʌbmækˈsɪlərɪ] *adj* sous-maxillaire.

submediant [ˌsʌbˈmiːdjənt] *n* sus-dominante *f*, sixte *f*.

submerge [səbˈmɜːdʒ] ◇ *vt* -**1.** [plunge] submerger, immerger; **to ~ o.s. in work** *fig* se plonger dans le travail. -**2.** [flood] submerger, inonder; **the flood waters had ~d the fields** les eaux en crue avaient inondé les champs; **the rocks were soon ~d by the tide** les rochers furent bientôt recouverts par la marée.
◇ *vi* [submarine] plonger.

submerged [səbˈmɜːdʒd] *adj* submergé; **a ~ volcano** un volcan sous-marin.

submersible [səbˈmɜːsəbl] ◇ *adj* submersible.
◇ *n* submersible *m*.

submersion [səbˈmɜːʃn] *n* -**1.** [in liquid] immersion *f*; [of submarine] plongée *f*. -**2.** [flooding] inondation *f*.

subminiature [ˌsʌbˈmɪnətʃəʳ] *adj* subminiature.

submission [səbˈmɪʃn] *n* -**1.** [yielding] soumission *f*; **their total ~ to fate** leur fatalisme; **to beat sb into ~** réduire qqn par la violence. -**2.** [submissiveness] soumission *f*, docilité *f*. -**3.** [referral - gen] soumission *f*; JUR [of case] renvoi *m*; **after ~ of the project to the coordinating committee** après soumission du projet au comité de coordination. -**4.** [proposition, argument - gen] thèse *f*; JUR plaidoirie *f*; **her ~ is that...** elle soutient que...; **in my ~, the defendant is lying** je soutiens que l'accusé ment. -**5.** [in wrestling] soumission *f*.

submissive [səbˈmɪsɪv] *adj* soumis.

submissively [səbˈmɪsɪvlɪ] *adv* [behave, confess, accept] docilement; [yield, react] avec résignation.

submissiveness [səbˈmɪsɪvnɪs] *n* soumission *f*, docilité *f*.

submit [səbˈmɪt] (*pt* & *pp* **submitted**, *cont* **submitting**) ◇ *vi* -**1.** *literal* se rendre, se soumettre. -**2.** *fig* se soumettre, se plier; **we shall never ~ to such demands** nous n'accéderons jamais à de telles exigences; **to ~ to one's fate** accepter son destin.
◇ *vt* -**1.** [propose] soumettre; **all proposals must be submitted to the coordinating committee** toutes les propositions doivent être soumises au comité de coordination; **I ~ that...** JUR je soutiens OR je maintiens que... -**2.** [yield]: **to ~ o.s. to sb/sthg** se soumettre à qqn/qqch.

submultiple [ˌsʌbˈmʌltɪpl] *n* sous-multiple *m*.

subnormal [ˌsʌbˈnɔːml] *adj* -**1.** [person] arriéré; **educationally ~ children** des enfants arriérés *(du point de vue scolaire)*. -**2.** [temperatures] au-dessous de la normale.

suborder [ˈsʌbˌɔːdəʳ] *n* BIOL sous-ordre *m*.

subordinate [*n* səˈbɔːdɪnət, *vt* səˈbɔːdɪneɪt] ◇ *n* subordonné *m*, -e *f*, subalterne *mf*.

◇ *adj* -**1.** [in rank, hierarchy] subordonné, subalterne; **he is ~ to the duty officer** son grade est inférieur à celui de l'officier de permanence; **of ~ rank** de rang subalterne; **she had a very ~ position in the company** elle occupait un poste tout à fait subalterne dans l'entreprise. -**2.** [secondary] subordonné, accessoire; **but that is ~ to the main problem** mais c'est secondaire par rapport au problème principal. -**3.** GRAMM subordonné.
◇ *vt* subordonner.
subordinate clause [sə'bɔːdɪnət-] *n* GRAMM (proposition *f*) subordonnée *f*.
subordinating conjunction [sə'bɔːdɪneɪtɪŋ-] *n* GRAMM conjonction *f* de subordination.
subordination [sə,bɔːdɪ'neɪʃn] *n* subordination *f*.
suborn [sʌ'bɔːn] *vt* suborner.
subplot ['sʌb,plɒt] *n* intrigue *f* secondaire.
subpoena [səb'piːnə] ◇ *n* citation *f (à comparaître en qualité de témoin)*, assignation *f*.
◇ *vt* citer *(à comparaître en qualité de témoin)*.
subpopulation ['sʌb,pɒpjʊ'leɪʃn] *n* sous-population *f*.
sub-postmaster *n Br* receveur *m (dans un petit bureau de poste local)*.
sub-postmistress *n Br* receveuse *f (dans un petit bureau de poste local)*.
sub-post office *n Br* petit bureau *m* de poste local.
subprogram ['sʌb,prəʊgræm] *n* COMPUT sous-programme *m*.
subrogate ['sʌbrəgeɪt] *vt* subroger.
sub rosa [-'rəʊzə] *adv* confidentiellement, sous le sceau du secret.
subroutine ['sʌbruː,tiːn] *n* COMPUT sous-programme *m*.
sub-Saharan Africa *pr n* Afrique *f* Noire; **in ~** en Afrique Noire.
subscribe [səb'skraɪb] ◇ *vi* -**1.** [to magazine, service] s'abonner, être abonné; **we ~ to several American publications** nous sommes abonnés à plusieurs publications américaines. -**2.** [to loan, fund, campaign, share issue] souscrire; **to ~ to a charity** faire des dons à une œuvre de charité. -**3. to ~ to** [opinion, belief] souscrire à; **I cannot ~ to that view of politics** il m'est impossible de souscrire à cette vision de la politique.
◇ *vt* -**1.** [donate] donner, faire don de; **she ~d £800 to the election fund** elle a donné 800 livres à la caisse électorale. -**2.** *fml* [write - one's name, signature] apposer; [sign - document] signer.
subscriber [səb'skraɪbəʳ] *n* -**1.** [to newspaper, service, telephone system] abonné *m*, -e *f*. -**2.** [to fund, campaign, share issue] souscripteur *m*, -trice *f*; **~s to various charities** les personnes qui ont fait des dons à diverses œuvres de charité. -**3.** [to opinion, belief] partisan *m*, adepte *mf*.
subscriber trunk dialling *n Br* automatique *m*.
subscript ['sʌbskrɪpt] ◇ *n* COMPUT, MATH & TYPO indice *m*.
◇ *adj* en indice.
subscription [səb'skrɪpʃn] *n* -**1.** [to newspaper, magazine] abonnement *m*; **~ charges** tarifs *mpl* d'abonnement; **to cancel a ~** résilier un abonnement; **to take out a ~ to a magazine** s'abonner à un magazine. -**2.** [to fund, campaign, share issue] souscription *f*; [to club, organization] cotisation *f*. -**3.** [to opinion, belief] adhésion *f*.
subsection ['sʌb,sekʃn] *n* [of text, contract etc] article *m*, paragraphe *m*.
subsequent ['sʌbsɪkwənt] *adj* -**1.** [next] suivant, subséquent *fml*; **the ~ days** les jours suivants; **to await ~ events** attendre de connaître la suite des événements; **~ generations** les générations suivantes; **~ to 1880** après 1880; **~ to this** par la suite. -**2.** [consequent] conséquent, consécutif.
subsequently ['sʌbsɪkwəntlɪ] *adv* par la suite, subséquemment *fml*.
subserve [səb'sɜːv] *vt fml* encourager, favoriser.
subservience [səb'sɜːvjəns] *n* -**1.** [servility] servilité *f*. -**2.** [subjugation] asservissement *m*; **~ to a foreign power** asservissement à une puissance étrangère.
subservient [səb'sɜːvjənt] *adj* -**1.** [servile] servile, obséquieux *pej*. -**2.** [subjugated] asservi; **they are totally ~ to the town council** ils sont totalement dépendants de la municipalité. -**3.** [secondary] secondaire, accessoire.
subset ['sʌbset] *n* sous-ensemble *m*.
subside [səb'saɪd] *vi* -**1.** [abate - shooting, laughter] cesser; [- storm, rage, pain] se calmer; [recede - water] se retirer, baisser; [- danger] s'éloigner. -**2.** [sink - house, land] s'abaisser; [- wall, foundations] se tasser; [settle - sediment] se déposer.
subsidence [səb'saɪdns, 'sʌbsɪdns] *n* [of house, land] affaissement *m*; [of wall, foundations] tassement *m*; **'road liable to ~'** ≃ 'chaussée déformée'.
subsidiarity [sʌb,sɪdɪ'ærɪtɪ] *n* subsidiarité *f*.
subsidiary [səb'sɪdjərɪ] (*pl* **subsidiaries**)
◇ *adj* [supplementary] supplémentaire, complémentaire; [secondary - question, reason] subsidiaire; [- idea, action] accessoire; **~ company** filiale *f*.
◇ *n* COMM filiale *f*.
subsidize, -ise ['sʌbsɪdaɪz] *vt* subventionner.
subsidized ['sʌbsɪdaɪzd] *adj* subventionné.
subsidy ['sʌbsɪdɪ] (*pl* **subsidies**) *n* subvention *f*; **government ~** subvention de l'État; **export subsidies** primes *fpl* à l'exportation.
subsist [səb'sɪst] *vi* subsister; **they ~ on fish and rice** ils vivent de poisson et de riz.
subsistence [səb'sɪstəns] ◇ *n* subsistance *f*, existence *f*; **means of ~** moyens *mpl* d'existence.
◇ *comp* [wage] à peine suffisant pour vivre; [economy, farming] d'autoconsommation; **to live at ~ level** avoir tout juste de quoi vivre.
subsistence allowance *n Br* [advance] acompte *m (perçu avant l'engagement définitif)*; [expenses] frais *mpl* (de subsistance).
subsoil ['sʌbsɔɪl] *n* sous-sol *m* GÉOL.
subsonic [,sʌb'sɒnɪk] *adj* subsonique.
subspecies ['sʌb,spiːʃiːz] (*pl inv*) *n* sous-espèce *f*.
substance ['sʌbstəns] *n* -**1.** [matter] substance *f*; **tobacco contains harmful ~s** le tabac contient des substances nocives; **illegal ~s** stupéfiants *mpl*. -**2.** [solidity] solidité *f*; **it seemed to have as little ~ as a ghost** cela semblait aussi immatériel qu'un fantôme. -**3.** [essential part, gist] essentiel *m*, substance *f*; [basis] fond *m*; **that's the ~ of what he said** voilà en substance ce qu'il a dit; **the ~ of the charges** l'essentiel de l'inculpation; **the ~ of the case** le fond de l'affaire. -**4.** [significance, weight] étoffe *f*, poids *m*; **these developments add ~ to our hypothesis** ces développements donnent davantage de poids à notre hypothèse; **I find his stories lack ~** je trouve que ses histoires manquent d'étoffe; **their claim lacks ~** leur revendication est sans fondement OR n'est pas fondée. -**5.** [wealth] richesses *fpl*; [power] pouvoir *m*; [influence] influence *f*; **a woman of ~** [rich] une femme riche OR aisée; [powerful] une femme puissante; [influential] une femme influente.
◆ **in substance** *adv phr* [generally] en gros, en substance; [basically] à la base, au fond; [in brief] en substance, en somme.
substance abuse *n fml* abus *m* de stupéfiants.
substandard [,sʌb'stændəd] *adj* -**1.** [work, output] médiocre, en-dessous des niveaux requis; [meal, merchandise] de qualité inférieure; **they live in ~ housing** ils habitent des logements insalubres. -**2.** LING non conforme à la norme.
substantial [səb'stænʃl] *adj* -**1.** [large] considérable, important; JUR [damages] élevé; **~ differences remain** il reste des divergences importantes; **a ~ number of teachers were there** il y avait de nombreux professeurs. -**2.** [nourishing - food] nourrissant; [- meal] solide, copieux, substantiel. -**3.** [convincing - argument, evidence] solide, convaincant. -**4.** [real, tangible] réel, substantiel; PHILOS substantiel. -**5.** [solidly built] solide; **the town hall is a ~ Victorian building** la mairie est un solide bâtiment de l'époque victorienne. -**6.** [rich] riche, aisé; [powerful] puissant; [influential] influent; [well-established] solide, bien établi; **a ~ company** une société solidement implantée.
substantially [səb'stænʃəlɪ] *adv* -**1.** [considerably] considérablement; **taxes have been cut ~** les impôts ont été considérablement réduits. -**2.** [generally] en gros, en grande partie; [fundamentally] fondamentalement, au fond; **it is ~ correct** c'est en grande partie correct. -**3.** [solidly] solidement; **~ built** solide. -**4.** PHILOS [as for the substance] substantiellement.
substantiate [səb'stænʃɪeɪt] *vt* confirmer, apporter OR fournir des preuves à l'appui de.
substantiation [səb,stænʃɪ'eɪʃn] *n (U)* [proof] preuve *f*; [reason] bien-fondé *m*, justification *f*; **do you have any ~ for your allegations?** pouvez-vous fournir des preuves de ce que vous avancez?
substantival [,sʌbstən'taɪvl] *adj* GRAMM substantif.
substantive [*n* 'sʌbstəntɪv, *adj* sʌb'stæntɪv]
◇ *adj* -**1.** [real, important] substantiel; [permanent - rank] permanent; [independent - means, resources] indépendant. -**2.** GRAMM nominal.
◇ *n* GRAMM substantif *m*.
substation ['sʌb,steɪʃn] *n* sous-station *f*.
substitute ['sʌbstɪtjuːt] ◇ *n* -**1.** [person] remplaçant *m*, -e *f*; **each team is allowed three ~s** chaque équipe a droit à trois remplaçants. -**2.** [thing] produit *m* de remplacement OR de substitution; **we'll have to find a ~ for it** il faut que nous trouvions quelque chose pour le remplacer; **use a low-fat ~ instead of butter** utilisez un produit à faible teneur en matière grasse à la place du beurre; **sugar ~** édulcorant *m* de synthèse; **there's no ~ for real coffee** rien ne vaut le vrai café; **tapes are a poor ~ for live music** les cassettes ne valent pas la musique live. -**3.** GRAMM terme *m* suppléant.
◇ *adj* remplaçant; **a ~ goalkeeper** un gardien de but remplaçant; **it'll do as a ~ cork** ça fera office de bouchon.
◇ *vt* [gen] substituer, remplacer; SPORT remplacer; **to ~ sthg for sthg** substituer qqch à qqch; **margarine may be ~d for butter** on peut remplacer le beurre par de la margarine, on peut utiliser de la margarine au lieu du beurre.
◇ *vi*: **to ~ for sb/sthg** remplacer qqn/qqch.
substitution [,sʌbstɪ'tjuːʃn] *n* [gen] remplacement *m*, substitution *f*; SPORT remplacement *m*; **the ~ of man made fibres for cotton** le fait d'avoir remplacé le coton par des fibres synthétiques.
substrata [,sʌb'strɑːtə] *pl* → **substratum**.
substrate ['sʌbstreɪt] *n* [gen, CHEM & ELECTRON] substrat *m*.
substratum [,sʌb'strɑːtəm] (*pl* **substrata** [-tə]) *n* -**1.** [infrastructure, base] fond *m*. -**2.** GEOL [underlying formation] substratum *m*; [subsoil] sous-sol *m*. -**3.** LING substrat *m*. -**4.** PHOT substratum *m*.
substructure ['sʌb,strʌktʃəʳ] *n* CONSTR structure *f*; **various ~s make up the organization** l'organisation se compose de plusieurs services distincts.
subsume [səb'sjuːm] *vt* subsumer.
subsystem ['sʌb,sɪstəm] *n* sous-système *m*.
subteen [,sʌb'tiːn] *Am* ◇ *n* préadolescent *m*, -e *f*.
◇ *adj* [fashions, sizes] pour les préadolescents.
subteenage [,sʌb'tiːneɪdʒ] *Am* = **subteen** *adj*.
subteenager [,sʌb'tiːneɪdʒəʳ] *Am* = **subteen** *n*.
subtenancy [,sʌb'tenənsɪ] (*pl* **subtenancies**) *n* sous-location *f*.
subtenant [,sʌb'tenənt] *n* sous-locataire *mf*.
subtend [səb'tend] *vt* sous-tendre.
subterfuge ['sʌbtəfjuːdʒ] *n* subterfuge *m*.

subterranean [,sʌbtə'reɪnjən] *adj* souterrain; ~ forces were at work des forces secrètes étaient à l'œuvre.
subtitle ['sʌb,taɪtl] ◇ *n* CIN, LITERAT & PRESS sous-titre *m*.
◇ *vt* sous-titrer.
subtitled ['sʌb,taɪtld] *adj* sous-titré, avec sous-titrage.
subtitling ['sʌb,taɪtlɪŋ] *n* sous-titrage *m*.
subtle ['sʌtl] *adj* subtil; a ~ **sense of humour** un sens de l'humour subtil; **there's a very ~ difference between them** il y a une très légère différence entre eux; ~ **shades of green and blue** des nuances subtiles de vert et de bleu; **you're not very ~, are you?** la subtilité n'est vraiment pas ton fort!
subtlety ['sʌtltɪ] (*pl* **subtleties**) *n* -**1.** [subtleness] subtilité *f*; ~ **is not one of his strong points** la subtilité n'est pas son fort. -**2.** [detail, distinction] subtilité *f*.
subtly ['sʌtlɪ] *adv* subtilement.
subtonic [,sʌb'tɒnɪk] *n* sous-tonique *f*.
subtotal ['sʌb,təʊtl] *n* total *m* partiel.
subtract [səb'trækt] *vt* soustraire, déduire; ~ **52 from 110** ôtez OR retranchez 52 de 110.
subtraction [səb'trækʃn] *n* soustraction *f*.
subtropical [,sʌb'trɒpɪkl] *adj* subtropical.
subtropics [,sʌb'trɒpɪks] *npl* zones *fpl* subtropicales.
subtype ['sʌbtaɪp] *n* sous-classe *f*.
suburb ['sʌbɜːb] *n* banlieue *f*, faubourg *m*; **the London ~ of Barking** Barking, dans la banlieue de Londres; **the ~s stretch for miles** la banlieue s'étend sur des kilomètres; **in the ~s** en banlieue; **the outer ~s** la grande banlieue.
suburban [sə'bɜːbn] *adj* -**1.** [street, railway, dweller] de banlieue; [population, growth] de banlieue, suburbain. -**2.** *pej* [mentality, outlook] de petit-bourgeois.
suburbanite [sə'bɜːbənaɪt] *n* banlieusard *m*, -e *f*.
suburbia [sə'bɜːbɪə] *n* la banlieue; **in ~** en banlieue.
subvention [səb'venʃn] *n* subvention *f*.
subversion [səb'vɜːʃn] *n* subversion *f*.
subversive [səb'vɜːsɪv] ◇ *adj* subversif.
◇ *n* élément *m* subversif.
subvert [səb'vɜːt] *vt* -**1.** [undermine - society, state, institution] subvertir *lit*, renverser. -**2.** [corrupt - individual] corrompre.
subway ['sʌbweɪ] *n* -**1.** *Br* [pedestrian underpass] passage *m* souterrain. -**2.** *Am* [railway] métro *m*; **it's quicker by ~** c'est plus rapide en métro.
sub-zero *adj* au-dessous de zéro.
succeed [sək'siːd] ◇ *vi* -**1.** [manage successfully] réussir; **to ~ in doing sthg** réussir OR parvenir OR arriver à faire qqch; **he ~ed only in confusing things further** il n'a réussi qu'à compliquer davantage les choses ❑ **if at first you don't ~, try again** *prov* si vous ne réussissez pas du premier coup, recommencez. -**2.** [work out] réussir; **the first attack did not ~** la première offensive a échoué. -**3.** [do well] réussir, avoir du succès; **we all want to ~ in life** nous voulons tous réussir dans la vie; **to ~ in business/in publishing** réussir dans les affaires/l'édition; **he ~s in everything he does** il réussit tout ce qu'il entreprend, tout lui réussit ❑ **nothing ~s like success** *prov* un succès en entraîne un autre. -**4.** [follow on] succéder; **to ~ to the throne** monter sur le trône.
◇ *vt* [subj: person] succéder à, prendre la suite de; **I ~ed him as editor** je lui ai succédé au poste de rédacteur ‖ [subj: event, thing] succéder à, suivre; **as month ~ed month** au fur et à mesure que les mois passaient OR se succédaient.
succeeding [sək'siːdɪŋ] *adj* -**1.** [subsequent] suivant, qui suit; **we met several times during the ~ weeks** nous nous sommes vus plusieurs fois pendant les semaines qui ont suivi; **each ~ year** chaque année qui passe. -**2.** [future] futur, à venir; ~ **generations will right these wrongs** les générations à venir redresseront ces torts.

success [sək'ses] ◇ *n* réussite *f*, succès *m*; **her ~ in the elections** sa victoire aux élections; **his ~ in the exam** son succès à l'examen; **to meet with** OR **to achieve ~** réussir; **I wish you every ~** je vous souhaite beaucoup de succès; **I had no ~ in trying to persuade them** je n'ai pas réussi à les convaincre; **I tried to convince them, but without ~** j'ai essayé de les convaincre,mais sans succès; **to make a ~ of sthg** mener qqch à bien; **he made a ~ of the campaign** il a mené la campagne à bien; **she made a great ~ of her career** elle a bien réussi dans son métier; **I haven't had much ~ in finding work** mes recherches pour un emploi n'ont pas donné grand-chose; **their first record was a great ~** leur premier disque a eu un succès fou; **you were a great ~ at the party** tu as eu beaucoup de succès à la fête; **the evening was a ~** la soirée a été réussie OR a été une réussite.
◇ *comp* [rate] de réussite, de succès.
successful [sək'sesfʊl] *adj* -**1.** [resulting in success - attempt, effort, plan] qui réussit; [- negotiations] fructueux; [- outcome] heureux; [- performance, mission, partnership] réussi; **his efforts were supremely ~** ses efforts ont été couronnés de succès; **she was not ~ in her application for the post** sa candidature à ce poste n'a pas été retenue; **I was ~ in convincing them** j'ai réussi OR je suis arrivé OR je suis parvenu à les convaincre; **it's not been a very ~ day for me** ma journée n'a pas été très fructueuse; **she brought the project to a ~ conclusion** elle a mené le projet à bien. -**2.** [thriving - singer, record, author, book, play] à succès; [- businessman] qui a réussi; [- life, career] réussi; **their first record was very ~** leur premier disque a eu un succès fou; **she's a ~ businesswoman** elle a réussi dans les affaires; **she's ~ in everything she does** tout lui réussit, elle réussit tout ce qu'elle entreprend.
successfully [sək'sesfʊlɪ] *adv* avec succès; **to do sthg ~** réussir à faire qqch; **we managed to tackle the problem ~** nous avons trouvé une solution satisfaisante au problème; **he was ~ operated on for a stomach ulcer** il a été opéré avec succès d'un ulcère de l'estomac.
succession [sək'seʃn] *n* -**1.** [series] succession *f*, suite *f*; **a ~ of visitors** une succession OR une suite de visiteurs; **we won three years in ~** nous avons gagné trois ans de suite; **for five years in ~** pendant cinq années consécutives OR cinq ans de suite; **she made three phone calls in ~** elle a passé trois coups de fil de suite; **they filed into the room in close ~** ils sont entrés dans la pièce les uns derrière les autres; **the fireworks went off in quick** OR **rapid ~** les feux d'artifice sont partis les uns après les autres; **a ~ of gains and losses** une succession de gains et de pertes. -**2.** [ascension to power] succession *f*; **his ~ to the post** sa succession au poste; **she's first in ~ (to the throne)** elle occupe la première place dans l'ordre de succession (au trône); **in ~ to her boss** à la suite de son patron. -**3.** JUR [descendants] descendance *f*; [heirs] héritiers *mpl*.
successive [sək'sesɪv] *adj* [attempts, generations] successif; [days, years] consécutif.
successively [sək'sesɪvlɪ] *adv* [in turn] successivement, tour à tour, l'un/l'une après l'autre.
successor [sək'sesəʳ] *n* -**1.** [replacement] successeur *m*; **I'm her ~ to the position** je suis son successeur à ce poste; **I'm to be his ~** c'est moi qui dois lui succéder; **she's the ~ to the throne** c'est l'héritière de la couronne. -**2.** [heir] héritier *m*, -ère *f*.
success story *n* réussite *f*; **one of the great success stories of the 20th century** une des grandes réussites du XXᵉ siècle.
succinct [sək'sɪŋkt] *adj* succinct, concis.
succinctly [sək'sɪŋktlɪ] *adv* succinctement, avec concision.
succinctness [sək'sɪŋktnɪs] *n* concision *f*.
succor *Am* = **succour**.

succotash ['sʌkətæʃ] *n plat américain composé de maïs en grain et de haricots.*
succour *Br*, **succor** *Am* ['sʌkəʳ] ◇ *n* secours *m*, aide *f*.
◇ *vt* secourir, aider.
succubus ['sʌkjʊbəs] (*pl* **succubi** [-baɪ]) *n* succube *m*.
succulence ['sʌkjʊləns] *n* succulence *f*.
succulent ['sʌkjʊlənt] ◇ *adj* -**1.** [tasty] succulent. -**2.** BOT succulent.
◇ *n* plante *f* grasse.
succumb [sə'kʌm] *vi* -**1.** [yield] succomber, céder; **don't ~ to temptation!** ne succombez pas à la tentation!; **he ~ed to her charm** il a succombé à son charme. -**2.** [die] succomber, mourir; **he ~ed to cancer** il est mort d'un cancer; **he finally ~ed** il a finalement succombé.
such [sʌtʃ] ◇ *det & predet* -**1.** [of the same specified kind] tel, pareil; ~ **a song** une telle chanson, une chanson pareille OR de ce genre; ~ **songs** de telles chansons, des chansons pareilles OR de ce genre; ~ **weather** un temps pareil OR comme ça; **how can you tell ~ lies?** comment peux-tu raconter de tels mensonges OR des mensonges pareils?; **no ~ place exists** un tel endroit n'existe pas; **on ~ an occasion** en une telle occasion; **we had ~ a case last year** nous avons eu un cas semblable l'année dernière; **have you ever heard ~ a thing?** avez-vous jamais entendu une chose pareille?; ~ **a thing is unheard-of** ce genre de chose est sans précédent; **I said no ~ thing!** je n'ai rien dit de tel OR de la sorte!; **you'll do no ~ thing!** il n'en est pas question!; **no ~ thing exists here** il n'existe rien de tel ici; **they called her Jane or some ~ thing** ils l'ont baptisée Jane ou quelque chose de ce genre ‖ [followed by 'as']: **there is no ~ thing as magic** la magie n'existe pas; **we will take ~ steps as are considered necessary** nous prendrons toutes les mesures nécessaires; **I'm not ~ a fool as to believe him!** je ne suis pas assez bête pour le croire!; **he speaks in ~ a way as to be incomprehensible** il parle de telle manière que personne ne le comprend; ~ **money as we have** le peu d'argent que nous avons ‖ [followed by 'that']: **their timetable is ~ that we never see them** leur emploi du temps est tel que nous ne les voyons jamais; **she works in ~ a way that we can't keep up** elle travaille de telle façon que nous ne pouvons pas suivre. -**2.** [as intensifier] tel; **my accounts are in ~ a mess!** mes comptes sont dans un de ces états!; **she has ~ courage!** elle a un de ces courages!; **it's ~ a pity you can't come!** c'est tellement dommage que vous ne puissiez pas venir!; **you gave me ~ a scare!** tu m'as fait une de ces peurs!; ~ **tall buildings** des immeubles aussi hauts; ~ **a handsome man** un si bel homme; **she has ~ a nice voice!** elle a une si jolie voix!; **it's been ~ a long time since I've seen her** ça fait si longtemps que je ne l'ai pas vue; **I didn't realize it was ~ a long way** je ne me rendais pas compte que c'était si loin; **I've never read ~ beautiful poetry** je n'ai jamais lu de si belle poésie ‖ [followed by 'that']: **her grief was ~ that we feared for her sanity** son chagrin était tel que nous craignions pour sa santé mentale; **he was in ~ pain that he fainted** il souffrait tellement qu'il s'est évanoui.
◇ *pron*: ~ **is the power of the media** voilà ce que peuvent faire les médias; ~ **was the result** voilà quel était le résultat; ~ **were my thoughts last night** voilà où j'en étais hier soir; ~ **is life!** c'est la vie!
◆ **and such** *adv phr* et d'autres choses de ce genre OR de la sorte; **detective stories, thrillers and ~** des policiers, des romans à suspense et d'autres livres de ce genre OR de la sorte.
◆ **as such** *adv phr* [strictly speaking] en soi; [in that capacity] en tant que tel, à ce titre; **she doesn't get a salary as ~** elle n'a pas de véritable salaire OR pas de salaire à proprement parler; **have they offered you more money? — well, not as ~** vous ont-ils proposé plus d'argent? — pas véritablement; **they are not**

opposed to privatization as ~ ils ne sont pas opposés à la privatisation en soi OR à proprement parler; she's an adult and as ~ she has rights elle est majeure et en tant que telle elle a des droits.

◆ **such and such** *predet phr* tel; on ~ and ~ a date à telle date.

◆ **such as** *prep phr* tel que, comme; a country ~ as Germany un pays tel que OR comme l'Allemagne; films ~ as Fellini's les films tels que ceux de Fellini; I can think of lots of reasons — ~ as? je vois beaucoup de raisons — comme quoi par exemple?

◆ **such as it is, such as they are** *adv phr*: and this is my study, ~ as it is et voici ce que j'appelle mon bureau; I'll give you my opinion, ~ as it is je vais vous donner mon avis, prenez-le pour ce qu'il vaut; you're welcome to use my notes, ~ as they are je te prêterai mes notes avec plaisir, elles valent ce qu'elles valent.

suchlike ['sʌtʃlaɪk] ◇ *adj* semblable, pareil; and other ~ dishes et d'autres plats du même genre.

◇ *pron*: frogs, toads and ~ les grenouilles, les crapauds et autres animaux (du même genre).

suck [sʌk] ◇ *vt* -**1.** [with mouth] sucer; to ~ one's thumb sucer son pouce; he ~ed the end of his pencil thoughtfully il suçait pensivement le bout de son crayon; she was ~ing orange juice through a straw elle sirotait du jus d'orange avec une paille; he was ~ing a sweet il suçait un bonbon; ~ the poison out aspirez le poison ❑ to ~ sb dry prendre jusqu'à son dernier sou à qqn. -**2.** [pull] aspirer; the whirlpool ~ed him to the bottom le tourbillon l'a entraîné au fond; we found ourselves ~ed into an argument *fig* nous nous sommes trouvés entraînés dans une dispute.

◇ *vi* -**1.** [with mouth]: to ~ at OR on sthg sucer OR suçoter qqch; the child was ~ing at her breast l'enfant tétait son sein. -**2.** ▽ *Am* [be disgusting]: this town ~s! cette ville est dégueulasse! -**3.** ▽ *dated phr*: (ya boo) ~s to you! va te faire voir!

◇ *n* -**1.** [act of sucking - gen]: to have a ~ at sthg sucer OR suçoter qqch; he took a long ~ on his cigar il tira longuement sur son cigare ‖ [at breast] tétée *f*; to give ~ donner le sein, allaiter. -**2.** [force] aspiration *f*.

◆ **suck down** *vt sep* [subj: sea, quicksand, whirlpool] engloutir.

◆ **suck off▼** *vt sep* sucer, tailler une pipe à.

◆ **suck up** ◇ *vt sep* [subj: person] aspirer, sucer; [subj: vacuum cleaner, pump, machine] aspirer; [subj: porous surface] absorber.

◇ *vi insep inf*: to ~ up to sb lécher les bottes à qqn.

sucker ['sʌkə'] ◇ *n* -**1.** *inf* [dupe] pigeon *m*, gogo *m*; he's a real ~ c'est un vrai pigeon; I'm a ~ for chocolate je raffole du chocolat; you've been played for a ~ *Am* vous vous êtes fait rouler OR pigeonner; OK, ~, you asked for it OK, mec, tu l'auras voulu. -**2.** *Br* [suction cup or pad] ventouse *f*; there are rubber ~s on the end of the arrows il y a des ventouses au bout des flèches. -**3.** ZOOL [of insect] suçoir *m*; [of octopus, leech] ventouse *f*. -**4.** BOT drageon *m*. -**5.** *Am* [lollipop] sucette *f*.

◇ *vt* -**1.** HORT enlever les drageons de. -**2.** ▽ *Am* [dupe] refaire, pigeonner; she ~ed him out of $300 elle l'a refait de 300 dollars.

◇ *vi* BOT [plant] drageonner.

sucking pig ['sʌkɪŋ-] *n* cochon *m* de lait.

suckle ['sʌkl] ◇ *vt* -**1.** [child] allaiter, donner le sein à; [animal] allaiter. -**2.** *fig* [raise] élever.

◇ *vi* téter.

suckling ['sʌklɪŋ] *n* -**1.** [child] nourrisson *m*, enfant *m* encore au sein; [animal] animal *m* qui tète. -**2.** [act] allaitement *m*.

suckling pig = **sucking pig**.

sucrose ['su:krəuz] *n* saccharose *f*.

suction ['sʌkʃn] *n* succion *f*, aspiration *f*; it adheres by ~ ça fait ventouse.

suction pad *n* ventouse *f*.

suction pump *n* pompe *f* aspirante.

suction valve *n* clapet *m* OR soupape *f* d'aspiration.

Sudan [su:'dɑ:n] *pr n* Soudan *m*; in ~, in the ~ au Soudan.

Sudanese [,su:də'ni:z] (*pl inv*) ◇ *n* Soudanais *m*, -e *f*.

◇ *adj* soudanais.

Sudanic [su:'dænɪk] ◇ *adj* soudanais.

◇ *n* LING soudanais *m*.

sudden ['sʌdn] *adj* soudain, subit; a ~ twinge of remorse un remords subit; there was a ~ bend in the road il y avait un virage soudain; she had a ~ change of heart elle a soudainement OR subitement changé d'avis; this is all very ~! c'est plutôt inattendu!; ~ death *literal* mort *f* subite; GAMES & SPORT *jeu pour partager les ex aequo (où le premier point perdu, le premier but concédé etc, entraîne l'élimination immédiate)*.

◆ **all of a sudden** *adv phr* soudain, subitement tout d'un coup; I feel very cold all of a ~ j'ai très froid tout d'un coup.

sudden infant death syndrome *n* mort *f* subite du nourrisson.

suddenly ['sʌdnlɪ] *adv* soudainement, subitement, tout à coup; he died ~ in the night il est mort subitement dans la nuit.

suddenness ['sʌdnnɪs] *n* soudaineté *f*, caractère *m* subit OR imprévu; the ~ of the attack surprised us la soudaineté de l'attaque nous a surpris.

sudorific [,su:də'rɪfɪk] ◇ *adj* sudorifique.

◇ *n* sudorifique *m*.

suds [sʌdz] *npl* -**1.** [foam] mousse *f*; [soapy water] eau *f* savonneuse. -**2.** *inf Am* [beer] bière *f*.

sudsy ['sʌdzɪ] (*compar* sudsier, *superl* sudsiest) *adj* [foamy] mousseux; [soapy] savonneux.

sue [su:] ◇ *vt* poursuivre en justice, intenter un procès à; to ~ sb for OR over sthg poursuivre qqn en justice pour qqch; he ~d the factory for damages il a poursuivi l'usine pour obtenir des dommages et intérêts; to be ~d for damages/libel être poursuivi en dommages-intérêts/en diffamation; she's suing him for divorce elle a entamé une procédure de divorce.

◇ *vi* -**1.** JUR intenter un procès, engager des poursuites; she threatened to ~ for libel elle a menacé d'intenter un procès en diffamation; he's suing for divorce il a entamé une procédure de divorce. -**2.** *fml* [solicit]: to ~ for solliciter; to ~ for peace solliciter la paix.

suede [sweɪd] ◇ *n* daim *m*, suède *m spec*.

◇ *comp* [jacket, purse, shoes] en OR de daim; [leather] suédé.

suedette [swer'det] *n* suédine *f*.

suet ['sʊɪt] *n* graisse *f* de rognon.

suet pudding *n sorte de pudding sucré ou salé à base de farine et de graisse de bœuf.*

Suez ['sʊɪz] *pr n* Suez; the ~ Canal le canal de Suez; the ~ crisis l'affaire du canal de Suez.

suffer ['sʌfə'] ◇ *vi* -**1.** [feel pain] souffrir; to ~ in silence souffrir en silence; I'll make you ~ for this! *fig* tu vas me payer ça!, je te revaudrai ça! -**2.** [be ill, afflicted] souffrir; to ~ from [serious disease] souffrir de; [cold, headache] avoir; to ~ from rheumatism souffrir de OR avoir des rhumatismes; to ~ from diabetes être diabétique; he's still ~ing from the effects of the anaesthetic il ne s'est pas encore tout à fait remis des suites de l'anesthésie; to ~ from a speech defect avoir un défaut de prononciation; they're still ~ing from shock ils sont encore sous le choc; she ~s from an inferiority complex elle fait un complexe d'infériorité. -**3.** [be affected]: it's the children who ~ in a marriage break-up ce sont les enfants qui souffrent lors d'une séparation; the low-paid will be the first to ~ les petits salaires seront les premiers touchés; to ~ from subir; the schools ~ from a lack of funding les établissements scolaires manquent de crédits. -**4.** [deteriorate] souffrir, se détériorer; her health is ~ing under all this stress sa santé se ressent de tout ce stress; the business really ~ed when he left l'affaire a beaucoup souffert de son départ; in the wake of government cutbacks, safety standards are beginning to ~ la sécurité commence à se ressentir OR à souffrir des réductions effectuées par le gouvernement.

◇ *vt* -**1.** [experience - pain, thirst] souffrir de; [- hardship] souffrir, subir; she ~ed a lot of pain elle a beaucoup souffert; I ~ed agonies! *inf* j'ai souffert le martyre!; our scheme has ~ed a serious setback notre projet a subi OR essuyé un grave revers; you'll have to ~ the consequences vous devrez en subir les conséquences; his popularity ~ed a decline sa cote de popularité a baissé. -**2.** [stand, put up with] tolérer, supporter; I won't ~ him another minute je ne le supporterai pas une minute de plus; he doesn't ~ fools gladly il ne tolère pas les imbéciles. -**3.** *lit* [allow] permettre, souffrir *lit*; to ~ sb to do sthg souffrir que qqn fasse qqch; ~ the little children to come unto me BIBLE laissez venir à moi les petits enfants.

sufferance ['sʌfrəns] *n* -**1.** [tolerance] tolérance *f*; on ~ par tolérance; remember you are only here on ~ n'oubliez pas que votre présence ici n'est que tolérée OR est tout juste tolérée. -**2.** [endurance] endurance *f*, résistance *f*. -**3.** [suffering] souffrance *f*.

sufferer ['sʌfrə'] *n* malade *mf*, victime *f*; ~s from heart disease les personnes cardiaques; a polio ~ un polio; good news for arthritis ~s une bonne nouvelle pour les personnes sujettes à l'arthrite OR qui souffrent d'arthrite.

suffering ['sʌfrɪŋ] ◇ *n* souffrance *f*, souffrances *fpl*; war causes great ~ la guerre est cause de nombreuses souffrances; all their ~s have been unnecessary toutes leurs souffrances ont été inutiles.

◇ *adj* souffrant, qui souffre.

suffice [sə'faɪs] ◇ *vi fml* suffire, être suffisant; will some bread and soup ~? du pain et de la soupe seront-ils suffisants?; ~ it to say (that) she's overjoyed inutile de dire qu'elle est ravie.

◇ *vt* suffire à, satisfaire; empty promises will not ~ him il ne se contentera pas de vaines promesses.

sufficiency [sə'fɪʃnsɪ] (*pl* sufficiencies) *n* quantité *f* suffisante; the country already had a ~ of oil le pays avait déjà suffisamment de pétrole OR du pétrole en quantité suffisante.

sufficient [sə'fɪʃnt] *adj* -**1.** [gen] suffisant; there's ~ food for everyone il y a assez OR suffisamment à manger pour tout le monde; have you had ~ to eat? avez-vous mangé à votre faim?; three will be quite ~ for our needs trois nous suffiront amplement; we don't have ~ evidence to convict them nous ne disposons pas d'assez de preuves pour les inculper. -**2.** PHILOS suffisant; a ~ condition une condition suffisante.

sufficiently [sə'fɪʃntlɪ] *adv* suffisamment, assez; it's ~ strong to withstand your weight c'est assez solide pour supporter votre poids; a ~ large quantity une quantité suffisante.

suffix ['sʌfɪks] ◇ *n* suffixe *m*.

◇ *vt* suffixer.

suffocate ['sʌfəkeɪt] ◇ *vi* -**1.** [die] suffoquer, étouffer, s'asphyxier. -**2.** [be hot, lack fresh air] suffoquer, étouffer; open the window, I'm suffocating! ouvre la fenêtre, j'étouffe! -**3.** *fig* [with anger, emotion etc] s'étouffer, suffoquer.

◇ *vt* -**1.** [kill] suffoquer, étouffer, asphyxier. -**2.** *fig* [repress, inhibit] étouffer, suffoquer.

suffocating ['sʌfəkeɪtɪŋ] *adj* -**1.** [heat, room] suffocant, étouffant; [smoke, fumes] asphyxiant, suffocant. -**2.** *fig* étouffant.

suffocation [,sʌfə'keɪʃn] *n* suffocation *f*, étouffement *m*, asphyxie *f*; to die from ~ mourir asphyxié.

suffragan ['sʌfrəgən] ◇ *n*: ~ (bishop) (évêque *m*) suffragant *m*.

◇ *adj* suffragant.

suffrage ['sʌfrɪdʒ] *n* -**1.** [right to vote] droit *m* de suffrage OR de vote; universal ~ suffrage *m* universel; **women's ~** le droit de vote pour les femmes. -**2.** *fml* [vote] suffrage *m*, vote *m*.

suffragette [ˌsʌfrəˈdʒet] *n* suffragette *f*.

THE SUFFRAGETTES:
Militantes britanniques réclamant le droit de vote pour les femmes au début du XXe siècle. Menées par Emmeline Pankhurst, elles mirent en œuvre des moyens (manifestations, interruptions de meetings, attentats, incendies criminels, grèves de la faim) qui eurent finalement raison du Premier ministre Asquith, lequel fit adopter par le Parlement, en 1917, un projet de loi accordant le droit de vote à certaines catégories de femmes (les femmes mariées, les femmes au foyer et les femmes diplômées âgées d'au moins 30 ans). En 1928, une nouvelle loi étendit ce droit à toutes les femmes.

suffuse [səˈfjuːz] *vt* (*usu pass*) se répandre sur, baigner; **~d with light** inondé de lumière; **the sky was ~d with red** le ciel était tout empourpré.

Sufi [ˈsuːfɪ] *n* soufi *m*, çoufi *m*.

Sufism [ˈsuːfɪzm] *n* soufisme *m*.

sugar [ˈʃʊgəʳ] ◇ *n* -**1.** [gen & CHEM] sucre *m*; **how many ~s?** combien de sucres?; **I don't take ~** je ne prends pas de sucre; **blood ~** glycémie *f*. -**2.** *inf Am* [to a man] mon chéri; [to a woman] ma chérie.
◇ *vt* sucrer.
◇ *interj inf*: **oh ~!** mince alors!

sugar basin *n Br* sucrier *m*.

sugar beet *n* betterave *f* sucrière OR à sucre.

sugar bowl *n* sucrier *m*; **the Sugar Bowl** *Am* SPORT *tournoi de football américain de La Nouvelle-Orléans.*

sugar candy *n* sucre *m* candi.

sugarcane [ˈʃʊgəkeɪn] *n* canne *f* à sucre.

sugar-coated *adj* dragéifié; **~ pill** comprimé *m* dragéifié; **~ almonds** dragées *fpl*.

sugar cube *n* morceau *m* de sucre.

sugar daddy *inf n* vieux protecteur *m*.

sugared [ˈʃʊgəd] *adj* -**1.** *literal* sucré. -**2.** *fig* mielleux, doucereux; **he spoke in ~ tones** il parlait d'un ton mielleux OR doucereux.

sugared almond *n* dragée *f*.

sugar-free *adj* sans sucre.

sugarless [ˈʃʊgəlɪs] *adj* sans sucre.

sugarloaf [ˈʃʊgələʊf] (*pl* **sugarloaves** [-ləʊvz]) *n* pain *m* de sucre.

sugar lump *n* morceau *m* de sucre.

sugar maple *n* érable *m* à sucre.

sugar pea *n* mange-tout *m inv*.

sugarplum [ˈʃʊgəplʌm] *n* [candied plum] prune *f* confite; [boiled sweet] bonbon *m*.

sugar shaker *n* saupoudreuse *f* (à sucre).

sugary [ˈʃʊgərɪ] *adj* -**1.** [drink, food] (très) sucré; [taste] sucré. -**2.** [manner, tone] mielleux, doucereux; **~ sentimentality** mièvrerie *f*.

suggest [səˈdʒest] *vt* -**1.** [propose, put forward] suggérer, proposer; **I ~ (that) we do nothing for the moment** je suggère OR je propose que nous ne fassions rien pour l'instant; **he ~ed that the meeting be held next Tuesday** il a proposé de fixer la réunion à mardi prochain; **a new plan ~ed itself** un nouveau plan s'est dessiné; **this, I ~, is how it happened** voici, à mon avis, comment c'est arrivé. -**2.** [recommend] proposer, conseiller, recommander; **who do you ~ for the job?** qui suggérez-vous pour cette tâche? -**3.** [imply, insinuate] suggérer; **just what are you ~ing?** que voulez-vous dire par là?, qu'allez-vous insinuer là?; **are you ~ing that I might be wrong?** suggérez-vous que je pourrais avoir tort? -**4.** [indicate, point to] suggérer, laisser supposer; **recent studies ~ that radiation may be the cause** des études récentes semblent indiquer que le problème est dû à des radiations. -**5.** [evoke] suggérer, évoquer; **what does this picture ~ to you?** qu'est-ce que ce tableau évoque pour vous?, à quoi ce tableau vous fait-il penser?

suggestibility [səˌdʒestəˈbɪlətɪ] *n* suggestibilité *f*.

suggestible [səˈdʒestəbl] *adj* suggestible.

suggestion [səˈdʒestʃn] *n* -**1.** [proposal] suggestion *f*, proposition *f*; **may I make** OR **offer a ~?** puis-je faire une suggestion?; **if nobody has any other ~s, we'll move on** si personne n'a rien d'autre à suggérer OR à proposer, nous allons passer à autre chose; **we are always open to ~s** toute suggestion est la bienvenue; **there's never been any ~ before of the rules being changed** jusqu'à présent, il n'a jamais été question de modifier le règlement ❑ **'serving ~'** 'suggestion de présentation'. -**2.** [recommendation] conseil *m*, recommandation *f*; **at her doctor's ~ she stayed in bed** suivant le conseil de son médecin, elle est restée au lit; **their ~ is that we stop work immediately** ils proposent que nous arrêtions le travail immédiatement. -**3.** [indication] indication *f*; **her expression gave no ~ of what she was really thinking** son expression ne donnait aucune indication sur OR ne laissait rien paraître de ce qu'elle pensait vraiment. -**4.** [trace, hint] soupçon *m*, trace *f*; **with just a ~ of irony** avec un soupçon d'ironie. -**5.** [implication] suggestion *f*, implication *f*; **there is no ~ of negligence on the part of the parents** rien ne laisse penser qu'il y ait eu négligence de la part des parents. -**6.** PSYCH suggestion *f*; **the power of ~** le pouvoir de suggestion.

suggestive [səˈdʒestɪv] *adj* -**1.** [indicative, evocative] suggestif; **his sculptures are ~ of natural forms** ses sculptures rappellent OR évoquent des formes naturelles. -**2.** [erotic] suggestif.

suggestively [səˈdʒestɪvlɪ] *adv* de façon suggestive.

suicidal [sʊɪˈsaɪdl] *adj* suicidaire; **~ tendencies** des tendances *fpl* suicidaires; **I was feeling ~** j'avais envie de me tuer; **to stop now would be ~** ce serait un suicide de s'arrêter maintenant.

suicide [ˈsʊɪsaɪd] ◇ *n* [act] suicide *m*; **to commit ~** se suicider; **an attempted ~** une tentative de suicide; **privatization would be financial ~** la privatisation représenterait un véritable suicide financier.
◇ *comp* [mission, plane, squad] suicide; [attempt, bid, pact] de suicide; **~ note** lettre *f* (*que l'on laisse quand on se suicide*).

suit [suːt] ◇ *n* -**1.** [outfit - for men] costume *m*, complet *m*; [- for women] tailleur *m*; [- for particular activity] combinaison *f*; **he came in a ~ and tie** il est venu en costume-cravate; **the workers wear protective ~s** les ouvriers portent des combinaisons de protection; **~ of clothes** tenue *f*; **~ of armour** armure *f* complète. -**2.** [complete set] jeu *m*; **a ~ of sails** un jeu de voiles. -**3.** [in card games] couleur *f*; **long** OR **strong ~** couleur forte; **generosity is not his strong ~** *fig* la générosité n'est pas vraiment son (point) fort. -**4.** JUR [lawsuit] action *f*, procès *m*; **to bring** OR **to file a ~ against sb** intenter un procès à qqn, poursuivre qqn en justice; **criminal ~** action au pénal. -**5.** *fml* [appeal] requête *f*, pétition *f*; *lit* [courtship] cour *f*; **to pay ~ to sb** faire la cour à qqn.
◇ *vt* -**1.** [be becoming to - subj: clothes, colour] aller à; **black really ~s her** le noir lui va à merveille. -**2.** [be satisfactory or convenient to] convenir à, arranger; **Tuesday ~s me best** c'est mardi qui me convient OR qui m'arrange le mieux; **their relaxed approach ~s me fine** leur attitude décontractée me convient tout à fait ❑ **that ~s me to a T** *inf* OR **down to the ground** *inf* ça me va au poil; **~ yourself!** *inf* faites ce qui vous chante! -**3.** [agree with] convenir à, aller à, réussir à; **life in the country obviously ~s her** de toute évidence, la vie à la campagne lui convient OR lui réussit. -**4.** [be appropriate] convenir à, aller à, être fait pour; **clothes to ~ all tastes** des vêtements pour tous les goûts; **the role ~s her perfectly** le rôle lui va comme un gant. -**5.** [adapt] adapter, approprier; **he tries to ~ his act to his audience** il essaie d'adapter son numéro à son public; **to ~ the action to the word** joindre le geste à la parole.
◇ *vi* [be satisfactory] convenir, aller; **will that date ~?** cette date vous convient-elle OR est-elle à votre convenance?
◆ **suit up** *vi insep* [dress - diver, pilot, astronaut etc] mettre sa combinaison.

suitability [ˌsuːtəˈbɪlətɪ] *n* [of clothing] caractère *m* approprié; [of behaviour, arrangements] caractère *m* convenable; [of act, remark] à-propos *m*, pertinence *f*; [of time, place] opportunité *f*; **they doubt his ~ for the post** ils ne sont pas sûrs qu'il soit fait pour ce poste; **they're worried about the film's ~ for younger audiences** ils ont peur que le film ne convienne pas à un public jeune.

suitable [ˈsuːtəbl] *adj* -**1.** [convenient] approprié, adéquat; **will that day be ~ for you?** cette date-là vous convient-elle?; **afternoons aren't ~** ça n'est pas possible l'après-midi. -**2.** [appropriate - gen] qui convient; [- clothing] approprié, adéquat; [- behaviour] convenable; [- act, remark] approprié, pertinent; [- time, place] propice; **~ for all occasions** qui convient dans toutes les occasions; **'not ~ for children'** 'réservé aux adultes'; **this is hardly a ~ time for a heart to heart** ce n'est pas vraiment le bon moment pour se parler à cœur ouvert; **the most ~ candidate for the post** le candidat le plus apte à occuper ce poste; **the house is not ~ for a large family** la maison ne conviendrait pas à une famille nombreuse; **the stage was not considered a ~ career for a woman** le théâtre n'était pas considéré comme un métier convenable pour une femme.

suitably [ˈsuːtəblɪ] *adv* [dress] de façon appropriée; [behave] convenablement, comme il faut; **he was ~ equipped for his trip** il était convenablement équipé pour son voyage; **I tried to look ~ surprised** j'ai essayé d'adopter une expression de surprise || [as intensifier]: **he was ~ impressed** il a été plutôt impressionné.

suitcase [ˈsuːtkeɪs] *n* valise *f*; **I've been living out of a ~ for the last month** ça fait un mois que je n'ai pas défait mes valises.

suite [swiːt] *n* -**1.** [rooms] suite *f*, appartement *m*; **a ~ of rooms** une enfilade de pièces; **the bridal ~** la suite réservée aux jeunes mariés. -**2.** [furniture] mobilier *m*; **bedroom ~** chambre *f* à coucher. -**3.** MUS suite *f*; **a cello ~** une suite pour violoncelle; **'The Firebird Suite'** *Stravinsky* 'l'Oiseau de feu'. -**4.** [staff, followers] suite *f*. -**5.** COMPUT ensemble *m* (de programmes), progiciel *m*.

suited [ˈsuːtɪd] *adj* -**1.** [appropriate] approprié; **he's not ~ to teaching** il n'est pas fait pour l'enseignement; **she's ideally ~ for the job** ce travail lui convient tout à fait. -**2.** [matched] assorti; **they are well ~ (to each other)** ils sont faits l'un pour l'autre, ils sont bien assortis.

suiting [ˈsuːtɪŋ] *n* tissu *m* de confection.

suitor [ˈsuːtəʳ] *n* -**1.** *dated* [wooer] amoureux *m*, soupirant *m*. -**2.** JUR plaignant *m*, -e *f*.

Sulawesi [ˌsuːləˈweɪsɪ] *pr n* Sulawesi; **in ~** à Sulawesi.

Suleiman [ˌsuːleɪˈmɑːn] *pr n*: **~ the Magnificent** Soliman le Magnifique.

sulfa drug *Am* = **sulpha drug**.

sulfate *Am* = **sulphate**.

sulfide *Am* = **sulphide**.

sulfonamide *Am* = **sulphonamide**.

sulfur *etc Am* = **sulphur**.

sulk [sʌlk] ◇ *vi* bouder, faire la tête; **there's no need to ~!** (ce n'est) pas la peine de faire la tête!
◇ *n* bouderie *f*; **to have a ~** OR **(a fit of) the ~s** faire la tête.

sulkily [ˈsʌlkɪlɪ] *adv* [act] en boudant, d'un air maussade; [answer] d'un ton maussade.

sulkiness [ˈsʌlkɪnɪs] *n* [mood] bouderie *f*, humeur *f* maussade; [temperament] caractère *m* boudeur OR maussade.

sulky [ˈsʌlkɪ] (*compar* **sulkier**, *superl* **sulkiest**, *pl* **sulkies**) ◇ *adj* [person, mood] boudeur, maussade; **now, don't go all ~ on me!** allez, pas la peine de me faire la tête!
◇ *n* sulky *m*.

sullen ['sʌlən] *adj* -**1.** [person, behaviour, appearance, remark] maussade, renfrogné. -**2.** [clouds] menaçant.
sullenly ['sʌlənlɪ] *adv* [behave] d'un air maussade OR renfrogné; [answer, say, refuse] d'un ton maussade; [agree, obey] de mauvaise grâce, à contre-cœur.
sullenness ['sʌlənnɪs] *n* [temperament] humeur *f* maussade; [of appearance] air *m* renfrogné.
sully ['sʌlɪ] (*pt* & *pp* sullied) *vt* -**1.** [dirty] souiller. -**2.** *fig* [reputation] ternir.
sulpha drug *Br*, **sulfa drug** *Am* ['sʌlfə-] *n* sulfamide *m*.
sulphate *Br*, **sulfate** *Am* ['sʌlfeɪt] *n* sulfate *m*; copper/zinc ~ sulfate de cuivre/de zinc.
sulphide *Br*, **sulfide** *Am* ['sʌlfaɪd] *n* sulfure *m*; to treat sthg with ~ sulfurer qqch; hydrogen ~ sulfure d'hydrogène, hydrogène *m* sulfuré.
sulphite *Br*, **sulfite** *Am* ['sʌlfaɪt] *n* sulfite *m*.
sulphonamide *Br*, **sulfonamide** *Am* [sʌl'fɒnəmaɪd] *n* sulfonamide *m*, sulfamide *m*.
sulphur *Br*, **sulfur** *Am* ['sʌlfə^r] *n* soufre *m*.
sulphur dioxide *n* dioxyde *m* de soufre, anhydride *m* sulfureux.
sulphuric *Br*, **sulfuric** *Am* [sʌl'fjʊərɪk] *adj* sulfurique; ~ acid acide *m* sulfurique.
sulphurous *Br*, **sulfurous** *Am* ['sʌlfərəs] *adj literal* & *fig* sulfureux.
sultan ['sʌltən] *n* sultan *m*.
sultana [səl'tɑːnə] *n* -**1.** *Br* [raisin] raisin *m* de Smyrne; ~ cake gâteau *m* aux raisins de Smyrne. -**2.** [woman] sultane *f*.
sultanate ['sʌltənət] *n* sultanat *m*.
sultriness ['sʌltrɪnɪs] *n* -**1.** [of weather] chaleur *f* étouffante. -**2.** [sensuality] sensualité *f*.
sultry ['sʌltrɪ] (*compar* sultrier, *superl* sultriest) *adj* -**1.** [weather] lourd; [heat] étouffant, suffocant. -**2.** [person, look, smile] sensuel; [voice] chaud, sensuel.
sum [sʌm] (*pt* & *pp* summed, *cont* summing) ◇ *n* -**1.** [amount of money] somme *f*; it's going to cost us a considerable ~ (of money) ça va nous coûter beaucoup d'argent OR très cher. -**2.** [total] total *m*, somme *f*; a good orchestra is greater than the ~ of its parts un bon orchestre est plus que la somme de ses membres. -**3.** [arithmetical operation] calcul *m*; to do ~s *Br* faire du calcul; he's very weak at ~s *Br* il est très faible en calcul; I tried to do the ~ in my head j'ai essayé de faire le calcul de tête. -**4.** [gist] somme *f*; in ~ en somme, somme toute; the ~ and substance of her argument les grandes lignes de son raisonnement.
◇ *vt* [add] additionner, faire le total de; [calculate] calculer.
◆ **sum up** ◇ *vt sep* -**1.** [summarize] résumer, récapituler; one word ~s the matter up un mot suffit à résumer la question. -**2.** [size up] jauger; he summed us up immediately il nous a jaugés OR classés sur-le-champ; I summed up the situation at a glance un simple coup d'œil m'a suffi pour jauger la situation.
◇ *vi insep* [gen] récapituler, faire un résumé; JUR [judge] résumer.
sumac(h) ['ʃuːmæk] ◇ *n* sumac *m*.
◇ *adj* sumérien.
Sumatra [sʊ'mɑːtrə] *pr n* Sumatra; in ~ à Sumatra.
Sumatran [sʊ'mɑːtrən] ◇ *n* Sumatranais *m*, -e *f*.
◇ *adj* sumatranais.
Sumer ['suːmə^r] *pr n* Sumer.
Sumerian [suː'mɪərɪən] ◇ *n* -**1.** [person] Sumérien *m*, -enne *f*. -**2.** LING sumérien *m*.
◇ *adj* sumérien.
summa cum laude ['sʌmə,kʊm'laʊdeɪ] *adj* & *adv* *Am* avec les plus grands honneurs; to graduate ~ obtenir un diplôme avec mention très honorable.
summarily ['sʌmərəlɪ] *adv* sommairement; they were ~ dismissed without any explanation on les a sommairement OR tout simplement congédiés sans plus d'explications.
summarize, -ise ['sʌməraɪz] *vt* résumer.
summary ['sʌmərɪ] (*pl* summaries) ◇ *n* -**1.** [synopsis - of argument, situation] résumé *m*, récapitulation *f*; [- of book, film] résumé *m*; he gave us a brief ~ of the situation il nous a donné un bref résumé de la situation; there is a news ~ every hour il y a un court bulletin d'information toutes les heures. -**2.** [written list] sommaire *m*, résumé *m*; FIN [of accounts] relevé *m*.
◇ *adj* [gen & JUR] sommaire.
summary offence *n* infraction *f* mineure, délit *m*.
summat *inf* ['sʌmət] *Br dial* = **something**.
summation [sʌ'meɪʃn] *n* -**1.** [addition] addition *f*; [sum] somme *f*, total *m*. -**2.** [summary] récapitulation *f*, résumé *m*; the book is a ~ of her life's work ce livre constitue une récapitulation de l'œuvre de sa vie.
summer ['sʌmə^r] ◇ *n* -**1.** [season] été *m*; in (the) ~ en été; in the ~ of 1942 pendant OR au cours de l'été 1942; they spend every ~ at the seaside ils passent tous leurs étés au bord de la mer; we've had a good ~ [good weather] on a eu un bel été; [profitable tourist season] la saison était bonne. -**2.** *lit* [year of age]: a youth of 15 ~s un jeune homme de 15 printemps. -**3.** *fig* [high point] apogée *m*.
◇ *comp* [clothes, residence, day, holidays] d'été; [heat, sports] estival.
◇ *vi* passer l'été.
◇ *vt* [cattle, sheep] estiver.
summer camp *n* *Am* colonie *f* de vacances.
summerhouse ['sʌməhaʊs, *pl* -haʊzɪz] *n* *Br* pavillon *m* (de jardin).
summer pudding *n* *Br pudding composé d'une compote de fruits rouges enveloppée de pain ou de biscuit.*
summersault ['sʌməsɔːlt] = **somersault**.
summer school *n* stage *m* d'été.
summer solstice *n* solstice *m* d'été.
summer squash *n* *Am* courgette *f* jaune.
summer term *n* troisième trimestre *m*.
summertime ['sʌmətaɪm] *n* [season] été *m*; in the ~ en été.
◆ **summer time** *n* heure *f* d'été; British Summer Time heure d'été britannique.
summerweight ['sʌməweɪt] *adj* léger, d'été.
summery ['sʌmərɪ] *adj* d'été.
summing-up [,sʌmɪŋ-] (*pl* summings-up) *n* [gen] résumé *m*, récapitulation *f*; JUR résumé *m*.
summit ['sʌmɪt] ◇ *n* -**1.** [peak - of mountain] sommet *m*, cime *f*; [- of glory, happiness, power] apogée *m*, summum *m*. -**2.** POL [meeting] sommet *m*.
◇ *comp* [talks, agreement] au sommet.
summit conference *n* (conférence *f* au) sommet *m*.
summon ['sʌmən] *vt* -**1.** [send for - person] appeler, faire venir; [- help] appeler à, requérir; we were ~ed to his presence nous fûmes appelés auprès de lui. -**2.** [convene] convoquer; to ~ a meeting convoquer une réunion. -**3.** JUR citer, assigner; to ~ sb to appear in court citer qqn en justice; the court ~ed her as a witness la cour l'a citée comme témoin. -**4.** [muster - courage, strength] rassembler, faire appel à; he couldn't ~ enough courage to ask her out il n'a pas trouvé le courage nécessaire pour lui demander de sortir avec lui. -**5.** *fml* [order] sommer, ordonner à; she ~ed us in/up elle nous a sommés OR ordonné d'entrer/de monter.
◆ **summon up** *vt sep* -**1.** [courage, strength] rassembler, faire appel à; she ~ed up her courage to ask him elle a pris son courage à deux mains pour lui poser la question; I'll be there if I can ~ up the energy j'y serai si j'arrive à rassembler suffisamment d'énergie. -**2.** [help, support] réunir, faire appel à; I can't ~ up much interest in this plan je n'arrive pas à m'intéresser beaucoup à ce projet. -**3.** [memories, thoughts] évoquer. -**4.** [spirits] rassembler (ses esprits).
summons ['sʌmənz] (*pl* summonses) ◇ *n* -**1.** JUR citation *f*, assignation *f*; he received OR got a ~ for speeding il a reçu une citation à comparaître en justice pour excès de vitesse; to take out a ~ against sb faire assigner qqn en justice. -**2.** [gen] convocation *f*. -**3.** MIL sommation *f*; the town received a ~ to surrender les habitants de la ville furent sommés de se rendre.
◇ *vt* JUR citer OR assigner (à comparaître); she was ~ed to testify elle a été citée à comparaître en tant que témoin.
sumo ['suːməʊ] ◇ *n* sumo *m*.
◇ *comp*: ~ wrestler lutteur *m* de sumo; ~ wrestling sumo *m*.
sump [sʌmp] *n* -**1.** TECH puisard *m*; *Br* AUT carter *m*. -**2.** [cesspool] fosse *f* d'aisances.
sump oil *n* *Br* huile *f* de carter.
sumptuous ['sʌmptʃʊəs] *adj* somptueux.
sumptuously ['sʌmptʃʊəslɪ] *adv* somptueusement.
sumptuousness ['sʌmptʃʊəsnɪs] *n* somptuosité *f*.
sum total *n* totalité *f*, somme *f* totale; the report contains the ~ of research in the field ce rapport contient tous les résultats de la recherche en ce domaine; that is the ~ of our knowledge voilà à quoi se résume tout ce que nous savons.
sun [sʌn] (*pt* & *pp* sunned, *cont* sunning) ◇ *n* soleil *m*; the ~ is shining le soleil brille, il y a du soleil; the ~ is rising/setting le soleil se lève/se couche; the ~ is in my eyes j'ai le soleil dans les yeux; I can't stay in the ~ for very long je ne peux pas rester très longtemps au soleil; she's caught the ~ elle a attrapé un coup de soleil; the living room gets the ~ in the afternoon le salon est ensoleillé l'après-midi; to take a photograph into the ~ prendre une photo à contre-jour ❑ a place in the ~ une place au soleil; under the ~: I've tried everything under the ~ j'ai tout essayé; she called him all the names under the ~ elle l'a traité de tous les noms; there's nothing new under the ~ il n'y a rien de nouveau sous le soleil; 'The Sun Also Rises' *Hemingway* 'le Soleil se lève aussi'; The Sun PRESS *quotidien britannique à sensation*; Sun reader lecteur du Sun *(typique de la droite populaire)*.
◇ *vt*: to ~ o.s. [person] prendre le soleil, se faire bronzer; [animal] se chauffer au soleil.
Sun. (*written abbr of* Sunday) dim.
sunbaked ['sʌnbeɪkt] *adj* desséché par le soleil.
sunbath ['sʌnbɑːθ, *pl* -bɑːðz] *n* bain *m* de soleil.
sunbathe ['sʌnbeɪð] ◇ *vi* prendre un bain de soleil, se faire bronzer.
◇ *n* *Br* bain *m* de soleil.
sunbather ['sʌnbeɪðə^r] *n personne qui prend un bain de soleil*; hundreds of ~s converged on the beach des centaines de gens se dirigeaient vers la plage pour aller s'étendre au soleil.
sunbathing ['sʌnbeɪðɪŋ] *n (U)* bains *mpl* de soleil.
sunbeam ['sʌnbiːm] *n* rayon *m* de soleil.
sunbed ['sʌnbed] *n* [in garden, on beach] lit *m* pliant; [with tanning lamps] lit *m* à ultra-violets.
sunbelt ['sʌnbelt] *n* *Am*: the ~ OR Sunbelt les États du sud des États-Unis.
sunblind ['sʌnblaɪnd] *n* *Br* store *m*.
sun block *n* écran *m* total.
sunbonnet ['sʌn,bɒnɪt] *n* capeline *f*.
sunburn ['sʌnbɜːn] *n* coup *m* de soleil.
sunburnt ['sʌnbɜːnt], **sunburned** ['sʌnbɜːnd] *adj* brûlé par le soleil; I get ~ easily j'attrape facilement des coups de soleil.
sunburst ['sʌnbɜːst] *n* -**1.** [through clouds] rayon *m* de soleil. -**2.** [pattern] soleil *m*; [brooch] broche *f* en forme de soleil; a ~ clock une pendule soleil.
sun-cured [-kjʊəd] *adj* séché au soleil.
sundae ['sʌndeɪ] *n coupe de glace aux fruits et à la crème chantilly.*

Sunda Islands ['sʌndə-] *pl pr n*: the ~ les îles *fpl* de la Sonde; in the ~ dans les îles de la Sonde.
sun dance *n* danse *f* du soleil.
Sunday ['sʌndɪ] ◇ *n* -**1.** [day] dimanche *m*; 'Sunday, Bloody Sunday' *Schlesinger* 'Un dimanche comme les autres'. -**2.** *Br* [newspaper]: the ~s les journaux *mpl* du dimanche.
◇ *comp* [clothes, newspaper, driver, painter] du dimanche; [peace, rest, mass] dominical; the ~ roast OR joint *plat dominical traditionnellement composé d'un rôti de boeuf chaud, de légumes et de sauce.*

SUNDAY PAPERS:
Les principaux hebdomadaires britanniques paraissant le dimanche sont les suivants:
the Independent on Sunday;
the Mail on Sunday (tendance conservatrice);
the News of the World (à sensation);
the Observer (tendance centre-gauche);
the People (à sensation);
the Sunday Express (tendance conservatrice);
the Sunday Mirror (tendance centre-gauche);
the Sunday Telegraph (tendance conservatrice);
the Sunday Times (tendance conservatrice).

Sunday best *n* vêtements *mpl* du dimanche; they were dressed in their ~ ils étaient tout endimanchés, ils avaient mis leurs vêtements du dimanche.
Sunday school *n* ≃ catéchisme *m*.
sun deck *n* [of house] véranda *f*, terrasse *f*; NAUT pont *m* supérieur OR promenade.
sunder ['sʌndəʳ] *arch* ◇ *vt* séparer, briser.
◇ *n*: in ~ en morceaux.
sundial ['sʌndaɪəl] *n* cadran *m* solaire.
sundown ['sʌndaʊn] *n* coucher *m* du soleil; at ~ au coucher du soleil.
sundowner *inf* ['sʌndaʊnəʳ] *n* [drink] verre *m* *(qu'on prend le soir)*.
sundrenched ['sʌndrentʃt] *adj* inondé de soleil.
sundress ['sʌndres] *n* bain *m* de soleil *(robe)*.
sun-dried *adj* séché au soleil.
sundry ['sʌndrɪ] ◇ *adj* divers, différent.
◇ *pron*: all and ~ were having a good time tout le monde s'amusait bien; she told all and ~ about it elle l'a raconté à qui voulait l'entendre.
◆ **sundries** *npl* articles *mpl* divers.
sunfast ['sʌnfɑːst] *adj* qui ne se décolore pas au soleil.
sunfish ['sʌnfɪʃ] (*pl inv* OR **sunfishes**) *n* poisson-lune *m*, môle *f*.
sunflower ['sʌn,flaʊəʳ] ◇ *n* tournesol *m*, soleil *m*.
◇ *comp* [oil, seed] de tournesol; the Sunflower State *Am* le Kansas.
sung [sʌŋ] ◇ *pp* → **sing**.
◇ *adj*: ~ mass messe *f* chantée.
sunglasses ['sʌn,glɑːsɪz] *npl* lunettes *fpl* de soleil.
sunglow ['sʌnglәʊ] *n embrasement de l'horizon au moment du coucher ou du lever du soleil.*
sun god *n* dieu *m* solaire, dieu-soleil *m*.
sunhat ['sʌnhæt] *n* chapeau *m* de soleil.
sunk [sʌŋk] ◇ *pp* → **sink**.
◇ *adj inf* fichu; if she catches us, we're ~ si elle nous surprend, on est fichus.
sunken ['sʌŋkən] *adj* -**1.** [boat, rock] submergé; [garden] en contrebas; [bathtub] encastré (au ras du sol). -**2.** [hollow - cheeks] creux, affaissé; [- eyes] creux.
sunk fence *n* saut-de-loup *m*.
Sun King *pr n* HIST: the ~ le Roi-Soleil.
sunlamp ['sʌnlæmp] *n* lampe *f* à rayons ultraviolets OR à bronzer.
sunless ['sʌnlɪs] *adj* sans soleil.
sunlight ['sʌnlaɪt] *n* (lumière *f* du) soleil *m*; in the ~ au soleil.
sunlit ['sʌnlɪt] *adj* ensoleillé.
sun lotion *n* lait *m* solaire.
sun lounge *n Br* solarium *m*.
sunlounger ['sʌn,laʊndʒəʳ] *n Br* chaise *f* longue *(où l'on s'allonge pour bronzer)*.

Sunna ['sʌnə] *n* sunna *f*.
Sunni ['sʌnɪ] *n* -**1.** [religion] sunnisme *m*. -**2.** [person] sunnite *mf*.
Sunnite ['sʌnaɪt] ◇ *adj* sunnite.
◇ *n* sunnite *mf*.
sunny ['sʌnɪ] (*compar* **sunnier**, *superl* **sunniest**) *adj* -**1.** [day, place etc] ensoleillé; it's a ~ day, it's ~ il fait (du) soleil OR beau; ~ **intervals** OR **periods** METEOR éclaircies *fpl*. -**2.** *fig* [cheerful - disposition] heureux; [- smile] radieux, rayonnant; to look on the ~ side voir le bon côté des choses; he's on the ~ side of sixty *Br* il n'a pas encore la soixantaine.
sunny-side up *adj*: eggs ~ œufs *mpl* sur le plat.
sun parlor, sun porch *n Am* solarium *m*.
sunray lamp ['sʌnreɪ-] = **sunlamp**.
sunray pleats *npl* plissé *m* soleil.
sunray treatment *n* héliothérapie *f*.
sunrise ['sʌnraɪz] *n* lever *m* du soleil; at ~ au lever du soleil; to get up at ~ se lever avec le soleil; ~ **is about 6 o'clock** le soleil se lève vers 6 h; the ~ **was beautiful this morning** il y avait un superbe lever de soleil ce matin.
sunrise industry *n* industrie *f* de pointe.
sunroof ['sʌnruːf] *n* toit *m* ouvrant.
sunscreen ['sʌnskriːn] *n* [suntan lotion] écran *m* total.
sunset ['sʌnset] *n* coucher *m* du soleil; at ~ au coucher du soleil; ~ **is about 6 o'clock** le soleil se couche vers 18 h; it **was a beautiful** ~ le coucher de soleil était magnifique.
sunshade ['sʌnʃeɪd] *n* [lady's parasol] ombrelle *f*; [for table] parasol *m*; [on cap] visière *f*.
sunshine ['sʌnʃaɪn] *n* -**1.** [sunlight] (lumière *f* du) soleil *m*; in the ~ au soleil; **we generally get at least 150 hours of** ~ **in July** en général, nous avons au moins 150 heures d'ensoleillement en juillet; **his visit brought a little** ~ **into our lives** *fig* sa visite a apporté un peu de soleil dans notre vie. -**2.** *inf* [term of address]: **hello** ~! salut ma jolie!, salut mon mignon!
sunshine law *n Am* loi *f* sur la transparence dans l'administration.
sunshine roof = **sunroof**.
sun-soaked *adj* [beach] inondé de soleil.
sunspecs *inf* ['sʌnspeks] *npl* lunettes *fpl* noires.
sunspot ['sʌnspɒt] *n* tache *f* solaire.
sunstroke ['sʌnstrəʊk] *n (U)* insolation *f*; to have/to get ~ avoir/attraper une insolation.
sunsuit ['sʌnsuːt] *n* (costume *m*) bain *m* de soleil.
suntan ['sʌntæn] ◇ *n* bronzage *m*; to have a ~ être bronzé; to get a ~ se faire bronzer, bronzer; where did you get that lovely ~? d'où est-ce que tu viens pour être bronzé comme ça?
◇ *comp* [cream, lotion, oil] solaire, de bronzage.
suntanned ['sʌntænd] *adj* bronzé.
suntrap ['sʌntræp] *n* coin *m* abrité et très ensoleillé; the garden is a real ~ le jardin est toujours très ensoleillé.
sun-up *n* lever *m* du soleil; at ~ au lever du soleil.
sun visor *n* [on cap, for eyes] visière *f*; AUT pare-soleil *m*.
sun-worship *n* culte *m* du Soleil.
sun-worshipper *n* -**1.** RELIG adorateur *m*, -trice *f* du Soleil. -**2.** *fig* adepte *mf* OR fanatique *mf* du bronzage.
sup [sʌp] (*pt* & *pp* **supped**, *cont* **supping**) ◇ *vi arch* [have supper] souper; they supped on OR off some leftovers ils ont soupé de quelques restes.
◇ *vt* boire à petites gorgées.
◇ *n* petite gorgée *f*.
super ['suːpəʳ] ◇ *adj* -**1.** *inf* [wonderful] super *(inv)*, terrible, génial; it was a ~ party! c'était super OR génial comme fête! -**2.** [superior] supérieur, super-; they're developing a new sort of ~ **hydrogen bomb** ils sont en train de mettre au point une nouvelle superbombe H.
◇ *interj inf* super, formidable.

◇ *n* -**1.** *Am* [petrol] super *m*, supercarburant *m*. -**2.** *inf* [police superintendent] ≃ commissaire *m* (de police).
superable ['suːpərəbl] *adj* surmontable.
superabundance [,suːpərə'bʌndəns] *n* surabondance *f*.
superabundant [,suːpərə'bʌndənt] *adj* surabondant.
superannuate [,suːpə'rænjʊeɪt] *vt* -**1.** [person] mettre à la retraite. -**2.** [object] mettre au rebut.
superannuated [,suːpə'rænjʊeɪtɪd] *adj* -**1.** [person] à la retraite, retraité. -**2.** [object] suranné, désuet.
superannuation ['suːpə,rænjʊ'eɪʃn] *n* -**1.** [act of retiring] mise *f* à la retraite. -**2.** [pension] pension *f* de retraite. -**3.** [contribution] versement *m* OR cotisation *f* pour la retraite; ~ **fund** caisse *f* de retraite.
superb [suː'pɜːb] *adj* superbe, magnifique.
superblock ['suːpəblɒk] *n Am* zone *f* piétonne OR piétonnière.
superbly [suː'pɜːblɪ] *adv* superbement, magnifiquement; **she performed** ~ elle a merveilleusement bien joué.
Super Bowl *pr n Am* Superbowl *m (finale du championnat des États-Unis de football américain)*.
supercargo ['suːpə,kɑːgəʊ] (*pl* **supercargoes**) *n* subrécargue *m*.
supercharge ['suːpətʃɑːdʒ] *vt* -**1.** TECH [engine] surcomprimer, suralimenter. -**2.** *fig* [atmosphere] électriser, galvaniser, survolter.
supercharged ['suːpətʃɑːdʒd] *adj* TECH [engine] surcomprimé.
supercharger ['suːpətʃɑːdʒəʳ] *n* compresseur *m*.
supercilious [,suːpə'sɪlɪəs] *adj* hautain, arrogant, dédaigneux.
superciliously [,suːpə'sɪlɪəslɪ] *adv* [act] d'un air hautain, avec arrogance OR dédain; [speak] d'un ton hautain, avec arrogance OR dédain.
superciliousness [,suːpə'sɪlɪəsnɪs] *n* hauteur *f*, arrogance *f*, dédain *m*.
superclass ['suːpəklɑːs] *n* superclasse *f*.
supercomputer [,suːpəkəm'pjuːtəʳ] *n* supercalculateur *m*, super-ordinateur *m*.
superconductive [,suːpəkən'dʌktɪv] *adj* supraconducteur.
superconductivity ['suːpə,kɒndʌk'tɪvətɪ] *n* supraconductivité *f*.
superconductor [,suːpəkən'dʌktəʳ] *n* supraconducteur *m*.
super-duper *inf* [-'duːpəʳ] *adj* super, superchouette.
superego [,suːpər'iːgəʊ] (*pl* **superegos**) *n* sur-moi *m*.
supereminent [,suːpər'emɪnənt] *adj* suréminent.
supererogation ['suːpər,erə'geɪʃn] *n* surérogation *f*.
superfamily ['suːpə,fæməlɪ] (*pl* **superfamilies**) *n* BIOL superfamille *f*.
superficial [,suːpə'fɪʃl] *adj* [knowledge] superficiel; [differences] superficiel, insignifiant; [person] superficiel, frivole, léger; [wound] superficiel, léger.
superficiality ['suːpə,fɪʃɪ'ælətɪ] *n* caractère *m* superficiel, manque *m* de profondeur.
superficially [,suːpə'fɪʃəlɪ] *adv* superficiellement.
superfine ['suːpəfaɪn] *adj* [quality, product] extra-fin, superfin, surfin; [analysis] très fin; [distinction, detail] subtil.
superfluity [,suːpə'fluətɪ] *n* -**1.** [superfluousness] caractère *m* superflu. -**2.** [excess] surabondance *f*; a ~ **of details** une surabondance de détails.
superfluous [suː'pɜːfluəs] *adj* superflu; **it is** ~ **to say**... (il est) inutile de OR il va sans dire...; I **felt** ~ j'avais l'impression d'être de trop OR d'être la cinquième roue du carrosse.
superfluously [suː'pɜːfluəslɪ] *adv* de manière superflue, inutilement.
supergiant ['suːpə,dʒaɪənt] *n* ASTRON supergéante *f*.

Superglue® ['suːpəgluː] *n* Superglu® *f*.
supergrass ['suːpəgrɑːs] *n indicateur de police très efficace.*
supergroup ['suːpəgruːp] *n groupe de rock dont chaque membre est déjà célèbre pour avoir appartenu à un autre groupe.*
superheat [ˌsuːpə'hiːt] *vt* surchauffer; **~ed steam** vapeur *f* surchauffée.
superhero ['suːpəˌhɪərəʊ] (*pl* **superheroes**) *n* superman *m*, surhomme *m*.
superhet ['suːpəhet], **superheterodyne receiver** [ˌsuːpə'hetərədaɪn-] *n* superhétérodyne *m*.
superhigh frequency ['suːpəhaɪ-] *n* ondes *fpl* centimétriques.
superhighway ['suːpəˌhaɪweɪ] *n Am* autoroute *f*.
superhuman [ˌsuːpə'hjuːmən] *adj* surhumain.
superimpose [ˌsuːpərɪm'pəʊz] *vt* superposer; **to ~ sthg on sthg** superposer qqch à qqch; **~d photos** des photos en surimpression.
superintend [ˌsuːpərɪn'tend] *vt* **-1.** [oversee - activity] surveiller; [- person] surveiller, avoir l'œil sur. **-2.** [run - office, institution] diriger.
superintendent [ˌsuːpərɪn'tendənt] *n* **-1.** [of institution] directeur *m*, -trice *f*; [of department, office] chef *m*. **-2.** [of police] ≃ commissaire *m* (de police). **-3.** *Am* [of apartment building] gardien *m*, -enne *f*, concierge *mf*.
superior [suː'pɪərɪəʳ] ◇ *adj* **-1.** [better, greater] supérieur; **a ~ wine** un vin de qualité supérieure; **~ to** supérieur à; **the book is vastly ~ to the film** le livre est bien meilleur que le film; **~ in number to** supérieur en nombre à, numériquement supérieur à; **the enemy troops were ~ in numbers** les troupes ennemies étaient en plus grand nombre OR supérieures en nombre. **-2.** [senior - officer, position] supérieur; **~ to** supérieur à, au-dessus de; **the ~ classes** les classes *fpl* dirigeantes. **-3.** *pej* [supercilious] suffisant, hautain; **with a ~ smile** avec un sourire suffisant OR condescendant; **in a ~ voice** d'un ton suffisant OR supérieur; **she feels ~** elle se croit supérieure. **-4.** [upper] supérieur; **the ~ limbs** les membres *mpl* supérieurs. **-5.** TYPO: **~ letter** lettre *f* supérieure OR suscrite. **-6.** BIOL supérieur; **the ~ mammals** les mammifères *mpl* supérieurs.
◇ *n* supérieur *m*, -e *f*.
◆ **Superior** *pr n*: **Lake Superior** le lac Supérieur.
superiority [suːˌpɪərɪ'ɒrətɪ] *n* **-1.** [higher amount, worth] supériorité *f*; **their ~ in numbers** leur supériorité numérique; **the ~ of this brand to OR over all the others** la supériorité de cette marque par rapport à toutes les autres. **-2.** *pej* [arrogance] supériorité *f*, arrogance *f*.
superiority complex *n* complexe *m* de supériorité.
superlative [suː'pɜːlətɪv] ◇ *adj* **-1.** [outstanding - quality, skill, performance] sans pareil; [- performer, athlete] sans pareil, inégalé. **-2.** [overwhelming - indifference, ignorance, joy] suprême. **-3.** GRAMM superlatif.
◇ *n* superlatif *m*; **in the ~** au superlatif; **she always speaks in ~s** elle a tendance à tout exagérer.
superlatively [suː'pɜːlətɪvlɪ] *adv* au plus haut degré, exceptionnellement; **a ~ good candidate** un candidat exceptionnel; **she is ~ efficient** elle est on ne peut plus efficace.
superman ['suːpəmæn] (*pl* **supermen** [-men]) *n* [PHILOS & gen] surhomme *m*; [gen] superman *m*.
◆ **Superman** *pr n* [comic book hero] Superman *m*.
supermarket ['suːpəˌmɑːkɪt] *n* supermarché *m*.
supernal [suː'pɜːnl] *adj lit* céleste, divin.
supernatural [ˌsuːpə'nætʃrəl] ◇ *adj* surnaturel.
◇ *n* surnaturel *m*.
supernormal [ˌsuːpə'nɔːml] *adj* **-1.** [above average] au-dessus de la moyenne OR de la normale. **-2.** [paranormal] supranormal, paranormal.
supernova [ˌsuːpə'nəʊvə] (*pl* **supernovas** OR **supernovae** [-viː]) *n* supernova *f*.
supernumerary [ˌsuːpə'njuːmərərɪ] (*pl* **supernumeraries**) ◇ *adj* [extra] surnuméraire; [superfluous] superflu.
◇ *n* [gen & ADMIN] surnuméraire *m*; CIN & TV figurant *m*, -e *f*.
superorder ['suːpərˌɔːdəʳ] *n* superordre *m*.
superphosphate [ˌsuːpə'fɒsfeɪt] *n* superphosphate *m*.
superpose [ˌsuːpə'pəʊz] *vt* superposer; **to ~ sthg on sthg** superposer qqch à qqch.
superposition [ˌsuːpəpə'zɪʃn] *n* superposition *f*.
superpower ['suːpəˌpaʊəʳ] *n* superpuissance *f*, supergrand *m*.
supersaturated [ˌsuːpə'sætʃəreɪtɪd] *adj* sursaturé.
superscript ['suːpəskrɪpt] ◇ *n* exposant *m*.
◇ *adj* en exposant.
supersede [ˌsuːpə'siːd] *vt* succéder à, remplacer; **she ~d him as director** elle lui a succédé OR elle l'a remplacé à la direction; **this price list ~s all previous ones** ce tarif remplace et annule les précédents; **~d methods** méthodes périmées.
supersonic [ˌsuːpə'sɒnɪk] *adj* supersonique; **~ bang OR boom** bang *m* (supersonique).
superstar ['suːpəstɑːʳ] *n* superstar *f*.
superstition [ˌsuːpə'stɪʃn] *n* superstition *f*.
superstitious [ˌsuːpə'stɪʃəs] *adj* superstitieux; **they are ~ about death** ils sont superstitieux au sujet de la mort.
superstitiously [ˌsuːpə'stɪʃəslɪ] *adv* superstitieusement.
superstore ['suːpəstɔːʳ] *n* hypermarché *m*.
superstratum [ˌsuːpə'strɑːtəm] (*pl* **superstratums** OR **superstrata** [-tə]) *n* **-1.** GEOL couche *f* supérieure. **-2.** LING superstrat *m*.
superstructure ['suːpəˌstrʌktʃəʳ] *n* superstructure *f*.
supertanker ['suːpəˌtæŋkəʳ] *n* supertanker *m*, superpétrolier *m*.
supertax ['suːpətæks] *n* ≃ impôt *m* sur les grandes fortunes.
supertonic [ˌsuːpə'tɒnɪk] *n* sus-tonique *f*.
supervene [ˌsuːpə'viːn] *vi* survenir.
supervise ['suːpəvaɪz] ◇ *vt* **-1.** [oversee - activity, exam] surveiller; [- child, staff] surveiller, avoir l'œil sur. **-2.** [run - office, workshop] diriger.
◇ *vi* surveiller.
supervision [ˌsuːpə'vɪʒn] *n* **-1.** [of person, activity] surveillance *f*, contrôle *m*; **the children must be under the ~ of qualified staff at all times** les enfants doivent être sous la surveillance de personnel qualifié à tout moment; **translated under the ~ of the author** traduit sous la direction de l'auteur; **her work needs ~** elle a besoin d'être surveillée dans son travail. **-2.** [of office] direction *f*.
supervision order *n* JUR ordonnance *f* de surveillance.
supervisor ['suːpəvaɪzəʳ] *n* [gen] surveillant *m*, -e *f*; COMM [of department] chef *m* de rayon; SCH & UNIV [at exam] surveillant *m*, -e *f*; UNIV [of thesis] directeur *m*, -trice *f* de thèse; [of research] directeur *m*, -trice *f* de recherches.
supervisory ['suːpəvaɪzərɪ] *adj* de surveillance; **staff in ~ posts** le personnel de surveillance; **in a ~ role OR capacity** à titre de surveillant.
superwoman ['suːpəˌwʊmən] (*pl* **superwomen** [-ˌwɪmɪn]) *n* superwoman *f*.
◆ **Superwoman** *pr n* [comic book heroine] Superwoman.
supine ['suːpaɪn] *adj* **-1.** *lit* [on one's back] couché OR étendu sur le dos; **she was lying ~, she was in a ~ position** elle était couchée sur le dos. **-2.** *fig* [passive] indolent, mou, passif.
supper ['sʌpəʳ] *n* [evening meal] dîner *m*; [late-night meal] souper *m*; **to have OR to eat ~** dîner, souper; **we had steak for ~** nous avons mangé du steak au dîner OR au souper ❑ **to sing for one's ~**: **I'll raise his salary but I intend to make him sing for his ~!** je vais lui accorder une augmentation, mais c'est donnant donnant!
supper club *n Am boîte de nuit qui fait aussi restaurant.*
suppertime ['sʌpətaɪm] *n* [in evening] heure *f* du OR de dîner; [later at night] heure *f* du OR de souper; **at ~** à l'heure du dîner OR du souper.
supplant [sə'plɑːnt] *vt* [person] supplanter, évincer; [thing] supplanter, remplacer.
supple ['sʌpl] *adj* souple; **to become ~** s'assouplir.
supplement [*n* 'sʌplɪmənt, *vb* 'sʌplɪment] ◇ *n* **-1.** [additional amount] supplément *m*; **a small ~ to my income** un petit supplément à mes revenus; **a ~ is charged for occupying a single room** il y a un supplément à payer pour les chambres à un lit **-2.** PRESS supplément *m*; **they have produced a ~ to the encyclopedia** ils ont sorti un supplément à l'encyclopédie **-3.** *Br* ADMIN [allowance] allocation *f*.
◇ *vt* augmenter, compléter; **I work nights to ~ my income** j'augmente mes revenus en travaillant la nuit; **he ~s his diet with vitamins** il complète son régime en prenant des vitamines.
supplementary [ˌsʌplɪ'mentərɪ] *adj* **-1.** [gen] supplémentaire, additionnel; **~ to** en plus de; **may I ask a ~ question?** puis-je poser encore une question? ❑ **~ income** revenus *mpl* annexes. **-2.** GEOM [angle] supplémentaire.
supplementary benefit *n ancien nom pour «income support».*
suppleness ['sʌplnɪs] *n* souplesse *f*.
suppletion [sə'pliːʃn] *n* LING suppléance *f*.
suppletive [sə'pliːtɪv] *adj* LING supplétif.
suppliant ['sʌplɪənt] ◇ *adj* suppliant.
◇ *n* = **supplicant**.
supplicant ['sʌplɪkənt] *n* suppliant *m*, -e *f*.
supplicate ['sʌplɪkeɪt] *lit* OR *fml* ◇ *vt* supplier, implorer; **he ~d the court to intervene** il a prié la cour d'intervenir.
◇ *vi*: **to ~ for forgiveness/mercy** implorer le pardon/la pitié.
supplication [ˌsʌplɪ'keɪʃn] *n* supplication *f*; **he knelt in ~** il supplia à genoux.
supplier [sə'plaɪəʳ] *n* COMM fournisseur *m*, -euse *f*.
supply[1] [sə'plaɪ] (*pt* & *pp* **supplied**, *pl* **supplies**) ◇ *vt* **-1.** [provide - goods, services] fournir; **to ~ sthg to sb** fournir qqch à qqn; **to ~ electricity/water to a town** alimenter une ville en électricité/eau; **cows ~ milk** les vachent donnent du lait. **-2.** [provide sthg to - person, institution, city] fournir, approvisionner; MIL ravitailler, approvisionner; **to ~ sb with sthg** fournir qqch à qqn, approvisionner qqn en qqch; **they ~ all the local retailers** ils fournissent OR approvisionnent tous les détaillants du coin; **the farm keeps us supplied with eggs and milk** grâce à la ferme nous avons toujours des œufs et du lait; **I supplied him with the details/the information** je lui ai fourni les détails/les informations. **-3.** [equip] munir; **all toys are supplied with batteries** des piles sont fournies avec tous les jouets. **-4.** [make good - deficiency] suppléer à; [- omission] réparer, compenser; [satisfy - need] répondre à.
◇ *n* **-1.** [stock] provision *f*, réserve *f*; **the nation's ~ of oil** les réserves nationales de pétrole; **we're getting in OR laying in a ~ of coal** nous faisons des provisions de charbon, nous nous approvisionnons en charbon; **to get in a fresh ~ of sthg** renouveler sa provision de OR se réapprovisionner en qqch; **water is in short ~ in the South** on manque d'eau dans le Sud. **-2.** [provision - of goods, equipment] fourniture *f*; [- of fuel] alimentation *f*; MIL ravitaillement *m*, approvisionnement *m*; **the domestic hot water ~** l'alimentation domestique en eau chaude; **they won a contract for the ~ of 10,000 computers to schools** ils ont obtenu un contrat pour la fourniture de 10 000 ordinateurs à des établissements scolaires. **-3.** ECON offre *f*; **the law of ~ and demand** la loi de l'offre et de la demande. **-4.** *Br* [clergyman,

secretary, teacher] remplaçant *m*, -e *f*, suppléant *m*, -e *f*; **to be on ~** faire des remplacements OR des suppléances. -**5.** *(usu pl)* POL [money] crédits *mpl*.
◇ *comp* -**1.** [convoy, train, truck, route] de ravitaillement; **~ ship** ravitailleur *m*. -**2.** [secretary] intérimaire; [clergyman] suppléant.
◆ **supplies** *npl* [gen] provisions *fpl*; [of food] vivres *mpl*; MIL subsistances *fpl*, approvisionnements *mpl*; **our supplies are running low** nos provisions seront bientôt épuisées, nous commençons à manquer de provisions; **office supplies** fournitures *fpl* de bureau.

supply[2] ['sʌplɪ] *adv* souplement, avec souplesse.

supply-side economics [sə'plaɪ-] *n* économie *f* de l'offre.

supply teacher [sə'plaɪ-] *n Br* remplaçant *m*, -e *f*.

support [sə'pɔːt] ◇ *vt* -**1.** [back - action, campaign, person] soutenir, appuyer; [- cause, idea] être pour, soutenir; **she ~s the Labour Party** elle est pour OR elle soutient le parti travailliste; **to ~ a candidate** appuyer OR soutenir un candidat; **I can't ~ their action** je ne peux pas approuver leur action; **we ~ her in her decision** nous approuvons sa décision; **the Democrats will ~ the bill** les Démocrates seront pour OR appuieront le projet de loi ‖ SPORT être supporter de, supporter; **he ~s Tottenham** c'est un supporter de Tottenham. -**2.** [assist] soutenir, aider; **he made it with only her love to ~ him** il a réussi avec son amour comme seul soutien ‖ CIN & THEAT: **~ed by a superb cast** avec une distribution superbe. -**3.** [hold up] supporter, soutenir; **the pillars that ~ the ceiling** les piliers qui soutiennent le plafond; **her legs were too weak to ~ her** ses jambes étaient trop faibles pour la porter; **will you ~ the shelf while I fix it to the wall?** tu peux tenir l'étagère le temps OR pendant que je la fixe au mur?; **she held on to the table to ~ herself** elle s'agrippa à la table pour ne pas tomber. -**4.** [provide for financially] subvenir aux besoins de; **she has three children to ~** elle a trois enfants à charge; **she earns enough to ~ herself** elle gagne assez pour subvenir à ses propres besoins; **he ~s himself by teaching** il gagne sa vie en enseignant; **the theatre is ~ed by contributions** le théâtre est financé par des contributions. -**5.** [sustain] faire vivre; **the land has ~ed four generations of tribespeople** cette terre a fait vivre la tribu pendant quatre générations. -**6.** [substantiate, give weight to] appuyer, confirmer, donner du poids à; **there is no evidence to ~ his claim** il n'y a aucune preuve pour confirmer ses dires; **a theory ~ed by experience** une théorie confirmée par l'expérience. -**7.** [endure] supporter, tolérer. -**8.** FIN [price, currency] maintenir.
◇ *n* -**1.** [backing] soutien *m*, appui *m*; **~ for the Socialist Party is declining** le nombre de ceux qui soutiennent le parti socialiste est en baisse; **he's trying to drum up** OR **to mobilize ~ for his scheme** il essaie d'obtenir du soutien pour son projet; **to give** OR **to lend one's ~ to sthg** accorder OR prêter son appui à qqch; **she gave us her full ~** elle nous a pleinement appuyés; **to speak in ~ of a motion** appuyer une motion; **they are striking in ~ of the miners** ils font grève par solidarité avec les mineurs; **a collection in ~ of the homeless** une quête au profit des sans-abri. -**2.** [assistance, encouragement] appui *m*, aide *f*; **I couldn't have managed without the ~ of the neighbours** je n'aurais pas pu y arriver sans l'appui des voisins; **a mutual ~ scheme** un système d'entraide; **she gave me the emotional ~ I needed** elle m'a apporté le soutien affectif dont j'avais besoin. -**3.** [person who offers assistance, encouragement] soutien *m*; **she's been a great ~ to me** elle m'a été d'un grand soutien. -**4.** [holding up] soutien *m*; **the upper floors need extra ~** les étages supérieurs ont besoin d'un soutien supplémentaire; **I was holding his arm for ~** je m'appuyais sur son bras; **this bra gives good ~** ce soutien-gorge maintient bien la poitrine. -**5.** [supporting structure, prop] appui *m*; CONSTR & TECH soutien *m*, support *m*; **the steel ~s had buckled** les supports en acier s'étaient déformés. -**6.** [funding] soutien *m*; **they depend on the government for financial ~** ils sont subventionnés par le gouvernement; **he has no visible means of ~** ses sources de revenus sont inconnues; **what are your means of ~?** quelles sont vos sources de revenus?; **she is their only means of ~** ils n'ont qu'elle pour les faire vivre. -**7.** [substantiation, corroboration] corroboration *f*; **in ~ of her theory** à l'appui de OR pour corroborer sa théorie; **the investigation found no ~ for this view** l'enquête n'a rien trouvé pour corroborer ce point de vue. -**8.** *Am* ECON [subsidy] subvention *f*; **farm ~s** subventions agricoles.
◇ *comp* -**1.** [troops, unit] de soutien. -**2.** [hose, stockings] de maintien; [bandage] de soutien. -**3.** CONSTR & TECH [structure, device, frame] de soutien.

supportable [sə'pɔːtəbl] *adj fml* supportable.

supporter [sə'pɔːtə^r] *n* -**1.** CONSTR & TECH [device] soutien *m*, support *m*. -**2.** [advocate, follower - of cause, opinion] adepte *mf*, partisan *m*; [- of political party] partisan *m*; SPORT supporter *m*, supporteur *m*, -trice *f*; **he's a Liverpool ~** c'est un supporter de Liverpool. -**3.** HERALD tenant *m*.

supporting [sə'pɔːtɪŋ] *adj* -**1.** CONSTR & TECH [pillar, structure] d'appui, de soutènement; [wall] porteur, de soutènement; **~ beam** sommier *m* CONSTR. -**2.** CIN & THEAT [role] secondaire, de second plan; [actor] qui a un rôle secondaire OR de second plan; **with a ~ cast of thousands** avec des milliers de figurants; **~ film** OR **programme** *film qui passe en première partie de la séance*. -**3.** [substantiating] qui confirme, qui soutient; **do you have any ~ evidence?** avez-vous des preuves à l'appui?

supportive [sə'pɔːtɪv] *adj* [person] qui est d'un grand soutien; [attitude] de soutien; **my parents have always been very ~** mes parents m'ont toujours été d'un grand soutien; **they need ~ counselling** ils ont besoin d'être soutenus et orientés; **~ therapy** MED thérapie *f* de soutien.

support price *n* prix *m* de soutien.

suppose [sə'pəʊz] ◇ *vt* -**1.** [assume] supposer; **I ~ it's too far to go and see them now** je suppose que c'est trop loin pour qu'on aille les voir maintenant; **if we ~ it is worth £5** si nous supposons que cela vaut cinq livres; **~ x equals y** MATH soit x égal à y; **I ~ you think that's funny!** je suppose que vous trouvez ça drôle! -**2.** [think, believe] penser, croire; **do you ~ he'll do it?** pensez-vous OR croyez-vous qu'il le fera?; **I ~ so** je suppose que oui; **I ~ not, I don't ~ so** je ne (le) pense pas; **I don't ~ he'll agree** ça m'étonnerait qu'il soit d'accord, je ne pense pas qu'il sera d'accord; **I ~ it must be three years since I last saw her** je pense que ça doit faire trois ans que je ne l'ai pas vue; **you don't ~ anything's happened to them, do you?** tu ne penses pas qu'il leur est arrivé quelque chose?; **and who do you ~ I met in the shop?** et devine qui j'ai rencontré dans le magasin! -**3.** [presuppose, imply] supposer; **that theory ~s a balanced budget** cette théorie suppose un budget équilibré.
◇ *vi* supposer, imaginer; **he's gone, I ~?** il est parti, je suppose OR j'imagine?; **there were, I ~, about 50 people there** il y avait, je dirais, une cinquantaine de personnes.
◇ *conj* si; **~ they see you?** et s'ils vous voyaient?; **~ we wait and see** et si on attendait pour voir?; **~ I'm right and she does come?** mettons OR supposons que j'aie raison et qu'elle vienne?

supposed [sə'pəʊzd] *adj* -**1.** [presumed] présumé, supposé; [alleged] prétendu; **the ~ author of this poem** l'auteur présumé de ce poème; **all these ~ experts** *pej* tous ces prétendus experts. -**2.** *phr*: **to be ~ to**: **to be ~ to do sthg** être censé faire qqch; **she was ~ to be at work** elle était censée être à son travail; **what's that switch ~ to do?** à quoi sert cet interrupteur?; **how am I ~ to know?** comment est-ce que je saurais OR suis censé savoir, moi?; **I'm not ~ to know** je ne suis pas censé savoir; **you're not ~ to do that!** tu ne devrais pas faire ça!; **what's that ~ to mean?** qu'est-ce que tu veux dire par là?; **we're not ~ to use dictionaries** nous n'avons pas le droit de nous servir de dictionnaires; **this restaurant is ~ to be very good** il paraît que ce restaurant est excellent.

supposedly [sə'pəʊzɪdlɪ] *adv* soi-disant (*adv*); **she ~ went to get help** elle est soi-disant allée chercher de l'aide; **he's ~ too sick to walk** il est soi-disant trop malade pour marcher.

supposing [sə'pəʊzɪŋ] *conj* si, à supposer que; **~ he still wants to go** et s'il veut encore y aller?; **even ~ she does come** même si elle vient OR venait; **~ you are right** admettons OR mettons que vous ayez raison; **always ~ I can do it** en supposant OR en admettant que je puisse le faire.

supposition [,sʌpə'zɪʃn] *n* supposition *f*, hypothèse *f*; **his theory was pure ~** sa théorie n'était qu'une hypothèse; **on the ~ that your mother agrees** dans l'hypothèse où votre mère serait d'accord, à supposer que votre mère soit d'accord.

suppositional [,sʌpə'zɪʃənl] *adj* hypothétique.

suppositious [,sʌpə'zɪʃəs], **supposititious** [sə,pɒzɪ'tɪʃəs] *adj fml* -**1.** [hypothetical] hypothétique. -**2.** [fraudulent] faux.

suppository [sə'pɒzɪtrɪ] (*pl* **suppositories**) *n* suppositoire *m*.

suppress [sə'pres] *vt* -**1.** [put an end to] supprimer, mettre fin à; **the new régime ~ed all forms of dissent** le nouveau régime a mis fin OR un terme à toute forme de dissidence. -**2.** [withhold] supprimer, faire disparaître; **to ~ evidence** faire disparaître des preuves ‖ [conceal] supprimer, cacher; **to ~ the truth/a scandal** étouffer la vérité/un scandale. -**3.** [withdraw from publication] supprimer, interdire; **all opposition newspapers have been ~ed** tous les journaux d'opposition ont été interdits OR supprimés; **the government has ~ed the report** le gouvernement a interdit la parution du rapport. -**4.** [delete] supprimer, retrancher; **the judge ordered that the controversial passages should be ~ed** le juge ordonna la suppression des passages controversés. -**5.** [inhibit - growth, weeds] supprimer, empêcher. -**6.** [hold back, repress - anger, yawn, smile] réprimer; [- tears] retenir, refouler; [- feelings, desires] étouffer, refouler; **to ~ a cough** réprimer OR retenir son envie de tousser; **to ~ a sneeze** se retenir pour ne pas éternuer; **to ~ a yawn** étouffer OR réprimer un bâillement; **she ~ed a smile** elle réprima un sourire. -**7.** PSYCH refouler. -**8.** ELECTRON & RADIO antiparasiter.

suppression [sə'preʃn] *n* -**1.** [ending - of rebellion, demonstration] suppression *f*, répression *f*; [- of rights] suppression *f*, abolition *f*; [- of a law, decree] abrogation *f*. -**2.** [concealment - of evidence, information] suppression *f*, dissimulation *f*; [- of scandal] étouffement *m*. -**3.** [non-publication - of document, report] suppression *f*, interdiction *f*; [- of part of text] suppression *f*. -**4.** [holding back - of feelings, thoughts] refoulement *m*. -**5.** PSYCH refoulement *m*. -**6.** ELECTRON & RADIO antiparasitage *m*.

suppressive [sə'presɪv] *adj* répressif.

suppressor grid [sə'presə^r-] *n* grille *f* d'arrêt.

suppurate ['sʌpjʊreɪt] *vi* suppurer; **a suppurating wound** une plaie suppurante.

suppuration [,sʌpjʊ'reɪʃn] *n* suppuration *f*.

supra ['suːprə] *adv* supra.

supranational [,suːprə'næʃənl] *adj* supranational.

suprasegmental [,suːprəseg'mentl] *adj* suprasegmental.

supremacist [sʊ'preməsɪst] *n personne qui croit en la suprématie d'un groupe*; **they are white ~s** ils croient en la suprématie de la race blanche.

supremacy [sʊ'preməsɪ] *n* -**1.** [dominance] suprématie *f*, domination *f*; **each nation tried to gain ~ over the other** chaque nation essayait d'avoir la suprématie sur l'autre. -**2.** [superiority] suprématie *f*; **they believe in the ~ of their methods over all others** ils croient leurs méthodes supérieures à OR meilleures que toutes les autres.

supreme [sʊ'priːm] *adj* -**1.** [highest in rank, authority] suprême; **the Supreme Commander of Allied Forces** le commandant suprême OR le commandant en chef des Forces alliées; **the Supreme Court of Judicature** HIST la Cour souveraine de justice. -**2.** [great, outstanding] extrême; **a ~ effort** un effort suprême; **she handles politicians with ~ skill** elle sait parfaitement s'y prendre avec les hommes politiques; **it would be an act of ~ folly to do that now** ce serait de la folie pure de faire ça maintenant; **to make the ~ sacrifice** sacrifier sa vie, faire le sacrifice de sa vie.

Supreme Court *pr n*: **the ~** la Cour suprême *(des États-Unis)*.

SUPREME COURT:
La Cour suprême est l'organe supérieur du pouvoir judiciaire américain, et est composée de membres nommés par le président des États-Unis; elle détient le pouvoir de décision final ainsi que le droit d'interpréter la Constitution.

---

supremely [sʊ'priːmlɪ] *adv* suprêmement, extrêmement.

Supreme Soviet *pr n* Soviet *m* suprême.

supremo *inf* [sʊ'priːməʊ] (*pl* **supremos**) *n Br* (grand) chef *m*.

Supt. *written abbr of* superintendent.

sura ['sʊərə] *n* surate *f*.

surcharge ['sɜːtʃɑːdʒ] ◇ *n* -**1.** [extra duty, tax] surtaxe *f*; **a 7% import ~** une surtaxe de 7 % sur les importations. -**2.** [extra cost] supplément *m*; **there is a ~ for the express train** il faut payer un supplément pour le train rapide; **some travel companies guarantee no ~** certains voyagistes s'engagent à ne faire payer aucun supplément. -**3.** [overprinting - on postage stamp] surcharge *f*.
◇ *vt* -**1.** [charge extra duty or tax on] surtaxer. -**2.** [charge a supplement to] faire payer un supplément à. -**3.** [overprint - postage stamp] surcharger.

surd [sɜːd] ◇ *n* -**1.** LING sourde *f*. -**2.** MATH équation *f* irrationnelle.
◇ *adj* -**1.** LING sourd. -**2.** MATH irrationnel.

sure [ʃɔːʳ] ◇ *adj* -**1.** [convinced, positive] sûr, certain; **are you ~ of the facts?** êtes-vous sûr OR certain des faits?; **I'm not ~ you're right** je ne suis pas sûr OR certain que vous ayez raison; **he's not ~ whether he's going to come or not** il n'est pas sûr de venir; **she isn't ~ of OR about her feelings for him** elle n'est pas sûre de ses sentiments pour lui; **you seem convinced, but I'm not so ~** tu sembles convaincu, mais moi j'ai des doutes; **he'll win, I'm ~** il gagnera, j'en suis sûr; **I'm ~ I've been here before** je suis sûr d'être déjà venu ici; **she's ~ she didn't receive your letter** elle est sûre de ne pas avoir reçu ta lettre; **what makes you so ~?, how can you be so ~?** qu'est-ce qui te fait dire ça? -**2.** [confident, assured] sûr; **is he someone we can be ~ of?** est-ce quelqu'un de sûr?; **you can be ~ of good service in this restaurant** dans ce restaurant, vous êtes sûr d'être bien servi; **to be ~ of o.s.** être sûr de soi, avoir confiance en soi. -**3.** [certain - to happen] sûr, certain; **one thing is ~, he won't be back in a hurry!** une chose est sûre OR certaine, il ne va pas revenir de sitôt!; **we're ~ to meet again** nous nous reverrons sûrement; **she's ~ to be here soon** elle va sûrement arriver bientôt; **they're ~ to get caught** ils vont sûrement se faire prendre; **the play is ~ to be a success** la pièce va certainement avoir du succès; **it's a ~ bet he'll be late** il y a tout à parier qu'il sera en retard; **~ thing!** *inf* bien sûr (que oui)!, pour sûr!; **be ~ to: be ~ to be on time tomorrow** il faut que vous soyez à l'heure demain; **be ~ to go to bed early** il faut que tu te couches tôt; **to make ~ (that): we made ~ that no one was listening** nous nous sommes assurés OR nous avons vérifié que personne n'écoutait; **it is his job to make ~ that everyone is satisfied** c'est lui qui veille à ce que tout le monde soit satisfait; **make ~ you don't lose your ticket** prends garde à ne pas perdre ton billet; **make ~ you've turned off the gas** vérifie que tu as éteint le gaz. -**4.** [firm, steady] sûr; **with a ~ hand** d'une main sûre; **a ~ grasp of the subject** *fig* des connaissances solides en la matière. -**5.** [reliable, irrefutable] sûr; **work is a ~ remedy for boredom** le travail est un remède sûr contre l'ennui; **insomnia is a ~ sign of depression** l'insomnie est un signe incontestable de dépression.
◇ *adv* -**1.** *inf* [of course] bien sûr, pour sûr; **can I borrow your car? — ~ (you can)!** (est-ce que) je peux emprunter ta voiture? — bien sûr (que oui)! -**2.** *inf Am* [really] drôlement, rudement; **he ~ is ugly** il est drôlement laid; **she ~ can cook!** elle cuisine drôlement bien!; **are you hungry? — I ~ am!** as-tu faim? — plutôt! OR et comment! -**3.** [as intensifier]: **(as) ~ as** aussi sûr que; **as ~ as my name is Jones** aussi sûr que je m'appelle Jones; **as ~ as I'm standing here (today)** aussi sûr que deux et deux font quatre; **I ~ as hell do object!** *inf* et comment que je proteste!

◆ **for sure** *adv phr*: **I'll give it to you tomorrow for ~** je te le donnerai demain sans faute; **one thing is for ~, I'm not staying here!** une chose est sûre, je ne reste pas ici!; **I think he's single but I can't say for ~** je crois qu'il est célibataire, mais je ne peux pas l'affirmer.

◆ **sure enough** *adv phr* effectivement, en effet; **she said she'd ring and ~ enough she did** elle a dit qu'elle appellerait, et c'est ce qu'elle a fait.

◆ **to be sure** *adv phr*: **to be ~, his offer is well-intentioned** on ne peut pas nier que son offre soit bien intentionnée.

surefire *inf* ['ʃɔːfaɪəʳ] *adj* infaillible, sûr; **there's no ~ cure** il n'y a pas de remède infaillible.

surefooted [ʃɔː'fʊtɪd] *adj* au pied sûr.

surely ['ʃɔːlɪ] *adv* -**1.** [used to express surprise, incredulity, to contradict] quand même, tout de même; **they ~ can't have forgotten** ils n'ont pas pu oublier, quand même; **you're ~ not suggesting it was my fault?** vous ne suggérez pas que c'était de ma faute, j'espère OR quand même?; **~ you must be joking!** vous plaisantez, j'espère?; **~ he didn't say that** il n'a pas pu dire ça; **the real figures are a lot higher, ~?** mais les chiffres sont en fait beaucoup plus élevés, non?; **~ to goodness OR to God they must know by now** *Br* ce n'est pas possible qu'ils ne soient pas au courant à l'heure qu'il est. -**2.** [undoubtedly, assuredly] sûrement, sans (aucun) doute; **they will ~ succeed** ils réussiront sûrement. -**3.** [steadily] sûrement; **things are improving slowly but ~** les choses s'améliorent lentement mais sûrement. -**4.** *Am* [of course] bien sûr, certainement; **would you give me a hand? — ~!** peux-tu me donner un coup de main? — bien sûr OR certainement!

sureness ['ʃɔːnɪs] *n* -**1.** [certainty] certitude *f*. -**2.** [assurance] assurance *f*. -**3.** [steadiness] sûreté *f*; [accuracy] justesse *f*, précision *f*; **he handled the problem with great ~ of touch** il a réglé le problème avec beaucoup de doigté.

surety ['ʃɔːrətɪ] (*pl* **sureties**) *n* -**1.** [guarantor] garant *m*, -e *f*, caution *f*; **to act as OR to stand ~ (for sb)** se porter garant (de qqn). -**2.** [collateral] caution *f*, sûreté *f*.

surf [sɜːf] ◇ *n (U)* -**1.** [waves] vagues *fpl* (déferlantes), ressac *m*; **the ~ crashed against the rocks** les vagues venaient s'écraser contre les rochers; **to ride the ~** faire du surf. -**2.** [foam] écume *f*.
◇ *vi* surfer, faire du surf; **he goes ~ing every weekend** il fait du surf tous les week-ends.

surface ['sɜːfɪs] ◇ *n* -**1.** [exterior, top] surface *f*; **the polished ~ of the desk** la surface polie du bureau; **bubbles rose to the ~ of the pond** des bulles montèrent à la surface de la mare; **the submarine/diver came to the ~** le sous-marin/plongeur fit surface; **the miners who work on the ~** les mineurs qui travaillent à la surface; **all the old tensions came OR rose to the ~ when they met** *fig* toutes les vieilles discordes ont refait surface quand ils se sont revus. -**2.** [flat area] surface *f*; **roll the dough out on a smooth clean ~** étalez la pâte sur une surface lisse et propre. -**3.** [covering layer] revêtement *m*; **the pan has a non-stick ~** la poêle a une surface anti-adhésive OR qui n'attache pas; **road ~** chaussée *f*. -**4.** [outward appearance] surface *f*, extérieur *m*, dehors *m*; **on the ~ she seems nice enough** au premier abord elle paraît assez sympathique; **there was a feeling of anxiety lying beneath OR below the ~** on sentait une angoisse sous-jacente; **the discussion hardly scratched the ~ of the problem** le problème a à peine été abordé dans la discussion. -**5.** GEOM [area] surface *f*, superficie *f*.
◇ *vi* -**1.** [submarine, diver, whale] faire surface, monter à la surface; **to ~ again** refaire surface, remonter à la surface. -**2.** [become manifest] apparaître, se manifester; **he ~d again after many years of obscurity** il a réapparu après être resté dans l'ombre pendant de nombreuses années; **rumours like this tend to ~ every so often** ce type de rumeur a tendance à refaire surface de temps à autre. -**3.** *inf* [get up] se lever, émerger; **he didn't ~ till 11 o'clock** il n'a pas émergé avant 11 h.
◇ *vt* [put a surface on - road] revêtir; [- paper] calandrer; **the track is ~d with cement** la piste est revêtue de ciment.
◇ *adj* -**1.** [superficial] superficiel; **a ~ scratch** une égratignure superficielle, une légère égratignure; **his enthusiasm is purely ~** *fig* son enthousiasme n'est que superficiel. -**2.** [exterior] de surface; **~ finish** [of metal] état *m* de surface, finissage *m*; **~ measurements** superficie *f*. -**3.** MIN [workers] de surface, au jour; [work] à la surface, au jour; MIL [forces] au sol; [fleet] de surface.

surface area *n* surface *f*, superficie *f*.

surface mail *n* courrier *m* par voie de terre; **to send sthg by ~** envoyer qqch par voie de terre.

surface noise *n* grésillement *m*.

surface structure *n* structure *f* superficielle OR de surface.

surface tension *n* tension *f* superficielle.

surface-to-air *adj* sol-air *(inv)*.

surface-to-surface *adj* sol-sol *(inv)*.

surfboard ['sɜːfbɔːd] *n* (planche *f* de) surf *m*.

surfboarder ['sɜːfbɔːdəʳ] *n* surfeur *m*, -euse *f*.

surfboarding ['sɜːfbɔːdɪŋ] *n* surf *m*.

surfcasting ['sɜːfkɑːstɪŋ] *n* pêche *f* à la ligne dans le ressac.

surfeit ['sɜːfɪt] ◇ *n fml* [excess] excès *m*, surabondance *f*; **we had a ~ of pasta while on holiday in Rome** nous nous sommes gavés de pâtes pendant nos vacances à Rome; **there is a ~ of imported goods** il y a trop d'importations.
◇ *vt* rassasier.

surfer ['sɜːfəʳ] *n* surfeur *m*, -euse *f*.

surfing ['sɜːfɪŋ] *n* surf *m*; **~ is forbidden on this beach** le surf est interdit sur cette plage.

surfride ['sɜːfraɪd] *vi* surfer, faire du surf.

surfrider ['sɜːf,raɪdəʳ] *n* surfeur *m*, -euse *f*.

surfriding ['sɜːf,raɪdɪŋ] *n* surf *m*.

surge [sɜːdʒ] ◇ *n* -**1.** [increase - of activity] augmentation *f*, poussée *f*; [- of emotion] vague *f*, accès *m*; ELEC [- of voltage, current] pointe *f*; **a big ~ in demand** une forte augmentation de la demande; **a ~ of pain/pity** un accès de douleur/de pitié; **he felt a ~ of pride at the sight of his son** la fierté l'envahit en regardant son fils; **I felt a ~ of hatred** j'ai senti la haine monter en moi. -**2.** [rush, stampede] ruée *f*; **there was a sudden ~ for the exit** tout à coup les gens se sont rués vers la sortie; **a ~ of spectators carried him forward** il fut emporté par le flot des spectateurs; **the demonstrators made a ~ forward and broke through the police cordon** les manifestants se ruèrent en avant et le cordon de police céda. -**3.** NAUT houle *f*.

◇ *vi* -**1.** [well up - emotion] monter; **I felt anger/hope/despair ~ in me** j'ai senti la colère/l'espoir/le désespoir monter en moi. -**2.** [rush - crowd] se ruer, déferler; [- water] couler à flots OR à torrents; [- waves] déferler; **the demonstrators ~d forward** les manifestants se ruèrent en avant; **the gates of the stadium opened and the fans ~d in/out** les portes du stade s'ouvrirent et des flots de spectateurs s'y engouffrèrent/en sortirent; **the truck ~d forward** le camion a bondi en avant; **water ~d through the breach in the dam** des torrents OR trombes d'eau jaillirent de la brèche dans le barrage; **blood ~d to her cheeks** le sang lui est monté au visage. -**3.** ELEC subir une brusque pointe de tension.

◆ **surge up** *vi insep* = **surge** *vi* **1**.

surgeon ['sɜːdʒən] *n* chirurgien *m*, -enne *f*; **she hopes to become a ~** elle espère devenir chirurgien OR chirurgienne; **a woman ~** une chirurgienne, une femme chirurgien.

surgeon general (*pl* **surgeons general**) *n* -**1.** MIL médecin-général *m*. -**2.** *Am* ADMIN chef *m* des services de santé.

surgery ['sɜːdʒərɪ] (*pl* **surgeries**) *n* -**1.** [field of medicine] chirurgie *f*; **to study ~** étudier la chirurgie. -**2.** *(U)* [surgical treatment] intervention *f* chirurgicale, interventions *fpl* chirurgicales; **minor/major ~ might be necessary** une intervention chirurgicale mineure/importante pourrait s'avérer nécessaire; **to perform ~ on sb** opérer qqn; **to have brain/heart ~** se faire opérer du cerveau/du cœur; **the patient is undergoing ~** le malade est au bloc opératoire. -**3.** *Br* [consulting room] cabinet *m* médical OR de consultation; [building] centre *m* médical; [consultation] consultation *f*; **Doctor Jones doesn't take ~ on Fridays** le docteur Jones ne consulte pas le vendredi; **can I come to the ~ tomorrow?** puis-je venir au cabinet OR à la consultation demain?; **~ hours** heures *fpl* de consultation. -**4.** *Br* POL permanence *f*; **our MP holds a ~ on Saturdays** notre député tient une permanence le samedi.

surgical ['sɜːdʒɪkl] *adj* -**1.** [operation, treatment] chirurgical; [manual, treatise] de chirurgie; [instrument, mask] chirurgical, de chirurgien; [methods, shock] opératoire. -**2.** [appliance, boot, stocking] orthopédique. -**3.** MIL: **~ strike** offensive *f* «chirurgicale».

surgical cotton *n* coton *m* hydrophile.

surgical dressing *n* pansement *m*.

surgically ['sɜːdʒɪklɪ] *adv* par intervention chirurgicale; **the tumour was removed ~** la tumeur fut enlevée par intervention chirurgicale.

surgical spirit *n Br* alcool *m* à 90 (degrés).

surging ['sɜːdʒɪŋ] *adj* [crowd, waves] déferlant; [water] qui coule à flots OR à torrents.

Surinam [ˌsʊərɪ'næm] *pr n* Surinam *m*, Suriname *m*; **in ~** au Surinam.

Surinamese [ˌsʊərɪnæ'miːz] ◇ *n* Surinamien *m*, -enne *f*; **the ~** les Surinamiens.

◇ *adj* surinamien.

surliness ['sɜːlɪnɪs] *n* [character] caractère *m* hargneux OR grincheux; [mood] humeur *f* hargneuse OR grincheuse.

surly ['sɜːlɪ] (*compar* **surlier**, *superl* **surliest**) *adj* [ill-tempered] hargneux, grincheux; [gloomy] maussade, renfrogné.

surmise [sɜː'maɪz] ◇ *vt* conjecturer, présumer; **I can only ~ what the circumstances were** je ne puis que conjecturer quelles étaient les circonstances; **I ~d that he was lying** je me suis douté qu'il mentait.

◇ *n fml* conjecture *f*, supposition *f*; **your conclusion is pure ~** votre conclusion est entièrement hypothétique.

surmount [sɜː'maʊnt] *vt* -**1.** [triumph over] surmonter, vaincre. -**2.** *fml* [cap, top] surmonter; **the building is ~ed by a large dome** le bâtiment est surmonté d'un grand dôme.

surmountable [sɜː'maʊntəbl] *adj* surmontable.

surname ['sɜːneɪm] *n Br* nom *m* (de famille); **~ and Christian name** nom et prénom.

surpass [sə'pɑːs] *vt* -**1.** [outdo, outshine] surpasser; **you have ~ed yourselves** vous vous êtes surpassés. -**2.** [go beyond] surpasser, dépasser; **that kind of behaviour ~es my understanding** ce genre de comportement me dépasse; **the result ~ed all our expectations** le résultat dépassa toutes nos espérances.

surpassing [sə'pɑːsɪŋ] *adj lit* sans égal; **a woman of ~ beauty** une femme d'une beauté sans égale OR inégalable.

surplice ['sɜːplɪs] *n* surplis *m*.

surplus ['sɜːpləs] ◇ *n* -**1.** [overabundance] surplus *m*, excédent *m*; **a labour ~** un surplus de main-d'œuvre; **Japan's trade ~** l'excédent commercial du Japon. -**2.** *(U)* [old military clothes] surplus *mpl*; **an army ~ overcoat** un manteau des surplus de l'armée; **an army ~ store** un magasin de surplus de l'armée. -**3.** FIN [in accounting] boni *m*.

◇ *adj* -**1.** [gen] en surplus, en trop; **pour off any ~ liquid** enlevez tout excédent de liquide; **to be ~ to requirements** excéder les besoins. -**2.** COMM & ECON en surplus, excédentaire; **~ production** production *f* excédentaire; **they export their ~ agricultural produce** ils exportent leur surplus agricole; **~ stock** stocks *mpl* excédentaires, surplus *m*.

surprise [sə'praɪz] ◇ *n* -**1.** [unexpected event, experience etc] surprise *f*; **it was a ~ to me** cela a été une surprise pour moi, cela m'a surpris; **what a lovely ~!** quelle merveilleuse surprise!; **her death came as no ~** sa mort n'a surpris personne; **his resignation came as a ~ to everyone** sa démission a surpris tout le monde; **to give sb a ~** faire une surprise à qqn; **you're in for (a bit of) a ~** tu vas être surpris!, tu vas avoir une (sacrée) surprise! -**2.** [astonishment] surprise *f*, étonnement *m*; **much to my ~, she agreed** à ma grande surprise OR à mon grand étonnement, elle accepta; **her announcement caused some ~** sa déclaration a provoqué un certain étonnement; **he looked at me in ~** il me regarda d'un air surpris OR étonné. -**3.** [catching unawares] surprise *f*; **the element of ~ is on our side** nous avons l'effet de surprise pour nous; **their arrival took me by ~** leur arrivée m'a pris au dépourvu; **the soldiers took the enemy by ~** les soldats ont pris l'ennemi par surprise.

◇ *comp* [attack, present, victory] surprise; [announcement] inattendu; **the Prime Minister made a ~ visit to Ireland** le Premier ministre a fait une visite surprise en Irlande ❑ **~ party** *fête organisée pour quelqu'un sans qu'il ou elle le sache.*

◇ *vt* -**1.** [amaze] surprendre, étonner; **it ~d me that they didn't give her the job** j'ai été surpris OR étonné qu'ils ne l'aient pas embauchée; **shall we ~ her?** si on lui faisait une surprise?; **it wouldn't ~ me if they lost** ça ne m'étonnerait pas OR je ne serais pas surpris qu'ils perdent; **go on, ~ me!** *iron* vas-y, annonce! -**2.** [catch unawares] surprendre; **the burglar was ~d by the police** le cambrioleur fut surpris par la police; **we ~d the enemy at dawn** nous avons surpris l'ennemi à l'aube.

surprised [sə'praɪzd] *adj* surpris, étonné; **she was ~ to learn that she had got the job** elle a été surprise d'apprendre qu'on allait l'embaucher; **don't be ~ if she doesn't come** ne vous étonnez pas si elle ne vient pas; **I wouldn't** OR **I shoudn't be ~ if they'd forgotten** cela ne m'étonnerait pas qu'ils aient oublié; **I'm ~ by** OR **at his reaction** sa réaction me surprend OR m'étonne; **it looks easy but you'd be ~** ça semble facile mais ne vous y fiez pas; **his lack of good manners is nothing to be ~ about** son manque de savoir-vivre n'a rien d'étonnant.

surprising [sə'praɪzɪŋ] *adj* surprenant, étonnant; **it's ~ (that) she left so early** il est surprenant OR étonnant qu'elle soit partie si tôt; **it's not at all** OR **not in the least ~** cela n'a rien d'étonnant.

surprisingly [sə'praɪzɪŋlɪ] *adv* étonnamment; **for a ten-year-old, she's ~ mature** elle est vraiment très mûre pour une fille de dix ans; **~, he managed to win** chose suprenante OR étonnante, il a quand même gagné; **he apologized, ~ enough** chose surprenante OR étonnante, il s'est excusé; **not ~, the play sold out** toutes les places ont été louées, ce qui n'a rien d'étonnant.

surreal [sə'rɪəl] ◇ *adj* -**1.** [strange, dreamlike] étrange, onirique. -**2.** [surrealist] surréaliste.

◇ *n*: **the ~** le surréel.

surrealism [sə'rɪəlɪzm] *n* ART & LITERAT surréalisme *m*.

surrealist [sə'rɪəlɪst] ART & LITERAT ◇ *adj* surréaliste.

◇ *n* surréaliste *mf*.

surrealistic [səˌrɪəl'ɪstɪk] *adj* -**1.** ART & LITERAT surréaliste. -**2.** *fig* surréel, surréaliste.

surrender [sə'rendəʳ] ◇ *vi* -**1.** MIL [capitulate] se rendre, capituler; **they ~ed to the enemy** ils se rendirent à OR ils capitulèrent devant l'ennemi. -**2.** [give o.s. up] se livrer; **after 16 hours the hijackers ~ed to the police** au bout de16 heures, les pirates de l'air se sont livrés à la police; **to ~ to bail** JUR comparaître en jugement (après une libération sous caution). -**3.** *fig* [abandon o.s.] se livrer, s'abandonner; **to ~ to temptation** se livrer OR s'abandonner à la tentation.

◇ *vt* -**1.** [city, position] livrer; [relinquish - possessions, territory] céder, rendre; [- one's seat] céder, laisser; [- arms] rendre, livrer; [- claim, authority, freedom, rights] renoncer à; [- hopes] abandonner; **to ~ o.s to sthg** se livrer OR s'abandonner à qqch. -**2.** [hand in - ticket, coupon] remettre.

◇ *n* -**1.** [capitulation] reddition *f*, capitulation *f*; **the town was starved into ~** la famine a obligé la ville à capituler; **the government's ~ to the unions** la capitulation du gouvernement devant les syndicats; **he laughed at the idea of ~** l'idée de se rendre l'a fait rire. -**2.** [relinquishing - of possessions, territory] cession *f*; [- of arms] remise *f*; [- of claim, authority, freedom, rights] renonciation *f*, abdication *f*; [- of hopes] abandon *m*; **it is tantamount to a ~ of all our rights** cela équivaut à l'abdication de OR renoncer à tous nos droits.

surreptitious [ˌsʌrəp'tɪʃəs] *adj* subreptice *lit*, furtif, clandestin.

surreptitiously [ˌsʌrəp'tɪʃəslɪ] *adv* subrepticement *lit*, furtivement, à la dérobée.

surrey ['sʌrɪ] *n voiture hippomobile à deux places.*

surrogacy ['sʌrəgəsɪ] *n* maternité *f* de remplacement OR de substitution.

surrogate ['sʌrəgeɪt] ◇ *n* -**1.** *fml* [substitute - person] remplaçant *m*, -e *f*, substitut *m*; [- thing] succédané *m*. -**2.** PSYCH substitut *m*. -**3.** *Am* JUR magistrat *m* de droit civil *(juridiction locale)*. -**4.** *Br* RELIG évêque *m* auxiliaire.

◇ *adj* de substitution, de remplacement; **they served as ~ parents to her** ils ont en quelque sorte remplacé ses parents.

surrogate mother *n* PSYCH substitut *m* maternel; MED mère *f* porteuse.

surround [sə'raʊnd] ◇ *vt* -**1.** [gen] entourer; **the garden is ~ed by a brick wall** le jardin est entouré d'un mur en briques; **the president ~ed himself with advisers** le président s'est entouré de conseillers; **there is a great deal of controversy ~ing the budget cuts** il y a une vive controverse autour des réductions budgétaires. -**2.** [subj: troops, police, enemy] encercler, cerner; **~ed by enemy soldiers** encerclé OR cerné par des troupes ennemies.

◇ *n Br* [border, edging] bordure *f*.

surrounding [sə'raʊndɪŋ] *adj* environnant; **there's a lovely view of the ~ countryside** il y a une belle vue sur le paysage alentour.

◆ **surroundings** *npl* -**1.** [of town, city] alentours *mpl*, environs *mpl*. -**2.** [setting] cadre *m*, décor *m*; **it's a pleasure to be in such lovely ~s** c'est un vrai plaisir de se trouver dans un cadre aussi joli. -**3.** [environment] environnement *m*, milieu *m*; **she's indifferent to her ~s** elle est indifférente à son environnement.

surtax ['sɜːtæks] *n impôt supplémentaire qui s'applique au-delà d'une certaine tranche de revenus.*

surveillance [sɜː'veɪləns] *n* surveillance *f*; **to keep sb under constant ~** garder qqn sous surveillance continue; **the house is under police ~** la maison est surveillée par la police.

survey [*vb* sə'veɪ, *n* 'sɜːveɪ] ◇ *vt* -**1.** [contemplate] contempler; [inspect] inspecter, examiner; [review] passer en revue; **we sat ~ing the view** nous étions assis à contempler le paysage; **he stepped back to ~ the painting** il fit un pas en arrière pour contempler le tableau. -**2.** [make a study of] faire une étude de, étudier; **the report ~s the current state of manufacturing industry in Britain** le rapport étudie l'état actuel de l'industrie manufacturière en Grande-Bretagne. -**3.** [poll] sonder; **65% of women ~ed were opposed to the measure** 65 % des femmes interrogées étaient contre cette mesure. -**4.** [land] arpenter, relever, faire un relèvement de; *Br* [house] expertiser, faire une expertise de; **always have a house independently ~ed before buying** il faut toujours faire faire une expertise indépendante avant d'acheter une maison.

◇ *n* -**1.** [study, investigation] étude *f*, enquête *f*; **they carried out a ~ of retail prices** ils ont fait une enquête sur les prix au détail. -**2.** [overview] vue *f* d'ensemble; **the exhibition offers a comprehensive ~ of contemporary British art** l'exposition présente une vision d'ensemble de l'art contemporain britannique. -**3.** [poll] sondage *m*. -**4.** [of land] relèvement *m*, levé *m*; **aerial ~** levé aérien || *Br* [of house] expertise *f*; **to have a ~ done** faire faire une expertise.

surveying [sə'veɪɪŋ] *n* [measuring - of land] arpentage *m*, relèvement *m*; *Br* [examination - of buildings] examen *m*.

surveyor [sə'veɪəʳ] *n* -**1.** [of land] arpenteur *m*, géomètre *m*. -**2.** *Br* [of buildings] géomètre-expert *m*; **the council ~ declared the building unsafe** l'expert envoyé par la mairie déclara l'immeuble dangereux.

survival [sə'vaɪvl] ◇ *n* -**1.** [remaining alive] survie *f*; **what are their chances of ~?** quelles sont leurs chances de survie?; **the ~ of the fittest** la survie du plus apte. -**2.** [relic, remnant] survivance *f*, vestige *m*; **the custom is a ~ from the Victorian era** cette coutume remonte à l'époque victorienne.

◇ *comp* [course, kit] de survie.

survivalism [sə'vaɪvəlɪzm] *n entraînement en vue de la survie en cas de catastrophe.*

survivalist [sə'vaɪvəlɪst] *n personne qui s'entraîne à la survie en cas de catastrophe.*

survive [sə'vaɪv] ◇ *vi* -**1.** [remain alive] survivre; **nobody thought she'd ~** personne ne pensait qu'elle survivrait. -**2.** [cope, pull through]: **don't worry, I'll ~!** *inf* ne t'inquiète pas, je n'en mourrai pas!; **how can they ~ on such low wages?** comment font-ils pour vivre OR pour subsister avec des salaires si bas?; **he earned just enough to ~ on** il gagnait tout juste de quoi survivre. -**3.** [remain, be left] subsister; **only a dozen of his letters have ~d** il ne subsiste OR reste qu'une douzaine de ses lettres.

◇ *vt* -**1.** [live through] survivre à, réchapper à OR de; **few of the soldiers ~d the battle** peu de soldats ont survécu à la bataille; **we thought he'd never ~ the shock** nous pensions qu'il ne se remettrait jamais du choc. -**2.** [cope with, get through] supporter; **she ~d the death of her father better than expected** elle a surmonté la mort de son père mieux que prévu; **I never thought I'd ~ the evening!** jamais je n'aurais cru que je tiendrais jusqu'à la fin de la soirée! -**3.** [outlive, outlast] survivre à; **she ~d her husband by 20 years** elle a survécu 20 ans à son mari; **she is ~d by two daughters** elle laisse deux filles. -**4.** [withstand] survivre à, résister à; **the house didn't ~ the storm** la maison n'a pas survécu OR résisté à la tempête; **her beauty has ~d the passage of time** sa beauté a résisté au temps.

surviving [sə'vaɪvɪŋ] *adj* survivant; **his only ~ son** son seul fils encore en vie; **the longest ~ whale in captivity** la baleine ayant survécu le plus longtemps en captivité.

survivor [sə'vaɪvəʳ] *n* -**1.** [of an accident, attack] survivant *m*, -e *f*, rescapé *m*, -e *f*; **the ~s of the death camps** les rescapés des camps de la mort; **there are no reports of any ~s** aucun survivant n'a été signalé; **she'll be all right, she's a born ~** elle s'en sortira, elle est solide. -**2.** JUR survivant *m*, -e *f*.

sus *inf* [sʌs] *n Br*: **~ laws** *lois abrogées en 1981, équivalant au système du contrôle d'identité et autorisant l'arrestation de personnes dont le comportement paraît suspect.*

susceptibility [səˌseptə'bɪlətɪ] (*pl* **susceptibilities**) *n* -**1.** [predisposition - to an illness] prédisposition *f*; **she has a ~ to respiratory complaints** elle a une prédisposition aux infections respiratoires. -**2.** [vulnerability] sensibilité *f*; **his ~ to flattery** sa sensibilité à la flatterie. -**3.** [sensitivity] sensibilité *f*, émotivité *f*. -**4.** PHYS susceptibilité *f*.

◆ **susceptibilities** *npl* [feelings] sentiments *mpl*, susceptibilité *f*; **try to spare their susceptibilities** essayez de ménager leur susceptibilité.

susceptible [sə'septəbl] *adj* -**1.** [prone - to illness] prédisposé; **I'm very ~ to colds** je m'enrhume très facilement; **only the more ~ children contracted the disease** seuls les enfants les plus prédisposés ont été contaminés par la maladie. -**2.** [responsive] sensible; **the management is ~ to pressure from the staff** la direction est sensible aux pressions du personnel; **~ to flattery** sensible à la flatterie; **the virus is not ~ to treatment** le virus ne répond pas au traitement. -**3.** [sensitive, emotional] sensible, émotif. -**4.** *fml* [capable] susceptible; **her decisions are ~ of modification** ses décisions sont susceptibles d'être modifiées.

sushi ['suːʃɪ] *n* sushi *m*; **~ bar** sushi-bar *m*.

suspect [*vb* sə'spekt, *n* & *adj* 'sʌspekt] ◇ *vt* -**1.** [presume, imagine] soupçonner, se douter de; **to ~ foul play** soupçonner quelque chose de louche; **I ~ed there would be trouble** je me doutais qu'il y aurait des problèmes; **I ~ed as much!** je m'en doutais!; **what happened, I ~, is that they had an argument** ce qui s'est passé, j'imagine, c'est qu'ils se sont disputés. -**2.** [mistrust] douter de, se méfier de; **to ~ sb's motives** avoir des doutes sur les intentions de qqn. -**3.** [person - of wrongdoing] soupçonner, suspecter; **to be ~ed of sthg** être soupçonné de qqch; **to ~ sb of sthg** OR **of doing sthg** soupçonner qqn de qqch OR d'avoir fait qqch.

◇ *n* suspect *m*, -e *f*.

◇ *adj* suspect; **his views on apartheid are rather ~** ses vues sur l'apartheid sont plutôt douteuses.

suspected [sə'spektɪd] *adj* présumé; **a ~ terrorist** un terroriste présumé; **a ~ case of cholera** un cas présumé de choléra; **he's undergoing tests for a ~ tumour** on est en train de lui faire des analyses pour s'assurer qu'il ne s'agit pas d'une tumeur.

suspend [sə'spend] *vt* -**1.** [hang] suspendre; **~ed from the ceiling** suspendu au plafond; **particles of radioactive dust were ~ed in the atmosphere** des particules radioactives étaient en suspension dans l'atmosphère. -**2.** [discontinue] suspendre; [withdraw - permit, licence] retirer (provisoirement); **bus services have been ~ed** le service des autobus a été suspendu OR interrompu; **the government has ~ed the repayment of foreign debts** le gouvernement a suspendu le remboursement de sa dette extérieure. -**3.** [defer] suspendre, reporter; **to ~ judgment** suspendre son jugement; **the commission decided to ~ its decision** la commission décida de surseoir à sa décision; **to ~ one's disbelief** faire taire son incrédulité. -**4.** [exclude temporarily - official, member, sportsman] suspendre; [- worker] suspendre, mettre à pied; [- pupil, student] exclure provisoirement; **~ed for six months** suspendu pendant six mois; **two pupils have been ~ed from school for smoking** deux élèves surpris à fumer font l'objet d'un renvoi provisoire.

suspended animation [sə'spendɪd-] *n* [natural state] hibernation *f*; [induced state] hibernation *f* artificielle.

suspended sentence *n* JUR condamnation *f* avec sursis; **she got a three-month ~** elle a été condamnée à trois mois de prison avec sursis.

suspender [sə'spendəʳ] *n Br* [for stockings] jarretelle *f*; [for socks] fixe-chaussette *m*.

◆ **suspenders** *npl Am* [for trousers] bretelles *fpl*.

suspender belt *n Br* porte-jarretelles *m inv*.

suspense [sə'spens] *n* -**1.** [anticipation] incertitude *f*; **to keep** OR **to leave sb in ~** laisser qqn dans l'incertitude; **to break the ~** mettre fin à l'incertitude; **the ~ is killing me!** *inf* quel suspense! || [in films, literature] suspense *m*; **she manages to maintain the ~ throughout the book** elle réussit à maintenir OR faire durer le suspense jusqu'à la fin du livre. -**2.** ADMIN & JUR: **in ~** en suspens.

suspense account *n* compte *m* d'ordre.

suspension [sə'spenʃn] *n* -**1.** [interruption] suspension *f*; [withdrawal] suspension *f*, retrait *m* (provisoire); **the ~ of hostilities/payments** la suspension des hostilités/des paiements. -**2.** [temporary dismissal - from office, political party, club, team] suspension *f*; [- from job] suspension *f*, mise *f* à pied; [- from school, university] exclusion *f* provisoire. -**3.** AUT & TECH suspension *f*; **independent ~** suspension à roues indépendantes. -**4.** CHEM suspension *f*; **in ~** en suspension.

suspension bridge *n* pont *m* suspendu.

suspension points *npl* points *mpl* de suspension.

suspensor [sə'spensəʳ] *n* -**1.** ANAT [ligament] ligament *m* suspenseur; [muscle] muscle *m* suspenseur. -**2.** BOT suspenseur *m*.

suspensory [sə'spensərɪ] (*pl* **suspensories**) ◇ *n* -**1.** ANAT = **suspensor 1**. -**2.** MED [bandage, sling] suspensoir *m*.

◇ *adj* -**1.** ANAT suspenseur. -**2.** MED [bandage, sling] de soutien.

suspicion [sə'spɪʃn] *n* -**1.** [presumption of guilt, mistrust] soupçon *m*, suspicion *f*; **her neighbours' strange behaviour aroused her ~** OR **~s** le comportement étrange de ses voisins éveilla ses soupçons; **to be above** OR **beyond ~** être au-dessus de tout soupçon; **I have my ~s about this fellow** j'ai des doutes sur cet individu; **the new boss was regarded with ~** on considérait le nouveau patron avec méfiance; **the discovery cast ~ on the maid** la découverte jeta la suspicion sur la bonne; **to be under ~** être soupçonné; **he was arrested on ~ of drug trafficking** JUR il a été arrêté parce qu'on le soupçonnait de trafic de drogue. -**2.** [notion, feeling] soupçon *m*; **I had a growing ~ that he wasn't telling the truth** je soupçonnais de plus en plus qu'il ne disait pas la vérité; **I had a (sneaking) ~ you'd be here** j'avais comme un pressentiment que tu serais là. -**3.** [trace, hint] soupçon *m*, pointe *f*; **there was a ~ of bitterness in her voice** il y avait un soupçon OR une pointe d'amertume dans sa voix.

suspicious [sə'spɪʃəs] *adj* -**1.** [distrustful] méfiant, soupçonneux; **his strange behaviour made us ~** son comportement étrange a éveillé nos soupçons OR notre méfiance; **she became ~ when he refused to give his name** elle a commencé à se méfier quand il a refusé de donner son nom; **I'm ~ of his motives** je me méfie de ses intentions; **she gave him a ~ look** elle lui jeta un regard méfiant. -**2.** [suspect] suspect; **the minister resigned in very ~ circumstances** le ministre démissionna dans des circonstances très suspectes; **there are a lot**

of ~-looking characters in this pub il y a beaucoup d'individus suspects dans ce pub; it is ~ that she didn't phone the police le fait qu'elle n'a pas téléphoné à la police est suspect.

suspiciously [sə'spɪʃəslɪ] *adv* **-1.** [distrustfully] avec méfiance, soupçonneusement. **-2.** [strangely] de façon suspecte; **police saw a man acting ~** la police a vu un homme qui se comportait de façon suspecte; **she was ~ keen to leave** son empressement à partir était suspect; **they came ~ close to guessing the truth** il est étrange qu'ils aient failli deviner la vérité; **it looks ~ like malaria** ça ressemble étrangement au paludisme.

suspiciousness [sə'spɪʃəsnɪs] *n* **-1.** [distrust] méfiance *f*. **-2.** [suspect nature] caractère *m* suspect.

suss *inf* [sʌs] ◇ *vt Br* flairer; **she ~ed what he was after** elle a compris où il voulait en venir.
◇ *n* = **sus**.
◆ **suss out** *inf vt sep Br* **-1.** [device, situation] piger; **she ~ed out how it worked in ten minutes** elle a pigé comment ça marchait en dix minutes; **I can't ~ out this computer program** je n'arrive pas à piger (comment marche) ce nouveau logiciel. **-2.** [person] saisir le caractère de; **I've got him ~ed out** je sais à qui j'ai affaire.

sustain [sə'steɪn] *vt* **-1.** [maintain, keep up - conversation] entretenir; [- effort, attack, pressure] soutenir, maintenir; [- sb's interest] maintenir; **if the present level of economic growth is ~ed** si le niveau actuel de croissance économique est maintenu. **-2.** [hold up, support physically] soutenir, supporter; **steel girders ~ the weight of the bridge** le pont est soutenu par des poutres en acier. **-3.** [support morally] soutenir; **it was only their belief in God that ~ed them** seule leur croyance en Dieu les a soutenus. **-4.** MUS [note] tenir, soutenir. **-5.** [nourish] nourrir; **they had only dried fruit and water to ~ them** ils n'avaient que des fruits secs et de l'eau pour subsister; **one meal a day is not enough to ~ you** l'homme a besoin pour vivre de plus d'un repas par jour; **a planet capable of ~ing life** une planète capable de maintenir la vie. **-6.** [suffer - damage] subir; [- defeat, loss] subir, essuyer; [- injury] recevoir; **to ~ an injury** recevoir une blessure, être blessé; **the man ~ed a serious blow to the head** l'homme a été grièvement atteint à la tête || [withstand] supporter; **her fragile condition will not ~ another shock** étant donné la fragilité de son état, elle ne supportera pas un nouveau choc. **-7.** JUR [accept as valid] admettre; **the court refused to ~ the motion** le tribunal refusa d'admettre OR d'accorder la requête; **objection ~ed** objection admise; **the court ~ed her claim** le tribunal lui accorda gain de cause. **-8.** [corroborate - assertion, theory, charge] corroborer. **-9.** THEAT [role] tenir.

sustainable [səs'teɪnəbl] *adj* [development, agriculture, politics] viable.

sustained [sə'steɪnd] *adj* [effort, attack] soutenu; [discussion] prolongé.

sustaining [sə'steɪnɪŋ] *adj* nourrissant, nutritif.

sustaining pedal *n* pédale *f* forte.

sustaining program *n Am* RADIO & TV émission *f* non sponsorisée.

sustenance ['sʌstɪnəns] *n* **-1.** [nourishment] valeur *f* nutritive; **there is little ~ in such foods** de tels aliments ont peu de valeur nutritive OR sont peu nourrissants; **stale bread provided her only form of ~** elle se nourrissait uniquement de pain rassis; **his neighbours provided moral ~ during the crisis** *fig* ses voisins l'ont soutenu moralement pendant la crise. **-2.** [means of subsistence] subsistance *f*; **they could not derive ~ from the land** ils ne pouvaient pas vivre de la terre.

susurration [ˌsjuːsə'reɪʃn] *n lit* susurrement *m*.

suttee ['sʌtiː] *n* [tradition] sati *m inv*; [widow] sati *f inv*.

suture ['suːtʃər] ◇ *n* **-1.** MED point *m* de suture. **-2.** ANAT & BOT suture *f*.
◇ *vt* MED suturer.

suzerain ['suːzəreɪn] ◇ *n* **-1.** HIST suzerain *m*, -e *f*. **-2.** POL [state] État *m* dominant.
◇ *adj* **-1.** HIST suzerain; **~ lord** suzerain *m*. **-2.** POL [state, power] dominant.

suzerainty ['suːzərəntɪ] *n* **-1.** HIST suzeraineté *f*. **-2.** POL dominance *f*.

svelte [svelt] *adj* svelte.

Svengali [ˌsveŋ'gɑːlɪ] *n* manipulateur *m*.

SW -1. (*written abbr of* **short wave**) OC. **-2.** (*written abbr of* **south-west**) S-O.

swab [swɒb] (*pt & pp* **swabbed**, *cont* **swabbing**)
◇ *n* **-1.** MED [cotton] tampon *m*; [specimen] prélèvement *m*. **-2.** [mop] serpillière *f*. **-3.** [brush for firearms] écouvillon *m*.
◇ *vt* **-1.** MED [clean] nettoyer (avec un tampon). **-2.** [mop] laver; **to ~ down the decks** laver le pont.

Swabia ['sweɪbjə] *pr n* Souabe *f*; **in ~** en Souabe.

swaddle ['swɒdl] *vt* **-1.** [wrap] envelopper, emmitoufler; **~d in blankets** enveloppé OR emmitouflé dans des couvertures; **her head was ~d in bandages** elle avait la tête enveloppée de pansements. **-2.** *arch* [baby] emmailloter.

swaddling clothes *npl arch* OR BIBLE maillot *m*, langes *mpl*; **the infant was wrapped in ~** le nourrisson était emmailloté.

swag *inf* [swæg] ◇ *n* **-1.** *Br* [booty] butin *m*. **-2.** *Austr & NZ* [bundle] baluchon *m*, balluchon *m*; **to go on the ~** *inf* vagabonder. **-3.** *inf Austr & NZ*: **~s of** [lots of] un tas de, une flopée de.
◇ *vi Austr & NZ* [roam] vagabonder.

swagger ['swægər] ◇ *vi* **-1.** [strut] se pavaner; **he ~ed into/out of the room** il entra dans/sortit de la pièce en se pavanant. **-2.** [boast] se vanter, fanfaronner, plastronner.
◇ *n* [manner] air *m* arrogant; [walk] démarche *f* arrogante; **he entered the room with a ~** il entra dans la pièce en se pavanant.

swagger cane = **swagger stick**.

swaggering ['swægərɪŋ] ◇ *adj* [gait, attitude] arrogant; [person] fanfaron, bravache.
◇ *n* [proud gait] démarche *f* OR allure *f* arrogante; [boasting] vantardise *f*.

swagger stick *n* [gen] badine *f*, canne *f*; MIL bâton *m* (d'officier).

swagman *inf* ['swægmæn] (*pl* **swagmen** [-men]) *n Austr & NZ* clochard *m*.

Swahili [swɑː'hiːlɪ] ◇ *n* **-1.** LING swahili *m*, souahéli *m*. **-2.** [person] Swahili *m*, -e *f*, Souahéli *m*, -e *f*.
◇ *adj* swahili, souahéli.

swain [sweɪn] *n arch* [young man] jeune homme *m* de la campagne; [lover] soupirant *m*.

SWALK *inf* [swɔːlk] (*abbr of* **sealed with a loving kiss**) *doux baisers (écrit sur une enveloppe contenant une lettre d'amour).*

swallow ['swɒləʊ] ◇ *vt* **-1.** [food, drink, medicine] avaler; **he almost ~ed his tongue** il a failli avaler sa langue. **-2.** *inf* [believe] avaler, croire; **she ~ed the story whole** elle a avalé OR cru toute l'histoire; **he'll ~ anything** il avalerait n'importe quoi; **I find it hard to ~** j'ai du mal à avaler ça. **-3.** [accept unprotestingly] avaler, accepter; **I find it hard to ~** je trouve ça un peu raide; **I'm not going to ~ that sort of treatment** pas question que j'accepte d'être traité de cette façon. **-4.** [repress] ravaler; **to ~ one's anger/disappointment** ravaler sa colère/sa déception; **he had to ~ his pride** il a dû ravaler sa fierté. **-5.** [retract] : **to ~ one's words** ravaler ses paroles. **-6.** [absorb] engloutir; **they were soon ~ed by the crowd** la foule eut tôt fait de les engloutir.
◇ *vi* avaler, déglutir; **it hurts when I ~** j'ai mal quand j'avale; **she ~ed hard and continued her speech** elle avala sa salive et poursuivit son discours.
◇ *n* **-1.** [action] gorgée *f*; **she took a long ~ of champagne** elle prit OR but une grande gorgée de champagne; **he finished his drink with one ~** il finit sa boisson d'un trait OR d'un seul coup. **-2.** ORNITH hirondelle *f*; **one ~ doesn't make a summer** *prov* une hirondelle ne fait pas le printemps *prov*.
◆ **swallow up** *vt sep* engloutir; **the Baltic States were ~ed up by the Soviet Union** les pays baltes ont été engloutis par l'Union soviétique; **I wished the ground would open and ~ me up** j'aurais voulu être à six pieds sous terre; **they were soon ~ed up in the mist** ils furent bientôt noyés dans la brume; **they were ~ed up in the crowd** ils ont disparu dans la foule.

swallow dive *n Br* SPORT saut *m* de l'ange.

swallow hole *n Br* gouffre *m*, aven *m*.

swallowtail ['swɒləʊteɪl] *n* machaon *m*.

swallow-tailed coat *n* queue-de-pie *f*.

swam [swæm] *pt* → **swim**.

swami ['swɑːmɪ] (*pl* **swamis** OR **swamies**) *n* swami *m*.

swamp [swɒmp] ◇ *n* marais *m*, marécage *m*.
◇ *vt* **-1.** [flood] inonder; [cause to sink] submerger. **-2.** [overwhelm] inonder, submerger; **she was ~ed with calls** elle a été submergée d'appels; **we're ~ed (with work) at the office at the moment** nous sommes débordés de travail au bureau en ce moment.

swamp buggy *n Am* [boat] hydroglisseur *m*; [tractor] tracteur *m* amphibie.

swamp fever *n Am* [malaria] paludisme *m*, malaria *f*.

swampland ['swɒmplænd] *n (U)* marécages *mpl*, terrain *m* marécageux.

swampy ['swɒmpɪ] (*compar* **swampier**, *superl* **swampiest**) *adj* marécageux.

swan [swɒn] (*pt & pp* **swanned**, *cont* **swanning**)
◇ *n* cygne *m*; **the Swan of Avon** Shakespeare; **'Swan Lake'** *Tchaikovsky* 'le Lac des cygnes'.
◇ *vi inf Br*: **they spent a year swanning round Europe** ils ont passé une année à se balader en Europe; **they swanned off to the pub** ils sont tranquillement allés au pub; **he came swanning into the office at 10:30** il est arrivé au bureau comme si de rien n'était à 10 h 30.

swan dive *n Am* SPORT saut *m* de l'ange.

swank *inf* [swæŋk] ◇ *vi* se vanter, frimer.
◇ *n Br* **-1.** [boasting] frime *f*; **ignore him, it's all ~** ne fais pas attention à lui, tout ça c'est de la frime. **-2.** [boastful person] frimeur *m*, -euse *f*. **-3.** *Am* [luxury] luxe *m*, chic *m*; **it's got lots of ~** ça a une de ces classes!
◇ *adj* = **swanky**.

swanky *inf* ['swæŋkɪ] (*compar* **swankier**, *superl* **swankiest**) *adj* [gen] chic; [club, school] chic.

swan neck *n* col-de-cygne *m*.

swan-necked *adj Br* **-1.** [person] au cou de cygne. **-2.** [object] en col-de-cygne.

swannery ['swɒnərɪ] (*pl* **swanneries**) *n* réserve *f* de cygnes.

swansdown ['swɒnzdaʊn] *n* **-1.** [feathers] duvet *m* de cygne. **-2.** TEX molleton *m*.

swansong ['swɒnsɒŋ] *n* chant *m* du cygne.

swan-upping *n Br recensement et marquage annuels des cygnes de la Tamise appartenant à la Couronne.*

swap [swɒp] (*pt & pp* **swapped**, *cont* **swapping**)
◇ *vt* **-1.** [possessions, places] échanger; **to ~ sthg for sthg** échanger qqch contre qqch; **I'll ~ my coat for yours, I'll ~ coats with you** échangeons nos manteaux; **they've swapped places** ils ont échangé leurs places; **he swapped places with his sister** il a échangé sa place contre celle de sa sœur; **I wouldn't ~ places with him for love nor money** je ne voudrais être à sa place pour rien au monde; **I'd ~ jobs with him any day!** j'échangerais mon travail contre le sien sans hésiter!; **as soon as the music stops, everybody ~ partners** dès que la musique s'arrête, tout le monde change de cavalier. **-2.** [ideas, opinions] échanger; **they meet to ~ stories about the war** ils se rencontrent pour échanger des histoires de guerre; **they swapped insults over the garden fence** ils échangèrent des insultes par-dessus la clôture du jardin.

◇ *vi* échanger, faire un échange OR un troc; I'll ~ with you on échangera, on fera un échange.
◇ *n* -1. [exchange] troc *m*, échange *m*; to do a ~ faire un troc OR un échange; I gave her my bicycle as a ~ for hers je lui ai donné mon vélo en échange du sien. -2. [duplicate - stamp in collection etc] double *m*.
◆ **swap over, swap round** ◇ *vt sep* échanger, intervertir; **she swapped their glasses over** OR **round when he left the room** elle échangea leurs verres quand il quitta la pièce.
◇ *vi insep*: **do you mind swapping over** OR **round so I can sit next to Max?** est-ce que ça te dérange qu'on échange nos places pour que je puisse m'asseoir à côté de Max?

swap meet *n Am* foire *f* au troc.

SWAPO ['swɑːpəʊ] (*abbr of* South West Africa People's Organization) *pr n* SWAPO *f*.

swap shop *n* foire *f* au troc, magasin *m* de troc.

sward [swɔːd] *n arch* OR *lit* gazon *m*, pelouse *f*.

swarf [swɔːf] *n (U)* ébarbures *fpl*, limaille *f*.

swarm [swɔːm] ◇ *n* -1. [of bees] essaim *m*; [of ants] colonie *f*. -2. *fig* [of people] essaim *m*, nuée *f*, masse *f*; **surrounded by a ~ of admirers** entouré d'une foule d'admirateurs.
◇ *vi* -1. ENTOM essaimer. -2. *fig* [place] fourmiller, grouiller; **the streets were ~ing with people** les rues grouillaient de monde. -3. *fig* [people] affluer; **the crowd ~ed in/out** la foule s'est engouffrée à l'intérieur/est sortie en masse; **bargain-hunters ~ed into the department store** les chercheurs d'occasions envahirent le grand magasin; **children were ~ing round the ice-cream van** les enfants s'agglutinaient autour du camion du marchand de glaces. -4. [climb] grimper (lestement); **she ~ed up the tree** elle grimpa lestement à l'arbre.

swarthiness ['swɔːðɪnɪs] *n* teint *m* basané.

swarthy ['swɔːðɪ] (*compar* **swarthier**, *superl* **swarthiest**) *adj* basané; **he has a ~ complexion** il a le teint basané.

swash [swɒʃ] ◇ *n* [splash] clapotis *m*.
◇ *vi* clapoter.

swashbuckler ['swɒʃ,bʌkləʳ] *n* -1. [adventurer] aventurier *m*, -ère *f*; [swaggerer] fier-à-bras *m*, matamore *m*. -2. [film] film *m* de cape et d'épée; [novel] roman *m* de cape et d'épée.

swashbuckling ['swɒʃ,bʌklɪŋ] *adj* [person] fanfaron; [film, story] de cape et d'épée.

swastika ['swɒstɪkə] *n* ANTIQ svastika *m*; [Nazi] croix *f* gammée.

swat [swɒt] (*pt* & *pp* **swatted**, *cont* **swatting**)
◇ *vt* -1. [insect] écraser. -2. *inf* [slap] frapper.
◇ *n* -1. [device] tapette *f*. -2. [swipe]: **he took a ~ at the mosquito** il essaya d'écraser le moustique. -3. *inf* = **swot**.

swatch [swɒtʃ] *n* échantillon *m* de tissu.

swath [swɔːθ] = **swathe** *n*.

swathe [sweɪð] ◇ *vt* -1. [bind] envelopper, emmailloter; **his head was ~d in bandages** sa tête était enveloppée de pansements; **she lay in bed ~d in blankets** elle était dans son lit, enveloppée OR emmitouflée dans des couvertures. -2. [envelop] envelopper; **~d in mist** enveloppé de brume.
◇ *n* -1. AGR andain *m*. -2. [strip of land] bande *f* de terre; **the army cut a ~ through the town** l'armée a tout détruit sur son passage dans la ville; **the new motorway cuts a ~ through the countryside** la nouvelle autoroute coupe à travers la campagne; **she cut a ~ through the opposition** elle a fait des ravages dans les rangs de l'opposition. -3. [strip of cloth] lanière *f*.

swatter ['swɒtəʳ] *n* tapette *f*.

sway [sweɪ] ◇ *vi* -1. [pylon, bridge] se balancer, osciller; [tree] s'agiter; [bus, train] pencher; [boat] rouler; [person - deliberately] se balancer; [- from tiredness, drink] chanceler, tituber; **the poplars ~ed in the wind** les peupliers étaient agités par le vent; **they were ~ing to the music** ils se balançaient au rythme de la musique; **to ~ from side to side/to and fro** se balancer de droite à gauche/d'avant en arrière. -2. [vacillate] vaciller, hésiter; **to ~ between two opinions** vaciller OR hésiter entre deux opinions ‖ [incline, tend] pencher; **to ~ towards conservatism** pencher vers le conservatisme.
◇ *vt* -1. [pylon] (faire) balancer, faire osciller; [tree] agiter; [hips] rouler, balancer; **they started ~ing their bodies in time to the music** ils ont commencé à se balancer au rythme de la musique. -2. [influence] influencer; **his plea for mercy did not ~ the judge** sa demande de clémence n'a pas influencé le juge; **don't be ~ed by his charm** ne te laisse pas influencer OR impressionner par son charme. -3. *arch* [rule] régner sur.
◇ *n* -1. [rocking - gen] balancement *m*; [- of a boat] roulis *m*. -2. [influence] influence *f*, emprise *f*, empire *m*; **to hold ~ over sb/sthg** avoir de l'influence OR de l'emprise sur qqn/qqch; **the economic theories that hold ~ today** les théories économiques qui ont cours aujourd'hui.

Swazi ['swɑːzɪ] *n* Swazi *mf*.

Swaziland ['swɑːzɪlænd] *pr n* Swaziland *m*; in ~ au Swaziland.

swear [sweəʳ] (*pt* **swore** [swɔːʳ], *pp* **sworn** [swɔːn]) ◇ *vi* -1. [curse] jurer; **to ~ at sb** injurier qqn; **they started ~ing at each other** ils ont commencé à se traiter de tous les noms OR à s'injurier; **don't ~ in front of the children** ne dis pas de gros mots devant les enfants ❑ **to ~ like a trooper** jurer comme un charretier. -2. [vow, take an oath] jurer; **he swore on the Bible** il jura sur la Bible; **she swore on her honour/on her mother's grave** elle jura sur l'honneur/sur la tombe de sa mère; **I can't ~ to its authenticity** je ne peux pas jurer de son authenticité; **I wouldn't ~ to it, but I think it was him** je n'en jurerais pas, mais je crois que c'était lui; **I ~ I'll never do it again!** je jure de ne plus jamais recommencer!; **he ~s he's never seen her before** il jure qu'il ne l'a jamais vue; **did YOU break it? — no, I ~ I didn't** c'est toi qui l'as cassé? — je vous jure que non OR que ce n'est pas moi; **they swore to defend the family honour** ils jurèrent de défendre l'honneur de la famille.
◇ *vt* -1. [pledge, vow]: **to ~ an oath** prêter serment; **to ~ allegiance to the Crown** jurer allégeance à la couronne; **to ~ a charge against sb** JUR faire une déposition sous serment contre qqn. -2. [make sb pledge]: **to ~ sb to secrecy** faire jurer à qqn de garder le secret.
◆ **swear by** *vt insep*: **she ~s by that old sewing machine of hers** elle ne jure que par sa vieille machine à coudre; **you should try honey and hot milk for your cold, my mother ~s by it** pour ton rhume, tu devrais essayer du miel dans du lait chaud, ma mère ne jure que par ça.
◆ **swear in** *vt sep* [witness, president] faire prêter serment à, assermenter *fml*.
◆ **swear off** *inf vt insep Br* renoncer à; **he has sworn off drinking** il a renoncé à l'alcool OR arrêté de boire.
◆ **swear out** *vt sep Am* JUR: **he swore out a warrant for Baker's arrest** il a témoigné sous serment afin de faire arrêter Baker.

swearword ['sweəwɜːd] *n* grossièreté *f*, juron *m*, gros mot *m*.

sweat [swet] (*Br pt* & *pp* **sweated**, *Am pt* & *pp* **sweat** OR **sweated**) ◇ *n* -1. [perspiration] sueur *f*, transpiration *f*; **~ was dripping from his forehead** son front était ruisselant de sueur; **I woke up covered in ~** je me suis réveillé en nage OR couvert de sueur OR tout en sueur; **to break into** OR **to come out in a cold ~** avoir des sueurs froides; **she earned it by the ~ of her brow** elle l'a gagné à la sueur de son front. -2. *inf* [unpleasant task] corvée *f*; **picking strawberries is a real ~** *Br* la cueillette des fraises est une vraie corvée ❑ **can you give me a hand? — no ~!** *inf* peux-tu me donner un coup de main? — pas de problème! -3. *inf Br* [anxious state]: **there's no need to get into a ~ about it!** pas la peine de te mettre dans des états pareils! -4. *inf* [person]: (old) ~ *Br* [old soldier] vieux soldat *m*; [experienced worker] vieux routier *m*.
◇ *vi* -1. [perspire] suer, transpirer; **the effort made him ~** l'effort l'a mis en sueur; **she was ~ing profusely** elle suait à grosses gouttes ❑ **to ~ like a pig** *inf* suer comme un bœuf. -2. *fig* [work hard, suffer] suer; **my mother ~ed over a hot stove from morning till night** ma mère suait sur ses fourneaux du matin jusqu'au soir; **I'll make them ~ for this!** ils vont me le payer!; **she's ~ing over her homework** elle est en train de suer sur ses devoirs. -3. [ooze - walls] suer, suinter; [- cheese] suer.
◇ *vt* -1. [cause to perspire] faire suer OR transpirer; **the doctor recommended ~ing the patient** le médecin recommanda de faire transpirer le malade ‖ [exude]: **to ~ blood** *fig* suer sang et eau; **he ~ed blood over this article** il a sué sang et eau sur cet article; **to ~ buckets** *inf* suer comme un bœuf. -2. *inf Am* [extort]: **we ~ed the information out of him** on lui a fait cracher le morceau. -3. *Am phr*: **don't ~ it!** *inf* pas de panique! -4. CULIN cuire à l'étouffée.
◆ **sweat off** *vt sep* éliminer; **you should do some exercise to ~ off those excess pounds** tu devrais faire un peu d'exercice pour éliminer ces kilos superflus.
◆ **sweat out** *vt sep* -1. [illness]: **stay in bed and try to ~ out the cold** restez au chaud dans votre lit et votre rhume partira. -2. *phr*: **leave him to ~ it out** laissez-le se débrouiller tout seul; **to ~ one's guts out** *inf* suer sang et eau, se crever.

sweatband ['swetbænd] *n* -1. SPORT [headband] bandeau *m*; [wristband] poignet *m*. -2. [in a hat] cuir *m* intérieur.

sweated ['swetɪd] *adj*: **~ labour** [staff] main-d'œuvre *f* exploitée; [work] exploitation *f*.

sweater ['swetəʳ] *n* pull-over *m*, pull *m*.

sweat gland *n* glande *f* sudoripare.

sweating ['swetɪŋ] *n* transpiration *f*, sudation *f spec*; **the illness can cause heavy ~** la maladie peut provoquer une transpiration abondante OR des sueurs abondantes.

sweatshirt ['swetʃɜːt] *n* sweat-shirt *m*.

sweatshop ['swetʃɒp] *n* ≃ atelier *m* clandestin.

sweat suit *n* survêtement *m*.

sweaty ['swetɪ] (*compar* **sweatier**, *superl* **sweatiest**) *adj* -1. [person] (tout) en sueur; [hands] moite; [feet] qui transpire; [clothing] trempé de sueur; **he's got ~ feet** il transpire des pieds; **his uniform smelt ~** son uniforme sentait la sueur. -2. [weather, place] d'une chaleur humide OR moite; **she went back into the ~ workshop** elle replongea dans la chaleur humide de l'atelier. -3. [activity] qui fait transpirer; **it was a hard, ~ climb** l'ascension était rude et donnait chaud.

swede [swiːd] *n Br* rutabaga *m*, chou-navet *m*.

Swede [swiːd] *n* Suédois *m*, -e *f*.

Sweden ['swiːdn] *pr n* Suède *f*; in ~ en Suède.

Swedish ['swiːdɪʃ] ◇ *npl*: **the ~** les Suédois *mpl*.
◇ *n* LING suédois *m*.
◇ *adj* suédois.

Sweeney▽ ['swiːnɪ] *n Br*: **the ~** la brigade volante de Scotland Yard.

sweep [swiːp] (*pt* & *pp* **swept** [swept])
◇ *vt* -1. [with a brush - room, street, dust, leaves] balayer; [- chimney] ramoner; **to ~ the floor** balayer le sol; **he swept the room (out)** il a balayé la pièce; **she swept the leaves from the path into a pile** elle balaya les feuilles du chemin et les mit en tas; **I swept the broken glass into the dustpan** j'ai poussé le verre cassé dans la pelle avec le balai ❑ **to ~ sthg under the carpet** OR **the rug** tirer le rideau sur qqch. -2. [with hand]: **he angrily swept the papers off the desk** d'un geste furieux, il balaya les papiers de dessus le bureau; **she swept the coins off the table into her handbag** elle a fait glisser les pièces de la table dans son sac à main. -3. [subj: wind, tide, crowd etc]: **the wind swept his hat into the river** le vent a fait tomber son chapeau dans la rivière; **the small boat was swept out to sea** le petit bateau a été emporté vers le large; **three fishermen were swept overboard** un

paquet de mer emporta trois pêcheurs; to ~ everything before one *fig* faire des ravages; the incident swept all other thoughts from her mind l'incident lui fit oublier tout le reste; he was swept to power on a wave of popular discontent il a été porté au pouvoir par une vague de mécontentement populaire ❑ to be swept off one's feet (by sb) [fall in love] tomber fou amoureux (de qqn); [be filled with enthusiam] être enthousiasmé (par qqn). -**4.** [spread through - subj: fire, epidemic, rumour, belief] gagner; a new craze is ~ing America une nouvelle mode fait fureur aux États-Unis; a wave of fear swept the city une vague de peur gagna la ville; the flu epidemic which swept Europe in 1919 l'épidémie de grippe qui sévit en Europe en 1919. -**5.** [scan, survey] parcourir; her eyes swept the horizon/the room elle parcourut l'horizon/la pièce des yeux; searchlights continually ~ the open ground outside the prison camp des projecteurs parcourent OR balayent sans cesse le terrain qui entoure la prison. -**6.** [win easily] gagner OR remporter haut la main; the Popular Democratic Party swept the polls le parti démocratique populaire a fait un raz-de-marée aux élections; she swept the tournament *Am* SPORT elle a gagné le tournoi sans concéder une seule partie ❑ to ~ the board remporter tous les prix; the German athletes swept the board at the Olympics les athlètes allemands ont remporté toutes les médailles aux jeux Olympiques. -**7.** NAUT [mines, sea, channel] draguer; the port has been swept for mines le port a été dragué.

◇ *vi* -**1.** [with a brush] balayer. -**2.** [move quickly, powerfully]: harsh winds swept across the bleak steppes un vent violent balayait les mornes steppes; a hurricane swept through the town un ouragan a dévasté la ville; I watched storm clouds ~ing across the sky je regardais des nuages orageux filer dans le ciel; the Barbarians who swept into the Roman Empire les Barbares qui déferlèrent sur l'Empire romain; nationalism swept through the country une vague de nationalisme a submergé le pays; the planes swept low over the town les avions passèrent en rase-mottes au-dessus de la ville; the fire swept through the forest l'incendie a ravagé la forêt. -**3.** [move confidently, proudly]: he swept into/out of the room il entra/sortit majestueusement de la pièce; she swept past me without even a glance elle passa majestueusement à côté de moi sans même m'adresser un regard. -**4.** [stretch - land] s'étendre; the fields ~ down to the lake les prairies descendent en pente douce jusqu'au lac; the river ~s round in a wide curve le fleuve décrit une large courbe. -**5.** NAUT: to ~ for mines draguer, déminer.

◇ *n* -**1.** [with a brush] coup *m* de balai; the room needs a good ~ la pièce aurait besoin d'un bon coup de balai. -**2.** [movement]: with a ~ of her arm d'un geste large; with a ~ of his sword/scythe d'un grand coup d'épée/de faux; in OR at one ~ d'un seul coup. -**3.** [curved line, area] (grande) courbe *f*, étendue *f*; a vast ~ of woodland une vaste étendue de forêt; from where we stood, we could see the whole ~ of the bay de là où nous étions, nous voyions toute (l'étendue de) la baie. -**4.** [range] gamme *f*; the members of the commission represent a broad ~ of opinion les membres de la commission représentent des opinions variées. -**5.** [scan, survey]: her eyes made a ~ of the room elle parcourut la pièce des yeux; they jumped over the wall between two ~s of the searchlight ils sautèrent par-dessus le mur entre deux mouvements du projecteur. -**6.** ELECTRON [by electron beam] balayage *m*. -**7.** [search] fouille *f*; police made a drugs ~ on the university la police a ratissé l'université à la recherche de drogues. -**8.** [gen & MIL - attack] attaque *f*; [- reconnaissance] reconnaissance *f*; the rescue party made a ~ of the area l'équipe de secours a ratissé les environs. -**9.** [chimney sweep] ramoneur *m*. -**10.** *inf* [sweepstake] sweepstake *m*. -**11.** AERON flèche *f*; to vary the angle of ~ varier la flèche.

◆ **sweep along** *vt sep* [subj: wind, tide, crowd] emporter, entraîner.

◆ **sweep aside** *vt sep* -**1.** [object, person] écarter. -**2.** [advice, objection] repousser, rejeter; [obstacle] écarter.

◆ **sweep away** *vt sep* -**1.** [dust, snow] balayer. -**2.** [subj: wind, tide, crowd] emporter, entraîner; three bathers were swept away by a huge wave trois baigneurs ont été emportés par une énorme vague.

◆ **sweep by** *vi insep* [car] passer à toute vitesse; [person - majestically] passer majestueusement; [- disdainfully] passer dédaigneusement.

◆ **sweep down** *vi insep* [steps] descendre.

◆ **sweep past** = **sweep by**.

◆ **sweep up** ◇ *vt sep* [dust, leaves] balayer; she swept up the pieces of glass elle balaya les morceaux de verre.

◇ *vi* balayer; can you ~ up after the meeting? peux-tu balayer OR peux-tu passer un coup de balai après la réunion?

sweepback ['swiːpbæk] *n* flèche *f* (arrière).

sweeper ['swiːpəʳ] *n* -**1.** [person] balayeur *m*, -euse *f*. -**2.** [device - for streets] balayeuse *f*; [- for carpets] balai *m* mécanique. -**3.** FTBL libero *m*.

sweep hand *n* trotteuse *f*.

sweeping ['swiːpɪŋ] *adj* -**1.** [wide - movement, curve] large; with a ~ gesture d'un geste large, d'un grand geste; a ~ view une vue panoramique. -**2.** [indiscriminate]: a ~ generalization OR statement une généralisation excessive; he makes ~ statements about the European mentality il fait des généralisations excessives sur la mentalité européenne; that's rather a ~ generalization là, vous généralisez un peu trop. -**3.** [significant, large - amount] considérable; ~ budget cuts des coupes sombres dans le budget; the opposition has made ~ gains l'opposition a énormément progressé. -**4.** [far-reaching - measure, change] de grande portée, de grande envergure; ~ reforms des réformes de grande envergure.

◆ **sweepings** *npl* balayures *fpl*.

sweepstake ['swiːpsteɪk] *n* sweepstake *m*.

sweet [swiːt] ◇ *adj* -**1.** [tea, coffee, taste] sucré; [fruit, honey] doux, sucré; [wine] moelleux; this tea is too ~ for me ce thé est trop sucré pour moi. -**2.** [fresh, clean - air] doux; [- breath] frais; [- water] pur. -**3.** [fragrant - smell] agréable, suave; the roses smell so ~! les roses sentent si bon! -**4.** [musical - sound, voice] mélodieux; [- words] doux; the ~ song of the lark le chant mélodieux de l'alouette; to whisper ~ nothings in sb's ear murmurer des mots d'amour à l'oreille de qqn, conter fleurette à qqn. -**5.** [pleasant, satisfactory - emotion, feeling, success] doux; revenge is ~ la vengeance est douce. -**6.** [kind, generous] gentil; it was very ~ of you c'était gentil de votre part; how ~ of her to phone! comme elle est gentille d'avoir téléphoné! ❑ to keep sb ~ *inf Br* cultiver les bonnes grâces de qqn. -**7.** [cute] mignon, adorable; what a ~ little baby/hat! quel adorable bébé/chapeau! -**8.** *inf* [in love]: to be ~ on sb *Br* avoir le béguin pour qqn. -**9.** *inf* [as intensifier]: he'll please his own ~ self, he'll go his own ~ way il n'en fera qu'à sa tête; she'll come in her own ~ time elle viendra quand ça lui plaira; you can bet your ~ life that something funny's going on! tu peux être sûr qu'il se passe quelque chose de louche! ❑ ~ FA▽ *Br* rien du tout, que dalle.

◇ *n* -**1.** *Br* [confectionery] bonbon *m*. -**2.** *Br* [dessert] dessert *m*; what's for ~? qu'est-ce qu'il y a comme dessert? -**3.** [term of address]: my ~ mon chéri *m*, ma chérie *f*.

sweet-and-sour *adj* aigre-doux; ~ pork porc *m* à la sauce aigre-douce.

sweetbread ['swiːtbred] *n* [thymus] ris *m*; [pancreas] pancréas *m*.

sweetbrier [ˌswiːt'braɪəʳ] *n* églantier *m* odorant.

sweet chestnut *n* marron *m*.

sweet cider *n* -**1.** *Am* jus *m* de pomme *(non fermenté)*. -**2.** *Br* cidre *m* doux.

sweet corn *n* maïs *m* doux.

sweeten ['swiːtn] *vt* -**1.** [food, drink] sucrer; ~ed with honey sucré avec du miel. -**2.** [mollify]: to ~ (up) amadouer, enjôler; she tried to ~ him (up) by taking him out to dinner elle a essayé de l'amadouer en l'emmenant dîner au restaurant; their remarks did nothing to ~ my temper leurs remarques n'ont rien fait pour apaiser ma colère. -**3.** *inf* [bribe] graisser la patte à; how much would it cost to ~ (up) the committee? combien ça coûterait de graisser la patte au comité? -**4.** [make more attractive - task] adoucir; [- offer] améliorer. -**5.** [improve the odour of] parfumer, embaumer; the scent of roses ~ed the air l'odeur des roses parfumait OR embaumait l'atmosphère.

sweetener ['swiːtnəʳ] *n* -**1.** [for food, drink] édulcorant *m*, sucrette *f*; artificial ~s édulcorants artificiels. -**2.** *inf Br* [present] cadeau *m*; [bribe] pot-de-vin *m*; they gave him a bigger office as a ~ ils lui ont donné un plus grand bureau pour l'amadouer; the government was accused of offering the company ~s on a accusé le gouvernement de donner des pots-de-vin à la compagnie.

sweetening ['swiːtnɪŋ] *n* -**1.** [substance] édulcorant *m*, édulcorants *mpl*. -**2.** [process - of wine] sucrage *m*; [- of water] adoucissement *m*.

sweetheart ['swiːthɑːt] *n* -**1.** [lover] petit ami *m*, petite amie *f*; they're ~s ils sont amoureux; they were childhood ~s ils s'aimaient OR ils étaient amoureux quand ils étaient enfants. -**2.** [term of address] (mon) chéri *m*, (ma) chérie *f*.

sweetie *inf* ['swiːtɪ] *n* -**1.** [darling] chéri *m*, -e *f*, chou *m*; he's a real ~ il est vraiment adorable; what's the matter, ~? qu'est-ce qu'il y a, mon chou? -**2.** *Br baby talk* [sweet] bonbon *m*.

sweetiepie *inf* ['swiːtɪpaɪ] = **sweetie 1**.

sweetly ['swiːtlɪ] *adv* -**1.** [pleasantly, kindly] gentiment; [cutely] d'un air mignon; she smiled at him ~ elle lui sourit gentiment; the child smiled at them ~ l'enfant leur adressa un joli sourire; he was whispering ~ in her ear il lui chuchotait tendrement à l'oreille. -**2.** [smoothly] sans à-coups; the engine was running ~ le moteur ronronnait ‖ [accurately] avec précision; he's starting to hit the ball more ~ *Br* il commence à frapper la balle avec plus de précision. -**3.** [musically] harmonieusement, mélodieusement; she sings very ~ elle a une voix très mélodieuse.

sweetmeal ['swiːtmiːl] *adj*: ~ biscuit *Br* sablé *m* à la farine complète.

sweetmeat ['swiːtmiːt] *n arch* friandise *f*.

sweetness ['swiːtnɪs] *n* -**1.** [of food, tea, coffee] goût *m* sucré; [of wine] (goût *m*) mœlleux *m*. -**2.** [freshness - of air] douceur *f*; [- of breath] fraîcheur *f*; [- of water] pureté *f*. -**3.** [fragrance] parfum *m*. -**4.** [musicality - of sound] son *m* mélodieux; [- of voice, words] douceur *f*. -**5.** [pleasure, satisfaction] douceur *f*; the ~ of revenge le plaisir (exquis) de la vengeance. -**6.** [kindness, generosity] gentillesse *f*; she's all ~ and light elle est on ne peut plus gentille.

sweet pea *n* pois *m* de senteur.

sweet pepper *n* poivron *m*.

sweet potato *n* patate *f* douce.

sweet-scented *adj* parfumé.

sweet shop *n Br* confiserie *f*.

sweet talk *inf n (U)* flatteries *fpl*, paroles *fpl* mielleuses.

◆ **sweet-talk** *inf vt* amadouer; don't try to sweet-talk me! n'essaie pas de m'embobiner!; she sweet-talked him into doing it elle l'a si bien embobiné qu'il a fini par le faire.

sweet tooth *n*: to have a ~ adorer les OR être friand de sucreries.

sweet william *n* œillet *m* de poète.

swell [swel] (*pt* swelled, *pp* swelled OR swollen ['swəʊln]) ◇ *vi* -**1.** [distend - wood, pulses etc] gonfler; [- part of body] enfler, gonfler; the damp has made the wood ~ l'humidité a fait

gonfler le bois; **he felt his lip begin to ~** il sentit sa lèvre enfler OR gonfler; **her heart ~ed with joy/pride** *fig* son cœur s'est gonflé de joie/d'orgueil. -**2.** [increase] augmenter; **the crowd ~ed to nearly two hundred** la foule grossit et il y eut bientôt près de 200 personnes. -**3.** [well up - emotion] monter, surgir; **I felt anger ~ in me** je sentais la colère monter en moi. -**4.** [rise - sea, tide] monter; [- river] se gonfler, grossir. -**5.** [grow louder] s'enfler; **the music ~ed to its climax** la musique atteignit alors son point culminant.
◇ *vt* -**1.** [distend] gonfler; **the wind ~ed the sails** le vent gonfla les voiles; **her eyes were swollen with tears** ses yeux étaient pleins de larmes. -**2.** [increase] augmenter, grossir; **she asked her friends to come along to ~ the numbers** elle a demandé à ses amis de venir pour qu'il y ait plus de monde; **to ~ the ranks of the unemployed** venir grossir les rangs des chômeurs. -**3.** [cause to rise] gonfler, grossir; **the rivers had been swollen by torrential rains** les cours d'eau avaient été gonflés OR grossis par des pluies torrentielles.
◇ *n* -**1.** NAUT houle *f*; **there was a deep** OR **heavy ~** il y avait une forte houle. -**2.** [bulge] gonflement *m*; **the ~ of the sails** le gonflement des voiles. -**3.** [increase] augmentation *f*. -**4.** MUS crescendo *m*. -**5.** *inf Am dated* [big shot] gros bonnet *m*; [dandy] dandy *m*, gandin *m*; [rich person] personne *f* huppée, rupin *m*.
◇ *adj inf Am* [great] super, chouette; **she's a ~ girl** c'est une chic fille; **we had a ~ time** on s'est super bien amusés.
◇ *interj inf Am* super.
◆ **swell out** ◇ *vi insep* (se) gonfler.
◇ *vt sep* gonfler.
◆ **swell up** = **swell** *vi* **1**.

swell-headed *inf adj* suffisant, qui a la grosse tête.

swelling ['swelɪŋ] ◇ *n* -**1.** MED enflure *f*, gonflement *m*; **they gave her something to relieve the ~** ils lui ont donné quelque chose pour que ça désenfle; **there was some ~ around the ankle** la cheville était un peu enflée. -**2.** [increase] augmentation *f*, grossissement *m*.
◇ *adj* [increasing] croissant; **the ~ numbers of the unemployed** le nombre croissant des chômeurs.

swelter ['sweltəʳ] *vi* [feel too hot] étouffer de chaleur; [sweat] suer à grosses gouttes, être en nage.

sweltering ['sweltərɪŋ] *adj* [day, heat] étouffant, oppressant; **it was simply ~ in the kitchen** il faisait une chaleur vraiment étouffante dans la cuisine.

swelteringly ['sweltərɪŋlɪ] *adv*: **it's ~ hot** il fait une chaleur étouffante; **a ~ hot day** une journée étouffante.

swept [swept] *pt* & *pp* → **sweep**.

swept-back *adj* -**1.** AERON [wings] en flèche (arrière). -**2.** [hair] ramené en arrière.

swept-wing *adj* [aircraft] aux ailes en flèche.

swerve [swɜːv] ◇ *vi* -**1.** [car, driver, ship] faire une embardée; [ball] dévier; [aeroplane, bird, runner] virer; **I had to ~ to avoid the cyclist** j'ai dû faire une embardée OR j'ai dû donner un coup de volant pour éviter le cycliste; **the car ~d to the left/towards us/round the corner/off the road** la voiture fit une embardée vers la gauche/vira pour foncer droit vers nous/prit le virage brusquement/fit une embardée et quitta la chaussée. -**2.** *fig* [budge, deviate] dévier; **she'll never ~ from her resolve** rien ne la détournera de sa résolution.
◇ *vt* -**1.** [vehicle] faire virer; [ball] faire dévier; **she ~d the car to the left** elle donna un coup de volant vers la gauche. -**2.** *fig* [person] détourner, faire dévier; **no one can ~ him from his ambition** personne ne peut le détourner de ses ambitions.
◇ *n* [by car, driver, ship] embardée *f*; [by aeroplane, bird, runner, ball] déviation *f*.

swift [swɪft] ◇ *adj* -**1.** [fast] rapide; **she is ~ of foot** *lit* elle est leste; **let's stop here for a ~ half** *inf Br* arrêtons-nous ici pour boire un coup en vitesse. -**2.** [prompt] prompt, rapide; **~ to react** prompt à réagir; **she received a ~ reply** elle reçut une réponse immédiate; **he is ~ in finding fault** il a la critique facile; **the government was ~ to deny the rumours** le gouvernement fut prompt à démentir les rumeurs; **she took ~ revenge** elle n'a pas tardé à se venger; **he has a ~ temper** il est très susceptible, il se fâche facilement.
◇ *adv*: **~-moving** rapide; **~-flowing** [river, stream] au cours rapide.
◇ *n* ORNITH martinet *m*.

swift-footed *adj lit* leste, véloce *lit*.

swiftly ['swɪftlɪ] *adv* -**1.** [quickly] rapidement, vite; **the meeting moved ~ to its conclusion** la réunion se termina rapidement; **moving ~ along!** passons! -**2.** [promptly] promptement, rapidement; **they reacted ~ to the threat** ils réagirent promptement à la menace.

swiftness ['swɪftnɪs] *n* -**1.** [speed] rapidité *f*, célérité *f lit*. -**2.** [promptness] promptitude *f*, rapidité *f*; **the ambulance arrived with remarkable ~** l'ambulance arriva avec une rapidité remarquable.

swig *inf* [swɪg] (*pt* & *pp* **swigged**, *cont* **swigging**)
◇ *vt* lamper, siffler.
◇ *n* lampée *f*, coup *m*; **have a ~ of this** bois un coup de ça; **he took a long ~ at his bottle** il porta sa bouteille à sa bouche et but un grand coup.
◆ **swig down** *inf vt sep* vider d'un trait, siffler.

swill [swɪl] ◇ *vt* -**1.** *Br* [wash] laver à grande eau; **he ~ed the floor (down)** il a lavé le sol à grande eau; **go and ~ the glass (out) under the tap** va passer le verre sous le robinet. -**2.** *inf* [drink] écluser.
◇ *n* -**1.** [for pigs] pâtée *f*. -**2.** [wash]: **to give sthg a ~** laver qqch.

swim [swɪm] (*pt* **swam** [swæm], *pp* **swum** [swʌm], *cont* **swimming**) ◇ *vi* -**1.** [fish, animal] nager; [person - gen] nager; [- for amusement] nager, se baigner; [- for sport] nager, faire de la natation; **to go swimming** [gen] (aller) se baigner; [in swimming pool] aller à la piscine; **we went swimming in the lake** nous sommes allés nous baigner dans le lac; **she's learning to ~** elle apprend à nager; **I can't** ! je ne sais pas nager!; **the lake was too cold to ~ in** le lac était trop froid pour se baigner; **to ~ across a river** traverser une rivière à la nage; **to ~ upstream/downstream** monter/descendre le courant à la nage; **she swam away from/back to the shore** elle quitta/regagna la rive à la nage; **he managed to ~ to safety** il a réussi à se sauver en nageant; **the raft sank and they had to ~ for it** le radeau a coulé et ils ont été obligés de nager ❑ **to ~ against the tide** *literal* & *fig* nager à contre-courant. -**2.** [be soaked] nager, baigner; **the salad was swimming in oil** la salade baignait dans l'huile; **the kitchen floor was swimming with water** le sol de la cuisine était inondé. -**3.** [spin]: **my head is swimming** j'ai la tête qui tourne; **that awful feeling when the room starts to ~** cette impression horrible quand la pièce se met à tourner.
◇ *vt* -**1.** [river, lake etc] traverser à la nage; **she swam the (English) Channel** elle a traversé la Manche à la nage. -**2.** [a stroke] nager; **can you ~ butterfly?** est-ce que tu sais nager le papillon? -**3.** [distance] nager; **she swam ten lengths** elle a fait dix longueurs. -**4.** [animal]: **they swam their horses across the river** ils ont fait traverser la rivière à leurs chevaux (à la nage).
◇ *n*: **to go for a ~** [gen] (aller) se baigner; [in swimming pool] aller à la piscine; **he had his morning ~** il s'est baigné comme tous les matins; **I feel like a ~** j'ai envie d'aller me baigner; **did you have a nice ~?** est-ce que la baignade a été agréable?; **it's a good 20-minute ~ out to the island** il faut 20 bonnes minutes pour atteindre l'île à la nage; **it was a long hard ~ back to the shore** ça a été long et difficile de regagner la rive à la nage.

swimmer ['swɪməʳ] *n* [one who swims] nageur *m*, -euse *f*; [bather] baigneur *m*, -euse *f*; **he's an excellent ~** c'est un excellent nageur, il nage très bien.

swimming ['swɪmɪŋ] ◇ *n* [gen] nage *f*; SPORT natation *f*; **her doctor advised her to take up ~** son médecin lui a conseillé la natation; **'~ forbidden'** 'baignade interdite'.
◇ *comp* [lesson, classes] de natation.

swimming bath *n*, **swimming baths** *npl Br* piscine *f*.

swimming cap *n* bonnet *m* de bain.

swimming costume *n Br* maillot *m* de bain.

swimming instructor *n* maître-nageur *m*.

swimmingly *inf* ['swɪmɪŋlɪ] *adv Br* à merveille; **your mother and I are getting on ~** nous nous entendons à merveille, ta mère et moi; **everything's going ~** tout marche comme sur des roulettes.

swimming pool *n* piscine *f*.

swimming trunks *npl* maillot *m* OR slip *m* de bain.

swimsuit ['swɪmsuːt] *n* maillot *m* de bain.

swimwear ['swɪmweəʳ] *n (U)* maillots *mpl* de bain.

swindle ['swɪndl] ◇ *vt* escroquer; **they were ~d out of all their savings** on leur a escroqué toutes leurs économies.
◇ *n* escroquerie *f*, vol *m*; **it's a real ~** c'est une véritable escroquerie.

swindler ['swɪndləʳ] *n* escroc *m*.

swine [swaɪn] (*pl sense 1 inv*, *pl sense 2 inv* OR **swines**) *n* -**1.** *lit* [pig] porc *m*, pourceau *m lit*. -**2.** *inf* [unpleasant person] fumier *m*, ordure *f*; **you (filthy) ~!** espèce de fumier!; **it's a ~ of a job** c'est un sale boulot.

swine fever *n* peste *f* porcine.

swineherd ['swaɪnhɜːd] *n* porcher *m*, -ère *f*.

swing [swɪŋ] (*pt* & *pp* **swung** [swʌŋ]) ◇ *vi* -**1.** [sway, move to and fro - gen] se balancer; [- pendulum] osciller; [hang, be suspended] pendre, être suspendu; **to ~ to and fro** se balancer; **he walked along with his arms ~ing** il marchait en balançant les bras; **a basket swung from her arm** un panier se balançait à son bras; **~ing from a cord** suspendu à une corde; **a long rope swung from the ceiling** une longue corde pendait du plafond ❑ **to ~ both ways** *inf* marcher à voile et à vapeur. -**2.** [move from one place to another]: **to ~ from tree to tree** se balancer d'arbre en arbre; **they came ~ing down the street** ils ont descendu la rue d'un pas rapide; **to ~ into action** *fig* passer à l'action. -**3.** [make a turn] virer; **the car swung left** la voiture vira à gauche; **the lorry swung through the gate** le camion vira pour franchir le portail; **the car in front swung out to overtake** la voiture de devant a déboîté pour doubler; **the road** [illegible] east la route oblique vers l'est; **the door swung open/shut** la porte s'est ouverte/s'est refermée; **the gate swung back in my face** le portail s'est refermé devant moi. -**4.** *fig* [change direction] virer; **the country has swung to the left** le pays a viré à gauche; **her mood ~s between depression and elation** elle passe de la dépression à l'exultation. -**5.** *inf* [be hanged] être pendu; **he'll ~ for this!** il sera pendu pour ça! -**6.** [hit out, aim a blow] essayer de frapper; **he swung at them with the hammer** il a essayé de les frapper avec le marteau; **I swung at him** je lui ai décoché un coup de poing. -**7.** *inf* [musician] swinguer; [music] swinguer, avoir du swing; **the saxophonist really ~s!** il swingue, ce saxo! -**8.** *inf dated* [be modern, fashionable] être dans le vent OR in; **he was there in the sixties, when London was really ~ing** il était là dans les années soixante, quand ça bougeait à Londres. -**9.** *inf* [be lively] chauffer; **the party was beginning to ~** la fête commençait à être très animée. -**10.** *inf* [try hard]: **he's in there ~ing** il fait ce qu'il peut; **I'm in there ~ing for you** je fais tout ce que je peux pour toi.
◇ *vt* -**1.** [cause to sway] balancer; **she was ~ing her umbrella as she walked** elle marchait en balançant son parapluie; **he walked along ~ing his arms** il marchait en balançant les bras; **to ~ one's hips** balancer les OR rouler des

hanches. -**2.** [move from one place to another]: she **swung her bag onto the back seat** elle jeta son sac sur le siège arrière; **he swung a rope over a branch** il lança une corde par-dessus une branche; **the crane swung the cargo onto the wharf** la grue pivota pour déposer la cargaison sur le quai; **he swung his son (up) onto his shoulders** il hissa son fils sur ses épaules; **I swung myself (up) into the saddle** je me suis hissé sur la selle, j'ai sauté en selle. -**3.** [turn - steering wheel] (faire) tourner; [- vehicle] faire virer; **the helmsman swung the wheel to port** le timonier fit tourner la roue à bâbord; **she swung the door shut** elle ferma la porte; **I swung the lorry through 180°** j'ai pris le virage à 180° (avec le camion); **the accident swung public opinion against the company** *fig* l'accident a provoqué un revirement de l'opinion contre la compagnie. -**4.** [aim]: **she swung the bat at the ball** elle essaya de frapper la balle avec sa batte; **I swung the club at him** j'ai essayé de le frapper avec le gourdin. -**5.** *inf* [manage, pull off]: **to ~ sthg** réussir OR arriver à faire qqch; **I swung the deal** l'affaire est dans la poche; **I think I should be able to ~ it** je crois pouvoir me débrouiller. -**6.** *inf* **to ~ it** avoir le swing. -**7.** *inf phr*: **to ~ the lead** tirer au flanc.

◇ *n* -**1.** [to-and-fro movement, sway - gen] balancement *m*; [- of pendulum] oscillation *f*; **with a ~ of his arm** en balançant son bras; **a ~ of the political pendulum has restored him to power** un revirement électoral l'a ramené au pouvoir. -**2.** [arc described] arc *m*, courbe *f*; **the plane came round in a wide ~** l'avion décrivit une grande courbe. -**3.** [swipe, attempt to hit] (grand) coup *m*; **I took a ~ at him** je lui ai décoché un coup de poing; **he took a ~ at the ball** il donna un coup pour frapper la balle. -**4.** [hanging seat] balançoire *f*; **they're playing on the ~s** ils jouent sur les balançoires ❑ **what you lose on the ~s you gain on the roundabouts** ce que l'on perd d'un côté, on le récupère de l'autre; **it's ~s and roundabouts really** en fait, on perd d'un côté ce qu'on gagne de l'autre. -**5.** [change, shift] changement *m*; **his mood ~s are very unpredictable** ses sautes d'humeur sont très imprévisibles; **seasonal ~s** COMM fluctuations *fpl* saisonnières; **the upward/downward ~ of the market** ST. EX la fluctuation du marché vers le haut/le bas || POL revirement *m*; **America experienced a major ~ towards conservatism** les États-Unis ont connu un important revirement vers le conservatisme; **the party needs a 10 % ~ to win the election** le parti a besoin d'un revirement d'opinion de 10 % pour gagner aux élections. -**6.** [in boxing, golf] swing *m*. -**7.** [rhythm - gen] rythme *m*; [jazz rhythm, style of jazz] swing *m*; **a ~ band** un orchestre de swing. -**8.** *Am* POL [tour] tournée *f*; **on his ~ around the circle, the President visited 35 States** pendant sa tournée électorale, le Président a visité 35 États. -**9.** *phr*: **to get into the ~ of things** *inf*: **I'm beginning to get into the ~ of things** je commence à être dans le bain; **it'll be a lot easier once you've got into the ~ of things** ce sera beaucoup plus facile une fois que tu seras dans le bain; **to go with a ~** *inf* [music] être très rythmé OR entraînant; [party] swinguer; [business] marcher très bien.

◆ **in full swing** *adj phr*: **the party was in full ~** la fête battait son plein; **production is in full ~** on produit à plein rendement; **the town's packed when the season's in full ~** en pleine saison, il y a foule en ville; **once it's in full ~, the project will require more people** une fois lancé, il faudra plus de gens sur le projet.

◆ **swing round** ◇ *vt sep* [vehicle] faire virer; [person] faire tourner; **he swung the car round the corner** il a tourné au coin; **he swung her round** il la fit tourner.

◇ *vi insep* [turn round - person] se retourner, pivoter; [- crane] tourner, pivoter; **he swung round to look at me** il se retourna pour me regarder.

◆ **swing to** *vi insep* [door, gate] se refermer.

swingboat ['swɪŋbəʊt] *n* nacelle *f (balançoire de champ de foire)*.

swingbridge ['swɪŋbrɪdʒ] *n* pont *m* tournant.

swing door *n* porte *f* battante.

swingeing ['swɪndʒɪŋ] *adj Br* [increase, drop] énorme; [cuts] draconien; [blow] violent; [criticism, condemnation] sévère; [victory, defeat] écrasant.

swinger *inf* ['swɪŋəʳ] *n dated* -**1.** [fashionable person] branché *m*, -e *f*; [pleasure-seeker] noceur *m*, -euse *f*. -**2.** [promiscuous person] débauché *m*, -e *f*.

swinging ['swɪŋɪŋ] *adj* -**1.** [swaying] balançant; [pivoting] tournant, pivotant. -**2.** [rhythmic - gen] rythmé, cadencé; [- jazz, jazz musician] swinguant. -**3.** *inf dated* [trendy] in; **the ~ sixties** les folles années soixante.

swingometer [swɪŋ'ɒmɪtəʳ] *n* indicateur *m* de tendances *(lors de la diffusion télévisée des résultats d'élections législatives)*.

swing shift *inf n Am* [work period] *poste de 16 h à minuit*; [team] *équipe qui travaille de 16 h à minuit.*

swing-wing ◇ *adj* à géométrie variable.

◇ *n* avion *m* à géométrie variable.

swinish *inf* ['swaɪnɪʃ] *adj* sale, pas sympa; **that was a ~ trick!** c'était pas sympa!

swipe [swaɪp] ◇ *vi*: **to ~ at**: **he ~d at the fly with his newspaper** il donna un grand coup de journal pour frapper la mouche; **she ~d at the ball and missed** elle donna un grand coup pour frapper la balle et la manqua.

◇ *vt* -**1.** [hit] donner un coup à. -**2.** *inf* [steal] piquer, faucher.

◇ *n* (grand) coup *m*; **to take a ~ at sthg** *literal* donner un grand coup pour frapper qqch; *fig* [criticize] tirer à boulets rouges sur qqch.

swirl [swɜːl] ◇ *vi* tourbillonner, tournoyer; **the dead leaves ~ed round our feet** les feuilles mortes tourbillonnaient OR tournoyaient à nos pieds; **the water ~ed beneath us** l'eau tourbillonnait au-dessous de nous.

◇ *vt* faire tourbillonner OR tournoyer; **a sudden wind ~ed the leaves around** une brusque bourrasque fit tournoyer OR tourbillonner les feuilles; **~ a bit of water round the sink** rince un peu le lavabo; **the raft was ~ed downstream** le radeau a été emporté dans le tourbillon du courant; **he ~ed her round the dance floor** il la fit tournoyer autour de la piste (de danse).

◇ *n* tourbillon *m*; **~s of smoke rose from the fire** des tourbillons de fumée s'élevaient du feu.

swish [swɪʃ] ◇ *vi* [whip] siffler; [leaves, wind] chuinter, bruire *lit*; [fabric, skirt] froufrouter; [water] murmurer; **the curtains ~ed open/shut** les rideaux s'ouvrirent/se refermèrent en froufroutant.

◇ *vt*: **the horse ~ed its tail** le cheval donna un coup de queue.

◇ *n* -**1.** [sound - of fabric, skirt] froufroutement *m*, froissement *m*; [- of leaves, wind] bruissement *m*; [- of water] murmure *m*. -**2.** [movement]: **the cow flicked the flies away with a ~ of its tail** la vache chassa les mouches d'un coup de queue.

◇ *adj* -**1.** *inf Br* [smart] chic. -**2.** ▽ *Am* [effeminate] efféminé.

swishy *inf* ['swɪʃɪ] (*compar* **swishier**, *superl* **swishiest**) = **swish** *adj*.

Swiss [swɪs] (*pl inv*) ◇ *n* Suisse *m*, Suissesse *f*; **the ~** les Suisses *mpl*.

◇ *adj* [gen] suisse; [confederation, constitution, government] helvétique; **the ~ franc** le franc suisse; **~ bank account** compte *m* en Suisse; **'The ~ Family Robinson'** *Wyss* 'le Robinson suisse'.

Swiss chard *n* bette *f*, blette *f*.

Swiss cheese *n* gruyère *m*; **~ plant** monstera *m*.

Swiss-French ◇ *n* -**1.** LING suisse *m* romand. -**2.** [person] Suisse *m* romand, Suisse *f* romande.

◇ *adj* suisse romand.

Swiss-German ◇ *n* -**1.** LING suisse *m* allemand OR alémanique. -**2.** [person] Suisse *m* allemand, Suisse *f* allemande.

◇ *adj* suisse allemand OR alémanique.

Swiss Guard *n* -**1.** [papal bodyguard] garde *f* (pontificale) suisse. -**2.** HIST [in France] membre *m* des troupes suisses; **the ~** les troupes *fpl* suisses.

swiss roll *n* (gâteau *m*) roulé *m*.

switch [swɪtʃ] ◇ *n* -**1.** ELEC [for light] interrupteur *m*; [on radio, television] bouton *m*; TECH & TELEC commutateur *m*; **is the ~ on/off?** est-ce que c'est allumé/éteint?; **to flick OR to throw a ~** actionner un commutateur; **two-way ~** (interrupteur *m*) va-et-vient *m*. -**2.** [change - gen] changement *m*; [- of opinion, attitude] changement *m*, revirement *m*; **the ~ to the new equipment went very smoothly** on s'est très bien adaptés au nouveau matériel; **a sudden ~ in foreign policy** un subit revirement de la politique étrangère. -**3.** [swap, trade] échange *m*. -**4.** *Am* RAIL: **~es** [points] aiguillage *m*. -**5.** [stick] baguette *f*, badine *f*; [riding crop] cravache *f*. -**6.** [hairpiece] postiche *m*. -**7.** ZOOL [hair on tail] fouet *m* de la queue.

◇ *vt* -**1.** [change, exchange] changer de; **he ~ed subjects after two years at university** il a changé de filière après deux ans d'université; **the two employees asked to ~ jobs** les deux employés ont demandé à échanger leurs postes; **to ~ places with sb** échanger sa place avec qqn; **she offered to ~ jobs with me** elle a offert d'échanger son poste contre le mien. -**2.** [transfer - allegiance, attention] transférer; **she ~ed her attention back to the speaker** elle reporta son attention sur le conférencier || [divert - conversation] orienter, détourner; **I tried to ~ the discussion to something less controversial** j'ai essayé d'orienter la discussion vers un sujet moins épineux. -**3.** ELEC, RADIO & TV [circuit] commuter; **to ~ channels/frequencies** changer de chaîne/de fréquence. -**4.** *Am* RAIL aiguiller; **the freight train was ~ed to another track** le train de marchandises fut aiguillé sur une autre voie.

◇ *vi* changer; **she started studying medicine but ~ed to architecture** elle a commencé par étudier la médecine, mais elle a changé pour faire architecture; **I'd like to ~ to another topic** j'aimerais changer de sujet; **can I ~ to another channel?** est-ce que je peux changer de chaîne?; **the committee ~ed to the problem of recruitment** le comité passa au problème du recrutement; **we've ~ed to another brand** nous avons changé de marque; **they've ~ed to American equipment** ils ont adopté du matériel américain; **he ~es effortlessly from one language to another** il passe d'une langue à une autre avec une grande aisance.

◆ **switch around** = **switch round**.

◆ **switch off** ◇ *vt sep* [light] éteindre; [electrical appliance] éteindre, arrêter; **don't forget to ~ the lights off when you leave** n'oublie pas d'éteindre la lumière en partant; **the radio ~es itself off** la radio s'éteint OR s'arrête automatiquement; **they've ~ed off the power** ils ont coupé le courant; **to ~ off the engine** AUT couper le contact, arrêter le moteur.

◇ *vi insep* -**1.** [go off - light] s'éteindre; [- electrical appliance] s'éteindre, s'arrêter; **how do you get the oven to ~ off?** comment tu éteins le four? -**2.** [TV viewer, radio listener] éteindre le poste; **don't ~ off!** restez à l'écoute! -**3.** *inf* [stop paying attention] décrocher; **he ~es off whenever we talk about politics** il décroche chaque fois qu'on parle politique.

◆ **switch on** ◇ *vt sep* -**1.** ELEC [light, heating, oven, TV, radio] allumer; [engine, washing machine, vacuum cleaner] mettre en marche; **could you ~ on the light?** pourrais-tu allumer (la lumière)?; **the power isn't ~ed on** il n'y a pas de courant; **to ~ on the ignition** AUT mettre le contact. -**2.** *fig & pej*: **to ~ on the charm/tears** sourire/pleurer sur commande.

◇ *vi insep* -**1.** ELEC [light, heating, oven, TV, radio] s'allumer; [engine, washing machine, vacuum cleaner] se mettre en marche; **the lights ~ on and off automatically** les lumières s'allument et s'éteignent automatiquement. -**2.** [TV viewer, radio listener] allumer le poste; **don't forget to ~ on at the same time tomorrow!** soyez à l'écoute demain à la même heure!

◆ **switch over** *vi insep* -**1.** = **switch** *vi*. -**2.** TV changer de chaîne; RADIO changer de station; **can we ~ over at 8 p.m.?** est-ce que nous pouvons changer de chaîne à 20 h?

◆ **switch round** ◇ *vt sep* changer de place, déplacer; **he ~ed the glasses round when she wasn't looking** il échangea les verres pendant qu'elle ne regardait pas; **the manager has ~ed the team round again** l'entraîneur a encore changé l'équipe.

◇ *vi insep* [two people] changer de place; **she's ~ed round with her brother** elle a changé de place avec son frère.

switchback ['swɪtʃbæk] ◇ *n* -**1.** [road] route *f* accidentée et sinueuse. -**2.** *Br* [roller coaster] montagnes *fpl* russes.

◇ *adj*: **a ~ road** une route accidentée et sinueuse.

switchblade ['swɪtʃbleɪd] *n Am* (couteau *m* à) cran d'arrêt *m*.

switchboard ['swɪtʃbɔːd] *n* -**1.** TELEC standard *m*. -**2.** ELEC tableau *m*.

switchboard operator *n* standardiste *mf*.

switched-on *inf adj Br dated* [fashionable] dans le vent, in.

switcheroo▽ [,swɪtʃə'ruː] *n Am* changement *m* inattendu; **to pull a ~** surprendre tout le monde.

switchgear ['swɪtʃgɪəʳ] *n* appareillage *m* de commutation.

switch-hitter *n Am* -**1.** SPORT batteur *m* ambidextre. -**2.** ▽ [bisexual] bi *mf*; **he's a ~** il marche à voile et à vapeur.

switching ['swɪtʃɪŋ] *n* COMPUT, ELEC & TELEC commutation *f*; **data/packet ~** COMPUT commutation de données/par paquets.

switchman ['swɪtʃmən] (*pl* **switchmen** [-mən]) *n Am* aiguilleur *m*.

switchover ['swɪtʃ,əʊvəʳ] *n* [to another method, system] passage *m*, conversion *f*; **there's to be a ~ from the British to the continental system** il va y avoir un passage du système britannique au système continental.

switchyard ['swɪtʃjɑːd] *n Am* gare *f* de triage.

Switzerland ['swɪtsələnd] *pr n* Suisse *f*; **in ~** en Suisse; **French-/Italian-speaking ~** la Suisse romande/italienne; **German-speaking ~** la Suisse allemande OR alémanique.

swivel ['swɪvl] (*Br pt & pp* **swivelled**, *cont* **swivelling**, *Am pt & pp* **swiveled**, *cont* **swiveling**) ◇ *n* [gen] pivot *m*; [for gun] tourillon *m*.

◇ *comp* [lamp, joint etc] pivotant, tournant.

◇ *vi*: **to ~ (round)** pivoter, tourner; **she swivelled round in her chair** elle pivota sur sa chaise; **his eyes swivelled back to the screen** ses yeux se tournèrent à nouveau vers l'écran.

◇ *vt*: **to ~ (round)** [chair, wheel etc] faire pivoter.

swivel chair *n* chaise *f* pivotante; [with arms] fauteuil *m* pivotant.

swivel pin *n* AUT pivot *m* central.

swiz(z) *inf* [swɪz] *n Br* escroquerie *f*, vol *m*; **what a ~!** c'est du vol!

swizzle ['swɪzl] *n* -**1.** *inf Br* = **swiz(z)**. -**2.** *Am* [cocktail] cocktail *m* *(préparé dans un verre mélangeur)*.

swizzle stick *n* fouet *m*.

swollen ['swəʊln] ◇ *pp* → **swell**.

◇ *adj* -**1.** [part of body] enflé, gonflé; **her ankle was badly ~** sa cheville était très enflée; **his face was ~** il avait le visage enflé OR bouffi; **starving children with ~ abdomens** des enfants affamés au ventre ballonné; **her eyes were red and ~ with crying** elle avait les yeux rouges et gonflés à force de pleurer. -**2.** [sails] bombé, gonflé; [lake, river] en crue.

swollen-headed *inf* = **swell-headed**.

swoon [swuːn] ◇ *vi* -**1.** [become ecstatic] se pâmer, tomber en pâmoison; **he used to make all the young girls ~** il fut un temps où toutes les jeunes filles se pâmaient devant lui. -**2.** *dated* [faint] s'évanouir, se pâmer *lit*.

◇ *n* pâmoison *f*; **to fall to the ground in a ~** tomber par terre en pâmoison; **she was (all) in a ~ over meeting her idol** elle était tout en émoi après avoir rencontré son idole.

swoop [swuːp] ◇ *vi* -**1.** [dive - bird] s'abattre, fondre; [- aircraft] piquer, descendre en piqué; **the gulls ~ed down on the rocks** les mouettes s'abattirent sur OR fondirent sur les rochers; **the helicopter ~ed low over the battlefield** l'hélicoptère descendit en piqué au-dessus du champ de bataille. -**2.** [make a raid - police, troops etc] faire une descente.

◇ *n* -**1.** [dive - by bird, aircraft] descente *f* en piqué. -**2.** [raid - by police, troops etc] descente *f*; **a dawn ~** une descente à l'aube; **fifteen arrested in drugs ~** quinze personnes arrêtées dans une opération anti-drogue. -**3.** *phr*: **in one fell ~** d'un seul coup.

swoosh *inf* [swʊʃ] ◇ *vi* [water] murmurer; [vehicle, tyres] siffler, chuinter; **the express train ~ed past** le rapide est passé à toute vitesse; **the car ~ed through the puddle** la voiture a fait gicler l'eau en passant dans la flaque.

◇ *n* bruissement *m*, chuintement *m*, sifflement *m*.

swop [swɒp] (*pt & pp* **swopped**, *cont* **swopping**) = **swap**.

sword [sɔːd] ◇ *n* épée *f*; **they fought with ~s** ils se sont battus à l'épée; **all the prisoners were put to the ~** tous les prisonniers furent passés au fil de l'épée; **the ~ of justice** le glaive de la justice; **he lived by the ~ and died by the ~** il a vécu par l'épée, il a péri par l'épée.

◇ *comp* [blow, handle, wound] d'épée.

swordbearer ['sɔːd,beərəʳ] *n* [in ceremony] *officier qui porte le glaive*.

sword dance *n* danse *f* du sabre.

sword-fight *n* [between two people] duel *m* (à l'épée); [between several people] bataille *f* à l'épée.

swordfish ['sɔːdfɪʃ] (*pl inv* OR **swordfishes**) *n* espadon *m*, poisson-épée *m*.

swordplay ['sɔːdpleɪ] *n* [skill] maniement *m* de l'épée; **they were taught riding and ~** on leur apprenait à monter à cheval et à manier l'épée || [activity]: **the last scene consisted of ~** la dernière scène était une scène de combats à l'épée.

swordsman ['sɔːdzmən] (*pl* **swordsmen** [-mən]) *n* épéiste *m*, lame *f (personne)*; **he's a fine ~** c'est une fine lame.

swordsmanship ['sɔːdzmənʃɪp] *n* maniement *m* de l'épée; **we admired her ~** nous admirâmes sa façon de manier l'épée.

swordstick ['sɔːdstɪk] *n* canne-épée *f*, canne *f* armée.

sword-swallower *n* avaleur *m*, -euse *f* de sabres.

swore [swɔːʳ] *pt* → **swear**.

sworn [swɔːn] ◇ *pp* → **swear**.

◇ *adj* -**1.** JUR [declaration] fait sous serment; [evidence] donné sous serment; **~ affidavits** des déclarations faites sous serment; **a ~ statement** une déposition faite sous serment. -**2.** [committed - enemy] juré; [- friend] indéfectible.

swot *inf* [swɒt] (*pt & pp* **swotted**, *cont* **swotting**) *Br* ◇ *vi* bûcher, potasser; **to ~ for an exam** bûcher OR potasser un examen.

◇ *n pej* bûcheur *m*, -euse *f*.

◆ **swot up** *inf Br* ◇ *vi insep* bûcher, potasser; **to ~ up on sthg** bûcher OR potasser qqch.

◇ *vt sep* bûcher, potasser.

swotting *inf* ['swɒtɪŋ] *n Br* bachotage *m*; **I'll have to do some ~ to pass my exam** il va falloir que je bûche OR que je potasse pour réussir mon examen.

swum [swʌm] *pp* → **swim**.

swung [swʌŋ] *pt & pp* → **swing**.

swung dash *n* tilde *m*.

sybarite ['sɪbəraɪt] *n* sybarite *mf*.

sybaritic [,sɪbə'rɪtɪk] *adj* sybarite.

sycamore ['sɪkəmɔːʳ] *n* sycomore *m*, faux platane *m*.

sycophancy ['sɪkəfənsɪ] *n* flagornerie *f*.

sycophant ['sɪkəfænt] *n* flagorneur *m*, -euse *f*.

sycophantic [,sɪkə'fæntɪk] *adj* [person] flatteur, flagorneur; [behaviour] de flagorneur; [approval, praise] obséquieux.

Sydney ['sɪdnɪ] *pr n* Sydney.

syllabary ['sɪləbərɪ] (*pl* **syllabaries**) *n* syllabaire *m*.

syllabi ['sɪləbaɪ] *pl* → **syllabus**.

syllabic [sɪ'læbɪk] *adj* syllabique.

syllabify [sɪ'læbɪfaɪ] (*pt & pp* **syllabified**) *vt* décomposer en syllabes.

syllable ['sɪləbl] *n* syllabe *f*; **I had to explain it to him in words of one ~** j'ai dû le lui expliquer en termes simples.

syllabled ['sɪləbld] *adj* prononcé OR écrit en syllabes.

syllabub ['sɪləbʌb] *n* -**1.** *Br* [dessert] (crème *f*) sabayon *m*. -**2.** [drink] *boisson à base de lait, alcoolisée, relevée et souvent chaude*.

syllabus ['sɪləbəs] (*pl* **syllabuses** OR **syllabi** [-baɪ]) *n* programme *m* (d'enseignement) SCOL & UNIV; **do you know what's on the ~?** savez-vous ce qu'il y a au programme?; **the teacher handed out copies of the ~** le professeur distribua des exemplaires du programme.

syllepsis [sɪ'lepsɪs] (*pl* **syllepses** [-siːz]) *n* syllepse *f*.

syllogism ['sɪlədʒɪzm] *n* syllogisme *m*.

syllogistic [,sɪlə'dʒɪstɪk] *adj* syllogistique.

syllogize, -ise ['sɪlədʒaɪz] *vi* raisonner par syllogismes.

sylph [sɪlf] *n* -**1.** [mythical being] sylphe *m*. -**2.** *lit* [girl, woman] sylphide *f*.

sylphlike ['sɪlflaɪk] *adj lit* [figure] gracile, de sylphe; [woman] gracieuse; **you're looking positively ~, my dear** *hum* tu es une vraie sylphide, ma chère.

sylvan ['sɪlvən] *adj lit* sylvestre.

sylvanite ['sɪlvənaɪt] *n* sylvanite *f* graphique.

Sylvester [sɪl'vestəʳ] *pr n*: **Saint ~** saint Sylvestre.

symbiosis [,sɪmbaɪ'əʊsɪs] *n literal & fig* symbiose *f*; **in ~** en symbiose.

symbiotic [,sɪmbaɪ'ɒtɪk] *adj literal & fig* symbiotique; **a ~ relationship** une association symbiotique.

symbol ['sɪmbl] *n* symbole *m*.

symbolic(al) [sɪm'bɒlɪk(l)] *adj* symbolique.

symbolically [sɪm'bɒlɪklɪ] *adv* symboliquement.

symbolism ['sɪmbəlɪzm] *n* symbolisme *m*.

symbolist ['sɪmbəlɪst] ◇ *adj* symboliste.

◇ *n* symboliste *mf*.

symbolization [,sɪmbəlaɪ'zeɪʃn] *n* symbolisation *f*.

symbolize, -ise ['sɪmbəlaɪz] *vt* symboliser.

symmetric [sɪ'metrɪk] *adj* LOGIC & MATH symétrique.

symmetrical [sɪ'metrɪkl] *adj* symétrique.

symmetrically [sɪ'metrɪklɪ] *adv* symétriquement.

symmetry ['sɪmətrɪ] *n* symétrie *f*.

sympathetic [,sɪmpə'θetɪk] *adj* -**1.** [compassionate] compatissant; **~ words** des paroles compatissantes OR de sympathie; **they weren't very ~** ils ne se sont pas montrés très compatissants. -**2.** [well-disposed] bien disposé; [understanding] compréhensif; **the public is generally ~ to OR towards the strikers** l'opinion publique est dans l'ensemble bien disposée envers les grévistes; **she spoke to a ~ audience** elle s'adressa à un auditoire bienveillant; **the town council was ~ to our grievances** la municipalité a accueilli nos revendications avec compréhension. -**3.** [congenial, likeable] sympathique, agréable; **he's not a very ~ character** ce n'est pas un personnage très sympathique. -**4.** ANAT sympathique; **the ~ nervous system** le système nerveux sympathique, le sympathique.

-**5.** MUS: ~ string corde *f* qui vibre par résonance.

sympathetically [ˌsɪmpəˈθetɪklɪ] *adv* -**1.** [compassionately] avec compassion; **"I understand how you feel", she said ~** «je vous comprends», dit-elle avec compassion; **he patted me ~ on the hand** il me donna une petite tape sur la main en signe de compassion OR de sympathie. -**2.** [with approval] avec bienveillance; **she received his request ~** elle reçut sa requête avec bienveillance. -**3.** ANAT par sympathie.

sympathize, -ise [ˈsɪmpəθaɪz] *vi* -**1.** [feel compassion] sympathiser, compatir; **we all ~d with him when his wife left** nous avons tous compati à son malheur quand sa femme est partie; **poor Emma, I really ~ with her!** cette pauvre Emma, je la plains vraiment! -**2.** [feel understanding]: **he could not ~ with their feelings** il ne pouvait pas comprendre leurs sentiments; **we understand and ~ with their point of view** nous comprenons et partageons leur point de vue. -**3.** [favour, support] sympathiser; **certain heads of state openly ~d with the terrorists** certains chefs d'État sympathisaient ouvertement avec les terroristes.

sympathizer [ˈsɪmpəθaɪzəʳ] *n* -**1.** [comforter]: **she received many cards from ~s after her husband's death** elle a reçu de nombreuses cartes de condoléances après la mort de son mari. -**2.** [supporter] sympathisant *m*, -e *f*; **she was suspected of being a communist ~** elle était soupçonnée d'être sympathisante communiste.

sympathy [ˈsɪmpəθɪ] (*pl* **sympathies**) *n* -**1.** [compassion] compassion *f*; **to have** OR **to feel ~ for sb** éprouver de la compassion envers qqn; **he showed no ~ for the children** il n'a fait preuve d'aucune compassion envers les enfants; **her tears were only a means of gaining ~** elle ne pleurait que pour qu'on s'attendrisse sur elle; **a ~ card** une carte de condoléances; **you have my deepest sympathies** toutes mes condoléances. -**2.** [approval, support] soutien *m*; **the audience was clearly not in ~ with the speaker** il était évident que le public ne partageait pas les sentiments de l'orateur; **she has strong left-wing sympathies** elle est très à gauche; **I have no ~ for** OR **with terrorism** je désapprouve tout à fait le terrorisme; **his sympathies did not lie with his own class** il ne partageait pas les valeurs de sa propre classe; **to come out in ~ (with sb)** faire grève par solidarité (avec qqn). -**3.** [affinity] sympathie *f*; **there was a strong bond of ~ between them** ils étaient liés par une forte sympathie.

sympathy strike *n* grève *f* de solidarité.

symphonic [sɪmˈfɒnɪk] *adj* symphonique; **a ~ poem** un poème symphonique.

symphony [ˈsɪmfənɪ] (*pl* **symphonies**) ◇ *n* symphonie *f*; **the landscape was a ~ of browns and greens** *fig* & *lit* le paysage était une symphonie de bruns et de verts.
◇ *comp* [concert, orchestra] symphonique.

symposium [sɪmˈpəʊzjəm] (*pl* **symposiums** OR **symposia** [-zjə]) symposium *m*, colloque *m*; **'The Symposium'** *Plato* 'le Banquet'.

symptom [ˈsɪmptəm] *n* MED & *fig* symptôme *m*; **to show ~s of fatigue** donner des signes de fatigue.

symptomatic [ˌsɪmptəˈmætɪk] *adj* MED & *fig* symptomatique.

symptomatology [ˌsɪmptəməˈtɒlədʒɪ] *n* symptomatologie *f*.

synaeresis [sɪˈnɪərəsɪs] (*pl* synaereses [-siːz]) = **syneresis**.

synaesthesia *Br*, **synesthesia** *Am* [ˌsɪnɪsˈθiːzjə] *n* synesthésie *f*.

synagogue [ˈsɪnəgɒg] *n* synagogue *f*.

synal(o)epha [ˌsɪnəˈliːfə] *n* synalèphe *f*.

synapse [ˈsaɪnæps] *n* synapse *f*.

synapsis [sɪˈnæpsɪs] *n* synapsis *f*.

sync(h) *inf* [sɪŋk] ◇ *n* (*abbr of* **synchronization**) synchronisation *f*; **to be in/out of ~** être/ne pas être synchro.
◇ *vt abbr of* **synchronize**.

synchro *inf* [ˈsɪŋkrəʊ] *n* = **synchromesh**.

synchroflash [ˈsɪŋkrəʊflæʃ] *n* flash *m* synchronisé.

synchromesh [ˈsɪŋkrəʊmeʃ] ◇ *adj*: **~ gears** boîte *f* de vitesses avec synchroniseur.
◇ *n* synchroniseur *m*.

synchronic [sɪŋˈkrɒnɪk] *adj* synchronique.

synchronism [ˈsɪŋkrənɪzm] *n* synchronisme *m*.

synchronization [ˌsɪŋkrənaɪˈzeɪʃn] *n* synchronisation *f*.

synchronize, -ise [ˈsɪŋkrənaɪz] ◇ *vt* synchroniser; **~d swimming** natation *f* synchronisée.
◇ *vi* être synchronisé; **the chimes of the clocks ~d perfectly** les carillons des horloges étaient parfaitement synchronisés.

synchronous [ˈsɪŋkrənəs] *adj* synchrone.

syncline [ˈsɪŋklaɪn] *n* synclinal *m*.

syncopate [ˈsɪŋkəpeɪt] *vt* syncoper; **~d rhythm** rythme *m* syncopé.

syncopation [ˌsɪŋkəˈpeɪʃn] *n* syncope *f* MUS.

syncope [ˈsɪŋkəpɪ] *n* syncope *f* LING & MED.

syncretism [ˈsɪŋkrɪtɪzm] *n* syncrétisme *m*.

syncretize, -ise [ˈsɪŋkrətaɪz] ◇ *vt* rendre syncrétique.
◇ *vi* devenir syncrétique.

syndetic [sɪnˈdetɪk] *adj*: **~ clause** clause *f* reliée par syndèse.

syndic [ˈsɪndɪk] *n* syndic *m*.

syndicalism [ˈsɪndɪkəlɪzm] *n* [doctrine] syndicalisme *m* révolutionnaire.

syndicalist [ˈsɪndɪkəlɪst] ◇ *n* syndicaliste *mf* révolutionnaire.
◇ *adj* de syndicalisme révolutionnaire.

syndicate [*n* ˈsɪndɪkət, *vb* ˈsɪndɪkeɪt] ◇ *n* -**1.** COMM & FIN groupement *m*, syndicat *m*; **the loan was underwritten by a ~ of banks** le prêt était garanti par un consortium bancaire; **a ~ of British and French companies** un groupement de sociétés françaises et britanniques. -**2.** [of organized crime] association *f*; **crime ~s** associations de grand banditisme; **the Syndicate** la Mafia. -**3.** PRESS agence *f* de presse *(qui vend des articles, des photos etc à plusieurs journaux pour publication simultanée)*.
◇ *vt* -**1.** COMM & FIN [loan] syndiquer. -**2.** PRESS publier simultanément dans plusieurs journaux; *Am* RADIO vendre à plusieurs stations; *Am* TV vendre à plusieurs chaînes; **she writes a ~d column** elle écrit une chronique qui est publiée dans plusieurs journaux; **the photograph was ~d in all the local newspapers** la photographie a été publiée dans toute la presse régionale; **a ~d TV news programme** des informations télévisées reprises par plusieurs chaînes.
◇ *vi* [form a syndicate] former un groupement OR syndicat.

syndrome [ˈsɪndrəʊm] *n* syndrome *m*.

synecdoche [sɪnˈekdəkɪ] *n* synecdoque *f*.

syneresis [sɪˈnɪərəsɪs] (*pl* syneresesˌ[-siːz]) *n* synérèse *f*.

synergism [ˈsɪnədʒɪzm] = **synergy**.

synergy [ˈsɪnədʒɪ] (*pl* **synergies**) *n* synergie *f*.

synesthesia *Am* = **synaesthesia**.

synod [ˈsɪnəd] *n* synode *m*; **the (General) Synod** *le Synode général de l'Église d'Angleterre*.

synonym [ˈsɪnənɪm] *n* synonyme *m*.

synonymous [sɪˈnɒnɪməs] *adj literal* & *fig* synonyme; **success is not always ~ with merit** succès n'est pas toujours synonyme de mérite; **the two words are not really ~** les deux mots ne sont pas vraiment synonymes.

synonymy [sɪˈnɒnɪmɪ] *n* synonymie *f*.

synopsis [sɪˈnɒpsɪs] (*pl* synopses [-siːz]) *n* [gen] résumé *m*; [of a film] synopsis *m*.

synopsize, -ise [sɪˈnɒpsaɪz] *vt Am* [summarize] résumer, faire un résumé de.

synoptic [sɪˈnɒptɪk] *adj* synoptique; **the ~ gospels** les Évangiles synoptiques.

syntactic [sɪnˈtæktɪk] *adj* syntaxique; **~ analysis** analyse *f* syntaxique.

syntactically [sɪnˈtæktɪklɪ] *adv* du point de vue syntaxique.

syntactics [sɪnˈtæktɪks] *n* (*U*) syntactique *f*.

syntagm [ˈsɪntæm] *n* syntagme *m*.

syntagmatic [ˌsɪntægˈmætɪk] *adj* syntagmatique.

syntax [ˈsɪntæks] *n* syntaxe *f*.

syntax error *n* COMPUT erreur *f* de syntaxe.

synthesis [ˈsɪnθəsɪs] (*pl* **syntheses** [-siːz]) *n* synthèse *f*; **the ~ of vitamin D** la synthèse de la vitamine D; **his work is a ~ of Eastern and Western philosophies** son œuvre est une synthèse des philosophies orientales et occidentales.

synthesize, -ise [ˈsɪnθəsaɪz] *vt* -**1.** BIOL & CHEM [produce by synthesis] synthétiser; **the hormone ~d by this gland** l'hormone synthétisée par cette glande. -**2.** [amalgamate, fuse] synthétiser. -**3.** MUS synthétiser.

synthesizer [ˈsɪnθəsaɪzəʳ] *n* synthétiseur *m*; **voice ~** synthétiseur *m* de voix.

synthetic [sɪnˈθetɪk] ◇ *adj* -**1.** [artificial, electronically produced] synthétique; **~ fibre/rubber** fibre *f*/caoutchouc *m* synthétique; **research on ~ speech** les recherches sur la parole synthétique; **~ image** image *f* de synthèse. -**2.** *fig* & *pej* [food] qui a un goût chimique. -**3.** LING synthétique. -**4.** PHILOS [reasoning, proposition] synthétique.
◇ *n* produit *m* synthétique.
◆ **synthetics** *npl* fibres *fpl* synthétiques.

synthetically [sɪnˈθetɪklɪ] *adv* synthétiquement.

syphilis [ˈsɪfɪlɪs] *n* (*U*) syphilis *f*.

syphilitic [ˌsɪfɪˈlɪtɪk] ◇ *adj* syphilitique.
◇ *n* syphilitique *mf*.

syphon [ˈsaɪfn] = **siphon**.

Syracuse [ˈsaɪərəkjuːz] *pr n* Syracuse.

Syria [ˈsɪrɪə] *pr n* Syrie *f*; **in ~** en Syrie.

Syrian [ˈsɪrɪən] ◇ *n* Syrien *m*, -enne *f*.
◇ *adj* syrien; **the ~ Desert** le désert de Syrie.

syringe [sɪˈrɪndʒ] ◇ *n* seringue *f*.
◇ *vt* seringuer.

syrup [ˈsɪrəp] *n* -**1.** [sweetened liquid] sirop *m*; **peaches in ~** pêches *fpl* au sirop; **~ of figs** sirop de figues. -**2.** [treacle] mélasse *f*. -**3.** MED sirop *m*; **cough ~** sirop *m* contre la toux.

syrupy [ˈsɪrəpɪ] *adj* -**1.** [viscous] sirupeux. -**2.** *pej* [sentimental] sirupeux, à l'eau de rose.

systaltic [sɪˈstæltɪk] *adj* systolique.

system [ˈsɪstəm] *n* -**1.** [organization, structure] système *m*; **the British legal/educational ~** le système juridique/éducatif britannique; **the Social Security ~** le système des prestations sociales; **they live in a democratic/totalitarian ~** ils vivent dans un système démocratique/totalitaire; **the binary/metric ~** le système binaire/métrique ❑ **the solar ~** le système solaire. -**2.** [method] système *m*; **a new ~ of sorting mail** un nouveau système pour trier le courrier. -**3.** ANAT système *m*; **the nervous/muscular/immune ~** le système nerveux/musculaire/immunitaire; **the digestive ~** l'appareil *m* digestif. -**4.** [orderliness] méthode *f*; **you need some ~ in the way you work** vous devriez être plus systématique OR méthodique dans votre travail. -**5.** [human body] organisme *m*; **bad for the ~** nuisible à l'organisme ‖ *fig*: **to get sthg out of one's ~** se débarrasser de qqch; **go on, get it out of your ~!** vas-y, défoule-toi!; **she can't get him out of her ~** elle n'arrive pas à l'oublier. -**6.** [equipment, device, devices]: **the electrical ~ needs to be replaced** l'installation électrique a besoin d'être remplacée; **a fault in the cooling ~** un défaut dans le circuit de refroidissement; **he's on a life-support ~** il est sous assistance respiratoire; **sprinkler ~** installation *f* d'extinction automatique d'incendie; **stereo ~** chaîne *f* stéréo. -**7.** [network] réseau *m*; **the rail/river/road ~** le réseau ferroviaire/fluvial/routier. -**8.** COMPUT système *m*; **operating ~** système *m* d'exploitation. -**9.** [established order]: **the ~** le système; **they're hoping to overthrow the ~** ils espèrent renverser le système (en place); **you can't beat** OR **buck the ~** *inf* on ne peut rien contre le système. -**10.** GEOL système *m*; **the Precambrian ~** le système précambrien.

systematic [ˌsɪstəˈmætɪk] *adj* systématique.

systematically [ˌsɪstəˈmætɪklɪ] *adv* systématiquement.

systematics [ˌsɪstəˈmætɪks] *n (U)* systématique *f*.

systematization [ˌsɪstɪmətaɪˈzeɪʃn] *n* systématisation *f*.

systematize, -ise [ˈsɪstəmətaɪz] *vt* systématiser.

system disk *n* COMPUT disque *m* système.

system error *n* COMPUT erreur *f* système.

systemic [sɪsˈtemɪk] *adj* systémique.

systems analysis *n* analyse *f* fonctionnelle.

systems analyst *n* spécialiste *mf* méthodes.

systems engineer *n* ingénieur *m* système.

systems engineering *n* systémie *f*.

system software *n* COMPUT logiciel *m* d'exploitation.

systole [ˈsɪstəlɪ] *n* systole *f*.

T

t (*pl* **t's** OR **ts**), **T** (*pl* **T's** OR **Ts**) [tiː] *n* [letter] t *m*, T *m*; T for Tommy ≃ T comme Thérèse; to a T parfaitement, à merveille; **you've described him to a T** vous l'avez parfaitement décrit; **that's her to a T** c'est tout à fait elle; **the jacket fits** OR **suits her to a T** la veste lui va à merveille.

ta *inf* [tɑː] *interj Br* merci.

TA *n abbr of* Territorial Army.

tab [tæb] *n* -**1.** [on garment - flap] patte *f*; [- loop] attache *f*; [over ear] oreillette *f*; [on shoelaces] ferret *m*. -**2.** [tag - on clothing, luggage] étiquette *f*; [- on file, dictionary] onglet *m*; *fig*: **to keep ~s on sb** avoir qqn à l'œil, avoir l'œil sur qqn; **I'll keep ~s on how the case progresses** je vais surveiller l'évolution de cette affaire. -**3.** [bill] addition *f*, note *f*; **to pick up the ~** *literal* payer (la note); *fig* payer l'addition. -**4.** AERON compensateur *m* automatique à ressort. -**5.** *abbr of* tabulator.

tabard ['tæbəd] *n* tabard *m*.

Tabasco® [tə'bæskəʊ] *n* Tabasco® *m*.

tabby ['tæbɪ] (*pl* **tabbies**) ◇ *n*: **~ (cat)** chat *m* tigré, chatte *f* tigrée.
◇ *adj* tigré.

tabernacle ['tæbənækl] *n* -**1.** BIBLE & RELIG tabernacle *m*. -**2.** [place of worship] temple *m*.

table ['teɪbl] ◇ *n* -**1.** [furniture] table *f*; **to get round the negotiating ~** s'asseoir à la table des négociations || [for meals] table *f*; **to be at ~** être à table; **we sat down to ~** nous nous sommes mis à table; **may I leave the ~?** puis-je sortir de table OR quitter la table? ❑ **(coffee) ~** table *f* (basse). -**2.** [people seated] table *f*, tablée *f*; **my uncle kept the whole ~ amused** mon oncle a diverti toute la tablée; **we were seated with a ~ of card players** nous étions assis à une table de joueurs de cartes. -**3.** *fml* [food]: **she keeps an excellent ~** elle a une excellente table. -**4.** TECH [of machine] table *f*; MUS [of violin] table *f* d'harmonie. -**5.** [list] liste *f*; [chart] table *f*, tableau *m*; [of fares, prices] tableau *m*, barème *m*; **the results are set out in the following ~** les résultats sont donnés dans le tableau suivant || SPORT: **(league) ~** classement *m*; **our team came bottom in the ~** notre équipe s'est classée dernière OR était dernière au classement || SCH: **(multiplication) ~** table *f* (de multiplication); **we have to learn our 4 times ~** il faut qu'on apprenne la table de 4 ❑ **~ of contents** table *f* des matières. -**6.** [slab - of stone, marble] plaque *f*; **the Tables of the Law** BIBLE les Tables de la Loi. -**7.** GEOG plateau *m*. -**8.** ANAT [of cranium] table *f*. -**9.** *phr*: **to put** OR **to lay sthg on the ~** mettre qqch sur la table; **we will not negotiate until they put a better offer on the ~** nous ne négocierons pas tant qu'ils ne mettront pas une meilleure offre sur la table; **under the ~**: **to be under the ~** [drunk] rouler sous la table, être ivre mort; **he can drink me under the ~** il peut boire beaucoup plus que moi; **the man offered me £100 under the ~** l'homme m'a offert 100 livres en dessous-de-table.
◇ *comp* [lamp, leg, linen] de table.
◇ *vt* -**1.** [submit - bill, motion] présenter. -**2.** *Am* [postpone] ajourner, reporter; **the bill has been ~d** la discussion du projet de loi a été reportée. -**3.** [tabulate] présenter sous forme de tableau; [classify] classifier. -**4.** [schedule] prévoir, fixer; **the discussion is ~d for 4 o'clock** la discussion est prévue OR a été fixée à 16 h.

tableau ['tæbləʊ] (*pl* **tableaus** OR **tableaux** [-bləʊz]) *n* tableau *m*.

tablecloth ['teɪblklɒθ] *n* nappe *f*.

table lamp *n* lampe *f* (de table).

tableland ['teɪbllænd] *n* plateau *m* GEOG.

table licence *n Br licence autorisant un restaurant à vendre des boissons alcoolisées uniquement avec les repas.*

table manners *npl* manière *f* de se tenir à table; **he has terrible/excellent ~** il se tient très mal/très bien à table.

tablemat ['teɪblmæt] *n* dessous-de-plat *m inv*; [of fabric] napperon *m*.

Table Mountain *pr n* la Montagne de la Table.

table salt *n* sel *m* de table, sel *m* fin.

tablespoon ['teɪblspuːn] *n* [for serving] grande cuillère *f*, cuillère *f* à soupe; [as measure] grande cuillerée *f*, cuillerée *f* à soupe.

tablespoonful ['teɪbl,spuːnfʊl] *n* grande cuillerée *f*, cuillerée *f* à soupe.

tablet ['tæblɪt] *n* -**1.** [for writing - stone, wax etc] tablette *f*; [- pad] bloc-notes *m*. -**2.** [pill] comprimé *m*, cachet *m*. -**3.** [of chocolate] tablette *f*; [of soap] savonnette *f*. -**4.** [plaque] plaque *f* (commémorative). -**5.** COMPUT tablette *f*.

table tennis *n* tennis *m* de table, ping-pong *m*.

table top *n* dessus *m* de table, plateau *m* (de table).

table-turning *n pej* [spirituality] spiritisme *m*.

tableware ['teɪblweəʳ] *n* vaisselle *f*.

table wine *n* vin *m* de table.

tabloid ['tæblɔɪd] ◇ *n*: **~ (newspaper)** tabloïde *m*; **it's front-page news in all the ~s** c'est à la une de tous les journaux à sensation.
◇ *adj*: **in ~ form** condensé, en résumé; **the ~ press** la presse à sensation.

TABLOID:
Dans les pays anglo-saxons, le format tabloïde est caractéristique des journaux populaires. Les principaux journaux populaires britanniques sont: le Daily Express, le Daily Mail, le Daily Mirror, The Star, The Sun et Today.

---

taboo [tə'buː] ◇ *adj* [subject, word] tabou.
◇ *n* tabou *m*.
◇ *vt* proscrire, interdire.

tabor ['teɪbəʳ] *n* tambourin *m*.

Tabriz [tæ'briːz] *pr n* Tabriz.

tabu [tə'buː] = **taboo**.

tabular ['tæbjʊləʳ] *adj* -**1.** [statistics, figures] tabulaire; **in ~ form** sous forme de tableaux. -**2.** [crystal] tabulaire.

tabula rasa ['tæbjʊlə'rɑːzə] (*pl* **tabulae rasae** ['tæbjʊliː'rɑːziː]) *n* table *f* rase.

tabulate ['tæbjʊleɪt] *vt* -**1.** [in table form] mettre sous forme de table OR tableau; [in columns] mettre en colonnes. -**2.** [classify] classifier.

tabulation [,tæbjʊ'leɪʃn] *n* -**1.** [in tables] présentation *f* OR disposition *f* en tables; [in columns] disposition *f* en colonnes. -**2.** [classification] classification *f*.

tabulator ['tæbjʊleɪtəʳ] *n* tabulateur *m*.

tache *inf* [tæʃ] (*abbr of* **moustache**) *n* bacchante *f*.

tacheometer [,tækɪ'ɒmɪtəʳ] = **tachymeter**.

tachograph ['tækəgrɑːf] *n* tachygraphe *m*.

tachometer [tæ'kɒmɪtəʳ] *n* tachymètre *m*.

tachycardia [,tækɪ'kɑːdɪə] *n* tachycardie *f*.

tachymeter [tæ'kɪmɪtəʳ] *n* tachéomètre *m*.

tacit ['tæsɪt] *adj* tacite, implicite; **~ approval** accord *m* tacite; **~ knowledge** connaissances *fpl* implicites.

tacitly ['tæsɪtlɪ] *adv* tacitement.

taciturn ['tæsɪtɜːn] *adj* taciturne, qui parle peu; **he was a tall, ~ gentleman** c'était un homme grand et taciturne.

Tacitus ['tæsɪtəs] *pr n* Tacite.

tack [tæk] ◇ *n* -**1.** [nail] pointe *f*; [for carpeting, upholstery] semence *f*; **~, thumb-~** punaise *f*. -**2.** *Br* SEW point *m* de bâti. -**3.** NAUT [course] bordée *f*, bord *m*; **to make** OR **to set a ~** courir OR tirer une bordée; **in the starboard/port ~** tribord/bâbord amures || *fig*: **to be on the right ~** être sur la bonne voie; **to be on the wrong ~** faire fausse route; **he went off on a quite different ~** il est parti sur une toute autre piste *fig*; **she changed ~ in mid-conversation** elle changea de sujet en pleine conversation. -**4.** *inf* [food] bouffe *f*. -**5.** [harness] sellerie *f*.
◇ *vt* -**1.** [carpet] clouer. -**2.** SEW faufiler, bâtir.
◇ *vi* NAUT faire OR courir OR tirer une bordée, louvoyer.
◆ **tack down** *vt sep* -**1.** [carpet, board] clouer. -**2.** SEW maintenir en place au point de bâti.
◆ **tack on** *vt sep* -**1.** [with nails] fixer avec des clous. -**2.** SEW bâtir. -**3.** ajouter, rajouter; **the conclusion seems ~ed on** la conclusion semble avoir été ajoutée après coup; **he ~ed a joke on to the end of his story** il a rajouté une plaisanterie à la fin de son anecdote.

tackily ['tækɪlɪ] *adv* [shoddily] minablement; [in bad taste] avec mauvais goût.

tacking ['tækɪŋ] *n* SEW bâtissage *m*, faufilage *m*; **you'll have to take the ~ out of the skirt** il va falloir enlever le faufilage de la jupe.

tacking stitch *n* point *m* de bâti.

tackle ['tækl] ◇ *vt* -**1.** SPORT tacler; *fig* [assailant, bank robber] saisir, empoigner. -**2.** [task, problem] s'attaquer à; [question, subject] s'attaquer à, aborder; to ~ a job se mettre au travail, s'atteler à la tâche; **during the holidays, I hope to ~ Churchill's memoirs** pendant les vacances, j'espère pouvoir m'attaquer aux mémoires de Churchill; **he ~d an enormous plate of chips** il attaqua une énorme assiettée de frites || [confront] interroger; **I ~d him on** OR **about his stand on abortion** je l'ai interrogé sur sa prise de position sur l'avortement; **I'll ~ her about the extra cost** je lui toucherai un mot OR je lui parlerai du coût supplémentaire.
◇ *vi* SPORT tacler.
◇ *n* -**1.** [equipment] attirail *m*, matériel *m*; **fishing ~** matériel *m* OR articles *mpl* de pêche. -**2.** [ropes and pulleys] appareil *m* OR appareils *mpl* de levage; [hoist] palan *m*. -**3.** SPORT [gen] tacle *m*; **good ~!** bien taclé! -**4.** [in American football - player] plaqueur *m*. -**5.** NAUT [rigging] gréement *m*.

tackling ['tæklɪŋ] *n* -**1.** SPORT tacle *m*. -**2.** [of problem, job] manière *f* d'aborder.

tack-room *n* sellerie *f*.

tacky ['tækɪ] (*compar* **tackier**, *superl* **tackiest**) *adj* -**1.** [sticky] collant, poisseux; [of paint] pas encore sec; **wait until the glue is ~** attendez que la colle ait commencé à prendre. -**2.** *inf* [shoddy] minable, moche. -**3.** *inf* [vulgar] de mauvais goût, vulgaire; *Am* [person] vulgaire.

taco ['tækəʊ] (*pl* **tacos**) *n* taco *m (crêpe mexicaine farcie)*.

tact [tækt] *n* tact *m*, diplomatie *f*, doigté *m*.

tactful ['tæktfʊl] *adj* [person] plein de tact, qui fait preuve de tact; [remark, suggestion] plein de tact; [inquiry] discret; [behaviour] qui fait preuve de tact OR de délicatesse; **that wasn't a very ~ thing to say** ce n'était pas très diplomatique de dire ça; **try to be more ~** essaie de faire preuve de plus de tact; **we must be ~ with her** nous devons faire preuve de tact avec elle; **they gave us a ~ hint** ils nous ont fait discrètement comprendre.

tactfully ['tæktfʊlɪ] *adv* avec tact OR délicatesse.

tactic ['tæktɪk] *n* tactique *f*; MIL tactique *f*.

tactical ['tæktɪkl] *adj* -**1.** MIL tactique; **~ mistake** erreur *f* tactique; **~ advantage** avantage *m* tactique; **~ nuclear weapons** armes *fpl* nucléaires tactiques. -**2.** [shrewd] adroit; **a purely ~ manoeuvre** une manœuvre purement diplomatique; **~ voting** *(U)*: **there has been a lot of ~ voting** beaucoup de gens ont voté utile.

tactically ['tæktɪklɪ] *adv* du point de vue tactique; **to vote ~** voter utile.

tactician [tæk'tɪʃn] *n* tacticien *m*, -enne *f*.

tactics ['tæktɪks] *n (U)* MIL & SPORT tactique *f*.

tactile ['tæktaɪl] *adj* tactile.

tactless ['tæktlɪs] *adj* [person] dépourvu de tact, qui manque de doigté; [answer] indiscret, peu diplomatique; **what a ~ thing to say/to do!** il faut vraiment manquer de tact pour dire/faire une chose pareille!; **how ~ of him!** quel manque de tact de sa part!

tactlessly ['tæktlɪslɪ] *adv* sans tact.

tactlessness ['tæktlɪsnɪs] *n* manque *m* de tact, indélicatesse *f*.

tad *inf* [tæd] *n Am* -**1.** [boy] mioche *m*, gamin *m*. -**2.** [small bit]: **we only had a ~** on n'en a eu qu'un chouia; **the coat is a ~ expensive** le manteau est un chouia trop cher.

tadpole ['tædpəʊl] *n* têtard *m* ZOOL.

Tadzhik [tɑː'dʒiːk] *n* Tadjik *mf*.

Tadzhiki [tɑː'dʒiːkɪ] ◇ *n* tadjik *m*.
◇ *adj* tadjik.

Tadzhikistan [tɑːˌdʒɪkɪ'stɑːn] *pr n* Tadjikistan *m*; **in ~** au Tadjikistan.

Taff *inf* [tæf] = **Taffy**.

taffeta ['tæfɪtə] ◇ *n* taffetas *m*.
◇ *adj* [dress] en taffetas.

taffrail ['tæfreɪl] *n* NAUT lisse *f* de couronnement, rambarde *f* arrière.

taffy ['tæfɪ] (*pl* **taffies**) *n Am* bonbon *m* au caramel.

Taffy *inf* ['tæfɪ] (*pl* **Taffies**) *pr n nom péjoratif ou humoristique désignant un Gallois.*

tag [tæg] (*pt* & *pp* **tagged**, *cont* **tagging**) ◇ *n* -**1.** [label - on clothes, suitcase] étiquette *f*; [- on file] onglet *m*; **(price) ~** étiquette *f* de prix; **(name) ~** [gen] étiquette *f* (où est marqué le nom); [for dog, soldier] plaque *f* d'identité. -**2.** [on shoelace] ferret *m*. -**3.** [on jacket, coat - for hanging] patte *f*. -**4.** [quotation] citation *f*; [cliché] cliché *m*, lieu *m* commun; [catchword] slogan *m*; **a Latin ~** une citation latine. -**5.** GRAMM: **~ (question)** question-tag *f*. -**6.** GAMES chat *m*; **to play ~** jouer à chat.
◇ *vt* -**1.** [label - package, article, garment] étiqueter; [- animal] marquer; [- file] mettre un onglet à; [- criminal] pincer, épingler; *fig* [- person] étiqueter; **he was tagged as a trouble-maker** il a été classé parmi les agitateurs. -**2.** *Am* [follow] suivre; [subj: detective] filer.
◆ **tag along** *vi insep* suivre; **to ~ along with sb** [follow] suivre qqn; [accompany] aller OR venir avec qqn; **do you mind if I ~ along?** ça vous gêne si je viens?; **the girl tagged along behind the others** [followed] la fille suivit les autres; [lagged behind] la fille était à la traîne derrière les autres.
◆ **tag on** ◇ *vt sep* ajouter.
◇ *vi insep inf*: **to ~ on to sb** suivre qqn partout; **to ~ on behind sb** traîner derrière qqn.

Tagalog [tə'gɑːlɒg] *n* -**1.** [person] Tagal *mf*. -**2.** LING tagalog *m*, tagal *m*.

tagboard ['tægbɔːd] *n* carton *m* pour étiquettes.

tag day *n Am journée de vente d'insignes pour une œuvre de bienfaisance.*

tag end *n Am* -**1.** [oddment - of cloth, thread] bout *m*; [of goods] restes *mpl*. -**2.** [end - of performance, day] fin *f*.

tagmeme ['tægmiːm] *n* tagmème *m*.

tagmemic [tæg'miːmɪk] *adj* tagmémique.

tagmemics [tæg'miːmɪks] *n (U)* tagmémique *f*.

Tagus ['teɪgəs] *pr n*: **the ~** le Tage.

tahini [tə'hiːnɪ] *n* CULIN tahini *m*.

Tahiti [tɑː'hiːtɪ] *pr n* Tahiti; **in ~** à Tahiti.

Tahitian [tɑː'hiːʃn] ◇ *n* Tahitien *m*, -enne *f*.
◇ *adj* tahitien.

tail [teɪl] ◇ *n* **1.** [of animal] queue *f*; **with one's ~ between one's legs** *fig* la queue basse; **it's a case of the ~ wagging the dog** c'est le monde à l'envers; **the detective was still on his ~** *fig* le détective le filait toujours || [of vehicle] *inf*: **the car was right on my ~** *fig* la voiture me collait au derrière OR aux fesses; **to turn ~ and run** prendre ses jambes à son cou. -**2.** [of kite, comet, aircraft] queue *f*; [of musical note] queue *f*. -**3.** [of coat] basque *f*; [of dress] traîne *f*; [of shirt] pan *m*. -**4.** [end - of storm] queue *f*; [- of procession] fin *f*, queue *f*; [- of queue] bout *m*. -**5.** *inf* [follower - police officer, detective] *personne qui file*; **to put a ~ on sb** faire filer qqn. -**6.** *Am inf* [bottom] fesses *fpl*; **he worked his ~ off** il s'est vraiment décarcassé. -**7.** ▽ *(U)* [woman]: **a bit of ~** une gonzesse.
◇ *vt* -**1.** *inf* [follow] suivre, filer. -**2.** [animal] couper la queue à.
◆ **tails** ◇ *npl inf* [tailcoat] queue *f* de pie.
◇ *adv* [of coin]: **it's ~s!** (c'est) pile!
◆ **tail along** *vi insep* suivre; **she ~ed along behind** OR **after us** elle traînait derrière nous.
◆ **tail away** *vi insep* [sound] s'affaiblir, décroître; [interest] diminuer petit à petit; [book] se terminer en queue de poisson; [competitors in race] s'espacer; **his voice ~ed slowly away** peu à peu sa voix s'affaiblit.
◆ **tail back** *vi insep* [traffic] être arrêté, former un bouchon; [demonstration, runners] s'égrener, s'espacer; **the line of cars ~ed back for 10 miles/to the slip road** la file de voitures s'étendait sur 16 km/jusqu'à la bretelle d'accès.
◆ **tail off** *vi insep* [quality] baisser; [numbers] diminuer, baisser; [voice] devenir inaudible; [story] se terminer en queue de poisson.

tail assembly *n* AERON dérive *f*.

tailback ['teɪlbæk] *n* bouchon *m* (de circulation); **a 3 mile ~** un bouchon de 5 km.

tailboard ['teɪlbɔːd] *n* hayon *m (de camion)*.

tailcoat [ˌteɪl'kəʊt] *n* queue *f* de pie.

tail end *n* [of storm] fin *f*; [of cloth] bout *m*; [of procession] queue *f*, fin *f*; [of story] chute *f*.

tail feather *n* penne *f*.

tailgate ['teɪlgeɪt] ◇ *n* AUT hayon *m*.
◇ *vt* coller au pare-chocs de.

tail lamp, **taillight** ['teɪllaɪt] *n* feu *m* arrière.

tailor ['teɪlər] ◇ *n* tailleur *m*.
◇ *vt* [garment] faire sur mesure; [equipment] adapter à un besoin particulier, concevoir en fonction d'un usage particulier; **the kitchen was ~ed to our needs** la cuisine a été faite spécialement pour nous OR conçue en fonction de nos besoins.

tailored ['teɪləd] *adj* [clothes, equipment] (fait) sur mesure; [skirt] ajusté.

tailor-made *adj* [specially made - clothes, equipment] (fait) sur mesure; [very suitable] (comme) fait exprès; **top players have their rackets ~ for them** les joueurs de haut niveau ont des raquettes faites sur mesure; **the job could have been ~ for her** on dirait que le poste est taillé pour elle.

tailor's tack *n* point *m* tailleur.

tailpiece ['teɪlpiːs] *n* -**1.** [addition - to speech] ajout *m*; [- to document] appendice *m*; [- to letter] post-scriptum *m inv*. -**2.** MUS cordier *m (d'un violon)*. -**3.** TYPO cul-de-lampe *m*.

tail pipe *n Am* tuyau *m* d'échappement.

tailplane ['teɪlpleɪn] *n* stabilisateur *m* AÉRON.

tail section *n* AERON arrière *m*; **a seat in the ~** une place à l'arrière.

tailskid ['teɪlskɪd] *n* béquille *f* de queue AÉRON.

tailspin ['teɪlspɪn] *n* vrille *f*; **to be in a ~** AERON vriller.

tailwind ['teɪlwɪnd] *n* vent *m* arrière.

taint [teɪnt] ◇ *vt* -**1.** [minds, morals] corrompre, souiller; [person] salir la réputation de; [reputation] salir; **his personal life is ~ed with scandal** sa vie privée fait beaucoup de scandale. -**2.** [food] gâter; [air] polluer, vicier; [water] polluer, infecter.
◇ *n* -**1.** [infection] infection *f*; [contamination] contamination *f*; [decay] décomposition *f*. -**2.** *fig* [of sin, corruption] tache *f*, souillure *f*.

tainted ['teɪntɪd] *adj* -**1.** [morals] corrompu, dépravé; [reputation] terni, sali; [politician] dont la réputation est ternie OR salie; [money] sale; **~ motives** des raisons malhonnêtes. -**2.** [food] gâté; [meat] avarié; [air] vicié, pollué; [water] infecté, pollué; [blood] impur.

Taipei [taɪ'peɪ] *pr n* Taibei.

Taiwan [ˌtaɪ'wɑːn] *pr n* Taiwan; **in ~** à Taiwan.

Taiwanese [ˌtaɪwə'niːz] ◇ *n* Taiwanais *m*, -e *f*.
◇ *adj* taiwanais.

Taj Mahal [ˌtɑːdʒmə'hɑːl] *pr n*: **the ~** le Tadj Mahall, le Taj Mahal.

take [teɪk] (*pt* **took** [tʊk], *pp* **taken** ['teɪkən])
◇ *vt* **A.** -**1.** [get hold of, grip] prendre; [seize] prendre, saisir; **let me ~ your coat** donnez-moi votre manteau; **she took the book from him** elle lui a pris le livre; **to ~ sb's hand** prendre qqn par la main; **she took his arm** elle lui a pris le bras; **Peter took her in his arms** Peter l'a prise dans ses bras; **the wolf took its prey by the throat** le loup a saisi sa proie à la gorge. -**2.** [get control of, capture - person] prendre, capturer; [- fish, game] prendre, attraper; MIL prendre, s'emparer de; **they took the town that night** ils prirent OR s'emparèrent de la ville cette nuit-là; **to ~ sb prisoner** faire qqn prisonnier; **to ~ sb alive** prendre OR capturer qqn vivant; **I took his queen with my rook** j'ai pris sa reine avec ma tour; **to ~ control of a situation** prendre une situation en main; **we took our courage in both hands** nous avons pris notre courage à deux mains; **to ~ the lead in sthg** [in competition] prendre la tête de qqch; [set example] être le premier à faire qqch.
B. -**1.** [carry from one place to another] porter, apporter; [carry along, have in one's possession] prendre, emporter; **she took her mother a cup**

of tea elle a apporté une tasse de thé à sa mère; **she took some towels upstairs** elle a monté des serviettes; **don't forget to ~ your camera** n'oubliez pas (de prendre) votre appareil photo; **the committee wanted to ~ the matter further** *fig* le comité voulait mener l'affaire plus loin ❑ **the devil ~ it!** que le diable l'emporte! -**2.** [person - lead] mener, emmener; [- accompany] accompagner; **her father ~s her to school** son père l'emmène à l'école; **could you ~ me home?** pourriez-vous me ramener OR me raccompagner?; **may I ~ you to dinner?** puis-je vous inviter à dîner OR vous emmener dîner?; **he offered to ~ them to work in the car** il leur a proposé de les emmener au bureau en voiture OR de les conduire au bureau; **the estate agent took them over the house** l'agent immobilier leur a fait visiter la maison; **she used to ~ me along to meetings** (avant,) elle m'emmenait aux réunions; **this road will ~ you to the station** cette route vous mènera OR vous conduira à la gare; **I don't want to ~ you out of your way** je ne veux pas vous faire faire un détour; **her job took her all over Africa** son travail l'a fait voyager dans toute l'Afrique; **that's what first took me to Portugal** c'est ce qui m'a amené au Portugal; **the record took her to number one in the charts** le disque lui a permis d'être première au hit-parade. -**3.** [obtain from specified place] prendre, tirer; [remove from specified place] prendre, enlever; **she took a handkerchief from her pocket** elle a sorti un mouchoir de sa poche; **I took a chocolate from the box** j'ai pris un chocolat dans la boîte; **~ a book from the shelf** prenez un livre sur l'étagère; **~ your feet off the table** enlève tes pieds de la table. -**4.** [appropriate, steal] prendre, voler; **to ~ sthg from sb** prendre qqch à qqn; **someone's taken my wallet** quelqu'un a pris mon portefeuille; **his article is taken directly from my book** le texte de son article est tiré directement de mon livre. -**5.** [draw, derive] prendre, tirer; **a passage taken from a book** un passage extrait d'un livre; **a phrase taken from Latin** une expression empruntée au latin.

C. -**1.** [subj: bus, car, train etc] conduire, transporter; **the ambulance took him to hospital** l'ambulance l'a transporté à l'hôpital; **this bus will ~ you to the theatre** ce bus vous conduira au théâtre. -**2.** [obj: bus, car, plane, train] prendre; [obj: road] prendre, suivre; **~ a left/a right** *Am* prenez à gauche/à droite.

D. -**1.** [have - attitude, bath, holiday] prendre; [make - nap, trip, walk] faire; [- decision] prendre; **she took a quick look at him** elle a jeté un rapide coup d'œil sur lui; **let's ~ five** *inf Am* soufflons cinq minutes; **he took a flying leap** il a bondi; **to ~ a wife** *arch* OR *lit* prendre femme. -**2.** PHOT: **to ~ a picture** prendre une photo; **she took his picture** OR **a picture of him** elle l'a pris en photo; **we had our picture taken** nous nous sommes fait photographier OR prendre en photo; **he ~s a good photo** *inf* [is photogenic] il est photogénique. -**3.** [receive, get] recevoir; **he took the blow on his arm** il a pris le coup sur le bras; **you can ~ the call in my office if you like** vous pouvez prendre l'appel dans mon bureau si vous voulez || [earn, win - prize] remporter, obtenir; [- degree, diploma] obtenir, avoir; **the bookstore ~s about $3,000 a day** la librairie fait à peu près 3 000 dollars (de recette) par jour; **how much does he ~ home a month?** quel est son salaire mensuel net?; **we took all the tricks** CARDS nous avons fait toutes les levées; **their team took the match** leur équipe a gagné OR remporté le match.

E. -**1.** [assume, undertake] prendre; **to ~ the blame for sthg** prendre la responsabilité de qqch; **you'll have to ~ the consequences** il va falloir que vous en subissiez les conséquences; **she ~s all the credit for our success** elle s'attribue tout le mérite de notre réussite; **I ~ responsibility for their safety** je me charge de leur sécurité. -**2.** [commit oneself to]: **he took my side in the argument** il a pris parti pour moi dans la dispute; **the boy took an oath** OR **a vow to avenge his family** le garçon a fait serment OR a juré de venger sa famille; **to ~ the Fifth (Amendment)** *Am* invoquer le Cinquième Amendement *(pour refuser de répondre)*. -**3.** [allow oneself]: **may I ~ the liberty of inviting you to dinner?** puis-je me permettre de vous inviter à dîner?; **he took the opportunity to thank them** OR **of thanking them** il a profité de l'occasion pour les remercier.

F. -**1.** [accept - job, gift, payment] prendre, accepter; [- bet] accepter; **the doctor only ~s private patients** le docteur ne prend pas les patients du service public; **the owner won't ~ less than $100 for it** le propriétaire en veut au moins 100 dollars; **to ~ a bribe** se laisser acheter OR corrompre; **you'll have to ~ me as I am** il faut me prendre comme je suis; **~ things as they come** prenez les choses comme elles viennent; **I won't ~ "no" for an answer** je n'accepterai pas un refus; **it's my last offer, (you can) ~ it or leave it** c'est ma dernière offre, c'est à prendre ou à laisser; **I'll ~ it from here** je vais prendre la relève. -**2.** [accept as valid] croire; **to ~ sb's advice** suivre les conseils de qqn; **~ it from me, he's a crook** croyez-moi, c'est un escroc. -**3.** [deal with]: **let's ~ things one at a time** prenons les choses une par une; **the mayor took their questions calmly** le maire a entendu leurs questions avec calme; **how did she ~ the questioning?** comment a-t-elle réagi à OR pris l'interrogatoire?; **they took the news well** OR **in their stride** ils ont plutôt bien pris la nouvelle; **to ~ sthg badly** prendre mal qqch ❑ **to ~ things easy** *inf* OR **it easy** *inf* se la couler douce; **~ it easy!** [don't get angry] du calme! -**4.** [bear, endure - pain] supporter; [- damage, loss] subir; **don't ~ any nonsense!** ne te laisse pas faire!; **your father won't ~ any nonsense** ton père ne plaisante pas avec ce genre de choses; **she can ~ it** elle tiendra le coup; **we couldn't ~ any more** on n'en pouvait plus; **I find his constant sarcasm rather hard to ~** je trouve ses sarcasmes perpétuels difficiles à supporter; **don't expect me to ~ this lying down** ne comptez pas sur moi pour accepter ça sans rien dire; **those shoes have taken a lot of punishment** ces chaussures en ont vu de toutes les couleurs. -**5.** [experience, feel]: **to ~ fright** prendre peur; **to ~ an interest in sthg/sb** s'intéresser à qqch/qqn; **don't ~ offence** ne vous vexez pas, ne vous offensez pas; **no offence taken** il n'y a pas de mal; **we ~ pleasure in travelling** nous prenons plaisir à voyager; **she ~s pride in her work** elle est fière de ce qu'elle fait; **to ~ pride in one's appearance** prendre soin de sa personne.

G. -**1.** [consider, look at] prendre, considérer; **~ Einstein (for example)** prenons (l'exemple d') Einstein; **~ the case of Colombia** prenons le cas de la Colombie; **taking everything into consideration** tout bien considéré; **to ~ sthg/sb seriously** prendre qqch/qqn au sérieux || [consider as]: **do you ~ me for an idiot?** vous me prenez pour un idiot?; **what do you ~ me for?** pour qui me prenez-vous?; **he took me for somebody else** il m'a pris pour quelqu'un d'autre. -**2.** [suppose, presume] supposer, présumer; **he's never been to Madrid, I ~ it** si je comprends bien, il n'a jamais été à Madrid; **I ~ it you're his mother** je suppose que vous êtes sa mère. -**3.** [interpret, understand] prendre, comprendre; **we never know how to ~ his jokes** on ne sait jamais comment prendre ses plaisanteries; **don't ~ that literally** ne le prenez pas au pied de la lettre; **he was slow to ~ my meaning** il lui a fallu un moment avant de comprendre ce que je voulais dire.

H. [require] prendre, demander; **how long will it ~ to get there?** combien de temps faudra-t-il pour y aller?; **the flight ~s three hours** le vol dure trois heures; **it will ~ you ten minutes** vous en avez pour dix minutes; **it took him a minute to understand** il a mis une minute avant de comprendre; **it ~s time to learn a language** il faut du temps pour apprendre une langue; **what kind of batteries does it ~?** quelle sorte de piles faut-il?; **he took a bit of coaxing before he accepted** il a fallu le pousser un peu pour qu'il accepte; **it took four people to stop the brawl** il a fallu quatre personnes pour arrêter la bagarre; **it ~s courage to admit one's mistakes** il faut du courage pour admettre ses erreurs; **it ~s patience to work with children** il faut de la patience OR il faut être patient pour travailler avec les enfants; **one glance was all it took** un regard a suffi; **the job took some doing** *inf* la tâche n'a pas été facile; **her story ~s some believing** *inf* son histoire n'est pas facile à croire || GRAMM: **"falloir" ~s the subjunctive** «falloir» est suivi du subjonctif ❑ **to have what it ~s to do/to be sthg** avoir les qualités nécessaires pour faire/être qqch; **we need someone with leadership qualitites — she has what it ~s** il nous faut quelqu'un qui ait des qualités de dirigeant — ce n'est pas ce qui lui manque; **he's so lazy — it ~s one to know one!** *inf* il est vraiment paresseux — tu peux parler!; **it ~s two to tango** *inf hum* il faut être deux pour faire ça.

I. -**1.** [food, drink etc] prendre; **do you ~ milk in your coffee?** prenez-vous du lait dans votre café?; **I invited him to ~ tea** je l'ai invité à prendre le thé; **she refused to ~ any food** elle a refusé de manger (quoi que ce soit); **to ~ drugs** se droguer; **how many pills has he taken?** combien de comprimés a-t-il pris OR absorbé?; **'not to be taken internally'** [on bottle] '(à) usage externe'; **to ~ the air** prendre l'air. -**2.** [wear] faire, porter; **she ~s a size 10 dress** elle prend du 38 en robe; **what size shoe do you ~?** quelle pointure faites-vous? -**3.** [pick out, choose] prendre, choisir; [buy] prendre, acheter; [rent] prendre, louer; **I'll ~ it** je le prends; **what newspaper do you ~?** quel journal achetez-vous? -**4.** [occupy - chair, seat] prendre, s'asseoir sur; **~ a seat** asseyez-vous; **is this seat taken?** cette place est-elle prise OR occupée? -**5.** [ascertain, find out] prendre; **to ~ sb's pulse/temperature** prendre le pouls/la température de qqn; **to ~ a reading from a meter** lire OR relever un compteur. -**6.** [write down - letter, notes] prendre; **he took a note of her address** il a noté son adresse. -**7.** [subtract] soustraire, déduire; **they took 10% off the price** ils ont baissé le prix de 10 %; **~ 4 from 9 and you have 5** ôtez 4 de 9, il reste 5. -**8.** SCH & UNIV [exam] passer, se présenter à; [course] prendre, suivre; **I took Latin and Greek at A level** ≃ j'ai pris latin et grec au bac; **she ~s us for maths** on l'a en maths. -**9.** [contract, develop]: **to ~ a chill, to ~ cold** prendre froid; **to ~ sick** tomber malade; **I was taken with a fit of the giggles** j'ai été pris d'un fou rire; **she took an instant dislike to him** elle l'a tout de suite pris en aversion. -**10.** [direct, aim]: **she took a swipe at him** elle a voulu le gifler. -**11.** [refer]: **she ~s all her problems to her sister** elle raconte tous ses problèmes à sa sœur; **he took the matter to his boss** il a soumis la question à son patron; **they intend to ~ the case to the High Court** JUR ils ont l'intention d'en appeler à la Cour suprême. -**12.** [have recourse to]: **he took an axe to the door** il a donné des coups de hache dans la porte; **they took legal proceedings against him** JUR ils lui ont intenté un procès. -**13.** [catch unawares] prendre, surprendre; **to ~ sb by surprise** OR **off guard** surprendre qqn, prendre qqn au dépourvu; **his death took us by surprise** sa mort nous a surpris. -**14.** [negotiate - obstacle] franchir, sauter; [- bend in road] prendre, négocier. -**15.** *inf* [deceive, cheat] avoir, rouler; **they took him for every penny (he was worth)** ils lui ont pris jusqu'à son dernier sou. -**16.** *arch* OR *lit* [have sex with] prendre.

◇ *vi* -**1.** [work, have desired effect] prendre; **did the dye ~?** est-ce que la teinture a pris?; **it was too cold for the seeds to ~** il faisait trop froid pour que les graines germent. -**2.** [become popular] prendre, avoir du succès. -**3.** [fish] prendre, mordre.

◇ *n* -**1.** [act, capture, catch] prise *f*. -**2.** CIN, PHOT & TV prise *f* de vue; RADIO enregistrement *m*, prise *f* de son. -**3.** *inf Am* [takings] recette *f*; [share] part *f*; **to be on the ~** *inf* toucher des pots-de-vin.

◆ **take aback** *vt sep* [astonish] étonner, ébahir; [disconcert] déconcerter; **her question took him aback** sa question l'a déconcerté; **I was taken aback by the news** la nouvelle m'a beaucoup surpris.

◆ **take after** *vt insep* ressembler à, tenir de; **she ~s after her mother in looks** physiquement, elle tient de sa mère.

◆ **take apart** *vt sep* -**1.** [dismantle] démonter; **they took the room apart looking for evidence** *fig* ils ont mis la pièce sens dessus dessous pour trouver des preuves. -**2.** [criticize] critiquer.

◆ **take aside** *vt sep* prendre à part, emmener à l'écart; **the boss took her aside for a chat** le patron l'a prise à part pour discuter.

◆ **take away** *vt sep* -**1.** [remove] enlever, retirer; **~ that knife away from him** enlevez-lui ce couteau; **they took away his pension** ils lui ont retiré sa pension; **they took their daughter away from the club** ils ont retiré leur fille du club; **the police took his father away** *euph* son père a été arrêté par la police. -**2.** [carry away - object] emporter; [- person] emmener; **'sandwiches to ~ away'** *Br* 'sandwiches à emporter'; **'not to be taken away'** [in library] 'à consulter sur place'. -**3.** MATH soustraire, retrancher; **nine ~ away six is three** neuf moins six font trois.

◆ **take away from** *vt insep* [detract from]: **that doesn't ~ away from his achievements as an athlete** ça n'enlève rien à ses exploits d'athlète.

◆ **take back** *vt sep* -**1.** [after absence, departure] reprendre; **she took her husband back** elle a accepté que son mari revienne vivre avec elle; **the factory took back the workers** l'usine a repris les ouvriers. -**2.** [return] rapporter; [accompany] raccompagner; **~ it back to the shop** rapporte-le au magasin; **he took her back home** il l'a raccompagnée OR ramenée chez elle. -**3.** [retract, withdraw] retirer, reprendre; **I ~ back everything I said** je retire tout ce que j'ai dit; **all right, I ~ it back!** d'accord, je n'ai rien dit! -**4.** [remind of the past] rappeler; **that ~s me back to my childhood** ça me rappelle mon enfance; **that song ~s me back forty years** cette chanson me ramène quarante ans en arrière. -**5.** TYPO transférer à la ligne précédente.

◆ **take down** ◇ *vt sep* -**1.** [lower] descendre; **she took the book down from the shelf** elle a pris le livre sur l'étagère; **can you help me ~ the curtains down?** peux-tu m'aider à décrocher les rideaux?; **she took his picture down from the wall** elle a enlevé sa photo du mur; **he took his trousers down** il a baissé son pantalon. -**2.** [note] prendre, noter; **he took down the registration number** il a relevé le numéro d'immatriculation.

◇ *vi insep* se démonter.

◆ **take in** *vt sep* -**1.** [bring into one's home - person] héberger; [- boarder] prendre; [- orphan, stray animal] recueillir; **she ~s in ironing** elle fait du repassage à domicile || [place in custody]: **the police took him in** la police l'a mis OR placé en garde à vue. -**2.** [air, water, food etc]: **she can only ~ in food intravenously** on ne peut la nourrir que par intraveineuse; **whales ~ in air through their blowhole** les baleines respirent par l'évent. -**3.** [understand, perceive] saisir, comprendre; **he was sitting taking it all in** il était là, assis, écoutant tout ce qui se disait; **he didn't ~ in the real implications of her announcement** il n'a pas saisi les véritables implications de sa déclaration; **I can't ~ in the fact that I've won** je n'arrive pas à croire que j'ai gagné; **she took in the situation at a glance** elle a compris la situation en un clin d'œil. -**4.** [make smaller - garment] reprendre; [- in knitting] diminuer; **you'd better ~ in the slack on the rope** tu ferais bien de tendre OR retendre la corde; **to ~ in a sail** NAUT carguer OR serrer une voile. -**5.** [attend, go to] aller à; **to ~ in a show** aller au théâtre; **she took in the castle while in Blois** elle a visité le château pendant qu'elle était à Blois; **they took in the sights in Rome** ils ont fait le tour des sites touristiques à Rome. -**6.** *inf (usu passive)* [cheat, deceive] tromper, rouler; **don't be taken in by him** ne vous laissez pas rouler par lui; **I'm not going to be taken in by your lies** je ne suis pas dupe de tes mensonges; **he was completely taken in** il marchait complètement.

◆ **take off** ◇ *vt sep* -**1.** [remove - clothing, lid, make-up, tag] enlever; **the boy took his clothes off** le garçon a enlevé ses vêtements OR s'est déshabillé; **she took her glasses off** elle a enlevé ses lunettes; **he often ~s the phone off the hook** il laisse souvent le téléphone décroché; **the surgeon had to ~ her leg off** le chirurgien a dû l'amputer de la jambe; **to ~ off the brake** AUT desserrer le frein (à main) || *fig*: **he didn't ~ his eyes off her all night** il ne l'a pas quittée des yeux de la soirée; **I tried to ~ her mind off her troubles** j'ai essayé de lui changer les idées OR de la distraire de ses ennuis; **his retirement has taken ten years off him** *inf* sa retraite l'a rajeuni de dix ans. -**2.** [deduct] déduire, rabattre; **the teacher took one point off her grade** le professeur lui a retiré un point; **the manager took 10% off the price** le directeur a baissé le prix de 10 %. -**3.** [lead away] emmener; **she was taken off to hospital** on l'a transportée à l'hôpital; **the murderer was taken off to jail** on a emmené l'assassin en prison; **her friend took her off to dinner** son ami l'a emmenée dîner; **she took herself off to Italy** elle est partie en Italie. -**4.** [time]: **~ a few days off** prenez quelques jours (de vacances OR de congé); **she ~s Thursdays off** elle ne travaille pas le jeudi. -**5.** *inf* [copy] imiter; [mimic] imiter, singer. -**6.** THEAT annuler; **the show was taken off after two weeks** le spectacle a été annulé après deux semaines.

◇ *vi insep* -**1.** [aeroplane] décoller; **they took off for OR to Heathrow** ils se sont envolés pour Heathrow. -**2.** [person - depart] partir; **he took off without telling us** il est parti sans nous avertir. -**3.** *inf* [become successful] décoller.

◆ **take on** ◇ *vt sep* -**1.** [accept, undertake] prendre, accepter; **to ~ on the responsibility for sthg** se charger de qqch; **don't ~ on more than you can handle** ne vous surchargez pas; **she took it on herself to tell him** elle a pris sur elle de le lui dire; **he took the job on** [position] il a accepté le poste; [task] il s'est mis au travail; **to ~ on a bet** accepter un pari. -**2.** [contend with, fight against] lutter OR se battre contre; [compete against] jouer contre; **the unions took on the government** les syndicats se sont attaqués OR s'en sont pris au gouvernement; **I shouldn't like to ~ him on** je n'aimerais pas avoir affaire à lui; **he took us on at poker** il nous a défiés au poker. -**3.** [acquire, assume] prendre, revêtir; **her face took on a worried look** elle a pris un air inquiet. -**4.** [load] prendre, embarquer. -**5.** [hire] embaucher, engager.

◇ *vi insep inf* [fret, carry on] s'en faire; **don't ~ on so!** ne t'en fais pas!

◆ **take out** *vt sep* -**1.** [remove - object] prendre, sortir; [- stain] ôter, enlever; [extract - tooth] arracher; **~ the cheese out of the refrigerator** sors le fromage du réfrigérateur; **he took the knife out of his pocket** il a sorti le couteau de sa poche; **~ your hands out of your pockets** enlève les mains de tes poches; **they took their children out of school** ils ont retiré leurs enfants de l'école; **to ~ out sb's appendix/tonsils** MED enlever l'appendice/les amygdales à qqn. -**2.** [carry, lead outside - object] sortir; [- person] faire sortir; [escort] emmener; **to ~ sb out to dinner/to the movies** emmener qqn dîner/au cinéma; **I took her out for a bike ride** je l'ai emmenée faire un tour à vélo; **would you ~ the dog out?** tu veux bien sortir le chien OR aller promener le chien? -**3.** [food] emporter; **'sandwiches to ~ out'** 'sandwiches à emporter'. -**4.** [obtain - subscription] prendre; [- insurance policy] souscrire à, prendre; [- licence] se procurer; COMM & INDUST [- patent] prendre; **to ~ out a mortgage** faire un emprunt-logement. -**5.** *inf* [destroy - factory, town] détruire; [- person] supprimer, liquider; **the planes took the factory out by bombing** les avions ont détruit l'usine (en la bombardant). -**6.** CARDS changer la couleur de *(annoncée par son partenaire)*. -**7.** *phr*: **to ~ sb out of himself/herself** changer les idées à qqn; **working as an interpreter ~s a lot out of you** *inf* le travail d'interprète est épuisant; **the operation really took it out of him** *inf* l'opération l'a mis à plat; **to ~ it out on sb** s'en prendre à qqn; **he took his anger out on his wife** *inf* il a passé sa colère sur sa femme; **don't ~ it out on me!** *inf* ne t'en prends pas à moi!

◆ **take over** ◇ *vt sep* -**1.** [assume responsibility of] reprendre; **he wants his daughter to ~ over the business** il veut que sa fille reprenne l'affaire; **she took over my classes** elle a pris la suite de mes cours; **will you be taking over his job?** est-ce que vous allez le remplacer (dans ses fonctions)? -**2.** [gain control of, invade] s'emparer de; **the military took over the country** l'armée a pris le pouvoir; **fast-food restaurants have taken over Paris** les fast-foods ont envahi Paris. -**3.** FIN [buy out] absorber, racheter. -**4.** [carry across] apporter; [escort across] emmener; **I'll ~ you over by car** je vais vous y conduire en voiture; **the boat took us over to Seattle** le bateau nous a emmenés jusqu'à Seattle. -**5.** TYPO transférer à la ligne suivante.

◇ *vi insep* -**1.** [as replacement]: **who will ~ over now that the mayor has stepped down?** qui va prendre la relève maintenant que le maire a donné sa démission?; **I'll ~ over when he leaves** je le remplacerai quand il partira; **will he allow her to ~ over?** va-t-il lui céder la place?; **compact discs have taken over from records** le (disque) compact a remplacé le (disque) vinyle. -**2.** [army, dictator] prendre le pouvoir.

◆ **take to** *vt insep* -**1.** [have a liking for - person] se prendre d'amitié OR de sympathie pour, prendre en amitié; [- activity, game] prendre goût à; **I think he took to you** je crois que vous lui avez plu; **we took to one another at once** nous avons tout de suite sympathisé; **she didn't ~ to him** il ne lui a pas plu; **we've really taken to golf** nous avons vraiment pris goût au golf. -**2.** [acquire as a habit] se mettre à; **to ~ to drink OR to the bottle** se mettre à boire; **to ~ to doing sthg** se mettre à faire qqch; **she took to wearing black** elle s'est mise à s'habiller en noir. -**3.** [make for, head for]: **he's taken to his bed with the flu** il est alité avec la grippe; **the rebels took to the hills** les insurgés se sont réfugiés dans les collines; **they took to the woods** ils se sont enfuis dans les bois.

◆ **take up** ◇ *vt sep* -**1.** [carry, lead upstairs - object] monter; [- person] faire monter. -**2.** [pick up, lift - object] ramasser, prendre; [- passenger] prendre; **she took up the notes from the table** elle a ramassé OR pris les notes sur la table; **they're taking up the street** le rue est en travaux; **we finally took up the carpet** nous avons enfin enlevé la moquette. -**3.** [absorb] absorber. -**4.** [shorten] raccourcir; **you'd better ~ up the slack in that rope** tu ferais mieux de retendre OR tendre cette corde. -**5.** [fill, occupy - space] prendre, tenir; [- time] prendre, demander; **this table ~s up too much room** cette table prend trop de place OR est trop encombrante; **moving took up the whole day** le déménagement a pris toute la journée; **her work ~s up all her attention** son travail l'absorbe complètement. -**6.** [begin, become interested in - activity, hobby] se mettre à; [- job] prendre; [- career] commencer, embrasser; **when did you ~ up Greek?** quand est-ce que tu t'es mis au grec?; **I've taken up gardening** je me suis mis au jardinage. -**7.** [continue, resume] reprendre, continuer; **I took up the tale where Susan had left off** j'ai repris l'histoire là où Susan l'avait laissée; **she took up her knitting again** elle a repris son tricot. -**8.** [adopt - attitude] prendre, adopter; [- method] adopter; [- place, position] prendre; [- idea] adopter; **they took up** residence in town ils se sont installés en ville. -**9.** [accept - offer] accepter; [- advice, suggestion] suivre; [- challenge] relever. -**10.** [discuss] discuter, parler de; [bring up] aborder; **~ it up with the boss** parlez-en au patron. -**11.** [shares, stock] souscrire à.

◇ *vi insep* reprendre, continuer.

◆ **take upon** *vt sep*: **he took it upon himself to organize the meeting** il s'est chargé d'organiser la réunion.

◆ **take up on** *vt sep* -**1.** [accept offer, advice of]: **his daughter took him up on his advice** sa fille a suivi ses conseils; **he might ~ you up on that someday!** il risque de vous prendre au mot un jour!; **she took him up on his promise** elle a mis sa parole à l'épreuve. -**2.** [ask to explain]: **I'd like to ~ you up on that point** j'aimerais revenir sur ce point avec vous.

◆ **take up with** *vt insep* -**1.** [befriend]: **to ~ up with sb** se lier d'amitié avec qqn, prendre qqn en amitié; **she took up with a bad crowd** elle s'est mise à fréquenter des vauriens. -**2.** [preoccupy]: **to be taken up with doing sthg** être occupé à faire qqch; **she's very taken up with him** elle ne pense qu'à lui; **she's taken up with her business** elle est très prise par ses affaires; **meetings were taken up with talk about the economy** on passait les réunions à parler de l'économie.

takeaway ['teɪkə,weɪ] ◇ *n Br & NZ* [shop] *boutique de plats à emporter*; [food] plat *m* à emporter; **Chinese ~** [shop] traiteur *m* chinois; [meal] repas *m* chinois à emporter.

◇ *adj*: **~ food** plats *mpl* à emporter; **~ restaurant** *restaurant qui fait des plats à emporter.*

take-home pay *n* salaire *m* net *(après impôts et déductions sociales).*

taken ['teɪkn] ◇ *pp* → **take**.

◇ *adj* -**1.** [seat] pris, occupé. -**2. to be ~ with sthg/sb** [impressed] être impressionné par qqch/qqn; [interested] s'intéresser à qqch/qqn; **they were quite ~ with the performance** l'interprétation leur a beaucoup plu; **I'm rather ~ with Aztec art** l'art aztèque me plaît beaucoup.

takeoff ['teɪkɒf] *n* -**1.** AERON décollage *m*. -**2.** [imitation] imitation *f*, caricature *f*; **the comedian did a ~ of the prime minister** le comique a fait une imitation du Premier ministre. -**3.** ECON décollage *m* économique.

takeout ['teɪkaʊt] *Am* = **takeaway**.

takeover ['teɪk,əʊvəʳ] *n* [of power, of government] prise *f* de pouvoir; [of company] prise *f* de contrôle.

takeover bid *n* offre *f* publique d'achat, OPA *f*.

taker ['teɪkəʳ] *n* -**1.** [buyer] acheteur *m*, -euse *f*, preneur *m*, -euse *f*; [of suggestion, offer] preneur *m*, -euse *f*; **there were no ~s** personne n'en voulait; **any ~s?** y a-t-il des preneurs? -**2.** [user]: **~s of drugs are at highest risk** ce sont les toxicomanes qui courent les plus grands risques.

takeup ['teɪkʌp] *n*: **there has been a 75% ~ rate for the new benefit** 75 % des gens concernés par la nouvelle allocation l'ont effectivement demandée; **~ has been poor** la demande a été faible.

taking ['teɪkɪŋ] ◇ *adj* engageant, séduisant.

◇ *n* [of city, power] prise *f*; [of criminal] arrestation *f*; [of blood, sample] prélèvement *m*; **the apples are there for the ~** prenez (donc) une pomme, elles sont là pour ça.

◆ **takings** *npl* COMM recette *f*.

talc [tælk] ◇ *n* talc *m*.

◇ *vt* talquer; **to ~ o.s.** se mettre du talc, se talquer.

talcum powder ['tælkəm-] *n* talc *m*.

tale [teɪl] *n* -**1.** [story] conte *m*, histoire *f*; [legend] histoire *f*, légende *f*; [account] récit *m*; **to tell a ~** raconter une histoire; **he told them the ~ of his escape** il leur a raconté son évasion OR fait le récit de son évasion; **the astronaut lived/didn't live to tell the ~** l'astronaute a survécu/n'a pas survécu pour raconter ce qui s'est passé; **this painting tells its own ~** ce tableau est très parlant OR se passe de commentaires; **~s of romance** des histoires romantiques ❑ **and thereby hangs a ~** *hum* et là-dessus il y en aurait à raconter; **'The Canterbury Tales'** *Chaucer* 'les Contes de Cantorbéry'; **'A Tale of Two Cities'** *Dickens* 'le Conte des deux villes'; **'Tales from the Vienna Woods'** *Strauss* 'Contes des bois de Vienne'; **'The Tales of Hoffman'** *Offenbach* 'les Contes d'Hoffmann'. -**2.** [gossip] histoires *fpl*; **there's a ~ going around that they're moving** on raconte qu'ils vont déménager; **to tell ~s on sb** raconter des histoires sur le compte de qqn; **you shouldn't tell ~s** [denounce] il ne faut pas rapporter; [lie] il ne faut pas raconter des histoires.

talebearer ['teɪl,beərəʳ] *n lit* rapporteur *m*, -euse *f*.

talebearing ['teɪl,beərɪŋ] *n lit* rapportage *m*.

talent ['tælənt] *n* -**1.** [gift] talent *m*, don *m*; **she has great musical ~** elle est très douée pour la musique, elle a un grand don pour la musique; **I have quite a ~ for sewing** je suis assez doué pour la OR en couture; **it's just one of my many hidden ~s** c'est un de mes nombreux talents cachés; **you have a ~ for saying the wrong thing** vous avez le don pour dire ce qu'il ne faut pas. -**2.** [talented person] talent *m*; **she is one of our most promising young ~s** c'est un de nos jeunes talents les plus prometteurs. -**3.** *inf* [opposite sex - girls] jolies filles *fpl*, minettes *fpl*; [- boys] beaux mecs *mpl*. -**4.** [coin] talent *m*.

talented ['tæləntɪd] *adj* talentueux, doué; **she's a ~ musician** c'est une musicienne de talent; **she's really ~** elle a beaucoup de talent.

talent scout, talent-spotter *n* [for films] dénicheur *m*, -euse *f* de vedettes; [for sport] dénicheur *m*, -euse *f* de futurs grands joueurs.

tale-telling *n* rapportage *m*.

talisman ['tælɪzmən] (*pl* **talismans**) *n* talisman *m*.

talk [tɔːk] ◇ *vi* -**1.** [speak] parler; [discuss] discuter; [confer] s'entretenir; **to ~ to sb** parler à qqn; **to ~ with sb** parler OR s'entretenir avec qqn; **to ~ of** OR **about sthg** parler de qqch; **we sat ~ing together** nous sommes restés à discuter OR à bavarder; **to ~ in signs/riddles** parler par signes/par énigmes; **they were ~ing in Chinese** ils parlaient en chinois; **I've been teaching my parakeet to ~** j'ai appris à parler à mon perroquet; **to ~ for the sake of ~ing** parler pour ne rien dire; **that's no way to ~!** en voilà des façons de parler!; **they no longer ~ to each other** ils ne se parlent plus, ils ne s'adressent plus la parole; **who do you think you're ~ing to?** non, mais à qui croyez-vous parler?; **don't you ~ to me like that!** je t'interdis de me parler sur ce ton!; **to ~ to o.s.** parler tout seul; **I'll ~ to you about it tomorrow morning** [converse] je vous en parlerai demain matin; [as threat] j'aurai deux mots à vous dire à ce sujet demain matin; **it's no use ~ing to him, he never listens!** on perd son temps avec lui, il n'écoute jamais!; **to ~ of this and that** parler de la pluie et du beau temps OR de choses et d'autres; **~ing of Switzerland, have you ever been skiing?** à propos de la Suisse, vous avez déjà fait du ski?; **they ~ed of little else** ils n'ont parlé que de cela; **he's always ~ing big** c'est un beau parleur; **now you're ~ing!** voilà qui s'appelle parler!; **you can ~!, look who's ~ing!, you're a fine one to ~!** tu peux parler, toi!; **it's easy for you to ~, you've never had a gun in your back!** c'est facile à dire OR tu as beau jeu de dire ça, on ne t'a jamais braqué un pistolet dans le dos!; **~ about luck!** [admirative] qu'est-ce qu'il a comme chance!, quel veinard!; [complaining] tu parles d'une veine! ❑ **to ~ through one's hat** OR **the back of one's neck** dire des bêtises OR n'importe quoi. -**2.** [chat] causer, bavarder; [gossip] jaser; **you know how people ~** les gens sont tellement bavards. -**3.** [reveal secrets, esp unwillingly] parler; **to make sb ~** faire parler qqn; **we have ways of making people ~** on a les moyens de faire parler les gens; **someone must have ~ed** quelqu'un a dû parler.

◇ *vt* -**1.** [language] parler; **to ~ slang** parler argot; **~ sense!** ne dis pas de sottises!, ne dis pas n'importe quoi!; **now you're ~ing sense** vous dites enfin des choses sensées; **stop ~ing nonsense** OR **rubbish!** *inf* arrête de dire des bêtises! ❑ **to ~ turkey** *inf Am* parler franc. -**2.** [discuss] parler; **to ~ business/politics** parler affaires/politique; **to ~ shop** parler métier OR boutique.

◇ *n* -**1.** [conversation] conversation *f*; [discussion] discussion *f*; [chat] causette *f*, causerie *f*; [formal] entretien *m*; **to have a ~ with sb about sthg** parler de qqch avec qqn, s'entretenir avec qqn de qqch; **I'll have a ~ with him about it** je lui en parlerai; **we had a long ~** nous avons eu une longue discussion; **can we have a little ~?** je peux vous parler deux minutes?; **that's fighting ~!** c'est un défi! -**2.** [speech, lecture] exposé *m*; **to give a ~ on** OR **about sthg** faire un exposé sur qqch; **there was a series of radio ~s on modern Japan** il y a eu à la radio une série d'émissions où des gens venaient parler du Japon moderne. -**3.** *(U)* [noise of talking] paroles *fpl*, propos *mpl*; **there is a lot of ~ in the background** il y a beaucoup de bruit OR de gens qui parlent. -**4.** [speculative] discussion *f*, rumeur *f*; **most of the ~ was about the new road** il a surtout été question de OR on a surtout parlé de la nouvelle route; **there's some ~ of building a concert hall** [discussion] il est question OR on parle de construire une salle de concert; [rumour] le bruit court qu'on va construire une salle de concert; **enough of this idle ~!** assez parlé!; **he's all ~** tout ce qu'il dit, c'est du vent. -**5.** *(U)* [gossip] racontars *mpl*, bavardage *m*, bavardages *mpl*, potins *mpl*; **it's only ~** ce sont des racontars, tout ça; **it's the ~ of the town** on ne parle que de ça; **the wedding was the ~ of the town** on ne parlait que du mariage.

◆ **talks** *npl* [negotiations] négociations *fpl*, pourparlers *mpl*; [conference] conférence *f*; **official peace ~s** des pourparlers officiels sur la paix; **so far there have only been ~s about ~s** jusqu'ici il n'y a eu que des négociations préliminaires.

◆ **talk about** *vt insep* -**1.** [discuss] parler de; **to ~ to sb about sthg** parler de qqch à qqn; **what are you ~ing about?** [I don't understand] de quoi parles-tu?; [annoyed] qu'est-ce que tu racontes?; **there's an important matter I must ~ to you about** j'ai à vous parler OR entretenir d'une affaire importante; **the new model has been much ~ed about** on a beaucoup parlé du nouveau modèle; **it gives them something to ~ about** ça leur fait un sujet de conversation; **they were ~ing about going away for the weekend** ils parlaient OR envisageaient de partir pour le week-end. -**2.** [mean]: **we're not ~ing about that!** il ne s'agit pas de cela!; **when it comes to hardship, he knows what he's ~ing about** pour ce qui est de souffrir, il sait de quoi il parle; **when it comes to cars, he knows what he's ~ing about** pour ce qui est des voitures, il connaît son affaire; **you don't know what you're ~ing about!** tu ne sais pas ce que tu dis!; **it's not as if we're ~ing about spending millions** qui parle de dépenser des millions?; **but I'm ~ing about a matter of principle!** pour moi, c'est une question de principe!

◆ **talk at** *vt insep*: **to ~ at sb**: **I hate people who ~ at me not to me** je ne supporte pas les gens qui parlent sans se soucier de ce que j'ai à dire.

◆ **talk away** *vi insep* passer le temps à parler, parler sans arrêt; **they were still ~ing away at 3 a.m.** ils étaient encore en grande conversation à 3 h du matin.

◆ **talk back** *vi insep* [insolently] répondre; **to ~ back to sb** répondre (insolemment) à qqn; **don't you ~ back to me!** ne me réponds pas (comme ça)!

◆ **talk down** ◇ *vt sep* -**1.** [silence]: **to ~ sb down** réduire qqn au silence (en parlant plus fort que lui). -**2.** [aircraft] faire atterrir par radio-contrôle. -**3.** [would-be suicide]: **the police managed to ~ him down from the roof** la

police a réussi à le convaincre de redescendre du toit.
◇ *vi insep*: to ~ down to sb parler à qqn comme à un enfant.
◆ **talk into** *vt sep*: to ~ sb into doing sthg persuader qqn de faire qqch; she allowed herself to be ~ed into going elle s'est laissé convaincre d'y aller.
◆ **talk out** *vt sep* -**1.** [problem, disagreement] débattre de, discuter de; in the end, they managed to ~ out the problem finalement, à force de discussions, ils sont arrivés à trouver une solution au problème. -**2.** POL: to ~ out a bill *prolonger la discussion d'un projet de loi jusqu'à ce qu'il soit trop tard pour le voter avant la clôture de la séance.*
◆ **talk out of** *vt sep* dissuader; to ~ sb out of doing sthg dissuader qqn de faire qqch; try to ~ him out of it essayez de l'en dissuader.
◆ **talk over** *vt sep* discuter OR débattre de; let's ~ it over discutons-en, parlons-en; we'll have to ~ the problem over il va falloir que l'on parle de ce problème.
◆ **talk round** ◇ *vt sep* [convince] persuader, convaincre; to ~ sb round to one's way of thinking amener qqn à sa façon de penser OR à son point de vue; I'm sure she can be ~ed round je suis sûr qu'on peut la convaincre.
◇ *vt insep* [problem] tourner autour de; I'm tired of just ~ing round the subject j'en ai assez de tourner autour de la question.
◆ **talk up** *vt sep* vanter les mérites de, faire de la publicité pour.

talkative ['tɔːkətɪv] *adj* bavard, loquace.
talkativeness ['tɔːkətɪvnɪs] *n* volubilité *f*, loquacité *f*.
talk-back *n* TV & RADIO émetteur-récepteur *m*.
talker ['tɔːkəʳ] *n* -**1.** [speaker] causeur *m*, -euse *f*, bavard *m*, -e *f*; she's a real ~ c'est une grande bavarde, c'est un vrai moulin à paroles; he's a brilliant ~ c'est un beau parleur; he's a fast ~ [gen] il parle vite; COMM il a du bagout. -**2.** [talking bird] oiseau *m* qui parle.
talkie *inf* ['tɔːkɪ] *n* film *m* parlant.
talk-in *inf n* causerie *f* suivie d'une discussion.
talking ['tɔːkɪŋ] ◇ *n (U)* conversation *f*, propos *mpl*; he did all the ~ il était le seul à parler.
◇ *adj* [film] parlant; [bird] qui parle.
talking book *n* lecture *f* enregistrée d'un livre *(généralement à l'usage des aveugles).*
talking head *n* TV présentateur *m*, -trice *f (dont on ne voit que la tête et les épaules).*
talking point *n* sujet *m* de conversation OR de discussion.
talking-to *inf n* attrapade *f*, réprimande *f*; he needs a good ~ il a besoin qu'on lui passe un bon savon.
talk show *n* causerie *f* (radiodiffusée OR télévisée), talk-show *m*.
talky ['tɔːkɪ] (*compar* talkier, *superl* talkiest) *adj Am* [film, novel] où il y a beaucoup de dialogues, qui manque d'action.
tall [tɔːl] *adj* -**1.** [person] grand, de grande taille; how ~ are you? combien mesurez-vous?; I'm 6 feet ~ je mesure OR fais 1 m 80; my sister is ~er than me ma sœur est plus grande que moi; she's grown a lot ~er in the past year elle a beaucoup grandi depuis un an; he's very ~ and slim il est très grand et mince ‖ [building] haut, élevé; [tree, glass] grand, haut; how ~ is that tree? quelle est la hauteur de cet arbre?; it's at least 80 feet ~ il fait au moins 25 mètres de haut; it's a very ~ tree c'est un très grand arbre. -**2.** *phr*: a ~ story une histoire invraisemblable OR abracadabrante, une histoire à dormir debout; that's a ~ order c'est beaucoup demander.
tallboy ['tɔːlbɔɪ] *n* (grande) commode *f*.
tallness ['tɔːlnɪs] *n* [of person] (grande) taille *f*; [of tree, building] hauteur *f*.
tallow ['tæləʊ] *n* suif *m*; ~ candle chandelle *f*.
tallow wood *n Austr* grand eucalyptus *m*.
tall ship *n* voilier *m* gréé en carré.
tally ['tælɪ] (*pl* tallies, *pt* & *pp* tallied) ◇ *n* -**1.** [record] compte *m*, enregistrement *m*; COMM pointage *m*; *Am* SPORT [score] score *m*; to keep a ~ of goods/names pointer des marchandises/des noms sur une liste; to keep a ~ of the score compter les points; automatic counters kept a ~ of passing cars des appareils automatiques comptaient les voitures qui passaient. -**2.** HIST [stick] taille *f*, baguette *f* à encoches; [mark] encoche *f*. -**3.** [label] étiquette *f*. -**4.** [counterfoil - of cheque, ticket] talon *m*; [duplicate] contrepartie *f*, double *m*.
◇ *vt* -**1.** [record] pointer. -**2.** [count up] compter.
◇ *vi* correspondre; I couldn't make the figures ~ je ne pouvais faire concorder les chiffres; your story must ~ with mine il faut que ta version des faits concorde avec la mienne.
tallyho [ˌtælɪ'həʊ] (*pl* tallyhos) ◇ *interj* taïaut, tayaut.
◇ *n* cri *m* de taïaut.
tallyman ['tælɪmən] (*pl* tallymen [-mən]) *n* -**1.** [recorder] pointeur *m*, contrôleur *m*. -**2.** *Br* [collector] encaisseur *m* (de traites).
tally sheet *n* COMM bordereau *m*; SPORT feuille *f* de pointage.
Talmud ['tælmʊd] *n* Talmud *m*.
talon ['tælən] *n* -**1.** [of hawk, eagle] serre *f*; [of tiger, lion] griffe *f*. -**2.** CARDS talon *m*.
talus ['teɪləs] *n* GEOL talus *m* d'éboulis.
tamable ['teɪməbl] = **tameable**.
tamales [tə'mɑːlɪz] *npl pâte de farine de maïs contenant de la viande et des épices (spécialité mexicaine).*
tamarin ['tæmərɪn] *n* tamarin *m (singe).*
tamarind ['tæmərɪnd] *n* [fruit] tamarin *m*; [tree] tamarinier *m*.
tamarisk ['tæmərɪsk] *n* tamaris *m*, tamarix *m*.
tambour ['tæmˌbʊəʳ] *n* -**1.** SEW tambour *m*, métier *m* à broder. -**2.** [on desk, cabinet] rideau *m*. -**3.** ARCHIT & MUS tambour *m*.
tambourine [ˌtæmbə'riːn] *n* tambour *m* de basque, tambourin *m*.
Tamburlaine ['tæmbəleɪn] *pr n*: ~ the Great Tamerlan le Grand.
tame [teɪm] ◇ *adj* -**1.** [as pet - hamster, rabbit] apprivoisé, domestique; [normally wild - bear, hawk] apprivoisé; [esp in circus - lion, tiger] dompté; the deer had become very ~ les cerfs n'étaient plus du tout farouches; I'll ask our ~ Frenchman if he knows what it means *hum* je vais demander à notre Français de service s'il sait ce que cela veut dire. -**2.** [insipid, weak] fade, insipide; the book has a very ~ ending le livre finit de manière très banale; it was a very ~ party cette soirée n'était vraiment pas très folichonne; the government's measures were considered rather ~ les mesures gouvernementales ont été jugées plutôt modérées.
◇ *vt* -**1.** [as pet - hamster, rabbit] apprivoiser, domestiquer; [normally wild - bear, hawk] apprivoiser; [esp in circus - lion, tiger] dompter. -**2.** [person] mater, soumettre; [natural forces] apprivoiser; [passions] dominer.
tameable ['teɪməbl] *adj* [hawk, bear, rabbit] apprivoisable; [lion, tiger] domptable.
tamely ['teɪmlɪ] *adv* [submit] docilement, sans résistance; [end] platement, de manière insipide; [write] de manière fade, platement.
tameness ['teɪmnɪs] *n* -**1.** [of bird, hamster] nature *f* apprivoisée; [of lion, tiger] nature *f* domptée. -**2.** [of person] docilité *f*. -**3.** [of ending, style] fadeur *f*, insipidité *f*; [of party, film] manque *m* d'intérêt, banalité *f*.
tamer ['teɪməʳ] *n* dresseur *m*, -euse *f*; lion ~ dresseur *m*, -euse *f* OR dompteur *m*, -euse *f* de lions.
Tamil ['tæmɪl] ◇ *n* -**1.** [person] Tamoul *m*, -e *f*. -**2.** LING tamoul *m*.
◇ *adj* tamoul.
taming ['teɪmɪŋ] *n* [of animal] apprivoisement *m*; [of lions, tigers] domptage *m*, dressage *m*; '**The Taming of the Shrew**' *Shakespeare* 'la Mégère apprivoisée'.
Tammany ['tæmənɪ] *n Am* POL *organisation centrale du parti démocrate de New York (souvent impliquée dans des affaires de corruption)*; ~ Hall *siège du parti démocrate new-yorkais aux 18ᵉ et 19ᵉ siècles.*
Tammanyism ['tæmənɪɪzm] *n Am* POL *corruption dans l'administration politique.*
tammy ['tæmɪ] (*pl* tammies) = **tam-o'-shanter**.
tam-o'-shanter [ˌtæmə'ʃæntəʳ] *n* béret *m* écossais.
tamp [tæmp] *vt* tasser, damer; [for blasting - drill hole] bourrer (à l'argile OR au sable).
◆ **tamp down** *vt sep* [earth] tasser, damer; [gunpowder, tobacco] tasser.
tamper ['tæmpəʳ]
◆ **tamper with** *vt insep* -**1.** [meddle with - brakes, machinery] trafiquer; [lock] essayer de forcer OR crocheter, fausser; [possessions] toucher à; [falsify - records, accounts, evidence] falsifier, altérer; someone has been ~ing with my papers on a touché à mes papiers; stop ~ing with the radio arrête de jouer avec la radio; the TV has been ~ed with quelqu'un a déréglé la télévision. -**2.** *Am* JUR [witness] suborner; [jury] soudoyer.
tampon ['tæmpɒn] *n* MED tampon *m*; [for feminine use] tampon *m* périodique OR hygiénique.
tam-tam ['tæmtæm] *n* tam-tam *m*.
tan [tæn] (*pt* & *pp* tanned, *cont* tanning) ◇ *n* -**1.** [from sun] bronzage *m*; I got a good ~ in the mountains j'ai bien bronzé à la montagne. -**2.** MATH tangente *f*.
◇ *vt* -**1.** [leather, skins] tanner; to ~ sb's hide *inf fig* rosser qqn. -**2.** [from sun] bronzer, brunir.
◇ *vi* bronzer; her skin ~s easily elle a une peau qui bronze facilement.
◇ *adj* [colour] brun roux, brun clair; [leather] jaune; *Am* [tanned] bronzé.
tandem ['tændəm] ◇ *n* -**1.** [carriage] tandem *m*; to harness two horses in ~ atteler deux chevaux en tandem OR en flèche; to work in ~ *fig* travailler en tandem OR en collaboration. -**2.** [bike] tandem *m*.
◇ *adv*: to ride ~ rouler en tandem.
◇ *adj* double; ~ exchange TELEC central *m* tandem.
tandoori [tæn'dʊərɪ] ◇ *n* cuisine *f* tandoori.
◇ *adj* tandoori *(inv)*.
tang [tæŋ] *n* -**1.** [taste] goût *m* (fort); the ~ of orange juice le goût acide du jus d'orange; the ~ of mustard le goût fort de la moutarde. -**2.** [smell] odeur *f* forte; the ~ of the sea l'odeur forte de la mer. -**3.** [hint - of irony] pointe *f*. -**4.** [of knife, sword] soie *f*.
tanga ['tæŋgə] *n* mini-slip *m*.
tangelo ['tændʒələʊ] (*pl* tangelos) *n* tangelo *m*
tangent ['tændʒənt] *n* MATH tangente *f*; to be at a ~ former une tangente; to go off at OR on a ~ *fig* partir dans une digression.
tangential [tæn'dʒenʃl] *adj* tangentiel; ~ line ligne *f* tangentielle, tangente *f*.
tangentiality [tænˌdʒenʃɪ'ælətɪ] *n* digression *f*.
tangerine [ˌtændʒə'riːn] ◇ *n* -**1.** [fruit]: ~ (orange) mandarine *f*; ~ (tree) mandarinier *m*. -**2.** [colour] mandarine *f*.
◇ *adj* [in colour] mandarine *(inv)*.
tangibility [ˌtændʒə'bɪlətɪ] *n* tangibilité *f*.
tangible ['tændʒəbl] *adj* -**1.** [palpable] tangible; [real, substantial] tangible, réel; the ~ world le monde sensible; ~ proof des preuves tangibles; it made no ~ difference ça n'a pas changé grand-chose. -**2.** JUR [assets] réel, matériel; [property] corporel.
tangibly ['tændʒəblɪ] *adv* tangiblement, manifestement, de manière tangible.
Tangier [tæn'dʒɪəʳ] *pr n* Tanger.
tangle ['tæŋgl] ◇ *n* -**1.** [of wire, string, hair] enchevêtrement *m*; [of branches, weeds] fouillis *m*, enchevêtrement *m*; this string is in an awful ~ cette ficelle est tout embrouillée; to get into a ~ [wires, string] s'embrouiller, s'emmêler; [hair] s'emmêler; [traffic] se bloquer; a ~ of creepers un enchevêtrement de lianes. -**2.** [muddle] fouillis *m*, confusion *f*; a legal/

administrative ~ une affaire compliquée OR embrouillée du point de vue juridique/administratif; to get into a ~ [person] s'empêtrer, s'embrouiller; [records, figures] s'embrouiller; **I often get into a ~ with figures/tax returns** je m'embrouille souvent dans les chiffres/déclarations d'impôts; **she was all in a ~** elle était toute embrouillée, elle ne savait plus où elle en était; **the accounts are in a bit of a ~** les comptes sont un peu embrouillés. -**3.** [disagreement] accrochage *m*, différend *m*; **they got into a ~ over the new salary scales** ils ont eu un différend au sujet de la nouvelle échelle des salaires; **I had a ~ with the social security officials** j'ai eu des mots OR maille à partir avec les employés de la sécurité sociale.

◇ *vt* [wire, wool] emmêler, enchevêtrer; [figures] embrouiller; **to get ~d** [string] s'emmêler; [situation, records] s'embrouiller.

◇ *vi* -**1.** [wires, hair] s'emmêler. -**2.** [disagree] avoir un différend OR un accrochage; **you'd better not ~ with her** il vaut mieux éviter de se frotter à elle; **they ~d over who should pay for supper** ils se sont disputés pour savoir qui allait payer le repas.

◆ **tangle up** *vt sep* [string, wire] emmêler, enchevêtrer; **to get ~d up** s'emmêler; **she got ~d up with some gangster** *fig* elle s'est retrouvée avec un gangster.

tangled ['tæŋgld] *adj* -**1.** [string, creepers] emmêlé, enchevêtré; [undergrowth] touffu; [hair] emmêlé. -**2.** [complex - story, excuse] embrouillé; [- love life] complexe.

tango ['tæŋgəʊ] (*pl* **tangos**) ◇ *n* tango *m*.
◇ *vi* danser le tango.

tangy ['tæŋɪ] (*compar* **tangier**, *superl* **tangiest**) *adj* [in taste] qui a un goût fort; [in smell] qui a une odeur forte.

tank [tæŋk] ◇ *n* -**1.** [container - for liquid, gas] réservoir *m*, cuve *f*, citerne *f*; [- for rainwater] citerne *f*, bac *m*; [- for processing] cuve *f*; [- for transport] réservoir *m*, citerne *f*; [barrel] tonneau *m*, cuve *f*; (**petrol** *Br* OR **fuel**) ~ AUT réservoir *m* (d'essence); (**domestic**) **hot water** ~ ballon *m* d'eau chaude; (**fish**) ~ aquarium *m*. -**2.** MIL tank *m*, char *m* d'assaut; **armoured** ~ blindé *m*.
◇ *comp* de char OR chars d'assaut; ~ **regiment** régiment *m* de chars (d'assaut).
◇ *vt* mettre en cuve OR en réservoir.
◆ **tank up** *Br* ◇ *vi insep* AUT faire le plein (d'essence).
◇ *vt sep inf*: **to get ~ed up** se soûler.

tankard ['tæŋkəd] *n* chope *f*.

tank car *n* wagon-citerne *m*.

tank engine *n* locomotive *f* tender, machine *f* tender.

tanker ['tæŋkəʳ] *n* [lorry] camion-citerne *m*; [ship] bateau-citerne *m*, navire-citerne *m*; [plane] avion-ravitailleur *m*; (**oil**) ~ NAUT pétrolier *m*.

tankful ['tæŋkfʊl] *n* [of petrol] réservoir *m* (plein); [of water] citerne *f* (pleine).

tank top *n* débardeur *m*.

tank trap *n* piège *m* à chars.

tank truck *n* camion-citerne *m*.

tanned [tænd] *adj* -**1.** [person] hâlé, bronzé. -**2.** [leather] tanné.

tanner ['tænəʳ] *n* -**1.** [of leather] tanneur *m*, -euse *f*. -**2.** *inf Br ancienne pièce de six pence.*

tannery ['tænərɪ] (*pl* **tanneries**) *n* tannerie *f (C).*

tannic ['tænɪk] *adj* tannique.

tannin ['tænɪn] *n* tanin *m*, tannin *m*.

tanning ['tænɪŋ] *n* -**1.** [of skin] bronzage *m*. -**2.** [of hides] tannage *m*; *fig* raclée *f*; **to give sb a** ~ *inf* rosser qqn.

Tannoy® ['tænɔɪ] ◇ *n Br* système *m* de haut-parleurs; **the delay was announced over the** ~ le retard fut annoncé par haut-parleur.
◇ *vt* transmettre par haut-parleur.

tansy ['tænzɪ] (*pl* **tansies**) *n* tanaisie *f*, barbotine *f*, herbe *f* aux coqs.

tantalic [tæn'tælɪk] *adj* tantalique; ~ **acid** acide *m* tantalique.

tantalite ['tæntəlaɪt] *n* tantalite *f*.

tantalize, -ise ['tæntəlaɪz] *vt* tourmenter, taquiner.

tantalizing ['tæntəlaɪzɪŋ] *adj* [woman] provocant, aguichant; [smell] alléchant, appétissant; [hint, possibility] tentant.

tantalizingly ['tæntəlaɪzɪŋlɪ] *adv* cruellement; **victory was ~ close** nous étions si près de la victoire que c'en était frustrant; ~ **slow** d'une lenteur désespérante.

tantalum ['tæntələm] *n* tantale *m*.

Tantalus ['tæntələs] *pr n* Tantale.

tantamount ['tæntəmaʊnt]
◆ **tantamount to** *prep phr* équivalent à; **his statement was ~ to an admission of guilt** sa déclaration équivalait à un aveu.

Tantrism ['tæntrɪzm] *n* tantrisme *m*.

tantrum ['tæntrəm] *n* crise *f* de colère OR de rage; **to have** OR **to throw a (temper)** ~ piquer une crise (de rage).

Tanzania [,tænzə'nɪə] *pr n* Tanzanie *f*; **in** ~ en Tanzanie.

Tanzanian [,tænzə'nɪən] ◇ *n* Tanzanien *m*, -enne *f*.
◇ *adj* tanzanien.

tanzanite ['tænzənaɪt] *n* tanzanite *f*.

Taoiseach ['tiːʃək] *n titre du Premier ministre de la République d'Irlande.*

Taoism ['tɑːəʊɪzm] *n* taoïsme *m*.

Taoist ['tɑːəʊɪst] ◇ *adj* taoïste.
◇ *n* taoïste *mf*.

tap [tæp] (*pt* & *pp* **tapped**, *cont* **tapping**)
◇ *vt* -**1.** [strike] taper légèrement, tapoter; **someone tapped me on the arm/shoulder** quelqu'un m'a tapé sur le bras/l'épaule; **she was tapping her fingers on the table** elle pianotait OR tapotait sur la table; **he tapped his feet to the rhythm** il marquait le rythme en tapant du pied. -**2.** [barrel, cask] mettre en perce, percer; [gas, water main] faire un branchement sur; [current] capter; [tree] inciser; [pine] gemmer; **the trees were tapped for their gum** on a incisé les arbres pour en recueillir la résine. -**3.** [exploit, use - resources, market] exploiter; [- talent, service] faire appel à, tirer profit de; [- capital] drainer; **to ~ sb for information** soutirer des informations à qqn; **to ~ sb for a loan** *inf* taper qqn; **he tapped me for £15** *inf* il m'a tapé de 15 livres. -**4.** TELEC [conversation] capter; **to ~ sb's line** OR **phone** mettre qqn sur (table d') écoute. -**5.** TECH [screw] tarauder, fileter. -**6.** ELEC faire une dérivation sur. -**7.** MED poser un drain sur.
◇ *vi* -**1.** [knock] tapoter, taper légèrement; **to ~ at the door** frapper doucement à la porte; **to ~ on the table** tapoter sur la table; **the boy was tapping on a drum** le garçon frappait doucement sur un tambour; **the woodpeckers are tapping on the bark** les piverts donnent des coups de bec sur l'écorce. -**2.** [dance] faire des claquettes.
◇ *n* -**1.** [for water, gas] robinet *m*; [on barrel] robinet *m*, chantepleure *f*; [plug] bonde *f*; **to turn a ~ on/off** ouvrir/fermer un robinet; **to leave the ~ running** laisser le robinet ouvert; **on** ~ [beer] en fût; *fig inf* [money, person, supply] disponible; **they seem to have funds on** ~ ils semblent avoir des fonds toujours disponibles. -**2.** [blow] petit coup *m*, petite tape *f*; **to give sb a ~ on the shoulder** donner une petite tape sur l'épaule à qqn. -**3.** [on shoe] fer *m*. -**4.** [dancing] claquettes *fpl*; **to dance** ~ faire des claquettes; ~ **shoes** claquettes *fpl (chaussures)*. -**5.** TECH: (**screw**) ~ taraud *m*. -**6.** ELEC dérivation *f*, branchement *f*. -**7.** TELEC: **to put a ~ on sb's phone** mettre (le téléphone de) qqn sur table d'écoute. -**8.** MED drain *m*.
◆ **taps** *n Am* MIL [in evening] *sonnerie pour l'extinction des feux*; [at funeral] sonnerie *f* aux morts.
◆ **tap in** *vt sep* -**1.** [plug] enfoncer à petits coups. -**2.** COMPUT taper.
◆ **tap out** *vt sep* -**1.** [plug] sortir à petits coups; [pipe] vider, débourrer. -**2.** [code, rhythm] taper.

tap dance *n* claquettes *fpl (danse).*
◆ **tap-dance** *vi* faire des claquettes.

tap dancer *n* danseur *m*, -euse *f* de claquettes.

tap dancing *n (U)* claquettes *fpl (danse).*

tape [teɪp] ◇ *n* -**1.** [strip] bande *f*, ruban *m*; SEW ruban *m*, ganse *f*; MED sparadrap *m*; **to cut the** ~ [at ceremony] couper le ruban; **sticky** ~ ruban *m* adhésif, Scotch® *m*; **name** ~ ruban *m* de noms tissés. -**2.** [for recording] bande *f* (magnétique); COMPUT bande *f*; [for video, audio] cassette *f*; [recording] enregistrement *m*; **on** ~ sur bande, enregistré. -**3.** SPORT fil *m* d'arrivée; **to breast the** ~ franchir la ligne d'arrivée (le premier). -**4.** [for measuring]: ~ (**measure**) mètre *m* (à ruban).
◇ *vt* -**1.** [record] enregistrer. -**2.** [fasten - package] attacher avec du ruban adhésif; [stick] coller; **the address was ~d to the suitcase** l'adresse était scotchée sur la valise. -**3.** *Am* [bandage] bander. -**4.** *phr*: **she's got him ~d** *inf Br* elle sait ce qu'il vaut; **we have the situation ~d** on a la situation bien en main.
◆ **tape together** *vt sep* [fasten] attacher ensemble avec du ruban adhésif; [stick] coller (avec du ruban adhésif).
◆ **tape up** *vt sep* [fasten - parcel] attacher avec du ruban adhésif; [close - letterbox, hole] fermer avec du ruban adhésif; *Am* [bandage up] bander.

tape cleaner *n* nettoyeur *m* de tête, produit *m* de nettoyage de tête.

tape deck *n* platine *f* de magnétophone.

tape drive *n* dérouleur *m* de bandes (magnétiques), lecteur *m* de bandes (magnétiques).

tape head *n* tête *f* de lecture.

tapeline ['teɪplaɪn] = **tape measure**.

tape machine *n* téléscripteur *m*, téléimprimeur *m*.

tape measure *n* mètre *m* (ruban), centimètre *m*.

taper ['teɪpəʳ] ◇ *vt* [column, trouser leg, plane wing] fuseler; [stick, table leg] effiler, tailler en pointe.
◇ *vi* [column, trouser leg, plane wing] être fuselé; [stick, shape, table leg] se terminer en pointe, s'effiler; [finger] être effilé.
◇ *n longue bougie fine*; RELIG cierge *m*.
◆ **taper off** *vi insep* -**1.** [shape] se terminer en fuseau OR en pointe. -**2.** [noise] diminuer progressivement, décroître, s'affaiblir; [conversation] tomber; [level of interest, activity] décroître progressivement; **street crime shows signs of ~ing off** tout laisse à penser que les agressions sont en baisse.

tape reader *n* COMPUT lecteur *m* de bande.

tape-record [-rɪ'kɔːd] *vt* enregistrer (sur bande magnétique).

tape recorder *n* magnétophone *m*, lecteur *m* de cassettes.

tape recording *n* enregistrement *m* (sur bande magnétique).

tapered ['teɪpəd], **tapering** ['teɪpərɪŋ] *adj* [trousers] en fuseau; [stick, candle] en pointe, pointu; [table leg] fuselé; ~ **fingers** des doigts effilés OR fuselés.

tape streamer *n* COMPUT streamer *m*.

tapestry ['tæpɪstrɪ] (*pl* **tapestries**) *n* tapisserie *f*.

tape transport *n* mécanisme *m* d'entraînement *(d'une bande magnétique).*

tapeworm ['teɪpwɜːm] *n* ténia *m*, ver *m* solitaire.

tapioca [,tæpɪ'əʊkə] *n* tapioca *m*.

tapir ['teɪpəʳ] (*pl inv* OR **tapirs**) *n* tapir *m*.

tappet ['tæpɪt] *n* TECH: (**valve**) ~ poussoir *m* (de soupape), taquet *m*.

taproom ['tæprʊm] *n Br* salle *f (d'un café)*, bar *m*.

taproot ['tæpruːt] *n* racine *f* pivotante.

tap water *n* eau *f* du robinet.

tar [tɑːʳ] (*pt* & *pp* **tarred**, *cont* **tarring**)
◇ *n* -**1.** goudron *m*; [on road] goudron *m*, bitume *m*; **low-~ cigarettes** cigarettes *fpl* à faible teneur en goudron. -**2.** *inf* [sailor] matelot *m*, loup *m* de mer.
◇ *vt* goudronner; [road] goudronner, bitumer; NAUT goudronner; **to ~ and feather sb** couvrir

qqn de goudron et de plumes □ to be tarred with the same brush être à mettre dans le même panier OR sac.

tara(h) *inf* [tə'rɑː] = **ta-ta**.

taramasalata [ˌtærəməsə'lɑːtə] *n* tarama *m*.

tarantella [ˌtærən'telə] *n* tarentelle *f*.

Taranto [tə'ræntəʊ] *pr n* Tarente.

tarantula [tə'ræntjʊlə] (*pl* **tarantulas** OR **tarantulae** [-liː]) *n* tarentule *f*.

taraxacum [tə'ræksəkəm] *n* pissenlit *m*.

tardily ['tɑːdɪlɪ] *adv fml* OR *lit* -**1.** [late] tardivement. -**2.** [slowly] lentement.

tardiness ['tɑːdɪnɪs] *n fml* OR *lit* -**1.** [lateness] retard *m*. -**2.** [slowness] lenteur *f*.

tardy ['tɑːdɪ] (*compar* **tardier**, *superl* **tardiest**) *adj* -**1.** *Am* SCH en retard. -**2.** *fml* OR *lit* [late] tardif. -**3.** *fml* OR *lit* [slow] lent, nonchalant.

tare [teəʳ] *n* -**1.** [weight] tare *f*, poids *m* à vide. -**2.** BOT vesce *f*.

target ['tɑːgɪt] (*pt* & *pp* **targeted**, *cont* **targeting**) ◇ *n* -**1.** [for archery, shooting] cible *f*; MIL cible *f*, but *m*; [objective] cible *f*, objectif *m*; **the ~ of criticism/jokes** la cible de critiques/plaisanteries; **she was an easy ~ for political cartoonists** elle était une cible facile pour les caricaturistes politiques; **to be on ~** [missile] suivre la trajectoire prévue; [plans] se dérouler comme prévu; [productivity] atteindre les objectifs prévus; **to meet production ~s** atteindre les objectifs de production □ **moving ~** MIL & *fig* cible *f* mobile. -**2.** ELECTRON & PHYS cible *f*. -**3.** [in surveying] mire *f*. -**4.** CULIN [joint] épaule *f* de mouton.
◇ *comp* -**1.** [date, amount] prévu; **~ figures** chiffres *mpl* prévus; **my ~ weight is 10 stone** je me suis fixé le poids idéal de 63 kg, mon poids idéal est (de) 63 kg. -**2.** MIL: **~ area** zone *f* cible.
◇ *vt* -**1.** [make objective of - enemy troops, city etc] prendre pour cible, viser. -**2.** [aim - missile] diriger; [benefits, advertisement] cibler, s'adresser à; **the benefits are ~ed at one-parent families** les allocations visent les OR sont destinées aux familles monoparentales; **the programme is ~ed at 18-25-year-olds** l'émission s'adresse aux 18-25 ans OR vise les jeunes de 18 à 25 ans.

target language *n* langue *f* cible.

target practice *n* (*U*) [MIL & gen] exercices *mpl* de tir.

tariff ['tærɪf] ◇ *n* -**1.** [customs] tarif *m* douanier; [list of prices] tarif *m*, tableau *m* des prix; **~ reform** réforme *f* des tarifs douaniers. -**2.** *Br* [menu] menu *m*. -**3.** *Br* [rate - of gas, electricity] tarif *m*.
◇ *adj* tarifaire.

Tarmac® ['tɑːmæk] (*pt* & *pp* **tarmacked**, *cont* **tarmacking**) *n Br* -**1.** [on road] tarmacadam *m*, macadam *m*. -**2.** [at airport - runway] piste *f*; [- apron] aire *f* de stationnement, piste *f* d'envol.
◆ **tarmac** *vt* macadamiser, goudronner.

Tarmacadam® [ˌtɑːmə'kædəm] = **Tarmac** *n*.

tarn [tɑːn] *n* petit lac *m* de montagne.

tarnation *inf* [tɑː'neɪʃn] *interj Am dated* zut, mince.

tarnish ['tɑːnɪʃ] ◇ *vt* -**1.** [metal] ternir; [mirror] ternir, désargenter. -**2.** [reputation] ternir, salir.
◇ *vi* se ternir.
◇ *n* ternissure *f*.

tarot ['tærəʊ] *n* (*U*) tarot *m*, tarots *mpl*; **~ card** carte *f* de tarot.

tarp *inf* [tɑːp] *n Am* toile *f* goudronnée.

tarpaulin [tɑː'pɔːlɪn] *n* bâche *f*; NAUT prélart *m*.

tarpon ['tɑːpɒn] (*pl inv* OR **tarpons**) *n* tarpon *m*.

tarradiddle ['tærədɪdl] *n Br* -**1.** [lie] petit mensonge *m*. -**2.** (*U*) [nonsense] bêtises *fpl*, idioties *fpl*.

tarragon ['tærəgən] *n* estragon *m*; **~ vinegar/sauce** vinaigre *m*/sauce *f* à l'estragon.

Tarragona [ˌtærə'gəʊnə] *pr n* Tarragone.

tarry¹ ['tærɪ] (*pt* & *pp* **tarried**) *vi lit* [delay] s'attarder, tarder; [remain] rester, demeurer.

tarry² ['tɑːrɪ] *adj* goudronneux; [fingers, shoes] plein OR couvert de goudron.

tarsal ['tɑːsl] ◇ *adj* tarsien.
◇ *n* os *m* tarsien.

tarsus ['tɑːsəs] (*pl* **tarsi** [-saɪ]) *n* tarse *m*.

tart [tɑːt] ◇ *n* -**1.** CULIN tarte *f*; [small] tartelette *f*. -**2.** ▽ *Br* [girl] gonzesse *f*; [prostitute] grue *f*.
◇ *adj* -**1.** [sour - fruit] acide; [- taste] aigre, acide. -**2.** [remark] acerbe, caustique.
◆ **tart up** *inf vt sep Br* [house, restaurant etc] retaper, rénover; **to ~ o.s. up, to get ~ed up** se pomponner.

tartan ['tɑːtn] ◇ *n* [design] tartan *m*; [fabric] tartan *m*, tissu *m* écossais.
◇ *comp* [skirt, trousers] en tissu écossais; [pattern] tartan.

tartar ['tɑːtəʳ] *n* -**1.** [on teeth] tartre *m*. -**2.** *Br* [fearsome person] tyran *m*; **she's a real ~** c'est un vrai tyran.
◆ **Tartar** *n* = **Tatar**.

tartar(e) sauce ['tɑːtəʳ-] *n* sauce *f* tartare.

tartaric [tɑː'tærɪk] *adj* tartrique; **~ acid** acide *m* tartrique.

Tartary ['tɑːtərɪ] = **Tatary**.

tartlet ['tɑːtlɪt] *n Br* tartelette *f*.

tartly ['tɑːtlɪ] *adv* avec aigreur, de manière acerbe; **"certainly not", he said ~** «certainement pas», dit-il d'un ton acerbe.

tartness ['tɑːtnɪs] *n* [of fruit] aigreur *f*, acidité *f*; [of tone, reply] aigreur *f*, acidité *f*.

tartrazine ['tɑːtrəziːn] *n* tartrazine *f*.

tarty▽ ['tɑːtɪ] (*compar* **tartier**, *superl* **tartiest**) *adj Br* vulgaire.

Tarzan ['tɑːzn] ◇ *pr n* Tarzan.
◇ *n*: **he thinks he's a real ~** il aime jouer les Tarzans.

task [tɑːsk] ◇ *n* [chore] tâche *f*, besogne *f*; [job] tâche *f*, travail *m*; SCH devoir *m*; **to set sb a ~** imposer une tâche à qqn; **convincing them will be no easy ~** les convaincre ne sera pas chose facile □ **to take sb to ~** réprimander qqn, prendre qqn à partie.
◇ *vt* = **tax** *vt* **3**.

task force *n* MIL corps *m* expéditionnaire; [gen] groupe *m* de travail, mission *f*.

taskmaster ['tɑːskˌmɑːstəʳ] *n* tyran *m*; **he's a hard ~** il mène la vie dure à ses subordonnés, c'est un véritable négrier.

task work *n* travail *m* à la tâche OR aux pièces.

Tasmania [tæz'meɪnjə] *pr n* Tasmanie *f*; **in ~** en Tasmanie.

Tasmanian [tæz'meɪnjən] ◇ *n* Tasmanien *m*, -enne *f*.
◇ *adj* tasmanien.

Tasman Sea ['tæzmən-] *pr n*: **the ~** la mer de Tasman.

tassel ['tæsl] (*Br pt* & *pp* **tasselled**, *cont* **tasselling**, *Am pt* & *pp* **tasseled**, *cont* **tasseling**) ◇ *n* -**1.** [on clothing, furnishing] gland *m*. -**2.** BOT épillets *mpl*, panicule *f*, inflorescence *f* mâle.
◇ *vt* garnir de glands.

taste [teɪst] ◇ *n* -**1.** [sense] goût *m*; **to lose one's sense of ~** perdre le goût, être atteint d'agueusie; **to be sweet/salty to the ~** avoir un goût sucré/salé. -**2.** [flavour] goût *m*, saveur *f*; **these apples have a lovely/strange ~** ces pommes sont délicieuses/ont un drôle de goût; **this cheese doesn't have much ~** ce fromage n'a pas beaucoup de goût OR est assez fade; **the cake has a ~ of almonds** le gâteau a un goût d'amandes; **add sugar to ~** CULIN ajouter du sucre à volonté □ **to leave a bad ~ in the mouth** [food] laisser un mauvais goût dans la bouche; *fig* laisser un mauvais souvenir OR un goût amer. -**3.** [small amount - of food] bouchée *f*; [- of drink] goutte *f*; **can I have a ~ of the chocolate cake?** est-ce que je peux goûter au gâteau au chocolat?; **would you like (to have) a ~?** voulez-vous goûter? □ **to give sb a ~ of his/her own medicine** rendre la pareille OR la monnaie de sa pièce à qqn; **'A Taste of Honey'** *Delaney* 'Un goût de miel'. -**4.** [liking, preference] goût *m*, penchant *m*; **to have expensive/simple ~s** avoir des goûts de luxe/simples; **to develop a ~ for sthg** prendre goût à qqch; **to have a ~ for sthg** avoir un penchant OR un faible pour qqch; **it's a matter of ~** c'est (une) affaire de goût; **musical/artistic ~s** goûts musicaux/artistiques; **I don't share his ~ in music** je ne partage pas ses goûts en (matière de) musique, nous n'avons pas les mêmes goûts en (matière de) musique; **is it to your ~?** est-ce à votre goût?, est-ce que cela vous convient?, cela vous plaît?; **did you find it to your ~?** l'avez-vous trouvé à votre goût? -**5.** [discernment] goût *m*; **to have good ~** avoir du goût, avoir bon goût; **they have no ~** ils n'ont aucun goût; **she has good ~ in clothes** elle s'habille avec goût; **they don't have much ~ when it comes to art** en matière d'art, ils n'ont pas beaucoup de goût; **the joke was in extremely bad ~** la plaisanterie était de très mauvais goût; **it's bad ~ to ask personal questions** il est de mauvais goût de poser des questions indiscrètes. -**6.** [experience] aperçu *m*; [sample] échantillon *m*; **to have a ~ of freedom/happiness** avoir un aperçu de la liberté/du bonheur; **the sweet ~ of success** les joies OR les délices de la réussite; **he's already had a ~ of prison life** il a déjà tâté OR goûté de la prison; **the experience gave me a ~ of life in the army** l'expérience m'a donné un aperçu de la vie militaire; **a ~ of things to come** un avant-goût de l'avenir.
◇ *vt* -**1.** [flavour, ingredient] sentir (le goût de); **can you ~ the brandy in it?** est-ce que vous sentez le (goût du) cognac?; **you can hardly ~ the mint** on sent à peine (le goût de) la menthe. -**2.** [sample, try] goûter à; [for quality] goûter; **have you ~d the sauce?** avez-vous goûté (à) la sauce?; **to ~ (the) wine** [in restaurant] goûter le vin; [in vineyard] déguster le vin ‖ [eat] manger; [drink] boire; **I've never ~d oysters before** je n'ai jamais mangé d'huîtres; **you don't often get a chance to ~ such good wine** on n'a pas souvent l'occasion de boire un aussi bon vin. -**3.** [experience - happiness, success] goûter, connaître.
◇ *vi* [food]: **to ~ good/bad** avoir bon/mauvais goût; **to ~ salty/burnt** avoir un goût salé/un goût de brûlé; **to ~ funny** avoir un drôle de goût; **it ~s like chicken** cela a un goût de poulet; **to ~ of sthg** avoir le OR un goût de qqch; **it doesn't ~ of anything** cela n'a aucun goût.

taste bud *n* papille *f* gustative.

tasteful ['teɪstfʊl] *adj* [decoration] raffiné, de bon goût; [work of art] de bon goût; [clothing] de bon goût, élégant.

tastefully ['teɪstfʊlɪ] *adv* avec goût.

tastefulness ['teɪstfʊlnɪs] *n* [of decoration] bon goût *m*; [of clothing] chic *m*, élégance *f*.

tasteless ['teɪstlɪs] *adj* -**1.** [food] fade, insipide, sans goût. -**2.** [remark] de mauvais goût; [decoration, outfit, person] qui manque de goût, de mauvais goût.

tastelessly ['teɪstlɪslɪ] *adv* [decorated, dressed] sans goût.

tastelessness ['teɪstlɪsnɪs] *n* -**1.** [of food] fadeur *f*, manque *m* de goût. -**2.** [of remark] mauvais goût *m*; [in decoration, clothes] manque *m* de goût, mauvais goût *m*.

taster ['teɪstəʳ] *n* dégustateur *m*, -trice *f*.

tastiness ['teɪstɪnɪs] *n* saveur *f* agréable, bon goût *m*.

tasty ['teɪstɪ] (*compar* **tastier**, *superl* **tastiest**) *adj* -**1.** [flavour] savoureux, délicieux; [spicy] relevé, bien assaisonné; [dish] qui a bon goût. -**2.** *inf* [attractive] séduisant.

tat [tæt] (*pt* & *pp* **tatted**, *cont* **tatting**) ◇ *vi* [make lace] faire de la frivolité.
◇ *n inf* (*U*) *Br pej* [clothes] fripes *fpl*; [goods] camelote *f*.

ta-ta *inf* [tæ'tɑː] *interj Br* au revoir, salut.

Tatar ['tɑːtəʳ] ◇ *n* -**1.** [person] Tatar *m*, -e *f*. -**2.** LING tatar *m*.
◇ *adj* tatar.

Tatary ['tɑːtərɪ] *pr n* Tatarie *f*; **in ~** en Tatarie.

tater *inf* ['teɪtəʳ] *n* patate *f*.

tattered ['tætəd] *adj* [clothes] en lambeaux, en loques; [page, book] en lambeaux, en morceaux, tout déchiré; [person] en haillons, loqueteux; [reputation] en miettes, ruiné; to be (all) ~ and torn [clothes] être tout en lambeaux; [page, book] être tout déchiré OR en morceaux; [person] être en loques et en guenilles.

tatters ['tætəz] *npl*: to be in ~ *literal* être en lambeaux OR en loques; the original plan is in ~ *fig* le projet initial est complètement à l'eau; her reputation is in ~ *fig* sa réputation est ruinée.

tatting ['tætɪŋ] *n (U)* frivolités *fpl* COUT.

tattle *inf* ['tætl] ◇ *vi* [chatter] jaser, cancaner; [tell secrets] rapporter.
◇ *n (U)* [gossiping] commérages *mpl*, cancans *mpl*.

tattler *inf* ['tætlə^r] *n* commère *f*, bavard *m*, -e *f*.

tattoo [tə'tu:] (*pl* tattoos) ◇ *n* -**1.** [on skin] tatouage *m*; he had ~s across his chest il avait la poitrine tatouée. -**2.** MIL [signal] retraite *f*; to sound the ~ sonner la retraite || [ceremony, parade] parade *f* militaire. -**3.** [on drums] battements *mpl*; to beat a ~ on the drums battre le tambour || *fig* [on door, table]: he beat a furious ~ on the door with his fists il tambourinait violemment sur OR contre la porte avec ses poings.
◇ *vi* & *vt* tatouer.

tatty *inf* ['tætɪ] (*compar* tattier, *superl* tattiest) *adj Br* [clothes] fatigué, défraîchi; [person] défraîchi, miteux; [house] délabré, en mauvais état; [book] écorné, en mauvais état.

taught [tɔ:t] *pt* & *pp* → **teach**.

taunt [tɔ:nt] ◇ *vt* railler, tourner en ridicule, persifler.
◇ *n* raillerie *f*, sarcasme *m*.

taunting ['tɔ:ntɪŋ] ◇ *n (U)* railleries *fpl*, sarcasmes *mpl*.
◇ *adj* railleur, sarcastique.

tauntingly ['tɔ:ntɪŋlɪ] *adv* d'un ton railleur OR persifleur.

taupe [təʊp] *adj* taupe *(inv)*.

tauromachy [,tɔ:'rɒməkɪ] *n* tauromachie *f*.

Taurus ['tɔ:rəs] *pr n* ASTROL & ASTRON Taureau *m*; he's a ~ il est (du signe du) Taureau.

taut [tɔ:t] *adj* [rope, cable] tendu, raide; [situation] tendu.

tauten ['tɔ:tn] ◇ *vt* [rope, cable etc] tendre, raidir.
◇ *vi* se tendre.

tautness ['tɔ:tnɪs] *n* tension *f*, raideur *f*.

tautological [,tɔ:tə'lɒdʒɪkl] *adj* tautologique, pléonastique.

tautologize, -ise [tɔ:'tɒlədʒaɪz] *vi* faire des pléonasmes.

tautology [tɔ:'tɒlədʒɪ] (*pl* tautologies) *n* tautologie *f*, pléonasme *m*.

tavern ['tævn] *n* auberge *f*, taverne *f*.

tawdriness ['tɔ:drɪnɪs] *n* [of clothes] mauvais goût *m*, aspect *m* tapageur; [of jewellery] clinquant *m*, faux éclat *m*; [of goods] mauvaise qualité *f*; [of motives, situation] bassesse *f*, indignité *f*.

tawdry ['tɔ:drɪ] (*compar* tawdrier, *superl* tawdriest) *adj* [clothes] voyant, tapageur, de mauvaise qualité; [jewellery] clinquant; [goods] de mauvaise qualité; [motives, situation] bas, indigne.

tawny ['tɔ:nɪ] (*compar* tawnier, *superl* tawniest) *adj* [colour] fauve.

tawny owl *n* chouette *f* hulotte.

tax [tæks] ◇ *n* -**1.** [on income] impôt *m*, contributions *fpl* ADMIN; to levy OR to collect ~es lever OR percevoir des impôts; most of my income goes in ~ la plus grande partie de mes revenus va aux impôts; I don't pay much ~ je ne paie pas beaucoup d'impôts; I paid over $5,000 in ~ j'ai payé plus de 5 000 dollars d'impôts. -**2.** [on goods, services, imports] taxe *f*; to levy OR to put a 10% ~ on sthg frapper qqch d'une taxe de 10 %, imposer OR taxer qqch à 10 %; there is a high ~ on whisky le whisky est fortement taxé; baby food is free of ~ les aliments pour bébés sont exempts OR exonérés de taxe; a ~ on books/knowledge une taxe sur les livres/le savoir. -**3.** *fig* [strain - on patience, nerves] épreuve *f*; [- on strength, resources] mise *f* à l'épreuve.
◇ *comp* [burden] fiscal; [assessment] de l'impôt; [liability] à l'impôt.
◇ *vt* -**1.** [person, company] imposer, frapper d'un impôt; [goods] taxer, frapper d'une taxe; the rich will be more heavily ~ed les riches seront plus lourdement imposés OR payeront plus d'impôts; luxury goods are ~ed at 28% les articles de luxe sont taxés à 28 % OR font l'objet d'une taxe de 28 %. -**2.** *Br*: to ~ one's car acheter la vignette (automobile). -**3.** *fig* [strain - patience, resources] mettre à l'épreuve; [- strength, nerves] éprouver. -**4.** [accuse]: to ~ sb with sthg accuser OR taxer qqn de qqch.

taxable ['tæksəbl] *adj* [income, goods, land] imposable.

tax adjustment *n* redressement *m* fiscal OR d'impôt.

tax allowance *n* abattement *m* fiscal.

taxation [tæk'seɪʃn] ◇ *n (U)* -**1.** [of goods] taxation *f*; [of companies, people] imposition *f*. -**2.** [taxes] impôts *mpl*, contributions *fpl*.
◇ *comp* [system] fiscal; ~ authorities administration *f* fiscale, fisc *m*; ~ year année *f* fiscale d'imposition, exercice *m* fiscal.

tax avoidance *n* moyen *m* (légal) pour payer moins d'impôts.

tax bracket *n* tranche *f* d'imposition.

tax code *n* catégorie *f* d'impôt.

tax collector *n* percepteur *m*.

tax-deductible *adj* déductible des impôts, sujet à un dégrèvement d'impôts.

tax disc *n Br* vignette *f* automobile.

taxeme ['tæksi:m] *n* taxème *m*.

tax evasion *n* fraude *f* fiscale.

tax-exempt *Am* = **tax-free**.

tax exile *n personne qui s'expatrie pour des raisons fiscales.*

tax form *n* feuille *f* OR déclaration *f* d'impôts.

tax-free *adj* [goods] exonéré de taxes, non taxé; [interest] exonéré d'impôts, exempt d'impôts.

tax haven *n* paradis *m* fiscal.

taxi ['tæksɪ] (*pl* taxis OR taxies, *pt* & *pp* taxied, *cont* taxying) ◇ *n* taxi *m*; to get OR to take a ~ prendre un taxi; to hail a ~ héler un taxi.
◇ *vi* [aircraft] se déplacer au sol; the plane taxied across the tarmac l'avion traversa lentement l'aire de stationnement.
◇ *vt* [carry passengers] transporter en taxi.

taxicab ['tæksɪkæb] *n* taxi *m*.

taxi dancer *inf n* taxi-girl *f*.

taxidermist ['tæksɪdɜ:mɪst] *n* empailleur *m*, -euse *f*, taxidermiste *mf*, naturaliste *mf*.

taxidermy ['tæksɪdɜ:mɪ] *n* empaillage *m*, taxidermie *f*, naturalisation *f* des animaux.

taxi driver *n* chauffeur *m* de taxi.

taxi fare *n* [gen] tarif *m* de taxi; [cost of journey] coût *m* du taxi, prix *m* de la course (en taxi); can you pay the ~? pouvez-vous régler OR payer le taxi?

taximan ['tæksɪmæn] (*pl* taximen [-men]) *Br* = **taxi driver**.

taximeter ['tæksɪ,mi:tə^r] *n* taximètre *m*, compteur *m* (de taxi).

tax incentive *n* incitation *f* fiscale.

taxing ['tæksɪŋ] *adj* [problem, time] difficile; [climb] ardu.

tax inspector *n* inspecteur *m* des impôts.

taxiplane ['tæksɪpleɪn] *n* avion-taxi *m*.

taxi rank *Br*, **taxi stand** *Am n* station *f* de taxis.

taxiway ['tæksɪweɪ] *n* AERON taxiway *m*, chemin *m* de roulement.

tax loss *n* déduction *f* fiscale.

taxman ['tæksmæn] (*pl* taxmen [-men]) *n* -**1.** [person] percepteur *m* (du fisc). -**2.** *inf Br* [Inland Revenue]: the ~ le fisc.

taxonomic [,tæksə'nɒmɪk] *adj* taxinomique.

taxonomy [tæk'sɒnəmɪ] (*pl* taxonomies) *n* taxinomie *f*, taxonomie *f*.

taxpayer ['tæks,peɪə^r] *n* contribuable *mf*.

tax rebate *n* dégrèvement *m* d'impôts.

tax relief *n (U)* dégrèvement *m* fiscal; to get ~ on sthg obtenir un dégrèvement OR allégement fiscal sur qqch.

tax return *n* déclaration *f* de revenus OR d'impôts.

tax shelter *n* avantage *m* fiscal.

tax threshold *n* seuil *m* d'imposition.

tax year *n* année *f* fiscale *(qui commence en avril en Grande-Bretagne).*

TB *n abbr of* tuberculosis.

T-bar *n* -**1.** [for skiers] téléski *m*, remonte-pente *m*. -**2.** [wrench] clé *f* à pipe en forme de T; [bar] profilé *m* OR fer *m* en T.

T-bone (steak) *n* steak *m* dans l'aloyau *(sur l'os).*

tbs., **tbsp.** (*written abbr of* tablespoon(ful)) cs.

Tchaikovsky [tʃaɪ'kɒfskɪ] *pr n* Tchaïkovski.

TCP® (*abbr of* trichlorophonoxyacetic acid) *n Br désinfectant utilisé pour nettoyer des petites plaies ou pour se gargariser.*

TD -**1.** *abbr of* Treasury Department. -**2.** *abbr of* touchdown.

te [ti:] *n* MUS si *m*.

tea [ti:] *n* -**1.** [drink, plant] thé *m*; a cup of ~ une tasse de thé; more ~? encore un peu de thé?; two ~s and a coffee, please deux thés et un café, s'il vous plaît ❑ China ~ thé de Chine; I wouldn't do it for all the ~ in China je ne le ferais à aucun prix OR pour rien au monde. -**2.** [afternoon snack] thé *m*; [evening meal] repas *m* du soir; to ask sb to ~ inviter qqn à prendre le thé ❑ afternoon ~ thé, goûter *m*; high ~ *Br repas léger pris en début de soirée et accompagné de thé (surtout dans le nord de l'Angleterre et en Écosse).* -**3.** [infusion] infusion *f*, tisane *f*; herbal ~ tisane; rosehip ~ tisane d'églantine.

TEA:
En Grande-Bretagne et en Irlande, le thé est une boisson populaire; il se boit fort, avec du lait et du sucre. Que ce soit au bureau, à l'usine ou sur les chantiers de construction, la journée de travail est traditionnellement ponctuée de «tea breaks» (pauses-thé).

---

tea bag *n* sachet *m* de thé.

tea ball *n Am* boule *f* à thé.

tea biscuit *n Br* gâteau *m* sec.

tea boy *n Br jeune employé chargé de préparer le thé pour ses collègues.*

tea bread *n (U)* ≃ cake *m*.

tea break *n* pause *f* pour prendre le thé, ≃ pause-café *f*; to have OR to take a ~ s'arrêter pour prendre le thé.

tea caddy *n* boîte *f* à thé.

teacake ['ti:keɪk] *n petite brioche.*

teacart ['ti:kɑ:t] *Am* = **tea trolley**.

teach [ti:tʃ] (*pt* & *pp* taught [tɔ:t]) ◇ *vt* -**1.** [gen] apprendre; to ~ sb sthg OR sthg to sb apprendre qqch à qqn; she taught herself knitting/French elle a appris à tricoter/elle a appris le français toute seule; you can't ~ them anything! ils savent tout!, ils n'ont plus rien à apprendre!; to ~ sb (how) to do sthg apprendre à qqn à faire qqch; she taught them to play the piano elle leur a appris à jouer du piano; they taught us what to do in emergencies ils nous ont appris OR montré ce qu'il fallait faire en cas d'urgence; didn't anyone ever ~ you not to interrupt people? on ne t'a jamais dit OR appris qu'il ne faut pas couper la parole aux gens? || [as threat]: I'll ~ you to be rude to your elders! je vais t'apprendre à être insolent envers les aînés!; that'll ~ you (not) to go off on your own ça t'apprendra à t'en aller toute seule; that'll ~ you (a lesson)! ça t'apprendra!, c'est bien fait pour toi!; that taught them a lesson they won't forget cela leur a donné une leçon dont ils se souviendront ❑ you can't ~ an old dog new tricks *prov* on ne peut pas apprendre de nouveaux tours à un vieux chien; you can't ~ your grandmother to suck eggs *inf* on n'apprend pas à un vieux singe à faire la grimace *prov*. -**2.** SCH [physics, history etc] enseigner, être professeur de; [pupils, class] faire cours à; she

taught us (to speak) French elle nous a appris OR enseigné le français; **she ~es geography** elle enseigne la géographie, elle est professeur de géographie; **I've been ~ing 3B since Christmas** j'ai la 3B depuis Noël, je fais cours à la 3B depuis Noël; **to ~ school** *Am* être enseignant; **she ~es elementary school/high school** *Am* elle est institutrice/professeur.
◇ *vi* [as profession] être enseignant, enseigner; [give lessons] faire cours; **I started ~ing in 1980** j'ai commencé à enseigner OR je suis entré dans l'enseignement en 1980; **she spent the morning ~ing** elle a fait cours toute la matinée.

teachable ['tiːtʃəbl] *adj* -**1.** [subject] que l'on peut enseigner, susceptible d'être enseigné; [children] à qui on peut apprendre quelque chose. -**2.** *Am* ADMIN scolarisable.

teacher ['tiːtʃəʳ] *n* [in primary school] instituteur *m*, -trice *f*, maître *m*, maîtresse *f*; [in secondary school] professeur *m*, enseignant *m*, -e *f*; [in special school] éducateur *m*, -trice *f*; **French/history ~** professeur de français/d'histoire; **~s are threatening to strike** les enseignants menacent de se mettre en grève ❑ **~ pupil ratio** taux *m* d'encadrement.

teacher certification *n Am* diplôme *m* d'enseignement.

teacher education *n Am* formation *f* pédagogique des enseignants.

teacher evaluation *n Am* UNIV évaluation *f* (des compétences) des enseignants.

teacher's aide *n Am* assistant *m*, -e *f* pédagogique.

teacher's pet *n* chouchou *m*, -oute *f* du professeur.

teacher training *n Br* formation *f* pédagogique des enseignants; **~ certificate** diplôme *m* d'enseignement.

teacher training college *n* centre *m* de formation pédagogique, ≃ école *f* normale.

tea chest *n* caisse *f* (à thé).

teach-in *n* séminaire *m*.

teaching ['tiːtʃɪŋ] ◇ *n* -**1.** [career] enseignement *m*; **to go into ~** entrer dans l'enseignement, devenir enseignant. -**2.** [of subject] enseignement *m*; **chemistry/history ~** l'enseignement de la chimie/de l'histoire; **EFL ~** l'enseignement de l'anglais (comme) langue étrangère. -**3.** *(U)* [hours taught] heures *fpl* d'enseignement, (heures *fpl* de) cours *mpl*; **she only does a few hours' ~ a week** elle ne donne OR n'a que quelques heures de cours par semaine.
◇ *comp* [profession, staff] enseignant.
◆ **teachings** *npl* [of leader, church] enseignements *mpl*.

teaching aid *n* matériel *m* pédagogique.

teaching diploma *n* diplôme *m* d'enseignement.

teaching fellow *n Br* UNIV *étudiant de troisième cycle qui assure quelques heures de cours.*

teaching hospital *n* centre *m* hospitalo-universitaire, CHU *m*.

teaching machine *n tout type d'appareil utilisant des programmes conçus à des fins pédagogiques.*

teaching practice *n (U)* stage *m* pédagogique *(pour futurs enseignants)*; **to go on ~** faire un stage pédagogique.

tea cloth *Br* = **tea towel**.

tea cosy *n* cosy *m*.

teacup ['tiːkʌp] *n* -**1.** [cup] tasse *f* à thé. -**2.** = **teacupful**.

teacupful ['tiːkʌp,fʊl] *n* tasse *f* à thé *(mesure)*; **three ~s of milk** trois tasses de lait.

tea dance *n* thé *m* dansant.

tea-drinker *n* buveur *m*, -euse *f* de thé.

tea egg = **tea ball**.

tea garden *n* -**1.** [garden] *jardin de restaurant qui fait salon de thé.* -**2.** [plantation] plantation *f* de thé.

teahouse ['tiːhaʊs, *pl* -haʊzɪz] *n* maison *f* de thé *(orientale)*.

teak [tiːk] ◇ *n*: **~ (wood)** teck *m*, tek *m*.
◇ *comp* en teck.

teakettle ['tiː,ketl] *n* bouilloire *f*.

teal [tiːl] (*pl inv* OR teals) *n* sarcelle *f*.

tea lady *n Br dame qui prépare ou sert le thé pour les employés d'une entreprise.*

tealeaf ['tiːliːf] (*pl* **tealeaves** [-liːvz]) *n* -**1.** feuille *f* de thé; **to read the tealeaves** ≃ lire dans le marc de café. -**2.** ▽ *Br hum* [thief] voleur *m*, -euse *f*.

team [tiːm] ◇ *n* -**1.** [SPORT & gen] équipe *f*; **medical/basketball ~** équipe médicale/de basket-ball. -**2.** [of horses, oxen etc] attelage *m*.
◇ *vt* -**1.** [workers, players] mettre en équipe; [horses, oxen etc] atteler; **I was ~ed with my brother** j'ai fait équipe avec mon frère. -**2.** [colours, garments] assortir, harmoniser.
◆ **team up** ◇ *vt sep* -**1.** [workers, players] mettre en équipe; [horses, oxen etc] atteler; **we're often ~ed up (together)** on fait souvent équipe (ensemble); **I got ~ed up with Peter** on m'a mis en équipe avec Peter. -**2.** [colours, clothes] assortir, harmoniser.
◇ *vi insep* -**1.** [workers] faire équipe, travailler en collaboration; **to ~ up with sb** faire équipe avec qqn; **the two villages ~ed up to put on the show** les deux villages ont collaboré pour monter le spectacle. -**2.** [colours, clothes] être assorti, s'harmoniser.

team game *n* jeu *m* d'équipe.

team mate *n* coéquipier *m*, -ère *f*.

team member *n* équipier *m*, -ère *f*.

team spirit *n* esprit *m* d'équipe.

teamster ['tiːmstəʳ] *n Am* routier *m*, camionneur *m*.
◆ **Teamster** *n Am membre du syndicat américain des camionneurs.*

Teamsters' Union *pr n syndicat américain des camionneurs.*

team teaching *n* enseignement *m* en équipe.

teamwork ['tiːmwɜːk] *n* travail *m* d'équipe.

tea party *n* [for adults] thé *m*; [for children] goûter *m*; **I'm having a little ~ on Sunday** j'ai invité quelques amis à prendre le thé dimanche.

tea plant *n* arbre *m* à thé, théier *m*.

tea plate *n Br* petite assiette *f*, assiette *f* à dessert.

teapot ['tiːpɒt] *n* théière *f*.

tear¹ [teəʳ] (*pt* **tore** [tɔːʳ], *pp* **torn** [tɔːn])
◇ *vt* -**1.** [rip - page, material] déchirer; [- clothes] déchirer, faire un accroc à; [- flesh] déchirer, arracher; **I tore my jacket on a nail** j'ai fait un accroc à ma veste avec un clou; **he tore a hole in the paper** il a fait un trou dans le papier; **'~ along the dotted line'** 'détacher suivant le pointillé'; **he tore a hole in his trousers** il a fait un trou à son pantalon; **the dog was ~ing the meat from a bone** le chien déchiquetait la viande d'un os; **her heart was torn by grief/remorse** elle était déchirée par la douleur/le remords; **she tore open the letter** elle ouvrit l'enveloppe en la déchirant, elle déchira l'enveloppe; **she tore open the wrapper** elle déchira l'emballage pour l'ouvrir; **to ~ sthg in two** OR **in half** déchirer qqch en deux; **you can ~ a piece off this cloth** vous pouvez déchirer un morceau de ce tissu; **to be torn to shreds** être en lambeaux; **to ~ sthg to shreds** mettre qqch en lambeaux; **the critics tore the film to shreds** *fig* les critiques ont éreinté le film. -**2.** [muscle, ligament] froisser, déchirer. -**3.** [grab, snatch] arracher; **he tore the cheque from** OR **out of my hand** il m'a arraché le chèque des mains; **the door had been torn from its hinges by the wind** le vent avait fait sortir la porte de ses gonds. -**4.** *fig* [divide] tirailler, déchirer; **I'm torn between going and staying** je suis tiraillé entre le désir de partir et celui de rester, j'hésite entre partir et rester; **the country had been torn by civil war for 30 years** ça faisait 30 ans que le pays était déchiré par la guerre civile. -**5.** *fig* [separate] arracher; **sorry to ~ you from your reading, but I need your help** je regrette de vous arracher à votre lecture, mais j'ai besoin de votre aide; **that's torn it** *inf Br*, **that ~s it** *inf Am* c'est le bouquet, il ne manquait plus que cela.
◇ *vi* -**1.** [paper, cloth] se déchirer; **this cloth ~s easily** ce tissu se déchire facilement. -**2.** [as verb of movement]: **to ~ after sb** se précipiter OR se lancer à la poursuite de qqn; **to ~ along** [runner] courir à toute allure; [car] filer à toute allure; **to ~ up/down the stairs** monter/descendre l'escalier quatre à quatre; **the cyclists came ~ing past** les cyclistes sont passés à toute allure OR vitesse; **the children were ~ing around the playground** les enfants couraient de tous les côtés dans la cour de récréation. -**3.** [hurry]: **to ~ through a job** faire un travail à toute vitesse; **he tore through the book/the report** il a lu le livre/le rapport très rapidement.
◇ *n* [in paper, cloth] déchirure *f*; [in clothes] déchirure *f*, accroc *m*; **this page has a ~ in it** cette page est déchirée; **who's responsible for the ~s in the curtains?** qui a déchiré les rideaux?
◆ **tear apart** *vt sep* -**1.** [take to pieces - engine] désassembler, démonter. -**2.** [divide]: **no-one can ~ them apart** [friends] on ne peut pas les séparer, ils sont inséparables; [fighters] on n'arrive pas à les séparer; **the party was being torn apart by internal strife** le parti était déchiré OR divisé par des luttes intestines.
◆ **tear at** *vt insep*: **to ~ at sthg** déchirer OR arracher qqch; **the dogs tore at the meat** les chiens arrachèrent OR déchiquetèrent la viande; **the children tore impatiently at the wrapping paper** dans leur impatience les enfants déchirèrent le papier d'emballage.
◆ **tear away** *vt sep* -**1.** [remove - wallpaper] arracher, enlever; *fig* [- gloss, façade] enlever. -**2.** [from activity] arracher; **to ~ sb away from sthg** arracher qqn à qqch; **I just couldn't ~ myself away** je ne pouvais tout simplement pas me décider à partir; **surely you can ~ yourself away from your work for ten minutes?** tu ne vas pas me dire que tu ne peux pas t'éloigner de ton travail pendant dix minutes?, tu peux quand même laisser ton travail dix minutes!
◆ **tear down** *vt sep* -**1.** [remove - poster] arracher. -**2.** [demolish - building] démolir; *fig* [- argument] démolir, mettre par terre.
◆ **tear into** *vt insep* -**1.** [attack, rush at] se précipiter sur; **the boxers tore into each other** les boxeurs se sont jetés l'un sur l'autre. -**2.** *inf* [reprimand] enguirlander, passer un savon à; [criticize] taper sur, descendre (en flèche); **he really tore into me over my exam results** il m'a bien engueulé OR il m'a passé un bon savon au sujet de mes résultats d'examen; **the critics have really torn into his latest film** les critiques ont complètement descendu son dernier film. -**3.** [bite into - subj: teeth, knife] s'enfoncer dans; **the saw tore into the soft wood** la scie s'est enfoncée dans le bois tendre comme dans du beurre. -**4.** [run]: **she came ~ing into the garden** elle a déboulé dans le jardin à toute allure, elle s'est précipitée dans le jardin.
◆ **tear off** *vt sep* -**1.** [tape, wrapper] arracher, enlever en arrachant; [along perforations] détacher; **he tore off his trousers and jumped into the water** il retira OR enleva son pantalon en toute hâte et sauta dans l'eau ❑ **to ~ sb off a strip** *inf*, **to ~ a strip off sb** *inf Br* passer un savon à qqn, enguirlander qqn. -**2.** *inf* [report, essay etc - do hurriedly] écrire à toute vitesse; [- do badly] bâcler, torcher.
◆ **tear out** *vt sep* [page] arracher; [coupon, cheque] détacher; **to ~ one's hair (out)** *literal* & *fig* s'arracher les cheveux.
◆ **tear up** *vt sep* -**1.** [paper, letter] déchirer (en morceaux); *fig* [agreement, contract] déchirer. -**2.** [pull up - fence, weeds, surface] arracher; [- tree] déraciner.

tear² [tɪəʳ] *n* larme *f*; **to be in ~s** être en larmes; **to burst into ~s** fondre en larmes; **to shed ~s** verser des larmes; **I shed no ~s over her resignation** sa démission ne m'a pas ému outre mesure OR ne m'a pas arraché de larmes; **to shed ~s of joy** pleurer de joie, verser des larmes de joie; **he had ~s** OR **there were ~s in his eyes** il avait les larmes aux yeux; **to be on the verge of ~s, to be near to ~s** être au bord des larmes; **to be moved to ~s** être ému aux larmes; the performance moved me to ~s OR brought ~s to my eyes le spectacle m'a ému aux larmes; to be bored to ~s *fig* s'ennuyer à mourir.

tearaway ['teərə,weɪ] *n Br* casse-cou *mf inv.*

teardrop ['tɪədrɒp] *n* larme *f.*

tear duct [tɪəʳ-] *n* canal *m* lacrymal.

tearful ['tɪəfʊl] *adj* -**1.** [emotional - departure, occasion] larmoyant; [- story, account] larmoyant, à faire pleurer; they said a ~ goodbye ils se sont dit au revoir en pleurant. -**2.** [person] en larmes, qui pleure; [face] en larmes; [voice] larmoyant; I'm feeling a bit ~ j'ai envie de pleurer; she gave me a ~ look elle m'a lancé un regard larmoyant.

tearfully ['tɪəfʊlɪ] *adv* en pleurant, les larmes aux yeux; "I'll be all right", she said ~ «ça va aller», dit-elle avec des sanglots dans la voix OR en pleurant.

tear gas [tɪəʳ-] *n* gaz *m* lacrymogène.
◆ **tear-gas** *vt* envoyer du gaz lacrymogène sur.

tearing ['teərɪŋ] ◇ *n* déchirement *m.*
◇ *adj* -**1.** *literal*: a ~ sound [from paper] un bruit de déchirement; [from stitching] un (bruit de) craquement. -**2.** *Br* [as intensifier]: to be in a ~ hurry être terriblement pressé.

tearjerker *inf* ['tɪə,dʒɜːkəʳ] *n*: the film/the book is a real ~ c'est un film/un livre à faire pleurer.

tearjerking *inf* ['tɪə,dʒɜːkɪŋ] *adj* à faire pleurer.

tearless ['tɪəlɪs] *adj* sans larmes.

tearoom ['tiːrʊm] *n* salon *m* de thé.

tea rose *n* rose thé *f.*

tearstained ['tɪəsteɪnd] *adj* barbouillé de larmes.

tease [tiːz] ◇ *vt* -**1.** [person] taquiner; [animal] tourmenter; she's always teasing her brother elle est toujours à taquiner son frère. -**2.** [fabric] peigner; [wool] peigner, carder. -**3.** *Am* [hair] crêper.
◇ *vi* faire des taquineries; I'm only teasing c'est pour rire.
◇ *n inf* -**1.** [person] taquin *m*, -e *f*; [sexually] allumeuse *f*; don't be such a ~! ne sois pas si taquin! -**2.** [behaviour] taquinerie *f*; it was all a ~ c'était pour rire.
◆ **tease out** *vt sep* -**1.** [wool, hair] démêler. -**2.** [information, facts] faire ressortir; to ~ out a problem débrouiller OR démêler un problème, tirer un problème au clair.

teasel ['tiːzl] (*Br pt & pp* teaselled, *cont* teaselling, *Am pt & pp* teaseled, *cont* teaseling) ◇ *n* -**1.** BOT cardère *f.* -**2.** TEX carde *f.*
◇ *vt* [cloth] peigner, démêler.

teaser *inf* ['tiːzəʳ] *n* -**1.** [person] taquin *m*, -e *f.* -**2.** [problem] problème *m* difficile, colle *f.*

tea service, tea set *n* service *m* à thé.

tea shop *n Br* salon *m* de thé.

teasing ['tiːzɪŋ] ◇ *n* (*U*) -**1.** [tormenting] taquineries *fpl.* -**2.** TEX peignage *m.*
◇ *adj* taquin.

teasingly ['tiːzɪŋlɪ] *adv* pour me/le *etc* taquiner.

teaspoon ['tiːspuːn] *n* -**1.** [spoon] cuiller *f* OR cuillère *f* à café. -**2.** = **teaspoonful**.

teaspoonful ['tiːspuːn,fʊl] *adj* cuiller *f* OR cuillère *f* à café *(mesure)*.

tea strainer *n* passoire *f* à thé, passe-thé *m inv.*

teat [tiːt] *n* -**1.** [on breast] mamelon *m*, bout *m* de sein; [of animal] tétine *f*, tette *f*; [for milking] trayon *m.* -**2.** *Br* [on bottle] tétine *f*; [dummy] tétine *f*, sucette *f.* -**3.** TECH téton *m.*

tea table *n* table *f* (mise) pour le thé OR à thé.

teatime ['tiːtaɪm] *n* l'heure *f* du thé.

tea towel *n Br* torchon *m* (à vaisselle).

tea tray *n* plateau *m* à thé.

tea trolley *n Br* table *f* roulante *(pour servir le thé)*.

tea urn *n* fontaine *f* à thé.

tea wagon *Am* = **tea trolley**.

teazel ['tiːzl] (*Br pt & pp* teazelled, *cont* teazelling, *Am pt & pp* teazeled, *cont* teazeling) = **teasel**.

teazle ['tiːzl] = **teasel**.

TEC [tek] (*abbr of* Training and Enterprise Council) *n centre d'emploi et de formation.*

tech *inf* [tek] *n abbr of* technical college.

technetium [tek'niːsɪəm] *n* technétium *m.*

technical ['teknɪkl] *adj* -**1.** [gen & TECH] technique; ~ education enseignement *m* technique; ~ hitch incident *m* technique; ~ term terme *m* technique. -**2.** [according to rules] technique; for ~ reasons pour des raisons d'ordre technique; the judgment was quashed on a ~ point JUR le jugement a été cassé pour vice de forme OR de procédure; it's a purely ~ point *fig* ce n'est qu'un point de détail ❑ ~ foul/knockout SPORT faute *f*/knock-out *m inv* technique; ~ irregularity JUR vice *m* de forme OR de procédure.

technical college *n* ≃ institut *m* de technologie.

technical drawing *n* dessin *m* industriel.

technicality [,teknɪ'kælətɪ] (*pl* technicalities) *n* -**1.** [technical nature] technicité *f.* -**2.** [formal detail] détail *m* OR considération *f* (d'ordre) technique; [technical term] terme *m* technique; it's only a ~ ce n'est qu'un détail technique; to lose one's case on a ~ JUR perdre un procès pour vice de forme.

technically ['teknɪklɪ] *adv* -**1.** [on a technical level] sur un plan technique; [in technical terms] en termes techniques; ~ advanced de pointe, sophistiqué, avancé sur le plan technique; to be ~ minded avoir l'esprit technique. -**2.** [in theory] en théorie, en principe; ~, I'm in charge théoriquement, c'est moi le responsable.

technical school *n* ≃ collège *m* technique, ≃ lycée *m* d'enseignement professionnel.

technician [tek'nɪʃn] *n* technicien *m*, -enne *f.*

Technicolor® ['teknɪ,kʌləʳ] ◇ *n* Technicolor® *m*; in (glorious) ~ en Technicolor.
◇ *adj* en technicolor.

technique [tek'niːk] *n* technique *f.*

technocracy [tek'nɒkrəsɪ] (*pl* technocracies) *n* technocratie *f.*

technocrat ['teknəkræt] *n* technocrate *mf.*

technological [,teknə'lɒdʒɪkl] *adj* technologique.

technologically [,teknə'lɒdʒɪklɪ] *adv* du point de vue OR sur le plan technologique.

technologist [tek'nɒlədʒɪst] *n* technologue *mf*, technologiste *mf.*

technology [tek'nɒlədʒɪ] (*pl* technologies) *n* technologie *f*; new technologies les nouvelles technologies.

tectonic [tek'tɒnɪk] *adj* tectonique; ~ plates plaques *fpl* tectoniques.

tectonics [tek'tɒnɪks] *n* (*U*) tectonique *f.*

ted [ted] (*pt & pp* tedded, *cont* tedding)
◇ *vt* [hay] faner.
◇ *n inf abbr of* teddy boy.

tedder ['tedəʳ] *n* [machine] faneuse *f*; [person] faneur *m*, -euse *f.*

teddy ['tedɪ] (*pl* teddies) *n* -**1.** ~ (bear) ours *m* en peluche. -**2.** [garment] teddy *m.*

teddy boy *n Br* ≃ blouson *m* noir *(personne)*.

tedious ['tiːdjəs] *adj* [activity, work] ennuyeux, fastidieux; [time] ennuyeux; [journey] fatigant, pénible; we spent a ~ morning typing address labels on a passé une matinée pénible à taper des étiquettes portant noms et adresses; it's a very ~ job c'est un travail très fastidieux OR pénible; it's a ~ business collecting signatures recueillir des signatures est un travail fastidieux; he can be very ~ sometimes il est vraiment pénible quelquefois.

tediously ['tiːdjəslɪ] *adv* péniblement; [monotonously] de façon monotone, fastidieusement; the journey seemed ~ long le voyage était long et pénible.

tediousness ['tiːdjəsnɪs] *n* ennui *m*, monotonie *f*; the sheer ~ of the job got her down la monotonie de son travail lui mit le moral à zéro; an air of ~ hung over the house un certain ennui pesait sur la maison.

tedium ['tiːdjəm] *n* ennui *m.*

tee [tiː] ◇ *n* [in golf - peg] tee *m*; [- area] tertre *m* OR point *m* de départ; the 17th ~ le départ du 17ᵉ trou.
◇ *vt* placer sur le tee.
◇ *vi* placer la balle sur le tee.
◆ **tee off** ◇ *vi insep* -**1.** [in golf] jouer sa balle OR partir du tee *(du tertre de départ)*; *fig* commencer, démarrer. -**2.** *inf Am* [get angry] se fâcher, s'emporter; to ~ off about sthg se fâcher au sujet de qqch.
◇ *vt sep inf Am* [annoy] agacer, casser les pieds à; he really ~s me off with his arrogance son arrogance m'énerve vraiment; I'm ~d off j'en ai ras le bol OR marre.
◆ **tee up** *vi insep* placer la balle sur le tee.

tee-hee [-'hiː] ◇ *interj* hi! hi!
◇ *n* ricanement *m.*
◇ *vi* ricaner.

teem [tiːm] *vi* -**1.** [be crowded] grouiller, fourmiller; the streets were ~ing (with people) les rues grouillaient (de monde); the river is ~ing with fish la rivière grouille de poissons; the children came ~ing through the gates une horde d'enfants a franchi les grilles. -**2.** [rain]: it's absolutely ~ing (down OR with rain) il pleut à verse OR à torrents.

teeming ['tiːmɪŋ] *adj* -**1.** [streets] grouillant de monde; [crowds, shoppers] grouillant, fourmillant; [ants, insects etc] grouillant. -**2.** [rain] battant, torrentiel.

teen [tiːn] *adj* [teenage - fashion, magazine] pour adolescents OR jeunes; ~ idol idole *f* des jeunes.

teenage ['tiːneɪdʒ] *adj* jeune, adolescent; [habits, activities] d'adolescents; [fashion, magazine] pour les jeunes; the ~ years l'adolescence; ~ boys and girls les adolescents *mpl.*

teenager ['tiːn,eɪdʒəʳ] *n* jeune *mf (entre 13 et 19 ans)*, adolescent *m*, -e *f.*

teens [tiːnz] *npl* -**1.** [age] adolescence *f (entre 13 et 19 ans)*; she's in her ~ c'est une adolescente. -**2.** [numbers] *les chiffres entre 13 et 19*; the upper ~ *les chiffres de 17 à 19.*

teensy(-weensy) *inf* [,tiːnzɪ('wiːnzɪ)] = **teeny-weeny**.

teeny *inf* ['tiːnɪ] *adj* tout petit, minuscule.

teenybopper *inf* ['tiːnɪ,bɒpəʳ] *n jeune qui aime la musique pop.*

teeny-weeny *inf* [-'wiːnɪ] *adj* tout petit, minuscule.

teepee ['tiːpiː] = **tepee**.

tee shirt = **T-shirt**.

teeter ['tiːtəʳ] ◇ *vi* -**1.** [person] chanceler; [pile, object] vaciller, être sur le point de tomber; to ~ on the brink of sthg *fig* être au bord de qqch, friser qqch. -**2.** *Am* [see-saw] se balancer, basculer.
◇ *n Am* jeu *m* de bascule.

teeter-totter *n Am* jeu *m* de bascule.

teeth [tiːθ] *pl* → **tooth**.

teethe [tiːð] *vi* faire OR percer ses premières dents; to be teething commencer à faire ses dents.

teething ['tiːðɪŋ] *n* poussée *f* dentaire, dentition *f.*

teething ring *n* anneau *m* de dentition.

teething troubles *npl literal* douleurs *fpl* provoquées par la poussée des dents; *fig* difficultés *fpl* initiales OR de départ; we're having ~ with the new computer nous avons des problèmes de mise en route avec le nouvel ordinateur.

teetotal [tiː'təʊtl] *adj* [person] *qui ne boit jamais d'alcool*; [organization] antialcoolique.

teetotaller *Br*, **teetotaler** *Am* [tiː'təʊtləʳ] *n personne qui ne boit jamais d'alcool.*

TEFL ['tefl] (*abbr of* Teaching (of) English as a Foreign Language) *n enseignement de l'anglais langue étrangère.*

Teflon® ['teflɒn] *n* Téflon® *m*; a ~-coated pan une casserole téflonisée.

tegument ['tegjʊmənt] *n* tégument *m.*

te-hee ['tiː'hiː] = **tee-hee**.

Tehran, Teheran [ˌteə'rɑːn] *pr n* Téhéran.

tel. (*written abbr of* telephone) tél.

Tel-Aviv [ˌtelə'viːv] *pr n*: ~ **(-Jaffa)** Tel-Aviv (-Jaffa).

telecamera ['telɪˌkæmərə] *n* caméra *f* de télévision.

telecast ['telɪkɑːst] ◇ *n* émission *f* de télévision, programme *m* télédiffusé.
◇ *vt* diffuser, téléviser.

telecine [ˌtelɪ'sɪnɪ] *n* télécinéma *m*.

telecom(s) ['telɪkɒm(z)] *n abbr of* **telecommunications**.

telecommunications ['telɪkəˌmjuːnɪ'keɪʃnz] ◇ *n* *(U)* télécommunications *fpl*.
◇ *comp* [engineer] des télécommunications; [satellite] de télécommunication.

telecommuting [ˌtelɪkə'mjuːtɪŋ] *n* télé-travail *m*.

Telefax® ['telɪfæks] *n* Téléfax® *m*.

telefilm ['telɪfɪlm] *n* téléfilm *m*.

telegenic [ˌtelɪ'dʒenɪk] *adj* télégénique.

telegram ['telɪgræm] *n* télégramme *m*; [in press, diplomacy] dépêche *f*; **by** ~ par télégramme.

telegraph ['telɪgrɑːf] ◇ *n* **-1.** [system] télégraphe *m*; **the Telegraph** PRESS *nom abrégé du Daily Telegraph*; **Telegraph reader** *lecteur du Daily Telegraph (typiquement conservateur)*. **-2.** [telegram] télégramme *m*.
◇ *comp* [service, wire] télégraphique; ~ **pole** OR **post** poteau *m* télégraphique.
◇ *vt* **1.** [news] télégraphier; [money] télégraphier, envoyer par télégramme; **she ~ed us to say she couldn't come** elle nous a télégraphié OR envoyé un télégramme pour dire qu'elle ne pouvait pas venir. **-2.** *Can* POL: **to ~ votes** voter frauduleusement.
◇ *vi* télégraphier; **he ~ed to say he'd be late** il a télégraphié OR envoyé un télégramme pour dire qu'il serait en retard.

telegrapher [tɪ'legrəfəʳ] *n* télégraphiste *mf*.

telegraphese [ˌtelɪgrɑː'fiːz] *n* langage *m* OR style *m* télégraphique.

telegraphic [ˌtelɪ'græfɪk] *adj* télégraphique.

telegraphically [ˌtelɪ'græfɪklɪ] *adv* [by telegram] télégraphiquement, par télégramme; [speak, write] en style télégraphique.

telegraphist [tɪ'legrəfɪst] *n* télégraphiste *mf*.

telegraphy [tɪ'legrəfɪ] *n* télégraphie *f*.

telekinesis [ˌtelɪkaɪ'niːsɪs] *n* télékinésie *f*.

telemarketing ['telɪˌmɑːkɪtɪŋ] *n* vente *f* par téléphone.

Telemessage® ['telɪˌmesɪdʒ] *n Br* télémessagerie *f*, courrier *m* électronique.

telemeter [tə'lemɪtəʳ] *n* télémètre *m*.

teleological [ˌtelɪə'lɒdʒɪkl] *adj* téléologique.

teleology [ˌtelɪ'ɒlədʒɪ] *n* téléologie *f*.

telepathic [ˌtelɪ'pæθɪk] *adj* [person] télépathe; [message, means] télépathique.

telepathist [tɪ'lepəθɪst] *n* télépathe *mf*.

telepathy [tɪ'lepəθɪ] *n* télépathie *f*, transmission *f* de pensée; **by** ~ par télépathie OR transmission de pensée.

telephone ['telɪfəʊn] ◇ *n* téléphone *m*; **to be on the** ~ [talking] être au téléphone, téléphoner; [subscriber] avoir le téléphone, être abonné au téléphone; **she's been on the** ~ **for nearly an hour** ça fait presque une heure qu'elle est au téléphone OR qu'elle téléphone; **the boss is on the** ~ **for you** le patron te demande au téléphone; **you're wanted on the** ~ on vous demande au téléphone; **to answer the** ~ répondre au téléphone; **I use the** ~ **a lot** je téléphone beaucoup.
◇ *comp* [line, receiver] de téléphone; [network, message] téléphonique; [bill, charges] téléphonique, de téléphone; [service] des télécommunications; ~ **call** appel *m* téléphonique.
◇ *vt* [person] téléphoner à, appeler (au téléphone); [place] téléphoner à, appeler; [news, message, invitation] téléphoner, envoyer par téléphone; **I'll** ~ **him later** je lui téléphonerai OR je l'appellerai plus tard; **to** ~ **the United States/home** téléphoner aux États-Unis/chez soi; **they ~d me (with) the good news** ils m'ont téléphoné (pour m'annoncer) la bonne nouvelle.
◇ *vi* [call] téléphoner, appeler; [be on phone] être au téléphone; **he ~d to say he'd be late** il a téléphoné OR appelé pour dire qu'il serait en retard; **where are you telephoning from?** d'où appelles-tu OR téléphones-tu?

telephone answering machine *n* répondeur *m* (téléphonique).

telephone book *n* annuaire *m* (téléphonique).

telephone booth, telephone box *n* cabine *f* téléphonique.

telephone directory = **telephone book**.

telephone exchange *n* central *m* téléphonique.

telephone kiosk *Br* = **telephone booth**.

telephone number *n* numéro *m* de téléphone.

telephone subscriber *n* abonné *m*, -e *f* du téléphone.

telephone-tapping [-'tæpɪŋ] *n* mise *f* sur écoute téléphonique.

telephonic [ˌtelɪ'fɒnɪk] *adj* téléphonique.

telephonist [tɪ'lefənɪst] *n Br* standardiste *mf*, téléphoniste *mf*.

telephony [tɪ'lefənɪ] *n* téléphonie *f*.

telephotograph [ˌtelɪ'fəʊtəgrɑːf] *n* photographie *f* prise au téléobjectif, téléphotographie *f*.

telephotography [ˌtelɪfə'tɒgrəfɪ] *n* téléphotographie *f*.

telephoto lens [ˌtelɪ'fəʊtəʊ-] *n* téléobjectif *m*.

teleport ['telɪpɔːt] *vt* faire déplacer par télékinésie.

teleportation [ˌtelɪpɔː'teɪʃn] *n* télékinésie *f*.

teleprint ['telɪprɪnt] *vt* transmettre par téléscripteur OR téléimprimeur.

teleprinter ['telɪˌprɪntəʳ] *n Br* téléscripteur *m*, téléimprimeur *m*.

teleprocessing [ˌtelɪ'prəʊsesɪŋ] *n* télétraitement *m*, téléinformatique *f*.

Teleprompter® [ˌtelɪ'prɒmptəʳ] *n* prompteur *m*, téléprompteur *m*, télésouffleur *m offic*.

telesales ['telɪseɪlz] *npl* vente *f* par téléphone.

telescope ['telɪskəʊp] ◇ *n* télescope *m*, longue-vue *f*; ASTRON télescope *m*, lunette *f* astronomique.
◇ *vt* [shorten, condense - parts, report] condenser, abréger.
◇ *vi* **-1.** [collapse - parts] s'emboîter. **-2.** [railway carriages] se télescoper; **the carriages ~d into each other** les wagons se sont télescopés.

telescopic [ˌtelɪ'skɒpɪk] *adj* [aerial] télescopique; [umbrella] pliant; ~ **lens** téléobjectif *m*; ~ **sight** lunette *f*.

teleselling [ˌtelɪ'selɪŋ] = **telemarketing**.

telesoftware [ˌtelɪ'sɒftweəʳ] *n* télélogiciel *m*, logiciel *m* de télétexte.

telestich [tɪ'lestɪk] *n* acrostiche *m* à l'envers *(ce sont les dernières lettres de chaque vers et non les premières qui composent le mot-clé)*.

teletex ['telɪteks] *n* Télétex® *m*.

teletext ['telɪtekst] *n* télétexte *m*, vidéographie *f* diffusée.

telethon ['telɪθɒn] *n* téléthon *m*.

Teletype® ['telɪtaɪp] ◇ *n* Télétype® *m*.
◇ *vt* transmettre par Télétype.

teletypewriter [ˌtelɪ'taɪpˌraɪtəʳ] *n Am* téléscripteur *m*, téléimprimeur *m*.

televangelist [ˌtelɪ'vændʒəlɪst] *n évangéliste qui prêche à la télévision*.

teleview ['telɪvjuː] *vi* regarder la télévision.

televiewer ['telɪvjuːəʳ] *n* téléspectateur *m*, -trice *f*.

televiewing ['telɪˌvjuːɪŋ] *n* [watching TV] *action de regarder la télévision*; [programme] programme *m* de télévision.

televise ['telɪvaɪz] *vt* téléviser.

television ['telɪˌvɪʒn] ◇ *n* **-1.** [system, broadcasts] télévision *f*; **to watch** ~ regarder la télévision; **we don't watch much** ~ on ne regarde pas souvent la télévision; **to go on** ~ passer à la télévision; **to work in** ~ travailler à la télévision. **-2.** [set] téléviseur *m*, (poste *m* de) télévision *f*; **I saw her on (the)** ~ je l'ai vue à la télévision; **to turn the** ~ **up/down/off/on** monter le son de/baisser le son de/éteindre/allumer la télévision; **is there anything good on** ~ **tonight?** qu'est-ce qu'il y a de bien à la télévision ce soir?; **colour/black-and-white** ~ télévision *f* (en) couleur/(en) noir et blanc.
◇ *comp* [camera, engineer, programme, station, screen] de télévision; [picture, news] télévisé; [satellite] de télédiffusion; **to make a** ~ **appearance** passer à la télévision; ~ **film** téléfilm *m*, film *m* pour la télévision; ~ **lounge** salle *f* de télévision.

television licence *n Br* redevance *f* (de télévision).

television set *n* téléviseur *m*, (poste *m* de) télévision *f*.

television tube *n* tube *m* cathodique.

televisual [ˌtelɪ'vɪʒʊəl] *adj* télévisuel.

teleworking [ˌtelɪ'wɜːkɪŋ] *n* télétravail *m*.

telewriter ['telɪˌraɪtəʳ] *n* appareil *m* de téléécriture.

telex ['teleks] ◇ *n* télex *m*.
◇ *vt* envoyer par télex, télexer.

telic ['telɪk] *adj* qui tend vers un but précis; GRAMM de but.

tell [tel] (*pt & pp* told [təʊld]) ◇ *vt* **-1.** [inform of] dire à; **to** ~ **sb sthg** dire qqch à qqn; **I told him the answer/what I thought** je lui ai dit la réponse/ce que je pensais; **to** ~ **sb about** OR **of** *lit* **sthg** dire qqch à qqn, parler à qqn de qqch; **I told her about the new restaurant** je lui ai parlé du nouveau restaurant; **have you told them about the fire?** leur avez-vous parlé de l'incendie?; **she told me of her woes** *lit* elle m'a parlé de ses malheurs; **they told me (that) they would be late** ils m'ont dit qu'ils seraient en retard; **I'm pleased to** ~ **you you've won** j'ai le plaisir de vous informer OR annoncer que vous avez gagné; **let me** ~ **you how pleased I am** laissez-moi vous dire OR permettez-moi de vous dire à quel point je suis heureux; **we are told that there is little hope** on nous dit qu'il y a peu d'espoir; **I'm told he's coming tomorrow** j'ai entendu dire OR on m'a dit qu'il venait demain; **so I've been told** c'est ce qu'on m'a dit; **it doesn't** ~ **us much** cela ne nous en dit pas très long, cela ne nous apprend pas grand-chose; **can you** ~ **me the time?** pouvez-vous me dire l'heure (qu'il est)?; **can you** ~ **me your name/age?** pouvez-vous me dire votre nom/âge? ☐ **a little bird told me!** c'est mon petit doigt qui me l'a dit! **-2.** [explain to] expliquer à, dire à; **this brochure ~s me all I need to know** cette brochure m'explique tout ce que j'ai besoin de savoir; **I told him what to do in case of an emergency** je lui ai dit OR expliqué ce qu'il fallait faire en cas d'urgence; **did you** ~ **them how to get here?** leur as-tu expliqué comment se rendre ici?; **can you** ~ **me the way to the station/to Oxford?** pouvez-vous m'indiquer le chemin de la gare/la route d'Oxford?; **do you want me to** ~ **you again?** voulez-vous que je vous le redise OR répète?; **who can** ~ **me the best way to make omelettes?** qui peut me dire OR m'expliquer la meilleure façon de faire des omelettes? ☐ **if I've told you once, I've told you a thousand times!** je te l'ai dit cent fois!; **(I'll)** ~ **you what, let's play cards** j'ai une idée, on n'a qu'à jouer aux cartes. **-3.** [instruct, order]: **to** ~ **sb to do sthg** dire à qqn de faire qqch; ~ **her to wait outside** dites-lui d'attendre dehors; **I told them not to interrupt** je leur ai dit de ne pas interrompre; **I thought I told you not to run?** je croyais t'avoir interdit OR défendu de courir?; **don't make me** ~ **you twice** ne m'oblige pas à te le dire deux fois; **he didn't need to be told twice!** il ne s'est pas fait prier!, je n'ai pas eu besoin de lui dire deux fois! **-4.** [recount - story, joke] raconter; [- news] annoncer; [- secret] dire, raconter; **to** ~ **sb about sthg** parler à qqn de qqch, raconter qqch à qqn; ~ them about OR of your life as an explorer racontez-leur votre vie d'explorateur; ~ me what you know about it dites-moi ce que vous en savez; could you ~ me a little about yourself? pourriez-vous me parler un peu de vous-même?; I told myself it didn't matter je me suis dit que cela n'avait pas d'importance; I could ~ you a thing or two about his role in it je pourrais vous en dire long sur son rôle dans tout cela; don't ~ me you got lost! ne me dites pas que vous vous êtes perdu!; don't ~ me, let me guess! ne me dites rien, laissez-moi deviner!; ~ it like it is! *inf* n'ayez pas peur de dire la vérité! ❑ ~ that to the marines! *inf*, ~ me another! *inf* à d'autres!, mon œil! -**5.** [recite]: to ~ one's beads dire OR égrener son chapelet. -**6.** [utter - truth, lie] dire, raconter; to ~ sb the truth dire la vérité à qqn; to ~ (you) the truth, truth to ~ à vrai dire, à dire vrai; to ~ lies mentir, dire des mensonges; I ~ a lie! *fig* je me trompe!; to ~ sb's fortune dire la bonne aventure à qqn. -**7.** [assure] dire, assurer; didn't I ~ you?, I told you so! je vous l'avais bien dit!; let me ~ you! [believe me] je vous assure!, croyez-moi!; [as threat] tenez-vous-le pour dit!; I can ~ you! c'est moi qui vous le dis! ❑ you're ~ing me! *inf*, ~ me about it! *inf* à qui le dites-vous! -**8.** [distinguish] distinguer; to ~ right from wrong distinguer le bien du mal; you can hardly ~ the difference between them on voit OR distingue à peine la différence entre eux; how can you ~ one from another? comment les distinguez-vous l'un de l'autre? ‖ [see] voir; [know] savoir; [understand] comprendre; you could ~ he was disappointed on voyait bien qu'il était déçu; how can you ~ when it's ready? à quoi voit-on OR comment peut-on savoir que c'est prêt?; no one could ~ whether the good weather would last personne ne pouvait dire si le beau temps allait durer; there's no ~ing what he might do next/how he'll react (il est) impossible de dire ce qu'il est susceptible de faire ensuite/comment il réagira.

◇ *vi* -**1.** [reveal]: that would be ~ing! ce serait trahir un secret!; I won't ~ je ne dirai rien à personne; time will ~ qui vivra verra, le temps nous le dira; more than words can ~ plus que les mots ne peuvent dire. -**2.** [know] savoir; how can I ~? comment le saurais-je?; who can ~? qui peut savoir?, qui sait?; you never can ~ on ne sait jamais. -**3.** [have effect] se faire sentir, avoir de l'influence; breeding ~s *Br* bon sang ne saurait mentir *prov*; her age is beginning to ~ elle commence à accuser son âge; the strain is beginning to ~ la tension commence à se faire sentir; her aristocratic roots told against/in favour of her ses origines aristocratiques lui nuisaient/jouaient en sa faveur. -**4.** *lit* [story, book]: to ~ of sthg raconter qqch; the first volume ~s of the postwar period le premier volume raconte la période d'après-guerre; I've heard ~ of phantom ships j'ai entendu parler de navires fantômes. -**5.** *lit* [bear witness]: to ~ of témoigner de; the scars told of his reckless life ses cicatrices témoignaient de sa vie mouvementée; the stones told of battles of times past les pierres portaient les traces de batailles des temps passés.

◆ **tell apart** *vt sep* distinguer (entre); I couldn't ~ the twins apart je ne pouvais pas distinguer les jumeaux l'un de l'autre.

◆ **tell off** *vt sep* -**1.** [scold] réprimander, gronder; to ~ sb off for doing sthg gronder OR réprimander qqn pour avoir fait qqch. -**2.** [select] affecter, désigner.

◆ **tell on** *vt insep* -**1.** [denounce] dénoncer; don't ~ on me ne me dénonce pas. -**2.** [have effect on] se faire sentir sur, produire un effet sur; her age is ~ing on her elle accuse son âge; the strain soon began to ~ on her health la tension ne tarda pas à avoir un effet néfaste sur sa santé.

teller ['telə^r] *n* -**1.** [in bank]: (bank) ~ caissier *m*, -ère *f*, guichetier *m*-ère *f*. -**2.** POL [of votes] scrutateur *m*, -trice *f*. -**3.** [of story]: (story) ~ conteur *m*, -euse *f*, narrateur *m*, -trice *f*.

telling ['telɪŋ] ◇ *adj* -**1.** [revealing - smile, figures, evidence] révélateur, éloquent; a ~ look un regard qui en dit long. -**2.** [effective - style] efficace; [- account] saisissant; [- remark, argument] qui porte; it was a ~ blow le coup fut bien asséné OR porta.

◇ *n* récit *m*, narration *f*; the story is long in the ~ l'histoire est longue à raconter.

telling-off (*pl* tellings-off) *n* réprimande *f*; to get a good ~ se faire gronder; to give sb a ~ réprimander qqn.

telltale ['telteɪl] ◇ *n* -**1.** [person] rapporteur *m*, -euse *f*. -**2.** MECH indicateur *m*; ~ lamp lampe *f* témoin.

◇ *adj* [marks] révélateur; [look, blush, nod] éloquent; I was looking for any ~ signs of human settlement je cherchais des traces d'habitation humaine.

tellurium [te'ljʊərɪəm] *n* tellure *m*.

telly *inf* ['telɪ] (*pl* tellies) *n Br* télé *f*; on the ~ à la télé; ~ addict drogué *m*, -e *f* de la télé.

temerity [tɪ'merətɪ] *n* témérité *f*, audace *f*; he had the ~ to suggest I had lied il a eu l'audace OR le front d'insinuer que j'avais menti, il a osé insinuer que j'avais menti.

temp [temp] ◇ *n* (*abbr of* temporary employee) intérimaire *mf*.

◇ *vi*: she's ~ing elle fait de l'intérim.

temp. (*written abbr of* temperature) temp.

temper ['tempə^r] ◇ *n* -**1.** [character] caractère *m*, tempérament *m*; to have an even ~ être d'un tempérament calme OR d'humeur égale; to have a quick OR hot ~ se mettre facilement en colère; he's got a foul OR an awful ~ il a mauvais caractère ‖ [patience] patience *f*; [calm] calme *m*, sang-froid *m inv*; do try and keep your ~ essayez donc de garder votre calme OR sang-froid, essayez donc de vous maîtriser; to lose one's ~ perdre patience, se mettre en colère; to lose one's ~ with sb s'emporter contre qqn; don't try my ~ ne m'énerve pas. -**2.** [mood] humeur *f*; to be in a bad ~ être de mauvaise humeur; he's in a dreadful ~ il est d'une humeur massacrante ‖ [bad mood] (crise *f* de) colère *f*, mauvaise humeur *f*; to be in a ~ être de mauvaise humeur; to fly into a ~ se mettre en colère, s'emporter. -**3.** METALL trempe *f*.

◇ *vt* -**1.** [moderate - passions] modérer, tempérer; [- pain, suffering] adoucir; justice ~ed with mercy la justice tempérée de pitié. -**2.** METALL tremper.

◇ *interj*: ~! on se calme!, du calme!

tempera ['tempərə] *n* [paint] tempera *f*, détrempe *f*; ~ painting détrempe *f*.

temperament ['temprəmənt] *n* [character] tempérament *m*, nature *f*; [moodiness] humeur *f* changeante OR lunatique.

temperamental [ˌtemprə'mentl] *adj* -**1.** [moody - person] capricieux, lunatique; [unpredictable - animal, machine] capricieux. -**2.** [relating to character] du tempérament, de la personnalité.

temperamentally [ˌtemprə'mentəlɪ] *adv* de par son caractère.

temperance ['temprəns] ◇ *n* -**1.** [moderation] modération *f*, sobriété *f*. -**2.** [abstinence from alcohol] tempérance *f*.

◇ *comp* [movement] antialcoolique; ~ hotel *hôtel où l'on ne sert pas de boissons alcoolisées*; ~ society société *f* de tempérance, ligue *f* antialcoolique.

temperate ['temprət] *adj* -**1.** [climate] tempéré. -**2.** [moderate - person] modéré, mesuré; [- character, appetite] modéré; [- reaction, criticism] modéré, sobre.

Temperate Zone *pr n* zone *f* tempérée.

temperature ['temprətʃə^r] ◇ *n* -**1.** MED température *f*; to have OR to run a ~ avoir de la température OR de la fièvre; she has a ~ of 39° elle a 39° de fièvre; to take sb's ~ prendre la température de qqn; to take the ~ of a situation *fig* prendre le pouls d'une situation; her contribution certainly raised the ~ of the debate son intervention a sans aucun doute fait monter le ton du débat. -**2.** METEOR & PHYS température *f*; the cheese should be kept at a ~ of 5° C le fromage doit être conservé à une température de 5° C; a drop in ~ une baisse de température; the ~ fell overnight la température a baissé du jour au lendemain ❑ at room ~ à température ambiante.

◇ *comp* [change] de température; [control] de la température; [gradient] thermique; ~ chart feuille *f* de température.

tempered ['tempəd] *adj* -**1.** [steel] trempé. -**2.** MUS [scale] tempéré.

-tempered *in cpds*: good/bad~ de bonne/mauvaise humeur; an even~ person une personne d'humeur égale.

temper tantrum *n* crise *f* de colère; to have OR to throw a ~ piquer une colère.

tempest ['tempɪst] *n lit* tempête *f*, orage *m*; 'The Tempest' *Shakespeare* 'la Tempête'.

tempestuous [tem'pestjʊəs] *adj* -**1.** [weather] de tempête. -**2.** [person] impétueux, fougueux; [meeting] agité; a ~ love affair une liaison orageuse OR tumultueuse.

tempi ['tempiː] *pl* → **tempo**.

Templar ['templə^r] *n* -**1.** [in crusades]: Knight ~ chevalier *m* du Temple, templier *m*. -**2.** *Br* JUR avocat *m* du Temple.

template ['templɪt] *n* -**1.** TECH gabarit *m*, calibre *m*, patron *m*. -**2.** [beam] traverse *f*.

temple ['templ] *n* -**1.** RELIG temple *m*; the Temple *édifice historique de la City à Londres abritant deux «Inns of Court»*. -**2.** ANAT tempe *f*.

Temple Bar *pr n porte ouest de la City de Londres où le maire vient accueillir le souverain.*

templet ['templɪt] = **template**.

tempo ['tempəʊ] (*pl* tempos OR tempi [-piː]) *n* tempo *m*.

temporal ['tempərəl] *adj* -**1.** [gen & GRAMM] temporel. -**2.** [secular] temporel, séculier.

temporal lobe *n* lobe *m* temporal.

temporarily [*Br* 'tempərərəlɪ, *Am* ˌtempə'rerəlɪ] *adv* provisoirement, temporairement.

temporary ['tempərərɪ] (*pl* temporaries) ◇ *adj* [accommodation, solution, powers] temporaire, provisoire; [employment] temporaire, intérimaire; [improvement] passager, momentané; on a ~ basis à titre temporaire; a ~ appointment une nomination temporaire OR provisoire; a ~ job un emploi temporaire; ~ teacher SCH professeur *m* suppléant; aspirin can give ~ relief from arthritis l'aspirine peut apporter un soulagement passager à l'arthrite.

◇ *n* intérimaire *mf*.

temporize, -ise ['tempəraɪz] *vi fml* [try to gain time] temporiser, chercher à gagner du temps.

tempt [tempt] *vt* [entice] tenter, donner envie à; [seduce] tenter, séduire; [attract] attirer, tenter; to ~ sb to do sthg OR into doing sthg donner à qqn l'envie de faire qqch; did you hit him? — no, but I was sorely ~ed tu l'as frappé? — non, mais ce n'est pas l'envie qui m'en manquait; I'm ~ed to accept their offer je suis tenté d'accepter leur proposition; and Satan ~ed Christ et Satan tenta le Christ; a rival company tried to ~ him away une entreprise rivale a essayé de le débaucher en lui faisant une offre alléchante; I let myself be ~ed into buying the car je n'ai pas pu résister à la tentation d'acheter la voiture; the mild weather ~ed us into the garden le temps doux nous a incités à aller au jardin; don't ~ me! *hum* n'essayez pas de me tenter!, ne me tentez pas!; can I ~ you to another sandwich? je peux vous proposer encore un sandwich?, vous voulez encore un sandwich? ❑ to ~ fate/providence tenter le diable/le sort.

temptation [temp'teɪʃn] *n* tentation *f*; to put ~ in sb's way exposer qqn à la tentation; it's a great ~ c'est très tentant; to give in to ~ céder OR succomber à la tentation; to resist ~ résister à la tentation.

tempter ['temptə^r] *n* tentateur *m*.

tempting ['temptɪŋ] *adj* [offer] tentant, attrayant; [smell, meal] appétissant.

temptingly ['temptɪŋlɪ] *adv* d'une manière tentante; **it looks ~ easy** c'est tentant parce que cela a l'air facile.

temptress ['temptrɪs] *n lit* OR *hum* tentatrice *f*.

ten [ten] ◇ *num adj* dix; **they're ~ a penny** *Br* il y en a tant qu'on veut OR à revendre.

◇ *n* [figure] dix *m*; **~s of thousands of refugees** des dizaines de milliers de réfugiés; **~ to one** [in ratio, bets] dix contre un; **~ to one we won't sell anything** je te parie que nous ne vendrons rien.

◆ **tens** *npl* MATH dizaines *fpl*; **~ column** colonne *f* des dizaines.

tenable ['tenəbl] *adj* -**1.** [argument, position] défendable, soutenable. -**2.** [post] que l'on occupe, auquel on est nommé; **the appointment is ~ for a five-year period** on est nommé à ce poste pour cinq ans.

tenacious [tɪ'neɪʃəs] *adj* -**1.** [stubborn, persistent - person] entêté, opiniâtre; [- prejudice, opposition] tenace, obstiné; [- tradition] tenace. -**2.** [firm - grip] ferme, solide. -**3.** [tough - stain] tenace. -**4.** [long-lasting - memory] sûr, tenace.

tenaciously [tɪ'neɪʃəslɪ] *adv* avec ténacité, obstinément.

tenacity [tɪ'næsətɪ] *n* ténacité *f*, opiniâtreté *f*.

tenancy ['tenənsɪ] (*pl* tenancies) ◇ *n* -**1.** [of house, land] location *f*; **to take up the ~ on a house** prendre une maison en location. -**2.** [period]: **(period of) ~** (période *f* de) location *f*; **during my ~ of the house** quand j'étais locataire de la maison; **during his ~ of Government House** *fig* pendant qu'il était gouverneur. -**3.** [property]: **a council ~** un logement appartenant à la municipalité, ≃ une HLM.

◇ *comp* de location; **~ agreement** contrat *m* de location.

tenant ['tenənt] ◇ *n* locataire *mf*.

◇ *vt* habiter comme locataire, louer.

◇ *comp* [rights] du locataire.

tenant farmer *n* métayer *m*, -ère *f*.

tenantry ['tenəntrɪ] *n* AGR ensemble *m* des tenanciers OR locataires.

ten-cent-store *n Am* bazar *m*.

tench [tenʃ] (*pl inv*) *n* tanche *f*.

tend [tend] ◇ *vi* -**1.** [be inclined]: **to ~ to** avoir tendance à, tendre à; **he does ~ to take himself seriously** il a vraiment tendance à se prendre au sérieux; **I ~ to think (that) politics is a waste of time** j'ai tendance à penser que la politique est une perte de temps; **that does ~ to be the case** c'est souvent le cas. -**2.** [colour]: **red ~ing to orange** rouge tirant sur l'orange. -**3.** [go, move] tendre; **his writings ~ to** OR **towards exoticism** ses écrits tendent vers l'exotisme; **in later life, she ~ed more towards a Marxist view of things** vers la fin de sa vie, elle inclina OR évolua vers des idées marxistes. -**4.** [look after]: **she ~ed to his every wish** elle lui a passé tous ses caprices, elle a fait ses quatre volontés; **to ~ to one's business/one's guests** s'occuper de ses affaires/ses invités; **to ~ to sb's wounds** panser OR soigner les blessures de qqn.

◇ *vt* -**1.** [take care of - sheep] garder; [- sick, wounded] soigner; [- garden] entretenir, s'occuper de; **to ~ sb's wounds** panser OR soigner les blessures de qqn. -**2.** *Am* [customer] servir.

tendency ['tendənsɪ] (*pl* tendencies) *n* -**1.** [inclination] tendance *f*; **he has a ~ to forget things** il a tendance à tout oublier; **she has a natural ~ to** OR **towards laziness** elle est d'un naturel paresseux; **to have suicidal tendencies** avoir des tendances suicidaires. -**2.** [trend] tendance *f*; **a growing ~ towards conservatism** une tendance de plus en plus marquée vers le conservatisme; **upward/downward ~** [in prices] tendance à la hausse/à la baisse. -**3.** POL tendance *f*, groupe *m*.

tendentious [ten'denʃəs] *adj* tendancieux.

tendentiously [ten'denʃəslɪ] *adv* tendancieusement.

tendentiousness [ten'denʃəsnɪs] *n* caractère *m* tendancieux.

tender ['tendəʳ] ◇ *adj* -**1.** [affectionate - person] tendre, affectueux, doux; [- heart, smile, words] tendre; [- memories] doux; **they bade each other a ~ farewell** ils se sont fait de tendres adieux ❑ **'Tender is the Night'** *Fitzgerald* 'Tendre est la nuit'. -**2.** [sensitive - skin] délicat, fragile; [sore] sensible, douloureux; **my knee is still ~** mon genou me fait encore mal; **that's rather a ~ subject** c'est un sujet assez délicat; **to touch sb on a ~ spot** *fig* toucher le point sensible de qqn. -**3.** [meat, vegetables] tendre. -**4.** *lit* [innocent - age, youth] tendre; **she gave her first concert at the ~ age of six** elle a donné son premier concert alors qu'elle n'avait que six ans; **to be of ~ years** être d'âge tendre.

◇ *vt* -**1.** [resignation] donner; [apologies] présenter; [thanks] offrir; [bid, offer] faire. -**2.** [money, fare] tendre; **to ~ sthg to sb** tendre qqch à qqn.

◇ *vi* faire une soumission; **to ~ for a contract** faire une soumission pour une adjudication, soumissionner une adjudication.

◇ *n* -**1.** *Br* [statement of charges] soumission *f*; [bid] offre *f*; **to put in** OR **to submit a ~ for a job** soumissionner un travail, faire une soumission pour un travail; **to put a job out to ~**, **to invite ~s for a job** faire un appel d'offres pour un travail. -**2.** [money]: **legal ~** cours *m* légal. -**3.** RAIL tender *m*. -**4.** NAUT [shuttle] navette *f*; [supply boat] ravitailleur *m*. -**5.** [supply vehicle] véhicule *m* ravitailleur; (fire) ~ *Br* voiture *f* de pompier.

tenderfoot ['tendəfʊt] (*pl* tenderfoots OR tenderfeet [-fiːt]) *n* -**1.** [beginner] novice *mf*, nouveau *m*, nouvelle *f*. -**2.** *inf Am* [newcomer] nouveau venu *m*, nouvelle venue *f*.

tenderhearted [,tendə'hɑːtɪd] *adj* au cœur tendre, compatissant; **she's too ~** elle est trop bonne.

tenderheartedness [,tendə'hɑːtɪdnɪs] *n* compassion *f*, sensibilité *f*.

tenderize, -ise ['tendəraɪz] *vt* attendrir.

tenderizer ['tendəraɪzəʳ] *n* attendrisseur *m*.

tenderloin ['tendəlɔɪn] *n* -**1.** [meat] filet *m*. -**2.** *Am* [district] quartier *m* chaud *(connu pour sa corruption)*.

tenderly ['tendəlɪ] *adv* tendrement, avec tendresse.

tenderness ['tendənɪs] *n* -**1.** [of person, feelings] tendresse *f*, affection *f*; **she feels a certain ~ for the old man** elle éprouve une certaine tendresse pour ce vieux monsieur. -**2.** [of skin] sensibilité *f*; [of plant] fragilité *f*; [soreness] sensibilité *f*. -**3.** [of meat, vegetables] tendreté *f*.

tendon ['tendən] *n* tendon *m*.

tendril ['tendrəl] *n* -**1.** BOT vrille *f*, cirre *m*. -**2.** [of hair] boucle *f*.

tenement ['tenəmənt] *n* -**1.** [block of flats] immeuble *m* (ancien). -**2.** [slum] taudis *m*. -**3.** [dwelling] logement *m*.

tenement building *n* immeuble *m* (ancien).

tenement house *n* maison *f* divisée en appartements.

Tenerife [,tenə'riːf] *pr n* Tenerife, Ténériffe; **in ~** à Tenerife.

tenet ['tenɪt] *n* [principle] principe *m*, dogme *m*; [belief] croyance *f*.

tenfold ['tenfəʊld] ◇ *adv* dix fois autant OR plus, au décuple; **to increase ~** décupler.

◇ *adj*: **a ~ increase in applications** dix fois plus de demandes.

ten-gallon hat *n* chapeau *m* de cowboy.

tenner *inf* ['tenəʳ] *n Br* billet *m* de 10 livres.

Tennessee [,tenə'siː] *pr n* Tennessee *m*; **in ~** dans le Tennessee.

tennis ['tenɪs] ◇ *n* tennis *m*; **to have** OR **to play a game of ~** faire une partie de tennis; **anyone for ~?** qui veut jouer au tennis?

◇ *comp* [ball, court, player] de tennis.

tennis elbow *n (U)* tennis-elbow *m*, synovite *f* du coude.

tennis shoe *n* (chaussure *f* de) tennis *m ou f*.

tennis whites *npl* tenue *f* de tennis.

tenon ['tenən] ◇ *n* tenon *m*.

◇ *vt* tenonner.

tenor ['tenəʳ] ◇ *n* -**1.** [general sense - of conversation] sens *m* général, teneur *f*; [- of letter] contenu *m*, teneur *f*. -**2.** [general flow - of events] cours *m*, marche *f*; **the accident interrupted the even ~ of their life** l'accident est venu interrompre le cours paisible de leur vie. -**3.** MUS ténor *m*.

◇ *adv*: **to sing ~** avoir une voix de OR être ténor.

◇ *comp* [part, voice] de ténor; [aria] pour (voix de) ténor; **~ recorder** flûte *f* à bec; **~ saxophone** saxophone *m* ténor.

tenpin bowling ['tenpɪn-] *n Br* bowling *m*; **to go ~** aller faire du bowling, aller au bowling.

tenpins ['tenpɪnz] *n Am* bowling *m*.

tense [tens] ◇ *adj* -**1.** [person, relationship, situation] tendu; [smile] crispé; **the audience was ~ with excitement** le public contenait avec peine son enthousiasme; **her voice was ~ with emotion** elle avait la voix étranglée par l'émotion; **we spent several ~ hours waiting for news** nous avons passé plusieurs heures à attendre des nouvelles dans un état de grande tension nerveuse; **the atmosphere was very ~** l'atmosphère était très tendue; **things are getting ~ in the war zone** la situation devient tendue dans la zone de combat. -**2.** [muscles, rope, spring] tendu; **to become ~** se tendre. -**3.** LING [vowel] tendu.

◇ *vt* [muscle] tendre, bander; **to ~ oneself** se raidir.

◇ *n* GRAMM temps *m*; **future ~** futur *m*; **past ~** passé *m*.

◆ **tense up** ◇ *vi insep* [muscle] se tendre, se raidir; [person] se crisper, devenir tendu; **don't ~ up** détends-toi, décontracte-toi.

◇ *vt sep* [person] rendre nerveux; **she's all ~d up** elle est vraiment tendue.

tensely ['tenslɪ] *adv* [move, react] de façon tendue; [speak] d'une voix tendue; **they waited ~ for the doctor to arrive** ils ont attendu le médecin dans un état de grande tension nerveuse.

tenseness ['tensnɪs] *n* tension *f*.

tensile ['tensaɪl] *adj* MECH extensible, élastique.

tensile strength *n* résistance *f* à la tension, limite *f* élastique à la tension.

tension ['tenʃn] *n* -**1.** [of person, situation, voice] tension *f*; **~ between the two countries is mounting** la tension monte entre les deux pays. -**2.** [of muscle, rope, spring] tension *f*. -**3.** ELEC tension *f*, voltage *m*. -**4.** MECH & TECH tension *f*, (force *f* de) traction *f*.

tension headache *n* mal *m* de tête dû à la tension nerveuse.

tensor ['tensəʳ] *n* ANAT & MATH tenseur *m*.

tent [tent] ◇ *n* -**1.** [for camping] tente *f*; **to put up** OR **to pitch a ~** monter une tente. -**2.** MED: **oxygen ~** tente *f* à oxygène.

◇ *comp* [peg, pole] de tente.

◇ *vi* camper.

tentacle ['tentəkl] *n* tentacule *m*.

tentative ['tentətɪv] *adj* -**1.** [provisional] provisoire; [preliminary] préliminaire; [experimental] expérimental; **a ~ offer** une offre provisoire; **our plans are only ~** nos projets ne sont pas définitifs. -**2.** [uncertain - smile] timide; [- person] indécis, hésitant; [- steps] hésitant.

tentatively ['tentətɪvlɪ] *adv* -**1.** [suggest] provisoirement; [act] à titre d'essai. -**2.** [smile] timidement; [walk] d'un pas hésitant.

tent dress *n* robe *f* très ample, robe *f* sac.

tenterhooks ['tentəhʊks] *npl* TEX clous *mpl* à crochet; **to be on ~** être sur des charbons ardents; **to keep sb on ~** tenir qqn en haleine.

tenth [tenθ] ◇ *adj* dixième.

◇ *n* -**1.** [gen & MATH] dixième *m*. -**2.** MUS dixième *f*.

tenuity [te'njuːətɪ] *n* ténuité *f*.

tenuous ['tenjʊəs] *adj* -**1.** [fine - distinction] subtil, ténu; [- thread] ténu; **a ~ voice** une voix grêle OR fluette. -**2.** [flimsy - link, relationship] précaire, fragile; [- evidence] mince, faible; [- argument] faible. -**3.** [precarious - existence] précaire. -**4.** PHYS [gas] raréfié.

tenuously ['tenjʊəslɪ] *adv* de manière ténue OR précaire.

tenuousness ['tenjʊəsnɪs] *n* **-1.** [of distinction] subtilité *f*; [of thread] ténuité *f*; [of voice] faiblesse *f*. **-2.** [of link, relationship] fragilité *f*, précarité *f*; [of evidence] minceur *f*, faiblesse *f*; [of argument] faiblesse *f*. **-3.** [of existence] précarité *f*. **-4.** PHYS raréfaction *f*.

tenure ['tenjəʳ] *n* **-1.** [of land, property] bail *m*. **-2.** [of post] occupation *f*; **during his ~ as chairman** pendant qu'il occupait le poste de président OR était président; **to have ~** *Am* UNIV être titulaire.

tenured ['tenjəd] *adj* [post] titulaire.

tenure-tracked *adj Am*: **he's got a ~ job** son poste est en voie de titularisation.

tepee ['ti:pi:] *n* tipi *m*.

tephra ['tefrə] *n Am* téphra *m*.

tepid ['tepɪd] *adj* **-1.** [water] tiède. **-2.** [welcome, thanks] tiède, réservé.

tepidity [te'pɪdɪtɪ], **tepidness** ['tepɪdnɪs] *n* [of water, welcome] tiédeur *f*.

tequila [tɪ'ki:lə] *n* tequila *f*.

Ter. *written abbr of* **terrace**.

teratology [terə'tɒlədʒɪ] *n* tératologie *f*.

terbium ['tɜ:bɪəm] *n* terbium *m*.

tercentenary [,tɜ:sen'ti:nərɪ] (*pl* **tercentenaries**), **tercentennial** [,tɜ:sen'tenjəl] ◇ *n* tricentenaire *m*.
◇ *adj* du tricentenaire.

tercet ['tɜ:sɪt] *n* tercet *m*.

Teresa [tə'ri:zə] *pr n*: **~ of Avila** sainte Thérèse d'Avila; **Mother ~** Mère Teresa.

term [tɜ:m] ◇ *n* **-1.** [period, end of period] terme *m*; [of pregnancy] terme *m*; **in the long/short ~** à long/court terme; **to reach (full) ~** arriver OR être à terme. **-2.** SCH & UNIV trimestre *m*; **in** OR **during ~ (time)** pendant le trimestre; **autumn ~** trimestre d'automne, premier trimestre. **-3.** JUR & POL [of court, parliament] session *f*; [of elected official] mandat *m*; **the president is elected for a 4-year ~** le président est élu pour (une période OR une durée de) 4 ans ❑ **during my ~ of office** [gen] pendant que j'étais en fonction; POL pendant mon mandat. **-4.** [in prison] peine *f*; **~ of imprisonment** peine de prison; **to serve one's ~** purger sa peine. **-5.** [word, expression] terme *m*; **medical/legal ~** terme médical/juridique; **she spoke of you in very flattering ~s** elle a parlé de vous en (des) termes très flatteurs; **she told him what she thought in no uncertain ~s** elle lui a dit carrément ce qu'elle pensait. **-6.** LOGIC & MATH terme *m*.
◇ *vt* appeler, nommer; **I wouldn't ~ it a scientific book exactly** je ne dirais pas vraiment que c'est un livre scientifique; **critics ~ed the play a total disaster** les critiques ont qualifié la pièce d'échec complet.
◆ **terms** *npl* **-1.** [conditions - of employment] conditions *fpl*; [- of agreement, contract] termes *mpl*; **under the ~s of the agreement** selon les termes de l'accord; **~s of payment** modalités *fpl* de paiement; **~s and conditions of sale/of employment** JUR conditions de vente/d'emploi; **what are the inquiry's ~s of reference?** quelles sont les attributions OR quel est le mandat de la commission d'enquête?; **what are your ~s?** quelles sont vos conditions?; **to dictate ~s to sb** imposer des conditions à qqn; **she would only accept on her own ~s** elle n'était disposée à accepter qu'après avoir posé ses conditions; **not on any ~s** à aucun prix, à aucune condition. **-2.** [perspective]: **we must think in less ambitious ~s** il faut voir moins grand; **he refuses to consider the question in international ~s** il refuse d'envisager la question d'un point de vue international; **in personal ~s, it was a disaster** sur le plan personnel, c'était une catastrophe. **-3.** [rates, tariffs] conditions *fpl*, tarifs *mpl*; **we offer easy ~s** nous proposons des facilités de paiement ‖ [in hotel]: **weekly ~s** tarifs à la semaine; **special ~s for travellers** tarifs spéciaux pour VRP. **-4.** [relations]: **to be on good ~s with sb** être en bons termes avec qqn; **we're on the best of ~s** nous sommes en excellents termes; **on equal ~s** d'égal à égal; **they're no longer on speaking ~s** ils ne se parlent plus. **-5.** [agreement] accord *m*; **to make ~s** OR **to come to ~s with sb** arriver à OR conclure un accord avec qqn ‖ [acceptance]: **to come to ~s with sthg** se résigner à qqch, arriver à accepter qqch; **she'll have to come to ~s with her problems eventually** tôt ou tard elle devra faire face à ses problèmes.
◆ **in terms of** *prep phr* en ce qui concerne, pour ce qui est de; **in ~s of profits, we're doing well** pour ce qui est des bénéfices, tout va bien; **I was thinking more in ~s of a Jaguar** je pensais plutôt à une Jaguar; **we really should be thinking more in ~s of foreign competition** il nous faudrait davantage tenir compte de OR penser davantage à la concurrence étrangère.

termagant ['tɜ:məgənt] *n* mégère *f*, harpie *f*.

-termer ['tɜ:məʳ] *in cpds*: **short/long~** condamné *m*, -e *f* à une courte/longue peine.

terminal ['tɜ:mɪnl] ◇ *adj* **-1.** [final] terminal; **~ station** RAIL terminus *m*; **~ velocity** vitesse *f* limite. **-2.** MED [ward] pour malades condamnés OR incurables; [patient] en phase terminale; [disease] qui est dans sa phase terminale; **he has ~ cancer** il a un cancer en phase terminale; **I think I'm suffering from ~ boredom** *hum* je crois que je vais mourir d'ennui. **-3.** [termly] trimestriel.
◇ *n* **-1.** [for bus, underground] terminus *m*; [at airport] terminal *m*, aérogare *f*; **~ B** aérogare OR terminal B; **~ (platform)** PETR terminal. **-2.** COMPUT terminal *m*. **-3.** ELEC [of battery] borne *f*. **-4.** LING terminaison *f*.

terminally ['tɜ:mɪnəlɪ] *adv*: **to be ~ ill** être dans la phase terminale d'une maladie; **the ~ ill** les malades condamnés OR qui sont en phase terminale.

terminate ['tɜ:mɪneɪt] ◇ *vt* **-1.** [end - project, work] terminer; [- employment] mettre fin OR un terme à; [- contract] résilier, mettre fin OR un terme à; [- pregnancy] interrompre. **-2.** *inf Am* [employee] virer. **-3.** *inf* [kill] descendre.
◇ *vi* **-1.** [end] se terminer; **the row ~d in** OR **with her resignation** la dispute s'est terminée par sa démission. **-2.** LING se terminer. **-3.** RAIL: **this train ~s at Cambridge** ce train ne va pas plus loin que Cambridge.

termination [,tɜ:mɪ'neɪʃn] *n* **-1.** [end - gen] fin *f*; [- of contract] résiliation *f*; **~ of employment** licenciement *m*. **-2.** [abortion] interruption *f* de grossesse, avortement *m*. **-3.** LING terminaison *f*, désinence *f*.

termini ['tɜ:mɪnaɪ] *pl* → **terminus**.

terminological [,tɜ:mɪnə'lɒdʒɪkl] *adj* terminologique; **~ inexactitude** *euph* mensonge *m*.

terminologist [,tɜ:mɪ'nɒlədʒɪst] *n* terminologue *mf*.

terminology [,tɜ:mɪ'nɒlədʒɪ] (*pl* **terminologies**) *n* terminologie *f*.

term insurance *n* assurance *f* à terme.

terminus ['tɜ:mɪnəs] (*pl* **terminuses** OR **termini** [-naɪ]) *n* terminus *m*.

termite ['tɜ:maɪt] *n* termite *m*, fourmi *f* blanche.

termless ['tɜ:mlɪs] *adj* **-1.** [endless] illimité, sans limite OR fin. **-2.** [unconditional] sans condition OR conditions, inconditionnel.

termly ['tɜ:mlɪ] ◇ *adj* trimestriel.
◇ *adv* trimestriellement, par trimestre.

tern [tɜ:n] *n* hirondelle *f* de mer, sterne *f*.

ternary ['tɜ:nərɪ] *adj* ternaire.

Terr *written abbr of* **terrace**.

terrace ['terəs] ◇ *n* **-1.** AGR & GEOL terrasse *f*. **-2.** [patio] terrasse *f*. **-3.** [embankment] terre-plein *m*. **-4.** *Br* [of houses] rangée *f*; **Victorian ~s in Manchester** des rangées de maisons victoriennes à Manchester. **-5.** = **terraced house**.
◇ *vt* AGR cultiver en terrasses.
◆ **terraces** *npl* SPORT gradins *mpl*; **on the ~s** dans les gradins.

TERRACE:
Ce mot désigne une rangée de maisons à un ou deux étages. A l'origine les «terraced houses» étaient surtout des logements ouvriers (équivalents des corons) construits à proximité d'usines ou de mines de charbon.

terrace cultivation *n* culture *f* en terrasses.

terraced ['terəst] *adj* [garden] suspendu, étagé, «en terrasses»; [hillside] cultivé en terrasses.

terraced house *n Br maison faisant partie d'une «terrace»*; **~s** maisons *fpl* alignées.

terracotta [,terə'kɒtə] ◇ *n* [earthenware] terre *f* cuite.
◇ *comp* [pottery] en terre cuite; [colour] rouille *(inv)*.

terra firma [,terə'fɜ:mə] *n lit* OR *hum* terre *f* ferme; **on ~** sur la terre ferme.

terrain [te'reɪn] *n* terrain *m*.

terrapin ['terəpɪn] *n* tortue *f* d'eau douce.

terrarium [tə'reərɪəm] *n* [for plants] miniserre *f*; [for reptiles] terrarium *m*.

terrazzo [tə'rætsəʊ] (*pl* **terrazos**) *n* granito *m*.

terrestrial [tə'restrɪəl] ◇ *adj* terrestre.
◇ *n* terrien *m*, -enne *f*.

terrible ['terəbl] *adj* **-1.** [severe, serious - cough, pain] affreux, atroce; [- accident] effroyable, affreux; [- storm] effroyable; **it caused ~ damage** cela a provoqué d'importants dégâts; **it was a ~ blow** ce fut un coup terrible; **the heat was ~** il faisait une chaleur terrible OR épouvantable. **-2.** [very bad - experience, dream] atroce; [- food, smell] épouvantable; [- conditions, poverty] épouvantable, effroyable; **to feel ~** [ill] se sentir très mal; [morally] s'en vouloir beaucoup, avoir des remords; **I feel ~ about the whole situation** je m'en veux beaucoup pour tout ce qui s'est passé; **I feel ~ about leaving them on their own** cela m'ennuie terriblement de les laisser seuls; **she has had a ~ time of it** elle a beaucoup souffert; **I was always ~ at French** j'ai toujours été nul en français; **the food was a ~ disappointment** on a été terriblement déçus par la nourriture.

terribly ['terəblɪ] *adv* **-1.** *inf* [as intensifier] terriblement, extrêmement; **I'm ~ sorry** je suis vraiment désolé; **she'll be ~ disappointed** elle sera terriblement déçue; **the food here isn't ~ good** la nourriture ici n'est pas fameuse; **she's ~ clever** elle est drôlement OR rudement intelligente; **it must have hurt ~** [physically] cela a dû vous faire terriblement mal; [mentally] cela a dû vous faire énormément de peine. **-2.** [very badly] affreusement mal, terriblement mal; **she dresses/plays ~ (badly)** elle s'habille/joue affreusement mal.

terrier ['terɪəʳ] *n* terrier *m (chien)*.
◆ **Terriers** *inf pl pr n Br*: **the Terriers** la territoriale, l'armée *f* territoriale.

terrific [tə'rɪfɪk] *adj* **-1.** [extreme, intense - noise, crash] épouvantable, effroyable; [- speed] fou; [- heat] terrible, épouvantable; [- appetite] énorme, robuste; **these trees grow to a ~ height** ces arbres atteignent une taille énorme; **it must have come as a ~ shock** cela a dû vous faire un choc terrible. **-2.** *inf* [superb, great] terrible, super; **you look ~ in that dress** cette robe te va super bien; **well, I think he's ~** eh bien moi, je le trouve super OR génial.

terrifically *inf* [tə'rɪfɪklɪ] *adv* **-1.** [extremely, enormously] extrêmement, très; **~ happy** super heureux; **~ disappointed** terriblement déçu; **he's grown ~** il a énormément grandi. **-2.** [very well] merveilleusement (bien); **she sings ~** elle chante merveilleusement OR formidablement bien.

terrified ['terɪfaɪd] *adj* terrifié; **to be ~ of sthg** avoir une peur bleue OR avoir très peur de qqch; **I was absolutely ~** j'étais absolument mort de peur OR complètement terrifié OR complètement terrorisé.

terrify ['terɪfaɪ] (*pt* & *pp* **terrified**) *vt* terrifier, effrayer.

terrifying ['terɪfaɪɪŋ] *adj* [dream] terrifiant; [person] terrible, épouvantable; [weaker use]

terrifiant, effroyable; what a ~ thought! rien que d'y penser, je frémis!
terrifyingly ['terıfaııŋlı] *adv* de façon terrifiante OR effroyable.
terrine [te'ri:n] *n* terrine *f.*
territorial [,terı'tɔ:rıəl] ◇ *adj* territorial; cats are very ~ (animals) les chats sont des animaux farouchement attachés à leur territoire.
◇ *n* territorial *m*; the Territorials l'armée *f* territoriale OR la territoriale britannique.
Territorial Army *pr n* (armée *f*) territoriale *f* britannique.
territorialism [,terə'tɔ:rıəlızm] *n* territorialisme *m.*
territorial waters *npl* eaux *fpl* territoriales.
territory ['terətrı] (*pl* territories) *n* [area] territoire *m*; COMM [of salesperson] territoire *m*, région *f*; [of knowledge] domaine *m.*
terror ['terəʳ] *n* -**1.** [fear] terreur *f*, épouvante *f*; to be OR to go in ~ of one's life craindre pour sa vie; to be in a state of ~ être terrorisé OR terrifié; to have a ~ of (doing) sthg avoir extrêmement peur OR la terreur de (faire) qqch. -**2.** [frightening event or aspect] terreur *f*; the ~s of the night les terreurs de la nuit. -**3.** [terrorism] terreur *f*; campaign of ~ campagne *f* terroriste OR de terreur. -**4.** *inf* [person] terreur *f*; he's a ~ on his bike c'est une terreur en vélo; you little ~! petite terreur!
◆ **Terror** *n*: the Terror HIST la Terreur.
terrorism ['terərızm] *n* terrorisme *m*; ecological ~ terrorisme écologique.
terrorist ['terərıst] ◇ *n* terroriste *mf.*
◇ *adj* [bomb] de terroriste; [campaign, attack, group] terroriste.
terrorize, -ise ['terəraız] *vt* terroriser.
terror-stricken, terror-struck *adj* épouvanté, saisi de terreur.
terry (towelling) ['terı-] *n*: ~ (cloth) tissu-éponge *m.*
terse [tɜ:s] *adj* [concise] concis, succinct; [laconic] laconique; [abrupt] brusque, sec.
tersely ['tɜ:slı] *adv* [concisely] avec concision; [laconically] laconiquement; [abruptly] brusquement, sèchement.
terseness ['tɜ:snıs] *n* [concision] concision *f*; [laconicism] laconisme *m*; [abruptness] brusquerie *f.*
tertiary ['tɜ:ʃərı] *adj* [gen & INDUST] tertiaire; [education] postscolaire.
◆ **Tertiary** ◇ *adj* GEOL tertiaire.
◇ *n*: the Tertiary GEOL le tertiaire.
Terylene® ['terəli:n] ◇ *n* Térylène® *m*, ≃ Tergal® *m.*
◇ *adj* en Tergal.
TESL ['tesl] (*abbr of* Teaching (of) English as a Second Language) *n* enseignement *m* de l'anglais langue seconde.
TESOL ['ti:sɒl] (*abbr of* Teaching English to Speakers of Other Languages) *n* enseignement *m* de l'anglais aux étrangers OR comme langue étrangère.
TESSA ['tesə] (*abbr of* tax-exempt special savings account) *n en Grande-Bretagne, plan d'épargne exonéré d'impôt.*
tessellated ['tesəleıtıd] *adj* en mosaïque.
tessitura [,tesı'tʊərə] *n* tessiture *f.*
test [test] ◇ *n* -**1.** [examination - gen] test *m*; SCH contrôle *m*, interrogation *f*; to pass a ~ réussir à un examen; biology ~ interrogation de biologie; to sit OR to take a ~ passer un examen ❑ intelligence/general knowledge ~ test d'intelligence/de culture générale; personality ~ test de personnalité; I'm taking my (driving) ~ tomorrow je passe mon permis (de conduire) demain; did you pass your (driving) ~? avez-vous été reçu au permis (de conduire)? -**2.** MED [of blood, urine] test *m*, analyse *f*; [of eyes, hearing] examen *m*; to undergo ~s subir des tests OR examens; to have a blood ~ faire faire une analyse de sang; to have an eye ~ se faire examiner la vue; the lab did a ~ for cholesterol/salmonella le laboratoire a fait une analyse pour déterminer le taux de cholestérol/pour détecter la présence de salmonelles. -**3.** [trial - of equipment, machine] test *m*, essai *m*, épreuve *f*; [- of quality] contrôle *m*; to carry out ~s on sthg effectuer des tests sur qqch; all new drugs undergo clinical ~s tous les nouveaux médicaments subissent des tests cliniques; a ~ for noise levels un contrôle des niveaux sonores; to be on ~ être testé OR à l'essai; to put sthg to the ~ tester qqch, faire l'essai de qqch. -**4.** [of character, endurance, resolve] test *m*; a good ~ of character un bon test de personnalité, un bon moyen de tester la personnalité; to put sb to the ~ éprouver qqn, mettre qqn à l'épreuve; his courage was really put to the ~ son courage fut sérieusement mis à l'épreuve OR éprouvé; it's the first major ~ for the Prime Minister c'est la première fois que le Premier ministre est réellement mis à l'épreuve; to stand the ~ se montrer à la hauteur ❑ ~ of strength *literal & fig* épreuve *f* de force; to stand the ~ of time durer, résister à l'épreuve du temps; her books have certainly stood the ~ of time ses livres n'ont pas pris une ride. -**5.** [measure] test *m*; it's a ~ of union solidarity c'est un test de la solidarité syndicale; it will be a ~ of popularity for the new leader ce sera un test de popularité pour le nouveau dirigeant; the by-election will be a good ~ of public opinion l'élection partielle représentera un bon test de l'opinion publique. -**6.** *Br* SPORT test-match *m.*
◇ *comp* [flight, strip etc] d'essai; ~ shot lancement *m* d'essai.
◇ *vt* -**1.** [examine - ability, knowledge, intelligence] tester, mesurer; SCH [pupils] tester, contrôler les connaissances de; we were ~ed in geography and physics nous avons eu un contrôle de géographie et de physique; she was ~ed on her knowledge of plants on a testé OR vérifié ses connaissances botaniques. -**2.** MED [blood, urine] analyser, faire une analyse de; [sight, hearing] examiner; to have one's eyes ~ed se faire examiner la vue; you need your eyes ~ing *Br* OR ~ed *Am*! *fig* il faut mettre des lunettes! -**3.** [try out - prototype, car] essayer, faire l'essai de; [- weapon] tester; [- drug] tester, expérimenter; none of our products are ~ed on animals nos produits ne sont pas testés sur les animaux. -**4.** [check - batteries, pressure, suspension] vérifier, contrôler. -**5.** [measure - reaction, popularity] mesurer, évaluer; the day of action will ~ union solidarity la journée d'action permettra de mesurer OR d'évaluer la solidarité syndicale. -**6.** [analyse - soil] analyser, faire des prélèvements dans; [- water] analyser; the water was ~ed for phosphates on a analysé l'eau pour en déterminer le taux de phosphates; to ~ food for starch rechercher la présence d'amidon dans les aliments ❑ to ~ the water tâter le terrain. -**7.** [tax - machinery, driver, patience] éprouver, mettre à l'épreuve; to ~ sb to the limit pousser qqn à bout OR à la dernière extrémité; to ~ sb's patience to the limit mettre la patience de qqn à rude épreuve.
◇ *vi* -**1.** [make examination]: to ~ for albumin/for salmonella faire une recherche d'albumine/de salmonelles; to ~ for the presence of gas rechercher la présence de gaz. -**2.** RADIO & TELEC: ~ing, ~ing! un, deux, trois!
◆ **test out** *vt sep* -**1.** [idea, theory] tester. -**2.** [prototype, product] essayer, mettre à l'essai; these products used to be ~ed out on animals avant, on testait ces produits sur des animaux.
testament ['testəmənt] *n* -**1.** JUR testament *m.* -**2.** BIBLE testament *m*; the New Testament le Nouveau Testament; the Old Testament l'Ancien Testament.
testamentary [,testə'mentərı] *adj* testamentaire.
testate ['testeıt] *adj*: to die ~ mourir en ayant laissé un testament OR testé.
testator [te'steıtəʳ] *n* testateur *m.*
testatrix [te'steıtrıks] *n* testatrice *f.*
test ban *n* interdiction *f* des essais nucléaires.
test-bed *n* banc *m* d'essai OR d'épreuve.
test card *n Br* TV mire *f.*
test case *n* JUR précédent *m*, affaire *f* qui fait jurisprudence.
test drive (*pt* test-drove, *pp* test-driven) *n* essai *m* sur route; to go for a ~ essayer une voiture.
◆ **test-drive** *vt* [car] essayer.
tester ['testəʳ] *n* -**1.** [person] contrôleur *m*, -euse *f*, vérificateur *m*, -trice *f.* -**2.** [machine] appareil *m* de contrôle OR de vérification. -**3.** [sample - of make-up, perfume] échantillon *m.* -**4.** [over bed] baldaquin *m*, ciel *m.*
testes ['testi:z] *pl* → **testis.**
testicle ['testıkl] *n* testicule *m.*
testify ['testıfaı] (*pt & pp* testified) ◇ *vt* déclarer, affirmer; I can ~ that she remained at home je peux attester qu'elle est restée à la maison.
◇ *vi* [be witness] porter témoignage, servir de témoin; [make statement] déposer, faire une déposition; to ~ for/against sb déposer en faveur de/contre qqn; I can ~ to her honesty je peux attester OR témoigner de son honnêteté; his behaviour testified to his guilt son comportement témoignait de sa culpabilité.
testimonial [,testı'məʊnjəl] ◇ *n* -**1.** [certificate] attestation *f*; [reference] recommandation *f*, attestation *f.* -**2.** [tribute] témoignage *m.* -**3.** *Br* SPORT *match en hommage à un grand sportif.*
◇ *comp* qui porte témoignage; they organized a ~ dinner for him ils ont organisé un dîner en son honneur; ~ match *Br match en hommage à un grand sportif.*
testimony [*Br* 'testımənı, *Am* 'testəməʊnı] (*pl* testimonies) *n* -**1.** [statement] déclaration *f*; JUR témoignage *m*, déposition *f*; to call sb in ~ appeler qqn en témoignage. -**2.** [sign, proof] témoignage *m*; to bear ~ to the truth porter OR rendre témoignage de la vérité; the monument is a lasting ~ to OR of his genius ce monument est le témoignage vivant de son génie.
testing ['testıŋ] ◇ *adj* [difficult] difficile, éprouvant; it's been a ~ time for everyone cela a été une période éprouvante pour tout le monde.
◇ *n* -**1.** [of product, machine, vehicle] (mise *f* à l') essai *m*; nuclear ~ essais *mpl* nucléaires. -**2.** MED [of sight, hearing] examen *m*; [of blood, urine] analyse *f*; [of reaction] mesure *f.* -**3.** [of intelligence, knowledge, skills] évaluation *f*; [of candidate] évaluation *f*, examen *m.*
testing bench *n* banc *m* d'essai.
testing ground *n* terrain *m* d'essai; Scotland is often used as a ~ for new government policies le gouvernement utilise souvent l'Écosse pour tester ses nouvelles mesures politiques.
testis ['testıs] (*pl* testes [-ti:z]) *n* testicule *m.*
test match *n Br* match *m* international, test-match *m.*
testosterone [te'stɒstərəʊn] *n* testostérone *f.*
test paper *n* -**1.** CHEM papier *m* réactif. -**2.** *Br* SCH interrogation *f* écrite.
test piece *n* MUS morceau *m* imposé OR de concours.
test pilot *n* pilote *m* d'essai.
test run *n* essai *m*; to go for a ~ faire un essai.
test signal *n* signal *m* de mesure.
test tube *n* éprouvette *f.*
◆ **test-tube** *adj* de laboratoire.
test-tube baby *n* bébé-éprouvette *m.*
testy ['testı] (*compar* testier, *superl* testiest) *adj* irritable, grincheux.
tetanus ['tetənəs] ◇ *n* tétanos *m.*
◇ *comp* [vaccination, injection] antitétanique.
tetchily ['tetʃılı] *adv* d'un ton irrité.
tetchiness ['tetʃınıs] *n* irritabilité *f.*
tetchy ['tetʃı] (*compar* tetchier, *superl* tetchiest) *adj Br* grincheux, irascible.
tête-à-tête [,teıtɑ:'teıt] ◇ *n* (conversation *f* en) tête-à-tête *m inv.*
◇ *adj* en tête-à-tête.
tether ['teðəʳ] ◇ *n* [for horse] longe *f*, attache *f*; to be at the end of one's ~ [depressed] être au

bout du rouleau; [exasperated] être à bout de patience.
◇ *vt* [horse] attacher.

tetrachloride [ˌtetrəˈklɔːraɪd] *n* tétrachlorure *m*.

tetracycline [ˌtetrəˈsaɪkliːn] *n* tétracycline *f*.

tetrad [ˈtetræd] *n* tétrade *f*.

tetragon [ˈtetrəgən] *n* quadrilatère *m*.

tetrahedron [ˌtetrəˈhiːdrən] (*pl* **tetrahedrons** OR **tetrahedra** [-drə]) *n* tétraèdre *m*.

tetrameter [teˈtræmɪtəʳ] *n* tétramètre *m*.

tetraplegic [ˌtetrəˈpliːdʒɪk] ◇ *n* tétraplégique *mf*.
◇ *adj* tétraplégique.

tetrapod [ˈtetrəpɒd] *n* tétrapode *m*.

tetrasyllable [ˈtetrəˌsɪləbl] *n* tétrasyllabe *m*.

tetravalent [ˌtetrəˈveɪlənt] *adj* tétravalent, quadrivalent.

tetrode [ˈtetrəʊd] *n* tétrode *f*, tube *m* à quatre électrodes.

tetter [ˈtetəʳ] *n* éruption *f* cutanée.

Teuton [ˈtjuːtən] *n* Teuton *m*, -onne *f*.

Teutonic [tjuːˈtɒnɪk] *adj* teuton.

Teutonism [ˈtjuːtənɪzm] *n* germanisme *m*.

Tex *n* -**1.** *written abbr of* Texan. -**2.** *written abbr of* Texas.

Texan [ˈteksn] ◇ *n* Texan *m*, -e *f*.
◇ *adj* texan.

Texas [ˈteksəs] *pr n* Texas *m*; in ~ au Texas.

Tex-Mex [ˌteksˈmeks] *n* -**1.** CULIN *cuisine mexicaine adaptée aux goûts américains.* -**2.** [music] musique *f* mexico-américaine.

text [tekst] ◇ *n* [gen & COMPUT] texte *m*.
◇ *comp* COMPUT: ~ **mode** mode *m* texte; ~ **processing** traitement *m* automatique de texte sur ordinateur.

textbook [ˈtekstbʊk] ◇ *n* [SCH & gen] manuel *m*.
◇ *comp* [typical] typique; [ideal] parfait, idéal; **it's a ~ case** c'est un exemple classique OR typique.

textile [ˈtekstaɪl] ◇ *n* textile *m*.
◇ *comp* [industry] textile.

textual [ˈtekstjʊəl] *adj* textuel, de texte; ~ **analysis** analyse *f* de texte; ~ **criticism** critique *f* littéraire d'un texte; ~ **error** erreur *f* de texte.

textually [ˈtekstjʊəlɪ] *adv* textuellement, mot à mot.

texture [ˈtekstʃəʳ] *n* -**1.** [of fabric] texture *f*; [of leather, wood, paper, skin, stone] grain *m*; **the paper is grainy in ~** le papier est de texture granuleuse. -**2.** [of food, soil] texture *f*, consistance *f*; [of writing] structure *f*, texture *f*; **music is part of the ~ of their lives** la musique fait partie intégrante de leur vie.

textured vegetable protein [ˈtekstʃəd-] *n protéine végétale ayant l'aspect et le goût de la viande.*

TGIF *inf* (*abbr of* thank God it's Friday!) encore une semaine de tirée!

TGWU (*abbr of* Transport and General Workers' Union) *pr n le plus grand syndicat interprofessionnel britannique.*

Thai [taɪ] (*pl inv* OR **Thais**) ◇ *n* -**1.** [person] Thaï *mf*, Thaïlandais *m*, -e *f*. -**2.** LING thaï *m*, thaïlandais *m*.
◇ *adj* thaï, thaïlandais; ~ **boxing** boxe *f* thaïlandaise.

Thailand [ˈtaɪlænd] *pr n* Thaïlande *f*; in ~ en Thaïlande.

thalamus [ˈθæləməs] (*pl* **thalami** [-maɪ]) *n* thalamus *m*.

thalassaemia *Br*, **thalassemia** *Am* [ˌθæləˈsiːmɪə] *n* thalassémie *f*.

thalidomide [θəˈlɪdəmaɪd] *n* thalidomide *f*.

thalidomide baby *n bébé victime de la thalidomide.*

thallium [ˈθælɪəm] *n* thallium *m*.

Thames [temz] *pr n*: **the (River) ~** la Tamise; **he'll never set the ~ on fire** *inf Br* il n'a pas inventé la poudre OR le fil à couper le beurre.

than [*weak form* ðən, *strong form* ðæn] ◇ *conj* -**1.** [after comparative adj, adv] que; **he plays tennis better ~ I do** il joue au tennis mieux que moi; **she can walk faster ~ I can run** elle va plus vite en marchant que moi en courant; **it's quicker by train ~ by bus** ça va plus vite en train qu'en bus; **I was less/more disappointed ~ angry** j'étais moins/plus déçu que fâché. -**2.** [following negative clause]: **no sooner had he finished speaking ~ everyone made for the door** à peine avait-il fini de parler que tout le monde s'est précipité vers la porte; **nothing is worse ~ to spend** OR **spending the holidays on your own** rien n'est pire que de passer les vacances tout seul. -**3.** [with 'rather', 'sooner']: **I'd do anything rather ~ have to see him** je ferais n'importe quoi plutôt que d'être obligé de le voir; **I'd prefer to stay here rather ~ go out, I'd rather** OR **sooner stay here ~ go out** je préférerais rester ici que de sortir. -**4.** [after 'different']: **he is different ~ he used to be** il n'est plus le même.
◇ *prep* -**1.** [after comparative adj, adv] que; **he plays tennis better ~ me** OR **I** il joue au tennis mieux que moi; **the cedars are older ~ the oaks** les cèdres sont plus vieux que les chênes. -**2.** [indicating quantity, number]: **more ~ 15 people** plus de 15 personnes; **less** OR **fewer ~ 15 people** moins de 15 personnes; **I've been invited more ~ once** j'ai été invité plus d'une fois; **there are more policemen ~ demonstrators** il y a plus de policiers que de manifestants. -**3.** [after 'other' in negative clauses]: **we have no sizes other ~ 40 or 42** nous n'avons pas d'autres tailles que 40 ou 42; **it was none other ~ the Prime Minister who launched the appeal** c'est le Premier ministre en personne qui a lancé l'appel. -**4.** [after 'different']: **she seems different ~ before** elle semble avoir changé; **she has different tastes ~ yours** elle a des goûts différents des vôtres.

thane [θeɪn] *n* HIST thane *m*, ≃ baron *m*.

thank [θæŋk] *vt* -**1.** remercier; **to ~ sb for sthg** remercier qqn de OR pour qqch; **to ~ sb for doing sthg** remercier qqn d'avoir fait qqch; **she ~ed us for coming** elle nous remercia d'être venus; **you have him to ~ for that** tu peux lui dire merci; **you won't ~ me for it** vous allez m'en vouloir; **you only have yourself to ~ for that!** c'est à toi seul qu'il faut t'en prendre!; ~ **God** OR **goodness!** Dieu merci!; ~ **heaven** OR **heavens you're safe!** Dieu merci vous êtes sain et sauf! -**2.** [as request]: **I'll ~ you to return the book/to keep quiet about it** je vous prierai de rapporter le livre/de ne pas en parler.
◆ **thanks** ◇ *npl* -**1.** remerciements *mpl*; **give her my ~s for the flowers** remerciez-la de ma part pour les fleurs; **many ~s for all your help** mille mercis OR merci beaucoup pour toute votre aide; **received with ~s** ADMIN pour acquit. -**2.** RELIG louange *f*, grâce *f*; **~s be to God** rendons grâce à Dieu.
◇ *interj* merci; **~s a lot, ~s very much** merci beaucoup, merci bien; **~s a million** merci mille fois; **~s for coming** merci d'être venu; **no ~s!** (non) merci!; **~s for nothing!** je te remercie! *iron.*
◆ **thanks to** *prep phr* grâce à; **~s to you, we saved a lot of money** grâce à vous, nous avons économisé beaucoup d'argent; **~s to you, we lost the contract** à cause de vous, nous avons perdu le contrat; **no ~s to you!** ce n'est sûrement pas grâce à vous!

thankful [ˈθæŋkfʊl] *adj* reconnaissant, content; **I'm ~ for all their help** je leur suis reconnaissant de toute leur aide; **I was ~ to get away** j'étais content de pouvoir partir; **I'm ~ not to have to go back** je suis content de ne pas avoir à y retourner; **she was just ~ (that) no one recognized her** elle s'estimait surtout heureuse que personne ne l'ait reconnue; **I'm only ~ everything went off all right** je me félicite que tout se soit bien passé; **to be ~ for small mercies** s'estimer heureux du peu qu'on a.

thankfully [ˈθæŋkfʊlɪ] *adv* -**1.** [with gratitude] avec reconnaissance OR gratitude. -**2.** [with relief] avec soulagement. -**3.** [fortunately] heureusement.

thankfulness [ˈθæŋkfʊlnɪs] *n* gratitude *f*, reconnaissance *f*.

thankless [ˈθæŋklɪs] *adj* [task, person] ingrat.

thanksgiving [ˈθæŋksˌgɪvɪŋ] *n* action *f* de grâce.

Thanksgiving (Day) *n fête nationale américaine.*

THANKSGIVING:
Thanksgiving commémore, le 4ᵉ jeudi de novembre, l'installation des premiers colons en Amérique; le dîner en famille qui a généralement lieu à cette occasion est traditionnellement composé d'une dinde aux airelles accompagnée de patates douces, et se termine par une tarte au potiron.

---

thanks offering *n fml* action *f* de grâce; **as a ~** [gen] en signe de reconnaissance; RELIG comme action de grâce.

thank you *interj* merci; **to say ~** dire merci; ~ **very much** merci beaucoup OR bien; ~ **for the flowers** merci pour les fleurs; ~ **for coming** merci d'être venu.
◆ **thankyou** *n* merci *m*, remerciement *m*; **without so much as a thankyou** sans même dire merci.

thankyou letter [ˈθæŋkjuː-] *n* lettre *f* de remerciement.

that [ðæt, *weak form of rel pron and conj* ðət] (*pl* **those** [ðəʊz]) ◇ *dem pron* -**1.** [thing indicated] cela, ce, ça; **after/before ~** après/avant cela; **what's ~?** qu'est-ce que c'est que ça?; **who's ~?** [gen] qui est-ce?; [on phone] qui est à l'appareil?; **is ~ you Susan?** c'est toi Susan?; **is ~ all you've got to eat?** c'est tout ce que vous avez à manger?; **what did she mean by ~?** qu'est-ce qu'elle voulait dire par là?; **those are my parents** voilà mes parents; ~ **is what he told me** c'est OR voilà ce qu'il m'a dit; ~ **is where I live** c'est là que j'habite; ~ **was three months ago** il y a trois mois de cela; **~'s strange** c'est bizarre; **I've only got one coat and ~'s old** je n'ai qu'un manteau et encore, il est vieux ☐ **it's not as hot as (all) ~!** *inf* il ne fait pas si chaud que ça!; **so it's come to ~** voilà donc où nous en sommes (arrivés); **if it comes to ~, you can always leave** si ça en arrive là, vous pouvez toujours partir; **~'s a good boy!** en voilà un gentil petit garçon!; **~'s all we need!** il ne manquait plus que ça!; **~'s enough (of ~)!** ça suffit!; **~'s it!** [finished] c'est fini!; [correct] c'est ça!; **~'s it for today!** ce sera tout pour aujourd'hui!; **~'s it! you've got it!** c'est ça! tu as trouvé!; **~'s life!** c'est la vie!; **~'s more like it!** voilà qui est déjà mieux!; **well, ~'s ~!** eh bien voilà!; **I said "no" and ~'s ~!** j'ai dit «non», un point c'est tout!; **~'s the government all over** OR **for you!** c'est bien l'administration ça!; **is she intelligent? — ~ she is!** elle est intelligente? — ça oui OR pour sûr! -**2.** [in contrast to 'this'] celui-là *m*, celle-là *f*; **those** ceux-là *mpl*, celles-là *fpl*; **this is an ash, ~ is an oak** ceci est un frêne et ça, c'est un chêne; **which book do you prefer, this or ~?** quel livre préférez-vous, celui-ci ou celui-là?; **I'd like some flowers, but not those!** j'aimerais des fleurs, mais pas celles-là! -**3.** [used when giving further information] celui *m*, celle *f*; **those** ceux *mpl*, celles *fpl*; **there are those who believe that...** il y a des gens qui croient que...; **a sound like ~ of a baby crying** un bruit comme celui que fait un bébé qui pleure; **the symptoms sound like those of malaria** les symptômes ressemblent à ceux du paludisme; **he spoke with those concerned** il a parlé à ceux qui sont concernés; **all those interested should contact the club secretary** tous ceux qui sont intéressés doivent contacter le secrétaire du club.
◇ *det* -**1.** [the one indicated] ce *m*, cet *m* (*before vowel or mute h*), cette *f*; **those** ces *mfpl*; ~ **man** cet homme; **those questions** ces questions; **at ~ moment** à ce moment-là; **it was raining ~ day** il pleuvait ce jour-là; **we all agree on ~ point** nous sommes tous d'accord là-dessus; **did you hear about ~ terrible accident on the motorway?** as-tu entendu parler de ce terrible

accident sur l'autoroute?; do you remember ~ play we saw last year? tu te rappelles cette pièce que nous avons vue l'année dernière?; how about ~ drink you offered me? et ce verre que vous m'avez proposé?; I like ~ idea of his j'aime son idée; how's ~ son of yours? comment va ton fils?; if I get hold of ~ son of yours *pej* si je mets la main sur ton sacré fils!; they rode off into the sunset, it was ~ kind of film ils se sont éloignés vers le soleil couchant, c'était ce genre de film, tu vois? -**2.** [in contrast to 'this'] ce...-là *m*, cet...-là *m* (*before vowel or mute h*), cette...-là *f*; those ces...-là *mfpl*; ~ house over there is for sale cette OR la maison là-bas est à vendre; ~ one celui-là *m*, celle-là *f*; choose between this restaurant and ~ one choisissez entre ce restaurant et l'autre.

◇ *adv* -**1.** [so] si, aussi; can you run ~ fast? pouvez-vous courir aussi vite que ça?; he's not (all) ~ good-looking il n'est pas si beau que ça; there's a pile of papers on my desk ~ high! il y a une pile de papiers haute comme ça sur mon bureau! -**2.** *inf* [with result clause] si, tellement; he was ~ weak he couldn't stand il était tellement affaibli qu'il ne tenait plus debout; I could have cried, I was ~ angry j'en aurais pleuré tellement j'étais en colère.

◇ *rel pron* -**1.** [subject of verb] qui; the conclusions ~ emerge from this les conclusions qui en ressortent; nothing ~ matters rien d'important. -**2.** [object or complement of verb] que; the house ~ Jack built la maison que Jack a construite; is this the best ~ you can do? est-ce que c'est ce que vous pouvez faire de mieux?; fool ~ I am, I agreed imbécile que je suis, j'ai accepté; pessimist/optimist ~ he is pessimiste/optimiste comme il est. -**3.** [object of preposition] lequel *m*, laquelle *f*, lesquels *mpl*, lesquelles *fpl*; the box ~ I put it in/on le carton dans lequel/sur lequel je l'ai mis; the songs ~ I was thinking of OR about les chansons auxquelles je pensais; the woman/the film ~ we're talking about la femme/le film dont nous parlons; not ~ I know of pas que je sache. -**4.** [when] où; the week ~ he was sick la semaine où il était malade; during the months ~ we were in Chicago pendant les mois que nous avons passés OR où nous étions à Chicago.

◇ *conj* -**1.** [gen] que; I said ~ I had read it j'ai dit que je l'avais lu; it's natural ~ you should be nervous c'est normal que vous soyez nerveux; it's not ~ she isn't friendly ce n'est pas qu'elle ne soit pas amicale; it was so dark ~ I could barely see il faisait si noir que je voyais à peine; ~ he is capable has already been proven *fml* il a déjà prouvé qu'il était capable; ~ I should live to see the day when... *fml* [expressing incredulity] je n'aurais jamais cru qu'un jour...; oh, ~ it were possible! si seulement c'était possible! -**2.** *arch* OR *lit* [in order that] afin que, pour que; he died ~ we might live il est mort pour que nous puissions vivre.

◆ **and (all) that** *inf adv phr* [and so on] et tout le bastringue; it was a very posh do, waiters in white gloves and (all) ~ c'était très classe, avec des serveurs en gants blancs et tout le bastringue; she went on about friendship and (all) ~ *inf* elle parlait d'amitié et tout ce qui s'ensuit.

◆ **at that** *adv phr* -**1.** [what's more] en plus; it's a forgery and a pretty poor one at ~ c'est une copie et qui plus est elle est mauvaise OR et une mauvaise en plus. -**2.** *inf* [indicating agreement] en fait; perhaps we're not so badly off at ~ *inf* en fait, on n'est peut-être pas tellement à plaindre; it might be worth trying at ~ ça vaudrait peut-être le coup. -**3.** [then] à ce moment-là; at ~, he paused à ce moment-là, il a marqué un temps d'arrêt.

◆ **like that** *inf* ◇ *adj phr* -**1.** [indicating character or attitude] comme ça; she's like ~, she never says thank you elle est comme ça, elle ne dit jamais merci; don't be like ~ ne soyez pas comme ça. -**2.** [close, intimate] comme les deux doigts de la main; the two of them are like ~ *inf* ils sont comme les deux doigts de la main; he's like ~ with the boss *inf* il est au mieux avec le patron.

◇ *adv phr* [in that way] comme ça; stop looking at me like ~! arrête de me regarder comme ça!

◆ **not that** *conj phr*: if he refuses, not ~ he will, is there an alternative? s'il refuse, même si cela est peu probable, est-ce qu'il y a une autre solution?; they've already left, not ~ it matters ils sont déjà partis, encore que ce soit sans importance.

◆ **that is (to say)** *adv phr* enfin; I'll do anything, ~'s to say anything legal je ferais n'importe quoi, enfin du moment que c'est légal; I work at the hospital, as a receptionist ~ is, not as a nurse je travaille à l'hôpital, enfin à la réception, pas comme infirmière; I'd like to ask you something, ~ is, if you've got a minute j'aimerais vous poser une question, enfin, si vous avez un instant.

◆ **that way** *adv phr* -**1.** [in that manner] de cette façon; what makes him act ~ way? qu'est-ce qui le pousse à agir comme ça?; ~ way you'll only make things worse de cette façon, tu ne feras qu'empirer les choses. -**2.** *inf* [in that respect]: she's funny ~ way c'est son côté bizarre; I didn't know he was ~ way inclined je ne connaissais pas ce côté-là de lui.

◆ **with that** *adv phr* là-dessus; with ~, she left sur ce OR là-dessus, elle est partie.

thatch [θætʃ] ◇ *n* -**1.** CONSTR chaume *m*. -**2.** *inf Br fig* [hair] tignasse *f*; a ~ of blonde hair une crinière blonde.

◇ *vt* [roof] couvrir de chaume.

◇ *comp* [roof] de OR en chaume.

thatched [θætʃt] *adj* [roof] en chaume; [house] qui a un toit en chaume; ~ cottage chaumière *f*.

thatcher [ˈθætʃəʳ] *n* couvreur *m* en chaume.

Thatcherism [ˈθætʃərɪzm] *n* POL thatchérisme *m* (*politique de Margaret Thatcher*).

Thatcherite [ˈθætʃəraɪt] ◇ *n* partisan *m* du thatchérisme.

◇ *adj* [policy, view] thatchérien.

thatching [ˈθætʃɪŋ] *n* (*U*) couverture *f* de chaume.

thaw [θɔː] ◇ *vi* -**1.** [ice, snow] fondre; it's beginning to ~ il commence à dégeler. -**2.** [frozen food] dégeler, se décongeler. -**3.** [hands, feet] se réchauffer. -**4.** *fig* [person, relations] se dégeler, être plus détendu; she seems at last to be ~ing towards me elle semble enfin perdre sa réserve OR sa froideur à mon égard.

◇ *vt* -**1.** [ice, snow] faire dégeler OR fondre. -**2.** [frozen food] dégeler, décongeler.

◇ *n* -**1.** METEOR dégel *m*. -**2.** POL détente *f*, dégel *m*.

◆ **thaw out** ◇ *vt sep* -**1.** [frozen food] décongeler, dégeler. -**2.** [feet, hands] réchauffer; come and ~ yourself out in the sitting room venez vous réchauffer au salon. -**3.** *fig* [make relaxed - person] dégeler, mettre à l'aise.

◇ *vi insep* -**1.** [frozen food] décongeler, dégeler. -**2.** [hands, feet] se réchauffer; I'm beginning to ~ out now je commence à me réchauffer maintenant. -**3.** *fig* [become relaxed] se dégeler, perdre sa froideur OR réserve.

the [*weak form* ðə, *before vowel* ðɪ, *strong form* ðiː] *det* -**1.** [with noun, adj] le *m*, la *f*, l' *mf* (*before vowel or mute h*), les *mfpl*; ~ blue dress is ~ prettiest la robe bleue est la plus jolie; ~ dead/poor/French les morts/pauvres/Français; I can't do ~ impossible je ne peux pas faire l'impossible; translated from ~ Latin traduit du latin. -**2.** [with names, titles]: ~ Smiths/Martins les Smith/Martin; Alexander ~ Great Alexandre le Grand. -**3.** [with numbers, dates]: Monday June ~ tenth OR ~ tenth of June le lundi 10 juin; ~ 80s les années 80; ~ 1820s les années 1820 à 1830; ~ second from the left le second en partant de la gauche. -**4.** [in prices, quantities]: tomatoes are 40p ~ pound les tomates sont à 40 pence la livre; the car does 40 miles to ~ gallon la voiture consomme 7 litres aux 100. -**5.** [with comparatives]: ~ more ~ better plus il y en a, mieux c'est; ~ less said ~ better moins on en parlera, mieux cela vaudra. -**6.** [stressed form]: for him Bach is THE composer pour lui, Bach est le compositeur par excellence; the Olympics are THE event this winter les jeux Olympiques sont l'événement à ne pas manquer cet hiver; do you mean THE John Irving? vous voulez dire le célèbre John Irving? -**7.** [enough] le *m*, la *f*, l' (*before vowel or mute h*), les *mfpl*; I haven't ~ time/money to do it je n'ai pas le temps de/l'argent pour le faire. -**8.** [instead of 'your', 'my' etc]: she took him by ~ hand elle l'a pris par la main; how's ~ wife? *inf* comment va la femme?; I've brought ~ family along j'ai emmené la famille.

theatre *Br*, **theater** *Am* [ˈθɪətəʳ] ◇ *n* -**1.** [building] théâtre *m*; to go to the ~ aller au théâtre; a night at the ~ une soirée au théâtre; movie ~ *Am* cinéma *m*. -**2.** [form] théâtre *m*, art *m* dramatique; [plays in general] théâtre *m*; [profession] théâtre *m*; Greek/modern ~ le théâtre antique/moderne; Shakespeare's ~ le théâtre de Shakespeare; I've been in the ~ for over 30 years je fais du théâtre depuis plus de 30 ans. -**3.** [hall] salle *f* de spectacle; [for lectures] salle *f* de conférences; UNIV amphithéâtre *m*. -**4.** MED: (operating) ~ salle *f* d'opération; she's in (the) ~ [doctor] elle est en salle d'opération; [patient] elle est sur la table d'opération. -**5.** *fig* [for important event] théâtre *m*; ~ of war MIL théâtre des hostilités; the southern/eastern ~s MIL les fronts du sud/de l'est.

◇ *comp* -**1.** [programme, tickets] de théâtre; [manager] du théâtre; ~ company troupe de théâtre, compagnie théâtrale; ~ workshop atelier *m* de théâtre. -**2.** MED [staff, nurse] de salle d'opération; [routine, job] dans la salle d'opération.

theatregoer [ˈθɪətəˌgəʊəʳ] *n* amateur *m* de théâtre; they're regular ~s ils vont régulièrement au théâtre.

theatre in the round *n* théâtre *m* en rond.

theatreland [ˈθɪətəlænd] *n Br* quartier *m* des théâtres; in ~ dans le quartier des théâtres.

theatrical [θɪˈætrɪkl] *adj* -**1.** THEAT [performance, season] théâtral. -**2.** *fig* [exaggerated - gesture, behaviour] théâtral, affecté; there's no need to resort to such ~ behaviour c'est inutile de faire toute cette comédie.

◆ **theatricals** *npl* -**1.** THEAT théâtre *m* d'amateur. -**2.** *fig* comédie *f*; I'm fed up with all her ~s j'en ai assez de toutes ses manières.

theatrically [θɪˈætrɪklɪ] *adv* théâtralement.

Theban [ˈθiːbən] ◇ *n* Thébain *m*, -e *f*.

◇ *adj* thébain.

Thebes [θiːbz] *pr n* Thèbes.

thee [ðiː] *pron* BIBLE & *arch* te; [before vowel] t'; [after prep] toi; we beseech ~ nous te supplions.

theft [θeft] *n* vol *m*; to commit ~ commettre un vol; to be charged with ~ être inculpé de vol.

their [*weak form* ðəʳ, *strong form* ðeəʳ] *det* leur (*sg*), leurs (*pl*); ~ car leur voiture; ~ clothes leurs vêtements; somebody's left their umbrella behind quelqu'un a oublié son parapluie; a house of ~ own leur propre maison, une maison à eux; everyone must bring ~ own book chacun doit apporter son livre; nobody in ~ right mind would do such a thing! personne de sensé ne ferait une chose pareille!; ~ highnesses the King and the Queen Leurs Majestés le roi et la reine.

theirs [ðeəz] *pron* le leur *m*, la leur *f*, les leurs *mfpl*; our car is sturdier than ~ notre voiture est plus solide que la leur; I like that painting of ~ j'aime leur tableau; I really can't stand that dog of ~ je ne supporte pas leur sacré chien; a friend of ~ un de leurs amis; is this yours or ~? est-ce que ceci est à vous ou à eux?; it is not ~ to choose ce n'est pas à eux de choisir, le choix ne leur appartient pas.

theism [ˈθiːɪzm] *n* théisme *m* RELIG.

theist [ˈθiːɪst] ◇ *adj* théiste.

◇ *n* théiste *mf*.

theistic(al) [ˈθiːɪstɪkl] *adj* théiste.

them [*weak form* ðəm, *strong form* ðem] *pron* -**1.** [direct obj] les; **I met ~ last week** je les ai rencontrés la semaine dernière. -**2.** [indirect obj] leur; **we bought/gave ~ some flowers** nous leur avons acheté/donné des fleurs. -**3.** [after preposition]: **it's for ~** c'est pour eux; **the yacht belongs to ~** le yacht leur appartient; **both of ~ are wool** ils sont tous les deux en laine; **she's brighter than ~** elle est plus intelligente qu'eux; **neither of ~ is happy** ils ne sont heureux ni l'un ni l'autre; **I don't want any of ~** je n'en veux aucun; **a few of ~ seemed genuinely interested** quelques-uns d'entre eux semblaient vraiment intéressés; **all of ~ came** ils sont tous venus; **most of ~ are busy** la plupart d'entre eux sont occupés; **it was good of ~ to come** c'était gentil de leur part OR à eux de venir.

thematic [θɪ'mætɪk] *adj* thématique.

theme [θiːm] *n* -**1.** [subject, topic] thème *m*, sujet *m*. -**2.** MUS thème *m*; **~ and variations** thème et variations. -**3.** GRAMM & LING thème *m*.

theme park *n* parc *m* à thème.

theme pub *n* bar *m* à thème.

theme song *n* -**1.** [from film] chanson *f* (de film); **the ~ from "The Graduate"** la chanson du film «Le Lauréat». -**2.** *Am* [signature tune] indicatif *m*.

theme tune *n* -**1.** [from film] musique *f* (de film). -**2.** *Br* [signature tune] indicatif *m*; **the ~ from "Dallas"** l'indicatif de «Dallas».

themselves [ðəm'selvz] *pron* -**1.** [reflexive use]: **they hurt ~** ils se sont fait mal; **the girls enjoyed ~** les filles se sont bien amusées; **the children could see ~ in the mirror** les enfants se voyaient dans la glace. -**2.** [emphatic use] eux-mêmes *mpl*, elles-mêmes *fpl*; **they had to come ~** ils ont dû venir eux-mêmes OR en personne; **they painted the house ~** ils ont peint la maison eux-mêmes; **they came by ~** ils sont venus tout seuls. -**3.** [referring to things] eux-mêmes *mpl*, elles-mêmes *fpl*; **the boxes ~ aren't very heavy** les boîtes (en) elles-mêmes ne sont pas très lourdes; **the details in ~ are not important** ce ne sont pas les détails en eux-mêmes qui sont importants.

then [ðen] ◇ *adv* -**1.** [at a particular time] alors, à ce moment-là; [in distant past] à l'époque, à cette époque, à cette époque-là; **we were very young ~** nous étions très jeunes à l'époque; **we can talk about it ~** nous pourrons en parler à ce moment-là; **Marilyn, or Norma Jean as she ~ was known** Marilyn, ou Norma Jean comme elle s'appelait alors; **by ~** [in future] d'ici là; [in past] entre-temps; **from ~ on** à partir de ce moment-là; **since ~** depuis (lors); **until ~** [in future] jusque-là; [in past] jusqu'alors, jusqu'à ce moment-là. -**2.** [afterwards, next] puis, ensuite; **we went shopping, ~ we had lunch** nous avons fait des courses, puis nous avons déjeuné; **do your homework first, ~ you can watch TV** fais d'abord tes devoirs, et ensuite tu pourras regarder la télé; **you ~ take the chopped onions...** prenez ensuite les oignons coupés en lamelles... -**3.** [so, in that case] donc, alors; **what do you suggest ~?** qu'est-ce que vous suggérez alors?; **you were right ~!** mais alors, vous aviez raison!; **I'll see you at 6 ~** bon, je te retrouve à 6 h alors; **right ~, anyone for more tea?** bon alors, qui d'autre veut du thé?; **if... ~...** si... alors...; **if x equals 10 ~ y...** si x égale 10 alors y...; **if it's not in my bag, ~ look in the cupboard** si ce n'est pas dans mon sac, regarde dans le placard. -**4.** [also] et puis; **~ there's Peter to invite** et puis il faut inviter Peter. -**5.** [therefore] donc; **these ~ are the main problems** voici donc les principaux problèmes; **its significance, ~, is twofold** sa signification, donc, est double.
◇ *adj* d'alors, de l'époque; **the ~ head of department** le chef du département d'alors OR de l'époque.
◆ **then again** *adv phr*: **and ~ again, you may prefer to forget it** mais enfin peut-être que vous préférez ne plus y penser; **but ~ again, no one can be sure** mais après tout, on ne sait jamais.

thence [ðens] *adv lit & fml* -**1.** [from that place] de là, de ce lieu, de ce lieu-là. -**2.** [from that time] depuis lors. -**3.** [therefore] par conséquent.

thenceforth [,ðens'fɔːθ], **thenceforward** [,ðens'fɔːwəd] *adv lit & fml* dès lors, désormais.

theocentric [θɪə'sentrɪk] *adj* théocentrique.

theocracy [θɪ'ɒkrəsɪ] (*pl* **theocracies**) *n* théocratie *f*.

theocratic [θɪə'krætɪk] *adj* théocratique.

theodolite [θɪ'ɒdəlaɪt] *n* théodolite *m*.

Theodore ['θɪədɔːʳ] *pr n*: **Saint ~** saint Théodore.

Theodosius [,θɪə'dəʊsjəs] *pr n* Théodose.

theologian [θɪə'ləʊdʒən] *n* théologien *m*, -enne *f*.

theological [θɪə'lɒdʒɪkl] *adj* théologique; **~ college** séminaire *m*.

theology [θɪ'ɒlədʒɪ] *n* théologie *f*.

theorem ['θɪərəm] *n* théorème *m*.

theoretical [θɪə'retɪkl] *adj* théorique.

theoretically [θɪə'retɪklɪ] *adv* théoriquement, en principe.

theoretician [,θɪərə'tɪʃn] *n* théoricien *m*, -enne *f*.

theorist ['θɪərɪst] *n* théoricien *m*, -enne *f*.

theorize, -ise ['θɪəraɪz] ◇ *vi* -**1.** [speculate] théoriser, faire des théories; **analysts have ~d about the reasons for this** les analystes ont émis toutes sortes de théories pour expliquer cela; **it's no use theorizing, we have to make a decision** ça ne sert à rien de faire de grandes théories, il faut qu'on prenne une décision. -**2.** [scientist] élaborer des théories.
◇ *vt*: **scientists ~d that the space probe would disintegrate** les scientifiques émirent l'hypothèse que la sonde spatiale se désintègrerait.

theory ['θɪərɪ] (*pl* **theories**) *n* -**1.** [hypothesis] théorie *f*; **I have a ~ about his disappearance** j'ai mon idée sur sa disparition. -**2.** [principles, rules] théorie *f*; **musical ~** théorie musicale.
◆ **in theory** *adv phr* en théorie, théoriquement, en principe.

theosophical [θɪə'sɒfɪkl] *adj* théosophique.

theosophist [θɪ'ɒsəfɪst] *n* théosophe *mf*.

theosophy [θɪ'ɒsəfɪ] *n* théosophie *f*.

therapeutic [,θerə'pjuːtɪk] *adj* thérapeutique.

therapeutically [,θerə'pjuːtɪklɪ] *adv*: **used ~** utilisé comme thérapeutique.

therapist ['θerəpɪst] *n* thérapeute *mf*.

therapy ['θerəpɪ] (*pl* **therapies**) *n* thérapie *f*; **to go for** OR **to be in ~** suivre une thérapie.

there [*weak form* ðəʳ, *strong form* ðeəʳ] ◇ *adv* -**1.** [in or to a particular place] là, y; **they aren't ~** ils ne sont pas là, ils n'y sont pas; **we never go ~** nous n'y allons jamais; **who's ~?** qui est là?; **is Maureen ~?** est-ce que Maureen est là?; **see that woman ~? that's Margot** tu vois cette femme là-bas? c'est Margot; **so ~ we were/I was** donc, on était/j'étais là; **she got ~ in the end** [reached a place] elle a fini par arriver; [completed a task] elle a fini par y arriver; **it's ~ on the desk** c'est là sur le bureau; **she just sat/stood ~** elle était assise/debout là; **here and ~** çà et là; **~ it is** le voilà; **it's around ~ somewhere** c'est quelque part par là; **back ~** là-bas; **in ~** là-dedans; **on ~** là-dessus; **over ~** là-bas; **under ~** là-dessous; **that car ~** cette voiture-là; **those cars ~** ces voitures-là. -**2.** [available] là; **it's ~ if you need it** c'est là si tu en as besoin; **she's always been ~ for me** elle a toujours été là quand j'avais besoin d'elle. -**3.** [in existence] là; **I couldn't believe he was really ~** je n'arrivais pas à croire qu'il était vraiment là; **the central problem is still ~** le principal problème est toujours là. -**4.** [on or at a particular point] là; **we disagree ~, ~ we disagree** nous ne sommes pas d'accord là-dessus; **~ you're wrong** là vous vous trompez; **you're right ~** là vous avez raison; **let's leave it ~** restons-en là; **could I just stop you ~?** puis-je vous interrompre ici?; **as for the food, I've no complaints ~** pour ce qui est de la nourriture, là je n'ai pas à me plaindre; **you've got me ~!** *inf* là, je ne sais pas quoi vous répondre OR dire! -**5.** [drawing attention to someone or something]: **hello** OR **hi ~!** salut!; **hey ~!** hep, vous là-bas!; **~ they are!** les voilà!; **~ they come** les voilà (qui arrivent); **~ you go again!** ça y est, vous recommençez!; **~ she goes, complaining again!** voilà qu'elle recommence à se plaindre!; **~'s the bell, I must be going** tiens ça sonne, je dois partir; **~'s gratitude for you** *iron* c'est beau la reconnaissance! *iron*; **now finish your homework, ~'s a good boy** maintenant sois un grand garçon et finis tes devoirs. -**6.** *phr*: **he's not all** OR **not quite ~** [stupid] il n'a pas toute sa tête; [senile] il n'a plus toute sa tête.
◇ *pron*: **~ is** *(before singular noun)* il y a; **~ are** *(before plural noun)* il y a; **~ is** OR **~'s a book on the table** il y a un livre sur la table; **~ are some books on the table** il y a des livres sur la table; **~'s a bus coming** il y a un bus qui arrive; **~'s that girl I was telling you about before** il y a bien cette fille dont je t'ai déjà parlé; **what happens if ~'s a change of plan?** qu'est-ce qui se passe si on change d'idée?; **~ must have been a mistake** il a dû y avoir une erreur; **~ were some pieces missing** il manquait des pièces; **~ weren't any more, were ~?** il n'en restait pas, si?; **~'s no stopping her** rien ne peut l'arrêter; **~'s no knowing what he'll do next** il est impossible de prévoir ce qu'il fera ensuite; **~ was no denying it** c'était indéniable; **~ follows a party political broadcast** *formule annonçant la diffusion télévisée des messages électoraux des différents partis*; **~ comes a time when you have to slow down** il arrive un moment où il faut ralentir le rythme; **~ still remain several points to be resolved** il reste encore plusieurs problèmes à résoudre; **~ arose a murmur of disapproval** un murmure de désapprobation s'éleva.
◇ *interj* -**1.** [soothing]: **~ now, don't cry!** allons! OR là! ne pleure pas!; **~, that wasn't so bad, was it?** voilà, ça n'était pas si terrible que ça, si?; **~, ~!** allez! -**2.** [aggressive]: **~ now, what did I say?** voilà, qu'est-ce que je t'avais dit?; **~, now you've made me lose count!** et voilà, tu m'as fait perdre le compte! -**3.** [after all]: **but, ~, it's not surprising** mais enfin, ce n'est pas surprenant.
◆ **so there** *adv phr* voilà.
◆ **there again** *adv phr* après tout; **but ~ again, no one really knows** mais après tout, personne ne sait vraiment.
◆ **there and back** *adv phr*: **we did the trip ~ and back in three hours** nous avons fait l'aller retour en trois heures; **it will take you about an hour/cost you about £50 and back** l'aller retour vous prendra à peu près une heure/vous coûtera environ 50 livres.
◆ **there and then, then and there** *adv phr* sur-le-champ; **I decided ~ and then to have no more to do with him** j'ai tout de suite décidé de ne plus avoir affaire à lui.
◆ **there you are, there you go** *adv phr* -**1.** [never mind]: **it wasn't the ideal solution, but ~ you are** OR **go** ce n'était pas l'idéal, mais enfin OR mais qu'est-ce que vous voulez. -**2.** [I told you so] voilà, ça y est. -**3.** [here you are] tenez, voilà.

thereabout ['ðeərəbaʊt] *Am* = **thereabouts**.

thereabouts ['ðeərəbaʊts] *adv* -**1.** [indicating place] par là, dans les environs, pas loin; **somewhere ~** quelque part par là. -**2.** [indicating quantity, weight] à peu près, environ. -**3.** [indicating price] environ; **£10 or ~** 10 livres environ. -**4.** [indicating time] aux alentours de; **at 10 p.m. or ~** aux alentours de 22 h, vers 10 h du soir.

thereafter [,ðeər'ɑːftəʳ] *adv fml* -**1.** [subsequently] par la suite. -**2.** [below] ci-dessous.

thereat [,ðeər'æt] *adv arch* OR *fml* -**1.** [of place] là. -**2.** [of time] alors.

thereby [,ðeər'baɪ] *adv* -**1.** *fml* de ce fait, ainsi. -**2.** *phr*: **~ hangs a tale!** c'est une longue histoire!

therefore ['ðeəfɔːʳ] *adv* donc, par conséquent.

therefrom [,ðeə'frɒm] *adv arch* OR *fml* de là.

therein [ˌðeərˈɪn] *adv* JUR OR *fml* -**1.** [within] à l'intérieur; the box and all that is contained ~ la boîte et son contenu. -**2.** [in that respect] là; ~ lies the difficulty là est la difficulté.
thereof [ˌðeərˈɒv] *adv arch* OR *fml* de cela, en; all citizens of the republic are subject to the laws ~ tous les citoyens de la république doivent se soumettre aux lois de celle-ci; he ate ~ il en mangea.
thereon [ˌðeərˈɒn] *adv arch* OR *fml* -**1.** [on that subject] là-dessus. -**2.** = **thereupon 1**.
thereto [ˌðeəˈtuː] *adv* JUR OR *fml* y; a copy of the Bill and the amendments ~ une copie du projet de loi et de ses amendements.
theretofore [ˌðeətuːˈfɔːʳ] *adv* JUR OR *fml* jusqu'alors, avant cela.
thereunder [ðeərˈʌndəʳ] *adv* JUR OR *fml* là-dessous, en dessous.
thereupon [ˌðeərəˈpɒn] *adv fml* -**1.** [then] sur ce. -**2.** JUR [on that subject] à ce sujet, là-dessus.
therewith [ˌðeəˈwɪð] *adv* -**1.** JUR [with] avec cela; [in addition] en outre. -**2.** *arch* = **thereupon 1**.
therm [θɜːm] *n Br* ≃ 1,055 X 10^8 joules *(unité de chaleur)*.
thermal [ˈθɜːml] ◇ *adj* -**1.** PHYS [energy, insulation] thermique; [conductor, unit] thermique, de chaleur; ~ shield bouclier *m* thermique. -**2.** [spring, stream] thermal; ~ baths thermes *mpl*. -**3.** [underwear] en chlorofibres, en Rhovyl® OR Thermolactyl®.
◇ *n* AERON & METEOR thermique *m*, ascendance *f* thermique.
thermal paper *n* papier *m* thermique.
thermal printer *n* imprimante *f* thermique.
thermal reactor *n* réacteur *m* thermique.
thermic [ˈθɜːmɪk] *adj* PHYS thermique.
thermionic [ˌθɜːmɪˈɒnɪk] *adj* thermoïonique; ~ valve *Br*, ~ tube *Am* tube *m* thermoïonique OR thermoélectronique.
thermocouple [ˈθɜːməʊkʌpl] *n* thermocouple *m*.
thermodynamic [ˌθɜːməʊdaɪˈnæmɪk] *adj* thermodynamique.
thermodynamics [ˌθɜːməʊdaɪˈnæmɪks] *n (U)* thermodynamique *f*.
thermoelectric(al) [ˌθɜːməʊɪˈlektrɪk(l)] *adj* thermoélectrique.
thermoelectricity [ˌθɜːməʊɪlekˈtrɪsətɪ] *n* thermoélectricité *f*.
thermograph [ˌθɜːməʊˈgrɑːf] *n* thermographe *m*.
thermography [θɜːˈmɒgrəfɪ] *n* thermographie *f*.
thermometer [θəˈmɒmɪtəʳ] *n* thermomètre *m*.
thermonuclear [ˌθɜːməʊˈnjuːklɪəʳ] *adj* thermonucléaire.
thermopile [ˈθɜːməʊpaɪl] *n* thermopile *f*.
thermoplastic [ˌθɜːməʊˈplæstɪk] ◇ *adj* thermoplastique.
◇ *n* thermoplastique *m*.
Thermos® [ˈθɜːmɒs] *n*: ~ (flask) Thermos® *f*.
thermosetting [ˈθɜːməʊˌsetɪŋ] *adj* thermodurcissable.
thermostat [ˈθɜːməstæt] *n* thermostat *m*.
thermostatic [ˌθɜːməˈstætɪk] *adj* thermostatique.
thermostatically [ˌθɜːməˈstætɪklɪ] *adv*: ~ controlled contrôlé par thermostat.
thesaurus [θɪˈsɔːrəs] (*pl* thesauri [-raɪ] OR thesauruses [-sɪz]) *n* -**1.** [book of synonyms] ≃ dictionnaire *m* analogique. -**2.** COMPUT thésaurus *m*.
these [ðiːz] *pl* → **this**.
Theseus [ˈθiːsjuːs] *pr n* Thésée.
thesis [ˈθiːsɪs] (*pl* theses [-siːz]) *n* [gen & UNIV] thèse *f*.
thespian [ˈθespɪən] *fml* OR *hum* ◇ *adj* dramatique, de théâtre.
◇ *n* acteur *m*, -trice *f*.
Thessalonian [ˌθesəˈləʊnjən] *n*: the Epistle of Paul to the ~s l'Épître de saint Paul aux Thessaloniciens.
Thessaly [ˈθesəlɪ] *pr n* Thessalie *f*; in ~ en Thessalie.
they [ðeɪ] *pron* ils *mpl*, elles *fpl*; [stressed form] eux *mpl*, elles *fpl*; ~'ve left ils sont partis; THEY bought the flowers ce sont eux qui ont acheté les fleurs; oh, there ~ are! ah, les voilà!; ~ say that... on prétend que...
thiamin(e) [ˈθaɪəmiːn] *n* thiamine *f*.
thiazol(e) [ˈθaɪəzəʊl] *n* thiazole *m*.
thick [θɪk] ◇ *adj* -**1.** [wall, slice, writing] épais, gros; [print] gras; [lips] épais, charnu; [shoes, boots] gros; the boots have a ~ fur lining les bottes sont doublées de fourrure épaisse; the snow was ~ on the ground il y avait une épaisse couche de neige sur le sol; the boards are 20 cm ~ les planches ont une épaisseur de 20 cm, les planches font 20 cm d'épaisseur ❑ to give sb a ~ ear *Br* donner une gifle à qqn; he got a ~ ear il a reçu une bonne gifle. -**2.** [beard, eyebrows, hair] épais, touffu; [grass, forest, crowd] épais, dense; pubs are not very ~ on the ground round here les pubs sont plutôt rares par ici. -**3.** [soup, cream, sauce] épais; to become OR to get ~ épaissir, durcir. -**4.** [fog, smoke] épais, dense; [clouds] épais; [darkness, night] profond; the air is rather ~ in here on respire mal ici ❑ my head feels a bit ~ this morning *inf* j'ai un peu mal au crâne OR aux cheveux ce matin. -**5.** ~ with: the shelves were ~ with dust les étagères étaient recouvertes d'une épaisse couche de poussière; the air was ~ with smoke [from smokers] la pièce était enfumée; [from fire, guns] l'air était empli d'une épaisse fumée; the streets were ~ with police les rues étaient pleines de policiers. -**6.** [voice - with emotion] voilé; [- after late night, drinking] pâteux. -**7.** [accent] fort, prononcé. -**8.** *inf* [intimate] intime, très lié; Sharon seems to be very ~ with Henry Sharon semble être très liée OR intime avec Henry ❑ those two are as ~ as thieves ces deux-là s'entendent comme larrons en foire. -**9.** *inf* [stupid] obtus, bouché; he's as ~ as two short planks OR as a brick il est bête comme ses pieds. -**10.** *inf Br* [unreasonable]: that's OR it's a bit ~ ça, c'est un peu fort OR raide OR dur à avaler; it's a bit ~ expecting us to pay nous demander de payer, ils abusent.
◇ *adv* [spread] en couche épaisse; [cut] en tranches épaisses, en grosses tranches; the snow lay ~ on the ground il y avait une épaisse couche de neige sur le sol; the grass grows ~ at the bottom of the hill l'herbe pousse dru en bas de la colline ❑ he really laid it on ~ *inf* il n'y est pas allé avec le dos de la cuiller, il a insisté lourdement; ~ and fast: arrows started falling ~ and fast around them les flèches pleuvaient autour d'eux; invitations/phone calls began to come in ~ and fast il y eut une avalanche d'invitations/de coups de téléphone.
◇ *n phr*: to stick OR to stay with sb through ~ and thin rester fidèle à qqn contre vents et marées OR quoi qu'il arrive.
◆ **in the thick of** *prep phr* au milieu OR cœur de, en plein, en plein milieu de; in the ~ of the battle en plein milieu OR au plus fort de la bataille; in the ~ of the discussion en pleine discussion; he's really in the ~ of it [dispute, activity] il est vraiment dans le feu de l'action.
thicken [ˈθɪkn] ◇ *vi* -**1.** [fog, clouds, smoke] s'épaissir, devenir plus épais; [bushes, forest] s'épaissir. -**2.** [sauce] épaissir; [jam, custard] durcir. -**3.** [crowd] grossir. -**4.** [mystery] s'épaissir; the plot ~s les choses se compliquent OR se corsent, l'histoire se corse.
◇ *vt* [sauce, soup] épaissir.
thickener [ˈθɪknəʳ] *n* [for sauce, soup] liant *m*; [for oil, paint] épaississant *m*.
thickening [ˈθɪknɪŋ] ◇ *n* -**1.** [process, act - of fog, smoke] épaississement *m*; [- of sauce] liaison *f*. -**2.** CULIN [thickener] liant *m*.
◇ *adj* [agent] épaississant; [process] d'épaississement.
thicket [ˈθɪkɪt] *n* fourré *m*.
thickhead *inf* [ˈθɪkhed] *n* bêta *m*, -asse *f*, imbécile *mf*, andouille *f*.
thickheaded *inf* [ˌθɪkˈhedɪd] *adj* obtus, bouché.
thickie *inf* [ˈθɪkɪ] (*pl* thickies) *n Br* bêta *m*, -asse *f*, imbécile *mf*, andouille *f*.
thickly [ˈθɪklɪ] *adv* -**1.** [spread] en couche épaisse; [cut] en tranches épaisses; the windows were ~ covered in OR with ice les vitres étaient recouvertes d'une épaisse couche de givre; ~ buttered toast pain grillé avec une épaisse couche de beurre. -**2.** [densely] dru; to grow ~ [vegetation, beard] pousser dru; ~ populated très peuplé, à forte densité de population; the snow fell ~ la neige tombait dru. -**3.** [speak] d'une voix rauque OR pâteuse.
thickness [ˈθɪknɪs] *n* -**1.** [of wall, snow, layer] épaisseur *f*; [of string, bolt] épaisseur *f*, grosseur *f*. -**2.** [of beard, hair] épaisseur *f*, abondance *f*. -**3.** [of fog, smoke, forest] épaisseur *f*, densité *f*.
thicko▽ [ˈθɪkəʊ] *n* débile *mf*.
thickset [ˌθɪkˈset] *adj* trapu, costaud.
thick-skinned *adj* peu sensible; she's very ~ elle est capable de supporter beaucoup de choses.
thicky *inf* [ˈθɪkɪ] (*pl* thickies) *Br* = **thickie**.
thief [θiːf] (*pl* thieves [θiːvz]) *n* voleur *m*, -euse *f*; stop ~! au voleur! ❑ thieves' kitchen repaire *m* de brigands; 'The Thief of Baghdad' *Powell* 'le Voleur de Bagdad'.
thieve *inf* [θiːv] *vi* & *vt* voler.
thieves [θiːvz] *pl* → **thief**.
thieving *inf* [ˈθiːvɪŋ] ◇ *adj* voleur; keep your ~ hands off! arrête de rôder autour de ce truc comme un voleur! ❑ 'The Thieving Magpie' *Rossini* 'la Pie voleuse'.
◇ *n (U)* vol *m*, vols *mpl*.
thigh [θaɪ] *n* cuisse *f*.
thighbone [ˈθaɪbəʊn] *n* fémur *m*.
thigh boots, thigh-high boots *npl* cuissardes *fpl*.
thimble [ˈθɪmbl] *n* dé *m* à coudre.
thimbleful [ˈθɪmblfʊl] *n fig* [of liquid] doigt *m*, goutte *f*.
thin [θɪn] (*compar* thinner, *superl* thinnest, *pt* & *pp* thinned, *cont* thinning) ◇ *adj* -**1.** [layer, wall, wire etc] mince, fin; [person, leg, neck] mince, maigre; [clothing, blanket] léger, fin; [carpet] ras; [crowd] peu nombreux, épars; to become OR to get OR to grow ~ [person] maigrir ❑ he's as ~ as a rake *Br* OR as a rail *Am* il est maigre comme un clou; it's the ~ end of the wedge cela ne présage rien de bon; cheap hotels are ~ on the ground les hôtels bon marché sont rares. -**2.** [beard, hair] clairsemé; he's getting a bit ~ on top il commence à perdre ses cheveux, il se dégarnit. -**3.** [soup, sauce] clair; [cream] liquide; [paint, ink] délayé, dilué; [blood] appauvri, anémié. -**4.** [smoke, clouds, mist] léger; [air] raréfié; she seemed to vanish into ~ air elle semblait s'être volatilisée. -**5.** [excuse, argument] mince, peu convaincant; the report is rather ~ on facts le rapport ne présente pas beaucoup de faits concrets. -**6.** [profits] maigre; to have a ~ time of it passer une période OR un moment difficile. -**7.** [voice] grêle.
◇ *adv* [spread] en fine couche, en couche mince; [cut] en tranches minces OR fines.
◇ *vt* [sauce, soup] allonger, délayer, éclaircir.
◇ *vi* [crowd] s'éclaircir, se disperser; [fog] se lever, devenir moins dense OR épais; [smoke] devenir moins dense OR épais; [population] se réduire; his hair is thinning il perd ses cheveux.
◆ **thin down** ◇ *vt sep* [sauce, soup] allonger, éclaircir, délayer; [paint] délayer, diluer.
◇ *vi insep* [person] maigrir.
◆ **thin out** ◇ *vt sep* [plants] éclaircir.
◇ *vi insep* [crowd] se disperser; [population] se réduire, diminuer; [fog] se lever.
thine [ðaɪn] BIBLE OR *arch* ◇ *poss adj* ton, ta, tes.
◇ *pron* le tien, la tienne, les tiens, les tiennes; for thee and ~ pour toi et les tiens.
thing [θɪŋ] *n* **A.** -**1.** [object, item] chose *f*, objet *m*; what's that yellow ~ on the floor? qu'est-ce que c'est que ce truc jaune par terre?;

what's that ~ for? à quoi ça sert, ça?; **what's this knob ~ for?** à quoi sert cette espèce de bouton?; **where's my hat? I can't find the ~ anywhere** où est mon chapeau? je ne le trouve nulle part; **the only ~ I could hear was a dripping tap** la seule chose que j'entendais c'était un robinet qui fuyait; **any idea how to work this ~?** tu sais comment ça marche?; **I had to rewrite the whole ~** j'ai dû tout réécrire; **the ~ he loves most is his pipe** ce qu'il aime le plus, c'est sa pipe; **I need a few ~s from the shop** j'ai besoin de faire quelques courses; **she loves books and posters and ~s, she loves ~s like books and posters** elle aime les livres, les posters, ce genre de choses; **he likes making ~s with his hands** il est très manuel; **she enjoys the good ~s in life** elle apprécie les bonnes choses de la vie; **I must be seeing ~s** je dois avoir des visions; **I must be hearing ~s** je dois rêver, j'entends des voix; **~s that go bump in the night** *hum* les choses qui font du bruit la nuit; **they were treated as ~s not people** on les traitait comme des choses, pas comme des êtres humains. -**2.** [activity, event] chose *f*; **he likes ~s like gardening** il aime le jardinage et les choses dans ce goût-là; **she's still into this art ~ in a big way** *inf* elle est encore très branchée art; **the ~ to do is to pretend you're asleep** vous n'avez qu'à faire semblant de dormir; **the first ~ to do is (to) ring the police** la première chose à faire, c'est d'appeler la police; **the next ~ on the agenda** le point suivant à l'ordre du jour; **it's the best ~ to do** c'est ce qu'il y a de mieux à faire; **that was a silly ~ to do!** ce n'était pas la chose à faire!; **how could you do such a ~?** comment avez-vous pu faire une chose pareille?; **I have lots of ~s to do** j'ai des tas de choses à faire; **she certainly gets ~s done** avec elle, ça ne traîne pas. -**3.** [in negative clauses]: **I don't know a ~ about what happened** j'ignore tout de ce qui s'est passé; **not a ~ was overlooked** pas un détail n'a été négligé; **I didn't understand a ~ she said** je n'ai rien compris à ce qu'elle disait, je n'ai pas compris un mot de ce qu'elle disait; **we couldn't do a ~ about it** nous n'y pouvions absolument rien; **I couldn't do a ~ to help** je n'ai rien pu faire pour me rendre utile; **she hadn't got a ~ on** elle était entièrement nue; **I haven't got a ~ to wear** je n'ai rien à me mettre sur le dos. -**4.** [creature, being] créature *f*, être *m*; **the ~ he loves most is his dog** ce qu'il aime le plus, c'est son chien; **there wasn't a living ~ around** il n'y avait pas âme qui vive; **what a sweet little ~!** quel amour!; **she's a dear old ~** c'est une charmante petite vieille; **you silly ~** espèce d'idiot; **poor ~!** [said about somebody] le/la pauvre!; [said to somebody] mon/ma pauvre!; [animal] (la) pauvre bête! -**5.** [monster]: **the ~ from outer space** le monstre de l'espace.

B. -**1.** [idea, notion] idée *f*, chose *f*; **the best ~ would be to ask them** le mieux serait de leur demander; **it would be a good ~ if we all went together** ce serait une bonne chose que nous y allions tous ensemble; **it's a good ~ (for you) no one knew** heureusement (pour vous) que personne ne savait; **to be on to a good ~** être sur une bonne affaire ❑ **to know a ~ or two about sthg** s'y connaître en qqch; **I could show him a ~ or two about hang gliding** je pourrais lui apprendre une ou deux petites choses en deltaplane. -**2.** [matter, question] chose *f*, question *f*; **the ~ is, we can't really afford it** le problème, c'est qu'on n'a pas vraiment les moyens; **the ~ is, will she want to come?** le problème c'est qu'on ne sait pas si elle voudra venir; **the main ~ is to succeed** ce qui importe, c'est de réussir; **the important ~ is not to stop** ce qui compte, c'est de ne pas arrêter ❑ **it's one ~ to talk but quite another to act** parler est une chose, agir en est une autre; **we talked of one ~ and another** nous avons parlé de choses et d'autres; **what with one ~ and another, I haven't had time** avec tout ce qu'il y avait à faire, je n'ai pas eu le temps; **if it's not one ~, it's another** ça ne s'arrête jamais; **taking one ~ with another** à tout prendre, somme toute. -**3.** [remark]: **that's not a very nice ~ to say** ce n'est pas très gentil de dire ça; **she said some nasty ~s about him** elle a dit des méchancetés sur lui; **how can you say such a ~?** comment pouvez-vous dire une chose pareille?; **I said no such ~!** je n'ai rien dit de tel!; **I said the first ~ that came into my head** j'ai dit la première chose qui m'est venue à l'esprit. -**4.** [quality, characteristic] chose *f*; **one of the ~s I like about her is her sense of humour** une des choses que j'aime chez elle, c'est son sens de l'humour; **the town has a lot of ~s going for it** la ville a beaucoup de bons côtés.

C. -**1.** *inf* [strong feeling]: **to have a ~ about sthg** [like] aimer qqch; [dislike] ne pas aimer qqch; **I have a ~ about jazz** [like] j'aime vraiment le jazz; [dislike] je n'aime vraiment pas le jazz; **he has a ~ about red hair** [likes] il adore les cheveux roux; [dislikes] il a quelque chose contre les cheveux roux; **it's a bit of a ~ with me** j'aime assez ça. -**2.** [interest]: **it's not really my ~** ce n'est pas vraiment mon truc; **to do one's own ~**: **he went off to the States to do his own ~** il est parti aux États-Unis faire ce qui lui plaît. -**3.** [what is needed, required] idéal *m*; **hot cocoa is just the ~ on a winter's night** un chocolat chaud c'est l'idéal les soirs d'hiver; **that's the very ~ for my bad back!** c'est juste ce dont j'avais besoin pour mon mal de dos! -**4.** [fashion] mode *f*; **it's the latest ~ in swimwear** c'est la dernière mode en matière de maillots de bain; **it's really quite the ~** ça se fait vraiment beaucoup; **natural food is the ~ just now** les aliments biologiques sont la grande mode en ce moment; **a ~ of the past** une chose du passé. -**5.** [fuss]: **to make a big ~ about sthg** faire (tout) un plat de qqch; **he made a big ~ out of my not going** il a fait tout un plat parce que je n'y allais pas; **there's no need to make a big ~ out of it!** ce n'est pas la peine d'en faire tout un plat OR toute une montagne!

◆ **things** *npl* -**1.** [belongings] effets *mpl*, affaires *fpl*; [clothes] affaires *fpl*; [equipment] affaires *fpl*, attirail *m*; [tools] outils *mpl*, ustensiles *mpl*; **put your ~s away** ramassez vos affaires; **take your wet ~s off** enlevez vos affaires humides; **you can take your ~s off in the bedroom** vous pouvez vous déshabiller dans la chambre; **have you brought your fishing/swimming ~s?** avez-vous apporté votre attirail de pêche/vos affaires de piscine?; **have you washed the breakfast ~s?** as-tu fait la vaisselle du petit déjeuner?; **to take the tea ~s away** desservir la table (après le thé). -**2.** [situation, circumstances] choses *fpl*; **how's** *inf* OR **how are ~s?** comment ça va?; **~s are getting better** les choses vont mieux; **~s began to get rather dangerous** les choses ont commencé à devenir assez dangereuses; **I feel rather out of ~s** je n'ai pas l'impression d'être vraiment dans le bain; **you take ~s too seriously** vous prenez les choses trop au sérieux; **I need time to think ~s over** j'ai besoin de temps pour réfléchir; **as ~s are** OR **stand** dans l'état actuel des choses, les choses étant ce qu'elles sont ❑ **it's just one of those ~s** ce sont des choses qui arrivent. -**3.** [specific aspect of life] choses *fpl*; **~s of the mind** les choses de l'esprit; **she's interested in all ~s French** elle s'intéresse à tout ce qui est français; **moderation in all ~s** de la modération en tout; **she wants to be an airline pilot of all ~s!** elle veut être pilote de l'air, non mais vraiment! -**4.** [facts, actions etc] choses *fpl*; **they did terrible ~s to their prisoners** ils ont fait des choses atroces à leurs prisonniers; **I've heard good ~s about his work** on dit du bien de son travail. -**5.** JUR [property] biens *mpl*.

◆ **for one thing** *adv phr* (tout) d'abord; **for one ~... for another** (tout) d'abord... et puis; **well for one ~, we can't afford it** pour commencer, nous n'en avons pas les moyens.

thingahoochie *inf* ['θɪŋə,hu:tʃɪ] *n Am* truc *m*.

thingamabob ['θɪŋəmɪ,bɒb], **thingamajig, thingumajig** ['θɪŋəmədʒɪg], **thingummy** *inf* ['θɪŋəmɪ] *n* machin *m*, truc *m*, bidule *m*; **do you remember Mr ~?** tu te souviens de M. Machin?

thingy *inf* ['θɪŋɪ] *n* [object] truc *m*, bidule *m*, machin *m*, bitoniau *m*; **have you seen the ~ for the food processor?** tu as vu le bitoniau du robot de cuisine? || [person] Machin-Chose, Trucmuche; **I saw ~ who you used to work with last week** la semaine dernière, j'ai vu Machin-Chose avec qui tu travaillais dans le temps.

think [θɪŋk] (*pt* & *pp* **thought** [θɔ:t])

◇ *vi* -**1.** [reason] penser, raisonner; **to ~ for oneself** se faire ses propres opinions; **sorry, I wasn't ~ing clearly** désolé, je n'avais pas les idées claires; **to ~ aloud** penser tout haut; **to ~ big** *inf* voir les choses en grand; **she always ~s big** elle voit toujours les choses en grand; **~ big!** sois ambitieux!; **~ thin!** pensez minceur! ❑ **to ~ on one's feet** réfléchir vite; **you couldn't hear yourself ~** il n'était pas possible de se concentrer; **I can't ~ straight with this headache** ce mal de tête m'embrouille les idées. -**2.** [ponder, reflect] penser, réfléchir; **he thought for a moment** il a réfléchi un instant; **she doesn't say much but she ~s a lot** elle ne dit pas grand-chose, mais elle n'en pense pas moins; **~ before you speak** réfléchissez avant de parler; **~ again!** [reconsider] repensez-y!; [guess] vous n'y êtes pas, réfléchissez donc!; **let me ~** laisse-moi réfléchir; **~ carefully before deciding** réfléchissez bien avant de vous décider; **I thought hard** j'ai beaucoup réfléchi; **I thought twice before accepting** j'ai réfléchi à deux fois avant d'accepter; **to act without ~ing** agir sans réfléchir; **that's what set me ~ing** c'est ce qui m'a fait réfléchir. -**3.** [imagine] (s')imaginer; **if you ~ I'd lend you my car again...** si tu t'imagines que je te prêterai encore ma voiture...; **just ~!** imaginez (-vous) un peu!; **just ~, you might have married him!** imagine (-toi) que tu aurais pu l'épouser! -**4.** [believe, have as opinion] penser, croire; **she ~s as I do** elle pense comme moi; **to her way of ~ing** à son avis; **it's a lot harder than I thought** c'est beaucoup plus difficile que je ne croyais ❑ **oh, he's so honest, I don't ~!** honnête, mon œil, oui!

◇ *vt* -**1.** [ponder, reflect on] penser à, réfléchir à; **he was ~ing what they could do next** il se demandait ce qu'ils allaient pouvoir faire ensuite; **I'm ~ing how to go about it** je me demande comment il faudrait s'y prendre; **I was just ~ing how ironic it all is** je pensais simplement à l'ironie de la chose; **guess what we're ~ing** essaye de deviner à quoi nous pensons; **I kept ~ing: why me?** je n'arrêtais pas de me dire: pourquoi moi?; **I'm happy to ~ she's not all alone** je suis content de savoir qu'elle n'est pas toute seule; **to ~ deep/evil thoughts** avoir des pensées profondes/de mauvaises pensées. -**2.** [believe] penser, croire; **I ~ so** je crois; **I ~ not** je ne crois pas; **he's a crook – I thought so** OR **I thought as much** c'est un escroc – je m'en doutais; **I ~ you mean Johnson not Boswell** je crois que tu veux dire Johnson, pas Boswell; **more tea? – I don't ~ I will, thank you** encore un peu de thé? – non merci, je ne pense pas; **she didn't ~ he would actually leave** elle ne pensait pas qu'il partirait vraiment; **she ~s you should leave town** elle croit que tu devrais quitter la ville; **they asked me what I thought** ils m'ont demandé mon avis; **what does he ~ I should do?** que pense-t-il OR croit-il que je doive faire?; **he wants cream walls – what do you ~?** il veut des murs crème – qu'est-ce que tu en penses?; **I thought I heard a noise** j'ai cru OR il m'a semblé entendre un bruit; **it's expensive, don't you ~?** c'est cher, tu ne trouves pas?; **I don't know what to ~** je ne sais pas quoi penser; **he ~s he knows everything** il croit tout savoir; **she ~s she's talented** elle se croit OR se trouve douée; **that's what you ~!** tu te fais des

illusions!; what will people ~? qu'en dira-t-on?, qu'est-ce que les gens vont penser?; anyone would ~ he owned the place on croirait que c'est lui le propriétaire; anybody would ~ it was Sunday on dirait un dimanche; (just) who does he ~ he is? (mais) pour qui se prend-il?; you always ~ the best/the worst of everyone vous avez toujours une très bonne/mauvaise opinion de tout le monde. -**3.** [judge, consider] juger, considérer; we ~ the rule unfair nous trouvons le règlement injuste; you must ~ me very nosy vous devez me trouver très curieux; she is thought to be one of the best on dit qu'elle fait partie des meilleurs; if you ~ it necessary si vous le jugez nécessaire. -**4.** [imagine] (s') imaginer; I can't ~ why he refused je ne vois vraiment pas pourquoi il a refusé; you'd ~ she'd be pleased elle devrait être contente; who'd have thought she'd become president! qui aurait dit qu'elle serait un jour président!; who'd have thought it! qui l'eût cru!; just ~ what we can do with all that money! imaginez ce qu'on peut faire avec tout cet argent!; and to ~ she did it all by herself et dire OR quand on pense qu'elle a fait cela toute seule. -**5.** [remember] penser à, se rappeler; I can't ~ what his name is je n'arrive pas à me rappeler son nom, son nom m'échappe; he couldn't ~ which countries belonged to the EC il n'arrivait pas à se rappeler quels pays étaient membres de la CEE; to ~ to do sthg penser à faire qqch; they didn't ~ to invite her ils n'ont pas pensé à l'inviter; did you ~ to buy some bread? as tu pensé à acheter du pain? -**6.** [expect] penser, s'attendre à; I don't ~ she'll come je ne pense pas qu'elle viendra OR vienne; I didn't ~ to find you here je ne m'attendais pas à vous trouver ici. -**7.** [have as intention]: I ~ I'll go for a walk je crois que je vais aller me promener. -**8.** [in requests]: do you ~ you could help me? pourriez-vous m'aider?
◇ *n*: we've had a ~ about it nous y avons réfléchi; she had a good ~ about their offer elle a bien réfléchi à leur proposition; I'll have another ~ about it je vais encore y réfléchir ❑ you've got another ~ coming! *inf* tu te fais des illusions!

◆ **think about** *vt insep* -**1.** [ponder, reflect on]: to ~ about sthg/doing sthg penser à qqch/à faire qqch; what are you ~ing about? à quoi pensez-vous?; we were just ~ing about the holidays nous pensions justement aux vacances; I've thought about your proposal j'ai réfléchi à votre proposition; it's not a bad idea, if you ~ about it ce n'est pas une mauvaise idée, si tu réfléchis bien; she's ~ing about starting a business elle pense à OR envisage de monter une affaire; we'll ~ about it nous allons y penser OR réfléchir; she has a lot to ~ about just now elle est très préoccupée en ce moment; there's so much to ~ about when you buy a house il y a tant de choses à prendre en considération quand on achète une maison; the conference gave us much to ~ about la conférence nous a donné matière à réflexion; I'll give you something to ~ about! je vais te donner de quoi réfléchir! -**2.** [consider seriously] penser; all he ~s about is money il n'y a que l'argent qui l'intéresse; he's always ~ing about food — what else is there to ~ about? il ne pense qu'à manger — c'est ce qu'il y a de plus intéressant, non?

◆ **think ahead** *vi insep* prévoir; you have to learn to ~ ahead il faut apprendre à prévoir.

◆ **think back** *vi insep*: to ~ back to sthg se rappeler qqch; ~ back to that night essayez de vous souvenir de OR vous rappeler cette nuit-là; I thought back over the years j'ai repensé aux années passées.

◆ **think of** *vt insep* -**1.** [have as tentative plan] penser à, envisager de; she's ~ing of starting a business elle pense à OR envisage de monter une affaire. -**2.** [have in mind]: whatever were you ~ing of? où avais-tu la tête? ❑ come to ~ of it, that's not a bad idea à la réflexion, ce n'est pas une mauvaise idée. -**3.** [remember] penser à, se rappeler; I can't ~ of the address je n'arrive pas à me rappeler l'adresse; he couldn't ~ of the name il ne se rappelait pas le nom, le nom ne lui venait pas; that makes me ~ of my childhood ça me rappelle mon enfance. -**4.** [come up with - idea, solution]: she's the one who thought of double-checking it c'est elle qui a eu l'idée de le vérifier; it's the only way they could ~ of doing it ils ne voyaient pas d'autre façon de s'y prendre; I thought of the answer j'ai trouvé la réponse; I've just thought of something, she'll be out j'avais oublié OR je viens de me rappeler, elle ne sera pas là; I've just throught of something else attendez, il y a autre chose; I'd never have thought of that je n'y aurais jamais pensé; whatever will they ~ of next? qu'est-ce qu'ils vont bien pouvoir trouver ensuite?; ~ of a number between 1 and 10 pensez à un chiffre entre 1 et 10; I thought better of it je me suis ravisé; he thought nothing of leaving the baby alone for hours at a time il trouvait (ça) normal de laisser le bébé seul pendant des heures; thank you — ~ nothing of it! merci — mais je vous en prie OR mais c'est tout naturel! -**5.** [judge, have as opinion] estimer; what do you ~ of the new teacher? comment trouvez-vous le OR que pensez-vous du nouveau professeur?; she ~s very highly of OR very well of him elle a une très haute opinion de lui; he ~s of himself as an artist il se prend pour un artiste; as a doctor she is very well thought of elle est très respectée en tant que médecin; I hope you won't ~ badly of me if I refuse j'espère que vous ne m'en voudrez pas si je refuse; I don't ~ much of that idea cette idée ne me dit pas grand-chose; he doesn't ~ much of his brother il n'a pas une haute opinion de son frère. -**6.** [imagine] penser à, imaginer; I always thought of her as being blonde je la croyais blonde; just ~ of it, me as president! imaginez un peu: moi président!, vous m'imaginez président?; when I ~ of how things might have turned out quand je pense à la manière dont les choses auraient pu finir; you might have married him, ~ of that! tu aurais pu l'épouser, imagine un peu! -**7.** [take into consideration] penser à, considérer; I have my family to ~ of il faut que je pense à ma famille; she never ~s of anyone but herself elle ne pense qu'à elle-même; ~ of your mother's feelings pense un peu à ta mère; he never ~s of her il n'a aucun égard OR aucune considération pour elle; you never ~ of the expense tu ne regardes jamais à la dépense; ~ of how much it will cost! pense un peu à ce que ça va coûter!; you can't ~ of everything on ne peut pas penser à tout.

◆ **think out** *vt sep* [plan] élaborer, préparer; [problem] bien étudier OR examiner; [solution] bien étudier; it needs ~ing out cela demande mûre réflexion; a carefully thought-out answer une réponse bien pesée; a well-thought-out plan un projet bien conçu OR ficelé.

◆ **think over** *vt sep* bien examiner, bien réfléchir à; we'll have to ~ it over il va falloir que nous y réfléchissions; this needs ~ing over cela mérite réflexion; ~ the offer over carefully réfléchissez bien à cette proposition; on ~ing things over we've decided not to sell the house réflexion faite, on a décidé de ne pas vendre la maison; I need some time to ~ things over j'ai besoin de temps pour réfléchir.

thinkable ['θɪŋkəbl] *adj* pensable, concevable, imaginable.

thinker ['θɪŋkə^r] *n* penseur *m*, -euse *f*; 'The Thinker' *Rodin* 'le Penseur'.

thinking ['θɪŋkɪŋ] ◇ *adj* [person] pensant, rationnel, qui réfléchit; it's the ~ man's answer to pulp fiction c'est un roman de hall de gare en plus intelligent.
◇ *n* -**1.** [act] pensée *f*, pensées *fpl*, réflexion *f*; I've done some serious ~ about the situation j'ai bien OR sérieusement OR mûrement réfléchi à la situation. -**2.** [opinion, judgment] point *m* de vue, opinion *f*, opinions *fpl*; my ~ on disarmament has changed mes opinions sur le désarmement ont changé; she finally came round to my way of ~ elle s'est finalement ralliée à mon point de vue; to his way of ~ it was wrong pour lui, ce n'était pas bien.

thinking cap *n*: to put on one's ~ *inf fig* se mettre à réfléchir, cogiter.

think tank *n* groupe *m* d'experts.

thin-lipped *adj* aux lèvres minces OR fines.

thinly ['θɪnlɪ] *adv* [spread] en couche mince; [cut] en fines tranches; a ~ disguised insult une insulte à peine voilée; a ~ clad child un enfant insuffisamment OR trop légèrement vêtu; the area is ~ populated la région n'est pas très peuplée.

thinner ['θɪnə^r] ◇ *compar* → **thin**.
◇ *n* [solvent] diluant *m*.

thinness ['θɪnnɪs] *n* -**1.** [of layer, wall] minceur *f*, finesse *f*; [of person] minceur *f*, maigreur *f*; [of wire] finesse *f*; [of clothing, blanket, carpet] légèreté *f*, finesse *f*. -**2.** [of beard, hair] finesse *f*, rareté *f*. -**3.** [of excuse] faiblesse *f*, insuffisance *f*.

thin-skinned *adj fig* susceptible.

third [θɜːd] ◇ *adj* troisième; ~ finger annulaire *m*; ~ person GRAMM troisième personne *f*; in the ~ person à la troisième personne; ~ time lucky la troisième fois sera la bonne; 'The Third Man' *Greene, Reed* 'le Troisième Homme'.
◇ *n* -**1.** [gen] troisième *mf*. -**2.** [fraction] tiers *m*. -**3.** MUS tierce *f*. -**4.** AUT: ~ (gear) troisième *f*; in ~ (gear) en troisième. -**5.** *Br* UNIV ≃ licence *f* sans mention.
◇ *adv* en troisième place *f* OR position *f*.

third class ◇ *n* -**1.** [for travel] troisième classe *f*; [for accommodation] troisième catégorie *f*. -**2.** *Am* [for mail] ≃ tarif *m* «imprimés», ≃ tarif *m* lent.
◇ *adv* -**1.** [travel] en troisième classe. -**2.** *Am*: to mail a package ~ ≃ envoyer un colis au tarif lent.
◆ **third-class** *adj* -**1.** [ticket, compartment] de troisième classe; [hotel, accommodation] de troisième catégorie. -**2.** [inferior - merchandise] de qualité inférieure, de pacotille; [- restaurant, food] de qualité inférieure. -**3.** *Br* UNIV: third-class degree ≃ licence *f* sans mention. -**4.** *Am* [mail] au tarif «imprimés», au tarif lent.

third degree *inf n*: to get the ~ passer à l'interrogatoire; to give sb the ~ [torture] passer qqn à tabac; [interrogate] cuisiner qqn.

third-degree burn *n* brûlure *f* au troisième degré.

Third Estate *n* HIST: the ~ le Tiers état.

thirdhand [ˌθɜːd'hænd] ◇ *adj* [car, information] de troisième main.
◇ *adv* [buy] en troisième main.

thirdly ['θɜːdlɪ] *adv* troisièmement, en troisième lieu, tertio.

third party *n* tierce personne *f*, tiers *m*.
◆ **third-party** *adj*: third-party insurance assurance *f* au tiers.

third-rate *adj* de qualité inférieure.

third reading *n* [of a bill] *dernière lecture*.

Third World *n*: the ~ le tiers-monde.
◆ **Third-World** *comp* du tiers-monde.

thirst [θɜːst] ◇ *n literal & fig* soif *f*; all that hard work has given me a ~ ça m'a donné soif de travailler dur comme ça; he has a ~ for adventure *fig* il a soif d'aventure.
◇ *vi*: to ~ for sthg avoir soif de qqch; he was ~ing for a beer il avait soif d'une bière; a jealous husband ~ing for revenge *fig* un mari jaloux assoiffé de vengeance; to ~ for knowledge *fig* être avide de connaissances.

thirsty ['θɜːstɪ] (*compar* thirstier, *superl* thirstiest) *adj* -**1.** to be ~ avoir soif; I feel very ~ j'ai très soif; salted peanuts make you ~ les cacahuètes salées donnent soif; it's ~ work ça donne soif. -**2.** *fig* [for knowledge, adventure] assoiffé; she was ~ for revenge elle était assoiffée de vengeance. -**3.** [plant] qui a besoin de beaucoup d'eau; [soil] desséché.

thirteen [ˌθɜː'tiːn] ◇ *adj* treize.
◇ *n* treize *m inv*.

thirteenth [ˌθɜː'tiːnθ] ◇ *adj* treizième.
◇ *n* treizième *mf*.

thirtieth ['θɜːtɪəθ] ◇ *adj* trentième.
◇ *n* trentième *mf.*

thirty ['θɜːtɪ] (*pl* **thirties**) ◇ *n* trente *m inv.*
◇ *adj* trente; **the Thirty Years' War** HIST la guerre de Trente Ans; **'The Thirty-Nine Steps'** *Buchan, Hitchcock* 'les Trente-Neuf Marches'.

thirty-second note *n Am* triple croche *f.*

thirty-second rest *n* huitième *m* de soupir.

thirty-something *adj caractéristique de certaines personnes ayant la trentaine et issues de milieu aisé.*

thirty-three *n* [record] trente-trois tours *m inv.*

this [ðɪs] (*pl* **these** [ðiːz]) ◇ *dem pron* -**1.** [person, situation, statement, thing indicated] ceci, ce; **what's ~?** qu'est-ce que c'est (que ça)?; **who's ~?** [gen] qui est-ce?; [on phone] qui est à l'appareil?; **~ is for you** tiens, c'est pour toi; **~ is Mr Smith speaking** [on phone] M. Smith à l'appareil, c'est M. Smith; **~ is my mother** [in introduction] je vous présente ma mère; [in picture] c'est ma mère; **~ is the place I was talking about** c'est OR voici l'endroit dont je parlais; **~ is terrible** c'est affreux; **~ is what he told me** voici ce qu'il m'a dit; **~ is where I live** c'est ici que j'habite; **what's ~ I hear about your leaving?** on me dit que vous partez?; **it was like ~** voici comment les choses se sont passées; **do it like ~** voici comment il faut faire; **I didn't want it to end like ~** je ne voulais pas que ça finisse OR se termine comme ça; **that it should come to ~** qu'on en arrive là; **and there's no way she could live with you? — well, ~ is it** et elle ne pourrait pas vivre avec toi? — non, justement; **~ is it, wish me luck** voilà, souhaite-moi bonne chance; **I'll tell you ~...** je vais te dire une chose...; **after/before ~** après/avant ça; **at** OR **with ~, he left the room** là-dessus OR sur ce, il a quitté la pièce ❑ **what did you talk about? — oh, ~ and that** de quoi avez-vous parlé? — oh, de choses et d'autres; **they sat chatting about ~, that and the other** ils étaient là, assis, à bavarder de choses et d'autres; **it's always Johnny ~ and Johnny that** c'est Johnny par-ci, Johnny par-là. -**2.** [contrasted with 'that'] celui-ci *m*, celle-ci *f*; **these** ceux-ci *mpl*, celles-ci *fpl*; **~ is a rose, that is a peony** ceci est une rose, ça c'est une pivoine; **I want these, not those!** je veux ceux-ci, pas ceux-là!; **is ~ more expensive than that?** celui-ci est-il plus cher que celui-là?
◇ *det* -**1.** [referring to a particular person, idea, time or thing] ce *m*, cet *m* (*before vowel or mute h*), cette *f*; **these** ces *mfpl*; **~ man** cet homme; **these ideas** ces idées; **~ plan of yours won't work** votre projet ne marchera pas; **~ book you wanted** le livre que vous vouliez; **he's lived in ~ country for years** ça fait des années qu'il vit dans ce pays; **~ way please** par ici s'il vous plaît; **~ funny little man came up to me** un petit bonhomme à l'air bizarre est venu vers moi; **there were these two Germans...** il y avait ces deux Allemands...; **who's ~ friend of yours?** c'est qui, cet ami?; **~ here bicycle** *dial* ce vélo-ci; **by ~ time tomorrow he'll be gone** demain à cette heure-ci, il sera parti; **~ time last week** la semaine dernière à la même heure; **~ time next year** l'année prochaine à la même époque; **~ coming week** la semaine prochaine OR qui vient; **saving money isn't easy these days** faire des économies n'est pas facile aujourd'hui OR de nos jours; **he's worked hard these last two months** il a beaucoup travaillé ces deux derniers mois; **I've been watching you ~ past hour** ça fait une heure OR voici une heure que je vous regarde; **what are you doing ~ Christmas?** qu'est-ce que vous faites pour Noël cette année? -**2.** [contrasted with 'that'] ce... -ci *m*, cet... -ci *m* (*before vowel or mute h*), cette... -ci *f*; **these** ces... -ci *mfpl*; **~ table over here** cette table-ci; **which do you prefer, ~ one or that one?** lequel tu préfères, celui-ci ou celui-là?; **~ dress is cheaper than that one** cette robe-ci est moins chère que celle-là OR que l'autre; **people ran ~ way and that** les gens couraient dans tous les sens.
◇ *adv* aussi, si; **it was ~ high** c'était haut comme ça; **we've come ~ far, we might as well go on** [on journey] nous sommes venus jusqu'ici, alors autant continuer; [in project] maintenant que nous en sommes là, autant continuer.

thistle ['θɪsl] *n* chardon *m.*

thistledown ['θɪsəldaʊn] *n* duvet *m* de chardon.

thistly ['θɪslɪ] *adj* couvert de chardons.

thither ['ðɪðəʳ] *adv fml* & *lit* là; **go ~** allez-y.

thitherto [ˌðɪðə'tuː] *adv fml* & *lit* jusqu'alors.

tho, tho' *Am* OR *lit* [ðəʊ] = **though.**

thole [θəʊl], **tholepin** ['θəʊlpɪn] *n* NAUT tolet *m*, dame *f* de nage.

Thomas ['tɒməs] *pr n*: **Saint ~** saint Thomas; **he's a doubting ~** il est comme saint Thomas.

thong [θɒŋ] *n* -**1.** [strip - of leather, rubber] lanière *f.* -**2.** [G-string] cache-sexe *m.*
◆ **thongs** *npl Am* tongs *fpl.*

Thor [θɔːʳ] *pr n* Thor.

thoraces ['θɔːrəsiːz] *pl* → **thorax.**

thoracic [θɔː'ræsɪk] *adj* thoracique.

thorax ['θɔːræks] (*pl* **thoraxes** OR **thoraces** [-rəsiːz]) *n* thorax *m.*

thorium ['θɔːrɪəm] *n* thorium *m*; **~ series** famille *f* du thorium.

thorn [θɔːn] *n* -**1.** [prickle] épine *f*; **it's a ~ in his side** OR **flesh** c'est une source d'irritation constante pour lui, c'est sa bête noire. -**2.** [tree, shrub] arbuste *m* épineux; [hawthorn] aubépine *f.*

thorn apple *n* stramoine *f.*

thornback ['θɔːnbæk] *n* raie *f* bouclée.

thornbill ['θɔːnbɪl] *n* colibri *m.*

thornbush ['θɔːnbʊʃ] *n* buisson *m* épineux.

thornless ['θɔːnlɪs] *adj* sans épines.

thorny ['θɔːnɪ] (*compar* **thornier**, *superl* **thorniest**) *adj literal* & *fig* épineux.

thorough ['θʌrə] *adj* -**1.** [complete - inspection, research] minutieux, approfondi; **to give sthg a ~ cleaning/dusting** nettoyer/épousseter qqch à fond; **she has a ~ knowledge of her subject** elle a une connaissance parfaite de son sujet, elle connaît son sujet à fond OR sur le bout des doigts; **she was subjected to a ~ cross-examination** elle a subi un contre-interrogatoire minutieux; **they were given a ~ telling-off** ils ont reçu un bon savon. -**2.** [conscientious -work, worker] consciencieux, sérieux. -**3.** [as intensifier] absolu, complet; **what a ~ bore this book is!** qu'est-ce qu'il est ennuyeux, ce livre!; **the man is a ~ scoundrel!** ce type est une crapule finie!; **it's a ~ nuisance!** c'est vraiment très embêtant!

thoroughbred ['θʌrəbred] ◇ *adj* [horse] pur-sang (*inv*); [animal - gen] de race.
◇ *n* -**1.** [horse] pur-sang *m inv*; [animal - gen] bête *f* de race. -**2.** [person]: **she's a ~** elle a de la classe, elle est racée.

thoroughfare ['θʌrəfeəʳ] *n* voie *f* de communication; **the main ~** la rue OR l'artère *f* principale; **'no ~'** [no entry] 'passage interdit'; [cul-de-sac] 'voie sans issue' ❑ **public ~** voie publique.

thoroughgoing ['θʌrəˌgəʊɪŋ] *adj* [search, investigation] minutieux, approfondi, complet; **he's a ~ nuisance** il est vraiment pénible.

thoroughly ['θʌrəlɪ] *adv* -**1.** [minutely, in detail - search] à fond, de fond en comble; [- examine] à fond, minutieusement; **the carpet has been ~ cleaned** le tapis a été nettoyé à fond; **read all the questions ~** lisez très attentivement toutes les questions. -**2.** [as intensifier] tout à fait, absolument; **it's ~ disgraceful** c'est absolument honteux, c'est un véritable scandale, c'est une honte; **I ~ agree** je suis tout à fait d'accord.

thoroughness ['θʌrənɪs] *n* minutie *f.*

those [ðəʊz] *pl* → **that.**

thou[1] [ðaʊ] *pron* BIBLE OR *dial* tu; [stressed form] toi.

thou[2] [θaʊ] (*pl inv* OR **thous**) *n* -**1.** *abbr of* thousand. -**2.** *abbr of* thousandth of an inch.

though [ðəʊ] ◇ *conj* bien que, quoique; **~ young, she's very mature** bien qu'elle soit jeune OR quoique jeune, elle est très mûre; **~ it's a difficult language, I intend to persevere** bien que ce soit une langue difficile, j'ai l'intention de persévérer; **he enjoyed the company ~ not the food** il appréciait les gens avec qui il était mais pas ce qu'il mangeait; **kind ~ she was, we never really got on** malgré sa gentillesse, nous ne nous sommes jamais très bien entendus; **it's an excellent book, ~ I say so myself** c'est un très bon livre, sans fausse modestie; **strange ~ it may seem** aussi étrange que cela puisse paraître.
◇ *adv* pourtant; **he's a difficult man; I like him ~** il n'est pas facile à vivre; pourtant je l'aime bien; **it's nice, ~, isn't it?** c'est joli quand même, tu ne trouves pas?

thought [θɔːt] ◇ *pt* & *pp* → **think.**
◇ *n* -**1.** *(U)* [reflection] pensée *f*, réflexion *f*; **to give a problem much** OR **a lot of ~** bien réfléchir à un problème; **after much ~** après mûre réflexion, après avoir mûrement réfléchi; **we gave some ~ to the matter** nous avons réfléchi à la question; **this problem needs careful ~** nous devons bien réfléchir à ce problème; **she was lost** OR **deep in ~** elle était absorbée par ses pensées OR plongée dans ses pensées. -**2.** *(C)* [consideration] considération *f*, pensée *f*; **have you given my proposal a single ~?** avez-vous pensé un seul instant à ma proposition?; **I haven't given it a ~** je n'y ai pas pensé; **don't give it another ~** n'y pensez plus; **to collect one's ~s** rassembler ses esprits; **my ~s were elsewhere** j'avais l'esprit ailleurs; **my ~s went back to the time I had spent in Tunisia** j'ai repensé au temps où j'étais en Tunisie; **she accepted the job with no ~ of her family** elle a accepté le travail sans tenir compte de sa famille; **he had no ~ for his own safety** il ne pensait pas à sa propre sécurité. -**3.** *(C)* [idea, notion] idée *f*, pensée *f*; **the ~ occurred to me that you might like to come** l'idée m'est venue OR je me suis dit que cela vous ferait peut-être plaisir de venir; **I had to give up all ~** OR **~s of finishing on time** j'ai dû finalement renoncer à l'idée de terminer à temps; **the mere ~ of it makes me feel ill** rien que d'y penser, ça me rend malade; **that's a ~!** ça, c'est une idée!; **what an awful ~!** quelle horreur!; **what a kind ~!** quelle aimable attention! -**4.** *(C)* [intention] idée *f*, intention *f*; **we have ~s of going to Australia** nous avons dans l'idée d'aller OR nous songeons à aller en Australie; **her one ~ was to reach the top** sa seule idée était d'atteindre le sommet; **I have no ~ of resigning** je n'ai pas l'intention de démissionner; **it's the ~ that counts** c'est l'intention qui compte. -**5.** *(C)* [opinion] opinion *f*, avis *m*; **we'd like your ~s on the matter** nous aimerions savoir ce que vous en pensez. -**6.** *(U)* [doctrine, ideology] pensée *f*; **contemporary political ~** la pensée politique contemporaine. -**7.** *dated* [small amount]: **a ~ too salty** un tout petit peu trop salé.

thoughtful ['θɔːtfʊl] *adj* -**1.** [considerate, kind] prévenant, gentil, attentionné; **it was a ~ gesture** c'était un geste plein d'attention; **be more ~ next time** pensez un peu plus aux autres la prochaine fois; **it was very ~ of them to send the flowers** c'était très aimable à eux OR gentil de leur part d'envoyer les fleurs. -**2.** [pensive] pensif. -**3.** [reasoned - decision, remark, essay] réfléchi; [- study] sérieux.

thoughtfully ['θɔːtfʊlɪ] *adv* -**1.** [considerately, kindly] avec prévenance OR délicatesse, gentiment; **she very ~ offered to help** elle a très gentiment proposé de m'aider. -**2.** [pensively] pensivement. -**3.** [with careful thought] d'une manière réfléchie; **it's a ~ written article** c'est un article écrit de façon réfléchie.

thoughtfulness ['θɔːtfʊlnɪs] *n* -**1.** [kindness] prévenance *f*, délicatesse *f*, gentillesse *f.* -**2.** [pensiveness] air *m* pensif.

thoughtless ['θɔːtlɪs] *adj* -**1.** [inconsiderate - person, act, behaviour] inconsidéré, irréfléchi, qui manque de délicatesse; [- remark] irréfléchi; **it was ~ of me** ce n'était pas très délicat de ma part; **what a ~ thing to do!** quel manque de délicatesse! -2. [hasty, rash - decision, action] irréfléchi, hâtif; [- person] irréfléchi, léger.

thoughtlessly ['θɔːtlɪslɪ] *adv* -1. [inconsiderately] sans aucun égard, sans aucune considération. -2. [hastily] hâtivement, sans réfléchir.

thought-provoking *adj* qui pousse à la réflexion, stimulant.

thought transference *n* transmission *f* de pensée.

thousand ['θaʊznd] ◇ *adj* mille; a ~ years mille ans, un millénaire; five ~ people cinq mille personnes; I've already told you a ~ times je te l'ai déjà dit mille fois ❑ 'The Thousand and One Nights' 'les Mille et une nuits'.
◇ *n* mille *m inv*; in the year two ~ en l'an deux mille; there were ~s of people il y avait des milliers de personnes.

thousandfold ['θaʊzndfəʊld] ◇ *adj* multiplié par mille.
◇ *adv* mille fois autant.

Thousand Island dressing *n sauce à base de mayonnaise, de ketchup et de cornichons hachés.*

thousandth ['θaʊzntθ] ◇ *adj* millième.
◇ *n* millième *m*.

Thrace [θreɪs] *pr n* Thrace *f*.

thraldom *Br*, **thralldom** *Am* ['θrɔːldəm] *n fml* servitude *f*, esclavage *m*.

thrall [θrɔːl] *n fml* -1. [state] servitude *f*, esclavage *m*; to be in ~ to sb être l'esclave de qqn. -2. [person] esclave *mf*.

thralldom *Am* = **thraldom**.

thrash [θræʃ] ◇ *vt* -1. [in punishment - person, animal] battre; he ~ed the hedge with a stick il donna des grands coups de bâton dans la haie; the horse reared and ~ed the air with its hooves le cheval se cabra et fouetta l'air de ses sabots. -2. SPORT [defeat] battre à plate couture OR à plates coutures; Liverpool ~ed Arsenal Liverpool a battu Arsenal à plate couture. -3. [move vigorously]: to ~ one's arms/legs (about) battre des bras/jambes; the dolphin ~ed its tail and disappeared le dauphin donna de grands coups de queue et disparut. -4. [thresh - corn] battre.
◇ *vi* [move violently] se débattre; the waves ~ed against the rocks/boat les vagues battaient violemment contre les rochers/le bateau.
◇ *n* -1. [stroke] battement *m*; with a few ~es of its tail, the fish was gone quelques battements de queue et le poisson disparut. -2. *inf Br* [party] sauterie *f*.
◆ **thrash about, thrash around** ◇ *vi insep* [person, fish] se débattre; she was ~ing about in bed elle se débattait OR elle remuait dans le lit; he ~ed about to free himself il se débattait pour se libérer; he was ~ing about in the undergrowth with a stick il battait les broussailles de son bâton.
◇ *vt sep* [arms, legs, tail] battre de; [stick] agiter.
◆ **thrash out** *vt sep* [problem] débattre de; [agreement] finir par trouver; we'll ~ it out over lunch on démêlera OR éclaircira cette affaire pendant le repas.

thrashing ['θræʃɪŋ] *n* -1. [punishment] raclée *f*, correction *f*; I gave him a good ~ je lui ai donné une bonne correction. -2. SPORT: to get a ~ se faire battre à plates coutures; we gave the team a ~ on a battu l'équipe à plates coutures. -3. [of corn] battage *m*.

thread [θred] ◇ *n* -1. SEW & MED fil *m*; polyester ~ fil polyester; his life hung by a ~ *fig* sa vie ne tenait qu'à un fil. -2. *fig* [of water, smoke] filet *m*; [of light] mince rayon *m*; [of story, argument] fil *m*; I've lost the ~ of what I was saying j'ai perdu le fil de ce que je disais; it's difficult to follow the ~ of her argument il est difficile de suivre le fil de ses idées. -3. TECH [of screw] pas *m*, filetage *m*.
◇ *vt* -1. [needle, beads, cotton] enfiler; she ~ed black cotton through the needle elle a enfilé une aiguillée de coton noir; she ~ed the needle elle a enfilé l'aiguille; she quickly ~ed the film into the projector elle a vite monté le film sur le projecteur; you have to ~ the elastic through the loops il faut enfiler OR faire passer l'élastique dans les boucles; she ~ed her way through the crowd/market *fig* elle s'est faufilée parmi la foule/à travers le marché. -2. TECH [screw] tarauder, fileter.
◇ *vi* [needle, cotton] s'enfiler; the tape ~s through the slot la bande passe dans la fente.
◆ **threads** *inf npl Am* [clothes] fringues *fpl*.
◆ **thread together** *vt sep* [beads] enfiler.

threadbare ['θredbeəʳ] *adj* -1. [carpet, clothing] usé, râpé; he lived a ~ existence il menait une existence miséreuse. -2. [joke, excuse, argument] usé, rebattu.

thread mark *n* filigrane *m (des billets de banque)*.

threadworm ['θredwɜːm] *n* oxyure *m*.

threat [θret] *n literal* & *fig* menace *f*; to make ~s against sb proférer des menaces contre qqn; they got what they wanted by ~s ils ont obtenu ce qu'ils voulaient par la menace; terrorist attacks are a constant ~ to our security les attentats terroristes représentent une menace constante pour notre sécurité; he's a ~ to our security il constitue une menace pour notre sécurité; political unrest poses a ~ to peace in the area l'agitation politique menace la paix dans la région; he is under ~ of death il est menacé de mort; the country lives under (the) ~ of war le pays vit sous la menace de la guerre.

threaten ['θretn] ◇ *vt* -1. [make threats against - person] menacer; to ~ to do sthg menacer de faire qqch; he ~ed her with a gun il l'a menacée avec un pistolet; he started ~ing me il s'est fait menaçant, il s'est mis à me menacer; we were ~ed with the sack on nous a menacés de licenciement; to ~ proceedings against sb, to ~ sb with proceedings JUR menacer de poursuivre qqn, menacer qqn de poursuites. -2. [subj: danger, unpleasant event] menacer; the species is ~ed with extinction l'espèce est menacée OR en voie de disparition; our jobs are ~ed nos emplois sont menacés; it's ~ing to rain/to snow la pluie/la neige menace. -3. [be a danger for - society, tranquillity] menacer, être une menace pour.
◇ *vi* [danger, storm] menacer.

threatened ['θretnd] *adj* menacé.

threatening ['θretnɪŋ] *adj* [danger, sky, storm, person] menaçant; [letter] de menaces; [gesture] menaçant, de menace; she gave me a ~ look elle m'a lancé un regard menaçant; to use ~ language prononcer des paroles menaçantes.

threateningly ['θretnɪŋlɪ] *adv* [behave, move] de manière menaçante, d'un air menaçant; [say] d'un ton OR sur un ton menaçant.

three [θriː] ◇ *adj* trois; the Three Wise Men les Rois mages *mpl*; 'Three Men in a Boat' *Jerome* 'Trois hommes dans un bateau'; 'The Three Musketeers' *Dumas* 'les Trois mousquetaires'; 'The Three Sisters' *Chekhov* 'les Trois sœurs'.
◇ *n* trois *m*.

three-card trick *n* bonneteau *m*.

three-cornered *adj* triangulaire; ~ discussion débat *m* à trois; ~ hat tricorne *m*.

3-D [,θriː'diː] = **three-D**.

three-day event *n* EQUIT concours *m* hippique sur trois jours.

three-D, three-dimensional [-dɪ'menʃənl] *adj* -1. [object] à trois dimensions, tridimensionnel; [film] en relief; [image] en trois dimensions. -2. [character - in book, play etc] qui semble réel.

threefold ['θriːfəʊld] ◇ *adj* triple.
◇ *adv* trois fois autant.

three-four time *n* MUS trois-quatre *m inv*; in ~ en trois-quatre.

three-legged *adj* [stool, table] à trois pieds; [animal] à trois pattes.

three-legged race *n course où les participants courent par deux, la jambe gauche de l'un attachée à la droite de l'autre.*

three-line whip *n* POL *invitation urgente faite à un député par un «whip» à prendre part à un débat ou à un vote.*

Three Mile Island *pr n* Three Mile Island *(théâtre d'un accident dans une centrale nucléaire aux États-Unis en 1979)*.

threepence ['θrepəns] *n Br* trois (anciens) pence *mpl*.

threepenny ['θrepənɪ] *Br* ◇ *n*: ~ (bit OR piece) *ancienne pièce de trois pence.*
◇ *adj* à trois pence, coûtant trois pence; 'The Threepenny Opera' *Brecht* 'l'Opéra de quat' sous'.

three-phase *adj* triphasé.

three-piece *adj*: ~ suite *Br*, ~ set *Am salon comprenant un canapé et deux fauteuils assortis*; ~ (suit) (costume *m*) trois-pièces *m inv*.

three-ply *adj* [wool] à trois fils; [rope] à trois brins; ~ wood contre-plaqué *m (à trois épaisseurs)*.

three-point landing *n* AERON atterrissage *m* trois points.

three-point turn *n* AUT demi-tour *m* en trois manœuvres.

three-quarter ◇ *adj* [sleeve] trois-quarts *(inv)*; [portrait] de trois-quarts; ~ (length) jacket veste *f* trois-quarts.
◇ *n* [in rugby]: ~ (back) trois-quart *m inv*.

three quarters ◇ *npl* trois quarts *mpl*.
◇ *adv* aux trois quarts; the tank is ~ full le réservoir est aux trois quarts plein.

three-ring circus *n Am* cirque *m* à trois pistes; it's a real ~ *fig* c'est un véritable cirque.

three R's *npl* SCH: the ~ *la lecture, l'orthographe, l'arithmétique, traditionnellement considérés comme le fondement de toute éducation.*

threescore [,θriː'skɔːʳ] *lit* ◇ *adj* soixante.
◇ *n* soixante *m*.

three-sided *adj* [shape] à trois côtés OR faces; [discussion] à trois.

threesome ['θriːsəm] *n* -1. [group] groupe *m* de trois personnes; we went as a ~ nous y sommes allés à trois. -2. [in cards, golf] partie *f* OR jeu *m* à trois; she came along to make up a ~ elle est venue pour que nous soyons trois (joueurs).

three-way *adj* [discussion, conversation] à trois; [division] en trois; [switch] à trois voies OR directions.

three-wheeler *n* [tricycle] tricycle *m*; [car] voiture *f* à trois roues.

threnody ['θrenədɪ] (*pl* **threnodies**) *n* thrène *m*, chant *m* funèbre.

thresh [θreʃ] *vt* [corn, wheat] battre.

thresher ['θreʃəʳ] *n* AGR -1. [person] batteur *m*, -euse *f*. -2. [machine] batteuse *f*.

threshing ['θreʃɪŋ] *n* battage *m*.

threshing machine *n* batteuse *f*.

threshold ['θreʃhəʊld] ◇ *n* -1. [doorway] seuil *m*, pas *m* de la porte; to cross the ~ franchir le seuil. -2. *fig* seuil *m*, début *m*; we are on the ~ of new discoveries nous sommes sur le point de faire de nouvelles découvertes; she is on the ~ of a new career elle débute une nouvelle carrière. -3. ECON & FIN niveau *m*, limite *f*; the government has raised tax ~s in line with inflation le gouvernement a relevé les tranches de l'impôt pour tenir compte de l'inflation. -4. ANAT & PSYCH seuil *m*.
◇ *comp* -1. *Br* ECON: ~ wage agreement/policy accord *m*/politique *f* d'indexation des salaires sur les prix. -2. ELEC [current, voltage] de seuil. -3. LING: ~ level niveau *m* seuil.

threw [θruː] *pt* → **throw**.

thrice [θraɪs] *adv lit* & *arch* trois fois.

thrift [θrɪft] *n* -1. [care with money] économie *f*, esprit *m* d'économie. -2. *Am* [savings bank]: ~ (institution) caisse *f* d'épargne.

thriftiness ['θrɪftɪnɪs] *n* sens *m* de l'économie.

thriftless ['θrɪftlɪs] *adj* dépensier, peu économe.

thrift shop *n magasin vendant des articles d'occasion au profit d'œuvres charitables.*

thrifty ['θrɪftɪ] (*compar* **thriftier**, *superl* **thriftiest**) *adj* économe, peu dépensier.

thrill [θrɪl] ◇ *n* [feeling of excitement] frisson *m*; [exciting experience, event] sensation *f*, émotion *f*; with a ~ of anticipation/pleasure en frissonnant d'avance/de plaisir; it was a real ~ to meet the president j'ai ressenti une grande émotion à rencontrer le président; the film gave the audience plenty of ~s le film a procuré aux spectateurs beaucoup de sensations fortes; they got quite a ~ out of the experience ils ont été ravis OR enchantés de l'expérience; what a ~ for you! quelle émotion vous avez dû ressentir!
◇ *vt* transporter, électriser; the magician ~ed the audience with his tricks le prestidigitateur a électrisé les spectateurs avec ses tours; the sight of the pyramids ~ed us le spectacle des pyramides nous a procuré une vive émotion.
◇ *vi* [with joy] tressaillir, frissonner; they ~ed to the sound of the drums le bruit des tambours les fit frissonner; I ~ed at the sight à la vue de ce spectacle, j'ai ressenti une vive émotion.

thrilled [θrɪld] *adj* ravi; she was ~ to be chosen elle était ravie d'avoir été choisie; I was ~ with the new chairs j'étais très content des nouvelles chaises ❑ to be ~ to bits *inf* être aux anges.

thriller ['θrɪlə'] *n* [film, book] thriller *m*.

thrilling ['θrɪlɪŋ] *adj* [adventure, film, story] palpitant, saisissant, excitant; [speech] passionnant; what a ~ experience! quelle expérience excitante!

thrips [θrɪps] (*pl inv*) *n* thrips *m*.

thrive [θraɪv] (*pt* thrived OR throve [θrəʊv], *pp* thrived OR thriven ['θrɪvn]) *vi* -**1.** [plant] pousser, se développer; [child] grandir, se développer; [adult] se porter bien, respirer la santé; the plants ~ in peaty soil les plantes poussent bien dans un sol tourbeux; she ~d on the mountain air l'air des montagnes lui réussissait très bien; he ~s on hard work il aime bien travailler dur. -**2.** [business, company] prospérer, être florissant; [businessman] prospérer, réussir.

thriving ['θraɪvɪŋ] *adj* -**1.** [person] florissant de santé, vigoureux; [animal] vigoureux; [plant] robuste, vigoureux. -**2.** [business, company] prospère, florissant; [businessman] prospère.

thro' [θru:] *lit* = **through**.

throat [θrəʊt] *n* gorge *f*; he was wearing a scarf round his ~ il portait une écharpe autour du cou; get this drink/medicine down your ~! *hum* avalez-moi cette boisson/ce médicament!; he grabbed him by the ~ il l'a pris à la gorge; to clear one's ~ s'éclaircir la voix ❑ the two brothers are always at each other's ~s les deux frères sont toujours en train de se battre; she's always jumping down my ~ *inf* elle est toujours à me crier dessus; he never misses the chance to ram OR to shove his success down my ~ *inf* il ne manque jamais une occasion de me rebattre les oreilles avec sa réussite.

throat-microphone, **throat-mike** *n* laryngophone *m*.

throaty ['θrəʊtɪ] (*compar* throatier, *superl* throatiest) *adj* [voice, laugh etc] guttural, rauque; a ~ cough une toux rauque.

throb [θrɒb] (*pt* & *pp* throbbed, *cont* throbbing)
◇ *vi* -**1.** [music] vibrer; [drums] battre (rythmiquement); [engine, machine] vrombir, vibrer; the place was throbbing (with life) *fig* l'endroit grouillait de vie. -**2.** [heart] battre fort, palpiter. -**3.** [pain] lanciner; my head is throbbing j'ai très mal à la tête; my finger still ~s where I hit it j'ai encore des élancements dans le doigt là où je l'ai cogné.
◇ *n* -**1.** [of music, drums] rythme *m*, battement *m* rythmique, battements *mpl* rythmiques; [of engine, machine] vibration *f*, vibrations *fpl*, vrombissement *m*, vrombissements *mpl*. -**2.** [of heart] battement *m*, battements *mpl*, pulsation *f*, pulsations *fpl*. -**3.** [of pain] élancement *m*.

throbbing ['θrɒbɪŋ] *adj* -**1.** [rhythm] battant; [drum] qui bat rythmiquement; [engine, machine] vibrant, vrombissant. -**2.** [heart] battant, palpitant. -**3.** [pain] lancinant; I've got a ~ headache j'ai un mal de tête lancinant.

throes [θrəʊz] *npl* [pains] douleurs *fpl*, agonie *f*; death ~ agonie *f*.
◆ **in the throes of** *prep phr*: in the ~ of war/illness en proie à la guerre/la maladie; to be in the ~ of doing sthg être en train de faire qqch; they are in the ~ of moving house ils sont en plein déménagement.

thrombi ['θrɒmbaɪ] *pl* → **thrombus**.

thrombosis [θrɒm'bəʊsɪs] (*pl* thromboses [-si:z]) *n* thrombose *f*, thromboses *fpl*; coronary ~ infarctus *m* (du myocarde).

thrombus ['θrɒmbəs] (*pl* thrombi [-baɪ]) *n* thrombus *m*, caillot *m* de sang.

throne [θrəʊn] ◇ *n* trône *m*; to come to the ~ monter sur le trône; she has been on the ~ for nearly 50 years elle est sur le trône depuis presque 50 ans.
◇ *vt* [monarch] mettre sur le trône; [bishop] introniser.

throne room *n* salle *f* du trône.

throng [θrɒŋ] ◇ *n* foule *f*, multitude *f*; ~s of people were doing their Christmas shopping une foule de gens faisaient leurs achats de Noël OR faisait ses achats de Noël.
◇ *vt*: demonstrators ~ed the streets des manifestants se pressaient dans les rues; the shops were ~ed with people les magasins grouillaient de monde OR étaient bondés.
◇ *vi* affluer, se presser; crowds of people ~ed towards the stadium les gens se dirigeaient en masse vers le stade; people ~ed into the square to get a glimpse of the president les gens se sont pressés sur la place pour apercevoir le président.

throttle ['θrɒtl] ◇ *n* [of car] accélérateur *m*; [of motorcycle] poignée *f* d'accélération OR des gaz; [of aircraft] commande *f* des gaz; to open/to close the ~ mettre/réduire les gaz; at full ~ (à) pleins gaz.
◇ *vt* [strangle] étrangler; I could ~ you! je pourrais te tuer!
◇ *comp* [controls]: ~ valve papillon *m* des gaz, soupape *f* d'étranglement.
◆ **throttle down**, **throttle back** *vt sep* mettre au ralenti.

through [θru:] ◇ *prep* -**1.** [from one end or side to the other] à travers; to walk ~ the streets se promener dans OR à travers les rues; they drove ~ the countryside ils ont roulé à travers la campagne; we travelled ~ America nous avons parcouru les États-Unis; he swam quickly ~ the water il nageait rapidement; the river flows ~ a deep valley le fleuve traverse une vallée profonde; the police let them ~ the roadblock la police les a laissés passer à travers le barrage routier; the bullet went straight ~ his shoulder la balle lui a traversé l'épaule de part en part; we went ~ a door nous avons passé une porte; water poured ~ the hole l'eau coulait par le trou; he could see her ~ the window il pouvait la voir par la fenêtre; can you see ~ it? est-ce que tu peux voir au travers?; I can't see much ~ the fog je ne vois pas grand-chose à travers le brouillard; what can you see ~ the telescope? qu'est-ce que vous voyez dans OR à travers le télescope?; I could hear them ~ the wall je les entendais à travers le mur; she couldn't feel anything ~ her gloves elle ne sentait rien à travers ses gants; a shiver ran ~ him il fut parcouru d'un frisson; he drove ~ a red light il a brûlé un feu rouge; to slip ~ the net *literal* & *fig* passer à travers les mailles du filet; he goes ~ his money very quickly l'argent lui brûle les doigts; she ate her way ~ a whole box of chocolates elle a mangé toute une boîte de chocolats. -**2.** [in] dans, à travers; he got a bullet ~ the leg une balle lui a traversé la jambe; she was shot ~ the heart on lui a tiré une balle dans le cœur; the bull had a ring ~ its nose le taureau avait un anneau dans le nez; to make a hole ~ sthg percer un trou à travers qqch. -**3.** [from beginning to end of] à travers; ~ the ages à travers les âges; halfway ~ the performance à la moitié OR au milieu de la représentation; she has lived ~ some difficult times elle a connu OR traversé des moments difficiles; we had to sit ~ a boring lecture nous avons dû rester à écouter une conférence ennuyeuse; I slept ~ the storm l'orage ne m'a pas réveillé; will he live ~ the night? passera-t-il la nuit?; the war lasted all ~ 1914-18 la guère a duré de 1914 jusqu'en 1918; she maintained her dignity ~ it all elle a toujours gardé sa dignité. -**4.** *Am* [to, until]: 80 ~ 100 de 80 à 100; April ~ July d'avril jusqu'en juillet, d'avril à juillet. -**5.** [by means of] par, grâce à; I sent it ~ the post je l'ai envoyé par la poste; she can only be contacted ~ her secretary on ne peut la contacter que par l'intermédiaire de sa secrétaire; it was only ~ his intervention that we were allowed out c'est uniquement grâce à son intervention qu'on nous a laissés sortir; I met a lot of people ~ him il m'a fait rencontrer beaucoup de gens; she was interviewed ~ an interpreter on l'a interviewée par l'intermédiaire d'un interprète; change must be achieved ~ peaceful means le changement doit être obtenu par des moyens pacifiques. -**6.** [because of] à cause de; ~ no fault of his own, he lost his job il a perdu son emploi sans que ce soit de sa faute; it all came about ~ a misunderstanding tout est arrivé à cause d'un malentendu.
◇ *adv* -**1.** [from one side to the other]: please go ~ into the lounge passez dans le salon, s'il vous plaît; I couldn't get ~ je ne pouvais pas passer; we shoved our way ~ nous nous sommes frayé un chemin en poussant; the police let us ~ la police nous a laissés passer; the rain was coming ~ la pluie passait au travers; the nail had gone right ~ le clou était passé au travers. -**2.** [from beginning to end]: I slept ~ until 8 j'ai dormi (sans me réveiller) jusqu'à 8 h; I slept the whole night ~ j'ai dormi d'un trait jusqu'au matin; I saw the film all the way ~ j'ai vu le film jusqu'au bout; I read the letter ~ j'ai lu la lettre jusqu'au bout; I left halfway ~ je suis parti au milieu. -**3.** [directly]: the train goes ~ to Paris without stopping le train va directement à Paris OR est sans arrêt jusqu'à Paris; can you get a bus right ~ to the port? est-ce qu'il y a un bus direct pour le port? -**4.** [completely]: to be wet ~ être complètement trempé; she's an aristocrat ~ and ~ c'est une aristocrate jusqu'au bout des ongles. -**5.** TELEC: can you put me ~ to Elaine/to extension 363? pouvez-vous me passer Elaine/le poste 363?; I'm putting you ~ now je vous passe votre correspondant OR communication; I tried ringing him, but I couldn't get ~ j'ai essayé de l'appeler mais je n'ai pas réussi à l'avoir; you're ~ now vous êtes en ligne.
◇ *adj* -**1.** [direct – train, ticket] direct; [traffic] en transit, de passage; all ~ passengers must remain seated tous les passagers en transit doivent garder leur place; a ~ train to London un train direct pour Londres; 'no ~ road' *Br*, 'not a ~ street' *Am* 'voie sans issue'. -**2.** [finished]: are you ~? avez-vous fini?, c'est fini?; he's ~ with his work at last il a enfin terminé tout son travail; I'll be ~ reading the newspaper in a minute j'aurai fini de lire le journal dans un instant; I'm ~ with smoking la cigarette, c'est fini; she's ~ with him elle en a eu assez de lui; you can do your own typing, I'm ~! tu n'as qu'à le taper toi-même, moi c'est fini OR j'en ai assez!

throughout [θru:'aʊt] ◇ *prep* -**1.** [in space] partout dans; ~ the world dans le monde entier, partout dans le monde; ~ Europe à travers OR dans toute l'Europe, partout en Europe. -**2.** [in time]: ~ the year pendant toute l'année; ~ my life (durant) toute ma vie; ~ this period pendant toute cette période.
◇ *adv* -**1.** [everywhere] partout; the house has been repainted ~ la maison a été entièrement

repeinte. -**2.** [all the time] (pendant) tout le temps; **she remained silent ~** elle est restée silencieuse du début jusqu'à la fin.

throughput ['θru:pʊt] *n* COMPUT débit *m*.

throughway ['θru:weɪ] = **thruway**.

throve [θrəʊv] *pt* → **thrive**.

throw [θrəʊ] (*pt* threw [θru:], *pp* thrown [θrəʊn]) ◇ *vt* -**1.** [stone] lancer, jeter; [ball] lancer; [coal onto fire] mettre; **~ me the ball, ~ the ball to me** lance-moi le ballon; **he threw the ball over the wall** il a lancé OR envoyé le ballon par-dessus le mur; **a bomb was ~n into the crowded waiting room** une bombe a été lancée dans la salle d'attente bondée; **could you ~ me my lighter?** peux-tu me lancer mon briquet?; **she threw the serviette into the bin** elle a jeté la serviette à la poubelle; **children were ~ing bread to the birds** les enfants jetaient OR lançaient du pain aux oiseaux; **he threw his jacket over a chair** il a jeté sa veste sur une chaise; **she threw a few clothes into a suitcase** elle a jeté quelques affaires dans une valise; **I threw some cold water on my face** je me suis aspergé la figure avec de l'eau froide; **a group of rioters threw stones at the police** un groupe de manifestants a lancé OR jeté des pierres sur les policiers; **he threw two sixes** [in dice] il a jeté deux six; **to ~ sb into prison** OR **jail** jeter qqn en prison; **to ~ sb overboard** jeter qqn par-dessus bord. -**2.** [opponent, rider] jeter (par terre); **his opponent threw him to the ground** [in fight] son adversaire l'a jeté à terre; [in wrestling match] son adversaire l'a envoyé au sol OR au tapis; **the horse threw him** le cheval le désarçonna OR le jeta à terre. -**3.** [with force, violence] projeter; **she was ~n clear** [in car accident] elle a été éjectée; **the force of the explosion threw them against the wall** la force de l'explosion les a projetés contre le mur; **to ~ open** ouvrir en grand OR tout grand; **she threw open the door/windows** elle a ouvert la porte/les fenêtres en grand; **the House of Commons has been ~n open to television cameras** *fig* la Chambre des communes a été ouverte aux caméras de télévision; **she threw herself into an armchair** elle s'est jetée dans un fauteuil; **he threw himself at her feet** il s'est jeté à ses pieds; **she threw herself at him** [attacked] elle s'est jetée OR s'est ruée sur lui; [as lover] elle s'est jetée sur lui OR à sa tête; **he threw himself on the mercy of the king** *fig* il s'en est remis au bon vouloir du roi. -**4.** [plunge] plonger; **the news threw them into confusion/a panic** les nouvelles les ont plongés dans l'embarras/les ont affolés; **the scandal has ~n the country into confusion** le scandale a semé la confusion dans le pays; **to ~ o.s. into one's work** se plonger dans son travail; **she threw herself into the job of organizing the wedding** elle s'est plongée avec enthousiasme dans l'organisation des noces. -**5.** [direct, aim - look, glance] jeter, lancer; [- accusation, reproach] lancer, envoyer; [- punch] lancer, porter; [cast - light, shadows] projeter; **to ~ a question at sb** poser une question à brûle-pourpoint à qqn; **don't ~ that one at me!** ne me faites pas ce reproche!, ne me jetez pas ça à la figure!; **to ~ one's voice** THEAT projeter sa voix; **to ~ a bridge over a river** CONSTR jeter un pont sur une rivière; **this ~s new light on the matter** *fig* ceci éclaire l'affaire d'un jour nouveau. -**6.** [confuse] désarçonner, dérouter, déconcerter; **that question really threw me!** cette question m'a vraiment désarçonné!, je ne savais vraiment pas quoi répondre à cette question!; **I was completely ~n for a few seconds** je suis resté tout interdit pendant quelques secondes. -**7.** [activate - switch, lever, clutch] actionner. -**8.** SPORT [race, match] perdre délibérément. -**9.** [silk] tordre; [subj: potter]: **to ~ a pot** tourner un vase. -**10.** VETER [subj: cat, pig]: **to ~ a litter** mettre bas. -**11.** *inf phr*: **to ~ a fit/tantrum** piquer une crise (de nerfs)/une colère; **he nearly threw a fit when he heard the news** il a failli exploser quand il a appris la nouvelle; **to ~ a party** organiser une petite fête; **they threw a party in his honour** ils ont donné une fête en son honneur.

◇ *n* -**1.** [of ball, javelin] jet *m*, lancer *m*; [of dice] lancer *m*; **his whole fortune depended on a single ~ of the dice** toute sa fortune dépendait d'un seul coup de dés; **a free ~** SPORT un lancer franc; **that was a good ~!** vous avez bien visé! -**2.** *inf* [go, turn] coup *m*, tour *m*; **10p a ~** 10 pence le coup; **at £20 a ~ I can't afford it** à 20 livres chaque fois, je ne peux pas me l'offrir; **give me another ~** laissez-moi encore une chance; **it's your ~** à toi. -**3.** [cover] couverture *f*.

◆ **throw about** *Br*, **throw around** *vt sep* -**1.** [toss] lancer; [scatter] jeter, éparpiller; **the boys were ~ing a ball about** les garçons jouaient à la balle; **don't ~ your books/toys about like that** ne lance pas tes livres/jouets comme ça; **to be ~n about** être ballotté. -**2.** [move violently]: **to ~ o.s. about** s'agiter, se débattre; **she was ~ing her arms about wildly** elle agitait frénétiquement les bras.

◆ **throw aside** *vt sep* [unwanted object] rejeter, laisser de côté; [friend, work] laisser tomber, laisser de côté; [idea, suggestion] rejeter, repousser.

◆ **throw away** ◇ *vt sep* -**1.** [old clothes, rubbish] jeter. -**2.** *fig* [waste - advantage, opportunity, talents] gaspiller, gâcher; [- affection, friendship] perdre; **don't ~ your money away on expensive toys** ne gaspille pas ton argent à acheter des jouets coûteux; **you're ~ing away your only chance of happiness** vous êtes en train de gâcher votre seule chance de bonheur; **his presents are just ~n away on her** elle ne sait pas apprécier les cadeaux qu'il lui fait. -**3.** THEAT [line, remark] laisser tomber.

◇ *vi insep* [in cards] se défausser.

◆ **throw back** *vt sep* -**1.** [gen] relancer, renvoyer; [fish] rejeter (à l'eau); *fig* [image, light] réfléchir, renvoyer; **she threw his words of love back at him** *fig* elle lui a jeté tous ses mots d'amour à la tête. -**2.** [hair, head] rejeter en arrière; [shoulders] redresser, jeter en arrière. -**3.** [curtains] ouvrir; [shutters] repousser, ouvrir tout grand; [bedclothes] repousser. -**4.** *phr* [force to rely on]: **we were ~n back on our own resources** on a dû se rabattre sur nos propres ressources.

◆ **throw down** *vt sep* -**1.** [to lower level] jeter; **can you ~ the towel down to me?** pouvez-vous me lancer la serviette?; **she threw her bag down on the floor** elle a jeté son sac par terre; **to ~ o.s. down on the ground/on one's knees** se jeter par terre/à genoux; **he threw his cards down on the table** il a jeté ses cartes sur la table; **I threw the money down on the counter** j'ai jeté l'argent sur le comptoir. -**2.** [weapons] jeter, déposer; **they threw down their arms** ils ont déposé les armes. -**3.** *fig* [challenge] lancer. -**4.** *Br phr*: **it's ~ing it down** [raining] il pleut à verse, il tombe des cordes.

◆ **throw in** ◇ *vt sep* -**1.** [into box, cupboard etc] jeter; [through window] jeter, lancer; **to ~ in the towel** *fig* & SPORT jeter l'éponge; **to ~ in one's hand** abandonner la partie, s'avouer vaincu. -**2.** [interject - remark, suggestion] placer; **she threw in a few comments about housing problems** elle a placé quelques remarques sur les problèmes de logement|| [include]: **breakfast is ~n in** le petit déjeuner est compris; **the salesman said he'd ~ in a free door if we bought new windows** le vendeur nous a promis une porte gratuite pour l'achat de fenêtres neuves; **with a special trip to Stockholm ~n in** avec en prime une excursion à Stockholm. -**3.** SPORT [ball] remettre en jeu.

◇ *vi insep Am*: **to ~ in with sb** s'associer à OR avec qqn.

◆ **throw off** *vt sep* -**1.** [discard - clothes] enlever OR ôter (à la hâte); [- mask, disguise] jeter; **he threw off his shirt and dived into the water** il enleva sa chemise et plongea dans l'eau. -**2.** [get rid of - habit, inhibition] se défaire de, se débarrasser de; [- burden] se libérer de, se débarrasser de; [- cold, infection] se débarrasser de. -**3.** [elude - pursuer] perdre, semer; **he managed to ~ the dogs off the trail** il a réussi à dépister les chiens.

◆ **throw on** *vt sep* [clothes] enfiler OR passer (à la hâte); **she threw on some make-up/an old coat** elle s'est maquillée/a enfilé un vieux manteau à la hâte.

◆ **throw out** *vt sep* -**1.** [rubbish, unwanted items] jeter, mettre au rebut. -**2.** [eject - from building] mettre à la porte, jeter dehors; [- from night club] jeter dehors, vider; [evict - from accommodation] expulser; [expel - from school, army] renvoyer, expulser; **we were ~n out of our jobs** on s'est fait mettre à la porte. -**3.** [reject - bill, proposal] rejeter, repousser. -**4.** [extend - arms, leg] tendre, étendre; **to ~ out one's chest** bomber le torse. -**5.** [make - remark, suggestion] émettre, laisser tomber; **to ~ out a challenge** lancer un défi. -**6.** [disturb - person] déconcerter, désorienter; [upset - calculation, results] fausser. -**7.** [emit - light] émettre, diffuser; [- smoke, heat] émettre, répandre.

◆ **throw over** *inf vt sep* [girlfriend, boyfriend] quitter, laisser tomber; [plan] abandonner, renoncer à; **she threw me over for another guy** elle m'a laissé tomber pour un autre.

◆ **throw together** *vt sep* -**1.** *inf* [make quickly - equipment, table] fabriquer à la hâte, bricoler; **he managed to ~ a meal together** il a réussi à improviser un repas; **she threw the report together the night before** elle a rédigé le rapport en vitesse la veille au soir. -**2.** [gather] rassembler à la hâte; **she threw a few things together and rang for a taxi** elle a jeté quelques affaires dans un sac et a appelé un taxi. -**3.** [by accident] réunir par hasard; **Fate had ~n them together** le destin les avait réunis.

◆ **throw up** ◇ *vt sep* -**1.** [above one's head] jeter OR lancer en l'air; **can you ~ me up my towel?** peux-tu me lancer ma serviette?; **they threw their hats up into the air** ils ont lancé leur chapeau en l'air; **she threw up her hands in horror** elle a levé les bras en signe d'horreur. -**2.** [produce - problem] produire, créer; [- evidence] mettre à jour; [- dust, dirt] soulever; [- artist] produire. -**3.** [abandon - career, studies] abandonner, laisser tomber; [- chance, opportunity] laisser passer, gaspiller. -**4.** *pej* [construct - building] construire OR bâtir en moins de deux. -**5.** *inf* [vomit] vomir.

◇ *vi insep inf* vomir, rendre; **it makes you want to ~ up** c'est à vomir.

throwaway ['θrəʊəˌweɪ] ◇ *adj* [line, remark] fait comme par hasard OR comme si de rien n'était.

◇ *n* -**1.** [bottle] bouteille *f* sans consigne; [container] emballage *m* perdu OR jetable. -**2.** *Am* [handbill] prospectus *m*.

◇ *comp* [bottle, carton etc] jetable, à jeter, à usage unique; **we live in a ~ society** nous vivons dans une société de gaspillage.

throwback ['θrəʊbæk] *n* -**1.** ANTHR & BIOL régression *f* atavique. -**2.** [of fashion, custom]: **those new hats are a ~ to the 1930s** ces nouveaux chapeaux marquent un retour aux années 30 OR sont inspirés des années 30.

thrower ['θrəʊə^r] *n* lanceur *m*, -euse *f*.

throw-in *n* FTBL rentrée *f* en touche.

thrown [θrəʊn] *pp* → **throw**.

thru [θru:] *Am* = **through**.

thrum [θrʌm] ◇ *vi* -**1.** [engine, machine] vibrer, vrombir; [rain] tambouriner. -**2.** [guitarist] gratter les cordes; **to ~ on a guitar** gratter de la guitare.

◇ *vt* -**1.** [repeat] réciter OR répéter d'une manière monotone. -**2.** [guitar] gratter de, taquiner; **to ~ a tune on the guitar** racler un air sur la guitare.

thrush [θrʌʃ] *n* -**1.** [bird] grive *f*. -**2.** MED [oral] muguet *m*; [vaginal] mycose *f*, candidose *f*.

thrust [θrʌst] (*pt* & *pp* thrust) ◇ *vt* -**1.** [push, shove] enfoncer, fourrer, plonger; **he ~ his finger/elbow into my ribs** il m'a enfoncé le doigt/le coude dans les côtes; **I ~ the stick into the jar** j'ai plongé le bâton dans le pot; **he ~ his sword into its scabbard** il a glissé son épée dans son fourreau; **to ~ one's hands into one's pockets** enfoncer OR fourrer les mains dans ses poches; he ~ her into the cell il l'a poussée violemment dans la cellule; she ~ the money towards him elle a brusquement poussé l'argent vers lui; she ~ the money into his hands/into his bag elle lui a fourré l'argent dans les mains/dans le sac; I had a gun ~ at me on a brandi un pistolet dans ma direction; she ~ me to the front elle m'a poussé devant; to ~ one's way through the crowd/to the front se frayer un chemin à travers la foule/pour être devant. -**2.** [force - responsibility, fame] imposer; the job was ~ upon me on m'a imposé ce travail; fame was ~ upon her overnight la gloire lui est tombée dessus du jour au lendemain; he was ~ into the limelight il a été mis en vedette; to ~ o.s. on OR upon sb imposer sa présence à qqn, s'imposer à qqn.

◇ *vi* -**1.** [push]: he ~ past her [rudely] il l'a bousculée en passant devant elle; [quickly] il est passé devant elle comme une flèche; towers ~ing upwards into the sky *fig* des tours qui s'élancent vers le ciel. -**2.** FENCING allonger OR porter une botte; he ~ at him with a knife il a essayé de lui donner un coup de couteau.

◇ *n* -**1.** [lunge] poussée *f*; [stab] coup *m*; with a single ~ of his sword d'un seul coup d'épée. -**2.** *fig* [remark] pointe *f*; a few well-aimed ~s at the opposition parties quelques pointes bien senties contre les partis de l'opposition. -**3.** *(U)* [force - of engine] poussée *f*; *fig* [drive] dynamisme *m*, élan *m*. -**4.** [of argument, story] sens *m*, idée *f*; [of policy] idée *f* directrice; [of research] aspect *m* principal; the main ~ of her argument l'idée maîtresse de son argument. -**5.** *(U)* ARCHIT & GEOL poussée *f*.

◆ **thrust aside** *vt sep* [person, thing] écarter brusquement; [suggestion] écarter OR rejeter brusquement.

◆ **thrust away** *vt sep* repousser.

◆ **thrust forward** *vt sep* pousser en avant brusquement; to ~ o.s. forward *literal* se frayer un chemin; *fig* se mettre en avant.

◆ **thrust in** ◇ *vi insep* [physically] s'introduire de force.

◇ *vt sep* [finger, pointed object] enfoncer; she ~ her hand in elle a brusquement mis la main dedans; to ~ one's way in se frayer un passage pour entrer.

◆ **thrust out** *vt sep* -**1.** [arm, leg] allonger brusquement; [hand] tendre brusquement; [chin] projeter en avant; she ~ her head out of the window elle a brusquement passé la tête par la fenêtre; to ~ out one's chest bomber la poitrine; to ~ one's way out se frayer un chemin pour sortir. -**2.** [eject] pousser dehors.

◆ **thrust up** *vi insep* s'élancer, jaillir.

thruster ['θrʌstə^r] *n* ASTRONAUT [rocket] micropropulseur *m*.

thrusting ['θrʌstɪŋ] *adj* [dynamic] dynamique, entreprenant, plein d'entrain; *pej* qui se fait valoir, qui se met en avant; one of these ~ young salesmen un de ces jeunes vendeurs qui cherchent à se mettre en avant.

thruway ['θruːweɪ] *n Am* ≃ autoroute *f* (à cinq ou six voies).

thud [θʌd] (*pt* & *pp* thudded, *cont* thudding) ◇ *vi* -**1.** faire un bruit sourd; [falling object] tomber en faisant un bruit sourd; we could hear the cannon thudding in the distance on entendait gronder les canons au loin. -**2.** [walk or run heavily]: to ~ across/in/past traverser/entrer/passer à pas pesants; we could hear people thudding about in the flat above on entendait les gens du dessus marcher à pas lourds; footsteps thudded up the stairs quelqu'un montait l'escalier d'un pas lourd. -**3.** [heart] battre fort.

◇ *n* bruit *m* sourd; the book fell to the floor with a ~ le livre est tombé par terre avec un bruit sourd.

thug [θʌg] *n* voyou *m*; a gang of ~s une bande de voyous.

thuggery ['θʌgərɪ] *n* brutalité *f*, violence *f*.

thulium ['θuːlɪəm] *n* thulium *m*.

thumb [θʌm] ◇ *n* pouce *m*; to be under sb's ~ être sous la coupe de qqn; his mother's really got him under her ~ sa mère a vraiment de l'emprise sur lui OR en fait vraiment ce qu'elle veut; to be all (fingers and) ~s être maladroit ❑ to stick out like a sore ~ [be obvious] crever les yeux; [be obtrusive]: that factory sticks out like a sore ~ cette usine gâche le paysage.

◇ *vt* -**1.** [book, magazine] feuilleter, tourner les pages de; [pages] tourner; the catalogue has been well ~ed les pages du catalogue sont bien écornées. -**2.** [hitch]: to ~ a lift *Br* OR ride *Am* faire du stop OR de l'auto-stop; they ~ed a lift to Exeter ils sont allés à Exeter en stop; I had to ~ a lift home j'ai dû rentrer (chez moi) en stop; she ~ed a lift from a passing motorist elle a réussi à se faire prendre en stop par une voiture qui passait. -**3.** *phr*: to ~ one's nose at sb faire un pied de nez à qqn.

◇ *vi inf Am* faire du stop OR de l'auto-stop.

◆ **thumb through** *vt insep* [book, magazine] feuilleter; [files] consulter rapidement; [pages] tourner.

thumb index *n* répertoire *m* à onglets.

thumbnail ['θʌmneɪl] *n* ongle *m* du pouce; ~ sketch [of plan] aperçu *m*, croquis *m* rapide; [of personality] bref portrait *m*.

thumbprint ['θʌmprɪnt] *n* empreinte *f* du pouce.

thumbscrew ['θʌmskruː] *n* -**1.** TECH vis *f* à papillon OR à ailettes. -**2.** [instrument of torture] poucettes *fpl*.

thumbs-down *n*: he gave her the ~ as he came out en sortant, il lui a fait signe que cela avait mal marché; my proposal was given the ~ ma proposition a été rejetée.

thumbstall ['θʌmstɔːl] *n* poucier *m*.

thumbs-up *n*: to give sb the ~ [all OK] faire signe à qqn que tout va bien; [in encouragement] faire signe à qqn pour l'encourager; he gave her the ~ as he came out en sortant, il lui a fait signe que cela avait bien marché; they've given me the ~ for my thesis ils m'ont donné le feu vert pour ma thèse.

thumbtack ['θʌmtæk] *n Am* punaise *f*.

thump [θʌmp] ◇ *vt* donner un coup de poing à, frapper d'un coup de poing; he ~ed me in the stomach/on the head il m'a donné un coup de poing à l'estomac/à la tête; to ~ sb on the back donner une grande tape dans le dos à qqn; he ~ed his fist on the table il a frappé du poing sur la table.

◇ *vi* -**1.** [bang] cogner; he ~ed on the door/wall il a cogné à la porte/contre le mur; she was ~ing away on the piano elle tapait sur le piano comme une sourde; my heart was ~ing with fear/excitement la peur/l'émotion me faisait battre le cœur. -**2.** [run or walk heavily]: to ~ in/out/past entrer/sortir/passer à pas lourds; heavy boots ~ed up the stairs on entendait de lourds bruits de bottes dans l'escalier.

◇ *n* -**1.** [blow - gen] coup *m*; [- with fist] coup *m* de poing; [- with stick] coup *m* de bâton; to give sb a ~ assener un coup de poing à qqn; he got a ~ in the stomach il a reçu un coup de poing à l'estomac; he gave me a friendly ~ on the back il m'a donné une tape amicale dans le dos. -**2.** [sound] bruit *m* sourd; the log fell to the ground with a ~ la bûche est tombée par terre lourdement OR avec un bruit sourd.

◇ *adv*: to go ~ *inf* faire boum.

◆ **thump out** *vt sep*: to ~ out a tune on the piano marteler un air au piano.

thumping *inf* ['θʌmpɪŋ] *Br* ◇ *adj* [success] énorme, immense, phénoménal; [difference] énorme.

◇ *adv dated* [as intensifier]: a ~ great meal un repas énorme; that was a ~ good show! ce spectacle était formidable!

thunder ['θʌndə^r] ◇ *n* -**1.** METEOR tonnerre *m*; there was a lot of ~ last night il a beaucoup tonné la nuit dernière; there's ~ in the air le temps est à l'orage ❑ to be as black as ~ [angry] être dans une colère noire. -**2.** [of applause, guns] tonnerre *m*; [of engine, traffic] bruit *m* de tonnerre; [of hooves] fracas *m*; we could hear the ~ of the waves crashing on the rocks below on entendait le fracas des vagues qui s'écrasaient sur les rochers en contre-bas; his voice was like ~ il avait une voix de tonnerre. -**3.** *Br dated*: by ~! tonnerre!

◇ *vi* -**1.** METEOR tonner; it's ~ing il tonne, ça tonne. -**2.** [guns, waves] tonner, gronder; [hooves] retentir; a train ~ed past le train est passé dans un grondement de tonnerre. -**3.** [shout]: to ~ at sb/against sthg tonner contre qqn/contre qqch.

◇ *vt* [order, threat, applause] lancer d'une voix tonitruante OR tonnante; "damn them!", he ~ed «qu'ils aillent au diable!», tonna-t-il; the audience ~ed their delight le public manifesta son plaisir par un tonnerre d'applaudissements.

◆ **thunder out** *vt sep* [order] lancer d'une voix tonitruante.

thunderbolt ['θʌndəbəʊlt] *n* METEOR éclair *m*; *fig* coup *m* de tonnerre.

thunderbox *inf* ['θʌndəbɒks] *n hum* petit coin *m*, cabinets *mpl*.

thunderclap ['θʌndəklæp] *n* coup *m* de tonnerre.

thundercloud ['θʌndəklaʊd] *n* METEOR nuage *m* orageux; *fig* nuage *m* noir.

Thunderer ['θʌndərə^r] *n* MYTH: the ~ Jupiter.

thunderhead ['θʌndəhed] *n esp Am* cumulonimbus *m*.

thundering *inf* ['θʌndərɪŋ] *Br dated* ◇ *adj* -**1.** [terrible]: to be in a ~ temper OR rage être dans une colère noire OR hors de soi; it's a ~ nuisance! quelle barbe! -**2.** [superb - success] foudroyant, phénoménal.

◇ *adv*: it's a ~ good read c'est un livre formidable.

thunderous ['θʌndərəs] *adj* [shouts, noise] retentissant; there was ~ applause il y eut un tonnerre d'applaudissements.

thunder sheet *n* THEAT *plaque de métal servant à imiter le bruit du tonnerre.*

thunderstorm ['θʌndəstɔːm] *n* orage *m*.

thunderstruck ['θʌndəstrʌk] *adj* foudroyé, abasourdi; she was ~ by the news la nouvelle la foudroya.

thundery ['θʌndərɪ] *adj* METEOR orageux; ~ weather is forecast la météo prévoit de l'orage.

Thur, Thurs (*written abbr of* Thursday) jeu.

thurible ['θjʊərɪbl] *n* encensoir *m*.

thurifer ['θjʊərɪfə^r] *n* thuriféraire *m*.

Thuringia [θjʊ'rɪndʒɪə] *pr n* Thuringe *f*; in ~ en Thuringe.

Thursday ['θɜːzdɪ] *n* jeudi *m*; Black Thursday jeudi noir *(jour du krach de Wall Street qui déclencha la crise de 1929)*.

thus [ðʌs] *adv* [so] ainsi, donc; [as a result] ainsi, par conséquent; [in this way] ainsi; ~ far [in present] jusqu'ici; [in past] jusque-là ❑ 'Thus Spake Zarathustra' *Nietzsche* 'Ainsi parlait Zarathoustra'.

thwack [θwæk] ◇ *n* -**1.** [blow] grand coup *m*; [slap] claque *f*; he gave the hedge a ~ with his stick il donna un grand coup de canne dans la haie. -**2.** [sound] claquement *m*, coup *m* sec.

◇ *vt* donner un coup sec à; [slap - person] gifler; the player ~ed the ball into the crowd le joueur envoya la balle dans le public d'un vigoureux coup de pied.

thwart [θwɔːt] *vt* [plan] contrecarrer, contrarier; [person - in efforts] contrarier les efforts de; [- in plans] contrarier les projets de; [- in attempts] contrecarrer les tentatives de; I was ~ed in my attempts to leave the country mes tentatives de quitter le pays ont été contrecarrées.

thy [ðaɪ] *poss adj* BIBLE, *dial* OR *lit* ton, ta, tes.

thyme [taɪm] *n (U)* thym *m*.

thymine ['θaɪmiːn] *n* thymine *f*.

thymol ['θaɪmɒl] *n* thymol *m*.

thymus ['θaɪməs] *n* thymus *m*.

thyristor [θaɪ'rɪstə^r] *n* thyristor *m*.

thyroid ['θaɪrɔɪd] ◇ *n* thyroïde *f*.

◇ *adj* thyroïde.

thyroxin(e) [θaɪ'rɒksɪn] *n* thyroxine *f.*

thyself [ðaɪ'self] *pers pron* BIBLE, *dial* OR *lit (reflexive)* te; *(intensifier)* toi-même.

ti [tiː] = **te**.

Tiananmen Square ['tjænənmen-] *pr n* la place Tian'anmen.

tiara [tɪ'ɑːrə] *n* [gen] diadème *m*; RELIG tiare *f.*

Tiber ['taɪbəʳ] *pr n*: the (River) ~ le Tibre.

Tiberias [taɪ'bɪərɪæs] *pr n*: Lake ~ le lac de Tibériade.

Tiberius [taɪ'bɪərɪəs] *pr n* Tibère.

Tibesti [tɪ'bestɪ] *pr n*: the ~ (Massif) le Tibesti.

Tibet [tɪ'bet] *pr n* Tibet *m*; in ~ au Tibet.

Tibetan [tɪ'betn] ◇ *n* -**1.** [person] Tibétain *m*, -e *f*. -**2.** LING tibétain *m*.
◇ *adj* tibétain.

tibia ['tɪbɪə] (*pl* **tibias** OR **tibiae** [-bɪiː]) *n* tibia *m*.

tic [tɪk] *n*: (nervous) ~ tic *m* (nerveux).

tich *inf* [tɪtʃ] *n Br* microbe *m*; **he's a real ~** [person] il est haut comme trois pommes.

tichy *inf* ['tɪtʃɪ] *adj Br* minuscule, tout petit.

Ticino [tɪ'tʃiːnəʊ] *pr n* Tessin *m*.

tick [tɪk] ◇ *vi* [clock, time-bomb] faire tic-tac; [motivation]: **I wonder what makes him ~** je me demande ce qui le motive.
◇ *vt Br* [mark - name, item] cocher, pointer; [- box, answer] cocher; SCH [- as correct] marquer juste.
◇ *n* -**1.** [of clock] tic-tac *m*. -**2.** *inf Br* [moment] instant *m*; **just a ~!** un instant!; **I'll be ready in a ~/in a couple of ~s** je serai prêt dans une seconde/en moins de deux; **I'll only be a ~** j'en ai pour une seconde. -**3.** *Br* [mark] coche *f*; **to put a ~ against sthg** cocher qqch. -**4.** ZOOL tique *f*. -**5.** *inf Br* [credit] crédit *m*; **to buy sthg on ~** acheter qqch à crédit. -**6.** TEX [ticking] toile *f* à matelas; [covering - for mattress] housse *f* (de matelas); [- for pillow] housse *f* (d'oreiller), taie *f*.
◆ **tick away** *vi insep* -**1.** [clock] faire tic-tac; [taximeter] tourner. -**2.** [time] passer; **the minutes ~ed away** les minutes passaient.
◆ **tick off** *vt sep* -**1.** [name, item] cocher, pointer. -**2.** *fig* [count - reasons, chapters] compter, énumérer; **he ~ed off the EC countries on his fingers** il compta les pays de la CEE sur ses doigts. -**3.** *inf Br* [scold] attraper, passer un savon à; **she got ~ed off for being late** elle s'est fait attraper pour être arrivée en retard. -**4.** *inf Am* [annoy] agacer, taper sur le système à.
◆ **tick over** *vi insep* -**1.** *Br* [car engine] tourner au ralenti; [taximeter] tourner. -**2.** *fig* [business, production] tourner normalement; **everything's ~ing over nicely** tout tourne bien.

ticked *inf* [tɪkt] *adj Am* en rogne.

ticker ['tɪkəʳ] *n* -**1.** *Am* [printer] téléscripteur *m*, téléimprimeur *m*. -**2.** *inf* [heart] palpitant *m*, cœur *m*. -**3.** *inf* [watch] tocante *f*, toquante *f*.

tickertape ['tɪkəteɪp] *n* -**1.** [tape] bande *f* de téléscripteur OR de téléimprimeur. -**2.** *Am fig*: **to get a ~ reception** OR **welcome** recevoir un accueil triomphal.

tickertape parade *n aux États-Unis, défilé où l'on accueille un héros national sous une pluie de serpentins.*

ticket ['tɪkɪt] ◇ *n* -**1.** [for travel - on coach, plane, train] billet *m*; [- on bus, underground] billet *m*, ticket *m*; [for entry - to cinema, theatre, match] billet *m*; [- to car park] ticket *m* (de parking); [for membership - of library] carte *f*; **to buy a ~** prendre OR acheter un billet ▫ **this play's the hottest ~ in town** c'est le spectacle dont tout le monde parle en ce moment. -**2.** [receipt - in shop] ticket *m* (de caisse), reçu *m*; [- for left-luggage, cloakroom] ticket *m* (de consigne); [- from pawnshop] reconnaissance *f*. -**3.** [label] étiquette *f*. -**4.** AUT [fine] P-V *m*, contravention *f*, amende *f*; **to give sb a ~** mettre un P-V OR une contravention à qqn; **to get a ~** avoir un P-V. -**5.** *Am* POL [set of principles]: **he fought the election on a Democratic ~** il a basé son programme électoral sur les principes du Parti démocrate ‖ [list of candidates]: **to vote a straight ~** voter pour une liste sans panachage. -**6.** *inf* AERON & NAUT [certificate] brevet *m*. -**7.** *Br mil sl*: **to get one's ~** être libéré des obligations militaires. -**8.** *phr*: **that's (just) the ~!** *inf* voilà exactement ce qu'il faut!
◇ *vt* -**1.** [label] étiqueter. -**2.** [earmark] désigner, destiner. -**3.** *Am* [issue with a ticket] donner un billet à; **I'm ~ed on the 7.30 flight** j'ai un billet pour le vol de 7 h 30. -**4.** *Am* [issue with a parking ticket] mettre un P-V à.

ticket agency *n* -**1.** THEAT agence *f* de spectacles. -**2.** RAIL agence *f* de voyages.

ticket collector *n* RAIL contrôleur *m*, -euse *f*.

ticket day *n Br* ST. EX jour *m* de déclaration des noms.

ticket holder *n* personne *f* munie d'un billet.

ticket inspector = **ticket collector**.

ticket machine *n* distributeur *m* de tickets, billetterie *f* automatique.

ticket office *n* bureau *m* de vente des billets, guichet *m*.

ticket tout *n Br* revendeur *m*, -euse *f* de billets *(sur le marché noir)*.

ticking ['tɪkɪŋ] *n* -**1.** [of clock] tic-tac *m*. -**2.** TEX toile *f* (à matelas).

ticking off *inf* (*pl* **tickings off**) *n Br*: **to give sb a ~** enguirlander qqn, tirer les oreilles à qqn; **she got a ~ for being late** elle s'est fait enguirlander parce qu'elle était en retard; **he needs a good ~** il a besoin de se faire enguirlander OR tirer les oreilles.

tickle ['tɪkl] ◇ *vt* -**1.** *literal* [by touching] chatouiller; **don't ~ my feet!** ne me chatouille pas les pieds!; **to ~ sb in the ribs/under the chin** chatouiller les côtes/le menton à qqn; **the blanket ~d her nose** la couverture lui chatouillait le nez. -**2.** *fig* [curiosity, vanity] chatouiller; **something about the idea really ~d my fancy** cette idée avait quelque chose qui me séduisait vraiment. -**3.** *fig* [amuse] amuser, faire rire; [please] faire plaisir à; **she was really ~d by the news** [amused] la nouvelle l'a vraiment amusée; [pleased] la nouvelle lui a vraiment fait plaisir ▫ **to be ~d pink** OR **to death** être ravi OR aux anges; **he was ~d pink at becoming a grandfather** il était ravi de devenir grand-père; **she was ~d to death to think he actually liked her** elle était enchantée de penser qu'en fait il l'aimait bien. -**4.** *phr*: **to ~ the ivories** *inf hum* jouer du piano, pianoter.
◇ *vi* [person, blanket] chatouiller; [beard] piquer; **don't ~!** ne me chatouille pas!
◇ *n* [on body] chatouillement *m*; **to give sb a ~** chatouiller qqn, faire des chatouilles à qqn ‖ [in throat] picotement *m*; **I've got an awful ~ in my throat** j'ai la gorge qui picote atrocement.

tickler ['tɪkləʳ] *n* -**1.** *inf* [question] colle *f*; [problem] casse-tête *m inv*; [situation] situation *f* délicate OR épineuse. -**2.** *Am* [memorandum book] pense-bête *m*.

tickling ['tɪklɪŋ] ◇ *n (U)* [of person] chatouilles *fpl*; [of blanket] picotement *m*.
◇ *adj* [throat] qui gratouille OR picote; [cough] d'irritation, qui gratte la gorge; **you get a ~ sensation in your feet** on a une sensation de picotement dans les pieds.

ticklish ['tɪklɪʃ] *adj* -**1.** [person, feet] chatouilleux; [sensation] de chatouillement. -**2.** *inf* [touchy] chatouilleux; **she's very ~ about certain subjects** il y a des sujets qu'il ne faut pas aborder avec elle. -**3.** *inf* [delicate - situation, topic] délicat, épineux; [- moment] crucial; [- negotiations] délicat.

tickly *inf* ['tɪklɪ] *adj* [sensation] de chatouillis; [blanket] qui chatouille; [beard] qui pique.

ticktack ['tɪk,tæk] = **tic tac**.

tick-tack man = **tic tac man**.

tick-tack-toe *Am* = **tic-tac-toe**.

ticktock ['tɪktɒk] *n* [of clock] tic-tac *m*.

ticky-tacky *inf* ['tɪkɪ,tækɪ] ◇ *adj* de pacotille.
◇ *n* pacotille *f*.

tic tac ['tɪk,tæk] *n* -**1.** *Br* gestuelle *f* des bookmakers *(pour indiquer la cote)*. -**2.** *Am* tic-tac *m*.

tic tac man *n sur un terrain de courses, bookmaker qui donne des renseignements à des collègues en faisant des signaux avec les mains et les bras.*

tic-tac-toe *n Am* morpion *m (jeu)*.

tidal ['taɪdl] *adj* [estuary, river] qui a des marées; [current, cycle, force] de la marée; [ferry] dont les horaires sont fonction de la marée; [energy] marémoteur.

tidal wave *n* raz-de-marée *m inv*; *fig* [of sympathy] élan *m*.

tidbit ['tɪdbɪt] *Am* = **titbit**.

tiddledywinks ['tɪdldɪwɪŋks] *n Am* = **tiddlywinks**.

tiddler *inf* ['tɪdləʳ] *n* -**1.** [fish] petit poisson *m*; [minnow] fretin *m*; [stickleback] épinoche *f*. -**2.** *Br* [child] mioche *m*.

tiddly *inf* ['tɪdlɪ] (*compar* **tiddlier**, *superl* **tiddliest**) *adj Br* -**1.** [tiny] tout petit, minuscule. -**2.** [tipsy] éméché, paf.

tiddlywink ['tɪdlɪwɪŋk] *n* pion *m* (du jeu de puce).
◆ **tiddlywinks** *n (U)* jeu *m* de puce.

tide [taɪd] *n* -**1.** [of sea] marée *f*; **at high/low ~** à marée haute/basse; **high ~ is at 17.29** la mer est haute à 17 h 29, la marée haute est à 17 h 29; **the ~ is on the turn** la mer est étale; **the raft was swept out to sea on the ~** la marée a emporté le radeau au large; **they left on the first ~** ils sont partis avec la première marée. -**2.** [of opinion] courant *m*; [of discontent, indignation] vague *f*; [of events] cours *m*, marche *f*; **the ~ has turned** la chance a tourné; **there is a rising ~ of unrest amongst the workforce** il y a une agitation grandissante parmi le personnel.
◆ **tide over** *vt sep* dépanner; **to ~ sb over a difficult patch** dépanner qqn qui se trouve en difficulté; **here's £20 to ~ you over until Monday** voici 20 livres pour vous dépanner jusqu'à lundi.

tide gauge *n* marégraphe *m*.

tideland ['taɪdlænd] *n Am* laisse *f* (de la marée).

tideline ['taɪdlaɪn] = **tidemark 1**.

tidemark ['taɪdmɑːk] *n* -**1.** [on shore] laisse *f* de haute mer. -**2.** *fig* & *hum* [round bath, neck] marque *f* de crasse.

tide race *n* courant *m* de marée rapide.

tide table *n* échelle *f* OR table *f* des marées, almanach *m* (des marées).

tidewater ['taɪd,wɔːtəʳ] *n (U)* -**1.** *Br* [water] (eaux *fpl* de) marée *f*. -**2.** *Am* [land] côte *f* (baignée par des eaux de marée).

tideway ['taɪdweɪ] *n* [channel] lit *m* de la marée; [part of river] estuaire *m*, aber *m*.

tidily ['taɪdɪlɪ] *adv* [pack, fold] soigneusement, avec soin; ~ **dressed** [adult] bien habillé OR mis; [child] habillé proprement; **her hair was tied back ~** ses cheveux étaient soigneusement attachés; **put your books/clothes away ~** range bien tes livres/habits.

tidiness ['taɪdɪnɪs] *n* -**1.** [of drawer, desk, room] ordre *m*; **lack of ~** désordre *m*. -**2.** [of appearance] netteté *f*. -**3.** [of work, exercise book] propreté *f*, netteté *f*; [of writing] netteté *f*.

tidings ['taɪdɪŋz] *npl arch* OR *lit* nouvelles *fpl*; **we bring you ~ of great joy** nous vous apportons de joyeuses nouvelles.

tidy ['taɪdɪ] (*compar* **tidier**, *superl* **tidiest**, *pl* **tidies**, *pt* & *pp* **tidied**) ◇ *adj* -**1.** [room, house, desk] rangé, ordonné, en ordre; [garden, town] propre; **neat and ~** propre et net; **he keeps his flat very ~** il tient son appartement bien rangé; **can't you make the room a bit tidier?** tu ne peux pas mettre un peu (plus) d'ordre dans cette pièce? -**2.** [in appearance - person] soigné; [- clothes, hair] soigné, net. -**3.** [work, writing] soigné, net. -**4.** [in character - person] ordonné, méthodique; **she has a very ~ mind** elle a l'esprit très méthodique. -**5.** *inf* [sum, profit] joli, coquet; **a ~ bit of my income goes in tax** une bonne partie de mes revenus part en impôts.
◇ *n* -**1.** [receptacle] vide-poches *m inv*. -**2.** *Am* [on chair] têtière *f*.
◇ *vt* [room] ranger, mettre de l'ordre dans;

[desk, clothes, objects] ranger; to ~ one's hair se recoiffer; ~ **those books into a cupboard** range ces livres dans un placard.

◆ **tidy away** *vt sep* ranger, ramasser.

◆ **tidy out** *vt sep* [drawer, wardrobe, garden shed] ranger de fond en comble, mettre de l'ordre dans; [newspapers] ranger, trier; **go and ~ out your room** va mettre de l'ordre dans OR ranger ta chambre.

◆ **tidy up** ◇ *vi insep* -**1.** [in room] tout ranger; **after the last guests had gone she was left to ~ up** elle a dû tout remettre en ordre OR tout rangerapès le départ des derniers invités. -**2.** [in appearance] s'arranger; **you'd better ~ up before they arrive** tu ferais mieux de t'arranger un peu avant qu'ils arrivent.
◇ *vt sep* [room, clothes] ranger, mettre de l'ordre dans; [desk] ranger; **to ~ o.s. up** s'arranger; ~ **your things up** [make tidy] range tes affaires; [put away] range OR ramasse tes affaires.

tidy-out *inf n*: **to have a ~** [make tidy] faire du (grand) rangement; [clear out] faire du rangement par le vide; **we gave the room a good ~** on a rangé la pièce de fond en comble.

tidy-up *inf n*: **to have a ~** faire du rangement; **we'll have to give the place a ~ before the guests arrive** il va falloir mettre de l'ordre OR faire du rangement dans la maison avant l'arrivée des invités.

tie [taɪ] ◇ *n* -**1.** [necktie] cravate *f*. -**2.** [fastener - gen] attache *f*; [- on apron] cordon *m*; [- for curtain] embrasse *f*; [- on shoes] lacet *m*. -**3.** [bond, link] lien *m*, attache *f*; **emotional ~s** liens affectifs; **family ~s** liens de parenté OR familiaux; **there are strong ~s between the two countries** les deux pays entretiennent d'étroites relations. -**4.** [restriction] entrave *f*; **pets/young children can be a ~** les animaux/les jeunes enfants peuvent être une entrave. -**5.** SPORT [draw] égalité *f*; [drawn match] match *m* nul; **the match ended in a ~** les deux équipes ont fait match nul ‖ [in competition] *compétition dont les gagnants sont ex aequo*; **it was a ~ for first/second place** il y avait deux premiers/seconds ex aequo ‖ POL égalité *f* de voix; **the election resulted in a ~** les candidats ont obtenu le même nombre de voix OR étaient à égalité des voix. -**6.** FTBL [match] match *m*; **a championship ~** un match de championnat; **a European cup ~** un match de la coupe européenne. -**7.** MUS liaison *f*. -**8.** *Am* RAIL traverse *f*. -**9.** CONSTR tirant *m*.
◇ *vt* -**1.** [with string, rope - parcel] attacher, ficeler; **is it ~d properly?** est-ce que c'est bien attaché?; **they ~d him to a tree** il l'ont attaché OR ligoté à un arbre; **his hands and feet were ~d** ses mains et ses pieds étaient ligotés; **they ~d my hands behind my back** ils m'ont lié OR attaché les mains dans le dos; **my hands are ~d** *fig* j'ai les mains liées. -**2.** [necktie, scarf, shoelaces] attacher, nouer; **to ~ one's shoelaces** attacher OR nouer ses lacets (de chaussures); **to ~ a scarf round one's neck** nouer une écharpe autour de son cou; **why not ~ some string to the handle?** pourquoi ne pas attacher une ficelle à la poignée?; **she ~d the ribbon in a bow** elle a fait un nœud au ruban; **she ~d a bow/a ribbon in her hair** elle s'est mis un nœud/un ruban dans les cheveux; **to ~ a knot in sthg, to ~ sthg in a knot** faire un nœud à qqch ❑ **he's still ~d to his mother's apron strings** il n'a pas encore quitté les jupes de sa mère; **to get ~d (up) in knots** *inf*, **to ~ o.s. (up) in knots** *inf* s'emmêler les pinceaux; ~ **a knot in it!** *inf Br* ferme-la! -**3.** [confine - subj: responsibility, job etc]: **she's ~d to the house** [unable to get out] elle est clouée à la maison; [kept busy] la maison l'accapare beaucoup; **the job keeps me very much ~d to my desk** mon travail m'oblige à passer beaucoup de temps devant mon bureau; **they're ~d to OR by the conditions of the contract** ils sont liés par les conditions du contrat. -**4.** MUS lier.
◇ *vi* -**1.** [apron, shoelace etc] s'attacher, se nouer; **the dress ~s at the back** la robe s'attache par derrière. -**2.** [draw - players] être à égalité; [- in match] faire match nul; [- in exam, competition] être ex aequo; [- in election] obtenir le même score OR nombre de voix; **they ~d for third place in the competition** ils étaient troisième ex aequo au concours.

◆ **tie back** *vt sep* [hair] attacher (en arrière); [curtains, plant] attacher; **her hair was ~d back in a bun** ses cheveux étaient ramassés en chignon.

◆ **tie down** *vt sep* -**1.** [with string, rope - person, object] attacher; **they had to ~ him down** ils ont dû l'attacher. -**2.** *fig* [restrict] accaparer; **she doesn't want to feel ~d down** elle ne veut pas perdre sa liberté; **children can really ~ you down** il arrive que les enfants vous accaparent totalement; **I'd rather not be ~d down to a specific time** je préférerais qu'on ne fixe pas une heure précise; **we must ~ them down to the terms of the contract** il faut les obliger à respecter les termes du contrat.

◆ **tie in** ◇ *vi insep* -**1.** [be connected] être lié OR en rapport; **everything seems to ~ in** tout semble se tenir; **this ~s in with what I said before** cela rejoint ce que j'ai dit avant. -**2.** [correspond] correspondre, concorder; **the evidence doesn't ~ in with the facts** les indices dont nous disposons ne correspondent pas aux faits OR ne cadrent pas avec les faits.
◇ *vt sep*: **how is this ~d in with your previous experiments?** quel est le lien OR le rapport avec vos expériences antérieures?; **she's trying to ~ her work experience in with her research** elle essaie de faire coïncider son expérience professionnelle et ses recherches.

◆ **tie on** *vt sep* attacher, nouer; **she had a basket ~d on to the handlebars** elle avait un panier attaché à son guidon.

◆ **tie together** ◇ *vi insep*: **it all ~s together** tout se tient; **his story doesn't ~ together very well** son histoire ne tient pas vraiment debout.
◇ *vt sep* [papers, sticks] attacher (ensemble); **to ~ sb's hands/feet together** attacher les mains/les pieds de qqn; **the letters had been ~d together in bundles** les lettres avaient été mises en liasses.

◆ **tie up** ◇ *vt sep* -**1.** [parcel, papers] ficeler; [plant, animal] attacher; [prisoner] attacher, ligoter; [boat] attacher, arrimer; [shoelace] nouer, attacher; **the letters were ~d up in bundles** les lettres étaient ficelées en liasses; **the dog was ~d up to a post** le chien était attaché à un poteau. -**2.** *(usu pass)* [money, supplies] immobiliser; **their money is all ~d up in shares** leur argent est entièrement investi dans des actions; **her inheritance is ~d up until her 21st birthday** elle ne peut toucher à son héritage avant son 21ᵉ anniversaire. -**3.** [connect - company, organization] lier par des accords. -**4.** [complete, finalize - deal] conclure; [- terms of contract] fixer; **I'd like to get everything ~d up before the holidays** je voudrais arriver à tout régler avant les vacances; **there are still a few loose ends to ~ up** il y a encore quelques points de détail à régler. -**5.** [impede - traffic] bloquer; [- progress, production] freiner, entraver.
◇ *vi insep* -**1.** [be connected] être lié; **how does this ~ up with the Chicago gang killings?** quel est le rapport avec les assassinats du gang de Chicago?; **it's all beginning to ~ up** tout commence à s'expliquer. -**2.** NAUT accoster.

tieback ['taɪbæk] *n* [cord] embrasse *f* (de rideaux); [curtain] rideau *m* *(retenu par une embrasse)*.

tie beam *n* CONSTR longrine *f*.

tiebreak ['taɪbreɪk] = **tiebreaker**.

tiebreaker ['taɪbreɪkəʳ] *n* TENNIS tie-break *m*; [in game, contest] épreuve *f* subsidiaire; [in quiz] question *f* subsidiaire.

tie clasp, tie clip *n* fixe-cravate *m*.

tied [taɪd] *adj* -**1.** SPORT: **to be ~** [players] être à égalité; [game] être nul. -**2.** [person - by obligation, duties] pris, occupé; **he doesn't want to feel ~** il ne veut pas s'engager; **she feels very ~ by the new baby** elle est très prise par le nouveau bébé; **she isn't ~ by any family obligations** elle n'a OR elle n'est tenue par aucune obligation familiale. -**3.** MUS [note] lié.

tied cottage *n Br logement attaché à une ferme et occupé par un employé agricole.*

tied house *n* [pub] *pub lié par contrat à une brasserie qui l'approvisionne*; [house] logement *m* de fonction.

tied up *adj* [busy]: **to be ~** être occupé OR pris; **she's ~ with the children every Wednesday** elle est prise par les enfants tous les mercredis; **he's ~ in a meeting until 5** il est en réunion jusqu'à 17 h; **I'll be ~ all weekend writing these wretched reports** je vais devoir passer tout le week-end à rédiger ces maudits rapports.

tie-dye *vt* teindre en nouant *(pour obtenir une teinture non uniforme)*.

tie-dyeing *n procédé de teinture qui consiste à nouer le tissu pour qu'il prenne la couleur de manière irrégulière.*

tie-in *n* -**1.** [connection] lien *m*, rapport *m*. -**2.** *Am* COMM [sale] vente *f* par lots; [items] lot *m*. -**3.** [in publishing] *livre, cassette etc lié à un film ou une émission*; **there may be a film ~** on pourrait en tirer un film.

tie line *n* TELEC ligne *f* interautomatique.

tie-on *adj* [label] à œillet.

tiepin ['taɪpɪn] *n* épingle *f* de cravate.

tier [tɪəʳ] ◇ *n* -**1.** [row of seats - in theatre, stadium] gradin *m*, rangée *f*; [level] étage *m*; **to arrange seats in ~s** disposer des sièges en gradins. -**2.** ADMIN échelon *m*, niveau *m*; **a five-~ system** un système à cinq niveaux. -**3.** [of cake] étage *m*; **a three-~ wedding cake** un gâteau de mariage à trois étages.
◇ *vt* [seating] disposer en gradins.

tie-rod *n* AUT tirant *m*.

Tierra del Fuego [tɪ,erədel'fweɪgəʊ] *pr n* Terre de Feu *f*; **in ~** en Terre de Feu.

tie-tack *n Am* fixe-cravate *m*.

tie-up *n* -**1.** [connection] lien *m*, rapport *m*. -**2.** FIN [merger] fusion *f*. -**3.** *Am* [stoppage] arrêt *m*, interruption *f*. -**4.** *Am* [traffic jam] embouteillage *m*, bouchon *m*.

tiff *inf* [tɪf] *n Br* prise *f* de bec; **they've had a bit of a ~** ils se sont un peu disputés; **a lover's ~** une dispute d'amoureux.

tiffin ['tɪfɪn] *n Br dated* repas *m* de midi.

tig [tɪg] *n* (jeu *m* du) chat *m*; **to play ~** jouer à chat.

tiger ['taɪgəʳ] *n* tigre *m*; **to fight like a ~** se battre comme un tigre **to hunt ~** aller à la chasse au tigre ❑ **to get off the ~** OR **the ~'s back** se tirer d'embarras; **to have a ~ by the tail** se trouver pris dans une situation dont on n'est plus maître; **to ride the ~** vivre dangereusement.

Tiger balm® *n* baume *m* du tigre *(pommade mentholée utilisée comme panacée)*.

tiger lily *n* lis *m* tigré.

tiger moth *n* écaille *f* ENTOM.

tiger's-eye *n* [stone] œil-de-tigre *m*.

tiger shark *n* requin-tigre *m*.

tight [taɪt] ◇ *adj* -**1.** [garment, footwear] serré, étroit; **these shoes are a bit ~** ces chaussures sont un peu trop serrées; **it's a ~ fit** c'est trop serré OR juste; ~ **jeans** [too small] un jean trop serré; [close-fitting] un jean moulant; **a ~ skirt** [too small] une jupe trop serrée; [close-fitting] une jupe moulante; **my tie is too ~** ma cravate est trop serrée. -**2.** [stiff - drawer, door] dur à ouvrir; [- tap] dur à tourner; [- lid] dur à enlever; [- screw] serré; [constricted] pesant; **I've got a ~ feeling across my chest** j'ai comme un poids sur la poitrine; **it was a ~ squeeze but we got everyone in** on a eu du mal mais on a réussi à faire entrer tout le monde ❑ **to be in a ~ corner** OR **spot** être dans une situation difficile. -**3.** [taut - rope] raide, tendu; [- bow] tendu; [- net, knitting, knot] serré; [- skin] tiré; [- group] serré; **her face looked ~ and drawn** elle avait les traits tirés; **they marched in ~ formation** ils marchaient en ordre serré ‖ [firm]: **to keep (a) ~ hold** OR **grasp on sthg** bien tenir qqch; **she kept a ~ hold on the rail** elle s'agrippait à la balustrade; **she kept a ~ hold**

on the expenses *fig* elle surveillait les dépenses de près; you should keep a ~er rein on the children/your emotions *fig* il faudrait surveiller les enfants de plus près/mieux maîtriser vos émotions. -**4.** [sharp - bend, turn] brusque; we had to make a ~ turn to avoid the car nous avons dû effectuer un virage serré pour éviter la voiture. -**5.** [strict - control, restrictions] strict, sévère; [- security] strict; to run a ~ ship mener son monde à la baguette. -**6.** [limited - budget, credit] serré, resserré; to work on a ~ budget travailler avec un budget serré; money is a bit ~ OR things are a bit ~ at the moment l'argent manque un peu en ce moment. -**7.** [close - competition] serré. -**8.** [busy - schedule] serré, chargé; it was ~ but I made it in time c'était juste, mais je suis arrivé à temps. -**9.** *inf* [mean] radin, pingre; he's very ~ with his money il est très près de ses sous. -**10.** *inf* [drunk] soûl, rond; he gets ~ on one glass of wine un verre de vin suffit à le soûler.

◇ *adv* [close, fasten] bien; packed ~ [bag] bien rempli OR plein; [pub, room] bondé; hold ~! tenez-vous bien!, accrochez-vous bien!; she held the rabbit ~ in her arms elle serrait le lapin dans ses bras; pull the thread ~ tirez OR tendez bien le fil; is that window shut ~? cette fenêtre est-elle bien fermée?; it needs to be turned/screwed ~ il faut le serrer/le visser à fond.

◆ **tights** *npl*: (pair of) ~s collant *m*, collants *mpl*.

tight-arsed▼ *Br* [-ɑːst], **tight-assed**▼ *Am* [-æst] *adj* coincé, constipé.

tighten ['taɪtn] ◇ *vt* -**1.** [belt, strap] resserrer; he ~ed his grasp on the rail il agrippa plus fermement la balustrade ❑ to ~ one's belt *literal* resserrer sa ceinture; *fig* se serrer la ceinture. -**2.** [nut, screw] serrer, bien visser; [knot] serrer; [cable, rope] serrer, tendre. -**3.** [control, security, regulations] renforcer; [credit] resserrer.

◇ *vi* -**1.** [grip]: his finger ~ed on the trigger son doigt se serra sur la gâchette; her grasp ~ed on my arm elle serra mon bras plus fort. -**2.** [nut, screw, knot] se resserrer; [cable, rope] se raidir, se tendre. -**3.** [control, security, regulation] être renforcé; [credit] se resserrer. -**4.** [throat, stomach] se nouer.

◆ **tighten up** *vt sep* -**1.** [nut, screw] serrer. -**2.** [control, security, regulation] renforcer; the law on drug peddling has been ~ed up la loi sur le trafic de drogue a été renforcée.

◆ **tighten up on** *vt insep*: to ~ up on discipline/security renforcer la discipline/la sécurité; the government are ~ing up on drug pushers/tax evasion le gouvernement renforce la lutte contre les revendeurs de drogue/la fraude fiscale.

tightening ['taɪtnɪŋ] *n* [of screw, credit] resserrement *m*; [of control, regulation] renforcement *m*; he felt a ~ in his throat il sentit sa gorge se nouer.

tightfisted [,taɪt'fɪstɪd] *adj pej* avare, pingre.

tight-fitting *adj* [skirt, trousers] moulant; [lid] qui ferme bien.

tight-knit *adj* [community, family] (très) uni.

tight-lipped *adj*: he sat ~ and pale il était assis, pâle et muet; she sat in ~ silence elle se tenait assise, sans desserrer les dents.

tightly ['taɪtlɪ] *adv* -**1.** [firmly - hold, fit, screw] (bien) serré; he held his daughter ~ to him il serrait sa fille tout contre lui; hold on ~ tenez-vous OR accrochez-vous bien; we held on ~ to the rail nous nous sommes agrippés fermement à la balustrade; make sure the lid fits ~ vérifiez que le couvercle est bien fermé; the cases were ~ sealed les caisses étaient bien scellées; her eyes were ~ shut elle avait les yeux bien fermés; news is ~ controlled les informations sont soumises à un contrôle rigoureux; ~ curled hair des cheveux frisés. -**2.** [densely]: the lecture hall was ~ packed l'amphithéâtre était bondé OR plein à craquer.

tightness ['taɪtnɪs] *n* -**1.** [of garment, shoes] étroitesse *f*. -**2.** [stiffness - of drawer, screw, tap] dureté *f*. -**3.** [tautness - of bow, rope] raideur *f*; he felt a sudden ~ in his throat il sentit soudain sa gorge se nouer; he felt a sudden ~ in his chest [physical] il ressentit soudain une douleur dans la poitrine; [emotional] il sentit soudain son cœur se serrer. -**4.** [strictness - of control, regulation] rigueur *f*, sévérité *f*; [- of security] rigueur *f*.

tightrope ['taɪtrəʊp] *n* corde *f* raide; to walk the ~ marcher sur la corde raide; she's walking a political ~ *fig* elle s'est aventurée sur un terrain politique glissant OR dangereux.

tightrope walker *n* funambule *mf*.

tightwad *inf* ['taɪtwɒd] *n Am pej* radin *m*, -e *f*; he's a real ~ il est vraiment grippe-sou.

Tigré ['tiːgreɪ] *pr n* Tigré *m*; in ~ dans le Tigré.

tigress ['taɪgrɪs] *n* ZOOL & *fig* tigresse *f*.

Tigris ['taɪgrɪs] *pr n*: the (River) ~ le Tigre.

tike [taɪk] = **tyke**.

tilde ['tɪldə] *n* tilde *m*.

tile [taɪl] ◇ *n* [for roof] tuile *f*; [for wall, floor] carreau *m*; to have a night (out) on the ~s *inf* faire la noce.

◇ *vt* [roof] couvrir de tuiles; [floor, wall] carreler; ~d bathroom salle de bains *f* carrelée; ~d floor sol *m* carrelé; ~d roof toit *m* de tuiles.

tiler ['taɪləʳ] *n* [of roof] couvreur *m (de toits en tuiles)*; [of floor, wall] carreleur *m*.

tiling ['taɪlɪŋ] *n (U)* -**1.** [putting on tiles - on roof] pose *f* des tuiles; [- on floor, in bathroom] carrelage *m*. -**2.** [tiles - on roof] tuiles *fpl*; [- on floor, wall] carrelage *m*, carreaux *mpl*.

till [tɪl] ◇ *conj* = **until**.

◇ *prep* = **until**.

◇ *n* -**1.** [cash register] caisse *f* (enregistreuse); [drawer] tiroir-caisse *m*; to be caught with one's fingers OR hands in the ~ être pris en flagrant délit OR la main dans le sac; pay at the ~ payez à la caisse. -**2.** [money] caisse *f*.

◇ *vt* AGR labourer; to ~ the soil labourer la terre.

tillage ['tɪlɪdʒ] *n* -**1.** [act] labour *m*, labourage *m*. -**2.** [land] labour *m*, pièce *f* labourée.

tiller ['tɪləʳ] *n* -**1.** NAUT barre *f*, gouvernail *m*. -**2.** BOT pousse *f*, talle *f*.

tilt [tɪlt] ◇ *vt* -**1.** [lean] pencher, incliner; to ~ one's chair (back) se balancer sur sa chaise; he ~ed his head to one side il pencha OR inclina la tête sur le côté; to ~ one's head back renverser la tête en arrière; her hat was ~ed over one eye son chapeau était penché sur le côté; this may ~ the odds in our favour *fig* cela peut faire pencher la balance de notre côté. -**2.** [cover - gen] bâcher; NAUT tauder.

◇ *vi* -**1.** [lean] se pencher, s'incliner; to ~ backwards/forwards se pencher en arrière/en avant; don't ~ back on your chair ne te balance pas sur ta chaise. -**2.** HIST [joust] jouter; to ~ at sb HIST diriger un coup de lance contre qqn; *fig* lancer des piques à qqn ❑ to ~ at windmills se battre contre des moulins à vent.

◇ *n* -**1.** [angle] inclinaison *f*; [slope] pente *f*; the room has a definite ~ to it la pièce penche nettement; she wore her hat at a ~ elle portait son chapeau incliné; I'm sure that picture's on a ~ je suis sûr que le tableau penche. -**2.** HIST [joust] joute *f*; [thrust] coup *m* de lance; *fig*: to have a ~ at sb s'en prendre à qqn, décocher des pointes à qqn; that was obviously a ~ at you c'était une pointe qui vous était destinée. -**3.** [awning] store *m* (de toile), bâche *f*; NAUT taud *m*.

◆ **full tilt** *adv phr*: he ran full ~ into her il lui est rentré en plein dedans; he ran full ~ into the door il est rentré en plein dans la porte.

◆ **tilt over** *vi insep* -**1.** [slant] pencher. -**2.** [overturn] se renverser, basculer.

tilth [tɪlθ] *n* [act of tilling] labourage *m*; [soil] terre *f* arable.

timber ['tɪmbəʳ] ◇ *n* -**1.** [wood] bois *m* de charpente OR de construction OR d'œuvre. -**2.** *(U)* [trees] arbres *mpl*, bois *m*; land under ~ terre *f* boisée; to put land under ~ boiser un terrain; standing ~ bois sur pied. -**3.** [beam] madrier *m*, poutre *f*; [on ship] membrure *f*. -**4.** shiver me ~s! *expression stéréotypée de marin*, ≃ mille sabords!

◇ *comp* [roof, fence] en bois.

◇ *vt* [tunnel] boiser.

◇ *interj*: ~! attention!

timbered ['tɪmbəd] *adj* [region, land] boisé; [house] en bois.

timberhead ['tɪmbəhed] *n* NAUT bitte *f* (d'amarrage), bollard *m*.

timbering ['tɪmbərɪŋ] *n* boisage *m*.

timberland ['tɪmbəlænd] *n Am* terre *f* OR région *f* boisée *(pour l'abattage)*.

timberline ['tɪmbəlaɪn] *n* limite *f* des arbres.

timber merchant *n* marchand *m* de bois.

timber wolf *n* loup *m* gris.

timberwork ['tɪmbəwɜːk] *n* structure *f* en bois.

timberyard ['tɪmbəjɑːd] *n* chantier *m* de bois.

timbre ['tæmbrə, 'tɪmbəʳ] *n* LING & MUS timbre *m*.

Timbuktu [,tɪmbʌk'tuː] *pr n* Tombouctou.

time [taɪm] ◇ *n* -**1.** [continuous stretch of time] temps *m*; as ~ goes by avec le temps; the price has gone up over ~ le prix a augmenté avec le temps; it's only a matter OR a question of ~ ce n'est qu'une question de temps; these things take ~ cela ne se fait pas du jour au lendemain; to have ~ on one's hands OR ~ to spare avoir du temps; ~ hangs heavy on his hands le temps lui pèse, il trouve le temps long; since the dawn of ~ depuis la nuit des temps; ~ flies le temps passe vite; doesn't ~ fly! comme le temps passe vite!; ~ heals all wounds le temps guérit tout; only ~ will tell seul l'avenir nous le dira; ~ will prove me right l'avenir me donnera raison; it's a race against ~ c'est une course contre la montre; they're working against ~ to save her ils ne disposent que de très peu de temps pour la sauver; ~ is on our side le temps joue en notre faveur; ~ out of mind de temps immémorial, de toute éternité ❑ to take Time by the forelock *lit* saisir l'occasion (par les cheveux); ~ is money *prov* le temps, c'est de l'argent *prov*; ~ and tide wait for no man *prov* les événements n'attendent personne. -**2.** [period of time spent on particular activity] temps *m*; there's no ~ to lose il n'y a pas de temps à perdre; he lost no ~ in telling me il s'est empressé de me le dire; to make up for lost ~ rattraper le temps perdu; to make good/poor ~ doing sthg mettre peu de temps-/longtemps à faire qqch; I passed the ~ reading j'ai passé mon temps à lire; take your ~ prenez votre temps; take your ~ over it prenez le temps qu'il faudra; it took me all my ~ just to get here! *fig* avec le temps que j'ai mis pour arriver ici! you took your ~ about it! tu en as mis du temps!; I took ~ out to travel [from work] je me suis mis en congé pour voyager; [from studies] j'ai interrompu mes études pour voyager; she took ~ out OR made the ~ to read the report elle a pris le temps de lire le rapport; I spend half/all my ~ cleaning up je passe la moitié de/tout mon temps à faire le ménage; half the ~ he doesn't know what he's doing la moitié du temps il ne sait pas ce qu'il fait; most of the ~ la plupart du temps; he was ill part OR some of the ~ il a été malade une partie du temps; it rained part OR some of the ~ il a plu par moments; we spend the better part of our ~ working nous passons le plus clair de notre temps à travailler; I start in three weeks' ~ je commence dans trois semaines; they'll have finished the project in three weeks' ~ ils auront terminé le projet dans trois semaines ❑ all in good ~! chaque chose en son temps!; I'll finish it in my own good ~ je le finirai quand bon me semblera. -**3.** [available period of time] temps *m*; I haven't (the) ~ to do the shopping je n'ai pas le temps de faire les courses; I've no ~ for gossip *literal* je n'ai pas le temps de papoter; *fig* jen'ai pas de temps à perdre en bavardages; my ~ is my own mon temps m'appartient; my ~ is not my own je ne suis pas libre de mon temps; he has no ~ for sycophants il n'a pas de temps à perdre avec les flatteurs; we've just got ~ to catch the train on a juste le temps d'attraper le train; that doesn't leave them much ~ to get ready cela ne leur laisse guère de temps pour se préparer; you'll have to find the ~ to see her il faut que tu trouves le temps de la voir; you have plenty of ~ to finish it vous avez largement le temps de le finir; we've got plenty of ~ OR all the ~ in the world nous avons tout le temps. -4. [while] temps *m*; after a ~ après un (certain) temps; a long ~ longtemps; a long ~ ago il y a longtemps; it's a long ~ since we've been out for a meal together ça fait longtemps que nous ne sommes pas sortis dîner ensemble; she's been dreaming of this for a long ~ now voilà longtemps qu'elle en rêve; he waited for a long ~ il a attendu longtemps; I worked for a long ~ as a translator j'ai travaillé (pendant) longtemps comme traducteur; for a long ~ he refused to eat meat il a (pendant) longtemps refusé de manger de la viande; it'll be a long ~ before I do that again je ne suis pas près de recommencer, je ne recommencerai pas de si tôt OR de sitôt; the car takes a long ~ to warm up la voiture met longtemps à chauffer; you took a long ~! tu en as mis du temps!, il t'en a fallu du temps!; long ~ no see! *inf* ça faisait longtemps!; a short ~ peu de temps; after a short ~ peu (de temps) après; a short ~ before their wedding peu avant leur mariage; she's going to stay with us for a short ~ elle va rester avec nous pendant quelque temps; in the shortest possible ~ dans les plus brefs délais, le plus vite OR tôt possible; after some ~ au bout de quelque temps, après un certain temps; some ~ after their trip quelque temps après leur voyage; some ~ ago il y a quelque temps; it's the best film I've seen for some ~ c'est le meilleur film que j'aie vu depuis un moment; it will take (quite) some ~ to repair il va falloir pas mal de temps pour le réparer. -5. [time taken or required to do something] temps *m*, durée *f*; the flying ~ to Madrid is two hours la durée du vol pour Madrid est de deux heures; the cooking ~ is two hours le temps de cuisson est de deux heures; the winner's ~ was under four minutes le gagnant a fait un temps de moins de quatre minutes; how much ~ will it take? combien de temps cela prendra-t-il?; she finished in half the ~ it took me to finish elle a mis deux fois moins de temps que moi pour finir. -6. [by clock] heure *f*; what ~ is it?, what's the ~? quelle heure est-il?; what ~ do you make it? quelle heure avez-vous?; have you got the right ~ on you? avez-vous l'heure juste?; the ~ is twenty past three il est trois heures vingt; what ~ are we leaving? à quelle heure partons-nous?; do you know how to tell the ~? est-ce que tu sais lire l'heure?; could you tell me the ~? pourriez-vous me dire l'heure (qu'il est)?; have you seen the ~? avez-vous vu l'heure?; I looked at the ~ j'ai regardé l'heure; this old watch still keeps good ~ cette vieille montre est toujours à l'heure OR exacte; at this ~ of day à cette heure de la journée; we'll have to keep an eye on the ~ il faudra surveiller l'heure; it is almost ~ to leave/for my bus il est presque l'heure de partir/de mon bus; it's ~ I was going il est temps que je parte; it's dinner ~, it's ~ for dinner c'est l'heure de dîner; there you are, it's about ~! te voilà, ce n'est pas trop tôt! ❑ I wouldn't give him the ~ of day je ne lui dirais même pas bonjour; to pass the ~ of day with sb échanger quelques mots avec qqn. -7. [system]: local ~ heure *f* locale; it's 5 o'clock Tokyo ~ il est 5 h, heure de Tokyo. -8. [schedule]: is the bus running to ~? est-ce que le bus est à l'heure?; within the required ~ dans les délais requis. -9. [particular point in time] moment *m*; at that ~ I was in Madrid à ce moment-là j'étais OR j'étais alors à Madrid; I worked for her at one ~ à un moment donné j'ai travaillé pour elle; at the present ~ en ce moment, à présent; he is president at the present ~ il est actuellement président; at a later ~ plus tard; at a given ~ à un moment donné; at any one ~ à la fois; there's room for 15 people at any one ~ il y a de la place pour 15 personnes à la fois; an inconvenient ~ un moment inopportun; you called at a most inconvenient ~ vous avez appelé à un très mauvais moment; there are ~s when I could scream il y a des moments où j'ai envie de hurler; at the best of ~s même quand tout va bien; even at the best of ~s he is not that patient même dans ses bons moments il n'est pas particulièrement patient; at no ~ did I agree to that je n'ai jamais donné mon accord pour cela; by the ~ you get this... le temps que tu reçoives ceci..., quand tu auras reçu ceci...; by that ~ it will be too late à ce moment-là il sera trop tard; by that ~ we'll all be dead d'ici là nous serons tous morts; by this ~ next week d'ici une semaine, dans une semaine; this ~ next week la semaine prochaine à cette heure-ci; this ~ last week il y a exactement une semaine; from that ~ on we had nothing to do with them à partir de ce moment-là, nous avons refusé d'avoir affaire à eux; in between ~s entre-temps; until such ~ as I hear from them jusqu'à ce que OR en attendant que j'aie de leurs nouvelles. -10. [suitable moment] moment *m*; she chose her ~ badly elle a mal choisi son moment; this is no ~ for you to leave ce n'est pas le moment de partir; now's our ~ to tell her c'est maintenant que nous devrions OR voici venu le moment de le lui dire; now is the ~ to invest c'est maintenant qu'il faut investir; when the ~ comes (quand) le moment (sera) venu; we'll talk about that when the ~ comes nous en parlerons en temps utile; the ~ has come to make a stand c'est le moment d'avoir le courage de ses opinions; it's about ~ we taught her a lesson il est grand temps que nous lui donnions une bonne leçon; there's no ~ like the present [let's do it now] faisons-le maintenant; there's a ~ and a place for everything il y a un temps et un lieu pour OR à tout. -11. [occasion, instance] fois *f*; I'll forgive you this ~ je vous pardonne cette fois-ci OR pour cette fois; each OR every ~ chaque fois; she succeeds every ~ elle réussit à chaque fois; the last ~ he came la dernière fois qu'il est venu; the ~ before la fois précédente OR d'avant; another OR some other ~ une autre fois; I called her three ~s je l'ai appelée trois fois; many ~s bien des fois, très souvent; many a ~ I've wondered... je me suis demandé plus d'une OR bien des fois...; several ~s plusieurs fois; several ~s in the past plusieurs fois déjà; he asked me several ~s if... il m'a demandé plusieurs fois si..., it costs 15 cents a ~ ça coûte 15 cents à chaque fois; the one ~ I win, he wants to stop playing pour une fois que je gagne, il veut arrêter de jouer; nine ~s out of ten the machine doesn't work neuf fois sur dix la machine ne marche pas; we'll have to decide some ~ or other tôt ou tard OR un jour ou l'autre il va falloir nous décider; do you remember that ~ we went to Germany? tu te rappelles la fois où nous sommes allés en Allemagne?; there's always a first ~ il y a un début à tout; I've told you a hundred ~s! je te l'ai dit vingt OR cent fois!; give me a good detective story every ~! rien ne vaut un bon roman policier! -12. [experience]: to have a good ~ bien s'amuser; I had the ~ of my life jamais je ne me suis si bien OR autant amusé; we had an awful ~ at the picnic nous nous sommes ennuyés à mourir au pique-nique; it was a difficult ~ for all of us c'était une période difficile pour nous tous; she had a hard ~ bringing up five children alone ça a été difficile pour elle d'élever cinq enfants seule; what a ~ I had with him! [fun] qu'est-ce que j'ai pu m'amuser avec lui!; [trouble] qu'est-ce qu'il m'en a fait voir! -13. [hours of work]: to put in ~ faire des heures (de travail); to work part/full ~ travailler à temps partiel/à plein temps; in company ~ *Br*, on company ~ *Am* pendant les heures de travail; in your own ~ *Br*, on your own ~ *Am* pendant votre temps libre, en dehors des heures de travail; ~ off temps *m* libre; what do you do in your ~ off? qu'est-ce que vous faites de votre temps libre? -14. [hourly wages]: we pay ~ and a half on weekends nous payons les heures du week-end une fois et demie le tarif normal; overtime is paid at double ~ les heures supplémentaires sont payées OR comptées double. -15. *(usu plural)* [era] époque *f*, temps *m*; in Victorian ~s à l'époque victorienne; in the ~ of Henry IV à l'époque d'Henri IV, du temps d'Henri IV; ancient ~s l'Antiquité *f*; in ~s past, in former ~s autrefois, jadis; in ~s to come à l'avenir; at one ~, things were different autrefois OR dans le temps les choses étaient différentes; the house has seen better ~s la maison a connu des jours meilleurs; in ~(s) of need/war en temps de pénurie/de guerre; ~ was when doctors made house calls il fut un temps où les médecins faisaient des visites à domicile; those were happy ~s! c'était le bon (vieux) temps!; ~s are hard les temps sont durs; in our ~ de nos jours; the ~s we live in l'époque où nous vivons; in my ~ children didn't talk back de mon temps les enfants ne répondaient pas ❑ to be ahead of OR before one's ~ être en avance sur son époque OR sur son temps; to be behind the ~s être en retard sur son époque OR sur son temps; to keep up with the ~s vivre avec son temps; to move with the ~s évoluer avec son temps; ~s have changed autres temps, autres mœurs *prov*. -16. [lifetime]: I've heard some odd things in my ~! j'en ai entendu, des choses, dans ma vie!; it won't happen in our ~ nous ne serons pas là pour voir ça; at my ~ of life à mon âge; that was before your ~ [birth] vous n'étiez pas encore né; [arrival] vous n'étiez pas encore là; her ~ has come [childbirth] elle arrive à son terme; [death] son heure est venue OR a sonné; [success] son heure est venue; he died before his ~ il est mort avant l'âge. -17. [season]: it's hot for the ~ of year il fait chaud pour la saison. -18. [end of period] fin *f*; ~'s up [on exam, visit] c'est l'heure; [on meter, telephone] le temps est écoulé; ~, (gentlemen) please! [in pub] *Br* on ferme!; the referee called ~ SPORT l'arbitre a sifflé la fin du match. -19. *Am* COMM: to buy sthg on ~ acheter qqch à tempérament OR à terme OR à crédit. -20. ▽ [in prison]: to do ~ faire de la taule; he's serving ~ for murder il est en taule pour meurtre. -21. MUS mesure *f*; he beat ~ with his foot il battait OR marquait la mesure du pied; in triple OR three-part ~ à trois temps; ~ (value) valeur *f (d'une note)*. -22. RADIO & TV espace *m*; to buy/to sell ~ on television acheter/vendre de l'espace publicitaire à la télévision. -23. *inf Am phr*: to make ~ with sb [pursue] draguer qqn; [be with] être avec qqn *(en couple)*.

◇ *vt* -1. [on clock - runner, worker] chronométrer; they ~d her at four minutes a mile ils l'ont chronométrée OR ils ont chronométré son temps à quatre minutes au mille; ~ how long she takes to finish regardez combien de temps elle met pour finir; he ~d his speech to last 20 minutes il a fait en sorte que son discours dure 20 minutes; to ~ an egg minuter le temps de cuisson d'un œuf. -2. [schedule] fixer OR prévoir (l'heure de); they ~d the attack for 6 o'clock l'attaque était prévue pour 6 h. -3. [choose right moment for] choisir OR calculer le moment de; she ~d her entrance well elle a bien choisi le moment pour faire son entrée; he ~d the blow perfectly il a frappé au bon moment; your remark was perfectly/badly ~d votre observation est venue au bon/au mauvais moment. -4. [synchronize] régler, ajuster; she tried to ~ her steps to the music elle essayait de régler ses pas sur la musique.

◆ **times** ◇ *npl* [indicating degree] fois *f*; she's ten ~s cleverer than you are elle est dix fois plus intelligente que toi; he ate four ~s as much cake as I did il a mangé quatre fois plus de gâteau que moi.

◇ *prep* MATH: 3 ~s 5 is 15 3 fois 5 font OR égalent 15; 1 ~s 6 is 6 une fois six fait OR égale six.

◆ **ahead of time** *adv phr* en avance; I'm ten minutes ahead of ~ j'ai dix minutes d'avance.

◆ **all the time** *adv phr*: he talked all the ~ we were at lunch il a parlé pendant tout le déjeuner; he's been watching us all the ~ il n'a pas cessé de nous regarder; I knew it all the ~ je le savais depuis le début.

◆ **any time** *adv phr* n'importe quand; come over any ~ venez quand vous voulez; you're welcome any ~ vous serez toujours le bienvenu; thanks for all your help – any ~ merci de votre aide – de rien.

◆ **at a time** *adv phr*: for days at a ~ pendant des journées entières, des journées durant; take one book at a ~ prenez les livres un par un OR un (seul) livre à la fois; she ran up the stairs two at a ~ elle a monté les marches quatre à quatre.

◆ **at all times** *adv phr* à tous moments.

◆ **at any time** *adv phr* à toute heure; hot meals at any ~ repas chauds à toute heure; at any ~ of day or night à n'importe quelle heure du jour ou de la nuit; at any ~ during office hours n'importe quand pendant les heures de bureau; he could die at any ~ il peut mourir d'un moment à l'autre.

◆ **at the same time** *adv phr* -1. [simultaneously] en même temps; they all spoke at the same ~ ils se sont mis à parler tous en même temps; they arrived at the same ~ (as) he did ils sont arrivés en même temps que lui. -2. [yet] en même temps; she was pleased but at the same ~ a bit concerned elle était contente mais en même temps un peu inquiète. -3. [nevertheless] pourtant, cependant; at the same ~, we must not forget... pourtant OR cependant, il ne faut pas oublier...

◆ **at the time** *adv phr*: at the ~ of their wedding au moment de leur mariage; I didn't pay much attention at the ~ sur le moment je n'ai pas fait vraiment attention.

◆ **at times** *adv phr* parfois, par moments.

◆ **behind time** *adv phr* en retard; we're a bit behind ~ nous sommes légèrement en retard; the project was running behind ~ le projet avait du retard.

◆ **for a time** *adv phr* pendant un (certain) temps; for a ~, he was unable to walk pendant un certain temps, il n'a pas pu marcher.

◆ **for all time** *adv phr* pour toujours.

◆ **for the time being** *adv phr* pour le moment.

◆ **from time to time** *adv phr* de temps en temps, de temps à autre.

◆ **in time** *adv phr* -1. [eventually]: she'll come to her senses in ~ elle finira par revenir à la raison; he'll forget about it in (the course of) ~ il finira par l'oublier (avec le temps). -2. [not too late]: let me know in (good) ~ prévenez-moi (bien) à l'avance; she arrived in ~ for the play elle est arrivée à l'heure pour la pièce; you're just in ~ to greet our guests tu arrives juste à temps pour accueillir nos invités; I'll be back in ~ for the film je serai de retour à temps pour le film. -3. MUS mesure *f*; to be OR keep in ~ (with the music) être en mesure (avec la musique).

◆ **in (next to) no time** *adv phr* en un rien de temps.

◆ **of all time** *adv phr* de tous les temps.

◆ **of all times** *adv phr*: why now of all ~s? pourquoi faut-il que ce soit juste maintenant?

◆ **on time** *adv phr* à l'heure; she arrived right on ~ elle est arrivée juste à l'heure; is the bus on ~? est-ce que le bus est à l'heure?

◆ **out of time** *adv phr*: he got out of ~ il a perdu la mesure.

◆ **time after time, time and (time) again** *adv phr* maintes et maintes fois.

time-and-motion *n*: ~ study étude *f* de productivité *(qui se concentre sur l'efficacité des employés)*; ~ expert expert *m* en productivité.

time bomb *n literal* & *fig* bombe *f* à retardement.

time capsule *n* capsule *f* témoin *(qui doit servir de témoignage historique aux générations futures)*.

time card *n* INDUST carte *f* OR fiche *f* de pointage.

time chart *n* -1. [showing time zones] carte *f* des fuseaux horaires. -2. [showing events] table *f* d'événements historiques. -3. [showing planning] calendrier *m*, planning *m*.

time check *n* [on radio] rappel *m* de l'heure.

time clock *n* INDUST pointeuse *f*.

time code *n* code *m* temporel.

time-consuming *adj* [work] qui prend beaucoup de temps, prenant; [tactics] dilatoire.

time deposit *n Am* FIN dépôt *m* à terme.

time exposure *n* -1. [of film] pose *f*. -2. [photograph] photo *f* prise en pose.

time-filler *n*: I'm just doing this job as a ~ je fais ce travail uniquement pour tuer le temps.

time frame *n* délai *m*; what's our ~? de combien de temps disposons-nous?

time fuse *n* détonateur *m* OR fusée *f* à retardement.

time-honoured *adj* consacré (par l'usage).

timekeeper ['taɪm,kiːpəʳ] *n* -1. [watch] montre *f*; [clock] horloge *f*; [stopwatch] chronomètre *m*; this watch is a good ~ cette montre est toujours à l'heure. -2. [supervisor] pointeau *m*. -3. [employee, friend]: he's a good ~ il est toujours à l'heure, il est toujours très ponctuel; he's a bad ~ il n'est jamais à l'heure. -4. SPORT chronométreur *m* (officiel), chronométreuse *f* (officielle).

time lag *n* -1. [delay] décalage *m* dans le temps. -2. [in time zones] décalage *m* horaire.

time lapse *n* décalage *m* horaire.

time-lapse photography *n* photographie *f* accélérée.

timeless ['taɪmlɪs] *adj* éternel, hors du temps, intemporel.

time limit *n* [gen] délai *m*, date *f* limite; JUR délai *m* de forclusion; there is a strict ~ for applications il y a un délai impératif OR de rigueur pour la remise des dossiers de candidature; we'll have to set ourselves a ~ for the work il va falloir nous imposer un délai pour finir ce travail; the work must be completed within the ~ le travail doit être terminé avant la date limite.

timeliness ['taɪmlɪnɪs] *n* [of remark] à-propos *m*, opportunité *f*; [of visit] opportunité *f*.

time loan *n* emprunt *m* à terme.

timely ['taɪmlɪ] *adj* [remark, intervention, warning] qui tombe à point nommé, opportun; [visit] opportun; he made a ~ escape il s'est échappé juste à temps.

time machine *n* machine *f* à voyager dans le temps; 'The Time Machine' *Wells* 'la Machine à explorer le temps'.

time-out *n* SPORT temps *m* mort; [in chess match] temps *m* de repos; [in work] pause *f*.

timepiece ['taɪmpiːs] *n fml* OR *dated* [watch] montre *f*; [clock] horloge *f*, pendule *f*.

timer ['taɪməʳ] *n* -1. CULIN minuteur *m*; (egg) ~ sablier *m*, compte-minutes *m inv*. -2. [counter] compteur *m*. -3. [for lighting] minuterie *f*. -4. [stopwatch] chronomètre *m*. -5. [timekeeper] chronométreur *m*, -euse *f*. -6. AUT distributeur *m* (d'allumage).

time-saver *n*: a dishwasher is a great ~ on gagne beaucoup de temps avec un lave-vaisselle, un lave-vaisselle permet de gagner beaucoup de temps.

time-saving ◇ *adj* qui économise OR fait gagner du temps; it's a ~ device cet appareil fait gagner du temps.

◇ *n* gain *m* de temps.

time scale *n* échelle *f* dans le temps.

timeserver ['taɪm,sɜːvəʳ] *n* -1. [opportunist] opportuniste *mf*. -2. [employee] tire-au-flanc *m inv*.

time-serving ◇ *adj* opportuniste.

◇ *n* opportunisme *m*.

time-share ◇ *n*: to buy a ~ in a flat acheter un appartement en multipropriété.

◇ *adj* [flat] en multipropriété; [computer] en temps partagé.

time-sharing *n* -1. [of flat, villa] multipropriété *f*. -2. COMPUT temps *m* partagé.

time sheet *n* fiche *f* horaire.

time signal *n* RADIO signal *m* OR top *m* horaire.

time signature *n* MUS indication *f* de la mesure.

time slice *n* COMPUT tranche *f* de temps.

time switch *n* [for oven, heating] minuteur *m*; [for lighting] minuterie *f*.

timetable ['taɪm,teɪbl] ◇ *n* -1. [for transport] horaire *m*; bus ~ indicateur *m* OR horaire des autobus. -2. [schedule] emploi *m* du temps; I have a very full ~ j'ai un emploi du temps très chargé. -3. [calendar] calendrier *m*; exam ~ dates *fpl* OR calendrier des examens.

◇ *vt* [meeting – during day] fixer une heure pour; [– during week, month] fixer une date pour; SCH [classes, course] établir un emploi du temps pour; the train is ~d to arrive at six o'clock l'arrivée du train est prévue à 6 h; her visit is ~d to coincide with the celebrations sa visite devrait coïncider avec les festivités.

time travel *n* voyage *m* dans le temps.

time trial *n* SPORT course *f* contre la montre.

time value *n* MUS valeur *f*.

time warp *n*: it's like living in a ~ c'est comme si on vivait hors du temps; the country seems to have entered a ~ le temps semble s'être arrêté dans le pays.

timework ['taɪmwɜːk] *n* [hourly] travail *m* payé à l'heure; [daily] travail *m* payé à la journée; to be on ~ [hourly] être payé OR travailler à l'heure; [daily] être payé OR travailler à la journée.

timeworker ['taɪmwɜːkəʳ] *n* [paid – hourly] horaire *mf*; [– daily] journalier *m*, -ère *f*.

timeworn ['taɪmwɔːn] *adj* [object] usé par le temps, vétuste; *fig* [idea, phrase] rebattu, éculé.

time zone *n* fuseau *m* horaire.

timid ['tɪmɪd] *adj* timide.

timidity [tɪ'mɪdətɪ] *n* timidité *f*.

timidly ['tɪmɪdlɪ] *adv* timidement.

timidness ['tɪmɪdnɪs] *n* timidité *f*.

timing ['taɪmɪŋ] *n* -1. [of actor] minutage *m* (du débit); [of musician] sens *m* du rythme; [of tennis player] timing *m*; [of stunt driver] synchronisation *f*; you need a good sense of ~ il faut savoir choisir le bon moment; cooking such a big meal requires careful ~ pour préparer un si grand repas, il faut organiser son temps avec soin; that was good ~! voilà qui était bien calculé! -2. [chosen moment – of operation, visit] moment *m* choisi; the ~ of the statement was unfortunate cette déclaration est vraiment tombée à un très mauvais moment. -3. SPORT chronométrage *m*. -4. AUT réglage *m* de l'allumage.

timing device *n* [for bomb] mécanisme *m* d'horlogerie; [for lights] minuterie *f*.

timing mechanism *n* [for bomb, in clock] mécanisme *m* d'horlogerie.

timorous ['tɪmərəs] *adj* timoré, craintif.

timorously ['tɪmərəslɪ] *adv* craintivement.

Timothy ['tɪməθɪ] *pr n* Timothée.

timpani ['tɪmpənɪ] *npl* timbales *fpl* MUS.

timpanist ['tɪmpənɪst] *n* timbalier *m*.

tin [tɪn] (*pt* & *pp* tinned, *cont* tinning) ◇ *n* -1. [metal] étain *m*; ~ (plate) fer-blanc *m*. -2. *Br* [can] boîte *f* (en fer-blanc); ~s of beans/of food des boîtes de haricots/de conserve; a ~ of paint un pot de peinture; to live out of ~s se nourrir de conserves. -3. [for storing] boîte *f* en fer; biscuit ~ [empty] boîte *f* à biscuits; [full] boîte *f* de biscuits. -4. [for cooking]: roasting ~ plat *m* à rôtir; baking OR cake ~ moule *m* à gâteau.

◇ *comp* [made of tin] en étain; [made of tinplate] en fer-blanc; [box] en fer; [roof] en tôle; 'The Tin Drum' *Grass* 'le Tambour'.

◇ *vt* -**1.** *Br* [food] mettre en conserve OR en boîte. -**2.** [plate] étamer.

tin can *n* boîte *f* (en fer-blanc).

tincture ['tɪŋktʃəʳ] ◇ *n* -**1.** CHEM & PHARM teinture *f*; ~ **of iodine** teinture d'iode. -**2.** [colour, tint] teinte *f*, nuance *f*. -**3.** *lit* [trace, hint] teinte *f*, touche *f*.
◇ *vt literal* & *fig* teinter.

tinder ['tɪndəʳ] *n* (*U*) [in tinderbox] amadou *m*; [dry wood] petit bois *m*; [dry grass] herbes *fpl* sèches; **his words were ~ to the mob's fury** *fig* ses paroles ont eu un effet incendiaire sur la foule en colère.

tinderbox ['tɪndəbɒks] *n* -**1.** [lighter] briquet *m* à amadou. -**2.** [dry place] endroit *m* sec. -**3.** *fig* [explosive situation] poudrière *f*, situation *f* explosive.

tinder-dry *adj* très sec.

tindery ['tɪndərɪ] *adj* hautement inflammable, sec (comme de l'amadou).

tine [taɪn] *n* [of fork] dent *f*; [of antler] andouiller *m*.

tinfoil ['tɪnfɔɪl] *n* papier *m* d'aluminium.

ting [tɪŋ] ◇ *onomat* ding.
◇ *vi* tinter.
◇ *vt* faire tinter.

ting-a-ling ◇ *onomat* [of phone, doorbell, bike] dring-dring.
◇ *n* dring-dring *m*.

tinge [tɪndʒ] ◇ *n* teinte *f*, nuance *f*.
◇ *vt* teinter; **her smile was ~d with sadness** *fig* son sourire était empreint de tristesse.

tingle ['tɪŋgl] ◇ *vi* -**1.** [with heat, cold - ears, cheeks, hands] fourmiller, picoter; **the cold wind made my face ~** le vent froid me piquait le visage; **his cheeks were tingling** les joues lui picotaient; **my whole body was tingling** j'avais des picotements OR des fourmis dans tout le corps; **my face still ~d from the blow** le visage me cuisait encore à cause du coup (que j'avais) reçu; **it makes my tongue ~** ça me pique la langue. -**2.** [with excitement, pleasure] frissonner, frémir; **she was tingling with excitement** elle tremblait d'excitation; **the insult left me tingling with indignation** l'insulte me fit frémir d'indignation.
◇ *n* -**1.** [stinging] picotements *mpl*, fourmillements *mpl*. -**2.** [thrill] frisson *m*, frémissement *m*.

tingling ['tɪŋglɪŋ] ◇ *n* [stinging] picotement *m*, fourmillement *m*; [from excitement] frisson *m*, frémissement *m*.
◇ *adj* [sensation] de picotement, de fourmillement.

tingly ['tɪŋglɪ] *adj* [sensation] de picotement, de fourmillement; **my fingers have gone all ~** j'ai des fourmis dans les doigts.

tin god *n* demi-dieu *m*; **he's nothing but a little ~** il se croit sorti de la cuisse de Jupiter.

tin hat *n* casque *m* (militaire).

tinhorn *inf* ['tɪnhɔːn] ◇ *n Am* petit prétentieux *m*, petite prétentieuse *f*.
◇ *adj* de pacotille, clinquant.

tinker ['tɪŋkəʳ] ◇ *n* -**1.** [pot mender] rétameur *m*; [gipsy] romanichel *m*, -elle *f* □ **I don't give a ~'s cuss** OR **damn!** *inf* je m'en fiche comme de ma première chemise!; **it's not worth a ~'s cuss** *inf* ça vaut des clopinettes; **~, tailor, soldier, sailor** [child's rhyme] ≃ il m'aime un peu, beaucoup, passionnément, à la folie, pas du tout. -**2.** *inf Br* [child] voyou *m*, garnement *m*; **you little ~!** petit garnement! -**3.** [act of tinkering] bricolage *m*.
◇ *vi*: **to ~ about** bricoler; **he spends hours ~ing with that car** il passe des heures à bricoler cette voiture; **someone has been ~ing with my papers** quelqu'un a touché à mes papiers; **so far you've only been ~ing with the problem** pour l'instant, tu n'as résolu le problème qu'à moitié.

tinkle ['tɪŋkl] ◇ *vi* [bell] tinter.
◇ *vt* faire tinter.
◇ *n* -**1.** [ring] tintement *m*; **I heard the ~ of a bell** j'ai entendu tinter une sonnette. -**2.** *Br* [phone call]: **to give sb a ~** *inf* donner OR passer un coup de fil à qqn. -**3.** *inf* [act of urinating]: **to go for a ~** aller faire pipi.

tinkling ['tɪŋklɪŋ] ◇ *n* tintement *m*.
◇ *adj* [bell] qui tinte; [water] qui murmure.

tinkly ['tɪŋklɪ] = **tinkling** *adj*.

tin lizzie *inf* [-'lɪzɪ] *n* vieille guimbarde *f*.

tin mine *n* mine *f* d'étain.

tinned [tɪnd] *adj Br* [sardines, fruit etc] en boîte, en conserve; **~ food** conserves *fpl*.

tinnitus [tɪ'naɪtəs] *n* (*U*) MED acouphène *m*.

tinny ['tɪnɪ] (*compar* **tinnier**, *superl* **tinniest**) *adj* -**1.** [sound] métallique, de casserole; [taste] métallique. -**2.** *inf* [poor quality] de quatre sous; **~ piano** casserole *f*.

tin opener *n Br* ouvre-boîte *m*, ouvre-boîtes *m inv*.

Tin Pan Alley *n*: **he works in ~** il travaille dans la musique pop.

tinplate ['tɪnpleɪt] *n* fer-blanc *m*.

tin-pot *adj Br* -**1.** [worthless - car, machine] qui ne vaut rien. -**2.** [insignificant, hopeless] médiocre; **a ~ regime/dictator** un régime/un dictateur fantoche; **a ~ frontier town** une petite ville frontalière sans importance.

tinsel ['tɪnsl] (*Br pt* & *pp* **tinselled**, *cont* **tinselling**, *Am pt* & *pp* **tinseled**, *cont* **tinseling**) ◇ *n* (*U*) -**1.** [for Christmas tree] guirlandes *fpl* de Noël; [in fine strands] cheveux *mpl* d'ange. -**2.** *fig* clinquant *m*; **Tinsel Town** *inf Hollywood*.
◇ *vt* [tree] orner OR décorer de guirlandes.

tinsmith ['tɪnsmɪθ] *n* étameur *m*, ferblantier *m*.

tin soldier *n* soldat *m* de plomb.

tint [tɪnt] ◇ *n* -**1.** [colour, shade] teinte *f*, nuance *f*. -**2.** [hair dye] shampooing *m* colorant. -**3.** [in engraving, printing] hachure *f*, hachures *fpl*.
◇ *vt* teinter; **blue-~ed walls** des murs bleutés; **~ed lenses** verres *mpl* teintés; **to ~ one's hair** se faire un shampooing colorant; **she ~s her hair** elle se teint les cheveux.

tintack ['tɪntæk] *n* clou *m* de tapissier, semence *f*.

tintinnabulation ['tɪntɪˌnæbjʊ'leɪʃn] *n lit* tintamarre *m*.

Tintoretto [ˌtɪntə'retəʊ] *pr n* le Tintoret; **a painting by ~** un tableau du Tintoret.

tinware ['tɪnweəʳ] *n* (*U*) articles *mpl* en fer-blanc.

tin whistle *n* flûtiau *m*, pipeau *m*.

tinworks ['tɪnwɜːks] (*pl inv*) *n* ferblanterie *f*.

tiny ['taɪnɪ] (*compar* **tinier**, *superl* **tiniest**) *adj* tout petit, minuscule; **a ~ baby** un tout petit bébé; **a ~ bit** un tout petit peu; **the meat is a ~ bit overdone** la viande est un tantinet trop cuite.

tip [tɪp] (*pt* & *pp* **tipped**, *cont* **tipping**) ◇ *n* -**1.** [extremity - of ear, finger, nose] bout *m*; [- of tongue] bout *m*, pointe *f*; [- of cigarette, stem, wing] bout *m*; [- of blade, knife, fork] pointe *f*; **stand on the ~s of your toes** mettez-vous sur la pointe des pieds; **six metres from ~ to ~** six mètres d'envergure OR de long □ **his name is on the ~ of my tongue** j'ai son nom sur le bout de la langue; **asparagus ~s** CULIN pointes d'asperge. -**2.** [of iceberg] pointe *f*; [of island, peninsula] extrémité *f*, pointe *f*; **it's just the ~ of the iceberg** ce n'est que la partie émergée de l'iceberg. -**3.** [cap - on walking stick, umbrella] embout *m*; [- on snooker cue] procédé *m*. -**4.** *Br* [dump - for rubbish] dépotoir *m*, dépôt *m* d'ordures; [- for coal] terril *m*; *fig*: **your room is a real ~!** *inf* quel bazar, ta chambre!; **the house is a bit of a ~** *inf* la maison est un peu en désordre. -**5.** [hint - for stock market, race] tuyau *m*; [advice] conseil *m*; **to give sb a ~** [for race] donner un tuyau à qqn; [for repairs, procedure] donner un tuyau OR un conseil à qqn; **if you take my ~, you'll wait a bit longer before selling** si vous voulez un bon conseil, attendez encore un peu avant de vendre; **any ~s for the 4.30?** avez-vous un tuyau pour la course de 16 h 30?; **Orlando's my ~** je pense qu'Orlando va gagner; **"Handy Tips for Successful Gardening"** [book title] «Comment réussir votre jardin». -**6.** [money] pourboire *m*; **to give sb a ~** donner un pourboire à qqn; **how much ~ shall I leave?** combien de pourboire dois-je laisser?
◇ *vt* -**1.** [cane] mettre un embout à; [snooker cue] mettre un procédé à; **an ivory-tipped cane** une canne à pommeau d'ivoire; **arrows tipped with poison** des flèches empoisonnées. -**2.** [tilt, lean] incliner, pencher; **she tipped her head to one side** elle a penché la tête sur le côté; **to ~ one's hat to sb** saluer qqn d'un coup de chapeau; **the boxer tipped the scales at 80 kg** le boxeur pesait 80 kg; **to ~ the scales in sb's favour** *fig* faire pencher la balance en faveur de qqn; **the election tipped the balance of power** avec les élections, l'équilibre des forces politiques a été inversé. -**3.** [upset, overturn] renverser, faire chavirer; **I was tipped off my stool/into the water** on m'a fait tomber de mon tabouret/dans l'eau. -**4.** *Br* [empty, pour] verser; [unload] déverser, décharger; **she tipped the sugar into the bowl** elle a versé OR vidé le sucre dans le bol; **the lorry tipped the rubbish into the field** le camion a déchargé OR déversé les déchets dans le champ. -**5.** [winning horse] pronostiquer; **Orlando is tipped for the 2.30** OR **to win the 2.30** Orlando est donné gagnant dans la course de 14 h 30; **he tipped the winner** il a pronostiqué OR donné le cheval gagnant; **you've tipped a winner there** *fig* vous avez trouvé un bon filon; **he's tipped to be the next president** OR **as the next president** on pronostique qu'il sera le prochain président □ **to ~ sb the wink** *inf* avertir OR prévenir qqn. -**6.** [porter, waiter] donner un pourboire à; **she tipped him £1** elle lui a donné une livre de pourboire.
◇ *vi* -**1.** *Br* [tilt] incliner, pencher; **to ~ to the left** pencher à gauche. -**2.** *Br* [overturn] basculer, se renverser. -**3.** *Br* [rubbish]: **'no tipping'** 'défense de déposer des ordures'. -**4.** [give money]: **how much do you usually ~?** combien de pourboire laissez-vous habituellement?

◆ **tip back** ◇ *vi insep* se rabattre (en arrière, s'incliner en arrière; **don't ~ back on your chair** ne te balance pas sur ta chaise.
◇ *vt sep* faire basculer (en arrière); **don't ~ your chair back too far** ne te penche pas trop en arrière sur ta chaise.

◆ **tip down** *inf Br* ◇ *vi insep*: **the rain is tipping down, it's tipping down (with rain)** il pleut des cordes.
◇ *vt sep phr*: **it's tipping it down** il pleut des cordes.

◆ **tip off** *vt sep* avertir, prévenir; **the police had been tipped off about the robbery** la police avait été avertie que le hold-up aurait lieu; **someone must have tipped them off** quelqu'un a dû les prévenir.

◆ **tip out** *vt sep Br* -**1.** [empty - liquid, small objects] vider, verser; [- rubbish, larger objects] déverser, décharger; **~ the tea out into the sink** vide OR verse le thé dans l'évier; **she tipped the coins out into my hand** elle a fait tomber les pièces dans ma main. -**2.** [overturn, toss] faire basculer; **we were tipped out of the cart into the water** on nous a fait basculer de la charrette pour nous faire tomber dans l'eau.

◆ **tip over** ◇ *vi insep* -**1.** [tilt] pencher. -**2.** [overturn - boat] chavirer, se renverser.
◇ *vt sep* faire basculer, renverser.

◆ **tip up** ◇ *vi insep* -**1.** [cinema seat] se rabattre; [bunk, plank, cart] basculer; **the table tipped up when I sat on it** la table a basculé quand je me suis assis dessus. -**2.** [bucket, cup, vase] se renverser.
◇ *vt sep* -**1.** [seat, table] faire basculer, rabattre. -**2.** [upside down - bottle, barrel] renverser.

tip cart *n* tombereau *m*.

tip-off *inf n*: **to give sb a ~** [hint] filer un tuyau à qqn; [warning] avertir OR prévenir qqn; **a ~ to the police led to his arrest** quelqu'un l'a donné à la police.

tipped [tɪpt] *adj*: **~ with felt/steel** à bout feutré/ferré ‖ [cigarettes] (à) bout filtre (*inv*).

-tipped *in cpds* à bout...; steel/felt~ à bout ferré/feutré; a felt~ pen un crayon-feutre, un feutre.

tipper ['tɪpəʳ] *n* -**1.** = **tipper truck**. -**2.** [tipping device] benne *f* (basculante). -**3.** [customer]: he's a generous ~ il laisse toujours de bons pourboires.

tipper truck *n* camion *m* à benne (basculante).

tippet ['tɪpɪt] *n* étole *f*.

Tipp-Ex® ['tɪpeks] *n* correcteur *m* liquide, Tipp-Ex® *m*.

◆ **tippex out** *vt sep*: to ~ sthg out effacer qqch (avec du Tipp-Ex®).

tipple ['tɪpl] ◇ *vi inf* picoler.

◇ *n* -**1.** *inf* [drink]: he likes a ~ now and then il aime boire un coup de temps à autre; what's your ~ then? qu'est-ce que vous prendrez? -**2.** MIN [device] culbuteur *m*; [place - for loading] aire *f* de chargement; [- for unloading] aire *f* de déchargement.

tippler *inf* ['tɪpləʳ] *n* picoleur *m*, -euse *f*.

tipsily *inf* ['tɪpsɪlɪ] *adv*: he got ~ to his feet il s'est levé en titubant.

tipstaff ['tɪpstɑːf] *n* -**1.** *Br* JUR huissier *m*. -**2.** [staff] bâton *m* ferré (cérémonial).

tipster ['tɪpstəʳ] *n* pronostiqueur *m*, -euse *f*.

tipsy *inf* ['tɪpsɪ] (*compar* tipsier, *superl* tipsiest) *adj* pompette, rond; to get ~ se griser; white wine makes me ~ le vin blanc me monte à la tête.

tipsy cake *n Br* gâteau *m* imbibé d'alcool, ≃ baba *m* au rhum.

tiptoe ['tɪptəʊ] ◇ *n*: on ~ sur la pointe des pieds.

◇ *vi* marcher sur la pointe des pieds; to ~ in/out entrer/sortir sur la pointe des pieds; he ~d downstairs il est descendu sur la pointe des pieds OR sans faire de bruit.

tip-top *inf adj* de premier ordre, de toute première qualité; in ~ condition en excellent état.

tip-up *adj*: ~ seat [in cinema, theatre] siège *m* rabattable, strapontin *m*; [in metro] strapontin *m*; ~ truck *Br* camion *m* à benne (basculante).

tirade [taɪ'reɪd] *n* diatribe *f*; a ~ of abuse une bordée d'injures; he launched into a long ~ against bureaucrats il s'est lancé dans une longue diatribe contre les bureaucrates.

Tirana, Tiranë [tɪ'rɑːnə] *pr n* Tirana.

tire ['taɪəʳ] ◇ *vi* -**1.** [become exhausted] se fatiguer; she ~s easily elle est vite fatiguée. -**2.** [become bored] se fatiguer, se lasser; he soon ~d of her/of her company il se lassa vite d'elle/de sa compagnie; he never ~s of talking about the war il ne se lasse jamais de parler de la guerre.

◇ *vt* -**1.** [exhaust] fatiguer. -**2.** [bore] fatiguer, lasser.

◇ *n Am* = **tyre**.

◆ **tire out** *vt sep* épuiser, éreinter; the long walk had ~d us all out cette longue marche nous avait tous épuisés; I'm ~d out! je n'en peux plus!; you'll ~ yourself out moving all those boxes vous allez vous épuiser à déplacer toutes ces caisses.

tired ['taɪəd] *adj* -**1.** [exhausted] fatigué; to feel ~ se sentir fatigué; to get ~ se fatiguer; the walk made me ~ la marche m'a fatigué; I'm so ~ I could drop je tombe de sommeil; my eyes are ~ j'ai les yeux fatigués; in a ~ voice d'une voix lasse. -**2.** [fed up] fatigué, las; to be ~ of sthg/sb en avoir assez de qqch/qqn; I'm ~ of their excuses j'en ai assez de leurs excuses; I'm ~ of telling them j'en ai assez de le leur répéter; she soon got ~ of him elle se fatigua OR se lassa vite de lui; I got rather ~ of playing cards j'en ai eu assez de jouer aux cartes; the children make me ~ with their constant whining les enfants me fatiguent avec leur pleurnicheries continuelles. -**3.** [hackneyed] rebattu. -**4.** *fig* [old - skin] desséché; [- vegetable] défraîchi, flétri; [- upholstery, springs, car] fatigué.

tiredly ['taɪədlɪ] *adv* [say] d'une voix lasse; [move, walk] avec lassitude.

tiredness ['taɪədnɪs] *n* -**1.** [exhaustion] fatigue *f*; ~ began to set in la fatigue commença à se faire sentir. -**2.** [tedium] fatigue *f*, lassitude *f*.

tireless ['taɪəlɪs] *adj* [effort] infatigable, inlassable; [energy] inépuisable.

tirelessly ['taɪəlɪslɪ] *adv* infatigablement, inlassablement, sans ménager ses efforts.

tiresome ['taɪəsəm] *adj* [irritating] agaçant, ennuyeux; [boring] assommant, ennuyeux; how ~! que c'est ennuyeux!; you're being very ~! tu m'ennuies!, tu es vraiment agaçant!

tiring ['taɪərɪŋ] *adj* fatigant.

tiro ['taɪrəʊ] = **tyro**.

Tirol [tɪ'rəʊl] = **Tyrol**.

'tis [tɪz] *dial* OR *lit* = **it is**.

tisane [tiː'zæn] *n* tisane *f*.

tissue ['tɪʃuː] *n* -**1.** ANAT & BOT tissu *m*. -**2.** TEX tissu *m*, étoffe *f*; a ~ of lies *fig* un tissu de mensonges. -**3.** [paper handkerchief] mouchoir *m* en papier; [toilet paper] papier *m* hygiénique.

tissue paper *n* papier *m* de soie.

tissue type *n* groupe *m* tissulaire.

tit [tɪt] *n* -**1.** ORNITH mésange *f*. -**2.** ▽ [breast] nichon *m*. -**3.** ▽ *pej* imbécile *mf*. -**4.** *phr*: it's ~ for tat! c'est un prêté pour un rendu!

Titan ['taɪtn] *n* ASTRON Titan; MYTH Titan *m*; the ~s les Titans.

titanic [taɪ'tænɪk] *adj* -**1.** [huge] titanesque, colossal. -**2.** CHEM au titane; ~ acid acide *m* de titane.

titanium [taɪ'teɪnɪəm] *n* titane *m*.

titbit ['tɪtbɪt] *n* -**1.** CULIN bon morceau *m*, morceau *m* de choix. -**2.** [of information, of scandal] détail *m* croustillant; ~ of gossip potin *m*, racontar *m*.

titch [tɪtʃ] = **tich**.

titchy ['tɪtʃɪ] = **tichy**.

titfer *inf* ['tɪtfəʳ] *n Br dated* galurin *m*.

tithe [taɪð] ◇ *n* HIST dîme *f*; to pay ~s payer la dîme.

◇ *vt* lever la dîme sur.

tithe barn *n grange où l'on mettait les recettes de la dîme*.

titian ['tɪʃn] *adj* blond vénitien (*inv*).

Titian ['tɪʃn] *pr n* (le) Titien.

titillate ['tɪtɪleɪt] *vt* titiller.

titillation [,tɪtɪ'leɪʃn] *n* titillation *f*.

titivate *inf* ['tɪtɪveɪt] *hum* ◇ *vi* se bichonner, se pomponner.

◇ *vt* bichonner.

titivation *inf* [,tɪtɪ'veɪʃn] *n* bichonnage *m*.

title ['taɪtl] ◇ *n* -**1.** [indicating rank, status] titre *m*; he has the ~ of Chief Executive Officer son titre officiel est directeur général; he was given a ~ for services to industry [sir] on lui a conféré un titre pour services rendus à l'industrie; [lord] on l'a anobli pour services rendus à l'industrie; the monarch bears the ~ of Defender of the Faith le monarque porte le titre de défenseur de la foi ‖ [nickname] surnom *m*; she earned the ~ "Iron Lady" on l'a surnommée «la Dame de Fer». -**2.** [of book, film, play, song] titre *m*; [of newspaper article] titre *m*, intitulé *m*. -**3.** PRINT titre *m*; they published 200 ~s last year ils ont publié 200 titres l'an dernier. -**4.** SPORT titre *m*; to win the ~ remporter le titre; he holds the world heavyweight boxing ~ il détient le titre de champion du monde de boxe des poids lourds. -**5.** JUR droit *m*, titre *m*.

◇ *comp* [music] du générique.

◇ *vt* [book, chapter, film] intituler.

◆ **titles** *npl* CIN & TV [credits] générique *m*.

titled ['taɪtld] *adj* [person, family] titré; the ~ classes les classes *fpl* titrées.

title deed *n* titre *m* de propriété.

titleholder ['taɪtl,həʊldəʳ] *n* détenteur *m*, -trice *f* du titre, tenant *m*, -e *f* du titre.

title page *n* page *f* de titre.

title role *n* rôle-titre *m*; with Vanessa Redgrave in the ~ avec Vanessa Redgrave dans le rôle-titre.

title track *n* morceau *m* qui donne son titre à l'album.

titmouse ['tɪtmaʊs] (*pl* titmice [-maɪs]) *n* ORNITH mésange *f*.

Titoism ['tiːtəʊɪzm] *n* titisme *m*.

Titoist ['tiːtəʊɪst] ◇ *adj* titiste.

◇ *n* titiste *mf*.

titrate [*Br* 'taɪtreɪt, *Am* taɪ'treɪt] *vt* CHEM titrer.

titration [taɪ'treɪʃn] *n* CHEM titrage *m*.

titter ['tɪtəʳ] ◇ *vi* rire bêtement OR sottement, glousser.

◇ *n* petit rire *m* bête OR sot, gloussement *m*.

tittivate *inf etc* ['tɪtɪveɪt] = **titivate**.

tittle ['tɪtl] *n* TYPO signe *m* diacritique, iota *m*.

tittle-tattle [-,tætl] ◇ *n* (*U*) potins *mpl*, cancans *mpl*.

◇ *vi* jaser, cancaner.

titty▽ ['tɪtɪ] *n* néné *m*; tough ~!▽ tant pis!

titular ['tɪtjʊləʳ], **titulary** ['tɪtjʊlərɪ] *adj* nominal.

Titus ['taɪtəs] *pr n* Tite; 'Titus Andronicus' *Shakespeare* 'Titus Andronicus'.

tiz-woz *inf* ['tɪzwɒz] *Br* = **tizzy**.

tizz *inf* [tɪz] = **tizzy**.

tizzy *inf* ['tɪzɪ] *n* panique *f*; to be in a ~ paniquer; don't get into a ~ about it ne t'affole pas pour ça.

T-joint *n* assemblage *m* en T.

T-junction *n* intersection *f* en T.

TLS *pr n abbr of* Times Literary Supplement.

TM ◇ *n* (*abbr of* transcendental meditation) MT *f*.

◇ *written abbr of* trademark.

tmesis ['tmiːsɪs] *n* tmèse *f*.

TN *written abbr of* Tennessee.

TNT (*abbr of* trinitrotoluene) *n* TNT *m*.

to [*strong form* tuː, *weak form before vowel* tʊ, *weak form before consonant* tə] ◇ *prep* **A.** -**1.** [indicating direction]: to go to school/the cinema aller à l'école/au cinéma; let's go to town allons en ville; he climbed to the top il est monté jusqu'au sommet OR jusqu'en haut; she ran to where her mother was sitting elle a couru (jusqu') à l'endroit où sa mère était assise; we've been to it before nous y sommes déjà allés; the vase fell to the ground le vase est tombé par OR à terre; I invited them to dinner je les ai invités à dîner; he returned to his work il est retourné à son OR il a repris son travail; let's go to Susan's allons chez Susan; to go to the doctor OR doctor's aller chez le médecin; he pointed to the door il a pointé son doigt vers la porte; the road to the south la route du sud; our house is a mile to the south notre maison est à un mille au sud; it's 12 miles to the nearest town [from here] nous sommes à 12 miles de la ville la plus proche; [from there] c'est à 12 miles de la ville la plus proche; what's the best way to the station? quel est le meilleur chemin pour aller à la gare?; she turned his photograph to the wall elle a retourné sa photo contre le mur; I sat with my back to her j'étais assis lui tournant le dos; tell her to her face dites-le-lui en face. -**2.** [indicating location, position] à; the street parallel to this one la rue parallèle à celle-ci; she lives next door to us elle habite à côté de chez nous; to one side d'un côté; to the left/right à gauche/droite. -**3.** [with geographical names]: to Madrid à Madrid; to Le Havre au Havre; to France en France; to Argentina en Argentine; to Japan au Japon; to the United States aux États-Unis; I'm off to Paris je pars à OR pour Paris; the road to Chicago la route de Chicago; on the way to Milan en allant à Milan, sur la route de Milan; planes to and from Europe les vols à destination et en provenance de l'Europe. -**4.** [indicating age, amount or level reached] jusqu'à; the snow came (up) to her knees la neige lui arrivait aux genoux; unemployment is up to nearly 9% le (taux de) chômage atteint presque les 9 %; they cut expenses down to a minimum ils ont réduit les frais au minimum; she can count (up) to one hundred elle sait compter jusqu'à cent; it's accurate to the millimetre c'est exact au millimètre près; it weighs 8 to 9 pounds ça pèse entre 8 et 9 livres; **moderate to cool temperatures** des températures douces ou fraîches; **to live to a great age** vivre jusqu'à un âge avancé. -**5.** [so as to make contact with] à, contre; **she pinned the brooch to her dress** elle a épinglé la broche sur sa robe; **they sat in bumper-to-bumper traffic** ils étaient coincés pare-chocs contre pare-chocs; **they danced cheek to cheek** ils dansaient joue contre joue; **he clutched the baby to his chest** il a serré l'enfant contre lui.

B. -**1.** [before the specified hour or date]: **it's ten minutes to three** il est trois heures moins dix; **we left at a quarter to six** nous sommes partis à six heures moins le quart; **it's twenty to** il est moins vingt; **how long is it to dinner?** on dîne dans combien de temps?; **there's only two weeks to Christmas** il ne reste que deux semaines avant Noël. -**2.** [up to and including] (jusqu') à ; **from Tuesday night to Thursday morning** du mardi soir (jusqu') au jeudi matin; **from March to June** de mars (jusqu') à juin; **a nine-to-five job** des horaires de fonctionnaire; **it was three years ago to the day since I saw her last** il y a trois ans jour pour jour que je l'ai vue pour la dernière fois; **to this day** jusqu'à ce jour, jusqu'à aujourd'hui; **he was brave (up) to the last** il a été courageux jusqu'au bout OR jusqu'à la fin; **from day to day** de jour en jour; **I read it from beginning to end** je l'ai lu du début (jusqu') à la fin; **from bad to worse** de mal en pis; **I do everything from scrubbing the floor to keeping the books** je fais absolument tout, depuis le ménage jusqu'à la comptabilité.

C. -**1.** [before infinitive]: **to talk** parler; **to open** ouvrir; **to answer** répondre. -**2.** [after verb]: **she lived to be 100** elle a vécu jusqu'à 100 ans; **we are to complete the work by Monday** nous devons finir le travail pour lundi; **she went on to become a brilliant guitarist** elle est ensuite devenue une excellente guitariste; **I finally accepted (only) to find that they had changed their mind** lorsque je me suis décidé à accepter, ils avaient changé d'avis; **she turned round to find him standing right in front of her** lorsqu'elle s'est retournée, elle s'est retrouvée nez à nez avec lui; **he dared to speak out against injustice** il a osé s'élever contre l'injustice; **you can leave if you want to** vous pouvez partir si vous voulez; **why? — because I told you to** pourquoi? — parce que je t'ai dit de le faire; **would you like to come? — we'd love to** voulez-vous venir? — avec plaisir OR oh, oui! -**3.** [after noun]: **I have a lot to do** j'ai beaucoup à faire; **that's no reason to leave** ce n'est pas une raison pour partir; **I haven't got money to burn** *inf* je n'ai pas d'argent à jeter par les fenêtres; **the first to complain** le premier à se plaindre; **the house to be sold** la maison à vendre; **that's the way to do it** voilà comment il faut faire. -**4.** [after adjective]: **I'm happy/sad to see her go** je suis content/triste de la voir partir; **pleased to meet you** enchanté (de faire votre connaissance); **difficult/easy to do** difficile/facile à faire; **it was strange to see her again** c'était bizarre de la revoir; **she's too proud to apologize** elle est trop fière pour s'excuser; **he's old enough to understand** il est assez grand pour comprendre. -**5.** [after 'how', 'which', 'where' etc]: **do you know where to go?** savez-vous où aller?; **he told me how to get there** il m'a dit comment y aller; **can you tell me when to get off?** pourriez-vous me dire quand je dois descendre?; **she can't decide whether to go or not** elle n'arrive pas à décider si elle va y aller ou non. -**6.** [indicating purpose] pour; **I did it to annoy her** je l'ai fait exprès pour l'énerver; **to answer that question, we must...** pour répondre à cette question, il nous faut... -**7.** [introducing statement] pour; **to be honest/frank** pour être honnête/franc; **to put it another way** en d'autres termes. -**8.** [in exclamations]: **oh, to be in England!** ah, si je pouvais être en Angleterre!; **and to think I nearly married him!** quand je pense que j'ai failli l'épouser! -**9.** [in headlines]: **unions to strike** les syndicats s'apprêtent à déclencher la grève; **Russia to negotiate with Baltic States** l'URSS va négocier avec les pays Baltes.

D. -**1.** [indicating intended recipient, owner] à; **I showed the picture to her** je lui ai montré la photo; **I showed it to her** je le lui ai montré; **show it to her** montrez-le-lui; **the person I spoke to** la personne à qui j'ai parlé; **that book belongs to her** ce livre lui appartient; **be kind to him/to animals** soyez gentil avec lui/bon envers les animaux; **what's it to him?** qu'est-ce que cela peut lui faire?; **it doesn't matter to her** ça lui est égal; **did you have a room to yourself?** avais-tu une chambre à toi OR pour toi tout seul?; **to keep sthg to o.s.** garder qqch pour soi; **I said to myself** je me suis dit; **he is known to the police** il est connu de la police. -**2.** [in the opinion of] pour; **$2 is a lot of money to some people** il y a des gens pour qui 2 dollars représentent beaucoup d'argent; **it sounds suspicious to me** cela me semble bizarre; **it didn't make sense to him** ça n'avait aucun sens pour lui. -**3.** [indicating intention]: **with a view to clarifying matters** dans l'intention d'éclaircir la situation; **it's all to no purpose** tout cela ne sert à rien OR est en vain. -**4.** [indicating resulting state]: **the light changed to red** le feu est passé au rouge; **the noise drove him to distraction** le bruit le rendait fou; **the rain turned to snow** la pluie avait fait place à la neige; **her admiration turned to disgust** son admiration s'est transformée en dégoût; **(much) to my relief/surprise/delight** à mon grand soulagement/mon grand étonnement/ma grande joie; **(much) to my horror, I found the money was missing** c'est avec horreur que je me suis rendu compte que l'argent avait disparu; **the meat was done to perfection** la viande était cuite à la perfection; **smashed to pieces** brisé en mille morceaux; **he was beaten to death** il a été battu à mort; **they starved to death** ils sont morts de faim; **she rose rapidly to power** elle est arrivée au pouvoir très rapidement; **she sang the baby to sleep** elle a chanté jusqu'à ce que le bébé s'endorme; **the court sentenced him to death** le juge l'a condamné à mort. -**5.** [as regards]: **the answer to your question** la réponse à votre question; **a hazard to your health** un danger pour votre santé; **what's your reaction to all this?** comment réagissez-vous à tout ça?; **no one was sympathetic to his ideas** ses idées ne plaisaient à personne; **what would you say to a game of bridge?** que diriez-vous d'un bridge?, si on faisait un bridge?; **that's all there is to it** [it's simple] ce n'est pas plus difficile que ça; [it's above board] c'est aussi simple que ça; **there's nothing to it** il n'y a rien de plus simple; **'to translating annual report: $300'** COMM [on bill] 'traduction du rapport annuel: 300 dollars'; **'to services rendered'** 'pour services rendus'. -**6.** [indicating composition or proportion]: **there are 16 ounces to a pound** il y a 16 onces dans une livre; **there are 6 francs to the dollar** un dollar vaut 6 francs; **there are 25 chocolates to a box** il y a 25 chocolats dans chaque OR par boîte; **one cup of sugar to every three cups of fruit** une tasse de sucre pour trois tasses de fruits; **Milan beat Madrid by 4 (points) to 3** Milan a battu Madrid 4 (points) à 3; **I'll bet 100 to 1** je parierais 100 contre 1; **the odds are 1000 to 1 against it happening again** il y a 1 chance sur 1000 que cela se produise à nouveau; **the vote was 6 to 3** il y avait 6 voix contre 3. -**7.** [per]: **how many miles do you get to the gallon?** vous faites combien de litres au cent? -**8.** [indicating comparison]: **inferior to** inférieur à; **they compare her to Callas** on la compare à (la) Callas; **that's nothing compared to what I've seen** ce n'est rien à côté de ce que j'ai vu; **inflation is nothing (compared) to last year** l'inflation n'est rien à côté de OR en comparaison de l'année dernière; **as a cook she's second to none** comme cuisinière on ne fait pas mieux; **to prefer sthg to sthg** préférer qqch à qqch. -**9.** [of] de; **the key to this door** la clé de cette porte; **he's secretary to the director/to the committee** c'est le secrétaire du directeur/du comité; **she's assistant to the president** c'est l'adjointe du président; **the French ambassador to Algeria** l'ambassadeur français en Algérie; **ambassador to the King of Thailand** ambassadeur auprès du roi de Thaïlande; **she's interpreter to the president** c'est l'interprète du président; **Susan, sister to Mary** Suzanne, sœur de Marie; **he's been like a father to me** il est comme un père pour moi. -**10.** [in accordance with]: **to his way of thinking, to his mind** à son avis; **to hear him talk, you'd think he was an expert** à l'entendre parler, on croirait que c'est un expert; **to my knowledge, she never met him** elle ne l'a jamais rencontré (pour) autant que je sache; **it's to your advantage to do it** c'est (dans) ton intérêt de le faire; **the climate is not to my liking** le climat ne me plaît pas; **add salt to taste** salez selon votre goût OR à volonté; **she made out a cheque to the amount of £15** elle a fait un chèque de 15 livres. -**11.** [indicating accompaniment, simultaneity]: **we danced to live music** nous avons dansé sur la musique d'un orchestre; **in time to the music** en mesure avec la musique. -**12.** [in honour of] à; **let's drink to his health** buvons à sa santé; **(here's) to your health!** à la vôtre!; **(here's) to the bride!** à la mariée!; **to my family** [in dedication] à ma famille; **his book is dedicated to his mother** son livre est dédié à sa mère; **a monument to the war dead** un monument aux morts.

E. -**1.** [indicating addition]: **add flour to the list** ajoutez de la farine sur la liste; **add 3 to 6** additionnez 3 et 6, ajoutez 3 à 6; **in addition to Charles, there were three women** en plus de Charles, il y avait trois femmes. -**2.** MATH: **to the power...** à la puissance...; **2 to the 3rd power, 2 to the 3rd** 2 (à la) puissance 3.

◇ *adv* -**1.** [closed] fermé; **the wind blew the door to** un coup de vent a fermé la porte. -**2.** [back to consciousness]: **to come to** revenir à soi, reprendre connaissance. -**3.** NAUT: **to bring a ship to** mettre un bateau en panne.

toad [təʊd] *n* -**1.** ZOOL crapaud *m*. -**2.** *inf fig* [person] rat *m*.

toad-in-the-hole *n Br* CULIN *plat composé de saucisses cuites au four dans une sorte de pâte à crêpes.*

toadstool ['təʊdstuːl] *n* champignon *m* (vénéneux).

toady ['təʊdɪ] (*pl* **toadies**, *pt* & *pp* **toadied**) *pej*
◇ *n* flatteur *m*, -euse *f*.
◇ *vi* être flatteur; **to ~ to sb** passer de la pommade à qqn.

toadying ['təʊdɪɪŋ] *n pej* flagornerie *f*.

to and fro *adv phr*: **to go ~** aller et venir, se promener de long en large; **to swing ~** se balancer d'avant en arrière.
◆ **to-and-fro** *adj* : **a to-and-fro movement** un mouvement de va-et-vient.

toast [təʊst] ◇ *n* -**1.** [bread] pain *m* grillé; **a piece** OR **slice of ~** une tartine grillée, un toast; **three slices** OR **rounds of ~** trois tartines grillées; **don't burn the ~** ne brûle pas le pain; **cheese/sardines on ~** fromage fondu/sardines sur du pain grillé. -**2.** [drink] toast *m*; **to drink a ~ to sb** porter un toast à qqn, boire à la santé de qqn; **we drank a ~ to their success/future happiness** on a bu à leur succès/bonheur futur; **to propose a ~ to sb** porter un toast à qqn; **she was the ~ of the town** elle était la coqueluche de la ville.
◇ *vt* -**1.** [grill] griller; **~ed cheese** fromage *m* fondu; **~ed cheese sandwich** ≃ croque-monsieur *m inv*; **he was ~ing himself/his toes by the fire** *fig* il se chauffait/il se rôtissait les orteils devant la cheminée. -**2.** [drink to - person] porter un toast à, boire à la santé de; [- success, win] arroser; **to ~ sb's success** arroser la réussite de qqn; **to ~ sb's health** boire à la santé de qqn; **they ~ed her victory in champagne** ils ont arrosé sa victoire au champagne.

toaster ['təʊstə^{r}] *n* grille-pain *m inv* (électrique), toaster *m*.

toastie *inf* ['təʊstɪ] *n* sandwich *m* grillé.
toasting fork ['təʊstɪŋ] *n* fourchette *f* à griller le pain.
toastmaster ['təʊst,mɑːstəʳ] *n* animateur *m* *(qui annonce les toasts ou les discours lors d'une réception)*.
toast rack *n* porte-toasts *m inv*.
toasty *inf* ['təʊstɪ] ◇ *Am adj* [warm]: **it's ~ in here** il fait bon ici.
◇ *n* [sandwich] = **toastie**.
tobacco [tə'bækəʊ] (*pl* tobaccos) ◇ *n* -**1.** tabac *m*; **chewing ~** tabac *m* à chiquer. -**2.** BOT: **~ (plant)** (pied *m* de) tabac *m*.
◇ *comp* [leaf, plantation, smoke] de tabac; [industry] du tabac.
tobacco brown ◇ *adj* tabac *(inv)*.
◇ *n* couleur *f* tabac.
tobacconist [tə'bækənɪst] *n* marchand *m*, -e *f* de tabac, buraliste *mf*; **~'s (shop)** (bureau *m* de) tabac *m*.
tobacco pouch *n* blague *f* à tabac.
-to-be *in cpds*: **mother~** future mère *f*; **father~** futur père *m*.
toboggan [tə'bɒgən] ◇ *n* luge *f*.
◇ *comp* [race] de luge.
◇ *vi* -**1.** **to ~** OR **go ~ing** faire de la luge; **they ~ed down the slope** ils ont descendu la pente en luge. -**2.** *Am* [prices, sales] dégringoler.
toboggan run *n* piste *f* de luge.
Tobruk [tə'brʊk] *pr n* Tobrouk.
toby jug ['təʊbɪ] *n tasse ou cruche en forme d'homme assis portant un tricorne et fumant la pipe.*
toccata [tə'kɑːtə] *n* toccata *f*.
tocsin ['tɒksɪn] *n* tocsin *m*.
tod *inf* [tɒd] *n Br phr*: **to be on one's ~** être tout seul.
today [tə'deɪ] ◇ *adv* aujourd'hui; **a week ~** [past] il y a huit jours aujourd'hui; [future] dans huit jours aujourd'hui; **they arrived a week ago ~** ils sont arrivés il y a huit jours; **they've been here a week ~** ils sont là depuis exactement une semaine; **he died 5 years ago ~** cela fait 5 ans aujourd'hui qu'il est mort; **she's more popular ~ than she was 10 years ago** elle est plus populaire aujourd'hui qu'il y a 10 ans ❑ **here ~ and gone tomorrow** ça va ça vient.
◇ *n* aujourd'hui *m*; **what's ~'s date?** quelle est la date d'aujourd'hui?; **what day is it ~?** quel jour est-on (aujourd'hui)?; **~ is March 17th** aujourd'hui, on est le 17 mars; **it's Monday ~** on est lundi aujourd'hui; **a week from ~** dans une semaine aujourd'hui; **three weeks from ~** dans trois semaines; **as from ~** à partir d'aujourd'hui; **have you seen ~'s paper?** as-tu vu le journal d'aujourd'hui?; **the youth of ~, ~'s youth** la jeunesse d'aujourd'hui ❑ **~'s the day!** c'est le grand jour!; 'Today' PRESS *quotidien britannique populaire de tendance conservatrice.*
toddle ['tɒdl] ◇ *vi* -**1.** [start to walk - child] faire ses premiers pas; [walk unsteadily] marcher d'un pas chancelant; **he's just started to ~** il vient de commencer à marcher; **he managed to ~ across the room** il a réussi à faire quelques pas dans la pièce. -**2.** *inf* [go] aller; [stroll] se balader; [go away] s'en aller, partir; **she ~d along after him** elle trottinait derrière lui; **could you just ~ down to the shops for me?** pourrais-tu faire une ou deux courses pour moi?
◇ *n inf*: **I'm just going for a little ~** je vais faire un petit tour OR une petite balade.
◆ **toddle off** *inf vi insep* [go] aller; [go away] s'en aller, partir bien gentiment; **she ~d off somewhere on her own** elle est partie faire un tour toute seule; **he ~d off to the pub** il est allé au bistrot.
toddler ['tɒdləʳ] *n* tout petit *m*, toute petite *f* *(qui fait ses premiers pas)*; **he's just a ~** il sait à peine marcher; **their children are still ~s** leurs enfants sont tout juste en âge de marcher.
toddy ['tɒdɪ] (*pl* toddies) *n* -**1.** [drink] ≃ grog *m*. -**2.** [sap] sève *f* de palmier *(utilisée comme boisson)*.
to-do *inf n* -**1.** [fuss] remue-ménage *m inv*, tohu-bohu *m inv*; **she made a great ~ about it** elle en a fait tout un plat; **there was a great ~ over her wedding** son mariage a fait grand bruit; **what a ~!** quelle affaire!, quelle histoire! -**2.** *Am* [party] bringue *f*.
toe [təʊ] ◇ *n* -**1.** ANAT orteil *m*, doigt *m* de pied; **big/little ~** gros/petit orteil; **to stand on one's ~s** se dresser sur la pointe des pieds ❑ **to step** OR **to tread on sb's ~s** *literal & fig* marcher sur les pieds de qqn; **to keep sb on their ~s**: **she kept us on our ~s** elle ne nous laissait aucun répit. -**2.** [of sock, shoe] bout *m*; **there's a hole in the ~** le bout est troué; **the ~ of Italy** *fig* le bout de l'Italie.
◇ *vt* -**1.** [ball] toucher du bout du pied. -**2.** *phr*: **to ~ the line** OR *Am* **mark** se mettre au pas, obtempérer; **to ~ the party line** POL s'aligner sur le OR suivre la ligne du parti.
toe cap *n* bout *m* renforcé *(de soulier)*; **steel ~** bout *m* ferré.
toe clip *n* cale-pied *m*.
-toed [təʊd] *in cpds*: **six~** à six orteils.
toehold ['təʊhəʊld] *n* prise *f* de pied; **to get** OR **to gain a ~** [climber] trouver une prise (pour le pied); *fig* prendre pied, s'implanter; **the company now has a ~ in the foreign market** *fig* l'entreprise a désormais un pied sur le marché étranger.
toeless ['təʊlɪs] *adj* -**1.** ANAT sans orteil OR orteils. -**2.** [sock, shoe] (à bout) ouvert.
toenail ['təʊneɪl] *n* ongle *m* de pied.
toe-piece *n* [of ski] butée *f*.
toerag[▽] ['təʊræg] *n Br pej* ordure *f*.
toe-strap *n* lanière *f* de gros orteil.
toff *inf* [tɒf] *n Br* aristo *m*.
toffee ['tɒfɪ] *n Br* caramel *m* (au beurre); **he can't dance for ~** *inf* il danse comme un pied; **I can't speak Italian for ~** *inf* je suis incapable de parler italien.
toffee apple *n* pomme *f* d'amour.
toffee-nosed *inf adj Br* bêcheur, snob.
tofu ['təʊfuː] *n* tofu *m inv*.
tog [tɒg] (*pt & pp* togged, *cont* togging) *n* [measurement of warmth] pouvoir *m* adiathermique, PA *m*; **~ number** indice *m* de PA.
◆ **togs** *inf npl* [clothes] fringues *fpl*; SPORT affaires *fpl*.
◆ **tog out** *inf*, **tog up** *inf vt sep* nipper, fringuer; **she was all togged up in her best clothes** elle était super sapée; **he hates getting togged up for special occasions** il a horreur de se saper pour les grandes occasions; **they were all togged out for the match** ils s'étaient tous mis en tenue pour le match.
toga ['təʊgə] *n* toge *f*.
together [tə'geðəʳ] ◇ *adv* -**1.** [with each other] ensemble; **we went shopping ~** nous sommes allés faire des courses ensemble; **are you ~?** êtes-vous ensemble?; **they get on well ~** ils s'entendent bien; **we're all in this ~!** on est tous logés à la même enseigne!; **those colours go well ~** ces couleurs vont bien ensemble; **they were ~ for six years before getting married** ils ont été ensemble six ans avant de se marier. -**2.** [jointly]: **she's cleverer than both of them put ~** elle est plus intelligente qu'eux deux réunis; **even taken ~, their efforts don't amount to much** même si on les considère dans leur ensemble, leurs efforts ne représentent pas grand-chose; **~ we can change things** ensemble, nous pouvons changer les choses. -**3.** [indicating proximity]: **tie the two ribbons ~** attachez les deux rubans l'un à l'autre; **she tried to bring the two sides ~** elle a essayé de rapprocher les deux camps; **we were crowded ~ into the room** on nous a tous entassés dans la pièce; **they were bound ~ by their beliefs** leurs convictions les unissaient. -**4.** [at the same time] à la fois, en même temps, ensemble; **all ~ now!** [pull] tous ensemble!, ho hisse!; [sing, recite] tous ensemble OR en chœur! -**5.** [consecutively]: **for 12 hours ~** pendant 12 heures d'affilée OR de suite.
◇ *adj inf* [person] équilibré, bien dans sa peau.
◆ **together with** *conj phr* ainsi que, en même temps que; **pick up a leaflet ~ with an entry form** prenez un imprimé et une feuille d'inscription.
togetherness [tə'geðənɪs] *n* [unity] unité *f*; [solidarity] solidarité *f*; [comradeship] camaraderie *f*.
toggle ['tɒgl] ◇ *n* -**1.** [peg] cheville *f*. -**2.** SEW bouton *m* de duffle-coat. -**3.** NAUT cabillot *m*.
◇ *vt* attacher avec un cabillot.
◇ *vi* COMPUT basculer; **to ~ between** alterner entre.
toggle joint *n* TECH genouillère *f*.
toggle switch *n* ELEC & COMPUT bouton *m* (à levier), basculeur *m*.
Togo ['təʊgəʊ] *pr n* Togo *m*; **in ~** au Togo.
Togolese [,təʊgə'liːz] ◇ *n* Togolais *m*, -e *f*.
◇ *adj* togolais.
toil [tɔɪl] ◇ *vi* -**1.** [labour] travailler dur, peiner; **he ~ed over his essay for weeks** il a peiné OR il a sué sur sa dissertation pendant des semaines. -**2.** [as verb of movement] avancer péniblement; **they ~ed up the hill on their bikes/on foot** ils montèrent péniblement la colline à vélo/à pied; **they ~ed on over the rough ground** ils poursuivirent péniblement leur chemin sur le terrain accidenté.
◇ *n* labeur *m lit*, travail *m* (pénible).
◆ **toil away** *vi insep* travailler dur, peiner.
toile [twɑːl] *n* TEX toile *f*.
toilet ['tɔɪlɪt] *n* -**1.** [lavatory] toilettes *fpl*; **to go to the ~** aller aux toilettes OR aux cabinets; **the ~ won't flush** la chasse d'eau ne marche pas; **he threw it down the ~** il l'a jeté dans les toilettes; 'Public Toilets' 'Toilettes', 'W-C Publics'. -**2.** *dated & fml* [dressing, washing] toilette *f*.
toilet bag *n* trousse *f* de toilette.
toilet paper *n* papier *m* hygiénique.
toiletries ['tɔɪlɪtrɪz] *npl* articles *mpl* de toilette.
toilet roll *n* rouleau *m* de papier hygiénique.
toilet seat *n* siège *m* des cabinets OR W-C OR toilettes.
toilet soap *n* savon *m* de toilette.
toilette [twɑː'let] *n* toilette *f (action de se laver)*.
toilet tissue = **toilet paper**.
toilet-train *vt*: **to ~ a child** apprendre à un enfant à être propre; **is he ~ed?** est-ce qu'il est propre?
toilet training *n* apprentissage *m* de la propreté *(pour un enfant)*.
toilet water *n* eau *f* de toilette.
toils [tɔɪlz] *npl lit* rets *mpl lit*, filets *mpl*.
toilsome ['tɔɪlsəm] *adj* pénible, laborieux.
to-ing and fro-ing *inf* [,tuːɪŋən'frəʊɪŋ] *n (U)* allées et venues *fpl*.
toke *inf* [təʊk] ◇ *n Am* [of cigarette] taffe *f*.
◇ *vi* prendre une taffe.
token ['təʊkn] ◇ *n* -**1.** [of affection, appreciation, esteem etc] marque *f*, témoignage *m*; **as a ~ of** OR **in ~ of my gratitude** en témoignage OR en gage de ma reconnaissance; **a love ~** un gage d'amour; **as a ~ of our love** en gage de notre amour. -**2.** [indication] signe *m*. -**3.** [souvenir, gift] souvenir *m*; **we'd like you to accept this little ~ to remind you of your visit** nous aimerions que vous acceptiez ce petit cadeau en souvenir de votre visite. -**4.** [for machine] jeton *m*. -**5.** [voucher] bon *m*; **book ~** bon *m* d'achat de livres; **gift ~** bon d'achat; **record ~** chèque-disque *m*. -**6.** LING occurrence *f*.
◇ *adj* [gesture, effort] symbolique, pour la forme; [increase, protest] symbolique, de pure forme; **they only pay a ~ rent** ils ne paient qu'un loyer symbolique; **to put up a ~ resistance** opposer une résistance symbolique.
◆ **by the same token** *adv phr* de même, pareillement.
tokenism ['təʊkənɪzm] *n* politique *f* minimaliste OR de pure forme.
token money *n* monnaie *f* fiduciaire.
token payment *n* paiement *m* symbolique (d'intérêts).
token strike *n* grève *f* symbolique OR d'avertissement.

token vote *n* vote *m* symbolique.

Tokyo ['təʊkjəʊ] *pr n* Tokyo.

told [təʊld] *pt* & *pp* → **tell**.

Toledo [tɒ'leɪdəʊ] *pr n* Tolède.

tolerable ['tɒlərəbl] *adj* -**1.** [pain, situation, behaviour] tolérable; [standard] admissible. -**2.** [not too bad] pas trop mal, passable.

tolerably ['tɒlərəblɪ] *adv* passablement; **she performed ~ (well)** elle n'a pas trop mal joué; **I'm ~ well** je me porte assez bien; **they were ~ pleased with the results** ils étaient assez contents des résultats.

tolerance ['tɒlərəns] *n* tolérance *f*; **they showed great ~** ils ont fait preuve de beaucoup de tolérance, ils ont été très tolérants; **religious/racial ~** tolérance religieuse/raciale; **to develop (a) ~ to a drug** développer une accoutumance à un médicament; **they have little ~ to cold** ils ont peu de résistance au froid; **a ~ of a thousandth of a millimetre** TECH une tolérance d'un millième de millimètre.

tolerant ['tɒlərənt] *adj* tolérant; **he's not very ~ of others** il n'est pas très tolérant envers les autres; **she's not very ~ of criticism** elle ne supporte pas bien les critiques; **~ to heat/cold** PHYS résistant à la chaleur/au froid.

tolerantly ['tɒlərəntlɪ] *adv* avec tolérance.

tolerate ['tɒləreɪt] *vt* tolérer.

toleration [,tɒlə'reɪʃn] *n* tolérance *f*.

toll [təʊl] ◇ *n* -**1.** [on bridge, road] péage *m*. -**2.** [of victims] nombre *m* de victimes; [of casualties] nombre *m* de blessés; [of deaths] nombre *m* de morts; **the death ~ has risen** on déplore de nouvelles victimes; **the epidemic took a heavy ~ of** OR **among the population** l'épidémie a fait beaucoup de morts OR de victimes parmi la population; **the years have taken their ~** les années ont laissé leurs traces; **her illness took its ~ on her family** sa maladie a ébranlé sa famille. -**3.** [of bell] sonnerie *f*.
◇ *vt* [bell] sonner; **to ~ sb's death** sonner le glas pour qqn.
◇ *vi* [bell] sonner.

tollbooth ['təʊlbu:θ] *n* (poste *m* de) péage *m*.

toll bridge *n* pont *m* à péage.

toll call *n Am* & *NZ* TELEC appel *m* interurbain.

toll charge *n* -**1.** [for bridge] (coût *m* du) péage *m*. -**2.** *NZ* TELEC tarif *m* interurbain.

toll-free *Am* ◇ *adj*: **~ number** numéro *m* vert.
◇ *adv*: **to call ~** appeler un numéro vert.

tollgate ['təʊlgeɪt] *n* (barrière *f* de) péage *m*.

tollhouse ['təʊlhaʊs, *pl* -haʊzɪz] *n* (bureau *m* de) péage *m*.

tollroad ['təʊlrəʊd] *n* route *f* à péage.

Tolstoy ['tɒlstɔɪ] *pr n*: **Leon ~** Léon Tolstoï.

tom [tɒm] *n* [cat] matou *m*.

Tom [tɒm] *pr n* [dimin of Thomas]: **any** OR **every ~, Dick or Harry** n'importe qui, le premier venu; **'The Adventures of ~ Sawyer'** *Twain* 'les Aventures de Tom Sawyer'; **'~ Thumb'** 'Tom Pouce'.

tomahawk ['tɒməhɔ:k] *n* tomahawk *m*.

tomato [*Br* tə'mɑ:təʊ, *Am* tə'meɪtəʊ] (*pl* tomatoes) ◇ *n* tomate *f*.
◇ *comp* [juice, salad, soup] de tomates; **~ ketchup** ketchup *m*; **~ plant** (pied *m* de) tomate *f*; **~ sauce** sauce *f* tomate.

tomb [tu:m] *n* tombeau *m*, tombe *f*.

tombola [tɒm'bəʊlə] *n Br* tombola *f*.

tomboy ['tɒmbɔɪ] *n* garçon *m* manqué; **she looks a bit of a ~** elle fait un peu garçon manqué.

tomboyish ['tɒmbɔɪɪʃ] *adj* de garçon manqué, garçonnier.

tombstone ['tu:mstəʊn] *n* pierre *f* tombale.

tomcat ['tɒmkæt] *n* chat *m*, matou *m*.

Tom Collins [-'kɒlɪns] *n boisson glacée au gin et au jus de citron.*

tome [təʊm] *n* gros volume *m*.

tomfool *inf* [,tɒm'fu:l] ◇ *n* idiot *m*, -e *f*, imbécile *mf*.
◇ *adj* idiot, imbécile.

tomfoolery *inf* [tɒm'fu:lərɪ] *n (U)* [foolish words] absurdités *fpl*, idioties *fpl*, bêtises *fpl*; [foolish behaviour] bêtises *fpl*.

Tommy ['tɒmɪ] (*pl* Tommies) *pr n dated surnom donné autrefois aux soldats britanniques.*

tommy gun *inf n* mitraillette *f*.

tommyrot *inf* ['tɒmɪrɒt] *n (U) Br dated* balivernes *fpl*, bêtises *fpl*; **~!** mon œil!

tomorrow [tə'mɒrəʊ] ◇ *adv* demain; **~ morning/evening** demain matin/soir; **see you ~!** à demain!; **a week ~** [past] cela fera huit jours demain; [future] dans une semaine demain; **they arrived/they will have been here a week ~** ça fera huit jours demain qu'ils sont arrivés/qu'ils sont là.
◇ *n* -**1.** *literal* demain *m*; **what's ~'s date?** le combien serons-nous demain?; **what day is it** OR **will it be ~?** quel jour serons-nous demain?; **~ is** OR **will be March 17th** demain, on sera le 17 mars; **~ is Monday** demain, c'est lundi; **a week from ~** dans une semaine demain; **three weeks from ~** dans trois semaines demain; **the day after ~** après-demain, dans deux jours; **~ may never come** qui sait où nous serons demain; **~ never comes** demain n'arrive jamais; **~ is another day** demain il fera jour ❑ **never put off till ~ what you can do today** *prov* il ne faut jamais remettre au lendemain ce que l'on peut faire le jour même *prov*. -**2.** *fig* [future] demain *m*, lendemain *m*; **we look forward to a bright ~** nous espérons des lendemains qui chantent; **~'s world** le monde de demain ❑ **he spends money like there was no ~** *inf* il dépense (son argent) comme si demain n'existait pas.

tomtit ['tɒmtɪt] *n* mésange *f*.

tom-tom *n* tam-tam *m*.

ton [tʌn] *n* -**1.** [weight] tonne *f*; **a 35-~ lorry** un 35 tonnes ‖ *fig*: **it's a ~ weight!** ça pèse une tonne!; **this suitcase weighs a ~!** cette valise pèse une tonne! ❑ **(register) ~** NAUT tonneau *m*; **she came down on me like a ~ of bricks!** elle m'est tombée dessus! -**2.** *inf* [speed]: **to do a ~** rouler à plus de 150.
◆ **tons** *inf npl* [lots]: **~s of money** des tas OR des tonnes d'argent; **~s of people** des tas de gens; **~s better** beaucoup mieux.

tonal ['təʊnl] *adj* tonal.

tonality [tə'nælətɪ] (*pl* tonalities) *n* tonalité *f* MUS.

tone [təʊn] ◇ *n* -**1.** [of voice] ton *m* (de la voix); **don't (you) speak to me in that ~ (of voice)!** ne me parle pas sur ce ton!; **I don't like your ~!** je n'aime pas votre ton!; **I didn't much like the ~ of her remarks** je n'ai pas beaucoup aimé le ton de ses remarques; **to raise/to lower the ~ of one's voice** hausser/baisser le ton; **he spoke to me in soft ~s** OR **in a soft ~** il m'a parlé d'une voix douce. -**2.** [sound - of voice, musical instrument] sonorité *f*; [of singer] timbre *m* (de la voix); **the rich bass ~s of his voice** la richesse de sa voix dans les tons graves; **the stereo has an excellent ~** la stéréo a une excellente sonorité; **I thought I recognized those dulcet ~s** *hum* j'ai cru reconnaître cette douce voix. -**3.** MUS ton *m*. -**4.** LING ton *m*; **rising/falling ~** ton ascendant/descendant. -**5.** TELEC tonalité *f*; **please speak after the ~** veuillez parler après le signal sonore. -**6.** [control - of amplifier, radio] tonalité *f*. -**7.** [shade] ton *m*; **in matching ~s of red and gold** dans des tons rouge et or assortis; **soft blue ~s** des tons bleu pastel; **a two-~ colour scheme** une palette de couleurs à deux tons. -**8.** [style, atmosphere - of poem, article] ton *m*; **to set the ~** donner le ton. -**9.** [classiness] chic *m*, classe *f*; **to give/to lend ~ to sthg** donner de la classe/apporter un plus à qqch; **it lowers/raises the ~ of the neighbourhood** cela rabaisse/rehausse le standing du quartier. -**10.** FIN [of market] tenue *f*. -**11.** PHYSIOL [of muscle, nerves] tonus *m*. -**12.** *Am* [single musical sound] note *f*.
◇ *vi* [colour] s'harmoniser; **the wallpaper doesn't ~ well with the carpet** le papier peint n'est pas bien assorti à la moquette.
◇ *vt* = **tone up**.
◆ **tone down** *vt sep* -**1.** [colour, contrast] adoucir. -**2.** [sound, voice] atténuer, baisser. -**3.** [moderate - language, statement, views] tempérer, modérer; [- effect] adoucir, atténuer; **his article had to be ~d down for publication** son article a dû être édulcoré avant d'être publié.
◆ **tone in** *vi insep* s'harmoniser, s'assortir; **the curtains ~ in well with the carpet** les rideaux sont bien dans le ton du tapis.
◆ **tone up** *vt sep* [body, muscles] tonifier.

tone arm *n* bras *m* de lecture.

tone colour *n* timbre *m*.

tone control *n* bouton *m* de tonalité.

tone-deaf *adj*: **to be ~** ne pas avoir d'oreille.

tone deafness *n* manque *m* d'oreille.

tone language *n* LING langue *f* à tons.

toneless ['təʊnlɪs] *adj* [voice] blanc, sans timbre; [colour] terne.

tonelessly ['təʊnlɪslɪ] *adv* [say, speak] d'une voix blanche.

toneme ['təʊni:m] *n* tonème *m*.

tone poem *n* poème *m* symphonique.

toner ['təʊnə^r] *n* [for hair] colorant *m*; [for skin] lotion *f* tonique; PHOT toner *m*, encre *f*.

tonetic [təʊ'netɪk] *adj* tonétique.

Tonga ['tɒŋgə] *pr n* Tonga; **in ~** à Tonga.

Tongan ['tɒŋgən] ◇ *n* -**1.** [person] Tongan *m*, -e *f*. -**2.** LING tongan *m*.
◇ *adj* tongan.

tongs [tɒŋz] *npl*: **(pair of) ~** pinces *fpl*; **fire ~** pincettes *fpl*; **(sugar) ~** pince *f* (à sucre).

tongue [tʌŋ] ◇ *n* -**1.** ANAT langue *f*; **to put** OR **to stick one's ~ out (at sb)** tirer la langue (à qqn); **his ~ was practically hanging out** *fig* [very eager] il en salivait littéralement; [very thirsty] il était pratiquement mort de soif. -**2.** *fig* [for speech] langue *f*; **to lose/to find one's ~** perdre/retrouver sa langue; **hold your ~!** tenez votre langue!, taisez-vous!; **try to keep a civil ~ in your head!** essayez de rester courtois OR correct!; **I can't get my ~ round his name** *Br* je n'arrive pas à prononcer correctement son nom; **to have a sharp ~** avoir la langue acérée; **she has a quick ~** elle n'a pas sa langue dans sa poche; **~s will wag** les langues iront bon train, ça va jaser; **the news set ~s wagging** la nouvelle a fait jaser (les gens) ❑ **~ in cheek** ironiquement; **she said it (with) ~ in cheek** elle l'a dit avec une ironie voilée, il ne faut pas prendre au sérieux ce qu'elle a dit; **a ~-in-cheek remark** une réflexion ironique. -**3.** [language] *fml* OR *lit* langue *f*; **to speak in ~s** RELIG avoir le don des langues. -**4.** *(U)* CULIN langue *f* (de bœuf). -**5.** [of shoe] languette *f*; [of bell] battant *m*; [of buckle] ardillon *m*; TECH langue *f*, languette *f*. -**6.** [of flame, land, sea] langue *f*.
◇ *vt* -**1.** MUS [note] détacher; [phrase] détacher les notes de. -**2.** [in woodworking] langueter.

tongue-and-groove *adj* [joint] à tenon et mortaise; [boarding] avec jointures à tenons et mortaises.

tongue-in-cheek → **tongue** *n* 2.

tongue-lashing *inf n*: **to give sb a ~** sonner les cloches à qqn.

tongue-tied *adj* muet *fig*, trop timide (pour parler); **she was completely ~** elle semblait avoir perdu sa langue.

tongue-twister *n mot ou phrase très difficile à prononcer*; **his name's a real ~** son nom est impossible à prononcer.

tonguing ['tʌŋɪŋ] *n* MUS coup *m* de langue.

tonic ['tɒnɪk] ◇ *n* -**1.** MED tonique *m*, fortifiant *m*; *fig*: **the news was a ~ to us all** la nouvelle nous a remonté le moral à tous; **it's a ~ to see you looking so happy** ça me fait du bien OR me remonte le moral de te voir si heureux. -**2.** [cosmetic] lotion *f* tonique; **hair ~** lotion *f* capillaire. -**3.** [drink] tonic *m*; **gin and ~** gin-tonic *m*. -**4.** MUS tonique *f*. -**5.** LING syllabe *f* tonique OR accentuée.

◇ *adj* tonique; the ~ effect of sea air l'effet tonique OR vivifiant de l'air marin; ~ syllable/stress LING syllabe *f*/accent *m* tonique.

tonicity [təˈnɪsətɪ] *n* [gen] tonicité *f*; PHYSIOL tonus *m*.

tonic sol-fa *n* solfège *m*.

tonic water *n* tonic *m*, ≈ Schweppes®.

tonic wine *n* vin *m* tonique.

tonight [təˈnaɪt] ◇ *n* [this evening] ce soir; [this night] cette nuit; in ~'s newspaper dans le journal de ce soir; ~'s the night c'est le grand soir.

◇ *adv* [this evening] ce soir; shall we go dancing ~? si on allait danser ce soir? ‖ [this night] cette nuit *f*; I hope I sleep well ~ j'espère que je dormirai bien cette nuit.

tonnage [ˈtʌnɪdʒ] *n* -**1.** [total weight] poids *m* total d'une chose. -**2.** [capacity - of a ship] tonnage *m*, jauge *f*; [of a port] tonnage *m*; registered ~ jauge *f (telle que définie officiellement)*.

tonne [tʌn] *n* tonne *f* (métrique).

tonneau [ˈtɒnəʊ] (*pl* **tonneaus** OR **tonneaux** [ˈtɒnəʊz]) *n* -**1.** AUT capote *f*. -**2.** [of wine] tonneau *m*.

-tonner [ˈtʌnəʳ] *in cpds*: a thousand~ un navire de mille tonneaux.

tonometer [təʊˈnɒmɪtəʳ] *n* MED & MUS tonomètre *m*.

tonsil [ˈtɒnsl] *n* *(usu pl)* amygdale *f*; enlarged ~s des amygdales hypertrophiées; your ~s are inflamed vous avez une inflammation des amygdales; to have one's ~s out être opéré des amygdales.

tonsillectomy [ˌtɒnsɪˈlektəmɪ] (*pl* **tonsillectomies**) *n* amygdalectomie *f*, tonsillectomie *f*.

tonsillitis [ˌtɒnsɪˈlaɪtɪs] *n* *(U)* angine *f*, amygdalite *f spec*; to have ~ avoir une angine.

tonsure [ˈtɒnʃəʳ] ◇ *n* tonsure *f*.

◇ *vt* tonsurer.

tontine [tɒnˈtiːn] *n* FIN tontine *f*.

ton-up boy *inf n Br* fou *m* de moto.

tonus [ˈtəʊnəs] *n* PHYSIOL tonus *m*.

tony *inf* [ˈtəʊnɪ] (*compar* **tonier**, *superl* **toniest**) *adj Am* chic, de grande classe; a ~ neighbourhood un quartier élégant.

too [tuː] *adv* -**1.** [as well] aussi, également; I like jazz — I do ~ OR me ~ j'aime le jazz — moi aussi; he's a professor ~ [as well as sthg else] il est également professeur; [as well as sb else] lui aussi est professeur; would I ~ fail? *lit* allais-je échouer moi aussi?; stylistically, ~, they are similar du point de vue du style également, ils se ressemblent. -**2.** [excessively] trop; she works ~ hard elle travaille trop; I have one apple ~ many j'ai une pomme de trop; that's ~ bad c'est vraiment dommage; *iron* tant pis!; ~ little money trop peu d'argent; ~ few people trop peu de gens; she's ~ tired to go out elle est trop fatiguée pour sortir; all ~ soon we had to go home très vite, nous avons dû rentrer; you're going ~ far *fig* tu exagères, tu vas trop loin; you're ~ kind vous êtes trop aimable. -**3.** [with negatives] trop; the first ski slope wasn't ~ bad la première descente n'était pas trop difficile; I wasn't ~ happy about it ça ne me réjouissait pas trop; she hasn't been ~ well elle ne va pas trop bien depuis quelque temps. -**4.** [moreover] en outre, en plus; he's so silly! — and a grown man ~! qu'est-ce qu'il peut être bête! — et il en a passé l'âge en plus! -**5.** [for emphasis]: and quite right ~! tu as/il a *etc* bien fait!; about time ~! ce n'est pas trop tôt!; I should think so ~! j'espère bien!; ~ true! ça, c'est vrai! -**6.** *Am* [indeed]: you didn't do your homework — I did ~! tu n'as pas fait tes devoirs — si!; you will ~ behave! si, tu vas être sage!

toodle-oo *inf* [ˌtuːdlˈuː], **toodle-pip** *inf interj Br dated* salut.

took [tʊk] *pt* → **take**.

tool [tuːl] ◇ *n* -**1.** [instrument] outil *m*; set of ~s outillage *m*; garden ~s outils de jardinage; the ~s of the trade les instruments de travail; the computer has become an essential ~ for most business l'ordinateur est devenu un outil essentiel pour la plupart des entreprises ☐ to down ~s cesser le travail, se mettre en grève, débrayer. -**2.** TYPO fer *m* de reliure. -**3.** [dupe]: he was nothing but a ~ of the government il n'était que le jouet OR l'instrument du gouvernement. -**4.** ▼ [penis] engin *m*. -**5.** *Br crime sl* [gun] arme *f*.

◇ *vt* [decorate - wood] travailler, façonner; [- stone] sculpter; [- book cover] ciseler; ~ed leather cuir *m* repoussé.

◇ *vi inf* rouler (en voiture); I was ~ing along at 30 mph je roulais peinardement à 50 km/h.

◆ **tool around** *inf vi insep Am* traîner; all I ever did in high school was ~ around with the guys je n'ai jamais rien fait au lycée à part traîner avec les copains.

◆ **tool up** ◇ *vi insep* s'équiper.

◇ *vt sep* outiller, équiper; they are preparing to ~ up the new factory ils s'apprêtent à outiller OR équiper la nouvelle usine.

toolbag [ˈtuːlbæg] *n* trousse *f* à outils.

toolbox [ˈtuːlbɒks] (*pl* **toolboxes**) *n* boîte *f* à outils.

toolcase [ˈtuːlkeɪs] *n* caisse *f* à outils.

toolchest [ˈtuːltʃest] *n* coffre *m* à outils.

toolholder [ˈtuːlˌhəʊldəʳ] *n* porte-outil *m*.

tooling [ˈtuːlɪŋ] *n* -**1.** [decoration] façonnage *m*; [on leather] repoussé *m*; [in stone] ciselure *f*. -**2.** [equipment] outillage *m*.

toolkit [ˈtuːlkɪt] *n* jeu *m* d'outils.

toolmaker [ˈtuːlˌmeɪkəʳ] *n* outilleur *m*.

toolmaking [ˈtuːlˌmeɪkɪŋ] *n* fabrication *f* d'outils.

toolroom [ˈtuːlrʊm] *n* atelier *m* d'outillage.

toolshed [ˈtuːlʃed] *n* remise *f*, resserre *f*.

toot [tuːt] ◇ *vi* [car] klaxonner; [train] siffler.

◇ *vt*: he ~ed his horn AUT il a klaxonné OR donné un coup de klaxon.

◇ *n* -**1.** [sound] appel *m*; the tugboat gave a ~ le remorqueur a donné un coup de sirène; a ~ of the horn AUT un coup de klaxon. -**2.** *drugs sl* drogue *f* à sniffer. -**3.** ▽ *Am* [drinking spree]: to go on the ~ prendre une cuite.

tooth [tuːθ] (*pl* **teeth**) ◇ *n* -**1.** ANAT dent *f*; permanent teeth dents permanentes; a set of teeth une denture, une dentition; a false ~ une fausse dent; a set of false teeth un dentier; to have a ~ out se faire arracher une dent; to have good/bad teeth avoir de bonnes/mauvaises dents; to bare OR to show one's teeth montrer les dents ☐ baby teeth dents *fpl* de lait; to have no teeth *literal* être édenté; *fig* manquer de force; the amendment will give the law some teeth l'amendement renforcera quelque peu le pouvoir de la loi. -**2.** [of comb, file, cog, saw, wheel] dent *f*. -**3.** *phr*: to be fed up OR sick to the back teeth *inf* en avoir plein le dos OR ras le bol; to fight ~ and nail se battre bec et ongles; to get one's teeth into sthg se mettre à fond à qqch; she needs something to get her teeth into elle a besoin de quelque chose qui la mobilise; the play gives you nothing to get your teeth into la pièce manque de substance; it was a real kick in the teeth *inf* ça m'a fichu un sacré coup; it's better than a kick in the teeth c'est mieux que rien; to set sb's teeth on edge faire grincer qqn des dents; she's a bit long in the ~ elle n'est plus toute jeune.

◇ *vi* [cogwheels] s'engrener.

◆ **in the teeth of** *prep phr* malgré; he acted in the teeth of fierce opposition il a agi malgré une opposition farouche.

toothache [ˈtuːθeɪk] *n* mal *m* de dents; to have ~ OR *Am* a ~ avoir mal aux dents.

toothbrush [ˈtuːθbrʌʃ] (*pl* **toothbrushes**) *n* brosse *f* à dents.

toothcomb [ˈtuːθkəʊm] → **fine-tooth comb**.

toothed [tuːθt] *adj* [wheel] denté.

-toothed *in cpds*: gap~ aux dents écartées.

tooth glass *n* verre *m* à dents.

toothless [ˈtuːθlɪs] *adj* -**1.** *literal* édenté, sans dents. -**2.** *fig* sans pouvoir OR influence.

tooth mug *n* verre *m* à dents.

toothpaste [ˈtuːθpeɪst] *n* dentifrice *m*, pâte *f* dentifrice; a tube of ~ un tube de dentifrice.

toothpick [ˈtuːθpɪk] *n* cure-dents *m inv*.

tooth powder *n* poudre *f* dentifrice.

toothsome [ˈtuːθsəm] *adj lit* OR *hum* -**1.** [food] appétissant. -**2.** [person] séduisant.

toothy *inf* [ˈtuːθɪ] (*compar* **toothier**, *superl* **toothiest**) *adj*: a ~ grin un sourire tout en dents.

tootle *inf* [ˈtuːtl] ◇ *vi* -**1.** [on musical instrument] jouer un petit air; he was tootling on a recorder il jouait un petit air sur sa flûte. -**2.** *Br* [drive]: we were tootling along quite nicely until the tyre burst nous suivions notre petit bonhomme de chemin lorsque le pneu a éclaté; I'm going to ~ into town this afternoon je vais aller faire un petit tour en ville cet après-midi.

◇ *n* -**1.** [on musical instrument] petit air *m*. -**2.** [drive] petit tour *m* en voiture.

toots *inf* [tʊts] (*pl* **tootses**) = **tootsie 2**.

tootsie *inf*, **tootsy** *inf* [ˈtʊtsɪ] (*pl* **tootsies**) *n* -**1.** *baby talk* [foot] pied *m*, peton *m*; [toe] doigt *m* de pied, orteil *m*. -**2.** [term of address] chéri *m*, -e *f*, mon petit chou *m*.

tootsie-wootsie *inf* [-ˈwʊtsɪ] *n baby talk* petit peton *m*.

top [tɒp] (*pt* & *pp* **topped**, *cont* **topping**) ◇ *n* -**1.** [highest point] haut *m*, sommet *m*; [of tree] sommet *m*, cime *f*; carrot ~s fanes *fpl* de carottes; at the ~ of the stairs en haut de l'escalier; he searched the house from ~ to bottom il a fouillé la maison de fond en comble; she filled the jar right to the ~ elle a rempli le bocal à ras bord; the page number is at the ~ of the page la numérotation se trouve en haut de la page; the wreckage floated on ~ of the water l'épave flottait sur l'eau ‖ [surface] dessus *m*, surface *f*; [end]: at the ~ of the street au bout de la rue; at the ~ of the garden au fond du jardin ☐ to blow one's ~ *inf* piquer une crise, exploser; from ~ to toe *Br* de la tête aux pieds; he's talking off the ~ of his head il raconte n'importe quoi; he's getting thin on ~ il commence à se dégarnir; to come out on ~ avoir le dessus; he doesn't have much up ~ *inf Br* il n'est pas très futé; over the ~: the soldiers went over the ~ *literal* les soldats sont montés à l'assaut; I think he went a bit over the ~ *inf Br fig* à mon avis, il est allé trop loin; he's a bit over the ~ il en fait un peu trop. -**2.** [cap, lid] couvercle *m*; where's the ~ to my pen? où est le capuchon de mon stylo?; bottle ~ [screw-on] bouchon *m* (de bouteille); [on beer bottle] capsule *f* (de bouteille). -**3.** [highest degree]: he is at the ~ of his form il est au meilleur de sa forme; at the ~ of one's voice à tue-tête. -**4.** [most important position]: at the ~ of the table *Br* à la place d'honneur; she's ~ of her class elle est première de sa classe; someone who has reached the ~ in their profession quelqu'un qui est arrivé en haut de l'échelle dans sa profession; to be (at the) ~ of the bill THEAT être en tête d'affiche; to reach the ~ of the tree arriver en haut de l'échelle; it's tough at the ~! c'est la rançon de la gloire! *hum*, c'est dur, la vie!; this car is the ~ of the range c'est une voiture haut de gamme ☐ ~ of the morning! *Ir* bien le bonjour! -**5.** *Br* AUT: she changed into ~ elle a enclenché la quatrième OR la cinquième. -**6.** [garment] haut *m*; does this ~ go with my skirt? est-ce que ce haut va avec ma jupe? -**7.** [beginning]: play it again from the ~ reprends au début; let's take it from the ~ commençons par le commencement. -**8.** [toy] toupie *f*; to spin a ~ lancer OR fouetter une toupie ☐ to sleep like a ~ *Br* dormir comme un loir.

◇ *vt* -**1.** [form top of] couvrir; a cake topped with chocolate un gâteau recouvert de chocolat; snow topped the mountains les sommets (des montagnes) étaient recouverts de neige. -**2.** *Br* [trim] écimer, étêter; she was topping the carrots elle coupait les fanes des carottes; to ~ and tail gooseberries équeuter des groseilles. -**3.** [exceed] dépasser; production topped five tons last month le mois dernier, la production

a dépassé les cinq tonnes; **he topped her offer** il a renchéri sur son offre; **his score ~s the world record** avec ce score, il bat le record du monde; **his story topped them all** son histoire était la meilleure de toutes; **that ~s the lot!** *Br* ça, c'est le bouquet! -**4.** [be at the top of]: **the book topped the best-seller list** ce livre est arrivé en tête des best-sellers; **she topped the polls in the last election** aux dernières élections, elle est arrivée en tête de scrutin. -**5.** *inf Br* [kill] faire la peau à; **to ~ o.s.** faire hara-kiri.
◇ *adj*: **the ~ floor** OR **storey** le dernier étage; **the ~ shelf** l'étagère du haut; **the ~ button of her dress** le premier bouton de sa robe; **in the ~ right-hand corner** dans le coin en haut à droite; **this job should be given ~ priority** ce travail doit absolument être fait en priorité; **~ management** la direction générale; **the ~ banks in the country** les grandes banques du pays; **to have ~ billing** être en tête d'affiche; **the ~ speed of this car is 150 mph** la vitesse maximum de cette voiture est de 240 km/h; **at ~ speed** à toute vitesse; **to be on ~ form** être en pleine forme □ **the ~ brass** *inf Br* MIL les officiers *mpl* supérieurs, les gros bonnets *mpl*; **the ~ ten** *hit parade des dix meilleures ventes de disques pop et rock*; **to pay ~ whack for sthg** *inf Br* payer qqch au prix fort; **I can offer you £20 ~ whack** *inf* je vous en donne 20 livres, c'est mon dernier prix.
◆ **on top of** *prep phr*: **suddenly the lorry was on ~ of him** d'un seul coup, il s'est retrouvé sous le camion; **we're living on ~ of each other** nous vivons les uns sur les autres; **on ~ of everything else** pour couronner le tout; **it's just one thing on ~ of another** ça n'arrête pas □ **don't worry, I'm on ~ of things** ne t'inquiète pas, je m'en sors très bien; **it's all getting on ~ of him** il est dépassé par les événements; **to feel on ~ of the world** avoir la forme.
◆ **top off** *vt sep* -**1.** *Br* [conclude] terminer, couronner; **and to ~ off a miserable day, it started to rain** et pour conclure cette triste journée, il s'est mis à pleuvoir. -**2.** *Am* [fill to top] remplir.
◆ **top out** *vt insep* [building] fêter l'achèvement de.
◆ **top up** *vt sep Br* [fill up] remplir; **can I ~ up your drink** OR **~ you up?** encore une goutte?; **to ~ up the battery** AUT ajouter de l'eau dans la batterie.
topaz ['təʊpæz] *n* topaze *f*; **a ~ bracelet** un bracelet de topazes.
top boots *npl Br* bottes *f* hautes.
top-class *adj* excellent.
topcoat ['tɒpkəʊt] *n* -**1.** [clothing] pardessus *m*, manteau *m*. -**2.** [paint] couche *f* de finition.
top dog *inf n* chef *m*; **he's ~ around here** c'est lui qui commande ici.
top-down *adj* hiérarchisé.
top drawer *inf n Br*: **a family right out of the ~** une famille de la haute.
◆ **top-drawer** *inf adj Br* de tout premier rang; **he's a top-drawer musician** c'est un musicien de haute volée.
top-dress *vt* AGR fumer en surface.
top-dressing *n* AGR fumure *f* en surface.
tope [təʊp] *vi lit* boire.
topee ['təʊpiː] *n Br* casque *m* colonial *(des Indes)*.
toper ['təʊpəʳ] *n lit* alcoolique *mf*, buveur *m*, -euse *f*.
top-flight *adj* de premier ordre.
top gear *n* vitesse *f* supérieure.
top hat *n* (chapeau *m*) haut-de-forme *m*.
top-hatted [-'hætɪd] *adj* qui porte un haut-de-forme.
top-heavy *adj* -**1.** [unbalanced] trop lourd du haut, déséquilibré; **a ~ bureaucracy** *fig* une bureaucratie à structure dirigeante trop lourde. -**2.** FIN surcapitalisé.
top-hole *inf adj Br dated* épatant, formidable.
topi ['təʊpɪ] = **topee**.
topiary ['təʊpjərɪ] *adj* topiaire.
topic ['tɒpɪk] *n* [theme] sujet *m*, thème *m*; **tonight's ~ for debate is unemployment** le débat de ce soir porte sur le chômage.
topical ['tɒpɪkl] *adj* -**1.** [current] actuel; **a ~ question** une question d'actualité; **a timely and ~ report** un rapport qui vient à point nommé. -**2.** MED topique, à usage local.
topicality [,tɒpɪ'kælətɪ] (*pl* **topicalities**) *n* actualité *f*.
topknot ['tɒpnɒt] *n* -**1.** [of hair] chignon *m*; [of ribbons] ornement *m* fait de rubans; [of feathers] aigrette *f*. -**2.** ZOOL pleuronectidé *m*.
topless ['tɒplɪs] *adj* [sunbather] aux seins nus; **to go ~** ne pas porter de haut; **~ bar** bar *m* topless.
top-level *adj* de très haut niveau.
topmast ['tɒpmɑːst] *n* mât *m* de hune.
topmost ['tɒpməʊst] *adj* le plus haut, le plus élevé.
topnotch *inf* ['tɒp'nɒtʃ] *adj* excellent.
topographer [tə'pɒgrəfəʳ] *n* topographe *mf*.
topographic(al) [,tɒpə'græfɪk(l)] *adj* topographique.
topography [tə'pɒgrəfɪ] *n* topographie *f*.
topological [,tɒpə'lɒdʒɪkl] *adj* topologique.
topology [tə'pɒlədʒɪ] *n* topologie *f*.
toponym ['tɒpənɪm] *n* toponyme *m*.
toponymy [tə'pɒnəmɪ] *n* toponymie *f*.
topper *inf* ['tɒpəʳ] *n Br* [top hat] (chapeau *m*) haut-de-forme *m*.
topping ['tɒpɪŋ] ◇ *n* dessus *m*; CULIN garniture *f*; **a cake with a chocolate ~** un gâteau recouvert de chocolat.
◇ *adj inf Br dated* épatant, formidable.
topple ['tɒpl] ◇ *vi* [fall] basculer; [totter] vaciller; **the whole pile ~d over** toute la pile s'est effondrée; **he ~d over backwards** il a perdu l'équilibre et est tombé en arrière.
◇ *vt* -**1.** [cause to fall] faire tomber, faire basculer. -**2.** *fig* renverser; **the scandal almost ~d the government** ce scandale a failli faire tomber le gouvernement.
top-ranking *adj* de premier rang, haut placé; **a ~ official** un haut fonctionnaire.
tops *inf* [tɒps] *n dated*: **it's the ~!** c'est bath!
TOPS [tɒps] (*abbr of* **Training Opportunities Scheme**) *pr n programme du recyclage professionnel en Grande-Bretagne.*
topsail ['tɒpsl, 'tɒpseɪl] *n* hunier *m*.
top-secret *adj* top secret *(inv)*.
top-security *adj* de haute sécurité; **~ prison** ≃ quartier *m* de haute sécurité.
topside ['tɒpsaɪd] *n Br* [of beef] tende-de-tranche *m*.
◆ **topsides** *npl* NAUT accastillage *m*.
topsoil ['tɒpsɔɪl] *n* terre *f* superficielle, couche *f* arable.
topspin ['tɒpspɪn] *n*: **to put ~ on a ball** donner de l'effet à une balle.
topsy-turvy [,tɒpsɪ'tɜːvɪ] *adj & adv* sens dessus dessous; **a ~ world** le monde à l'envers; **everything is ~** tout est sens dessus dessous; **the war turned their lives ~** la guerre a bouleversé leur vie.
top ten *n* hit-parade *m*; **in the ~** au hit-parade.
top-up *n Br*: **can I give you a ~?** je vous ressers?, encore une goutte?
toque [təʊk] *n* toque *f*; *Can* bonnet *m*.
tor [tɔːʳ] *n* colline *f* rocailleuse *(notamment dans le sud-ouest de l'Angleterre)*.
Torah ['tɔːrə] *pr n* Torah *f*.
torch [tɔːtʃ] (*pl* **torches**) ◇ *n* -**1.** *Br* [electric] lampe *f* de poche. -**2.** [flaming stick] torche *f*, flambeau *m*; **to put a ~ to sthg** mettre le feu à qqch □ **to carry a ~ for sb** en pincer pour qqn. -**3.** TECH [for welding, soldering etc] chalumeau *m*.
◇ *vt* mettre le feu à; **they ~ed the old barn** ils ont mis le feu à la vieille grange.
torchbearer ['tɔːtʃ,beərəʳ] *n* porteur *m* de flambeau.
torchlight ['tɔːtʃlaɪt] ◇ *n* lumière *f* de flambeau OR de torche; **by ~** à la lueur des flambeaux.
◇ *comp*: **a ~ procession** une retraite aux flambeaux.
torch song *n* chanson *f* d'amour populaire.
tore [tɔːʳ] *pt* → **tear**.
toreador ['tɒrɪədɔːʳ] *n* torero *m*, toréador *m*.
toreador pants *npl* pantalon *m* corsaire.
torero [tɒ'reərəʊ] *n* torero *m*.
torment [*n* 'tɔːment, *vb* tɔː'ment] ◇ *n* -**1.** [suffering] supplice *m*; *lit* tourment *m*; **to be in ~** être au supplice; **her face showed her inner ~** son tourment intérieur se lisait sur son visage; **to suffer ~** souffrir le martyre. -**2.** [ordeal] rude épreuve *f*. -**3.** [pest] démon *m*; **that child is a real ~** cet enfant est vraiment insupportable.
◇ *vt* -**1.** [cause pain to] torturer; **~ed by doubt** harcelé de doutes. -**2.** [harass] tourmenter, harceler; **stop ~ing your sister!** laisse ta sœur tranquille!
tormenter, tormentor [tɔː'mentəʳ] *n* persécuteur *m*, -trice *f*, bourreau *m*.
torn [tɔːn] *pp* → **tear**.
tornado [tɔː'neɪdəʊ] (*pl* **tornados** OR **tornadoes**) *n* [storm] tornade *f*; *fig* [person, thing] ouragan *m*.
Toronto [tə'rɒntəʊ] *pr n* Toronto.
torpedo [tɔː'piːdəʊ] (*pl* **torpedoes**, *pt & pp* **torpedoed**) ◇ *n* -**1.** MIL torpille *f*. -**2.** *Am* [firework] pétard *m*.
◇ *vt* -**1.** MIL torpiller. -**2.** *fig* [destroy – plan] faire échouer, torpiller.
torpedo boat *n* torpilleur *m*, vedette *f* lance-torpilles.
torpedo tube *n* tube *m* lance-torpilles.
torpid ['tɔːpɪd] *adj fml* léthargique; **a ~ mind** un esprit engourdi.
torpor ['tɔːpəʳ] *n fml* torpeur *f*, léthargie *f*, engourdissement *m*.
torque [tɔːk] *n* -**1.** [rotational force] moment *m* de torsion; AUT couple *m* moteur. -**2.** HIST [collar] torque *m*.
torque converter *n* convertisseur *m* de couple.
torque wrench *n* clef *f* dynamométrique.
torrent ['tɒrənt] *n* -**1.** [of liquid] torrent *m*; **the rain came down in ~s** il pleuvait à torrents OR à verse. -**2.** [of emotion, abuse etc] torrent *m*; **a ~ of insults** un torrent OR flot d'injures.
torrential [tə'renʃl] *adj* torrentiel.
torrid ['tɒrɪd] *adj* -**1.** [hot] torride; **the ~ zone** la zone intertropicale. -**2.** [passionate] passionné, ardent.
torsion ['tɔːʃn] *n* torsion *f*.
torsion balance *n* balance *f* de torsion.
torsion bar *n* barre *f* de torsion.
torso ['tɔːsəʊ] (*pl* **torsos**) *n* [human] torse *m*; [sculpture] buste *m*.
tort [tɔːt] *n* JUR acte *m* délictuel, préjudice *m*; **~s lawyer** *Am* avocat *m* spécialisé en droit civil.
tortilla [tɔː'tiːlə] *n* tortilla *f (crêpe mexicaine faite avec de la farine de maïs)*.
tortoise ['tɔːtəs] *n* tortue *f*.
tortoiseshell ['tɔːtəʃel] ◇ *n* -**1.** [substance] écaille *f* (de tortue). -**2.** [cat] chat *m* roux tigré. -**3.** [butterfly] vanesse *f*.
◇ *adj* -**1.** [comb, ornament] en écaille. -**2.** [cat] roux tigré.
tortuous ['tɔːtjʊəs] *adj* -**1.** [path] tortueux, sinueux. -**2.** [argument, piece of writing] contourné, tarabiscoté; [mind] retors.
tortuously ['tɔːtjʊəslɪ] *adv* tortueusement, de manière tortueuse.
torture ['tɔːtʃəʳ] ◇ *n* -**1.** [cruelty] torture *f*, supplice *m*; **to be subjected to ~** être torturé, subir des tortures; **instruments of ~** instruments *mpl* de torture. -**2.** *fig* torture *f*, tourment *m*; **the waiting was sheer ~!** cette attente fut un vrai supplice!
◇ *vt* -**1.** [inflict pain on] torturer; **they ~d her until she confessed** ils l'ont torturée jusqu'à ce qu'elle avoue. -**2.** [torment] torturer; **~d by remorse** tenaillé par le remords. -**3.** [distort]:

she ~s the Spanish language elle écorche la langue espagnole; to ~ a song massacrer une chanson.

torture chamber *n* chambre *f* de torture.

torturer ['tɔːtʃərəʳ] *n* tortionnaire *mf*, bourreau *m*.

Tory ['tɔːrɪ] (*pl* **Tories**) ◇ *n* POL tory *m*, membre *m* du parti conservateur.
◇ *adj* [party, MP] tory, conservateur.

Toryism ['tɔːrɪɪzm] *n* POL torysme *m*.

tosh *inf* [tɒʃ] *n (U) Br* sornettes *fpl*; **absolute ~!** n'importe quoi!

toss [tɒs] ◇ *vt* -**1.** [throw] lancer, jeter; **she ~ed him the ball** elle lui a lancé la balle; **I ~ed some herbs into the soup** j'ai ajouté une poignée de fines herbes à la soupe; **the horse nearly ~ed its rider into the ditch** le cheval a failli faire tomber son cavalier dans le fossé; **he was ~ed by the bull** le taureau l'a projeté en l'air; **to ~ pancakes** *Br* faire sauter des crêpes; **to ~ a coin** jouer à pile ou face; **she ~ed back her head with a laugh** elle rejeta la tête en arrière en riant; **~ing the caber** *jeu écossais consistant à lancer un tronc d'arbre et à le faire basculer.* -**2.** CULIN mélanger; **to ~ the salad** remuer OR retourner la salade; **~ the carrots in butter** ajoutez du beurre et mélangez aux carottes.
◇ *vi* s'agiter; **to ~ and turn in bed** avoir le sommeil agité; **the trees were ~ing in the wind** le vent secouait les arbres; **to pitch and ~** [boat] tanguer; **shall we ~ for it?** on joue à pile ou face?
◇ *n* -**1.** [throw - gen] lancer *m*, lancement *m*; [- of a coin] coup *m* de pile ou face; SPORT tirage *m* au sort; **to win/to lose the ~** gagner/perdre à pile ou face; **our team won the ~** notre équipe a gagné au tirage au sort ❑ **to argue the ~** *Br* discuter pour rien; **I don't give a ~** *inf Br* je m'en fiche. -**2.** [of head] mouvement *m* brusque. -**3.** [fall from horse] chute *f*; **to take a ~** [from horse] être désarçonné, faire une chute.
◆ **toss about** *Br*, **toss around** ◇ *vt sep* -**1.** [rock, buffet] ballotter, secouer; **we were ~ed about by the bumpy road** nous avons été ballottés sur cette route cahoteuse; **the boat was ~ed about by the waves** les vagues faisaient tanguer le bateau. -**2.** *fig*: **they were ~ing ideas about** ils lançaient toutes sortes d'idées; **figures of £5,000 were being ~ed around** on avançait allègrement des chiffres de l'ordre de 5000 livres.
◇ *vi insep* = **toss** *vi*.
◆ **toss off** ◇ *vt sep* -**1.** [do hastily] expédier; **to ~ off a letter** écrire une lettre au pied levé. -**2.** [drink quickly] boire d'un coup, lamper. -**3.** ▼ *Br* [masturbate] branler.
◇ *vi insep* ▼ *Br* [masturbate] se branler.
◆ **toss up** ◇ *vt sep* lancer, jeter; **she ~ed the ball up into the air** elle a lancé le ballon en l'air.
◇ *vi insep*: **the two captains ~ed up** les deux capitaines ont joué à pile ou face.

tosspot ['tɒspɒt] *n arch* OR *lit* ivrogne *m*.

toss-up *n* coup *m* de pile ou face; **it's a ~ as to which is best** *fig* c'est blanc bonnet et bonnet blanc.

tot [tɒt] (*pt* & *pp* **totted**, *cont* **totting**) *n* -**1.** *inf* [child] petit enfant *m*; **tiny ~s** les tout petits *mpl*. -**2.** *Br* [of alcohol] goutte *f*; **a ~ of rum** un petit verre de rhum.
◆ **tot up** *Br* ◇ *vt sep* additionner; **I'll ~ up your bill** je vais vous faire l'addition.
◇ *vi insep*: **that ~s up to £3** ça fait 3 livres en tout.

total ['təʊtl] (*Br pt* & *pp* **totalled**, *cont* **totalling**, *Am pt* & *pp* **totaled**, *cont* **totaling**) ◇ *adj* -**1.** [amount, number] total; **the ~ cost** le coût total; **the ~ gains/losses** le total des profits/pertes. -**2.** [as intensifier] complet; **~ silence** un silence absolu; **we are in ~ disagreement** nous ne sommes pas d'accord du tout; **that's ~ nonsense!** c'est complètement absurde!; **he was a ~ stranger to me** je ne le connaissais ni d'Ève ni d'Adam.
◇ *n* total *m*; **she wrote a ~ of ten books** elle a écrit dix livres en tout; **that comes to a ~ of £2** ça fait 2 livres en tout.
◇ *vt* -**1.** [add up] additionner, faire le total de. -**2.** [amount to] s'élever à; **the groceries ~ £10** la note d'épicerie s'élève à 10 livres; **the collection totalled 500 paintings** cette collection comptait 500 tableaux en tout. -**3.** *inf Am* [wreck] démolir; **he ~ed his car** sa voiture est bonne pour la casse.
◆ **in total** *adv phr* au total; **there are three hundred students in ~** au total, il y a trois cents étudiants.

totalitarian [ˌtəʊtælɪ'teərɪən] *adj* totalitaire.

totalitarianism [ˌtəʊtælɪ'teərɪənɪzm] *n* totalitarisme *m*.

totality [təʊ'tælətɪ] (*pl* **totalities**) *n* -**1.** totalité *f*; **in its ~** dans sa totalité, intégralement. -**2.** ASTRON occultation *f* totale.

totalizator ['təʊtəlaɪzeɪtəʳ] *n* -**1.** [adding machine] totalisateur *m*, machine *f* totalisatrice. -**2.** *Br* [in betting] pari *m* mutuel.

totalize, -ise ['təʊtəlaɪz] *vt* totaliser, additionner.

totalizer ['təʊtəlaɪzəʳ] = **totalizator**.

totally ['təʊtəlɪ] *adv* totalement, entièrement, complètement; **do you agree? – yes, ~** êtes-vous d'accord? – oui, tout à fait.

tote [təʊt] ◇ *n* (*abbr of* **totalizator**) pari *m* mutuel; **~ board** tableau *m* électronique.
◇ *vt inf* porter; **I've been toting that thing around all day** j'ai trimballé ce truc toute la journée; **he was toting a gun** il avait un fusil sur lui.

tote bag *n* grand sac *m*, fourre-tout *m inv*.

totem ['təʊtəm] *n* totem *m*.

totemic [təʊ'temɪk] *adj* totémique.

totemism ['təʊtəmɪzm] *n* totémisme *m*.

totem pole *n* mât *m* totémique.

totter ['tɒtəʳ] ◇ *vi* -**1.** *literal* [person] chanceler, tituber; [pile, vase] chanceler; **he ~ed down the stairs** il descendit les escaliers en chancelant; **the child ~ed into/out of the room** l'enfant est entré dans/sorti de la pièce d'un pas mal assuré. -**2.** *fig* [government, company etc] chanceler, être dans une mauvaise passe.
◇ *n* vacillement *m*; [gait] démarche *f* titubante OR chancelante; **with a ~** d'un pas chancelant, en chancelant.

tottering ['tɒtərɪŋ], **tottery** ['tɒtərɪ] *adj* chancelant; [building] branlant; [government] chancelant, déstabilisé; **with ~ steps** en titubant.

totting *inf* ['tɒtɪŋ] *n Br recherche d'objets récupérables dans les décharges.*

toucan ['tuːkən] *n* toucan *m*.

touch [tʌtʃ] (*pl* **touches**) ◇ *n* -**1.** [sense] toucher *m*; **sense of ~** sens *m* du toucher; **soft to the ~** doux au toucher. -**2.** [physical contact] toucher *m*, contact *m*; [light brushing] effleurement *m*, frôlement *m*; **she felt the ~ of his hand** elle a senti le frôlement de sa main; **she felt a ~ on her shoulder** elle sentit qu'on lui touchait l'épaule; **the machine works at the ~ of a button** il suffit de toucher un bouton pour mettre en marche cet appareil. -**3.** [style] touche *f*; **this painting has the Hopper ~** on reconnaît dans ce tableau la patte de Hopper; **the pianist has a light ~** ce pianiste a le toucher léger ‖ *fig*: **to give sthg a personal ~** ajouter une note personnelle à qqch; **to have the right ~ with sthg/sb** savoir s'y prendre avec qqch/qqn; **the house needed a woman's ~** il manquait dans cette maison une présence féminine; **the cook has lost his ~** le cuisinier a perdu la main. -**4.** [detail]: **to put the final** OR **finishing ~es to sthg** mettre la dernière main à qqch; **that logo in the bottom corner is a nice ~** c'est une bonne idée d'avoir mis ce logo dans le coin en bas ‖ [slight mark] coup *m*; **with a ~ of the pen** d'un coup de stylo; **to add a few ~es to a picture** faire quelques retouches à un tableau. -**5.** [small amount, hint] note *f*, pointe *f*; **a ~ of madness** un grain de folie; **there's a ~ of spring in the air** ça sent le printemps; **he answered with a ~ of bitterness** il a répondu avec une pointe d'amertume; **I got a ~ of sunstroke** j'ai eu une petite insolation; **I've got a ~ of flu** je suis un peu grippé, j'ai une petite grippe; **to add a ~ of class to sthg** rendre qqch plus distingué. -**6.** [communication]: **to be/to keep in ~ with sb** être/rester en contact avec qqn; **I'll be in ~!** je te contacterai!; **keep** OR **stay in ~!** donne-nous de tes nouvelles!; **to get in ~ with sb** contacter qqn; **you can get in ~ with me at this address** vous pouvez me joindre à cette adresse; **he put me in ~ with the director** il m'a mis en relation avec le directeur; **she is** OR **keeps in ~ with current events** elle se tient au courant de l'actualité; **I'll keep in ~ with developments** je me tiendrai au courant de la situation; **I am out of ~ with her now** je ne suis plus en contact avec elle; **she is out of ~ with politics** elle ne suit plus l'actualité politique; **they lost ~ long ago** ils se sont perdus de vue il y a longtemps; **he has lost ~ with reality** il a perdu le sens des réalités. -**7.** [of an instrument] toucher *m*; [typewriter] frappe *f*; **a keyboard with a light ~** un clavier à frappe légère. -**8.** SPORT touche *f*; **to kick the ball into ~** mettre le ballon en touche; **the ball landed in ~** le ballon est sorti en touche; **to kick sthg into ~** *fig* mettre qqch au rencart. -**9.** *inf phr*: **to be an easy** OR **soft ~** se laisser taper trop facilement.
◇ *vt* -**1.** [make contact with] toucher; **to ~ lightly** frôler, effleurer; **his arm ~ed hers** son bras a touché le sien; **she ~ed it with her foot** elle l'a touché du pied; **he loved to ~ her hair** il adorait lui caresser les cheveux; **a smile ~ed her lips** un sourire effleura ses lèvres; **he ~ed his hat to her** il a porté la main à son chapeau pour la saluer; **since they met, her feet haven't ~ed the ground** depuis leur rencontre, elle est sur un nuage; **can you ~ the bottom?** as-tu pied?; **the boat ~ed land** le bateau a accosté; **the law can't ~ him** la loi ne peut rien contre lui ❑ **~ wood!** touchons du bois! -**2.** [handle] toucher à; **don't ~ her things** ne dérangez pas ses affaires; **I didn't ~ it!** je n'y ai pas touché!; **don't ~ anything until I get home** ne touchez à rien avant mon retour; **he swears he never ~ed her** il jure qu'il ne l'a jamais touchée; **I didn't ~ him!** je n'ai pas touché à un cheveu de sa tête! ❑ **I wouldn't ~ that with a ten-foot pole** OR *Br* **bargepole** je n'en voudrais à aucun prix. -**3.** [adjoin] jouxter; **Alaska ~es Canada** l'Alaska et le Canada sont limitrophes. -**4.** [eat, drink] *(usu neg)* toucher à; **I never ~ meat** je ne mange jamais de viande; **she didn't ~ her vegetables** elle n'a pas touché aux légumes. -**5.** [move emotionally] émouvoir, toucher; **he ~ed the right note** il a touché la corde sensible; **he was very ~ed by her generosity** il a été très touché par sa générosité; **his remark ~ed a (raw) nerve** sa réflexion a touché un point sensible; **to ~ sb to the quick** *Br* toucher qqn au vif. -**6.** [damage]: **fruit ~ed by frost** fruits abîmés par le gel; **the fire didn't ~ the pictures** l'incendie a épargné les tableaux; **the war didn't ~ this area** cette région a été épargnée par la guerre. -**7.** [concern] concerner, toucher; **the problem ~es us all** ce problème nous concerne tous. -**8.** *inf* [rival] valoir, égaler; **nothing can ~ butter for cooking** rien ne vaut la cuisine au beurre; **no professor can ~ him** c'est un professeur sans égal. -**9.** *Am* [dial]: **~ 645** faites le 645. -**10.** *inf phr*: **to ~ sb for a loan** taper qqn.
◇ *vi* -**1.** [be in contact] se toucher. -**2.** [adjoin - properties, areas] se toucher, être contigus. -**3.** [handle]: **'do not ~!'** 'défense de toucher'. -**4.** NAUT: **the ship ~es at Hong Kong** le navire fait escale à Hong Kong.
◆ **a touch** *adv phr*: **there was a ~ too much pepper in the soup** le potage était un petit peu trop poivré.
◆ **touch down** ◇ *vi insep* -**1.** [aeroplane, spacecraft - on land] atterrir; [- on sea] amerrir. -**2.** RUGBY marquer un essai.

◇ *vt sep* RUGBY: to ~ the ball down marquer un essai.
◆ **touch off** *vt sep* [explosive] faire exploser, faire détoner; *fig* déclencher, provoquer; **the ruling ~ed off widespread rioting** cette décision a provoqué une vague d'émeutes.
◆ **touch on** *vt insep* aborder; **his speech barely ~ed on the problem of unemployment** son discours a à peine effleuré le problème du chômage.
◆ **touch up** *vt sep* -**1.** [painting, photograph] faire des retouches à, retoucher; [paintwork] refaire. -**2.** ▽ *Br* [sexually] peloter.

touch-and-go *adj*: **a ~ situation** une situation dont l'issue est incertaine; **it was ~ with him** il revient de loin; **it was ~ whether we'd make it in time** nous avons bien failli ne pas arriver à temps.
touchdown ['tʌtʃdaʊn] *n* -**1.** [on land] atterrissage *m*; [on sea] amerrissage *m*. -**2.** [in American football] but *m*.
touché ['tu:ʃeɪ] *interj* -**1.** [fencing] touché. -**2.** *fig* très juste.
touched [tʌtʃt] *adj* -**1.** [with gratitude] touché; **she was ~ by his thoughtfulness** elle était touchée par sa délicatesse. -**2.** *inf Br* [mad] toqué, timbré.
touch football *n Am sorte de football sans «tackling».*
touchiness ['tʌtʃɪnɪs] *n* susceptibilité *f*.
touching ['tʌtʃɪŋ] ◇ *adj* touchant, émouvant.
◇ *prep lit* touchant.
touchingly ['tʌtʃɪŋlɪ] *adv* d'une manière touchante.
touch-in-goal *n* RUGBY en-but *m*.
touch judge *n* RUGBY juge *m* de touche.
touch kick *n* RUGBY mise *f* en touche.
touchline ['tʌtʃlaɪn] *n* SPORT ligne *f* de touche.
touch-me-not *n* impatiens *f*, balsamine *f*.
touchpaper ['tʌtʃˌpeɪpəʳ] *n* papier *m* nitraté.
touch rugby *n sorte de rugby sans «tackling».*
touchstone ['tʌtʃstəʊn] *n* MINER & *fig* pierre *f* de touche.
touch-tone *adj*: **~ telephone** téléphone *m* à touches.
touch-type *vi* taper sans regarder le clavier.
touch-typing [-ˌtaɪpɪŋ] *n* dactylographie *f* (sans regarder le clavier).
touch-up *n* ART & PHOT retouche *f*; [of object] restauration *f*.
touchy ['tʌtʃɪ] (*compar* **touchier**, *superl* **touchiest**) *adj* -**1.** [oversensitive] susceptible, ombrageux; **she's ~ about her weight** elle est susceptible OR chatouilleuse sur la question de son poids; **he's very ~** il se froisse OR vexe pour un rien. -**2.** [matter, situation] délicat, épineux.
tough [tʌf] ◇ *adj* -**1.** [resilient - person] solide, résistant, robuste; [- meat] dur, coriace; [- animal, plant] résistant, robuste; [- substance, fabric] solide, résistant; **you have to be ~ to make it here** il faut être solide pour s'en tirer ici; **she's ~ enough to win** elle a assez d'endurance pour gagner ❑ **he's as ~ as old boots** *Br* il est coriace; **this steak is as ~ as old boots** ce n'est pas du bifteck, c'est de la semelle. -**2.** [difficult] dur, pénible; **a ~ problem** un problème épineux; **it's ~ on him** c'est un coup dur pour lui; **she made it ~ for him** elle lui a mené la vie dure; **that's a ~ act to follow** c'est difficile de faire mieux; **I gave them a ~ time** je leur en ai fait voir de toutes les couleurs; **it's ~ work** c'est un travail pénible; **she had a ~ life** elle n'a pas eu une vie facile; **he had a ~ time passing the exam** il a eu du mal à réussir son examen; **Wall Street is a ~ environment** Wall Street est un milieu très dur. -**3.** [severe] sévère; **a ~ economic policy** une politique économique draconienne; **a ~ boss** un patron sévère; **to get ~ with sb** se montrer dur avec qqn; **the boss takes a ~ line with people who are late** le patron ne plaisante pas avec les retardataires || [resolute] dur, inflexible; **she's a ~ person to deal with** elle ne fait pas de concessions ❑ **he's a ~ cookie** *inf Am* il n'est pas commode; **they're ~ customers** ce sont des durs à cuire. -**4.** [rough, hardened] dur; **a ~ criminal** un criminel endurci; **a real ~ guy** *inf* un vrai dur; **stay out of the ~ neighbourhoods** évitez les quartiers dangereux. -**5.** *inf* [unfortunate] malheureux; **that's really ~** ça, c'est vraiment vache; **~ luck!** pas de pot!; **that's your ~ luck!** tant pis pour vous!
◇ *adv inf*: **to talk ~, to act ~** jouer au dur.
◇ *vt phr*: **to ~ it out** *inf Br* tenir bon.
◇ *n inf* dur *m*, -e *f*.
toughen ['tʌfn] ◇ *vt* [metal, leather] rendre plus solide, renforcer; [person] endurcir; [conditions] rendre plus sévère; **~ed glass** verre *m* trempé.
◇ *vi* [metal, glass, leather] durcir; [person] s'endurcir.
◆ **toughen up** *vt sep* & *vi insep* = **toughen**.
toughie *inf* ['tʌfɪ] *n* [person] dur *m*, -e *f*; [problem] casse-tête *m*, cactus *m*.
toughly ['tʌflɪ] *adv* [fight] avec acharnement, âprement; [speak] durement, sans ménagement.
tough-minded *adj*: **he's a ~ man** il a la tête froide.
toughness ['tʌfnɪs] *n* -**1.** [of fabric, glass, leather] solidité *f*; [of meat] dureté *f*; [of metal] ténacité *f*, résistance *f*. -**2.** [of job] difficulté *f*; [of struggle] acharnement *m*, âpreté *f*. -**3.** [of character - strength] force *f*, résistance *f*; [- hardness] dureté *f*; [- severity] inflexibilité *f*, sévérité *f*.
toupee ['tu:peɪ] *n* postiche *m*.
tour [tʊəʳ] ◇ *n* -**1.** [trip] voyage *m*; **we're going on a ~ of Eastern Europe** nous allons visiter les pays de l'Est; **a day ~** une excursion (d'un jour) ❑ **guided ~** visite *f* guidée; **package ~** voyage *m* organisé; **she's on a walking ~ in Wales** elle fait une randonnée à pied dans le pays de Galles; **they're off on a world ~** ils sont partis faire le tour du monde; **the Grand Tour** HIST le tour d'Europe. -**2.** [of a building] visite *f*; **we went on a ~ of the factory** nous avons visité l'usine; **a guided ~ of the museum** une visite guidée du musée. -**3.** [official journey] tournée *f*; **the dance company is on ~** la troupe de danseurs est en tournée; **to go on ~** faire une tournée; **is he taking the team on ~?** est-ce qu'il emmène l'équipe en tournée?; **she's taking the play on ~** elle donne la pièce en tournée; **the Tour of Spain** SPORT le Tour d'Espagne ❑ **~ of duty** MIL service *m*; **~ of inspection** tournée *f* d'inspection.
◇ *vt* -**1.** [visit] visiter; **they're ~ing Italy** ils visitent l'Italie, ils font du tourisme en Italie. -**2.** SPORT & THEAT: **the orchestra is ~ing the provinces** l'orchestre est en tournée en province.
◇ *vi* voyager, faire du tourisme.
tourer ['tʊərəʳ] *n* voiture *f* de tourisme.
tour guide *n* [person] guide *m*; [book] guide *m* touristique.
touring ['tʊərɪŋ] ◇ *adj*: **~ bicycle** vélo *m* de randonnée; **~ company** THEAT [permanently] troupe *f* ambulante; [temporarily] troupe *f* en tournée; **~ party** SPORT équipe *f* en tournée.
◇ *n (U)* tourisme *m*, voyages *mpl* touristiques.
tourism ['tʊərɪsm] *n* tourisme *m*.
tourist ['tʊərɪst] ◇ *n* touriste *mf*.
◇ *comp* [agency, centre] de tourisme; [attraction, information, ticket] touristique; **~ office** office *m* de tourisme, syndicat *m* d'initiative.
tourist class *n Br* classe *f* touriste.
tourist trade *n* tourisme *m*; **the country relies on its ~** le pays vit du tourisme.
tourist traffic *n* flot *m* des touristes.
tourist trap *n* attrape-touristes *m inv*.
touristy *inf* ['tʊərɪstɪ] *adj pej* trop touristique.
tournament ['tɔ:nəmənt] *n* tournoi *m*.
tourney ['tʊənɪ] *n* tournoi *m*.
tourniquet ['tʊənɪkeɪ] *n* garrot *m*.
tour operator *n* [travel agency] tour-opérateur *m*, voyagiste *m*; [bus company] compagnie *f* de cars *(qui organise des voyages)*.
tousle ['taʊzl] *vt* [hair] ébouriffer; [clothes] friper, froisser.
tousled ['taʊzld] *adj* [hair] ébouriffé; [clothes] fripé, froissé; **his ~ appearance** son aspect débraillé.
tout [taʊt] *Br* ◇ *n* -**1.** (ticket) ~ revendeur *m*, -euse *f* de billets *(au marché noir)*. -**2.** [in racing] pronostiqueur *m*, -euse *f*.
◇ *vt* -**1.** [peddle - tickets] revendre *(au marché noir)*; [- goods] vendre *(en vantant sa marchandise)*; **the cries of the market traders ~ing their wares** les cris des marchands essayant de raccrocher les clients; **he's been ~ing those records around for days** ça fait des jours qu'il essaie de revendre ces disques. -**2.** [promote]: **he is being ~ed as a future prime minister** on veut faire de lui un futur premier ministre.
◇ *vi* -**1.** **salesmen ~ing for custom** des vendeurs qui essaient d'attirer les clients; **they've been ~ing around for work/business** ils essayaient de trouver du travail/de se constituer une clientèle. -**2.** [racing] vendre des pronostics.
tow [təʊ] ◇ *vt* tirer; [boat, car] remorquer; [barge] haler; **to ~ a car** remorquer une voiture; **the police ~ed my car away** la police a emmené ma voiture à la fourrière; **the ship was ~ed out of harbour** le navire a été remorqué hors du port; **they were ~ing a trailer** leur voiture tirait une remorque.
◇ *n* -**1.** [action] remorquage *m*; [vehicle] véhicule *m* en remorque; **to be on ~** être en remorque; **can you give me a ~?** pourriez-vous remorquer ma voiture?; **he took my car in ~** il a pris ma voiture en remorque; **they arrived with all the kids in ~** *fig* ils sont arrivés avec tous leurs enfants. -**2.** [line] câble *m* de remorquage. -**3.** TEX filasse *f*, étoupe *f*.
◇ *comp* AUT: **~-start**: **to give sb a ~-start** faire démarrer qqn en remorque.
towage ['təʊɪdʒ] *n (U)* [act] remorquage *m*; [fee] frais *mpl* de remorquage.
towards [tə'wɔ:dz] *Br*, **toward** [tə'wɔ:d] *Am* *prep* -**1.** [in the direction of] dans la direction de, vers; **he turned ~ her** il s'est tourné vers elle; **we headed ~ Chicago** nous avons pris la direction de Chicago; **she was standing with her back ~ him** elle lui tournait le dos; **the negotiations are a first step ~ peace** *fig* les négociations sont un premier pas sur le chemin de la paix; **they are working ~ a solution** *fig* ils cherchent une solution; **'Towards a New Humanism'** 'Vers un nouvel humanisme'. -**2.** [indicating attitude] envers; **she's very hostile ~ me** elle est très hostile à mon égard; **the public's attitude ~ crime** l'attitude de l'opinion publique face à la criminalité; **his feelings ~ her** ses sentiments pour elle, les sentiments qu'il éprouve pour elle. -**3.** [as contribution to] pour; **the money is going ~ a new car** l'argent contribuera à l'achat d'une nouvelle voiture; **I'll give you something ~ your expenses** je vous donnerai quelque chose pour payer une partie de vos frais. -**4.** [near - in time] vers; [- in space] près de; **~ the end of his life** vers OR sur la fin de sa vie; **~ the end of the century** vers la fin du siècle; **~ the middle** vers le milieu.
tow-away zone *n Am zone de ramassage des véhicules en infraction.*
towbar ['təʊbɑ:ʳ] *n* barre *f* de remorquage.
towboat ['təʊbəʊt] *n* remorqueur *m*.
towel ['taʊəl] (*Br pt* & *pp* **towelled**, *cont* **towelling**, *Am pt* & *pp* **toweled** OR **towelled**, *cont* **toweling** OR **towelling**) ◇ *n* serviette *f* (de toilette); [for hands] essuie-mains *m inv*; [for glasses] essuie-verres *m inv*; **(dish) ~** torchon *m* à vaisselle; **paper ~** serviette *f* en papier; **~ rack** OR **rail** OR **ring** porte-serviettes *m inv*.
◇ *vt* frotter avec une serviette; **to ~ o.s. dry** OR **down** s'essuyer OR se sécher avec une serviette.
towelling *Br*, **toweling** *Am* ['taʊəlɪŋ] ◇ *n* -**1.** [material] tissu *m* éponge. -**2.** [drying]: **to give sb a ~ (down)** frictionner qqn avec une serviette.
◇ *comp* [robe, shirt] en tissu éponge.

tower ['taʊəʳ] ◇ *n* tour *f*; church ~ clocher *m*; clock ~ tour (de l'horloge); water ~ château *m* d'eau; **he's a ~ of strength** c'est un roc; **you've been a ~ of strength to me** ton soutien m'a été précieux; **'Barchester Towers'** *Trollope* 'les Tours de Barchester'.
◇ *vi*: **the skyscraper ~s above** OR **over the city** le gratte-ciel domine la ville; **he ~ed above** OR **over me** j'étais tout petit à côté de lui; **she ~s above** OR **over her contemporaries** *fig* elle domine de loin ses contemporains.
tower block *n Br* tour *f* (d'habitation), gratte-ciel *m*.
tower crane *n* grue *f* à pylône.
towering ['taʊərɪŋ] *adj* -**1.** [very high - skyscraper, tree, statue] très haut, imposant. -**2.** [excessive] démesuré; **in a ~ rage** dans une colère noire.
tow-headed *adj Br* aux cheveux (blonds) filasse.
towline ['təʊlaɪn] = **towrope**.
town [taʊn] *n* ville *f*; **a country ~** une ville de province; **I work in ~** je travaille en ville; **to live in a small ~** habiter une OR dans une petite ville; **she's going into ~** elle va en ville; **he's out of ~ this week** il n'est pas là OR il est en déplacement cette semaine; **we're from out of ~** *Am* nous ne sommes pas d'ici ❑ ~ **gas** gaz *m* de ville; **a small market ~** *Br* une bourgade; **it's the talk of the ~** toute la ville en parle; **~ and gown** *expression désignant collectivement les habitants et les étudiants de certaines villes universitaires et soulignant les différences de culture entre les deux milieux*; **they went out on the ~ last night** *inf* hier soir, ils ont fait une virée en ville; **to have a night (out) on the ~** *inf* faire la noce OR la java en ville; **they really went to ~ on the new school** *inf* pour la nouvelle école, ils n'ont pas fait les choses à moitié OR ils ont vraiment mis le paquet.
town centre *n* centre-ville *m*.
town clerk *n* secrétaire *m* de mairie.
town council *n* conseil *m* municipal.
town councillor *n* conseiller *m* municipal, conseillère *f* municipale.
town crier *n* garde-champêtre *m*.
town dweller *n* citadin *m*, -e *f*.
townee *inf Br*, **townie** *inf Am* [taʊ'niː] *n* citadin *m*, -e *f*, rat *m* des villes.
town hall *n* hôtel de ville *m*, mairie *f*.
town house *n* -**1.** [gen] maison *f* en ville; [more imposing] ≃ hôtel *m* particulier. -**2.** *Am* maison *f* mitoyenne (en ville).
town meeting *n Am assemblée générale des habitants d'une ville.*
town planner *n* urbaniste *mf*.
town planning *n* urbanisme *m*.
townscape ['taʊnskeɪp] *n* paysage *m* urbain.
townsfolk ['taʊnzfəʊk] *npl* citadins *mpl*.
township ['taʊnʃɪp] *n* -**1.** [gen] commune *f*; *Am* canton *m*. -**2.** *SAfr* township *f*.
townsman ['taʊnzmən] (*pl* **townsmen** [-mən]) *n* citadin *m*; **my fellow townsmen** mes concitoyens.
townspeople ['taʊnz,piːpl] *npl* citadins *mpl*.
towny *inf* ['taʊniː] (*pl* **townies**) = **townee**.
towpath ['təʊpɑːθ, *pl* -pɑːðz] *n* chemin *m* de halage.
towrope ['təʊrəʊp] *n* câble *m* de remorque; [to towpath] câble *m* de halage.
towtruck ['təʊtrʌk] *Am* = **breakdown lorry**.
toxaemia *Br*, **toxemia** *Am* [tɒk'siːmɪə] *n* toxémie *f*.
toxic ['tɒksɪk] *adj* toxique.
toxicant ['tɒksɪkənt] ◇ *adj* toxique.
◇ *n* toxique *m*.
toxicity [tɒk'sɪsətɪ] *n* toxicité *f*.
toxicological [,tɒksɪkə'lɒdʒɪkl] *adj* toxicologique.
toxicologist [,tɒksɪ'kɒlədʒɪst] *n* toxicologue *mf*.
toxicology [,tɒksɪ'kɒlədʒɪ] *n* toxicologie *f*.
toxicosis [,tɒksɪ'kəʊsɪs] (*pl* **toxicoses** [-siːz]) *n* toxicose *f*.
toxin ['tɒksɪn] *n* toxine *f*.
toy [tɔɪ] (*pl* **toys**) ◇ *n* jouet *m*; **cuddly ~** peluche *f*.
◇ *comp* -**1.** [car, train] miniature; **~ soldier** soldat *m* de plomb; **~ theatre** théâtre *m* de marionnettes; **~ trumpet** trompette *f* d'enfant. -**2.** [box, chest, drawer] à jouets. -**3.** [dog] nain.
◆ **toy with** *vt insep* jouer avec; [idea] caresser; **to ~ with one's food** manger du bout des dents; **she ~ed with the idea of going home** elle songeait à rentrer chez elle; **he was ~ing with her affections** il jouait avec ses sentiments.
toy boy *inf n pej* OR *hum jeune homme sortant avec une femme mûre.*
toy dog *n* chien *m* nain.
toymaker ['tɔɪ,meɪkəʳ] *n* fabricant *m* de jouets.
toyshop ['tɔɪʃɒp] *n* magasin *m* de jouets.
trace [treɪs] ◇ *n* -**1.** [sign] trace *f*; **to disappear** OR **to sink without ~** disparaître sans laisser de traces; **there is no ~ of it now** il n'en reste plus aucune trace; **we've lost all ~ of her** nous ignorons ce qu'elle est devenue; **~s of cocaine were found in his blood** l'analyse de son sang a révélé des traces de cocaïne; **a ~ of a smile** un sourire à peine esquissé; **without a ~ of fear** sans la moindre peur. -**2.** [trail] trace *f* de pas, piste *f*; *Am* [path] piste *f*, sentier *m*. -**3.** [drawing] tracé *m*. -**4.** TECH: **a radar ~** la trace d'un spot. -**5.** [harness] trait *m*.
◇ *vt* -**1.** [follow trail of] suivre la trace de; [track down - object] retrouver; **she ~d him as far as New York** elle a suivi sa piste jusqu'à New York; **I can't ~ any reference to that letter** je ne trouve aucune mention de cette lettre; **they ~d the murder to him** ils ont finalement établi qu'il était le meurtrier; **they ~d the lost shipment** ils ont retrouvé la cargaison égarée; **we eventually ~d the problem to a computer error** nous avons finalement découvert que le problème était dû à une erreur de l'ordinateur. -**2.** [follow development of] suivre; **the film ~s the rise to power of a gangland boss** ce film relate l'ascension d'un chef de gang. -**3.** [mark outline of] tracer, dessiner; [with tracing paper] décalquer; **he ~d (out) a map in the sand with his finger** avec son doigt, il a dessiné un plan sur le sable.
◆ **trace back** ◇ *vt sep* : **to ~ sthg back to its source** retrouver l'origine de qqch; **she can ~ her ancestry back to the 15th century** sa famille remonte au XVe siècle; **he ~d the rumour back to her** il a découvert qu'elle était à l'origine de cette rumeur; **the cause of the epidemic was ~d back to an infected water supply** on a découvert que l'épidémie était due à la contamination de l'alimentation en eau.
◇ *vi insep Am* -**1.** [go back]: **to ~ back to** remonter à; **his family ~s back to the Norman Conquest** sa famille remonte à la conquête de l'Angleterre par les Normands. -**2.** [be due to] être dû à.
traceable ['treɪsəbl] *adj* [object] retrouvable, qui peut être retrouvé.
trace element *n* oligo-élément *m*.
tracer ['treɪsəʳ] *n* -**1.** [person] traceur *m*, -euse *f*; [device] traçoir *m*. -**2.** CHEM traceur *m*.
tracer bullet *n* balle *f* traçante.
traceried ['treɪsərɪd] *adj* à nervures.
tracery ['treɪsərɪ] (*pl* **traceries**) *n* filigrane *m*, dentelles *fpl*; [on leaf, insect wing] nervures *fpl*; ARCHIT réseau *m*.
trachea [trə'kiːə] (*pl* **tracheae** [-'kiːiː] OR **tracheas**) *n* trachée *f*.
tracheotomy [,trækɪ'ɒtəmɪ] (*pl* **tracheotomies**) *n* trachéotomie *f*.
trachoma [trə'kəʊmə] *n* trachome *m*.
tracing ['treɪsɪŋ] *n* [process] calquage *m*; [result] calque *m*.
tracing paper *n* papier-calque *m inv*, papier *m* à décalquer.
track [træk] ◇ *n* -**1.** [path, route] chemin *m*, sentier *m*; [of planet, star, aeroplane] trajectoire *f*; **a mountain ~** un sentier de montagne; **a farm ~** un chemin de campagne || *fig*: **to be on the right ~** être sur la bonne voie; **he's on the wrong ~** il fait fausse route; **you're way off ~!** *inf* tu es complètement à côté de la plaque! -**2.** SPORT: **cinder ~** cendrée *f*; **greyhound ~** *Br* cynodrome *m*; **motor-racing ~** *Br* autodrome *m*; **race ~** piste *f*; **test ~** piste *f* d'essai; **~ and field** athlétisme *m*; **~ and field events** épreuves *fpl* d'athlétisme. -**3.** RAIL voie *f*, rails *mpl*; **the train jumped the ~s** le train a déraillé OR a quitté les rails ❑ **to come from the wrong side of the ~s** *inf* venir d'un milieu pauvre. -**4.** [mark, trail] trace *f*, piste *f*; [of animal, person] piste *f*; [of boat] sillage *m*; **to be on sb's ~** OR **~s** être sur la piste de qqn; **the terrorists had covered their ~s well** les terroristes n'avaient pas laissé de traces; **that should throw them off my ~** avec ça, je devrais arriver à les semer; **to keep ~ of** suivre; **it's hard to keep ~ of her, she moves around so much** il est difficile de rester en contact avec elle, elle bouge tout le temps; **we like to keep ~ of current events** nous aimons nous tenir au courant de l'actualité; **why can't you keep ~ of your things?** tu ne peux pas faire attention où tu mets tes affaires?; **we'll have to keep ~ of the time!** il ne faudra pas oublier l'heure!; **to lose ~ of** perdre; **don't lose ~ of those files** n'égarez pas ces dossiers; **they've lost ~ of the situation** ils ne suivent plus OR ne sont plus au courant de ce qui se passe; **I lost ~ of them years ago** j'ai perdu le contact avec eux OR je les ai perdus de vue il y a des années; **she lost all ~ of time** elle a perdu toute notion du temps; **he lost ~ of what he was saying** il a perdu le fil de ce qu'il disait ❑ **to make ~s** *inf* mettre les voiles; **she made ~s for home** elle a filé chez elle. -**5.** [on LP, tape] plage *f*; COMPUT piste *f*. -**6.** AUT [tyre tread] chape *f*; [space between wheels] écartement *m*; **caterpillar ~** chenille *f*; **~ vehicle** véhicule *m* chenillé. -**7.** *Am* SCH classe *f* de niveau; **~ system** *répartition des élèves en sections selon leurs aptitudes.* -**8.** *drugs sl* trace *f* de piqûre.
◇ *vt* -**1.** [follow - animal] suivre à la trace, filer; [- rocket] suivre la trajectoire de; [criminal] traquer. -**2.** *Am*: **don't ~ mud into the house!** ne traîne pas de boue dans la maison!
◇ *vi* -**1.** [stylus] suivre le sillon. -**2.** [with camera] faire un traveling OR travelling.
◆ **track down** *vt sep* retrouver, localiser; [animal, criminal] traquer et capturer.
tracked [trækt] *adj* chenillé, à chenilles.
tracker ['trækəʳ] *n* -**1.** [person - gen] poursuivant *m*, -e *f*; [- in hunting] traqueur *m*, -euse *f*. -**2.** [device] appareil *m* de poursuite.
tracker dog *n* chien *m* policier.
track event *n* épreuve *f* sur piste.
tracking ['trækɪŋ] ◇ *n* -**1.** poursuite *f*; [of missile] repérage *m*. -**2.** *Am* SCH *répartition des élèves en sections selon leurs aptitudes.*
◇ *comp* [radar, satellite] de poursuite.
tracking shot *n* CIN traveling *m*, travelling *m*.
tracking station *n* station *f* d'observation.
tracklayer ['træk,leɪəʳ] *n Am* poseur *m* de rails.
trackless ['træklɪs] *adj* -**1.** [forest] sans chemins, sans sentiers. -**2.** [vehicle] sans chenilles.
trackman ['trækmən] (*pl* **trackmen** [-mən]) *n Am responsable de l'entretien de la voie.*
track meet *n Am* rencontre *f* d'athlétisme.
track racing *n (U)* courses *fpl* sur piste.
track record *n* SPORT & *fig* dossier *m*, carrière *f*; **she has a good ~** elle a fait ses preuves; **given his ~** vu ce qu'il a déjà accompli.
track rod *n Br* biellette *f* de connexion.
track shoe *n* chaussure *f* d'athlétisme.
tracksuit ['træk,suːt] *n* survêtement *m*.
tract [trækt] *n* -**1.** [pamphlet] tract *m*. -**2.** [large area] étendue *f*; *Am* [housing estate] lotissement *m*; [mining] gisement *m*; **a ~ house** un pavillon. -**3.** ANAT: **digestive/respiratory ~** appareil *m* OR système *m* digestif/respiratoire.
tractable ['træktəbl] *adj* [person, animal] accommodant; [material] malléable; [problem] soluble, facile à résoudre.

Tractarianism [træk'teərɪənɪzm] *n* tractarianisme *m*.

traction ['trækʃn] *n* -**1.** MECH traction *f*; **electric/steam** ~ traction électrique/à vapeur. -**2.** MED: **to be in** ~ être en extension; ~ **splint** attelle *f* d'extension; ~ **of the tongue** [artificial respiration] tractions *fpl* rythmées de la langue.

traction engine *n* locomotive *f*.

tractive force ['træktɪv-] *n* effort *m* de traction.

tractor ['træktəʳ] *n* [on farm] tracteur *m*; TECH locomobile *f*.

tractorfeed ['træktəfi:d] *n* COMPUT dispositif *m* d'entraînement à picots.

tractor-trailer *n Am* semi-remorque *m*.

trad *inf* [træd] ◇ *adj* MUS traditionnel.

◇ *n*: ~ **(jazz)** jazz traditionnel des années 30.

trade [treɪd] ◇ *n* -**1.** *(U)* COMM commerce *m*, affaires *fpl*; **the clothing** ~ la confection, l'industrie *f* de la confection; **she is in the tea** ~ elle est dans le commerce du thé, elle est négociante en thé; **the tourist** ~ le tourisme; ~ **is brisk** les affaires vont bien; **to do a good** OR **roaring** ~ faire des affaires en or; **domestic/foreign** ~ commerce intérieur/extérieur; **retail/wholesale** ~ commerce de détail/de gros; **Board of Trade** *Br*, **Department of Trade** *Am* ministère *m* du Commerce; **Minister of Trade** *Br*, **Secretary of Trade** *Am* ministre *m* du Commerce; **Department of Trade and Industry** *Br* ≃ ministère *m* de l'Industrie et du Commerce. -**2.** [illicit dealings] trafic *m*; **the drug** ~ le trafic de drogue; **the slave** ~ la traite des esclaves. -**3.** [vocation, occupation] métier *m*; **she is an electrician by** ~ elle est électricienne de son métier OR de son état; **to be in the** ~ être du métier; **as we say in the** ~ comme on dit dans le métier; **open to members of the** ~ **only** pour les membres de la profession seulement. -**4.** [exchange] échange *m*; **fair** ~ échange équitable. -**5.** [regular customers] clientèle *f*. -**6.** *Am* [transaction] transaction *f* commerciale.

◇ *comp* -**1.** COMM [agreement, balance] commercial; ~ **deficit** balance *f* commerciale déficitaire, déficit *m* extérieur; ~ **figures** résultats *mpl* financiers. -**2.** [publication] spécialisé.

◇ *vt* [exchange] échanger, troquer; **he** ~**d a marble for a toffee** il a échangé OR troqué une bille contre un caramel; **they** ~**d insults over the dinner table** ils ont échangé des insultes pendant le dîner.

◇ *vi* -**1.** [businessman, country] faire du commerce; **he** ~**s in clothing** il est négociant en confection, il est dans la confection; **what name do you** ~ **under?** quel est votre raison sociale?; **to** ~ **at a loss** vendre à perte; **to** ~ **with sb** avoir OR entretenir des relations commerciales avec qqn; **they stopped trading with Iran** ils ont arrêté toute relation commerciale avec l'Iran. -**2.** *Am* [private individual] faire ses achats; **to** ~ **at** OR **with** faire ses courses à OR chez. -**3.** ST. EX [currency, commodity]: **corn is trading at £25** le maïs se négocie à 25 livres.

◆ **trades** *npl* [winds] alizés *mpl*.

◆ **trade in** *vt sep* faire reprendre; **I** ~**d my television in for a new one** ils ont repris mon vieux téléviseur quand j'ai acheté le nouveau.

◆ **trade off** ◇ *vt sep* échanger, troquer; [as a compromise] accepter en compensation; **to** ~ **sthg off against sthg** laisser OR abandonner qqch pour qqch.

◇ *vi insep Am*: **they** ~ **off every year for first place** ils sont premiers chacun leur tour tous les ans.

◆ **trade on** *vt insep* exploiter, profiter de; **he** ~**s on her gullibility** il profite de sa crédulité; **I'd hate to** ~ **on** OR **upon your kindness** je ne voudrais pas abuser de votre gentillesse.

trade association *n* association *f* professionnelle.

trade barriers *npl* barrières *fpl* douanières.

trade cycle *n* cycle *m* économique.

Trade Descriptions Act *pr n loi britannique contre la publicité mensongère.*

trade discount *n* remise *f* professionnelle OR au détaillant.

trade fair *n* foire *f* OR exposition *f* commerciale.

trade gap *n* déficit *m* commercial.

trade-in *n* reprise *f*; **will he accept a** ~**?** accepte-t-il la reprise?; **they took my old refrigerator as a** ~ ils ont repris mon vieux réfrigérateur; **the** ~ **price/value of your old car** le prix/la valeur à la reprise de votre ancienne voiture.

trademark ['treɪdmɑ:k] ◇ *n* marque *f* (de fabrique); *fig* signe *m* caractéristique.

◇ *vt* [label a product] apposer une marque sur; [register a product] déposer.

trade name *n* [of product] nom *m* de marque; [of firm] raison *f* commerciale.

trade-off *n* échange *m*; [compromise] compromis *m*; **there's always a** ~ **between speed and accuracy** il faut toujours faire un compromis entre la vitesse et la précision.

trade paper *n* revue *f* spécialisée.

trade plate *n* plaque *f* d'immatriculation provisoire.

trade price *n* prix *m* de gros.

trader ['treɪdəʳ] *n* -**1.** [gen] commerçant *m*, -e *f*, marchand *m*, -e *f*; [on large scale] négociant *m*, -e *f*. -**2.** [ship] navire *m* marchand OR de commerce. -**3.** *Am* ST. EX contrepartiste *m*.

trade route *n* route *f* commerciale.

trade secret *n* secret *m* de fabrication; **she won't tell me her recipe, she says it's a** ~! *hum* elle ne veut pas me donner sa recette, elle dit que c'est un secret!

tradesman ['treɪdzmən] (*pl* **tradesmen** [-mən]) *n* -**1.** [trader] commerçant *m*, marchand *m*; ~**'s entrance** entrée *f* de service OR des fournisseurs. -**2.** [skilled workman] ouvrier *m* qualifié.

tradespeople ['treɪdz,pi:pl] *npl esp Br* commerçants *mpl*.

trade(s) union *n* syndicat *m*; **to join a** ~ se syndiquer; **the workers formed a** ~ les ouvriers ont formé un syndicat; **I am in the** ~ je suis syndiqué, j'appartiens au syndicat.

Trades Union Congress *n confédération des syndicats britanniques.*

trade(s) unionism *n* syndicalisme *m*.

trade(s) unionist *n* syndicaliste *mf*.

trade wind *n* alizé *m*.

trading ['treɪdɪŋ] ◇ *n* commerce *m*, négoce *m*; [illicit dealing] trafic *m*; ~ **on the Stock Exchange was heavy** le volume de transactions à la Bourse était important; ~ **losses for the past year were heavy** les pertes subies pour l'exercice de l'année écoulée ont été lourdes.

◇ *comp* [company, partner] commercial; ~ **nation** nation *f* commerçante; ~ **standards** normes *fpl* de conformité; ~ **standards office** ≃ Direction *f* de la consommation et de la répression des fraudes; ~ **year** COMM année *f* d'exploitation, exercice *m*.

trading estate *n Br* zone *f* artisanale et commerciale.

trading post *n Am* comptoir *m* commercial.

trading stamp *n* timbre-prime *m*.

tradition [trə'dɪʃn] *n* tradition *f*, coutume *f*; **it's in the best** ~ **of New Year's Eve parties** c'est dans la plus pure tradition des réveillons du Nouvel An; ~ **has it that...** la tradition veut que...; **the** ~ **that...** la tradition selon laquelle... OR qui veut que...; **a comedian in the** ~ **of Chaplin** un comédien dans la lignée de Chaplin; **to break with** ~ rompre avec la tradition.

traditional [trə'dɪʃənl] *adj* traditionnel; **it is** ~ **to sing Auld Lang Syne at New Year** il est de tradition de chanter Auld Lang Syne au Nouvel An; ~ **dress** costume *m* traditionnel; **this school is a very** ~ **one** cette école est très traditionnelle.

traditionalism [trə'dɪʃnəlɪzm] *n* traditionalisme *m*.

traditionalist [trə'dɪʃnəlɪst] ◇ *n* traditionaliste *mf*.

◇ *adj* traditionaliste.

traditionally [trə'dɪʃnəlɪ] *adv* traditionnellement.

traduce [trə'dju:s] *vt fml* [malign] calomnier, diffamer.

traffic ['træfɪk] (*pt* & *pp* **trafficked**, *cont* **trafficking**) ◇ *n* -**1.** [on roads] circulation *f*; [rail, air, maritime] trafic *m*; **holiday** ~ [outward] la circulation des grands départs; [homeward] la circulation des grands retours; **the** ~ **is heavy/light** la circulation est dense/fluide; ~ **is building up** la circulation augmente; **there is a great deal of** ~ **on the roads** les routes sont encombrées; ~ **in and out of the city** circulation à destination et en provenance de la ville; **watch out for** ~ **when crossing!** (fais) attention aux voitures en traversant!; **road closed to heavy** ~ route interdite aux poids lourds; **eastbound** ~ circulation ouest-est; **the cyclist weaved through the** ~ le cycliste se faufila entre les voitures; **the resort experiences heavy ski** ~ **in winter** *fig* il y a beaucoup de skieurs en hiver dans cette station ◻ **road** ~ circulation *f* routière; **sea** ~ navigation *f* OR trafic *m* maritime; **rail** OR **railway** ~ trafic *m* ferroviaire; **through** ~ circulation *f* de transit; ~ **calming** *mesures visant à ralentir la circulation.* -**2.** COMM commerce *m*; [illicit] trafic *m*; *Am* [customers] clientèle *f*; **the** ~ **in arms/drugs** le trafic des armes/de drogue. -**3.** *Br* [dealings] échange *m*; **you should have no** ~ **with these people** évitez d'avoir affaire à ces gens.

◇ *vi*: **to** ~ **in** faire le commerce de; **organizations trafficking in arms/drugs** des organisations spécialisées dans le trafic d'armes/de drogue.

trafficator ['træfɪkeɪtəʳ] *n Br dated* flèche *f* de direction.

traffic circle *n Am* rond-point *m*, sens *m* giratoire.

traffic control *n* régulation *f* de la circulation; AERON, NAUT & RAIL contrôle *m* du trafic; ~ **tower** tour *f* de contrôle.

traffic controller *n* contrôleur *m*, -euse *f* de la navigation aérienne, aiguilleur *m* du ciel.

traffic cop *inf n Am* agent *m* de la circulation.

traffic island *n* refuge *m*.

traffic jam *n Br* embouteillage *m*, bouchon *m*.

trafficker ['træfɪkəʳ] *n* trafiquant *m*, -e *f*; **drug** ~ trafiquant *m* de drogue.

traffic light *n* feu *m* de signalisation; **the** ~**s are (on) green** le feu est (au) vert; **carry on to the next set of** ~**s** continuez jusqu'aux prochains feux.

traffic offence *n* infraction *f* au code de la route.

traffic pattern *n* AERON couloir *m* OR position *f* d'approche.

traffic police *n* [speeding, safety] police *f* de la route; [point duty] police *f* de la circulation.

traffic policeman *n* agent *m* de police; [on point duty] agent *m* de la circulation.

traffic sign *n* panneau *m* de signalisation, poteau *m* indicateur.

traffic signal *n* feu *m* de signalisation.

traffic warden *n Br* contractuel *m*, -elle *f*.

TRAFFIC WARDEN:
En Grande-Bretagne, les contractuels sont habilités à dresser les procès-verbaux mais aussi à régler la circulation.

---

tragedian [trə'dʒi:dɪən] *n* [author] auteur *m* tragique; [actor] tragédien *m*.

tragedienne [trə,dʒi:dɪ'en] *n* tragédienne *f*.

tragedy ['trædʒədɪ] (*pl* **tragedies**) *n* [gen & THEAT] tragédie *f*; **it's a** ~ **that this should happen to her** c'est tragique que ça lui arrive à elle; **what a** ~! quel malheur!, quelle tragédie!

tragic(al) ['trædʒɪk(l)] *adj* tragique.

tragically ['trædʒɪklɪ] *adv* tragiquement; **the trip went** ~ **wrong** le voyage a tourné au drame.

tragic irony *n* ironie *f* tragique.

tragicomedy [,trædʒɪ'kɒmədɪ] (*pl* **tragicomedies**) *n* tragi-comédie *f*.

tragicomic(al) [,trædʒɪ'kɒmɪk(l)] *adj* tragi-comique.

trail [treɪl] ◇ *n* -**1.** [path] sentier *m*, chemin *m*; [through jungle] piste *f*; ski ~ piste de ski; to break a ~ faire la trace, tracer; **he hit the campaign ~** *fig* il est parti en campagne (électorale); **the end of the ~** *Am* le bout de la piste *(nom donné à la Californie par les pionniers américains)*; **the ~ of tears** *Am* HIST le chemin des larmes. -**2.** [traces of passage] piste *f*, trace *f*; **to be on the ~ of sb/sthg** être sur la piste de qqn/qqch; **the police were on his ~** la police était sur sa trace; **a false ~** une fausse piste; **the storm left a ~ of destruction** l'orage a tout détruit sur son passage; **she leaves a ~ of broken hearts behind her** *fig* elle laisse beaucoup de cœurs brisés derrière elle. -**3.** [of blood, smoke] traînée *f*; [of comet] queue *f*. -**4.** [of gun] crosse *f* OR flèche *f* d'affût.
◇ *vt* -**1.** [follow] suivre, filer; [track] suivre la piste de; [animal, criminal] traquer. -**2.** [drag behind, tow] traîner; [boat, trailer] tirer, remorquer; **she ~ed her hand in the water** elle laissait traîner sa main dans l'eau; **he was ~ing a sack of coal behind him** il traînait OR tirait un sac de charbon derrière lui ❑ **to ~ one's coat** chercher la bagarre. -**3.** [lag behind] être en arrière par rapport à; **he ~s all his classmates** il est en retard par rapport aux autres élèves. -**4.** [gun] porter à la main. -**5.** [advertise] diffuser (une bande-annonce).
◇ *vi* -**1.** [long garment] traîner; [plant] ramper; **smoke ~ed from the chimney** de la fumée sortait de la cheminée. -**2.** [move slowly] traîner; **he ~ed along at a snail's pace** il avançait comme un escargot; **the prisoners ~ed slowly past** les prisonniers passaient lentement à la queue leu leu; **he ~ed in last** SPORT il est arrivé bon dernier. -**3.** [lag behind in contest] être à la traîne; **he's ~ing in the polls** il est à la traîne dans les sondages. -**4.** [follow] suivre, filer; **with five children ~ing behind her** avec cinq enfants dans son sillage.
◆ **trail away** *vi insep* s'estomper; **his voice ~ed away to a whisper** sa voix ne fut plus qu'un murmure.
◆ **trail off** *vi insep* s'estomper; **he ~ed off in mid sentence** il n'a pas terminé sa phrase.

THE TRAIL OF TEARS:
Nom donné au chemin parcouru, en 1838, par les Indiens d'Amérique transférés de force dans des réserves à l'ouest du Mississippi et sur lequel nombre d'entre eux succombèrent à la maladie et aux mauvais traitements.

---

trail bike *n* moto *f* de cross.
trailblazer ['treɪl,bleɪzəʳ] *n fig* pionnier *m*, -ère *f*.
trailblazing ['treɪl,bleɪzɪŋ] *adj* de pionnier.
trailer ['treɪləʳ] *n* -**1.** AUT remorque *f*; *Am* camping-car *m*; ~ **court**, ~ **park** *Am terrain aménagé pour les camping-cars*; ~ **tent** tente *f* remorque. -**2.** CIN & TV bande-annonce *f*. -**3.** [end of film roll] amorce *f*.
trailing ['treɪlɪŋ] *adj* traînant; [plant] rampant; ~ **edge** AERON bord *m* de fuite.
train [treɪn] ◇ *n* -**1.** [railway] train *m*; [underground] métro *m*, rame *f*; **to go by ~** prendre le train, aller en train; **I met a friend on the ~** j'ai rencontré un ami dans le train; **to transport goods by ~** transporter des marchandises par voie ferrée OR rail; **'to the ~s'** 'accès aux quais'. -**2.** [procession - of vehicles] file *f*, cortège *m*; [- of mules] file *f*; [- of camels] caravane *f*; MIL convoi *m*; [retinue] suite *f*, équipage *m*; MIL équipage *m*; **the famine brought disease in its ~** la maladie succéda à la famine. -**3.** [of dress] traîne *f*. -**4.** [connected sequence] suite *f*, série *f*; **in an unbroken ~** en succession ininterrompue; **a ~ of thought** un enchaînement d'idées; **a ~ of events** une suite d'événements; **my remark interrupted her ~ of thought** ma remarque a interrompu le fil de sa pensée OR ses pensées; **to follow sb's ~ of thought** suivre le raisonnement de qqn. -**5.** MECH train *m*; ~ **of gears** train d'engrenage. -**6.** *fml* [progress] : **in ~** en marche; **to set sthg in ~** mettre qqch en marche. -**7.** [fuse] amorce *f*; [of gunpowder] traînée *f* (de poudre).
◇ *comp* [dispute, strike] des cheminots, des chemins de fer; [reservation, ticket] de train; **there is a good ~ service to the city** la ville est bien desservie par le train; **there is an hourly ~ service** il y a des trains toutes les heures.
◇ *vt* -**1.** [employee, soldier] former; [voice] travailler; [animal] dresser; [mind] former; SPORT entraîner; [plant - by pruning] tailler; [- by tying] palisser; [climbing plant] diriger, faire grimper; **he is ~ing sb to take over from him** il forme son successeur; **to ~ sb in a trade** apprendre un métier à qqn, préparer qqn à un métier; **she was ~ed in economics** elle a reçu une formation d'économiste; **he was ~ed at Sandhurst** il a fait ses classes à Sandhurst; **to ~ sb to use sthg** apprendre à qqn à utiliser qqch; **to ~ sb up** former OR préparer qqn; **he has been ~ed in the use of explosives** il a été formé au maniement des explosifs; **the dogs have been ~ed to detect explosives** les chiens ont été dressés pour détecter les explosifs. -**2.** [direct, aim] viser; **he ~ed his gun on us** il a braqué son arme sur nous. -**3.** *inf* RAIL: **we ~ed it down to the South of France** nous sommes allés en train jusque dans le Midi de la France.
◇ *vi* -**1.** recevoir une formation; **I ~ed as a translator** j'ai reçu une formation de traducteur; **she's ~ing as a teacher** elle suit une formation pédagogique; **where did you ~?** où avez-vous reçu votre formation? -**2.** SPORT s'entraîner, se préparer.
trainbearer ['treɪn,beərəʳ] *n personne qui porte la traîne d'un dignitaire*; [at wedding] demoiselle *f* OR dame *f* d'honneur; [boy] page *m*.
trained [treɪnd] *adj* compétent, qualifié; [engineer] breveté, diplômé; [nurse, translator] diplômé, qualifié; **he's not ~ for this job** il n'est pas qualifié OR n'a pas la formation requise pour ce poste; **we need a well ~ employee** il nous faut quelqu'un qui ait une bonne formation; **she has her boss well ~!** *hum* elle a bien dressé son patron!; **a ~ eye** un œil exercé; **a ~ ear** une oreille exercée; **he has a ~ voice** il a travaillé sa voix || [animal] dressé; **a ~ parrot** un perroquet savant; **a well ~ horse** un cheval bien dressé.
trainee [treɪ'niː] ◇ *n* stagiaire *mf*; **sales ~** stagiaire de vente.
◇ *comp* stagiaire, en stage; [in trades] en apprentissage; ~ **journalist** journaliste *mf* stagiaire; ~ **computer programmer** élève *mf* programmeur.
trainer ['treɪnəʳ] *n* -**1.** SPORT entraîneur *m*. -**2.** [of animal] dresseur *m*, -euse *f*; [of racehorses] entraîneur *m*; [of lion] dompteur *m*, -euse *f*. -**3.** AERON [simulator] simulateur *m*; ~ **(aircraft)** avion-école *m*. -**4.** [shoe] chaussure *f* de sport.
training ['treɪnɪŋ] ◇ *n* -**1.** formation *f*; [of soldier] instruction *f*; [of animal] dressage *m*; **further ~** perfectionnement *m*; **he is a carpenter by ~** il est menuisier de formation; **I have had some business ~** j'ai suivi une petite formation commerciale ❑ **in-service ~** formation continue; **staff ~** formation du personnel; **vocational ~** formation professionnelle; **to do one's basic ~** MIL faire ses classes. -**2.** SPORT entraînement *m*, préparation *f*; **to be in ~** être en cours d'entraînement OR de préparation; **I'm out of ~** j'ai perdu la forme; **she's in ~ for the tennis tournament** elle s'entraîne pour le tournoi OR se prépare au tournoi de tennis.
◇ *comp* [centre, programme, scheme] de formation; ~ **manual** manuel *m* d'instruction.
Training Agency *pr n*: **the ~** *organisme britannique créé en 1989, qui propose des stages de formation et de recyclage.*
training camp *n* camp *m* d'entraînement; MIL base *f* école.
training college *n* école *f* spécialisée OR professionnelle.
training course *n* stage *m* de formation.
training ship *n* navire-école *m*.
training shoes *npl* chaussures *fpl* de sport.
train set *n* train *m* électrique.
trainsick ['treɪnsɪk] *adj*: **to be** OR **to get ~** être malade en train.
train spotter *n Br amateur de trains dont la passion consiste à relever les numéros d'immatriculation des locomotives.*
train spotting [-'spɒtɪŋ] *n*: **to go ~** observer les trains.
traipse *inf* [treɪps] ◇ *vi*: **we all ~d off to the shops** nous sommes tous partis traîner dans les magasins; **she came traipsing in** elle est entrée en traînassant; **to ~ about** OR **around** se balader, vadrouiller; **they ~d from one museum to another** ils ont fait tous les musées.
◇ *n* longue promenade; **it's quite a ~** ça fait une trotte.
trait [treɪ, treɪt] *n* trait *m*.
traitor ['treɪtəʳ] *n* traître *m*; **a ~ to his country** un traître envers son pays; **you're a ~ to your country/to the cause** vous trahissez votre pays/la cause; **he turned ~** il est passé à l'ennemi.
traitorous ['treɪtərəs] *adj fml* traître, perfide.
traitress ['treɪtrɪs] *n* traîtresse *f*.
trajectory [trə'dʒektərɪ] (*pl* **trajectories**) *n* trajectoire *f*.
tra-la(-la) [trɑː'lɑː, ,trɑːlɑː'lɑː] *onomat refrain de chanson sans sens particulier.*
tram [træm] *n Br* tram *m*, tramway *m*; MIN berline *f*, benne *f* roulante; **to go by ~** prendre le tram; **the ~s** le réseau des tramways; **to work on the ~s** travailler dans les tramways.
tramcar ['træmkɑːʳ] *n Br* tram *m*, tramway *m*.
tramline ['træmlaɪn] *n Br* [rails] voie *f* de tramway; [route] ligne *f* de tramway.
◆ **tramlines** *npl* [in tennis, badminton] lignes *fpl* de côté.
trammel ['træml] (*Br pt & pp* **trammelled**, *cont* **trammelling**, *Am pt & pp* **trammeled**, *cont* **trammeling**) ◇ *vt literal & fig* entraver.
◇ *n* -**1.** **the ~s of society** les entraves de la société. -**2.** FISHING tramail *m*, trémail *m*.
tramp [træmp] ◇ *n* -**1.** [vagabond] clochard *m*, -e *f*, chemineau *m dated*; **'The Tramp'** *Chaplin* 'le Vagabond'. -**2.** [sound] bruit *m* de pas; **I could hear the ~ of soldiers' feet** j'entendais le pas lourd des soldats. -**3.** [long walk] randonnée *f* (à pied), promenade *f*; **it's a long ~ into town** il y a un bon bout de chemin à faire jusqu'à la ville. -**4.** [ship] : ~ **(steamer)** tramp *m*. -**5.** *inf Am pej* traînée.
◇ *vi* [hike] marcher, se promener; [walk heavily] marcher d'un pas lourd; **we ~ed along in silence for a while** nous avons poursuivi notre chemin en silence pendant un moment; **to ~ up and down** faire les cent pas.
◇ *vt* parcourir; **he ~ed the streets in search of work** il a battu le pavé pour trouver du travail.
◆ **tramp down, tramp in** *vt sep* tasser du pied.
trample ['træmpl] ◇ *vt* piétiner, fouler aux pieds; **the crowd ~d the man to death** l'homme est mort piétiné par la foule || [sb's feelings] bafouer; **he ~d my arguments underfoot** il a piétiné OR pulvérisé mes arguments.
◇ *vi* marcher d'un pas lourd.
◇ *n* [action] piétinement *m*; [sound] bruit *m* de pas.
◆ **trample on, trample over** *vt insep* piétiner; *fig* [sb's feelings] bafouer; [objections] passer outre à.
trampoline ['træmpəliːn] ◇ *n* trampoline *m*.
◇ *vi*: **to ~**, **to go trampolining** faire du trampoline.
tramway ['træmweɪ] (*pl* **tramways**) *n Br* [rails] voie *f* de tramway; [route] ligne *f* de tramway.
trance [trɑːns] *n* transe *f*; MED catalepsie *f*; **to go** OR **to fall into a ~** entrer en transe; MED tomber en catalepsie; **he put me into a ~** il m'a hypnotisé, il m'a fait entrer en transe.
trannie *inf*, **tranny** *inf* ['trænɪ] (*pl* **trannies**) *n Br* [transistor radio] transistor *m*.
tranquil ['træŋkwɪl] *adj* tranquille, paisible.

tranquillity *Br*, **tranquility** *Am* [træŋ'kwɪlətɪ] *n* tranquillité *f*, calme *m*.

tranquillize, -ise *Br*, **tranquilize** *Am* ['træŋkwɪlaɪz] *vt* calmer, apaiser; MED mettre sous tranquillisants.

tranquillizer *Br*, **tranquilizer** *Am* ['træŋkwɪlaɪzəʳ] *n* tranquillisant *m*, calmant *m*.

transact [træn'zækt] *vt* traiter, régler; **the deal was successfully ~ed** l'affaire a été conclue avec brio.

transaction [træn'zækʃn] *n* -**1.** [gen & BANK] opération *f*, affaire *f*; **cash ~** opération *f* au comptant ‖ ECON, FIN & ST. EX transaction *f*; **cash ~s have increased** les mouvements d'espèces ont augmenté; **Stock Exchange ~s** opérations *fpl* de Bourse. -**2.** [act of transacting] conduite *f*, gestion *f*; **~ of business will continue as normal** la conduite des affaires se poursuivra comme à l'accoutumée. -**3.** COMPUT mouvement *m*.

◆ **transactions** *npl* [proceedings of an organization] travaux *mpl*; [minutes] actes *mpl*.

transactional [træn'zækʃənl] *adj* transactionnel; **~ analysis** PSYCH analyse *f* transactionnelle.

transalpine [ˌtrænz'ælpaɪn] *adj* transalpin.

transatlantic [ˌtrænzət'læntɪk] *adj* transatlantique.

Transcaucasia [ˌtrænskɔː'keɪzjə] *pr n* Transcaucasie *f*.

transceiver [træn'siːvəʳ] *n* émetteur-récepteur *m*.

transcend [træn'send] *vt* -**1.** [go beyond] transcender, dépasser; PHILOS & RELIG transcender; **the issue ~s party loyalties** le problème dépasse les clivages partisans. -**2.** [surpass] surpasser.

transcendence [træn'sendəns], **transcendency** [træn'sendənsɪ] *n* transcendance *f*.

transcendent [træn'sendənt] *adj* transcendant.

transcendental [ˌtrænsen'dentl] *adj* transcendantal.

transcendentalism [ˌtrænsen'dentəlɪzm] *n* transcendantalisme *m*.

transcendental meditation *n* méditation *f* transcendantale.

transcontinental ['trænzˌkɒntɪ'nentl] *adj* transcontinental; **the Transcontinental Railroad** la Transcontinentale.

THE TRANSCONTINENTAL RAILROAD:
Voie de chemin de fer traversant les États-Unis d'est en ouest. Achevée en 1869, elle fut construite par deux compagnies: la «Union Pacific» et la «Central Pacific», qui, parties respectivement de la côte est et de la côte ouest, se rejoignirent dans l'Utah.

---

transcribe [træn'skraɪb] *vt* transcrire.

transcript ['trænskrɪpt] *n* transcription *f*; SCH & UNIV *dossier complet de la scolarité*.

transcription [træn'skrɪpʃn] *n* transcription *f*; **broad/narrow ~** LING transcription large/étroite.

transduce [trænz'djuːs] *vt* transformer, convertir.

transducer [trænz'djuːsəʳ] *n* transducteur *m*.

transduction [trænz'dʌkʃn] *n* transduction *f*.

transect [træn'sekt] *vt* sectionner transversalement.

transection [træn'sekʃn] *n* coupe *f* OR section *f* transversale.

transept ['trænsept] *n* transept *m*.

transfer [*vb* træns'fɜːʳ, *n* 'trænsfɜːʳ] ◇ *vt* -**1.** [move] transférer; [employee, civil servant] transférer, muter; [soldier] muter; [player] transférer; [passenger] transférer, transborder; [object, goods] transférer, transporter; [money] virer; **can this ticket be transferred to another airline?** peut-on utiliser ce billet d'avion sur une autre compagnie?; **I transferred the funds to my bank account** j'ai fait virer l'argent sur mon compte bancaire. -**2.** [convey - property, ownership] transmettre, transférer; [- power, responsibility] passer; JUR faire cession de, céder; **she will ~ the rights over to him** elle va lui céder OR passer les droits. -**3.** TELEC: **I'd like to ~ the charges** *Br* je voudrais téléphoner en PCV; **I'm transferring you now** [operator] je vous mets en communication ☐ **transferred charge call** *Br* communication *f* en PCV. -**4.** [displace - design, picture] reporter, décalquer; **to ~ a design from one surface to another** décalquer un dessin d'un support sur un autre; **she transferred her affection/allegiance to him** *fig* elle a reporté son affection/sa fidélité sur lui.

◇ *vi* -**1.** [move] être transféré; [employee, civil servant] être muté OR transféré; [soldier] être muté; SPORT [player] être transféré; **she transferred to another school** *Am* elle a changé d'école; **I'm transferring to history** je me réoriente en histoire. -**2.** [change mode of transport] être transféré OR transbordé; **they had to ~ to a train** ils ont dû changer et prendre le train.

◇ *n* -**1.** [gen] transfert *m*; [of employee, civil servant] mutation *f*; [of passenger] transfert *m*, transbordement *m*; [of player] transfert *m*; [of goods, objects] transfert *m*, transport *m*; [of money] virement *m*; **he has asked for a ~** il a demandé son transfert OR à être muté; **~ of a debt** cession *f* OR revirement *m* d'une créance; **bank ~** virement *m* bancaire. -**2.** JUR transmission *f*, cession *f*; **~ of ownership from sb to sb** transfert *m* OR translation *f* de propriété de qqn à qqn; **application for ~ of proceedings** demande *f* de renvoi devant une autre juridiction. -**3.** POL: **~ of power** passation *f* de pouvoir. -**4.** [design, picture] décalcomanie *f*; [rub-on] autocollant *m*; [sew-on] décalque *m*. -**5.** [change of mode of travel] transfert *m*; [at airport, train station] correspondance *f*; **~ (ticket)** billet *m* de correspondance.

transferable [træns'fɜːrəbl] *adj* transmissible; JUR cessible; **this ticket is not ~** ce billet est strictement personnel; **~ securities** FIN valeurs *fpl* négociables.

transferable vote *n voix pouvant se reporter sur un autre candidat.*

transferee [ˌtrænsfɜː'riː] *n* JUR & FIN cessionnaire *mf*, bénéficiaire *mf*.

transference ['trænsfərəns] *n* [gen & PSYCH] transfert *m*; [of employee, civil servant] mutation *f*; [of money] virement *m*; [of power] passation *f*; [of ownership] transfert *m* OR translation *f* de propriété.

transfer fee *n* FTBL prix *m* du transfert.

transfer list *n Br* liste *f* des joueurs transférables.

transfer-listed *adj Br*: **to be ~** être sur la liste des joueurs transférables.

transferor, transferrer [træns'fɜːrəʳ] *n* JUR cédant *m*, -e *f*.

transfer passenger *n* [between flights] voyageur *m*, -euse *f* en transit.

transfiguration [ˌtrænsfɪgə'reɪʃn] *n* transfiguration *f*; **the Transfiguration** RELIG la Transfiguration.

transfigure [træns'fɪgəʳ] *vt* transfigurer.

transfinite [træns'faɪnaɪt] *adj* transfini.

transfix [træns'fɪks] *vt literal* transpercer; *fig* pétrifier; **to be ~ed with fear** être paralysé par la peur; **she stood ~ed** elle est restée clouée sur place.

transform [træns'fɔːm] ◇ *vt* -**1.** [change - gen] transformer, métamorphoser; **to ~ sthg into sthg** transformer qqch en qqch; **her year abroad has completely ~ed her** son année à l'étranger l'a complètement métamorphosée. -**2.** ELEC transformer; CHEM, MATH & PHYS transformer, convertir. -**3.** GRAMM transformer.

◇ *n* -**1.** LING transformation *f*. -**2.** MATH transformée *f*.

transformation [ˌtrænsfə'meɪʃn] *n* transformation *f*, métamorphose *f*; ELEC & MATH transformation *f*; CHEM & PHYS conversion *f*; LING transformation *f*.

transformational grammar [ˌtrænsfə'meɪʃənl-] *n* grammaire *f* transformationnelle.

transformer [træns'fɔːməʳ] ◇ *n* transformateur *m*.

◇ *comp*: **~ station** station *f* de transformation.

transfuse [træns'fjuːz] *vt* [gen & MED] transfuser.

transfusion [træns'fjuːʒn] *n* [gen & MED] transfusion *f*; **they gave him a ~** ils lui ont fait une transfusion; **blood ~** transfusion sanguine OR de sang.

transgress [træns'gres] *fml* ◇ *vt* transgresser, enfreindre.

◇ *vi* pécher.

transgression [træns'greʃn] *n fml* -**1.** [overstepping] transgression *f*. -**2.** [crime] faute *f*, violation *f* (d'une loi); RELIG péché *m*.

transgressor [træns'gresəʳ] *n* [gen & JUR] transgresseur *m*; RELIG pécheur *m*, -eresse *f*.

tranship [træns'ʃɪp] = **transship**.

transience ['trænzɪəns] *n* caractère *m* éphémère OR transitoire.

transient ['trænzɪənt] ◇ *adj* [temporary] transitoire, passager; [fleeting] éphémère.

◇ *n* -**1.** [person] voyageur *m*, -euse *f* en transit. -**2.** [goods] marchandise *f* en transit.

transistor [træn'zɪstəʳ] *n* transistor *m*.

transistorize, -ise [træn'zɪstəraɪz] *vt* transistoriser; **~d circuit** circuit *m* à transistors.

transistor radio *n* transistor *m*.

transit ['trænsɪt] ◇ *n* [of goods, passengers] transit *m*; ASTRON passage *m*; **in ~** en transit; **goods lost in ~** marchandises égarées pendant le transport.

◇ *comp* [goods, passengers] en transit; [documents, lounge, port] de transit; **~ authority** *Am* régie *f* des transports (en commun).

◇ *vt* [goods, passengers] transiter; ASTRON passer sur.

transit camp *n* camp *m* de transit.

transition [træn'zɪʃn] ◇ *n* transition *f*, passage *m*; **the ~ from childhood to maturity** le passage de l'enfance à l'âge adulte.

◇ *comp* [period] de transition.

transitional [træn'zɪʃənl] *adj* de transition, transitoire; **~ relief** *Br* ADMIN *aide financière de l'État pour faciliter la mise en place d'une réforme administrative.*

transitive ['trænsətɪv] *adj* transitif.

transitively ['trænsətɪvlɪ] *adv* transitivement.

transitory ['trænsɪtrɪ] *adj* transitoire, passager.

translatable [træns'leɪtəbl] *adj* traduisible.

translate [træns'leɪt] ◇ *vt* -**1.** traduire; **to ~ sthg from Spanish into English** traduire qqch de l'espagnol en anglais; **how do you ~ "hunger"?** comment traduit-on «hunger»?; **it can be ~d as...** on peut le traduire par...; **~d into Fahrenheit** exprimé OR converti en Fahrenheit; **he ~d her silence as a refusal** *fig* il a interprété son silence comme un refus; **to ~ ideas into action** traduire des idées en actes. -**2.** RELIG [transfer - cleric, relics] transférer; [convey to heaven] ravir.

◇ *vi* -**1.** [words] se traduire; **it doesn't ~** c'est intraduisible. -**2.** [person] traduire.

translation [træns'leɪʃn] *n* -**1.** traduction *f*; SCH version *f*; **the book is a ~ from (the) Chinese** le livre est traduit du chinois; **the text loses something in the ~** le texte perd quelque chose à la traduction. -**2.** RELIG [of cleric, relics] translation *f*; [conveying to heaven] ravissement *m*.

translator [træns'leɪtəʳ] *n* traducteur *m*, -trice *f*.

transliterate [trænz'lɪtəreɪt] *vt* translitérer, translittérer.

transliteration [ˌtrænzlɪtə'reɪʃn] *n* translitération *f*, translittération *f*, transcription *f*.

translocate [ˌtrænzləʊ'keɪt] *vt* déplacer.

translucence [trænz'luːsns] *n* translucidité *f*.

translucent [trænz'luːsnt] *adj* translucide, diaphane.

transmigrate [,trænzmaɪ'greɪt] *vi* [soul] transmigrer; [people] émigrer.

transmigration [,trænzmaɪ'greɪʃn] *n* [of souls] transmigration *f*; [of people] émigration *f*.

transmissible [trænz'mɪsəbl] *adj* transmissible.

transmission [trænz'mɪʃn] *n* -**1.** transmission *f*; [broadcast] retransmission *f*. -**2.** AUT transmission *f*; *Am* boîte *f* de vitesses; ~ **shaft** arbre *m* de transmission.

transmit [trænz'mɪt] (*pt* & *pp* **transmitted**, *cont* **transmitting**) ◇ *vt* transmettre; TELEC émettre, diffuser.
◇ *vi* RADIO, TELEC & TV émettre, diffuser.

transmitter [trænz'mɪtəʳ] *n* transmetteur *m*; RADIO & TV émetteur *m*; [in telephone] microphone *m* (téléphonique).

transmitting [trænz'mɪtɪŋ] ◇ *adj* TELEC émetteur *m*.
◇ *n* transmission *f*.

transmogrify [trænz'mɒgrɪfaɪ] (*pt* & *pp* **transmogrified**) *vt hum* métamorphoser, changer.

transmutable [trænz'mjuːtəbl] *adj* transmuable, transmutable.

transmutation [,trænzmjuː'teɪʃn] *n* transmutation *f*.

transmute [trænz'mjuːt] *vt* transmuer, transmuter; **the process ~s the metal into gold** le processus transforme OR transmute le métal en or.

transnational [,trænz'næʃənl] *adj* transnational.

transom ['trænsəm] *n* -**1.** [in window] petit bois *m* horizontal; [above door] traverse *f* d'imposte. -**2.** *Am* [fanlight]: ~ **(window)** imposte *f* (semi-circulaire).

transonic [træn'sɒnɪk] *adj* transsonique.

transparency [træns'pærənsɪ] (*pl* **transparencies**) *n* -**1.** [gen & PHYS] transparence *f*. -**2.** [for overhead projector] transparent *m*; *esp Br* [slide] diapositive *f*.

transparent [træns'pærənt] *adj* [gen & PHYS] transparent.

transpiration [,trænspɪ'reɪʃn] *n* BOT & PHYSIOL transpiration *f*.

transpire [træn'spaɪəʳ] ◇ *vi* -**1.** [be discovered, turn out] apparaître; **it ~d that he had been embezzling funds** on a appris OR on s'est aperçu qu'il avait détourné des fonds. -**2.** [happen] se passer, arriver; **the events that ~d later that day** les événements intervenus plus tard dans la journée. -**3.** BOT & PHYSIOL transpirer.
◇ *vt* -**1.** BOT & PHYSIOL transpirer.

transplant [*vb* træns'plɑːnt, *n* 'træns,plɑːnt] ◇ *vt* -**1.** BOT [plant] transplanter; [seedling] repiquer. -**2.** MED [organ] greffer, transplanter; [tissue] greffer. -**3.** [population] transplanter.
◇ *n* MED [organ] transplant *m*; [tissue] greffe *f*; [operation] greffe *f*; **she's had a kidney ~** on lui a fait une greffe du rein; **she's had a heart ~** on lui a greffé un cœur.

transplantation [,trænsplɑːn'teɪʃn] *n* -**1.** BOT [of seedling] repiquage *m*; [of plant] transplantation *f*. -**2.** *fig* [of people] transplantation *f*.

transponder [træn'spɒndəʳ] *n* transpondeur *m*.

transport [*n* 'trænspɔːt, *vb* træn'spɔːt] ◇ *n* -**1.** (*U*) *Br* [system] transport *m*, transports *mpl*; **public ~** transports *mpl* publics OR en commun; **he went by public ~** [bus] il est allé en bus; [train] il est allé en train. -**2.** [means] moyen *m* de transport OR de locomotion; **have you got ~ for tonight?** *inf Br* tu as un moyen de locomotion pour ce soir? ❑ ~ **plane** avion *m* de transport; ~ **ship** navire *m* de transport; **troop ~** MIL transport *m* de troupes. -**3.** [of goods] transport *m*. -**4.** *lit* [of joy] transport *m*; [of anger] accès *m*; **he went into ~s of delight** il fut transporté de joie.
◇ *vt* transporter.

transportable [træn'spɔːtəbl] *adj* transportable.

transportation [,trænspɔː'teɪʃn] *n* -**1.** *Am* [transport] transport *m*; **public ~** transports publics; ~ **system** système *m* des transports; **Secretary of Transportation** POL ministre *m* des Transports. -**2.** [of criminals] transportation *f*.

transport café *n Br* ≃ routier *m* *(restaurant)*.

transporter [træn'spɔːtəʳ] *n* -**1.** MIL [for troops - lorry] camion *m* de transport; [- ship] navire *m* de transport; [for tanks] camion *m* porte-char. -**2.** [for cars - lorry] camion *m* pour transport d'automobiles; [- train] wagon *m* pour transport d'automobiles.

transporter bridge *n* pont *m* transbordeur.

Transport House *pr n bâtiment à Londres abritant le siège de la TGWU et, jusqu'en 1980, le parti travailliste.*

transpose [træns'pəʊz] *vt* transposer.

transposition [,trænspə'zɪʃn] *n* transposition *f*.

transputer [træns'pjuːtəʳ] *n* COMPUT transputer *m*.

transsexual [træns'sekʃʊəl] *n* transsexuel *m*, -elle *f*.

transship [træns'ʃɪp] (*pt* & *pp* **transshipped**, *cont* **transshipping**) *vt* transborder.

Trans-Siberian ['trænz-] *adj*: **the ~ (Railway)** le Transsibérien.

transsonic [træn'sɒnɪk] = **transonic**.

transubstantiate [,trænsəb'stænʃɪeɪt] ◇ *vt* transmuer, transmuter.
◇ *vi* RELIG subir la transsubstantiation.

transubstantiation ['trænsəb,stænʃɪ'eɪʃn] *n* transsubstantiation *f*.

transuranic [,trænsjʊ'rænɪk] *adj* transuranien.

Transvaal ['trænzvɑːl] *pr n* Transvaal *m*; **in the ~** au Transvaal.

transversal [trænz'vɜːsl] ◇ *adj* transversal.
◇ *n* GEOM transversale *f*.

transversally [trænz'vɜːsəlɪ] *adv* transversalement.

transverse ['trænzvɜːs] ◇ *adj* [beam, line] transversal; ANAT transverse; ~ **engine** AUT moteur *m* transversal.
◇ *n* [gen] partie *f* transversale; GEOM axe *m* transversal *(d'une hyperbole)*.

transversely [,trænz'vɜːslɪ] *adv* transversalement.

transverter [trænz'vɜːtəʳ] *n* RADIO émetteur-récepteur *m* additionnel.

transvestism [trænz'vestɪzm] *n* travestisme *m*, transvestisme *m*.

transvestite [trænz'vestaɪt] *n* travesti *m*.

Transylvania [,trænsɪl'veɪnjə] *pr n* Transylvanie *f*; **in ~** en Transylvanie.

Transylvanian [,trænsɪl'veɪnjən] ◇ *n* Transylvanien *m*, -enne *f*.
◇ *adj* transylvanien.

trap [træp] (*pt* & *pp* **trapped**, *cont* **trapping**) ◇ *n* -**1.** [snare] piège *m*; [dug in ground] trappe *f*; [gintrap] collet *m*; **to set** OR **to lay a ~ for hares** dresser OR tendre un piège pour les lièvres; **the badger was caught in a ~** le blaireau était pris dans un piège. -**2.** *fig* piège *m*, traquenard *m*; **to set** OR **to lay a ~ for sb** tendre un piège à qqn; **they fell into the ~** ils sont tombés dans le piège; **the poverty ~** le piège de la pauvreté. -**3.** [in drain] siphon *m*. -**4.** SPORT [in dog racing] box *m* de départ; [for shooting] ball-trap *m*. -**5.** [carriage] cabriolet *m*, charrette *f* anglaise. -**6.** [trapdoor] trappe *f*. -**7.** ▽ [mouth] gueule *f*; **shut your ~!** ta gueule!, ferme-la!
◇ *vt* -**1.** [animal] prendre au piège, piéger. -**2.** *fig* [opponent] piéger; **now you're trapped!** maintenant vous êtes piégé OR pris!; **he trapped me into thinking I was safe** il m'a piégé en me faisant croire que j'étais hors de danger; **we got trapped into going** on s'est fait piéger et on a dû y aller; **she trapped him into marrying her** elle l'a piégé en le forçant à l'épouser. -**3.** [immobilize, catch] bloquer, immobiliser; **they were trapped** OR **they got trapped in the lift** ils ont été bloqués dans l'ascenseur; **we were trapped by the incoming tide** on a été surpris par la marée montante; **I trapped my leg** OR **my leg got trapped under the table** je me suis coincé la jambe OR j'avais la jambe coincée sous la table; **she trapped her fingers in the door** elle s'est pris les doigts dans la porte; **the window blew shut and trapped my hand** un coup de vent a fermé la fenêtre et ma main est restée coincée; **they were trapped in the rubble** ils étaient coincés OR immobilisés sous les décombres; **he trapped the ball skilfully** FTBL il a habilement bloqué le ballon. -**4.** [hold back - water, gas] retenir; **there's a grid to ~ dead leaves** il y a une grille pour retenir les feuilles mortes.

trapdoor [,træp'dɔːʳ] *n* trappe *f*.

trapdoor spider *n* mygale *f*.

trapes *inf* [treɪps] = **traipse**.

trapeze [trə'piːz] *n* trapèze *m* (de cirque); ~ **artist** trapéziste *mf*.

trapezium [trə'piːzjəm] (*pl* **trapeziums** OR **trapezia** [-zjə]) *n* -**1.** GEOM *Br* trapèze *m*; *Am* quadrilatère *m* trapézoïdal. -**2.** ANAT trapèze *m*.

trapezoid ['træpɪzɔɪd] ◇ *n* -**1.** GEOM *Br* quadrilatère *m* trapézoïdal; *Am* trapèze *m*. -**2.** ANAT trapézoïde *m*.
◇ *adj* trapézoïde.

trapper ['træpəʳ] *n* trappeur *m*.

trappings ['træpɪŋz] *npl* -**1.** [accessories] ornements *mpl*; **the ~ of power** les signes extérieurs du pouvoir. -**2.** [harness] harnachement *m*, carapaçon *m*.

Trappist ['træpɪst] ◇ *n* trappiste *m*.
◇ *comp* [monk, monastery] de la Trappe.

traps [træps] *npl* [luggage] bagages *mpl*, affaires *fpl*.

trapshooting ['træp,ʃuːtɪŋ] *n* ball-trap *m*; **to go ~** faire du ball-trap.

trash [træʃ] ◇ *n* *(U)* -**1.** [nonsense] bêtises *fpl*, âneries *fpl*; **he talks/writes a lot of ~** il dit/écrit beaucoup d'âneries; **what utter ~!** c'est vraiment n'importe quoi!; **how can you watch that ~?** comment peux-tu regarder de telles nullités OR idioties? -**2.** [goods] camelote *f*; **they sell a lot of ~** ils vendent beaucoup de camelote. -**3.** *Am* [waste] ordures *fpl*; ~ **heap** tas *m* d'ordures. -**4.** *inf* [people] racaille *f*; **he's just ~, they're just ~** c'est de la racaille.
◇ *vt inf* -**1.** [reject] jeter, bazarder; **they ~ed all my ideas** ils ont rejeté toutes mes idées. -**2.** [criticize] débiner, éreinter. -**3.** [vandalize] vandaliser, saccager. -**4.** *Am* SPORT [opponent] démolir.

trashcan ['træʃkæn] *n Am* poubelle *f*.

trasher ['træʃəʳ] *n Am* vandale *m*, voyou *m*.

trashman ['træʃmæn] (*pl* **trashmen** [-men]) *n Am* éboueur *m*.

trashy ['træʃɪ] (*compar* **trashier**, *superl* **trashiest**) *adj* [goods] de pacotille; [magazine, book] de quatre sous; [idea, article] qui ne vaut rien; [programme] lamentable, au-dessous de tout.

trauma [*Br* 'trɔːmə, *Am* 'traʊmə] (*pl* **traumas** OR **traumata** [-mətə]) *n* [gen & PSYCH] trauma *m spec*, traumatisme *m*; MED traumatisme *m*.

traumatic [trɔː'mætɪk] *adj* [gen & PSYCH] traumatisant; MED traumatique.

traumatism [*Br* 'trɔːmətɪzm, *Am* 'traʊmətɪzm] *n* traumatisme *m*.

traumatize, -ise [*Br* 'trɔːmətaɪz, *Am* 'traʊmətaɪz] *vt* traumatiser.

travail ['træveɪl] ◇ *n arch* OR *lit* -**1.** [work] labeur *m*. -**2.** [in childbirth] douleurs *fpl* de l'enfantement, travail *m*.
◇ *vi arch* OR *lit* -**1.** [work] peiner. -**2.** [in childbirth] être en travail OR en couches.

travel ['trævl] (*Br pt* & *pp* **travelled**, *cont* **travelling**, *Am pt* & *pp* **traveled**, *cont* **traveling**) ◇ *vi* -**1.** [journey - traveller] voyager; **to ~ by air/car** voyager en avion/en voiture; **they travelled to Greece by boat** ils sont allés en Grèce en bateau; **they've travelled a lot together** ils ont beaucoup voyagé ensemble; **to ~ round the world** faire le tour du monde; **she's travelling (about** OR **around) somewhere in Asia** elle est en voyage quelque part en Asie; **we travelled across France by train** nous avons traversé la France en train; **they've travelled far**

and wide ils ont voyagé partout dans le monde; to ~ light voyager avec peu de bagages; to ~ back revenir, rentrer; let's ~ back in time to 1940 retournons en 1940. -2. COMM être voyageur OR représentant de commerce; he ~s in confectionery *Br* il est représentant en confiserie. -3. [go, move - person] aller; [- vehicle, train] aller, rouler; [- piston, shuttle] se déplacer; [- light, sound] se propager; **the train travelled at high speed through the countryside** le train roulait à toute vitesse à travers la campagne; **we were travelling at an average speed of 60 m.p.h.** on faisait du 90 km/h de moyenne; **the signals ~ along different routes** les signaux suivent des trajets différents; **the components ~ along a conveyor belt** les pièces détachées sont transportées sur un tapis roulant. -4. *inf* [go very fast] rouler (très) vite; **we were really travelling** on roulait vraiment très vite; **this car certainly ~s!** elle bombe, cette voiture! -5. *fig* [thoughts, mind]: **my mind travelled back to last June** mes pensées m'ont ramené au mois de juin dernier. -6. [news, rumour] se répandre, se propager, circuler; **news ~s fast** les nouvelles vont vite. -7. [food] supporter le voyage.

◇ *vt* -1. [distance] faire, parcourir; **I travelled 50 miles to get here** j'ai fait 80 km pour venir ici. -2. [area, road] parcourir; **I've travelled these roads for years** j'ai parcouru ces routes pendant des années; **we travelled the country from west to east** on a parcouru OR traversé le pays d'ouest en est.

◇ *n (U)* [journeys] voyage *m*, voyages *mpl*; **~ broadens the mind** les voyages ouvrent l'esprit; **I've done a lot of foreign ~** j'ai beaucoup voyagé à l'étranger.

◇ *comp* [book] de voyages; [guide, brochure] touristique; [writer] qui écrit des récits de voyage.

◆ **travels** *npl* [journeys] voyages *mpl*; [comings and goings] allées et venues *fpl*; **I met them on my ~s in China** je les ai rencontrés au cours de mes voyages en Chine; **did you see my glasses on your ~s?** *hum* tu n'as pas vu mes lunettes quelque part? ❑ **'Gulliver's Travels'** *Swift* 'les Voyages de Gulliver'.

travel agency *n* agence *f* de voyages.

travel agent *n* agent *m* de voyages; **~'s** agence *f* de voyages.

travelator [ˈtrævəleɪtəʳ] = **travolator**.

travel book *n* récit *m* de voyages.

travel brochure *n* dépliant *m* touristique.

travel bureau *n* agence *f* de voyages.

Travelcard [ˈtrævlkɑːd] *n* carte *f* d'abonnement *(pour les transports en commun à Londres)*.

travel insurance *n (U)*: **to take out ~** prendre une assurance-voyage.

travelled *Br*, **traveled** *Am* [ˈtrævld] *adj* -1. [person] qui a beaucoup voyagé; **he's a well-~ man** il a beaucoup voyagé. -2. [road, path] fréquenté; **this is a much ~ road** c'est une route très fréquentée.

traveller *Br*, **traveler** *Am* [ˈtrævləʳ] *n* -1. [gen] voyageur *m*, -euse *f*; **I'm not a good ~** je supporte mal les voyages. -2. [salesman] voyageur *m*, -euse *f* de commerce. -3. [gipsy] bohémien *m*, -enne *f*.

traveller's cheque *n* chèque *m* de voyage, traveller's cheque *m*.

travelling *Br*, **traveling** *Am* [ˈtrævlɪŋ] ◇ *n (U)* voyage *m*, voyages *mpl*.

◇ *adj* [companion, bag] de voyage; [preacher, musician] itinérant; [crane] mobile.

travelling clock *n* réveil *m* de voyage.

travelling expenses *npl* frais *mpl* de déplacement.

travelling library *n* ≃ bibliobus *m*.

travelling people *npl* gens *mpl* du voyage.

travelling salesman *n* représentant *m* OR voyageur *m* de commerce.

travelogue *Br*, **travelog** *Am* [ˈtrævəlɒg] *n* [lecture, book] récit *m* de voyage; [film] film *m* de voyage.

travel-sick *adj Br*: **to be ~** [in car] avoir mal au cœur en voiture, avoir le mal de la route; [in boat] avoir le mal de mer; [in plane] avoir le mal de l'air; **I get ~ in buses** je suis malade OR j'ai mal au cœur en bus.

travel sickness *n* mal *m* de la route.

travel-stained *adj* sali par le voyage OR les voyages.

traverse [ˈtrævəs, ˌtrəˈvɜːs] ◇ *vt fml* traverser.

◇ *vi* [in climbing, skiing] faire une traversée, traverser.

◇ *n* -1. [beam] traverse *f*. -2. [gallery] galerie *f* transversale.

travesty [ˈtrævəstɪ] (*pl* **travesties**, *pt* & *pp* **travestied**) ◇ *n* [parody] parodie *f*, pastiche *m*; *pej* [mockery, pretence] simulacre *m*, travestissement *m*; **the trial was a ~ of justice** le procès n'était qu'un simulacre de justice.

◇ *vt* [justice] bafouer.

travolator [ˈtrævəleɪtəʳ] *n* tapis *m* OR trottoir *m* roulant.

trawl [trɔːl] ◇ *n* -1. FISHING: **~ (net)** chalut *m*; **~ line** palangre *f*. -2. [search] recherche *f*.

◇ *vi* -1. FISHING pêcher au chalut; **to ~ for mackerel** pêcher le maquereau au chalut. -2. [search] chercher; **to ~ for information** chercher des renseignements, aller à la pêche (aux renseignements).

◇ *vt* [net] traîner, tirer; [sea] pêcher dans.

trawler [ˈtrɔːləʳ] *n* [boat, fisherman] chalutier *m*.

tray [treɪ] *n* -1. [for carrying] plateau *m*. -2. [for papers] casier *m* (de rangement); [for mail] corbeille *f*; **in/out ~** corbeille entrée/sortie.

traycloth [ˈtreɪklɒθ] *n* napperon *m* (de plateau).

treacherous [ˈtretʃərəs] *adj* -1. [disloyal - ally] traître, perfide; *fig* [memory] infidèle. -2. [dangerous - water, current, ice] traître; **the roads are ~** les routes sont très glissantes.

treacherously [ˈtretʃərəslɪ] *adv* [act] traîtreusement; **the currents are ~ strong** les courants sont traîtres tellement ils sont forts.

treachery [ˈtretʃərɪ] (*pl* **treacheries**) *n* perfidie *f*, traîtrise *f*.

treacle [ˈtriːkl] *n Br* [molasses] mélasse *f*; [golden syrup] mélasse *f* raffinée.

treacle pudding *n Br* pudding *m* à la mélasse.

treacle tart *n Br* tarte *f* à la mélasse.

treacly [ˈtriːklɪ] *adj* [sweet] sirupeux; *fig* [sentimental] mièvre, sirupeux.

tread [tred] (*pt* **trod** [trɒd], *pp* **trod** OR **trodden** [ˈtrɒdn]) ◇ *vt* -1. [walk]: **a path had been trodden through the grass** les pas des marcheurs avaient tracé un chemin dans l'herbe; **she trod the streets looking for him** elle a battu le pavé OR parcouru la ville à sa recherche; **the path had been trodden by generations of hikers** des générations de randonneurs avaient foulé ce chemin ❑ **to ~ the boards** monter sur les planches. -2. [trample] fouler; **to ~ grapes** fouler du raisin; **to ~ sthg underfoot** fouler qqch aux pieds, piétiner qqch ❑ **to ~ water** nager sur place. -3. [stamp] enfoncer, écraser; **she trod the cigarette into the sand** elle a écrasé du pied le mégot dans le sable; **don't ~ the crumbs into the carpet** ne piétinez pas les miettes sur la moquette.

◇ *vi* -1. [walk] marcher; **to ~ lightly** marcher d'un pas léger; **to ~ carefully** OR **warily** *fig* y aller doucement OR avec précaution. -2. [step]: **to ~ on sthg** [accidentally] marcher sur qqch; [deliberately] marcher (exprès) sur qqch; **I must have trodden in something** j'ai dû marcher sur OR dans quelque chose; **he trod on my foot** il m'a marché sur le pied ❑ **to ~ on sb's heels** talonner qqn, suivre qqn de près; **to ~ on sb's toes** marcher sur les pieds de qqn.

◇ *n* -1. [footstep] pas *m*; **to walk with a heavy ~** marcher d'un pas lourd || [sound of steps] bruit *m* de pas. -2. [of stairs] marche *f*, giron *m spec*. -3. [of shoe] semelle *f*; [of tyre - depth] bande *f* de roulement; [- pattern] sculptures *fpl*; **there's no ~ left** [on shoe] la semelle est usée; [on tyre] le pneu est lisse.

◆ **tread down** *vt sep* tasser (du pied).

◆ **tread in** *vt sep* [plant] tasser la terre autour de.

treadle [ˈtredl] ◇ *n* pédale *f (sur un tour ou sur une machine à coudre)*.

◇ *vi* actionner la pédale.

treadmill [ˈtredmɪl] *n* [machine] manège *m*; HIST *roue ou manège mûs par un homme ou un animal et actionnant une machine*; **I feel like I'm on a ~** je ne supporte pas cette routine.

treas. (*written abbr of* **treasurer**) trés.

treason [ˈtriːzn] *n* trahison *f*; **high ~** haute trahison.

treasonable [ˈtriːznəbl] *adj* [action, statement] qui constitue une trahison.

treasure [ˈtreʒəʳ] ◇ *n* -1. [valuables] trésor *m*; **'Treasure Island'** *Stevenson* 'l'Île au trésor'. -2. [art] joyau *m*, trésor *m*; **the museum has many ~s of Renaissance art** le musée contient de nombreux joyaux de la Renaissance. -3. *inf* [person] trésor *m*, ange *m*; **she's a real ~** c'est un vrai trésor; **come here, my little ~** viens là, mon (petit) trésor.

◇ *vt* -1. [friendship, possession] tenir beaucoup à. -2. [gift] garder précieusement, être très attaché à; [memory] conserver précieusement, chérir *fml*; [moment] chérir *fml*.

treasure house *n* -1. [museum] trésor *m (lieu)*. -2. [room, library] mine *f*, trésor *m*. -3. *fig* [person]: **she's a ~ of information** c'est un puits de science OR une mine de renseignements.

treasure hunt *n* chasse *f* au trésor.

treasurer [ˈtreʒərəʳ] *n* -1. [of club] trésorier *m*, -ère *f*. -2. *Am* [of company] directeur *m* financier.

treasure trove *n* trésor *m*.

treasury [ˈtreʒərɪ] (*pl* **treasuries**) *n* -1. [building] trésorerie *f*. -2. *fig* [of information] mine *f*; [of poems] recueil *m*. -3. ADMIN: **the Treasury** la Trésorerie, ≃ le ministère des Finances; **Secretary/Department of the Treasury** *Am* ≃ ministre *m*/ministère *m* des Finances.

Treasury bench *n* banc *m* des ministres *(au Parlement britannique)*.

treasury bill *n* ≃ bon *m* du Trésor.

treat [triːt] ◇ *vt* -1. [deal with] traiter; **he ~s them with contempt** il est méprisant envers eux; **teachers expect to be ~ed with respect by their pupils** les professeurs exigent que leurs élèves se conduisent respectueusement envers eux; **you shouldn't ~ them like children** vous ne devriez pas les traiter comme des enfants; **the firm ~s its customers extremely well/badly** la compagnie traite extrêmement bien/mal ses clients; **the hostages said that they had been well ~ed** les otages ont déclaré qu'ils avaient été bien traités. -2. [handle - substance, object] utiliser, se servir de; **the weedkiller needs to be ~ed with great care** il faut se servir du désherbant avec beaucoup de précaution || [claim, request] traiter. -3. [consider - problem, question] traiter, considérer; **the whole episode was ~ed as a joke** on a pris OR on a considéré tout cet épisode comme une plaisanterie; **she ~ed the subject rather superficially** elle a traité le sujet assez superficiellement. -4. MED [patient] soigner; [illness] traiter; **she's being ~ed for cancer** on la soigne pour un cancer. -5. [fruit, timber, crops] traiter; **the land has been ~ed with fertilizer** la terre a été traitée aux engrais. -6. [buy]: **to ~ sb to sthg** offrir OR payer qqch à qqn; **she ~ed them all to ice cream** elle a payé OR offert une glace à tout le monde; **I ~ed myself to a new coat** je me suis offert OR payé un manteau neuf; **go on, ~ yourself!** vas-y, gâte-toi OR fais-toi plaisir!

◇ *vi fml* -1. **to ~ of** [deal with] traiter de; **the book ~s of love** le livre traite de l'amour. -2. [negotiate]: **to ~ with sb** traiter avec qqn; **the government refuses to ~ with terrorists** le gouvernement refuse de traiter avec les terroristes.

◇ *n* -1. [on special occasion - enjoyment] gâterie *f*, (petit) plaisir *m*; [- surprise] surprise *f*; [- present] cadeau *m*; [- outing] sortie *f*; **as a special ~ we went to the planetarium** on nous a offert tout spécialement une visite au planétarium; **I've got a ~ for you** j'ai une bonne surprise pour toi; **let's give her a ~** faisons-lui un petit plaisir; **this is my ~** c'est moi qui offre; **you've got a ~ in store** on te réserve une surprise, attends-toi à une surprise; **it used to be a real ~ to travel by train** autrefois, on se faisait une vraie fête de voyager en train. -**2.** [pleasure] plaisir *m*; **it's a ~ for us to see you looking so happy** cela nous fait vraiment plaisir OR pour nous c'est une grande joie de vous voir si heureuse.

◆ **a treat** *inf adv phr Br* à merveille; **he's coming on a ~** il fait de sacrés progrès; **the idea worked a ~** l'idée a marché à merveille.

treatise ['tri:tɪz] *n* traité *m*; **a ~ on racism** un traité sur le racisme.

treatment ['tri:tmənt] *n* -**1.** [of person] traitement *m*; **we complained of ill ~** nous nous sommes plaints d'avoir été mal traités; **they gave him preferential ~** ils lui ont accordé un traitement préférentiel OR de faveur; **I got very good ~** on m'a très bien traité; **to give sb the (full) ~** traiter qqn avec tous les égards. -**2.** *(U)* MED soins *mpl*, traitement *m*; **a course of ~** un traitement; **she was sent to Madrid for ~** on l'a envoyée se faire soigner à Madrid; **to receive/to undergo ~** recevoir/suivre un traitement; **is he responding to ~?** est-ce qu'il réagit au traitement?; **no doctor has the right to refuse ~** aucun médecin n'a le droit de refuser ses soins à un malade; **cancer ~** traitement du cancer; **X-ray ~** traitement par rayons X. -**3.** [of subject] traitement *m*, façon *f* de traiter. -**4.** [of crops, timber] traitement *m*. **5.** [chemical] produit *m* chimique. -**6.** CIN traitement *m*.

treaty ['tri:tɪ] (*pl* **treaties**) *n* -**1.** POL traité *m*; **to sign a ~ (with sb)** signer OR conclure un traité (avec qqn); **there is a ~ between the two countries** les deux pays sont liés par traité. -**2.** JUR: **they sold the property by private ~** ils ont vendu la propriété par accord privé.

treble ['trebl] ◇ *adj* -**1.** [triple] triple; **my phone number is 70~4** *Br* mon numéro de téléphone est le soixante dix, quatre cent quarante-quatre. -**2.** MUS [voice] de soprano; [part] pour voix de soprano.

◇ *n* -**1.** MUS [part, singer] soprano *m*. -**2.** *(U)* [in hi-fi] aigus *mpl*.

◇ *vt* & *vi* tripler.

◇ *adv*: **to sing ~** chanter dans un registre de soprano.

treble chance *n Br méthode de pari en football.*

treble clef *n* clef *f* de sol.

trebly ['treblɪ] *adv* triplement, trois fois plus; **~ difficult** trois fois plus difficile.

tree [tri:] ◇ *n* -**1.** BOT arbre *m*; **apple ~** pommier *m*; **plum ~** prunier *m*; **rose ~** rosier *m*; **the Tree of Knowledge/Life** BIBLE l'arbre de la science du bien et du mal/de vie ❑ **to be up a ~** *Am* être dans une impasse. -**2.** [diagram]: **~ (diagram)** représentation *f* en arbre OR arborescente, arborescence *f*. -**3.** [for shoes] embauchoir *m*, forme *f*. -**4.** [of saddle] arçon *m*.

◇ *vt* -**1.** [hunter, animal] forcer OR obliger à se réfugier dans un arbre. -**2.** *inf Am fig* [trap] piéger.

tree creeper *n* ORNITH grimpereau *m*.

tree fern *n* fougère *f* arborescente.

tree frog *n* rainette *f*.

treehouse ['tri:haʊs, *pl* -haʊzɪz] *n cabane construite dans un arbre.*

treeless ['tri:lɪs] *adj* sans arbres, dénudé.

tree-lined *adj* bordé d'arbres.

tree ring *n* cercle *m* d'arbres.

tree surgeon *n* arboriculteur *m*, -trice *f (qui s'occupe de soigner et d'élaguer les arbres).*

tree surgery *n* arboriculture *f (traitement des arbres malades).*

treetop ['tri:tɒp] *n* cime *f* OR haut *m* OR faîte *m* d'un arbre; **the birds in the ~s** les oiseaux au faîte OR en haut des arbres.

tree trunk *n* tronc *m* d'arbre.

trefoil ['trefɔɪl] *n* ARCHIT & BOT trèfle *m*.

trek [trek] (*pt* & *pp* **trekked**, *cont* **trekking**) ◇ *n* -**1.** [walk] marche *f*; [hike] randonnée *f*; **to go on a ~** faire une marche OR une randonnée ‖ [arduous trip] marche *f* pénible; **it was a real ~ to get here** ça a été une véritable expédition pour arriver ici; **it's a bit of a ~ to the shops** il y a un bout de chemin jusqu'aux magasins. -**2.** *SAfr* HIST voyage *m* en char à bœufs.

◇ *vi* -**1.** [walk] avancer avec peine; [hike] faire de la randonnée; **we had to ~ across fields to get here** il a fallu passer à travers champs pour arriver ici ‖ [drag o.s.] se traîner; **they trekked all the way out here to see us** ils ont fait tout ce chemin pour venir nous voir; **I can't be bothered to ~ over to the supermarket again** je n'ai pas le courage de refaire tout ce chemin jusqu'au supermarché. -**2.** *SAfr* HIST voyager en char à bœufs.

◇ *vt SAfr* [load] tirer, traîner.

trellis ['trelɪs] ◇ *n* treillage *m*, treillis *m*.

◇ *vt* [wood strips] faire un treillage de; [plant] treillager.

trelliswork ['trelɪs,wɜ:k] *n* treillage *m*.

tremble ['trembl] ◇ *vi* -**1.** [person - with cold] trembler, frissonner; [- from fear, excitement, rage] trembler, frémir; [hands] trembler; **to ~ with fear** trembler de peur. -**2.** [voice - from emotion] trembler, vibrer; [- from fear] trembler; [- from old age] trembler, chevroter; **her voice ~d with emotion** sa voix tremblait d'émotion. -**3.** [bridge, house, ground] trembler; [engine] vibrer. -**4.** *fig* [be anxious] frémir; **he ~d for their safety** il tremblait pour eux; **she ~d at the thought** elle frémissait à cette seule pensée.

◇ *n* -**1.** [from fear] tremblement *m*; [from excitement, rage] frémissement *m*; [from cold] frissonnement *m*; **to be all of a ~** *inf* trembler comme une feuille. -**2.** [in voice] frémissement *m*, frisson *m*.

trembling ['tremblɪŋ] ◇ *adj* -**1.** [body - with cold] frissonnant, grelottant; [- in fear, excitement] frémissant, tremblant; [hands] tremblant. -**2.** [voice - with emotion] vibrant; [- with fear] tremblant; [- because of old age] chevrotant; **with a ~ voice** [speaker] d'une OR la voix tremblante; [singer] d'une OR la voix chevrotante.

◇ *n* [from cold] tremblement *m*, frissonnement *m*; [from fear] tremblement *m*, frémissement *m*.

tremendous [trɪ'mendəs] *adj* -**1.** [number, amount] énorme, très grand; [cost, speed] très élevé, vertigineux; [building, arch] énorme; [height] vertigineux, très grand; [undertaking] énorme, monumental; [admiration, disappointment, pride] très grand, extrême; [crash, noise] terrible, épouvantable; **the fair was a ~ success** la foire a été une très grande réussite; **there's been a ~ improvement in her work** son travail s'est énormément amélioré; **there was a ~ crowd** il y avait un monde fou OR une foule énorme; **you've been a ~ help** vous m'avez été d'une aide précieuse. -**2.** [wonderful] sensationnel, formidable; **I had a ~ time** je me suis amusé comme un fou; **she looks ~ in black** elle a beaucoup d'allure en noir; **he scored a ~ goal** il a mis un but de toute beauté.

tremendously [trɪ'mendəslɪ] *adv* [as intensifier] extrêmement; **we heard a ~ loud explosion** on a entendu une formidable explosion; **we enjoyed it ~** cela nous a énormément plu; **he did ~ well** il a extrêmement bien réussi; **I'm not ~ keen on his plays** je n'aime pas vraiment ses pièces.

tremolo ['treməlәʊ] (*pl* **tremolos**) *n* MUS trémolo *m*; **~ arm** *levier sur une guitare électrique qui sert à varier le ton d'une note.*

tremor ['tremə^r] *n* -**1.** GEOL secousse *f* (sismique). -**2.** [in voice] frémissement *m*, frisson *m*, tremblement *m*. -**3.** [of fear, thrill] frisson *m*; **a ~ of anticipation ran through the audience** à l'idée de ce qui allait suivre, la salle fut parcourue d'un frisson.

tremulous ['tremjʊləs] *adj lit* -**1.** [with fear] tremblant; [with excitement, nervousness] frémissant; [handwriting] tremblé; **he was ~ with emotion/fear** il tremblait d'émotion/de peur; **her voice was ~ with joy** sa voix vibrait de joie. -**2.** [timid - person, manner] timide, craintif; [- animal] craintif, effarouché; [- smile] timide.

tremulously ['tremjʊləslɪ] *adv lit* -**1.** [with fear, emotion] en tremblant; **to sing/to answer ~** chanter/répondre d'une voix tremblante. -**2.** [timidly] timidement, craintivement.

trench [trentʃ] ◇ *n* [gen, CONSTR & MIL] tranchée *f*; [ditch] fossé *m*; **life in the ~es** la vie dans les tranchées; **my grandfather fought in the ~es** mon grand-père a fait la guerre des tranchées.

◇ *vt* [field] creuser une tranchée OR des tranchées dans; MIL retrancher.

◇ *vi* creuser une tranchée OR des tranchées.

trenchant ['trentʃənt] *adj* incisif, tranchant.

trenchantly ['trentʃəntlɪ] *adv* [speak] d'un ton tranchant OR incisif; [write] d'une manière incisive.

trench coat *n* trench-coat *m*.

trencher ['trentʃə^r] *n* tranchoir *m*.

trencherman ['trentʃəmən] (*pl* **trenchermen** [-mən]) *n lit* OR *hum* gros mangeur *m*; **he's a good/great ~** il a un bon coup de fourchette.

trench fever *n (U)* fièvre *f* des tranchées, rickettsiose *f*.

trench foot *n (U) sorte de gelure au pied due au froid ou à l'humidité.*

trench mouth *n (U)* angine *f* ulcéreuse OR de Vincent.

trench warfare *n* guerre *f* de tranchées.

trend [trend] ◇ *n* [tendency] tendance *f*; [fashion] mode *f*; **the ~ is towards shorter skirts** la tendance est aux jupes plus courtes; **there is a ~ away from going abroad for holidays** on a tendance à délaisser les vacances à l'étranger; **political/electoral ~s** tendances politiques/électorales; **house prices are on an upward ~ again** le prix des maisons est de nouveau à la hausse; **the ~ of events** le cours OR la tournure des événements; **the latest ~s** la dernière mode; **to set a/the ~** [style] donner un/le ton; [fashion] lancer une/la mode.

◇ *vi* [extend - mountain range] s'étendre; [veer - coastline] s'incliner; [turn - prices, opinion] s'orienter.

trendily *inf* ['trendɪlɪ] *adv* [dress] branché *adv*.

trendsetter ['trend,setə^r] *n* [person - in style] personne *f* qui donne le ton; [- in fashion] personne *f* qui lance une mode.

trendsetting ['trend,setɪŋ] ◇ *adj* [person] qui lance une mode; [idea, garment] d'avant-garde.

◇ *n* lancement *m* d'une mode.

trendy *inf* ['trendɪ] (*compar* **trendier**, *superl* **trendiest**, *pl* **trendies**) ◇ *adj* [music, appearance] branché; [ideas] à la mode, branché; [clothes] branché; [place, resort] à la mode, branché; **he's a very ~ dresser** il est toujours habillé à la dernière mode; **~ lefty** *inf* intello *mf* de gauche.

◇ *n pej* branché *m*, -e *f*.

Trento ['trentəʊ] *pr n* Trente.

trepan [trɪ'pæn] (*pt* & *pp* **trepanned**, *cont* **trepanning**) ◇ *vt* -**1.** MIN forer. -**2.** MED trépaner.

◇ *n* -**1.** MIN foreuse *f*; [for metal, plastic] foret *m*. -**2.** MED trépan *m*.

trepidation [,trepɪ'deɪʃn] *n* -**1.** [alarm] inquiétude *f*; **with great ~** avec une vive inquiétude. -**2.** [excitement] agitation *f*.

trespass ['trespəs] ◇ *vi* -**1.** JUR s'introduire dans une propriété privée; **you're ~ing** vous êtes sur une propriété privée; **to ~ on sb's land** s'introduire OR entrer sans autorisation dans une propriété privée; **'no ~ing'** 'défense d'entrer', 'propriété privée'. -**2.** *fig* [encroach]: **I don't want to ~ on your time/hospitality** je ne veux pas abuser de votre temps/hospitalité; **he's ~ing on my area of responsibility** il empiète sur mon terrain. -**3.** BIBLE: **to ~ against sb** offenser qqn; **to ~ against the law** enfreindre la loi (divine).

◇ *n* -**1.** *(U)* JUR entrée *f* non autorisée; **to commit ~** s'introduire dans une propriété privée. -**2.** BIBLE péché *m*; **forgive us our ~es** pardonne-nous nos offenses.

trespasser ['trespəsəʳ] *n* -**1.** JUR intrus *m,* -e *f (dans une propriété privée)*; '**~s will be prosecuted**' 'défense d'entrer sous peine de poursuites'. -**2.** BIBLE pécheur *m,* -eresse *f.*
tress [tres] *n lit*: **a ~ (of hair)** une mèche OR une boucle de cheveux; **her golden ~es** sa blonde chevelure.
trestle ['tresl] *n* -**1.** [for table] tréteau *m.* -**2.** CONSTR chevalet *m.*
trestle bridge *n* pont *m* sur chevalets.
trestle table *n* table *f* à tréteaux.
trews [tru:z] *npl Scot* pantalon *m* (écossais).
triable ['traɪəbl] *adj* JUR [case] susceptible d'être porté en justice.
triad ['traɪæd] *n* [gen] triade *f;* MUS accord *m* parfait.
triage ['tri:ɑ:ʒ] *n* MED triage *m (des malades, des blessés).*
trial ['traɪəl] ◇ *n* -**1.** JUR procès *m;* **he pleaded guilty at the ~** il a plaidé coupable à son procès OR devant le tribunal; **many witnesses were brought forward at the ~** de nombreux témoins sont venus à la barre au cours du procès; **to be OR to go on ~ for sthg, to stand ~ for sthg** passer en jugement OR en justice pour qqch; **he was put on OR sent for ~ for murder** il a été jugé pour meurtre; **to bring sb to ~** faire passer OR traduire qqn en justice; **his case comes up for ~ in September** son affaire passe en jugement en septembre; **~ by jury** jugement *m* par jury ❑ 'The Trial' *Kafka* 'le Procès'. -**2.** [test] essai *m;* **to give sthg a ~** mettre qqch à l'essai, essayer qqch; **to be on ~** être à l'essai; **give her a month's ~ before you take her on** prenez-la un mois à l'essai avant de l'embaucher; **it was a ~ of strength** c'était une épreuve de force ❑ **clinical ~s** tests *mpl* cliniques; **by ~ and error** par tâtonnements, par essais et erreurs; **it was just ~ and error** ce n'était qu'une suite d'approximations. -**3.** [hardship, adversity] épreuve *f;* **the ~s of married life** les vicissitudes de la vie conjugale; **~s and tribulations** tribulations *fpl;* **her arthritis was a great ~ to her** son arthrite l'a beaucoup fait souffrir || [person]: **he's always been a ~ to his parents** il a toujours donné du souci à ses parents.
◇ *adj* -**1.** [test - flight] d'essai; [- marriage, separation] à l'essai; **on a ~ basis** à titre d'essai; **for a ~ period** pendant une période d'essai ❑ **~ balloon** *literal & fig* ballon *m* d'essai; **~ run** essai *m;* **can we give the car a ~ run?** est-ce qu'on peut essayer la voiture OR faire un essai avec la voiture?; **we'll have a ~ run before we record** on fera un essai avant d'enregistrer. -**2.** *Am* JUR: **~ attorney OR lawyer** avocat *m;* **court** tribunal *m* de première instance; **~ judge** ≃ juge *m* d'instance; **~ jury** jury *m.*
◆ **trials** *npl* [competition] concours *m;* [for selection - match] match *m* de sélection; [- race] épreuve *f* de sélection; **sheepdog/horse ~s** concours de chiens de berger/hippique.
trial balance *n* FIN balance *f* d'inventaire.
triangle ['traɪæŋgl] *n* -**1.** GEOM triangle *m; Am* [set square] équerre *f.* -**2.** MUS triangle *m.*
triangular [traɪ'æŋgjʊləʳ] *adj* triangulaire.
triangulate [traɪ'æŋgjʊleɪt] *vt* -**1.** GEOM diviser en triangles. -**2.** GEOG [region] trianguler.
triangulation [traɪˌæŋgjʊ'leɪʃn] *n* triangulation *f.*
triangulation station *n* station *f* géodésique.
Triassic [traɪ'æsɪk] ◇ *n* trias *m.*
◇ *adj* triasique.
triathlon [traɪ'æθlɒn] *n* triathlon *m.*
tribadism ['trɪbədɪzm] *n* tribadisme *m.*
tribal ['traɪbl] *adj* [games, rites, warfare] tribal; [loyalty] à la tribu.
tribalism ['traɪbəlɪzm] *n* tribalisme *m.*
tribalistic [ˌtraɪbə'lɪstɪk] *adj* tribal.
tribe [traɪb] *n* -**1.** HIST, SOCIOL & ZOOL tribu *f.* -**2.** *inf fig* tribu *f,* smala *f.*
tribesman ['traɪbzmən] (*pl* **tribesmen** [-mən]) *n* membre *m* d'une tribu; [of particular tribe] membre *m* de la tribu.
triboelectricity ['traɪbəʊɪlek'trɪsətɪ] *n* triboélectricité *f.*
tribrach ['trɪbræk] *n* LITERAT tribraque *m.*
tribulation [ˌtrɪbjʊ'leɪʃn] *n lit* affliction *f lit,* malheur *m;* **in times of ~** en temps de malheurs.
tribunal [traɪ'bju:nl] *n* [gen & JUR] tribunal *m;* **the ~ of public opinion** *fig* le jugement de l'opinion publique ❑ **~ of inquiry** commission *f* d'enquête; **military ~** tribunal militaire.
tribune ['trɪbju:n] *n* -**1.** ANTIQ tribun *m.* -**2.** [platform] tribune *f;* **the newspaper provides a ~ for the views of young people** *fig* le journal offre une tribune à des jeunes pour faire connaître leurs points de vue ❑ **Tribune** PRESS *magazine politique et littéraire exprimant le point de vue de l'aile gauche du parti travailliste.* -**3.** [defender] tribun *m.*
Tribune Group *pr n* POL: **the ~** *le groupe des députés de gauche du parti travailliste britannique.*
tributary ['trɪbjʊtrɪ] (*pl* **tributaries**) ◇ *n* -**1.** [ruler, state] tributaire *m.* -**2.** GEOG [stream] affluent *m.*
◇ *adj* tributaire.
tribute ['trɪbju:t] *n* -**1.** [mark of respect] hommage *m;* **to pay ~ to sb** rendre hommage à qqn; **we stood in silent ~** nous lui avons rendu un hommage silencieux; **floral ~** couronne *f* (de fleurs). -**2.** [indication of efficiency] témoignage *m;* **it was a ~ to their organizational skills that everything went so smoothly** si tout a si bien marché, c'est grâce à leurs qualités d'organisateurs. -**3.** HIST & POL tribut *m.*
trice [traɪs] ◇ *n* [moment]: **in a ~** en un clin d'œil, en un rien de temps.
◇ *vt* NAUT [sail] hisser.
tricentennial [ˌtraɪsen'tenjəl] ◇ *n* tricentenaire *m.*
◇ *adj* tricentenaire; [celebrations] du tricentenaire.
triceps ['traɪseps] (*pl* **tricepses** [-sɪz]) *n* triceps *m.*
triceratops [traɪ'serətɒps] *n* tricératops *m.*
trichloride [traɪ'klɔ:raɪd] *n* trichlorure *m.*
trichology [trɪ'kɒlədʒɪ] *n* trichologie *f.*
trichromatic [ˌtraɪkrəʊ'mætɪk] *adj* trichrome.
trichromatism [traɪ'krəʊmətɪzm] *n* trichromie *f.*
trick [trɪk] ◇ *n* -**1.** [deception, ruse] ruse *f,* astuce *f;* [stratagem] stratagème *m;* **it's just a ~ to get you to open the door** c'est une ruse OR une astuce pour vous amener à ouvrir la porte; **a ~ of the light** un effet d'optique. -**2.** [joke, prank] tour *m,* farce *f,* blague *f;* **to play a ~ on sb** faire une farce OR jouer un tour à qqn; **what a dirty OR mean OR nasty ~ to play!** quel sale tour! ❑ "**~ or treat**" «une gâterie ou une farce» *(phrase rituelle des enfants déguisés qui font la quête la veille de la fête de Halloween).* -**3.** (*usu pl*) [silly behaviour] bêtise *f;* **none of your ~s!** et pas de bêtises, hein!; **he's up to his old ~s again** il fait encore des siennes. -**4.** [knack] truc *m,* astuce *f;* [in conjuring, performance] tour *m;* **there, that should do the ~** voilà, ça fera l'affaire; **he knows a ~ or two** il a plus d'un tour dans son sac, c'est un malin ❑ **card ~** tour de cartes; **she still has a few ~s up her sleeve** il lui reste plus d'un tour dans son sac; **it's one of the ~s of the trade** c'est une vieille ficelle OR un truc du métier. -**5.** [habit] habitude *f,* manie *f;* [particularity] particularité *f;* [gift] don *m;* [mannerism] manie *f,* tic *m;* **he has a ~ of turning up at mealtimes** il a le don d'arriver à l'heure des repas. -**6.** [in card games] pli *m,* levée *f;* **to make OR to take a ~** faire un pli OR une levée. -**7.** ▽ *Am* [prostitute's client] micheton *m.* -**8.** NAUT tour *m* de barre. -**9.** *phr*: **how's ~s?** *inf* comment va?, quoi de neuf?
◇ *adj* -**1.** [for jokes] d'attrape, faux, de farces et attrapes; **~ soap** savon *m* d'attrape, faux savon; **~ spoon** cuiller *f* d'attrape, fausse cuiller. -**2.** [deceptive - lighting] truqué; **~ photograph** photo *f* truquée; **~ photography** truquage *m* photographique; **~ question** question-piège *f.* -**3.** *Am* [weak - knee] faible; [- leg] boîteux.
◇ *vt* [deceive] tromper, rouler; [swindle] escroquer; [catch out] attraper; **you've been ~ed!** vous vous êtes fait rouler!; **I was ~ed into leaving** on a manœuvré pour me faire partir; **she was ~ed out of her inheritance** on lui a escroqué son héritage.
◆ **trick out, trick up** *vt sep lit* parer; **they were ~ed out to look like circus performers** ils étaient déguisés en artistes de cirque; **she was ~ed out in all her finery** elle était sur son trente et un.
trick cyclist *n* -**1.** [in circus] cycliste *m* acrobate. -**2.** ▽ *Br pej* [psychiatrist] psy *mf.*
trickery ['trɪkərɪ] *n* ruse *f,* supercherie *f;* **he got what he wanted through OR by ~** il a eu ce qu'il voulait par la ruse.
trickle ['trɪkl] ◇ *vi* -**1.** [liquid] dégoutter, tomber en un (mince) filet; **rainwater ~d from the gutters** l'eau de pluie coulait peu à peu des gouttières; **I felt the blood ~ slowly down my leg** je sentis le sang couler doucement le long de ma jambe; **water ~d down the window pane** un filet d'eau coulait OR dégoulinait le long de la vitre; **tears ~d down his face** les larmes coulaient OR dégoulinaient sur son visage. -**2.** *fig*: **information began to ~ out from behind enemy lines** l'information commença à filtrer depuis l'arrière des lignes ennemies; **cars began to ~ over the border** la circulation a repris progressivement à la frontière; **the ball ~d into the goal** le ballon roula tranquillement dans les buts.
◇ *vt* -**1.** [liquid] faire couler goutte à goutte; **he ~d a few drops of milk into the flour** il a versé quelques gouttes de lait dans la farine; **she ~d some oil out of the can** elle a versé un peu d'huile de la boîte. -**2.** [sand, salt] faire glisser OR couler; **to ~ sand through one's fingers** faire glisser OR couler du sable entre ses doigts.
◇ *n* -**1.** [liquid] filet *m;* **the flow from the spring dwindled to a ~** la source ne laissait plus échapper qu'un mince filet d'eau; **the ~ of lava soon became a torrent** le filet de lave se transforma bientôt en torrent; **there was only a ~ of water from the tap** un maigre filet d'eau coulait du robinet. -**2.** *fig*: **a ~ of applications began to come in** les candidatures commencèrent à arriver au compte-gouttes; **there was only a ~ of visitors** il n'y avait que quelques rares visiteurs, les visiteurs étaient rares.
◆ **trickle away** *vi insep* -**1.** [liquid] s'écouler lentement; **the water ~d away down the plughole** l'eau s'écoulait lentement dans le trou de l'évier. -**2.** *fig* [money, savings] disparaître petit à petit; [crowd] se disperser petit à petit; [people] s'en aller progressivement.
◆ **trickle in** *vi insep* -**1.** [rain] entrer goutte à goutte. -**2.** [spectators] entrer par petits groupes. -**3.** *fig*: **offers of help began to ~ in** quelques offres d'aide commençaient à arriver; **information on the disaster only ~d in at first** au début les informations sur le désastre arrivaient au compte-gouttes.
trickle charger *n* chargeur *m* à régime lent.
trickster ['trɪkstəʳ] *n* [swindler] filou *m,* escroc *m.*
tricksy ['trɪksɪ] (*compar* **tricksier**, *superl* **tricksiest**) *adj* -**1.** [mischievous] espiègle. -**2.** [sly] malin, rusé.
tricky ['trɪkɪ] (*compar* **trickier**, *superl* **trickiest**) *adj* -**1.** [complex, delicate - job, situation, negotiations] difficile, délicat; [- problem] épineux, difficile; **the path is ~ in places** le chemin est difficile OR peu praticable par endroits. -**2.** [sly - person] rusé, fourbe.
tricolour *Br,* **tricolor** *Am* ['trɪkələʳ] *n* drapeau *m* tricolore.
tricorn ['traɪkɔ:n] ◇ *adj* à trois cornes.
◇ *n* tricorne *m.*
trictrac, tricktrack ['trɪkˌtræk] *n* trictrac *m.*
tricuspid [traɪ'kʌspɪd] *adj* tricuspide.
tricycle ['traɪsɪkl] ◇ *n* tricycle *m.*
◇ *vi* faire du tricycle.
trident ['traɪdnt] *n* trident *m.*

Tridentine Mass [trɪ'dentaɪn-] *n* messe *f* traditionnelle en latin.
tried [traɪd] *pt* & *pp* → **try**.
triennial [traɪ'enjəl] ◇ *adj* triennal; BOT trisannuel.
◇ *n* -**1.** [anniversary] troisième anniversaire *m*. -**2.** [period] période *f* de trois ans. -**3.** BOT plante *f* trisannuelle.
triennially [traɪ'enjəlɪ] *adv* tous les trois ans.
trier ['traɪəʳ] *n*: to be a ~ être persévérant; **he's a real ~** il ne se laisse jamais décourager.
Trier ['trɪəʳ] *pr n* Trèves.
Trieste [triː'est] *pr n* Trieste.
trifle ['traɪfl] *n* -**1.** [unimportant thing, small amount] bagatelle *f*, broutille *f*, rien *m*; **don't waste your time on ~s** ne perdez pas votre temps à des bagatelles; **she doesn't worry over ~s like money** l'argent est le cadet de ses soucis; **they quarrel over ~s** il se disputent pour un oui pour un non OR pour un rien; **I bought it for a ~** je l'ai acheté pour une bouchée de pain OR pour trois fois rien; **£100 is a mere ~ to them** 100 livres, c'est peu de chose pour eux. -**2.** CULIN ≃ charlotte *f*.
◆ **a trifle** *adv phr* un peu, un tantinet; **it's a ~ easier than it was** c'est un peu OR un rien plus facile qu'avant.
◆ **trifle with** *vt insep*: **to ~ with sb's affections** jouer avec les sentiments de qqn; **he's not a man to be ~d with** avec lui, on ne plaisante pas.
trifling ['traɪflɪŋ] *adj* insignifiant.
trifocal [traɪ'fəʊkl] ◇ *adj* [lens] à triple foyer.
◇ *n* [lens] lentille *f* à triple foyer.
◆ **trifocals** *npl* [spectacles] lunettes *fpl* à triple foyer.
trifoliate [traɪ'fəʊlɪɪt] *adj* à trois feuilles; BOT trifolié.
triforium [traɪ'fɔːrɪəm] (*pl* **triforia** [-rɪə]) *n* triforium *m*.
triform ['traɪfɔːm] *adj* en OR à trois parties.
trig *inf* [trɪg] *n* *abbr of* **trigonometry**.
trigger ['trɪgəʳ] ◇ *n* -**1.** [in gun] gâchette *f*, détente *f*; **to pull** OR **to squeeze the ~** appuyer sur la gâchette; **he's fast** OR **quick on the ~** *literal* il tire vite; *fig* il réagit vite. -**2.** *fig* [initiator] déclenchement *m*; **the strike was the ~ for nationwide protests** la grève a donné le signal d'un mouvement de contestation dans tout le pays.
◇ *vt* [mechanism, explosion, reaction] déclencher; [revolution, protest] déclencher, provoquer, soulever.
◆ **trigger off** *vt sep* = **trigger** *vt*.
trigger finger *n* index *m* (*avec lequel on appuie sur la gâchette*).
trigger-happy *inf adj* [individual] qui a la gâchette facile; [country] prêt à déclencher la guerre pour un rien, belliqueux.
trigonometric(al) [,trɪgənə'metrɪk(l)] *adj* trigonométrique.
trigonometry [,trɪgə'nɒmətrɪ] *n* trigonométrie *f*.
trig point *n* station *f* géodésique.
trigram ['traɪgræm] *n* trigramme *m*.
trigraph ['traɪgrɑːf] *n* trigramme *m*.
trike *inf* [traɪk] *n* tricycle *m*.
trilateral [,traɪ'lætərəl] *adj* trilatéral, à trois côtés.
trilby ['trɪlbɪ] *n Br*: ~ **(hat)** (chapeau *m* en) feutre *m*.
trilingual [traɪ'lɪŋgwəl] *adj* trilingue.
trill [trɪl] ◇ *n* MUS & ORNITH trille *m*; LING consonne *f* roulée.
◇ *vi* triller, faire des trilles.
◇ *vt* -**1.** [note, word] triller. -**2.** [consonant] rouler.
trillion ['trɪljən] *n Br* trillion *m*; *Am* billion *m*; **~s of stars** des milliards d'étoiles.
trilogy ['trɪlədʒɪ] (*pl* **trilogies**) *n* trilogie *f*.
trim [trɪm] (*compar* **trimmer**, *superl* **trimmest**, *pt* & *pp* **trimmed**, *cont* **trimming**) ◇ *adj* -**1.** [neat - appearance] net, soigné; [- person] d'apparence soignée; [- garden, flowerbed] bien tenu, bien entretenu; [- ship] en bon ordre; **the garden is looking very ~** le jardin a l'air très bien entretenu. -**2.** [svelte - figure] svelte, mince. -**3.** [fit] en bonne santé, en forme.
◇ *vt* -**1.** [cut - roses] tailler, couper; [- hair, nails] couper; [- beard] tailler; [- candle wick] tailler, moucher; [- paper, photo] rogner; **to ~ one's nails** se couper les ongles; **I had my hair trimmed** je me suis fait égaliser les cheveux; **~ the frayed edges off** égalisez les bords du tissu. -**2.** [edge] orner, garnir; **a hat trimmed with fur** un chapeau bordé OR orné de fourrure; **the collar was trimmed with lace** le col était bordé OR garni de dentelle ‖ [decorate]: **we trimmed the Christmas tree with tinsel** on a décoré le sapin de Noël avec des guirlandes. -**3.** AERON & NAUT [plane, ship] équilibrer; [sails] régler; **to ~ one's sails** *fig* réviser son jugement. -**4.** [cut back - budget, costs] réduire, limiter; **they were able to ~ several thousand pounds from the budget** ils ont pu réduire le budget de plusieurs milliers de livres.
◇ *n* -**1.** [neat state] ordre *m*, bon état *m*; **to be in good ~** être en bon état OR ordre; **the garden doesn't look in very good ~** le jardin a l'air un peu à l'abandon. -**2.** [fitness] forme *f*; **to get in** OR **into ~** se remettre en forme; **are you in (good) ~ for the match?** êtes-vous en forme pour le match? -**3.** [cut] coupe *f*, taille *f*; **she gave the hedge a ~** elle a taillé la haie; **she gave her nails a ~** elle s'est coupé les ongles; **to have a ~** [at hairdresser's] se faire égaliser les cheveux; **just a ~, please** simplement rafraîchi, s'il vous plaît. -**4.** (*U*) [moulding, decoration] moulures *fpl*; [on car] aménagement *m* intérieur, garnitures *fpl*; [on dress] garniture *f*; *Am* [in shop window] composition *f* d'étalage. -**5.** NAUT [of sails] orientation *f*, réglage *m*. -**6.** CIN coupe *f*.
◆ **trim down** *vt sep* -**1.** [wick] tailler, moucher. -**2.** [budget, costs] réduire.
◆ **trim off** *vt sep* [edge] enlever, couper; [hair] couper; [branch] tailler; [jagged edges] ébarber.
trimaran ['traɪməræn] *n* trimaran *m*.
trimester [traɪ'mestəʳ] *n* -**1.** *Am* trimestre *m*. -**2.** [gen] trois mois *mpl*.
trimmer ['trɪməʳ] *n* -**1.** CONSTR linçoir *m*, linsoir *m*. -**2.** [for timber] trancheuse *f* (*pour le bois*); (hedge) ~ taille-haie *m*. -**3.** ELECTRON trimmer *m*, condensateur *m* ajustable. -**4.** *pej* [person] opportuniste *mf*.
trimming ['trɪmɪŋ] *n* -**1.** SEW parement *m*; [lace, ribbon] passement *m*. -**2.** CULIN garniture *f*, accompagnement *m*; **turkey with all the ~s** la dinde avec sa garniture habituelle. -**3.** [accessory] accessoire *m*; **it's the ~s you pay for** ce sont les accessoires que vous payez. -**4.** *inf Am* [defeat] raclée *f*; **to get a ~** prendre une raclée, se faire battre à plate couture.
◆ **trimmings** *npl* [scraps] chutes *fpl*, rognures *fpl*.
trimonthly [traɪ'mʌnθlɪ] *adj* trimestriel.
trinary ['traɪnərɪ] *adj* ternaire.
Trinidad ['trɪnɪdæd] *pr n* (l'île *f* de) la Trinité *f*; in ~ à la Trinité.
Trinidad and Tobago [-tə'beɪgəʊ] *pr n* Trinité-et-Tobago; in ~ à Trinité-et-Tobago.
Trinidadian [,trɪnɪ'dædɪən] ◇ *n* Trinidadien *m*, -enne *f*, habitant *m*, -e *f* de la Trinité.
◇ *adj* trinidadien, de la Trinité.
trinitroglycerin [traɪ,naɪtrəʊ'glɪsəriːn] *n* nitroglycérine *f*.
trinitrotoluene [traɪ,naɪtrəʊ'tɒljʊiːn] *n* trinitrotoluène *m*.
trinity ['trɪnətɪ] (*pl* **trinities**) *n fml* OR *lit* trio *m*, groupe *m* de trois.
◆ **Trinity** *n* RELIG -**1.** [union]: **the Trinity** la Trinité. -**2.** [feast]: **Trinity (Sunday)** (la fête de) la Trinité; **the first Sunday after Trinity** le premier dimanche après la Trinité.
Trinity term *n* UNIV troisième trimestre *m*.
trinket ['trɪŋkɪt] *n* [bauble] bibelot *m*, babiole *f*; [jewel] colifichet *m*; [on bracelet] breloque *f*.
trinomial [traɪ'nəʊmjəl] ◇ *n* trinôme *m*.
◇ *adj* à trois termes.
trio ['triːəʊ] (*pl* **trios**) *n* -**1.** MUS trio *m* (*morceau*). -**2.** [group] trio *m*, groupe *m* de trois; MUS trio (*joueurs*).
triode ['traɪəʊd] *n* triode *f*.
triolet ['triːəʊlet] *n* triolet *m*.
trio sonata *n* sonate *f* en trio.
trip [trɪp] (*pt* & *pp* **tripped**, *cont* **tripping**) ◇ *n* -**1.** [journey] voyage *m*; **to go on a ~** partir OR aller en voyage; **we went on a long bus ~** on a fait un long voyage en bus; **I had to make three ~s into town** j'ai dû aller trois fois en ville OR faire trois voyages en ville; **to make a ~ to the dentist's** aller chez le dentiste ❑ **business ~** voyage *m* d'affaires; **it's a 2-hour round ~** le voyage aller-retour OR l'aller-retour dure 2 heures. -**2.** [excursion] promenade *f*, excursion *f*; **we had a lovely ~ to Devon** nous avons fait une très belle promenade dans le Devon; **she took the children on a ~ to the seaside** elle a emmené les enfants en promenade au bord de la mer ‖ [outing] promenade *f*, sortie *f*; **the annual school ~** la sortie scolaire annuelle. -**3.** *drugs sl* trip *m*; **an LSD ~** un trip au LSD; **to have a bad ~** faire un mauvais trip OR voyage ‖ *fig* [experience]: **he seems to be on some kind of nostalgia/ego ~** il semble être en pleine crise de nostalgie/d'égocentrisme.
◇ *vt* -**1.** [person - make stumble] faire trébucher; [- make fall] faire tomber; [intentionally] faire un croche-pied OR un croc-en-jambe à; **he tripped me** il m'a fait un croche-pied. -**2.** [switch, alarm] déclencher. -**3.** *phr*: **to ~ the light fantastic** *hum* danser.
◇ *vi* -**1.** [stumble] trébucher; **I tripped and fell** j'ai trébuché et je suis tombé; **she tripped on** OR **over the wire** elle s'est pris le pied dans le fil; **I tripped on a pile of books** j'ai buté contre OR trébuché sur une pile de livres. -**2.** [step lightly]: **to ~ in/out** entrer/sortir en sautillant; **she tripped down the lane** elle descendit le chemin d'un pas léger; **her name doesn't exactly ~ off the tongue** *fig* son nom n'est pas très facile à prononcer. -**3.** *drugs sl* faire un trip; **to ~ on acid** faire un trip à l'acide.
◆ **trip out** *vi insep drugs sl* faire un trip.
◆ **trip over** ◇ *vi insep* trébucher, faire un faux pas.
◇ *vt insep* buter sur OR contre, trébucher sur OR contre.
◆ **trip up** ◇ *vt sep* -**1.** [cause to fall] faire trébucher; [deliberately] faire un croche-pied à. -**2.** [trap] désarçonner; **her questions are often designed to ~ people up** ses questions sont souvent conçues pour désarçonner les gens.
◇ *vi insep* -**1.** [fall] trébucher; **I tripped up on a stone** j'ai trébuché OR buté contre une pierre. -**2.** [make a mistake] gaffer, faire une gaffe; **I tripped up badly there** là-dessus, j'ai fait une grosse gaffe.
tripartite [,traɪ'pɑːtaɪt] *adj* [division, agreement] tripartite, triparti.
tripe [traɪp] *n* (*U*) -**1.** CULIN tripes *fpl*. -**2.** *inf Br* [nonsense] foutaises *fpl*, bêtises *fpl*; **what a load of ~!** quelles foutaises!; **the film is utter ~** le film est vraiment nul.
triphammer ['trɪp,hæməʳ] *n* marteau *m* à bascule.
triphase ['traɪfeɪz] *adj* ELEC triphasé.
triphthong ['trɪfθɒŋ] *n* triphtongue *f*.
triplane ['traɪpleɪn] *n* triplan *m*.
triple ['trɪpl] ◇ *adj* -**1.** [in three parts] triple; **she has a ~ role of actress, director and producer** elle a le triple rôle d'actrice, de metteur en scène et de productrice; **the organization serves a ~ purpose** le but de l'organisation est triple. -**2.** [treble] triple; **a ~ brandy** un triple cognac; **a ~ murder** un triple meurtre; **~ the usual amount** trois fois la dose habituelle.
◇ *n* triple *m*.
◇ *vi* & *vt* tripler.
Triple Alliance *pr n* HIST: **the ~** la Triple Alliance *f*.

triple jump *n* triple saut *m*.
triplet ['trɪplɪt] *n* -**1.** [child] triplé *m*, -e *f*; ~s des triplés *mpl*, des triplées *fpl*. -**2.** MUS triolet *m*; LITERAT tercet *m*.
triple time *n*: in ~ à trois temps.
triplex ['trɪpleks] ◇ *adj* [triple] triple.
◇ *n Am* [apartment] triplex *m*.
Triplex® ['trɪpleks] *n Br*: ~ (glass) Triplex® *m*, (verre *m*) Sécurit® *m*; ~ windscreen pare-brise *m inv* en (verre) Sécurit®.
triplicate [*adj* & *n* 'trɪplɪkət, *vb* 'trɪplɪkeɪt] ◇ *adj* en trois exemplaires, en triple exemplaire.
◇ *n* -**1.** [document]: in ~ en trois exemplaires, en triple exemplaire. -**2.** [third copy] triplicata *m*.
◇ *vt* multiplier par trois, tripler.
triply ['trɪplɪ] *adv* triplement.
tripod ['traɪpɒd] *n* trépied *m*.
Tripoli ['trɪpəlɪ] *pr n* Tripoli.
tripos ['traɪpɒs] *n examen de licence (BA) à l'université de Cambridge.*
tripper ['trɪpəʳ] *n Br* [on day trip] excursionniste *mf*; [on holiday] vacancier *m*, -ère *f*.
trip recorder *n* AUT compteur *m* journalier, totalisateur *m* partiel.
trip switch *n* interrupteur *m*.
triptych ['trɪptɪk] *n* triptyque *m*.
trip wire *n* fil *m* de détente.
trireme ['traɪriːm] *n* trirème *f*, trière *f*.
trisect [traɪ'sekt] *vt* diviser en trois parties égales.
Tristan ['trɪstən] *pr n*: '~ and Isolde' *Wagner* 'Tristan et Isolde'.
trisyllabic [,traɪsɪ'læbɪk] *adj* trisyllabique, trisyllabe.
trisyllable [,traɪ'sɪləbl] *n* trisyllabe *m*.
trite [traɪt] *adj* [theme, picture] banal; **he made a ~ remark** il a dit une banalité; **I know it sounds a bit ~, but I do care** je sais que ça peut paraître banal de dire ça, mais vraiment je me sens concernée.
tritely ['traɪtlɪ] *adv* banalement.
tritium ['trɪtɪəm] *n* tritium *m*.
triton [*sense 1* 'traɪtn, *sense 2* 'traɪtɒn] *n* -**1.** ZOOL triton *m*. -**2.** PHYS triton *m*.
◆ **Triton** *pr n* MYTH Triton.
tritone ['traɪtəʊn] *n* triton *m* MUS.
triturate ['trɪtjʊreɪt] *vt* triturer.
trituration [,trɪtjʊ'reɪʃn] *n* trituration *f*.
triumph ['traɪəmf] ◇ *n* -**1.** [jubilation] (sentiment *m* de) triomphe *m*; **to return in ~** rentrer triomphalement; **she had a look of ~ on her face** elle avait une expression triomphante. -**2.** [victory] victoire *f*, triomphe *m*; [success] triomphe *m*, (grande) réussite *f*; **the musical was an absolute ~** la comédie musicale a été OR a fait un véritable triomphe; **the ~ of reason over passion** le triomphe de la raison sur la passion; **the agreement will be seen as a personal ~ for the President** cet accord sera considéré comme un triomphe personnel pour le président. -**3.** [in ancient Rome] triomphe *m*.
◇ *vi* triompher; **to ~ over difficulties/a disability** triompher des difficultés/d'une infirmité, vaincre les difficultés/une infirmité.
triumphal [traɪ'ʌmfl] *adj* triomphal.
triumphalist [traɪ'ʌmfəlɪst] *adj* triomphaliste.
triumphant [traɪ'ʌmfənt] *adj* [team] victorieux, triomphant; [return] triomphal; [cheer, smile] de triomphe, triomphant; [success] triomphal.
triumphantly [traɪ'ʌmfəntlɪ] *adv* [march] en triomphe, triomphalement; [cheer, smile] triomphalement; [announce] d'un ton triomphant, triomphalement; [look] d'un air triomphant, triomphalement.
triumvirate [traɪ'ʌmvɪrət] *n* triumvirat *m*.
triune ['traɪjuːn] *adj* RELIG trin.
trivalent [traɪ'veɪlənt] *adj* trivalent.
trivet ['trɪvɪt] *n* [when cooking] trépied *m*, chevrette *f*; [for table] dessous-de-plat *m inv*.
trivia ['trɪvɪə] *npl* [trifles] bagatelles *fpl*, futilités *fpl*; [details] détails *mpl*; **the ~ of everyday life** les petites choses de la vie quotidienne.
trivial ['trɪvɪəl] *adj* -**1.** [insignificant - sum, reason] insignifiant, dérisoire; **it's only a ~ offence** ce n'est qu'une peccadille, c'est sans gravité. -**2.** [pointless - discussion, question] sans intérêt, insignifiant. -**3.** [banal - story] banal.
triviality [,trɪvɪ'ælətɪ] (*pl* **trivialities**) *n* -**1.** [of sum] insignifiance *f*, caractère *m* insignifiant; [of discussion] insignifiance *f*, caractère *m* oiseux; [of film] banalité *f*. -**2.** [trifle] futilité *f*, bagatelle *f*; **don't waste your time on trivialities** ne perdez pas votre temps à des bagatelles.
trivialize, -ise ['trɪvɪəlaɪz] *vt* [make insignificant] banaliser, dévaloriser; **her work's very important to her, don't ~ it** son travail est très important pour elle, ne le dévalorisez pas; **the tabloids ~ even the most important events** la presse populaire banalise même les événements les plus importants.
triweekly [traɪ'wiːklɪ] (*pl* **triweeklies**) ◇ *adv* -**1.** [every three weeks] toutes les trois semaines. -**2.** [three times a week] trois fois par semaine.
◇ *adj* [newspaper] qui paraît toutes les trois semaines; [visit, class] qui se produit trois fois par semaine.
◇ *n* journal *m* qui paraît toutes les trois semaines.
t-RNA (*abbr of* **transfer RNA**) *n* ARN *m* de transfert.
trochaic [trəʊ'keɪɪk] *adj* trochaïque.
trochee ['trəʊkiː] *n* trochée *m*.
trod [trɒd] *pt* & *pp* → **tread**.
trodden ['trɒdn] *pp* → **tread**.
trog *inf* [trɒg] (*pt* & *pp* **trogged**, *cont* **trogging**) *vi Br* se traîner.
troglodyte ['trɒglədaɪt] ◇ *n* troglodyte *m*.
◇ *adj* troglodytique.
troilism ['trɔɪlɪzm] *n* triolisme *m*.
Troilus ['trɔɪləs] *pr n*: '~ and Cressida' *Shakespeare* 'Troïlus et Cressida'.
Trojan ['trəʊdʒən] ◇ *adj* troyen; **~ work** travail *m* de titan; 'The ~ Women' *Euripides* 'les Troyennes'.
◇ *n* Troyen *m*, -enne *f*; **to work like a ~** travailler comme un forçat.
Trojan Horse *n* HIST & *fig* cheval *m* de Troie.
Trojan War *pr n* guerre *f* de Troie.
troll [trəʊl] ◇ *n* [goblin] troll *m*.
◇ *vi* -**1.** FISHING pêcher à la traîne. -**2.** *inf Br* [stroll] se balader. -**3.** *arch* [sing] chanter vigoureusement.
trolley ['trɒlɪ] (*pl* **trolleys**) *n* -**1.** [handcart] chariot *m*; [two-wheeled] diable *m*; [for child] poussette *f*; [in supermarket, station] chariot *m*, caddie *m*; [in restaurant] chariot *m*; **tea ~** table *f* roulante; **drinks ~** chariot *m* à boissons; **to be off one's ~** *inf Br* être cinglé. -**2.** [on rails - in mine] wagonnet *m*, benne *f*. -**3.** [for tram] trolley *m* ÉLECTR. -**4.** *Am* [tram] tramway *m*, tram *m*.
trolleybus ['trɒlɪbʌs] *n* trolleybus *m*, trolley *m*.
trolley car *n Am* tramway *m*, tram *m*.
trollop ['trɒləp] *n dated* & *pej* [prostitute] putain *f*; [slut] souillon *f*.
trombone [trɒm'bəʊn] *n* trombone *m (instrument)*.
trombonist [trɒm'bəʊnɪst] *n* tromboniste *mf*, trombone *m (musicien)*.
troop [truːp] ◇ *n* [band - of schoolchildren] bande *f*, groupe *m*; [- of scouts] troupe *f*; [- of animals] troupe *f*; MIL [of cavalry, artillery] escadron *m*.
◇ *vi*: **to ~ by** OR **past** passer en troupe; **to ~ in/out** entrer/sortir en troupe; **the children ~ed back to school** les enfants sont repartis à l'école en bande.
◇ *vt Br* MIL: **to ~ the colour** faire le salut au drapeau.
◆ **troops** *npl* [gen & MIL] troupes *fpl*.
troop carrier *n* [ship] transport *m* de troupes; [plane] avion *m* de transport militaire.
trooper ['truːpəʳ] *n* -**1.** [soldier] soldat *m* de cavalerie. -**2.** *Am* & *Austr* [mounted policeman] membre *m* de la police montée; (state) ~ ≃ gendarme *m*. -**3.** *Br* MIL [ship] transport *m* de troupes.
trooping ['truːpɪŋ] *n Br*: **~ (of) the colour** salut *m* au drapeau; **Trooping the Colour** *défilé de régiments ayant lieu chaque année le jour officiel de l'anniversaire de la reine d'Angleterre.*
troopship ['truːpʃɪp] *n* navire *m* de transport.
trope [trəʊp] *n* trope *m*.
trophic ['trɒfɪk] *adj* trophique.
trophy ['trəʊfɪ] (*pl* **trophies**) *n* trophée *m*.
tropic ['trɒpɪk] ◇ *n* tropique *m*; **in the ~s** sous les tropiques; **the Tropic of Capricorn/Cancer** le tropique du Capricorne/du Cancer.
◇ *adj lit* = **tropical**.
tropical ['trɒpɪkl] *adj* [region] des tropiques, tropical; [weather, forest, medicine] tropical.
tropism ['trəʊpɪzm] *n* tropisme *m*.
troposphere ['trɒpəsfɪəʳ] *n* troposphère *f*.
trot [trɒt] (*pt* & *pp* **trotted**, *cont* **trotting**) ◇ *n* -**1.** [of horse] trot *m*; **to go at a ~** aller au trot, trotter ‖ [of person]: **he went off at a ~** il est parti au pas de course. -**2.** [ride] promenade *f* à cheval; [run] *inf* petite course *f*; **to go for a ~** [on horseback] aller faire une promenade à cheval; [on foot] *inf* aller faire une promenade
❑ **on the ~** *inf Br* [busy] affairé; [in succession] d'affilée, de suite; **they kept me on the ~ all afternoon** ils m'ont fait courir tout l'après-midi, ils ne m'ont pas accordé un moment de répit de tout l'après-midi; **he conducted ten interviews on the ~ (that morning)** (ce matin-là,) il a fait dix interviews d'affilée OR de suite. -**3.** *inf Am* [crib] anti-sèche *f*.
◇ *vi* -**1.** [horse, rider] trotter; **he trotted up to us** il est venu vers nous au trot. -**2.** [on foot]: **to ~ in/out/past** entrer/sortir/passer en courant; **can you ~ down to the shops for me?** peux-tu faire un saut pour moi jusqu'aux magasins?
◇ *vt* [horse] faire trotter.
◆ **trot along** *vi insep* -**1.** [horse] trotter, aller au trot. -**2.** *inf* [person] partir; **~ along now** sauve-toi maintenant!
◆ **trot away** *vi insep* -**1.** [horse] partir au trot. -**2.** *inf* [person] partir au pas de course.
◆ **trot out** *inf vt sep Br* [excuse, information] débiter *pej*; [story, list] débiter *pej*, réciter *pej*; **she trotted out the usual excuses** elle débita OR sortit les excuses habituelles.
◆ **trot over** *vi insep* -**1.** [rider] venir à cheval. -**2.** *inf* [person] venir, faire un saut; **why don't you ~ over to see me some time?** viens donc faire un saut un de ces jours; **she trotted over to the shops** elle a fait un saut jusqu'aux magasins.
◆ **trots** *inf npl Br* diarrhée *f*; **to have the ~s** avoir la courante.
Trot *inf* [trɒt] *n pej abbr of* **Trotskyist**
troth [trəʊθ] *n arch*: **by my ~!** ma foi!, pardieu! *arch*; **in ~** en vérité.
trotline ['trɒtlaɪn] *n* FISHING *ligne qui traverse une rivière et à laquelle on suspend des hameçons.*
Trotsky ['trɒtskɪ] *pr n* Trotski.
Trotskyism ['trɒtskɪɪzm] *n* trotskisme *m*.
Trotskyist ['trɒtskɪɪst] ◇ *adj* trotskiste.
◇ *n* trotskiste *mf*.
Trotskyite ['trɒtskɪaɪt] ◇ *adj* trotskiste.
◇ *n* trotskiste *mf*.
trotter ['trɒtəʳ] *n* -**1.** [horse] trotteur *m*, -euse *f*. -**2.** CULIN: **pig's/sheep's ~s** pieds *mpl* de porc/de mouton.
troubadour ['truːbədɔːʳ] *n* troubadour *m*.
trouble ['trʌbl] ◇ *n* -**1.** *(U)* [conflict - esp with authority] ennuis *mpl*, problèmes *mpl*; [discord] discorde *f*; **to be in ~** avoir des ennuis; **you're really in ~ now!** tu es dans de beaux draps OR te voilà bien maintenant!; **I've never been in ~ with the police** je n'ai jamais eu d'ennuis OR d'histoires avec la police; **to get into ~** s'attirer des ennuis, se faire attraper; **her sharp tongue often gets her into ~** sa causticité lui attire souvent des ennuis; **he got into ~ for stealing apples** il s'est fait attraper pour avoir volé des

pommes; he got his friends into ~ il a causé des ennuis à ses amis; to get sb out of ~ tirer qqn d'affaire; to keep sb out of ~ éviter des ennuis à qqn; he's just looking OR asking for ~ il cherche les ennuis; it's asking for ~ driving without insurance on cherche les histoires quand on conduit sans assurance; there's ~ brewing ça sent le roussi; she caused a lot of ~ between them elle a semé la discorde entre eux; this means ~ ça va mal se passer. -2. *(U)* [difficulties, problems] difficultés *fpl*, ennuis *mpl*, mal *m*; to make OR to create ~ for sb causer des ennuis à qqn; he's given his parents a lot of ~ [hard time] il a donné du fil à retordre à ses parents; [worry] il a donné beaucoup de soucis à ses parents; the baby hardly gives me any ~ le bébé ne me donne pratiquement aucun mal; to have ~ (in) doing sthg avoir du mal OR des difficultés à faire qqch; to be in/to get into ~ [climber, swimmer, business] être/se trouver en difficulté ❑ to get a girl into ~ *Br euph* mettre une fille dans une position intéressante. -3. [inconvenience, bother] mal *m*, peine *f*; to go to a lot of ~ to do OR doing sthg se donner beaucoup de mal OR de peine pour faire qqch; she went to considerable ~ to get the tickets elle s'est donné énormément de mal pour obtenir les billets; you shouldn't have gone to all this ~ il ne fallait pas vous donner tout ce mal OR tant de peine; I went to a lot of ~ for nothing je me suis donné beaucoup de mal pour rien; to put sb to ~ donner du mal à qqn, déranger qqn; I hope we're not putting you to too much ~ j'espère que nous ne vous donnons pas trop de mal; he didn't even take the ~ to read the instructions il ne s'est même pas donné OR il n'a même pas pris la peine de lire les instructions; I don't want to be any ~ je ne veux pas vous déranger; it's no ~ (at all) cela ne me dérange pas (du tout); nothing is too much ~ for her elle se donne vraiment beaucoup de mal; it's not worth the ~, it's more ~ than it's worth cela n'en vaut pas la peine, le jeu n'en vaut pas la chandelle. -4. [drawback] problème *m*, défaut *m*; the ~ with him is that he's too proud le problème avec lui, c'est qu'il est trop fier; the only ~ with your solution is that it's expensive ta solution n'a qu'un défaut, c'est qu'elle revient cher; the ~ is that no one understands him l'ennui OR le problème, c'est que personne ne le comprend; that's the ~ c'est ça l'ennui. -5. *(U)* [mechanical failure] ennuis *mpl*, problèmes *mpl*; I'm having a bit of engine ~ j'ai des problèmes de moteur; they've had ~ with the new dishwasher ils ont eu des problèmes avec leur nouveau lave-vaisselle; have you found out what the ~ is? avez-vous trouvé d'où vient la panne?; what seems to be the ~? qu'est-ce qui ne va pas? -6. [worry, woe] ennui *m*, souci *m*, problème *m*; money ~s ennuis d'argent; at last your ~s are over enfin vos soucis sont terminés; her ~s are not at an end yet elle n'est pas encore au bout de ses peines ❑ the ~ and strife *inf Br hum* ma légitime; here comes ~! *inf* tiens, voilà les ennuis qui arrivent! -7. *(U)* [friction] troubles *mpl*, conflits *mpl*; [disorder, disturbance] troubles *mpl*, désordres *mpl*; the ~ began when the police arrived l'agitation a commencé quand la police est arrivée; industrial OR labour ~s conflits sociaux; there's some sort of ~ down at the mine il y a de l'agitation à la mine; there was ~ on the pitch/on the terraces il y a eu des histoires sur le terrain/dans les gradins. -8. *(U)* MED ennuis *mpl*, problèmes *mpl*; I have kidney/back ~ j'ai des ennuis rénaux/des problèmes de dos.

◇ *vt* -1. [worry] inquiéter; [upset] troubler; what ~s me is that we've had no news ce qui m'inquiète, c'est que nous n'avons pas eu de nouvelles; he didn't want to ~ her with bad news il ne voulait pas l'inquiéter en lui annonçant de mauvaises nouvelles; nothing seems to ~ him il ne s'en fait jamais, il ne se fait jamais de souci. -2. [cause pain to] gêner; his back is troubling him il a des problèmes de dos; she's often ~d by nightmares elle est sujette aux cauchemars. -3. [bother, disturb] déranger; I won't ~ you with the details just now je vous ferai grâce des OR épargnerai les détails pour l'instant; he didn't even ~ himself to phone il ne s'est même pas donné la peine de téléphoner; don't ~ yourself! *literal* ne vous dérangez OR tracassez pas!; *iron* ne vous dérangez surtout pas! -4. [in polite phrases] déranger; can I ~ you to open the window? est-ce que je peux vous demander d'ouvrir la fenêtre?; I'm sorry to ~ you, but could I have the newspaper? excusez-moi de vous déranger, mais puis-je avoir le journal?; may I ~ you for a light/the salt? puis-je vous demander du feu/le sel?; I'll ~ you to be more polite next time! *Br* [in reproach] vous allez me faire le plaisir d'être plus poli la prochaine fois! -5. *lit* [disturb - water] troubler; a light breeze ~d the surface of the lake une légère brise troublait la surface du lac.

◇ *vi* -1. [bother] se déranger; don't ~ to do the washing-up now ne faites pas la vaisselle maintenant, ce n'est pas la peine. -2. [worry] se faire du souci, s'en faire; don't ~ about it ne vous faites pas de souci OR ne vous en faites pas (pour ça).

◆ **Troubles** *npl* HIST: the Troubles *le conflit politique en Irlande du Nord.*

troubled ['trʌbld] *adj* -1. [worried - mind, look] inquiet, préoccupé; he seems ~ about something il semble préoccupé par quelque chose. -2. [disturbed - sleep, night, breathing] agité; [- water] troublé; [turbulent - marriage, life] agité, mouvementé; we live in ~ times nous vivons une époque troublée OR agitée.

trouble-free *adj* [journey, equipment] sans problème, sans histoires; [period of time, visit] sans histoires; [life] sans soucis, sans histoires; [industry] sans grèves.

troublemaker ['trʌbl,meɪkəʳ] *n* provocateur *m*, -trice *f*.

troubleshoot ['trʌbl,ʃuːt] *vi* -1. [overseer, envoy] régler un problème. -2. [mechanic] localiser une panne.

troubleshooter ['trʌbl,ʃuːtəʳ] *n* -1. [in crisis] expert *m (appelé en cas de crise)*; INDUST & POL [in conflict] médiateur *m*, -trice *f*. -2. [mechanic] dépanneur *m*, -euse *f*.

troubleshooting ['trʌbl,ʃuːtɪŋ] *n* -1. [in crisis] médiation *f*. -2. [in mechanism] dépannage *m*.

troublesome ['trʌblsəm] *adj* -1. [annoying - person, cough] gênant, pénible; he was always a ~ child ça a toujours été un enfant difficile. -2. [difficult - situation] difficile; [- request] gênant, embarrassant; [- job] difficile, pénible.

trouble spot *n* point *m* chaud OR de conflit.

trough [trɒf] *n* -1. [for animals - drinking] abreuvoir *m*; [- eating] auge *f*. -2. [depression - in land] dépression *f*; [- between waves] creux *m*. -3. METEOR dépression *f*, zone *f* dépressionnaire; a ~ of low pressure une zone de basse pression. -4. [on graph, in cycle] creux *m*; FIN creux *m*, dépression *f*. -5. [gutter] gouttière *f*; [channel] chenal *m*.

trounce [traʊns] *vt* [defeat] écraser, battre à plate couture OR plates coutures.

trouncing ['traʊnsɪŋ] *n*: we gave Rovers a real ~ SPORT nous avons écrasé les Rovers.

troupe [truːp] *n* troupe *f* THÉÂT.

trouper ['truːpəʳ] *n* acteur *m*, -trice *f (de théâtre)*; he's a real ~ *inf fig* c'est un vieux de la vieille.

trouser ['traʊzəʳ] *comp Br* de pantalon.

trouser press *n Br* presse *f* à pantalons.

trousers ['traʊzəz] *npl Br* pantalon *m*; (a pair of) ~ un pantalon; I need some new ~ il me faut un pantalon neuf.

trouser suit *n Br* tailleur-pantalon *m*.

trousseau ['truːsəʊ] *n* trousseau *m (de jeune mariée)*.

trout [traʊt] (*pl inv* OR trouts) *n* truite *f*; ~ fishing la pêche à la truite.

trove [trəʊv] → **treasure trove**.

trow [trəʊ] *vi & vt arch* croire.

trowel ['traʊəl] *n* [for garden] déplantoir *m*; [for cement, plaster] truelle *f*.

troy [trɔɪ] *n*: ~ (weight) troy *m*, troy-weight *m*.

Troy [trɔɪ] *pr n* Troie.

truancy ['truːənsɪ] *n* absentéisme *m* (scolaire); they were punished for ~ ils ont été punis pour avoir manqué l'école.

truant ['truːənt] ◇ *n* élève *mf* absentéiste; to play ~ faire l'école buissonnière.

◇ *adj lit* [thought] vagabond.

truant officer *n Br responsable municipal chargé de résoudre les problèmes touchant à la vie des établissements scolaires (absentéisme, discipline etc).*

truce [truːs] *n* trêve *f*; to call a ~ *literal* conclure OR établir une trêve; *fig* faire la paix.

truck [trʌk] ◇ *n* -1. *esp Am* [lorry] camion *m*; the sheep were taken away by ~ les moutons ont été emmenés OR transportés en camion. -2. *Br* [open lorry] camion *m* à plate-forme; [van] camionnette *f*. -3. *Br* RAIL wagon *m* ouvert, truck *m*. -4. *(U)* [dealings]: to have no ~ with sb/sthg refuser d'avoir quoi que ce soit à voir avec qqn/qqch; they refused to have any ~ with him ils ont refusé d'avoir affaire à lui. -5. *(U) Am* [produce] produits *mpl* maraîchers. -6. [barter] troc *m*, échange *m*. -7. *Br* [payment] paiement *m* en nature; I was paid in ~ on m'a payé en nature.

◇ *vt Am* [goods, animals] camionner, transporter par camion.

◇ *vi Am* aller OR rouler en camion; keep on ~ing! *inf* continuez!

truckage ['trʌkɪdʒ] *n Am* camionnage *m*.

truck driver *n esp Am* camionneur *m*, (chauffeur *m*) routier *m*.

trucker ['trʌkəʳ] *n Am* -1. [driver] (chauffeur *m*) routier *m*, camionneur *m*. -2. AGR maraîcher *m*, -ère *f*.

truck farm *n Am* jardin *m* maraîcher.

truck farmer *n Am* maraîcher *m*, -ère *f*.

truck garden *n Am* jardin *m* maraîcher.

trucking ['trʌkɪŋ] *n Am* camionnage *m*, transport *m* par camion.

truckle ['trʌkl] ◇ *n* [castor] roulette *f*.

◇ *vt* [furniture] déplacer sur des roulettes.

◇ *vi*: to ~ to sb s'abaisser OR s'humilier devant qqn.

truckle bed *n* lit *m* gigogne.

truckload ['trʌkləʊd] *n* -1. *esp Am* [lorryload] cargaison *f (d'un camion)*; a ~ of soldiers un camion de soldats; medical aid arrived by the ~ l'aide médicale arriva par camions entiers. -2. *inf Am fig*: a ~ of un tas de.

truckman ['trʌkmən] *n* (*pl* truckmen [-mən]) *Am* (chauffeur *m*) routier *m*, camionneur *m*.

truck stop *n Am* (relais *m*) routier *m*.

truculence ['trʌkjʊləns] *n* agressivité *f*, brutalité *f*.

truculent ['trʌkjʊlənt] *adj* belliqueux, agressif.

truculently ['trʌkjʊləntlɪ] *adv* agressivement.

trudge [trʌdʒ] ◇ *vi* marcher péniblement OR en traînant les pieds; we ~d wearily along the path nous avons marché OR avancé péniblement le long du chemin; the prisoners ~d past les prisonniers passaient en traînant les pieds; she ~d home through the snow elle rentra chez elle en marchant péniblement dans la neige; we ~d from shop to shop nous nous sommes traînés de magasin en magasin.

◇ *vt*: to ~ the streets se traîner de rue en rue.

◇ *n* marche *f* pénible; they began the long ~ up the hill ils ont entrepris la longue ascension de la colline.

true [truː] ◇ *adj* -1. [factual - statement, story] vrai, véridique; [- account, description] exact, véridique; a ~ story une histoire vraie; is it ~ that they were lovers? c'est vrai qu'ils étaient amants?; it is not ~ that he has disappeared ce n'est pas vrai qu'il a disparu; can it be ~? est-ce possible?; he's a complete idiot — (that's) ~, but he's very lovable il est complètement idiot — ça c'est vrai, mais il est très sympathique; the same is OR holds ~ for many people il en va de même pour OR c'est vrai aussi pour beaucoup de gens; to come ~ [dream] se réaliser; [prophecy] se réaliser, se vérifier; it's like a dream come ~! c'est comme dans un rêve! ❑ too ~! *inf* c'est vrai ce que vous dites!, ah oui alors!; he's so stingy, it's not ~! *inf* ce n'est pas possible d'être aussi radin! -2. [precise, exact - measurement] exact, juste; MUS [- note] juste; I certify that this is a ~ copy of the diploma je certifie que ceci est une copie conforme du diplôme; he's not a genius in the ~ sense of the word ce n'est pas un génie au vrai sens du terme; his aim is ~ *literal & fig* il vise juste. -3. [genuine, authentic - friendship, remorse, feelings] vrai, véritable, authentique; [- friend, love] vrai, véritable; [real, actual - situation, nature, motive] réel, véritable; she was a ~ democrat c'était une démocrate dans l'âme; a story of ~ love l'histoire d'un grand amour; my ~ love mon bien-aimé *m*, ma bien-aimée *f*; it's not a ~ amphibian ce n'est pas vraiment un amphibie; spoken like a ~ soldier! voilà qui est bien dit! -4. [faithful - lover] fidèle; [- portrait] fidèle, exact; a ~ likeness une ressemblance parfaite; to be ~ to sb être fidèle à OR loyal envers qqn; to be ~ to one's ideals être fidèle à ses idéaux; she was ~ to her word elle a tenu parole; the painting is very ~ to life le tableau est très ressemblant; to be OR to run ~ to type être typique; ~ to form, he arrived half an hour late fidèle à son habitude OR comme à son habitude OR comme on pouvait s'y attendre, il est arrivé avec une demi-heure de retard; the horse hasn't been running ~ to form lately ces derniers temps, le cheval n'a pas couru comme à son habitude OR comme on pouvait s'y attendre.

◇ *adv* -1. [aim, shoot, sing] juste; to breed ~ BIOL se reproduire dans la conformité de l'espèce; it doesn't ring ~ cela sonne faux. -2. *lit* [truly] : tell me ~ dites-moi la vérité; love me ~ aime-moi fidèlement.

◆ **out of true** *adj phr Br* [wall] hors d'aplomb; [beam] tordu; [wheel] voilé; [axle] faussé; [painting] de travers.

◆ **true up** *vt sep* aligner, ajuster.

true-blue *adj* -1. [loyal] loyal. -2. *esp Br* POL conservateur, tory; ~ Tories des fidèles du parti conservateur.

trueborn ['tru:ˌbɔ:n] *adj* véritable, authentique.

truebred ['tru:ˌbred] *adj* de race pure.

truehearted [ˌtru:'hɑ:tɪd] *adj lit* loyal, sincère.

true-life *adj* vrai, vécu; a ~ story une histoire vécue.

truelove ['tru:lʌv] *n lit* bien-aimé *m*, -e *f*.

true north *n* vrai nord *m*, nord géographique.

truffle ['trʌfl] *n* truffe *f*; chocolate ~s truffes au chocolat.

trug [trʌg] *n Br* corbeille *f* de jardinier.

truism ['tru:ɪzm] *n* truisme *m*, lapalissade *f*.

truly ['tru:lɪ] *adv* -1. *fml* [really, genuinely] vraiment, réellement; I'm ~ sorry for what I've done je suis vraiment navré de ce que j'ai fait; they ~ believe they'll succeed ils croient réellement qu'ils vont réussir; he really said yes? — ~ he did il a vraiment dit oui? — vraiment, je te le jure; ~ it was the last thing on my mind je vous assure que j'étais loin de penser à ça; tell me ~ now, do you want the job? maintenant, dites-moi sincèrement, voulez-vous ce travail? -2. [as intensifier] vraiment, absolument; it was a ~ awful film c'était absolument épouvantable comme film; the meal was ~ delicious le repas était vraiment délicieux; hers is a ~ amazing talent elle a vraiment un talent étonnant. -3. [in letterwriting] : yours ~, Kathryn Schmidt *Am* je vous prie d'agréer, Monsieur OR Madame, l'expression de mes sentiments respectueux, Kathryn Schmidt || [myself] : yours ~ *inf hum* votre humble serviteur.

trump [trʌmp] ◇ *n* -1. [in cards] atout *m*; *fig* atout *m*, carte *f* maîtresse; to play a ~ jouer (un) atout; what's ~s? quel est l'atout?; diamonds are ~s (c'est) atout carreau; the six of ~s le six d'atout; no ~ sans-atout *m inv* ❑ to hold all the ~s avoir tous les atouts dans son jeu OR en main; to turn up OR to come up ~s *Br* sauver la mise. -2. BIBLE [trumpet] trompette *f*; the last ~ la trompette du Jugement dernier.

◇ *vt* -1. [card] couper, jouer atout sur; [trick] remporter avec un atout. -2. [outdo - remark, action] renchérir sur.

◆ **trump up** *vt sep (usu passive)* [story, charge] forger OR inventer OR monter de toutes pièces; he was arrested on some trumped-up charge of vagrancy il a été arrêté sur une accusation de vagabondage inventée de toutes pièces.

trump card *n literal & fig* atout *m*; to play one's ~ *fig* jouer ses atouts.

trumpery ['trʌmpərɪ] (*pl* **trumperies**) *lit* ◇ *n* -1. [nonsense] bêtises *fpl*. -2. [trinkets] pacotille *f*.

◇ *adj* -1. [flashy] tapageur, criard. -2. [worthless] sans valeur, insignifiant.

trumpet ['trʌmpɪt] ◇ *n* -1. [instrument] trompette *f*; Armstrong is on ~ Armstrong est à la trompette. -2. [trumpeter] trompettiste *mf*; [in military band] trompette *f*. -3. [of elephant] barrissement *m*. -4. [hearing aid] : (ear) ~ cornet *m* acoustique.

◇ *vi* [elephant] barrir.

◇ *vt* [secret, news] claironner; there's no need to ~ it abroad il n'est pas nécessaire de le crier sur les toits; the government's much ~ed land reforms le battage fait par le gouvernement autour de la réforme agraire.

trumpet call *n* MUS sonnerie *f* de trompette; *fig* [appeal] appel *m*; a ~ to liberty *fig* un appel vibrant à la liberté.

trumpeter ['trʌmpɪtəʳ] *n* trompettiste *mf*; [in orchestra] trompette *m*.

trumpeting ['trʌmpɪtɪŋ] *n* -1. [of elephant] barrissement *m*, barrissements *mpl*. -2. MUS coup *m* OR coups *mpl* de trompette.

truncate [trʌŋ'keɪt] *vt* [gen & COMPUT] tronquer.

truncated [trʌŋ'keɪtɪd] *adj* tronqué.

truncheon ['trʌntʃən] ◇ *n* matraque *f*.

◇ *vt* matraquer.

trundle ['trʌndl] ◇ *vi* [heavy equipment, wheelbarrow] avancer OR rouler lentement; [person] aller OR avancer tranquillement; to ~ in/out/past entrer/sortir/passer tranquillement; the lorry ~d slowly along le camion avançait lentement; I could hear the wheelbarrow trundling down the path j'entendais quelqu'un pousser bruyamment la brouette sur le chemin; do you fancy trundling down to the pub? *Br hum* ça vous dit d'aller faire un tour au pub?

◇ *vt* [push] pousser (avec effort); [pull] traîner (avec effort); [wheel] faire rouler bruyamment; he ~d the trolley along behind him il traînait le chariot derrière lui; she ~d the piano across the room elle a fait rouler le piano bruyamment à travers la pièce.

◇ *n inf hum* [walk] balade *f*.

trundle bed *n* lit *m* gigogne.

trunk [trʌŋk] *n* -1. [of tree, body] tronc *m*. -2. [of elephant] trompe *f*. -3. [case] malle *f*; [metal] cantine *f*. -4. *Am* AUT coffre *m*.

◆ **trunks** *npl* [underwear] slip *m* (d'homme); a pair of ~s [underwear] un slip; [for swimming] un slip de bain; (swimming) ~s maillot *m* OR slip de bain.

trunk call *n Br dated* appel *m* interurbain.

trunk line *n* -1. TELEC inter *m dated*, interurbain *m*. -2. RAIL grande ligne *f*.

trunk road *n Br* (route *f*) nationale *f*.

trunnion ['trʌnjən] *n* tourillon *m*.

truss [trʌs] ◇ *vt* -1. [prisoner, animal] ligoter; [poultry] trousser; [hay] botteler. -2. CONSTR armer, renforcer.

◇ *n* -1. [of hay] botte *f*; [of fruit] grappe *f*. -2. CONSTR ferme *f*. -3. MED bandage *m* herniaire.

◆ **truss up** *vt sep* [prisoner] ligoter; [poultry] trousser.

truss bridge *n* pont *m* à fermes.

trust [trʌst] ◇ *vt* -1. [have confidence in - person] faire confiance à, avoir confiance en; [- method, feelings, intuition] faire confiance à, se fier à; [- legs, memory] se fier à; you can ~ me vous pouvez me faire confiance OR avoir confiance en moi; can we ~ his account of events? peut-on se fier à sa version des faits?; to ~ one's judgment se fier à son jugement; to ~ sb to do sthg faire confiance à qqn OR compter sur qqn pour faire qqch; we're ~ing you to save the company nous comptons sur vous pour sauver la société; I can't ~ him to do the job properly je ne peux pas compter sur lui pour faire le travail correctement; he can't be ~ed out of your sight impossible de le lâcher des yeux, on ne peut pas lui faire confiance; ~ Mark to put his foot in it! *hum* pour mettre les pieds dans le plat, on peut faire confiance à Mark!; ~ you! cela ne m'étonne pas de toi! ❑ I wouldn't ~ her as far as I could throw her! je ne lui ferais absolument pas confiance! -2. [entrust] confier; I certainly wouldn't ~ him with any of my personal secrets je ne lui confierais certainement pas un secret. -3. *fml* [suppose] supposer; [hope] espérer; I ~ (that) everyone enjoyed themselves j'espère que tout le monde s'est bien amusé; I ~ not j'espère que non.

◇ *vi* -1. [believe] : to ~ in God croire en Dieu. -2. [have confidence] : to ~ to luck s'en remettre à la chance; we'll just have to ~ to luck that it doesn't rain espérons qu'avec un peu de chance il ne pleuvra pas.

◇ *n* -1. [confidence, faith] confiance *f*, foi *f*; to betray sb's ~ trahir la confiance de qqn; to place one's ~ in sb/sthg avoir confiance en qqn/qqch, se fier à qqn/qqch; to take sthg on ~ prendre OR accepter qqch en toute confiance OR les yeux fermés; you can't take everything he says on ~ on ne peut pas croire sur parole tout ce qu'il dit; I bought the machine on ~ j'ai acheté la machine les yeux fermés; the garage lent me the car on ~ au garage on m'a prêté la voiture parce qu'on me fait confiance. -2. [responsibility] responsabilité *f*; he has a position of ~ il a un poste de confiance OR à responsabilités. -3. [care] charge *f*; to give OR to place sthg into sb's ~ confier qqch aux soins de qqn. -4. *(C)* FIN & JUR [group of trustees] administrateurs *mpl*; the scholarship is run by a ~ la gestion de la bourse (d'études) a été confiée à un groupe d'administrateurs || [investment] fidéicommis *m*; to set up a ~ for sb instituer un fidéicommis pour qqn; to hold/to leave money in ~ for sb tenir/faire administrer un legs par fidéicommis pour qqn; the money was held in ~ until her eighteenth birthday l'argent a été administré par fidéicommis jusqu'à ses dix-huit ans. -5. [cartel] trust *m*.

trust account *n* compte *m* en fidéicommis.

trustbuster ['trʌstˌbʌstəʳ] *n Am fonctionnaire chargé de lutter contre les cartels.*

trust company *n* société *f* fiduciaire.

trust deed *n* document *m* de fidéicommis.

trusted ['trʌstɪd] *adj* [method] éprouvé; [figures] fiable; he's a ~ friend c'est un ami en qui j'ai entièrement confiance.

trustee [trʌs'ti:] *n* -1. FIN & JUR fidéicommissaire *m*; [for minor] curateur *m*; [in bankruptcy] syndic *m*. -2. ADMIN administrateur *m*, -trice *f*; board of ~s conseil *m* d'administration.

trusteeship [ˌtrʌs'ti:ʃɪp] *n* -1. FIN & JUR fidéicommis *m*; [for minor] curatelle *f*. -2. ADMIN poste *m* d'administrateur; she accepted the ~ elle a accepté d'être administratrice.

trustful ['trʌstfʊl] = **trusting**.

trustfully ['trʌstfʊlɪ] *adv* avec confiance.

trust fund *n* fonds *m* en fidéicommis.

trust hospital *n hôpital britannique ayant opté pour l'auto-gestion mais qui reçoit toujours son budget de l'État.*

trusting ['trʌstɪŋ] *adj* [nature, person] qui a confiance; [look] confiant; he's too ~ of people il fait trop confiance aux gens.

trustingly ['trʌstɪŋlɪ] *adv* en toute confiance; he looked at me ~ il m'a lancé un regard confiant.
trust territory *n* territoire *m* sous tutelle.
trustworthiness ['trʌst,wɜːðɪnɪs] *n* -**1.** [reliability - of person] loyauté *f*, sérieux *m*; [- of information, source] fiabilité *f*. -**2.** [accuracy - of report, figures] fiabilité *f*, justesse *f*. -**3.** [honesty] honnêteté *f*.
trustworthy ['trʌst,wɜːðɪ] *adj* -**1.** [reliable - person] sur qui on peut compter, à qui on peut faire confiance; [- information, source] sûr, fiable. -**2.** [accurate - report, figures] fidèle, précis. -**3.** [honest] honnête.
trusty ['trʌstɪ] (*compar* **trustier**, *superl* **trustiest**, *pl* **trusties**) ◇ *adj arch* OR *hum* [steed, sword] loyal, fidèle.
◇ *n* [prisoner] *détenu bénéficiant d'un régime de faveur.*
truth [truːθ] (*pl* **truths** [truːðz]) *n* -**1.** [true facts] vérité *f*; I then discovered the ~ about Neil j'ai alors découvert la vérité sur Neil; there isn't a grain OR an ounce of ~ in what he says il n'y a pas une once de vérité dans ce qu'il dit; there's some ~ in what he says il y a du vrai dans ce qu'il dit; there is no ~ in the rumour il n'y a rien de vrai dans cette rumeur; the ~ of the matter is I really don't care any more la vérité c'est que maintenant je m'en fiche vraiment; to tell the ~ dire la vérité ❑ to tell (you) the ~ à vrai dire, à dire vrai; ~ to tell *lit* à dire vrai; (the) ~ will out *prov* la vérité finit toujours par se savoir. -**2.** [fact, piece of information] vérité *f*; he learned some important ~s about himself on lui a dit ses quatre vérités; universal ~s vérités universelles.
◆ **in truth** *adv phr* en vérité.
truth-condition *n* LOGIC & PHILOS condition *f* nécessaire et préalable.
truth drug *n* sérum *m* de vérité.
truthful ['truːθfʊl] *adj* [person] qui dit la vérité; [character] honnête; [article, statement] fidèle à la réalité, vrai; [story] véridique, vrai; [portrait] fidèle.
truthfully ['truːθfʊlɪ] *adv* [answer, speak] honnêtement, sans mentir; [sincerely] sincèrement, vraiment.
truthfulness ['truːθfʊlnɪs] *n* [of person] honnêteté *f*; [of portrait] fidélité *f*; [of story, statement] véracité *f*.
truth-function *n* LOGIC fonction *f* vériconditionnelle.
truth set *n* LOGIC & MATH *ensemble qui n'a pas de solution unique.*
truth-value *n* LOGIC & PHILOS valeur *f* de vérité.
try [traɪ] (*pt* & *pp* **tried**, *pl* **tries**) ◇ *vt* -**1.** [attempt] essayer; to ~ to do OR doing sthg essayer OR tâcher de faire qqch, chercher à faire qqch, I've tried to give up smoking before j'ai déjà essayé d'arrêter de fumer; ~ phoning later essaie de rappeler plus tard; she tried not to think about it elle essaya de ne pas y penser OR d'éviter d'y penser; I tried hard to understand j'ai tout fait pour essayer de comprendre, j'ai vraiment cherché à comprendre; to ~ one's best OR hardest faire de son mieux; he tried his best to explain il a essayé d'expliquer de son mieux; I'm willing to ~ anything once! je suis prêt à tout essayer au moins une fois!; it's ~ing to rain on dirait qu'il va pleuvoir; and don't ~ any funny business! *inf* et pas d'entourloupe!; just you ~ it! [as threat] essaie un peu pour voir! ❑ to ~ one's hand at (doing) sthg s'essayer à (faire) qqch. -**2.** [test - method, approach, car] essayer; have you tried acupuncture? avez-vous essayé l'acupuncture?; the method has been tried and tested la méthode a fait ses preuves; he has been tried and found wanting il ne s'est pas montré à la hauteur; (just) ~ me! *inf* essaie toujours!; to ~ one's strength against sb se mesurer à qqn; to ~ one's luck (at sthg) tenter sa chance (à qqch). -**3.** [sample - recipe, wine] essayer, goûter à; [- clothes] essayer; ~ it, you'll like it essayez OR goûtez-y donc, vous aimerez; just ~ the dress and see if it suits you essaie donc la robe, pour voir si elle te va; ~ this for size *literal* [garment] essayez ceci pour voir la taille; [shoe] essayez ceci pour voir la pointure; *fig* essayez ceci pour voir si ça va. -**4.** [attempt to open - door, window] essayer; we tried the door, but it was locked on a essayé la porte, mais elle était fermée à clé. -**5.** TELEC essayer; ~ the number again refaites le numéro; ~ him later *inf* essayez de le rappeler plus tard. -**6.** [visit] essayer; I've tried six shops already j'ai déjà essayé six magasins; he tried the embassy first il a d'abord essayé l'ambassade. -**7.** JUR [person, case] juger; he was tried for murder il a été jugé pour meurtre. -**8.** [tax, strain - patience] éprouver, mettre à l'épreuve; these things are sent to ~ us! c'est le ciel qui nous envoie ces épreuves!; it's enough to ~ the patience of a saint même un ange n'aurait pas la patience; to be sorely tried *lit* OR *hum* être durement éprouvé.
◇ *vi* essayer; to ~ and do sthg essayer de faire qqch; ~ again refaites un essai, recommencez; ~ later essayez plus tard; we can but ~ on peut toujours essayer; you can do it if you ~ quand on veut, on peut; just (you) ~! essaie donc un peu!; to ~ for sthg essayer d'obtenir qqch; she's ~ing for a place at Oxford elle essaie d'être admise à l'université d'Oxford; why don't you at least ~ for the job? pourquoi ne pas au moins vous présenter pour le poste?; she's ~ing for a gold medal elle essaie de décrocher une médaille d'or.
◇ *n* -**1.** [attempt] essai *m*, tentative *f*; to have a ~ at sthg/at doing sthg essayer qqch/de faire qqch; good ~! bien essayé!; it's worth a ~ cela vaut la peine d'essayer; I managed it at the first ~ j'ai réussi du premier coup; he had several tries at opening the box il a essayé plusieurs fois d'ouvrir la boîte. -**2.** [test, turn] essai *m*; to give sthg a ~ essayer qqch; do you want a ~ on my bike? veux-tu essayer mon vélo? -**3.** SPORT [in rugby] essai *m*; to score a ~ marquer un essai.
◆ **try on** *vt sep* -**1.** [garment] essayer; ~ it on for size essayez-le pour voir la taille. -**2.** *phr*: to ~ it on with sb *inf Br* essayer de voir jusqu'où on peut pousser qqn; he's just ~ing it on to see how far he can go il essaie juste de voir jusqu'où il peut aller; don't you ~ anything on with me! [gen] ne fais pas le malin avec moi!; [flirt] n'essaie pas de flirter avec moi!
◆ **try out** ◇ *vt sep* [new car, bicycle] essayer, faire un essai avec, faire l'essai de; [method, chemical, recipe] essayer; [employee] mettre à l'essai.
◇ *vi insep Am*: to ~ out for a team faire un essai pour se faire engager dans une équipe.
◆ **try over** *vt sep* [music] jouer à titre d'essai.
trying ['traɪɪŋ] *adj* [experience] pénible, douloureux, éprouvant; [journey, job] ennuyeux, pénible; [character, person] fatigant, pénible; he had a very ~ time [moment] il a passé un moment très difficile; [period] il a vécu une période difficile; [experience] il a vécu une expérience très difficile OR éprouvante.
try-on *inf n Br*: it's a ~ c'est du bluff.
try-out *n* essai *m*.
trysail ['traɪsəl] *n* voile *f* goélette.
tryst [trɪst] *n lit* rendez-vous *m* (d'amour).
tsar [zɑːʳ] *n* tsar *m*, tzar *m*, czar *m*.
tsarevitch ['zɑːrəvɪtʃ] *n* tsarévitch *m*, tzarévitch *m*.
tsarina [zɑː'riːnə] *n* tsarine *f*, tzarine *f*.
tsarism ['zɑːrɪzm] *n* tsarisme *m*.
tsarist ['zɑːrɪst] ◇ *adj* tsariste.
◇ *n* tsariste *mf*.
T-section *n* profil *m* en T.
tsetse fly ['tsetsɪ-] *n* mouche *f* tsé-tsé.
T-shaped *adj* en forme de T.
T-shirt *n* tee-shirt *m*, t-shirt *m*.
tsp. (*written abbr of* **teaspoon**) cc.
T-square *n* équerre *f* en T, té *m*, T *m* *(règle)*.
T-stop *n* PHOT diaphragme *m*.
T-strap *n* [on shoe] fermeture *f* en té.
TT ◇ *adj abbr of* **teetotal**.
◇ *pr n* (*abbr of* **Tourist Trophy**): ~ races *courses de moto sur l'île de Man.*
TTL (*abbr of* **through the lens**) *adj*: ~ measurement mesure *f* à travers l'objectif OR TTL.
TU *n abbr of* **trade union**.
Tuareg ['twɑːreg] (*pl inv* OR **Tuaregs**) ◇ *n* -**1.** [person] Touareg *m*, -ègue *f*. -**2.** LING touareg *m*.
◇ *adj* touareg.
tub [tʌb] *n* -**1.** [container - for liquid] cuve *f*, bac *m*; [- for flowers] bac *m*; [- for washing clothes] baquet *m*; [- in washing machine] cuve *f*. -**2.** [contents - of washing powder] baril *m*; [- of wine, beer] tonneau *m*; [- of ice cream, yoghurt] pot *m*. -**3.** *inf* [bath]: he's in the ~ il prend un bain. -**4.** *inf* [boat] rafiot *m*.
tuba ['tjuːbə] *n* tuba *m*.
tubby *inf* ['tʌbɪ] (*compar* **tubbier**, *superl* **tubbiest**) *adj* dodu, rondelet.
tube [tjuːb] ◇ *n* -**1.** [pipe] tube *m*; he was fed through a ~ on l'a nourri à la sonde. -**2.** ANAT tube *m*, canal *m*; bronchial ~s bronches *fpl*. -**3.** [of glue, toothpaste] tube *m*. -**4.** [in tyre]: (inner) ~ chambre *f* à air. -**5.** TV: what's on the ~ tonight? *inf* qu'est-ce qu'il y a à la télé ce soir?; (cathode-ray) ~ tube *m* (cathodique). -**6.** *Br* [underground]: the ~ *le métro londonien*; to go by ~, to take the ~ aller en métro, prendre le métro. -**7.** *phr*: to go down the ~s *inf* tomber à l'eau.
◇ *comp* [map, station] de métro.
tube dress *n Br* robe *f* tube.
tube-feed *vt* nourrir à la sonde.
tubeless ['tjuːblɪs] *adj Br*: ~ tyre pneu *m* sans chambre (à air).
tuber ['tjuːbəʳ] *n* ANAT & BOT tubercule *m*.
tubercle ['tjuːbəkl] *n* tubercule *m*.
tubercular [tjuː'bɜːkjʊləʳ] *adj* tuberculeux.
tuberculin [tjuː'bɜːkjʊlɪn] *n* tuberculine *f*.
tuberculin-tested [-'testɪd] *adj* [cow] tuberculinisé, tuberculiné; ~ milk ≃ lait *m* certifié.
tuberculosis [tjuː,bɜːkjʊ'ləʊsɪs] *n (U)* tuberculose *f*; he has ~ il a la tuberculose, il est tuberculeux.
tuberculous [tjuː'bɜːkjʊləs] *adj* tuberculeux.
tube skirt *n Br* jupe *f* tube.
tubing ['tjuːbɪŋ] *n (U)* tubes *mpl*, tuyaux *mpl*; a piece of plastic ~ un tube en plastique.
tub-thumper *inf* [-'θʌmpəʳ] *n Br* orateur *m* démagogue.
tub-thumping *inf* ◇ *n Br* démagogie *f*.
◇ *adj* démagogique.
Tubuai Islands [,tuːbuː'aɪ-] *pl pr n*: the ~ les îles *fpl* Australes.
tubular ['tjuːbjʊləʳ] *adj* [furniture, shape] tubulaire; ~ bells MUS carillon *m* d'orchestre.
TUC (*abbr of* **Trades Union Congress**) *pr n la Confédération des syndicats britanniques*; the ~ annual conference le congrès annuel des syndicats.
tuck [tʌk] ◇ *vt* -**1.** [shirt] rentrer; [sheet] rentrer, border; he ~ed his shirt into his trousers il rentra sa chemise dans son pantalon; she ~ed the sheets under the mattress elle borda le lit. -**2.** [put] mettre; [slip] glisser; she ~ed the book under the bedclothes elle glissa le livre sous les draps; he had a newspaper ~ed under his arm il avait un journal sous le bras; she ~ed her hair behind her ears elle ramena ses cheveux derrière ses oreilles; his mother came to ~ him into bed sa mère est venue le border dans son lit.
◇ *n* -**1.** SEW rempli *m*; to put OR to make a ~ in sthg faire un rempli dans qqch. -**2.** [in diving] plongeon *m* groupé. -**3.** *inf Br* SCH boustifaille *f*.
◆ **tuck away** *vt sep* -**1.** [hide] cacher; [put] mettre, ranger; the house was ~ed away in the hills la maison était cachée OR perdue dans les collines. -**2.** *inf* [food] s'enfiler, avaler; he ~ed away three helpings il s'est enfilé trois portions.
◆ **tuck in** ◇ *vt sep* -**1.** [shirt, stomach] rentrer. -**2.** [child] border; he ~ed her in for the night il la borda pour la nuit.

◇ *vi insep inf* [eat]: we ~ed in to a lovely meal nous avons attaqué un excellent repas; **don't wait for me, ~ in!** ne m'attendez pas, attaquez!

◆ **tuck up** *vt sep* -**1.** [person] border (dans son lit); **all the children were safely ~ed up in bed** les enfants étaient tous bien bordés dans leurs lits. -**2.** [skirt, sleeves] remonter; [hair] rentrer. -**3.** [legs] replier, rentrer.

tuckbox ['tʌkbɒks] *n Br* SCH gamelle *f (d'écolier).*

tucker ['tʌkəʳ] ◇ *n* -**1.** [on dress] fichu *m*. -**2.** *inf Austr & NZ* [food] bouffe *f*.

◇ *vt inf Am* [exhaust] crever; **you look ~ed out!** tu as l'air complètement crevé!

tuck-in *inf n Br*: **we had a great ~** on a bien bouffé.

tuckshop ['tʌkʃɒp] *n Br* SCH *petite boutique où les écoliers achètent bonbons, gâteaux etc.*

Tudor ['tjuːdəʳ] ◇ *adj* [family, period] des Tudor; [king, architecture] Tudor *(inv).*

◇ *n* Tudor *m inv*, membre *m* de la famille des Tudor.

Tue., Tues. (*written abbr of* Tuesday) mar.

Tuesday ['tjuːzdɪ] *n* mardi *m*.

tufa ['tjuːfə] *n* tuf *m* calcaire.

tuffet ['tʌfɪt] *n arch* -**1.** [of grass] touffe *f* d'herbe. -**2.** [stool] petit tabouret *m*.

tuft [tʌft] *n* -**1.** [of hair, grass] touffe *f*. -**2.** ORNITH: ~ (of feathers) huppe *f*, aigrette *f*.

tufted ['tʌftɪd] *adj* -**1.** [bird] huppé. -**2.** [grass] en touffe OR touffes. -**3.** [carpet] en velours coupé, tufté.

tufted duck *n* morillon *m*.

tug [tʌg] (*pt & pp* **tugged**, *cont* **tugging**)

◇ *n* -**1.** [pull] petit coup *m*; **give the rope a ~, will you?** tire un peu sur la corde, tu veux?; **he felt a ~ at his sleeve** il sentit qu'on le tirait par la manche. -**2.** NAUT remorqueur *m*.

◇ *vt* -**1.** [handle, sleeve] tirer sur; [load] tirer, traîner; **he tugged the heavy crate along the path** il traîna la lourde caisse le long de l'allée. -**2.** NAUT remorquer.

◇ *vi*: **to ~ at** OR **on sthg** tirer sur qqch; **the music tugged at her heartstrings** *fig* cette musique l'émouvait.

tugboat ['tʌgbəʊt] *n* remorqueur *m*.

tug-of-love *inf n Br conflit entre des parents en instance de divorce pour avoir la garde d'un enfant*; **~ children** *les enfants dont les parents se disputent la garde.*

tug-of-war *n* SPORT lutte *f* à la corde; *fig* lutte *f* acharnée.

tuition [tjuːˈɪʃn] *n* (*U*) -**1.** *Br* [instruction] cours *mpl*; **I give ~ in Spanish** je donne des cours d'espagnol. -**2.** UNIV: **~ (fees)** frais *mpl* de scolarité.

tulip ['tjuːlɪp] *n* tulipe *f*.

tulip tree *n* tulipier *m*.

tulle [tjuːl] *n* tulle *m*.

tum *inf* [tʌm] *n Br* ventre *m*.

tumble ['tʌmbl] ◇ *vi* -**1.** [fall - person] faire une chute, dégringoler; [- ball, objects] dégringoler; **he ~d down the stairs** il a fait une culbute dans OR il a dégringolé (dans) l'escalier; **to ~ head over heels** faire une culbute OR un roulé-boulé; **the bottles came tumbling off the shelf** les bouteilles ont dégringolé de l'étagère. -**2.** [collapse - prices] dégringoler, s'effondrer; **the Chancellor's resignation sent share prices tumbling** la démission du ministre des Finances a fait dégringoler le prix des actions. -**3.** [rush] se précipiter; **the children ~d into the kitchen** les enfants se ruèrent OR se précipitèrent dans la cuisine; **they came tumbling after me** ils se sont lancés à ma poursuite. -**4.** [perform somersaults] faire des sauts périlleux.

◇ *vt* [knock, push - person] renverser, faire tomber OR dégringoler; **she ~d me into the pool** elle m'a fait tomber dans la piscine.

◇ *n* [fall] chute *f*, culbute *f*, roulé-boulé *m*; [somersault] culbute *f*, cabrioles *fpl*; **he had a bad ~ on the ice** il a fait une mauvaise chute sur la glace; **to take a ~** faire une chute OR une culbute; **his pride took a ~** *fig* son orgueil a souffert; **share prices took a ~ today** le prix des actions s'est effondré aujourd'hui.

◆ **tumble about** ◇ *vi insep* [children] gambader, batifoler; [acrobat] faire des cabrioles; [swimmer] s'ébattre; [water] clapoter.

◇ *vt sep* mettre en désordre; **the waves ~d us about** nous étions ballotés par les vagues.

◆ **tumble down** *vi insep* [person] faire une culbute, dégringoler; [pile] dégringoler; [wall, building] s'effondrer; **the whole building came tumbling down** tout l'édifice s'est effondré OR écroulé.

◆ **tumble out** ◇ *vi insep* -**1.** [person - from tree, loft] faire une culbute, dégringoler; [- from bus, car] se jeter, sauter; [possessions, contents] tomber (en vrac); **the apples ~d out of her basket** les pommes ont roulé de son panier; **the tablets ~d out onto the table** les comprimés ont roulé sur la table; **he ~d out of bed at midday** il est tombé du lit à midi *hum*. -**2.** [news, confession] s'échapper; **all their secrets came tumbling out** ils nous ont déballé tous leurs secrets.

◇ *vt sep* faire tomber en vrac OR en tas.

◆ **tumble over** ◇ *vi insep* [person] culbuter, faire une culbute; [pile, vase] se renverser.

◇ *vt sep* renverser, faire tomber.

◆ **tumble to** *inf vt insep Br* [fact, secret, joke] piger, saisir, comprendre; **I finally ~d to their little game** j'ai enfin compris leur petit manège.

tumbledown ['tʌmbldaʊn] *adj* en ruines, délabré.

tumble-dry *vt* faire sécher dans le sèche-linge.

tumble dryer *n* sèche-linge *m inv*.

tumbler ['tʌmbləʳ] *n* -**1.** [glass] verre *m* (droit); [beaker] gobelet *m*, timbale *f*; **a ~ of orange (juice)** un verre de jus d'orange. -**2.** [acrobat] acrobate *mf*. -**3.** [in lock] gorge *f* (de serrure). -**4.** = **tumble dryer**. -**5.** [pigeon] pigeon *m* culbutant.

tumbler switch *n* interrupteur *m* à bascule.

tumbleweed ['tʌmblwiːd] *n* amarante *f*.

tumbrel ['tʌmbrəl], **tumbril** ['tʌmbrɪl] *n* tombereau *m*.

tumefaction [ˌtjuːmɪ'fækʃn] *n* tuméfaction *f*.

tumescent [ˌtjuː'mesnt] *adj* tumescent.

tumid ['tjuːmɪd] *adj* -**1.** MED tuméfié. -**2.** *lit* [style] ampoulé, boursouflé.

tummy *inf* ['tʌmɪ] ◇ *n* ventre *m*.

◇ *comp*: **to have (a) ~ ache** avoir mal au ventre; **~ button** nombril *m*.

tumour *Br*, **tumor** *Am* ['tjuːməʳ] *n* tumeur *f*.

tumuli ['tjuːmjʊlaɪ] *pl* → **tumulus**.

tumult ['tjuːmʌlt] *n* -**1.** [noise] tumulte *m*; [agitation] tumulte *m*, agitation *f*; **in (a) ~** dans le tumulte. -**2.** *fml* OR *lit* [of feelings] émoi *m*.

tumultuous ['tjuːmʌltjʊəs] *adj* [crowd, noise] tumultueux; [applause] frénétique; [period] tumultueux, agité; **he got a ~ welcome** il a reçu un accueil enthousiaste.

tumulus ['tjuːmjʊləs] (*pl* **tumuli** [-laɪ]) *n* tumulus *m*.

tun [tʌn] *n* fût *m*, tonneau *m*.

tuna ['tjuːnə, 'tuːnə] *n*: **~ (fish)** thon *m*.

tundra ['tʌndrə] *n* toundra *f*.

tune [tjuːn] ◇ *n* [melody] air *m*, mélodie *f*; **give us a ~ on the mouth organ** joue-nous un petit air d'harmonica; **the band played some old Irish ~s** l'orchestre joua de vieilles mélodies irlandaises; **the soldiers marched to the ~ of Rule Britannia** les soldats marchèrent sur l'air de OR aux accents de Rule Britannia; **it's got no ~ to it** cela manque de mélodie, ce n'est pas mélodieux.

◇ *vt* -**1.** [musical instrument] accorder; **the strings are ~d to the key of G** les cordes sont en sol. -**2.** [regulate - engine, machine] mettre au point, régler. -**3.** [radio, television] régler; **the radio is ~d to Voice of America** la radio est réglée sur la Voix de l'Amérique; **we can't ~ our TV to Channel 5** nous ne pouvons pas capter la chaîne 5 sur notre télé; **stay ~d!** restez à l'écoute! -**4.** [adapt]: **politicians always ~ their remarks to suit their audience** les hommes politiques se mettent toujours au diapason de leur auditoire, les hommes politiques adaptent toujours leurs commentaires à leur auditoire.

◆ **in tune** ◇ *adj phr* [instrument] accordé, juste; [singer] qui chante juste; **the violins are not in ~ with the piano** les violons ne sont pas accordés avec le piano; **he is completely in ~ with current political thinking** *fig* il est complètement en accord avec la pensée politique actuelle.

◇ *adv phr* juste; **to play/to sing in ~** jouer/chanter juste.

◆ **out of tune** ◇ *adj phr* [instrument] faux, désaccordé; [singer] qui chante faux; **the MP was out of ~ with the rest of his party** *fig* le député n'était pas sur la même longueur d'onde que les autres membres de son parti OR était en désaccord avec les autres membres de son parti.

◇ *adv phr* faux; **to play/to sing out of ~** jouer/chanter faux.

◆ **to the tune of** *prep phr*: **they were given grants to the ~ of £100,000** on leur a accordé des subventions qui s'élevaient à 100 000 livres.

◆ **tune in** ◇ *vi insep* RADIO & TV se mettre à l'écoute; **~ in to this channel next week** soyez à l'écoute de cette chaîne la semaine prochaine; **I ~d in to Radio Ultra** je me suis mis à l'écoute de Radio Ultra.

◇ *vt sep* -**1.** [radio, television] régler sur. -**2.** *inf fig*: **to be ~d in to sthg** être branché sur qqch.

◆ **tune out** *Am* ◇ *vi insep* [refuse to listen] faire la sourde oreille; [stop listening] décrocher.

◇ *vt sep* -**1.** [remark] ignorer. -**2.** [radio] éteindre; **he is completely ~d out** *inf fig* il n'est pas du tout branché.

◆ **tune up** ◇ *vi insep* MUS [player] accorder son instrument; [orchestra] accorder ses instruments.

◇ *vt sep* -**1.** MUS accorder. -**2.** AUT mettre au point, régler.

tuned-in *inf* [tjuːnd-] *adj* branché.

tuneful ['tjuːnfʊl] *adj* [song, voice] mélodieux; [singer] à la voix mélodieuse.

tunefully ['tjuːnfʊlɪ] *adv* mélodieusement.

tuneless ['tjuːnlɪs] *adj* peu mélodieux, discordant.

tunelessly ['tjuːnlɪslɪ] *adv* [with no tune] de manière peu mélodieuse; [out of tune] faux *(adv).*

tuner ['tjuːnəʳ] *n* -**1.** [of piano] accordeur *m*. -**2.** RADIO & TV tuner *m*, syntonisateur *m spec*.

tuner amplifier *n* ampli-tuner *m*.

tune-up *n* AUT réglage *m*, mise *f* au point; **to have a ~** faire faire une mise au point OR un réglage.

tungsten ['tʌŋstən] *n* tungstène *m*.

tungsten carbide *n* carbure *m* de tungstène.

tungsten lamp *n* lampe *f* au tungstène.

tungsten steel *n* acier *m* au tungstène.

tunic ['tjuːnɪk] *n* [gen & BOT] tunique *f*.

tuning ['tjuːnɪŋ] *n* -**1.** MUS accord *m*. -**2.** RADIO & TV réglage *m*. -**3.** AUT réglage *m*, mise *f* au point.

tuning fork *n* diapason *m*.

tuning key *n* accordoir *m*.

tuning knob *n* bouton *m* de réglage.

Tunis ['tjuːnɪs] *pr n* Tunis.

Tunisia [tjuː'nɪzɪə] *pr n* Tunisie *f*; **in ~** en Tunisie.

Tunisian [tjuː'nɪzɪən] ◇ *n* Tunisien *m*, -enne *f*.

◇ *adj* tunisien.

tunnage ['tʌnɪdʒ] = **tonnage**.

tunnel ['tʌnl] (*Br pt & pp* **tunnelled**, *cont* **tunnelling**, *Am pt & pp* **tunneled**, *cont* **tunneling**)

◇ *n* [gen & RAIL] tunnel *m*; MIN galerie *f*; [of mole, badger] galerie *f*; **to make** OR **to dig a ~** [gen] percer OR creuser un tunnel; MIN percer OR creuser une galerie.

◇ *vt* [hole, passage] creuser, percer; **to ~ one's way through the earth** CONSTR creuser un tunnel dans la terre; [mole] creuser une galerie dans la terre; **the prisoners tunnelled their way to freedom** les prisonniers se sont évadés en creusant un tunnel.

◇ *vi* [person] creuser OR percer un tunnel OR des tunnels; [badger, mole] creuser une galerie OR des galeries; **they tunnelled into the mountain** CONSTR ils ont percé un tunnel dans la montagne; MIN ils ont percé une galerie dans la montagne; **the machines had to ~ through granite** les machines ont dû creuser dans le granit.

tunnel effect *n* effet *m* tunnel.

tunnelling machine ['tʌnlɪŋ-] *n* foreuse *f*.

tunnel vision *n* -**1.** OPT rétrécissement *m* du champ visuel. -**2.** *fig* esprit *m* borné; **to have ~** avoir des vues étroites, voir les choses par le petit bout de la lorgnette.

tunny ['tʌnɪ] = **tuna**.

tup [tʌp] (*pt* & *pp* **tupped**, *cont* **tupping**) ◇ *n* -**1.** *Br* [ram] bélier *m*. -**2.** [on pile-driver] mouton *m*.
◇ *vt* [subj: ram] s'accoupler à; [ram] accoupler.

tuppence ['tʌpəns] *n Br* deux pence *mpl*; **the picture isn't worth ~** *inf* [in price] le tableau ne vaut pas un rond OR ne vaut rien; [in quality] le tableau ne vaut pas un clou; **I don't care ~ for your opinion** *inf* je me fiche pas mal de votre opinion OR de ce que vous pensez.

tuppenny *inf* ['tʌpnɪ] *adj Br* de OR à deux pence; **I don't give a ~ damn** je m'en fiche (et je m'en contrefiche).

tuppenny-ha'penny *inf* ['tʌpnɪ,heɪpnɪ] *adj Br* de rien du tout, de quatre sous.

Tupperware® ['tʌpəweəʳ] ◇ *n* Tupperware® *m*; **~ party** réunion *f* Tupperware.
◇ *comp* en Tupperware®.

turban ['tɜːbən] *n* turban *m*.

turban(n)ed ['tɜːbənd] *adj* [person] en turban; [head] coiffé d'un turban, enturbanné.

turbid ['tɜːbɪd] *adj* trouble.

turbine ['tɜːbaɪn] *n* turbine *f*; **gas/steam ~** turbine *f* à gaz/à vapeur.

turbo ['tɜːbəʊ] (*pl* **turbos**) *n* -**1.** AUT turbo *m*. -**2.** [turbine] turbine *f*.

turbocharged ['tɜːbəʊtʃɑːdʒd] *adj* turbo.

turbocharger ['tɜːbəʊtʃɑːdʒəʳ] *n* turbocompresseur *m*.

turboelectric [,tɜːbəʊɪ'lektrɪk] *adj* turboélectrique.

turbofan ['tɜːbəʊfæn] *n*: **~ engine** turboventilateur *m*, turbofan *m*.

turbogenerator [,tɜːbəʊ'dʒenəreɪtəʳ] *n* turbogénérateur *m*.

turbojet [,tɜːbəʊ'dʒet] *n* [engine] turboréacteur *m*; [plane] avion *m* à turboréacteur.

turboprop [,tɜːbəʊ'prɒp] *n* [engine] turbopropulseur *m*; [plane] avion *m* à turbopropulseur.

turbosupercharger [,tɜːbəʊ'suːpə,tʃɑːdʒəʳ] *n* turbocompresseur *m* de suralimentation.

turbot ['tɜːbət] (*pl inv* OR **turbots**) *n* turbot *m*.

turbulence ['tɜːbjʊləns] *n* -**1.** [unrest] turbulence *f*, agitation *f*. -**2.** [in air] turbulence *f*; [in sea] agitation *f*. -**3.** PHYS turbulence *f*.

turbulent ['tɜːbjʊlənt] *adj* [crowd, period, emotions] tumultueux; [sea] agité.

Turco- ['tɜːkəʊ] *in cpds* turco-; **~Persian** turco-persan.

turd▽ [tɜːd] *n* -**1.** [excrement] merde *f*. -**2.** *pej* [person] con *m*, salaud *m*.

tureen [tə'riːn] *n* soupière *f*.

turf [tɜːf] (*pl* **turfs** OR **turves** [tɜːvz]) ◇ *n* -**1.** [grass] gazon *m*. -**2.** [sod] motte *f* de gazon. -**3.** SPORT turf *m*; **to follow the ~** être turfiste. -**4.** [peat] tourbe *f*. -**5.** ▽ *Am* [of gang] territoire *m* réservé, chasse *f* gardée.
◇ *vt* -**1.** [with grass]: **~ (over)** gazonner. -**2.** *inf Br* [throw] balancer, flanquer, jeter; **she ~ed the old magazines into the box** elle a balancé les vieux magazines dans la boîte.
◆ **turf out** *inf vt sep Br* [eject, evict - person] vider, flanquer à la porte; [remove - furniture, possessions] sortir, enlever; [throw away - rubbish] bazarder; **he ~ed everything out of the cupboard** il a tout sorti du placard, il a bazardé tout ce qu'il y avait dans le placard; **he was ~ed out of the club** il s'est fait virer OR vider du club.

turf accountant *n fml Br* bookmaker *m*.

turfman ['tɜːfmən] (*pl* **turfmen** [-mən]) *n Am* turfiste *m*.

Turgenev [tɜː'geɪnjev] *pr n* Tourgueniev.

turgid ['tɜːdʒɪd] *adj* -**1.** [style, prose] ampoulé, boursouflé. -**2.** MED enflé, gonflé.

Turin [tjʊ'rɪn] *pr n* Turin.

Turk [tɜːk] *n* Turc *m*, Turque *f*.

Turkestan, Turkistan [,tɜːkɪ'stɑːn] *pr n* Turkistan *m*; **in ~** au Turkistan.

turkey ['tɜːkɪ] (*pl inv* OR **turkeys**) *n* -**1.** [bird - cock] dindon *m*; [- hen] dinde *f*. -**2.** CULIN dinde *f*. -**3.** *inf Am* [fool] idiot *m*, -e *f*, imbécile *mf*. -**4.** *inf Am* [flop] bide *m*; THEAT four *m*.

Turkey ['tɜːkɪ] *pr n* Turquie *f*; **in ~** en Turquie.

turkey buzzard *n* vautour *m* aura.

turkey cock *n* dindon *m*; *fig inf* crâneur *m*, -euse *f*.

Turkish ['tɜːkɪʃ] ◇ *n* LING turc *m*.
◇ *adj* turc.

Turkish bath *n* bain *m* turc.

Turkish coffee *n* café *m* turc.

Turkish delight *n* loukoum *m*.

Turkman ['tɜːkmən] (*pl* **Turkmans** OR **Turkmen** [-mən]) ◇ *n* Turkmène *mf*.
◇ *adj* turkmène.

Turkmen ['tɜːkmen] *n* LING turkmène *m*.

Turkmenistan [,tɜːkmenɪ'stɑːn] *pr n* Turkménistan *m*; **in ~** au Turkménistan.

Turks and Caicos Islands [-'keɪkəs-] *pl pr n*: **the ~** les îles *fpl* Turks et Caïcos; **in the ~** aux îles Turks et Caïcos.

turmeric ['tɜːmərɪk] *n* curcuma *m*, safran *m* des Indes.

turmoil ['tɜːmɔɪl] *n* -**1.** [confusion] agitation *f*, trouble *m*, chaos *m*; **the country was in ~** le pays était en ébullition OR en effervescence. -**2.** [emotional] trouble *m*, émoi *m*; **her mind was in (a) ~** elle avait l'esprit troublé, elle était en émoi.

turn [tɜːn] ◇ *vt* **A.** -**1.** [cause to rotate, move round] tourner; [shaft, axle] faire tourner, faire pivoter; [direct] diriger; **she ~ed the key in the lock** [to lock] elle a donné un tour de clé (à la porte), elle a fermé la porte à clé; [to unlock] elle a ouvert la porte avec la clé; **~ the wheel all the way round** faites faire un tour complet à la roue; **to ~ the (steering) wheel** AUT tourner le volant; **~ the knob to the right** tournez le bouton vers la droite; **~ the knob to "record"** mettez le bouton en position «enregistrer»; **she ~ed the oven to its highest setting** elle a allumé OR mis le four à la température maximum; **she ~ed her chair towards the window** elle a tourné sa chaise face à la fenêtre; **he ~ed the car into the drive** il a engagé la voiture dans l'allée; **we ~ed our steps homeward** nous avons dirigé nos pas vers la maison; **~ your head this way** tournez la tête de ce côté. -**2.** *fig* [change orientation of]: **she ~ed the conversation to sport** elle a orienté la conversation vers le sport; **their votes could ~ the election in his favour** leurs voix pourraient faire basculer les élections en sa faveur; **he would not be ~ed from his decision to resign** il n'y a pas eu moyen de le faire revenir sur sa décision de démissionner; **nothing would ~ the rebels from their cause** rien ne pourrait détourner les rebelles de leur cause; **you've ~ed my whole family against me** vous avez monté toute ma famille contre moi; **we ~ed his joke against him** nous avons retourné la plaisanterie contre lui; **let's ~ our attention to the matter in hand** occupons-nous de l'affaire en question; **she ~ed her attention to the problem** elle s'est concentrée sur le problème; **research workers have ~ed the theory to practical use** les chercheurs ont mis la théorie en pratique; **how can we ~ this policy to our advantage** OR **account?** comment tirer parti de cette politique?, comment tourner cette politique à notre avantage?; **she can ~ her hand to anything** elle sait tout faire ❑ **to ~ one's back on sb** *literal* tourner le dos à qqn; **she looked at the letter the minute his back was ~ed** dès qu'il a eu le dos tourné, elle a jeté un coup d'œil à la lettre; **how can you ~ your back on your own family?** comment peux-tu abandonner ta famille?; **she ~ed her back on her friends** elle a tourné le dos à ses amis; **to ~ one's back on the past** tourner la page, tourner le dos au passé; **he took the news without ~ing a hair** *Br* il a appris la nouvelle sans broncher OR sourciller; **she was so pretty that she ~ed heads wherever she went** elle était si jolie que tout le monde se retournait sur son passage; **success had not ~ed his head** la réussite ne lui avait pas tourné la tête, il ne s'était pas laissé griser par la réussite; **all their compliments had ~ed her head** tous leurs compliments lui étaient montés à la tête OR lui avaient tourné la tête; **to ~ the tables on sb** reprendre l'avantage sur qqn; **now the tables are ~ed** maintenant les rôles sont renversés, tel est pris qui croyait prendre *prov*.

B. -**1.** [flip over - page] tourner; [- collar, mattress, sausages, soil] retourner; **the very thought of food ~s my stomach** l'idée même de manger me soulève le cœur; **to ~ sthg on its head** bouleverser qqch, mettre qqch sens dessus dessous. -**2.** [send away]: **he ~ed the beggar from his door** il a chassé le mendiant; **they ~ed the poachers off their land** ils ont chassé les braconniers de leurs terres. -**3.** [release, let loose]: **he ~ed the cattle into the field** il a fait rentrer le bétail dans le champ. -**4.** [go round - corner] tourner; **the car ~ed the corner** la voiture a tourné le OR au coin de la rue; **the economy has ~ed the corner** *fig* l'économie a passé le cap OR le moment critique. -**5.** [reach - in age, time] passer, franchir; **I had just ~ed twenty** je venais d'avoir vingt ans; **she's ~ed thirty** elle a trente ans passés, elle a dépassé le cap de la trentaine; **it has only just ~ed four o'clock** il est quatre heures passées de quelques secondes. -**6.** [do, perform] faire; **the skater ~ed a circle on the ice** la patineuse a décrit un cercle sur la glace; **to ~ a cartwheel** faire la roue. -**7.** [ankle] tordre; **I've ~ed my ankle** je me suis tordu la cheville.

C. -**1.** [transform, change] changer, transformer; [make] faire devenir, rendre; **to ~ sthg into sthg** transformer OR changer qqch en qqch; **bitterness ~ed their love into hate** l'amertume a transformé leur amour en haine; **she ~ed the remark into a joke** elle a tourné la remarque en plaisanterie; **they're ~ing the book into a film** ils adaptent le livre pour l'écran; **the sight ~ed his heart to ice** le spectacle lui a glacé le cœur OR l'a glacé; **you should ~ your shares into cash** ST. EX vous devriez réaliser vos actions ‖ [in colour]: **time had ~ed the pages yellow** le temps avait jauni les pages. -**2.** [make bad, affect]: **the lemon juice ~ed the milk (sour)** le jus de citron a fait tourner le lait. -**3.** *Am* COMM [goods] promouvoir la vente de; [money] gagner; **to ~ a good profit** faire de gros bénéfices; **he ~s an honest penny** il gagne sa vie honnêtement; **he was out to ~ a fast buck** *inf* il cherchait à gagner OR faire du fric facilement. -**4.** TECH [shape] tourner, façonner au tour; **a well ~ed leg** une jambe bien faite; **to ~ a phrase** *fig* faire des phrases.

◇ *vi* -**1.** [rotate, move round - handle, key, screw, wheel] tourner; [- shaft] tourner, pivoter; [- person] se tourner; **to ~ on an axis** tourner autour d'un axe; **the crane ~ed (through) 180°** la grue a pivoté de 180°; **the key won't ~** la clé ne tourne pas; **he ~ed right round** il a fait volte-face; **they ~ed towards me** ils se sont tournés vers moi OR de mon côté; **they ~ed from the gruesome sight** ils se sont détournés de cet horrible spectacle; **~ (round) and face the front** tourne-toi et regarde devant toi. -**2.** [flip over - page] tourner; [- car, person, ship] se retourner; *fig*: **the smell made my stomach ~** l'odeur m'a soulevé le cœur; **your father would ~ in his grave if he could hear you now** ton père se retournerait dans sa tombe s'il t'entendait. -**3.** [change direction - person] tourner; [- vehicle] tourner, virer; [- luck, wind] tourner, changer; [- river, road] faire un coude; [- tide] changer de direction; ~ (to the) **right** [walking] tournez à droite; [driving] tournez OR prenez à droite; **we ~ed towards town** nous nous sommes dirigés vers la ville; **he ~ed (round) and went back** il a fait demi-tour et est revenu sur ses pas; **the road ~s south** la route tourne vers le sud; **the car ~ed into our street** la voiture a tourné dans notre rue; **we ~ed onto the main road** nous nous sommes engagés dans OR nous avons pris la grand-route; **the market ~ed downwards/upwards** ST. EX le marché était à la baisse/à la hausse; **I don't know where** OR **which way to ~** *fig* je ne sais plus quoi faire. -**4.** *(with adj or noun complement)* [become] devenir; **the weather's ~ed bad** le temps s'est gâté; **the argument ~ed nasty** la dispute s'est envenimée; **she ~ed angry when he refused** elle s'est mise en colère quand il a refusé; **a lawyer ~ed politician** un avocat devenu homme politique; **he ~ed traitor** [gen] il s'est mis à trahir; [diplomat, soldier, spy] il est passé OR s'est vendu à l'ennemi; **to ~ professional** passer OR devenir professionnel; **the whole family ~ed Muslim** toute la famille s'est convertie à l'islam. -**5.** [change in the specified way] se changer, se transformer; **the pumpkin ~ed into a carriage** la citrouille s'est transformée en carrosse; **the rain ~ed to snow** la pluie s'est transformée en neige; **the little girl had ~ed into a young woman** la petite fille était devenue une jeune femme; **their love ~ed to hate** leur amour se changea en haine OR fit place à la haine. -**6.** [leaf] tourner, jaunir; [milk] tourner; **the weather has ~ed** le temps a changé.

◇ *n* -**1.** [revolution, rotation] tour *m*; **he gave the handle a ~** il a tourné la poignée; **give the screw another ~** donnez un autre tour de vis ❑ **'The Turn of the Screw'** *James* 'le Tour d'écrou'. -**2.** [change of course, direction] tournant *m*; [in skiing] virage *m*; **to make a right ~** [walking] tourner à droite; [driving] tourner OR prendre à droite; **take the second ~ on the right** prenez la deuxième à droite; **'no right ~'** 'défense de tourner à droite' || *fig*: **at every ~** à tout instant, à tout bout de champ; **the twists and ~s of the story** les tours et détours de l'histoire. -**3.** [bend, curve in road] virage *m*, tournant *m*; **there is a sharp ~ to the left** la route fait un brusque virage OR tourne brusquement à gauche. -**4.** [change in state, nature] tour *m*, tournure *f*; **the conversation took a new ~** la conversation a pris une nouvelle tournure; **it was an unexpected ~ of events** les événements ont pris une tournure imprévue; **things took a ~ for the worse/better** les choses se sont aggravées/améliorées; **the patient took a ~ for the worse/better** l'état du malade s'est aggravé/amélioré; **the situation took a tragic ~** la situation a tourné au tragique; **to be on the ~** *Br* être sur le point de changer; **the milk is on the ~** le lait a commencé à tourner; **the tide is on the ~** *literal* c'est le changement de marée; *fig* le vent tourne. -**5.** [time of change]: **at the ~ of the year** vers la fin de l'année; **at the ~ of the century** au tournant du siècle. -**6.** [in game, order, queue] tour *m*; **it's my ~** c'est à moi, c'est mon tour; **whose ~ is it?** [in queue] (c'est) à qui le tour?; [in game] c'est à qui de jouer?; **it's his ~ to do the dishes** c'est à lui OR c'est son tour de faire la vaisselle; **you'll have to wait your ~** il faudra attendre ton tour; **they laughed and cried by ~s** ils passaient tour à tour du rire aux larmes; **to take it in ~s to do sthg** faire qqch à tour de rôle; **let's take it in ~s to drive** relayons-nous au volant; **we took ~s sleeping on the floor** nous avons dormi par terre à tour de rôle; **~ and ~ about** à tour de rôle || [shift]: **~ of duty** [gen] tour *m* de service; MIL tour *m* de garde. -**7.** [action, deed]: **to do sb a good/bad ~** rendre service/jouer un mauvais tour à qqn; **he did them a bad ~** il leur a joué un mauvais tour; **I've done my good ~ for the day** j'ai fait ma bonne action de la journée ❑ **one good ~ deserves another** *prov* un service en vaut un autre, un service rendu en appelle un autre. -**8.** *inf* [attack of illness] crise *f*, attaque *f*; **she had one of her (funny) ~s this morning** elle a eu une de ses crises ce matin. -**9.** *inf* [shock]: **you gave me quite a ~!** tu m'as fait une sacrée peur!, tu m'as fait une de ces peurs! -**10.** *dated* [short trip, ride, walk] tour *m*; **let's go for** OR **take a ~ in the garden** allons faire un tour dans le jardin. -**11.** [tendency, style]: **to have an optimistic ~ of mind** être optimiste de nature OR d'un naturel optimiste; **he has a strange ~ of mind** il a une drôle de mentalité; **to have a good ~ of speed** rouler vite; **~ of phrase** tournure *f* OR tour *m* de phrase; **she has a witty ~ of phrase** elle est très spirituelle OR pleine d'esprit. -**12.** [purpose, requirement] exigence *f*, besoin *m*; **this book has served its ~** ce livre a fait son temps. -**13.** MUS doublé *m*. -**14.** ST. EX [transaction] transaction *f (qui comprend l'achat et la vente)*; *Br* [difference in price] écart *m* entre le prix d'achat et le prix de vente. -**15.** *Br* THEAT numéro *m*; **a comedy ~** un numéro de comédie. -**16.** *Br phr*: **done to a ~** *inf*: **the chicken was done to a ~** CULIN le poulet était cuit à point.

◆ **in turn** *adv phr*: **she interviewed each of us in ~** elle a eu un entretien avec chacun de nous l'un après l'autre; **I told Sarah and she in ~ told Paul** je l'ai dit à Sarah qui, à son tour, l'a dit à Paul; **I worked in ~ as a waiter, an actor and a teacher** j'ai travaillé successivement OR tour à tour comme serveur, acteur et enseignant.

◆ **out of turn** *adv phr*: **don't play out of ~** attends ton tour pour jouer; **to speak out of ~** *fig* faire des remarques déplacées, parler mal à propos.

◆ **turn against** *vt insep* se retourner contre, s'en prendre à.

◆ **turn around** = **turn round**.

◆ **turn aside** ◇ *vi insep* [move to one side] s'écarter; *literal* & *fig* [move away] se détourner; **she ~ed aside to blow her nose** elle se détourna pour se moucher.

◇ *vt sep literal* & *fig* écarter, détourner.

◆ **turn away** ◇ *vt sep* -**1.** [avert] détourner; **she ~ed her head away from him** elle s'est détournée de lui. -**2.** [reject - person] renvoyer; [stronger] chasser; **the college ~ed away hundreds of applicants** l'université a refusé des centaines de candidats; **she ~ed the salesman away** elle chassa le représentant.

◇ *vi insep* se détourner; **he ~ed away from them in anger** en OR de colère, il leur a tourné le dos.

◆ **turn back** ◇ *vi insep* -**1.** [return - person] revenir, rebrousser chemin; [- vehicle] faire demi-tour; **it was getting dark so we decided to ~ back** comme il commençait à faire nuit, nous avons décidé de faire demi-tour; **my mind is made up, there is no ~ing back** ma décision est prise, je n'y reviendrai pas. -**2.** [go back in book]: **~ back to chapter one** revenez OR retournez au premier chapitre.

◇ *vt sep* -**1.** [force to return] faire faire demi-tour à; [refugee] refouler. -**2.** [fold - collar, sheet] rabattre; [- sleeves] remonter, retrousser; [- corner of page] corner. -**3.** *phr*: **to ~ the clock back** remonter dans le temps, revenir en arrière.

◆ **turn down** ◇ *vt sep* -**1.** [heating, lighting, sound] baisser. -**2.** [fold - sheet] rabattre, retourner; [- collar] rabattre; **to ~ down the corner of a page** corner une page. -**3.** [reject - offer, request, suitor] rejeter, repousser; [- candidate, job] refuser; **she ~ed me down flat** *inf* elle m'a envoyé balader.

◇ *vi insep* [move downwards] tourner vers le bas; **the corners of his mouth ~ed down** il a fait la moue OR une grimace désapprobatrice.

◆ **turn in** ◇ *vt sep* -**1.** [return, give in - borrowed article, equipment, piece of work] rendre, rapporter; [- criminal] livrer à la police; **they ~ed the thief in** [took him to the police] ils ont livré le voleur à la police; [informed on him] ils ont dénoncé le voleur à la police. -**2.** [fold in]: **~ in the edges** rentrez les bords. -**3.** [produce]: **the actor ~ed in a good performance** l'acteur a très bien joué; **the company ~ed in record profits** l'entreprise a fait des bénéfices record.

◇ *vi insep* -**1.** [feet, toes]: **my toes ~ in** j'ai les pieds en dedans. -**2.** *inf* [go to bed] se coucher. -**3.** *phr*: **to ~ in on o.s.** se replier sur soi-même.

◆ **turn off** ◇ *vt sep* -**1.** [switch off - light] éteindre; [- heater, radio, television] éteindre, fermer; [cut off at mains] couper; [tap] fermer; **she ~ed the ignition/engine off** elle a coupé le contact/arrêté le moteur. -**2.** *inf* [fail to interest] rebuter; **her superior attitude really ~s me off** *inf* son air suffisant me rebute || [sexually] couper l'envie à.

◇ *vi insep* -**1.** [leave road] tourner; **we ~ed off at junction 5** nous avons pris la sortie d'autoroute 5. -**2.** [switch off] s'éteindre; **the heater ~s off automatically** l'appareil de chauffage s'éteint OR s'arrête automatiquement.

◆ **turn on** ◇ *vt sep* -**1.** [switch on - electricity, heating, light, radio, television] allumer; [- engine] mettre en marche; [- water] faire couler; [- tap] ouvrir; [open at mains] ouvrir; **she can ~ on the charm/the tears whenever necessary** *inf fig* elle sait faire du charme/pleurer quand il le faut. -**2.** *inf* [person - interest] intéresser; [- sexually] exciter; [- introduce to drugs] initier à la drogue; **the movie didn't ~ me on at all** le film ne m'a vraiment pas emballé; **he ~ed us on to this new pianist** il nous a fait découvrir ce nouveau pianiste.

◇ *vt insep* [attack] attaquer; **the dogs ~ed on him** les chiens l'ont attaqué OR se sont jetés sur lui; **his colleagues ~ed on him and accused him of stealing** ses collègues s'en sont pris à lui et l'ont accusé de vol.

◇ *vi insep* -**1.** [switch on] s'allumer; **the oven ~s on automatically** le four s'allume automatiquement. -**2.** [depend, hinge on] dépendre de, reposer sur; **the whole case ~ed on** OR **upon this detail** toute l'affaire reposait sur ce détail; **everything ~s on whether he continues as president** tout dépend s'il reste président ou non.

◆ **turn out** ◇ *vt sep* -**1.** [switch off - light] éteindre; [- gas] éteindre, couper. -**2.** [point outwards]: **she ~s her toes out when she walks** elle marche en canard. -**3.** [dismiss, expel] mettre à la porte; [tenant] expulser, déloger; **he ~ed his daughter out of the house** il a mis sa fille à la porte OR a chassé sa fille de la maison; **he was ~ed out of his job** il a été renvoyé. -**4.** [empty - container, pockets] retourner, vider; [- contents] vider; [- jelly] verser; **~ the cake out onto a plate** démoulez le gâteau sur une assiette. -**5.** *Br* [clean] nettoyer à fond; **to ~ out a room** faire une pièce à fond. -**6.** [produce] produire, fabriquer; **he ~s out a book a year** il écrit un livre par an; **few schools ~ out the kind of people we need** peu d'écoles forment le type de gens qu'il nous faut. -**7.** [police, troops] envoyer; **~ out the guard!** faites sortir la garde! -**8.** *(usu passive)* [dress] habiller; **nicely** OR **smartly ~ed out** élégant; **he was ~ed out in a suit and a tie** il portait un costume-cravate; **she always ~s her children out beautifully** elle habille toujours bien ses enfants.

◇ *vi insep* -**1.** [show up] venir, arriver; MIL [guard] (aller) prendre la faction; [troops] aller au rassemblement; **thousands ~ed out for the concert** des milliers de gens sont venus OR ont assisté au concert. -**2.** [car, person] sortir, partir; **the car ~ed out of the car park** la voiture est sortie du parking. -**3.** [point outwards]: **my feet ~ out** j'ai les pieds en canard OR en dehors. -**4.** [prove] se révéler, s'avérer; **his statement ~ed out to be false** sa déclaration s'est révélée fausse; **her story ~ed out to be true** ce qu'elle a raconté était vrai; **he ~ed out to be a scoundrel** il s'est révélé être un vaurien, on s'est rendu compte que c'était un vaurien || [end up]: **I don't know how it ~ed out** je ne sais pas comment cela a fini; **the story ~ed out happily** l'histoire s'est bien terminée OR a bien fini;

the evening ~ed out badly la soirée a mal tourné; everything will ~ out fine tout va s'arranger OR ira bien; as it ~s out, he needn't have worried en l'occurrence OR en fin de compte, ce n'était pas la peine de se faire du souci. -**5.** *inf Br* [get out of bed] se lever, sortir du lit.

◆ **turn over** ◇ *vt sep* -**1.** [playing card, mattress, person, stone] retourner; [page] tourner; [vehicle] retourner; [boat] faire chavirer; **I was ~ing over the pages of the magazine** je feuilletais la revue ❑ **to ~ over a new leaf** s'acheter une conduite. -**2.** [consider] réfléchir à OR sur; **I was ~ing the idea over in my mind** je tournais et retournais OR ruminais l'idée dans ma tête. -**3.** [hand over, transfer] rendre, remettre; **he ~ed the responsibility over to his deputy** il s'est déchargé de la responsabilité sur son adjoint; **to ~ sb over to the authorities** livrer qqn aux autorités. -**4.** [change] transformer, changer; **he's ~ing the land over to cattle farming** il reconvertit sa terre dans l'élevage du bétail. -**5.** COMM: **the store ~s over £1,000 a week** la boutique fait un chiffre d'affaires de 1 000 livres par semaine. -**6.** [search through] fouiller. -**7.** *inf Br* [rob - person] voler, dévaliser; [- store] dévaliser; [- house] cambrioler.

◇ *vi insep* -**1.** [roll over - person] se retourner; [- vehicle] se retourner, faire un tonneau; [- boat] se retourner, chavirer. -**2.** [engine] commencer à tourner. -**3.** [when reading] tourner; **please ~ over** [in letter] → **PTO**. -**4.** COMM [merchandise] s'écouler, se vendre.

◆ **turn round** ◇ *vi insep Br* -**1.** [rotate - person] se retourner; [- object] tourner; **she ~ed round and waved goodbye** elle se retourna et dit au revoir de la main; **the dancers ~ed round and round** les danseurs tournaient OR tournoyaient (sur eux-mêmes). -**2.** [face opposite direction - person] faire volte-face, faire demi-tour; [- vehicle] faire demi-tour; **she ~ed round and accused us of stealing** *fig* elle s'est retournée contre nous et nous a accusés de vol.

◇ *vt sep* -**1.** [rotate - head] tourner; [- object, person] tourner, retourner; [- vehicle] faire faire demi-tour à; **could you ~ the car round please?** tu peux faire demi-tour, s'il te plaît? -**2.** [quantity of work] traiter. -**3.** [change nature of]: **to ~ a situation round** renverser une situation; **to ~ a company round** COMM faire prospérer une entreprise qui périclitait, sauver une entreprise de la faillite. -**4.** [sentence, idea] retourner.

◆ **turn to** *vt insep* -**1.** *literal* [person] se tourner vers; [- page] aller à; **~ to chapter one** allez au premier chapitre. -**2.** [seek help from] s'adresser à, se tourner vers; **to ~ to sb for advice** consulter qqn, demander conseil à qqn; **I don't know who to ~ to** je ne sais pas à qui m'adresser OR qui aller trouver; **he ~ed to his mother for sympathy** il s'est tourné vers sa mère pour qu'elle le console; **she won't ~ to me for help** elle ne veut pas me demander de l'aide; **he ~ed to the bottle** il s'est mis à boire. -**3.** *fig* [shift, move on to]: **her thoughts ~ed to her sister** elle se mit à penser à sa sœur; **the discussion ~ed to the war** on se mit à discuter de la guerre‖ [address - subject, issue etc] aborder, traiter; **we shall now ~ to the problem of housing** nous allons maintenant aborder le problème du logement; **let us ~ to another topic** passons à un autre sujet.

◆ **turn up** ◇ *vt sep* -**1.** [heat, lighting, radio, TV] mettre plus fort; **to ~ the sound up** augmenter OR monter le volume; **she ~ed the oven up** elle a mis OR réglé le four plus fort, elle a augmenté la température du four ❑ **~ it up!** *inf Br* la ferme! -**2.** [find, unearth] découvrir, dénicher; [buried object] déterrer; **her research ~ed up some interesting new facts** sa recherche a révélé de nouveaux détails intéressants. -**3.** [point upwards] remonter, relever; **she has a ~ed-up nose** elle a le nez retroussé. -**4.** [collar] relever; [trousers] remonter; [sleeve] retrousser, remonter.

◇ *vi insep* -**1.** [appear] apparaître; [arrive] arriver; **she ~ed up at my office this morning** elle s'est présentée à mon bureau ce matin; **he'll ~ up again one of these days** il reviendra bien un de ces jours; **I'll take the first job that ~s up** je prendrai le premier poste qui se présentera ❑ **he ~s up like a bad penny** il arrive (toujours) au mauvais moment OR mal. -**2.** [be found] être trouvé OR retrouvé; **her bag ~ed up eventually** elle a fini par retrouver son sac. -**3.** [happen] se passer, arriver; **don't worry, something will ~ up** ne t'en fais pas, tu finiras par trouver quelque chose; **until something better ~s up** en attendant mieux.

turnabout ['tɜːnəbaʊt] *n* volte-face *f inv.*

turnaround ['tɜːnəraʊnd] *Am* = **turnround**.

turncoat ['tɜːnkəʊt] *n* renégat *m*, -e *f*, transfuge *mf*.

turndown ['tɜːndaʊn] ◇ *n* -**1.** [rejection] refus *m*. -**2.** [in prices] tendance *f* à la baisse; [in the economy] (tendance à la) baisse *f*.

◇ *adj* [collar] rabattu; [edge] à rabattre.

turned [tɜːnd] *adj* -**1.** [milk] tourné. -**2.** TYPO: **~ comma** ≃ guillemet *m*; **~ period** point *m* décimal, ≃ virgule *f*.

turned-on *inf adj* -**1.** [up-to-date] branché, câblé. -**2.** [aroused] excité; **to get ~** s'exciter.

turner ['tɜːnəʳ] *n* -**1.** [lathe operator] tourneur *m*. -**2.** *Am* [gymnast] gymnaste *mf*.

turnery ['tɜːnərɪ] (*pl* **turneries**) *n* atelier *m* de tournage.

turning ['tɜːnɪŋ] *n* -**1.** *Br* [side road] route *f* transversale; [side street] rue *f* transversale, petite rue; **take the third ~ on the right** prenez la troisième à droite. -**2.** *Br* [bend - in river] coude *m*; [- in road] virage *m*; [fork] embranchement *m*, carrefour *m*. -**3.** INDUST tournage *m*.

turning circle *n Br* AUT rayon *m* de braquage.

turning point *n* [decisive moment] moment *m* décisif; [change] tournant *m*; **1989 marked a ~ in my career** l'année 1989 marqua un tournant dans ma carrière; **it was a ~ in her life** ce fut un tournant dans sa vie.

turning radius *Am* = **turning circle**.

turnip ['tɜːnɪp] *n* navet *m*.

turnkey ['tɜːnkiː] ◇ *n* [jailer] geôlier *m*, -ère *f*.

◇ *adj* CONSTR [project] clés en main.

turnkey system *n* COMPUT système *m* clés en main.

turn-off *n* -**1.** [road] sortie *f* (de route), route *f* transversale, embranchement *m*. -**2.** *inf* [loss of interest]: **it's a real ~** [gen] c'est vraiment à vous dégoûter; [sexual] ça vous coupe vraiment l'envie.

turn-on *inf n*: **what a ~!** c'est excitant!; **he finds leather a ~** il trouve le cuir excitant, le cuir l'excite.

turnout ['tɜːnaʊt] *n* -**1.** [attendance - at meeting, concert] assistance *f*; POL [at election] (taux *m* de) participation *f*; **there was a good ~** [gen] il y avait beaucoup de monde, beaucoup de gens sont venus; POL il y avait un fort taux de participation. -**2.** [dress] mise *f*, tenue *f*. -**3.** *Br* [clearout]: **we had a good ~ of the attic** on a nettoyé OR fait le grenier à fond; **I had a ~ of my old clothes for the jumble sale** j'ai trié mes vieux vêtements pour la vente de charité. -**4.** *Am* AUT refuge *m* (*pour se laisser doubler*).

turnover ['tɜːn,əʊvəʳ] *n* -**1.** *Br* FIN chiffre *m* d'affaires. -**2.** [of staff, tenants] renouvellement *m*; **there is a high ~ of tenants** les locataires changent souvent. -**3.** *Am* [of stock] vitesse *f* de rotation; [of shares] mouvement *m*; **computer magazines have a high ~** les revues d'informatique se vendent bien. -**4.** CULIN: **apple ~** chausson *m* aux pommes.

turnpike ['tɜːnpaɪk] *n* -**1.** [barrier] barrière *f* de péage. -**2.** *Am* [road] autoroute *f* à péage.

turnround ['tɜːnraʊnd] *n* -**1.** ~ (time) [of passenger ship, plane] temps *m* nécessaire entre deux voyages; [for freight] temps nécessaire pour le déchargement; NAUT estarie *f*, starie *f*; COMPUT temps de retournement, délai *m* d'exécution. -**2.** [reversal - of fortunes] retournement *m*, renversement *m*; [- of opinions] revirement *m*, volte-face *f inv.*

turn signal lever *n Am* (manette *f* de) clignotant *m*.

turnstile ['tɜːnstaɪl] *n* tourniquet *m* (*barrière*).

turntable ['tɜːn,teɪbl] *n* -**1.** [on record player] platine *f*. -**2.** RAIL plaque *f* tournante. -**3.** [on microscope] platine *f*. -**4.** *Austr* [turning space] endroit *m* pour manœuvrer.

turntable ladder *n* échelle *f* pivotante (des pompiers).

turn-up *n* -**1.** [on trousers] revers *m*. -**2.** *inf Br* [surprise] surprise *f*; **that's a ~ for the book** OR **books** c'est une sacrée surprise.

turpentine ['tɜːpəntaɪn] *n Br* (essence *f* de) térébenthine *f*.

turpitude ['tɜːpɪtjuːd] *n* turpitude *f*.

turps [tɜːps] (*U*) *Br* = **turpentine**.

turquoise ['tɜːkwɔɪz] ◇ *n* -**1.** [gem] turquoise *f*. -**2.** [colour] turquoise *m inv*.

◇ *adj* -**1.** [bracelet, ring] de OR en turquoise. -**2.** [in colour] turquoise (*inv*).

turret ['tʌrɪt] *n* tourelle *f*.

turret gun *n* canon *m* de tourelle.

turtle ['tɜːtl] *n* -**1.** [in sea] tortue *f* marine; *Am* [on land] tortue *f*. -**2.** *phr*: **to turn ~** se renverser.

turtleback ['tɜːtlbæk] *n* NAUT pont *m* en carapace de tortue.

turtledove ['tɜːtldʌv] *n* tourterelle *f*.

turtleneck ['tɜːtlnek] ◇ *adj* [sweater, dress] à col montant, à encolure montante; *Am* à col roulé.

◇ *n* col *m* montant, encolure *f* montante; *Am* (pull *m* à) col *m* roulé.

Tuscan ['tʌskən] ◇ *n* -**1.** [person] Toscan *m*, -e *f*. -**2.** LING toscan *m*.

◇ *adj* toscan.

Tuscany ['tʌskənɪ] *pr n* Toscane *f*; **in ~** en Toscane.

tush *inf* [tʌʃ] *n Am* [buttocks] fesses *fpl*.

tusk [tʌsk] *n* [of elephant, boar] défense *f*.

tusker ['tʌskəʳ] *n* [elephant] éléphant *m* (*adulte*); [boar] sanglier *m* (*adulte*).

tussle *inf* ['tʌsl] ◇ *n* -**1.** [scuffle] mêlée *f*, bagarre *f*; **to have a ~ with sb** se battre contre qqn, en venir aux mains avec qqn. -**2.** [struggle] lutte *f*; **it was quite a ~ to get him to agree** il a fallu pas mal lutter OR faire des pieds et des mains pour qu'il accepte. -**3.** [quarrel] dispute *f*; **to have a ~ with sb** se disputer avec qqn.

◇ *vi* [scuffle, fight] se battre; **I ~d with her for the ball** je me suis battu avec elle pour avoir la balle, on s'est disputé la balle; **the kids were tussling over the toy** les gosses se disputaient le jouet.

tussock ['tʌsək] *n* touffe *f* d'herbe.

tut [tʌt] (*pt* & *pp* **tutted**, *cont* **tutting**)

● *interj*: !, ----! [in disapproval] allons donc!; [in annoyance] zut!

◇ *vi* [in disapproval] pousser une exclamation désapprobatrice; [in annoyance] exprimer son mécontentement; **she tutted with disapproval** elle eut une exclamation désapprobatrice.

Tutankhamen [,tuːtəŋ'kɑːmən], **Tutankhamun** [,tuːtəŋkɑː'muːn] *pr n* Toutankhamon.

tutelage ['tjuːtɪlɪdʒ] *n fml* tutelle *f*; **under his ~** sous sa tutelle.

tutelary ['tjuːtɪlərɪ] *adj fml* tutélaire.

tutor ['tjuːtəʳ] ◇ *n* -**1.** [teacher] professeur *m* particulier; [full-time] précepteur *m*, -trice *f*; **piano ~** professeur de piano; **she has a private German ~** elle prend des cours particuliers avec un professeur d'allemand. -**2.** *Br* UNIV [teacher] professeur *m* (*qui dirige et supervise les travaux d'un groupe d'étudiants*); *Br* SCH professeur *m* principal (*surtout dans les écoles privées*). -**3.** *Scot* JUR [guardian] tuteur *m*, -trice *f*.

◇ *vt* -**1.** [instruct] donner des cours (particuliers) à; **I'm ~ing her in maths** je lui donne des cours particuliers de maths. -**2.** *Br* UNIV diriger les études de. -**3.** *Scot* JUR être le tuteur de.

◇ *vi* -**1.** [pupil] suivre des cours particuliers. -**2.** [teacher] donner des cours particuliers.

tutorial [tjuː'tɔːrɪəl] UNIV ◇ *n* (séance *f* de) travaux *mpl* dirigés, TD *mpl*; **a maths ~** des TD de maths.

◇ *adj* [work] de travaux dirigés; [duties] de directeur d'études.

tutti frutti [ˌtuːtɪ'fruːtɪ] (*pl* **tutti fruttis**)
◇ *n* plombières *f*, tutti-frutti *m*.
◇ *adj* [ice cream, flavour] tutti-frutti.

tut-tut = **tut**.

tutu ['tuːtuː] *n* tutu *m*.

tu-whit tu-whoo [tə'wɪttə'wuː] *onomat* hou-hou.

tux *inf* [tʌks] *n abbr of* **tuxedo**

tuxedo [tʌk'siːdəʊ] (*pl* **tuxedos**) *n Am* smoking *m*.

TV ◇ *n* (*abbr of* **television**) TV *f*.
◇ *comp* [programme, set, star] de télé; ~ **dinner** plateau-repas *m*, repas *m* tout prêt OR prêt à consommer *(que l'on mange devant la télé)*.

twaddle *inf* ['twɒdl] *n Br (U)* bêtises *fpl*, âneries *fpl*, imbécillités *fpl*; **what a load of** ~! quelles âneries!

twain [tweɪn] *n lit*: **never the** ~ **shall meet** les deux sont inconciliables, les deux ne pourront jamais se mettre d'accord.

twang [twæŋ] ◇ *n* **-1.** [of wire, guitar] son *m* de corde pincée. **-2.** [in voice] ton *m* nasillard; **she speaks with a** ~ elle parle du nez, elle nasille. **-3.** [accent] accent *m*; **he has a slight Australian** ~ il a un léger accent australien.
◇ *vt* [string instrument] pincer les cordes de.
◇ *vi* [arrow, bow, wire] vibrer; **the arrow** ~**ed through the air** la flèche a traversé l'air en vibrant.

'twas [twɒz] *lit* OR *dial* = **it was**.

twat▼ [twɒt, twæt] *n* **-1.** [female genitals] chatte *f*. **-2.** [fool] con *m*.

tweak [twiːk] ◇ *vt* **-1.** [twist - ear, nose] tordre (doucement), pincer; [pull] tirer (sur). **-2.** AUT mettre au point; COMPUT peaufiner, mettre au point.
◇ *n* (petit) coup *m* sec; **he gave my ear a** ~ il m'a tiré l'oreille.

twee *inf* [twiː] *adj Br* [person] chichiteux; [idea, sentiment] mièvre; [decor] cucul *(inv)*.

tweed [twiːd] ◇ *n* [cloth] tweed *m*.
◇ *comp* [jacket, skirt] de tweed, en tweed.
◆ **tweeds** *npl* [clothes] vêtements *mpl* de tweed; [suit] costume *m* de tweed; **a smart lady in** ~**s** une femme élégante en tailleur de tweed.

tweedy ['twiːdɪ] (*compar* **tweedier**, *superl* **tweediest**) *adj* **-1.** [fabric] qui ressemble au tweed. **-2.** *pej* [man] qui a le genre gentleman-farmer; [woman] qui fait bourgeoise de campagne.

'tween [twiːn] *lit* = **between**.

tweeny *inf* ['twiːnɪ] (*pl* **tweenies**) *n Br* [maid] bonne *f*.

tweet [twiːt] ◇ *n* pépiement *m*.
◇ *onomat* cui-cui.
◇ *vi* pépier.

tweeter ['twiːtəʳ] *n* tweeter *m*, haut-parleur *m* d'aigus.

tweeze [twiːz] *vt Am* [eyebrows] épiler.

tweezers ['twiːzəz] *npl*: **(pair of)** ~ pince *f* à épiler.

twelfth [twelfθ] ◇ *adj* douzième.
◇ *n* **-1.** [ordinal] douzième *mf*. **-2.** [fraction] douzième *m*.

Twelfth Night *n* la fête des Rois.

twelve [twelv] ◇ *adj* douze *(inv)*; **the Twelve Apostles** les douze apôtres.
◇ *n* douze *m inv*.

twelvemonth ['twelvmʌnθ] *n Br arch* OR *lit* année *f*, an *m*.

twelve-tone *adj* MUS dodécaphonique; ~ **system** dodécaphonisme *m*.

twentieth ['twentɪəθ] ◇ *adj* vingtième.
◇ *n* **-1.** [ordinal] vingtième *mf*. **-2.** [fraction] vingtième *m*.

twenty ['twentɪ] ◇ *adj* vingt *(inv)*; **'Twenty Thousand Leagues under the Sea'** *Verne* 'Vingt Mille Lieues sous les mers'.
◇ *n* vingt *m*.

twenty-first *n* [birthday] vingt-et-unième anniversaire *m*.

twenty-four *adj*: **a** ~**-hour petrol station** une station-service ouverte jour et nuit OR vingt-quatre heures sur vingt-quatre; ~**-hour service** service *m* vingt-quatre heures sur vingt-quatre OR jour et nuit; **open** ~ **hours a day** ouvert vingt-quatre heures sur vingt-quatre.

twenty-one *n* [pontoon] vingt-et-un *m inv (jeu)*.

twenty-twenty vision *n*: **to have** ~ avoir dix dixièmes à chaque œil.

'twere [twɜːʳ] *lit* OR *dial* = **it were**.

twerp *inf* [twɜːp] *n* andouille *f*, crétin *m*, -e *f*.

twice [twaɪs] *adv* **-1.** *(+ noun)* deux fois; ~ **a day** deux fois par jour; ~ **the price** deux fois plus cher; **he's almost** ~ **your height** il est presque deux fois plus grand que vous; ~ **3 is 6** deux fois 3 font 6; **since the operation he is** ~ **the man he was** depuis son opération il est transformé OR en pleine forme; **he's** ~ **the man you are!** il vaut deux fois mieux que toi! **-2.** *(+ verb)* deux fois; **I've already told you** ~ je te l'ai déjà dit deux fois, je te l'ai déjà répété; **they didn't need to be asked** OR **told** ~ ils ne se sont pas fait prier, ils ne se le sont pas fait dire deux fois. **-3.** *(+ adj or adv)*: ~ **weekly/daily** deux fois par semaine/jour; **she can run** ~ **as fast as me** elle court deux fois plus vite que moi; **it's** ~ **as good** c'est deux fois mieux; ~ **as much time/as many apples** deux fois plus de temps/de pommes.

twiddle ['twɪdl] ◇ *vt* [knob, dial] tourner, manier; [moustache] tripoter, jouer avec; **to** ~ **one's thumbs** *literal* & *fig* se tourner les pouces.
◇ *vi*: **to** ~ **with the knob** tourner le bouton; **to** ~ **with the radio** jouer avec la radio; **she sat there twiddling with a ruler** elle était assise là à jouer avec une règle.
◇ *n*: **give the knob a** ~ tournez le bouton.

twig [twɪg] (*pt* & *pp* **twigged**, *cont* **twigging**)
◇ *vi inf Br* [understand] piger.
◇ *n* [for fire] brindille *f*; [on tree] petite branche *f*.

twilight ['twaɪlaɪt] ◇ *n* **-1.** [in evening] crépuscule *m*; [in morning] aube *f*; **at** ~ [evening] au crépuscule; [morning] à l'aube. **-2.** [half-light] pénombre *f*, obscurité *f*, demi-jour *m*; **I could hardly see you in the** ~ je vous voyais à peine dans la pénombre. **-3.** *fig* [last stages, end] crépuscule *m*; **in the** ~ **of his life** au crépuscule de sa vie.
◇ *comp*: **a** ~ **world** un monde nébuleux; **his** ~ **years** les dernières années de sa vie; ~ **sleep** MED demi-sommeil *m* provoqué.

twilight zone *n* **-1.** [in city] quartier *m* délabré *(qui entoure un quartier commercial)*. **-2.** [in ocean] zone *f* crépusculaire. **-3.** *fig* zone *f* d'ombre, zone floue.

twill [twɪl] *n* sergé *m*.

'twill [twɪl] *lit* OR *dial* = **it will**.

twin [twɪn] (*pt* & *pp* **twinned**, *cont* **twinning**)
◇ *n* jumeau *m*, -elle *f*; **she gave birth to** ~**s** elle a donné naissance à des jumeaux.
◇ *adj* **-1.** [child, sibling]: **they have** ~ **boys/girls** ils ont des jumeaux/des jumelles; **my** ~ **sister** ma sœur jumelle. **-2.** [dual - spires, hills] double, jumeau; [- aims] double; **the** ~ **towers overlooking the bay** les deux tours qui surplombent la baie; **the Twin Cities** *surnom des villes jumelles de Saint-Paul et Minneapolis.*
◇ *vt* [town] jumeler; **our town is twinned with Hamburg** notre ville est jumelée avec Hambourg.

twin-bedded *adj* [room] à deux lits.

twin beds *npl* lits *m* jumeaux.

twin bill *inf n Am* CIN programme *m* de deux longs métrages.

twin cylinder ◇ *n* moteur *m* à deux cylindres.
◇ *adj* à deux cylindres.

twine [twaɪn] ◇ *vt* **-1.** [wind - hair, string] entortiller, enrouler; **she** ~**d the rope round a post** elle enroula la corde autour d'un poteau; **the honeysuckle had** ~**d itself around the tree** le chèvrefeuille s'était enroulé autour de l'arbre. **-2.** [weave] tresser.
◇ *vi* **-1.** [stem, ivy] s'enrouler; **the honeysuckle had** ~**d around the tree** le chèvrefeuille s'était enroulé autour de l'arbre. **-2.** [path, river] serpenter.
◇ *n (U)* (grosse) ficelle *f*.

twin-engined *adj* bimoteur.

twinge [twɪndʒ] *n* **-1.** [of guilt, shame] sentiment *m*; **to have** OR **to feel a** ~ **of remorse** ressentir un certain remords; **he watched her leave with a** ~ **of sadness** il la regarda partir avec (une certaine) tristesse. **-2.** [of pain] élancement *m*, tiraillement *m*; **she felt a** ~ **in her back** elle sentit une petite douleur dans le dos.

twining ['twaɪnɪŋ] *adj* [plant] volubile.

Twinkie® ['twɪŋkɪ] *n Am* **-1.** [cake] *petit gâteau fourré à la crème*. **-2.** *inf* [effeminate youth] *jeune homme efféminé*.

twinkle ['twɪŋkl] ◇ *vi* **-1.** [star, diamond] briller, scintiller. **-2.** [eyes] briller, pétiller; **her eyes** ~**d with excitement** ses yeux brillaient de plaisir.
◇ *n* **-1.** [of star, diamond, light] scintillement *m*. **-2.** [in eye] pétillement *m*; **he had a** ~ **in his eye** il avait les yeux pétillants; **when you were just a** ~ **in your father's eye** *hum* bien avant que tu ne fasses ton entrée dans le monde.

twinkling ['twɪŋklɪŋ] ◇ *adj* **-1.** [star, gem, sea] scintillant, brillant. **-2.** [eyes] pétillant, brillant. **-3.** *fig* [feet] agile.
◇ *n (U)* **-1.** [of star, light, gem] scintillement *m*. **-2.** [in eyes] pétillement *m*; **in the** ~ **of an eye** en un clin d'œil.

twin-lens reflex *n* PHOT: ~ **(camera)** appareil *m* reflex à deux objectifs.

twinning ['twɪnɪŋ] *n* jumelage *m* (de villes).

twin-screw *adj* [boat] à deux hélices.

twinset ['twɪnˌset] *n* twin set *m*; **she's a bit** ~ **and pearls** *inf Br pej* ≃ elle fait un peu foulard Hermès et collier de perles, ≃ elle fait plutôt BCBG.

twin town *n* ville *f* jumelée OR jumelle.

twin-tub *n* machine *f* à laver à deux tambours.

twirl [twɜːl] ◇ *vt* **-1.** [spin - stick, parasol, handle] faire tournoyer; [- lasso] faire tourner; **she** ~**ed the stick (round) in the air** elle jeta le bâton en l'air en le faisant tournoyer. **-2.** [twist - moustache, hair] tortiller, friser.
◇ *vi* [dancer, lasso, handle] tournoyer; **she** ~**ed round to face us** elle se tourna pour nous faire face, elle fit volte-face vers nous.
◇ *n* **-1.** [whirl - of body, stick] tournoiement *m*; [pirouette] pirouette *f*; **I gave the top/wheel a** ~ j'ai fait tourner la toupie/la roue; **to do a** ~ tourner sur soi-même, faire une pirouette. **-2.** [written flourish] fioriture *f*.

twirp *inf* [twɜːp] = **twerp**.

twist [twɪst] ◇ *vt* **-1.** [turn - round and round] tourner; [- round axis] tourner, visser; [- tightly] tordre; **try** ~**ing the dial to the left** essaie de tourner le cadran vers la gauche; **you have to** ~ **the lid clockwise** il faut visser le couvercle dans le sens des aiguilles d'une montre; **she** ~**ed her hankie nervously** elle tordait nerveusement son mouchoir; **to** ~ **sthg into a ball** faire une boule de qqch; **he** ~**ed the wire into the shape of a dog** il a tordu le fil pour lui donner la forme d'un chien; **the railings were** ~**ed out of shape** les grilles étaient toutes tordues; **he** ~**ed the keys from my hand** il m'a arraché les clés des mains. **-2.** [twine] tresser, entortiller; [wind] enrouler, tourner; **she** ~**ed her hair into a bun** elle s'est coiffée en chignon, elle a torsadé ses cheveux pour faire un chignon; **the seat-belt got** ~**ed** la ceinture (de sécurité) s'est entortillée; **the wires got** ~**ed** les fils se sont entortillés; **he** ~**ed the threads into a rope** il a tressé OR torsadé les fils pour en faire une corde. **-3.** [body, part of body] tourner; **I** ~**ed my head (round) to the left** j'ai tourné la tête vers la gauche; **he** ~**ed himself free** il s'est dégagé en se tortillant; **her face was** ~**ed with pain** *fig* ses traits étaient tordus par la douleur, la douleur lui tordait le visage ❑ **to** ~ **sb's arm** *literal* tordre le bras à qqn; *fig* forcer la main à qqn; **if you** ~ **his arm, he'll agree to go** si tu insistes un peu, il voudra bien y aller; **she can** ~ **him round her little finger** *inf Br* elle le mène par le bout du nez, elle en fait ce qu'elle veut.

-**4.** [sprain - ankle, wrist] tordre, fouler; **I've ~ed my ankle** je me suis tordu OR foulé la cheville; **I seem to have ~ed my neck** je crois que j'ai attrapé un torticolis. -**5.** [distort - words] déformer; [- argument] déformer, fausser; **don't ~ the facts to suit your argument** ne déformez pas les faits pour étayer votre argument; **she ~s everything I say** elle déforme tout ce que je dis. -**6.** *inf Br* [cheat, swindle] arnaquer; **I've been ~ed** je me suis fait avoir.
◇ *vi* -**1.** [road, stream] serpenter; **the path ~ed and turned through the forest** le chemin zigzaguait à travers la forêt. -**2.** [become twined] s'enrouler; **the ivy ~ed round the tree** le lierre s'enroulait autour de l'arbre. -**3.** [body, part of body] se tortiller; **he ~ed and turned to get himself free** il s'est tortillé tant qu'il a pu pour se dégager; **the dog ~ed out of my arms** le chien s'est dégagé de mes bras en se tortillant; **his mouth ~ed into a smile** il eut un rictus. -**4.** [be sprained - ankle] se tordre, se fouler; [- knee] se tordre. -**5.** [dance] twister. -**6.** [in pontoon]: **~!** encore une carte!
◇ *n* -**1.** [turn, twirl] tour *m*, torsion *f*; **to give sthg a ~** [dial, handle, lid] (faire) tourner qqch; [wire] tordre qqch; **there's a ~ in the tape** la bande est entortillée; **to get (o.s.) into a ~ about sthg** [get angry] se fâcher OR s'énerver au sujet de qqch; [get upset] prendre qqch au tragique, se mettre dans tous ses états; **the string is in an awful ~** la ficelle est tout emmêlée. -**2.** [in road] tournant *m*, virage *m*; [in river] coude *m*; [in staircase] tournant *m*; *fig* [in thinking] détour *m*; **the road has many ~s and turns** la route a beaucoup de tournants et de virages OR fait de nombreux tours et détours; **it's difficult to follow the ~s and turns of his argument/of government policy** il est difficile de suivre les méandres de son argumentation/de la politique gouvernementale. -**3.** [coil - of tobacco] rouleau *m*; [- of paper] tortillon *m*. -**4.** CULIN: **a ~ of lemon** un zeste de citron. -**5.** [in story, plot] tour *m*; **the film has an exciting ~ at the end** le film se termine par un coup de théâtre passionnant; **there is an ironic ~ to the story** l'histoire comporte un tour ironique; **the book gives a new ~ to the old story** le livre donne une nouvelle tournure OR un tour nouveau à cette vieille histoire; **by a strange ~ of fate, we met again years later in Zimbabwe** par un hasard extraordinaire OR un caprice du destin, nous nous sommes retrouvés au Zimbabwe des années après. -**6.** [dance] twist *m*; **to do** OR **to dance the ~** twister. -**7.** *inf Br* [cheat] arnaque *f*; **it's a real ~!** c'est vraiment de l'arnaque OR du vol!; **what a ~!** on s'est bien fait avoir! -**8.** *inf Br phr*: **to be completely round the ~** être complètement dingue OR cinglé; **they're driving me round the ~!** ils me rendent dingue!
◆ **twist about** *Br*, **twist around** *vi insep* -**1.** [wire, rope] s'entortiller, s'emmêler. -**2.** [road] serpenter, zigzaguer.
◆ **twist off** ◇ *vt sep* [lid] dévisser; [cork] enlever en tournant; [branch] enlever OR arracher en tordant.
◇ *vi insep* [cap, lid] se dévisser.
◆ **twist out** *vt sep* [nail, cork] enlever en vissant OR en tournant.
◆ **twist round** *Br* ◇ *vt sep* [rope, tape] enrouler; [lid] tourner, visser; [handle] (faire) tourner; [swivel chair] faire tourner OR pivoter; [hat] tourner; [head] tourner; **I ~ed myself round on my chair** je me suis retourné sur ma chaise.
◇ *vi insep* -**1.** [person] se retourner. -**2.** [strap, rope] se tortiller; [swivel chair] se tourner, pivoter. -**3.** [path] serpenter, zigzaguer.
◆ **twist together** *vt sep* [threads] tresser, enrouler; [wires] enrouler.
◆ **twist up** ◇ *vt sep* [threads, wires] enrouler, emmêler.
◇ *vi insep* -**1.** [threads, wires] s'emmêler, s'enchevêtrer. -**2.** [smoke] monter en volutes.

twisted ['twɪstɪd] *adj* -**1.** [personality, smile] tordu; [mind] tordu, mal tourné. -**2.** [logic, argument] faux, tordu; **by a kind of ~ logic** selon une sorte de logique tordue OR fausse. -**3.** [dishonest] malhonnête; [politician, lawyer, businessman] malhonnête, véreux. -**4.** *inf* [crazy] tordu.

twister *inf* ['twɪstəʳ] *n* -**1.** *Br* [crook] escroc *m*. -**2.** *Am* [tornado] tornade *f*.

twist grip *n* [accelerator] poignée *f* d'accélération; [gear change] poignée *f* de changement de vitesses.

twisty ['twɪstɪ] *adj* [road, river] sinueux, qui serpente.

twit [twɪt] (*pt* & *pp* **twitted**, *cont* **twitting**) ◇ *vt dated* [tease] taquiner; **they twitted him about his hat** ils l'ont taquiné sur OR à propos de son chapeau.
◇ *n inf Br* [idiot] crétin *m*, -e *f*, imbécile *mf*; **you silly ~!** espèce d'idiot OR de crétin!

twitch [twɪtʃ] ◇ *vi* -**1.** [jerk - once] avoir un mouvement convulsif; [- habitually] avoir un tic; [muscle] se contracter convulsivement; **his hands ~ed nervously** ses mains se contractaient nerveusement; **his right eye ~es** il a un tic à l'œil droit; **the rabbit's nose ~ed** le lapin a remué le nez. -**2.** [wriggle] s'agiter, se remuer; **stop ~ing about on your chair!** arrête de t'agiter OR de te tortiller sur ta chaise!
◇ *vt* [ears, nose] remuer, bouger; [curtain, rope] tirer d'un coup sec, donner un coup sec à; **she ~ed my sleeve** elle tira ma manche d'un petit coup sec; **she ~ed the scarf out of my hands** elle m'arracha l'écharpe des mains.
◇ *n* -**1.** [nervous tic] tic *m*; [muscular spasm] spasme *m*; **to have a (nervous) ~** avoir un tic (nerveux); **the rabbit's ears gave a ~** le lapin a remué les oreilles. -**2.** [tweak, pull - on hair, rope] coup *m* sec, saccade *f*; **a ~ of the whip** un petit coup de fouet.

twitchy ['twɪtʃɪ] *adj* [person] agité, nerveux.

twitter ['twɪtəʳ] ◇ *vi* -**1.** [bird] gazouiller, pépier. -**2.** [person - chatter] jacasser; **she's always ~ing (on) about her daughter** elle ne parle que de sa fille.
◇ *n* -**1.** [of bird] gazouillement *m*, pépiement *m*. -**2.** [of person] bavardage *m*. -**3.** *inf* [agitation] état *m* d'agitation; **to be all of a** OR **in a ~ about sthg** être dans tous ses états OR sens dessus dessous à cause de qqch.

'twixt [twɪkst] *lit* = **betwixt**.

two [tuː] (*pl* **twos**) ◇ *adj* deux *(inv)*; 'The Two Gentlemen of Verona' *Shakespeare* 'les Deux Gentilshommes de Vérone'.
◇ *n* -**1.** deux *m inv*; **to cut sthg in ~** couper qqch en deux; **in ~s, ~ by ~** deux par deux; **in ~s and threes** par (groupes de) deux ou trois; **~ at a time** deux à la fois. -**2.** *phr*: **to put ~ and ~ together** faire le rapport (entre deux choses) et tirer ses conclusions; **she put ~ and ~ together, and made five** elle en a tiré des conclusions erronées; **they're ~ of a kind** ils sont du même genre, ils se ressemblent tous les deux; **that makes ~ of us** vous n'êtes pas le seul, moi c'est pareil; **~'s company, three's a crowd** deux ça va, trois c'est trop; **~ can play at that game** à bon chat, bon rat *prov*.
◇ *pron* deux *mfpl*; **there are ~ (of them)** il y en a deux.

two-bit *inf adj Am pej* de pacotille.

two-by-four ◇ *n bois d'œuvre de 2 pouces sur 4 de section.*
◇ *adj inf Am* [small] exigu; [worthless] minable.

two-chamber system *n* POL système *m* bicaméral.

two-cycle *adj Am* [engine] à deux temps.

two-cylinder *adj* à deux cylindres.

two-dimensional *adj* -**1.** [figure, drawing] à deux dimensions. -**2.** [simplistic - character] sans profondeur, simpliste.

two-door *adj* [car] à deux portes.

two-edged *adj* [sword, policy, argument] à double tranchant.

two-faced *adj* hypocrite.

twofold ['tuːfəʊld] ◇ *adj* double; **their aims are ~** ils ont deux objectifs OR un objectif double; **there has been a ~ increase in attendance** l'assistance a doublé.
◇ *adv* [increase] au double; **prices have risen ~** les prix ont doublé.

two-four time *n* MUS mesure *f* à deux temps, deux-quatre *m inv*.

two-handed *adj* [tool] à deux poignées; [saw] à deux mains, forestière; [sword] à deux mains; [game] qui se joue à deux, pour deux joueurs; **a ~ backhand** [in tennis] un revers à deux mains.

two-legged *adj* bipède.

two-level *adj* à deux niveaux.

two-party *adj* [coalition, system] biparti, bipartite.

twopence ['tʌpəns] *n Br* deux pence *mpl*; **I don't give ~ for what he thinks** *inf* je me moque bien OR je me fiche pas mal de ce qu'il pense.

twopenny *inf* ['tʌpnɪ] *adj Br* à OR de deux pence.

twopenny-halfpenny *inf adj* qui ne vaut rien, de quatre sous.

two-phase *adj* ELEC diphasé, biphasé.

two-piece ◇ *adj* en deux parties; **~ swimming costume** (maillot *m* de bain) deux-pièces *m*; **~ suit** [man's] costume *m* deux-pièces; [woman's] tailleur *m*.
◇ *n* [bikini] deux-pièces *m*; [man's suit] costume *m* deux-pièces; [woman's suit] tailleur *m*.

two-ply *adj* [wool] à deux fils; [rope] à deux brins; [tissue] double, à double épaisseur; [wood] à deux épaisseurs.

two-seater ◇ *adj* à deux places.
◇ *n* [plane] avion *m* à deux places; [car] voiture *f* à deux places.

two-sided *adj* [problem] qui a deux aspects; [argument] discutable, qui comporte deux points de vue.

twosome ['tuːsəm] *n* -**1.** [couple] couple *m*. -**2.** [match] partie *f* à deux.

two-star ◇ *adj* -**1.** [restaurant, hotel] deux étoiles. -**2.** *Br* [petrol] ordinaire.
◇ *n Br* [petrol] (essence *f*) ordinaire *m*.

two-step *n* [dance, music] pas *m* de deux.

two-storey *adj* à deux étages.

two-stroke *adj* [engine] à deux temps.

two-tier *adj* [cake, management, financing] à deux étages.

two-time *inf vt* [lover] tromper, être infidèle à.

two-timer *inf n* [lover] amant *m*, maîtresse *f* infidèle.

two-tone *adj* [in colour] à deux tons; [in sound] de deux tons.

'twould [twʊd] *lit* OR *dial* = **it would**.

two-way *adj* [traffic] dans les deux sens; [street] à double sens; [agreement, process] bilatéral; **~ mirror** glace *f* sans tain; **~ radio** TELEC émetteur-récepteur *m*; **~ switch** ELEC va-et-vient *m inv*.

two-wheeler *n* [motorbike] deux-roues *m*; [bicycle] bicyclette *f*, deux-roues *m*.

TX *written abbr of* Texas.

tycoon [taɪ'kuːn] *n* homme *m* d'affaires important, magnat *m*; **oil/newspaper ~** magnat du pétrole/de la presse.

tyke [taɪk] *n* -**1.** [dog] chien *m* bâtard. -**2.** *inf* [child] sale gosse *mf*.

tympani ['tɪmpənɪ] = **timpani**.

tympanist ['tɪmpənɪst] = **timpanist**.

tympanum ['tɪmpənəm] (*pl* **tympana** [-nə] OR **tympanums**) *n* -**1.** ANAT, ARCHIT & ZOOL tympan *m*. -**2.** MUS tymbale *f*.

type [taɪp] ◇ *n* -**1.** [gen & BIOL]: **blood/hair ~** type *m* sanguin/de cheveux. -**2.** [sort, kind] sorte *f*, genre *m*, espèce *f*; [make - of coffee, shampoo etc] marque *f*; [model - of car, plane, equipment etc] modèle *m*; **what ~ of washing powder do you use?** quelle (marque de) lessive utilisez-vous?; **what ~ of car do you drive?** qu'est-ce que vous avez comme voiture?, quel modèle de voiture avez-vous?; **a new ~ of warship/of phone** un nouveau modèle de navire de guerre/de téléphone. -**3.** [referring to person] genre *m*, type *m*; **she's not that ~ (of person)** ce n'est pas son genre; **he's not my ~** ce n'est pas mon

type (d'homme); **men of his ~** les hommes de son genre OR son espèce; **I know his/their ~** je connais les gens de son espèce/de cette espèce; **the blond fair-skinned ~** le type cheveux blonds et peau blanche; **she's one of those sporty ~s** elle est du genre sportif. -**4.** [typical example] type *m*, exemple *m*. -**5.** *(U)* TYPO [single character] caractère *m*; [block of print] caractères *mpl* (d'imprimerie); **to set ~** composer.
◇ *vt* -**1.** [subj: typist] taper (à la machine); **to ~ sthg into a computer** saisir qqch à l'ordinateur; **to ~ a letter** taper une lettre. -**2.** MED [blood sample] classifier, déterminer le type de.
◇ *vi* [typist] taper (à la machine); **I can only ~ with two fingers** je ne tape qu'avec deux doigts.
◆ **type out** *vt sep* -**1.** [letter] taper (à la machine). -**2.** [error] effacer (à la machine).
◆ **type over** *vt insep* COMPUT écraser.
◆ **type up** *vt sep* [report, notes] taper (à la machine).

-type *in cpds* du type, genre; **western~ governments** des gouvernements du type occidental; **collie~ dogs** des chiens genre colley.

typebar ['taɪpbɑːʳ] *n* barre *f* porte-caractères, barre *f* d'impression.

typecase ['taɪpkeɪs] *n* TYPO casse *f*.

typecast ['taɪpkɑːst] (*pt* & *pp* **typecast**) *vt* [actor] enfermer dans le rôle de; **he is always ~ as a villain** on lui fait toujours jouer des rôles de bandit.

typeface ['taɪpfeɪs] *n* œil *m* du caractère; **try another ~** essaie avec un autre caractère.

typeover ['taɪp,əʊvəʳ] *n*: 'typeover' '(mode) écraser'.

typescript ['taɪpskrɪpt] *n* texte *m* dactylographié, tapuscrit *m*.

typeset ['taɪpset] (*pt* & *pp* **typeset**, *cont* **typesetting**) *vt* composer IMPR.

typesetter ['taɪp,setəʳ] *n* [worker] compositeur *m*, -trice *f*; [machine] linotype *f*.

typesetting ['taɪp,setɪŋ] *n* composition *f* IMPR.

typewrite ['taɪpraɪt] *vi* & *vt* taper à la machine.

typewriter ['taɪp,raɪtəʳ] *n* machine *f* à écrire.

typewritten ['taɪp,rɪtn] *adj* dactylographié, tapé à la machine.

typhlology [tɪf'lɒlədʒɪ] *n* soin *m* des aveugles.

typhoid ['taɪfɔɪd] ◇ *n (U)* typhoïde *f*.
◇ *comp* [injection] antityphoïdique; [symptoms] de la typhoïde; **~ fever** (fièvre *f*) typhoïde *f*.

typhoon [taɪ'fuːn] *n* typhon *m*.

typhus ['taɪfəs] *n* typhus *m*.

typical ['tɪpɪkl] *adj* typique, caractéristique; **such behaviour is ~ of young people nowadays** un tel comportement est typique OR caractéristique des jeunes d'aujourd'hui; **it was ~ of him to offer to pay** c'était bien son genre de proposer de payer; **it's a ~ example of Aztec pottery** c'est un exemple type de poterie aztèque; **the ~ American** l'Américain typique OR type; **that's ~ of her!** *pej* c'est bien d'elle!; **he said with ~ self-deprecation** il dit avec son humilité habituelle; **~ man!** c'est bien un homme!

typically ['tɪpɪklɪ] *adv* -**1.** [normally] d'habitude; **we ~ deal with 20 phone calls a day** d'habitude nous répondons à 20 appels téléphoniques par jour; **it was a ~ sunny day** c'était une journée ensoleillée comme d'habitude. -**2.** [characteristically] typiquement; **she's ~ English** elle est typiquement anglaise, c'est l'Anglaise type OR typique; **it's a ~ French scene** c'est une scène bien française OR typiquement française; **a group of ~ noisy schoolboys** un groupe de lycéens bruyants comme le sont tous les lycéens; **~, she changed her mind at the last minute** comme à son habitude, elle a changé d'avis au dernier moment.

typify ['tɪpɪfaɪ] (*pt* & *pp* **typified**) *vt* -**1.** [be typical of] être typique OR caractéristique de; **the building typifies the Baroque style** l'édifice est caractéristique du style baroque. -**2.** [embody, symbolize] symboliser, être le type même de; **she typifies the modern career woman** c'est le type même de la femme moderne qui poursuit une carrière.

typing ['taɪpɪŋ] *n* -**1.** [typing work]: **he had 10 pages of ~ to do** il avait 10 pages à taper OR dactylographier. -**2.** [typescript] tapuscrit *m*, texte *m* dactylographié. -**3.** [skill] dactylo *f*, dactylographie *f*.

typing paper *n* papier *m* machine.

typing pool *n* bureau *m* OR pool *m* des dactylos.

typing speed *n* vitesse *f* de frappe; **I only have a ~ of 30 words a minute** je ne tape que 30 mots par minute.

typist ['taɪpɪst] *n* dactylo *mf*, dactylographe *mf*.

typo *inf* ['taɪpəʊ] (*pl* **typos**) *n* [in typescript] faute *f* de frappe; [in printed text] coquille *f*.

typographer [taɪ'pɒgrəfəʳ] *n* typographe *mf*.

typographic(al) [,taɪpə'græfɪk(l)] *adj* typographique.

typography [taɪ'pɒgrəfɪ] *n* typographie *f*.

typological [,taɪpə'lɒdʒɪkl] *adj* typologique.

typology [taɪ'pɒlədʒɪ] *n* typologie *f*.

tyramine ['taɪrəmiːn] *n* tyramine *f*.

tyrannic(al) [tɪ'rænɪk(l)] *adj* tyrannique.

tyrannically [tɪ'rænɪklɪ] *adv* tyranniquement, avec tyrannie.

tyrannicide [tɪ'rænɪsaɪd] *n* -**1.** [person] tyrannicide *mf*. -**2.** [act] tyrannicide *m*.

tyrannize, -ise ['tɪrənaɪz] ◇ *vt* tyranniser.
◇ *vi*: **to ~ over sb** tyranniser qqn.

tyrannosaur [tɪ'rænəsɔːʳ], **tyrannosaurus** [tɪ,rænə'sɔːrəs] *n* tyrannosaure *m*.

tyranny ['tɪrənɪ] (*pl* **tyrannies**) *n* tyrannie *f*.

tyrant ['taɪrənt] *n* tyran *m*.

tyre *Br*, **tire** *Am* ['taɪəʳ] *n* pneu *m*; **~ pressure** pression *f* des pneus.

Tyre ['taɪəʳ] *pr n* Tyr.

tyre fitter *n* monteur *m* de pneus.

tyre gauge *n* manomètre *m (pour pneus)*.

tyre lever *n* démonte-pneu *m*.

tyro ['taɪrəʊ] (*pl* **tyros**) *n fml* débutant *m*, -e *f*, novice *mf*.

Tyrol [tɪ'rəʊl] *pr n* Tyrol *m*; **in the ~** dans le Tyrol.

Tyrolean [tɪ'rəʊlɪən], **Tyrolese** [,tɪrə'liːz] ◇ *n* Tyrolien *m*, -enne *f*.
◇ *adj* tyrolien.

Tyrrhenian Sea [tɪ'riːnɪən-] *pr n*: **the ~** la mer Tyrrhénienne.

tzar *etc* [zɑːʳ] = **tsar**.

tzetze fly ['tsetsɪ-] = **tsetse fly**.

U

u (*pl* **u's** OR **us**), **U** (*pl* **U's** OR **Us**) [juː] *n* [letter] u *m*, U *m*.

U ◇ *n* (*abbr of* **universal**) *désigne un film tous publics en Grande-Bretagne.*
◇ -**1.** *written abbr of* **united.** -**2.** *written abbr of* **unionist.**
◇ *adj inf Br* [upper-class - expression, activity] ≃ distingué; **U/non-U language** langage *m* distingué/vulgaire.

UAE (*abbr of* **United Arab Emirates**) *pr n* EAU *mpl.*

UAR (*abbr of* **United Arab Republic**) *pr n* RAU *f.*

UAW (*abbr of* **United Automobile Workers**) *pr n syndicat américain de l'industrie automobile.*

UB40 (*abbr of* **unemployment benefit form 40**) *n* -**1.** [card] *en Grande-Bretagne, carte de pointage pour bénéficier de l'allocation de chômage.* -**2.** *inf* [person] chômeur *m*, -euse *f.*

U-bend *n* -**1.** [in pipe] coude *m*; [under sink] siphon *m.* -**2.** *Br* [in road] virage *m* en épingle à cheveux.

ubiquitous [juːˈbɪkwɪtəs] *adj* [gen] omniprésent, que l'on trouve partout; [person] doué d'ubiquité, omniprésent.

ubiquity [juːˈbɪkwətɪ] *n* ubiquité *f*, omniprésence *f.*

U-boat *n* sous-marin *m* allemand.

U-bolt *n* agrafe *f* filetée, étrier *m.*

UCCA [ˈʌkə] (*abbr of* **Universities Central Council on Admissions**) *pr n organisme centralisant les demandes d'inscription dans les universités britanniques.*

UCL (*abbr of* **University College, London**) *pr n l'une des facultés de l'Université de Londres.*

UDA (*abbr of* **Ulster Defence Association**) *pr n organisation paramilitaire protestante en Irlande du Nord déclarée hors la loi en 1992.*

UDC (*abbr of* **Urban District Council**) *n Br conseil d'une communauté urbaine.*

udder [ˈʌdəʳ] *n* mamelle *f*, pis *m.*

UDI (*abbr of* **Unilateral Declaration of Independence**) *n déclaration unilatérale d'indépendance.*

UDM (*abbr of* **Union of Democratic Mineworkers**) *pr n syndicat britannique de mineurs.*

UDR (*abbr of* **Ulster Defence Regiment**) *pr n ancien régiment de réservistes en Irlande du Nord qui fait aujourd'hui partie du Royal Irish Regiment.*

UEFA [juːˈeɪfə] (*abbr of* **Union of European Football Associations**) *pr n* UEFA *f.*

UFO [ˌjuːefˈəʊ, ˈjuːfəʊ] (*abbr of* **unidentified flying object**) *n* OVNI *m*, ovni *m.*

ufology [ˌjuːˈfɒlədʒɪ] *n* ufologie *f.*

Uganda [juːˈgændə] *pr n* Ouganda *m*; **in ~** en Ouganda.

Ugandan [juːˈgændən] ◇ *n* Ougandais *m*, -e *f.*
◇ *adj* ougandais.

UGC (*abbr of* **University Grants Committee**) *pr n organisme répartissant les crédits entre les universités en Grande-Bretagne.*

ugh [ʌg] *interj*: **~!** beurk!, berk!, pouah!

Ugli ® [ˈʌglɪ] (*pl* **Uglis** OR **Uglies**) *n* tangelo *m.*

uglify *inf* [ˈʌglɪfaɪ] (*pt & pp* **uglified**) *vt* [city, building] enlaidir.

ugliness [ˈʌglɪnɪs] *n* laideur *f.*

ugly [ˈʌglɪ] (*compar* **uglier**, *superl* **ugliest**) *adj* -**1.** [in appearance - person, face, building] laid, vilain; **it was an ~ sight** ce n'était pas beau à voir; **as ~ as sin** laid à faire peur ❑ **'The Ugly Duckling'** *Andersen* 'le Vilain Petit Canard'. -**2.** [unpleasant, nasty - habit] sale, désagréable; [- behaviour] répugnant; [- quarrel] mauvais; [- clouds, weather] vilain, sale; [- rumour, word] vilain; [- situation] fâcheux, mauvais; **there were some ~ scenes** il y a eu du vilain; **he has an ~ bruise on his face** il a un vilain bleu au visage; **the ~ truth is...** la vérité, dans toute son horreur, c'est que...; **he was in an ~ mood** il était d'une humeur massacrante, il était de fort méchante humeur; **she gave me an ~ look** elle m'a regardé d'un sale œil; **he's an ~ customer** c'est un sale individu, il n'est pas commode; **to turn** OR **to get ~** [person] devenir OR se faire menaçant; [situation] prendre mauvaise tournure OR une sale tournure; **things took an ~ turn** les choses ont pris une mauvaise OR vilaine tournure.

ugly ducking *n* vilain petit canard *m.*

UHF (*abbr of* **ultra-high frequency**) *n* UHF *f.*

uh-huh *inf* [ʌˈhʌ] *interj*: **~!** [as conversation filler] ah ah!; [in assent] oui oui!, OK!; **~?** [in question] ah ha?; [in surprise] ah bon?, ah ouais?

UHT (*abbr of* **ultra heat treated**) *adj* UHT.

uh-uh *inf* [ʌʌ] *interj* [no] non non!; [in warning] hé!, hein!

UK ◇ *pr n* (*abbr of* **United Kingdom**) Royaume-Uni *m*; **in the ~** au Royaume-Uni.
◇ *comp* du Royaume-Uni.

uke *inf* [juːk] *n abbr of* **ukulele.**

ukelele [ˌjuːkəˈleɪlɪ] = **ukulele.**

Ukraine [juːˈkreɪn] *pr n*: **the ~** l'Ukraine *f*; **in the ~** en Ukraine.

Ukrainian [juːˈkreɪnjən] ◇ *n* -**1.** [person] Ukrainien *m*, -enne *f.* -**2.** LING ukrainien *m.*
◇ *adj* ukrainien; **the ~ Soviet Socialist Republic** la République soviétique d'Ukraine.

ukulele [ˌjuːkəˈleɪlɪ] *n* guitare *f* hawaïenne, ukulélé *m.*

Ulan Bator [ʊˈlɑːnˈbɑːtɔːʳ] *pr n* Oulan-Bator.

ulcer [ˈʌlsəʳ] *n* -**1.** MED [in stomach] ulcère *m*; [in mouth] aphte *m.* -**2.** *fig* plaie *f.*

ulcerate [ˈʌlsəreɪt] ◇ *vt* ulcérer.
◇ *vi* s'ulcérer.

ulcerated [ˈʌlsəreɪtɪd] *adj* ulcéreux.

ulceration [ˌʌlsəˈreɪʃn] *n* ulcération *f.*

ulcerous [ˈʌlsərəs] *adj* -**1.** [ulcerated] ulcéreux. -**2.** [causing ulcers] ulcératif.

ullage [ˈʌlɪdʒ] *n* -**1.** [in transport] *quantité de liquide perdue par l'évaporation ou par des fuites au cours du transport.* -**2.** [in wine bottle] ouillage *m.*

'ullo *inf* [ˈʌləʊ] *interj* [greeting] salut; [doubtful] tiens, tiens.

ulna [ˈʌlnə] (*pl* **ulnae** [-niː] OR **ulnas**) *n* cubitus *m.*

ulster [ˈʌlstəʳ] *n* [coat] *gros pardessus.*

Ulster [ˈʌlstəʳ] *pr n* -**1.** [province] Ulster *m*; **in ~** dans l'Ulster. -**2.** [N.Ireland] Irlande *f* du Nord, Ulster *m.*

Ulster Democratic Unionist Party *pr n parti politique essentiellement protestant exigeant le maintien de l'Ulster au sein du Royaume-Uni.*

Ulsterman [ˈʌlstəmən] (*pl* **Ulstermen** [-mən]) *n* Ulstérien *m*, habitant *m* de l'Irlande du Nord.

Ulsterwoman [ˈʌlstəˌwʊmən] (*pl* **Ulsterwomen** [-ˌwɪmɪn]) *n* Ulstérienne *f*, habitante *f* de l'Irlande du Nord.

ult [ʌlt] *fml written abbr of* **ultimo.**

ulterior [ʌlˈtɪərɪəʳ] *adj* [hidden, secret] secret, dissimulé; **~ motive** arrière-pensée *f.*

ultima [ˈʌltɪmə] *n* dernière syllabe *f* d'un mot.

ultimata [ˌʌltɪˈmeɪtə] *pl* → **ultimatum.**

ultimate [ˈʌltɪmət] ◇ *adj* -**1.** [eventual, final - ambition, power, responsibility] ultime; [- cost, destination, objective] ultime, final; [- solution, decision, answer] final, définitif; **her tragic illness and ~ death deprived the world of a great artist** sa mort survenue à l'issue d'une tragique maladie a privé le monde d'une grande artiste; **I believe in the party's ~ victory** je crois à la victoire finale du parti; **they regard nuclear weapons as the ~ deterrent** ils considèrent les armes nucléaires comme l'ultime moyen de dissuasion. -**2.** [basic, fundamental - cause] fondamental, premier; [- truth] fondamental, élémentaire; **the ~ meaning of life** le sens fondamental de la vie. -**3.** [extreme, supreme - authority, insult] suprême; [- cruelty, stupidity] suprême, extrême; **it's their idea of the ~ holiday** c'est ce qu'ils appellent de vraies vacances, c'est leur conception des vacances idéales; **the ~ sacrifice** le sacrifice suprême. -**4.** [furthest] le plus éloigné; **the ~ origins of mankind** les origines premières de l'homme.
◇ *n* comble *m*, summum *m*; **the ~ in comfort** le summum du confort; **the ~ in hi-fi** le nec plus ultra de la hi-fi.

ultimately [ˈʌltɪmətlɪ] *adv* -**1.** [eventually, finally] finalement, en fin de compte, à la fin; [later] par la suite; **a solution will ~ be found** on finira bien par trouver une solution; **~ there will be peace** tôt ou tard, il y aura la paix. -**2.** [basically] en dernière analyse, en fin de compte; **~, the problem is a shortage of money** en dernière analyse, le problème est lié à un manque d'argent; **responsibility ~ lies with you** en fin de compte c'est vous qui êtes responsable.

ultimatum [ˌʌltɪˈmeɪtəm] (*pl* **ultimatums** OR ultimata [-tə]) *n* ultimatum *m*; **to give** OR **to issue** OR **to deliver an ~ to sb** adresser un ultimatum à qqn.

ultimo [ˈʌltɪməʊ] *adv fml* du mois dernier; **the 16th ~** le 16 du mois dernier.

ultra [ˈʌltrə] (*pl* **ultras**) ◇ *adj* ultra, extrémiste. ◇ *n* ultra *mf*.

ultra- *in cpds* ultra-, hyper-; **~trendy** *inf* hyper-branché; **~right-wing** d'extrême droite; **~bright** ultralumineux.

ultraclean [ˌʌltrəˈkliːn] *adj* hyper-propre.

ultraconservative [ˌʌltrəkənˈsɜːvətɪv] ◇ *adj* ultraconservateur. ◇ *n* ultraconservateur *m*, -trice *f*.

ultra-fashionable *adj* ultra-chic.

ultrafiche [ˈʌltrəfiːʃ] *n* microfiche *f*.

ultrahigh frequency [ˌʌltrəˈhaɪ-] *n* très haute fréquence *f*.

ultralight [*adj* ˌʌltrəˈlaɪt, *n* ˈʌltrəlaɪt] ◇ *adj* ultra-léger. ◇ *n* ULM *m*, ultra-léger motorisé *m*.

ultramarine [ˌʌltrəməˈriːn] *adj* bleu outremer *(inv)*.

ultramicroscope [ˌʌltrəˈmaɪkrəskəʊp] *n* ultra-microscope *m*.

ultramicroscopic [ˈʌltrəˌmaɪkrəˈskɒpɪk] *adj* ultramicroscopique.

ultramodern [ˌʌltrəˈmɒdən] *adj* ultramoderne.

ultramontane [ˌʌltrəˈmɒnteɪn] ◇ *adj* ultramontain. ◇ *n* ultramontain *m*, -e *f*.

ultranationalist [ˌʌltrəˈnæʃnəlɪst] ◇ *n* extrémiste *mf* nationaliste, ultranationaliste *mf*. ◇ *adj* d'un nationalisme extrémiste, ultranationaliste.

ultrashort [ˌʌltrəˈʃɔːt] *adj* ultracourt.

ultrasonic [ˌʌltrəˈsɒnɪk] *adj* ultrasonique.
◆ **ultrasonics** *n (U)* science *f* des ultrasons.

ultrasound [ˌʌltrəˈsaʊnd] *n* ultrason *m*.

ultrasound scan *n* échographie *f*.

ultraviolet [ˌʌltrəˈvaɪələt] ◇ *adj* ultraviolet. ◇ *n* ultraviolet *m*.

ultra vires [-ˈvaɪəriːz] *adj* & *adv* au-delà des pouvoirs.

ultravirus [ˌʌltrəˈvaɪərəs] *n* ultravirus *m*.

ululate [ˈjuːljʊleɪt] *vi fml* [owl] ululer, hululer; [wolf, dog] hurler.

ululation [ˌjuːljʊˈleɪʃn] *n fml* [of owl] ululement *m*, hululement *m*; [of wolf, dog] hurlement *m*.

Ulysses [juːˈlɪsiːz] *pr n* Ulysse; **'Ulysses'** *Joyce* 'Ulysse'.

um *inf* [ʌm] (*pt* & *pp* **ummed**, *cont* **umming**) ◇ *interj* euh. ◇ *vi* dire euh; **to ~ and ah** tergiverser, hésiter; **he's always umming and ahing** il n'arrive jamais à se décider.

umbelliferous [ˌʌmbeˈlɪfərəs] *adj* ombellifère.

umber [ˈʌmbəʳ] ◇ *adj* [colour, paint] terre d'ombre *(inv)*. ◇ *n* [clay] terre *f* d'ombre OR de Sienne.

umbilical [ʌmˈbɪlɪkl] *adj* ombilical.

umbilical cord *n* cordon *m* ombilical.

umbilicus [ʌmˈbɪlɪkəs] (*pl* **umbilici** [-saɪ]) *n* MED ombilic *m*, nombril *m*.

umbra [ˈʌmbrə] (*pl* **umbras** OR **umbrae** [-briː]) *n* ASTRON ombre *f*.

umbrage [ˈʌmbrɪdʒ] *n* [offence]: **to take ~ (at sthg)** prendre ombrage de qqch, s'offenser de qqch.

umbrella [ʌmˈbrelə] ◇ *n* -**1.** parapluie *m*; **to put up/down an ~** ouvrir/fermer un parapluie; **beach ~** parasol *m*; **~ stand** porte-parapluies *m inv*. -**2.** *fig* [protection, cover] protection *f*; MIL écran *m* OR rideau *m* de protection; **under the ~ of the WHO** sous l'égide OR les auspices de l'OMS. -**3.** [of jellyfish] ombrelle *f*.
◇ *comp* [term] général; [organization] qui en recouvre OR chapeaute plusieurs autres.

umbrella pine *n* pin *m* parasol.

umbrella plant *n* laîche *f*, carex *m*.

umbrella tree *n* magnolia *m* parasol.

Umbria [ˈʌmbrɪə] *pr n* Ombrie *f*.

Umbrian [ˈʌmbrɪən] ◇ *n* Ombrien *m*, -enne *f*. ◇ *adj* ombrien.

UMIST [ˈjuːmɪst] (*abbr of* **University of Manchester Institute of Science and Technology**) *pr n institut de science et de technologie de l'université de Manchester, en Grande-Bretagne.*

umlaut [ˈʊmlaʊt] *n* [in German] umlaut *m*, inflexion *f* vocalique; [diaeresis] tréma *m*.

umpire [ˈʌmpaɪəʳ] ◇ *n* arbitre *m*. ◇ *vt* [match, contest] arbitrer. ◇ *vi* servir d'arbitre, être arbitre.

umpteen *inf* [ˌʌmpˈtiːn] ◇ *adj* je ne sais combien de, des tas de; **she's got ~ dresses** elle a je ne sais combien de robes OR des quantités de robes; **I've told you ~ times** je te l'ai dit trente-six fois OR cent fois; **~ people** des dizaines de gens, des tas de gens.
◇ *pron*: **there were ~ of them** il y en avait des quantités OR je ne sais combien.

umpteenth *inf* [ˌʌmpˈtiːnθ] *adj ord* énième, nième; **for the ~ time** pour la nième fois.

UMW (*abbr of* **United Mineworkers of America**) *pr n syndicat américain de mineurs.*

'un *inf* [ʌn] *pron*: **he's only a young ~** ce n'est qu'un petit gars; **the little ~s** les petiots *mpl*; **the young ~s** les jeunots *mpl*.

UN (*abbr of* **United Nations**) ◇ *pr n*: **the ~** l'ONU *f*, l'Onu *f*. ◇ *comp* de l'ONU.

unabashed [ˌʌnəˈbæʃt] *adj* -**1.** [undeterred] nullement décontenancé OR déconcerté, imperturbable; **she was quite ~ by the criticism** elle ne se laissa pas intimider OR elle ne fut nullement décontenancée par les critiques; **to carry on ~** continuer sans se démonter OR décontenancer. -**2.** [unashamed] sans honte, qui n'a pas honte.

unabated [ˌʌnəˈbeɪtɪd] ◇ *adv* [undiminished] sans diminuer; **the storm/the noise continued ~ for most of the night** la tempête/le bruit a continué sans perdre de son intensité OR sans répit pendant une grande partie de la nuit.
◇ *adj* non diminué; **their enthusiasm was ~** leur enthousiasme ne diminuait pas, ils montraient toujours autant d'enthousiasme.

unabbreviated [ˌʌnəˈbriːvɪeɪtɪd] *adj* [word] sans abréviation; **in its ~ form** sous sa forme non abrégée, en toutes lettres.

unable [ʌnˈeɪbl] *adj*: **to be ~ to do sthg** [gen] ne pas pouvoir faire qqch; [not know how to] ne pas savoir faire qqch; [be incapable of] être incapable de faire qqch; [not be in a position to] ne pas être en mesure de faire qqch; [be prevented from] être dans l'impossibilité de faire qqch; **children who are ~ to read/swim** les enfants qui ne savent pas lire/nager; **he seems totally ~ to understand** il semble tout à fait incapable de comprendre; **he was ~ to pay** il n'était pas en mesure de payer; **unfortunately I'm ~ to come** malheureusement, je ne peux pas venir OR il m'est impossible de venir.

unabridged [ˌʌnəˈbrɪdʒd] *adj* [text, version, edition] intégral; **the film is ~** le film est dans sa version intégrale.

unacceptable [ˌʌnəkˈseptəbl] *adj* -**1.** [intolerable - violence, behaviour] inadmissible, intolérable; [- language] inacceptable; **it is ~ that anyone should have to** OR **for anyone to have to sleep rough** il est inadmissible que des gens soient obligés de coucher dehors; **the ~ face of capitalism** *allusion Edward Heath* la face honteuse du capitalisme. -**2.** [gift, proposal] inacceptable.

unacceptably [ˌʌnəkˈseptəblɪ] *adv* [noisy, rude] à un point inacceptable OR inadmissible; **the film was ~ violent** le film était d'une violence inacceptable.

unaccompanied [ˌʌnəˈkʌmpənɪd] *adj* -**1.** [child, traveller] non accompagné, seul; **~ by an adult** non accompagné par un adulte. -**2.** MUS [singing] sans accompagnement, a capella; [singer] non accompagné, a capella; [song] sans accompagnement; [choir] a capella; **for ~ violin** pour violon seul.

unaccomplished [ˌʌnəˈkʌmplɪʃt] *adj* -**1.** [incomplete - task] inachevé, inaccompli. -**2.** [unfulfilled - wish, plan] non réalisé, non accompli. -**3.** [untalented - actor, player] sans grand talent, médiocre; [- performance] médiocre.

unaccountable [ˌʌnəˈkaʊntəbl] *adj* -**1.** [inexplicable - disappearance, reason] inexplicable. -**2.** [to electors, public etc]: **representatives who are ~ to the general public** les représentants qui ne sont pas responsables envers le grand public.

unaccountably [ˌʌnəˈkaʊntəblɪ] *adv* inexplicablement, de manière inexplicable; **she was ~ delayed** pour des raisons que l'on ne s'explique pas, elle a été retardée, elle a été retardée sans que l'on sache trop pourquoi.

unaccounted [ˌʌnəˈkaʊntɪd]
◆ **unaccounted for** *adj phr* -**1.** [money] qui manque; **there is still a lot of money ~ for** il manque encore beaucoup d'argent. -**2.** [person] qui manque, qui a disparu; [plane] qui n'est pas rentré; **by nightfall, 2 children were still ~ for** à la tombée de la nuit, il manquait encore 2 enfants.

unaccustomed [ˌʌnəˈkʌstəmd] *adj* -**1.** [not used to - person] peu familier OR habitué; **he is ~ to wearing a tie** il n'a pas l'habitude de mettre des cravates; **~ as I am to public speaking** bien que je n'aie guère l'habitude de prendre la parole en public. -**2.** [unusual, uncharacteristic - rudeness, light-heartedness] inhabituel, inaccoutumé.

unacknowledged [ˌʌnəkˈnɒlɪdʒd] *adj* -**1.** [unrecognized - truth, fact] non reconnu; [- qualities, discovery] non reconnu, méconnu; **he's an ~ genius** c'est un génie méconnu. -**2.** [ignored - letter] resté sans réponse.

unacquainted [ˌʌnəˈkweɪntɪd] *adj* -**1.** [ignorant]: **to be ~ with sthg** ne pas être au courant de qqch. -**2.** [two people]: **I am ~ with her** je ne la connais pas, je n'ai pas fait sa connaissance.

unadopted [ˌʌnəˈdɒptɪd] *adj* -**1.** *Br* [road] non pris en charge OR entretenu par la commune. -**2.** [resolution, bill] non adopté, rejeté. -**3.** [child] qui n'est pas adopté.

unadorned [ˌʌnəˈdɔːnd] *adj* [undecorated] sans ornement, naturel, simple.

unadulterated [ˌʌnəˈdʌltəreɪtɪd] *adj* -**1.** [milk, flour] pur, naturel; [wine] non frelaté. -**2.** [pleasure, joy] pur (et simple), parfait; **it's ~ rubbish!** c'est de la pure bêtise!

unadventurous [ˌʌnədˈventʃərəs] *adj* [person] qui ne prend pas de risques, qui manque d'audace; [lifestyle] conventionnel, banal; [performance] terne; [holiday] banal; **she is an ~ cook** c'est une cuisinière qui manque d'imagination.

unadvertised [ˌʌnˈædvətaɪzd] *adj* [job] non affiché, pour lequel il n'y a pas eu d'annonce; [meeting, visit] discret, sans publicité.

unadvisable [ˌʌnədˈvaɪzəbl] *adj* imprudent, à déconseiller; **it is ~ for her to travel** les voyages lui sont déconseillés, il vaut mieux qu'elle évite de voyager.

unaffected [ˌʌnəˈfektɪd] *adj* -**1.** [resistant] non affecté, qui résiste; **~ by cold** qui n'est pas affecté par le OR qui résiste au froid; **~ by heat** qui résiste à la chaleur. -**2.** [unchanged, unaltered] qui n'est pas touché OR affecté; **we were ~ by the war** nous n'avons pas été affectés OR touchés par la guerre; **children cannot remain ~ by TV violence** il est impossible que les enfants ne soient pas affectés OR marqués par la violence qu'ils voient à la télé. -**3.** [indifferent] indifférent, insensible; **he seems quite ~ by his loss** sa perte ne semble pas l'émouvoir, sa perte n'a pas du tout l'air de le toucher. -**4.** [natural - person, manners, character] simple, naturel, sans affectation; [- style] simple, sans recherche.

unaffectedly [ˌʌnəˈfektɪdlɪ] *adv* [speak, behave] sans affectation; [write, dress] simplement, sans recherche.

unaffectionate [ˌʌnəˈfekʃənət] *adj* [person] froid, qui n'est pas affectueux; [kiss] sans affection OR tendresse.

unaffiliated [ˌʌnəˈfɪlɪeɪtɪd] *adj* [unions] non affilié.

unafraid [ˌʌnəˈfreɪd] *adj* sans peur, qui n'a pas peur; **he was quite ~** il n'avait pas du tout peur.

unaided [ˌʌnˈeɪdɪd] ◇ *adj* sans aide (extérieure); **it is his own ~ work** c'est un travail qu'il a fait tout seul OR sans l'aide de personne; **an impossible task for an ~ person** une tâche qu'il est impossible d'accomplir seul OR sans se faire aider.
◇ *adv* [work] tout seul, sans être aidé.

unaligned [ˌʌnəˈlaɪnd] *adj* -**1.** [wheels, posts] non aligné, qui n'est pas aligné. -**2.** POL non-aligné.

unalike [ˌʌnəˈlaɪk] *adj* différent, peu ressemblant; **the two sisters are quite ~** les deux sœurs ne se ressemblent pas du tout, les deux sœurs sont très différentes; **they look** OR **seem quite ~** ils ne se ressemblent absolument pas.

unalloyed [ˌʌnəˈlɔɪd] *adj* -**1.** [joy, enthusiasm] sans mélange, parfait. -**2.** [metal] pur, sans alliage.

unalterable [ʌnˈɔːltərəbl] *adj* [fact] immuable; [decision] irrévocable; [truth] certain, immuable.

unaltered [ʌnˈɔːltəd] *adj* inchangé, non modifié; **the original building remains ~** le bâtiment d'origine reste tel quel OR n'a pas subi de modifications.

unambiguous [ˌʌnæmˈbɪgjʊəs] *adj* [wording, rule] non ambigu, non équivoque; [thinking] clair.

unambiguously [ˌʌnæmˈbɪgjʊəslɪ] *adv* sans ambiguïté, sans équivoque.

unambitious [ˌʌnæmˈbɪʃəs] *adj* sans ambition, peu ambitieux.

un-American *adj* -**1.** [uncharacteristic] peu américain; **it's very ~** ce n'est pas du tout américain. -**2.** [anti-American] antiaméricain.

unamused [ˌʌnəˈmjuːzd] *adj* qui n'est pas amusé.

unanimity [ˌjuːnəˈnɪmətɪ] *n* unanimité *f*; **there must be ~ on the issue** il faut qu'il y ait unanimité à ce sujet.

unanimous [juːˈnænɪməs] *adj* unanime; **passed by a ~ vote** voté à l'unanimité; **we must give him our ~ support** il faut qu'on soit unanimes à le soutenir; **the audience was ~ in its approval** le public a approuvé à l'unanimité.

unanimously [juːˈnænɪməslɪ] *adv* [decide, agree] à l'unanimité, unanimement; [vote] à l'unanimité.

unannounced [ˌʌnəˈnaʊnst] ◇ *adj* [arrival, event] inattendu; **their ~ arrival caused some confusion** leur arrivée inattendue a provoqué une certaine confusion.
◇ *adv* [unexpectedly] de manière inattendue, sans se faire annoncer; [suddenly] subitement; **he turned up ~** il est arrivé à l'improviste.

unanswerable [ˌʌnˈɑːnsərəbl] *adj* -**1.** [impossible - question, problem] auquel il est impossible de répondre. -**2.** [irrefutable - argument, logic] irréfutable, incontestable.

unanswered [ˌʌnˈɑːnsəd] *adj* -**1.** [question] qui reste sans réponse; [prayer] inexaucé; **my main argument was left ~** on n'a toujours pas réfuté mon argument principal; **an ~ charge** JUR une accusation non réfutée OR irréfutée. -**2.** [unsolved - mystery, puzzle] non résolu. -**3.** [letter] (resté) sans réponse; **I have 6 ~ letters to deal with** il y a 6 lettres auxquelles je n'ai pas encore répondu.

unanticipated [ˌʌnænˈtɪsɪpeɪtɪd] *adj* [success, arrival] inattendu; [situation, event, result, outcome] imprévu, inattendu; [announcement] inattendu, surprenant.

unappealing [ˌʌnəˈpiːlɪŋ] *adj* peu attrayant, peu attirant.

unappetizing, -ising [ˌʌnˈæpɪtaɪzɪŋ] *adj* peu appétissant.

unappreciated [ˌʌnəˈpriːʃɪeɪtɪd] *adj* [person, talents] méconnu, incompris; [efforts, kindness] non apprécié, qui n'est pas apprécié.

unapproachable [ˌʌnəˈprəʊtʃəbl] *adj* -**1.** [person] inabordable, d'un abord difficile. -**2.** [place] inaccessible, inabordable; **~ by road** inaccessible par la route.

unarguable [ʌnˈɑːgjʊəbl] *adj* incontestable.

unarguably [ʌnˈɑːgjʊəblɪ] *adv* incontestablement.

unarmed [ˌʌnˈɑːmd] *adj* -**1.** [person, vehicle] sans armes, non armé. -**2.** BOT sans épines.

unarmed combat *n* combat *m* sans armes.

unary [ˈjuːnərɪ] *adj* unaire, monadique.

unashamed [ˌʌnəˈʃeɪmd] *adj* [curiosity, gaze] sans gêne; [greed, lie, hypocrisy] effronté, sans scrupule; [person] sans honte; **he was quite ~ about** OR **of his huge wealth** il ne se cachait pas de son immense richesse, il étalait son immense richesse sans vergogne OR sans pudeur.

unashamedly [ˌʌnəˈʃeɪmɪdlɪ] *adv* [brazenly] sans honte, sans scrupule; [openly] sans honte, sans se cacher; **she lied quite ~** elle mentait absolument sans vergogne, c'était une menteuse tout à fait éhontée; **he is ~ greedy** il est d'une gourmandise éhontée.

unasked [ˌʌnˈɑːskt] ◇ *adj* [question] que l'on n'a pas posé; **the central question is still ~** la question essentielle reste à poser.
◇ *adv*: **he came ~** il est venu de son propre chef OR sans avoir été invité; **they did the job ~** ils ont fait le travail sans qu'on le leur ait demandé OR spontanément.

unassailable [ˌʌnəˈseɪləbl] *adj* [fort, city] imprenable, inébranlable; [certainty, belief] inébranlable; [reputation] inattaquable; [argument, reason] inattaquable, irréfutable; **to be in an ~ position** être dans une position inattaquable.

unassigned [ˌʌnəˈsaɪnd] *adj* [office, room - for person] non attribué; [- for purpose] non affecté; [task] non assigné.

unassisted [ˌʌnəˈsɪstɪd] ◇ *adv* sans aide, tout seul.
◇ *adj* sans aide.

unassuming [ˌʌnəˈsjuːmɪŋ] *adj* modeste, sans prétentions.

unassumingly [ˌʌnəˈsjuːmɪŋlɪ] *adv* modestement, sans prétention.

unattached [ˌʌnəˈtætʃt] *adj* -**1.** [unconnected - building, part, group] indépendant. -**2.** [not married] libre, sans attaches.

unattainable [ˌʌnəˈteɪnəbl] *adj* [goal, place] inaccessible.

unattended [ˌʌnəˈtendɪd] *adj* -**1.** [vehicle, luggage] laissé sans surveillance; **do not leave small children ~** ne laissez pas de jeunes enfants sans surveillance OR tout seuls; **do not leave luggage ~** ne laissez pas vos bagages sans surveillance. -**2.** [person] sans escorte, seul; **I can't even go to the toilet ~** je ne peux même pas aller aux toilettes seul.

unattractive [ˌʌnəˈtræktɪv] *adj* [face, room, wallpaper] peu attrayant, assez laid; [habit] peu attrayant, désagréable; [personality] déplaisant, peu sympathique; [prospect] désagréable, peu attrayant, peu agréable.

unauthenticated [ˌʌnɔːˈθentɪkeɪtɪd] *adj* [story] non vérifié; [painting, handwriting] non authentifié; [evidence] non établi.

unauthorized, -ised [ˌʌnˈɔːθəraɪzd] *adj* [absence, entry] non autorisé, fait sans autorisation.

unavailable [ˌʌnəˈveɪləbl] *adj* [person] indisponible, qui n'est pas libre; [resources] indisponible, qu'on ne peut se procurer; **the book is ~** [in library, bookshop] le livre n'est pas disponible; [from publisher] le livre est épuisé; **Mr Fox is ~** M. Fox n'est pas disponible OR libre; **the Minister was ~ for comment** le ministre s'est refusé à tout commentaire.

unavailing [ˌʌnəˈveɪlɪŋ] *adj* [effort, attempt] vain, inutile; [method] inefficace.

unavailingly [ˌʌnəˈveɪlɪŋlɪ] *adv* en vain, sans succès.

unavoidable [ˌʌnəˈvɔɪdəbl] *adj* [accident, delay] inévitable; **it is ~ that some people will suffer from the new regulations** il est inévitable que certaines personnes pâtissent des nouvelles lois, les nouvelles lois affecteront forcément OR fatalement certaines personnes.

unavoidably [ˌʌnəˈvɔɪdəblɪ] *adv* [happen] inévitablement; [detain] malencontreusement; **I was ~ delayed** j'ai été retardé malgré moi OR pour des raisons indépendantes de ma volonté.

unaware [ˌʌnəˈweəʳ] *adj* [ignorant] inconscient, qui ignore; **to be ~ of** [facts] ignorer, ne pas être au courant de; [danger] être inconscient de, ne pas avoir conscience de; **I was ~ that they had arrived** j'ignorais OR je ne savais pas qu'ils étaient arrivés; **he continued ~ of what was happening** il a continué, ignorant de ce qui se passait OR sans savoir ce qui se passait; **she is politically ~** elle n'a aucune conscience politique, elle ignore tout de la politique; **he seemed quite ~ that he was being watched** il semblait tout à fait ignorer qu'on l'observait, il ne semblait pas du tout remarquer qu'on l'observait.

unawares [ˌʌnəˈweəz] *adv* -**1.** [by surprise] au dépourvu, à l'improviste; **to catch** OR **to take sb ~** prendre qqn à l'improviste OR au dépourvu; **the photographer caught us ~** le photographe nous a pris sans qu'on s'en rende compte OR à notre insu. -**2.** [unknowingly] inconsciemment. -**3.** [by accident] par mégarde, par inadvertance.

unbalance [ˌʌnˈbæləns] ◇ *vt* déséquilibrer.
◇ *n* déséquilibre *m*.

unbalanced [ˌʌnˈbælənst] *adj* -**1.** [load] mal équilibré. -**2.** [person, mind] déséquilibré, désaxé. -**3.** [reporting] tendancieux, partial. -**4.** FIN [economy] déséquilibré; [account] non soldé. -**5.** ELEC [circuit, load] déséquilibré.

unbaptized, -ised [ˌʌnbæpˈtaɪzd] *adj* non baptisé.

unbar [ˌʌnˈbɑːʳ] (*pt* & *pp* **unbarred**, *cont* **unbarring**) *vt* -**1.** [door, gate] enlever la barre de. -**2.** *fig* [path, road] ouvrir; **the decision could ~ the way to a lasting solution** cette décision pourrait bien ouvrir la voie à une solution durable.

unbearable [ʌnˈbeərəbl] *adj* insupportable; **'The Unbearable Lightness of Being'** *Kundera* 'l'Insoutenable Légèreté de l'être'.

unbearably [ʌnˈbeərəblɪ] *adv* insupportablement; **he is ~ conceited** il est d'une vanité insupportable; **it's ~ hot** il fait une chaleur insupportable.

unbeatable [ʌnˈbiːtəbl] *adj* [champion, prices] imbattable; **it's ~ value for money** le rapport qualité-prix est imbattable.

unbeaten [ˌʌnˈbiːtn] *adj* [fighter, team] invaincu; [record, price] non battu; **the record has remained ~ for 20 years** le record n'a pas été battu depuis 20 ans.

unbecoming [ˌʌnbɪˈkʌmɪŋ] *adj* -**1.** [dress, colour, hat] peu seyant, qui ne va pas; **that coat is rather ~** ce manteau ne lui va pas. -**2.** [behaviour] malséant.

unbeknown(st) [ˌʌnbɪˈnəʊn(st)] *adv*: **~ to** à l'insu de; **~ to him** à son insu, sans qu'il le sache.

unbelief [ˌʌnbɪˈliːf] *n* -**1.** [incredulity] incrédulité *f*. -**2.** RELIG incroyance *f*.

unbelievable [ˌʌnbɪˈliːvəbl] *adj* -**1.** [extraordinary] incroyable; **it's ~ that they should want to marry so young** il est incroyable OR je n'arrive pas à croire qu'ils veuillent se marier si jeunes; **~ stupidity** stupidité incroyable; **~ good fortune** chance insolente OR incroyable. -**2.** [implausible] incroyable, invraisemblable; **his story was totally ~** son histoire était totalement incroyable OR à dormir debout.

unbelievably [ˌʌnbɪˈliːvəblɪ] *adv* -**1.** [extraordinarily] incroyablement, extraordinairement; **~ beautiful/cruel** d'une beauté/cruauté incroyable OR extraordinaire; ~, he agreed aussi incroyable que cela puisse paraître, il a accepté. -2. [implausibly] invraisemblablement, incroyablement.

unbeliever [ˌʌnbɪˈliːvəʳ] *n* incroyant *m*, -e *f*.

unbelieving [ˌʌnbɪˈliːvɪŋ] *adj* [gen] incrédule, sceptique; RELIG incroyant.

unbelievingly [ˌʌnbɪˈliːvɪŋlɪ] *adv* [look, speak] d'un air incrédule.

unbend [ˌʌnˈbend] (*pt* & *pp* unbent [-ˈbent]) ◇ *vt* [fork, wire] redresser, détordre.
◇ *vi* [relax] se détendre.

unbending [ˌʌnˈbendɪŋ] *adj* -1. [will, attitude] intransigeant, inflexible; **she remained ~ on the issue** elle est restée intransigeante sur la question; **his ~ puritanism** son puritanisme rigide. -2. [pipe, metal] rigide, non flexible.

unbias(s)ed [ˌʌnˈbaɪəst] *adj* impartial.

unbidden [ˌʌnˈbɪdn] *adv lit* spontanément, sans que l'on demande; **she did it ~** elle l'a fait de son propre chef OR sans qu'on le lui ait demandé; **she entered ~** elle est entrée sans y avoir été invitée; **the thought came ~ to my mind** l'idée m'est venue spontanément.

unbind [ˌʌnˈbaɪnd] (*pt* & *pp* unbound [-ˈbaʊnd]) *vt* [prisoner] délier; [bandage] défaire, dérouler.

unblemished [ˌʌnˈblemɪʃt] *adj* [purity, skin, colour, reputation] sans tache, sans défaut; an ~ record un parcours sans faute.

unblinking [ˌʌnˈblɪŋkɪŋ] *adj* [impassive] impassible; [fearless] impassible, imperturbable; **she stared at me with ~ eyes** elle me regarda fixement sans ciller.

unblock [ˌʌnˈblɒk] *vt* [sink] déboucher; [traffic jam] dégager.

unblushing [ˌʌnˈblʌʃɪŋ] *adj* éhonté.

unbolt [ˌʌnˈbəʊlt] *vt* [door] déverrouiller, tirer le verrou de; [scaffolding] déboulonner.

unborn [ˌʌnˈbɔːn] *adj* [child] qui n'est pas encore né.

unbosom [ˌʌnˈbʊzəm] *vt lit* [secret, emotions] confesser; **to ~ o.s. to sb** ouvrir son cœur à qqn, se confier à qqn.

unbound [ˌʌnˈbaʊnd] ◇ *pt* & *pp* → **unbind**.
◇ *adj* -1. [prisoner, hands] non lié; **'Prometheus Unbound'** *Shelley* 'Prométhée délivré'. -2. [book, periodical] non relié. -3. LING [morpheme] libre.

unbounded [ˌʌnˈbaʊndɪd] *adj* [gratitude, admiration] illimité, sans borne; [pride, greed] démesuré.

unbowed [ˌʌnˈbaʊd] *adj* insoumis, invaincu; **they stood with their heads ~** ils étaient debout, la tête haute.

unbreakable [ˌʌnˈbreɪkəbl] *adj* -1. [crockery] incassable. -2. [habit] dont on ne peut pas se débarrasser. -3. [promise] sacré; [will, spirit] inébranlable, que l'on ne peut briser OR abattre.

unbridled [ˌʌnˈbraɪdld] *adj* [horse] débridé, sans bride; [anger, greed] sans retenue, effréné.

unbroken [ˌʌnˈbrəʊkn] *adj* -1. [continuous in space - line] continu; [- surface, expanse] continu, ininterrompu; [continuous in time - sleep, tradition, peace] ininterrompu. -2. [intact - crockery, eggs] intact, non cassé; [- fastening, seal] intact, non brisé; [- record] non battu. -3. *fig* [promise] tenu, non rompu; **despite all her troubles, her spirit remains ~** malgré tous ses ennuis, elle garde le moral OR elle ne se laisse pas abattre. -4. [voice] qui n'a pas (encore) mué. -5. [horse] indompté.

unbuckle [ˌʌnˈbʌkl] *vt* [belt] déboucler, dégrafer; [shoe] défaire la boucle de.

unburden [ˌʌnˈbɜːdn] *vt* -1. *literal* & *fml* décharger (d'un fardeau); **can I ~ you of your bags?** puis-je vous décharger de vos sacs? -2. *fig* [heart] livrer, épancher, soulager; [grief, guilt] se décharger de; [conscience, soul] soulager; **to ~ o.s. to sb** se confier à qqn, s'épancher auprès de qqn; **she ~ed her heart to me** elle s'est confiée à moi, elle m'a ouvert son cœur.

unburied [ˌʌnˈberɪd] *adj* non enterré, non enseveli.

unbutton [ˌʌnˈbʌtn] ◇ *vt* [shirt, jacket] déboutonner.
◇ *vi inf fig* se déboutonner.

uncalled-for [ˌʌnˈkɔːld-] *adj* [rudeness, outburst] qui n'est pas nécessaire, injustifié; [remark] mal à propos, déplacé.

uncannily [ʌnˈkænɪlɪ] *adv* [accurate, familiar] étrangement; [quiet] mystérieusement, étrangement.

uncanny [ʌnˈkænɪ] (*compar* uncannier, *superl* uncanniest) *adj* -1. [eerie - place] sinistre, qui donne le frisson; [- noise] mystérieux, sinistre; [- atmosphere] étrange, sinistre. -2. [strange - accuracy, likeness, ability] troublant, étrange; **it's ~ how you always know what I'm thinking** c'est curieux OR bizarre ce don que tu as de toujours savoir ce que je pense.

uncap [ˌʌnˈkæp] (*pt* & *pp* uncapped, *cont* uncapping) *vt* [bottle, jar] décapsuler, déboucher; [pen] enlever le capuchon de.

uncared-for [ˌʌnˈkeəd-] *adj* [appearance] négligé, peu soigné; [house, bicycle] négligé, (laissé) à l'abandon; [child] laissé à l'abandon, délaissé.

uncaring [ˌʌnˈkeərɪŋ] *adj* [unfeeling] insensible, dur.

uncaught [ˌʌnˈkɔːt] *adj* [escapee] qui n'a pas été appréhendé.

unceasing [ˌʌnˈsiːsɪŋ] *adj* incessant, continuel.

unceasingly [ˌʌnˈsiːsɪŋlɪ] *adv* sans cesse, continuellement.

uncelebrated [ˌʌnˈselɪbreɪtɪd] *adj* [birthday, success] non célébré OR fêté.

uncensored [ˌʌnˈsensəd] *adj* non censuré.

unceremonious [ˈʌnˌserɪˈməʊnjəs] *adj* -1. [abrupt] brusque. -2. [without ceremony] sans façon; **his ~ dismissal** son brusque renvoi.

unceremoniously [ˈʌnˌserɪˈməʊnjəslɪ] *adv* -1. [abruptly] avec brusquerie, brusquement. -2. [without ceremony] sans cérémonie; **they were pushed ~ into the back of the police van** on les a poussés brutalement à l'arrière de la voiture cellulaire.

uncertain [ʌnˈsɜːtn] *adj* -1. [unsure] incertain; **we were ~ whether to continue** OR **we should continue** nous ne savions pas trop si nous devions continuer; **they were ~ how to begin** ils ne savaient pas trop comment commencer; **to be ~ about the future** être inquiet au sujet de OR incertain de l'avenir. -2. [unpredictable - result, outcome] incertain, aléatoire; [- weather] incertain; **it's ~ whether we'll succeed or not** il n'est pas sûr OR certain que nous réussissions; **in no ~ terms** en termes on ne peut plus clairs, sans mâcher ses mots. -3. [unknown] inconnu, incertain; **the cause of her death is still ~** la cause de sa mort reste inconnue, on ignore encore la cause de sa mort. -4. [unsteady - voice, steps, smile] hésitant, mal assuré. -5. [undecided - plans] incertain, pas sûr.

uncertainly [ʌnˈsɜːtnlɪ] *adv* avec hésitation, d'une manière hésitante.

uncertainty [ʌnˈsɜːtntɪ] (*pl* uncertainties) *n* incertitude *f*, doute *m*; **I am in some ~ as to whether I should tell him** je ne sais pas trop OR je ne suis pas trop sûre si je dois le lui dire ou non; **is there any ~ about what to do?** est-ce que quelqu'un a des doutes sur ce qu'il faut faire?; **financial uncertainties** incertitudes financières.

uncertainty principle *n* principe *m* d'incertitude OR d'indétermination de Heisenberg.

uncertified [ʌnˈsɜːtɪfaɪd] *adj* [copy] non certifié; [doctor, teacher] non diplômé; **~ teacher** *Am* ≃ maître *m* auxiliaire.

unchain [ʌnˈtʃeɪn] *vt* [door, dog] enlever OR défaire les chaînes de, désenchaîner; [emotions] déchaîner.

unchallenged [ˌʌnˈtʃæləndʒd] ◇ *adj* -1. [authority, leader] incontesté, indiscuté; [version] non contesté; **his position/his authority remains ~** sa position/son autorité reste incontestée. -2. JUR [witness] non récusé; [evidence] non contesté.
◇ *adv* -1. [unquestioned] sans discussion, sans protestation; **her decisions always go ~** ses décisions ne sont jamais contestées OR discutées; **that remark cannot go ~** on ne peut pas laisser passer cette remarque sans protester. -2. [unchecked] sans rencontrer d'opposition; **he walked into the army base ~** il est entré dans la base militaire sans être interpellé OR sans rencontrer d'opposition.

unchangeable [ˌʌnˈtʃeɪndʒəbl] *adj* immuable, invariable.

unchanged [ˌʌnˈtʃeɪndʒd] *adj* inchangé.

unchanging [ˌʌnˈtʃeɪndʒɪŋ] *adj* invariable, immuable.

uncharacteristic [ˈʌnˌkærəktəˈrɪstɪk] *adj* peu caractéristique, peu typique; **it's ~ of him** cela ne lui ressemble pas.

uncharacteristically [ˈʌnˌkærəktəˈrɪstɪklɪ] *adv* d'une façon peu caractéristique.

uncharitable [ˌʌnˈtʃærɪtəbl] *adj* [unkind] peu charitable, peu indulgent.

uncharted [ˌʌnˈtʃɑːtɪd] *adj* -1. [unmapped - region, forest, ocean] dont on n'a pas dressé la carte; [not on map] qui n'est pas sur la carte. -2. *fig*: **we're moving into ~ waters** nous faisons un saut dans l'inconnu; **we're sailing in ~ waters** nous ne savons pas où nous allons; **the ~ regions of the mind** les coins inexplorés de l'esprit.

unchaste [ˌʌnˈtʃeɪst] *adj lit* impudique, non chaste.

unchecked [ˌʌnˈtʃekt] ◇ *adj* -1. [unrestricted - growth, expansion, tendency] non maîtrisé; [anger, instinct] non réprimé, auquel on laisse libre cours. -2. [unverified - source, figures] non vérifié; [proofs] non relu.
◇ *adv* -1. [grow, expand] continuellement, sans arrêt; [continue] impunément, sans opposition; **such rudeness can't go ~** on ne peut pas laisser passer une telle impolitesse OR grossièreté; **the growth of industry continued ~** la croissance industrielle s'est poursuivie de façon constante. -2. [advance] sans rencontrer d'opposition.

unchivalrous [ˌʌnˈʃɪvəlrəs] *adj* peu galant, discourtois.

unchristian [ˌʌnˈkrɪstʃən] *adj* -1. RELIG peu chrétien. -2. *fig* barbare; **this is an ~ hour to phone someone!** on ne téléphone pas aux gens à des heures indues!

uncial [ˈʌnsɪəl] ◇ *adj* oncial.
◇ *n* onciale *f*.

uncircumcised [ˌʌnˈsɜːkəmsaɪzd] *adj* incirconcis.

uncivil [ˌʌnˈsɪvl] *adj* impoli, grossier; **to be ~ to sb** être impoli envers OR à l'égard de qqn.

uncivilized, -ised [ˌʌnˈsɪvɪlaɪzd] *adj* -1. [people, tribe] non civilisé. -2. [primitive, barbaric - behaviour, conditions] barbare; [- people] barbare, inculte. -3. *fig* [ridiculous] impossible, extraordinaire; **the plane arrives at the ~ hour of 4 a.m.** l'avion arrive à une heure indue, 4 h du matin.

unclad [ˌʌnˈklæd] *adj lit* sans vêtements, nu.

unclaimed [ˌʌnˈkleɪmd] *adj* [property, reward] non réclamé; [rights] non revendiqué.

unclasp [ˌʌnˈklɑːsp] *vt* [hands] ouvrir; [bracelet] dégrafer, défaire; **he was continually clasping and ~ing his hands** il n'arrêtait pas de se tordre les mains nerveusement.

unclassified [ˌʌnˈklæsɪfaɪd] *adj* -1. [not sorted - books, papers] non classé. -2. *Br* [road] non classé. -3. [information] non secret.

uncle [ˈʌŋkl] *n* -1. [relative] oncle *m*; **"hello Uncle"** «bonjour mon oncle», «bonjour tonton»; **Uncle Peter** l'oncle Peter, tonton Peter ☐ **to cry** OR **to say ~** *inf Am* s'avouer vaincu, se rendre; **'Uncle Tom's Cabin'** *Stowe* 'la Case de l'oncle Tom'; **'Uncle Vanya'** *Chekhov* 'Oncle Vania'. -2. *inf Br dated* [pawnbroker] prêteur *m* sur gages.

unclean [ˌʌnˈkliːn] *adj* -1. [dirty - water] sale; [- habits] sale. -2. RELIG impur.

unclear [ˌʌnˈklɪəʳ] *adj* -1. [confused, ambiguous - thinking, purpose, reason] pas clair, pas évident; **the instructions were ~** les instructions n'étaient pas claires; **I'm still ~ about what exactly I have to do** je ne sais pas encore très bien ce que je dois faire exactement. -**2.** [uncertain - future, outcome] incertain; **it is now ~ whether the talks will take place or not** nous ne savons pas bien pour le moment si la conférence va avoir lieu. -**3.** [indistinct - sound, speech] indistinct, inaudible; [- outline] flou.

unclench [ˌʌnˈklentʃ] *vt* [fist, teeth] desserrer.

Uncle Sam [-sæm] *pr n* Oncle Sam *(personnage représentant les États-Unis dans la propagande pour l'armée).*

Uncle Tom▽ *n Am pej Noir qui se comporte de façon obséquieuse avec les Blancs.*

uncloak [ˌʌnˈkləʊk] *vt* [mystery] dévoiler.

unclog [ˌʌnˈklɒg] (*pt & pp* **unclogged**, *cont* **unclogging**) *vt* [drain] déboucher; [wheel] débloquer.

unclothed [ˌʌnˈkləʊðd] *adj* dévêtu, nu.

unclouded [ˌʌnˈklaʊdɪd] *adj* -**1.** [sky] dégagé, sans nuages; *fig* [thinking] limpide; [mind] clair; **a future ~ by financial worries** un avenir sans soucis financiers. -**2.** [liquid] clair, limpide.

uncluttered [ˌʌnˈklʌtəd] *adj* [room] dépouillé, simple; [style of writing] sobre; [design] dépouillé; [mind, thinking] clair, net; **the room is spacious and ~** la pièce est spacieuse et simple; **the diagram should be neat and ~** le diagramme devrait être net et concis.

uncoil [ˌʌnˈkɔɪl] ◇ *vt* dérouler.
◇ *vi* se dérouler.

uncombed [ʌnˈkəʊmd] *adj* [hair] mal peigné, ébouriffé; [wool] non peigné.

uncomfortable [ʌnˈkʌmftəbl] *adj* -**1.** [physically - chair, bed, clothes] inconfortable, peu confortable; [- position] inconfortable, peu commode; **this chair is very ~** cette chaise n'est pas du tout confortable, on est très mal sur cette chaise; **I feel most ~ perched on this stool** je ne me sens pas du tout à l'aise perché sur ce tabouret. -**2.** *fig* [awkward, uneasy - person] mal à l'aise, gêné; [difficult, embarrassing - situation, truth] difficile, gênant; [unpleasant] désagréable; **I feel ~ about the whole thing** je me sens mal à l'aise avec tout ça; **to make sb (feel) ~** mettre qqn mal à l'aise; **I've an ~ feeling this isn't going to work** je ne peux pas m'empêcher de penser que ça ne va pas marcher; **to make life** OR **things (very) ~ for sb** créer des ennuis à qqn.

uncomfortably [ˌʌnˈkʌmftəblɪ] *adv* -**1.** [lie, sit, stand] inconfortablement, peu confortablement; [dressed] mal, inconfortablement. -**2.** [unpleasantly - heavy, hot] désagréablement; **the train was ~ crowded** le train était désagréablement bondé; **he came ~ close to discovering the truth** il a été dangereusement près de découvrir la vérité. -**3.** [uneasily] avec gêne; **he shifted ~ in his seat** il bougeait avec embarras sur son siège.

uncommercial [ˌʌnkəˈmɜːʃl] *adj* peu commercial.

uncommitted [ˌʌnkəˈmɪtɪd] *adj* [person, literature] non engagé; **he remains politically ~** il reste neutre politiquement; **an ~ relationship** une relation libre.

uncommon [ʌnˈkɒmən] *adj* -**1.** [rare, unusual - disease, species] rare, peu commun; **it's not ~ for the heating to break down** il n'est pas rare que le chauffage soit en panne. -**2.** *fml* [exceptional] singulier, extraordinaire; **a child of ~ abilities** un enfant aux dons singuliers.

uncommonly [ʌnˈkɒmənlɪ] *adv* -**1.** [rarely] rarement, inhabituellement. -**2.** *fig* [exceptionally - clever, cold, polite] singulièrement, exceptionnellement.

uncommunicative [ˌʌnkəˈmjuːnɪkətɪv] *adj* peu communicatif, taciturne; **to be ~ about sthg** se montrer réservé sur qqch.

uncomplaining [ˌʌnkəmˈpleɪnɪŋ] *adj* qui ne se plaint pas; **he has a calm and ~ wife** il a une femme calme et résignée.

uncomplainingly [ˌʌnkəmˈpleɪnɪŋlɪ] *adv* sans se plaindre.

uncompleted [ˌʌnkəmˈpliːtɪd] *adj* inachevé.

uncomplicated [ˌʌnˈkɒmplɪkeɪtɪd] *adj* peu compliqué, simple.

uncomplimentary [ˈʌnˌkɒmplɪˈmentərɪ] *adj* peu flatteur; **he was very ~ about you** ce qu'il a dit de vous était loin d'être flatteur.

uncomprehending [ˈʌnˌkɒmprɪˈhendɪŋ] *adj* qui ne comprend pas.

uncomprehendingly [ˈʌnˌkɒmprɪˈhendɪŋlɪ] *adv* sans comprendre.

uncompromising [ˌʌnˈkɒmprəmaɪzɪŋ] *adj* [rigid - attitude, behaviour] rigide, intransigeant, inflexible; [committed - person] convaincu, ardent.

uncompromisingly [ˌʌnˈkɒmprəmaɪzɪŋlɪ] *adv* sans concession, de manière intransigeante; **~ honest** d'une honnêteté absolue.

unconcealed [ˌʌnkənˈsiːld] *adj* [joy, anger] évident, non dissimulé.

unconcern [ˌʌnkənˈsɜːn] *n* -**1.** [indifference] indifférence *f*; **~ for others/for danger** indifférence envers les autres/au danger. -**2.** [calm] sang-froid *m inv*; **she continued with apparent ~** elle poursuivit avec un sang-froid apparent.

unconcerned [ˌʌnkənˈsɜːnd] *adj* -**1.** [unworried, calm] qui ne s'inquiète pas, insouciant; **he seemed quite ~ about the exam/her health** il ne semblait pas du tout s'inquiéter de l'examen/de sa santé. -**2.** [uninterested] indifférent; **she's ~ with political matters** elle est indifférente aux questions politiques.

unconcernedly [ˌʌnkənˈsɜːnɪdlɪ] *adv* -**1.** [calmly] sans s'inquiéter, sans se laisser troubler. -**2.** [uninterestedly] avec indifférence OR insouciance.

unconditional [ˌʌnkənˈdɪʃənl] *adj* -**1.** [support, submission] inconditionnel, sans condition; **~ discharge** JUR libération *f* inconditionnelle; **~ surrender** reddition *f* inconditionnelle. -**2.** MATH [equality] sans conditions.

unconditionally [ˌʌnkənˈdɪʃnəlɪ] *adv* [accept, surrender] inconditionnellement, sans condition.

unconditioned [ˌʌnkənˈdɪʃənd] *adj* -**1.** PSYCH [reflex] inconditionnel; **~ response** réponse *f* inconditionnelle; **~ stimulus** stimulus *m* inconditionnel. -**2.** PHILOS absolu, inconditionné.

unconfined [ˌʌnkənˈfaɪnd] *adj lit* illimité, sans bornes; **let joy be ~** que la joie éclate.

unconfirmed [ˌʌnkənˈfɜːmd] *adj* [report, booking] non confirmé.

uncongenial [ˌʌnkənˈdʒiːnjəl] *adj* [surroundings] peu agréable; [personality] antipathique.

unconnected [ˌʌnkəˈnektɪd] *adj* [unrelated facts, incidents] sans rapport; [- ideas, thoughts] sans suite, décousu; **the riot was ~ with food prices** l'émeute n'avait pas de rapport OR était sans rapport avec les prix alimentaires; **the two incidents are not ~** les deux incidents ne sont pas sans lien.

unconquerable [ʌnˈkɒŋkərəbl] *adj* [opponent, peak] invincible; [obstacle, problem] insurmontable; [instinct, will] irrépressible.

unconquered [ʌnˈkɒŋkəd] *adj* [nation, territory] qui n'a pas été conquis; [mountain] invaincu.

unconscionable [ʌnˈkɒnʃənəbl] *adj fml* -**1.** [liar] sans scrupules. -**2.** [demand] déraisonnable; [time] extraordinaire.

unconscionably [ʌnˈkɒnʃənəblɪ] *adv fml* -**1.** [shamelessly] sans vergogne OR scrupules. -**2.** [excessively] excessivement, démesurément.

unconscious [ʌnˈkɒnʃəs] ◇ *adj* -**1.** [in coma] sans connaissance; **to knock sb ~** assommer qqn; **he lay ~ for 5 days** il est resté sans connaissance pendant 5 jours || [in faint] évanoui; **she remained ~ for some minutes** elle est restée évanouie pendant quelques minutes. -**2.** [unaware] inconscient; **she seemed ~ of all the noise around her** elle semblait ne pas avoir conscience de tout le bruit autour d'elle; **they are ~ of the fact** ils ne sont pas conscients du fait. -**3.** [unintentional] inconscient, involontaire; **it was an ~ pun** c'était un jeu de mots involontaire; **there was an ~ bias in his selection of candidates** il y avait un parti pris involontaire dans sa sélection des candidats. -**4.** PSYCH [motives] inconscient; **the ~ mind** l'inconscient *m*.
◇ *n* [gen & PSYCH] inconscient *m*; **the ~** l'inconscient.

unconsciously [ʌnˈkɒnʃəslɪ] *adv* inconsciemment, sans s'en rendre compte; **I think, ~, she resents me** je crois qu'inconsciemment, elle ne m'apprécie pas.

unconsciousness [ʌnˈkɒnʃəsnɪs] *n (U)* -**1.** MED [coma] perte *f* de connaissance; [fainting] évanouissement *m*; **in a state of ~** sans connaissance. -**2.** [lack of awareness] inconscience *f*.

unconsecrated [ˌʌnˈkɒnsɪkreɪtɪd] *adj* non consacré.

unconsidered [ˌʌnkənˈsɪdəd] *adj* -**1.** [thought, action] irréfléchi. -**2.** *fml* [object] sans importance.

unconstitutional [ˈʌnˌkɒnstɪˈtjuːʃənl] *adj* inconstitutionnel.

unconstrained [ˌʌnkənˈstreɪnd] *adj* [feelings] sans contrainte, non contraint; [action] spontané; [manner] aisé; **he is ~ by inhibitions** les inhibitions ne l'arrêtent pas.

unconsummated [ˌʌnˈkɒnsəmeɪtɪd] *adj* [marriage] non consommé.

uncontested [ˌʌnkənˈtestɪd] *adj* [position, authority] non disputé, incontesté; **the seat was ~** POL il n'y avait qu'un candidat pour le siège.

uncontrollable [ˌʌnkənˈtrəʊləbl] *adj* -**1.** [irrepressible - fear, desire, urge] irrésistible, irrépressible; [- stammer] que l'on ne peut maîtriser OR contrôler; **to be seized by ~ laughter/anger** être pris d'un fou rire/d'un accès de colère. -**2.** [animal] indomptable; [child] impossible à discipliner. -**3.** [growth, inflation] qui ne peut être freiné, galopant.

uncontrollably [ˌʌnkənˈtrəʊləblɪ] *adv* -**1.** [helplessly] irrésistiblement; **he was laughing ~** il avait le fou rire; **I shook ~** je tremblais sans pouvoir m'arrêter. -**2.** [out of control]: **the boat rocked ~** on n'arrivait pas à maîtriser le tangage du bateau. -**3.** [fall, increase] irrésistiblement; **prices are rising ~** les prix augmentent irrésistiblement.

uncontrolled [ˌʌnkənˈtrəʊld] *adj* -**1.** [unrestricted - fall, rise] effréné, incontrôlé; [- population growth] non contrôlé; **inflation cannot remain ~** l'inflation ne peut demeurer incontrôlée; **scenes of ~ violence** des scènes de violence incontrôlée OR d'une extrême violence. -**2.** [unverified - experiment] non contrôlé.

uncontroversial [ˈʌnˌkɒntrəˈvɜːʃl] *adj* qui ne prête pas à controverse, incontestable.

unconventional [ˌʌnkənˈvenʃənl] *adj* non conformiste.

unconventionally [ˌʌnkənˈvenʃnəlɪ] *adv* [live, think] d'une manière originale OR peu conventionnelle; [dress] d'une manière originale.

unconvinced [ˌʌnkənˈvɪnst] *adj* incrédule, sceptique; **I'm ~** je ne suis pas convaincu, je reste sceptique; **to be/to remain ~ by sthg** être/rester sceptique à l'égard de qqch.

unconvincing [ˌʌnkənˈvɪnsɪŋ] *adj* peu convaincant.

unconvincingly [ˌʌnkənˈvɪnsɪŋlɪ] *adv* [argue, lie] d'un ton OR d'une manière peu convaincante, peu vraisemblablement.

uncooked [ˌʌnˈkʊkt] *adj* non cuit, cru.

uncool *inf* [ˌʌnˈkuːl] *adj* -**1.** [unrelaxed] pas cool. -**2.** *dated* pas branché.

uncooperative [ˌʌnkəʊˈɒpərətɪv] *adj* peu coopératif.

uncoordinated [ˌʌnkəʊˈɔːdɪneɪtɪd] *adj* -**1.** [movements] mal coordonné; **her hand and eye movements are ~** les mouvements de ses yeux et de ses mains ne sont pas coordonnés. -**2.** [clumsy] maladroit. -**3.** [unorganized - efforts] qui manque de coordination, mal organisé.

uncork [ʌnˈkɔːk] *vt* [bottle] déboucher; *fig* [emotions] déchaîner.

uncorroborated [ˌʌnkəˈrɒbəreɪtɪd] *adj* non corroboré.

uncountable [ʌnˈkaʊntəbl] *adj* - **1.** [numberless] incalculable, innombrable. - **2.** GRAMM non dénombrable; ~ **noun** nom *m* non dénombrable.

uncouple [ʌnˈkʌpl] *vt* [engine] découpler; [carriage] dételer; [cart, trailer] détacher.

uncouth [ʌnˈkuːθ] *adj* [language, manners, person] grossier, fruste.

uncover [ʌnˈkʌvəʳ] *vt* découvrir.

uncovered [ʌnˈkʌvəd] *adj* - **1.** *literal* découvert; **food should not be left ~** la nourriture ne doit pas rester à l'air. - **2.** FIN sans couverture.

uncritical [ʌnˈkrɪtɪkl] *adj* [naïve] dépourvu d'esprit critique, non critique; [unquestioning] inconditionnel.

uncross [ʌnˈkrɒs] *vt* décroiser.

uncrossed [ʌnˈkrɒst] *adj* - **1.** [cheque] non barré. - **2.** [legs] décroisé.

uncrowded [ʌnˈkraʊdɪd] *adj* où il n'y a pas beaucoup de monde; **long, ~ beaches** de longues plages presque désertes.

uncrowned [ʌnˈkraʊnd] *adj* sans couronne, non couronné; **the ~ king of rock and roll** le roi sans couronne du rock'n'roll.

unction [ˈʌŋkʃn] *n* onction *f*.

unctuous [ˈʌŋktjʊəs] *adj fml* mielleux, onctueux.

unctuously [ˈʌŋktjʊəslɪ] *adv fml* mielleusement, onctueusement.

unctuousness [ˈʌŋktjʊəsnɪs] *n (U) fml* manières *fpl* onctueuses.

uncultivated [ʌnˈkʌltɪveɪtɪd] *adj* - **1.** [land] inculte, en friche. - **2.** = **uncultured**.

uncultured [ʌnˈkʌltʃəd] *adj* [manners, person] inculte; [accent, speech] qui manque de raffinement.

uncurl [ʌnˈkɜːl] ◇ *vt* [rope] dérouler; [body, toes] étirer.
◇ *vi* [leaf] s'ouvrir.

uncut [ʌnˈkʌt] *adj* - **1.** [hair, nails] non coupé; [hedge, stone] non taillé; [diamond] non taillé, brut; [corn, wheat] non récolté, sur pied; [pages] non rogné. - **2.** [uncensored - film, text] intégral, sans coupures.

undamaged [ʌnˈdæmɪdʒd] *adj* - **1.** [car, contents, merchandise, building, roof] indemne, intact, non endommagé. - **2.** *fig* [reputation] intact.

undamped [ʌnˈdæmpt] *adj* - **1.** [enthusiasm, feelings] intact, non affaibli. - **2.** [piano string] non étouffé. - **3.** RADIO [oscillation] non amorti, entretenu.

undated [ʌnˈdeɪtɪd] *adj* non daté, sans date.

undaunted [ʌnˈdɔːntɪd] *adj* - **1.** [not discouraged] qui ne se laisse pas décourager OR démonter; **she was ~ by their criticism** leurs critiques ne la décourageaient pas; **he carried on ~** il a continué sans se laisser décourager. - **2.** [fearless] sans peur.

undecagon [ʌnˈdekəgən] *n* hendécagone *m*.

undeceive [ˌʌndɪˈsiːv] *vt lit* détromper.

undecided [ˌʌndɪˈsaɪdɪd] *adj* [person, issue] indécis; [outcome] incertain; **he is ~ whether to stay or go** il n'a pas décidé s'il restera ou s'il partira; **the matter is still ~** la question n'a pas encore été résolue.

undecipherable [ˌʌndɪˈsaɪfərəbl] *adj* [writing] indéchiffrable, illisible; [code] indéchiffrable.

undeclared [ˌʌndɪˈkleəd] *adj* [goods] non déclaré; [love] non avoué.

undefeated [ˌʌndɪˈfiːtɪd] *adj* invaincu.

undefended [ˌʌndɪˈfendɪd] *adj* - **1.** MIL [fort, town] sans défense. - **2.** JUR [lawsuit] où on ne présente pas de défense.

undefinable [ˌʌndɪˈfaɪnəbl] *adj* indéfinissable, impossible à définir.

undelivered [ˌʌndɪˈlɪvəd] *adj* [letter] non remis, non distribué; **if ~ please return to sender** en cas de non-distribution, prière de retourner à l'expéditeur.

undemanding [ˌʌndɪˈmɑːndɪŋ] *adj* [person] facile à vivre, qui n'est pas exigeant; [work] simple, qui n'est pas astreignant.

undemocratic [ˈʌnˌdeməʊˈkrætɪk] *adj* antidémocratique, peu démocratique.

undemonstrative [ˌʌndɪˈmɒnstrətɪv] *adj* réservé, peu démonstratif.

undeniable [ˌʌndɪˈnaɪəbl] *adj* indéniable, incontestable.

undeniably [ˌʌndɪˈnaɪəblɪ] *adv* [true] incontestablement, indiscutablement; **he's ~ a very clever man** c'est incontestablement un homme très intelligent.

undenominational [ˈʌndɪˌnɒmɪˈneɪʃənl] *adj* non confessionnel.

under [ˈʌndəʳ] ◇ *prep* - **1.** [beneath, below] sous; **the newspaper was ~ the chair/cushion** le journal était sous la chaise/le coussin; **the pantry is ~ the stairs** le garde-manger est sous l'escalier; **I can't see anything ~ it** je ne vois rien (en-) dessous; **there is a coat of paint ~ the wallpaper** il y a une couche de peinture sous le papier peint; **the body was lying ~ a sheet** le cadavre était étendu sous un drap; **he wore a white shirt ~ his jacket** il portait une chemise blanche sous sa veste; **he pulled a wallet from ~ his jersey** il a sorti un portefeuille de sous son pull; **he was carrying a paper ~ his arm** il portait un journal sous le bras; **hold your hand ~ the tap** mettez votre main sous le robinet; **stand ~ my umbrella** mettez-vous sous mon parapluie; **we took shelter ~ a tree** nous nous sommes abrités sous un arbre; **to be born ~ Aries/Leo** être né sous le signe du Bélier/du Lion; **it can only be seen ~ a microscope** on ne peut le voir qu'au microscope || [with verbs of movement]: **we had to crawl ~ the barbed wire** on a dû passer sous les barbelés en rampant; **the tunnel ran ~ the sea** le tunnel passait sous la mer; **she was swimming ~ water/~ the bridge** elle nageait sous l'eau/sous le pont; **it's unlucky to walk ~ a ladder** ça porte malheur de passer sous une échelle. - **2.** [less than] moins de, au-dessous de; **~ £7,000** moins de 7 000 livres; **everything is ~ £5** tout est à moins de 5 livres; **is she ~ 16?** est-ce qu'elle a moins de 16 ans? - **3.** [weighed down by] sous le poids de; **he staggered ~ his heavy load** il chancelait sous le poids de son lourd chargement; **to sink ~ the weight of one's debts** *fig* sombrer sous le poids de ses dettes. - **4.** [indicating conditions or circumstances] sous, dans; **we had to work ~ appalling conditions** on a dû travailler dans des conditions épouvantables; **she was murdered ~ strange circumstances** elle a été tuée dans d'étranges circonstances || [subject to] sous; **~ duress/threat** sous la contrainte/la menace || MED sous; **~ sedation/treatment** sous calmants/traitement. - **5.** [directed, governed by] sous (la direction de); **he studied ~ Fox** il a été l'élève de Fox; **she has two assistants ~ her** elle a deux assistants sous ses ordres; **the Bristol Chamber Orchestra ~ Martin Davenport** MUS l'orchestre de (musique de) chambre de Bristol sous la direction de Martin Davenport; **I served ~ General White** j'ai servi sous le général White; **the book describes Uganda ~ Amin** le livre décrit l'Ouganda sous (le régime d') Amin Dada; **~ her management, the firm prospered** sous sa direction, l'entreprise prospérait; **~ fascism, many groups were outlawed** sous le régime fasciste, de nombreux groupes furent interdits. - **6.** [according to] conformément à, en vertu de, selon; **~ the new law, all this will change** avec la nouvelle loi, tout ceci va changer; **~ the new law, elections will be held every four years** en vertu de OR selon la nouvelle loi, les élections auront lieu tous les quatre ans; **~ the Emergency Powers Act** conformément à la loi instituant l'état d'urgence; **~ this system, the President has little real power** dans ce système, le Président a peu de pouvoir véritable; **~ (the terms of) his will/the agreement** selon (les termes de) son testament/l'accord. - **7.** [in the process of] en cours de; **~ construction** en cours de construction; **the matter is ~ consideration/discussion** on est en train d'étudier/de discuter la question. - **8.** AGR: **fields ~ cultivation** des terres cultivées; **~ wheat/barley** en blé/orge. - **9.** [in classification]: **you'll find the book ~ philosophy** vous trouverez le livre sous la rubrique philosophie; **you'll find my number ~ Magee** vous trouverez mon numéro sous Magee; **she writes ~ the name of Heidi Croft** elle écrit sous le nom de Heidi Croft; **few singers perform ~ their own name** peu de chanteurs gardent leur vrai nom.
◇ *adv* - **1.** *(with verbs)* [below ground, water, door etc]: **to slide** OR **to slip ~** se glisser dessous; **to pass ~** passer dessous; **to stay ~** [under water] rester sous l'eau ❑ **to be six feet ~** *inf* être à six pieds sous terre. - **2.** MED [anaesthetized] sous l'effet de l'anesthésie. - **3.** [less - in age, price]: **you have to be 16 or ~ to enter** il faut avoir 16 ans ou moins pour se présenter; **items at £20 and ~** des articles à 20 livres et au-dessous.

under- *in cpds* - **1.** [below] sous-; **holidays for the ~30s** vacances pour les moins de 30 ans. - **2.** [junior] sous-; **~gardener** sous-jardinier *m*.

under-18 *n (usu pl)* personne *f* de moins de 18 ans, mineur *m*, -e *f*.

underachieve [ˌʌndərəˈtʃiːv] *vi* ne pas obtenir les résultats attendus; **he constantly ~s** il n'obtient jamais les résultats dont il est capable.

underachiever [ˌʌndərəˈtʃiːvəʳ] *n* [gen] personne *f* qui n'obtient pas les résultats escomptés; *Am* SCH élève *mf* médiocre; **he's always been an ~** il a toujours été en deçà de ses possibilités.

underage [ˌʌndərˈeɪdʒ] *adj* [person] mineur; **~ drinking** consommation *f* d'alcool par les mineurs; **~ sex** rapports *mpl* sexuels entre mineurs.

underarm [ˈʌndərɑːm] ◇ *adv* SPORT [bowl, hit] (par) en dessous.
◇ *adj* [deodorant] pour les aisselles; [hair] sous les bras OR les aisselles; SPORT [bowling, throw] par en dessous.

underbelly [ˈʌndəˌbelɪ] (*pl* **underbellies**) *n* - **1.** *literal* bas-ventre *m*. - **2.** *fig* point *m* faible; **the soft ~ of society** le point faible de la société.

underbid [ˌʌndəˈbɪd] (*pt* & *pp* **underbid**, *cont* **underbidding**) *vi* [in bridge] annoncer au-dessous de sa force; [in auction] ne pas offrir assez, faire une enchère insuffisamment élevée.

underblanket [ˈʌndəˌblæŋkɪt] *n* alaise *f*.

underbody [ˈʌndəˌbɒdɪ] *n* AUT dessous *m* de caisse.

underbrush [ˈʌndəbrʌʃ] *n (U) Am* sous-bois *m*, broussailles *fpl*.

undercapitalized, -ised [ˌʌndəˈkæpɪtəlaɪzd] *adj* [entrepreneur, company] qui n'a pas OR ne dispose pas de fonds suffisants.

undercarriage [ˈʌndəˌkærɪdʒ] *n* [of aeroplane] train *m* d'atterrissage; [of vehicle] châssis *m*; **to get the ~ down** sortir le train d'atterrissage.

undercharge [ˌʌndəˈtʃɑːdʒ] *vt* - **1.** [customer] faire payer insuffisamment OR moins cher à; **I was ~d** on m'a fait payer moins cher, on ne m'a pas fait payer le prix indiqué; **she ~d him by £6** elle lui a fait payer 6 livres de moins que le prix. - **2.** [gun] charger insuffisamment.

underclothes [ˈʌndəkləʊðz] *npl* sous-vêtements *mpl*; [for women] lingerie *f*, dessous *mpl*.

underclothing [ˈʌndəˌkləʊðɪŋ] *n (U)* = **underclothes**.

undercoat [ˈʌndəkəʊt] *n* [of paint] sous-couche *f*; [of anti-rust] couche *f* d'antirouille.

undercook [ˌʌndəˈkʊk] *vt* ne pas assez cuire; **the potatoes were ~ed** les pommes de terre n'étaient pas assez cuites OR n'avaient pas cuit assez longtemps.

undercover [ˈʌndəˌkʌvəʳ] *adj* [methods, work] secret, clandestin; **~ agent** agent *m* secret.

undercurrent [ˈʌndəˌkʌrənt] *n* - **1.** [in sea] courant *m* sous-marin; [in river] courant *m*. - **2.** *fig* [feeling] sentiment *m* sous-jacent; **there was an ~ of hostility throughout the discussion** il y eut une hostilité sous-jacente tout au long de la discussion.

undercut [ˌʌndəˈkʌt] (*pt* & *pp* **undercut**, *cont* **undercutting**) ◇ *vt* -**1.** COMM [competitor] vendre moins cher que; [prices] casser. -**2.** [undermine - efforts, principle] amoindrir. -**3.** SPORT [ball] lifter.
◇ *n* -**1.** SPORT lift *m*. -**2.** CULIN [meat] (morceau *m* de) filet *m*.

underdeveloped [ˌʌndədɪˈveləpt] *adj* -**1.** [country, society] en voie de développement. -**2.** [stunted - foetus, plant] qui n'est pas complètement développé OR formé. -**3.** *fig* [argument, idea] insuffisamment développé OR exposé. -**4.** PHOT [film, print] insuffisamment développé.

underdo [ˌʌndəˈduː] (*pt* & *pp* **underdone** [-ˈdʌn]) *vt* [food] faire cuire insuffisamment.

underdog [ˈʌndədɒg] *n*: the ~ [in fight, contest] celui *m*, celle *f* qui risque de perdre OR qui part perdant; [in society] laissé-pour-compte *m*, laissée-pour-compte *f*, opprimé *m*, -e *f*.

underdone [ˌʌndəˈdʌn] *adj* [accidentally] pas assez cuit; [deliberately - meat] saignant; [- vegetable, cake] pas trop cuit.

underdressed [ˌʌndəˈdrest] *adj* [lightly clad] trop légèrement vêtu; [informally dressed] habillé trop sport; **I feel positively ~ in these jeans** avec ce jean, je me trouve très mal habillé pour la circonstance.

underemployed [ˌʌndərɪmˈplɔɪd] *adj* [worker, equipment] sous-employé; [resources] sous-exploité; **he feels ~** il trouve qu'il n'a pas assez de travail.

underemployment [ˌʌndərɪmˈplɔɪmənt] *n* [of workers] sous-emploi *m*; [of resources] sous-exploitation *f*.

underestimate [*vb* ˌʌndərˈestɪmeɪt, *n* ˌʌndərˈestɪmət] ◇ *vt* [size, strength] sous-estimer; [person, value] sous-estimer, mésestimer.
◇ *n* sous-estimation *f*.

underestimation [ˈʌndərˌestɪˈmeɪʃn] *n* sous-estimation *f*.

underexpose [ˌʌndərɪkˈspəʊz] *vt* -**1.** PHOT [print, film] sous-exposer. -**2.** [person] faire insuffisamment la publicité de.

underexposure [ˌʌndərɪkˈspəʊʒə^r] *n* -**1.** PHOT [lack of exposure] sous-exposition *f*; [photo, print] photo *f* sous-exposée. -**2.** [to publicity] manque *m* de publicité; **the campaign suffered from ~ in the media** la campagne a souffert d'un manque de publicité dans les médias ‖ [social]: **~ to other children may inhibit development** le manque de contact avec d'autres enfants freine le développement.

underfed [ˌʌndəˈfed] ◇ *pt* & *pp* → **underfeed**.
◇ *adj* [person] sous-alimenté.

underfeed [ˌʌndəˈfiːd] (*pt* & *pp* **underfed** [-ˈfed]) *vt* sous-alimenter.

underfelt [ˈʌndəfelt] *n* thibaude *f*.

underfinanced [ˌʌndəˈfaɪnænst] *adj* [business, scheme, school] qui manque de fonds.

underfloor [ˈʌndəflɔː^r] *adj* [pipes, wiring] qui se trouve sous le plancher; **~ heating** chauffage *m* par le sol.

underflow [ˈʌndəfləʊ] *n* -**1.** [current - in sea] courant *m* sous-marin. -**2.** COMPUT dépassement *m* par valeurs inférieures.

underfoot [ˌʌndəˈfʊt] *adv* sous les pieds; **the grass is wet ~** l'herbe est humide; **I felt the gravel crunch ~** j'ai senti les graviers crisser sous mes pieds; **to trample sb/sthg ~** *literal* & *fig* [person] fouler qqn/qqch aux pieds; [animal] piétiner qqn/qqch.

undergarment [ˈʌndəˌgɑːmənt] *n* sous-vêtement *m*.

underglaze [ˈʌndəgleɪz] *n* sous-couche *f*.

undergo [ˌʌndəˈgəʊ] (*pt* **underwent** [-ˈwent], *pp* **undergone** [-ˈgɒn]) *vt* -**1.** [experience - change] subir; [- hardship] subir, éprouver. -**2.** [test, trials] subir, passer; [training] suivre. -**3.** [be subject to] subir; **the building/the system is ~ing modernization** l'immeuble/le système est en cours de modernisation. -**4.** MED: **to ~ an operation** subir une intervention chirurgicale; **to ~ treatment** suivre un traitement.

undergrad *inf* [ˈʌndəgræd] *n* étudiant *m*, -e *f* *(qui prépare une licence)*.

undergraduate [ˌʌndəˈgrædʒʊət] ◇ *n* étudiant *m*, -e *f (qui prépare une licence)*; **she was an ~ at Manchester** elle était en licence à Manchester; **~ student** étudiant *m*, -e *f* en licence.
◇ *adj* [circles, life] estudiantin, étudiant; [course] pour les étudiants de licence; [accommodation, grant] pour étudiants; [humour] d'étudiant.

underground [*adj* & *n* ˈʌndəgraʊnd, *adv* ˌʌndəˈgraʊnd] ◇ *adj* -**1.** [subterranean - explosion] souterrain; [- car park] en sous-sol, souterrain; **~ railway** métro *m*. -**2.** [secret] secret, clandestin; **they joined an ~ movement** [clandestine] ils sont entrés dans un mouvement clandestin; [resistance] ils sont entrés dans un mouvement de résistance; **the ~ press** la presse clandestine; **the Underground Railroad** HIST *réseau clandestin qui permettait aux fugitifs noirs des États esclavagistes de rejoindre le nord des États-Unis ou le Canada*. -**3.** [unofficial - literature, theatre] d'avant-garde, underground *(inv)*; [- institutions] parallèle. -**4.** [illegal - methods] illégal.
◇ *n* -**1.** MIL & POL [resistance] résistance *f*; [secret army] armée *f* secrète. -**2.** ART, MUS & THEAT avant-garde *f*, underground *m inv*. -**3.** *Br* [railway] métro *m*; **to go by ~** aller en métro.
◇ *adv* -**1.** [below surface] sous (la) terre. -**2.** [in hiding]: **to go ~** passer dans la clandestinité, prendre le maquis.

undergrowth [ˈʌndəgrəʊθ] *n (U)* sous-bois *m*; [scrub] broussailles *fpl*.

underhand [ˌʌndəˈhænd] ◇ *adj* -**1.** [action] en dessous, en sous-main; [person] sournois; **in an ~ way** sournoisement. -**2.** SPORT par en dessous.
◇ *adv* sournoisement.

underhanded [ˌʌndəˈhændɪd] *adj* -**1.** = **underhand**. -**2.** [shorthanded] qui manque de personnel.

underhandedly [ˌʌndəˈhændɪdlɪ] *adv* en dessous, sournoisement.

underhung [ˌʌndəˈhʌŋ] *adj* -**1.** [jaw] prognathe, saillant. -**2.** [door] à coulisse.

underinsure [ˌʌndərɪnˈʃɔː^r] *vt* sous-assurer.

underinvestment [ˌʌndərɪnˈvestmənt] *n* insuffisance *f* d'investissement.

underlain [ˌʌndəˈleɪn] *pp* → **underlie**.

underlay [*vb* ˌʌndəˈleɪ, *n* ˈʌndəleɪ] (*pt* & *pp* **underlaid** [-ˈleɪd]) ◇ *pt* → **underlie**.
◇ *vt* [carpet] doubler.
◇ *n* [felt] thibaude *f*; [foam] doublure *f*.

underlie [ˌʌndəˈlaɪ] (*pt* **underlay** [-ˈleɪ], *pp* **underlain** [-ˈleɪn]) *vt* sous-tendre, être à la base de.

underline [ˌʌndəˈlaɪn] *vt literal* & *fig* souligner.

underling [ˈʌndəlɪŋ] *n pej* subalterne *mf*, sous-fifre *m*.

underlining [ˌʌndəˈlaɪnɪŋ] *n* soulignage *m*, soulignement *m*.

underlying [ˌʌndəˈlaɪɪŋ] *adj* sous-jacent.

undermanned [ˌʌndəˈmænd] *adj* à court de personnel; NAUT à équipage incomplet.

undermentioned [ˌʌndəˈmenʃnd] *adj fml* & ADMIN ci-dessous (mentionné).

undermine [ˌʌndəˈmaɪn] *vt* [cliff] miner, saper; [authority, person] saper; [health] user; [confidence] ébranler.

undermost [ˈʌndəməʊst] ◇ *adj* [in heap] le dernier, le plus bas; [in depth] le plus profond OR bas.
◇ *adv* tout en bas.

undernamed [ˌʌndəˈneɪmd] (*pl inv*) ◇ *n* personne *f* nommée ci-dessous OR dont le nom suit.
◇ *adj* nommé ci-dessous.

underneath [ˌʌndəˈniːθ] ◇ *prep* sous, au-dessous de, en dessous de; **the cat slipped ~ the fence** le chat s'est glissé OR est passé sous OR par-dessous le grillage; **she was wearing two pullovers ~ her coat** elle portait deux pullovers sous son manteau; **the noise was coming from ~ the floorboards** le bruit venait de sous le plancher.
◇ *adv* -**1.** [in space] (en) dessous, au-dessous; **I've got a pullover on ~** j'ai un pull dessous. -**2.** [within oneself]: **he smiled, but ~ he felt afraid/helpless** il a souri, mais dans le fond il avait peur/il se sentait impuissant.
◇ *n* dessous *m*; **what's written on the ~?** qu'est-ce qui est écrit sur le dessous?
◇ *adj* de dessous, d'en dessous.

undernourished [ˌʌndəˈnʌrɪʃt] *adj* sous-alimenté.

undernourishment [ˌʌndəˈnʌrɪʃmənt] *n* sous-alimentation *f*.

underpaid [*adj* ˈʌndəpeɪd, *pt* & *pp* ˌʌndəˈpeɪd] ◇ *adj* sous-payé.
◇ *pt* & *pp* → **underpay**.

underpants [ˈʌndəpænts] *npl* -**1.** [for men] slip *m (d'homme)*; **a pair of ~** un caleçon. -**2.** *Am* [for women] culotte *f*.

underpart [ˈʌndəpɑːt] *n* ZOOL [underside] dessous *m*, partie *f* inférieure.
◆ **underparts** *npl* [abdomen] ventre *m*.

underpass [ˈʌndəpɑːs] *n* -**1.** [subway] passage *m* souterrain. -**2.** [road] route *f* inférieure.

underpay [ˌʌndəˈpeɪ] (*pt* & *pp* **underpaid** [-ˈpeɪd]) *vt* sous-payer.

underperform [ˌʌndəpəˈfɔːm] *vi* rester en deçà de ses possibilités.

underpin [ˌʌndəˈpɪn] (*pt* & *pp* **underpinned**, *cont* **underpinning**) *vt literal* & *fig* soutenir, étayer.

underpinning [ˌʌndəˈpɪnɪŋ] *n* soutien *m*, étayage *m*.

underplay [ˌʌndəˈpleɪ] ◇ *vt* -**1.** [minimize - importance] minimiser; [- event] réduire OR minimiser l'importance de; **to ~ one's hand** [in cards] jouer volontairement une petite carte; *fig* cacher son jeu. -**2.** THEAT [role] jouer avec retenue.
◇ *vi* [in cards] jouer volontairement une petite carte.

underpopulated [ˌʌndəˈpɒpjʊleɪtɪd] *adj* sous-peuplé.

underpowered [ˌʌndəˈpaʊəd] *adj* qui manque de puissance; **an ~ performance** *fig* un jeu qui manque de puissance.

underprice [ˌʌndəˈpraɪs] *vt* -**1.** [for sale] vendre au-dessous de sa valeur. -**2.** [for estimate] sous-évaluer.

underprivileged [ˌʌndəˈprɪvɪlɪdʒd] ◇ *adj* [person, social class] défavorisé, déshérité.
◇ *npl*: **the ~** les économiquement faibles *mpl*.

underproduce [ˌʌndəprəˈdjuːs] ◇ *vt* produire insuffisamment de.
◇ *vi* produire insuffisamment.

underproduction [ˌʌndəprəˈdʌkʃn] *n* sous-production *f*.

underquote [ˌʌndəˈkwəʊt] *vt* -**1.** [goods, securities, services] *proposer à un prix inférieur à celui du marché*. -**2.** [competitor] vendre moins cher que.

underrate [ˌʌndəˈreɪt] *vt* sous-estimer.

underrehearsed [ˌʌndərɪˈhɜːst] *adj* MUS & THEAT insuffisamment répété.

underripe [ˌʌndəˈraɪp] *adj* pas mûr.

underscore [ˌʌndəˈskɔː^r] ◇ *vt* souligner.
◇ *n* soulignage *m*, soulignement *m*.

undersea [ˈʌndəsiː] ◇ *adj* sous-marin.
◇ *adv* sous la mer.

underseal [ˈʌndəsiːl] *Br* AUT ◇ *n* -**1.** [product] produit *m* antirouille. -**2.** [act, result] couche *f* antirouille.
◇ *vt* faire un traitement antirouille.

underseas [ˌʌndəˈsiːz] = **undersea** *adv*.

undersecretary [ˌʌndəˈsekrətərɪ] (*pl* **undersecretaries**) *n* POL -**1.** *Br* [in department] chef *m* de cabinet. -**2.** [politician] sous-secrétaire *m*; **~ of state** sous-secrétaire d'État.

undersell [ˌʌndəˈsel] (*pt* & *pp* **undersold** [-ˈsəʊld]) ◇ *vt* [competitor] vendre moins cher que; [goods] vendre au rabais; **to ~ o.s.** *fig* se sous-estimer.
◇ *vi* [goods] se vendre mal.

undersexed [ˌʌndəˈsekst] *adj* qui manque de libido.
undershirt [ˈʌndəʃɜːt] *n Am* maillot *m* OR tricot *m* de corps.
undershoot [ˌʌndəˈʃuːt] (*pt & pp* undershot [ˈʃɒt]) *vt*: the plane undershot the runway l'avion s'est posé avant d'atteindre la piste d'atterrissage; he undershot the target son coup n'a pas atteint la cible.
undershorts [ˈʌndəʃɔːts] *npl Am* caleçon *m*, slip *m*.
undershot [ˌʌndəˈʃɒt] ◇ *pt & pp* → **undershoot**.
◇ *adj* -**1.** [jaw] proéminent, saillant. -**2.** [waterwheel] à aubes.
underside [ˈʌndəsaɪd] *n*: the ~ le dessous, la face inférieure.
undersigned [ˈʌndəsaɪnd] (*pl inv*) *fml* ◇ *n*: the ~ le soussigné, la soussignée; I, the ~ je soussigné.
◇ *adj* soussigné.
undersize(d) [ˌʌndəˈsaɪz(d)] *adj* trop petit.
underskirt [ˈʌndəskɜːt] *n* jupon *m*.
underslung [ˌʌndəˈslʌŋ] *adj* très bas; AUT surbaissé.
undersoil [ˈʌndəsɔɪl] *n* sous-sol *m* AGR.
understaffed [ˌʌndəˈstɑːft] *adj* qui manque de personnel.
understand [ˌʌndəˈstænd] (*pt & pp* understood [-ˈstʊd]) ◇ *vt* -**1.** [meaning] comprendre; I ~ what you mean je comprends ce que vous voulez dire; is that understood? est-ce compris?; to make o.s. understood se faire comprendre; do I make myself understood? [as threat] est-ce que je me suis bien fait comprendre?; she didn't ~ a single word elle n'a pas compris un traître mot; I can't ~ it! je ne comprends pas!, cela me dépasse! -**2.** [subject, theory] comprendre, entendre; I don't ~ a thing about economics je ne comprends rien à l'économie. -**3.** [character, person] comprendre; he claims his wife doesn't ~ him il affirme que sa femme ne le comprend pas; I ~ your need to be independent je comprends bien que vous ayez besoin d'être indépendant; we ~ each other perfectly nous nous comprenons parfaitement; she didn't ~ why no one was interested elle ne comprenait pas pourquoi personne n'était intéressé. -**4.** [believe] comprendre, croire; I ~ you need a loan j'ai cru comprendre que OR si j'ai bien compris, vous avez besoin d'un prêt; am I to ~ that they refused? dois-je comprendre qu'ils ont refusé?; they are understood to have fled the country il paraît qu'ils ont fui le pays; we were given to ~ that he was very ill on nous a fait comprendre OR donné à entendre qu'il était très malade; so I ~ c'est ce que j'ai compris. -**5.** [interpret] entendre; what do you ~ by "soon"? qu'est-ce que vous entendez par «bientôt»?; as I ~ it, there's nothing to pay d'après ce que j'ai compris, il n'y a rien à payer. -**6.** [leave implicit] entendre, sous-entendre; she let it be understood that she preferred to be alone elle a laissé entendre OR donné à entendre qu'elle préférait être seule; the object of the sentence is understood GRAMM l'objet de la phrase est sous-entendu.
◇ *vi* comprendre; of course, I ~ bien sûr, je comprends (bien); if you do that once more you're out, ~? faites ça encore une fois et vous êtes viré, compris?; they ~ about international finance ils comprennent la OR ils s'y connaissent en finance internationale.
understandable [ˌʌndəˈstændəbl] *adj* compréhensible; that's perfectly ~ cela se comprend parfaitement.
understandably [ˌʌndəˈstændəblɪ] *adv* -**1.** [naturally] naturellement; they were, ~ (enough), deeply embarrassed ils étaient profondément gênés, ce qui se comprend parfaitement. -**2.** [speak, write] de manière compréhensible.
understanding [ˌʌndəˈstændɪŋ] ◇ *n* -**1.** *(U)* [comprehension] compréhension *f*; [intelligence] intelligence *f*; [knowledge] connaissance *f*, connaissances *fpl*; it is our ~ that they have now left the country d'après ce que nous avons compris, ils ont quitté le pays à présent; they have little ~ of what the decision involves ils ne comprennent pas très bien ce que la décision entraînera; it's beyond all ~! cela dépasse l'entendement!, c'est à n'y rien comprendre! -**2.** [agreement] accord *m*, arrangement *m*; to come to an ~ about sthg (with sb) s'entendre (avec qqn) sur qqch; there's some kind of ~ between them il y a quelque arrangement entre eux. -**3.** [interpretation] compréhension *f*, interprétation *f*; [conception] conception *f*; my ~ of the matter is that he's resigned ma conception des choses, c'est qu'il a démissionné. -**4.** [relationship - between people] bonne intelligence *f*, entente *f*; [- between nations] entente *f*. -**5.** [sympathy]: he showed great ~ il a fait preuve de beaucoup de compréhension. -**6.** [condition] condition *f*.
◇ *adj* compréhensif, bienveillant.
◆ **on the understanding that** *conj phr* à condition que; on the ~ that the money is given to charity à condition que l'argent soit donné à des bonnes œuvres.
understandingly [ˌʌndəˈstændɪŋlɪ] *adv* avec compréhension, avec bienveillance.
understate [ˌʌndəˈsteɪt] *vt* -**1.** [minimize] minimiser (l'importance de). -**2.** [state with restraint] dire avec retenue, modérer l'expression de.
understated [ˌʌndəˈsteɪtɪd] *adj* discret.
understatement [ˌʌndəˈsteɪtmənt] *n* -**1.** affirmation *f* en dessous de la vérité; that's a bit of an ~! c'est peu dire!; I'd say that calling him lazy was something of an ~ à mon avis, le traiter de paresseux, c'est peu dire; that's the ~ of the year! *hum* c'est le moins qu'on puisse dire! -**2.** LING & LITERAT litote *f*; typical British ~ euphémisme *m* typique des Britanniques.
understeer [ˌʌndəˈstɪəʳ] *vi* AUT sous-virer.
understock [ˌʌndəˈstɒk] *vt* [shop] mal approvisionner; the farm is ~ed la ferme manque de bétail.
understood [ˌʌndəˈstʊd] *pt & pp* → **understand**.
understudy [ˈʌndəˌstʌdɪ] (*pl* understudies, *pt & pp* understudied) ◇ *n* THEAT doublure *f*.
◇ *vt* [role] apprendre un rôle en tant que doublure; [actor] doubler.
undertake [ˌʌndəˈteɪk] (*pt* undertook [-ˈtʊk], *pp* undertaken [-ˈteɪkn]) *vt fml* -**1.** [take up - job, project] entreprendre; [- experiment] entreprendre, se lancer dans; [- responsibility] assumer, se charger de; [- change] entreprendre, mettre en œuvre. -**2.** [agree, promise] s'engager à; he undertook to pay half the costs il s'est engagé à payer la moitié des frais.
undertaker [ˈʌndəˌteɪkəʳ] *n* ordonnateur *m* des pompes funèbres.
undertaking [ˌʌndəˈteɪkɪŋ] *n* -**1.** [promise] engagement *m*; to give a (written) ~ to do sthg s'engager (par écrit) à faire qqch; she gave an ~ that she wouldn't intervene elle a promis de ne pas intervenir. -**2.** [enterprise] entreprise *f*.
under-the-counter *inf* ◇ *adj* [agreement, offer, sale] en douce, clandestin; an ~ payment un dessous-de-table.
◇ *adv* clandestinement, sous le manteau; to sell sthg ~ vendre qqch sous le manteau.
underthings *inf* [ˈʌndəθɪŋz] *npl* dessous *mpl*, sous-vêtements *mpl*.
undertip [ˌʌndəˈtɪp] (*pt & pp* undertipped, *cont* undertipping) *vi* donner un pourboire trop petit.
undertone [ˈʌndətəʊn] *n* -**1.** [in speech] voix *f* basse; to speak in an ~ parler à voix basse OR à mi-voix. -**2.** [of feeling] nuance *f*; the situation had distinctly comic ~s la situation avait un net comique sous-jacent; all her poetry has a tragic ~ toute sa poésie a un fond de tragique.
undertook [ˌʌndəˈtʊk] *pt* → **undertake**.
undertow [ˈʌndətəʊ] *n* courant *m* de retour; I sensed an ~ of resentment in her words *fig* je sentais un vague ressentiment dans ses paroles.
undertrick [ˈʌndətrɪk] *n* [in bridge] *trick qui ne remplit pas le contrat.*
undertrump [ˌʌndəˈtrʌmp] *vt* CARDS *jouer un atout inférieur à un autre déjà joué.*
underuse [ˌʌndəˈjuːz] *vt* sous-utiliser.
underused [ˌʌndəˈjuːzd], **underutilized** [ˌʌndəˈjuːtəlaɪzd] *adj* [facilities, land, resources] sous-exploité.
undervalue [ˌʌndəˈvæljuː] *vt* [object] sous-évaluer, sous-estimer; [person, help] sous-estimer.
undervest [ˈʌndəvest] *n Br* tricot *m* OR maillot *m* de corps.
underwater [ˌʌndəˈwɔːtəʳ] ◇ *adj* sous-marin.
◇ *adv* sous l'eau.
underwear [ˈʌndəweəʳ] *n (U)* sous-vêtements *mpl*.
underweight [ˌʌndəˈweɪt] *adj* -**1.** [person] qui ne pèse pas assez, trop maigre; to be ~ être en dessous de son poids normal. -**2.** [goods] d'un poids insuffisant; all the packets are 20 grams ~ il manque 20 grammes à chaque paquet.
underwent [ˌʌndəˈwent] *pt* → **undergo**.
underwhelm [ˌʌndəˈwelm] *vt hum* décevoir, désappointer; I found the whole affair distinctly ~ing j'ai trouvé toute l'affaire vraiment décevante; she felt rather ~ed by it all elle a été plutôt déçue par tout ça.
underworld [ˈʌndəˌwɜːld] ◇ *n* -**1.** [of criminals] pègre *f*, milieu *m*. -**2.** MYTH: the ~ les Enfers *mpl*.
◇ *comp* [activity] du milieu; [contact] dans OR avec le milieu.
underwrite [ˈʌndəraɪt] (*pt* underwrote [-rəʊt], *pp* underwritten [-ˌrɪtn]) *vt* -**1.** [for insurance - policy] garantir; [- risk] garantir, assurer contre. -**2.** ST. EX [shares] garantir. -**3.** [support - financially] soutenir OR appuyer financièrement; [- by agreement] soutenir, souscrire à.
underwriter [ˈʌndəˌraɪtəʳ] *n* -**1.** [of insurance] assureur *m*. -**2.** ST. EX syndicataire *mf*.
undescended [ˌʌndɪˈsendɪd] *adj* ANAT [testis] qui n'est pas descendu.
undeserved [ˌʌndɪˈzɜːvd] *adj* immérité, injuste.
undeservedly [ˌʌndɪˈzɜːvɪdlɪ] *adv* injustement, indûment.
undeserving [ˌʌndɪˈzɜːvɪŋ] *adj* [person] peu méritant; [cause] peu méritoire; he is quite ~ of such praise il est parfaitement indigne de OR il ne mérite pas du tout de telles louanges.
undesirable [ˌʌndɪˈzaɪərəbl] ◇ *adj* indésirable; ~ alien étranger *m* indésirable; highly ~ tout à fait inopportun.
◇ *n* indésirable *mf*.
undetected [ˌʌndɪˈtektɪd] *adj* [error] non détecté, non décelé; [disease] non détecté, non dépisté; to go ~ passer inaperçu.
undetermined [ˌʌndɪˈtɜːmɪnd] *adj* -**1.** [unknown] inconnu, indéterminé; an artefact of ~ origin un objet fabriqué d'origine inconnue; for an ~ sum of money pour une somme d'argent non fixée. -**2.** [hesitant] irrésolu, indécis.
undeterred [ˌʌndɪˈtɜːd] *adj* sans se laisser décourager; she was ~ by this setback elle ne s'est pas laissé décourager par ce revers.
undeveloped [ˌʌndɪˈveləpt] *adj* -**1.** non développé; [country] en développement; [muscles, organs] non formé; [land, resources] non exploité. -**2.** [immature] immature.
undid [ˌʌnˈdɪd] *pt* → **undo**.
undies *inf* [ˈʌndɪz] *npl* dessous *mpl*.
undigested [ˌʌndɪˈdʒestɪd] *adj* mal digéré, non digéré.
undignified [ʌnˈdɪgnɪfaɪd] *adj* [behaviour, person] qui manque de dignité.
undiluted [ˌʌndaɪˈljuːtɪd] *adj* -**1.** [juice] non dilué. -**2.** *fig* [emotion] sans mélange, parfait; it's pure, ~ maliciousness c'est de la méchanceté à l'état pur.
undiminished [ˌʌndɪˈmɪnɪʃt] *adj* intact, non diminué.

undimmed [ˌʌn'dɪmd] *adj lit* -**1.** [light, faculty] non diminué. -**2.** *fig* [fame, lustre] non terni; [memory] intact.

undiplomatic [ˌʌndɪplə'mætɪk] *adj* [action] peu diplomatique; [person] peu diplomate, qui manque de diplomatie.

undipped [ˌʌn'dɪpt] *adj Br* AUT: **to drive on ~ headlights** rouler en pleins phares.

undirected [ˌʌndɪ'rektɪd] *adj* -**1.** [effort] sans but. -**2.** [mail] sans adresse.

undischarged [ˌʌndɪs'tʃɑːdʒd] *adj* JUR [bankrupt] non réhabilité; [debt] non liquidé.

undisciplined [ʌn'dɪsɪplɪnd] *adj* indiscipliné.

undisclosed [ˌʌndɪs'kləʊzd] *adj* non divulgué; **for an ~ sum** pour une somme dont le montant n'a pas été révélé.

undiscovered [ˌʌndɪ'skʌvəd] *adj* non découvert; **the manuscript lay ~ for centuries** le manuscrit est resté inconnu des siècles durant; **an ~ land** une terre inconnue.

undiscriminating [ˌʌndɪs'krɪmɪneɪtɪŋ] *adj* qui manque de discernement.

undisguised [ˌʌndɪs'gaɪzd] *adj* non déguisé, non dissimulé.

undismayed [ˌʌndɪs'meɪd] *adj* qui ne se laisse pas décourager; **he seemed quite ~ by his defeat** sa défaite ne semblait pas du tout l'avoir découragé.

undisputed [ˌʌndɪ'spjuːtɪd] *adj* incontesté.

undistinguished [ˌʌndɪ'stɪŋgwɪʃt] *adj* -**1.** [person] peu distingué, sans distinction. -**2.** [style, taste] banal, quelconque.

undisturbed [ˌʌndɪ'stɜːbd] *adj* -**1.** [in peace] tranquille; **I want to be left ~ for a while** je veux qu'on me laisse tranquille un moment. -**2.** [unchanged, untroubled] inchangé, tranquille; **village life has gone on here ~ for centuries** la vie du village s'est poursuivie tranquillement depuis des siècles; **the population remained largely ~ by the war** en général, la population n'a pas été affectée par la guerre. -**3.** [untouched - body, ground, papers] non dérangé, non déplacé.

undivided [ˌʌndɪ'vaɪdɪd] *adj* -**1.** [whole] entier; **this job requires your ~ attention** ce travail nécessite toute votre attention OR votre entière attention; **you have my ~ love** vous avez tout mon amour. -**2.** [unanimous] unanime.

undo [ˌʌn'duː] (*pt* **undid** [-'dɪd], *pp* **undone** [-'dʌn]) *vt* -**1.** [bow, knot] défaire; **to come undone** se défaire. -**2.** [ruin - work] détruire; [- effect] annuler; [- plan] mettre en échec. -**3.** [repair -wrong] réparer.

undock [ˌʌn'dɒk] ◇ *vt* ASTRONAUT larguer.
◇ *vi* -**1.** ASTRONAUT se séparer; **~ing manoeuvre** manœuvre *f* de désaccouplement. -**2.** NAUT quitter le quai.

undocumented [ˌʌn'dɒkjʊmentɪd] *adj* non documenté.

undoing [ˌʌn'duːɪŋ] *n* (cause *f* de) perte *f*; **his indecision proved to be his ~** son indécision aura causé sa perte.

undone [ʌn'dʌn] ◇ *pp* → **undo**.
◇ *adj* -**1.** [button, clothes, hair] défait. -**2.** [task] non accompli. -**3.** *arch* [hope, plan] ruiné, anéanti; **we are ~!** *arch* OR *hum* nous sommes perdus!

undoubted [ʌn'daʊtɪd] *adj* indubitable.

undoubtedly [ʌn'daʊtɪdlɪ] *adv* indubitablement.

undrawn [ˌʌn'drɔːn] *adj* [cheque] qu'on n'a pas tiré.

undreamed-of [ʌn'driːmdɒv], **undreamt-of** [ʌn'dremtɒv] *adj* inconcevable, impensable, auquel on ne songe pas.

undress [ˌʌn'dres] ◇ *vt* déshabiller.
◇ *vi* se déshabiller.
◇ *n*: **in a state of ~** *hum* en petite tenue.

undressed [ˌʌn'drest] *adj* -**1.** [person] déshabillé; **to get ~** se déshabiller. -**2.** [wound] non pansé. -**3.** [salad] non assaisonné.

undrinkable [ˌʌn'drɪŋkəbl] *adj* -**1.** [bad-tasting] imbuvable. -**2.** [unfit for drinking] non potable.

undue [ˌʌn'djuː] *adj* excessif; **with ~ haste** avec une hâte excessive.

undulate ['ʌndjʊleɪt] *vi* onduler.

undulating ['ʌndjʊleɪtɪŋ] *adj* [curves, hills] onduleux.

undulation [ˌʌndjʊ'leɪʃn] *n* ondulation *f*.

undulatory ['ʌndjʊlətrɪ] *adj* [gen] ondulant; PHYS ondulatoire.

unduly [ˌʌn'djuːlɪ] *adv* excessivement, trop.

undying [ʌn'daɪɪŋ] *adj* [faith] éternel; **to swear one's ~ love (for sb)** jurer un amour éternel (à qqn).

unearned [ˌʌn'ɜːnd] *adj* -**1.** [undeserved - fame, privilege] non mérité, immérité. -**2.** ECON non gagné en travaillant OR par le travail; **~ increment** plus-value *f*.

unearned income *n* (*U*) revenus *mpl* non professionnels, rentes *fpl*.

unearth [ˌʌn'ɜːθ] *vt* -**1.** [dig up] déterrer. -**2.** *fig* [find - equipment, fact] dénicher, trouver; [- old ideas] ressortir, ressusciter.

unearthly [ʌn'ɜːθlɪ] *adj* -**1.** [weird] étrange; [unnatural] surnaturel; [mysterious] mystérieux; [sinister] sinistre. -**2.** *fig*: **at an ~ hour** à une heure indue.

unease [ʌn'iːz] *n lit* -**1.** [of mind] inquiétude *f*, malaise *m*; [embarrassment] malaise *m*, gêne *f*; **I tried to ignore my growing ~** j'essayais d'ignorer mon malaise grandissant. -**2.** POL [unrest] troubles *mpl*; [tension] tension *f*.

uneasily [ʌn'iːzɪlɪ] *adv* -**1.** [anxiously - wait, watch] anxieusement, avec inquiétude; [- sleep] d'un sommeil agité. -**2.** [with embarrassment] avec gêne, mal à l'aise.

uneasiness [ʌn'iːzɪnɪs] *n* -**1.** [of mind] inquiétude *f*, malaise *m*; [of conscience] trouble *m*; [of sleep] agitation *f*; **she felt a growing ~** elle sentait une inquiétude croissante. -**2.** [embarrassment] malaise *m*, gêne *f*.

uneasy [ʌn'iːzɪ] (*compar* **uneasier**, *superl* **uneasiest**) *adj* -**1.** [troubled - person] inquiet; [- sleep] agité; **I had the ~ feeling we were being followed** j'avais la désagréable impression que l'on nous suivait; **she was ~ in her mind** elle se sentait inquiète; **to feel ~ about (doing) sthg** se sentir inquiet à l'idée de (faire) qqch; **I had an ~ conscience about it** je n'avais pas la conscience tranquille à ce sujet. -**2.** [embarrassed - person] mal à l'aise, gêné; [- silence] gêné; **I feel ~ in her presence** je me sens mal à l'aise en sa présence. -**3.** [uncertain - peace, situation] précaire.

uneatable [ˌʌn'iːtəbl] *adj* immangeable.

uneaten [ˌʌn'iːtn] *adj* qui n'a pas été mangé; **he left his meal ~** il n'a pas touché à son repas.

uneconomic ['ʌnˌiːkə'nɒmɪk] *adj* -**1.** [expensive] peu économique; [unproductive] non rentable. -**2.** = **uneconomical**.

uneconomical ['ʌnˌiːkə'nɒmɪkl] *adj* [wasteful] peu rentable.

unedifying [ˌʌn'edɪfaɪɪŋ] *adj* peu édifiant.

unedited [ˌʌn'edɪtɪd] *adj* CIN & TV non monté; [speech, text] non édité, non révisé.

uneducated [ˌʌn'edjʊkeɪtɪd] *adj* -**1.** [person] sans instruction. -**2.** [unrefined - behaviour, manners] sans éducation, inculte; [- writing] informe; [- speech] populaire.

unelectable [ˌʌnɪ'lektəbl] *adj* [person] inéligible; [party] incapable de remporter des élections.

unemotional [ˌʌnɪ'məʊʃənl] *adj* [person] impassible; [behaviour, reaction] qui ne trahit aucune émotion; [voice] neutre; [account, style] sans passion, neutre.

unemployable [ˌʌnɪm'plɔɪəbl] *adj* [person] inapte au travail, que l'on ne peut pas embaucher.

unemployed [ˌʌnɪm'plɔɪd] ◇ *npl*: **the ~** les chômeurs *mpl*, les demandeurs *mpl* d'emploi.
◇ *adj* en OR au chômage.

unemployment [ˌʌnɪm'plɔɪmənt] ◇ *n* chômage *m*.
◇ *comp* [benefit, compensation, rate] de chômage; **~ figures** les chiffres *mpl* du chômage; **~ insurance** assurance *f* chômage.

unemployment benefit *n Br* allocation *f* de chômage.

unencumbered [ˌʌnɪn'kʌmbəd] *adj* [passage] dégagé, non encombré; [person] non encombré; **~ by children or mortgage** sans enfants ni hypothèque.

unending [ʌn'endɪŋ] *adj* sans fin, interminable.

unendurable [ˌʌnɪn'djʊərəbl] *adj* intolérable.

unenforceable [ˌʌnɪn'fɔːsəbl] *adj* inapplicable.

unenlightened [ˌʌnɪn'laɪtnd] *adj* [person] ignorant, peu éclairé; [practice] arriéré.

unenterprising [ˌʌn'entəpraɪzɪŋ] *adj* [person] peu entreprenant; [measure] timoré.

unenthusiastic [ˌʌnɪnˌθjuːzɪ'æstɪk] *adj* peu enthousiaste; **she seemed rather ~ about it** ça n'avait pas l'air de l'enthousiasmer.

unenviable [ˌʌn'envɪəbl] *adj* [conditions, situation, task] peu enviable.

unequal [ˌʌn'iːkwəl] *adj* -**1.** [amount, number, result] inégal. -**2.** [contest, struggle] inégal, non équilibré. -**3.** *fml* [incapable]: **to be ~ to a job/to a task** ne pas être à la hauteur d'un travail/d'une tâche.

unequalled *Br*, **unequaled** *Am* [ˌʌn'iːkwəld] *adj* inégalé, sans pareil.

unequally [ˌʌn'iːkwəlɪ] *adv* inégalement.

unequivocal [ˌʌnɪ'kwɪvəkl] *adj* sans équivoque.

unequivocally [ˌʌnɪ'kwɪvəklɪ] *adv* sans équivoque, clairement.

unerring [ˌʌn'ɜːrɪŋ] *adj* infaillible, sûr; [accuracy, judgement] infaillible, sûr; [aim] sûr.

unerringly [ˌʌn'ɜːrɪŋlɪ] *adv* infailliblement.

UNESCO [juː'neskəʊ] (*abbr of* **United Nations Educational, Scientific and Cultural Organization**) *pr n* Unesco *f*.

unescorted [ˌʌn'ɪskɔːtɪd] *adj* non accompagné; **an ~ woman** une femme non accompagnée.

unessential [ˌʌnɪ'senʃl] = **inessential**.

unethical [ʌn'eθɪkl] *adj* contraire à l'éthique.

uneven [ˌʌn'iːvn] *adj* -**1.** [line] irrégulier, qui n'est pas droit; [surface] irrégulier, rugueux; [ground] raboteux, accidenté; [edge] inégal; **she has ~ teeth** ses dents sont irrégulières. -**2.** [unequal - contest, quality, distribution] inégal; **his performance was very ~** *fig* il a joué de façon très inégale. -**3.** [number] impair.

unevenly [ˌʌn'iːvnlɪ] *adv* -**1.** [divide, spread] inégalement; **the contestants are ~ matched** les adversaires ne sont pas de force égale. -**2.** [cut, draw] irrégulièrement.

unevenness [ˌʌn'iːvnnɪs] *n* -**1.** [of edge, ground, line, surface] irrégularité *f*. -**2.** [of contest, distribution, quality] inégalité *f*.

uneventful [ˌʌnɪ'ventfʊl] *adj* [day] sans événement marquant, sans histoires; **to lead an ~ life** mener une vie sans histoires OR paisible; **an ~ journey** un voyage sans histoires OR sans encombre; **an ~ career** une carrière sans histoires.

uneventfully [ˌʌnɪ'ventfʊlɪ] *adv* sans incidents.

unexceptionable [ˌʌnɪk'sepʃnəbl] *adj fml* irréprochable.

unexceptional [ˌʌnɪk'sepʃənl] *adj* qui n'a rien d'exceptionnel, banal.

unexciting [ˌʌnɪk'saɪtɪŋ] *adj* [life] peu passionnant; [film] sans grand intérêt; [food] quelconque.

unexpected [ˌʌnɪk'spektɪd] *adj* inattendu, imprévu; **their marriage was totally ~** leur mariage était totalement inattendu.

unexpectedly [ˌʌnɪk'spektɪdlɪ] *adv* -**1.** [arrive] à l'improviste, de manière imprévue; [fail, succeed] contre toute attente, de manière inattendue. -**2.** [surprisingly] étonnamment.

unexplained [ˌʌnɪk'spleɪnd] *adj* [mystery, reason] inexpliqué.

unexploded [ˌʌnɪk'spləʊdɪd] *adj* non explosé.

unexplored [ˌʌnɪk'splɔːd] *adj* inexploré, inconnu; [solution, possibility] inexploré.

unexposed [ˌʌnɪk'spəʊzd] *adj* PHOT [film] vierge.

unexpressed [ˌʌnɪk'sprest] *adj* inexprimé.

unexpurgated [ˌʌn'ekspəgeɪtɪd] *adj* non expurgé, intégral.
unfading [ʌn'feɪdɪŋ] *adj* [colour, feeling, pleasure] toujours vif *(malgré le temps)*; [memory] toujours vif, ineffaçable.
unfailing [ʌn'feɪlɪŋ] *adj* [loyalty, support] sûr, à toute épreuve; [courage] inébranlable, à toute épreuve; [energy, supply] intarissable, inépuisable; [good mood, interest] constant, inaltérable.
unfailingly [ʌn'feɪlɪŋlɪ] *adv* inlassablement, toujours.
unfair [ˌʌn'feəʳ] *adj* [advantage, decision, treatment] injuste; [system] injuste, inique; [judgement] inique; [competition, play] déloyal; to be ~ to sb se montrer injuste envers qqn ❑ ~ **dismissal** INDUST licenciement *m* abusif.
unfairly [ˌʌn'feəlɪ] *adv* [treat] inéquitablement, injustement; [compete] déloyalement; to be ~ **dismissed** INDUST être victime d'un licenciement abusif.
unfairness [ˌʌn'feənɪs] *n (U)* injustice *f*.
unfaithful [ˌʌn'feɪθfʊl] *adj* infidèle; to be ~ to sb être infidèle à qqn.
unfaithfully [ˌʌn'feɪθfʊlɪ] *adv* infidèlement.
unfaithfulness [ˌʌn'feɪθfʊlnɪs] *n* infidélité *f*.
unfaltering [ʌn'fɔːltərɪŋ] *adj* [speech, steps] ferme, assuré; **she was ~ in her support** elle était décidée dans son soutien.
unfalteringly [ʌn'fɔːltərɪŋlɪ] *adv* fermement, sans hésitation.
unfamiliar [ˌʌnfə'mɪljəʳ] *adj* [face, person, surroundings] inconnu; [ideas] peu familier, que l'on connaît mal; **I'm ~ with his writings** je connais mal ses écrits.
unfamiliarity ['ʌnfəˌmɪlɪ'ærətɪ] *n* [strangeness - of faces, ideas, surroundings] aspect *m* peu familier, étrangeté *f*; [newness] nouveauté *f*; **my ~ with the city put me at a disadvantage** mon inexpérience de la ville a été un inconvénient.
unfashionable [ˌʌn'fæʃnəbl] *adj* -**1.** [clothes, ideas] démodé. -**2.** [area] peu chic.
unfasten [ˌʌn'fɑːsn] *vt* [button, lace] défaire; [gate] ouvrir; [belt, bonds, rope] détacher.
unfathomable [ʌn'fæðəməbl] *adj* insondable.
unfathomed [ʌn'fæðəmd] *adj* inexploré, insondé.
unfavourable *Br*, **unfavorable** *Am* [ˌʌn'feɪvrəbl] *adj* défavorable.
unfavourably *Br*, **unfavorably** *Am* [ˌʌn'feɪvrəblɪ] *adv* défavorablement.
unfeeling [ʌn'fiːlɪŋ] *adj* insensible, dur.
unfeelingly [ʌn'fiːlɪŋlɪ] *adv* avec dureté, sans pitié.
unfeigned [ʌn'feɪnd] *adj* non feint, réel.
unfeminine [ˌʌn'femɪnɪn] *adj* qui manque de féminité, peu féminin.
unfettered [ˌʌn'fetəd] *adj fml* [action] sans contrainte, sans entrave; [imagination, violence] débridé; ~ **by moral constraints** libre de toute contrainte morale.
unfinished [ˌʌn'fɪnɪʃt] *adj* -**1.** [incomplete] incomplet, inachevé; **an ~ piece of work** un travail inachevé ❑ ~ **business** *literal* affaires *fpl* à régler; *fig* questions *fpl* à régler; **'The Unfinished Symphony'** *Schubert* 'la Symphonie inachevée'. -**2.** [rough - furniture] brut, non fini; TEX sans apprêt.
unfit [ˌʌn'fɪt] (*pt* & *pp* unfitted, *cont* unfitting) ◇ *adj* -**1.** [unsuited - permanently] inapte; [- temporarily] qui n'est pas en état; **he is ~ for life in the army** il est inapte à la vie militaire; ~ **for human consumption** impropre à la consommation; **she is ~ for social work** OR **to be a social worker** elle n'est pas faite pour être assistante sociale; **he's still ~ for work** il n'est toujours pas en état de reprendre le travail. -**2.** [unhealthy - person] qui n'est pas en forme, qui est en mauvaise forme; [- condition] mauvais; **three of our star players have been declared ~** trois de nos joueurs vedettes ont été déclarés hors d'état de jouer.
◇ *vt fml* rendre inapte; **his past record unfitted him for public office** sa conduite passée lui interdisait toute fonction officielle.
unfitness [ˌʌn'fɪtnɪs] *n* -**1.** [unsuitability] inaptitude *f*, incapacité *f*; ~ **for public office** inaptitude à toute fonction officielle. -**2.** [lack of health, physical fitness] mauvaise forme *f*.
unfitted [ˌʌn'fɪtɪd] *adj fml* [unprepared] mal préparé; [unsuitable] inapte; to be ~ to do sthg être inapte à faire qqch; **he is quite ~ for a job in management** il est totalement inapte à un poste de direction.
unfitting [ˌʌn'fɪtɪŋ] *adj* [remarks] déplacé, inconvenant; [behaviour] inconvenant.
unfix [ˌʌn'fɪks] *vt* [bayonet] remettre.
unflagging [ˌʌn'flægɪŋ] *adj* [courage] infatigable, inlassable; [enthusiasm] inépuisable; **with ~ interest** avec un intérêt toujours soutenu.
unflaggingly [ˌʌn'flægɪŋlɪ] *adv* infatigablement, inlassablement.
unflappable *inf* [ˌʌn'flæpəbl] *adj Br* imperturbable, qui ne se laisse pas démonter.
unflattering [ˌʌn'flætərɪŋ] *adj* peu flatteur.
unfledged [ˌʌn'fledʒd] *adj* -**1.** ZOOL sans plumes. -**2.** *fig* inexpérimenté, novice.
unflinching [ʌn'flɪntʃɪŋ] *adj* intrépide, qui ne bronche pas.
unflinchingly [ʌn'flɪntʃɪŋlɪ] *adv* stoïquement, sans broncher.
unfocus(s)ed [ˌʌn'fəʊkəst] *adj* [gaze, photo] flou; ~ **energy** *fig* énergie sans but.
unfold [ʌn'fəʊld] ◇ *vt* -**1.** [spread out - cloth, map] déplier. -**2.** [reveal - intentions, plans] exposer, révéler; [- story] raconter, dévoiler; [- secret] dévoiler; [- reasons] faire connaître.
◇ *vi* -**1.** [cloth, map] se déplier; [wings] se déployer. -**2.** [plan, story] se dévoiler, se développer; [view] se dérouler, s'étendre; **the drama ~ed before our eyes** le drame se déroulait devant nos yeux; **a spectacular view ~ed before us** un spectaculaire panorama s'étendait devant nous.
unforeseeable [ˌʌnfɔː'siːəbl] *adj* imprévisible.
unforeseen [ˌʌnfɔː'siːn] *adj* imprévu, inattendu.
unforgettable [ˌʌnfə'getəbl] *adj* inoubliable.
unforgettably [ˌʌnfə'getəblɪ] *adv* inoubliablement.
unforgivable [ˌʌnfə'gɪvəbl] *adj* impardonnable.
unforgivably [ˌʌnfə'gɪvəblɪ] *adv* impardonnablement.
unforgiving [ˌʌnfə'gɪvɪŋ] *adj* implacable, impitoyable, sans merci.
unforgotten [ˌʌnfə'gɒtn] *adj* inoublié.
unformatted [ˌʌn'fɔːmætɪd] *adj* COMPUT non formaté.
unformed [ˌʌn'fɔːmd] *adj* -**1.** [undeveloped] non formé. -**2.** [shapeless] informe, sans forme.
unforthcoming [ˌʌnˌfɔːθ'kʌmɪŋ] *adj*: **he was very ~ about the date of the elections** il s'est montré très discret sur la date des élections.
unfortunate [ʌn'fɔːtʃnət] ◇ *adj* -**1.** [unlucky] malheureux, malchanceux; **hundreds of ~ people are now homeless** des centaines de malheureux sont maintenant sans abri. -**2.** [regrettable - incident, situation] fâcheux, regrettable; [- joke, remark] malencontreux; **it's just ~ things turned out this way** il est malheureux OR regrettable que les choses se soient passées ainsi.
◇ *n euph* & *fml* malheureux *m*, -euse *f*.
unfortunately [ʌn'fɔːtʃnətlɪ] *adv* malheureusement; ~ **not** malheureusement pas.
unfounded [ˌʌn'faʊndɪd] *adj* infondé, dénué de fondement.
unframed [ˌʌn'freɪmd] *adj* sans cadre.
unfreeze [ˌʌn'friːz] (*pt* unfroze [-'frəʊz], *pp* unfrozen [-'frəʊzn]) ◇ *vt* -**1.** [de-ice] dégeler. -**2.** FIN [credit, rent] débloquer, dégeler.
◇ *vi* (se) dégeler.
unfrequented [ˌʌnfrɪ'kwentɪd] *adj* peu fréquenté.
unfriendliness [ˌʌn'frendlɪnɪs] *n* hostilité *f*, froideur *f*.
unfriendly [ˌʌn'frendlɪ] (*compar* **unfriendlier**, *superl* **unfriendliest**) *adj* inamical, froid.
unfrock [ˌʌn'frɒk] *vt* défroquer.
unfroze [ˌʌn'frəʊz] *pt* → **unfreeze**.
unfrozen [ˌʌn'frəʊzn] *pp* → **unfreeze**.
unfruitful [ˌʌn'fruːtfʊl] *adj* -**1.** [barren] stérile, improductif. -**2.** *fig* [efforts, search] infructueux, vain.
unfulfilled [ˌʌnfʊl'fɪld] *adj* [person] insatisfait, frustré; [dream] non réalisé; [ambition, hopes] inaccompli; [promise] non tenu; **to feel ~** éprouver un sentiment d'insatisfaction.
unfunded [ˌʌn'fʌndɪd] *adj* sans subvention; ~ **debt** FIN dette *f* flottante.
unfunny [ˌʌn'fʌnɪ] *adj* [experience, joke, situation] qui n'a rien d'amusant; **I find that most ~** je ne trouve pas ça amusant du tout.
unfurl [ˌʌn'fɜːl] ◇ *vt* [flag, sail] déferler, déployer.
◇ *vi* se déployer.
unfurnished [ˌʌn'fɜːnɪʃt] *adj* [flat, room] non meublé.
unfussy [ˌʌn'fʌsɪ] *adj* [clothes, manners, person] simple, pas compliqué; [design, furniture] simple.
ungainliness [ʌn'geɪnlɪnɪs] *n* maladresse *f*, gaucherie *f*.
ungainly [ʌn'geɪnlɪ] (*compar* **ungainlier**, *superl* **ungainliest**) *adj* [in movement] maladroit, gauche; [in appearance] dégingandé, disgracieux.
ungallant [ʌn'gælənt] = **ungentlemanly**.
ungenerous [ˌʌn'dʒenərəs] *adj* -**1.** [allowance, person] peu généreux; **the offer was not ~** l'offre n'était pas peu généreuse. -**2.** [criticism, remark] mesquin.
ungentlemanly [ʌn'dʒentlmənlɪ] *adj* [attitude, conduct, remark] peu courtois, peu galant.
ungetatable *inf* [ˌʌnget'ætəbl] *adj* inaccessible, hors de portée.
ungodliness [ˌʌn'gɒdlɪnɪs] *n* impiété *f*.
ungodly [ˌʌn'gɒdlɪ] *adj* -**1.** *lit* irréligieux, impie. -**2.** *inf fig* [noise] infernal; **why are you phoning me at this ~ hour?** pourquoi me téléphonez-vous à cette heure impossible?
ungovernable [ˌʌn'gʌvənəbl] *adj* -**1.** [feelings, temper] irrépressible. -**2.** [country] ingouvernable.
ungracious [ˌʌn'greɪʃəs] *adj* désagréable.
ungraciously [ˌʌn'greɪʃəslɪ] *adv* de mauvaise grâce.
ungrammatical [ˌʌngrə'mætɪkl] *adj* agrammatical, non grammatical.
ungrammatically [ˌʌngrə'mætɪklɪ] *adv* incorrectement LING.
ungrateful [ʌn'greɪtfʊl] *adj* -**1.** [person] ingrat; **to be ~ to sb** manquer de reconnaissance envers qqn. -**2.** *fml* OR *lit* [task] ingrat.
ungratefully [ʌn'greɪtfʊlɪ] *adv* de manière ingrate, avec ingratitude.
ungratefulness [ʌn'greɪtfʊlnɪs] *n* ingratitude *f*.
ungrudging [ˌʌn'grʌdʒɪŋ] *adj* [expense, help] généreux, sans compter.
ungrudgingly [ˌʌn'grʌdʒɪŋlɪ] *adv* généreusement, de bon cœur.
unguarded [ˌʌn'gɑːdɪd] *adj* -**1.** [house] non surveillé, non gardé; [suitcase] sans surveillance, non surveillé. -**2.** [fire] sans pare-feu. -**3.** [remark] irréfléchi; **in an ~ moment** dans un moment d'inattention. -**4.** [feelings] franc; **she gave ~ support for the scheme** elle n'a pas hésité à soutenir ce projet.
unguent ['ʌŋgwənt] *n lit* onguent *m*, pommade *f*.
ungulate ['ʌŋgjʊleɪt] ◇ *adj* ongulé.
◇ *n* ongulé *m*.
unhallowed [ˌʌn'hæləʊd] *adj* -**1.** RELIG [ground] non consacré. -**2.** [ungodly - act, behaviour] impie.
unhampered [ˌʌn'hæmpəd] *adj* non entravé, libre.
unhand [ˌʌn'hænd] *vt arch* OR *hum* lâcher; ~ **me, sir!** monsieur, lâchez-moi!

unhappily [ʌn'hæpɪlɪ] *adv* -**1.** [sadly] tristement; **she looked at me ~** elle me regarda d'un air triste OR malheureux. -**2.** *fml* [unfortunately] malheureusement; **~, all her friends had left** malheureusement OR par malheur tous ses amis étaient partis.

unhappiness [ʌn'hæpɪnɪs] *n* chagrin *m*, peine *f*; **her departure caused me great ~** son départ m'a fait beaucoup de peine.

unhappy [ʌn'hæpɪ] (*compar* **unhappier**, *superl* **unhappiest**) *adj* -**1.** [sad] triste, malheureux; **to make sb ~** rendre qqn malheureux; **he had an ~ time abroad** il a fait un mauvais séjour à l'étranger. -**2.** *fml* [unfortunate - coincidence] malheureux, regrettable; [- remark] malheureux, malencontreux; **an ~ turn of phrase** une tournure malheureuse; **it's a most ~ state of affairs** c'est une situation tout à fait regrettable OR fâcheuse; **the ~ fellow drowned** *Br* le pauvre malheureux s'est noyé. -**3.** [displeased] mécontent; [worried] inquiet; **to be ~ about** OR **with sthg** être mécontent de qqch; **she was ~ about me spending so much time away from home** [displeased] elle n'aimait pas que je passe tant de temps loin de la maison; [worried] cela l'inquiétait que je passe tant de temps loin de la maison.

unharmed [ˌʌn'hɑːmd] *adj* -**1.** [person] sain et sauf, indemne; **to escape ~** s'en sortir indemne; **they released two boys ~** ils ont relâché deux garçons sains et saufs. -**2.** [vase] intact; [house, paintwork] non endommagé.

unharness [ˌʌn'hɑːnɪs] *vt* [remove harness from] déharnacher; [unhitch] dételer.

unhealthily [ʌn'helθɪlɪ] *adv* d'une manière malsaine; **to be ~ thin** être d'une maigreur malsaine.

unhealthy [ʌn'helθɪ] (*compar* **unhealthier**, *superl* **unhealthiest**) *adj* -**1.** [person] malade; [complexion] maladif; **he had an ~ look about him** il avait un air maladif. -**2.** [air, place] malsain, insalubre. -**3.** *fig* [curiosity, interest] malsain, morbide.

unheard [ˌʌn'hɜːd] *adj* non entendu; **his cries for help went ~** personne n'a entendu ses appels à l'aide ‖ JUR [case] non jugé; **to be judged ~** être jugé sans être entendu.

unheard-of *adj* -**1.** [extraordinary] inouï, sans précédent; **~ cruelty** une cruauté inouïe. -**2.** [unprecedented] inconnu, sans précédent; **such an occurrence is quite unheard of** pareil événement n'est pratiquement jamais arrivé. -**3.** [unknown] inconnu, ignoré; **several previously ~ painters were included in the exhibition** plusieurs peintres inconnus jusqu'alors ont participé à l'exposition.

unheated [ˌʌn'hiːtɪd] *adj* sans chauffage.

unheeded [ˌʌn'hiːdɪd] *adj* [ignored - message, warning] ignoré, dont on ne tient pas compte; **his instructions went** OR **were ~** ses instructions n'ont pas été suivies ‖ [unnoticed] inaperçu; **the announcement went ~** on n'a pas tenu compte de l'annonce.

unheeding [ʌn'hiːdɪŋ] *adj* -**1.** [unconcerned] insouciant, indifférent. -**2.** [inattentive] inattentif.

unhelpful [ʌn'helpfʊl] *adj* [person] peu secourable OR serviable; [instructions, map] qui n'est d'aucun secours; [advice] inutile; **you're being deliberately ~** vous faites exprès de ne pas nous aider.

unhelpfully [ʌn'helpfʊlɪ] *adv* -**1.** [act] sans aider, sans coopérer. -**2.** [advise, say, suggest] inutilement.

unhelpfulness [ʌn'helpfʊlnɪs] *n* inutilité *f*; [of person] manque *m* d'obligeance.

unheralded [ʌn'herəldɪd] *adj* [unannounced] non annoncé; [unexpected] inattendu.

unhesitating [ʌn'hezɪteɪtɪŋ] *adj* [reply] immédiat, spontané; [belief] résolu, ferme; [person] résolu, qui n'hésite pas.

unhesitatingly [ʌn'hezɪteɪtɪŋlɪ] *adv* sans hésitation.

unhindered [ʌn'hɪndəd] *adj* sans entrave OR obstacle; **we crossed the border ~** nous avons passé la frontière sans encombre.

unhinge [ˌʌn'hɪndʒ] *vt* -**1.** [door, window] démonter, enlever de ses gonds. -**2.** *fig* [mind, person] déséquilibrer, déranger.

unhinged [ˌʌn'hɪndʒd] *adj* déséquilibré.

unhitch [ˌʌn'hɪtʃ] *vt* -**1.** [rope] détacher, décrocher. -**2.** [horse, ox] dételer.

unholy [ˌʌn'həʊlɪ] (*compar* **unholier**, *superl* **unholiest**) *adj* -**1.** RELIG profane, impie; **an ~ alliance** *fig* une alliance *f* contre nature. -**2.** *inf* [awful - noise, mess] impossible, invraisemblable; **at an ~ hour** à une heure impossible OR indue.

unhook [ˌʌn'hʊk] ◇ *vt* -**1.** [remove, take down] décrocher. -**2.** [bra, dress] dégrafer, défaire.
◇ *vi* [bra, dress] se dégrafer.

unhoped-for [ʌn'həʊpt-] *adj* inespéré.

unhopeful [ʌn'həʊpfʊl] *adj* -**1.** [person] pessimiste, sans illusion. -**2.** [situation] décourageant.

unhorse [ˌʌn'hɔːs] *vt* -**1.** EQUIT démonter, désarçonner. -**2.** *fig* [from power] faire tomber, renverser.

unhurried [ʌn'hʌrɪd] *adj* [person] qui ne se presse pas; [manner] tranquille, serein; **we enjoyed an ~ lunch** nous avons pris plaisir à déjeuner sans nous presser.

unhurriedly [ʌn'hʌrɪdlɪ] *adv* calmement, sans se presser.

unhurt [ˌʌn'hɜːt] *adj* indemne, sans blessure; **to escape ~** sortir sain et sauf OR indemne.

unhygienic [ˌʌnhaɪ'dʒiːnɪk] *adj* antihygiénique, non hygiénique.

uni *inf* ['juːnɪ] (*abbr of* **university**) *n* fac *f*.

unicameral [ˌjuːnɪ'kæmərəl] *adj* monocaméral.

UNICEF ['juːnɪˌsef] (*abbr of* **United Nations International Children's Emergency Fund**) *pr n* Unicef *m*.

unicellular [ˌjuːnɪ'seljʊləʳ] *adj* unicellulaire.

unicorn ['juːnɪkɔːn] *n* MYTH licorne *f*.

unicycle ['juːnɪsaɪkl] *n* monocycle *m*.

unidentifiable [ˌʌnaɪ'dentɪfaɪəbl] *adj* non identifiable.

unidentified [ˌʌnaɪ'dentɪfaɪd] *adj* non identifié.

unidentified flying object *n* objet *m* volant non identifié.

unidirectional [ˌjuːnɪdɪ'rekʃənl] *adj* unidirectionnel.

unification [ˌjuːnɪfɪ'keɪʃn] *n* unification *f*.

uniform ['junɪfɔːm] ◇ *n* uniforme *m*; **in ~** [gen] en uniforme; MIL sous les drapeaux; **in school ~** en uniforme d'école; **to wear ~** porter l'uniforme.
◇ *adj* [identical] identique, pareil; [constant] constant; [unified] uniforme.

uniformed ['juːnɪfɔːmd] *adj* [gen] en uniforme; [policeman, soldier] en tenue.

uniformity [ˌjuːnɪ'fɔːmətɪ] (*pl* **uniformities**) *n* uniformité *f*.

uniformly ['juːnɪfɔːmlɪ] *adv* uniformément.

unify ['juːnɪfaɪ] (*pt* & *pp* **unified**) *vt* -**1.** [unite - country] unifier. -**2.** [make uniform - legislation, prices, system] uniformiser.

unifying ['juːnɪfaɪɪŋ] *adj* unificateur.

unilateral [ˌjuːnɪ'lætərəl] *adj* -**1.** [action, decision] unilatéral; **~ declaration of independence** déclaration *f* unilatérale d'indépendance. -**2.** MED [paralysis] hémiplégique.

unilateral disarmament *n* désarmement *m* unilatéral.

unilateralism [ˌjuːnɪ'lætərəlɪzm] *n* doctrine *f* du désarmement unilatéral.

unilateralist [ˌjuːnɪ'lætərəlɪst] *n* partisan *m* du désarmement unilatéral.

unilaterally [ˌjuːnɪ'lætərəlɪ] *adv* -**1.** [act, decide] unilatéralement. -**2.** MED: **to be paralysed ~** être paralysé d'un seul côté, être hémiplégique.

unilingual [ˌjuːnɪ'lɪŋgwəl] *adj* monolingue, unilingue.

unimaginable [ˌʌnɪ'mædʒɪnəbl] *adj* inimaginable, inconcevable.

unimaginably [ˌʌnɪ'mædʒɪnəblɪ] *adv* incroyablement, invraisemblablement.

unimaginative [ˌʌnɪ'mædʒɪnətɪv] *adj* manquant d'imagination, peu imaginatif.

unimaginatively [ˌʌnɪ'mædʒɪnətɪvlɪ] *adv* sans imagination.

unimpaired [ˌʌnɪm'peəd] *adj* [faculty, health, strength] non diminué; **her political prestige remains ~** son prestige politique demeure intact.

unimpeachable [ˌʌnɪm'piːtʃəbl] *adj fml* [source, evidence] incontestable; [reputation, honesty] irréprochable.

unimpeded [ˌʌnɪm'piːdɪd] *adj* sans obstacle, libre.

unimportant [ˌʌnɪm'pɔːtənt] *adj* -**1.** [detail, matter, question] sans importance, insignifiant. -**2.** [person] sans influence, sans importance.

unimposing [ˌʌnɪm'pəʊzɪŋ] *adj* -**1.** [unimpressive] peu imposant OR impressionnant. -**2.** [insignificant] insignifiant.

unimpressed [ˌʌnɪm'prest] *adj* non impressionné; **I was ~ by her** elle ne m'a pas fait une grosse impression; **they were obviously ~ by your threats** ils n'étaient manifestement pas impressionnés par vos menaces.

unimpressive [ˌʌnɪm'presɪv] *adj* guère impressionnant; **their record is ~** leur dossier n'est pas très impressionnant OR est très quelconque.

unimproved [ˌʌnɪm'pruːvd] *adj* -**1.** [no better] non amélioré; **his condition is ~** son état ne s'est pas amélioré. -**2.** [land] non amendé; [resources] inexploité, inutilisé; **~ value** valeur *f* non bâtie *(d'un terrain)*.

unincorporated [ˌʌnɪn'kɔːpəreɪtɪd] *adj* -**1.** [not included] non incorporé OR intégré. -**2.** COMM & JUR non enregistré.

uninformative [ˌʌnɪn'fɔːmətɪv] *adj* [book, leaflet, person] qui n'apprend rien; [conversation] qui n'est pas très instructif.

uninformed [ˌʌnɪn'fɔːmd] *adj* [person] non informé; [opinion] mal informé; [reader] non averti; **~ critics** critiques non avertis; **to make an ~ guess** deviner au hasard.

uninhabitable [ˌʌnɪn'hæbɪtəbl] *adj* inhabitable.

uninhabited [ˌʌnɪn'hæbɪtɪd] *adj* inhabité.

uninhibited [ˌʌnɪn'hɪbɪtɪd] *adj* [person] sans inhibition OR inhibitions; [behaviour, reaction] non réfréné, non réprimé; [laughter] franc et massif, sans retenue.

uninitiated [ˌʌnɪ'nɪʃɪeɪtɪd] ◇ *npl*: **the ~** les profanes *mpl*, les non-initiés *mpl*, les non-initiées *fpl*; **to** OR **for the ~** pour le profane.
◇ *adj* non initié.

uninjured [ʌn'ɪndʒəd] *adj* [person] indemne, sain et sauf; **miraculously she was ~** par miracle, elle était indemne.

uninspired [ˌʌnɪn'spaɪəd] *adj* qui manque d'inspiration.

uninspiring [ˌʌnɪn'spaɪrɪŋ] *adj* [dull] qui n'inspire pas; [mediocre] médiocre; [unexciting] qui n'est pas passionnant; [uninteresting] sans intérêt.

unintelligent [ˌʌnɪn'telɪdʒənt] *adj* inintelligent, qui manque d'intelligence; **he's not an ~ lad** ce garçon n'est pas bête.

unintelligible [ˌʌnɪn'telɪdʒəbl] *adj* inintelligible; [writing] illisible.

unintended [ˌʌnɪn'tendɪd] *adj* non intentionnel, accidentel, fortuit.

unintentional [ˌʌnɪn'tenʃənl] *adj* involontaire, non intentionnel.

unintentionally [ˌʌnɪn'tenʃnəlɪ] *adv* sans le vouloir, involontairement.

uninterested [ʌn'ɪntrəstɪd] *adj* [indifferent] indifférent; **to be ~ in sb/sthg** être indifférent à qqn/qqch.

uninteresting [ˌʌn'ɪntrəstɪŋ] *adj* [subject] inintéressant, sans intérêt; [book] inintéressant, ennuyeux; [person] ennuyeux.

uninterrupted ['ʌnˌɪntə'rʌptɪd] *adj* continu, ininterrompu.

uninterruptedly ['ʌnˌɪntə'rʌptɪdlɪ] *adv* de façon ininterrompue, sans interruption.

uninvited [ˌʌnɪnˈvaɪtɪd] *adj* -**1.** [person] qu'on n'a pas invité; an ~ **guest** un invité inattendu; **he turned up ~ at the party** il a débarqué à la soirée sans y avoir été invité. -**2.** [comment] non sollicité.

uninviting [ˌʌnɪnˈvaɪtɪŋ] *adj* [place] peu accueillant; [prospect] peu attrayant; [smell] peu attirant.

union [ˈjuːnjən] ◇ *n* -**1.** [act of linking, uniting] union *f*; COMM regroupement *m*, fusion *f*. -**2.** INDUST syndicat *m*. -**3.** [association] association *f*, union *f*; **students'** ~ union des étudiants. -**4.** [marriage] union *f*, mariage *m*. -**5.** MATH union *f*.
◇ *comp* [dues, leader, meeting] syndical; [member] d'un OR du syndicat; ~ **shop** *Am* atelier *m* d'ouvriers syndiqués, union shop *m*.
◆ **Union** *n* -**1.** POL [country]: **the Union of South Africa** la République d'Afrique du Sud; **the Soviet Union** l'Union *f* soviétique. -**2.** HIST: **the Union** *Br* [with Scotland] l'Union *f* de l'Angleterre et de l'Écosse; [with Northern Ireland] l'Union de l'Angleterre et de l'Irlande du Nord; *Am* les États *mpl* de l'Union.

union-bashing *n Br* antisyndicalisme *m*.

Union Flag = **Union Jack**.

unionism [ˈjuːnjənɪzm] *n* -**1.** INDUST syndicalisme *m*. -**2.** POL unionisme *m*.

unionist [ˈjuːnjənɪst] ◇ *adj* INDUST syndicaliste.
◇ *n* -**1.** INDUST syndicaliste *mf*. -**2.** POL unioniste *mf*; [in American Civil War] nordiste *mf*.

unionize, -ise [ˈjuːnjənaɪz] ◇ *vi* se syndicaliser, se syndiquer.
◇ *vt* syndicaliser, syndiquer.

Union Jack *n* Union Jack *m (drapeau officiel du Royaume-Uni)*.

uniparous [juːˈnɪpərəs] *adj* unipare.

uniprocessor [ˌjuːnɪˈprəʊsesəʳ] *n* COMPUT monoprocesseur *m*.

uniprogramming [ˌjuːnɪˈprəʊɡræmɪŋ] *n* COMPUT monoprogrammation *f*.

unique [juːˈniːk] *adj* -**1.** [sole, single] unique; [particular] particulier, propre; **a problem ~ to this region** un problème propre à cette région. -**2.** [exceptional] exceptionnel, remarquable; **his work is quite ~** son travail est tout à fait exceptionnel.

uniquely [juːˈniːklɪ] *adv* [particularly] particulièrement; [remarkably] exceptionnellement, remarquablement.

uniqueness [juːˈniːknɪs] *n* originalité *f*.

unironed [ʌnˈaɪənd] *adj* non repassé.

unisex [ˈjuːnɪseks] *adj* unisexe.

unison [ˈjuːnɪzn] *n* unisson *m*; **in ~** à l'unisson.

UNISON [ˈjuːnɪzn] *pr n «super-syndicat» de la fonction publique en Grande-Bretagne.*

unit [ˈjuːnɪt] ◇ *n* -**1.** [constituent, component] unité *f*; **administrative ~** unité administrative; **the parish is the basic church ~** la paroisse est l'unité de base de l'Église. -**2.** [group] unité *f*; [team] équipe *f*, unité *f*; **army ~** unité de l'armée; **family ~** cellule *f* familiale; **production ~** unité de production. -**3.** [department] service *m*; [centre] centre *m*; [building] locaux *mpl*; [offices] bureaux *mpl*; **child care ~** service de pédiatrie; **operating ~** bloc *m* opératoire. -**4.** [in amounts, measurement] unité *f*; ~ **of length/time** unité de longueur/de temps; **two ~s of morphine** MED deux unités de morphine; ~ **of currency** unité monétaire. -**5.** [part, element - of furniture] élément *m*; [- of mechanism, system] bloc *m*, élément *m*; **kitchen ~s** éléments de cuisine; **sink ~** bloc-évier *m*; **transformer ~** bloc transformateur. -**6.** SCH [lesson] unité *f*; ~ **5** unité 5.
◇ *comp* [furniture] par éléments, modulaire.
◆ **units** *npl* MATH: **the ~s** les unités *fpl*.

Unitarian [ˌjuːnɪˈteərɪən] ◇ *n* RELIG unitaire *mf*, unitarien *m*, -enne *f*.
◇ *adj* unitaire, unitarien.

Unitarianism [ˌjuːnɪˈteərɪənɪzm] *n* RELIG unitarisme *m*.

unitary [ˈjuːnɪtrɪ] *adj* -**1.** [united, single] unitaire. -**2.** [government] centralisé.

unit charge *n* TELEC taxe *f* unitaire.

unit cost *n* COMM coût *m* unitaire.

unite [juːˈnaɪt] ◇ *vt* -**1.** [join, link - forces] unir, rassembler. -**2.** [unify - country, party] unifier, unir. -**3.** [bring together - people, relatives] réunir.
◇ *vi* s'unir; **they ~d in their efforts to defeat the enemy** ils ont conjugué leurs efforts pour vaincre l'ennemi; **the two countries ~d in opposing** OR **to oppose oppression** les deux pays se sont unis pour s'opposer à l'oppression; **they seem to have ~d against me** ils semblent s'être unis contre moi.

united [juːˈnaɪtɪd] *adj* [family] uni; [efforts] conjugué; [country, party] uni, unifié; **to present a ~ front** montrer un front uni; **they are ~ against her/against fascism** ils sont unis contre elle/contre le fascisme; **we are ~ in our aims** nous sommes d'accord dans nos objectifs, nous partageons les mêmes objectifs ❑ **Melchester United** SPORT Melchester United; ~ **we stand, divided we fall** *prov* l'union fait la force *prov*.

United Arab Emirates *pl pr n*: **the ~** les Émirats *mpl* arabes unis; **in the ~** dans les Émirats arabes unis.

United Arab Republic *pr n* République *f* arabe unie; **in the ~** dans la République arabe unie.

United Kingdom *pr n* Royaume-Uni *m*; **in the ~** au Royaume-Uni.

United Nations *pr n* Nations *fpl* unies.

United Provinces *pl pr n*: **the ~** les Provinces-Unies *fpl*; **in the ~** dans les Provinces-Unies.

United States *pr n* États-Unis *mpl*; **in the ~** aux États-Unis; **the ~ of America** les États-Unis d'Amérique.

unit price *n* prix *m* unitaire OR à l'unité.

unit trust *n Br* FIN fonds *m* commun de placement, SICAV *f*.

unity [ˈjuːnətɪ] (*pl* **unities**) *n* -**1.** [union] unité *f*, union *f*; **national/political ~** unité nationale/politique; **strength lies in ~** l'union fait la force. -**2.** [identity - of purpose] identité *f*; [- of views] unité *f*. -**3.** [harmony] harmonie *f*; **to live in ~** vivre en harmonie. -**4.** THEAT unité *f*; **the dramatic unities** les unités dramatiques. -**5.** MATH unité *f*.

Univ. *written abbr of* **university**.

univalent [ˌjuːnɪˈveɪlənt] ◇ *adj* BIOL & CHEM univalent, monovalent.
◇ *n* chromosome *m* univalent.

univalve [ˈjuːnɪvælv] ◇ *adj* ZOOL univalve.
◇ *n* mollusque *m* univalve.

universal [ˌjuːnɪˈvɜːsl] ◇ *adj* [belief, education, language] universel; **topics of ~ interest** sujets qui intéressent tout le monde ❑ ~ **product code** *Am* code *m* barres.
◇ *n* -**1.** [truth] vérité *f* universelle; [proposition] proposition *f* universelle. -**2.** LING & PHILOS: ~**s** universaux *mpl*.

universal grammar *n* grammaire *f* universelle.

universality [ˌjuːnɪvɜːˈsælətɪ] *n* universalité *f*.

universalize, -ise [ˌjuːnɪˈvɜːsəlaɪz] *vt* universaliser, généraliser.

universal joint *n* (joint *m* de) cardan *m*.

universally [ˌjuːnɪˈvɜːsəlɪ] *adv* universellement; **a ~ held opinion** une opinion qui prévaut partout; **he is ~ liked/admired** tout le monde l'aime bien/l'admire.

universe [ˈjuːnɪvɜːs] *n* univers *m*; **in the ~** dans l'univers.

university [ˌjuːnɪˈvɜːsətɪ] (*pl* **universities**) ◇ *n* université *f*; **to go to ~** aller à l'université, faire des études universitaires; **to be at ~** être à l'université OR en faculté; **she studied at Cambridge ~** elle était à l'université de Cambridge.
◇ *comp* [building, campus, team] universitaire; [professor, staff] d'université; [education, studies] supérieur, universitaire; ~ **fees** frais *mpl* d'inscription à l'université.

univocal [ˌjuːnɪˈvəʊkl] ◇ *adj* [message, term, text] univoque.
◇ *n* LING mot *m* univoque.

unjust [ˌʌnˈdʒʌst] *adj* injuste.

unjustifiable [ʌnˈdʒʌstɪfaɪəbl] *adj* [behaviour] injustifiable, inexcusable; [claim] que l'on ne peut justifier; [error] injustifié.

unjustifiably [ʌnˈdʒʌstɪfaɪəblɪ] *adv* sans justification.

unjustified [ʌnˈdʒʌstɪfaɪd] *adj* [unwarranted] injustifié; ~ **absences** absences sans motif valable; **such accusations are ~** de telles plaintes sont sans fondement OR sont injustifiées.

unjustly [ʌnˈdʒʌstlɪ] *adv* injustement, à tort.

unkempt [ʌnˈkempt] *adj* [hair] mal peigné, en bataille; [beard] hirsute; [appearance, person] négligé, débraillé; [garden] mal entretenu, en friche.

unkind [ʌnˈkaɪnd] *adj* -**1.** [person] peu aimable, qui n'est pas gentil; [manner] peu aimable; [thought] vilain, méchant; [remark] désobligeant, méchant; **he was rather ~ to me** il n'a pas été très gentil à mon égard OR avec moi. -**2.** [climate] rigoureux, rude.

unkindly [ʌnˈkaɪndlɪ] ◇ *adv* [cruelly] méchamment, cruellement; [roughly] sans ménagement; **I hope you won't take it ~ but I'll have to decline your invitation** j'espère que vous ne le prendrez pas mal OR vous ne serez pas offensé mais je dois décliner votre invitation; **she didn't mean it ~** elle n'a voulu blesser OR offenser personne.
◇ *adj lit* [person] peu aimable OR gentil; [action] vilain; [remark] désobligeant.

unkindness [ʌnˈkaɪndnɪs] *n* -**1.** [of person] manque *m* de gentillesse, méchanceté *f*; [of behaviour, manner] méchanceté *f*. -**2.** [of climate] rigueur *f*.

unknit [ʌnˈnɪt] (*pt* & *pp* **unknitted**, *cont* **unknitting**) *vt* -**1.** [pullover] défaire, détricoter. -**2.** *fig* & *lit* [alliance, friendship] rompre.

unknowable [ˌʌnˈnəʊəbl] ◇ *adj* inconnaissable.
◇ *n* inconnaissable *m*.

unknowing [ʌnˈnəʊɪŋ] *adj* inconscient; **they went, all ~, to their deaths** ils allaient, sans le savoir, au-devant de leur mort.

unknowingly [ʌnˈnəʊɪŋlɪ] *adv* à mon/son *etc* insu, sans m'en/s'en *etc* apercevoir.

unknown [ʌnˈnəʊn] ◇ *adj* -**1.** [not known] inconnu; **for reasons ~ to us** pour des raisons que nous ignorons OR qui nous sont inconnues; ~ **to his son, he sold the house** à l'insu de son fils OR sans que son fils le sache, il a vendu la maison; **these drugs are ~ to most family doctors** ces médicaments sont inconnus OR ignorés de la plupart des généralistes ❑ ~ **quantity** MATH & *fig* inconnue *f*. -**2.** [obscure - cause] inconnu, mystérieux; [- place] inconnu. -**3.** [obscure - actor, writer] inconnu, méconnu.
◇ *n* -**1.** [person] inconnu *m*, -e *f*. -**2.** [place, situation] inconnu *m*; **the great ~** le grand inconnu; **the explorers set off into the ~** les explorateurs se lancèrent vers l'inconnu. -**3.** MATH & LOGIC inconnue *f*.

Unknown Soldier, Unknown Warrior *n*: **the ~** le Soldat *m* inconnu.

unlabelled [ʌnˈleɪbld] *adj* non étiqueté, sans étiquette.

unlace [ʌnˈleɪs] *vt* [bodice, shoe] délacer, défaire le lacet OR les lacets de.

unladen [ʌnˈleɪdn] *adj* -**1.** [goods] déchargé. -**2.** [lorry, ship] à vide; ~ **weight** poids *m* à vide.

unladylike [ʌnˈleɪdɪlaɪk] *adj* [girl] mal élevé; [behaviour, posture] peu distingué, qui ne sied pas à une jeune fille; **it's ~ to whistle** une jeune fille bien élevée ne siffle pas.

unlamented [ʌnləˈmentɪd] *adj* regretté de personne; **his death was ~, he died ~** personne n'a pleuré sa mort.

unlatch [ʌnˈlætʃ] ◇ *vt* [door] soulever le loquet de, ouvrir; **the door was left ~ed** la porte est

restée entrouverte, on n'avait pas fermé le loquet de la porte.
◇ *vi* [door] s'ouvrir.

unlawful [,ʌn'lɔːfʊl] *adj* illicite, illégal; **it is ~ to use a television set without a licence** il est interdit d'utiliser une télévision sans payer de redevance; **their marriage was deemed ~** leur mariage fut jugé illégitime; **the demonstration is ~** la manifestation est interdite ❑ **~ assembly** JUR réunion *f* illégale, attroupement *m* illégal; **~ killing** meurtre *m*.

unlawfully [,ʌn'lɔːfʊlɪ] *adv* illicitement, illégalement.

unleaded [,ʌn'ledɪd] *adj* [petrol] sans plomb.

unlearn [,ʌn'lɜːn] (*pt & pp* **unlearned** OR **unlearnt** [-'lɜːnt]) *vt* désapprendre.

unlearned [*sense 1* ,ʌn'lɜːnɪd, *sense 2* ,ʌn'lɜːnd] *adj* -**1.** [person] non instruit, ignorant. -**2.** = **unlearnt**.

unlearnt [,ʌn'lɜːnt] *adj* [lesson] non appris; [reflex] inné, non acquis.

unleash [,ʌn'liːʃ] *vt* -**1.** [dog] lâcher. -**2.** *fig* [anger, violence] déchaîner; **she ~ed a stream of invective** elle lâcha une bordée d'injures.

unleavened [,ʌn'levnd] *adj* [bread] CULIN sans levain; RELIG azyme; **the speech was ~ by even a trace of humour** *lit* le discours n'était même pas égayé par une pointe d'humour.

unless [ən'les] *conj* à moins que *(+ subjunctive)*, à moins de *(+ infinitive)*; **I'll go ~ he phones first** j'irai, à moins qu'il téléphone d'abord; **~ I'm very much mistaken** à moins que je ne me trompe; **you won't win ~ you practise** vous ne gagnerez pas si vous ne vous entraînez pas; **they won't agree ~ I go myself** ils n'accepteront pas si je n'y vais pas moi-même; **don't speak ~ spoken to** ne parle que lorsqu'on t'adresse la parole; **~ I hear otherwise** OR **to the contrary** sauf avis contraire, sauf contrordre.

unlettered [,ʌn'letəd] *adj lit* [uneducated] sans instruction; [illiterate] illettré, analphabète.

unliberated [,ʌn'lɪbəreɪtɪd] *adj* non libéré; **~ slaves** les esclaves non émancipés; **the ~ woman** la femme non libérée.

unlicensed [,ʌn'laɪsənst] *adj* [parking, sale] illicite, non autorisé; [fishing, hunting] sans permis, illicite; [car] sans vignette; [premises, restaurant] qui n'a pas de licence de débit de boissons.

unlikable [,ʌn'laɪkəbl] *adj* [person] peu sympathique; [place, thing] peu agréable.

unlike [,ʌn'laɪk] ◇ *adj* [dissimilar] dissemblable; [different] différent; [showing no likeness] peu ressemblant; [unequal] inégal; **the two sisters are quite ~ each other** les deux sœurs ne se ressemblent pas du tout.
◇ *prep* -**1.** [different from] différent de, qui ne ressemble pas à; **he's quite ~ his brother** il ne ressemble pas à son frère; **she is not ~ Meryl Streep in looks** elle n'est pas sans ressembler à Meryl Streep; **your situation is quite ~ mine** votre situation est très différente de la mienne. -**2.** [uncharacteristic of]: **that's (very) ~ him!** cela ne lui ressemble pas (du tout)! -**3.** [in contrast to] à la différence de, contrairement à; **~ you, I prefer a quiet life** contrairement à vous, je préfère une vie tranquille.

unlikeable [,ʌn'laɪkəbl] = **unlikable**.

unlikelihood [ʌn'laɪklɪhʊd] *n* improbabilité *f*.

unlikely [ʌn'laɪklɪ] *adj* -**1.** [improbable - event, outcome] improbable, peu probable; **it is very** OR **most ~ that it will rain** il est très peu probable qu'il pleuve, il y a peu de chances pour qu'il pleuve; **in the ~ event of my winning** au cas improbable où je gagnerais. -**2.** [person] peu susceptible, qui a peu de chances; **he is ~ to come/to fail** il est peu probable qu'il vienne/échoue, il est peu susceptible de venir/d'échouer; **she is ~ to choose him** elle a peu de chances de le choisir, il y a peu de chances pour qu'elle le choisisse. -**3.** [implausible - excuse, story] invraisemblable. -**4.** [unexpected - situation, undertaking, costume etc] extravagant, invraisemblable; **he turns up at the most ~ times** il débarque à des heures invraisemblables; **the manager chose the most ~ person to run the department** le directeur a choisi la personne la moins indiquée au monde pour diriger le service; **he seems an ~ choice** il semble un choix peu judicieux.

unlimited [ʌn'lɪmɪtɪd] *adj* -**1.** [possibilities, space] illimité, sans limites; [power] illimité, sans bornes; **we don't have ~ time at our disposal** nous ne disposons pas d'un temps infini OR illimité. -**2.** *Br* FIN: **~ liability** responsabilité *f* illimitée.

unlined [,ʌn'laɪnd] *adj* -**1.** [paper] non réglé, uni. -**2.** [clothes, curtain] sans doublure. -**3.** [face] sans rides.

unlisted [,ʌn'lɪstɪd] *adj* -**1.** [not on list - name] qui ne paraît pas sur la liste. -**2.** *Am* TELEC: **the number is ~** le numéro est sur la liste rouge. -**3.** ST. EX non coté (en Bourse).

unlit [,ʌn'lɪt] *adj* -**1.** [candle, fire] non allumé. -**2.** [room, street] non éclairé.

unload [,ʌn'ləʊd] ◇ *vt* -**1.** [remove load from - gun, ship, truck] décharger; **have you ~ed the washing machine?** avez-vous enlevé le linge de la machine? -**2.** [remove - cargo, furniture] décharger; **to ~ bricks from a cart** décharger les briques d'une charrette; **to ~ a film (from a camera)** enlever la pellicule (d'un appareil photo). -**3.** *inf* [get rid of] se débarrasser de, se défaire de; **to ~ sthg onto sb** se décharger de qqch sur qqn. -**4.** *fig* [responsibility, worries] décharger.
◇ *vi* [ship, truck] décharger.

unloading [,ʌn'ləʊdɪŋ] *n* déchargement *m*.

unlock [,ʌn'lɒk] ◇ *vt* -**1.** [door] ouvrir. -**2.** *fig* [mystery, puzzle] résoudre, donner la clé de; [secret] dévoiler.
◇ *vi* s'ouvrir.

unlooked-for [,ʌn'lʊkt-] *adj* inattendu, imprévu.

unloose [,ʌn'luːs] = **unleash**.

unloose(n) [,ʌn'luːs(n)] *vt* [belt, bonds, grip] relâcher, desserrer.

unlovable [,ʌn'lʌvəbl] *adj* peu attachant.

unloved [,ʌn'lʌvd] *adj* privé d'affection, aimé de personne; **to feel ~** se sentir mal aimé.

unlovely [,ʌn'lʌvlɪ] *adj* laid, déplaisant.

unloving [,ʌn'lʌvɪŋ] *adj* peu affectueux.

unluckily [ʌn'lʌkɪlɪ] *adv* malheureusement; **~ for us, it rained** malheureusement pour nous, il a plu.

unlucky [ʌn'lʌkɪ] (*compar* **unluckier**, *superl* **unluckiest**) *adj* -**1.** [person] malchanceux; [day] de malchance; **she was rather ~** elle a été plutôt malchanceuse; **we were ~ enough to get caught in a jam** nous avons eu la malchance d'être pris dans un embouteillage; **to be ~ in love** être malheureux en amour. -**2.** [colour, number] qui porte malheur; [omen] funeste, mauvais; **it's supposed to be ~ to break a mirror** c'est censé porter malheur de casser un miroir.

unmade [,ʌn'meɪd] ◇ *pt & pp* → **unmake**.
◇ *adj* -**1.** [bed] défait. -**2.** *Br* [road] non goudronné.

unmade-up *adj* [face] non maquillé, sans maquillage.

unmake [,ʌn'meɪk] (*pt & pp* **unmade** [-'meɪd]) *vt* -**1.** [bed] défaire. -**2.** *fml* OR *lit* [reputation] démolir, ruiner; [man] briser, ruiner; [ruler] déposer.

unman [,ʌn'mæn] (*pt & pp* **unmanned**, *cont* **unmanning**) *vt* -**1.** NAUT renvoyer l'équipage de. -**2.** *lit* [person] faire perdre courage à.

unmanageable [ʌn'mænɪdʒəbl] *adj* -**1.** [unwieldy - vehicle] peu maniable; [- object] peu maniable, difficile à manier; **the trailer was of an ~ length** à cause de sa longueur, la caravane était difficile à manœuvrer. -**2.** [animal] difficile, indocile; [children] difficile, impossible. -**3.** [situation] difficile à gérer; **the problem has become ~** le problème est devenu impossible à gérer OR à régler. -**4.** [hair] difficile à coiffer, rebelle.

unmanly [,ʌn'mænlɪ] *adj* -**1.** [effeminate] efféminé, peu viril. -**2.** [cowardly] lâche.

unmanned [,ʌn'mænd] *adj* [without crew - plane, ship] sans équipage; [- spacecraft, flight] inhabité; RAIL [- station] sans personnel; [- level crossing] non gardé, automatique; **~ space travel** vols *mpl* spatiaux non habités; **the border post/switchboard was ~** il n'y avait personne au poste frontière/au standard; **the control centre was left ~ for half an hour** le centre de contrôle est resté sans surveillance pendant une demi-heure.

unmannerly [ʌn'mænəlɪ] *adj fml* [person] discourtois, mal élevé; [behaviour] mal élevé.

unmapped [,ʌn'mæpt] *adj* [area] pour lequel il n'existe pas de carte, dont on n'a pas dressé la carte.

unmarked [,ʌn'mɑːkt] *adj* -**1.** [face, furniture, page] sans marque, sans tache. -**2.** [without identifying features]: **the radioactive waste was carried in ~ drums** les déchets radioactifs étaient transportés dans des barils non identifiés; **an ~ police car** une voiture de police banalisée. -**3.** [without name tag, label] sans nom, non marqué. -**4.** [essay] non corrigé. -**5.** LING non marqué. -**6.** SPORT [player] démarqué.

unmarketable [,ʌn'mɑːkɪtəbl] *adj* invendable.

unmarred [,ʌn'mɑːd] *adj lit* non abîmé; [reputation] sans tache, entier.

unmarriageable [,ʌn'mærɪdʒəbl] *adj* immariable.

unmarried [,ʌn'mærɪd] *adj* non marié, célibataire; **~ mother** mère *f* célibataire.

unmask [,ʌn'mɑːsk] *vt* démasquer.

unmatched [,ʌn'mætʃt] *adj* inégalé, sans égal OR pareil.

unmeasurable [,ʌn'meʒərəbl] *adj* incommensurable.

unmeasured [,ʌn'meʒəd] *adj* -**1.** [gen] sans mesure, démesuré. -**2.** MUS sans mesure, non mesuré.

unmentionable [ʌn'menʃnəbl] ◇ *adj* [subject] dont il ne faut pas parler, interdit; [word] qu'il ne faut pas prononcer, interdit.
◇ *n*: **the ~** [forbidden subject] le sujet interdit OR dont il ne faut pas parler; [taboo] le sujet tabou.
◆ **unmentionables** *npl euph & hum* [underwear] dessous *mpl*, sous-vêtements *mpl*.

unmerciful [ʌn'mɜːsɪfʊl] *adj* impitoyable, sans pitié; **to be ~ to** OR **towards sb** être sans pitié pour qqn.

unmercifully [ʌn'mɜːsɪfʊlɪ] *adv* [treat] impitoyablement, sans pitié; [tease] sans répit.

unmerited [,ʌn'merɪtɪd] *adj* [undeserved] immérité; [unjust] injuste.

unmindful [,ʌn'maɪndfʊl] *adj fml* [uncaring] peu soucieux; [forgetful] oublieux; [inattentive] inattentif; **he is ~ of other people's feelings** il est peu soucieux des sentiments des autres, il ne tient pas compte des sentiments des autres.

unmistakable [,ʌnmɪ'steɪkəbl] *adj* [not mistakeable] facilement reconnaissable; **the ~ sound of bagpipes** le son aisément reconnaissable de la cornemuse || [clear, obvious] indubitable, manifeste, évident; **she began to show ~ signs of fatigue** elle commença à montrer des signes évidents de fatigue.

unmistakably [,ʌnmɪ'steɪkəblɪ] *adv* -**1.** [undeniably] indéniablement, sans erreur possible. -**2.** [visibly] visiblement, manifestement.

unmistakeable [,ʌnmɪ'steɪkəbl] = **unmistakable**.

unmitigated [ʌn'mɪtɪgeɪtɪd] *adj* -**1.** [total - disaster, chaos] total; [- stupidity] pur, total; **the whole project was an ~ disaster** tout le projet a été un véritable désastre. -**2.** [undiminished] non mitigé.

unmixed [,ʌn'mɪkst] *adj* non mélangé, pur.

unmounted [,ʌn'maʊntɪd] *adj* -**1.** [rider] non monté, sans monture. -**2.** [photograph] non monté. -**3.** [jewel] non monté OR serti.

unmourned [,ʌn'mɔːnd] *adj*: **he died ~** personne ne l'a pleuré.

unmoved [ˌʌn'muːvd] *adj* indifférent, insensible; to be ~ **by sthg** rester insensible à qqch; **the music left me** ~ la musique ne m'a pas ému; **he remained** ~ il a continué, imperturbable OR impassible.

unmusical [ˌʌn'mjuːzɪkl] *adj* -**1.** [sound] peu musical. -**2.** [person] peu musicien.

unnameable [ˌʌn'neɪməbl] *adj* innommable, sans nom.

unnamed [ˌʌn'neɪmd] *adj* -**1.** [anonymous] anonyme; [unspecified] non précisé. -**2.** [having no name - child] sans nom, qui n'a pas reçu de nom; [- desire, fear] inavoué.

unnatural [ʌn'nætʃrəl] *adj* -**1.** [affected - behaviour, manner, tone] affecté, peu naturel; [- laughter] peu naturel, forcé. -**2.** [odd, abnormal - circumstances, state] anormal; [- phenomenon] surnaturel. -**3.** [perverse - love, passion] contre nature.

unnaturally [ʌn'nætʃrəlɪ] *adv* [behave, laugh, walk] bizarrement, de façon peu naturelle; **he not** ~ **decided to resign** naturellement, il a décidé de démissionner.

unnecessarily [*Br* ʌn'nesəsərɪlɪ, *Am* ˌʌnnesə'serəlɪ] *adv* sans nécessité OR raison.

unnecessary [ʌn'nesəsərɪ] *adj* superflu, inutile; **it's quite** ~ **for you all to attend** il n'est vraiment pas nécessaire OR utile que vous y alliez tous; **it's a lot of** ~ **fuss** c'est beaucoup d'agitation pour rien.

unneighbourly *Br*, **unneighborly** *Am* [ˌʌn'neɪbəlɪ] *adj* [unfriendly] peu obligeant, qui n'agit pas en bon voisin; [unhelpful] peu serviable.

unnerve [ˌʌn'nɜːv] *vt* démonter, déconcerter.

unnerving [ˌʌn'nɜːvɪŋ] *adj* [event, experience] déconcertant, perturbant.

unnoticed [ˌʌn'nəʊtɪst] *adj* inaperçu; **to pass** ~ passer inaperçu.

unnumbered [ˌʌn'nʌmbəd] *adj* -**1.** [seats, tickets, copies] non numéroté. -**2.** *fig & fml* [descendants, followers, stars] innombrable, sans nombre.

UNO (*abbr of* United Nations Organization) *pr n* ONU *f*.

unobjectionable [ˌʌnəb'dʒekʃnəbl] *adj* [idea, activity] acceptable; [behaviour, person] qui ne peut être critiqué.

unobservant [ˌʌnəb'zɜːvənt] *adj* peu observateur.

unobserved [ˌʌnəb'zɜːvd] *adj* inaperçu; **she crept past** ~ elle s'est faufilée sans se faire remarquer.

unobstructed [ˌʌnəb'strʌktɪd] *adj* -**1.** [entry, passage, view] non obstrué, libre. -**2.** [activity, progress] sans obstacle.

unobtainable [ˌʌnəb'teɪnəbl] *adj* impossible à obtenir; **the** ~ **tone** *Br* TELEC *tonalité continue indiquant qu'un numéro n'est pas en service.*

unobtrusive [ˌʌnəb'truːsɪv] *adj* [person] discret, effacé; [object] discret, pas trop visible; [smell] discret.

unobtrusively [ˌʌnəb'truːsɪvlɪ] *adv* discrètement; **she stood** ~ **in a corner** elle se tenait dans un coin sans se faire remarquer.

unoccupied [ʌn'ɒkjʊpaɪd] *adj* -**1.** [person] qui ne fait rien, oisif. -**2.** [house] inoccupé, vide; [seat] libre. -**3.** MIL [zone, territory] non occupé, libre.

unofficial [ˌʌnə'fɪʃl] *adj* -**1.** [unconfirmed - report] officieux, non officiel. -**2.** [informal - appointment] non officiel, privé. -**3.** INDUST: ~ **strike** grève *f* sauvage.

unofficially [ˌʌnə'fɪʃəlɪ] *adv* [informally] officieusement; [in private] en privé.

unopened [ˌʌn'əʊpənd] *adj* -**1.** [letter, bottle] fermé. -**2.** BOT non éclos.

unopposed [ˌʌnə'pəʊzd] *adj*: **she was elected** ~ elle était la seule candidate (et elle a été élue).

unorganized, -ised [ˌʌn'ɔːgənaɪzd] *adj* inorganisé, non organisé.

unoriginal [ˌʌnə'rɪdʒənl] *adj* sans originalité.

unorthodox [ˌʌn'ɔːθədɒks] *adj* non orthodoxe, pas très orthodoxe; RELIG hétérodoxe.

unpack [ˌʌn'pæk] ◇ *vt* -**1.** [bag, suitcase] défaire; [books, clothes, shopping] déballer; **to get** ~**ed** défaire ses bagages; **can you** ~ **the cases from the boot?** pouvez-vous sortir les valises du coffre? -**2.** COMPUT décompresser.
◇ *vi* défaire ses bagages.

unpacking [ˌʌn'pækɪŋ] *n* déballage *m*; **to do the** ~ déballer ses affaires.

unpaid [ˌʌn'peɪd] *adj* -**1.** [helper, job] bénévole, non rémunéré. -**2.** [bill, salary] impayé; [employee] non payé; ~ **holiday** congé *m* sans solde.

unpalatable [ʌn'pælətəbl] *adj* [food] immangeable; *fig* [idea] dérangeant; [truth] désagréable à entendre.

unparalleled [ʌn'pærəleld] *adj* [unequalled] sans pareil; [unprecedented] sans précédent.

unpardonable [ʌn'pɑːdnəbl] *adj* impardonnable, inexcusable.

unpardonably [ʌn'pɑːdnəblɪ] *adv* de manière inexcusable; **he was** ~ **rude** il a été d'une impolitesse inexcusable OR impardonnable.

unparliamentary ['ʌnˌpɑːlə'mentərɪ] *adj* [behaviour] peu courtois OR parlementaire *dated*; ~ **language** *Br* POL langage *m* grossier.

unpatriotic ['ʌnˌpætrɪ'ɒtɪk] *adj* [person] peu patriote; [sentiment, song] peu patriotique.

unpaved [ˌʌn'peɪvd] *adj* [street] non pavé.

unperturbed [ˌʌnpə'tɜːbd] *adj* imperturbable, impassible; **to be** ~ **by sthg** rester imperturbable face à qqch; **he remained** ~ il est resté impassible.

unpick [ˌʌn'pɪk] *vt* découdre.

unpin [ˌʌn'pɪn] (*pt & pp* **unpinned**, *cont* **unpinning**) *vt* [seam] enlever les épingles de.

unplaced [ˌʌn'pleɪst] *adj* [horse, competitor] non placé.

unplanned [ˌʌn'plænd] *adj* [visit, activity] imprévu.

unplayable [ˌʌn'pleɪəbl] *adj* [pitch] impraticable; [ball, shot - in tennis, squash etc] qu'on ne peut rattraper; [- in golf] impossible à jouer.

unpleasant [ʌn'pleznt] *adj* [person] désagréable; [smell, weather] désagréable, mauvais; [remark] désagréable, désobligeant; [memory] pénible; **it was a most** ~ **experience** ce fut une expérience fort *fml* OR extrêmement désagréable; **the boss was most** ~ **to her** le patron était très désagréable avec elle.

unpleasantly [ʌn'plezntlɪ] *adv* désagréablement, de façon déplaisante; **her remarks were** ~ **close to the truth** ses remarques tombaient si juste que c'en était désagréable.

unpleasantness [ʌn'plezntnɪs] *n* -**1.** [of person] côté *m* désagréable; [of experience, weather] désagrément *m*. -**2.** [discord] friction *f*, dissension *f*; **the disputes caused a lot of** ~ le conflit a provoqué beaucoup de frictions.

unpleasing [ˌʌn'pliːzɪŋ] *adj* déplaisant, désagréable.

unplug [ʌn'plʌg] (*pt & pp* **unplugged**, *cont* **unplugging**) *vt* ELEC débrancher.

unplumbed [ˌʌn'plʌmd] *adj* [depths, area of knowledge] insondé.

unpolished [ˌʌn'pɒlɪʃt] *adj* -**1.** [furniture, brass] non poli; [floor, shoes] non ciré. -**2.** *fig* [person] qui manque de savoir-vivre; [manners, style] peu raffiné, peu élégant.

unpolluted [ˌʌnpə'luːtɪd] *adj* non pollué.

unpopular [ˌʌn'pɒpjʊlə^r] *adj* impopulaire, peu populaire; **this style is** ~ **with the younger generation** ce style est peu populaire chez les jeunes, les jeunes n'aiment pas beaucoup ce style; **I'm rather** ~ **with the bosses just now** je ne suis pas très bien vu des patrons en ce moment; **to make o.s.** ~ se rendre impopulaire.

unpopularity ['ʌnˌpɒpjʊ'lærətɪ] *n* impopularité *f*.

unpractised *Br*, **unpracticed** *Am* [ʌn'præktɪst] *adj* inexpérimenté.

unprecedented [ʌn'presɪdəntɪd] *adj* sans précédent.

unpredictable [ˌʌnprɪ'dɪktəbl] *adj* imprévisible.

unpredictably [ˌʌnprɪ'dɪktəblɪ] *adv* de façon imprévisible.

unprejudiced [ˌʌn'predʒʊdɪst] *adj* impartial, sans parti pris.

unpremeditated [ˌʌnprɪ'medɪteɪtɪd] *adj* sans préméditation.

unprepared [ˌʌnprɪ'peəd] *adj* mal préparé; **we were** ~ **for what happened** nous n'étions pas préparés à ce qui s'est passé.

unpreparedness [ˌʌnprɪ'peərɪdnɪs] *n* manque *m* de préparation.

unprepossessing ['ʌnˌpriːpə'zesɪŋ] *adj* [place, smile] peu attrayant, qui n'a rien d'attrayant; [person] peu avenant.

unpretentious [ˌʌnprɪ'tenʃəs] *adj* sans prétention.

unpriced [ˌʌn'praɪst] *adj* non étiqueté, qui n'a pas d'étiquette de prix.

unprincipled [ʌn'prɪnsəpld] *adj* [person, behaviour] sans scrupules.

unprintable [ˌʌn'prɪntəbl] *adj* [language] grossier; **her reply was** ~ la décence m'empêche de rapporter sa réponse.

unprocessed [ʌn'prəʊsest] *adj* -**1.** [food, wool] non traité, naturel. -**2.** PHOT [film] non développé. -**3.** [data] brut.

unproductive [ˌʌnprə'dʌktɪv] *adj* [land] improductif, stérile; [discussion, weekend] improductif.

unprofessional [ˌʌnprə'feʃənl] *adj* [attitude, conduct] peu professionnel.

unprofitable [ˌʌn'prɒfɪtəbl] *adj* -**1.** [business] peu rentable. -**2.** [discussions] peu profitable; [action] inutile.

unpromising [ˌʌn'prɒmɪsɪŋ] *adj* peu prometteur.

unprompted [ˌʌn'prɒmptɪd] *adj* [action, words] spontané.

unpronounceable [ˌʌnprə'naʊnsəbl] *adj* imprononçable.

unprotected [ˌʌnprə'tektɪd] *adj* -**1.** [person] sans protection, non défendu; **children over 15 are** ~ **by the legislation** les enfants de plus de 15 ans ne sont pas protégés par la législation; ~ **sex** rapports *mpl* non protégés. -**2.** [machinery] sans protection, non protégé. -**3.** [wood] non traité. -**4.** [exposed] exposé (aux intempéries); **the house is** ~ **from the east wind** la maison est exposée aux vents d'est.

unprovoked [ˌʌnprə'vəʊkt] *adj* [attack, insult] injustifié.

unpublishable [ˌʌn'pʌblɪʃəbl] *adj* impubliable; **an** ~ **manuscript** un très mauvais manuscrit.

unpublished [ˌʌn'pʌblɪʃt] *adj* [manuscript, book] inédit, non publié.

unpunctual [ʌn'pʌŋktʃʊəl] *adj* peu ponctuel, souvent en retard.

unpunished [ʌn'pʌnɪʃt] *adj* impuni; **he can't be allowed to go** ~ il ne peut pas rester impuni.

unputdownable *inf* [ˌʌnpʊt'daʊnəbl] *adj Br* [book, novel] passionnant, dont on a du mal à s'arracher.

unqualified [ˌʌn'kwɒlɪfaɪd] *adj* -**1.** [unskilled] non qualifié; [without diploma] qui n'a pas les diplômes requis; [unsuitable] qui n'a pas les qualités requises; **he is** ~ **for the job of chairman** il n'est pas qualifié pour le poste de président. -**2.** [not competent] non qualifié OR compétent; **she is** ~ **to decide** elle n'est pas qualifiée pour décider. -**3.** [unrestricted - admiration, approval] inconditionnel, sans réserve; [- success] complet.

unquenchable [ˌʌn'kwentʃəbl] *adj lit* [curiosity, desire, thirst] insatiable.

unquestionable [ʌn'kwestʃənəbl] *adj* -**1.** [undeniable] incontestable, indubitable. -**2.** [above suspicion] qui ne peut être mis en question.

unquestionably [ʌn'kwestʃənəblɪ] *adv* indéniablement, incontestablement.

unquestioned [ʌn'kwestʃənd] *adj* [decision, leader, principle] indiscuté, incontesté.

unquestioning [ʌn'kwestʃənɪŋ] *adj* [faith, love, obedience, belief] absolu, aveugle.
unquestioningly [ʌn'kwestʃənɪŋlɪ] *adv* aveuglément.
unquiet [,ʌn'kwaɪət] *adj lit* [person] troublé, inquiet, tourmenté; [mind] perturbé, tourmenté; [period] troublé, agité.
unquote [,ʌn'kwəʊt] *adv* fin de citation; [in dictation] fermez les guillemets.
unquoted [,ʌn'kwəʊtɪd] *adj*: ~ **company** *Br* société *f* non cotée (en Bourse); ~ **shares** actions *fpl* non cotées (en Bourse).
unravel [ʌn'rævl] (*Br pt & pp* **unravelled**, *cont* **unravelling**, *Am pt & pp* **unraveled**, *cont* **unraveling**) ◇ *vt* -**1.** [knitting] défaire; [textile] effiler, effilocher. -**2.** [untangle - knots, string] démêler; *fig* [mystery] débrouiller, éclaircir. ◇ *vi* [knitting] se défaire; [textile] s'effilocher.
unread [,ʌn'red] *adj* -**1.** [person] qui a peu lu. -**2.** [book, report] qui n'a pas été lu.
unreadable [,ʌn'ri:dəbl] *adj* -**1.** [handwriting, signature] illisible. -**2.** [book, report] illisible, ennuyeux.
unreadiness [,ʌn'redɪnɪs] *n* -**1.** [unpreparedness] manque *m* de préparation. -**2.** [unwillingness] manque *m* d'empressement.
unready [,ʌn'redɪ] *adj* -**1.** [unprepared] non préparé, qui n'est pas prêt. -**2.** [unwilling] peu disposé.
unreal [,ʌn'rɪəl] *adj* -**1.** [appearance, feeling]: **it all seems so** ~ tout paraît si irréel; **an** ~ **situation** une situation artificielle. -**2.** ▽ [very good] incroyable.
unrealistic [,ʌnrɪə'lɪstɪk] *adj* irréaliste, peu réaliste.
unrealistically [,ʌnrɪə'lɪstɪklɪ] *adv*: **his hopes were** ~ **high** ses espoirs étaient trop grands pour être réalistes.
unreality [,ʌnrɪ'ælətɪ] *n* irréalité *f*.
unrealizable, -isable [,ʌn'rɪəlaɪzəbl] *adj* [aim, dream] irréalisable; [fact, situation, state] inconcevable.
unreason [,ʌn'ri:zn] *n fml* déraison *f*, folie *f*.
unreasonable [ʌn'ri:znəbl] *adj* -**1.** [absurd, preposterous] déraisonnable; **you're being** ~ vous n'êtes pas raisonnable; **it's** ~ **to stay up so late** ce n'est pas raisonnable de veiller si tard. -**2.** [excessive] excessif, déraisonnable.
unreasonably [ʌn'ri:znəblɪ] *adv* déraisonnablement.
unreasoning [ʌn'ri:znɪŋ] *adj* irrationnel.
unreclaimed [,ʌnrɪ'kleɪmd] *adj* -**1.** [belongings, parcel] non réclamé. -**2.** [land] non défriché, laissé en friche; [marshes] non asséché.
unrecognizable, -isable [,ʌn'rekəgnaɪzəbl] *adj* méconnaissable.
unrecognized, -ised [,ʌn'rekəgnaɪzd] *adj* -**1.** [without being recognized]: **he slipped out** ~ il s'est glissé vers la sortie sans être reconnu. -**2.** [not acknowledged - talent, achievement] méconnu; **he is** ~ **by the scientific community** il n'est pas reconnu par la communauté scientifique; **her discoveries went largely** ~ ses découvertes sont restées méconnues pour la plupart.
unreconstructed [,ʌnri:kən'strʌktɪd] *adj* [person, ideas] rétrograde.
unrecorded [,ʌnrɪ'kɔ:dɪd] *adj* -**1.** [remark, fact] qui n'a pas été enregistré. -**2.** [music] qui n'a pas encore été enregistré.
unredeemed [,ʌnrɪ'di:md] *adj* -**1.** [from pawn] non dégagé OR racheté. -**2.** [promise] non tenu; [obligation] non rempli. -**3.** [sinner] impénitent; [sin] inexpié, non racheté.
unreel [,ʌn'ri:l] ◇ *vt* dérouler. ◇ *vi* se dérouler.
unrefined [,ʌnrɪ'faɪnd] *adj* -**1.** [petrol] brut, non raffiné; [sugar] non raffiné; [flour] non bluté. -**2.** [person, manners] peu raffiné, fruste.
unreflecting [,ʌnrɪ'flektɪŋ] *adj* -**1.** [person, action, behaviour] irréfléchi. -**2.** [surface] non réfléchissant.
unregistered [,ʌn'redʒɪstəd] *adj* -**1.** [luggage, complaint] non enregistré. -**2.** [mail] non recommandé. -**3.** [car] non immatriculé. -**4.** [voter, student] non inscrit; [birth] non déclaré; ~ **childminder** *Br* nourrice *f* non agréée.
unrehearsed [,ʌnrɪ'hɜ:st] *adj* -**1.** [improvised] improvisé, spontané. -**2.** MUS & THEAT sans répétition, qui n'a pas été répété.
unrelated [,ʌnrɪ'leɪtɪd] *adj* -**1.** [unconnected] sans rapport; **the two incidents are** ~ les deux incidents sont sans rapport l'un avec l'autre; **his answer was completely** ~ **to the question** sa réponse n'avait absolument aucun rapport OR absolument rien à voir avec la question. -**2.** [people] sans lien de parenté.
unrelenting [,ʌnrɪ'lentɪŋ] *adj* -**1.** [activity, effort] soutenu, continuel. -**2.** [person] tenace, obstiné.
unrelentingly [,ʌnrɪ'lentɪŋlɪ] *adv* sans répit.
unreliability ['ʌnrɪ,laɪə'bɪlətɪ] *n* -**1.** [of person] manque *m* de sérieux. -**2.** [of method, machine] manque *m* de fiabilité.
unreliable [,ʌnrɪ'laɪəbl] *adj* -**1.** [person] peu fiable, sur qui on ne peut pas compter; **he's too** ~ on ne peut vraiment pas compter sur lui OR lui faire confiance. -**2.** [car, machinery] peu fiable. -**3.** [delivery, service] peu fiable, peu sûr; [business, company] qui n'inspire pas confiance. -**4.** [documents, information, memory] peu fiable.
unreliably [,ʌnrɪ'laɪəblɪ] *adv* de manière peu fiable.
unrelieved [,ʌnrɪ'li:vd] *adj* [pain] constant, non soulagé; [gloom, misery] constant, permanent; [boredom] mortel; [black] uniforme; [landscape, routine] monotone.
unremarkable [,ʌnrɪ'mɑ:kəbl] *adj* peu remarquable, quelconque.
unremarked [,ʌnrɪ'mɑ:kt] *adj* inaperçu.
unremitting [,ʌnrɪ'mɪtɪŋ] *adj* [activity, rain] incessant, ininterrompu; [demands, efforts] inlassable, infatigable; [opposition] implacable, opiniâtre; **they were** ~ **in their efforts to find a solution** ils se sont efforcés avec assiduité de trouver une solution.
unremittingly [,ʌnrɪ'mɪtɪŋlɪ] *adv* [work] sans cesse, inlassablement; [rain] sans cesse, sans interruption; [hostile, opposed] implacablement, opiniâtrement.
unrepeatable [,ʌnrɪ'pi:təbl] *adj* [remark] qu'on n'ose pas répéter, trop grossier pour être répété; [offer, performance] exceptionnel, unique.
unrepentant [,ʌnrɪ'pentənt] *adj* impénitent.
unreported [,ʌnrɪ'pɔ:tɪd] *adj* non signalé OR mentionné; **the accident went** ~ l'accident n'a pas été signalé.
unrepresentative [,ʌnreprɪ'zentətɪv] *adj* non représentatif; **his opinions are** ~ **of the group** ses opinions ne représentent pas celles du groupe.
unrepresented [,ʌnreprɪ'zentɪd] *adj* POL qui n'est pas représenté.
unrequited [,ʌnrɪ'kwaɪtɪd] *adj lit* non réciproque, non partagé; ~ **love** amour non partagé.
unreserved [,ʌnrɪ'zɜ:vd] *adj* -**1.** [place] non réservé. -**2.** [unqualified] sans réserve, entier.
unreservedly [,ʌnrɪ'zɜ:vɪdlɪ] *adv* -**1.** [without qualification] sans réserve, entièrement. -**2.** [frankly] sans réserve, franchement.
unresolved [,ʌnrɪ'zɒlvd] *adj* [issue, problem] non résolu.
unresponsive [,ʌnrɪ'spɒnsɪv] *adj* [without reaction] qui ne réagit pas; [unaffected] insensible; **an** ~ **audience** un auditoire passif; **management was** ~ **to workers' demands** l'administration n'a pas répondu aux exigences des ouvriers.
unrest [,ʌn'rest] *n (U)* agitation *f*, troubles *mpl*.
unrestrained [,ʌnrɪ'streɪnd] *adj* [anger, growth, joy] non contenu; **the** ~ **use of force** l'usage sans limites de la force.
unrestricted [,ʌnrɪ'strɪktɪd] *adj* [access, parking] libre; [number, time] illimité; [power] absolu.
unrewarded [,ʌnrɪ'wɔ:dɪd] *adj* [person] non récompensé; [effort, search] vain, infructueux; **our efforts went** ~ nos efforts sont restés sans récompense.
unrewarding [,ʌnrɪ'wɔ:dɪŋ] *adj* -**1.** [financially] pas très intéressant financièrement. -**2.** *fig* [work, experience] ingrat.
unrighteous [ʌn'raɪtʃəs] *npl lit*: **the** ~ [not pious] les impies *mpl*; [sinful] les pécheurs *mpl*.
unripe [,ʌn'raɪp] *adj* vert.
unrivalled *Br*, **unrivaled** *Am* [ʌn'raɪvld] *adj* sans égal OR pareil, incomparable.
unroadworthy [,ʌn'rəʊd,wɜ:ðɪ] *adj* [vehicle] qui n'est pas en état de rouler.
unroll [,ʌn'rəʊl] *vt* dérouler.
unromantic [,ʌnrə'mæntɪk] *adj* [person - unsentimental] peu romantique; [- down-to-earth] prosaïque, terre à terre *(inv)*; [ideas, place] peu romantique.
unruffled [,ʌn'rʌfld] *adj* -**1.** [person] imperturbable, qui ne perd pas son calme; **she remained completely** ~ elle n'a pas sourcillé OR bronché. -**2.** [hair] lisse; [water] calme, lisse.
unruled [ʌn'ru:ld] *adj* blanc, non réglé.
unruly [ʌn'ru:lɪ] *adj* -**1.** [children] indiscipliné, turbulent; [mob] incontrôlé. -**2.** [hair] indiscipliné.
unsaddle [,ʌn'sædl] *vt* [horse] desseller; [rider] désarçonner.
unsafe [,ʌn'seɪf] *adj* -**1.** [dangerous - machine, neighbourhood] peu sûr, dangereux; [- building, bridge] peu solide, dangereux; **the water is** ~ **to drink** l'eau n'est pas potable. -**2.** [endangered] en danger; **I feel very** ~ **here** je ne me sens pas du tout en sécurité ici.
unsaid [,ʌn'sed] *adj* non dit, inexprimé; **a lot was left** ~ beaucoup de choses ont été passées sous silence.
unsal(e)able [,ʌn'seɪləbl] *adj* invendable.
unsalted [,ʌn'sɔ:ltɪd] *adj* non salé.
unsatisfactory ['ʌn,sætɪs'fæktərɪ] *adj* peu satisfaisant, qui laisse à désirer.
unsatisfied [,ʌn'sætɪsfaɪd] *adj* -**1.** [person - unhappy] insatisfait, mécontent; [- unconvinced] non convaincu; **they remain** ~ **with her work** ils sont toujours mécontents de son travail. -**2.** [desire] insatisfait, inassouvi.
unsatisfying [,ʌn'sætɪsfaɪɪŋ] *adj* -**1.** [activity, task] peu gratifiant, ingrat. -**2.** [unconvincing] peu convaincant. -**3.** [meal - insufficient] insuffisant, peu nourrissant; [- disappointing] décevant.
unsaturated [,ʌn'sætʃəreɪtɪd] *adj* non saturé.
unsavoury *Br*, **unsavory** *Am* [,ʌn'seɪvərɪ] *adj* -**1.** [behaviour, habits] répugnant, très déplaisant; [person] peu recommandable; [place] louche; [reputation] douteux. -**2.** [smell] fétide, nauséabond.
unsay [,ʌn'seɪ] (*pt & pp* **unsaid** [-'sed]) *vt* retirer, revenir sur.
unscathed [,ʌn'skeɪðd] *adj* [physically] indemne, sain et sauf; [psychologically] non affecté.
unscheduled [*Br* ,ʌn'ʃedju:ld, *Am* ,ʌn'skedʒu:ld] *adj* imprévu.
unschooled [,ʌn'sku:ld] *adj fml* -**1.** [person] qui n'a pas d'instruction. -**2.** [talent] inné, naturel.
unscientific ['ʌn,saɪən'tɪfɪk] *adj* non OR peu scientifique.
unscramble [,ʌn'skræmbl] *vt* [code, message] déchiffrer; *fig* [problem] résoudre.
unscrambler [,ʌn'skræmblə[r]] *n* déchiffreur *m*.
unscrew [,ʌn'skru:] ◇ *vt* dévisser. ◇ *vi* se dévisser.
unscripted [,ʌn'skrɪptɪd] *adj* [play, speech] improvisé; [item, subject] non programmé.
unscrupulous [ʌn'skru:pjʊləs] *adj* [person] sans scrupules, peu scrupuleux; [behaviour, methods] malhonnête, peu scrupuleux.
unscrupulously [ʌn'skru:pjʊləslɪ] *adv* sans scrupules, peu scrupuleusement.
unscrupulousness [ʌn'skru:pjʊləsnɪs] *n* [of person] manque *m* de scrupules, malhonnêteté *f*; [of behaviour, methods] malhonnêteté *f*.
unseal [,ʌn'si:l] *vt* [open - letter] ouvrir, décacheter; [- deed, testament] desceller; **to** ~ **one's lips** *fig* rompre le silence, parler.
unsealed [,ʌn'si:ld] *adj* [letter] ouvert, décacheté; [deed, testament] descellé.

unseasonable [ʌn'siːznəbl] *adj* [clothing, weather] qui n'est pas de saison.
unseasonably [ʌn'siːznəblɪ] *adv*: an ~ cold night une nuit fraîche pour la saison.
unseasoned [ˌʌn'siːznd] *adj* -**1.** [food] non assaisonné. -**2.** [wood] vert.
unseat [ʌn'siːt] *vt* [rider] désarçonner; [government, king] faire tomber.
unsecured [ˌʌnsɪ'kjʊəd] *adj* -**1.** [door, window - unlocked] qui n'est pas fermé à clé; [- open] mal fermé. -**2.** FIN [creditor, loan] sans garantie.
unseeded [ˌʌn'siːdɪd] *adj* SPORT non classé.
unseeing [ˌʌn'siːɪŋ] *adj lit* aveugle; **he looked at her with ~ eyes** il l'a regardée sans (vraiment) la voir.
unseemly [ʌn'siːmlɪ] *adj lit* [improper - behaviour] inconvenant, déplacé; [- dress] inconvenant, peu convenable; [rude] indécent, grossier.
unseen [ˌʌn'siːn] ◇ *adj* -**1.** [invisible] invisible; [unnoticed] inaperçu; **she passed ~ through the crowd** elle est passée inaperçue dans la foule. -**2.** [not seen previously]: **to buy sthg sight ~** acheter qqch sans l'avoir vu; **an ~ translation** *Br* SCH & UNIV une traduction sans préparation OR à vue.
◇ *n Br* SCH & UNIV traduction *f* sans préparation OR à vue.
unsegregated [ˌʌn'segrɪgeɪtɪd] *adj* où la ségrégation n'est pas appliquée.
unselfconscious [ˌʌnselfˈkɒnʃəs] *adj* naturel; **she's quite ~ about speaking up** elle n'a vraiment pas peur de dire ce qu'elle pense, elle dit ce qu'elle pense sans la moindre gêne.
unselfish [ˌʌn'selfɪʃ] *adj* [person, act] généreux, désintéressé.
unselfishly [ˌʌn'selfɪʃlɪ] *adv* généreusement, sans penser à soi.
unselfishness [ˌʌn'selfɪʃnɪs] *n* [of person, act] générosité *f*, désintéressement *m*.
unset [ʌn'set] *adj* [diamond, emerald] non serti, non enchâssé.
unsettle [ˌʌn'setl] *vt* -**1.** [person] inquiéter, troubler. -**2.** [stomach] déranger.
unsettled [ˌʌn'setld] *adj* -**1.** [unstable - conditions, situation] instable, incertain; [- person] troublé, perturbé, inquiet; [- stomach] dérangé; [- weather] incertain, changeant; **I feel ~ in my job** je ne suis pas bien dans mon boulot. -**2.** [unfinished - issue, argument, dispute] qui n'a pas été réglé. -**3.** [account, bill] non réglé, impayé. -**4.** [area, region] inhabité, sans habitants.
unsettling [ˌʌn'setlɪŋ] *adj* [disturbing] troublant, perturbateur.
unsex [ˌʌn'seks] *vt lit* [woman] faire perdre sa féminité à; [man] faire perdre sa virilité à.
unshackle [ˌʌn'ʃækl] *vt literal* désenchaîner, ôter ses fers à; *fig* libérer, émanciper.
unshakeable [ʌn'ʃeɪkəbl] *adj* [conviction, faith] inébranlable; [decision] ferme.
unshakeably [ʌn'ʃeɪkəblɪ] *adv* irréductiblement.
unshaken [ˌʌn'ʃeɪkən] *adj* inébranlable.
unshaven [ˌʌn'ʃeɪvn] *adj* non rasé.
unsheathe [ˌʌn'ʃiːð] *vt* dégainer.
unshockable [ˌʌn'ʃɒkəbl] *adj* imperturbable, impassible.
unshod [ˌʌn'ʃɒd] *adj* [horse] qui n'est pas ferré.
unsighted [ˌʌn'saɪtɪd] *adj* SPORT: **the goalkeeper was ~** quelqu'un empêchait le gardien de but de voir le ballon.
unsightliness [ʌn'saɪtlɪnɪs] *n* laideur *f*, aspect *m* disgracieux.
unsightly [ˌʌn'saɪtlɪ] *adj* disgracieux, laid.
unsigned [ˌʌn'saɪnd] *adj* non signé, sans signature.
unsinkable [ˌʌn'sɪŋkəbl] *adj* [boat] insubmersible; *fig* [person] qui ne se démonte pas facilement.
unskilful *Br*, **unskillful** *Am* [ˌʌn'skɪlfʊl] *adj* [lacking skill] inexpert, malhabile; [clumsy] maladroit.
unskilled [ˌʌn'skɪld] *adj* -**1.** [worker] sans formation professionnelle, non spécialisé, non qualifié; **~ labourer** *Br* ouvrier *m* non spécialisé, ouvrière *f* non spécialisée. -**2.** [job, work] qui ne nécessite pas de connaissances professionnelles.
unskillful *Am* = **unskilful**.
unsmiling [ˌʌn'smaɪlɪŋ] *adj* [person, face] austère, sérieux.
unsociable [ʌn'səʊʃəbl] *adj* [person] sauvage, peu sociable; [place] peu accueillant; **to feel ~** ne pas avoir envie de voir du monde; **don't be so ~!** ne sois pas si sauvage!
unsocial [ˌʌn'səʊʃl] *adj*: **she works ~ hours** elle travaille en dehors des heures normales.
unsold [ˌʌn'səʊld] *adj* invendu.
unsolicited [ˌʌnsə'lɪsɪtɪd] *adj* non sollicité.
unsolved [ˌʌn'sɒlvd] *adj* [mystery] non résolu, inexpliqué; [problem] non résolu.
unsophisticated [ˌʌnsə'fɪstɪkeɪtɪd] *adj* -**1.** [person - in dress, tastes] simple; [- in attitude] simple, naturel. -**2.** [dress, style] simple, qui n'est pas sophistiqué. -**3.** [device, machine] (de conception) simple; [approach, method] rudimentaire, simpliste *pej*.
unsorted [ˌʌn'sɔːtɪd] *adj* [clothing, mail] non trié; [documents] non classé.
unsought [ˌʌn'sɔːt] *adj* [advice, compliment] non sollicité, non recherché.
unsound [ˌʌn'saʊnd] *adj* -**1.** [argument, conclusion, reasoning] mal fondé, peu pertinent; [advice, decision] peu judicieux, peu sensé; [enterprise, investment] peu sûr, risqué; [business] peu sûr, précaire; **the project is economically ~** le projet n'est pas sain OR viable sur le plan économique. -**2.** [building, bridge] peu solide, dangereux. -**3.** *phr*: **to be of ~ mind** ne pas jouir de toutes ses facultés mentales.
unsparing [ʌn'speərɪŋ] *adj* -**1.** [generous] généreux, prodigue; **they were ~ in their efforts to help us** ils n'ont pas ménagé leurs efforts pour nous aider. -**2.** [harsh] sévère.
unsparingly [ʌn'speərɪŋlɪ] *adv* -**1.** [lavishly] généreusement, libéralement. -**2.** [criticize, mock] sévèrement, sans mâcher ses mots.
unspeakable [ʌn'spiːkəbl] *adj* -**1.** [crime, pain] épouvantable, atroce. -**2.** [beauty, joy] indicible, ineffable.
unspeakably [ʌn'spiːkəblɪ] *adv* [cruel, rude] épouvantablement, atrocement; [beautiful] indiciblement, ineffablement.
unspecified [ˌʌn'spesɪfaɪd] *adj* non spécifié.
unspent [ˌʌn'spent] *adj* non dépensé, restant.
unspoiled [*Br* ˌʌn'spɔɪlt, *Am* ˌʌn'spɔɪld] *adj* -**1.** [person] (qui est resté) naturel; **they were ~ by fame** ils sont restés simples OR naturels malgré leur succès. -**2.** [beauty, town] qui n'est pas gâté OR défiguré. -**3.** [flavour] naturel.
unspoken [ˌʌn'spəʊkən] *adj* -**1.** [agreement] tacite. -**2.** [thought, wish] inexprimé; [word] non prononcé.
unsporting [ˌʌn'spɔːtɪŋ] *adj* déloyal; **it was ~ of him just to quit like that** ce n'était pas fair-play de sa part d'abandonner comme ça.
unsprung [ˌʌn'sprʌŋ] *adj* -**1.** [mattress] sans ressorts. -**2.** [trap] qui ne s'est pas déclenché.
unstable [ˌʌn'steɪbl] *adj* -**1.** [chair, government, price, situation] instable. -**2.** [marriage] peu solide. -**3.** [person] déséquilibré, instable.
unstained [ˌʌn'steɪnd] *adj* -**1.** [reputation] sans tache. -**2.** [wood] non teinté.
unstamped [ˌʌn'stæmpt] *adj* [letter] non affranchi, non timbré; [document] non tamponné.
unstated [ˌʌn'steɪtɪd] *adj* -**1.** [agreement] tacite. -**2.** [desire] inexprimé.
unstatesmanlike [ˌʌn'steɪtsmənlaɪk] *adj* peu digne.
unsteadily [ˌʌn'stedɪlɪ] *adv* [walk] d'un pas chancelant OR incertain, en titubant; [speak] d'une voix mal assurée; [hold, write] d'une main tremblante.
unsteadiness [ˌʌn'stedɪnɪs] *n* [of step, voice, writing] manque *m* d'assurance; [of table] manque de stabilité *f*.
unsteady [ˌʌn'stedɪ] (*compar* **unsteadier**, *superl* **unsteadiest**) *adj* -**1.** [chair, ladder] instable, branlant. -**2.** [step, voice] mal assuré, chancelant; [hand] tremblant; **to be ~ on one's feet** [from illness, tiredness] marcher d'un pas chancelant OR incertain, ne pas être très solide sur ses jambes; [from drink] tituber. -**3.** [rhythm, speed, temperature] irrégulier; [flame] vacillant.
unstick [ˌʌn'stɪk] (*pt* & *pp* **unstuck** [-'stʌk]) ◇ *vt* décoller.
◇ *vi* se décoller.
unstinting [ˌʌn'stɪntɪŋ] *adj* [care] infini; [help] généreux; [efforts] incessant, illimité; [person] généreux, prodigue; **the firm has been ~ in its efforts to help us** l'entreprise ne ménage pas ses efforts pour nous aider.
unstitch [ˌʌn'stɪtʃ] *vt* découdre; **the hem came ~ed** l'ourlet s'est décousu.
unstop [ˌʌn'stɒp] (*pt* & *pp* **unstopped**, *cont* **unstopping**) *vt* [drain, sink] déboucher.
unstoppable [ˌʌn'stɒpəbl] *adj* qu'on ne peut pas arrêter.
unstressed [ˌʌn'strest] *adj* LING inaccentué, atone.
unstructured [ˌʌn'strʌktʃəd] *adj* [activity] non structuré; [group] non organisé.
unstuck [ˌʌn'stʌk] ◇ *pt* & *pp* → **unstick**.
◇ *adj* [envelope, label] décollé; **to come ~** *literal* se décoller; *fig* [plan, system] tomber à l'eau; [person] échouer.
unstudied [ˌʌn'stʌdɪd] *adj* [natural] naturel; [spontaneous] spontané.
unsubstantiated [ˌʌnsəb'stænʃɪeɪtɪd] *adj* [report, story] non confirmé; [accusation] non fondé.
unsubtle [ˌʌn'sʌtl] *adj* [person, remark] peu subtil, sans finesse; [joke] gros.
unsuccessful [ˌʌnsək'sesfʊl] *adj* [plan, project] qui est un échec, qui n'a pas réussi; [attempt] vain, infructueux; [person] qui n'a pas de succès; [application, demand] refusé, rejeté; [marriage] malheureux; **after several ~ attempts** après plusieurs essais infructueux; **to be ~** échouer; **I was ~ in my attempts to find her** je n'ai pas réussi OR je ne suis pas arrivé à la trouver, je l'ai cherchée en vain OR sans succès; **to be ~ in an exam** échouer OR ne pas être reçu à un examen.
unsuccessfully [ˌʌnsək'sesfʊlɪ] *adv* en vain, sans succès.
unsuitable [ˌʌn'suːtəbl] *adj* [arrangement, candidate, qualities] qui ne convient pas; [behaviour, language] inconvenant; [moment, time] inopportun; [clothing] peu approprié, inadéquat; **he chose an ~ time to call** il a mal choisi le moment pour appeler; **'~ for children'** 'ne convient pas aux enfants'; **the land is ~ for farming** le sol n'est pas propice aux cultures OR n'est pas cultivable.
unsuitably [ˌʌn'suːtəblɪ] *adv* [behave] de façon inconvenante; [dress] d'une manière inadéquate.
unsuited [ˌʌn'suːtɪd] *adj* [person] inapte; [machine, tool] mal adapté, impropre; **he is ~ to politics** il n'est pas fait pour le monde politique, le monde politique ne lui convient pas; **as a couple they seem totally ~** ils forment un couple mal assorti, ils ne vont pas du tout ensemble.
unsullied [ˌʌn'sʌlɪd] *adj lit* sans souillure *lit*, sans tache
unsung [ˌʌn'sʌŋ] *adj lit* [deed, hero] méconnu.
unsupported [ˌʌnsə'pɔːtɪd] *adj* -**1.** [argument, theory] non vérifié; [accusation, statement] non fondé. -**2.** [wall, aperture] sans support. -**3.** *fig* [person - financially, emotionally]: **to be ~** n'avoir aucun soutien.
unsure [ˌʌn'ʃɔːʳ] *adj* [lacking self-confidence] qui manque d'assurance, qui n'est pas sûr de soi; [hesitant] incertain; **to be ~ of o.s.** manquer d'assurance; **I'm ~ about going** je ne suis pas

certain d'y aller; **they were ~ of his reaction** ils ignoraient quelle serait sa réaction.

unsurpassed [ˌʌnsəˈpɑːst] *adj* sans égal OR pareil.

unsurprisingly [ˌʌnsəˈpraɪzɪŋlɪ] *adv* bien entendu, évidemment.

unsuspected [ˌʌnsəˈspektɪd] *adj* insoupçonné.

unsuspecting [ˌʌnsəˈspektɪŋ] *adj* qui ne soupçonne rien, qui ne se doute de rien.

unsuspectingly [ˌʌnsəˈspektɪŋlɪ] *adv* sans se douter de rien, sans se méfier.

unsweetened [ˌʌnˈswiːtnd] *adj* sans sucre, non sucré.

unswerving [ʌnˈswɜːvɪŋ] *adj* [devotion, loyalty] indéfectible, à toute épreuve; [determination] inébranlable.

unswervingly [ʌnˈswɜːvɪŋlɪ] *adv*: **~ loyal** d'une loyauté à toute épreuve.

unsympathetic [ˈʌnˌsɪmpəˈθetɪk] *adj* -**1.** [unfeeling] insensible, incompréhensif; **to be ~ to a cause** être opposé OR hostile à une cause. -**2.** [unlikeable] antipathique.

unsympathetically [ˈʌnˌsɪmpəˈθetɪklɪ] *adv* [speak, behave] sans montrer la moindre sympathie.

unsystematic [ˌʌnsɪstəˈmætɪk] *adj* non systématique, non méthodique.

untainted [ˌʌnˈteɪntɪd] *adj* [water] pur; *fig* [reputation] sans tache; **his work is ~ by commercialism** son œuvre n'est pas commerciale.

untamed [ˌʌnˈteɪmd] *adj* -**1.** [animal - undomesticated] sauvage, inapprivoisé; [- untrained] non dressé; [lion, tiger] indompté. -**2.** [land] sauvage. -**3.** [person] insoumis, indompté; [spirit] indompté, rebelle.

untangle [ˌʌnˈtæŋgl] *vt* [hair, necklace, rope] démêler; *fig* [mystery] débrouiller, éclaircir.

untapped [ˌʌnˈtæpt] *adj* inexploité.

untarnished [ˌʌnˈtɑːnɪʃt] *adj* [silver] non terni; *fig* [reputation] non terni, sans tache.

untasted [ˌʌnˈteɪstɪd] *adj* auquel on n'a pas goûté; **he sent the wine back ~** il a renvoyé le vin sans y avoir goûté OR touché.

untaxed [ˌʌnˈtækst] *adj* [items] non imposé, exempt de taxes; [income] non imposable, exonéré d'impôts.

unteachable [ˌʌnˈtiːtʃəbl] *adj* [person] à qui on ne peut rien apprendre; [skill] impossible à enseigner OR à inculquer.

untenable [ˌʌnˈtenəbl] *adj* [argument, theory] indéfendable; [position] intenable.

untenanted [ˌʌnˈtenəntɪd] *adj* inoccupé, sans locataire.

untested [ˌʌnˈtestɪd] *adj* [employee, method, theory] qui n'a pas été mis à l'épreuve; [invention, machine, product] qui n'a pas été essayé; [drug] non encore expérimenté.

unthinkable [ʌnˈθɪŋkəbl] *adj* impensable, inconcevable.

unthinking [ʌnˈθɪŋkɪŋ] *adj* [action, remark] irréfléchi, inconsidéré; [person] irréfléchi, étourdi.

unthinkingly [ʌnˈθɪŋkɪŋlɪ] *adv* sans réfléchir, inconsidérément.

untidily [ʌnˈtaɪdɪlɪ] *adv* sans soin, d'une manière négligée; **the children's clothes were strewn ~ across the floor** les vêtements des enfants jonchaient le plancher; **she stuffed everything ~ into a drawer** elle a tout fourré pêle-mêle dans un tiroir.

untidiness [ʌnˈtaɪdɪnɪs] *n* [of dress] manque *m* de soin, débraillé *m*; [of a person] manque *m* d'ordre; [of room] désordre *m*.

untidy [ʌnˈtaɪdɪ] (*compar* **untidier**, *superl* **untidiest**) *adj* [cupboard, desk, room] mal rangé, en désordre; [appearance] négligé, débraillé; [person] désordonné.

untie [ˌʌnˈtaɪ] *vt* [string] dénouer; [knot] défaire; [bonds] défaire, détacher; [package] défaire, ouvrir; [prisoner] détacher, délier.

until [ənˈtɪl] ◇ *prep* -**1.** [up to] jusqu'à; **~ midnight/Monday** jusqu'à minuit/lundi; **stay on the motorway ~ junction 13** restez sur l'autoroute jusqu'à la sortie 13; **~ such time as you are ready** jusqu'à ce que OR en attendant que vous soyez prêt; **she was here (up) ~ February** elle était ici jusqu'en février; **(up) ~ now** jusqu'ici, jusqu'à présent; **(up) ~ then** jusque-là. -**2.** *(with negative)* [before]: **they didn't arrive ~ 8 o'clock** ils ne sont arrivés qu'à 8 h; **your car won't be ready ~ next week** votre voiture ne sera pas prête avant la semaine prochaine.
◇ *conj* [up to the specified moment - in present] jusqu'à ce que; [- in past] avant que, jusqu'à ce que; **I'll wait here ~ you come back** j'attendrai ici jusqu'à ce que tu reviennes; **wait ~ she says hello** attendez qu'elle dise bonjour; **they stayed ~ everybody had gone** ils sont restés jusqu'à ce que tout le monde soit parti; **I laughed ~ I cried** j'ai ri aux larmes ‖ *(with negative main clause)*: **~ she spoke I didn't realize she was Spanish** jusqu'à ce qu'elle commence à parler, je ne m'étais pas rendu compte qu'elle était espagnole; **she won't go to sleep ~ her mother comes home** elle ne s'endormira pas avant que sa mère (ne) soit rentrée OR tant que sa mère n'est pas rentrée; **he can't leave hospital ~ the wound has completely healed** il ne peut pas quitter l'hôpital tant que sa blessure n'est pas complètement guérie, il ne quittera pas l'hôpital avant que sa blessure (ne) soit complètement guérie; **don't sign anything ~ the boss gets there** ne signez rien avant que le patron n'arrive, attendez le patron pour signer quoi que ce soit; **the play didn't start ~ everyone was seated** la pièce n'a commencé qu'une fois que tout le monde a été assis.

untilled [ˌʌnˈtɪld] *adj* [uncultivated] non cultivé; [not ploughed] non labouré.

untimely [ʌnˈtaɪmlɪ] *adj* -**1.** [premature] prématuré, précoce; **an ~ death** une mort prématurée. -**2.** [inopportune - remark] inopportun, déplacé; [- moment] inopportun, mal choisi; [- visit] intempestif.

untiring [ʌnˈtaɪərɪŋ] *adj* [efforts] inlassable, infatigable; **they were ~ in their efforts** ils n'ont pas ménagé leurs efforts.

untiringly [ʌnˈtaɪərɪŋlɪ] *adv* inlassablement, infatigablement.

untitled [ˌʌnˈtaɪtld] *adj* [painting] sans titre; [person] non titré.

unto [ˈʌntuː] *prep arch* OR *lit* -**1.** *(indicating dative)* [to] à; **do ~ others as you would have them do ~ you** ne faites pas à autrui ce que vous ne voudriez pas qu'il vous fît. -**2.** [until] jusqu'à; **~ death** jusqu'à la mort.

untogether *inf* [ˌʌntəˈgeðəʳ] *adj*: **he's very ~** [in work] il est très mal organisé; [emotionally] il est vraiment mal dans sa peau.

untold [ˌʌnˈtəʊld] *adj* -**1.** [tale] jamais raconté; [secret] jamais dévoilé; **the story remains ~** cette histoire reste secrète OR n'a jamais été racontée. -**2.** [great - joy, suffering] indicible, indescriptible; [- amount, number] incalculable.

untouchable [ʌnˈtʌtʃəbl] ◇ *adj* intouchable.
◇ *n* [in India] intouchable *mf*; *fig* paria *m*.

untouched [ˌʌnˈtʌtʃt] *adj* -**1.** [not changed] auquel on n'a pas touché, intact; **her coffee was ~** elle n'a pas touché à son café. -**2.** [unharmed - person] indemne, sain et sauf; [- thing] indemne, intact.

untoward [ˌʌntəˈwɔːd] *adj fml* [unfortunate - circumstances, event] fâcheux, malencontreux; [- effect] fâcheux, défavorable; **I hope nothing ~ has happened** j'espère qu'il n'est rien arrivé de fâcheux.

untrained [ˌʌnˈtreɪnd] *adj* [person] sans formation; [ear] inexercé; [mind] non formé; [voice] non travaillé; [dog, horse] non dressé; **to the ~ eye** pour un œil inexercé.

untrammelled *Br*, **untrammeled** *Am* [ʌnˈtræməld] *adj lit* sans contrainte, sans entraves; **~ by convention** libre de toute convention.

untranslatable [ˌʌntrænsˈleɪtəbl] *adj* intraduisible.

untravelled *Br*, **untraveled** *Am* [ˌʌnˈtrævld] *adj* [road] peu utilisé OR fréquenté; [person] qui n'a pas voyagé.

untreated [ˌʌnˈtriːtɪd] *adj* -**1.** [unprocessed - food] non traité; [- wood] non traité; [- sewage] brut. -**2.** [infection, tumour] non traité, non soigné; **her condition will worsen if left ~** son état empirera si elle ne reçoit pas de traitement.

untried [ˌʌnˈtraɪd] *adj* [method, recruit, theory] qui n'a pas été mis à l'épreuve; [invention, product] qui n'a pas été essayé.

untrodden [ˌʌnˈtrɒdn] *adj* [ground, wilderness] inexploré, vierge; [path] non utilisé OR fréquenté.

untroubled [ˌʌnˈtrʌbld] *adj* tranquille, paisible; **they seemed ~ by the situation** ils ne semblaient pas (être) affectés par la situation.

untrue [ˌʌnˈtruː] *adj* -**1.** [incorrect - belief, statement] faux, erroné; [- measurement, reading] erroné, inexact. -**2.** [disloyal]: **to be ~ to sb** être déloyal envers OR infidèle à qqn.

untrustworthy [ˌʌnˈtrʌstˌwɜːðɪ] *adj* [person] qui n'est pas digne de confiance.

untruth [ˌʌnˈtruːθ] *n euph* & *fml* [lie] mensonge *m*, invention *f*; **to tell an ~** mentir, dire un mensonge.

untruthful [ˌʌnˈtruːθfʊl] *adj* [statement] mensonger; [person] menteur; **to say ~ things** mentir, dire des mensonges.

untuneful [ˌʌnˈtjuːnfʊl] *adj* [song, voice] peu mélodieux.

untutored [ˌʌnˈtjuːtəd] *adj* -**1.** [person] sans instruction; [eye, ear] inexercé; [voice] non travaillé; [mind] non formé. -**2.** [skill, talent] inné, naturel.

unusable [ˌʌnˈjuːzəbl] *adj* inutilisable.

unused [*sense 1* ˌʌnˈjuːzd, *sense 2* ʌnˈjuːst] *adj* -**1.** [not in use] inutilisé; [new - machine, material] neuf, qui n'a pas servi; [- clothing, shoes] neuf, qui n'a pas été porté. -**2.** [unaccustomed] peu habitué, peu accoutumé; **I'm ~ to spicy food** je n'ai pas l'habitude de manger OR je suis peu habitué à manger épicé.

unusual [ʌnˈjuːʒl] *adj* [uncommon] peu commun, inhabituel; [odd] étrange, bizarre; **it's ~ for her to be so brusque** il est rare qu'elle soit si brusque, ça ne lui ressemble pas OR ce n'est pas son genre d'être aussi brusque; **it's not ~ to see flooding in these parts** il n'est pas rare OR il arrive assez fréquemment qu'il y ait des inondations par ici.

unusually [ʌnˈjuːʒəlɪ] *adv* [exceptionally] exceptionnellement, extraordinairement; **she is ~ intelligent** elle est d'une intelligence exceptionnelle ‖ [abnormally] exceptionnellement, anormalement; **he was ~ silent that day** il était étrangement OR anormalement silencieux ce jour-là; **~, it wasn't raining** chose rare, il ne pleuvait pas.

unutterable [ʌnˈʌtərəbl] *adj fml* [misery, pain] indicible, indescriptible; [boredom] mortel; [joy] inexprimable; **he's an ~ fool!** c'est vraiment un imbécile fini!

unutterably [ʌnˈʌtərəblɪ] *adv fml* [miserable, tired] terriblement, horriblement; [happy] extrêmement, extraordinairement; **he's ~ stupid** il est d'une stupidité invraisemblable OR inouïe.

unuttered [ˌʌnˈʌtəd] *adj* inexprimé.

unvaried [ʌnˈveərɪd] *adj* qui manque de variété, monotone; **an ~ diet** une alimentation peu variée.

unvarnished [ˌʌnˈvɑːnɪʃt] *adj* -**1.** [furniture] non verni. -**2.** *fig* [plain, simple] simple, sans fard; **the ~ truth** la vérité pure et simple OR toute nue.

unvarying [ʌnˈveərɪɪŋ] *adj* invariable, uniforme.

unvaryingly [ʌnˈveərɪɪŋlɪ] *adv* invariablement.

unveil [ˌʌnˈveɪl] *vt* [painting, sculpture] dévoiler, inaugurer; *fig* [secret] dévoiler, révéler.

unveiling [ˌʌnˈveɪlɪŋ] *n* [of painting, sculpture] dévoilement *m*, inauguration *f*; [of secret] dévoilement *m*, révélation *f*.

unverified [ˌʌnˈverɪfaɪd] *adj* non vérifié.

unversed [ˌʌnˈvɜːst] *adj fml* peu versé *fml*, peu expérimenté; to be ~ in sthg être peu versé dans qqch.

unvoiced [ˌʌnˈvɔɪst] *adj* -**1.** [desire, objection] inexprimé. -**2.** PHON non voisé, sourd.

unwaged [ˌʌnˈweɪdʒd] ◇ *adj* [unsalaried] non salarié; [unemployed] sans emploi, au chômage.
◇ *npl*: the ~ les sans-emploi *mpl*.

unwanted [ˌʌnˈwɒntɪd] *adj* [child, pregnancy] non désiré, non souhaité; [books, clothing] dont on n'a plus besoin, dont on veut se séparer; I felt ~ as a child j'ai été privé d'affection dans mon enfance.

unwarranted [ʌnˈwɒrəntɪd] *adj* [concern, criticism] injustifié; [remark, interference] déplacé.

unwary [ʌnˈweərɪ] *adj* [person, animal] qui n'est pas méfiant OR sur ses gardes.

unwashed [ˌʌnˈwɒʃt] ◇ *adj* [dishes, feet, floor] non lavé; [person] qui ne s'est pas lavé.
◇ *npl*: the great ~ *Br hum* & *pej* la populace.

unwavering [ʌnˈweɪvərɪŋ] *adj* [devotion, support] indéfectible, à toute épreuve; [look] fixe; [person] inébranlable, ferme; they were ~ in their belief ils étaient inébranlables dans leur conviction.

unwaveringly [ʌnˈweɪvərɪŋlɪ] *adv* [believe, support] sans réserve, fermement; [look] fixement.

unwed [ˌʌnˈwed] *adj* célibataire.

unwelcome [ʌnˈwelkəm] *adj* [advances, attention] importun; [advice] non sollicité; [visit] inopportun; [visitor] importun, gênant; [news, situation] fâcheux; he made his mother feel ~ il a donné l'impression à sa mère qu'elle gênait.

unwelcoming [ʌnˈwelkəmɪŋ] *adj* [person, look] hostile, froid; [place] peu accueillant.

unwell [ˌʌnˈwel] *adj* [indisposed] souffrant, indisposé *fml*; [ill] malade.

unwholesome [ˌʌnˈhəʊlsəm] *adj* [climate] malsain, insalubre; [activity, habits, thoughts] malsain, pernicieux; [fascination, interest] malsain, morbide; [drink, food] peu sain, nocif.

unwieldy [ʌnˈwiːldɪ] *adj* -**1.** [chair, package] peu maniable, encombrant. -**2.** [argument, method] maladroit; [bureaucracy, system] lourd.

unwilling [ˌʌnˈwɪlɪŋ] *adj* [helper, student] réticent, peu enthousiaste; he was ~ to cooperate il n'était pas vraiment disposé à coopérer; I was their ~ accomplice j'étais leur complice malgré moi OR à mon corps défendant.

unwillingly [ʌnˈwɪlɪŋlɪ] *adv* à contrecœur, contre son gré.

unwillingness [ʌnˈwɪlɪŋnɪs] *n* manque *m* d'enthousiasme, réticence *f*; she showed her usual ~ to compromise comme d'habitude, elle s'est montrée réticente à accepter le compromis.

unwind [ˌʌnˈwaɪnd] (*pt* & *pp* **unwound** [-ˈwaʊnd]) ◇ *vt* dérouler.
◇ *vi* -**1.** [bail of yarn, cord] se dérouler. -**2.** *fig* [relax] se détendre, se relaxer.

unwise [ˌʌnˈwaɪz] *adj* [action, decision] peu judicieux, imprudent; it would be ~ of you to go vous auriez tort OR il serait imprudent de votre part d'y aller.

unwisely [ˌʌnˈwaɪzlɪ] *adv* imprudemment.

unwitting [ʌnˈwɪtɪŋ] *adj fml* [accomplice] involontaire, malgré soi; [insult] non intentionnel, involontaire.

unwittingly [ʌnˈwɪtɪŋlɪ] *adv* involontairement, sans (le) faire exprès.

unwomanly [ʌnˈwʊmənlɪ] *adj* peu féminin.

unwonted [ʌnˈwəʊntɪd] *adj fml* [event] exceptionnel; [generosity, kindness] inaccoutumé, inhabituel.

unworkable [ˌʌnˈwɜːkəbl] *adj* [idea, plan] impraticable, impossible à réaliser; your project is ~ votre projet ne marchera pas OR est infaisable.

unworldly [ˌʌnˈwɜːldlɪ] *adj* -**1.** [spiritual] spirituel, détaché de ce monde; [ascetic] d'ascète, ascétique. -**2.** [naive] naïf, ingénu.

unworn [ˌʌnˈwɔːn] *adj* [clothing] qui n'a pas été porté, (comme) neuf; [carpet] qui n'est pas usé.

unworthiness [ʌnˈwɜːðɪnɪs] *n* [of person] indignité *f*, manque *m* de mérite; [of action] indignité *f*.

unworthy [ʌnˈwɜːðɪ] *adj* [unbefitting] indigne; [undeserving] indigne, peu méritant; he felt ~ of such praise il se croyait indigne de OR il ne croyait pas mériter de telles louanges; such behaviour is ~ of you! une telle conduite est indigne de vous!; such details are ~ of her attention de tels détails ne méritent pas son attention OR qu'elle s'y arrête.

unwound [ˌʌnˈwaʊnd] ◇ *pt* & *pp* → **unwind**.
◇ *adj*: to come ~ se dérouler.

unwounded [ˌʌnˈwuːndɪd] *adj* non blessé, indemne.

unwrap [ˌʌnˈræp] (*pt* & *pp* **unwrapped**, *cont* **unwrapping**) *vt* déballer, ouvrir.

unwritten [ˌʌnˈrɪtn] *adj* [legend, story] non écrit; [agreement] verbal, tacite; an ~ rule une règle tacitement admise; ~ law droit *m* coutumier.

unyielding [ʌnˈjiːldɪŋ] *adj* [ground, material] très dur; [person] inflexible, intransigeant; [determination, principles] inébranlable.

unyoke [ˌʌnˈjəʊk] *vt* dételer.

unzip [ˌʌnˈzɪp] (*pt* & *pp* **unzipped**, *cont* **unzipping**) ◇ *vt* ouvrir OR défaire (la fermeture Éclair® de).
◇ *vi* se dégrafer.

up [ʌp] (*pt* & *pp* **upped**, *cont* **upping**) ◇ *adv* **A.** -**1.** [towards a higher position or level] en haut; he's on his way up il monte; they had coffee sent up ils ont fait monter du café; hang it higher up accrochez-le plus haut; wait till the moon comes up attends que la lune se lève. -**2.** [in a higher position, at a higher level]: she wears her hair up elle porte ses cheveux relevés; hold your head up high! redressez la tête!; heads up! attention! || [in a high place or position]: up above au-dessus; the glasses are up above the plates les verres sont au-dessus des assiettes; up in the air en l'air; look at the kite up in the sky regardez le cerf-volant (là-haut) dans le ciel; I live eight floors up j'habite au huitième (étage); she lives three floors up from us elle habite trois étages au-dessus de chez nous; she's up in her room elle est en haut dans sa chambre; we spend our holidays up in the mountains nous passons nos vacances à la montagne; from up on the mountain du haut de la montagne; do you see her up on that hill? la voyez-vous en haut de OR sur cette colline?; what are you doing up there? qu'est-ce que vous faites là-haut?; the captain is up on deck le capitaine est en haut sur le pont; have you ever been up in a plane? avez-vous déjà pris l'avion?; up the top tout en haut; it's up on top of the wardrobe c'est sur le dessus de l'armoire; she's up there with the best (of them) *fig* elle est parmi OR dans les meilleurs. -**3.** [in a raised position] levé; Charles has his hand up Charles a la main levée; wind the window up [in car] remontez la vitre; put your hood up relève OR mets ta capuche; she turned her collar up elle a relevé son col. -**4.** [into an upright position] debout; up you get! debout!; he helped me up il m'a aidé à me lever OR à me mettre debout; sit up straight! tiens-toi droit!; the trunk was standing up on end la malle était debout ❑ up and at them! *inf* grouillez-vous! -**5.** [out of bed]: get up! debout!; she got up late this morning elle s'est levée tard ce matin; she's always up and doing elle n'arrête jamais. -**6.** [facing upwards]: the body was lying face up le corps était couché sur le dos; I turned the poster right side up j'ai mis l'affiche dans le bon sens OR à l'endroit; he turned his hand palm up il a tourné la main paume vers le haut; 'fragile — this way up' 'fragile — haut'; I don't know which end is up anymore *fig* je suis complètement déboussolé. -**7.** [erected, installed]: they're putting up a new hotel there ils construisent un nouvel hôtel là-bas; help me get the curtains/the pictures up aide-moi à accrocher les rideaux/les tableaux. -**8.** [on wall]: up on the blackboard au tableau; I saw an announcement up about it je l'ai vu sur une affiche.
B. -**1.** [towards north]: they came up for the weekend ils sont venus pour le week-end; it's cold up here il fait froid ici; up there là-bas; up north dans le nord. -**2.** [in, to or from a larger place]: up in Madrid à Madrid; she's up in Maine for the week elle passe une semaine dans le Maine; we're up from Munich nous venons OR arrivons de Munich; he was on his way up to town il allait en ville. -**3.** *Br* [at university]: he's up at Oxford/Cambridge il est à Oxford/Cambridge. -**4.** [further]: there's a café up ahead il y a un café plus loin; the sign up ahead says 10 miles la pancarte là-bas indique 10 milles. -**5.** [in phrasal verbs]: the clerk came up to him le vendeur s'est approché de lui OR est venu vers lui; a car drew up at the petrol pump une voiture s'est arrêtée à la pompe à essence; up came a small, blonde child (alors,) un petit enfant blond s'est approché. -**6.** [close to]: up close de près; I like to sit up front j'aime bien m'asseoir devant; when you get right up to her quand vous la voyez de près; they stood up close to one another ils se tenaient l'un contre l'autre OR tout près l'un de l'autre.
C. -**1.** [towards a higher level]: prices have gone up by 10 per cent les prix ont augmenté OR monté de 10 pour cent; bread has gone up again le pain a encore augmenté; the temperature soared up into the thirties la température est montée au-dessus de trente degrés; they can cost anything from £750 up ils coûtent au moins 750 livres, on en trouve à partir de 750 livres. -**2.** [more loudly, intensely] plus fort; speak up parlez plus fort; he turned the radio up il a mis la radio plus fort.
D. -**1.** [indicating completion]: drink up! finissez vos verres!; eat up your greens mange tes légumes; the river had dried up la rivière s'était asséchée. -**2.** [into small pieces]: he ripped the shirt up il a mis la chemise en lambeaux; I tore up the letter j'ai déchiré la lettre (en petits morceaux). -**3.** [together]: add these figures up additionnez ces chiffres; the teacher gathered up his notes le professeur a ramassé ses notes.
E. -**1.** [before an authority]: he came up before the judge for rape il a comparu devant le juge pour viol; the murder case came up before the court today le meutre a été jugé aujourd'hui; she comes up before the board tomorrow elle paraît devant le conseil demain. -**2.** *inf* [indicating support]: up (with) the Revolution! vive la Révolution!; up the Lakers! SPORT allez les Lakers!
◇ *adj* **A.** -**1.** [at or moving towards higher level] haut; the river is up le fleuve est en crue; the tide is up la marée est haute; prices are up on last year les prix ont augmenté par rapport à l'année dernière; the temperature is up in the twenties la température a dépassé les vingt degrés. -**2.** [in a raised position] levé; the blinds are up les stores sont levés; keep the windows up [in car] n'ouvrez pas les fenêtres; her hair was up (in a bun) elle avait un chignon; her hood was up so I couldn't see her face sa capuche était relevée, si bien que je ne voyais pas sa figure; his defences were up *fig* il était sur ses gardes. -**3.** [in an upwards direction]: the up escalator l'escalier roulant ascendant. -**4.** *Br* RAIL [heading for a larger city]: the up train le train qui va en ville; the up platform le quai où l'on prend le train qui va en ville. -**5.** [out of bed]: is she up yet? est-elle déjà levée OR debout?; we're normally up at 6 d'habitude nous nous levons à 6 h; she was up late last night elle s'est couchée OR elle a veillé tard hier soir; they were up all night ils ne se sont pas couchés de la nuit, ils ont passé une nuit blanche. -**6.** [in tennis]: was the ball up? la balle était-elle bonne?
B. -**1.** [road] en travaux; 'road up' 'travaux'. -**2.** [erected, installed]: these buildings haven't been up long ça ne fait pas longtemps que ces immeubles ont été construits; are the new curtains up yet? les nouveaux rideaux ont-ils été posés?

C. -**1.** [finished, at an end] terminé; **time is up!** [on exam, visit] c'est l'heure!; [in game, on meter] le temps est écoulé!; **when the month was up he left** à la fin du mois, il est parti. -**2.** [ahead]: **I'm $50 up on you** *inf* j'ai 50 dollars de plus que vous; **Madrid was two goals up** SPORT Madrid menait de deux buts; **Georgetown was 13 points up on Baltimore** SPORT Georgetown avait 13 points d'avance sur Baltimore ❑ **to be one up on sb** *inf* avoir un avantage sur qqn. -**3.** [ready] prêt; **dinner's up** le dîner est prêt. -**4.** [in operation]: **the computer's up again** l'ordinateur fonctionne à nouveau.

D. *inf* -**1.** [cheerful] gai; **he seemed very up when I saw him** il avait l'air en pleine forme quand je l'ai vu. -**2.** [well-informed]: **he's really up on history** il est fort OR calé en histoire; **she's always up with the latest trends** elle est toujours au courant de la dernière mode.

E. -**1.** [before an authority] comparaître; **to be up before a court/a judge** comparaître devant un tribunal/un juge; **she's up before the board tomorrow** elle comparaît devant le conseil demain. -**2.** *inf phr*: **something's up** [happening] il se passe quelque chose; [wrong] quelque chose ne va pas; **what's up?** [happening] qu'est-ce qui se passe?; [wrong] qu'est-ce qu'il y a?; *Am* [as greeting] quoi de neuf?; **what's up with you?** [happening] quoi de neuf?; [wrong] qu'est-ce que tu as?; **do you know what's up?** est-ce que tu sais ce qui se passe?; **something's up with Mum** il y a quelque chose qui ne va pas chez maman, maman a quelque chose.

◇ *prep* -**1.** [indicating motion to a higher place or level]: **we carried our suitcases up the stairs** nous avons monté nos valises; **he ran up the stairs** il a monté l'escalier en courant; **she was up and down stairs all day** elle montait et descendait les escaliers toute la journée; **I climbed up the ladder** je suis monté à l'échelle; **the cat climbed up the tree** le chat a grimpé dans l'arbre; **further up the wall** plus haut sur le mur ❑ **up hill and down dale** *lit* par monts et par vaux. -**2.** [at or to the far end of]: **her flat is up those stairs** son appartement est en haut de cet escalier; **we walked up the street** nous avons monté la rue; **she pointed up the street** elle a montré le haut de la rue; **she lives up this street** elle habite dans cette rue; **the café is just up the road** le café se trouve plus loin OR plus haut dans la rue. -**3.** [towards the source of]: **up the river** en amont; **a voyage up the Amazon** une remontée de l'Amazone. -**4.** ▽ *Br* [out at] à; **he's up the pub** il est au pub. -**5.** *phr*: **up yours!** ▽ va te faire voir!

◇ *vt* -**1.** [increase] augmenter; **they have upped their prices by 25 per cent** ils ont augmenté leurs prix de 25 pour cent. -**2.** [promote] lever, relever; **the boss upped him to district manager** le patron l'a bombardé directeur régional.

◇ *vi* *inf*: **she upped and left** elle a fichu le camp; **he upped and married her** en moins de deux, il l'a épousée.

◇ *n* -**1.** [high point] haut *m*; **ups and downs** [in land, road] accidents *mpl*; [of market] fluctuations *fpl* || [in life]: **I've had a lot of ups and downs in my life** j'ai connu des hauts et des bas; **we all have our ups and downs** nous avons tous des hauts et des bas. -**2.** [increase]: **the market is on the up** le marché est à la hausse; **prices are on the up** les prix sont en train d'augmenter.

◆ **up against** *prep phr* -**1.** [touching] contre; **lean the ladder up against the window** appuyez l'échelle contre la fenêtre. -**2.** [in competition or conflict with]: **you're up against some good candidates** vous êtes en compétition avec de bons candidats; **they don't know what they're up against!** ils ne se rendent pas compte de ce qui les attend!; **to be up against the law** être dans l'illégalité ❑ **to be up against it** *inf* être dans le pétrin.

◆ **up and about, up and around** *adj phr* [gen]: **I've been up and about since 7 o'clock** je suis levé depuis 7 h || [after illness]: **so you're up and about again?** alors tu n'es plus alité?

◆ **up and down** ◇ *adv phr* -**1.** [upwards and downwards]: **the boy was jumping up and down** le garçon sautait sur place; **she looked us up and down** elle nous a regardé de haut en bas; **the bottle bobbed up and down on the waves** la bouteille montait et descendait sur les vagues; **I was up and down all night** [in and out of bed] je n'ai pas arrêté de me lever la nuit dernière. -**2.** [to and fro] de long en large; **I could hear him walking up and down** je l'entendais faire les cent pas OR marcher de long en large; **she walked up and down the platform** elle faisait les cent pas sur le quai. -**3.** [in all parts of]: **up and down the country** dans tout le pays.

◇ *adj phr*: **she's been very up and down lately** elle a eu beaucoup de hauts et de bas ces derniers temps.

◆ **up for** *prep phr* -**1.** [under consideration, about to undergo] à; **the house is up for sale** la maison est à vendre; **the project is up for discussion** on va discuter du projet; **she's up for election** elle est candidate OR elle se présente aux élections. -**2.** [due to be tried for] être jugé; **he's up for murder/speeding** il va être jugé pour meurtre/excès de vitesse. -**3.** *inf* [interested in, ready for]: **are you still up for supper tonight?** tu veux toujours qu'on dîne ensemble ce soir?; **he's up for anything** il est toujours partant.

◆ **up to** *prep phr* -**1.** [as far as] jusqu'à; **he can count up to 100** il sait compter jusqu'à 100; **the river is up to 25 feet wide** le fleuve a jusqu'à 25 pieds de largeur; **the bus can take up to 50 passengers** le bus peut accueillir jusqu'à 50 passagers; **I'm up to page 120** j'en suis à la page 120; **up to and including Saturday** jusqu'à samedi inclus; **up to here** jusqu'ici; **up to** OR **up until now** jusqu'à maintenant, jusqu'ici; **up to** OR **up until then** jusqu'alors, jusque-là; **we were up to our knees in mud** nous avions de la boue jusqu'aux genoux. -**2.** [the responsibility of]: **should he attend the meeting? — that's up to him** devrait-il assister à la réunion? — il fait ce qu'il veut OR c'est à lui de voir; **which film do you fancy seeing? — it's up to you** quel film est-ce que tu veux voir? — c'est comme tu veux; **if it were up to me...** si c'était moi qui décidais OR à moi de décider...; **it's up to them to pay damages** c'est à eux OR il leur appartient de payer les dégâts. -**3.** [capable of]: **to be up to doing sthg** être capable de faire qqch; **he's not up to heading the team** il n'est pas capable de diriger l'équipe; **my German is not up to translating novels** mon niveau d'allemand ne me permet pas de traduire des romans; **are you going out tonight? — no, I don't feel up to it** tu sors ce soir? — non, je n'en ai pas tellement envie; **are you up to working** OR **to work?** êtes-vous capable de OR en état de travailler?; **I'm not up to going back to work** je ne suis pas encore en état de reprendre le travail ❑ **the football team isn't up to much** *inf* l'équipe de foot ne vaut pas grand-chose. -**4.** [as good as]: **his work is not up to his normal standard** son travail n'est pas aussi bon que d'habitude; **the levels are up to standard** les niveaux sont conformes aux normes; **I don't feel up to par** je ne me sens pas en forme. -**5.** [engaged in, busy with]: **let's see what she's up to** allons voir ce qu'elle fait OR fabrique; **what have you been up to lately?** qu'est-ce que tu deviens?; **what's he been up to now?** qu'est-ce qu'il a encore inventé?; **they're up to something** ils manigancent quelque chose; **she's up to no good** elle prépare un mauvais coup; **the things we got up to in our youth!** qu'est-ce qu'on OR ce qu'on ne faisait pas quand on était jeunes!

up-and-coming *adj* plein d'avenir, qui promet, qui monte.

up-and-down *adj* -**1.** [movement] qui monte et qui descend, ascendant et descendant. -**2.** [unstable]: **his career has been very up and down** sa carrière a connu des hauts et des bas; **I've been very up and down lately** *Br* j'ai eu des hauts et des bas ces derniers temps.

up-and-over *adj*: ~ **door** porte *f* basculante *(d'un garage etc)*.

up-and-under *n* [in rugby] chandelle *f*.

upbeat ['ʌpbiːt] ◇ *adj* [mood, person] optimiste; [music] entraînant.
◇ *n* MUS levé *m*.

upbraid [ʌp'breɪd] *vt fml* réprimander.

upbringing ['ʌpˌbrɪŋɪŋ] *n* éducation *f*; **to rebel against one's ~** se révolter contre son éducation.

upchuck▽ ['ʌptʃʌk] *vi Am* dégueuler, vomir.

upcoming ['ʌpˌkʌmɪŋ] *adj* [event] à venir, prochain; [book] à paraître, qui va paraître; [film] qui va sortir; **Ford's ~ film** le prochain film de Ford; **the ~ elections** les élections qui vont bientôt avoir lieu; **'~ attractions'** 'prochains spectacles', 'prochainement'.

up-country ◇ *adj* [inland] de l'intérieur; *pej* [unsophisticated] provincial.
◇ *n* intérieur *m*.
◇ *adv* [go, move] vers l'intérieur; [live] à l'intérieur.

update [*vb* ˌʌp'deɪt, *n* 'ʌpdeɪt] ◇ *vt* [information, record] mettre à jour, actualiser; [army, system] moderniser.
◇ *n* [of information, record] mise *f* à jour, actualisation *f*; [of army, system] modernisation *f*; **an ~ on the situation** une mise au point sur la situation.

updated [ˌʌp'deɪtɪd] *adj* [records] mis à jour; [army, system] modernisé.

upend [ʌp'end] *vt* -**1.** *literal* [object] mettre debout; [person] mettre la tête en bas. -**2.** *fig* [upset] bouleverser.

upfront *inf* [ˌʌp'frʌnt] *adj* -**1.** [frank - person] franc, ouvert; [- remark] franc, direct. -**2.** [payment] d'avance.
◆ **up front** *adv* [pay] d'avance.

upgradable [ʌp'greɪdəbl] *adj* COMPUT extensible.

upgrade [*vb* ˌʌp'greɪd, *n* 'ʌpgreɪd] ◇ *vt* -**1.** [improve] améliorer; [increase] augmenter; [modernize - computer system] moderniser, actualiser; **I was ~d to business class** [on plane] on m'a mis en classe affaires. -**2.** [job] revaloriser; [employee] promouvoir; **I was ~d** je suis monté en grade; **she was ~d to sales manager** elle a été promue directrice des ventes.
◇ *vi*: **we've ~d to a more powerful system** on est passés à un système plus puissant.
◇ *n* -**1.** *phr*: **to be on the ~** [price, salary] augmenter, être en hausse; [business, venture] progresser, être en bonne voie; [sick person] être en voie de guérison; **his career is on the ~** sa carrière est en bonne voie. -**2.** *Am* [slope] montée *f*. -**3.** COMPUT [of software] actualisation *f*; [of system] extension *f*.

upheaval [ʌp'hiːvl] *n* [emotional, political etc] bouleversement *m*; [social unrest] agitation *f*, perturbations *fpl*; **the war brought a lot of ~** la guerre a entraîné de nombreux bouleversements.

upheld [ʌp'held] *pt & pp* → **uphold**.

uphill [ˌʌp'hɪl] ◇ *adj* -**1.** [road, slope] qui monte. -**2.** *fig* [task] ardu, pénible; [battle] rude, acharné; **it was an ~ struggle convincing him** j'ai eu beaucoup de mal à le convaincre.
◇ *adv*: **to go ~** [car, person] monter (la côte); [road] monter.

uphold [ʌp'həʊld] (*pt & pp* **upheld** [-'held]) *vt* -**1.** [right] défendre, faire respecter; [law, rule] faire respecter OR observer. -**2.** JUR [conviction, decision] maintenir, confirmer.

upholder [ʌp'həʊldə^{r}] *n* défendeur *m*.

upholster [ʌp'həʊlstə^{r}] *vt* recouvrir, tapisser; **~ed in leather** recouvert OR tapissé de cuir; **to be well ~ed** *hum* être enrobé OR bien en chair.

upholsterer [ʌp'həʊlstərə^{r}] *n* tapissier *m*, -ère *f*.

upholstery [ʌp'həʊlstərɪ] *n* *(U)* -**1.** [covering - fabric] tissu *m* d'ameublement; [- leather] cuir *m*; [- in car] garniture *f*. -**2.** [trade] tapisserie *f*.

upkeep [ˈʌpkiːp] *n (U)* [maintenance] entretien *m*; [cost] frais *mpl* d'entretien.

upland [ˈʌplənd] ◇ *n*: the ~ OR ~s les plateaux *mpl*, les hautes terres *fpl*.
◇ *adj* des plateaux.

uplift [*vb* ʌpˈlɪft, *comp* ˈʌplɪft] ◇ *vt* [person - spiritually] élever (l'esprit de); [- morally] encourager; **he felt ~ed by the news** la nouvelle lui a redonné courage.
◇ *comp*: ~ **bra** soutien-gorge *m* de maintien.

uplifting [ʌpˈlɪftɪŋ] *adj* édifiant.

upload [ˈʌpləʊd] *vt* COMPUT télécharger *(vers un gros ordinateur)*.

up-market ◇ *adj* [goods, service, area] haut de gamme, de première qualité; [newspaper, television programme] qui vise un public cultivé; [audience] cultivé.
◇ *adv*: **she's moved ~** elle fait dans le haut de gamme maintenant.

upmost [ˈʌpməʊst] = **uppermost**.

upon [əˈpɒn] *prep* **-1.** *fml* [indicating position or place] sur, à; ~ **the grass/the table** sur la pelouse/la table; **she had a sad look ~ her face** elle avait l'air triste; **the ring ~ her finger** la bague à son doigt. **-2.** *fml* [indicating person or thing affected]: **attacks ~ old people are on the increase** les attaques contre les personnes âgées sont de plus en plus fréquentes. **-3.** *fml* [immediately after] à; ~ **our arrival in Rome** à notre arrivée à Rome; ~ **hearing the news, he rang home** lorsqu'il a appris la nouvelle, il a appelé chez lui; ~ **request** sur simple demande. **-4.** [indicating large amount] et; **mile ~ mile of desert** des kilomètres et des kilomètres de désert; **we receive thousands ~ thousands of offers each year** nous recevons plusieurs milliers de propositions chaque année. **-5.** [indicating imminence]: **the holidays are nearly ~ us** les vacances approchent. **-6.** *phr*: ~ **my word!** *dated* ma parole!

upper [ˈʌpəʳ] ◇ *adj* **-1.** [physically higher] supérieur, plus haut OR élevé; [top] du dessus, du haut; ~ **lip** lèvre supérieure; **temperatures are in the ~ 30s** la température dépasse 30 degrés □ **to have the ~ hand** avoir le dessus; **to get** OR **to gain the ~ hand** prendre le dessus OR l'avantage. **-2.** [higher in order, rank] supérieur; **the Upper House** [gen] la Chambre haute; [in England] la Chambre des lords. **-3.** GEOG [inland] haut; **the ~ valley of the Nile** la haute vallée du Nil.
◇ *n* **-1.** [of shoe] empeigne *f*; **to be on one's ~s** *inf Br* manger de la vache enragée, être fauché. **-2.** *drugs sl* excitant *m*, stimulant *m*.

upper case *n* TYPO haut *m* de casse.
◆ **upper-case** *adj*: **an upper-case letter** une majuscule.

upper class *n*: **the ~, the ~es** *l'aristocratie et la haute bourgeoisie.*
◆ **upper-class** *adj* **-1.** [accent, family] aristocratique; ~ **twit** *inf expression péjorative caricaturant l'aristocratie peu intelligente.* **-2.** *Am* UNIV [student] *de troisième ou quatrième année.*

upper-crust *inf adj* aristocratique.

uppercut [ˈʌpəkʌt] (*pt* & *pp* **uppercut**, *cont* **uppercutting**) ◇ *n* uppercut *m*.
◇ *vt* frapper d'un uppercut.

upper middle class *n*: **the ~** *classe sociale réunissant les professions libérales et universitaires, les cadres de l'industrie et les hauts fonctionnaires.*

uppermost [ˈʌpəməʊst] ◇ *adj* **-1.** [part, side] le plus haut OR élevé; [drawer, storey] du haut, du dessus. **-2.** [most prominent] le plus important; **it's not ~ in my mind** ce n'est pas ma préoccupation essentielle en ce moment; **human rights are ~ on his list of priorities** les droits de l'homme sont en tête de ses priorités.
◇ *adv* [most prominently]: **the question that comes ~ in my mind** la question que je me pose en premier OR avant toute autre.

upper school *n Br*: **the ~** les grandes classes *fpl*.

upper sixth *n Br* SCH (classe *f*) terminale *f*.

Upper Volta [-ˈvɒltə] *pr n* Haute-Volta *f*; **in ~** en Haute-Volta.

uppish *inf* [ˈʌpɪʃ] *Br*, **uppity** *inf* [ˈʌpətɪ] *adj* [arrogant] arrogant, suffisant; [snobbish] snob *(inv)*; **you don't have to get so ~ about it!** inutile de le prendre de si haut!

Uppsala [ˈʌpsɑːlə] *pr n* Uppsala.

upraised [ʌpˈreɪzd] *adj* levé.

upright [*adj sense 1* & *adv* ˌʌpˈraɪt, *adj sense 2* & *n* ˈʌpraɪt] ◇ *adj* **-1.** [erect] droit; ~ **piano** piano *m* droit. **-2.** [honest] droit.
◇ *adv* **-1.** [sit, stand] droit; **he sat bolt ~** il se redressa (sur son siège). **-2.** [put] droit, debout.
◇ *n* **-1.** [of door, bookshelf] montant *m*, portant *m*; [of goal post] montant *m* du but; ARCHIT pied-droit *m*. **-2.** [piano] piano *m* droit.

uprising [ˈʌpˌraɪzɪŋ] *n* soulèvement *m*, révolte *f*.

upriver [ˌʌpˈrɪvəʳ] ◇ *adj* (situé) en amont, d'amont.
◇ *adv* [be] en amont; [move] vers l'amont; [row, swim] contre le courant.

uproar [ˈʌprɔːʳ] *n* [noise] tumulte *m*, vacarme *m*; [protest] protestations *fpl*, tollé *m*; **his speech caused quite an ~** [protests] son discours a mis le feu aux poudres; [shouting] son discours a déclenché le tumulte; **the town was in (an) ~ over the new taxes** la ville entière s'est élevée contre le nouvel impôt.

uproarious [ʌpˈrɔːrɪəs] *adj* [crowd, group] hilare; [film, joke] hilarant, désopilant; [laughter] tonitruant.

uproariously [ʌpˈrɔːrɪəslɪ] *adv* [laugh] aux éclats; ~ **funny** désopilant, tordant.

uproot [ʌpˈruːt] *vt literal* & *fig* déraciner.

upsadaisy *inf* [ˌʌpsəˈdeɪzɪ] *Br* = **upsydaisy**.

upscale [ˈʌpskeɪl] *adj Am* haut de gamme.

upset [*vb* & *adj* ʌpˈset, *n* ˈʌpset] (*pt* & *pp* **upset**, *cont* **upsetting**) ◇ *vt* **-1.** [overturn - chair, pan] renverser; [- milk, paint] renverser, répandre; [- boat] faire chavirer; **don't ~ the applecart!** ne gâche pas tout! **-2.** [disturb - plans, routine] bouleverser, déranger; [- procedure] bouleverser; [- calculations, results] fausser; [- balance] rompre, fausser. **-3.** [person - annoy] contrarier, ennuyer; [- offend] fâcher, vexer; [- worry] inquiéter, tracasser; **the least little thing ~s her** elle se fait du mauvais sang pour rien; **it's not worth upsetting yourself over** ce n'est pas la peine de vous en faire. **-4.** [make ill - stomach] déranger; [- person] rendre malade; **sea food always ~s me** OR **my stomach** les fruits de mer me rendent toujours malade.
◇ *adj* **-1.** [annoyed] ennuyé, contrarié; [offended] fâché, vexé; [worried] inquiet; **there's no reason to get so ~** il n'y a pas de quoi en faire un drame OR te fâcher; **he's ~ about losing the deal** cela l'ennuie d'avoir perdu l'affaire; **I was most ~ that she left** j'étais très ennuyé qu'elle soit partie; **why is she so ~?** qu'est-ce qu'elle a? **-2.** [stomach] dérangé; **to have an ~ stomach** avoir une indigestion.
◇ *n* **-1.** [in plans] bouleversement *m*; [of government] renversement *m*; [of team] défaite *f*; **the result caused a major political ~** le résultat a entraîné de grands bouleversements politiques. **-2.** [emotional] bouleversement *m*. **-3.** [of stomach] indigestion *f*; **he often gets stomach ~s** il a souvent des indigestions.

upset price [ˈʌpset-] *n Am* & *Scot* mise *f* à prix.

upsetting [ʌpˈsetɪŋ] *adj* [annoying] ennuyeux, contrariant; [offensive] vexant; [saddening] attristant, triste; [worrying] inquiétant.

upshot [ˈʌpʃɒt] *n* résultat *m*, conséquence *f*.

upside [ˈʌpsaɪd] *n* **-1.** [surface] dessus *m*. **-2.** [of situation] avantage *m*, bon côté *m*.

upside down ◇ *adj* **-1.** [cup, glass] à l'envers, retourné; **upside-down logic** *fig* raisonnement *m* tordu; **upside-down cake** gâteau *m* renversé. **-2.** [room, house] sens dessus dessous.
◇ *adv* **-1.** [in inverted fashion] à l'envers; **she hung ~ from the bar** elle s'est suspendue à la barre la tête en bas; **to read sthg ~** lire qqch à l'envers. **-2.** [in disorderly fashion] sens dessus dessous; **we turned the house ~ looking for the keys** nous avons mis la maison sens dessus dessous en cherchant les clés; **the news turned our world ~** la nouvelle a bouleversé notre univers.

upstage [ˌʌpˈsteɪdʒ] ◇ *adv* [move] vers le fond de la scène; [enter, exit] par le fond de la scène; [stand] au fond de la scène.
◇ *vt fig* éclipser, voler la vedette à.

upstairs [ˌʌpˈsteəz] ◇ *adv* en haut, à l'étage; **there are three bedrooms ~** il y a trois chambres en haut OR à l'étage; **to go ~** monter (à l'étage); **she ran back ~** elle est remontée en courant; **I'll take your bags ~** je monterai vos bagages; **let me show you ~** permettez que je vous fasse monter □ **he hasn't got much ~** il n'est pas très futé OR dégourdi.
◇ *adj* [room, window] du haut, (situé) à l'étage; [flat, neighbour] du dessus.
◇ *n* étage *m*; **we rent out the ~** nous louons (les pièces de) l'étage.

upstanding [ˌʌpˈstændɪŋ] *adj* **-1.** [in character] intègre, droit; [in build] bien bâti. **-2.** *fml*: **be ~** levez-vous.

upstart [ˈʌpstɑːt] *n pej* parvenu *m*, -e *f*; **that young ~!** ce petit morveux!

upstate [ˌʌpˈsteɪt] *Am* ◇ *adv* [live] dans le nord (de l'État); [move] vers le nord (de l'État); **he moved ~** il est allé s'installer dans le nord (de l'État).
◇ *adj* au nord (de l'État); ~ **New York** *la partie nord de l'État de New York.*

upstream [ˌʌpˈstriːm] ◇ *adv* [live] en amont; [move] vers l'amont; [row, swim] contre le courant.
◇ *adj* d'amont, (situé) en amont.

upstroke [ˈʌpstrəʊk] *n* [of pen] délié *m*; [of piston] mouvement *m* ascendant.

upsurge [ˈʌpsɜːdʒ] *n* [gen] mouvement *m* vif; [of anger, enthusiasm] vague *f*, montée *f*; [of interest] renaissance *f*, regain *m*; [in production, sales] montée *f*, augmentation *f*.

upswing [ˈʌpswɪŋ] *n* **-1.** [movement] mouvement *m* ascendant, montée *f*. **-2.** [improvement] amélioration *f*; **the stock market is on the ~** la Bourse est en hausse; **there's been an ~ in sales** il y a eu une progression des ventes.

upsydaisy *inf* [ˌʌpsəˈdeɪzɪ] *interj*: ~! allez, hop!

uptake [ˈʌpteɪk] *n* **-1.** [of air] admission *f*; [of water] prise *f*, adduction *f*. **-2.** *phr*: **to be quick on the ~** avoir l'esprit vif OR rapide, comprendre vite; **to be slow on the ~** être lent à comprendre OR à saisir. **-3.** [of offer, allowance]: **a government campaign to improve the ~ of child benefit** une campagne gouvernementale pour inciter les gens à réclamer leurs allocations familiales.

upthrust [ˈʌpθrʌst] *n* [of piston] poussée *f* ascendante; GEOL soulèvement *m*.

uptight *inf* [ʌpˈtaɪt] *adj* **-1.** [tense] tendu, crispé; [irritable] irritable, énervé; [nervous] nerveux, inquiet; **he gets so ~ whenever I mention it** [tense] il se crispe chaque fois que j'en parle; [annoyed] il s'énerve chaque fois que j'en parle. **-2.** [prudish] coincé, collet monté *(inv)*; **he's very ~ about sex** il est très coincé quand il s'agit de sexe.

uptime [ˈʌptaɪm] *n* COMPUT temps *m* de bon fonctionnement.

up-to-date *adj* **-1.** [information, report - updated] à jour; [- most current] le plus récent; **I try to keep ~ on the news** j'essaie de me tenir au courant de l'actualité; **to bring sb ~ on sthg** mettre qqn au courant de qqch; **they brought the reports ~** ils ont mis les rapports à jour. **-2.** [modern - machinery, methods] moderne.

up-to-the-minute *adj* le plus récent; ~ **news reporting** bulletins *mpl* (d'information) de dernière minute.

uptown [ˌʌpˈtaʊn] *Am* ◇ *adj* des quartiers résidentiels.
◇ *adv* [be, live] dans les quartiers résidentiels; [move] vers les quartiers résidentiels.
◇ *n* les quartiers *mpl* résidentiels.

upturn [*n* ˈʌptɜːn, *vb* ʌpˈtɜːn] ◇ *n* [in economy, situation] amélioration *f*; [in production, sales]

progression *f*, reprise *f*; **there's been an ~ in the market** il y a eu une progression du marché.
◇ *vt* [turn over] retourner; [turn upside down] mettre à l'envers; [overturn] renverser.
upturned [ʌp'tɜːnd] *adj* -**1.** [nose] retroussé; **~ faces** visages tournés vers le haut. -**2.** [upside down] retourné, renversé.
upward ['ʌpwəd] ◇ *adj* [movement] ascendant; [trend] à la hausse.
◇ *adv Am* = **upwards**.
upwardly mobile ['ʌpwədlɪ-] *adj* susceptible de promotion sociale.
upward mobility *n* ascension *f* sociale.
upwards ['ʌpwədz] *adv* -**1.** [move, climb] vers le haut; **to slope ~** monter; **we looked ~** nous avons levé les yeux OR regardé vers le haut; **if you look ~ you can see...** si vous levez la tête OR les yeux, vous voyez...; **prices are moving ~** les prix sont à la hausse. -**2.** [facing up]: **she placed the photos (face) ~ on the table** elle a posé les photos sur la table face vers le haut; **he lay on the floor face ~** il était allongé par terre sur le dos. -**3.** [onwards]: **from 15 years ~** à partir de 15 ans; **from her youth ~** depuis sa jeunesse.
◆ **upwards of** *prep phr*: **~ of 100 candidates applied** plus de 100 candidats se sont présentés; **they can cost ~ of £150** ils peuvent coûter 150 livres et plus.
upwind [ˌʌp'wɪnd] ◇ *adv* du côté du vent, contre le vent.
◇ *adj* dans le vent, au vent; **to be ~ of sthg** être dans le vent OR au vent par rapport à qqch.
Ur [ɜː] *pr n* Our, Ur.
uraemia [ˌjʊə'riːmjə] *Br* = **uremia**.
Ural ['jʊərəl] *adj*: **the ~ Mountains** les monts *mpl* Oural, l'Oural *m*; **the ~ River** l'Oural *m*.
Urals ['jʊərəlz] *pl pr n*: **the ~** l'Oural *m*; **in the ~** dans l'Oural.
uranite ['jʊərənaɪt] *n* uranite *f*.
uranium [jʊ'reɪnjəm] *n* uranium *m*; **~ series** série *f* uranique.
Uranus ['jʊərənəs] *pr n* ASTRON & MYTH Uranus.
urban ['ɜːbən] *adj* urbain; **~ area** zone *f* urbaine, agglomération *f*; **~ district** *Br* ADMIN district *m* urbain; **~ guerrilla** personne *f* qui pratique la guérilla urbaine; **~ renewal** rénovations *fpl* urbaines; **~ unemployment** chômage *m* dans les zones urbaines.
urbane [ɜː'beɪn] *adj* [person] poli, qui a du savoir-vivre; [manner] poli, raffiné.
urbanely [ɜː'beɪnlɪ] *adv* avec mondanité.
urbanism ['ɜːbənɪzm] *n* urbanisme *m*.
urbanite ['ɜːbənaɪt] *n* citadin *m*, -e *f*.
urbanity [ɜː'bænətɪ] *n* urbanité *f fml*, savoir-vivre *m*.
urbanization [ˌɜːbənaɪ'zeɪʃn] *n* urbanisation *f*.
urbanize, -ise ['ɜːbənaɪz] *vt* urbaniser.
urchin ['ɜːtʃɪn] *n* galopin *m*, polisson *m*, -onne *f*.
urchin cut *n* coupe *f* OR coiffure *f* à la garçonne.
Urdu ['ʊəduː] *n* ourdou *m*, urdu *m*.
urea ['jʊərɪə] *n* urée *f*.
uremia [ˌjʊə'riːmjə] *n esp Am* urémie *f*.
ureter [ˌjʊə'riːtə] *n* uretère *m*.
urethra [ˌjʊə'riːθrə] *n* urètre *m*.
urethritis [ˌjʊərɪ'θraɪtɪs] *n (U)* urétrite *f*.
urge [ɜːdʒ] ◇ *n* forte envie *f*, désir *m*; **I felt OR I had a sudden ~ to tell her** j'avais tout à coup très envie de lui dire; **the sexual ~** les pulsions *fpl* sexuelles.
◇ *vt* -**1.** [person - incite] exhorter, presser; **I ~ you to reconsider** je vous conseille vivement de reconsidérer votre position; **she ~d us not to sell the house** elle nous a vivement déconseillé de vendre la maison; **he ~d them to revolt** il les a incités à la révolte OR à se révolter. -**2.** [course of action] conseiller vivement, préconiser; [need, point] insister sur; **they ~d the need for new schools** ils ont insisté sur la nécessité de construire de nouvelles écoles; **we ~d caution** nous avons préconisé la prudence.
◆ **urge on** *vt sep* talonner, presser; [person, troops] faire avancer; **to ~ sb on to do sthg** inciter qqn à faire qqch.
urgency ['ɜːdʒənsɪ] *n* urgence *f*; **it's a matter of great ~** c'est une affaire très urgente; **there's no great ~** cela n'est pas urgent OR ne presse pas; **there was a note of ~ in her voice** il y avait de l'insistance dans sa voix.
urgent ['ɜːdʒənt] *adj* -**1.** [matter, need] urgent, pressant; [message] urgent; **it's not ~** ce n'est pas urgent, ça ne presse pas; **is it ~?** est-ce urgent?; **the roof is in ~ need of repair** le toit a un besoin urgent d'être réparé. -**2.** [manner, voice] insistant; **he was ~ in his demands for help** il a insisté pour qu'on lui vienne en aide.
urgently ['ɜːdʒəntlɪ] *adv* d'urgence, de toute urgence; **they appealed ~ for help** ils ont demandé du secours avec insistance; **the matter is ~ in need of attention** l'affaire demande à être traitée immédiatement OR sans délais; **supplies are ~ needed** un ravitaillement est absolument nécessaire.
uric ['jʊərɪk] *adj* urique; **~ acid** acide *m* urique.
urinal ['jʊərɪnl] *n* [apparatus] urinal *m*; [building] urinoir *m*.
urinary ['jʊərɪnərɪ] *adj* urinaire; **~ tract** appareil *m* urinaire.
urinate ['jʊərɪneɪt] *vi* uriner.
urine ['jʊərɪn] *n* urine *f*.
urinogenital [ˌjʊərɪnəʊ'dʒenɪtl] = **urogenital**.
urn [ɜːn] *n* -**1.** [container - gen] urne *f*. -**2.** [for ashes] urne *f* (funéraire). -**3.** [for coffee, tea] fontaine *f*; **tea ~** fontaine à thé.
urogenital [ˌjʊərəʊ'dʒenɪtl] *adj* urogénital.
urologist [jʊə'rɒlədʒɪst] *n* urologue *mf*.
urology [jʊə'rɒlədʒɪ] *n* urologie *f*.
Ursa ['ɜːsə] *pr n*: **~ Major/Minor** la Grande/Petite Ourse.
urticaria [ˌɜːtɪ'keərɪə] *n* urticaire *f*.
Uruguay ['jʊərəgwaɪ] *pr n* Uruguay *m*; **in ~** en Uruguay.
Uruguayan [ˌjʊərʊ'gwaɪən] ◇ *n* Uruguayen *m*, -enne *f*.
◇ *adj* uruguayen.
us [ʌs] *pron* -**1.** [object form of 'we'] nous; **tell us the truth** dites-nous la vérité; **it's us!** c'est nous!; **it's us she's looking for** c'est nous qu'elle cherche; **most of us are students** nous sommes presque tous des étudiants; **all four of us went** nous y sommes allés tous les quatre; **there are three of us** nous sommes trois; **they're with us** ils sont avec nous. -**2.** *inf* [me - direct object] me; [- indirect object] me, moi; **give us a kiss!** embrasse-moi!; **give us a chance, I've only just got here!** je t'en prie, je viens d'arriver!
US ◇ *pr n* (*abbr of* **United States**): **the ~** les USA *mpl*; **in the ~** aux USA, aux États-Unis.
◇ *comp* des États-Unis, américain.
USA *pr n* -**1.** (*abbr of* **United States of America**): **the ~** les USA *mpl*; **in the ~** aux USA, aux États-Unis. -**2.** (*abbr of* **United States Army**) *armée des États-Unis.*
usable ['juːzəbl] *adj* utilisable.
USAF (*abbr of* **United States Air Force**) *pr n armée de l'air des États-Unis.*
usage ['juːzɪdʒ] *n* -**1.** [custom, practice] coutume *f*, usage *m*. -**2.** [of term, word] usage *m*; **the term is in common ~** le terme est employé couramment; **that phrase has long since dropped out of ~** cette expression n'est plus usitée depuis longtemps. -**3.** [employment] usage *m*, emploi *m*; [treatment - of material, tool] manipulation *f*; [- of person] traitement *m*; **designed for rough ~** conçu pour résister aux chocs; **these books are not meant for rough ~** ces livres ne sont pas faits pour être malmenés.
USCG (*abbr of* **United States Coast Guard**) *pr n service de surveillance côtière américain.*
USDA (*abbr of* **United States Department of Agriculture**) *pr n ministère américain de l'Agriculture.*
USDAW ['ʌzdɔː] (*abbr of* **Union of Shop, Distributive and Allied Workers**) *pr n syndicat britannique des personnels de la distribution.*
USDI (*abbr of* **United States Department of the Interior**) *pr n ministère américain de l'Intérieur.*
use[1] [juːs] *n* -**1.** [utilization - of materials] utilisation *f*, emploi *m*; [consumption - of water, resources etc] consommation *f*; [being used, worn etc] usage *m*; **the ~ of brick in building** l'emploi OR l'utilisation de la brique dans la construction; **to stretch out with ~** se détendre à l'usage; **to wear out with ~** s'user; **the dishes are for everyday ~** c'est la vaisselle de tous les jours; **ready for ~** prêt à l'emploi; **'directions for ~'** 'mode d'emploi'; **'for your personal ~'** pour votre usage personnel; **'for customer ~ only'** 'réservé à notre clientèle'; **'for external/internal ~ only'** MED 'à usage externe/interne'; **'for ~ in case of emergency'** 'à utiliser en cas d'urgence'; **the film is for ~ in teaching** le film est destiné à l'enseignement ❑ **in ~** [machine, system] en usage, utilisé; [lift, cash point] en service; [phrase, word] usité; **in general ~** d'emploi courant, d'utilisation courante; **'not in ~', 'out of ~'** 'hors d'usage'; [lift, cash point] 'hors service'; **the phrase is no longer in ~** l'expression est inusitée OR ne s'utilise plus; **to come into ~** entrer en service; **to go out of ~** [machine] être mis au rebut; **steam engines went out of ~ in 1950** on a cessé d'utiliser OR d'employer les machines à vapeur en 1950; **to make ~ of sthg** utiliser qqch; **schools are making increasing ~ of audio-visual aids** les écoles se servent de plus en plus de supports audiovisuels; **to make good ~ of, to put to good ~** [machine, money] faire bon usage de; [opportunity, experience] tirer profit de. -**2.** [ability or right to use] usage *m*, utilisation *f*; **we gave them the ~ of our car** nous leur avons laissé l'usage de notre voiture; **he only has the ~ of one arm** il n'a l'usage que d'un bras; **she lost the ~ of her legs** elle a perdu l'usage de ses jambes; **the old man still has the full ~ of his faculties** le vieil homme jouit encore de toutes ses facultés. -**3.** [practical application] usage *m*, emploi *m*; **this tool has many ~s** cet outil a de nombreux usages OR emplois; **we found a ~ for the old fridge** nous avons trouvé un emploi pour le vieux frigo ❑ **I have my ~s** *hum* il m'arrive de servir à quelque chose. -**4.** [need] besoin *m*, usage *m*; **do you have any ~ for this book?** avez-vous besoin de ce livre?; **to have no ~ for sthg** *literal* ne pas avoir besoin de qqch; *fig* n'avoir que faire de qqch; **I have no ~ for idle gossip** je n'ai que faire des cancans; **this department has no ~ for slackers** il n'y a pas de place pour les fainéants dans ce service. -**5.** [usefulness]: **to be of ~ (to sb)** être utile (à qqn), servir (à qqn); **this dictionary might be of ~ to you** ce dictionnaire pourrait vous être utile OR vous servir; **were the instructions (of) any ~?** est-ce que le mode d'emploi a servi à quelque chose?; **I found his advice to be of little ~, his advice was of little ~ to me** je n'ai pas trouvé ses conseils très utiles; **the book would be of more ~ if it had illustrations** le livre serait plus utile s'il contenait des illustrations; **he's not much ~ as a secretary** il n'est pas brillant comme secrétaire; **to be (of) no ~** [thing] ne servir à rien; [person] n'être bon à rien; **they were no ~ at all during the move** ils n'ont rien fait pendant le déménagement; **you're no ~!** tu n'es bon à rien!; **it's OR there's no ~ complaining** inutile de OR ça ne sert à rien de se plaindre; **there's no ~ shouting** ça ne sert à rien de OR inutile de crier; **it's no ~, we might as well give up** c'est inutile OR ça ne sert à rien, autant abandonner; **I tried to convince her but it was no ~** j'ai essayé de la convaincre mais il n'y avait rien à faire; **is it any ~ calling her?** est-ce que ça servira à quelque chose de l'appeler?; **what's the ~ of waiting?** à quoi bon attendre?, à quoi ça sert d'attendre?; **oh, what's the ~?** à quoi bon?; **that's a fat lot of ~!** *inf iron* ça nous fait une belle jambe! -**6.** LING

usage *m*; that's an old-fashioned ~ c'est un usage vieilli. -**7.** RELIG usage *m*.

use[2] [juːz] ◇ *vt* -**1.** [put into action - service, tool] se servir de, utiliser; [- product] utiliser; [- method, phrase, word] employer; [- name] utiliser, faire usage de; [- vehicle, form of transport] prendre; **these are the notebooks he ~d** ce sont les cahiers dont il s'est servi OR qu'il a utilisés; **is anyone using this book?** est-ce que quelqu'un se sert de OR a besoin de ce livre?; **it's very easy to ~** c'est très facile à utiliser; **it's no longer ~d** [machine, tool] ça ne sert plus; **am I using the term correctly?** est-ce comme ça qu'on utilise le terme?; **I'd like to ~ my language skills more** j'aimerais utiliser davantage mes connaissances en langues; **I always ~ public transport** je prends toujours les transports en commun; **we ~ this room as an office** nous nous servons de cette pièce comme bureau, cette pièce nous sert de bureau; **what is this ~d for** OR **as?** à quoi cela sert-il?; **it's ~d for identifying the blood type** cela sert à identifier le groupe sanguin; **I ~ it for opening** OR **to open letters** je m'en sers OR je l'utilise pour ouvrir les lettres; **what battery does this radio ~?** quelle pile faut-il pour cette radio?; **my car ~s unleaded petrol** ma voiture marche à l'essence sans plomb; **may I ~ the phone?** puis-je téléphoner?; **he asked to ~ the toilet** OR **bathroom** il a demandé à aller aux toilettes; **to ~ force/violence** avoir recours à la force/violence; **the police often ~ tear gas** la police a souvent recours au gaz lacrymogène; **~ your imagination!** utilise ton imagination!; **~ your initiative!** fais preuve d'initiative!; **~ your head** OR **your brains!** réfléchis un peu!; **~ your eyes!** ouvrez l'œil! ❑ **he could certainly ~ some help** *inf* un peu d'aide ne lui ferait pas de mal; **we could all ~ a holiday!** *inf* nous aurions tous besoin de vacances! -**2.** [exploit, take advantage of - opportunity] profiter de; [- person] se servir de; **~ it to your advantage!** profitez-en!; **he's only using you to get ahead** il ne fait que se servir de toi pour avancer; **I feel ~d** j'ai l'impression qu'on s'est servi de moi. -**3.** [consume] consommer, utiliser; [finish, use up] finir, épuiser; **the car's using a lot of oil** la voiture consomme beaucoup d'huile; **have you ~d all the shampoo?** as-tu utilisé tout le shampooing? -**4.** *fml* [treat physically] traiter; [behave towards] agir envers; **they ~d the workers well** ils ont bien traité les ouvriers, ils ont bien agi envers les ouvriers; **I consider I was ill ~d** je considère qu'on ne m'a pas traité comme il faut. -**5.** ▽ [drug] prendre.
◇ *modal vb* (*only in past tense*): **they ~d to live here** (avant) ils habitaient ici; **he ~d to drink a lot** il buvait beaucoup avant; **it ~d to be true** c'était vrai autrefois; **she can't get about the way she ~d to** elle ne peut plus se déplacer comme avant; **she never ~d to smoke** elle ne fumait pas avant; **we ~d not** OR **we didn't ~ to eat meat** avant, nous ne mangions pas de viande; **did he ~ to visit her?** venait-il la voir avant?
◆ **use up** *vt sep* [consume] consommer, prendre; [exhaust - paper, soap] finir; [- patience, energy, supplies] épuiser; **she ~d up the leftovers to make the soup** elle a utilisé les restes pour faire un potage; **did you ~ up all your money?** as-tu dépensé tout ton argent?; **the paper was all ~d up** il ne restait plus de papier.

used[1] [juːzd] *adj* [book, car] d'occasion; [clothing] d'occasion, usagé; [glass, linen] sale, qui a déjà servi.

used[2] [juːst] *adj* [accustomed]: **to be ~ to sthg** avoir l'habitude de OR être habitué à qqch; **I'm ~ to working alone** j'ai l'habitude de OR je suis habitué à travailler tout seul; **they're not ~ to it** ils n'y sont pas habitués, ils n'en ont pas l'habitude; **to be ~ to sb** être habitué à qqn; **to get ~ to sthg** s'habituer à qqch; **he can't get ~ to it** il n'arrive pas à s'y habituer; **you'll soon get ~ to the idea** tu te feras à l'idée.

useful ['juːsfʊl] *adj* -**1.** [handy - book, information, machine] utile, pratique; [- discussion, experience] utile, profitable; [- method] utile, efficace; **does it serve any ~ purpose?** est-ce utile?, est-ce que cela sert à quelque chose?; **I felt as if I was doing something ~** j'avais l'impression de faire quelque chose d'utile OR de me rendre utile; **you could be ~ to the director** vous pourriez rendre service au directeur; **the information was ~ to us in making a decision** les renseignements nous ont aidés à prendre une décision; **make yourself ~ and help me tidy up** rends-toi utile et aide-moi à ranger; **she's a ~ person to know** c'est une femme qu'il est bon de connaître; **he's very ~ around the house** il est très utile OR il rend beaucoup de services dans la maison; **they're ~ when it comes to financial affairs** ils sont très compétents dans le domaine financier; **this map could be very ~** cette carte pourrait être très utile OR d'une grande utilité. -**2.** *inf* [satisfactory - performance, score] honorable; **he's a very ~ player** c'est un joueur très compétent.

usefully ['juːsfʊlɪ] *adv* utilement; **his free time was ~ employed in improving his languages** il a employé utilement son temps libre à améliorer ses langues; **you could ~ devote a further year's study to the subject** tu pourrais consacrer avec profit une année d'étude supplémentaire au sujet.

usefulness ['juːsfʊlnɪs] *n* utilité *f*; **it's outlived its ~** ça a fait son temps, ça ne sert plus à rien.

useless ['juːslɪs] *adj* -**1.** [bringing no help - book, information, machine] inutile; [- discussion, experience] vain, qui n'apporte rien; [- advice, suggestion] qui n'apporte rien, qui ne vaut rien; [- attempt, effort] inutile, vain; **the contract is ~ to them** le contrat leur est inutile; **it's ~ trying to reason with him, it's ~ to try and reason with him** ça ne sert à rien OR c'est inutile d'essayer de lui faire entendre raison; **the computer is ~ without the instructions** l'ordinateur est inutilisable OR on ne peut pas se servir de l'ordinateur sans mode d'emploi. -**2.** *inf* [incompetent] nul; **she makes me feel ~** elle me donne l'impression d'être bon à rien; **I'm ~ at history/maths** je suis nul en histoire/math; **she's ~ as a navigator** elle est nulle OR elle ne vaut rien en tant que navigateur; **her brother is absolutely ~** son frère est nul OR bon à rien.

uselessly ['juːslɪslɪ] *adv* inutilement.

user ['juːzəʳ] ◇ *n* [of computer, machine] utilisateur *m*, -trice *f*; [of airline, public service, road] usager *m*; [of electricity, gas, oil] usager *m*, utilisateur *m*, -trice *f*; [of drugs] consommateur *m*, -trice *f*, usager *m*; **road ~s** usagers de la route; **~s of public transport** usagers des transports en commun.
◇ *in cpds* par l'utilisateur; **~-definable** définissable par l'utilisateur; **~-programmable** programmable par l'utilisateur.

user-defined [-dɪ'faɪnd] *adj* COMPUT programmé par l'utilisateur.

user-friendliness *n* COMPUT convivialité *f*.

user-friendly *adj* COMPUT convivial, facile à utiliser.

user-interface *n* COMPUT & *fig* interface *f* utilisateur.

USES (*abbr of* United States Employment Service) *pr n* *services américains de l'emploi.*

U-shaped *adj* en (forme de) U.

usher ['ʌʃəʳ] ◇ *vt* conduire, accompagner; **I ~ed them to their seats** je les ai conduits à leur place; **he ~ed us into/out of the living room** il nous a fait entrer au/sortir du salon.
◇ *n* -**1.** [at concert, theatre] placeur *m*, -euse *f*. -**2.** [doorkeeper] portier *m*; JUR huissier *m*.
◆ **usher in** *vt sep fig* inaugurer, marquer le début de; **the printing press ~ed in a new era** l'imprimerie a inauguré OR annoncé une nouvelle ère.

usherette [ˌʌʃə'ret] *n* ouvreuse *f*.

USIA (*abbr of* United States Information Agency) *pr n* *agence américaine de renseignements.*

USM *pr n* -**1.** (*abbr of* United States Mail) ≃ la Poste *(aux États-Unis)*. -**2.** (*abbr of* United States Mint) ≃ la Monnaie *(aux États-unis)*.

USN (*abbr of* United States Navy) *pr n* *marine de guerre des États-Unis.*

USPHS (*abbr of* United States Public Health Service) *pr n* *direction américaine des Affaires sanitaires et sociales.*

USS (*abbr of* United States Ship) *initiales précédant le nom des navires américains*; **the ~ Washington** le Washington.

USSR (*abbr of* Union of Soviet Socialist Republics) *pr n*: **the ~** l'URSS *f*; **in the ~** en URSS.

usu. *written abbr of* **usually.**

usual ['juːʒl] ◇ *adj* [customary - activity, place, road] habituel; [- practice, price] habituel, courant; [- expression, word] courant, usité; **we sat at our ~ table** nous nous sommes assis à notre table habituelle; **our ~ doctor** notre médecin habituel OR traitant OR de famille; **they asked the ~ questions** ils ont posé les questions habituelles; **my ~ diet consists of fish and vegetables** généralement OR d'habitude je mange du poisson et des légumes; **let's meet at the ~ time** retrouvons-nous à l'heure habituelle OR à la même heure que d'habitude; **6 o'clock is the ~ time he gets home** d'habitude OR en général il rentre à 18 h; **earlier/later than ~** plus tôt/plus tard que d'habitude; **he drank more than ~** il a bu plus que d'habitude; **she was her ~ cheery self** elle était gaie comme d'habitude; **she's her ~ self again** elle est redevenue elle-même; **with her ~ optimism** avec son optimisme habituel, avec l'optimisme qui est le sien OR qui la caractérise; **it's not ~ for him to be so bitter** il est rarement si amer, c'est rare qu'il soit si amer; **it's the ~ story** c'est toujours la même histoire; **it's quite ~ to see flooding in the spring** il y a souvent des inondations au printemps; **I believe it's the ~ practice** je crois que c'est ce qui se fait d'habitude; **as is ~ with young mothers** comme toujours OR comme d'habitude avec les jeunes mamans.
◇ *n inf* [drink, meal]: **what will you have? — the ~, please** que prends-tu? — comme d'habitude, s'il te plaît.
◆ **as usual, as per usual** *adv phr* comme d'habitude; **as ~, the opposition objected** comme d'habitude OR comme toujours, l'opposition a élevé une objection; **life goes on as ~** la vie continue; **'business as ~'** [during building work] 'le magasin reste ouvert pendant la durée des travaux'; **it's business as ~** il n'y a rien à signaler.

usually ['juːʒəlɪ] *adv* généralement, d'habitude, d'ordinaire; **I ~ get to work early** généralement OR d'habitude j'arrive tôt au bureau; **she's not ~ late** il est rare qu'elle soit en retard, elle est rarement en retard; **we don't ~ eat dessert** d'habitude nous ne mangeons pas de dessert; **what route do you ~ take?** quelle route prenez-vous d'habitude OR d'ordinaire?; **the roads were more than ~ busy** il y avait encore plus de trafic que d'habitude OR d'ordinaire OR de coutume sur les routes.

usufruct ['juːsjuːfrʌkt] *n* usufruit *m*.

usurer ['juːʒərəʳ] *n* usurier *m*, -ère *f*.

usurp [juː'zɜːp] *vt* usurper.

usurpation [ˌjuːzɜː'peɪʃn] *n* usurpation *f*.

usurper [juː'zɜːpəʳ] *n* usurpateur *m*, -trice *f*.

usury ['juːʒʊrɪ] *n* usure *f (intérêt)*.

UT *written abbr of* Utah.

Utah ['juːtɑː] *pr n* Utah *m*; **in ~** dans l'Utah.

utensil [juː'tensl] *n* ustensile *m*, outil *m*; **cooking ~s** ustensiles de cuisine.

uterine ['juːtəraɪn] *adj* utérin.

uterus ['juːtərəs] (*pl* **uteri** [-raɪ] OR **uteruses**) *n* utérus *m*.

utilitarian [ˌjuːtɪlɪ'teərɪən] ◇ *adj* -**1.** [functional] utilitaire, fonctionnel. -**2.** PHILOS utilitariste.
◇ *n* utilitariste *mf*.

utilitarianism [ˌjuːtɪlɪ'teərɪənɪzm] *n* utilitarisme *m*.

utility [juːˈtɪlətɪ] (*pl* **utilities**) ◇ *n* -**1.** [usefulness] utilité *f*. -**2.** [service] service *m*; **they plan to improve (public) utilities** ils ont l'intention d'améliorer les services publics. -**3.** COMPUT utilitaire *m*, programme *m* utilitaire. -**4.** *Am* [room] = **utility room**.
◇ *adj* [fabric, furniture] utilitaire, fonctionnel; [vehicle] utilitaire.

utility man *n Am* [worker] *ouvrier capable d'occuper différents postes*; [for gas, electricity] *employé des services publics*; [actor] *acteur qui joue les utilités*.

utility player *n* SPORT *joueur capable d'occuper différents postes*.

utility program *n* COMPUT (logiciel *m*) utilitaire *m*.

utility room *n pièce servant à ranger les appareils ménagers, provisions etc.*

utilizable [ˈjuːtɪlaɪzəbl] *adj* utilisable.

utilization [ˌjuːtɪlaɪˈzeɪʃn] *n* utilisation *f*.

utilize, -ise [ˈjuːtɪlaɪz] *vt* [use] utiliser, se servir de; [make best use of] exploiter; **you could have ~d your time better** vous auriez pu tirer meilleur parti de votre temps OR mieux profiter de votre temps.

utmost [ˈʌtməʊst] ◇ *adj* -**1.** [greatest] le plus grand; **it's a matter of the ~ seriousness** c'est une affaire extrêmement sérieuse; **in the ~ secrecy** dans le plus grand secret; **it's of the ~ importance that I see him** il est extrêmement important OR il est d'une importance capitale que je le voie; **with the ~ respect, I cannot agree with your conclusions** avec tout le respect que je vous dois, je ne peux pas partager vos conclusions. -**2.** [farthest] : **to the ~ ends of the earth** au bout du monde.
◇ *n* -**1.** [maximum] maximum *m*, plus haut degré *m*; **the ~ in comfort** ce qui se fait de mieux en matière de confort. -**2.** [best effort] : **we did our ~ to fight the new taxes** nous avons fait tout notre possible OR tout ce que nous pouvions pour lutter contre les nouveaux impôts; **she tried her ~** elle a fait de son mieux.

utopia, Utopia [juːˈtəʊpjə] *n* utopie *f*; **'Utopia'** *More* 'l'Utopie'.

utopian, Utopian [juːˈtəʊpjən] ◇ *adj* utopique.
◇ *n* utopiste *mf*.

utopianism, Utopianism [juːˈtəʊpjənɪzm] *n* utopisme *m*.

Utrecht [ˈjuːtrekt] *pr n* Utrecht.

utter [ˈʌtəʳ] ◇ *vt* -**1.** [pronounce - word] prononcer, proférer; [- cry, groan] pousser; **he didn't ~ a sound** il n'a pas ouvert la bouche, il n'a pas soufflé mot. -**2.** JUR [libel] publier; [counterfeit money] émettre, mettre en circulation.
◇ *adj* [amazement, bliss] absolu, total; [fool] parfait, fini; **he shows an ~ disregard for his family's welfare** il affiche une indifférence absolue pour le bien-être de sa famille; **he's talking ~ rubbish** ce qu'il dit n'a aucun sens OR est absolument idiot; **it's an ~ scandal** c'est un véritable scandale; **an ~ fool** un parfait crétin, un crétin fini.

utterance [ˈʌtərəns] *n* -**1.** [statement] déclaration *f*; LING énoncé *m*. -**2.** [expression] expression *f*, énonciation *f*; **to give ~ to sthg** exprimer qqch.

utterly [ˈʌtəlɪ] *adv* complètement, tout à fait.

uttermost [ˈʌtəməʊst] = **utmost**.

U-turn *n* -**1.** AUT demi-tour *m*; **to make a ~** faire (un) demi-tour; **'no ~s'** 'défense de faire demi-tour'. -**2.** *fig* volte-face *f inv*, revirement *m*; **the government were accused of making a ~ on health policy** le gouvernement a été accusé de faire volte-face en matière de politique de santé.

UV (*abbr of* **ultra-violet**) *n* UV *m*.

UV-A, UVA (*abbr of* **ultra-violet-A**) *n* UVA *m*.

UV-B, UVB (*abbr of* **ultra-violet-B**) *n* UVB *m*.

uvula [ˈjuːvjʊlə] (*pl* **uvulas** OR **uvulae** [-liː]) *n* luette *f*, uvule *f spec*, uvula *f spec*.

uvular [ˈjuːvjʊləʳ] *adj* uvulaire.

uxorious [ʌkˈsɔːrɪəs] *adj fml* OR *lit* excessivement soumis à sa femme.

Uzbek [ˈʊzbek] *n* -**1.** [person] Ouzbek *mf*. -**2.** LING ouzbek *m*.

Uzbekistan [ʊzˌbekɪˈstɑːn] *pr n* Ouzbékistan *m*; **in ~** en Ouzbékistan.

V

v (*pl* v's OR vs), **V** (*pl* V's OR Vs) [viː] *n* [letter] v *m*, V *m*; **V for Victor** V comme Victor; **V-shaped** en (forme de) V; **V-1 (bomb)** V1 *m*; **V-2 (rocket)** V2 *m*; **V-8 (engine)** moteur *m* à huit cylindres en V.

v -**1.** *written abbr of* **velocity**. -**2.** (*written abbr of* **verb**) v. -**3.** (*written abbr of* **verse**) v. -**4.** *written abbr of* **versus**. -**5.** (*written abbr of* **vide**) v.

V ◇ *n* [Roman numeral] V *m*.
◇ (*written abbr of* **volt**) V.

VA *written abbr of* **Virginia**.

vac *inf* [væk] (*abbr of* **vacation**) *n Br* UNIV [recess] vacances *fpl*; **the Easter ~** les vacances de Pâques.

vacancy ['veɪkənsɪ] (*pl* **vacancies**) *n* -**1.** [emptiness] vide *m*. -**2.** [lack of intelligence] ineptie *f*, esprit *m* vide; **he had a look of utter ~ on his face** il avait l'air complètement idiot. -**3.** [in hotel] chambre *f* libre; **'no vacancies'** 'complet'. -**4.** [job] poste *m* vacant OR libre, vacance *f*; **do you have any vacancies?** avez-vous des postes à pourvoir?, est-ce qu'il y a de l'embauche?; **we have a ~ for a sales clerk** nous avons un poste de vendeur à pourvoir, nous cherchons un vendeur; **the ~ has been filled** le poste a été pourvu; **'no vacancies'** pas d'embauche; **'vacancies for waitresses'** 'cherchons serveuses'.

vacant ['veɪkənt] *adj* -**1.** [house, room - to rent] libre, à louer; [- empty] inoccupé; [seat] libre, inoccupé; **is this seat ~?** y a-t-il quelqu'un à cette place?, est-ce que cette place est libre?; **the room becomes ~ tomorrow** la chambre sera libérée OR disponible demain; **apartments sold with ~ possession** appartements libres à la vente. -**2.** [job, position] vacant, libre; **there are several ~ places to be filled** il y a plusieurs postes à pourvoir; **I found the job through the "situations ~" column** j'ai trouvé le poste grâce à la rubrique des offres d'emploi; **a secretarial job became** OR **fell ~** un poste de secrétaire est devenu disponible OR vacant. -**3.** [empty - mind, look, stare] vide; [stupid - person, look, stare] niais, idiot; **I asked a question and she just looked ~** j'ai posé une question et elle a eu l'air de ne pas comprendre. -**4.** [time] de loisir, perdu; [hour] creux, de loisir.

vacantly ['veɪkəntlɪ] *adv* [expressionlessly] d'un air absent OR vague; [stupidly] d'un air niais OR idiot; **he looked at us ~** [expressionlessly] il nous a regardés avec des yeux vides OR sans expression; [stupidly] il nous a regardés niaisement; **she stared ~ into space** elle avait le regard perdu dans le vague.

vacate [və'keɪt] *vt* [hotel room] libérer, quitter; [flat, house] quitter, déménager de; [job] démissionner de; **they ~d the premises yesterday** ils ont vidé les lieux hier.

vacation [və'keɪʃn] ◇ *n* -**1.** *Br* UNIV [recess] vacances *fpl*; JUR vacations *fpl*, vacances *fpl* judiciaires; **over the ~** pendant les vacances; **~ course** UNIV cours *mpl* d'été. -**2.** *Am* [holiday] vacances *fpl*; **they went to Italy on ~** ils ont passé leurs vacances en Italie; **when are you going on** OR **taking ~?** quand est-ce que vous prenez vos vacances?
◇ *vi Am* prendre OR passer des vacances; **they're ~ing in the mountains** ils sont en vacances à la montagne.

vacationer [və'keɪʃənəʳ], **vacationist** [və'keɪʃənɪst] *n Am* vacancier *m*, -ère *f*.

vaccinate ['væksɪneɪt] *vt* vacciner; **have you been ~d against polio?** est-ce que vous êtes vacciné OR est-ce que vous vous êtes fait vacciner contre la polio?

vaccination [ˌvæksɪ'neɪʃn] *n* vaccination *f*; **polio ~, ~ against polio** vaccination contre la polio; **the children all had ~s against polio** les enfants étaient tous vaccinés contre la polio.

vaccine [*Br* 'væksiːn, *Am* væk'siːn] *n* vaccin *m*; **smallpox ~** vaccination contre la variole.

vacillate ['væsəleɪt] *vi* hésiter.

vacillating ['væsəleɪtɪŋ] ◇ *adj* [behaviour] indécis, irrésolu.
◇ *n* indécision *f*.

vacillation [ˌvæsə'leɪʃn] *n* hésitation *f*, indécision *f*.

vacuity [væ'kjuːətɪ] (*pl* **vacuities**) *n fml* -**1.** [of person, reasoning] vacuité *f*. -**2.** [statement] ânerie *f*, niaiserie *f*.

vacuous ['vækjʊəs] *adj fml* [eyes, look] vide, sans expression; [remark] sot, niais; [film, novel] idiot, dénué de tout intérêt; [life] vide de sens.

vacuum ['vækjʊəm] (*pl* **vacuums** OR **vacua** [-jʊə]) ◇ *n* -**1.** [void] vide *m*; **his death left a ~ in her life** sa mort a laissé un vide dans sa vie. -**2.** PHYS vacuum *m*. -**3.** [machine]: **~ (cleaner)** aspirateur *m*; **I gave the room a quick ~** j'ai passé l'aspirateur en vitesse dans la pièce.
◇ *vt* [carpet] passer l'aspirateur sur; [flat, room] passer l'aspirateur dans.

vacuum bottle *Am* = **vacuum flask**.

vacuum brake *n* frein *m* à vide.

vacuum-clean = **vacuum** *vt*.

vacuum cleaner *n* aspirateur *m*.

vacuum flask *n Br* (bouteille *f*) Thermos® *f*.

vacuum-packed *adj* emballé sous vide.

vacuum pump *n* pompe *f* à vide.

vacuum tube *n Am* tube *m* électronique OR à vide.

vade mecum [ˌvɑːdɪ'meɪkʊm] (*pl* **vade mecums**) *n* vade-mecum *m inv*.

vagabond ['vægəbɒnd] ◇ *n* [wanderer] vagabond *m*, -e *f*; [tramp] clochard *m*, -e *f*.
◇ *adj* vagabond, errant.

vagary ['veɪgərɪ] (*pl* **vagaries**) *n* caprice *m*.

vagina [və'dʒaɪnə] (*pl* **vaginas** OR **vaginae** [-niː]) *n* vagin *m*.

vaginal [və'dʒaɪnl] *adj* vaginal; **~ discharge** pertes *fpl* blanches; **~ smear** frottis *m* vaginal.

vaginismus [ˌvædʒɪ'nɪzməs] *n* vaginisme *m*.

vaginitis [ˌvædʒɪ'naɪtɪs] *n* vaginite *f*.

vagrancy ['veɪgrənsɪ] *n* [gen & JUR] vagabondage *m*.

vagrant ['veɪgrənt] ◇ *n* [wanderer] vagabond *m*, -e *f*; [tramp] clochard *m*, -e *f*; [beggar] mendiant *m*, -e *f*.
◇ *adj* vagabond.

vague [veɪg] *adj* -**1.** [imprecise - promise, statement] vague, imprécis; [- person] vague; **she had only a ~ idea of what he meant** elle ne comprenait que vaguement ce qu'il voulait dire; **he made a ~ gesture toward the office** d'un geste vague il désigna le bureau; **don't be so ~** précisez ce que vous voulez dire, soyez plus précis; **his instructions were ~** ses instructions manquaient de précision; **they were ~ about their activities** [imprecise] ils n'ont pas précisé la nature de leurs activités; [evasive] ils sont restés vagues sur la nature OR ils ont évité de préciser la nature de leurs activités || [unsure]: **I'm still ~ about how to get there** je ne comprends toujours pas comment y aller; **I haven't the vaguest idea** je n'en ai pas la moindre idée. -**2.** [dim - memory, feeling] vague, confus; **I have a ~ recollection of summers spent in Greece** je me rappelle vaguement les étés passés en Grèce. -**3.** [indistinct - shape] flou, indistinct. -**4.** [absent-minded] distrait; **she looked ~** elle avait un air distrait.

vaguely ['veɪglɪ] *adv* -**1.** [not clearly - promise, say] vaguement; [- remember, understand] vaguement, confusément; **I ~ remember dining here before** j'ai le vague souvenir OR je me souviens vaguement d'avoir déjà mangé ici. -**2.** [a little] vaguement, peu; **it tastes ~ like coffee** cela a vaguement un goût de café; **she resembles her sister only ~** elle ne ressemble pas beaucoup à sa sœur. -**3.** [absent-mindedly] distraitement; **he looked ~ around him** il regardait autour de lui d'un air vague OR distrait.

vagueness ['veɪgnɪs] *n* -**1.** [imprecision - of instructions, statement] imprécision *f*, manque *m* de clarté. -**2.** [dimness - of memory] imprécision *f*, manque *m* de précision; [- of feeling] vague *m*, caractère *m* vague OR indistinct. -**3.** [of shape] flou *m*, caractère *m* indistinct. -**4.** [absent-mindedness] distraction *f*.

vagus ['veɪgəs] (*pl* **vagi** [-dʒaɪ]) *n* nerf *m* vague OR pneumogastrique, pneumogastrique *m*.

vain [veɪn] *adj* -**1.** [conceited] vaniteux; **he's very ~ about his looks** il s'occupe beaucoup de sa petite personne. -**2.** [unsuccessful - attempt, effort] vain, inutile; [- hope, plea, search] vain, futile. -**3.** [idle - promise] vide, en l'air; [- word] creux, en l'air.

◆ **in vain** *adv phr* [unsuccessfully] en vain, inutilement; **they tried in ~ to free the driver** ils ont essayé sans succès OR en vain de libérer le conducteur; **all their efforts were in ~** leurs efforts n'ont servi à rien OR étaient vains; **it was all in ~** c'était peine perdue; **to take sb's name in ~** [show disrespect] manquer de respect envers le nom de qqn; [mention name] parler de qqn en son absence; **are you taking my name in ~ again?** *hum* vous parlez encore de moi derrière mon dos?

vainglorious [ˌveɪnˈglɔːrɪəs] *adj lit* [proud] vaniteux, orgueilleux; [boastful] vantard.

vainly [ˈveɪnlɪ] *adv* -**1.** [conceitedly] avec vanité, vaniteusement. -**2.** [unsuccessfully - try] en vain, inutilement; [- hope] en vain.

valance [ˈvæləns] *n* [round bed frame] frange *f* de lit; [round shelf, window] lambrequin *m*, frange *f*.

vale [veɪl] *n lit* vallée *f*, val *m lit*.

valediction [ˌvælɪˈdɪkʃn] *n* [act] adieux *mpl*; [speech] discours *m* d'adieu; **to give the ~** prononcer le discours d'adieu.

valedictorian [ˌvælɪdɪkˈtɔːrɪən] ◇ *adj* d'adieu.
◇ *n Am* SCH & UNIV *major de la promotion (qui prononce le discours d'adieu)*.

valedictory [ˌvælɪˈdɪktərɪ] (*pl* **valedictories**) *fml*
◇ *adj* d'adieu.
◇ *n* discours *m* d'adieu.

valence [ˈveɪləns] *n* -**1.** *Am* = **valency**. -**2.** [bonding capacity] atomicité *f*.

Valencia [vəˈlenʃɪə] *pr n* Valence.

valency [ˈveɪlənsɪ] (*pl* **valencies**) *n* CHEM & LING valence *f*.

valentine [ˈvæləntaɪn] *n* -**1.** [card]: **~ (card)** carte *f* de la Saint-Valentin. -**2.** [person] bien-aimé *m*, -e *f*; **be my ~** c'est toi que j'aime.

Valentine [ˈvæləntaɪn] *pr n*: **Saint ~** Saint Valentin; **Saint ~'s Day** la saint-Valentin; **the Saint ~'s Day Massacre** *Am* HIST le massacre de la Saint-Valentin.

THE SAINT VALENTINE'S DAY MASSACRE:
Massacre particulièrement sanglant de cinq membres d'un gang de Chicago par une bande rivale, le 14 février 1929. Bien que sa culpabilité n'ait jamais pu être prouvée, Al Capone fut soupçonné d'en avoir été l'instigateur.

---

valerian [vəˈlɪərɪən] *n* valériane *f*.

Valerian [vəˈlɪərɪən] *pr n* Valérien.

valet [ˈvælɪt] *n* -**1.** [manservant] valet *m* de chambre; **~ service** le pressing de l'hôtel. -**2.** [clothing rack] valet *m*. -**3.** *Am*: **'~ parking'** voiturier *m*.

Valetta [vəˈletə] = **Valletta**.

valetudinarian [ˌvælɪtjuːdɪˈneərɪən] *arch* OR *lit*
◇ *adj* valétudinaire.
◇ *n* valétudinaire *mf*.

Valhalla [vælˈhælə] *n* Walhalla *m*.

valiance [ˈvæljəns] *n lit* vaillance *f lit*, bravoure *f*, courage *m*.

valiant [ˈvæljənt] *adj* [person] vaillant, courageux; [behaviour, deed] courageux, brave; **she made a ~ attempt to put out the fire** elle a tenté avec courage OR courageusement d'éteindre l'incendie; **he made a ~ effort not to cry out** il a fait un gros effort pour ne pas crier.

valiantly [ˈvæljəntlɪ] *adv* vaillamment, courageusement.

valid [ˈvælɪd] *adj* -**1.** [argument, reasoning] valable, bien fondé; [excuse] valable. -**2.** [contract, passport] valide, valable; **a ~ driving licence** un permis de conduire valable OR valide OR en règle; **my driver's licence is no longer ~** mon permis de conduire est périmé; **~ for two months** [on train ticket] valable deux mois.

validate [ˈvælɪdeɪt] *vt* -**1.** [argument, claim] confirmer, prouver la justesse de. -**2.** [document] valider.

validation [ˌvælɪˈdeɪʃn] *n* -**1.** [of argument, claim] confirmation *f*, preuve *f*. -**2.** [of document] validation *f*.

validity [vəˈlɪdətɪ] *n* -**1.** [of argument, reasoning] justesse *f*, solidité *f*. -**2.** [of document] validité *f*.

valine [ˈveɪliːn] *n* valine *f*.

valise [*Br* vəˈliːz, *Am* vəˈliːs] *n* mallette *f*.

Valium® [ˈvælɪəm] (*pl inv*) *n* valium® *m*.

Valkyrie [vælˈkɪərɪ] *n* Walkyrie *f*, Valkyrie *f*; **'The ~'** *Wagner* 'la Walkyrie'.

Valletta [vəˈletə] *pr n* La Valette.

valley [ˈvælɪ] *n* vallée *f*; [small] vallon *m*; **the Valleys** *le sud du pays de Galles*; **the Loire/Rhone ~** la vallée de la Loire/du Rhône; **'How Green Was My Valley'** *Llewellyn* 'Qu'elle était verte, ma vallée'; **'Valley of the Dolls'** *Robson* 'la Vallée des poupées'.

Valley Forge *pr n* Valley Forge.

VALLEY FORGE:
Vallée de l'État de Pennsylvanie où l'armée de George Washington prit ses quartiers d'hiver en 1777-78, pendant la guerre d'Indépendance américaine. Le courage des troupes face aux difficiles conditions de vie dans les campements a fait de cette vallée un lieu hautement symbolique.

---

valor *Am* = **valour**.

valorize, -ise [ˈvæləraɪz] *vt* valoriser.

valour *Br*, **valor** *Am* [ˈvæləʳ] *n lit* courage *m*, bravoure *f*, vaillance *f lit*.

Valparaiso [ˌvælpəˈraɪzəʊ] *pr n* Valparaiso.

valuable [ˈvæljʊəbl] ◇ *adj* -**1.** [of monetary worth] de (grande) valeur. -**2.** [advice, friendship] précieux; **we're wasting ~ time** nous perdons un temps précieux.
◇ *n* (*usu pl*): **~s** objets *mpl* de valeur; **take your ~s with you** emportez tous vos objets de valeur.

valuate [ˈvæljʊeɪt] *vt Am* estimer, expertiser; **the house was ~d at $100,000** la maison a été expertisée OR estimée OR évaluée à 100 000 dollars.

valuation [ˌvæljʊˈeɪʃn] *n* expertise *f*, estimation *f*; **we asked for a ~ of the house** nous avons fait expertiser OR estimer la maison; **the ~ of** OR **the ~ (put) on the business is £50,000** l'affaire a été expertisée OR estimée OR évaluée à 50 000 livres.

valuator [ˈvæljʊeɪtəʳ] *n* expert *m (en expertise de biens)*.

value [ˈvæljuː] ◇ *n* -**1.** [monetary worth] valeur *f*; **they own nothing of ~** ils ne possèdent rien de valeur OR rien qui ait de la valeur; **this necklace is of great ~** ce collier vaut cher; **this necklace is of little ~** ce collier ne vaut pas grand-chose OR a peu de valeur; **it's of no ~** c'est sans valeur; **it's excellent ~ for money** le rapport qualité-prix est excellent; **it's good ~ at £10** ce n'est pas cher à 10 livres; **we got good ~ for our money** nous en avons eu pour notre argent; **which of the brands gives the best ~?** laquelle des marques est la plus avantageuse?; **the airline paid her the ~ of the lost luggage** la compagnie aérienne l'a dédommagée de la perte de ses bagages; **property is going up/down in ~** l'immobilier prend/perd de la valeur; **to depreciate in ~** se déprécier; **the increase in ~** la hausse de valeur, l'appréciation; **the loss in ~** la perte de valeur, la dépréciation; **to put a ~ on sthg** évaluer OR estimer qqch; **they put a ~ of £50,000 on the house** ils ont estimé OR expertisé la maison à 50 000 livres. -**2.** [merit, importance - of method, work] valeur *f*; [- of person] valeur *f*, mérite *m*; **he had nothing of ~ to add** il n'avait rien d'important OR de valable à ajouter; **these books may be of ~ to them** ces livres peuvent leur servir, ils peuvent avoir besoin de ces livres; **they place little/a high ~ on punctuality** ils font peu de cas/grand cas de l'exactitude, ils attachent peu d'importance/beaucoup d'importance à l'exactitude. -**3.** (*usu pl*) [principles]: **~s** valeurs *fpl*; **he has old-fashioned ~s** il est très vieux jeu. -**4.** [feature] particularité *f*; **it has novelty ~** cela a la particularité d'être nouveau OR de la nouveauté. -**5.** [of colour] valeur *f*. -**6.** LING, LOGIC, MATH & MUS valeur *f*.
◇ *vt* -**1.** [assess worth of] expertiser, estimer, évaluer; **they ~d the house at £50,000** ils ont estimé OR évalué la maison à 50 000 livres; **we had our paintings ~d** nous avons fait expertiser OR estimer OR évaluer nos tableaux. -**2.** [have high regard for - friendship] apprécier, estimer; [- honesty, punctuality] faire grand cas de; **if you ~ your freedom/your life you'd better leave** si vous tenez à votre liberté/à la vie, vous feriez mieux de partir; **we greatly ~ your help** nous apprécions beaucoup OR nous vous sommes très reconnaissants de votre aide; **does he ~ your opinion?** votre opinion lui importe-t-elle?

value-added tax *n Br* taxe *f* sur la valeur ajoutée.

valued [ˈvæljuːd] *adj* [opinion] estimé; [advice, friend] précieux.

value judgment *n* jugement *m* de valeur.

valueless [ˈvæljʊlɪs] *adj* sans valeur.

valuer [ˈvæljʊəʳ] *n* expert *m (en expertise de biens)*.

valve [vælv] *n* -**1.** [in pipe, tube, air chamber] valve *f*; [in machine] soupape *f*, valve *f*. -**2.** ANAT valve *f*; [small] valvule *f*. -**3.** BOT & ZOOL valve *f*. -**4.** MUS piston *m*.

valvular [ˈvælvjʊləʳ] *adj* -**1.** [machine] à soupapes OR valves. -**2.** ANAT, BOT & ZOOL valvulaire. -**3.** [musical instrument] à pistons.

vamoose *inf* [vəˈmuːs] *vi Am* filer; **~!** fiche le camp!

vamp [væmp] ◇ *n* -**1.** *inf* [woman] vamp *f*. -**2.** [piecing together] rafistolage *m*. -**3.** [of story] enjolivement *m*; MUS improvisation *f*. -**4.** [of shoe] devant *m*.
◇ *vt* -**1.** *inf* [seduce] vamper. -**2.** [repair] rafistoler; [renovate] rénover. -**3.** [story] enjoliver. -**4.** MUS [piece, song] improviser des accompagnements à; [accompaniment] improviser.
◇ *vi* [woman] jouer la vamp.
◆ **vamp up** *vt sep* = **vamp** *vt* **2,3,4**.

vampire [ˈvæmpaɪəʳ] *n* [bat, monster] vampire *m*; [person] vampire *m*, sangsue *f*.

vampire bat *n* vampire *m (chauve-souris)*.

vampirism [ˈvæmpaɪərɪzm] *n* vampirisme *m*.

van [væn] *n* -**1.** [small vehicle] camionnette *f*, fourgonnette *f*; [large vehicle] camion *m*, fourgon *m*. -**2.** *Br* RAIL fourgon *m*, wagon *m*. -**3.** [caravan] caravane *f*. -**4.** *inf Br* [advantage - in tennis] avantage *m*; **~ in/out** avantage dedans/dehors. -**5.** MIL [vanguard] avant-garde *f*; **in the ~** en tête; **in the ~ of abstract art** *fig* à l'avant-garde de l'art abstrait.

vanadium [vəˈneɪdɪəm] *n* vanadium *m*.

Vancouver [vænˈkuːvəʳ] *pr n* Vancouver.

V and A (*abbr of* **Victoria and Albert Museum**) *pr n grand musée londonien des arts décoratifs*.

vandal [ˈvændl] *n* [hooligan] vandale *mf*.
◆ **Vandal** *n* HIST Vandale *mf*.

vandalism [ˈvændəlɪzm] *n* vandalisme *m*.

vandalize, -ise [ˈvændəlaɪz] *vt* saccager.

Vandyke [ˌvænˈdaɪk] *n*: **~ (beard)** barbiche *f*, bouc *m*.

vane [veɪn] *n* -**1.** [blade - of propeller] pale *f*; [- of windmill] aile *f*; [- of turbine] aube *f*. -**2.** **(weather) ~** girouette *f*. -**3.** ORNITH [of feather] barbe *f*.

vanguard [ˈvængɑːd] *n* MIL avant-garde *f*; **in the ~ of the division** en tête de la division; **in the ~ of progress** *fig* à l'avant-garde OR à la pointe du progrès.

vanilla [vəˈnɪlə] *n* [plant] vanillier *m*; [flavour] vanille *f*; **~ ice cream/flavour** glace *f*/parfum *m* à la vanille; **~ essence** extrait *m* de vanille.

vanilla bean *n* gousse *f* de vanille.

vanilla pod *n* gousse *f* de vanille.

vanilla sugar *n* sucre *m* vanillé.

vanillin [ˈvænɪlɪn] *n* vanilline *f*.

vanish [ˈvænɪʃ] *vi* [object, person, race] disparaître; [hopes, worries] disparaître, se dissiper; **the aeroplane ~ed from sight** l'avion a disparu; **the sun ~ed behind the mountains** le soleil a disparu derrière les montagnes; **she ~ed into the crowd** elle s'est perdue dans la foule; **they ~ed into thin air** ils se sont volatilisés; **entire**

species have ~ed from the face of the earth des espèces entières ont disparu de la surface du globe; just when you need him he ~es! dès que vous avez besoin de lui, il s'éclipse!; she did a ~ing act *fig* elle s'est éclipsée.
vanishing cream ['vænɪʃɪŋ] *n* crème *f* de beauté.
vanishing point *n* point *m* de fuite.
vanishing trick *n* tour *m* de passe-passe.
vanity ['vænətɪ] (*pl* **vanities**) *n* -**1.** [conceit] vanité *f*, orgueil *m*; **she refused to use a walking stick out of (sheer) ~** par (pure) vanité elle a refusé d'utiliser une canne; **I think I can without ~ claim to be the most competent** sans vanité OR sans vouloir me vanter, je peux prétendre être le plus compétent ❑ **'Vanity Fair'** *Thackeray* 'la Foire aux vanités'. -**2.** *fml* OR *lit* [futility] futilité *f*, insignifiance *f*, vanité *f lit*; **all is ~** tout n'est que vanité. -**3.** *Am* [dressing table] coiffeuse *f*, table *f* de toilette.
vanity bag *n* trousse *f* de toilette *(pour femme)*.
vanity case *n* petite valise *f* de toilette, vanity-case *m*.
vanity mirror *n* miroir *m* de courtoisie.
vanity press *n* maison *f* d'édition à compte d'auteur.
vanity table *n* coiffeuse *f*, table *f* de toilette.
vanity unit *n* *meuble de salle de bains avec lavabo encastré.*
vanquish ['væŋkwɪʃ] *vt* vaincre.
vanquisher ['væŋkwɪʃəʳ] *n* vainqueur *m*.
vantage ['vɑːntɪdʒ] *n* -**1.** [advantageous situation] avantage *m*, supériorité *f*; **point of ~** point de vue *m* (privilégié). -**2.** [in tennis] avantage *m*.
vantage ground *n* [gen] point de vue *m* (privilégié); MIL position *f* stratégique.
vantage point *n* point de vue *m* (privilégié).
Vanuatu [vænuː,ætuː] *pr n* Vanuatu.
vapid ['væpɪd] *adj* [conversation, remark] fade, insipide; [style] fade, plat; [person] écervelé.
vapidity [væ'pɪdətɪ] *n* [of conversation] insipidité *f*; [of style] platitude *f*, caractère *m* plat; [of person] frivolité *f*, fadeur *f*.
vapor *Am* = **vapour**.
vaporization [,veɪpəraɪ'zeɪʃn] *n* vaporisation *f*.
vaporize, -ise ['veɪpəraɪz] ◇ *vt* vaporiser.
◇ *vi* se vaporiser.
vaporizer ['veɪpəraɪzəʳ] *n* -**1.** [gen] vaporisateur *m*; [for perfume, spray] atomiseur *m*, pulvérisateur *m*. -**2.** MED [inhaler] inhalateur *m*; [for throat] pulvérisateur *m*.
vaporous ['veɪpərəs] *adj* vaporeux.
vapour *Br*, **vapor** *Am* ['veɪpəʳ] ◇ *n* vapeur *f*; [on window] buée *f*.
◇ *vi* -**1.** PHYS s'évaporer. -**2.** *inf Am* [brag] se vanter, fanfaronner.
◆ **vapours** *npl arch*: **to have (an attack of) the ~s** avoir des vapeurs.
vapour bath *n* bain *m* de vapeur.
vapour density *n* densité *f* de vapeur.
vapour lock *n* bouchon *m* de vapeur.
vapour pressure *n* pression *f* de vapeur.
vapour trail *n* AERON traînée *f* de condensation.
variability [,veərɪə'bɪlətɪ] *n* variabilité *f*.
variable ['veərɪəbl] ◇ *adj* -**1.** [weather] variable, changeant; [quality] variable, inégal; [performance, work] de qualité inégale, inégal. -**2.** COMPUT & MATH variable.
◇ *n* variable *f*.
variable star *n* étoile *f* variable.
variance ['veərɪəns] *n* -**1.** [in statistics] désaccord *m*, divergence *f*; [in law] divergence *f*, différence *f*. -**2.** CHEM & MATH variance *f*. -**3.** *phr*: **to be at ~ with sb** être en désaccord avec qqn; **to be at ~ with sthg** ne pas cadrer avec OR ne pas concorder avec qqch; **she is at ~ with her colleagues on** OR **over this issue** elle est en désaccord avec ses collègues à ce sujet; **this announcement is at ~ with his previous statements** cette annonce est en contradiction avec OR ne s'accorde pas avec ses déclarations antérieures.
variant ['veərɪənt] ◇ *n* [gen & LING] variante *f*.
◇ *adj* -**1.** [different] autre, différent; **~ interpretation** OR **reading** une interprétation OR lecture différente; **a ~ spelling** une variante orthographique. -**2.** [various] varié, divers. -**3.** LING variant.
variation [,veərɪ'eɪʃn] *n* -**1.** [change, modification] variation *f*, modification *f*; **~s in temperature** variations OR changements de température; **the level of demand is subject to considerable ~** le niveau de la demande peut varier considérablement; **the different legends are ~s of the same basic story** ces différentes légendes sont inspirées d'une même histoire. -**2.** MUS variation *f*; **theme and ~s** thème et variations; **~s on a theme** variations sur un thème. -**3.** BIOL variation *f*.
varicoloured *Br*, **varicolored** *Am* ['veərɪ,kʌləd] *adj* multicolore, aux couleurs variées, bigarré; *fig* divers.
varicose ['værɪkəʊs] *adj* [ulcer] variqueux; **to have** OR **to suffer from ~ veins** avoir des varices.
varied ['veərɪd] *adj* varié, divers.
variegated ['veərɪgeɪtɪd] *adj* -**1.** [gen] bigarré. -**2.** BOT panaché.
variegation [,veərɪ'geɪʃn] *n* bigarrure *f*.
varietal [və'raɪətl] *adj* variétal.
variety [və'raɪətɪ] (*pl* **varieties**) ◇ *n* -**1.** [diversity] variété *f*, diversité *f*; **there isn't much ~ in the menu** le menu n'est pas très varié OR n'offre pas un grand choix; **he needs more ~ in his diet** il a besoin d'un régime plus varié; **the work lacks ~** le travail manque de variété OR n'est pas assez varié ❑ **~ is the spice of life** *prov* la diversité est le sel de la vie. -**2.** [number, assortment] nombre *m*, quantité *f*; **for a ~ of reasons** [various] pour diverses raisons; [many] pour de nombreuses raisons; **in a ~ of ways** de diverses manières; **the dresses come in a ~ of sizes** les robes sont disponibles dans un grand nombre de tailles; **there is a wide ~ of colours/styles to choose from** il y a un grand choix de couleurs/styles. -**3.** [type] espèce *f*, genre *m*; **different varieties of cheese** différents types OR différentes variétés de fromage. -**4.** BOT & ZOOL [strain] variété *f*. -**5.** *(U)* THEAT & TV variétés *fpl*.
◇ *comp* [artiste, show, theatre] de variétés, de music-hall.
variety meat *n* *Am* abats *mpl*.
variety store *n* *Am* grand magasin *m*.
variola [və'raɪələ] *n* variole *f*, petite vérole *f*.
variorum [,veərɪ'ɔːrəm] ◇ *n* (édition *f*) variorum *m inv*.
◇ *adj* variorum *(inv)*.
various ['veərɪəs] *adj* -**1.** [diverse] divers, différent; [several] plusieurs; **she writes under ~ names** elle écrit sous des noms divers; **at ~ times in his life** à différents moments OR à plusieurs reprises dans sa vie; **at ~ intervals** de temps à autre. -**2.** [varied, different] varié; **his reasons were many and ~** ses raisons étaient nombreuses et variées.
variously ['veərɪəslɪ] *adv* [in different ways] diversement, de différentes OR diverses façons; **he was ~ known as soldier, king and emperor** on le connaissait à la fois comme soldat, roi et empereur.
varlet ['vɑːlɪt] *n* -**1.** *arch* [servant] valet *m*. -**2.** *pej & lit* fripon *m*, gredin *m*.
varmint *inf* ['vɑːmɪnt] *n dated* coquin *m*, -e *f*, vaurien *m*, -enne *f*.
varnish ['vɑːnɪʃ] ◇ *n literal & fig* vernis *m*.
◇ *vt* [nails, painting, wood] vernir; [pottery] vernir, vernisser; **to ~ (over) the truth** *fig* maquiller la vérité.
varnishing ['vɑːnɪʃɪŋ] *n* vernissage *m*.
varnishing day *n* ART (jour *m* du) vernissage *m*.
varoom [və'ruːm] = **vroom**.
varsity *inf* ['vɑːsətɪ] (*pl* **varsities**) ◇ *n Br dated* université *f*, fac *f*; **~ match** match *m* interuniversitaire *(entre Oxford et Cambridge)*.
◇ *adj Am* SPORT *qui représente l'université au plus haut niveau.*
vary ['veərɪ] ◇ *vi* -**1.** [be different] varier; **opinions on this question ~** les opinions varient sur ce sujet; **the students ~ considerably in ability** les étudiants ont des niveaux très différents; **they ~ in size from small to extra large** ils vont de la plus petite taille à la plus grande. -**2.** [change, alter] changer, se modifier; **his mood varies with the weather** il est très lunatique; **the colour of the wood varies with age** ce bois change de couleur en vieillissant.
◇ *vt* [diet, menu] varier; [temperature] faire varier.
varying ['veərɪɪŋ] *adj* variable, qui varie; **with ~ degrees of enthusiasm/of success** avec plus ou moins d'enthousiasme/de succès.
vascular ['væskjʊləʳ] *adj* vasculaire.
vas deferens [væs'defərenz] (*pl* **vasa deferentia** [,veɪsədefə'renʃɪə]) *n* canal *m* déférent.
vase [*Br* vɑːz, *Am* veɪz] *n* vase *m*.
vasectomy [væ'sektəmɪ] (*pl* **vasectomies**) *n* vasectomie *f*; **to have a ~** subir une vasectomie.
Vaseline® ['væsɪliːn] ◇ *n*: **~ (jelly)** vaseline *f*.
◇ *vt* enduire de vaseline.
vasoconstrictor [,veɪzəʊkən'strɪktəʳ] *n* vasoconstricteur *m*.
vasodilator [,veɪzəʊdaɪ'leɪtəʳ] *n* vasodilatateur *m*.
vasomotor [,veɪzəʊ'məʊtəʳ] *adj* vasomoteur.
vassal ['væsl] ◇ *adj* vassal.
◇ *n* vassal *m*.
vassalage ['væsəlɪdʒ] *n* vassalité *f*, vasselage *m*.
vast [vɑːst] *adj* vaste, immense, énorme; **~ sums of money** des sommes énormes, énormément d'argent; **it's a ~ improvement on his last performance** c'est infiniment mieux que sa dernière interprétation; **she has ~ experience in this area** elle a beaucoup d'expérience dans ce domaine.
vastly ['vɑːstlɪ] *adv* [wealthy] extrêmement, immensément; [grateful] infiniment; **the show was ~ successful** le spectacle a eu un immense succès; **he is ~ improved** [in health] il va infiniment mieux; [in work, performance] ce qu'il a fait est infiniment mieux.
vastness ['vɑːstnɪs] *n* immensité *f*.
vat [væt] *n* cuve *f*, bac *m*.
VAT [væt, ,viːeɪ'tiː] (*abbr of* **value added tax**) *n* TVA *f*.
Vatican ['vætɪkən] ◇ *pr n*: **the ~** le Vatican; **in the ~** au Vatican.
◇ *comp* [edict, bank, policy] du Vatican.
Vatican City *pr n* l'État *m* de la cité du Vatican, le Vatican; **in ~** au Vatican.
Vatican council *n*: **the first/second ~** le premier/deuxième concile du Vatican.
vatman *inf* ['vætmæn] (*pl* **vatmen** [-men]) *n Br*: **the ~** le service de la TVA.
vaudeville ['vɔːdəvɪl] ◇ *n Am* vaudeville *m*.
◇ *comp* [artiste, theatre] de vaudeville, de music-hall.
vault [vɔːlt] ◇ *n* -**1.** ARCHIT voûte *f*; **the ~ of heaven** *fig* la voûte céleste. -**2.** ANAT voûte *f*. -**3.** [cellar] cave *f*, cellier *m*; [burial chamber] caveau *m*; **a family ~** un caveau de famille. -**4.** [in bank] chambre *f* forte; **a bank ~** les coffres d'une banque, la salle des coffres. -**5.** [jump] (grand) saut *m*; SPORT saut *m* (à la perche).
◇ *vi* [jump] sauter; SPORT sauter (à la perche); **he ~ed over the fence** il a sauté par-dessus la clôture.
◇ *vt* -**1.** ARCHIT voûter, cintrer. -**2.** [jump] sauter par-dessus.
vaulted ['vɔːltɪd] *adj* ARCHIT voûté, en voûte.
vaulting ['vɔːltɪŋ] ◇ *n* -**1.** ARCHIT voûte *f*, voûtes *fpl*. -**2.** SPORT saut *m* à la perche.
◇ *adj* -**1.** SPORT [pole] de saut. -**2.** *fig & lit* [arrogance] outrecuidant; [ambition] démesuré.
vaulting horse *n* cheval-d'arçons *m inv*.
vaunt [vɔːnt] ◇ *vt lit* vanter, se vanter de; **her much ~ed charms** ses charmes tant vantés.
◇ *vi lit* se vanter, fanfaronner.

VC ◇ *n* **-1.** *abbr of* Victoria Cross. **-2.** *abbr of* vice-chancellor. **-3.** *abbr of* vice-chairman.
◇ *pr n abbr of* Vietcong.

VCR (*abbr of* video cassette recorder) *n* magnétoscope *m*.

VD (*abbr of* venereal disease) *n (U)* MST *f*.

VDT (*abbr of* visual display terminal) *n* moniteur *m*.

VDU (*abbr of* visual display unit) *n* moniteur *m*.

veal [viːl] ◇ *n* veau *m* CULIN.
◇ *comp* [cutlet] de veau.

vector ['vektəʳ] ◇ *n* **-1.** MATH & MED vecteur *m*. **-2.** AERON direction *f*.
◇ *vt* AERON radioguider.
◇ *comp* MATH vectoriel.

vectorial [vek'tɔːrɪəl] *adj* vectoriel.

Veda ['veɪdə] *n* Veda *mpl*.

VE day (*abbr of* Victory in Europe Day) *n jour l'armistice du 8 mai 1945*.

vedette [vɪ'det] *n* MUS & NAUT vedette *f*.

vee [viː] *n objet en forme de V*.

veep *inf* [viːp] *n Am* vice-président *m*, -e *f*.

veer [vɪəʳ] ◇ *vi* **-1.** [vehicle, road] virer, tourner; [ship] virer de bord; [wind] tourner, changer de direction; the car ~ed (over) to the left la voiture a viré vers la OR à gauche; the wind has ~ed (round) to the east le vent a tourné à l'est; the deer ~ed away from us le cerf s'est éloigné de nous; the car ~ed off into the ditch la voiture a quitté la route et a basculé dans le fossé; to ~ off course [car] quitter sa route; [boat, plane, wind-surfer] quitter sa trajectoire. **-2.** *fig*: the conversation ~ed round to the elections la conversation a dévié sur les élections; the speaker kept ~ing off the subject l'orateur s'éloignait sans cesse du sujet; her mood ~s between euphoria and black depression son humeur oscille entre l'euphorie et un profond abattement OR va de l'euphorie à un profond abattement.
◇ *vt* **-1.** [ship, car] faire virer. **-2.** [cable] filer.

veg *inf* [vedʒ] (*abbr of* vegetable/vegetables) *n* légumes *mpl*; meat and two ~ viande avec deux légumes différents.

vegan ['viːgən] ◇ *n* végétalien *m*, -enne *f*.
◇ *adj* végétalien.

veganism ['viːgənɪzm] *n* végétalisme *m*.

vegetable ['vedʒtəbl] ◇ *n* **-1.** CULIN & HORT légume *m*; BOT [plant] végétal *m*; early ~s primeurs *mpl*; green ~s légumes *mpl* verts; root ~s racines *fpl (comestibles)*. **-2.** *inf fig*: he's little more than a ~ now [brain damaged] ce n'est plus qu'un légume.
◇ *comp* [matter] végétal; [soup] de légumes; he's reduced to a ~ existence il est réduit à un état végétatif.

vegetable butter *n* beurre *m* végétal.

vegetable dish *n* plat *m* à légumes, légumier *m*.

vegetable garden *n* (jardin *m*) potager *m*.

vegetable kingdom *n* règne *m* végétal.

vegetable knife *n* couteau *m* à légumes, éplucheur *m*.

vegetable marrow *n* courge *f*.

vegetable oil *n* huile *f* végétale.

vegetable peeler = **vegetable knife**.

vegetable slicer *n* coupe-légumes *m inv*.

vegetal ['vedʒɪtl] *adj* végétal.

vegetarian [ˌvedʒɪ'teərɪən] ◇ *n* végétarien *m*, -enne *f*.
◇ *adj* végétarien.

vegetarianism [ˌvedʒɪ'teərɪənɪzm] *n* végétarisme *m*.

vegetate ['vedʒɪteɪt] *vi literal* & *fig* végéter.

vegetation [ˌvedʒɪ'teɪʃn] *n* végétation *f*.

vegetative ['vedʒɪtətɪv] *adj literal* & *fig* végétatif.

veggie *inf* ['vedʒɪ] *n* & *adj abbr of* vegetarian.

vehemence ['viːɪməns] *n* [of emotions] ardeur *f*, véhémence *f*; [of actions, gestures] violence *f*, véhémence *f*; [of language] véhémence *f*, passion *f*.

vehement ['viːɪmənt] *adj* [emotions] ardent, passionné, véhément; [actions, gestures] violent, véhément; [language] véhément, passionné; she launched a ~ attack on the government elle s'est lancée dans une attaque véhémente contre OR elle a violemment attaqué le gouvernement.

vehemently ['viːɪməntlɪ] *adv* [speak] avec passion, avec véhémence; [attack] avec violence; [gesticulate] frénétiquement.

vehicle ['viːɪkl] *n* **-1.** [AUT & gen] véhicule *m*; 'heavy ~s turning' 'passage d'engins'. **-2.** PHARM véhicule *m*. **-3.** *fig* véhicule *m*; the newspaper is merely a ~ for state propaganda le journal n'est qu'un véhicule de la propagande gouvernementale.

vehicular [vɪ'hɪkjʊləʳ] *adj* [AUT & gen] de véhicules, de voitures; ~ traffic circulation automobile; ~ access accès aux véhicules.

veil [veɪl] ◇ *n* **-1.** [over face] voile *m*; [on hat] voilette *f*, voile *m*; she was wearing a ~ elle était voilée. **-2.** *fig* voile *m*; to draw a ~ over sthg mettre un voile sur qqch; under the ~ of secrecy sous le voile du secret; a ~ of mist/of silence un voile de brume/de silence. **-3.** RELIG: to take the ~ prendre le voile.
◇ *vt* **-1.** [face] voiler, couvrir d'un voile; to ~ o.s. se voiler. **-2.** *fig* [truth, feelings, intentions] voiler, dissimuler, masquer.

veiled [veɪld] *adj* **-1.** [wearing a veil] voilé. **-2.** [hidden, disguised - expression, meaning] voilé, caché; [- allusion, insult] voilé; [- hostility] sourd.

veiling ['veɪlɪŋ] *n* **-1.** TEX voilage *m*. **-2.** *fig* [of truth] dissimulation *f*.

vein [veɪn] *n* **-1.** ANAT veine *f*; she has Polish blood in her ~s elle a du sang polonais dans les veines. **-2.** [on insect wing] veine *f*; [on leaf] nervure *f*. **-3.** [in cheese, wood, marble] veine *f*; [of ore, mineral] filon *m*, veine *f*; a rich ~ of irony runs through the book le livre est parcouru d'une ironie sous-jacente. **-4.** [mood] esprit *m*; [style] veine *f*, style *m*; in a more frivolous ~ dans un esprit plus frivole; in the same ~ dans le même style OR la même veine; written in an imaginative ~ écrit dans un style plein d'imagination.

veined [veɪnd] *adj* **-1.** [hand, skin] veiné. **-2.** [leaf] nervuré. **-3.** [cheese, stone] marbré, veiné; green-~ marble marbre veiné de vert.

veining ['veɪnɪŋ] *n (U)* **-1.** ANAT veines *fpl*. **-2.** BOT [on leaf] nervures *fpl*. **-3.** [in wood, marble, cheese] veines *fpl*.

velar ['viːləʳ] *adj* ANAT & LING vélaire.

velarize, -ise ['viːləraɪz] *vt* vélariser.

Velcro® ['velkrəʊ] *n* (bande *f*) Velcro® *m*.

veld(t) [velt] *n* veld *m*, veldt *m*.

vellum ['veləm] ◇ *n* vélin *m*.
◇ *adj* de vélin; ~ paper papier *m* vélin.

velocipede [vɪ'lɒsɪpiːd] *n* vélocipède *m*.

velocity [vɪ'lɒsətɪ] (*pl* velocities) *n* vélocité *f*.

velodrome ['velədrəʊm] *n* vélodrome *m*.

velour(s) [və'lʊəʳ] (*pl* velours [-'lʊəz]) ◇ *n* velours *m*.
◇ *comp* de OR en velours.

velum ['viːləm] *n* ANAT voile *m* du palais.

velvet ['velvɪt] ◇ *n* velours *m*; to be on ~ *inf fig* jouer sur le velours.
◇ *comp* [curtains, dress] de OR en velours; *fig* [skin, voice] velouté, de velours; to walk with a ~ tread marcher à pas de velours OR à pas feutrés; an iron hand in a ~ glove *fig* une main de fer dans un gant de velours.

velveteen [ˌvelvɪ'tiːn] ◇ *n* velvet *m*, velventine *f*, velvantine *f*.
◇ *adj* en OR de velventine.

Velvet Revolution *pr n*: the ~ la Révolution de Velours.

velvety ['velvɪtɪ] *adj* [cloth, complexion, texture] velouteux, velouté; *fig* [cream, voice] velouté.

venal ['viːnl] *adj* vénal.

venality [viː'nælətɪ] *n* vénalité *f*.

vend [vend] *vt* JUR OR *fml* vendre.

vendetta [ven'detə] *n* vendetta *f*.

vending ['vendɪŋ] *n* JUR OR *fml* vente *f*.

vending machine *n* distributeur *m* automatique.

vendor ['vendɔːʳ] *n* **-1.** COMM marchand *m*, -e *f*; ice-cream/news ~ marchand de glaces/de journaux. **-2.** [machine] distributeur *m* automatique. **-3.** JUR vendeur *m*, -euse *f*.

veneer [və'nɪəʳ] ◇ *n* **-1.** [of wood] placage *m* (de bois); walnut ~ placage noyer. **-2.** *fig* vernis *m*, masque *m*, apparence *f*; a ~ of respectability un vernis de respectabilité.
◇ *vt* plaquer; ~ed in OR with walnut plaqué noyer.

venepuncture ['venɪˌpʌŋktʃəʳ] *n* MED ponction *f* d'une veine.

venerable ['venərəbl] *adj* [gen & RELIG] vénérable; the Venerable Bede Bède le Vénérable.

venerate ['venəreɪt] *vt* vénérer.

veneration [ˌvenə'reɪʃn] *n* vénération *f*.

venereal [vɪ'nɪərɪəl] *adj* vénérien.

venereal disease *n* maladie *f* vénérienne.

venereology [vɪˌnɪərɪ'ɒlədʒɪ] *n* vénéréologie *f*, vénérologie *f*.

Venetian [vɪ'niːʃn] ◇ *n* Vénitien *m*, -enne *f*.
◇ *adj* vénitien, de Venise; ~ glass verre *m* OR cristal *m* de Venise; ~ blind store *m* vénitien.

Veneto ['venətəʊ] *pr n* Vénétie *f*.

Venezuela [ˌvenɪ'zweɪlə] *pr n* Venezuela *m*; in ~ au Venezuela.

Venezuelan [ˌvenɪ'zweɪlən] ◇ *n* Vénézuélien *m*, -enne *f*.
◇ *adj* vénézuélien.

vengeance ['vendʒəns] *n* **-1.** [revenge] vengeance *f*; to take OR to wreak ~ on OR upon sb (for sthg) se venger sur qqn (de qqch); to seek ~ for sthg vouloir tirer vengeance de qqch, chercher à se venger de qqch. **-2.** *phr*: with a ~ très fort; by then it was raining with a ~ à ce moment-là, la pluie tombait à torrents; to work with a ~ travailler d'arrache-pied OR à un rythme d'enfer; she's back with a ~ elle fait un retour en force.

vengeful ['vendʒfʊl] *adj* vindicatif.

venial ['viːnjəl] *adj* [RELIG & gen] véniel.

veniality [ˌviːnɪ'ælətɪ] *n* caractère *m* véniel.

Venice ['venɪs] *pr n* Venise.

venipuncture ['venɪˌpʌŋktʃəʳ] = **venepuncture**.

venisection ['venɪsekʃn] *n* phlébotomie *f*.

venison ['venɪzn] *n* venaison *f*.

Venn diagram [ven-] *n* diagramme *m* de Venn.

venom ['venəm] *n literal* & *fig* venin *m*; with ~ *fig* d'une manière venimeuse.

venomous ['venəməs] *adj literal* venimeux; *fig* [remark, insult] venimeux, malveillant; [look] haineux, venimeux; he has a ~ tongue il a une langue de vipère.

venomously ['venəməslɪ] *adv* d'une manière venimeuse.

venous ['viːnəs] *adj* veineux.

vent [vent] ◇ *n* **-1.** [outlet - for air, gas, liquid] orifice *m*, conduit *m*; [- in chimney] conduit *m*, tuyau *m*; [- in volcano] cheminée *f*; [- in barrel] trou *m*; [- for ventilation] conduit *m* d'aération. **-2.** *phr*: to give ~ to sthg donner OR laisser libre cours à qqch; he gave full ~ to his feelings il a donné OR laissé libre cours à ses émotions; she gave ~ to her anger elle a laissé échapper sa colère. **-3.** [in jacket, skirt] fente *f*.
◇ *vt* **-1.** [barrel] pratiquer un trou dans, trouer; [pipe, radiator] purger. **-2.** [release - smoke] laisser échapper; [- gas] évacuer. **-3.** *fig* [express - anger] décharger; to ~ one's anger/one's spleen on sb décharger sa colère/sa bile sur qqn.

ventilate ['ventɪleɪt] *vt* **-1.** [room] ventiler, aérer; a well/badly ~d room une pièce bien/mal aérée. **-2.** *fig* [controversy, question] agiter (au grand jour); [grievance] étaler (au grand jour). **-3.** MED [blood] oxygéner.

ventilation [ˌventɪ'leɪʃn] *n* aération *f*, ventilation *f*; a ~ shaft un conduit d'aération OR de ventilation.

ventilator ['ventɪleɪtəʳ] *n* **-1.** [in room, building] ventilateur *m*; AUT déflecteur *m*. **-2.** MED respirateur *m* (artificiel).

Ventimiglia [ventɪ'miːljə] *pr n* Vintimille.
ventral ['ventrəl] *adj* ventral.
ventricle ['ventrɪkl] *n* ventricule *m.*
ventriloquism [ven'trɪləkwɪzm] *n* ventriloquie *f.*
ventriloquist [ven'trɪləkwɪst] *n* ventriloque *mf.*
ventriloquy [ven'trɪləkwɪ] = **ventriloquism**.
venture ['ventʃəʳ] ◇ *n* -**1.** [undertaking] entreprise *f* périlleuse OR risquée; [adventure] aventure *f*; [project] projet *m*, entreprise *f*; **his latest film ~** sa dernière entreprise cinématographique; **it's his first ~ into politics** c'est la première fois qu'il s'aventure dans le domaine politique. -**2.** COMM & FIN [firm] entreprise *f*; **a business ~** une entreprise commerciale, un coup d'essai commercial; **joint ~** coentreprise *f*, joint-venture *m.* -**3.** *phr*: **at a ~** au hasard.
◇ *vt* -**1.** [risk - fortune, life] hasarder, risquer; **he ~d a glance at her** il risqua un coup d'œil dans sa direction; **nothing ~d nothing gained** *prov* qui ne risque rien n'a rien *prov.* -**2.** [proffer - opinion, suggestion] hasarder, avancer, risquer; **she didn't dare ~ an opinion on the subject** elle n'a pas osé exprimer sa pensée à ce sujet; **if I may ~ a guess/an opinion** si je peux me permettre d'avancer une hypothèse/une opinion. -**3.** [dare] oser; **to ~ to do sthg** s'aventurer OR se hasarder à faire qqch; **he ~d to contradict her** il a osé la contredire.
◇ *vi* -**1.** [embark] se lancer; **the government has ~d on a new defence policy** le gouvernement s'est lancé dans OR a entrepris une nouvelle politique de défense; **to ~ into politics** se lancer dans la politique. -**2.** *(verb of movement)*: **to ~ in/out** prendre le risque d'entrer/de sortir, se risquer à entrer/à sortir; **I wouldn't ~ out of doors in this weather** je ne me risquerais pas à sortir par ce temps; **don't ~ too far across the ice** ne va pas trop loin sur la glace; **don't ~ too far from the beach** ne t'éloigne pas trop de la plage; **he ~d into the woods** il s'est hasardé dans les bois; **the explorers ~d forth into the jungle** *lit* les explorateurs se sont lancés dans la jungle.
venture capital *n* capital-risque *m.*
Venture Scout *n Br* éclaireur *m (de grade supérieur).*
venturesome ['ventʃəsəm] *adj lit* -**1.** [daring - nature, person] aventureux, entreprenant. -**2.** [hazardous - action, journey] hasardeux, risqué.
venue ['venjuː] *n* -**1.** [setting] lieu *m* (de rendez-vous OR de réunion); **they haven't yet decided on a ~ for the concert** ils n'ont pas encore décidé où le concert aura lieu; **they've changed the ~ for tonight's meeting** ils ont changé le lieu de réunion de ce soir. -**2.** JUR lieu *m* du procès.
Venus ['viːnəs] *pr n* ASTRON & MYTH Vénus *f*; 'The ~ de Milo' 'la Vénus de Milo'.
Venus flytrap *n* dionée *f.*
veracious [və'reɪʃəs] *adj* véridique.
veracity [və'ræsətɪ] *n* véracité *f.*
veranda(h) [və'rændə] *n* véranda *f.*
verb [vɜːb] *n* verbe *m*; **~ phrase** syntagme *m* OR groupe *m* verbal.
verbal ['vɜːbl] *adj* -**1.** [spoken - account, agreement, promise] verbal, oral; [- confession] oral; **~ memory** mémoire *f* auditive. -**2.** [related to words]: **~ skills** aptitudes *fpl* à l'oral. -**3.** [literal - copy, translation] mot à mot, littéral, textuel. -**4.** GRAMM verbal.
◆ **verbals** *npl* JUR aveux *mpl* faits oralement OR de vive voix.
verbalize, -ise ['vɜːbəlaɪz] *vt* [feelings, ideas] verbaliser, exprimer par des mots.
verbally ['vɜːbəlɪ] *adv* verbalement, oralement; **~ deficient** illettré, analphabète.
verbal noun *n* GRAMM nom *m* verbal.
verbatim [vɜː'beɪtɪm] ◇ *adj* mot pour mot; **~ report** procès-verbal *m (d'une réunion).*
◇ *adv* textuellement.
verbena [vɜː'biːnə] *n* [herb, plant] verveine *f*; [genus] verbénacées *fpl.*
verbiage ['vɜːbɪɪdʒ] *n* verbiage *m.*
verbose [vɜː'bəʊs] *adj* verbeux, prolixe.
verbosity [vɜː'bɒsətɪ] *n* verbosité *f.*
verdant ['vɜːdənt] *adj lit* verdoyant.
verdict ['vɜːdɪkt] *n* -**1.** JUR verdict *m*; **to reach a ~** arriver à un verdict; **the jury brought in** OR **returned a ~ of not guilty** le jury a rendu OR prononcé un verdict de non-culpabilité. -**2.** *fig* [conclusion] verdict *m*, jugement *m*; **to give one's ~ on sthg** donner son verdict OR se prononcer sur qqch; **what is your/the ~?** quel est votre/le verdict?
verdigris ['vɜːdɪgrɪs] ◇ *n* vert-de-gris *m inv.*
◇ *adj* vert-de-grisé.
verdure ['vɜːdʒəʳ] *n lit* verdure *f.*
verge [vɜːdʒ] ◇ *n* -**1.** [edge - of lawn] bord *m*; [- by roadside] accotement *m*, bas-côté *m*; [- of forest] orée *f*; **grass ~** [round flowerbed] bordure *f* en gazon; [by roadside] herbe *f* au bord de la route; [in park, garden] bande *f* d'herbe; **the car skidded onto the ~** la voiture a dérapé et est montée sur l'accotement OR sur le bas-côté. -**2.** *fig* [brink] bord *m*; [threshold] seuil *m*; **to be on the ~ of tears** être au bord des larmes; **to be on the ~ of bankruptcy/of a nervous breakdown** être au bord de la faillite/de la dépression nerveuse; **to be on the ~ of adolescence/old age** être au seuil de l'adolescence/de la vieillesse; **to be on the ~ of doing sthg** être sur le point de faire qqch; **I was on the ~ of telling him** j'étais sur le point de lui dire, j'étais à deux doigts de lui dire; **he's on the ~ of sixty** il frôle OR frise la soixantaine; **the country has been brought to the ~ of civil war** le pays a été amené au seuil de la guerre civile.
◇ *vt* [road, lawn] border.
◆ **verge on, verge upon** *vt insep* [be close to] côtoyer, s'approcher de; **they are verging on bankruptcy** ils sont au bord de la faillite, la faillite les menace; **his feeling was one of panic verging on hysteria** il ressentait une sorte de panique proche de l'hystérie OR qui frôlait l'hystérie; **she's verging on thirty** elle frise la trentaine; **green verging on blue** du vert qui tire sur le bleu.
verger ['vɜːdʒəʳ] *n* RELIG bedeau *m*, suisse *m*; [at ceremony] huissier *m* à verge, massier *m.*
Vergil ['vɜːdʒɪl] = **Virgil**.
verifiable ['verɪfaɪəbl] *adj* vérifiable.
verification [,verɪfɪ'keɪʃn] *n* vérification *f.*
verify ['verɪfaɪ] (*pt* & *pp* **verified**) *vt* [prove - information, rumour] vérifier; [confirm - truth] vérifier, confirmer; **this verifies my worst suspicions** ceci vérifie OR confirme mes pires soupçons; **I have witnesses who can ~ what I have said** j'ai des témoins qui peuvent confirmer mes dires.
verily ['verəlɪ] *adv arch* vraiment, véritablement.
verisimilitude [,verɪsɪ'mɪlɪtjuːd] *n fml* vraisemblance *f.*
verism ['vɪərɪzm] *n* vérisme *m.*
veritable ['verɪtəbl] *adj* véritable; **he is a ~ genius** c'est un véritable OR un vrai génie.
veritably ['verɪtəblɪ] *adv* véritablement.
verity ['verətɪ] (*pl* **verities**) *n fml* vérité *f.*
vermicelli [,vɜːmɪ'selɪ] *n (U)* vermicelle *m*, vermicelles *mpl.*
vermicide ['vɜːmɪsaɪd] *n* vermicide *m.*
vermifugal [,vɜːmɪ'fjuːgəl] *adj* vermifuge.
vermil(l)ion [və'mɪljən] ◇ *n* vermillon *m.*
◇ *adj* vermillon *(inv).*
vermin ['vɜːmɪn] *npl* -**1.** ZOOL [rodents] animaux *mpl* nuisibles; [insects] vermine *f.* -**2.** *pej* [people] vermine *f*, racaille *f.*
verminous ['vɜːmɪnəs] *adj* -**1.** [place] infesté de vermine OR d'animaux nuisibles, pouilleux; [clothes] pouilleux, couvert de vermine; MED [disease] vermineux. -**2.** *pej* [person] infect, ignoble.
Vermont [vɜː'mɒnt] *pr n* Vermont *m*; **in ~** dans le Vermont.
vermouth ['vɜːməθ] *n* vermouth *m.*
vernacular [və'nækjʊləʳ] ◇ *n* -**1.** LING (langue *f*) vernaculaire *m*; **in the ~** LING en langue vernaculaire; [everyday language] en langage courant. -**2.** BOT & ZOOL nom *m* vernaculaire. -**3.** ARCHIT style *m* typique (du pays).
◇ *adj* -**1.** BOT, LING & ZOOL vernaculaire. -**2.** [architecture, style] indigène.
vernal ['vɜːnl] *adj lit* [flowers, woods, breeze] printanier.
vernal equinox *n* point *m* vernal.
vernier ['vɜːnjəʳ] *n* vernier *m.*
Verona [və'rəʊnə] *pr n* Vérone.
Veronese [,verə'neɪzɪ] *pr n* Véronèse.
veronica [və'rɒnɪkə] *n* BOT véronique *f.*
verruca [və'ruːkə] *n* verrue *f* (plantaire).
versatile ['vɜːsətaɪl] *adj* -**1.** [person] aux talents variés, doué dans tous les domaines; [mind] souple; [tool] polyvalent, à usages multiples; **a politician has to be very ~** un politicien doit avoir des talents variés. -**2.** BOT versatile. -**3.** ZOOL mobile, pivotant.
versatility [,vɜːsə'tɪlətɪ] *n* -**1.** [of person] faculté *f* d'adaptation, variété *f* de talents; [of mind] souplesse *f*; [of tool] polyvalence *f.* -**2.** BOT & ZOOL versatilité *f.*
verse [vɜːs] ◇ *n* -**1.** [stanza - of poem] strophe *f*; [- of song] couplet *m*; [- in bible] verset *m.* -**2.** *(U)* [poetry] vers *mpl*, poésie *f*; **in ~** en vers.
◇ *comp* [line, epic] en vers.
versed [vɜːst] *adj*: **~ in** [knowledgeable] versé dans; [experienced] rompu à; **he is well/not very well ~ in current affairs** il est très/peu versé dans les questions d'actualité.
versification [,vɜːsɪfɪ'keɪʃn] *n* versification *f.*
versifier ['vɜːsɪfaɪəʳ] *n pej* versificateur *m*, -trice *f.*
versify ['vɜːsɪfaɪ] (*pt* & *pp* **versified**) ◇ *vt* versifier, mettre en vers.
◇ *vi* rimer, faire des vers.
version ['vɜːʃn] *n* -**1.** [account of events] version *f.* -**2.** [form - of book, film, song] version *f*; **did you see the film in the original ~?** est-ce que vous avez vu le film dans sa version originale?; **the screen** OR **film ~ of the book** l'adaptation cinématographique du livre; **he looks like a younger ~ of his father** *fig* c'est l'image de son père en plus jeune. -**3.** [model - of car, plane] modèle *m*, version *f.* -**4.** [translation] version *f.*
verso ['vɜːsəʊ] (*pl* versos) *n* [of page] verso *m*; [of coin, medal] revers *m.*
versus ['vɜːsəs] *prep* -**1.** [against] contre; **it's the government ~ the trade unions** c'est le gouvernement contre les syndicats, c'est une lutte entre le gouvernement et les syndicats; **Italy ~ France** SPORT Italie-France; **Dickens ~ Dickens** JUR Dickens contre Dickens. -**2.** [compared with] par rapport à, par opposition à; **country ~ city life** la vie à la campagne par opposition à OR par rapport à la vie citadine; **the advantages of living in a house ~ (living in) a flat** les avantages d'une maison OR d'habiter une maison par rapport à un appartement.
vertebra ['vɜːtɪbrə] (*pl* **vertebras** OR **vertebrae** [-briː]) *n* vertèbre *f.*
vertebral ['vɜːtɪbrəl] *adj* vertébral; **~ column** colonne *f* vertébrale.
vertebrate ['vɜːtɪbreɪt] ◇ *adj* vertébré.
◇ *n* vertébré *m.*
vertex ['vɜːteks] (*pl* vertexes OR vertices [-tɪsiːz]) *n* MATH sommet *m*; ASTRON apex *m*; ANAT vertex *m.*
vertical ['vɜːtɪkl] ◇ *adj* -**1.** [gen & GEOM] vertical; **a ~ cliff** une falaise à pic OR qui s'élève à la verticale; **a ~ line** une ligne verticale; **a ~ drop** une descente OR une pente verticale. -**2.** *fig* [structure, organization] vertical; **~ integration** intégration *f* verticale.
◇ *n* verticale *f*; **out of the ~** écarté de la verticale, hors d'aplomb.
vertical angles *npl* GEOM angles *mpl* de pointe.
vertical circle *n* vertical *m* ASTRON.
vertically ['vɜːtɪklɪ] *adv* verticalement; **to take off ~** AERON décoller à la verticale.

vertical takeoff ◇ *n* décollage *m* vertical.
◇ *comp*: ~ aircraft avion *m* à décollage vertical.

vertical union *n Am* confédération *f* syndicale.

vertiginous [vɜːˈtɪdʒɪnəs] *adj fml* vertigineux.

vertigo [ˈvɜːtɪgəʊ] *n* vertige *m*; **to suffer from** OR **to have ~** avoir le vertige; **heights give me ~** les hauteurs me donnent le vertige ❑ 'Vertigo' *Hitchcock* 'Sueurs froides'.

verve [vɜːv] *n* verve *f*, brio *m*.

very [ˈverɪ] (*compar* verier, *superl* veriest)
◇ *adv* -**1.** [with adj or adv] très, bien; **it was ~ pleasant** c'était très OR bien agréable; **was the pizza good? — ~/not ~** la pizza était-elle bonne? – très/pas très; **I'm not ~ impressed with the results** je ne suis pas très OR tellement impressionné par les résultats; **be ~ careful** faites très OR bien attention; **he was ~ hungry/thirsty** il avait très faim/soif; **I ~ nearly fell** j'ai bien failli tomber; **~ few/little** très peu; **there were ~ few of them** [people] ils étaient très peu nombreux; [objets] il y en avait très peu; **he takes ~ little interest in what goes on** il s'intéresse très peu à ce qui se passe; **there weren't ~ many people** il n'y avait pas beaucoup de gens, il n'y avait pas grand monde ❑ **~ good!, ~ well!** [expressing agreement, consent] très bien!; **you can't ~ well ask outright** tu ne peux pas vraiment demander directement; **that's all ~ well but...** tout ça, c'est très bien mais... -**2.** (*with superlative*) [emphatic use]: **our ~ best wine** notre meilleur vin; **the ~ best of friends** les meilleurs amis du monde; **it's the ~ worst thing that could have happened** c'est bien la pire chose qui pouvait arriver; **the ~ latest designs** les créations les plus récentes; **at the ~ latest** au plus tard; **at the ~ least/most** tout au moins/plus; **the ~ first/last person** la (toute) première/dernière personne; **the ~ next day** le lendemain même, dès le lendemain; **the ~ next person I met was his brother** la première personne que j'ai rencontrée était son frère; **we'll stop at the ~ next town** nous nous arrêterons à la prochaine ville; **it's nice to have your ~ own car** OR **a car of your ~ own** c'est agréable d'avoir sa voiture à soi; **it's my ~ own** c'est à moi; **the ~ same day** le jour même; **on the ~ same date** exactement à la même date.
◇ *adj* -**1.** [extreme, far]: **at the ~ end** [of street, row etc] tout au bout; [of story, month etc] tout à la fin; **to the ~ end** [in space] jusqu'au bout; [in time] jusqu'à la fin; **at the ~ back** tout au fond; **at the ~ top/bottom of the page** tout en haut/en bas de la page; **at the ~ bottom of the sea** au plus profond de la mer. -**2.** [exact]: **at that ~ moment** juste à ce moment-là; **the ~ man I need** juste l'homme qu'il me faut; **those were his ~ words** ce sont ses propos mêmes, c'est exactement ce qu'il a dit; **this is the ~ room where they were murdered** c'est dans cette pièce même qu'ils ont été tués. -**3.** [emphatic use]: **the ~ idea!** quelle idée!; **the ~ thought of eating raw fish makes me shiver** la simple idée de manger du poisson cru me donne des frissons; **it happened before my ~ eyes** cela s'est passé sous mes yeux.
◆ **very much** ◇ *adv phr* -**1.** [greatly] beaucoup, bien; **I like jazz ~ much** j'aime beaucoup le jazz; **I ~ much hope to be able to come** j'espère bien que je pourrai venir; **~ much better/bigger** beaucoup mieux/plus grand; **unless I'm ~ much mistaken** à moins que je ne me trompe; **were you impressed? — ~ much** so ça vous a impressionné? – beaucoup. -**2.** [to a large extent]: **the situation remains ~ much the same** la situation n'a guère évolué; **it's ~ much a question of who to believe** la question est surtout de savoir qui on doit croire.
◇ *det phr* beaucoup de; **there wasn't ~ much wine** il n'y avait pas beaucoup de vin.
◇ *pron phr* beaucoup; **she doesn't say ~ much** elle parle peu, elle ne dit pas grand-chose.

very high frequency [ˈverɪ-] *n* (*U*) très haute fréquence *f*, (gamme *f* des) ondes *fpl* métriques.

Very light [ˈvɪərɪ-] *n* fusée *f* éclairante.

very low frequency [ˈverɪ-] *n* très basse fréquence *f*.

Very pistol [ˈvɪərɪ-] *n* pistolet *m* lance-fusées.

Very Reverend [ˈverɪ-] *adj* RELIG: **the ~ Alan Scott** le très révérend Alan Scott.

vesicle [ˈvesɪkl] *n* vésicule *f*.

vespers [ˈvespəz] *npl* vêpres *fpl*.

vessel [ˈvesl] *n* -**1.** *lit* [container] récipient *m*; **a drinking ~** une timbale, un gobelet. -**2.** NAUT vaisseau *m*. -**3.** ANAT & BOT vaisseau *m*.

vest [vest] ◇ *n* -**1.** *Br* [singlet – for boy, man] maillot *m* de corps, tricot *m* de peau; [– for woman] chemise *f*. -**2.** *Am* [waistcoat] gilet *m* (de costume).
◇ *vt fml* investir; **to ~ sb with power/authority** investir qqn de pouvoir/d'autorité; **to ~ sthg in sb** assigner OR attribuer qqch à qqn; **the power ~ed in the government** le pouvoir dont le gouvernement est investi; **the president is ~ed with the power to veto the government** le président est doté du pouvoir d'opposer son veto aux projets du gouvernement; **legislative authority is ~ed in Parliament** le Parlement est investi du pouvoir législatif.

vestal virgin [ˈvestl-] *n* vestale *f*.

vested interest [ˈvestɪd-] *n*: **~s** [rights] droits *mpl* acquis; [investments] capitaux *mpl* investis; [advantages] intérêts *mpl*; **there are ~s in industry opposed to trade union reform** ceux qui ont des intérêts dans l'industrie s'opposent à la réforme des syndicats; **there are too many ~s** cela dérange trop de gens influents; **to have a ~ in doing sthg** avoir directement intérêt à faire qqch; **she has a ~ in keeping it secret** elle a tout intérêt à garder le secret.

vestibule [ˈvestɪbjuːl] *n* -**1.** [in house, church] vestibule *m*; [in hotel] vestibule *m*, hall *m* d'entrée. -**2.** ANAT vestibule *m*. -**3.** *Am* RAIL sas *m*.

vestige [ˈvestɪdʒ] *n* -**1.** [remnant] vestige *m*; **he clung on to the last ~s of power** il s'est accroché aux derniers vestiges de son autorité; **not a ~ of the original building remains** il ne reste plus un seul vestige de l'édifice d'origine; **there's not a ~ of truth in the story** il n'y a pas un grain OR une once de vérité dans cette histoire. -**2.** ANAT & ZOOL organe *m* rudimentaire; **the ~ of a tail** une queue rudimentaire.

vestigial [veˈstɪdʒɪəl] *adj* -**1.** [remaining] résiduel. -**2.** ANAT & ZOOL [organ, tail] rudimentaire, atrophié.

vestment [ˈvestmənt] *n* habit *m* de cérémonie; RELIG vêtement *m* sacerdotal.

vest-pocket *Am* ◇ *n* poche *f* de gilet.
◇ *adj* [book, object] de poche; *fig* minuscule, tout petit.

vestry [ˈvestrɪ] (*pl* vestries) *n* -**1.** [room] sacristie *f*. -**2.** [committee] conseil *m* paroissial.

Vesuvius [vɪˈsuːvjəs] *pr n*: (Mount) ~ le Vésuve.

vet [vet] (*pt* & *pp* vetted, *cont* vetting) ◇ *n* -**1.** (*abbr of* **veterinary surgeon/veterinary**) vétérinaire *mf*. -**2.** *inf Am* (*abbr of* **veteran**) ancien combattant *m*, vétéran *m*.
◇ *adj inf Am* (*abbr of* **veteran**) [association, rally] d'anciens combattants.
◇ *vt* -**1.** [check – application] examiner minutieusement, passer au crible; [– claims, facts, figures] vérifier soigneusement, passer au crible; [– documents] contrôler; [– person] enquêter sur; **she was thoroughly vetted for the job** ils ont soigneusement examiné sa candidature avant de l'embaucher; **all sources must be carefully vetted before publication** toutes les sources doivent être soigneusement vérifiées avant publication; **the committee has to ~ any expenditure exceeding £100** le comité doit approuver toute dépense au-delà de 100 livres. -**2.** VETER [examine] examiner; [treat] soigner.

vetch [vetʃ] *n* vesce *f*.

veteran [ˈvetrən] ◇ *n* -**1.** MIL ancien combattant *m*, vétéran *m*; **Veteran's Day** *Am* fête *f* de l'armistice (*le 11 novembre*). -**2.** [experienced person] personne *f* chevronnée OR expérimentée, vieux *m* de la vieille. -**3.** [car] voiture *f* ancienne OR d'époque; [machinery] vieille machine *f*.
◇ *adj* [experienced] expérimenté, chevronné; **she's a ~ politician/campaigner for civil rights** c'est un vétéran de la politique/de la campagne pour les droits civiques.

veteran car *n Br* voiture *f* de collection (*normalement antérieure à 1905*).

veterinarian [ˌvetərɪˈneərɪən] *n Am* vétérinaire *mf*.

veterinary [ˈvetərɪnrɪ] *adj* [medicine, practice] vétérinaire.

veterinary surgeon *n Br* vétérinaire *mf*.

veto [ˈviːtəʊ] (*pl* vetoes) ◇ *n* -**1.** (*U*) [power] droit *m* de veto; **to use one's ~** exercer son droit de veto. -**2.** [refusal] veto *m*; **to put a ~ on sthg** mettre OR opposer son veto à qqch.
◇ *vt* POL & *fig* mettre OR opposer son veto à.

vetting [ˈvetɪŋ] *n* (*U*) enquêtes *fpl*; **security ~** enquêtes de sécurité.

vex [veks] *vt* contrarier, ennuyer.

vexation [vekˈseɪʃn] *n fml* -**1.** [anger] ennui *m*, agacement *m*; **she threw it down in ~** elle le jeta avec agacement. -**2.** [difficulty, annoyance] ennui *m*, tracasserie *f*; **one of life's ~s** une de ces contrariétés que nous réserve la vie.

vexatious [vekˈseɪʃəs] *adj fml* contrariant, ennuyeux.

vexed [vekst] *adj fml* -**1.** [annoyed] fâché, ennuyé, contrarié; **to become ~** se fâcher; **to be ~ with sb** être fâché contre qqn, en vouloir à qqn; **she was ~ at his behaviour** elle était contrariée par son comportement, son comportement l'avait contrariée; **she was ~ to discover that she had left her purse behind** elle a été contrariée quand elle a réalisé qu'elle avait oublié son porte-monnaie. -**2.** [controversial] controversé; **we have to deal with the ~ question of what to do about a salary increase** nous devons aborder la question épineuse d'une éventuelle hausse des salaires; **it's a very ~ period in our history** c'est une période délicate de notre histoire.

vexing [ˈveksɪŋ] *adj* -**1.** [annoying] contrariant, ennuyeux, fâcheux. -**2.** [frustrating – issue, riddle] frustrant.

VG (*written abbr of* **very good**) TB.

vgc (*written abbr of* **very good condition**) tbe.

VHF (*abbr of* **very high frequency**) *n* VHF *f*.

VHS (*abbr of* **video home system**) *n* VHS *m*.

VI *written abbr of* **Virgin Islands**.

via [ˈvaɪə] *prep* -**1.** [by way of] via, par; **they travelled from Paris to Rome ~ Florence** ils ont voyagé de Paris à Rome via OR en passant par Florence; **the trip is shorter if you travel ~ Calais** le trajet est plus court par Calais. -**2.** [by means of] par, au moyen de; **contact me ~ this number/~ my secretary** contactez-moi à ce numéro/par l'intermédiaire de ma secrétaire; **she sent him the letter ~ her sister** elle lui a envoyé la lettre par l'intermédiaire de sa sœur; **these pictures come ~ satellite** ces images arrivent par satellite; **the best way to get into films is ~ drama school** le meilleur moyen d'entrer dans le monde du cinéma est de passer par une école d'art dramatique; **the patient was fed ~ a tube** le malade était alimenté au moyen d'un tube.

viability [ˌvaɪəˈbɪlətɪ] *n* (*U*) -**1.** ECON [of company, state] viabilité *f*. -**2.** [of plan, programme, scheme] chances *fpl* de réussite, viabilité *f*. -**3.** ANAT & BOT viabilité *f*.

viable [ˈvaɪəbl] *adj* -**1.** ECON [company, economy, state] viable. -**2.** [practicable – plan, programme] viable, qui a des chances de réussir; **there is no ~ alternative** il n'y a pas d'autre solution viable; **it's not a ~ proposition** cette proposition n'est pas viable. -**3.** ANAT & BOT viable.

viaduct [ˈvaɪədʌkt] *n* viaduc *m*.

vial [ˈvaɪəl] *n lit* fiole *f*; PHARM ampoule *f*.

viand [ˈvaɪənd] *n arch* OR *lit* friandise *f*.
◆ **viands** *npl arch* aliments *mpl*.

viaticum [vaɪˈætɪkəm] (*pl* viaticums OR viatica [-kə]) *n* viatique *m*.

vibes *inf* [vaɪbz] *npl* -**1.** *abbr of* **vibraphone**. -**2.** (*abbr of* **vibrations**) atmosphère *f*, ambiance *f*; **they give off really good/bad ~** avec eux le courant passe vraiment bien/ne passe vraiment pas; **I don't like the ~ in this place** je n'aime pas l'ambiance ici.

vibraharp ['vaɪbrəhɑːp] *Am* = **vibraphone**.

vibrancy ['vaɪbrənsɪ] *n* enthousiasme *m*.

vibrant ['vaɪbrənt] ◇ *adj* -**1.** [vigorous, lively - person] vif; [- speech, programme, atmosphere] vibrant, touchant, émouvant; **to be ~ with life** être plein de vie. -**2.** [resonant - sound, voice] vibrant, résonant. -**3.** [bright - colour, light] brillant.
◇ *n* LING vibrante *f*.

vibraphone ['vaɪbrəfəʊn] *n* vibraphone *m*.

vibrate [vaɪ'breɪt] *vi* -**1.** [shake, quiver] vibrer. -**2.** [sound] vibrer, retentir. -**3.** PHYS [oscillate] osciller, vibrer.

vibration [vaɪ'breɪʃn] *n* vibration *f*.
◆ **vibrations** *inf npl* [feeling] ambiance *f*; **good ~s** bonne ambiance.

vibrato [vɪ'brɑːtəʊ] (*pl* **vibratos**) ◇ *n* MUS vibrato *m*.
◇ *adv* avec vibrato.

vibrator [vaɪ'breɪtə^r] *n* -**1.** ELEC vibrateur *m*. -**2.** [medical or sexual] vibromasseur *m*.

vibratory ['vaɪbrətrɪ] *adj* vibratoire.

viburnum [vaɪ'bɜːnəm] *n* viorne *f*.

vicar ['vɪkə^r] *n* pasteur *m*; **the Vicar of Christ** le vicaire de Jésus-Christ.

vicarage ['vɪkərɪdʒ] *n* presbytère *m*.

vicar apostolic *n* vicaire *m* apostolique.

vicar general *n* vicaire *m* général.

vicarious [vɪ'keərɪəs] *adj* -**1.** [indirect, second-hand - feeling, pride, enjoyment] indirect, par procuration OR contrecoup; **they got ~ satisfaction from their son's success** le succès de leur fils les a satisfaits par procuration. -**2.** [punishment] (fait) pour autrui; [suffering, pain] subi pour autrui. -**3.** [power, authority] délégué. -**4.** MED vicariant.

vicariously [vɪ'keərɪəslɪ] *adv* -**1.** [experience] indirectement; **she lived ~ through her reading** elle vivait par procuration à travers ses lectures. -**2.** [authorize] par délégation, par procuration.

vice [*n* vaɪs, *prep* 'vaɪsɪ] ◇ *n* -**1.** [depravity] vice *m*. -**2.** [moral fault] vice *m*; [less serious] défaut *m*; **I'm afraid chocolate is one of my little ~s** j'ai bien peur que le chocolat ne soit l'un de mes petits vices. -**3.** TECH étau *m*; **he held her in a ~-like grip** il la serrait comme dans un étau. -**4.** *Am* = **vice squad**.
◇ *prep fml* à la place de, en remplacement de.

vice-admiral [,vaɪs-] *n* vice-amiral *m* d'escadre.

vice-chairman [,vaɪs-] *n* vice-président *m*, -e *f*.

vice-chancellor [,vaɪs-] *n* -**1.** *Br* UNIV président *m*, -e *f* d'université. -**2.** *Am* JUR vice-chancelier *m*.

vice-consul [,vaɪs-] *n* vice-consul *m*.

Vicenza [viː'tʃentsə] *pr n* Vicence.

vice-premier [,vaɪs-] *n* vice-premier ministre *m*.

vice-presidency [,vaɪs-] *n* vice-présidence *f*.

vice-president [,vaɪs-] *n* vice-président *m*, -e *f*.

vice-presidential [,vaɪs-] *adj* vice-présidentiel; **~ candidate** candidat *m* à la vice-présidence.

vice-principal [,vaɪs-] *n* SCH directeur *m* adjoint, directrice *f* adjointe.

viceregal [,vaɪs'riːgl] *adj* de OR du vice-roi.

vicereine [,vaɪs'reɪn] *n* vice-reine *f*.

viceroy ['vaɪsrɔɪ] *n* vice-roi *m*.

viceroyalty ['vaɪsrɔɪəltɪ] *n* vice-royauté *f*.

vice squad [,vaɪs-] *n* brigade *f* des mœurs.

vice versa [,vaɪsɪ'vɜːsə] *adv* vice versa, inversement.

Vichy ['viːʃiː] *pr n* Vichy.

Vichy water *n* eau *f* de Vichy.

vicinity [vɪ'sɪnətɪ] (*pl* **vicinities**) *n* -**1.** [surrounding area] environs *mpl*, alentours *mpl*; [neighbourhood] voisinage *m*, environs *mpl*; [proximity] proximité *f*; **is there a good school in the ~?** est-ce qu'il y a une bonne école dans les alentours OR dans le quartier?; **he's somewhere in the ~** il est quelque part dans les environs OR dans le coin; **in the ~ of the town centre** [in the area] dans les environs du centre-ville; [close] à proximité du centre-ville; **in the immediate ~** dans les environs immédiats; **one good thing about the house is its ~ to the station** *fml* un des bons côtés de la maison, c'est qu'elle est située tout près de la gare. -**2.** [approximate figures, amounts] : **his salary is in the ~ of £18,000** son salaire est aux alentours de OR de l'ordre de 18 000 livres; **its weight is in the ~ of £500 lb** cela pèse dans les 500 livres.

vicious ['vɪʃəs] *adj* -**1.** [cruel, savage - attack, blow] brutal, violent; **a ~ wind** un vent violent. -**2.** [malevolent - criticism, gossip, remarks] méchant, malveillant; **he has a ~ tongue** il a une langue de vipère. -**3.** [dog] méchant; [horse] vicieux, rétif. -**4.** [perverse - behaviour, habits] vicieux, pervers.

vicious circle *n* cercle *m* vicieux.

viciously ['vɪʃəslɪ] *adv* [attack, beat] brutalement, violemment; [criticize] avec malveillance, méchamment.

viciousness ['vɪʃəsnɪs] *n* [of attack, beating] brutalité *f*, violence *f*; [of criticism, gossip] méchanceté *f*, malveillance *f*.

vicissitude [vɪ'sɪsɪtjuːd] *n fml* vicissitude *f*.

victim ['vɪktɪm] *n* -**1.** [physical sufferer] victime *f*; **to fall ~ to sthg** devenir la victime de qqch; **the fire claimed many ~s** l'incendie a fait de nombreuses victimes; **road accident ~s** les victimes OR les accidentés de la route; **a fund for ~s of cancer** des fonds pour les cancéreux OR les malades du cancer. -**2.** *fig* victime *f*; **to fall ~ to sb's charms** succomber aux charmes de qqn; **many people fall ~ to these fraudulent schemes** beaucoup de gens se font avoir par ces combines frauduleuses; **he was a ~ of his own ambition** il a été victime de sa propre ambition; **education is always the first ~ of government spending cuts** l'éducation est toujours la première à souffrir des réductions des dépenses publiques.

victimization [,vɪktɪmaɪ'zeɪʃn] *n* [for beliefs, race, differences] fait *m* de prendre pour victime; [reprisals] représailles *fpl*; **there must be no further ~ of workers** il ne doit pas y avoir d'autres représailles contre les ouvriers.

victimize, -ise ['vɪktɪmaɪz] *vt* [make victim of] faire une victime de, prendre pour victime; [take reprisals against] exercer des OR user de représailles sur; **she was ~d at school because of her accent/of her colour** elle a été prise pour victime à l'école à cause de son accent/de la couleur de sa peau; **immigrant workers are being ~d by some of the foremen** les travailleurs immigrés sont pris pour victimes OR pour cibles par certains contremaîtres; **the strikers feel they are being ~d** les grévistes estiment qu'ils sont victimes de représailles.

victor ['vɪktə^r] *n* vainqueur *m*; **Labour were the ~s in the election** le Parti travailliste a remporté la victoire aux élections.

Victoria [vɪk'tɔːrɪə] *pr n* -**1.** [person] : **Queen ~** la reine Victoria. -**2.** [state] Victoria *m*; **in ~** dans le Victoria.

Victoria Cross *n* MIL croix *f* de Victoria *(en Grande-Bretagne, décoration militaire très prestigieuse)*.

Victoria Falls *pl pr n* les chutes *fpl* Victoria.

Victorian [vɪk'tɔːrɪən] ◇ *adj* victorien; **a return to ~ values** un retour aux valeurs victoriennes OR de l'époque victorienne.
◇ *n* Victorien *m*, -enne *f*.

Victoriana [,vɪktɔːrɪ'ɑːnə] *n* (U) antiquités *fpl* victoriennes, objets *mpl* de l'époque victorienne.

victorious [vɪk'tɔːrɪəs] *adj* [army, campaign, party] victorieux; [army] vainqueur; [cry] de victoire; **to be ~ over sb** être victorieux de qqn, remporter la victoire sur qqn.

victoriously [vɪk'tɔːrɪəslɪ] *adv* victorieusement.

victory ['vɪktərɪ] (*pl* **victories**) *n* victoire *f*; **to gain** OR **to win a ~ over sb** remporter la victoire sur qqn.

victory roll *n* AERON *looping pour marquer une victoire*.

victory sign *n* V *m* de la victoire.

victual ['vɪtl] (*pt* & *pp* **victualled**, *cont* **victualling**) *arch* ◇ *vt* ravitailler, approvisionner.
◇ *vi* se ravitailler, s'approvisionner.
◆ **victuals** *npl arch* victuailles *fpl*.

victualler ['vɪtlə^r] *n* fournisseur *m* (de provisions).

vide ['vaɪdiː] *impers vb* [in text] voir, cf.

videlicet [vɪ'diːlɪset] *adv fml* à savoir.

video ['vɪdɪəʊ] (*pl* **videos**) ◇ *n* -**1.** [medium] vidéo *f*; **I use ~ a lot in my teaching** j'utilise beaucoup la vidéo pendant mes cours. -**2.** [VCR] magnétoscope *m*; **they recorded the series on ~** ils ont enregistré le feuilleton au magnétoscope. -**3.** [cassette] vidéocassette *f*; [recording] vidéo *f*; [for pop-song] clip *m*, vidéoclip *m*; **they rented a ~ for the night** ils ont loué une vidéo OR vidéocassette pour la soirée; **we've got a ~ of the film on** a le film en vidéocassette. -**4.** *inf Am* [television] télé *f*.
◇ *vt* enregistrer sur magnétoscope, magnétoscoper.
◇ *comp* -**1.** [film, version] (en) vidéo; [services, equipment, signals] vidéo (*inv*); **a ~ shop** un magasin vidéo. -**2.** *Am* [on TV] télévisé.

video art *n* art *m* vidéo.

video camera *n* caméra *f* vidéo.

video cartridge *n* cartouche *f* vidéo.

video cassette *n* vidéocassette *f*.

video cassette recorder *n* magnétoscope *m*.

video clip *n* clip *m*, vidéoclip *m*, clip *m* vidéo.

video club *n* club *m* vidéo.

video conference *n* vidéoconférence *f*, visioconférence *f*.

videodisc ['vɪdɪəʊdɪsk] *n* vidéodisque *m*.

video frequency *n* vidéofréquence *f*.

video game *n* jeu *m* vidéo.

video library *n* vidéothèque *f*.

video nasty *inf n Br film vidéo à caractère violent et souvent pornographique*.

videophone ['vɪdɪəʊfəʊn] *n* vidéophone *m*, visiophone *m*.

video-record *vt* enregistrer sur magnétoscope, magnétoscoper.

videorecorder ['vɪdɪəʊrɪ,kɔːdə^r] *n* magnétoscope *m*.

video recording *n* enregistrement *m* sur magnétoscope.

video shop *n* vidéo-club *m*.

videotape ['vɪdɪəʊteɪp] ◇ *n* bande *f* vidéo.
◇ *vt* enregistrer sur magnétoscope, magnétoscoper.

videotext ['vɪdɪəʊtekst] *n* vidéotex *m*, vidéographie *f* interactive.

vidicon ['vɪdɪkɒn] *n* vidicon *m*.

vie [vaɪ] (*pt* & *pp* **vied**, *cont* **vying**) *vi* rivaliser, lutter; **to ~ with sb for sthg** disputer qqch à qqn; **the two children ~d with each other for attention** les deux enfants rivalisaient l'un avec l'autre pour attirer l'attention; **several companies were vying with each other to sponsor the event** plusieurs firmes se battaient pour parrainer l'évènement.

Vienna [vɪ'enə] ◇ *pr n* Vienne; **the Congress of ~** le congrès de Vienne.
◇ *comp* viennois, de Vienne.

Viennese [,vɪə'niːz] (*pl inv*) ◇ *n* Viennois *m*, -e *f*.
◇ *adj* viennois.

Vietcong [,vjet'kɒŋ] (*pl inv*) *n* Viêt-cong *mf*.

Vietnam [*Br* ,vjet'næm, *Am* ,vjet'nɑːm] *pr n* Viêt-nam *m*; **in ~** au Viêt-nam; **the ~ War** la guerre du Viêt-nam.

THE VIETNAM WAR:
Conflit opposant, de 1954 à 1975, le Viêt-nam du Nord communiste au Viêt-nam du Sud, soutenu militairement par les États-Unis. Aussitôt critiqué par l'opinion publique nationale, l'effort de guerre américain s'intensifia considérablement au milieu des années 60, sans parvenir pour autant à faire basculer l'issue du conflit. À partir de 1970, sous la présidence de R. Nixon, un processus de cessez-le-feu fut engagé, aboutissant au retrait des troupes américaines en 1973. Un an plus tard, le sud du pays passa aux mains des communistes.
Véritable traumatisme national, la guerre du Viêt-nam est peut-être l'épisode le plus pénible de l'histoire des États-Unis. La longueur du conflit, les atrocités commises de part et d'autre, le nombre très élevé de victimes, mais surtout les interrogations sur la finalité de cette guerre remirent dramatiquement en question la légitimité de l'ingérence américaine et provoquèrent chez les jeunes Américains de l'époque un mouvement antimilitariste d'une ampleur sans précédent.

Vietnamese [ˌvjetnəˈmiːz] (*pl inv*) ◇ *n* -**1.** [person] Vietnamien *m*, -enne *f*. -**2.** LING vietnamien *m*.
◇ *adj* vietnamien.

view [vjuː] ◇ *n* -**1.** [sight] vue *f*; **to come into ~** apparaître; **we came into ~ of the shore** nous sommes arrivés en vue du rivage, nous avons aperçu le rivage; **he turned the corner and disappeared from ~** il a tourné au coin et on l'a perdu de vue OR il a disparu; **it happened in full ~ of the television cameras/police** cela s'est passé juste devant les caméras de télévision/sous les yeux de la police; **to be on ~** [house] être ouvert aux visites; [picture] être exposé; **the woods are within ~ of the house** de la maison on voit les bois; **to hide sthg from ~** [accidentally] cacher qqch de la vue; [deliberately] cacher qqch aux regards. -**2.** [prospect] vue *f*; **the house has a good ~ of the sea** la maison a une belle vue sur la mer; **a room with a ~** une chambre avec vue; **there's a nice ~ from the window** de la fenêtre il y a une très belle vue; **there are nice ~s of the coast from that hill** de cette colline on a de belles vues sur la côte; **from here we have a side ~ of the cathedral** d'ici nous avons une vue de profil de la cathédrale; **you get a better ~ from here** on voit mieux d'ici; **the man in front of me blocked my ~ of the stage** l'homme devant moi m'empêchait de voir la scène; **a comprehensive ~ of English literature** *fig* une vue d'ensemble de la littérature anglaise. -**3.** [future perspective]: **in ~** en vue; **there appears to be no solution in ~** il semble n'y avoir aucune solution en vue; **what do you have in ~ as regards work?** quelles sont vos intentions en ce qui concerne le travail?; **with this end in ~** avec OR dans cette intention; **she has in ~ the publication of a new book** elle envisage de publier un nouveau livre; **to take the long ~ of sthg** voir qqch à long terme. -**4.** [aim, purpose] but *m*, intention *f*; **with a ~ to doing sthg** en vue de faire qqch, dans l'intention de faire qqch; **they bought the house with a ~ to their retirement** ils ont acheté la maison en pensant à leur retraite. -**5.** [interpretation] vue *f*; **an overall ~** une vue d'ensemble; **he has OR takes a gloomy ~ of life** il a une vue pessimiste de la vie, il envisage la vie d'une manière pessimiste. -**6.** [picture, photograph] vue *f*; **~s of Venice** vues de Venise; **an aerial ~ of New York** une vue aérienne de New York. -**7.** [opinion] avis *m*, opinion *f*; **in my ~** à mon avis; **I respect her political ~s** je respecte ses opinions politiques; **that seems to be the generally accepted ~** ceci semble être l'opinion générale OR courante; **that's the official ~** c'est le point de vue officiel; **everybody has their own ~ of the situation** chacun comprend la situation à sa façon, chacun a sa propre façon de voir la situation; **he takes the ~ that they are innocent** il pense OR estime OR soutient qu'ils sont innocents; **I don't take that ~** je ne partage pas cet avis; **she took a poor OR dim ~ of his behaviour** elle n'appréciait guère son comportement; **she holds OR has strong ~s on the subject** elle a des opinions OR des idées bien nettes sur le sujet; **he's changed his ~s on disarmament** il a changé d'avis sur le désarmement.
◇ *vt* -**1.** [look at] voir, regarder; [film] regarder; **~ed from above/from afar** vu d'en haut/de loin. -**2.** [examine - slides] visionner; [- through microscope] regarder; [- flat, showhouse] visiter, inspecter; **the house may be ~ed at weekends only** on peut visiter la maison pendant les week-ends uniquement. -**3.** *fig* [consider, judge] considérer, envisager; **the committee ~ed his application favourably** la commission a porté un regard favorable sur sa candidature; **he was ~ed as a dangerous maniac** on le considérait comme un fou dangereux; **how do you ~ this matter?** quel est votre avis sur cette affaire?; **the government ~s the latest international developments with alarm** le gouvernement porte un regard inquiet sur les derniers développements internationaux; **I would ~ his departure with equanimity** j'envisagerais son départ avec sérénité. -**4.** HUNT [fox] apercevoir.
◇ *vi* TV regarder la télévision.
◆ **in view of** *prep phr* étant donné, vu; **in ~ of his age** étant donné son âge, vu son âge; **in ~ of what has happened** en raison de OR étant donné ce qui s'est passé; **in ~ of this** ceci étant.

Viewdata® [ˈvjuːˌdeɪtə] *pr n* vidéotex *m*, vidéographie *f* interactive.

viewer [ˈvjuːəʳ] *n* -**1.** TV téléspectateur *m*,-trice *f*; **the programme has OR attracts a lot of women ~s/young ~s** l'émission est beaucoup regardée par les femmes/les jeunes. -**2.** PHOT [for slides] visionneuse *f*; [viewfinder] viseur *m*.

viewfinder [ˈvjuːˌfaɪndəʳ] *n* viseur *m* PHOT.

viewing [ˈvjuːɪŋ] ◇ *n (U)* -**1.** TV programme *m*, programmes *mpl*, émissions *fpl*; **late-night ~ on BBC 2** émissions de fin de soirée sur BBC 2; **his latest film makes exciting ~** son dernier film est un spectacle passionnant; **a good evening's ~** une soirée passée devant de bons programmes de télévision. -**2.** [of showhouse, exhibition] visite *f*; **~ at weekends only** visites uniquement le week-end. -**3.** ASTRON observation *f*.
◇ *comp* -**1.** TV [time, patterns] d'écoute; **a young ~ audience** de jeunes téléspectateurs; **~ figures** taux *m* OR indice *m* d'écoute; **~ hours** heures *fpl* d'écoute; **at peak ~ hours** aux heures de grande écoute. -**2.** ASTRON & METEOR [conditions] d'observation.

viewless [ˈvjuːlɪs] *adj* -**1.** [site, windows] qui n'offre pas de vue. -**2.** [person] sans opinion OR opinions.

viewphone [ˈvjuːfəʊn] *n* vidéophone *m*, visiophone *m*.

viewpoint [ˈvjuːpɔɪnt] *n* -**1.** [opinion] point de vue *m*. -**2.** [viewing place] point de vue *m*, panorama *m*.

vig▽ [vɪg] *n Am* intérêts *mpl*.

vigil [ˈvɪdʒɪl] *n* -**1.** [watch] veille *f*; [in sickroom] veillée *f*; [for dead person] veillée *f* funèbre; **to keep (an all-night) ~ by sb's bedside** veiller (toute la nuit) au chevet de qqn. -**2.** [demonstration] manifestation *f* silencieuse (nocturne). -**3.** RELIG vigile *f*.

vigilance [ˈvɪdʒɪləns] *n* vigilance *f*.

vigilance committee *n Am* groupe *m* d'autodéfense.

vigilant [ˈvɪdʒɪlənt] *adj* vigilant, éveillé.

vigilante [ˌvɪdʒɪˈlæntɪ] *n* membre *m* d'un groupe d'autodéfense; **~ group** groupe *m* d'autodéfense.

vigilantism [ˌvɪdʒɪˈlæntɪzm] *n attitude agressive typique des groupes d'autodéfense.*

vigilantly [ˈvɪdʒɪləntlɪ] *adv* avec vigilance, attentivement.

vignette [vɪˈnjet] ◇ *n* [illustration] vignette *f*; ART & PHOT portrait *m* en buste dégradé; LITERAT esquisse *f* de caractère, portrait *m*.
◇ *vt* [picture, photograph] dégrader, estomper; [character] esquisser; [book, page] orner de vignettes.

vigor *Am* = **vigour**.

vigorous [ˈvɪgərəs] *adj* -**1.** [robust - person, plant] vigoureux; [enthusiastic - person] enthousiaste. -**2.** [forceful - opposition, campaign, support] vigoureux, énergique. -**3.** [energetic - exercise] énergique.

vigorously [ˈvɪgərəslɪ] *adv* vigoureusement, énergiquement; **he nodded his head ~** il acquiesça vivement de la tête.

vigour *Br*, **vigor** *Am* [ˈvɪgəʳ] *n* -**1.** [physical vitality] vigueur *f*, énergie *f*, vitalité *f*; [mental vitality] vigueur *f*, vivacité *f*; **he is no longer in the full ~ of youth** il n'a plus toute la vigueur de la jeunesse. -**2.** [of attack, style] vigueur *f*; [of storm] violence *f*. -**3.** *Am* JUR: **in ~** en vigueur.

Viking [ˈvaɪkɪŋ] ◇ *adj* viking.
◇ *n* Viking *mf*.

Viking ship *n* drakkar *m*.

vile [vaɪl] *adj* -**1.** [morally wrong - deed, intention, murder] vil, ignoble, infâme; **he made some ~ accusations** il a porté des accusations ignobles OR infâmes. -**2.** [disgusting - person, habit, food, taste] abominable, exécrable; [- smell] infect, nauséabond; **it smells ~!** ça pue!; **spitting is a ~ habit** cracher est une sale habitude; **he used some ~ language** il a employé des termes ignobles. -**3.** [very bad - temper] exécrable, massacrant; [- weather] exécrable; **to be in a ~ temper** être d'une humeur massacrante; **what ~ weather!** quel sale temps!

vilely [ˈvaɪllɪ] *adv* vilement, bassement.

vileness [ˈvaɪlnɪs] *n* -**1.** [of deed, intention] vilenie *f*, bassesse *f*. -**2.** [of smell, taste, weather] caractère *m* exécrable OR abominable.

vilification [ˌvɪlɪfɪˈkeɪʃn] *n fml* diffamation *f*, calomnie *f*.

vilify [ˈvɪlɪfaɪ] *vt fml* diffamer, calomnier.

villa [ˈvɪlə] *n* [in country] maison *f* de campagne; [by sea] villa *f*; *Br* [in town] villa *f* OR pavillon *m* (de banlieue); HIST villa *f*.

village [ˈvɪlɪdʒ] ◇ *n* village *m*.
◇ *comp* du village.

village green *n pelouse au centre du village.*

VILLAGE GREEN:
Souvent situé au centre du village, le «village green» accueille les kermesses et des manifestations sportives.

village hall *n* salle *f* des fêtes.

village idiot *n* idiot *m* du village.

villager [ˈvɪlɪdʒəʳ] *n* villageois *m*, -e *f*.

villain [ˈvɪlən] *n* -**1.** [ruffian, scoundrel] scélérat *m*, -e *f*, vaurien *m*, -enne *f*; [in film, story] méchant *m*, -e *f*, traître *m*, -esse *f*; **the ~ of the piece** THEAT & *fig* le méchant, le coupable. -**2.** *inf* [rascal] coquin *m*, -e *f*, vilain *m*, -e *f*; **you little ~!** petit coquin!, vilain! -**3.** *crime sl* [criminal] bandit *m*, malfaiteur *m*.

villainous [ˈvɪlənəs] *adj* -**1.** [evil - act, intention, person] vil, ignoble, infâme; **a ~ deed** une infamie OR bassesse. -**2.** [foul - food, weather] abominable, exécrable.

villainy [ˈvɪlənɪ] (*pl* villainies) *n* infamie *f*, bassesse *f*.

villein [ˈvɪlɪn] *n* HIST [free] vilain *m*, -e *f*; [unfree] serf *m*, serve *f*.

villus [ˈvɪləs] (*pl* villi [-laɪ]) *n* BOT poil *m*; ANAT & ZOOL villosité *f*.

Vilnius [ˈvɪlnɪəs] *pr n* Vilnious.

vim *inf* [vɪm] *n* énergie *f*, entrain *m*; **full of ~ (and vigour)** plein d'entrain.

vinaigrette [ˌvɪnɪˈgret] *n* vinaigrette *f*.

vindaloo [vɪndəˈluː] *n plat indien au curry très épicé.*

vindicate [ˈvɪndɪkeɪt] *vt* -**1.** [justify] justifier; **this ~s my faith in him** ceci prouve que j'avais raison d'avoir confiance en lui, ceci prouve que la confiance que j'avais en lui était justifiée; **his opinions were ~d** ses opinions ont été justifiées. -**2.** [uphold - claim, right] faire valoir, revendiquer.

vindication [ˌvɪndɪ'keɪʃn] *n* justification *f*; **he spoke in ~ of his behaviour** il s'expliqua pour justifier son comportement.

vindictive [vɪn'dɪktɪv] *adj* vindicatif.

vindictively [vɪn'dɪktɪvlɪ] *adv* vindicativement.

vindictiveness [vɪn'dɪktɪvnɪs] *n* caractère *m* vindicatif; **she did it out of sheer ~** elle l'a fait par simple envie de vengeance.

vine [vaɪn] ◇ *n* **-1.** [grapevine] vigne *f*. **-2.** [plant - climbing] plante *f* grimpante; [- creeping] plante *f* rampante.
◇ *comp* [leaf] de vigne; [disease] de la vigne; **~ grower** viticulteur *m*, vigneron *m*; **~ growing** viticulture *f*; **~ harvest** vendange *f*, vendanges *fpl*.

vinegar ['vɪnɪgəʳ] *n* vinaigre *m*.

vinegar fly *n* mouche *f* du vinaigre.

vinegary ['vɪnɪgərɪ] *adj* **-1.** [smell, taste] de vinaigre; [wine] qui a un goût de vinaigre. **-2.** *fig* [tone, reply] acide, acerbe; [temper] acide, acariâtre.

vineyard ['vɪnjəd] *n* vignoble *m*.

viniculture ['vɪnɪkʌltʃəʳ] *n* viniculture *f*.

vinification [ˌvɪnɪfɪ'keɪʃn] *n* vinification *f*.

vino *inf* ['viːnəʊ] *n* pinard *m*.

vinous ['vaɪnəs] *adj* vineux.

vintage ['vɪntɪdʒ] ◇ *n* **-1.** VINIC [wine] vin *m* de cru; [year] cru *m*, millésime *m*; **this claret is an excellent ~** ce bordeaux est un très grand cru; **1982 was a good ~** 1982 a été une bonne année pour le vin; **a 1983 ~** un vin de 1983; **what ~ is this wine?** quel est le millésime OR quelle est l'année de ce vin? **-2.** [crop] récolte *f*; [harvesting] vendange *f*, vendanges *fpl*. **-3.** [period] époque *f*; **an old radio of pre-war ~** une vieille radio d'avant-guerre.
◇ *adj* **-1.** [old] antique, ancien. **-2.** [classic, superior] classique; **a season of ~ films** une saison de films classiques; **it was ~ Agatha Christie** c'était de l'Agatha Christie du meilleur style OR cru. **-3.** [port, champagne] de cru.
◇ *vt* vendanger.

vintage car *n Br* voiture *f* de collection *(normalement construite entre 1919 et 1930)*.

vintage model *n* modèle *m* OR pièce *f* d'époque.

vintage wine *n* vin *m* de grand cru, grand vin *m*.

vintage year *n* [for wine] grand cru *m*, grande année *f*; [for books, films] très bonne année *f*; **it was a ~ for the British film industry** ce fut une excellente année pour l'industrie cinématographique britannique.

vintner ['vɪntnəʳ] *n* négociant *m* en vins.

vinyl ['vaɪnɪl] ◇ *n* vinyle *m*.
◇ *adj* [wallpaper, tiles, coat] de OR en vinyle; [paint] vinylique.

viol ['vaɪəl] ◇ *n* viole *f*.
◇ *comp*: **~ player** violiste *mf*.

viola [vɪ'əʊlə] ◇ *n* **-1.** MUS alto *m*. **-2.** BOT [genus] violacée *f*; [flower] pensée *f*, violette *f*.
◇ *comp*: **~ player** altiste *mf*.

viola da gamba [vɪˌəʊlədə'gæmbə] (*pl* **viole da gamba** [vɪˌəʊle-]) *n* viole *f* de gambe.

viola d'amore [vɪˌəʊlədæ'mɔːrɪ] (*pl* **viole d'amore** [vɪˌəʊle-]) *n* viole *f* d'amour.

violate ['vaɪəleɪt] *vt* **-1.** [promise, secret, treaty] violer; [law] violer, enfreindre; [rights] violer, bafouer. **-2.** [frontier, property] violer. **-3.** [peace, silence] troubler, rompre; **to ~ sb's privacy** déranger qqn dans son intimité OR dans sa vie privée. **-4.** [sanctuary, tomb] violer, profaner. **-5.** *fml* [rape] violer, violenter.

violation [ˌvaɪə'leɪʃn] *n* **-1.** [of promise, rights, secret] violation *f*; [of law] violation *f*, infraction *f*; SPORT faute *f*; **they acted in ~ of the treaty/of the regulations** ils ont contrevenu au traité/au règlement. **-2.** [of frontier, property] violation *f*; **it's a ~ of my privacy** c'est une atteinte à ma vie privée. **-3.** ADMIN: **~ of the peace** trouble *m* de l'ordre public. **-4.** [of sanctuary, tomb] violation *f*, profanation *f*. **-5.** *Am* JUR infraction *f*; **a traffic ~** une infraction au Code de la route. **-6.** *fml* [rape] viol *m*.

violator ['vaɪəleɪtəʳ] *n* **-1.** [gen] violateur *m*. **-2.** *Am* JUR contrevenant *m*.

violence ['vaɪələns] *n (U)* **-1.** [physical] violence *f*; **acts/scenes of ~** actes *mpl*/scènes *fpl* de violence; **football/TV ~** violence sur les terrains de football/à la télévision; **the men of ~** [terrorists] les terroristes *mpl*; **~ broke out in the streets of the capital** il y a eu de violents incidents OR des bagarres ont éclaté dans les rues de la capitale. **-2.** JUR violences *fpl*; **crimes of ~** crimes *mpl* de violence; **robbery with ~** vol avec coups et blessures. **-3.** [of language, passion, storm] violence *f*. **-4.** *phr*: **to do ~ to sb/sthg** faire violence à qqn/qqch.

violent ['vaɪələnt] *adj* **-1.** [attack, crime, person] violent; **by ~ means** par la violence; **to be ~ with sb** se montrer OR être violent avec qqn; **he began to get ~** il a commencé à se montrer violent; **he gave the door a ~ kick** il a donné un violent coup de pied dans la porte; **to die a ~ death** mourir de mort violente. **-2.** [intense - pain] violent, aigu; [furious - temper] violent; [strong, great - contrast, change] violent, brutal; [- explosion] violent; **she took a ~ dislike to him** elle s'est prise d'une vive aversion à son égard; **I've got a ~ toothache/headache** j'ai une rage de dents/un mal de tête atroce. **-3.** [forceful, impassioned - argument, language, emotions] violent. **-4.** [wind, weather] violent. **-5.** [colour] criard, voyant; **the walls had been painted a ~ red** on avait peint les murs d'un rouge criard.

violently ['vaɪələntlɪ] *adv* [attack, shake, struggle] violemment; [act, react] violemment, avec violence; **to behave ~** avoir un comportement violent; **he was ~ sick** il fut pris de vomissements violents; **he was shaking/shivering ~** il était secoué de tremblements/de frissons violents.

violet ['vaɪələt] ◇ *n* **-1.** BOT violette *f*. **-2.** [colour] violet *m*.
◇ *adj* violet.

violin [ˌvaɪə'lɪn] ◇ *n* violon *m*.
◇ *comp* [concerto] pour violon; [lesson] de violon; **~ case** étui *m* à violon; **~ maker** luthier *m*.

violinist [ˌvaɪə'lɪnɪst] *n* violoniste *mf*.

violoncellist [ˌvaɪələn'tʃelɪst] *n* violoncelliste *mf*.

violoncello [ˌvaɪələn'tʃeləʊ] *n* violoncelle *m*.

VIP (*abbr of* **very important person**) ◇ *n* VIP *mf*, personnalité *f*, personnage *m* de marque.
◇ *comp* [guests, visitors] de marque, éminent, très important; **to give sb the ~ treatment** traiter qqn comme un personnage de marque; **we got ~ treatment** on nous a réservé un accueil princier, on nous a traités comme des rois ❑ **~ lounge** *salon d'accueil (dans un aéroport) réservé aux personnages de marque*.

viper ['vaɪpəʳ] *n* ZOOL & *fig* vipère *f*; **a ~s' nest** *fig* un nœud de vipères.

viperish ['vaɪpərɪʃ] *adj* [tongue] de vipère; [person] qui a une langue de vipère.

virago [vɪ'rɑːgəʊ] (*pl* **viragoes** OR **viragos**) *n* mégère *f*, virago *f*.

viral ['vaɪrəl] *adj* viral; **a ~ infection** une infection virale.

Virgil ['vɜːdʒɪl] *pr n* Virgile.

Virgilian [vɜː'dʒɪlɪən] *adj* virgilien.

virgin ['vɜːdʒɪn] ◇ *n* [girl] vierge *f*, pucelle *f*; [boy] puceau *m*.
◇ *adj* **-1.** [sexually] vierge. **-2.** [forest, soil] vierge; [fresh] virginal; **~ snow** neige *f* fraîche; **~ white sheets** draps d'un blanc immaculé.
◆ **Virgin** *pr n* RELIG: **the (Blessed) Virgin** la (Sainte) Vierge.

virginal ['vɜːdʒɪnl] ◇ *n* MUS: **~s** virginal *m*.
◇ *adj* virginal.

Virgin birth *n*: **the ~** l'Immaculée Conception *f*.

Virginia [və'dʒɪnjə] *pr n* Virginie *f*; **in ~** en Virginie.

Virginia creeper *n* vigne *f* vierge.

Virginian [və'dʒɪnjən] ◇ *n* Virginien *m*, -enne *f*.
◇ *adj* virginien.

Virginia stock *n* malcolmia *m*.

Virginia tobacco *n* virginie *m*, tabac *m* de Virginie.

Virgin Islands *pl pr n*: **the ~** les îles *fpl* Vierges; **in the ~** dans les îles Vierges.

virginity [və'dʒɪnətɪ] *n* virginité *f*; **to lose one's ~** perdre sa virginité.

Virgin Mary *pr n*: **the ~** la Vierge Marie.

Virgo ['vɜːgəʊ] *pr n* ASTROL & ASTRON Vierge *f*; **he's a ~** il est (du signe de la) Vierge.

virile ['vɪraɪl] *adj* viril.

virility [vɪ'rɪlətɪ] *n* virilité *f*.

virologist [ˌvaɪ'rɒlədʒɪst] *n* virologue *mf*, virologiste *mf*.

virology [ˌvaɪ'rɒlədʒɪ] *n* virologie *f*.

virtual ['vɜːtʃʊəl] *adj* **-1.** [near, as good as]: **the country is in a state of ~ anarchy** c'est pratiquement l'anarchie dans le pays; **the strike led to a ~ halt in production** la grève a provoqué une interruption quasi totale de la production; **it's a ~ impossibility/dictatorship** c'est une quasi-impossibilité/une quasi-dictature. **-2.** [actual, effective]: **they are the ~ rulers of the country** en fait ce sont eux qui dirigent le pays, ce sont eux les dirigeants de fait du pays. **-3.** COMPUT & PHYS virtuel.

virtual image *n* image *f* virtuelle.

virtually ['vɜːtʃʊəlɪ] *adv* **-1.** [almost] pratiquement, quasiment, virtuellement; **it's ~ impossible** c'est pratiquement OR quasiment impossible; **it's ~ finished** c'est presque OR quasiment fini; **I'm ~ certain** je suis pratiquement certain; **she ~ insulted me** elle m'a pratiquement insulté. **-2.** [actually, in effect] en fait; **he is ~ the manager** en fait OR en pratique, c'est lui le directeur.

virtual memory *n* COMPUT mémoire *f* virtuelle.

virtual reality *n* réalité *f* virtuelle.

virtual storage = **virtual memory**.

virtue ['vɜːtjuː] *n* **-1.** [goodness] vertu *f*; **to make a ~ of necessity** faire de nécessité vertu; **a woman of easy ~** une femme de petite vertu ❑ **~ is its own reward** *prov* la vertu est sa propre récompense. **-2.** [merit] mérite *m*, avantage *m*; **she at least has the ~ of being discreet** elle a au moins le mérite d'être discrète; **the flat has the ~ of being centrally heated** l'appartement a l'avantage d'avoir le chauffage central. **-3.** *arch* [efficacy] vertu *f*, efficacité *f*.
◆ **by virtue of** *prep phr* en vertu OR en raison de; **by ~ of her age** en vertu OR en raison de son âge; **by ~ of being the eldest** en vertu OR en raison du fait qu'il est l'aîné.

virtuosity [ˌvɜːtjʊ'ɒsɪtɪ] *n* virtuosité *f*.

virtuoso [ˌvɜːtjʊ'əʊzəʊ] (*pl* **virtuosos** OR **virtuosi** [-siː]) ◇ *n* [gen & MUS] virtuose *mf*.
◇ *adj* de virtuose; **it was a ~ performance** MUS c'était une interprétation de virtuose; *fig* c'était un tour de force.

virtuous ['vɜːtʃʊəs] *adj* vertueux.

virtuously ['vɜːtʃʊəslɪ] *adv* vertueusement.

virulence ['vɪrʊləns] *n* virulence *f*.

virulent ['vɪrʊlənt] *adj* virulent.

virulently ['vɪrʊləntlɪ] *adv* avec virulence.

virus ['vaɪrəs] ◇ *n* virus *m*; **the flu/rabies ~** le virus de la grippe/de la rage.
◇ *comp*: **a ~ infection** une infection virale.

visa ['viːzə] ◇ *n* visa *m*; **he has applied for an American ~** il a demandé un visa pour l'Amérique.
◇ *vt* ADMIN viser.

visage ['vɪzɪdʒ] *n lit* visage *m*, figure *f*.

vis-à-vis [ˌviːzɑː'viː] (*pl inv*) ◇ *prep* **-1.** [in relation to] par rapport à. **-2.** [opposite] vis-à-vis de.
◇ *adv* vis-à-vis.
◇ *n* **-1.** [person or thing opposite] vis-à-vis *m inv*. **-2.** [counterpart] homologue *mf*.

viscera ['vɪsərə] *npl* viscères *mpl*.

visceral ['vɪsərəl] *adj* viscéral.

viscid ['vɪsɪd] *adj* visqueux.

viscose ['vɪskəʊs] ◇ *n* viscose *f*.
◇ *adj* visqueux.

viscosity [vɪ'skɒsətɪ] (*pl* **viscosities**) *n* viscosité *f*.

viscount ['vaɪkaʊnt] *n* vicomte *m*.
viscountcy ['vaɪkaʊntsɪ] *n* vicomté *f*.
viscountess ['vaɪkaʊntɪs] *n* vicomtesse *f*.
viscounty ['vaɪkaʊntɪ] = **viscountcy**.
viscous ['vɪskəs] *adj* visqueux, gluant.
vise [vaɪs] *Am* = **vice 4**.
visibility [ˌvɪzɪ'bɪlətɪ] *n* visibilité *f*; ~ **is down to a few yards** la visibilité est réduite à OR ne dépasse pas quelques mètres.
visible ['vɪzəbl] *adj* -**1.** [gen & OPTICS] visible; **to become** ~ devenir visible; **clearly** ~ **to the naked eye** clairement visible à l'œil nu; **only** ~ **under a microscope** seulement visible au microscope. -**2.** [evident] visible, apparent, manifeste; **his nervousness was clearly** ~ sa nervosité était manifeste OR évidente; **it serves no** ~ **purpose** on n'en voit pas vraiment l'utilité, on ne voit pas vraiment à quoi cela sert; **with no** ~ **means of support** ADMIN sans ressources apparentes. -**3.** *inf* ECON visible.
visibly ['vɪzəblɪ] *adv* visiblement; **he was** ~ **surprised/annoyed** il était visiblement surpris/ennuyé, sa surprise/son ennui était manifeste.
Visigoth ['vɪzɪˌgɒθ] *pr n* Visigoth *m*, -e *f*, Wisigoth *m*, -e *f*.
Visigothic [ˌvɪzɪ'gɒθɪk] *adj* visigoth, wisigoth.
vision ['vɪʒn] *n* -**1.** *(U)* OPTICS [sight] vision *f*, vue *f*; **to suffer from defective** ~ avoir une vision défectueuse; **outside/within one's field of** ~ hors de/en vue. -**2.** [insight] vision *f*, clairvoyance *f*; **a man of** ~ un homme clairvoyant; **we need people with** ~ **and imagination** nous avons besoin de gens inspirés et imaginatifs. -**3.** [dream, fantasy] vision *f*; **to have a** ~ RELIG avoir une vision; **to have** ~**s** MED & PSYCH avoir des visions; **he has** ~**s of being rich and famous** il se voit riche et célèbre; **I had** ~**s of you lying in a hospital bed** je vous voyais couché dans un lit d'hôpital. -**4.** [conception] vision *f*, conception *f*; **what is your** ~ **of the new town centre?** comment voyez-vous OR comment concevez-vous le nouveau centre-ville? -**5.** [apparition] vision *f*, apparition *f*; [lovely sight] magnifique spectacle *m*; **she was a** ~ **in white lace** elle était ravissante en dentelle blanche; **a** ~ **of loveliness** une apparition de charme. -**6.** TV image *f*.
visionary ['vɪʒənrɪ] (*pl* **visionaries**) ◇ *adj* visionnaire.
◇ *n* visionnaire *mf*.
vision mixer *n* TV -**1.** [equipment] mixeur *m*, mélangeur *m* de signaux. -**2.** [person] opérateur *m* de mixage.
vision mixing *n* TV mixage *m* d'images.
visit ['vɪzɪt] ◇ *n* -**1.** [call] visite *f*; **to pay sb a** ~ rendre visite à qqn; **I haven't paid a** ~ **to the cathedral yet** je n'ai pas encore visité OR je ne suis pas encore allé voir la cathédrale; **you must pay them a return** ~ il faut leur rendre leur visite; **she met him on a return** ~ **to her home town** elle l'a rencontré quand elle est retournée en visite dans sa ville natale ❑ **to pay a** ~ *inf Br euph* aller au petit coin. -**2.** [stay] visite *f*, séjour *m*; [trip] voyage *m*, séjour *m*; **she's on a** ~ **to her aunt's** elle est en visite chez sa tante; **she's on a** ~ **to Amsterdam** elle fait un séjour à Amsterdam; **did you enjoy your** ~ **to California?** avez-vous fait un bon séjour en Californie?; **the President is on an official** ~ **to Australia** le président est en visite officielle en Australie. -**3.** *Am* [chat] causette *f*, bavardage *m*.
◇ *vt* -**1.** [person - go to see] rendre visite à, aller voir; [- stay with] rendre visite à, séjourner chez; **she went to** ~ **her aunt in hospital** elle est allée rendre visite à sa tante OR allée voir sa tante à l'hôpital; **not many people come to** ~ **her** il n'y a pas beaucoup de gens qui viennent lui rendre visite; **to** ~ **the sick** visiter les malades; **he's away** ~**ing friends at the moment** il séjourne chez des amis en ce moment. -**2.** [museum, town] visiter, aller voir; **in the afternoon they went to** ~ **Pisa** l'après-midi ils sont allés voir OR visiter Pise. -**3.** [inspect - place, premises] visiter, inspecter, faire une visite d'inspection à; **to** ~ **the scene of the crime** JUR se rendre sur les lieux du crime. -**4.** *lit* [inflict]: **to** ~ **a punishment on sb** punir qqn; **the sins of the fathers are** ~**ed upon their sons** les fils sont punis pour les péchés de leurs pères; **the city was** ~**ed by the plague in the 17th century** la ville a été atteinte par la peste au 17ᵉ siècle.
◇ *vi* visiter; **we're just** ~**ing** nous sommes simplement en visite OR de passage.
◆ **visit with** *vt insep Am* [call on] passer voir; [talk with] bavarder avec.
visitant ['vɪzɪtənt] *n* -**1.** *lit* [ghost] revenant *m*, fantôme *m*. -**2.** [bird] oiseau *m* migrateur OR de passage.
visitation [ˌvɪzɪ'teɪʃn] *n* -**1.** [official visit, inspection] visite *f* OR tour *m* d'inspection; RELIG visite *f* épiscopale OR pastorale. -**2.** [social visit] visite *f*; *hum* [prolonged] visite *f* trop prolongée. -**3.** *fml* [affliction] punition *f* du ciel; [reward] récompense *f* divine.
◆ **Visitation** *n* RELIG: **the Visitation** la Visitation.
visiting ['vɪzɪtɪŋ] *adj* [circus, performers] de passage; [lecturer] invité; [birds] de passage, migrateur; **the** ~ **team** SPORT les visiteurs.
visiting card *n Br* carte *f* de visite; **the dog left its** ~ *hum & euph* le chien a laissé sa carte de visite.
visiting fireman *inf n Am* visiteur *m* de marque.
visiting hours *npl* heures *fpl* de visite.
visiting nurse *n Am* infirmier *m*, -ère *f* à domicile.
visiting professor *n* UNIV professeur *m* associé OR invité.
visiting time = **visiting hours**.
visitor ['vɪzɪtəʳ] *n* -**1.** [caller - at hospital, house, prison] visiteur *m*, -euse *f*; **you have a** ~ vous avez de la visite; **they are not allowed any** ~**s after 10 p.m.** ils n'ont pas le droit de recevoir des visiteurs OR des visites après 22 h. -**2.** [guest - at private house] visiteur *m*, -euse *f*, invité *m*, -e *f*; [- at hotel] client *m*, -e *f*; **we have** ~**s on a** du monde OR des invités. -**3.** [tourist] visiteur *m*, -euse *f*, touriste *mf*; ~**s to the exhibition are requested not to smoke** il est demandé aux personnes visitant l'exposition de ne pas fumer; **we had 40,000** ~**s last year** on a eu 40 000 visiteurs l'an dernier; **we get lots of American** ~**s in the town** nous avons énormément de visiteurs américains dans la ville. -**4.** ORNITH oiseau *m* passager; **this bird is a** ~ **to these shores** cet oiseau est seulement de passage sur ces côtes.
visitors' book *n* [in house, museum] livre *m* d'or; [in hotel] registre *m*.
visitors' gallery *n* tribune *f* du public.
visitor's passport *n* passeport *m* temporaire.
visor, vizor ['vaɪzəʳ] *n* visière *f*.
vista ['vɪstə] *n* -**1.** [view] vue *f*, perspective *f*; **a mountain** ~ une vue sur les montagnes, une perspective de montagnes. -**2.** *fig* [perspective, horizon] perspective *f*, horizon *m*; [image - of past] vue *f*, vision *f*; [- of future] perspective *f*, vision *f*; **to open up new** ~**s** ouvrir de nouvelles perspectives OR de nouveaux horizons.
VISTA ['vɪstə] (*abbr of* Volunteers in Service to America) *pr n programme américain d'aide aux personnes les plus défavorisées.*
visual ['vɪʒʊəl] *adj* -**1.** [gen & OPTICS - image, impression, faculty] visuel; ~ **memory** mémoire *f* visuelle. -**2.** AERON [landing, navigation] à vue.
◆ **visuals** *npl* supports *mpl* visuels.
visual aid *n* support *m* visuel.
visual arts *npl* arts *mpl* plastiques.
visual display terminal, visual display unit *n* visuel *m*, écran *m* de visualisation.
visual field *n* champ *m* visuel.
visual handicap *n* handicap *m* visuel.
visualization [ˌvɪʒʊəlaɪ'zeɪʃn] *n* -**1.** [visual presentation] visualisation *f*. -**2.** [imagination] visualisation *f*, évocation *f*.
visualize, -ise ['vɪʒʊəlaɪz] *vt* -**1.** [call to mind - scene] se représenter, évoquer; [imagine] s'imaginer, visualiser, se représenter; **I remember the name but I can't** ~ **his face** je me souviens de son nom mais je ne revois plus son visage; **he tried to** ~ **what it would be like** il essaya de s'imaginer comment ce serait; **she tried to** ~ **herself travelling through the Amazon** elle essayait de se représenter OR s'imaginer en train de traverser l'Amazone. -**2.** [foresee] envisager, prévoir; **I can't** ~ **things getting any better** je n'envisage aucune amélioration. -**3.** TECH [make visible] visualiser; MED rendre visible par radiographie.
visually ['vɪʒʊəlɪ] *adv* visuellement.
visually handicapped, visually impaired ◇ *adj* malvoyant, amblyope *spec*.
◇ *npl*: **the** ~ les malvoyants *mpl*.
vital ['vaɪtl] *adj* -**1.** [essential - information, services, supplies] vital, essentiel, indispensable; **the question is of** ~ **importance** la question est d'une importance capitale; **this drug is** ~ **to the success of the operation** ce médicament est indispensable au succès de l'opération; **it's** ~ **that I know the truth** il est indispensable que je sache la vérité. -**2.** [very important - decision, matter] vital, fondamental; **tonight's match is** ~ le match de ce soir est décisif. -**3.** BIOL [function, organ] vital; **a** ~ **force** une force vitale. -**4.** [energetic] plein d'entrain, dynamique.
◆ **vitals** *npl* -**1.** *hum* OU ANAT organes *mpl* vitaux. -**2.** [essential elements] parties *fpl* essentielles.
vital capacity *n* MED capacité *f* thoracique.
vitality [vaɪ'tælətɪ] *n* vitalité *f*.
vitalize, -ise ['vaɪtəlaɪz] *vt* vivifier, dynamiser.
vitally ['vaɪtəlɪ] *adv* absolument; **it's** ~ **important that you attend this meeting** il est extrêmement important OR il est essentiel que vous assistiez à cette réunion; **this question is** ~ **important** cette question est d'une importance capitale.
vital statistics *npl* -**1.** [demographic] statistiques *fpl* démographiques. -**2.** *hum* [of woman] mensurations *fpl*.
vitamin [*Br* 'vɪtəmɪn, *Am* 'vaɪtəmɪn] *n* vitamine *f*; ~ **C/E** vitamine C/E.
vitamin deficiency *n* carence *f* vitaminique.
vitamin pill *n* comprimé *m* de vitamines.
vitiate ['vɪʃɪeɪt] *vt fml* vicier.
viticulture ['vɪtɪkʌltʃəʳ] *n* viticulture *f*.
vitreous ['vɪtrɪəs] *adj* -**1.** [china, rock] vitreux; [enamel] vitrifié. -**2.** ANAT vitré; ~ **humour** humeur *f* vitrée.
vitrifaction [ˌvɪtrɪ'fækʃn], **vitrification** [ˌvɪtrɪfɪ'keɪʃn] *n* vitrification *f*.
vitrify ['vɪtrɪfaɪ] (*pt & pp* **vitrified**) ◇ *vt* vitrifier.
◇ *vi* se vitrifier.
vitriol ['vɪtrɪəl] *n* CHEM & *fig* vitriol *m*.
vitriolic [ˌvɪtrɪ'ɒlɪk] *adj* -**1.** CHEM de vitriol. -**2.** [attack, description, portrait] au vitriol; [tone] venimeux.
vitriolize, -ise ['vɪtrɪəlaɪz] *vt* vitrioler.
vittle ['vɪtl] *dial* = **victual**.
vituperate [vɪ'tjuːpəreɪt] *lit* ◇ *vt* vitupérer (contre), vilipender.
◇ *vi* vitupérer; **to** ~ **against sthg/sb** vitupérer (contre) qqch/qqn.
vituperation [vɪˌtjuːpə'reɪʃn] *n (U)* vitupérations *fpl*.
vituperative [vɪ'tjuːpərətɪv] *adj* injurieux.
viva¹ ['viːvə] ◇ *interj*: ~! vive!
◇ *n* vivat *m*.
viva² ['vaɪvə] = **viva voce** *n*.
vivacious [vɪ'veɪʃəs] *adj* -**1.** [manner, person] enjoué, exubérant. -**2.** BOT vivace.
vivaciously [vɪ'veɪʃəslɪ] *adv* avec vivacité.
vivacity [vɪ'væsətɪ] *n* [in action] vivacité *f*; [in speech] verve *f*.
vivarium [vaɪ'veərɪəm] (*pl* **vivariums** OR **vivaria** [-rɪə]) *n* vivarium *m*.
viva voce [ˌvaɪvə'vəʊsɪ] ◇ *n Br* UNIV [gen] épreuve *f* orale, oral *m*; [for thesis] soutenance *f* de thèse.
◇ *adj* oral.
◇ *adv* de vive voix, oralement.

vivid [ˈvɪvɪd] *adj* -**1.** [bright - colour, light] vif, éclatant; [- clothes] voyant; **~ green paint** peinture d'un vert éclatant. -**2.** [intense - feeling] vif; **the book has a ~ sense of place** le livre a un sens très vif des lieux. -**3.** [lively - personality] vif, vivant; [- imagination] vif; [- language] coloré; **it was a very ~ performance** c'était une interprétation pleine de verve. -**4.** [graphic - account, description] vivant; [- memory] vif, net; [- example] frappant; **he paints a ~ picture of 18th century life** il dresse un tableau très vivant de la vie au XVIIIᵉ siècle.

vividly [ˈvɪvɪdlɪ] *adv* -**1.** [coloured] de façon éclatante; [painted, decorated] avec éclat, de façon éclatante. -**2.** [describe] de façon frappante OR vivante; **I can ~ remember the day we first met** j'ai un vif souvenir du jour où nous nous sommes rencontrés.

vividness [ˈvɪvɪdnɪs] *n* -**1.** [of colour, light] éclat *m*, vivacité *f*. -**2.** [of description, language, style] vivacité *f*; [of memory] clarté *f*; **she could remember him with great ~** elle se souvenait très nettement de lui.

vivify [ˈvɪvɪfaɪ] (*pt* & *pp* **vivified**) *vt* vivifier.

viviparous [vɪˈvɪpərəs] *adj* vivipare.

vivisect [ˌvɪvɪˈsekt] *vt* pratiquer la vivisection sur.

vivisection [ˌvɪvɪˈsekʃn] *n* vivisection *f*.

vivisectionist [ˌvɪvɪˈsekʃənɪst] *n* -**1.** [practitioner] vivisecteur *m*. -**2.** [advocate] partisan *m*, -e *f* de la vivisection.

vixen [ˈvɪksn] *n* -**1.** ZOOL renarde *f*. -**2.** *pej* [woman] mégère *f*.

Viyella® [vaɪˈelə] *n tissu mélangé (laine et coton)*.

viz [vɪz] (*abbr of* **videlicet**) c-à-d.

vizier [vɪˈzɪəʳ] *n* vizir *m*.

vizor [ˈvaɪzəʳ] = **visor**.

VLF *n abbr of* **very low frequency**.

VLSI *n* COMPUT *abbr of* **very large-scale integration**.

V-neck ◇ *n* encolure *f* en V.
◇ *adj* = **V-necked**.

V-necked *adj* [pullover] à encolure OR col en V.

VOA (*abbr of* **Voice of America**) *pr n station de radio américaine émettant dans le monde entier.*

vocab *inf* [ˈvəʊkæb] *n abbr of* **vocabulary**.

vocable [ˈvəʊkəbl] *n* vocable *m*.

vocabulary [vəˈkæbjʊlərɪ] (*pl* **vocabularies**) *n* vocabulaire *m*; LING vocabulaire *m*, lexique *m*.

vocal [ˈvəʊkl] ◇ *adj* -**1.** ANAT vocal; **the ~ organs** les organes *mpl* vocaux. -**2.** [oral - communication] oral, verbal. -**3.** [outspoken - person, minority] qui se fait bien entendre; **the most ~ member of the delegation** le membre de la délégation qui s'est fait le plus entendre OR qui s'est exprimé le plus énergiquement. -**4.** [noisy - assembly, meeting] bruyant. -**5.** MUS vocal. -**6.** LING [sound] vocalique; [consonant] voisé.
◇ *n* LING son *m* vocalique.
◆ **vocals** *npl* MUS chant *m*, musique *f* vocale; **Chrissie Webb on ~s** chanteuse: Chrissie Webb.

vocal cords *npl* cordes *fpl* vocales; **false ~** fausses cordes vocales, bandes *fpl* ventriculaires; **true ~** (vraies) cordes vocales.

vocalic [vəˈkælɪk] *adj* vocalique.

vocalist [ˈvəʊkəlɪst] *n* chanteur *m*, -euse *f (dans un groupe pop)*.

vocalization [ˌvəʊkəlaɪˈzeɪʃn] *n* vocalisation *f*.

vocalize, -ise [ˈvəʊkəlaɪz] ◇ *vt* -**1.** [gen - articulate] exprimer. -**2.** LING [sound] vocaliser. -**3.** [text] vocaliser, marquer des points-voyelles sur.
◇ *vi* MUS vocaliser, faire des vocalises.

vocally [ˈvəʊkəlɪ] *adv* vocalement.

vocal score *n* partition *f* chorale.

vocation [vəʊˈkeɪʃn] *n* [gen & RELIG] vocation *f*; **he has no ~ for teaching/acting** il n'a pas la vocation de l'enseignement/du théâtre.

vocational [vəʊˈkeɪʃənl] *adj* professionnel; **~ course** [short] stage *m* de formation professionnelle; [longer] enseignement *m* professionnel; **~ guidance** orientation *f* professionnelle; **~ training** formation *f* professionnelle.

vocationally [vəʊˈkeɪʃnəlɪ] *adv*: **~ oriented** à vocation professionnelle; **~ relevant subjects** des matières à vocation professionnelle.

vocative [ˈvɒkətɪv] ◇ *n* GRAMM vocatif *m*; **in the ~** au vocatif.
◇ *adj* vocatif; **the ~ case** le vocatif.

vociferate [vəʊˈsɪfəreɪt] *vi* vociférer, hurler.

vociferous [vəʊˈsɪfərəs] *adj* bruyant, vociférateur.

vociferously [vəʊˈsɪfərəslɪ] *adv* bruyamment, en vociférant.

vocoder [ˌvəʊˈkəʊdəʳ] *n* vocodeur *m*.

vodka [ˈvɒdkə] *n* vodka *f*.

vogue [vəʊg] ◇ *n* [fashion] vogue *f*, mode *f*; **to come into ~** devenir à la mode; **that hairstyle was much in ~ in the 1930s** cette coiffure était très en vogue OR très à la mode dans les années trente; **the ~ for long hair is on the way out** les cheveux longs passent de mode; **mini skirts are back in ~** les minijupes sont de nouveau à la mode.
◇ *adj* [style, word] en vogue, à la mode.

voice [vɔɪs] ◇ *n* -**1.** [speech] voix *f*; **in a low ~** à voix basse; **in a loud ~** d'une voix forte; **to have a good speaking ~** avoir une bonne voix; **we heard the sound of ~s** on entendait des gens parler; **he likes the sound of his own ~** [talkative] il parle beaucoup; [conceited] il s'écoute parler; **to shout at the top of one's ~** crier à tue-tête; **to give ~ to sthg** exprimer qqch; **to hear ~s** [gen & RELIG] entendre des voix; **keep your ~s down** ne parlez pas si fort; **to raise one's ~** [speak louder] parler plus fort; [get angry] hausser le ton; **don't you raise your ~ at OR to me!** ne prenez pas ce ton-là avec moi!; **several ~s were raised in protest** plusieurs voix se sont élevées pour protester; **the ~ of conscience/reason** *fig* la voix de la conscience/de la raison; **with one ~** d'une seule voix; **the government must be seen to speak with one ~** le gouvernement doit donner l'impression qu'il parle d'une seule voix. -**2.** [of singer] voix *f*; **to have a good (singing) ~** avoir une belle voix; **to be in good ~** être bien en voix. -**3.** [say] voix *f*; **did you have a ~ in deciding who should be invited?** avez-vous participé à l'élaboration de la liste des invités? -**4.** GRAMM voix *f*; **in the active/passive ~** à la voix active/passive.
◇ *vt* -**1.** [express - feelings] exprimer, formuler; [- opposition, support] exprimer. -**2.** LING [consonant] voiser. -**3.** MUS [organ] harmoniser.

voice-activated *adj* à commande vocale.

voice box *n* larynx *m*.

voiced [vɔɪst] *adj* LING [consonant] voisé.

-voiced *in cpds*: **low/soft~** à voix basse/douce.

voice input *n* COMPUT commande *f* verbale.

voiceless [ˈvɔɪslɪs] *adj* -**1.** MED aphone. -**2.** [with no say] sans voix; **the ~ masses** les masses sans voix OR qui ne peuvent pas s'exprimer. -**3.** LING [consonant] non-voisé, sourd.

voice-over *n* CIN & TV voix *f* off.

voiceprint [ˈvɔɪsprɪnt] *n* empreinte *f* vocale.

voice recognition *n* COMPUT reconnaissance *f* de la parole.

voice response *n* COMPUT sortie *f* verbale.

voice training *n (U)* MUS cours *mpl* de chant; THEAT cours *mpl* de diction OR d'élocution.

voice vote *n Am* POL vote *m* par acclamation.

void [vɔɪd] ◇ *n* -**1.** PHYS & ASTRON vide *m*. -**2.** [chasm] vide *m*. -**3.** [emptiness] vide *m*; **to fill a ~** combler un vide; **her husband's death left an aching ~ in her life** la mort de son mari a laissé un grand vide OR un vide douloureux dans sa vie.
◇ *adj* -**1.** [empty] vide; **~ of interest** dépourvu d'intérêt, sans aucun intérêt. -**2.** JUR nul; **to make sthg ~** annuler OR rendre nul qqch. -**3.** [vacant - position] vacant.
◇ *vt* -**1.** *fml* [empty] vider; [discharge - bowels] évacuer. -**2.** JUR annuler, rendre nul.

voidance [ˈvɔɪdəns] *n* JUR annulation *f*.

voile [vɔɪl] *n* voile *m* TEX.

Vojvodina [ˈvɔɪvɒdiːnə] *pr n* Vojvodine *f*.

vol. (*written abbr of* **volume**) vol.

volatile [*Br* ˈvɒlətaɪl, *Am* ˈvɒlətl] ◇ *adj* -**1.** CHEM volatil. -**2.** [person - changeable] versatile, inconstant; [- temperamental] lunatique. -**3.** [unstable - situation] explosif, instable; [- market] instable. -**4.** *lit* [transitory] fugace. -**5.** COMPUT [memory] volatil.
◇ *n* CHEM substance *f* volatile.

volatility [ˌvɒləˈtɪlətɪ] *n* -**1.** CHEM volatilité *f*. -**2.** [of person - changeability] versatilité *f*, inconstance *f*. -**3.** [of situation, market] instabilité *f*.

volatilize, -ise [vɒˈlætɪlaɪz] ◇ *vt* volatiliser.
◇ *vi* se volatiliser, s'évaporer.

vol-au-vent [ˈvɒləʊvɑ̃] *n* vol-au-vent *m inv*.

volcanic [vɒlˈkænɪk] *adj* volcanique.

volcano [vɒlˈkeɪnəʊ] (*pl* **volcanoes** OR **volcanos**) *n* volcan *m*.

vole [vəʊl] *n* ZOOL campagnol *m*.

Volga [ˈvɒlgə] *pr n*: **the (River) ~** la Volga.

volition [vəˈlɪʃn] *n* [gen & PHILOS] volition *f*, volonté *f*; **of one's own ~** de son propre gré.

volitive [ˈvɒlɪtɪv] *adj fml* volitif.

volley [ˈvɒlɪ] ◇ *n* -**1.** [of gunshots] volée *f*, salve *f*; [of arrows, missiles, stones] volée *f*, grêle *f*; [of blows] volée *f*. -**2.** [of insults] grêle *f*, bordée *f*, torrent *m*; [of curses] bordée *f*, torrent *m*; [of questions] feu *m* roulant; [of applause] salve *f*. -**3.** SPORT volée *f*.
◇ *vt* -**1.** [missile, shot] tirer une volée OR une salve de. -**2.** [curses, insults] lâcher une bordée OR un torrent de. -**3.** SPORT reprendre de volée.
◇ *vi* -**1.** MIL tirer par salves. -**2.** SPORT [in tennis] volleyer; [in football] reprendre le ballon de volée.

volleyball [ˈvɒlɪbɔːl] *n* volley-ball *m*, volley *m*; **~ player** volleyeur *m*, -euse *f*.

volt [vəʊlt] *n* volt *m*.

Volta [ˈvɒltə] *pr n* Volta *f*; **the Black ~** la Volta Noire; **the White ~** la Volta Blanche.

voltage [ˈvəʊltɪdʒ] *n* voltage *m*, tension *f spec*; **high/low ~** haute/basse tension.

voltaic [vɒlˈteɪɪk] *adj* voltaïque.

voltaic pile *n* pile *f* voltaïque.

voltameter [vɒlˈtæmɪtəʳ] *n* voltamètre *m*.

volt-ampere *n* voltampère *m*.

volte-face [ˌvɒltˈfɑːs] *n* volte-face *f inv*; **the speech represents a complete ~** ce discours marque un revirement complet.

voltmeter [ˈvəʊltˌmiːtəʳ] *n* voltmètre *m*.

volubility [ˌvɒljʊˈbɪlətɪ] *n* volubilité *f*.

voluble [ˈvɒljʊbl] *adj* volubile, loquace.

volubly [ˈvɒljʊblɪ] *adv* avec volubilité.

volume [ˈvɒljuːm] *n* -**1.** [as measure - gen & PHYS] volume *m*; [capacity] volume *m*, capacité *f*; [amount] volume *m*, quantité *f*; **to increase in ~** augmenter de volume; **the ~ of traffic has greatly increased** le volume de la circulation a beaucoup augmenté; **the ~ of business/imports** le volume des affaires/des importations. -**2.** ACOUST volume *m*; **to turn the ~ up/down** augmenter/baisser le volume. -**3.** [book] volume *m*, tome *m*; **an encyclopedia in 20 ~s** une encyclopédie en 20 volumes; **the third ~ of his memoirs** le troisième tome OR volume de ses mémoires; **a rare ~** un exemplaire OR un livre rare. -**4.** [in hairstyle] volume *m*.

volume control *n* RADIO & TV bouton *m* de réglage du volume.

volumetric [ˌvɒljʊˈmetrɪk] *adj* volumétrique.

voluminous [vəˈluːmɪnəs] *adj* volumineux.

voluntarily [*Br* ˈvɒləntrɪlɪ, *Am* ˌvɒlənˈterəlɪ] *adv* -**1.** [willingly] volontairement, de son plein gré. -**2.** [without payment] bénévolement.

voluntary [ˈvɒləntrɪ] (*pl* **voluntaries**) ◇ *adj* -**1.** [freely given - statement, donation, gift] volontaire, spontané. -**2.** [optional] facultatif; **attendance on the course is purely ~** la participation au cours est facultative. -**3.** [unpaid - help, service] bénévole; **the shop is run on a ~ basis** le personnel du magasin se compose de bénévoles, le magasin est tenu par des

bénévoles ☐ ~ shop magasin *m* tenu par des bénévoles. -4. PHYSIOL volontaire.
◇ *n* -1. RELIG & MUS morceau *m* d'orgue. -2. [unpaid work] travail *m* bénévole, bénévolat *m*.
voluntary agency, voluntary body *n* organisme *m* bénévole.
voluntary liquidation *n Br* dépôt *m* de bilan; to go into ~ déposer son bilan.
voluntary manslaughter *n* homicide *m* volontaire.
voluntary redundancy *n Br* licenciement *m* consenti; **he decided to take ~** il a accepté d'être licencié en échange d'indemnités.
voluntary school *n* école *f* libre.
Voluntary Service Overseas *n coopération technique à l'étranger (non rémunérée).*
voluntary work *n* travail *m* bénévole, bénévolat *m*.
voluntary worker *n* bénévole *mf*.
volunteer [,vɒlən'tɪəʳ] ◇ *n* -1. [gen & MIL] volontaire *mf*. -2. [unpaid worker] bénévole *mf*.
◇ *comp* -1. [army, group] de volontaires. -2. [work, worker] bénévole.
◇ *vt* -1. [advice, information, statement] donner OR fournir spontanément; [help, services] donner OR proposer volontairement; **he ~ed his services as a guide** il s'est offert OR s'est proposé comme guide; **to ~ to do sthg** se proposer pour OR offrir de faire qqch. -2. [say] dire spontanément; **"I saw them yesterday" she ~ed** «je les ai vus hier» dit-elle spontanément.
◇ *vi* [gen] se porter volontaire; MIL s'engager comme volontaire; **to ~ for extra work/guard duty** se porter volontaire pour (faire) du travail supplémentaire/pour être de garde; **why not ~ for the Marines?** pourquoi ne pas vous engager comme volontaire dans la marine?
voluptuary [və'lʌptʃʊərɪ] (*pl* **voluptuaries**) *lit*
◇ *n* voluptueux *m*, -euse *f*, sybarite *mf*.
◇ *adj* = **voluptuous**.
voluptuous [və'lʌptʃʊəs] *adj* voluptueux, sensuel.
voluptuously [və'lʌptʃʊəslɪ] *adv* voluptueusement.
voluptuousness [və'lʌptʃʊəsnɪs] *n* volupté *f*, sensualité *f*.
volute [və'luːt] *n* volute *f*.
voluted [və'luːtɪd] *adj* en volute.
volution [və'luːʃn] *n* enroulement *m*.
volva ['vɒlvə] (*pl* **volvas** OR **volvae** [-viː]) *n* volve *f*.
vomit ['vɒmɪt] ◇ *n* vomissement *m*, vomi *m*.
◇ *vt literal & fig* vomir; **to ~ blood** vomir du sang.
◆ **vomit out, vomit up** *vt sep* vomir.
vomiting ['vɒmɪtɪŋ] *n (U)* vomissements *mpl*.
voodoo ['vuːduː] (*pl* **voodoos**) ◇ *n* vaudou *m*.
◇ *adj* vaudou *(inv)*.
◇ *vt* envoûter, ensorceler.
voodooism ['vuːduːɪzm] *n* vaudou *m*.
voracious [və'reɪʃəs] *adj* [appetite, energy, person] vorace; [reader] avide.
voraciously [və'reɪʃəslɪ] *adv* [consume, eat] voracement, avec voracité; [read] avec voracité, avidement.
voracity [vɒ'ræsətɪ] *n* voracité *f*.
vortex ['vɔːteks] (*pl* **vortexes** OR **vortices** [-tɪsiːz]) *n* [of water, gas] vortex *m*, tourbillon *m*; *fig* tourbillon *m*, maelström *m*.
Vorticism ['vɔːtɪsɪzm] *n* vorticisme *m (mouvement artistique et littéraire, lié au cubisme et au futurisme, fondé en Angleterre vers 1914).*
votary ['vəʊtərɪ] (*pl* **votaries**) *n* RELIG OR *fig* fervent *m*, -e *f*.
vote [vəʊt] ◇ *n* -1. [ballot] vote *m*; **to have a ~ on sthg** voter sur qqch, mettre qqch au vote; **to put a question to the ~** mettre une question au vote OR aux voix; **to take a ~ on sthg** [gen] voter sur qqch; ADMIN & POL procéder au vote de qqch; **if it comes to a** OR **the ~, I know where I stand** s'il est procédé à un vote, je sais quelle est ma position ☐ ~ **of thanks** discours *m* de remerciement; **I propose a ~ of thanks to our charming hostesses** je propose que l'on remercie chaleureusement nos charmantes hôtesses. -2. [in parliament] vote *m*, scrutin *m*; **70 MPs were present for the ~** 70 députés étaient présents pour le vote; **the ~ went in the government's favour/against the government** les députés se sont prononcés en faveur du/contre le gouvernement ☐ **free ~** vote libre; ~ **of confidence** vote de confiance; ~ **of no confidence** motion *f* de censure. -3. [individual choice] vote *m*, voix *f*; **to give one's ~ to sb** voter pour qqn; **to cast one's ~** voter; **to count the ~s** [gen] compter les votes OR les voix; POL dépouiller le scrutin; **the candidate got 15,000 ~s** le candidat a recueilli 15 000 voix; **one man, one ~** ≃ suffrage *m* universel. -4. [ballot paper] bulletin *m* de vote. -5. [suffrage] droit *m* de vote; **to have the ~** avoir le droit de vote; **to give the ~ to sb** accorder le droit de vote à qqn; **the suffragettes campaigned for ~s for women** les suffragettes ont fait campagne pour qu'on accorde le droit de vote aux femmes. -6. *(U)* [collectively - voters] vote *m*, voix *fpl*; [- votes cast] voix *fpl* exprimées; **they hope to win the working-class ~** ils espèrent gagner les voix des ouvriers; **the Scottish ~ went against the government** le vote écossais a été défavorable au gouvernement; **they won 40 % of the ~** ils ont remporté 40 % des voix OR des suffrages. -7. *Br* POL [grant] vote *m* de crédits; **a ~ of £100,000** un vote de crédits de 100 000 livres.
◇ *vt* -1. [in election] voter; ~ **Malone!** votez Malone!; **to ~ Labour/Republican** voter travailliste/républicain; **our family have always ~d Conservative** notre famille a toujours voté conservateur OR pour le parti conservateur. -2. [in parliament, assembly - motion, law, money] voter; **they ~d that the sitting (should) be suspended** ils ont voté la suspension de la séance. -3. [elect] élire; [appoint] nommer; **she was ~d president** elle a été élue présidente. -4. [declare] proclamer; **the party was ~d a great success** de l'avis de tous, la soirée a été un grand succès. -5. [suggest] proposer; **I ~ we all go to bed** je propose qu'on aille tous se coucher.
◇ *vi* voter; **France is voting this weekend** la France va aux urnes ce week-end; **how did the country ~?** comment est-ce que le pays a voté?; **I'm going to ~ for Barron** je vais voter (pour) Barron OR donner ma voix à Barron; **most of the delegates ~d against the chairman** la plupart des délégués ont voté contre le président; **I've always ~d in favour of/against military intervention** j'ai toujours voté pour/contre l'intervention militaire; **the party conference ~d on the question of nuclear disarmament** le congrès du parti a voté sur la question du désarmement nucléaire; **let's ~ on it!** mettons cela aux voix!; **to ~ by a show of hands** voter à main levée ☐ **to ~ with one's feet** *Br* partir en signe de désaccord OR pour montrer son désaccord.
◆ **vote down** *vt sep* [bill, proposal] rejeter *(par le vote)*.
◆ **vote in** *vt sep* [person, government] élire; [new law] voter, adopter.
◆ **vote out** *vt sep* [suggestion] rejeter; [minister] relever de ses fonctions; **the bill was ~d out** le projet de loi n'a pas été adopté OR a été rejeté; **the chairman was ~d out (of office)** le président n'a pas été réélu.
◆ **vote through** *vt sep* [bill, reform] voter, ratifier.
vote-catcher *n* politique *f* électoraliste.
vote-loser *n* politique *f* qui risque de faire perdre des voix, politique *f* peu populaire.
voter ['vəʊtəʳ] *n* électeur *m*, -trice *f*.
voter registration *n* inscription *f* sur les listes électorales.
voting ['vəʊtɪŋ] *n* vote *m*, scrutin *m*; **~ takes place on Sunday** le scrutin a lieu dimanche, les électeurs vont aux urnes dimanche; **nobody knows how the ~ will go** personne ne sait comment les gens vont voter.
voting booth *n* isoloir *m*.
voting machine *n Am* machine *f* pour enregistrer les votes.
voting paper *n* bulletin *m* de vote.
votive ['vəʊtɪv] *adj* votif.
vouch [vaʊtʃ] *vi*: **to ~ for sb/sthg** se porter garant de qqn/qqch, répondre de qqn/qqch; **he needs somebody to ~ for his honesty** il lui faut quelqu'un qui se porte garant de son honnêteté; **I can ~ for the truth of her statement** je peux attester OR témoigner de la véracité de sa déclaration.
voucher ['vaʊtʃəʳ] *n* -1. *Br* [for restaurant, purchase, petrol] bon *m*; **when you've collected five ~s, you get a free car wash** quand vous avez réuni cinq bons, vous avez droit à un lavage auto gratuit ☐ **cash ~** bon *m* de caisse; **credit ~** bon *m*; **gift ~** bon *m* d'achat. -2. [receipt] reçu *m*, récépissé *m*. -3. JUR pièce *f* justificative.
vouchsafe [vaʊtʃ'seɪf] *vt fml* -1. [grant - help, support] accorder, octroyer; [- answer] accorder; **he ~d us no reply** il n'a pas daigné nous répondre. -2. [undertake]: **to ~ to do sthg** [willingly] accepter gracieusement de faire qqch; [reluctantly] condescendre à OR daigner faire qqch.
vow [vaʊ] ◇ *n* -1. [promise] serment *m*, promesse *f*; **to make a ~ to do sthg** promettre OR jurer de faire qqch; **I'm under a ~ of silence** j'ai promis de ne rien dire; **she took a solemn ~ to return once a year** elle a juré solennellement de revenir une fois par an. -2. RELIG vœu *m*; **to take one's ~s** prononcer ses vœux; **to take a ~ of poverty/chastity** faire vœu de pauvreté/de chasteté.
◇ *vt* [swear] jurer; **to ~ to do sthg** jurer de faire qqch; **to ~ obedience/secrecy** faire vœu d'obéissance/de discrétion; **she ~ed never to return** OR **that she would never return** elle s'est juré de ne jamais revenir.
vowel ['vaʊəl] ◇ *n* voyelle *f*.
◇ *comp* [harmony, pattern, sound] vocalique.
vowel point *n* point-voyelle *m*.
vowel shift *n* mutation *f* vocalique.
vox pop *inf* [,vɒks'pɒp] *n Br émission de radio ou de TV avec intervention du public.*
vox populi [vɒks'pɒpjʊlaɪ] *n* vox populi *f inv*.
voyage ['vɔɪɪdʒ] ◇ *n* voyage *m*; **a transatlantic ~** un voyage OR une traversée transatlantique; **to go on a ~** partir en voyage; **a round-the-world ~** un voyage autour du monde; **a ~ into the unknown** un voyage dans l'inconnu; **a ~ to Jupiter** un voyage vers Jupiter; **great ~s of discovery** grands voyages d'exploration ☐ **'Voyage to the Centre of the Earth'** *Verne* 'Voyage au centre de la terre'.
◇ *vt* NAUT traverser, parcourir.
◇ *vi* -1. NAUT voyager par mer; **they ~d across the Atlantic** ils ont traversé l'Atlantique; **to ~ round the world** voyager autour du monde; **to ~ across the desert** traverser le désert. -2. *Am* AERON voyager par avion.
voyager ['vɔɪədʒəʳ] *n* -1. [traveller] voyageur *m*, -euse *f*. -2. [explorer] navigateur *m*, -trice *f*.
voyeur [vwaː'jɜːʳ] *n* voyeur *m*, -euse *f*.
voyeurism [vwaː'jɜːrɪzm] *n* voyeurisme *m*.
voyeuristic [,vɔɪə'rɪstɪk] *adj* de voyeur.
VP *n abbr of* **vice-president**.
vroom [vruːm] *interj*: ~! vroom!, vroum!
vs *written abbr of* **versus**.
V-shaped *adj* en (forme de) V.
V-sign *n*: **to give the ~** [for victory, approval] faire le V de la victoire; **to give sb a ~** *Br* ≃ faire un bras d'honneur à qqn.
VSO (*abbr of* **Voluntary Service Overseas**) *n coopération technique à l'étranger (non rémunérée).*
VSOP (*abbr of* **very special old pale**) VSOP.
VT *written abbr of* **Vermont**.
VTOL [viːtɒl] (*abbr of* **vertical take off and landing**) *n* [system] décollage *m* et atterrissage *m* vertical; [plane] ADAV *m*, avion *m* à décollage et atterrissage vertical.

VTR *n abbr of* video tape recorder.

Vulcan [ˈvʌlkən] *pr n* MYTH Vulcain.

vulcanite [ˈvʌlkənaɪt] *n* ébonite *f*.

vulcanization [ˌvʌlkənaɪˈzeɪʃn] *n* vulcanisation *f*.

vulcanize, -ise [ˈvʌlkənaɪz] *vt* vulcaniser.

vulgar [ˈvʌlgəʳ] *adj* **-1.** [rude] vulgaire, grossier. **-2.** [common - person] vulgaire, commun; [- taste, decor] vulgaire; **the ~ tongue** la langue commune.

vulgar fraction *n* fraction *f* vulgaire.

vulgarian [vʌlˈgeərɪən] *n* personne *f* vulgaire.

vulgarism [ˈvʌlgərɪzm] *n* **-1.** [uneducated language] vulgarisme *m*; [rude word] grossièreté *f*. **-2.** = **vulgarity**.

vulgarity [vʌlˈgærətɪ] *n* vulgarité *f*.

vulgarization [ˌvʌlgəraɪˈzeɪʃn] *n* vulgarisation *f*.

vulgarize, -ise [ˈvʌlgəraɪz] *vt* **-1.** [appearance, language] rendre vulgaire. **-2.** [popularize] vulgariser, populariser.

Vulgar Latin *n* latin *m* vulgaire.

vulgarly [ˈvʌlgəlɪ] *adv* **-1.** [coarsely] vulgairement, grossièrement. **-2.** [commonly] vulgairement, communément.

Vulgate [ˈvʌlgeɪt] *n* Vulgate *f*.

vulnerability [ˌvʌlnərəˈbɪlətɪ] *n* vulnérabilité *f*.

vulnerable [ˈvʌlnərəbl] *adj* vulnérable; **we are very ~ to attack/criticism** nous sommes très vulnérables à l'attaque/à la critique.

vulpine [ˈvʌlpaɪn] *adj literal* vulpin; *fig & lit* sournois.

vulture [ˈvʌltʃəʳ] *n* ORNITH OR *fig* vautour *m*.

vulva [ˈvʌlvə] (*pl* **vulvas** OR **vulvae** [-viː]) *n* vulve *f*.

vying [ˈvaɪɪŋ] *n* rivalité *f*.

W

w (*pl* **w's** OR **ws**), **W** (*pl* **W's** OR **Ws**) [ˈdʌbljuː] *n* [letter] w *m*, W *m*.

W -**1.** (*written abbr of* **west**) O. -**2.** (*written abbr of* **watt**) w.

WA -**1.** *written abbr of* **Washington (State)**. -**2.** *written abbr of* **Western Australia**.

WAAC [wæk] (*abbr of* **Women's Army Auxiliary Corps**) *pr n* HIST *pendant la deuxième guerre mondiale, section féminine auxiliaire de l'armée de terre britannique.*

WAAF [wæf] (*abbr of* **Women's Auxiliary Air Force**) *pr n pendant la deuxième guerre mondiale, section féminine auxiliaire de l'armée de l'air britannique.*

wack *inf* [ˈwæk] *n Br dial*: **hiya ~!** salut, mon pote!

wacky *inf* [ˈwækɪ] (*compar* **wackier**, *superl* **wackiest**) *adj* cinglé, dingue, farfelu.

wad [wɒd] (*pt & pp* **wadded**, *cont* **wadding**)
◇ *n* -**1.** [of cotton wool, paper] tampon *m*, bouchon *m*; [of tobacco] chique *f*; [of straw] bouchon *m*; [of gum] boulette *f*; [for cannon, gun] bourre *f*. -**2.** [of letters, documents] liasse *f*, paquet *m*; **he pulled out a thick ~ of banknotes** il a sorti une grosse liasse de billets.
◇ *vt* -**1.** [cloth, paper] faire un tampon de; [tobacco, chewing gum] faire une boulette de. -**2.** [hole, aperture] boucher (avec un tampon); MIL [barrel, cannon] bourrer. -**3.** [quilt, garment] rembourrer; **a wadded jacket** une veste ouatée OR doublée d'ouate.

Waddenzee [ˈwædənzeɪ] *pr n*: **the ~** la mer des Wadden.

wadding [ˈwɒdɪŋ] *n* -**1.** MIL [in gun, cartridge] bourre *f*. -**2.** [stuffing – for furniture, packing] rembourrage *m*, capitonnage *m*; [– for clothes] ouate *f*, ouatine *f*.

waddle [ˈwɒdl] ◇ *vi* [duck, person] se dandiner; **to ~ along/in/out** avancer/entrer/sortir en se dandinant.
◇ *n* dandinement *m*.

wade [weɪd] ◇ *vi* patauger, avancer en pataugeant; **they ~d across the stream** ils ont traversé le ruisseau en pataugeant; **we ~d into the water** nous sommes entrés dans l'eau en pataugeant; **she ~d out to the boat** elle s'avança dans l'eau vers le bateau.
◇ *vt* [river] passer OR traverser à gué.
◆ **wade in** *vi insep Br* [in fight, quarrel] s'y mettre.
◆ **wade into** *vt insep Br* [work, task] attaquer, s'atteler à, se mettre à; [meal] attaquer, entamer.
◆ **wade through** *vt insep* avancer OR marcher péniblement dans; *fig*: **I'm still wading through "War and Peace"** je suis toujours aux prises avec «Guerre et paix»; **it took me two weeks to ~ through that book** il m'a fallu deux semaines pour venir à bout de ce livre; **she's got a 100-page report to ~ through** elle a un rapport de 100 pages à lire, elle doit se taper un rapport de 100 pages.

wader [ˈweɪdəʳ] *n* échassier *m*.

waders [ˈweɪdəz] *npl* cuissardes *fpl (de pêcheur).*

wadge *inf* [wɒdʒ] *n Br* paquet *m*; **~s of notes** des liasses de billets.

wadi [ˈwɒdɪ] *n* oued *m*.

wading [ˈweɪdɪŋ] *n* pataugeage *m*, barbotage *m*.

wading pool *n Am* petit bassin *m*.

wafer [ˈweɪfəʳ] ◇ *n* -**1.** CULIN gaufrette *f*. -**2.** RELIG hostie *f*. -**3.** [seal] cachet *m* (de papier rouge). -**4.** COMPUT & TECH tranche *f*.
◇ *vt* -**1.** [seal] cacheter (avec du papier rouge). -**2.** COMPUT & TECH diviser en tranches.

wafer-thin, wafery [ˈweɪfərɪ] *adj* mince comme une feuille de papier à cigarette OR comme une pelure d'oignon.

waffle [ˈwɒfl] ◇ *n* -**1.** CULIN gaufre *f*. -**2.** *inf Br* [spoken] baratin *m*, bla-bla *m inv*; [written] remplissage *m*, baratin *m*; **it's just a load of ~** ce n'est que du baratin; **cut the ~ and get to the point** arrêtez de parler pour ne rien dire et venez-en au fait.
◇ *vi inf* [in speaking] baratiner, parler pour ne rien dire; [in writing] faire du remplissage; **he's been waffling away for over an hour** cela fait plus d'une heure qu'il raconte son baratin; **to ~ on** *Br* bavarder, faire des laïus; **she's always waffling on about poetry/her children** elle n'arrête pas de parler poésie/de ses enfants.

waffle iron *n* gaufrier *m*.

waffler *inf* [ˈwɒfləʳ] *n Br* baratineur *m*, -euse *f*.

waffling *inf* [ˈwɒflɪŋ] *n Br* [spoken] baratin *m*, bla-bla *m inv*; [written] baratin *m*, remplissage *m*.

waffly *inf* [ˈwɒflɪ] *adj* [speech, essay] plein de baratin.

waft [wɑːft, wɒft] ◇ *vt* [scent, sound] porter, transporter; **the breeze ~ed the curtains gently to and fro** le vent léger faisait ondoyer les rideaux.
◇ *vi* [scent, sound] flotter; **a delicious smell ~ed into the room** une délicieuse odeur envahit la pièce; **the papers ~ed off the table** un souffle d'air emporta les papiers qui étaient sur la table; **Vanessa ~ed into/out of the room** *fig* Vanessa entra dans/sortit de la pièce d'un pas léger.
◇ *n* [of smoke, air] bouffée *f*.

wag [wæg] (*pt & pp* **wagged**, *cont* **wagging**)
◇ *vt* [tail] agiter, remuer; **the dog wagged its tail enthusiastically** le chien agita la queue de contentement; **she wagged her finger at him** elle le menaça du doigt.
◇ *vi* [tail] remuer, frétiller.
◇ *n* -**1.** [of tail] remuement *m*, frétillement *m*; **with a ~ of its tail** en agitant OR en remuant la queue. -**2.** *Br* [person] plaisantin *m*, farceur *m*, -euse *f*.

wage [weɪdʒ] ◇ *n* -**1.** [pay – of worker] salaire *m*, paye *f*, paie *f*; [– of servant] gages *mpl*; **her wage is** OR **her ~s are only £100 a week** elle ne gagne que 100 livres par semaine; **his employers took it out of his ~s** ses employeurs l'ont prélevé sur sa paie; **a ~s and prices** OR **a ~-price spiral** *Br* une spirale des prix et des salaires. -**2.** [reward] salaire *m*, récompense *f*; **the ~s of sin is death** BIBLE la mort est le salaire du péché.
◇ *comp* [claim, demand, settlement] salarial; [increase, incentive] de salaire.
◇ *vt*: **to ~ war on** OR **against** faire la guerre contre; **the government have decided to ~ war on drug trafficking** le gouvernement a résolu de partir en guerre contre les trafiquants de drogue; **to ~ a campaign for/against sthg** faire campagne pour/contre qqch.

wage bargaining *n (U)* négociations *fpl* salariales.

wage earner *n* salarié *m*, -e *f*; **they are both ~s** ils sont salariés tous les deux, ils ont tous les deux un salaire.

wage freeze *n* blocage *m* des salaires.

wage packet *n Br* paie *f*, paye *f (surtout en espèces).*

wager [ˈweɪdʒəʳ] *fml* ◇ *vt* parier; **I'll ~ £10 that he'll come** je parie 10 livres qu'il viendra.
◇ *vi* parier, faire un pari.
◇ *n* pari *m*; **to make** OR **to lay a ~** faire un pari.

wage scale *n* échelle *f* des salaires.

wage slave *n hum*: **I'm fed up with being a ~** j'en ai assez d'être obligé de gagner ma vie.

wage slip *n* fiche *f* de paie, bulletin *m* de salaire.

wageworker [ˈweɪdʒˌwɜːkəʳ] *n Am* salarié *m*, -e *f*.

waggish [ˈwægɪʃ] *adj* badin, facétieux.

waggishly [ˈwægɪʃlɪ] *adv* d'un ton badin OR facétieusement.

waggle [ˈwægl] ◇ *vt* [tail] agiter, remuer; [pencil] agiter; [loose tooth, screw] faire jouer; **can you ~ your ears/nose?** tu sais remuer les oreilles/le nez?
◇ *vi* [tail] bouger, frétiller; [loose tooth, screw] bouger, branler; **the knob ~s if you touch it** le bouton bouge si on y touche.
◇ *n*: **to give sthg a ~** agiter OR remuer qqch.

waggon *etc* [ˈwægən] *Br* = **wagon**.

Wagner [ˈvɑːgnə] *pr n* Wagner.

Wagnerian [vɑːgˈnɪərɪən] ◇ *adj* wagnérien.
◇ *n* wagnérien *m*, -enne *f*.

wagon [ˈwægən] *n* -**1.** [horse-drawn] chariot *m*. -**2.** [truck, van] camionnette *f*, fourgon *m*; **(patrol) ~** *Am* fourgon cellulaire; **(station) ~** *Am* break *m*. -**3.** *Br* RAIL wagon *m* (de marchandises). -**4.** *Am* [drinks trolley] chariot *m*. -**5.** *phr*: **to**

be on the ~ *inf* être OR se mettre au régime sec, arrêter de boire.

wagoner [ˈwægənəʳ] *n* charretier *m*.

wagonette [ˌwægəˈnet] *n* break *m* (attelé).

wagonload [ˈwægənləʊd] *n* AGR charretée *f*; RAIL wagon *m*.

wagon train *n* convoi *m* de chariots *(en particulier de colons américains)*.

wagtail [ˈwægteɪl] *n* hochequeue *m*, bergeronnette *f*.

Wahhabi [wəˈhɑːbɪ] ◇ *adj* wahhabite.
◇ *n* Wahhabite *mf*.

wah-wah [ˈwɑːˌwɑː] *n* & *onomat* effet *m* wah-wah OR wa-wa.

wah-wah pedal *n* pédale *f* wah-wah.

waif [weɪf] *n* [child - neglected] enfant *m* malheureux, enfant *f* malheureuse; [- homeless] enfant *m* abandonné, enfant *f* abandonnée; ~s and strays [animals] animaux errants.

waiflike [ˈweɪflaɪk] *adj* frêle.

wail [weɪl] ◇ *vi* -1. [person - whine, moan] gémir, pousser des gémissements; [baby - cry] hurler; [- weep] pleurer bruyamment; that's enough weeping and ~ing! assez pleuré et gémi comme ça! -2. [wind] gémir; [siren] hurler.
◇ *vt* dire en gémissant, gémir; "you've broken it!" she ~ed «tu l'as cassé!» gémit-elle.
◇ *n* -1. [of person] gémissement *m*; he gave a loud ~ il poussa un profond gémissement; "he's gone!" she said with a ~ «il est parti!» dit-elle en gémissant. -2. [of wind] gémissement *m*; [of siren] hurlement *m*.

wailing [ˈweɪlɪŋ] ◇ *n (U)* [of person] gémissements *mpl*, plaintes *fpl*; [of wind] gémissements *mpl*, plainte *f*; [of siren] hurlement *m*, hurlements *mpl*.
◇ *adj* [person] gémissant; [sound] plaintif.

Wailing Wall *pr n*: the ~ le mur des Lamentations.

wain [weɪn] *n lit* chariot *m (de ferme)*.
◆ **Wain** *pr n* ASTRON: the Wain le Grand Chariot, la Grande Ourse.

wainscot [ˈweɪnskət] *n Br* lambris *m (en bois)*.

wainscotting [ˈweɪnskətɪŋ] *n Br* lambrissage *m (en bois)*.

wainwright [ˈweɪnraɪt] *n Br* charron *m*.

waist [weɪst] *n* -1. [of person, garment] taille *f*; he measures 80 cm around the ~, his ~ measures 80 cm il fait 80 cm de tour de taille, son tour de taille est de 80 cm; he put his arm around her ~ il l'a prise par la taille; he was up to the OR his ~ in water l'eau lui arrivait à la ceinture OR à la taille ❑ ~ measurement, ~ size tour *m* de taille. -2. [of ship, plane] partie *f* centrale; [of violin] partie *f* resserrée de la table.

waistband [ˈweɪstbænd] *n* ceinture *f (d'un pantalon ou d'une jupe)*.

waistcoat [ˈweɪskəʊt] *n Br* gilet *m (de costume)*.

waist-deep *adj*: he was ~ in water l'eau lui arrivait à la ceinture OR à la taille; the water was ~ l'eau arrivait à la ceinture.

-waisted [ˈweɪstɪd] *in cpds*: a low/high~ dress une robe à taille basse/haute; to be slim/thick~ avoir la taille fine/épaisse.

waist-high = **waist-deep**.

waistline [ˈweɪstlaɪn] *n* taille *f*; to watch one's ~ surveiller sa ligne.

wait [weɪt] ◇ *vi* -1. [person, bus, work] attendre; I've been ~ing for half an hour/since Easter j'attends depuis une demi-heure/depuis Pâques; just you ~! [as threat] tu vas voir ce que tu vas voir!, tu ne perds rien pour attendre!; we'll just have to ~ and see on verra bien; he didn't ~ to be told twice il ne se l'est pas fait dire deux fois; letters ~ing to be delivered lettres en souffrance ADMIN OR qui attendent d'être distribuées; to keep sb ~ing faire attendre qqn; you shouldn't keep people ~ing vous ne devriez pas vous faire attendre OR faire attendre les gens; they do it while you ~ ils le font devant vous; 'repairs while you ~' 'réparations minute'; 'keys cut while you ~' 'clés minute' ❑ everything comes to him who ~s *prov* tout vient à point à qui sait attendre *prov*. -2. [with 'can']: it can ~ cela peut attendre; he can ~ laisse-le attendre; I can't ~! *iron* je brûle d'impatience!; it can't ~ cela ne peut pas attendre, c'est très urgent; I can hardly ~ to see them again j'ai hâte de les revoir; I can't ~ for the weekend to arrive j'attends le week-end avec impatience!, vivement le week-end! -3. [with 'until' or 'till']: ~ until I've finished attendez que j'aie fini; ~ until the film is over attendez la fin du film; you'll have to ~ until you're old enough il va falloir attendre que tu sois plus grand; can't that ~ until tomorrow? cela ne peut pas attendre jusqu'à demain?; just ~ till your parents hear about it attends un peu que tes parents apprennent cela. -4. [serve] servir, faire le service; to ~ at table *Br* OR on table *Am* servir à table, faire le service.
◇ *vt* -1. [period of time] attendre; I ~ed half an hour j'ai attendu (pendant) une demi-heure; I ~ed all day for the repairman to come j'ai passé toute la journée à attendre le réparateur; ~ a minute! (attendez) une minute OR un instant!; ~ your turn! attendez votre tour! -2. *Am* [delay]: don't ~ dinner for me ne m'attendez pas pour vous mettre à table. -3. *Am* [serve at]: to ~ tables servir à table, faire le service.
◇ *n* attente *f*; we had a long ~ nous avons dû attendre (pendant) longtemps; she had a half hour OR half hour's ~ at Gatwick il a fallu qu'elle attende une demi-heure OR elle a eu une demi-heure d'attente à Gatwick; there was an hour's ~ between trains il y avait une heure de battement OR d'attente entre les trains; to lie in ~ for être à l'affût de, guetter; the foxes lay in ~ for the hares les renards étaient à l'affût des lièvres; the gunmen were lying in ~ for the convoy les bandits guettaient l'arrivée du convoi; the detective was lying in ~ for her outside her house [arrival] le détective guettait son arrivée à la maison; [departure] le détective guettait son départ de la maison.
◆ **waits** *npl Br* MUS chanteurs *mpl* de Noël.
◆ **wait about** *vi insep Br* traîner, faire le pied de grue; to ~ about for sb attendre qqn, faire le pied de grue en attendant qqn; I can't stand all this ~ing about cela m'énerve d'être obligé d'attendre OR de traîner comme ça; I can't ~ about all evening until he comes home je ne peux pas traîner toute la soirée à attendre qu'il rentre.
◆ **wait around** = **wait about**.
◆ **wait behind** *vi insep* rester; to ~ behind for sb rester pour attendre qqn; they ~ed behind after the meeting ils sont restés après la réunion.
◆ **wait for** *vt insep*: to ~ for sb/sthg attendre qqn/qqch; I'm ~ing for the children/the next train j'attends les enfants/le prochain train; I'm ~ing for the bank to open/the workmen to arrive j'attends que la banque soit ouverte/que les ouvriers arrivent, j'attends l'ouverture de la banque/l'arrivée des ouvriers; ~ for the signal attendez le signal; that was worth ~ing for cela valait la peine d'attendre; what are you ~ing for? qu'est-ce que vous attendez?; ~ for it! *Br hum* tiens-toi bien! ❑ 'Waiting for Godot' *Beckett* 'En attendant Godot'.
◆ **wait in** *vi insep* rester à la maison; I ~ed in all evening for her je suis resté chez moi toute la soirée à l'attendre.
◆ **wait on** *vt insep* -1. [serve]: I'm not here to ~ on you! [male] je ne suis pas ton serviteur!; [female] je ne suis pas ta servante OR ta bonne! ❑ to ~ on sb hand and foot être aux petits soins pour qqn; he expects to be ~ed on hand and foot il veut que tout le monde soit à son service OR à ses petits soins. -2. *Am* [in restaurant]: to ~ on tables faire le service, servir à table.
◆ **wait out** *vt sep* [concert, film] rester jusqu'à la fin OR jusqu'au bout de, attendre la fin de.
◆ **wait up** *vi insep* -1. [at night] rester debout, veiller; I'll be late so don't ~ up (for me) je rentrerai tard, ne veillez pas pour moi OR couchez-vous sans m'attendre; her parents always ~ up for her ses parents ne se couchent jamais avant qu'elle soit rentrée OR attendent toujours qu'elle rentre pour se coucher; the children were allowed to ~ up until midnight on a permis aux enfants de veiller jusqu'à minuit. -2. *inf Am* [wait]: hey, ~ up! attendez-moi!
◆ **wait upon** = **wait on 1**.

waiter [ˈweɪtəʳ] *n* serveur *m*, garçon *m*; ~! s'il vous plaît!, monsieur!

waiting [ˈweɪtɪŋ] ◇ *n* attente *f*; after two hours of ~ après deux heures d'attente, après avoir attendu deux heures; this ~ is nerve-wracking c'est angoissant d'avoir à attendre, cette attente est angoissante; 'no ~' 'stationnement interdit'; to be in ~ on sb être au service de qqn.
◇ *adj* -1. [person, taxi] qui attend. -2. [period] d'attente.

waiting game *n*: to play a ~ *fig* jouer la montre, attendre son heure; MIL & POL mener une politique d'attentisme.

waiting list *n* liste *f* d'attente.

waiting room *n* [for clients, patients] salle *f* d'attente; [in airport, station] salle *f* des pas perdus, salle *f* d'attente.

waitress [ˈweɪtrɪs] *n* serveuse *f*; ~! s'il vous plaît!, mademoiselle!

wait state *n* COMPUT état *m* d'attente.

waive [weɪv] *vt* [condition, requirement] ne pas insister sur, abandonner; [law, rule] déroger à; [claim, right] renoncer à, abandonner.

waiver [ˈweɪvəʳ] *n* [of condition, requirement] abandon *m*; [of law, rule] dérogation *f*; [of claim, right] renonciation *f*, abandon *m*; full-collision ~ *Am* assurance *f* tous risques.

wake [weɪk] (*pt* woke [wəʊk] OR waked, *pp* woken [ˈwəʊkn] OR waked) ◇ *vi* -1. [stop sleeping] se réveiller, s'éveiller; the baby woke at six le bébé s'est réveillé à 6 h; I woke with a start je me suis réveillé en sursaut; he woke to the news that war had broken out à son réveil OR en se réveillant, il a appris que la guerre avait éclaté; they woke to find themselves famous du jour au lendemain, ils se sont retrouvés célèbres. -2. = **wake up** *vi insep* **2**.
◇ *vt* -1. [rouse from sleep] réveiller, tirer OR sortir du sommeil; ~ me at seven réveillez-moi à 7 h; the noise was enough to ~ the dead il y avait un bruit à réveiller les morts. -2. [arouse - curiosity, jealousy] réveiller, éveiller, exciter; [- memories] réveiller, éveiller, ranimer. -3. [alert] éveiller l'attention de.
◇ *n* -1. [vigil] veillée *f* (mortuaire); 'Finnegan's Wake' *Joyce* 'Finnegan's Wake'. -2. [of ship] sillage *m*, eaux *fpl*; *fig* sillage *m*; famine followed in the ~ of the drought la famine a suivi la sécheresse; he always brings trouble in his ~ il amène toujours des ennuis (dans son sillage); in the ~ of the storm après l'orage. -3. = **wakes**.
◆ **wakes** *n* OR *npl* [in Northern England]: ~s week *la semaine de congé annuel (dans le Nord de l'Angleterre)*.
◆ **wake up** ◇ *vi insep* -1. [stop sleeping] se réveiller, s'éveiller; ~ up! réveille-toi!; they woke up to find themselves famous du jour au lendemain, ils se sont retrouvés célèbres. -2. [become alert] se réveiller, prendre conscience; ~ up and get down to work! mais enfin réveille-toi OR remue-toi OR secoue-toi et mets-toi au travail!; it's time you woke up to the truth il est temps que tu regardes la vérité en face.
◇ *vt sep* -1. [rouse from sleep] réveiller, tirer OR sortir du sommeil; ~ me up at seven réveillez-moi à 7 h. -2. [alert] réveiller, secouer; a little exercise will ~ you up! un peu d'exercice va vous réveiller!; the accident woke us up to the dangers of nuclear power l'accident a attiré OR éveillé notre attention sur les dangers de l'énergie nucléaire.

wakeful [ˈweɪkfʊl] *adj* -1. [person - unable to sleep] qui ne dort pas, éveillé; [- alert] vigilant. -2. [night, week] sans sommeil; I had OR I spent a ~ night j'ai passé une nuit blanche.

wakefulness [ˈweɪkfʊlnɪs] *n* [sleeplessness] insomnie *f*; [alertness] vigilance *f*.

waken [ˈweɪkən] *lit* ◇ *vi* se réveiller, s'éveiller; to ~ from sleep se réveiller, s'éveiller, sortir du sommeil.
◇ *vt* réveiller, tirer OR sortir du sommeil.

wake-up call *n* réveil *m* téléphonique.

wakey wakey *inf* [ˌweɪkɪˈweɪkɪ] *interj Br*: ~! réveille-toi!, debout!

waking [ˈweɪkɪŋ] ◇ *adj* [hours] de veille; she spends her ~ hours reading elle passe tout son temps à lire; a ~ dream une rêverie, une rêvasserie.
◇ *n* [state] (état *m* de) veille *f*.

waky waky *inf* [ˌweɪkɪˈweɪkɪ] = **wakey wakey**.

Waldorf salad [ˈwɔːldɔːf-] *n salade composée de pommes, de céleri et de noix, assaisonnée avec de la mayonnaise.*

wale [weɪl] *n* zébrure *f*, marque *f* de coup.

Wales [weɪlz] *pr n* pays *m* de Galles; in ~ au pays de Galles.

walk [wɔːk] ◇ *vi* -**1.** marcher; [go for a walk] se promener; ~, don't run! ne cours pas!; he ~ed along the beach il marchait OR se promenait le long de la plage; we ~ed down/up the street nous avons descendu/monté la rue à pied; they ~ed through the park ils ont traversé le parc à pied; he ~ed slowly towards the door il s'est dirigé lentement vers la porte; she ~ed back and forth elle marchait de long en large, elle faisait les cent pas; let's ~ a little si nous marchions un peu?; ~ with me to the shop accompagnez-moi au magasin; he ~s in his sleep il est somnambule; he ~ed downstairs in his sleep il a descendu l'escalier en dormant; to ~ on one's hands marcher sur les mains, faire l'arbre fourchu; you have to ~ before you can run *fig* il faut apprendre petit à petit ❑ I'm ~ing on air! je suis aux anges!; he's ~ing tall *Am* il marche la tête haute. -**2.** [as opposed to drive, ride] aller à pied; I ~ to work je vais au travail à pied; did you ~ all the way? avez-vous fait tout le chemin à pied?; is it too far to ~? est-ce trop loin pour y aller à pied?
◇ *vt* -**1.** [cover on foot] faire à pied; we ~ 3 km a day nous faisons 3 km (de marche) à pied par jour; you can ~ it in 10 minutes il faut 10 minutes (pour y aller) à pied; she ~s this road every day elle passe à pied par cette rue tous les jours; to ~ the streets [wander] se promener dans les rues; [looking for something] arpenter les rues, battre le pavé; [as prostitute] faire le trottoir; to ~ a beat [policeman] faire sa ronde; to ~ a tightrope *literal* marcher sur la corde raide; *fig* être sur la corde raide. -**2.** [escort] accompagner, marcher avec; I'll ~ you to the station je vais vous accompagner (à pied) à la gare; may I ~ you home? puis-je vous raccompagner? -**3.** [take for walk - person] faire marcher; [- dog] promener; [- horse] conduire à pied; his friend ~ed him up and down the room son ami l'a fait marcher en long et en large dans la pièce; she ~ed her mother round the garden elle a fait faire un tour de jardin à sa mère; they ~ed him forcibly to the door ils l'ont dirigé de force vers la porte; she ~ed the bike up the hill elle a poussé le vélo pour monter la colline ❑ she ~ed me off my feet *inf Br* elle m'a fait tellement marcher que je ne tiens plus debout.
◇ *n* -**1.** [movement]: she slowed to a ~ elle a ralenti et s'est mise à marcher; they moved along at a brisk ~ ils marchaient d'un pas rapide. -**2.** [stroll] promenade *f*; [long] randonnée *f*; to go for OR to take a ~ aller se promener, faire une promenade OR un tour; we had a long ~ through the woods nous avons fait une grande promenade OR balade en forêt; it'll be a nice ~ for you cela vous fera une belle promenade; I take a 5 km ~ each day je fais chaque jour une promenade de 5 km; it's a long ~ to the office ça fait loin pour aller à pied au bureau; the station is a five-minute ~ from here la gare est à cinq minutes de marche OR à cinq minutes à pied d'ici; I took my mother for a ~ j'ai emmené ma mère en promenade OR faire un tour; did you take the dog for a ~? as-tu promené OR sorti le chien? ❑ take a ~! *inf Am* dégage! -**3.** [gait] démarche *f*, façon *f* de marcher; you'll recognize her from her ~ tu la reconnaîtras à sa démarche OR à sa façon de marcher OR à la façon dont elle marche; his ~ reminds me of Groucho Marx quand il marche, il me fait penser à Groucho Marx. -**4.** [path] promenade *f*; [in garden] allée *f*; [in forest] sentier *m*, chemin *m*; a coastal ~ un chemin côtier; the front ~ *Am* l'allée *f (de devant la maison)*. -**5.** [occupation]: we meet people from all ~s OR from every ~ of life nous rencontrons des gens de tous milieux. -**6.** *Am* [sidewalk] trottoir *m*.

◆ **walk about** *vi insep Br* se promener, se balader.

◆ **walk across** ◇ *vi insep* traverser (à pied).
◇ *vt sep* faire traverser (à pied).

◆ **walk around** = **walk about**.

◆ **walk away** *vi insep* partir, s'en aller; she ~ed away from the group elle s'est éloignée du groupe, elle a quitté le groupe; he ~ed away from the accident il est sorti de l'accident indemne; you can't just ~ away from the situation tu ne peux pas te désintéresser comme ça de la situation.

◆ **walk away with** *vt insep*: to ~ away with sthg *literal* emporter qqch; *fig* remporter OR gagner qqch haut la main; she ~ed away with all the credit c'est elle qui a reçu tous les honneurs.

◆ **walk back** ◇ *vi insep* [return] revenir OR retourner (à pied).
◇ *vt sep* raccompagner (à pied).

◆ **walk in** ◇ *vi insep* entrer; she ~ed in and started complaining elle est entrée et a commencé à se plaindre; we ~ed in on her as she was getting dressed nous sommes entrés sans prévenir pendant qu'elle s'habillait.
◇ *vt sep* faire entrer.

◆ **walk into** *vt insep* -**1.** [enter - house, room] entrer dans; [- job] obtenir (sans problème); [- situation] se retrouver dans; [- trap] tomber dans; you ~ed right into that one! *inf* tu es vraiment tombé dans le panneau! -**2.** [bump into - chair, wall] se cogner à, rentrer dans; [- person] rentrer dans.

◆ **walk off** ◇ *vi insep* partir, s'en aller.
◇ *vt sep* [get rid of - headache] faire passer en marchant; [- weight] perdre en faisant de la marche.

◆ **walk off with** *vt insep*: to ~ off with sthg [take] emporter qqch; [steal] voler qqch; he ~ed off with all the prizes il a remporté OR gagné tous les prix (haut la main).

◆ **walk out** *vi insep* -**1.** [go out] sortir; [leave] partir, s'en aller; we ~ed out of the meeting nous avons quitté la réunion OR nous sommes partis de la réunion (en signe de protestation). -**2.** [worker] se mettre en grève. -**3.** *Br dated* [court]: to ~ out with sb faire la cour à qqn, courtiser qqn.

◆ **walk out on** *vt insep* [family, lover] quitter.

◆ **walk over** ◇ *vt insep* [bridge] traverser; don't let them ~ all over you *fig* ne vous laissez pas avoir, ne vous laissez pas marcher sur les pieds.
◇ *vi insep* aller, faire un saut; I'll ~ over to her place tomorrow je ferai un saut OR je passerai chez elle demain; the boss ~ed over to congratulate him le patron s'est approché de lui pour le féliciter.

◆ **walk up** *vi insep* -**1.** [go upstairs] monter. -**2.** [come close] s'approcher; a complete stranger ~ed up to her un inconnu s'est approché d'elle.

walkable [ˈwɔːkəbl] *adj*: it's ~ on peut y aller à pied.

walkabout [ˈwɔːkəˌbaʊt] *n* -**1.** *Br*: to go on a ~ [actor, politician] prendre un bain de foule. -**2.** [of an Aborigine] *excursion périodique dans la brousse.*

walkaway *inf* [ˈwɔːkəˌweɪ] *n Am*: the race was a ~ for him il a gagné la course haut la main OR dans un fauteuil.

walker [ˈwɔːkəʳ] *n* -**1.** [person - stroller] promeneur *m*, -euse *f*, marcheur *m*, -euse *f*; [- in mountains] randonneur *m*, -euse *f*; SPORT marcheur *m*, -euse *f*; are you a keen ~? êtes-vous bon marcheur?, aimez-vous la marche?; she's a fast/slow ~ elle marche vite/lentement. -**2.** [apparatus - for babies] trotte-bébé *m*; [- for invalids] déambulateur *m*.

walkies *inf* [ˈwɔːkɪz] *n Br*: (let's go) ~! allez, on va se promener!

walkie-talkie [ˌwɔːkɪˈtɔːkɪ] *n* (poste *m*) émetteur-récepteur *m* portatif, talkie-walkie *m*.

walk-in *adj* -**1.** [safe, wardrobe] de plain-pied; ~ cupboard [gen] débarras *m*; [for clothes] dressing *m*. -**2.** *inf Am* [victory] facile.

walking [ˈwɔːkɪŋ] ◇ *n* -**1.** [activity - gen] marche *f* (à pied), promenade *f*, promenades *fpl*; [- hiking] randonnée *f*; SPORT marche *f* (athlétique). -**2.** [in basketball] marcher *m*.
◇ *adj* [clothing, shoes] de marche; is it within ~ distance? est-ce qu'on peut y aller à pied?; a ~ holiday in the Vosges un séjour de randonnée dans les Vosges; we went on a ~ tour of the Alps nous avons fait de la randonnée dans les Alpes; the ~ wounded les blessés qui peuvent encore marcher; he's a ~ dictionary *hum* c'est un vrai dictionnaire ambulant.

walking frame *n* déambulateur *m*.

walking papers *inf npl Am*: to hand OR to give sb their ~ [employee] renvoyer qqn, mettre OR flanquer qqn à la porte; [lover] plaquer qqn; to get one's ~ se faire mettre à la porte.

walking race *n* épreuve *f* de marche.

walking shoes *n* chaussures *fpl* de marche.

walking stick *n* canne *f*.

Walkman® [ˈwɔːkmən] (*pl* **Walkmans**) *n* baladeur *m offic*, Walkman® *m*.

walk-on ◇ *n* rôle *m* de figurant.
◇ *comp*: ~ part rôle *m* de figurant.

walkout [ˈwɔːkaʊt] *n* [of members, spectators] départ *m* (en signe de protestation); [of workers] grève *f*; to stage a ~ [negotiators, students] partir (en signe de protestation); [workers] se mettre en grève.

walkover [ˈwɔːkˌəʊvəʳ] *n* -**1.** *inf Br* [victory] victoire *f* dans un fauteuil; the race was a ~ for the German team l'équipe allemande a gagné la course haut la main OR dans un fauteuil. -**2.** [in horse racing] walk-over *m inv*.

walk-through *n* THEAT répétition *f*.

walk-up *Am* ◇ *adj* [apartment] situé dans un immeuble sans ascenseur; [building] sans ascenseur.
◇ *n appartement ou bureau situé dans un immeuble sans ascenseur*; [building] *immeuble sans ascenseur*; they live in a fifth-floor ~ ils habitent au quatrième étage sans ascenseur.

walkway [ˈwɔːkweɪ] *n* [path] sentier *m*, chemin *m*; [passage] passage *m* OR passerelle *f (pour piétons, entre deux bâtiments)*.

walky-talky [ˌwɔːkɪˈtɔːkɪ] (*pl* walky-talkies) = **walkie-talkie**.

wall [wɔːl] ◇ *n* -**1.** [of building, room] mur *m*; [round field, garden] mur *m* de clôture; [round castle, city] murs *mpl*, murailles *fpl*, remparts *mpl*; the city ~s of Langres les remparts OR murs de Langres; within the city ~s dans les murs, dans la ville, intra-muros; the Great Wall of China la Grande Muraille de Chine; a ~ of fire une muraille de feu; the prisoners went over the ~ les prisonniers se sont évadés; a ~ of silence *fig* un mur de silence ❑ our backs are to the ~ *inf* nous sommes le dos au mur OR acculés; to drive OR to send sb up the ~ *inf* rendre qqn fou OR dingue; to go to the ~ *Br* [business] faire faillite; [employee] perdre la partie; I'll go up the ~ if I have to work with her *inf* je vais devenir fou si je dois travailler avec elle; ~s have ears les murs ont des oreilles. -**2.** [side - of box, cell, vein] paroi *f*; [- of tyre] flanc *m*. -**3.** [of mountain] paroi *f*, face *f*.
◇ *vt* [garden, land] clôturer, entourer d'un mur; [city] fortifier; ~ed garden jardin *m* clos.

◆ **wall in** *vt sep* [garden] clôturer, entourer d'un mur; she felt **~ed in by social convention** *fig* elle se sentait prisonnière des convenances.
◆ **wall off** *vt sep* séparer par un mur OR par une cloison.
◆ **wall up** *vt sep* [door, window] murer, condamner; [body, treasure] emmurer.
wallaby ['wɒləbɪ] (*pl* **wallabies**) *n* wallaby *m*.
wallah *inf* ['wɒlə] *n dated* OR *hum* préposé *m*.
wall bars *npl* espalier *m* *(pour exercices)*.
wallboard ['wɔːlbɔːd] *n* plaque *f* de plâtre.
wall bracket *n* support *m* mural.
wallchart ['wɔːltʃɑːt] *n* panneau *m* mural.
wall cupboard *n* placard *m* mural.
wallet ['wɒlɪt] *n* portefeuille *m*.
walleye ['wɔːl,aɪ] *n* **-1.** [squint] strabisme *m*; **to have a ~** loucher, avoir un strabisme. **-2.** [eye] œil *m* vairon.
walleyed ['wɔːl,aɪd] *adj* **-1.** [person] qui louche. **-2.** [eyes] aux yeux vairons.
wallflower ['wɔːl,flaʊəʳ] *n* **-1.** BOT giroflée *f*. **-2.** *inf* [person]: **I'm tired of being a ~** j'en ai assez de faire tapisserie.
wall game *n* *sorte de football pratiqué à Eton.*
wall hanging *n* tenture *f* murale.
Wallis and Futuna Islands ['wɒlɪsnfuː,tjuːnə-] *pl pr n*: **the ~** Wallis-et-Futuna; **in the ~** à Wallis-et-Futuna.
wall lamp, wall light *n* applique *f* *(lampe)*.
wall lighting *n* éclairage *m* par appliques.
Walloon [wɒ'luːn] ◇ *n* **-1.** [person] Wallon *m*, -onne *f*. **-2.** LING wallon *m*.
◇ *adj* wallon.
wallop *inf* ['wɒləp] ◇ *vt* **-1.** [hit - person] flanquer un coup à, cogner sur; [- ball] taper sur, donner un grand coup dans; **she ~ed him on the jaw** elle lui a flanqué son poing sur la figure; **~ him one!** fiche-lui une beigne! **-2.** [defeat] écraser, battre à plate couture.
◇ *n* **-1.** [blow] beigne *f*, coup *m*; **he packs a real ~** il a du punch. **-2.** [impact]: **she fell down with a ~** et vlan! elle est tombée par terre. **-3.** ▽ *Br* [beer] bière *f*.
◇ *adv Br*: **to run ~ into sthg** rentrer en plein dans qqch.
walloping *inf* ['wɒləpɪŋ] ◇ *adj* énorme, phénoménal.
◇ *adv* vachement.
◇ *n* **-1.** [beating] raclée *f*, rossée *f*; **his mother gave him a good ~** sa mère lui a flanqué une rossée. **-2.** [defeat]: **they gave our team a ~** ils ont écrasé notre équipe, ils ont battu notre équipe à plate couture.
wallow ['wɒləʊ] ◇ *vi* **-1.** [roll about] se vautrer, se rouler. **-2.** [indulge] se vautrer, se complaire; **to ~ in misery** se complaire dans la tristesse; **to ~ in self-pity** s'apitoyer sur soi-même. **-3.** NAUT être ballotté.
◇ *n* **-1.** [mud] boue *f*, bourbe *f*; [place] mare *f* bourbeuse. **-2.** *inf* [act of wallowing]: **to have a good ~** [in a bath] prendre un bon bain; [in self-pity] s'apitoyer sur soi-même.
wall painting *n* peinture *f* murale.
wallpaper ['wɔːl,peɪpəʳ] ◇ *n* papier *m* peint.
◇ *vt* tapisser (de papier peint).
wallposter ['wɔːl,pəʊstəʳ] *n* affiche *f* murale.
wall socket *n* prise *f* murale.
Wall Street *pr n* Wall Street; **the ~ Crash** le krach de Wall Street.

THE WALL STREET CRASH:
Krach financier à la Bourse de New York le 24 octobre 1929 («jeudi noir»). Il entraîna la ruine de plusieurs milliers de personnes, acculant même certains au suicide. Cet événement est considéré comme le point de départ de la crise économique qu'allaient vivre les États-Unis pendant dix ans (la grande dépression).

wall-to-wall *adj*: **~ carpet** OR **carpeting** moquette *f*; **~ sound** son enveloppant.
wall unit *n* élément *m* mural.
wally *inf* ['wɒlɪ] (*pl* **wallies**) *n Br* imbécile *mf*, andouille *mf*.
walnut ['wɔːlnʌt] ◇ *n* [tree, wood] noyer *m*; [fruit] noix *f*.
◇ *comp* [furniture] de OR en noyer; [oil] de noix; [cake] aux noix.
walrus ['wɔːlrəs] (*pl inv* OR **walruses**) *n* morse *m*; **~ moustache** moustache *f* à la gauloise.
waltz [wɔːls] ◇ *n* valse *f*.
◇ *vi* **-1.** [dancer] valser, danser une valse. **-2.** [move] danser; **she ~ed in/out of his office** [jauntily] elle est entrée dans/sortie de son bureau d'un pas joyeux; [brazenly] elle est entrée dans/sortie de son bureau avec effronterie; **he ~ed right up to the boss** il s'est approché du patron sans hésitation; **to ~ off** partir, s'en aller; **he ~ed off with her purse** il lui a volé son sac à main; **they ~ed off with first prize** ils ont remporté le premier prix haut la main.
◇ *vt* **-1.** [dance] valser avec, faire valser; **he ~ed her round the room** il s'est mis à valser OR danser avec elle à travers la chambre. **-2.** [propel] pousser, propulser.
Walworth Road ['wɒlwəθ-] *pr n rue de Londres où se trouve le siège du parti travailliste.*
wampum ['wɒmpəm] *n* (U) **-1.** [beads] *colliers faits de coquilles (servant d'argent ou de décoration).* **-2.** *inf Am* [money] pognon *m*.
wan [wɒn] (*compar* **wanner**, *superl* **wannest**) *adj* [person - pale] pâle, blême, blafard; [- sad] triste; [smile] pâle, faible; [light, star] pâle.
WAN [wæn] *n abbr of* wide area network.
wand [wɒnd] *n* [of fairy, magician] baguette *f* (magique).
wander ['wɒndəʳ] ◇ *vi* **-1.** [meander - person] errer, flâner; [- stream] serpenter, faire des méandres; **she ~ed into a café** elle est entrée dans un café d'un pas nonchalant; **we ~ed round the town** nous avons flâné en ville, nous nous sommes promenés au hasard dans la ville; **her eyes ~ed over the crowd** elle a promené son regard sur la foule. **-2.** [stray - person] s'égarer; **he's ~ed off somewhere** il est parti mais il n'est pas loin; **the tourists ~ed into the red light district** les touristes se sont retrouvés par hasard dans le quartier chaud; **don't ~ off the path** ne vous écartez pas du chemin. **-3.** [mind, thoughts] vagabonder, errer; **the speaker ~ed off the topic** le conférencier s'est écarté du sujet; **her attention began to ~** elle commença à être de moins en moins attentive; **I can't concentrate, my mind keeps ~ing** je ne peux pas me concentrer, je suis trop distrait; **my mind ~ed back to when we first met** mes pensées se sont reportées à l'époque où nous nous sommes connus; **her thoughts ~ed to her holiday plans** sa pensée erra sur ses projets de vacances. **-4.** [become confused] divaguer, déraisonner; **her mother's mind** OR **her mother has begun to ~** sa mère commence à divaguer.
◇ *vt* errer dans, parcourir (au hasard); **their children ~ the streets at night** leurs enfants errent dans les rues OR courent les rues le soir; **the nomads ~ the desert** les nomades parcourent le désert; **he spent his life ~ing the world** il a passé sa vie à parcourir le monde.
◇ *n* promenade *f*, tour *m*; **we went for a ~ round the town** nous sommes allés faire un tour OR nous nous sommes promenés dans la ville.
◆ **wander about** *Br*, **wander around** *vi insep* [without destination] errer, aller sans but; [without hurrying] flâner, aller sans se presser.
wanderer ['wɒndərəʳ] *n* vagabond *m*, -e *f*; **she's a bit of a ~** *fig* elle n'aime pas trop se fixer.
wandering ['wɒndərɪŋ] ◇ *adj* **-1.** [roaming - person] errant, vagabond; [- tribe] nomade; [- stream] qui serpente, qui fait des méandres; **~ minstrels** ménestrels *mpl*; **the Wandering Jew** le Juif errant. **-2.** [distracted - mind, thoughts, attention] distrait, vagabond. **-3.** [confused - mind, person] qui divague, qui délire; [- thoughts] incohérent.
◇ *n* **-1.** [trip] = **wanderings**. **-2.** [of mind] délire *m*.
◆ **wanderings** *npl* [trip] vagabondage *m*, voyages *mpl*; **during his ~s** pendant ses voyages.
wanderlust ['wɒndəlʌst] *n* envie *f* de voyager.
Wandsworth Prison ['wɒnzwəθ-] *pr n la plus grande prison de Grande-Bretagne.*
wane [weɪn] ◇ *vi* [moon] décroître, décliner; [interest, power] diminuer; [civilization, empire] décliner, être en déclin.
◇ *n*: **to be on the ~** [moon] décroître, décliner; [interest, power] diminuer; [civilization, empire] décliner, être en déclin.
wangle *inf* ['wæŋgl] *vt* [obtain - through cleverness] se débrouiller pour avoir; [- through devious means] obtenir par subterfuge, carotter; **can you ~ me an invitation?** est-ce que tu peux m'avoir OR me dégotter une invitation?; **can you ~ it?** peux-tu arranger ça?; **he ~d his way into the job** c'est par combine qu'il a décroché le poste; **they ~d their way out of paying the fine** ils se sont débrouillés pour ne pas payer l'amende.
waning ['weɪnɪŋ] ◇ *n* [of moon] décroissement *m*; [of interest, power] diminution *f*; [of empire] déclin *m*.
◇ *adj* [moon] décroissant, à son déclin; [interest, power] qui diminue; [empire] sur son déclin, en déclin.
wank▼ [wæŋk] *Br* ◇ *vi* se branler.
◇ *n* branlette *f*; **to have a ~** se faire une branlette.
wanker▼ ['wæŋkəʳ] *n Br* branleur *m*.
wanly ['wɒnlɪ] *adv* **-1.** [answer, smile] faiblement, tristement. **-2.** [shine] faiblement, avec une pâle OR faible clarté.
wanna▽ ['wɒnə] **-1.** = **want to**. **-2.** = **want a**.
wannabe *inf* ['wɒnə,biː] *n se dit de quelqu'un qui veut être ce qu'il ne peut pas être*; **a Michael Jackson ~** un clone de Michael Jackson.
wanness ['wɒnnɪs] *n* [of person - paleness] pâleur *f*; [- sadness] tristesse *f*; [of light] pâleur *f*, manque *m* de clarté.
want [wɒnt] ◇ *vt* **-1.** [expressing a wish or desire] vouloir, désirer; **to ~ sthg badly** avoir très envie de qqch; **what do you ~?** qu'est-ce que vous voulez?; **what do you ~ now?** qu'est-ce que tu veux encore?; **I ~ a cup of coffee** je veux OR voudrais une tasse de café; **I ~ my Mummy!** je veux ma maman!; **all he ~s is to go to bed** tout ce qu'il veut, c'est aller se coucher; **to ~ to do sthg** avoir envie de OR vouloir faire qqch; **they ~ to go to Spain on holiday** ils ont envie d'aller OR ils veulent aller en vacances en Espagne; **she doesn't ~ to go** elle n'a pas envie d'y aller, elle ne veut pas y aller; **she doesn't ~ to** elle n'en a pas envie; **he doesn't ~ to know** il ne veut rien savoir; **I ~ you to wait here** je veux que tu attendes ici; **they never ~ed (to have) children** ils n'ont jamais eu envie d'avoir des enfants, ils n'ont jamais voulu (avoir) d'enfants; **I don't ~ (to have) any trouble** je ne veux pas d'ennuis; **how much** OR **what do you ~ for this table?** combien voulez-vous pour cette table?; **what do you ~ with her?** qu'est-ce que tu lui veux?; **she doesn't ~ much!** *iron* elle n'est pas difficile, elle au moins; **now I've got you where I ~ you!** *fig* je te tiens! **-2.** [desire sexually] désirer, avoir envie de. **-3.** [require to be present] demander, vouloir voir; **the boss ~s you** le patron vous demande OR veut vous voir OR demande à vous voir; **someone ~s you** OR **you're ~ed on the phone** quelqu'un vous demande au téléphone; **where do you ~ this wardrobe?** où voulez-vous qu'on mette cette armoire?; **you won't be ~ed this afternoon** on n'aura pas besoin de vous cet après-midi; **go away, you're not ~ed here** va-t-en, tu n'es pas le bienvenu ici; **I know when I'm not ~ed** je sais quand je suis de trop. **-4.** [hunt, look for] chercher, rechercher; **to be ~ed by the police** être recherché par la police; **he's ~ed for armed robbery** il est

recherché pour attaque à main armée. -**5.** [need - subj: person] avoir besoin de; [- subj: task, thing] avoir besoin de, nécessiter; **do you have everything you ~?** avez-vous tout ce qu'il vous faut?; **I have more than I ~** j'en ai plus qu'il n'en faut; **this room ~s a fresh coat of paint** cette pièce a besoin d'une nouvelle couche de peinture; **that child ~s a good hiding** cet enfant a besoin d'une bonne correction; **this coat ~s cleaning very badly** ce manteau a besoin d'un bon nettoyage; **there are still a couple of things that ~ doing** il y a encore quelques petites choses à faire OR qu'il faut faire; **what do you ~ with a car that size?** qu'allez-vous faire d'une voiture de cette taille? -**6.** *inf* [ought]: **you ~ to see a doctor about that leg** vous devez montrer OR il faut que vous montriez cette jambe à un médecin; **she ~s to watch out, the boss is gunning for her** elle devrait faire attention, le patron la cherche. -**7.** *lit* [lack - food, shelter] manquer de.

◇ *vi inf*: **the cat ~s in/out** le chat veut entrer/sortir ‖ *fig*: **he ~s in (on the deal)** il veut une part du gâteau; **I ~ out!** je ne suis plus de la partie!

◇ *n* -**1.** [desire, wish] désir *m*, envie *f*; **to satisfy sb's ~s** satisfaire les envies OR les désirs de qqn. -**2.** [requirement] besoin *m*; **to have few ~s** avoir peu de besoins, avoir besoin de peu; **she attends to all his ~s** elle pourvoit à tous ses besoins. -**3.** [lack] manque *m*; **a ~ of generosity** un manque de générosité; **there's certainly no ~ of goodwill** ce ne sont certainement pas les bonnes volontés qui manquent; **to be in ~ of sthg** avoir besoin de qqch. -**4.** [poverty] misère *f*, besoin *m*; **to be in ~** être dans le besoin OR dans la misère.

◆ **want for** *vt insep* manquer de; **they never ~ed for friends** ils n'ont jamais manqué d'amis; **he ~s for nothing** il ne manque de rien.

◆ **for want of** *prep phr* faute de; **I'll take this novel for ~ of anything better** faute de mieux je vais prendre ce roman; **for ~ of anything better to do, she went for a walk** n'ayant rien de mieux à faire, elle est allée se promener; **the project fell through for ~ of funding** faute de financement, le projet est tombé à l'eau; **if we failed, it wasn't for ~ of trying** nous avons échoué mais ce n'est pas faute d'avoir essayé.

want ad *n* petite annonce *f*.

wanted ['wɒntɪd] *adj* -**1.** [in advertisements]: **'carpenter/cook ~'** 'on recherche (un) charpentier/(un) cuisinier'; **'accommodation ~'** 'cherche appartement'. -**2.** [murderer, thief] recherché; **'~ for armed robbery'** recherché pour vol à main armée; **~ notice** avis *m* de recherche.

wanting ['wɒntɪŋ] *adj* -**1.** [inadequate]: **to be found ~** [person] ne pas convenir, ne pas faire l'affaire; [machine] ne pas convenir, ne pas être au point. -**2.** [lacking] manquant; **to be ~ in sthg** manquer de qqch. -**3.** *euph* [weak-minded] simple d'esprit.

wanton ['wɒntən] ◇ *adj* -**1.** [malicious - action, cruelty] gratuit, injustifié; [- destroyer] vicieux. -**2.** *fml* [immoral - behaviour, thoughts] licencieux; [- person] dévergondé. -**3.** *arch* OR *lit* [uncontrolled - vegetation] abondant, exubérant. -**4.** *arch* OR *lit* [playful - breeze] capricieux.

◇ *n lit* [man] dévergondé *m*; [woman] dévergondée *f*, femme *f* légère.

wantonly ['wɒntənlɪ] *adv* -**1.** [maliciously] gratuitement, sans justification. -**2.** *fml* [immorally] licencieusement. -**3.** *arch* OR *lit* [playfully] capricieusement.

Wapping ['wɒpɪŋ] *pr n quartier de l'Est de Londres où se trouvent les sièges de plusieurs journaux détenus par Rupert Murdoch.*

war [wɔːʳ] (*pt* & *pp* **warred**, *cont* **warring**)

◇ *n* -**1.** [armed conflict] guerre *f*; **Japan was at ~ with Russia** le Japon était en guerre avec la Russie; **Israel went to ~ with Syria over border disagreements** Israël est entré en guerre avec OR contre la Syrie pour des problèmes territoriaux; **the Allies waged ~ against** OR **on the Axis** les Alliés ont fait la guerre aux puissances de l'Axe; **he fought in the ~** il a fait la guerre; **the troops went off to ~** les troupes sont parties pour OR sont allées à la guerre; **you've been in the ~s!** *inf hum* on dirait que tu reviens de la guerre!, tu t'es bien arrangé!; **to have a good ~** [soldier] être vaillant au combat; **the period between the two (World) Wars** l'entre-deux-guerres *m inv* ❑ **~ of attrition** guerre d'usure; **~ museum** musée *m* de guerre; **the American War of Independence** la guerre d'Indépendance américaine; **the War between the States, the War of Secession** la guerre de Sécession; **the Wars of the Roses** la guerre des Deux-Roses; **'War and Peace'** *Tolstoy* 'Guerre et paix'; **'The War of the Worlds'** *Wells* 'la Guerre des mondes'. -**2.** [conflict, struggle] guerre *f*, lutte *f*; **to declare** OR **to wage ~ on sthg** partir en guerre contre OR déclarer la guerre à qqch; **a ~ of nerves/words** une guerre des nerfs/des mots; **the ~ against crime/drugs** la lutte contre le crime/la drogue; **price ~** guerre *f* des prix.

◇ *comp* [criminal, diary, film, hero, pension, wound, zone] de guerre; **~ victims** victimes *mpl* de guerre; **during the ~ years** pendant la guerre; **the ~ effort** l'effort *m* de guerre; **~ record** passé *m* militaire; **he has a good ~ record** il s'est conduit honorablement pendant la guerre; **what's his ~ record?** qu'est-ce qu'il a fait pendant la guerre?

◇ *vi* faire la guerre; **to ~ with sb** faire la guerre à qqn.

THE WARS OF THE ROSES:
Guerres qui, au XVe siècle, opposèrent les deux familles pouvant prétendre au trône d'Angleterre: la maison d'York, dont l'emblème était une rose blanche, et la maison de Lancastre, représentée par une rose rouge. Ces guerres prirent fin en 1485 par la victoire d'un Lancastre, qui devint Henri VII et réconcilia les deux familles en épousant Élizabeth d'York.

THE WAR OF THE WORLDS:
Pièce radiophonique adaptée du roman de H.G. Wells et mise en scène par Orson Welles, diffusée le 30 octobre 1938 par une radio new-yorkaise à l'occasion de Halloween. La description très réaliste de l'arrivée sur terre de martiens fut prise au sérieux par les auditeurs, ce qui provoqua une panique générale: désertion des villes, embouteillages monstres, mais aussi crises d'hystérie, crises cardiaques et suicides.

War. = **Warks.**

war baby *n* enfant *mf* de la guerre.

warble ['wɔːbl] ◇ *vi* & *vt* [subj: bird] gazouiller; [subj: person] chanter (avec des trilles).

◇ *n* gazouillis *m*, gazouillement *m*.

warbler ['wɔːbləʳ] *n* fauvette *f*, pouillot *m*.

warbling ['wɔːblɪŋ] *n* gazouillis *m*, gazouillement *m*.

war bond *n* titre *m* d'emprunt de guerre *(issu pendant la Deuxième Guerre mondiale)*.

war bride *n* mariée *f* de la guerre.

war cabinet *n* cabinet *m* de guerre.

war chest *n literal* caisse *f* spéciale *(affectée à une guerre)*; *fig* caisse *f* spéciale *(d'un parti politique, d'hommes d'affaires etc)*.

war clouds *npl* nuages *mpl* OR signes *mpl* précurseurs de guerre; **the ~ are gathering** la guerre menace.

war correspondent *n* correspondant *m*, -e *f* de guerre.

war crime *n* crime *m* de guerre.

war cry *n* cri *m* de guerre.

ward [wɔːd] *n* -**1.** [of hospital - room] salle *f*; [- section] pavillon *m*; [of prison] quartier *m*. -**2.** POL [district] circonscription *f* électorale. -**3.** JUR [person] pupille *mf*; [guardianship] tutelle *f*; **to be in ~** être sous tutelle judiciaire; **she was placed in ~** elle a été placée sous tutelle judiciaire ❑ **~ of court** pupille *mf* sous tutelle judiciaire.

◆ **ward off** *vt sep* [danger, disease] éviter; [blow] parer, éviter.

war dance *n* danse *f* de guerre OR guerrière.

warden ['wɔːdn] *n* -**1.** [director - of building, institution] directeur *m*, -trice *f*; *Am* [- of prison] directeur *m*, -trice *f* de prison. -**2.** [public official - of fortress, town] gouverneur *m*; [- of park, reserve] gardien *m*, -enne *f*; **Warden of the Cinque Ports** *Br* gouverneur des Cinq Ports. -**3.** *Br* UNIV portier *m*.

warder ['wɔːdəʳ] *n Br* [guard] gardien *m* OR surveillant *m* (de prison).

ward heeler [-'hiːləʳ] *n Am* POL agent *m* électoral *(qui sollicite des voix)*.

wardress ['wɔːdrɪs] *n Br* gardienne *f* OR surveillante *f* (de prison).

wardrobe ['wɔːdrəʊb] *n* -**1.** [cupboard] armoire *f*, penderie *f*. -**2.** [clothing] garde-robe *f*; THEAT costumes *mpl*; **Peter Taylor's ~ by...** CIN & THEAT Peter Taylor est habillé par..., les costumes de Peter Taylor sont de chez...; **this is my summer ~** c'est ma garde-robe d'été.

wardrobe mistress *n* costumière *f*.

wardrobe trunk *n* malle *f (penderie)*.

wardroom ['wɔːdrʊm] *n* [quarters] quartiers *mpl* des officiers *(excepté le capitaine)*; [officers] officiers *mpl (excepté le capitaine)*.

wardship ['wɔːdʃɪp] *n* tutelle *f*.

wares [weəz] *npl* marchandises *fpl*.

warehouse [*n* 'weəhaʊs, *pl* -haʊzɪz, *vb* 'weəhaʊz] ◇ *n* entrepôt *m*, magasin *m*.

◇ *vt* entreposer, emmagasiner.

warehouseman ['weəhaʊsmən] (*pl* **warehousemen** [-mən]) *n* magasinier *m*.

warfare ['wɔːfeəʳ] *n* MIL guerre *f*; *fig* lutte *f*, guerre *f*; **class ~** lutte des classes; **economic ~** guerre économique; **open ~** MIL & *fig* guerre ouverte.

war game *n (usu pl)* -**1.** MIL [simulated battle with maps] kriegspiel *m*, wargame *m*; [manoeuvres] manœuvres *fpl* militaires. -**2.** GAMES wargame *m*.

war grave *n tombeau d'un soldat tombé au champ d'honneur.*

warhead ['wɔːhed] *n* ogive *f*; **nuclear ~** ogive OR tête *f* nucléaire.

warhorse ['wɔːhɔːs] *n* [horse] cheval *m* de bataille; *fig* [person] *inf* dur *m*, -e *f* à cuire; **he's an old ~ of the party** c'est un vétéran du parti.

warily ['weərəlɪ] *adv* [carefully] prudemment, avec prudence OR circonspection; [distrustfully] avec méfiance.

wariness ['weərɪnɪs] *n* [caution] prudence *f*, circonspection *f*; [distrust] méfiance *f*.

Warks. *written abbr of* Warwickshire.

warlike ['wɔːlaɪk] *adj* guerrier, belliqueux.

war loan *n Br* titre *m* d'emprunt de guerre.

warlock ['wɔːlɒk] *n* sorcier *m*.

warlord ['wɔːlɔːd] *n* seigneur *m* de la guerre.

warm [wɔːm] ◇ *adj* -**1.** [moderately hot] chaud; **a ~ front** METEOR un front chaud; **a ~ oven** un four moyen; **~ milk** lait chaud; **I can't wait for the ~ weather** j'ai hâte qu'il fasse chaud; **this soup is barely ~** cette soupe est à peine chaude OR est tiède; **will you keep dinner ~ for me?** peux-tu me garder le dîner au chaud?; **does that coat keep you ~?** est-ce que ce manteau te tient chaud?; **it's a difficult house to keep ~** c'est une maison difficile à chauffer; **are you ~ enough?** avez-vous assez chaud?; **I can't seem to get ~** je n'arrive pas à me réchauffer; **the room is too ~** il fait trop chaud OR on étouffe dans cette pièce; **the bedroom was nice and ~** il faisait bon OR agréablement chaud dans la chambre ❑ **am I right? – you're getting ~er!** *fig* est-ce que j'y suis? – tu chauffes! -**2.** [clothing] chaud, qui tient chaud. -**3.** [work] qui donne chaud. -**4.** [affectionate - feelings] chaud, chaleureux; [- personality] chaleureux; **he's a very ~ person, he has a ~ heart** il est très chaleureux; **she has a ~ relationship with her mother** elle a une relation très affectueuse avec sa mère; **give my ~est wishes to your wife** toutes mes

amitiés à votre femme. -**5.** [hearty - greeting, welcome] chaleureux, cordial; [- thanks] vif; [- admirer, support] ardent, enthousiaste; [- applause] chaleureux, enthousiaste. -**6.** [colour, sound] chaud; [voice] chaud, chaleureux. -**7.** [scent, trail] récent.
◇ *vt* -**1.** [heat - person, room] réchauffer; [- food] (faire) chauffer; **she ~ed her hands by the fire** elle s'est réchauffé les mains au-dessus du feu; **come and ~ yourself at the fire** viens te chauffer OR réchauffer près du feu □ **the sight was enough to ~ the cockles of your heart!** c'était un spectacle à vous chauffer OR réchauffer OR réjouir le cœur! -**2.** [reheat] (faire) réchauffer.
◇ *vi*: **to ~ to sb/sthg: she ~ed to the new neighbours** elle s'est prise de sympathie pour les nouveaux voisins; **you'll soon ~ to the idea** tu verras, cette idée finira par te plaire; **the speaker began to ~ to his subject** le conférencier s'est laissé entraîner par son sujet.
◇ *n inf*: **come into the ~** viens au chaud OR où il fait chaud; **I'll give the coffee a ~** je vais réchauffer le café.
◆ **warm down** *vi insep* [after physical effort] *travailler lentement en étirement après un échauffement intense.*
◆ **warm over** *vt sep Am* [food] (faire) réchauffer; *pej* [idea] ressasser.
◆ **warm through** *vt sep* (faire) réchauffer complètement.
◆ **warm up** ◇ *vt sep* -**1.** [heat - person, room] réchauffer; [- food] (faire) chauffer; [- engine, machine] faire chauffer. -**2.** [reheat] (faire) réchauffer. -**3.** [animate - audience] mettre en train, chauffer.
◇ *vi insep* -**1.** [become hotter - person] se chauffer, se réchauffer; [- room, engine, food] se réchauffer; [- weather] devenir plus chaud, se réchauffer. -**2.** [get ready - athlete, comedian] s'échauffer, se mettre en train; [- audience] commencer à s'animer. -**3.** [debate, discussion] s'animer; **the party began to ~ up** la soirée commençait à s'animer.

war machine *n* machine *f* de guerre.

warm-blooded *adj* ZOOL à sang chaud; *fig* [ardent] ardent, qui a le sang chaud.

war memorial *n* monument *m* aux morts.

warm-hearted *adj* [kindly] chaleureux, bon; [generous] généreux.

warming pan [ˈwɔːmɪŋ] *n* bassinoire *f*.

warmly [ˈwɔːmlɪ] *adv* -**1.** [dress] chaudement; **the sun shone ~** le soleil chauffait. -**2.** [greet, smile, welcome] chaleureusement, chaudement; [recommend, thank] vivement, chaudement; [support] avec enthousiasme, ardemment; [applaud] avec enthousiasme, chaleureusement.

warmonger [ˈwɔːˌmʌŋgəʳ] *n* belliciste *mf*.

warmongering [ˈwɔːˌmʌŋgərɪŋ] ◇ *n (U)* [activities] activités *fpl* bellicistes; [attitude] bellicisme *m*; [propaganda] propagande *f* belliciste.
◇ *adj* belliciste.

warmth [wɔːmθ] *n* [of temperature] chaleur *f*; [of greeting, welcome] chaleur *f*, cordialité *f*; [of recommendation, thanks] chaleur *f*, vivacité *f*; [of applause, support] enthousiasme *m*; [of colour] chaleur *f*.

warm-up ◇ *n* [gen] préparation *f*, préparations *fpl*; [of athlete, singer] échauffement *m*; [of audience] mise *f* en train.
◇ *comp*: **~ exercises** exercices *mpl* d'échauffement.

warmups [ˈwɔːmʌps] *npl Am* survêtement *m*.

warn [wɔːn] *vt* -**1.** [inform] avertir, prévenir; **I ~ed them of the danger** je les ai avertis OR prévenus du danger; **~ them that the bridge is unsafe** prévenez-les OR avertissez-les que le pont n'est pas sûr; **she ~ed them that she would be late** elle les a prévenus qu'elle serait en retard; **consider yourself ~ed!** on vous aura averti OR prévenu!, vous êtes prévenu!; **~ the police!** alertez la police! -**2.** [advise] conseiller, recommander; **he ~ed her about** OR **against travelling at night, he ~ed her not to travel at night** il lui a déconseillé de voyager la nuit, il l'a mise en garde contre les voyages de nuit.
◆ **warn off** *vt sep* décourager; **the doctor has ~ed him off alcohol** le médecin lui a vivement déconseillé l'alcool; **the barbed wire is there to ~ off intruders** des barbelés ont été installés pour décourager les intrus.

warning [ˈwɔːnɪŋ] ◇ *n* -**1.** [caution, notice] avertissement *m*; **let that be a ~ to you** que cela vous serve d'avertissement; **thanks for the ~** merci de m'avoir prévenu OR m'avoir averti; **the boss visited the office without (any) ~** le patron est venu visiter le bureau inopinément OR à l'improviste; **he left without any ~** il est parti sans prévenir; **they gave us advance ~ of the meeting** ils nous ont prévenus de la réunion; **there was a note of ~ in her voice** il y avait comme un avertissement dans sa voix; **the police gave him a ~ (about speeding)** la police lui a donné un avertissement (pour excès de vitesse); **to issue a ~ against sthg** mettre qqn en garde contre qqch □ **fog/gale ~** METEOR avis *m* de brouillard/de coup de vent. -**2.** [alarm, signal] alerte *f*, alarme *f*. -**3.** [advice] conseil *m*; **he gave them a stern ~ about the dangers of smoking** il les a sévèrement mis en garde contre les dangers du tabac.
◇ *adj* d'avertissement; **they fired a ~ shot** [gen & MIL] ils ont tiré une fois en guise d'avertissement; NAUT ils ont tiré un coup de semonce □ **~ device** avertisseur *m*; **~ light** voyant *m* (avertisseur), avertisseur *m* lumineux; **~ notice** avis *m*, avertissement *m*; **~ sign** panneau *m* avertisseur; **~ signal** [gen] signal *m* d'alarme OR d'alerte; AUT signal *m* de détresse.

War Office *n ancien nom du ministère de la Défense britannique.*

warp [wɔːp] ◇ *vt* -**1.** [wood] gauchir, voiler; [metal, plastic] voiler. -**2.** *fig* [character, mind] pervertir; [thinking] fausser, pervertir.
◇ *vi* [wood] gauchir, se voiler; [metal, plastic] se voiler.
◇ *n* -**1.** [fault - in wood] gauchissement *m*, voilure *f*; [- in metal, plastic] voilure *f*. -**2.** TEX [of yarn] chaîne *f*.

war paint *n* [of Indian] peinture *f* de guerre; *fig & hum* [make-up] maquillage *m*, peinture *f* de guerre *hum*.

warpath [ˈwɔːpɑːθ] *n*: **to be on the ~** *literal* être sur le sentier de la guerre; **be careful, the boss is on the ~** *fig* fais attention, le patron est d'une humeur massacrante.

warped [wɔːpt] *adj* -**1.** [wood] gauchi, voilé; [metal, plastic] voilé. -**2.** *fig* [character, person] perverti; [thinking, view] faux, perverti; **you've got a ~ mind!, your mind is** [illegible]**!** tu as l'esprit tordu!; **what a ~ sense of humour!** quel humour morbide!

warplane [ˈwɔːpleɪn] *n* avion *m* de guerre.

warrant [ˈwɒrənt] ◇ *n* -**1.** JUR [written order] mandat *m*; **there's a ~ (out) for his arrest** il y a un mandat d'arrêt contre lui; **search ~** mandat *m* de perquisition. -**2.** COMM & FIN [for payment] bon *m*; [guarantee] garantie *f*. -**3.** MIL brevet *m*.
◇ *vt* -**1.** [justify] justifier; **the situation ~s a new approach** la situation demande que l'on s'y prenne autrement; **costs are too high to ~ further investment** les frais sont trop élevés pour permettre OR justifier d'autres investissements. -**2.** [declare with certainty] assurer, certifier; **I'll ~ (you) that's the last we see of her** c'est la dernière fois qu'on la voit, je vous le promets OR je vous le certifie.

warrantee [ˌwɒrənˈtiː] *n* JUR titulaire *mf* d'une garantie.

warranter [ˈwɒrəntə] = **warrantor**.

warrant officer *n* adjudant *m (auxiliaire d'un officier)*.

warrantor [ˈwɒrəntɔːʳ] *n* JUR garant *m*, -e *f*, débiteur *m*, -trice *f*.

warranty [ˈwɒrəntɪ] (*pl* **warranties**) *n* -**1.** [guarantee] garantie *f*; **a one-year ~** une garantie d'un an. -**2.** JUR garantie *f*.

warren [ˈwɒrən] *n* -**1.** [of rabbit] terriers *mpl*, garenne *f*. -**2.** *fig* [maze of passageways] labyrinthe *m*, dédale *m*.

warring [ˈwɔːrɪŋ] *adj* [nations, tribes] en guerre; *fig* [beliefs] en conflit; [interests] contradictoire, contraire.

warrior [ˈwɒrɪəʳ] *n* guerrier *m*, -ère *f*.

Warsaw [ˈwɔːsɔː] *pr n* Varsovie.

Warsaw Pact *pr n*: **the ~** le pacte de Varsovie; **~ countries** pays *mpl* (membres) du pacte de Varsovie.

warship [ˈwɔːʃɪp] *n* navire *m* OR bâtiment *m* de guerre.

wart [wɔːt] *n* -**1.** MED verrue *f*; **she described her family ~s and all** *fig* elle a fait un portrait sans complaisance de sa famille. -**2.** BOT excroissance *f*.

wart hog *n* phacochère *m*.

wartime [ˈwɔːtaɪm] ◇ *n* période *f* de guerre; **in ~** en temps de guerre.
◇ *comp* de guerre; **~ rations** rations *fpl* de guerre.

war-torn *adj* déchiré par la guerre.

warty [ˈwɔːtɪ] (*compar* **wartier**, *superl* **wartiest**) *adj* couvert de verrues, verruqueux *spec*.

war-weary *adj* las de la guerre.

war widow *n* veuve *f* de guerre; **a ~'s pension** une pension de veuve de guerre.

wary [ˈweərɪ] (*compar* **warier**, *superl* **wariest**) *adj* [prudent - person] prudent, sur ses gardes; [- look] prudent; [- smile] hésitant; [distrustful] méfiant; **I'm ~ about promoting these ideas** j'hésite à promouvoir ces idées; **the people were ~ of the new regime** les gens se méfiaient du nouveau régime; **he kept a ~ eye on the dog** il surveillait le chien attentivement.

was [*weak form* wəz, *strong form* wɒz] *pt* → **be**.

wash [wɒʃ] ◇ *vt* -**1.** [clean] laver; **to ~ o.s.** [person] se laver, faire sa toilette; [cat, dog] faire sa toilette; **go and ~ your hands** va te laver les mains; **she ~ed her hair** elle s'est lavé la tête OR les cheveux; **he ~ed the walls clean** il a bien lavé OR nettoyé les murs; **to ~ the dishes** faire OR laver la vaisselle; **to ~ clothes** faire la lessive; **'~ in cold/hot water'** 'laver à l'eau froide/chaude' □ **to ~ one's hands of sb/sthg: I ~ my hands of the whole affair** je me lave les mains de toute cette histoire; **she ~ed her hands of him** elle s'est désintéressée de lui; **to ~ one's dirty linen in public** *Br* laver son linge sale en public. -**2.** [subj: current, river, waves - move over] baigner; [- carry away] emporter, entraîner; **the waves ~ed the shore** les vagues baignaient la côte; **the body was ~ed ashore** le cadavre s'est échoué OR a été rejeté sur la côte; **the crew was ~ed overboard** l'équipage a été emporté par une vague; **he was ~ed out to sea** il a été emporté par la mer. -**3.** [coat, cover] badigeonner. -**4.** MIN [gold, ore] laver.
◇ *vi* -**1.** [to clean oneself - person] se laver, faire sa toilette; **have you ~ed properly?** est-ce que tu as bien fait ta toilette? -**2.** [be washable] se laver, être lavable; **this dress doesn't ~ very well** cette robe ne supporte pas bien le lavage □ **his story just doesn't ~ with me** *Br inf* son histoire ne marche pas avec moi, il ne me fera pas avaler cette histoire.
◇ *n* -**1.** [act of cleaning] nettoyage *m*; **this floor needs a good ~** ce plancher a bien besoin d'être lavé OR nettoyé; **your hair needs a ~** il faut que tu te laves la tête; **I gave the car a ~** j'ai lavé la voiture; **he's having a ~** il se lave, il fait sa toilette; **I could do with a quick ~ and brush-up** j'aimerais faire un brin de toilette OR me débarbouiller. -**2.** [clothes to be washed] lessive *f*, linge *m* sale; **your shirt is in the ~** [laundry basket] ta chemise est au (linge) sale; [machine] ta chemise est à la lessive; **the stain came out in the ~** la tache est partie au lavage □ **it'll all come out in the ~** *Br* [become known] ça finira par se savoir; [turn out for the best] tout cela finira par s'arranger. -**3.** [movement of water - caused by current] remous *m*; [- caused by ship] sillage *m*, remous *m*; [sound of water] cla-

potis *m*. -**4.** [of paint] badigeon *m*. -**5.** MED [lotion] solution *f*. -**6.** ART: ~ **(drawing)** (dessin *m* au) lavis *m*.
◇ *adj Am* lavable.
◆ **wash away** *vt sep* [carry off - boat, bridge, house] emporter; [- river bank, soil] éroder; **the rain ~ed away the road** la route s'est effondrée sous l'action de la pluie; **to ~ one's sins away** *fig* laver ses péchés.
◆ **wash down** *vt sep* -**1.** [clean] laver (à grande eau). -**2.** [food] arroser; **she ~ed down the aspirin with water** elle a pris de l'aspirine OR a fait descendre le comprimé d'aspirine avec de l'eau; **roast beef ~ed down with Burgundy wine** rosbif arrosé d'un bourgogne.
◆ **wash off** ◇ *vt sep* [remove - with soap] enlever OR faire partir au lavage; [- with water] enlever OR faire partir à l'eau.
◇ *vi insep* [disappear - with soap] s'en aller OR partir au lavage; [- with water] s'en aller OR partir à l'eau; **the paint won't ~ off** la peinture ne s'en va pas OR ne part pas.
◆ **wash out** ◇ *vt sep* -**1.** [remove - with soap] enlever OR faire partir au lavage; [- with water] enlever OR faire partir à l'eau. -**2.** [clean] laver. -**3.** [carry away - bridge] emporter; [- road] dégrader. -**4.** [cancel, prevent]: **the game was ~ed out** le match a été annulé à cause de la pluie.
◇ *vi insep* = **wash off**.
◆ **wash up** ◇ *vi insep* -**1.** *Br* [wash dishes] faire OR laver la vaisselle. -**2.** *Am* [wash oneself] se laver, faire sa toilette.
◇ *vt sep* -**1.** *Br* [glass, dish] laver; **whose turn is it to ~ up the dishes?** à qui le tour de faire OR laver la vaisselle? -**2.** [subj: sea] rejeter; **several dolphins were ~ed up on shore** plusieurs dauphins se sont échoués sur la côte.

washable [ˈwɒʃəbl] *adj* lavable, lessivable.

wash-and-wear *adj* qui ne nécessite aucun repassage.

washbag [ˈwɒʃ,bæg] *n* trousse *f* de toilette.

washbasin [ˈwɒʃ,beɪsn] *n* [basin] cuvette *f*, bassine *f*; [sink] lavabo *m*.

washboard [ˈwɒʃ,bɔːd] *n* planche *f* à laver.

washbowl [ˈwɒʃbəʊl] *Am* = **washbasin**.

washcloth [ˈwɒʃ,klɒθ] *n* [for dishes] lavette *f*; *Am* [face flannel] ≃ gant *m* de toilette.

washday [ˈwɒʃ,deɪ] *n* jour *m* de lessive.

washed-out [wɒʃt-] *adj* -**1.** [faded - colour] délavé; [- curtain, jeans] décoloré, délavé. -**2.** *inf* [exhausted] épuisé, lessivé.

washed-up *inf adj* fichu; **he's ~ as a singer** sa carrière de chanteur est fichue OR finie; **their marriage is ~** leur mariage est fichu OR se casse la figure.

washer [ˈwɒʃəʳ] *n* **1.** CONSTR joint *m*, rondelle *f*; [in tap] joint *m*. -**2.** [washing machine] machine *f* à laver, lave-linge *m inv*.

washer-dryer *n* machine *f* à laver séchante.

washer-up *inf* (*pl* **washers-up**) *n Br* [gen] laveur *m*, -euse *f* de vaisselle; [in restaurant] plongeur *m*, -euse *f*.

washerwoman [ˈwɒʃə,wʊmən] (*pl* **washerwomen** [-,wɪmɪn]) *n* blanchisseuse *f*.

wash-hand basin *Br* = **washbasin**.

washhouse [ˈwɒʃhaʊs, *pl* -haʊzɪz] *n* lavoir *m*.

washing [ˈwɒʃɪŋ] *n* -**1.** [act - of car, floors] lavage *m*; [- of laundry] lessive *f*. -**2.** [laundry] linge *m*, lessive *f*; **a pile of dirty ~** une pile de linge sale; **to do the ~** faire la lessive, laver le linge; **where can I hang the ~?** où puis-je étendre le linge?; **do you have a lot of ~ to do?** avez-vous beaucoup de lessive OR une grande lessive à faire?

washing day = **washday**.

washing line *n* corde *f* à linge.

washing machine *n* machine *f* à laver, lave-linge *m inv*.

washing powder *n* lessive *f* OR détergent *m (en poudre)*.

washing soda *n* cristaux *mpl* de soude.

Washington [ˈwɒʃɪŋtən] *pr n* -**1.** [state]: ~ **(State)** l'État *m* de Washington; **in ~** dans l'État de Washington. -**2.** [town]: ~ **(DC)** Washington.

washing-up *n Br* vaisselle *f (à laver)*; **to do the ~** faire la vaisselle.

washing-up liquid *n Br* produit *m* à vaisselle.

wash-leather *n Br* peau *f* de chamois.

washout *inf* [ˈwɒʃaʊt] *n* [party, plan] fiasco *m*, échec *m*; [person] raté *m*, -e *f*.

washrag [ˈwɒʃræg] *n Am* lavette *f*.

washroom [ˈwɒʃrʊm] *n* -**1.** [for laundry] buanderie *f*. -**2.** *Am euph* [lavatory] toilettes *fpl*.

washstand [ˈwɒʃstænd] *n* table *f* de toilette.

washtub [ˈwɒʃtʌb] *n* [for laundry] bassine *f*, cuvette *f*.

wasn't [wɒznt] = **was not**.

wasp [wɒsp] *n* guêpe *f*; **a ~'s nest** un guêpier.

Wasp, WASP *inf* [wɒsp] (*abbr of* **White Anglo-Saxon Protestant**) *n Am Blanc d'origine anglo-saxonne et protestante, appartenant aux classes aisées et influentes.*

waspish [ˈwɒspɪʃ] *adj* [person - by nature] qui a mauvais caractère; [- in bad mood] qui est de mauvaise humeur; [reply, remark] mordant, méchant.

wasp waist *n*: **to have a ~** avoir une taille de guêpe.

wasp-waisted *adj* à la taille de guêpe.

wassail [ˈwɒseɪl] *arch* ◇ *n* -**1.** [drink - beer] bière *f* épicée; [- wine] vin *m* chaud. -**2.** [festivity] beuverie *f*. -**3.** [toast] toast *m*.
◇ *vi* chanter (des chants de Noël); **to go ~ing** aller de maison en maison en chantant (des noëls).

wast [*weak form* wəst, *strong form* wɒst] *arch* = **(you) were**.

wastage [ˈweɪstɪdʒ] *n (U)* -**1.** [loss - of materials, money] gaspillage *m*, gâchis *m*; [- of time] perte *f*; [- through leakage] fuites *fpl*, pertes *fpl*. -**2.** [in numbers, workforce] réduction *f*; **many students are lost by ~** beaucoup d'étudiants abandonnent en cours de route.

waste [weɪst] ◇ *vt* -**1.** [misuse - materials, money] gaspiller; [- time] perdre; **very little is ~d in this family** on ne gaspille pas dans cette famille; **don't ~ your life hanging around pubs** ne gâche pas ta vie à traîner dans les pubs; **I ~d an hour at the post office** j'ai perdu une heure à la poste; **don't ~ your time worrying about her** ne t'en fais pas pour elle, tu perds ton temps; **she ~d no time in telling us about it** elle s'est empressée de nous le raconter; **her wit was ~d on them** ils n'ont pas compris OR su apprécier son esprit ❑ **you're wasting your breath!** tu uses ta salive pour rien!; **don't ~ your breath trying to convince them** ne te fatigue pas OR ne perds pas ton temps à essayer de les convaincre; **~ not, want not** *prov* l'économie protège du besoin. -**2.** [wear away - limb, muscle] atrophier; [- body, person] décharner; **her body was completely ~d by cancer** son corps était complètement miné par le cancer. -**3.** ▽ *Am* [kill] liquider.
◇ *n* -**1.** [misuse - of materials, money] gaspillage *m*, gâchis *m*; [- of time] perte *f*; **what a ~!** quel gâchis OR gaspillage!; **it's a ~ of breath arguing about it** ce n'est pas la peine d'en discuter; **that book was a complete ~ of money** ce livre, c'était de l'argent jeté par les fenêtres; **it's a ~ of time talking to her** tu perds ton temps à discuter avec elle; **what a ~ of time!** que de temps perdu!; **our trip was a ~ of time and energy** notre voyage a été une perte de temps et d'énergie; **it's an enormous ~ of talent** c'est énormément de talent gâché; **to go to ~** [gen] se perdre, être gaspillé; [land] tomber en friche; **don't let all this food go to ~!** ne laissez pas OR n'allez pas laisser tout ça se perdre!; **I'm not going to let the opportunity go to ~** je ne vais pas laisser passer l'occasion. -**2.** *(U)* [refuse - gen] déchets *mpl*; [- household] ordures *fpl* (ménagères); [- water] eaux *fpl* usées; **industrial/radioactive ~** déchets industriels/radioactifs. -**3.** [land] terrain *m* vague. -**4.** *phr*: **to lay ~ to sthg, to lay sthg ~** ravager OR dévaster qqch.
◇ *adj* -**1.** [paper] de rebut; [energy] perdu; [water] sale, usé; [food] qui reste; **~ material** déchets *mpl*. -**2.** [ground] en friche; [region] désert, désolé; **'The Waste Land'** *Eliot* 'la Terre Gaste'.
◆ **wastes** *npl* terres *fpl* désolées, désert *m*; **the polar ~s** le désert polaire.
◆ **waste away** *vi insep* dépérir.

wastebasket [ˈweɪst,bɑːskɪt] *n esp Am* corbeille *f* (à papier).

waste bin *n Br* [in kitchen] poubelle *f*, boîte *f* à ordures; [for paper] corbeille *f* (à papier).

wasted [ˈweɪstɪd] *adj* -**1.** [material, money] gaspillé; [energy, opportunity, time] perdu; [attempt, effort] inutile, vain; [food] inutilisé; **a ~ journey** un voyage raté. -**2.** [figure, person] décharné; [limb - emaciated] décharné; [- enfeebled] atrophié.

waste disposal unit *n* broyeur *m* d'ordures.

wasteful [ˈweɪstfʊl] *adj* [habits] de gaspillage; [person] gaspilleur; [procedure] inefficace, peu rentable; **a ~ use of natural resources** un gaspillage des ressources naturelles.

wastefully [ˈweɪstfʊlɪ] *adv* en gaspillant; **we spend our time so ~** on gaspille un temps fou.

wastefulness [ˈweɪstfʊlnɪs] *n* [of person] gaspillage *m*, manque *m* d'économie; [of procedure] inefficacité *f*.

waste ground *n (U)*: **the children were playing on ~** les enfants jouaient sur un terrain vague.

wasteland [ˈweɪst,lænd] *n* [land - disused] terrain *m* vague; [- uncultivated] terres *fpl* en friche OR abandonnées; [of desert, snow] désert *m*; **a cultural ~** *fig* un désert culturel.

waste paper *n (U)* papier *m* OR papiers *mpl* de rebut.

wastepaper basket [,weɪstˈpeɪpəʳ] *n Br* corbeille *f* (à papier).

waste pipe *n* (tuyau *m* de) vidange *f*.

waste product *n* INDUST déchet *m* de production OR de fabrication; PHYSIOL déchet *m (de l'organisme)*.

waster [ˈweɪstəʳ] *n* -**1.** [gen] gaspilleur *m*, -euse *f*; [of money] dépensier *m*, -ère *f*. -**2.** [good-for-nothing] bon *m* à rien, bonne *f* à rien.

wasting [ˈweɪstɪŋ] *adj* qui mine; **a ~ disease** une maladie qui ronge OR mine.

wastrel [ˈweɪstrəl] = **waster**.

watch [wɒtʃ] ◇ *vt* -**1.** [look at, observe - event, film] regarder; [- animal, person] regarder, observer; **they ~ a lot of television** ils regardent beaucoup la télévision; **the crowds were ~ing the lions being fed** la foule regardait les lions qu'on était en train de nourrir; **we sat outside ~ing the world go by** nous étions assis dehors à regarder les gens passer; **~ how I do it** regardez OR observez comment je fais; **I bet he ignores us, just you ~!** je parie qu'il va nous ignorer, tu vas voir! ❑ **a ~ed pot never boils** *prov* inutile de s'inquiéter, ça ne fera pas avancer les choses. -**2.** [spy on - person] surveiller, observer; [- activities, suspect] surveiller; **you'd better ~ him** vous feriez bien de le surveiller OR de l'avoir à l'œil; **I think we're being ~ed** [gen] j'ai l'impression qu'on nous observe OR surveille; [by police, thieves] j'ai l'impression qu'on nous surveille. -**3.** [guard, tend - children, pet] surveiller, s'occuper de; [- belongings, house] surveiller, garder; MIL monter la garde devant, garder. -**4.** [pay attention to - health, weight] faire attention à; [- development, situation] suivre de près; **~ where you're going!** regardez devant vous!; **~ what you're doing!** faites attention (à ce que vous faites)!; **~ you don't spill the coffee** fais attention à OR prends garde de ne pas renverser le café; **can you ~ the milk?** peux-tu surveiller le lait?; **I'm ~ing the classifieds for any job opportunities** je regarde les petites annonces pour les offres d'emploi; **~ you don't break anything** faites attention à ne rien casser; **we'd better ~ the time** il faut que nous surveillions l'heure; **stop ~ing the clock and do some work!** arrêtez de surveiller la pendule et travaillez un peu!; '~ this space' *annonce d'une publicité ou d'informations à paraître*; **~ your head!** attention OR gare à votre tête!; **~ your language!** surveille ton langage! ❑ **~ it!** [warning] (fais) attention!; [threat] attention!, gare à vous!; **~ your step** *literal* & *fig* faites attention OR regardez où vous mettez les pieds; **you should ~ your step** OR **~ yourself with the boss** vous feriez bien de vous surveiller quand vous êtes avec le patron.

◇ *vi* -**1.** [observe] regarder, observer; **I ~ed to see how she would react** j'ai attendu pour voir quelle serait sa réaction; **he ~ed closely as I removed the bandage** il a regardé OR observé attentivement quand j'ai enlevé le bandage; **I just came to ~** je suis simplement venu regarder, je suis venu en simple spectateur. -**2.** [keep vigil] veiller; **his mother ~ed by his bedside** sa mère a veillé à son chevet.

◇ *n* -**1.** [timepiece] montre *f*; **it's 6 o'clock by my ~** il est 6 h à ma montre. -**2.** [lookout] surveillance *f*; **be on the ~ for pickpockets** *Br* faites attention OR prenez garde aux voleurs à la tire; **tax inspectors are always on the ~ for fraud** *Br* les inspecteurs des impôts sont toujours à l'affût des fraudeurs; **a sentry was on ~** OR **kept ~** une sentinelle montait la garde; **to keep ~ by sb's bed** veiller au chevet de qqn; **the police kept a close ~ on the suspect** la police a surveillé le suspect de près; **we'll keep ~ on your house during your absence** nous surveillerons votre maison pendant votre absence; **we're keeping a ~ on inflation rates** nous surveillons de près les taux d'inflation. -**3.** [person on guard - gen & MIL] sentinelle *f*; NAUT homme *m* de quart; [group of guards - gen & MIL] garde *f*; NAUT quart *m*. -**4.** [period of duty - gen & MIL] garde *f*; NAUT quart *m*; **who's on ~?** [gen & MIL] qui monte la garde?; NAUT qui est de quart? -**5.** *lit* [period of the night]: **in the slow ~es of the night** pendant les longues nuits sans sommeil.

◆ **watch for** *vt insep* guetter, surveiller; **he ~ed for a chance to approach the President** il attendait une occasion d'approcher le Président; **~ for any sudden changes in temperature** surveillez toute variation soudaine de la température.

◆ **watch out** *vi insep* faire attention, prendre garde; **~ out!** [warning] (faites) attention!; **to ~ out for sthg** [be on lookout for] guetter qqch; [be careful of] faire attention OR prendre garde à qqch; **~ out for the bus** guettez le bus; **~ out for the fine print** faites bien attention à toutes les clauses.

◆ **watch over** *vt insep* garder, surveiller; **the shepherds were ~ing over their flocks** les bergers gardaient OR surveillaient leurs troupeaux; **she ~ed over the children while we were gone** elle a surveillé les enfants OR elle s'est occupée des enfants pendant notre absence; **God will ~ over you** Dieu vous protègera.

watchband ['wɒtʃbænd] *n Am* bracelet *m* de montre.

watch-case *n* étui *m* de montre.

watch chain *n* chaîne *f* de montre.

watchdog ['wɒtʃdɒg] ◇ *n* [dog] chien *m*, -enne *f* de garde; *fig* [person] gardien *m*, -enne *f*; **the committee acts as ~ on environmental issues** le comité veille aux problèmes d'environnement.

◇ *comp* [body, committee] de surveillance.

watcher ['wɒtʃəʳ] *n* observateur *m*, -trice *f*; [spectator] spectateur *m*, -trice *f*; [idle onlooker] curieux *m*, -euse *f*.

watchful ['wɒtʃʊl] *adj* vigilant, attentif; **he was ~ for any unusual behaviour** il était attentif à tout comportement inhabituel; **under the ~ eye of her mother** sous l'œil vigilant de sa mère; **to keep a ~ eye on sthg/sb** avoir qqch/qqn à l'œil; **she kept a ~ eye on the situation** elle a suivi la situation de près.

watchglass ['wɒtʃglɑːs] *n* verre *m* de montre.

watchmaker ['wɒtʃ,meɪkəʳ] *n* horloger *m*, -ère *f*.

watchmaking ['wɒtʃ,meɪkɪŋ] *n* horlogerie *f*.

watchman ['wɒtʃmən] (*pl* watchmen [-mən]) *n* gardien *m*.

watch night *n* nuit *f* de la Saint-Sylvestre; **~ service** messe *f* (de minuit) de la Saint-Sylvestre.

watch pocket *n* gousset *m*.

watchstrap ['wɒtʃstræp] *n* bracelet *m* de montre.

watchtower ['wɒtʃ,taʊəʳ] *n* tour *f* de guet.

watchword ['wɒtʃwɜːd] *n* [password] mot *m* de passe; [slogan] mot *m* d'ordre.

water ['wɔːtəʳ] ◇ *n* -**1.** [liquid - gen] eau *f*; **I took a drink of ~** j'ai bu de l'eau OR un verre d'eau; **hot and cold running ~** eau courante chaude et froide; **turn on the ~** [at main] ouvre l'eau; [at tap] ouvre le robinet; **prisoners were put on bread and ~** on avait mis les prisonniers au pain (sec) et à l'eau; **they held his head under ~** ils lui ont tenu la tête sous l'eau; **the cellar is under 2 metres of ~** il y a 2 mètres d'eau dans la cave; **the ~** OR **~s of the Seine** l'eau OR les eaux de la Seine; **the ship was making ~** le bateau prenait l'eau OR faisait eau; **they're in rough financial ~s** *fig* ils sont dans une situation financière difficile ❑ **that idea won't hold ~** cette idée ne tient pas debout; **you're in hot ~ now** *inf* tu vas avoir de gros ennuis, tu es dans de beaux draps; **her statement got us into hot ~** sa déclaration nous a mis dans le pétrin OR dans de beaux draps; **I'm trying to keep my head above ~** OR **to stay above ~** *inf* j'essaye de me maintenir à flot OR de faire face; **the wine flowed like ~** le vin coulait à flots; **to spend money like ~** jeter l'argent par les fenêtres; **he's an artist of the first ~** *Br fml* c'est un artiste de premier ordre; **they poured** OR **threw cold ~ on our suggestion** ils n'ont pas été enthousiasmés par notre suggestion; **it's like ~ off a duck's back** ça glisse comme sur les plumes d'un canard; **it's ~ under the bridge** c'est du passé; **a lot of ~ has passed under the bridge since then** il a coulé beaucoup d'eau sous les ponts depuis. -**2.** [body of water] eau *f*; **the children played at the ~'s edge** les enfants ont joué au bord de l'eau; **she fell in the ~** elle est tombée à l'eau; **they sent the goods by ~** ils ont envoyé la marchandise par bateau. -**3.** [tide] marée *f*; **at high/low ~** à marée haute/basse. -**4.** *euph* [urine] urine *f*; **to make** OR **to pass ~** uriner. -**5.** MED: **~ on the brain** hydrocéphalie *f*; **the baby has ~ on the brain** le bébé est hydrocéphale; **to have ~ on the knee** avoir un épanchement de synovie. -**6.** TEX [of cloth] moiré *m*.

◇ *vt* -**1.** [land, plants] arroser; **the land here is ~ed by the Seine** ici, la terre est arrosée OR irriguée par la Seine. -**2.** [animal] donner à boire à, faire boire. -**3.** [dilute - alcohol] couper (d'eau). -**4.** TEX [cloth] moirer.

◇ *vi* -**1.** [eyes] larmoyer. -**2.** [mouth]: **the smell made my mouth ~** l'odeur m'a fait venir l'eau à la bouche.

◆ **waters** *npl* -**1.** [territorial] eaux *fpl*; **in Japanese ~s** dans les eaux (territoriales) japonaises. -**2.** [spa water]: **to take the ~s** prendre les eaux, faire une cure thermale. -**3.** [of pregnant woman] poche *f* des eaux; **her ~s broke** elle a perdu les eaux, la poche des eaux s'est rompue.

◆ **water down** *vt sep* [alcohol] couper (d'eau); *fig* [speech] édulcorer; [complaint, criticism] atténuer.

water bag *n* outre *f* à eau.

water bailiff *n Br* garde-pêche *m (personne)*.

water bed *n* matelas *m* à eau.

water beetle *n* gyrin *m*, tourniquet *m*.

water bird *n* oiseau *m* aquatique.

water biscuit *n Br* biscuit *m* salé craquant.

water blister *n* ampoule *f*, phlyctène *f spec*.

water boatman *n* ENTOM notonecte *f*.

water bomb *n* bombe *f* à eau.

waterborne ['wɔːtəbɔːn] *adj* [vehicle] flottant; [commerce, trade] effectué par voie d'eau; [disease] d'origine hydrique.

water bottle *n* [gen] bouteille *f* d'eau; [soldier's, worker's] bidon *m* à eau; [in leather] outre *f*.

water buffalo *n* [India] buffle *m* d'Inde; [Malaysia] karbau *m*, kérabau *m*; [Asia] buffle *m* d'Asie.

water bug *n* nèpe *f*.

water bus *n* navette *f (sur eau)*.

water butt *n* citerne *f* (à eau de pluie).

water cannon *n* canon *m* à eau.

water carrier *n* -**1.** [container] bidon *m* à eau. -**2.** [person] porteur *m*, -euse *f* d'eau.

◆ **Water Carrier** *pr n* ASTROL & ASTRON: **the Water Carrier** le Verseau.

water cart *n* [to sprinkle water] arroseuse *f*; [to sell water] voiture *f* de marchand d'eau.

water chestnut *n* châtaigne *f* d'eau.

water chute *n* [in swimming pool] cascade *f*.

water closet *n* W-C *mpl*, toilettes *fpl*, cabinets *mpl*.

watercolour *Br*, **watercolor** *Am* ['wɔːtə,kʌləʳ] ◇ *n* [paint] couleur *f* pour aquarelle; [painting] aquarelle *f*; **painted in ~** peint à l'aquarelle.

◇ *adj* [paint] pour aquarelle, à l'eau; [landscape, portrait] à l'aquarelle.

watercolourist *Br*, **watercolorist** *Am* ['wɔːtə,kʌlərɪst] *n* aquarelliste *mf*.

water-cooled [-kuːld] *adj* à refroidissement par eau.

water cooler *n* distributeur *m* d'eau fraîche.

watercourse ['wɔːtəkɔːs] *n* [river, stream] cours *m* d'eau; [bed] lit *m (d'un cours d'eau)*.

watercress ['wɔːtəkres] *n* cresson *m*.

water-diviner *n* sourcier *m*, -ère *f*, radiesthésiste *mf*.

watered-down [,wɔːtəd-] *adj* [alcohol] coupé (d'eau); [speech] édulcoré; [complaint, criticism] atténué.

watered silk *n* soie *f* moirée.

waterfall ['wɔːtəfɔːl] *n* cascade *f*, chute *f* d'eau.

waterfinder ['wɔːtə,faɪndəʳ] *Am* = **water-diviner**.

water flea *n* daphnie *f*, puce *f* d'eau.

water fountain *n* [for decoration] jet *m* d'eau; [for drinking] distributeur *m* d'eau fraîche.

waterfowl ['wɔːtəfaʊl] (*pl inv* OR **waterfowls**) *n* [bird] oiseau *m* aquatique; [collectively] gibier *m* d'eau.

waterfront ['wɔːtəfrʌnt] *n* [at harbour] quais *mpl*; [seafront] front *m* de mer; **on the ~** [at harbour] sur les quais; [on seafront] face à la mer ❑ **'On the Waterfront'** *Kazan* 'Sur les quais'.

water gas *n* gaz *m* à l'eau.

Watergate ['wɔːtəgeɪt] *pr n* Watergate *m*.

WATERGATE:

Scandale politique qui entraîna en août 1974 la démission du président américain républicain Richard Nixon, impliqué dans un vol de documents au siège du parti démocrate (situé dans l'immeuble de Watergate à Washington) et dans une affaire d'écoute clandestine. Alors que plusieurs de ses collaborateurs furent jugés et condamnés, R. Nixon démissionna avant sa mise en accusation, ce qui contribua à ébranler la confiance des Américains dans leur gouvernement.

---

water gauge *n* jauge *f* d'eau.

water glass *n* -**1.** [for drinking] verre *m* à eau. -**2.** [water gauge] jauge *f* d'eau. -**3.** CHEM silicate *m* de potasse.

water gun = **water pistol**.

water heater *n* chauffe-eau *m inv*.

water hen *n* poule *f* d'eau.

waterhole ['wɔːtəhəʊl] *n* point *m* d'eau; [in desert] oasis *f*.

water ice *n Br* sorbet *m*.

watering ['wɔːtərɪŋ] *n* [of garden, plants] arrosage *m*; [of crops, fields] irrigation *f*; **azaleas need daily ~** il faut arroser les azalées chaque jour.

watering can *n* arrosoir *m*.

watering hole *n* [for animals] point *m* d'eau; *fig* & *hum inf* [pub] ≃ bistrot *m*, ≃ bar *m*.

watering place *n* -**1.** [waterhole] point *m* d'eau. -**2.** *Br* [spa] station *f* thermale. -**3.** *Br* [seaside resort] station *f* balnéaire.
watering pot *n* arrosoir *m*.
water jacket *n* chemise *f* d'eau.
water jump *n* brook *m*.
water level *n* [of river, sea] niveau *m* de l'eau; [in tank] niveau *m* d'eau.
water lily *n* nénuphar *m*.
waterline ['wɔːtəlaɪn] *n* -**1.** [left by river] ligne *f* des hautes eaux; [left by tide] laisse *f* de haute mer. -**2.** NAUT [on ship] ligne *f* de flottaison.
waterlogged ['wɔːtəlɒgd] *adj* [land, soil] détrempé; [boat] plein d'eau; [clothing, shoes] imbibé d'eau.
Waterloo [ˌwɔːtə'luː] ◇ *pr n* Waterloo; **the Battle of ~** la bataille de Waterloo.
◇ *n*: **to meet one's ~** essuyer un revers.
water main *n* conduite *f* OR canalisation *f* d'eau.
waterman ['wɔːtəmən] (*pl* **watermen** [-mən]) *n* batelier *m*.
watermark ['wɔːtəmɑːk] ◇ *n* -**1.** = **waterline 1.** -**2.** [on paper] filigrane *m*.
◇ *vt* filigraner.
water meadow *n* prairie *f* (*souvent inondée*).
watermelon ['wɔːtəˌmelən] *n* pastèque *f*, melon *m* d'eau.
water meter *n* compteur *m* d'eau.
watermill ['wɔːtəmɪl] *n* moulin *m* à eau.
water nymph *n* naïade *f*.
water ox = **water buffalo**.
water pipe *n* -**1.** CONSTR conduite *f* OR canalisation *f* d'eau. -**2.** [hookah] narguilé *m*.
water pistol *n* pistolet *m* à eau.
water polo *n* water-polo *m*.
water power *n* énergie *f* hydraulique, houille *f* blanche.
waterproof ['wɔːtəpruːf] ◇ *adj* [clothing, material] imperméable; [container, wall, watch] étanche.
◇ *n* imperméable *m*.
◇ *vt* [clothing, material] imperméabiliser; [barrel, wall] rendre étanche.
waterproofing ['wɔːtəpruːfɪŋ] *n* [process - for clothing, material] imperméabilisation *f*; [- for barrel, wall] action *f* de rendre étanche; [coating] imperméabilisation *f*.
water rat *n* rat *m* d'eau.
water rate *n* *Br* taxe *f* sur l'eau.
water-repellent *adj* imperméable, hydrofuge.
water-resistant *adj* [material] semi-imperméable; [lotion] qui résiste à l'eau; [ink] indélébile, qui résiste à l'eau.
watershed ['wɔːtəʃed] *n* [area of ground] ligne *f* de partage des eaux; *fig* [event] grand tournant *m*; **the concert was a ~ in her career as a singer** ce concert fut un moment décisif OR un grand tournant dans sa carrière de chanteuse.
waterside ['wɔːtəsaɪd] ◇ *n* bord *m* de l'eau.
◇ *adj* [house, path] au bord de l'eau; [resident] riverain; [flower] du bord de l'eau.
water ski *n* ski *m* nautique.
◆ **water-ski** *vi* faire du ski nautique.
water skier *n* skieur *m*, -euse *f* nautique.
water skiing *n* ski *m* nautique.
water snake *n* serpent *m* d'eau.
water softener *n* adoucisseur *m* d'eau.
water-soluble *adj* soluble dans l'eau.
water spaniel *n* épagneul *m* (*qui chasse du gibier d'eau*).
water spider *n* araignée *f* d'eau.
water sport *n* sport *m* nautique.
waterspout ['wɔːtəspaʊt] *n* -**1.** [pipe] (tuyau *m* de) descente *f*. -**2.** METEOR trombe *f*.
water supply *n* [for campers, troops] provision *f* d'eau; [to house] alimentation *f* en eau; [to area, town] distribution *f* des eaux, approvisionnement *m* en eau; **the ~ has been cut off** l'eau a été coupée.
water table *n* nappe *f* phréatique, niveau *m* hydrostatique.
water tank *n* réservoir *m* d'eau, citerne *f*.
watertight ['wɔːtətaɪt] *adj* [box, door] étanche; *fig* [argument, reasoning] inattaquable, indiscutable.
water torture *n* supplice *m* de l'eau.
water tower *n* château *m* d'eau.
water vapour *n* vapeur *f* d'eau.
water vole *n* rat *m* d'eau.
waterway ['wɔːtəweɪ] *n* cours *m* d'eau, voie *f* navigable.
waterweed ['wɔːtəwiːd] *n* élodée *f*.
waterwheel ['wɔːtəwiːl] *n* roue *f* hydraulique.
waterwings ['wɔːtəwɪŋz] *npl* bouée *f* (*pour apprendre à nager*).
waterworks ['wɔːtəwɜːks] (*pl inv*) ◇ *n* [establishment] station *f* hydraulique; [system] système *m* hydraulique.
◇ *npl* -**1.** [fountain] jet *m* d'eau. -**2.** *inf Br euph & hum* [urinary system] voies *fpl* urinaires; **he has problems with his ~** il a des problèmes de vessie. -**3.** *inf hum* [tears]: **she turned on the ~** elle s'est mise à pleurer comme une Madeleine.
watery ['wɔːtərɪ] *adj* -**1.** [surroundings, world] aquatique; [ground, soil] détrempé, saturé d'eau; **the sailors found a ~ grave** les marins ont été ensevelis par les eaux. -**2.** [eyes] larmoyant, humide. -**3.** [coffee, tea] trop léger; [soup] trop liquide, fade; [milk] qui a trop d'eau; [taste] fade, insipide. -**4.** [light, sun, smile] faible; [colour] délavé, pâle.
watt [wɒt] *n* watt *m*.
wattage ['wɒtɪdʒ] *n* puissance *f* OR consommation *f* (en watts).
watt-hour *n* wattheure *m*.
wattle ['wɒtl] *n* -**1.** [of bird, lizard] caroncule *f*. -**2.** [sticks] clayonnage *m*; **~ and daub** clayonnage enduit de torchis; **~ walls** murs *mpl* en clayonnage.
wattmeter ['wɒtˌmiːtəʳ] *n* wattmètre *m*.
wave [weɪv] ◇ *n* -**1.** [in sea] vague *f*, lame *f*; [on lake] vague *f*; **the ~s** les flots *mpl*; **don't make ~s** *fig* ne faites pas de vagues, ne créez pas de remous. -**2.** [of earthquake, explosion] onde *f*; *fig* [of crime, panic] vague *f*; **a ~ of anger** une bouffée de colère; **a ~ of disgust swept over him** une vague de dégoût le submergea; **the refugees arrived in ~s** les réfugiés sont arrivés par vagues; **there were several ~s of attack** MIL il y eut plusieurs vagues d'assaut. -**3.** [in hair] cran *m*, ondulation *f*; **her hair has a natural ~ to it** ses cheveux ondulent naturellement. -**4.** [gesture] geste *m* OR signe *m* de la main; **our neighbour gave us a friendly ~** notre voisin nous a fait un signe amical; **with a ~ of the hand** d'un geste OR signe de la main. -**5.** RADIO onde *f*.
◇ *vi* -**1.** [gesture] faire un signe OR un geste de la main; **his sister ~d at** OR **to him** [greeted] sa sœur l'a salué d'un signe de la main; [signalled] sa sœur lui a fait signe de la main; **she ~d at** OR **to them to come in** elle leur a fait signe d'entrer; **he ~d vaguely towards the door** il a montré vaguement la porte d'un geste de la main. -**2.** [move - flag] flotter; [- wheat] onduler, ondoyer; [- branch] être agité.
◇ *vt* -**1.** [brandish - flag] agiter, brandir; [- pistol, sword] brandir. -**2.** [gesture]: **his mother ~d him away** sa mère l'a écarté d'un geste de la main; **the guard ~d us back/on** le garde nous a fait signe de reculer/d'avancer; **the policeman ~d us through the crossroads** le policier nous a fait signe de traverser le carrefour; **we ~d goodbye** nous avons fait au revoir de la main; **you can ~ goodbye to your promotion!** *inf fig* tu peux dire adieu à ta promotion! -**3.** [hair] onduler.
◆ **wave about** ◇ *vi insep* = **wave** *vi* **2**.
◇ *vt sep Br* [flag, sign] agiter, brandir; [pistol, sword] brandir; **he was waving his hands about** il gesticulait.
◆ **wave aside** *vt sep* [person] écarter OR éloigner d'un geste; [protest] écarter; [help, suggestion] refuser, rejeter.
◆ **wave down** *vt sep*: **to ~ sb/a car down** faire signe à qqn/à une voiture de s'arrêter.
wave band *n* bande *f* de fréquences.
waveform ['weɪvfɔːm] *n* courbe *f* d'onde.
wave function *n* fonction *f* d'onde.
waveguide ['weɪvgaɪd] *n* guide *m* d'ondes.
wavelength ['weɪvleŋkθ] *n* PHYS & RADIO longueur *f* d'onde; **we're just not on the same ~** *fig* nous ne sommes pas sur la même longueur d'onde.
wavelet ['weɪvlɪt] *n* vaguelette *f*.
wave mechanics *n* (*U*) mécanique *f* ondulatoire.
wave power *n* énergie *f* des vagues.
waver ['weɪvəʳ] *vi* -**1.** [person] vaciller, hésiter; [confidence, courage] vaciller, faiblir; **they didn't ~ in their loyalty to the cause** leur attachement à la cause n'a pas faibli. -**2.** [flame, light] vaciller, osciller; [temperature] osciller. -**3.** [voice] trembloter, trembler.
waverer ['weɪvərəʳ] *n* irrésolu *m*, -e *f*, indécis *m*, -e *f*.
wavering ['weɪvərɪŋ] ◇ *adj* -**1.** [person] irrésolu, indécis; [confidence, courage] vacillant, défaillant. -**2.** [flame, light] vacillant, oscillant; [steps] vacillant, chancelant; [temperature] oscillant. -**3.** [voice] tremblotant, tremblant.
◇ *n* -**1.** [of person] irrésolution *f*, indécision *f*; [of confidence, courage] défaillance *f*. -**2.** [of flame, light] vacillement *m*, oscillation *f*; [of temperature] oscillation *f*.
wavy ['weɪvɪ] (*compar* **wavier**, *superl* **waviest**) *adj* -**1.** [line] qui ondule, ondulant. -**2.** [hair] ondulé, qui a des crans.
wavy-haired *adj* aux cheveux ondulés.
wax [wæks] ◇ *n* -**1.** [for car, floor, furniture] cire *f*; [in ear] cérumen *m*; [for skis] fart *m*. -**2.** *Br dated*: **to be in a ~** *inf* être en rogne OR en colère.
◇ *comp* [candle, figure] de OR en cire; **~ crayons** pastels *mpl*.
◇ *vt* -**1.** [floor, table] cirer, encaustiquer; [skis] farter; [car] enduire de cire. -**2.** [legs] épiler (à la cire).
◇ *vi* -**1.** [moon] croître; [influence, power] croître, augmenter; **to ~ and wane** [moon] croître et décroître; [influence, power] croître et décliner. -**2.** *arch* OR *hum* [become] devenir; **he ~ed poetic/sentimental** il se fit poète/sentimental; **she ~ed eloquent** OR **lyrical on the subject of country life** elle s'est montrée éloquente sur le thème de la vie à la campagne.
waxed paper [wækst-] *n* papier *m* paraffiné OR sulfurisé.
waxen ['wæksən] *adj* [candle, figure] de OR en cire; [complexion, face] cireux.
wax paper = **waxed paper**.
waxwing ['wækswɪŋ] *n* ORNITH jaseur *m*.
waxwork ['wækswɜːk] *n* [object] objet *m* de OR en cire; [statue of person] statue *f* de cire.
waxworks ['wækswɜːks] (*pl inv*) *n* musée *m* de cire.
waxy ['wæksɪ] (*compar* **waxier**, *superl* **waxiest**) *adj* [complexion, texture] cireux; [colour] cireux, jaunâtre; [potato] ferme, pas farineux.
way [weɪ] ◇ *n* **A.** -**1.** [thoroughfare, path] chemin *m*, voie *f*; [for cars] rue *f*, route *f*; **we took the ~ through the woods** nous avons pris le chemin qui traverse le bois; **they're building a ~ across the desert** ils ouvrent une route à travers le désert; **they live across** OR **over the ~ from the school** ils habitent en face de l'école ☐ **pedestrian ~** voie OR rue piétonne; **private/public ~** voie privée/publique; **the Appian Way** la voie Appienne; **the Way of the Cross** RELIG le chemin de Croix. -**2.** [route leading to a specified place] chemin *m*; **this is the ~ to the library** la bibliothèque est par là; **could you tell me the ~ to the library?** pouvez-vous me dire comment aller à la bibliothèque?; **what's the shortest** OR **quickest ~ to town?** quel est le chemin le plus court pour aller en ville?; **we took the long ~ (round)** nous avons pris le chemin le plus long; **which ~ does this bus go?** par où passe ce bus?; **I had to ask the** OR **my ~** il a fallu que je demande mon chemin; **she knows the ~ to school** elle connaît le

chemin de l'école; they went the wrong ~ ils se sont trompés de chemin, ils ont pris le mauvais chemin ❑ to lose one's ~ *literal* s'égarer, perdre son chemin; *fig* s'égarer, se fourvoyer; to know one's ~ around *inf literal* savoir s'orienter; *fig* savoir se débrouiller. -**3.** [route leading in a specified direction] chemin *m*, route *f*; the ~ back le chemin OR la route du retour; I got lost on the ~ back home je me suis perdu sur le chemin du retour; he couldn't find the ~ back home il n'a pas trouvé le chemin pour rentrer (à la maison); on our ~ back we stopped for dinner au retour OR sur le chemin du retour nous nous sommes arrêtés pour dîner; she showed us the easiest ~ down/up elle nous a montré le chemin le plus facile pour descendre/monter; the ~ up is difficult but the ~ down will be easier la montée est difficile mais la descente sera plus facile; do you know the ~ down/up? savez-vous par où on descend/on monte?; the ~ in l'entrée *f*; the ~ out la sortie; we looked for a ~ in/out nous cherchions un moyen d'entrer/de sortir; I took the back ~ out je suis sorti par derrière; '~ in' 'entrée'; '~ out' 'sortie' || *fig*: miniskirts are on the ~ back in la minijupe est de retour; miniskirts are on the ~ out la minijupe n'est plus tellement à la mode; the director is on the ~ out le directeur ne sera plus là très longtemps; they found a ~ out of the deadlock ils ont trouvé une solution pour sortir de l'impasse; is there no ~ out of this nightmare? n'y a-t-il pas moyen de mettre fin à ce cauchemar?; their decision left her no ~ out leur décision l'a mise dans une impasse; he left himself a ~ out il s'est ménagé une porte de sortie. -**4.** [direction] direction *f*, sens *m*; come this ~ venez par ici; he went that ~ il est allé par là; 'this ~ to the chapel' 'vers la chapelle'; this ~ and that de-ci de-là, par-ci par-là; look this ~ regarde par ici; I never looked their ~ je n'ai jamais regardé dans leur direction; to look the other ~ *literal* détourner les yeux; *fig* fermer les yeux; he didn't know which ~ to look [embarrassed] il ne savait plus où se mettre; which ~ is the wind blowing? *literal* d'où vient le vent?; I could tell which ~ the wind was blowing *fig* je voyais très bien ce qui allait se passer; which ~ do I go from here? *literal* où est-ce que je vais maintenant?; *fig* qu'est-ce que je fais maintenant?; get in, I'm going your ~ montez, je vais dans la même direction que vous; we each went our separate ~s [on road] nous sommes partis chacun de notre côté; [in life] chacun de nous a suivi son propre chemin; he went the wrong ~ il a pris la mauvaise direction; [down one-way street] il a pris la rue en sens interdit ❑ to come one's ~ se présenter; any job that comes my ~ n'importe quel travail qui se présente; if ever the opportunity comes your ~ si jamais l'occasion se présente; everything's going my ~ *inf* tout marche comme je veux en ce moment; the vote went our ~ le vote nous a été favorable; the vote couldn't have gone any other ~ les résultats du vote étaient donnés d'avance; to go one's own ~ n'en faire qu'à sa tête, vivre à sa guise; to go the ~ of all flesh OR of all things mourir. -**5.** [side] sens *m*; stand the box the other ~ up posez le carton dans l'autre sens; 'this ~ up' 'haut'; hold the picture the right ~ up tenez le tableau dans le bon sens; it's the wrong ~ up c'est dans le mauvais sens; the curtains are the wrong ~ round les rideaux sont à l'envers OR dans le mauvais sens; your sweater is the right/wrong ~ out votre pull est à l'endroit/à l'envers; cats hate having their fur brushed the wrong ~ les chats détestent qu'on les caresse à rebrousse-poil; SHE insulted HIM? you've got it the wrong ~ round elle, elle l'a insulté? mais c'est le contraire; he invited her tonight, last time it was the other ~ round ce soir c'est lui qui l'a invitée, la dernière fois c'était l'inverse ❑ to rub sb up the right ~ caresser qqn dans le sens du poil; to rub sb up the wrong ~ prendre qqn à rebrousse-poil. -**6.** [area, vicinity] parages *mpl*; call in when you're up our ~ passez nous voir quand vous êtes dans le coin OR dans les parages; I was out OR over your ~ yesterday j'étais près de OR du côté de chez vous hier; the blast came from Chicago ~ l'explosion venait du côté de Chicago. -**7.** [distance - in space]: we came part of the ~ by foot nous avons fait une partie de la route à pied; they were one-third of the ~ through their trip ils avaient fait un tiers de leur voyage; we've come most of the ~ nous avons fait la plus grande partie du chemin; he can swim quite a ~ il peut nager assez longtemps; a long ~ off OR away loin; a little OR short ~ off pas très loin, à courte distance; Susan sat a little ~ off Susan était assise un peu plus loin; I saw him from a long ~ off je l'ai aperçu de loin; it's a long ~ to Berlin Berlin est loin; it's a long ~ from Paris to Berlin la route est longue de Paris à Berlin; we're a long ~ from home nous sommes loin de chez nous; we've come a long ~ [from far away] nous venons de loin; [made progress] nous avons fait du chemin; we've a long ~ to go [far to travel] il nous reste beaucoup de route à faire; [a lot to do] nous avons encore beaucoup à faire; [a lot to collect, pay] nous sommes encore loin du compte; he has a long ~ to go to be ready for the exam il est loin d'être prêt pour l'examen || [in time]: it's a long ~ to Christmas Noël est encore loin; you have to go back a long ~ il faut remonter loin || *fig*: I'm a long ~ from trusting him je suis loin de lui faire confiance; you're a long ~ off OR out [in guessing] vous n'y êtes pas du tout; that's a long ~ from what we thought ce n'est pas du tout ce qu'on croyait; she'll go a long ~ elle ira loin; the scholarship will go a long ~ towards helping with expenses la bourse va beaucoup aider à faire face aux dépenses; a little goodwill goes a long ~ un peu de bonne volonté facilite bien les choses; she makes her money go a long ~ elle sait ménager son argent ❑ a little bit goes a long ~ il en faut très peu; a little of him goes a long ~ *hum* il est sympa, mais à petites doses *hum*. -**8.** [space in front of person, object]: a tree was in the ~ un arbre bloquait OR barrait le passage; a car was in his ~ une voiture lui barrait le passage OR l'empêchait de passer; I can't see, the cat is in the ~ je ne vois pas, le chat me gêne; is the lamp in your ~? la lampe vous gêne-t-elle?; put the suitcases under the bed out of the ~ rangez les valises sous le lit, pour qu'elles ne gênent pas; to get out of the ~ s'écarter (du chemin); we got out of his ~ nous l'avons laissé passer; out of my ~! pousse-toi!, laisse-moi passer!; the cars got out of the ambulance's ~ les voitures ont laissé passer l'ambulance; keep out of the ~! ne reste pas là!; make ~! écartez-vous!; make ~ for the parade! laissez passer le défilé!; make ~ for the President! faites place au Président! || *fig*: her social life got in the ~ of her studies ses sorties l'empêchaient d'étudier; I don't want to get in the ~ of your happiness je ne veux pas entraver votre bonheur; I kept out of the boss's ~ j'ai évité le patron; he wants his boss out of the ~ *inf* il veut se débarrasser de son patron; once the meeting is out of the ~ *inf* dès que nous serons débarrassés de la réunion; they tore down the slums to make ~ for blocks of flats ils ont démoli les taudis pour pouvoir construire des immeubles ❑ to clear OR prepare the ~ for sthg préparer la voie à qqch; to put difficulties in sb's ~ créer des difficultés à qqn. -**9.** [indicating a progressive action]: the acid ate its ~ through the metal l'acide est passé à travers le métal; I fought OR pushed my ~ through the crowd je me suis frayé un chemin à travers la foule; we made our ~ towards the train nous nous sommes dirigés vers le train; I made my ~ back to my seat je suis retourné à ma place; they made their ~ across the desert ils ont traversé le désert; they made their ~ down/up the hill ils ont descendu/monté la colline; she made her ~ up through the hierarchy elle a gravi les échelons de la hiérarchie un par un; she had to make her own ~ in the world elle a dû faire son chemin toute seule; she talked her ~ out of it elle s'en est sortie avec de belles paroles; he worked OR made his ~ through the pile of newspapers il a lu les journaux un par un; I worked my ~ through college j'ai travaillé pour payer mes études.

B. -**1.** [means, method] moyen *m*, méthode *f*; in what ~ can I help you? comment OR en quoi puis-je vous être utile?; there are several ~s to go OR of going about it il y a plusieurs façons OR moyens de s'y prendre; I do it this ~ voilà comment je fais; they thought they would win that ~ ils pensaient pouvoir gagner comme ça; he's going to handle it his ~ il va faire ça à sa façon; she has her own ~ of cooking fish elle a sa façon à elle de cuisiner le poisson; the right/wrong ~ to do it la bonne/mauvaise façon de le faire; you're doing it the right/wrong ~ c'est comme ça/ce n'est pas comme ça qu'il faut (le) faire; do it the usual ~ faites comme d'habitude; there's no ~ OR I can't see any ~ we'll finish on time nous ne finirons jamais OR nous n'avons aucune chance de finir à temps ❑ ~s and means POL financement *m*; love will find a ~ *hum* l'amour finit toujours par triompher; that's the ~ to do it! c'est comme ça qu'il faut faire!, voilà comment il faut faire!; well done! that's the ~ (to go)! *Am inf* bravo! c'est bien!; what a ~ to go! [manner of dying] quelle belle mort!; [congratulations] bravo! -**2.** [particular manner, fashion] façon *f*, manière *f*; in a friendly ~ gentiment; he spoke in a general ~ about the economy il a parlé de l'économie d'une façon générale; she doesn't like the ~ he is dressed elle n'aime pas la façon dont il est habillé; he doesn't speak the ~ his family does il ne parle pas comme sa famille; they see things in the same ~ ils voient les choses de la même façon; in their own (small) ~ they fight racism à leur façon OR dans la limite de leurs moyens, ils luttent contre le racisme; in the same ~, we note that... de même, on notera que...; that's one ~ to look at it OR ~ of looking at it c'est une façon OR manière de voir les choses; my ~ of looking at it mon point de vue sur la question; try to see it my ~ mettez-vous à ma place; to her ~ of thinking à son avis; the ~ she feels about him les sentiments qu'elle éprouve à son égard; I didn't think you would take it this ~ je ne pensais pas que vous le prendriez comme ça; if that's the ~ you feel about it! si c'est comme ça que vous le prenez! ❑ the American ~ of life la manière de vivre des Américains, le mode de vie américain; being on the move is a ~ of life for the gypsy le voyage est un mode de vie pour les gitans; yearly strikes have become a ~ of life les grèves annuelles sont devenues une habitude. -**3.** [custom] coutume *f*, usage *m*; [habitual manner of acting] manière *f*, habitude *f*; we soon got used to her ~s nous nous sommes vite habitués à ses manières; the ~s of God and men les voies de Dieu et de l'homme; he knows nothing of their ~s il les connaît très mal OR ne les comprend pas du tout; she has a ~ of tossing her head when she laughs elle a une façon OR manière de rejeter la tête en arrière quand elle rit; they're happy in their own ~ ils sont heureux à leur manière; it's not my ~ to criticize ce n'est pas mon genre OR ce n'est pas dans mes habitudes de critiquer; he's not in a bad mood, it's just his ~ il n'est pas de mauvaise humeur, c'est sa façon d'être habituelle ❑ she got into/out of the ~ of rising early elle a pris/perdu l'habitude de se lever tôt. -**4.** [facility, knack]: she has a (certain) ~ with her elle a le chic; he has a ~ with children il sait (comment) s'y prendre OR il a le chic avec les enfants; she has a ~ with words elle a le chic pour s'exprimer; trouble has a ~ of showing up when least expected les ennuis ont le chic pour se manifester quand on ne s'y attend pas. -**5.** [indicating a condition, state of affairs]: let me tell you the ~ it was laisse-moi te raconter comment ça s'est passé; we can't invite him given the ~ things are on ne peut pas l'inviter étant donné la situation; we left the flat the ~ it was nous avons laissé l'appartement tel qu'il était OR comme il était; is he going to be staying here? – it looks that ~ est-ce qu'il va loger ici? – on dirait (bien); it's not the ~ it looks! ce n'est pas ce que vous pensez!; it's not the ~ it used to be ce n'est pas comme avant; that's the ~ things are c'est comme ça; that's the ~ of the world ainsi va le monde; business is good and we're trying to keep it that ~ les affaires vont bien et nous faisons en sorte que ça dure; the train is late – that's always the ~ le train est en retard – c'est toujours comme ça OR pareil; life goes on (in) the same old ~ la vie va son train OR suit son cours; I don't like the ~ things are going je n'aime pas la tournure que prennent les choses; we'll never finish the ~ things are going au train où vont les choses, on n'aura jamais fini ❑ to be in a bad ~ être en mauvais état; he's in a bad ~ il est dans un triste état; their business is in a bad/good ~ leurs affaires marchent mal/bien; she's in a fair ~ to succeed/to becoming president elle est bien partie pour réussir/pour devenir président. -**6.** [respect, detail] égard *m*, rapport *m*; in what ~? à quel égard?, sous quel rapport?; in this ~ à cet égard, sous ce rapport; it's important in many ~s c'est important à bien des égards; in some ~s à certains égards, par certains côtés; the job suits her in every ~ le poste lui convient à tous égards OR à tous points de vue; I'll help you in every possible ~ je ferai tout ce que je peux pour vous aider; she studied the problem in every ~ possible elle a examiné le problème sous tous les angles possibles; useful in more ~s than one utile à plus d'un égard; these two books, each interesting in its (own) ~ ces deux livres, qui sont intéressants chacun dans son genre; he's clever that ~ sur ce plan-là il est malin ❑ in a ~ you're right en un sens vous avez raison; I see what you mean in a ~ d'un certain point de vue OR d'une certaine manière, je vois ce que tu veux dire; I am in no ~ responsible je ne suis absolument pas OR aucunement responsable; this in no ~ changes your situation ceci ne change en rien votre situation; without wanting in any ~ to criticize sans vouloir le moins du monde critiquer. -**7.** [scale]: to do things in a big ~ faire les choses en grand; she went into politics in a big ~ elle s'est lancée à fond dans la politique; they're in the arms business in a big ~ ils font de grosses affaires dans l'armement; they helped out in a big ~ ils ont beaucoup aidé; a grocer in a big/small ~ un gros/petit épicier; we live in a small ~ nous vivons modestement; it does change the situation in a small ~ ça change quand même un peu la situation. -**8.** *(usu pl)* [part, share]: we divided the money four ~s nous avons partagé l'argent en quatre; the committee was split three ~s le comité était divisé en trois groupes. -**9.** NAUT: we're gathering/losing ~ nous prenons/perdons de la vitesse; the ship has ~ on le navire a de l'erre. -**10.** *phr*: she always gets OR has her ~ elle arrive toujours à ses fins; he only wants it his ~ il n'en fait qu'à sa tête; I'm not going to let you have it all your ~ je refuse de te céder en tout; if I had my ~, he'd be in prison si cela ne tenait qu'à moi, il serait en prison; I refuse to go – have it your ~ je refuse d'y aller – fais ce que OR comme tu veux; no, it was 1789 – have it your ~ non, c'était en 1789 – soit; you can't have it both ~s il faut choisir; I can stop too, it works both ~s je peux m'arrêter aussi, ça marche dans les deux sens; there are no two ~s about it il n'y a pas le choix; no two ~s about it, he was rude il n'y a pas à dire, il a été grossier; to have one's (wicked) ~ with sb *hum* coucher avec qqn.

◇ *adv inf* -**1.** [far - in space, time] très loin; they live ~ over yonder ils habitent très loin par là-bas; ~ up the mountain très haut dans la montagne; ~ back in the distance au loin derrière; ~ back in the 1930s déjà dans les années 30. -**2.** *fig*: we've been friends from ~ back nous sommes amis depuis très longtemps; you're ~ below the standard tu es bien en-dessous du niveau voulu; he's ~ over forty il a largement dépassé la quarantaine; she's ~ ahead of her class elle est très en avance sur sa classe; he's ~ off in his guess il est loin d'avoir deviné.

◆ **ways** *npl* NAUT [in shipbuilding] cale *f*.

◆ **all the way** *adv phr*: the baby cried all the ~ le bébé a pleuré tout le long du chemin; don't close the curtains all the ~ ne fermez pas complètement les rideaux; prices go all the ~ from 200 to 1,000 dollars les prix vont de 200 à 1 000 dollars; I'm with you all the ~ *fig* je vous suis OR je vous soutiens jusqu'au bout ❑ to go all the ~ (with sb) *inf* aller jusqu'au bout (avec qqn).

◆ **along the way** *adv phr* en route; I stopped several times along the ~ je me suis arrêté plusieurs fois en (cours de) route; their project had some problems along the ~ *fig* leur projet a connu quelques problèmes en cours de route.

◆ **by a long way** *adv phr*: I prefer chess by a long ~ je préfère de loin OR de beaucoup les échecs; this is bigger by a long ~ c'est nettement OR beaucoup plus grand; he's not as capable as you are by a long ~ il est loin d'être aussi compétent que toi; is your project ready? – not by a long ~! ton projet est-il prêt? – loin de là!

◆ **by the way** ◇ *adv phr* [incidentally] à propos; by the ~, where did he go? à propos, où est-il allé?; by the ~, her brother sings much better soit dit en passant, son frère chante beaucoup mieux; I bring up this point by the ~ je signale ce point au passage OR en passant. ◇ *adj phr* [incidental] secondaire; that point is quite by the ~ ce détail est tout à fait secondaire.

◆ **by way of** *prep phr* -**1.** [via] par, via; to go by ~ of Brussels passer par Bruxelles. -**2.** [as a means of]: by ~ of illustration à titre d'exemple; she outlined the situation by ~ of introduction elle a présenté un aperçu de la situation en guise d'introduction; by ~ of introducing himself, he gave us his card en guise de présentation, il nous a donné sa carte; they receive money by ~ of grants ils reçoivent de l'argent sous forme de bourses.

◆ **either way** *adv phr* -**1.** [in either case] dans les deux cas; either ~ I lose dans les deux cas je suis perdant; shall we take the car or the bus? – it's fine by me either ~ tu préfères prendre la voiture ou le bus? – n'importe, ça m'est égal. -**2.** [more or less] en plus ou en moins; a few days either ~ could make all the difference quelques jours en plus ou en moins pourraient tout changer. -**3.** [indicating advantage]: the match could have gone either ~ le match était ouvert; there's nothing in it either ~ c'est pareil.

◆ **in such a way as to** *conj phr* de façon à ce que; she answered in such a ~ as to make me understand elle a répondu de façon à ce que je comprenne.

◆ **in such a way that** *conj phr* de telle façon OR manière que.

◆ **in the way of** *prep phr* -**1.** [in the form of]: she receives little in the ~ of salary son salaire n'est pas bien gros; what is there in the ~ of food? qu'est-ce qu'il y a à manger?; do you need anything in the ~ of paper? avez-vous besoin de papier?; he doesn't have much in the ~ of brains il n'a rien dans la tête. -**2.** [within the context of]: we met in the ~ of business nous nous sommes rencontrés dans le cadre du travail ❑ they put me in the ~ of making some money ils m'ont indiqué un moyen de gagner de l'argent.

◆ **no way** *inf adv phr* pas question; will you do it for me? – no ~! tu feras ça pour moi? – pas question!; no ~ am I going to tell him! (il n'est) pas question que je le lui dise!

◆ **on one's way, on the way** *adv & adj phr* -**1.** [along the route]: it's on my ~ c'est sur mon chemin; you pass it on your ~ to the office vous passez devant en allant au bureau; I'll catch up with you on the ~ je te rattraperai en chemin OR en route || [coming, going]: on the ~ to work en allant au bureau; I'm on my ~! j'y vais!; she's on her ~ home elle rentre chez elle; on his ~ to town he met his father en allant en ville, il a rencontré son père ❑ we must be on our ~ il faut que nous y allions; to go one's ~ repartir, reprendre son chemin. -**2.** *fig*: she has a baby on the ~ elle attend un bébé; her second book is on the ~ [being written] elle a presque fini d'écrire son deuxième livre; [being published] son deuxième livre est sur le point de paraître; she's on the ~ to success elle est sur le chemin de la réussite; the patient is on the ~ to recovery le malade est en voie de guérison; she's (well) on the ~ to becoming president elle est en bonne voie de devenir président; the new school is well on the ~ to being finished la nouvelle école est presque terminée.

◆ **one way and another** *adv phr* en fin de compte; I've done quite well for myself one ~ and another je me suis plutôt bien débrouillé en fin de compte.

◆ **one way or the other, one way or another** *adv phr* -**1.** [by whatever means] d'une façon ou d'une autre; one ~ or the other I'm going to get that job! d'une façon ou d'une autre, j'aurai ce boulot! -**2.** [expressing impartiality or indifference]: I've nothing to say one ~ or the other je n'ai rien à dire, ni pour ni contre; it doesn't matter to them one ~ or another ça leur est égal. -**3.** [more or less]: a month one ~ or the other un mois de plus ou de moins.

◆ **out of one's way** *adv phr*: I don't want to take you out of your ~ je ne veux pas vous faire faire un détour; don't go out of your ~ for me! *fig* ne vous dérangez pas pour moi!; she went out of her ~ to find me a job *fig* elle s'est donné du mal pour me trouver du travail.

◆ **under way** *adj & adv phr*: to be under ~ [person, vehicle] être en route; *fig* [meeting, talks] être en cours; [plans, project] être en train; to get under ~ [person, train] se mettre en route, partir; [car] se mettre en route, démarrer; *fig* [meeting, plans, talks] démarrer; the meeting was already under ~ la réunion avait déjà commencé; they got the plans under ~ ils ont mis le projet en route; the project is well under ~ le projet est en bonne voie de réalisation || NAUT: the ship is under ~ le navire est en route; the captain got (the ship) under ~ le capitaine a appareillé; the ship got under ~ le navire a appareillé OR a levé l'ancre.

-way *in cpds*: one~ street rue *f* à sens unique; a four~ discussion une discussion à quatre participants; there was a three~ split of the profits les bénéfices ont été divisés en trois.

waybill ['weɪbɪl] *n* feuille *f* de route, lettre *f* de voiture.

wayfarer ['weɪfeərəʳ] *n* voyageur *m*, -euse *f*.

wayfaring ['weɪfeərɪŋ] ◇ *n (U)* voyages *mpl*. ◇ *adj* voyageur.

waylay [,weɪ'leɪ] (*pt & pp* waylaid) *vt* [attack] attaquer, assaillir; [stop] intercepter, arrêter (au passage).

way-out *inf adj* [unusual - film, style] bizarre, curieux; [- person] excentrique, bizarre.

Ways and Means Committee *pr n commission américaine du budget à la Chambre des représentants.*

wayside ['weɪsaɪd] ◇ *n* bord *m* OR côté *m* de la route.
◇ *adj* au bord de la route; a ~ inn une auberge au bord de la route; ~ flowers les fleurs qui bordent la route.

way station *n Am* RAIL petite gare *f*; a ~ on the road to success *fig* une étape sur la route du succès.

wayward ['weɪwəd] *adj* -**1.** [person - wilful] entêté, têtu; [- unpredictable] qui n'en fait qu'à sa tête, imprévisible; [behaviour] imprévisible; [horse] rétif. -**2.** [fate] fâcheux, malencontreux.

WBC (*abbr of* World Boxing Council) *pr n* Conseil *m* mondial de la boxe.

WC (*abbr of* water closet) *n* W-C *mpl.*

WCC *pr n abbr of* World Council of Churches.

we [wiː] *pron* -**1.** [oneself and others] nous; **we went for a walk** nous sommes allés nous promener; **we all stood up** nous nous sommes tous levés; **we, the people** nous, le peuple; **we Democrats believe that...** nous, les démocrates, croyons que...; **as we say back home** comme on dit chez nous; **as we will see in chapter two** comme nous le verrons OR comme on le verra dans le chapitre deux; **we all make mistakes** tout le monde peut se tromper. -**2.** *fml* [royal] nous; **the royal we** le nous OR pluriel de majesté. -**3.** *inf* [you]: **and how are we today, John/Mrs Smith?** alors, comment allons-nous aujourd'hui, John/Madame Smith?

weak [wiːk] ◇ *adj* -**1.** [physically - animal, person] faible; [- health] fragile, délicat; [- eyes, hearing] faible, mauvais; **to become** OR **to get** OR **to grow ~** OR **~er** s'affaiblir; **we were ~ with** OR **from hunger** nous étions affaiblis par la faim; **he felt ~ with fear** il avait les jambes molles de peur; **I went ~ at the knees** mes jambes se sont dérobées sous moi, j'avais les jambes en coton; **it's always the ~est who go to the wall** *Br* ce sont toujours les plus faibles qui trinquent; **the ~er sex** le sexe faible. -**2.** [morally, mentally] mou, faible; **he's far too ~ to be a leader** il est beaucoup trop mou pour être un meneur; **in a ~ moment** dans un moment de faiblesse; **to be ~ in the head** être faible d'esprit. -**3.** [feeble - argument, excuse] faible, peu convaincant; [- army, government, institution] faible, impuissant; [- structure] fragile, peu solide; [- light, signal, currency, economy, stock market] faible; **she managed a ~ smile** elle a réussi à sourire faiblement; **she answered in a ~ voice** elle répondit d'une voix faible; **to have a ~ hand** [in cards] avoir des cartes faibles; **he's the ~ link in the chain** c'est lui le maillon faible de la chaîne. -**4.** [deficient, poor - pupil, subject] faible; **I'm ~ in geography, geography is my ~ subject** je suis faible en géographie; **she's rather ~ on discipline** elle est plutôt laxiste. -**5.** [chin] fuyant; [mouth] tombant. -**6.** [acid, solution] faible; [drink, tea] léger; AUT & MECH [mixture] pauvre. -**7.** GRAMM & LING [verb] faible, régulier; [syllable] faible, inaccentué.
◇ *npl*: **the ~** les faibles *mpl.*

weaken ['wiːkn] ◇ *vt* -**1.** [person] affaiblir; [heart] fatiguer; [health] miner. -**2.** [government, institution, team] affaiblir; FIN [dollar, mark] affaiblir, faire baisser. -**3.** [argument] enlever du poids OR de la force à; [position] affaiblir; [determination] affaiblir, faire fléchir. -**4.** [structure] affaiblir, rendre moins solide; [foundations, cliff] miner, saper.
◇ *vi* -**1.** [person - physically] s'affaiblir, faiblir; [- morally] faiblir; [voice, health] faiblir; **her resolution began to ~** sa détermination commençait à faiblir; **he finally ~ed and gave in** il s'est finalement laissé fléchir et a cédé. -**2.** [influence, power] diminuer, baisser. -**3.** [structure] faiblir, devenir moins solide. -**4.** FIN [dollar, mark] s'affaiblir; [prices] fléchir, baisser.

weakening ['wiːkənɪŋ] *n* [of person, resolve] affaiblissement *m*; [of currency or structure] fléchissement *m*, affaiblissement *m*.

weak-kneed [-niːd] *adj* mou, lâche.

weakling ['wiːklɪŋ] *n* -**1.** [physically] gringalet *m*, petite nature *f*. -**2.** [morally] faible *mf*, mauviette *f*.

weakly ['wiːklɪ] *adv* [get up, walk] faiblement; [speak] faiblement, mollement.

weak-minded *adj* -**1.** [not intelligent] faible OR simple d'esprit. -**2.** [lacking willpower] faible, irrésolu.

weakness ['wiːknɪs] *n* -**1.** [of person - physical] faiblesse *f*; [- moral] point *m* faible; **in a moment of ~** dans un moment de faiblesse; **sweets are one of his ~es** la confiserie est un de ses points faibles; **he has a ~ for sports cars** il a un faible pour les voitures de sport. -**2.** [of government, institution] faiblesse *f*, fragilité *f*. -**3.** [of structure] fragilité *f*. -**4.** FIN [of currency] faiblesse *f*.

weak-willed *n* faible, velléitaire.

weal [wiːl] *n* -**1.** [mark] marque *f* de coup, zébrure *f*; **his back was covered in ~s** il avait le dos couvert de traces de coups. -**2.** *arch* OR *lit* [wellbeing] bien *m*, bonheur *m*; **the common** OR **public ~** le bien public.

weald [wiːld] *n Br arch* [open country] pays *m* découvert; [wooded country] pays *m* boisé.

Weald [wiːld] *pr n* [region]: **the ~** *région du sud-est de l'Angleterre.*

wealth [welθ] *n (U)* -**1.** [richness - of family, person] richesse *f*, richesses *fpl*, fortune *f*; [- of nation] richesse *f*, prospérité *f*; **a young woman of great ~** une jeune femme très fortunée; **they have acquired considerable ~** ils ont acquis une fortune considérable OR des biens considérables ❑ **'The Wealth of Nations'** *Smith* 'Recherches sur la nature et les causes de la richesse des nations'. -**2.** [large amount - of details, ideas] abondance *f*, profusion *f*; **he showed a ~ of knowledge about Egyptian art** il fit preuve d'une profonde connaissance de l'art égyptien.

wealth tax *n Br* impôt *m* sur la fortune.

wealthy ['welθɪ] (*compar* wealthier, *superl* wealthiest) ◇ *adj* [person] riche, fortuné; [country] riche; **a ~ heiress** une riche héritière.
◇ *npl*: **the ~** les riches *mpl.*

wean [wiːn] *vt* [baby] sevrer; **a generation ~ed on television** une génération qui a grandi avec la télévision.
◆ **wean off** *vt sep*: **to ~ sb off sthg** détourner qqn de qqch; **I've ~ed him off cigarettes** je lui ai fait perdre l'habitude de fumer.

weaning ['wiːnɪŋ] ◇ *n* sevrage *m*.
◇ *adj*: **a ~ kitten/calf** un chaton/un veau en sevrage.

weapon ['wepən] *n* arme *f*; **carrying a ~ is illegal** le port d'armes est illégal; **patience is your best ~ in this situation** *fig* la patience est votre meilleure arme dans cette situation; **high interest rates are seen as a ~ against inflation** des taux d'intérêt élevés sont considérés comme une arme contre l'inflation ❑ **nuclear ~s** armes nucléaires.

weaponry ['wepənrɪ] *n (U)* armes *fpl*; MIL matériel *m* de guerre, armements *mpl.*

weapon system *n* dispositif *m* OR système *m* militaire.

wear [weəʳ] (*pt* wore [wɔːʳ], *pp* worn [wɔːn]) ◇ *vt* -**1.** [beard, spectacles, clothing etc] porter; **what shall I ~?** qu'est-ce que je vais mettre?; **I haven't a thing to ~** je n'ai rien à me mettre; **she wore a miniskirt** elle portait une minijupe, elle était en minijupe; **to ~ a seat belt** AUT mettre la ceinture (de sécurité); **the miniskirt is being worn again this year** la minijupe se porte de nouveau cette année; **he always ~s good clothes** il est toujours bien habillé, il s'habille toujours bien; **he was ~ing slippers/a dressing gown** il était en chaussons/en robe de chambre; **he ~s a beard** il porte la barbe; **she wore a ribbon in her hair** elle portait OR avait un ruban dans les cheveux; **she ~s her hair in a bun** elle a un chignon; **do you always ~ make-up?** tu te maquilles tous les jours?; **she wore lipstick** elle s'était mis OR elle avait mis du rouge à lèvres; **I often ~ perfume/aftershave** je mets souvent du parfum/de la lotion après-rasage ❑ **to ~ the trousers** *Br* OR **the pants** *Am inf* porter la culotte, commander. -**2.** [expression] avoir, afficher; [smile] arborer; **she wore an anxious look** son regard exprimait l'inquiétude, elle avait un air inquiet; **he wore a frown** il fronçait les sourcils ❑ **to ~ one's heart on one's sleeve** laisser voir ses sentiments. -**3.** [make by rubbing] user; **to ~ holes in sthg** trouer OR percer peu à peu qqch; **her shoes were worn thin** ses chaussures étaient complètement usées; **he wore his coat threadbare** il a usé son manteau jusqu'à la corde; **a path had been worn across the lawn** un sentier avait été creusé à travers la pelouse par le passage des gens; **the wheel had worn a groove in the wood** la roue avait creusé le bois. -**4.** *inf Br* [accept - argument, behaviour] supporter, tolérer; **I won't ~ it!** je ne marcherai pas! -**5.** *phr*: **to ~ o.s. to a frazzle** OR **a shadow** s'éreinter.
◇ *vi* -**1.** [endure, last] durer; **wool ~s better than cotton** la laine résiste mieux à l'usure OR fait meilleur usage que le coton; **this coat has worn well** ce manteau a bien servi; **this rug should ~ for years** ce tapis devrait durer OR faire des années; **it will ~ forever** cela durera pour toujours, c'est inusable || *fig*: **their friendship has worn well** leur amitié est restée intacte malgré le temps; **she's worn well** *inf Br* elle est bien conservée. -**2.** [be damaged through use] s'user; **this rug has worn badly in the middle** ce tapis est très usé au milieu; **the carpet had worn thin** le tapis était usé OR élimé; **the stone had worn smooth** la pierre était polie par le temps || *fig*: **her patience was ~ing thin** elle était presque à bout de patience; **his excuses are ~ing a bit thin** ses excuses ne prennent plus; **his jokes are ~ing a bit thin** ses plaisanteries ne sont plus drôles. -**3.** *lit* [time] passer; **as morning wore into afternoon** comme la matinée passait OR l'après-midi approchait; **as the year wore to its close** comme l'année tirait à sa fin.
◇ *n (U)* -**1.** [of clothes]: **for everyday ~** pour porter tous les jours; **clothes suitable for evening ~** tenue de soirée; **a suit for business ~** un costume pour le bureau ❑ **women's ~** vêtements *mpl* pour femmes; **winter ~** vêtements *mpl* d'hiver. -**2.** [use] usage *m*; **these shoes will stand hard ~** ces chaussures feront un bon usage OR résisteront bien à l'usure; **there's still plenty of ~ in that dress** cette robe est encore très portable; **to get a lot of ~ from** OR **out of sthg** faire durer qqch; **is there any ~ left in them?** feront-ils encore de l'usage? -**3.** [deterioration]: **~ (and tear)** usure *f*; **fair** OR **normal ~ and tear** usure normale; **living in the big city puts a lot of ~ and tear on people** les grandes villes sont une source de stress pour leurs habitants; **the sheets are beginning to show signs of ~** les draps commencent à être un peu usés OR fatigués.
◆ **wear away** ◇ *vt sep* [soles] user; [cliff, land] ronger, éroder; [paint, design] effacer.
◇ *vi insep* [metal] s'user; [land] être rongé OR érodé; [grass, topsoil] disparaître *(par usure)*; [design] s'effacer.
◆ **wear down** ◇ *vt sep* [steps] user; *fig* [patience, strength] épuiser petit à petit; [courage, resistance] saper, miner; **in the end she wore me down** [I gave in to her] elle a fini par me faire céder; **the busy schedule finally wore her down** son emploi du temps chargé a fini par l'épuiser OR l'exténuer.
◇ *vi insep* [pencil, steps, tyres] s'user; [courage] s'épuiser; **the heels have worn down** les talons sont usés.
◆ **wear off** ◇ *vi insep* -**1.** [marks, design] s'effacer, disparaître. -**2.** [excitement] s'apaiser, passer; [anaesthetic, effects] se dissiper, disparaître; [pain] se calmer, passer; **the novelty soon wore off** l'attrait de la nouveauté a vite passé.
◇ *vt sep* effacer par l'usure, user.
◆ **wear on** *vi insep* [day, season] avancer lentement; [battle, discussion] se poursuivre lentement; **as time wore on** au fur et à mesure que le temps passait.
◆ **wear out** ◇ *vt sep* -**1.** [clothing, machinery] user. -**2.** [patience, strength, reserves] épuiser; **to ~ out one's welcome** abuser de l'hospitalité de ses hôtes. -**3.** [tire] épuiser; **you're ~ing yourself out working so hard** tu t'épuises OR t'exténues à tant travailler; **to be worn out** être exténué OR éreinté; **worn out from arguing, he finally accepted their offer** de guerre lasse, il a fini par accepter leur offre; **their constant bickering ~s me out** leurs chamailleries continuelles me fatiguent OR m'épuisent.

◇ *vi insep* [clothing, shoes] s'user; **this material will never ~ out** ce tissu est inusable.

◆ **wear through** ◇ *vt sep* trouer, percer.

◇ *vi insep* se trouer; **my jeans have worn through at the knees** mon jean est troué aux genoux.

wearable ['weərəbl] *adj* portable.

wearer ['weərəʳ] *n*: **good news for ~s of glasses** bonnes nouvelles pour les personnes qui portent des lunettes.

wearily ['wɪərɪlɪ] *adv* avec lassitude; **"all right, if I must", she said ~** «bien, s'il le faut», dit-elle d'un ton las; **he smiled ~** il sourit d'un air fatigué; **we shuffled ~ along the platform** nous traînions les pieds sur le quai avec lassitude.

weariness ['wɪərɪnɪs] *n* -**1.** [physical] lassitude *f*, fatigue *f*; [moral] lassitude *f*, abattement *m*. -**2.** [boredom] lassitude *f*, ennui *m*.

wearing ['weərɪŋ] *adj* fatigant, épuisant.

wearisome ['wɪərɪsəm] *adj* -**1.** [tiring] fatigant, épuisant. -**2.** [annoying] ennuyeux, lassant.

weary ['wɪərɪ] (*compar* **wearier**, *superl* **weariest**, *pt* & *pp* **wearied**) ◇ *adj* -**1.** [tired - physically, morally] las *fml*, fatigué; **she grew ~ of reading** elle s'est lassée de lire; **I'm ~ of his silly jokes** j'en ai assez de ses plaisanteries stupides; **he gave a ~ sigh** il a soupiré d'un air las; **he spoke in a ~ voice** il parlait d'une voix lasse; **I'm ~ of life** j'en ai assez OR je suis las de la vie. -**2.** [tiring - day, journey] fatigant, lassant.

◇ *vt* [tire] fatiguer, lasser; [annoy] lasser, agacer; **they ~ me with all their complaining** ils m'ennuient avec leurs plaintes continuelles.

◇ *vi* se lasser; **she began to ~ of life in the country** elle commença à se lasser de la vie à la campagne.

weasel ['wi:zl] ◇ *n* belette *f*; *pej* [person] fouine *f*.

◇ *vi Am* ruser; [in speaking] parler d'une façon ambiguë.

◇ *vt*: **he ~ed his way into the conversation** il s'est insinué dans la conversation.

◆ **weasel out** *inf vi insep Am*: **to ~ out of sthg** se tirer de qqch; **he ~ed out of the contract** il s'est débrouillé pour se dégager du contrat; **she always ~s out of doing the dishes** elle se débrouille toujours pour échapper à la vaisselle.

weasel words *npl* paroles *fpl* ambiguës OR équivoques, discours *m* ambigu OR équivoque.

weather ['weðəʳ] ◇ *n* -**1.** METEOR temps *m*; **what's the ~ (like) today?** quel temps fait-il aujourd'hui?; **it's beautiful/terrible ~** il fait beau/mauvais; **the ~ is awful** OR **foul** il fait un temps de chien; **~ permitting** si le temps le permet; **surely you're not going out in this ~?** vous n'allez tout de même pas sortir par un temps pareil?; **in hot ~** par temps chaud, en période de chaleur; **in all ~s** par tous les temps; **there was a change in the ~** il y eut un changement de temps, le temps changea. -**2.** RADIO & TV: **~ (forecast)** (bulletin *m*) météo *f*; **did you listen to the ~?** as-tu écouté la météo? -**3.** *phr*: **to feel under the ~** *inf* ne pas être dans son assiette.

◇ *comp* [forecast, map] météorologique; [conditions] climatique, atmosphérique; NAUT [side] du vent; **keep your ~ eye open!** *inf* veillez au grain!; **I'll keep a ~ eye on the kids** *inf* je vais surveiller les enfants.

◇ *vt* -**1.** [survive - storm] réchapper à; [- crisis] survivre à, réchapper à; **the ship ~ed the storm** le navire a traversé la tempête; **will he ~ the storm?** *fig* va-t-il se tirer d'affaire OR tenir le coup? -**2.** [wood] exposer aux intempéries.

◇ *vi* [bronze, wood] se patiner; [rock] s'éroder; **this paint ~s well** cette peinture vieillit bien OR résiste bien aux intempéries.

weather balloon *n* ballon-sonde *m*.

weather-beaten *adj* [face, person] buriné; [building, stone] dégradé par les intempéries.

weatherboard ['weðəbɔ:d] *n* -**1.** *(U)* [on outer walls] planche *f* OR planches *fpl* à recouvrement. -**2.** [on door] planche *f* de recouvrement.

weatherboarding ['weðəbɔ:dɪŋ] *n (U)* planches *fpl* à recouvrement.

weather-bound *adj* [aircraft, ship] immobilisé par le mauvais temps; [event] reporté pour cause de mauvais temps.

weather bureau *n Am* ≃ office *m* national de la météorologie.

weather centre *n Br* ≃ centre *m* météorologique régional; **the London ~** la station de météorologie de Londres.

weathercock ['weðəkɒk] *n literal* & *fig* girouette *f*.

weather deck *n* [on ship] pont *m* découvert; [on bus] impériale *f* découverte.

weathered ['weðəd] *adj* [bronze, wood] patiné par le temps; [building, stone] érodé par le temps, usé par les intempéries; [face] buriné.

weatherglass ['weðəglɑ:s] *n* baromètre *m*.

weather house *n sorte de baromètre décoratif représentant une petite maison d'où sortent deux figurines, l'une par beau temps, l'autre par mauvais temps.*

weathering ['weðərɪŋ] *n* désagrégation *f*, érosion *f*.

weatherly ['weðəlɪ] *adj* qui tient bien près du vent; **a ~ ship** un bateau ardent.

weatherman ['weðəmæn] (*pl* **weathermen** [-men]) *n*: **the ~** le météorologue, le météorologiste; RADIO & TV le journaliste météo.

weatherproof ['weðəpru:f] ◇ *adj* [clothing] imperméable; [building] étanche.

◇ *vt* [clothing] imperméabiliser; [building] rendre étanche.

weather report *n* bulletin *m* météorologique.

weather satellite *n* satellite *m* météorologique.

weather ship *n* navire *m* météorologique.

weather station *n* station *f* OR observatoire *m* météorologique.

weather strip, weather stripping ['strɪpɪŋ] *n* bourrelet *m* étanche.

weather vane *n* girouette *f*.

weatherwoman ['weðə,wʊmən] (*pl* **weatherwomen** [-,wɪmɪn]) *n*: **the ~** la météorologue, la météorologiste; **the BBC ~** RADIO & TV celle qui fait OR qui présente la météo à la BBC.

weatherworn ['weðəwɔ:n] *adj* [face, person] buriné; [building, stone] dégradé par le temps.

weave [wi:v] (*vt senses 1,2,3 & vi senses 1,2 pt* **wove** [wəʊv], *pp* **woven** [wəʊvn], *vt sense 4 & vi sense 3 pt & pp* **weaved**) ◇ *vt* -**1.** [cloth, web] tisser; [basket, garland] tresser; **she wove the strands together into a necklace** elle a tressé OR entrelacé les fils pour en faire un collier. -**2.** [story] tramer, bâtir; [plot] tisser, tramer; **a tightly woven plot** une intrigue bien ficelée; **to ~ a spell** jeter un sort. -**3.** [introduce] introduire, incorporer; **he managed to ~ all the facts together to make a fascinating report** il a réussi à incorporer tous les faits dans un rapport passionnant. -**4.** [as verb of movement]: **he ~d his way across the room/towards the bar** il s'est frayé un chemin à travers la salle/vers le bar; **I had to ~ my way through the crowd** j'ai dû me frayer un chemin OR me faufiler à travers la foule; **the cyclist ~d his way through the traffic** le cycliste se faufilait OR se glissait à travers la circulation.

◇ *vi* -**1.** TEX tisser. -**2.** [road, river] serpenter. -**3.** [as verb of movement] se faufiler, se glisser; **he ~d unsteadily across the street** il a traversé la rue en titubant OR en zigzaguant; **the boxer ducked and ~d** le boxeur a esquivé tous les coups; **come on, get weaving!** *inf* allons, grouillez-vous!

◇ *n* tissage *m*; **the basket has a loose ~** le panier a un tissage lâche.

weaver ['wi:vəʳ] *n* -**1.** TEX tisserand *m*, -e *f*. -**2.** ORNITH tisserin *m*.

weaving ['wi:vɪŋ] ◇ *n* -**1.** [of cloth] tissage *m*; [of baskets, garlands] tressage *m*. -**2.** [of story] récit *m*; [of plot] trame *f*.

◇ *comp* [industry, mill] de tissage.

web [web] *n* -**1.** [of fabric, metal] tissu *m*; [of spider] toile *f*; **a ~ of lies** *fig* un tissu de mensonges; **he was caught in a ~ of intrigue** *fig* il a été pris dans un réseau d'intrigues. -**2.** [on feet - of duck, frog] palmure *f*; [- of humans] palmature *f*.

webbed [webd] *adj* palmé; **to have ~ feet** OR **toes** [duck, frog] avoir les pattes palmées; [human] avoir une palmature.

webbing ['webɪŋ] *n (U)* -**1.** TEX [material] toile *f* à sangles; [on chair] sangles *fpl*. -**2.** ANAT [animal] palmure *f*; [human] palmature *f*.

weber ['veɪbəʳ] *n* weber *m*.

webfoot ['webfʊt] (*pl* **webfeet** [-fi:t]) *n* -**1.** [foot - of animal] patte *f* palmée; [- of human] palmature *f*. -**2.** [kind of animal] palmipède *m*.

web-footed *adj* [animal] palmipède, qui a les pattes palmées; [human] qui a une palmature.

wed [wed] (*pt* & *pp* **wed** OR **wedded**, *cont* **wedding**) ◇ *vt lit* -**1.** [marry] épouser, se marier avec; **to get ~** se marier. -**2.** *(usu pass)* [unite] allier; **intelligence wedded to beauty** l'intelligence alliée à la beauté; **he's wedded to the cause** il est véritablement marié à cette cause. -**3.** [subj: priest] marier.

◇ *vi* [in headline] se marier; **PM's son to ~** le fils du Premier ministre se marie.

we'd [wi:d] -**1.** = **we would**. -**2.** = **we had**.

Wed. (*written abbr of* **Wednesday**) mer.

wedded ['wedɪd] *adj* [person] marié; [bliss, life] conjugal; **her lawful ~ husband** son époux légitime; **the newly ~ couple** les jeunes mariés *mpl*.

wedding ['wedɪŋ] ◇ *n* -**1.** [marriage] mariage *m*, noces *fpl*; **to have a church ~** se marier à l'église; **to have a civil ~** faire un mariage civil, se marier à la mairie; **we had a quiet ~** nous nous sommes mariés OR nous avons célébré le mariage dans l'intimité; **silver/golden/diamond ~** noces d'argent/d'or/de diamant. -**2.** [uniting] union *f*.

◇ *comp* [cake, night, trip] de noces; [ceremony, photograph, present] de mariage; **~ invitation** faire-part *m inv* de mariage.

wedding anniversary *n* anniversaire *m* de mariage; **our 10th ~** notre 10ᵉ anniversaire de mariage.

wedding band = **wedding ring**.

wedding breakfast *n lunch servi après la cérémonie du mariage.*

wedding day *n* jour *m* du mariage; **on their ~** le jour de leur mariage.

wedding dress *n* robe *f* de mariée.

wedding list *n* liste *f* de mariage.

wedding march *n* marche *f* nuptiale.

wedding ring *n* alliance *f*, anneau *m* de mariage.

wedeln ['veɪdəln] *n* godille *f*.

wedge [wedʒ] ◇ *n* -**1.** [under door, wheel] cale *f*; **put a ~ under the door** calez la porte, mettez une cale sous la porte; **their political differences drove a ~ between the two friends** *fig* les deux amis se sont brouillés à cause de leurs divergences politiques. -**2.** [for splitting wood] coin *m*. -**3.** [of cheese, cake, pie] morceau *m*, part *f*. -**4.** [golf club] cale *f*. -**5.** [for climber] coin *m*.

◇ *vt* -**1.** [make fixed or steady] caler; **the window was ~d open** la fenêtre était maintenue ouverte à l'aide d'une cale; **I ~d the door open/shut** j'ai maintenu la porte ouverte/fermée par une cale; **can you ~ the table with something? it's wobbling** pouvez-vous caler la table avec quelque chose OR mettre une cale sous la table? elle est branlante. -**2.** [squeeze, push] enfoncer; **to ~ sthg apart** fendre OR forcer qqch; **he ~d his foot in the door** il a bloqué la porte avec son pied; **she sat ~d between her two aunts** elle était assise coincée entre ses deux tantes; **I found the ring ~d down behind the cushion** j'ai trouvé la bague enfoncée derrière le coussin.

◆ **wedge in** *vt sep* [object] faire rentrer, enfoncer; [person] faire rentrer; **she was ~d in between two Italians** elle était coincée entre deux Italiens; **I ~d myself in at the back of the crowded hall** je me suis glissé au fond de la salle bondée; the photo was ~d in between two books la photo était glissée entre deux livres.

wedge heel *n* semelle *f* compensée.

wedge-heeled shoe [-hiːld], **wedgie** *inf* ['wedʒiː] *n* chaussure *f* à semelle compensée.

wedge-shaped *adj* en forme de coin.

wedlock ['wedlɒk] *n* *fml* mariage *m*; to be born out of ~ être un enfant naturel OR illégitime, être né hors du mariage.

Wednesday ['wenzdɪ] *n* mercredi *m*.

wee [wiː] ◇ *adj* *esp Scot* tout petit; a ~ bit un tout petit peu; a ~ drop of whisky une larme de whisky; in the ~ (small) hours of the morning au petit matin, aux premières heures du jour; a ~ boy un petit garçon.
◇ *vi* *inf* faire pipi.
◇ *n* *inf* pipi *m*; to have a ~ faire pipi.

weed [wiːd] ◇ *n* -**1.** [plant] mauvaise herbe *f*; that plant grows like a ~ cette plante pousse comme du chiendent. -**2.** *pej* [person] mauviette *f*. -**3.** *inf* [tobacco]: the ~ le tabac. -**4.** *drugs sl* herbe *f*.
◇ *vt* désherber, arracher les mauvaises herbes de; [with hoe] sarcler.
◇ *vi* désherber, arracher les mauvaises herbes.
◆ **weeds** *npl* vêtements *mpl* de deuil; in widow's ~s en deuil.
◆ **weed out** *vt sep* éliminer; [troublemakers] expulser; to ~ out the bad from the good faire le tri.

weeding ['wiːdɪŋ] *n* désherbage *m*; [with hoe] sarclage *m*; he does a little ~ every day il désherbe un peu OR enlève quelques mauvaises herbes tous les jours.

weedkiller ['wiːd,kɪləʳ] *n* herbicide *m*, désherbant *m*.

weedy ['wiːdɪ] (*compar* weedier, *superl* weediest) *adj* -**1.** [ground] couvert OR envahi de mauvaises herbes. -**2.** *inf pej* [person] malingre.

Weejun® ['wiːdʒn] *n* *Am* mocassin *m*.

week [wiːk] *n* semaine *f*; next/last ~ la semaine prochaine/dernière; see you next ~ à la semaine prochaine; in one ~, in one ~'s time dans huit jours, d'ici une semaine; two ~s ago il y a deux semaines OR quinze jours; within a ~ [gen] dans la semaine, d'ici une semaine; ADMIN & COMM sous huitaine; ~ ending 25th March la semaine du 21 mars; a ~ from today d'ici huit jours; a ~ from tomorrow demain en huit; yesterday ~, a ~ yesterday il y a eu une semaine hier; Monday ~, a ~ on Monday lundi en huit; twice a ~ deux fois par semaine; ~ in ~ out, ~ after ~, ~ by ~ semaine après semaine; the rate changes from ~ to ~ le taux varie de semaine en semaine; it rained for ~s on end il a plu pendant des semaines; I haven't seen you in OR for ~s ça fait des semaines que je ne t'ai pas vu; we're taking a ~'s holiday nous prenons huit jours de congé; the working ~ la semaine de travail; a 40-hour ~ une semaine de 40 heures; she's paid by the ~ elle est payée à la semaine; I lost a ~'s pay j'ai perdu une semaine de salaire.

weekday ['wiːk,deɪ] ◇ *n* jour *m* de la semaine; ADMIN & COMM jour *m* ouvrable; on ~s en semaine; ~s only la semaine seulement, sauf samedi et dimanche.
◇ *comp* [activities] de la semaine; on ~ mornings le matin en semaine.

weekend [,wiːk'end] ◇ *n* fin *f* de semaine, week-end *m*; at *Br* OR on *Am* the ~ le week-end; I'll do it at the ~ je le ferai pendant le week-end; what do you do at ~s? que faites-vous (pendant) le week-end OR les week-ends?; what are you doing this ~? quels sont tes projets pour le week-end?; he's staying with them for the ~ il passe le week-end chez eux; I'm going away for the ~ je pars pour le week-end; a long ~ un week-end prolongé.
◇ *comp* [schedule, visite] de OR du week-end; ~ bag OR case sac *m* de voyage, mallette *f*; ~ break *séjour d'un week-end*; a ~ cottage une maison secondaire OR de campagne; ~ return RAIL *billet aller et retour valable du vendredi au dimanche soir*.
◇ *vi* passer le week-end.

weekender [,wiːk'endeʳ] *n* *personne en voyage pour le week-end*; he's one of the ~s who come here to ski il fait partie des gens qui viennent skier ici le week-end; most of the cottages belong to ~s la plupart des maisons sont des résidences secondaires.

weekly ['wiːklɪ] ◇ *adj* [visit, meeting] de la semaine, hebdomadaire; [publication, payment, wage] hebdomadaire.
◇ *n* hebdomadaire *m*.
◇ *adv* [once a week] chaque semaine, une fois par semaine; [each week] chaque semaine, tous les huit jours; twice ~ deux fois par semaine; he's paid ~ il est payé à la semaine.

weeknight ['wiːk,naɪt] *n* soir *m* de la semaine; I can't go out on ~s je ne peux pas sortir le soir en semaine.

weenie *inf* ['wiːnɪ] *n* *Am* -**1.** [frankfurter] saucisse *f* (de Francfort); ~ stand *kiosque où l'on vend des hot-dogs*. -**2.** [penis] zizi *m*. -**3.** [person] imbécile *mf*.

weeny *inf* ['wiːnɪ] (*compar* weenier, *superl* weeniest) *adj* tout petit, minuscule; would you like a brandy? — just a ~ one voulez-vous un cognac? — (j'en prendrai) juste un tout petit.

weenybopper *inf* [,wiːnɪ,bɒpəʳ] *n* *jeune qui aime la musique pop*.

weep [wiːp] (*pt* & *pp* wept [wept])
◇ *vi* -**1.** [person] pleurer, verser des larmes; to ~ for joy/with vexation pleurer de joie/de dépit; she wept for her lost youth elle pleurait sa jeunesse perdue; to ~ for sb pleurer qqn; the little girl wept over her broken doll la petite fille pleurait sur sa poupée cassée; he wept to see her so ill il a pleuré de la voir si malade; that's nothing to ~ about OR over il n'y a pas de quoi pleurer; it's enough to make you ~! *hum* c'est à faire pleurer!; I could have wept! j'en aurais pleuré! -**2.** [walls, wound] suinter, suer.
◇ *vt* [tears] verser, pleurer; he wept bitter tears il pleura amèrement.
◇ *n*: to have a ~ pleurer; she had a little ~ elle a versé quelques larmes.

weeping ['wiːpɪŋ] ◇ *adj* [person] qui pleure; [walls, wound] suintant.
◇ *n* *(U)* larmes *fpl*, pleurs *mpl*; a fit of ~ une crise de larmes.

weeping willow *n* saule *m* pleureur.

weepy ['wiːpɪ] (*compar* weepier, *superl* weepiest, *pl* weepies) ◇ *adj* -**1.** [tone, voice] larmoyant; [person] qui pleure; she is OR feels ~ elle a envie de pleurer, elle est au bord des larmes. -**2.** [film, story] sentimental, larmoyant.
◇ *n* *inf Br* [film] mélo *m*, film *m* sentimental; [book] mélo *m*, roman *m* à l'eau de rose.

weever ['wiːvəʳ] *n* vive *f*.

weevil ['wiːvl] *n* charançon *m*.

wee-wee *inf baby talk* ◇ *n* pipi *m*; to go (for a) ~ faire pipi.
◇ *vi* faire pipi.

weft [weft] *n* trame *f* TEXT.

weigh [weɪ] ◇ *vt* -**1.** [person, thing] peser; to ~ oneself se peser; to ~ sthg in one's hand soupeser qqch *pr*. -**2.** [consider] considérer, peser; let's ~ the evidence considérons les faits; she ~ed her words carefully elle a bien pesé ses mots; you have to ~ the pros and cons il faut peser le pour et le contre; to ~ one thing against another mettre deux choses en balance. -**3.** NAUT: to ~ anchor lever l'ancre.
◇ *vi* -**1.** [person, object] peser; how much do you ~? combien pesez-vous?, quel poids faites-vous?; the fish ~s one kilo le poisson pèse un kilo; he doesn't ~ much il ne pèse pas lourd. -**2.** [influence]: his silence began to ~ (heavy) son silence commençait à devenir pesant; the facts ~ heavily against him les faits plaident lourdement en sa défaveur.
◆ **under weigh** *adj phr* NAUT appareillé, en marche.
◆ **weigh down** *vt sep* -**1.** *literal* faire plier, courber; the branches were ~ed down with snow les branches ployaient sous le poids de la neige; she was ~ed down with suitcases elle pliait sous le poids des valises. -**2.** *fig*: she's ~ed down with financial problems elle est en proie à des OR accablée de problèmes financiers; he was ~ed down with debts/with sorrow il était accablé de dettes/de tristesse.
◆ **weigh in** *vi insep* -**1.** SPORT se faire peser *(avant une épreuve)*; the boxer ~ed in at 85 kilos le boxeur faisait 85 kilos avant le match; the jockey ~ed in at 45 kilos le jockey pesait 45 kilos avant la course. -**2.** [join in] intervenir; he always has to ~ in with his opinions il faut toujours qu'il intervienne pour imposer ses opinions.
◆ **weigh on** *vt insep* peser; his worries ~ed heavily on him ses soucis lui pesaient beaucoup; the exam ~ed on his mind l'examen le préoccupait OR tracassait.
◆ **weigh out** *vt sep* peser.
◆ **weigh up** *vt sep* -**1.** [consider] examiner, calculer; [compare] mettre en balance; to ~ up the situation peser la situation; I'm ~ing up whether to take the job or not je me demande si je devrais prendre le poste; to ~ up the pros and cons peser le pour et le contre. -**2.** [size up] mesurer; I looked round, ~ing up the opposition je me suis retourné pour mesurer l'adversaire.

weighbridge ['weɪbrɪdʒ] *n* pont-bascule *m*.

weigh-in *n* SPORT pesage *m*, pesée *f*.

weighing machine ['weɪɪŋ] *n* [for people] balance *f*; [for loads] bascule *f*.

weight [weɪt] ◇ *n* -**1.** [of person, package, goods] poids *m*; she tested OR felt the ~ of the package elle a soupesé le paquet; what's your normal ~? combien pesez-vous OR quel poids faites-vous normalement?; my ~ is 50 kg, I'm 50 kilos in ~ je pèse OR je fais 50 kilos; we're the same ~ nous faisons le même poids; he's twice your ~ il pèse deux fois plus lourd que toi; to gain OR to put on ~ grossir, prendre du poids; to lose ~ maigrir, perdre du poids; she's watching her ~ elle fait attention à sa ligne; what a ~! [person] qu'il est lourd!; [stone, parcel] que c'est lourd!; to sell sthg by ~ vendre qqch au poids ❑ she's worth her ~ in gold elle vaut son pesant d'or; take the ~ off your feet *hum* assieds-toi un peu. -**2.** [force] poids *m*; he put his full ~ behind the blow il a frappé de toutes ses forces ❑ to pull one's ~ faire sa part du travail, y mettre du sien; to throw one's ~ about OR around bousculer les gens. -**3.** [burden] poids *m*; the ~ of years le poids des années; he quailed under the ~ of responsibility le poids de la responsabilité l'a effrayé; that's a ~ off my mind je suis vraiment soulagé. -**4.** [importance, influence] poids *m*, influence *f*; the facts lend considerable ~ to her argument les faits donnent un poids considérable à son raisonnement; their opinion carries quite a lot of ~ leur opinion a un poids OR une autorité considérable; she put OR threw all her ~ behind the candidate elle a apporté tout son soutien au candidat; she carries little ~ with the authorities elle n'a pas beaucoup d'influence OR de poids auprès de l'administration. -**5.** [for scales] poids *m*; ~s and measures poids et mesures; a set of ~s une série de poids; a one kilogramme ~ un poids d'un kilogramme. -**6.** SPORT poids *m*; to lift ~s soulever des poids OR des haltères. -**7.** PHYS pesanteur *f*, poids *m*; atomic ~ poids atomique.
◇ *comp*: ~ allowance [in aeroplane] poids *m* de bagages autorisé; to have a ~ problem avoir un problème de poids.
◇ *vt* -**1.** [put weights on] lester. -**2.** [hold down] retenir OR maintenir avec un poids. -**3.** [bias]: the system is ~ed in favour of the wealthy le système est favorable aux riches OR privilégie les riches; the electoral system was ~ed against him le système électoral lui était défavorable OR jouait contre lui.

◆ **weight down** *vt sep* -**1.** [body, net] lester. -**2.** [papers, tarpaulin] maintenir OR retenir avec un poids.

weighted ['weɪtɪd] *adj* -**1.** [body, net] lesté. -**2.** [statistics, average] pondéré.

weighting ['weɪtɪŋ] *n* -**1.** [extra salary] indemnité *f*, allocation *f*; **London ~** indemnité de résidence à Londres. -**2.** [of statistics] pondération *f*; SCH coefficient *m*.

weightless ['weɪtlɪs] *adj* très léger; ASTRONAUT en état d'apesanteur.

weightlessness ['weɪtlɪsnɪs] *n* extrême légèreté *f*; ASTRONAUT apesanteur *f*.

weightlifter ['weɪt,lɪftəʳ] *n* haltérophile *mf*.

weightlifting ['weɪt,lɪftɪŋ] *n* haltérophilie *f*.

weight loss *n* perte *f* de poids.

weight training *n* entraînement *m* aux haltères.

weightwatcher ['weɪt,wɒtʃəʳ] *n* [person - on diet] personne *f* qui suit un régime; [- figure-conscious] personne *f* qui surveille son poids.

weighty ['weɪtɪ] (*compar* **weightier**, *superl* **weightiest**) *adj* -**1.** [suitcase, tome] lourd. -**2.** [responsibility] lourd; [problem] important, grave; [argument, reasoning] probant, de poids; **we're not qualified to consider such ~ matters** nous n'avons pas les compétences requises pour examiner des questions aussi importantes.

weir [wɪəʳ] *n* barrage *m* (*sur un cours d'eau*).

weird [wɪəd] *adj* -**1.** [mysterious] mystérieux, surnaturel. -**2.** *inf* [peculiar] bizarre, étrange; **he has some ~ ideas** il a de drôles d'idées.

weirdly ['wɪədlɪ] *adv* -**1.** [mysteriously] mystérieusement. -**2.** [oddly] bizarrement, singulièrement.

weirdness ['wɪədnɪs] *n* étrangeté *f*, singularité *f*.

weirdo *inf* ['wɪədəʊ] (*pl* **weirdos**) ◇ *n* drôle d'oiseau *m* OR de zèbre *m*.

◇ *comp* [hairdo] extravagant.

welch [welʃ] = **welsh**.

welcher ['welʃəʳ] = **welsher**.

welcome ['welkəm] ◇ *vt* -**1.** [greet, receive - people] accueillir; **I ~d her warmly** je lui ai fait bon accueil OR un accueil chaleureux; **they ~d me in** ils m'ont chaleureusement invité à entrer; **we ~d him with open arms** nous l'avons accueilli à bras ouverts; **a dinner to ~ the new members** un dîner pour accueillir les nouveaux membres; **the dog ~s them home every evening** le chien leur fait la fête chaque soir lorsqu'ils rentrent; **would you please ~ Peter Robinson!** [to audience] voulez-vous applaudir Peter Robinson! -**2.** [accept gladly] être heureux d'avoir, recevoir avec plaisir; **I ~d the opportunity to speak to her** j'étais content d'avoir l'occasion de lui parler; **he ~d the news** il s'est réjoui de la nouvelle, il a accueilli la nouvelle avec joie; **she ~d any comments** elle accueillait volontiers les remarques que l'on pouvait lui faire; **we'd ~ a cup of coffee** nous prendrions volontiers une tasse de café.

◇ *n* accueil *m*; **she said a few words of ~** elle a prononcé quelques mots de bienvenue; **we bid them ~** nous leur souhaitons la bienvenue; **they gave him a warm ~** ils lui ont fait bon accueil OR réservé un accueil chaleureux; **we gave her a big ~ home** nous lui avons fait fête à son retour à la maison; **let's give a warm ~ to Louis Armstrong!** [to audience] applaudissons très fort Louis Armstrong!; **to overstay** OR **to outstay one's ~** abuser de l'hospitalité de ses hôtes; **I don't want to outstay my ~** je ne veux pas abuser de sa/votre *etc* hospitalité.

◇ *adj* -**1.** [person] bienvenu; **to be ~** être le bienvenu; **she's always ~ here** elle est toujours la bienvenue ici; **they made us very ~** ils nous ont fait un très bon accueil; **she didn't feel very ~** elle s'est sentie de trop ❑ **to put out the ~ mat (for sb)** faire un accueil chaleureux (à qqn). -**2.** [pleasant, desirable - arrival] bienvenu; [- change, interruption, remark] opportun; **that's ~ news** nous sommes heureux de l'apprendre; **their offer was most ~** leur suggestion m'a fait grand plaisir; **this cheque is most ~** ce chèque arrive opportunément OR tombe bien; **that's a ~ sight!** c'est un spectacle à réjouir le cœur!; **a helping hand is always ~** un coup de main est toujours le bienvenu OR ne fait jamais de mal; **the news came as a ~ relief to him** la nouvelle a été un vrai soulagement pour lui, il a été vraiment soulagé d'apprendre la nouvelle; **the holiday came as a ~ break** les vacances ont été une coupure bienvenue OR appréciable. -**3.** [permitted]: **you're ~ to join us** n'hésitez pas à vous joindre à nous; **he's ~ to borrow my book** qu'il n'hésite pas à emprunter mon livre; **you're ~ to anything you need** servez-vous si vous avez besoin de quelque chose; **you're ~ to try** je vous en prie, essayez || [grudgingly]: **he's ~ to try!** libre à lui d'essayer!, qu'il essaie donc!; **I don't need it, she's ~ to it** je n'en ai pas besoin, elle peut bien le prendre OR je le lui donne volontiers; **she's ~ to him!** je ne le lui envie pas!; **take it and ~!** je te le donne bien volontiers! -**4.** [acknowledgment of thanks]: **you're ~!** je vous en prie!, il n'y a pas de quoi!

◇ *interj*: **~!** soyez le bienvenu!; **~ back** OR **home!** content de vous revoir!; **~ to my home!** bienvenue chez moi OR à la maison!; '**~ to Wales**' 'bienvenue au pays de Galles'.

◆ **welcome back** *vt sep* accueillir (à son retour); **we ~d her back after her illness** nous lui avons fait fête OR l'avons accueillie chaleureusement après sa maladie.

welcoming ['welkəmɪŋ] *adj* [greeting, smile] accueillant; [ceremony, committee] d'accueil; **the ~ party took them to their hotel** la délégation venue les accueillir les a conduits à leur hôtel.

weld [weld] ◇ *vt* -**1.** MECH & TECH souder; **to ~ parts together** souder des pièces ensemble; **he ~ed the bracket onto the shelf** il a soudé le support à l'étagère. -**2.** [unite] amalgamer, réunir; **a set of policies that will ~ the party into a united political force** un ensemble de mesures qui cimentera le parti et en fera une force politique unie.

◇ *vi* souder.

◇ *n* soudure *f*.

welder ['weldəʳ] *n* [person] soudeur *m*, -euse *f*; [machine] soudeuse *f*, machine *f* à souder.

welding ['weldɪŋ] *n* soudage *m*; [of groups] union *f*.

welding torch *n* chalumeau *m*.

welfare ['welfeəʳ] ◇ *n* -**1.** [well-being] bien-être *m*; **the ~ of the nation** le bien public; **child ~** protection *f* de l'enfance; **the physical and spiritual ~ of the people** le bien-être physique et moral du peuple; **I am concerned about** OR **for her ~** je m'inquiète pour elle; **she's looking after his ~** elle s'occupe de lui. -**2.** *Am* [state aid] assistance *f* publique; **his family is on ~** sa famille touche des prestations sociales OR reçoit l'aide sociale; **to live on ~** vivre de l'aide sociale.

◇ *comp* [meals, milk] gratuit; **~ benefits** *Am* avantages *mpl* sociaux; **~ check** *Am* (chèque *m* d') allocations *fpl*; **payments** prestations *fpl* sociales; **~ work** travail *m* social; **~ worker** assistant *m* social, assistante *f* sociale.

welfare centre *n* ≃ centre *m* d'assistance sociale.

welfare officer *n* *travailleur social ayant la charge d'une personne mise en liberté surveillée.*

welfare service *n* ≃ service *m* d'assistance sociale.

Welfare State *n*: **the ~** l'État *m* providence.

welfarism ['welfeərɪzm] *n* théorie *f* de l'État providence.

well[1] [wel] ◇ *n* -**1.** [for water, oil] puits *m*. -**2.** [for lift, staircase] cage *f*; [between buildings] puits *m*, cheminée *f*. -**3.** *Br* JUR barreau *m* (*au tribunal*).

◇ *vi* = **well-up**.

◆ **well out** *vi insep* [water] jaillir.

◆ **well up** *vi insep* [blood, spring, tears] monter, jaillir; **tears ~ed up in her eyes** les larmes lui montèrent aux yeux; **joy ~ed up within her** la joie monta en elle.

well[2] [wel] (*compar* **better** ['betəʳ], *superl* **best** [best]) ◇ *adv* -**1.** [satisfactorily, successfully] bien; **she speaks French very ~** elle parle très bien (le) français; **he plays the piano ~** il joue bien du piano; **she came out of it rather ~** elle s'en est plutôt bien sortie; **it's extremely ~ done** c'est vraiment très bien fait; **everything is going ~** tout se passe bien; **the meeting went ~** la réunion s'est bien passée; **those colours go really ~ together** ces couleurs vont vraiment bien ensemble; **the machine/system works ~** la machine/le système marche bien; **things have worked out ~** les choses se sont bien passées; **does she work as ~ as I do?** fait-elle son travail aussi bien que moi? ❑ **to do ~** s'en sortir; **she's doing very ~** elle s'en sort très bien; **he did very ~ for a beginner** il s'est très bien débrouillé pour un débutant; **you did quite ~ in the exam** vous vous en êtes assez bien sorti à l'examen; **to do ~ for o.s.** bien se débrouiller; **to do ~ out of sb/sthg** bien s'en sortir avec qqn/qqch; **that boy will do ~!** ce garçon ira loin!; **the patient is doing ~** le malade se rétablit bien OR est en bonne voie de guérison; **we would do ~ to keep quiet** nous ferions bien de nous taire; **~ done!** bravo!; **~ said!** bien dit!; **it was money ~ spent** ce n'était pas de l'argent gaspillé. -**2.** [favourably, kindly] bien; **she treats her staff very ~** elle traite très bien son personnel; **everyone speaks ~ of you** tout le monde dit du bien de vous; **his action speaks ~ of his courage** son geste montre bien son courage; **she won't take it ~** elle ne va pas apprécier; **she thinks ~ of you** elle a de l'estime pour vous; **he wished her ~** il lui souhaita bonne chance; **it's a card from someone wishing you ~** c'est une carte de quelqu'un qui vous veut du bien ❑ **to do ~ by sb** traiter qqn comme il se doit. -**3.** [easily, readily] bien; **he could ~ decide to leave** il se pourrait tout à fait qu'il décide de partir; **I couldn't very ~ accept** je ne pouvais guère accepter; **you may ~ be right** il se peut bien que tu aies raison; **I can ~ believe it** je le crois facilement OR sans peine; **she was angry, and ~ she might be** elle était furieuse, et à juste titre. -**4.** [to a considerable extent or degree] bien; **she's ~ over** OR **past forty** elle a bien plus de quarante ans; **he's ~ into his seventies** il a largement dépassé les soixante-dix ans; **there were ~ over 5,000 demonstrators** il y avait bien plus de 5 000 manifestants; **he's ~ on in years** il n'est plus tout jeune; **~ on into the morning** jusque tard dans la matinée; **the fashion lasted ~ into the 1960s** cette mode a duré une bonne partie des années 60; **it's ~ above/within the limit** c'est bien au-dessus de/inférieur à la limite; **it's ~ after midday** il est bien plus de midi; **the play went on until ~ after midnight** la partie s'est prolongée bien au-delà de minuit; **I woke ~ before dawn** je me suis réveillé bien avant l'aube; **let me know ~ in advance** prévenez-moi longtemps à l'avance; **the team finished ~ up the league** l'équipe a fini parmi les premières de sa division. -**5.** [thoroughly] bien; **shake/stir ~** bien secouer/agiter; **be sure to cook it ~** veillez à ce que ce soit bien cuit; **~ cooked** OR **done** bien cuit; **let it dry ~ first** attendez d'abord que ce soit bien sec; **I know her ~** je la connais bien; **you know your subject ~** vous connaissez bien votre sujet; **I know only too ~ how hard it is** je ne sais que trop bien à quel point c'est difficile; **how ~ I understand her feelings!** comme je comprends ce qu'elle ressent!; **I'm ~ aware of the problem** je suis bien conscient OR j'ai bien conscience du problème; **I bet he was ~ pleased!** *iron* il devait être content! *iron*; **I like him ~ enough** il ne me déplaît pas; **we got ~ and truly soaked** nous nous sommes fait tremper jusqu'aux os; **it's ~ and truly over** c'est bel et bien fini; **it's ~ worth the money** ça vaut largement la dépense; **it's ~ worth trying** ça vaut vraiment la peine d'essayer. -**6.** *phr*: **to be ~ away** [making good progress] être sur la bonne voie; [drunk] être complètement parti; to be ~ in with sb être bien avec qqn; **she's ~ in with all the right people** elle est très bien avec tous les gens qui peuvent servir; to be ~ **out of it** s'en sortir à bon compte; **you're ~ out of it** tu as bien fait de partir; to be ~ **rid of sb/sthg: she's ~ rid of him/it!** quel bon débarras pour elle!; to be ~ **up on sthg** s'y connaître en qqch; **she's ~ up on European law** elle s'y connait en droit européen; **to leave** OR **let ~ alone** [equipment] ne pas toucher; [situation] ne pas s'occuper de; [person] laisser tranquille.

◇ *adj* -**1.** [good] bien, bon; **all is not ~ with them** il y a quelque chose qui ne va pas chez eux; **owning a home is all very ~, but...** c'est bien beau d'être propriétaire, mais...; **it's all very ~ pretending you don't care, but...** c'est bien beau de dire que ça t'est égal, mais... ☐ **all's ~!** MIL rien à signaler!; **all's ~ that ends ~** *prov* tout est bien qui finit bien *prov*. -**2.** [advisable] bien; **it would be ~ to start soon** nous ferions bien de commencer bientôt. -**3.** [in health]: **to be ~** aller OR se porter bien; **how are you? – ~, thank you** comment allez-vous? – bien, merci; **he's been ill, but he's better now** il a été malade, mais il va mieux (maintenant); **I don't feel ~** je ne me sens pas bien; **she's not very ~** elle ne va pas très bien; **to get ~** se remettre, aller mieux; **'get ~ soon'** [on card] 'bon rétablissement'; **I hope you're ~** j'espère que vous allez bien; **you're looking** OR **you look ~** vous avez l'air en forme; **he's not a ~ man** il ne se porte pas bien ☐ **~ woman clinic** centre *m* de santé pour femmes.

◇ *interj* -**1.** [indicating start or continuation of speech] bon, bien; **~, I would just say one thing** bon, je voudrais simplement dire une chose; **~, let me just add that...** alors, laissez-moi simplement ajouter que...; **~, here we are again!** et nous y revoilà! -**2.** [indicating change of topic or end of conversation]: **~, as I was saying...** donc, je disais que..., je disais donc que...; **right, ~, let's move on to the next subject** bon, alors passons à la question suivante; **~ thank you Mr Alderson, I'll be in touch** eh bien merci M. Alderson, je vous contacterai. -**3.** [softening a statement]: **~, obviously I'd like to come but...** disons que, bien sûr, j'aimerais venir mais...; **he was, ~, rather unpleasant really** il a été, disons, assez désagréable, c'est le mot. -**4.** [expanding on or explaining a statement]: **he was rather fat, ~ stout might be a better word** il était plutôt gros, enfin disons corpulent; **I've known her for ages, ~ at least three years** ça fait des années que je la connais, enfin au moins trois ans; **you know John? ~ I saw him yesterday** tu connais John? eh bien je l'ai vu hier. -**5.** [expressing hesitation or doubt] ben, eh bien; **did you ask? – ~... I didn't dare actually** as-tu demandé? – eh bien OR ben, je n'ai pas osé; **are you ready? – ~, I should really stay in and work** tu viens? – eh bien, il vaudrait mieux que je reste à la maison pour travailler. -**6.** [asking a question] eh bien, alors; **~, who was it?** alors OR eh bien, qui était-ce?; **~, what of it?** et alors? -**7.** [expressing surprise or anger]: **~, look who's here!** ça alors, regardez qui est là!; **~, ~, ~** tiens, tiens; **~, really!** ça alors!; **~ I never!** *inf* ça par exemple!; **(~,) ~, what do you know!** eh bien OR ça alors, qui l'aurait cru! -**8.** [in relief] eh bien; **~, at least that's over!** eh bien, en tout cas, c'est terminé! -**9.** [in resignation] bon; **(oh) ~, it can't be helped** bon tant pis, on n'y peut rien; **(oh) ~, that's life** bon enfin, c'est la vie; **(oh) ~, all right** bon allez, d'accord; **can I come too? – oh, very ~, if you must** je peux venir aussi? – bon allez, si tu y tiens.

◇ *npl*: **the ~** ceux *mpl* qui sont en bonne santé.

◆ **all well and good** *adv phr* tout ça, c'est très bien; **so you want to go to drama school, all ~ and good, but...** alors comme ça, tu veux faire une école de théâtre? tout ça, c'est très bien mais...

we'll [wiːl] = **we shall, we will.**

well-adjusted *adj* [person - psychologically] équilibré; [- to society, work] bien adapté.

well-advised *adj* sage, prudent; **he would be ~ to leave as soon as possible** il aurait intérêt à partir le plus vite possible.

well-aimed [-eɪmd] *adj* [shot] bien ajusté; [criticism, remark] qui porte.

well-appointed [-əˈpɔɪntɪd] *adj Br fml* [house] bien équipé; [hotel] de catégorie supérieure.

well-argued [-ˈɑːgjuːd] *adj* bien argumenté; **a ~ case** un point de vue bien argumenté.

well-balanced *adj* [person] équilibré, posé; [diet] bien équilibré; [sentence] bien construite.

well-behaved [-bɪˈheɪvd] *adj* [person] bien élevé; [animal] bien dressé.

wellbeing [ˌwelˈbiːɪŋ] *n* bien-être *m inv*; **the general ~ of the population** le bien-être général de la population; **he felt a sense of ~** il éprouvait une impression de bien-être; **for your own ~** pour votre bien.

well-beloved *adj lit* bien-aimé.

well-bred *adj* -**1.** [well-behaved] bien élevé. -**2.** [from good family] de bonne famille. -**3.** [animal] de (bonne) race; [horse] pur-sang *(inv)*.

well-brought-up *adj* bien élevé.

well-built *adj* -**1.** [person] bien bâti. -**2.** [building] bien construit.

well-chosen *adj* [present, words] bien choisi.

well-connected *adj* [of good family] de bonne famille; [having influential friends] qui a des relations.

well-defined [-dɪˈfaɪnd] *adj* -**1.** [distinct - colour, contrasts, shape] bien défini, net. -**2.** [precise - problem] bien défini, précis; **within ~ limits** dans des limites bien définies.

well-deserved [-dɪˈzɜːvd] *adj* bien mérité.

well-developed *adj* -**1.** [person] bien fait; [body, muscles] bien développé. -**2.** [scheme] bien développé; [idea] bien exposé.

welldigger [ˈwelˌdɪgəʳ] *n* puisatier *m*.

well-disposed [-dɪˈspəʊzd] *adj* bien disposé; **to be ~ to** OR **towards sb** être bien disposé envers qqn; **to be ~ to** OR **towards sthg** voir qqch d'un bon œil.

well-done *adj* [work] bien fait; [meat] bien cuit.

well-dressed *adj* bien habillé.

well-earned [-ɜːnd] *adj* bien mérité.

well-educated *adj* cultivé, instruit.

well-endowed [-ɪnˈdaʊd] *adj euph*: **a ~ young man/woman** *fig* un jeune homme bien doté/une jeune femme bien dotée par la nature.

well-equipped [-ɪˈkwɪpt] *adj* [garage, kitchen, person] bien équipé; [with tools] bien outillé; **the vans are ~ to deal with any emergency** les camionnettes sont équipées pour faire face à toute urgence.

well-established *adj* bien établi.

well-favoured *adj arch* beau.

well-fed *adj* [animal, person] bien nourri.

well-formed *adj* [gen & LING] bien formé.

well-founded [-ˈfaʊndɪd] *adj* [doubt, suspicion] fondé, légitime.

well-groomed *adj* [person] soigné; [hair] bien coiffé; [horse] bien pansé; [garden, lawn] bien entretenu.

wellhead [ˈwelhed] *n literal & fig* source *f*.

well-heeled *inf* [-hiːld] *adj* à l'aise.

well-hung *adj* -**1.** [game] bien faisandé. -**2.** ▽ [man] bien monté.

wellie [ˈwelɪ] = **welly**.

well-informed *adj* [having information] bien informé OR renseigné; [knowledgeable] instruit; **in ~ circles** dans les milieux bien informés; **he's very ~ about current affairs** il est très au courant de l'actualité.

Wellington [ˈwelɪŋtən] ◇ *pr n* Wellington.
◇ *n Br*: **~ (boot)** botte *f* (en caoutchouc).

well-intentioned [-ɪnˈtenʃnd] *adj* bien intentionné.

well-judged [-ˈdʒʌdʒd] *adj* [remark] bien vu, judicieux; [shot, throw] bien ajusté; [estimate] juste; [moment] opportun.

well-kept *adj* -**1.** [hands, nails] soigné; [hair] bien coiffé; [house] bien tenu; [garden] bien entretenu. -**2.** [secret] bien gardé.

well-knit *adj* [person, body] bien bâti; [argument] bien enchaîné.

well-known *adj* [person] connu, célèbre; [fact] bien connu; **it is ~** OR **it is a ~ fact that she disagrees with the policy** tout le monde sait qu'elle n'est pas d'accord avec cette politique; **what is less ~ is that she's an accomplished actress** ce qu'on sait moins c'est que c'est une très bonne actrice.

well-made *adj* bien fait.

well-mannered *adj* qui a de bonnes manières, bien élevé.

well-meaning *adj* bien intentionné.

well-meant *adj* [action, remark] bien intentionné.

well-nigh *adv* presque; **it's ~ impossible** c'est presque OR quasi impossible.

well-off ◇ *adj* -**1.** [financially] aisé. -**2.** [in a good position]: **they were still ~ for supplies** ils avaient encore largement assez de provisions; **you don't know when you're ~** *fig* vous ne connaissez pas votre bonheur.
◇ *npl*: **the ~** les riches *mpl*; **the less ~** ceux qui ont des moyens modestes.

well-oiled *adj* -**1.** [machinery] bien graissé; **the operation ran like a ~ machine** l'opération s'est parfaitement déroulée. -**2.** *inf* [drunk] pompette.

well-padded *inf adj euph* bien enveloppé.

well-paid *adj* bien payé.

well-preserved [-prɪˈzɜːvd] *adj* [person, building] bien conservé.

well-read [-red] *adj* cultivé, érudit; **she's very ~** elle est très cultivée.

well-rounded *adj* -**1.** [complete - education] complet; [- life] bien rempli. -**2.** [figure] rondelet. -**3.** [style] harmonieux; [sentence] bien tourné.

well-spent *adj* [time] bien utilisé, qui n'est pas perdu; [money] utilement dépensé, que l'on n'a pas gaspillé; **it's money ~** c'est un bon investissement.

well-spoken *adj* [person] qui sait s'exprimer.

well-spoken-of *adj*: **she's very ~ in business circles** on dit beaucoup de bien d'elle dans le milieu des affaires.

wellspring [ˈwelsprɪŋ] *n literal* source *f*; *fig* source *f* intarissable.

well-stacked ▽ *adj Br* [woman] plantureux.

well-thought-of *adj* bien considéré.

well-thought-out *adj* bien conçu.

well-thumbed [-θʌmd] *adj* [magazine] qui a été beaucoup feuilleté; [book] lu et relu.

well-timed [-ˈtaɪmd] *adj* [arrival, remark] opportun, qui tombe à point; [blow] bien calculé.

well-to-do *inf* ◇ *adj* aisé, riche.
◇ *npl*: **the ~** les nantis *mpl*.

well-tried *adj* éprouvé, qui a fait ses preuves.

well-turned *adj* [ankle] fin; [leg] bien galbé; *Br* [sentence] bien tourné.

well-versed *adj*: **to be ~ in sthg** bien connaître qqch.

well-wisher [-ˌwɪʃəʳ] *n* [gen] personne *f* qui offre son soutien; [of cause, group] sympathisant *m*, -e *f*, partisan *m*; **surrounded by ~s** entouré d'admirateurs.

well-woman clinic *n* centre *m* de santé pour femmes.

well-worn *adj* -**1.** [carpet, clothes] usé, usagé. -**2.** [path] battu. -**3.** [expression, joke] rebattu; **a ~ phrase** une banalité, un lieu commun.

welly *inf* [ˈwelɪ] (*pl* **wellies**) *n Br* -**1.** [boot] botte *f* (en caoutchouc). -**2.** *phr*: **give it some ~!** *inf* du nerf!

welsh *inf* [welʃ] *vi Br* partir OR décamper sans payer; **to ~ on a debt** partir sans payer une dette; **to ~ on a promise** ne pas tenir une promesse.

Welsh [welʃ] ◇ *npl*: the ~ les Gallois *mpl*.
◇ *n* LING gallois *m*.
◇ *adj* gallois.

Welsh dresser *n* vaisselier *m*.

Welshman [ˈwelʃmən] (*pl* Welshmen [-mən]) *n* Gallois *m*.

Welsh rabbit, Welsh rarebit *n Br* ≃ toast *m* au fromage.

Welshwoman [ˈwelʃ,wʊmən] (*pl* Welshwomen [-,wɪmɪn]) *n* Galloise *f*.

welt [welt] *n* -**1.** [on skin] zébrure *f*. -**2.** [on garment] bordure *f*; [on shoe] trépointe *f*.

welter [ˈweltəʳ] ◇ *vi lit* se vautrer, se rouler.
◇ *n* confusion *f*; a ~ **of detail** une profusion de détails; a ~ **of conflicting information** une avalanche d'informations contradictoires.

welterweight [ˈweltəweɪt] ◇ *n* poids *m* welter.
◇ *comp* [champion] des poids welter; [fight, title] de poids welter.

wen [wen] *n* -**1.** MED loupe *f*, kyste *m* sébacé *spec*. -**2.** [city]: the great ~ Londres.

Wenceslas [ˈwensɪsləs] *pr n* Venceslas.

wench [wentʃ] ◇ *n arch* OR *hum* jeune fille *f*, jeune femme *f*.
◇ *vi arch*: to go ~ing aller courir le jupon.

wend [wend] *vt lit* s'acheminer; **to ~ one's way home** s'acheminer vers chez soi; **he ~ed his way through the forest** il s'achemina à travers la forêt.

Wendy house [ˈwendɪ-] *n Br maison en miniature dans laquelle les jeunes enfants peuvent jouer.*

Wensleydale [ˈwenzlɪdeɪl] *n fromage anglais originaire de Wensleydale.*

went [went] *pt* → **go**.

wept [wept] *pt* & *pp* → **weep**.

were [wɜːʳ] *pt* → **be**.

we're [wɪəʳ] = **we are**.

weren't [wɜːnt] = **were not**.

werewolf [ˈwɪəwʊlf] (*pl* werewolves [-wʊlvz]) *n* loup-garou *m*.

wert [wɜːt] *Br dial* & BIBLE = **were**.

Wesleyan [ˈwezlɪən] ◇ *adj* de Wesley, wesleyen; ~ **Methodists** méthodistes *mpl* wesleyens.
◇ *n* disciple *m* de Wesley.

west [west] ◇ *n* [direction] ouest *m*; **in the ~ of the country** dans l'ouest du pays; **the house lies three kilometres to the ~ (of the town)** la maison se trouve à trois kilomètres à l'ouest (de la ville); **two miles to the ~** trois kilomètres à l'ouest; **look towards the ~** regardez vers l'ouest; **the wind is coming from the ~** le vent vient OR souffle de l'ouest; **a storm is brewing in the ~** un orage couve à l'ouest; **the wind is in the ~** le vent est à l'ouest.
◇ *adj* ouest *(inv)*; **on the ~ side** du côté ouest; **the ~ coast** la côte ouest; **a ~ wind** un vent d'ouest; **in ~ London** dans l'ouest de Londres □ **'West Side Story'** *Bernstein* 'West Side Story'.
◇ *adv* [to the west] vers l'ouest; [from the west] de l'ouest; **he travelled ~ for three days** pendant trois jours il s'est dirigé en direction de OR vers l'ouest; **the school lies further ~ of the town hall** l'école se trouve plus à l'ouest de la mairie; **drive due ~** roulez droit vers l'ouest; **to face ~** [house] être exposé à l'ouest □ **to go ~** *literal* aller à OR vers l'ouest; *hum inf* [person] passer l'arme à gauche; [thing] tomber à l'eau; **there's another job gone ~!** *inf* encore un emploi de perdu!
◆ **West** *n* -**1.** POL: **the West** l'Occident *m*, les pays *mpl* occidentaux. -**2.** [in the U.S.]: **the West** l'Ouest *m*.

West Africa *pr n* Afrique *f* occidentale.

West African ◇ *n* habitant *m*, -e *f* de l'Afrique occidentale.
◇ *adj* [languages, states] de l'Afrique occidentale, ouest-africain.

West Bank ◇ *pr n*: **the ~** la Cisjordanie; **on the ~** en Cisjordanie.
◇ *comp* de Cisjordanie.

West Berlin *pr n* Berlin-Ouest.

westbound [ˈwestbaʊnd] *adj* [traffic] en direction de l'ouest; [lane, carriageway] de l'ouest; [road] vers l'ouest.

West Coast *n* côte *f* ouest *(des États-Unis)*.

West Country *pr n*: **the ~** *le sud-ouest de l'Angleterre (Cornouailles, Devon et Somerset)*; **in the ~** dans le sud-ouest de l'Angleterre.

West End ◇ *pr n*: **the ~** le West End *(centre touristique et commercial de la ville de Londres connu pour ses théâtres)*; **in the ~** dans le West End.
◇ *comp* qui se situe dans le West End.

wester [ˈwestəʳ] *vi* [subj: sun, moon] passer à l'ouest.

westering [ˈwestərɪŋ] *adj lit* qui passe à l'ouest; **the ~ sun** le soleil couchant.

westerly [ˈwestəlɪ] (*pl* westerlies) ◇ *adj* [wind] d'ouest; [position] à l'ouest, au couchant; **to head in a ~ direction** se diriger vers OR en direction de l'ouest; **the most ~ point on the island** le point le plus à l'ouest de l'île.
◇ *adv* vers l'ouest.
◇ *n* vent *m* d'ouest.
◆ **Westerlies** *npl*: **the Westerlies** les Westerlies *mpl (vents d'ouest dominants)*.

western [ˈwestən] ◇ *adj* -**1.** [in direction] ouest, de l'ouest; **in ~ Spain** dans l'ouest de l'Espagne; **the ~ coast** la côte ouest OR occidentale; **on the ~ side of the state** dans l'ouest de l'État. -**2.** POL [powers, technology, world] occidental; **Western Europe** l'Europe *f* de l'Ouest OR occidentale.
◇ *n* [film] western *m*; [book] roman-western *m*.

Western Australia *pr n* Australie-Occidentale *f*; **in ~** en Australie-Occidentale.

Western Church *n*: **the ~** l'Église *f* d'Occident OR latine.

Westerner [ˈwestənəʳ] *n* habitant *m*, -e *f* de l'ouest; POL Occidental *m*, -e *f*.

Western Isles *pl pr n*: **the ~** les Hébrides *fpl*; **in the ~** aux Hébrides.

westernization [,westənaɪˈzeɪʃn] *n* occidentalisation *f*.

westernize, -ise [ˈwestənaɪz] *vt* occidentaliser; **Japan is becoming increasingly ~d** le Japon s'occidentalise de plus en plus.

westernmost [ˈwestənməʊst] *adj* le plus à l'ouest.

Western Sahara *pr n*: **the ~** le Sahara occidental; **in the ~** au Sahara occidental.

Western Samoa *pr n* Samoa *fpl* occidentales; **in ~** dans les Samoa occidentales.

Western Union *pr n compagnie américaine privée des télégraphes.*

west-facing *adj* orienté à l'ouest OR au couchant.

West German ◇ *n* Allemand *m*, -e *f* de l'Ouest.
◇ *adj* ouest-allemand.

West Germany *pr n*: (former) ~ (ex-) Allemagne *f* de l'Ouest; **in ~** en Allemagne de l'Ouest.

West Indian ◇ *n* Antillais *m*, -e *f*.
◇ *adj* antillais.

West Indies *pl pr n* Antilles *fpl*; **in the ~** aux Antilles; **the French ~** les Antilles françaises; **the Dutch ~** les Antilles néerlandaises.

westing [ˈwestɪŋ] *n* NAUT route *f* vers l'ouest, chemin *m* ouest.

Westminster [ˈwestmɪnstəʳ] *pr n quartier du centre de Londres.*

WESTMINSTER:
C'est dans ce quartier que se trouvent le Parlement et le palais de Buckingham. Le nom de «Westminster» est également employé pour désigner le Parlement lui-même.

---

west-northwest ◇ *n* ouest-nord-ouest *m*.
◇ *adj* à OR de l'ouest-nord-ouest; **a ~ wind** un vent d'ouest-nord-ouest.
◇ *adv* vers l'ouest-nord-ouest.

Westphalia [westˈfeɪljə] *pr n* Westphalie *f*.

West Point *pr n importante école militaire américaine.*

west-southwest ◇ *n* ouest-sud-ouest *m*.
◇ *adj* à OR de l'ouest-sud-ouest; **a ~ wind** un vent d'ouest-sud-ouest.
◇ *adv* vers l'ouest-sud-ouest.

West Virginia *pr n* Virginie-Occidentale *f*; **in ~** en Virginie-Occidentale.

westward [ˈwestwəd] ◇ *adj* [to the west] vers l'ouest.
◇ *adv* en direction de OR vers l'ouest.

westwards [ˈwestwədz] *adv* vers l'ouest.

wet [wet] (*compar* **wetter**, *superl* **wettest**, *pt* & *pp* **wet** OR **wetted**, *cont* **wetting**) ◇ *adj* -**1.** [ground, person, umbrella - gen] mouillé; [- damp] humide; [- soaked] trempé; **to get ~** se faire mouiller; **I got my jacket ~** j'ai mouillé ma veste; **I got my feet ~** je me suis mouillé les pieds; **try not to get your shoes ~** essaie de ne pas mouiller tes chaussures; **to be ~ through** [person] être trempé jusqu'aux os OR complètement trempé; [clothes, towel] être complètement trempé; **her eyes were ~ with tears** elle avait les yeux baignés de larmes; **the roads can be slippery when ~** les routes mouillées peuvent être glissantes □ **to be (still) ~ behind the ears** manquer d'expérience. -**2.** [ink, paint, concrete] frais; **'~ paint!'** 'peinture fraîche!'. -**3.** [climate, weather - damp] humide; [- rainy] pluvieux; [day] pluvieux, de pluie; **it's going to be very ~ all weekend** il va beaucoup pleuvoir tout ce week-end; **in ~ weather** par temps de pluie, quand il pleut; **the ~ season** la saison des pluies. -**4.** *inf Br* [feeble]: **don't be so ~!** tu es une vraie lavette! -**5.** *inf Br* POL mou, modéré. -**6.** *Am* [wrong]: to be all ~ avoir tort. -**7.** *Am* [state, town] *où l'on peut acheter librement des boissons alcoolisées.*
◇ *vt* [hair, sponge, towel] mouiller; **to ~ o.s.** OR **one's pants** mouiller sa culotte; **to ~ the bed** faire pipi au lit; **to ~ one's lips** s'humecter les lèvres □ **to ~ o.s.** *inf* [from worry] se faire de la bile; [from laughter] rire aux larmes; **to ~ one's whistle** boire un coup.
◇ *n* -**1.** *Br* [rain] pluie *f*; [damp] humidité *f*; **to go out in the ~** sortir sous la pluie; **let's get in out of the ~** entrons, ne restons pas sous la pluie; **he left his bike out in the ~** il a laissé son vélo dehors sous la pluie. -**2.** *Austr*: **the ~** la saison des pluies. -**3.** *inf Br* POL modéré *m*, -e *f* OR mou *m*, molle *f (du parti conservateur)*. -**4.** *inf Br pej* [feeble person] lavette *f*.

wet and dry *n toile d'émeri très fine.*

wetback▼ [ˈwetbæk] *n Am terme injurieux désignant un ouvrier mexicain entré illégalement aux États-Unis.*

wet bar *n Am minibar avec un petit évier.*

wet blanket *inf n* rabat-joie *m inv*.

wet dock *n* bassin *m* à flot.

wet dream *n* éjaculation *f* OR pollution *f* nocturne.

wet fish *n* poisson *m* frais.

wether [ˈweðəʳ] *n* bélier *m* châtré, mouton *m*.

wetland [ˈwetlənd] *n* marécage *m*, marais *m*.

wet-look ◇ *adj* brillant; **a ~ dress** une robe qui brille.
◇ *n* aspect *m* brillant.

wetness [ˈwetnɪs] *n* humidité *f*.

wet nurse *n* nourrice *f*.
◆ **wet-nurse** *vt* servir de nourrice à, élever au sein.

wet rot *n (U)* moisissure *f* humide.

wet suit *n* combinaison *f* OR ensemble *m* de plongée.

wetting agent [ˈwetɪŋ-] *n* CHEM (agent *m*) mouillant *m*.

WEU (*abbr of* Western European Union) *pr n* UEO *f*.

we've [wiːv] = **we have**.

WFTU (*abbr of* World Federation of Trade Unions) *pr n* FSM *f*.

whack *inf* [wæk] ◇ *n* -**1.** [thump] claque *f*, grand coup *m*; [sound] claquement *m*, coup *m* sec; **to give sb/sthg a ~** donner un grand coup à qqn/qqch. -**2.** [try] essai *m*; **to have a ~ at sthg** essayer qqch. -**3.** *Br* [share] part *f*; **he paid**

more than his ~ il a payé plus que sa part; she didn't do her fair ~ elle n'a pas fait sa part du travail. -**4.** *Am phr*: out of the ~ déglingué.

◇ *vt* -**1.** [thump] donner un coup OR des coups à; [spank] donner une claque sur les fesses à. -**2.** *Br* [defeat] flanquer une dérouillée OR raclée à.

◇ *interj* vlan!

◆ **whack off**▼ *vi insep* se branler.

whacked *inf* [wækt] *adj Br* vanné, crevé.

whacker *inf* ['wækəʳ] *Br* = **whopper 1**.

whacking *inf* ['wækɪŋ] ◇ *adj Br* énorme, colossal.

◇ *adv* extrêmement; a ~ great dog/house un chien/une maison absolument énorme.

◇ *n*: to get a ~ [beating] prendre une raclée; [defeat] prendre une raclée OR une déculottée.

whacko *inf* [ˌwæk'əʊ] *interj dated* épatant, bath.

whacky *inf* ['wækɪ] (*compar* whackier, *superl* whackiest) = **wacky**.

whale [weɪl] ◇ *n* -**1.** *literal* baleine *f*. -**2.** *phr*: we had a ~ of a time *inf* on s'est drôlement bien amusés.

◇ *vi* -**1.** pêcher la baleine. -**2.** *inf Am*: to ~ away at sthg s'en prendre à qqch.

◇ *vt* *inf Am* -**1.** [thump] mettre une raclée à, rosser; I'll ~ the living daylights out of you! je vais te mettre une de ces raclées! -**2.** SPORT [defeat] mettre une raclée à, battre à plate couture.

whaleboat ['weɪlbəʊt] *n* baleinière *f*.

whalebone ['weɪlbəʊn] *n* fanon *m* de baleine; [in corset, dress] baleine *f*.

whale oil *n* huile *f* de baleine.

whaler ['weɪləʳ] *n* -**1.** [person] pêcheur *m* de baleine. -**2.** [ship] baleinier *m*.

whale shark *n* requin-baleine *m*.

whaling ['weɪlɪŋ] ◇ *n* -**1.** [industry] pêche *f* à la baleine. -**2.** *inf Am* [thrashing] rossée *f*, raclée *f*.

◇ *comp* [industry, port] baleinier; ~ ship baleinier *m*; International Whaling Commission Commission *f* internationale baleinière.

wham *inf* [wæm] (*pt* & *pp* whammed, *cont* whamming) ◇ *n*: we hit the wall with a ~ et vlan! on est rentrés dans le mur.

◇ *interj* vlan.

◇ *vt* -**1.** [hit - person] donner une raclée à; [- ball] donner un grand coup dans; she whammed the ball over the net d'un grand coup elle a envoyé la balle par-dessus le filet. -**2.** [crash - heavy object, vehicle] rentrer dans.

wharf [wɔːf] (*pl* wharves [wɔːvz] OR wharfs) *n* quai *m* NAUT.

wharfage ['wɔːfɪdʒ] *n* droits *mpl* de quai.

what [wɒt] ◇ *pron* -**1.** [in direct questions - as subject] qu'est-ce qui, que; [- as object] (qu'est-ce) que, quoi; ~ do you want? qu'est-ce que tu veux?, que veux-tu?; ~'s happening? qu'est-ce qui se passe?, que se passe-t-il?; ~'s new? quoi de neuf?; ~'s up? *inf* qu'est-ce qu'il y a?; ~'s the matter?, ~ is it? qu'est-ce qu'il y a?; ~'s it to you? *inf* qu'est-ce que ça peut te faire?; ~'s that? qu'est-ce que c'est que ça?; ~'s that building? qu'est-ce que c'est que ce bâtiment?; ~'s your phone number? quel est votre numéro de téléphone?; ~'s her name? comment s'appelle-t-elle?; ~'s the Spanish for "light"? comment dit-on «lumière» en espagnol?; ~'s the boss like? comment est le patron?; ~ is life without friends? que vaut la vie sans amis?; ~'s up with him? *inf* qu'est-ce qu'il a?; ~ did I tell you? [gen] qu'est-ce que je vous ai dit?; [I told you so] je vous l'avais bien dit!; she must be, ~, 50? elle doit avoir, quoi, 50 ans?; Mum? — ~? — can I go out? Maman? — quoi? — est-ce que je peux sortir? || [with preposition] quoi; ~ are you thinking about? à quoi pensez-vous?; ~ did he die of? de quoi est-il mort?; ~ do you take me for? pour qui me prenez-vous?; to ~ do I owe this honour? *fml* OR *hum* qu'est-ce qui me vaut cet honneur? -**2.** [in indirect questions - as subject] ce qui; [- as object] ce que, quoi; tell us ~ happened dites-nous ce qui s'est passé; I wonder ~ she was thinking about! je me demande ce qui lui est passé par la tête!; I asked ~ it was all about j'ai demandé de quoi il était question; he didn't understand ~ I said il n'a pas compris ce que j'ai dit; I don't know ~ to do je ne sais pas quoi faire; I don't know ~ to do to help him je ne sais pas quoi faire pour l'aider; I don't know ~ that building is je ne sais pas ce qu'est ce bâtiment. -**3.** [asking someone to repeat something] comment; ~'s that? qu'est-ce que tu dis?; they bought ~? quoi, qu'est-ce qu'ils ont acheté? -**4.** [expressing surprise]: ~, another new dress? quoi, encore une nouvelle robe?; ~, no coffee! comment OR quoi? pas de café?; he's going into the circus — ~! il va travailler dans un cirque — quoi?; I found $350 — you ~! j'ai trouvé 350 dollars — quoi?; I told her to leave — you did ~! je lui ai dit de partir — tu lui as dit quoi? -**5.** [how much]: ~'s 17 minus 4? combien OR que fait 17 moins 4?; ~ does it cost? combien est-ce que ça coûte?; ~ do I owe you? combien vous dois-je?; do you know ~ he was asking for it? savez-vous combien il en demandait? -**6.** [that which - as subject] ce qui; [- as object] ce que, quoi; ~ you need is a hot bath ce qu'il vous faut, c'est un bon bain chaud; they spent ~ amounted to a week's salary ils ont dépensé l'équivalent d'une semaine de salaire; she has ~ it takes to succeed elle a ce qu'il faut pour réussir; that's ~ life is all about! c'est ça la vie!; education is not ~ it used to be l'enseignement n'est plus ce qu'il était; it was pretty much ~ we expected c'était plus ou moins ce qu'on avait imaginé; ~'s done cannot be undone ce qui est fait est fait; and ~ is worse,... et ce qui est pire,... -**7.** [whatever, everything that]: they rescued ~ they could ils ont sauvé ce qu'ils ont pu; say ~ you will vous pouvez dire OR vous direz tout ce que vous voudrez; say ~ you will, I don't believe you racontez tout ce que vous voulez, je ne vous crois pas; come ~ may advienne que pourra. -**8.** *inf Br dated* [inviting agreement] n'est-ce pas; an interesting book, ~? un livre intéressant, n'est-ce pas OR pas vrai? -**9.** *phr*: I'll tell you ~..., you know ~...? tu sais quoi...?; I know ~ j'ai une idée; you'll never guess ~ tu ne devineras jamais (quoi) ☐ documents, reports and ~ have you *inf* OR and ~ not *inf* des documents, des rapports et je ne sais quoi encore; and I don't know ~ *inf* et que sais-je encore; and God knows ~ *inf* et Dieu sait quoi; have you got a flat, rooms or ~? vous avez un appartement, une chambre ou quoi?; look, do you want to come or ~? alors, tu veux venir ou quoi?; a trip to Turkey? — ~ next! un voyage en Turquie? — et puis quoi encore!; ~ ho! *dated* eh! ho!; [as greeting] salut!; we need to find out ~'s ~ *inf* il faut qu'on sache où en sont les choses; she told me ~ was ~ *inf* elle m'a mis au courant; they know ~'s ~ in art *inf* ils s'y connaissent en art; I'll show him ~'s ~! *inf* je vais lui montrer de quel bois je me chauffe!

◇ *det* -**1.** [in questions] quel *m*, quelle *f*, quels *mpl*, quelles *fpl*; ~ books did you buy? quels livres avez-vous achetés?; ~ colour/size is it? de quelle couleur/taille c'est?; (at) ~ time will you be arriving? à quelle heure arriverez-vous?; ~ day is it? quel jour sommes-nous? -**2.** [as many as, as much as]: I gave her ~ money I had je lui ai donné le peu d'argent que j'avais; he gathered ~ strength he had il a rassemblé le peu de forces qui lui restaient; ~ time we had left was spent (in) packing on a passé le peu de temps qui nous restait à faire les valises; they stole ~ little money she had ils lui ont volé le peu d'argent qu'elle avait; I gave her ~ comfort I could je l'ai consolée autant que j'ai pu.

◇ *predet* [expressing an opinion or reaction]: ~ a suggestion! quelle idée!; ~ a strange thing! comme c'est bizarre!; ~ a pity! comme c'est OR quel dommage!; ~ an idiot he is! comme il est bête!, qu'il est bête!; ~ lovely children you have! quels charmants enfants vous avez!; you can't imagine ~ a time we had getting here vous ne pouvez pas vous imaginer le mal qu'on a eu à venir jusqu'ici.

◇ *adv* [in rhetorical questions]: ~ do I care? qu'est-ce que ça peut me faire?; ~ does it matter? qu'est-ce que ça peut faire?

◆ **what about** *adv phr*: ~ about lunch? et si on déjeunait?; when shall we go? — ~ about Monday? quand est-ce qu'on y va? — (et si on disait) lundi?; ~ about your promise? — ~ about my promise? et ta promesse? — ben quoi, ma promesse?; ~ about it? *inf* et alors?; do you remember Mary? — ~ about her? tu te souviens de Mary? — oui, et alors?; and ~ about you? et vous donc?

◆ **what for** *adv phr* -**1.** [why]: ~ for? pourquoi?; ~ did you say that for? pourquoi as-tu dit cela?; I'm leaving town — ~ for? je quitte la ville — pourquoi? -**2.** *phr*: to give sb ~ for *inf* passer un savon à qqn.

◆ **what if** *conj phr*: ~ if we went to the beach? et si on allait à la plage?; he won't come — and ~ if he doesn't? [supposing] il ne va pas venir — et alors?

◆ **what with** *conj phr*: ~ with work and the children I don't get much sleep entre le travail et les enfants je ne dors pas beaucoup; ~ with paying for dinner and the cab he was left with no cash après avoir payé le dîner et le taxi il n'avait plus d'argent; ~ with one thing and another I never got there pour un tas de raisons je n'y suis jamais allé.

whatchamacallit *inf* ['wɒtʃəməˌkɔːlɪt], **what-d'you-call-it** *inf* ['wɒtdjʊˌkɔːlɪt] *n* machin *m*, truc *m*.

whate'er [wɒt'eəʳ] *lit* = **whatever**.

whatever [wɒt'evəʳ] ◇ *pron* -**1.** [anything, everything] tout ce que; do ~ he asks (you) faites tout ce qu'il vous demande; take ~ you need prenez tout ce dont vous avez besoin; I'll do ~ is necessary je ferai le nécessaire. -**2.** [no matter what] quoi que; ~ I say, he always disagrees quoi que je dise, il n'est jamais d'accord; ~ happens, stay calm quoi qu'il arrive, restez calme; ~ it may be quoi que ce soit; ~ the reason quelle que soit la raison; the doctors must operate ~ the risk les médecins doivent opérer quel que soit le risque; ~ it costs, I want that house je veux cette maison à tout prix; I won't do it, ~ you say vous aurez beau dire OR vous pouvez dire tout ce que vous voulez, je ne le ferai pas; ~ you say, ~ you think best comme tu voudras; ~ you may think, I am telling the truth vous pouvez penser ce que vous voulez, mais je dis la vérité. -**3.** [indicating surprise]: ~ can that mean? qu'est-ce que ça peut bien vouloir dire?; ~ do you want to do that for? et pourquoi donc voulez-vous faire ça?; he wants to join the circus — ~ next! il veut travailler dans un cirque — et puis quoi encore! || [indicating uncertainty]: it's an urban regeneration area, ~ that means c'est une zone de rénovation urbaine, si tu sais ce qu'ils entendent par là. -**4.** *inf* [some similar thing or things]: they sell newspapers, magazines and ~ ils vendent des journaux, des revues et ainsi de suite OR et que sais-je encore; I don't want to study English or philosophy or ~ je ne veux étudier ni l'anglais, ni la philosophie, ou que sais-je encore. -**5.** [indicating lack of interest]: shall I take the red or the green? — ~ *inf* je prends le rouge ou le vert? — n'importe.

◇ *det* -**1.** [any, all] tout, n'importe quel; she read ~ books she could find elle lisait tous les livres qui lui tombaient sous la main; he gave up ~ ambitions he still had il a abandonné ce qui lui restait d'ambition; I'll take ~ fruit you have je prendrai ce que vous avez comme fruits. -**2.** [no matter what]: for ~ reason, he changed his mind pour une raison quelconque, il a changé d'avis; she likes all films, ~ subject they have elle aime tous les films quel qu'en soit le sujet.

◇ *adv*: choose any topic ~ choisissez n'importe quel sujet; I have no doubt ~ je n'ai pas le moindre doute; I see no reason ~ to go je ne vois absolument aucune raison d'y aller; we have no intention ~ of giving up nous n'avons pas la moindre intention d'abandonner; he knew nothing ~ about it il n'en savait absolument rien OR rien du tout; she has no money ~ elle n'a pas un sou.

whatnot ['wɒtnɒt] *n* -**1.** *phr*: and ~ *inf* et ainsi de suite. -**2.** [furniture] étagère *f*.

what's [wɒts] = **what is**.

whatshername *inf* ['wɒtsəneɪm] *n* Machine *f*; (Mrs) ~ Madame Machin.

whatshisname *inf* ['wɒtsɪzneɪm] *n* Machin *m*, Machin Chouette *m*; Mr ~ Monsieur Machin.

whatsit *inf* ['wɒtsɪt] *n* machin *m*, truc *m*.

whatsitsname *inf* ['wɒtsɪtsneɪm] *n* machin *m*, truc *m*.

whatsoever [,wɒtsəʊ'evəʳ] *pron*: none ~ aucun; he gave us no encouragement ~ il ne nous a pas prodigué le moindre encouragement.

wheat [wiːt] ◇ *n* blé *m*; to separate the ~ from the chaff séparer le bon grain de l'ivraie.
◇ *comp* [flour] de blé, de froment; ~ field champ *m* de blé.

wheatear ['wiːt,ɪəʳ] *n* traquet *m*, motteux *m*.

wheaten ['wiːtn] *adj* -**1.** [bread] de blé OR froment. -**2.** [colour] blond comme les blés.

wheat germ *n* germe *m* de blé.

wheatmeal ['wiːtmiːl] *n*: ~ (flour) farine *f* complète.

wheat rust *n* rouille *f* du blé.

Wheatstone bridge ['wiːtstən-] *n* pont *m* de Wheatstone.

whee [wiː] *interj*: ~! ooooh!

wheedle ['wiːdl] *vt* enjôler; to ~ sb into doing sthg convaincre qqn de faire qqch à force de cajoleries; to ~ sthg out of sb obtenir qqch de qqn par des cajoleries.

wheedling ['wiːdlɪŋ] ◇ *n (U)* cajolerie *f*, cajoleries *fpl*.
◇ *adj* cajoleur, enjôleur; a ~ voice une voix pateline.

wheel [wiːl] ◇ *n* -**1.** [of bicycle, car, train] roue *f*; [smaller] roulette *f*; [for potter] tour *m*; on ~s sur roues OR roulettes; the ~ has come full circle *fig* la boucle est bouclée ❑ ~ alignment AUT parallélisme *m* des roues; the ~ of fortune la roue de la fortune; she's a big ~ around here *Am* elle est considérée comme une huile par ici. -**2.** AUT: to be at the ~ *literal* être au volant; *fig* être aux commandes; to get behind OR to take the ~ se mettre au OR prendre le volant ❑ (steering) ~ volant *m*; the City on Wheels *surnom de Los Angeles*. -**3.** NAUT barre *f*, gouvernail *m*; at the ~ à la barre. -**4.** [of torture] roue *f*.
◇ *vi* -**1.** [birds] tournoyer; [procession] faire demi-tour; MIL [column] effectuer une conversion; to ~ to the left tourner sur la gauche; left ~! MIL à gauche!; to ~ (round) [person] se retourner, faire une volte-face; [procession] faire demi-tour; [horse] pirouetter; [birds] tournoyer. -**2.** *phr*: to ~ and deal *inf* [do business] brasser des affaires; *pej* magouiller.
◇ *vt* [bicycle, trolley] pousser; [suitcase] tirer; she ~ed the baby around the park elle a promené le bébé dans le parc; she ~ed in a trolley full of cakes elle entra en poussant un chariot plein de gâteaux; they ~ed on OR out the usual celebrities *fig* ils ont ressorti les mêmes célébrités.
◆ **wheels** *npl* -**1.** [workings] rouages *mpl*; the ~s of government les rouages du gouvernement ❑ there are ~s within ~s c'est plus compliqué que ça n'en a l'air. -**2.** *inf* AUT [car] bagnole *f*; he's got a new set of ~s il a une nouvelle bagnole.

wheelbarrow ['wiːl,bærəʊ] *n* brouette *f*.

wheelbase ['wiːlbeɪs] *n* empattement *m* AUT.

wheel brace *n* clef *f* en croix.

wheelchair [,wiːl'tʃeəʳ] *n* fauteuil *m* roulant; ~ access accès *m* aux handicapés; the Wheelchair Olympics les jeux Olympiques handisport OR pour handicapés.

wheelclamp ['wiːlklæmp] ◇ *n* sabot *m* de Denver.
◇ *vt*: my car was ~ed on a mis un sabot à ma voiture.

wheeled [wiːld] *adj* à roues, muni de roues.

-wheeled *in cpds* à roues; four~ à quatre roues.

wheeler ['wiːləʳ] *n* -**1.** [wheelmaker] charron *m*. -**2.** [horse] timonier *m*.

-wheeler *in cpds* à roues; three~ véhicule *m* à trois roues.

wheeler-dealer *inf n pej* affairiste *mf*.

wheelhouse ['wiːlhaʊs, *pl* -haʊzɪz] *n* timonerie *f*.

wheelie *inf* ['wiːlɪ] *n* *manœuvre sur bicyclette ou moto qui consiste à lever la roue avant.*

wheeling and dealing *inf* ['wiːlɪŋ-] *n (U)* combines *fpl*, manigances *fpl*.

wheelspin ['wiːlspɪn] *n* patinage *m* AUT.

wheelwright ['wiːlraɪt] *n* charron *m*.

wheeze [wiːz] ◇ *vi* [person] respirer bruyamment OR comme un asthmatique; [animal] souffler.
◇ *vt* dire d'une voix rauque; the old accordion can still ~ out a note or two on peut encore tirer quelques notes du vieil accordéon.
◇ *n* -**1.** [sound of breathing] respiration *f* difficile OR sifflante. -**2.** *inf Br dated* [trick] combine *f*. -**3.** *inf Br* [joke] blague *f*. -**4.** *Am* [saying] dicton *m*.

wheezy ['wiːzɪ] (*compar* wheezier, *superl* wheeziest) *adj* [person] asthmatique; [voice, chest] d'asthmatique; [musical instrument, horse] poussif.

whelk [welk] *n* bulot *m*, buccin *m*.

whelp [welp] ◇ *n* -**1.** [animal] petit *m*, -e *f*. -**2.** *pej* [youth] petit morveux *m*, petite morveuse *f*.
◇ *vi* [of animals] mettre bas.

when [wen] ◇ *adv* quand; ~ are we leaving? quand partons-nous?; ~ is the next bus? à quelle heure est OR quand passe le prochain bus?; ~ did the war end? quand la guerre s'est-elle terminée?; ~ did the accident happen? quand l'accident a-t-il eu lieu?; ~ was the Art Nouveau period? à quand remonte l'époque de l'Art nouveau?; ~ do you start your new job? quand commencez-vous votre nouveau travail?; ~ do you use the subjunctive? quand emploie-t-on le subjonctif?; you're open until ~? vous êtes ouvert jusqu'à quand?; ~ did you last see her? quand l'avez-vous vue pour la dernière fois?; ~ do the Easter holidays begin? quand est-ce que commencent les vacances de Pâques?; ~ is the best time to call? quel est le meilleur moment pour appeler?; the homework is due ~? quand doit-on rendre les devoirs?
◇ *conj* -**1.** [how soon] quand; I don't know ~ we'll see you again je ne sais pas quand nous vous reverrons; do you remember ~ we met? te souviens-tu du jour où nous nous sommes connus?; do you know ~ he was born? savez-vous quand il est né?, connaissez-vous sa date de naissance?; I wonder ~ the shop opens je me demande à quelle heure ouvre le magasin; your contract states ~ you will be paid votre contrat spécifie quand vous serez payé; we don't agree on ~ it should be done nous ne sommes pas d'accord sur le moment où il faudrait le faire. -**2.** [at which time] quand; come back next week ~ we'll have more time revenez la semaine prochaine quand nous aurons plus de temps; he returned in the autumn, ~ the leaves were beginning to turn il est revenu à l'automne, alors que les feuilles commençaient à jaunir. -**3.** [indicating a specific point in time] quand, lorsque; he turned round ~ she called his name il s'est retourné quand OR lorsqu'elle l'a appelé; ~ she's gone, he's unhappy quand OR lorsqu'elle n'est pas là, il est malheureux; ~ I was a student lorsque j'étais OR à l'époque où j'étais étudiant; will you still love me ~ I'm old? m'aimeras-tu encore quand je serai vieux?; she's only happy ~ she's writing elle n'est heureuse que lorsqu'elle écrit; they were talking ~ he came in ils étaient en train de discuter quand il est entré; she's thinner than ~ I last saw her elle a maigri depuis la dernière fois que je l'ai vue; he left town ~ he was twenty il a quitté la ville quand il avait OR à l'âge de vingt ans; ~ she was a child quand OR lorsqu'elle était enfant; on Sunday, ~ I go to the market [this week] dimanche, quand j'irai au marché; [every week] le dimanche, quand je vais au marché; I had just walked in the door/he was about to go to bed ~ the phone rang je venais juste d'arriver/il était sur le point de se coucher quand le téléphone a sonné; we hadn't been gone five minutes ~ Susan wanted to go home ça ne faisait pas cinq minutes que nous étions partis et Susan voulait déjà rentrer. -**4.** [as soon as] quand, dès que; [after] quand, après que; put your pencils down ~ you have finished posez votre crayon quand vous avez terminé; ~ completed, the factory will employ 100 workers une fois terminée, l'usine emploiera 100 personnes; ~ he starts drinking, he can't stop une fois qu'il a commencé à boire, il ne peut plus s'arrêter; I'll answer any questions ~ the meeting is over quand la réunion sera terminée, je répondrai à toutes vos questions; ~ I had read my report, she suggested we take a break après mon exposé, elle a suggéré qu'on fasse une pause; ~ they had finished dinner, he offered to take her home quand OR après qu'ils eurent dîné, il lui proposa de la ramener; ~ you see her you'll understand quand vous la verrez vous comprendrez; ~ she had talked to him, she left après lui avoir parlé, elle est partie. -**5.** [the time that]: remember ~ a litre of milk cost 10 cents? vous souvenez-vous de l'époque où le litre de lait coûtait 10 cents?; he talked about ~ he was a soldier il parlait de l'époque où il était soldat; that's ~ it snowed so hard c'est quand il a tant neigé; that's ~ he got up and left c'est à ce moment-là OR c'est alors qu'il s'est levé et est parti; that's ~ the shops close c'est l'heure où les magasins ferment; now is ~ we should stand up and be counted c'est le moment d'avoir le courage de nos opinions. -**6.** [whenever] quand, chaque fois que; ~ it's sunny, the children play outside quand il y a du soleil, les enfants jouent dehors; ~ I hear that song, I think of her chaque fois que OR quand j'entends cette chanson, je pense à elle; I try to avoid seeing him ~ possible j'essaie de l'éviter quand c'est possible. -**7.** [since, given that] quand, étant donné que; what good is it applying ~ I don't qualify for the job? à quoi bon me porter candidat quand OR si je n'ai pas les capacités requises pour faire ce travail?; how can you treat her so badly ~ you know she loves you? comment pouvez-vous la traiter si mal quand OR alors que vous savez qu'elle vous aime?; why change jobs ~ you like what you do? pourquoi changer de travail quand OR puisque vous aimez ce que vous faites?; fancy having soup ~ you could have had caviar! pourquoi manger de la soupe quand on peut manger du caviar? -**8.** [whereas] alors que; she described him as being lax ~ in fact he's quite strict elle l'a décrit comme étant négligent alors qu'en réalité il est assez strict.
◇ *rel pron* -**1.** [at which time]: an age ~ men were men une époque où les hommes étaient des hommes; in a period ~ business was bad à une période où les affaires allaient mal; she was president until 1980, ~ she left the company elle fut président jusqu'en 1980, année où elle a quitté l'entreprise || [which time]: she started her job in May, since ~ she has had no free time elle a commencé à travailler en mai et elle n'a pas eu de temps libre depuis; the new office will be ready in January, until ~ we use the old one le nouveau bureau sera prêt en janvier; jusque là OR en attendant, nous utiliserons l'ancien. -**2.** [that] où; do you remember the year ~ we went to Alaska? tu te rappelles l'année où on est allés en Alaska?; what about the time ~ she didn't show up? et la fois où elle n'est pas venue?; one day ~

he was out un jour où il était sorti OR qu'il était sorti; it was only a minute later ~ he heard a scream à peine une minute plus tard il entendait un cri; on Monday, the day ~ I was supposed to start work lundi, le jour où je devais commencer à travailler; it's one of those days ~ everything goes wrong c'est un de ces jours où tout va de travers; there were times ~ she didn't know what to do il y avait des moments où elle ne savait plus quoi faire.

whence [wens] *adv* & *pron fml* d'où.

whene'er [wen'eəʳ] *lit* = **whenever**.

whenever [wen'evəʳ] ◇ *conj* -**1.** [every time that] quand, chaque fois que; ~ we go on a picnic, it rains chaque fois qu'on part en pique-nique, il pleut; ~ it snows there's chaos on the roads chaque fois qu'il neige c'est la panique sur les routes; he can come ~ he likes il peut venir quand il veut; I go to visit her ~ I can je vais la voir dès que je peux; ~ there is an eclipse à chaque éclipse. -**2.** [at whatever time] quand; call me ~ you need me appelez-moi si vous avez besoin de moi; you can leave ~ you're ready vous pouvez partir dès que vous serez prêt; they try to help ~ possible ils essaient de se rendre utiles quand c'est possible.
◇ *adv* -**1.** [expressing surprise] quand; ~ did you find the time? mais quand donc avez-vous trouvé le temps? -**2.** [referring to an unknown or unspecified time]: I'll pick you up at 6 o'clock or ~ is convenient je te prendrai à 6 h ou quand ça te convient ❑ let's assume he started work in April or ~ *inf* supposons qu'il ait commencé à travailler en avril ou quelque chose comme ça; we could have lunch on Thursday or Friday or ~ *inf* on pourrait déjeuner ensemble jeudi, vendredi ou un autre jour.

whensoever [,wensəʊ'evəʳ] *lit* = **whenever**.

where [weəʳ] ◇ *adv* -**1.** [at, in, to what place] où; ~ is the restaurant? où est le restaurant?; ~ are we going? où allons-nous?; ~ are you from? d'où est-ce que vous venez?, d'où êtes-vous?; ~ did you put them? où les avez-vous mis?; ~ is the entrance? où est l'entrée?; the school is near ~? l'école est près d'où?; ~ does this road lead? où va cette route? -**2.** [at what stage, position]: ~ are you in your work/in the book? où en êtes-vous dans votre travail/dans votre lecture?; ~ were we? où en étions-nous?; ~ do you stand on this issue? quelle est votre position OR opinion sur cette question?; ~ do you stand with the boss? quels sont vos rapports avec le patron?; ~ do I come into it? qu'est-ce que j'ai à faire là-dedans, moi?; ~ would I be without you? que serais-je devenu sans toi?
◇ *conj* -**1.** [the place at or in which] (là) où; it rains a lot ~ we live il pleut beaucoup là où nous habitons; she told me ~ to go [gave me directions] elle m'a dit où (il fallait) aller; [was rude] elle m'a envoyé promener; there is a factory ~ I used to go to school il y a une usine là où OR à l'endroit où j'allais autrefois à l'école; how did you know ~ to find me? comment avez-vous su où me trouver?; I wonder ~ my keys are je me demande où sont mes clés; you'll find your key ~ you left it tu trouveras ta clé (là) où tu l'as laissée; sit ~ you like asseyez-vous où vous voulez OR voudrez; turn left ~ the two roads meet tournez à gauche au croisement; fishing is best ~ the Doubs meets the Saône c'est au confluent du Doubs et de la Saône que l'on fait la meilleure pêche || *fig*: I just don't know ~ to begin je ne sais vraiment pas par où commencer. -**2.** [the place that] là que, là où; this is ~ I work c'est là que je travaille; so that's ~ I left my coat! voilà où j'ai laissé mon manteau!; he showed me ~ the students live il m'a montré l'endroit où habitent les étudiants; this is ~ we get off the bus c'est là que nous descendons; the child ran up to ~ her mother was sitting l'enfant a couru jusqu'à l'endroit où sa mère était assise; we can't see well from ~ we're sitting nous ne voyons pas bien d'où OR de là où nous sommes assis || *fig*: I see ~ I went wrong je vois où je me suis trompé; that's ~ she's mistaken c'est là qu'elle se trompe, voilà son erreur; this is ~ you have to make up your mind là, il faut que tu te décides. -**3.** [whenever, wherever] quand, là où; the judge is uncompromising ~ drugs are concerned le juge est intraitable lorsqu'il OR quand il s'agit de drogue; the situation is hopeless ~ defence is concerned pour la défense, la situation est sans espoir; he can't be objective ~ she's concerned il ne peut pas être objectif lorsqu'il s'agit d'elle; ~ x equals y MATH où x égale y; ~ possible là où OR quand c'est possible ❑ ~ there's life, there's hope *prov* tant qu'il y a de la vie, il y a de l'espoir *prov*. -**4.** [whereas, while] là où, alors que; ~ others see a horrid brat, I see a shy little boy là où les autres voient un affreux moutard, je vois un petit garçon timide. -**5.** *phr*: ~ it's at *inf* là où ça bouge.
◇ *rel pron* -**1.** [in which, at which] où; the place ~ we went on holiday l'endroit où nous sommes allés en vacances; the room ~ he was working la pièce où OR dans laquelle il travaillait; the table ~ they were sitting la table où OR à laquelle ils étaient assis; it was the kind of restaurant ~ tourists go c'était le genre de restaurant que fréquentent les touristes || *fig*: I'm at the part ~ they discover the murder j'en suis au moment où ils découvrent le meurtre; it's reached a stage ~ I'm finding it difficult to work ça en est au point où travailler me devient pénible. -**2.** [in or at which place]: Boston, ~ I was born Boston, où je suis né OR ma ville natale; sign at the bottom, ~ I've put a cross signez en bas, là où j'ai mis une croix.
◇ *n*: they discussed the ~ and how of his accident ils ont parlé en détail des circonstances de son accident; you can find that any old ~ vous pouvez trouver cela n'importe où.

whereabouts [*adv* ,weərə'baʊts, *n* 'weərəbaʊts]
◇ *adv* où; ~ are you from? d'où êtes-vous?; I used to live in Cumbria – oh, really, ~? j'habitais dans le Cumbria – vraiment? où ça OR dans quel coin?
◇ *npl*: to know the ~ of sb/sthg savoir où se trouve qqn/qqch; her exact ~ are unknown personne ne sait exactement où elle se trouve.

whereafter [weər'ɑːftəʳ] *conj arch* OR *fml* après quoi.

whereas [weər'æz] *conj* -**1.** [gen] alors que, tandis que. -**2.** JUR OR *fml* attendu que, considérant que.

whereat [weər'æt] *arch* OR *fml* ◇ *conj* = **whereupon**.
◇ *adv* où.

whereby [weə'baɪ] *rel pron fml* par lequel, au moyen duquel; there's a new system ~ everyone gets one day off a month il y a un nouveau système qui permet à tout le monde d'avoir un jour de congé par mois.

wherefore ['weəfɔːʳ] ◇ *adv arch* OR *fml* pourquoi, pour quelle raison.
◇ *conj arch* OR *fml* pour cette raison, donc.
◇ *n* → **why**.

wherein [weər'ɪn] *arch* OR *fml* ◇ *adv* & *conj* en quoi, dans quoi.
◇ *rel pron* où, dans lequel.

whereof [weər'ɒv] *arch* OR *fml* ◇ *rel pron* [person] dont, de qui; [thing] dont, duquel.
◇ *adv* de quoi.

whereon [weər'ɒn] *arch* OR *fml* ◇ *rel pron* sur quoi, sur lequel.
◇ *adv* sur quoi.

wheresoever [,weəsəʊ'evəʳ] = **wherever**.

whereto [weə'tuː] *arch* OR *fml* ◇ *adv* (vers) où.
◇ *rel pron* vers quoi.

whereupon [,weərə'pɒn] ◇ *conj* sur OR après quoi, sur ce.
◇ *adv arch* sur quoi.

wherever [weər'evəʳ] ◇ *conj* -**1.** [every place] partout où; [no matter what place] où que; ~ you go in Europe, you meet other tourists où que vous alliez en Europe, vous rencontrez d'autres touristes; ~ you go it's the same thing où que vous alliez c'est la même chose, c'est partout pareil; ~ we went, he complained about the food partout où on est allés, il s'est plaint de la nourriture. -**2.** [anywhere, in whatever place] (là) où; he can sleep ~ he likes il peut dormir (là) où il veut; we'll have to sit ~ there's room il faudra s'asseoir là où il y aura de la place; she works ~ she's needed elle travaille là où on a besoin d'elle; he takes on work ~ he can find it il accepte du travail où il en trouve; we can go ~ we please nous pouvons aller où bon nous semble; ~ there is poverty there are social problems là où il y a de la misère il y a des problèmes sociaux; they're from Little Pucklington, ~ that is ils viennent d'un endroit qui s'appelle Little Pucklington. -**3.** [in any situation] quand; I wish, ~ possible, to avoid job losses je souhaite éviter toute perte d'emploi quand c'est possible; grants are given ~ needed des bourses sont accordées à chaque fois que c'est nécessaire.
◇ *adv inf* -**1.** [indicating surprise] mais où donc; ~ did you get that idea? mais d'où sors-tu cette idée?; ~ have you been? où étais-tu donc passé? -**2.** [indicating unknown or unspecified place]: they're holidaying in Marbella or Málaga or ~ ils passent leurs vacances à Marbella ou Malaga ou Dieu sait où.

wherewith [weə'wɪθ] *conj fml* & *lit* avec quoi, avec lequel.

wherewithal ['weəwɪðɔːl] *n Br*: the ~ les moyens *mpl*; I don't have the ~ to buy a new coat je n'ai pas les moyens de me payer un manteau neuf.

wherry ['werɪ] (*pl* **wherries**) *n* esquif *m*; [fishing] canot *m*.

whet [wet] (*pt* & *pp* **whetted**, *cont* **whetting**) *vt* [cutting tool] affûter, aiguiser; [appetite] aiguiser, ouvrir; to ~ sb's appetite ouvrir l'appétit à qqn; her few days in Spain only whetted her appetite for more *fig* ces quelques jours passés en Espagne n'ont fait que lui donner envie d'y revenir.

whether ['weðəʳ] *conj* -**1.** [if] si; I asked ~ I could come j'ai demandé si je pouvais venir; I don't know ~ she's ready or not je ne sais pas si elle est prête ou non; I don't know now ~ it's such a good idea je ne suis plus sûr que ce soit une tellement OR si bonne idée; the question now is ~ you want the job or not la question est maintenant de savoir si tu veux cet emploi ou pas. -**2.** [no matter if]: ~ it rains or not qu'il pleuve ou non; ~ you want to or not que tu le veuilles ou non; ~ they open it now or later, it doesn't matter qu'ils l'ouvrent maintenant ou plus tard, cela n'a pas d'importance; ~ by accident or design que ce soit par hasard ou fait exprès.

whetstone ['wetstəʊn] *n* pierre *f* à aiguiser.

whew [hwjuː] *interj* [relief] ouf; [admiration] oh la la; ~! I'm glad that's over! ouf! je suis bien content que ça soit fini!

whey [weɪ] *n* petit-lait *m*.

whey-faced *adj* pâle.

which [wɪtʃ] ◇ *det* -**1.** [indicating choice] quel *m*, quelle *f*, quels *mpl*, quelles *fpl*; ~ book did you buy? quel livre as-tu acheté?; ~ candidate are you voting for? pour quel candidat allez-vous voter?; ~ one? lequel?, laquelle?; ~ ones? lesquels?/lesquelles?; ~ one of you spoke? lequel de vous a parlé?; ~ one of the twins got married? lequel des jumeaux s'est marié?; I saw several films – ~ ones? j'ai vu plusieurs films – lesquels?; I wonder ~ route would be best je me demande quel serait le meilleur chemin; ~ way should we go? par où devrions-nous aller?; keep track of ~ employees come in late notez le nom des employés qui arrivent en retard. -**2.** [referring back to preceding noun or statement]: he may miss his plane, in ~ case he'll have to wait until tomorrow il est possible qu'il rate son avion, auquel cas il devra attendre demain; she arrives at 5 p.m., at ~ time I'll still be at the office elle arrive à 17 h, heure à laquelle je serai encore au bureau; they lived in Madrid for one year, during ~ time

their daughter was born ils ont habité Madrid pendant un an, et c'est à cette époque que leur fille est née.

◇ *pron* -**1.** [what one or ones] lequel *m*, laquelle *f*, lesquels *mpl*, lesquelles *fpl*; ~ **of the houses do you live in?** dans quelle maison habitez-vous?; ~ **of these books is yours?** lequel de ces livres est le tien?; ~ **is the freshest?** quel est le plus frais?; ~ **is the more interesting of the two films?** lequel des deux films est le plus intéressant?; ~ **of you saw the accident?** qui de vous a vu l'accident?; ~ **of you three is the oldest?** lequel de vous trois est le plus âgé?, qui est le plus âgé de vous trois?; **she's from Chicago or Boston, I don't remember** ~ elle vient de Chicago ou de Boston, je ne sais plus lequel des deux; **we can play bridge or poker, I don't care** ~ on peut jouer au bridge ou au poker, peu m'importe; **I can't tell** ~ **is** ~ je n'arrive pas à les distinguer (l'un de l'autre); ~ **is** ~? lequel est-ce? -**2.** [the one or ones that - as subject] celui qui *m*, celle qui *f*, ceux qui *mpl*, celles qui *fpl*; [- as object] celui que *m*, celle que *f*, ceux que *mpl*, celles que *fpl*; **show me** ~ **you prefer** montrez-moi celui que vous préférez; **tell her** ~ **is yours** dites-lui lequel est le vôtre.

◇ *rel pron* -**1.** [adding further information - as subject] qui; [- as object] que; **the house,** ~ **is very old, needs urgent repairs** la maison, qui est très vieille, a besoin d'être réparée sans plus attendre; **the vases, each of** ~ **held white roses, were made of crystal** les vases, qui contenaient chacun des roses blanches, étaient en cristal; **the hand with** ~ **I write** la main avec laquelle j'écris; **the office in** ~ **she works** le bureau dans lequel OR où elle travaille; **the hotels at** ~ **they stayed** les hôtels où ils sont allés OR descendus. -**2.** [commenting on previous statement - as subject] ce qui; [- as object] ce que; **it took her an hour,** ~ **isn't bad really** elle a mis une heure, ce qui n'est pas mal en fait; **he looked like a military man,** ~ **in fact he was** il avait l'air d'un militaire, et en fait c'en était un; **he says it was an accident,** ~ **I don't believe for an instant** il dit que c'était un accident, ce que je ne crois absolument pas OR mais je ne le crois pas un seul instant; **I don't like it when rents go up,** ~ **they often do** je n'aime pas que les loyers augmentent, ce qui arrive souvent; **then they arrived, after** ~ **things got better** puis ils sont arrivés, après quoi tout est allé mieux; **she lied about the letter, from** ~ **I guessed she was up to something** elle a menti au sujet de la lettre, d'où j'ai deviné qu'elle combinait quelque chose; **he started shouting, upon** ~ **I left the room** il s'est mis à crier, sur quoi OR et sur ce j'ai quitté la pièce.

◆ **Which?** *pr n magazine de l'Union des consommateurs britanniques connu pour ses essais comparatifs.*

whichever [wɪtʃ'evəʳ] ◇ *pron* -**1.** [the one that - as subject] celui qui *m*, celle qui *f*, ceux qui *mpl*, celles qui *pl*; [- as object] celui que *m*, celle que *f*, ceux que *mpl*, celles que *fpl*; **choose** ~ **most appeals to you** choisissez celui/celle qui vous plaît le plus; **choose** ~ **most appeal to you** choisissez ceux/celles qui vous plaisent le plus; **will** ~ **of you arrives first turn on the heating?** celui d'entre vous qui arrivera le premier pourra-t-il allumer le chauffage?; **take** ~ **is (the) cheapest** prenez (celui qui est) le moins cher; **shall we go to the cinema or the theatre?** — ~ **you prefer** on va au cinéma ou au théâtre? — choisis ce que tu préfères; **let's meet at 3.30 or 4,** ~ **is best for you** donnons-nous rendez-vous à 3 h 30 ou à 4 h, comme cela vous arrange le mieux; **we will reimburse half the value or $1,000,** ~ **is the greater** nous vous rembourserons la moitié de la valeur ou 1 000 dollars, soit la somme la plus avantageuse. -**2.** [no matter which one]: ~ **of the routes you choose, allow about two hours** quel que soit le chemin que vous choisissiez, comptez environ deux heures; ~ **of the houses you buy it will be a good investment** quelle que soit la maison que vous achetiez, ce sera un bon investissement; ~ **of the computers you buy will be installed free of charge** quel que soit l'ordinateur que vous achetiez, l'installation sera gratuite; **I'd like to speak either to Mr Brown or Mr Jones,** ~ **is available** j'aimerais parler à M. Brown ou à M. Jones, celui des deux qui est disponible.

◇ *det* -**1.** [indicating the specified choice or preference]: **grants will be given to** ~ **students most need them** des bourses seront accordées à ceux des étudiants qui en ont le plus besoin; **I'll buy** ~ **car does the best mileage** je prendrai la voiture qui consomme le moins (d'essence) (, peu importe laquelle); **take** ~ **seat you like** asseyez-vous où vous voulez; **we'll travel by** ~ **train is fastest** nous prendrons le train le plus rapide (, peu importe lequel); **keep** ~ **one appeals to you most** gardez celui qui vous plaît le plus. -**2.** [no matter what - as subject] quel que soit... qui; [- as object] quel que soit... que; ~ **job you take, it will mean a lot of travelling** quel que soit le poste que vous preniez, vous serez obligé de beaucoup voyager; ~ **party is in power** quel que soit le parti au pouvoir; **we'll still be late** ~ **way we go** nous serons en retard de toute façon quel que soit le chemin que nous prenions; ~ **way you look at it, it's not fair** peu importe la façon dont on considère la question, c'est vraiment injuste.

whichsoever [,wɪtʃsəʊ'evəʳ] = **whichever**.

whichways ['wɪtʃweɪz] *adv Am* où; **she left the papers lying every** ~ elle a laissé les papiers traîner partout.

whiff [wɪf] ◇ *n* -**1.** [gust, puff] bouffée *f*; **one** ~ **of this gas and you'd be out cold** *inf* une seule bouffée de ce gaz et vous tombez dans les pommes. -**2.** [smell] odeur *f*; **he got a sudden** ~ **of her perfume/of rotten eggs** il sentit soudain l'odeur de son parfum/une odeur d'œufs pourris; **get a** ~ **of this!** *inf* sens-moi un peu ça!; **a** ~ **of scandal** *fig* une odeur de scandale.

◇ *vi inf* sentir mauvais, puer.

whiffle ['wɪfl] *vi* -**1.** [blow] souffler par bouffées légères OR soudaines. -**2.** *fig* [person] se conduire capricieusement.

whiffy *inf* ['wɪfɪ] (*compar* **whiffier**, *superl* **whiffiest**) *adj* qui pue.

Whig [wɪg] ◇ *adj* whig.

◇ *n* whig *m*.

while [waɪl] ◇ *conj* -**1.** [as] pendant que; **he read the paper** ~ **he waited** il lisait le journal en attendant; ~ **(you're) in London you should visit the British Museum** pendant que vous serez à Londres OR pendant votre séjour à Londres, il faut visiter le British Museum; **she fell asleep** ~ **on duty** elle s'est endormie pendant le service; **he cut himself** ~ **(he was) shaving** il s'est coupé en se rasant; ~ **this was going on** pendant ce temps-là; **'heels repaired/keys cut** ~ **you wait'** 'talons/clés minute'; ~ **you're up could you fetch me some water?** puisque tu es debout, peux-tu aller me chercher de l'eau?; **and** ~ **I'm about** OR **at it...** et pendant que j'y suis... -**2.** [although] bien que, quoique; ~ **I admit it's difficult, it's not impossible** j'admets que c'est difficile, mais ce n'est pas impossible; ~ **comprehensive, the report lacked clarity** bien que détaillé le rapport manquait de clarté. -**3.** [whereas] alors que, tandis que; ~ **he loves opera, I prefer jazz** il adore l'opéra alors que moi je préfère le jazz; **she's left-wing,** ~ **he's rather conservative** elle est de gauche tandis que lui est plutôt conservateur.

◇ *n*: **to wait a** ~ attendre (un peu); **after a** ~ au bout de quelque temps; **for a** ~**/a long** ~ **I believed her** pendant un certain temps/pendant assez longtemps je l'ai crue; **I was in the States a short** ~ **ago** j'étais aux États-Unis il y a peu (de temps); **she was in the garden a short** ~ **ago** elle était dans le jardin il y a un instant; **it's been a good** ~ **since I've seen her** ça fait pas mal de temps que je ne l'ai pas vue; **it takes quite a** ~ **to get there** il faut un certain temps pour y aller; **all the** ~ (pendant) tout ce temps; **once in a** ~ de temps en temps OR à autre.

◆ **while away** *vt sep* faire passer; **she** ~**d away the hours reading until he returned** elle passa le temps à lire jusqu'à son retour.

while-you-wait *adj*: '~ **heel repairs**' 'talons minute'; '~ **film development**' 'développement en une heure'.

whilst [waɪlst] *Br* = **while** *conj*.

whim [wɪm] *n* caprice *m*, fantaisie *f*; **it's just one of his little** ~**s** ce n'est qu'une de ses petites lubies; **arrangements are altered at the** ~ **of the King** les préparatifs sont changés sur un simple caprice du roi; **she indulges his every** ~ elle lui passe tous ses caprices; **whenever the** ~ **takes him** chaque fois que l'idée lui prend; **on a sudden** ~ **I telephoned her mother** tout à coup l'idée m'a pris de téléphoner à sa mère.

whimper ['wɪmpəʳ] ◇ *vi* [person] gémir, geindre; *pej* pleurnicher; [dog] gémir, pousser des cris plaintifs.

◇ *vt* gémir.

◇ *n* gémissement *m*, geignement *m*; **"don't" he said with a** ~ «non» dit-il d'un ton larmoyant OR gémit-il; **I don't want to hear a** ~ **out of you** je ne veux pas t'entendre te plaindre; **she did it without a** ~ elle l'a fait sans se plaindre.

whimpering ['wɪmpərɪŋ] ◇ *n (U)* gémissements *mpl*, plaintes *fpl*; **stop your** ~! arrête de pleurnicher!

◇ *adj* [voice] larmoyant; [person] qui pleurniche.

whimsical ['wɪmzɪkl] *adj* -**1.** [capricious] capricieux, fantasque. -**2.** [unusual] étrange, insolite; **he said, with a** ~ **smile** dit-il avec un sourire étrange; **what a** ~ **idea!** quelle idée saugrenue!

whimsicality [,wɪmzɪ'kælətɪ] (*pl* **whimsicalities**) *n* caractère *m* fantasque OR curieux.

whimsically ['wɪmzɪklɪ] *adv* étrangement, curieusement.

whimsy ['wɪmsɪ] (*pl* **whimsies**) *n* -**1.** [whimsicality] caractère *m* fantasque OR fantaisiste; **a piece of pure** ~ de la pure fantaisie; **full of** ~ plein de fantaisie OR de malice. -**2.** [idea] caprice *m*, fantaisie *f*.

whin [wɪn] *n* ajonc *m*.

whine [waɪn] ◇ *vi* -**1.** [in pain, discomfort - person] gémir, geindre; [- dog] gémir, pousser des gémissements. -**2.** [complain] se lamenter, se plaindre; **do stop whining about your job!** arrête de te plaindre de ton travail!; **don't come whining to me about it** ne viens pas t'en plaindre à moi.

◇ *vt* dire en gémissant; **"I'm hungry" she** ~**d** «j'ai faim» dit-elle d'une voix plaintive.

◇ *n* -**1.** [from pain, discomfort] gémissement *m*. -**2.** [complaint] plainte *f*.

whiner *inf* ['waɪnəʳ] *n pej* pleurnichard *m*, -e *f*.

whinge *inf* [wɪndʒ] (*cont* **whingeing**) *Br* & *Austr pej* ◇ *vi* geindre, pleurnicher; **he's always whingeing (about something)** il est toujours à pleurnicher (à propos de quelque chose); **don't come** ~**ing to me about your problems** ne venez pas vous plaindre à moi de vos problèmes.

◇ *n* plainte *f*, pleurnicherie *f*.

whingeing *inf* ['wɪndʒɪŋ] *Br* & *Austr* ◇ *n* gémissement *m*; *pej* pleurnicherie *f*, plainte *f*.

◇ *adj* [person] pleurnicheur; [voice] plaintif.

whining ['waɪnɪŋ] ◇ *n (U)* -**1.** [of person] gémissements *mpl*; *pej* pleurnicheries *fpl*; [of dog] gémissements *mpl*; **I've had enough of your** ~! j'en ai assez de tes pleurnicheries OR jérémiades! -**2.** [of machinery, shells] gémissement *m*.

◇ *adj* [person] *pej* geignard, pleurnicheur; [voice] geignard; [dog] qui gémit.

whinny ['wɪnɪ] (*pt* & *pp* **whinnied**, *pl* **whinnies**) ◇ *vi* hennir.

◇ *n* hennissement *m*.

whip [wɪp] (*pt* & *pp* **whipped**, *cont* **whipping**) ◇ *vt* -**1.** [person, animal] fouetter; **the cold wind whipped her face** le vent glacial lui fouettait le visage; the wind whipped her hair about le vent agitait sa chevelure. -**2.** *inf* [defeat] vaincre, battre. -**3.** CULIN fouetter, battre au fouet; ~ the cream fouettez la crème; ~ the egg whites battez les blancs en neige. -**4.** *fig*: his speech whipped them all into a frenzy son discours les a tous rendus frénétiques; I'll soon ~ the team into shape j'aurai bientôt fait de mettre l'équipe en forme; I need time to ~ the project into shape il me faut du temps pour donner forme au projet; to ~ sb into line mettre qqn au pas. -**5.** *inf Br* [steal] faucher, piquer. -**6.** SEW surfiler. -**7.** [cable, rope] surlier.

◇ *vi* -**1.** [lash] fouetter; the rain whipped against the windows la pluie fouettait OR cinglait les vitres; the flags whipped about in the wind les drapeaux claquaient au vent. -**2.** [move quickly] aller vite, filer; the car whipped along the road la voiture filait sur la route; she whipped around the corner elle a pris le virage sur les chapeaux de roue; the sound of bullets whipping through the air le bruit des balles qui sifflaient; the ball whipped past him into the net la balle est passée devant lui comme un éclair pour finir au fond du filet; I'll just ~ down to the shop je vais juste faire un saut au magasin; can you ~ round to the library for me? pouvez-vous faire un saut à la bibliothèque pour moi?

◇ *n* -**1.** [lash] fouet *m*; [for riding] cravache *f*. -**2.** POL [MP] *parlementaire chargé de la discipline de son parti et qui veille à ce que ses députés participent aux votes.* -**3.** *Br* POL [summons] convocation *f*. -**4.** *Br* POL [paper] *calendrier des travaux parlementaires envoyé par le «whip» aux députés de son parti.* -**5.** [dessert]: pineapple ~ crème *f* à l'ananas.

◆ **whip away** *vt sep* [subj: wind] emporter brusquement; a sudden gust whipped my hat away une rafale de vent a emporté mon chapeau.

◆ **whip in** ◇ *vt sep* -**1.** HUNT ramener, rassembler. -**2.** *Br* POL [in parliament] battre le rappel de *(pour voter)*. -**3.** [supporters] rallier.
◇ *vi insep* -**1.** [rush in] entrer précipitamment. -**2.** HUNT être piqueur.

◆ **whip off** *vt sep* [take off - jacket, shoes] se débarrasser de; [write quickly - letter, memo] écrire en vitesse.

◆ **whip on** *vt sep* [horse] cravacher.

◆ **whip out** ◇ *vt sep* -**1.** [take out] sortir vivement; he whipped a notebook out of his pocket il a vite sorti un carnet de sa poche; she whipped out a gun elle a soudain sorti un pistolet. -**2.** [grab]: someone whipped my bag out of my hand quelqu'un m'a arraché mon sac des mains.
◇ *vi insep* sortir précipitamment.

◆ **whip round** *vi insep* [person] se retourner vivement, faire volte-face.

◆ **whip through** *inf vt insep* [book] parcourir en vitesse; [task] expédier, faire en quatrième vitesse.

◆ **whip up** *vt sep* -**1.** [curiosity, emotion] attiser; [support] obtenir. -**2.** [typhoon] susciter, provoquer; [dust] soulever (des nuages de). -**3.** CULIN battre au fouet, fouetter; I'll ~ up some lunch *inf* je vais préparer de quoi déjeuner en vitesse.

whipcord ['wɪpkɔːd] ◇ *n* whipcord *m*.
◇ *comp* en whipcord.

whip hand *n*: to have the ~ être le maître; to have the ~ over sb avoir le dessus sur qqn.

whiplash ['wɪplæʃ] *n* -**1.** [stroke of whip] coup *m* de fouet. -**2.** MED: ~ effect effet *m* du coup du lapin; ~ injury coup *m* du lapin, syndrome *m* cervical traumatique *spec*.

whipped [wɪpt] *adj* [cream] fouetté.

whipper-in [,wɪpəʳ-] (*pl* whippers-in) *n* HUNT piqueur *m*.

whippersnapper ['wɪpə,snæpəʳ] *n dated* freluquet *m*.

whippet ['wɪpɪt] *n* whippet *m*.

whipping ['wɪpɪŋ] *n* -**1.** [as punishment - child] correction *f*; [- prisoner] coups *mpl* de fouet; his father gave him a good ~ son père lui a donné une bonne correction. -**2.** *inf* [defeat]: the team received a ~ l'équipe a été battue à plate couture.

whipping boy *n* bouc *m* émissaire.

whipping cream *n* crème *f* fraîche (à fouetter), crème *f* fleurette.

whipping post *n* poteau *m (auquel étaient attachés les condamnés au fouet)*.

whipping top *n* toupie *f*.

whippoorwill ['wɪp,pʊə,wɪl] *n* engoulevent *m* d'Amérique du Nord.

whip-round *inf n Br* collecte *f*; they had a ~ for her ils ont fait une collecte pour elle.

whipsaw ['wɪpsɔː] ◇ *n* scie *f* à chantourner.
◇ *vt* chantourner; the candidate ~ed his opponent *Am fig* le candidat a battu son adversaire sur un double plan.

whir [wɜːʳ] = **whirr**.

whirl [wɜːl] ◇ *vi* -**1.** [person, skater] tourner, tournoyer; she ~ed round the ice rink elle a fait le tour de la piste en tourbillonnant. -**2.** [leaves, smoke] tourbillonner, tournoyer; [dust, water] tourbillonner; [spindle, top] tournoyer; snowflakes ~ed past the window des flocons de neige passaient devant la fenêtre en tourbillonnant; the water ~ed away down the sink l'eau s'est écoulée en tourbillonnant dans l'évier. -**3.** [head, ideas] tourner; my head is ~ing (j'ai) la tête (qui) me tourne; the news made her mind ~ les nouvelles lui ont fait tourner la tête. -**4.** [move quickly] aller à toute vitesse; the horses ~ed past us les chevaux sont passés devant nous à toute allure.
◇ *vt* -**1.** [dancer, skater] faire tourner; he ~ed his partner around the floor il faisait tournoyer sa partenaire autour de la piste. -**2.** [leaves, smoke] faire tourbillonner OR tournoyer; [dust, sand] faire tourbillonner; the wind ~ed the leaves about le vent faisait tourbillonner les feuilles. -**3.** [take rapidly]: she ~ed us off on a trip round Europe elle nous a embarqués pour un tour d'Europe.
◇ *n* -**1.** [of dancers, leaves, events] tourbillon *m*; *fig*: my head is in a ~ la tête me tourne; her thoughts were in a ~ tout tourbillonnait dans sa tête; the mad social ~ *hum* la folle vie mondaine; the kitchen was a ~ of activity la cuisine bourdonnait d'activité. -**2.** [try]: to give sthg a ~ *inf* s'essayer à qqch; why don't you give it a ~? pourquoi n'essayez-vous pas? -**3.** *inf* [trip] promenade *f*, tour *m*.

whirligig ['wɜːlɪgɪg] *n Br* -**1.** [top] toupie *f*; [toy windmill] moulin *m* à vent *(jouet)*. -**2.** [merry-go-round] manège *m*. -**3.** [of activity, events] tourbillon *m*. -**4.** [beetle] tourniquet *m*, gyrin *m*.

whirlpool ['wɜːlpuːl] *n literal* & *fig* tourbillon *m*.

whirlpool bath *n* bain *m* à remous, Jacuzzi® *m*.

whirlwind ['wɜːlwɪnd] ◇ *n* tornade *f*, trombe *f*; he went through the office accounts like a ~ *fig* il a passé les comptes de la société en revue en un rien de temps.
◇ *adj* [trip, romance] éclair *(inv)*.

whirlybird *inf* ['wɜːlɪbɜːd] *n* hélico *m*.

whirr [wɜːʳ] ◇ *n* [of wings] bruissement *m*; [of camera, machinery] bruit *m*, ronronnement *m*; [of helicopter, propeller] bruit *m*, vrombissement *m*; we could hear the ~ of the cameras on entendait le ronronnement des caméras.
◇ *vi* [wings] bruire; [camera, machinery] ronronner; [propeller] vrombir.

whish [wɪʃ] = **swish** *vi* & *n*.

whisk [wɪsk] ◇ *vt* -**1.** [put or take quickly]: we ~ed the money into the tin/off the counter nous avons vite fait disparaître l'argent dans la boîte/du comptoir; she ~ed the gun back into her bag elle remit vivement le pistolet dans son sac; the car ~ed us to the embassy la voiture nous emmena à l'ambassade à toute allure; she ~ed the children out of the room elle emmena rapidement les enfants hors de la pièce. -**2.** CULIN [cream, eggs] battre; [eggwhites] battre en neige; ~ in the cream incorporer la crème avec un fouet. -**3.** [flick]: the horse/cow ~ed its tail le cheval/la vache agitait la queue.
◇ *vi* [move quickly] aller vite; she just ~ed in and out elle n'a fait qu'entrer et sortir; the train ~ed through the countryside le train filait OR roulait à vive allure à travers la campagne.
◇ *n* -**1.** [of tail, stick, duster] coup *m*; the horse gave a ~ of its tail le cheval agita la queue OR donna un coup de queue; give the bedroom a quick ~ with a duster passez un coup de chiffon dans la chambre. -**2.** [for sweeping] époussette *f*; [for flies] chasse-mouches *m inv*. -**3.** CULIN fouet *m*; [electric] batteur *m*; give the batter a good ~ bien travailler la pâte au fouet.

◆ **whisk away** *vt sep* -**1.** [dust] enlever, chasser; [dishes, tablecloth] faire disparaître; [flies - with fly swatter] chasser à coups de chasse-mouches; [- with tail] chasser d'un coup de queue. -**2.** [take off]: a car ~ed us away to the embassy [immediately] une voiture nous emmena sur-le-champ à l'ambassade; [quickly] une voiture nous emmena à toute allure à l'ambassade.

◆ **whisk off** *vt sep* [quickly] emporter OR emmener à vive allure; [suddenly, immediately] conduire sur-le-champ; the bus ~ed us off to the airport le bus nous emmena rapidement jusqu'à l'aéroport; we were ~ed off to the police station on nous emmena sur-le-champ au poste de police.

whisker ['wɪskəʳ] *n* poil *m*; she won the contest by a ~ *inf* elle a gagné le concours de justesse; he came within a ~ of discovering the truth *inf* il s'en est fallu d'un cheveu OR d'un poil qu'il apprenne la vérité.

◆ **whiskers** *npl* [beard] barbe *f*; [moustache] moustache *f*; [on animal] moustaches *fpl*.

whiskered ['wɪskəd] *adj* [bearded] qui a une barbe; [with moustache] qui a une moustache; [animal] qui a des moustaches.

whiskery ['wɪskərɪ] = **whiskered**.

whisky *Br*, **whiskey** *Am* & *Ir* ['wɪskɪ] (*pl* whiskies) *n* whisky *m*, scotch *m*; *Am* bourbon *m*; a ~ and soda un whisky soda; a ~ on the rocks un whisky avec des glaçons.

whisky mac *n boisson qui se compose de whisky et de vin au gingembre.*

whisky sour *n cocktail avec du whisky et du jus de citron.*

whisper ['wɪspəʳ] ◇ *vi* -**1.** [person] chuchoter, parler à voix basse; to ~ to sb parler OR chuchoter à l'oreille de qqn; stop ~ing! arrêtez de chuchoter!; what are you ~ing about? qu'est-ce que vous avez à chuchoter? -**2.** [leaves] bruire; [water, wind] murmurer.
◇ *vt* -**1.** [person] chuchoter, dire à voix basse; to ~ sthg to sb chuchoter qqch à qqn; I ~ed the answer to her je lui ai soufflé la réponse; to ~ sweet nothings to sb susurrer des mots doux à l'oreille de qqn. -**2.** *Br* [rumour]: it's ~ed that her husband's left her le bruit court OR on dit que son mari l'a quittée; I've heard it ~ed that he's lost his fortune j'ai entendu dire qu'il avait perdu toute sa fortune.
◇ *n* -**1.** [of voice] chuchotement *m*; to speak in a ~ parler tout bas OR à voix basse; we never raised our voices above a ~ nous n'avons fait que murmurer; not a ~ of this to anyone! *fig* n'en soufflez mot à personne! -**2.** [of leaves] bruissement *m*; [of water, wind] murmure *m*. -**3.** *Br* [rumour] rumeur *f*, bruit *m*; there are ~s of his leaving le bruit court OR on dit qu'il va partir; I've heard ~s that they're getting married j'ai entendu dire qu'ils allaient se marier.

whispering ['wɪspərɪŋ] ◇ *n* -**1.** [of voices] chuchotement *m*, chuchotements *mpl*. -**2.** [of leaves] bruissement *m*; [of water, wind] murmure *m*. -**3.** *(usu pl) Br* [rumour] rumeur; I've heard ~s about the new president's private life j'ai entendu toutes sortes de rumeurs sur la vie privée du nouveau président.
◇ *adj* -**1.** [voice] qui chuchote. -**2.** [leaves, tree] qui frémit OR murmure; [water, wind] qui murmure.

whispering campaign *n* campagne *f* insidieuse OR diffamatoire.

whispering gallery *n* galerie *f* à écho.

whist [wɪst] *n* whist *m*.

whist drive *n* tournoi *m* de whist.

whistle ['wɪsl] ◇ *vi* -**1.** [person - using lips] siffler; [- using whistle] donner un coup de sifflet, siffler; **he walked in whistling happily** il est entré en sifflant joyeusement; **to ~ to sb** siffler qqn; **I ~d to my dog** j'ai sifflé mon chien; **the porter ~d for a taxi** le portier a sifflé un taxi; **he ~s at all the girls** il siffle toutes les filles; **the audience booed and ~d** le public a hué et sifflé ❑ **you can ~ for it!** *inf Br* tu peux toujours courir OR te brosser!; **let him ~ for his lunch!** *Br* il peut toujours l'attendre, son repas!; **to ~ in the dark** essayer de se donner du courage. -**2.** [bird, kettle, train] siffler; **bullets ~d past him** des balles passaient près de lui en sifflant; **the wind ~d through the trees** le vent gémissait dans les arbres.

◇ *vt* [tune] siffler, siffloter; **the coach ~d them off the field** l'entraîneur a sifflé pour qu'ils quittent le terrain; **the players were ~d off the field by the crowd** les joueurs ont quitté le terrain sous les sifflements de la foule.

◇ *n* -**1.** [whistling - through lips] sifflement *m*; [- from whistle] coup *m* de sifflet; **the cheers and ~s of the crowd** les acclamations et les sifflements de la foule; **if you need me, just give a ~** tu n'as qu'à siffler si tu as besoin de moi. -**2.** [of bird, kettle, train] sifflement *m*. -**3.** [instrument - of person, on train] sifflet *m*; **to blow a ~** donner un coup de sifflet; **the ~ blew for the end of the shift** le sifflet a signalé la fin du service; **the referee blew his ~ for half-time** l'arbitre a sifflé la mi-temps ❑ **to be as clean as a ~** briller comme un sou neuf; **it's got all the bells and ~s** il a tous les accessoires possibles et imaginables. -**4.** MUS: (penny OR tin) ~ flûtiau *m*, pipeau *m*.

◆ **whistle up** *inf vt sep Br* -**1.** [by whistling] siffler; **I'll ~ up a cab** je vais siffler un taxi. -**2.** [find] dénicher, dégoter; **I managed to ~ up a van for the move** j'ai réussi à dégoter un camion pour le déménagement; **I can't ~ up a sofa just like that!** je ne peux pas faire apparaître un canapé comme par enchantement!

whistle-blower *inf n* *personne qui vend la mèche.*

whistle-stop ◇ *n Am* RAIL arrêt *m* facultatif; **~ (town)** village *m* perdu.

◇ *vi Am* POL *faire une tournée électorale en passant par des petites villes.*

◇ *adj*: **he made a ~ tour of the West** il a fait une tournée rapide dans l'Ouest.

whit [wɪt] *n lit* petit peu *m*; **he hasn't changed a ~** il n'a absolument pas changé; **I care not a ~ what people think** je me moque éperdument de ce que les gens pensent.

Whit [wɪt] ◇ *n* Pentecôte *f*.

◇ *comp* [holidays, week] de Pentecôte; **~ Sunday/Monday** dimanche *m*/lundi *m* de Pentecôte.

white [waɪt] ◇ *adj* -**1.** [colour] blanc; **he painted his house ~** il a peint sa maison en blanc; **she wore a dazzling ~ dress** elle portait une robe d'un blanc éclatant; **his hair has turned ~** ses cheveux ont blanchi ‖ [pale]: **she was ~ with fear/rage** elle était verte de peur/blanche de colère; **his face suddenly went ~** il a blêmi tout d'un coup ❑ **whiter than ~** *literal* plus blanc que blanc; *fig* sans tache; **you're as ~ as a ghost/sheet** vous êtes pâle comme la mort/un linge; **as ~ as snow** blanc comme neige; **'White Fang'** *London* 'Croc-Blanc'. -**2.** [flour, rice] blanc; **(a loaf of) ~ bread** du pain blanc; **~ coffee** *Br* café *m* au lait; **~ wine** vin *m* blanc. -**3.** [race] blanc; **a ~ man** un Blanc; **a ~ woman** une Blanche; **~ man's justice** la justice des Blancs; **an all-~ neighbourhood** un quartier blanc; **~ schools** écoles *fpl* pour les Blancs; **~ supremacy** la suprématie des Blancs.

◇ *n* -**1.** [colour] blanc *m*; **the bride wore ~** la mariée était en blanc; **he was dressed all in ~** il était tout en blanc; **dazzling ~** blanc éclatant. -**2.** ANAT [of an eye] blanc *m*; **don't shoot until you see the ~s of their eyes** *fig* ne tirez qu'au dernier moment. -**3.** CULIN: **(egg) ~** blanc *m* (d'œuf). -**4.** [Caucasian] Blanc *m*, Blanche *f*; **'~s only'** réservé aux Blancs; **they're trying to set ~ against black** ils essaient de monter les Blancs contre les Noirs.

◇ *vi* & *vt arch* blanchir.

◆ **whites** *npl* [sportswear] tenue *f* de sport blanche *(tennis, cricket)*; [linen] blanc *m*.

◆ **white out** *vt sep* effacer (au correcteur liquide); **can you ~ out this word?** peux-tu effacer ce mot?

white admiral *n papillon aux ailes marron marquées de blanc.*

whitebait ['waɪtbeɪt] *n* [for fishermen] blanchaille *f*; CULIN petite friture *f*.

white blood cell *n* globule *m* blanc.

whitecaps ['waɪtkæps] *npl* [waves] moutons *mpl*.

white Christmas *n* Noël *m* blanc.

white-collar *adj*: **~ job** poste *m* d'employé de bureau; **~ workers** les employés *mpl* de bureau, les cols *mpl* blancs.

whited sepulchre ['waɪtɪd-] *n* hypocrite *mf*.

white dwarf *n* naine *f* blanche.

white elephant *n* [useless object] *objet coûteux dont l'utilité ne justifie pas le coût*; **the new submarine has turned out to be a complete ~** le nouveau sous-marin s'est révélé être un luxe tout à fait superflu.

white elephant stall *n Br* étalage *m* d'objets inutiles.

White Ensign *n pavillon de la marine royale britannique.*

white-faced *adj* au visage pâle.

white feather *n*: **to show the ~** se dégonfler.

whitefish ['waɪtfɪʃ] (*pl inv* OR **whitefishes**) *n* corégone *m*.

white fish *n Br* poisson *m* blanc.

white flag *n* drapeau *m* blanc.

whitefly ['waɪtflaɪ] (*pl* **whiteflies**) *n* aleurode *m*.

white gold *n* or *m* blanc.

white goods *npl* [household equipment] appareils *mpl* ménagers; [linen] linge *m* de maison, blanc *m*.

white-haired *adj* [person] aux cheveux blancs; [animal] aux poils blancs; **his ~ old mother** sa vieille mère aux cheveux blancs.

Whitehall ['waɪthɔːl] *pr n rue du centre de Londres.*

WHITEHALL:
Cette rue réunit de nombreux services gouvernementaux et le nom est souvent employé pour désigner le gouvernement lui-même.

---

white-headed *adj* [person] aux cheveux blancs; [animal, bird] à la tête blanche.

white heat *n* PHYS & *fig* chaleur *f* incandescente; **in the ~ of passion** au plus fort de la passion; **anti-war feelings have reached ~** les sentiments d'hostilité par rapport à la guerre ont atteint un paroxysme.

white hope *n* espoir *m*; **he's the (great) ~ of British athletics** c'est le grand espoir de l'athlétisme britannique.

white horses *npl* [waves] moutons *mpl*.

white-hot *adj* PHYS & *fig* chauffé à blanc.

White House *pr n*: **the ~** la Maison-Blanche.

white knight *n fig* sauveur *m*.

white lead *n* blanc *m* de céruse OR de plomb.

white lie *n* pieux mensonge *m*.

white light *n* lumière *f* blanche.

white magic *n* magie *f* blanche.

white meat *n* viande *f* blanche; [of poultry] blanc *m*.

white metal *n* métal *m* blanc.

white meter *n système économique de chauffage qui utilise l'électricité pendant les heures où elle coûte moins cher.*

whiten ['waɪtn] *vi* & *vt* blanchir.

whiteness ['waɪtnɪs] *n* blancheur *f*; [of skin] blancheur *f*, pâleur *f*.

White Nile *pr n*: **the ~** le Nil Blanc.

whitening ['waɪtnɪŋ] *n* -**1.** [substance] blanc *m*. -**2.** [process - of walls] blanchiment *m*; [- of linen] blanchissage *m*.

white noise *n* bruit *m* blanc.

whiteout ['waɪtaʊt] *n* brouillard *m* blanc.

white owl *n* harfang *m*, chouette *f* blanche.

white paper *n Br* [government report] livre *m* blanc.

white pepper *n* poivre *m* blanc.

White Russia *pr n* Russie *f* Blanche.

White Russian ◇ *adj* biélorusse.

◇ *n* -**1.** [person] Biélorusse *mf*. -**2.** LING biélorusse *m*.

white sale *n* promotion *f* sur le blanc.

white sauce *n* sauce *f* blanche, béchamel *f*.

White Sea *pr n*: **the ~** la mer Blanche.

white slavery, white slave trade *n* traite *f* des blanches.

white spirit *n* white-spirit *m*.

white tie *n* [formal clothes] habit *m*; **'white tie'** [on invitation] ≃ 'tenue de soirée exigée'.

◆ **white-tie** *adj* habillé; **it was a ~ dinner** c'était un dîner habillé.

white trash *n pej* pauvres blancs *mpl*.

whitewall ['waɪtwɔːl] *n* pneu *m* à flanc blanc.

whitewash ['waɪtwɒʃ] ◇ *n* -**1.** [substance] lait *m* de chaux. -**2.** *fig* [cover-up]: **the police report was simply a ~** le rapport de police visait seulement à étouffer l'affaire. -**3.** SPORT [crushing defeat] défaite *f* cuisante.

◇ *vt* -**1.** [building, wall] blanchir à la chaux. -**2.** *fig* [cover up] blanchir, étouffer; **the minister tried to ~ the affair** le ministre essaya d'étouffer l'affaire. -**3.** SPORT [defeat] écraser.

white water *n* eau *f* vive.

whitewater rafting ['waɪt,wɔːtəʳ-] *n* descente *f* en eau vive.

white wedding *n* mariage *m* en blanc.

white witch *n sorcière qui a recours à la magie blanche.*

whitewood ['waɪtwʊd] *n* bois *m* blanc.

whitey▽ ['waɪtɪ] *n Am pej* Blanc *m*, Blanche *f*.

whither ['wɪðəʳ] *adv* & *conj arch* OR *lit* (vers) où; **~ Christianity?** [in headlines, titles] où va le christianisme?

whiting ['waɪtɪŋ] *n* -**1.** ZOOL merlan *m*. -**2.** [colouring agent] blanc *m*.

whitish ['waɪtɪʃ] *adj* blanchâtre; **her hair was ~ blond** ses cheveux étaient d'un blond presque blanc.

whitlow ['wɪtləʊ] *n* panaris *m*.

Whitsun(tide) ['wɪtsn(taɪd)] *n* Pentecôte *f*; **at ~** à la Pentecôte.

whitter ['wɪtəʳ] = **witter**.

whittle ['wɪtl] *vi* & *vt* tailler (au couteau); **he ~d an arrow from an old stick, he ~d an old stick into an arrow** il a taillé une flèche dans un vieux bâton.

◆ **whittle away** ◇ *vt sep fig* amoindrir, diminuer; **they ~d away his resistance** ils ont amoindri sa résistance.

◇ *vi insep* [with a knife] tailler; **he sat there whittling away at a piece of wood** il était assis à tailler un morceau de bois avec un couteau; **their constant teasing ~d away at his patience** *fig* leurs moqueries constantes ont mis sa patience à bout.

◆ **whittle down** *vt sep* [with a knife] tailler (au couteau); *fig* amenuiser, amoindrir; **rising fuel costs have ~d down our profits** l'augmentation du prix du pétrole a fait baisser nos bénéfices.

whity ['waɪtɪ] *Am* = **whitey**.

whiz(z) [wɪz] (*pt* & *pp* **whizzed**, *cont* **whizzing**) ◇ *vi* -**1.** [rush] filer; **a car whizzed past** une voiture est passée à toute allure; **I'll ~ down to the shops** je vais faire un saut dans les magasins. -**2.** [hiss]: **bullets whizzed around** OR **past him** des balles sifflaient tout autour OR passaient près de lui en sifflant.

◇ *n* -**1.** [hissing sound] sifflement *m*. -**2.** *inf* [swift movement]: **I'll just have a (quick) ~ round** with the Hoover®/duster je vais juste passer un petit coup d'aspirateur/de chiffon. -**3.** *inf* [bright person] as *m*; **she's a ~ at chemistry** c'est un as en chimie; **he's a real computer ~** c'est vraiment un as de l'informatique.

whiz(z)-bang *inf* ◇ *n* -**1.** MIL [shell] obus *m (utilisé pendant la Première Guerre mondiale)*. -**2.** [fireworks] pétard *m*.
◇ *adj* [first-rate] champion.

whiz(z)-kid *inf n* jeune prodige *m*; **she's a computer ~** c'est un vrai génie de l'informatique.

who [huː] ◇ *pron* [what person or persons - as subject] (qui est-ce) qui; [- as object] qui est-ce que, qui; **~ are you?** qui êtes-vous?; **~ is it?** [at door] qui est-ce?, qui est là?; **~ is speaking?** [on telephone] qui est à l'appareil?; [asking for third person] c'est de la part de qui?; **~'s going with you?** qui est-ce qui OR qui t'accompagne?; **it's Michael — ~?** c'est Michael – qui ça?; **John's here — ~?** John est là – qui ça?; **I told him ~ I was** je lui ai dit qui j'étais; **find out ~ they are** voyez qui c'est OR qui sont ces gens; **bring ~ you want** amenez qui vous voulez; **~ do you think you are?** vous vous prenez pour qui?; **~ do you think you are, giving me orders?** de quel droit est-ce que vous me donnez des ordres?; **~ did you say was coming to the party?** qui avez-vous dit qui viendrait à la soirée?; **~ did they invite?** qui est-ce qu'ils ont invité?, qui ont-ils invité?; **you'll have to tell me ~'s ~** il faudra que tu me dises qui est qui; **~ is the film by?** de qui est le film?; **~ is the letter from?** la lettre est de qui?, de qui est la lettre?; **~ did he go with?** avec qui y est-il allé?.
◇ *rel pron* qui; **the family ~ lived here moved away** la famille qui habitait ici a déménagé; **those of you ~ were late** ceux d'entre vous qui sont arrivés en retard; **anyone ~ so wishes may leave** ceux qui le souhaitent peuvent partir; **any reader ~ finds the story lacks imagination...** les lecteurs qui trouvent que l'histoire n'est pas très originale...; **Charles, ~ is a policeman, lives upstairs** Charles, qui est policier, vit en haut; **my mother, ~ I believe you've met,...** ma mère, que vous avez déjà rencontrée je crois,...

WHO (*abbr of* World Health Organization) *pr n* OMS *f*.

whoa [wəʊ] *interj*: **~!** ho!, holà!

who'd [huːd] = **who had, who would**.

whodunit *inf* [ˌhuːˈdʌnɪt] *n* série *f* noire; **to read/to write ~s** lire/écrire des romans de série noire.

whoe'er [huˈeəʳ] *pron lit* celui qui, quiconque.

whoever [huːˈevəʳ] -**1.** [any person who] qui; **~ wants it can have it** celui qui le veut peut le prendre; **I'll give it to ~ needs it** je le donnerai à qui en a besoin; **invite ~ you like** invitez qui vous voulez. -**2.** [the person who] celui qui *m*, celle qui *f*, ceux qui *mpl*, celles qui *fpl*; **~ answered the phone had a nice voice** la personne qui a répondu au téléphone avait une voix agréable; **contact ~ found the body** contactez celui qui OR la personne qui a trouvé le corps. -**3.** [no matter who]: **come out, ~ you are!** montrez-vous, qui que vous soyez!; **~ gets the job will find it a real challenge** celui qui obtiendra cet emploi n'aura pas la tâche facile; **~ you vote for, make sure he's honest** quel que soit celui pour qui vous votez, assurez-vous qu'il est honnête; **it's from John Smith, ~ he is** c'est de la part d'un certain John Smith, si ça te dit quelque chose. -**4.** [emphatic use] qui donc; **~ can that be?** qui cela peut-il bien être?

whole [həʊl] ◇ *adj* -**1.** [entire, complete] *(with singular nouns)* entier, tout; **it took me a ~ day to paint the kitchen** j'ai mis une journée entière OR toute une journée pour peindre la cuisine; **I didn't read the ~ book** je n'ai pas lu tout le livre OR le livre en entier; **I've never seen anything like it in my ~ life** je n'ai jamais vu une chose pareille de toute ma vie; **that was the ~ point of going there** c'est uniquement pour ça que j'y suis allé; **she said nothing the ~ time we were there** elle n'a rien dit tout le temps que nous étions là; **he spent the ~ time watching television** il a passé tout son temps à regarder la télévision; **the ~ truth** toute la vérité; **the ~ world was watching** le monde entier regardait || *(with plural nouns)* entier; **~ cities were devastated** des villes entières furent dévastées; **there are two ~ months still to go** il reste deux mois entiers ❑ **she won the ~ lot** elle a gagné le tout; **the ~ thing OR business was a farce** ce fut un véritable fiasco; **I had to start the ~ thing over again** j'ai dû tout recommencer; **forget the ~ thing** n'en parlons plus. -**2.** [as intensifier] tout; **a ~ pile of records** *inf* tout un tas de disques; **he's got a ~ collection of old photographs** il a toute une collection de vieilles photographies; **there's a ~ lot of things that need explaining** il y a beaucoup de choses qui doivent être expliquées || *(with adjectives)*: **a ~ new way of living** une façon de vivre tout à fait nouvelle. -**3.** [unbroken - china, egg yolk] intact; [unhurt - person] indemne, sain et sauf; **the cups were still ~** les tasses étaient toujours intactes || *arch* OR BIBLE: **to make ~** sauver; **thy faith hath made thee ~** ta foi t'a sauvé. -**4.** CULIN [milk] entier; [grain] complet. -**5.** [brother, sister]: **~ brothers** des frères qui ont les mêmes parents.
◇ *n* -**1.** [complete thing, unit] ensemble *m*; **the ~ of which this is just a part** l'ensemble dont ceci n'est qu'une partie. -**2.** [as quantifier]: **the ~ of** tout; **it will be cold over the ~ of England** il fera froid sur toute l'Angleterre; **we spent the ~ of August at the seaside** nous avons passé tout le mois d'août au bord de la mer; **she spent the ~ of her fortune on paintings** elle a dépensé toute sa fortune OR sa fortune toute entière en tableaux; **can you pay the ~ of the amount?** pouvez-vous payer toute la somme OR l'intégralité de la somme?
◇ *adv*: **to swallow sthg ~** avaler qqch en entier; **he swallowed her story ~** *inf fig* il a gobé tout ce qu'elle lui a dit.
◆ **as a whole** *adv phr* -**1.** [as a unit] entièrement; **as a ~ or in part** entièrement ou en partie. -**2.** [overall] dans son ensemble; **is it true of America as a ~?** est-ce vrai pour toute l'Amérique OR l'Amérique en général?; **considered as a ~, the festival was a remarkable success** dans son ensemble, le festival a été un vrai succès.
◆ **a whole lot** *inf adv phr (with comparative adjectives)* beaucoup; **he's a ~ lot younger than his wife** il est beaucoup plus jeune que sa femme.
◆ **on the whole** *adv phr* dans l'ensemble; **on the ~ he made a good impression** dans l'ensemble il a fait bonne impression; **I agree with that on the ~** je suis d'accord dans l'ensemble.

wholefood [ˈhəʊlfuːd] *n* aliment *m* complet; **the ~ section of the supermarket** le rayon diététique du supermarché; **~ shop** magasin *m* diététique.

wholehearted [ˌhəʊlˈhɑːtɪd] *adj* [unreserved] sans réserve; **she gave them her ~ support** elle leur a donné un soutien sans réserve OR sans faille; **you have my ~ sympathy** je compatis de tout mon cœur à votre peine; **he is a ~ supporter of our cause** [devoted] il est dévoué corps et âme à notre cause.

wholeheartedly [ˌhəʊlˈhɑːtɪdlɪ] *adv* [unreservedly] de tout cœur; **I agree ~** j'accepte de tout (mon) cœur; **he flung himself ~ into his new job** il s'est jeté corps et âme dans son nouveau travail.

wholemeal [ˈhəʊlmiːl] *adj Br* [bread, flour] complet.

wholeness [ˈhəʊlnɪs] *n* [indivisibility] intégrité *f*, intégralité *f*.

whole note *n Am* [semibreve] ronde *f*.

whole number *n* [integer] nombre *m* entier.

wholesale [ˈhəʊlseɪl] ◇ *n* (vente *f* en) gros *m*.
◇ *adj* -**1.** COMM [business, price, shop] de gros; **~ dealer OR trader** grossiste *mf*. -**2.** *fig* [indiscriminate] en masse; **there was a ~ massacre of civilians** il y a eu un massacre en masse de civils.
◇ *adv* -**1.** COMM en gros; **they only sell ~** ils vendent uniquement en gros; **I can get it for you ~** je peux vous le procurer au prix de gros. -**2.** *fig* [in entirety]: **her suggestions were rejected ~** ses suggestions ont été rejetées en bloc.

wholesaler [ˈhəʊlˌseɪləʳ] *n* grossiste *mf*.

wholesome [ˈhəʊlsəm] *adj* [healthy - food, attitude, image] sain; [- air, climate, environment] salubre, salutaire; [advice] salutaire; **she leads a ~ life** elle mène une vie saine; **a ~-looking boy** un garçon sain d'aspect.

wholewheat [ˈhəʊlwiːt] *adj Am*: **~ bread** pain *m* complet; **~ flour** farine *f* complète.

who'll [huːl] = **who will, who shall**.

wholly [ˈhəʊlɪ] *adv* entièrement; **you will be ~ compensated for the damage** les dommages vous seront intégralement remboursés; **the firm has two ~-owned subsidiaries** COMM la société a deux filiales à cent pour cent.

whom [huːm] *fml* ◇ *pron* [in questions] qui; **~ did you contact?** qui avez-vous contacté?; **~ did she see?** qui a-t-elle vu?; **for ~ was the book written?** pour qui le livre a-t-il été écrit?
◇ *rel pron* [as object of verb] que; **she's the person ~ I most admire** c'est la personne que j'admire le plus || [after preposition]: **the person to ~ I am writing** la personne à qui OR à laquelle j'écris; **she saw two men, neither of ~ she recognized** elle a vu deux hommes mais elle n'a reconnu ni l'un ni l'autre; **a composer about ~ little is known** un compositeur sur qui OR sur lequel on sait peu de choses.

whomever [huːmˈevəʳ] *fml* OR *lit* ◇ *pron* [in questions]: **~ did you get that from?** qui donc vous a donné cela?
◇ *rel pron*: **you may go with ~ you like** vous pouvez y aller avec qui vous voudrez; **he greeted ~ he met** il saluait tous ceux qu'il rencontrait.

whomsoever [ˌhuːmsəʊˈevəʳ] *fml* OR *lit* = **whomever** *rel pron*.

whoop [wuːp] ◇ *n* -**1.** [yell] cri *m*; **~s of delight came from the nursery** il y avait des cris de joie venant de la garderie. -**2.** MED quinte *f* de toux.
◇ *vi* -**1.** [yell]: **she ~ed with joy** elle poussa un cri de joie. -**2.** MED avoir un accès de toux coquelucheuse.
◆ **whoop up** *inf vt sep*: **to ~ it up** [celebrate] faire la noce bruyamment.

whoopee *inf* [*interj* wʊˈpiː, *n* ˈwʊpiː] ◇ *interj*: **~!** youpi!
◇ *n*: **to make ~** [celebrate] faire la noce bruyamment; [have sex] faire l'amour.

whooping cough [ˈhuːpɪŋ-] *n* MED coqueluche *f*.

whoops *inf* [wʊps], **whoops-a-daisy** *inf interj*: **~!** houp-là!

whoosh *inf* [wʊʃ] ◇ *n*: **a ~ of air** une bouffée d'air; **with a ~ he was off** il est parti comme une flèche.
◇ *vi*: **fighter planes ~ed by overhead** des avions de combat passèrent en trombe au-dessus de nous; **the car ~ed through the puddles** la voiture passa en trombe dans les flaques.
◇ *interj*: **~!** zoum!

whop *inf* [wɒp] (*pt & pp* whopped, *cont* whopping) ◇ *vt* [beat] rosser; [defeat] écraser.
◇ *n* [blow] coup.

whopper *inf* [ˈwɒpəʳ] *n* -**1.** [large object]: **he caught a real ~** [fish] il a attrapé un poisson super géant; **he's got a ~ of a nose** il a un nez énorme; **that sandwich is a real ~** c'est un énorme sandwich OR un sandwich gigantesque; **what a ~!** il est gigantesque! -**2.** [lie] gros mensonge *m*, mensonge *m* énorme; **to tell a ~** dire un mensonge gros comme une maison.

whopping *inf* [ˈwɒpɪŋ] ◇ *adj* énorme, géant; **inflation increased to a ~ 360 %** l'inflation a atteint le taux colossal de 360 %.

◇ *adv*: a ~ great lie un mensonge énorme; a ~ great fish un poisson super géant.

whore [hɔːʳ] *pej* ◇ *n* putain *f*; BIBLE [sinner] pécheresse *f*; **'Tis Pity She's a Whore'** *Ford* 'Dommage qu'elle soit une putain'.

◇ *vi* -**1.** *literal*: to go whoring [prostitute o.s.] se prostituer; [frequent prostitutes] fréquenter les prostituées, courir la gueuse. -**2.** *fig*: to ~ after sthg se prostituer pour obtenir qqch.

◆ **whore around** *inf vi insep pej* se conduire comme une putain.

who're ['huːəʳ] = **who are**.

whorehouse *inf* ['hɔːhaʊs, *pl* -haʊzɪz] *n* maison *f* close.

whoremonger ['hɔːˌmʌŋgəʳ] *n arch* OR BIBLE vicieux *m*, fornicateur *m arch*.

whorish ['hɔːrɪʃ] *adj pej* dissolu, dépravé.

whorl [wɜːl] *n* [on a shell] spire *f*; [on a finger] sillon *m*; BOT verticille *m*; **~s of smoke rose from the chimney** la fumée montait en spirale de la cheminée, des volutes de fumée s'échappaient de la cheminée.

whortleberry ['wɜːtlˌberɪ] *n* myrtille *f*.

who's [huːz] = **who is, who has**.

whose [huːz] ◇ *poss pron* à qui; **~ is it?** à qui est-ce?; **~ could it be?** à qui pourrait-il bien être?; **~ was the winning number?** à qui était le numéro gagnant?

◇ *poss adj* -**1.** [in a question] à qui, de qui; **~ car was he driving?** à qui était la voiture qu'il conduisait?; **~ child is she?** de qui est-elle l'enfant?; **~ side are you on?** de quel côté êtes-vous?; **~ fault is it?** à qui la faute?; **on ~ authority are you acting?** au nom de quelle autorité agissez-vous? -**2.** [in a relative clause] dont; **isn't that the man ~ photograph was in the newspaper?** n'est-ce pas l'homme qui était en photo dans le journal?; **the girl, both of ~ parents had died, lived with her aunt** la fille, dont les deux parents étaient morts, vivait avec sa tante; **they had twins neither of ~ names I can remember** ils avaient des jumeaux mais je ne me souviens pas de leurs prénoms.

whosoever [ˌhuːsəʊ'evəʳ] *pers pron fml* OR *lit* celui qui, quiconque.

Who's Who *pr n*: the ~ ≃ le Bottin mondain.

who've [huːv] = **who have**.

WH question *n en anglais, question commençant par un «WH word».*

why [waɪ] ◇ *adv* pourquoi; **~ am I telling you this?** pourquoi est-ce que je vous dis ça?; **~ is it that he never phones?** pourquoi est-ce qu'il ne téléphone jamais?; **~ continue the war at all?** pourquoi OR à quoi bon continuer la guerre?; **~ pay more?** pourquoi payer davantage?; **~ the sudden panic?** pourquoi toute cette agitation?; **~ not?** pourquoi pas?; **~ not join us?** pourquoi ne pas vous joindre à nous?; **~ me?** pourquoi moi?

◇ *conj* pourquoi; **I can't imagine ~ she isn't here** je ne comprends pas pourquoi elle n'est pas ici; **I wonder ~ he left** je me demande pourquoi il est parti; **that's ~ he dislikes you** c'est pour ça qu'il OR voilà pourquoi il ne vous aime pas; **is that ~ she hasn't written?** est-ce pour ça qu'elle n'a pas écrit?; **they've gone, I can't think ~** ils sont partis, je ne sais pas pourquoi.

◇ *rel pron* [after 'reason']: **the reason ~ I lied was that I was scared** j'ai menti parce que j'avais peur; **he didn't tell me the reason ~** il ne m'a pas dit pourquoi; **this is the reason ~ I lied** voilà pourquoi j'ai menti; **there is no (good) reason ~ she shouldn't come** il n'y a pas de raison qu'elle ne vienne pas.

◇ *interj* [expressing surprise, indignation etc]: **~, it's your sister!** tiens, c'est ta sœur!; **~, Mr Ricks, how kind of you to call!** M. Ricks! comme c'est gentil à vous de téléphoner!; **~, there's nothing to it!** c'est comme ça, on n'y peut rien!; **~, he's an impostor!** mais enfin, c'est un imposteur!

◇ *n*: **the ~s and wherefores** le pourquoi et le comment.

WH word *n en anglais, mot commençant par les lettres «wh» et servant à demander un renseignement (what, when, where, who, why).*

WI ◇ *pr n abbr of* Women's Institute.

◇ -**1.** *written abbr of* **West Indies.** -**2.** *written abbr of* Wisconsin.

wick [wɪk] *n* -**1.** [for a candle, lamp] mèche *f*. -**2.** *Br phr*: **to get on sb's ~** *inf* taper sur les nerfs à OR casser les pieds à qqn.

wicked ['wɪkɪd] ◇ *adj* -**1.** [evil - person, action, thought] mauvais, méchant; [immoral, indecent] vicieux; **he's a ~ man** c'est un méchant OR mauvais homme; **it was a ~ thing to do** ce n'était pas gentil; **she confessed to having ~ thoughts** elle a confessé qu'elle avait de vilaines pensées; **what a ~ thing to say!** quelle méchanceté!; **she felt as if she had done something very ~** elle avait le sentiment d'avoir fait quelque chose de très mal; **it's a ~ waste of natural resources** *fig* c'est un gâchis scandaleux de ressources naturelles ❑ **to have one's ~ way with sb** *hum* séduire qqn. -**2.** [very bad - weather] épouvantable; [- temper] mauvais, épouvantable; **there are some ~ bends on those mountain roads** il y a quelques méchants virages sur ces routes de montagne; **prices have gone up something ~** *inf* les prix ont augmenté quelque chose de bien. -**3.** [mischievous - person] malicieux; [- smile, look, sense of humour] malicieux, coquin; **you're a ~ little boy** tu es un petit coquin; **a ~ remark** une réflexion malicieuse OR espiègle. -**4.** *inf* [very good] formidable; **she has a ~ forehand** elle a un sacré coup droit.

◇ *adv inf Am* vachement; **this bed is ~ comfortable** il est vachement confortable, ce lit.

wickedly ['wɪkɪdlɪ] *adv* -**1.** [with evil intent] méchamment, avec méchanceté. -**2.** [mischievously] malicieusement.

wickedness ['wɪkɪdnɪs] *n* -**1.** RELIG [sin, evil] iniquité *f*, vilenie *f*; [cruelty - of action, crime] méchanceté *f*; [- of thought] méchanceté *f*, vilenie *f*; **he spoke of the ~ in the world** il parla du mal qui règne dans le monde. -**2.** [mischievousness - of look, sense of humour, smile] caractère *m* malicieux OR espiègle, malice *f*.

wicker ['wɪkəʳ] ◇ *n* osier *m*; **made of ~** en osier.

◇ *adj* [furniture] en osier; **~ basket** panier *m* en osier.

wickerwork ['wɪkəwɜːk] ◇ *n* [material] osier *m*; [objects] vannerie *f*; **is the chair made of ~?** est-ce que la chaise est en osier?; **they sell ~** ils vendent de la vannerie.

◇ *adj* [furniture] en osier; [shop] de vannerie.

wicket ['wɪkɪt] *n* -**1.** *Am* [window] guichet *m*. -**2.** [gate] (petite) porte *f*, portillon *m*. -**3.** [in cricket - stumps] guichet *m*; [- area of grass] terrain *m* (entre les guichets); **to take a ~** éliminer un batteur; **they were 275 for six ~s** ils étaient 275 pour six guichets.

wicket keeper *n* gardien *m* de guichet.

wide [waɪd] ◇ *adj* -**1.** [broad] large; **how ~ is it?** cela fait combien (de mètres) de large?, quelle largeur ça fait?; **do you know how ~ it is?** en connaissez-vous la largeur?; **the road is thirty metres ~** la route fait trente mètres de large; **they're making the street wider** ils élargissent la route; **~ hips/shoulders** hanches/épaules larges; **a ~ forehead** un large front; **he gave a ~ grin** il a fait un large sourire; **a ~ screen** CIN un grand écran, un écran panoramique; **there are wider issues at stake here** des problèmes plus vastes sont ici en jeu; **we need to see the problem in a wider context** il faut que nous envisagions le problème dans un contexte plus général; **I'm using the word in its widest sense** j'emploie ce mot au sens le plus large ‖ [fully open - eyes] grand ouvert; **she watched with ~ eyes** elle regardait les yeux grands ouverts; **his eyes were ~ with terror** ses yeux étaient agrandis par l'épouvante. -**2.** [extensive, vast] étendu, vaste; **a ~ plain** une vaste plaine; **to travel the ~ world** parcourir le vaste monde; **she has ~ experience in this area** elle a une longue OR grande expérience dans ce domaine; **he has very ~ interests** il a des centres d'intérêt très larges; **he has a ~ knowledge of music** il a de vastes connaissances OR des connaissances approfondies en musique; **there are ~ gaps in her knowledge** il y a des lacunes importantes dans ses connaissances; **the incident received ~ publicity** l'événement a été largement couvert par les médias; **a ~ range of products** COMM une gamme importante de produits; **a ~ range of views was expressed** des points de vue très différents furent exprimés; **a ~ variety of colours** un grand choix de couleurs. -**3.** [large - difference]: **the gap between rich and poor remains ~** l'écart (existant) entre les riches et les pauvres demeure considérable. -**4.** SPORT: **the ball was ~** la balle est passée à côté; **the shot was ~** le coup est passé à côté ❑ **to be ~ of the mark** *Br literal* rater OR être passé loin de la cible; *fig* être loin de la vérité OR du compte.

◇ *adv* -**1.** [to full extent]: **open (your mouth) ~** ouvrez grand votre bouche; **she opened the windows ~** elle ouvrit les fenêtres en grand; **he flung his arms ~** il a ouvert grand les bras; **place your feet ~ apart** écartez bien les pieds. -**2.** [away from target] à côté; **the missile went ~** le missile est tombé à côté.

-wide *in cpds*: **state~** à travers tout l'État, dans l'ensemble de l'État; **world~** à travers le monde (entier).

wide-angle lens *n* grand-angle *m*, grand-angulaire *m*.

wide area network *n* réseau *m* étendu.

wide-awake *adj* tout éveillé; *fig* [alert] éveillé, vif.

wide-body *adj*: **a ~ aircraft** avion *m* à fuselage élargi, gros-porteur *m*.

wide boy *inf n Br pej personnage frimeur, bluffeur et sans scrupule.*

wide-eyed *adj* -**1.** [with fear, surprise] les yeux agrandis OR écarquillés; **he looked at me in ~ astonishment** il me regarda les yeux écarquillés d'étonnement; **she watched ~** elle regardait, les yeux écarquillés. -**2.** [naive] candide, ingénu *lit*; **he listened with ~ innocence** il écoutait avec une innocence (toute) ingénue.

widely ['waɪdlɪ] *adv* -**1.** [broadly]: **to smile ~** faire un grand sourire; **to yawn ~** bâiller profondément; **the houses were ~ scattered/spaced** les maisons étaient très dispersées/espacées. -**2.** [extensively]: **she has travelled ~** elle a beaucoup voyagé; **the talk ranged ~ over a variety of topics** la discussion embrassa un nombre de sujets très variés; **the drug is now ~ available/used** le médicament est maintenant largement répandu/utilisé; **it was ~ believed that war was inevitable** il était largement OR communément admis que la guerre était inévitable; **the truth about the incident is not ~ known** la vérité sur l'incident n'est pas connue du grand public; **~ held beliefs/opinions** des croyances/opinions très répandues; **~ held views** des points de vue très répandus; **to be ~ read** [writer, book] être très lu, avoir un grand public; [person] avoir beaucoup lu, être très cultivé; **she is ~ read in history** elle a beaucoup lu en histoire. -**3.** *fig* [significantly]: **prices vary ~** les prix varient très sensiblement; **the two versions differed ~** les deux versions étaient sensiblement différentes; **the students came from ~ differing backgrounds** les étudiants venaient d'horizons très différents.

widen ['waɪdn] ◇ *vt* élargir, agrandir; *fig* [experience, influence, knowledge] accroître, étendre; **the tax reform will ~ the gap between rich and poor** la réforme fiscale va accentuer OR agrandir l'écart entre les riches et les pauvres; **I've ~ed my study to include recent events** j'ai développé mon étude afin d'y inclure les derniers événements.

◇ *vi* s'élargir; [eyes] s'agrandir; [smile] s'accentuer; **the gulf between skilled and unskilled workers is ~ing** l'écart entre les travailleurs qualifiés et non qualifiés va en s'accentuant; **turn left where the road ~s out** tournez à gauche à l'endroit où la route s'élargit.

wide-open *adj* -**1.** [extensive] grand ouvert; the ~ spaces of Australia les grands espaces de l'Australie. -**2.** [fully open]: she stood there with her eyes/mouth wide open elle était là, les yeux écarquillés/bouche bée. -**3.** *fig* [vulnerable] exposé; he left himself wide open to attack/criticism il prêtait ainsi le flanc aux attaques/critiques. -**4.** *Am* [town] ouvert.

wide-ranging [-'reɪndʒɪŋ] *adj* -**1.** [extensive] large, d'une grande ampleur; she has ~ interests elle a des intérêts variés; a ~ cross-section of public opinion un échantillon très large de l'opinion publique; a ~ report/survey un rapport/une étude de grande envergure. -**2.** [far-reaching - effect] de grande portée; the opposition called for ~ reforms l'opposition réclama des réformes de grande portée OR de grande envergure.

wide-screen *adj* grand écran *(inv)*; a ~ epic un film à grand spectacle.

widespread ['waɪdspred] *adj* -**1.** [arms] en croix; [wings] déployé; she stood there arms ~ elle se tenait là, les bras en croix. -**2.** [extensive] (très) répandu; there has been ~ public concern l'opinion publique se montre extrêmement préoccupée.

widgeon ['wɪdʒən] = **wigeon**.

widget *inf* ['wɪdʒɪt] *n* truc *m*, machin *m*.

widow ['wɪdəʊ] ◇ *n* -**1.** [woman] veuve *f*; she's a ~ elle est veuve; Widow Thomas *arch* Madame veuve Thomas; a golf ~ *inf Br hum une femme que son mari délaisse pour le golf*; ~'s pension allocation *f* veuvage; the ~'s mite BIBLE le denier de la veuve. -**2.** TYPO *dernière ligne d'un paragraphe se trouvant à la première ligne d'une page ou d'une colonne.* -**3.** CARDS *main de cartes placée sur la table la face en dessous.*
◇ *vt (usu pass)*: he was ~ed last year il a perdu sa femme l'année dernière; she was ~ed last year elle a perdu son mari l'année dernière; she is recently ~ed elle est veuve depuis peu, elle a perdu son mari il n'y a pas longtemps; he is twice ~ed il est deux fois veuf; she supports her ~ed mother elle fait vivre sa mère qui est veuve.

widower ['wɪdəʊəʳ] *n* veuf *m*.

widowhood ['wɪdəʊhʊd] *n* veuvage *m*.

widow's peak *n ligne de cheveux sur le front en forme de v.*

width [wɪdθ] *n* -**1.** [breadth] largeur *f*; the room was ten metres in ~ la pièce faisait dix mètres de largeur; she swam the entire ~ of the river elle a parcouru toute la largeur du fleuve à la nage ‖ [of swimming pool] largeur *f*; she swam two ~s elle a fait deux largeurs de piscine. -**2.** TEX laize *f*, lé *m*; half a ~ of cloth une demi-laize OR un demi-lé de tissu.

widthways ['wɪdθweɪz], **widthwise** ['wɪdθwaɪz] *adv* dans le sens de la largeur.

wield [wiːld] *vt* -**1.** [weapon] brandir; [pen, tool] manier. -**2.** [influence, power] exercer, user de *lit*.

wiener ['wiːnəʳ] *n Am* saucisse *f* de Francfort.

wife [waɪf] (*pl* wives [waɪvz]) *n* -**1.** [spouse] femme *f*, épouse *f*; ADMIN conjointe *f*; to take a ~ *arch* prendre femme; do you take this woman to be your lawful, wedded ~? *fml* prenez-vous cette femme pour épouse légitime?; to take sb to ~ *arch* prendre qqn pour femme; she's his second ~ elle est sa deuxième femme, il l'a épousée en secondes noces; she's been a good ~ to him elle a été une bonne épouse pour lui; the farmer's ~ la fermière. -**2.** *arch* OR *dial* [woman] femme *f*.

wifely ['waɪflɪ] *adj* de bonne épouse.

wife-swapping [-'swɒpɪŋ] *n* échangisme *m*.

wig [wɪg] *n* perruque *f*; [hairpiece] postiche *m*.

wigeon ['wɪdʒən] *n* canard *m* siffleur.

wigged [wɪgd] *adj* à perruque.

wigging *inf* ['wɪgɪŋ] *n Br* [scolding] savon *m*; to get a (good) ~ se faire disputer, se faire passer un savon; to give sb a (good) ~ passer un savon à qqn.

wiggle ['wɪgl] ◇ *vt* remuer; [hips] remuer, tortiller.
◇ *vi* [person] (se) remuer, frétiller; [loose object] branler.
◇ *n* -**1.** [movement] tortillement *m*; he gave his toes a ~ il remua ses orteils. -**2.** [wavy line] trait *m* ondulé.

wiggly ['wɪglɪ] *adj* frétillant, qui remue; a ~ line un trait ondulé.

wight [waɪt] *n arch* être *m*.

wigmaker ['wɪg,meɪkəʳ] *n* perruquier *m*.

wigwam ['wɪgwæm] *n* wigwam *m*.

wilco ['wɪlkəʊ] *interj* TELEC j'exécute.

wild [waɪld] ◇ *adj* -**1.** [undomesticated] sauvage; [untamed] farouche; a ~ beast une bête sauvage; *fig* une bête féroce; a pack of ~ dogs une meute de chiens féroces OR sauvages; a ~ rabbit un lapin de garenne; a ~ horse un cheval sauvage ❑ 'The Wild Duck' *Ibsen* 'le Canard sauvage'. -**2.** [uncultivated - fruit] sauvage; [- flower, plant] sauvage, des champs; ~ strawberries fraises des bois; many parts of the country are still ~ beaucoup de régions du pays sont encore à l'état sauvage. -**3.** [violent - weather]: ~ weather du gros temps; a ~ wind un vent violent OR de tempête; a ~ sea une mer très agitée; it was a ~ night ce fut une nuit de tempête. -**4.** [mad] fou, furieux; to be ~ with grief/happiness/jealousy être fou de douleur/joie/jalousie; that noise is driving me ~ ce bruit me rend fou; he had ~ eyes OR a ~ look in his eyes il avait une lueur de folie dans le regard. -**5.** [dishevelled - appearance] débraillé; [- hair] en bataille, ébouriffé; a ~-looking young man un jeune homme à l'air farouche. -**6.** [enthusiastic]: the speaker received ~ applause l'orateur reçut des applaudissements frénétiques; to be ~ about sb *inf* être dingue de qqn; to be ~ about sthg *inf* être dingue de OR emballé par qqch; I'm not really ~ about modern art l'art moderne ne m'emballe pas vraiment. -**7.** [outrageous - idea, imagination] insensé, fantaisiste; [- promise, talk] insensé; [- rumour] délirant; [- plan] extravagant; he has some ~ scheme for getting rich quick il a un projet farfelu OR abracadabrant pour devenir riche en peu de temps; the book's success was beyond his ~est dreams le succès de son livre dépassait ses rêves les plus fous ‖ [reckless] fou; they're always having ~ parties ils organisent toujours des soirées démentes; that was in my ~ youth c'était au temps de ma folle jeunesse; we had some ~ times together nous en avons fait des folies ensemble. -**8.** [random]: to take a ~ swing at sthg lancer le poing au hasard pour atteindre qqch; at a ~ guess, I'd say he was twenty je dirais, à tout hasard, qu'il avait vingt ans; aces are ~ CARDS les as sont libres ❑ to play a ~ card prendre un risque. -**9.** *inf phr*: ~ and woolly [idea, plan] peu réfléchi; [place] sauvage, primitif.
◇ *n*: in the ~ en liberté; the call of the ~ l'appel *m* de la nature; he spent a year living in the ~ OR ~s il a passé un an dans la brousse; the ~s of northern Canada le fin fond du nord du Canada.
◇ *adv* -**1.** [grow, live] en liberté; strawberries grow ~ in the forest des fraises poussent à l'état sauvage dans la forêt; the deer live ~ in the hills les cerfs vivent en liberté dans les collines. -**2.** [emotionally]: to go ~ with joy/rage devenir fou de joie/colère; when he came on stage the audience went ~ les spectateurs hurlèrent d'enthousiasme quand il arriva sur le plateau. -**3.** [unconstrained]: to run ~ [animals] courir en liberté; [children] être déchaîné; they let their children run ~ *literal* ils laissent leurs enfants traîner dans la rue; *fig* ils ne disciplinent pas du tout leurs enfants; they've left the garden to run ~ ils ont laissé le jardin à l'abandon OR revenir à l'état sauvage.

wild boar *n* sanglier *m*.

wildcard ['waɪldkɑːd] *n* COMPUT joker *m*; ~ character caractère *m* joker.

wildcat ['waɪldkæt] (*pl inv* OR **wildcats**)
◇ *n* ZOOL chat *m* sauvage; she's a real ~ *fig* c'est une vraie tigresse.
◇ *adj* [imprudent, ill-considered] aléatoire, hasardeux.

wildcat strike *n* grève *f* sauvage.

wild cherry *n* [fruit] merise *f*; [tree] merisier *m*.

wildebeest ['wɪldɪbiːst] (*pl inv* OR **wildebeests**) *n* gnou *m*.

wilderness ['wɪldənɪs] ◇ *n* -**1.** [uninhabited area] pays *m* désert, région *f* sauvage; BIBLE désert *m*; a ~ of snow and ice une région OR une étendue de neige et de glace; his warnings came like a voice in the ~ ses avertissements étaient comme une voix dans le désert ‖ *fig*: she's been relegated to the political ~ elle en est réduite à une traversée du désert sur le plan politique; a concrete ~ un désert de béton; a cultural ~ un désert culturel. -**2.** [overgrown piece of land] jungle *f*; the garden's like a ~ le jardin est une véritable jungle.
◇ *adj* [region] reculé; the ~ years *fig* la traversée du désert.

wilderness permit *n dans les parcs naturels américains, autorisation de se rendre dans les parties les plus sauvages.*

wild-eyed *adj* -**1.** [crazed] au regard fou; she watched in ~ terror elle regardait, les yeux remplis de terreur. -**2.** [impractical] extravagant.

wildfire ['waɪld,faɪəʳ] *n*: to spread like ~ se répandre comme une traînée de poudre; news of the attack spread like ~ la nouvelle de l'attaque s'est répandue comme une traînée de poudre.

wildfowl ['waɪldfaʊl] *n* oiseau *m* sauvage; HUNT [collectively] sauvagine *f*, gibier *m* à plume.

wild-goose chase *n*: you're on a ~ tu es sur une fausse piste, tu perds ton temps; I was sent on a ~ on m'a envoyé courir au diable pour rien.

wild hyacinth *n* [bluebell] jacinthe *f* des bois.

wildlife ['waɪldlaɪf] ◇ *n* [wild animals] faune *f*; [wild animals and plants] la faune et la flore.
◇ *comp* de la vie sauvage; [photographer] de la nature; [programme] sur la nature OR la vie sauvage; [expert, enthusiast] de la faune et de la flore.

wildlife park *n* réserve *f* naturelle.

wildly ['waɪldlɪ] *adv* -**1.** [violently] violemment, furieusement; waves beat ~ against the rocks les vagues venaient se heurter furieusement contre les rochers; she struggled ~ to free herself elle se débattait furieusement pour tenter de se libérer. -**2.** [enthusiastically]: the crowd applauded ~ la foule applaudissait frénétiquement. -**3.** [randomly] au hasard; "you're a Scorpio, aren't you" I said, guessing ~ «tu es Scorpion, non?» ai-je demandé, au hasard; to swing ~ at sb/sthg lancer le poing au hasard en direction de qqn/qqch; he dashed about ~ il s'agitait frénétiquement; exchange rates fluctuated ~ les taux de change fluctuaient de façon aberrante. -**4.** [extremely] excessivement; the reports are ~ inaccurate les comptes rendus sont complètement faux; ~ expensive/funny follement cher/drôle; he is ~ funny! il est d'un drôle!; his stories are ~ funny ses histoires sont à mourir de rire; to be ~ jealous/happy être fou de jalousie/bonheur; I'm not ~ happy about the decision cette décision ne m'enchante pas spécialement. -**5.** [recklessly] avec témérité; he talked ~ of joining the foreign legion il parlait avec témérité de s'engager dans la légion étrangère.

wild man *n* [savage] sauvage *m*.

wild oats *npl*: to sow one's ~ *inf euph* jeter sa gourme.

wild rice *n* zizania *f*.

wild rose *n* [dog rose] églantine *f*, églantier *m*; [sweetbrier] églantier *m* odorant.

wild silk *n* soie *f* sauvage.

wild thyme *n* serpolet *m*.

wild west ◇ *n*: the ~ le Far West.
◇ *comp*: ~ show *spectacle sur le thème du Far West.*

wile [waɪl] *n* ruse *f*; he fell victim to her feminine ~s il se laissa prendre à ses ruses de femme.

wilful *Br*, **willful** *Am* [ˈwɪlfʊl] *adj* -**1.** [action] délibéré; [damage] volontaire, délibéré; he rebuked her for ~ disobedience il l'a réprimandée pour avoir désobéi délibérément OR à dessein. -**2.** [person] entêté, obstiné.

wilfully *Br*, **willfully** *Am* [ˈwɪlfʊlɪ] *adv* -**1.** [deliberately] délibérément; he ~ disregarded my advice il n'a, délibérément OR sciemment, tenu aucun compte de mes conseils. -**2.** [obstinately] obstinément, avec entêtement.

wilfulness *Br*, **willfulness** *Am* [ˈwɪlfʊlnɪs] *n* -**1.** [of action] caractère *m* délibéré; [of damage] caractère *m* intentionnel. -**2.** [of character, person] obstination *f*, entêtement *m*.

will[1] [wɪl] *modal vb* -**1.** [indicating the future]: what time ~ you be home tonight? à quelle heure rentrez-vous ce soir?; the next meeting ~ be held in July la prochaine réunion aura lieu en juillet; I ~ be there before ten o'clock je serai là avant dix heures; I don't think he ~ OR he'll come today je ne pense pas qu'il vienne OR je ne crois pas qu'il viendra aujourd'hui; do you think she'll marry him? — I'm sure she ~/won't est-ce que tu crois qu'elle va se marier avec lui? — je suis sûr que oui/non; he doesn't think he'll be able to fix it il ne pense pas pouvoir OR il ne croit pas qu'il pourra le réparer; she's sure she'll have to work next weekend elle est sûre qu'elle devra OR elle est sûre de devoir travailler le week-end prochain; while he's on holiday his wife ~ be working pendant qu'il sera en vacances sa femme travaillera; when they come home the children ~ be sleeping quand ils rentreront, les enfants dormiront OR seront endormis. -**2.** [indicating probability]: that'll be the postman ça doit être OR c'est sans doute le facteur; they'll be wanting their dinner ils doivent attendre OR ils attendent sans doute leur dîner; she'll be grown up by now elle doit être grande maintenant; it won't be ready yet ce n'est sûrement pas prêt. -**3.** [indicating resolution, determination]: I'll steal the money if I have to je volerai l'argent s'il le faut; I won't go! je n'irai pas!; I won't have it! je ne supporterai OR n'admettrai pas ça!; you must come! — I won't! il faut que vous veniez! — je ne viendrai pas!; I won't go — oh yes you ~! je n'irai pas — oh (que) si!; he can't possibly win — he ~! il ne peut pas gagner — mais si! -**4.** [indicating willingness]: I'll carry your suitcase/drive you to the airport je vais porter votre valise/vous conduire à l'aéroport; who'll volunteer? — I ~! qui se porte volontaire? — moi!; ~ you marry me? — yes, I ~/no, I won't veux-tu m'épouser? — oui/non; my secretary ~ answer your questions ma secrétaire répondra à vos questions; our counsellors ~ help you to solve your financial difficulties nos conseillers vous aideront à résoudre vos difficultés financières ❑ ~ do! *inf* d'accord! -**5.** [in requests, invitations]: ~ you please stop smoking? pouvez-vous éteindre votre cigarette, s'il vous plaît?; you won't forget, ~ you? tu n'oublieras pas, n'est-ce pas?; won't you join us for lunch? vous déjeunerez bien avec nous?; if you ~ come with me si vous voulez bien venir avec moi || [in orders]: stop complaining, ~ you! arrête de te plaindre, tu veux!; he'll do as he's told il fera ce qu'on lui dira; you'll stop arguing this minute! vous allez arrêter de vous disputer tout de suite!; ~ you be quiet! vous allez vous taire! -**6.** [indicating basic ability, capacity]: the machine ~ wash up to 5 kilos of laundry la machine peut laver jusqu'à 5 kilos de linge; this car won't do more than 75 miles per hour cette voiture ne peut pas faire plus de 120 kilomètres à l'heure || [indicating temporary state or capacity]: the car won't start la voiture ne veut pas démarrer; it ~ start, but it dies after a couple of seconds elle démarre, mais elle s'arrête tout de suite; the television won't switch on la télévision ne veut pas s'allumer. -**7.** [indicating habitual action]: she'll play in her sandpit for hours elle peut jouer des heures dans son bac à sable || [indicating obstinacy]: she WILL insist on calling me Uncle Roger elle insiste pour OR elle tient à m'appeler Oncle Roger; it WILL keep on doing that ça n'arrête pas de faire ça; she WILL have the last word il faut toujours qu'elle ait le dernier mot. -**8.** [used with 'have']: another ten years ~ have gone by dix autres années auront passé || [expressing probability]: she'll have finished by now elle doit avoir fini maintenant.

will[2] [wɪl] ◇ *n* -**1.** [desire, determination] volonté *f*; he has a weak/strong ~ il a peu/beaucoup de volonté; she succeeded by force of ~ elle a réussi à force de volonté; every cabinet meeting is a battle of ~s chaque conseil des ministres est une lutte où chacun cherche à imposer sa volonté aux autres; she no longer has the ~ to live elle n'a plus envie de vivre; you must have the ~ to win/succeed il faut avoir envie de gagner/de réussir; it is the ~ of the people that... le peuple veut que...; his death was the ~ of God sa mort était la volonté de Dieu; thy ~ be done BIBLE que ta volonté soit faite ❑ to have a ~ of iron OR an iron ~ avoir une volonté de fer; to have a ~ of one's own n'en faire qu'à sa tête, être très indépendant; with the best ~ in the world avec la meilleure volonté du monde; where there's a ~ there's a way *prov* quand on veut on peut *prov*. -**2.** JUR testament *m*; last ~ and testament dernières volontés *fpl*; to make a ~ faire un testament; did he leave me anything in his ~? m'a-t-il laissé quelque chose dans son testament?

◇ *vt* -**1.** [using willpower]: I was ~ing her to say yes j'espérais qu'elle allait dire oui; she ~ed herself to keep walking elle s'est forcée à poursuivre sa marche; I could feel the crowd ~ing me on je sentais que la foule me soutenait. -**2.** [bequeath] léguer; she ~ed her entire fortune to charity elle a légué toute sa fortune à des œuvres de charité. -**3.** *lit* [wish, intend] vouloir; the Lord so ~ed it le Seigneur a voulu qu'il en soit ainsi; you can ~ the struggle, but you cannot ~ the outcome vous pouvez décider de vous battre, mais il ne vous appartient pas de décider qui va gagner.

◇ *vi arch* OR *lit* [wish] vouloir; as you ~ comme vous voulez.

◆ **against one's will** *adv phr* contre sa volonté; he left home against his father's ~ il est parti de chez lui contre la volonté de son père.

◆ **at will** *adv phr* à sa guise; they can come and go at ~ here ils peuvent aller et venir à leur guise ici; fire at ~! feu à volonté!

◆ **with a will** *adv phr* avec ardeur OR acharnement, we set to with a ~ and soon had the job done nous nous attelâmes à la tâche avec ardeur et le travail fut bientôt fini.

-willed [wɪld] *in cpds*: a strong~ woman une femme qui a beaucoup de volonté OR très volontaire; a weak~ boy un garçon qui manque de volonté.

willful *etc Am* = **wilful**.

William [ˈwɪljəm] *pr n*: ~ of Orange Guillaume d'Orange; ~ Rufus Guillaume le Roux; ~ Tell Guillaume Tell; ~ the Conqueror Guillaume le Conquérant.

willie [ˈwɪlɪ] *Br* = **willy**.

willies *inf* [ˈwɪlɪz] *npl*: he OR it gives me the ~ il me fiche la trouille.

willing [ˈwɪlɪŋ] *adj* -**1.** [ready, prepared]: are you ~ to cooperate with us? êtes-vous prêt à collaborer avec nous?; he isn't even ~ to try il ne veut même pas essayer; to be ~ and able (to do sthg) avoir l'envie et les moyens (de faire qqch); he's more than ~ to change jobs il ne demande pas mieux que de changer d'emploi; ~ or not, they must lend a hand qu'ils le veuillent ou non, ils devront nous aider. -**2.** [compliant]: he's a ~ victim c'est une victime complaisante. -**3.** [eager, enthusiastic - helper] bien disposé, de bonne volonté; she's a ~ pupil c'est une élève de bonne volonté. -**4.** *phr*: to show ~ faire preuve de bonne volonté.

willingly [ˈwɪlɪŋlɪ] *adv* -**1.** [eagerly, gladly] de bon cœur, volontiers; they ~ gave up their time ils n'ont pas été avares de leur temps; I'll do it ~, I'll ~ do it je le ferai volontiers. -**2.** [voluntarily] volontairement, de plein gré; I bet he didn't do it ~ je parie qu'il ne l'a pas fait de bon cœur.

willingness [ˈwɪlɪŋnɪs] *n* -**1.** [enthusiasm]: he set to with great ~ il s'est attelé à la tâche avec un grand enthousiasme. -**2.** [readiness]: the soldiers were surprised at the enemy's ~ to fight les soldats furent surpris que l'ennemi veuille se battre; he admired her ~ to sacrifice her own happiness il admirait le fait qu'elle soit prête à sacrifier son propre bonheur.

will-o'-the-wisp [ˌwɪləðəˈwɪsp] *n literal & fig* feu *m* follet.

willow [ˈwɪləʊ] *n* -**1.** BOT saule *m*. -**2.** *inf* CRICKET batte *f*.

willow pattern *n motif de céramique très répandu en Grande-Bretagne*; ~ plates des assiettes à motif chinois.

WILLOW PATTERN:
Ce motif de céramique, généralement bleu sur fond blanc, représente une scène chinoise avec des personnages, un saule et un pont sur une rivière.

---

willow warbler *n* pouillot *m* fitis.

willowy [ˈwɪləʊɪ] *adj* [figure, person] élancé, svelte; [object] souple, flexible.

willpower [ˈwɪlˌpaʊəʳ] *n* volonté *f*; he lacks the ~ to diet il n'a pas suffisamment de volonté pour se mettre au régime; he gave up smoking through sheer ~ il a arrêté de fumer par la seule force de sa volonté.

willy *inf* [ˈwɪlɪ] (*pl* **willies**) *n Br* zizi *m*.

willy-nilly [ˌwɪlɪˈnɪlɪ] *adv* bon gré mal gré.

wilt[1] [wɪlt] *arch* OR *dial 2nd pers sg* → **will** *aux vb*.

wilt[2] [wɪlt] ◇ *vi* [droop - flower, plant] se faner, se flétrir; [- person] languir, s'alanguir; to ~ under pressure fléchir sous la pression; he ~ed under her fierce gaze il perdit contenance sous son regard furieux.

◇ *vt* [cause to droop - flower, plant] faner, flétrir.

Wilts *written abbr of* Wiltshire.

wily [ˈwaɪlɪ] *adj* [person] rusé, malin; [scheme, trick] habile, astucieux; a ~ old devil OR fox un vieux malin OR rusé.

wimble [ˈwɪmbl] ◇ *n* vrille *f*.

◇ *vt* vriller.

wimp *inf* [wɪmp] *n pej* [person - physically weak] mauviette *f*; [- morally weak, irresolute] mou *m*, molle *f*, pâte *f* molle, don't be such a ~! ne sois pas aussi mollasson!

wimpish *inf* [ˈwɪmpɪʃ] *adj pej* mollasson.

wimple [ˈwɪmpl] *n* guimpe *f*.

wimpy *inf* [ˈwɪmpɪ] *adj pej* [physically weak] malingre; [morally weak] poule mouillée *(inv)*.

win [wɪn] (*pt & pp* won [wʌn], *cont* winning) ◇ *vi* [in competition] gagner; she always ~s at tennis elle gagne toujours au tennis; they're winning three nil ils gagnent trois à zéro; he won by only one point il a gagné d'un point seulement; did you ~ at cards? avez-vous gagné aux cartes?; who do you think will ~? à votre avis qui va gagner OR l'emporter?; he won by a length [in horseracing] il a gagné d'une longueur; to let sb ~ laisser gagner qqn; OK, you ~! bon, d'accord!; I (just) can't ~! j'ai toujours tort! ❑ to ~ hands down gagner haut la main.

◇ *vt* -**1.** [in competition - award, prize] gagner; [- scholarship] obtenir; [- contract] gagner, remporter; he won first prize il a gagné OR eu le premier prix; he won £100 at poker il a gagné 100 livres au poker; ~ yourself a dream holiday! gagnez des vacances de rêve!; she won a gold medal in the Olympics elle a obtenu une médaille d'or aux jeux Olympiques; his superior finishing speed won him the race il a gagné la course grâce à sa vitesse supérieure dans la dernière ligne OR au finish; to ~ a place at university *Br* obtenir une place à l'université; he has won his place in history *fig* il s'est fait un nom dans l'histoire || [in war]: we have won a great victory nous avons remporté une grande victoire; this offensive could ~ them the war cette offensive pourrait leur faire gagner la guerre. -2. [obtain, secure - friendship, love] gagner; [- sympathy] s'attirer; to ~ sb's heart gagner OR conquérir le cœur de qqn; to ~ sb's hand *arch* obtenir la main de qqn; his intransigence has won him many enemies son intransigeance lui a valu de nombreux ennemis; his impartiality has won him the respect of his colleagues son impartialité lui a valu OR fait gagner le respect de ses collègues. -3. MIN extraire. -4. *fml* OR *lit* [reach]: we finally won the shore after three days at sea nous avons fini par gagner le rivage après trois jours en mer.

◇ *n* -1. SPORT victoire *f*; they've had an unprecedented run of ~s ils ont eu une série de victoires sans précédent; we haven't had one ~ all season nous n'avons pas remporté une seule victoire de toute la saison. -2. *Am* [in horseracing]: ~, place, show gagnant, placé et troisième.

◆ **win back** *vt sep* [money, trophy] reprendre, recouvrer; [land] reprendre, reconquérir; [loved one] reconquérir; [esteem, respect, support] retrouver, recouvrer; POL [votes, voters, seats] récupérer, recouvrer; they were determined to ~ back the Cup from the Australians ils étaient décidés à reprendre la Coupe aux Australiens; I won every penny back from him je lui ai repris jusqu'au dernier centime; you won't ~ back your wife with threats tu ne vas pas reconquérir OR retrouver l'amour de ta femme avec des menaces.

◆ **win out** *vi insep* triompher; the need for peace won out over the desire for revenge le besoin de paix triompha du désir de revanche OR l'emporta sur le désir de revanche.

◆ **win over** *vt sep* [convert, convince] rallier; he has won several of his former opponents over to his ideas il a rallié plusieurs de ses anciens adversaires à ses idées; the report won her over to the protesters' cause le rapport l'a gagnée à la cause des protestataires; we won him round in the end nous avons fini par le convaincre.

◆ **win round** *Br* = **win over**.

◆ **win through** *vi insep* remporter; the striking rail workers won through in the end les cheminots en grève ont fini par obtenir gain de cause.

wince [wɪns] ◇ *vi* [from pain] crisper le visage, grimacer; she didn't even ~ elle n'a pas fait la moindre grimace; the blow to his stomach made him ~ with pain le coup qu'il a reçu à l'estomac l'a fait grimacer de douleur || *fig* grimacer (de dégoût); she winced at the thought cette pensée l'a fait grimacer de dégoût.

◇ *n* grimace *f*.

winceyette [ˌwɪnsɪ'et] *Br* ◇ *n* flanelle *f* de coton.

◇ *adj* [nightdress, pyjamas, sheets] en flanelle de coton.

winch [wɪntʃ] ◇ *n* treuil *m*.

◇ *vt*: to ~ sb/sthg up/down monter/descendre qqn/qqch au treuil; the survivors were ~ed to safety à l'aide d'un treuil on a hissé les rescapés hors de danger.

wind¹ [wɪnd] ◇ *n* -1. METEOR vent *m*; the ~ has risen/dropped le vent s'est levé/est tombé; the ~ is changing le vent tourne || NAUT: into the ~ contre le vent; off the ~ dans le sens du vent; before the ~ le vent en poupe || *fig*: the ~s of change are blowing il y a du changement dans l'air; the cold ~ of recession le vent glacial de la récession ❑ to get ~ of sthg avoir vent de qqch; to run like the ~ courir comme le vent; to be scattered to the four ~s être éparpillés aux quatre vents; there's something in the ~ il se prépare quelque chose; to take the ~ out of sb's sails couper l'herbe sous le pied à qqn; let's wait and see which way the ~ is blowing attendons de voir quelle tournure les événements vont prendre. -2. [breath] souffle *m*; I haven't got my ~ back yet je n'ai pas encore repris haleine OR mon souffle; to get one's second ~ reprendre haleine OR son souffle; he had the ~ knocked out of him SPORT on lui a coupé le souffle, on l'a mis hors d'haleine ❑ to put the ~ up sb *inf* flanquer la frousse à qqn. -3. *inf* [empty talk] vent *m*; his speech was just a lot of ~ son discours n'était que du vent. -4. *(U)* [air in stomach] vents *mpl*, gaz *mpl*; broad beans give me ~ les fèves me donnent des vents OR des gaz; I've got terrible ~ j'ai de terribles vents; to break ~ lâcher des vents; to get a baby's ~ up faire faire son renvoi à un bébé. -5. MUS: the ~ (section) les instruments *mpl* à vent, les vents *mpl*; the ~ is OR are too loud les instruments à vent sont trop forts.

◇ *vt* -1. [make breathless]: to ~ sb couper le souffle à qqn; the blow ~ed him le coup l'a mis hors d'haleine OR lui a coupé le souffle; she was quite ~ed by the walk uphill la montée de la côte l'a essoufflée OR lui a coupé le souffle; don't worry, I'm only ~ed ne t'inquiète pas, j'ai la respiration coupée, c'est tout. -2. [horse] laisser souffler. -3. [baby] faire faire son renvoi. -4. HUNT [prey] avoir vent de.

wind² [waɪnd] (*pt* & *pp* wound [waʊnd])

◇ *vi* [bend - procession, road] serpenter; [coil - thread] s'enrouler; the river ~s through the valley le fleuve décrit des méandres dans la vallée OR traverse la vallée en serpentant.

◇ *vt* -1. [wrap - bandage, rope] enrouler; I wound a scarf round my neck j'ai enroulé une écharpe autour de mon cou; ~ the string into a ball enrouler la ficelle pour en faire une pelote; the snake had wound itself around the man's arm le serpent s'était enroulé autour du bras de l'homme; to ~ sb in one's arms *lit* enlacer qqn ❑ to ~ sb round OR around one's little finger mener qqn par le bout du nez. -2. [clock, watch, clockwork device] remonter; [handle] tourner, donner un tour de; have you wound your watch? avez-vous remonté votre montre? -3. *arch* [travel]: to ~ one's way home prendre le chemin du retour.

◇ *n* -1. MECH: give the clock/watch a ~ remontez l'horloge/la montre; she gave the handle another ~ elle tourna la manivelle encore une fois, elle donna un tour de manivelle de plus. -2. [bend - of road] tournant *m*, courbe *f*; [- of river] coude *m*.

◆ **wind back** *vt sep* rembobiner.

◆ **wind down** ◇ *vi insep* -1. [relax] se détendre, décompresser. -2. MECH [clock, watch] ralentir.

◇ *vt sep* -1. MECH [lower] faire descendre; [car window] baisser. -2. [bring to an end - business] mener (doucement) vers sa fin.

◆ **wind forward** *vt sep* (faire) avancer.

◆ **wind off** *vt sep* dérouler; [from a spool or reel] dévider.

◆ **wind on** *vt sep* enrouler.

◆ **wind up** ◇ *vt sep* -1. [conclude - meeting] terminer; [- account, business] liquider; the chairman wound up the debate le président a clos le OR mis fin au débat; the business will be wound up by the end of the year l'entreprise sera liquidée avant la fin de l'année. -2. [raise] monter, faire monter; [car window] monter, fermer. -3. [string, thread] enrouler; [on a spool] dévider. -4. MECH [clock, watch, toy] remonter; to be wound up (about sthg) *inf fig* être à cran (à cause de qqch). -5. *inf Br* [annoy] asticoter; [tease] faire marcher; he's just trying to ~ you up il essaie tout simplement de te faire craquer.

◇ *vi insep inf* [end up] finir; he wound up in jail il a fini OR s'est retrouvé en prison; she'll ~ up begging in the streets elle finira par mendier dans la rue; he wound up with a broken nose il a fini avec le nez cassé.

windbag *inf* ['wɪndbæg] *n pej* moulin *m* à paroles, jaseur *m*, -euse *f*.

windblown ['wɪndbləʊn] *adj* [hair] ébouriffé par le vent; [trees] fouetté OR cinglé par le vent.

wind-borne [wɪnd] *adj* transporté par le vent.

windbreak ['wɪndbreɪk] *n* [brise] abri-vent *m*, coupe-vent *m inv*.

windbreaker® ['wɪndˌbreɪkəʳ] *n Am* anorak *m*, coupe-vent *m inv*.

windbroken ['wɪndˌbrəʊkn] *adj* [horse] poussif.

windburn ['wɪndbɜːn] *n* rougeurs *fpl* cutanées *(occasionnées par l'exposition au vent)*.

windcheater ['wɪndˌtʃiːtəʳ] *n Br* anorak *m*, coupe-vent *m inv*.

windchill factor ['wɪndtʃɪl] *n facteur d'abaissement de la température provoqué par le vent.*

wind chimes [wɪnd-] *npl* carillon *m* éolien.

wind cone [wɪnd-] *n* manche *f* à air.

wind-down [waɪnd-] *n* mise *f* en sommeil, ralentissement *m*.

winder ['waɪndəʳ] *n* [for clock] remontoir *m*; [for car window] lève-vitre *m*, lève-glace *m*; [for thread, yarn] dévidoir *m*.

windfall ['wɪndfɔːl] ◇ *n* -1. [unexpected gain] (bonne) aubaine *f*. -2. [fruit] fruit *m* tombé.

◇ *adj* [fruit] tombé OR abattu par le vent; ~ profits/dividends profits *mpl*/dividendes *mpl* inespérés OR inattendus.

windfarm ['wɪndfɑːm] *n* champ *m* d'éoliennes.

wind gauge [wɪnd-] *n* anémomètre *m*.

Windhoek ['wɪndhʊk] *pr n* Windhoek.

winding ['waɪndɪŋ] ◇ *adj* [road, street] tortueux, sinueux; [river] sinueux; [staircase] en hélice, en colimaçon.

◇ *n* -1. [process] enroulement *m*; ELEC [wire] bobinage *m*, enroulement *m*. -2. [in a river] méandres *mpl*, coudes *mpl*; [in a road] zigzags *mpl*.

◆ **windings** *npl* = **winding** *n* 2.

winding sheet *n* linceul *m*.

winding-up *n* [of account, meeting] clôture *f*; [of business] liquidation *f*; ~ arrangement [in bankruptcy] concordat *m*.

wind instrument [wɪnd-] *n* instrument *m* à vent.

windjammer ['wɪndˌdʒæməʳ] *n* -1. NAUT grand voilier *m* marchand. -2. *Br* [light jacket] anorak *m*, coupe-vent *m inv*.

windlass ['wɪndləs] ◇ *n* treuil *m*; NAUT guindeau *m*.

◇ *vt* [raise] monter au treuil; [haul] tirer au treuil.

windless ['wɪndləs] *adj lit* sans vent.

wind machine [wɪnd-] *n* THEAT machine *f* à souffler le vent.

windmill ['wɪnmɪl] ◇ *n* -1. [building] moulin *m* à vent; [toy] moulinet *m*. -2. [wind turbine] aéromoteur *m*, éolienne *f*.

◇ *vi* -1. [arms] tourner en moulinet. -2. AERON [propeller, rotor] tourner par la force du vent.

window ['wɪndəʊ] ◇ *n* -1. [in room] fenêtre *f*; [in car] vitre *f*, glace *f*; [in front of shop] vitrine *f*, devanture *f*; [in church] vitrail *m*; [at bank, ticket office] guichet *m*; [on envelope] fenêtre *f*; she looked out (of) OR through the ~ elle regarda par la fenêtre; he jumped/threw himself out of the ~ il a sauté/s'est jeté par la fenêtre; to break a ~ casser une vitre OR un carreau; can I try that dress in the ~? puis-je essayer cette robe (qui est) dans la OR en vitrine? ❑ all our plans have gone out (of) the ~ tous nos projets sont partis en fumée. -2. COMPUT fenêtre *f*. -3. [in diary] créneau *m*, moment *m* libre; ~ of opportunity de nouvelles possibilités. -4. [insight]: a ~ on the world of finance un aperçu des milieux financiers. -5. [opportune time]: launch ~ ASTRONAUT fenêtre *f* OR créneau *m* de lancement; weather ~ accalmie *f (permettant de mener à bien des travaux)*.

◇ *comp* de fenêtre; ~ frame châssis *m* de fenêtre; ~ ledge rebord *m* de fenêtre; ~ sash *cadre vitré d'une fenêtre à guillotine.*

window box *n* jardinière *f*.

window cleaner *n* [person] laveur *m*, -euse *f* de vitres OR carreaux; [substance] nettoyant *m* pour vitres.

window display *n* étalage *m*.

window dresser *n* étalagiste *mf*.

window dressing *n* [merchandise on display] présentation *f* de l'étalage; [activity]: they need someone to do the ~ ils ont besoin de quelqu'un pour composer OR faire l'étalage ‖ *fig* façade *f*; that's just ~ ce n'est qu'une façade.

window envelope *n* enveloppe *f* à fenêtre.

windowpane ['wɪndəʊpeɪn] *n* carreau *m*, vitre *f*.

window roller *n Am* [in car] lève-vitre *m*.

window seat *n* [in room] banquette *f* sous la fenêtre; [in train, plane] place *f* côté fenêtre.

window-shade *n Am* store *m*.

window-shop *vi* faire du lèche-vitrines.

window-shopper [-ˈʃɒpə] *n*: she's an inveterate ~ elle adore faire du lèche-vitrines, c'est une adepte acharnée du lèche-vitrines.

window-shopping *n* lèche-vitrines *m inv*; to go ~ faire du lèche-vitrines.

windowsill ['wɪndəʊsɪl] *n* rebord *m* de fenêtre.

windpipe ['wɪndpaɪp] *n* trachée *f*.

wind power [wɪnd-] *n* énergie *f* du vent OR éolienne *spec*.

windproof ['wɪndpruːf] *adj* protégeant du vent.

windscreen ['wɪndskriːn] *n Br* pare-brise *m inv*.

windscreen washer *n Br* lave-glace *m*.

windscreen wiper *n Br* essuie-glace *m*.

windshield ['wɪndʃiːld] *n Am* [of car, motorcycle] pare-brise *m inv*.

windshield wiper *n Am* essuie-glace *m*.

wind sleeve [wɪnd-], **windsock** ['wɪndsɒk] *n* manche *f* à air.

windstorm ['wɪndstɔːm] *n* (vent *m* de) tempête *f*.

windsurf ['wɪndsɜːf] *vi* faire de la planche à voile.

windsurfer ['wɪnd,sɜːfəʳ] *n* [board] planche *f* à voile; [person] véliplanchiste *mf*, planchiste *mf*.

windsurfing ['wɪnd,sɜːfɪŋ] *n* planche *f* à voile; to go ~ faire de la planche à voile.

windswept ['wɪndswept] *adj* [place] balayé par le vent; [hair] ébouriffé par le vent; you're looking very ~ tu as l'air tout ébouriffé par le vent.

wind tunnel [wɪnd-] *n* tunnel *m* aérodynamique.

wind-up [waɪnd-] ⋄ *adj* [mechanism]: a ~ toy/watch un jouet/une montre à remontoir.
⋄ *n inf Br*: is this a ~? est-ce qu'on veut me faire marcher?

windward ['wɪndwəd] ⋄ *adj* NAUT: on the ~ side du côté du vent.
⋄ *n* côté *m* du vent; to ~ au vent, contre le vent.

Windward Islands *pl pr n*: the ~ les îles *fpl* du Vent; in the ~ aux îles du Vent.

windy ['wɪndɪ] *adj* -1. METEOR: tomorrow it will be very ~ everywhere demain il fera du vent OR le vent soufflera partout; it was terribly ~ up on deck il y avait un terrible vent OR le vent soufflait terriblement sur le pont; a cold, ~ morning un matin froid et de grand vent; it's a very wet and ~ place c'est un endroit très pluvieux et très éventé; the Windy City *surnom de Chicago*. -2. *inf* [pompous, verbose] ronflant, pompeux. -3. *inf dated* [nervous]: to be OR to get ~ about sthg paniquer à propos de qqch.

wine [waɪn] ⋄ *n* vin *m*; a bottle/glass of ~ une bouteille/un verre de vin; red/white ~ vin rouge/blanc; the ~s of Spain les vins espagnols; rice ~ alcool *m* de riz.
⋄ *vt*: to ~ and dine sb emmener qqn faire un bon dîner bien arrosé.
⋄ *vi*: to go out wining and dining faire la fête au restaurant.
⋄ *adj* [colour] lie-de-vin *(inv)*; a ~-coloured dress une robe lie-de-vin.
⋄ *comp* [bottle, glass] à vin.

wine and cheese evening *n petite fête où l'on déguste du vin et du fromage*.

wine bar *n* [drinking establishment] bistrot *m*.

winebibber ['waɪn,bɪbəʳ] *n lit* & *hum* ivrogne *mf*, grand amateur *m* de vin.

wine box *n* Cubitainer® *m*.

wine cellar *n* cave *f* (à vin), cellier *m*.

wine cooler *n* [container] seau *m* à rafraîchir (le vin).

wineglass ['waɪnglɑːs] *n* verre *m* à vin.

winegrower ['waɪn,grəʊəʳ] *n* viticulteur *m*, -trice *f*, vigneron *m*, -onne *f*.

winegrowing ['waɪn,grəʊɪŋ] ⋄ *n* viticulture *f*.
⋄ *adj* [area, industry] vinicole, viticole.

wine list *n* carte *f* des vins.

wine merchant *n* [shopkeeper] marchand *m*, -e *f* de vin; [wholesaler] négociant *m*, -e *f* en vins.

winepress ['waɪnpres] *n* pressoir *m* à vin.

winery ['waɪnərɪ] *n Am* établissement *m* vinicole.

wineskin ['waɪnskɪn] *n* outre *f* à vin.

wine taster *n* [person] dégustateur *m*, -trice *f*; [cup] tâte-vin *m inv*, taste-vin *m inv*.

wine tasting *n* dégustation *f* (de vins).

wine vinegar *n* vinaigre *m* de vin.

wine waiter *n* sommelier *m*.

wing [wɪŋ] ⋄ *n* -1. [on bird, poultry, insect] aile *f*; to take ~ *lit* prendre son envol OR essor; my heart took ~ mon cœur s'emplit de joie; to be on the ~ *lit* être en (plein) vol; he shot the bird on the ~ il tira l'oiseau en vol; desire gave OR lent him ~s *lit* le désir lui donnait des ailes ❑ ~ tip bout *m* de l'aile; to take sb under one's ~ prendre qqn sous son aile; 'The Wings of Desire' *Wenders* 'les Ailes du désir'; 'The Wings of the Dove' *James* 'les Ailes de la colombe'. -2. AERON aile *f*; [badge]: to win one's ~s faire ses preuves, prendre du galon. -3. *Br* AUT aile *f*. -4. POL [section] aile *f*; the radical ~ of the party l'aile OR la fraction radicale du parti; the left/right ~ l'aile gauche/droite. -5. ARCHIT aile *f*; the west ~ l'aile ouest. -6. [on windmill] aile *f*. -7. SPORT [of field] aile *f*; [player] ailier *m*.
⋄ *vt* -1. [wound - bird] blesser, toucher à l'aile; [- person] blesser OR toucher légèrement. -2. [fly]: to ~ one's way *literal* & *fig* voler. -3. *lit* [cause to fly - arrow] darder, décocher. -4. *inf phr*: to ~ it [improvise] improviser.
⋄ *vi lit* [fly]: the plane ~ed over the mountains l'avion survola les montagnes.
◆ **wings** *npl* THEAT coulisse *f*, coulisses *fpl*; to wait in the ~s *literal* & *fig* se tenir dans la coulisse OR les coulisses; younger politicians are waiting in the ~s to seize power *fig* les jeunes politiciens se tiennent dans la coulisse OR les coulisses en attendant de prendre le pouvoir.

wing case *n* élytre *m*.

wing chair *n* bergère *f* à oreilles.

wing collar *n* col *m* cassé.

wing commander *n* lieutenant-colonel *m*.

wingding *inf* ['wɪŋdɪŋ] *n* [party] fête *f*, bringue *f*; we had a real ~ on a vraiment fait la bringue.

winge *inf* [wɪndʒ] (*cont* wingeing) = **whinge**.

winged [wɪŋd] *adj* -1. [possessing wings] ailé. -2. [wounded - bird, animal] blessé à l'aile; [- person] blessé légèrement.

-winged *in cpds*: white~ aux ailes blanches.

winger ['wɪŋəʳ] *n* SPORT ailier *m*.

wing forward *n* [in rugby] ailier *m*.

wingless ['wɪŋlɪs] *adj* sans ailes; [insect] aptère.

wing mirror *n* rétroviseur *m* extérieur.

wing nut *n* papillon *m*, écrou *m* à ailettes.

wingspan ['wɪŋspæn] *n* envergure *f*.

wingspread ['wɪŋspred] *n* envergure *f*.

wing three-quarter *n* [in rugby] trois-quarts aile *m*.

wink [wɪŋk] ⋄ *vi* -1. [person] faire un clin d'œil; to ~ at sb faire un clin d'œil à qqn; to ~ at sthg *fig* fermer les yeux sur qqch. -2. *lit* [light, star] clignoter; the water sparkled and ~ed l'eau miroitait et scintillait.
⋄ *vt*: to ~ an eye at sb faire un clin d'œil à qqn.
⋄ *n* clin *m* d'œil; she gave them a knowing ~ elle leur a fait un clin d'œil entendu; "hello darling" he said with a big ~ «bonjour chérie» dit-il en faisant un grand clin d'œil ❑ I didn't get a ~ of sleep OR sleep a ~ last night je n'ai pas fermé l'œil de la nuit; (as) quick as a ~ en un clin d'œil.

winker ['wɪŋkəʳ] *n Br* AUT clignotant *m*.

winking ['wɪŋkɪŋ] ⋄ *adj* [lights] clignotant.
⋄ *n* -1. [of an eye] clins *mpl* d'œil; it was all over in the ~ of an eye *lit* tout fut terminé en un clin d'œil. -2. [of lights, stars] clignotement *m*.

winkle ['wɪŋkl] *n Br* bigorneau *m*, vigneau *m*.
◆ **winkle out** *inf vt sep* [information] arracher, extirper; [person] déloger; to ~ information out of sb arracher des informations à qqn; we finally managed to ~ him out of his room nous avons finalement réussi à l'extirper de sa chambre.

winkle-pickers *inf npl Br* chaussures *fpl* pointues.

winner ['wɪnəʳ] *n* -1. [of prize] gagnant *m*, -e *f*; [of battle, war] vainqueur *m*; SPORT [of match] vainqueur *m*, gagnant *m*; there will be neither ~s nor losers in this war il n'y aura ni vainqueurs ni vaincus dans cette guerre. -2. [successful person] gagneur *m*, -euse *f*; [successful thing] succès *m*; she's one of life's ~s c'est une gagneuse, elle est de celles qui gagnent; her latest book is a sure ~ son dernier livre va faire un vrai tabac; to be on to a ~ tirer le bon numéro, être parti pour gagner.

Winnie the Pooh [,wɪnɪðə'puː] *pr n* Winnie l'ourson.

winning ['wɪnɪŋ] *adj* -1. [successful] gagnant; SPORT [goal, stroke] décisif; to be on a ~ streak remporter victoire sur victoire. -2. [charming] engageant, charmant.
◆ **winnings** *npl* gains *mpl*.

winning post *n* poteau *m* d'arrivée.

winnow ['wɪnəʊ] ⋄ *vt* AGR vanner; *fig* [separate] démêler, trier; to ~ out fact from fiction démêler le réel d'avec l'imaginaire.
⋄ *n* [machine] tarare *m*, vanneuse *f*.

wino *inf* ['waɪnəʊ] (*pl* winos) *n* ivrogne *m*.

winsome ['wɪnsəm] *adj lit* [person] charmant, gracieux; [smile] engageant, charmeur.

winter ['wɪntəʳ] ⋄ *n* hiver *m*; it never snows here in (the) ~ il ne neige jamais ici en hiver; she was born in the ~ of 1913 elle est née pendant l'hiver 1913; we spent the ~ in Nice nous avons passé l'hiver à Nice; a cold ~'s day une froide journée d'hiver; a man of 75 ~s *lit* un homme qui a vu passer 75 hivers OR *hum* de 75 printemps ❑ the ~ of discontent *l'hiver 1978-79 en Grande-Bretagne*; 'The Winter's Tale' *Shakespeare* 'le Conte d'hiver'.
⋄ *comp* d'hiver.
⋄ *vi fml* [spend winter] passer l'hiver, hiverner.
⋄ *vt* [farm animals] hiverner.

THE WINTER OF DISCONTENT:
Cette allusion à une phrase de Shakespeare désigne souvent l'hiver 1978-79 en Grande-Bretagne, marqué par de graves conflits sociaux qui amenèrent le gouvernement travailliste à tenir des élections qu'il perdit. L'expression est parfois utilisée pour désigner des hivers plus récents présentant les mêmes caractéristiques.

---

winterfeed ['wɪntəfiːd] (*pt* & *pp* winterfed [-fed]) *vt* nourrir en hiver.

wintergreen ['wɪntəgriːn] *n* gaulthérie *f*; oil of ~ essence *f* de wintergreen.

winterize, -ise ['wɪntəraɪz] *vt Am* aménager pour l'hiver.

winter solstice *n* solstice *m* d'hiver.

winter sports *npl* sports *mpl* d'hiver.

wintertime ['wɪntətaɪm] *n* hiver *m*; in (the) ~ en hiver.

winterweight ['wɪntəweɪt] *adj* [clothes] d'hiver.

wintry ['wɪntrɪ] *adj* hivernal; *fig* [look, smile] glacial.

wipe [waɪp] ◇ *vt* -**1.** [with cloth] essuyer; he ~d the plate dry il a bien essuyé l'assiette; go and ~ your hands va t'essuyer les mains; to ~ one's feet s'essuyer les pieds; to ~ one's nose se moucher; to ~ one's bottom s'essuyer; she ~d the sweat from his brow elle essuya la sueur de son front; she ~d her knife clean elle nettoya son couteau (d'un coup de torchon) ❑ to ~ the floor with sb *inf* réduire qqn en miettes; he ~d the floor with me il m'a complètement démoli; to ~ the slate clean passer l'éponge, tout effacer. -**2.** [delete - from written record, magnetic tape] effacer; the remark was ~d from the minutes l'observation fut retirée du compte-rendu.
◇ *vi* essuyer; she ~d round the sink with a wet cloth elle a essuyé l'évier avec un chiffon humide.
◇ *n*: give the table a ~ donne un coup d'éponge sur la table; he gave the plate a quick ~ il donna un coup de torchon rapide sur l'assiette.
◆ **wipe away** *vt sep* [blood, tears] essuyer; [dirt, dust] enlever; he ~d the mud away with a cloth il enleva OR ôta la boue avec un (coup de) chiffon.
◆ **wipe down** *vt sep* [paintwork, walls] lessiver.
◆ **wipe off** *vt sep* -**1.** [remove] enlever; ~ that smile OR grin off your face! *inf* enlève-moi ce sourire idiot! -**2.** [erase] effacer; the bombs ~d the town off the map les bombes effacèrent OR rayèrent la ville de la carte; he ~d off half the programme by accident RADIO & TV il a effacé la moitié de l'émission par mégarde.
◆ **wipe out** *vt sep* -**1.** [clean] nettoyer. -**2.** [erase] effacer; *fig* [insult, disgrace] effacer, laver. -**3.** [destroy] anéantir, décimer. -**4.** *inf* [exhaust] crever; I was ~d out after the match j'étais crevé après le match.
◆ **wipe up** ◇ *vt sep* éponger, essuyer.
◇ *vi insep Br* essuyer (la vaisselle).

wipeout ['waɪpaʊt] *n* [in surfing] chute *f*.

wiper ['waɪpəʳ] *n* AUT essuie-glace *m inv*.

wire ['waɪəʳ] ◇ *n* -**1.** [of metal] fil *m* (métallique OR de fer); a ~ fence un grillage; they've cut the telephone ~s ils ont coupé les fils téléphoniques ❑ cheese ~ fil à couper; he got his application in just under the ~ sa candidature est arrivée juste à temps; we got our ~s crossed *inf* nous ne nous sommes pas compris, il y a eu un malentendu. -**2.** [telegram] télégramme *m*.
◇ *vt* -**1.** [attach] relier avec du fil de fer. -**2.** ELEC [building, house] mettre l'électricité dans, faire l'installation électrique dans; [connect electrically] brancher; the lamp is ~d (up) to the switch on the wall la lampe est branchée sur OR reliée à l'interrupteur sur le mur; the room had been ~d (up) for sound la pièce avait été sonorisée. -**3.** TELEC [person] envoyer un télégramme à, télégraphier à; [money, information] envoyer par télégramme, télégraphier.
◆ **wire together** *vt sep* relier avec du fil de fer.
◆ **wire up** *vt sep* -**1.** = **wire** *vt* **2**. -**2.** *inf Am* [make nervous] rendre nerveux, provoquer la nervosité chez qqn; he gets all ~d up before exams il est à cran avant les examens.

wire brush *n* brosse *f* métallique.

wirecoated [,waɪə'kəʊtɪd] *adj* à poils durs.

wire cutters *npl* cisaille *f*, pinces *fpl* coupantes.

wired ['waɪəd] *adj* -**1.** ELEC [to an alarm] relié à un système d'alarme. -**2.** [wiretapped] mis sur écoute. -**3.** [bra] à tiges métalliques. -**4.** ▽ [nervous] à cran.

wiredraw ['waɪədrɔː] (*pt* wiredrew [-druː], *pp* wiredrawn [-drɔːn]) *vt* METALL tréfiler.

wire gauge *n* calibre *m* pour fils métalliques.

wire gauze *n* toile *f* métallique.

wire glass *n* verre *m* armé.

wire-haired *adj* à poils durs.

wireless ['waɪəlɪs] ◇ *n Br dated* TSF *f*; ~ (set) poste *m* de TSF; we heard it on the ~ nous l'avons entendu à la TSF; he sent us a message by ~ il nous envoya un message par sans-fil.
◇ *comp* [broadcast, waves] de TSF.

wireless operator *n dated* opérateur *m*, -trice de TSF, radiotélégraphiste *mf*.

wireless room *n dated* cabine *f* radio *(inv)*.

wireless set *n dated* poste *m* de TSF, TSF *f*.

wireman ['waɪəmən] (*pl* wiremen [-mən]) *n Am* câbleur *m*.

wire netting, wire mesh *n* grillage *m*, treillis *m* métallique.

wire photo *n* phototélégraphie *f*, bélinogramme *m*.

wire-puller *inf n Am*: I'm not a ~ je ne suis pas un manipulateur.

wire-pulling *inf n Am* piston *m*; he did some ~ for me il m'a pistonné.

wire rope *n* câble *m* métallique.

wire service *n Am* agence *f* de presse *(envoyant des dépêches télégraphiques)*.

wiretap ['waɪətæp] ◇ *vt* mettre sur écoute.
◇ *vi* mettre un téléphone sur écoute.
◇ *n*: they put a ~ on his phone ils ont mis son téléphone sur écoute.

wiretapping ['waɪə,tæpɪŋ] *n* mise *f* sur écoute des lignes téléphoniques.

wire wool *n* éponge *f* métallique.

wireworm ['waɪəwɜːm] *n* larve *f* de taupin.

wiring ['waɪərɪŋ] *n* installation *f* électrique; the house needs new ~ il faut refaire l'installation électrique OR l'électricité dans la maison.

wiry ['waɪərɪ] *adj* -**1.** [person] élancé et robuste; [animal] nerveux, vigoureux. -**2.** [hair] peu souple, rêche. -**3.** [grass] élastique, flexible.

Wisconsin [wɪs'kɒnsɪn] *pr n* Wisconsin *m*; in ~ dans le Wisconsin.

wisdom ['wɪzdəm] *n* -**1.** [perspicacity, judgement] sagesse *f*; I have my doubts about the ~ of moving house this year j'ai des doutes sur l'opportunité de déménager cette année. -**2.** [store of knowledge] sagesse *f*; folk ~ sagesse populaire. -**3.** [opinion] avis *m* (général), jugement *m*; (the) received OR conventional ~ les idées *fpl* reçues; Donald, in his ~, decided we should cancel *hum* Donald, toujours prudent, décida que nous devions annuler.

wisdom tooth *n* dent *f* de sagesse.

wise [waɪz] ◇ *adj* -**1.** [learned, judicious] sage; you'd be ~ to take my advice vous seriez sage de suivre mes conseils; do you think it's ~ to invite his wife? crois-tu que ce soit prudent d'inviter sa femme? -**2.** [clever, shrewd] habile, astucieux; a ~ move [in board games] un coup habile OR astucieux; the president made a ~ move in dismissing the attorney general le président a été bien avisé de renvoyer le ministre de la justice; it's always easy to be ~ after the event c'est toujours facile d'avoir raison après coup ❑ to be none the wiser ne pas être plus avancé; do it while he's out, he'll be none the wiser fais-le pendant qu'il est sorti et il n'en saura rien; to be ~ to sthg *inf* être au courant de qqch; I'm ~ to you OR to your schemes je sais ce que tu manigances; to get ~ to sthg *inf*: you'd better get ~ to what's going on vous feriez bien d'ouvrir les yeux sur ce qui se passe.
◇ *n fml*: he is in no ~ OR not in any ~ satisfied with his new position il n'est point OR aucunement satisfait de son nouveau poste.
◆ **wise up** *inf* ◇ *vi insep*: he'd better ~ up! il ferait bien de se mettre dans le coup!; she finally ~d up to the fact that she'd never be a great musician elle a enfin compris qu'elle ne serait jamais une grande musicienne.
◇ *vt sep Am* mettre dans le coup.

-wise *in cpds* -**1.** [in the direction of] dans le sens de; length~ dans le sens de la longueur. -**2.** [in the manner of] à la manière de, comme; he edged crab~ up to the bar il s'approcha du bar en marchant de côté comme un crabe. -**3.** *inf* [as regards] côté; money~ the job leaves a lot to be desired le poste laisse beaucoup à désirer côté argent.

wiseacre ['waɪz,eɪkəʳ] *n pej* bel esprit *m iron*.

wisecrack *inf* ['waɪzkræk] *n* sarcasme *m*.

wise guy *inf n* malin *m*; don't be a ~! ne fais pas le malin!; OK, ~, what would you do? OK, gros malin, qu'est-ce que tu ferais?

wisely ['waɪzlɪ] *adv* sagement, avec sagesse.

wise man *n* sage *m*; the Three Wise Men BIBLE les (trois) Rois mages.

wish [wɪʃ] ◇ *vt* -**1.** [expressing something impossible or unlikely] souhaiter; to ~ sb dead souhaiter la mort de qqn; she ~ed herself far away elle aurait souhaité être loin; I ~ I were OR *Br inf* was somewhere else j'aimerais bien être ailleurs; ~ you were here [on postcard] j'aimerais bien que tu sois là; I ~ you didn't have to leave j'aimerais que tu ne sois pas OR ce serait bien si tu n'étais pas obligé de partir; I ~ I'd thought of that before je regrette de n'y avoir pas pensé plus tôt; why don't you come with us? – I ~ I could pourquoi ne venez-vous pas avec nous? – j'aimerais bien ‖ [expressing criticism, reproach]: I ~ you'd be more careful j'aimerais que vous fassiez plus attention; I ~ you wouldn't talk so much! tu ne peux pas te taire un peu?; I ~ you wouldn't play that music so loud j'aimerais bien que tu ne mettes pas la musique aussi fort. -**2.** *fml* [want] souhaiter, vouloir; I don't ~ to appear rude, but… je ne voudrais pas paraître grossier mais…; he no longer ~es to discuss it il ne veut OR souhaite plus en parler; do you ~ to see me? désirez-vous me voir?; how do you ~ to pay? comment désirez-vous payer? -**3.** [in greeting, expressions of goodwill] souhaiter; I ~ed her a pleasant journey je lui ai souhaité (un) bon voyage; he ~ed them success in their future careers il leur a souhaité de réussir dans leur carrière; he ~ed us good day il nous a souhaité le bonjour; I ~ you no harm je ne vous veux pas de mal; I ~ you well j'espère que tout ira bien pour vous; I ~ you (good) luck je vous souhaite bonne chance ❑ to ~ sb joy of sthg souhaiter bien du plaisir à qqn pour qqch.
◇ *vi* -**1.** *fml* [want, like] vouloir, souhaiter; may I see you again? – if you ~ puis-je vous revoir? – si vous le voulez OR le souhaitez; do as you ~ faites comme vous voulez. -**2.** [make a wish] faire un vœu; close your eyes and ~ hard ferme les yeux et fais un vœu; to ~ upon a star *lit* faire un vœu en regardant une étoile.
◇ *n* -**1.** [act of wishing, thing wished for] souhait *m*, vœu *m*; make a ~! fais un souhait OR vœu!; to grant a ~ exaucer un vœu; he got his ~, his ~ came true son vœu s'est réalisé. -**2.** [desire] désir *m*; to express a ~ for sthg exprimer le désir de qqch; it is my (dearest) ~ that… *fml* c'est mon vœu le plus cher que…; it was his last ~ c'était sa dernière volonté; your ~ is my command *lit* OR *hum* vos désirs sont des ordres; I have no ~ to appear melodramatic, but… *fml* je ne voudrais pas avoir l'air de dramatiser, mais…; she had no great ~ to travel elle n'avait pas très envie de voyager; to respect sb's ~es respecter les vœux de qqn; she went against my ~es elle a agi contre ma volonté; he joined the navy against OR contrary to my ~es il s'est engagé dans la marine contre mon gré OR ma volonté ❑ ~ list desiderata *mpl*. -**3.** [regards]: give your wife my best ~es transmettez toutes mes amitiés à votre épouse; my parents send their best ~es mes parents vous font toutes leurs amitiés ‖ [in card]: with every good ~ avec mes meilleurs vœux; best ~es for the coming year meilleurs vœux pour la nouvelle année; best ~es for a Merry Christmas joyeux Noël; best ~es on your graduation (day) toutes mes/nos félicitations à l'occasion de l'obtention de votre diplôme ‖ [in letter]: (with) best ~es bien amicalement, toutes mes amitiés.
◆ **wish away** *vt sep*: you can't simply ~ away the things you don't like on ne peut pas faire comme si les choses qui nous déplaisent n'existaient pas.
◆ **wish for** *vt insep* souhaiter; what did you ~ for? quel était ton vœu?; what more could a man/woman ~ for? que peut-on souhaiter de plus?

◆ **wish on** *vt sep* -**1.** [fate, problem] souhaiter à; **I wouldn't ~ this headache on anyone** je ne souhaite à personne d'avoir un mal de tête pareil. -**2.** [foist on]: **it's a terribly complicated system ~ed on us by head office** c'est un système très compliqué dont nous a fait cadeau la direction; **he'll probably ~ the children on us for the afternoon** il nous fera sans doute cadeau des enfants pour l'après-midi.

wishbone ['wɪʃbəʊn] *n* bréchet *m*, fourchette *f* ANAT.

wish fulfilment *n* accomplissement *m* d'un désir.

wishful thinking ['wɪʃfʊl-] *n*: **I suppose it was just ~** je prenais mes rêves pour la réalité.

wishy-washy *inf* ['wɪʃɪ,wɒʃɪ] *adj* [behaviour] mou; [person] sans personnalité; [colour] délavé; [taste] fadasse.

wisp [wɪsp] *n* -**1.** [of grass, straw] brin *m*; [of hair] petite mèche *f*; [of smoke, steam] ruban *m*; **a ~ of a girl** *fig* un petit bout de fillette. -**2.** *lit* [hint, trace] soupçon *m*, pointe *f*; **there wasn't a ~ of a cloud** il n'y avait pas le moindre nuage.

wispy ['wɪspɪ] *adj* [beard] effilé; [hair] épars; [person] (tout) menu.

wisteria [wɪ'stɪərɪə] *n* glycine *f*.

wistful ['wɪstfʊl] *adj* mélancolique, nostalgique.

wistfully ['wɪstfʊlɪ] *adv* d'un air triste et rêveur.

wit [wɪt] *n* -**1.** [humour] esprit *m*; **to have a quick/ready ~** avoir de la vivacité d'esprit/ beaucoup d'esprit; **her prose sparkles with ~** sa prose est pétillante d'esprit. -**2.** [humorous person]: **he was a great ~** c'était un homme plein d'esprit. -**3.** [intelligence] esprit *m*, intelligence *f*; **he didn't have the ~ to keep his mouth shut** *inf* il n'a pas eu l'intelligence de OR il n'a pas été assez futé pour fermer son bec; **she has quick ~s** elle a l'esprit fin, elle est très fine; **keep your ~s about you while you're travelling** sois prudent OR attentif pendant que tu voyages; **to live by one's ~s** vivre d'expédients; **he didn't have time to collect** OR **to gather his ~s** il n'a pas eu le temps de se ressaisir OR reprendre ses esprits ❑ **I was at my ~s' end** je ne savais plus quoi faire; **you frightened me out of my ~s** OR **the ~s out of me!** tu m'as fait une de ces peurs! -**4.** *arch* OR *lit* sens *m*; **one's five ~s** les cinq sens.

◆ **to wit** *adv phr fml* à savoir.

witch [wɪtʃ] ◇ *n* [sorceress] sorcière *f*; **it's that old ~ of a landlady** *fig* c'est cette vieille sorcière de propriétaire; **you little ~!** petite garce!; **~es' Sabbath** sabbat *m* (de sorcières).
◇ *vt* [bewitch] envoûter.

witchcraft ['wɪtʃkrɑːft] *n (U)* sorcellerie *f*; **he claimed to have been a victim of ~** il a prétendu qu'on lui avait jeté un sort.

witchdoctor ['wɪtʃ,dɒktə^r] *n* sorcier *m*.

witch elm *n* orme *m* blanc OR de montagne.

witchery ['wɪtʃərɪ] *n lit* [witchcraft] sorcellerie *f*; [charm, enchantment] ensorcellement *m*.

witch-hazel *n* hamamélis *m*.

witch-hunt *n* chasse *f* aux sorcières; *fig* chasse *f* aux sorcières, persécution *f* (politique).

witching hour ['wɪtʃɪŋ-] *n*: **the ~** l'heure *f* fatale.

with [wɪð] *prep* -**1.** [by means of] avec; **she broke it ~ her hands** elle l'a cassé avec ses OR les mains; **what did you fix it ~?** avec quoi l'as-tu réparé?; **I've got nothing/I need something to open this can ~** je n'ai rien pour/j'ai besoin de quelque chose pour ouvrir cette boîte; **she painted the wall ~ a roller** elle a peint le mur avec un OR au rouleau; **they fought ~ swords** ils se sont battus à l'épée; **his eyes filled ~ tears** ses yeux se remplirent de larmes; **covered/ furnished/lined ~** couvert/meublé/doublé de. -**2.** [describing a feature or attribute] à; **a boy ~ green eyes** un garçon aux yeux verts; **a woman ~ long hair** une femme aux cheveux longs; **which boy?—the one ~ the torn jacket** quel garçon? — celui qui a la veste déchirée; **a man ~ one eye/a hump/a limp** un homme borgne/bossu/boiteux; **the house ~ the red roof** la maison au toit rouge; **a table ~ three legs** une table à trois pieds; **an old woman ~ no teeth** une vieille femme édentée; **a child ~ no home** un enfant sans foyer OR famille; **she was left ~ nothing to eat or drink** on l'a laissée sans rien à manger ni à boire. -**3.** [accompanied by, in the company of] avec; **she went out ~ her brother** elle est sortie avec son frère; **can I go ~ you?** puis-je aller avec vous OR vous accompagner?; **I have no one to go ~** je n'ai personne avec qui aller; **she stayed ~ him all night** [gen] elle est restée avec lui toute la nuit; [sick person] elle est restée auprès de lui toute la nuit; **are you ~ him?** [accompanying] êtes-vous avec lui? ❑ **are you ~ me?** [supporting] vous êtes avec moi?; [understanding] vous me suivez?; **I'm ~ you there** là, je suis d'accord avec toi; **I'm ~ you one hundred per cent** OR **all the way** je suis complètement d'accord avec vous; **I'm not ~ you** [don't understand] je ne vous suis pas. -**4.** [in the home of] chez; **I'm (staying) ~ friends** je suis OR loge chez des amis; **he stayed ~ a family** il a logé dans une famille; **she lives ~ her mother** elle vit chez sa mère; **I live ~ a friend** je vis avec un ami. -**5.** [an employee of]: **she's ~ the United Nations** elle travaille à l'ONU; **isn't he ~ Ford any more?** ne travaille-t-il plus chez Ford? || [a client of]: **we're ~ the Galena Building Society** nous sommes à la Galena Building Society; **she's decided to stay** OR **stick ~ her present accountant** elle a décidé de garder le même comptable. -**6.** [indicating joint action] avec; **who did you dance ~?** avec qui as-tu dansé?; **stop fighting ~ your brother** arrête de te battre avec ton frère || [indicating feelings towards someone else]: **angry/furious/at war ~** fâché/furieux/en guerre contre; **in love/infatuated ~** amoureux/entiché de; **pleased ~** content de. -**7.** [including]: **does the meal come ~ wine?** est-ce que le vin est compris dans le menu?; **the bill came to £16 ~ the tip** l'addition était de 16 livres service compris; **the radio didn't come ~ batteries** la radio était livrée sans piles || CULIN à; **coffee ~ milk** café *m* au lait; **duck ~ orange sauce** canard *m* à l'orange; **pasta ~ eggs** pâtes *fpl* aux œufs. -**8.** [indicating manner] de, avec; **he knocked the guard out ~ one blow** il assomma le gardien d'un (seul) coup; **he spoke ~ ease** il s'exprima avec aisance; **she hit him ~ all her might** elle le frappa de toutes ses forces; **"you'll be late again", she said ~ a smile** «tu vas encore être en retard», dit-elle avec un sourire OR en souriant; **~ these words he left** sur ces mots, il partit. -**9.** [as regards, concerning]: **you never know ~ him** avec lui, on ne sait jamais; **it's an obsession ~ her** c'est une manie chez elle; **what's wrong ~ you?, what's ~ you?** *inf* qu'est-ce qui te prend?; **he isn't very good ~ animals** il ne sait pas vraiment s'y prendre avec les bêtes. -**10.** [because of, on account of] de; **white ~ fear** vert de peur; **sick** OR **ill ~ malaria** atteint du paludisme; **I was sick ~ worry** *fig* j'étais malade d'inquiétude; **~ crime on the increase, more elderly people are afraid to go out** avec l'augmentation du taux de criminalité, de plus en plus de personnes âgées ont peur de sortir; **I can't draw ~ you watching** je ne peux pas dessiner si tu me regardes; **he'll never stop smoking ~ his friends offering him cigarettes all the time** il n'arrêtera jamais de fumer si ses amis continuent à lui proposer des cigarettes. -**11.** [in spite of]: **~ all his money he's so stingy** *inf* il a beau avoir beaucoup d'argent, il est vraiment radin; **~ all his bragging he's just a coward** il a beau se vanter, ce n'est qu'un lâche.

withal [wɪ'ðɔːl] *adv lit* [as well, besides] de plus, en outre; [nevertheless] néanmoins.

withdraw [wɪð'drɔː] (*pt* **withdrew**, *pp* **withdrawn**) ◇ *vt* -**1.** [remove] retirer; **they have withdrawn their support/offer** ils ont retiré leur soutien/offre; **the car has been withdrawn (from sale)** la voiture a été retirée de la vente; **he withdrew his hand from his pocket/ from my shoulder** il a retiré la main de sa poche/de mon épaule. -**2.** [money] retirer; **I withdrew £500 from my account** j'ai retiré 500 livres de mon compte. -**3.** [bring out - diplomat] rappeler; [- troops] retirer. -**4.** [statement] retirer, rétracter; JUR [charge] retirer; **he withdrew his previous statements** il est revenu sur OR il a retiré ses déclarations antérieures.
◇ *vi* -**1.** [retire] se retirer; **the waiter withdrew discreetly** le serveur s'est discrètement retiré; **she has decided to ~ from politics** elle a décidé de se retirer de la politique. -**2.** [retreat] se retirer; [move back] reculer; **the troops withdrew to a new position** les troupes se sont retirées vers une nouvelle position; **he tends to ~ into himself** il a tendance à se replier sur lui-même; **she often withdrew into a fantasy world** elle se réfugiait souvent dans un monde imaginaire. -**3.** [back out - candidate, competitor] se retirer, se désister; [- partner] se rétracter, se dédire. -**4.** [after sex] se retirer.

withdrawal [wɪð'drɔːəl] ◇ *n* -**1.** [removal - of funding, support, troops] retrait *m*; [- of envoy] rappel *m*; [- of candidate] retrait *m*, désistement *m*; [- of love] privation *f*; **I support ~ from NATO** je soutiens notre retrait de l'OTAN. -**2.** [of statement, remark] rétraction *f*; JUR [of charge] retrait *m*, annulation *f*. -**3.** PSYCH repli *m* sur soi-même, introversion *f*. -**4.** MED [from drugs] état *m* de manque; **to experience ~** être en (état de) manque. -**5.** [of money] retrait *m*; **to make a ~** faire un retrait.
◇ *comp*: **~ symptoms** symptômes *mpl* de manque; **to have** OR **to suffer from ~ symptoms** être en état de manque.

withdrawn [wɪð'drɔːn] ◇ *pp* → **withdraw**.
◇ *adj* [shy] renfermé, réservé.

withdrew [wɪð'druː] *pt* → **withdraw**.

wither ['wɪðə^r] ◇ *vi* -**1.** [flower, plant] se flétrir, se faner; [body - from age] se ratatiner; [- from sickness] s'atrophier. -**2.** [beauty] se faner; [hope, optimism] s'évanouir; [memory] s'étioler.
◇ *vt* -**1.** [plant] flétrir, faner; [body - subj: age] ratatiner; [- subj: sickness] atrophier. **2.** [beauty] altérer.

◆ **wither away** *vi insep* [flower, plant] se dessécher, se faner; [beauty] se faner, s'évanouir; [hope, optimism] s'évanouir; [memory] disparaître, s'atrophier.

withered ['wɪðəd] *adj* -**1.** [flower, plant] flétri, fané; [cheek] fané, flétri; **he was old and ~** il était vieux et complètement desséché. -**2.** [arm] atrophié.

withering ['wɪðərɪŋ] ◇ *adj* [heat, sun] desséchant; [criticism, remark] cinglant, blessant; **she gave me a ~ look** elle m'a lancé un regard méprisant, elle m'a foudroyé du regard; **she spoke of him with ~ scorn** elle parlait de lui avec un mépris cinglant.
◇ *n* [of plant] flétrissure *f*; [of arm] atrophie *f*; [of beauty] déclin *m*; [of hope, optimism] évanouissement *m*.

witheringly ['wɪðərɪŋlɪ] *adv* avec un profond mépris.

withers ['wɪðəz] *npl* garrot *m* (du cheval).

withhold [wɪð'həʊld] (*pt* & *pp* **withheld** [-'held]) *vt* -**1.** [refuse - love, permission, support] refuser; [refuse to pay - rent, tax] refuser de payer; **to ~ payment** refuser de payer; **he withheld his consent** il a refusé son consentement. -**2.** [keep back - criticism, news] taire, cacher; **to ~ the truth from sb** cacher la vérité à qqn; **they ~ 2 % of the profits** ils retiennent 2 % des bénéfices.

withholding tax [wɪð'həʊldɪŋ-] *n Am* retenue *f* à la source.

within [wɪ'ðɪn] ◇ *prep* -**1.** [inside - place] à l'intérieur de, dans; *fig* [- group, system] à l'intérieur de, au sein de; [- person] en; **he lived and worked ~ these four walls** il a vécu et travaillé entre ces quatre murs; **a play ~ a play** une pièce dans une pièce; **new forces are at work ~ our society** des forces nouvelles sont à l'œuvre dans notre société; **the man's role ~ the family is changing** le rôle de l'homme au

sein de la famille est en train de changer; **a small voice ~ her** une petite voix intérieure OR au fond d'elle-même. -**2.** [inside the limits of] dans les limites de; **you must remain ~ the circle** tu dois rester dans le OR à l'intérieur du cercle; **to be ~ the law** être dans les limites de la loi; **~ the framework of the agreement** dans le cadre de l'accord; **it is not ~ the bounds of possibility** ça dépasse le cadre du possible; **to live ~ one's means** vivre selon ses moyens; **the car is well ~ his price range** la voiture est tout à fait dans ses prix OR ses moyens. -**3.** [before the end of a specified period of time] en moins de; **~ the hour** OR **an hour she had finished** en moins d'une heure, elle avait fini; **I'll let you know ~ a week** je vous dirai ce qu'il en est dans le courant de la semaine; **'use ~ two days of purchase'** 'à consommer dans les deux jours suivant la date d'achat'; **~ a week of taking the job, she knew it was a mistake** moins d'une semaine après avoir accepté cet emploi, elle sut qu'elle avait fait une erreur. -**4.** [indicating distance, measurement]: **they were ~ 10 km of Delhi** ils étaient à moins de 10 km de Delhi; **we are ~ walking distance of the shops** nous pouvons aller faire nos courses à pied; **accurate to ~ 0.1 of a milimetre** précis au dizième de millimètre près; **she came ~ seconds of beating the record** elle a failli battre le record à quelques secondes près. -**5.** [during]: **enormous changes have taken place ~ a single generation** de grands changements ont eu lieu en l'espace d'une seule génération; **did the accident take place ~ the period covered by the insurance?** l'accident a-t-il eu lieu pendant la période couverte par l'assurance?
◇ *adv* dedans, à l'intérieur; **'enquire ~'** 'renseignements à l'intérieur'; **from ~** de l'intérieur; **the appointment will be made from ~** la nomination se fera au sein de l'entreprise.

with it *inf adj* -**1.** [alert] réveillé; **she's not really ~ this morning** elle n'est pas très bien réveillée ce matin; **get ~!** réveille-toi!, secoue-toi! -**2.** *dated* [fashionable - shoes, idea, restaurant] dans le vent.

without [wɪð'aʊt] ◇ *prep* sans; **three nights ~ sleep** trois nuits sans dormir; **we couldn't have done it ~ you** on n'aurait pas pu le faire sans vous; **~ milk or sugar** sans lait ni sucre; **with or ~ chocolate sauce?** avec ou sans sauce au chocolat?; **to be ~ fear/shame** n'avoir pas peur/honte; **not ~ irony** non sans ironie; **he took it ~ so much as a thank you** il l'a pris sans même dire merci ‖ *(with present participle)*: **~ looking up** sans lever les yeux; **I knocked ~ getting a reply** j'ai frappé sans obtenir de réponse; **leave the house ~ anybody knowing** quittez la maison sans que personne le sache.
◇ *adv lit* au dehors, à l'extérieur; **a voice from ~** une voix de l'extérieur.
◇ *conj dial* [unless]: **~ they go themselves** à moins qu'ils y aillent eux-mêmes.

withstand [wɪð'stænd] (*pt* & *pp* **withstood** [-'stʊd]) *vt* [heat, punishment] résister à; **to ~ the test of time** résister à l'épreuve du temps.

witless ['wɪtlɪs] *adj* sot, stupide.

witness ['wɪtnɪs] ◇ *n* -**1.** [onlooker] témoin *m*; **the police are asking for ~es of** OR **to the accident** la police recherche des témoins de l'accident. -**2.** JUR [in court] témoin *m*; **to call sb as (a) ~** citer qqn comme témoin; **~ for the prosecution/defence** témoin à charge/décharge ‖ [to signature, will] témoin *m*; **two people must be ~es to my signature/will** deux personnes doivent signer comme témoins de ma signature/de mon testament. -**3.** [testimony]: **in ~ of sthg** en témoignage de qqch; **to be** OR **to bear ~ to sthg** témoigner de qqch; **to give ~ on behalf of sb** témoigner en faveur de qqn; **his vast bulk was ~ to his gluttony** *lit* son énorme corpulence témoignait de sa gourmandise. -**4.** RELIG témoignage *m*.
◇ *vt* -**1.** [see] être témoin de, témoigner de; **did she ~ the accident?** a-t-elle été témoin de l'accident?; **millions ~ed the first moon landing** des millions de gens ont vu le premier atterrissage sur la lune. -**2.** [signature] être témoin de; [will, document] signer comme témoin. -**3.** [experience - change] voir, connaître; **the 19th century ~ed many revolutions** le XIXᵉ siècle a connu beaucoup de révolutions.
◇ *vi* [gen & JUR] témoigner, être témoin; **to ~ to sthg** témoigner de qqch; **to ~ against sb** témoigner contre qqn; **she ~ed to finding the body** elle a témoigné avoir découvert le cadavre.

witness box *n Br* barre *f* des témoins; **in the ~** à la barre.

witness stand *n Am* barre *f* des témoins; **to take the ~** venir à la barre.

-witted ['wɪtɪd] *in cpds*: **quick~** à l'esprit vif; **dim~** à l'esprit lent.

witter *inf* ['wɪtəʳ] *vi Br pej* bavarder, jacasser, parler pour ne rien dire; **they were ~ing on about diets** ils parlaient interminablement de régimes; **do stop ~ing on** arrête de parler pour ne rien dire, arrête tes jacasseries; **he's always ~ing on about the army** il n'en finit pas de parler de l'armée.

witticism ['wɪtɪsɪzm] *n* bon mot *m*, trait *m* d'esprit.

wittily ['wɪtɪlɪ] *adv* spirituellement, avec beaucoup d'esprit.

wittiness ['wɪtɪnɪs] *n* esprit *m*, humour *m*.

wittingly ['wɪtɪŋlɪ] *adv fml* en connaissance de cause, sciemment.

witty ['wɪtɪ] (*compar* **wittier**, *superl* **wittiest**) *adj* spirituel, plein d'esprit; **a ~ observation** un bon mot, une remarque spirituelle.

wives [waɪvz] *pl* → **wife**.

wiz *inf* [wɪz] *n* as *m*, crack *m*.

wizard ['wɪzəd] ◇ *n* -**1.** [magician] enchanteur *m*, sorcier *m* ❑ **'The Wizard of Oz'** *Fleming* 'le Magicien d'Oz'. -**2.** *fig* [expert] génie *m*; **she's a ~ with animals** elle sait vraiment s'y prendre avec les animaux; **she's a real ~ at drawing** en dessin, elle est vraiment douée; **he's a ~ with computers** c'est un champion de l'ordinateur; **a financial ~** un génie de la finance.
◇ *adj inf Br dated* épatant; **he's a ~ card player** il est épatant comme joueur de cartes; **she's got a ~ bike!** son vélo est génial!
◇ *interj dated*: **~!** épatant!

wizardry ['wɪzədrɪ] *n* -**1.** [magic] magie *f*, sorcellerie *f*. -**2.** *fig* [genius] génie *m*; **financial ~** le génie de la finance; **they've installed a new piece of technical ~ in the office** ils ont installé une nouvelle merveille de la technique dans le bureau.

wizened ['wɪznd] *adj* [skin, hands] desséché; [old person] desséché, ratatiné; [face, fruit, vegetables] ratatiné.

wk (*written abbr of* **week**) sem.

Wm. *written abbr of* **William**.

wo [wəʊ] = **whoa**.

WO *n abbr of* **warrant officer**.

woad [wəʊd] *n* guède *f*.

wobble ['wɒbl] ◇ *vi* -**1.** [hand, jelly, voice] trembler; [chair, table] branler, être branlant OR bancal; [compass needle] osciller; [drunkard] tituber, chanceler; [cyclist] aller de travers, aller en zigzag; **the stone ~d as I stood on it** la pierre a oscillé quand je suis monté dessus; **the pile of books ~d dangerously** la pile de livres oscilla dangereusement; **the tightrope walker ~d and almost fell** le funambule oscilla et faillit tomber; **the child ~d across the room** l'enfant traversa la pièce en chancelant; **she ~d off/past on her bike** elle partit/passa sur son vélo, en équilibre instable. -**2.** *fig* [hesitate, dither] hésiter.
◇ *vt* [table] faire basculer.
◇ *n*: **after a few ~s, he finally got going** après avoir cherché son équilibre, il se mit enfin en route.

wobbly ['wɒblɪ] (*pl* **wobblies**) ◇ *adj* -**1.** [table, chair] branlant, bancal; [pile] chancelant; [jelly] qui tremble; **that pile looks a bit ~** cette pile a l'air d'être en équilibre plutôt instable. -**2.** [hand, voice] tremblant; **I feel a bit ~** je me sens un peu faible; **she's rather ~ on her feet** elle flageole un peu OR elle ne tient pas très bien sur ses jambes. -**3.** [line] qui n'est pas droit; [handwriting] tremblé.
◇ *n Br phr*: **to throw a ~** *inf* piquer une crise.

wodge *inf* [wɒdʒ] *n Br* gros bloc *m*, gros morceau *m*; **great ~s of paper** de gros blocs de papier.

woe [wəʊ] *lit* OR *hum* ◇ *n* malheur *m*, infortune *f*; **a tale of ~** une histoire pathétique; **~ betide anyone who lies to me** malheur à celui qui me raconte des mensonges; **a cry of ~** un cri de détresse.
◇ *interj* hélas; **~ is me!** pauvre de moi!

woebegone ['wəʊbɪ,gɒn] *adj lit* OR *hum* désolé, abattu.

woeful ['wəʊfʊl] *adj* -**1.** [sad - person, look, news, situation] malheureux, très triste; [- scene, tale] affligeant, très triste. -**2.** [very poor] lamentable, épouvantable, consternant; **it shows a ~ lack of imagination** cela démontre un manque d'imagination consternant.

woefully ['wəʊfʊlɪ] *adv* -**1.** [sadly - look, smile] très tristement. -**2.** [badly - perform, behave] lamentablement; **he is ~ lacking in common sense** le bon sens lui fait cruellement défaut; **our funds are ~ inadequate** nous manquons cruellement de fonds; **the garden was ~ neglected for several years** le jardin avait été très négligé pendant plusieurs années.

wog▼ [wɒg] *n Br terme raciste désignant un Noir*, ≃ nègre *m*, négresse *f*.

woggle ['wɒgl] *n Br* bague en cuir *(pour cravate de scout)*.

wok [wɒk] *n* wok *m (poêle chinoise)*.

woke [wəʊk] *pt* → **wake**.

woken ['wəʊkn] *pp* → **wake**.

wold [wəʊld] *n* haute plaine *f*, plateau *m*.

wolf [wʊlf] (*pl* **wolves** ['wʊlvz]) ◇ *n* -**1.** ZOOL loup *m*; **he is a ~ in sheep's clothing** c'est un loup déguisé en brebis; **it helps keep the ~ from the door** c'est un travail purement alimentaire; **to throw sb to the wolves** sacrifier qqn. -**2.** *inf* [seducer] tombeur *m*.
◇ *vt* = **wolf down**.
◆ **wolf down** *inf vt sep* [food] engloutir, dévorer.

wolf child *n* enfant *m* sauvage.

wolf cub *n* [animal] louveteau *m*.
◆ **Wolf Cub** *n dated* [scout] louveteau *m*.

wolfhound ['wʊlfhaʊnd] *n* chien-loup *m*.

wolfish ['wʊlfɪʃ] *adj* [appearance] de loup; [appetite] vorace.

wolfishly ['wʊlfɪʃlɪ] *adv* voracement.

wolf pack *n* meute *f* de loups.

wolfram ['wʊlfrəm] *n* tungstène *m*, wolfram *m*.

wolfsbane ['wʊlfsbeɪn] *n* aconit *m* jaune.

wolf whistle *n* sifflement *m (au passage d'une femme)*.
◆ **wolf-whistle** *vt* siffler *(une femme)*.

wolverine ['wʊlvəriːn] (*pl inv* OR **wolverines**) *n* ZOOL glouton *m*.

Wolverine ['wʊlvəriːn] *n Am* habitant *m*, -e *f* du Michigan.

wolves [wʊlvz] *pl* → **wolf**.

woman ['wʊmən] (*pl* **women** ['wɪmɪn]) ◇ *n* -**1.** [gen] femme *f*; **a single/married ~** une femme célibataire/mariée; **a young ~** une jeune femme; **come here, young ~** venez-là, mademoiselle; **she's quite the young ~ now** elle fait très jeune fille maintenant; **women and children first** les femmes et les enfants d'abord; **man's perception of ~** la façon dont les hommes voient les femmes, la vision de la femme qu'a l'homme; **women live longer than men** les femmes vivent plus longtemps que les hommes; **what is a ~ supposed to do?** *hum* qu'est-ce qu'on peut faire!; **a ~'s work is never done** quand on est une femme, on a toujours quelque chose à faire; **I don't even know the ~!** *inf* je ne sais même pas qui elle est OR qui c'est!; **oh, damn the ~!** *inf* quelle idiote! ❑ **a**

~ of letters une femme de lettres; a ~ of the world [cultivated] une femme du monde; [worldly-wise] une femme d'expérience; she's a working/career ~ elle travaille/a une carrière; a business ~ une femme d'affaires; the women's page [in newspaper] la page des lectrices; a ~'s OR women's magazine un magazine féminin. -2. [employee] femme *f*; a ~ minds the children for me j'ai une femme qui me garde les enfants; the factory women left for work les ouvrières sont parties travailler; (cleaning) ~ femme de ménage. -3. *inf* [wife] femme *f*; [lover] maîtresse *f*; the little ~ ma OR la petite femme; the other ~ l'autre femme. -4. *inf* [patronizing term of address]: my good ~ *dated* ma petite dame; that's enough, ~! assez, femme!
◇ *comp*: ~ doctor (femme *f*) médecin *m*; ~ driver conductrice *f*; ~ friend amie *f*; ~ photographer photographe *f*; ~ police constable femme *f* agent de police; ~ teacher professeur *m* (femme); they have a ~ teacher leur professeur est une femme.

woman-hater *n* misogyne *mf*.

womanhood ['wʊmənhʊd] *n (U)* -1. [female nature] féminité *f*; to reach ~ devenir une femme. -2. [women collectively] les femmes *fpl*.

womanish ['wʊmənɪʃ] *adj pej* [man] efféminé; [characteristic] de femme, féminin.

womanize, -ise ['wʊmənaɪz] *vi* courir les femmes.

womanizer ['wʊmənaɪzəʳ] *n* coureur *m* de jupons.

womanizing ['wʊmənaɪzɪŋ] *n* ≃ donjuanisme *m*.

womankind [,wʊmən'kaɪnd] *n* les femmes *fpl*.

womanliness ['wʊmənlɪnɪs] *n* féminité *f*.

womanly ['wʊmənlɪ] *adj* [virtue, figure] féminin, de femme; [act] digne d'une femme, féminin.

womb [wuːm] *n* -1. ANAT utérus *m*; in his mother's ~ dans le ventre de sa mère. -2. *fig* sein *m*, entrailles *fpl*.

wombat ['wɒmbæt] *n* wombat *m*.

women ['wɪmɪn] *pl* → **woman**.

womenfolk ['wɪmɪnfəʊk] *npl*: the ~ les femmes *fpl*.

women's group *n* [campaigning organization] groupe *m* féministe; [social club] groupe *m* de femmes.

Women's Institute *pr n association britannique des femmes au foyer.*

Women's Lib [-lɪb] *n* MLF *m*, mouvement *m* de libération de la femme.

Women's Libber [-'lɪbə] *n* féministe *f*.

Women's Liberation *n* mouvement *m* de libération de la femme, MLF *m*.

Women's Movement *n* mouvement *m* féministe.

women's refuge *n* centre *m* d'accueil pour les femmes.

women's rights *npl* droits *mpl* de la femme.

women's room *n Am* toilettes *fpl* des femmes.

women's studies *npl discipline universitaire ayant pour objet la sociologie et l'histoire des femmes, la création littéraire féminine etc.*

won [wʌn] *pt & pp* → **win**.

wonder ['wʌndəʳ] ◇ *n* -1. [marvel] merveille *f*; the seven ~s of the world les sept merveilles du monde; the ~s of science les miracles de la science; the ~s of nature les merveilles de la nature; to work OR to do ~s [person] faire des merveilles; [action, event] faire merveille; a hot bath worked ~s for her aching body un bain chaud la soulagea à merveille de ses douleurs. -2. [amazing event or circumstances]: the ~ (of it) is that he manages to get any work done at all le plus étonnant dans tout cela, c'est qu'il arrive à travailler; it's a ~ to me that anyone can work in such awful conditions cela me semble incroyable qu'on puisse travailler dans des conditions aussi épouvantables; it's a ~ that she didn't resign on the spot c'est étonnant qu'elle n'ait pas démissionné sur-le-champ; no ~ they refused ce n'est pas étonnant qu'ils aient refusé; no ~! ce n'est pas étonnant!, cela vous étonne?; is it any ~ that he got lost? cela vous étonne qu'il se soit perdu?; it's little OR small ~ no one came ce n'est guère étonnant que personne ne soit venu; ~s will never cease! *hum* on n'a pas fini d'être étonné! -3. [awe] émerveillement *m*; the children were filled with ~ les enfants étaient émerveillés; they looked on, lost in ~ ils regardaient, totalement émerveillés OR éblouis; there was a look of ~ in his eyes il avait les yeux pleins d'étonnement. -4. [prodigy] prodige *m*, génie *m*; a boy ~ un petit prodige OR génie.
◇ *vt* -1. [ask o.s.] se demander; I ~ where she's gone je me demande où elle est allée; I ~ how he managed it je me demande comment il s'y est pris; I ~ why je me demande bien pourquoi; I often ~ that myself je me pose souvent la question; I ~ whether OR if she'll come je me demande si elle viendra ‖ [in polite requests]: I was ~ing if you were free tomorrow est-ce que par hasard vous êtes libre demain?; I ~ if you could help me pourriez-vous m'aider s'il vous plaît? -2. [be surprised] s'étonner; I ~ that he wasn't hurt je m'étonne OR cela m'étonne qu'il n'ait pas été blessé.
◇ *vi* -1. [think, reflect] penser, réfléchir; it makes you ~ cela donne à penser OR réfléchir; his remarks set me ~ing ses remarques m'ont laissé songeur OR m'ont donné à réfléchir; I'm ~ing about going tomorrow je me demande si je ne vais pas y aller demain; I was ~ing about it too je me posais la même question; the war will be over in a few days — I ~ la guerre sera finie dans quelques jours — je n'en suis pas si sûr. -2. [marvel, be surprised] s'étonner, s'émerveiller; the people ~ed at the magnificent sight les gens s'émerveillaient de ce magnifique spectacle; I don't ~ (that) you're annoyed cela ne m'étonne pas que vous soyez contrariée; I don't ~ cela ne m'étonne pas.
◇ *comp* [drug, detergent] miracle; ~ child enfant *m* prodige.

wonderful ['wʌndəfʊl] *adj* [enjoyable] merveilleux, formidable; [beautiful] superbe, magnifique; [delicious] excellent; [astonishing] étonnant, surprenant; it was a ~ sight c'était un spectacle merveilleux OR magnifique; we had a ~ time/holiday on a passé des moments/des vacances formidables; the weather was ~ il a fait un temps superbe; what ~ news! quelle nouvelle formidable!; she has some ~ ideas elle a des idées formidables; that's ~! c'est merveilleux!; you've been ~ vous avez été formidable; you look ~ tu es superbe.

wonderfully ['wʌndəfʊlɪ] *adv* -1. *(+ adj or adv)* merveilleusement, admirablement; you look ~ well vous avez une mine superbe; she was ~ kind elle était d'une gentillesse merveilleuse. -2. *(+ verb)* merveilleusement, à merveille; they got on ~ ils s'entendirent à merveille; I slept ~ j'ai dormi à merveille, j'ai merveilleusement bien dormi; she plays ~ elle joue merveilleusement bien.

wondering ['wʌndərɪŋ] *adj* [pensive] songeur, pensif; [surprised] étonné; she looked at him with ~ eyes elle le regarda d'un air perplexe.

wonderingly ['wʌndərɪŋlɪ] *adv* [look - pensively] d'un air songeur; [- in surprise] d'un air étonné; [speak] avec étonnement.

wonderland ['wʌndəlænd] *n* pays *m* des merveilles; it's like ~ on se croirait au pays des merveilles; a winter ~ un paysage hivernal féerique.

wonderment ['wʌndəmənt] *n* [wonder] émerveillement *m*; [surprise] étonnement *m*; he looked around in ~ il regarda autour de lui émerveillé.

wonderworker ['wʌndə,wɜːkəʳ] *n*: he's a real ~ il accomplit de vrais miracles.

wondrous ['wʌndrəs] *lit* ◇ *adj* merveilleux.
◇ *adv* = **wondrously**.

wondrously ['wʌndrəslɪ] *adv lit* merveilleusement.

wonky *inf* ['wɒŋkɪ] (*compar* **wonkier**, *superl* **wonkiest**) *adj Br* [table] bancal, branlant; [bicycle] détraqué; [radio] déréglé, détraqué; [line] qui n'est pas bien droit; your tie is a bit ~ ta cravate est un peu de travers; I've got a ~ leg j'ai une jambe faible; the little girl did a rather ~ drawing of a cow la petite fille a fait un dessin maladroit d'une vache; the TV has gone ~ la télé est détraquée.

wont [wəʊnt] *lit* ◇ *n* coutume *f*, habitude *f*; he smoked a cigar after lunch, as was his ~ il fuma un cigare après le déjeuner comme de coutume.
◇ *adj*: to be ~ to do sthg avoir l'habitude OR coutume de faire qqch.

won't [wəʊnt] = **will not**.

wonted ['wəʊntɪd] *adj lit* coutumier.

woo [wuː] (*pt & pp* **wooed**) *vt* -1. *dated* [court] courtiser, faire la cour à. -2. [attract - customers, voters] chercher à plaire à, rechercher les faveurs de; they tried to ~ the voters with promises of lower taxes ils cherchaient à s'attirer les faveurs de l'électorat en promettant de baisser les impôts.

wood [wʊd] ◇ *n* -1. [timber] bois *m*; the stove burns ~ and coal le poêle fonctionne au bois et au charbon; a piece of ~ un bout de bois. -2. [forest, copse] bois *m*; we went for a walk in the ~s nous sommes allés nous promener dans les bois ☐ he can't see the ~ for the trees les arbres lui cachent la forêt; we're not out of the ~s yet on n'est pas encore sortis de l'auberge, on n'est pas encore tirés d'affaire. -3. VINIC tonneau *m*; matured in the ~ vieilli au tonneau; drawn from the ~ tiré au tonneau. -4. SPORT [in bowls] boule *f*; [in golf] bois *m*; a (number) 3 ~ un bois 3.
◇ *comp* -1. [wooden - floor, table, house] en bois, de bois. -2. [for burning wood - stove] à bois; [- fire] de bois.
◆ **woods** *npl* MUS bois *mpl*.

wood alcohol *n* esprit-de-bois *m*, alcool *m* méthylique.

wood anemone *n* anémone *f* des bois.

wood ant *n* fourmi *f* rouge.

woodbine ['wʊdbaɪn] *n* [honeysuckle] chèvrefeuille *m*; *Am* [Virginia creeper] vigne *f* vierge.

woodblock ['wʊdblɒk] *n* -1. [for printings] bois *m* de graveur. -2. [for floor] pavé *m* de bois.

wood-burning *adj* [stove, boiler] à bois.

woodcarving ['wʊd,kɑːvɪŋ] *n* -1. [craft] sculpture *f* sur bois. -2. [object] sculpture *f* en bois.

woodchip ['wʊdtʃɪp] *n* [composite wood] aggloméré *m*.

woodchuck ['wʊdtʃʌk] *n* marmotte *f* d'Amérique.

woodcock ['wʊdkɒk] (*pl inv* OR **woodcocks**) *n* bécasse *f*.

woodcraft ['wʊdkrɑːft] *n Am* -1. [in woodland] connaissance *f* des bois et forêts. -2. [artistry] art *m* de travailler le bois.

woodcut ['wʊdkʌt] *n* gravure *f* sur bois.

woodcutter ['wʊd,kʌtəʳ] *n* bûcheron *m*, -onne *f*.

woodcutting ['wʊd,kʌtɪŋ] *n* -1. [in forest] abattage *m* des arbres. -2. [engraving] gravure *f* sur bois.

wooded ['wʊdɪd] *adj* boisé; densely ~ très boisé.

wooden ['wʊdn] *adj* -1. [made of wood] en bois, de bois; a ~ leg une jambe de bois ☐ to try to sell sb ~ nickels *inf Am* essayer de rouler qqn; the Wooden Horse of Troy le cheval de Troie. -2. [stiff - gesture, manner, attitude] crispé, raide; [- performance, actor] raide, qui manque de naturel.

woodenhead *inf* ['wʊdnhed] *n* idiot *m*, -e *f*, imbécile *mf*.

woodenly ['wʊdnlɪ] *adv* [perform, move, smile, speak] avec raideur.

wooden spoon *n literal* cuillère *f* en bois; to win the ~ *Br* SPORT gagner la cuillère de bois.

woodland [ˈwʊdlənd] ◇ *n* région *f* boisée.
◇ *adj* [fauna] des bois; **~ walks** promenades *fpl* à travers bois.

woodlark [ˈwʊdlɑːk] *n* alouette *f* des bois.

woodlouse [ˈwʊdlaʊs] (*pl* woodlice [-laɪs]) *n* cloporte *m*.

woodman [ˈwʊdmən] (*pl* woodmen [-mən]) *n* forestier *m*.

wood nymph *n* nymphe *f* des bois, dryade *f*.

woodpecker [ˈwʊdˌpekəʳ] *n* pic *m*, pivert *m*.

woodpigeon [ˈwʊdˌpɪdʒn] *n* ramier *m*.

woodpile [ˈwʊdpaɪl] *n* tas *m* de bois.

wood pulp *n* pâte *f* à papier.

wood screw *n* vis *f* à bois.

woodshed [ˈwʊdʃed] *n* bûcher *m (abri)*.

woodsman [ˈwʊdzmən] (*pl* woodsmen [-mən]) *n Am* forestier *m*.

wood spirit *n* esprit-de-bois *m*.

woodsy *inf* [ˈwʊdzɪ] (*compar* woodsier, *superl* woodsiest) *adj Am* [flowers] des bois; [smell] du bois; [area] boisé.

woodwind [ˈwʊdwɪnd] ◇ *adj* [music] pour les bois; **~ section** OR **instruments** bois *mpl*.
◇ *n* -**1.** [single instrument] bois *m*. -**2.** *(U)* [family of instruments] bois *mpl*.

woodwork [ˈwʊdwɜːk] *n (U)* -**1.** [craft - carpentry] menuiserie *f*; [- cabinet-making] ébénisterie *f*. -**2.** [in building - doors, windows] boiseries *fpl*; [- beams] charpente *m*; **to come** OR **to crawl out of the ~** *inf* sortir d'un peu partout. -**3.** *inf* FTBL poteaux *mpl*.

woodworm [ˈwʊdwɜːm] *n* [insect] ver *m* de bois; *(U)* [infestation]: **a chair affected** OR **damaged by ~** une chaise vermoulue OR mangée aux vers; **the sideboard has got ~** le buffet est vermoulu.

woody [ˈwʊdɪ] (*compar* woodier, *superl* woodiest) *adj* -**1.** [plant, vegetation] ligneux. -**2.** [countryside] boisé. -**3.** [taste] de bois; [smell] boisé.

wooer [ˈwuːəʳ] *n dated* prétendant *m*.

woof[1] [wuːf] *n* TEX trame *f*.

woof[2] [wʊf] ◇ *n* [bark] aboiement *m*.
◇ *vi* aboyer.
◇ *onomat* ouah ouah.

woofer [ˈwʊfəʳ] *n* haut-parleur *m* de graves, woofer *m*.

wool [wʊl] ◇ *n* laine *f*; **pure new ~** pure laine vierge; **a ball of ~** une pelote de laine; **she can't wear ~ next to her skin** elle ne peut pas porter de laine à même la peau ❑ **all ~ and a yard wide** *inf Am* de première classe, de premier ordre; **to pull the ~ over sb's eyes** berner OR duper qqn.
◇ *adj* [cloth] de laine; [socks, dress] en laine.

woolen *Am* = **woollen**.

wool fat *n* lanoline *f*.

woolgatherer [ˈwʊlˌgæðərəʳ] *n* rêvasseur *m*, -euse *f*, rêveur *m*, -euse *f*.

woolgathering [ˈwʊlˌgæðərɪŋ] *n*: **to be** OR **to go ~** rêvasser.

woolgrower [ˈwʊlˌgrəʊəʳ] *n* éleveur *m*, -euse *f* de moutons *(à laine)*.

woollen *Br*, **woolen** *Am* [ˈwʊlən] *adj* -**1.** [fabric] de laine; [jacket, gloves, blanket] en laine; **~ cloth** lainage *m*, étoffe *f* de laine. -**2.** [industry] lainière; [manufacture] de lainages.
◆ **woollens** *Br*, **woolens** *Am npl* lainages *mpl*, vêtements *mpl* de laine.

woolly *Br*, **wooly** *Am* [ˈwʊlɪ] (*Br pl* woollies, *Am pl* woolies) ◇ *adj* -**1.** [socks, hat] en laine. -**2.** [sheep] laineux. -**3.** [clouds] cotonneux; [hair] frisé. -**4.** [vague - thinking, ideas] confus, flou.
◇ *n inf Br* [pullover] tricot *m*, lainage *m*; [dress] robe *f* en laine; **winter woollies** lainages *mpl* d'hiver.

woolly-headed *adj* [person] écervelé; [ideas] vague, confus.

woolly-minded *adj* à l'esprit confus.

woolpack [ˈwʊlpæk] *n* balle *f* de laine.

woolsack [ˈwʊlsæk] *n* POL: **the ~** *coussin rouge sur lequel s'assoit le président de la Chambre des lords.*

wooly *Am* = **woolly**.

woops [wʊps] = **whoops**.

woozy *inf* [ˈwuːzɪ] (*compar* woozier, *superl* wooziest) *adj* -**1.** [dazed] hébété, dans les vapes. -**2.** [sick]: **to feel ~** avoir mal au cœur. -**3.** [from drink] éméché, pompette.

wop▽ [wɒp] *n terme injurieux désignant un Italien,* ≃ macaroni *mf*.

Worcester sauce [ˈwʊstəʳ] *n sauce épicée en bouteille.*

Worcs *written abbr of* Worcestershire.

word [wɜːd] ◇ *n* -**1.** [gen, LING & COMPUT - written] mot *m*; [- spoken] mot *m*, parole *f*; **the written ~** l'écrit *m*, ce qui est écrit; **the spoken ~** la parole, ce qui est dit; **the ~s of a song** les paroles d'une chanson; **(what) fine ~s!** *iron* quelles belles paroles!; **what is the Russian for "head"?**, **what is the ~ for "head" in Russian?** comment dit-on «tête» en russe?; **the Japanese have/don't have a ~ for it** les Japonais ont un mot/n'ont pas de mot pour dire cela; **she can't put her ideas/feelings into ~s** elle ne trouve pas les mots pour exprimer ses idées/ce qu'elle ressent; **I can't find (the) ~s to tell you how glad I am!** je ne saurais vous dire à quel point je suis content!; **there are no ~s to describe** OR **~s cannot describe how I feel** aucun mot ne peut décrire ce que je ressens; **they left without (saying) a ~** ils sont partis sans (dire) un mot; **with these ~s they left** sur ces mots OR là-dessus, ils sont partis; **lazy isn't the ~ for it!** paresseux, c'est peu dire!; **idle would be a better ~** oisif serait plus juste; **he doesn't know the meaning of the ~ "generosity"** *fig* il ne sait pas ce que veut dire le mot «générosité»; **he's mad, there's no other ~ for it** il est fou, il n'y a pas d'autre mot; **I didn't understand a ~ of the lecture** je n'ai pas compris un mot de la conférence; **I don't believe a ~ of it!** je n'en crois pas un mot!; **that's my last** OR **final ~ on the matter** c'est mon dernier mot (sur la question); **those were his dying ~s** ce sont les dernières paroles qu'il a prononcées avant de mourir; **she said a few ~s of welcome/thanks** elle a dit quelques mots de bienvenue/de remerciement; **I gave him a few ~s of advice** je lui ai donné quelques conseils; **I gave him a few ~s of encouragement** je lui ai dit quelques mots d'encouragement; **can I give you a ~ of warning/advice?** puis-je vous mettre en garde/conseiller?; **he didn't say a ~** il n'a rien dit, il n'a pas dit un mot; **and now a ~ from our sponsors** et maintenant, voici un message publicitaire de nos sponsors; **or ~s to that effect** ou quelque chose comme cela, ou du moins cela revenait au même; **I'm a woman of few ~s** je ne suis pas quelqu'un qui fait de grands discours; **he's a man of few ~s** c'est un homme peu loquace, c'est quelqu'un qui n'aime pas beaucoup parler; **in the ~s of Shelley/Lenin** comme l'a dit Shelley/Lénine; **in the ~s of his boss, he's a layabout** à en croire son patron OR d'après (ce que dit) son patron, c'est un fainéant; **tell me in your own ~s** dites-le moi à votre façon OR avec vos propres mots; **he told me in so many ~s that I was a liar** il m'a dit carrément OR sans mâcher ses mots que j'étais menteur; **she didn't say it in so many ~s but her meaning was quite clear** elle n'a pas dit exactement cela, mais c'était sous-entendu; **by** OR **through ~ of mouth** oralement; **the news spread by ~ of mouth** la nouvelle se répandit de bouche à oreille; **too beautiful for ~s** d'une beauté extraordinaire; **too stupid for ~s** vraiment trop bête; **~ for ~** [translate] littéralement, mot à mot; [repeat] mot pour mot ❑ **from the ~ go** dès le départ; **(upon) my ~!** ma parole!, oh la la!; **to put ~s into sb's mouth**: **don't put ~s into my mouth** ne me faites pas dire ce que je n'ai pas dit; **he took the ~s out of my mouth** il a dit exactement ce que j'allais dire; **~s fail me!** j'en perds la parole!, je suis stupéfait!; **he never has a good ~ to say about anyone** personne ne trouve jamais grâce à ses yeux; **to put in a (good) ~ for sb** glisser un mot en faveur de qqn; **to have the last ~** avoir le dernier mot; **it's the last ~ in comfort** *Br* c'est ce qui se fait de mieux en matière de confort; **it's the last ~ in luxury** *Br* c'est ce qu'on fait de plus luxueux. -**2.** [talk] mot *m*, mots *mpl*, parole *f*, paroles *fpl*; **to have a ~ with sb about sthg** toucher un mot OR deux mots à qqn au sujet de qqch; **can I have a ~ with you about the meeting?** est-ce que je peux vous dire deux mots à propos de OR vous parler de la réunion?; **can I have a ~?** je voudrais vous parler un instant. -**3.** *(U)* [news] nouvelle *f*, nouvelles *fpl*; [message] message *m*, mot *m*; **the ~ got out that there had been a coup** la nouvelle d'un coup d'État a circulé; **~ came from Tokyo that the strike was over** la nouvelle arriva de Tokyo que la grève était terminée; **she brought them ~ of Tom** elle leur a apporté des nouvelles de Tom; **have you had any ~ from him?** avez-vous eu de ses nouvelles?; **we have had no ~ from him** nous sommes sans nouvelles de lui; **she left ~ for us to follow** elle nous a laissé un message pour dire que nous devions la suivre; **spread the ~ that Mick's back in town** faites passer la nouvelle OR faites dire que Mick est de retour en ville; **he sent ~ to say he had arrived safely** il a envoyé un mot pour dire qu'il était bien arrivé. -**4.** [promise] parole *f*, promesse *f*; **he gave his ~ that we wouldn't be harmed** il a donné sa parole qu'il ne nous ferait aucun mal; **I give you my ~ on it** je vous en donne ma parole; **she gave her solemn ~** elle a juré OR promis solennellement; **to break one's ~** manquer à sa parole; **to go back on one's ~** revenir sur sa parole; **we held** OR **kept her to her ~** nous l'avons obligée à tenir sa parole; **to keep one's ~** tenir parole, tenir (sa) promesse; **he was as good as his ~** il a tenu parole; **she's a woman of her ~** c'est une femme de parole; **I'm a man of my ~** je suis un homme de parole; **~ of honour!** parole d'honneur!; **we only have his ~ for it** il n'y a que lui qui le dit, personne ne peut prouver le contraire; **you can take my ~ for it** vous pouvez me croire sur parole; **we'll have to take your ~ for it** nous sommes bien obligés de vous croire; **take my ~ (for it), it's a bargain!** croyez-moi, c'est une affaire!; **I took her at her ~** je l'ai prise au mot; **it's your ~ against mine** c'est votre parole contre la mienne; **my ~ is my bond** je n'ai qu'une parole, je tiens toujours parole. -**5.** [advice] conseil *m*; **a ~ to travellers, watch your luggage!** un petit conseil aux voyageurs, surveillez vos bagages!; **a quick ~ in your ear** je vous glisse un mot à l'oreille; **a ~ to the wise** à bon entendeur, salut. -**6.** [rumour] bruit *m*; **(the) ~ went round that he was dying** le bruit a couru qu'il était sur le point de mourir. -**7.** [order] ordre *m*; **he gave the ~ to march** il a donné l'ordre OR le signal de se mettre en marche; **his ~ is law** c'est lui qui fait la loi; **just give** OR **say the ~ and we'll be off** vous n'avez qu'à donner le signal et nous partons. -**8.** [watchword] mot *m* d'ordre; **the ~ now is "democracy"** le mot d'ordre maintenant, c'est «démocratie» ‖ [password] mot *m* de passe.
◇ *vt* -**1.** [letter, document] rédiger, formuler; [contract] rédiger; **they ~ed the petition carefully** ils ont choisi les termes de la pétition avec le plus grand soin; **we sent a strongly ~ed protest** nous avons envoyé une lettre de protestation bien sentie. -**2.** *inf Austr* [advise] conseiller; [inform] informer.
◆ **Word** *n* RELIG: **the Word** le Verbe; **the Word of God** la parole de Dieu.
◆ **words** *inf npl Br* [argument] dispute *f*; **to have ~s** se disputer, avoir des mots; **they had ~s about her drinking** ils se sont disputés sur le fait qu'elle boit.
◆ **in a word** *adv phr* en un mot.
◆ **in other words** *adv phr* autrement dit, en d'autres termes.

word association *n* association *f* d'idées par les mots.

word-blind *adj Br* dyslexique.
word-blindness *n Br* dyslexie *f*.
wordbook ['wɜːdbʊk] *n* lexique *m*, vocabulaire *m*.
word class *n* LING classe *f* de mots.
word count *n* calcul *m* des mots.
word-for-word *adj* [repetition, imitation] mot pour mot; **it's a ~ translation** c'est une traduction littérale, c'est du mot à mot.
word game *n jeu de vocabulaire (sans support écrit).*
wordiness ['wɜːdɪnɪs] *n* verbosité *f*.
wording ['wɜːdɪŋ] *n (U)* -**1.** [of letter, speech] termes *mpl*, formulation *f*; [of contract] termes *mpl*; **I think you should change the ~ of the last sentence** je crois que vous devriez reformuler la dernière phrase; **the new ~ sounds better** la nouvelle formulation sonne mieux; **the ~ is rather strange** c'est bizarrement formulé. -**2.** ADMIN & JUR rédaction *f*; **I don't really understand the ~ of the contract** je ne comprends pas vraiment les termes du contrat.
wordless ['wɜːdlɪs] *adj* -**1.** *lit* [silent - admiration] muet. -**2.** [without words - music] sans paroles.
wordlist ['wɜːdlɪst] *n* [in notebook, textbook] lexique *m*, liste *f* de mots; [in dictionary] nomenclature *f*.
word-of-mouth *adj* [account] oral, verbal.
word order *n* ordre *m* des mots.
word-perfect *adj* [recitation] que l'on connaît parfaitement OR sur le bout des doigts; **she rehearsed her speech until she was ~** elle a répété son discours jusqu'à le connaître parfaitement OR sur le bout des doigts.
wordplay ['wɜːdpleɪ] *n (U)* jeu *m* de mots.
word-process ◇ *vi* faire de la saisie.
◇ *vt* [text] saisir.
word processing *n* traitement *m* de texte.
word processor *n* machine *f* de traitement de texte.
wordsmith ['wɜːdsmɪθ] *n* manieur *m* de mots.
word wrapping *n* COMPUT mise à la ligne *f* automatique des mots.
wordy ['wɜːdɪ] *adj* verbeux.
wore [wɔːʳ] *pt* → **wear**.
work [wɜːk] ◇ *n* -**1.** [effort, activity] travail *m*, œuvre *f*; **computers take some of the ~ out of filing** les ordinateurs facilitent le classement; **this report needs more ~** il y a encore du travail à faire sur ce rapport, ce rapport demande plus de travail; **she's done a lot of ~ for charity** elle a beaucoup travaillé pour des associations caritatives; **keep up the good ~!** continuez comme ça!; **nice ~!** c'est du bon travail!; **that's fine ~** OR **a fine piece of ~** c'est du beau travail; **your ~ has been useful** vous avez fait du travail utile; **~ on the tunnel is to start in March** [existing tunnel] les travaux sur le tunnel doivent commencer en mars; [new tunnel] la construction du tunnel doit commencer OR le tunnel doit être commencé en mars; **'~ in progress'** 'travaux en cours'; **she put a lot of ~ into that book** elle a beaucoup travaillé sur ce livre; **to start ~, to set to ~** se mettre au travail; **she set** OR **went to ~ on the contract** elle a commencé à travailler sur le contrat; **he set to ~ undermining their confidence** il a entrepris de saper leur confiance; **I set him to ~ (on) painting the kitchen** je lui ai donné la cuisine à peindre; **let's get (down) to ~!** (mettons-nous) au travail! ❑ **all ~ and no play makes Jack a dull boy** *prov* beaucoup de travail et peu de loisirs ne réussissent à personne. -**2.** [duty, task] travail *m*, besogne *f*; **I've got loads of ~ to do** j'ai énormément de travail à faire; **she gave us too much ~** elle nous a donné trop de travail; **he's trying to get some ~ done** il essaie de travailler un peu; **they do their ~ well** ils travaillent bien, ils font du bon travail; **it's hard ~** c'est du travail, ce n'est pas facile; **it's thirsty ~** ça donne soif ❑ **to make short** OR **light ~ of sthg** expédier qqch; **to make short ~ of sb** *fig* ne faire qu'une bouchée de qqn; **it's nice ~ if you can get it!** *inf* c'est une bonne planque, encore faut-il la trouver!; **he's got his ~ cut out** il a du pain sur la planche. -**3.** [paid employment] travail *m*, emploi *m*; **what (kind of) ~ do you do?** qu'est-ce que vous faites dans la vie?, quel travail faites-vous?; **I do translation ~** je suis traducteur, je fais des traductions; **to find ~** trouver du travail; **to look for ~** chercher du travail OR un emploi; **to be in ~** travailler, avoir un emploi; **to be out of ~** être au chômage OR sans travail OR sans emploi; **he had a week off ~** [holiday] il a pris une semaine de vacances; [illness] il n'est pas allé au travail pendant une semaine; **to take time off ~** prendre des congés; **she's off ~ today** elle ne travaille pas aujourd'hui; **factory/office ~** travail d'usine/de bureau; **to do a full day's ~** faire une journée entière de travail; **people out of ~** [gen] les chômeurs *mpl*; ADMIN & ECON les inactifs *mpl*. -**4.** [place of employment] travail *m*; ADMIN lieu *m* de travail; **I go to ~ by bus** je vais au travail en bus; **I'm late for ~** je suis en retard pour le travail; **he's a friend from ~** c'est un collègue; **where is your (place of) ~?** où travaillez-vous?, quel est votre lieu de travail?; **on her way home from ~** en rentrant du travail. -**5.** [papers, material etc being worked on] travail *m*; **to take ~ home** prendre du travail à la maison; **her ~ was all over the table** son travail était étalé sur la table. -**6.** [creation, artefact etc] œuvre *f*; [on smaller scale] ouvrage *m*; SEW ouvrage *m*; **it's all my own ~** j'ai tout fait moi-même; **it's an interesting piece of ~** [gen] c'est un travail intéressant; ART, LITERAT & MUS c'est une œuvre intéressante; **these formations are the ~ of the wind** ces formations sont l'œuvre du vent; **her life's ~** l'œuvre de sa vie; **the silversmith sells much of his ~ to hotels** l'orfèvre vend une grande partie de ce qu'il fait OR de son travail à des hôtels; **the complete ~s of Shakespeare** les œuvres complètes OR l'œuvre de Shakespeare; **a new ~ on Portugal** un nouvel ouvrage sur le Portugal; **a ~ of art** une œuvre d'art; **~s of fiction** des ouvrages de fiction. -**7.** [research] travail *m*, recherches *fpl*; **there hasn't been a lot of ~ done on the subject** peu de travail a été fait OR peu de recherches ont été faites sur le sujet. -**8.** [deed] œuvre *f*, acte *m*; **good ~s** bonnes œuvres; **each man will be judged by his ~s** chaque homme sera jugé selon ses œuvres; **charitable ~s** actes de charité, actes charitables; **the murder is the ~ of a madman** le meurtre est l'œuvre d'un fou. -**9.** [effect] effet *m*; **wait until the medicine has done its ~** attendez que le médicament ait agi OR ait produit son effet. -**10.** PHYS travail *m*.
◇ *vi* **A.** -**1.** [exert effort on a specific task, activity etc] travailler; **we ~ed for hours cleaning the house** nous avons passé des heures à faire le ménage; **they ~ed in the garden** ils ont fait du jardinage; **we ~ hard** nous travaillons dur; **to ~ at** OR **on sthg**: **she's ~ing on a novel just now** elle travaille à un roman en ce moment; **he ~s at** OR **on keeping himself fit** il fait de l'exercice pour garder la forme; **we have to ~ to a deadline** nous devons respecter des délais dans notre travail; **we have to ~ to a budget** nous devons travailler avec un certain budget; **I've ~ed with the handicapped before** j'ai déjà travaillé avec les handicapés; **I ~ with the Spanish on that project** je travaille (en collaboration) avec les Espagnols sur ce projet. -**2.** [be employed] travailler; **he ~s as a teacher** il a un poste d'enseignant; **I ~ in advertising** je travaille dans la publicité; **she ~s in** OR **for a bank** elle travaille dans OR pour une banque; **I ~ a forty-hour week** je travaille quarante heures par semaine, je fais une semaine de quarante heures; **to ~ for a living** travailler pour gagner sa vie; **to ~ to rule** INDUST faire la grève du zèle. -**3.** [strive for a specific goal or aim]: **to ~ for sthg**: **they're ~ing for better international relations** ils s'efforcent d'améliorer les relations internationales. -**4.** [study] travailler, étudier; **you're going to have to ~ if you want to pass the exam** il va falloir que tu travailles OR étudies si tu veux avoir ton examen. -**5.** [use a specified substance] travailler; **this sculptor ~s in** OR **with copper** ce sculpteur travaille avec le cuivre; **she has always ~ed in** OR **with watercolours** elle a toujours travaillé avec de la peinture à l'eau.
B. -**1.** [function, operate - machine - brain, system] fonctionner, marcher; **the lift doesn't ~ at night** l'ascenseur ne marche pas la nuit; **the lift never ~s** l'ascenseur est toujours en panne; **the radio ~s off batteries** la radio fonctionne avec des piles; **a pump ~ed by hand** une pompe actionnée à la main OR manuellement; **she sat still, her brain** OR **mind ~ing furiously** elle était assise immobile, le cerveau en ébullition || *fig*: **everything ~ed smoothly** tout s'est déroulé comme prévu; **your idea just won't ~** ton idée ne peut pas marcher; **this relationship isn't ~ing** cette relation ne marche pas; **that argument ~s both ways** ce raisonnement est à double tranchant; **how does the law ~ exactly?** comment la loi fonctionne-t-elle exactement? -**2.** [produce results, succeed] marcher, réussir; **it ~ed brilliantly** ça a très bien marché; **their scheme didn't ~** leur complot a échoué. -**3.** [drug, medicine] agir, produire OR faire son effet. -**4.** [act] agir; **the acid ~s as a catalyst** l'acide agit comme OR sert de catalyseur; **events have ~ed against us/in our favour** les événements ont agi contre nous/en notre faveur; **I'm ~ing on the assumption that they'll sign the contract** je pars du principe qu'ils signeront le contrat.
C. -**1.** [reach a condition or state gradually]: **to ~ loose** se desserrer; **to ~ free** se libérer; **the nail ~ed through the sole of my shoe** le clou est passé à travers la semelle de ma chaussure. -**2.** [face, mouth] se contracter, se crisper. -**3.** [ferment] fermenter.
◇ *vt* **A.** -**1.** [worker, employee] faire travailler; **the boss ~s his staff hard** le patron exige beaucoup de travail de ses employés; **you ~ yourself too hard** tu te surmènes; **to ~ o.s. to death** se tuer à la tâche ❑ **to ~ one's fingers to the bone** s'user au travail. -**2.** [pay for with labour or service]: **they ~ed their passage to India** ils ont payé leur passage en Inde en travaillant; **I ~ed my way through college** j'ai travaillé pour payer mes études à l'université. -**3.** [carry on activity in]: **he ~s the southern sales area** il travaille pour le service commercial de la région sud; **the pollster ~ed both sides of the street** le sondeur a enquêté des deux côtés de la rue; **the candidate ~ed the crowd** *fig* le candidat s'efforçait de soulever l'enthousiasme de la foule. -**4.** [achieve, accomplish]: **the new policy will ~ major changes** la nouvelle politique opérera OR entraînera des changements importants; **the story ~ed its magic** OR **charm on the public** l'histoire a enchanté le public; **to ~ a spell on sb** jeter un sort à qqn; **to ~ miracles** faire OR accomplir des miracles; **to ~ wonders** faire merveille; **she has ~ed wonders with the children** elle a fait des merveilles avec les enfants. -**5.** [make use of, exploit - land] travailler, cultiver; [- mine, quarry] exploiter, faire valoir.
B. -**1.** [operate] faire marcher, faire fonctionner; **this switch ~s the furnace** ce bouton actionne OR commande la chaudière; **he knows how to ~ the drill** il sait se servir de la perceuse. -**2.** [manoeuvre]: **I ~ed the handle up and down** j'ai remué la poignée de haut en bas || [progress slowly]: **I ~ed my way along the ledge** j'ai longé la saillie avec précaution; **he ~ed his way down/up the cliff** il a descendu/monté la falaise lentement; **the beggar ~ed his way towards us** le mendiant s'est approché de nous. -**3.** *inf* [contrive] s'arranger; **she managed to ~ a few days off** elle s'est arrangée OR débrouillée pour avoir quelques jours de congé; **I ~ed it** OR **~ed things so that she's never alone** j'ai fait en sorte qu'elle OR je me suis arrangé pour qu'elle ne soit jamais seule.
C. -**1.** [shape - leather, metal, stone] travailler, façonner; [- clay, dough] travailler, pétrir; [- object, sculpture] façonner; **she ~ed the silver into**

earrings elle a travaillé l'argent pour en faire des boucles d'oreilles; she ~ed a figure out of the wood elle a sculpté une silhouette dans le bois; ~ the putty into the right consistency travaillez le mastic pour lui donner la consistance voulue. -2. [excite, provoke]: the orator ~ed the audience into a frenzy l'orateur a enflammé OR galvanisé le public; she ~ed herself into a rage elle s'est mise dans une colère noire.

◆ **works** ◇ *npl* -1. [mechanism] mécanisme *m*, rouages *mpl*; [of clock] mouvement *m*; to foul up OR to gum up the ~s *inf* tout foutre en l'air. -2. CIV ENG [construction] travaux *mpl*; [installation] installations *fpl*; road ~s travaux; 'road ~s' 'travaux'; Minister/Ministry of Works ministre *m*/ministère *m* des Travaux publics. ◇ *n (+ sing verb)* -1. INDUST [factory] usine *f*; a printing ~s une imprimerie; a gas ~s une usine à gaz; price ex ~s prix *m* sortie usine. -2. *inf* [everything]: the (whole) ~s tout le bataclan OR le tralala; to shoot the ~s *Am* jouer le grand jeu; we shot the ~s on the project *Am* nous avons mis le paquet sur le projet; to give sb the ~s [special treatment] dérouler le tapis rouge pour qqn *fig*; [beating] passer qqn à tabac.

◆ **at work** ◇ *adj phr* -1. [person]: to be at ~ (on sthg/doing sthg) travailler (à qqch/faire qqch); he's at ~ on a new book il travaille à un nouveau livre; they're hard at ~ painting the house ils sont en plein travail, ils repeignent la maison. -2. [having an effect]: there are several factors at ~ here il y a plusieurs facteurs qui entrent en jeu OR qui jouent ici; there are evil forces at ~ des forces mauvaises sont en action. ◇ *adv phr* [at place of work]: she's at ~ [gen] elle est au travail; [office] elle est au bureau; [factory] elle est à l'usine; I'll phone you at ~ je t'appellerai au travail; we met at ~ on s'est connus au travail.

◆ **work away** *vi insep* travailler; while he ~ed away at fixing the furnace tandis qu'il travaillait à réparer la chaudière; we ~ed away all evening nous avons passé la soirée à travailler.

◆ **work down** *vi insep* glisser; her socks had ~ed down around her ankles ses chaussettes étaient tombées sur ses chevilles.

◆ **work in** *vt sep* -1. [incorporate] incorporer; ~ the ointment in thoroughly faites bien pénétrer la pommade; ~ the butter into the flour CULIN incorporez le beurre à la farine. -2. [insert] faire entrer OR introduire petit à petit; he ~ed in a few sly remarks about the boss il a réussi à glisser quelques réflexions sournoises sur le patron; I'll try and ~ the translation in some time this week [into schedule] j'essayerai de (trouver le temps de) faire la traduction dans le courant de la semaine.

◆ **work off** *vt sep* -1. [dispose of - fat, weight] se débarrasser de, éliminer; [- anxiety, frustration] passer, assouvir; I ~ed off my excess energy chopping wood j'ai dépensé mon trop-plein d'énergie en cassant du bois; he ~ed off his tensions by running il s'est défoulé en faisant du jogging. -2. [debt, obligation]: it took him three months to ~ off his debt il a dû travailler trois mois pour rembourser son emprunt.

◆ **work on** *vt insep* -1. [person] essayer de convaincre; we've been ~ing on him but he still won't go nous avons essayé de le persuader mais il ne veut toujours pas y aller; I'll ~ on her je vais m'occuper d'elle. -2. [task, problem]: the police are ~ing on who stole the jewels la police s'efforce de retrouver celui qui a volé les bijoux; have you got any ideas? — I'm ~ing on it as-tu des idées? — je cherche.

◆ **work out** ◇ *vt sep* -1. [discharge fully] acquitter en travaillant; to ~ out one's notice faire son préavis. -2. [solve - calculation, problem] résoudre; [- answer, total] trouver; [- puzzle] faire, résoudre; [- code] déchiffrer; have they ~ed out their differences? est-ce qu'ils ont réglé OR résolu leurs différends?; things will ~ themselves out les choses s'arrangeront toutes seules OR d'elles-mêmes. -3. [formulate - idea, plan] élaborer, combiner; [- agreement, details] mettre au point; to ~ out a solution trouver une solution; have you ~ed out yet when it's due to start? est-ce que tu sais quand ça doit commencer?; she had it all ~ed out elle avait tout planifié; we ~ed out an easier route nous avons trouvé un itinéraire plus facile. -4. [figure out] arriver à comprendre; I finally ~ed out why he was acting so strangely j'ai enfin découvert OR compris pourquoi il se comportait si bizarrement; I can't ~ her out je n'arrive pas à la comprendre; I can't ~ their relationship out leurs rapports me dépassent. -5. [mine, well] épuiser. ◇ *vi insep* -1. [happen] se passer; it depends on how things ~ out ça dépend de la façon dont les choses se passent; the trip ~ed out as planned le voyage s'est déroulé comme prévu; I wonder how it will all ~ out je me demande comment tout cela va s'arranger; it all ~ed out for the best tout a fini par s'arranger pour le mieux. -2. [have a good result - job, plan] réussir; [- problem, puzzle] se résoudre; she ~ed out fine as personnel director elle s'est bien débrouillée comme directeur du personnel; did the new job ~ out? ça a marché pour le nouveau boulot?; it didn't ~ out between them les choses ont plutôt mal tourné entre eux; their project didn't ~ out leur projet est tombé à l'eau. -3. [amount to]: the average price for an apartment ~s out to OR at $5,000 per square metre le prix moyen d'un appartement s'élève OR revient à 5 000 dollars le mètre carré; that ~s out at three hours a week ça fait trois heures par semaine; electric heating ~s out expensive le chauffage électrique revient cher. -4. [exercise] faire de l'exercice; [professional athlete] s'entraîner.

◆ **work over** *vt sep* -1. *Am* [revise] revoir, réviser. -2. *inf* [beat up] tabasser, passer à tabac.

◆ **work round** ◇ *vi insep* -1. [turn] tourner; the wind ~ed round to the north le vent a tourné au nord petit à petit. -2. *fig* [in conversation]: he finally ~ed round to the subject of housing il a fini par aborder le sujet du logement; what's she ~ing round to? où veut-elle en venir? ◇ *vt sep* [bring round]: I ~ed the conversation round to my salary j'ai amené la conversation sur la question de mon salaire.

◆ **work through** ◇ *vt sep* -1. [insert] faire passer à travers. -2. [progress through with effort]: we ~ed our way through the crowd nous nous sommes frayé un chemin à travers la foule; he ~ed his way through the book il a lu le livre du début à la fin; I ~ed the problem through *fig* j'ai étudié le problème sous tous ses aspects. ◇ *vt insep* -1. [continue to work]: she ~ed through lunch elle a travaillé pendant l'heure du déjeuner. -2. [resolve]: he ~ed through his emotional problems il a réussi à assumer ses problèmes affectifs.

◆ **work up** ◇ *vt sep* -1. [stir up, rouse] exciter, provoquer; he ~ed up the crowd il a excité la foule; he ~s himself up OR gets himself ~ed up over nothing il s'énerve pour rien. -2. [develop] développer; I want to ~ these ideas up into an article je veux développer ces idées pour en faire un article; to ~ up an appetite se mettre en appétit; we ~ed up a sweat/thirst playing tennis jouer au tennis nous a donné chaud/soif; I can't ~ up any enthusiasm for this work je n'arrive pas à avoir le moindre enthousiasme pour ce travail; he tried to ~ up an interest in the cause il a essayé de s'intéresser à la cause. -3. *phr*: to ~ one's way up faire son chemin; she ~ed her way up from secretary to managing director elle a commencé comme secrétaire et elle a fait son chemin jusqu'au poste de P-DG; I ~ed my way up from nothing je suis parti de rien. ◇ *vi insep* -1. [clothing] remonter. -2. [build up]: the film was ~ing up to a climax le film approchait de son point culminant; things were ~ing up to a crisis une crise se préparait, on était au bord d'une crise; she's ~ing up to what she wanted to ask elle en vient à ce qu'elle voulait demander; what are you ~ing up to? où veux-tu en venir?

workability [ˌwɜːkəˈbɪlətɪ] *n* -1. [of plan] caractère *m* réalisable *(d'un projet)*. -2. [of mine] caractère *m* exploitable *(d'une mine)*.

workable [ˈwɜːkəbl] *adj* -1. [plan, proposal] réalisable, faisable; do you really think it's ~? croyez-vous vraiment que c'est faisable OR que ça va marcher? -2. [mine, field] exploitable.

workaday [ˈwɜːkədeɪ] *adj* [clothes, routine] de tous les jours; [man] ordinaire, banal; [incident] courant, banal.

workaholic *inf* [ˌwɜːkəˈhɒlɪk] *n* bourreau *m* de travail, drogué *m*, -e *f* du travail.

work area *n* [in school, home] coin *m* de travail.

workbag [ˈwɜːkbæg] *n* sac *m* à ouvrage.

workbasket [ˈwɜːkˌbɑːskɪt] *n* corbeille *f* à ouvrage.

workbench [ˈwɜːkbentʃ] *n* établi *m*.

workbook [ˈwɜːkbʊk] *n* -1. SCH [exercise book] cahier *m* d'exercices; [record book] cahier *m* de classe. -2. [manual] manuel *m*.

workbox [ˈwɜːkbɒks] *n* boîte *f* à ouvrage.

work camp *n* -1. [prison] camp *m* de travail. -2. [voluntary] chantier *m* de travail.

work coat *n Am* blouse *f*.

workday [ˈwɜːkdeɪ] ◇ *n* -1. [day's work] journée *f* de travail. -2. [working day] jour *m* ouvré OR où l'on travaille; Sunday is a ~ for some people il y a des gens qui travaillent le dimanche. ◇ *adj* = **workaday**.

worked up [wɜːkt] *adj* énervé, dans tous ses états; to get ~ s'énerver, se mettre dans tous ses états.

worker [ˈwɜːkəʳ] *n* -1. [INDUST - gen] travailleur *m*, -euse *f*, employé *m*, -e *f*; [- manual] ouvrier *m*, -ère *f*, travailleur *m*, -euse *f*; relations between ~s and management les relations entre les travailleurs OR les employés et la direction; farm ~ ouvrier agricole; office ~ employé de bureau; part-time ~ travailleur à temps partiel; research ~ chercheur *m*; rescue ~ sauveteur *m*; he's a fast ~! il travaille vite!; she's a good ~ elle travaille bien; she's a hard ~ elle travaille dur. -2. ENTOM ouvrière *f*.

worker ant *n* (fourmi) ouvrière *f*.

worker bee *n* (abeille) ouvrière *f*.

worker director *n ouvrier qui fait partie du conseil d'administration.*

worker participation *n* participation *f* des travailleurs OR des ouvriers.

worker-priest *n* prêtre-ouvrier *m*.

work ethic *n exaltation des valeurs liées au travail.*

work experience *n*: the course includes two months' ~ le programme comprend un stage en entreprise de deux mois.

workforce [ˈwɜːkfɔːs] *n* main-d'œuvre *f*, effectifs *mpl*.

workhorse [ˈwɜːkhɔːs] *n* -1. [horse] cheval *m* de labour. -2. *fig* [worker] bourreau *m* de travail; [machine, vehicle] bonne mécanique *f*.

workhouse [ˈwɜːkhaʊs] (*pl* **workhouses** [-haʊzɪz]) *n* -1. [in UK] HIST hospice *m*. -2. [in US - prison] maison *f* de correction.

work-in *n occupation d'une entreprise par le personnel (avec poursuite du travail).*

working [ˈwɜːkɪŋ] ◇ *adj* -1. [mother, wife] qui travaille; [population] actif; ordinary ~ people les travailleurs ordinaires; the party of the ~ man le parti des travailleurs. -2. [day, hours] de travail; Sunday is not a ~ day le dimanche est chômé, on ne travaille pas le dimanche; during a normal ~ day pendant la journée de travail; a ~ week of 40 hours une semaine de 40 heures; he spent his entire ~ life with the firm il a travaillé toute sa vie dans l'entreprise; to be of ~ age être en âge de travailler. -3. [clothes, conditions] de travail; we have a close ~ relationship nous travaillons bien ensemble. -4. [functioning - farm, factory, model] qui marche; in (good) ~ order en (bon) état de marche.

-**5.** [theory, definition] de travail; [majority] suffisant; [agreement] de circonstance; [knowledge] adéquat, suffisant.
◇ *n* -**1.** [work] travail *m*. -**2.** [operation - of machine] fonctionnement *m*. -**3.** [of mine] exploitation *f*; [of clay, leather] travail *m*.
◆ **workings** *npl* -**1.** [mechanism] mécanisme *m*; *fig* [of government, system] rouages *mpl*; **it's difficult to understand the ~s of his mind** il est difficile de savoir ce qu'il a dans la tête OR ce qui se passe dans sa tête. -**2.** MIN chantier *m* d'exploitation; **old mine ~s** anciennes mines *fpl*.

working capital *n (U)* fonds *mpl* de roulement.

working class *n*: **the ~, the ~es** la classe ouvrière, le prolétariat.
◆ **working-class** *adj* [district, origins] ouvrier; [accent] des classes populaires; **she's ~** elle appartient à la classe ouvrière; **a ~ hero** un héros de la classe ouvrière OR du prolétariat.

working group = **working party**.

working lunch *n déjeuner pendant lequel on travaille.*

working man *n Br* ouvrier *m*.

working men's club *n club d'ouvriers, comportant un bar et une scène où sont présentés des spectacles de music-hall.*

working party *n* -**1.** [committee - for study] groupe *m* de travail; [- for enquiry] commission *f* d'enquête. -**2.** [group - of prisoners, soldiers] groupe *m* de travail.

working title *n* titre *m* provisoire.

working woman *n* -**1.** [worker] ouvrière *f*, employée *f*. -**2.** [woman with job] femme *f* qui travaille.

workload [ˈwɜːkləʊd] *n* travail *m* à effectuer, charge *f* de travail; **my ~ has eased off a bit** j'ai un peu moins de travail en ce moment; **I still have a heavy ~** je suis encore surchargé de travail.

workman [ˈwɜːkmən] (*pl* **workmen** [-mən]) *n* -**1.** [manual worker] ouvrier *m*; **the workmen came to fix the drainpipe** les ouvriers sont venus réparer la gouttière ☐ **a bad ~ blames his tools** *prov* les mauvais ouvriers ont toujours de mauvais outils *prov*. -**2.** [craftsman] artisan *m*; **he is a good ~** il travaille bien, il fait du bon travail.

workmanlike [ˈwɜːkmənlaɪk] *adj* -**1.** [efficient - approach, person] professionnel; **she did the job in a ~ way** elle a fait du très bon travail. -**2.** [well made - artefact] bien fait, soigné; **he wrote a ~ report** il a fait un compte rendu très sérieux. -**3.** [serious - attempt, effort] sérieux.

workmanship [ˈwɜːkmənʃɪp] *n (U)* -**1.** [skill] métier *m*, maîtrise *f*. -**2.** [quality] exécution *f*, fabrication *f*; **she admired the fine ~ of the carving** elle admira le ciselage délicat; **it was a shoddy piece of ~** c'était du travail mal fait OR bâclé.

workmate [ˈwɜːkmeɪt] *n* camarade *mf* de travail.

workout [ˈwɜːkaʊt] *n* séance *f* d'entraînement; **to have a ~** s'entraîner physiquement, faire une séance d'entraînement.

work party *n* [of soldiers] escouade *f*; [of prisoners] groupe *m* de travail.

workpeople [ˈwɜːkˌpiːpl] *npl* travailleurs *mpl*.

work permit *n* permis *m* de travail.

workplace [ˈwɜːkpleɪs] *n* lieu *m* de travail; **in the ~** sur le lieu de travail.

workroom [ˈwɜːkrʊm] *n* salle *f* de travail.

works band *n* fanfare *m (d'une entreprise)*.

works committee, works council *n* comité *m* d'entreprise.

work-sharing *n* partage *m* du travail.

work sheet *n* COMPUT feuille *f* de travail.

workshop [ˈwɜːkʃɒp] *n* -**1.** [INDUST & gen] atelier *m*. -**2.** [study group] atelier *m*, groupe *m* de travail.

workshy [ˈwɜːkʃaɪ] *adj* fainéant, tire-au-flanc *(inv)*.

works manager *n* directeur *m* d'usine.

work space *n* coin-travail *m*; **I need more ~** j'ai besoin de plus d'espace pour travailler.

workstation [ˈwɜːkˌsteɪʃn] *n* COMPUT poste *m* OR station *f* de travail.

work-study *n* INDUST étude *f* des cadences.

work surface *n* surface *f* de travail.

worktable [ˈwɜːkˌteɪbl] *n* table *f* de travail.

worktop [ˈwɜːktɒp] *n* [in kitchen] plan *m* de travail.

work-to-rule *n Br* grève *f* du zèle.

work week *n Am* semaine *f* de travail.

world [wɜːld] ◇ *n* **A.** -**1.** [earth] monde *m*; **to travel round the ~** faire le tour du monde, voyager autour du monde; **to see the ~** voir du pays, courir le monde; **throughout the ~** dans le monde entier; **in this part of the ~** dans cette région; **the best in the ~** le meilleur du monde; **I'm the ~'s worst photographer** il n'y a pas pire photographe que moi; **the ~ over, all over the ~** dans le monde entier, partout dans le monde; **love is the same the ~ over** l'amour, c'est la même chose partout dans le monde. -**2.** [planet] monde *m*; **there may be other ~s out there** il existe peut-être d'autres mondes quelque part. -**3.** [universe] monde *m*, univers *m*; **since the ~ began** depuis que le monde existe.
B. -**1.** [part of the world] HIST & POL monde *m*; **the Arab World** le monde arabe; **the developing ~** les pays en voie de développement; **the Gaelic-speaking ~** les régions où l'on parle le gaélique; **the Spanish-speaking ~** le monde hispanophone. -**2.** [society] monde *m*; **she wants to change the ~** elle veut changer le monde; **in the modern ~** dans le monde moderne; **to go up/down in the ~**: **she's gone up in the ~** elle a fait du chemin; **he's gone down in the ~** il a connu de meilleurs jours; **to come into the ~** venir au monde; **to bring a child into the ~** mettre un enfant au monde; **they hesitated to bring children into the ~** ils hésitaient à avoir des enfants; **to make one's way in the ~** faire son chemin; **you have to take the ~ as you find it** il faut prendre les choses comme elles viennent. -**3.** [general public] monde *m*; **the ~ awaits the outcome of the talks** le monde entier attend le résultat des pourparlers; **the news shook the ~** la nouvelle a ébranlé le monde entier ‖ [people in general]: **we don't want the whole ~ to know** nous ne voulons pas que tout le monde le sache; **(all) the ~ and his wife** *fig* le monde entier.
C. -**1.** [existence, particular way of life] monde *m*, vie *f*; **a whole new ~ opened up to me** un monde nouveau s'ouvrit à moi; **we live in different ~s** nous ne vivons pas sur la même planète; **to be ~s apart** [in lifestyle] avoir des styles de vie complètement différents; [in opinions] avoir des opinions complètement différentes ‖ [realm] monde *m*; **he lives in a ~ of his own** il vit dans un monde à lui; **a nightmare/fantasy ~** un monde de cauchemar/de rêve; **the child's ~** l'univers des enfants; **they knew nothing of the ~ outside** ils ignoraient tout du monde extérieur; **the underwater ~** le monde sous-marin. -**2.** [field, domain] monde *m*, milieu *m*, milieux *mpl*; **she is well known in the theatre ~** elle est connue dans le milieu du théâtre; **the publishing ~** le monde de l'édition. -**3.** [group of living things] monde *m*; **the animal/plant ~** le règne animal/végétal. -**4.** RELIG monde *m*; **to renounce the ~** renoncer au monde; **in this ~ and the next** dans ce monde (-ci) et dans l'autre; **he isn't long for this ~** il n'en a pas pour longtemps; **~ without end** *arch* OR BIBLE pour les siècles des siècles. -**5.** *phr*: **a holiday will do you a** OR **the ~ of good** des vacances vous feront le plus grand bien; **it made a ~ of difference** ça a tout changé; **there's a ~ of difference between them** il y a un monde entre eux; **he thinks the ~ of his daughter** il a une admiration sans bornes pour sa fille; **it means the ~ to me** c'est quelque chose qui me tient beaucoup à cœur.
◇ *comp* [champion, record] mondial, du monde; [language, religion] universel; **~ peace** la paix mondiale; **the ~ population** la population mondiale; **a ~ power** une puissance mondiale; **~ opinion** l'opinion internationale; **on a ~ scale** à l'échelle mondiale.
◆ **for all the world** *adv phr* exactement; **she behaved for all the ~ as if she owned the place** elle faisait exactement comme si elle était chez elle.
◆ **for the world** *adv phr*: **I wouldn't hurt her for the ~** je ne lui ferais de mal pour rien au monde.
◆ **in the world** *adv phr* -**1.** [for emphasis]: **nothing in the ~ would change my mind** rien au monde ne me ferait changer d'avis; **I felt as if I hadn't a care in the ~** je me sentais libre de tout souci; **we've got all the time in the ~** nous avons tout le OR tout notre temps; **all the good intentions in the ~ won't bring her back** on ne la ramènera pas, même avec les meilleures intentions du monde; **I wouldn't do it for all the money in the ~!** je ne le ferais pas pour tout l'or du monde! -**2.** [expressing surprise, irritation, frustration]: **who in the ~ will believe you?** qui donc va vous croire?; **where in the ~ have you put it?** où l'avez-vous donc mis?; **what in the ~ made you do it?** pourquoi donc avez-vous fait ça?; **why in the ~ didn't you tell me?** pourquoi donc ne me l'as-tu pas dit?
◆ **out of this world** *inf adj phr* extraordinaire, sensationnel.

World Bank *pr n* Banque *f* mondiale.

world-beater *inf n Br* [person] champion *m*, -onne *f*; **this new car is going to be a ~** *fig* cette nouvelle voiture va faire un tabac.

world-class *adj* [player, runner] parmi les meilleurs du monde, de classe internationale.

World Cup *pr n*: **the ~** la Coupe du monde.

World Fair *pr n* exposition *f* universelle.

world-famous *adj* de renommée mondiale, célèbre dans le monde entier.

World Health Organization *pr n* Organisation *f* mondiale de la santé.

worldliness [ˈwɜːldlɪnɪs] *n* -**1.** [materialism] matérialisme *m*. -**2.** [experience of the world] mondanité *f*.

worldly [ˈwɜːldlɪ] (*compar* **worldlier**, *superl* **worldliest**) *adj* -**1.** [material - possessions, pleasures, matters] matériel, de ce monde, terrestre; RELIG temporel, de ce monde; **he is not interested in ~ things** les choses de ce monde ne l'intéressent pas; **all my ~ goods** tout ce que je possède au monde. -**2.** [materialistic - person, outlook] matérialiste. -**3.** [sophisticated - person] qui a l'expérience du monde; [- attitude, manner] qui démontre une expérience du monde.

worldly-wise *adj* qui a l'expérience du monde.

world music *n* world music *f*.

world power *n* puissance *f* mondiale.

World Series *n*: **the ~** *le championnat américain de base-ball.*

World Service *pr n* RADIO *service étranger de la BBC.*

world-shaking [ˌʃeɪkɪŋ] *adj* stupéfiant, d'une importance considérable.

world-shattering *adj* [event, news] renversant, bouleversant.

world view *n vue métaphysique du monde.*

world war *n* guerre *f* mondiale; **the First/Second World War** la Première/la Seconde Guerre mondiale.

world-weariness *n* dégoût *m* du monde, ennui *m*.

world-weary *adj* [person] las du monde.

worldwide [ˈwɜːldwaɪd] ◇ *adj* [depression, famine, reputation] mondial.
◇ *adv* partout dans le monde, dans le monde entier.

worm [wɜːm] ◇ *n* -**1.** [in earth, garden] ver *m* (de terre); [in fruit] ver *m*; [for fishing] ver *m*, asticot *m*; **the ~ has turned** *Br* il en a eu assez de se faire marcher dessus. -**2.** [parasite - in body] ver *m*; **to have ~s** avoir des vers. -**3.** *inf fig* [person] minable *mf*; **what a ~!** quel minable!

-**4.** *lit* [troublesome thing] tourment *m*, tourments *mpl*; the ~ of jealousy/remorse les affres de la jalousie/du remords.
◇ *vt* -**1.** [move]: to ~ one's way under sthg passer sous qqch à plat ventre OR en rampant; she ~ed her way through a gap in the fence en se tortillant elle s'est faufilée par une ouverture dans la palissade; he managed to ~ his way to the front il a réussi à se faufiler jusqu'à l'avant. -**2.** *pej* [sneak]: they have ~ed their way into our party ils se sont infiltrés OR immiscés dans notre parti; he ~ed his way into her affections il a trouvé le chemin de son cœur *(par sournoiserie)*. -**3.** [dog, sheep] débarrasser de ses vers.
◆ **worm out** *vt sep* [information] soutirer; I tried to ~ the truth out of him j'ai essayé de lui soutirer la vérité; he'll ~ it out of her eventually il finira par lui tirer les vers du nez.

worm cast *n* déjections *fpl* de ver.

worm drive *n* TECH transmission *f* par vis sans fin.

worm-eaten *adj* [apple] véreux; [furniture] vermoulu, mangé aux vers; *fig* [ancient] désuet, antédiluvien.

worm gear *n* TECH engrenage *m* de vis sans fin.

wormhole ['wɜːmhəʊl] *n* trou *m* de ver.

worm's-eye view *n* PHOT & CIN contre-plongée *f*; he presents a ~ of events *fig* il nous présente les événements vus par les humbles.

wormwood ['wɜːmwʊd] *n* -**1.** [plant] armoise *f*. -**2.** *lit* [bitterness] fiel *m*, amertume *f*.

Wormwood Scrubs ['wɜːmwʊd-] *pr n prison pour hommes faisant l'objet d'une première condamnation.*

wormy ['wɜːmɪ] (*compar* wormier, *superl* wormiest) *adj* -**1.** [apple] véreux; [furniture] vermoulu, piqué aux vers. -**2.** [soil] plein de vers. -**3.** [in shape] vermiculaire.

worn [wɔːn] ◇ *pp* → **wear**.
◇ *adj* -**1.** [shoes, rug, tyre] usé. -**2.** [weary - person] las.

worn-out *adj* -**1.** [shoes, tyre] complètement usé; [rug, dress] usé jusqu'à la corde; [battery] usé. -**2.** [person] épuisé, éreinté.

worried ['wʌrɪd] *adj* [person, look] inquiet; I'm ~ that they may get lost OR in case they get lost j'ai peur qu'ils ne se perdent; to be ~ about sthg/sb être inquiet pour qqch/qqn; she's ~ about the future elle est inquiète pour l'avenir; a ~ frown un froncement inquiet des sourcils; I'm ~ about him je suis inquiet OR je m'inquiète pour lui; to be ~ sick OR to death (about sb) être fou OR malade d'inquiétude (pour qqn); you had me ~ for a minute vous m'avez fait peur pendant une minute; I'm not ~ either way ça m'est égal.

worriedly ['wʌrɪdlɪ] *adv* [say] avec un air inquiet.

worrier ['wʌrɪə^r] *n* anxieux *m*, -euse *f*, inquiet *m*, -ète *f*; he's a born ~ c'est un éternel inquiet.

worriment *inf* ['wʌrɪmənt] *n Am* inquiétude *f*.

worrisome ['wʌrɪsəm] *adj dated* inquiétant.

worry ['wʌrɪ] (*pt* & *pp* worried, *pl* worries) ◇ *vt* -**1.** [make anxious] inquiéter, tracasser; you really worried me je me suis vraiment inquiété à cause de toi; he was worried by her sudden disappearance il était inquiet de sa disparition subite; I sometimes ~ that they'll never be found parfois je crains qu'on ne les retrouve jamais; she is ~ing herself to death about it elle en est malade d'inquiétude; nothing seems to ~ her rien ne semble l'inquiéter OR la tracasser; what's ~ing you? qu'est-ce qui vous tracasse?; don't ~ your head *inf* OR yourself about the details ne vous inquiétez pas pour les détails. -**2.** [disturb, bother] inquiéter, ennuyer; why ~ him with your problems? pourquoi l'ennuyer avec vos problèmes?; it doesn't ~ me if you want to waste your life cela m'est égal OR ne me gêne pas si vous voulez gâcher votre vie. -**3.** [subj: dog - bone, ball] prendre entre les dents et secouer; [- sheep] harceler.
◇ *vi* s'inquiéter, se faire du souci, se tracasser; to ~ about OR over sthg s'inquiéter pour OR au sujet de qqch; she has enough to ~ about elle a assez de soucis comme ça; there's nothing to ~ about il n'y a pas lieu de s'inquiéter; don't ~ ne vous inquiétez OR tracassez pas; they'll be found, don't you ~ on va les trouver, ne vous en faites pas; stop ~ing! ne vous inquiétez pas comme ça!, ne vous en faites donc pas!; not to ~! ce n'est pas grave!; you should ~ *iron* ce n'est pas votre problème, il n'y a pas de raisons de vous en faire.
◇ *n* -**1.** [anxiety] inquiétude *f*, souci *m*; money is a constant source of ~ l'argent est un perpétuel souci OR une perpétuelle source d'inquiétude; her sons are a constant ~ to her ses fils lui causent constamment des soucis OR du souci; he was sick with ~ about her il se rongeait les sangs pour elle OR à son sujet. -**2.** [concern] sujet *m* d'inquiétude, souci *m*; [problem] problème *m*; my greatest ~ is my health mon plus grand souci c'est ma santé; he doesn't seem to have any worries il n'a pas l'air d'avoir de soucis; it's a real ~ for her cela la tracasse vraiment; that's my ~ c'est mon problème; that's the least of my worries c'est le moindre OR le cadet OR le dernier de mes soucis; no worries! *inf* pas de problème!
◆ **worry at** *vt insep Br* = **worry** *vt* **3**.
◆ **worry out** *vt sep Br* [problem] résoudre à force de considérer sous tous ses aspects; [answer] trouver à force de chercher.

worry beads *npl chapelet de billes avec lequel on joue pour se relaxer.*

worryguts *inf* ['wʌrɪgʌts] *n Br* anxieux *m*, -euse *f*, éternel inquiet *m*, éternelle inquiète *f*.

worrying ['wʌrɪɪŋ] ◇ *adj* inquiétant; the ~ thing is that it could happen again ce qu'il y a d'inquiétant OR ce qui est inquiétant, c'est que cela pourrait se reproduire.
◇ *n* inquiétude *f*; ~ won't solve anything cela ne résoudra rien de se faire du souci.

worryingly ['wʌrɪɪŋlɪ] *adv*: the project is ~ late le projet a pris un retard inquiétant.

worrywart *inf* ['wʌrɪwɔːt] *Am* = **worryguts**.

worse [wɜːs] (*compar of* bad, *adv compar of* badly) ◇ *adj* -**1.** [not as good, pleasant as] pire, plus mauvais; the news is even ~ than we expected les nouvelles sont encore plus mauvaises que nous ne pensions; your writing is ~ than mine votre écriture est pire que la mienne; my writing is bad, but yours is ~ j'écris mal, mais vous, c'est pire; the rain is ~ than ever il pleut de plus en plus; things are ~ than you imagine les choses vont plus mal que vous l'imaginez; it could have been ~! ça aurait pu être pire!; I lost my money, and ~ still OR and what's ~, my passport j'ai perdu mon argent, et ce qui est plus grave, mon passeport; ~ than before/than ever pire qu'avant/que jamais; ~ than useless complètement inutile; to get OR to grow ~ empirer, s'aggraver; to get ~ and ~ aller de mal en pis; conditions got ~ les conditions se sont aggravées OR détériorées; his drug problem got ~ son problème de drogue ne s'est pas arrangé; things will get ~ before they get better les choses ne sont pas près de s'améliorer; his memory is getting ~ sa mémoire est de moins en moins bonne; she's only making things OR matters ~ for herself elle ne fait qu'aggraver son cas; and, to make matters ~, he swore at the policeman *iron* et pour tout arranger, il a insulté le policier; to make things ~, I lost my camera *iron* et pour tout arranger, j'ai perdu mon appareil photo ❑ ~ things happen at sea! on a vu pire!, ce n'est pas la fin du monde!; ~ luck! *inf* quelle poisse! -**2.** [in health] plus mal; I feel ~ je me sens encore plus mal OR encore moins bien; her headache got ~ son mal de tête s'est aggravé; you'll only get ~ if you go out in this awful weather ton état ne peut que s'aggraver si tu sors par ce temps. -**3.** *phr*: this carpet is looking rather the ~ for wear cette moquette est plutôt défraîchie; he's looking/feeling rather the ~ for wear [tired, old] il n'a pas l'air/il ne se sent pas très frais; [drunk] il a l'air/il se sent plutôt éméché; [ill] il n'a pas l'air/il ne se sent pas très bien; he was rather the ~ for drink il était plutôt éméché.
◇ *adv* -**1.** [less well] plus mal, moins bien; he behaved ~ than ever il ne s'est jamais aussi mal conduit; you could OR might do ~ than (to) marry him l'épouser, ce n'est pas ce que vous pourriez faire de pire; she doesn't think any the ~ of her for it elle ne l'en estime pas moins pour ça. -**2.** [more severely - snow, rain] plus fort.
◇ *n* pire *m*; there's ~ to come, ~ is to come [in situation] le pire est à venir; [in story] il y a pire encore; ~ was to follow le pire était encore à venir; there's been a change for the ~ les choses se sont aggravées; to take a turn for the ~ [health, situation] se détériorer, se dégrader; the economy has taken a turn for the ~ la situation économique s'est aggravée; the patient has taken a turn for the ~ l'état du patient s'est aggravé.
◆ **none the worse** *adj phr* pas plus mal; he's apparently none the ~ for his drinking session last night il n'a pas l'air de se ressentir de sa beuverie d'hier soir; the little girl is none the ~ for the experience la petite fille ne se ressent pas de son expérience.

worsen ['wɜːsn] ◇ *vi* [depression, crisis, pain, illness] empirer, s'aggraver; [weather, situation] se gâter, se détériorer.
◇ *vt* [situation] empirer, rendre pire.

worsening ['wɜːsnɪŋ] ◇ *adj* [situation] qui empire; [health] qui se détériore; [weather] qui se gâte OR se détériore.
◇ *n* aggravation *f*, détérioration *f*.

worse-off ◇ *adj* -**1.** [financially] moins riche, plus pauvre; tax increases mean we are ~ than before les augmentations d'impôts signifient que nous avons moins d'argent qu'auparavant; I am ~ than I was ma situation financière est pire OR moins bonne qu'avant. -**2.** [in worse state] dans une situation moins favorable; the country is no ~ for having a coalition government le pays ne se porte pas plus mal d'avoir un gouvernement de coalition.
◇ *npl*: the ~ les pauvres *mpl*, les moins nantis *mpl*.

worship ['wɜːʃɪp] (*Br pt* & *pp* worshipped, *cont* worshipping, *Am pt* & *pp* worshiped, *cont* worshiping) ◇ *n* -**1.** RELIG [service] culte *m*, office *m*; [liturgy] liturgie *f*; [adoration] adoration *f*; church ~ office religieux; an act of ~ [veneration] un acte de dévotion; [service] un culte, un office; freedom of ~ la liberté de culte; places of ~ les lieux du culte. -**2.** *fig* [veneration] adoration *f*, culte *m*; the rock star has become an object of ~ la rock star est devenue un véritable objet de culte; the ~ of wealth and power le culte de l'argent et du pouvoir.
◇ *vt* -**1.** RELIG adorer, vénérer; ~ the Lord! adorez OR vénérez le Seigneur!; they worshipped Venus ils rendaient un culte à Vénus, ils adoraient Vénus. -**2.** [person] adorer, vénérer; [money, possessions] vouer un culte à, avoir le culte de; he ~s his mother il adore sa mère; they worshipped the ground she walked on ils vénéraient jusqu'au sol sur lequel elle marchait.
◇ *vi* faire ses dévotions; the church where she worshipped for 10 years l'église où elle a fait ses dévotions pendant 10 ans; they worshipped at the temple of Apollo ils faisaient leurs dévotions au temple d'Apollon; to ~ at the altar of success *fig* vouer un culte au succès.
◆ **Worship** *n Br fml* [in titles]: His Worship the Mayor monsieur le Maire.

YOUR WORSHIP:
Cette expression est utilisée pour s'adresser à certains magistrats, notamment à un juge (= monsieur le Juge) ou à un maire (= monsieur le Maire).

---

worshiper *Am* = **worshipper**.

worshipful ['wɜːʃɪpfʊl] *adj* -**1.** [respectful] respectueux. -**2.** *Br fml* [in titles]: the Worshipful Mayor of Portsmouth monsieur le Maire de Portsmouth; the Worshipful Company of

Mercers l'honorable compagnie des marchands de tissus.

worshipper *Br,* **worshiper** *Am* ['wɜːʃɪpəʳ] *n* -**1.** RELIG adorateur *m,* -trice *f,* fidèle *mf;* **thousands of ~s came to the shrine** des milliers d'adorateurs sont venus au lieu saint; **the ~s take off their shoes** les fidèles enlèvent leurs chaussures. -**2.** *fig* [of possessions, person] adorateur *m,* -trice *f.*

worst [wɜːst] (*adj superl of* **bad,** *adv superl of* **badly**) ◇ *adj* -**1.** [least good, pleasant etc] le pire, le plus mauvais; **it's the ~ book I've ever read** c'est le plus mauvais livre que j'aie jamais lu; **this is the ~ thing that could have happened** c'est la pire chose qui pouvait arriver; **it has happened at the ~ possible time** c'est arrivé au plus mauvais moment; **and, ~ of all, I lost my keys** et le pire de tout, c'est que j'ai perdu mes clés; **we came off ~** [in deal] c'est nous qui étions perdants; [in fight] c'est nous qui avons reçu le plus de coups; **I felt ~ of all just after the operation** c'est juste après l'opération que je me suis senti le plus mal. -**2.** [most severe, serious - disaster, error] le plus grave; [- winter] le plus rude; **the fighting was ~ near the border** les combats les plus violents se sont déroulés près de la frontière.

◇ *adv* [most severely]: **the ~ affected** le plus affecté OR touché.

◇ *n* -**1.** [worst thing] pire *m;* **the ~ that can happen** le pire qui puisse arriver; **the ~ of it is she knew all along** le pire, c'est qu'elle le savait depuis le début; **money brings out the ~ in people** l'argent réveille les pires instincts (chez les gens); **to expect/to be prepared for the ~** s'attendre/être préparé au pire; **I fear the ~** je crains le pire; **the ~ is still to come** le pire est encore à venir; **the ~ was yet to come** le pire restait à venir ❑ **if the ~ comes to the ~** au pire, dans le pire des cas; **he got the ~ of it** c'est lui qui s'en est le moins bien sorti; **do your ~!** *hum* allez-y, je suis prêt; **at its ~, at their ~**: **the fever was at its ~ last night** la fièvre était à son paroxysme hier soir; **when the storm was at its ~** au plus fort de l'orage; **when the situation was at its ~** alors que la situation était désespérée; **things** OR **matters were at their ~** les affaires étaient au plus mal, les choses ne pouvaient pas aller plus mal. -**2.** [worst person] le pire de tous; **to be the ~ in the class** être le dernier de la classe; **when it comes to dancing, he's the world's ~** pour ce qui est de danser, il n'y a pas pire que lui.

◇ *vt lit* [opponent, rival] battre, avoir le dessus sur.

◆ **at (the) worst** *conj phr* au pire, dans le pire des cas.

worst- *in cpds*: **the ~dressed** le moins bien habillé; **the ~behaved** le moins sage; **to be the ~off** [financially] être le moins riche; [in situation] s'en sortir le moins bien.

worst-case *adj*: **this is the ~ scenario** voilà le scénario catastrophe.

worsted ['wʊstɪd] ◇ *n* worsted *m,* laine *f* peignée.

◇ *adj* [suit] en worsted, en laine peignée; **~ cloth** worsted *m,* laine *f* peignée.

worth [wɜːθ] ◇ *adj* -**1.** [financially, in value]: **to be ~ £40,000** valoir 40 000 livres; **how much is the picture ~?** combien vaut le tableau?; **it isn't ~ much** cela ne vaut pas grand'chose; **£10 isn't ~ much nowadays** 10 livres ne valent pas OR ne représentent pas grand-chose de nos jours; **his uncle is ~ several million pounds** la fortune de son oncle s'élève à plusieurs millions de livres; **it was ~ every penny** ça en valait vraiment la peine; **what's it ~ to you?** vous êtes prêt à y mettre combien?; **it isn't ~ the paper it's written on** *fig* ça ne vaut pas le papier sur lequel c'est écrit ❑ **to be ~ one's weight in gold** valoir son pesant d'or; **(to be) ~ one's salt** *Br*: **any proofreader ~ his salt would have spotted the mistake** n'importe quel correcteur digne de ce nom aurait relevé l'erreur. -**2.** [emotionally]: **it's ~ a lot to me** j'y attache beaucoup de valeur OR de prix; **the bracelet is ~ a lot to me** j'attache beaucoup de prix au bracelet; **their friendship is ~ a lot to her** leur amitié a beaucoup de prix pour elle; **it's more than my job's ~ to cause a fuss** je ne veux pas risquer ma place en faisant des histoires; **I can't do it, it's more than my life is ~** je ne peux absolument pas prendre le risque de faire cela. -**3.** [valid, deserving]: **the church is (well) ~ a visit** l'église vaut la peine d'être visitée OR vaut le détour; **it's ~ a try** OR **trying** cela vaut la peine d'essayer; **it wasn't ~ the effort** cela ne valait pas la peine de faire un tel effort, ça n'en valait pas la peine; **it's not ~ waiting for him** cela ne vaut pas la peine de l'attendre; **is the film ~ seeing?** est-ce que le film vaut la peine d'être vu?; **don't bother to phone, it isn't ~ it** inutile de téléphoner, cela n'en vaut pas la peine ❑ **if a thing is ~ doing, it's ~ doing well** *prov* si une chose vaut la peine d'être faite, elle vaut la peine d'être bien faite; **the game isn't ~ the candle** *inf Br* le jeu n'en vaut pas la chandelle. -**4.** *phr*: **it would be ~ your while to check** OR **checking** vous auriez intérêt à vérifier; **it's not ~ (my) while waiting** cela ne vaut pas la peine d'attendre OR que j'attende; **I'll make it ~ your while** je vous récompenserai de votre peine; **she was running for all she was ~** elle courait de toutes ses forces OR aussi vite qu'elle pouvait; **I tried/shouted for all I was ~** j'ai essayé du mieux/crié aussi fort que j'ai pu; **for what it's ~** pour ce que cela vaut.

◇ *n* -**1.** [in money, value] valeur *f;* **£2,000 ~ of damage** pour 2 000 livres de dégâts, des dégâts qui se montent à 2 000 livres; **he sold £50 ~ of ice cream** il a vendu pour 50 livres de glaces. -**2.** [of person] valeur *f;* **she knows her own ~** elle sait ce qu'elle vaut, elle connaît sa propre valeur. -**3.** [equivalent value] équivalent *m;* **he got a day's ~ of work out of me for nothing** j'ai travaillé pour lui l'équivalent d'une journée, pour rien; **a week's ~ of supplies** suffisamment de provisions pour une semaine.

worthily ['wɜːðɪlɪ] *adv* [live, behave] dignement.

worthiness ['wɜːðɪnɪs] *n* [dignity] caractère *m* digne; [praiseworthiness] caractère *m* louable.

worthless ['wɜːθlɪs] *adj* -**1.** [goods, land etc] sans valeur, qui ne vaut rien. -**2.** [useless - attempt] inutile; [- advice, suggestion] inutile, sans valeur. -**3.** [person] incapable, qui ne vaut rien; **he's a ~ wretch!** c'est un bon à rien!

worthlessness ['wɜːθlɪsnɪs] *n* -**1.** [of goods, land etc] absence *f* totale de valeur. -**2.** [of attempt] inutilité *f;* [of advice, suggestion] inutilité *f.* -**3.** [of person] nullité *f.*

worthwhile [ˌwɜːθ'waɪl] *adj* -**1.** [useful - action, visit] qui vaut la peine; [- job] utile, qui a un sens; **they didn't think it was ~ buying** OR **to buy a new car** ils ne pensaient pas que ça valait la peine d'acheter une nouvelle voiture. -**2.** [deserving - cause, project, organization] louable, méritoire. -**3.** [interesting - book] qui vaut la peine d'être lu; [- film] qui vaut la peine d'être vu.

worthy ['wɜːðɪ] (*compar* **worthier,** *superl* **worthiest,** *pl* **worthies**) ◇ *adj* -**1.** [deserving - person] digne, méritant; [- cause] louable, digne; **to be ~ of sthg** être digne de OR mériter qqch; **to be ~ to do sthg** être digne OR mériter de faire qqch; **they are ~ of praise/respect** ils sont dignes d'éloges/de respect, ils méritent des éloges/le respect; **she was a ~ winner** elle méritait bien de gagner; **it is ~ of note that...** il est intéressant de remarquer OR de noter que... -**2.** *iron* excellent, brave; **the ~ captain** l'excellent OR le brave capitaine.

◇ *n* [important person] notable *mf; hum* brave citoyen *m,* -enne *f.*

wot [wɒt] ◇ *inf Br* = **what.**

◇ *vi & vt arch* savoir; **God ~** Dieu sait.

wotcha *inf,* **wotcher** *inf* ['wɒtʃə] *interj Br dial* salut!

would [wʊd] ◇ *pt* → **will.**

◇ *modal vb* **A.** -**1.** [speculating, hypothesizing]: **I'm sure they ~ come if you asked them** je suis sûr qu'ils viendraient si vous le leur demandiez; **he ~ be thirty now if he had lived** il aurait trente ans maintenant s'il avait vécu; **I wouldn't do that if I were you** je ne ferais pas ça si j'étais vous OR à votre place; **you ~ think they had better things to do** on pourrait penser qu'ils ont mieux à faire; **I thought he ~ understand** je pensais qu'il comprendrait; **they wouldn't have come if they'd known** ils ne seraient pas venus s'ils avaient su; **he wouldn't have finished without your help** il n'aurait pas terminé sans votre aide; **she ~ have been 16 by now** elle aurait 16 ans maintenant. -**2.** [making polite offers, requests]: **~ you please be quiet!** voulez-vous vous taire, s'il vous plaît!; **~ you mind driving me home?** est-ce que cela vous dérangerait de me reconduire chez moi?; **~ you like to see her?** aimeriez-vous OR voudriez-vous la voir?; **~ you like another cup?** en voulez-vous encore une tasse? -**3.** [expressing preferences, desires]: **I ~ prefer to go** OR **I ~ rather go alone** j'aimerais mieux OR je préférerais y aller seul; **I ~ have preferred to go** OR **I ~ rather have gone alone** j'aurais mieux aimé OR j'aurais préféré y aller seul; **I ~ love to go** je serais ravi d'y aller.

B. -**1.** [indicating willingness, responsiveness - subj: person, mechanism]: **they ~ give their lives for the cause** ils donneraient leur vie pour la cause; **she wouldn't touch alcohol** elle refusait de toucher à l'alcool; **I couldn't find anyone who ~ lend me a torch** je n'ai trouvé personne pour me prêter une lampe électrique; **the light wouldn't work** la lumière ne marchait pas; **the car wouldn't start** la voiture ne voulait pas démarrer. -**2.** [indicating habitual or characteristic behaviour]: **he ~ smoke a cigar after dinner** il fumait un cigare après le dîner; **she ~ often complain about the neighbours** elle se plaignait souvent des voisins; **they ~ go and break something!** il fallait qu'ils aillent casser quelque chose!; **I didn't really enjoy the fish – you wouldn't, ~ you?** je n'ai pas tellement aimé le poisson – ça m'aurait étonné!; **he ~!** c'est bien de lui!; **he ~ say that, wouldn't he** il fallait qu'il dise ça. -**3.** [expressing opinions]: **I ~ disagree there** je crains de n'être pas d'accord sur ce point; **I ~ imagine it's warmer than here** j'imagine qu'il fait plus chaud qu'ici; **I ~ think he'd be pleased** j'aurais cru que ça lui ferait plaisir. -**4.** [giving advice]: **I ~ have a word with her about it (, if I were you)** moi, je lui en parlerais (à votre place). -**5.** [expressing surprise, incredulity]: **you wouldn't think she was only 15, ~ you?** on ne dirait pas qu'elle n'a que 15 ans, n'est-ce pas?; **who ~ have thought it?** qui l'aurait cru?; **I wouldn't have thought it possible** je ne l'aurais pas cru possible; **~ you credit it!** tu te rends compte! -**6.** [indicating likelihood, probability]: **there was a woman there – that ~ be his wife** il y avait une femme – ça devait être sa femme.

C. -**1.** [in reported speech]: **it was to be the last time I ~ see him before he left** c'était la dernière fois que je le voyais avant son départ. -**2.** [used with 'have']: **they ~ have been happy if it hadn't been for the war** ils auraient vécu heureux si la guerre n'était pas survenue; **if you ~ have told the truth, this ~ never have happened** *Am* si tu m'avais dit la vérité, ça ne serait jamais arrivé. -**3.** *fml* OR *lit (subjunctive use)* [expressing wishes]: **~ that it were true!** si seulement c'était vrai!; **~ to God that I still had it!** plût à Dieu que je l'eusse encore!

would-be *adj* -**1.** [hopeful]: **a ~ writer/MP** un futur écrivain/député, une personne qui veut être écrivain/député. -**2.** *pej* [so-called] prétendu, soi-disant *(inv).*

wouldn't [wʊdnt] = **would not.**

wouldst [wʊdst] *arch 2nd pers sing* → **would.**

would've ['wʊdəv] = **would have.**

wound[1] [wuːnd] ◇ *n* -**1.** [physical injury] blessure *f,* plaie *f;* **a bullet ~** une blessure par balle; **she had three bullet ~s** elle avait été blessée par trois balles; **she had three knife ~s** elle avait reçu trois coups de couteau; **they had serious head ~s** ils avaient été gravement blessés à la tête; **to dress a ~** panser une blessure OR une plaie. -**2.** *fig* [emotional or moral] blessure *f*; **he was still suffering from deep psychological ~s** il souffrait encore de graves blessures psychologiques.

◇ *vt* -**1.** [physically] blesser; **the children were ~ed by flying glass** les enfants ont été blessés par des éclats de verre; **she was ~ed in the foot** elle a été blessée au pied. -**2.** *fig* [emotionally] blesser; **he was deeply ~ed by their criticism** il a été profondément blessé par leurs critiques; **to ~ sb's pride** heurter l'amour-propre de qqn, blesser qqn dans son amour-propre.

wound2 [waʊnd] *pt* & *pp* → **wind**.

wounded ['wuːndɪd] ◇ *adj* -**1.** [soldier, victim] blessé; **a ~ woman** une blessée. -**2.** *fig* [feelings, pride] blessé.

◇ *npl*: **the ~** les blessés *mpl*.

Wounded Knee *pr n* Wounded Knee *(lieu situé dans le Dakota du Sud, où, le 29 décembre 1890, 146 Indiens sioux détenus par des soldats américains furent abattus.)*.

wounding ['wuːndɪŋ] *adj fig* [hurtful] blessant.

wound-up [waʊnd] *adj* -**1.** [clock] remonté; [car window] remonté, fermé. -**2.** *inf* [tense - person] crispé, très tendu.

wove [wəʊv] *pt* → **weave**.

woven ['wəʊvn] *pp* → **weave**.

wow *inf* [waʊ] ◇ *interj* génial!, super!

◇ *n* -**1.** **it's a real ~!** c'est vraiment super!; **he's a ~ at hockey** c'est un super joueur de hockey. -**2.** ACOUST pleurage *m*.

◇ *vt* [impress] impressionner, emballer, subjuguer; **she ~ed them with her piano playing** elle les a emballés quand elle a joué du piano.

WP ◇ *n* *(abbr of* **word processing, word processor)** TTX *m*.

◇ *written abbr of* **weather permitting**.

WPC *(abbr of* **woman police constable)** *n Br femme agent de police*; **~ Roberts** l'agent Roberts.

wpm *(written abbr of* **words per minute)** mots/min.

WRAC *(abbr of* **Women's Royal Army Corps)** *pr n section féminine de l'armée de terre britannique*.

wrack [ræk] *n* -**1.** [seaweed] varech *m*. -**2.** = **rack 5**.

WRAF *(abbr of* **Women's Royal Air Force)** *pr n section féminine de l'armée de l'air britannique*.

wraith [reɪθ] *n lit* apparition *f*, spectre *m*.

wraithlike ['reɪθlaɪk] *adj lit* spectral.

wrangle ['ræŋgl] ◇ *vi* se disputer, se chamailler; **to ~ about** OR **over sthg** se disputer à propos de qqch; **they were wrangling over who should pay** ils se disputaient pour savoir qui devait payer; **to ~ with sb** se disputer OR se chamailler avec qqn.

◇ *vt Am* [cattle, horses] garder.

◇ *n* dispute *f*; **a long legal ~ over the amount of damages** une longue dispute juridique sur le montant des dommages-intérêts.

wrangler ['ræŋglər] *n* -**1.** *Am* [cowboy] cowboy *m*. -**2.** UNIV [in UK] ≃ major *m (candidat en mathématiques à Cambridge qui reçoit une mention très bien)*.

wrangling ['ræŋglɪŋ] *n (U)* disputes *fpl*; **stop all this ~!** arrêtez toutes ces chamailleries!

wrap [ræp] (*pt* & *pp* **wrapped**) ◇ *vt* -**1.** [goods, parcel, gift, food] emballer, envelopper; **the fish was wrapped in foil** le poisson était enveloppé dans du papier d'aluminium; **shall I ~ it for you?** est-ce que je vous l'enveloppe?; **she wrapped the scarf in tissue paper** elle a emballé OR enveloppé l'écharpe dans du papier de soie. -**2.** [cocoon, envelop] envelopper, emmailloter; **the baby was wrapped in a blanket** le bébé était enveloppé dans une couverture; **her head was wrapped in a thick scarf** elle avait la tête enveloppée dans une grosse écharpe; **her visit was wrapped in mystery** *fig* sa visite était entourée de mystère. -**3.** [twist, wind]: **to ~ round** OR **around** enrouler; **she had a towel wrapped round her head** sa tête était enveloppée dans une serviette; **she had a towel wrapped round her body** elle s'était enveloppée dans une serviette; **he wrapped the bandage round her hand** il lui a enroulé la main dans une bande; **he wrapped his arms round her** il l'a prise dans ses bras; **he wrapped the car round a tree** *inf fig* il s'est payé un arbre.

◇ *n* [housecoat] peignoir *m*; [shawl] châle *m*; [blanket, rug] couverture *f*.

◆ **wraps** *npl fig*: **to keep a plan/one's feelings under ~s** garder un plan secret/ses sentiments secrets; **when the ~s eventually came off** lorsque tout a été dévoilé.

◆ **wrap up** ◇ *vt sep* -**1.** [gift, food, goods, parcel] envelopper, emballer, empaqueter; **he wrapped the sandwiches up in foil** il a enveloppé les sandwiches dans du papier d'aluminium. -**2.** [person - in clothes, blanket] envelopper; **~ him up in a blanket** enveloppez-le dans une couverture; **she was well wrapped up in a thick coat** elle était bien emmitouflée dans un épais manteau; **~ yourself up warmly** couvrez-vous bien. -**3.** *fig*: **politicians are skilled at wrapping up bad news in an acceptable form** les politiciens s'y connaissent pour présenter les mauvaises nouvelles sous un jour acceptable; **his meaning was wrapped up in diplomatic jargon** il enrobait ce qu'il disait de jargon diplomatique. -**4.** *inf* [conclude - job] terminer, conclure; [- deal, contract] conclure, régler; **that ~s up business for today** c'est fini pour aujourd'hui; **let's get this matter wrapped up** finissons-en avec cette question. -**5.** *Am* [summarize] résumer; **she wrapped up her talk with three points** elle a résumé son discours en trois points. -**6.** [engross]: **to be wrapped up in sthg** être absorbé par qqch; **he's very wrapped up in his work** il est très absorbé par son travail; **they're wrapped up in their children** ils ne vivent que pour leurs enfants; **she's very wrapped up in herself** elle est très repliée sur elle-même. -**7.** [implicate]: **he was wrapped up in some shady dealings** il a été impliqué dans des transactions louches.

◇ *vi insep* -**1.** [dress] s'habiller, se couvrir; **~ up warmly** OR **well!** couvrez-vous bien! -**2.** ▽ *Br* [shut up] se taire; **~ up!** la ferme!

wraparound ['ræpə,raʊnd] ◇ *adj* [skirt] portefeuille *(inv)*; [sunglasses] lunettes *fpl* de soleil panoramiques; **~ rear window** AUT lunette *f* arrière panoramique.

◇ *n* -**1.** [skirt] jupe *f* portefeuille. -**2.** COMPUT mise à la ligne *f* automatique des mots.

◆ **wraparounds** *npl* [sunglasses] lunettes *fpl* de soleil panoramiques.

wrapover ['ræp,əʊvər] *adj* [dress, skirt] portefeuille *(inv)*.

wrapped [ræpt] *adj* [bread, cheese] préemballé.

wrapper ['ræpər] *n* -**1.** [for sweet] papier *m*; [for parcel] papier *m* d'emballage. -**2.** [cover - on book] jaquette *f*; [- on magazine, newspaper] bande *f*. -**3.** [housecoat] peignoir *m*.

wrapping ['ræpɪŋ] *n* [on parcel] papier *m* d'emballage; [on sweet] papier *m*; **she tore the plastic ~ from the box** elle a déchiré OR arraché l'emballage en plastique de la boîte.

wrapping paper *n* [for gift] papier *m* cadeau; [for parcel] papier *m* d'emballage.

wrath [rɒθ] *n lit* colère *f*, courroux *m*

❑ **'Aguirre, Wrath of God'** *Herzog* 'Aguirre, la colère de Dieu'.

wrathful ['rɒθfʊl] *adj lit* en colère, courroucé.

wrathfully ['rɒθfʊlɪ] *adv lit* avec colère, avec courroux.

wreak [riːk] (*pt* & *pp sense 1* **wreaked** OR **wrought** [rɔːt]) *vt* -**1.** [cause - damage, chaos] causer, provoquer; **the damage ~ed by the explosion** les dommages provoqués par l'explosion; **to ~ havoc** faire des ravages, mettre sens dessus dessous; **the storm ~ed havoc with telephone communications** la tempête a sérieusement perturbé les communications téléphoniques; **it ~ed havoc with my holiday plans** *fig* cela a bouleversé mes projets de vacances. -**2.** [inflict - revenge, anger] assouvir; **to ~ vengeance on sb** assouvir sa vengeance sur qqn.

wreath [riːθ] (*pl* **wreaths** [riːðz]) *n* -**1.** [for funeral] couronne *f*; **the President laid a ~ at the war memorial** le Président a déposé une gerbe au monument aux morts; **the laying of ~s** MIL le dépôt *m* de gerbes. -**2.** [garland] guirlande *f*; **a holly ~** une guirlande de houx; **a laurel ~** une couronne de laurier. -**3.** *fig* [of mist] nappe *f*; [of smoke] volute *f*.

wreathe [riːð] ◇ *vt* -**1.** [shroud] envelopper; **the mountain top was ~d in mist** le sommet de la montagne était enveloppé OR disparaissait dans la brume; **he sat ~d in smoke** il était assis dans un nuage de fumée; **to be ~d in smiles** *fig* être rayonnant. -**2.** [with flowers - person] couronner; [- grave, window] orner; **a cross ~d with chrysanthemums** une croix ornée de chrysanthèmes.

◇ *vi* [smoke] monter en volutes.

wreck [rek] ◇ *n* -**1.** [wrecked remains - of ship] épave *f*; [- of plane] avion *m* accidenté, épave *f*; [- of train] train *m* accidenté; [- of car, lorry, bus] véhicule *m* accidenté, épave *f*; **the car was a ~** la voiture était une épave. -**2.** [wrecking - of ship] naufrage *m*; [- of plane] accident *m*; [- of train] déraillement *m*. -**3.** *inf* [dilapidated car] guimbarde *f*; [old bike] clou *m*. -**4.** *inf* [person] épave *f*, loque *f*; **a human ~** une loque humaine; **he's a ~** [physically] c'est une épave; [mentally] il est à bout; **I must look a ~** je dois avoir une mine de déterré. -**5.** *fig* [of hopes, of plans] effondrement *m*, anéantissement *m*.

◇ *vt* -**1.** [in accident, explosion - ship] provoquer le naufrage de; [- car, plane] détruire complètement; [- building] démolir; **the tanker was ~ed off the African coast** le pétrolier a fait naufrage au large des côtes africaines; **the car was completely ~ed in the accident** la voiture a été totalement détruite dans l'accident; **the store was ~ed by a bomb blast** une bombe a fait sauter le magasin, le magasin a été détruit par l'explosion d'une bombe. -**2.** [damage - furniture] casser, démolir; [- mechanism] détruire, détraquer; **he ~ed the room in a fit of rage** il a tout cassé dans la pièce dans un accès de rage. -**3.** [upset - marriage, relationship] briser; [- hopes, chances] anéantir; [- health] briser, ruiner; [- negotiations] faire échouer, saboter; **she's ~ed my plans** elle a ruiné mes plans.

wreckage ['rekɪdʒ] *n* -**1.** *(U)* [debris - from ship, car] débris *mpl*; [- from building] décombres *mpl*; **pieces of ~ from the building lay in the street** les décombres du bâtiment jonchaient la rue; **three bodies were found in the ~ of the plane** trois corps ont été trouvés dans les débris de l'avion; **to pull sb from the ~** tirer qqn des décombres; **~ has been washed up on the beach** la marée a déposé des débris sur la plage. -**2.** [wrecked ship] épave *f*, navire *m* naufragé; **he clung to the ~** il s'agrippa à l'épave. -**3.** *fig* [of hopes, plans, relationship] anéantissement *m*.

wrecked [rekt] *adj* -**1.** [ship] naufragé; [car, plane] complètement détruit; [house] complètement démoli; **~ remains** [of ship] épave *f*; [of train, car] débris *mpl*; [of building] décombres *mpl*; **~ cars** épaves *fpl* d'automobiles, voitures *fpl* accidentées. -**2.** *fig* [relationship, hopes] anéanti. -**3.** *inf Br* [exhausted] épuisé, crevé. -**4.** ▽ *Br* [drunk] plein, bourré.

wrecker ['rekər] *n* -**1.** [destroyer] destructeur *m*, -trice *f*, démolisseur *m*, -euse *f*; **marriage-~** briseur *m*, -euse *f* de ménages. -**2.** *Am* [demolition man - for buildings] démolisseur *m*; [- for cars] ferrailleur *m*, casseur *m*. -**3.** *Am* [breakdown van] dépanneuse *f*. -**4.** [of ships] naufrageur *m*.

wrecking ['rekɪŋ] *n* -**1.** [of ship] naufrage *m*; [of train] déraillement *m*. -**2.** *fig* [of relationship, hopes] anéantissement *m*.

wrecking bar *n* pied-de-biche *m*.

wren [ren] *n* roitelet *m*.

Wren [ren] *n Br auxiliaire féminine de la marine britannique*.

wrench [rentʃ] ◇ *vt* -**1.** [pull] tirer violemment sur; **she ~ed the door open** elle a ouvert la porte d'un geste violent; we'll have to ~ the lid off nous allons être obligés de forcer le couvercle pour l'ouvrir; someone ~ed the bag out of my hands OR from my grasp quelqu'un m'a arraché le sac des mains; to ~ o.s. free se dégager d'un mouvement violent; she ~ed herself free of my grasp elle s'est dégagée brusquement de mon étreinte. -2. [eyes, mind] arracher, détacher; I couldn't ~ my gaze (away) from the horrible sight je ne pouvais pas détacher mon regard de cet horrible spectacle. -3. [ankle, arm] se faire une entorse à; I've ~ed my shoulder je me suis foulé l'épaule; to ~ one's back se donner un tour de reins.

◇ *vi*: he ~ed free of his bonds *literal* il s'est dégagé de ses liens d'un mouvement violent; *fig* il s'est libéré de ses liens.

◇ *n* -1. [tug, twist] mouvement *m* violent *(de torsion)*; with a sudden ~ she pulled herself free elle se dégagea d'un mouvement brusque; he gave the handle a ~ il a tiré brusquement OR violemment sur la poignée; with a sudden ~, she threw the door open d'un mouvement brusque, elle ouvrit la porte. -2. [to ankle, knee] entorse *f*; I gave my ankle a ~ je me suis fait une entorse à OR je me suis foulé la cheville; I gave my back a ~ je me suis donné OR fait un tour de reins. -3. *fig* [emotional] déchirement *m*; it was a terrible ~ for me to leave home ce fut un déchirement terrible pour moi de quitter la maison. -4. TECH [spanner] clé *f*, clef *f*; [adjustable] clé *f* anglaise; [for wheels] clé *f* en croix; he threw a ~ into the works *Am* il nous a mis des bâtons dans les roues.

wrest [rest] *vt lit* -1. [grab - object] arracher violemment; he ~ed the gun from me OR from my grasp il m'a arraché violemment le fusil des mains; they ~ed the stick out of my hands ils m'ont arraché violemment le bâton des mains. -2. [extract - truth, secret] arracher; he ~ed the truth from her il lui a arraché la vérité; they just manage to ~ a living from the land ils réussissent tout juste à vivre de la terre. -3. [control, power] ravir, arracher; the Liberals ~ed two seats from the Conservatives les libéraux ont ravi OR arraché deux sièges aux conservateurs.

wrestle ['resl] ◇ *vi* -1. SPORT [Greek, Sumo] lutter, pratiquer la lutte; [freestyle] catcher, pratiquer le catch; to ~ with sb lutter (corps à corps) avec qqn, se battre avec qqn. -2. *fig* [struggle] se débattre, lutter; he died after wrestling with a long illness il mourut après avoir lutté contre une longue maladie; she ~d with her conscience elle se débattait avec sa conscience; I ~d with the problem all evening je me suis débattu avec le problème toute la soirée. -3. [try to control]: to ~ with sthg se débattre avec qqch; the woman ~d to keep control of the car la femme luttait pour garder le contrôle de la voiture.

◇ *vt* [fight - intruder, enemy] lutter contre; SPORT [Greek, Sumo] rencontrer à la lutte; [freestyle] rencontrer au catch; he ~d his attacker to the ground en luttant avec son agresseur, il réussit à le clouer au sol.

◇ *n* lutte *f*; to have a ~ with sb lutter avec OR contre qqn.

wrestler ['reslə^r] *n* SPORT [Greek, Sumo] lutteur *m*, -euse *f*; [freestyle] catcheur *m*, -euse *f*.

wrestling ['reslɪŋ] ◇ *n* SPORT [Greek, Sumo] lutte *f*; [freestyle] catch *m*.

◇ *comp* [hold, match - Greek, Sumo] de lutte; [- freestyle] de catch.

wretch [retʃ] *n* -1. [unfortunate person] pauvre diable *m*, malheureux *m*, -euse *f*; the poor ~ le pauvre malheureux. -2. *lit* OR *hum* [scoundrel] scélérat *m*, -e *f*, misérable *mf*; the ~ who stole my bag le scélérat qui m'a volé mon sac. -3. [esp child] vilain *m*, -e *f*, coquin *m*, -e *f*; you little ~! petit coquin!

wretched ['retʃɪd] ◇ *adj* -1. [awful, poor - dwelling, clothes] misérable; she had a ~ existence elle a eu une existence misérable; their living conditions are ~ leurs conditions de vie sont misérables OR épouvantables; she receives a ~ wage elle touche un salaire de misère. -2. [unhappy] malheureux; [depressed] déprimé, démoralisé; he was OR felt ~ about what he had said il se sentait coupable à cause de ce qu'il avait dit; I felt cold and ~ j'avais froid et je me sentais malheureux. -3. [ill] malade; the flu made me feel really ~ je me sentais vraiment très mal avec cette grippe. -4. *inf* [as expletive] fichu, maudit; keep your ~ money! garde-le, ton fichu argent! -5. [abominable - behaviour, performance, weather] lamentable; what ~ luck! quelle déveine!; I'm a ~ singer/writer je suis un piètre chanteur/écrivain.

◇ *npl*: the ~ les déshérités *mpl*.

wretchedly ['retʃɪdlɪ] *adv* -1. [poorly - live, dress] misérablement, pauvrement. -2. [unhappily - cry, look] pitoyablement, misérablement; he apologized ~ il a fait des excuses pitoyables. -3. [abominably - behave] abominablement; [- play, perform] très mal, lamentablement; a ~ small amount une somme absolument dérisoire.

wretchedness ['retʃɪdnɪs] *n* -1. [poverty - of living conditions] extrême pauvreté *f*, misère *f*. -2. [unhappiness] tristesse *f*, malheur *m*. -3. [meanness - of behaviour] mesquinerie *f*; [- of sum, wage] caractère *m* dérisoire. -4. [in quality - of performance, of weather, of meal] médiocrité *f*.

wrick [rɪk] *Br* = **rick** *vt* **2** & *n* **2**.

wriggle ['rɪgl] ◇ *vt* -1. [toes, fingers] tortiller. -2. [subj: person]: he ~d his way under the fence il est passé sous la clôture en se tortillant OR à plat ventre ‖ [subj: snake, worm]: the worm was wriggling its way across the grass le ver avançait dans l'herbe en se tortillant.

◇ *vi* [person] remuer, gigoter; [snake, worm] se tortiller; [fish] frétiller; the children were wriggling in their seats les enfants gigotaient sur leur siège; to ~ along [person] avancer en rampant OR à plat ventre; [snake] avancer en se tortillant; the fish/the little boy ~d from her grasp le poisson/le petit garçon réussit à s'échapper de ses mains en se tortillant; he ~d past the guards il est passé devant les gardes en se glissant à plat ventre; she ~d under the fence elle est passée sous la clôture à plat ventre OR en se tortillant; she ~d under the blankets elle s'est enfoncée sous les couvertures en se tortillant ❑ to ~ free *literal* se libérer en se tortillant; *fig* s'en sortir.

◇ *n*: to give a ~ [snake] se tortiller; [fish] frétiller; [person] se tortiller; with a ~ the rabbit shook itself free from the trap en se tortillant le lapin parvint à se dégager du piège.

◆ **wriggle about** *Br*, **wriggle around** *vi insep* [eel, worm] se tortiller; [fish] frétiller; [person] gigoter, se trémousser; stop wriggling about! arrête de gigoter comme ça!

◆ **wriggle out** *vi insep* -1. [fish, snake] sortir; the fish ~d out from under a rock le poisson est sorti en frétillant de sous un rocher; the fish ~d out of the net le poisson s'est échappé du filet en se tortillant. -2. [person] se dégager (en se tortillant); the little boy ~d out of my grasp le petit garçon s'est dégagé de mon étreinte en se tortillant; I managed to ~ out of an embarrassing situation *fig* j'ai réussi à me sortir d'une situation gênante. -3. [evade]: to ~ out of a task se dérober à OR esquiver une tâche; to ~ out of doing sthg trouver un moyen de se défiler pour éviter de faire qqch; he ~d out of paying il a trouvé un moyen d'éviter de payer.

wriggler ['rɪglə^r] *n* -1. [person]: he's a terrible ~ il n'arrête pas de gigoter, il ne se tient jamais tranquille. -2. ENTOM larve *f* de moustique.

wriggly ['rɪglɪ] *adj* [eel, snake] qui se tortille; [fish] frétillant; [person] remuant, qui gigote.

wring [rɪŋ] (*pt* & *pp* wrung [rʌŋ]) ◇ *vt* -1. [wet cloth, clothes] essorer, tordre; he wrung the towel dry il a essoré la serviette en la tordant; she wrung the water from the sponge elle a exprimé l'eau de l'éponge. -2. [neck] tordre; she wrung the chicken's neck elle a tordu le cou au poulet; I'll ~ his neck! *fig* je vais lui tordre le cou! -3. [hand - in handshake] serrer; he wrung her hand il lui a serré la main vigoureusement; to ~ one's hands (in despair) se tordre les mains (de désespoir); it's no use sitting there ~ing your hands *fig* cela ne sert à rien de rester assis à vous désespérer. -4. [extract - confession, truth] arracher; [- money] extorquer; she wrung every last detail from him elle a réussi à lui extorquer tous les renseignements; I'll ~ the truth out of them je vais leur arracher la vérité; the blackmailer wrung £5,000 from her le maître chanteur lui a extorqué 5 000 livres; he's ~ing the maximum publicity from the situation il profite de la situation pour en tirer le maximum de publicité. -5. *fig* [heart] fendre; her efforts to cope with four children on her own wrung my heart ses efforts pour se débrouiller toute seule avec quatre enfants me fendaient le cœur.

◇ *vi* essorer; [on label]: 'do not ~' 'ne pas essorer'.

◇ *n*: give the cloth a ~ essorez la serpillière.

◆ **wring out** *vt sep* = **wring** *vt* **1**, **4**.

wringer ['rɪŋə^r] *n* essoreuse *f* (à rouleaux); to put clothes through the ~ essorer des vêtements (à la machine); he has really been through the ~ *fig* on lui en a fait voir de toutes les couleurs.

wringing ['rɪŋɪŋ] *adj*: ~ (wet) [clothes] complètement trempé; [person] complètement trempé, trempé jusqu'aux os; the shirt was ~ with sweat la chemise était trempée de sueur.

wrinkle ['rɪŋkl] ◇ *vt* -1. [nose] froncer; [brow] plisser. -2. [skirt, carpet] faire des plis dans.

◇ *vi* -1. [skin, hands] se rider; [brow] se contracter, se plisser; [nose] se froncer, se plisser; [fruit] se ratatiner, se rider. -2. [skirt, stocking] faire des plis.

◇ *n* -1. [on skin, fruit] ride *f*. -2. [in dress, carpet] pli *m*; there are still some ~s in the plan which need ironing out *fig* il reste encore quelques difficultés à aplanir. -3. *inf Br dated* [trick] combine *f*; [hint] tuyau *m*.

◆ **wrinkle up** *vi insep* & *vt sep* = **wrinkle** *vi* & *vt*.

wrinkled ['rɪŋkld] *adj* -1. [skin, hands] ridé; [brow, nose] plissé, froncé; [fruit] ridé, ratatiné; a ~ old man un vieillard ratatiné. -2. [rug, skirt] qui fait des plis; [stocking] qui fait des plis OR l'accordéon.

wrinkly ['rɪŋklɪ] (*pl* wrinklies) ◇ *adj* -1. [skin] ridé. -2. [stockings] qui fait des plis.

◇ *n inf Br pej* vieux *m*, vieille *f*.

wrist [rɪst] *n* poignet *m*.

wristband ['rɪstbænd] *n* [on shirt, blouse] poignet *m*; [sweat band] poignet *m*; [of watch] bracelet *m*.

wristlet ['rɪstlɪt] *n* bracelet *m*.

wrist pin *n* MECH *Br* goujon *m*; *Am* goupille *f*.

wristwatch ['rɪstwɒtʃ] *n* montre-bracelet *f*.

writ [rɪt] ◇ *arch pt* & *pp* → **write**.

◇ *n* -1. JUR ordonnance *f*; to issue a ~ against sb [for arrest] lancer un mandat d'arrêt contre qqn; [for libel] assigner qqn en justice; to serve a ~ on sb, to serve sb with a ~ assigner qqn ❑ ~ of attachment ordonnance de saisie; ~ of execution titre *m* exécutoire; ~ of habeas corpus ordre *m* d'habeas corpus; ~ of subpoena assignation *f* OR citation *f* en justice. -2. POL [for elections] ordonnance *f (émanant du président de la Chambre des communes et convoquant les députés pour un vote)*.

◇ *adj phr*: astonishment was ~ large on everybody's face l'étonnement se lisait sur tous les visages.

write [raɪt] (*pt* wrote [rəʊt], *pp* written ['rɪtn], *pt* & *pp arch* writ [rɪt]) ◇ *vt* -1. [letter] écrire; [address, name] écrire, inscrire; [initials] écrire, tracer; [prescription, cheque] écrire, faire; [will] faire; [application form] compléter, rédiger; to ~ a letter to sb écrire OR envoyer une lettre à qqn; ~ her a letter envoyez-lui une lettre, écrivez-lui; I have some letters to ~ j'ai du courrier à faire; they wrote me a letter of thanks ils m'ont écrit pour me remercier; he wrote her a postcard il lui a envoyé une carte postale; to ~ sb *Am* écrire à qqn; she wrote me about her father's illness *Am* elle m'a écrit au sujet de la maladie de son père; **he can't speak Italian very well, but he can ~ it** il ne parle pas très bien l'italien, mais il peut l'écrire; **it is written in the Bible "thou shalt love thy neighbour as thyself"** il est écrit dans la bible «tu aimeras ton prochain comme toi-même»; **perplexity was written all over his face** *fig* la perplexité se lisait sur son visage; **he had success written all over him** *fig* on voyait bien qu'il avait réussi. -**2.** [book] écrire; [article, report] écrire, faire; [essay] faire; [music] écrire, composer; **well written** bien écrit; **written for brass ensemble** écrit pour ensemble de cuivres. -**3.** [send letter about] écrire; **he wrote that he was getting married** il a écrit (pour annoncer) qu'il se mariait. -**4.** [spell] écrire; **I never know how to ~ her name** je ne sais jamais comment s'écrit son nom. -**5.** COMPUT [program] écrire; [data - store] stocker, sauvegarder; [- transfer] transférer.

◇ *vi* -**1.** [gen] écrire; **to ~ in pencil/ink** écrire au crayon/à l'encre; **to learn to read and ~** apprendre à lire et à écrire; **I don't ~ very well** je n'ai pas une belle écriture. -**2.** [send letter] écrire; **to ~ to sb** écrire à qqn; **to ~ to thank/invite sb** écrire pour remercier/inviter qqn; **have you written to let her know?** lui avez-vous écrit pour l'avertir?; **she wrote and told me about it** elle m'a écrit pour me le raconter; **please ~ (again) soon** écris-moi vite (à nouveau), s'il te plaît; **at the time of writing** au moment où j'écris; **they wrote (to him) asking** OR **to ask for permission** ils (lui) ont écrit pour demander l'autorisation; **I've written for a catalogue** j'ai écrit pour demander OR pour qu'on m'envoie un catalogue. -**3.** [professionally - as author] écrire, être écrivain; [- as journalist] écrire, être journaliste; **he ~s on home affairs for "The Economist"** il fait des articles de politique intérieure dans «The Economist»; **she ~s for "The Independent"** elle écrit dans «The Independent»; **she ~s for children's television** elle fait des émissions pour les enfants à la télévision; **she ~s under a pseudonym** elle écrit sous un pseudonyme; **he ~s on** OR **about archeology** il écrit sur l'archéologie, il traite de questions d'archéologie; **they wrote about their experiences in the Amazon** ils ont décrit leurs expériences en Amazonie. -**4.** [pen, typewriter] écrire; **this pen doesn't ~ very well** ce stylo n'écrit pas OR ne marche pas très bien.

◆ **write away** *vi insep* -**1.** [correspond] écrire; **I had to ~ away to the publisher** j'ai dû écrire à la maison d'édition. -**2.** [order by post] écrire pour demander, commander par lettre; **I wrote away for a catalogue** j'ai écrit pour demander un catalogue; **I had to ~ away for spare parts** j'ai dû écrire pour commander des pièces.

◆ **write back** *vi insep* [answer] répondre (à une lettre); **please ~ back soon** réponds-moi vite, s'il te plaît; **he wrote back to say he couldn't come** il a répondu qu'il ne pouvait pas venir; **he wrote back rejecting their offer** il a renvoyé une lettre refusant leur offre.

◆ **write down** *vt sep* -**1.** [note] écrire, noter; [put in writing] mettre par écrit; **unless you ~ the number down, you'll forget it** si vous ne notez pas le numéro OR si vous ne mettez pas le numéro par écrit, vous allez l'oublier; **I had them written down as layabouts** *fig* je les considérais comme des bons à rien. -**2.** FIN & COMM [in price] réduire le prix de; [in value] réduire la valeur de; [undervalue] sous-évaluer.

◆ **write in** ◇ *vi insep* écrire; **to ~ in for a refund** écrire pour demander un remboursement; **hundreds wrote in to complain** des centaines de personnes ont écrit pour se plaindre.

◇ *vt sep* -**1.** [on list, document - word, name] ajouter, insérer. -**2.** *Am* POL [add - name] ajouter, inscrire *(sur un bulletin de vote)*; [vote for - person] voter pour *(en ajoutant le nom sur le bulletin de vote)*.

◆ **write off** ◇ *vt sep* -**1.** FIN [debt] passer aux profits et pertes. -**2.** [consider lost, useless] faire une croix sur, considérer comme perdu; [cancel] renoncer à, annuler; **the plan had to be written off** le projet a dû être abandonné; **three months' hard work was simply written off** on a perdu trois mois de travail acharné; **he was written off as a failure/an eccentric** on a considéré qu'il n'y avait rien de bon à en tirer/que c'était un excentrique. -**3.** [in accident - subj: insurance company] considérer comme irréparable, mettre à la casse; [- subj: driver] rendre inutilisable; **she wrote off her new car** *Br* elle a complètement démoli sa voiture neuve; **his car has been written off** *Br* sa voiture a été mise à la casse. -**4.** [letter, poem] écrire en vitesse.

◇ *vi insep* = **write away**.

◆ **write out** *vt sep* -**1.** [report] écrire, rédiger; [list, cheque] faire, établir; **can you ~ the amount out in full?** pouvez-vous écrire la somme en toutes lettres? -**2.** [copy up - notes] recopier, mettre au propre. -**3.** RADIO & TV [character] faire disparaître.

◆ **write up** *vt sep* -**1.** [diary, impressions] écrire, rédiger; PRESS [event] faire un compte rendu de, rendre compte de; **the demonstration was written up in the local newspaper** le journal local a fait un compte rendu de la manifestation; **he wrote up his ideas in a report** il a consigné ses idées dans un rapport. -**2.** [copy up - notes, data] recopier, mettre au propre. -**3.** FIN & COMM [in price] augmenter le prix de; [in value] augmenter la valeur de; [overvalue] surévaluer.

write head *n* TECH tête *f* d'enregistrement.

write-in *n Am* POL [on ballot paper - addition of name] inscription *f*, rajout *m*; [- name added] nom *m* rajouté.

write-off *n* -**1.** FIN [of bad debt] passage *m* par profits et pertes; [bad debt itself] perte *f* sèche. -**2.** [motor vehicle]: **to be a ~** être irréparable OR bon pour la casse.

write-protected *adj* COMPUT [disk] protégé (en écriture).

writer ['raɪtəʳ] *n* -**1.** [of novel, play] écrivain *m*, auteur *m*; [of letter] auteur *m*; **a well-known ~ of novels/poetry** un romancier/poète connu; **she's a fine ~** c'est un excellent écrivain ❑ **technical ~** rédacteur technique; **I'm a bad letter-~** je suis un mauvais correspondant. -**2.** [in handwriting]: **to be a good ~** avoir une belle écriture; **to be a bad ~** écrire mal.

writer's block *n* angoisse *f* de la page blanche.

writer's cramp *n* crampe *f* de l'écrivain.

write-up *n* -**1.** [review] compte rendu *m*, critique *f*; **the play got a good ~** la pièce a eu une bonne critique OR a été bien accueillie par la critique; **the guide contains ~s of several new ski resorts** le guide contient des notices descriptives sur plusieurs nouvelles stations de ski. -**2.** *Am* [of assets] surestimation *f*.

writhe [raɪð] *vi* -**1.** [in pain] se tordre, se contorsionner; **to ~ in** OR **with agony** se tordre de douleur, être en proie à d'atroces souffrances. -**2.** *fig*: **her remarks made him ~** [in disgust] ses remarques l'ont fait frémir; [in embarrassment] ses remarques lui ont fait souffrir le martyre; **they ~d under his criticism** ils ont vivement ressenti ses critiques.

◆ **writhe about** *Br*, **writhe around** *vi insep* se tortiller; **the fish ~d about in the grass** le poisson se tortillait dans l'herbe; **to ~ about in pain** se tordre de douleur.

writing ['raɪtɪŋ] *n* -**1.** [of books, letters] écriture *f*; **to devote one's time to ~** se consacrer à l'écriture; **~ as a career** la carrière OR le métier d'écrivain; **it's a good piece of ~** c'est bien écrit; **this is clear, concise ~** c'est un style clair et concis, c'est écrit avec clarté et concision; **the report was four years in the ~** il a fallu quatre ans pour rédiger le rapport. -**2.** [handwriting] écriture *f*; **I can't read your ~** je ne peux pas déchiffrer votre écriture OR ce que vous avez écrit. -**3.** [written text]: **there was ~ all over the board** il n'y avait plus de place pour écrire quoi que ce soit sur le tableau noir ❑ **the ~'s on the wall** l'issue est inéluctable. -**4.** SCH [spelling] orthographe *f*; [written language] écriture *f*; **to learn reading and ~** apprendre à lire et à écrire, apprendre la lecture et l'écriture; **~ materials** matériel *m* nécessaire pour écrire.

◆ **writings** *npl* [written works] œuvre *f*, écrits *mpl*.

◆ **in writing** *adv phr* par écrit; **to put sthg in ~** mettre qqch par écrit; **can we have that in ~?** pouvons-nous avoir cela par écrit?; **you need her agreement in ~** il vous faut son accord écrit.

writing block *n* bloc *m* de papier à lettres.

writing case *n* nécessaire *m* à écrire.

writing desk *n* secrétaire *m (meuble)*.

writing pad *n* bloc-notes *m*.

writing paper *n* papier *m* à lettres.

writing table *n* ≃ secrétaire *m (meuble)*.

written ['rɪtn] ◇ *pp* → **write**.

◇ *adj* [form, text] écrit; **to make a ~ request** faire une demande par écrit; **~ language** (langage *m*) écrit *m*; **the ~ word** l'écrit.

WRNS (*abbr of* Women's Royal Naval Service) *pr n section féminine de la marine de guerre britannique.*

wrong [rɒŋ] ◇ *adj* -**1.** [incorrect - address, answer, information] mauvais, faux, erroné; [- decision] mauvais; MUS [note] faux; TELEC [number] faux; **to get things in the ~ order** mettre les choses dans le mauvais ordre; **they came on the ~ day** ils se sont trompés de jour pour leur venue; **to take the ~ road/train** se tromper de route/de train; **she went to the ~ address** elle s'est trompée d'adresse; **you've put your shoes on the ~ feet** vous vous êtes trompé (de pied) en mettant vos chaussures; **the biscuit went down the ~ way** j'ai avalé le gâteau de travers; **it was a ~ number** c'était une erreur; **to dial the ~ number** se tromper de numéro; **I'm sorry, you've got the ~ number** désolé, vous vous êtes trompé de numéro OR vous faites erreur; **the clock/my watch is ~** le réveil/ma montre n'est pas à l'heure; **the clock has always shown the ~ time** la pendule n'a jamais été à l'heure OR n'a jamais indiqué l'heure exacte. -**2.** [mistaken - person]: **to be ~ (about sthg)** avoir tort OR se tromper (à propos de qqch); **you were ~ to lose your temper** vous avez eu tort de vous emporter; **you were ~ to accuse him, it was ~ of you to accuse him** vous avez eu tort de l'accuser, vous n'auriez pas dû l'accuser; **to be ~ about sb** se tromper sur le compte de qqn; **how ~ can you be!** comme quoi on peut se tromper!; **I hope he won't get the ~ idea about me** j'espère qu'il ne se fera pas de fausses idées sur mon compte. -**3.** [unsuitable] mauvais, mal choisi; **you've got the ~ attitude** vous n'avez pas l'attitude qu'il faut OR la bonne attitude; **it was the ~ thing to do/say** ce n'était pas la chose à faire/dire; **I said all the ~ things** j'ai dit tout ce qu'il ne fallait pas dire; **you're going about it in the ~ way** vous vous y prenez mal; **it's the ~ way to deal with the situation** ce n'est pas comme cela qu'il faut régler la situation; **he's the ~ man for the job** ce n'est pas l'homme qu'il faut pour le poste; **I think you're in the ~ job** *literal* je pense que ce n'est pas le travail qu'il vous faut; *hum* vous vous êtes trompé de métier!; **she was wearing the ~ shoes for a long walk** elle n'avait pas les chaussures qui conviennent OR elle n'avait pas les bonnes chaussures pour une randonnée. -**4.** *phr*: **he got hold of the ~ end of the stick** il a tout compris de travers; **to be caught on the ~ foot** *Br* être pris au dépourvu; **they got off on the ~ foot** ils se sont mal entendus au départ; **I'm (on) the ~ side of 50** *Br* j'ai 50 ans bien sonnés; **to get out of bed on the ~ side** se lever du pied gauche; **to get on the ~ side of sb** se faire mal voir de qqn; **to be on the ~ track** faire fausse route. -**5.** [immoral, bad] mal; [unjust] injuste; **cheating is ~** c'est mal de tricher; **slavery is ~** l'esclavage est inacceptable; **it was ~ of him to take the money** ce n'était pas bien de sa part de prendre l'argent; **what's ~ with reading comics?**

qu'est-ce qu'il y a de mal à lire des bandes dessinées?; **what's ~ with that?** qu'est-ce qu'il y a de mal à ça?; **there's nothing ~ with it** il n'y a rien à redire à cela, il n'y a pas de mal à cela; **it's ~ that anyone should have to live in poverty** il est injuste que des gens soient obligés de vivre dans la misère. -**6.** [amiss] *(+ something)*: **something is ~** OR **there's something ~ with the lamp** la lampe ne marche pas bien OR a un défaut; **something is ~** OR **there's something ~ with my elbow** j'ai quelque chose au coude; **there must be something seriously ~** il doit y avoir un gros problème; **there's something ~ somewhere** il y a quelque chose qui ne va pas quelque part || *(+ nothing)*: **there's nothing at all ~ with the clock** la pendule marche parfaitement bien; **there's nothing ~ with your work** votre travail est très bon; **there's nothing ~ with her decision/reasoning** sa décision/son raisonnement est parfaitement valable; **there's nothing ~ with you** vous êtes en parfaite santé; **there's nothing ~, thank you** tout va bien, merci; **there's nothing ~ with your eyes/hearing!** vous avez de bons yeux/de bonnes oreilles! || *(+ what's)*: **what's ~?** qu'est-ce qui ne va pas?; **what's ~ with the car?** qu'est-ce qu'elle a, la voiture?; **what's ~ with your elbow?** qu'est-ce qu'il a, votre coude?; **what's ~ with you?** qu'est-ce que vous avez?; **there's very little ~ with you** dans l'ensemble vous êtes en très bonne santé; **there wasn't much ~ with the car** la voiture n'avait pas grand-chose ❑ **to be ~ in the head** *inf Br* avoir la tête fêlée OR le cerveau fêlé, être fêlé OR timbré. -**7.** TEX: **the ~ side of the fabric** l'envers du tissu; **~ side out** à l'envers.
◇ *adv* mal; **I guessed ~** je suis tombé à côté, je me suis trompé; **you've spelt the word ~** vous avez mal écrit OR orthographié ce mot; **to get sthg ~**: **I got the answer ~** je n'ai pas donné la bonne réponse; **to get one's sums ~** MATH faire des erreurs dans ses opérations; *fig* se tromper dans ses calculs; **she's got her facts ~** elle se trompe, ce qu'elle avance est faux; **you've got it ~, I never said that** vous vous trompez OR vous n'avez pas compris, je n'ai jamais dit cela; **to get sb ~: don't get me ~** comprenez-moi bien; **you've got her all ~** vous vous trompez complètement sur son compte; **to go ~** [person] se tromper; [plan] mal marcher, mal tourner; [deal] tomber à l'eau; [machine] tomber en panne; **something has gone ~ with the TV** la télé est tombée en panne; **something went ~ with her eyesight** elle a eu des ennuis avec sa vue; **we must have gone ~ somewhere** nous avons dû nous tromper quelque part; **you can't go ~** vous ne pouvez pas vous tromper, c'est très simple; **you won't go far ~ if you follow her advice** vous ne risquez guère de vous tromper si vous suivez ses conseils; **you can't go ~ with a pair of jeans** vous êtes tranquille avec un jean; **you can't go ~ with a good book** [for reading] vous ne risquez pas de vous ennuyer avec un bon livre; [as present] un bon livre, cela plaît toujours; **when did things start going ~?** quand est-ce que les choses ont commencé à se gâter?; **everything that could go ~ went ~** tout ce qui pouvait aller de travers est allé de travers; **to turn out ~** [event] mal (se) terminer; [calculation] se révéler faux; [person] mal tourner.
◇ *n* -**1.** [immorality, immoral act] mal *m*; **to know the difference between right and ~** savoir distinguer le bien du mal; **I did no ~** je n'ai rien fait de mal ❑ **two ~s don't make a right** *prov* on ne répare pas une injustice par une autre. -**2.** [harm] tort *m*, injustice *f*; **to suffer ~** subir une injustice; **to do sb ~** faire du tort à OR se montrer injuste envers qqn; **he did them a great ~** il leur a fait subir une grave injustice, il leur a fait (un) grand tort. -**3.** [error] tort *m*, erreur *f*; **he can do no ~ in her eyes** tout ce qu'il fait trouve grâce à ses yeux. -**4.** JUR tort *m*.
◇ *vt* faire du tort à, traiter injustement; **he ~ed his wife by accusing her of being unfaithful** il a traité injustement sa femme en l'accusant d'infidélité; **she felt deeply ~ed** elle se sentait gravement lésée; **she has been badly ~ed** [by words] on a dit à tort beaucoup de mal d'elle; [by actions] on a agi de manière injuste envers elle.
◆ **in the wrong** *adj & adv phr* dans son tort; **to be in the ~** être dans son tort, avoir tort; **to put sb in the ~** mettre qqn dans son tort.

wrongdoer [ˌrɒŋ'duːəʳ] *n* -**1.** [delinquent] malfaiteur *m*, délinquant *m*, -e *f*. -**2.** [sinner] pécheur *m*, -eresse *f*.

wrongdoing [ˌrɒŋ'duːɪŋ] *n* mal *m*, méfait *m*; **a sense of ~** le sentiment de mal faire; **his many ~s** ses nombreux méfaits.

wrong-foot *vt* SPORT & *fig* prendre à contre-pied.

wrongful ['rɒŋfʊl] *adj* [unjust] injuste; [unjustified] injustifié; [illegal] illégal, illicite; JUR: **~ arrest** arrestation *f* arbitraire; **~ imprisonment** emprisonnement *m* injustifié; **~ dismissal** INDUST renvoi *m* injustifié.

wrongfully ['rɒŋfʊlɪ] *adv* à tort; **I was ~ dismissed** INDUST j'ai été renvoyé à tort.

wrong-headed [ˌrɒŋ'hedɪd] *adj* -**1.** [person] buté. -**2.** [idea] erroné, fou.

wrongly ['rɒŋlɪ] *adv* -**1.** [incorrectly] à tort, mal; **to be ~ informed** être mal renseigné; **this word is spelt ~** ce mot est mal écrit OR orthographié; **to be ~ accused** être accusé à tort OR faussement accusé; **I guessed ~** je suis tombé à côté; **the cat was ~ described as a Siamese** le chat a été décrit à tort comme un siamois. -**2.** [by mistake] par erreur, à tort; **he was ~ assigned to the night shift** il a été affecté par erreur OR à tort à l'équipe de nuit.

wrongness ['rɒŋnɪs] *n* -**1.** [error] erreur *f*. -**2.** [injustice] injustice *f*. -**3.** [immorality] immoralité *f*, mal *m*.

wrote [rəʊt] *pt* → **write**.

wrought [rɔːt] ◇ *arch pt & pp* → **work**.
◇ *adj lit*: **wheels ~ by hand** des roues façonnées OR fabriquées à la main; **carefully ~ prose** prose *f* finement ciselée ❑ **~ copper** cuivre *m* martelé; **~ silk** soie *f* ouvragée.

wrought iron *n* fer *m* forgé.
◆ **wrought-iron** *adj* en fer forgé.

wrought-up *adj* énervé.

wrung [rʌŋ] *pt & pp* → **wring**.

WRVS (*abbr of* Women's Royal Voluntary Service) *pr n association de femmes au service des déshérités.*

wry [raɪ] (*compar* wrier OR wryer, *superl* wriest OR wryest) *adj* -**1.** [expression, glance - of distaste] désabusé; **she made a ~ face** elle a fait la grimace. -**2.** [ironic - comment, smile] ironique, désabusé; **~ humour** ironie *f*.

wryly ['raɪlɪ] *adv* de manière désabusée, ironiquement; **he smiled back at me ~** il m'a répondu par un sourire ironique OR désabusé.

wt. (*written abbr of* weight) pds.

wurst [wɜːst] *n grosse saucisse allemande.*

WV *written abbr of* West Virginia.

WW *written abbr of* World War.

WWF (*abbr of* Worldwide Fund for Nature) *pr n* WWF *m*.

WY *written abbr of* Wyoming.

wych elm [wɪtʃ-] *n* orme *m*.

wynd [waɪnd] *n Scot* allée *f*.

Wyoming [waɪ'əʊmɪŋ] *pr n* Wyoming *m*; **in ~** dans le Wyoming.

WYSIWYG ['wɪzɪwɪg] (*abbr of* what you see is what you get) *n & adj* COMPUT *tel écran, tel écrit: ce que l'on voit sur l'écran est ce que l'on obtient à l'impression.*

X

x (*pl* **x's** OR **xs**), **X** (*pl* **X's** OR **Xs**) [eks] *n* [letter] x *m*, X *m*.

x *n* MATH x *m*.

X (*pt* & *pp* **X-ed** OR **X'd**) ◇ *n* **-1.** [unknown factor] X *m*; **X marks the spot** l'endroit est marqué d'une croix; **Mr X** monsieur X. **-2.** CIN film *m* interdit aux moins de 18 ans *(remplacé en 1982 par «18»)*.
◇ **-1.** (*written abbr of* **kiss**) *formule affectueuse placée après la signature à la fin d'une lettre.* **-2.** *written abbr of* **Christ**.
◇ *vt* marquer d'une croix.
◆ **X out** *vt sep* biffer, rayer (avec des croix).

xanthene ['zænθiːn] *n* xanthène *m*.

x-axis *n* axe *m* des X, abscisse *f*.

X certificate *n* *Br signalait (jusqu'en 1982) un film interdit aux moins de 18 ans.*

X chromosome *n* chromosome *m* X.

x-coordinate *n* abscisse *f*.

xenon ['ziːnɒn] *n* xénon *m*.

xenophobe ['zenəfəʊb] *n* xénophobe *mf*.

xenophobia [,zenə'fəʊbjə] *n* xénophobie *f*.

xenophobic [,zenə'fəʊbɪk] *adj* xénophobe.

xerographic [,zɪərə'græfɪk] *adj* de photocopie; ~ **equipment** copieur *m*, photocopieuse *f*.

xerography [,zɪə'rɒgrəfɪ] *n (U)* photocopie *f*.

xerox ['zɪərɒks] *vt* photocopier.

Xerox® ['zɪərɒks] *n* **-1.** [machine] copieur *m*, photocopieuse *f*. **-2.** [process, copy] photocopie *f*.

Xerxes ['zɜːksiːz] *pr n* Xerxès.

XL (*written abbr of* **extra-large**) *n* XL *m*.

Xmas *written abbr of* **Christmas**.

X-rated [-reɪtɪd] *adj dated* [film] interdit aux mineurs OR aux moins de 18 ans.

x-ray, X-ray ◇ *vt* **-1.** MED [examine - chest, ankle] radiographier, faire une radio de; [- patient] faire une radio à. **-2.** [inspect - luggage] passer aux rayons X. **-3.** [treat] traiter aux rayons X.
◇ *comp* **-1.** MED [examination] radioscopique; [treatment] radiologique, par rayons X; ~ **diagnosis** radiodiagnostic *m*; ~ **photograph** radiographie *f*, radio *f*; ~ **therapy** radiothérapie *f*. **-2.** PHYS [astronomy, tube] à rayons X; ~ **star** *étoile émettant un rayonnement radioélectrique.*
◇ *n* **-1.** MED radio *f*; **to have an ~** passer une radio; **to take an ~ of sthg** radiographier qqch, faire une radiographie de qqch. **-2.** PHYS rayon *m* X.

xylene ['zaɪliːn] *n* xylène *m*.

xylograph ['zaɪləgrɑːf] ◇ *n* xylographie *f*.
◇ *vt* [drawing, text] tirer à partir d'une gravure sur bois.

xylography [zaɪ'lɒgrəfɪ] *n (U)* xylographie *f*.

xylol ['zaɪlɒl] *n* xylol *m*.

xylophone ['zaɪləfəʊn] *n* xylophone *m*.

xylophonist [zaɪ'lɒfənɪst] *n* joueur *m*, -euse *f* de xylophone.

Y

y (*pl* **y's** OR **ys**), **Y** (*pl* **Y's** OR **Ys**) [waɪ] *n* [letter] y *m*, Y *m*.
y *n* MATH y *m*.
Y -**1.** *written abbr of* yen (currency). -**2.** *written abbr of* yuan.
yabber *inf* ['jæbəʳ] *Austr* ◇ *vi* jacasser.
◇ *n* bavardage *m*, jacassement *m*.
yacht [jɒt] ◇ *n* [sailing boat] voilier *m*; [pleasure boat] yacht *m*.
◇ *vi* faire du yachting; **to go ~ing** faire de la voile OR du yachting.
◇ *comp* [race] de voiliers, de yachts; **~ club** yacht-club *m*.
yachting ['jɒtɪŋ] ◇ *n* yachting *m*, navigation *f* de plaisance.
◇ *comp* [holiday] en yacht, sur l'eau; [magazine] de voile; [cap] de marin.
yachtsman ['jɒtsmən] (*pl* **yachtsmen** [-mən]) *n* yachtman *m*, yachtsman *m*.
yachtswoman ['jɒts,wʊmən] (*pl* **yachtswomen** [-,wɪmɪn]) *n* yachtwoman *f*.
yack [jæk] = **yak** *vi*, *n* **2**.
yackety-yak *inf* [,jækətɪ'jæk] ◇ *vi* jacasser.
◇ *n* *(U)* jacasserie *f*.
yah *inf* [jɑː] *interj* beurk.
yahoo [jə'huː] (*pl* **yahoos**) *n* rustre *m*, butor *m*.
yak [jæk] (*pt* & *pp* **yakked**, *cont* **yakking**) ◇ *n* -**1.** ZOOL yak *m*, yack *m*. -**2.** *inf (U)* jacasserie *f*.
◇ *vi* *inf*: **to ~, to ~ on** *Br* jacasser.
Yale lock® [jeɪl-] *n* serrure *f* de sécurité *(à cylindre)*.
y'all *inf* [jɑːl] *Am* = **you-all**.
Yalta ['jæltə] *pr n* Yalta; **the ~ Conference** la conférence de Yalta.
yam [jæm] *n* -**1.** [plant, vegetable] igname *f*. -**2.** *Am* CULIN patate *f* douce.
yammer *inf* ['jæməʳ] *vi* [person - whine] pleurnicher, geindre; [- chatter] jacasser; **what are you ~ing (on *Br*) about?** qu'est-ce que tu as à jacasser comme ça?
yang [jæŋ] *n* yang *m*.
Yangtze ['jæŋtsɪ] *pr n*: **the ~** le Yang-tseu-kiang, le Yangzi Jiang.
yank [jæŋk] ◇ *vt* [hair, sleeve] tirer brusquement (sur), tirer d'un coup sec; **he was ~ed to his feet** on l'a tiré brutalement pour l'obliger à se lever; **I ~ed the lever back** j'ai tiré le levier en arrière d'un coup sec.
◇ *n* coup *m* sec; **I gave the wire/her hair a ~** j'ai tiré d'un coup sec sur le fil/sur ses cheveux.
◆ **yank off** *vt sep* [button, cover] arracher; **she ~ed the cloth off the table** elle a enlevé la nappe de la table d'un coup sec.
◆ **yank out** *vt sep* [nail, tooth] arracher.
Yank *inf* [jæŋk] ◇ *n* -**1.** *Br pej* Amerloque *mf*. -**2.** *Am* Yankee *mf*.
◇ *adj* amerloque.
Yankee ['jæŋkɪ] ◇ *n* -**1.** *Am* Yankee *mf*. -**2.** *inf Br pej* Amerloque *mf*.
◇ *adj* -**1.** *Am* yankee. -**2.** *inf Br pej* amerloque.
Yaoundé [jɑː'ʊndeɪ] *pr n* Yaoundé.
yap [jæp] (*pt* & *pp* **yapped**, *cont* **yapping**) ◇ *vi* -**1.** [dog] japper. -**2.** [person] jacasser; **the shop assistants were yapping away instead of serving** les vendeuses jacassaient au lieu de servir la clientèle.
◇ *n* [yelp] jappement *m*.
yappy ['jæpɪ] (*compar* **yappier**, *superl* **yappiest**) *adj* -**1.** [dog] jappeur. -**2.** *inf* [person] jacasseur.
yarborough ['jɑːbərə] *n* [in bridge, whist] *main de treize cartes sans honneurs.*
yard [jɑːd] *n* -**1.** [of factory, farm, house, school] cour *f*; **parked in the ~** garé dans la cour. -**2.** [work site] chantier *m*; **builder's ~** chantier de construction. -**3.** [for storage] dépôt *m*. -**4.** RAIL voies *fpl* de garage. -**5.** [for animals - enclosure] enclos *m*; [- pasture] pâturage *m*. -**6.** *Br*: **the Yard** *inf* Scotland Yard; **Murphy of the Yard** Murphy de Scotland Yard. -**7.** *Am* [backyard] cour *f*; [garden] jardin *m*; **~ sale** *vente de meubles, d'objets etc par un particulier devant sa maison*. -**8.** [unit of measure] yard *m (0,914 m)*; **it was about ten ~s away** c'était à environ dix mètres; **it was ten ~s wide** il avait dix mètres de large; **to buy cloth by the ~** acheter le tissu au mètre; **we still have ~s of green velvet** *fig* nous avons toujours des quantités de velours vert; **his calculations were ~s out** *fig* il s'était complètement trompé dans ses calculs ❑ **his face was a ~ long** il en faisait une tête, il faisait une tête d'enterrement. -**9.** SPORT & *dated*: **the 100 ~s, the 100 ~s' dash** le cent mètres; **she won the 3,000 ~s' steeple chase** elle a gagné le 3 000 mètres steeple. -**10.** NAUT vergue *f*.
yardage ['jɑːdɪdʒ] *n* TEX ≃ métrage *m*.
yardarm ['jɑːdɑːm] *n* extrémité *f* d'une vergue carrée.
yardbird ['jɑːdbɜːd] *n* *Am mil sl* bleu *m*, bidasse *m (empoté)*.
yardstick ['jɑːdstɪk] *n* -**1.** [instrument] mètre *m (en bois ou en métal)*. -**2.** *fig* critère *m*; **salary seems to be a ~ for success** *fig* il semble que le salaire soit un critère de réussite.
yarmulke [jɑː'mʊlkə] *n* kippa *f*.
yarn [jɑːn] ◇ *n* -**1.** TEX *(U)* fil *m (à tricoter ou à tisser)*. -**2.** [tall story] histoire *f* (incroyable OR invraisemblable); [long story] longue histoire *f*.
◇ *vi* [tell tall stories] raconter des histoires; [tell long stories] raconter de longues histoires.
yarrow ['jærəʊ] *n* mille-feuille *f*.
yashmak ['jæʃmæk] *n* litham *m*, litsam *m*.
yaw [jɔː] ◇ *vi* -**1.** [ship] être déporté *(de sa trajectoire)*, faire une embardée. -**2.** [plane, missile] faire un mouvement de lacet.
◇ *vt* faire dévier *(de sa trajectoire)*.
◇ *n* -**1.** [of ship] écart *m*, embardée *f*. -**2.** [of plane, missile] mouvement *m* de lacet.
yawl [jɔːl] *n* -**1.** [sailing boat] yawl *m*. -**2.** [carried on ship] canot *m*.
yawn [jɔːn] ◇ *vi* -**1.** [person] bâiller. -**2.** [chasm, opening] être béant, s'ouvrir.
◇ *vt* [utter with yawn] dire en bâillant; **she was ~ing her head off** elle bâillait à se décrocher la mâchoire.
◇ *n* -**1.** [of person] bâillement *m*; **to give a big ~** bâiller (bruyamment) la bouche grande ouverte. -**2.** *inf fig*: **to be a ~** [meeting] être ennuyeux; [film, book] être rasoir; **what a ~!** qu'est-ce que c'est rasoir!
yawning ['jɔːnɪŋ] ◇ *adj* -**1.** [person] qui bâille. -**2.** [gap, chasm] béant.
◇ *n (U)* bâillement *m*, bâillements *mpl*.
yawp *inf* [jɔːp] *Am* ◇ *vi* -**1.** [yawn] bâiller bruyamment. -**2.** [bawl] gueuler. -**3.** [bark] aboyer.
◇ *n* -**1.** [bark] aboiement *m*. -**2.** [shout] cri *m*.
yaws [jɔːz] *n (U)* MED pian *m*.
y-axis *n* axe *m* des Y OR des ordonnées.
Y chromosome *n* chromosome *m* Y.
y-coordinate *n* ordonnée *f*.
yd *written abbr of* yard.
ye [jiː] ◇ *pron arch* OR BIBLE vous; **~ who weep** vous qui versez des larmes.
◇ *def art arch*: **~ olde inne** la vieille hostellerie.

YE OLDE:
Cette expression, qui représente la graphie ancienne de «the old», est souvent employée dans des dénominations pseudo-historiques: certains salons de thé dans les villes anciennes s'appellent «ye olde tea shoppe», par exemple.

---

yea [jeɪ] ◇ *adv* -**1.** [yes] oui; **you know you can say ~ or nay to the plan** vous savez bien que vous avez la faculté d'accepter ou de refuser ce projet. -**2.** *arch* OR *lit* [indeed] voire, vraiment.
◇ *n* [in vote] oui *m*; **the ~s and nays** les oui et les non, les voix pour et contre.
yeah *inf* [jeə] *adv* & *interj* [yes] ouais.
year [jɪəʳ] *n* -**1.** [period of time] an *m*, année *f*; **this ~** cette année; **last ~** l'an dernier, l'année dernière; **next ~** l'année prochaine; **the ~ after next** dans deux ans; **~ by ~** d'année en année; **~ after ~** année après année; **all (the) ~ round** (pendant) toute l'année; **~ in ~ out** année après année; **it was five ~s last Christmas** ça a fait cinq ans à Noël; **we'll have been here five ~s next Christmas** cela fera cinq ans à Noël que nous sommes là; **after ten ~s in politics** après dix ans passés dans la politique; **he spent many ~s working for the same company** il a passé de nombreuses années dans la même société || [with 'in']: **in a few ~s, in a few ~s' time** dans quelques années; **in ten**

~s, in ten ~s' time dans dix ans; in ~s to come dans les années à venir; in all my ~s as a social worker au cours de toutes mes années d'assistante sociale || [with 'for']: I haven't seen her for ~s je ne l'ai pas vue depuis des années; for a few ~s pendant quelques années; I haven't been home for two long ~s cela fait deux longues années que je ne suis pas rentré chez moi; for ~s and ~s pendant des années; she'll be busy writing her memoirs for ~s elle en a pour des années de travail à écrire ses mémoires || [with 'ago']: two ~s ago il y a deux ans; that was many ~s ago cela remonte à bien des années || [with 'last', 'take']: the batteries last (for) ~s les piles durent des années; it took me ~s to build up the collection cela m'a demandé des années pour OR j'ai mis des années à rassembler cette collection || [with 'earn', 'cost' etc): he earns over £40,000 a ~ il gagne plus de 40 000 livres par an; it cost me a ~'s salary cela m'a coûté un an de salaire; it costs at least £5,000 a ~ to run a car rouler en voiture coûte au moins 5 000 livres par an ❑ 'The Best Years of Our Lives' *Wyler* 'les Plus Belles Années de notre vie'. -2. [in calendar] an *m*, année *f*; in the ~ 1607 en (l'an) 1607; in the ~ of grace 1900 en l'an de grâce 1900 ❑ since the ~ dot *Br*, since ~ one *Am* depuis une éternité, de tout temps. -3. [in age]: he is 15 ~s old OR of age il a 15 ans; the foundations are 4,000 ~s old les fondations sont vieilles de 4 000 ans; a man of 80 ~s un homme (âgé) de 80 ans; a man of your ~s un homme de votre âge; she died in her fiftieth ~ elle est morte dans sa cinquantième année; she's young for her ~s elle fait jeune pour son âge, elle ne fait pas son âge; I'm getting on in ~s je prends de l'âge; the experience put ~s on/took ~s off her l'expérience l'a beaucoup vieillie/rajeunie; the carpet is beginning to show its ~s la moquette commence à trahir son âge. -4. *Br* [as student] année *f*; he's in the first ~ [at school] ≃ il est en sixième; [at college, university] il est en première année; first-~ students les étudiants de première année; all the third ~ tous les élèves de troisième année, tous les troisième année. -5. [for wine, coin] année *f*; 1965 was a good ~ 1965 était une bonne année OR un bon millésime.

yearbook ['jɪəbʊk] *n* annuaire *m*, recueil *m* annuel.

YEARBOOK:
Aux États-Unis, les écoles, les universités, et certaines colonies de vacances ont un «yearbook», qui rassemble photos et adresses, mais aussi des anecdotes sur l'année ou l'été écoulé.

year-end ◇ *adj Br* de fin d'année; a ~ report un rapport annuel.
◇ *n*: at the ~ à la fin de l'année, en fin d'année.

yearling ['jɪəlɪŋ] ◇ *n* ZOOL petit *m* d'un an; EQUIT yearling *m*.
◇ *adj* ZOOL (âgé) d'un an.

yearlong [ˌjɪə'lɒŋ] *adj* de toute une année; a ~ drought une sécheresse qui a duré toute une année.

yearly ['jɪəlɪ] (*pl* yearlies) ◇ *adj* annuel.
◇ *adv* annuellement.
◇ *n* PRESS publication *f* annuelle.

yearn [jɜːn] *vi* -1. [desire, crave] languir, aspirer; [pine] languir; she ~ed for love OR to be loved elle aspirait à l'amour, elle avait très envie d'être aimée; to ~ to do sthg mourir d'envie OR brûler de faire qqch; he was ~ing to see her again il mourait d'envie de la revoir; she ~ed to see her home again, she ~ed for home elle avait la nostalgie du pays. -2. *lit* [be moved - person] s'attendrir, s'émouvoir; [- heart] s'attendrir.

yearning ['jɜːnɪŋ] *n* [longing] désir *m* ardent; [pining] nostalgie *f*; he feels a constant ~ to see his old friends OR for his old friends il n'aspire qu'à une chose, revoir ses vieux amis; I felt a sudden ~ for company j'ai eu un soudain désir OR besoin de compagnie.

year-round *adj* [activity] qui dure toute l'année, sur toute l'année; [facility] qui fonctionne toute l'année.

yeast [jiːst] ◇ *n* levure *f*.
◇ *vt* mousser.

yeast cake *n Am* bloc *m* de levure.

yeasty ['jiːstɪ] (*compar* yeastier, *superl* yeastiest) *adj* -1. [bread, rolls - in taste] qui a un goût de levure; [- in smell] à l'odeur de levure. -2. [frothy] écumeux, qui mousse. -3. *Br* [trivial, frivolous] frivole, superficiel.

yecch *inf* [jek] *interj Am* berk.

yegg▽ [jeg] *n Am* [robber] cambrioleur *m*, -euse *f*.

yell [jel] ◇ *vi* crier (à tue-tête); to ~ at sb crier après qqn; to ~ about sthg brailler au sujet de qqch; to ~ at the top of one's voice vociférer; if you need me, just ~ si vous avez besoin de moi, vous n'avez qu'à crier.
◇ *vt* [shout out] hurler, crier; [proclaim] clamer, crier; he was ~ing his head off *inf* il beuglait comme un veau.
◇ *n* -1. [shout] cri *m*, hurlement *m*; to give a ~ of terror pousser un cri de terreur; I heard a ~ outside j'ai entendu crier dehors. -2. *Am* [from students, supporters] cri *m* de ralliement; the Buffstone ~ [students] le cri de ralliement des étudiants de Buffstone; [supporters] le cri de ralliement des supporters de Buffstone.

yelling ['jelɪŋ] *n (U)* cris *mpl*, hurlements *mpl*; stop that ~! cesse de hurler comme ça!

yellow ['jeləʊ] ◇ *adj* -1. [in colour] jaune; the papers had gone OR turned ~ with age les papiers avaient jauni avec le temps ❑ ~ cab *taxi new-yorkais*. -2. *inf* [cowardly] lâche; we all have a ~ streak on est tous un peu lâches.
◇ *n* -1. [colour] jaune *m*. -2. [yolk] jaune *m* (d'œuf). -3. [in snooker] boule *f* jaune.
◇ *vi* jaunir; to ~ with age jaunir avec le temps; ~ing leaves des feuilles jaunissantes.
◇ *vt* jaunir; newspapers ~ed with age des journaux jaunis par le temps.

yellowback ['jeləʊbæk] *n roman bon marché et à sensation du XIXe siècle.*

yellow-bellied *inf* [-ˌbelɪd] *adj* trouillard.

yellow-belly *inf n* trouillard *m*, -e *f*.

yellow card *n* FTBL carton *m* jaune.

yellow fever *n* fièvre *f* jaune.

yellowhammer ['jeləʊˌhæmə'] *n* -1. bruant *m* jaune. -2. *Am sorte de pivert.*

yellowish ['jeləʊɪʃ] *adj* jaunâtre, qui tire sur le jaune.

yellow jacket *n Am* guêpe *f*.

yellow line *n* bande *f* jaune; to park on a ~ ≃ se mettre en stationnement irrégulier; double ~ OR ~s double ligne *f* jaune.

YELLOW LINES:
En Grande-Bretagne, une ligne jaune parallèle au trottoir signifie «arrêt autorisé réglementé»; une double ligne jaune signifie «stationnement interdit».

yellow metal *n* -1. [brass] cuivre *m* jaune, laiton *m*. -2. [gold] métal *m* jaune, or *m*.

yellowness ['jeləʊnɪs] *n* -1. [colour] couleur *f* jaune. -2. *inf* [cowardice] lâcheté *f*, poltronnerie *f*.

yellow ochre *n* ocre *f* jaune.

Yellow Pages® *npl*: the ~ les Pages Jaunes.

yellow peril, **Yellow Peril** *n dated & offensive* péril *m* jaune.

yellow press *n* presse *f* à sensation.

yellow ribbon *n aux États-Unis, ruban jaune arboré en signe de patriotisme et de solidarité avec ceux qui sont au combat, prisonniers politiques etc.*

Yellow River *pr n*: the ~ le fleuve Jaune.

Yellow Sea *pr n*: the ~ la mer Jaune.

Yellowstone National Park [jeləʊstəʊn-] *pr n* le parc national de Yellowstone.

yellowy ['jeləʊɪ] *adj* un peu jaune, qui tire sur le jaune.

yelp [jelp] ◇ *vi* [dog] japper, glapir; [person] crier, glapir; to ~ in OR with pain [dog] glapir de douleur; [person] crier de douleur.
◇ *n* [of dog] jappement *m*, glapissement *m*; [of person] cri *m*, glapissement *m*.

Yeltsin ['jeltsɪn] *pr n*: Boris ~ Boris Eltsine.

Yemen ['jemən] *pr n* Yémen *m*; in (the) ~ au Yémen; the ~ Arab Republic la République arabe du Yémen; the People's Democratic Republic of ~ la République démocratique et populaire du Yémen; the ~ Republic la République du Yémen.

Yemeni ['jemənɪ] ◇ *n* Yéménite *mf*.
◇ *adj* yéménite.

yen [jen] (*pl sense 1 inv*) *n* -1. [currency] yen *m*. -2. *inf* [desire] envie *f*; to have a ~ for sthg/to do sthg avoir très envie de OR mourir d'envie de qqch/faire qqch.

Yenisei [ˌjenɪ'seɪ] *pr n*: the (River) ~ l'Ienisseï *m*.

yeoman ['jəʊmən] (*pl* yeomen [-mən]) ◇ *n* -1. [in UK] yeoman *m*; Yeoman of the Guard yeoman de la garde. -2. MIL & NAUT [petty officer] quartier-maître *m*.
◇ *comp*: ~ farmer franc-tenancier *m*.

yeomanry ['jəʊmənrɪ] *n* yeomanry *f*, ensemble *m* des yeomen.

yep *inf* [jep] *interj* ouais.

yer *inf* [jə'] = **your**.

yes [jes] ◇ *adv* -1. [gen] oui; [in answer to negatives] si; [answering knock on door] oui (entrez); [answering phone] allô, oui; [encouraging a speaker to continue] oui, et puis?, oui, et alors?; to say/to vote ~ dire/voter oui; is it raining? – ~ (it is) est-ce qu'il pleut? – oui; will you tell her? – ~ (I will) le lui direz-vous? – oui (je vais le faire); ~? what do you want? oui? que voulez-vous?; did they enjoy the cruise? – oh, ~! ont-ils aimé leur croisière? – oh, oui!; oh ~? [doubtful] c'est vrai?; you don't like me, do you? – ~ I do! vous ne m'aimez pas, n'est-ce pas? – mais si (voyons)!; ~ please oui, s'il vous plaît; ~ of course, ~ certainly oui, bien sûr. -2. [introducing a contrary opinion]: ~ but... oui OR d'accord mais... -3. [in response to command or call] oui; ~, sir oui OR bien, monsieur; James! – ~? James! – oui? -4. [indeed] en effet, vraiment; she was rash, ~, terribly rash elle a été imprudente, vraiment très imprudente.
◇ *n* [person, vote]: to count the ~es compter les oui OR les votes pour; there are 10 ~es and 16 noes il y a 10 oui et 16 non.
◇ *comp*: ~ vote vote *m* pour; to give a ~ vote voter pour.
◆ **yes and no** *adv phr* oui et non; do you like him? – well, ~ and no vous l'aimez bien? – ben, oui et non.

yes-man *inf n* béni-oui-oui *m inv*.

yesterday ['jestədɪ] ◇ *adv* -1. hier; he came ~ il est venu hier; ~ morning/afternoon hier matin/après-midi; ~ week *Br*, a week ~, a week ago ~ il y a huit jours ❑ I wasn't born ~ je ne suis pas né de la dernière pluie. -2. [in the past] hier, naguère.
◇ *n* -1. [day before] hier *m*; ~ was Monday hier c'était lundi; ~'s programme le programme d'hier; the day before ~ avant-hier; it seems like (only) ~ c'est comme si c'était hier. -2. [former times] temps *mpl* passés OR anciens; ~'s fashions les coutumes d'hier OR d'autrefois; all our ~s tout notre passé.

yesternight ['jestənaɪt] *adv arch* la nuit dernière, hier soir.

yesteryear ['jestəjɪə'] *n fml* OR *lit* temps *m* jadis; fashions of ~ les coutumes d'autrefois OR d'antan.

yet [jet] ◇ *adv* -1. [up to now] déjà; is he here ~? est-il déjà là?; has he arrived ~? est-il déjà arrivé?; have you been to London ~? êtes-vous déjà allés à Londres?; did you go to the zoo ~? *Am* êtes-vous déjà allés au zoo? -2. [at the present time]: not ~ pas encore; not just ~ pas tout de suite; she isn't here ~ elle n'est pas encore là; I haven't finished ~ je n'ai pas encore fini; they haven't had any answer ~ ils n'ont pas encore (reçu) de réponse; it isn't time for a break ~ il n'est pas encore l'heure de faire une pause. -3. [still] *(in affirmative statements)* encore, toujours; I have ~ to meet her je ne l'ai pas encore rencontrée; the manuscripts have ~ to be deciphered les manuscrits n'ont pas encore été déchiffrés; the best is ~ to come le meilleur est encore à venir OR reste à venir; there are another ten miles to go ~ il reste encore seize kilomètres à faire; I won't be ready for another hour ~ j'en ai encore pour une heure; they won't be here for another hour ~ ils ne seront pas là avant une heure; they may ~ be found on peut encore les retrouver, il se peut encore qu'on les retrouve; they may ~ be alive ils sont peut-être encore OR toujours en vie. -4. [even] *(with comparatives and superlatives)* encore, même; ~ more expensive encore plus cher; ~ more snow was expected on prévoyait encore de la neige; ~ higher interest rates des taux d'intérêt encore plus élevés; a life of parties and ~ more parties une existence qui consiste à aller de fête en fête; he is not handsome, nor ~ well-dressed *lit* il n'est pas beau, ni même bien habillé || [emphasizing amount, frequency etc]: ~ another bomb encore une bombe; ~ again encore une fois. -5. [so far - in present] jusqu'ici, jusque-là; [- in past] jusque-là; it's her best play ~ c'est sa meilleure pièce jusqu'ici; it was his best film ~ c'était son meilleur film jusque-là. -6. [despite everything] après tout, quand même; she may ~ surprise you all elle va peut-être vous surprendre tous après tout; I'll manage it ~! j'y arriverai quand même!

◇ *conj* [nevertheless] néanmoins, toutefois; [however] cependant, pourtant; [but] mais; they had no income ~ they still had to pay taxes ils n'avaient pas de revenus et pourtant ils devaient payer des impôts; he was firm ~ kind il était ferme et pourtant gentil.

yeti ['jetɪ] *n* yéti *m*.

yew [juː] *n* -1. ~ (tree) if *m*. -2. [wood] (bois d') if *m*.

Y-fronts® *npl* slip *m* kangourou.

YHA (*abbr of* Youth Hostels Association) *pr n Br Fédération unie des Auberges de jeunesse.*

yid, Yid▼ [jɪd] *n terme antisémite désignant un juif,* ≃ youpin *m*, -e *f*.

Yiddish ['jɪdɪʃ] ◇ *n* yiddish *m*.

◇ *adj* yiddish.

yield [jiːld] ◇ *vi* -1. [give in - person] céder; [surrender] se rendre; he refused to ~ il a refusé de céder OR se laisser fléchir; to ~ to [argument] céder OR s'incliner devant; [criticism, force] céder devant; [blackmail, demand] céder à; [pressure, threat] céder sous; [desire, temptation] succomber à, céder à; the city ~ed after a month-long siege la ville a capitulé après un mois de siège; the countryside has had to ~ to suburbia la campagne a dû reculer au profit de la banlieue. -2. [break, bend - under weight, force] céder, fléchir; the ice ~ed under his weight la glace céda sous son poids; the window catch eventually ~ed le loqueteau de la fenêtre a fini par céder; the door began to ~ under the pressure la porte a commencé à céder sous la pression. -3. *Am* AUT céder le passage OR la priorité; 'yield' 'cédez le passage'. -4. AGR [field] rapporter, rendre; [crop] rapporter.

◇ *vt* -1. [produce, bring in - gen] produire, rapporter; [land, crops] produire, rapporter, donner; the orchard ~ed plentiful amounts of fruit le verger a produit OR donné des fruits à profusion; the investment bond will ~ 11 % le bon d'épargne rapportera 11 %; their research has ~ed some interesting results leur recherche a fourni OR donné quelques résultats intéressants. -2. [relinquish, give up] céder, abandonner; to ~ ground MIL & *fig* céder du terrain; he was forced to ~ control of the party il a dû céder le contrôle du parti; to ~ a position MIL abandonner une position; to ~ a point to sb céder à qqn sur un point, concéder un point à qqn. -3. *Am* AUT: to ~ right of way céder la priorité.

◇ *n* -1. AGR & INDUST [output] rendement *m*, rapport *m*; [of crops] récolte *f*; high-~ crops récoltes à rendement élevé; rice ~ récolte de riz; ~ per acre ≃ rendement à l'hectare. -2. FIN [from investments] rapport *m*, rendement *m*; [profit] bénéfice *m*, bénéfices *mpl*; [from tax] recette *f*, rapport *m*; an 8 % ~ on investments des investissements qui rapportent 8 %.

◇ *comp Am*: ~ sign panneau *m* de priorité.

◆ **yield up** *vt sep Br* -1. [surrender - town, prisoner] livrer; he ~ed himself up to the police il s'est livré à la police. -2. [reveal - secret] dévoiler.

yielding ['jiːldɪŋ] ◇ *adj* -1. [soft - ground] mou. -2. [flexible - material, metal] flexible, extensible. -3. [person] complaisant, accommodant; [character] docile.

◇ *n* [of town] reddition *f*; [of rights, control] cession *f*.

yield point *n* limite *f* d'élasticité.

yin [jɪn] *n*: ~ and yang le yin et le yang.

yippee *inf* [*Br* jɪ'piː, *Am* 'jɪpɪ] *interj* hourra.

YMCA (*abbr of* Young Men's Christian Association) *pr n association chrétienne de jeunes gens (surtout connue pour ses centres d'hébergement).*

yo *inf* [jəʊ] *interj esp Am* salut.

yob *inf* [jɒb], **yobbo** *inf* ['jɒbəʊ] *n Br* loubard *m*.

yod [jɒd] *n* yod *m*.

yodel ['jəʊdl] (*Br pt* & *pp* yodelled, *cont* yodelling, *Am pt* & *pp* yodeled, *cont* yodeling)

◇ *vi* jodler, iodler.

◇ *n* tyrolienne *f*.

yoga ['jəʊgə] *n* yoga *m*.

yoghourt, yoghurt [*Br* 'jɒgət, *Am* 'jəʊgərt] *n* yaourt *m*, yogourt *m*, yoghourt *m*.

yogi ['jəʊgɪ] *n* yogi *m*.

yogurt [*Br* 'jɒgət, *Am* 'jəʊgərt] = **yoghourt**.

yoke [jəʊk] ◇ *n* -1. [frame - for hitching oxen] joug *m*; [- for carrying buckets] joug *m*, palanche *f*. -2. *fig* [burden, domination] joug *m*; to come under the ~ of slavery/tyranny tomber sous le joug de l'esclavage/de la tyrannie; a country struggling to cast off the ~ of foreign domination un pays qui lutte pour rompre OR secouer le joug de la domination étrangère. -3. [pair of animals] attelage *m*, paire *f*. -4. [of dress, skirt, blouse] empiècement *m*. -5. CONSTR [for beams] moise *f*, lien *m*. -6. *lit*: the ~ of marriage les liens du mariage.

◇ *vt* -1. [oxen] atteler; to ~ (up) oxen/bullocks to a plough atteler des bouvillons/bœufs à une charrue. -2. [ideas, qualities] lier, joindre.

yokel ['jəʊkl] *n pej* péquenot *m*.

Yokohama [,jəʊkə'hɑːmə] *pr n* Yokohama.

yolk [jəʊk] *n*: (egg) ~ jaune *m* (d'œuf).

Yom Kippur [,jɒm'kɪpəʳ] *n* Yom Kippour *m inv*.

yomp *inf* [jɒmp] *vt Br* crapahuter, crapaüter.

yon [jɒn] *dem adj arch* OR *dial*: ~ tree cet arbre-là, l'arbre là-bas.

yonder ['jɒndəʳ] ◇ *adj lit*: ~ tree l'arbre là-bas.

◇ *adv* là-bas; way over ~ loin là-bas.

yonks *inf* [jɒŋks] *n Br*: I haven't been there for ~ il y a belle lurette OR il y a une paie OR ça fait un bailque je n'y suis pas allé.

yoo-hoo [,juː'huː] *interj* ohé.

YOP [jɒp] (*abbr of* Youth Opportunities Programme) *n Br* -1. [programme] ≃ TUC *mpl*. -2. *inf* [worker] ≃ tuciste *mf*.

yore [jɔːʳ] *n arch* OR *lit*: in days of ~ au temps jadis.

yorkie *inf* ['jɔːkɪ] = **Yorkshire terrier**.

Yorks. *written abbr of* Yorkshire.

Yorkshire ['jɔːkʃəʳ] *pr n* Yorkshire *m*.

Yorkshire pudding *n crêpe épaisse salée traditionnellement servie avec du rôti de bœuf.*

Yorkshire Ripper *pr n*: the ~ *l'éventreur du Yorkshire, accusé en 1981 du meurtre de 13 femmes.*

Yorkshire terrier *n* yorkshire-terrier *m*, yorkshire *m*.

you [juː] *pron* -1. [as subject] vous *(sg or pl)*; [familiar use] tu *(sg)*, vous *(pl)*. -2. [as object] vous *(sg or pl)*; [familiar use] te *(sg)*, vous *(pl)*; ~ didn't ask vous n'avez pas/tu n'as pas demandé; don't ~ dare! je te le déconseille!; ~ and I will go together vous et moi/toi et moi irons ensemble; would ~ like a drink? voulez-vous boire quelque chose?; ~ and yours vous et les vôtres/toi et les tiens; all of ~ tous les tiens; ~ there! vous ici!; don't ~ say a word je t'interdis de dire quoi que ce soit; did he see ~? est-ce qu'il vous a vu/t'a vu?; I'll get ~ some dinner je vais vous/te préparer à manger; she gave ~ the keys elle vous a donné/elle t'a donné les clés. -3. [after preposition] vous; [familiar use] toi; with ~ avec vous/toi; for ~ pour vous/toi; that's men for ~ ah! les hommes!; she gave the keys to ~ elle vous a donné/elle t'a donné les clés; between ~ and me entre nous. -4. [before noun or adjective]: ~ bloody fool!▽ espèce de crétin!; ~ sweetie! oh, le mignon/la mignonne!; ~ Americans are all the same vous les Américains OR vous autres Américains, vous êtes tous pareils. -5. [emphatic use] vous; [familiar form] toi; ~ mean they chose ~ tu veux dire qu'ils t'ont choisie toi; ~ wouldn't do that, would ~? vous ne feriez pas cela/tu ne ferais pas cela, n'est-ce pas? -6. [impersonal use]: ~ never know on ne sait jamais; a hot bath does ~ a world of good un bon bain chaud vous fait un bien immense; ~ take the first on the left prenez la première à droite.

you-all *inf pron Am dial* vous (tous).

you'd [juːd] = **you had, you would**.

you-know-what *inf n euph*: she saw his ~ elle a vu son truc; they were doing ~ ils faisaient des choses.

you-know-who *inf n euph* qui tu sais, qui vous savez.

you'll [juːl] = **you will**.

young [jʌŋ] (*compar* younger ['jʌŋgəʳ], *superl* youngest ['jʌŋgɪst]) ◇ *adj* -1. [in age, style, ideas - person, clothes] jeune; the ~ men and women of today les jeunes gens et jeunes femmes d'aujourd'hui; ~ people les jeunes *mpl*, la jeunesse *f*; the ~er generation la jeune génération; families with ~ children les familles qui ont des enfants en bas âge; my ~er brother mon frère cadet, mon petit frère; I'm ten years ~er than she is j'ai dix ans de moins qu'elle; I'm not as ~ as I was! je n'ai plus (mes) vingt ans!; he is ~ for such responsibility il est bien jeune pour de telles responsabilités; you're only ~ once! la jeunesse ne dure qu'un temps!; in my ~er days dans ma jeunesse, quand j'étais jeune; the Young Conservatives/Liberals les jeunes conservateurs/libéraux; how is ~ Christopher? *Br* comment va le jeune Christopher?; the ~ Mr Ford, Mr Ford the ~er le jeune M. Ford, M. Ford fils; now listen here ~ man! écoutez-moi bien, jeune homme!; her ~ man *dated* son petit ami, son amoureux; his ~ lady *dated* sa petite amie; ~ lady! mademoiselle!; she's quite a ~ lady now c'est une vraie jeune fille maintenant; what do you have to say for yourself, ~ lady? qu'avez-vous à dire, mademoiselle? -2. [youthful] jeune; he is ~ for 45 il fait jeune pour 45 ans; she is a ~ 45 elle a 45 ans, mais elle ne les fait pas; he's ~ for his age il est jeune pour son âge, il ne fait pas son âge; to be ~ at heart avoir la jeunesse du cœur. -3. [recent - grass, plant] nouveau; [- wine] jeune, vert; GEOL [- rock formation] jeune, récent.

◇ *npl*: the ~ [people] les jeunes *mpl*, la jeunesse; [animals] les petits *mpl*; a game suitable for ~ and old alike un jeu pour les jeunes et les moins jeunes; to be with ~ [animal] être pleine OR grosse.

young blood *n* [new attitudes, ideas, people] sang *m* nouveau OR neuf.

youngish ['jʌŋɪʃ] *adj* plutôt jeune.

young-looking *adj* d'allure jeune.

youngster ['jʌŋstəʳ] *n* -1. [child] garçon *m*, gamin *m*; [youth] jeune homme *m*. -2. EQUIT jeune cheval *m*.

Young Turk *n* POL jeune-turc *m*, jeune-turque *f*.

your [jɔːʳ] *det* -**1.** [addressing one or more people] votre *mf*, vos *mfpl*; [familiar use] ton *m*, ta *f*, tes *mfpl*; ~ **book** votre/ton livre; ~ **car** votre/ta voiture; ~ **books** vos/tes livres. -**2.** [with parts of body, clothes]: **don't put ~ hands in ~ pockets** ne mets pas tes mains dans les poches; **why are you scratching ~ head?** pourquoi est-ce que tu te grattes la tête?; **hold on to ~ hat!** tenez-bien votre chapeau!; **I think you've broken ~ finger** je crois que vous vous êtes cassé le doigt; **does ~ wrist hurt?** est-ce que tu as mal au poignet? -**3.** [emphatic form]: **is this ~ book or his?** est-ce que c'est votre livre ou le sien?; **oh it's YOUR book, is it?** ah, c'est à toi ce livre!; **that's YOUR problem** c'est TON problème. -**4.** [impersonal use]: **if you don't stand up for ~ rights, no one else will** si vous ne défendez pas vos droits vous-même, personne ne le fera à votre place; **swimming is good for ~ heart and lungs** la natation est un bon exercice pour le cœur et les poumons; **where are ~ Churchills and ~ De Gaulles when you need them?** où sont vos Churchill et vos De Gaulle quand vous avez besoin d'eux?; **it's not a film for ~ average cinema goer** ce n'est pas un film pour n'importe quel public. -**5.** [in titles]: **Your Highness** Votre Majesté *(à un roi, une reine, un prince ou une princesse)*; **Your Majesty** Votre Majesté *(à un roi ou une reine uniquement)*.

you're [jɔːʳ] = **you are**.

yours [jɔːz] *pron* -**1.** [addressing one or more people] le vôtre *m*, la vôtre *f*, les vôtres *mfpl*, le tien *m*, la tienne *f*, les tiens *mpl*, les tiennes *fpl*; **is this book ~?** est-ce que ce livre est à vous/toi?; **is this car ~?** c'est votre/ta voiture?; **are these books ~?** ces livres sont-ils à vous/toi?; **is he a friend of ~?** est-ce un de vos/tes amis?; **~ is an unenviable task** votre tâche est peu enviable; **can't you control that wretched dog of ~?** vous ne pouvez pas retenir votre satané chien? -**2.** [up to you]: **it is not ~ to decide** ce n'est pas à vous OR il ne vous appartient pas de décider. -**3.** *inf Br* [in offering drinks]: **what's ~?** qu'est-ce que vous buvez?, qu'est-ce que je vous sers? -**4.** [in letter]: **~, Peter** ≃ bien à vous OR à bientôt, Peter; **~ sincerely** cordialement; **~ faithfully** ≃ veuillez agréer mes salutations distinguées.

yourself [jɔːˈself] (*pl* **yourselves** [-ˈselvz]) *pron* -**1.** [personally - gen] vous-même; [- familiar use] toi-même; **do it ~** faites-le vous-même/fais-le toi-même; **do it yourselves** faites-le vous-mêmes; **you've kept the best seats for yourselves** vous avez gardé les meilleures places pour vous; **see for ~** tu n'as qu'à voir par toi-même; **did you come by ~?** vous êtes venu tout seul?; **did you mend the fuse (by) ~?** vous avez remplacé le fusible tout seul?; **did you make it ~?** l'avez-vous fait vous-même? -**2.** [reflexive use]: **did you hurt ~?** est-ce que vous vous êtes/tu t'es fait mal?; **did you enjoy ~?** est-ce que c'était bien?; **you were talking to ~** tu parlais tout seul; **speak for ~!** parle pour toi!; **just look at ~!** regarde-toi donc! ❑ **you don't seem ~ today** tu n'as pas l'air d'être dans ton assiette aujourd'hui. -**3.** [emphatic use]: **you told me ~, you ~ told me** vous me l'avez dit vous-même, c'est vous-même qui me l'avez dit; **you must have known ~ that they wouldn't accept** vous-même, vous auriez dû savoir qu'ils n'accepteraient pas. -**4.** [impersonal use]: **you have to know how to look after ~ in the jungle** dans la jungle, il faut savoir se défendre tout seul OR se débrouiller soi-même; **you're supposed to help ~** on est censé se servir soi-même.

yours truly *inf pron* bibi, mézigue.

youth [juːθ] (*pl* **youths** [juːðz]) ◇ *n* -**1.** [young age] jeunesse *f*; **in my ~** dans ma jeunesse, quand j'étais jeune; **the optimism of ~** l'optimisme de la jeunesse. -**2.** [young man] adolescent *m*, jeune *m*.
◇ *npl* [young people]: **the ~ of today** les jeunes *mpl* OR la jeunesse d'aujourd'hui; **the ~ of the nation** la jeunesse du pays.

youth club *n Br* ≃ maison *f* des jeunes.

youth culture *n* culture *f* des jeunes.

youth custody *n Br* détention *f* de mineurs, éducation *f* surveillée.

youth custody centre *n Br centre de détention de jeunes délinquants (jusqu'en 1988 - aujourd'hui appelé «young offenders' institution»).*

youthful [ˈjuːθfʊl] *adj* -**1.** [young - person] jeune; [- appearance] d'allure jeune. -**2.** [typical of youth - idea] de jeunesse; [- enthusiasm, expectations, attitude] juvénile; **~ good humour** bonne humeur juvénile OR propre à la jeunesse.

youthfulness [ˈjuːθfʊlnɪs] *n* [of person] jeunesse *f*; [of appearance] allure *f* jeune; [of mind, ideas] jeunesse *f*, fraîcheur *f*.

youth hostel *n* auberge *f* de jeunesse.

youth hosteller *n* habitué *m*, -e *f* des auberges de jeunesse.

youth hostelling *n (U)* séjour *m* OR séjours *mpl* dans les auberges de jeunesse; **to go ~** passer ses vacances en auberges de jeunesse.

you've [juːv] = **you have**.

yowl [jaʊl] ◇ *vi* [cat] miauler (fort); [dog, person] hurler; **to ~ in pain** [cat] miauler de douleur; [dog, person] hurler de douleur.
◇ *n* [of cat] miaulement *m* (déchirant); [of dog, person] hurlement *m*.

yo-yo [ˈjəʊjəʊ] (*pl* **yoyos**) ◇ *n* -**1.** [toy] Yo-Yo® *m inv*. -**2.** ▽ *Am* [fool] couillon *m*.
◇ *vi inf* fluctuer.

yr *written abbr of* **year**.

YT *written abbr of* **Yukon Territory**.

YTS (*abbr of* **Youth Training Scheme**) *n (personne participant au) programme gouvernemental britannique d'insertion des jeunes dans la vie professionnelle.*

ytterbium [ɪˈtɜːbɪəm] *n* ytterbium *m*.

yttrium [ˈɪtrɪəm] *n* yttrium *m*.

yuan [juːˈɑːn] (*pl inv*) *n* yuan *m*.

Yucatan [ˌjʌkəˈtɑːn] *pr n* Yucatan *m*.

yucca [ˈjʌkə] *n* yucca *m*.

yuck *inf* [jʌk] *interj* berk, beurk.

yucky *inf* [ˈjʌkɪ] (*compar* **yuckier**, *superl* **yuckiest**) *adj* dégueulasse.

Yugoslav [ˌjuːgəˈslɑːv] ◇ *n* Yougoslave *mf*.
◇ *adj* yougoslave.

Yugoslavia [ˌjuːgəˈslɑːvjə] *pr n* Yougoslavie *f*; **in ~** en Yougoslavie.

Yugoslavian [ˌjuːgəˈslɑːvjən] ◇ *n* Yougoslave *mf*.
◇ *adj* yougoslave.

yuk [jʌk] = **yuck**.

yukky [ˈjʌkɪ] (*compar* **yukkier**, *superl* **yukkiest**) = **yucky**.

Yukon Territory [ˈjuːkɒn-] *pr n* territoire *m* du Yukon.

yule, Yule [juːl] *n arch, lit* OR *dial* Noël *m*.

yule log, Yule log *n* bûche *f* de Noël.

yuletide, Yuletide [ˈjuːltaɪd] *lit* ◇ *n* (époque *f* de) Noël *m*; **at ~** à Noël.
◇ *comp* [greetings, festivities] de Noël.

yummy *inf* [ˈjʌmɪ] (*compar* **yummier**, *superl* **yummiest**) ◇ *adj* [food] succulent, délicieux.
◇ *interj* miam-miam.

yum-yum *inf* [ˌjʌmˈjʌm] *interj* miam-miam.

Yunnan [juːˈnæn] *pr n* Yunnan *m*.

yuppie, yuppy [ˈjʌpɪ] (*pl* **yuppies**) ◇ *n* yuppie *mf*, ≃ jeune cadre *m* dynamique.
◇ *adj* [club] pour jeunes cadres dynamiques; [lifestyle] des yuppies.

YWCA (*abbr of* **Young Women's Christian Association**) *pr n association chrétienne de jeunes filles (surtout connue pour ses centres d'hébergement).*

Z

z (*pl* **z's** OR **zs**), **Z** (*pl* **Z's** OR **Zs**) [*Br* zed, *Am* ziː] *n* z *m*, Z *m*.

Zacharias [ˌzækəˈraɪəs] *pr n* Zacharie.

Zagreb [ˈzɑːgreb] *pr n* Zagreb.

Zaïre [zɑːˈɪəʳ] *pr n* Zaïre *m*; in ~ au Zaïre.

Zaïrean [zɑːˈɪərɪən] ◇ *n* Zaïrois *m*, -e *f*.
◇ *adj* zaïrois.

Zambesi, **Zambezi** [zæmˈbiːzɪ] *pr n*: the ~ le Zambèze.

Zambia [ˈzæmbɪə] *pr n* Zambie *f*; in ~ en Zambie.

Zambian [ˈzæmbɪən] ◇ *n* Zambien *m*, -enne *f*.
◇ *adj* zambien.

zany *inf* [ˈzeɪnɪ] (*compar* **zanier**, *superl* **zaniest**, *pl* **zanies**) ◇ *adj* farfelu, dingue, dingo.
◇ *n* THEAT bouffon *m*, zani *m*, zanni *m*.

Zanzibar [ˌzænzɪˈbɑːʳ] *pr n* Zanzibar; in ~ au Zanzibar.

zap *inf* [zæp] (*pt* & *pp* **zapped**, *cont* **zapping**)
◇ *vi* -**1.** [go quickly] courir; **I'll ~ over to see her** je file la voir, je vais faire un saut chez elle. -**2.** TV zapper; **stop zapping!** arrête de zapper!
◇ *vt* -**1.** [destroy by bombing - town] ravager, bombarder; [- target] atteindre. -**2.** [kill - victim] tuer, descendre; [- in video game] éliminer. -**3.** COMPUT [display, data] effacer, supprimer.
◇ *n* [energy] pêche *f*, punch *m*.
◇ *interj* vlan.

zapper *inf* [ˈzæpəʳ] *n* [for TV] télécommande *f*.

zappy *inf* [ˈzæpɪ] (*compar* **zappier**, *superl* **zappiest**) *adj Br* qui a la pêche, plein de punch; **a ~ little car** une petite voiture nerveuse.

Zarathustra [ˌzærəˈθuːstrə] *pr n* Zarathoustra.

z-axis *n* axe *m* des z.

Z-car *n Br dated* voiture *f* pie *(de la police)*.

Z chart *n* INDUST & MATH *table statistique de données journalières, hebdomadaires et mensuelles pour une année.*

zeal [ziːl] *n* zèle *m*, ferveur *f*, ardeur *f*; **full of ~** plein de zèle; **she undertook the work with great ~** elle a entrepris le travail avec beaucoup de zèle; **political/religious ~** ferveur politique/religieuse.

zealot [ˈzelət] *n* fanatique *mf*, zélateur *m*, -trice *f*; **religious ~s** fanatiques religieux.

zealotry [ˈzelətrɪ] *n* fanatisme *m*.

zealous [ˈzeləs] *adj* [worker, partisan] zélé, actif; [opponent] zélé, acharné; **she is ~ in carrying out her duties** elle fait ce qu'elle a à faire avec beaucoup de zèle OR d'ardeur.

zealously [ˈzeləslɪ] *adv* avec zèle OR ardeur.

zebra [*Br* ˈzebrə, *Am* ˈziːbrə] (*pl inv* OR **zebras**) *n* zèbre *m*.

zebra crossing *n Br* passage *m* clouté OR pour piétons.

zebu [ˈziːbuː] *n* zébu *m*.

Zechariah [ˌzekəˈraɪə] *pr n* Zacharie.

zed [zed] *Br*, **zee** [ziː] *Am n* (lettre *f*) z *m*.

zeitgeist, **Zeitgeist** [ˈzaɪtgaɪst] *n* esprit *m* de l'époque.

Zen [zen] ◇ *n* zen *m*.
◇ *adj* zen *(inv)*; **~ Buddhism** les préceptes *mpl* du zen, le bouddhisme zen.

zenith [*Br* ˈzenɪθ, *Am* ˈziːnəθ] *n* zénith *m*; **she had reached the ~ of her career** *fig* elle était au sommet OR au faîte de sa carrière; **when the British Empire was at its ~** *fig* lorsque l'empire britannique était à son apogée, à l'apogée de l'empire britannique.

zeolite [ˈziːəlaɪt] *n* zéolite *f*.

zephyr [ˈzefəʳ] *n lit* & TEX zéphyr *m*.

zeppelin [ˈzepəlɪn] *n* zeppelin *m*.

zero [*Br* ˈzɪərəʊ, *Am* ˈziːrəʊ] (*pl* **zeros** OR **zeroes**)
◇ *n* -**1.** MATH zéro *m*. -**2.** [in temperature] zéro *m*; **40 below ~** 40 degrés au-dessous de zéro, moins 40. -**3.** SPORT: **to win 3 ~** gagner 3 (à) zéro. -**4.** [nothing, nought]: **our chances have been put at ~** on considère que nos chances sont nulles.
◇ *vt* [instrument] régler sur zéro.
◇ *comp* [altitude] zéro *(inv)*; [visibility] nul; **~ gravity** apesanteur *f*; **~ growth** croissance *f* zéro; **the ~ option** POL l'option *f* zéro; **the project has ~ interest for me** le projet ne présente aucun intérêt pour moi.
◆ **zero in on** *vt insep* -**1.** MIL [aim for] se diriger OR piquer droit sur; **the police ~ed in on the terrorists' hideout** *inf* la police a investi la cachette des terroristes. -**2.** *inf* [concentrate on] se concentrer sur, faire porter tous ses efforts sur. -**3.** *inf* [pinpoint] mettre le doigt sur.

zero hour *n* heure *f* H.

zero-rated [-ˌreɪtɪd] *adj*: **~ (for VAT)** exempt de TVA, non assujetti à la TVA.

zest [zest] *n* -**1.** [piquancy] piquant *m*, saveur *f*; **to add ~ to a situation** ajouter du sel OR du piquant à une situation. -**2.** [enthusiasm] enthousiasme *m*, entrain *m*; **she seems to have lost her ~ for life** il semble qu'elle ait perdu son appétit de vivre OR son goût pour la vie. -**3.** CULIN [of orange, lemon] zeste *m*.

zestful [ˈzestfʊl] *adj* [person] enthousiaste.

zeugma [ˈzjuːgmə] *n* zeugma *m*, zeugme *m*.

Zeus [zjuːs] *pr n* Zeus.

zigzag [ˈzɪgzæg] (*pt* & *pp* **zigzagged**, *cont* **zigzagging**) ◇ *vi* [walker, vehicle] avancer en zigzags, zigzaguer; [road] zigzaguer; [river] serpenter; **to ~ across/up the road** traverser/monter la rue en zigzaguant; **the road ~s through the valley** la route traverse la vallée en zigzaguant OR serpente à travers la vallée.
◇ *n* [in design] zigzag *m*; [on road] lacet *m*; [in river] boucle *f*.
◇ *adj* [path, line] en zigzag; [pattern] à zigzag OR zigzags; **the path follows a ~ course across the fields** le chemin traverse les champs en zigzaguant.
◇ *adv* en zigzag.

zilch *inf* [zɪltʃ] *n Am* que dalle.

zillion *inf* [ˈzɪljən] (*pl inv* OR **zillions**) ◇ *n* foultitude *f*; **they earn/cost ~s** ils gagnent/coûtent des milliards; **we got ~s of replies** nous avons eu des tas et des tas OR des tonnes de réponses.
◇ *adj*: **for a ~ reasons** pour des tas OR une foultitude de raisons.

Zimbabwe [zɪmˈbɑːbwɪ] *pr n* Zimbabwe *m*; in ~ au Zimbabwe.

Zimbabwean [zɪmˈbɑːbwɪən] ◇ *n* Zimbabwéen *m*, -enne *f*.
◇ *adj* zimbabwéen.

Zimmer (frame)® [ˈzɪməʳ-] *n* déambulateur *m*.

zinc [zɪŋk] ◇ *n* zinc *m*.
◇ *comp* [chloride, sulphate, sulphide] de zinc; [ointment] à l'oxyde de zinc; **~ white** oxyde *m* de zinc *(pigment)*.

zinc blend *n* blende *f*.

zinc ointment *n* pommade *f* à l'oxyde de zinc.

zinc oxide *n* oxyde *m* de zinc.

zing *inf* [zɪŋ] ◇ *onomat* zim.
◇ *n* -**1.** [of bullet] sifflement *m*. -**2.** [of person] punch *m*.
◇ *vi* [projectile] siffler, passer dans un sifflement; **the bullet ~ed past me** la balle est passée à côté de moi dans un sifflement.

zinger *inf* [ˈzɪŋəʳ] *n Am* [pointed remark] pique *f*.

Zion [ˈzaɪən] *pr n* Sion.

Zionism [ˈzaɪənɪzm] *n* sionisme *m*.

Zionist [ˈzaɪənɪst] ◇ *n* sioniste *mf*.
◇ *adj* sioniste.

zip [zɪp] (*pt* & *pp* **zipped**) ◇ *n* -**1.** [fastener] fermeture *f* Éclair® OR à glissière. -**2.** [sound of bullet] sifflement *m*. -**3.** *inf* [liveliness] vivacité *f*, entrain *m*. -**4.** *inf Am* [nothing] rien *m*.
◇ *vi* -**1.** [with zip fastener]: **to ~ open/shut** s'ouvrir/se fermer à l'aide d'une fermeture Éclair® OR à glissière. -**2.** *inf (as verb of movement)*: **to ~ past/upstairs** passer/monter l'escalier comme une flèche; **she zipped out to get a paper** elle a filé chercher un journal; **I zipped through the book/my work** j'ai lu ce livre/fait mon travail en quatrième vitesse. -**3.** [arrow, bullet] siffler; **bullets zipped past us** des balles sifflaient à nos oreilles.
◇ *vt* -**1.** [with zip fastener]: **to ~ sthg open/shut** fermer/ouvrir la fermeture Éclair® OR à glissière de qqch; **I zipped myself into my sleeping bag** je me suis enfermé dans mon sac de couchage en tirant la fermeture. -**2.** *inf* [do quickly]: **I'll just ~ this cake into the oven** je glisse en vitesse ce gâteau dans le four.
◆ **zip on** ◇ *vt sep* attacher (avec une fermeture à glissière).
◇ *vi insep* s'attacher avec une fermeture Éclair® OR à glissière.

◆ **zip up** ◇ *vt sep* -**1.** [subj: clothing, sleeping bag] fermer avec la fermeture Éclair® OR à glissière. -**2.** [subj: person] fermer la fermeture Éclair® OR à glissière de.
◇ *vi insep* [dress] se fermer avec une fermeture Éclair® OR à glissière.

zip (code), **ZIP (code)** *n Am* code *m* postal.

zip fastener *n Br* fermeture *f* Éclair® OR à glissière.

zip gun *inf n Am* pistolet *m* rudimentaire *(à ressort)*.

zip-on *adj* [flap, hood] qui s'attache avec une fermeture Éclair® OR à glissière.

zipper ['zɪpəʳ] *Am* = **zip fastener**.

zippy *inf* ['zɪpɪ] (*compar* **zippier**, *superl* **zippiest**) *adj* [person] vif; [car] nerveux.

zip-up *adj* [bag, coat] à fermeture Éclair®, zippé.

zircon ['zɜːkɒn] *n* zircon *m*.

zirconium [zɜː'kəʊnɪəm] *n* zirconium *m*.

zit *inf* [zɪt] *n* bouton *m (sur la peau)*.

zither ['zɪðəʳ] *n* cithare *f*.

zizz *inf* [zɪz] *n Br*: **to have a ~** faire un somme.

zodiac ['zəʊdɪæk] *n* zodiaque *m*.

zombie ['zɒmbɪ] *n* zombie *m*.

zonal ['zəʊnl] *adj* zonal.

zone [zəʊn] ◇ *n* -**1.** [area] zone *f*, secteur *m*; **the occupied ~** MIL la zone occupée. -**2.** [sphere] zone *f*, domaine *m*. -**3.** GEOG & METEOR zone *f*.
◇ *vt* -**1.** [partition] diviser en zones. -**2.** [classify] désigner; **to ~ an area as industrial/residential** classer un secteur zone industrielle/résidentielle.

zone defence *n* SPORT défense *f* de zone.

zoning ['zəʊnɪŋ] *n* zonage *m*.

zonked▽ [zɒŋkt] *adj* -**1.** [exhausted] vanné, claqué. -**2.** [drunk] bourré; [drugged] défoncé.

zoo [zuː] (*pl* **zoos**) *n* zoo *m*, jardin *m* zoologique.

zookeeper ['zuːˌkiːpəʳ] *n* gardien *m*, -enne *f* du zoo.

zoological [ˌzəʊə'lɒdʒɪkl] *adj* zoologique; **~ garden** jardin *m* OR parc *m* zoologique.

zoologist [zəʊ'ɒlədʒɪst] *n* zoologiste *mf*.

zoology [zəʊ'ɒlədʒɪ] *n* zoologie *f*.

zoom [zuːm] ◇ *vi inf* -**1.** [verb of movement]: **the car ~ed up/down the hill** la voiture a monté/descendu la côte à toute allure; **the rocket ~ed up into the clouds** la fusée est montée en chandelle dans les nuages; **I'm just going to ~ into town to get some food** je vais faire un saut en ville pour acheter de quoi manger. -**2.** [prices, costs, sales] monter en flèche; **inflation ~ed up OR upwards** l'inflation est montée en flèche. -**3.** [engine] vrombir.
◇ *n* -**1.** [of engine] vrombissement *m*. -**2.** PHOT [lens, effect] zoom *m*.
◇ *onomat*: **~!** vroum!
◆ **zoom in** *vi insep* PHOT faire un zoom; **the camera ~ed in on the laughing children** la caméra a fait un zoom sur les enfants en train de rire.
◆ **zoom off** *inf vi insep* filer; **they're ~ing off on holiday tomorrow** ils filent en vacances demain.
◆ **zoom out** *vi insep* PHOT faire OR produire un effet d'éloignement avec le zoom.

zoom lens *n* zoom *m*.

zoomorphism [ˌzəʊə'mɔːfɪzm] *n* zoomorphisme *m*.

zoophyte ['zəʊəfaɪt] *n* zoophyte *m*.

zooplankton [ˌzəʊə'plæŋtən] *n* zooplancton *m*.

zoot suit [zuːt-] *n* costume *m* zazou.

Zoroaster [ˌzɒrəʊ'æstəʳ] *pr n* Zoroastre.

Zoroastrian [ˌzɒrəʊ'æstrɪən] ◇ *adj* zoroastrien.
◇ *n* Zoroastrien *m*, -enne *f*.

zucchini [zuː'kiːnɪ] (*pl inv* OR **zucchinis**) *n Am* courgette *f*.

zugzwang ['zuːgzwæŋ] ◇ *n* [in chess] *situation du joueur qui ne peut déplacer une pièce qu'à son désavantage*.
◇ *vt* [opponent] *mettre dans une situation où tout déplacement entraîne un gros désavantage*.

Zulu ['zuːluː] (*pl inv* OR **Zulus**) ◇ *n* -**1.** [person] Zoulou *m*, -e *f*. -**2.** LING zoulou *m*.
◇ *adj* zoulou.

Zululand ['zuːluːlænd] *pr n* Zoulouland *m*, Zululand *m*.

Zürich ['zjʊərɪk] *pr n* Zurich.

zygote ['zaɪgəʊt] *n* zygote *m*.

VERBS

VERBES

English Irregular Verbs

Infinitive	Past Tense	Past Participle
arise	arose	arisen
awake	awoke	awoken
be	was, were	been
bear	bore	borne
beat	beat	beaten
become	became	become
befall	befell	befallen
begin	began	begun
behold	beheld	beheld
bend	bent	bent
beseech	besought	besought
beset	beset	beset
bet	bet, betted	bet, betted
bid	bid, bade	bid, bidden
bind	bound	bound
bite	bit	bitten
bleed	bled	bled
blow	blew	blown
break	broke	broken
breed	bred	bred
bring	brought	brought
build	built	built
burn	burnt, burned	burnt, burned
burst	burst	burst
buy	bought	bought
can	could	—
cast	cast	cast
catch	caught	caught
choose	chose	chosen
cling	clung	clung
come	came	come
cost	cost	cost
creep	crept	crept
cut	cut	cut
deal	dealt	dealt
dig	dug	dug
do	did	done
draw	drew	drawn
dream	dreamed, dreamt	dreamed, dreamt
drink	drank	drunk
drive	drove	driven
dwell	dwelt, dwelled	dwelt, dwelled
eat	ate	eaten
fall	fell	fallen
feed	fed	fed
feel	felt	felt
fight	fought	fought
find	found	found
flee	fled	fled
fling	flung	flung
fly	flew	flown
forbear	forbore	forborne
forbid	forbade	forbidden
forecast	forecast	forecast

Infinitive	Past Tense	Past Participle
forego	forewent	foregone
foresee	foresaw	foreseen
foretell	foretold	foretold
forget	forgot	forgotten
forgive	forgave	forgiven
forsake	forsook	forsaken
freeze	froze	frozen
get	got	got (*Am* gotten)
give	gave	given
go	went	gone
grind	ground	ground
grow	grew	grown
hang	hung, hanged	hung, hanged
have	had	had
hear	heard	heard
hide	hid	hidden
hit	hit	hit
hold	held	held
hurt	hurt	hurt
keep	kept	kept
kneel	knelt, kneeled	knelt, kneeled
know	knew	known
lay	laid	laid
lead	led	led
lean	leant, leaned	leant, leaned
leap	leapt, leaped	leapt, leaped
learn	learnt, learned	learnt, learned
leave	left	left
lend	lent	lent
let	let	let
lie	lay	lain
light	lit, lighted	lit, lighted
lose	lost	lost
make	made	made
may	might	—
mean	meant	meant
meet	met	met
mistake	mistook	mistaken
mow	mowed	mown, mowed
pay	paid	paid
put	put	put
quit	quit, quitted	quit, quitted
read	read	read
rend	rent	rent
rid	rid	rid
ride	rode	ridden
ring	rang	rung
rise	rose	risen
run	ran	run
saw	sawed	sawn
say	said	said
see	saw	seen
seek	sought	sought
sell	sold	sold
send	sent	sent

Infinitive	Past Tense	Past Participle
set	set	set
shake	shook	shaken
shall	should	—
shear	sheared	shorn, sheared
shed	shed	shed
shine	shone	shone
shoot	shot	shot
show	showed	shown
shrink	shrank	shrunk
shut	shut	shut
sing	sang	sung
sink	sank	sunk
sit	sat	sat
slay	slew	slain
sleep	slept	slept
slide	slid	slid
sling	slung	slung
slink	slunk	slunk
slit	slit	slit
smell	smelt, smelled	smelt, smelled
sow	sowed	sown, sowed
speak	spoke	spoken
speed	sped, speeded	sped, speeded
spell	spelt, spelled	spelt, spelled
spend	spent	spent
spill	spilt, spilled	spilt, spilled
spin	spun	spun
spit	spat	spat
split	split	split
spoil	spoiled, spoilt	spoiled, spoilt
spread	spread	spread
spring	sprang	sprung
stand	stood	stood
steal	stole	stolen
stick	stuck	stuck

Infinitive	Past Tense	Past Participle
sting	stung	stung
stink	stank	stunk
stride	strode	stridden
strike	struck	struck, stricken
strive	strove	striven
swear	swore	sworn
sweep	swept	swept
swell	swelled	swollen, swelled
swim	swam	swum
swing	swung	swung
take	took	taken
teach	taught	taught
tear	tore	torn
tell	told	told
think	thought	thought
throw	threw	thrown
thrust	thrust	thrust
tread	trod	trodden
upset	upset	upset
wake	woke	woken
waylay	waylaid	waylaid
wear	wore	worn
weave	wove, weaved	woven, weaved
wed	wedded	wedded
weep	wept	wept
wet	wetted, wet	wetted, wet
will	would	—
win	won	won
wind	wound	wound
withdraw	withdrew	withdrawn
withhold	withheld	withheld
withstand	withstood	withstood
wring	wrung	wrung
write	wrote	written

GRAMMAIRE DE L'ANGLAIS

TABLE DES MATIÈRES

Le Nom *p. 3*

1. ***Le Pluriel***
1.1 Pluriels réguliers
1.2 Pluriels irréguliers
1.3 Noms terminés en -s
1.4 Noms toujours au pluriel
1.5 Noms collectifs
2. ***Le Genre du Nom***
2.1 Emploi des pronoms personnels
2.2 he/she
2.3 it
3. ***Dénombrables et Indénombrables***
3.1 Les dénombrables
3.2 Les indénombrables
3.3 Changements de catégorie
3.4 Quantifier les indénombrables
4. ***Le Cas Possessif***
4.1 Formes
4.2 Emplois
4.3 Cas possessif et construction en of
5. ***Les Noms Composés***
5.1 Formes
5.2 Pluriel

Pronoms et Déterminants *p. 7*

1. ***Les Pronoms Personnels***
1.1 Formes
1.2 Emplois
2. ***Les Adjectifs et les Pronoms Possessifs***
2.1 Formes
2.2 Emplois de l'adjectif possessif
2.3 Emplois du pronom possessif
3. ***Les Pronoms Réfléchis***
3.1 Formes
3.2 Emplois
3.3 Each other et one another
4. ***L'Article Indéfini et L'Article Défini***
4.1 L'article indéfini : Formes
4.2 L'article indéfini : Emplois
4.3 L'article défini : Formes
4.4 L'article défini : Emplois
4.5 L'article zéro (ø) : Forme et Emplois
5. ***Les Nombres Cardinaux et Ordinaux/One, Other***
5.1 Formes
5.2 Emplois
5.3 One
5.4 Other
6. ***Les Quantifieurs***
6.1 Présentation
6.2 Some, any
6.3 Many, much, a lot of, lots of
6.4 Few, little
6.5 A few, a little
6.6 Several
6.7 No
6.8 Enough
6.9 All, every, each
6.10 Either, neither, both
7. ***Les Pronoms Indéfinis***
7.1 Formes
7.2 Emplois
8. ***Les Démonstratifs***
8.1 Formes
8.2 Emplois
9. ***Les Mots Interrogatifs***
9.1 Who, which, et what
9.2 Whom
9.3 Whose
9.4 Autres mots interrogatifs
9.5 Mots interrogatifs et discours indirect
10. ***Les Pronoms Relatifs***
10.1 Formes
10.2 Emplois
10.3 Omission du relatif
10.4 Whom
10.5 Whose
10.6 What
10.7 Where et when

L'Adjectif *p. 17*

1. ***Forme de L'Adjectif***
1.1 Place de l'adjectif
1.2 Adjectifs substantivés
2. ***Comparatif et Superlatif de L'Adjectif***
2.1 Formes
2.2 Le comparatif : Emplois
2.3 Le superlatif : Emplois

Verbes 1 : Formes *p. 20*

1. ***Les Formes des Verbes***
1.1 La base verbale
1.2 La terminaison en -s
1.3 La terminaison -ing
1.4 La forme du prétérit
1.5 Le participe passé
1.6 Prétérit et participe passé : verbes réguliers et irréguliers
2. ***Les Verbes Auxiliaires***
2.1 Le verbe be : Formes
2.2 Le verbe have
2.3 Formes simples et formes composées du verbe
2.4 L'ordre des auxiliaires et la forme composée du verbe
2.5 Les auxiliaires : Propriétés particulières
2.6 Les auxiliaires : Formes contractées
2.7 Les auxiliaires et l'ordre des mots
3. ***Les Auxiliaires Modaux***
3.1 Les modaux : Formes
3.2 Les modaux : temps chronologique et temps grammatical
3.3 Can et could
3.4 May et might
3.5 Will et would
3.6 Shall et should
3.7 Must
3.8 Ought to, need, dare : Modalité
3.9 Les modaux et la forme progressive
3.10 Les modaux et le parfait
4. ***Les Verbes à Particules et Les Verbes Prépositionnels***
4.1 Les verbes à particules
4.2 Les verbes prépositionnels
4.3 Les verbes à deux particules
5. ***Les Constructions Verbe + Verbe***
5.1 Verbe + verbe
5.2 Verbe + complément + construction verbale

Verbes 2 : L'Expression du Temps *p. 33*

1. ***Le Présent***
1.1 Le présent simple
1.2 Le présent progressif
1.3 Forme progressive et autres temps
2. ***Le Passé***
2.1 Le prétérit simple
2.2 Le prétérit progressif
2.3 Le parfait
2.4 Parfait et autres formes verbales
3. ***Le Futur***
3.1 Will/shall
3.2 Be going to
3.3 Le présent progressif (à valeur de futur)
3.4 Will/shall + be + -ing
3.5 Le présent simple (à valeur de futur)
3.6 Be to/be about to
3.7 Le futur dans le passé

Verbes 3 : Modes et Voix *p. 43*

1. ***L'Impératif***
2. ***Le Subjonctif***
2.1 Le subjonctif présent
2.2 Le subjonctif passé
3. ***La Voix Passive***
3.1 Forme
3.2 Emplois
3.3 Le passif avec get
4. ***La Construction Infinitive avec To***
4.1 Formes
4.2 Emplois
5. ***La Construction Verbe+-ing***
5.1 Formes
5.2 Emplois
6. ***Le Participe Passé***
6.1 Formes
6.2 Emplois

L'Adverbe *p. 48*

1. ***Formes de L'Adverbe***
1.1 Autres types d'adverbe
1.2 Le comparatif et le superlatif de l'adverbe
2. ***Place de L'Adverbe***

La Syntaxe *p. 50*

1. ***Schémas de Phrases***
2. ***Autres Constructions***
2.1 L'expression qui marque l'existence : there is/are
2.2 Construction avec présentatifs
2.3 Constructions segmentées
2.4 Mise en relief
2.5 Accentuation de mots
3. ***La Phrase Négative***
3.1 L'emploi de la négation not
3.2 Autres mots négatifs
3.3 La double négation
3.4 Déplacement de la négation
3.5 Énoncés non-affirmatifs
4. ***La Phrase Interrogative et ses Réponses***
4.1 Les questions impliquant une réponse en yes/no
4.2 Doubles questions coordonnées par or
4.3 Les questions commençant par un mot en WH-
4.4 Les interro-négatives
4.5 Les tags
5. ***La Phrase Exclamative***
6. ***La Subordonnée de Commentaire***
7. ***La Subordonnée Relative***
7.1 La relative restrictive
7.2 La relative appositive
8. ***Les Subordonnées Circonstancielles***
9. ***Les Subordonnées introduites par if***
9.1 La réalisation possible
9.2 La réalisation hypothétique, l'irréel
9.3 L'irréel du passé
9.4 Subordonnées de condition avec inversion : Auxiliaire - Sujet -Verbe
9.5 Autres constructions conditionnelles
10. ***La Subordonnée de Comparaison***
11. ***La Subordonnée Nominale***
12. ***Le Discours Indirect***
12.1 Les énoncés rapportés au discours indirect
12.2 Le temps de la phrase au discours indirect

LE NOM

En anglais le nom peut être :

1. ***Singulier ou Pluriel***
   one book . two books
2. ***Masculin, Féminin ou Neutre***
   He is my father. She is my mother. It is my coat.
3. ***Dénombrable ou Indénombrable***
   I need a dictionary. I need some water.
4. ***Au Cas Possessif***
   the woman's coat . the women's coats
5. ***Simple ou Composé***
   my sister . my sister-in-law
   a cup . a coffee cup

1. *Le Pluriel*

1.1 Pluriels réguliers

■ Seuls les noms dénombrables (*voir* 3.) prennent une marque de pluriel.

■ La marque de pluriel est généralement -s :

book-books . bird-birds
hat-hats . bag-bags

■ Cependant, pour les noms dont les terminaisons sont en -s, -sh, -ch, -x et les noms qui se terminent par -o, la marque du pluriel est en -es :

bus-buses . box-boxes
kiss-kisses . tomato-tomatoes

Quelques exceptions, piano, photo, prennent un -s.

■ Pour les noms terminés en -y la marque du pluriel est en -ies :

baby-babies . cherry-cherries
entry-entries

Sauf lorsque le -y est précédé d'une voyelle :

boy-boys . day-days

■ Pour les noms terminés en -f ou -fe, la marque du pluriel est en -ves :

wife-wives . knife-knives
half-halves . leaf-leaves

Quelques exceptions, belief, chief, cliff, proof, safe, prennent un -s.

Pour les noms terminés en [f, k, p, t, θ] le **-s** pluriel se prononce [-s] :

laughs, cakes, ships, hats, months

Pour les noms terminés en [b, d, ð, g, l, m, n, ŋ, v], et après toutes les voyelles, le **-s** pluriel se prononce [-z] :

jobs, birds, lathes, bags, bills, farms, sons, kings, gloves ; boys, pianos, screws, teachers

Pour les noms terminés en [dʒ, s, ʃ, tʃ, z, ʒ] on prononce [-ɪz] :

bridges, kisses, boxes, dishes, coaches, roses, garages

Le pluriel de **house** [haʊs] est **houses** [haʊzɪz].

1.2 Pluriels irréguliers

Changement de voyelle à l'intérieur du nom :

man-men . woman-women . child-children
foot-feet . tooth-teeth . goose-geese
mouse-mice . louse-lice

Pluriel zéro

■ Certains noms ont la même forme au singulier et au pluriel :

sheep, deer, fish, salmon, aircraft, series, species

■ Certains noms qui font référence à des mesures, ou à des nombres cardinaux ont des pluriels réguliers quand ils sont utilisés seuls. Ils peuvent aussi avoir un pluriel zéro, s'ils sont précédés d'un nombre ou de many (*voir* PRONOMS ET DÉTERMINANTS, **6**.3). C'est notamment le cas de hundred, thousand, pound (argent ou poids), foot, stone.

I have thousands of books. I've just bought two hundred more.
He's six foot (or feet) tall and weighs fourteen stone.

Mots d'origine étrangère

■ Certains mots, en particulier d'origine grecque ou latine, peuvent garder leur pluriel d'origine :

basis-bases . analysis-analyses
thesis-theses . referendum-referenda

1.3 Noms terminés en -s

La terminaison en -s n'est pas forcément une marque de pluriel. Certains noms en -s, par exemple noms de jeux, de maladies et de matières, sont des indénombrables (*voir* 3.2) qui sont suivis d'un verbe au singulier :

news, mathematics, billiards, the United States, measles

The news is bad.
The United States is a very big country.

1.4 Noms toujours au pluriel

Certains noms, qu'ils se terminent ou non par -s, sont des indénombrables qui sont suivis d'un verbe au pluriel :

people, cattle, police, trousers, scissors, clothes, thanks

Some people are never satisfied!
Whose glasses are those? They're mine.

1.5 Noms collectifs

▪ Les noms qui font référence à des groupes de gens ou d'animaux, comme government, team, school, peuvent être suivis :

- d'un verbe singulier, si l'on considère le groupe pris dans sa totalité
- d'un verbe pluriel, si l'on veut insister sur les individus dont le groupe est composé :

The government has made up its mind.
The government have made up their minds.
France is/are winning 2-0.

2. *Le Genre du Nom*

En anglais, il n'existe pas de genre grammatical (l'article défini est invariable : the). Il existe en revanche un genre naturel (masculin, féminin, neutre) dont les pronoms personnels et réfléchis (*voir* PRONOMS ET DÉTERMINANTS, **1.** *et* **3.**) portent obligatoirement la marque.

2.1 Emploi des pronoms personnels

he : personne ou animal de sexe masculin
she : personne ou animal de sexe féminin
it (neutre) : chose, objet, animal non familier

There's my brother. He's a postman.
There's my sister. She's a bus driver.
There's my car. It's a Ford.

2.2 he/she

Certains noms désignant indifféremment l'un ou l'autre sexe peuvent être soit masculins, soit féminins :

doctor, friend, shop assistant, cousin, cyclist, dog

Le choix du pronom dépend alors du sexe de la personne ou de l'animal :

There's my boss. Do you know him/her?
Don't be frightened of the dog. He/She has never bitten anyone.

2.3 it

Cependant, quelques noms référant à des humains ou à des animaux, comme baby, peuvent être repris par le pronom it si l'on ignore leur sexe :

Listen to that baby. I wish it would be quiet.

> NOTE : Si le sexe d'une personne n'est pas connu ou si le fait de le connaître n'est pas essentiel :
>
> * Traditionnellement l'usage formel emploie le masculin : he
>
> ***If an employee is off sick, he must get a note from his doctor.***
>
> * Aujourd'hui on emploie he et she.
>
> ***A teacher should always try to help his or her students.***
>
> * Familièrement on utilise they (them, their, etc.) (*voir* PRONOMS ET DÉTERMINANTS, **1.**).
>
> ***It isn't easy living with an invalid when they can't look after themselves.***

3. *Dénombrables et Indénombrables*

I want a sandwich.
I want two sandwiches.
I want some food.

Il y a deux grandes catégories de noms en anglais :

3.1 Les dénombrables

▪ Ils réfèrent à des unités que l'on peut compter

▪ Ils ont un singulier et un pluriel

▪ Ils peuvent être précédés de l'article indéfini a/an (au singulier), d'un nombre, de some (au pluriel) :

sandwich, child, inch, idea, chair, loaf, wish, view
I want a sandwich.
I want two sandwiches.
I want some chicken sandwiches.

3.2 Les indénombrables

▪ Ils réfèrent à des ensembles d'objets, à de la matière, à des états, à des notions abstraites

▪ Ils n'ont pas de pluriel

▪ Ils sont précédés de l'article ø ou de some :

water, furniture, bread, money, dirt, weather, happiness, hope, peace, work

I want some food.
I need some money.
We want peace.

Le choix du déterminant qui précède le nom, du pronom qui le remplace, de l'accord avec le verbe qui suit dépend de la catégorie à laquelle appartient le nom (dénombrable ou indénombrable).

3.3 Changements de catégorie :

Dénombrables → Indénombrables

Certains dénombrables peuvent être utilisés comme indénombrables. Ils changent alors de sens et de fonctionnement.

He's got three chickens in his garden. (*les unités*)
Are we having chicken for lunch? (*la matière*)

Indénombrables → Dénombrables
Certains indénombrables peuvent être utilisés comme des dénombrables.

Can I have two cups of tea?
Can I have two teas, please?

Faites bien la différence

Quand un nom passe d'une catégorie à l'autre il change généralement de sens :
* Dénombrable :

Give me a glass of wine. (*= le contenant, un verre*)
Our flat has three rooms. (*= trois pièces*)

* Indénombrable :

Look out for broken glass. (*la matière = du verre*)
Our flat has lots of room. (*= de l'espace*)

3.4 Quantifier les indénombrables

On peut désirer fragmenter, quantifier des éléments, isoler une unité d'un ensemble représenté par un indénombrable. Pour cela on dispose de "dénombreurs" qu'on place devant le nom :

▪ Quantification précise :

a gallon of petrol . an ounce of tobacco
a packet of soap powder

▪ Fragmentation imprécise avec piece/bit :

She gave me { a piece / two pieces / a bit } of { news. / work. / cake. }

▪ Certains noms exigent des dénombreurs spécifiques :

an item of	→	**furniture**
a portion/serving of	→	**food/pudding/meat/ cabbage**
a slice of	→	**bread/cake**

a loaf of bread . a bowl of soup
a spell of bad weather . a glimmer of hope

▪ De nombreux indénombrables pluriels font référence à des objets composés de deux parties indissociables. On emploie alors l'expression "a pair of" :

a pair of trousers/scissors/glasses

This pair of shorts belongs to Jim.
What are his shorts like? They're blue and yellow.

<u>Remarques</u> :
* l'accord avec le verbe est au singulier lorsque **a pair** est sujet du verbe. Le pronom de reprise est **it**.
* l'accord avec le verbe est au pluriel si le mot (**trousers, scissors**) est sujet du verbe. Le pronom de reprise est **they**.

Cas particulier : **clothes**
un vêtement = **a piece of clothing**
a garment

Autres indénombrables pluriels :

a flight of stairs . a group of people

4. *Le Cas Possessif*

▪ Le cas possessif indique le plus souvent une relation de possession :

Mary's suitcase

▪ Il peut aussi indiquer une relation d'ordre plus général :

women's studies (= 'studies for or about women')

▪ Le possesseur est généralement une personne ou un groupe d'individus (company, team) ou un animal. Cependant, on peut aussi trouver des noms référant à des choses, ou à des notions abstraites :

Mary's car . the tree's branches
the company's profits . life's little pleasures

4.1 Formes

▪ Pour les noms singuliers ou pluriels qui ne se terminent pas en -s :

nom + -'s + nom

cat's, wife's, girl's, boy's, boss's, women's, James's

(notez bien l'apostrophe devant le s*)*

▪ Pour les noms qui se terminent par un -s :

nom + -' + nom

cats', wives', girls', boys', bosses'

(notez bien que seule l'apostrophe marque la relation)

my sister's friend → my sisters' friend
a child's toy → children's toys

La prononciation [-s], [-z], ou [-ɪz] du possessif suit les mêmes règles que la prononciation des pluriels réguliers *(voir* **1.1***)*.
Les mots terminés en [-f] ou [-θ] conservent ce son avant le [-s] du possessif :
wife's [waɪfs]
Pour les noms propres de personnes terminés en [-s] ou [-z] on prononce généralement [-ɪz] :
the Jones's [dʒəʊnzɪz] **house**
Pour les noms pluriels déjà terminés en [-s] la prononciation reste la même :
the United States [ju:naɪtɪd steɪts]
the United States' [ju:naɪtɪd steɪts] **Senate**

4.2 Emplois

▪ Le nom au cas possessif (le possesseur) et son déterminant précèdent le nom de la chose possédée (le possédé) :

our uncles' houses (= the houses of our uncles)

▪ Lorsque le possédé a déjà été mentionné, il est inutile de le répéter :

'That car over there, is it your father's?' 'No, it's mine.'

■ Il n'apparaît pas non plus lorsqu'il s'agit de **shop**, **place**, **house** :

We bought some sausages at the butcher's.
(= butcher's shop)
I heard the news at Steve's. (= Steve's house)

■ On peut rendre compte de plusieurs relations de possession à la suite :

Have you met Jack's sister's teacher?
(= the teacher of the sister of Jack)

■ Le possesseur peut se composer de plusieurs éléments. Si ces éléments sont reliés par **and** ou **or**, le **-'s** se rattache alors au dernier mot :

We visited the King of Spain's palace.
That's either Alice or Tracey's pencil case.

■ On peut aussi employer le cas possessif pour indiquer le temps :

I've just done two days' hard work.
We're taking two weeks' holiday at Easter.

4.3 Cas possessif et construction en of

Un cas possessif en **-'s** a souvent le même sens qu'une construction en **of** :

the company's profits = the profits of the company

■ Avec les noms propres, seul le cas possessif en **-'s** est possible :

Bill's clothes

Faites bien la différence

Dans certains cas les deux constructions n'ont pas le même sens :

my aunt's paintings (= *the paintings owned or painted by my aunt*)
the paintings of my aunt (= *the paintings showing my aunt*)

■ Le cas possessif en **-'s** porte la même détermination que l'article **the**. L'emploi d'un cas possessif double marque l'absence de détermination :

my father's friend = l'ami de mon père (il est déterminé)
a friend of my father's = un ami de mon père (un des amis de mon père)

■ Des ambiguïtés peuvent parfois exister :

my children's books
= 1. *the books of my children*
= 2. *my books for children*

5. *Les Noms Composés*

5.1 Formes

postman . a furniture shop . mother-in-law
a woman doctor

■ On associe souvent deux noms pour former un nom composé. Dans un nom composé le nom principal est toujours le dernier cité et le nom qui le précède joue le rôle d'un déterminant.

Le dernier nom est celui qu'on traduit en premier.

a railway station . a computer system
a fashion model . a bus station

■ Parfois un nom composé dont les deux termes sont fréquemment associés peut s'écrire en un seul mot ; ce n'est pas toujours le cas :

a postman *mais* **a post office**
a teacup *mais* **a coffee cup**

■ Le nom qui détermine le nom principal du nom composé peut être modifié par un adjectif ou être lui-même un autre nom composé. À l'écrit, un trait d'union lie ces éléments et permet de les différencier les uns des autres :

the hot-water tap . a mail-order catalogue
a French-government foreign-affairs spokesman

■ Les noms placés avant le nom principal peuvent apporter différents éléments de signification et préciser ce nom. Ils peuvent préciser :

– le but

a sleeping bag (= a bag for sleeping)
running shoes (= shoes for running)

– la matière

iron railings (= railings made of iron)
a glass door (= a door made of glass)

– le lieu

our Manchester office
(= our office in Manchester)

– le sujet

murder mystery
(= a mystery involving a murder/murders)

5.2 Pluriel

Le pluriel des noms composés cités précédemment suit la règle générale (*voir* **1.**).
Seul le dernier mot prend la marque du pluriel :

express trains . Easter eggs
boyfriends . grown-ups

Autres cas

■ Quand le dernier élément du nom composé n'est pas un nom, ou est un indénombrable, c'est souvent le premier nom qui porte la marque du pluriel :

passers-by . fathers-in-law . ladies-in-waiting

■ D'autres ont un pluriel double : ils font référence à des personnes et sont composés de deux noms qui qualifient au même degré la personne concernée :

women doctors . menservants

PRONOMS ET DÉTERMINANTS

Déterminants	*Pronoms*
The ***boy plays football.***	**He** ***plays football.***
This ***work is boring.***	**This** ***is boring.***
Give me **some** ***paper.***	***Give me*** **some.**
	Give me **something.**
I bought **the other** ***shirts.***	***I bought*** **the others.**

Les déterminants : Ils se placent devant le nom ou le groupe nominal et leur apportent différentes spécifications.
Ce sont les articles (the, a), les adjectifs possessifs (my, your ...), les démonstratifs (this, that ...), les indéfinis (some, any) et les numéraux.

Les pronoms : Ils remplacent un nom ou un groupe nominal et prennent sa place dans la phrase.
Ils peuvent être démonstratifs (this, that), indéfinis (some, any), interrogatifs, numéraux, personnels (mine, yours ...), possessifs et relatifs.

■ Certains pronoms et déterminants ont la même forme : this, some.

■ Le choix d'un déterminant ou d'un pronom dépend de la catégorie à laquelle appartient le nom (dénombrable singulier, dénombrable pluriel ou indénombrable).

■ Quand on coordonne plusieurs noms, il est inutile de répéter le déterminant :

My uncle and aunt are coming.

1. ***Les Pronoms Personnels***
   I/me . he/him . they/them
2. ***Les Adjectifs et Pronoms Possessifs***
   my/mine . his/his . their/theirs
3. ***Les Pronoms Réfléchis et each other***
   myself, himself, themselves
4. ***L'Article Indéfini et L'Article Défini, L'Article zéro (ø)***
   a chair . the chairs . the sun . work
5. ***Les Nombres Cardinaux et Ordinaux et one, other***
   two . the second
   I'll take these two and you can have the other ones.
6. ***Les Quantifieurs***
   some chairs . any chairs . some money
   much money . many chairs . no chairs
7. ***Les Pronoms Indéfinis***
   somebody, everyone, no one, nothing
8. ***Les Démonstratifs***
   this/that chair . these/those chairs
9. ***Les Mots Interrogatifs***
   who?, what?, which?, whose?, where?, when?, why?, how?
10. ***Les Pronoms Relatifs***
    the person who/that broke my pen.

1. *Les Pronoms Personnels*

1.1 Formes

	Pronom sujet	*Pronom complément d'objet*
Singulier		
1re personne	**I**	**me**
2e personne	**you**	**you**
3e personne		
– masculin	**he**	**him**
– féminin	**she**	**her**
– indéfini	**one**	**one**
– neutre	**it**	**it**
Pluriel		
1re personne	**we**	**us**
2e personne	**you**	**you**
3e personne	**they**	**them**

1.2 Emplois

You correspond aux formes singulier et pluriel de la deuxième personne (= tu, vous). On l'emploie (de même que les possessifs your, yours) quel que soit le degré de familiarité.

On emploie le pronom sujet :

■ Quand il est sujet du verbe :

Last night* I *saw someone* I *hadn't seen for years.
How many tickets are* we *going to buy?

Quand le sujet est composé de plusieurs personnes + I, le pronom sujet est placé en dernier :

My sister and* I *went to the same school.

On emploie le pronom complément d'objet :

■ Quand il est complément du verbe (il n'y a pas de différence entre le complément d'objet direct, indirect et d'attribution) :

Does Alistair know* them *very well?
They gave* you *dinner. Did* you *thank* them *for it?

■ Après les prépositions :

***Chris will be staying with* us.**
***You need to speak to* him.**

Après le verbe be, après des mots comme than et as, lorsque le pronom apparaît seul et que le verbe est omis, en anglais soutenu, on emploie le pronom sujet :

It was* he *who told me the news.
She is taller than* I. *(= She is taller than I am.).

NOTE : You est aussi utilisé pour représenter les "gens en général" (français = on), par exemple pour demander ou donner des renseignements :

How do you get to the train station?
They say the weather will be fine, but you can never be sure.

* They, them, etc. est souvent utilisé en anglais familier pour renvoyer à une seule personne, si son sexe est inconnu ou s'il n'est pas essentiel de le connaître :

If you find a good piano teacher, tell me about them.

* Des noms au singulier qui font référence à des groupes de personnes, comme par exemple les noms d'équipes sportives ou de sociétés commerciales, sont souvent considérés comme des pluriels et sont repris par they, etc. (*voir* LE NOM, **1.5**) :

The union say that they will go on strike.
Liverpool have sacked their manager.

* En anglais moins familier, le pronom indéfini utilisé pour parler des "gens en général" est one (one's au cas possessif), mais son emploi est plus formel que you :

The climate becomes drier as one moves east.

* Dans la langue parlée on emploie le pronom complément d'objet plutôt que le pronom sujet, surtout lorsqu'il apparaît seul :

Who's there? Me, it's me, Jimmy.
I hope that's not him again.
She's taller than me.
He doesn't know as much as her.

* Notez cependant que la forme d'insistance du pronom sujet, "moi", est rendue par I :

I did it. *(= C'est moi qui l'ai fait.)*

2. *Les Adjectifs et les Pronoms Possessifs*

2.1 Formes

	Adjectif possessif	*Pronom possessif*
Singulier		
1re personne	**my**	**mine**
2e personne	**your**	**yours**
3e personne		
– masculin	**his**	**his**
– féminin	**her**	**hers**
– indéfini	**one's**	
– neutre	**its**	
Pluriel		
1re personne	**our**	**ours**
2e personne	**your**	**yours**
3e personne	**their**	**theirs**

It et one n'ont pas de pronom possessif.

2.2 Emplois de l'adjectif possessif

■ Il s'emploie de la même façon que l'article défini (*voir* **4.4**). À la troisième personne, le choix de l'adjectif possessif dépend du sexe du "possesseur" uniquement :

She's my best friend. Her father is the local doctor.

■ Lorsque le "possesseur" représente une collectivité, l'adjectif possessif est le neutre its ou their :

The bank doesn't pay its staff very well.
The bank don't pay their staff very well.

■ Pour mettre l'accent sur le caractère personnel de la possession on peut ajouter le mot own :

Later that evening he told her the story of his own life.
Does that car belong to the company, or is it your own?

NOTE : À la différence du français, l'adjectif possessif peut accompagner les parties du corps dont on parle :

I hurt my hand. *(= Je me suis fait mal à la main.)*

Her head was aching from all the noise.
(= Elle avait mal à la tête à cause du bruit.)

2.3 Emplois du pronom possessif

■ On l'emploie pour remplacer "adjectif possessif + groupe nominal" lorsque le nom a déjà été mentionné ou qu'il est inutile de le répéter (*voir aussi* LE NOM, **4.**) :

Whose is this suitcase? Is it yours or mine? – I think it's your brother's.
You do your work and I'll do mine.
If you haven't got a raincoat, Judy will lend you one of hers.

3. *Les Pronoms Réfléchis*

3.1 Formes

Singulier	*Pluriel*
myself	**ourselves**
yourself	**yourselves**
himself/herself/itself	**themselves**
oneself	

I hurt myself.
We felt angry with ourselves.
Stop thinking about yourself.
You should look after yourselves.
Peter killed himself.
They all enjoyed themselves.
Your mother talks to herself.
This oven turns itself off.

3.2 Emplois

On emploie les pronoms réfléchis :

■ Pour renvoyer au sujet du verbe (personne ou chose lorsqu'il est mentionné à nouveau dans la même phrase.

He gave himself the largest portion of chips.

Remarque : Derrière les prépositions de lieu, on emploie l pronom complément :

She saw a man running towards her.

■ Pour insister sur le sujet de la phrase :

Myself, I prefer Chinese food.

NOTE : * À la différence du français, en anglais peu de verbes exigent l'emploi du pronom réfléchi :

Kevin prides* himself *on his work.
We have enjoyed* ourselves *very much.

* Les verbes qui font référence aux activités de soins corporels ou à un mouvement ne sont pas réfléchis en anglais alors qu'ils le sont en français :

to get up = se lever **to shave** = se raser
to lie down = se coucher **to sit down** = s'asseoir
to wash = se laver
to brush one's hair = se brosser les cheveux

I go to bed at eleven p.m. and get up at six thirty. Then I wash and shave.

3.3 Each other et one another

■ "Anne and Ted love themselves" signifie que Anne aime Anne et que Ted aime Ted. Pour dire que Anne et Ted s'aiment mutuellement, l'anglais emploie **each other** qui indique la réciprocité :

Anne and Ted love each other.
We send each other cards at Christmas.
They read each other's letters with great interest.

■ Si cette réciprocité concerne plus de deux personnes, ou un groupe, on peut utiliser **one another** :

The children are always arguing with one another.

4. *L'Article Indéfini et L'Article Défini*

4.1 L'article indéfini : Formes

■ L'article indéfini s'écrit **a** [ə] devant une consonne, **an** [ən] devant une voyelle :

a game . a year . a new boat
an apple . an egg . an old boat

■ Cependant on emploie :
– **a** devant un nom qui commence par une voyelle se prononçant [j] ou [w] :

a university . a union . a one-way ticket

– **an** devant un "h" muet :

an honour . an hour

4.2 L'article indéfini : Emplois

■ On n'emploie l'article indéfini que devant un dénombrable singulier (*voir* LE NOM, **3.1**).

■ Il désigne une personne ou une chose sans détermination précise, un élément parmi d'autres :

Valerie's bought a new coat.
Can you give me an idea of what it will cost?

■ On l'emploie pour exprimer la généralité ; l'élément cité est alors représentatif de l'ensemble :

A horse travels faster than a donkey.

■ Il indique l'appartenance à une catégorie ; il précède obligatoirement un nom de métier :

My sister is a musician.

■ Il s'emploie dans les indications de mesure :

ninety kilometres an hour . four times a day

Faites bien la différence

L'emploi de **one** plutôt que de **a** souligne le caractère unique, dénombrable, de la chose ou de la personne : il n'y en a qu'une seule.

Comparez :

A refrigerator is no good. You need a deep-freeze.
One refrigerator is no good. We've got enough food to fill three.

Au pluriel, pour exprimer "des", on emploie :

■ Soit l'article zéro (*voir* **4.5**), si l'on veut insister sur la nature d'une chose :

Give me sweets (and not cakes).

■ Soit **some** (*voir* **6.2**), si l'on veut mettre l'accent sur la quantité :

Give me some sweets (two, three or more).

4.3 L'article défini : Formes

■ L'article défini est **the** et il précède le nom, dénombrable ou indénombrable :

***the* book . *the* boy . *the* peace**
***the* girls . *the* bicycles . *the* love**

L'article défini **the** se prononce [ðə] devant un mot commençant par un son de consonne et [ðɪ] devant un mot commençant par un son de voyelle :

[ðə] **the game . the year . the new boat**
[ðɪ] **the apple . the eggs . the old boat**

On emploie [ðə] devant un mot qui commence par une voyelle se prononçant [j] ou [w] :

the university . the union
He's the one I love.

Devant un "h" muet, **the** se prononce [ðɪ] :

the hour

4.4 L'article défini : Emplois

■ **The** peut précéder tous les noms, dénombrables comme indénombrables, au singulier ou au pluriel.

On emploie l'article **the** :

■ Lorsque ce dont on parle est clairement, précisément défini dans la situation ou le contexte :

I saw a policeman. The policeman saw me.
Give me the red pencil – yes, the one that's on the table.

■ Lorsque la personne ou la chose dont on parle est considérée comme unique dans l'univers, dans notre environnement, ou qu'elle fait partie de notre vie quotidienne :

the bank . the shops
the garage . the milkman
The sun hasn't shone for a whole week.
I'm going to the station.
Be quiet, I'm on the telephone.

Autre emploi de the :
On peut employer the devant un adjectif substantivé ayant un sens générique. Ce procédé est très courant avec les adjectifs de nationalité :

The old and the poor have suffered greatly.
Do the French take holidays in America?

Remarques :
* L'adjectif substantivé reste invariable et il est suivi d'un verbe au pluriel.
* Pour mentionner une seule personne on dit :

a Frenchman . a blind person

Faites bien la différence

> *I like wine.= J'aime le vin.*
> *I like the wine (and want another glass).*
> *= J'aime ce vin (et j'en veux un autre verre).*

Remarques :
* Le nom est précédé soit d'un article, soit d'un quantifieur :

Can I have some potatoes?
He found a job, but showed no interest in it.

* Cependant, all, half et both peuvent se combiner avec un article ou un autre déterminant :

All the people at the meeting agreed with me.
Half a pencil is better than nothing at all.

* Il est inutile de répéter l'article dans une énumération avec and :

You should wear a shirt and tie.
The king, queen and princes were executed.

4.5 L'article zéro (ø) : Forme et emplois

■ L'article zéro se signale par l'absence de tout signe devant le nom.

■ Devant les noms indénombrables singuliers, l'article zéro souligne l'idée générale évoquée par le nom :

I don't like ø work.
I don't like ø French beer.
ø Life has treated him well.
Make ø love not ø war.

■ Devant les noms dénombrables pluriels, l'article zéro souligne l'aspect "générique" du nom :

I don't like ø Mondays.
ø Cars travel faster than ø buses.

■ L'article zéro s'emploie devant des noms assimilables à des institutions indiquant :

Le lieu :

to be in bed . to go to work
to go to church . to go to hospital
to go to school . to get home
to go to prison . from left to right

Les repas :

to have breakfast
to invite some friends to dinner/lunch/supper

Les moyens de transports :

to come by car . to go by bus/train
to arrive on foot

On l'emploie dans des expressions de temps :

in spring . last night
at night . next year . from beginning to end

On l'emploie devant les noms propres et les titres :

Doctor Allen . King Louis XIV of France
President Kennedy

On l'emploie devant les noms de pays :

France	cependant :	***the*** **British Isles**
England		***the*** **United States**

Faites bien la différence

> *The school he went to as a child has become famous.*
> (Elle est définie par ce qui suit, ce n'est pas n'importe laquelle.)
> *Children have to go to ø school till the age of 16.*
> (Il s'agit de l'école en tant qu'institution.)

5. *Les Nombres Cardinaux et Ordinaux/ One, Other*

Un nombre se place avant un nom dénombrable. Il peut aussi le remplacer :

Déterminant	**one book**	**two books**
Pronom	**one**	**two**

5.1 Formes

Le nombre peut être cardinal ou ordinal.
■ Les nombres cardinaux indiquent la quantité :

0	zero	13	**thir**teen	60	sixty
1	one	14	fourteen	70	seventy
2	two	15	**fif**teen	80	eighty
3	three	16	sixteen	90	ninety
4	four	17	seventeen	100	one hundred
5	five	18	eighteen	110	one hundred and ten
6	six	19	nineteen	200	two hundred
7	seven	20	**twen**ty	300	three hundred
8	eight	21	twenty-one	501	five hundred and one
9	nine	22	twenty-two	1000	one thousand
10	ten	30	**thir**ty	2000	two thousand
11	**eleven**	40	**for**ty	1000000	one million
12	**twelve**	50	**fif**ty		

Notez les différences (en gras) avec les formes de base.

■ Les nombres ordinaux indiquent l'ordre :

1st	**first**	11th	eleventh
2nd	**second**	12th	twel**f**th
3rd	**third**	13th	thirteenth
4th	fourth	40th	fort**ie**th
5th	fifth	50th	fift**ie**th
6th	sixth	61st	sixty-**first**
7th	seventh	72nd	seventy-**second**
8th	eigh**th**	83rd	eighty-**third**
9th	**nin**th	95th	ninety-**fifth**
10th	tenth	101st	one hundred and **first**

Pour les former on ajoute -th au nombre cardinal, sauf pour les exceptions indiquées en gras.

5.2 Emplois

■ Le nombre se place après les autres déterminants, mais devant l'adjectif qui précède le nom :

déterminant + nombre + adjectif + nom
her third husband . my two best friends

■ Lorsqu'on a un cardinal et un ordinal, l'ordinal précède le cardinal :

the first twelve students on the list

■ Lorsqu'ils sont utilisés comme pronoms, les nombres ordinaux sont souvent précédés de the, my, etc ...

They accepted one of my ideas but rejected the other two.
I've had two meals today already. This is my/the third.

5.3 One

■ One/ones sont employés pour éviter de répéter un dénombrable ; substituts du nom, ils peuvent être précédés de ses adjectifs et déterminants habituels :

Which is your car? The black one or the red one?
This one is prettier but that one is more expensive.
These shoes are too big. Do you have any smaller ones?
You can borrow my tools. Which ones do you need?

■ One peut être employé sans déterminant et est alors équivalent au singulier de some (*voir* **6**.2) :

Those cakes look tasty. Can I have one, please?

5.4 Other

■ Other peut être adjectif ; il en a alors toutes les caractéristiques. Il a deux sens : "un(e) de plus" ou "différent(e)".
Quand l'ensemble d'éléments auquel il renvoie représente plus de deux éléments, il peut être précédé :

au singulier
■ de an (et s'écrit en un seul mot another)

au pluriel
■ de some, many, etc. (*voir* **6**.2)

Can I have another sweet, please?
Can I have some other sweets, please?
This shoe seems to fit me. Can I try the other one?

■ Other peut être substitut du nom. Il a alors toutes les caractéristiques du nom ; il peut être mis au pluriel et précédé d'un déterminant :

I bought one book yesterday. Today I bought another/some others.
I'll do this job. You can do the other/the others.

(*Voir aussi* **3**.3).

6. *Les Quantifieurs*

6.1 Présentation

Déterminant/ pronom	*Dénombrable singulier*	*Dénombrable pluriel*	*Indénombrable*
some		**some cups**	**some water**
any		**any cups**	**any water**
many		**many cups**	
much			**much water**
a lot of		**a lot of cups**	**a lot of water**
lots of		**lots of cups**	**lots of water**
few		**few cups**	
little			**little water**
a few		**a few cups**	
a little			**a little water**
several		**several cups**	
no	**no cup**	**no cups**	**no water**
enough		**enough cups**	**enough water**
all		**all cups**	**all water**
every	**every cup**		
each	**each cup**		
either	**either cup**		
neither	**neither cup**		
both		**both cups**	

■ Ce chapitre présente les quantifieurs les plus courants en anglais, suivis des catégories de noms qu'ils peuvent déterminer ou remplacer.
(*voir* LE NOM, **3**.1).

■ La plupart des quantifieurs peuvent être à la fois déterminants du nom et pronoms. Lorsque ce n'est pas le cas, nous l'indiquons.

■ En tant que pronoms, les quantifieurs peuvent être suivis d'une expression introduite par of :

I like your flowers. Can I take some (of them)?
They haven't read any of her books.

6.2 Some, any

Give me **some** *peas. Give me* **some** *sauce.*
He has lots of money but he won't lend me **any**.
That pudding looks tasty. Can I have **some**, *please?*

■ Some et any signifient "un certain nombre, une certaine quantité de". Ce nombre ou cette quantité restent imprécis.

■ Some s'emploie dans un contexte positif et dans des phrases affirmatives et any dans un contexte négatif et dans des phrases négatives.

■ Dans une phrase interrogative on emploie :

– some, si le locuteur attend de son interlocuteur la réponse "oui"

– any, lorsque la réponse est ouverte : elle peut être aussi bien positive que négative (*voir* LA SYNTAXE, **4.1**) :

Did you see some interesting animals?
Did you see any interesting animals?

Autres emplois de some *et de* any *:*

■ Lorsqu'il est accentué, some [sʌm] peut précéder un nom dénombrable singulier. Il peut mettre en avant l'existence d'un élément sans plus de précision, ou en indiquer le caractère positif, négatif (ironie) :

She married some man she met on holiday.
He's some player!

■ Any peut s'employer devant tous les noms (dénombrable singulier ou pluriel, indénombrable) et signifier "n'importe lequel", "un quelconque ..." :

Any gift/gifts/money will be very useful.
He'll believe any story you tell him.

6.3 Many, much, a lot of, lots of

I don't know* many *people here. Do you know* many *of them?
Pat didn't say* much. *Why do you need so* much *cement?
There were too* many *people and too* much *noise.
There are* a lot of *ways to do it, but it will take* lots of *time.

■ Much et many peuvent être déterminants et pronoms.
A lot of et lots of sont des déterminants ; a lot et lots sont les pronoms correspondants. Ils signifient "beaucoup (de)" :

Some people arrived on time, but* a lot *were late.

■ Much et many s'emploient surtout dans les phrases interrogatives et négatives (*voir* LA SYNTAXE, **3.**). Ils peuvent être précédés de too et de so. On trouve a lot of et lots of dans toutes sortes de phrases, notamment affirmatives.

■ Much, many, a lot of, lots of deviennent more au comparatif et (the) most au superlatif (*voir* L'ADJECTIF, **2.1**).

D'autres expressions peuvent apparaître :

■ Plenty of, qui s'emploie de la même manière que a lot of.

■ Devant des indénombrables : a good deal of, a great amount of.

■ Devant des dénombrables : a large number of.

■ Dans une interrogation, much et many sont précédés de how. How much et how many peuvent soit déterminer un nom, soit le remplacer. Ils s'emploient devant les mêmes noms que much et many (pour l'ordre des mots dans la phrase interrogative, *voir* LA SYNTAXE, **4.1** *et* **4.3** *et* **4.4**) :

How much *is it?*
How much *sugar do you take in your tea?*
How many *people were killed in the war?* How many *do you think?*

6.4 Few, little

It's a poor country with* few *resources and* little *wealth.

■ Devant un dénombrable pluriel few signifie "un petit nombre de", "peu (de)", (pas un nombre suffisant).

■ Devant un dénombrable singulier, little signifie "une petite quantité de", (pas une quantité suffisante). Comparez avec a few, a little.

■ Few et little deviennent fewer et less au comparatif, (the) fewest et (the) least (*voir* L'ADJECTIF, **2.1**) au superlatif.

■ Few et little se rencontrent rarement en tant que pronoms.

6.5 A few, a little

To make this cake, I need* a few *raisins and* a little *milk.
I had already met* a few *of the guests.
You'll find with this paint that* a little *goes a long way.

■ Devant un dénombrable pluriel, a few signifie "un petit nombre de", mais un nombre quand même suffisant, "quelques".

■ Devant un indénombrable singulier, a little désigne "une petite quantité de", mais une quantité suffisante, "un peu de". A few et a little peuvent être déterminant et pronom. Comparez avec few, little.

6.6 Several

Several *of my friends have been ill recently.*
It happens* several *times a day.

Several désigne une quantité imprécise, plus que a few mais moins que a lot of (= "plusieurs").

6.7 No

I have* no *pen. I have* no *pens. I have* no *ink.
I want* no *smoking or drinking in this house.
My personal life is* no *concern of yours.

■ No (= not any) est seulement déterminant. Il nie l'existence d'une quantité, d'une qualité, d'une chose quelconque.

■ None est le pronom correspondant :

None *of this is your fault.*

6.8 Enough

Have you got* enough *books? Have you got* enough *time?
***He's done some work, but not nearly* enough.**

Enough exprime la quantité suffisante (= "assez de").

6.9 All, every, each

***All** men are fools. **All** hope is lost.*
*I didn't understand **all** of what he said.*
***Every** machine in the factory was working properly.*

■ **All** désigne la totalité des éléments d'un ensemble. Il peut déterminer ou remplacer un nom au pluriel ou un indénombrable.

■ **Each** désigne la totalité des éléments d'un ensemble, mais en les individualisant. Il détermine ou remplace un dénombrable singulier. L'accord avec le verbe est singulier. En français, **each** est souvent traduit par "chaque".

■ Avec **every**, on passe en revue chaque élément d'un ensemble, puis on les totalise tous. **Every** n'est pas pronom. L'accord avec le verbe est singulier.

En français, **every** devant un dénombrable singulier est souvent traduit par "tous les…".

every student = tous les étudiants

*The company gave **every** worker a bonus.*
*The company gave **each** of its managers a bonus.*
*The company gave them £20 **each**.*

6.10 Either, neither, both

*You can borrow **either** dictionary, but **neither** is much good.*
***Both** your parents were there. **Both** of them had a good time.*

Dans l'expression de l'alternative :

■ **either** désigne "l'un(e) des deux", "l'un(e) ou l'autre" ;

■ **neither** désigne "aucun des deux", "ni l'un(e) ni l'autre"

■ **both** inclut "les deux"

Remarques :

* **All (of)**, **lots of**, **a lot of**, **plenty of**, peuvent précéder un dénombrable singulier, s'ils sont associés à des déterminants tels que **the/this** :

***All (of)** this book is boring.*
*I saw **a lot of the** country.* (= *J'ai vu une grande partie du pays.*)
*I saw **a lot of** countries.* (= *J'ai vu beaucoup de pays.*)

* De nombreux quantifieurs fonctionnent comme des adverbes (*voir* LES ADVERBES) :

*He's **much** too young.*
*He's not old **enough**.*
*I didn't see them **either**.*

Faites bien la différence

I didn't see them either. = Moi non plus je ne les ai pas vu(e)s.
I saw neither of them. = Je n'ai vu ni l'un(e) ni l'autre.

7. *Les Pronoms Indéfinis*

7.1 Formes

somebody	**anybody**	**everybody**	**nobody**
someone	**anyone**	**everyone**	**no one**
something	**anything**	**everything**	**nothing**

***Somebody** came running out of the shop.*
*Has **anyone** phoned today?*
***Everything** is going well and **everyone** seems happy.*
*I saw **no one** that I knew.*

Attention à la prononciation de **nothing** ['nʌθɪŋ].

7.2 Emplois

■ Les pronoms terminés par **-body** et **-one** font référence à des personnes.

■ Les pronoms terminés par **-thing** font référence à des choses.

■ L'emploi des pronoms commençant par **some-** et **any-** suit les mêmes règles que les déterminants et pronoms **some** et **any** (*voir* **6.2**).

Somebody/someone est donc une des traductions possibles du "on" français.

***Someone** told me the news about Frank.*

■ Les pronoms commençant par **any-** peuvent signifier "n'importe qui/quoi" ou "quiconque" :

***Anyone** who knows **anything** about the fire should speak to the police.*

■ Tous les pronoms indéfinis, même ceux commençant par **every-**, sont suivis d'un verbe au singulier. Cependant, les pronoms commençant par **every-** peuvent être repris par un pronom personnel ou un déterminant pluriel :

***Nobody** here speaks Italian.*
***Everyone** is going to need **their** raincoat(s).*

■ Le pronom indéfini est le seul pronom en anglais qui peut avoir un adjectif en apposition. L'adjectif suit le pronom :

*Jenny's always saying **something stupid**.*
***No one important** came to the meeting.*
*Is there **anything left**?*

■ Le pronom indéfini peut aussi s'employer au cas possessif. Il prend alors la place du possesseur (*voir* LE NOM, **4.2**) :

*I hope I haven't been wasting **everybody's** time.*
(*voir aussi* LA SYNTAXE, **3.2** *et* **4.**)

■ À partir de **some-**, **any-**, etc., on peut former des adverbes en ajoutant les suffixes appropriés. Mais, attention, certaines combinaisons sont impossibles, il faut vérifier dans le dictionnaire :

*I've looked for my glasses **everywhere**.*
*I think he'll manage it **somehow**.*

8. *Les Démonstratifs*

8.1 Formes

Singulier	*Pluriel*
this	**these**
that	**those**

Le démonstratif **that** se prononce [ðæt].
La conjonction et le relatif **that** se prononcent [ðət].

8.2 Emplois

■ Les démonstratifs peuvent être déterminants et pronoms :

Give me **that** *shampoo. Give me* **that**.

■ Souvent on peut employer indifféremment **this/these** et **that/those** :

Do you think **this/that** *is a good idea?*

Mais ils peuvent aussi avoir les emplois suivants :

– le locuteur emploie **this/these** pour désigner des choses ou des personnes proches de lui, dans l'espace, le temps ou affectivement. Ils sont alors souvent associés à **here** et **now**.

– le locuteur emploie **that/those** pour désigner des choses ou des personnes éloignées de lui, dans l'espace, le temps ou affectivement. Ils sont alors souvent associés à **there** et **then**.

This food here is to eat now ; that over there is for the picnic.
He was born in 1905. That's a long time ago.
Isn't that your father over there?
This record is excellent. This music is excellent.
Which skirt should I wear, this one or that one?
I don't like those trousers. These are a bit better.

■ Quand deux choses se trouvent très fortement contrastées, on utilise **this/these** pour l'une et **the other/the others** pour l'autre (*voir* **5.4**) :

Edberg is serving from this end and Leconte receiving at the other.

■ Pour faire référence à quelque chose qui n'a pas encore été mentionné, on emploie seulement **this/these** :

Listen to this! I'm going to tell you a story.

■ Pour faire référence à des personnes, on emploie seulement le pronom **those**. Dans ce cas-là, **those** est souvent suivi d'une relative restrictive :

Those of you who agree, please raise your hands.

■ **This**, **that** et **these** pronoms ne désignent pas des personnes mais des choses (= le “ça” français).

9. *Les Mots Interrogatifs*

■ Les mots interrogatifs sont des pronoms/déterminants qui remplacent la personne ou la chose à laquelle il est fait référence dans la phrase interrogative (*voir* LA SYNTAXE, **4.**).

■ Comme la plupart des mots interrogatifs commencent par les lettres “wh”, on les appelle parfois “les mots en WH”.

■ Les mots interrogatifs se placent en tête de la phrase interrogative.

9.1 Who, which, et what

Who's *got £5 to lend me?*
We've got orange juice and milk. **Which** *would you prefer?*
What *films are on in town this week?*

■ Le pronom **who** ne renvoie qu'à des personnes :

Who told you the news?
Who did you give the letter to?

■ **Which** et **what**, déterminants, peuvent se placer devant tous les noms (personnes ou choses).

Which, pronom, peut remplacer n'importe quel nom.
What, pronom, ne peut remplacer que des noms de choses :

Which football team do you support?
What do you want to do?
Which of my brothers said that?

■ Quand le locuteur est confronté à un choix restreint, il emploie **which**. Quand le choix est plus grand, il emploie **what** :

'That's my car.' 'Which one?' 'The red one.'
What songs do you know?

Who, **which**, et **what** peuvent être sujet ou complément d'objet du verbe, ainsi que complément introduit par une préposition :

Who broke the window with a stone?
What did the boy break with a stone?
What did the boy break the window with?

■ Quand le mot interrogatif est le sujet du verbe, ou qu'il accompagne le sujet, l'ordre des mots est le même que dans les phrases affirmatives (*voir* LA SYNTAXE, **4.3**) :

Who told you about the party?
What guests will be attending?

■ Lorsque **who**, **which**, ou **what** est sujet, le verbe qui suit est soit au singulier soit au pluriel :

Who is he? Who are they?
What is your name? What are your other names?

■ Quand le mot interrogatif n'est pas sujet du verbe, l'ordre des mots est le même que dans les phrases interrogatives (*voir* LA SYNTAXE, **4.**) :

Who do you want to see?
Which books have you read so far?

■ En anglais, le mot interrogatif vient en tête de phrase, mais la préposition reste à sa place habituelle, derrière le verbe :

Who did you get this money from?
Which restaurant are you eating at this evening?

> NOTE : En style soutenu, la préposition peut se placer devant le mot interrogatif :
> *In which department do you work?*
> *= Which department do you work in?*
> *To whom did you give my letter?*
> *= Who did you give my letter to?*

9.2 Whom

On emploie le pronom whom plutôt que le pronom who en style soutenu :

■ Lorsqu'il est complément d'objet

Whom did you see?

■ Lorsqu'il est introduit par une préposition :

a. Whom were you arguing with?
b. With whom were you arguing?

Dans l'exemple **a.** l'emploi de whom n'est pas obligatoire, en temps normal on dirait : who were you arguing with? En revanche, whom doit être employé lorsque la préposition le précède, ce qui est le cas dans l'exemple **b.** (*voir* **10.**).

9.3 Whose

■ Le mot interrogatif whose est le cas possessif de who. On l'emploie pour s'enquérir du "possesseur".

■ Whose peut être le déterminant ou le pronom de n'importe quel nom :

Whose story do you believe?
Whose work is the best?
Whose is that coat? Whose are those coats?
I've had letters from both of them. Whose should I answer first?
Whose house did you leave it at?

9.4 Autres mots interrogatifs

■ Les autres mots interrogatifs sont pour la plupart des adverbes. Ils se placent généralement en début de phrase de la même manière que les autres mots interrogatifs (*voir* LA SYNTAXE, **4.**) :

'How do you know?' 'George told me.'
'When did you meet her?' 'On Tuesday evening.'
'Where are you going?' 'I'm on my way home.'
'Why are you angry with me?' 'Because you were rude to my mother.'
'How much does it cost?' 'More than you can afford.'

9.5 Mots interrogatifs et discours indirect

■ Tous les mots interrogatifs peuvent introduire des phrases au discours indirect (*voir* LA SYNTAXE, **12.**) :

He asked me who I was, where I lived, and what I was doing.

10. *Les Pronoms Relatifs*

She's the girl **who/that** *got the job.*
That's the stone **which/that** *broke the window.*
I'm the man **whose** *wife just had a baby.*
Are you the witness **(who/that)** *the police are looking for?*

■ Le pronom relatif introduit une proposition relative (*voir* LA SYNTAXE, **7.**).

■ La proposition relative détermine un nom ; elle a un peu le même rôle qu'un adjectif.

■ Dans la proposition relative, le pronom relatif remplace le nom (= l'antécédent du pronom) :

There is the dog. + The dog bit me.
→ There is the dog that bit me.

That est le pronom relatif. That bit me est la proposition relative.

10.1 Formes

Les principaux pronoms relatifs sont :

Pour les êtres animés	:	**who**	**that**
Pour les choses	:	**which**	**that**

> Le pronom relatif et la conjonction that se prononcent [ðət] ; le démonstratif that se prononce [ðæt].

10.2 Emplois

Le pronom relatif peut être sujet, complément d'objet du verbe ou introduit par une préposition. Dans ce dernier cas, le pronom relatif se place en tête de la relative (*voir* **9.**) tandis que la préposition reste à sa place habituelle dans la proposition :

That's the stone (that) he broke the window with yesterday.

10.3 Omission du relatif

À l'écrit comme à l'oral on peut omettre le pronom relatif et il est presque toujours omis dans la langue parlée.

Il peut être omis :

- Lorsqu'il est complément d'objet :

Have you asked everyone (who/that) you know?
Isn't that the dress (which/that) you wanted?

- Lorsqu'il n'est pas précédé de la préposition qui l'introduit :

They're the friends (who/that) we had dinner with.
The tents (which/that) we were sleeping in were blown away.

Il ne peut pas être omis :

- Lorsqu'il est sujet du verbe :

This is the train which/that leaves in ten minutes.
The manager who/that hired me has now left the company.

- Lorsqu'il est complément d'une préposition qui le précède en tête de la relative, c'est-à-dire en style soutenu. Dans ce cas, on emploie whom pour les personnes, et which pour les choses. That ne peut être employé :

He is the man about whom I warned you. = He is the man (who/whom/that) I warned you about.

The chair on which she was standing suddenly collapsed. = The chair (which/that) she was standing on suddenly collapsed.

10.4 Whom

On emploie le pronom relatif whom en style soutenu à la place de who lorsqu'il est complément (*voir* **9**.2 *et* **10**.3) :

Have you asked everyone whom you know?
They're the friends whom we had dinner with.

10.5 Whose

Le pronom relatif whose est le cas possessif de who (et peut aussi parfois remplacer which) (*voir* **9**.3).

That is the passenger. + Her bags were damaged.
→ That is the passenger whose bags were damaged.

Isn't that the girl whose picture was in all the newspapers?

I know the people at whose house you stayed.
→ I know the people whose house you stayed at.

In the garden there was a tree whose branches hung out over the wall.

10.6 What

Le pronom relatif what signifie that which, the thing/things which. Il se traduit par "ce que/ce qui" :

I don't agree with what you said.
What I want is a long, cool drink.

10.7 Where et when

Ces mots interrogatifs peuvent aussi fonctionner comme des relatifs (*voir* **9**.4) :

I couldn't find the house where she lived.
That was the day when the president was elected.

Where a un antécédent de lieu et when de temps, ils se traduisent tous les deux par "où".

L'ADJECTIF

1. *Forme de L'Adjectif*

En anglais, l'adjectif ne change jamais de forme, quel que soit le nom qu'il qualifie. Il est toujours invariable :

an *old* woman . an *old* man
***old* women . *old* men**

1.1 Place de l'adjectif

■ L'adjectif épithète se place toujours devant le nom qu'il qualifie :

déterminant +	*adjectif* +	*nom*
ø	**green**	**onions**
my	**dirty old**	**jeans**
these	**three expensive new**	**flower vases**

■ L'adjectif attribut se place après le verbe (be, seem) :

***Your hands are* dirty.**
That doesn't seem* right *to me.

■ L'adjectif mis en apposition a une assez grande liberté de position dans la phrase :

Burgundy is a region* famous *for its wines.
Weary *after their long day, the children were soon asleep.*
I started to run, by now* certain *that someone was following me.

■ Dans certains cas, il se place en début de phrase. Beaucoup d'adjectifs apartiennent à cette catégorie, notamment ceux commençant par a-, awake, asleep, afraid, ashamed, aware.

Afraid of what might happen, I decided not to go.

Ordre des adjectifs épithètes devant le nom

À l'intérieur d'un groupe nominal, le nom peut être précédé de plusieurs adjectifs épithètes :

A tatty old red, white, and blue British flag flapped in the wind.

En général, l'ordre est le suivant :

■ L'adjectif le plus près du nom désigne la qualité la plus essentielle, la plus objective (matière, taille, couleur, nationalité ...)

■ L'adjectif le plus éloigné du nom désigne la qualité la moins objective, celle qui renvoie le plus à l'appréciation personnelle du locuteur.
Lors de l'énumération, les adjectifs sont séparés par une virgule et les deux derniers peuvent être coordonnés par and ou or :

He's the only nice, tall, dark and handsome young man that I know.
I'm looking for some genuine old, red and green, Indian or Chinese ceremonial costumes.

1.2 Adjectifs substantivés

Ce sont des adjectifs employés comme noms. L'adjectif peut être précédé de l'article the et il forme un nom qui désigne un ensemble de personnes. Il a un sens pluriel et le verbe qui suit est au pluriel :

The old and needy deserve all our help and assistance.
This film will appeal to the young at heart.

■ Pour l'employer au singulier, il faut lui adjoindre un nom :

a blind man . a poor person

■ Ce procédé est très courant avec les adjectifs de nationalité. Notez qu'en anglais, l'adjectif de nationalité s'écrit toujours avec une majuscule :

English tea . the English . the Chinese

2. *Comparatif et Superlatif de L'Adjectif*

2.1 Formes

	Comparatif	*Superlatif*
a *tall* tree	**a *taller* tree**	**the *tallest* tree in the garden**
an *honest* man	**a *more honest* man**	**the *most honest* man in the company**

En anglais, il y a deux manières de former le comparatif et le superlatif à partir de la forme de base de l'adjectif :

■ On ajoute -er pour le comparatif, et -est pour le superlatif :
– aux adjectifs "courts" (d'une seule syllabe) :

fast < faster < fastest
strong < stronger < strongest

– aux adjectifs de deux syllabes, principalement ceux terminés en -y, -le et en -ow :

dirty < dirtier < dirtiest
simple < simpler < simplest
narrow < narrower < narrowest

et à ces mêmes adjectifs lorsqu'ils sont précédés du préfixe un- :

unhappy < unhappier < unhappiest

■ On emploie more pour le comparatif, most pour le superlatif :
– avec les adjectifs "longs" (de trois syllabes et plus) :

beautiful < more beautiful < most beautiful

– avec la plupart des adjectifs de deux syllabes dont ceux qui se terminent en -ful, -less, -al, -ant, -ent, -ic, -ive, -ous, ou qui commencent par a- :

distant < more distant < most distant
graceful < more graceful < most graceful

– devant tous les participes :

boring < more boring < most boring
spoilt < more spoilt < most spoilt

■ Beaucoup d'adjectifs de deux syllabes peuvent former leur comparatif/superlatif des deux façons :

common	→	**commoner < commonest**
		more common < most common
clever	→	**cleverer < cleverest**
		more clever < most clever

Dans le doute, préférez more et most qui sonnent généralement mieux que -er et -est mal employés.

■ Attention aux changements orthographiques :

– doublement de la consonne finale après une voyelle courte :

big < bigger < biggest . fat < fatter < fattest

– le -y final devient -i- devant -er et -est :

silly < sillier < silliest
unhappy < unhappier < unhappiest

– aux adjectifs qui se terminent en -e on ajoute -r au comparatif et -st au superlatif :

simple < simpler < simplest
rude < ruder < rudest

Formes irrégulières

Les adjectifs suivants ont un comparatif et un superlatif irréguliers :

	Comparatif	*Superlatif*
good	**better**	**best**
bad	**worse**	**worst**
much/many	**more**	**most**
little	**less**	**least**
few	**fewer**	**fewest**
far	**farther/further**	**farthest/ furthest**

2.2 Le comparatif : Emplois

■ Le comparatif s'emploie pour comparer deux éléments :

***London* is bigger than *Paris*.**

■ Il existe trois grandes catégories de comparatifs :
– de supériorité (plus … que)
– d'infériorité (moins … que)
– d'égalité (aussi … que)

Pour introduire le deuxième élément de la comparaison on emploie than dans le comparatif de supériorité et d'infériorité, as dans le comparatif d'égalité.

Than peut être suivi d'un nom, d'un pronom, ou d'une proposition :

The exam was easier* than *I expected.
My dad's bigger* than *yours.
Carol gave you a nicer present* than *(she gave) me.
Gregory appeared to be more confused* than *his sister.

NOTE : Lorsque than introduit un pronom, il peut s'agir du pronom objet, si le niveau de langue est familier, ou du pronom sujet si le niveau de langue est plus soutenu, mais seulement si le pronom est sujet de la proposition qu'il introduit (souvent sous-entendue), (voir 1.) :

Familier → ***He's bigger than me.***
Plus soutenu → ***He's bigger than I (am).***
Familier → ***Keith has a faster car than me.***
Plus soutenu → ***Keith has a faster car than I (do).***

L'emploi d'un adverbe peut modifier la comparaison.

■ Much, far, renforcent et intensifient la comparaison :

He's much older than his wife.

■ A little (bit), rather, atténuent la comparaison :

Are you feeling a little (bit) better today?

Pour indiquer un rapport proportionnel ou un inversement proportionnel, on emploie deux comparatifs de supériorité précédés de the. En français, la construction équivalente est "plus..., plus..." :

The more he thought about it, the worse the situation seemed.
= Plus il y pensait, plus la situation semblait grave.

The older she got, the more bitter she became.
= Plus elle vieillissait, plus elle devenait amère.

Pour indiquer la progression continuelle, on emploie deux comparatifs coordonnés par and. En français, correspond à "de plus en plus/de moins en moins" :

It's getting colder and colder.
He became more and more anxious with every passing minute.

Le comparatif d'infériorité

■ Il se forme en employant less devant tous les adjectifs :

The film was less enjoyable than I'd hoped.
As time went on, he became less happy about his job.

Le comparatif d'égalité

■ Il se forme en employant as avant et après l'adjectif ou l'adverbe (as ... as) :

My uncle is as handsome as Clark Gable.
I'll do it as soon as I can.

Notez qu'à la forme négative les deux constructions not so...as ou not as...as qui marquent toutes deux l'inégalité n'ont pas exactement la même valeur :

A mouse is not as big as a rat
(though neither of them is big).

An elephant is not so big as a whale
(but both of them are big).

2.3 Le superlatif : Emplois

■ On distingue deux grandes catégories de superlatifs :
– de supériorité
– d'infériorité

■ Le superlatif s'emploie pour comparer un élément à un ensemble d'éléments. Il est précédé de the. Parfois, un autre déterminant comme l'adjectif possessif my/her/our..., ou un nom au cas possessif peut prendre la place de the.

■ Le complément de l'adjectif au superlatif est introduit par in ou of.

Henry's the worst child in the whole school.
It was the happiest day of my life.
We all went down to our nearest pub.
Jane's best subject is physics.

Le superlatif de supériorité

■ Comme pour le comparatif, la formation du superlatif de supériorité dépend de la longueur de l'adjectif. On emploie soit the + adjectif + -est, soit the + most + adjectif (*voir* **2.1**) :

Last Monday was the brightest day of the week.
This is the most important chapter of the book.

Le superlatif d'infériorité

■ Il se forme en employant the least devant tous les adjectifs :

This is the least important part in the book.

<u>Remarque</u> : Lorsque la relation de supériorité ou d'infériorité concerne seulement deux choses ou deux personnes, le superlatif se forme de cette façon : the + adjectif au comparatif + of

This is the likelier of the two possibilities.

VERBES 1 : FORMES

Le verbe peut se présenter sous une forme simple ou composée, c'est-à-dire associé à un ou plusieurs auxiliaires. On parle alors de "groupe verbal".

➤ **1.** ***Les principales formes des verbes, verbes réguliers et irréguliers***
take, takes, taking ; took ; taken

➤ **2.** ***Les auxiliaires***
be, have, do

➤ **3.** ***Les auxiliaires modaux et leurs emplois***
can/could . may/might . will/would
shall/should . must . ought to/need/dare

➤ **4.** ***Les verbes à particules et les verbes prépositionnels***
take it away . take to it

➤ **5.** ***Les constructions verbe + verbe***
try to take . enjoy taking

1. *Les Formes des Verbes*

■ À l'exception du verbe be (*voir* **2**.1), le verbe anglais a, au plus, cinq formes différentes :
– la base verbale write
– la forme en -s :

She writes letters.

– la forme en -ing :

I was writing a letter.

– la forme du prétérit :

I wrote a letter.

– la forme du participe passé :

I have written a letter.

1.1 La base verbale

– write –
a. Au présent simple :

I write letters. (*voir* VERBES 2, **1**.1)

b. Derrière l'auxiliaire do et les modaux :

I don't understand.
I'll write him a letter. (*voir* **3**.5)

c. À l'impératif :

Write me a letter. (*voir* VERBES 3, **1**.)

d. Au subjonctif :

I insisted that he write a letter. (*voir* VERBES 3, **2**.)

e. Derrière to à l'infinitif :

I want to write a letter. (*voir* VERBES 3, **4**.3)

1.2 La terminaison en -s

– writes –
On ne trouve cette terminaison qu'à la 3e personne du présent simple :

She writes letters. (*voir* VERBES 2, **1**.1)

La terminaison -s s'ajoute à la base verbale :

take-takes . open-opens
see-sees . read-reads

Changements orthographiques :

■ Base verbale se terminant par -ss, -sh, -ch, -x → on ajoute -es : fixes, washes

■ Base verbale se terminant par une consonne + -y → -y devient -ies : tries, replies.

■ Mais base verbale se terminant par une voyelle + -y → on ajoute -s : enjoys, plays

Pour les verbes qui se terminent par [f, k, p, t, θ], la terminaison -s se prononce [-s] :
she laughs/makes/drops/sits
Pour les verbes qui se terminent par [b, d, ð, g, l, m, n, ŋ, v], et après toutes les voyelles, la terminaison -s se prononce [-z] :
she robs/needs/breathes/nags/kills/comes/ wins/sings/loves ; enters/plays/lies/sees/flows
Pour les verbes qui se terminent par [dʒ, s, ʃ, tʃ, z, ʒ], la terminaison -s se prononce [-ɪz] :
she damages/misses/fixes/wishes/snatches/amazes
Comparez ces règles à celles de la prononciation du -s du pluriel (*voir* LE NOM, **1**.1) et à celles du -'s du cas possessif (*voir* LE NOM, **4**.1).

Autres formes
Attention aux formes des verbes suivants :

be [bi:]	→	**is** [ɪz]
have [hæv]	→	**has** [hæz]
do [du:]	→	**does** [dʌz]
say [seɪ]	→	**says** [sez]
go [gəʊ]	→	**goes** [gəʊz]

1.3 La terminaison -ing

– writing –
On l'emploie :
a. Lors de l'utilisation des formes progressives du verbe :

I was writing a letter. (*voir* VERBES 2, **1**.3 *et* **2**.2)

b. Après certains verbes :

I enjoy writing letters. (*voir* VERBES 3, **5**.)

c. Pour décrire un processus, une activité :

I sat at my desk, writing a letter. (*voir* VERBES 3, **5**.)

d. Comme nom verbal :

Writing letters is fun. (*voir* VERBES 3, **5**.)
His writing is difficult to read.

La terminaison -ing s'ajoute à la base verbale :

being, doing, pushing, wanting, reading, saying, trying, carrying

■ Quand la base verbale se termine par :

– *une consonne* + -e, le -e disparaît :

have → having . like → liking . come → coming
translate → translating . handle → handling

– *-ie*, la terminaison devient -ying :

die → dying . lie → lying . tie → tying

– *des voyelles*, la terminaison est régulière, -ing :

be → being . see → seeing . agree → agreeing
ski → skiing

■ Quand la base verbale se termine par une voyelle simple accentuée, suivie d'une seule consonne, la consonne est doublée :

rob → robbing . sit → sitting
occur → occurring . admit → admitting

■ Il n'y a pas de doublement de la consonne quand le son voyelle comprend deux lettres :

needing, dreading

■ Il n'y a pas de doublement de la consonne quand la consonne finale n'est pas accentuée :

entering, widening, crediting

■ Sauf :

-c	→	**-cking (panic → panicking)**
-m	→	**-mming (program → programming)**
-p	→	**-pping (worship → worshipping)**
-l	→	**-lling (tunnel → tunnelling)**

[*Note* : en anglais britannique seulement].

Quand la base verbale se termine par :
– un -r muet, devant la terminaison -ing, on prononce le -r :

pour [pɔː] → **pouring** ['pɔːrɪŋ]
fear [fɪə] → **fearing** ['fɪərɪŋ]

– les terminaisons -le, -el, -re, -er ou -en non accentuées, on ne prononce pas la voyelle non accentuée [ə] devant la terminaison -ing :

enter ['entə] → **entering** ['entrɪŋ]
travel ['trævəl] → **travelling** ['trævlɪŋ]
fasten ['fɑːsən] → **fastening** ['fɑːsnɪŋ]

1.4 La forme du prétérit

– wrote –

On l'emploie :

a. au prétérit :

I wrote a letter. (*voir* VERBES 2, **2**.1)

b. Dans certaines propositions introduites par **if** :

If I wrote a letter, would you answer?

c. Dans le discours rapporté :

He said that he wrote lots of letters. (*voir* LA SYNTAXE, **12**.2)

1.5 Le participe passé

– written –

On l'emploie :

a. au parfait :

I have written a letter. (*voir* VERBES 2, **2**.3)

b. Au passif :

The letter was written by me. (*voir* VERBES 3, **3**.)

c. Comme adjectif épithète :

written documents (*voir* LA SYNTAXE, **6**.2)

d. Dans des propositions en apposition :

a letter written by a friend (*voir* LA SYNTAXE, **6**.2)

1.6 Prétérit et participe passé : verbes réguliers et irréguliers

	base v.	*prétérit*	*part. passé*
V. réguliers :	**ask**	**asked**	**asked**
	need	**needed**	**needed**
V. irréguliers :	**feed**	**fed**	**fed**
	buy	**bought**	**bought**
	see	**saw**	**seen**
	come	**came**	**come**

■ Les verbes irréguliers se subdivisent en deux catégories :

– ceux dont le prétérit et le participe passé ont la même forme.
– ceux dont le prétérit et le participe passé ont des formes différentes.

Verbes réguliers

■ Les formes du prétérit et du participe passé de ces verbes sont toujours les mêmes :

base verbale + -ed

look*ed*, cheat*ed*, fail*ed*, seem*ed*, appear*ed*, repair*ed*

■ Lorsque la base verbale se termine par :

– *-e*, on ajoute -d :

hope*d*, like*d*, die*d*, judge*d*, debate*d*, invite*d*, agree*d*

– *une consonne* + *-y*, la terminaison est -ied :

tried, replied

– *une voyelle* + *-y*, la terminaison est régulière, -ed :

enjoyed, played

Mais, attention : paid (pay) et laid (lay).

■ Lorsque la base verbale se termine par *une voyelle accentuée simple* + *une consonne*, la consonne finale est redoublée. Les règles sont les mêmes que pour la terminaison -ing (*voir* 1.3) :

flopped, banned, knitted, admitted, barred, referred
panicked, programmed, worshipped, travelled

Mais, attention : entered, widened.

Verbes 1 : Formes

À l'oral, la terminaison -(e)d se prononce :

– [-t] si la base verbale se termine par [f, k, p, s, ʃ, tʃ, θ] :

laughed, picked, hoped, missed, wished, watched

– [-d] si la base verbale se termine par [b, ð, dʒ, g, l, m, n, ŋ, v, z, ʒ] ou par une voyelle :

robbed, breathed, damaged, nagged, killed, combed, phoned, banged, loved, surprised ; entered, played, sighed, agreed, flowed

– [-ɪd] si la base verbale se termine par [d] ou [t] :

needed, nodded, eroded ; rested, chatted, hated

Verbes irréguliers (1re catégorie)

▪ Forme identique au prétérit et au participe passé. La terminaison se prononce [-d] ou [-t]. Il y a souvent un changement du son de la voyelle entre la base verbale et cette forme prétérit/participe passé. Il n'existe pas de règle générale de formation ; il faut apprendre ces listes de verbes.

En voici quelques-uns parmi les plus fréquents :

bend → bent	**bind → bound**
bleed → bled	**breed → bred**
bring → brought	**build → built**
burn[1] → burnt	**buy → bought**
catch → caught	**creep → crept**
deal → dealt	**dream[1] → dreamt**
dwell[1] → dwelt	**feed → fed**
feel → felt	**fight → fought**
find → found	**flee → fled**
grind → ground	**have → had**
hear → heard	**hold → held**
keep → kept	**kneel[1] → knelt**
lead → led	**lean[1] → leant**
leap[1] → leapt	**learn[1] → learnt**
leave → left	**lend → lent**
light[1] → lit	**lose → lost**
make → made	**mean → meant**
meet → met	**read → read**
say → said	**seek → sought**
sell → sold	**send → sent**
shoot → shot	**sit → sat**
sleep → slept	**slide → slid**
smell[1] → smelt	**speed[1] → sped**
spell[1] → spelt	**spend → spent**
spill[1] → spilt	**spit → spat**
spoil[1] → spoilt	**stand → stood**
sweep → swept	**teach → taught**
tell → told	**think → thought**
understand → understood	**weep → wept**
wind → wound	

NOTE : En anglais américain, les verbes suivis du chiffre **1** peuvent avoir des formes régulières en -ed (burned, spoiled ...)

▪ Certains verbes d'une syllabe, terminés par -d ou -t, ont une même forme pour la base verbale, le prétérit et le participe passé :

bet, burst, cast, cost, cut, hit, hurt, let, put, quit, rid, set, shed, shut, split, spread

He should hit the ball.
Yesterday I hit a chair in the dark and hurt myself.
The town was badly hit by a hurricane.

Verbes irréguliers (2e catégorie)

▪ Le prétérit et le participe passé ont des formes différentes. Il n'existe pas de règles de formation ; il faut donc apprendre ces formes.
Quelques verbes, plutôt rares, peuvent avoir deux formes au prétérit :

My pullover shrank/shrunk in the wash.

▪ Beaucoup de verbes qui réfèrent à des activités de la vie courante appartiennent à cette catégorie. Voici une liste non exhaustive de ces verbes :

Base v.	*Prétérit*	*Part. Passé*	*Base v.*	*Prétérit*	*Part. Passé*
be	**was**	**been**	**bear**	**bore**	**borne**
beat	**beat**	**beaten**	**become**	**became**	**become**
begin	**began**	**begun**	**bite**	**bit**	**bitten**
blow	**blew**	**blown**	**break**	**broke**	**broken**
choose	**chose**	**chosen**	**cling**	**clung**	**clung**
come	**came**	**come**	**dig**	**dug**	**dug**
do	**did**	**done**	**draw**	**drew**	**drawn**
drink	**drank**	**drunk**	**drive**	**drove**	**driven**
eat	**ate[1]**	**eaten**	**fall**	**fell**	**fallen**
fling	**flung**	**flung**	**fly**	**flew**	**flown**
forbid	**forbade**	**forbidden**	**foresee**	**foresaw**	**foreseen**
forget	**forgot**	**forgotten**	**forgive**	**forgave**	**forgiven**
freeze	**froze**	**frozen**	**get**	**got**	**got[2]**
give	**gave**	**given**	**go**	**went**	**gone**
grow	**grew**	**grown**	**hang[3]**	**hung**	**hung**
hide	**hid**	**hidden**	**know**	**knew**	**known**
lie	**lay**	**lain**	**mistake**	**mistook**	**mistaken**
mow[3]	**mowed**	**mown**	**ride**	**rode**	**ridden**
ring	**rang**	**rung**	**rise**	**rose**	**risen**
run	**ran**	**run**	**see**	**saw**	**seen**
shake	**shook**	**shaken**	**shine[3]**	**shone**	**shone**
show[3]	**showed**	**shown**	**shrink**	**shrank/ shrunk**	**shrunk**
sing	**sang**	**sung**	**sink**	**sank**	**sunk**
sling	**slung**	**slung**	**speak**	**spoke**	**spoken**
spin	**span/ spun**	**spun**	**spring**	**sprang**	**sprung**
steal	**stole**	**stolen**	**stick**	**stuck**	**stuck**
sting	**stung**	**stung**	**stink**	**stank/ stunk**	**stunk**
stride	**strode**	**stridden**	**strike**	**struck**	**struck**
swear	**swore**	**sworn**	**swell[3]**	**swelled**	**swollen**
swim	**swam**	**swum**	**swing**	**swung**	**swung**
take	**took**	**taken**	**tear**	**tore**	**torn**
throw	**threw**	**thrown**	**tread**	**trod**	**trodden**
wake[3]	**woke**	**woken**	**wear**	**wore**	**worn**
weave	**wove**	**woven**	**win**	**won**	**won**
write	**wrote**	**written**			

NOTE :

1 ate (prét. de eat) se prononce [et] en anglais britannique et [eɪt] en anglais américain.

2 En anglais américain, une des formes du participe passé de get est gotten.

3 Ces verbes peuvent avoir des formes régulières dans certains sens (show, showed, showed).

2. *Les Verbes Auxiliaires*

2.1 Le verbe be : Formes

Présent

I am	**we are**
you are	**you are**
he/she/it is	**they are**

Prétérit

I was	**we were**
you were	**you were**
he/she/it was	**they were**

Terminaison -ing : being   Participe passé : been

■ À l'oral, on emploie les formes contractées du présent et avec la négation **not** (*voir* LA SYNTAXE, **3.1**).

■ Même lorsque be est verbe à sens plein, il garde son fonctionnement d'auxiliaire.

'Were you there?' 'No, I wasn't, but Emma was.'

2.2 Le verbe have

Au présent : have, has (3e personne du singulier)
Au prétérit et au participe passé : had
Terminaison -ing : having

> *NOTE :*
> * Le verbe have est un verbe à sens plein qui signifie avoir une propriété (permanente ou non), posséder. En anglais américain, il fonctionne comme tous les verbes à sens plein.
> * En anglais britannique, on préfère utiliser l'expression 'have got' pour signifier "avoir, posséder". Have fonctionne comme l'auxiliaire du parfait (*voir* VERBES 2, **2.3**).
> *Avant :
> ***I haven't any money. Have you any money?***
> *Aujourd'hui en anglais américain :
> ***I don't have any money. Do you have any money?***
> *Aujourd'hui en anglais britannique :
> ***I haven't got any money. Have you got any money?***

2.3 Formes simples et formes composées du verbe

■ La forme simple est constituée du verbe *sans* auxiliaire.

On la trouve au présent simple (*voir* VERBES 2, **1.1**) et au prétérit simple (*voir* VERBES 2, **2.1**).

I watch the television.
I watched the television.

■ La forme composée comporte le verbe + *un ou plusieurs auxiliaires.*

Les auxiliaires se placent devant le verbe pour indiquer :

1. l'aspect : déroulement ou accomplissement (forme progressive, parfait)

She wasn't watching the television.
I've watched the television.

2. la voix passive

The television is watched by everybody.

3. la modalité (obligation, probabilité ...)

I must watch the television.
Will you watch the television?

■ Dans les phrases au présent et au prétérit on utilise l'auxiliaire do (does/did) pour les questions et les phrases négatives (*voir* LA SYNTAXE, **4.** *et* **5.**).

4. ***Do you watch the television?***
5. ***She didn't watch the television.***

2.4 L'ordre des auxiliaires et la forme composée du verbe

■ Quand il y a plus d'un auxiliaire devant le verbe, l'ordre des auxiliaires est contraint. On peut placer jusqu'à *quatre* auxiliaires devant le verbe, mais il est rare d'en trouver plus de deux dans la même phrase :

I suspected that I might have been being followed.

might	**have**	**been**	**being**	**followed.**
modal	auxil. du parfait have	auxil. de la forme progressive	auxil. du passif	verbe

■ La marque de la modalité, de l'aspect, de la voix, se porte sur le membre du groupe verbal qui suit l'auxiliaire concerné.

■ Les modaux (*voir* **3.**) ainsi que l'auxiliaire do (*voir* **2.3**) sont suivis de la base verbale :

Verbe :	***I can see you.***
	We didn't say anything.
Parfait :	***She should have known better.***
Forme progressive :	***I will be working tonight.***
Voix passive :	***He must be caught immediately.***

■ L'auxiliaire du parfait have (*voir* **2.2**) est suivi du participe passé :

Verbe :	***I have always liked you.***
Forme progressive : (aspect : déroulement)	***Have you been drinking?***
Voix passive :	***The money has been stolen.***

■ L'auxiliaire be de la forme progressive (aspect : déroulement) (*voir* VERBES 2, **1.2**) est suivi de la terminaison -ing :

Verbe :	***Why are you staring at me?***
Voix passive :	***My suit is being mended.***

■ L'auxiliaire be de la voix passive (*voir* VERBES 3, **3.**) est suivi du participe passé :

Verbe :	***The work was done easily.***

2.5 Les auxiliaires : Propriétés particulières

Les modaux, be, have et do lorsqu'ils sont auxiliaires, et le verbe be ont les propriétés suivantes :

■ Ils peuvent se contracter, surtout devant la négation **not** (*voir* LA SYNTAXE, **3.1**) :

He's gone away. She won't come. They don't know. I'm sorry.

■ Ils se placent devant le sujet dans les questions :

Can I come? Do you speak English? Were you there?

■ On les trouve seuls dans les reprises, dans les réponses courtes ou les tags (*voir* LA SYNTAXE, **4.5**) :

I worked much harder than you did.
'Would you like some tea?' 'Yes, I would'/'No, I wouldn't.'
You're Betty Ayres, aren't you?

■ Lorsqu'ils sont accentués, ce n'est pas l'auxiliaire en tant que tel qui est mis en avant mais l'ensemble de la prédication (effet d'emphase) :

Don't be angry with him. He has paid me now.
I can't speak German but I can speak French.
You're quite wrong. I do know him. Very well in fact.
You may not believe me, but she is my mother.

2.6 Les auxiliaires : Formes contractées

Les formes contractées des auxiliaires et de l'auxiliaire-verbe be sont utilisées à l'oral, et à l'écrit dans un registre de langue familier. Dans les phrases affirmatives, seuls **be**, **have**, **will/shall** et **would** possèdent des formes contractées. Tous les auxiliaires sauf **may** ont des formes contractées qui incorporent la négation **not**.

Dans les phrases interro-négatives la forme non contractée de l'auxiliaire est rare .

Can't you find it? *plutôt que* ***Can you not find it?***
Doesn't he agree? *plutôt que* ***Does he not agree?***

Formes contractées dans les phrases affirmatives

Be. Seules les formes du présent sont contractées :

I'm going [aɪm]	**we're going** [wɪə]
you're going [jʊə]	**you're going** [jʊə]
he's/she's/it's going [hi:z/ʃi:z/ɪts]	**they're going** [ðɛə]

■ La contraction **-'s** pour **is** suit la même règle de prononciation que celle du **-'s** du cas possessif (*voir* LE NOM, **4.1**).

It's all right.
My dog's dead.
That man over there's my boss.

■ À l'écrit, la forme contractée **-'re** pour **are** ne peut se combiner qu'avec un pronom personnel.

You're right.

Have. Les formes présent et passé peuvent être contractées :

have → -'ve :	***They've got a flat in Paris.***
	I've been robbed.
has → -'s :	***She's gone away.***
	Hilary's met the Queen.
had → -'d :	***I'd decided to go.***
	You'd better be quiet.

La contraction **-'s** pour **has** suit la même règle de prononciation que celle du **-'s** du cas possessif.
Les contractions **-'ve** et **-'d** se prononcent [-v] et [-d].

■ À l'écrit, on ne trouve les contractions **-'ve** et **-'d** que derrière les pronoms personnels.

Will/shall. Leur forme contractée est **-'ll** :

I'll come tomorrow. It'll be all right.

Would. Sa forme contractée est **-'d** :

He said he'd help me. I'd rather have tea.

-'ll se prononce [-l] et **-'d** se prononce [-d], mais **it'll** se prononce [ˈɪtəl] et **it'd** [ˈɪtəd].

■ À l'écrit, on ne trouve ces contractions que derrière les pronoms personnels.

Faites bien la différence

* La contraction **-'s** peut être mise à la place de **is** aussi bien que de **has**.

She's forgotten. = a. *She is forgotten.* (*voir* VERBES 3, **3.**)
= b. *She has forgotten.* (*voir* VERBES 2, **2.3**)

* La contraction **-'d** peut être mise à la place de **had** aussi bien que de **would**. Le **-'d** mis pour **had** n'apparaît que dans les phrases au plus-que-parfait et il est toujours suivi d'un participe passé. La contraction **-'d** pour **would** est toujours suivie de la base verbale :

I wish that he'd come. = a. *I wish that he had come.*
= b. *I wish that he would come.*

Formes contractées dans les phrases négatives

be

are [ɑ:, ə] → **aren't** [ɑ:nt] :
Aren't you Frank's sister?

is [ɪz] → **isn't** [ɪzənt] :
I hope it isn't too cold.

was [wɒz, wəz] → **wasn't** [wɒzənt] :
She wasn't very pleased.

were [wɜ:, wə] → **weren't** [wɜ:nt] :
Why weren't you at work?

■ À la première personne, la négation **not** ne peut avoir de forme réduite. La forme contractée porte sur **am** (-'m) + **not** :

I'm not sure what to do.

■ Dans les phrases interro-négatives **am not** adopte la forme contractée **aren't** :

Aren't I going to see you again?
I am right, aren't I?

have

have [hæv, əv] → **haven't** [(h)ævənt] :
We haven't eaten yet.

has [hæz, əz] → **hasn't** [(h)æzənt] :
He hasn't got it.

had [hæd, əd] → **hadn't** [(h)ædənt] :
I wish we hadn't come.

do

do [du:, də] → **don't** [dəʊnt] :
I don't live here.

does [dʌz, dəz] → **doesn't** [dʌzənt] :
She doesn't agree.

did [dɪd] → **didn't** [dɪdənt] :
Why didn't you tell me?

Les auxiliaires modaux

can [kæn, kən] → **can't** [kɑ:nt] :
Sally can't dance.

could [kʊd, kəd] → **couldn't** [kʊdənt] :
I couldn't help it.

will [wɪl] → **won't** [wəʊnt] :
He won't help me.

would [wʊd, wəd] → **wouldn't** [wʊdənt] :
Why wouldn't she tell me?

shall [ʃæl, ʃəl] → **shan't** [ʃɑ:nt] :
I shan't answer you!

should [ʃʊd, ʃəd] → **shouldn't** [ʃʊdənt] :
You shouldn't fight.

might [maɪt] → **mightn't** [maɪtənt] :
He mightn't have come.

must [mʌst] → **mustn't** [mʌsənt] :
You mustn't be so noisy.

need [ni:d] → **needn't** [ni:dənt] :
You needn't pay me now.

dare [dɛə] → **daren't** [dɛənt] :
I daren't think about it.

La forme négative non contractée de can s'écrit en un seul mot cannot. May [meɪ] n'a pas de forme contractée. Ought not to [ɔ:tˈnɒttə] peut parfois être contracté : oughtn't to [ˈɔ:təntə].

2.7 Les auxiliaires et l'ordre des mots

L'inversion sujet-auxiliaire

■ Ordre des mots dans les phrases affirmatives :

SUJET-AUXILIAIRE-VERBE-RESTE DE LA PHRASE

Brian can borrow your records.
You have been seeing him again.

■ Ordre des mots dans les phrases négatives (*voir* LA SYNTAXE, **3.**) :

SUJET-PREMIER AUXILIAIRE-NÉGATION-VERBE

He won't come tomorrow.

■ Ordre des mots dans les phrases interrogatives (*voir* LA SYNTAXE, **4.**). Le premier auxiliaire (celui qui est conjugué) se place devant le sujet de la phrase :

(MOT INTERROG.-)AUXILIAIRE-SUJET-VERBE-RESTE DE LA PHRASE

Can Brian borrow your records?
Haven't you been doing your homework?

■ Dans les phrases interrogatives (ainsi que dans les négatives) on emploie l'auxiliaire do (*voir* **2.**) :

You have to work today. → Do you have to work today? → I don't have to work today.
Susan likes bright clothes. → Does Susan like bright clothes? → Susan doesn't like bright clothes.
They met last week. → When did they meet? → They didn't meet here.

■ On trouve l'ordre auxiliaire-sujet dans deux autres types de construction, d'un niveau de langue soutenu :
– lorsque la proposition est introduite par une expression adverbiale telle que never, ou no account, ou par certains "quasi-négatifs" tels que hardly, only.

I did not say that. Neither do I think it.
Never have I heard such rubbish in my life!
Hardly had I entered the building when the fire bell rang.
Only later did I realize who she was.

– dans des propositions introduites par So (…that) :

So wildly did he speak that I thought he was mad.
So good a school is it that most of its pupils go to university.

Sujet + auxiliaire dans les réponses courtes et les reprises

'Will she be there?' 'Yes (she will).'/'No (she won't).'
'You told Amy, didn't you?' 'Yes, I did.'/'No, I didn't.'
'I speak Italian.' 'Do you really? So do I.'
Angela runs faster than I ever could.

■ La reprise par auxiliaire comporte le sujet de phrase (souvent un pronom) + l'auxiliaire ; le reste de la phrase peut être omis, car déjà connu. Les reprises de phrase au présent et au prétérit se font avec l'auxiliaire do conjugué. Dans les reprises affirmatives, les auxiliaires be, have, will, etc. ne peuvent avoir de forme contractée s'ils ne sont suivis d'aucun autre mot :

'Is John coming?' 'Yes, he is'/'No, he isn't'/'No, he's not.'
She's stronger than I am/than she's ever been.

■ Réponses aux 'yes/no questions' (réponses courtes). Yes ou no pourraient suffire, cependant une réponse courte est souvent préférée :

YES + PRONOM SUJET + AUXILIAIRE CONJUGUÉ

NO + PRONOM SUJET + AUXILIAIRE CONJUGUÉ + NÉGATION

'Do you like sports?' 'Yes (I do).'/'No (I don't).'
'Doesn't Tom work with you?' 'Yes, he does.'/'No, he doesn't.'
'Could the cat have eaten it?' 'I suppose it could.'

■ Les questions portant sur le sujet de phrase introduites par who, what (voir PRONOMS ET DÉTERMINANTS, 9.) vont donner lieu à des réponses courtes :

'Who sold you that car?' 'Margaret did.'

■ Réponses courtes et commentaires.
Des expressions comme I think so/I don't think so ; I hope so/I hope not ; et I'm afraid so/I'm afraid not peuvent être utilisées comme commentaires d'une 'yes/no question' :

'Did Dickens write any plays?' 'I don't think so.'
'Will you be coming?' 'I hope so.'/'I'm afraid not.'

Autres types de commentaires :

'I speak Russian. Do you?' 'I do too. So does Christine.'
'No, you don't. But I think Tim does.'
'I like coffee. Do you?' 'Yes, but my husband doesn't.'
'I don't like meat.' 'Neither do I. But Debbie does.'
'I'll hit you.' 'No, you won't. You can't. You're too small.'
I'd like to come but I'm afraid I can't.

■ Les Tags (voir LA SYNTAXE, 4.5) :

'I am right, aren't I?' 'Yes, you are.'/'No, you aren't.'
'He won't break it, will he?' 'Yes, he will.'/'No, he won't.'

■ Dans les comparaisons :

He's working much harder now than he used to.
I won't earn as much this year as I did last year.

3. *Les Auxiliaires Modaux*

■ Can, may, must, will et shall sont des auxiliaires modaux.
Ils permettent au locuteur de rendre compte de la modalité – qui peut également être exprimée par d'autres moyens.

■ En utilisant ces auxiliaires le locuteur peut donner son point de vue sur les chances de réalisation d'un événement (la probabilité), sur la liberté plus ou moins grande du sujet de phrase (obligation, interdiction, conseil), sur ce qu'il convient de faire face à un événement.

■ Ought to, need et dare peuvent exprimer la modalité et se comporter comme des auxiliaires. Mais quelquefois ils se comportent comme des verbes ordinaires.

3.1 Les modaux : Formes

Les modaux :
– ne prennent pas de -s à la 3e personne du présent
– n'ont pas de forme -ing
– n'ont pas de participe passé
– ont, au présent, *une seule et unique forme :*

I can go. You can go. He can go.
We can go. They can go.

■ Seuls can, may, will et shall possèdent un prétérit :

can → could . may → might . will → would
shall → should

■ Tous les modaux (sauf may) ont une forme contractée à la forme négative. Will, would, shall ont des formes affirmatives contractées (voir 2.6).

3.2 Les modaux : temps chronologique et temps grammatical

■ Les modaux fonctionnent en dehors du temps grammatical. Leur forme prétérit a souvent une valeur non temporelle et fait référence à de l'irréel, à du non certain.
Pour indiquer un contexte futur ou passé, on est alors obligé d'utiliser un équivalent :

I can afford a car now. → I'll soon be able to afford a car. → I wasn't able to afford a car.

■ Cependant la forme prétérit des modaux peut exprimer le passé, notamment dans le discours rapporté :

He said that he would come.
I asked whether I might use the telephone.

■ La forme prétérit du modal a souvent une signification propre, autonome, différente de la forme présent.
Elle peut exprimer un plus grand degré d'incertitude, un degré de politesse plus élevé :

***I may see them tomorrow.** (= Il se peut que je les voie.)*
***I might see them tomorrow.** (improbable)*
Can I have some more soup?
***Could I have some more soup?** (poli)*

3.3 Can et Could

1. Can et could expriment la capacité, la possibilité intellectuelle ou physique :

Barry can play the saxophone.
At one time I could run 100 metres in 11 seconds.
When I was young I could walk on my hands.
(= I was able to and I (often) did.)

2. Can et could expriment la possibilité morale, la permission. Cet emploi est fréquent dans les règlements et les lois (comparez avec may 1.) :

The doctor says I can go back to work on Monday.
Can you smoke in cinemas in Britain?
At my last job I could take holidays whenever I wanted to.

3. Dans les questions, on emploie can pour demander une permission, faire une requête ; could ajoute une note supplémentaire de politesse :

Can you tell me the way to the station?
Could your daughter help me decorate the church?

4. Can exprime une propriété virtuelle, non permanente (comparez avec may 2.) :

People can be very cruel sometimes.

5. Could exprime un certain degré d'incertitude. Can't exprime le quasiment impossible et/ou le fortement improbable :

Perhaps Anne could take you in her car.
If I had enough money, I could give up work.
You cannot be serious!

6. Avec les verbes de perception (hear, see...) et **understand** on trouve indifféremment **can't** ou **don't** au présent :

I can't/don't understand what you're talking about.

Can ne peut s'employer que dans un contexte au présent ; quant à **could**, ses renvois au passé sont limités. Pour indiquer un contexte passé ou futur, on emploie des équivalents de **can** :

can (1) capacité → **be able to**
can (2) permission → **be allowed to**

I can't do it now, but maybe I'll be able to on Sunday.
I have never been able to understand him.
He wasn't allowed to go and see King Kong on his own.

■ Un autre moyen possible est d'utiliser le verbe **manage** :

He was able to mend the car. (= He managed to mend the car.)

3.4 May et might

1. **May** s'emploie pour demander ou accorder la permission. Comparez avec **can** 2., **must** 1.

Might n'a cette valeur que dans le discours rapporté avec une subordonnée introduite par **that**.

You may stay up late this evening, children.
You may not smoke in here.
(= You must not smoke in here.)
May I ask a question?
I asked him if I might borrow his hammer.

May ne s'emploie que dans un contexte présent. L'équivalent dans les contextes passé ou futur est **be allowed to** :

She wasn't allowed to see him again.
I hope that I'll be allowed to drive.

2. **May** s'emploie pour exprimer une possibilité virtuelle, une certaine probabilité. Avec **might**, le locuteur exprime une plus grande incertitude qu'avec **may** :

For all I know, you may be right.
If you phone now, you might catch him in his office.

Faites bien la différence

Comparez **may** et **can** 4 :

This watch can be damaged by misuse. = It is possible to damage this watch by misuse.

This watch may be damaged by misuse. = It is possible that this watch has been damaged by misuse.

3.5 Will et would

1. **Will** exprime le futur et indique qu'un événement aura vraisemblablement lieu dans l'avenir. **Would** est utilisé comme passé de **will** (*voir* VERBES 2, **3.7**).

2. **Will** est l'expression de la volonté du sujet de phrase. **Would** est alors le passé de **will** dans le discours rapporté :

He'll carry those suitcases for you if you ask him.
He said he'd carry my suitcases.

Lorsque le sujet de phrase est à la 1re personne, cela peut correspondre à une déclaration d'intention, à une promesse :

I'll deal with this straight after lunch.
We won't make any noise.

Dans les questions dont le sujet est à la 2e personne, **will** s'emploie pour adresser une requête. **Would** ajoute une note supplémentaire de politesse à cette requête :

'Will you lend me £5?' 'No, I won't.'
Will/would you cook the dinner this evening?

Will est aussi employé dans des invitations, suggestions, etc., **will** est aussi repris pour y répondre :

If you have any problems, I'll help you.
'I'm having a party. Will you come?' 'Sorry, I won't be able to.'

Won't marque le refus, témoigne de la mauvaise volonté du sujet de phrase à faire quelque chose. **Wouldn't** peut conserver cette valeur dans un contexte passé :

I won't listen to such lies and nonsense.
He wouldn't tell me where he'd been.

3. **Will** est l'expression de la certitude du locuteur à propos d'un événement présent. **Would** exprime une certitude moindre :

'Who's ringing the doorbell?' 'That'll be the postman.'
I suppose the woman next to her would be her sister.

4. **Will** accentué exprime une caractéristique du sujet de phrase, généralement désapprouvée par le locuteur. **Would** fonctionne dans ce sens comme le passé de **will** :

Those children will keep stealing my apples.
Boys will be boys.
Don't blame me. You would come out without your raincoat.

5. **Would** indique la caractéristique et l'habitude dans le passé. Cette habitude appartient au passé, elle n'a plus cours maintenant. Comparez avec **used to** (*voir* VERBES 2, **2.1**). On ne peut pas l'employer avec des verbes comme **know** et **like**.

He would sit for hours and hours, reading her love letters.

6. **Would** apparaît dans des expressions figées comme **would like, would love, would rather** :

'Would you like a cup of tea?' 'I'd love one.'
I know I've got an exam, but I'd rather not think about it.

Would, dans les propositions introduites par **that** ou **if**, a valeur d'hypothétique, d'irréel (*voir* LA SYNTAXE, **9.2** *et* **9.3**) :

I thought they'd lose the match.
If he'd (had) smoked less, he'd (would) still be alive today.

3.6 Shall et should

Shall est rarement utilisé et il est particulièrement rare en anglais américain. Shan't est encore plus rare. Should est la forme prétérit de shall dans le discours rapporté.

1. À la 1re personne, shall est employé pour exprimer le futur et should le futur dans le passé (voir VERBES 2, 3.7).

2. Shall : lorsque le sujet de phrase l'emploie à la 1re personne il exprime l'obligation qu'il s'impose (promesses, déclarations d'intention, menaces). Comparez avec will (voir 3.5) :

I shall pay you on Monday.
We shan't stop trying, even if we don't succeed at first.
I shall hit you if you don't shut up.

3. Shall : à la 1re personne, dans les questions, il s'emploie pour faire propositions, invitations et suggestions :

Shall I make you a cup of tea?
Shall we go for a picnic on Sunday?

4. Shall accentué : à la 2e personne il est employé pour donner des ordres :

You shall be quiet!

5. Should (= ought to 1.) exprime l'obligation atténuée, indique ce qu'il serait bon (moralement ou non) de faire, a valeur de conseil :

You should read this book. It's very interesting.
Motorists shouldn't smoke while driving.

6. Should (= ought to 2.) exprime une forte probabilité (ce qui doit logiquement arriver) :

I wonder where they are. They should be here by now.
There shouldn't be any problem getting tickets.

7. Should apparaît avec un sujet de phrase à la 1re personne dans des expressions figées :

I should like a holiday.
'Do you agree with her?' 'I should think so.'

8. Should dans les propositions introduites par that fait référence à des situations imaginaires, à de l'irréel. Après certains verbes (demand...) il se comporte comme un subjonctif :

I'm amazed that you should think that.
They demanded that he should repay the money.

Should se rencontre dans des propositions introduites par if (voir LA SYNTAXE, 9.3) où il renforce l'aspect hypothétique.
On trouve plutôt cet emploi en style soutenu :

If you should see him, please tell him the news.

3.7 Must

1. Must exprime l'obligation, la contrainte. Il est équivalent à have (got) to :

You must wear your best clothes to the interview.
I must get up early tomorrow morning.

Dans ce sens on trouve rarement must dans les questions et il ne peut être employé pour indiquer une habitude.
Must n'a pas de forme prétérit. Have to et need to sont utilisés comme équivalents de must lorsque l'emploi de must est impossible (questions, contextes futur et passé et d'habitude) :

Do I have to wear my best clothes to the interview?
I needed to get up early the following day.
I have to get up early every morning to get to work.

Mustn't signifie pour le sujet de phrase "l'obligation de ne pas ... " (= may not).

You must not get up early tomorrow. You must stay in bed.

Don't have to et needn't expriment une absence d'obligation :

Tomorrow is a holiday, so I don't have to/needn't get up early.

2. Must indique la forte probabilité, la nécessité logique (= have got to) :

It can't be true. I must be dreaming.
There must be some mistake.

Must n'a pas de forme prétérit. Have to est l'équivalent de must dans les contextes passé et futur. Dans les questions on emploie can et dans les négations can't qui indique, à l'inverse, une forte improbabilité :

It had to be true.
Can it be true?
It can't be true.

3.8 Ought to, need, dare : Modalité

Ought to

■ Il a des valeurs comparables à should 5. et 6. (voir 3.6). Il exprime le conseil (1.) et la forte probabilité (2.) :

1. *You ought to read this book. It's very interesting.*
Motorists ought not to smoke while driving.

2. *I wonder where they are. They ought to be here by now.*

■ Dans les questions et les réponses courtes, ought to se comporte comme un auxiliaire ; mais il n'est pas utilisé dans les tags (voir LA SYNTAXE, 4.5).

Ought we to know about this for the exam?
'I'm going home.' 'I don't think you ought (to).'

Need

■ On ne l'emploie comme auxiliaire de modalité que dans les questions et les phrases négatives et ceci seulement au présent. Dans les questions il a la même valeur que must 1. et est souvent employé à sa place :

Need we finish the work today?

■ Dans les phrases négatives, **needn't** exprime l'absence d'obligation. Cependant **mustn't** signifie qu'il est nécessaire de ne pas faire quelque chose, tandis que **needn't** signifie qu'il n'est pas nécessaire de faire quelque chose.

You needn't get up early tomorrow.

■ Il exprime aussi la nécessité logique mise en doute :

That needn't necessarily be true.

■ Dans les autres cas, **need** est un verbe à sens plein et se comporte comme tel (**need** + **to** + base verbale) :

We need to get up early tomorrow/every day.
Did you need to speak to me?
Your watch needed to be repaired, didn't it?

Dare

■ **Dare** peut se comporter comme auxiliaire de modalité dans les questions au présent et dans les phrases négatives au présent et au passé :

Dare I tell her that I love her?
How dare you speak to me like that?
I daren't think about it.
Tommy dared not go home.

■ Dans les autres cas, **dare** est un verbe à sens plein et se comporte comme tel (**dare** + **to** + base verbale) :

That rude man dared to call me 'darling'.

Had better

L'expression **had better** est comparable à **should** 5. (*voir* 3.6) et à **ought to** 1. ; elle a une valeur de conseil, avec parfois une nuance d'avertissement (menace) :

You'd better not do that again. She'll be very angry.

3.9 Les modaux et la forme progressive

He can't still be working. *(fortement improbable)*
I must be dreaming. *(forte probabilité)*
She will probably be having lunch when you phone. *(certitude)*

Les modaux peuvent se combiner avec la forme **be** + **-ing** (*voir* 2.3).

3.10 Les modaux et le parfait

1. ***They should probably have finished work by now.*** *(probabilité)*

2. ***They should have finished the job yesterday.*** *(obligation atténuée)*

Les modaux peuvent se combiner avec la forme du parfait (**have** + participe passé). Ces énoncés peuvent généralement s'interpréter de deux manières (*voir* LA SYNTAXE, 9.2) :

1. Le locuteur ne se prononce pas. Prenons l'exemple suivant :

I'm not sure, but I think you may have made a mistake.

Le locuteur, au moment où il parle, indique qu'il est dans le doute : y a-t-il eu une erreur de commise dans le passé ou non? Il ne peut pas se prononcer. **Might** aurait encore renforcé l'incertitude exprimée.

Autres exemples du même type :

I can't/couldn't have been paying attention.
He might have told me, but I don't remember.

On trouve également **will** (*voir* 3.5) et **must** (*voir* 3.7) + **have** + participe passé, avec une valeur de grande certitude, de forte probabilité.

That will/must have been Jenny that you saw.
She must have forgotten to come.

2. Le locuteur considère l'événement d'un point de vue hypothétique, imaginaire ou irréel. L'événement aurait pu avoir lieu mais finalement il n'a pas eu lieu.

I shouldn't have laughed at him like that (but I did).
You were very lucky. You might have been killed (but you weren't).
I would have liked to come but I couldn't.

■ **Needn't** + **have** + participe passé : le locuteur indique qu'il n'était pas nécessaire de faire quelque chose :

You needn't have come if you didn't want to (but you did).

■ **Will/would** et **shall/should** + **have** + participe passé peuvent marquer l'expression du futur (*voir* LA SYNTAXE, 3.) ou exprimer le conditionnel, l'irréel dans les propositions introduites par **if** :

I'll have left for America by this time tomorrow.
He said that he would have seen her by six o'clock.
I would have been much happier if you had told me earlier.

■ **Could have** + participe passé : les deux interprétations sont possibles.

1. Possible, probable dans le passé :

I could (= might) perhaps have left it on the bus.
(= Mais l'ai-je laissé(e) ou non, là est la question.)

2. Irréel, avec quelquefois une valeur de reproche :

You could have asked her while she was here (but you didn't).
(= Il était possible de le faire mais ça n'a pas été fait.)

4. *Les Verbes à Particules et Les Verbes Prépositionnels*

a. ***Agnes* turned up *late.***
b. ***He's very ill. I hope he* pulls through.**
c. ***She* turned off *the tap. She turned the tap off.***
d. ***You can rely on me. I'll* look after *you.***
e. ***Isn't she the girl who's* going out with *your brother?***

■ De nombreux verbes anglais sont composés de plusieurs éléments, à savoir une base verbale + une ou deux particules. La particule peut être :

– un adverbe → **up, down, off ...**
– une préposition → **to, or, in ...**

Ces particules changent le sens du verbe, aussi est-il important de tenir compte de tous les éléments pour ne pas faire d'erreur :

He told me. *(Il m'a dit)*
He told me off. *(Il m'a grondé[e])*

Les verbes composés sont très courants en anglais et il s'en crée toujours de nouveaux.

■ Comme tous les verbes, ces verbes peuvent être intransitifs (sans compléments d'objet) comme **turn up** et **pull through** dans les exemples a. et b. ci-dessus, ou transitifs (suivis d'un complément) comme dans les exemples c., d. et e.

Verbes à particules intransitifs :

La particule est souvent un adverbe de lieu. Elle se place immédiatement après la base verbale.

Please sit down here.
The house blew up.
The plane took off.
I tried several times before finally giving up.

Verbes à particules transitifs :

■ Il y a trois types de construction où la base verbale est suivie d'une particule et d'un complément d'objet. Lorsque le complément est un nom, les trois constructions sont très ressemblantes.

– verbes à particules :

The speaker got his message over to his audience.
(= communiquer)

– verbes prépositionnels :

The company got over its financial problems.
(= surmonter)

– verbes suivis d'une préposition :

The burglar got over the garden wall.
(= escalader)

Ces constructions ont un point commun, elles peuvent toutes être mises au passif (*voir* VERBES 3, **3.**) :

The message was got over clearly to the audience.
The company's problems have now been finally got over.
The wall is so high that it cannot be got over.

Mais il y a des différences grammaticales importantes entre les verbes à particules et les autres.

4.1 Les verbes à particules

turn off (a light) . drink up (your milk)
make up (a story) . bring up (a child)
hold down (a job) . hold up (a bank)
put in (an application)
find out (some information)

■ Quand le complément d'objet est un nom, il peut soit précéder soit suivre la particule :

I made the story up. I made up the story.

■ Quand le complément d'objet est un pronom, il se place toujours devant la particule :

I made it up.

En dehors du complément d'objet, le seul mot qui peut se placer entre la base verbale et la particule est un adverbe. Cela n'est possible que si la particule a son sens propre :

He turned the tap completely off/on.

■ La particule reste derrière le verbe dans les questions et les propositions relatives (*voir* LA SYNTAXE, **4.** *et* **7.**) :

What did you find out?
This is a piece of work which you must see through on your own.

4.2 Les verbes prépositionnels

look at (a picture) . ask for (some money)
make for (the door) . refer to (a book)
go into (a subject) . keep to (a promise)
look over (a new house) . see through (a lie)

■ Le complément d'objet se place toujours après la préposition, que le complément soit ou non un pronom :

I looked at the picture. I looked at it.

■ Le verbe et la préposition peuvent être séparés par un ou plusieurs adverbes :

I went carefully over all my notes before the exam.

■ Dans les questions et les propositions relatives on a le choix entre deux constructions. Soit le verbe prépositionnel se comporte comme le verbe à particule et c'est la construction la plus courante, soit la préposition se déplace devant le mot interrogatif ou le pronom relatif. On ne rencontre cette seconde construction qu'en style soutenu :

Who are you thinking about? About whom are you thinking?
The book (which/that) you're looking for is not available.
The book for which you're looking is not available.

Bref, les verbes prépositionnels se comportent comme les verbes suivis d'une préposition :

to walk across (the road) . to sit in (a chair)
to go down (the street)

Faites bien la différence

She came across some old papers. → What did she come across?
She came across the garden. → Where did she come?

4.3 Les verbes à deux particules

put up with (discomfort)
look forward to (a holiday)
keep up with (one's work)
check up on (a fact)
look down on (poor people)
get away with (a crime)

■ Les verbes composés de deux particules sont formés de :

base verbale + particule + préposition

La première particule suit presque toujours immédiatement le verbe, la préposition se comporte comme la préposition des verbes prépositionnels.

I hope you'll make up with her soon.
I look forward greatly to their arrival.
He's someone with whom it's impossible to get on well.

■ Autres verbes composés : l'anglais dispose d'autres moyens pour former des locutions verbales (composées) dont la signification ne correspond pas à la simple addition du sens de chacun des éléments dont elles sont composées. Dans les exemples suivants les éléments (invariables) qui forment la locution verbale sont en caractères droits :

Can you* give *me* a hand with *these cases?
He was unable to* come to terms with *his job.
Don't hurry.* Take *your* time over *it.
***Seeing a doctor there* put *me* on *my* guard.**
***I've tried to forget Roger but I can't* get *him* off *my* mind.**

Un certain nombre de ces locutions verbales peuvent être mises au passif.

They* took *great* care of *us.
Great* care *was* taken of *us.
***We were* taken *great* care of.**

5. *Les Constructions Verbe + Verbe*

Would you* like to go out *with me this evening?
They told us* to stop annoying *them.
I* insist on speaking *to the manager.
She* saw him steal *the apples.
I* came back and found *the money stolen.

De nombreux verbes peuvent être suivis d'autres verbes. Du premier verbe dépend la construction verbale des verbes qui suivent (base verbale ou to + base verbale ou base verbale + -ing ou participe passé). Ce type de construction est généralement indiqué dans les dictionnaires.

5.1 Verbe + verbe

a. Verbe + to + Base verbale, après want, ask, agree, decide, seem, refuse :

Do you want to know a secret?
She refused to listen to me.

b. Verbe + Base verbale + -ing, après les verbes enjoy, dislike, stop, keep, miss, deny :

It's stopped raining.
Do you enjoy reading long novels?

■ Le verbe go + -ing est souvent utilisé et indique la participation à des activités physiques.

I often go dancing/drinking/running/shooting, etc.

■ Le verbe utilisé seul se contente de décrire l'activité dont on parle :

I like swimming. (= I like to be in the water.)
I like going swimming. (= I like being at the swimming pool.)

■ Certains verbes comme like, hate, prefer, intend, try, start peuvent être suivis soit par to + base verbale soit par la base verbale + -ing. Les deux constructions correspondent à des sens légèrement différents :

– to + base verbale est employé si l'événement a un caractère unique, exceptionnel

– Base verbale + -ing indique que l'activité, les événements ont un caractère répété :

I hate to tell a lie, but this time perhaps it's necessary.
I hate telling lies. It always makes me feel bad.

Faites bien la différence

Avec **remember** et **forget** la différence est très nette :
I remembered to post your letter. (= J'ai pensé à poster votre lettre.)
I remembered posting your letter. (=Je me suis rappelé avoir posté votre lettre.)
Avec **stop** la différence est radicale :
He stopped to smoke. (= Il s'est arrêté pour fumer.)
He stopped smoking. (= Il s'est arrêté de fumer.)
Notez également le cas de **need** :
They need to find somewhere to live.
My car needs washing. = *My car needs to be washed.*

c. Verbe + Préposition + Base verbale + -ing avec insist on, keep on, believe in, boast about, delight in, leave off, be tired of, look forward to... Ce sont des verbes prépositionnels (*voir* 4.2).

She insisted on paying for the meal.
I wish he'd refrain from smoking.

NOTE : Dans le langage courant, les verbes try et go sont souvent suivis de and et de la base verbale de l'autre verbe.

I'll go and see what's happening outside.
Please try and keep yourself warm.

5.2 Verbe + (groupe nominal) complément + construction verbale

a. Verbe + Complément + Base verbale, après les verbes let, make, see, hear, help :

She lets her children do what they like.
Please make yourself look a little tidier.
I saw Frank/him take your newspaper.

b. Verbe + Complément + to + Base verbale, après les verbes ask, allow, expect, tell, persuade, get (= make), want, invite, remind, believe :

Claire asked her manager to give her a pay rise.
I want you to try to persuade him to come.
We believed him to be lying.

c. Verbe + Complément + Base verbale + -ing, après prefer, remember, can't stand, hate, oppose, start, stop, see, hear, help, find :

I can't stand people swearing in public.
We found our dog digging up the flowers.

> NOTE : En style soutenu, le complément peut prendre la forme possessive (adjectif possessif ou nom au génitif) :
> *David said he enjoyed you/your singing to them.*
> *I dislike John/John's laughing at me.*

■ Certains verbes, en particulier les verbes de perception, "d'observation" comme see, hear, find..., peuvent être suivis d'un complément + base verbale ou d'un complément + base verbale + -ing. Il y a peu de différence de sens :

I heard them come up the stairs.
I heard them coming up the stairs.

■ Les verbes comme like, hate, prefer peuvent être suivis soit d'un complément + to + base verbale, soit d'un complément + base verbale + -ing, avec la même nuance de sens que dans la construction verbe + verbe (voir 5.1) :

Would you like me to read to you?
I like you reading to me.

d. Verbe + Complément + Préposition + Base verbale + -ing, après les verbes comme prevent from, stop from, thank for, blame for, interest in, congratulate on :

I don't blame you for getting angry.
Clive's parents prevented him from joining the army.

e. Verbe + Préposition + Complément + Base verbale + -ing.
La plupart des verbes mentionnés au c. de la construction verbe + verbe peuvent être employés de cette manière. En style soutenu, le complément peut prendre la forme possessive (adjectif possessif ou nom au génitif) :

The librarian insisted on us/our being quiet.
I'm really tired of my mother/mother's always nagging me.

f. Verbe + Complément + Participe passé, après les verbes have, get, see, hear, find. Le participe passé a une valeur passive :

Have you had your hair coloured?
I came back and found the money stolen.

■ Au passif : certains des verbes introducteurs peuvent être mis au passif (voir VERBES 3, 3.). Mais ceux cités en a. se construisent alors avec to devant la base verbale (i.e. comme ceux cités en b.) :

We were made to do the cleaning.
She can't be persuaded to come.
The children were heard laughing and playing about.
I was congratulated on winning the tournament.

■ Certains verbes, comme decide, demand, ne peuvent être suivis que d'une subordonnée introduite par une conjonction :

She decided that it was a good idea.
I wonder why he did it.

■ D'autres acceptent les deux schémas de construction :

I believe that he is a liar. = I believe him to be a liar.

VERBES 2 : L'EXPRESSION DU TEMPS

Temps chronologique et temps grammatical.
Le locuteur va situer l'événement dont il parle :

➤ **1.** ***Au Présent***
I take . I am taking

➤ **2.** ***Au Passé***
I took . I was taking
I have taken

➤ **3.** ***Au Futur***
I will take
I'm going to take

1. *Le Présent*

En anglais, le locuteur dispose de deux formes verbales pour indiquer que son discours se situe au moment présent :

1.1 Le présent simple

My brother works in an insurance office.
Do you know Kate Harrison?

■ On emploie le présent simple pour parler d'événements qui se répètent, d'habitudes, de caractéristiques, de vérités générales ; il s'emploie également avec les verbes d'état.

1.2 Le présent progressif

Chelsea are winning 2-0 with ten minutes left.
Is your car working properly now?

■ On emploie le présent progressif pour parler d'un événement non terminé, toujours en cours, qui inclut le moment présent.

■ La forme progressive (be + -ing) se combine avec d'autres formes verbales (passé, futur). Il est conseillé de bien la connaître car sa valeur de base se retrouve dans ces combinaisons :

I was just leaving when the telephone rang.
They've been playing golf a lot recently.

■ Notez bien que la forme progressive ne s'emploie pas avec tous les verbes, et notamment pas avec les verbes d'état :

These shoes don't fit me.
et surtout pas : ***These shoes aren't fitting me.***

1.1 Le présent simple

Formes

	Singulier	*Pluriel*
1re personne	**I like music.**	**We like music.**
2e personne	**You like music.**	**You like music.**
3e personne	**He/she/it likes music.**	**They like music.**

Formes irrégulières :

■ L'auxiliaire be (*voir* VERBES 1, **2**.1) : I am ; you/we/they are ; he/she/it is.

■ Les auxiliaires modaux (*voir* VERBES 1, **3**.) : I can, he can ; I must, she must...

Pour les formes de have, do, say, go etc. *voir* VERBES 1, **1**.2.

Les phrases interrogatives, négatives et emphatiques

Elles nécessitent toutes l'emploi d'un auxiliaire.
Do est l'auxiliaire du présent (*voir* VERBES 1, **2**.6).

Valeurs

I live in Glasgow but I work in Edinburgh.
Do you remember the name of her sister?
Andy plays football, but he doesn't play cricket.

La valeur du présent simple dépend en partie du sens du verbe conjugué.

■ Verbes d'état
Le présent simple a une valeur de vérité générale : c'est vrai maintenant, ce le fut dans le passé, ça le sera dans l'avenir. Ces verbes ne s'emploient pas avec la forme progressive :

Jenny likes chocolate.
Do you think they'll agree?
Two times three makes six.
Does the Thames flow through Oxford?

■ Verbes décrivant des actions, des événements
Le présent simple indique que cet événement est habituel ou qu'il se répète. L'action ne se déroule pas nécessairement au moment où le locuteur parle. Les adverbes often, sometimes, occasionally, never renforcent cette valeur :

He plays tennis on Saturdays.
Don't you ever eat meat?
It rains a lot in Wales.

Autres valeurs du présent simple

■ Au présent simple, certains verbes comme promise, wish, accept introduits par I ou we indiquent que le locuteur fait ce qu'il dit au moment même où il le dit :

I'm sorry. I beg your pardon.
We wish you every success in your exams.

■ Au présent simple, certains verbes (introductifs) comme hear, understand, say, claim permettent de décrire un événement qui a déjà eu lieu mais qui a introduit un fait qui est encore vrai :

I hear that you've lost your purse.
The weather forecast says that it's going to rain today.

■ Le présent simple peut avoir valeur de commentaire ; il permet de rendre compte des événements ou des actions au moment où ils se déroulent (commentaires sportifs, indications scéniques, mais aussi recettes de cuisine, instructions d'utilisation ...) :

Robson passes to McLair. McLair shoots, and it's a goal!
You put two eggs into a bowl and add 200 grams of flour.

Avec cette valeur, le présent simple peut parfois être employé pour rendre compte d'événements passés, pour leur donner plus de force au présent, par exemple dans les titres de journaux, ou pour raconter une histoire drôle :

Mitterrand shakes hands with Kohl. *(dans la presse, sous une photo)*
A man goes into a pub and asks for a pint of beer ...

■ Le présent simple est employé dans les subordonnées introduites par if ou when avec une valeur de futur (*voir* 3.1) :

He'll get into trouble if he carries on like that.
She'll see her mother when she goes to London next month.

1.2 Le présent progressif

Be quiet. I'm listening to the radio.
Are you all sitting comfortably?

Formes

■ Le présent progressif se forme avec l'auxiliaire be au présent + base verbale + -ing (*voir* VERBES 1, 1.). Dans la phrase interrogative il y a inversion du sujet avec l'auxiliaire (*voir* VERBES 1, 2.7) :

Is your mother making the dinner?

■ Dans les phrases négatives, on place la négation not après l'auxiliaire. À l'oral, on utilise généralement la forme contractée (*voir* VERBES 1, 2.6) :

Our company isn't doing well.
Our company's not doing well.

La forme du premier exemple est la plus courante, sauf lorsque le sujet est le pronom I :

I'm not feeling very well.

Valeurs

'What's happening?' 'We're just going out.'

■ Le locuteur emploie le présent progressif pour désigner un événement en cours au moment où il parle. L'événement a commencé dans le passé, continue dans le présent et n'est pas terminé (*voir* 1.3).

■ Le présent progressif peut aussi avoir une valeur de futur (*voir* 3.3) :

I'm starting work at the bakery on Monday.

La valeur du présent progressif dépend du sens du verbe. Certains verbes, en particulier les verbes d'état, ne s'emploient pas avec la forme progressive (*voir* 1.1).

■ Avec les verbes d'action, le présent progressif indique que l'action se produit au moment présent :

It's raining.
You're talking too loud.

■ Avec les verbes exprimant des actions brèves et rapides, le présent progressif indique que l'action qui se déroule se répète plusieurs fois de suite :

The children are jumping up and down with happiness.
Please, teacher, Billy Smith's hitting me.

■ Avec des verbes exprimant le passage d'un état à un autre, le présent progressif indique que ce processus est en cours d'accomplissement :

The bus is stopping at the bus stop.
They're widening the pavement down the road.
He's drowning! I'll jump in and save him.

On retrouve une partie de ces valeurs lorsque la forme progressive est employée à d'autres temps ou d'autres modes.

Présent simple et présent progressif

'What do you do?' 'I work in a bank.'
'What are you doing?' 'I'm cleaning my room.'

Observez bien les exemples : en général, le présent simple exprime ce qui est permanent, alors que le présent progressif exprime le temporaire, le transitoire.

■ Présent progressif et état provisoire : le présent progressif indique que la situation présente est simplement provisoire, qu'elle ne durera pas longtemps.

We live in Leeds. *(= Leeds est notre résidence fixe.)*
We're living in Leeds. *(= Leeds est notre résidence temporaire.)*
Our car runs well. *(c'est-à-dire en général)*
Our car is running well. *(= en ce moment)*

Notez que ces différentes formes ne peuvent être rendues que d'une seule façon en français : par le présent de l'indicatif.

■ Présent progressif et habitudes temporaires : le présent progressif peut désigner une habitude qui n'est que temporaire et momentanée mais qui n'est pas forcément en train de se produire :

You're smoking far too much these days.
I'm taking the train to work while my car's being fixed.

■ Présent progressif et habitudes permanentes : le présent progressif associé à des adverbes comme always ou forever indique que l'action dont on parle se répète depuis très longtemps, qu'elle est une habitude constante. Il y a souvent une note d'agacement dans le ton du locuteur :

He's always complaining about his boss.
She is always phoning me up and asking strange questions.
He's forever telling me his problems.

1.3 Forme progressive et autres temps

■ La forme progressive peut se combiner avec tous les temps :

– avec le passé (*voir* 2.2)

We were playing chess when the phone rang.
I was waiting from morning till night.

– avec le parfait (*voir* **2.4**)

I've been thinking of buying some new shoes.
He's been phoning her a lot recently.

– avec le futur (*voir* **3.4**) :

They'll be working all next week.
Don't call before six. We'll be doing the shopping.

– dans les phrases interrogatives le sujet se place après le premier auxiliaire (*voir* VERBES 1, **2.7**) :

Why were your friends driving so fast?
You're dirty. Have you been playing in the mud?
When will they be leaving?

– dans les phrases négatives, **not** se place derrière l'auxiliaire conjugué. À l'oral, on emploie le plus souvent des formes contractées (*voir* VERBES 1, **2.6**) :

We weren't expecting you to phone.
I haven't been feeling very well for the last few days.
They won't be returning until some time next week.

La forme progressive : sa valeur

▪ Le plus souvent, la forme progressive indique que le locuteur attire l'attention sur la relation entre le sujet de la phrase et l'action en cours au moment précis où elle se déroule (présent, passé).

▪ D'autre part, l'action en cours est vue à un moment de son déroulement ; ni son commencement ni sa fin ne sont pris en compte par le locuteur :

They arrived while we were washing the dishes.

temps = passé

They arrived = *action ponctuelle*
while we were washing... = *action vue à un moment de son déroulement*

Comparez les deux phrases suivantes :

When Jane got home her husband was making the dinner.
When Jane got home her husband made the dinner.

– dans la première, Jane arrive pendant la préparation du dîner, pendant le déroulement d'une action qui a commencé sans elle.

– dans la deuxième, les deux actions ont lieu l'une après l'autre : le dîner est préparé après l'arrivée de Jane.
Lorsque les événements ont lieu en même temps, la forme progressive peut être employée dans les deux propositions :

You were watching the television while I was washing up.

(Pour la forme progressive, *voir* **1.2**.)

(Pour la forme progressive et l'expression du futur, *voir* **3.3** *et* **3.4**.)

La forme progressive : restrictions d'emploi

▪ Certains verbes ne s'emploient pas avec la forme progressive, en particulier les verbes d'état :

– les verbes de perception comme **feel, hear, see** sont souvent employés avec **can** :

I (can) see you.

– les verbes exprimant des attitudes intellectuelles, psychiques ou spéculatives comme **imagine, know, suppose, understand** :

Do you believe in God?

– les verbes exprimant des attitudes affectives comme **like, hate, prefer, want** :

Bob loves Sue.

– les verbes exprimant la possession, l'appartenance comme **have** et la caractéristique comme **be**, à savoir **belong to, own, consist of, cost, depend on, matter, resemble, appear** :

Are you ill?
That seems to be right.
These shoes don't fit me.
The box contains sweets.

▪ En revanche certaines constructions avec **be** décrivant des attitudes momentanées, passagères, sont compatibles avec la forme progressive :

The children are being naughty.
My brother's being a nuisance again.

▪ Le sens d'un verbe ne suffit pas toujours à indiquer s'il peut se combiner ou non avec la forme progressive. Il faut consulter un dictionnaire. À ce titre, l'exemple des verbes **enjoy** et **like** – qui ont pourtant un sens assez proche – est parlant :

We are enjoying our holiday.
Mais pas : ***We are liking our holiday.***

▪ Certains verbes qui ne sont pas compatibles avec la forme progressive au présent peuvent l'être lorsqu'ils sont employés dans une forme verbale composée :

I need a hammer.
Can you lend me your tools? I'll be needing a hammer tomorrow.

▪ Certains verbes ont un sens différent lorsqu'ils sont employés avec la forme progressive (*voir* VERBES 2, **1.2**) :

The soup tastes wonderful.
(= La soupe a un goût formidable.)

The cook is tasting the soup.
(= Le chef goûte la soupe.)

I (can) see some ships. *(= Je vois des bateaux.)*
I'm seeing her soon. *(= Je la vois bientôt.)*

Mais aussi :

I think you're wrong *(= Je pense que tu as tort.)*
I'm thinking of getting a dog.
(= J'envisage d'avoir un chien.)

Remarque :

En tant que verbe ordinaire, have a deux emplois :

– own, be with

Ce sens-là n'est pas compatible avec la forme progressive. On peut employer have got :

I have £10/red hair/a sister/influenza.
I've got £10/red hair/a sister/influenza.

– take, do, experience

Ce sens-là est compatible avec la forme progressive. On ne peut pas employer have got :

We're having breakfast/a bath/a rest/a good time/trouble.

(*Voir aussi* VERBES 1, **2.2**)

2. *Le Passé*

En anglais, pour parler d'événements qui ont eu lieu dans le passé, le locuteur dispose de deux moyens, du prétérit (temps grammatical) et du parfait (forme aspectuelle, c'est-à-dire liée au déroulement ou à l'accomplissement de l'action) :

2.1 Le prétérit simple ("simple past")

■ Le prétérit est le seul "vrai" temps du passé. L'événement dont on parle appartient complètement au passé, il est révolu ; il y a une coupure par rapport au moment présent :

Billy stole the apples yesterday.

2.2 Le parfait ("present perfect")

■ Le parfait décrit un passé "relatif". L'événement dont on parle a été accompli antérieurement au moment présent, mais il a des conséquences mesurables et visibles dans le présent :

Billy has stolen the apples and won't give them back.

■ Le prétérit et le parfait peuvent se combiner avec d'autres formes verbales comme la forme progressive :

I was driving all day yesterday.
I've been driving all day and still have 100 miles to go.

■ Le parfait est employé dans des formes verbales composées pour créer un décalage temporel par rapport au temps principal de la phrase :

Plus-que-parfait : ***They had gone by the time I arrived.***
Will + *parfait :* ***We will have eaten before you arrive.***

Ces formes verbales se combinent aussi avec la forme progressive :

– plus-que-parfait progressif

I was tired because I had been working hard all day.

– will + *parfait* + *progressif*

By the time I see you I'll have been working for ten hours.

2.1 Le prétérit simple

I slept well because the bed was comfortable.
He seemed to be happy about something.
We were very worried. Why didn't you phone?

Formes

■ Dans les phrases affirmatives, le verbe au prétérit a la même forme à toutes les personnes. Pour le verbe be et les verbes irréguliers, *voir* VERBES 1, **1.** *et* **2.** :

I/he/she/it was ; you/we/they were.

I knew him when I was young.
Jenny asked us whether we were happy.

Phrases interrogatives, négatives, et emphatiques

Ces phrases nécessitent l'emploi de l'auxiliaire **did** (*voir* VERBES 1, **2.6**).
Comparez avec le présent simple.

Valeurs et emplois

■ On emploie le prétérit simple pour parler d'événements passés révolus, complètement achevés. L'événement a eu lieu à un moment précis du passé généralement explicitement mentionné par le locuteur :

The Earth was formed about 4,600 million years ago.
(To doctor giving injection) Ow, that hurt!

■ Le prétérit simple est le temps du récit : histoires, contes de fées, romans, etc.

There was once a beautiful princess who had a wicked stepmother ...

■ L'événement est vu dans sa totalité (début, déroulement, fin) ; que cet événement ait duré ou se soit répété importe peu :

The Romans invaded Britain in 44 AD and remained for 400 years.
In one year Jeremy sold 25 cars.

■ Lorsque deux verbes sont coordonnés par **and**, il peut y avoir ambiguïté ; les deux événements ont eu lieu, soit en même temps, soit l'un après l'autre :

Yesterday, I tidied my room and listened to some records.

Used to, would

■ Cependant, pour insister sur le côté habituel ou répétitif d'un événement dans le passé, on peut employer l'auxiliaire **would** (*voir* VERBES 1, **3.5**) ou l'expression **used to** :

In the evenings he would work on his symphony.
They used to live just down the road.

Notez qu'en français, pour traduire cette valeur, on emploie l'imparfait.

■ On emploie l'expression **used to** pour faire référence à des habitudes dans le passé, pour désigner quelque chose qui a existé un certain temps et a pris fin (*voir* VERBES 1, **3.5**) :

He used to drink too much.
I used to know her when I was at school.

■ À la forme négative, **used to** a deux constructions possibles, soit **used not to**, soit **didn't use(d) to**.

■ À la forme interrogative, **use(d)** se comporte comme un verbe ordinaire, il est introduit par l'auxiliaire **did** :

I used not to be so fat. = I didn't use(d) to be so fat.
Did he really use(d) to be a footballer?

■ **Used to** peut s'employer dans les reprises comme auxiliaire, mais rarement dans les tags (*voir* LA SYNTAXE, **4.5**) :

I like her much more now than I used to.
She used to go out with your brother, didn't she?

Faites bien la différence

Il ne faut pas confondre **used to** [ju:st tʊ] avec :
– **be used to** + base verbale + **-ing** = avoir l'habitude de …
I don't mind, I'm used to getting up early.
– le passif du verbe **use** [ju:z] + **to** "infinitif" exprimant l'intention, le but :
This part is used to increase the speed of the engine.

Autres emplois du prétérit simple

■ Valeur non temporelle : le prétérit simple peut être employé pour parler d'événements présents, lorsque le locuteur formule une requête, un conseil, une suggestion, avec une grande politesse :

'Did you want to see me?' 'Yes, I wondered if you could help us.'

■ Le prétérit simple est employé pour exprimer ce que l'on suppose ou ce que l'on souhaite, en particulier dans les propositions conditionnelles introduites par **if**, mais aussi après les expressions comme **I'd rather, it's time** … :

If you really loved me you wouldn't keep criticising my mother.
It's time that the baby was in bed.

2.2 Le prétérit progressif

I was watching the television when you called.
One of them was working while the rest were drinking their coffee.
She was living in Birmingham at the time.

Formes

■ Le prétérit progressif se forme avec **be** au prétérit + base verbale + **-ing**.

Dans la phrase interrogative, il y a inversion du sujet et de l'auxiliaire ; dans la phrase négative, la négation se place derrière l'auxiliaire (*voir* VERBES 1, **2.6**) :

Where were you going when I saw you?
It wasn't raining when I left the house.

Valeurs

■ Le prétérit progressif associe les valeurs du prétérit (*voir* **2.1**) et de la forme progressive (*voir* **1.3**). Le prétérit progressif s'emploie pour désigner un événement en cours de déroulement, mais dans un contexte passé :

They were still arguing at the end of the meeting.

■ Le locuteur met l'accent sur le déroulement de ces événements dans le passé, sans considérer le moment où ils se terminent :

'What were you doing on Saturday?' 'We were visiting relatives.'

■ Lorsque le prétérit progressif est modifié par des adverbes comme **just, recently**, il désigne un événement passé très récent :

My sister was just saying that there's been a fire at her school.

■ Le prétérit progressif est parfois préféré au prétérit simple pour formuler une requête (effet de politesse) :

I was hoping that you might be able to give me some advice.

2.3 Le parfait

They've painted their house purple.
I have thought about it a lot and I still don't agree.
Have you ever seen a kangaroo?

Formes

■ Pour former le parfait on emploie **have** au présent + participe passé du verbe (*voir* VERBES 1, **2.2**).

Dans les phrases affirmatives, l'auxiliaire **have** peut être contracté, *voir* VERBES 1, **2.6** :

I've been ill. She's been ill.

■ À la forme interrogative il y a inversion du sujet et de l'auxiliaire. À la forme négative, la négation **not** se place derrière l'auxiliaire. Pour la forme contractée de **have + not**, *voir* VERBES 1, **2.6** :

Have you studied the past tense in English?
Has Ron been to work today?
My pay hasn't gone up this year.

Valeurs

Le parfait s'emploie pour désigner un événement passé dont les conséquences sont toujours mesurables et visibles au moment présent.

Comparez avec les exemples au prétérit.

■ Avec les verbes d'état, ce dont on parle et qui a commencé dans le passé se poursuit au moment présent :

She's lived in Norwich all her life
(and she still does).

Prét. : ***She lived in Norwich all her life***
(but now she is dead).

I've known Ken since I was at school
(and I still see him often).

Prét. : ***I knew Ken when I was at school***
(but then he moved away).

■ On l'emploie pour décrire des habitudes, des caractéristiques toujours vraies au moment présent :

She's taught French for twenty years.

Prét. : ***She taught French for twenty years before retiring.***

Have you always spent your Saturdays shopping?

■ On l'emploie pour constater au moment présent les conséquences d'une action accomplie dans le passé. Le locuteur met en valeur les conséquences de cette action :

They've mended the fence. Isn't that an improvement?

Prét. : ***They mended the fence yesterday, but it's fallen down again.***

My watch has stopped. (Somebody trod on it.)

I've broken my arm. (I did it on my skiing holiday.)

■ On l'emploie pour constater au moment présent les conséquences d'un événement passé ; le moment auquel cet événement a eu lieu dans le passé n'intéresse pas le locuteur :

I've read Macbeth
(so I can tell you the story).

Prét. : ***I read Macbeth at school***
(but I've forgotten all about it now).

We've already had measles
(so we can't catch it again).

Have you seen my newspaper?
(I want to read it.)

Parfait ou prétérit?

■ Avec le parfait, on place les événements dans un passé relativement vague. En revanche, si pour le locuteur l'événement est repéré avec précision dans le passé, il emploie alors le prétérit :

Have you seen the Van Gogh exhibition at the Tate Gallery?

Prét. : ***Did you see the Van Gogh exhibition, as you said you would?***

■ Lorsqu'un événement passé a déjà été mentionné une fois, il peut servir de repère temporel et ce qui suit est alors au prétérit :

Alison has been offered the job. We were all very surprised.

I've only played rugby once and I didn't enjoy it very much.

■ Un événement au prétérit est unique et vu dans sa totalité. Lorsqu'il se répète, le locuteur dispose de plusieurs moyens pour le mentionner :

– de l'adverbe often, de l'auxiliaire would ou de l'expression used to.

– du parfait, soit parce que cet événement a des conséquences dans le présent, soit parce qu'il peut encore se produire :

Prét. : ***He often stole things from cars.***
He's stolen from cars before
(so he might have stolen your radio).

■ Le locuteur peut mettre l'accent tonique sur l'auxiliaire have pour souligner l'importance actuelle des conséquences de l'événement passé dont il parle :

Don't nag me. I have ***washed the dishes.***
Jill might know. Unlike you, she has ***studied Spanish.***

Prétérit simple et parfait : les repères temporels

■ Le prétérit s'emploie avec des repères temporels, adverbes ou expressions de temps qui l'ancrent dans le passé. Ces repères répondent à une question introduite par when : a week ago, last year, on Tuesday, at one o'clock, when I was young, in 1947…

We visited the Science Museum yesterday.
I've just seen him. He got here five minutes ago.
When did you speak to them?

■ Le parfait s'emploie avec des repères temporels qui incluent le moment présent. Ces repères temporels répondent à une question introduite par how long, how often : so far, until now. Les propositions introduites par since, ou les compléments de temps introduits par since ou for (si ce dont on parle se poursuit dans le présent) peuvent également servir de repère temporel au parfait :

He's worked at Healey's for five years/since 1989.
'How long have you been here?' 'I've been waiting for two hours.'

Cependant, si le complément de temps introduit par for décrit une durée qui appartient complètement au passé, on doit utiliser le prétérit :

He worked at Healey's for five years during the 1980s.

■ Le prétérit et le parfait peuvent s'employer avec des repères temporels qui incluent le moment présent, comme this morning, today :

She wrote some postcards today
(and won't write any more).
She's written some postcards today
(and might write some more).

Le parfait est souvent employé avec des adverbes de fréquence comme always, sometimes, et never mais aussi avec already, yet, not yet, recently et just :

I've always wanted to have a surfboard.
'Have you started the cleaning yet?' 'I've already finished it.'
Have you read any good books recently?

■ Le parfait est souvent employé après des expressions contenant des chiffres :

This is the second time I've had to speak to you.
She's called five times today.

Remarque : emploi de go

Au parfait, le participe passé gone peut être remplacé par been. Il y a cependant une différence de sens :

The Fosters have gone to Spain for their holiday.
The Fosters have been to Spain for their holiday.

– dans la première phrase, le locuteur dit que les Foster sont allés en vacances en Espagne et qu'ils y sont encore.

– dans la deuxième phrase, le locuteur dit que les Foster sont allés en vacances en Espagne et qu'ils en sont revenus.

On dit plus facilement :

Ask Julie. She's been to Mexico, so she can tell you about it.

On retrouve cette différence avec les autres temps du parfait, comme par exemple le plus-que-parfait :

I couldn't see him because he'd gone to London.
When I last saw him he'd just been to London.

2.4 Parfait et autres formes verbales

■ Le parfait peut se combiner avec d'autres formes verbales. Dans de nombreux cas, on obtient un effet d'antériorité d'un événement par rapport à un autre :

<u>He'll have arrived</u> by <u>the time you leave.</u>
1 2

L'événement décrit dans la proposition 1 (= l'arrivée), aura lieu avant celui décrit dans la proposition 2 (= le départ).

■ On rencontre le parfait dans les temps composés suivants (pour l'ordre des auxiliaires dans la phrase, voir VERBES 1, 2.4) :

Parfait progressif :

I've been sitting here for three hours now.

Plus-que-parfait :

I'd been very worried before the exams, but they went quite well.

Plus-que-parfait progressif :

We'd only been working for ten minutes when the fire alarm rang.

Parfait et futur :

Do they think that they'll have repaired my bike by Monday?

Parfait, futur, et forme progressive :

I suppose he'll have been drinking on the way home.

Parfait et modaux :

We would have gone out for a walk but it was too cold.
I could have danced all night.

Pour la forme composée modal + parfait, voir VERBES 1, 3.9.

Le parfait progressif

■ Le parfait progressif combine les valeurs du parfait et de la forme progressive. Il ne peut pas s'employer avec les verbes qui n'acceptent pas la forme progressive comme les verbes d'état (voir 1.3).

■ Le locuteur emploie le parfait progressif pour faire référence à des événements qui ont duré un certain temps et dont les conséquences sont encore visibles, constatables :

This seat's wet. It's been raining.
Your hands are dirty. What have you been doing?

■ Cela implique souvent que l'événement dont on parle n'est pas encore terminé au moment présent, il se poursuit. Comparez avec le parfait :

Who's been taking my sweets?
(There are still some left.)

Parfait :

Who's taken my sweets?
(There are none left.)

■ L'événement dont on parle décrit quelque chose qui s'est passé sur une courte période :

I've been working here for ten days now and I'm enjoying it.

Parfait :

I've worked here for ten years and I don't want to leave.

■ Le parfait progressif s'emploie souvent avec des verbes qui décrivent des états temporaires comme wait, sit, stand, et stay :

She's been sitting there for hours now.
How long have we been waiting for this bus?

Plus-que-parfait

■ Le plus-que-parfait s'emploie principalement dans les propositions subordonnées, en particulier dans le discours indirect ; il indique qu'il y a un décalage temporel dans le passé entre deux événements du passé. Le plus-que-parfait sert de passé au prétérit simple et au parfait :

'Have you seen her yet?' → He asked me if I had seen her yet.
'Were you frightened?' → He asked me if I had been frightened.

■ Dans les propositions introduites par when, after, etc., on peut employer le prétérit simple plutôt que le plus-que-parfait si le décalage temporel dans le passé n'est pas explicitement mentionné :

I saw Ben some time after I spoke to you.

■ Le plus-que-parfait peut se combiner avec la forme progressive :

He had been sitting there for two hours before she arrived.

3. *Le Futur*

En anglais, il n'y a pas de temps grammatical futur. Cependant, le locuteur dispose d'un certain nombre de moyens pour dire qu'un événement va avoir lieu dans l'avenir. Selon le point de vue qu'il adopte, il choisira une forme plutôt qu'une autre en fonction de la probabilité de réalisation de l'événement, par exemple, ou du moment de sa réalisation dans l'avenir (plus ou moins proche). Voici, par ordre de fréquence, les différentes manières d'exprimer le futur :

3.1 will/shall + *base verbale*
They will be here soon.

3.2 be going to + *base verbale*
It's going to rain.

3.3 *Présent progressif*
She's taking me out tonight.

3.4 will/shall + be + -ing *(forme progressive)*
I'll be going home next week.

3.5 *Présent simple*
The train leaves at eight o'clock.

3.6 be to/be about to
We're to see him on Tuesday.

■ On peut parfois employer les formes passé de ces expressions pour rendre compte d'un futur dans le passé, par exemple dans le discours indirect (*voir* LA SYNTAXE, **12.**) :

She said that she would buy me a present.
We were about to leave when they arrived.

3.1 Will/shall

I'll see you this evening.
We shan't be there on time.
Will you send it tomorrow?

Formes

■ Will et shall sont des auxiliaires modaux (*voir* VERBES 1, **3.**). Ils ont des formes contractées dans les phrases affirmatives ('ll) et négatives (won't, shan't, *voir* VERBES 1, **2.6**).

Formes régulières :

sujet + will + base verbale

I will go. She will stay.

■ Dans les phrases interrogatives, il y a inversion du sujet avec l'auxiliaire.

Dans les phrases négatives, la négation **not** se place derrière l'auxiliaire.

Mr Smith won't be able to see you before eleven o'clock.
Will there be anything nice to eat?

■ Les phrases négatives dont le sujet est un pronom personnel ont deux constructions possibles. La seconde est plus emphatique et moins courante que la première :

They won't be back by this evening.
They'll not be back by this evening.

■ Lorsqu'on veut exprimer le futur dans les subordonnées de temps introduites par when, if, after, il ne faut jamais employer will mais le présent simple :

We will stay at home if it rains.
I'll tell her when I see her.

■ Lorsqu'il exprime le futur, **shall** n'est utilisé qu'à la première personne (du singulier ou du pluriel) :

I shall see him tomorrow.
(= I will see him tomorrow.)
I suppose we shall be late.
(= I suppose we will be late.)

■ Les formes contractées I'll/you'll remplacent soit **shall**, soit will.

> *NOTE :* Shall est rarement utilisé en anglais américain.
> La forme contractée **shan't** est rare.

Emplois (avec valeur de futur)

■ Will et **shall** traduisent l'idée de prédiction ; lorsque le locuteur les emploie pour parler d'un événement futur, il prédit que cet événement a des chances de se réaliser dans l'avenir. Mais il reste une certaine incertitude quant à la réalisation de cet événement :

I'll be at home tomorrow.
Where will you be next month?
We'll be back in time for dinner.
I think that Jane will get the job.
By the year 2025 there will be no oil left.

■ Tout spécialement après des verbes comme **think**, l'emploi de will et de **shall** indique que le sujet de phrase vient de prendre une décision inattendue :

I think I'll go for a walk.
Don't worry about that. I'll see to it.

■ Will et **shall** sont avant tout les auxiliaires du futur ; cependant, ils ont un certain nombre d'autres valeurs (*voir* VERBES 1, **3.5** et **3.6**) qui se combinent souvent avec celles du futur.
Lorsque le sujet de phrase a la "volonté" de faire quelque chose et que cet événement se situe dans l'avenir, les deux valeurs sont combinées :

I'll help you with your homework.
Will you come with me to the theatre tonight?

■ Dans les phrases interrogatives à la première personne, il y a quelquefois une nette différence de sens entre will et **shall** :

Will I go into the examination before you?
Shall I go into the examination before you?

– dans le premier exemple on se pose une question sur l'organisation : est-il prévu que...?

– dans le deuxième exemple l'interlocuteur fait une proposition, une offre : si tu veux, j'irai passer l'examen avant toi.

Will, shall + forme progressive, parfait, passif

I'll be staying for three days.
Will you have finished your exams by next Friday?
The part of Hamlet will be played by Julian Smith.

■ Will et shall peuvent s'employer avec la forme progressive, le parfait et la voix passive. Les différentes valeurs du progressif (*voir* 1.3), du parfait (*voir* 2.3) et de la voix passive (*voir* VERBES 3, 3.), se combinent avec celle du futur.

Pour l'ordre des auxiliaires dans la phrase, *voir* VERBES 1, 2.4.

■ Futur et forme progressive : Will/shall + be + base verbale + -ing

Le locuteur emploie la forme progressive avec will et shall pour ajouter à la valeur de prédiction d'un événement une valeur de déroulement (liée à la forme progressive) :

At six o'clock I shall be driving home from work.
She'll probably be watching television when we call.

■ Futur et parfait : Will/shall + have + participe passé

– le locuteur emploie will/shall + parfait pour exprimer l'antériorité d'un événement sur un autre dans le futur :

Celia will probably have arrived by eight o'clock.
If we don't hurry, the plane will have left before we get there.

– avec des subordonnées introduites par if, when + présent simple, l'emploi de will/shall + parfait indique que lorsque la condition posée dans la subordonnée sera réalisée, ce dont on parle dans la principale aura également été réalisé :

If we win on Saturday, we'll have won our last five matches.
When I finish this book, I'll have read the whole list.

■ Futur et voix passive : Will/shall + be + participe passé

You will be shot at dawn.
This will be dealt with in the next chapter.

■ On rencontre rarement des combinaisons plus complexes. Cependant, on peut trouver :
– will/shall + *parfait* + *forme progressive* :

By the time we get home, we'll have been driving for eight hours.

– will/shall + *parfait* + *passif* :

The work will probably have been finished by Friday.

– will/shall + *forme progressive* + *passif* :

You can't use the car next week. It'll be being repaired.

Dans cette dernière combinaison du futur, du parfait et du progressif, le locuteur parle d'un événement, d'une activité qu'il suppose être en cours de déroulement au même moment, et dont les conséquences apparaîtront dans un temps futur :

I expect that he'll have been drinking on the way home.

3.2 Be going to

Is she going to buy herself a new coat?
Look at those clouds. I think it's going to rain.

■ L'expression be going to + base verbale a deux valeurs ; elle indique :

– l'intention dans le futur : le sujet de phrase est alors toujours une personne et le locuteur indique quelles sont les intentions du sujet de phrase par rapport à un événement, une activité futurs :

We're going to have a party.

He's going to be a doctor when he grows up.

I am not going to tell you again!

Il est important de ne pas confondre be going to qui exprime une intention, et will qui exprime la volonté :

Anne : 'Fred! That shelf is falling down.'

Fred : 'Don't worry. I'll mend it.' *(promesse ou offre)*

Fred starts collecting the tools. Bill comes in.

Bill : 'What are you doing?'

Fred : 'I'm going to mend the shelf.' *(intention)*

– la conséquence : avec be going to le locuteur exprime avec certitude ce qui va avoir lieu dans le futur parce qu'il en connaît la cause au moment présent. Le locuteur parle généralement d'un futur assez proche :

'Mummy, why's that woman so fat?' 'She's going to have a baby.'
Have you heard the news? There's going to be an election.
Be careful! You're going to drop those plates.

Remarque :

be going to go est souvent réduit à be going :

We're going to Roland's this evening.

3.3 Le présent progressif (à valeur de futur)

I'm starting a new job on Monday.
We are interviewing applicants all next week.

(Pour la forme du présent progressif be + base verbale + -ing, *voir* 1.2.)

Valeur

■ Le présent progressif peut avoir une valeur de futur, souvent pour rendre compte de plans, d'actions programmées. Le sujet de phrase est généralement une personne. Puisqu'il s'agit de plans, d'actions programmées, l'événement a toutes les chances de se réaliser dans un avenir proche.

■ Pour mettre en évidence cette valeur de futur, le présent progressif est généralement associé à des expressions et adverbes de temps comme soon, later, next week ou in two months, tomorrow. Cette valeur se rencontre souvent avec des verbes de mouvement :

Steve's coming home tomorrow.
They're arriving at one o'clock and leaving at three.
'What are you doing next week?' 'We're going to Norwich.'
Sara's taking the twelve forty plane.
Are you staying in a hotel or with friends?

3.4 Will/shall + be + -ing

The Cardiff train will be arriving on platform four.
The sun will be setting in ten minutes.

La différence entre will et shall est traitée au 3.1.
(Pour will/shall + be + base verbale + -ing, *voir aussi* 3.1.)

■ Avec Will/shall + be + base verbale + -ing l'événement décrit peut acquérir une nuance de futur inéluctable. Cette forme peut aussi exprimer la politesse :

Will Denise come to your party? (= Has Denise agreed to come to your party?)
Will Denise be coming to your party? (= Do you know whether Denise is intending to be at your party?)

Will you sing for us? (= Please sing for us.)
Will you be singing for us? (= Do you plan to sing for us anyway?)

I shall cook dinner this evening if you're too tired.
I shall be cooking dinner this evening – it's my turn.

3.5 Le présent simple (à valeur de futur)

The plane leaves in ten minutes.
Does the match start at three or three thirty?

Pour les formes du présent simple, *voir* 1.1.

■ Le présent simple a une valeur de futur dans les trois cas suivants :

– dans les subordonnées introduites par if, when, after…(*voir* 1.1) :

If he phones this evening, tell him I'll call him back.
The town will be much quieter after the tourists leave.

– lorsque l'événement décrit est une vérité générale :

Christmas Day falls on a Wednesday this year.
The sun rises at seven fifteen tomorrow morning.

– lorsque l'événement a été programmé, planifié.

Cet emploi est particulièrement fréquent pour parler d'un voyage qui va avoir lieu dans un avenir proche :

Autumn term starts on 8 September.
When I die, my money goes to my children.
We start from London and spend the first night in Maldon. Then we go on to Ipswich.

3.6 Be to/be about to

Be to + base verbale

■ L'expression is to/are to s'emploie pour désigner un événement qui a été planifié, programmé généralement par quelqu'un d'autre que le sujet de phrase.

■ Dans la phrase interrogative il peut y avoir une nuance d'incrédulité de la part du locuteur.

■ Au passé, l'expression was to/were to peut aussi exprimer l'idée de "destin".

I am to see him later this evening.
Am I to believe a story like that?
He was to become Prime Minister in 1985, at the age of 39.

Be about to + base verbale

The train's about to leave.
He seemed to be about to say something before he died.

■ L'expression be about to s'emploie pour désigner un événement qui va avoir lieu dans un futur proche.

3.7 Le futur dans le passé

La forme passée de will/shall, be going to et will/shall + be + base verbale + -ing, peut s'employer pour exprimer "le futur dans le passé" (notion de futur antérieur en français).

Ces formes passées gardent les mêmes valeurs que les formes au présent.

Would/should

You said that you would pay us within ten days.
I knew that he'd arrive on time – and here he is!
I hoped she wouldn't be angry.
They forgot to tell us when the wedding would be.

■ Les auxiliaires would/should sont les formes passées de will/shall et s'emploient principalement dans les subordonnées introduites par that et autres propositions nominales (= compléments), souvent dans le cadre du discours indirect.

La différence entre would/should est la même que celle entre will/shall (*voir* 3.1). Cependant, should est rare avec cette valeur.

■ Pour les formes contractées et les autres emplois de would/should, *voir* VERBES 1, 2.6 *et* 3.5, 3.6.

Was/were going to

They were going to visit you but they had to work late.
She was going to study medicine but she failed the examination.
I thought you were going to be sick.
The sky was black and it seemed that it was going to rain.

Would/should + be+ base verbale + -ing

The driver said that the bus would be leaving in ten minutes.
She asked me if I'd be working late.

■ On emploie la forme passée de will/shall + be + -ing principalement dans les subordonnées introduites par that (souvent dans le discours indirect).

Brian said that he would be playing football this afternoon.

Verbes 3 : Modes et Voix

Modes personnels, voix passive et modes impersonnels :

- **1. *L'Impératif***
  Take him away!
  Let's take a break.
- **2. *Le Subjonctif***
  I suggest you take a break.
- **3. *La Voix Passive***
  I was told to be quiet.
- **4. *La Construction Infinitive avec To***
  It was wrong to take it.
- **5. *La Construction Verbe + -ing***
  Taking photographs is banned.
- **6. *Le Participe Passé***
  Taken as a whole it's very good.

1. *L'Impératif*

Please* remember *to post my letter.
***Don't do* anything stupid. *Don't be* rude!**
***Be* good! *Always be* kind to animals.**
***Take* as many as you want.**

La deuxième personne

À la deuxième personne, l'impératif a la même forme au singulier et au pluriel.

Forme affirmative :base verbale (sans sujet)
Forme négative :don't + base verbale (sans sujet)

▪ L'impératif du verbe **be** est : **be** à la forme affirmative, et **don't be** à la forme négative.

▪ Le verbe à l'impératif n'a pas de sujet puisque c'est le locuteur qui donne cet ordre à une ou plusieurs personnes. Parfois cependant, **you** peut se rencontrer lorsqu'il est mis en relief ; à la forme négative, **you** se place après **don't**.

You sit over there.
Don't you worry (yourself) about him.

▪ Pour exprimer un ordre atténué (offre, invitation) on peut employer l'auxiliaire **do** :

(Do) have another piece of cake.

▪ Autres formulations possibles d'ordres :
– l'impératif, même précédé de **please**, peut sembler impoli, sauf pour faire une offre ou une invitation. Pour formuler des requêtes plus polies, on peut employer **can** et **will** à la forme interrogative :

Can you pass me the sugar, please?
Will you please close the window?

– pour obtenir un effet de politesse encore plus marqué, on peut employer **could** et **would** (passé de **can** et **will**). Cependant, ces formes peuvent induire une nuance d'ironie de la part du locuteur :

Could you give me a hand with this suitcase?
Would you be so kind as to hold the door open for me?

– on peut également atténuer l'impératif en ajoutant **will you** à l'ordre donné :

Pass me the sugar, will you?

Les autres personnes : 1re et 3e personne

▪ 1re personne du pluriel :

– lorsque le locuteur fait une suggestion dans laquelle il s'inclut, il emploie **let's** à la forme affirmative, et **let's not** à la forme négative. Cette forme est toujours contractée :

Let's go to the cinema this evening.
Let's not think about it.

▪ 3e personne du singulier/pluriel :
On emploie l'auxiliaire **let** + le pronom complément :

I don't care if he's in a hurry. Let him wait!
(= qu'il attende!)
Let them come and talk to me. *(= qu'ils viennent me parler!)*

▪ Autres formulations possibles d'ordres, de suggestions :
– on peut employer la forme interrogative **shall we**, équivalente à **let's**. Il est possible d'employer **shall we** en fin de phrase, en position de tag, après l'impératif **let's...**, pour se montrer plus persuasif.
– on peut également exprimer la suggestion avec l'expression **what about** + base verbale + -**ing** :

Shall we take a drive in the country on Saturday?
Let's go to the cinema this evening, shall we?
What about getting a pizza?

2. *Le Subjonctif*

2.1 Le subjonctif présent

It is essential that he do the work properly.
They insisted that I not be told the truth.

Formes

▪ La forme du subjonctif présent correspond à la base verbale du verbe (même pour la 3e personne du singulier).

▪ Le subjonctif présent de **be** est **be**.

▪ La forme négative est rare ; il suffit de rajouter la négation **not** devant le verbe.

Emplois

■ Le subjonctif présent ne s'emploie que dans les subordonnées introduites par that avec des verbes comme demand, require, suggest, propose, et des expressions comme it is essential, it is imperative, etc.

■ Il est courant en anglais américain. En anglais britannique on préfère employer l'auxiliaire should (*voir* VERBES 1, **3**.6) ou d'autres constructions (*voir* **4**.) :

It's very important that they should be paid on time.
It's very important for them to be paid on time.

On rencontre le subjonctif présent dans quelques expressions figées :

Far be it from me to complain.
I'll do the job myself, if need be.

2.2 Le subjonctif passé

I wouldn't do that if I were you.
He shouted and jumped about as if he were mad.

Formes

Le subjonctif de be est were à toutes les personnes. Pour les autres verbes, il correspond à la forme du prétérit simple (*voir* VERBES 2, **2**.1).

Emplois

■ On emploie were avec cette valeur :

– dans des subordonnées introduites par if (*voir* LA SYNTAXE, **9**.), pour faire référence à de l'irréel, de l'hypothétique

– dans des subordonnées introduites par as if, as though

– derrière des verbes comme wish

■ L'emploi de were dénote un niveau de langue plutôt soutenu, tandis qu'en anglais familier on emploie was (*voir* VERBES 2, **2**.1) :

I wish I were/was a little bit taller.

3. *La Voix Passive*

Our school was opened by the Queen in 1985.
Have all the lights been switched off?

3.1 Forme

■ Pour former le passif, on emploie l'auxiliaire be + participe passé du verbe.

■ La voix passive se combine avec tous les temps, aspects et modes du verbe.

Cependant, la combinaison been being est rare.
Pour l'ordre des auxiliaires dans la phrase, *voir* VERBES 1, **2**.4.

I wondered whether she'd been warned about the danger.
You will be thrown out of school if your work doesn't improve.
They might have been saved if we'd got here sooner.

■ Le complément d'agent du verbe au passif est introduit par la préposition by, mais il est rarement mentionné :

The costumes were made by the children's mothers.
I was hurt by what he said.

■ La plupart des verbes transitifs, c'est-à-dire susceptibles d'avoir un complément d'objet, et la plupart des verbes prépositionnels ou à particules (*voir* VERBES 1, **4**. *et* **5**.), peuvent s'employer au passif :

You were seen taking money from the cash box.
The meeting has been put off.
The matter will be dealt with tomorrow.

■ Les verbes qui peuvent avoir deux compléments, comme give, peuvent avoir deux constructions passives :

Simon gave Mandy a book.
= 1. ***Mandy was given a book (by Simon).***
= 2. ***The book was given to Mandy (by Simon).***

C'est la première construction où le bénéficiaire devient le sujet de la phrase passive qui est la plus employée.

3.2 Emplois

■ Le locuteur choisit la voix passive lorsqu'il veut mettre en relief le bénéficiaire ou le résultat d'une action (= ils deviennent sujet du verbe au passif). Le complément d'agent (ex-sujet de la phrase active) peut être omis.

■ Le passif s'emploie beaucoup en anglais technique et scientifique, et c'est souvent une bonne traduction du "on" français, ou d'une forme pronominale en "se" (= à la 3e personne) :

English is spoken here.
Newspapers can be bought at the train station.

3.3 Le passif avec get

■ La forme passive be + participe passé peut être ambiguë ; elle peut faire référence soit à un résultat, soit au passage d'un état à un autre :

The window was broken all last winter.
The window was broken last night (by some kids throwing stones).
They were married for twenty-five years.
They were married at St. Steven's Church last Saturday.

■ En anglais familier, get s'emploie plus souvent que be pour exprimer le passage d'un état à un autre :

The window got broken last night (by some kids throwing stones).
They got married at St. Steven's Church last week.

■ Dans les phrases interrogatives et négatives, get se comporte comme un verbe ordinaire :

He doesn't get paid as well as he should.
Did you get well looked after?

■ La formation du passif avec get indique que le sujet de phrase a une certaine part de responsabilité dans ce qui lui arrive :

He got arrested for stealing a policeman's helmet.
He was arrested in mistake for someone else.

4. *La Construction Infinitive avec To*

To start *the motor, turn the key in the ignition.*
I'd prefer not* to have been *there.

4.1 Formes

■ La forme infinitive se compose de to + base verbale. Elle peut se combiner avec la forme progressive (*voir* VERBES 2, **1.**3), le parfait (*voir* VERBES 2, **2.**3) et la voix passive (*voir* **3.**) :

infinitif = **to write**
I'm trying to write a letter.

infinitif + progressif = **to be writing**
I'd like to be writing about something different.

infinitif + parfait = **to have written**
I need to have written three more essays by next week.

infinitif + passif = **to be written**
The sign needs to be written clearly.

■ On peut rencontrer des combinaisons plus complexes (pour l'ordre des auxiliaires dans la phrase, *voir* VERBES 1, **2.**4) :

This essay seems to have been written in a hurry.
You seem to have been writing a lot of essays recently.

■ À la forme négative, la négation not est placée devant to :

I'll try not to think about it.
It's impossible not to have been impressed.

■ En général, le verbe à l'infinitif n'a pas de sujet sauf si le locuteur veut en préciser la portée.
Le sujet est alors introduit par la préposition for : for + groupe nominal/pronom complément + infinitif :

It will take a lot of time for me to forget her.
There's no reason for him to think that.

4.2 Emplois

■ Le locuteur peut employer l'infinitif avec to pour exprimer une visée, un but à atteindre :

I only said that to please him.
To do well, you will need to work harder.

Cette valeur est souvent renforcée par in order to ou so as to :

They went to France in order to see their cousins.
We were very quiet, so as not to annoy her any more.

■ L'infinitif avec to peut s'employer :

– comme sujet du verbe

To make a few mistakes is quite understandable.
Not to buy one now would be stupid.

Employé ainsi, l'infinitif est souvent rejeté en fin de phrase et introduit par une proposition commençant par it (*voir* LA SYNTAXE, **2.**2) :

It's quite understandable to make a few mistakes.
It was wrong of you to lie to me.
Do you think it's a good idea for me to speak to him?

– comme complément d'un verbe (*voir* VERBES 1, **5.**), d'un adjectif ou d'un nom :

I want to take a bath.
They're sure to have heard about it.
He was happy for me to know the truth.
There's no reason for you to get upset.
He has a tendency to tell lies.

> *NOTE* : l'usage n'est pas le même selon qu'il s'agit de l'anglais américain ou de l'anglais britannique ; en anglais américain on emploie l'infinitif avec to, là où en anglais britannique on préfère employer préposition + base verbale + -ing (*voir* **5.**) :
>
> anglais américain : ***We have the possibility to go out tonight.***
>
> anglais britannique : ***We've got the possibility of going out tonight.***

– après un mot interrogatif dans le discours indirect ou après un ordre introduit par des verbes comme tell :

They asked me when to come/what to do.
They told me where to go/who to speak to.

– après les pronoms indéfinis et les adverbes correspondants (*voir* PRONOMS ET DÉTERMINANTS, **7.**) :

Is there anything to eat in the house?
My personal life is nothing to do with you.
I'm looking for somewhere to live.

– après des tournures comme too + adjectif/adverbe, ou encore adjectif/adverbe + enough, et après certains comparatifs :

I'm afraid that it's too late for you to see him.
You're not old enough to see this film.
Do you think it's better not to go?

– après certaines expressions figées :

We've had no time to make dinner.
There's plenty of room for you to make yourself comfortable.
It's not my job to do the cleaning.

5. *La Construction Verbe (Base verbale) + -ing*

He went away without* having *any lunch.
Not* having *read the book, I don't want to comment on it.

5.1 Formes

Pour la forme en -ing et les changements orthographiques, *voir* VERBES 1, **1**.3.

■ La forme en -ing peut se combiner avec le parfait et le passif du verbe ; il suffit de rajouter -ing aux auxiliaires have et be (having/being + verbe au participe passé) :

Parfait → **having written**
Excuse me for not having written.

Passif → **being written**
I couldn't read it, on account of it being written so badly.

Parfait + passif → **having been written**
I'm very sorry about it having been written so badly.

■ À la forme négative not se place devant le verbe + -ing :

Not having a job isn't much fun.

■ La construction verbe + -ing est une forme impersonnelle et peut se passer de sujet. Cependant, on peut mentionner un sujet lorsqu'on veut limiter la portée du verbe. S'il s'agit d'un pronom, c'est le pronom complément qui est employé :

I can't say anything without him criticising me.

■ Lorsque le sujet du verbe + -ing est placé en début de phrase, il prend la forme possessive (adjectif possessif ou nom au cas possessif) surtout en style plus soutenu (*voir* VERBES 1, **5**.2) :

Their knowing him really surprised me.
I can't say anything without Harry's criticising me.

5.2 Emplois

■ La forme verbe + -ing peut avoir différents statuts :
– forme progressive (*voir* VERBES 2, **1**.3) :

Somebody's been trying to phone you all day.

– adjectif ; d'ailleurs, de nombreux adjectifs courants sont issus de cette construction : boring , exciting, frightening… :

They saw a shining light in the distance.
I find his absence rather worrying.

– nom verbal : cooking, painting, teaching. Il a toutes les caractéristiques du nom : dénombrable (painting) ou indénombrable (cooking, teaching).

I love Chinese cooking.
We heard some singing from the other room.

– préposition : concerning, regarding, (not) counting :

I've had a letter concerning my tax payments.
There were four of us, not counting the dog.

Fonction et place de la construction verbe + -ing dans la phrase

■ Sujet de phrase

Sending a letter to the manager might produce results.
Not letting me know was a great mistake.

Dans ce cas, la construction verbe + -ing est souvent rejetée en fin de phrase et annoncée par it en début de phrase (*voir* LA SYNTAXE, **2**.2) :

It might produce results, sending a letter to the manager.
It's amazing, him turning out to be a spy.

Il en est de même pour certaines expressions figées (souvent négatives) comme it's no fun/good/use :

It's no good you(r) making such a fuss.
Do you think it's worth while asking Bob?

■ Complément du verbe (*voir* VERBES 1, **5**.2) :

He enjoys playing football at the weekend.
I dislike her always looking so untidy.

■ Après une préposition :

He caught malaria from drinking infected water.
We were delayed because of the bus not arriving on time.
What about taking a couple of days off work?
(*voir* **1**.)

Cet emploi est particulièrement courant avec des verbes, adjectifs ou noms suivis d'une préposition :

I won't* put up with *you swearing.
Are you* interested in *going to the zoo tomorrow?
My* reason for *coming was that I wanted to see you.

■ Après no exprimant l'interdiction et l'ordre :

No smoking . No parking
I'll allow no talking in this classroom.

■ Après un nom en guise de commentaire :

I've had some problems starting the engine.
They've passed a law banning strikes.

■ Comme verbe principal dans certaines subordonnées :
a. dans les subordonnées qui complètent un nom ; elles sont de deux sortes :

– la première est équivalente à une relative (*voir* LA SYNTAXE, **7**.) :

We saw a man in a grey coat sitting at the table in the corner.
The train now arriving at platform six is the eight fifteen to Bristol.

– la seconde se rapporte au sujet de la phrase. Elle est placée en tête ou en fin de phrase :

Meanwhile the bishop went around the guests, bidding them welcome.
Running down the street, I tripped over a stone.
Taking all things into consideration, I'm going to buy that one.

b. dans une subordonnée circonstancielle, souvent après les conjonctions when, while, before, since, though, etc. :

They were caught while trying to rob a bank.
After having completed his degree, he went to work in London.
Though sharing your doubts, I'm willing to give her the job.

c. dans une subordonnée introduite par with (+ nom/pronom objet + verbe + -ing) qui explicite les conditions liées à l'événement présenté dans la principale :

The company should do even better with her now working for us.
With tears rolling down her face, she told me what had happened.

La préposition with est souvent omise lorsque le verbe + -ing est being, ou qu'il se combine avec le parfait :

The weather being good, we decided to go for a walk.
All things being equal, we'll probably be there by ten.
The enemy having retreated, our army advanced into the city.

6. *Le Participe Passé*

John stared out of the window* lost *in thought.
The work will not be* paid *for unless* completed *on time.

6.1 Formes

■ Le participe passé des verbes réguliers se forme en ajoutant -ed à la base verbale (pour les changements orthographiques, et les verbes irréguliers, *voir* VERBES 1, 1.6.)

■ À la forme négative, not se place devant le participe passé :

This is a subject not dealt with in this book.

■ Le participe passé a toujours un sens passif, excepté avec les temps au parfait.

6.2 Emplois

Tout comme la forme verbe + -ing, le participe passé peut avoir différentes fonctions et places dans la phrase, il peut apparaître :

■ Au parfait : have + base verbale + -ed

Who's eaten my sandwiches?

■ Au passif : be/get + base verbale + -ed

The train has been delayed by leaves on the line.
I hope you didn't get lost.

■ Comme adjectif ; la plupart des participes passés peuvent s'employer comme adjectifs, par exemple bored, tired, well-known :

I cut myself on some broken glass.
She looks utterly disgusted.

■ Employé dans des constructions du type Verbe + Objet + Verbe, avec un sens passif (*voir* VERBES 1, 5.2) :

They want the parcel delivered immediately.
I had my kitchen re-decorated.
She saw him run over.

■ Verbe principal dans certaines subordonnées (*voir* 5.). Il peut s'agir :

a. de subordonnées qui complètent le nom ; elles sont de deux sortes :

– l'une est équivalente à une relative (*voir* LA SYNTAXE, 7.) :

We travelled through country devastated by war and famine.
Those considered responsible for the mistake were dismissed.

– l'autre se rapporte au sujet ; elle est placée en tête ou fin de phrase :

Taken completely by surprise, I didn't know what to say.
Taken as a whole, this plan has much to recommend it.
The king addressed the ambassadors, seated on his golden throne.

b. de subordonnées circonstancielles introduites par :

– une conjonction comme when, while, if et though.

When cooked properly, sausages make a fine meal.
The parcel can be sent express if required.
Though badly wounded, he managed to crawl back to the camp.

– la préposition with (+ nom/pronom complément + participe passé). Cette subordonnée explicite les conditions liées à l'événement présenté dans la principale :

The garden would get more light with that tree cut down.
With him banned from driving, there was no one to deliver the milk.

On peut omettre la préposition with pour décrire les conditions antérieures à l'événement présenté dans la proposition principale :

The work finished, we all went home.

L'Adverbe

1. *Formes de L'Adverbe*

■ On peut former de nombreux adverbes, en particulier ceux de manière, en ajoutant le suffixe -ly à l'adjectif :

slow → **slowly**
clear → **clearly**

■ Changements orthographiques :

-y	→	**-ily**	**happily, tidily, speedily**
-le	→	**-ly**	**gently, nobly**
-ll	→	**-lly**	**fully, dully**
-ic	→	**-ically**	**drastically, historically**
			mais **publicly**

■ Certains adverbes très courants ont la même forme que l'adjectif ou le déterminant correspondant :

fast, early, wrong, late, right, hard, much, either, enough
***I got to work* late.**
***You didn't know about it* either.**

■ On peut également former un adverbe à partir du participe du verbe en lui ajoutant le suffixe -ly :

boringly, tiredly, repeatedly

Lorsqu'un participe passé en -ed devient un adverbe, généralement le -e- qui précède la terminaison de l'adverbe se prononce :

deserved [dɪˈzɜːvd] *mais* **deservedly** [dɪˈzɜːvɪdlɪ]

Remarque :
Lorsque l'adjectif est déjà terminé par -ly, ce qui est le cas pour un certain nombre d'entre eux comme friendly, silly, likely, il faut utiliser l'expression in a ... way/manner : in a friendly way/manner.

Faites bien la différence

Certains adverbes en -ly n'ont pas le sens de l'adjectif à partir duquel ils ont été formés :

late (en retard) ≠ lately (récemment)

I hit him as hard as I could. = Je l'ai frappé aussi fort que j'ai pu.
I hardly hit him. = Je l'ai à peine touché.

1.1 Autres types d'adverbe

■ Locutions adverbiales :

***We won the game* without much difficulty.**
***He'll be leaving for America* next week.**

■ Certaines prépositions, plus particulièrement celles de lieu, sont souvent utilisées comme adverbes :

***Philip sat down* in front.**
***You've never told me that* before.**

On peut former un adverbe en ajoutant un suffixe à la préposition :

***Wear a waterproof jacket and something warm* underneath.**
***She spoke to me about it* afterwards.**

1.2 Le comparatif et le superlatif de l'adverbe

La plupart des adverbes forment leur comparatif en ajoutant more devant l'adverbe, et leur superlatif en ajoutant (the) most (*voir aussi* L'ADJECTIF, **2.**) :

He spoke more angrily than he had before.
He was the one who spoke (the) most angrily.

Quelques adverbes courants, soon, late, early, near, close ont un comparatif en -er et un superlatif en -est (pour la construction, *voir* L'ADJECTIF, **2.1**) :

The builders completed the job sooner than I had expected.
Who arrived the earliest?

Formes irrégulières :

adverbe	*comparatif*	*superlatif*
well	***better***	***best***
badly	***worse***	***worst***
much	***more***	***most***
little	***less***	***least***
far	***farther/further***	***farthest/furthest***

■ Le comparatif d'infériorité et d'égalité de l'adverbe se forme comme celui de l'adjectif (*voir* L'ADJECTIF, **2**) :

We have started to look at this matter less favourably.
She doesn't cook as well as her sister.

Remarque :
L'adjectif au comparatif ou au superlatif peut être employé de manière adverbiale :

Can't you work a little quicker/more quickly?

2. *Place de L'Adverbe*

La place de l'adverbe dans la phrase dépend en grande partie de ce qu'il exprime (temps, manière ...). Il y a quelques règles à respecter :

■ L'adverbe ne se place jamais entre le verbe et le complément d'objet, ou entre le verbe et la particule ou préposition qui le suit :

You'll see your cousins soon.
John turned up late.
We're looking forward to our holiday very much.

■ Les adverbes de manière et de temps se placent plutôt à la fin de la phrase :

Before you start, read all the questions thoroughly.
I'll speak to you later.

■ Certains adverbes comme too (= 'also'), as well, (not)... yet, et (not)... either, se placent toujours à la fin de la phrase :

Andy sent me some flowers too.
Have you seen the new exhibition yet?

■ Les adverbes de temps et de modalité se placent souvent en tête de phrase. L'adverbe de modalité porte sur l'ensemble de la phrase et exprime le point de vue du locuteur sur ce dont il parle :

luckily, unfortunately, probably, certainly

Suddenly it started pouring with rain.
Firstly, you're late. Secondly, you haven't got the money.
Regrettably, I won't be able to come.

■ Les adverbes de fréquence (always, sometimes, often, never, usually, etc.) et ceux de repérage temporel (still, already, then, by now, etc.) se placent à différents endroits :

– entre le sujet et le verbe (si le verbe s'écrit en un seul mot) :

I never saw them again.

– après le premier auxiliaire, si le verbe est précédé de plusieurs auxiliaires :

He's always complaining about his bad back.
I should never have done it.

– après les temps simples du verbe be :

Your hands are still dirty.

■ Les adverbes de limitation comme only et even s'emploient comme les adverbes de fréquence (voir plus haut) :

He didn't hit anyone. He only swore a few times.
I have even finished the homework for tomorrow.

■ Les adverbes qui modifient le sens des adjectifs ou d'autres adverbes se placent avant eux. En revanche, enough se place après le mot qu'il modifie :

That was a very nice walk and now I'm feeling much better.
She arrived at the dance elegantly dressed in a silk kimono.
I was able to finish only the first three questions.
I'm afraid you're not old enough to see this film.

La Syntaxe

En grammaire, la syntaxe décrit les règles auxquelles obéissent les mots pour former des phrases. Ce chapitre comprend deux parties : la phrase simple et la phrase complexe.

LA PHRASE SIMPLE

Étude des éléments constitutifs de la phrase simple et schémas de phrases.

➤ 1. *Schémas de Phrases*
➤ 2. *Autres Constructions*
➤ 3. *La Phrase Négative*
➤ 4. *La Phrase Interrogative*
➤ 5. *La Phrase Exclamative*
➤ 6. *La Subordonnée de Commentaire*

LA PHRASE COMPLEXE

Étude des relations entre les propositions d'une phrase complexe.
La phrase complexe comprend plusieurs propositions : la proposition principale qui exprime l'idée principale et une ou plusieurs propositions subordonnées qui la complètent.

➤ 7. *La Subordonnée Relative*
➤ 8. *Les Subordonnées Circonstancielles*
➤ 9. *Les Subordonnées introduites par* if
➤ 10. *La Subordonnée de Comparaison*
➤ 11. *La Subordonnée Nominale*
➤ 12. *Le Discours Indirect*

1. *Schémas de Phrases*

Sujet + Verbe

■ Ce type de construction concerne les verbes intransitifs comme : come, go, wait, work, et les verbes à particules comme take off, slow down, sit down (*voir* VERBES 1, 4.) :

They're coming.
I gave up.

Sujet + Verbe + Complément d'objet direct

■ Ce type de construction concerne les verbes transitifs comme use, like, want, bring, enjoy…

Ruth uses a horrible perfume.

■ Tous les verbes prépositionnels et de nombreux verbes à particules sont transitifs (*voir* VERBES 1, 4.) :

Please turn on the radio.
I looked carefully at the drawings.

Presque tous les verbes peuvent s'employer sans C.O.D. Lorsque le verbe est suivi d'un C.O.D, celui-ci ne peut pas être séparé du verbe, aucun mot ne peut s'intercaler entre eux :

We see him quite often.
He speaks English very well.

Sujet + Verbe + Complément d'objet indirect + C.O.D

■ Cette construction concerne les verbes à deux compléments comme give, send, tell, make, cook :

They've sent me another letter.
Bert baked his wife a birthday cake.

■ Le C.O.I (le bénéficiaire de l'action) se place toujours devant le C.O.D (l'objet affecté par l'action).

■ Si le C.O.I est mentionné, il doit toujours être accompagné du C.O.D, sauf s'il s'agit du verbe tell :

Chris told me. Chris told a story.
Chris told me a story.

■ Les verbes qui prennent deux compléments peuvent se classer en deux grandes catégories :

– les verbes faisant référence à la notion de don et de transmission : give, send, throw, offer, show, pay, teach. Leur C.O.I peut être introduit par to (+ bénéficiaire de l'action) :

Mick threw me the ball. → Mick threw the ball to me.

– les verbes faisant référence à la création, la fabrication, l'aide : make, do, build, find, sing. Leur C.O.I peut être introduit par la préposition for (+ bénéficiaire de l'action) :

Mick found me my hat. → Mick found my hat for me.

■ Le C.O.I de quelques verbes comme bet, save ne peut pas être introduit par une préposition :

They bet me £10 that I wouldn't win.
Your help saved me a lot of time.

■ Le C.O.I est généralement introduit par une préposition :

– lorsque le C.O.D est court (pronom par exemple) et que le C.O.I est long :

I gave it to the woman in the red coat.

– dans une phrase passive :

The parcel was sent to the head office.

– dans une phrase interrogative :

Who did you knit that pullover for?

– dans une proposition relative :

That's the man who I paid the money to.

Sujet + Verbe + Complément circonstanciel

Certains verbes doivent toujours être complétés par un complément circonstanciel :

My grandparents live in Liverpool.
The show will last for ninety minutes.

Sujet + Verbe + C.O.D + Complément circonstanciel

■ Avec certains verbes comme put, set, place, stick, shove, le C.O.D doit être suivi d'un complément de lieu :

I put the book on the shelf.
She drove me to London.

Certains verbes ont deux constructions possibles :

The car splashed me with mud.
= The car splashed mud over me.

Sujet + Verbe + Attribut du sujet

▪ Deux types de verbes prennent un attribut (adjectif ou nom) :

– les verbes d'état comme be, look, appear, seem, taste :

The food smells wonderful.

– les verbes qui font référence à un changement d'état : become, get, turn :

Later she became a famous film star.
The weather has turned cold.

▪ Certains verbes comme les verbes exprimant un changement d'état, sauf become, ne peuvent être suivis que par un adjectif attribut. Be peut être suivi d'une préposition + un nom, d'un adverbe ou d'une proposition :

Lisa seems very rich/a very rich woman.
Alan is getting fat. *et surtout pas* ***Alan is getting a very fat man.***
The plate is on the table.
My excuse is that I forgot.

Sujet + Verbe + C.O.D + Attribut du complément

▪ L'attribut du complément précise les caractéristiques du complément.

▪ Certains verbes comme appoint, proclaim, choose, sont suivis d'attributs du complément qui sont toujours des noms :

The army proclaimed Caesar their leader.

▪ D'autres comme drive, get sont suivis par un attribut du complément qui est toujours un adjectif :

That noise is driving me crazy.

▪ D'autres comme make, consider peuvent être suivis par les deux :

You've made me very happy/a very happy man.

Verbes à compléments multiples

De nombreux verbes peuvent se construire de plusieurs façons et être suivis d'un complément ou plus :

S + V + C.O.D : ***Judy got a present.***

S + V + C.O.I + C.O.D : ***Tina got Judy a present.***

S + V + C.Circonstanciel : ***They got home late.***

S + V + C.O.D + C.Circonstanciel : ***I got the parcel to the post office on time.***

S + V + Attribut du sujet : ***She got more and more tired.***

S + V + Attribut du complément : ***He got me really angry.***

2. *Autres Constructions*

▪ Pour mettre en relief certains éléments de l'énoncé, le locuteur dispose de plusieurs constructions :

2.1 L'expression qui marque l'existence : there is/are

There's a pie in the oven for your dinner.
Will there be anyone I know at the party?

▪ L'expression there + be correspond au français "il y a" (invariable). En anglais, le verbe be s'accorde avec le nom qui le suit : there is pour le singulier, there are pour le pluriel. Le verbe be peut se conjuguer à tous les temps et à toutes les formes.

▪ En langage familier, on emploie souvent there is même si le nom ou groupe nominal qui suit est au pluriel :

There's lots of things that we still need to discuss.

▪ There peut être repris dans un tag (*voir* **4.**) :

There hasn't been much rain recently, has there?

▪ There is ne correspond pas au français "voici, voilà" ; on dira plutôt :

Here he is. *(= Le voici.)*
Here she is. *(= La voilà.)*
Here are some good examples. *(= Voici quelques bons exemples.)*

▪ Lorsqu'une situation particulière affecte le sujet de la phrase, le locuteur peut en rendre compte en employant la construction S + have (got) + C.O + -ing ou S + have + C.O + verbe au participe passé :

I've got a button missing on my jacket.
Laurel had her bike stolen the other day.

2.2 Construction avec présentatifs

▪ En anglais, on évite de laisser en tête de phrase le sujet d'une phrase constitué par une subordonnée introduite par that, ou par une forme infinitive en to + base verbale (*voir* VERBES 3, **4.**), ou bien par une construction verbe + -ing (*voir* VERBES 3, **5.**). It introduit l'ensemble de l'énoncé et la subordonnée est renvoyée en fin de phrase :

That he will come is certain. → It's certain that he will come.
Would to go by bus be better? → Would it be better to go by bus?
Thinking about it is painful. → It's painful thinking about it.

Certains verbes se comportent toujours ainsi :

It seems that he won't be there.
It occurred to me that I'd seen them before.

▪ It peut aussi remplacer une de ces subordonnées lorsqu'elle est complément d'objet ; la subordonnée est alors renvoyée en fin de phrase :

I take it that you won't be coming.
They kept it a secret that they were going to be married.

2.3 Constructions segmentées

▪ Parfois l'accent peut porter sur un autre élément que le sujet de phrase ; on utilise alors une construction segmentée :

It's with you that I enjoy myself the most.
It was your letter that originally gave me the idea.

■ Une construction segmentée se forme généralement selon le schéma :

it + be + élément + that +…

Le verbe s'accorde avec it, il est donc toujours singulier ; il peut se combiner avec tous les temps et toutes les formes verbales.

■ Cette construction permet de mettre en relief :

Sujet ***It was John that told me.***

C.O.D ***In the end it was the Ford that he bought.***

C.O.I ***Was it Bill that you gave the money to?***

C.circonstanciel

It was at school that I met him first.
It was then that I made my decision.

2.4 Mise en relief

C'est un autre moyen de mettre en relief un élément de la phrase. Il suffit de le déplacer en début de phrase et de mettre à sa place habituelle le pronom correspondant. Ce moyen s'emploie surtout lorsque l'élément dont on parle est long et alourdirait la phrase. Ce procédé est cependant beaucoup moins courant en anglais qu'en français :

That girl I saw you with yesterday, was she your sister?
The computer I was going to buy, I'm afraid I've discovered that it's too expensive.
Anyone who is interested, will they please let me know at once?

C'est un type de procédé similaire qui est employé dans les énoncés suivants :

Down we go!
Back came John.

2.5 Accentuation de mots

I've met him once, but I'd hardly say I knew him
You should earn some money, not just borrow it.

■ À l'intérieur d'une phrase, il est possible de mettre en relief un élément spécifique en l'accentuant. Ce procédé est courant lorsque le mot le plus important n'est pas en fin de phrase :

You should listen to me, not to him.
I said it was beside the box, not in it.
The red car is too expensive for someone like me.

■ Pour mettre en relief une phrase entière, par exemple pour contester ce qui vient d'être dit, on fait porter l'accent sur le premier auxiliaire de la phrase.
S'il s'agit d'une phrase affirmative au présent ou au prétérit simple, on emploie la forme conjuguée de do (*voir* VERBES 1, **2.6**) pour marquer l'emphase :

Don't believe him.
I can play the violin.
We have done the washing up.
I'm not very fond of ice cream, but I do like chocolate.
I did remember to post your letter.

Quand la phrase est négative, on obtient le même effet d'emphase en accentuant la négation not après la forme non-contractée du verbe :

You must not leave the school at lunchtime.
I may have been a bit rude, but I did not swear.

3. *La Phrase Négative*

3.1 L'emploi de la négation not

■ La négation not se place après le premier auxiliaire conjugué ou le verbe be.

■ En langage familier (à l'écrit comme à l'oral) on emploie la forme contractée de l'auxiliaire + not (*voir* VERBES 1, **2.6**) ; la négation porte sur toute la phrase :

The bus won't have arrived by eight thirty.
Our teacher wasn't very pleased with us.
If you hadn't told me I wouldn't have known.

Cependant, la négation not peut avoir une portée plus limitée ; elle se place alors directement devant le mot ou l'expression concerné(e) :

The weather has been not bad.
We met the Joneses not in Italy but in Switzerland.
Not all her ideas are good.

Les temps simples

■ Le présent et le prétérit simple n'ont pas d'auxiliaire à la forme affirmative (*voir* VERBES 2, **1.1** *et* **2.1**) ; à la forme négative c'est l'auxiliaire do qui sert de support à la négation not :

– au présent

	Singulier	*Pluriel*
1re personne	***I don't know.***	***We don't know.***
2e personne	***You don't know.***	***You don't know.***
3e personne	***He/She/It doesn't know.***	***They don't know.***

Peter rides a bike. → Peter doesn't ride a bike.
The British drink coffee. → The British don't drink coffee.

– au prétérit

On emploie didn't, la forme contractée de l'auxiliaire et de la négation (did + not) + base verbale à toutes les personnes :

You remembered my birthday. → You didn't remember my birthday.
George drove to work today. → George didn't drive to work today.

3.2 Autres mots négatifs

■ En anglais, le locuteur dispose d'un certain nombre d'autres mots négatifs comme never, nothing, no one, nowhere, ainsi que d'expressions négatives composées à partir de no comme in no way, on no account. Never, tout comme la négation not, se place après l'auxiliaire conjugué ; les autres mots négatifs se placent à différents endroits de la phrase selon leur portée et leur fonction :

I have never been to Spain.
There are no biscuits left in the tin.
Nothing can stop me from winning.

On peut exprimer la négation de deux manières :

We haven't seen anyone. We've seen no one.
I didn't learn anything. I learnt nothing.

Remarque : le déterminant **some** et ses composés ne peuvent jamais être associés à la négation **not**.

▪ Le locuteur dispose également d'un certain nombre de mots "quasi-négatifs" comme **hardly**, **scarcely**, et **only**. Ils se placent généralement devant le mot qu'ils modifient :

I hardly know him.
I've met her only three times. (= I've only met her three times.)

▪ En style plus soutenu, les adverbes négatifs, les expressions négatives, les mots et les expressions "quasi-négatifs" peuvent se placer en début de phrase. Il y a alors inversion du sujet avec l'auxiliaire ; l'ordre des mots est négation + auxiliaire + sujet + verbe :

On no account should you tell him what we're planning.
Little did I know that he would return later.

Faites bien la différence

> *We can hardly tell them.* = On peut difficilement leur dire.
> *We can hardly not tell them.* = On peut difficilement ne pas leur dire.

3.3 La double négation

▪ L'anglais standard n'accepte pas plus d'une négation par proposition :

You never tell me anything.

▪ Dans de nombreux dialectes et parlers familiers, on rencontre souvent la double négation :

I haven't done nothing wrong.

En anglais standard on dira plutôt :

I haven't done anything wrong.

3.4 Déplacement de la négation

▪ Lorsque les verbes d'opinion du type **believe**, **think**, **suppose**, **imagine**, **expect** sont suivis d'une proposition subordonnée introduite par **that** avec une construction négative, la négation **not** peut venir se placer devant le verbe de la principale :

I think that he won't come. → I don't think that he'll come.
I suppose she doesn't know. → I don't suppose she knows.

Certains des verbes de cette liste (mais pas tous) comme **expect** peuvent être suivis d'une construction infinitive **to** + base verbale (*voir* VERBES 3, **4.**), il en va alors de même :

I expect not to see him. → I don't expect to see him.

Faites bien la différence

> Ce déplacement de la négation n'est possible qu'avec certains verbes. Il n'est pas possible avec les verbes **say** et **tell** où il entraîne un changement de sens :
> *You didn't tell me to wash the car.* = Tu ne m'as pas dit de laver la voiture.
> *You told me not to wash the car.* = Tu m'as dit de ne pas laver la voiture.

3.5 Énoncés non-affirmatifs

I don't have any money.
We haven't seen it yet.

▪ Certains déterminants, pronoms et adverbes changent de forme dans les phrases négatives ou quasi-négatives (appelées non-affirmatives), dans les phrases interrogatives (*voir* **4.**) et les subordonnées de condition introduites par **if**. Pour l'emploi de **some** et **any**, *voir* PRONOMS ET DÉTERMINANTS, **6.** *et* **7.**

You didn't do any of the things I told you to.
Wayne didn't say anything.
There's hardly anyone here.
I think I've seen it somewhere. → I don't think I've seen it anywhere.

▪ **Not...any** peut souvent être remplacé par **no**, **none**, **no one**... :

You did none of the things I told you to.
Wayne said nothing.

▪ **A lot of**, **lots of** sont souvent remplacés par **much** (+ indénombrable), **many** (+ nom pluriel) (*voir* PRONOMS ET DÉTERMINANTS, **6.**3) :

I haven't got much time.
There weren't many people at school today.

▪ C'est l'usage courant. Cependant, **a lot of** et **lots of** peuvent apparaître dans des phrases négatives et **much** et **many** dans des phrases affirmatives, en particulier comme sujet, ou introduits par **too** et **so** :

There's not a lot to do here. (= There isn't much to do here.)
Much of what you say is certainly true.
I think I've eaten too much.

▪ Les déterminants et pronoms **little**, **a little** et **few**, **a few** (*voir* PRONOMS ET DÉTERMINANTS, **6.**4 *et* **6.**5) peuvent être remplacés par **not...much** ou **not...many**.

▪ Lorsque ce qui est dit dans la phrase négative contredit ce qui était dit dans la phrase affirmative, on change d'adverbe : **already** → **yet**.

On utilise beaucoup ces adverbes dans des phrases au parfait (*voir* VERBES 2, **2.**3). **Yet** est toujours positionné en fin de phrase :

My cousins have already arrived. → My cousins haven't arrived yet.
Have you finished your homework yet?

– still → any more, any longer

She's still complaining. → She isn't complaining any more.

– too → either

I was there too. → I wasn't there either.
I hardly know them either.

– too → enough

The pudding's too sweet. → The pudding's not sweet enough.

– a long way → far ; a long time → long

They've come a long way. → They haven't come far.
We stayed there a long time. → We didn't stay there long.

4. *La Phrase Interrogative et ses Réponses*

En anglais, on rencontre deux sortes de phrases interrogatives :

■ Les questions impliquant une réponse en yes/no :

'Can you swim?' 'Yes, I can.'/'No, I can't.'
'Do you know German?' 'Yes, I do.'/'No, I don't.'/'Not much.'

■ Les questions commençant par un mot en wh- comme who, what, when, where, why, how ; le locuteur demande à son interlocuteur de fournir une information sur un élément précis :

'What is that instrument?' 'It's a clarinet.'
'Who are you going to see?' 'Trevor.'/'No one special.'
'When did they get back?' 'At six o'clock.'/'They haven't yet.'

■ Les questions impliquant une réponse en yes/no ont généralement une intonation différente des questions en wh-.

Dans les questions en yes/no l'intonation monte en fin de phrase.

Dans les questions en wh-, l'intonation tombe en fin de phrase comme dans les énoncés normaux.

■ Il existe d'autres formes de phrases interrogatives :

– les interro-négatives

Aren't you coming?

– les tags

You are coming, aren't you?

– les questions rapportées (*voir* 1 2.) :

'Are you ill, Sue?' said Greg. → Greg asked Sue if she was ill.
'Where do you live?' I asked. → I asked them where they lived.

4.1 Les questions impliquant une réponse en yes/no

On les construit en plaçant le premier auxiliaire devant le sujet de la phrase ; pour l'inversion de l'auxiliaire, du sujet et du verbe, *voir* VERBES 1, 2.7 :

Was it raining hard?
Would you like a drink?
Have those customers been waiting long?
Will your cousin and her new boyfriend be coming on Saturday?

■ Be se comporte comme un auxiliaire en introduisant l'interrogation même s'il est le seul verbe de la phrase :

Is it possible to mend it?
Were you happy with the result?

■ Aux temps qui n'ont pas d'auxiliaire (le présent et le prétérit simple), c'est l'auxiliaire do qui est employé :

You read the Times → Do you read the Times?
Carol knows your brother → Does Carol know your brother?
They got home safely → Did they get home safely?

Réponses courtes

On peut répondre à une question simplement par yes ou no. Cependant, une réponse courte est préférable (*voir* VERBES 1, 2.7). Dans les réponses courtes, on emploie la forme contractée de la négation not (*voir* VERBES 1, 2.6). :

Yes, + *pronom personnel* + *auxiliaire*

No, + *pronom personnel* + *auxiliaire* + **n't**

'Does Sam work here?' 'Yes, he does.'/'No, he doesn't.'
'Would you like a drink?' 'Yes, we would.'/'No, we wouldn't.'
'Is it raining?' 'Yes, it is.'/'No, it isn't.'

■ There, dans l'expression there is/are, se comporte de la même façon que les pronoms personnels :

'Have there been any visitors?' 'No, there haven't.'

Les mots non-affirmatifs

■ On rencontre les mêmes mots non-affirmatifs que dans les phrases négatives (*voir* 3.5) :

Have you got any sugar?
Do you know much about computers?
Has the newspaper arrived yet?

■ Cependant, on peut également employer dans ces questions les mêmes mots que pour les phrases affirmatives :

Have you got some sugar?
Do you know a lot about computers?
Has the newspaper already arrived?

La différence est liée au point de vue du locuteur. En employant des mots "positifs" dans une question, le locuteur induit que la réponse qu'il attend est yes :

Do you know many people here? (I ask because I don't know.)
Do you know lots of people here? (It seems to me that you do.)

4.2 Doubles questions coordonnées par or

Do you drive to work or do you take the train?
Are you coming home on time or do you expect to be late?

■ Dans les questions coordonnées par or, si l'auxiliaire est le même pour les deux questions, il peut être omis dans la deuxième (après or) :

Did they fax the message or (did they) send it by post?

■ On y répond généralement en confirmant l'une ou l'autre, celle qui est fondée ; voici les réponses possibles aux trois questions qui précèdent :

I take the train.
I expect to be late.
They sent it by post.

Si aucune des deux questions n'est valable, la réponse la plus employée est neither (= négation de deux propositions en bloc, "ni l'un(e), ni l'autre") :

Neither. I cycle.
Neither. They sent it by courier.

4.3 Les questions commençant par un mot en WH-

What are you doing?
Who gave you those lovely flowers?
When do they expect to see him?

■ Les questions en WH- servent à demander une information précise à son interlocuteur.

■ Elles sont introduites par un mot interrogatif, pronom ou déterminant comme who, whom, whose, which, what (*voir* PRONOMS ET DÉTERMINANTS, **9.**) ou un adverbe comme when, where, why, ou bien how. Certains mots interrogatifs sont des composés comme how long, how often, how far... .

■ How much peut être déterminant (+ nom indénombrable) ou pronom et peut alors remplacer un nom indénombrable comme money.

■ How many se comporte de la même façon mais avec un nom dénombrable pluriel qu'il peut soit précéder (comme déterminant) soit remplacer, comme people :

How much butter do you need?
How much does it cost?
How many brothers have you got?
How many were there at the concert?

■ How peut être suivi d'un adjectif + be dans les questions portant sur la taille et l'âge. Cette construction s'emploie aussi pour s'enquérir de la santé de quelqu'un :

How tall is the Eiffel Tower?
How old is your dog?
How are you today?

Faites bien la différence

How are you ? (Fine, thanks.) = *Comment vas-tu?*
What's he like ? (Tall and good-looking.) = *Comment est-il? À quoi ressemble-t-il?*

■ Il est possible d'ajouter le suffixe -ever à la plupart des mots interrogatifs en WH- : whoever, why ever. Cette forme s'emploie pour exprimer la surprise :

Whoever could that be phoning so late?
Why ever did you say that?

■ Un mot interrogatif en WH- peut souvent s'employer seul. "What?", par exemple, s'emploie pour demander à quelqu'un de répéter ce qu'il vient de dire ; cette tournure est cependant impolie et il faut employer "Pardon?", qui est une expression plus formelle :

'I'll do it.' 'When?'
'We've got visitors this evening.' 'Who?'

L'ordre des mots dans une question en WH-

■ C'est le mot interrogatif qui vient en tête de phrase. Il peut être placé, si le niveau de langue est plus soutenu, derrière une préposition ; en langage familier, la préposition est rejetée à la fin de la phrase interrogative (*voir* PRONOMS ET DÉTERMINANTS, **9.**) :

In which country were you born? (= Which country were you born in?)
From whom did you buy it? (= Who did you buy it from?)

Pour whom, *voir* PRONOMS ET DÉTERMINANTS, **9.**2.

■ Si l'interrogation ne porte pas sur le sujet de phrase, l'ordre des mots est le même que dans les questions impliquant une réponse yes/no (= mot interrogatif + auxiliaire + sujet + verbe). Au présent simple on emploie do/does et did au prétérit simple :

When are the guests coming?
How long have you been working in Belfast?
Why does Judy dislike me so much?
Who did you tell about the wedding?

■ Lorsque le mot interrogatif en WH- est le sujet de la phrase, ou qu'il accompagne le sujet, l'ordre des mots reste le même que dans la phrase affirmative :

Who told you about the wedding?
Whose car was the most badly damaged?
How many of the other children in the class agree with you?

■ Dans les questions en WH-, on peut utiliser les formes affirmatives des déterminants ou adverbes comme some, too, already... :

Who's got some money? Who's got any money?
Why have they already left?

Réponses aux questions en WH-

'Who are you?' 'Hugh Hatherway.'
'Why didn't they come?' 'Because it was raining.'

■ Si l'interrogation porte sur le sujet de phrase, la réponse est courte (*voir* **4.**1) et se compose d'un sujet et quelquefois du premier auxiliaire :

'Who broke the window?' 'Me./I did.'
'Who's coming for dinner tonight?' 'John (is)./John and Pamela (are).'
'What is blue, white and red?' 'The French flag (is).'

■ Autres cas : le locuteur peut se contenter de répondre par ce qu'on lui demande, ou bien construire une phrase complète :

'Where did he go?' 'To London./First he went to London, then to Bristol.'
'Why did they arrive late?' 'Because they missed the bus.'

4.4 Les interro-négatives

Won't Bernie tell you?
Don't you know her?
Wasn't Adrian pleased with his result?

■ La phrase interro-négative se construit comme les questions impliquant la réponse **yes/no** (*voir* 4.1) en utilisant la forme négative contractée soit de l'auxiliaire (placée en tête de phrase), soit de **be** (*voir* VERBES 1, 2.6).
La forme non contractée de l'auxiliaire est rare et traduit de l'affectation :

Will Bernie not tell you?
Do you not know her?

■ Any, much, many, yet, etc., les formes non-affirmatives des déterminants et adverbes (*voir* 3.5), peuvent s'employer dans une interro-négative :

Can't you do anything properly?
Isn't the dinner ready yet?

Emplois

■ Le locuteur emploie une phrase interro-négative lorsqu'il soupçonne que la réponse qu'il va obtenir est "non" et s'en montre étonné, déçu et surpris :

'Don't you like music?' 'No, not very much.'
'Can't Phil cook?' 'He can a bit, but not very well.'
'Aren't you coming?' 'I'm afraid I can't.'
'Won't you tell me?' 'Yes, all right./Definitely not.'

■ La phrase interro-négative s'emploie aussi lorsque le locuteur veut avoir confirmation de ce qu'il pense être vrai :

'Wasn't it cold in Iceland?' 'Yes, very cold./No, it wasn't too bad.'

'Aren't they the Smiths?' 'Yes, I think they are./No, I don't think so.'

'Don't the French drink beer?' 'Some of them do./ No, they prefer wine.'

Réponses aux interro-négatives

■ Pour répondre à ces questions, un simple **yes** ou **no** ne suffit pas. Il faut ajouter soit une réponse courte, sujet + auxiliaire (voir les questions impliquant une réponse en yes/no), soit une autre expression qui précise le yes/no :

'Won't she come?' 'Yes, she will./No, she won't.'
'Don't you like ice cream?' 'Of course I do./No, not much.'

4.5 Les tags

■ Le type de question appelé tag correspond en français à l'expression "n'est-ce pas?" :

'You can come tonight, **can't you?'**
'Yes, I can./No, I can't.'
'The police didn't find it, **did they?'**
'Yes, they did./No, they didn't.'
'There's something wrong, **isn't there?'**
'Yes, there is./No, there isn't.'

■ Terminer une phrase (affirmative ou négative) par un tag est un moyen d'affirmer ou de nier quelque chose de manière atténuée en demandant confirmation à l'interlocuteur.

■ Après une phrase affirmative, le tag est interro-négatif (= auxiliaire + **n't** + pronom personnel) ; la réponse attendue est plutôt positive :

'It's been a lovely day, hasn't it?' 'It certainly has.'

■ Après une phrase négative ou en partie négative, le tag est interrogatif (= auxiliaire + pronom personnel) ; la réponse attendue est plutôt négative :

'That's not right, is it?' 'No, it isn't.'
'We can hardly say that, can we?' 'No, I don't suppose we can./I don't see why not.'

■ Après une phrase affirmative au présent ou au prétérit simple, on emploie l'auxiliaire **do** au même temps dans le tag et dans la réponse :

'Amy speaks French, doesn't she?' 'Yes, she does./Not as far as I know.'
'The team played well, didn't they?' 'Yes, they did./I don't think so.'

■ **There**, dans l'expression **there is/there are** se comporte comme un pronom personnel.

There weren't many people at work today, were there?

■ Les expressions verbales comme **used to** (*voir* VERBES 2, 2.1) ne sont pas reprises dans les tags :

'They used to live in York, didn't they?' 'Yes, they did.'

5. *La Phrase Exclamative*

What an unusual dress she's wearing!
How tall he is!
What a load of rubbish!
What nice weather!

Lorsque le locuteur veut exprimer son appréciation positive ou négative sur un élément, marquant surprise ou désapprobation, il peut mettre cet élément en avant dans un énoncé exclamatif ; l'élément est placé en début de phrase.

■ Si c'est un nom, il est précédé de **what** ; si c'est un adjectif ou un adverbe, il est précédé de **how** :

You've got some nice friends. → *What nice friends you've got!*
Peter is clever. → *How clever Peter is!*
It happened very suddenly. → *How suddenly it happened!*

Si l'exclamation porte sur le nom, celui-ci garde toutes ses caractéristiques :

– devant un nom indénombrable singulier : what + nom

– devant un nom dénombrable singulier : what a + nom

– devant un nom dénombrable pluriel : what + nom

▪ Lorsque le reste de la phrase n'apporte pas d'information supplémentaire nécessaire à la compréhension de l'ensemble, il peut être omis :

What a lovely day (it is)!
What utter nonsense (you're talking)!
How disgusting (you are)!

▪ Le locuteur dispose d'autres moyens pour exprimer sa surprise ou son étonnement ; il peut par exemple employer un tag (*voir* **4.5**), ou modifier l'adjectif avec un adverbe du type so, really :

He is tall, isn't he!
He's so tall!
He's really tall!

▪ On peut également employer une question impliquant une réponse en yes/no, ou une interro-négative. Ce procédé est très utilisé en anglais américain où l'adverbe ever peut être placé devant l'adjectif ou l'adverbe que le locuteur veut mettre en relief :

Haven't you grown!
Are you (ever) stupid!

6. *La Subordonnée de Commentaire*

You haven't met my cousins, I believe.
I wonder, could that have been the fire alarm?
It's a good idea, don't you agree?
As you probably know, Amanda's leaving us to get married.

La subordonnée de commentaire est un énoncé bref qui permet de faire connaître le point de vue du locuteur sur ce qu'il dit ; elle est généralement séparée du reste de la phrase par une virgule.

▪ La subordonnée de commentaire peut prendre différentes formes :

– affirmative, introduite par un verbe d'opinion du type I believe, I think…

– interrogative ou interro-négative, comme isn't that so?

– subordonnée introduite par la conjonction as

– construction infinitive to + base verbale, ou construction verbe + -ing :

Their new house, my brother was telling me, is very large.
What's more, he didn't even thank us.
To sum up, this project is unlikely to prove successful.
Strictly speaking, there are some other possibilities.
Put briefly, there's been a serious mistake.

7. *La Subordonnée Relative*

Pour les pronoms relatifs, *voir* PRONOMS ET DÉTERMINANTS, **10**.

Il existe deux sortes de relatives : la relative restrictive et la relative appositive.

7.1 La relative restrictive

▪ Elle détermine l'antécédent et apporte une information nécessaire à la compréhension de l'ensemble de la phrase :

That's the book that I enjoyed the most.
I prefer students who work hard.

7.2 La relative appositive

Elle se contente d'apporter une information complémentaire (non nécessaire) sur l'antécédent :

Our history teacher, who is very old, is retiring next week.
Do you know Iris, who used to work here?

▪ Une relative appositive peut aussi avoir pour antécédent une autre proposition et donner une information supplémentaire sur cette proposition :

She's just got engaged, which has made her family very happy.

La relative incomplète

Les constructions verbe + -ing (*voir* VERBES 3, **5.**), avec le participe passé (*voir* VERBES 3, **6.**), avec to + infinitif (*voir* VERBES 3, **4.**), ou avec un groupe adjectival peuvent être assimilées à des relatives incomplètes dont le pronom relatif ainsi que le verbe be auraient été omis :

Do you know the people sitting in the corner?
Hausa is a language spoken over much of West America.
Can you give me something to make my toothache go away?
I took a seat close to the door.

Remarques :

* Seule une relative appositive peut suivre un nom propre :

Roy Black, who plays for Arsenal, is the new England captain.
We stayed on Tiree, which is a little island off the west coast of Scotland.

* À la différence de la relative restrictive, la relative appositive ne peut pas être introduite par le pronom that ou ø ; elle est introduite par :

– which lorsque l'antécédent est un objet, une chose, ou l'ensemble d'une proposition

– who lorsque l'antécédent est une personne

– whom lorsque l'antécédent est une personne qui est complément du verbe ; seulement en style soutenu.

– whose lorsque l'antécédent est une personne ; on l'emploie pour exprimer la possession.

* Autre différence, à l'oral on observe une légère pause en début et fin de proposition, et à l'écrit l'appositive se trouve entre deux virgules.

The new record by Sting, which came out last week, is very good.
You've done the housework, which is very kind of you.
You've done the housework, for which I am very grateful.
It's from my uncle, who(m) you met last year in Swansea.
That's our vicar, who(m) I've always had a great respect for.
That's our vicar, for whom I've always had a great respect.
The little girl, whose face was very dirty, asked me for money.

Faites bien la différence

She spoke to the boy who answered rudely. = She spoke to the one of the boys who (had already) answered rudely.

She spoke to the boy, who answered rudely. = She spoke to the boy (we already know which boy) and then he answered her rudely.

We've cut down the trees which were rotten. = We've cut down all those trees which were rotten (and left the good ones standing).

We've cut down the trees, which were rotten. = We've cut down all the trees (because they were all rotten).

8. *Les Subordonnées Circonstancielles*

La subordonnée circonstancielle joue le même rôle qu'un adverbe ; elle permet de préciser quand, où, pourquoi, comment, etc. l'événement dont on parle a eu lieu.

Il existe différentes sortes de subordonnées circonstancielles ; leur nature dépend de la conjonction qui les introduit.

La subordonnée circonstancielle peut se placer avant ou après la proposition principale ; l'ordre des mots suit les règles habituelles (*voir* 1.1).

La subordonnée de temps

■ Elle est introduite par une conjonction de temps comme when, while, after, before, since, as, as soon as, until, once, now (that), etc.

I was working hard while you were wasting time.
Don't do anything until I tell you to.
Once I've prepared the meat I can start on the vegetables.

■ Une conjonction de temps comme while, when peut introduire une construction du type base verbale + -ing (*voir* VERBES 3, **5.**), un verbe au participe passé (*voir* VERBES 3, **6.**), ou bien seulement un groupe adjectival :

I read a book while waiting.
When angry, he goes red in the face.

Remarques : certaines subordonnées de temps ne s'emploient qu'avec un temps grammatical donné :

* dans une subordonnée introduite par since, lorsque le temps de la principale est le parfait (*voir* VERBES 2, **2.**3), le prétérit est obligatoire.

I've known her since we were at school.

* dans les subordonnées introduites par when, as soon as, avec un sens futur (*voir* VERBES 2, **3.**5), le présent simple est obligatoire :

We won't know until she comes.

La subordonnée de lieu

■ Elle est introduite par where, wherever :

I put your letters where I always put them.
You will find war wherever there is hunger and poverty.

La subordonnée de cause

■ Elle est introduite par because, since, as, for, seeing that/as, etc. :

I was late because I missed the bus.
As it's Saturday, I think I'll go down into town.

■ On peut également exprimer la cause en employant une construction du type with + base verbale + -ing (*voir* VERBES 3, **5.**) :

I feel uncomfortable with all those people staring at me.

Dans certains cas, la conjonction with peut être omise :

Money being short, I don't think I can afford it.

La subordonnée de but

■ Elle est introduite par in order that et so that :

I came in order that I might see the paintings.

Cependant, il est beaucoup plus courant d'utiliser une construction infinitive to + base verbale comme in order to… ou so as to… (*voir* VERBES 3, **4.**) :

We hurried so as not to miss the beginning of the film.

■ On peut également exprimer le but en employant une construction infinitive du type to + base verbale :

I went to the library to get a little peace and quiet.

La subordonnée de conséquence

■ Elle est introduite par so, so that, ou encore so…that ou such…that :

I've prepared the food, so everything's ready for the party.
The concert was so long that I fell asleep in the middle of it.
You're making such a noise that you'll wake the baby.

La subordonnée de manière

■ Elle est introduite par (exactly, just) as ou like. Voir aussi **10.** :

Do it exactly as I've shown you.
Judy talks just like her brother does.

■ La manière peut s'exprimer par une proposition introduite par with + groupe nominal + base verbale + -ing ou verbe au participe passé :

You'd look better with your hair combed.
Paul strolled through the park with his hands in his pocket.
She stood in the doorway with her umbrella dripping on the floor.

Dans certains cas, la conjonction peut être omise :

Colin arrived home, his clothes torn and tattered.
Jo danced all night, her face happy and full of joy.

La subordonnée de concession (ou d'opposition)

■ Elle est introduite par though, although, even if, even though, while, etc. :

The leaves still aren't open although it's already April.
Neil kept going even though he was tired.
While this is certainly true, I'm not sure that it's relevant.

■ Il est également possible d'exprimer la concession en employant though + base verbale + -ing ou participe passé ou groupe adjectival :

Though now over seventy, he still runs five miles a day.
Though found guilty, he was immediately released.

La subordonnée de condition

■ Elle est introduite par if, unless, in case, provided (that), et certaines autres expressions (*voir* **9.**).

Mark won't pass his exams unless he works a bit harder.
I've bought some sandwiches in case we get hungry.

■ Une proposition introduite par whether ou whatever peut avoir la même signification :

We'll enjoy ourselves whether we win or not.
I won't believe you whatever you say.

■ Dans la langue parlée, on peut exprimer la condition en employant l'impératif + and/or :

Say that again and I'll hit you. (= I'll hit you if you say that again.)
Move back or I'll shoot. (= I'll shoot if you don't move back.)

■ La subordonnée peut également être introduite par if, etc. suivi d'une base verbale + -ing, d'un participe passé, etc. :

He can get really unpleasant if angered.
We'll have a good time whatever the weather.

9. *Les Subordonnées introduites par if*

La subordonnée de condition introduite par if est une subordonnée circonstancielle (*voir* **8.**) :

■ Il existe trois types de condition :

1 If I pass my exams, my parents will be happy.
2 If I passed my exams, my parents would be happy.
3 If I had passed my exams, my parents would have been happy.

■ Le temps utilisé dans la subordonnée rend compte de cette différence de sens.

1 Possibilité de réalisation dans l'avenir

2 Réalisation hypothétique ou invraisemblable

3 Irréel du passé : condition non réalisée dans le passé

Mots complétant ces énoncés

■ Dans les subordonnées introduites par if, on a tendance à employer les formes non-affirmatives des pronoms et des déterminants : any (plutôt que some), much (plutôt que a lot of) (*voir* **3.**5), un peu comme dans les questions (*voir* **4.**1).

■ Cependant le locuteur peut choisir d'utiliser les formes affirmatives pour insister sur le côté plus que probable de ce qu'il avance :

If I had any money (at all), I'd lend you some.
If I had some more money, I could buy another CD.

■ En revanche, pour les adverbes, on emploie plutôt les formes affirmatives : already (plutôt que yet) et too (plutôt que either) :

If Arthur's already here, send him up.

■ Dans la proposition principale (dont dépend la subordonnée introduite par if) les pronoms et déterminants s'emploient normalement : some si la proposition principale est affirmative, any si elle est interrogative ou négative :

If there's anything to eat, I'll save some for you.
If John knows something, why hasn't he told anybody?

9.1 La réalisation possible

■ Ce type de condition est pour ainsi dire "neutre" : la condition peut se réaliser ou elle peut très bien ne pas se réaliser ; les chances sont égales.

■ Si la proposition fait référence au futur, comme c'est souvent le cas, le temps employé dans la subordonnée est le présent simple (*voir* VERBES 2, **1.**1) :

If you say that again I'll get very angry.
We'll go to the zoo tomorrow if it doesn't rain.

■ Le locuteur peut employer différents temps en fonction de ce qu'il veut exprimer :

We always have a good time if Charlie comes.
If you haven't seen this film, go and see it now.
If the programme started at eight, it should be over by now.
If Sheila said that, she was lying.

9.2 La réalisation hypothétique, l'irréel

■ Le locuteur pense qu'il est peu probable que la condition se réalise :

If you really loved me, you wouldn't keep criticising me.
I would be very surprised if she turned up now.
You could do much better if you tried harder.

ou bien qu'il est impossible qu'elle se réalise :

We'd have more fun if Sylvia was here.
I'd buy you an ice-cream if I had my purse with me.

Emploi des temps

■ Proposition principale : would/should + base verbale (pour la différence entre would et should, *voir* VERBES 1, 3.5 *et* 3.6).

■ Subordonnée en if : prétérit simple.

■ Dans la proposition principale on peut employer la forme passée d'autres modaux (*voir* VERBES 1, 3.2) :

If we bought a car we could get up to London more often.

■ Dans la subordonnée introduite par if, was devient souvent were (*voir* VERBES 3, 2.2) :

I wouldn't do that if I were you.
If she were my sister I'd be very cross.

■ Lorsque l'événement annoncé par la subordonnée introduite par if est à venir et que sa réalisation est fort improbable, on emploie souvent l'expression be to + base verbale (*voir* VERBES 2, 3.6) :

I'd certainly accept if they were to offer me the job.
If she were to agree we'd be able to get started on the work.

9.3 L'irréel du passé

■ L'irréel du passé signifie que la condition posée dans le passé ne s'est pas réalisée, l'événement évoqué dans la principale n'a donc pas eu lieu :

I would have returned the book if I'd known you needed it.
If he hadn't had a good lawyer he might have gone to prison.

Le temps de l'irréel du passé

En général, ce sont les temps suivants qui sont le plus employés :

■ Proposition principale : would/should + have + participe passé (pour la différence entre would et should, *voir* VERBES 1, 3.5 *et* 3.6).

■ Subordonnée en if : had + participe passé.

■ Dans la proposition principale, on peut également employer la forme passée d'autres modaux (*voir* VERBES 1, 3.2) :

We could have been home by now if we hadn't been delayed.

9.4 Subordonnées de condition avec inversion : Auxiliaire - Sujet - Verbe

Should you change your mind, please let us know at once.
Had we known about your problems we would have paid you earlier.

■ L'inversion Premier Auxiliaire-Sujet-Verbe peut remplacer une subordonnée introduite par if. Cette construction, peu employée, dénote un niveau de langue soutenu.

■ Lorsque la condition a des chances de se réaliser, on peut rencontrer l'auxiliaire should ; il est impossible d'employer l'auxiliaire do dans ce type de phrase :

I'd be happy if she came. → I'd be happy were she to come.
et surtout pas ***I'd be happy did she come.***

9.5 Autres constructions conditionnelles

■ Dans ces constructions les temps employés dans les propositions principales sont les mêmes que dans les subordonnées en if (*voir* 9.2) :

Would you like a cup of tea?
I'd rather you didn't smoke. *(= Je préférerais que tu ne fumes pas.)*
Would you please be quiet!
You'd think she'd be tired of him by now.

Il en va de même pour les propositions subordonnées qui suivent :

I wish I weren't so ugly.
Rebecca acts as if she were some sort of queen.
Suppose there were to be a fire.
If only I hadn't thrown the letter away!

(pour les modaux + have, *voir* aussi VERBES 1, 3.10)

> *NOTE :* le verbe wish peut avoir deux emplois :
> Souhaiter :
> ***I wish he would come.*** *(= J'aimerais qu'il vienne.)*
> ***I wish he had come.*** *(= J'aurais aimé qu'il vienne ou je regrette qu'il ne soit pas venu.)*
> Regretter :
> ***I wish he hadn't come.*** *(= Je regrette qu'il soit venu.)*
> ***They wish he hadn't left.*** *(= Ils regrettent qu'il soit parti.)*

10. *La Subordonnée de Comparaison*

■ La subordonnée de comparaison est introduite par than après un adjectif ou un adverbe au comparatif (*voir* L'ADJECTIF, 2.2 *et* L'ADVERBE, 1.2).

■ La subordonnée de comparaison est introduite par as après un comparatif d'égalité introduit par so/as (+ un adjectif ou un adverbe), ou such (+ un nom).

I'm not such a fool as you seem to think (I am).

Ellipses et subordonnées de comparaison

The job's more interesting now than it used to be.
John works just as hard as his sister (does).

■ On ne peut comparer deux éléments que s'ils possèdent quelque chose en commun ; ce qui est commun aux deux éléments peut être omis dans la deuxième proposition :

The mountains stretch very far. + The eye can see as far. = The mountains stretch as far as the eye can see.

■ Ces ellipses sont très courantes et obéissent à des règles de compréhension logiques ; on omet tout ce qui serait redondant, on garde tout ce qui aide à la compréhension :

She can type as fast as he can dictate.
There are more books in this library than I could ever read.

■ Lorsqu'un autre verbe que be est l'élément commun de la comparaison, il est souvent remplacé par do dans la deuxième partie de la comparaison :

I've worked harder today than I did yesterday.
He spends as much on his car as he does on his children.

■ Cependant, des éléments supplémentaires peuvent être ajoutés dans la subordonnée de comparaison si cela permet de lever les ambiguïtés :

I hate Bill more than you.
= 1. ***I hate Bill more than I hate you.***
= 2. ***I hate Bill more than you do.***

Ce qu'on ajoute généralement se limite au groupe Sujet + Auxiliaire ; cependant, il y a d'autres possibilités :

I'm happier now than I was last week.
It doesn't rain as much here as (it does) in Scotland.
He didn't know as much as I expected (him to).

Autres subordonnées de comparaison

■ Ces subordonnées peuvent être introduites par as if et as though :

You look as though you've seen a ghost.
It looked as if it was going to rain.

■ Dans ces subordonnées, le locuteur emploie le subjonctif passé pour exprimer l'irréel ou le fortement improbable (*voir* VERBES 3, 2.2) :

You don't need to shout as if everyone were miles away.
Lynn suddenly went pale, as if she were about to faint.

11. *La Subordonnée Nominale*

1. ***Did you find what you were looking for?***
   I'll go out with whoever I choose.

2. ***He told me where I could find some cheap furniture.***
   I don't believe (that) you really mean it.
   I wonder if Vicky's heard her results yet.

La subordonnée nominale se comporte comme un groupe nominal à l'intérieur de la phrase. Elle peut être sujet, complément du verbe, attribut du sujet, complément d'un adjectif ou d'un nom.

■ Il existe deux sortes de subordonnée nominale :

– la subordonnée relative nominale introduite par what, whatever, whichever, whoever, etc.

– la subordonnée nominale introduite par une conjonction comme that (ou ø), un mot en wh- ou if.

La subordonnée relative nominale

■ Cette subordonnée occupe la place d'un groupe nominal. Elle peut avoir toutes les fonctions du nom dans la phrase.

■ Le pronom relatif qui l'introduit n'a pas d'antécédent explicite, il est contenu implicitement dans le relatif :

Were you surprised by what she did?
You can tell the news to whoever needs to know.

■ Lorsqu'elle est sujet de phrase, l'accord avec le verbe est singulier ou pluriel, selon ce qu'elle représente :

What I need is a nice, cold shower.
What I need are some two-inch nails.

La subordonnée nominale introduite par une conjonction

I'm not sure that I can help you.
Do you know if she agrees?

■ Cette subordonnée est complément du verbe dans le discours indirect (*voir* 12.), mais elle peut avoir d'autres fonctions dans la phrase :

Sujet → ***Why it happened is a mystery to me.***

Après une préposition → ***I'm not happy about what he said.***

■ Quand elle est sujet de phrase, cette subordonnée est souvent déplacée en fin de phrase et introduite par it (*voir* 2.) :

It's a mystery to me why it happened.
It is thought that Watson has now left the country.

■ Après une préposition, il ne peut y avoir une subordonnée introduite par that :

They were anxious about you.
They were anxious that you hadn't phoned.

La subordonnée nominale en that

■ La conjonction that est souvent omise (*voir* 7.).
Le sens n'est pas affecté ; cette omission se rencontre également en style soutenu à l'écrit :

We were all happy (that) you did so well.
The company does not admit (that) the goods are faulty.

■ La conjonction that ne peut être omise lorsqu'elle est en début de phrase. On la conserve aussi dans les phrases longues et complexes où elle sert de repère à la compréhension :

That they are married is known to very few people.
They know that the man who sold it has gone bankrupt.

Si dans ce dernier exemple on omet that, le lecteur comprend alors : they know the man who..., ce qui ne correspond pas au sens voulu.

Constructions participiales et infinitives

■ La construction base verbale + -ing, ou la construction infinitive to + base verbale peut souvent être employée à la place de la subordonnée nominale avec verbe conjugué à un mode personnel :

My hobby is collecting ancient coins.
Is it possible to get there by five?

■ On rencontre souvent la construction infinitive to + base verbale après les mots en wh- au lieu d'une subordonnée avec verbe conjugué à un mode personnel, lorsque le sujet de phrase est facilement identifiable.
Quelquefois on peut employer les deux constructions mais l'emploi de la construction infinitive (premier exemple) est plus courant :

I'm not sure where to sit.
I'm not sure where I should sit.

I didn't know whether to laugh or cry.
I didn't know whether I should laugh or cry.

■ C'est le verbe de la principale qui décide de l'emploi d'une construction ou d'une autre :
– subordonnée nominale avec verbe conjugué à un mode personnel en that, ou introduite par un mot en wh-
– construction base verbale + -ing
– construction infinitive to + base verbale
Certains verbes acceptent plusieurs constructions (dans le doute, vérifiez dans un dictionnaire) :

We believed that he was a liar. *ou* ***We believe him to be a liar.***
We said that he was a liar. *mais surtout pas* ***We said him to be a liar.***

They told us when we should come. *ou* ***They told us when to come.***
They said to us when we should come. *mais surtout pas* ***They said to us when to come.***

12. *Le Discours Indirect*

1. ***They said (that) they wanted to meet you.***
   They told us when the programme was starting.

2. ***I asked her whether she had seen my glasses.***
   I asked them where to park my car.

3. ***I told him (that) he should leave at once.***
   I told her not to worry.
   I told them when to leave.

4. ***I was surprised how fast the time went.***
   I was surprised what a good singer he was.

Les exemples ci-dessus couvrent l'ensemble des énoncés que l'on peut rapporter au discours indirect :

1 phrases déclaratives

2 questions

3 ordres

4 exclamations

12.1 Les énoncés rapportés au discours indirect

■ La construction d'une phrase au discours indirect dépend du verbe qui l'introduit.

■ Beaucoup de verbes qui introduisent le discours indirect supportent le déplacement de la négation (*voir* 3.4) :

I don't think that that's correct.
We didn't expect the bus to have arrived already.

Déclaratives

■ La plupart des verbes qui introduisent le discours indirect sont suivis par une subordonnée nominale avec un verbe conjugué à un mode personnel (*voir* 11.) introduite par that ou un mot en wh- : say, announce, report, claim, think.

They announced (that) the school would be closed from Wednesday.
They did not announce when it would open again.

■ Cependant, il y a quelques exceptions avec des verbes comme know, believe, expect :

We know (that) he's innocent. *ou* ***We know him to be innocent.***

Questions

■ La plupart des verbes qui introduisent une question rapportée au discours indirect sont suivis par une subordonnée nominale complète avec un verbe conjugué à un mode personnel. C'est le cas pour ask, enquire, wonder, investigate.

■ Si au discours direct l'interrogation était introduite par un mot en wh-, au discours indirect la subordonnée sera introduite par le même mot en wh- (*voir* PRONOMS ET DÉTERMINANTS, 9.5) :

When did you see her?
→ Bill asked (me) when I had seen her.

Why didn't he phone?
→ I wonder why he didn't phone.

What songs do you know?
→ She asked (him) what songs he knew.

■ Si au discours direct la question impliquait une réponse en yes/no, au discours indirect la subordonnée est introduite par la conjonction whether ou par la conjonction if (en anglais moins soutenu) :

Can you pay soon?
→ They asked (us) whether we could pay soon.

Are you Liz Harris?
→ He asked (her) if she was Liz Harris.

■ Certains verbes comme ask, wonder, want to know peuvent être suivis d'une subordonnée nominale introduite par un mot en wh- + to + base verbale :

Where can I contact you?
→ I'd like to know where to contact you.

Ordres

■ La plupart des verbes qui introduisent un ordre rapporté au discours indirect comme command, order, force, sont suivis de to + base verbale :

She forces us to work very hard.
The general ordered the army to advance.

■ Les verbes comme tell, instruct, etc. peuvent être suivis d'une construction infinitive introduite par un mot en wh- + to + base verbale :

Did she tell you where to turn off the motorway?
We weren't told which books to read.

■ Certains verbes comme tell, insist, require, peuvent être suivis d'une subordonnée introduite par that où peuvent apparaître les auxiliaires should et would.
Le verbe say est toujours suivi d'une subordonnée introduite par that + should ou must.
Après certains verbes comme insist, suggest, on emploie le subjonctif présent plutôt que l'auxiliaire should + base verbale (*voir* VERBES 1, 3.6) :

I've told you already that you should be quiet.
My parents say that I must help them tomorrow.
They insist that every customer be treated equally.

Exclamations

■ La plupart des verbes qui introduisent une exclamation au discours indirect sont suivis d'une subordonnée nominale complète introduite par how, what (*voir* 5.) :

I was delighted how well it worked.
I'm amazed at what good weather we've had.

■ Certains verbes qui introduisent une exclamation au discours indirect, comme exclaim, shout, sont suivis d'une subordonnée nominale introduite par that :

How well she plays!
→ He exclaimed that she played very well.

Faites bien la différence

Certaines phrases ont deux interprétations possibles : il peut s'agir soit d'une interrogation au discours indirect, soit d'une phrase exclamative :

I didn't realise how much it would cost.
= 1 *I didn't realise what its price would be.*
= 2 *I didn't realise that it would cost so much.*

12.2 Le temps de la phrase au discours indirect

Julie says that she'll be here by eight.
Mark claims that we didn't pay him enough.

Verbe de la principale au présent

■ Lorsque le verbe employé pour rapporter le discours est à une des formes du présent (présent simple ou présent progressif, futur, parfait), le temps de la subordonnée est le même que celui qui aurait convenu au style direct :

Jim says / Jim will say / Jim has said ***(that)***
- ***his wife drives the car every day.***
- ***his wife is driving the car at present.***
- ***his wife will drive the car tomorrow.***
- ***his wife has driven the car many times.***
- ***his wife drove the car yesterday.***
- ***his wife had driven the car before him.***
- etc.

Verbe de la principale au passé

■ Lorsque le verbe employé pour rapporter le discours est à une des formes du passé (prétérit simple ou progressif, plus-que-parfait, would + base verbale), il y a deux manières de choisir le temps de la subordonnée :

1. Dans le premier cas, le temps employé dans la subordonnée est déterminé par le contexte et la situation.

Exemple : vous avez rencontré Anne à 10 heures du matin et elle vous dit que son emploi du temps pour la journée est le suivant :

9 a.m.	***arrive at school***
12 a.m.	***have lunch***
3.30 p.m.	***practise the piano***

À 2 heures de l'après-midi, vous rencontrez un ami qui cherche Anne ; vous pourrez lui dire :

Anne said (that) → she arrived at school at nine a.m.
→ she would have lunch at midday.
→ she will practise the piano at three thirty.

Dans le deuxième exemple on emploie la forme would + have (futur antérieur) (*voir* VERBES 2, 3.7). La raison est simple à comprendre : à 10 heures, le déjeuner d'Anne aura lieu dans le futur, mais à 14 heures, le déjeuner est terminé et le locuteur rapporte un événement qui a eu lieu dans le passé.

Dans ce cas, toutes les combinaisons de temps et de formes verbales peuvent s'employer :

My sister was saying that The Fall will be playing here next week.
They told me that Joan's already had her baby.
He said that his new car will go faster than his old one did.

2. Dans le second cas, le verbe de la subordonnée doit obligatoirement être à une des formes du passé, un peu comme en français. Le temps du verbe est décalé d'un cran dans le passé :

I go to school.
→ He said that he went to school.

He has gone away.
→ I said that he had gone away.

She will go soon.
→ They said that she would go soon.

L'emploi des temps est donc le suivant :

Discours direct		*Discours indirect*
présent	→	prétérit
prétérit } parfait }	→	plus-que-parfait
futur	→	would/should + base verbale

Cependant, le prétérit n'est pas systématiquement remplacé par le plus-que-parfait, il peut souvent être conservé :

We went to church.
→ *He said that they had gone tochurch.*
→ *He said that they went to church.*

Reprenons l'exemple de l'emploi du temps d'Anne. Dans ce deuxième cas nous obtenons :

Anne said (that) → ***she (had) arrived at school at nine a.m.***
→ ***she would have lunch at midday.***
→ ***she would practise the piano at three thirty.***

De même, les autres exemples cités dans le premier cas deviennent :

My sister was saying that The Fall would be playing here next week.
They told me that Joan had already had her baby.
He said that his new car would go faster than his old one did/had done.

■ La méthode 1 a certains avantages :
– elle permet de garder au discours indirect la différence entre ce qui est révolu, et ce qui ne l'est pas encore :

1. ***Lucy said that she has worked there for years. (She still does.)***
Lucy said that she worked there for years. (but now she has left)
2. ***Lucy said that she had worked there for years.***

– elle permet de garder au discours indirect la différence entre des événements qui sont maintenant passés et ceux qui sont encore à venir :

1. ***Harry said he would come. (but he has not come)***
Harry said he will come. (We expect him tomorrow.)
2. ***Harry said he would come.***

Quelle méthode choisir?

■ Les exemples 1 et 2 ci-dessous décrivent tous deux en une seule phrase les événements suivants : Polly has said that she will be playing hockey. + The game will be later than the present moment. :

1. ***Polly said she's playing hockey this afternoon.***
2. ***Polly said she was playing hockey this afternoon.***

■ C'est la méthode 1 (exemple 1) qui est la plus employée :
– on la préfère à l'oral si l'auxiliaire peut être contracté. Par exemple, you've (pour you have) sonne mieux que you were.

■ La méthode 2 (exemple 2) s'emploie si le locuteur qui rapporte le discours a un doute quelconque sur sa véracité.

■ En règle générale, lorsque le locuteur est certain des faits qu'il rapporte, il emploie plus volontiers la méthode 1 :

Polly said she was playing hockey this afternoon, but I don't believe her.
Polly said she's playing hockey this afternoon, so that must be her hockey stick.
I told him we've won some money. Was that sensible of me?
I told him we'd won some money just to make him jealous.

Remarque : la personne (pronoms personnels, adjectifs et pronoms possessifs), le temps, le lieu du discours direct ne sont pas exprimés de la même manière au discours indirect. Les changements apportés dépendent du locuteur et de la situation :

Discours direct :

Paul to Mark : 'Bring your guitar to my party next Saturday.'

Discours indirect :

Mark to Sarah : **(before the party)**	***'Paul asked me to bring my guitar to his party next Saturday.'***
Sarah to John : **(before the party)**	***'Paul asked Mark to bring his guitar to his party on Saturday.'***
Sarah to Gary : **(after the party)**	***'Paul asked Mark to bring his guitar to his party last Saturday.'***

– modifications dans l'expression du temps et du lieu :

Discours direct		*Discours indirect*
now	→	**then, at that time, before...**
today	→	**on that day**
yesterday	→	**the day before**
tomorrow	→	**the next day, the day after**
next week	→	**the following week**
last week	→	**the week before**
a year ago	→	**a year before**

Les modaux au discours indirect

■ En général, les formes passées des modaux ont d'autres valeurs que celles du passé (*voir* VERBES 1, **3.**). Cependant, dans le discours indirect, il y a exception à cette règle :

You may go.
→ ***They said that I might go.***
Can you help me?
→ ***I asked whether he could help me.***

Must, ought to et need n'ont pas de forme passée (*voir* VERBES 1, **3.7** et **3.8**). Cependant, ils peuvent parfois être repris (voir la méthode 1) :

I must stay at home. → ***I told her that I must stay at home.***
You ought to try harder. → ***They said that he ought to try harder.***
Need I go? → ***She asked whether she need go.***

FRENCH-ENGLISH
FRANÇAIS-ANGLAIS

A

a, A [a] *nm* a, A; **de A à Z** from A to Z.

a (*abr écrite de* **are**) a.

A -**1.** (*abr écrite de* **ampère**) A, Amp. -**2.** *abr écrite de* **anticyclone**. -**3.** *abr écrite de* **autoroute**.

à [a] (*contraction de 'à' avec 'le' devant consonne ou h aspiré* **au** [o], *contraction de 'à' avec 'les'* **aux** [o]) *prép* **A.** DANS L'ESPACE -**1.** [indiquant la position] at; [à l'intérieur de] in; [sur] on; **il habite à la campagne** he lives in the country; **elle habite au Canada** she lives in Canada; **j'habite au Havre** I live in Le Havre; **je suis aux Bermudes** I'm in Bermuda; **j'aimerais vivre à la Martinique** I'd like to live in Martinique; **il est à l'hôpital** he's in hospital; **elle travaille à l'hôpital** she works at the hospital; **au jardin** in the garden; **à l'orée du bois** at the edge of the wood; **au marché** at the market; **il fait 45°C au soleil** it's 45°C in the sun; **quand on est à 2 000 m d'altitude** when you're 2,000 m up; **au niveau de la mer** at sea level; **à l'intersection des deux droites** at the intersection of the two lines; **elle attendait à la porte** she was waiting at OU by the door; **tenez-vous correctement à table** behave (properly) at the table; **au mur/plafond** on the wall/ceiling; **à terre** on the ground; **c'est au rez-de-chaussée** it's on the ground-floor; **j'ai mal à la tête** I've got a headache; **j'ai une ampoule au pied** I've got a blister on my foot; **je l'ai entendu à la radio** I heard it on the radio; **je l'ai vu à la télé** I saw it on the telly; **on en a parlé aux informations** they mentioned it OU it was mentioned on the news; **à ma droite** on OU to my right; **la gare est à 500 m d'ici** the station is 500 m from here; **lever les bras au ciel** to throw up one's arms; **vous tournez à gauche après le feu** you turn left after the traffic lights; **se pencher à terre** to bend down. -**2.** [indiquant la direction] to; **aller à Paris/aux États-Unis/à la Jamaïque/au Pakistan** to go to Paris/to the United States/to Jamaica/to Pakistan; **aller au cinéma** to go to the cinema; **aller à la piscine** to go swimming, to go to the swimming pool; **parvenir à la frontière** to reach the border; **est-ce qu'elle est allée à l'université?** has she been to university?; **il a lancé le javelot à 74 m** he threw the javelin 74 m. -**3.** [indiquant la provenance, l'origine] : **puiser de l'eau à la fontaine** to get water from the fountain; **retenir l'impôt à la source** to deduct tax at source; **remonter à l'origine de l'affaire** to get to the root of the matter.
B. DANS LE TEMPS -**1.** [indiquant un moment précis] at; [devant une date, un jour] on; [indiquant une époque, une période] in; **à 6 h** at 6 o'clock; **il ne rentrera qu'à 8 h** he won't be back before 8; **à Pâques** at Easter; **à Noël** at Christmas; **à l'aube/l'aurore/midi** at dawn/daybreak/midday; **au crépuscule** at dusk; **le 12 au soir** on the evening of the 12th; **à dater de ce jour** from that day on OU onwards; **à mon arrivée** on my arrival; **à ma naissance** when I was born; **à l'automne** in (the) autumn *Br*, in the fall *Am*; **à la Renaissance** in the Renaissance; **au XVII**^e^ **siècle** in the 17th century; **à 3, tu pars!** when I count 3, go!; **à chaque fois** every time; **à chaque instant** every minute; **vous allez quelque part à Noël?** are you going somewhere for Christmas?; **je le lui donnerai à son anniversaire** I'll give it to her on her birthday. -**2.** [indiquant un délai] : **à une semaine des élections, 35 % des électeurs sont encore indécis** with only one week to go before election day, 35% of voters are still undecided; **nous sommes à deux semaines de Noël** there are only two weeks to go before Christmas, Christmas is only two weeks away; **il me tarde d'être à dimanche** I can't wait till Sunday; **à demain/la semaine prochaine/mardi** see you tomorrow/next week/(on) Tuesday.
C. MARQUANT LA MANIÈRE -**1.** [indiquant le moyen, l'instrument, l'accompagnement] : **peindre à l'eau/à l'huile** to paint in watercolours/oils; **marcher au fuel** to run off OU on oil; **couper qqch au couteau** to cut sthg with a knife; **cousu à la main** hand-sewn; **cousu à la machine** machine-sewn; **des mots écrits à la craie** words written in chalk; **jouer qqch à la guitare** to play sthg on the guitar; **cuisiner au beurre** to cook with butter; **aller à pied/à bicyclette/à cheval** to go on foot/by bicycle/on horseback. -**2.** [indiquant la manière] : **à voix haute** out loud; **on a ri aux larmes** we laughed till we cried; **agir à son gré** to do as one pleases OU likes; **tout fonctionne à merveille** everything works perfectly; **je l'aime à la folie** I love her to distraction; **nous pourrions multiplier les exemples à l'infini** we could cite an infinite number of examples; **il s'assit à califourchon sur la chaise** he sat astride the chair; **à toute vitesse** at full speed; **à petits pas** at a slow pace; **au ralenti** in slow motion; **au rythme de deux par semaine** at the rate of two a week; **à jeun** on OU with an empty stomach; **faire qqch à la Russe/Turque** to do sthg the Russian/Turkish way; **la vie à l'Américaine** the American way of life; **un film policier à la Hitchcock** a thriller in the style of OU à la Hitchcock.
D. MARQUANT L'APPARTENANCE: **encore une idée à Papa!** another of Dad's ideas!; **je veux une chambre à moi** I want my own room OU a room of my own; **à qui est ce livre? — à moi** whose book is it? — (it's) mine; **c'est un ami à moi qui m'a parlé de vous** it was a friend of mine who told me about you.
E. INDIQUANT L'ATTRIBUTION, LA DESTINATION: **à Jacques** to OU for Jacques; **à notre fille bien-aimée** [sur une tombe] in memory of our beloved daughter; **à toi pour toujours** yours for ever; **je suis à vous dans une minute** I'll be with you in a minute; **à M. le directeur** [dans la correspondance] to the manager; **c'est à moi de jouer/parler** it's my turn to play/to speak; **ce n'est pas à moi de le faire** it's not up to me to do it.
F. INTRODUISANT UNE ÉVALUATION, UN RAPPORT DISTRIBUTIF -**1.** [introduisant un prix] : **un livre à 300 francs** a book which costs 300 francs, a book worth 300 francs; **un tableau à 600 000 francs** a painting worth 600,000 francs; **tout à 20 francs** everything 20 francs; **ne fais pas la difficile pour une robe à 300 francs** don't make so much fuss about a 300-franc dress. -**2.** [indiquant un rapport, une mesure] : **vendus à la douzaine/au poids/au détail** sold by the dozen/by weight/individually; **payé à la page** paid by the page; **les promotions s'obtiennent au nombre d'années d'ancienneté** promotion is in accordance with length of service; **faites-les aligner deux à deux** line them up two by two. -**3.** [introduisant un nombre de personnes] : **ils ont soulevé le piano à quatre** it took four of them to lift the piano; **à deux, on aura vite fait de repeindre la cuisine** between the two of us, it won't take long to repaint the kitchen; **nous travaillons à sept dans la même pièce** there are seven of us working in the same room; **on peut dormir à six dans le châlet** the chalet can sleep six; **ils sont venus à plusieurs** several of them came. -**4.** [indiquant une approximation] : **je m'entraîne trois à cinq heures par jour** I practise three to five hours a day; **j'en ai vu 15 à 20** I saw 15 or 20 of them.
G. MARQUANT DES RAPPORTS DE CAUSE OU DE CONSÉQUENCE -**1.** [indiquant la cause] : **à ces mots, il s'est tu** on hearing these words, he fell silent; **à ces cris, je me suis retourné** when I heard the cries, I turned round; **on l'a distribué à sa demande** it was given out at his request. -**2.** [indiquant la conséquence] : **il lui a tout dit, à ma grande surprise** he told her everything, much to my surprise; **à la satisfaction générale** to the satisfaction of all concerned. -**3.** [d'après] : **je l'ai reconnu à sa voix/démarche** I recognized (him by) his voice/walk; **au tremblement de ses mains, je voyais bien qu'il avait peur** I could tell he was scared from OU by the way his hands were shaking; **à sa mine, on voit qu'il est en mauvaise santé** you can tell from the way he looks that he's ill; **à ce que je vois/comprends** from what I see/understand; **à ce qu'elle dit, le mur se serait écroulé** according to her OU to what she says, the wall collapsed.
H. SUIVI DE L'INFINITIF -**1.** [indiquant l'hypothèse, la cause] : **il s'est fait des ennemis à se conduire ainsi** he made enemies by behaving that way; **tu vas te fatiguer à rester debout** you'll get tired standing up; **à t'entendre, on dirait que tu t'en**

moques listening to you, I get the feeling that you don't care; **une histoire à vous tirer des larmes** a tear-jerking story; **à bien considérer les choses...** all things considered... -**2.** [exprimant l'obligation]: **la somme est à régler avant le 10** the full amount has to OU must be paid by the 10th; **le mur est à repeindre** the wall needs to be repainted; **à consommer avec modération** to be drunk in moderation; **c'est une pièce à voir absolument** this play is really worth seeing; **un livre à lire et à relire** a book which can be read over and over again; **les vêtements à laver/repasser** the clothes to be washed/ironed; **la phrase à retenir** the sentence to be OU which should be remembered. -**3.** [exprimant la possibilité]: **il n'y a rien à voir/à manger** there's nothing to see/to eat. -**4.** [en train de]: **il était assis là à bâiller** he was sitting there yawning; **j'étais sur la terrasse à lire** I was reading on the patio; **ne restez pas là à rêvasser** don't just sit there daydreaming. -**5.** [au point de]: **il en est à regretter ce qu'il a fait** he's come to regret what he did.

I. MARQUANT LA CARACTÉRISATION, LE BUT: **un sac à main** a handbag; **une fille aux cheveux longs** a girl with long hair; **l'homme au pardessus** the man in OU with the overcoat; **une bête à cornes** a horned animal, an animal with horns; **une chemise à manches courtes** a short-sleeved shirt, a shirt with short sleeves; **un pyjama à fleurs/rayures** flowery/stripy pyjamas; **une voiture à cinq vitesses** a five-gear car; **une fugue à trois voix** a fugue in three parts; **des sardines à l'huile** sardines in oil; **concombre à la vinaigrette** cucumber in French dressing; **poulet aux épices** spicy chicken; **glace à la framboise** raspberry ice cream; **une arme à feu** a firearm; **avion à réaction** jet plane; **chauffage au charbon/gaz** coal/gas heating; **calculette à piles** battery-operated calculator; **une tasse à thé** a tea cup; **de la mousse à raser** shaving cream; **une machine à coudre** a sewing machine; **du papier à lettres** writing paper; **'bureau à louer'** 'office for rent'.

J. SERVANT DE LIEN SYNTAXIQUE -**1.** [introduisant le complément du v]: **parler à qqn** to talk to sb; **téléphoner à qqn** to phone sb; **croire à qqch** to believe in sthg; **penser à qqn** to thing of OU about sb; **convenir à qqn** to suit sb; **aimer à faire qqch** *litt* to like to do sthg, to like doing sthg; **il consent à ce que nous y allions** he agrees to our going; **dire à qqn de faire qqch** to tell sb to do sthg; **rendre qqch à qqn** to give sthg back to sb, to give sb sthg back; **dérober qqch à qqn** to steal sthg from sb; **autoriser qqn à faire qqch** to authorize sb to do sthg. -**2.** [introduisant le complément d'un nom déverbal]: **l'aspiration à la liberté** hopes for freedom; **l'appartenance à un parti** membership of a party; **son dévouement à notre cause** her devotion to our cause. -**3.** [introduisant le complément de l'adj]: **c'est difficile à dessiner** it's difficult to draw; **semblable à un oiseau** like a bird; **perpendiculaire à la droite B** perpendicular to line B; **dévoué à la cause** devoted to the cause; **agréable aux yeux** pleasant to look at; **doux au toucher** soft to the touch.

Å *(abr écrite de Angström)* A.

A2 *npr f abr de* Antenne 2.

Aaron [aarɔ̃] *npr* Aaron.

AB *(abr écrite de* assez bien*)* *fair grade (as assessment of schoolwork)*, ≃ C+, ≃ B-.

abaissant, e [abɛsɑ̃, ɑ̃t] *adj* degrading, debasing, humiliating.

abaisse [abɛs] *nf* [en pâtisserie] piece of rolled-out pastry; **faites une ~ de 3mm** roll the pastry to a thickness of 3mm.

abaisse-langue [abɛslɑ̃g] *nm inv* tongue-depressor, tongue spatula.

abaissement [abɛsmɑ̃] *nm* -**1.** [d'une vitre, des paupières] lowering; **l'~ d'une manette** [en tirant] pulling down a lever; [en poussant] pushing down a lever. -**2.** *fig* humbling, humiliation, abasement *litt*.

abaisser [4] [abese] *vt* -**1.** [faire descendre - vitre] to lower; [- store] to pull down *(sép)*; [- voilette] to let down *(sép)*; [- pont-levis] to lower, to let down *(sép)*; [- température] to lower; **~ la manette** [en tirant] to pull the lever down; [en poussant] to push the lever down. -**2.** *litt* [individu, pays] to humble, to abase; **la misère abaisse l'homme** poverty debases man. -**3.** MATH [perpendiculaire] to drop; [chiffre] to carry. -**4.** MUS to transpose down *(sép)*. -**5.** CULIN to roll out *(sép)*. -**6.** JEUX to lay down *(sép)*.

◆ **s'abaisser** *vpi* -**1.** [vitre, pont-levis] to be lowered; [voile, rideau] to fall; [paupière] to droop. -**2.** [être en pente - champ] to slope down; **le terrain s'abaisse vers le fleuve** the land drops away towards the river.

◆ **s'abaisser à** *vp + prép*: **s'~ à des compromissions** to stoop to compromise; **s'~ à faire qqch** to stoop so low as to do sthg; **il ne s'abaisserait pas à mentir** he will not demean himself by lying.

abajoue [abaʒu] *nf* cheek pouch.

abandon [abɑ̃dɔ̃] *nm* -**1.** [fait de rejeter] abandonment, rejection; **son ~ de toute ambition politique** the fact that he gave up any political ambition; **faire ~ de qqch à qqn** to donate sthg (freely) to sb ❑ **~ du domicile conjugal** JUR desertion of the marital home; **~ d'enfant** JUR abandonment (of one's child); **~ de famille** JUR desertion; **~ de poste** MIL dereliction of duty. -**2.** [fait d'être rejeté]: **éprouver un sentiment d'~** to feel abandoned. -**3.** [état négligé] neglected state; **les lieux étaient dans un (état de) grand ~** the place was shamefully neglected. -**4.** [absence de contraintes] abandon, freedom; **une méthode théâtrale qui prône un certain ~** an acting method advocating a certain lack of self-restraint; **dans ses bras, elle avait connu un délicieux ~** she'd experienced such sweet surrender in his arms; **une pose d'un ~ fort séduisant** a most seductive pose; **avec ~** [parler] freely; [danser, rire] with gay abandon. -**5.** SPORT withdrawal; **il y a eu ~ par Vigor au troisième round** Vigor threw in the towel in the third round; **il y a eu ~ par Vigor juste avant l'arrivée** Vigor dropped out just before the finish.

◆ **à l'abandon** ◇ *loc adj*: **un potager à l'~** a neglected kitchen garden.

◇ *loc adv*: **laisser son affaire/ses enfants à l'~** to neglect one's business/one's children.

abandonné, e [abɑ̃dɔne] *adj* -**1.** [parc] neglected; [mine, exploitation] disused; [village] deserted; [maison, voiture] abandoned; [vêtement, chaussure] discarded. -**2.** [enfant, animal] abandoned.

abandonner [3] [abɑ̃dɔne] *vt* -**1.** [quitter - enfant, chien] to abandon; [- épouse] to leave, to desert; [- lieu] to abandon, to leave; [- poste] to desert, to abandon; **abandonné de tous** forsaken by all; **~ la ville pour la campagne** to leave city life behind and settle in the country; **les troupes abandonnèrent le village** the troops withdrew from the village. -**2.** [faire défaut à] to fail, to desert, to forsake; **mes forces m'abandonnent** *litt* my strength is failing me. -**3.** [renoncer à - projet, principe] to discard, to abandon; [- espoir, hypothèse] to abandon; [- course] to abandon; [- droit, privilège] to abandon, to relinquish, to renounce; **~ le pouvoir** to leave OU to retire from OU to give up office; **~ ses études** to give up one's studies; **elle abandonne la géographie** she's dropping geography; **elle a abandonné l'enseignement** she's given up OU left teaching ❑ **~ la partie** *pr* to give up; *fig* to throw in the sponge OU towel. -**4.** [livrer]: **~ qqn à** to leave OU to abandon sb to; **il nous abandonne à notre destin** he's leaving us to our fate; **il vous a abandonné à votre triste sort** *aussi hum* he's left you to your unhappy fate; **vous abandonnez le pays à la famine** you're condemning the country to starvation. -**5.** *(en usage abs)* [dans une lutte, une discussion] to give up; **il ne comprendra jamais, j'abandonne** he'll never understand, I give up; **discute le prix, n'abandonne pas!** haggle over the price, don't give in! -**6.** NAUT [navire] to abandon; [homme] to maroon.

◆ **s'abandonner** *vpi* -**1.** [se laisser aller] to let (o.s.) go; **elle s'abandonna dans ses bras** she surrendered herself to him; **s'~ à** to give way to; **ne t'abandonne pas au désespoir** don't give way to despair; **il s'abandonna à de doux rêves** he drifted off into sweet dreams. -**2.** [s'épancher] to talk freely.

abaque [abak] *nm* -**1.** [pour compter] abacus. -**2.** ARCHIT abacus.

abasourdir [32] [abazurdir] *vt* -**1.** [stupéfier] to stun; **la nouvelle nous avait abasourdis** we were stunned by the news. -**2.** [suj: bruit, clameur] to stun, to deafen.

abasourdissant, e [abazurdisɑ̃, ɑ̃t] *adj* [bruit] shattering, deafening; [nouvelle] stunning.

abasourdissement [abazurdismɑ̃] *nm* stupefaction, amazement.

abâtardir [32] [abatardir] *vt* [race, individu] to cause to degenerate; **une version abâtardie de la pièce** *fig* a watered-down version of the play.

abâtardissement [abatardismɑ̃] *nm* [d'une race] degeneration; [d'une valeur] debasement.

abatis [abati] *nm Can land being deforested for cultivation.*

abat-jour [abaʒur] *nm inv* lampshade, shade.

abats [aba] *nmpl* [de porc, de bœuf] offal; [de poulet] giblets.

abat-son [abasɔ̃] *nm inv* louvre.

abattage [abataʒ] *nm* -**1.** [d'arbres] felling. -**2.** [d'animaux] slaughter, slaughtering; **45 kilos à l'~** 45 kilos at the time of slaughter. -**3.** MIN extraction, extracting. -**4.** *fam loc*: **avoir de l'~** to be full of go.

abattant [abatɑ̃] *nm* flap, drop-leaf.

abattée [abate] *nf* -**1.** NAUT beating. -**2.** AÉRON stall.

abattement [abatmɑ̃] *nm* -**1.** [épuisement - physique] exhaustion; [- mental] despondency, dejection. -**2.** [rabais] reduction; [somme non imposable] (tax) allowance; **donnant droit à ~** eligible for tax relief.

abattis [abati] ◇ *nm* -**1.** MIL abatis, abattis. -**2.** [dans une forêt] felled trees.

◇ *nmpl* [de volaille] giblets.

abattoir [abatwar] *nm* slaughterhouse, abattoir.

abattre [83] [abatr] ◇ *vt* -**1.** [faire tomber - arbre] to cut down *(sép)*, to fell; [- mur] to pull OU to knock down *(sép)*; [- quille] to knock down *(sép)*; **l'animal doit d'abord ~ son adversaire** first, the animal must bring its rival down ‖ *fig*: **~ de la besogne** OU **du travail** *fam* to get through a lot of work; **on a abattu 20 kilomètres en une journée** *fam* we knocked *Br* OU racked *Am* up 20 kilometres in a day. -**2.** [suj: vent, tempête etc] to knock down *(sép)*; **un arbre abattu par le vent** a tree blown down by the wind. -**3.** [mettre à plat - main, battant] to bring down *(sép)*; **elle a abattu son poing sur le buffet** she slammed her fist down on the sideboard; **~ violemment le couvercle** to bang down OU to slam down the lid ❑ **~ ses cartes** OU **son jeu** *pr* to lay down one's cards; *fig* to lay one's cards on the table, to show one's hand. -**4.** [faire retomber - blé, poussière] to settle; [- vent] to bring down *(sép)*. -**5.** [tuer - personne] to shoot (down); [- avion] to shoot OU to bring down *(sép)*; [- lièvre] to shoot; [- perdrix] to shoot, to bring down *(sép)*; [- animal domestique] to put down *(sép)*; [- animal de boucherie] to slaughter. -**6.** [démoraliser] to shatter; [épuiser] to drain, to wear out *(sép)*; **la défaite l'a complètement abattu** [moralement] the defeat completely crushed him ❑ **ne pas se laisser ~** to keep one's spirits up; **ne nous laissons pas ~** let's not let things get us down.

◇ *vi* NAUT [bateau à moteur] to pay off; [voilier] to bear away.

◆ **s'abattre** *vpi* -**1.** [s'écrouler - maison] to fall down; [- personne] to fall (down), to collapse; **l'arbre s'est abattu** the tree came crashing down. -**2.** [tomber avec force - pluie] to come pouring down; [- grêle] to come pelting OU beating down; [- coups] to rain down; **le malheur/la maladie venait de s'~ sur nous** suddenly we'd been struck by disaster/disease. **-3.** [se jeter]: **s'~ sur** to swoop down on; **s'~ sur sa proie** *pr & fig* to swoop down on one's prey.

abattu, e [abaty] *adj* **-1.** [démoralisé] despondent, dejected, downcast. **-2.** [épuisé] exhausted, worn-out.
◆ **abattu** *nm*: **fusil à l'~** uncocked rifle.

abat-vent [abavɑ̃] *nm inv* **-1.** [d'une cheminée] (chimney) cowl. **-2.** HORT windbreak.

abbatial, e, aux [abasjal, o] *adj* abbey *(épith).*
◆ **abbatiale** *nf* abbey.

abbaye [abei] *nf* [communauté, bâtiment] abbey.

abbé [abe] *nm* **-1.** [d'une abbaye] abbot. **-2.** [ecclésiastique] *title formerly used in France for members of the secular clergy*; **Monsieur l'~** *vieilli* Father.

abbesse [abɛs] *nf* abbess.

abc [abese] *nm inv* **-1.** [base] basics, fundamentals; **elle ignore même l'~ du métier** she doesn't even know the basics of the job. **-2.** [livre] primer, alphabet book.

abcéder [18] [apsede] *vi* MED to abscess; **la plaie a abcédé** the wound has abscessed.

abcès [apsɛ] *nm* abscess; **~ de fixation** *pr* fixation abscess; *fig* necessary evil; **crever** OU **ouvrir** OU **vider l'~** *fig* to make a clean breast of things.

abdication [abdikasjɔ̃] *nf* abdication.

abdiquer [3] [abdike] ◇ *vt* [pouvoir] to abdicate, to surrender; [responsabilité, opinion] to abdicate, to renounce.
◇ *vi* to abdicate, to give in; **il abdique facilement devant ses enfants** he gives in easily to his children; **elle n'abdiquera jamais devant les syndicats** she'll never give way to the unions.

abdomen [abdɔmɛn] *nm* abdomen.

abdominal, e, aux [abdɔminal, o] *adj* abdominal.
◆ **abdominaux** *nmpl* **-1.** [muscles] stomach OU abdominal muscles. **-2.** [exercices]: **faire des abdominaux** to do exercises for the stomach muscles.

abducteur [abdyktœr] ◇ *adj m* **-1.** ANAT abductor. **-2.** [tube] delivery *(épith).*
◇ *nm* ANAT abductor muscle.

abduction [abdyksjɔ̃] *nf* PHYSIOL abduction.

abécédaire [abesedɛr] *nm* primer, alphabet book.

abeille [abɛj] *nf* bee; **~ maçonne** mason bee.

aber [abɛr] *nm* (deep) estuary *(in Brittany).*

aberrance [abɛrɑ̃s] *nf* aberrance.

aberrant, e [abɛrɑ̃, ɑ̃t] *adj* **-1.** [comportement] deviant, aberrant; [prix] ridiculous; [idée] preposterous, absurd. **-2.** BIOL aberrant.

aberration [abɛrasjɔ̃] *nf* **-1.** [absurdité] aberration; **par quelle ~ avait-elle dit oui?** whatever had possessed her to say yes? **-2.** BIOL & OPT aberration.

abêtir [32] [abetir] *vt* to dull the mind of; **abêti de fatigue** numb OU dazed with fatigue.
◆ **s'abêtir** *vpi* to become mindless OU half-witted.

abêtissant, e [abetisɑ̃, ɑ̃t] *adj* stupefying, dulling, mind-numbing.

abêtissement [abetismɑ̃] *nm* **-1.** [action]: **halte à l'~ de nos enfants!** stop our children being turned into idiots!; **l'~ par le travail** the stupefying effects of overwork. **-2.** [résultat] dull-wittedness.

abhorrer [3] [abɔre] *vt litt* to loathe, to abhor.

Abidjan [abidʒɑ̃] *npr* Abidjan.

abîme [abim] *nm* **-1.** *litt* [gouffre] abyss, chasm, gulf. **-2.** *litt* [infini] depths; **les ~s de son cœur** the depths of her heart; **plongé dans des ~s de perplexité** utterly nonplussed. **-3.** [distance mentale] abyss, gulf, chasm; **il y a un ~ entre nous sur le problème de l'euthanasie** there's a gulf between us on the subject of euthanasia.

abîmer [3] [abime] *vt* **-1.** [gâter - aliment, vêtement] to spoil; [- meuble] to damage; [- yeux] to ruin; **tu vas ~ ta poupée!** you'll break your dolly! **-2.** *fam* [meurtrir] to injure; **il est bien abîmé** he was beaten up pretty badly, he's in a pretty bad state □ **~ le portrait à qqn** to smash sb's face in. **-3.** *litt*: **abîmé dans** [plongé dans] lost OU deep in; **abîmé dans ses pensées** deep in thought; **abîmé dans le désespoir** in the depths of despair; **abîmée dans la contemplation du portrait, elle ne m'a pas vu venir** she was so absorbed in the portrait that she didn't see me coming.
◆ **s'abîmer** ◇ *vpt*: **tu vas t'~ la peau avec ces crèmes** you'll ruin your skin with those creams; **s'~ la santé** *pr* to ruin one's health; **je ne vais pas m'~ la santé à l'aider** *fam fig* why should I break my neck to help him?
◇ *vpi* **-1.** [aliment] to spoil, to go off *Br* OU bad; [meuble] to get damaged. **-2.** *litt* [navire] to sink, to founder.
◆ **s'abîmer dans** *vp + prép litt* [se plonger dans]: **s'~ dans ses pensées** to be lost OU deep in thought; **s'~ dans le désespoir** to be plunged in despair; **elle s'abîmait dans la contemplation de vieux manuscrits** she would become deeply absorbed in old manuscripts.

ab intestat [abɛ̃tɛsta] *loc adv & loc adj inv* intestate.

abject, e [abʒɛkt] *adj* despicable, contemptible; **il a été ~ avec elle** he behaved despicably towards her.

abjection [abʒɛksjɔ̃] *nf* **-1.** [état] utter humiliation. **-2.** [caractère vil] abjectness *litt*, vileness; **l'~ de son comportement** his vile behaviour.

abjuration [abʒyrasjɔ̃] *nf sout* abjuration.

abjurer [3] [abʒyre] *vt & vi sout* to recant, to abjure.

ablatif, ive [ablatif, iv] *adj* ablative.
◆ **ablatif** *nm* ablative (case); **~ absolu** ablative absolute.

ablation [ablasjɔ̃] *nf* **-1.** MÉD removal, ablation *spéc.* **-2.** GÉOL & TECH ablation.

ablette [ablɛt] *nf* bleak.

ablution [ablysjɔ̃] *nf* **-1.** RELIG [du corps, du calice] ablution. **-2.** *hum* [toilette]: **faire ses ~s** to perform one's ablutions.

abnégation [abnegasjɔ̃] *nf* abnegation, self-denial; **avec ~** selflessly.

aboiement [abwamɑ̃] *nm* **-1.** [d'un chien] bark; **des ~s** barking; **le vendeur/l'officier répondit par un ~** the salesman/the officer barked (out) an answer. **-2.** *fig & péj* ranting, raving.

abois [abwa]
◆ **aux abois** ◇ *loc adj* **-1.** CHASSE at bay. **-2.** *fig*: **être aux ~** to have one's back against OU to the wall.
◇ *loc adv* **-1.** CHASSE at bay. **-2.** *fig*: **mettre qqn aux ~** to have sb by the throat.

abolir [32] [abɔlir] *vt* to do away *(insép)* with, to abolish.

abolition [abɔlisjɔ̃] *nf* abolition.

abolitionnisme [abɔlisjɔnism] *nm* abolitionism.

abolitionniste [abɔlisjɔnist] *adj & nmf* abolitionist.

abominable [abɔminabl] *adj* **-1.** [désagréable - temps, odeur] appalling, abominable. **-2.** [abject - crime] heinous, abominable, vile; **l'~ homme des neiges** the abominable snowman.

abominablement [abɔminabləmɑ̃] *adv* [laid, cher, habillé] horribly, frightfully; **~ (mal) organisé** appallingly OU abominably badly organized.

abomination [abɔminasjɔ̃] *nf* **-1.** [acte, propos] abomination; **ce chou-fleur au gratin, c'est une ~** that cauliflower cheese is revolting; **il dit des ~s** he says appalling things. **-2.** [sentiment] loathing, detestation, abomination; **avoir qqch en ~** to abhor OU to loathe OU to abominate *litt* sthg.

abominer [3] [abɔmine] *vt litt* to loathe, to abhor, to abominate *litt.*

abondamment [abɔ̃damɑ̃] *adv* [servir, saler] copiously; **rincer ~** rinse thoroughly; **elle a ~ traité la question** she has amply OU fully dealt with the question; **je vous l'ai ~ répété** I have told you again and again.

abondance [abɔ̃dɑ̃s] *nf* **-1.** [prospérité] affluence; **vivre dans l'~** to live in affluence. **-2.** [grande quantité]: **~ de** abundance OU wealth of; **une ~ de citations/détails** a wealth of quotations/details; **parler avec ~** to be articulate □ **~ de biens ne nuit pas** *prov* there's no harm in having too much.
◆ **d'abondance** *loc adv*: **parler d'~** *sout* to extemporize.
◆ **en abondance** *loc adv* in abundance, in plenty; **des fautes en ~** an abundance of mistakes.

abondant, e [abɔ̃dɑ̃, ɑ̃t] *adj* **-1.** [en quantité - nourriture] abundant, copious; [- récolte] bountiful; [- vivres] plentiful; [- végétation] luxuriant, lush; [- larmes] copious; [- chevelure] luxuriant, thick; **d'~es illustrations/recommandations** a wealth of illustrations/recommendations. **-2.** *litt* [aisé - style] lavish, fluent.

abonder [3] [abɔ̃de] *vi* **-1.** [foisonner] to be plentiful; **~ en** to abound in, to be full of; **la côte abonde en crabes** the coast is teeming with crabs; **son livre abonde en anecdotes** her book is rich in anecdotes. **-2.** *fig & sout*: **~ dans le sens de** to be in complete agreement with, to go along with; **ne me contredis pas puisque j'abonde dans ton sens!** don't contradict me, I'm agreeing with you!

abonné, e [abɔne] *nm, f* **-1.** PRESSE & TÉLÉC subscriber. **-2.** [au théâtre, au concert, au stade] season ticket holder. **-3.** *fam hum* [habitué]: **c'est un ~ aux gaffes** he's always putting his foot in it.

abonnement [abɔnmɑ̃] *nm* **-1.** PRESSE subscription; **prendre un ~ à** to take out a subscription to. **-2.** [pour un trajet, au théâtre, au stade] season ticket. **-3.** TÉLÉC rental.

abonner [3] [abɔne] *vt* **-1. ~ qqn à qqch** [journal] to take out a subscription for sb to sthg; [théâtre, concert, stade] to buy sb a season ticket for sthg; **être abonné à un journal** to subcribe to a paper. **-2.** [pour un service]: **être abonné au gaz** to have gas; **être abonné au téléphone** to have a phone, to be on the phone *Br*; **encore une contravention? décidément, tu es abonné!** *hum* another parking ticket? you're making rather a habit of this, aren't you?; **je suis encore tombé à ski, je suis abonné!** *hum* I took another tumble on the ski slopes, story of my life!
◆ **s'abonner** *vp (emploi réfléchi)*: **le trajet revient moins cher si l'on s'abonne** the journey works out cheaper with a pass OU season ticket; **s'~ à** [un journal] to take out a subscription to; [au théâtre, au concert, au stade] to buy a season ticket for.

abonnir [32] [abɔnir] *vt* to improve.
◆ **s'abonnir** *vpi* to improve.

abord [abɔr] *nm* **-1.** [contact] manner; **elle est d'un ~ déconcertant/chaleureux** she puts you off your stride/makes you feel very welcome when you first meet her; **être d'un ~ facile/difficile** to be approachable/unapproachable. **-2.** [accès - à une côte] approach; [- à une maison] access; **d'un ~ facile** [demeure] easy to get to; [texte] easy to understand OU to get to grips with.
◆ **abords** *nmpl* [alentours] surroundings; **les ~s de la tour** the area around the tower.
◆ **aux abords** *loc adv* all around; **dans le château et aux ~s** in and around the castle.
◆ **aux abords de** *loc prép*: **aux ~s de la ville** on the outskirts of the town.
◆ **dès l'abord** *loc adj* at the outset, from the (very) beginning.
◆ **en abord** *loc adj* NAUT close to the side.
◆ **d'abord** *loc adv* **-1.** [en premier lieu] first; **il vaut mieux en parler d'~** it's better to talk

about it first; **il faudrait d'~ avoir l'argent, et le temps** first you'd need the money, and the time; **nous irons d'~ à Rome** we'll go to Rome first; **pense à tes études d'~!** think about your studies first! -**2.** [au début] at first, initially, to begin with; **d'~ elle a été gentille** at first OU initially she was nice; **j'ai cru (tout) d'~ qu'il s'agissait d'une blague** at first OU to begin with I thought it was a joke. -**3.** [introduisant une restriction] to start with, for a start; **d'~, tu n'es même pas prêt!** to start with OU for a start, you're not even ready!; **il ne dit jamais bonjour, d'~** for a start, he never says hello. -**4.** [de toute façon] anyway; **je n'ai jamais aimé ça, d'~** I've never liked it, anyway; **et puis d'~, qu'est-ce que tu veux?** and anyway, what do you want?

abordable [abɔrdabl] *adj* -**1.** [peu cher - prix] reasonable; [- produit] reasonably priced, affordable; **les fraises ne sont plus ~s** it's impossible even to think of buying strawberries now. -**2.** [ouvert - patron, célébrité] approachable. -**3.** [facile - texte] accessible; [- problème] that can be discussed. -**4.** NAUT [côte] accessible; **le rivage n'était pas ~** the shore was not easy to approach.

abordage [abɔrdaʒ] *nm* -**1.** [manœuvre - d'assaut] boarding; [- avec un éperon] grappling; **à l'~!** away boarders! -**2.** [collision] collision; **l'~ s'est produit à la sortie du chenal** the two boats collided as they came out of the fairway. -**3.** [approche - du rivage] coming alongside; [- d'un quai] berthing.

aborder [3] [abɔrde] ◇ *vt* -**1.** [accoster - passant] to accost, to walk up to *(insép)*, to approach; **on n'aborde pas les gens dans la rue!** you don't just walk up to people in the street!; **quand le policier l'a abordé** when the detective came OU walked up to him; **quand vas-tu l'~ pour cette augmentation?** when are you going to approach him about your pay rise? -**2.** [arriver à l'entrée de] to enter; **les chevaux abordent la dernière ligne droite** the horses are now entering the home straight; **je suis tombé de vélo au moment où j'abordais la dernière montée/le virage** I fell off my bike as I was coming up to the last climb/the bend. -**3.** [faire face à - profession] to take up *(sép)*; [- nouvelle vie] to embark on *(insép)*; [- tâche] to tackle, to get to grips with; [- retraite] to approach; **à 18 ans, on est prêt à ~ la vie** when you're 18, you're ready to start out in life; **comment ~ l'ascension?** how should one tackle the climb? -**4.** [se mettre à examiner - texte, problème] to approach; **on n'aborde Pascal qu'en dernière année** we only start studying Pascal in the final year; **chez nous, on n'abordait pas ces sujets-là** we never used to mention those topics in our house; **il n'a pas eu le temps d'~ le sujet** he didn't have time to get onto OU to broach the subject; **11 heures, et nous n'avons même pas abordé la nouvelle motion!** 11 o'clock, and we haven't got round to discussing the new motion! -**5.** NAUT [attaquer] to board; [percuter] to collide with *(insép)*, to ram into *(insép)*.

◇ *vi* to (touch OU reach) land; **nous abordons à Gênes demain** we reach Genoa tomorrow.

aborigène [abɔriʒɛn] ◇ *adj* -**1.** [autochtone] aboriginal; [d'Australie] Aboriginal, native Australian. -**2.** BOT indigenous.

◇ *nmf* [autochtone] aborigine; [autochtone d'Australie] Aborigine, Aboriginal, native Australian.

abortif, ive [abɔrtif, iv] *adj* abortive.

abouchement [abuʃmɑ̃] *nm* -**1.** [de deux tubes] butt-joining. -**2.** MÉD anastomosis.

aboucher [3] [abuʃe] *vt* -**1.** [tuyaux] to butt, to join up *(sép)*, to join end to end. -**2.** [gens] to bring together; **~ qqn avec** to put sb in touch OU contact with.

◆ **s'aboucher** *vpi*: **s'~ avec qqn** [se mettre en rapport avec qqn] to get in touch with sb; [se lier avec qqn] to team up with sb.

Abou Dhabi [abudabi] = **Abu Dhabi**.

abouler▽ [3] [abule] *vt* to hand OU to give over *(sép)*; **aboule ton fric!** cough up!; **la clé, là, aboule!** sling us that key, will you!

◆ **s'abouler**▽ *vpi* to come along; **tu t'aboules?** you coming?

aboulie [abuli] *nf* abulia, aboulia.

aboulique [abulik] ◇ *adj* abulic, aboulic.

◇ *nmf* abulia OU aboulia sufferer.

Abou-Simbel [abusimbɛl] *npr* Abu Simbel.

about [abu] *nm* butt *(of a beam)*.

aboutement [abutmɑ̃] *nm* -**1.** [joint] join, butt. -**2.** [fait d'assembler] joining end to end, butt-joining.

abouter [3] [abute] *vt* to join end to end, to butt.

abouti, e [abuti] *adj* -**1.** [projet, démarche] successful. -**2.** [œuvre] accomplished.

aboutir [32] [abutir] *vi* -**1.** [réussir - projet, personne] to succeed; **l'entreprise n'a pas abouti** the venture fell through OU never came to anything; **une enquête qui n'aboutira pas** an enquiry which will come to nothing. -**2.** [finir]: **~ à** [voie, rue] to end at OU in, to lead to; [fleuve] to end in; **cette route aboutit à la prison** this road ends at the prison; **où aboutit cette allée?** where does this lane go to OU end up?; **le chemin aboutit sur la berge du fleuve** the path leads to the river bank; **~ en prison** to end up in prison; **toi, tu vas ~ en pension!** you'll end up being sent away to boarding school, you will! -**3.** MÉD to come to a head.

◆ **aboutir à** *v + prép* [avoir pour résultat] to lead to, to result in; **cela aboutira à une guerre** that will bring on a war; **de bonnes intentions qui n'aboutissent à rien** good intentions which come to nothing; **tu aboutiras au même résultat** you'll arrive at OU get the same result; **à quelle décision veux-tu nous faire ~?** which decision are you leading us up to?

aboutissants [abutisɑ̃] *nmpl*: **tous les tenants et les ~** all the ins and outs.

aboutissement [abutismɑ̃] *nm* [conclusion] (final) outcome, result; [résultat positif] success.

aboyer [13] [abwaje] *vi* -**1.** [animal] to bark. -**2.** *péj* [personne] to bark; **~ après** OU **contre qqn** to yell at sb. -**3.** *loc*: **~ à la lune** *pr* to howl at the moon; *fig* to complain to no avail.

aboyeur, euse [abwajœr, øz] *adj* barking.

abracadabra [abrakadabra] *nm* abracadabra.

abracadabrant, e [abrakadabrɑ̃, ɑ̃t] *adj* bewildering.

Abraham [abraam] *npr* Abraham.

abraser [3] [abraze] *vt* to abrade, to wear off *(sép)*.

abrasif, ive [abrazif, iv] *adj* abrasive.

◆ **abrasif** *nm* abrasive.

abrasion [abrazjɔ̃] *nf* -**1.** [action de frotter] abrasion, wearing off; [résultat] abrasion. -**2.** GÉOL abrasion.

abrégé [abreʒe] *nm* -**1.** [d'un texte] summary. -**2.** [livre] abstract, epitome; **faire un ~ de qqch** to make a précis of sthg.

◆ **en abrégé** ◇ *loc adj* [mot, phrase] in abbreviated form.

◇ *loc adv* [écrit, présenté] in brief, in an abridged version; **en ~, voici ce qui s'est passé** here's what happened in a nutshell.

abrègement [abrɛʒmɑ̃] *nm* -**1.** [d'un texte] shortening, abridgement. -**2.** [d'un délai] shortening; [d'un congé] cutting short, curtailing.

abréger [22] [abreʒe] *vt* -**1.** [interrompre - vacances] to curtail, to cut short, to shorten; [- vie] to cut short, to put an (early) end to; **la pluie a abrégé le pique-nique** the rain put an early end to the picnic, the picnic was cut short by the rain; **~ les souffrances de qqn** *euph* to end sb's suffering. -**2.** [tronquer - discours] to cut; [- texte] to cut, to abridge; [- conversation] to cut short; [- mot] to abbreviate, to truncate; *(en usage abs)*: **abrège!** [ton agressif] get to the point!

◆ **pour abréger** *loc adv*: **Catherine ou Cath pour ~** Catherine or Cath for short; **je vous dirai, pour ~, que nous avons échoué** to cut a long story short, let me tell you that we failed.

abreuvement [abrœvmɑ̃] *nm* watering.

abreuver [5] [abrœve] *vt* -**1.** [faire boire - animaux] to water. -**2.** *fig*: **~ qqn de qqch**: **~ qqn de critiques** to heap criticism upon sb; **~ qqn d'insultes** to shower sb with abuse; **elle l'abreuvait d'éloges** she heaped praise upon him; **nous sommes abreuvés d'images de violence** we get swamped with violent images.

◆ **s'abreuver** *vpi* -**1.** [animal] to drink. -**2.** *fam* [personne] to drink; **c'est là qu'ils vont s'~** *hum* it's their watering hole.

abreuvoir [abrœvwar] *nm* [bac] (drinking) trough; [plan d'eau] watering place.

abréviatif, ive [abrevjatif, iv] *adj* abbreviatory.

abréviation [abrevjasjɔ̃] *nf* abbreviation.

abri [abri] *nm* -**1.** [cabane] shelter, refuge; [toit] shelter; [sous terre] shelter; [improvisé] shelter; **~ antiatomique** OU **antinucléaire** (nuclear) fallout shelter; **~ à vélos** bicycle stand. -**2.** *fig* refuge; **un ~ contre la solitude** a refuge from OU a protection against OU a guard against loneliness.

◆ **à l'abri** *loc adv* -**1.** [des intempéries]: **mettre qqn à l'~** to find shelter for sb; **se mettre à l'~** to take cover, to shelter. -**2.** [en lieu sûr] in a safe place; **je prête ma maison pendant l'été, mais j'ai mis ma collection de verres à l'~** I'm letting people use my house for the summer but I've put my collection of glasses away in a safe place; **mettre sa fortune à l'~ dans le pétrole** to invest one's money safely in oil.

◆ **à l'abri de** *loc prép* -**1.** [pluie] sheltered from; [chaleur, obus] shielded from; [regards] hidden from. -**2.** *fig*: **nos économies nous mettront à l'~ de la misère** our savings will shield us against poverty OU will protect us from hardship; **à l'~ des contrôles** safe from checks; **personne n'est à l'~ d'une erreur/d'un maître-chanteur** anyone can make a mistake/fall victim to a blackmailer.

Abribus® [abribys] *nm* bus shelter.

abricot [abriko] ◇ *nm* -**1.** BOT apricot. -**2.** [couleur] apricot.

◇ *adj inv* apricot, apricot-coloured.

abricoté, e [abrikɔte] *adj* apricot-flavoured.

abricotier [abrikɔtje] *nm* apricot tree.

abrité, e [abrite] *adj* sheltered.

abriter [3] [abrite] *vt* -**1.** [protéger]: **~ qqn/qqch de la pluie** to shelter sb/sthg from the rain; **~ qqn/qqch du soleil** to shade sb/sthg; **le versant abrité** [du soleil] the shady slopes; [du vent] the sheltered slopes; **abritant ses yeux avec un journal** shading her eyes with a newspaper. -**2.** [loger - personnes] to house, to accommodate; [- société, machine] to house.

◆ **s'abriter** *vp* *(emploi réfléchi)*: **s'~ de la pluie/du vent** to shelter from the rain/from the wind; **s'~ du soleil** to shade o.s. from the sun; **s'~ derrière la loi/ses parents** *fig* to hide behind the law/one's parents.

abrivent [abrivɑ̃] *nm* windbreak.

abrogatif, ive [abrɔgatif, iv] *adj* abrogative.

abrogation [abrɔgasjɔ̃] *nf* repeal, rescinding, abrogation.

abrogatoire [abrɔgatwar] *adj* abrogative.

abrogeable [abrɔʒabl] *adj* repealable.

abroger [17] [abrɔʒe] *vt* to repeal, to rescind, to abrogate.

abrupt, e [abrypt] *adj* -**1.** [raide - côte] steep, abrupt; [- versant] sheer. -**2.** [brusque - manières] abrupt, brusque; [- refus] blunt, abrupt, curt; [- personne] short, sharp, abrupt; [- changement] abrupt, sudden, sharp.

◆ **abrupt** *nm* steep slope.

abruptement [abryptəmɑ̃] *adv* [répondre] abruptly, brusquely, curtly; [changer] abruptly, suddenly; **ne le lui dis pas trop ~** don't just blurt it out in front of her.

abruti, e *fam* [abryti] *nm, f* idiot; **ne ris pas comme un ~** don't laugh like an idiot; **regarde**

où tu vas, ~! look where you're going, you idiot!; **quelle ~e, j'ai oublié ton livre** like a fool I've forgotten your book.

abrutir [32] [abrytir] *vt* -**1.** [abêtir] to turn into an idiot. -**2.** [étourdir] to stupefy; **abruti de soleil** dazed by sunshine; **abruti de fatigue** numb OU dazed with tiredness; **abruti par l'alcool** stupefied with drink; **après trois heures d'algèbre, je suis complètement abruti!** after three hours of algebra, I feel completely dazed! -**3.** [accabler]: ~ **qqn de qqch**: ~ **qqn de travail** to overwork sb; ~ **qqn de conseils** to pester sb with endless advice.

◆ **s'abrutir** ◇ *vp (emploi réfléchi)*: **s'~ de travail** to overwork o.s., to work o.s. into the ground.

◇ *vpi* [s'abêtir] to turn into an idiot.

abrutissant, e [abrytisɑ̃, ɑ̃t] *adj* -**1.** [qui rend bête] mind-destroying. -**2.** [qui étourdit] stupefying. -**3.** [qui fatigue] wearing, exhausting.

abrutissement [abrytismɑ̃] *nm* mindless state; **son ~ progressif** the slow deterioration of her mind.

Abruzzes [abryz] *npr fpl*: **les ~** the Abruzzi.

ABS (*abr de* **Antiblockiersystem**) *nm inv* ABS.

abscisse [apsis] *nf* abscissa.

abscons, e [apskɔ̃, ɔ̃s] *adj litt* abstruse.

absence [apsɑ̃s] *nf* -**1.** [fait de n'être pas là] absence; **cette décision a été prise pendant mon ~** this decision was taken in my absence OU while I was away; **sa troisième ~** [à l'école] the third time he's been away from OU missed school; [au travail] the third time he's been off work; [à une réunion] the third time he's stayed away from OU not attended the meeting; **comment supporterai-je ton ~?** how shall I cope with you not being there OU around? -**2.** [carence] absence; ~ **d'idéaux** lack of ideals; **une rassurante ~ de préjugés** a reassuring lack of prejudice. -**3.** [défaillance]: ~ **(de mémoire)** mental blank; **elle a des ~s par moments** [état grave] at times her mind goes blank; [inattention] at times she's absent-minded. -**4.** JUR absence.

◆ **en l'absence de** *loc prép* in the absence of; **en l'~ de son fils** in her son's absence, while her son is/was away; **en l'~ de symptômes, il m'est difficile de me prononcer** since there are no symptoms, it is hard for me to say; **en l'~ de toute information** faced with a total lack of information, in the absence of any information.

absent, e [apsɑ̃, ɑ̃t] ◇ *adj* -**1.** [personne – de l'école] absent; [– du travail] off work, absent; [– de son domicile] away; **il était ~ de la réunion** he was not present at the meeting. -**2.** [inattentif] absent; **regard ~** vacant look. -**3.** [chose] missing; [sentiment] lacking; **une plante ~e de nos montagnes** a plant which cannot be found on our mountains; **un regard d'où toute tendresse est ~e** a look entirely devoid of tenderness.

◇ *nm, f* [du travail, de l'école] absentee; [dans une famille] absent person; **on ne fait pas cours, il y a trop d'~s** we're not having a lesson today, there are too many pupils missing OU away; **elle rêvait à l'~** [à une personne décédée] *litt* she was dreaming of her dear departed ❑ **les ~s ont toujours tort** *prov* the absent are always in the wrong.

absentéisme [apsɑ̃teism] *nm* absenteeism.

absentéiste [apsɑ̃teist] ◇ *adj* absentee.

◇ *nmf* absentee; **les ~s** [au travail] persistent absentees.

absenter [3] [apsɑ̃te]

◆ **s'absenter** *vpi* to be absent; **s'~ de son travail** to be off OU to stay away from work; **s'~ du lycée** to be away from OU to miss school; **je ne m'étais absentée que quelques minutes** I'd only gone out for a few minutes.

absidal, e, aux [apsidal, o] *adj* apsidal.

abside [apsid] *nf* apse.

absidial, e, aux [apsidjal, o] = **absidal**.

absidiole [apsidjɔl] *nf* apsidiole.

absinthe [apsɛ̃t] *nf* -**1.** [boisson] absinthe. -**2.** BOT wormwood, absinthe.

absolu, e [apsɔly] *adj* -**1.** [total – liberté] absolute, complete; **un repos ~** a complete rest; **un silence ~** total silence; **un dénuement ~** abject poverty; **en cas d'~e nécessité** when absolutely necessary; **vous avez notre soutien ~** you have our unconditional support; **rechercher la beauté ~e** to look for absolute beauty. -**2.** POL [pouvoir, monarque, majorité] absolute. -**3.** [sans nuances] absolute; **elle voit les choses de manière ~e** she sees things in absolute terms OU in black and white || [intransigeant] uncompromising, rigid; **refus ~ d'obtempérer** outright refusal to comply. -**4.** CHIM, MATH & PHYS absolute. -**5.** LING [ablatif, construction] absolute.

◆ **absolu** *nm* -**1.** PHILOS: **l'~** the Absolute. -**2.** LING absolute construction; **verbe construit à l'~** transitive verb constructed without an object.

◆ **dans l'absolu** *loc adv* in absolute terms.

absolument [apsɔlymɑ̃] *adv* -**1.** [entièrement – croire, avoir raison] absolutely, entirely; [– ravi, faux] absolutely, completely; [– défendu] strictly; **personne, ~ personne ne doit sortir** no-one, absolutely no-one must go out; **vous y croyez? — ~!** do you believe in it? — totally!; ~ **pas** not at all; ~ **rien** absolutely nothing, nothing whatsoever; **elle en est incapable! — ~!** she's incapable of it! — absolutely! -**2.** [à tout prix] absolutely; **il faut ~ lui parler** we must speak to him without fail, we simply must speak to him. -**3.** LING absolutely; **employé ~** used absolutely OU in an absolute construction.

absolution [apsɔlysjɔ̃] *nf* -**1.** RELIG absolution; **donner l'~ à qqn** to give sb absolution; **je vous donne l'~ de vos péchés** I absolve you of your sins. -**2.** JUR acquittal.

absolutisme [apsɔlytism] *nm* absolutism.

absolutiste [apsɔlytist] *adj & nmf* absolutist.

absolutoire [apsɔlytwar] *adj* absolving, absolutory.

absorbable [apsɔrbabl] *adj* absorbable.

absorbant, e [apsɔrbɑ̃, ɑ̃t] *adj* -**1.** [tissu] absorbent. -**2.** [lecture] absorbing, gripping. -**3.** PHYS absorbative. -**4.** BOT: **poils ~s** root hairs.

absorber [3] [apsɔrbe] *vt* -**1.** [éponger – gén] to absorb, to soak up *(sép)*; [– avec un buvard] to blot; [– avec une éponge] to sponge off *(sép)*. -**2.** ACOUST & PHOT [lumière] to absorb; [bruit] to absorb, to deaden. -**3.** [consommer – aliment] to take, to consume; [– bénéfices, capitaux] to absorb; ÉCON [entreprise] to take over *(sép)*, to absorb. -**4.** [préoccuper – suj: travail] to absorb, to engross, to occupy; [– suj: pensée] to absorb, to grip; **très absorbée par son activité politique** very much engrossed in her political activities. -**5.** [faire s'intégrer – réfugiés, nouveaux élèves, innovation] to absorb.

◆ **s'absorber dans** *vp + prép* to become absorbed in; **s'~ dans un livre** to be engrossed in a book; **s'~ dans ses pensées** to be lost OU deep in thought.

absorbeur [apsɔrbœr] *nm* absorber.

absorption [apsɔrpsjɔ̃] *nf* -**1.** [ingestion] swallowing, taking; **l'~ d'un somnifère n'est pas sans risques** taking a sleeping pill is not without risk. -**2.** [pénétration] absorption; **masser jusqu'à ~ complète par la peau** massage well into the skin. -**3.** [intégration] assimilation; ~ **d'une entreprise par une autre** ÉCON takeover of one company by another. -**4.** *litt* [concentration de l'esprit] absorption, engrossment *litt*. -**5.** PHYSIOL absorption.

absorptivité [apsɔrptivite] *nf* absorbency.

absoudre [87] [apsudr] *vt* -**1.** RELIG to absolve. -**2.** *litt* [pardonner] to absolve; **je l'ai absous de ses erreurs de jeunesse** I forgave him his youthful indiscretions. -**3.** JUR to dismiss.

absoute [apsut] *nf* final absolution.

abstenir [40] [apstənir]

◆ **s'abstenir** *vpi* POL to abstain.

◆ **s'abstenir de** *vp + prép* [éviter de] to refrain OU to abstain from; **s'~ de fumer** to refrain from smoking; **abstiens-toi de la critiquer** don't criticize her || *(en usage abs)*: **dans ce cas, mieux vaut ~** in that case, it's better not to do anything; **'pas sérieux s'~'** 'serious applications only'; **'agences s'~'** 'no agencies, please'.

abstention [apstɑ̃sjɔ̃] *nf* -**1.** POL abstention. -**2.** [renoncement] abstention.

abstentionnisme [apstɑ̃sjɔnism] *nm* abstention.

abstentionniste [apstɑ̃sjɔnist] *adj & nmf* abstentionist.

abstinence [apstinɑ̃s] *nf* -**1.** RELIG abstinence; **faire ~** to refrain from eating meat. -**2.** [chasteté] abstinence.

abstinent, e [apstinɑ̃, ɑ̃t] *adj & nm, f* abstinent.

abstraction [apstraksjɔ̃] *nf* -**1.** [notion] abstraction, abstract idea; **l'~** the theoretical plane. -**2.** [fait d'isoler] abstraction; **faire ~ de** [ignorer] to take no account of, to ignore, to disregard; ~ **faite de** apart from, leaving aside; ~ **faite de la forme** style apart; ~ **faite de son âge** disregarding his age. -**3.** BX-ARTS: **l'~** abstract OU non-representational art.

abstraire [112] [apstrɛr] *vt* -**1.** [séparer] to abstract. -**2.** PHILOS to abstract.

◆ **s'abstraire** *vpi* to cut o.s. off.

abstrait, e [apstrɛ, ɛt] *adj* -**1.** [conçu par l'esprit] abstract. -**2.** [non appliqué – science, pensée] theoretical, abstract, pure. -**3.** [ardu] abstract, obscure *péj*. -**4.** *péj* [irréel] theoretical, abstract. -**5.** BX-ARTS abstract, non-representational. -**6.** LING & MATH abstract.

◆ **abstrait** *nm* -**1.** PHILOS: **l'~** the abstract; [notions] abstract ideas, the theoretical plane. -**2.** BX-ARTS [art] abstract OU non-representational art; [artiste] abstract OU non-representational artist.

◆ **dans l'abstrait** *loc adv* in the abstract; **dans l'~, il est facile de critiquer** it's easy to be critical if you just look at things in the abstract.

abstraitement [apstrɛtmɑ̃] *adv* in the abstract, abstractly.

abstrus, e [apstry, yz] *adj sout* abstruse.

absurde [apsyrd] ◇ *adj* -**1.** [remarque, idée] absurd, preposterous; [personne] ridiculous, absurd; **ne soyez pas ~!** don't be absurd OU talk nonsense! -**2.** [oubli, contretemps] absurd. -**3.** PHILOS absurd.

◇ *nm* -**1.** [absurdité] absurd; **raisonnement par l'~** reductio ad absurdum. -**2.** LITTÉRAT, PHILOS & THÉÂT: **l'~** the absurd.

absurdement [apsyrdəmɑ̃] *adv* absurdly, preposterously, ludicrously.

absurdité [apsyrdite] *nf* -**1.** [irrationnalité] absurdity. -**2.** [parole, action] absurdity; **ne dis pas d'~s!** don't be absurd OU talk nonsense!

Abu Dhabi [abudabi] *npr* Abou Dhabi.

abus [aby] *nm* -**1.** [excès] excess consumption, abuse; **l'~ de vin** drinking too much wine; **l'~ de somnifères** taking too many sleeping pills; **faire des ~** to overindulge *(in food or drink)* ❑ **il y a de l'~!** *fam* that's a bit much OU over the top! -**2.** [injustice] injustice; **une pratique qui a donné lieu à des ~** a practice which has given rise to abuse; **les ~** excesses. -**3.** JUR misuse; ~ **d'autorité** misuse OU abuse of authority; ~ **de biens sociaux** misappropriation of public property; ~ **de confiance** breach of trust; ~ **de jouissance** infringement of ownership; ~ **de pouvoir** misuse of power. -**4.** LING: ~ **de langage** misuse of language.

abuser [3] [abyze] *vt litt* to deceive, to mislead.

◆ **abuser de** *v + prép* -**1.** [consommer excessivement] to overuse; ~ **de la boisson** to drink too much; ~ **des féculents** to eat too much starchy food; ~ **de ses forces** to overtax o.s. -**2.** [mal utiliser – autorité, privilège] to abuse, to misuse; **elle abuse de la liberté que je lui donne** she misuses the freedom I allow her. -**3.** [exploiter – ami, bonté, patience] to take advantage of, to exploit; **tu abuses de lui** you take advantage of him; **tu abuses de nos liens familiaux** you're exploiting OU taking advantage of the fact that we're family; ~ **de la situation** to take unfair advantage of the situation || *(en usage abs)*: **je crains d'~** I wouldn't like to impose; je veux bien t'aider mais là, tu abuses! I don't mind helping you but there is a limit!; dites donc, la queue est faite pour tout le monde, faudrait pas ~! *fam* hey, queue up like everybody else, can't you? -4. *euph* [violer] to take advantage of.

◆ **s'abuser** *vpi* to be mistaken; si je ne m'abuse if I'm not mistaken, correct me if I'm wrong.

abusif, ive [abyzif, iv] *adj* -1. [immodéré] excessive; 100 francs, c'est ~! 100 francs, that's a bit much! -2. [outrepassant ses droits - père, mère] domineering. -3. [incorrect] misused; l'emploi ~ du mot «réaliser» misuse of the word "réaliser".

Abu Simbel [abusimbɛl] = **Abou-Simbel**.

abusivement [abyzivmɑ̃] *adv* -1. [de façon injuste] wrongly, unfairly. -2. [de façon incorrecte] wrongly, improperly; le terme «réaliser» est employé ~ the word "réaliser" is used incorrectly. -3. [de façon excessive] excessively.

abyssal, e, aux [abisal, o] *adj* abyssal.

abysse [abis] *nm*: l'~ the abyssal zone.

abyssin, e [abisɛ̃, in] *adj* -1. HIST Abyssinian. -2. [chat] Abyssinian.

◆ **Abyssin, e** *nm, f* Abyssinian.

◆ **abyssin** *nm* Abyssinian (cat).

Abyssinie [abisini] *npr f*: (l')~ Abyssinia.

abyssinien, enne [abisinjɛ̃, ɛn] HIST = **abyssin**.

AC *nf abr de* appellation contrôlée.

acabit [akabi] *nm péj*: de cet ~ of that type; son amie est du même ~ she and her friend are two of a kind; ils sont tous du même ~ they are all (pretty much) the same, they are all much of a muchness *Br*.

acacia [akasja] *nm* acacia; robinier faux ~ false acacia, robinia.

académicien, enne [akademisjɛ̃, ɛn] *nm, f* [membre - d'une académie] academician; [- de l'Académie française] member of the French Academy OU Académie française.

◆ **académicien** *nm* ANTIQ academic, academician.

académie [akademi] *nf* -1. [société savante] learned society, academy; l'Académie (des) Goncourt *literary society whose members choose the winner of the Prix Goncourt*; l'Académie des sciences the Academy of Science; l'Académie française the French Academy, the Académie Française *(learned society of leading men and women of letters)*. -2. [école] academy; ~ de danse/musique academy of dance/music. -3. [salle]: ~ de billard billiard hall. -4. BX-ARTS nude. -5. *fam* [corps] body, figure. -6. ADMIN & ENS ≃ education authority area *Br*, ≃ school district *Am*.

◆ **d'académie** *loc adj* BX-ARTS academic.

ACADÉMIE FRANÇAISE:

Originally a group of men of letters who were encouraged by Cardinal Richelieu in 1635 to become an official body. Consisting of forty distinguished writers ("les Quarante", "les Immortels"), the Académie's chief task was, and is, to produce a definitive dictionary and to be the ultimate authority in matters concerning the French language.

---

académique [akademik] *adj* -1. [qui relève d'une société savante] academic; [qui relève de l'Académie française] of the French Academy OU Académie française. -2. *péj* [conventionnel] academic; danse ~ ballet dancing. -3. SCOL: l'année ~ *Helv* & *Can* the academic year. -4. PHILOS: philosophe ~ Platonic philosopher.

académiquement [akademikmɑ̃] *adv* academically.

académisme [akademism] *nm* academicism.

Acadie [akadi] *npr f*: (l')~ Acadia.

acadien, enne [akadjɛ̃, ɛn] *adj* Acadian.

◆ **Acadien, enne** *nm, f* Acadian.

◆ **acadien** *nm* LING Acadian.

acajou [akaʒu] ◇ *nm* -1. BOT mahogany (tree). -2. MENUIS mahogany.

◇ *adj inv* [couleur] mahogany.

◆ **d'acajou** *loc adj*: noix OU pomme d'~ cashew (nut).

acalculie [akalkyli] *nf* acalculia.

acalorique [akalɔrik] *adj* noncaloric.

acanthe [akɑ̃t] *nf* acanthus.

a capella [akapela] *loc adv* & *loc adj inv* MUS a capella.

acariâtre [akarjatr] *adj* [caractère] sour; [personne] bad-tempered.

acaricide [akarisid] ◇ *adj*: un produit ~ an acaricide.

◇ *nm* acaricide.

acarien [akarjɛ̃] *nm* acarid.

acariose [akarjoz] *nf* acariasis.

acaule [akol] *adj* acaulescent.

accablant, e [akablɑ̃, ɑ̃t] *adj* [chaleur] oppressive; [preuve, témoignage, vérité] damning; [travail] exhausting; [douleur] excruciating; [chagrin] overwhelming; le poids ~ des soucis the heavy burden of worries; il est d'une stupidité ~e he's too stupid for words.

accablement [akabləmɑ̃] *nm* -1. [désespoir] dejection, despondency; saisi d'un grand ~ utterly dejected. -2. [dû à la chaleur] (heat) exhaustion.

accabler [3] [akable] *vt* -1. [abattre - suj: fatigue, chaleur] to overcome, to overwhelm; [- suj: soucis] to overcome; [- suj: chagrin, deuil, travail] to overwhelm. -2. [accuser - suj: témoignage] to condemn; ces seuls faits l'accablent plus sûrement que les témoignages contre lui these facts condemn him more than the witnesses' accusations; je ne veux pas l'~ mais il faut reconnaître qu'elle a eu des torts I don't want to be too hard on her but it has to be said that she made some mistakes. -3. [couvrir]: ~ qqn de: ~ qqn d'injures to heap abuse upon OU to hurl insults at sb; ~ qqn de mépris to show utter contempt for sb; ~ qqn de critiques to be highly critical of sb; ~ la population d'impôts to overtax the population; ~ qqn de questions to bombard sb with questions; ~ qqn de conseils to pester sb with advice; ~ qqn de sa sollicitude to annoy sb with one's constant concern.

accalmie [akalmi] *nf* [du bruit, du vent, de la pluie, d'un combat, d'une crise politique] lull; [d'une maladie] temporary improvement; [de souffrances] temporary relief OU respite; [du commerce] slack period; [dans le travail, l'agitation] break; pas un instant d'~ dans la journée not a moment's respite throughout the day; l'~ qui précède l'orage the lull OU calm before the storm.

accaparant, e [akaparɑ̃, ɑ̃t] *adj* [travail, études, enfant] demanding.

accaparement [akaparmɑ̃] *nm* -1. ÉCON (speculative) hoarding. -2. [d'une conversation, d'une personne] monopolization.

accaparer [3] [akapare] *vt* -1. ÉCON: ~ des marchandises [pour contrôler le marché] to hold goods back off the market. -2. [monopoliser - conversation, personne] to monopolize; [- victoires, récompenses] to carry off *(insép)*; [- places] to grab; elle a tout de suite accaparé le fauteuil she grabbed the armchair right away; n'accapare pas le téléphone don't monopolize the phone; ne laisse pas les enfants t'~ don't let the children monopolize you OU take you over. -3. [absorber - suj: travail, soucis] to absorb; il est complètement accaparé par ses études he's wrapped up OU completely absorbed in his studies; son travail l'accapare her work takes up all her time.

accapareur, euse [akaparœr, øz] *nm, f péj* hoarder.

accastillage [akastijaʒ] *nm* superstructure NAUT.

accastiller [3] [akastije] *vt* to provide with a superstructure.

accédant, e [aksedɑ̃, ɑ̃t] *nm, f*: un ~ à la propriété a new home-owner.

accéder [18] [aksede]

◆ **accéder à** *v + prép* -1. [atteindre - trône] to accede to; [- poste, rang] to rise to; [- indépendance, gloire] to gain, to attain; [- lieu] to reach; on accède à la maison par un petit chemin you get to the house via a narrow path, access to the house is by a narrow path; ~ à la propriété to become a home-owner. -2. [accepter - demande, requête] to grant; [- désir] to meet, to give in to. -3. [connaître - culture] to attain a degree of; [- secrets, documents] to gain access to.

accélérateur, trice [akseleratœr, tris] *adj* accelerating.

◆ **accélérateur** *nm* accelerator; ~ de particules particle accelerator.

accélération [akselerasjɔ̃] *nf* -1. AUT, MÉCAN & PHYS acceleration; avoir de l'~ to have good acceleration; ~ de la pesanteur acceleration of free fall OU of gravity. -2. [accroissement du rythme - du cœur, du pouls] acceleration; [- d'un processus] speeding up; l'~ de l'histoire the gathering pace of historical events.

accéléré [akselere] *nm* fast motion.

◆ **en accéléré** ◇ *loc adj* speeded-up, accelerated.

◇ *loc adv* speeded-up; montre-moi la scène en ~ show me the scene speeded-up.

accélérer [18] [akselere] ◇ *vt* [allure] to accelerate; [rythme cardiaque] to raise, to increase; [pouls] to quicken; [démarches, travaux] to speed up; ~ le pas to quicken one's pace; ~ le mouvement *fam* to get things moving.

◇ *vi* -1. AUT to accelerate; allez, accélère! come on, step on it! -2. *fam* [se dépêcher]: accélère un peu! come on, get going OU move!

◆ **s'accélérer** *vpi* [pouls, cœur] to beat faster; son débit s'accélère he's talking faster and faster.

accélérographe [akselerɔgraf] *nm* accelerograph.

accéléromètre [akselerɔmɛtr] *nm* accelerometer.

accent [aksɑ̃] *nm* -1. [prononciation] accent; avoir un ~ to speak with OU to have an accent; il n'a pas d'~ he doesn't have an accent; avoir un bon ~: elle a un bon ~ (en anglais/chinois) her (English/Chinese) accent is very good; elle avait l'~ italien she spoke with an Italian accent; ~ du midi southern (French) accent. -2. PHON stress; ~ tonique tonic accent; [signe] stress mark; mettre l'~ sur *pr* to stress; *fig* to stress, to emphasize. -3. [signe graphique] accent; ~ grave/circonflexe/aigu grave/circumflex/acute (accent); e ~ grave/aigu e grave/acute. -4. [inflexion] note, accent; un ~ de sincérité/d'émotion a note of sincerity/of emotion; avec un ~ plaintif in plaintive tones; les ~s du désespoir/de l'amour the accents of despair/of love; avoir l'~ de la vérité to ring true; un poème aux ~s baudelairiens *litt* a poem with a Baudelairian flavour to it.

◆ **accents** *nmpl* [son]: les ~s d'un accordéon the strains of an accordion.

accentuation [aksɑ̃tɥasjɔ̃] *nf* -1. PHON stressing, accentuation; l'~, en anglais, se définit ainsi the stress pattern of English is defined as follows. -2. [système graphique] use of accents. -3. [exagération - d'une ressemblance, d'une différence, des traits] emphasizing; [- d'un effort] intensification, increase; [- du chômage, d'une crise] increase, rise.

accentué, e [aksɑ̃tɥe] *adj* -1. PHON [son, syllabe] stressed, accented; voyelle non ~e unstressed vowel. -2. [dans l'écriture] accented; un e ~ an e with an accent, an accented e. -3. [exagéré - traits, défaut] marked, pronounced; [- tendance, crise] increased, stronger.

accentuel, elle [aksɑ̃tɥɛl] *adj* accentual, stress *(épith)*, accent *(épith)*.

accentuer [7] [aksɑ̃tɥe] *vt* -1. PHON [son, syllabe] to accent, to accentuate, to bring out *(insép)*. -2. [dans l'écriture] to put an accent on. -3. [rendre plus visible - ressemblance, différence] to accentuate, to bring out *(insép)*, to emphasize; [- forme, traits] to emphasize, to accentuate, to highlight; **le maquillage accentue la forme de l'œil** make-up accentuates the outline of the eye. **-4.** [augmenter - effort] to increase, to intensify; [- chômage, crise] to increase.

◆ **s'accentuer** *vpi* [contraste, ressemblance] to become more marked OU apparent OU pronounced; [tendance] to become more noticeable; [chômage] to rise, to increase; [crise] to increase in intensity.

acceptabilité [akseptabilite] *nf* acceptability.

acceptable [akseptabl] *adj* [offre, condition] acceptable; [attitude] decent, acceptable; [travail] fair, acceptable; [repas] decent; [réponse] satisfactory; [prix] fair, reasonable.

acceptant, e [akseptɑ̃, ɑ̃t] *adj & nm, f* acceptant.

acceptation [akseptasjɔ̃] *nf* **-1.** [accord] acceptance. **-2.** FIN & JUR acceptance.

accepter [4] [aksepte] *vt* **-1.** [recevoir volontiers - cadeau, invitation] to accept; *(en usage abs)*: **ne fais pas tant d'histoires, accepte!** don't make such a fuss, say yes! || [s'engager volontiers dans - défi, lutte] to take up *(sép)*; **j'accepte ton pari** I'll take you up on your bet. **-2.** [admettre - hypothèse, situation] to accept; [- condition] to agree to, to accept; [- mort, échec, sort] to accept, to come to terms with; [- requête] to grant; **il a du mal à ~ le bébé comme étant le sien** he finds it hard to accept the baby as his own child; **~ que: j'accepte que cela soit difficile** I accept that it is OU might be difficult; **j'accepte qu'il vienne** I agree to him coming; **~ de faire qqch** to agree to do sthg ❑ **en ~ l'augure** *sout*: **il ne trahira pas — acceptons-en l'augure** he won't betray us — let's take it on trust that he won't. **-3.** [tolérer - critique, hypocrisie] to take, to stand for, to put up with *(insép)*; **il a tout accepté de sa femme** he put up with everything his wife did to him; **~ que: elle accepte qu'il lui parle** she puts up with him talking to her; **il n'a pas accepté qu'elle le quitte** he just couldn't take OU accept her leaving him; **~ de** to be prepared to; **j'accepte de ne rien dire** I'm prepared to say nothing. **-4.** [accueillir] to accept; **elle a tout de suite été acceptée dans la famille** she was readily accepted OU made welcome by the family; **~ qqn comme associé** to take sb in as a partner; **'les animaux ne sont pas acceptés'** 'no animals allowed'; **acceptez-vous les cartes de crédit?** do you take credit cards? **-5.** FIN to accept.

◆ **s'accepter** *vp (emploi réfléchi)* to accept o.s.; **je me trouvais trop grosse, maintenant je m'accepte telle que je suis** I used to think of myself as too fat, now I've learned to live with the way I am.

accepteur, euse [akseptœr, øz] *nm, f* [gén] accepter; COMM & SC acceptor.

◆ **accepteur** *nm* CHIM & PHYS acceptor.

acception [aksepsjɔ̃] *nf* meaning, sense; **dans toutes les ~s du mot** OU **du terme** in every sense of the word.

◆ **sans acception de** *loc prép* **-1.** [gén] without taking into account. **-2.** JUR: **sans ~ de personne** without giving preference to anyone.

accès [aksɛ] *nm* **-1.** [entrée] access; **un ~ direct à** OU **sur la route** direct access to the road; **l'~ de la chambre t'est interdit** you're forbidden to enter the bedroom; **'~ gratuit'** 'free admission'; **'~ interdit'** 'no entry', 'no admittance'; **d'~ facile** [lieu] accessible; [île] easy to get to; [personne] approachable; [œuvre] accessible; **d'~ difficile** [lieu] hard to get to; [personne] unapproachable; [œuvre] difficult; **avoir ~ à** [lieu, personne, études, profession] to have access to; **donner ~ à** [lieu] to lead to; [études, profession] to lead to, to give access to. **-2.** [chemin, voie] way in, access, entrance; **les ~ de la maison** the ways in to OU entrances to the house; **'~ aux trains** OU **quais'** 'to the trains'. **-3.** [crise - de rhumatisme, de goutte] attack; [- de folie] fit; [- de colère] outburst, fit; **un ~ de fièvre** MÉD a sudden high temperature; *fig* a burst of intense activity; **sujet à des ~ de jalousie** liable to fits of jealousy; **un ~ de joie** a burst of happiness; **un ~ de tristesse** a wave of sadness. **-4.** INF access; **temps d'~** access time; **~ aléatoire/direct** random/direct access; **~ mémoire simultané** interleaving.

◆ **par accès** *loc adv* in spurts, in fits and starts.

accessibilité [aksesibilite] *nf* accessibility.

accessible [aksesibl] *adj* [livre, œuvre] accessible; [personne] approachable; [lieu] accessible; **~ au public** open to the public; **les toilettes doivent être ~s aux handicapés** toilets must have disabled access; **un luxe qui n'est pas ~ à tous** a luxury that not everyone can afford; **être ~ à la pitié** to be capable of pity.

accession [aksesjɔ̃] *nf* **-1.** [arrivée]: **~ à: ~ au trône** accession OU acceding to the throne; **depuis son ~ au poste/rang de...** since he rose to the post/rank of...; **le pays fête son ~ à l'indépendance** the country's celebrating becoming independent OU achieving independence; **faciliter l'~ à la propriété** to make it easier for people to become home-owners. **-2.** JUR accession.

accessit [aksesit] *nm* ≃ certificate of merit *Br*, ≃ Honourable Mention *Am*.

accessoire [akseswar] ◇ *adj* [avantage] incidental; **des considérations ~s** considerations of secondary importance ❑ **des frais ~s** incidentals, incidental expense; **des avantages ~s** fringe benefits.

◇ *nm* **-1.** [considérations secondaires]: **laissons l'~ de côté** let's get to the point. **-2.** [dispositif, objet] accessory; **~ automobile/informatique/vestimentaire** car/computer/fashion accessory. **-3.** CIN, THÉÂT & TV prop.

◆ **accessoires** *nmpl* JUR fittings, appurtenances.

accessoirement [akseswarmɑ̃] *adv* **-1.** [secondairement] secondarily. **-2.** [éventuellement] if necessary, if need be.

accessoiriser [3] [akseswarize] *vt* [voiture] to accessorize, to add accessories to; [tenue] to brighten up with accessories.

accessoiriste [akseswarist] *nmf* **-1.** CIN, THÉÂT & TV props person, propman (*f* props girl). **-2.** AUT car accessories dealer.

accident [aksidɑ̃] *nm* **-1.** [chute, coup] accident; [entre véhicules] crash, accident, collision; **un ~ est si vite arrivé** accidents happen so easily; **~ mortel** fatal accident; **~ d'avion/de voiture** plane/car crash; **~ de la circulation/route/montagne** traffic/road/climbing accident; **la police est sur le lieu de l'~** the police are at the scene of the accident ❑ **~ du travail** industrial accident. **-2.** [fait imprévu] mishap; **~ (de parcours)** (chance) mishap OU setback; **Anne a eu un petit ~ avec la confiture** Anne had a little accident OU mishap with the jam. **-3.** MÉD: **~ de santé** (sudden) health problem ❑ **~ cardiaque** heart attack. **-4.** *euph* [incontinence] accident; **à six ans, il a encore des ~s la nuit** although he's six, he still has accidents OU sometimes wets the bed at night. **-5.** GÉOL: **un ~ de terrain** an uneven piece of ground; **les ~s du relief** the unevenness OU irregularity of the contours ❑ **~ tectonique** tectonic shift. **-6.** PHILOS accident. **-7.** MUS accidental.

◆ **par accident** *loc adv* accidentally, by accident OU chance, as chance would have it.

accidenté, e [aksidɑ̃te] ◇ *adj* **-1.** [endommagé - voiture] damaged; **la police empêche l'accès à l'avion ~** the police are preventing people from approaching the stricken OU crippled plane. **-2.** [inégal - terrain] uneven, broken, irregular. **-3.** *sout* [mouvementé - destin, vie] eventful, chequered.

◇ *nm, f* injured person, casualty; **~ du travail** victim of an industrial injury; **~ de la route** road casualty.

accidentel, elle [aksidɑ̃tɛl] *adj* **-1.** [dû à un accident] accidental; [dû au hasard] fortuitous, incidental, accidental. **-2.** PHILOS accidental.

accidentellement [aksidɑ̃tɛlmɑ̃] *adv* **-1.** [dans un accident] in an accident; [par hasard] accidentally. **-2.** PHILOS accidentally.

accidenter [3] [aksidɑ̃te] *vt* [personne] to injure, to wound; [véhicule] to damage.

accises [aksiz] *nfpl Belg* indirect tax.

accisien [aksizjɛ̃] *nm Belg* indirect taxes agent.

acclamation [aklamasjɔ̃] *nf* acclamation *litt*, applause; **être accueilli par les ~s de la foule** to be cheered by the crowd.

◆ **par acclamation** *loc adv* by popular acclaim, by acclamation; **motion adoptée par ~** motion carried by acclamation.

acclamer [3] [aklame] *vt* to acclaim, to applaud, to cheer.

acclimatation [aklimatasjɔ̃] *nf* acclimatization, acclimation *Am*.

acclimatement [aklimatmɑ̃] *nm* acclimatization, acclimation *Am*.

acclimater [3] [aklimate] *vt* **-1.** BOT & ZOOL to acclimatize, to acclimate *Am*. **-2.** [adopter]: **~ un usage étranger** to adopt a foreign practice.

◆ **s'acclimater** *vpi* **-1.** BOT & ZOOL to acclimatize, to become acclimatized. **-2.** [personne] to adapt; **il s'est bien acclimaté à la vie parisienne** he's adapted OU taken to the Parisian way of life very well.

accointances [akwɛ̃tɑ̃s] *nfpl péj* contacts, links; **avoir des ~ avec le milieu** to have contacts with OU to be connected to the criminal underworld; **il a des ~ en haut lieu** he has friends in high places.

accointer [3] [akwɛ̃te]

◆ **s'accointer avec** *vp + prép litt & péj* to take up with, to team up with.

accolade [akɔlad] *nf* **-1.** [embrassade] embrace; **donner l'~ à qqn** to embrace sb; **recevoir l'~** to be embraced. **-2.** HIST accolade. **-3.** [signe] brace, bracket.

accolement [akɔlmɑ̃] *nm litt* association, bracketing (together).

accoler [3] [akɔle] *vt* **-1.** [disposer ensemble] to place OU to put side by side; **~ deux photographies, ~ une photographie à une autre** to put two photographs side by side. **-2.** [joindre par une accolade] to bracket together.

accommodant, e [akɔmɔdɑ̃, ɑ̃t] *adj* accommodating, obliging.

accommodat [akɔmɔda] *nm* acclimatization, acclimation *Am*.

accommodation [akɔmɔdasjɔ̃] *nf* **-1.** [acclimatement] acclimatization, acclimation *Am*; [adaptation] adaptation. **-2.** OPT focusing.

accommodement [akɔmɔdmɑ̃] *nm* **-1.** [accord] arrangement; **trouver des ~s avec sa conscience** to come to terms with one's conscience. **-2.** POL compromise; **propositions d'~ en vue d'une trêve** compromise proposals for a truce.

accommoder [3] [akɔmɔde] ◇ *vt* **-1.** [adapter] to adapt, to adjust, to fit; **~ son discours au public** to fit one's words to the audience. **-2.** CULIN to prepare; **~ une viande en ragoût** to make OU to prepare a stew.

◇ *vi* OPT to focus.

◆ **s'accommoder à** *vp + prép* to adapt to; **il s'est accommodé à la vie rurale** he has adapted to country life.

◆ **s'accommoder de** *vp + prép* to put up with; **il s'accommode d'une modeste retraite** he's content OU satisfied with a small pension.

accompagnateur, trice [akɔ̃paɲatœr, tris] *nm, f* **-1.** [de touristes] guide, courier; [d'enfants] group leader, accompanying adult; [de malades] nurse. **-2.** MUS accompanist.

accompagnement [akɔ̃paɲmɑ̃] *nm* **-1.** MUS accompaniment. **-2.** CULIN [d'un rôti] trimmings; [d'un mets] garnish; **servi avec un ~ de petits légumes** served with mixed vegetables. **-3.** *litt* [escorte] escort; *fig* complement, accompaniment.

◆ **d'accompagnement** *loc adj* **-1.** MIL: **tir d'~** cover (fire). **-2.** GRAMM: **complément/**

préposition d'~ *complement/preposition indicating who accompanies the subject of the action.*

accompagner [3] [akɔ̃paɲe] *vt* -**1.** [escorter - ami] to go with; **tu vas chez Paul? je t'accompagne** you're going to see Paul? I'll come along OU I'll go with you; **~ qqn à l'aéroport** [gén] to go to the airport with sb; [en voiture] to take sb to the airport; **~ qqn en ville** [à pied] to walk into town with sb; [en voiture] to drive sb into town; **~ un groupe de touristes** to accompany a group of sightseers, to take some sightseers on a tour; **être accompagné de gardes du corps** to be followed around OU accompanied by bodyguards; **elle vient toujours accompagnée** she never comes alone, she always brings somebody with her; **je serai accompagné de ma cousine** I'll come with my cousin; **il vaut mieux être seul que mal accompagné** you're better off alone than in bad company; **~ un mourant** *fig* to be with a dying man to the last; **~ qqn du regard** to follow sb with one's eyes; **nos vœux/pensées vous accompagnent** our wishes/thoughts are with you. -**2.** [compléter] to go with; **un échantillon de parfum accompagne tout achat** a sample of perfume comes with any purchase; **ce gratin accompagne agréablement toutes les viandes** this gratin goes well with any meat dish; **une sauce pour ~ vos poissons** a sauce to complement your fish dishes; **~ qqch de: accompagné de vin blanc, c'est un délice** served with white wine, it's delicious; **un sourire accompagné d'un regard complice** a smile and a knowing glance. -**3.** MUS to accompany, to provide (an) accompaniment for.

◆ **s'accompagner** *vp (emploi réfléchi)* MUS: **s'~ à un instrument** to accompany o.s. on an instrument; **il chante et s'accompagne à l'accordéon** he sings and accompanies himself on the accordion.

◆ **s'accompagner de** *vp + prép* to come with; **ses phrases s'accompagnent d'une menace** there's a threat in his remarks.

accompli, e [akɔ̃pli] *adj* -**1.** [parfait] accomplished. -**2.** [révolu]: **elle a vingt ans ~s** she's in her twenty-first year. -**3.** LING perfective.

◆ **accompli** *nm* GRAMM perfective.

accomplir [32] [akɔ̃plir] *vt* -**1.** [achever - mandat, obligation] to fulfil; [- mission, travail] to accomplish, to carry out; **~ de bonnes actions** to do good (deeds); **~ de mauvaises actions** to commit evil (deeds); **il n'a rien accompli à ce jour** up to now he hasn't achieved OU accomplished anything. -**2.** [réaliser - miracle] to perform; **~ un exploit technique** to perform a feat of engineering; **~ les dernières volontés de qqn** to carry out sb's last wishes.

◆ **s'accomplir** *vpi* -**1.** [être exécuté - vœu] to come true, to be fulfilled; [- prophétie] to come true; **ce qui s'accomplit autour de nous** the things happening all around us; **la volonté de Dieu s'accomplira** God's will shall be done. -**2.** [s'épanouir - personnalité] to become rounded out.

accomplissement [akɔ̃plismɑ̃] *nm* -**1.** [exécution]: **cinq ans pour l'~ de ce travail** five years to carry out OU to complete this work; **après l'~ de votre mission** after carrying out your mission. -**2.** [concrétisation]: **l'~ d'une prophétie** the realization of a prophecy; **l'~ d'un exploit sportif/d'un miracle** the performance of an athletic feat/of a miracle.

accon [akɔ̃] *nm* lighter, (flat-bottomed) barge.

acconier [akɔnje] *nm* lighterman.

accord [akɔr] *nm* -**1.** [entente] agreement; [harmonie] harmony; **il faut un bon ~ entre les participants** the participants must all get on well with each other; **vivre en parfait ~** to live in perfect harmony; **~ de l'expression et de la pensée** harmony between expression and thought. -**2.** [convention] agreement; **conclure un ~ avec** to come to an agreement with ❑ **~ d'entreprise** OU **d'établissement** collective agreement; **~ commercial** commercial agreement; **~ de paiement** payment agreement; **~ de principe** agreement in principle. -**3.** [approbation] consent, agreement; **demander l'~ de qqn** to ask for sb's agreement OU consent; **donner son ~** to consent; **donner son ~ oralement** to give one's verbal consent. -**4.** LING agreement, concord; **~ en genre/nombre** gender/number agreement; **~ en genre et en nombre** agreement in number and in gender; **y a-t-il ~ entre le sujet et le verbe?** does the verb agree with the subject? -**5.** MUS chord, concord; **~ parfait** triad OU common chord. -**6.** AUDIO tuning.

◆ **en accord avec** *loc prép* -**1.** [personne]: **en ~ avec lui** in agreement with him. -**2.** [suivant]: **en ~ avec les directives** according to the guidelines; **en ~ avec notre politique commerciale** in line OU in keeping with our business policy.

◆ **d'accord** *loc adv* ok; **tu viens? — d'~** *fam* are you coming? — OK; **cent francs chacun, d'~?** a hundred francs each, OK?; **(c'est) d'~ pour ce soir** it's OK for tonight; **tu avais dit que c'était d'~!** you said that it was OK!; **ah d'~, puisque c'est comme ça, je n'irai pas!** OK OU alright OU I see, if that's the way it is I won't go!; **être d'~ (avec qqn)** to agree (with sb); **ils ne sont pas d'~** they don't agree, they disagree; **je suis d'~ pour qu'on lui dise** I agree to her being told OU that she should be told; **(je ne suis) pas d'~!** [je refuse] no (way)!; [c'est faux] I disagree!; **alors là, je ne suis plus d'~!** now there I disagree!; **nous en sommes** OU **demeurons d'~** *sout* we are in agreement; **j'ai enfin réussi à les mettre d'~** I've finally managed to get them to agree; **cessez de vous battre sinon c'est moi qui vais vous mettre d'~!** *iron* stop fighting or I'll be the one to sort you out; **se mettre d'~ (sur qqch)** to agree (on sthg); **ils n'arrivent pas à se mettre d'~** they can't manage to agree OU to reach an agreement; **mettez-vous d'~, je ne comprends rien à ce que vous dites** get your story straight, I can't understand a word of what you're saying; **ils se sont mis d'~ pour combiner leur affaire** *fam* they cooked up a deal between them; **mettons-nous bien d'~, c'est vous le responsable** let's get one thing straight, you're in charge; **tomber d'~** to come to an agreement; **tomber d'~ sur qqch** to agree on sthg.

accordable [akɔrdabl] *adj* -**1.** [opinions] which can be reconciled. -**2.** [faveur] which can be granted. -**3.** [piano] tunable.

accord-cadre [akɔrkadr] (*pl* **accords-cadres**) *nm* framework OU outline agreement.

accordéon [akɔrdeɔ̃] *nm* MUS accordion; **coup d'~** *fig* sudden reversal.

◆ **en accordéon** *loc adj*: **des chaussettes/bas en ~** wrinkled socks/stockings; **une voiture en ~** a crumpled wreck of a car.

accordéoniste [akɔrdeɔnist] *nmf* accordionist.

accorder [3] [akɔrde] *vt* -**1.** [octroyer - congé, permission] to give, to grant; [- faveur] to grant, to bestow; [- subvention] to grant, to award; **~ une interview** to give an interview; **~ la grâce d'un** OU **sa grâce à un condamné** to grant a condemned man a pardon, to extend a pardon to a condemned man; **~ la main de sa fille à qqn** to give sb one's daughter's hand in marriage; **~ toute sa confiance à qqn** to give sb one's complete trust; **~ de l'importance à qqch** to attach importance to sthg; **~ de la valeur aux objets** to set a value on things; **je vous accorde une heure, pas plus** I'll allow you one hour, no more; **voulez-vous m'~ cette danse?** may I have this dance? -**2.** [concéder]: **~ à qqn que** to admit to OU to grant sb that; **vous m'accorderez que, là, j'avais raison** you must admit that on this point I was right; **ils sont jeunes, je vous l'accorde** granted, they're young, they're young I grant you. -**3.** [harmoniser]: **~ les couleurs d'une pièce** to harmonize OU to coordinate the colours of a room. -**4.** GRAMM to make agree; **~ le verbe avec le sujet** to make the verb agree with the subject. -**5.** MUS [piano, guitare] to tune; **les musiciens accordent leurs instruments** [avant un concert] the players are tuning up ❑ **~ ses violons** *fig* to agree; **accordez vos violons sur ce qui s'est passé!** you'd better make sure your stories agree!

◆ **s'accorder** ◇ *vpi* -**1.** [être du même avis]: **s'~ à** OU **pour: tous s'accordent à dire que...** they all agree OU concur that...; **ils se sont accordés pour baisser leurs prix** they agreed among themselves that they would drop their prices. -**2.** [s'entendre]: **on ne s'est jamais accordé (tous les deux)** we two never saw eye to eye OU got along. -**3.** [être en harmonie - caractères] to blend; [- opinions] to match, to tally, to converge; **le moderne et l'ancien s'accordent parfaitement** old and new blend perfectly together; **ce qu'il dit ne s'accorde pas avec sa personnalité** he's saying things which are out of character. -**4.** GRAMM to agree; **s'~ en genre avec** to agree in gender with. -**5.** MUS to tune up.

◇ *vpt*: **s'~ quelques jours de repos** to take a few days off.

accordeur [akɔrdœr] *nm* (piano) tuner.

accore [akɔr] ◇ *adj* abrupt, sheer.

◇ *nf* shore.

accorte [akɔrt] *adj f litt* pleasant, comely; **une femme rondelette et ~** an attractively buxom woman.

accostage [akɔstaʒ] *nm* -**1.** NAUT drawing OU coming alongside. -**2.** [d'une personne] accosting.

accoster [3] [akɔste] ◇ *vt* -**1.** [personne] to go up to *(insép)*, to accost. -**2.** NAUT to come OU to draw alongside.

◇ *vi* NAUT to berth.

accotement [akɔtmɑ̃] *nm* -**1.** [d'une route] shoulder, verge *Br*; **'~s non stabilisés'** 'soft shoulders OU verges' *Br*. -**2.** RAIL shoulder.

accoter [3] [akɔte] *vt* to lean; **~ une échelle contre un mur** to lean a ladder against a wall; **maisons accotées à la colline** houses hugging the hillside.

◆ **s'accoter à, s'accoter contre** *vp + prép* to lean against.

accotoir [akɔtwar] *nm* armrest.

accouchée [akuʃe] *nf woman who has recently given birth.*

accouchement [akuʃmɑ̃] *nm* [travail] childbirth, labour; [expulsion] delivery; **première/deuxième phase de l'~** first/second stage of labour; **pendant mon ~** while I was giving birth OU in labour; **procéder à un ~** to deliver a woman; **elle a eu un ~ difficile** she had a difficult delivery ❑ **~ prématuré** OU **avant terme** premature delivery; **~ dirigé** induced delivery; **~ sans douleur** painless delivery OU childbirth; **~ à terme** full term delivery.

accoucher [3] [akuʃe] ◇ *vi* -**1.** [avoir un bébé] to have a baby, to give birth; **pendant qu'elle accouchait** while she was giving birth OU in labour; **Diane a accouché l'été dernier/avant terme** Diane had her child last summer/prematurely; **j'accouche en juin** my baby's due in June. -**2.** ▽ [parler]: **accouche!** spit it out!, let's have it!

◇ *vt*: **c'est lui qui l'a accouchée** he delivered her baby.

◆ **accoucher de** *v + prép* -**1.** [enfant] to give birth to, to have; **~ d'une fille** to give birth to a girl; **~ de jumeaux** to have twins. -**2.** *fam* [produire] to come up OU out with; **six mois de travail pour ~ d'une pièce aussi nulle!** six months of work to come out with such a useless play!

accoucheur, euse [akuʃœr, øz] *nm, f* obstetrician.

accouder [3] [akude] *vt*: **être accoudé à qqch** to lean on sthg; **il était accoudé au bar** he was leaning on the bar.

◆ **s'accouder** *vpi*: **s'~ à** OU **sur qqch** to lean (one's elbows) on sthg; **s'~ à la fenêtre** to lean out of the window.

accoudoir [akudwar] *nm* armrest.

accouplement [akupləmɑ̃] *nm* -**1.** [raccordement] linking, joining; MÉCAN coupling, connecting; ÉLECTR connecting. -**2.** AGR yoking, coupling. -**3.** ZOOL mating.

accoupler [3] [akuple] *vt* -**1.** [raccorder - mots] to link OU to join (together); MÉCAN to couple, to connect; ÉLECTR to connect. -**2.** AGR [pour le trait] to yoke OU to couple together *(sép)* -**3.** ZOOL to mate.

◆ **s'accoupler** *vpi* [animaux] to mate.

accourir [45] [akurir] *vi* to run, to rush; **elle est accourue pour le voir** she hurried OU rushed to see him; **ils sont accourus (pour) m'annoncer la nouvelle** they came running to tell me the news; **elle l'appelle et il accourt** all she has to do is whistle and he comes running.

accoutrement [akutrəmɑ̃] *nm* outfit.

accoutrer [3] [akutre] *vt péj* to dress up *(sép)*; **comme te voilà accoutré!** you do look ridiculous in that outfit!

◆ **s'accoutrer** *vp (emploi réfléchi) péj* to get dressed up.

accoutumance [akutymɑ̃s] *nf* -**1.** [adaptation] habituation. -**2.** [d'un toxicomane] addiction, dependency.

accoutumé, e [akutyme] *adj* usual, customary.

◆ **comme à l'accoutumée** *loc adv sout* as usual, as always; **il mangeait des spaghetti, comme à l'~e** he was eating spaghetti as usual, as always, he was eating spaghetti.

accoutumer [3] [akutyme] *vt*: **~ qqn à (faire) qqch** to accustom sb to (doing) sthg, to get sb used to (doing) sthg.

◆ **s'accoutumer à** *vp + prép* to get used to; **il faudra vous ~ à vous lever tôt** you'll have to get used to getting up early.

Accra [akra] *npr* Accra, Akkra.

accréditer [3] [akredite] *vt* [rumeur, nouvelle] to substantiate, to give credence to; [personne] to accredit; **~ qqn auprès de** to accredit sb to.

◆ **s'accréditer** *vpi* [rumeur] to gain ground.

accréditeur [akreditœr] *nm* surety.

accréditif, ive [akreditif, iv] *adj*: **lettre accréditive** letter of credit.

◆ **accréditif** *nm* [lettre] letter of credit; [crédit] credit.

accro *fam* [akro] ◇ *adj* hooked; **être ~ à qqch** to be hooked on OU really into sthg.

◇ *nmf* fanatic; **les ~s de la hi-fi** hi-fi fanatics; **c'est un ~ du football** he's really mad on football.

accroc [akro] *nm* -**1.** [déchirure] tear, rip; **faire un ~ à sa chemise** to tear OU to rip one's shirt. -**2.** *fam* [entorse] breach, violation; **faire un ~ au règlement** to bend the rules; **faire un ~ à un contrat** to breach OU to violate a contract. -**3.** [incident] snag, hitch; **un voyage sans ~** OU **~s** an uneventful trip; **ce n'est qu'un petit ~ à notre planning** it's just a minor hitch as far as our schedule is concerned.

accrochage [akrɔʃaʒ] *nm* -**1.** [suspension - d'un tableau] hanging; BX-ARTS small exhibition. -**2.** [fixation - d'un wagon] hitching (up), coupling; [- d'une remorque] hitching (up). -**3.** [collision - entre véhicules] collision; **en 30 ans de conduite, je n'ai jamais eu le moindre ~** in 30 years as a driver, I've never had an accident of any sort; **ce n'est qu'un tout petit ~** it's only a scratch. -**4.** [querelle] quarrel, squabble; **avoir un ~ avec qqn** to clash with sb. -**5.** MIL skirmish, engagement. -**6.** SPORT [en boxe] clinch; [entre deux coureurs] tangle. -**7.** MÉTALL scaffold, scaffolding.

accroche [akrɔʃ] *nf* attention-getter, attention-catcher *(in advertising)*.

accroche-cœur [akrɔʃkœr] *(pl inv* OU **accroche-cœurs**) *nm* kiss-curl *Br*, spit curl *Am*.

accroche-plat [akrɔʃpla] *(pl inv* OU **accroche-plats**) *nm* plate-hanger.

accrocher [3] [akrɔʃe] ◇ *vt* -**1.** [suspendre - tableau] to hang; [- manteau, rideau] to hang up *(sép)*; **un petit miroir accroché au moyen d'un clou** a small mirror hanging on OU from a nail ❑ **avoir le cœur** OU **l'estomac bien accroché** to have a strong stomach; **il faut avoir le cœur** OU **l'estomac bien accroché ici!** you can't afford to be squeamish here! -**2.** [saisir] to hook; **chaque enfant essaie d'~ un paquet** each child tries to hook up a parcel; **~ une embarcation avec une gaffe** to hook a boat in; **il a accroché une bonne commande** *fam* he landed a big order; **ses bijoux accrochaient la lumière** her jewels caught the light. -**3.** [relier]: **~ qqch à** to tie sthg (on) to; **~ un wagon à un train** to couple OU to hitch a wagon to a train; **~ un pendentif à une chaîne** to attach a pendant to a chain. -**4.** *fam* [aborder] to corner, to buttonhole, to collar; **le curé m'a accroché à la sortie de l'église** the vicar buttonholed me outside the church. -**5.** *fam* [retenir l'intérêt de] to grab the attention of; [attirer - le regard] to catch; **il faut ~ le lecteur dès les premières pages** we must make the reader sit up and take notice from the very beginning of the book; **qui accroche le regard** eye-catching || *(en usage abs)*: **un slogan qui accroche** a catchy slogan. -**6.** [déchirer - collant, vêtement] to snag, to catch. -**7.** [heurter] to hit; **~ un piéton** to hit a pedestrian; **il a accroché ma voiture avec son aile** he caught OU scraped my car with his wing; **elle m'a accroché en me dépassant** she scraped my bodywork as she overtook me; **elle a accroché le vase au passage et il est tombé** she knocked the vase as she went past and it crashed to the ground. -**8.** MIL to engage in a skirmish with.

◇ *vi* -**1.** [coincer - fermeture, tiroir] to jam, to stick; **des skis qui accrochent** skis that don't run smoothly; **farte tes skis, la neige accroche ce matin** wax your skis because the snow's sticky this morning || *fig* [buter] to be stuck; **la discussion accroche sur la composition du comité** the discussion has come up against a difficulty over the composition of the committee; **j'accroche sur la traduction de ce mot** I just can't come up with a good translation for this word. -**2.** *fam* [bien fonctionner]: **ça n'a pas accroché entre eux** they didn't hit it off; **je n'ai jamais accroché en physique** I never really got into physics; **en musique, il a tout de suite accroché** he took to music straight away.

◆ **s'accrocher** ◇ *vp (emploi passif)* to fix OU to hook on to; **la médaille s'accroche au bracelet avec un fermoir** the medallion fixes OU fastens on to the bracelet with a clasp; **la remorque s'accroche à la voiture** the trailer hooks OU hitches on to the (back of the) car.

◇ *vp (emploi réciproque)* -**1.** [entrer en collision - voitures] to crash (into each other), to collide; [- boxeurs] to clinch; **les pédales des deux vélos se sont accrochées** the pedals on the two bicycles got tangled up. -**2.** [se disputer] to clash; **ils ne peuvent pas se supporter, ils vont s'~ tout de suite** they can't stand each other so they're bound to start arguing straight away; **les deux divisions se sont accrochées** MIL there was a skirmish between the two divisions.

◇ *vpi fam* [persévérer - athlète, concurrent] to apply o.s.; **il faut s'~ pour suivre son explication** you've got to have your wits about you if you want to understand his explanation.

◇ *vpt*: **se l'~** ▽: **tu peux te l'~!** ▽ [tu ne l'auras jamais] you can whistle for it!; [tu ne l'auras plus] you can kiss it goodbye!

◆ **s'accrocher à** *vp + prép*: **accroche-toi à la poignée!** hang on (tight) to the handle!; **s'~ au pouvoir/à la vie/à sa mère** *fig* to cling to power/to life/to one's mother; **une bicoque s'accrochait à la falaise** *litt* a shack was clinging to the cliff.

◆ **s'accrocher avec** *vp + prép* to clash with.

accrocheur, euse *fam* [akrɔʃœr, øz] ◇ *adj* -**1.** [tenace - vendeur] pushy. -**2.** [attirant - titre, slogan, tube] catchy; [- sourire] beguiling; **une publicité accrocheuse** an eye-catching advertisement.

◇ *nm, f* fighter.

accroire [akrwar] *vt (à l'infinitif seulement) litt*: **faire** OU **laisser ~ qqch à qqn** to mislead sb into believing sthg; **en faire ~ à qqn** to try to deceive sb.

accroissement [akrwasmɑ̃] *nm* -**1.** [augmentation]: **l'~ de la population** population growth; **avec l'~ de leur pouvoir d'achat** with their increased purchasing power. -**2.** MATH increment.

accroître [94] [akrwatr] *vt* [fortune, sentiment] to increase; [désordre] to spread; [domaine] to add (on) to; [popularité] to enhance.

◆ **s'accroître** *vpi* [tension] to rise; [sentiment] to grow; [population] to rise, to increase, to grow.

accroupir [32] [akrupir]

◆ **s'accroupir** *vpi* to squat OU to crouch (down).

accroupissement [akrupismɑ̃] *nm* -**1.** [action] squatting, crouching. -**2.** [position] squatting position.

accru, e [akry] *adj* [fortune] increased, larger; [sentiment] deeper; [popularité] enhanced.

◆ **accru** *nm* BOT sucker.

◆ **accrue** *nf* AGR [extension] *extension of forest by natural seeding.*

accu *fam* [aky] *nm* battery; **les ~s sont morts** the battery's dead.

accueil [akœj] *nm* -**1.** [réception - d'invités] welcome, greeting; **nous avons reçu le plus chaleureux des ~s** the heartiest of welcomes awaited us; **faire bon ~ à qqn** to give sb a warm welcome; **faire mauvais ~ à qqn** to give sb a cool reception; **faire bon/mauvais ~ à une proposition** *fig* to receive a proposal warmly/coldly. -**2.** [bureau, comptoir] desk, reception.

◆ **d'accueil** *loc adj* [discours, cérémonie] welcoming; [hôtesse, hall] reception *(épith)*; [pays] host *(épith)*.

accueillant, e [akœjɑ̃, ɑ̃t] *adj* [peuple, individu] welcoming, friendly; [sourire] warm, welcoming; [maison] hospitable.

accueillir [41] [akœjir] *vt* -**1.** [aller chercher] to meet; **~ qqn à l'aéroport** to meet sb at the airport. -**2.** [recevoir]: **~ qqn froidement** to give sb a cool reception; **être très bien/mal accueilli** to get a very pleasant/poor welcome; **accueilli par des bravos** greeted with cheers; **ils m'ont accueilli avec un sourire gêné** they gave me an embarrassed smile as I came in; **elle a été accueillie par des huées** she was booed OU hissed as she came in; **~ une idée avec scepticisme/enthousiasme** to greet an idea with scepticism/enthusiasm; **le projet a été très mal accueilli par la direction** the project got a cool reception from the management. -**3.** [héberger] to house, to accommodate; **l'hôpital peut ~ 1 000 malades** the hospital can accommodate 1,000 patients; **j'étais sans abri et ils m'ont accueilli** I was homeless and they took me in OU gave me a home.

acculer [3] [akyle] ◇ *vt* -**1.** [bloquer]: **~ qqn contre qqch** to drive sb back against sthg; **~ un animal** CHASSE to bring an animal to bay; **tel un animal acculé** like an animal at bay. -**2.** [contraindre]: **~ qqn à**: **~ qqn à la faillite** to push sb into bankruptcy; **~ qqn au désespoir** to drive sb to despair.

◇ *vi* NAUT to list by the stern.

acculturation [akyltyrasjɔ̃] *nf* acculturation, cultural adaptation.

acculturer [3] [akyltyre] *vt*: **~ un groupe ethnique** to help an ethnic group adjust to a new cultural environment.

accumulateur [akymylatœr] *nm* -**1.** BANQUE, INF & MÉCAN accumulator. -**2.** ÉLECTR (storage) battery, storage cell.

accumulation [akymylasjɔ̃] *nf* -**1.** [action] accumulation, amassing, building up; [collection] mass; **que vais-je faire de cette ~ de vieux journaux?** what am I going to do with this pile of old newspapers?; **devant cette ~ de preuves/démentis** faced with this mass of proof/with repeated denials. -**2.** ÉLECTR storage.

accumuler [3] [akymyle] *vt* -**1.** [conserver - boîtes, boutons] to keep OU to hoard (in large quantities); [- denrées] to stockpile, to hoard; [- papiers] to keep; **j'accumule les chaussures**

neuves sans jamais les mettre I just pile up masses of new shoes and never wear them. -**2.** [réunir - preuves] to pile on *(sép)*, to accumulate; [- fortune, argent] to amass, to accumulate; **mais tu les accumules!** *fam* [les bêtises] you never stop, do you?
◆ **s'accumuler** *vpi* to accumulate, to mount (up), to pile up; **du linge sale qui s'accumule** a mounting heap of dirty linen; **les toxines s'accumulent dans l'organisme** there is a build-up of toxins in the body.

accusateur, trice [akyzatœr, tris] ◇ *adj* [silence, regard] accusing; [bilan] incriminating; [preuve] accusatory, incriminating.
◇ *nm, f* [dénonciateur] accuser.
◆ **accusateur** *nm* HIST: ~ **public** public prosecutor *(during the French Revolution)*.

accusatif [akyzatif] *nm* accusative.

accusation [akyzasjɔ̃] *nf* -**1.** JUR charge, indictment; **mettre qqn en ~** to indict OU to charge sb. -**2.** [reproche] accusation, charge; **lancer une ~ contre qqn/un parti** to make an accusation against sb/a party.

accusatoire [akyzatwar] *adj* accusatory.

accusé, e [akyze] *nm, f* accused, defendant; **~, levez-vous!** the accused will stand!
◆ **accusé** *nm*: ~ **de réception** acknowledgement of receipt.

accuser [3] [akyze] *vt* -**1.** [désigner comme coupable] to accuse; **je ne t'accuse pas!** I'm not saying you did it!; **tout l'accuse** everything points to his guilt; **~ qqn de qqch** to accuse sb of sthg; **il a accusé le jury de favoritisme** he accused the jury of being biased; **on m'accuse d'avoir menti** I'm being accused of lying; **elle l'accuse de les avoir tués** she accuses him of killing them; **J'accuse** *title of an open letter to the French President which appeared in 'L'Aurore' in January 1898, in which Emile Zola insisted that Alfred Dreyfus had been unjustly incriminated* || JUR: **~ qqn de meurtre/viol** to charge sb with murder/rape; **de quoi l'accuse-t-on?** what's the charge against him? -**2.** [rejeter la responsabilité sur] to blame, to put the blame on; **au lieu d'~ la malchance** instead of blaming hard luck. -**3.** [accentuer] to highlight, to emphasize, to accentuate; **la lumière accuse les reliefs** sunlight emphasizes the outlines. -**4.** [indiquer]: **la Bourse accuse une forte baisse** the stock market is registering big losses; **son visage accuse une grande fatigue** her face shows how tired she is; **il accuse ses cinquante ans** he's fifty and looks it; **le compteur accuse 130 km/h** the meter's registering OU reading 130 km/h. -**5.** *loc*: **~ réception de** to acknowledge receipt of; **~ le coup** BOXE to reel with the punch; *fig* to stagger under the blow; **elle a drôlement accusé le coup, dis donc!** *fam* you can tell she's really been through it!
◆ **s'accuser** *vp (emploi réfléchi)* to accuse o.s.; **s'~ de qqch** to accuse o.s. of sthg, to confess to sthg; **il s'est accusé d'avoir volé** he confessed to having committed a theft.

ace [es, ɛs] *nm* ace SPORT.

acéphale [asefal] *adj* acephalous.

acerbe [asɛrb] *adj* -**1.** [parole, critique] cutting, acerbic *litt*. -**2.** *litt* [goût] bitter.

acéré, e [asere] *adj* -**1.** [lame, pointe] sharp. -**2.** *fig & sout* [critique, propos] biting, caustic.

acétate [asetat] *nm* CHIM acetate; **~ d'aluminium** aluminium acetate; **~ de cellulose** cellulose acetate.

acétique [asetik] *adj* acetic.

acétone [asetɔn] *nf* acetone.

acétonémie [asetɔnemi] *nf* acetonemia.

acétonémique [asetɔnemik] *adj* acetonemic.

acétonurie [asetɔnyri] *nf* acetonuria.

acétylcellulose [asetilselyloz] *nf* cellulose acetate.

acétylcholine [asetilkɔlin] *nf* acetylcholine.

acétyle [asetil] *nm* acetyl.

acétylène [asetilɛn] *nm* acetylene.

acétylénique [asetilenik] *adj* acetylenic.

acétylsalicylique [asetilsalisilik] *adj* acetylsalicylic.

acétylure [asetilyr] *nm* acetylide.

ACF (*abr de* **Automobile Club de France**) *npr m French automobile association,* ≃ AA *Br*, ≃ RAC *Br*, ≃ AAA *Am*.

ach. *abr écrite de* **achète**.

achalandage [aʃalɑ̃daʒ] *nm* JUR clientele.

achalandé, e [aʃalɑ̃de] *adj*: **bien ~** well-stocked; **mal ~** short on merchandise.

acharné, e [aʃarne] ◇ *adj* [combat, lutte] fierce; [travail] relentless; [travailleur] hard; [joueur] hardened; **il est ~ à votre perte** OU **à vous perdre** he is set OU bent OU intent on ruining you.
◇ *nm, f*: **un ~ du travail** a workaholic.

acharnement [aʃarnəmɑ̃] *nm* [dans un combat] fury; [dans le travail] relentlessness, perseverance; **son ~ à détruire les preuves** her determination to destroy the proofs; **son ~ à réussir** his determination to succeed; **~ au travail** dedication to work ❑ **~ thérapeutique** use of intensive medication.
◆ **avec acharnement** *loc adv* [combattre] tooth and nail, furiously; [travailler] relentlessly; [résister] fiercely.

acharner [3] [aʃarne]
◆ **s'acharner** *vpi* -**1.** **s'~ sur** OU **contre** OU **après qqn** [le tourmenter] to persecute OU to hound sb; **les médias s'acharnent sur** OU **contre moi** I'm being hounded by the press; **ses créanciers s'acharnent sur elle** she's being hounded by her creditors, her creditors won't leave her a moment's peace; **le sort s'acharne sur lui** he's dogged by hard luck. -**2.** **s'~ sur qqch** [persévérer] to work (away) at sthg; **voilà deux jours que je m'acharne sur ces calculs** I've been working away at these calculations for two days now; **cesse de t'~ sur ce nœud!** just leave that knot alone!; **s'~ à faire qqch** to strive to do sthg; **je m'acharne à lui faire mettre un chapeau pour sortir** I'm always trying to get him to wear a hat when he goes out || *(en usage abs)*: **inutile de t'~, tu ne la convaincras pas** it's no use struggling, you won't persuade her.

achat [aʃa] *nm* -**1.** [fait d'acheter] purchasing, buying; **l'~ d'une voiture neuve** the purchasing of a new car; **faire un ~** to purchase OU to buy something; **faire un ~ à crédit** to buy something on credit. -**2.** [article acheté] purchase, buy; **réglez vos ~s à la caisse** pay (for your purchases) at the cash desk; **un sac rempli d'~s** a bag full of shopping; **c'est un bon/mauvais ~** it's a good/bad buy ❑ **~ groupé** package.
◆ **à l'achat** *loc adv*: **la livre fait 12 F à l'~** the buying rate for sterling is 12 F; **cette machine est chère à l'~ mais vous l'amortirez en quelques années** this machine involves a high initial outlay but it will pay for itself in a few years.

acheminement [aʃminmɑ̃] *nm* [de marchandises] conveying, forwarding, shipment; [de troupes] moving; [de trains] routing; **~ du courrier** mail delivery.

acheminer [3] [aʃmine] *vt* -**1.** [marchandises] to convey, to forward; **~ des produits par avion** to ship products by plane; **~ un colis vers** to ship a parcel to. -**2.** MIL to convey, to move; **~ des troupes vers** OU **sur le front** to move troops up to the front OU up the line. -**3.** RAIL to route; **~ un train vers** OU **sur** to route a train to OU towards.
◆ **s'acheminer vers** *vp + prép* [endroit] to head for; [accord, solution] to move towards; **nous nous acheminons vers la résolution du conflit** we're moving towards a solution to the conflict.

achetable [aʃtabl] *adj* purchasable.

acheter [28] [aʃte] *vt* -**1.** [cadeau, objet d'art, denrée] to buy, to purchase; **où l'as-tu acheté?** where did you buy it?; **~ qqch au kilo** to buy sthg by the kilo; **~ des actions** OU **une part d'une entreprise** to buy into a business; **il a acheté les terrains environnants** he bought up the surrounding land; **~ qqch comptant/en gros/d'occasion/à crédit** to buy sthg cash/wholesale/second-hand/on credit; **~ des boutons/oranges au détail** to buy buttons/oranges singly; **~ qqch à qqn** [pour soi] to buy sthg from sb; [pour offrir] to buy sb sthg, to buy sthg for sb; **je lui ai acheté sa vieille voiture** I bought his old car from OU off him; **si ça te plaît, je te l'achète** I'll buy you it OU it for you if you like it || *(en usage abs)*: **achetez français!** buy French (products)! -**2.** [échanger - liberté, paix] to buy. -**3.** [soudoyer - témoin, juge] to bribe, to buy (off); [- électeurs] to buy; **ne crois pas que tu pourras m'~** you must understand I won't be bought; **ils ont été achetés** they were bribed.
◆ **s'acheter** ◇ *vp (emploi passif)* to be on sale; **où est-ce que ça s'achète?** where can you buy it?
◇ *vpt*: **s'~ qqch** to buy o.s. sthg ❑ **s'~ une conduite** to turn over a new leaf.

acheteur, euse [aʃtœr, øz] *nm, f* -**1.** [client] buyer, purchaser; **les ~s se font rares** there are fewer and fewer buyers OU customers; **trouver un ~ pour qqch** to find a buyer for OU to find somebody to buy sthg. -**2.** [professionnel] buyer. -**3.** JUR vendee.

achevé, e [aʃve] *adj* [sot] downright, absolute; [sportif, artiste] accomplished; [œuvre] perfect; **il est d'un ridicule ~** *sout* he's utterly preposterous.

achèvement [aʃɛvmɑ̃] *nm* completion.

achever [19] [aʃve] *vt* -**1.** [finir - repas, discours, lettre] to finish, to end, to bring to a close OU an end; [- journal, livre] to reach the end of, to finish; **~ son œuvre** to complete one's life's work; **~ sa vie à l'hôpital** to end one's days in hospital; **laisse-le ~ sa phrase** let him finish what he's saying; **~ de: ils avaient juste achevé de rembourser le crédit** they'd just got through paying off the debt; **~ de mettre au point une invention** to put the final touch to an invention || *(en usage abs)* [finir de parler] to finish (talking); **à peine avais-je achevé que...** I'd hardly finished (talking) OU stopped talking when... -**2.** [tuer] to finish off *(sép)*. -**3.** *fam* [accabler] to finish off; **la mort de sa femme l'a achevé** his wife's death really finished him off; **toutes ces courses m'ont achevé** all this shopping has done me in. -**4.** *fam* [ruiner] to finish off *(sép)*, to clean out *(sép)*; **les frais d'avocat l'ont achevé** the lawyer's fees cleaned him out.
◆ **s'achever** *vpi* [vie, journée, vacances] to come to an end, to draw to a close OU an end; [dîner, film] to end, to finish; **le livre s'achève sur une note d'espoir** the book ends on a hopeful note; **ainsi s'achève notre aventure** thus ends the story of our adventure; **ainsi s'achève notre journal** RAD & TV (and) that's the end of the news.

Achille [aʃil] *npr* Achilles.

achoppement [aʃɔpmɑ̃] *nm* → **pierre**.

achopper [3] [aʃɔpe] *vi*: **~ sur** *pr & vieilli* to stumble on OU over; *fig* to come up against, to meet with; **elle achoppe sur les «r»** she can't pronounce her R's.

achromatique [akrɔmatik] *adj* achromatic.

achromatisme [akrɔmatism] *nm* achromatism.

acide [asid] ◇ *adj* -**1.** [goût] acidic, acid, sour; [propos] acid, cutting, caustic. -**2.** CHIM & ÉCOL acid.
◇ *nm* -**1.** CHIM acid; **~ aminé** amino acid; **~ œnolique** oenolin; **~ phénique** carbolic acid, phenol; **~ sulfhydrique** hydrogen sulphide; **~ tellureux** tellurous acid. -**2.** *fam* [drogue] acid.

acidifiable [asidifjabl] *adj* acidifiable.

acidification [asidifikasjɔ̃] *nf* acidification.

acidifier [9] [asidifje] *vt* to acidify.
◆ **s'acidifier** *vpi* to acidify.

acidimétrie [asidimetri] *nf* acidimetry.

acidité [asidite] *nf* -**1.** [d'un goût, d'un fruit] acidity, sourness; [d'un propos] tartness, sharpness. -**2.** CHIM, GÉOL & MÉD acidity.

acido-alcalimétrie [asidoalkalimetri] (*pl* acido-alcalimétries) *nf* acidoalkalimetry.
acido-basique [asidobazik] (*pl* acido-basiques) *adj* acido-basic.
acidophile [asidɔfil] *adj* acidophil.
acidose [asidoz] *nf* acidosis.
acidulé, e [asidyle] *adj* acidulous.
acier [asje] *nm* steel; ~ **haute tension** high tensile steel; ~ **inoxydable/trempé** stainless/tempered steel.
◆ **d'acier** *loc adj* MÉTALL steel *(épith)*; *fig* [regard] steely; **muscles/nerfs/cœur d'~** muscles/nerves/heart of steel.
aciérage [asjeraʒ] *nm* -**1.** MÉTALL [fabrication] steeling; [durcissement] case-hardening. -**2.** IMPR steel-engraving.
aciéré, e [asjere] *adj* steely.
aciérer [18] [asjere] *vt* -**1.** MÉTALL to steel, to case-harden. -**2.** IMPR to engrave on steel.
aciérie [asjeri] *nf* steelworks *(sg ou pl)*, steel plant.
aciériste [asjerist] *nmf* steel maker OU manufacturer.
aclinique [aklinik] *adj* aclinic.
acmé [akme] *nm* OU *nf* -**1.** *litt* [apogée] acme *litt*, summit, height. -**2.** MÉD climax.
acné [akne] *nf* acne; **avoir de l'~** to suffer from OU to have acne ❑ ~ **juvénile** teenage acne.
acnéique [akneik] ◇ *adj* acned.
◇ *nmf* acne sufferer.
acolyte [akɔlit] *nm* -**1.** RELIG acolyte. -**2.** [complice] accomplice.
acompte [akɔ̃t] *nm* -**1.** [avance sur - une commande, des travaux] down payment; [- un salaire] advance; [- un loyer] deposit; **payer par OU en plusieurs ~s** to buy on credit, to pay (for sthg) in instalments; **donner OU verser un ~ de 1 000 francs (sur)** [achat] to make a down payment of 1,000 francs (on) ❑ ~ **provisionnel** ADMIN interim payment. -**2.** [avant-goût] foretaste, preview.
aconit [akɔnit] *nm* aconite.
a contrario [akɔ̃trarjo] ◇ *loc adj inv* converse.
◇ *loc adv* by converse implication.
acoquiner [3] [akɔkine]
◆ **s'acoquiner** *vpi péj*: **s'~ à OU avec qqn** to take OU to team up with sb; **il s'est acoquiné avec Pierrot** he and Pierrot have teamed up together.
Açores [asɔr] *npr fpl*: **les ~** the Azores.
à-côté [akote] (*pl* à-côtés) *nm* -**1.** [aspect - d'une question] side issue; [- d'une histoire, d'un événement] side OU secondary aspect. -**2.** [gain] bit of extra money; **se faire des ~s** *fam* to make some extra money || [frais] incidental expense; **les frais d'hôtel plus les ~s** hotel expenses plus incidentals.
à-coup [aku] (*pl* à-coups) *nm* -**1.** [secousse - d'un moteur, d'un véhicule] cough, judder; [- d'une machine] jerk, jolt. -**2.** [de l'économie] upheaval.
◆ **par à-coups** *loc adv* [travailler] in spurts; [avancer] in fits and starts.
acouphène [akufɛn] *nm* tinnitus.
acousticien, enne [akustisjɛ̃, ɛn] *nm, f* acoustician.
acoustique [akustik] ◇ *adj* acoustic.
◇ *nf* [science] acoustics *(sg)*; [qualité sonore] acoustics *(pl)*.
acquéreur [akerœr] *nm* purchaser, buyer; **se rendre OU devenir ~**: **il veut se rendre OU devenir ~** he wants to buy OU to purchase; **il s'est rendu OU il est devenu ~ de...** he's become the owner of...; **elle a trouvé un ~ pour sa voiture** she found a buyer for her car; **ton chat a trouvé ~?** have you found a (new) home for your cat?
acquérir [39] [akerir] *vt* -**1.** [biens] to buy, to purchase, to acquire; ~ **une fortune** to acquire a fortune; ~ **qqch dans des circonstances douteuses** to come by sthg in dubious circumstances; ~ **qqch par héritage** to come into sthg ❑ **bien mal acquis ne profite jamais** *prov* ill-gotten gains seldom prosper *prov*. -**2.** *fig* [habitude] to develop; [célébrité] to attain, to achieve; [droit] to obtain; [expérience] to gain; [dextérité] to acquire; [information, preuve] to obtain, to acquire, to get hold of; ~ **de la valeur** to increase in value; ~ **la conviction/la certitude que** to become convinced/certain that; ~ **une immunité** to become immune, to acquire immunity; ~ **qqch à qqn**: **sa réaction lui a acquis l'estime de tous** her reaction won her everybody's esteem. -**3.** *sout* [au passif]: **être acquis à qqn**: **il vous est entièrement acquis** he backs you fully; **mon soutien/notre patronage vous est acquis** you can be certain of my support/our sponsorship; **être acquis à qqch**: **l'électorat n'est pas encore acquis à cette idée** the electorate hasn't fully accepted OU hasn't quite come round to that idea yet.
◆ **il est acquis** *v impers pass*: **il est acquis que vous ne participerez pas aux frais** it's understood that you won't contribute financially; **il est acquis que la loi sera votée** it's understood that the law will be passed; **il est acquis que la couche d'ozone est en danger** it is an established fact that the ozone layer is at risk.
◆ **s'acquérir** ◇ *vp (emploi passif)*: **la souplesse s'acquiert par des exercices** you become supple by exercising.
◇ *vpt*: **s'~ la confiance de qqn** to gain OU to win sb's trust.
acquêt [akɛ] *nm* acquest.
acquiescement [akjɛsmɑ̃] *nm* [accord] agreement; [consentement] assent, agreement; **donner son ~ à une requête** to assent to a request.
◆ **d'acquiescement** *loc adj* [geste, signe] approving.
acquiescer [21] [akjese] *vi* to agree, to approve; ~ **d'un signe de tête** to nod approval; ~ **à qqch** to assent OU to agree OU to acquiesce to sthg.
acquis, e [aki, iz] *adj* [avantage, droit, fait] established; [fortune, titre] acquired; **tenir qqch pour ~**: **je tiens votre soutien pour ~** I take it for granted that you'll support me; **nous tenons pour ~e l'égalité de l'homme et de la femme** we take it as an established fact that men and women are equals.
◆ **acquis** *nm* -**1.** [savoir] knowledge; **considère tes études comme un ~** consider your studies as a valuable asset; **fonctionner sur des ~ anciens** to get by on what one already knows. -**2.** [expérience] experience; **avoir de l'~** to be experienced. -**3.** [avantages, droits] established privileges, rights to which one is entitled; **les ~ sociaux** social benefits.
acquisition [akizisjɔ̃] *nf* -**1.** [apprentissage] acquisition. -**2.** [achat] purchase; **faire l'~ d'une maison** to buy OU to purchase a house; **regarde ma dernière ~** look at my latest buy. -**3.** INF: ~ **de données** data acquisition.
acquit [aki] *nm* COMM receipt; **'pour ~'** 'paid', 'received'.
◆ **par acquit de conscience** *loc adv* to set my/his *etc* mind at rest.
acquit-à-caution [akiakosjɔ̃] (*pl* acquits-à-caution [akizakosjɔ̃]) *nm* bond note.
acquittable [akitabl] *adj* -**1.** JUR susceptible to be acquitted. -**2.** FIN payable.
acquitté, e [akite] *nm, f* person who has been acquitted.
acquittement [akitmɑ̃] *nm* -**1.** [règlement - d'une facture, d'un droit] payment; [- d'une obligation] discharge; [- d'une promesse] fulfilment; [- d'une dette] paying off; [- d'une fonction, d'un travail] performance; [- d'un engagement] fulfilment. -**2.** JUR acquittal.
acquitter [3] [akite] *vt* -**1.** [payer - facture, note] to pay, to settle; [- droits] to pay; [- lettre de change] to receipt. -**2.** [libérer]: ~ **qqn de**: ~ **qqn d'une dette/d'une obligation** to release sb from a debt/from an obligation. -**3.** JUR to acquit.
◆ **s'acquitter de** *vp + prép* [obligation] to discharge; [promesse] to carry out; [dette] to pay off; [fonction, travail] to perform; [engagement] to fulfil.
acra [akra] *nm creole fried fish or vegetable ball.*
acre [akr] *nf* -**1.** HIST [en France] ≃ 5 200 m². -**2.** *Can* acre *Br (= 4 047 m²)*.
âcre [akr] *adj* [saveur, odeur] acrid; *litt* [propos, ton] bitter.
âcreté [akrəte] *nf* -**1.** [d'une saveur, d'une odeur] acridness, acridity. -**2.** *litt* [d'un propos, d'un ton] bitterness.
acridien [akridjɛ̃] *nm* member of the Acrididae.
acrimonie [akrimɔni] *nf* acrimony, acrimoniousness, discord.
acrimonieux, euse [akrimɔnjø, øz] *adj* acrimonious, belligerent.
acrobate [akrɔbat] *nmf* [gén] acrobat; [au trapèze] trapeze artist.
acrobatie [akrɔbasi] *nf* -**1.** SPORT acrobatics. -**2.** *fig*: **faire des ~s pour obtenir un crédit** to turn cartwheels to get credit; **remonter une affaire par quelques ~s** to save a business by doing some fancy footwork. -**3.** AÉRON: **~s en vol** aerobatics.
acrobatique [akrɔbatik] *adj* acrobatic.
acronyme [akrɔnim] *nm* acronym.
acropole [akrɔpɔl] *nf* acropolis, citadel.
Acropole [akrɔpɔl] *npr f*: **l'~** the Acropolis.
acrostiche [akrɔstiʃ] *nm* acrostic.
acrylique [akrilik] *adj* & *nm* acrylic.
actant [aktɑ̃] *nm* agent.
acte [akt] *nm* **A.** SÉQUENCE -**1.** MUS & THÉÂT act; ~ **III, scène 2** Act III, scene 2; **un opéra en trois/cinq ~s** an opera in three/five acts; **une pièce en un seul acte** a one-act play. -**2.** *fig* period, episode; **sa mort annonçait le dernier ~ de la campagne d'Italie/de la Révolution** his death ushered in the last episode of the Italian campaign/the Revolution.
B. ACTION -**1.** [gén] action, act, deed *litt*; **nous ne voulons pas des promesses mais des ~s** we don't want promises but action; **son premier ~ a été d'ouvrir la fenêtre** the first thing he did was to open the window; **juger qqn sur ses ~s** to judge sb by his/her actions; **un ~ irresponsable** an irresponsible act; **passer aux ~s** to take action, to act; **le dossier est prêt, nous passerons aux ~s vendredi** the plans are ready, we'll set things in motion on Friday ❑ ~ **de banditisme** criminal act; ~ **de bravoure** act of bravery, brave deed, courageous act; **un ~ de Dieu** an act of God; ~ **de folie** act of madness; ~ **gratuit** PHILOS motiveless act, acte gratuit *spéc*; ~ **de guerre** act of war; ~ **d'hostilité** hostile act; **un ~ contre nature** an unnatural act; **l'~ sexuel** sexual intercourse, the sexual act; ~ **de terrorisme** terrorist action, act of terrorism; ~ **de vandalisme** act of vandalism; ~ **de vengeance** act of revenge. -**2.** MÉD [intervention]: ~ **chirurgical OU opératoire** operation; ~ **de laboratoire** laboratory test; ~ **(médical)** [consultation] (medical) consultation; [traitement] (medical) treatment. -**3.** BIOL [mouvement]: ~ **instinctif/réflexe** instinctive/reflex action; ~ **volontaire/involontaire** voluntary/involuntary action. -**4.** PSYCH: **passer à l'~** [gén] to act; [névrosé, psychopathe] to act out ❑ ~ **manqué** acte manqué. -**5.** RELIG: ~ **d'amour** act of love ❑ ~ **de charité** act of charity; ~ **de contrition** act of contrition; **faire OU réciter un ~ de contrition** to make an act of contrition; ~ **de foi** act of faith; HIST [pendant l'Inquisition] auto-da-fé.
C. ACTION LÉGALE, POLITIQUE -**1.** JUR act, action; ~ **constitutif/déclaratif** incorporation/declaration of legal status; ~ **administratif** administrative act; ~ **d'administration** administrative act; ~ **bilatéral** bilateral act; ~ **de commerce** commercial act; ~ **juridique** legal transaction; ~ **du palais** act between two counsels *Br* OU attorneys at law *Am*; ~ **à titre gratuit** deed-poll; ~ **à titre onéreux** contract for valuable consideration; ~ **translatif** deed of transfer; ~ **unilatéral** act of benevolence; **faire ~ de**: **faire ~ de citoyen** to act in one's quality as a citizen; **faire ~ d'héritier** to come forward

as a beneficiary; **faire ~ de témoin** to act as a witness, to testify; **faire ~ de candidature** [chercheur d'emploi] to submit one's application, to apply; [maire] to stand *Br*, to run *Am*; **faire ~ d'autorité** to show one's authority; **faire ~ de bonne volonté** to show willing OU one's good will; **elle a fait ~ de courage** she proved OU showed her courage; **faire ~ de présence** to put in a token appearance. -**2.** POL [en France] : **~ de gouvernement** act of State || [en Grande-Bretagne] : **Acte du Parlement** Act of Parliament; **c'est maintenant un Acte du Parlement** it has now become law.

D. DOCUMENT ADMINISTRATIF, LÉGAL -**1.** ADMIN certificate; **~ de décès** death certificate; **~ de l'état civil** ≃ certificate delivered by the Registrar of births, deaths and marriages; **~ de mariage** marriage certificate; **~ de naissance** birth certificate; **demander ~ de qqch** [réclamer la constatation de qqch par écrit] to ask for formal acknowledgement of sthg; **je demande ~ de cette remarque** I want this remark to be minuted; **je demande ~ du fait que...** I want it on record that...; **donner ~ de qqch** [constater légalement] to acknowledge something formally; **donner ~ à qqn de qqch** [fig] to acknowledge the truth of what sb said; **prendre ~ de qqch** [faire constater légalement] to record sthg; [noter] to take a note of OU to note sthg; **je prends ~ de votre refus** I have taken note of OU noted your refusal; **le comité prendra ~** the committee will note. -**2.** [en droit pénal] : **~ d'accusation** (bill of) indictment; **lire l'~ d'accusation** to read out the bill of indictment OU the charge; **quel est l'~ d'accusation?** what is the defendent being charged with?, what is the charge? -**3.** [en droit civil] : **~ authentique** OU **notarié** notarial act; **~ de donation** deed of covenant, gift; **~ d'huissier** writ; **~ de notoriété** attestation; **~ de succession** attestation of inheritance OU will; **~ sous seing privé** private agreement. -**4.** [en droit commercial] : **~ d'association** partnership agreement OU deed, articles of partnership; **~ de commerce** act of merchant; **~ de vente** bill of sale. -**5.** [dans la diplomatie] : **~ (diplomatique)** diplomatic instrument.

◆ **actes** *nmpl* -**1.** [procès-verbaux] proceedings; [annales] annals; **les ~s de l'Académie des Sciences** the annals of the Academy of Science. -**2.** RELIG : **les Actes des apôtres** the Acts of the Apostles; **les Actes des martyrs** the acts of the martyrs.

◆ **en acte** *loc adv* PHILOS in action.

acteur [aktœr] *nm* -**1.** CIN & THÉÂT actor. -**2.** *fig* protagonist; **les ~s du drame** the people involved in the drama; **les ~s sociaux de la période post-industrielle** the social forces of the post-industrial period.

actif, ive [aktif, iv] *adj* -**1.** [qui participe - membre, militaire, supporter] active; **être ~ dans une organisation** to be active within an organization; **participer de façon** OU **prendre une part active à** to take part fully OU an active part in; **~ sur le plan politique** politically active. -**2.** [dynamique - vie] busy, active; **les années les plus actives de ma vie** the busiest years of my life; **avoir une retraite très active** to have a very active OU busy retirement; **balance commerciale active** favourable trade balance; **la Bourse a été très active aujourd'hui** trading on the stock market was hectic today || [personne] active, lively, energetic; **il était si ~!** he was always busy doing something or other! -**3.** [qui travaille - population] working, active. -**4.** [efficace - remède, substance] active, potent; [- shampooing] active; **le principe ~ de ce détachant** the active ingredient in this stain-remover. -**5.** ÉLECTR, LING & OPT active. -**6.** CHIM active, activated.

◆ **actif** *nm* -**1.** LING active voice. -**2.** [travailleur] member of the active OU working population; **les ~s** the active OU working population. -**3.** FIN & JUR [patrimoine] credit, credits, asset, assets; **mettre** OU **porter une somme à l'~ de qqn** to add a sum to sb's assets; **mettre qqch à l'~ de qqn** *fig* to credit sb with sthg; **avoir qqch à son ~** to have sthg to one's credit; **elle a de nombreuses victoires à son ~** she has many achievements to her credit; **elle n'a que des échecs à son ~** she's never succeeded in anything; **à son ~, on peut mettre la conception du nouveau musée** to his credit, it should be said that he was the creator of the new museum ❑ **~ fictif/réel** fictitious/real assets; **~ net** net assets.

◆ **active** *nf* MIL : **l'~** the regular army.

actinie [aktini] *nf* actinia *spéc*, sea anemone.

action [aksjɔ̃] *nf* -**1.** [acte] act, action, deed; **l'~ de marcher** the act of walking; **responsable de ses ~s** responsible for his actions; **une ~ d'éclat** a brilliant feat ❑ **une ~ de grâces** an offering of thanks; **bonne ~** good deed; **faire une bonne ~** to do a good deed; **faire de bonnes ~s** to do good (deeds); **mauvaise ~** evil deed; **faire de mauvaises ~s/une mauvaise ~** to commit evil/an evil deed. -**2.** [actes] action *(U)*; **l'~ du gouvernement a été de laisser les forces s'équilibrer** what the government did was to let the various forces balance each other out; **passer à l'~** [gén] to take action; MIL to go into action; **assez parlé, il est temps de passer à l'~** enough talking, let's get going OU take some action; **dans le feu de l'~**, **en pleine ~** right in the middle OU at the heart of the action; **l'~** [l'intrigue] the action OU plot; **l'~ se passe en Europe/l'an 2000** the action is set in Europe/the year 2000. -**3.** [intervention] action; **une ~ revendicative** a strike; **un conflit qui nécessite une ~ immédiate de notre part** a conflict necessitating immediate action on our part; **une ~ syndicale est à prévoir** some industrial action is expected ❑ **~ directe** direct action; **Action directe** *right-wing terrorist organization*; **l'Action française** *French nationalist and royalist group founded in the late nineteenth century*. -**4.** [effet] action, effect; **avoir une ~ psychologique sur les consommateurs** to have a psychological influence on the consumer; **l'~ de l'acide sur le métal** the action of acid on metal; **l'~ de la morphine** the effect of morphine. -**5.** FIN share; **les ~s Comtel sont en hausse/à la baisse** Comtel shares are up/down; **ses ~s ont baissé/monté** *fig* & *hum* his stock has fallen/risen *fig* ❑ **~ d'apport** vendor's share; **~ de capital** ≃ ordinary share; **~ différée/nominative** deferred/registered stock; **~ ordinaire** ordinary share; **~ au porteur** transferable OU bearer share; **~ privilégiée** preference share, preferred stock *Am*; **capital en ~s** equity capital; **dividende en ~s** bonus issue *Br*, stock dividend *Am*; **société par ~s** joint-stock company. -**6.** JUR action, lawsuit; **intenter une ~ contre** OU **à qqn** to bring an action against sb, to take legal action against sb, to take sb to court ❑ **~ civile/en diffamation** civil/libel action; **~ paulienne** revocatory action; **~ pétitoire** claim of ownership. -**7.** ADMIN : **~ sanitaire et sociale** health and social services. -**8.** ÉLECTR, MÉCAN, MIL, MUS & PHYS : **l'~ de** the action of; **à double ~** double-action. -**9.** GRAMM action; **l'~ du verbe** the action of the verb ❑ **verbe d'~** verb of action. -**10.** *Helv* [vente promotionnelle] sale, special offer.

◆ **d'action** *loc adj* -**1.** [mouvementé - film, roman] action-packed, full of action. -**2.** [qui aime agir] : **homme/femme d'~** man/woman of action. -**3.** POL & SOCIOL : **journée/semaine d'~** day/week of action.

◆ **en action** *loc adv* in action; **être en ~** to be in action; **ils sont déjà en ~ sur les lieux** they're already busy on the scene; **entrer en ~** [pompiers, police] to go into action; [loi, règlement] to become effective, to take effect; **mettre qqch en ~** to call sthg into action, to set sthg in motion; **la sirène s'est/a été mise en ~** the alarm went off/was set off.

◆ **sous l'action de** *loc prép* due to, because of; **sous l'~ de la pluie** due to the effect OU because of the rain.

actionnable [aksjɔnabl] *adj* actionable.

actionnaire [aksjɔnɛr] *nmf* shareholder, stockholder.

actionnariat [aksjɔnarja] *nm* -**1.** [système] shareholding. -**2.** [actionnaires] : **l'~** the shareholders.

actionner [3] [aksjɔne] *vt* -**1.** [mettre en mouvement - appareil] to start up *(sép)*; [- sirène] to set off *(sép)*; [- sonnette] to ring; **le moteur est actionné par la vapeur** the engine is steam-powered OU steam-driven. -**2.** JUR : **~ qqn** to bring an action against OU to sue sb.

actionneur [aksjɔnœr] *nm* actuator.

activateur [aktivatœr] *nm* activator.

activation [aktivasjɔ̃] *nf* -**1.** [d'un processus, de travaux] speeding up OU along, hastening. -**2.** CHIM & PHYS activation.

activé, e [aktive] *adj* CHIM & PHYS activated.

activement [aktivmɑ̃] *adv* actively; **participer ~ à qqch** to take an active part OU to be actively engaged in sthg.

activer [3] [aktive] *vt* -**1.** [feu] to stoke (up); [travaux, processus] to speed up *(sép)*. -**2.** *fam* [presser] to get a move on; **active (le pas)!** get a move on! -**3.** CHIM & PHYS to activate.

◆ **s'activer** *vpi* -**1.** [s'affairer] to bustle about. -**2.** *fam* [se dépêcher] : **il est tard, dis-leur de s'~!** it's late, tell them to get a move on OU to shake a leg!

activisme [aktivism] *nm* activism.

activiste [aktivist] *adj* & *nmf* activist, militant.

activité [aktivite] *nf* -**1.** [animation] activity *(U)*; **déborder d'~** to be extraordinarily active; **le restaurant/l'aéroport débordait d'~** the restaurant/airport was very busy; **période de grande ~ diplomatique** period of intense diplomatic activity; **l'~ aux heures de pointe** the hustle and bustle of the rush hour. -**2.** ADMIN & ÉCON : **avoir une ~ professionnelle** to be actively employed; **être sans ~** to be unemployed; **avoir une ~ non rémunérée** to be in unpaid work; **~ lucrative** gainful employment; **~ primaire/secondaire/tertiaire** primary/secondary/tertiary employment. -**3.** [occupation] activity; **une ~ différente leur est proposée tous les soirs** they can do a different activity every evening; **pensez-vous conserver une ~ après la retraite?** do you intend to retain some form of activity OU occupation after retirement?; **mes ~s professionnelles** my professional activities ❑ **~s dirigées** guided activities; **~s d'éveil** discovery classes. -**4.** ASTRON & PHYSIOL activity; **~ cérébrale** brain activity; **l'~ solaire** solar activity.

◆ **en activité** *loc adj* [fonctionnaire, militaire] (currently) in post; [médecin] practising; **rester en ~** ADMIN to remain in gainful employment.

◆ **en pleine activité** *loc adj* [industrie, usine] fully operational; [bureau, restaurant] bustling; [marché boursier, secteur] very busy; **être en pleine ~** [très affairé] to be very busy; [non retraité] to be in the middle of one's working life.

actrice [aktris] *nf* actress.

actuaire [aktɥɛr] *nmf* actuary.

actualisation [aktɥalizasjɔ̃] *nf* -**1.** [mise à jour - d'un texte] updating; **faire l'~ d'un ouvrage** to update a work. -**2.** PHILOS actualization. -**3.** ÉCON & FIN discounting. -**4.** LING realization, being realized.

actualiser [3] [aktɥalize] *vt* -**1.** [manuel] to update, to bring up to date. -**2.** PHILOS & LING to actualize.

actualité [aktɥalite] *nf* -**1.** [caractère actuel] topicality. -**2.** [événements récents] current developments; **l'~ médicale/scientifique** medical/scientific developments; **se tenir au courant de l'~ politique/théâtrale** to keep abreast of political/theatrical events; **une ~ brûlante** a burning question.

◆ **actualités** *nfpl* : **les ~s** [les informations] current affairs, the news.

◆ **d'actualité** *loc adj* [film, débat, roman] topical; **c'est un sujet d'~** it's very topical (at the moment).

actuariat [aktɥarja] *nm* -**1.** [fonction]: l'~ the actuarial profession. -**2.** [corporation] body of actuaries.

actuariel, elle [aktɥarjɛl] *adj* actuarial.

actuel, elle [aktɥɛl] *adj* -**1.** [présent] present, current; **sous le gouvernement ~** under the present government; **l'~ président** the President in office; **dans les circonstances ~les** under the present circumstances; **le cours ~ du dollar** the current (exchange) rate for the dollar. -**2.** [d'actualité] topical. -**3.** PHILOS & RELIG actual.

actuellement [aktɥɛlmɑ̃] *adv* at present, currently, presently.

acuité [akɥite] *nf* -**1.** ACOUST shrillness. -**2.** [intensité - de l'intelligence] sharpness; [- d'une crise] severity; [- du regard] penetration; [- d'un chagrin] keenness; [- d'une douleur] intensity, acuteness. -**3.** MÉD acuity, acuteness; **~ visuelle** acuteness of vision.

acuponcteur, trice, acupuncteur, trice [akypɔ̃ktœr, tris] *nm, f* acupuncturist.

acuponcture, acupuncture [akypɔ̃ktyr] *nf* acupuncture.

acutangle [akytɑ̃gl] *adj* acute-angled.

acyclique [asiklik] *adj* acyclic.

ADAC [adak] (*abr de* **avion à décollage et atterrissage courts**) *nm* STOL.

adage [adaʒ] *nm* -**1.** [proverbe] adage, saying. -**2.** DANSE adagio.

adagio [adadʒjo] *nm* & *adv* adagio.

Adam [adɑ̃] *npr* Adam.

adamantin, e [adamɑ̃tɛ̃, in] *adj* ANAT OU *litt* adamantine.

adaptabilité [adaptabilite] *nf* adaptability.

adaptable [adaptabl] *adj* adaptable.

adaptateur, trice [adaptatœr, tris] *nm, f* [personne] adapter, adaptor.

◆ **adaptateur** *nm* [objet] adapter, adaptor.

adaptatif, ive [adaptatif, iv] *adj* adaptive.

adaptation [adaptasjɔ̃] *nf* -**1.** [flexibilité] adaptation; **faculté d'~** adaptability; **ils n'ont fait aucun effort d'~** they didn't try to adapt. -**2.** CIN, THÉÂT & TV adaptation, adapted version; **~ scénique/cinématographique** stage/screen adaptation.

adapter [3] [adapte] *vt* -**1.** [fixer]: **~ qqch à** OU **sur**: **~ un embout à un tuyau/un filtre sur un objectif** to fit a nozzle (on) to a pipe/a filter (on) to a lens. -**2.** **~ qqch à** [harmoniser qqch avec]: **~ son discours à son public** to fit one's language to one's audience; **~ des illustrations à un texte** to select pictures to fit a text; **la méthode n'est pas très adaptée pour cette classe** the method isn't very appropriate for this class. -**3.** CIN, THÉÂT & TV to adapt; **~ un roman au théâtre** OU **à la scène** to adapt a novel for the stage; **~ une pièce pour la télévision** to adapt a play for TV; **adapté d'une nouvelle de...** adapted from a short story by...

◆ **s'adapter** *vpi* -**1.** [s'ajuster]: **s'~ à** to fit; **la clé s'adapte à la serrure** the key fits the lock; **s'~ sur** to fit on; **le couvercle s'adapte sur le bocal par un crochet/par un pas de vis** the lid clips/screws on to the jar. -**2.** [s'habituer] to adapt (o.s.) to, to get used to; **tu t'adapteras!** you'll get used to it!; **savoir s'~** to be adaptable; **s'~ à: elle n'a pas pu s'~ à ce milieu** she couldn't adjust to this social circle; **il s'est bien adapté à sa nouvelle école** he got used to his new school very quickly.

ADAV [adav] (*abr de* **avion à décollage et atterrissage verticaux**) *nm* VTOL.

ADD (*abr écrite de* **analogique digital digital**) ADD.

addenda [adɛ̃da] *nm inv* addenda.

addiction [adiksjɔ̃] *nf* (drug) addiction.

Addis-Ababa [adisababa], **Addis-Abeba** [adisabeba] *npr* Addis Ababa.

additif, ive [aditif, iv] *adj* MATH & PHOT additive.

◆ **additif** *nm* -**1.** [à un texte] additional clause. -**2.** [ingrédient] additive.

addition [adisjɔ̃] *nf* -**1.** [ajout] addition; **l'~ d'une aile au bâtiment** the addition of a new wing to the building; **faire des ~s à un texte** to add to a text. -**2.** MATH sum; **faire une ~** to add (figures) up, to do a sum. -**3.** [facture] bill *Br*, check *Am*; **l'~ est salée!** *fam* the bill's a bit steep!

additionnel, elle [adisjɔnɛl] *adj* additional.

additionner [3] [adisjɔne] *vt* -**1.** MATH [nombres] to add (up); **~ 15 et 57** to add 15 and 57, to add 15 to 57, to add together 15 and 57. -**2.** [altérer]: **~ qqch de: du vin/lait additionné d'eau** watered-down wine/milk.

◆ **s'additionner** *vpi* to build up.

additionneur [adisjɔnœr] *nm* adder ELECTRON.

adducteur [adyktœr] ◇ *adj m* [muscle] adductor; [canal] feeder.

◇ *nm* [muscle] adductor; [canal] tributary canal.

adduction [adyksjɔ̃] *nf* -**1.** ANAT adduction. -**2.** TRAV PUBL: **~ d'eau** water conveyance.

Adélaïde [adelaid] *npr* Adelaide.

Adélie [adeli] *npr* → **terre.**

Aden [adɛn] *npr* Aden.

adénite [adenit] *nf* adenitis.

adénoïde [adenɔid] *adj* adenoid.

adénoïdectomie [adenɔidɛktɔmi] *nf* adenoidectomy.

adénome [adenom] *nm* adenoma.

adénosine [adenozin] *nf* adenosine.

adepte [adɛpt] *nmf* RELIG & POL follower; *fig*: **faire des ~s** to become popular; **l'aérobic a fait de nombreux ~s** aerobics now has a big following; **les ~s du tennis** tennis fans; **c'est une ~ de romans policiers** she's an avid reader of detective novels.

adéquat, e [adekwa, at] *adj* suitable, appropriate.

adéquatement [adekwatmɑ̃] *adv* suitably, appropriately.

adéquation [adekwasjɔ̃] *nf* appropriateness.

adhérence [aderɑ̃s] *nf* -**1.** [par la colle, le ciment] adhesion. -**2.** [au sol] adhesion, grip; **l'~ des skis sur la neige** the skis' grip on the snow; **le manque d'~ d'une voiture** a car's lack of OU poor road-holding. -**3.** *litt* [adéquation]: **~ de l'expression à la pensée** cohesion between expression and thought. -**4.** ANAT adhesion.

adhérent, e [aderɑ̃, ɑ̃t] ◇ *adj* -**1.** [gén] adherent; **~ à la route** with good road-holding. -**2.** BOT adherent, adnate.

◇ *nm, f* member.

adhérer [18] [adere]

◆ **adhérer à** *v + prép* -**1.** [coller sur] to adhere to; **~ à la route** to adhere to OU to hold the road || (*en usage abs*): **une colle qui adhère rapidement** a glue that sticks quickly. -**2.** [se rallier à - opinion] to adhere to, to support; [- cause] to support; [- idéal] to adhere to; [- association] to join, to become a member of; (*en usage abs*): **pour une France moderne, adhérez!** join us in building a new France!

adhésif, ive [adezif, iv] *adj* adhesive, sticky.

◆ **adhésif** *nm* -**1.** [substance] adhesive. -**2.** [ruban] sticky tape, Sellotape® *Br*, Scotch tape® *Am*.

adhésion [adezjɔ̃] *nf* -**1.** [accord] support, adherence; **donner son ~ à un projet** to give one's support to OU to support a project. -**2.** [inscription] membership; **l'~ au club est gratuite** club membership is free; **de plus en plus d'~s** more and more members.

adhésivité [adezivite] *nf* adhesiveness.

ad hoc [adɔk] *loc adj inv* -**1.** [approprié] appropriate, suitable. -**2.** [destiné à tel usage - règle, raisonnement, commission] ad hoc; **juge ~** specially appointed judge; **réunions ~** meetings (organized) on an ad hoc basis.

ad hominem [adɔminɛm] *loc adj inv* ad hominem; **pas d'arguments ~ s'il vous plaît!** no personal attacks please!

adieu, x [adjø] *nm* farewell *litt*, good-bye; **des ~x émouvants** an emotional parting; **faire ses ~x à qqn** to say good-bye OU one's farewells to sb; **faire ses ~x à la scène/au music-hall** to make one's final appearance on stage/on a music-hall stage; **dire ~ à qqn** to say good-bye OU farewell to sb; **tu peux dire ~ à ta voiture/tes ambitions** you can say good-bye to your car/ambitions ❑ **'l'Adieu aux armes'** *Hemingway* 'A Farewell to Arms'.

◆ **adieu** *interj* farewell *litt*, good-bye; **~ Berthe!** *fam* that's the end of it!

◆ **d'adieu** *loc adj inv* [baiser] farewell (*épith*); [regard, cadeau] parting.

à-Dieu-va(t) [adjøva(t)] *interj* it's in God's hands.

adipeux, euse [adipø, øz] *adj* [tissu, cellule] adipose; [visage] puffed up, puffy.

adipose [adipoz] *nf* adiposis.

adiposité [adipozite] *nf* adiposity.

adjacent, e [adʒasɑ̃, ɑ̃t] *adj* adjacent, adjoining; **~ à qqch** adjacent to OU adjoining sthg.

adjectif, ive [adʒɛktif, iv], **adjectival, e, aux** [adʒɛktival, o] *adj* adjective (*épith*), adjectival.

◆ **adjectif** *nm* adjective.

adjectivement [adʒɛktivmɑ̃] *adv* adjectivally, (used) as an adjective.

adjectiver [3] [adʒɛktive], **adjectiviser** [3] [adʒɛktivize] *vt* to use as an adjective.

adjoindre [82] [adjwɛ̃dr] *vt* -**1.** [ajouter]: **~ à: ~ une véranda à une pièce** to add a conservatory OU veranda on to a room; **~ un titre à chaque nom d'une liste** to add a title to every name on a list. -**2.** [associer]: **~ qqn à: on m'a adjoint un secrétaire/une assistante** I was given a secretary/an assistant.

◆ **s'adjoindre** *vpt*: **s'~ qqn** to take sb on; **ils se sont adjoint des collaborateurs** they've taken on some helpers.

adjoint, e [adʒwɛ̃, ɛ̃t] ◇ *adj* assistant (*épith*).

◇ *nm, f* [assistant] assistant; **~ au maire** deputy mayor; **~ d'enseignement** assistant teacher.

◆ **adjoint** *nm* MIL adjunct.

adjonction [adʒɔ̃ksjɔ̃] *nf* -**1.** [fait d'ajouter] adding. -**2.** [chose ajoutée] addition; **biffer les ~s** to cross out the addenda; **prévoir une ~ sur un plan d'architecte** to anticipate an addition to an architect's plan.

◆ **sans adjonction de** *loc prép*: **'sans ~ de sucre/sel'** 'with no added sugar/salt'.

adjudant [adʒydɑ̃] *nm* -**1.** MIL warrant officer, sergeant major *Br*, master sergeant *Am*. -**2.** *fam fig* & *hum*: **bien, mon ~!** yes sir!

adjudant-chef [adʒydɑ̃ʃɛf] (*pl* **adjudants-chefs**) *nm* chief warrant officer *Br*, chief master sergeant *Am*.

adjudicataire [adʒydikatɛr] *nmf* -**1.** [aux enchères] successful bidder OU buyer. -**2.** [d'un appel d'offres] successful tenderer.

adjudicateur, trice [adʒydikatœr, tris] *nm, f* -**1.** [dans des enchères] seller. -**2.** [dans un appel d'offres] awarder *(of a contract)*.

adjudicatif, ive [adʒydikatif, iv] *adj* *relating to a sale by auction or a tender.*

adjudication [adʒydikasjɔ̃] *nf* -**1.** [enchères] auction sale; [attribution] auctioning (off). -**2.** ÉCON [appel d'offres] invitation to tender *Br* OU bid *Am*; [attribution] awarding (the tender of).

◆ **en adjudication** *loc adv*: **mettre une propriété en ~** to put a house up for (sale by) auction; **mettre un marché en ~** to put a deal up for tender.

◆ **par adjudication, par voie d'adjudication** *loc adv* -**1.** [aux enchères] by auction. -**2.** ÉCON by tender.

adjuger [17] [adʒyʒe] *vt* -**1.** [aux enchères]: ~ qqch à qqn to knock sthg down to sb; ~ un objet au plus offrant to sell an item to the highest bidder; la statuette a été adjugée pour 1 000 F the statuette was knocked down for 1,000 F; une fois, deux fois, trois fois, adjugé, vendu! going, going, gone!; adjugé, vendu! *fig* gone!, done! -**2.** [attribuer]: ~ un contrat/marché à qqn to award a contract/market to sb; ~ une note à qqn to give sb a mark *Br* OU grade *Am*; ~ une place à qqn to give sb a seat.

◆ **s'adjuger** *vpt* to take; elle s'est adjugé la plus jolie chambre she took OU commandeered the prettiest room; s'~ la meilleure place to take the best seat.

adjuration [adʒyrasjɔ̃] *nf sout* plea, entreaty, adjuration.

adjurer [3] [adʒyre] *vt sout* to entreat, to implore.

adjuvant, e [adʒyvɑ̃, ɑ̃t] *adj* adjuvant, auxiliary.

◆ **adjuvant** *nm* -**1.** MÉD [médicament] adjuvant. -**2.** [produit] additive.

ad lib(itum) [adlib(itɔm)] *loc adv* ad lib, ad libitum.

ad litem [adlitɛm] *loc adj inv* ad litem.

admettre [84] [admɛtr] *vt* -**1.** [laisser entrer - client, spectateur] to allow OU to let in *(sép)*; le public sera admis après 8 h the public will be allowed in after eight; 'on n'admet pas les animaux' 'pets are not allowed', 'no pets'; les enfants de moins de 10 ans ne sont pas admis children under the age of 10 are not admitted; on nous admit dans le lieu saint we were admitted into the holy place. -**2.** MÉCAN to let in *(sép)*; la soupape admet les gaz combustibles the valve lets in the air-fuel mixture. -**3.** [recevoir]: ~ qqn chez soi to allow sb into one's house; ~ qqn dans un groupe to let OU to allow sb into a group; il m'a finalement admis parmi ses amis [introduit auprès d'eux] he finally introduced me to his circle of friends; [considéré comme l'un d'eux] he finally allowed me to become a friend; ~ qqn dans un club to admit sb to (membership of) a club; faire ~ qqn dans un club to sponsor sb for membership of a club; elle a été admise à l'Académie/à l'hôpital she was elected to the Académie/admitted to (the) hospital; ~ les femmes à OU dans la prêtrise to admit women to the priesthood. -**4.** ENS: être admis to pass; nous admettrons plus de candidats cette année the pass mark *Br* OU passing grade *Am* will be lower this year || [dans une classe]: il ne sera pas admis en classe supérieure he won't be admitted to OU allowed into the next year *Br* OU class *Am*. -**5.** [reconnaître] to admit to; ~ un vol to admit to a theft OU to having stolen; j'admets mon erreur/mon incertitude I admit I was wrong/I am unsure; j'admets m'être trompé I admit OU accept that I made a mistake; il faut ~ que c'est un résultat inattendu you've got to admit the result is unexpected || [accepter]: il n'a pas reçu ta lettre, admettons OK, so he didn't get your letter; ~ que: j'admets que les choses se sont/se soient passées ainsi I accept that things did happen/may have happened that way; il est difficile d'~ qu'il s'est/qu'il se soit trompé it's difficult to accept that he made/may have made a mistake; j'admets tes motifs, mais je ne suis pas d'accord sur ta façon d'agir I accept your reasons, but I don't approve of the way you behaved. -**6.** [permettre - suj: personne] to tolerate, to stand for *(insép)*; [- suj: chose] to allow, to admit OU to be susceptible of; tout texte admet de multiples interprétations any text can lend itself to many readings; un résultat scientifique qui admet deux types d'explication an experimental result which admits of OU allows two different explanations; ces insolences ne seront pas admises this kind of rudeness won't be tolerated; un ton qui n'admet pas la discussion OU réplique a tone brooking no argument; sa mine n'admettait pas la réplique his look didn't invite a reply; le règlement n'admet aucune dérogation there shall be no breach of the regulations; je n'admets pas d'être accusé sans preuve I refuse to put up with being accused without proof; je n'admets pas qu'on me parle sur ce ton! I won't tolerate OU stand for this kind of talk!; je n'admets pas qu'on soit en retard! I won't tolerate lateness OU stand for people being late! -**7.** [supposer] to assume; si on admet qu'il gagne 1 000 francs par mois if one assumes he earns 1,000 francs a month.

◆ **admettons que** *loc conj* let's suppose OU assume, supposing, assuming; admettons qu'il soit venu, pourquoi n'a-t-il pas laissé un message sur mon bureau? assuming he did come, why didn't he leave a message on my desk?

◆ **en admettant que** *loc conj*: en admettant que je parte à 3 h, je peux être à Lyon dans la soirée supposing I leave at three, I could be in Lyons by evening; en admettant que tu aies raison, tu pourrais quand même faire preuve d'indulgence (even) supposing you're right, you could be a bit more tolerant.

administrateur, trice [administratœr, tris] *nm, f* -**1.** [dans une société] director; il est l'~/elle est l'administratrice de l'entreprise he's/she's the manager of the firm ❑ ~ judiciaire receiver. -**2.** [dans les affaires publiques] administrator; ~ civil senior civil servant. -**3.** [dans une institution, une fondation] trustee.

administratif, ive [administratif, iv] *adj* administrative.

administration [administrasjɔ̃] *nf* -**1.** [fait de donner]: l'~ d'un remède/sédatif administering a remedy/sedative; l'~ d'un sacrement administering a sacrament; l'~ de la justice *sout* applying the law; l'~ d'une preuve producing OU adducing a proof. -**2.** [gestion - d'une entreprise] management; [- d'une institution] administration; [- de biens] management, administration; [- d'un pays] government, running; [- d'une commune] running; la mauvaise ~ d'une société mismanagement of a company; les frais d'~ spending on administration, administration costs ❑ ~ légale guardianship. -**3.** [fonction publique]: l'Administration the Civil Service; entrer dans l'Administration to become a civil servant, to enter the Civil Service. -**4.** [service public]: ~ communale local government; l'~ des Douanes the Customs and Excise *Br*, the customs Service *Am*; l'~ des Eaux et forêts the Forestry and Wildlife Commission; l'~ de l'Enregistrement the Registration Department; l'~ des Impôts the Inland Revenue *Br*, the Internal Revenue Service *Am*. -**5.** [l'équipe présidentielle]: l'Administration Bush the Bush Administration.

administrativement [administrativmɑ̃] *adv* administratively.

administré, e [administre] *nm, f* citizen; les ~s de... people (who come) under the jurisdiction of...

administrer [3] [administre] *vt* -**1.** [diriger - entreprise] to manage; [- institution, fondation, département, bien] to administer, to manage; [- succession] to be a trustee of; [- pays] to govern, to run; [- commune] to run. -**2.** [donner - remède, sacrement] to administer; [- gifle, fessée] to give. -**3.** *sout* [preuve] to produce, to adduce; ~ la justice to apply the law.

admirable [admirabl] *adj* admirable.

admirablement [admirabləmɑ̃] *adv* wonderfully; ils s'entendent ~ bien they get along wonderfully.

admirateur, trice [admiratœr, tris] *nm, f* admirer.

admiratif, ive [admiratif, iv] *adj* admiring; son regard était ~ he looked impressed.

admiration [admirasjɔ̃] *nf* admiration, wonder; avoir OU éprouver de l'~ pour to admire; susciter OU soulever l'~ to be an object of wonder; éperdu d'~ (pour) lost in admiration (for); un regard d'~ an admiring look.

◆ **en admiration devant** *loc prép* filled with admiration for.

admirativement [admirativmɑ̃] *adv* admiringly.

admirer [3] [admire] *vt* to admire; faire ~ qqch to show sthg off.

admissibilité [admisibilite] *nf* -**1.** [d'une proposition, d'un procédé] acceptability. -**2.** ENS [après la première partie] *eligibility to take the second part of an exam*; [après l'écrit] *eligibility to take the oral (examination)*.

admissible [admisibl] ◇ *adj* -**1.** [proposition, procédé, excuse] acceptable; il n'est pas ~ que... it is unacceptable that... -**2.** ENS [après la première partie] *eligible to take the second part of an exam*; [après l'écrit] *eligible to take the oral (examination)*.

◇ *nmf* [après la première partie] *student who is allowed to take the second part of an exam*; [après l'écrit] *student who is allowed to take the oral (examination)*.

admission [admisjɔ̃] *nf* -**1.** [accueil] admission, admittance, entry; l'~ de la Grèce dans la CEE the admission of Greece OU Greece's entry into the EEC; demande d'~ [à l'hôpital] admission form; [dans un club] membership application. -**2.** ENS: ~ à un examen passing an exam; son ~ à la faculté his admission to OU being admitted to the university. -**3.** MÉCAN induction. -**4.** TECH intake. -**5.** BOURSE: ~ à la cote admission to quotation.

admittance [admitɑ̃s] *nf* admittance.

admixtion [admiksjɔ̃] *nf* PHARM admixture.

admonestation [admɔnɛstasjɔ̃] *nf litt* admonition *litt*, rebuke.

admonester [3] [admɔnɛste] *vt litt* to admonish.

admonition [admɔnisjɔ̃] *nf* -**1.** *litt* [reproche] admonition *litt*, rebuke. -**2.** RELIG admonition.

ADN (*abr de* acide désoxyribonucléique) *nm* DNA.

ad nutum [adnytɔm] *loc adv* instantaneously, immediately.

ado *fam* [ado] (*abr de* adolescent) *nmf* teenager.

adolescence [adɔlesɑ̃s] *nf* adolescence; je me souviens de mon ~ I remember when I was a teenager; au seuil de l'~ in early adolescence.

adolescent, e [adɔlesɑ̃, ɑ̃t] *nm, f* adolescent, teenager.

adonis [adɔnis] *nm* Adonis; ce n'est pas un ~! he's no beauty!

Adonis [adɔnis] *npr* Adonis.

adonner [3] [adɔne]

◆ **s'adonner à** *vp + prép*: s'~ à [lecture, sport, loisirs] to devote o.s. to, to go in for, to take to; [travail, études] to devote o.s. to, to immerse o.s. in; s'~ à la boisson/au jeu to take to drink/to gambling.

adoptable [adɔptabl] *adj* adoptable.

adoptant, e [adɔptɑ̃, ɑ̃t] ◇ *adj* adopting.

◇ *nm, f* adopter.

adopté, e [adɔpte] ◇ *adj* adopted; enfants ~s adopted children.

◇ *nm, f* adoptee.

adopter [3] [adɔpte] *vt* -**1.** [enfant] to adopt; ses beaux-parents l'ont tout de suite adoptée *fig* her in-laws took an instant liking to her; votre pays m'a adopté your country adopted me. -**2.** [suivre - cause] to take up *(sép)*; [- point de vue] to adopt, to approve; [- politique] to adopt, to take up; [- loi, projet] to adopt, to pass; [- mode] to follow, to adopt. -**3.** [se mettre dans - position, posture] to adopt, to assume; ~ la démarche de Charlot to walk like Charlie Chaplin. -**4.** [emprunter - nom] to assume; [- accent] to put on *(sép)*; ~ un profil bas to adopt a low profile.

adoptif, ive [adɔptif, iv] *adj* [enfant] adopted; [parent] adoptive; [patrie] adopted.

adoption [adɔpsjɔ̃] *nf* -**1.** [d'un enfant] adoption. -**2.** [d'une loi, d'un projet] adoption, passing.

◆ **d'adoption** *loc adj* [pays] adopted; c'est un Parisien d'~ he's Parisian by adoption, he's adopted Paris as his home town.

adorable [adɔrabl] *adj* -**1.** [charmant - personne] adorable; [- endroit] beautiful; [- vêtement] lovely; [- sourire] charming; une ~ petite maison an adorable little house. -**2.** RELIG worthy of adoration, adorable.

adorablement [adɔrabləmɑ̃] *adj* adorably.

adorateur, trice [adɔratœr, tris] *nm, f* -**1.** RELIG worshipper. -**2.** [admirateur] fan, admirer.

adoration [adɔrasjɔ̃] *nf* -**1.** RELIG worship, adoration. -**2.** [admiration] adoration; **être en ~ devant qqn** to dote on OU to worship sb.

adorer [3] [adɔre] *vt* -**1.** [aimer - personne] to adore, to love; [- maison, robe, livre] to love, to adore; **elle adore les roses/faire la cuisine/ qu'on la protège** she loves roses/to cook/to be protected. -**2.** RELIG to adore, to worship.

◆ **s'adorer** *vp (emploi réciproque)* to adore each other.

ados [ado] *nm* bank *(to protect crops against the wind).*

adossement [adosmɑ̃] *nm*: **l'~ d'un bâtiment à** OU **contre qqch** a building leaning against sthg.

adosser [3] [adose] *vt*: **~ qqch à** OU **contre qqch** to put sthg (up) against sthg; **~ une armoire à** OU **contre un mur** to put a wardrobe against a wall; **~ une échelle contre un mur** to put OU to lean a ladder against a wall; **être adossé à**: **elle était adossée au mur** she was leaning against the wall; **une maison adossée à la colline** a house built right up against the hillside; **la cabane adossée au garage** the shed backing on to the garage.

◆ **s'adosser** *vpi*: **s'~ à** OU **contre qqch** to lean against sthg.

adoubement [adubmɑ̃] *nm* dubbing (ceremony).

adouber [3] [adube] *vt* -**1.** [chevalier] to dub. -**2.** JEUX to adjust.

adoucir [32] [adusir] *vt* -**1.** [rendre plus doux - peau, regard, voix, eau] to soften; [- amertume, caractère, acidité] to mellow; **l'âge l'a beaucoup adouci** he's mellowed a lot with age; **seul le temps pourra ~ les mauvais souvenirs laissés par le conflit** time alone will ease the painful memories left by the conflict; **du miel pour ~ votre thé** honey to sweeten your tea; **~ une sauce** [la sucrer] to sweeten a sauce; [la rendre plus veloutée] to make a sauce smoother. -**2.** [atténuer - couleur, propos, dureté] to tone down *(sép)*; [- difficulté, antagonisme] to ease. -**3.** [rendre supportable - peine, punition] to reduce, to lessen the severity of; [- chagrin] to ease, to mellow; **le tribunal a adouci la sentence** the court reduced the sentence; **ils s'efforcent d'~ les conditions de vie des prisonniers** they try to make the prisoners' living conditions less harsh. -**4.** MÉTALL to temper down *(sép)*, to soften. -**5.** MÉTÉO [temps, température] to make warmer OU milder.

◆ **s'adoucir** *vpi* -**1.** [devenir plus doux - peau, voix, lumière] to soften; [- regard] to soften, to mellow; [- personne, caractère] to mellow. -**2.** MÉTÉO [temps, température] to become milder. -**3.** [s'atténuer - pente] to become less steep; [- accent] to become less broad. -**4.** ŒNOL to mellow.

adoucissant, e [adusisɑ̃, ɑ̃t] *adj* emollient.

◆ **adoucissant** *nm* -**1.** MÉD emollient. -**2.** [pour le linge] (fabric) conditioner.

adoucissement [adusismɑ̃] *nm* -**1.** [douceur]: **pour l'~ de l'eau/de votre peau** to make water/your skin softer; [- d'un caractère] softening, mellowing; **un imperceptible ~ de son regard/sa voix** an imperceptible softening in his look/voice. -**2.** [estompage - d'une couleur, d'un contraste] softening, toning down. -**3.** [atténuation - d'une peine] reduction. -**4.** MÉTÉO: **~ de la température** rise in temperature. -**5.** MÉTALL tempering, softening.

adoucisseur [adusisœr] *nm* water softener.

ad patres *fam* [adpatrɛs] *loc adv*: **aller ~** to go to meet one's maker; **envoyer qqn ~** to send sb to (meet) his maker, to knock sb off.

adr. -**1.** *abr écrite de* adresse. -**2.** *abr écrite de* adresser.

adragante [adragɑ̃t] *adj f*: **gomme ~** tragacanth.

adrénaline [adrenalin] *nf* adrenaline.

adressage [adrɛsaʒ] *nm* addressing; **~ direct** direct addressing; **~ multiple** multiple selection.

adresse [adrɛs] *nf* -**1.** [domicile] address; **parti sans laisser d'~** gone without leaving a forwarding address ❑ **bonne ~** [magasin] good shop *Br* OU store *Am*; [restaurant] good restaurant; [hôtel] good hotel. -**2.** [discours] formal speech, address. -**3.** [dans un dictionnaire] headword. -**4.** INF address. -**5.** [dextérité] skill; **jeu d'~** game of skill. -**6.** [subtilité] cleverness, adroitness; **répondre avec ~** to give a tactful answer.

◆ **à l'adresse de** *loc prép* intended for, aimed at.

adresser [4] [adrese] *vt* -**1.** [paquet, enveloppe] to address; **le colis était mal adressé** the address on the parcel was wrong; **~ qqch à qqn** to address sthg to sb; **cette lettre vous est adressée** this letter is addressed to you OU has your name on the envelope. -**2.** [envoyer]: **~ qqch à qqn** [gén] to address OU to direct sthg to sb; [par courrier] to send OU to forward sthg to sb; **adressez toute requête au Bureau 402** direct OU address all requests to Department 402; **~ CV détaillé à Monique Bottin** send detailed CV to Monique Bottin. -**3.** [destiner]: **~ qqch à qqn** [une remarque] to address sthg to OU to direct sthg at sb; **il faudra ~ vos remarques au président** please address your remarks to the chair; **~ des questions à qqn** to ask sb questions, to direct questions at sb; **~ la parole à qqn** to speak to sb; **elle ne m'adresse plus la parole** she won't talk OU speak to me any more; **~ un compliment à qqn** to pay sb a compliment; **~ un reproche à qqn** to level a reproach at sb; **nous ne vous adressons aucun reproche** we don't reproach you in any way; **à qui sont adressées ces allusions?** who are these hints meant for?; **~ des prières à Dieu** to pray to God; **adresse ta prière à la Vierge Marie** make your prayer to the Virgin Mary; **~ qqch à qqn** [un geste, un regard] to aim sthg at sb; **il leur adressait des regards furieux** he looked at them with fury in his eyes, he cast furious glances at them; **le clin d'œil m'était sans doute adressé** the wink was undoubtedly meant for OU intended for OU aimed at me; **~ un signe à qqn** to wave at sb; **~ un signe de tête à qqn** [positif] to nod at sb; [négatif] to shake one's head at sb; **~ un sourire à qqn** to (aim a) smile at sb; **c'est à lui que les coups étaient adressés** the blows were meant OU intended for him. -**4.** [diriger - personne]: **~ un malade à un spécialiste** to refer a patient to a specialist; **on m'a adressé à vous** I've been referred to you. -**5.** INF to address.

◆ **s'adresser à** *vp + prép* -**1.** [parler à] to speak to, to address; **c'est à vous que je m'adresse** I'm talking to you; **le ministre s'adressera d'abord aux élus locaux** the minister will first address the local councillors; **comment s'adresse-t-on à un archevêque?** how do you address an archbishop?; **s'~ à la conscience/générosité de qqn** *fig* to appeal to sb's conscience/generosity. -**2.** [être destiné à] to be meant for OU aimed at; **à qui s'adresse cette remarque?** who's this remark aimed at?; **une émission qui s'adresse aux adolescents** a show aimed at a teenage audience. -**3.** [pour se renseigner]: **adressez-vous à la concierge** you'd better see the porter; **il faut vous ~ au syndicat d'initiative** apply to the tourist office; **je ne sais pas à qui m'~** I don't know who to go to.

adret [adrɛ] *nm* sunny side *(of a valley).*

adriatique [adrijatik] *adj* Adriatic.

Adriatique [adrijatik] *npr f*: **l'~** the Adriatic.

adroit, e [adrwa, at] *adj* -**1.** [habile - gén] deft, dextrous, dexterous; [- apprenti, sportif, artisan] skilful; **être ~ de ses mains** to be clever with one's hands; **être ~ au billard** to be very good at billiards; **elle n'est pas très ~e pour faire les ourlets** she's not very good at doing hems. -**2.** [astucieux - manœuvre, stratagème] clever; [- diplomate] skilful; [- politique] clever; **la remarque n'était pas bien ~e** it was a bit of a clumsy thing to say.

adroitement [adrwatmɑ̃] *adv* -**1.** [avec des gestes habiles] skilfully. -**2.** [astucieusement] cleverly.

adsorber [3] [atsɔrbe] *vt* to adsorb.

adulateur, trice [adylatœr, tris] *litt* ◇ *adj* adulating.

◇ *nm, f* adulator.

adulation [adylasjɔ̃] *nf litt* adulation.

aduler [3] [adyle] *vt litt* to adulate, to fawn upon *(insép).*

adulte [adylt] ◇ *adj* -**1.** [individu] adult; [attitude] mature; **âge ~**: **atteindre l'âge ~** to reach adulthood. -**2.** ZOOL full-grown, adult; BOT full-grown.

◇ *nmf* adult; **livres/films pour ~s** adult books/films.

adultération [adylterasjɔ̃] *nf* adulteration.

adultère [adyltɛr] ◇ *adj* adulterous; **femme ~** adulteress; **homme ~** adulterer.

◇ *nmf litt* [homme] adulterer; [femme] adulteress.

◇ *nm* [infidélité] adultery; **commettre l'~ avec qqn** to have an adulterous relationship with sb, to commit adultery with sb.

adultérer [18] [adyltere] *vt litt* to adulterate.

adultérin, e [adylterɛ̃, in] *adj* adulterine.

ad valorem [advalɔrɛm] *loc adj inv* JUR [taxe] ad valorem.

advenir [40] [advənir] *vi* to happen.

◆ **il advient** *v impers*: **qu'est-il advenu de toutes tes belles idées?** what has become of all your wonderful ideas?; **qu'est-il advenu de lui?** what OU whatever became of him?; **il advient que...** it comes to pass OU it (so) happens that...; **il advint que je tombai malade** it (so) happened that I fell ill, I happened to fall ill.

◆ **advienne que pourra** *loc adv* come what may; **je signe, allez, advienne que pourra!** I'll sign and blow the consequences!

◆ **quoi qu'il advienne, quoi qu'il puisse advenir** *loc adv* come what may, whatever may happen.

adventice [advɑ̃tis] *adj* -**1.** PHILOS adventitious. -**2.** BOT self propagating.

adventif, ive [advɑ̃tif, iv] *adj* -**1.** BOT [racine] adventitious. -**2.** GÉOL [cône, cratère] adventive, parasitic.

adventiste [advɑ̃tist] ◇ *adj* Adventist.

◇ *nmf* Adventist; **les Adventistes du septième jour** the Seventh-Day Adventists.

adverbe [advɛrb] *nm* adverb; **~ de lieu/temps** adverb of place/time.

adverbial, e, aux [advɛrbjal, o] *adj* adverbial.

adverbialement [advɛrbjalmɑ̃] *adv* [employer] adverbially.

adversaire [advɛrsɛr] *nmf* adversary, opponent; **je n'ai pas peur de l'~** I'm not afraid of the opposition.

adversatif, ive [advɛrsatif, tiv] *adj* adversative.

adverse [advɛrs] *adj* -**1.** [bloc, opinion] opposing; **dans les rangs ~s, on ne croit pas aux privatisations** privatizations aren't popular with the opposition. -**2.** *litt* [circonstances] adverse. -**3.** JUR opposing.

adversité [advɛrsite] *nf* adversity; **poursuivi par l'~** the victim of many misfortunes.

ad vitam aeternam [advitamɛtɛrnam] *loc adv* for ever and ever.

adynamie [adinami] *nf* adynamia.

AE *nm abr de* adjoint d'enseignement

aède [aɛd] *nm* poet *(in Ancient Greece).*

A-EF *(abr de* Afrique-Équatoriale française*)* *npr f* FEA.

AELE *(abr de* Association européenne de libre-échange*)* *npr f* EFTA.

AEN *(abr de* Agence pour l'énergie nucléaire*)* *np f French atomic energy agency,* ≃ AEA.

aérage [aeraʒ] *nm* ventilation, air supply MIN.

aérateur [aeratœr] *nm* -**1.** CONSTR ventilator. -**2.** AGR aerator.

aération [aerasjɔ̃] *nf* ventilation; **il faudrait un peu d'~ dans cette chambre** this room needs airing.

aéré, e [aere] *adj* -**1.** [chambre] well-ventilated, airy. -**2.** [présentation, texte] well-spaced.

aérer [18] [aere] *vt* -**1.** [ventiler - chambre, maison] to air, to ventilate. -**2.** [alléger]: **aère un peu ton texte avant de le rendre** improve the presentation of your text before handing it in.
◆ **s'aérer** *vp (emploi réfléchi)* to get some fresh air; **si on allait s'~?** how about getting some fresh air?; **s'~ l'esprit/les idées** to clear one's mind/one's ideas.

aérien, enne [aerjɛ̃, ɛn] *adj* -**1.** AÉRON [tarif, base, raid, catastrophe] air *(épith)*; [combat, photographie] aerial; **nos forces ~nes** our air forces ❑ **attaque ~ne** air OU aerial attack. -**2.** [à l'air libre - câble] overhead. -**3.** [léger - mouvement] light, floating; **d'une légèreté ~ne** as light as air. -**4.** TÉLÉC overhead.
◆ **aérien** *nm* aerial.

aérobic [aerɔbik] *nm* aerobics *(sg)*.

aérobie [aerɔbi] ◇ *adj* aerobic.
◇ *nm* aerobe, aerobium.

aéro-club [aerɔklœb] (*pl* **aéro-clubs**) *nm* flying club.

aérodrome [aerɔdrom] *nm* airfield, aerodrome *Br*, airdrome *Am*.

aérodynamique [aerɔdinamik] ◇ *adj* [étude, manège, soufflerie] aerodynamic; [ligne, profilé, voiture] streamlined.
◇ *nf* aerodynamics *(sg)*.

aérodynamisme [aerɔdinamism] *nm* aerodynamics.

aérofrein [aerɔfrɛ̃] *nm* air brake.

aérogare [aerɔgar] *nf* [pour les marchandises] airport building; [pour les voyageurs] air terminal.

aérogastrie [aerɔgastri] *nf* aerogastria.

aéroglisseur [aerɔglisœr] *nm* hovercraft.

aérogramme [aerɔgram] *nm* aerogramme.

aérolit(h)e [aerɔlit] *nm* aerolite.

aéromodélisme [aerɔmɔdelism] *nm* model aircraft making.

aéromoteur [aerɔmɔtœr] *nm* wind power engine.

aéronaute [aerɔnot] *nmf* aeronaut.

aéronautique [aerɔnotik] ◇ *adj* aeronautic, aeronautical.
◇ *nf* aeronautics *(sg)*.

aéronaval, e, als [aerɔnaval] *adj* [bataille] air and sea *(épith)*.
◆ **aéronavale** *nf*: **l'~** ≃ Fleet Air Arm *Br*, ≃ Naval Air Command *Am*.

aéronef [aerɔnɛf] *nm* aircraft.

aéronomie [aerɔnɔmi] *nf* aeronomy.

aérophagie [aerɔfaʒi] *nf* wind, aerophagia *spéc*; **avoir** OU **faire de l'~** to have wind.

aéroport [aerɔpɔr] *nm* airport.

aéroporté, e [aerɔpɔrte] *adj* MIL airborne.

aéroportuaire [aerɔpɔrtɥɛr] *adj* airport *(épith)*.

aéropostal, e, aux [aerɔpɔstal, o] *adj* airmail *(épith)*.
◆ **Aéropostale** *npr f*: **l'Aéropostale** HIST *first French airmail service between Europe and South America*; [filiale d'Air France] *subsidiary of Air France*.

aérosol [aerɔsɔl] *nm* COMM aerosol.
◆ **en aérosol** *loc adj* spray *(épith)*; **nous l'avons aussi en ~** we also have it in spray form.

aérospatial, e, aux [aerɔspasjal, o] *adj* aerospace *(épith)*.
◆ **aérospatiale** *nf* -**1.** SC aerospace science. -**2.** INDUST aerospace industries.

aérostat [aerɔsta] *nm* aerostat.

aérostation [aerɔstasjɔ̃] *nf* aerostation.

aérostatique [aerɔstatik] ◇ *adj* aerostatic, aerostatical.
◇ *nf* aerostatics *(sg)*.

aérotechnique [aerɔtɛknik] ◇ *adj* aerotechnical.
◇ *nf* aerotechnics.

aéroterrestre [aerɔterɛstr] *adj* air and land *(épith)*.

aérothermodynamique [aerɔtɛrmɔdinamik] *nf* aerothermodynamics *(sg)*.

Aérotrain® [aerɔtrɛ̃] *nm* hovertrain.

aérotransporté, e [aerɔtrɑ̃spɔrte] *adj* airborne.

AF ◇ *nfpl abr de* **allocations familiales**.
◇ *npr f abr de* **Assemblée fédérale**.

Afars [afar] *npr mpl* -**1.** [peuple] Afars. -**2.** GÉOG & *vieilli*: **Territoire français des ~ et des Issas** Territory of the Afars and Issas.

AFAT, Afat [afat] (*abr de* **auxiliaire féminine de l'armée de terre**) *nf female member of the French army*.

affabilité [afabilite] *nf sout* affability, friendliness.

affable [afabl] *adj sout* affable, friendly; **sous des dehors ~s** behind a benign façade.

affabulation [afabylasjɔ̃] *nf* -**1.** LITTÉRAT plot construction. -**2.** PSYCH mythomania.

affabuler [3] [afabyle] ◇ *vi* to invent stories.
◇ *vt* LITTÉRAT [intrigue] to construct.

affadir [32] [afadir] *vt* -**1.** [aliments] to make bland OU tasteless. -**2.** [ternir] to make dull, to cause to fade.
◆ **s'affadir** *vpi* -**1.** [aliments] to become tasteless. -**2.** [couleur] to fade; **dans sa deuxième manière, ses couleurs se sont affadies** in his second period, he paints in duller shades.

affadissement [afadismɑ̃] *nm* -**1.** [d'un mets] loss of taste, increased blandness. -**2.** [d'une couleur - par le soleil] fading; [- par un pigment] dulling.

affaibli, e [afebli] *adj* weakened.

affaiblir [32] [afeblir] *vt* -**1.** [personne] to weaken, to sap; **sa maladie l'a beaucoup affaibli** his illness has weakened him a lot OU sapped all his energy. -**2.** [atténuer] to weaken; **le brouillard affaiblit tous les sons** the fog muffles all sounds; **utiliser un mot dans son sens affaibli** to use a word in its weaker sense. -**3.** [armée, institution] to weaken, to undermine; **un pays affaibli par la guerre** a country weakened by war. -**4.** [monnaie] to weaken.
◆ **s'affaiblir** *vpi* -**1.** [dépérir] to weaken, to become weaker; **elle s'est beaucoup affaiblie depuis le mois dernier** she has weakened a lot since last month; **s'~ de jour en jour** to get weaker and weaker every day, to get weaker by the day. -**2.** [s'atténuer - signification, impact] to weaken, to grow weaker; **la lumière du jour s'affaiblissait peu à peu** the daylight was fading gradually.

affaiblissement [afeblismɑ̃] *nm* [d'une personne, d'une idée, d'un sentiment] weakening; [d'une lumière, d'un bruit] fading.

affaiblisseur [afeblisœr] *nm* PHOT reducer.

affaire [afɛr] *nf* -**1.** [société] business, firm, company; **monter une ~** to set up a business; **c'est un type qui monte des ~s** *fam* he's an entrepreneur; **remonter une ~** to put a business back on its feet; **gérer** OU **diriger une ~** to run a business; **elle a une grosse ~ de meubles** she's got OU she runs a big furniture business; **faire entrer qqn dans une ~** to bring sb into a firm; **l'~ familiale** the family business. -**2.** [marché] (business) deal OU transaction; **faire ~ avec qqn** to clinch a deal with sb; **faire une ~ avec qqn** to (do a) deal with sb; **faire beaucoup d'~s** to do a lot of business; **une ~ (en or)** *fam* an unbeatable bargain; **faire une ~ (en or)** to get a bargain; **à mon avis, ce n'est pas une ~!** I wouldn't exactly call it a bargain!; **ils font des ~s en or** they're doing terrific business; **en ce moment, chez Lépo, tu as des ~s en or** there are great bargains to be had at Lépo's at the moment; **(c'est une) ~ conclue!, c'est une ~ faite!** it's a deal!; **l'~ ne s'est jamais faite** the deal was never clinched; **l'~ ne se fera pas** the deal's off ❑ **ce n'est pas (encore) une ~ faite!** *pr* the deal isn't clinched yet; *fig* it's by no means a foregone conclusion; **c'est une ~ entendue!** we agree on that! -**3.** [problème, situation délicate] business; **une mauvaise** OU **sale ~** a nasty business; **ce n'est pas une mince ~** it's quite a business; **quelle** OU **la belle ~!** *iron* so what (does it matter)?; **c'est une autre ~** that's another story OU a different proposition; **c'est toute une ~** it's quite a business; **pour lui faire manger des légumes, c'est toute une ~!** we have the devil's own job getting him to eat vegetables! ❑ **c'est une ~ de gros sous** it's a big scam; **une ~ à suivre** something to keep an eye on; **sortir** OU **tirer qqn d'~** [par amitié] to get sb out of trouble; [médicalement] to pull sb through; **être sorti** OU **tiré d'~** [après une aventure, une faillite] to be out of trouble OU in the clear; [après une maladie] to be off the danger list; **se sortir** OU **se tirer d'~** [après une aventure, une faillite] to get o.s. out of trouble; [après une maladie] to make a full recovery; **on n'est pas encore tirés d'~** we're not out of the woods yet. -**4.** [scandale]: **~ d'État** affair of state; **n'en fais pas une ~ d'État!** *fig* don't blow the thing up out of all proportion!; **~ (politique)** (political) scandal OU affair; **l'~ des pots de vin** the bribery scandal; **l'~ Dreyfus** the Dreyfus affair ‖ [crime] murder; [escroquerie] business, job; **être sur une ~** to be in on a job. -**5.** [procès] trial, lawsuit, case; **l'~ est jugée demain** sentence tomorrow, the trial concludes tomorrow; **plaider/juger une ~** to act for one of the parties/to be a judge in a lawsuit; **saisir un tribunal d'une ~** to bring a case before a judge ❑ **~ civile/correctionnelle** civil/criminal action; **n'en parlons plus, c'est une ~ classée** *fig* let's forget it, the matter's closed. -**6.** [ce qui convient]: **j'ai votre ~** *fam* I've got just the thing for you; **la mécanique c'est pas/c'est son ~** *fam* car engines aren't exactly/are just his cup of tea ❑ **faire l'~ (de qqn)**: **la vieille casserole fera l'~** the old saucepan'll do; **leur maison ferait bien mon ~** I'd be quite happy with their house; **je vais lui faire son ~** *fam* I'll sort OU straighten him out! -**7.** [ce qui est du ressort - d'une personne]: **mon/leur ~** my/their business; **l'~ d'autrui** other people's business; **fais ce que tu veux, c'est ton ~** do what you like, it's your business OU problem; **en faire son ~** to take the matter in hand, to make it one's business; **l'architecte? j'en fais mon ~** I'll deal with OU handle the architect. -**8.** [question]: **l'~** [ce dont il est question]: **dis-moi l'~ en deux mots** tell me briefly what the problem is; **l'âge/l'argent/le temps ne fait rien à l'~** age/money/time doesn't make any difference; **c'est l'~ d'une seconde** it can be done in a trice; **c'est l'~ d'un coup de fil** *fam* all it takes is a phone call; **(c'est une) ~ de** [c'est une question de]: **une ~ de vie ou de mort** a matter of life and death; **pour moi, c'est une ~ d'honnêteté intellectuelle** for me, it's a matter of OU it's a question of intellectual honesty; **~ de principe** matter of principle; **je ne le lui dirai jamais, ~ de principe!** I'll never tell him, as OU it's a matter of principle; **~ de goût** question of taste; **c'est (une) ~ de goût** to each his own, it's a question of taste; **pour une ~ de souveraineté territoriale** over some business to do with territorial sovereignty; **faut-il les emprisonner? ~ d'opinion** should they be sent to prison? it's a matter of opinion. -**9.** *loc*: **avoir ~ à** to (have to) deal with; **avoir ~ à forte partie** to be dealing with strong opposition; **avoir ~ à plus fort/plus malin que soi** to be dealing with someone stronger/more cunning than o.s.; **il vaut mieux n'avoir pas ~ à lui** it's better to avoid having anything to do with him; **je n'ai eu ~ qu'à ses tantes** I only ever dealt with OU had to do with her aunts; **tu vas avoir ~ à moi si tu tires la sonnette!** if you ring the bell, you'll have me to deal with!; **elle a eu ~ à moi quand elle a voulu vendre la maison!** she had me to contend with when she tried to sell the house!; **être à son ~**: **à la cuisine, il est à son ~** in the kitchen OU when he's cooking he's in his element; **tout à son ~, il ne m'a pas vu entrer** he was so absorbed in what he was doing, he didn't see me come in.

◆ **affaires** *nfpl* -**1.** COMM & ÉCON business *(U)*; **comment vont les ~s?** how's business?; **parler ~s** to talk business; **les ~s vont bien/mal** business is good/bad; **les ~s vont mal cet été** business is slow this summer; **être dans les ~s** [homme] to be a businessman; [femme] to be a businesswoman; **les ~s sont les ~s!** business is business!; **pour ~s** [voyager, rencontrer] for business purposes, on business ❑ **femme d'~s** businesswoman; **homme d'~s** businessman; **voyage/repas d'~s** business trip/lunch. -**2.** ADMIN & POL affairs; **être aux ~s** to run the country, to be the head of state; **depuis qu'il est revenu aux ~s** since he's been back in power ❑ **les ~s courantes** everyday matters; **les ~s de l'État** the affairs of state; **~s intérieures** internal OU domestic affairs; **~s internationales** international affairs; **~s publiques** public affairs; **les Affaires sociales** the Social services (department). -**3.** [situation matérielle]: **ses ~s** his business affairs, his financial situation; **il connaît bien les ~s de son père** he's well acquainted with his father's business affairs; **mettre de l'ordre dans ses ~s (avant de mourir)** to put one's affairs in order (before dying) || [situation personnelle]: **s'il revient, elle voudra le revoir et ça n'arrangera pas tes ~s** if he comes back, she'll want to see him and that won't help the situation; **c'est mes ~s, ça te regarde pas!** *fam* that's MY business! ❑ **~s de cœur** love life. -**4.** [objets personnels] things, belongings, (personal) possessions; **tes ~s de classe** your school things; **mes ~s de plage** my beach OU bathing *Br* things; **range tes ~s** tidy up your things; **ses petites ~s** *hum* his little things; *péj* his precious belongings.

◆ **en affaires** *loc adv* when (you're) doing business, in business; **en ~s il faut avoir la tête froide** in business, one needs a cool head; **être dur en ~s** [gén] to drive a hard bargain; [homme] to be a tough businessman; [femme] to be a tough businesswoman.

◆ **toutes affaires cessantes** *loc adv* forthwith; **toutes ~s cessantes, ils sont allés chez le maire** they dropped everything and went to see the mayor.

affairé, e [afere] *adj* busy; **air ~: prends un air ~** look busy, pretend you've got a lot to do; **ils entraient et sortaient d'un air ~** they were bustling in and out.

affairement [afɛrmɑ̃] *nm litt* bustle.

affairer [4] [afere]

◆ **s'affairer** *vpi* to bustle; **toujours à s'~ dans la maison** always bustling about the house; **s'~ auprès de qqn** to fuss around sb.

affairisme [aferism] *nm péj* money-making.

affairiste [aferist] *nmf péj* speculator.

affaissement [afɛsmɑ̃] *nm* -**1.** [effondrement] subsidence; **~ de sol, ~ de terrain** subsidence; **~ de la route/du terrain provoqué par des pluies diluviennes** road subsidence/subsidence due to torrential rain. -**2.** [relâchement - d'un muscle, des traits] sagging *(U)*. -**3.** [dépression] collapse, breakdown.

affaisser [4] [afese] *vt* -**1.** GÉOL [terrain, sol] to cause to sink OU to subside. -**2.** [tasser]: **être affaissé** [personne] to be slumped.

◆ **s'affaisser** *vpi* -**1.** [se tasser - gén] to subside, to collapse, to sink; [- bâtiment] to collapse; **la route s'est affaissée en plusieurs endroits** the road has subsided in several places; **à l'image, on voit la tour s'~ après l'explosion** on screen, you can see the tower collapsing after the blast. -**2.** [s'affaler] to collapse, to slump; **s'~ sur un canapé** to collapse OU to slump onto a couch. -**3.** ÉCON [monnaie, marché] to collapse, to slump.

affalement [afalmɑ̃] *nm* collapsing, slumping.

affaler [3] [afale] *vt* NAUT [voile] to haul down *(sép)*.

◆ **s'affaler** *vpi*: **s'~ dans un fauteuil** to flop into an armchair; **s'~ sur le sol** to collapse on the ground; **s'~ sur un divan** to flop down onto a couch.

affamé, e [afame] ◇ *adj* famished, starving; *litt*: **~ de** hungry for; **~ d'honneurs** thirsting for glory.

◇ *nm, f* starving person; **les ~s** the starving.

affamer [3] [afame] *vt* to starve.

affameur, euse [afamœr, øz] *nm, f* starver.

affect [afɛkt] *nm* affect.

affectation [afɛktasjɔ̃] *nf* -**1.** [manière] affectation; **il n'y a aucune ~ dans son langage** her language is not at all affected; **recevoir qqn avec ~** to greet sb with a great display of airs and graces. -**2.** [attribution] allocation; **l'~ de crédits à la recherche** the allocation of funds to research; **l'~ de l'aile sud aux services administratifs** allocating the south wing to administration. -**3.** [assignation] appointment, nomination; MIL posting; **il a reçu son ~ en Allemagne** MIL he was posted to Germany.

affecté, e [afɛkte] *adj* [personne] affected, mannered; **parler d'une manière ~e** to speak affectedly.

affecter [4] [afɛkte] *vt* -**1.** [feindre] to affect, to put on a show of; **~ une grande joie** to pretend to be overjoyed. -**2.** [présenter - une forme] to assume; **~ l'apparence de** to take on OU to assume the appearance of. -**3.** [assigner] to allocate, to assign; **~ des crédits** to allocate funds. -**4.** [nommer] to appoint, to nominate; **être affecté à un poste** to be appointed to a post; **être affecté à un bureau** [venant de l'extérieur] to be appointed to work in an office; [d'un autre service] to be transferred to an office. -**5.** [atteindre] to affect, to afflict; **le virus a affecté les deux reins** both kidneys were affected by the virus; **il est affecté d'une timidité maladive** he's painfully shy. -**6.** [émouvoir] to affect, to move; **très affecté par cette lettre/l'accident de ses parents** greatly affected by this letter/his parents' accident. -**7.** MATH to modify.

◆ **s'affecter de** *vp + prép litt* to be affected OU moved OU stirred by.

affectif, ive [afɛktif, iv] *adj* -**1.** [problème, réaction] emotional; **vie affective** love life. -**2.** PSYCH affective.

affection [afɛksjɔ̃] *nf* -**1.** [attachement] affection, fondness, liking; **avoir de l'~ pour** to be fond of, to have a fondness for, to have a liking for; **je n'ai pas beaucoup d'~ pour le jardinage/son frère** I don't much care for gardening/his brother; **une marque** OU **un signe d'~** a token of love OU affection. -**2.** MÉD disease, disorder. -**3.** PSYCH affection.

◆ **en affection** *loc adv*: **prendre qqn en ~** to grow to like sb.

affectionné, e [afɛksjɔne] *adj* [dans une lettre] fond, devoted; **votre petite-fille ~e** your fond OU devoted granddaughter.

affectionner [3] [afɛksjɔne] *vt* -**1.** [objet, situation] to be fond of. -**2.** [personne] to like, to feel affection for.

affectivité [afɛktivite] *nf* -**1.** [réactions]: **l'~** emotionality *spéc*, emotional life. -**2.** [caractère] sensitivity.

affectueusement [afɛktɥøzmɑ̃] *adv* -**1.** [tendrement] affectionately, fondly. -**2.** [dans une lettre]: **bien ~** kindest regards.

affectueux, euse [afɛktɥø, øz] *adj* loving, affectionate; **c'est un enfant très ~** he's a very affectionate child; **elle le regardait d'un air ~** she was looking at him fondly OU affectionately.

afférent, e [aferɑ̃, ɑ̃t] *adj* -**1.** JUR accruing (to), relating (to); **part** OU **portion ~e à qqn** portion accruing to sb. -**2.** *sout* [qui se rapporte à] relating OU relevant to; **voici les renseignements ~s à l'affaire** here is information relating OU relevant to the matter. -**3.** MÉD [nerf, vaisseau] afferent.

affermage [afɛrmaʒ] *nm* lease-farming.

affermer [3] [afɛrme] *vt* to lease OU to rent (out).

affermir [32] [afɛrmir] *vt* -**1.** [consolider - mur, tour] to reinforce, to strengthen. -**2.** [rendre plus ferme] to strengthen, to tone OU to firm up *(sép)*; **~ ses muscles par la natation** to strengthen one's muscles by swimming; **lotion tonique pour ~ votre peau** toning lotion for your skin. -**3.** [assurer] to strengthen; **~ sa position** to strengthen one's position; **~ sa voix** to steady one's voice.

◆ **s'affermir** *vpi* -**1.** [puissance, influence] to be strengthened; [investissements, monnaie] to strengthen. -**2.** [muscle, chair] to firm OU to tone up, to get firmer.

affermissement [afɛrmismɑ̃] *nm* [d'un pont] strengthening, consolidating; [de la peau] toning; [d'une monnaie] strengthening.

afféterie [afetri] *nf litt* affectation.

affichage [afiʃaʒ] *nm* -**1.** [sur une surface] posting; **~ sauvage** fly posting; **'~ interdit'** 'stick no bills'. -**2.** INF display; **~ à cristaux liquides** liquid crystal display, LCD; **~ numérique** digital display.

affiche [afiʃ] *nf* -**1.** [annonce officielle] public notice; [image publicitaire] advertisement, poster; [d'un film, d'une pièce, d'un concert] poster; **~ électorale** election poster. -**2.** CIN & THÉÂT: **il y a une belle ~ en ce moment à l'Odéon** there are some really interesting things on at the Odéon; **en tête d'~, en haut de l'~** at the top of the bill ❑ **tenir l'~** to run; **la pièce a tenu l'~ pendant plusieurs années** the play ran for several years; **quitter l'~** to close.

◆ **à l'affiche** *loc adv*: **être à l'~** to be on; **qu'est-ce qui est à l'~ en ce moment?** what's on at the moment?; **mettre une pièce à l'~** to put a play on, to stage a play; **rester à l'~** to run.

afficher [3] [afiʃe] *vt* -**1.** [placarder] to post OU to stick up *(sép)*; **le jugement a été affiché dans toutes les mairies** the judgment was posted up in all the city halls. -**2.** [annoncer] to bill, to have on the bill; **une des salles affichait du Mozart** one of the concert halls had Mozart on the bill; **on affiche complet pour ce soir** the house is full tonight. -**3.** *péj* [exhiber] to show off *(sép)*, to display, to flaunt *péj*; **~ son désespoir** to make one's despair obvious; **~ sa fortune/une liaison** to flaunt one's wealth/an affair. -**4.** INF to display.

◆ **s'afficher** *vpi péj*: **elle s'affiche avec lui** she's not afraid of being seen with him.

affichette [afiʃɛt] *nf* small poster.

afficheur [afiʃœr] *nm* billposter, billsticker.

affichiste [afiʃist] *nmf* poster designer.

affidavit [afidavit] *nm* affidavit.

affilage [afilaʒ] *nm* sharpening *(of a blade)*.

affilé, e [afile] *adj* [aiguisé] sharp; **un poignard bien ~** a well-sharpened dagger.

◆ **d'affilée** *loc adv*: **il a pris plusieurs semaines de congé d'~e** he took several weeks' leave in a row; **deux/trois heures d'~e** for two/three hours at a stretch.

affiler [3] [afile] *vt* [couteau, lame] to sharpen.

affiliation [afiljasjɔ̃] *nf* affiliation; **demander son ~ à une organisation** to apply for membership of an organization.

affilié, e [afilje] ◇ *adj* affiliated.

◇ *nm, f* affiliate.

affilier [9] [afilje]

◆ **s'affilier** *vp (emploi réfléchi)*: **s'~ à** to affiliate o.s. OU to become affiliated to.

affiloir [afilwar] *nm* whetstone.

affinage [afinaʒ] *nm* [d'un fromage] maturing; [du coton] fining; [d'un métal, de sucre] fining, refining.

affine [afin] *adj* MATH [application, espace, géométrie] affine.

affinement [afinmɑ̃] *nm* refinement.

affiner [3] [afine] *vt* -**1.** [purifier - verre, métal] to refine. -**2.** [adoucir - traits] to fine down. -**3.** [raffiner - goût, sens] to refine. -**4.** [mûrir]: **~ du fromage** to allow cheese to mature.

◆ **s'affiner** *vpi* -**1.** [se raffiner] to become more refined. -**2.** [mincir] to become thinner.

affinerie [afinri] *nf* refinery METALL.

affineur, euse [afinœr, øz] *nm, f* refiner.

affinité [afinite] *nf* -**1.** [sympathie] affinity; **avoir des ~s avec qqn** to have an affinity with OU for sb; **ils ont de fortes ~s l'un avec l'autre** there's a strong rapport between them; **se sentir des**

~s avec un lieu to feel a sense of affinity with a place. -**2.** CHIM affinity.

affirmatif, ive [afirmatif, iv] *adj* -**1.** [catégorique] affirmative; **il a été très ~ à ce sujet** he was quite positive about the subject; **parler d'un ton ~** to speak affirmatively. -**2.** LING affirmative.

◆ **affirmatif** *adv* MIL & TÉLÉC affirmative.

◆ **affirmative** *nf*: **répondre par l'affirmative** to answer yes OU in the affirmative; **nous aimerions savoir si vous serez libre mercredi; dans l'affirmative, nous vous prions de...** we'd like to know if you are free on Wednesday; if you are OU if so, please...

affirmation [afirmasjɔ̃] *nf* -**1.** [gén] affirmation. -**2.** JUR solemn affirmation. -**3.** LOGIQUE affirmation.

affirmativement [afirmativmɑ̃] *adv* affirmatively.

affirmer [3] [afirme] *vt* -**1.** [assurer] to assert, to affirm; **le crime a-t-il été prémédité? — rien ne permet encore de l'~** was the crime premeditated? — there are no grounds for saying so yet; **elle affirme ne pas l'avoir vu de la soirée** she maintains she didn't see him all evening; **le Premier ministre a affirmé son désir d'en finir avec le terrorisme** the Prime Minister stated his desire to do away with terrorism; **la semaine dernière, affirma-t-il** last week, he said. -**2.** [exprimer - volonté, indépendance] to assert.

◆ **s'affirmer** *vpi* [personne] to assert o.s.; [qualité, désir, volonté] to assert OU to express itself.

affixal, e, aux [afiksal, o] *adj* affixable LING.

affixe [afiks] *nm* affix.

affixé, e [afikse] *adj* affixed LING.

affleurement [aflœrmɑ̃] *nm* -**1.** GÉOL outcrop. -**2.** MENUIS levelling.

affleurer [5] [aflœre] ◇ *vt* [étagère, planches] to level.

◇ *vi* [écueil] to show on the surface; GÉOL [filon] to outcrop; *fig* to show through.

afflictif, ive [afliktif, iv] *adj* corporal JUR.

affliction [afliksjɔ̃] *nf litt* affliction.

affligé, e [afliʒe] *adj* afflicted.

affligeant, e [afliʒɑ̃, ɑ̃t] *adj* -**1.** *litt* [attristant] distressing. -**2.** [lamentable] appalling, pathetic; **des résultats ~s** pathetic OU appalling results; **d'une ignorance ~e** appallingly ignorant.

affliger [17] [afliʒe] *vt* -**1.** [atteindre] to afflict, to affect; **être affligé d'un handicap** to be afflicted with a handicap; **elle est affligée d'un prénom ridicule** *fig* & *hum* she's cursed with a ridiculous first name. -**2.** *litt* [attrister] to aggrieve *litt*, to affect, to afflict; **sa mort m'a beaucoup affligé** his death affected me greatly.

◆ **s'affliger** *vpi litt* to be distressed, to feel grief; **s'~ de** to be distressed about, to grieve over.

affluence [aflyɑ̃s] *nf* -**1.** [foule] crowd; **il y a ~** it's crowded; **il y a trop d'~** it's too crowded. -**2.** *litt* [richesses] affluence.

affluent, e [aflyɑ̃, ɑ̃t] *adj* [fleuve, rivière] tributary.

◆ **affluent** *nm* tributary, affluent.

affluer [3] [aflye] *vi* -**1.** [couler] to rush; **le sang afflua à son visage** blood rushed to her face; **les capitaux affluent** *fig* money's flowing OU rolling in. -**2.** [arriver] to surge; **les manifestants affluaient vers la cathédrale** the demonstrators were flocking to the cathedral.

afflux [afly] *nm* -**1.** [de sang] rush, afflux. -**2.** [de voyageurs] flux, influx, flood. -**3.** ÉLECTR surge (of current).

affolant, e [afɔlɑ̃, ɑ̃t] *adj* -**1.** [inquiétant] worrying, frightening, terrifying; **des rumeurs ~es parvenaient du front** terrifying rumours came from the front. -**2.** *fam* [en intensif] appalling; **c'est ~ ce qu'il y a comme circulation** the traffic's appalling.

affolé, e [afɔle] *adj* -**1.** [bouleversé] panic-stricken, distressed; **il avait l'air complètement ~ au téléphone** he sounded totally panic-stricken over the phone. -**2.** [boussole] spinning.

affolement [afɔlmɑ̃] *nm* -**1.** [panique] panic; **l'~ était si grand que...** there was such a panic that...; **pas d'~!** don't panic!; **sans ~** in a cool (,calm) and collected way. -**2.** [d'une boussole] spinning. -**3.** MÉTALL & PHYS perturbation.

affoler [3] [afɔle] *vt* -**1.** [terrifier] to throw into a panic; [bouleverser] to throw into turmoil; **les hurlements de l'animal l'affolèrent complètement** the howling of the animal threw her into a total panic; **les poulains étaient affolés** the foals were running around out of control. -**2.** *litt* [sexuellement] to drive wild with desire.

◆ **s'affoler** *vpi* -**1.** [s'effrayer] to panic; **ne t'affole pas, tout va bien!** don't panic, everything's OK!; **elle s'affole toujours à l'idée de partir** she always panics OU gets frantic at the thought of going away; **l'animal s'affolait** the animal was getting distressed. -**2.** [boussole] to spin.

affouragement [afuraʒmɑ̃] *nm* foddering.

affourager [17] [afuraʒe] *vt* to fodder.

affranchi, e [afrɑ̃ʃi] ◇ *adj* -**1.** HIST [esclave] freed. -**2.** [émancipé] emancipated, liberated.

◇ *nm, f* -**1.** HIST [esclave libéré] freed slave. -**2.** *arg crime* [personne du milieu] shady character.

affranchir [32] [afrɑ̃ʃir] *vt* -**1.** HIST [esclave] to (set) free. -**2.** [colis, lettre] to stamp, to put a stamp OU stamps on; **paquet insuffisamment affranchi** parcel with insufficient postage on it. -**3.** *arg crime* [renseigner]: **~ qqn** to give sb the lowdown, to tip sb off *(sép)*. -**4.** JEUX [carte] to clear.

◆ **s'affranchir** *vpi* [colonie] to gain one's freedom; [adolescent] to gain one's independence; [opprimé] to become emancipated OU liberated; **s'~ de la tutelle de ses parents** to free o.s. from one's parents' supervision; **s'~ de la domination étrangère** to throw off foreign domination.

affranchissable [afrɑ̃ʃisabl] *adj* [colis, lettre] which must be stamped, non postage paid.

affranchissement [afrɑ̃ʃismɑ̃] *nm* -**1.** [libération] freeing; **après leur ~** after they were set free. -**2.** [d'une lettre] stamping; **tarifs d'~ pour l'Afrique** postage OU postal rates to Africa; **~ insuffisant** insufficient postage.

affres [afr] *nfpl litt* pangs; **les ~ de la jalousie** the pangs of jealousy; **les ~ de la mort** the pangs OU throes of death; **les ~ de la création** the throes of creativity.

affrètement [afrɛtmɑ̃] *nm* chartering *(U)*.

affréter [18] [afrete] *vt* [avion, navire] to charter.

affréteur [afretœr] *nm* charterer, charter company.

affreusement [afrøzmɑ̃] *adv* -**1.** [en intensif] dreadfully, horribly, awfully; **elle a été ~ mutilée** she was horribly mutilated; **ce tableau est ~ laid** this painting is awfully ugly. -**2.** [laidement]: **~ habillé/décoré** hideously dressed/decorated.

affreux, euse [afrø, øz] *adj* -**1.** [répugnant] horrible; **elle aperçut un visage ~ à la fenêtre** she saw a horrible face at the window; **quelle ville affreuse!** what a horrible city! -**2.** [très désagréable] dreadful, awful; **nous avons connu quelques années affreuses** we have been through a few dreadful years; **il a fait un temps ~ pendant toute la semaine** the weather was awful all week long.

◆ **affreux** *fam nm* -**1.** MIL (white) mercenary *(in Africa)*. -**2.** [en appellatif]: **tu viens, l'~?** coming, you little terror OU monster?

affriander [3] [afrijɑ̃de] *vt litt* to allure, to entice.

affriolant, e [afrijɔlɑ̃, ɑ̃t] *adj* alluring, appealing; **des dessous ~s** sexy underwear.

affrioler [3] [afrijɔle] *vt* to excite, to allure.

affriquée [afrike] LING ◇ *adj f* [consonne] affricative.

◇ *nf* affricate.

affront [afrɔ̃] *nm* affront; **essuyer** OU **subir un ~** to be affronted OU offended; **faire un ~ à qqn** to affront OU to offend sb; **tu ne vas pas me faire l'~ de refuser?** you're not going to offend me by refusing?

affrontement [afrɔ̃tmɑ̃] *nm* confrontation; **les derniers ~s ont fait plusieurs morts** the last confrontation claimed several casualties; **l'~ de deux idéologies** the clash OU conflict of ideologies.

affronter [3] [afrɔ̃te] *vt* -**1.** [ennemi, mort] to face; [problème] to face (up to), to square up to *(insép)*; **il n'a pas hésité à ~ le danger/l'incendie** he didn't hesitate to face danger/the fire. -**2.** MENUIS [planche] to butt joint. -**3.** MÉD: **~ les lèvres d'une plaie** to close up a wound.

◆ **s'affronter** *vp (emploi réciproque)* to confront one another; **deux thèses s'affrontent dans le débat sur la peine de mort** there are two opposing theories in the debate on the death penalty.

affublement [afybləmɑ̃] *nm* rigout.

affubler [3] [afyble] *vt péj* [habiller] to rig out *(sép)*; **affublé d'une veste rouge** rigged out in a red jacket; **qui l'a affublé ainsi?** who on earth dressed him like that?; **on l'avait affublé d'un surnom idiot** *fig* the poor boy had been given an absurd nickname.

◆ **s'affubler** *vp (emploi réfléchi) péj* to rig o.s. out; **elle s'était affublée d'une robe à frous-frous** she'd got herself all rigged out in a ridiculous flouncy dress.

affût [afy] *nm* -**1.** ARM carriage, mount. -**2.** OPT [d'un télescope] frame.

◆ **à l'affût de** *loc prép* -**1.** CHASSE: **être à l'~ de** to be lying in wait for. -**2.** [à la recherche de]: **à l'~ des dernières nouvelles** eagerly waiting for the latest news; **à l'~ d'un sourire** begging for a smile; **à l'~ des fautes d'orthographe** ready to pounce on the first spelling mistake.

affûtage [afytaʒ] *nm* grinding, sharpening.

affûter [3] [afyte] *vt* to grind, to sharpen.

affûteur [afytœr] *nm* grinder.

affûteuse [afytøz] *nf* grinding machine.

afghan, e [afgɑ̃, an] *adj* Afghan.

◆ **Afghan, e** *nm, f* Afghan, Afghani.

◆ **afghan** *nm* LING Afghan.

Afghanistan [afganistɑ̃] *npr m*: **(l')** ~ Afghanistan.

aficionado [afisjɔnado] *nm* aficionado; **les ~s du football** football enthusiasts.

afin [afɛ̃]

◆ **afin de** *loc prép* in order to, so as to; **il s'est levé tôt ~ de terminer** he got up early (in order) to finish.

◆ **afin que** *loc conj (suivi du subjonctif)* in order OU so that; **préviens-moi si tu viens ~ que je puisse préparer ta chambre** tell me if you are coming so that I can prepare your bedroom.

AFNOR, Afnor [afnɔr] *(abr de* **Association française de normalisation**) *npr f French industrial standards authority*, ≃ BSI *Br*, ≃ ASA *Am*.

afocal, e, aux [afɔkal, o] *adj* afocal.

a fortiori [afɔrsjɔri] *loc adv* a fortiori, even more so, with all the more reason.

AF-P *(abr de* **Agence France-Presse**) *npr f French press agency*.

AFPA [afpa] *(abr de* **Association pour la formation professionnelle des adultes**) *npr f government body promoting adult vocational training*.

africain, e [afrikɛ̃, ɛn] *adj* African.

◆ **Africain, e** *nm, f* African.

africanisation [afrikanizasjɔ̃] *nf* Africanization, Africanizing.

africaniser [3] [afrikanize] *vt* to Africanize.

africanisme [afrikanism] *nm* Africanism.

africaniste [afrikanist] *nmf* Africanist.

afrikaans [afrikɑ̃s] *nm* LING Afrikaans.

afrikaner [afrikanɛr], **afrikaander** [afrikɑ̃dɛr] *adj* Afrikaner.

◆ **Afrikaner, Afrikaander** *nmf* Afrikaner.

Afrique [afrik] *npr f*: **(l')** ~ Africa; **(l')** ~ **australe** Southern Africa; **(l')** ~ **noire** sub-Saharan Africa; **(l')** ~ **du Nord** North Africa.

Afrique du Sud [afrikdysyd] *npr f*: (l')~ South Africa.

Afrique-Équatoriale française [afrikekwatɔrjalfrɑ̃sɛz] *npr f*: (l') ~ French Equatorial Africa.

Afrique-Occidentale française [afrikɔksidɑ̃talfrɑ̃sɛz] *npr f*: (l') ~ French West Africa.

afro [afro] *adj inv* afro; coiffure ~ afro hairstyle.

afro-américain, e [afroamerikɛ̃, ɛn] (*mpl* afro-américains, *fpl* afro-américaines) *adj* Afro-American.

◆ **Afro-Américain, e** *nm, f* Afro-American.

afro-asiatique [afroazjatik] (*pl* afro-asiatiques) *adj* -**1.** GÉOG Afro-Asian. -**2.** LING Afro-Asiatic.

◆ **Afro-Asiatique** *nmf* Afro-Asian.

afro-brésilien, enne [afrobreziljɛ̃, ɛn] (*mpl* afro-brésiliens, *fpl* afro-brésiliennes) *adj* afro-brasilian.

◆ **Afro-Brésilien, enne** *nm, f* Afro-Brasilian.

afro-cubain, e [afrokybɛ̃, ɛn] (*mpl* afro-cubains, *fpl* afro-cubaines) *adj* Afro-Cuban.

after-shave [aftœrʃɛv] *adj* & *nm* aftershave (lotion); une lotion ~ aftershave (lotion).

ag. *abr écrite de* agence.

AG (*abr de* assemblée générale) *nf* GM.

agaçant, e [agasɑ̃, ɑ̃t] *adj* -**1.** [irritant] irritating, annoying; ce qu'il peut être ~! he can be so annoying! -**2.** *litt* [excitant] exciting, titivating.

agacement [agasmɑ̃] *nm* irritation, annoyance; montrer de l'~ to show irritation.

agacer [16] [agase] *vt* -**1.** [irriter] to irritate, to annoy; ses plaisanteries continuelles m'agacent his constant jokes get on my nerves; le jus de citron agace les dents lemon juice sets one's teeth on edge. -**2.** *litt* [exciter] to excite, to titivate.

agacerie [agasri] *nf* piece of flirtatiousness OU of coquettish behaviour; faire de petites ~s à qqn to tease sb.

Agamemnon [agamɛmnɔ̃] *npr* Agamemnon.

agami [agami] *nm* agami, trumpeter.

agammaglobulinémie [agamaglɔbylinemi] *nf* agammaglobulinaemia.

agape [agap] *nf* RELIG & *arch* agape.

◆ **agapes** *nfpl hum* feast; faire des ~s to have a feast.

agar-agar [agaragar] (*pl* agars-agars) *nm* agar, agar-agar.

agaric [agarik] *nm* agaric.

agate [agat] *nf* agate.

agave [agav], **agavé** [agave] *nm* agave.

AGE (*abr de* assemblée générale extraordinaire) *nf* EGM.

âge [aʒ] *nm* -**1.** [nombre d'années] age; quel ~ as-tu? how old are you?; quand j'avais ton ~ when I was your age; être du même ~ que to be the same age OU as old as; à ton ~, je lisais when I was your age, I used to read; à ton ~, on ne pleure plus you're old enough not to cry now; un garçon/une fille de ton ~ ne doit pas... a boy/a girl (of) your age shouldn't...; d'un ~ avancé getting on OU advanced in years; d'un ~ canonique *hum* ancient; d'un certain ~ *euph* [dame, monsieur] middle-aged; un canapé d'un certain ~ *hum* a couch which is past its best OU prime; à cause de son jeune/grand ~ because he's so young/old; avancer en ~ to be getting on in years; avoir l'~ (de faire qqch): il veut se marier, c'est normal, il a l'~ he wants to get married, it's normal at his age; je n'ai plus l'~ (de grimper à la corde) I'm too old (for climbing ropes); quand tu auras l'~! when you're old enough!; j'ai passé l'~! I'm too old (for this kind of thing)!; c'est de mon/son ~: les boums, c'est de son ~ they all want to have parties at that age; ce n'est pas de ton ~ [tu es trop jeune] you're not old enough!; [tu es trop vieux] you're too old (for it)!; ce sont des choses qui ne sont plus de mon ~ I'm too old for that sort of thing now; on ne lui donne pas vraiment son ~ he doesn't look his age at all; quel ~ me donnez-vous? how old do you think I am?; faire OU paraître son ~ to look one's age; elle ne fait OU ne paraît pas son ~ she doesn't look her age, she looks younger than she actually is; l'~ d'un arbre/vin the age of a tree/wine; un whisky 20 ans d'~ a twenty-year-old whisky ❑ on a l'~ de ses artères you're as old as you feel. -**2.** [période] age, time (of life); la quarantaine, c'est l'~ des grandes décisions forty is the time (of life) for making momentous decisions; une fois passé l'~ des poupées when one's too old for dolls ❑ l'~ adulte [gén] adulthood; [d'un homme] manhood; [d'une femme] womanhood; l'~ bête *fam* OU ingrat the difficult age; l'~ critique the change of life; l'~ mûr maturity; l'~ pubertaire the age of puberty; l'~ de raison the age of reason; l'~ tendre the tender years; l'~ viril manhood; c'est le bel ~! these are the best years of one's life!; ne te plains pas, c'est le bel ~! don't complain, these are the best years of your life OU you're in your prime!; le premier ~ infancy; le quatrième ~ [période] advanced old age; [groupe social] very old people; le troisième ~ [période] old age; [groupe social] senior citizens. -**3.** [vieillissement] ageing *(U)*; avec l'~, il s'est calmé he became more serene with age OU as he grew older; les effets de l'~ the effects of ageing; prendre de l'~ to age, to get older; j'ai mal aux genoux – c'est l'~! *fam* my knees hurt – you're getting old! -**4.** ADMIN age; quel est l'~ de la retraite en France? what's the retiring age in France? ❑ avoir l'~ légal (pour voter) to be old enough to vote, to be of age; l'~ scolaire compulsory school age; être d'~ scolaire to be of school age; n'être pas encore d'~ scolaire to be too young to go to school; n'être plus d'~ scolaire to be over school-leaving age. -**5.** ARCHÉOL age; l'~ de bronze the Bronze Age; l'~ de fer the Iron Age; l'~ d'or MYTH & *fig* the golden age; l'~ de la pierre polie the neolithic age; l'~ de la pierre taillée the paleolithic age. -**6.** PSYCH: ~ mental mental age; avoir un ~ mental de cinq ans to have a mental age of five.

◆ **à l'âge de** *loc prép*: je l'ai connu à l'~ de 17 ans [j'avais 17 ans] I met him when I was 17; [il avait 17 ans] I met him when he was 17; on est majeur à l'~ de 18 ans one comes of age at 18.

◆ **d'âge à, en âge de** *loc prép* old enough to; tu es d'~ à OU en ~ de comprendre you're old enough to understand; ils ne sont pas d'~ à OU en ~ de se marier they're not old enough to get married; je ne suis plus d'~ à OU en ~ de faire du camping I'm too old to go camping.

◆ **en bas âge** *loc adj* [enfant] very young OU small.

◆ **entre deux âges** *loc adj* [personne] middle-aged.

âgé, e [aʒe] *adj* -**1.** [vieux] old; c'est un monsieur très ~ maintenant he's a very old man now; elle est plus ~e que moi she's older than I am ❑ les personnes ~es the elderly. -**2.** ~ de [de tel âge]: être ~ de 20 ans to be 20 years old; une jeune fille ~e de 15 ans a 15-year old girl.

agence [aʒɑ̃s] *nf* -**1.** [bureau] agency; ~ immobilière estate agent's *Br*, real-estate office *Am*; ~ matrimoniale marriage bureau; ~ de presse press OU news agency; ~ de publicité advertising agency; ~ de renseignements information bureau; ~ de voyages travel agency; Agence France-Presse *French national news agency*; Agence nationale pour l'emploi → **ANPE**; l'~ Tass Tass, the Tass news agency. -**2.** [succursale] branch; quand vous passerez à l'~ when you next visit the branch.

agencement [aʒɑ̃smɑ̃] *nm* [d'un lieu] layout, design; [d'un texte] layout; [d'éléments] order, ordering.

agencer [16] [aʒɑ̃se] *vt* -**1.** [aménager] to lay out; ~ un musée to lay out a museum; ~ une pièce to arrange the furniture in a room; un studio bien agencé a well laid-out studio flat. -**2.** [organiser] to put together *(sép)*, to construct; ~ les scènes d'une comédie to construct the scenes of a comedy.

agenda [aʒɛ̃da] *nm* diary.

agenouillement [aʒnujmɑ̃] *nm litt* kneeling.

agenouiller [3] [aʒnuje]

◆ **s'agenouiller** *vpi* to kneel (down); s'~ devant une statue to kneel (down) before a statue; il refuse de s'~ devant le pouvoir *fig* he refuses to bow to authority.

agent [aʒɑ̃] *nm* -**1.** [employé]: ~ artistique agent; ~ d'assurances insurance agent; ~ de change stockbroker; ~ commercial sales representative; ~ comptable accountant; ~ de conduite [d'un train] train driver; [du métro] metro driver; ~ consulaire consular agent; ~ double double agent; un ~ du gouvernement a government official; ~ immobilier estate agent *Br*, real estate agent *Am*, realtor *Am*; ~ de liaison MIL liaison officer; ~ littéraire literary agent; ~ de maîtrise supervisor; ~ de renseignements intelligence officer; ~ secret secret agent; ~ de transmission MIL dispatch rider. -**2.** [policier]: ~ (de police) [homme] policeman, constable *Br*, patrolman *Am*; [femme] policewoman, woman police constable *Br*, woman police officer *Am*; ~ de la circulation traffic policeman; s'il vous plaît, monsieur l'~ excuse me, officer. -**3.** [émissaire] agent, official; des ~s de l'étranger *péj* foreign agents. -**4.** [cause - humaine] agent; [- non humaine] factor; elle a été l'un des principaux ~s de la révolution she was a prime mover in the revolution; ~ atmosphérique/économique atmospheric/economic factor. -**5.** ARM: ~ chimique chemical agent. -**6.** LING & PHILOS agent.

aggiornamento [adʒɔrnamɛnto] *nm* aggiornamento, update.

agglomérant [aglɔmerɑ̃] *nm* CONSTR binder.

agglomérat [aglɔmera] *nm* -**1.** GÉOL agglomerate. -**2.** LING cluster.

agglomération [aglɔmerasjɔ̃] *nf* -**1.** [ville et sa banlieue] town; l'~ parisienne Paris and its suburbs, greater Paris. -**2.** TRANSP built-up area; en ~ TRANSP in a built-up area. -**3.** MIN [de sable] aggregation. -**4.** [assemblage] conglomeration.

aggloméré, e [aglɔmere] *adj* agglomerate.

◆ **aggloméré** *nm* -**1.** MIN briquet, briquette. -**2.** CONSTR chipboard; GÉOL conglomerate; [de liège] agglomerated cork.

agglomérer [18] [aglɔmere] *vt* [pierre, sable] to aggregate; [charbon] to briquet; [métal] to agglomerate.

◆ **s'agglomérer** *vpi* to agglomerate, to aggregate.

agglutinant, e [aglytinɑ̃, ɑ̃t] *adj* LING & MÉD agglutinative.

agglutination [aglytinasjɔ̃] *nf* -**1.** LING & MÉD agglutination. -**2.** *péj* [masse] mass.

agglutiner [3] [aglytine] *vt* to mass OU to pack together *(sép)*.

◆ **s'agglutiner** *vpi* to congregate; ils s'agglutinaient à la fenêtre they were all pressing up against the window; les pucerons s'agglutinent sous chaque bourgeon greenfly congregate in a compact mass under each bud.

agglutinine [aglytinin] *nf* agglutinin.

agglutinogène [aglytinɔʒɛn] *nm* agglutinogen.

aggravant, e [agravɑ̃, ɑ̃t] *adj* aggravating; et, fait ~, il avait oublié l'argent and he'd forgotten the money, which made things worse.

aggravation [agravasjɔ̃] *nf* [d'une maladie, d'un problème] aggravation, worsening *(U)*; [de l'inflation] increase; son état de santé a connu une ~ his health has worsened; ~ du chômage le mois dernier increase in unemployment last month.

aggraver [3] [agrave] *vt* to aggravate, to make worse, to exacerbate; n'aggrave pas ton cas don't make your position worse than it is; ces mesures ne feront qu'~ l'inflation these measures will only serve to worsen OU increase inflation.

◆ **s'aggraver** *vpi* to get worse, to worsen; son état s'est aggravé his condition has worsened;

la situation s'aggrave the situation is getting worse; décidément, mon pauvre vieux, ça s'aggrave! *fam hum* you get worse!

agile [aʒil] *adj* nimble, agile; un esprit ~ an agile mind.

agilement [aʒilmɑ̃] *adv* [grimper, se mouvoir] nimbly, agilely.

agilité [aʒilite] *nf* agility.

agio [aʒjo] *nm* (bank) charge; payer 100 francs d'~s to pay 100 francs in bank charges.

agir [32] [aʒir] *vi* **A.** AVOIR UNE ACTIVITÉ -**1.** [intervenir] to act, to take action; il faut ~ rapidement pour enrayer l'épidémie we have to act quickly OU to take swift action to prevent an epidemic from developing; en cas d'incendie, il faut ~ vite in the event of a fire, it is important to act quickly; sur les ordres de qui avez-vous agi? on whose orders did you act?; faire ~: est-ce la jalousie qui l'a fait ~? was it jealousy that made her do it?; ~ auprès de qqn [essayer de l'influencer] to try to influence sb; ~ auprès de qqn pour obtenir qqch to approach sb for sthg; je vous en prie, agissez auprès de l'archevêque I beg you, please use your influence with the archbishop. -**2.** [passer à l'action] to do something; parler et ~ sont deux choses différentes there's quite a difference between talking and actually doing something; elle parle, mais elle n'agit pas she talks but she doesn't do anything; assez parlé, maintenant il faut ~! enough talk, let's have some action! -**3.** [se comporter] to act, to behave; elle agit bizarrement ces temps-ci she's been acting OU behaving strangely of late; bien/mal ~ envers qqn to behave well/badly towards sb; tu n'as pas agi loyalement you didn't play fair; il a agi en bon citoyen he did what any honest citizen would have done; ~ à la légère to act rashly; ~ selon sa conscience to act according to one's conscience, to let one's conscience be one's guide.
B. AVOIR UN EFFET -**1.** [fonctionner - poison, remède] to act, to take effect, to work; [- élément nutritif] to act, to have an effect; [- détergent] to work; laisser ~ un décapant to allow a paint-stripper to work; laisser ~ la justice to let justice take its course. -**2.** [avoir une influence]: ~ sur to work OU to have an effect on; tes larmes n'agissent plus sur moi your tears don't have any effect on me OU don't move me any more.
C. DANS LE DOMAINE JURIDIQUE to act in a court of law; ~ contre qqn [en droit pénal] to prosecute sb; [en droit civil] to sue sb; ~ en diffamation to sue for libel; ~ en recherche de paternité to bring a paternity suit; ~ pour qqn to act on behalf of OU for sb.
◆ **s'agir de** *v impers* -**1.** [être question de]: il s'agit de: je voudrais te parler — de quoi s'agit-il? I'd like to talk to you — what about?; de qui s'agit-il? who is it?; je voudrais vous parler d'une affaire importante, voici ce dont il s'agit I'd like to talk to you about an important matter, namely this; le criminel dont il s'agit the criminal in question; l'affaire dont il s'agit the matter at issue; ne la mêle pas à cette affaire, il s'agit de toi et de moi don't bring her into this, it's between you and me; il ne s'est agi que de littérature toute la soirée the only thing talked about all evening was literature; mais enfin, il s'agit de sa santé! but her health is at stake (here)!; je peux te prêter de l'argent — il ne s'agit pas de ça OU ce n'est pas de ça qu'il s'agit I can lend you some money — that's not the point OU the question; s'il ne s'agissait que de moi, la maison serait déjà vendue if it were just up to me, the house would already be sold; s'il ne s'agissait que d'argent, la solution serait simple! if it were only a question of money, the answer would be simple!; une augmentation? il s'agit bien de cela à l'heure où l'on parle de licenciements *iron* a rise? that's hardly appropriate at a time when redundancies are in the offing; quand il s'agit d'aller à la chasse, il trouve toujours le temps! when it comes to going hunting, he can always find time!; quand il s'agit de râler, tu es toujours là! you can always be relied upon to moan!; une voiture a explosé, il s'agirait d'un accident a car has exploded, apparently by accident; il s'agirait d'une grande première scientifique it is said to be an important first for science. -**2.** [falloir]: il s'agit de: maintenant, il s'agit de lui parler now we must talk to her; c'est qu'il s'agit de gagner ce match! we must win this match!; il s'agissait pour moi d'être convaincant I had to be convincing; il s'agit de savoir si... the question is whether...; il s'agirait d'obéir! [menace] you'd better do as you're told!; dis donc, il ne s'agit pas de se perdre! come on, we mustn't get lost now!; il s'agit bien de pleurer maintenant que tu l'as cassé you may well cry, now that you've broken it!; il ne s'agit pas que tu ailles tout lui raconter! you'd better not go and repeat everything to him!
◆ **s'agissant de** *loc prép* -**1.** [en ce qui concerne] as regards, with regard to; s'agissant de lui, vous pouvez avoir toute confiance as far as he's concerned, you've got nothing to worry about. -**2.** [puisque cela concerne]: un service d'ordre ne s'imposait pas, s'agissant d'une manifestation pacifique there was no need for a police presence, given that this was a peaceful demonstration.

âgisme [aʒism] *nm* age discrimination, agism.

agissant, e [aʒisɑ̃, ɑ̃t] *adj* -**1.** [entreprenant] active. -**2.** [efficace] efficient, effective; un remède ~ an effective remedy.

agissements [aʒismɑ̃] *nmpl* machinations, schemes; des ~s louches suspicious dealings.

agitateur, trice [aʒitatœr, tris] *nm, f* POL agitator.
◆ **agitateur** *nm* CHIM beater, agitator.

agitation [aʒitasjɔ̃] *nf* -**1.** [mouvement - de l'air] turbulence; [- de l'eau] roughness; [- de la rue] bustle. -**2.** [fébrilité] agitation, restlessness; être dans un état d'~ violente to be extremely agitated; l'~ régnait dans la salle [excitation] the room was buzzing with excitement; [inquiétude] there was an uneasy atmosphere in the room. -**3.** MÉD & PSYCH agitated depression. -**4.** POL unrest; ~ parmi la population civil unrest; ~ syndicale industrial unrest.

agité, e [aʒite] ◇ *adj* -**1.** [mer] rough, stormy. -**2.** [instable] restless; [angoissé] agitated, worried; c'était un enfant très agité he was a very restless child. -**3.** [troublé - vie] hectic; [- nuit, sommeil] restless.
◇ *nm, f* -**1.** MÉD & PSYCH disturbed (mental) patient. -**2.** [excité]: c'est un ~ he can't sit still for a minute.

agiter [3] [aʒite] *vt* -**1.** [remuer - liquide] to shake; [- queue] to wag; [- mouchoir, journal] to wave about *(insép)*; ~ les bras to flap OU to wave one's arms; une petite brise agite la surface du lac a soft breeze is ruffling the surface of the lake; il agitait en hurlant une facture sous mon nez he was yelling and waving a bill at me; '~ avant usage OU de s'en servir' 'shake well before use'. -**2.** [brandir] to brandish; ~ le spectre de qqch devant qqn to threaten sb with the spectre of sthg. -**3.** [troubler] to agitate, to trouble, to upset; l'idée de rencontrer son père l'agite beaucoup the thought of meeting his father is troubling him a lot; un besoin d'action agitait les étudiants the students were longing for action; une violente colère l'agitait he was in the grip of a terrible rage; ~ le peuple contre le gouvernement to incite the people to rise up against the government. -**4.** [débattre] to debate, to discuss; ~ une question/un thème to debate a question/a theme.
◆ **s'agiter** *vpi* -**1.** [bouger] to move about; s'~ dans son sommeil to toss and turn in one's sleep; cesse de t'~ sur ta chaise! stop fidgeting about on your chair!; tu t'agites trop, ne te fais donc pas tant de souci you're too restless, don't worry so much. -**2.** *fam* [se dépêcher] to get a move on; il faut t'~ un peu si tu veux être à l'heure/avoir ton examen you'd better get a move on if you want to be on time/to pass your exam. -**3.** [se révolter] to be restless OU in a state of unrest.

agit-prop [aʒitprɔp] *nf inv* POL agit-prop.

agneau, x [aɲo] *nm* -**1.** ZOOL lamb; c'est un ~! *fig* he's as meek OU gentle as a lamb! ❑ ~ de lait suckling lamb. -**2.** CULIN lamb *(U)*; l'~ est gras, la viande d'~ est grasse lamb is fatty; côtelettes d'~ lamb chops. -**3.** [en appellatif]: viens mon ~ (joli)! come on lambkin!; mes ~x, vous allez me dire la vérité maintenant! now, my little friends, you're going to tell me the truth! -**4.** [fourrure] lamb, lambskin; [peau] lambskin; une veste en ~ a lambskin jacket. -**5.** RELIG: l'Agneau (de Dieu) the Lamb (of God); l'~ mystique the mystic lamb; l'~ pascal the paschal lamb.

agnelage [aɲəlaʒ] *nm* [naissance] lambing; [période] lambing season OU time.

agnelée [aɲəle] *nf* fall *(of lambs)*.

agneler [24] [aɲəle] *vi* to lamb.

agnelet [aɲəlɛ] *nm vieilli* small lamb, lambkin.

agnelle [aɲɛl] *nf* young ewe.

agnosie [agnɔzi] *nf* agnosia.

agnosticisme [agnɔstisism] *nm* agnosticism.

agnostique [agnɔstik] *adj* & *nmf* agnostic.

Agnus Dei [agnysdei] *nm inv* Agnus Dei.

agonie [agɔni] *nf* death throes, pangs of death, death agony; il a eu une longue ~ he was very ill for a long time before he died; l'~ de l'empire *fig* the death throes of the empire; être à l'~ *pr* to be at the point of death; *fig* to suffer agonies; ne prolongez pas son ~ *fig* please put her out of her misery.

agonir [32] [agɔnir] *vt sout*: ~ qqn d'injures OU d'insultes to hurl abuse at sb; elle s'est fait ~ she was reviled.

agonisant, e [agɔnizɑ̃, ɑ̃t] ◇ *adj* dying.
◇ *nm, f* dying person.

agoniser [3] [agɔnize] *vi* to be dying.

agora [agɔra] *nf* -**1.** [espace piétonnier] concourse. -**2.** ANTIQ agora.

agoraphobe [agɔrafɔb] *adj* & *nmf* agoraphobic.

agoraphobie [agɔrafɔbi] *nf* agoraphobia.

agouti [aguti] *nm* agouti.

agrafage [agrafaʒ] *nm* [de papiers, de tentures] stapling; [de vêtements] hooking, fastening; [de bois ou de métal] clamping, cramping; MÉD clamping.

agrafe [agraf] *nf* [pour papier] staple; [pour vêtement] hook, fastener; [pour bois ou métal] clamp; MÉD clamp.

agrafer [3] [agrafe] *vt* -**1.** [papiers] to staple (together); [bords d'un tissu] to hook OU to fasten (up). -**2.** *arg crime* [arrêter] to nick *Br*, to bust *Am*; il s'est fait ~ he got nicked OU busted.

agrafeuse [agraføz] *nf* stapler.

agraire [agrɛr] *adj* agrarian.

agrammatical, e, aux [agramatikal, o] *adj* ungrammatical.

agrammaticalité [agramatikalite] *nf* ungrammaticality.

agrammatisme [agramatism] *nm* agrammatism.

agrandir [32] [agrɑ̃dir] *vt* -**1.** [élargir - trou] to enlarge, to make bigger; [- maison, jardin] to extend; [- couloir, passage] to widen; ses yeux agrandis par la terreur her eyes wide with fear; la Communauté agrandie the enlarged Community; ~ le cercle de ses activités to enlarge the scope of one's activities; j'ai besoin de partenaires pour ~ mon affaire I need partners to expand my business. -**2.** *litt* [exalter - âme, pensée] to elevate, to uplift. -**3.** [faire paraître grand]: un trait de crayon pour ~ les yeux a pencil line to make your eyes look bigger; on avait agrandi la scène par des décors transparents the stage had been made to look bigger by the use of see-through sets. -**4.** IMPR & PHOT [cliché, copie] to enlarge, to blow up *(sép)*; [sur écran] to magnify.
◆ **s'agrandir** *vpi* -**1.** [s'élargir] to grow, to get bigger; la banlieue s'agrandit sans cesse the

suburbs never stop growing; **le cercle de famille s'agrandit** the family circle is widening; **quand elle le vit, ses yeux s'agrandirent** when she saw him, her eyes widened. -**2.** ÉCON to expand; **le marché des logiciels s'agrandit** the market for software is expanding. -**3.** [avoir plus de place] to get more space for o.s.; **avec le troisième enfant, il faut s'~** when the third child comes along, a family needs more living space.

agrandissement [agrɑ̃dismɑ̃] *nm* -**1.** PHOT enlargement. -**2.** [d'un appartement, d'une affaire] extension.

agrandisseur [agrɑ̃disœr] *nm* enlarger PHOT.

agraphie [agrafi] *nf* agraphia.

agrarien, enne [agrarjɛ̃, ɛn] *adj & nm, f* agrarian.

agréable [agreabl] ◇ *adj* pleasant, nice, agreeable; **une corvée qui n'est pas très ~** a rather unpleasant chore; **je la trouve plutôt ~ physiquement** I find her quite pleasant-looking; **il ne souhaite que vous être ~** he only wants to be nice to you; **il me serait bien ~ de le revoir** I would love to see him again; **~ à: une couleur ~ à l'œil** OU **à voir** a colour pleasing to the eye; **voilà quelqu'un qui est ~ à vivre** here's somebody who is easy to live with.
◇ *nm*: **l'~, ici, c'est la grande terrasse** the nice thing about this place is the terrace.

agréablement [agreabləmɑ̃] *adv* pleasantly, agreeably.

agréé, e [agree] *adj* JUR registered.

agréer [15] [agree] *vt* [dans la correspondance]: **veuillez ~ mes sentiments distingués** yours faithfully *Br*, sincerely yours *Am*.
◆ **agréer à** *v + prép litt* to please, to suit; **si cela vous agrée, nous nous verrons la semaine prochaine** if it suits you, we shall meet next week.

agrég *fam* [agrɛg] *nf abr de* **agrégation**.

agrégat [agrega] *nm* [de roches, de substances] aggregate; *fig & péj* conglomeration, mish-mash *péj*.

agrégatif, ive [agregatif, iv] ◇ *adj* UNIV [candidat, étudiant] who is studying to take the agrégation.
◇ *nm, f* UNIV agrégation candidate.

agrégation [agregasjɔ̃] *nf* -**1.** UNIV *high-level competitive examination for teachers.* -**2.** [assemblage] agglomeration.

L'AGRÉGATION:
This is a prestigious professional qualification for teachers in France. Those who pass the challenging competitive exam for the "agrég" become "professeurs titulaires", and as such are entitled to higher pay and a less onerous timetable.

---

agrégé, e [agreʒe] ◇ *adj* -**1.** UNIV who has passed the agrégation. -**2.** [assemblé] agglomerated.
◇ *nm, f* UNIV *person who has passed the agrégation (and commands certain salary and timetable privileges within the teaching profession).*

agréger [22] [agreʒe] *vt* -**1.** [assembler] to agglomerate (together). -**2.** [intégrer]: **~ qqn à** to incorporate sb into.
◆ **s'agréger** *vpi* [s'assembler] to form a mass.
◆ **s'agréger à** *vp + prép* to incorporate o.s. into.

agrément [agremɑ̃] *nm* -**1.** [attrait] charm, appeal, attractiveness; **sa maison est pleine d'~** his house is delightful OU very attractive; **un visage sans ~** an unattractive face. -**2.** *sout* [accord] approval, consent; **agir avec l'~ de ses supérieurs** to act with one's superiors' approval OU consent.
◆ **d'agrément** *loc adj* [jardin, voyage] pleasure *(épith)*.

agrémenter [3] [agremɑ̃te] *vt*: **~ qqch avec** OU **de** to decorate sthg with; **vous pouvez ~ votre plat avec quelques feuilles de menthe** decorate OU garnish the dish with a few sprigs of mint; **des balcons agrémentés de géraniums** balconies bedecked with geraniums; **une lettre agrémentée de quelques expressions à l'ancienne** a letter graced OU adorned with a few quaint old phrases.

agrès [agrɛ] *nmpl* -**1.** SPORT piece of apparatus; **elle a eu 20 aux (exercices aux) ~** she got 20 for apparatus work. -**2.** NAUT lifting gear; [sur un ballon] tackle.

agresser [4] [agrese] *vt* -**1.** [physiquement] to attack, to assault; **se faire ~** to be assaulted. -**2.** [verbalement] to attack; **pourquoi m'agresses-tu ainsi? je n'ai fait que dire la vérité!** why are you being so aggressive towards me? I only told the truth! -**3.** [avoir un effet nocif sur] to damage.

agresseur [agrɛsœr] ◇ *adj m* [État, pays] attacking.
◇ *nm* [d'une personne] attacker, assailant, aggressor; [d'un pays] aggressor; **elle n'a pas pu voir son ~** she couldn't see her assailant OU the person who assaulted her.

agressif, ive [agrɛsif, iv] *adj* -**1.** [hostile - personne, pays] aggressive, hostile, belligerent *litt*; **ne sois pas si ~!** don't be so hostile OU aggressive! -**2.** [oppressant - musique, image] aggressive; **la laideur agressive des monuments** *sout* the sheer ugliness of the buildings; **un maquillage ~** outrageous makeup. -**3.** [dynamique] dynamic, aggressive; **une concurrence agressive** aggressive competitors; **il nous faut une politique commerciale agressive** we need a sales policy with some punch (to it). -**4.** PSYCH [acte, pulsion] aggressive.

agression [agrɛsjɔ̃] *nf* -**1.** [attaque - contre une personne] attack, assault; [- contre un pays] aggression; **être victime d'une** OU **subir une ~** to be assaulted; **le nombre des ~s a diminué** the number of personal assaults has decreased; **les ~s de la vie moderne** *fig* the stresses and strains of modern life; **les ~s du soleil contre votre peau** the harm the sun does to your skin. -**2.** PSYCH aggression.

agressivement [agrɛsivmɑ̃] *adv* aggressively.

agressivité [agrɛsivite] *nf* aggressivity, aggressiveness.

agreste [agrɛst] *adj litt* rustic.

agricole [agrikɔl] *adj* agricultural, farming *(épith)*; **un pays ~** an agricultural country.

agriculteur, trice [agrikyltœr, tris] *nm, f* farmer.

agriculture [agrikyltyr] *nf* agriculture, farming.

Agrigente [agriʒɑ̃t] *npr* Agrigento.

Agrippa [agripa] *npr* Agrippa.

agripper [3] [agripe] *vt* -**1.** [prendre] to grab, to snatch. -**2.** [tenir] to clutch, to grip; **ne m'agrippe pas ainsi!** stop clutching me like that!
◆ **s'agripper** *vpi* to hold on; **agrippe-toi, j'arrive** hold on tightly, I'm coming; **s'~ à qqch** to cling to OU to hold on (tight) sthg; **elle s'agrippait à mon bras** she was gripping my arm.

Agrippine [agripin] *npr* Agrippina.

agroalimentaire [agrɔalimɑ̃tɛr] ◇ *adj* food-processing *(épith)*.
◇ *nm*: **l'~** the food-processing industry, agribusiness.

agrochimie [agrɔʃimi] *nf* agrochemistry.

agro-industrie [agrɔɛ̃dystri] (*pl* **agro-industries**) *nf*: **l'~** [en amont de l'agriculture] the farm machines, implements and fertilizers industry; [en aval de l'agriculture] the food-processing industry, agribusiness.

agrologie [agrɔlɔʒi] *nf* agrology.

agronome [agrɔnɔm] *nmf* agronomist.

agronomie [agrɔnɔmi] *nf* agronomics *(sg)*.

agronomique [agrɔnɔmik] *adj* agronomic, agronomical.

agropastoral, e, aux [agrɔpastɔral, o] *adj* agricultural.

agrumes [agrym] *nmpl* citrus fruit.

agrumiculture [agrymikyltyr] *nf* citrus fruit farming.

aguardiente [agwardjɛnte] *nf* aguardiente.

aguerrir [32] [agerir] *vt* to harden, to toughen (up); **avoir les nerfs aguerris par dix ans de combat** to have nerves toughened by ten years of fighting.
◆ **s'aguerrir** *vpi* to become tougher.

aguets [agɛ]
◆ **aux aguets** *loc adv*: **être aux ~** to be on watch OU the lookout.

aguichant, e [agiʃɑ̃, ɑ̃t] *adj* seductive, enticing, alluring.

aguiche [agiʃ] *nf* teaser *(in advertising)*.

aguicher [3] [agiʃe] *vt* to seduce, to entice, to allure.

aguicheur, euse [agiʃœr, øz] ◇ *adj* seductive, enticing, alluring.
◇ *nm, f* tease.

ah [a] ◇ *interj* -**1.** [renforce l'expression d'un sentiment] ah, oh; **~, que cette tomate est bonne!** oh OU ah OU mm, this tomato's delicious!; **~, que je vous plains!** oh, I feel so sorry for you!; **~, ne va pas croire cela!** oh please, you mustn't believe that!; **~, ça y est, je l'ai trouvé!** ah OU aha, here we are, I've found it!; **~, je te l'avais bien dit!** aha, I told you so!; **~, c'est un secret** aha, that's a secret. -**2.** [dans une réponse] ah; **il est venu — ~ bon!** he came — did he (really)?; **ils n'en ont plus en magasin — ~ bon!** they haven't got anymore in stock — oh well!; **~ non alors!** certainly not!; **~ oui?** really?
◇ *nm inv* ah; **pousser des oh et des ~** to ooh and ah.

Ah (*abr écrite de* **ampère-heure**) ah.

ahan [aɑ̃] *nm vieilli* OU *litt*: **à grand ~** with much puffing and panting.

ahaner [3] [aane] *vi litt* to puff and pant.

ahuri, e [ayri] ◇ *adj* -**1.** [surpris] dumbfounded, amazed, stunned; **il a eu l'air ~ quand je lui ai annoncé les prix/qu'il avait gagné** he looked dumbfounded when I told him the price/bowled over when I told him he'd won. -**2.** [hébété] stupefied, dazed; **elle erra pendant des heures, l'air ~** she wandered about for several hours looking dazed; **il avait l'air complètement ~** he looked as if he was in a daze.
◇ *nm, f* idiot; **espèce d'~!** you idiot!

ahurir [32] [ayrir] *vt* to stun, to daze.

ahurissant, e [ayrisɑ̃, ɑ̃t] *adj* stunning, stupefying; **je trouve ça ~** I think it's appalling.

ahurissement [ayrismɑ̃] *nm* daze; **son ~ était tel qu'il ne m'entendait pas** he was so stunned that he didn't even hear me.

aï [ai] *nm* ZOOL ai, three-toed sloth.

aiche [ɛʃ] *nf* bait.

aide[1] [ɛd] ◇ *nm* -**1.** [assistant - payé] assistant; [- bénévole] helper; **les ~s du président** the presidential aides ❑ **~ familial (étranger)** male au pair. -**2.** *(comme adj; avec ou sans trait d'union)* assistant *(épith)*. -**3.** MIL: **~ de camp** aide-de-camp.
◇ *nf*: **~ familiale (étrangère)** au pair.

aide[2] [ɛd] *nf* -**1.** [appui] help, assistance, aid; **avoir besoin d'~** to need help; **avec l'~ de mon frère** with help from my brother OU my brother's help; **elle y est arrivée sans l'~ de personne** she succeeded with no help at all OU unaided; **j'ai eu de l'~** I had help; **il a demandé l'~ d'un prêtre** he asked for the help OU aid OU assistance of a priest; **appeler à l'~** to call for help; **quand elle s'est retrouvée au chômage, elle a appelé ses parents à l'~** when she found herself unemployed, she asked OU turned to her parents for help; **prêter** OU **offrir son ~ à qqn** to give sb help, to go to sb's assistance; **venir en ~ à qqn** to come to sb's aid; **que Dieu vous vienne en ~** may God help you. -**2.** [don d'argent] aid; **recevoir l'~ de l'État** to receive government aid ❑ **~ au développement économique (des pays du tiers-monde)** economic aid (to third world countries); **~ humanitaire** humanitarian aid; **~ judiciaire** ≃ legal aid; **~ personnalisée au logement** ≃

housing benefit *(U)*; ~ à la reconversion des entreprises industrial reconversion grants; ~ au retour *voluntary repatriation allowances for immigrant workers leaving France.*

◆ **aides** *nfpl* ÉQUIT aids.

◆ **à l'aide** *loc interj* help; au secours, à l'~! help me PLEASE!

◆ **à l'aide de** *loc prép* -1. [avec] with the help of; marcher à l'~ de béquilles to walk with crutches. -2. [au secours de]: aller/venir à l'~ de qqn to go/to come to sb's aid.

aide-comptable [ɛdkɔ̃tabl] *(pl* aides-comptables) *nmf* accountant's assistant.

aide-mémoire [ɛdmemwar] *nm inv* notes.

aider [4] [ede] *vt* -1. [apporter son concours à] to help; elle l'a aidé toute sa vie she helped him all her life; je me suis fait ~ par mon frère my brother helped me; ~ qqn à faire qqch to help sb (to) do sthg; peux-tu m'~ à ranger mes affaires? can you help me to put away my things?; elle l'aide à tenir sa comptabilité she helps him to keep his books; il a aidé la vieille dame à monter/descendre he helped the old lady up/down; aide-moi à rentrer/sortir la table help me move the table in/out || *(en usage abs)* to help (out); parfois, pour payer son déjeuner, il aide dans les cuisines sometimes, to pay for his lunch, he helps out in the kitchens. -2. [financièrement] to help out, to aid, to assist; il a fallu l'~ pour monter son affaire she needed help to set up her business; subventions pour ~ l'industrie subsidies to industry. -3. *(en usage abs)* [favoriser]: ça aide *fam* it's a help; avoir un père richissime, ça aide it helps to have a very rich father; des diplômes, ça aide qualifications come in handy; la fatigue aidant, je me suis endormi tout de suite helped by exhaustion, I fell asleep right away; elle l'oubliera, le temps aidant she'll forget him in time ❑ ne pas être aidé *fam*: il n'est pas aidé! he hasn't got much going for him!; Dieu aidant with the help of God, God willing.

◆ **aider à** *v + prép* to help OU to contribute to; ~ à la digestion to help digestion; ~ à la compréhension entre les peuples to aid OU to promote better understanding between peoples; ça aide à passer le temps it helps to pass the time.

◆ **s'aider** ◇ *vp (emploi réfléchi)*: aide-toi, le ciel t'aidera *prov* God helps those who help themselves *prov*.

◇ *vp (emploi réciproque)* to help each other; entre femmes, il faut s'~ we women should help each other.

◆ **s'aider de** *vp + prép* to use; elle s'est aidée de plusieurs ouvrages she made use of OU used several books; marcher en s'aidant d'une canne to walk with a stick.

aide-soignant, e [ɛdswaɲɑ̃, ɑ̃t] *(mpl* aides-soignants, *fpl* aides-soignantes) *nm, f* nursing auxiliary *Br*, nurse's aid *Am*.

aïe [aj] *interj* [cri - de douleur] ouch; [- de surprise]: ~, la voilà! oh dear OU oh no, here she comes!; ~, ~, ~, qu'est-ce qu'on va faire? oh dear, what are we going to do?; ~, ~, ~, il était dur, l'examen! *fam* boy, was that exam tough!

AIEA *(abr de* Agence internationale de l'énergie atomique) *npr f* IAEA.

aïeul, e [ajœl] *nm, f* grandparent, grandfather *(f* grandmother).

aïeux [ajø] *nmpl litt* forefathers, ancestors; ah, mes ~, travailler avec lui n'est pas une sinécure *hum* my godfathers *Br* OU good God, working with him is no easy task!

aigle [ɛgl] ◇ *nm* ORNITH eagle; ~ des mers sea eagle; ~ royal golden eagle; avoir des yeux OU un regard d'~ to be eagle-eyed; ce n'est pas un ~ *hum* he's no great genius; l'Aigle de Meaux *name given to Bossuet.*

◇ *nf* -1. ORNITH (female) eagle. -2. MIL eagle.

aiglefin [ɛgləfɛ̃] = **églefin**.

aiglon [ɛglɔ̃] *nm* eaglet; l'Aiglon *name given to Napoleon II.*

aiglonne [ɛglɔn] *nf* (female) eaglet.

aigre [ɛgr] ◇ *adj* -1. [acide] sour, sharp; le vin a un goût ~ the wine tastes sour; crème ~ sour cream; le lait est devenu ~ the milk has turned OU gone sour. -2. [perçant - voix, son] shrill, sharp. -3. [vif - bise, froid] bitter. -4. [méchant] cutting, harsh, acid;..., répondit-elle d'un ton ~..., she retorted acidly.

◇ *nm*: ton vin sent l'~ your wine smells sour ❑ tourner à l'~ [lait] to turn sour; [discussion] to turn sour OU nasty.

aigre-doux, aigre-douce [ɛgrədu, ɛgrədus] *(mpl* aigres-doux, *fpl* aigres-douces) *adj* CULIN sweet-and-sour; ses lettres étaient aigres-douces *fig* his letters were tinged with bitterness.

aigrefin [ɛgrəfɛ̃] *nm* swindler.

aigrelet, ette [ɛgrəlɛ, ɛt] *adj* [odeur, saveur] sourish; [son, voix] shrillish; [propos] tart, sour, acid.

aigrement [ɛgrəmɑ̃] *adv* sourly, tartly, acidly.

aigrette [ɛgrɛt] *nf* -1. ORNITH egret. -2. [décoration] aigrette.

aigreur [ɛgrœr] *nf* -1. [acidité] sourness; l'~ du lait the sourness of the milk. -2. [animosité] sharpness, bitterness; ses propos étaient pleins d'~ his remarks were very bitter.

◆ **aigreurs** *nfpl*: avoir des ~s (d'estomac) to have heartburn.

aigri, e [egri] ◇ *adj* bitter, embittered.

◇ *nm, f* embittered person; ce n'est qu'un ~ he's just bitter.

aigrir [32] [egrir] ◇ *vt* [lait, vin] to make sour; [personne] to embitter, to make bitter.

◇ *vi* [lait] to turn (sour), to go off.

◆ **s'aigrir** *vpi* [lait] to turn (sour), to go off; [caractère] to sour; [personne] to become embittered.

aigrissement [egrismɑ̃] *nm litt* [d'une boisson] turning sour; [de relations] souring.

aigu, uë [egy] *adj* -1. [perçant - voix] high-pitched, shrill *péj*, piercing *péj*; [- glapissement, hurlement] piercing, shrill; on entendait la sonnerie ~ë du téléphone we heard the shrill ringing of the telephone || ACOUST & MUS high-pitched. -2. [effilé] sharp; ses petites dents ~ës his sharp little teeth. -3. [pénétrant - esprit, intelligence] sharp, keen; j'ai la conscience ~ë de lui avoir causé du tort I am acutely aware of having done her wrong; avoir un sens ~ de l'observation OU un regard ~ to be an acute observer. -4. [grave - crise, douleur] severe, acute, extreme; MÉD [phase, appendicite] acute; au stade le plus ~ du conflit at the height of the conflict.

◆ **aigu** *nm* high pitch; l'~, les ~s treble range; dans les ~s in treble.

aigue-marine [ɛgmarin] *(pl* aigues-marines) *nf* aquamarine.

aiguière [ɛgjɛr] *nf* ewer.

aiguillage [egɥijaʒ] *nm* -1. RAIL [manœuvre] shunting, switching; [dispositif] shunt, switch. -2. INF switching.

aiguille [egɥij] *nf* -1. COUT needle; pousser OU tirer l'~ *vieilli* to ply the needle ❑ ~ à tricoter/repriser knitting/darning needle. -2. MÉD needle. -3. [d'une montre, d'une pendule] hand; [d'un électrophone] arm; [d'une balance] pointer; [d'une boussole] needle; la petite/grande ~ the hour/minute hand; ~ aimantée magnetic needle. -4. GÉOG needle, high peak. -5. BOT needle; ~ de pin/de sapin pine/fir tree needle. -6. RAIL switch, shunt, points. -7. [tour, clocher] spire.

aiguillée [egɥije] *nf* length of thread *(on a needle).*

aiguiller [3] [egɥije] *vt* -1. RAIL to shunt, to switch. -2. [orienter - recherche] to steer; on l'a aiguillé vers une section scientifique he was steered OU guided towards the sciences.

aiguilletage [egɥijtaʒ] *nm* -1. [d'un tapis] needling, needlebonding. -2. NAUT lashing, tying down.

aiguilleté, e [egɥijte] *adj* -1. [tapis] needled. -2. NAUT lashed, tied down.

aiguilleter [27] [egɥijte] *vt* -1. [tapis] to needle. -2. NAUT to lash, to tie down *(sép).*

aiguillette [egɥijɛt] *nf* -1. VÊT aglet. -2. CULIN [de canard, d'oie] strip of breast; [de bœuf]: ~ (de rumsteck) top of the rump (of beef).

◆ **aiguillettes** *nfpl* MIL aglets.

aiguilleur [egɥijœr] *nm* -1. RAIL pointsman *Br*, switchman *Am*. -2. AÉRON: ~ (du ciel) air traffic controller.

aiguillon [egɥijɔ̃] *nm* -1. ENTOM sting. -2. BOT thorn. -3. [bâton] goad. -4. *litt* [motivation] incentive, stimulus, motivating force.

aiguillonner [3] [egɥijɔne] *vt* -1. [piquer - bœuf] to goad. -2. [stimuler - curiosité] to arouse; [- personne] to spur on, to goad on; aiguillonné par son ambition goaded on by his ambition.

aiguisage [egizaʒ], **aiguisement** [egizmɑ̃] *nm* sharpening, grinding.

aiguiser [3] [egize] *vt* -1. [rendre coupant - couteau, lame] to sharpen. -2. [stimuler - curiosité] to stimulate, to rouse; [- faculté, sens] to sharpen; [- appétit] to whet, to stimulate.

aiguiseur, euse [egizœr, øz] *nm, f* sharpener, grinder.

aiguisoir [egizwar] *nm* sharpener.

aïkido [ajkido] *nm* aikido; faire de l'~ to do aikido.

ail [aj] *(pl* ails OU aulx [o]) *nm* garlic.

◆ **à l'ail** *loc adj* garlic *(épith).*

aile [ɛl] *nf* -1. CULIN, ENTOM & ZOOL wing; *fig*: laissez-vous porter sur les ~s de l'imagination let your imagination run wild; laissez-vous porter sur les ~s du rêve let yourself be carried away as in a dream; coup d'~: d'un puissant coup d'~, le rapace gagne les hauteurs the bird of prey gains height on its powerful wings; la cane a donné un petit coup d'~ the duck flapped its wings; tous les moineaux se sont envolés d'un coup d'~ all the sparrows took wing suddenly; Paris-Bruxelles en un coup d'~ *fig* Paris-Brussels in one short hop; on peut aller n'importe où dans le monde d'un coup d'~ you can fly anywhere in the world in no time at all; avoir des ~s to run like the wind; avoir un petit coup dans l'~ *fam* to be tipsy; il a un sacré coup dans l'~ he's well on his way; couper OU rogner les ~s à qqn to clip sb's wings; donner des ~s à qqn to give OU to lend sb wings; c'est la peur qui lui donne des ~s fear lends him wings; prendre qqn sous son ~ to take sb under one's wing ❑ 'les Ailes du désir' *Wenders* 'The Wings of Desire'. -2. [d'un moulin] sail; [d'un avion] wing; ~ (delta), ~ libre, ~ volante LOISIRS hang glider. -3. AUT wing *Br*, fender *Am*. -4. ANAT: les ~s du nez the nostrils. -5. ARCHIT wing; rajouter une ~ à une maison to build a wing OU a side extension onto a house. -6. SPORT wing. -7. MIL wing, flank; l'~ marchante *pr* the wheeling flank; *fig* the militants, the active elements.

ailé, e [ele] *adj* winged.

aileron [ɛlrɔ̃] *nm* -1. ZOOL [d'un poisson] fin; [d'un oiseau] pinion. -2. AÉRON aileron.

ailette [ɛlɛt] *nf* -1. [d'un radiateur] fin. -2. [d'une turbine] blade. -3. ARM fin.

ailier [elje] *nm* SPORT [au football] winger; [au rugby] wing.

aillade [ajad] *nf* CULIN [sauce] garlic sauce; [vinaigrette] garlic vinaigrette; [tranche de pain] *slice of bread rubbed with olive oil and garlic and then toasted.*

ailler [3] [aje] *vt* [gigot, rôti] to put garlic in; [croûton] to rub garlic on.

ailleurs [ajœr] *adv* somewhere else, elsewhere; et si on allait ~? how about going somewhere else?; allons voir ~ let's go and look somewhere else OU elsewhere; tu sais, ce n'est pas mieux ~ qu'ici you know it's no better anywhere else than it is here; on ne trouve ça nulle part ~ you won't find that anywhere else; il fera beau partout ~ the weather will be fine everywhere else; il a toujours l'air ~ he always looks as if he's miles away; il est ~! he's miles away!; ils venaient d'~ they came from another place; l'erreur doit provenir d'~ the mistake must come from somewhere else ||

(comme n): **il rêvait d'un ~ impossible** *litt* he was dreaming of a distant world he would never see.

◆ **d'ailleurs** *loc adv* **-1.** [de toute façon] besides, anyway; **je n'ai pas envie de sortir, d'~ il fait trop froid** I don't want to go out and anyway OU besides, it's too cold; **d'~ je sais bien que tu n'en veux pas** besides, I know quite well that you don't want any. **-2.** [en outre] what's more; **je n'en sais rien et d'~ je ne tiens pas à le savoir** I don't know anything about it and what's more I don't want to know. **-3.** [du reste] for that matter; **je ne les aime pas, elle non plus d'~** I don't like them, nor does she for that matter. **-4.** [à propos] incidentally; **nous avons dîné dans un restaurant, très bien d'~** we had dinner in a restaurant which, incidentally, was very good. **-5.** [bien que] although, while; **votre inquiétude - d'~ légitime - n'en est pas moins exagérée** your concern - although justified OU justified as it is - is nonetheless exaggerated.

◆ **par ailleurs** *loc adv* **-1.** [d'un autre côté] otherwise; **il est charmant, mais pas très efficace par ~** he's charming but otherwise not very efficient; **la maison, qui par ~ est très confortable, n'est hélas pas très bien située** the house which is otherwise very comfortable, is unfortunately not very well situated. **-2.** [en outre] besides, moreover; **par ~, tu sais bien que je suis occupée ce jour-là** besides you know I'm busy that day; **la pièce est trop longue et par ~ pas très intéressante** the play's too long and not very interesting (either) for that matter.

ailloli [ajɔli] = **aïoli**.

aimable [ɛmabl] *adj* **-1.** [gentil] kind, pleasant, amiable; **il a dit quelques mots ~s avant de partir** he said a few kind words before leaving; **soyez assez ~ de nous prévenir si vous ne venez pas** please be kind enough to let us know if you aren't coming; **vous êtes trop ~, merci beaucoup** you're most kind, thank you very much; **c'est une ~ plaisanterie!** *iron* you must be joking! ❑ **il est ~ comme une porte de prison** *fam* [en ce moment] he's like a bear with a sore head; [toujours] he's a miserable so-and-so. **-2.** *litt* [digne d'amour] lovable; [séduisant] attractive; **elle le trouvait plutôt ~** she thought him rather attractive.

aimablement [ɛmabləmɑ̃] *adv* kindly, pleasantly, amiably.

aimant¹ [ɛmɑ̃] *nm* **-1.** [instrument] magnet. **-2.** [oxyde de fer] magnetite.

aimant², e [ɛmɑ̃, ɑ̃t] *adj* loving, caring.

aimantation [ɛmɑ̃tasjɔ̃] *nf* magnetization.

aimanter [3] [ɛmɑ̃te] *vt* to magnetize.

aimer [4] [eme] *vt* **-1.** [chérir] to love; **je l'aime** I love him; **je l'aime beaucoup** I'm very fond of him; **je l'aime bien** I like him; **je les aime bien mais sans plus** I quite like them but that's all; ~ **qqn d'amour véritable** to truly love sb ❑ **qui m'aime me suive** *allusion Philippe VI de Valois* anyone want to join me?; **il m'aime un peu, beaucoup, passionnément, à la folie** [en effeuillant une fleur] he loves me, he loves me not, he loves me, he loves me not. **-2.** [apprécier - vin, musique, sport] to like, to love, to be fond of; **je n'aime plus tellement le jazz** I'm not so keen on jazz now; **les chats aiment le canapé** the cats like the sofa; **ah, la montagne, j'aime!** mm, I just love the mountains!; ~ **à** *sout*: **nous aimions à nous promener au bord du lac** we used to enjoy walking by the lake; **j'aime à croire** OU **à penser que tu m'as dit la vérité cette fois** I'd like to think that you told me the truth this time; ~ **mieux** [préférer] to prefer; **j'aime mieux la rouge** I prefer the red one; ~ **autant** OU **mieux** to prefer; **pas de dessert, merci, j'aime autant** OU **mieux le fromage** no dessert, thanks, I'd much rather have cheese; **j'aime autant** OU **mieux ça** it's just as well; **il aimerait autant** OU **mieux prendre son bain tout de suite** he'd rather have OU he'd prefer to have his bath now; **elle aime autant** OU **mieux que tu y ailles** she'd rather you OU she'd prefer it if you went; ~ **que**: **il aime que ses enfants l'embrassent avant d'aller au lit** he loves his children to kiss him good night; **je n'aime pas qu'on me mente/que tu rentres si tard** I don't like to be told lies/your coming home so late. **-3.** *(au conditionnel)* [souhaiter]: **j'aimerais un café s'il vous plaît** I'd like a coffee please; **j'aimerais bien te voir** I'd really like to see you; **j'aimerais tant te voir heureux** I'd so love to see you happy; **nous aimerions assez la rencontrer** we'd rather like to meet her.

◆ **s'aimer** ◇ *vp (emploi réfléchi)* to like o.s.; **je ne m'aime pas** I don't like myself; **je m'aime bien en bleu/avec les cheveux courts** I think I look good in blue/with short hair.

◇ *vp (emploi réciproque)* to love each other; **regarde ces deux-là comme ils s'aiment!** see how these two love each other!; **les trois frères ne s'aimaient pas** the three brothers didn't care for OU like each other; **les gens qui s'aiment** people in love; **un couple qui s'aime** a loving OU devoted couple ‖ *litt* [faire l'amour] to make love; **c'est là qu'ils s'étaient aimés pour la première fois** it was there that they had made love for the first time.

aine [ɛn] *nf* groin.

aîné, e [ene] ◇ *adj*: **l'enfant ~** [de deux] the elder OU older child; [de plusieurs] the eldest OU oldest child; **la branche ~e de la famille** the senior branch of the family.

◇ *nm, f* **-1.** [entre frères et sœurs]: **l'~** [de deux] the elder OU older boy; [de plusieurs] the eldest OU oldest boy; **l'~e** [de deux] the elder OU older girl; [de plusieurs] the eldest OU oldest girl; **notre ~e est étudiante** [de deux] our elder daughter's at college; [de plusieurs] our eldest (daughter) is at college. **-2.** [doyen]: **l'~** [de deux] the older man; [de plusieurs] the oldest man; **l'~e** [de deux] the older woman; [de plusieurs] the oldest woman; **l'~ allumait le feu pendant que le plus jeune cherchait du gibier dans la forêt** the older man was lighting a fire while the younger one looked for game in the forest; **Pitt l'~** Pitt the Elder.

◆ **aînés** *nmpl sout* [d'une famille, d'une tribu]: **les ~s** the elders; **respecte un peu tes ~s!** *hum* show some respect for your elders!

aînesse [ɛnɛs] *nf* primogeniture; **droit d'~** primogeniture.

ainsi [ɛ̃si] *adv* **-1.** [de cette manière] this OU that way; **je suis ~ faite** that's the way I am; **puisqu'il en est ~** since that is the case, since that is the way things are; **s'il en était vraiment ~** if this were really so OU the case; **c'est toujours ~** it's always like that; **tout s'est passé ~** this is how it happened; **on voit ~ que...** in this way OU thus we can see that...; **les sondages montrent ~ la fragilité du parti au pouvoir** the polls thus highlight the governing party's fragility; ~ **s'achève notre émission** this concludes our programme; ~ **va le monde** it's the way of the world OU the way things go. **-2.** [par conséquent] thus, so; **nous n'avons rien dérangé, ~ vous retrouverez tout plus facilement** we didn't move anything, so you'll find everything again easily; ~ **tu n'as pas réussi à le voir?** so you didn't manage to see him?; ~ **(donc) tout est fini entre nous** so everything is over between us; ~ **soit-il** RELIG amen; *fig* so be it. **-3.** [par exemple] for instance, for example; **je n'arrête pas de faire des bêtises: ~, l'autre jour...** I keep doing silly things: for example, the other day...

◆ **ainsi que** *loc conj* **-1.** *litt* [exprimant une comparaison] like; **il souriait dans son sommeil ~ qu'un enfant** he smiled in his sleep just like a child. **-2.** [et] as well as; **mes parents ~ que mes frères seront là** my parents will be there as well as my brothers. **-3.** [de la manière que] as; **tout s'est passé ~ que je l'ai dit** everything happened as I said (it would); ~ **que je l'ai fait remarquer...** as I pointed out...

◆ **et ainsi de suite** *loc adv* and so on, and so forth.

◆ **pour ainsi dire** *loc adv* **-1.** [presque] virtually; **nous nous sommes pour ~ dire pas vus** we virtually didn't see each other. **-2.** [si l'on peut dire] so to speak, as it were; **elle est pour ~ dire sa raison de vivre** she's his reason for living, so to speak OU as it were.

aïoli [ajɔli] *nm* **-1.** [sauce] aïoli, garlic mayonnaise. **-2.** [plat provençal] *dish of cod and poached vegetables served with aïoli sauce.*

air [ɛr] *nm* **-1.** [apparence] air, look; **bien sûr, dit-il d'un ~ guilleret/inquiet** of course, he said, jauntily/looking worried; **elle l'écoute de l'~ de quelqu'un qui s'ennuie** when she listens to him, she looks bored; **il avait un ~ angoissé/mauvais** he looked anxious/very nasty; **avoir bel** OU **bon ~** to look impressive; **avoir mauvais ~** to look shifty; **son fils a mauvais ~** his son has a shifty look about him; **avoir l'~**: **Maria, tu as l'~ heureux** OU **heureuse** Maria, you look happy; **elle n'a pas l'~ satisfait** OU **satisfaite** she doesn't look as if she's pleased; **cette poire a l'~ mauvaise, jette-la** this pear looks (as though it's) rotten, throw it away; **l'armoire avait l'~ ancienne** the wardrobe looked like an antique OU looked old; **tu avais l'~ fin!** *fam* you looked a real fool!; **avoir l'~ de**: **il a l'~ de t'aimer beaucoup** he seems to be very fond of you; **je ne voudrais pas avoir l'~ de lui donner des ordres** I wouldn't like (it) to look as though I were ordering him about; **ça a l'~ d'un** OU **d'être un scarabée** it looks like a beetle; **ça m'a tout l'~ (d'être) traduit de l'anglais** *fam* it looks to me as though it's been translated from English; **il a peut-être la rougeole — il en a tout l'~** he may have measles — it certainly looks like it ❑ **avoir un petit ~ penché** *fam* OU **des petits ~s penchés** *fam* to look pensive; **avoir l'~ de ne pas y toucher** to look as though butter wouldn't melt in one's mouth; **l'~ de rien** *fam* OU **de ne pas en avoir** *fam*: **je me suis approchée, l'~ de rien** OU **de ne pas en avoir, et je lui ai flanqué ma main sur la figure** *fam* I walked up, all innocent, like, and gave him a slap in the face; **elle n'a l'~ de rien (comme ça) mais elle a une réputation internationale en biologie** she may look very unassuming but she's an internationally-known biologist; **ça n'a l'~ de rien comme ça, mais faire des œufs brouillés, c'est délicat** making scrambled eggs is quite tricky although it doesn't look much; **sans en avoir l'~**: **sans en avoir l'~, elle a tout rangé en une heure** she tidied up everything in an hour without even looking busy; **je suis arrivée au bout de mon tricot, sans en avoir l'~!** I managed to finish my knitting, though it didn't seem that I was making any progress! **-2.** [trace]: **un ~ de qqch**: **son témoignage a un ~ de vérité qui ne trompe pas** his testimony sounds unmistakably genuine; **ne te laisse pas prendre à son faux ~ de gentillesse** don't be taken in by his apparent kindness. **-3.** [ressemblance] likeness, resemblance; **un ~ de famille** OU **parenté** a family resemblance OU likeness ❑ **il a un faux ~ de mon frère au même âge** he looks a bit like my brother did when he was that age. **-4.** MUS [mélodie] tune; [à l'opéra] aria; **siffloter un petit ~ joyeux** to whistle a happy little tune; **le grand ~ de la Tosca** Tosca's great aria; **avec lui c'est toujours le même ~!** *fig & péj* he should change his tune! ❑ **c'est l'~ qui fait la chanson** it's not what you say, it's the way you say it. **-5.** [qu'on respire] air; **la pollution/température de l'~** air pollution/temperature; **l'~ était chargé d'une odeur de jasmin** a smell of jasmine filled the air; **donne un peu d'~, on étouffe ici** let's have some air, it's stifling in here ❑ ~ **conditionné** [système] air-conditioning; **ils ont l'~ conditionné** their building is air-conditioned; ~ **comprimé** compressed air; ~ **liquide** liquid air; **prendre l'~** to get some fresh air, to take the air *vieilli*; **déplacer** OU **remuer beaucoup d'~** *péj* to make a lot of noise *fig.* **-6.** [vent]: **il y a** OU **il fait** *fam* **de l'~ aujourd'hui** [un peu] it's breezy today; [beaucoup] it's windy today. **-7.** [ciel] air; **dans**

l'~ OU les ~s (up) in the air OU sky OU skies *litt*; **prendre l'~** [avion] to take off, to become airborne, to take to the air; **transport par ~** air transport. -**8.** [ambiance] atmosphere; **l'~ est irrespirable quand mon père rentre** you can cut the atmosphere with a knife when my father comes home; **de temps en temps, il me faut l'~ du pays natal** I need to go back to my roots from time to time ❑ **vivre de l'~ du temps** to live on (thin) air; **c'est bien joli d'être amoureux, mais on ne vit pas de l'~ du temps** love is all very well but you can't exist on love alone.

◆ **airs** *nmpl*: **prendre** OU **se donner des ~s** to give o.s. airs; **prendre de grands ~s** to put on airs (and graces *Br*).

◆ **à air** *loc adj* [pompe] air *(épith)*.

◆ **à l'air** *loc adv*: **mets les draps à l'~ sur le balcon** put the sheets on the balcony to air; **j'ai mis tous les vêtements d'hiver à l'~** I put all the winter clothes out for an airing; **mettre son derrière à l'~** to bare one's bottom.

◆ **à l'air libre** *loc adv* out in the open.

◆ **au grand air** *loc adv* [sortir, se promener] (out) in the fresh air; **il faut que toutes ces querelles sortent au grand ~** *fig* all these resentments must be fully aired.

◆ **dans l'air** *loc adv* in the air; **il y a du printemps dans l'~** spring is in the air; **il y a de la bouderie dans l'~** somebody's sulking around here; **il y a de l'orage dans l'~** *pr* & *fig* there's a storm brewing; **influencé par les idées qui sont dans l'~** influenced by current ideas; **la révolution est dans l'~** revolution is in the air; **la maladie est dans l'~** the disease is going around; **il y a quelque chose dans l'~!** there's something going on!

◆ **de l'air** ◇ *loc adj* [hôtesse, mal, musée] air *(épith)*.

◇ *loc interj fam*: **(allez,) de l'~!** come on, beat it!; **vous, les gosses, de l'~!** come on you lot, scram!

◆ **en l'air** ◇ *loc adj* -**1.** [levé] in the air, up; **les pattes en l'~** with its feet in the air; **les mains en l'~!** hands up! -**2.** [non fondé - promesse] empty; **encore des paroles en l'~!** more empty words!; **je ne fais pas de projets en l'~** when I make a plan, I stick to it.

◇ *loc adv* -**1.** [vers le haut] (up) in the air; **jeter** OU **lancer qqch en l'~** to throw sthg (up) in the air; **tirer en l'~** to fire in the air; **regarde en l'~** look up. -**2.** *fig* rashly; **parler en l'~** to say things without meaning them; **vous dites que vous montez votre affaire? — oh, nous parlions en l'~** did you say you're setting up your own business? — oh, we were just tossing OU kicking ideas around; **il a tout mis** OU **flanqué** *fam* OU **foutu**▽ **en l'~** [en désordre] he wrecked everything; [gâché] he screwed everything up; [abandonné] he packed everything in.

airain [ɛrɛ̃] *nm litt* bronze.

Airbus® [ɛrbys] *nm* Airbus®.

aire [ɛr] *nf* -**1.** [terrain] area; **~ de jeu** playground; **~s de repos** rest areas *(along a road)*, ≃ lay-bys *Br*; **~ de stationnement** parking area. -**2.** AÉRON & ASTRON: **~ d'atterrissage** landing strip; **~ d'embarquement** boarding area; **~ de lancement** launching site. -**3.** GÉOL: **~ continentale** continental shield. -**4.** MATH area. -**5.** AGR floor; **~ de battage** threshing floor. -**6.** [nid d'aigle] eyrie.

airelle [ɛrɛl] *nf* [noire] blueberry, bilberry; [rouge] cranberry.

aisance [ɛzɑ̃s] *nf* -**1.** [naturel] ease; **aller et venir avec ~** to walk back and forth with ease; **danser/jongler avec ~** to dance/to juggle with great ease; **il est incroyable d'~ quand il saute** he jumps with amazing ease. -**2.** [prospérité] affluence; **vivre dans l'~** to live a life of ease. -**3.** COUT: **donner de l'~ à la taille** to let a garment out at the waist.

◆ **d'aisances** *loc adj vieilli*: **cabinet** OU **lieux d'~s** privy *Br vieilli*, lavatory.

aise [ɛz] ◇ *adj litt* delighted; **je suis bien ~ de vous revoir** I'm delighted to see you again.

◇ *nf* -**1. à l'~, à mon ~, à son ~** [bien]: **je suis plus à l'~ avec mes vieilles pantoufles** I feel more at ease with my old slippers on; **je suis mal à l'~ dans ton fauteuil** I feel uncomfortable in your armchair; **être à l'~** [riche] to be well-to-do OU well-off; **nous sommes bien plus à l'~ depuis que ma femme travaille** we're better off now my wife's working; **il se sent à l'~** OU **à son ~** he feels at ease; **il s'est senti mal à l'~ pendant toute la réunion** *fig* he felt ill at ease during the entire meeting; **il nous a mis tout de suite à l'~** OU **à notre ~** he put us at (our) ease right away; **mettez-vous donc à l'~** OU **à votre ~** make yourself comfortable; **à ton ~!** please yourself!; **à votre ~** as you please; **tu en parles à ton ~** it's easy for you to talk; **en prendre à son ~: il en prend à son ~!** he's a cool customer! ❑ **être à l'~ dans ses baskets** to be together. -**2.** *litt* [plaisir] pleasure, joy; **il ne se sentait plus d'~** he was utterly contented; **son accueil nous a comblés d'~** her welcome filled us with joy.

◆ **aises** *nfpl* creature comforts; **il aime ses ~s** he likes his creature comforts; **prends tes ~s, surtout!** *iron* do make yourself comfortable, won't you?

◆ **à l'aise** *fam loc adv* easily, no hassle OU sweat; **on y sera ce soir, à l'~!** we'll be there tonight, no hassle OU sweat!; **le piano rentre à l'~** you can get the piano in no sweat.

aisé, e [eze] *adj* -**1.** [facile] easy; **ce n'est pas chose ~e que de le faire** it's not easy OU no easy thing to do. -**2.** [prospère] well-to-do, well-off; **une famille ~e** a well-to-do family.

aisément [ezemɑ̃] *adv* easily; **il est ~ reconnaissable à cause de sa cicatrice** he's easy to recognize because of his scar.

aisselle [ɛsɛl] *nf* -**1.** ANAT armpit. -**2.** BOT axile.

Aix-en-Provence [ɛksɑ̃prɔvɑ̃s] *npr* Aix-en-Provence.

Aix-la-Chapelle [ɛkslaʃapɛl] *npr* Aachen.

aixois, e [ɛkswa, az] *adj* from Aix-en-Provence.

◆ **Aixois, e** *nm, f inhabitant of or person from Aix-en-Provence*; **les Aixois** the people of Aix-en-Provence.

AJ *nf abr de* auberge de jeunesse.

AJA (*abr de* **aide aux jeunes agriculteurs**) *nf grant to young farmers.*

ajaccien, enne [aʒaksjɛ̃, ɛn] *adj* from Ajaccio.

◆ **Ajaccien, enne** *nm, f inhabitant of or person from Ajaccio*; **les Ajacciens** the people of Ajaccio.

Ajaccio [aʒaksjo] *npr* Ajaccio.

ajiste [aʒist] ◇ *adj who is a member of the Fédération des auberges de jeunesse.*

◇ *nmf member of the Fédération des auberges de jeunesse*, ≃ youth-hosteller.

ajonc [aʒɔ̃] *nm* gorse *(U)*, furze *(U)*.

ajouré, e [aʒure] *adj* -**1.** COUT [nappe, napperon] openwork *(épith)*, hemstitched. -**2.** ARCHIT with an openwork design.

ajourer [3] [aʒure] *vt* -**1.** COUT [nappe] to hemstitch. -**2.** ARCHIT to decorate with openwork.

ajourné, e [aʒurne] ◇ *adj* [date, élection, réunion] postponed; [candidat] referred; [soldat] deferred.

◇ *nm, f* [étudiant] referred student; [soldat] deferred soldier.

ajournement [aʒurnəmɑ̃] *nm* -**1.** [renvoi] postponement, deferment, adjournment. -**2.** JUR summons. -**3.** [d'un candidat] referral; [d'un soldat] deferment.

ajourner [3] [aʒurne] *vt* -**1.** [différer] to postpone, to defer, to put off *(sép)*; **nous avons préféré ~ notre voyage** we preferred to postpone our trip. -**2.** JUR to summon, to subpoena. -**3.** [étudiant] to refer; [soldat] to defer.

ajout [aʒu] *nm* addition, addendum; **quelques ~s dans la marge** a few additions OU addenda in the margin.

ajoute [aʒut] *nf Belg* addition.

ajouté [aʒute] *nm* addition, addendum.

ajouter [3] [aʒute] *vt* -**1.** [mettre] to add; **ajoute donc une assiette pour ton frère** lay an extra plate OU add a plate for your brother. -**2.** MATH to add; **~ 5 000 F de loyer** [dans une colonne] to add in 5,000 F for the rent; **ils ont ajouté 15% de service** they added on 15% for the service; **~ 10 à 15** to add 10 and 15 (together), to add 10 to 15; **pour obtenir le dernier résultat, ~ les deux sommes** to get the final result add both sums together. -**3.** [dire] to add; **il est parti sans rien ~** he left without saying another word; **je n'ai plus rien à ~** I have nothing further to say OU to add; **ajoutez à cela qu'il est têtu** added to this, he's stubborn. -**4.** *sout*: **~ foi à** [croire] to believe, to give credence to; **je refuse d'~ foi à ses dires** I refuse to believe what he said.

◆ **ajouter à** *v + prép* to add to; **ça ne fait qu'~ à mon embarras** it only adds to my confusion.

◆ **s'ajouter** *vpi* to be added; **vient s'~ là-dessus le loyer** the rent is added OU comes on top; **s'~ à: son licenciement s'ajoute à ses autres problèmes** the loss of his job adds to his other problems.

ajustage [aʒystaʒ] *nm* -**1.** INDUST fitting. -**2.** [des pièces de monnaie] gauging.

ajusté, e [aʒyste] *adj* close-fitting.

ajustement [aʒystəmɑ̃] *nm* -**1.** [modification - d'un projet] adjustment, adaptation; [- des prix, des salaires, des statistiques] adjusting, adjustment. -**2.** INDUST fitting.

ajuster [3] [aʒyste] *vt* -**1.** [adapter] to fit; **~ un vêtement** COUT to alter a garment; **~ qqch à** OU **sur** to fit sthg to OU on; **~ la théorie à la réalité** to adapt the theory to reality, to make the theory fit reality. -**2.** ARM: **~ un lapin** CHASSE to aim at a rabbit ❑ **~ son coup** OU **tir** *pr* to aim one's shot; **tu as bien ajusté ton coup** OU **tir** *fig* your aim was pretty accurate, you had it figured out pretty well. -**3.** [arranger - robe, ceinture, ruban, coiffure] to rearrange; [- cravate] to straighten. -**4.** ÉQUIT to adjust. -**5.** INDUST to fit. -**6.** [en statistique] to adjust.

◆ **s'ajuster** *vpi* to fit; **l'embout s'ajuste sur le** OU **au tuyau** the nozzle fits onto the pipe.

ajusteur [aʒystœr] *nm* fitter.

ajutage [aʒytaʒ] *nm* adjutage, ajutage.

akène [akɛn] *nm* achene, akene.

akinésie [akinezi] *nf* akinesia.

akvavit [akwavit] = **aquavit**.

Alabama [alabama] *npr m*: **l'~** Alabama.

alabandine [alabɑ̃din] *nf* alabandite.

alabastrite [alabastrit] *nf* gypseous alabaster.

alacrité [alakrite] *nf litt* alacrity, eagerness.

alaire [alɛr] *adj* wing *(épith)*.

alaise [alɛz] *nf* drawsheet; **~ en caoutchouc** rubber sheet OU undersheet.

alambic [alɑ̃bik] *nm* still.

alambiqué, e [alɑ̃bike] *adj* convoluted, involved, tortuous.

alanguir [32] [alɑ̃gir] *vt* [suj: chaleur, fatigue] to make listless OU languid OU languorous; [suj: oisiveté, paresse] to make indolent OU languid; [suj: fièvre] to make feeble, to enfeeble.

◆ **s'alanguir** *vpi* to grow languid; **elle s'alanguissait peu à peu** [devenait triste] her spirits gradually fell; [n'offrait plus de résistance] she was weakening gradually.

alanguissement [alɑ̃gismɑ̃] *nm* languor.

alarmant, e [alarmɑ̃, ɑ̃t] *adj* alarming.

alarme [alarm] *nf* -**1.** [alerte] alarm; **donner l'~** *pr* to give OU to raise the alarm; *fig* to raise the alarm. -**2.** [inquiétude] alarm, anxiety; **mettre** OU **tenir qqn en ~** to cause sb alarm; **à la première ~** at the first sign of danger.

◆ **d'alarme** *loc adj* [dispositif, signal, sonnette] alarm *(épith)*.

alarmer [3] [alarme] *vt* -**1.** [inquiéter - suj: personne, remarque] to alarm; [- suj: bruit] to startle. -**2.** [alerter - opinion, presse] to alert.

◆ **s'alarmer** *vpi* to become alarmed; **il n'y a pas de quoi s'~** there's no cause for alarm.

alarmiste [alarmist] *adj* & *nmf* alarmist.

Alaska [alaska] *npr m*: **(l') ~** Alaska; **la route de l'~** the Alaska Highway.

albanais, e [albanɛ, ɛz] *adj* Albanian.

◆ **Albanais, e** *nm, f* Albanian.

◆ **albanais** *nm* LING Albanian.

Albanie [albani] *npr f*: (l') ~ Albania.

albâtre [albatr] *nm* -**1.** MINÉR alabaster. -**2.** [objet] alabaster (object).
◆ **d'albâtre** *loc adj litt* [blanc]: **des épaules d'~** alabaster shoulders, shoulders of alabaster.

albatros [albatros] *nm* -**1.** ORNITH albatross; ~ **hurleur** wandering albatross. -**2.** SPORT albatross.

Alberta [albɛrta] *npr f*: l'~ Alberta.

albigeois, e [albiʒwa, az] *adj* -**1.** GÉOG from Albi, of Albi. -**2.** HIST Albigensian.
◆ **Albigeois, e** *nm, f* -**1.** GÉOG *inhabitant of or person from Albi*. -**2.** HIST Albigensian; **la croisade des albigeois** the Albigensian Crusade.

albinisme [albinism] *nm* albinism.

albinos [albinos] *adj* & *nmf* albino.

Albion [albjɔ̃] *npr f* Albion.

album [albɔm] *nm* -**1.** [livre] album; ~ **à colorier** colouring OU painting book; ~ **(de) photos** photograph album. -**2.** [disque] album, LP.

albumen [albymɛn] *nm* albumen.

albumine [albymin] *nf* albumin.

albuminé, e [albymine] *adj* albuminous.

albumineux, euse [albyminø, øz] *adj* albuminous.

albuminoïde [albyminɔid] ◇ *adj* albuminoid. ◇ *nm* albuminoid, scleroprotein.

albuminurie [albyminyri] *nf* albuminuria.

alcade [alkad] *nm* alcade, alcalde.

alcaïque [alkaik] *adj* Alcaic.

alcalescence [alkalesɑ̃s] *nf* alkalescence.

alcali [alkali] *nm* alkali; ~ **volatil** ammonia.

alcalimétrie [alkalimetri] *nf* alkalimetry.

alcalin, e [alkalɛ̃, in] *adj* alkaline.
◆ **alcalin** *nm* alkali.

alcaliniser [3] [alkalinize] *vt* to alkalinize.

alcalinité [alkalinite] *nf* alkalinity.

alcalino-terreux [alkalinɔtɛrø] *adj m*: **métaux ~** alkaline earth metals.

alcaloïde [alkalɔid] *nm* alkaloid.

alcazar [alkazar] *nm* alcazar.

alcène [alsɛn] *nm* olefine.

alchimie [alʃimi] *nf* alchemy.

alchimique [alʃimik] *adj* alchemical.

alchimiste [alʃimist] *nmf* alchemist.

Alcibiade [alsibjad] *npr* Alcibiades.

alcool [alkɔl] *nm* -**1.** [boissons alcoolisées]: **l'~** alcohol; **je ne touche pas à l'~** I never touch alcohol, I don't drink; **boisson sans ~** non-alcoholic drink; **bière sans ~** alcohol-free beer ‖ [spiritueux]: **un ~** [gén] a spirit; [de raisin, de fruit] brandy; ~ **de prune** plum brandy; **prendre un ~ après un repas** to have a brandy after a meal. -**2.** CHIM & PHARM alcohol, spirit; ~ **absolu** OU **déshydraté** pure OU absolute alcohol; ~ **camphré** OU **de camphre** camphorated alcohol; ~ **à brûler** methylated spirits; ~ **dénaturé** methylated spirits; ~ **éthylique** ethyl alcohol; ~ **de menthe** medicinal mint spirit; ~ **méthylique** methyl alcohol, methanol; ~ **pur** raw spirits; ~ **à 90°** surgical spirit.
◆ **à alcool** *loc adj* [réchaud, lampe] spirit *(épith)*.

alcoolat [alkɔla] *nm* medicinal spirit.

alcoolé [alkɔle] *nm* tincture.

alcoolémie [alkɔlemi] *nf* alcohol level *(in the blood)*.

alcoolification [alkɔlifikasjɔ̃] *nf* alcoholic fermentation, alcoholization.

alcoolique [alkɔlik] *adj* & *nmf* alcoholic.

alcoolisable [alkɔlizabl] *adj* that can be alcoholized.

alcoolisation [alkɔlizasjɔ̃] *nf* -**1.** CHIM alcoholization. -**2.** MÉD alcoholism.

alcoolisé, e [alkɔlize] *adj* -**1.** [qui contient de l'alcool]: **boissons ~es** alcoholic drinks OU beverages, intoxicating liquors; **bière peu ~e** low-alcohol beer. -**2.** *fam* [personne] drunk.

alcooliser [3] [alkɔlize] *vt* -**1.** [convertir en alcool] to alcoholize, to convert to alcohol. -**2.** [additionner d'alcool] to add alcohol to.
◆ **s'alcooliser** *fam vpi* [s'enivrer] to get drunk; [être alcoolique] to drink.

alcoolisme [alkɔlism] *nm* alcoholism.

alcoolo *fam* [alkɔlo] *nmf* alkie.

alcoologie [alkɔlɔʒi] *nf* medical study of alcoholism.

alcoomètre [alkɔmɛtr] *nm* alcoholometer.

alcoométrie [alkɔmetri] *nf* alcoholometry.

Alco(o)test® [alkɔtɛst] *nm* -**1.** [appareil] breathalyser. -**2.** [vérification] breath test; **subir un ~** to take a breath test; **soumettre qqn à un ~** to give sb a breath test, to breath-test OU to breathalyse sb.

alcôve [alkov] *nf* alcove, recess.
◆ **d'alcôve** *loc adj* [secret, histoire] intimate.

alcyon [alsjɔ̃] *nm* -**1.** MYTH halcyon. -**2.** ZOOL kingfisher, halcyon *litt*.

aldéhyde [aldeid] *nm* aldehyde.

aldostérone [aldɔsterɔn] *nf* aldosterone.

ale [ɛl] *nf* ale.

aléa [alea] *nm* unforeseen turn of events; **tenir compte des ~s** to take the unforeseen OU unexpected into account; **les ~s de l'existence** the ups and downs of life; **ça fait partie des ~s du métier!** [risque] it's one of the risks you have to take in this job!; [désagrément] it's one of the disadvantages of the job!

aléatoire [aleatwar] *adj* -**1.** [entreprise, démarche] risky, hazardous, chancy; **c'est ~** it's uncertain, there's nothing definite about it. -**2.** JUR [contrat] aleatory. -**3.** FIN: **gain ~** chance OU contingent gain; **marché/spéculation ~** risky market/speculation; **profit ~** contingent profit. -**4.** INF random access. -**5.** MATH random. -**6.** MUS aleatory.

aléatoirement [aleatwarmɑ̃] *adv* -**1.** [par hasard] by chance, at random. -**2.** [de façon risquée] riskily, in a risky OU chancy manner.

alémanique [alemanik] *adj* & *nmf* Alemannic.

alêne [alɛn] *nf* awl.

alénois [alenwa] *adj m*: **cresson ~** garden OU golden cress.

alentour [alɑ̃tur] *adv*: **dans la campagne ~** in the surrounding countryside; **les églises ~** the churches in the neighbourhood; **tout ~** all around.
◆ **alentours** *nmpl* neighbourhood, vicinity, (surrounding) area; **les ~s de la ville** the countryside around the city; **les espaces verts des ~s de Londres** London's green belt; **surveille les ~s** [d'un bâtiment] keep an eye on the neighbourhood; **il doit être dans les ~s** [tout près] he's somewhere around (here); **aux ~s de** [dans l'espace, le temps] around; **aux ~s de Paris** near Paris; **aux ~s de 1815** around 1815; **aux ~s de minuit** round (about) OU some time around midnight; **aux ~s de 50 m** around 50 m; **aux ~s de 500 francs** around 500 francs.

Aléoutiennes [aleusjɛn] *npr fpl*: **les (îles) ~** the Aleutian Islands.

Alep [alɛp] *npr* Aleppo.

aleph [alɛf] *nm* aleph.

alerte[1] [alɛrt] *adj* [démarche] quick, alert; [esprit] lively, alert; [style] lively, brisk; [personne] spry.

alerte[2] [alɛrt] ◇ *nf* -**1.** [signal] alert; **donner l'~** to give the alert ❑ **fausse ~** false alarm; ~ **aérienne** air raid OU air strike warning; ~ **à la bombe** bomb scare. -**2.** [signe avant-coureur] alarm, warning sign; **à la première ~** at the first warning; **je ne suis pas surpris de son hospitalisation, elle avait déjà eu une ~ le mois dernier** I'm not surprised she's in hospital, she had a warning sign last month; **l'~ a été chaude** that was a close call.
◇ *loc interj*: **~!** [aux armes] to arms!; [attention] watch out!
◆ **d'alerte** *loc adj* warning, alarm *(épith)*.
◆ **en alerte, en état d'alerte** *loc adv* on the alert; **toutes les casernes de pompiers étaient en état d'~** the entire fire service was on standby OU the alert.

alertement [alɛrtəmɑ̃] *adv* alertly, briskly, in a lively manner.

alerter [3] [alɛrte] *vt* -**1.** [alarmer] to alert; **un bruit insolite l'avait alerté** he'd been alerted by an unusual sound. -**2.** [informer - autorités] to notify, to inform; [- presse] to alert; **nous avons été alertés par les résidents eux-mêmes** the local residents themselves drew our attention to the problem; ~ **qqn de** to alert sb to; ~ **qqn des dangers de l'alcool** to alert OU to awaken sb to the dangers of alcohol.

alésage [alezaʒ] *nm* -**1.** [technique] reaming, boring (out). -**2.** [diamètre] bore.

alèse [alɛz] = **alaise**.

aléser [18] [aleze] *vt* to ream, to bore.

Alésia [alezja] *npr* Alésia.

ALÉSIA:
The site in the Côte-d'Or where, in 52 BC, Vercingetorix, leader of the coalition of the Gauls against Rome, was besieged by Julius Caesar. His surrender marked the end of Gaulish resistance to Rome.

---

alésoir [alezwar] *nm* borer.

alevin [alvɛ̃] *nm* alevin, young fish.

alevinage [alvinaʒ] *nm* -**1.** [pisciculture] fish farming. -**2.** [repeuplement] stocking with young fish.

aleviner [3] [alvine] *vt* to stock (with young fish).

alevinier [alvinje] *nm*, **alevinière** [alvinjɛr] *nf* breeding-pond.

Alexandre [alɛksɑ̃dr] *npr*: ~ **le Grand** Alexander the Great.

Alexandrie [alɛksɑ̃dri] *npr* Alexandria.

alexandrin, e [alɛksɑ̃drɛ̃, in] *adj* -**1.** HIST Alexandrian. -**2.** LITTÉRAT Alexandrine.
◆ **Alexandrin, e** *nm, f* Alexandrian.
◆ **alexandrin** *nm* LITTÉRAT Alexandrine.

alexie [alɛksi] *nf* word blindness, alexia *spéc*.

alezan, e [alzɑ̃, an] *adj* & *nm, f* chestnut; ~ **clair** sorrel.

alfa [alfa] *nm* -**1.** BOT esparto (grass). -**2.** [papier] esparto paper.

Alfred [alfrɛd] *npr* Alfred; ~ **le Grand** Alfred the Great.

algarade [algarad] *nf* quarrel.

Algarve [algarv] *npr f*: (l') ~ the Algarve.

algèbre [alʒɛbr] *nf* algebra; **pour moi, c'est de l'~** *fam* it's all Greek to me, I can't make head nor tail of it.

algébrique [alʒebrik] *adj* algebraic, algebraical.

algébriquement [alʒebrikmɑ̃] *adv* algebraically.

algébriste [alʒebrist] *nmf* algebraist.

Alger [alʒe] *npr* Algiers.

Algérie [alʒeri] *npr f*: (l') ~ Algeria; **la guerre d'~** the Algerian War.

LA GUERRE D'ALGÉRIE:
The most bitter of France's post-colonial struggles, 1954-62. In a country dominated by a million white settlers, the "pieds noirs", the government's failure to crush the revolt of the "Front de libération nationale" (FLN), despite massive military intervention, led settlers and army officers to attempt a takeover of the colony. The recall to power of General de Gaulle (1958), and the Accords d'Évian (1962), led to Algeria's independence and the resettlement of the "pieds noirs" in France.

---

algérien, enne [alʒerjɛ̃, ɛn] *adj* Algerian.
◆ **Algérien, enne** *nm, f* Algerian.

algérois, e [alʒerwa, waz] *adj* from Algiers.
◆ **Algérois, e** *nm, f* *inhabitant of or person from Algiers*; **les Algérois** the people of Algiers.

algie [alʒi] *nf* ache, pain.

algol [algɔl] *nm* ALGOL.

Algonkin, Algonquin [algɔ̃kɛ̃] *npr m* Algonquin; **les ~s** the Algonquin.
◆ **algonkin, algonquin** *nm* Algonquin.

algorithme [algɔritm] *nm* algorithm.

algorithmique [algɔritmik] *adj* algorithmic.

algue [alg] *nf* (piece of) seaweed, alga *spéc*; **les ~s** seaweed, algae *spéc*.

alias [aljas] *adv* alias, a.k.a.; **Frédo, ~ le Tueur** Frédo a.k.a. the Killer.

Ali Baba [alibaba] *npr*: **~ et les Quarante Voleurs** Ali Baba and the Forty Thieves.

alibi [alibi] *nm* -**1.** JUR alibi; **un ~** en or the perfect alibi. -**2.** [prétexte] alibi, excuse; **il trouvait dans Mahler un ~ à sa tristesse** *litt* Mahler's music gave him an excuse to indulge his sad moods.

alicante [alikɑ̃t] *nm* Alicante wine.

Alice [alis] *npr*: **'~ au pays des merveilles'** *Carroll* 'Alice in Wonderland'.

alidade [alidad] *nf* alidade.

aliénabilité [aljenabilite] *nf* alienability.

aliénable [aljenabl] *adj* alienable.

aliénant, e [aljenɑ̃, ɑ̃t] *adj* alienating.

aliénataire [aljenatɛr] *nmf* alienee.

aliénateur, trice [aljenatœr, tris] *nm, f* alienator.

aliénation [aljenasjɔ̃] *nf* -**1.** PHILOS & POL alienation. -**2.** PSYCH: **~ mentale** insanity, mental illness. -**3.** [perte - d'un droit, d'un bien] loss, removal. -**4.** JUR alienation, transfer of property; **~ de biens** disposal of property.

aliéné, e [aljene] ◇ *adj* -**1.** PHILOS & POL alienated. -**2.** PSYCH insane, mentally disturbed.
◇ *nm, f* PSYCH mental patient.

aliéner [18] [aljene] *vt* -**1.** [abandonner - indépendance, liberté, droit] to give up *(sép)*; JUR to alienate. -**2.** [supprimer - droit, liberté, indépendance] to remove, to confiscate. -**3.** PHILOS & POL to alienate; **les dirigeants ont aliéné la base** the leadership has alienated the rank and file.
◆ **s'aliéner** *vpt*: **s'~ qqn** to alienate sb; **elle s'est aliéné la presse** she has alienated the press; **je me suis aliéné leur amitié** *sout* I caused them to turn away OU to become estranged from me.

aliéniste [aljenist] *vieilli* ◇ *adj* psychiatric.
◇ *nmf* psychiatrist.

Aliénor [aljenɔr] *npr*: **~ d'Aquitaine** Eleanor of Aquitaine.

alignement [aliɲmɑ̃] *nm* -**1.** [rangée] line, row; **d'interminables ~s d'arbres** line upon line of trees; **mettre qqch dans le même ~ que** to bring sthg into line OU alignment with; **perdre l'~** to get out of line OU alignment. -**2.** *fig* aligning, bringing into alignment; **leur ~ sur la politique des socialistes** their coming into line with the socialists' policy ❑ **~ monétaire** monetary alignment OU adjustment. -**3.** JUR building line.
◆ **alignements** *nmpl* [de menhirs] standing stones *(arranged in a row)*, alignments.
◆ **à l'alignement, dans l'alignement** *loc adv* in line; **être à** OU **dans l'~** to be OU to stand in line; **se mettre à** OU **dans l'~** to fall into line; **ne pas être à** OU **dans l'~** to be out of line.

aligner [3] [aliɲe] *vt* -**1.** [mettre en rang] to line up *(sép)*, to align; **~ des dominos** to line up dominoes (end to end). -**2.** MIL [soldats, tanks] to line up *(sép)*, to form into lines; [divisions] to line up; ADMIN & MIL to bring into alignment. -**3.** [présenter - factures, preuves] to produce one by one; [- en écrivant] to string together *(sép)*; [- en récitant] to string together, to reel off *(sép)*. -**4.** [mettre en conformité]: **~ qqch sur** to line sthg up with, to bring sthg into line with; **chaque membre doit ~ sa politique sur celle de la Communauté** each member state must bring its policies into line with those of the Community. -**5.** ▽ *loc*: **les ~** [payer] to cough up, to fork out.
◆ **s'aligner** *vpi* -**1.** [foule, élèves] to line up, to form a line; [soldats] to fall into line. -**2.** ▽ *loc*: **il peut toujours s'~!** he's got no chance (of getting anywhere)!; **elle s'entraîne tous les jours, alors tu peux toujours t'~!** she trains everyday, so you don't stand a chance!
◆ **s'aligner sur** *vp + prép* [imiter - nation, gouvernement] to fall into line OU to align o.s. with.

aligoté [aligɔte] *nm* aligoté (wine).

aliment [alimɑ̃] *nm* -**1.** [nourriture] (type OU kind of) food; **citez trois ~s** list three types of food OU three different foods; **l'eau n'est pas un ~** water is not (a) food OU has no food value || [portion] (piece of) food; **le chien salive si l'on met devant lui un ~** the dog salivates if you put food in front of him; **des ~s** food, foodstuffs; **la plupart des ~s** most food OU foodstuffs ❑ **~s pour bébé/chien** baby/dog food; **~s congelés/diététiques** frozen/health food; **~s en conserve** tinned *Br* OU canned *Am* food; **~s préparés** processed food. -**2.** *fig & litt*: **l'~ de** OU **un ~ pour l'esprit** food for thought. -**3.** [dans les assurances] interest, risk.
◆ **aliments** *nmpl* JUR maintenance.

alimentaire [alimɑ̃tɛr] *adj* -**1.** COMM & MÉD food *(épith)*; **produits ~s** food products; **sac/papier ~** bag/paper for wrapping food. -**2.** [pour gagner de l'argent]: **œuvre ~** potboiler; **écrire un livre/tourner un film ~** to write/to shoot a potboiler; **je fais des enquêtes mais c'est purement ~** I do surveys, but it's just to make ends meet. -**3.** [de la digestion] alimentary. -**4.** TECH feeding, feeder *(épith)*. -**5.** JUR [obligation] maintenance *(épith)*.

alimentation [alimɑ̃tasjɔ̃] *nf* -**1.** [fait de manger] (consumption of) food; **combien dépensez-vous pour l'~?** how much do you spend on food? || [fait de faire manger] feeding. -**2.** [régime] diet; **une ~ carnée** a meat-based diet; **une ~ saine** a healthy diet; **un insecte dont l'~ est à base de nectar** an insect that feeds on nectar. -**3.** COMM [magasin] grocer's; [rayon] groceries; **à droite au fond, après l'~** on the right, at the bottom, past the grocery shelves OU groceries || [activité]: **l'~** food distribution, the food (distribution) trade. -**4.** TECH supply; **assurer l'~ d'une pompe en électricité** to supply electricity to a pump; **ils ont l'~ en eau** they have running water. -**5.** MIL [d'une armée] arms supply.

alimenter [3] [alimɑ̃te] *vt* -**1.** [nourrir - malade, bébé] to feed. -**2.** TECH [moteur, pompe] to feed; [ville] to supply; **~ qqn en eau** to supply sb with water; **~ un ordinateur en données** to feed data into a computer. -**3.** [approvisionner - compte] to put money into; **~ les caisses de l'État** to be a source of revenue OU cash for the Government. -**4.** [entretenir - conversation] to sustain; [- curiosité, intérêt] to feed, to sustain; [- doute, désaccord] to fuel.
◆ **s'alimenter** *vp (emploi réfléchi)* -**1.** [bébé] to feed o.s.; **il a l'âge de s'~ tout seul** he's old enough to feed himself. -**2.** [manger] to eat; **elle ne s'alimente plus depuis une semaine** she hasn't had any solid food for a week; **s'~ bien/mal** to have a good/poor diet.
◆ **s'alimenter en** *vp + prép* [se procurer]: **comment le village s'alimente-t-il en eau?** how does the village get its water?

alinéa [alinea] *nm* [espace] indent; [paragraphe] paragraph.

alise [aliz] *nf* sorb-apple.

alisier [alizje] *nm* service-tree.

alitement [alitmɑ̃] *nm* confinement *(to one's bed)*.

aliter [3] [alite] *vt* to confine to bed.
◆ **s'aliter** *vpi* to take to one's bed; **rester alité** to be confined to one's bed, to be bedridden.

alizé [alize] ◇ *adj m* [vent] trade *(épith)*.
◇ *nm* trade wind.

al-Khalil [alkalil] *npr* El Khalil.

Allah [ala] *npr* Allah.

allaitement [alɛtmɑ̃] *nm* [processus] feeding, suckling *Br*, nursing *Am*; [période] breast-feeding period; **~ maternel** OU **au sein** breast-feeding.

allaiter [4] [alete] *vt* to breastfeed; **à quelle heure est-ce que tu l'allaites?** what time do you feed him?

allant, e [alɑ̃, ɑ̃t] *adj litt* cheerful, lively.
◆ **allant** *nm sout* energy, drive; **être plein d'~** to have plenty of drive.

alléchant, e [aleʃɑ̃, ɑ̃t] *adj* -**1.** [plat, odeur] mouth-watering, appetizing. -**2.** [proposition, projet, offre] enticing, tempting.

allécher [18] [aleʃe] *vt* -**1.** [suj: odeur, plat]: **~ qqn** to give sb an appetite; **l'odeur du pain chaud allèche les enfants** the smell of hot bread makes the children's mouths water. -**2.** [suj: offre, proposition, projet - gén] to tempt, to seduce, to entice; [- dans le but de tromper] to lure.

allée [ale] *nf* -**1.** [à la campagne] footpath, lane; [dans un jardin] alley; [dans un parc] walk, path; [en ville] avenue; [devant une maison, une villa] drive, driveway; [dans un cinéma, un train] aisle; **~ cavalière** bridle path; **les ~s du pouvoir** the corridors of power. -**2.** ARCHÉOL: **~ couverte** *series of dolmens, arranged to form a covered walkway.*
◆ **allées et venues** *nfpl* comings and goings; **toutes ces ~s et venues pour rien** all this running around OU about for nothing; **des ~s et venues de la cave au grenier** endless trips from attic to cellar; **nous faisons des ~s et venues entre Québec et Toronto** we go OU we shuttle back and forth between Quebec and Toronto.

allégation [alegasjɔ̃] *nf* allegation, (unsubstantiated) claim.

allège [alɛʒ] *nf* -**1.** CONSTR [d'une fenêtre] basement; [mur] dwarf wall. -**2.** NAUT barge, lighter.

allégé, e [aleʒe] *adj* low-fat; **vinaigrette ~e** low-calorie OU low-fat vinaigrette.

allégeance [aleʒɑ̃s] *nf* -**1.** HIST allegiance. -**2.** NAUT handicap.

allègement [alɛʒmɑ̃] *nm* -**1.** [diminution - d'un fardeau] lightening; [- d'une douleur] relief, alleviation, soothing. -**2.** ÉCON & FIN reduction; **décider l'~ des charges sociales des entreprises** to decide to reduce employers' social security contributions ❑ **~ fiscal** tax reduction. -**3.** ENS: **~ de l'effectif** reduction in class size; **~ des programmes** streamlining the curriculum. -**4.** SPORT [des skis] lifting (the weight off the skis).

alléger [22] [aleʒe] *vt* -**1.** [rendre moins lourd - malle, meuble] to make lighter, to lighten; **il va falloir ~ le paquet de 10 grammes** we'll have to take 10 grammes off the parcel; **pour ~ votre silhouette** to make your body look trimmer. -**2.** ÉCON & FIN [cotisation, contribution] to reduce; **~ les impôts de 10%** to reduce tax by 10%, to take 10% off tax. -**3.** [soulager - douleur] to relieve, to soothe; **je me suis senti allégé d'un grand poids** OU **fardeau** I felt (that) a great weight had been taken off my shoulders. -**4.** [faciliter - procédure, texte] to simplify, to trim (down); **les formalités ont été allégées** some of the red tape was done away with. -**5.** ENS: **~ le programme** to trim the curriculum.

allégorie [alegɔri] *nf* allegory.

allégorique [alegɔrik] *adj* allegorical.

allégoriquement [alegɔrikmɑ̃] *adv* allegorically.

allègre [alɛgr] *adj* cheerful, light-hearted; **marcher d'un pas ~** to walk with a light step.

allègrement [alɛgrəmɑ̃] *adv* -**1.** [joyeusement] cheerfully, light-heartedly. -**2.** *hum* [carrément] heedlessly, blithely.

allégresse [alegrɛs] *nf* cheerfulness, liveliness; **le cœur plein d'~** *litt* with a light heart, light-heartedly; **accueillir qqn avec ~** to give sb a cheerful welcome; **l'~ était générale** there was general rejoicing.

alléguer [18] [alege] *vt* -**1.** [prétexter] to argue; **~ comme excuse/prétexte que** to put forward as an excuse/a pretext that; **alléguant du fait que** arguing that; **~ l'ignorance** to plead ignorance, to argue that one didn't know. -**2.** *sout* [citer] to cite, to quote; **~ un texte de loi** to quote a legal text.

alléluia [aleluja] *nm* alleluia, hallelujah.

Allemagne [almaɲ] *npr f*: (l') ~ Germany; (l') ~ de l'Est East Germany; (l') ~ de l'Ouest West Germany.

allemand, e [almɑ̃, ɑ̃d] *adj* German.
◆ **Allemand, e** *nm, f* German; **Allemand de l'Est** East German; **Allemand de l'Ouest** West German.
◆ **allemand** *nm* LING German; **le bas/haut ~** Low/High German.
◆ **allemande** *nf* DANSE & MUS allemande.

allène [alɛn] *nm* allene.

aller[1] [ale] *nm* - **1.** [voyage] outward journey; **je suis passé les voir à l'~** I dropped in to see them on the way (there); **à l'~, nous sommes passés par Anchorage** on the flight out we went via Anchorage; **l'avion était en retard à l'~ et au retour** the flight was delayed both ways; **l'~ est plus long que le retour** [gén] the outward journey is longer than the return journey; [en avion] flying out takes longer than flying back; **faire des ~s et retours** [personne, document] to go back and forth, to shuttle back and forth; **je fais plusieurs ~s et retours par jour entre l'hôpital et la maison** I go back and forth between the hospital and home several times a day; **ne faire qu'un** OU **que l'~ et retour: je vais à la banque mais je ne fais qu'un ~ et retour** I'm going to the bank, but I'll be right back. - **2.** [billet] : **~ (simple)** single (ticket) *Br*, one-way ticket *Am*; **viens donc nous voir, je t'offre l'~** come and see us, I'll pay half the price of the trip; **~ (et) retour** return *Br* OU round-trip *Am* (ticket); **deux ~s et retours pour Paris** two returns *Br* OU round-trip tickets *Am* to Paris; **c'est combien l'~ retour?** how much is the return *Br* OU round-trip *Am* (ticket)? - **3.** *fam* **~ et retour** [gifle] slap.

aller[2] [31] [ale] ◇ *v aux* - **1.** *(suivi de l'inf)* [exprime le futur proche] to be going OU about to; **tu vas tomber!** you're going to fall!, you'll fall!; **attendez-le, il va arriver** wait for him, he'll be here any minute now; **attends, tu vas comprendre!** wait, all will become clear OU will be revealed! *hum*; **j'allais justement te téléphoner** I was just going to phone you, I was on the point of phoning you; **fais vite, la pièce va commencer** be quick, the play is about OU is going to start; **il va être 5 h** it's going on 5; **il va pleuvoir, on dirait** it looks like rain OU as if it's going to rain; **est-ce que ça va durer longtemps?** is it going to be long? || [pour donner un ordre] : **tu vas faire ce que je te dis, oui ou non?** will you do as I say or won't you? - **2.** *(suivi de l'inf)* [en intensif] to go; **pourquoi es-tu allé tout lui raconter?** why did you go and tell him everything?; **je voudrais apprendre à skier — c'est ça, va te casser une jambe!** *iron* I'd like to learn how to ski — that's right, go and break your leg!; **pour ~ me faire tuer?** why should I go and get killed?; **ne va pas croire/penser que...** don't go and believe/think that...; **tu ne vas pas me faire croire que tu ne savais rien!** you can't fool me into thinking that you didn't know anything!; **pourvu qu'elle n'aille pas se trouver mal!** let's hope she doesn't go and faint!; **qu'est-ce que tu vas t'imaginer!** you know me/him/her *etc* better than that!; **que n'iront-ils pas s'imaginer!** God knows what they'll think!; **où est-elle? — allez savoir!** where is she? — God knows!; **allez expliquer ça à un enfant de 5 ans!** try and explain OU try explaining that to a 5-year-old! - **3.** [exprime la continuité] *(suivi du gérondif)*: **~ en: ~ en s'améliorant** to get better and better, to improve; **~ en empirant** to get worse and worse, to worsen; **~ en augmentant** to keep increasing; **~ en diminuant: le bruit allait en diminuant** the noise was getting fainter and fainter || *(suivi du p prés)*: **~ croissant** [tension] to be rising; [nombre] to be rising OU increasing.
◇ *vi* **A.** EXPRIME LE MOUVEMENT - **1.** [se déplacer] to go; **qui va là?** who goes there?; **tu sais ~ à cheval?** *vieilli* can you ride a horse?; **va vite!** hurry up!; [à un enfant] run along (now)!; **~ à grands pas** to stride along; **vous alliez à plus de 90 km/h** [en voiture] you were driving at OU doing more than 90 km/h; **va moins vite!** drive more slowly!, slow down!; **~ çà et là** to flit about; **~ (et) venir** [de long en large] to pace up and down; [entre deux destinations] to come and go, to go to and fro; **je vais et viens entre la France et la Suisse** I go OU I shuttle back and forth between France and Switzerland; **je n'ai fait qu'~ et venir toute la matinée** I was in and out all morning; **il allait et venait dans la pièce** he was pacing up and down the room. - **2.** [se rendre - personne] : **~ à** to go to; **en allant à Limoges** on the way to Limoges; **~ à la mer/à la montagne** to go to the seaside/mountains; **il n'ira pas aux jeux Olympiques** he won't go to the Olympic Games; **son film ira au festival de Cannes** her film will go to OU be shown at the Cannes festival; **~ à l'université** [bâtiment] to go to the university; [institution] to go to university OU college; **~ à l'école** [bâtiment] to go to the school; [institution] to go to school; **~ à l'église** [bâtiment] to go to the church; [institution] to go to church, to be a churchgoer; **les gens qui vont à l'église/au concert** [gén] the people who go to church/to the concert; [habitués] churchgoers/concertgoers; **~ à la messe** to go to OU to attend mass; [être pratiquant] to be a churchgoer; **~ à la chasse/pêche** to go hunting/fishing; **~ aux champignons** to go mushroom-picking; **~ aux escargots** to go snail collecting; **où vas-tu?** where are you going?; **comment y va-t-on?** how do you get there?; **y ~: il y est allé en courant** he ran there; **on y va!** let's go! || *(en usage abs)*: **je n'irai pas** I won't go; **j'irai en avion/voiture** I'll fly/drive, I'll go by plane/car; **j'irai à** OU **en vélo** I'll go (there) by bike, I'll ride (there); **~ chez: ~ chez un ami** to go to see a friend, to go to a friend's; **~ chez le dentiste** to go to the dentist's; **tu n'iras plus chez eux, tu m'entends?** you will not visit them again, do you hear me?; **je vais toujours chez Burthot pour mes chocolats** I always go to Burthot for my chocolates OU buy my chocolates from Burthot; **~ dans: il a peur d'~ dans l'eau** he's afraid to go into the water; **je vais dans les Pyrénées** I'm going to the Pyrenees; **~ en: ~ en Autriche** to go OU to travel to Austria; **~ en Avignon/Arles** to go to Avignon/to Arles; **~ en haut/bas** to go up/down; **~ vers: j'allais vers le nord** I was heading OU going north. - **3.** *(suivi de l'inf)* [pour se livrer à une activité] : **~ faire qqch** to go and do sthg, to go do sthg *Am*; **je vais faire mes courses tous les matins** I go shopping every morning; **va ramasser les poires dans le jardin** go and pick the pears in the garden ❑ **va voir là-bas si j'y suis!**▽ push off!, clear off!; **~ se faire voir**▽ OU **se faire foutre**▼: **va te faire voir!** get lost! OU stuffed! *Br*, go to hell!; **va te faire foutre!** fuck off! - **4.** [mener - véhicule, chemin] to go; **ce train ne va pas à Pau** this train doesn't go to Pau; **cette route ne va pas à Bruges** this road doesn't go to Bruges; **cette rue va vers le centre** this street leads towards the city centre ❑ **~ droit au cœur de qqn** to go straight to sb's heart; **il choisit des mots qui vont droit au cœur** he uses words which speak to the heart. - **5.** [fonctionner - machine] to go, to run; [- moteur] to run; [- voiture, train] to go; **le manège allait de plus en plus vite** the roundabout was going faster and faster; **son pouls va trop vite** her pulse is too fast. - **6.** [se ranger - dans un contenant] to go, to belong; [- dans un ensemble] to fit; **où vont les tasses?** where do the cups go?; **les poupées russes vont l'une dans l'autre** Russian dolls fit one inside the other; **ton morceau de puzzle ne va pas ici** your piece of puzzle doesn't fit OU belong here. - **7.** [être remis] : **~ à** to go to; **l'argent collecté ira à une œuvre** the collection will go OU be given to a charity; **le prix d'interprétation masculine est allé à Jean Dufour** Jean Dufour was awarded the prize for best actor, the prize for best actor went to Jean Dufour; **la médaille d'or est allée à la Chine** China won OU got the gold medal, the gold medal went to China.
B. S'ÉTENDRE - **1.** [dans l'espace] : **~ de... à...**: **leur propriété va de la rivière à la côte** their land stretches from the river to the coast; **le passage qui va de la page 35 à la page 43** the passage which goes from page 35 to page 43; **~ jusqu'à** [vers le haut] to go OU to reach up to; [vers le bas] to go OU to reach down to; [en largeur, en longueur] to go to, to stretch as far as; **la tapisserie va jusqu'au plafond** the tapestry goes up to the ceiling. - **2.** [dans le temps] : **~ de... à...** to go from... to...; **sa période productive va de 1867 à 1892** his most productive period was from 1867 to 1892; **~ jusqu'à** [bail, contrat] to run till; **mon congé maladie va jusqu'au 15 janvier** my sick leave runs till January 15th; **jusqu'à quand vont les congés de février?** when does the February break finish? - **3.** [dans une série] : **~ de... à...** to go OU to range from... to...; **vos notes vont de 11 à 18** your marks go OU range from 11 to 18; **avec des températures allant de 10° C à 15° C** with temperatures between 10° C and 15° C OU ranging from 10° C to 15° C; **~ jusqu'à: les prix vont jusqu'à 50 000 F** prices go as high as 50,000 F; **sa voix va jusqu'au do** her voice reaches OU goes up to C; **désolée, madame, nous n'allons pas jusqu'à la taille 50** sorry, Madam, we don't stock OU go up to size 50.
C. PROGRESSER - **1.** [se dérouler] : **~ vite/lentement** to go fast/slow; **la course va trop vite/lentement pour elle** the race is too fast/slow for her; **arrêtez-moi si je vais trop vite** [en parlant] stop me if I'm going too fast; **à partir de ce moment-là, le divorce est allé très vite** from that moment onwards the divorce proceedings went very fast ❑ **plus ça va...: plus ça va, moins je comprends la politique** the more I see of politics, the less I understand it; **plus ça va, plus je l'aime** I love her more each day. - **2.** [personne] : **~ jusqu'à: j'irai jusqu'à 5 000 F pour le fauteuil** I'll pay OU go up to 5,000 F for the armchair; **~ jusqu'à faire** to go as far as doing, to go so far as to do; **il est allé jusqu'à publier le tract** he went as far as publishing the pamphlet; **j'irais même jusqu'à dire que...** I would even go so far as to say that...; **sans ~ jusque là** without going that far; **~ sur** OU **vers** [approcher de] : **il va sur** OU **vers la cinquantaine** he's getting on for OU going on 50; **elle va sur ses cinq ans** she's nearly OU almost five, she'll be five soon ❑ **~ à la faillite/l'échec** to be heading for bankruptcy/failure; **~ à sa ruine** to be on the road to ruin; **où va-t-on** OU **allons-nous s'il faut se barricader chez soi?** what's the world coming to if people have to lock themselves in nowadays?; **allons (droit) au fait** let's get (straight) to the point; **~ au plus pressé** to do the most urgent thing first.
D. ÊTRE DANS TELLE OU TELLE SITUATION - **1.** [en parlant de l'état de santé] : **bonjour, comment ça va? — ça va** hello, how are you? — all right; **comment vas-tu? — ça va** how are you? — fine; **comment va ta mère?** how's your mother?; **comment va la santé?, comment va?** *fam* how are you keeping?; **ça va?** [après un choc] are you all right?; **ça ne va pas du tout** I'm not at all well; **~ bien: je vais bien** I'm fine OU well; **ça va bien?** are you OK?; **mon cœur ne va plus trop bien** my heart's not as good as it used to be; **~ mieux: elle va beaucoup mieux** she's (feeling) much better; **ton genou va mieux?** is your knee better?, does your knee feel (any) better?; **bois ça, ça ira mieux** drink this, you'll feel better; **~ mal: il va mal** he's not at all well, he's very poorly ❑ **ça va pas (bien** OU **la tête)!, ça va pas, non?** *fam* you're off your head!, you must be mad!; **ça va? — on fait ~** *fam* OU **il faut faire ~** *fam* how are you? — mustn't grumble. - **2.** [se passer] : **comment vont les affaires? — elles vont bien** how's business? — (it's doing) OK OU fine; **ça va de moins en moins bien entre eux** things have gone from bad to worse between them; **ça a l'air d'~ beaucoup mieux avec son mari** things seem to be much better between her and her husband; **les choses vont** OU **ça va mal** things aren't too good OU aren't going too well; **ça va mal dans le sud du pays**

there's trouble in the south of the country; **obéis-moi ou ça va mal ~ (pour toi)!** do as I say or you'll be in trouble!; **comment ça va dans ton nouveau service?** how are you getting on OU how are things in the new department?; **et le lycée, ça va?** and how's school?; **quelque chose ne va pas?** is there anything wrong OU the matter?; **il y a quelque chose qui ne va pas dans l'imprimante** there's something wrong with the printer ❑ **ça ne va pas tout seul** OU **sans problème** it's not an OU it's no easy job; **et le travail, ça va comme tu veux?** *fam* is work going all right?; **faire ~** *fam* [commerce] to run, to manage; **quand ça ne va pas, on fait ~** when things are rough, you have to make do.

E. EXPRIME L'ADÉQUATION **-1.** [être seyant]: **~ (bien) à qqn** [taille d'un vêtement] to fit sb; [style d'un vêtement] to suit sb; **le bleu lui va** blue suits her, she looks good in blue; **rien ne me va** I don't look good in anything, nothing suits me; **mon manteau te va mieux qu'à moi** my coat looks much better on you (than on me), my coat suits you better than (it does) me; **ça ne te va pas de parler vulgairement** coarse language doesn't suit OU become you; **ça te va bien de donner des conseils!** *iron* you're a fine one to give advice! ❑ **cela te va à ravir** OU **à merveille** that looks wonderful on you, you look wonderful in that. **-2.** [être en harmonie]: **~ avec: ~ avec qqch** to go with OU to match sthg; **j'ai acheté un chapeau pour ~ avec ma veste** I bought a hat to go with OU to match my jacket; **~ ensemble** [couleurs, styles] to go well together, to match; [éléments d'une paire] to belong together; **ils vont bien ensemble, ces deux-là!** those two make quite a pair!; **je trouve qu'ils vont très mal ensemble** I think (that) they're an ill-matched couple OU they make a very odd pair. **-3.** [convenir]: **le ton de ta voix ne va pas, reprends à la ligne 56** your tone isn't right, do it again from line 56; **la clé de 12 devrait ~** spanner *Br* OU wrench *Am* number 12 should do (the job); **nos plats vont au four** our dishes are oven-proof; **tu veux de l'aide? — non, ça ira!** do you want a hand? — no, I'll manage OU it's OK!; **tu ne rajoutes pas de crème? — ça ira comme ça** don't you want to add some cream? — that'll do (as it is), it's fine like this; **ça ira pour aujourd'hui** that'll be all for today, let's call it a day; **pour un studio, ça peut aller** as far as bedsits *Br* OU studio apartments *Am* go, it's not too bad; **la robe ne va pas à la taille** the dress isn't right at the waist; **~ à qqn: on dînera après le spectacle — ça me va** we'll go for dinner after the show — that's all right OU fine by me OU that suits me (fine), **je vous fais un rabais de 10 %, ça vous va?** I'll give you a 10% discount, is that all right?; **je vous ai mis un peu plus de la livre, ça (vous) va?** it's a bit over a pound, is that all right?

F. LOCUTIONS: **ça va** *fam*, **ça va bien** *fam*, **ça va comme ça** *fam* OK; **je t'aurai prévenu! — ça va, ça va!** don't say I didn't warn you! — OK, OK!; **c'est toujours moi qui fais la vaisselle — oh, eh, ça va!** it's always me who does the dishes — give it a rest!; **ça va comme ça hein, j'en ai assez de tes jérémiades!** just shut up will you, I'm fed up with your moaning!; **y ~** *fam*: **une fois que tu es sur le plongeoir, il faut y ~!** once you're on the diving board, you've got to jump!; **quand faut y ~, faut y ~** when you've got to go, you've got to go; **y ~** [le faire]: **vas-y doucement, c'est fragile** gently OU easy does it, it's fragile; **vas-y mollo avec le vin!** *fam* go easy on the wine!; **ils n'y sont pas allés doucement avec les meubles** they were a bit rough with the furniture; **ils n'y sont pas allés doucement avec les grévistes** they didn't exactly handle the strikers with kid gloves; **comme tu y vas** *fam*/**vous y allez** *fam etc*: **j'en veux 3 000 F — comme tu y vas!** I want 3,000 F for it — isn't that a bit much?; **c'est un fasciste — comme vous y allez!** he's a fascist — that's going a bit far!; **ça y va** *fam*: **ça y va, les billets de 100 francs!** 100 franc notes are going as if there was no tomorrow!; **ça y allait, les bouteilles de champagne!** champagne flowed like water!; **y ~ de: aux réunions de famille, il y va toujours d'une** OU **de sa chansonnette** every time there's a family gathering, he sings a little song; **elle y est allée de sa petite larme** *hum* she had a little cry; **il** OU **cela** OU **ça** *fam* **va de soi (que)** it goes without saying (that); **il va de soi que je vous paierai** it goes without saying that I'll pay you; **il** OU **cela** OU **ça** *fam* **va sans dire (que)** it goes without saying (that); **il y va de: il y va de ta vie/carrière/réputation** your life/career/reputation is at stake; **il n'y va pas seulement de sa dignité** his dignity isn't the only thing at stake here; **il en va de… comme de…: il en va de la littérature comme de la peinture** it's the same with literature as with painting; **il en va de même pour: il n'en va pas de même pour toi** the same doesn't apply to you; **il en va autrement: il en irait autrement si ta mère était encore là** things would be very different if your mother was still here; **va pour** *fam*: **va pour le saint-émilion!** all right OU OK then, we'll have the saint-émilion!; **je vous en donne 300 F — va pour 300 F!** I'll give you 300 F for it — very well OU all right, 300 F (it is)!; **si tu vas par là, si vous allez par là** on those grounds, on that account; **tout le monde est égoïste, si tu vas par là!** everybody's selfish, if you look at it like that!

◆ **s'en aller** *vpi* **-1.** [partir - personne] to go; **il faut que je m'en aille** I must be off, I must go; **je lui donnerai la clé en m'en allant** I'll give him the key on my way out; **ne t'en va pas** don't go; **va-t-en!** go away!; **s'en ~ discrètement** to slip away (quietly); **les employés qui ont 58 ans sont encouragés à s'en ~** employees who are 58 are encouraged to leave; **tous les jeunes s'en vont du village** all the young people are leaving the village; **va-t-en de là!** get away from there!; **il regarda le bateau s'en ~** he watched the boat leaving OU leave. **-2.** [se défaire, se détacher] to come undone; **attention! ta barrette s'en va!** careful, your hair slide is coming out! **-3.** *sout* [mourir - personne] to die, to pass away; **si je m'en vais avant toi** if I die before you; **il s'en va de la poitrine** *hum* his cough will carry him off. **-4.** [disparaître - tache] to come off, to go (away); [- son] to fade away; [- forces] to fail; [- jeunesse] to pass; [- lumière, soleil, couleur] to fade (away); [- peinture, vernis] to come off; **ça s'en ira au lavage/avec du savon** it'll come off in the wash/with soap; **leur dernière lueur d'espoir s'en est allée** their last glimmer of hope has gone OU vanished; **la morale, la politesse, tout s'en va!** morals and good manners just don't exist! **-5.** *(suivi de l'inf)* [en intensif]: **il s'en fut trouver le magicien** off he went to find the wizard; **je m'en vais lui dire ses quatre vérités!** *fam* I'm going to tell her a few home truths!; **je m'en vais vous faire la démonstration** *fam* let me demonstrate.

◆ **allez, allons** *loc interj* **-1.** [pour encourager] come on; **allez, un petit effort** come on, put some effort into it; **allez, ne pleure plus** come on (now), stop crying; **allons, pose cette arme!** come on (now), put that gun down! **-2.** [en quittant quelqu'un]: **allez, je m'en vais!** right, I'm going now! **-3.** [exprime l'exaspération, la réprobation]: **zut, j'ai cassé un verre! — et allez (donc), le troisième en un mois!** damn! I've broken a glass! — well done, that's the third in a month!; **allez** OU **allons donc!** [tu exagères] go on OU get away (with you)!, come off it!

◆ **allez-y, vas-y** *loc interj* **-1.** [avant un départ] go on, off you go. **-2.** [avant d'agir] go on; **vas-y, lance-toi!** go on then, do it!

◆ **allons bon** *loc interj*: **allons bon, j'ai perdu ma clef maintenant!** oh no, now I've lost my key!; **allons bon, voilà qu'il recommence à pleurer!** here we go, he's crying again!; **il n'est pas encore rentré — allons bon!** he's not home yet — oh no OU dear!

◆ **allons-y** *loc interj* **-1.** [avant un départ] let's go; **allons-y Alonzo!** *fam hum* let's go, let's go Cisco! *Am*. **-2.** [avant d'agir] come on; **allons-y, après la troisième mesure!** let's take it from the third bar!; **allons-y, ne nous gênons pas!** *iron* don't mind me!

◆ **va** *loc interj* **-1.** [pour consoler] you know; **c'est mieux comme ça, va!** it's better that way, you know! **-2.** [pour persuader] you know; **tu ne seras pas en retard, va, tu as une heure devant toi!** you won't be late, you know, you've got an hour to go yet! **-3.** *fam* [pour appuyer une interj]: **(espèce de) frimeur, va!** you show-off!; **sale bête, va!** you disgusting creature!

◆ **va donc** *fam loc interj*: **va donc, eh, chauffard!** roadhog!; **va donc, eh minable!** get lost, you little creep!

allergène [alɛrʒɛn] *nm* allergen.

allergie [alɛrʒi] *nf* **-1.** MÉD allergy; **avoir** OU **faire une ~ à** to be allergic to. **-2.** *fam* [répugnance] allergy.

allergique [alɛrʒik] *adj* **-1.** MÉD [réaction] allergic; **être ~ à qqch** to be allergic to sthg. **-2.** *fam fig* allergic; **je suis ~ au sport** I'm allergic to sport.

allergisant, e [alɛrʒizɑ̃, ɑ̃t] *adj* allergenic.

allergologie [alɛrgɔlɔʒi] *nf* diagnosis and treatment of allergies.

allergologue [alɛrgɔlɔg] *nmf* allergist.

alliacé, e [aljase] *adj* alliaceous.

alliage [aljaʒ] *nm* **-1.** MÉTALL & TECH alloy; **structure en ~ léger** alloy structure. **-2.** *litt* [ajout] adjunct.

alliance [aljɑ̃s] *nf* **-1.** [pacte] alliance, pact, union; **l'~ entre socialistes et communistes** OU **les socialistes et les communistes** the alliance between OU of Socialists and Communists; **conclure une ~ avec un pays** to enter into OU to forge an alliance with a country; **conclure une ~ avec qqn** to ally oneself with sb; **l'Alliance française** *organization promoting French language and culture abroad.* **-2.** *sout* [mariage] union, alliance *litt*. **-3.** [combinaison] union, blending, combination; **~ de mots** LING oxymoron. **-4.** [bague] wedding ring. **-5.** RELIG alliance.

◆ **par alliance** *loc adj* by marriage.

allié, e [alje] ◇ *adj* allied.

◇ *nm, f* **-1.** [pays, gouvernement] ally; **les Alliés** HIST the Allies. **-2.** JUR relation by marriage. **-3.** [ami] ally, supporter.

allier [9] [alje] *vt* **-1.** [unir - pays, gouvernements, chefs] to unite, to ally (together); [- familles] to relate OU to unite by marriage. **-2.** [combiner - efforts, moyens, qualités] to combine (together); [- sons, couleurs, parfums] to match, to blend (together); **~ l'intelligence à la beauté** to combine intelligence and beauty. **-3.** TECH to (mix into an) alloy.

◆ **s'allier** *vpi* **-1.** [pays] to become allied; **s'~ avec un pays** to ally o.s. to a country, to form an alliance with a country ‖ *sout* [par le mariage - personnes] to marry; [- familles] to become allied OU related by marriage; **s'~ à une famille** to marry into a family; **les aristocrates s'alliaient entre eux** aristocrats used to intermarry. **-2.** [se combiner - couleurs, sons, parfums] to match, to blend (together); [- qualités, talents, arts] to combine, to unite (together). **-3.** TECH to (become mixed into an) alloy.

alligator [aligatɔr] *nm* alligator.

allitération [aliterasjɔ̃] *nf* alliteration.

allô [alo] *interj* hello, hullo; **~, qui est à l'appareil?** hello, who's speaking?; **~, je voudrais parler à Damien** hello, I'd like to speak to Damien.

allocataire [alɔkatɛr] *nmf* beneficiary.

allocation [alɔkasjɔ̃] *nf* **-1.** [attribution] allocation; FIN [de parts] allotment, allotting. **-2.** SOCIOL [prestation] allowance, benefit *Br*, welfare *Am*; **avoir** OU **toucher des ~s** to be on benefit *Br* OU welfare *Am* ❑ **~ (de) chômage** unemployment benefit; **~s familiales** family credit, child benefit *Br*; **~ (de) logement, ~-logement** housing benefit *Br*, rent subsidy OU allowance *Am*; **je touche une ~-logement** I get housing benefit *Br* OU a rent subsidy *Am*; ~ **(de) maternité** maternity allowance.

◆ **allocations** *fam nfpl*: les ~s [service] the social security, the Social *Br*, welfare *Am*; [bureau] the social security office.

allocutaire [alɔkytɛr] *nmf* addressee.

allocution [alɔkysjɔ̃] *nf* [discours] (formal) speech.

allogène [alɔʒɛn] ◇ *adj* alien, foreign.
◇ *nmf* alien.

allonge [alɔ̃ʒ] *nf* -**1.** [rallonge - gén] extension; [- d'une table] leaf. -**2.** [crochet] (butcher's) hook. -**3.** FIN rider. -**4.** SPORT reach; **avoir une bonne** ~ to have a long reach.

allongé, e [alɔ̃ʒe] *adj* -**1.** [long] long. -**2.** [couché]: **il était** ~ **sur le canapé** he was lying on the sofa; **il est resté** ~ **pendant trois mois** he was bedridden for three months.

allongement [alɔ̃ʒmɑ̃] *nm* -**1.** [extension - d'une route, d'un canal] extension; [- d'une distance] increasing, lengthening; [- d'une durée, de la vie] lengthening, extension; [- des jours] lengthening; **l'**~ **du temps de loisir** the increased time available for leisure pursuits. -**2.** AÉRON aspect ratio. -**3.** TECH [déformation] stretching; MÉTALL elongation. -**4.** LING lengthening.

allonger [17] [alɔ̃ʒe] ◇ *vt* -**1.** [rendre plus long - robe, route, texte] to lengthen, to make longer; **le dernier chapitre allonge inutilement le récit** the last chapter just drags the story out pointlessly; **la coupe vous allonge la silhouette** the cut of the garment makes you look thinner; ~ **le pas** to take longer strides. -**2.** [étirer - bras, jambe] to stretch out *(sép)*; ~ **le cou** to stretch one's neck; ~ **le bras pour prendre qqch** [devant soi] to stretch out one's hand to get sthg; [en l'air] to stretch up to reach sthg; [par terre] to bend down to pick up sthg. -**3.** [coucher - blessé, malade] to lay down *(sép)*; **vite, allongez-la par terre** quick, lay her down on the floor. -**4.** ▽ [donner - argent] to produce, to come up with; ~ **un pourboire au coiffeur** to slip the hairdresser a tip; **cette fois-ci, il a fallu qu'il les allonge** this time he had to cough up OU to fork out; ~ **une taloche à qqn** to give sb a slap; ~ **un coup à qqn** to fetch sb a blow. -**5.** CULIN: ~ **la sauce** *pr* to make the sauce thinner; *fig* to spin things out. -**6.** ÉQUIT [allure] to lengthen.
◇ *vi*: **les jours allongent** the days are drawing out OU getting longer.

◆ **s'allonger** *vpi* -**1.** [se coucher] to stretch out; **allongez-vous!** lie down!; **il/le chien s'allongea sur le tapis** he/the dog stretched out on the rug; **allonge-toi un peu** have a little lie-down. -**2.** [se prolonger - visite, récit] to drag on; [- vie, période] to become longer. -**3.** [se renfrogner]: **son visage s'allongea** her face fell, she pulled *Br* OU made *Am* a long face.

allopathe [alɔpat] ◇ *adj* allopathic.
◇ *nmf* allopathist, allopath.

allopathie [alɔpati] *nf* allopathy.

allopathique [alɔpatik] *adj* MED allopathic.

allophone [alɔfɔn] ◇ *adj*: **les résidents** ~**s** foreign-language speaking residents.
◇ *nmf* person whose native language is not that of the community in which he/she lives.

allotropie [alɔtrɔpi] *nf* allotropy.

allotropique [alɔtrɔpik] *adj* allotropic.

allouer [6] [alwe] *vt* -**1.** [argent, somme] to allocate; [indemnité] to grant; FIN [actions] to allot. -**2.** [temps] to allot, to allow; **au terme du temps alloué** at the end of the allotted time; **le temps alloué à ces activités** the time allotted OU allocated to these activities.

allumage [alymaʒ] *nm* -**1.** [d'un feu, d'une chaudière] lighting; [du gaz] lighting, turning on. -**2.** [d'une ampoule, d'un appareil électrique] turning OU switching on. -**3.** AUT & MÉCAN ignition; **régler l'**~ to set OU to adjust the timing ❑ ~ **électronique/à induction** electronic/coil ignition. -**4.** ASTRONAUT ignition. -**5.** ARM firing *(of a mine)*.

◆ **à l'allumage** *loc adj* [avance, retard] ignition *(épith)*.

allume-cigares [alymsigar] *nm inv* cigarette lighter.

allume-feu [alymfø] *nm inv* -**1.** [bois] kindling wood. -**2.** [à alcool] fire-lighter.

allume-gaz [alymgaz] *nm inv* gas lighter.

allumer [3] [alyme] *vt* -**1.** [enflammer - bougie, réchaud, cigarette, torche, gaz] to light; [- bois, brindille] to light, to kindle; [- feu, incendie] to light, to start. -**2.** [mettre en marche - lampe, appareil] to turn OU to switch on *(sép)*; [- phare] to put on, to turn on *(sép)*; **laisse une pièce allumée** leave the lights on in a room; **j'ai laissé la radio allumée!** I forgot to turn off the radio!; **le bureau est allumé** there's a light on in the office, the lights are on in the office ‖ *(en usage abs)*: **allume!** turn the light on!; **comment est-ce qu'on allume?** how do you switch *Br* OU turn it on?; **où est-ce qu'on allume?** where's the switch? -**3.** *litt* [commencer - guerre] to start; [- passion, haine] to stir up *(sép)*. -**4.** *fam* [sexuellement] to arouse, to turn on *(sép)*.

◆ **s'allumer** *vpi* -**1.** [s'éclairer]: **leur fenêtre vient de s'**~ a light has just come on at their window ‖ *fig* [visage, œil, regard] to light up. -**2.** [se mettre en marche - appareil, radio] to switch OU to turn on; [- lumière] to come on. -**3.** [prendre feu - bois, brindille] to catch (fire); [- incendie] to start, to flare up. -**4.** *litt* [commencer - haine, passion] to be aroused; [- guerre] to break out.

allumette [alymɛt] *nf* -**1.** [pour allumer] match, matchstick; **l'os s'est cassé comme une** ~ the bone snapped like a twig; **jouer avec des** ~**s** to play with matches ❑ ~ **suédoise** OU **de sûreté** safety match; **être gros** OU **épais comme une** ~ to be as thin as a rake; **avoir des jambes comme des** ~**s** to have legs like matchsticks. -**2.** CULIN [gâteau - salé] allumette, straw; [- sucré] allumette.

allumettier, ère [alymetje, ɛtjɛr] *nm, f* -**1.** [industriel] match manufacturer. -**2.** [ouvrier] worker in a match factory.

allumeur [alymœr] *nm* -**1.** TECH igniter. -**2.** AUT (ignition) distributor. -**3.** [lampiste]: ~ **de réverbères** lamp-lighter.

allumeuse▽ [alymøz] *nf péj* tease.

allure [alyr] *nf* -**1.** [vitesse d'un véhicule] speed; **à grande/faible** ~ at (a) high/low speed; **rouler à petite** ~ OU **à une** ~ **réduite** to drive at a slow pace OU slowly; **aller** OU **rouler à toute** ~ to go at (top OU full) speed; **le train filait à toute** ~ **dans la nuit** the train sped through the night. -**2.** [vitesse d'un marcheur] pace; **il accélérait l'**~ he was quickening his pace; **marcher à vive** ~ to walk at a brisk pace; **à cette** ~, **tu n'auras pas fini avant demain** *fig* at that speed OU rate, you won't have finished before tomorrow. -**3.** [apparence - d'une personne] look, appearance; **avoir de l'**~ OU **grande** ~ to have style; **une femme d'**~ **élégante entra** an elegant-looking woman came in; **avoir fière** ~ to cut a fine figure; **avoir piètre** ~ to cut a shabby figure; **il a une drôle d'**~ he looks odd OU weird; **un personnage à l'**~ OU **d'**~ **suspecte** a suspicious-looking character; **je n'aime pas l'**~ **qu'elle a** I don't like the look of her; **une ruine d'**~ **moyenâgeuse** a medieval-looking ruin; **le projet prend une mauvaise** ~ the project is taking a turn for the worse; **prendre des** ~**s de** to take on an air of.

◆ **allures** *nfpl* ÉQUIT paces; NAUT reach.

allusif, ive [alyzif, iv] *adj* allusive; **il est resté très** ~ he wasn't very specific.

allusion [alyzjɔ̃] *nf* -**1.** [référence] allusion, reference; **il n'y a fait** ~ **qu'en passant** he only made passing reference to it. -**2.** [sous-entendu] hint; **une** ~ **cousue de fil blanc** a heavy hint; **c'est une** ~**?** are you hinting at something?; **l'**~ **m'échappe** I don't get it; **s'exprimer par** ~**s** to express o.s. obliquely OU allusively.

◆ **par allusion à** *loc prép* alluding to; **«veni, vidi, vici» dit-il, par** ~ **à Jules César** "veni, vidi, vici" he said, alluding to Julius Caesar.

allusivement [alyzivmɑ̃] *adv* allusively.

alluvial, e, aux [alyvjal, o] *adj* alluvial.

alluvionnaire [alyvjɔnɛr] *adj* alluvial.

alluvionnement [alyvjɔnmɑ̃] *nm* alluviation.

alluvionner [3] [alyvjɔne] *vi* to deposit alluvion OU alluvium.

alluvions [alyvjɔ̃] *nmpl* alluvion *(sg)*, alluvium *(sg)*.

almanach [almana] *nm* almanac.

almandin [almɑ̃dɛ̃] *nm* almandine.

aloès [alɔɛs] *nm* aloe.

alogique [alɔʒik] *adj* alogical.

aloi [alwa] *nm* -**1. de bon** ~ [marchandise, individu] of sterling OU genuine worth; [plaisanterie] in good taste. -**2. de mauvais** ~ [marchandise] worthless; [individu] worthless, no-good *(avant n)*; [plaisanterie] in bad taste; [succès] cheap.

alopécie [alɔpesi] *nf* alopecia.

alors [alɔr] *adv* -**1.** [à ce moment-là] then; **j'étais jeune** ~ I was young then; **Rome était** ~ **à la tête d'un grand empire** at that time Rome was at the head of a great empire, Rome was then at the head of a great empire; **le cinéma d'**~ **était encore muet** films were still silent in those days; **le Premier ministre d'**~ **refusa de signer les accords** the then Prime Minister refused to sign the agreement; **jusqu'**~ until then; ~ **seulement, il se rendit compte de la situation** it was only then that he understood the situation; **et** ~ **il a déclaré...** and then he declared...; **venez la semaine prochaine, j'aurai plus de temps** ~ come next week, I'll have more time then. -**2.** [en conséquence] so; **il s'est mis à pleuvoir,** ~ **nous sommes rentrés** it started to rain, so we came back in; ~, **il n'y a pas d'autre solution** so there's no other solution then. -**3.** [dans ce cas] then, so, in that case; **je préfère renoncer tout de suite,** ~**!** in that case I'd just as soon give up straight away!; **n'en parlons plus** ~ let's say no more about it then; **mais** ~, **ça change tout!** but that changes everything! -**4.** [emploi expressif]: **et** ~**?** so?, so what?; **il va se mettre en colère, et** ~**?** so what if he gets angry?; **et** ~, **qu'est-ce qui s'est passé?** so what happened then?; ~, **qu'est-ce qu'on fait?** so what are we going to do?, what are we going to do, then?; ~, **tu viens oui ou non?** so are you coming or not?, are you coming or not, then?; **dites-le lui, ou** ~ **je ne viens pas** tell him, otherwise OU or else I'm not coming; ~ **là, il exagère!** he's going a bit far there!; ~ **là, je ne sais plus quoi dire!** well then, I don't know what to say!; **ça** ~, **je ne l'aurais jamais cru!** my goodness, I would never have believed it!; **non mais** ~, **pour qui vous vous prenez?** well really, who do you think you are?; **chic** ~**!** great!; **zut** ~**!** damn!

◆ **alors que** *loc conj* -**1.** [au moment où] while, when; **l'orage éclata** ~ **que nous étions encore loin de la maison** the storm broke while OU when we were still a long way from the house. -**2.** [bien que, même si] even though; **il a parlé tout le temps** ~ **qu'on ne lui avait rien demandé** he talked non-stop, even though no one had asked him anything; **elle est sortie** ~ **que c'était interdit** she went out, even though she wasn't supposed to; ~ **même qu'il ne nous resterait que ce moyen, je refuserais de l'utiliser** *sout* even if this were the only means left to us I wouldn't use it. -**3.** [tandis que] while; **il part en vacances** ~ **que je reste ici tout l'été** he's going on holiday while I stay here all summer.

alose [aloz] *nf* shad.

alouette [alwɛt] *nf* -**1.** ORNITH lark; ~ **des champs** skylark; ~ **de mer** sealark; **il attend que les** ~**s lui tombent/il croit que les** ~**s vont lui tomber toutes cuites dans le bec** *fam* he's waiting for things to/he thinks that things will just fall into his lap. -**2.** CULIN: ~ **sans tête** ≃ veal olive.

alourdir [32] [alurdir] *vt* -**1.** [ajouter du poids à] to weigh down *(sép)*, to make heavy OU heavier; **l'emballage alourdit le paquet de 200 grammes** the wrapping makes the parcel heavier by 200 grammes; **alourdi par la pluie** heavy with rain; **alourdi par la fatigue** heavy with exhaustion. -**2.** [style, allure, traits] to make heavier OU coarser; [impôts] to increase; **la grossesse commençait à ~ sa démarche** pregnancy was making her walk more heavily; **cette répétition alourdit la phrase** the repetition makes the sentence unwieldy.

◆ **s'alourdir** *vpi* -**1.** [grossir - personne] to put on weight; [- taille] to thicken, to get thicker. -**2.** [fatiguer] to become heavy OU heavier; **ses paupières s'alourdissaient** his eyelids were beginning to droop OU were getting heavy. -**3.** [devenir plus grossier] to get coarser; **ses traits s'alourdissent** his features are getting coarser; **durant cette période, son trait de pinceau s'alourdit** in this period, his brushwork becomes heavier.

alourdissement [alurdismɑ̃] *nm* -**1.** [d'un paquet, d'un véhicule] increased weight. -**2.** [d'un style] heaviness; [des impôts] increase; **seul l'~ de sa silhouette laissait deviner sa maladie** the only sign of her illness was that she had put on a little weight.

aloyau [alwajo] *nm* sirloin.

alpaga [alpaga] *nm* alpaca.

alpage [alpaʒ] *nm* -**1.** [pâturage] high (mountain) pasture. -**2.** [saison] grazing season *(spent by livestock in high pastures)*; **pendant l'~** while the cattle are in the high pastures.

◆ **d'alpage** *loc adj* [fromage, produit] mountain *(épith)*; **lait d'~** *milk from cattle grazing in mountain pastures.*

alpaguer [3] [alpage] *vt arg crime* to nab, to bust *Am*; **se faire ~** to get nabbed OU busted *Am*.

alpe [alp] *nf* (high) alpine pasture.

Alpes [alp] *npr fpl*: **les ~** the Alps; **les ~ du Sud** the Southern Alps.

alpestre [alpɛstr] *adj* alpine.

alpha [alfa] *nm* alpha; **l'~ et l'oméga de** *fig* the beginning and the end of.

alphabet [alfabɛ] *nm* -**1.** [d'une langue] alphabet. -**2.** [abécédaire] spelling OU ABC book, alphabet. -**3.** [code]: **~ morse** Morse code; **~ phonétique** phonetic alphabet.

alphabète [alfabɛt] ◇ *adj* literate.
◇ *nmf* person who can read and write.

alphabétique [alfabetik] *adj* alphabetic, alphabetical.

alphabétiquement [alfabetikmɑ̃] *adv* alphabetically.

alphabétisation [alfabetizasjɔ̃] *nf* elimination of illiteracy.

alphabétiser [3] [alfabetize] *vt* to teach to read and write.

alphabétisme [alfabetism] *nm* alphabetical writing (system).

alphanumérique [alfanymerik] *adj* alphanumeric.

alpin, e [alpɛ̃, in] *adj* -**1.** BIOL, BOT & GÉOL alpine. -**2.** LOISIRS & SPORT [club] mountaineering, mountain-climbing; [ski] downhill.

alpinisme [alpinism] *nm* mountaineering, mountain-climbing; **faire de l'~** to climb, to go mountain-climbing.

alpiniste [alpinist] *nmf* mountaineer, climber.

alsace [alzas] *nm* Alsace (wine).

Alsace [alzas] *npr f*: **(l')** ~ Alsace.

Alsace-Lorraine [alzaslɔrɛn] *npr f*: **(l')~** Alsace-Lorraine.

ALSACE-LORRAINE:
The chief subject, and victim, of the longstanding conflict between Germany and France, these two provinces were seized by the Germans at the end of the Franco-Prussian war in 1871, becoming part of the German Reich. Reverting to France after the First World War, seized by Germany again in 1940, they were finally restored to France at the end of the Second World War.

---

alsacien, enne [alzasjɛ̃, ɛn] *adj* Alsatian.

◆ **Alsacien, enne** *nm, f* Alsatian; **les Alsaciens** the people of Alsace.

◆ **alsacien** *nm* LING Alsatian.

altaïque [altaik] *adj* Altaic.

altérabilité [alterabilite] *nf* alterability.

altérable [alterabl] *adj* alterable.

altérant, e [alterɑ̃, ɑ̃t] *adj* -**1.** [qui modifie] altering. -**2.** [qui donne soif] thirst-inducing.

altercation [altɛrkasjɔ̃] *nf sout* quarrel, altercation; **j'ai eu une violente ~ avec elle** I had a violent quarrel OU a huge row with her.

altéré, e [altere] *adj* -**1.** [modifié - aliments] adulterated; [- couleurs] faded, altered; [- documents, faits] altered, falsified; [- traits] drawn, distorted; [- santé, amitié] impaired, affected. -**2.** [assoiffé] thirsty.

alter ego [alterego] *nm inv* -**1.** *hum* [ami] alter ego. -**2.** [homologue] counterpart, alter ego.

altérer [18] [altere] *vt* -**1.** [dégrader - couleur] to spoil; [- denrée] to adulterate. -**2.** *sout* [falsifier - fait, histoire] to distort; [- vérité] to distort, to twist; [- monnaie] to falsify. -**3.** [changer - composition, équilibre] to change, to alter, to modify; **le visage altéré par le chagrin/la fatigue** her face pinched with grief/drawn with tiredness; **la peur lui altérait le visage** OU **les traits** fear had transformed his features; **la voix altérée par l'angoisse** her voice strained with anxiety. -**4.** *litt* [assoiffer] to make thirsty; **altéré de** thirsty OU thirsting for; **altéré de gloire** thirsting for glory; **altéré de sang** blood-thirsty. -**5.** MUS [accord] to alter; [note] to inflect.

◆ **s'altérer** *vpi* -**1.** [se dégrader - denrée] to spoil; [- sentiment, amitié] to deteriorate; **leurs rapports se sont altérés** their relationship has deteriorated; **sa santé s'est altérée** [elle était en bonne santé] her health isn't as good as it was OU has become impaired; [elle était déjà malade] her health has got worse. -**2.** [se transformer - substance, minéral] to alter, to (undergo a) change.

altérité [alterite] *nf* otherness.

alternance [altɛrnɑ̃s] *nf* -**1.** [succession] alternation; **l'~ des saisons** the alternating OU changing seasons || AGR crop rotation. -**2.** POL: **~ (du pouvoir)** change-over of political power; **pratiquer l'~** to take turns running a country. -**3.** LING: **~ vocalique** vowel gradation. -**4.** CIN, MUS & THÉÂT alternating programmes; **une salle qui pratique l'~** a house that shows two alternating programmes.

◆ **en alternance** *loc adv*: **ils donnent** OU **programment «Manon» et «la Traviata» en ~** they're putting on "Manon" and "la Traviata" alternately.

◆ **en alternance avec** *loc prép*: **jouer en ~ avec qqn** to alternate with another actor; **faire qqch en ~ avec qqn** to take turns to do sthg.

alternateur [alternatœr] *nm* alternator.

alternatif, ive [alternatif, iv] *adj* -**1.** [périodique] alternate, alternating. -**2.** [à option] alternative; **modèle ~ de croissance** alternative model of growth || SOCIOL alternative; **rock ~** alternative rock.

◆ **alternative** *nf* -**1.** [choix] alternative, option; **se trouver devant une pénible ~** to be faced with a difficult choice, to be in a difficult dilemma. -**2.** *(tour critiqué)* [solution de remplacement] alternative. -**3.** LOGIQUE alternative OU disjunctive (proposition).

◆ **alternatives** *nfpl* alternating phases.

alternativement [altɛrnativmɑ̃] *adv* (each) in turn, alternately.

alterne [altɛrn] *adj* alternate.

alterné, e [altɛrne] *adj* -**1.** TRANSP [stationnement] (authorized) on alternate sides of the street. -**2.** LITTÉRAT alternate. -**3.** MATH [application] alternate; [série] alternating.

alterner [3] [altɛrne] ◇ *vt* -**1.** [faire succéder] to alternate. -**2.** AGR to rotate.
◇ *vi* [se succéder - phases] to alternate; [- personnes] to alternate, to take turns.

altesse [altɛs] *nf* Highness; **Son Altesse Royale** [prince] His Royal Highness; [princesse] Her Royal Highness; **Son Altesse Sérénissime** [prince] His Most Serene Highness; [princesse] Her Most Serene Highness.

altier, ère [altje, ɛr] *adj* haughty, arrogant; **avoir un port ~** to carry o.s. proudly; **avoir une démarche altière** to walk proudly.

altimètre [altimɛtr] *nm* altimeter.

altimétrie [altimetri] *nf* altimetry.

altiport [altipɔr] *nm* (ski resort) airfield.

altiste [altist] *nmf* viola player, violist.

altitude [altityd] *nf* altitude; **~ au-dessus du niveau de la mer** height above sea level; **à une ~ de 4 500 m** at an altitude of 4,500 m; **à haute/basse ~** at high/low altitude; **prendre de l'~** to gain altitude, to climb; **perdre de l'~** to lose altitude.

◆ **d'altitude** *loc adj* [restaurant, station] mountain-top.

◆ **en altitude** *loc adv* high up, at high altitude.

alto [alto] *nm* -**1.** [instrument] viola. -**2.** [voix] contralto OU alto (voice); [chanteuse] contralto, alto; **je suis ~** I sing alto OU contralto.

altocumulus [altokymylys] *nm* altocumulus.

altostratus [altɔstratys] *nm* altostratus.

altruisme [altrɥism] *nm* altruism.

altruiste [altrɥist] ◇ *adj* altruistic.
◇ *nmf* altruist.

Altuglas® [altyglas] *nm* ≃ Perspex®.

aluminate [alyminat] *nm* aluminate.

alumine [alymin] *nf* alumina, aluminium *Br* OU aluminum *Am* oxide.

alumineux, euse [alyminø, øz] *adj* aluminous.

aluminium [alyminjɔm] *nm* aluminium *Br*, aluminum *Am*.

aluminosilicate [alyminɔsilikat] *nm* aluminosilicate.

aluminothermie [alyminɔtɛrmi] *nf* aluminothermy.

alun [alœ̃] *nm* alum.

alunir [32] [alynir] *vi* to land (on the moon).

alunissage [alynisaʒ] *nm* (moon) landing.

alunite [alynit] *nf* alunite.

alvéolaire [alveɔlɛr] *adj* alveolar.

alvéole [alveɔl] *nf* -**1.** [d'une ruche] cell, alveolus *spéc*. -**2.** ANAT: **~ dentaire** tooth socket, alveolus *spéc*; **~ pulmonaire** air cell, alveolus *spéc*. -**3.** GÉOL cavity, pit.

alvéolé, e [alveɔle] *adj* honeycombed, alveolate *spéc*.

alvéolite [alveɔlit] *nf* alveolitis.

amabilité [amabilite] *nf* [qualité] kindness, friendliness, amiability; **homme plein d'~** very kind man; **ils ont eu l'~ de...** they were kind enough to...; **d'un ton sans ~** rather curtly; **veuillez avoir l'~ de...** please be so kind as to...

◆ **amabilités** *nfpl* [politesses] polite remarks; **faire des ~s à qqn** to be polite to sb; **trêve d'~s, passons aux choses sérieuses** enough of the pleasantries, let's get down to business.

amadou [amadu] *nm* touchwood, tinder.

amadouer [6] [amadwe] *vt* -**1.** [flatter] to coax; **elle essaie de l'~ pour qu'il accepte** she's trying to coax OU to wheedle him into agreeing. -**2.** [adoucir] to mollify, to soften (up); **c'est pour m'~ que tu me dis ça?** are you saying this to soften me up?

amaigri, e [amegri] *adj* [visage] gaunt, gaunter; [trait] (more) pinched; **il a l'air très ~** he looks as if he's lost a considerable amount of weight.

amaigrir [32] [amegrir] *vt* -**1.** [suj: maladie, fatigue, régime] to make thin OU thinner; **son séjour en prison l'a beaucoup amaigri** his internment has made him lose a lot of weight; **le visage amaigri par la maladie** his face emaciated from illness. -**2.** TECH [épaisseur] to reduce; [pâte] to thin down *(sép)*.

◆ **s'amaigrir** *vpi* to lose weight.

amaigrissant [amegrisɑ̃, ɑ̃t] *adj* slimming, reducing *Am*.

amaigrissement [amegrismɑ̃] *nm* -**1.** [perte de poids - du corps] loss of weight; [- des cuisses, de la silhouette] reducing; **~ de 10 kg** a loss in weight of 10 kg; **permet l'~ local** allows you to slim where you want to. -**2.** TECH [de l'épaisseur] reducing; [d'une pâte] thinning down.

amalgamation [amalgamasjɔ̃] *nf* amalgamation.

amalgame [amalgam] *nm* -**1.** MÉTALL amalgam. -**2.** [mélange] mixture, amalgam; **il ne faut pas faire l'~ entre ces deux questions** the two issues must not be confused. -**3.** HIST & MIL amalgamation.

amalgamer [3] [amalgame] *vt* -**1.** MÉTALL to amalgamate. -**2.** [mélanger] to combine, to mix up *(sép)*.
◆ **s'amalgamer** *vpi* -**1.** MÉTALL to amalgamate. -**2.** [s'unir] to combine, to amalgamate; **les deux unités se sont amalgamées** the two units amalgamated. -**3.** [se mélanger] to get mixed up.

aman [amɑ̃] *nm litt* safe-conduct; **demander l'~** to surrender.

amande [amɑ̃d] *nf* -**1.** [fruit] almond; **chocolat aux ~s** almond chocolate ❑ **~ douce/amère** sweet/bitter almond. -**2.** [noyau] kernel.
◆ **d'amande(s)** *loc adj* almond.
◆ **en amande** *loc adj* [yeux] almond *(épith)*, almond-shaped.

amandier [amɑ̃dje] *nm* almond tree.

amandine [amɑ̃din] *nf* almond tartlet.

amanite [amanit] *nf* member of the Amanita; **~ panthère** false blusher; **~ phalloïde** death cap; **~ tue-mouches** fly agaric.

amant [amɑ̃] *nm* (male) lover; **prendre un ~** to take a lover; **'l'Amant de Lady Chatterley'** *Lawrence* 'Lady Chatterley's Lover'.
◆ **amants** *nmpl* lovers; **devenir ~s** to become lovers ❑ **les ~s de Vérone** Romeo and Juliet.

amante [amɑ̃t] *nf litt* (female) lover, mistress.

amarante [amarɑ̃t] ◇ *adj inv* amaranthine.
◇ *nf* amaranth.

amareyeur, euse [amarɛjœr, øz] *nm, f* oysterbed worker.

amarinage [amarinaʒ] *nm* -**1.** [habitude] getting used to the sea, finding one's sea legs. -**2.** [remplacement] manning *(of a captured vessel)*.

amariner [3] [amarine] *vt* -**1.** [habituer à la mer] to accustom to life at sea. -**2.** [navire] to take over *(sép)*.
◆ **s'amariner** *vpi* to find one's sea legs.

amarrage [amaraʒ] *nm* -**1.** [dans un port] mooring. -**2.** [fixation - à un objet fixe] lashing. -**3.** AÉRON [d'un ballon] mooring; ASTRONAUT docking. -**4.** [amarres] ropes.
◆ **à l'amarrage** *loc adj* moored.

amarre [amar] *nf* mooring line OU rope; **larguer les ~s** *pr & fig* to cast off one's moorings; **rompre les ~s** *pr & fig* to break one's moorings.

amarrer [3] [amare] *vt* -**1.** NAUT [cordages] to fasten, to make fast; [navire] to hitch, to moor; *(en usage abs)*: **~ à quai** to wharf. -**2.** [bagages] to tie down *(sép)*; **~ des valises sur une voiture** to secure suitcases on a (car) roof. -**3.** ASTRONAUT to dock.
◆ **s'amarrer** *vpi* -**1.** NAUT [à une berge] to moor; [dans un port] to dock, to berth. -**2.** ASTRONAUT to dock.

amaryllidacée [amarilidase] *nf* member of the Amaryllidaceae.

amaryllis [amarilis] *nf* amaryllis.

amas [ama] *nm* -**1.** [tas] heap, mass, jumble. -**2.** ASTRON cluster; **~ globulaire/ouvert** globular/open cluster. -**3.** MINÉR mass.

amasser [3] [amase] *vt* -**1.** [entasser - vivres, richesses] to amass, to hoard; **~ une fortune** to amass a fortune; **après avoir amassé un petit pécule** having got together a bit of money. -**2.** [rassembler - documents, preuves, information] to amass.
◆ **s'amasser** *vpi* [foule, troupeau] to gather OU to mass (in large numbers); [preuves] to accumulate, to pile up.

amateur [amatœr] ◇ *adj* -**1.** *(avec ou sans trait d'union)* [non professionnel] amateur; **théâtre ~** amateur theatre; **photographe/peintre ~** amateur photographer/painter ‖ SPORT amateur, non-professional; **rencontre ~** amateur event. -**2.** [friand, adepte]: **~ de**: **être (grand) ~ de qqch** to be very interested in sthg; **elle est ~ de concerts/théâtre** she's a dedicated concert-goer/theatre-goer; **il est ~ de bonne chère** he's very fond of good food.
◇ *nmf* -**1.** [non professionnel - gén & SPORT] amateur. -**2.** *péj* [dilettante] dilettante, mere amateur. -**3.** [connaisseur]: **~ de** connoisseur of; **~ d'art** art lover OU enthusiast. -**4.** *fam* [preneur] taker; **je ne suis pas ~** I'm not interested, I don't go in for that sort of thing.
◆ **d'amateur** *loc adj péj* amateurish; **c'est du travail d'~** it's a shoddy piece of work.
◆ **en amateur** *loc adv* non-professionally; **je fais de la compétition en ~** I compete non-professionally OU as an amateur; **s'intéresser à qqch en ~** to have an amateur interest in sthg.

amateurisme [amatœrism] *nm* -**1.** LOISIRS & SPORT amateurism, amateur sport. -**2.** *péj* [dilettantisme] amateurism, amateurishness; **c'est de l'~** it's amateur work.

amazone [amazon] *nf* -**1.** [cavalière] horsewoman. -**2.** [tenue] (woman's) riding habit; [jupe] riding skirt. -**3.** *arg crime* [prostituée] hooker *(operating from a car)*. -**4.** ZOOL Amazon parrot.
◆ **en amazone** *loc adv*: **monter en ~** to ride side-saddle.

Amazone [amazon] *npr f* -**1.** MYTH Amazon. -**2.** GÉOG: **l'~** the Amazon (river).

Amazonie [amazɔni] *npr f*: **(l')~** the Amazon (Basin).

amazonien, enne [amazɔnjɛ̃, ɛn] *adj* Amazonian; **la forêt ~ne** the Amazon Forest.
◆ **Amazonien, enne** *nm, f* Amazonian.

amazonite [amazɔnit] *nf* amazonite.

ambages [ɑ̃baʒ]
◆ **sans ambages** *loc adv sout* without beating about the bush.

ambassade [ɑ̃basad] *nf* -**1.** [bâtiment] embassy; **l'~ du Canada** the Canadian embassy. -**2.** [fonction] ambassadorship. -**3.** [personnel] embassy (staff). -**4.** [mission] mission.

AMBASSADE:
En anglais, les noms d'ambassades se traduisent par l'adjectif correspondant au pays; l'ambassade de France the French embassy; l'ambassade de Grande-Bretagne the British embassy;
l'ambassade de Thaïlande the Thai embassy.

ambassadeur, drice [ɑ̃basadœr, dris] *nm, f* -**1.** [diplomate] ambassador; **c'est l'~ du Canada** he's the Canadian Ambassador; **~ auprès de** ambassador to ❑ **~ extraordinaire** ambassador extraordinary. -**2.** [représentant] representative, ambassador.
◆ **ambassadrice** *nf* [femme d'ambassadeur] ambassador's wife.

ambiance [ɑ̃bjɑ̃s] *nf* -**1.** [atmosphère] mood, atmosphere; **l'~ qui règne à Paris** the general climate OU mood in Paris; **l'~ générale du marché** the prevailing mood of the market; **comment créer une ~ intime** how to create an intimate atmosphere. -**2.** [cadre] surroundings, ambiance; [éclairage] lighting effects. -**3.** *fam* [animation]: **il y a de l'~!** it's pretty lively in here!; **il va y avoir de l'~ quand elle saura ça!** there'll be hell to pay when she hears this!
◆ **d'ambiance** *loc adj* [éclairage] soft, subdued; [musique] mood *(épith)*.

ambiant, e [ɑ̃bjɑ̃, ɑ̃t] *adj* [température] ambient; **les préjugés ~s** the reigning OU prevailing prejudices; **horrifié par la médiocrité ~e** horrified by the all-pervading mediocrity.

ambidextre [ɑ̃bidɛkstr] ◇ *adj* ambidextrous.
◇ *nmf* ambidexter.

ambigu, ë [ɑ̃bigy] *adj* -**1.** [à deux sens] ambiguous, equivocal; **l'expression est ~ë** the phrase has two possible meanings OU is ambiguous. -**2.** [difficile à cerner] ambiguous; **c'est un personnage ~** he is an ambiguous character.

ambiguïté [ɑ̃bigɥite] *nf* -**1.** [équivoque] ambiguity; **réponse sans ~** unequivocal OU unambiguous answer; **répondre sans ~** to answer unequivocally OU unambiguously. -**2.** LING ambiguity.

ambigument [ɑ̃bigymɑ̃] *adv* ambiguously.

ambiophonie [ɑ̃bjɔfɔni] *nf* ambisonics *(U)*.

ambitieusement [ɑ̃bisjøzmɑ̃] *adv* ambitiously.

ambitieux, euse [ɑ̃bisjø, øz] ◇ *adj* ambitious.
◇ *nm, f* ambitious man (*f* woman).

ambition [ɑ̃bisjɔ̃] *nf* -**1.** [désir] ambition, aspiration; **une seule ~ l'anime** she has but one ambition; **j'ai l'~** OU **mon ~ est de...** it's my ambition to... -**2.** [désir de réussite] ambition; **avoir de l'~** to be ambitious; **je n'ai pas beaucoup d'~** I'm not particularly ambitious; **être plein d'~** to be very ambitious.

ambitionner [3] [ɑ̃bisjɔne] *vt* [poste] to covet, to strive after *(insép)*; **~ de faire qqch**: **elle ambitionne de monter sur les planches** her ambition is to go on the stage.

ambivalence [ɑ̃bivalɑ̃s] *nf* ambivalence.

ambivalent, e [ɑ̃bivalɑ̃, ɑ̃t] *adj* ambivalent.

amble [ɑ̃bl] *nm* amble; **aller l'~** to amble.

amblyope [ɑ̃blijɔp] ◇ *adj* amblyopic.
◇ *nmf* amblyopia sufferer.

amblyopie [ɑ̃blijɔpi] *nf* amblyopia.

ambre [ɑ̃br] ◇ *adj inv* amber.
◇ *nm*: **~ (gris)** ambergris; **~ (jaune)** amber.

ambré, e [ɑ̃bre] *adj* [couleur] amber *(épith)*; [parfum] amber scented.

ambrer [3] [ɑ̃bre] *vt* to scent with amber.

Ambroise [ɑ̃brwaz] *npr*: **saint ~** Saint Ambrose.

ambroisie [ɑ̃brwazi] *nf* ambrosia.

ambrosiaque [ɑ̃brɔzjak] *adj* ambrosial.

ambulance [ɑ̃bylɑ̃s] *nf* ambulance; **dans l'~** in the ambulance; **en ~** in an ambulance.

ambulancier, ère [ɑ̃bylɑ̃sje, ɛr] *nm, f* -**1.** [chauffeur] ambulance driver. -**2.** [infirmier] ambulance man (*f* woman).

ambulant, e [ɑ̃bylɑ̃, ɑ̃t] *adj* itinerant, travelling; **c'est un dictionnaire ~** *fam* he's a walking dictionary.

ambulatoire [ɑ̃bylatwar] *adj* ambulatory.

âme [am] *nf* -**1.** [principe de vie] soul; **avoir l'~ chevillée au corps** to hang on grimly to life; **rendre l'~** to pass away. -**2.** [personnalité] soul, spirit; **avoir** OU **être une ~ généreuse** to have great generosity of spirit; **avoir une ~ de chef** to be a born leader. -**3.** [principe moral]: **en mon ~ et conscience** in all conscience. -**4.** [cœur] soul, heart; **faire qqch avec/sans ~** to do sthg with/without feeling; **touché jusqu'au fond de** OU **à l'~** deeply moved; **de toute mon ~** with all my heart OU soul; **c'est un artiste dans l'~** he's a born artist. -**5.** [personne] soul; **un village de 500 ~s** a village of 500 souls ‖ *sout* [en appellatif]: **mon ~, ma chère ~** (my) dearest ❑ **~ charitable, bonne ~** kind soul; **son ~ damnée** the person who does his evil deeds OU dirty work for him; **~ en peine**: **aller** OU **errer comme une ~ en peine** to wander around like a lost soul; **~ sensible** sensitive person; **~s sensibles, s'abstenir** not for the squeamish; **~ sœur** kindred spirit, soul mate *hum*; **chercher/trouver l'~ sœur** to seek/to find a soul mate; **il a enfin trouvé l'~ sœur** he's finally found the ideal woman; **elle a enfin trouvé l'~ sœur** she's finally found the ideal man; **il n'y a pas ~ qui vive** there isn't a (living) soul around; **'les Âmes mortes'** *Gogol* 'Dead Souls'; **'la Bonne Âme de Setchouan'** *Brecht* 'The Good Woman of Setzuan'. -**6.** *litt* [inspirateur] soul; **c'était elle, l'~ du groupe** *fig* she was the inspiration of the group; **celui qui était l'~ du dadaïsme** he who was the soul of dadaism. -**7.** ARM bore; **~ rayée** rifled bore. -**8.** [centre - d'un aimant] core; [- d'un câble] heart, core. -**9.** [d'un violon] soundpost.
◆ **état d'âme** *nm* state of mind; **il a eu des états d'~** *fam* he had second thoughts; **je me fiche de vos états d'~!** *fam* I don't care whether you're happy about it or not!; **j'en ai assez de leurs ~s d'âme** I'm fed up with the way they agonize over everything.

améliorable [ameljɔrabl] *adj* improvable, that can be improved.

améliorant, e [ameljɔrɑ̃, ɑ̃t] *adj* soil-improving.

amélioration [ameljɔrasjɔ̃] *nf* -**1.** [action] improving, bettering; **assurer l'~ des conditions de travail** to ensure that working conditions are improved; **~ des sols** AGR soil improvement. -**2.** [résultat] improvement; **apporter des ~s à qqch** to improve on sthg, to carry out improvements to sthg; **on observe une nette ~ de son état de santé** her condition has improved considerably; **~ des cours** ÉCON improvement in prices. -**3.** MÉTÉO: **~ (du temps)** better weather; **pas d'~ prévue cet après-midi** no improvement expected in the weather this afternoon.
◆ **améliorations** *nfpl* JUR improvements; **en deux ans, nous avons apporté des ~s** we have carried out improvements in two years.

améliorer [3] [ameljɔre] *vt* -**1.** [changer en mieux - sol] to improve; [- relations] to improve, to make better; [- productivité] to increase, to improve. -**2.** [perfectionner -technique] to improve, to better; **~ son anglais** to improve one's (knowledge of) English. -**3.** SPORT [record, score] to better, to beat, to improve on.
◆ **s'améliorer** *vpi* to improve; **le vin s'améliore en vieillissant** wine improves with age; **l'état de la malade s'est un peu amélioré** there's been some improvement in the patient's condition; **le temps s'améliore** the weather's getting better, the weather's improving.

amen [amɛn] *nm inv* amen; **tu dis ~ à tout ce qu'elle fait** *fam fig* you agree with everything she does.

aménageable [amenaʒabl] *adj* -**1.** [bureau, logement] convertible; **un espace ~ en garage** a space which can be converted into a garage. -**2.** [emploi du temps] flexible.

aménagement [amenaʒmɑ̃] *nm* -**1.** [d'une pièce, d'un local] fitting (out); [d'un parc] laying out, designing; **on prévoit l'~ d'un des bureaux en salle de réunion** we're planning to convert one of the offices into a meeting room. -**2.** ADMIN: **~ foncier** improvement of land; **~ rural** rural development OU planning; **~ du territoire** town and country planning, regional development; **~ urbain** urban planning. -**3.** [ajustement - d'un texte] redrafting, adjusting; **~ du temps** time budgetting; **après quelques ~s d'horaire** after the timetable was adjusted.
◆ **aménagements** *nmpl*: **~s intérieurs** (fixtures and) fittings.

aménager [17] [amenaʒe] *vt* -**1.** [parc] to design, to lay out *(sép)*; **~ une sortie sur une autoroute** to build an exit on to a motorway. -**2.** [équiper] to fit out, to equip; **grenier aménagé** loft conversion; **camping aménagé** fully-equipped camping site; **plage aménagée** beach with full amenities. -**3.** [transformer]: **~ qqch en: ~ une pièce en atelier** to convert a room into a workshop. -**4.** [installer] to install, to fit up *Br*; **~ un placard sous un escalier** to fit up *Br* OU to install a cupboard under a staircase; **il aménagea une cachette dans le grenier** he made a place to hide things in the attic. -**5.** [assouplir - horaire] to plan, to work out *(insép)*. -**6.** [refaire - texte] to adapt, to redraft.

aménageur, euse [amenaʒœr, øz] *nm, f* planner.

amendable [amɑ̃dabl] *adj* -**1.** [texte] amendable. -**2.** AGR improvable. -**3.** *Helv* liable to be fined.

amende [amɑ̃d] *nf* fine; **une ~ de 100 francs** a 100 franc fine; **avoir une ~ de 100 francs** to be fined 100 francs; **être condamné à une grosse ~** to be heavily fined; **'défense d'entrer sous peine d'~'** 'trespassers will be fined OU prosecuted' ❑ **mettre qqn à l'~** *pr* to fine sb; *fig* to penalize sb; **faire ~ honorable** to make amends.

amendement [amɑ̃dmɑ̃] *nm* -**1.** JUR & POL amendment. -**2.** AGR [incorporation] fertilizing, enrichment; [substance] fertilizer.

amender [3] [amɑ̃de] *vt* -**1.** JUR & POL to amend. -**2.** AGR to fertilize. -**3.** *litt* [corriger] to amend.
◆ **s'amender** *vpi* to mend one's ways, to turn over a new leaf.

amène [amɛn] *adj sout* affable, amiable; **d'une façon peu ~** in a very unpleasant manner.

amenée [amne]
◆ **d'amenée** *loc adj* supply *(épith)*.

amener [19] [amne] *vt* -**1.** [faire venir - personne] to bring (along); **~ qqn chez soi** to bring sb round to one's place, to bring sb home; **amenez vos amis!** (do) bring your friends!; **qu'est-ce qui vous amène?** what brings you here?; **qu'est-ce qui vous a amené à la musique/à Dieu?** *fig* what got you involved with music/made you turn to God? -**2.** [tour critiqué] [apporter] to bring (along); **amène les couteaux!** bring OU get the knives!; **j'amènerai mon travail** I'll bring some work along. -**3.** [acheminer] to bring, to convey; **le pipeline amène le pétrole au terminal** the pipeline brings the oil to the terminal; **les journaux sont amenés par avion** the papers are brought (over) by air; **~ des capitaux** to attract capital ‖ [conduire - suj: véhicule, chemin] to take; **la petite route vous amène à la plage** the path will take you to the beach; **dans le taxi qui les amenait au bureau** in the taxi taking them to the office. -**4.** [provoquer - perte, ruine] to bring about *(sép)*, to cause; [- guerre, maladie, crise] to bring (on OU about), to cause; [- paix] to bring about. -**5.** [entraîner]: **~ qqn à: mon métier m'amène à voyager** my job involves a lot of travelling. -**6.** [inciter]: **~ qqn à: ~ qqn à faire** to lead sb to do; [en lui parlant] to talk sb into doing. -**7.** [introduire - sujet] to introduce. -**8.** JEUX to throw. -**9.** NAUT [drapeau] to strike; MIL: **~ les couleurs** to strike the colours. -**10.** PÊCHE to draw in *(sép)*.
◆ **s'amener** *fam vpi* to come along, to turn OU to show up; **alors, tu t'amènes?** are you coming or aren't you?; **elle s'est amenée avec deux types** she showed up with two blokes; **faut s'~ avec une cravate?** do you have to wear a tie?

aménité [amenite] *nf sout* [caractère] amiability, affability; **sans ~** ungraciously, somewhat curtly.
◆ **aménités** *nfpl iron* insults, cutting remarks.

aménorrhée [amenɔre] *nf* amenorrhoea.

amenuisement [amənɥizmɑ̃] *nm* [de rations, de l'espoir] dwindling; [des chances] lessening.

amenuiser [3] [amənɥize] *vt* -**1.** [amincir - planche, bande] to thin down *(sép)*. -**2.** [diminuer - économies, espoir] to diminish, to reduce.
◆ **s'amenuiser** *vpi* [provisions, espoir] to dwindle, to run low; [chances] to grow OU to get slimmer; [distance] to grow smaller.

amer[1] [amɛr] *nm* GÉOG seamark.

amer[2], **ère** [amɛr] *adj* [orange, déception] bitter; **~ comme (du) chicotin** as bitter as wormwood.
◆ **amer** *nm* [boisson] bitters.

amérasien, enne [amerazjɛ̃, ɛn] *adj* Amerasian.
◆ **Amérasien, enne** *nm, f* Amerasian.

amèrement [amɛrmɑ̃] *adv* bitterly.

américain, e [amerikɛ̃, ɛn] *adj* American.
◆ **Américain, e** *nm, f* American.
◆ **américain** *nm* LING American English.
◆ **américaine** *fam nf* [voiture] American car; **une grosse ~e** a big American car.
◆ **à l'américaine** *loc adj* -**1.** ARCHIT American style. -**2.** CULIN à l'américaine.

américanisation [amerikanizasjɔ̃] *nf* Americanization.

américaniser [3] [amerikanize] *vt* to americanize.
◆ **s'américaniser** *vpi* to become americanized.

américanisme [amerikanism] *nm* -**1.** [science] American studies. -**2.** [tournure] americanism.

américaniste [amerikanist] ◇ *adj* American studies *(épith)*.
◇ *nmf* Americanist.

amérindien, enne [amerɛ̃djɛ̃, ɛn] *adj* Amerindian, American Indian.
◆ **Amérindien, enne** *nm, f* Amerindian, American Indian.

Amérique [amerik] *npr f*: **(l') ~** America; **l'~ centrale/latine/du Nord/du Sud** Central/Latin/North/South America.

amerlo *fam* [amɛrlo], **amerloque** *fam* [amɛrlɔk] *nmf* Yankee, Yank.

amerrir [32] [amerir] *vi* AÉRON to land (on the sea), to make a sea landing; ASTRONAUT to splash down.

amerrissage [amerisaʒ] *nm* AÉRON sea-landing; ASTRONAUT splash-down; **faire un ~ forcé** AÉRON to make an emergency landing at sea.

amertume [amɛrtym] *nf* [d'une orange, d'un souvenir] bitterness; **être plein d'~** to be very bitter.

améthyste [ametist] *nf* amethyst.

amétrope [ametrɔp] ◇ *adj* ametropic.
◇ *nmf* ametropia sufferer.

amétropie [ametrɔpi] *nf* ametropia.

ameublement [amœbləmɑ̃] *nm* -**1.** [meubles] furniture; **articles d'~** furnishings. -**2.** [installation] furnishing; [décoration] (interior) decoration. -**3.** [activité] furniture trade.

ameublir [32] [amœblir] *vt* -**1.** AGR to loosen, to break down *(sép)*. -**2.** JUR & FIN to convert into personalty.

ameuter [3] [amœte] *vt* -**1.** [attirer l'attention de]: **le bruit a ameuté les passants** the noise drew a crowd of passers-by; **il a ameuté toute la rue** he got the whole street out; **~ l'opinion sur qqch** to awaken public opinion to sthg; **il faut ~ la presse** we must get the press on to this. -**2.** [chiens] to form into a pack.

amharique [amarik] *nm* Amharic.

ami, e [ami] ◇ *adj* [voix, peuple, rivage] friendly; **un pays ~** a friendly country, an ally; **dans une maison ~e** in the house of friends.
◇ *nm, f* -**1.** [camarade] friend; **c'est un de mes ~s/une de mes ~es** he's/she's a friend of mine; **des ~s à nous** *fam* friends of ours; **mes voisins sont des ~s** I'm friendly with the people next door; **Tom et moi sommes restés ~s** I stayed friends with Tom; **un médecin de mes ~s** *sout* a doctor friend of mine; **un ~ de la famille** OU **maison** a friend of the family; **se faire un ~ de qqn** to make friends with sb; **je m'en suis fait une ~e** she became my friend OU a friend (of mine); **devenir l'~ de qqn** to become friends OU friendly with sb; **n'avoir pas d'~s** to be friendless, to have no friends; **être entre ~s** to be among friends; **nous sommes entre ~s (ici)** we're among OU we're all friends (here) ❑ **~s d'enfance** childhood friends; **les ~s de mes ~s sont mes ~s** any friend of yours is a friend of mine. -**2.** [amoureux]: **petit** OU *vieilli* **bon ~** boyfriend; **petite** OU *vieilli* **bonne ~e** girlfriend. -**3.** [bienfaiteur]: **l'~ des pauvres/du peuple** the friend of the poor/of the people; **un ~ des arts** a patron of the arts. -**4.** [partisan]: **club des ~s de Shakespeare** Shakespeare club OU society. -**5.** *(comme interj)*: **mon pauvre ~!** you poor fool!; **écoutez, mon jeune ~!** now look here, young man!; **mon ~!** [entre amis] my friend!; [entre époux] (my) dear! -**6.** *loc*: **faire ~-~** *fam* to try to be friendly; **il a essayé de faire ~-~ avec moi** he tried to suck up to me, he came on all buddy-buddy with me.
◆ **en ami** *loc adv* [par amitié] as a friend; **je te le dis en ~** I'm telling you as a friend OU because I'm your friend ‖ [en non-professionnel] as a friend, on a friendly basis; **vous êtes là professionnellement ou en ~?** are you here in your professional capacity or as a friend?

amiable [amjabl] *adj* [accord, compromis] amicable, friendly; **~ compositeur** arbitrator.

◆ **à l'amiable** *loc adv* private, amicable; **régler qqch à l'~** [gén] to reach a private OU an amicable agreement about sthg; [sans procès] to settle sthg out of court.
amiante [amjɑ̃t] *nm* asbestos.
amiante-ciment [amjɑ̃tsimɑ̃] (*pl* **amiantes-ciments**) *nm* asbestos cement.
amibe [amib] *nf* amoeba.
amibiase [amibjaz] *nf* amoebiasis.
amibien, enne [amibjɛ̃, ɛn] *adj* amoebic.
◆ **amibien** *nm* member of the Amoebae.
amical, e, aux [amikal, o] *adj* friendly; **peu ~** unfriendly.
◆ **amicale** *nf* association, club.
amicalement [amikalmɑ̃] *adv* in a friendly manner; **il lui répondit ~** he answered him in a friendly tone; **bien ~** [dans une lettre] (ever) yours.
amidon [amidɔ̃] *nm* starch.
amidonnage [amidɔnaʒ] *nm* starching.
amidonner [3] [amidɔne] *vt* to starch.
amidonnerie [amidɔnri] *nf* starch factory.
amidopyrine [amidɔpirin] *nf* amidopyrine.
amincir [32] [amɛ̃sir] *vt* [amaigrir] to thin down *(sép)*; [rendre svelte] to slim down *(sép)*; **cette veste t'amincit** this jacket makes you look slimmer OU slims you down; **je cherche une coiffure qui amincit le visage** I'm looking for a hairstyle that'll make my face look thinner.
◆ **s'amincir** *vpi* to get thinner.
amincissant, e [amɛ̃sisɑ̃, ɑ̃t] *adj* slimming, reducing *Am.*
amincissement [amɛ̃sismɑ̃] *nm* [d'une épaisseur] thinning down; [de la taille, des hanches] slimming, reducing *Am.*
amine [amin] *nf* amine.
aminé, e [amine] *adj*: **acide ~** amino acid.
aminoacide [aminoasid] *nm* amino acid.
aminogène [aminoʒɛn] *nm* aminogen.
amiral, e, aux [amiral, o] *adj*: **vaisseau** OU **navire ~** flagship.
◆ **amiral, aux** *nm* admiral; **~ de la flotte** Admiral of the Fleet.
◆ **amirale** *nf* admiral's wife.
amirauté [amirote] *nf* admiralty.
amitié [amitje] *nf* -**1.** [sentiment] friendship; **faire qqch par ~** to do sthg out of friendship; **se lier d'~ avec qqn** to make friends OU to strike up a friendship with sb; **prendre qqn en ~, se prendre d'~ pour qqn** to befriend sb, to make friends with sb; **avoir de l'~ pour qqn** to be fond of sb; **l'~ qui lie nos deux pays** the friendship between our two countries. -**2.** [relation] friendship; **lier** OU **nouer une ~ avec qqn** to strike up a friendship with sb ❑ **~ particulière** homosexual relationship. -**3.** [faveur] kindness, favour; **faites moi l'~ de rester** please do me the kindness OU favour of staying.
◆ **amitiés** *nfpl* [salutations, compliments]: **faites-lui** OU **présentez-lui mes ~s** give him my compliments OU best regards; **il vous fait** OU **vous transmet toutes ses ~s** he sends you his best regards OU wishes; **mes ~s à vos parents** best regards to your parents; **(toutes) mes ~s** [en fin de lettre] best regards OU wishes; **~s, Marie** love OU yours, Marie.
AMM (*abr de* **autorisation de mise sur le marché**) *nf official authorisation for marketing a pharmaceutical product.*
Ammān [aman] *npr* Amman.
ammoniac, aque [amɔnjak] *adj* ammoniac; **sel ~** salt ammoniac; **gomme ammoniaque** gum ammoniac.
◆ **ammoniac** *nm* ammonia.
◆ **ammoniaque** *nf* ammonia (water), aqueous ammonia.
ammoniacal, e, aux [amɔnjakal, o] *adj* ammoniacal.
ammoniaque [amɔnjak] *f* → **ammoniac.**
ammoniaqué, e [amɔnjake] *adj* ammoniated.
ammonification [amɔnifikasjɔ̃] *nf* ammonization, ammonification.
ammonite [amɔnit] *nf* ammonite.
ammonium [amɔnjɔm] *nm* ammonium.
amnésie [amnezi] *nf* amnesia.
amnésique [amnezik] ◇ *adj* amnesic.
◇ *nmf* amnesic, amnesiac.
amniocentèse [amnjɔsɛ̃tɛz] *nf* amniocentesis.
amnioscopie [amnjɔskɔpi] *nf* amnioscopy.
amniotique [amnjɔtik] *adj* amniotic.
amnistiable [amnistjabl] *adj* eligible for an amnesty.
amnistiant, e [amnistjɑ̃, ɑ̃t] *adj* amnestying.
amnistie [amnisti] *nf* amnesty; **accorder une ~ à qqn** to grant sb an amnesty.

AMNISTIE:
Parking fines are traditionally waived by the French President immediately after a presidential election. This is known as "l'amnistie des contraventions".

---

amnistié, e [amnistje] ◇ *adj* amnestied.
◇ *nm, f* [prisonnier] amnestied prisoner; [exilé] amnestied exile.
amnistier [9] [amnistje] *vt* to amnesty.
amocher *fam* [3] [amɔʃe] *vt* [meubles, vêtements] to ruin, to mess up *(sép)*; [voiture] to bash up *(sép)*; **la voiture était complètement amochée** the car was a write-off OU a total wreck; **l'aile est amochée** the wing got bashed || [adversaire, boxeur] to smash up *(sép)*; [visage, jambe] to mess up *(sép)*; **se faire ~** to get smashed up; **il s'est fait ~ le portrait**▽ he got his face smashed in; **il est bien amoché, ton genou!** your knee's a real mess!
◆ **s'amocher** *fam vp (emploi réfléchi)* to get badly bashed; **il s'est salement amoché le genou en tombant de vélo** he fell off his bike and really messed up his knee.
amodiataire [amɔdjatɛr] *nmf* [de terres] lessee; [d'une mine] sub-lessee.
amodiation [amɔdjasjɔ̃] *nf* -**1.** AGR leasing. -**2.** MIN sub-leasing.
amodier [9] [amɔdje] *vt* to lease.
amoindrir [32] [amwɛ̃drir] *vt* -**1.** [faire diminuer - valeur, importance] to diminish, to reduce; [- forces] to weaken; [- autorité, faculté] to weaken, to lessen, to diminish; [- réserves] to diminish. -**2.** [rendre moins capable] to weaken, to diminish; **il est sorti de son accident très amoindri** [physiquement] his accident weakened him physically; [moralement] his accident left him psychologically impaired; **se sentir amoindri** to feel weakened.
◆ **s'amoindrir** *vpi* [autorité, forces] to weaken, to grow weaker; [réserves] to diminish, to dwindle.
amoindrissement [amwɛ̃drismɑ̃] *nm* [d'une autorité, de facultés] weakening; [de forces] diminishing, weakening; [de réserves] reduction, diminishing.
amollir [32] [amɔlir] *vt* [beurre, pâte] to soften, to make soft; [volonté, forces] to weaken, to diminish; **~ qqn** [l'adoucir] to soften sb; [l'affaiblir] to weaken sb.
◆ **s'amollir** *vpi* -**1.** [beurre, pâte, plastique] to soften, to become soft; [jambes] to go weak. -**2.** [s'affaiblir - énergie, courage] to weaken.
amollissant, e [amɔlisɑ̃, ɑ̃t] *adj* enervating.
amollissement [amɔlismɑ̃] *nm* debilitation.
amonceler [24] [amɔ̃sle] *vt* -**1.** [entasser - boîtes, livres, chaussures] to heap OU to pile up *(sép)*; [- neige, sable, feuilles, nuages] to bank up *(sép)*; [- vivres, richesses] to amass, to hoard; **~ une fortune** to build up OU to amass a fortune. -**2.** [rassembler - documents, preuves, information] to amass.
◆ **s'amonceler** *vpi* [papiers, boîtes, feuilles] to heap OU to pile up; [preuves] to accumulate, to pile up; [dettes] to mount, to pile up; [neige, sable, nuages] to bank up.
amoncellement [amɔ̃sɛlmɑ̃] *nm* [d'objets divers, d'ordures] heap, pile; [de neige, de sable, de feuilles, de nuages] heap; [de richesses] hoard; **devant cet ~ de preuves** faced with this wealth of evidence.
amont [amɔ̃] ◇ *nm* [d'une rivière] upstream water; [d'une montagne] uphill slope; **vent d'~** land breeze.
◇ *adj inv* [ski, skieur] uphill *(avant n).*
◆ **en amont** *loc adv* upstream.
◆ **en amont de** *loc prép* [rivière] upstream (from); [montagne] uphill (from OU above); **la Tamise en ~ de Londres** the Thames upstream from London; **le skieur qui arrive en ~ de vous** the uphill skier (in relation to you); **les étapes en ~ de la production** *fig* the pre-production stages.
amoral, e, aux [amɔral, o] *adj* amoral.
amoralisme [amɔralism] *nm* amorality.
amoralité [amɔralite] *nf* amorality.
amorçage [amɔrsaʒ] *nm* -**1.** ARM & TECH priming; ÉLECTR [d'une dynamo] energizing; [d'un arc électrique] striking. -**2.** PÊCHE baiting.
amorce [amɔrs] *nf* -**1.** ARM [détonateur] primer, detonator; [d'un obus] percussion cap; [d'une balle] cap, primer; [pétard] cap. -**2.** PÊCHE bait. -**3.** [début] beginning; **l'~ d'une réforme** the beginnings of a reform. -**4.** INF: **(programme) ~** bootstrap.
amorcer [16] [amɔrse] *vt* -**1.** [commencer - travaux] to start, to begin; [- réforme] to initiate, to begin; [- discussion, réconciliation] to start, to begin, to initiate; [- virage] to go into *(insép)*; [- descente] to start, to begin; **ils ont amorcé la dernière tranche des travaux** they're into the final phase of the building work; **les travaux sont bien amorcés** the work is well under way; **elle amorça un pas vers la porte** she made as if to go to the door. -**2.** ARM & TECH to prime; ÉLECTR to energize. -**3.** PÊCHE to bait; *(en usage abs)*: **~ au pain** [un hameçon] to bait one's line with bread; [répandre dans l'eau] to use bread as ground bait.
◆ **s'amorcer** *vpi* to begin; **le processus ne fait que s'~** the process has only just begun OU got under way.
amorceur [amɔrsœr] *nm* -**1.** ÉLECTR igniter. -**2.** [d'une pompe] primer.
amorçoir [amɔrswar] *nm* -**1.** PÊCHE bait box. -**2.** ARM gun-powder container.
amorphe [amɔrf] *adj* -**1.** *fam* [indolent] lifeless, passive. -**2.** BIOL & MINÉR amorphous.
amorti, e▽ [amɔrti] *nm, f* old fogey.
◆ **amorti** *nm* -**1.** FTBL: **faire un ~** to trap the ball. -**2.** TENNIS drop shot.
◆ **amortie** *nf* drop shot.
amortir [32] [amɔrtir] *vt* -**1.** [absorber - choc] to cushion, to absorb; [- son] to deaden, to muffle; [- douleur] to deaden; SPORT to trap the ball; **l'herbe amortit sa chute** the grass broke his fall; **~ le coup** *pr* to cushion OU to soften the blow; *fig* to soften the blow. -**2.** [rentabiliser]: **louer une machine à qqn pour en ~ le coût** to rent out a machine to sb to make it pay OU to recoup the cost. -**3.** FIN [dette] to pay off, to amortize; [équipement] to depreciate; BOURSE to redeem; **~ des actions** to call in shares.
◆ **s'amortir** ◇ *vp (emploi passif)*: **un achat qui s'amortit en deux ans** ÉCON a purchase that can be paid off in two years; BOURSE a purchase that can be redeemed in two years.
◇ *vpi* [s'affaiblir - bruit] to fade (away).
amortissable [amɔrtisabl] *adj* redeemable.
amortissement [amɔrtismɑ̃] *nm* -**1.** [adoucissement - d'un choc] absorption, cushioning; [- d'un coup] cushioning; [- d'un son] deadening, muffling. -**2.** FIN [d'une dette] paying OU writing off; [d'un titre] redemption; [d'un emprunt] paying off, amortization; **~ annuel** annual depreciation; **~ du capital** depreciation of capital.
amortisseur [amɔrtisœr] *nm* shock absorber.
amour [amur] *nm* -**1.** [sentiment] love; **une vie sans ~** a loveless life; **son ~ des** OU **pour les enfants** his love of OU for children; **l'~ de sa mère** [qu'elle a pour lui] his mother's love; [qu'il a pour elle] his love for his mother; **éprouver de l'~ pour qqn** to feel love for sb; **ce n'est pas** OU **plus de l'~, c'est de la rage!** *fam* it's not so much love, more unbridled passion! ❑ **l'~**

filial [d'un fils] a son's love; [d'une fille] a daughter's love; **l'~ maternel/paternel** a mother's/father's love; **~, quand tu nous tiens!** *allusion La Fontaine* the things we do for love!; **'l'Amour sorcier'** *de Falla* 'Love, The Magician'. -**2.** [amant] lover, love; **un ~ de jeunesse** an old flame. -**3.** [liaison] (love) affair, romance; **vivre un grand ~** to be in the throes of a great passion. -**4.** [acte sexuel] love-making; **faire l'~ à/avec qqn** to make love to/with sb; **pendant/après l'~** while/after making love. -**5.** [vif intérêt] love; **faire qqch avec ~** to do sthg with loving care OU love. -**6.** [en appellatif]: **mon ~** my love OU darling; **oui, mon ~!** yes my love!; **un ~ de petite fille** a delightful little girl; **apporte les glaçons, tu seras un ~** be a dear OU darling and bring the ice cubes. -**7.** BX-ARTS cupid.

◆ **amours** ◇ *nfpl* -**1.** *hum* [relations amoureuses] love life; **comment vont tes ~s?** how's your love life (these days)? ❑ **à vos ~s!** [pour trinquer] cheers, here's to you!; [après un éternuement] bless you! -**2.** ZOOL courtship and mating.

◇ *nmpl Helv* [vin]: **les ~s** *the last drops of wine in a bottle.*

◆ **d'amour** *loc adj* [chagrin, chanson] love *(épith)*.

◆ **par amour** *loc adv* out of OU for love.

◆ **par amour pour** *loc prép* for the love of.

◆ **pour l'amour de** *loc prép* for the love OU sake of; **pour l'~ de Dieu!** [ton suppliant] for the love of God!; [ton irrité] for God's sake!; **pour l'~ du ciel!** for heaven's sake!; **faire qqch pour l'~ de l'art** to do sthg for the sake of it.

Amour [amur] *npr m* -**1.** GÉOG: **l'~** the (River) Amur. -**2.** MYTH: **(le dieu) ~** Cupid, Eros.

amouracher [3] [amuraʃe]

◆ **s'amouracher de** *vp + prép*: **s'~ de qqn** to become infatuated with sb.

amour-en-cage [amurɑ̃kaʒ] (*pl* **amours-en-cage**) *nm* ground OU winter cherry, Chinese lantern.

amourette [amurɛt] *nf* [liaison] casual love affair, passing romance OU fancy.

◆ **amourettes** *nfpl* CULIN marrowbone jelly.

amoureusement [amurøzmɑ̃] *adv* lovingly; **il la regardait ~** he watched her lovingly OU with love in his eyes.

amoureux, euse [amurø, øz] ◇ *adj* -**1.** [tendre - regard, geste] loving, tender; [- vie, exploit] love *(épith)*; [épris]: **être ~ de qqn** to be in love with sb; **tomber ~ de qqn** to fall in love with sb; **être éperdument** OU **follement ~ de qqn** to be head over heels OU madly in love with sb; **être fou ~** to be madly in love. -**2.** [amateur]: **~ de: être ~ de peinture** to be a lover of painting; **elle est amoureuse de la montagne** she has a passion for mountains.

◇ *nm, f* -**1.** [amant] love, lover; **~ transi** lovesick individual; **jouer les ~** THÉÂT to play lovers' parts. -**2.** [adepte] lover; **~ des beaux-arts** a lover of fine arts; **les ~ de la nature** nature-lovers.

◆ **en amoureux** *loc adv* [dîner, se promener] like lovers; **si nous sortions en ~ ce soir?** how about going out tonight, just the two of us?

amour-propre [amurprɔpr] (*pl* **amours-propres**) *nm* self-esteem, pride, amour propre.

amovibilité [amɔvibilite] *nf* removability.

amovible [amɔvibl] *adj* removable.

ampélopsis [ɑ̃pelɔpsis] *nm* ampelopsis.

ampère [ɑ̃pɛr] *nm* ampere.

ampère-heure [ɑ̃pɛrœr] (*pl* **ampères-heures**) *nm* ampere-hour.

ampèremètre [ɑ̃pɛrmɛtr] *nm* ammeter, amperometer.

ampère-tour [ɑ̃pɛrtur] (*pl* **ampères-tours**) *nm* ampere turn.

amphétamine [ɑ̃fetamin] *nf* amphetamine.

amphi *fam* [ɑ̃fi] *nm* lecture hall OU room.

amphibie [ɑ̃fibi] ◇ *adj* AÉRON & MIL amphibious.

◇ *nm* amphibian.

amphibien [ɑ̃fibjɛ̃] *nm* amphibian.

amphibole [ɑ̃fibɔl] *nf* amphibole.

amphibologie [ɑ̃fibɔlɔʒi] *nf* amphibology, amphiboly.

amphibologique [ɑ̃fibɔlɔʒik] *adj* amphibological.

amphigouri [ɑ̃figuri] *nm litt* amphigory *litt*, nonsense.

amphigourique [ɑ̃figurik] *adj litt* amphigoric *litt*, overblown.

amphithéâtre [ɑ̃fiteatr] *nm* -**1.** ANTIQ amphitheatre; ENS lecture hall OU room; [d'un théâtre] amphitheatre, (upper) gallery; [salle de dissection] dissection room. -**2.** GÉOL: **~ morainique** morainic cirque OU amphitheatre.

Amphitryon [ɑ̃fitrijɔ̃] *npr* Amphitryon.

◆ **amphitryon** [ɑ̃fitrijɔ̃] *nm* host.

amphore [ɑ̃fɔr] *nf* amphora.

ampicilline [ɑ̃pisilin] *nf* ampicillin.

ample [ɑ̃pl] *adj* -**1.** VÊT [large - pull] loose, baggy; [- cape, jupe] flowing, full. -**2.** [grand - mouvement, geste] wide, sweeping. -**3.** [abondant - stock, provisions] extensive, ample; **de plus ~s renseignements** further details OU information.

amplement [ɑ̃pləmɑ̃] *adv* fully, amply; **gagner ~ sa vie** to make a very comfortable living; **il y a ~ de quoi les nourrir** there's more than enough to feed them; **ça suffit ~, c'est ~ suffisant** that's more than enough.

ampleur [ɑ̃plœr] *nf* -**1.** VÊT [largeur - d'un pull] looseness; [- d'une cape, d'une jupe] fullness; **coupez en biais pour donner plus d'~** cut on the bias to give more fullness. -**2.** [rondeur - d'un mouvement, d'un geste] fullness. -**3.** [importance - d'un projet] scope; [- d'un stock, de ressources] abundance; **l'~ des dégâts** the extent of the damages; **l'~ d'une crise** the scale OU extent of a crisis; **des événements d'une telle ~** events of such magnitude.

ampli *fam* [ɑ̃pli] (*abr de* **amplificateur**) *nm* amp.

ampliatif, ive [ɑ̃pliatif, iv] *adj* [mémoire] amplifying; [acte] duplicate *(épith)*.

amplificateur, trice [ɑ̃plifikatœr, tris] *adj* ÉLECTR & PHYS amplifying; OPT magnifying; PHOT enlarging.

◆ **amplificateur** *nm* -**1.** ÉLECTR & RAD amplifier. -**2.** PHOT enlarger.

amplification [ɑ̃plifikasjɔ̃] *nf* -**1.** ÉLECTR & PHYS amplification, amplifying; PHOT [action] enlarging, enlargement; OPT magnifying. -**2.** [développement - de tensions, de revendications] increase; [- d'échanges, de relations] development, expansion.

amplifier [9] [ɑ̃plifje] *vt* -**1.** ÉLECTR & PHYS to amplify; OPT to magnify; PHOT to enlarge. -**2.** [développer - courant, tendance] to develop, to increase; [- conflit] to deepen; [- hausse, baisse] to increase; [- différence] to widen; [- relations] to develop; *péj* [exagérer] to exaggerate, to magnify.

◆ **s'amplifier** *vpi* [augmenter - courant, tendance] to develop, to increase; [- conflit] to deepen; [- hausse, baisse] to increase; [- différence] to widen.

amplitude [ɑ̃plityd] *nf* -**1.** ASTRON, MATH & PHYS amplitude. -**2.** MÉTÉO range. -**3.** ÉCON: **~ des fluctuations** amplitude of fluctuations. -**4.** *litt* [étendue] magnitude, extent.

ampli-tuner [ɑ̃plitynɛr] (*pl* **amplis-tuners**) *nm* amplifier-tuner deck.

ampoule [ɑ̃pul] *nf* -**1.** ÉLECTR bulb. -**2.** [récipient] phial; **~ cassable** *glass phial containing medicine; to pour the medicine out, both ends of the phial must be snapped off.* -**3.** MÉD blister; **toi, tu ne vas pas attraper** OU **te faire des ~s!** *fam hum* don't strain yourself, will you!

ampoulé, e [ɑ̃pule] *adj péj* pompous, bombastic.

amputation [ɑ̃pytasjɔ̃] *nf* -**1.** MÉD amputation. -**2.** *fig* [suppression] removal, cutting out; **ce texte a subi de nombreuses ~s** a lot of cuts have been made in this text.

amputé, e [ɑ̃pyte] *nm, f* amputee.

amputer [3] [ɑ̃pyte] *vt* -**1.** MÉD [membre] to amputate, to remove; **~ un bras à qqn** to amputate sb's arm; **elle a été amputée d'un pied** she had a foot amputated. -**2.** [ôter une partie de - texte] to cut (down), to reduce; [- budget] to cut back *(sép)*; [- droits, biens] to spoliate; **le pays a été amputé de deux provinces** the country lost two provinces; **le palais a été amputé de son aile sud** the south wing of the palace was demolished.

amstellodamois, e [amstɛlodamwa, az] *adj* from Amsterdam.

◆ **Amstellodamois, e** *nm, f* *inhabitant of or person from Amsterdam*; **les Amstellodamois** the people of Amsterdam.

Amsterdam [amstɛrdam] *npr* Amsterdam.

amuïr [32] [amɥir]

◆ **s'amuïr** *vpi*: **le «s» s'est amuï** the "s" became mute.

amuïssement [amɥismɑ̃] *nm* *disappearance of a (voiced) phoneme.*

amulette [amylɛt] *nf* amulet.

amure [amyr] *nf* tack; **avoir les ~s à tribord/bâbord** to be on the starboard/port tack; **changer d'~** to change tack.

amurer [3] [amyre] *vt* to tack, to board the tack of; *(en usage abs)*: **~ à bâbord** to tack to port.

amusant, e [amyzɑ̃, ɑ̃t] *adj* -**1.** [drôle] funny, amusing; **les gags ne sont même pas ~s** the jokes aren't even funny. -**2.** [divertissant] entertaining; **je vais t'apprendre un petit jeu ~** I'm going to teach you an entertaining little game.

amuse-gueule [amyzgœl] (*pl inv* OU **amuse-gueules**) *nm* appetizer, nibble *Br*.

amusement [amyzmɑ̃] *nm* -**1.** [sentiment] amusement; **écouter qqn/sourire avec ~** to listen to sb with/to smile in amusement; **à son grand ~** much to her amusement. -**2.** [chose divertissante] entertainment; **tu parles d'un ~!** *iron* this isn't exactly my idea of fun! || [jeu] recreational activity, pastime.

amuser [3] [amyze] *vt* -**1.** [faire rire] to make laugh, to amuse; **elle m'amuse** she makes me laugh; **cela ne m'amuse pas du tout** I don't find that in the least bit funny ❑ **~ la galerie** *fam* to play to the gallery. -**2.** [plaire à] to appeal to; **ça ne l'amuse pas de travailler chez eux** he doesn't enjoy working there; **tu crois que ça m'amuse d'être pris pour un imbécile?** do you think I enjoy being taken for a fool?; **si ça t'amuse, fais-le** do it if that's what you want. -**3.** [divertir] to entertain. -**4.** [détourner l'attention de] to divert, to distract. -**5.** *litt* [tromper] to delude, to deceive; **il m'a amusé pendant un an avec ses promesses** for a whole year he led me a merry dance with his promises.

◆ **s'amuser** *vpi* -**1.** [jouer - enfant] to play; **elle s'amuse dehors avec son cousin** she's outside playing with her cousin; **à cet âge-là, on s'amuse avec presque rien** at that age, they like to play with almost anything; **s'~ avec** [manipuler] to fiddle OU to toy with; **s'~ à: on s'amusait à la marelle** we used to play hopscotch; **ils s'amusent à dessiner** they're having fun drawing. -**2.** [se divertir] to have fun; **je ne me suis jamais autant amusé** I've never had so much fun; **ils se sont bien amusés** they really had a good time; **amusez-vous bien!** enjoy yourselves!; **qu'est-ce qu'on s'est amusés!** we had so much fun!; **on s'amusait comme des petits fous** *fam* we were having a whale of a time; **elles ont construit une hutte pour s'~** they built a hut, just for fun; **mais, papa, c'était pour s'~!** but, Dad, we were only having fun!; **ils ne vont pas s'~ avec le nouveau colonel** they won't have much fun with the new colonel; **s'~ aux dépens de qqn** to make fun of sb; **s'~ à** *iron*: **si tu crois que je vais m'~ à ça!** if you think I have nothing better to do! -**3.** [perdre son temps]: **s'~ en route** OU **en chemin** *pr* to dawdle on the way; *fig* to waste time needlessly; **on n'a pas le temps de s'~** there's no time for fooling around. -**4. s'~ à** [essayer de]: **s'~ à faire** to go and do; **ne t'amuse pas à toucher ce fil!** don't you (go and) touch OU go touching that wire!

amusette [amyzɛt] *nf* -1. [distraction] idle amusement. -2. *Belg* [personne frivole] frivolous person.
amuseur, euse [amyzœr, øz] *nm, f* -1. [artiste] entertainer. -2. *péj* [peu sérieux] smooth talker.
amygdale [amidal] *nf* tonsil; se faire opérer des ~s to have one's tonsils removed OU out.
amygdalectomie [amidalɛktɔmi] *nf* tonsillectomy.
amygdalite [amidalit] *nf* tonsillitis.
amylacé, e [amilase] *adj* amylaceous.
amylase [amilaz] *nf* amylase.
amylique [amilik] *adj* amyl *(épith).*
an [ɑ̃] *nm* -1. [durée de 12 mois] year; dans un an one year from now; encore deux ans et je m'arrête two more years before I stop; j'ai cinq ans de métier I have five years' experience in this field; une amitié de 20 ans a friendship of 20 years' standing; un an plus tard OU après one year OU twelve months later; voilà deux ans qu'elle est partie she's been gone for two years now; par an a year; deux fois par an twice a year; je gagne tant par an I earn so much a year; tous les ans [gén] every OU each year; [publier, réviser] yearly, on a yearly basis. -2. *(avec l'art déf)* [division du calendrier] (calendar) year; l'an dernier OU passé last year; en l'an 10 après Jésus-Christ in (the year) 10 AD; en l'an 200 avant notre ère in (the year) 200 BC ❑ l'an Un/Deux de la Révolution HIST Year One/Two of the (French) Revolution; le jour OU le premier de l'an New Year's day; en l'an de grâce 1624 *arch* in the year of Our Lord 1624; je m'en fiche OU moque comme de l'an quarante! *fam* I don't give two hoots! -3. [âge]: à trois ans at three (years of age); elle a cinq ans she's five (years old); on fête ses 20 ans we're celebrating his 20th birthday; un enfant de cinq ans a five-year-old (child).
◆ **ans** *nmpl litt* advancing OU passing years; un visage que les ans ne semblent pas avoir touché a face seemingly untouched by the passing (of the) years.
◆ **bon an mal an** *loc adv* taking one year with the next.
anabaptisme [anabatism] *nm* Anabaptism.
anabaptiste [anabatist] *adj* & *nmf* Anabaptist.
anabolisant, e [anabɔlizɑ̃, ɑ̃t] *adj* anabolic.
◆ **anabolisant** *nm* anabolic steroid.
anabolisme [anabɔlism] *nm* anabolism.
anacarde [anakard] *nm* cashew (nut), anacard *spéc.*
anacardier [anakardje] *nm* cashew (tree).
anachorète [anakɔrɛt] *nm* anchorite.
anachorétisme [anakɔretism] *nm* anchoretism.
anachronique [anakrɔnik] *adj* anachronistic, anachronic.
anachronisme [anakrɔnism] *nm* anachronism.
anaclitique [anaklitik] *adj* anaclitic.
anacoluthe [anakɔlyt] *nf* anacoluthon.
anaconda [anakɔ̃da] *nm* anaconda.
anaérobie [anaerɔbi] ◇ *adj* anaerobic.
◇ *nm* anaerobe.
anaglyphe [anaglif] *nm* anaglyph.
anaglyptique [anagliptik] ◇ *adj* embossed.
◇ *nf* embossed print.
anagramme [anagram] *nf* anagram.
ANAH [ana, aɛnaaʃ] *(abr de* Agence nationale pour l'amélioration de l'habitat) *npr f national agency responsible for housing projects and restoration grants.*
anal, e, aux [anal, o] *adj* anal.
analeptique [analɛptik] *adj* & *nm* analeptic.
analgésie [analʒezi] *nf* analgesia.
analgésique [analʒezik] *adj* & *nm* analgesic.
analité [analite] *nf* anality.
anallergique [analɛrʒik] *adj* hypoallergenic.
analogie [analɔʒi] *nf* analogy; il y a une ~ entre ces deux histoires there's an analogy between the two stories; trouver une ~ entre deux choses to draw an analogy between two things.
◆ **par analogie** *loc adv* by analogy.
◆ **par analogie avec** *loc prép* by analogy with.
analogique [analɔʒik] *adj* -1. [présentant un rapport] analogic, analogical. -2. INF analog; calculateur ~ analog computer; convertisseur ~ numérique analog-to-digital converter.
analogiquement [analɔʒikmɑ̃] *adv* analogically.
analogue [analɔg] ◇ *adj* analogous, similar; ~ par la forme analogous in shape; une histoire ~ à une autre a story similar to another one.
◇ *nm* analogue.
analphabète [analfabɛt] *adj* & *nmf* illiterate.
analphabétisme [analfabetism] *nm* illiteracy; les problèmes liés à l'~ problems of literacy.
analysable [analizabl] *adj* -1. [que l'on peut examiner] analysable. -2. INF scannable.
analysant, e [analizɑ̃, ɑ̃t] *nm, f* analysand.
analyse [analiz] *nf* -1. [étude] analysis; cet argument ne résiste pas à l'~ this argument doesn't stand up to analysis; l'~ des faits the appraisal OU analysis of facts ❑ ~ de faisabilité feasibility study; ~ de marché market OU survey research; ~ des postes de travail job analysis; ~ des résultats processing of results. -2. ENS analysis; faire l'~ d'un texte to analyse a text; ~ de texte textual criticism; ~ logique/grammaticale GRAMM sentence/grammatical analysis; faire une ~ grammaticale to parse; faites l'~ grammaticale de cette phrase parse this sentence. -3. BIOL analysis; ~ de sang blood analysis OU test. -4. PSYCH analysis, psychoanalysis; être en ~ to be in OU under analysis; faire une ~ to undergo analysis. -5. INF analysis; ~ fonctionnelle functional OU systems analysis; ~ lexicale lexical scan; ~ numérique numerical analysis; ~ organique systems design; ~ des performances du système system evaluation ‖ ÉLECTRON scan, scanning. -6. CHIM & MATH analysis. -7. MIN essaying; ~ des minerais ore essaying.
analysé, e [analize] *nm, f* patient *(of a psychoanalyst).*
analyser [3] [analize] *vt* -1. [étudier] to analyse. -2. GRAMM to parse; ~ une phrase en constituants to parse a sentence into its constituents. -3. [résumer] to summarize, to make an abstract OU a précis of. -4. BIOL & CHIM to analyse, to test. -5. PSYCH to analyse; se faire ~ to undergo analysis.
analyseur [analizœr] *nm* -1. INF analyser; ~ logique/différentiel logic/differential analyser; ~ syntaxique parser. -2. ÉLECTRON scanner, analyser. -3. ÉLECTR analyser. -4. CHIM analyst.
analyste [analist] *nmf* -1. [gén] analyst. -2. PSYCH analyst, psychoanalyst.
analyste-programmeur, euse [analistprɔgramœr, øz] *(mpl* analystes-programmeurs, *fpl* analystes-programmeuses) *nm, f* systems analyst.
analytique [analitik] ◇ *adj* analytic, analytical; géométrie/philosophie ~ analytical geometry/philosophy.
◇ *nm* abstract.
◇ *nf* analytics *(sg).*
analytiquement [analitikmɑ̃] *adv* analytically.
anamnèse [anamnɛz] *nf* PSYCH & RELIG anamnesis.
anamorphose [anamɔrfoz] *nf* ENTOM & OPT anamorphosis.
ananas [anana(s)] *nm* pineapple.
anapeste [anapɛst] *nm* anapaest.
anaphore [anafɔr] *nf* anaphora.
anaphorique [anafɔrik] *adj* anaphoric, anaphorical.
anaphylactique [anafilaktik] *adj* anaphylactic.
anaphylaxie [anafilaksi] *nf* anaphylaxis.
anar *fam* [anar] *nmf* anarchist.
anarchie [anarʃi] *nf* -1. POL anarchy. -2. [désordre] anarchy, lawlessness.
anarchique [anarʃik] *adj* anarchic, anarchical.
anarchiquement [anarʃikmɑ̃] *adv* anarchically.
anarchisant, e [anarʃizɑ̃, ɑ̃t] *adj* anarchistic.
anarchisme [anarʃism] *nm* anarchism.
anarchiste [anarʃist] ◇ *adj* anarchist, anarchistic.
◇ *nmf* anarchist.
anarcho-syndicalisme [anarkosɛ̃dikalism] *(pl* anarcho-syndicalismes) *nm* anarcho-syndicalism.
anarcho-syndicaliste [anarkosɛ̃dikalist] *(pl* anarcho-syndicalistes) *adj* & *nmf* anarcho-syndicalist.
anastigmat(e) [anastigmat], **anastigmatique** [anastigmatik] *adj m* anastigmatic.
◆ **anastigmat** *nm* anastigmat, anastigmatic lens.
anastomose [anastɔmoz] *nf* ANAT, BOT & MÉD anastomosis.
anastomoser [3] [anastɔmoze] *vt* MÉD to anastomose.
◆ **s'anastomoser** *vpi* -1. ANAT to anastomose. -2. GÉOG [fleuve] to become braided.
anathématiser [3] [anatematize] *vt* -1. *litt* [condamner] to censure, to curse. -2. RELIG to anathematize.
anathème [anatɛm] *nm* -1. [condamnation] anathema; jeter l'~ (sur) to pronounce an anathema (upon), to anathematize. -2. RELIG anathema.
Anatolie [anatɔli] *npr f*: (l')~ Anatolia.
anatolien, enne [anatɔljɛ̃, ɛn] *adj* Anatolian.
◆ **Anatolien, enne** *nm, f* Anatolian.
anatomie [anatɔmi] *nf* -1. SC [étude, structure] anatomy; ~ pathologique pathological anatomy. -2. *fam* [corps] body; une belle ~ a gorgeous figure; révélant tous les détails de son ~ *euph* revealing all she's got; dans la partie la plus charnue de son ~ *euph* in his nether regions.
anatomique [anatɔmik] *adj* anatomical; faire l'étude ~ d'un corps to anatomize OU to dissect a body.
anatomiquement [anatɔmikmɑ̃] *adv* anatomically.
anatomiste [anatɔmist] *nmf* anatomist.
anatomopathologie [anatɔmopatɔlɔʒi] *nf* anatomicopathology.
anatoxine [anatɔksin] *nf* anatoxin, toxoid.
ancestral, e, aux [ɑ̃sɛstral, o] *adj* -1. [venant des ancêtres] ancestral. -2. [ancien - tradition, coutume] ancient, age-old, time-honoured.
ancêtre [ɑ̃sɛtr] *nmf* 1. [ascendant] ancestor, forefather; c'était mon ~ he/she was an ancestor of mine. -2. [précurseur - personne, objet] ancestor, forerunner, precursor. -3. *fam* [vieille personne] oldster, old boy (*f* girl) *Br*, old timer *Am.*
◆ **ancêtres** *nmpl* ancestors, forebears.
anche [ɑ̃ʃ] *nf* reed.
anchois [ɑ̃ʃwa] *nm* anchovy.
ancien, enne [ɑ̃sjɛ̃, ɛn] ◇ *adj* -1. [vieux - coutume, tradition, famille] old, ancient, time-honoured; [- amitié, relation] old, long-standing; [- bague, châle] old, antique; un meuble ~ an antique; livres ~s [d'après 1500] antiquarian books; [d'avant 1500] incunabula; une de nos règles déjà ~ne stipule que... one of our long-standing rules stipulates OU states that... -2. ANTIQ [langue, histoire, civilisation] ancient; la Grèce ~ne ancient OU classical Greece. -3. *(avant le n)* [ex - président, époux, employé] former, ex; [- stade, église] former; mon ~ patron my former boss OU ex-boss; ses ~s camarades his old OU former comrades; c'est une ~ne fille de ferme she used to work as a farm hand; l'~ aéroport the old OU former airport; mon ~ne école my old school; une ~ne colonie française a former French colony; l'~ne rue de la Gare, maintenant appelée rue Berthot rue Berthot, formerly rue de la

Gare ❑ un ~ combattant a (war) veteran, an ex-serviceman; un ~ élève an old boy *Br*, an alumnus *Am*; une ~ne élève an old girl *Br*, an alumna *Am*. -4. [passé] former; dans les temps ~s, dans l'~ temps in former times, in olden OU bygone days. -5. [qui a de l'ancienneté] senior; vous n'êtes pas assez ~ dans la maison you've not been in the job long enough; ils sont plus ~s que moi dans la fonction they're senior to me (in the job). -6. LING: ~ français Old French.

◇ *nm, f* -1. [qui a de l'expérience] old hand. -2. [qui est plus vieux] elder; respectez les ~s have some respect for your elders. -3. [qui a participé]: un ~ de l'ÉNA a former student of the ÉNA; un ~ du parti communiste an ex-member of the Communist Party; un ~ de la guerre de Corée a Korean war veteran, a veteran of the Korean war.

◆ **ancien** *nm* -1. [objets]: l'~ antiques; meublé entièrement en ~ entirely furnished with antiques. -2. [construction]: l'~ old OU older buildings; les murs sont plus épais dans l'~ walls are thicker in old OU older buildings.

◆ **Anciens** *nmpl* ANTIQ Ancients; LITTÉRAT: les Anciens et les Modernes the Ancients and the Moderns.

◆ **à l'ancienne** *loc adj* old-fashioned; des fiançailles à l'~ne an old-fashioned engagement; bœuf à l'~ne traditional recipe for beef; bague à l'~ne traditional-style ring.

◆ **Ancien Régime** *nm*: l'Ancien Régime the Ancien Régime.

◆ **Ancien Testament** *nm*: l'Ancien Testament the Old Testament.

ANCIEN RÉGIME:
The government and social structure of France before the Revolution of 1789, an absolutist monarchy consisting of three "estates": the nobility, the clergy (both enjoying institutional privileges), and the "Third Estate", or commoners. The privileges which characterized the Ancien Régime were abolished on 4 August 1789. It is now seen both as a symbol of social injustice and as a period of artistic, literary and architectural excellence.

---

anciennement [ɑ̃sjɛnmɑ̃] *adv* previously, formerly.

ancienneté [ɑ̃sjɛnte] *nf* -1. [d'une chose] oldness. -2. [d'une personne] length of service; avoir de l'~: elle a beaucoup d'~ chez nous she's been with us for a long time ‖ [avantages acquis] seniority; avancer OU être promu à l'~ to be promoted by seniority.

◆ **de toute ancienneté** *loc adv* from time immemorial.

ancillaire [ɑ̃silɛr] *adj* [avec une servante]: les amours ~s love affairs with servants.

ancolie [ɑ̃kɔli] *nf* columbine aquilegia *spéc*.

Ancône [ɑ̃kon] *npr* Ancona.

ancrage [ɑ̃kraʒ] *nm* -1. TECH [fixation] anchorage; ~ des câbles d'un pont suspendu cable anchorage of a suspension bridge ❑ ~ mécanique mechanical bond; ~ à scellement permanent soil anchor. -2. NAUT [arrêt] moorage, anchorage; [droits] anchorage OU moorage OU berthing (dues). -3. [enracinement]: l'~ d'un parti dans l'électorat a party's base in the electorate; l'action de la pièce n'a aucun ~ dans la réalité the plot of the play has no basis in reality.

◆ **point d'ancrage** *nm* -1. AUT seat belt anchorage. -2. *fig* cornerstone.

ancre [ɑ̃kr] *nf* -1. NAUT: ~ (de marine) anchor; ~ de corps-mort mooring anchor; ~ à jet kedge anchor; ~ flottante drag anchor; ~ de salut last resort; ta mère est mon ~ de salut your mother is my last hope; son diplôme d'infirmière est son ~ de salut she can always fall back on her nursing qualifications if all else fails; ~ de terre shore-anchor; jeter l'~ *pr* to cast OU to drop anchor; *fig* to put down roots; lever l'~ *pr* to weigh anchor; allez, on lève l'~! *fam fig* come on, let's go! -2. CONSTR: ~ de mur cramp (iron); ~ de tête/voûte wall/tie anchor. -3. [d'une horloge] palet; ~ à chevilles pin pallet, lever fork.

◆ **à l'ancre** *loc adj* [navire] (riding OU lying) at anchor; être à l'~ to ride OU to lie at anchor.

ancrer [3] [ɑ̃kre] *vt* -1. NAUT to anchor. -2. [attacher] to anchor; ~ un câble to anchor a cable. -3. *fig* to root; la propagande a ancré le parti dans la région propaganda has established the party firmly in this area; c'est une idée bien ancrée it's a firmly-rooted idea.

◆ **s'ancrer** *vpi* -1. NAUT to drop OU to cast anchor. -2. [se fixer] to settle; sa famille s'est ancrée dans la région his family has settled in the area.

andain [ɑ̃dɛ̃] *nm* swath.

andalou, se [ɑ̃dalu, uz] *adj* Andalusian.

◆ **Andalou, se** *nm, f* Andalusian.

◆ **andalou** *nm* LING Andalusian.

Andalousie [ɑ̃daluzi] *npr f*: (l')~ Andalusia.

Andes [ɑ̃d] *npr fpl*: les ~ the Andes; la cordillère des ~ the Andes Mountain Ranges; le climat des ~ the climate of the Andes, the Andean climate.

andésite [ɑ̃dezit] *nf* andesite.

andin, e [ɑ̃dɛ̃, in] *adj* Andean.

◆ **Andin, e** *nm, f* Andean.

andorran, e [ɑ̃dɔrɑ̃, an] *adj* Andorran.

◆ **Andorran, e** *nm, f* Andorran.

Andorre [ɑ̃dɔr] *npr f*: (la principauté d') ~ (the principality of) Andorra.

Andorre-la-Vieille [ɑ̃dɔrlavjɛj] *npr* Andorra la Vella.

andouille [ɑ̃duj] *nf* -1. CULIN chitterlings sausage *(eaten cold)*. -2. *fam* [imbécile] dummy; faire l'~ to fool around; espèce d'~! you great dummy!; fais pas l'~, touche pas la prise! watch out, don't touch the socket!; fais pas l'~, tu sais bien qu'elle t'aime! don't do anything stupid, you know she loves you!

andouiller [ɑ̃duje] *nm* tine.

andouillette [ɑ̃dujɛt] *nf* chitterlings sausage *(for grilling)*.

André [ɑ̃dre] *npr*: saint ~ Saint Andrew; la Saint-~ Saint Andrew's Day.

andrinople [ɑ̃drinɔpl] *nf* Turkey red.

androcéphale [ɑ̃drɔsefal] *adj* androcephalous.

Androclès [ɑ̃drɔklɛs] *npr* Androcles.

androgène [ɑ̃drɔʒɛn] ◇ *adj* androgenic.
◇ *nm* androgen.

androgyne [ɑ̃drɔʒin] ◇ *adj* androgynous.
◇ *nm* androgyne.

androgynie [ɑ̃drɔʒini] *nf* androgyny.

androïde [ɑ̃drɔid] *nm* android.

andropause [ɑ̃drɔpoz] *nf* male menopause.

androstérone [ɑ̃drɔsteron] *nf* androsterone.

âne [an] *nm* -1. ZOOL donkey, ass; il est comme l'~ de Buridan he can't make up his mind; être mauvais OU méchant comme un ~ rouge to be vicious OU nasty; il y a plus d'un OU il n'y a pas qu'un ~ (à la foire) qui s'appelle Martin that's a very common name, lots of people are called that. -2. [imbécile] idiot, fool; faire l'~ to play the fool; c'est un ~ bâté he's a complete idiot; faire l'~ pour avoir du son to play the fool to achieve one's ends.

anéantir [32] [aneɑ̃tir] *vt* -1. [détruire - armée, ville] to annihilate, to destroy, to wipe out *(sép)*; [- rébellion, révolte] to quell, to crush; [- espoir] to squash, to dash, to destroy; [- succès, effort] to ruin, to wreck; [- amour, confiance] to destroy; leur équipe a été anéantie their team was annihilated OU routed. -2. [accabler - suj: nouvelle, événement] to overwhelm, to crush; ça l'a anéanti it was a tremendous blow to him; être anéanti par le chagrin to be overcome by grief; elle est anéantie she's utterly crushed ‖ [épuiser] to exhaust; elle est anéantie par la chaleur/fatigue she's overwhelmed by the heat/utterly exhausted.

◆ **s'anéantir** *vpi* to disappear, to vanish; s'~ dans l'oubli to sink into oblivion; tous nos espoirs se sont anéantis all our hopes were dashed.

anéantissement [aneɑ̃tismɑ̃] *nm* -1. [destruction] ruin, annihilation, destruction; c'est l'~ d'un mois de travail [perte] it's a whole month's work lost; [vandalisme] it's a whole month's work wrecked; cette nouvelle fut l'~ de tous mes espoirs this news dashed all my hopes. -2. [accablement] prostration; être dans l'~ le plus total to be utterly crushed.

anecdote [anɛkdɔt] *nf* anecdote; tout cela, c'est de l'~ *péj* this is all trivial detail, this is just so much trivia.

anecdotique [anɛkdɔtik] *adj* -1. [qui contient des anecdotes] anecdotal. -2. [sans intérêt] trivial *péj*.

anélasticité [anelastisite] *nf* lack of elasticity.

anélastique [anelastik] *adj* unelastic.

anémie [anemi] *nf* -1. MÉD anaemia. -2. *fig*: nous constatons une ~ de la production we note that output has slowed to a trickle.

anémié, e [anemje] *adj* -1. MÉD anaemic. -2. [affaibli] weakened, anaemic.

anémier [9] [anemje] *vt* -1. MÉD to make anaemic. -2. [affaiblir] to weaken, to enfeeble *litt*.

anémique [anemik] *adj* -1. MÉD anaemic. -2. [faible - personne] feeble, ineffectual; [- plante] spindly, weedy; [- économie, industrie] weak, slow, sluggish; un texte plutôt ~ a rather colourless piece of writing.

anémomètre [anemɔmɛtr] *nm* anemometer.

anémone [anemɔn] *nf* -1. BOT anemone. -2. ZOOL: ~ de mer sea anemone.

anémophile [anemɔfil] *adj* anemophilous.

anémophilie [anemɔfili] *nf* anemophily.

anencéphale [anɑ̃sefal] *adj* anencephalic.

anencéphalie [anɑ̃sefali] *nf* anencephaly.

anérection [anerɛksjɔ̃] *nf* impotence.

anergie [anɛrʒi] *nf* anergy.

ânerie [anri] *nf* -1. [caractère stupide] stupidity; tu es d'une ~! you are so stupid!, you're such an idiot! -2. [parole] stupid OU silly remark; dire des ~s to make stupid OU silly remarks, to talk rubbish. -3. [acte] stupid blunder OU mistake; faire des ~s to make stupid mistakes.

anéroïde [anerɔid] *adj* aneroid.

ânesse [anɛs] *nf* she-ass, jenny.

anesthésiant, e [anɛstezjɑ̃, ɑ̃t] = **anesthésique**.

anesthésie [anɛstezi] *nf* anaesthesia, faire une ~ à qqn to anaesthetize sb, to give sb an anaesthetic; être sous ~ to be anaesthetized OU under an anaesthetic ❑ ~ locale/générale/péridurale local/general/epidural anaesthesia; ~ épidurale epidural (anaesthesia); ~ tronculaire nerve-blocking anaesthesia, nerve block.

anesthésier [9] [anɛstezje] *vt* -1. MÉD to anaesthetize; docteur, allez-vous m'~? doctor, are you going to give me an anaesthetic?; on ressort de ses cours complètement anesthésié *fig* & *hum* your mind is numb with boredom when you emerge from his lectures. -2. [insensibiliser - bras, jambe] to numb, to deaden; le glaçon m'a anesthésié la gencive the ice cube took all the feeling out of my gum.

anesthésiologie [anɛstezjɔlɔʒi] *nf* anaesthetics *Br (sg)*, anesthesiology *Am*.

anesthésiologiste [anɛstezjɔlɔʒist] = **anesthésiste-réanimateur**.

anesthésique [anɛstezik] *adj* & *nm* anaesthetic; un ~ local a local anaesthetic.

anesthésiste-réanimateur [anɛstezistreanimatœr] *(pl* **anesthésistes-réanimateurs***)* *nmf* anaesthetist *Br*, anesthesiologist *Am*.

aneth [anɛt] *nm* dill.

anévrisme [anevrism] *nm* aneurysm.

anfractuosité [ɑ̃fraktɥozite] *nf* -**1.** [cavité] crevice, crack; rochers pleins d'~s rocks full of nooks and crannies. -**2.** MÉD anfractuosity.

ange [ɑ̃ʒ] *nm* -**1.** RELIG angel; c'est mon bon ~ he's my guardian angel; c'est mon mauvais ~ he has an evil influence on me ❑ ~ déchu/gardien fallen/guardian angel; un ~ passa there was a pregnant pause OU an awkward lull in the conversation; ah, un ~ passe! hm, hasn't anybody got anything to say? -**2.** [personne parfaite] angel; passe-moi le pain, tu seras un ~ be an angel OU a dear and pass me the bread; un ~ de: c'est un ~ de douceur he's sweetness itself || [en appellatif]: mon ~ my darling OU angel. -**3.** ZOOL monkfish, angel shark.

◆ **aux anges** *loc adv*: être aux ~s to be beside o.s. with joy; elle était aux ~s quand je le lui ai dit when I told her, she was ecstatic; rire aux ~s: les enfants riaient aux ~s the children were beside themselves with joy.

angélique [ɑ̃ʒelik] ◇ *adj* RELIG & *fig* angelic; un sourire ~ the sweet smile of an angel.

◇ *nf* [plante] angelica.

◇ *nm* [bois] basralocus wood.

angéliquement [ɑ̃ʒelikmɑ̃] *adv* angelically.

angélisme [ɑ̃ʒelism] *nm* otherworldliness.

angelot [ɑ̃ʒlo] *nm* cherub.

angélus [ɑ̃ʒelys] *nm* Angelus; 'l'Angélus' *Millet* 'The Angelus'.

Angers [ɑ̃ʒe] *npr* Angers.

angevin, e [ɑ̃ʒvɛ̃, in] *adj* -**1.** [d'Angers] from Angers. -**2.** [de l'Anjou] from Anjou.

◆ **Angevin, e** *nm, f* [habitant - d'Angers] *inhabitant of or person from Angers*; [- de l'Anjou] *inhabitant of or person from Anjou*; les Angevins [d'Angers] the people of Angers; [de l'Anjou] the people of Anjou.

angine [ɑ̃ʒin] *nf* -**1.** [infection - des amygdales] tonsillitis; [- du pharynx] pharyngitis; avoir une ~ to have a sore throat ❑ ~ catarrhale catarrhal OU acute pharyngitis; ~ couenneuse diphtheria. -**2.** [douleur cardiaque] angina; ~ de poitrine angina (pectoris).

angineux, euse [ɑ̃ʒinø, øz] *adj* anginal, anginous.

angiocardiographie [ɑ̃ʒjɔkardjɔgrafi] *nf* angiocardiography.

angiographie [ɑ̃ʒjɔgrafi] *nf* angiography.

angiologie [ɑ̃ʒjɔlɔʒi] *nf* angiology.

angiome [ɑ̃ʒiom] *nm* angioma.

angiosperme [ɑ̃ʒjɔspɛrm] *nf* angiosperm; les ~s the Angiospermae.

Angkor [ɑ̃kɔr] *npr* Angkor.

anglais, e [ɑ̃glɛ, ɛz] *adj* [d'Angleterre] English; [de Grande-Bretagne] British; l'équipe ~e SPORT the England team.

◆ **Anglais, e** *nm, f* [d'Angleterre] Englishman (*f* Englishwoman); [de Grande-Bretagne] Briton; les Anglais [d'Angleterre] English people, the English; [de Grande-Bretagne] British people, the British.

◆ **anglais** *nm* LING English; ~ américain/britannique American/British English.

◆ **anglaise** *nf* -**1.** [écriture] italic longhand. -**2.** BOT morello cherry.

◆ **anglaises** *nfpl* ringlets; coiffée avec des ~s hair in ringlets.

◆ **à l'anglaise** ◇ *loc adj* -**1.** CULIN boiled. -**2.** HORT: jardin/parc à l'~e landscaped garden/park. -**3.** MENUIS: escalier/limon à l'~e open staircase/stringboard; parquet à l'~e strip flooring.

◇ *loc adv*: se sauver OU filer à l'~e to take French leave.

anglaiser [4] [ɑ̃glɛze] *vt* to nick *(a horse)*.

angle [ɑ̃gl] *nm* -**1.** [coin] corner, angle; faire un ~ [chemin] to bend, to turn; [maison] to be L-shaped, to form an angle; maison qui est à OU qui fait l'~ house on the corner; la statue est à l'~ de deux rues the statue stands at a crossroads; le buffet a des ~s arrondis/pointus the dresser has rounded/sharp corners ❑ ~ saillant/rentrant salient/re-entrant angle; ~ vif sharp angle; arrondir OU adoucir les ~s to smooth things over. -**2.** GÉOM angle; ~ aigu/droit/obtus acute/right/obtuse angle; la rue fait un ~ droit avec l'avenue the street is at right angles to the avenue; ~ alterne/interne/plat alternate/internal/plane angle; ~ ouvert wide angle; ~ plein 360 degree angle; ~ adjacents/opposés/supplémentaires adjacent/opposed/supplementary angles; ~s opposés par le sommet vertical and opposite angles. -**3.** [aspect] angle, point of view; je ne vois pas cela sous cet ~ I don't see it quite in that light OU from that angle; quel que soit l'~ qu'on choisisse, le résultat est le même you get the same result whichever way you go about it; sous quel ~ avez-vous abordé le sujet? how did you approach the subject?; vu sous l'~ économique/du rendement, cette décision se comprend from an economic/a productivity point of view, the decision makes sense. -**4.** OPT angle; ~ d'incidence/de réflexion/de réfraction angle of incidence/of reflection/of refraction; ~ d'ouverture aperture angle, beam width. -**5.** TECH angle; ~ d'attaque/d'affûtage/de coupe working/lip/cutting angle. -**6.** MIL: ~ de site angle of sight, angular height of target; [pour les radars] elevation angle.

◆ **angle mort** *nm* [en voiture] blind spot.

◆ **d'angle** *loc adj* -**1.** CONSTR quoin *(épith)*, cornerstone *(épith)*. -**2.** [placard, table] corner *(épith)*.

Angleterre [ɑ̃glətɛr] *npr f*: (l')~ England; [Grande-Bretagne] (Great) Britain; la bataille d'~ the Battle of Britain.

anglican, e [ɑ̃glikɑ̃, an] *adj* & *nm, f* Anglican.

anglicanisme [ɑ̃glikanism] *nm* Anglicanism.

angliche *fam* [ɑ̃gliʃ] ◇ *adj* [d'Angleterre] English; [de Grande-Bretagne] Brit.

◇ *nm, f* [d'Angleterre] Englishman, (*f* Englishwoman); [de Grande-Bretagne] Brit.

anglicisation [ɑ̃glisizasjɔ̃] *nf* anglicization, anglicizing.

angliciser [3] [ɑ̃glisize] *vt* to anglicize.

◆ **s'angliciser** *vpi* to become anglicized.

anglicisme [ɑ̃glisism] *nm* anglicism.

angliciste [ɑ̃glisist] *nmf* -**1.** [étudiant] student of English. -**2.** [enseignant] teacher of English. -**3.** [spécialiste] Anglicist, expert in English language and culture.

anglo- [ɑ̃glo] *préf* anglo-.

anglo-américain, e [ɑ̃gloamerikɛ̃, ɛn] (*mpl* anglo-américains, *fpl* anglo-américaines) *adj* Anglo-American.

◆ **Anglo-Américain, e** *nm, f* Anglo-American.

◆ **anglo-américain** *nm* LING American English.

anglomane [ɑ̃glɔman] *nmf* Anglomaniac.

anglomanie [ɑ̃glɔmani] *nf* Anglomania.

anglo-normand, e [ɑ̃glonɔrmɑ̃, ɑ̃d] (*mpl* anglo-normands, *fpl* anglo-normandes) *adj* -**1.** HIST Anglo-Norman. -**2.** GÉOG of the Channel islands.

◆ **anglo-normand** *nm* LING Anglo-Norman.

anglophile [ɑ̃glɔfil] ◇ *adj* Anglophilic, Anglophiliac.

◇ *nmf* Anglophile.

anglophilie [ɑ̃glɔfili] *nf* Anglophilia.

anglophobe [ɑ̃glɔfɔb] ◇ *adj* Anglophobic.

◇ *nmf* Anglophobe.

anglophobie [ɑ̃glɔfɔbi] *nf* Anglophobia.

anglophone [ɑ̃glɔfɔn] *adj* & *nmf* Anglophone.

anglo-saxon, onne [ɑ̃glɔsaksɔ̃, ɔn] (*mpl* anglo-saxons, *fpl* anglo-saxonnes) *adj* -**1.** [culture, civilisation] Anglo-American, Anglo-Saxon. -**2.** HIST Anglo-Saxon.

◆ **Anglo-Saxon, onne** *nm, f* Anglo-Saxon; les Anglo-Saxons [peuples] British and American people; HIST the Anglo-Saxons.

◆ **anglo-saxon** *nm* LING Old English, Anglo-Saxon.

ANGLO-SAXON:
Note that the adjective "anglo-saxon" and the noun "Anglo-Saxon" are often used in French to refer to British and American people, culture, customs etc: "la musique anglo-saxonne", "la littérature anglo-saxonne".

angoissant, e [ɑ̃gwasɑ̃, ɑ̃t] *adj* [expérience] distressing, harrowing, agonizing; [nouvelle, livre, film] distressing, nerve-racking; il a vécu trois jours très ~s he lived through three nerve-racking days; j'ai trouvé l'attente très ~e the wait was a strain on my nerves; une période ~e an anxious time.

angoisse [ɑ̃gwas] *nf* [état] anxiety, anguish; être OU vivre dans l'~ to live in (a constant state of) anxiety OU anguish; l'~ de: l'~ de la mort the fear of death; vivre dans l'~ de qqch to live in dread of OU to dread sthg; avec elle, je vis dans l'~ d'une fugue I live in fear that she'll run away; l'~ de devoir faire un choix the anguish of having to make a choice ❑ ~ existentielle (existential) angst; c'est l'~! *fam* I dread the very idea!

◆ **angoisses** *nfpl*: avoir des ~s to suffer from anxiety attacks.

angoissé, e [ɑ̃gwase] ◇ *adj* [personne] distressed, anxious; [regard] haunted, anguished, agonized; [voix, cri] agonized, anguished; être ~ avant un examen to feel nervous OU anxious before an exam.

◇ *nm, f* anxious person; c'est un grand ~ he's the anxious type OU a terrible worrier.

angoisser [3] [ɑ̃gwase] *vt* to cause anxiety OU anguish, to distress.

Angola [ɑ̃gɔla] *npr m*: (l') ~ Angola.

angolais, e [ɑ̃gɔlɛ, ɛz] *adj* Angolan.

◆ **Angolais, e** *nm, f* Angolan.

angora [ɑ̃gɔra] ◇ *adj* angora; chat/chèvre/lapin ~ Angora cat/goat/rabbit; de la laine ~ angora wool.

◇ *nm* -**1.** [chat, lapin] Angora. -**2.** [laine] angora.

◆ **en angora** *loc adj* angora *(épith)*.

Angoulême [ɑ̃gulɛm] *npr* Angoulême.

angoumoisin, e [ɑ̃gumwazɛ̃, in] *adj* from Angoulême.

◆ **Angoumoisin, e** *nm, f inhabitant of or person from Angoulême*; les Angoumoisins the people of Angoulême.

angström [ɑ̃gstrœm] *nm* angstrom.

anguille [ɑ̃gij] *nf* ZOOL eel; ~ de mer/électrique conger/electric eel; mince comme une ~ thin as a reed; souple comme une ~ supple as a reed; il y a ~ sous roche there's something fishy going on.

angulaire [ɑ̃gylɛr] *adj* angular.

anguleux, euse [ɑ̃gylø, øz] *adj* [objet] angular; [visage] bony, sharp-featured, angular; [personne] skinny, bony; [esprit, caractère] stiff, angular.

anharmonique [anarmɔnik] *adj* anharmonic.

anhydre [anidr] *adj* anhydrous.

anhydride [anidrid] *nm* anhydride; ~ tellureux tellurous anhydride.

anicroche [anikrɔʃ] *nf* hitch, snag; il n'y a pas eu d'~s there were no hitches, all went smoothly; il pourrait bien y avoir des ~s there might well be a few snags OU hitches; sans ~ without a hitch.

ânier, ère [anje, ɛr] *nm, f* donkey driver.

aniline [anilin] *nf* aniline.

animadversion [animadvɛrsjɔ̃] *nf litt* animadversion, censure.

animal, e, aux [animal, o] *adj* animal; l'instinct ~ the animal instinct; il répondit par un grognement ~ he grunted brutishly by way of reply ❑ échelle ~e evolutionary ladder; règne ~ animal kingdom.

◆ **animal, aux** *nm* -**1.** ZOOL animal; les animaux de la ferme [dans les livres d'enfants] farm animals; ils ont vendu tous les animaux de l'exploitation they sold all the livestock on the farm ❑ ~ familier OU domestique pet; ~ de boucherie animal bred for meat; animaux de laboratoire laboratory animals; **grands animaux** larger animals. -**2.** *fam* [personne] dope, oaf; **c'est qu'il a encore raison, cet ~-là** OU **l'~!** the beggar's right again!; **qu'est-ce qu'il a encore fait, ce grand ~(-là)?** what's that great oaf been up to this time?

animalcule [animalkyl] *nm* animalcule.

animalerie [animalri] *nf* [de laboratoire] breeding farm *(for laboratory animals)*; [magasin] pet shop.

animalier, ère [animalje, ɛr] *adj* animal *(épith)*; **parc ~** wildlife park; **peintre/sculpteur ~** animal painter/sculptor.

◆ **animalier** *nm* -**1.** BX-ARTS animalier. -**2.** [employé] animal keeper *(in a laboratory)*.

animalité [animalite] *nf* animality, animal nature.

animateur, trice [animatœr, tris] *nm, f* -**1.** [responsable - de maison de jeunes, de centre sportif] youth leader, coordinator; [- de groupe] leader; [- d'entreprise, de service] coordinator. -**2.** RAD & TV [gén] presenter; [de jeux, de variétés] host. -**3.** [élément dynamique] moving spirit, driving force. -**4.** CIN animator.

animation [animasjɔ̃] *nf* -**1.** [entrain] life, liveliness, excitement; **mettre un peu d'~ dans une réunion** to liven up a meeting; **son arrivée a créé beaucoup d'~** his arrival caused a great deal of excitement. -**2.** [vivacité] liveliness, vivacity, animation; **elles discutaient de biologie avec ~** they were having a lively discussion about biology. -**3.** [d'un quartier, d'une ville] life; **il y a de l'~ dans les rues le soir** the streets are very lively OU full of life at night. -**4.** [organisation - d'un groupe, d'un service] organization; [- d'un débat] chairing; **chargé de l'~ culturelle** in charge of cultural activities; **responsable de l'~ de l'équipe** responsible for coordinating the team; **faire des ~s dans les supermarchés** to promote products in supermarkets; **organiser des ~s de rue** to organize street shows; **il y aura une petite ~ pour les enfants** some activities will be organized for children. -**5.** CIN animation.

animé, e [anime] *adj* -**1.** [doué de vie] animate; **les êtres ~s** animate beings. -**2.** [doté de mouvement] moving, animated; **les vitrines ~es de Noël** moving OU animated window displays at Christmas. -**3.** [plein de vivacité - personne, discussion] lively, animated; [- marché, ville, quartier] lively; **une discussion ~e** a lively OU spirited discussion; **des rues ~es** bustling OU lively streets. -**4.** LING animate.

animer [3] [anime] *vt* -**1.** [doter de mouvement - mécanisme, robot] to animate, to move, to actuate, to drive; **le piston est animé d'un mouvement de va-et-vient** the piston is driven back and forth. -**2.** [inspirer] to prompt, to drive; **c'est la générosité qui l'anime** he's prompted OU driven by generous feelings; **être animé de** to be driven by; **être animé des meilleures intentions** to have the best of intentions; **être animé d'un nouvel espoir** to be buoyed up by new hope. -**3.** [égayer - soirée, repas] to bring life to, to liven up *(sép)*; [- regard] to light up *(sép)*; **le plaisir animait son visage** his face was lit up with joy; **~ un personnage** to make a character come to life. -**4.** [présenter - mission] to present, to introduce; [- débat] to chair; [- émission d'actualité] to present; [- émission de variétés] to host. -**5.** SPORT: **~ une course** to set the pace for a race.

◆ **s'animer** *vpi* [personne, conversation] to become animated; [quartier, rue, visage, yeux] to come alive; [pantin, poupée] to come to life.

animisme [animism] *nm* animism.

animiste [animist] ◇ *adj* animistic.

◇ *nmf* animist.

animosité [animosite] *nf* animosity, hostility, resentment; **ressentir de l'~ contre qqn** to feel resentment OU hostility towards sb; **une réunion pleine d'~** an acrimonious meeting.

anion [anjɔ̃] *nm* anion.

anionique [anjɔnik] *adj* anionic.

anis [ani(s)] *nm* -**1.** BOT anise. -**2.** CULIN aniseed; **à l'~** aniseed *(épith)*, aniseed-flavoured.

anisé [anize] *adj* anisated, aniseed-flavoured.

aniser [3] [anize] *vt* to flavour with aniseed.

anisette [anizɛt] *nf* anisette.

Anjou [ɑ̃ʒu] *npr m*: **(l')** ~ Anjou.

Ankara [ɑ̃kara] *npr* Ankara.

ankylose [ɑ̃kiloz] *nf* -**1.** MÉD ankylosis. -**2.** [engourdissement] stiffness, numbness.

ankylosé, e [ɑ̃kiloze] *adj* -**1.** MÉD ankylotic. -**2.** [engourdi] numb; **mon bras est complètement ~** my arm's gone completely numb.

ankyloser [3] [ɑ̃kiloze] *vt* to ankylose.

◆ **s'ankyloser** *vpi* -**1.** MÉD to ankylose. -**2.** [devenir raide - bras, jambe] to become numb; [- personne] to go stiff.

ankylostome [ɑ̃kilɔstɔm] *nm* hookworm.

ankylostomiase [ɑ̃kilɔstɔmjaz] *nf* ankylostomiasis.

annal, e [anal] *adj* valid for one year, yearly.

annales [anal] *nfpl* annals; **rester dans les ~** to go down in history.

annaliste [analist] *nmf* annalist.

annalité [analite] *nf* yearly nature.

annamite [anamit] *adj* Annamese.

◆ **Annamite** *nmf* Annamese.

Annapurna [anapyrna] *npr m*: **l' ~** Annapurna.

Anne [an] *npr*: **~ d'Autriche** Anne of Austria; **sainte ~** Saint Anne; **~ Boleyn** Anne Boleyn; **~ de Clèves** Anne of Cleves.

anneau, x [ano] *nm* -**1.** JOAILL ring; **l'~ de ma bague est trop grand** the hoop of my ring is too large; **un simple ~ d'or** a plain band of gold; **en ~, en forme d'~** annular, ring-shaped ❑ **~ épiscopal/nuptial** bishop's/wedding ring; **l'~ du pêcheur** the fisherman's ring. -**2.** [pour rideaux] ring; [maillon] link; [boucle - de ficelle] loop. -**3.** MATH ring. -**4.** BOT & GÉOM annulus. -**5.** ZOOL [d'un ver] metamere, somatite; [enroulement d'un serpent] coil. -**6.** ANAT ring; **~ inguinal/crural** inguinal/crural ring. -**7.** ASTRON ring; **les ~x de Saturne** the rings of Saturn. -**8.** SPORT: **~ de vitesse** [pour patinage] rink; [pour bicyclette] racetrack. -**9.** OPT ring; **~x colorés** coloured rings. -**10.** MUS: **'l'Anneau du Nibelung'** *Wagner* 'The Ring of the Niebelung'.

◆ **anneaux** *nmpl* SPORT rings; JEUX hoopla.

◆ **en anneau** *loc adj* ÉLECTRON ring *(épith)*.

annecien, enne [ansjɛ̃, ɛn] *adj* from Annecy.

◆ **Annecien, enne** *nm, f inhabitant of or person from Annecy*; **les Anneciens** the people of Annecy.

année [ane] *nf* **1.** [division du calendrier] year; **~ bissextile** leap year; **~ civile** calendar OU civil year. -**2.** [date] year; **~ de fabrication** date OU year of construction; **l'~ 1789** the year 1789. -**3.** [durée] year; **l'~ de référence** the base year; **un travail qui dure toute l'~** a yearlong effort; **d'~ en ~** from year to year; **d'une ~ à l'autre** from one year to the next; **tout au long de l'~, toute l'~** all year long OU round, from one end of the year to the other; **j'ai encore deux ~s à faire** I have two more years to do; **j'ai cinq ~s de métier** I have five years' experience in this field; **entrer dans sa trentième ~** to enter one's thirtieth year; **la première ~ de la guerre** the first year of the war; **les plus belles ~s de ma vie** the best years of my life; **~s d'abondance** prosperous years; **première ~** UNIV first year *Br*, freshman year *Am*; **dernière ~** final year; **c'est une étudiante de troisième ~** she's a third-year student *Br*, she's in her junior year *Am*; **elle est en troisième ~ de médecine** she's in her third year at medical school ❑ **l'~ scolaire/universitaire/judiciaire** the school/academic/judicial year; **l'~ fiscale** the tax year; **prendre une ~ sabbatique** to go on (a) sabbatical; **l'~ sidérale** the sidereal year; **~s de vaches maigres/grasses** *fam* lean/prosperous years. -**4.** [célébration]: **l'~ de** the Year of; **l'~ du Dragon** the Year of the Dragon; **l'~ de l'Enfance** the Year of the Child; **l'~ de la Femme** International Women's Year. -**5.** [nouvel an]: **bonne ~!** happy New Year!; **souhaiter la bonne ~ à qqn** to wish sb a happy New Year; **carte/souhaits de bonne ~** New Year card/wishes.

◆ **années** *nfpl*: **les ~s 60/70** the sixties/seventies ❑ **les Années folles** the roaring twenties.

◆ **à l'année** *loc adv* [louer, payer] annually, on a yearly basis.

année-lumière [anelymjɛr] (*pl* **années-lumière**) *nf* light year; **à des années-lumière de** *fig* light years away from; **mon cousin et moi, nous sommes à des années-lumière l'un de l'autre** my cousin and I are worlds apart; **des gens à des années-lumière de son propre univers** people in a world light years away from his own.

annelé, e [anle] *adj* -**1.** [gén] ringed. -**2.** ARCHIT & BOT annulate, annulated.

anneler [24] [anle] *vt* to ring.

annelet [anlɛ] *nm* -**1.** [anneau] small ring. -**2.** ARCHIT annulet.

annélide [anelid] *nf* annelid; **les ~s** the Annelida.

annexe [anɛks] ◇ *adj* -**1.** [accessoire - tâche, détail, fait] subsidiary, related; [sans importance] minor; **des considérations ~s** side issues; **ne parlons pas de cela, c'est tout à fait ~** let's forget about this, it's very much a minor point OU it's not relevant to the matter in hand. -**2.** JUR additional; **article ~ à un document** additional clause to a document.

◇ *nf* -**1.** [bâtiment] annexe; **l'~ de l'école** the school annexe. -**2.** [supplément] annexe; **mettre qqch en ~** à to append sthg to; **~ d'un bilan** schedule to a balance sheet‖ JUR [d'une loi] rider. -**3.** MÉD appendage; **~s de l'utérus** uterine appendages.

annexer [4] [anɛkse] *vt* -**1.** [joindre] to annex, to append; **~ un témoignage à un dossier** to append a testimony to a file. -**2.** HIST & POL to annex.

◆ **s'annexer** *fam vpt*: **s'~ qqch** [le monopoliser] to hog sthg; *euph* [le voler] to filch sthg, to purloin sthg *hum*.

annexion [anɛksjɔ̃] *nf* annexation.

annexionnisme [anɛksjɔnism] *nm* annexationism.

annexionniste [anɛksjɔnist] ◇ *adj* annexational.

◇ *nmf* annexationist.

annihilation [aniilasjɔ̃] *nf* -**1.** [destruction] annihilation, destruction. -**2.** PHYS annihilation.

annihiler [3] [aniile] *vt* [efforts, révolte] to annihilate, to destroy; [personne] to crush, to destroy *fig*.

anniversaire [anivɛrsɛr] ◇ *adj* anniversary *(épith)*; **le jour ~ de leur rencontre** the anniversary of the day they first met.

◇ *nm* [d'une naissance] birthday; **le jour de son ~** on his birthday; **une fête d'~, un ~** a birthday party‖ [d'un mariage, d'une mort, d'un événement] anniversary.

annonce [anɔ̃s] *nf* -**1.** [nouvelle] notice, notification; **tu as lu l'~ de sa nomination?** did you read the notification of her appointment?‖ [fait de dire] announcement; **faire une ~** [gén] to make an announcement; **faire l'~ de la sortie d'un disque** to announce the release of a new record. -**2.** [texte publicitaire] advertisement; **mettre** OU **insérer une ~ dans un journal** to put OU to place an advertisement in a paper ❑ **~ judiciaire** advertisement required by law; **~ publicitaire** advertisement; **les petites ~s** [location, vente] classified advertisements; [courrier du cœur] personal ads. -**3.** JEUX declaration; **faire une ~** to declare. -**4.** [présage] portent *litt*, sign; **cet incident était en fait l'~ de la guerre** this incident was really a portent of the forthcoming war.

annoncer [16] [anɔ̃se] *vt* -**1.** [communiquer - renseignement] to announce; [- mauvaise nouvelle] to announce, to break; **je n'ose pas le lui ~** I daren't break it to her; **~ la naissance d'un enfant** to announce the birth of a child; **ils**

annoncent du soleil pour demain sunshine is forecast for tomorrow; on annonce des réductions d'impôts tax reductions have been announced; ~ qqch à qqn to inform sb of OU to tell sb sthg; on m'a annoncé sa mort I was told OU informed of his death; ~ à qqn que to inform sb that; je vous annonce que je me marie I'd like to inform you that I'm getting married; je leur ai annoncé que je m'en allais I told them I was leaving. -2. COMM [proposer] to quote; ~ un prix to quote a price. -3. [présenter - visiteur] to announce; [- projet, changement] to introduce, to usher in *(sép)*; qui dois-je ~ ? what name shall I say?; se faire ~ to give one's name; ~ un nouveau disque to announce OU to introduce a new record. -4. [présager] to announce, to foreshadow, to herald *litt*; sa mine n'annonçait rien de bon his expression did not bode well || [être signe de] to be a sign OU an indication of; le tremblement de ses mains annonçait toujours une violente colère the tremor in his hands was a sure sign of imminent wrath. -5. JEUX to declare; ~ la couleur *fam*: j'ai annoncé la couleur, ils savent que je démissionnerai s'il le faut I've laid my cards on the table OU made no secret of it, they know I'll resign if I have to.

◆ **s'annoncer** ◇ *vp (emploi réfléchi)* [prévenir de sa visite] to notify OU to warn (that one will visit); viens quand tu veux, ce n'est pas la peine de t'~ come whenever you like, there's no need to let me know beforehand.

◇ *vpi* [se profiler] to be looming OU on the horizon; une grave crise s'annonce a serious crisis is looming || [dans des constructions attributives]: la journée s'annonce très belle it looks like it's going to be a beautiful day; le vent s'annonce violent it looks as though there's going to be a gale; s'~ bien: cela s'annonce très bien things are looking very promising OU good; mes premiers oraux s'annoncent bien I seem to have done all right in my first orals; s'~ mal: cela s'annonce plutôt mal the picture doesn't look OU isn't too good; voilà un anniversaire qui s'annonce mal it's an inauspicious start to OU a bad way to start a birthday.

annonceur, euse [anɔ̃sœr, øz] *nm,f* [présentateur] announcer.

◆ **annonceur** *nm* [en publicité] advertiser.

annonciateur, trice [anɔ̃sjatœr, tris] *adj* announcing, heralding, foreshadowing; ~ de: bourgeons ~s du printemps buds heralding spring; les secousses annonciatrices d'un tremblement de terre the tremors that are the warning signs of an earthquake; des nuages noirs ~s de pluie black clouds which are the harbingers of rain.

◆ **annonciateur** *nm* -1. ÉLECTRON signal; ~ de couplage interlocking signal. -2. TÉLÉC annunciator board; ~ de fin de communication supervisory indicator.

Annonciation [anɔ̃sjasjɔ̃] *nf* -1. BIBLE: l'~ the Annunciation. -2. [fête] Annunciation OU Lady Day.

annotateur, trice [anɔtatœr, tris] *nm, f* annotator.

annotation [anɔtasjɔ̃] *nf* -1. [note explicative] annotation. -2. [note personnelle] note.

annoter [3] [anɔte] *vt* -1. [commenter] to annotate. -2. [de remarques personnelles] to write notes on; un livre entièrement annoté a book entirely covered with notes.

annuaire [anɥɛr] *nm* [recueil - d'une association, d'une société] yearbook, annual; [- du téléphone] telephone directory OU book; ~ électronique electronic directory.

annualité [anɥalite] *nf* yearly recurrence; l'~ budgétaire the yearly OU annual voting of the budget.

annuel, elle [anɥɛl] *adj* -1. [qui revient chaque année] yearly, annual; congé ~ annual leave; consommation ~le yearly consumption. -2. [qui dure un an] annual; une plante ~le an annual.

annuellement [anɥɛlmɑ̃] *adv* annually, yearly, on a yearly basis.

annuité [anɥite] *nf* -1. ÉCON annuity; remboursement par ~s repayment by annual payments OU yearly instalments OU annuities. -2. [année de service] year.

annulabilité [anylabilite] *nf* [d'un contrat, d'une action] voidableness; [d'une loi, d'un jugement] revocability.

annulable [anylabl] *adj* -1. [gén] cancellable, annullable. -2. JUR [contrat] voidable, cancellable, revocable; [loi] revocable, repealable.

annulaire [anylɛr] ◇ *adj* -1. [circulaire] annular, ring-shaped. -2. MÉD annular.

◇ *nm* [doigt] third OU ring finger.

annulatif, ive [anylatif, iv] *adj* revocatory, annulling.

annulation [anylasjɔ̃] *nf* -1. [d'un ordre, d'un rendez-vous] cancellation, calling off; [d'une réservation] cancellation; [d'une commande] cancellation, withdrawal; [d'une proposition] withdrawal. -2. JUR [d'un décret, d'un acte judiciaire] cancellation, annulment; [d'un contrat] voidance, annulment; [d'un jugement] quashing, nullification; [d'un droit] defeasance; [d'une loi] revocation, rescindment.

annuler [3] [anyle] *vt* -1. [ordre, rendez-vous, projet] to cancel, to call off *(sép)*; [réservation] to cancel; [commande] to cancel, to withdraw. -2. JUR [contrat] to annul, to render null and void, to invalidate; [loi] to rescind, to revoke; [mariage] to annul; [testament] to set aside *(sép)*, to nullify; [jugement, verdict] to quash; ~ une subvention to withdraw a subsidy.

◆ **s'annuler** *vp (emploi réciproque)* to cancel each other out; les deux forces s'annulent the two forces cancel each other out.

anobli, e [anɔbli] *adj* ennobled.

anoblir [32] [anɔblir] *vt* to ennoble, to confer a title on.

anoblissement [anɔblismɑ̃] *nm* ennoblement.

anode [anɔd] *nf* anode.

anodin, e [anɔdɛ̃, in] *adj* -1. [inoffensif] harmless. -2. [insignifiant - personne, propos] ordinary, commonplace; [- détail] trifling, insignificant; [- événement] meaningless, insignificant.

anodique [anɔdik] *adj* anodic, anodal, anode *(épith)*; polarisation ~ anodic polarization; pulvérisation/tension ~ anode sputtering/voltage; traitement ~ anodizing.

anodisation [anɔdizasjɔ̃] *nf* anodization.

anodiser [3] [anɔdize] *vt* to anodize.

anodontie [anɔdɔ̃ti] *nf* anodontia.

anomal, e, aux [anɔmal, o] *adj* anomalous.

anomalie [anɔmali] *nf* -1. [bizarrerie - d'une expérience, d'une attitude] anomaly; [- d'une procédure, d'une nomination] irregularity. -2. ASTRON & LING anomaly. -3. BIOL abnormality.

anomie [anɔmi] *nf* anomie.

ânon [anɔ̃] *nm* (ass's) foal, young donkey OU ass.

anone [anɔn] *nf* anonad.

ânonnement [anɔnmɑ̃] *nm* [balbutiement]: les ~s des enfants qui apprennent à lire the faltering tones of children learning to read.

ânonner [3] [anɔne] ◇ *vi* to stammer out one's words; il lisait la Bible en ânonnant he was stumbling through a Bible reading.

◇ *vt* to stumble through; ~ sa leçon to recite one's lesson falteringly; ~ son rôle to stumble through one's lines.

anonymat [anɔnima] *nm* anonymity; conserver OU garder l'~ to remain anonymous; l'~ le plus total est garanti confidentiality is guaranteed.

anonyme [anɔnim] ◇ *adj* -1. [sans nom - manuscrit, geste] anonymous; rester ~ to remain unnamed OU anonymous. -2. [inconnu - auteur, attaquant] anonymous, unknown; une main ~ avait écrit «beauté» an anonymous hand had written "beauty". -3. [sans personnalité - vêtement, meuble] drab, nondescript; [- maison, appartement] anonymous, soulless, drab; perdu dans la foule ~ lost in the crowd.

◇ *nmf* anonym; c'était signé «~» it was signed "anon".

anonymement [anɔnimmɑ̃] *adv* anonymously.

anophèle [anɔfɛl] *nm* anopheles.

anorak [anɔrak] *nm* anorak.

anorexie [anɔrɛksi] *nf* anorexia (nervosa).

anorexigène [anɔrɛksiʒɛn] ◇ *adj* anorectic.

◇ *nm* appetite suppressant.

anorexique [anɔrɛksik] *adj & nmf* anorexic.

anormal, e, aux [anɔrmal, o] ◇ *adj* -1. [inhabituel - événement] abnormal, unusual, anomalous; [- comportement] abnormal, aberrant; à son âge, c'est ~ it's not normal at his age. -2. [non réglementaire] irregular; la procédure que vous avez utilisée est tout à fait ~e it was most irregular for you to proceed in that way. -3. [injuste] unfair, unjustified; il est parfaitement ~ qu'ils ne vous aient pas payé it's intolerable that they didn't pay you. -4. [handicapé] mentally handicapped. -5. BIOL abnormal, anomalous.

◇ *nm, f* mentally handicapped person.

anormalement [anɔrmalmɑ̃] *adv* -1. [inhabituellement] unusually, abnormally. -2. BIOL abnormally, aberrantly.

anormalité [anɔrmalite] *nf* abnormality.

anoure [anur] *nm* anuran.

anovulatoire [anɔvylatwar] *adj* anovular.

anoxie [anɔksi] *nf* anoxia.

ANPE (*abr de* Agence nationale pour l'emploi) *npr f national employment agency*; s'inscrire à l'~ to sign on.

anse [ɑ̃s] *nf* -1. [poignée] handle. -2. ÉLECTRON ear. -3. GÉOG cove, bight. -4. ANAT ansa, loop. -5. MÉD snare. -6. MATH compound curve.

◆ **en anse de panier** *loc adj* ARCHIT baskethandle *(épith)*.

antagonique [ɑ̃tagɔnik] *adj* antagonistic.

antagonisme [ɑ̃tagɔnism] *nm* antagonism.

antagoniste [ɑ̃tagɔnist] ◇ *adj* antagonistic; les muscles ~s antagonistic muscles.

◇ *nmf* antagonist.

antalgique [ɑ̃talʒik] *adj & nm* analgesic.

Antalya [ɑ̃talja] *npr* Antalya.

antan [ɑ̃tɑ̃]

◆ **d'antan** *loc adj* of yesteryear; visiter le Paris d'~ to visit the Paris of yesteryear; mes amis d'~ my erstwhile friends, my friends of bygone days.

Antananarivo [ɑ̃tananarivo] *npr* Antananarivo.

antarctique [ɑ̃tarktik] *adj* Antarctic; le cercle polaire ~ the Antarctic Circle.

◆ **Antarctique** ◇ *npr m* [océan]: l'Antarctique the Antarctic (Ocean).

◇ *npr f* [continent]: (l')Antarctique Antarctica.

antécédence [ɑ̃tesedɑ̃s] *nf* antecedence GEOL.

antécédent, e [ɑ̃tesedɑ̃, ɑ̃t] *adj* -1. [précédent - élément] antecedent; [- événement] prior, previous, antecedent; ~ à prior to. -2. GÉOL antecedent.

◆ **antécédent** *nm* -1. GRAMM, LOGIQUE & MATH antecedent. -2. MÉD past OU previous (medical) history.

◆ **antécédents** *nmpl* -1. [faits passés] antecedents, past OU previous history; les ~s de l'accusé the past history of the accused. -2. MÉD case history.

antéchrist [ɑ̃tekrist] *nm* Antichrist.

antédiluvien, enne [ɑ̃tedilyvjɛ̃, ɛn] *adj* -1. BIBLE antediluvian. -2. *fam* [vieux] antiquated, ancient; un frigo ~ a fridge (that looks like it's) out of the Ark.

antenne [ɑ̃tɛn] *nf* -1. ENTOM antenna, feeler; avoir des ~s *fam* [avoir de l'intuition] to have a sixth sense; [avoir des contacts] to know all the right people. -2. ÉLECTRON aerial, antenna; ~ parabolique parabolic antenna. -3. RAD & TV: à vous l'~ over to you; être OU passer à l'~ to be on (the air); garder l'~ to stay on the air; rendre l'~ to hand back to the studio; prendre l'— to come on the air; **sur notre —** RAD on this frequency OU station; TV on this channel; Antenne 2 *former French state-owned television channel (now called France 2)* ❑ **temps d'—** air time. -**4.** [agence, service] office; **notre — à Genève** our agent in Geneva, our Geneva office ❑ **— chirurgicale** surgical unit.

antépénultième [ɑ̃tepenyltjɛm] *sout* ◇ *adj* antepenultimate; **l'— fois** the time before last.
◇ *nf* antepenult.

antéposé, e [ɑ̃tepoze] *adj* word-initial, in a word-initial position.

antéposition [ɑ̃tepozisjɔ̃] *nf* word-initial position.

antéprédicatif, ive [ɑ̃tepredikatif, iv] *adj* antepredicative.

antérieur, e [ɑ̃terjœr] *adj* -**1.** [précédent] anterior, prior; **la situation —e** the previous OU former situation; **une vie —e** a former life; **— à** prior to, before; **c'était bien — à cette époque** it was long before that time; **la période —e à la révolution** the period before the revolution; **la période —e à l'ovulation** the period preceding ovulation. -**2.** [de devant] anterior; **membre —** forelimb, foreleg. -**3.** LING front *(épith).*
◆ **antérieur** *nm* foreleg, forelimb.

antérieurement [ɑ̃terjœrmɑ̃] *adv* previously; **— à** prior to, previous to, before.

antériorité [ɑ̃terjɔrite] *nf* -**1.** [d'un événement, d'une action] anteriority, antecedence, precedence. -**2.** GRAMM anteriority.

antérograde [ɑ̃terɔgrad] *adj* anterograde.

anthère [ɑ̃tɛr] *nf* anther.

anthérozoïde [ɑ̃terɔzɔid] *nm* antherozoid.

anthologie [ɑ̃tɔlɔʒi] *nf* anthology.

anthracite [ɑ̃trasit] ◇ *adj inv* charcoal grey, anthracite *(épith) litt.*
◇ *nm* anthracite, hard coal.

anthraciteux, euse [ɑ̃trasitø, øz] *adj* anthracitic.

anthracose [ɑ̃trakoz] *nf* miner's lung, anthracosis *spéc.*

anthrax [ɑ̃trax] *nm* anthrax.

anthropique [ɑ̃trɔpik] *adj* anthropogenic.

anthropobiologie [ɑ̃trɔpɔbjɔlɔʒi] *nf* anthropobiology.

anthropocentrique [ɑ̃trɔpɔsɑ̃trik] *adj* anthropocentric.

anthropocentrisme [ɑ̃trɔpɔsɑ̃trism] *nm* anthropocentrism.

anthropoïde [ɑ̃trɔpɔid] *adj* & *nmf* anthropoid.

anthropologie [ɑ̃trɔpɔlɔʒi] *nf* anthropology.

anthropologique [ɑ̃trɔpɔlɔʒik] *adj* anthropological.

anthropologue [ɑ̃trɔpɔlɔg], **anthropologiste** [ɑ̃trɔpɔlɔʒist] *nmf* anthropologist.

anthropométrie [ɑ̃trɔpɔmetri] *nf* anthropometry.

anthropométrique [ɑ̃trɔpɔmetrik] *adj* anthropometric, anthropometrical.

anthropomorphe [ɑ̃trɔpɔmɔrf] *adj* anthropomorphous, anthropomorphic.

anthropomorphique [ɑ̃trɔpɔmɔrfik] *adj* anthropomorphic.

anthropomorphisme [ɑ̃trɔpɔmɔrfism] *nm* anthropomorphism.

anthroponymie [ɑ̃trɔpɔnimi] *nf* anthroponomy.

anthropophage [ɑ̃trɔpɔfaʒ] ◇ *adj* cannibal *(épith)*, cannibalistic, anthropophagous *spéc.*
◇ *nmf* cannibal, anthropophagite *spéc.*

anthropophagie [ɑ̃trɔpɔfaʒi] *nf* cannibalism, anthropophagy *spéc.*

anthropopithèque [ɑ̃trɔpɔpitɛk] *nm* anthropopithecus.

anthropotechnique [ɑ̃trɔpɔtɛknik] *nf* anthropotechnics *(sg ou pl).*

antiabolitionniste [ɑ̃tiabɔlisjɔnist] ◇ *adj* against the abolition of the death penalty.
◇ *nmf person opposed to the abolition of the death penalty.*

antiacide [ɑ̃tiasid] *adj* -**1.** CHIM antacid. -**2.** TECH acid-fast, acid-resistant.

antiadhésif, ive [ɑ̃tiadezif, iv] *adj* anti-adhesive.
◆ **antiadhésif** *nm* antiadhesive.

antiaérien, enne [ɑ̃tiaerjɛ̃, ɛn] *adj* antiaircraft.

anti-âge [ɑ̃tiaʒ] *adj*: **crème —** anti-ageing cream.

antialcoolique [ɑ̃tialkɔlik] *adj* temperance *(épith)*, anti-alcohol *(avant n).*

antialcoolisme [ɑ̃tialkɔlism] *nm* anti-alcoholism.

antiallergique [ɑ̃tialɛrʒik] ◇ *adj* anti-allergenic.
◇ *nm* antiallergen.

antiasthmatique [ɑ̃tiasmatik] *adj* & *nm* anti-asthmatic.

antiatomique [ɑ̃tiatɔmik] *adj* antiatomic, anti-radiation.

antiautoritaire [ɑ̃tiɔtɔritɛr] *adj* anti-authoritarian.

antibiogramme [ɑ̃tibjɔgram] *nm* record of bacterial sensitivity to antibiotics.

antibiothérapie [ɑ̃tibjɔterapi] *nf* antibiotic therapy.

antibiotique [ɑ̃tibiɔtik] *adj* & *nm* antibiotic.

antiblocage [ɑ̃tiblɔkaʒ] *adj* antilock.

antibois, e [ɑ̃tibwa, az] *adj* from Antibes.
◆ **Antibois, e** *nm, f inhabitant of or person from Antibes*; **les Antibois** the people of Antibes.

antibourgeois, e [ɑ̃tiburʒwa, az] *adj* anti-bourgeois.

antibrouillage [ɑ̃tibrujaʒ] *nm* antijamming.

antibrouillard [ɑ̃tibrujar] *adj inv* fog *(épith)*; **phare** OU **dispositif —** fog lamp *Br* OU light *Am.*

antibruit [ɑ̃tibrɥi] *adj inv* -**1.** [matériau] soundproof. -**2.** ACOUST: **mur —** antinoise barrier. -**3.** AUT antidrumming, antisqueak.

antibuée [ɑ̃tibɥe] ◇ *adj* demisting, antimisting.
◇ *nm* -**1.** [dispositif] demister. -**2.** [produit] antimist agent, clear vision agent.

anticalcaire [ɑ̃tikalkɛr] *adj* antiliming, antiscale.

anticancéreux, euse [ɑ̃tikɑ̃serø, øz] *adj* -**1.** [centre, laboratoire] cancer *(épith).* -**2.** [médicament] anticancer *(avant n)*, carcinostatic *spéc.*

anticapitaliste [ɑ̃tikapitalist] *adj* anticapitalist.

anticasseurs [ɑ̃tikasœr] *adj inv* → **loi.**

antichambre [ɑ̃tiʃɑ̃br] *nf* anteroom, antechamber; **dans les —s du pouvoir** on the fringes of power ❑ **faire —** to wait quietly (to be received).

antichar [ɑ̃tiʃar] *adj* antitank.

antichoc [ɑ̃tiʃɔk] *adj* shockproof.

anticipation [ɑ̃tisipasjɔ̃] *nf* -**1.** [prévision] anticipation; **— des résultats** anticipation OU forecasting of the results. -**2.** COMM: **— de paiement** [somme] advance payment; [action] paying in advance. -**3.** [science-fiction] science-fiction.
◆ **d'anticipation** *loc adj* -**1.** [roman, film] science-fiction *(épith)*, futuristic. -**2.** COMM & FIN: **achat d'—** hedge purchase.
◆ **par anticipation** ◇ *loc adj* FIN advance *(épith)*; **paiement par —** advance payment.
◇ *loc adv* [payer, régler] in advance.

anticipé, e [ɑ̃tisipe] *adj* -**1.** [avant la date prévue - retraite, départ] early; **faire le règlement — d'une facture** to pay a bill in advance. -**2.** [fait à l'avance]: **avec nos remerciements —s** thanking you in advance OU anticipation.

anticiper [3] [ɑ̃tisipe] *vt* -**1.** COMM & FIN: **— un paiement** to pay a bill OU to settle in advance. -**2.** [prévoir] to anticipate, to think ahead; **il a bien anticipé la réaction de son adversaire** he anticipated OU foresaw his opponent's reaction.
◆ **anticiper sur** *v + prép*: **— sur ce qui va se passer** [deviner] to guess what's going to happen; [raconter] to explain what's going to happen ‖ *(en usage abs)*: **mais j'anticipe!** but I'm getting ahead of myself!; **n'anticipons pas!** let's just wait and see!, all in good time!

anticlérical, e, aux [ɑ̃tiklerikal, o] *adj* & *nm, f* anticlerical.

anticléricalisme [ɑ̃tiklerikalism] *nm* anticlericalism.

anticlinal, e, aux [ɑ̃tiklinal, o] *adj* anticlinal.
◆ **anticlinal, aux** *nm* anticline.

anticoagulant, e [ɑ̃tikoagylɑ̃, ɑ̃t] *adj* -**1.** MÉD anticoagulating. -**2.** CHIM anticlotting.
◆ **anticoagulant** *nm* -**1.** MÉD anticoagulant. -**2.** CHIM anticlotting agent.

anticolonialisme [ɑ̃tikɔlɔnjalism] *nm* anticolonialism.

anticolonialiste [ɑ̃tikɔlɔnjalist] *adj* & *nmf* anticolonialist.

anticommunisme [ɑ̃tikɔmynism] *nm* anticommunism; **— primaire** crude anticommunism.

anticommuniste [ɑ̃tikɔmynist] *adj* & *nmf* anticommunist.

anticonceptionnel, elle [ɑ̃tikɔ̃sɛpsjɔnɛl] *adj* contraceptive, birth-control *(épith).*

anticoncurrentiel, elle [ɑ̃tikɔ̃kyrɑ̃sjɛl] *adj* anticompetitive.

anticonformisme [ɑ̃tikɔ̃fɔrmism] *nm* nonconformism.

anticonformiste [ɑ̃tikɔ̃fɔrmist] *adj* & *nmf* nonconformist.

anticonjoncturel, elle [ɑ̃tikɔ̃ʒɔ̃ktyrɛl] *adj* corrective ECON.

anticonstitutionnel, elle [ɑ̃tikɔ̃stitysjɔnɛl] *adj* unconstitutional.

anticonstitutionnellement [ɑ̃tikɔ̃stitysjɔnɛlmɑ̃] *adv* unconstitutionally.

anticorps [ɑ̃tikɔr] *nm* antibody.

anticorrosion [ɑ̃tikɔrozjɔ̃] *adj inv* anticorrosive, antistain.

anticyclonal, e, aux [ɑ̃tisiklɔnal, o] = **anticyclonique.**

anticyclone [ɑ̃tisiklon] *nm* anticyclone.

anticyclonique [ɑ̃tisiklɔnik] *adj* anticyclonic.

antidate [ɑ̃tidat] *nf* antedate.

antidater [3] [ɑ̃tidate] *vt* to antedate, to predate.

antidéflagrant, e [ɑ̃tideflagrɑ̃, ɑ̃t] *adj* explosion-proof.

antidémocratique [ɑ̃tidemɔkratik] *adj* antidemocratic.

antidépresseur [ɑ̃tidepresœr] *adj m* & *nm* antidepressant.

antidérapant, e [ɑ̃tiderapɑ̃, ɑ̃t] *adj* -**1.** [surface, tapis] nonslip. -**2.** AUT nonskid, antiskid.
◆ **antidérapant** *nm* slide preserver.

antidétonant, e [ɑ̃tidetɔnɑ̃, ɑ̃t] *adj* antiknock *(avant n).*
◆ **antidétonant** *nm* antiknock (compound).

antidiphtérique [ɑ̃tidifterik] *adj* diphtheria *(épith)*; **sérum —** diphtheria serum.

antidiurétique [ɑ̃tidjyretik] *adj* & *nm* antidiuretic.

antidopage [ɑ̃tidɔpaʒ], **antidoping** [ɑ̃tidɔpiŋ] *adj inv*: **contrôle/mesure —** drug detection test/measure.

antidote [ɑ̃tidɔt] *nm* antidote; **l'— de l'arsenic** the antidote to arsenic; **un — contre la tristesse** a remedy for sadness.

antidrogue [ɑ̃tidrɔg] *adj inv* drug-prevention *(épith).*

antiéconomique [ɑ̃tiekɔnɔmik] *adj* contrary to economic principles, uneconomic.

anti-effraction [ɑ̃tiɛfraksjɔ̃] *adj* [dispositif] burglarproof.

antiémétique [ɑ̃tiemetik], **antiémétisant, e** [ɑ̃tiemetizɑ̃, ɑ̃t] *adj* & *nm* antemetic.

antienne [ɑ̃tjɛn] *nf* -**1.** RELIG antiphon. -**2.** *fig* refrain.

antienzyme [ɑ̃tiɑ̃zim] *nf* antienzyme.

antiesclavagiste [ɑ̃tiɛsklavaʒist] ◇ *adj* antislavery; [aux États-Unis] abolitionist.
◇ *nmf* opponent of slavery; [aux États-Unis] abolitionist.

antiétatique [ɑ̃tietatik] *adj* opposed to state intervention.

antifading [ɑ̃tifediŋ] *nm* automatic gain control.

antifasciste [ɑ̃tifaʃist] *adj* & *nmf* antifascist.

antiferromagnétisme [ɑ̃tifɛromaɲetism] *nm* antiferromagnetism.

antifongique [ɑ̃tifɔ̃ʒik] *adj* antifungal, fungicidal.

antifriction [ɑ̃tifriksjɔ̃] *adj inv* antifriction, antiattrition.

anti-g [ɑ̃tiʒe] *adj inv* anti-G.

antigang [ɑ̃tigɑ̃g] *adj*: **brigade ~** ≃ serious crimes squad.

antigel [ɑ̃tiʒɛl] *nm* -**1.** AUT antifreeze. -**2.** CHIM antigel.

antigène [ɑ̃tiʒɛn] *nm* antigen.

antigivrant, e [ɑ̃tiʒivrɑ̃, ɑ̃t] *adj* anti-ice *(avant n)*.
◆ **antigivrant** *nm* anti-icer.

antiglisse [ɑ̃tiglis] *adj inv* antislip, nonslip.

Antigone [ɑ̃tigɔn] *npr* Antigone.

antigouvernemental, e, aux [ɑ̃tiguvɛrnəmɑ̃tal, o] *adj* antigovernment *(avant n)*.

antigrève [ɑ̃tigrɛv] *adj inv* anti-strike.

Antigua [ɑ̃tigwa] *npr* Antigua; **~ et Barbuda** Antigua and Barbuda.

antihausse [ɑ̃tios] *adj inv* regulating price increases.

antihéros [ɑ̃tiero] *nm* antihero.

antihistaminique [ɑ̃tiistaminik] *nm* antihistamine.

antihygiénique [ɑ̃tiiʒjenik] *adj* unhygienic.

anti-impérialisme [ɑ̃tiɛ̃perjalism] (*pl* **anti-impérialismes**) *nm* anti-imperialism.

anti-impérialiste [ɑ̃tiɛ̃perjalist] (*pl* **anti-impérialistes**) *adj* & *nmf* anti-imperialist.

anti-inflammatoire [ɑ̃tiɛ̃flamatwar] (*pl* **anti-inflammatoires**) ◇ *adj* anti-inflammatory.
◇ *nm* anti-inflammatory agent.

anti-inflationniste [ɑ̃tiɛ̃flasjɔnist] (*pl* **anti-inflationnistes**) *adj* anti-inflationary.

antillais, e [ɑ̃tijɛ, ɛz] *adj* West Indian.
◆ **Antillais, e** *nm, f* West Indian.

Antilles [ɑ̃tij] *npr fpl*: **les ~** the Antilles, the West Indies; **aux ~** in the West Indies; **les Grandes/Petites ~** the Greater/Lesser Antilles; **les ~ françaises/néerlandaises** the French/Dutch West Indies.

antilogarithme [ɑ̃tilɔgaritm] *nm* antilogarithm.

antilope [ɑ̃tilɔp] *nf* antelope.

antimaçonnique [ɑ̃timasɔnik] *adj* antimasonic.

antimatière [ɑ̃timatjɛr] *nf* antimatter.

antimilitarisme [ɑ̃timilitarism] *nm* antimilitarism.

antimilitariste [ɑ̃timilitarist] *adj* & *nmf* antimilitarist.

antimissile [ɑ̃timisil] *adj inv* antimissile.

antimite [ɑ̃timit] ◇ *adj inv*: **boules ~** mothballs; **produit ~** moth repellent.
◇ *nm* mothproofing agent, moth repellent.

antimitotique [ɑ̃timitɔtik] *adj* & *nm* antimitotic.

antimoine [ɑ̃timwan] *nm* antimony.

antimonarchique [ɑ̃timɔnarʃik] *adj* antimonarchical.

antinataliste [ɑ̃tinatalist] *adj*: **une politique/décision ~** a policy/decision aimed at reducing the birth rate.

antinational, e, aux [ɑ̃tinasjɔnal, o] *adj* antinational.

antinazi, e [ɑ̃tinazi] *adj* & *nm, f* anti-Nazi.

antineutron [ɑ̃tinøtrɔ̃] *nm* antineutron.

antinévralgique [ɑ̃tinevralʒik] *adj* antineuralgic.

antinomie [ɑ̃tinɔmi] *nf* antinomy.

antinomique [ɑ̃tinɔmik] *adj* antinomic.

antinucléaire [ɑ̃tinykleɛr] ◇ *adj* antinuclear.
◇ *nmf* supporter of antinuclear policies.

Antioche [ɑ̃tjɔʃ] *npr* Antioch.

Antiope [ɑ̃tjɔp] *npr* information system available via the French television network, ≃ Teletext® *Br*.

antioxydant [ɑ̃tiɔksidɑ̃] *nm* antioxidant, oxidation inhibitor.

antipaludéen, enne [ɑ̃tipalydeɛ̃, ɛn], **antipaludique** [ɑ̃tipalydik] *adj* & *nm* antimalarial, antipaludal.

antipape [ɑ̃tipap] *nm* antipope.

antiparallèle [ɑ̃tiparalɛl] *adj* antiparallel.

antiparasite [ɑ̃tiparazit] ◇ *adj inv* anti-interference.
◇ *nm* interference suppressor, interference eliminator, noise blanker *Br*.

antiparasiter [3] [ɑ̃tiparazite] *vt* to suppress interference.

antiparlementaire [ɑ̃tiparləmɑ̃tɛr] *adj* antiparliamentary.

antiparlementarisme [ɑ̃tiparləmɑ̃tarism] *nm* antiparliamentarism.

antiparti [ɑ̃tiparti] *adj inv* antiparty.

antiparticule [ɑ̃tipartikyl] *nf* antiparticle.

antipathie [ɑ̃tipati] *nf* antipathy; **éprouver de l'~ pour qqn** to dislike sb.

antipathique [ɑ̃tipatik] *adj* unpleasant; **je le trouve assez ~, il m'est plutôt ~** I don't like him much.

antipatriotique [ɑ̃tipatriɔtik] *adj* unpatriotic.

antipelliculaire [ɑ̃tipɛlikylɛr] *adj* antidandruff.

antipersonnel [ɑ̃tipɛrsɔnɛl] *adj inv* antipersonnel.

antiphonaire [ɑ̃tifɔnɛr] *nm* antiphonary.

antiphrase [ɑ̃tifraz] *nf* antiphrasis.
◆ **par antiphrase** *loc adv*: **parler par ~** to express o.s. in a paradoxical way.

antipode [ɑ̃tipɔd] *nm* antipode; **les ~s** the antipodes; **la Nouvelle-Zélande est aux ~s de la France** New Zealand is at the opposite point of the globe from France; **c'est à l'~ de ce que je pensais** it's light-years away from what I imagined; **nous sommes aux ~s l'un de l'autre** we are light-years away from each other OU poles apart.

antipoison [ɑ̃tipwazɔ̃] *adj inv*: **centre ~** emergency poisons unit; **service téléphonique ~** poison emergency telephone service.

antipoliomyélitique [ɑ̃tipɔljomjelitik] *adj* antipolio, polio *(épith)*.

antipollution [ɑ̃tipɔlysjɔ̃] *adj inv* antipollution; **contrôle/mesure ~** pollution control/measure.

antiprotectionniste [ɑ̃tiprɔteksjɔnist] ◇ *adj* antiprotectionist, free trade *(épith)*.
◇ *nmf* antiprotectionist, free-trader.

antiproton [ɑ̃tiprɔtɔ̃] *nm* antiproton.

antipsychiatrie [ɑ̃tipsikjatri] *nf* antipsychiatry.

antipsychiatrique [ɑ̃tipsikjatrik] *adj* antipsychiatric.

antipsychotique [ɑ̃tipsikɔtik] *adj* antipsychotic.

antiputride [ɑ̃tipytrid] *adj* antiputrefactive.

antipyrétique [ɑ̃tipiretik] *adj* antipyretic, antifebrile, antithermic.

antipyrine [ɑ̃tipirin] *nf* antipyrine.

antiquaille [ɑ̃tikaj] *nf péj* (worthless) antique, piece of bric-a-brac.

antiquaire [ɑ̃tikɛr] *nmf* antique dealer.

antique [ɑ̃tik] ◇ *adj* -**1.** [d'époque - meuble, bijou, châle] antique, old. -**2.** *(avant le n)* [démodé] antiquated, ancient; **un ~ frigo** *fam* an ancient fridge.
◇ *nm*: **l'~** [œuvres] antiquities; [art] antique art.

antiquité [ɑ̃tikite] *nf* -**1.** [objet] antique; **des ~s** antiques, antiquities; **sa voiture, c'est une ~!** *fig* & *hum* his car is an old wreck OU an antique! -**2.** [période]: **l'~** ancient times, antiquity; **l'Antiquité (grecque et romaine)** Ancient Greece and Rome. -**3.** [ancienneté] antiquity, great age.
◆ **antiquités** *nfpl* BX-ARTS antique art.
◆ **de toute antiquité** *loc adv* from time immemorial.

antirabique [ɑ̃tirabik] *adj* anti-rabies.

antirachitique [ɑ̃tiraʃitik] *adj* antirachitic.

antiracisme [ɑ̃tirasism] *nm* antiracism.

antiraciste [ɑ̃tirasist] *adj* & *nmf* antiracist.

antiradar [ɑ̃tiradar] *adj inv* antiradar.

antirationnel, elle [ɑ̃tirasjɔnɛl] *adj* antirational.

antireflet [ɑ̃tirəflɛ] *adj inv* coated, bloomed *spéc*.

antiréglementaire [ɑ̃tirɛgləmɑ̃tɛr] *adj* against regulations.

antireligieux, euse [ɑ̃tirəliʒjø, øz] *adj* antireligious.

antirépublicain, e [ɑ̃tirepyblikɛ̃, ɛn] *adj* & *nm, f* antirepublican.

antirides [ɑ̃tirid] *adj*: **crème ~** anti-wrinkle cream.

antiroman [ɑ̃tirɔmɑ̃] *nm* anti-novel.

antirouille [ɑ̃tiruj] ◇ *adj inv* antirust, rust-resistant.
◇ *nm* rust preventive, rust inhibitor.

antiroulis [ɑ̃tiruli] *adj* anti-roll.

antisatellite [ɑ̃tisatɛlit] *adj inv* antisatellite.

antiscorbutique [ɑ̃tiskɔrbytik] *adj* antiscorbutic.

antisèche [ɑ̃tisɛʃ] *nm* OU *nf arg scol* crib, cheat sheet *Am*.

antiségrégationniste [ɑ̃tisegregasjɔnist] *adj* & *nmf* antisegregationist.

antisémite [ɑ̃tisemit] ◇ *adj* anti-Semitic.
◇ *nmf* anti-Semite.

antisémitisme [ɑ̃tisemitism] *nm* anti-Semitism.

antisepsie [ɑ̃tisɛpsi] *nf* antisepsis.

antiseptique [ɑ̃tisɛptik] *adj* & *nm* antiseptic.

antisismique [ɑ̃tisismik] *adj* antiseismic.

antisocial, e, aux [ɑ̃tisɔsjal, o] *adj* antisocial.

anti-sous-marin, e [ɑ̃tisumarɛ̃, in] (*mpl* **anti-sous-marins**, *fpl* **anti-sous-marines**) *adj* antisubmarine.

antisoviétique [ɑ̃tisɔvjetik] *adj* anti-Soviet.

antispasmodique [ɑ̃tispasmɔdik] *adj* & *nm* antispasmodic.

antisportif, ive [ɑ̃tispɔrtif, iv] *adj* -**1.** [hostile au sport] antisport. -**2.** [contraire à l'esprit sportif] unsporting, unsportsmanlike.

antistatique [ɑ̃tistatik] *adj* antistatic.

antisyndical, e, aux [ɑ̃tisɛ̃dikal, o] *adj* antiunion.

antitabac [ɑ̃titaba] *adj inv* antitobacco, antismoking.

antiterroriste [ɑ̃titɛrɔrist] *adj* antiterrorist.

antitétanique [ɑ̃titetanik] *adj* antitetanic.

antithèse [ɑ̃titɛz] *nf* antithesis.

antithétique [ɑ̃titetik] *adj* antithetical, antithetic.

antithyroïdien, enne [ɑ̃titirɔidjɛ̃, ɛn] *adj* antithyroid.

antitoxine [ɑ̃titɔksin] *nf* antitoxin.

antitoxique [ɑ̃titɔksik] *adj* antitoxic.

antitrust [ɑ̃titrœst] *adj inv* anti-monopoly *Br*, antitrust *Am*.

antituberculeux, euse [ɑ̃titybɛrkylø, øz] *adj* antitubercular, antituberculous.

antitussif, ive [ɑ̃titysif, iv] *adj* antitussive; **produit/comprimé ~** cough preparation/tablet.

antiunitaire [ɑ̃tiynitɛr] *adj* antiunity.

antivariolique [ɑ̃tivarjɔlik] *adj* antivariolar.

antivénéneux, euse [ɑ̃tivenenø, øz] *adj* antidotal.

antivénérien, enne [ɑ̃tivenerjɛ̃, ɛn] *adj* antivenereal.

antivenimeux, euse [ɑ̃tivənimø, øz] *adj* antivenin.

antiviral, e, aux [ɑ̃tiviral, o] *adj* antiviral.
◆ **antiviral, aux** *nm* antiviral.

antivol [ɑ̃tivɔl] ◇ *adj inv* antitheft.
◇ *nm* -**1.** AUT theft protection; [sur la direction] steering (wheel) lock. -**2.** [de vélo] (bicycle) lock.

Antoine [ɑ̃twan] *npr*: **saint ~** Saint Anthony; **~ de Padoue** Anthony of Padua; **(Marc) ~** (Mark) Anthony.

antonomase [ɑ̃tɔnɔmaz] *nf* antonomasia.

antonyme [ɑ̃tɔnim] *nm* antonym.
antonymie [ɑ̃tɔnimi] *nf* antonymy.
antre [ɑ̃tr] *nm* -**1.** [abri] cavern, cave. -**2.** [repaire - d'un fauve, d'un ogre] lair, den; [- d'un brigand] hide-out. -**3.** [bureau] den. -**4.** ANAT antrum.
anus [anys] *nm* anus.
anuscopie [anyskɔpi] *nf* anoscopy.
Anvers [ɑ̃vɛr(s)] *npr* Antwerp.
anversois, e [ɑ̃vɛrswa, az] *adj* from Antwerp.
◆ **Anversois, e** *nm, f inhabitant of or person from Antwerp*; les Anversois the people of Antwerp.
anxiété [ɑ̃ksjete] *nf* anxiety, worry; **attendre qqch dans l'~** to wait for sthg with anxiety; **être en proie à l'~** to be distressed OU worried.
anxieusement [ɑ̃ksjøzmɑ̃] *adv* anxiously, worriedly; **ils se regardèrent ~** they exchanged worried looks.
anxieux, euse [ɑ̃ksjø, øz] ◇ *adj* [inquiet - attente] anxious; [- regard, voix, personne] anxious, worried; **~ de** anxious OU impatient to.
◇ *nm, f* worrier; **c'est un grand ~** he's the anxious type.
anxiogène [ɑ̃ksjɔʒɛn] *adj* anxiety-provoking.
anxiolytique [ɑ̃ksjɔlitik] ◇ *adj* anxiolitic.
◇ *nm* tranquillizer.
AOC *abr écrite de* **appellation d'origine contrôlée.**
A-OF (*abr de* **Afrique-Occidentale française**) *npr f* FWA.
aoriste [aɔrist] *nm* aorist.
aorte [aɔrt] *nf* aorta.
aortique [aɔrtik] *adj* aortic, aortal.
aortite [aɔrtit] *nf* aortitis.
Aoste [aost] *npr* Aosta.
août [u(t)] *nm* August; **la nuit du 4 ~ 1789** *the night during which feudal privileges were abolished by the 'Assemblée Constituante' (considered to be one of the starting points of the French Revolution).*
aoûtat [auta] *nm* harvest mite, chigger *Am*, redbug *Am*.
aoûtien, enne [ausjɛ̃, ɛn] *nm, f* August holidaymaker *Br* OU vacationer *Am*.
apache[1] [apaʃ] *adj* Apache.
◆ **Apaches** *npr mpl* Apaches, Apache *(pl)*.
apache[2] [apaʃ] *nm vieilli* hooligan *(in turn-of-the century Paris)*.
apaisant, e [apɛzɑ̃, ɑ̃t] *adj* -**1.** [qui calme la douleur] soothing, calming. -**2.** [qui calme la colère] pacifying, mollifying.
apaisement [apɛzmɑ̃] *nm* [fait de calmer]: **l'~ d'une soif/d'un désir** quenching a thirst/a desire; **l'~ de la faim** assuaging hunger; **l'~ de son chagrin** soothing OU alleviating his pain; **attendre l'~ d'une tempête** to wait for a storm to abate; **j'attendais l'~ de ses colères** I would wait for him to calm down after his angry outbursts ‖ [fait de se calmer] quietening down; **chercher l'~ auprès de qqn** to go to sb for reassurance.
◆ **apaisements** *nmpl* [paroles] assurances; **donner des ~s à qqn** to give sb assurances.
apaiser [4] [apɛze] *vt* [calmer - opposants, mécontents] to calm down *(sép)*, to pacify, to appease; [- douleur, chagrin] to soothe, to alleviate, to lessen; [- faim] to assuage; **~ les esprits** to calm things down; **son visage était enfin apaisé** [par la mort] her face bore a look of peace at last.
◆ **s'apaiser** *vpi* [se calmer - personne] to calm down; [- bruit, dispute, tempête, vent] to die down, to subside; [- colère, chagrin, douleur] to subside, to fade; [- faim] to be assuaged.
apanage [apanaʒ] *nm* prerogative, privilege; **avoir l'~ de qqch** to have a monopoly on sthg; **être l'~ de qqn** to be sb's privilege.
aparté [aparte] *nm* -**1.** [discussion] private conversation. -**2.** THÉÂT aside.
◆ **en aparté** *loc adv* as an aside; **dire qqch (à qqn) en ~**: **il me l'a dit en ~** he took me aside to tell me.
apartheid [apartɛd] *nm* apartheid.
apathie [apati] *nf* apathy, listlessness.
apathique [apatik] *adj* apathetic, listless.
apathiquement [apatikmɑ̃] *adv* apathetically, listlessly.
apatride [apatrid] ◇ *adj* stateless.
◇ *nmf* stateless person.
Apennin [apenɛ̃] *npr m*: **l' ~, les ~s** the Apennines.
aperception [apɛrsɛpsjɔ̃] *nf* apperception.
apercevoir [52] [apɛrsəvwar] *vt* -**1.** [voir brièvement] to glimpse, to catch sight of; **il était pressé, je n'ai fait que l'~** he was in a hurry, so I just caught a glimpse of him. -**2.** [distinguer] to make out *(sép)*; **on apercevait le phare au loin** you could (just) make out the lighthouse in the distance. -**3.** [remarquer] to see, to notice, to perceive; **elle seule avait aperçu la contradiction** she alone had noticed the contradiction.
◆ **s'apercevoir** ◇ *vp (emploi réfléchi)* to catch sight of o.s.
◇ *vp (emploi réciproque)* to catch a glimpse of one another.
◆ **s'apercevoir de** *vp + prép* -**1.** [remarquer] to notice, to see; **il ne s'est aperçu de rien** he didn't notice OU see anything; **la couleur est différente mais on s'en aperçoit à peine** the shade isn't the same but you can hardly see it OU it's hardly noticeable. -**2.** [comprendre] to become aware of, to realize; **sans s'en ~** inadvertently, without realizing it; **s'~ que** to realize OU to understand that; **je m'aperçois que c'est plus difficile que je ne croyais** I now realize it's more difficult than I thought; **il s'en est aperçu peu à peu** it gradually dawned on him.
aperçu [apɛrsy] *nm* outline, idea; **un ~ de la situation** a fair idea OU an outline of the situation; **un ~ du sujet en deux mots** a quick survey OU a brief outline of the subject.
apériodique [aperjɔdik] *adj* aperiodic.
apéritif, ive [aperitif, iv] *adj*: **faire une promenade apéritive** to take a walk to work up an appetite; **prendre une boisson apéritive** to have an aperitif.
◆ **apéritif** *nm* drink, aperitif; **venez à 19 h pour l'~** come round for drinks at 7p.m.

L'APÉRITIF:
In France, the "apéritif" or "apéro" is an informal social ritual. It is quite usual to invite people for before-dinner drinks without actually providing dinner, or to arrange to meet someone in a café "pour l'apéritif" before going out for a meal.

apéro *fam* [apero] *nm* aperitif, drink *(before a meal)*.
aperture [apɛrtyr] *nf* aperture PHON.
apesanteur [apəzɑ̃tœr] *nf* weightlessness.
apétale [apetal] ◇ *adj* apetalous.
◇ *nf* apetalous plant.
à-peu-près [apøprɛ] *nm inv* -**1.** [approximation] approximation; **dans votre devoir, on ne vous demande pas d'~** your homework answers should be very specific. -**2.** *vieilli* [plaisanterie] dreadful pun.
apeurer [5] [apœre] *vt* to frighten, to scare, to alarm.
apex [apɛks] *nm* -**1.** ANAT, ASTRON & SC apex. -**2.** [accent] macron.
aphasie [afazi] *nf* aphasia.
aphasique [afazik] *adj & nmf* aphasic.
aphélie [afeli] *nm* aphelion.
aphérèse [aferɛz] *nf* aphaeresis.
aphidien [afidjɛ̃] *nm* aphis, aphid.
aphone [afɔn] *adj* -**1.** [sans voix] hoarse; **j'étais complètement ~** I'd lost my voice; **il est devenu ~ tellement il a crié** he's shouted himself hoarse. -**2.** MÉD aphonic.
aphonie [afɔni] *nf* aphonia.
aphorisme [afɔrism] *nm* aphorism.
aphrodisiaque [afrɔdizjak] *adj & nm* aphrodisiac.
Aphrodite [afrɔdit] *npr* Aphrodite.
aphte [aft] *nm* mouth ulcer, aphtha *spéc.*
aphteux, euse [aftø, øz] *adj* aphthous.
api [api] *nm*: **pomme d'~** *variety of small, sweet apple.*
API (*abr de* **alphabet phonétique international**) *nm* IPA.
à-pic [apik] *nm inv* steep rock face, sheer cliff.
apical, e, aux [apikal, o] *adj* apical.
◆ **apicale** *nf* apical consonant.
apicole [apikɔl] *adj* beekeeping *(épith)*, apiarian *spéc.*
apiculteur, trice [apikyltœr, tris] *nm, f* beekeeper, apiculturist *spéc*, apiarist *spéc.*
apiculture [apikyltyr] *nf* beekeeping, apiculture *spéc.*
apitoiement [apitwamɑ̃] *nm* pity, compassion; **pas d'~!** no pity!
apitoyer [13] [apitwaje] *vt* to arouse the pity of; **il veut m'~** he's trying to make me feel sorry for him OU to arouse my sympathy.
◆ **s'apitoyer sur** *vp + prép*: **s'~ sur qqn** to feel for OU to pity sb; **s'~ sur son sort** to wallow in self-pity.
ap. J.-C. (*abr écrite de* **après Jésus-Christ**) AD.
APL *nf abr de* **aide personnalisée au logement.**
aplacentaire [aplasɛ̃tɛr] ◇ *adj* aplacental.
◇ *nm* aplacental animal.
aplanir [32] [aplanir] *vt* -**1.** [niveler - terrain] to level (off), to grade; [- surface] to smooth, to level off *(sép)*. -**2.** *fig* [difficulté] to smooth out OU over *(sép)*; **~ des obstacles** to remove obstacles.
◆ **s'aplanir** *vpi* -**1.** [surface] to level out OU off. -**2.** [difficulté, obstacle]: **les difficultés se sont peu à peu aplanies** the difficulties gradually smoothed themselves out.
aplanissement [aplanismɑ̃] *nm* -**1.** [d'un jardin, d'une planche] levelling (off); **nous lui devons l'~ de toutes nos difficultés** *fig* we have her to thank for ironing out all our problems. -**2.** GÉOL peneplanation.
aplat, à-plat [apla] (*pl* **à-plats**) *nm* [couleur] flat tint, solid colour.
aplati, e [aplati] *adj* flattened; **la Terre est ~e aux pôles** the Earth is oblate.
aplatir [32] [aplatir] *vt* -**1.** [rendre plat - tôle, verre, surface] to flatten (out); [- métal] to beat flat; [- terre, sol] to roll, to crush; [- rivet] to clench, to close; [- couture, pli] to press (flat), to smooth (out); [- cheveux] to smooth OU to plaster down *(sép)*; **aplatissez le morceau de pâte avec votre main** flatten out OU down the piece of dough with your hand. -**2.** [écraser] to flatten, to squash, to crush; **~ son nez contre la vitre** to flatten OU to squash one's nose against the window. -**3.** *fam* [vaincre] to crush, to flatten; **encore un mot et je t'aplatis!** one more word and I'll flatten you! -**4.** SPORT to touch down; **~ le ballon** to touch the ball down; **~ un essai** to score a try.
◆ **s'aplatir** *vpi* -**1.** [être plat] to be flat; **son crâne s'aplatit au sommet** his head is flat at the top ‖ [devenir plat] to flatten (out), to become flat; **après la rivière, le relief commence à s'~** the contours flatten out OU get flatter beyond the river. -**2.** [se coller] to flatten o.s.; **s'~ par terre** to lie flat on the ground; **s'~ contre le mur** to flatten o.s. against the wall; **aplatissez-vous contre la voiture** press yourself flat against the car. -**3.** *fam* [être projeté] to go crashing into; **sa voiture s'est aplatie contre un arbre** his car wrapped itself around a tree. -**4.** *fam* [s'humilier] to grovel, to fawn; **s'~ devant le patron** to go crawling to the boss ❑ **s'~ comme une crêpe** to crawl, to creep *Br*, to cringe.
aplatissement [aplatismɑ̃] *nm* -**1.** ASTRON & GÉOM: **l'~ de la Terre** the flattening of the Earth; **l'~ d'une courbe** the oblateness of a curve. -**2.** [fait de rendre plat] flattening. -**3.** *fam* [servilité] crawling, fawning.
aplatisseur [aplatisœr] *nm* roller crusher.
aplomb [aplɔ̃] *nm* -**1.** [verticalité] perpendicularity; **à l'~ de** [au-dessus de] directly above; [au-dessous de] directly below. -**2.** [confiance en

soi] aplomb; **avoir de l'~** to be self-possessed, to be composed; **répondre avec ~** to answer with self-assurance OU self-possession OU aplomb|| *péj* [insolence] nerve; **avoir l'~ de faire qqch** to have the nerve to do sthg; **il ne manque pas d'~** he really has a nerve.
◆ **aplombs** *nmpl* stand EQUIT.
◆ **d'aplomb** *loc adj* -1. [vertical] perpendicular; **être d'~** to be vertical; **mettre qqch d'~** CONSTR to plumb sthg (up); [redresser] to straighten sthg up; **ne pas être d'~** CONSTR to be out of plumb OU off plumb; [en déséquilibre] to be askew; **être bien d'~ sur ses jambes** to be steady on one's feet. -2. [en bonne santé] well; **remettre qqn d'~** to put sb back on his/her feet, to make sb better; **être d'~** to be well OU in good health; **ne pas être d'~** to feel unwell OU out of sorts.

apnée [apne] *nf* apnoea; **descendre** OU **plonger en ~** to dive without breathing apparatus.

apocalypse [apɔkalips] *nf* -1. [catastrophe] apocalypse; **une ~ nucléaire** a nuclear holocaust. -2. RELIG: **l'Apocalypse** the Apocalypse, the (Book of) Revelation.
◆ **d'apocalypse** *loc adj* [vision] apocalyptic; [récit] doom-laden; **un paysage d'~** a post-holocaust landscape.

apocalyptique [apɔkaliptik] *adj* apocalyptic, cataclysmic.

apocope [apɔkɔp] *nf* apocope.

apocopé, e [apɔkɔpe] *adj* apocopated.

apocryphe [apɔkrif] ◇ *adj* apocryphal.
◇ *nm* apocryphal text; **les ~s (de la Bible)** the Apocrypha.

apode [apɔd] ◇ *adj* apodal.
◇ *nm* apode.

apodictique [apɔdiktik] *adj* apodictic.

apogée [apɔʒe] *nm* -1. ASTRON apogee. -2. [sommet] peak, summit, apogee; **l'~ de la réussite** the pinnacle OU the peak of achievement; **à l'~ de sa carrière** at the height OU at the zenith OU in the heyday of his career.

apolitique [apɔlitik] ◇ *adj* [sans convictions politiques] apolitical; [non affilié] nonpolitical.
◇ *nmf* apolitical person.

apolitisme [apɔlitism] *nm* [refus de s'engager] apolitical stand; [engagement sans affiliation] nonpolitical stand.

apollinien, enne [apɔlinjɛ̃, ɛn] *adj* Apollonian.

apollon [apɔlɔ̃] *nm* Adonis; **un jeune ~** a young Adonis; **c'est un véritable ~** he's like a Greek god; **ce n'est pas un ~** he isn't exactly God's gift to women *hum*.

Apollon [apɔlɔ̃] *npr* Apollo.

Apollonios [apɔlɔnjos] *npr* Apollonius.

apologétique [apɔlɔʒetik] ◇ *adj* apologetic.
◇ *nf* apologetics *(sg)*.

apologie [apɔlɔʒi] *nf* apologia; **une ~ de** an apologia for; **faire l'~ de qqch** to (seek to) justify sthg.

apologiste [apɔlɔʒist] *nmf* apologist.

apologue [apɔlɔg] *nm* apologue.

apomorphine [apɔmɔrfin] *nf* apomorphine.

aponévrose [apɔnevroz] *nf* aponeurosis.

apophonie [apɔfɔni] *nf* ablaut, vowel gradation.

apophtegme [apɔftɛgm] *nm* apophthegm.

apophysaire [apɔfizɛr] *adj* apophyseal.

apophyse [apɔfiz] *nf* apophysis.

apoplectique [apɔplɛktik] *adj* & *nmf* apoplectic.

apoplexie [apɔplɛksi] *nf* apoplexy.

apostasie [apɔstazi] *nf* apostasy.

apostasier [9] [apɔstazje] *vt* & *vi* to apostatize.

apostat, e [apɔsta, at] ◇ *adj* apostate, renegade *(avant n)*.
◇ *nm, f* apostate, renegade.

aposter [3] [apɔste] *vt litt* to post as a watchman.

a posteriori [apɔsterjɔri] ◇ *adj inv* a posteriori.
◇ *loc adv* afterwards; **il est facile de juger ~** it's easy to be wise after the event; **je m'en suis aperçu ~** I realized later OU afterwards.

apostille [apɔstij] *nf* apostil.

apostolat [apɔstɔla] *nm* -1. RELIG apostolate, discipleship. -2. [prosélytisme] evangelism, proselytism. -3. [vocation] dedication, vocation; **pour lui, l'enseignement c'est un ~** he is wholeheartedly devoted to teaching, teaching is his mission in life.

apostolicité [apɔstɔlisite] *nf* apostolicity.

apostolique [apɔstɔlik] *adj* apostolic.

apostrophe [apɔstrɔf] *nf* -1. [interpellation] invective. -2. GRAMM apostrophe; **mis en ~** used in apostrophe. -3. [signe] apostrophe; **«s» ~** apostrophe "s".

APOSTROPHES:
This former television book programme had a significant influence on the reading habits of people in France, and an invitation by its host Bernard Pivot was considered by authors to be a great honour. "Passer à Apostrophes" or "passer chez Pivot" became catchphrases.

---

apostropher [3] [apɔstrɔfe] *vt* to shout at.

apothème [apɔtɛm] *nm* apothegm.

apothéose [apɔteoz] *nf* -1. [apogée] summit; **l'~ du courage** the triumph of bravery; **ce concert a été l'~ du festival** the concert was the highlight of the festival. -2. THÉÂT (grand) finale; **cela s'est terminé en ~** it ended in fine OU grand style. -3. ANTIQ apotheosis.

apothicaire [apɔtikɛr] *nm arch* apothecary.

apôtre [apotr] *nm* -1. RELIG apostle, disciple. -2. [avocat] advocate; **se faire l'~ d'une idée** to speak for an idea; **un ~ de la tolérance** an advocate OU a champion of tolerance ❑ **faire le bon ~** *péj* to be hypocritical.

Appalaches [apalaʃ] *npr mpl*: **les ~** the Appalachian Mountains, the Appalachians.

appalachien, enne [apalaʃjɛ̃, ɛn] *adj* Appalachian.

apparaître [91] [aparɛtr] *vi* -1. [à la vue] to appear; **des nuages menaçants apparaissaient dans le ciel** menacing clouds were looming in the sky; **après le bosquet, on voit ~ le village** after you pass the copse, the village comes into view; **~ à qqn en songe** OU **rêve** to come to sb in a dream || [à l'esprit] to appear, to transpire, to emerge; **ce qui apparaît, c'est surtout sa méchanceté** what emerges above all is his wickedness; **la vérité m'est apparue un beau jour** the truth came to OU dawned on me one day. -2. [surgir] to appear, to materialize; **il est apparu tout d'un coup au coin de la rue** he appeared suddenly at the corner of the street; **la fée est apparue** the fairy appeared OU materialized; **le chat est apparu au milieu des couvertures** the cat emerged from the blankets. -3. [être inclus] to appear, to feature; **la liste des ingrédients doit ~ sur le paquet** the list of ingredients must feature on the package; **le nom du traducteur n'apparaît pas sur la page de titre** the translator's name doesn't appear on the title page; **Marilyn n'apparaît qu'une fois dans la première bobine** Marilyn appears only once in the first reel. -4. [se manifester - symptôme, bouton] to appear; [- maladie] to develop; [- préjugé, habitude] to develop, to surface; **quand apparaissent les premières rides** when the first wrinkles appear; **une coutume apparue en Europe** a custom which first developed in Europe; **faire ~** to reveal. -5. [sembler] to seem, to appear; **cette histoire m'apparaît bien dérisoire aujourd'hui** the whole thing strikes me as being ridiculous now; **il apparaît enfin tel qu'il est** he's showing his true self at last || *(tournure impersonnelle)*: **il apparaît impossible de faire...** it appears to be OU it seems impossible to do...; **il apparaît que...** it appears OU emerges that...

apparat [apara] *nm* -1. [cérémonie] pomp; **en grand ~** with great pomp (and ceremony); **sans ~** without pomp, simply; **costume/discours d'~** ceremonial dress/speech. -2. LITTÉRAT: **~ critique** critical apparatus, apparatus criticus.

apparatchik [aparatʃik] *nm* apparatchik.

apparaux [aparo] *nmpl* handling gear, tackle; **~ de bord** equipment on board.

appareil [aparɛj] *nm* -1. [dispositif] apparatus, device; **~ de contrôle** tester; **~ dentaire** [prothèse] dentures, (dental) plate; [pour corriger] brace, plate; **~ ménager** household appliance; **~ de mesure** measuring device OU apparatus; **~ photo** (still) camera; **~ plâtré** plaster cast; **~ de prothèse** surgical appliance; **~ reflex** reflex camera; **~ (téléphonique)** telephone; **qui est à l'~?** who's speaking?; **Berlot à l'~!** Berlot speaking! -2. AÉRON craft, aircraft; **une fois dans l'~** once on board the aircraft. -3. ANAT apparatus, system; **~ digestif** digestive apparatus OU system; **~ respiratoire** respiratory apparatus. -4. CONSTR bond. -5. [système] apparatus; **l'~ du parti** the party apparatus OU machinery ❑ **~ critique** LITTÉRAT critical apparatus, apparatus criticus; **~ idéologique d'État** POL ideological state apparatus; **l'~ législatif** the machinery of the law; **~ psychique** psychic OU mental apparatus. -6. *litt* [cérémonial] trappings; **l'~ somptueux du couronnement** the pomp and circumstance OU sumptuous trappings of the coronation. -7. CULIN mixture.

appareillage [aparɛjaʒ] *nm* -1. TECH equipment. -2. MÉD prosthesis. -3. NAUT casting off.

appareillement [aparɛjmɑ̃] *nm* matching, pairing.

appareiller [4] [aparɛje] ◇ *vt* -1. ARCHIT to measure out. -2. MÉD to fit with a prosthesis. -3. [assortir] to match, to pair. -4. ZOOL to mate.
◇ *vi* NAUT to cast off, to get under way.

apparemment [aparamɑ̃] *adv* apparently; **~, tout va bien** everything seems to be OU apparently everything's all right.

apparence [aparɑ̃s] *nf* [aspect - d'une personne] appearance, air; [- d'un objet, d'une situation] appearance, look; **avoir l'~ du bois** to look like wood; **avoir une ~ de sagesse** to have an air OU an appearance of wisdom; **avoir belle ~** to have a fine bearing, to look impressive; **avoir une ~ maladive** to look sickly, to be sickly-looking; **sous l'~** OU **une ~ de libéralisme** in the guise OU behind a façade of liberalism; **les ~s** appearances; **il a les ~s contre lui** everything points against him; **il va très bien, malgré les ~s** he's all right, contrary to all appearances; **juger sur** OU **d'après les ~s** to judge OU to go by appearances; **les ~s sont trompeuses, il ne faut pas se fier aux ~s** [en jugeant une personne] looks are deceptive; [en jugeant une situation] there's more to it than meets the eye, appearances can be deceptive; **faire qqch pour sauver les ~s** to do sthg for appearances' sake; **heureusement pour nous, les ~s sont sauves** fortunately, we've been able to save face.
◆ **en apparence** *loc adv* apparently, by OU to all appearances; **en ~ il travaille, mais comment le savoir vraiment?** to all appearances he works OU it would seem that he works, but how can one be sure?

apparent, e [aparɑ̃, ɑ̃t] *adj* -1. [visible] visible; **devenir ~** to become apparent, to surface, to emerge; **il n'y a aucun danger ~** there's no apparent OU visible danger; **installation ~e** surface installation; **avec poutres ~es** with exposed beams; **couture ~e** topstitched seam. -2. [évident] obvious, apparent, evident; **sans cause ~e** for no obvious OU apparent reason. -3. [trompeur] apparent; **un danger plus ~ que réel** a danger that is not as bad as it seems; **une tranquillité ~e** outward OU surface calm.

apparenté, e [aparɑ̃te] *adj* -1. [parent] related. -2. [allié] allied; **des listes ~es** grouped electoral lists *(in proportional elections)*; **la construction et industries ~es** building and allied trades; **les socialistes et ~s** the socialists and their allies. -3. [ressemblant] similar; **deux styles ~s** two similar OU closely related styles. -4. LING cognate.

apparentement [aparɑ̃tmɑ̃] *nm* -1. [lien] link; **son ~ à la bourgeoisie** his links to the bourgeoisie. -2. [alliance] alliance; **~ à un groupe parlementaire** alliance with a parliamentary group; ~ de listes électorales grouping of electoral lists *(in proportional elections)*.

apparenter [3] [aparɑ̃te]

◆ **s'apparenter** *vp (emploi réciproque)* POL to enter into an alliance.

◆ **s'apparenter à** *v + prép* -**1.** [ressembler à] to be like; cette histoire s'apparente à une aventure que j'ai vécue this story is similar to OU is like an experience I once had. -**2.** [s'allier à] : s'~ à un groupe to join a group; s'~ à une famille to marry into a family.

appariement [aparimɑ̃] *nm* matching, pairing.

apparier [9] [aparje] *vt* -**1.** [chaussures, gants] to match, to pair. -**2.** ZOOL to mate.

◆ **s'apparier** *vpi* to mate.

appariteur [aparitœr] *nm* -**1.** [huissier] usher. -**2.** UNIV porter *Br*, campus policeman *Am*.

apparition [aparisjɔ̃] *nf* -**1.** [arrivée - d'une personne, d'une saison] arrival, appearance; avec l'~ du printemps with the coming of spring; faire une ~ to put in OU to make an appearance; faire son ~ [maladie] to develop; [soleil] to come out; brèves ~s du soleil cet après-midi brief sunny spells OU intervals this afternoon; les nuages feront leur ~ dans la soirée the sky will cloud over in the evening. -**2.** [première manifestation] (first) appearance; l'~ de la religion the first appearance OU the birth of religion; à l'~ des rides when wrinkles first appear. -**3.** [vision] apparition, vision; avoir une ~ to be visited by an apparition; avoir des ~s to have visions.

apparoir [aparwar] *v impers*: il appert: il appert de ces témoignages que... it appears OU it is evident from these statements that...

appart *fam* [apart] *(abr de* appartement*) nm* flat *Br*, apartment *Am*.

appartement [apartəmɑ̃] *nm* flat *Br*, apartment *Am*; ~ témoin OU modèle show flat *Br*, model apartment *Am*; ~ thérapeutique sheltered accommodation.

appartenance [apartənɑ̃s] *nf* -**1.** [statut de membre] : ~ à un groupe/club membership of a group/club; ~ à un parti affiliation to OU membership of a party; ~ à une communauté membership of a community. -**2.** MATH membership.

appartenir [40] [apartənir]

◆ **appartenir à** *v + prép* -**1.** [être la propriété de] to belong to; à qui appartient la voiture verte? whose is the green car?; cet argent m'appartient en propre this money is my own; il appartient au chef, c'est son esclave he's entirely the boss's creature. -**2.** [faire partie de - groupe] to belong to, to be part of; [- professorat, syndicat] to belong to; il appartient à la même section que toi he's a member of OU he belongs to the same group as you; l'araignée n'appartient pas à la famille des insectes spiders do not belong to OU are not members of the insect family. -**3.** [dépendre de] : la décision t'appartient it's up to you, it's for you to decide; pour des raisons qui m'appartiennent for my own reasons; l'éducation des enfants appartient aux deux parents bringing up children is the responsibility of both parents ‖ *(tournure impersonnelle)*: il appartient à chacun de faire attention it's everyone's responsibility to be careful; il ne vous appartient pas d'en décider it's not for you to decide, the decision is not yours (to make). -**4.** MATH to be a member of.

◆ **s'appartenir** *vpi* [être libre]: avec tout ce travail, je ne m'appartiens plus I have so much work, my time isn't my own any more.

appas [apa] *nmpl litt* charms.

appât [apa] *nm* -**1.** CHASSE & PÊCHE bait *(U)*. -**2.** [attrait] : l'~ de the lure of; l'~ du gain the lure OU attraction of money; la récompense était un ~ de taille the reward was a tempting bait.

appâter [3] [apate] *vt* -**1.** [attirer - poisson, animal] to lure; [- personne] to lure, to entice. -**2.** [nourrir - oiseau] to feed. -**3.** [engraisser - volaille] to forcefeed.

appauvrir [32] [apovrir] *vt* [rendre pauvre - personne] to impoverish, to make poor; [- épargnant] to impoverish, to lower the income of; [- pays] to impoverish, to drain; [- terre] to impoverish, to drain, to exhaust; [- sang] to make thin, to weaken; [- langue] to impoverish.

◆ **s'appauvrir** *vpi* [personne, famille, pays] to get OU to grow poorer; [sol] to become exhausted; [sang] to become thin; [langue] to become impoverished, to lose vitality.

appauvrissement [apovrismɑ̃] *nm* impoverishment.

appeau, x [apo] *nm* -**1.** [sifflet] birdcall. -**2.** [oiseau] decoy, stool pigeon.

appel [apɛl] *nm* -**1.** [cri] call; ~ au secours shout OU cry for help; tu n'as pas entendu mes ~s? didn't you hear me calling (out)?; le mâle répond à l'~ de la femelle the male answers the call of the female; l'~ de the call of; l'~ des sens/du large the call of the senses/of the sea; l'~ de la nature the call of the wild; ~ à l'insurrection call to insurrection; ~ aux armes call to arms; ~ au peuple appeal to the people; ~ au rassemblement call for unity; l'~ du 18 juin 1940 *appeal for resistance made from London by General de Gaulle to the French during World War II* ❑ ~ de détresse NAUT distress signal, call for help; [d'une personne] call for help; ~ de phares: faire un ~ de phares (à qqn) to flash one's lights (at sb); faire un ~ du pied à qqn to make covert advances OU approaches OU overtures to sb. -**2.** [coup de téléphone] : ~ (téléphonique) (telephone OU phone) call; ~ interurbain trunk call *Br*, long-distance call *Am*; ~ en PCV reverse charge call *Br*, collect call *Am*; ~ avec préavis personal call. -**3.** [demande] request; lancer un ~ pour l'aide aux sinistrés to launch an appeal for the disaster victims; rester sourd à des ~s (à l'aide) to ignore a call OU an appeal OU a plea (for help). -**4.** faire ~ à [clémence, générosité] to appeal to; [force, intelligence, qualité] to summon (up); [souvenirs] to summon (up); faire ~ à la générosité publique to invite donations from the public; faire ~ à tout son courage to summon (up) OU to muster (up) all one's strength; cela fait ~ à des notions complexes it involves complex notions; faire ~ à la force to resort to force; faire ~ à l'armée to call in the army, to call the army out; faire ~ à un spécialiste to call in a specialist; il a fait ~ à elle pour son déménagement he asked for OU requested her help when he moved out. -**5.** ÉCON call; ~ de fonds call for funds; ~ d'offres invitation to tender. -**6.** JUR appeal; en ~ on appeal; faire ~ to appeal; faire ~ d'un jugement to appeal against a decision; aller en ~ to appeal, to go to appeal ❑ ~ à maxima/minima appeal by the Prosecution (against the severity/leniency of the sentence); ~ à témoins appeal for witnesses (to come forward). -**7.** [liste de présence] roll call; faire l'~ SCOL to call the register *Br*, to call (the) roll *Am*; MIL to call the roll; répondre à l'~ to be present ‖ MIL [mobilisation] call-up; ~ d'une classe call-up OU calling up of a class. -**8.** IMPR: ~ de note reference mark. -**9.** INF call; ~ par référence/valeur call by reference/value; programme/séquence d'~ call routine/sequence. -**10.** JEUX: faire un ~ à cœur/carreau to ask for a hearts/diamonds return. -**11.** SPORT take-off; prendre son ~ to take off ‖ ESCRIME appel. -**12.** TECH: ~ d'air draught *Br*, draft *Am*.

◆ **sans appel** *loc adj* -**1.** JUR without (the possibility of an) appeal. -**2.** [irrévocable] irrevocable; c'est sans ~ there's no going back on it, it's final; une décision sans ~ an irrevocable OU a final decision.

appelant, e [aplɑ̃, ɑ̃t] ◇ *adj* INF calling.

◇ *nm, f* JUR appelant.

appelé, e [aple] *nm, f*: il y a beaucoup d'~s et peu d'élus many are called but few are chosen.

◆ **appelé** *nm* MIL conscript.

appeler [24] [aple] *vt* -**1.** [crier] to call (out), to shout; appelle-le, il a oublié sa lettre give him a shout, he's left his letter behind; attendez que je vous appelle wait till I call you; ~ qqn par la fenêtre to call out to sb from the window; ~ le nom de qqn to call out sb's name; ~ au secours *pr* to shout "help", to call for help; *fig* to call for help ‖ *(en usage abs)*: la pauvre, elle a appelé toute la nuit the poor thing called out all night; écoute, il appelle! listen, he's calling out! -**2.** [au téléphone] to call (up); appelle-moi demain call me (up) tomorrow; appelez ce numéro en cas d'urgence dial this number in an emergency; elle appelle Londres she's on the phone to London; on vous appelle de Bonn there's a call for you from Bonn; je vais ~ le bureau pour dire que je ne viendrai pas I'll call the office to say I won't be coming in. -**3.** [faire venir - médecin] to call, to send for *(insép)*; [- police] to call; [- renforts] to call up OU out *(sép)*; [- ascenseur] to ring for *(insép)*, to call; ~ du secours to go for help; ~ qqn à l'aide to call to sb for help; ~ un taxi [dans la rue] to hail a taxi; [par téléphone] to phone for OU to call a taxi; ~ le garçon to call the waiter; le patron m'a appelé pour me faire signer le contrat the boss called me in to get me to sign the contract; ~ qqn à to call sb to; ~ qqn à une fonction importante to call OU to appoint sb to a high office; être appelé sous les drapeaux to be called up OU conscripted; faire ~ qqn to send for sb, to summon sb; Dieu/le devoir vous appelle *litt* God/your duty is calling you; le devoir m'appelle! *hum* duty calls!; une affaire m'appelle en ville I must go to town on business. -**4.** JUR to summon; être appelé à comparaître to be summoned OU issued with a summons; être appelé à la barre to be called OU summoned to the witness-stand; être appelé devant le juge to be called up before the magistrate. -**5.** *sout* [désirer] : ~ qqch (de tous ses vœux) to yearn (passionately) for; une réconciliation que nous appelons de tous nos vœux a reconciliation which we most ardently desire. -**6.** [nécessiter] to require, to call for *(insép)*; la situation appelle des mesures immédiates the situation calls for OU requires immediate action; sa conduite appelle une punition his attitude calls for OU deserves punishment; un acte qui appelle une condamnation immédiate an act which calls for immediate condemnation. -**7.** [entraîner] to lead to; un coup en appelle un autre one blow leads to another. -**8.** [inviter] : ~ qqn à to call sb to; ~ (des travailleurs) à la grève to call for a strike, to put out a strike call; ~ les gens à la révolte to incite people to rebel; ~ aux armes to call to arms; il faut ~ les gens à voter OU aux urnes people must be urged to vote. -**9.** [destiner] : être appelé à to be bound to; ce quartier est appelé à disparaître this part of town is due to be demolished (eventually); il va être appelé à revenir souvent he will have to come back often; j'étais appelée à devenir religieuse I was to become a nun. -**10.** [nommer] to call; ~ les choses par leur nom to be blunt; comment on appelle ça en chinois? what's (the word for) this in Chinese?; ici, on appelle tout le monde par un surnom here we give everybody a nickname; appelez-moi Jo call me Jo; je l'appelle par son prénom I call him by his first name; nous appellerons le bébé Marie we'll call OU name the baby Marie; se faire ~: elle se fait ~ Jaspe she wants to be called Jaspe ❑ ~ un chat un chat to call a spade a spade; se faire ~ Arthur *fam* to get it in the neck *Br*, to catch it. -**11.** INF [programme] to call (up); [réseau] to dial.

◆ **en appeler à** *v + prép* to appeal to; j'en appelle à votre bon cœur I'm appealing to your generosity; j'en appelle à vous en dernier recours I'm coming to you as a last resort.

◆ **s'appeler** ◇ *vp (emploi passif)* to be called; comment s'appelle-t-il? what's his name?, what's he called?; voilà ce qui s'appelle... that's what I call...; voilà ce qui s'appelle une gaffe! that's what's called putting your foot in it! ❑ ça s'appelle revient *fam* be sure to give it back.

◇ *vp (emploi réciproque)* to call one another; **vous vous appelez par vos prénoms?** are you on first name terms?

appellatif, ive [apɛlatif, iv] *adj* appellative.

◆ **appellatif** *nm* appellative.

appellation [apɛlasjɔ̃] *nf* appellation, designation; **une ~ injurieuse** an insulting name ❑ **~ contrôlée** *government certification guaranteeing the quality of a French wine*; **c'est une ~ bordeaux contrôlée** it's a Bordeaux appellation contrôlée; **~ d'origine** label of quality.

appendice [apɛ̃dis] *nm* -**1.** [note] appendix. -**2.** [prolongement] appendage. -**3.** *hum* [nez] snout. -**4.** ANAT appendix.

appendicectomie [apɛ̃disɛktɔmi] *nf* appendicectomy, appendectomy; **j'ai eu une ~** I had my appendix out.

appendicite [apɛ̃disit] *nf* appendicitis.

appendiculaire [apɛ̃dikylɛr] *adj* appendicular.

appendre [73] [apɑ̃dr] *vt* to hang, to affix.

appentis [apɑ̃ti] *nm* -**1.** [bâtiment] lean-to. -**2.** [toit] lean-to, sloping roof.

appert [apɛr] → **apparoir.**

appesantir [32] [apəzɑ̃tir] *vt* [rendre pesant - démarche] to slow down *(sép)*; [- tête, corps] to weigh down *(sép)*; [- facultés] to dull; **~ son bras** OU **autorité sur un pays** *fig* to strengthen one's authority over a country.

◆ **s'appesantir** *vpi* -**1.** [devenir lourd - tête] to become heavier; [- gestes, démarche] to become slower; [- esprit] to grow duller. -**2.** [insister]: **s'~ sur un sujet** to concentrate on OU to dwell at length on a subject.

appesantissement [apəzɑ̃tismɑ̃] *nm* [de l'esprit] (growing) dullness; [des gestes, de la démarche] increased heaviness.

appétence [apetɑ̃s] *nf litt* appetence.

appétissant, e [apetisɑ̃, ɑ̃t] *adj* -**1.** [odeur, mets] appetizing, mouthwatering; **peu ~** unappetizing. -**2.** *fam* [attirant] attractive; **une femme aux rondeurs ~es** a curvaceous woman.

appétit [apeti] *nm* -**1.** [envie de manger] appetite; **avoir de l'~** OU **grand ~** OU **bon ~** to have a good OU hearty appetite; **manger avec ~** OU **de bon ~** to eat heartily; **la promenade m'a donné de l'~** OU **m'a ouvert l'~** OU **m'a mis en ~** the walk has given me an appetite; **des amuse-gueule pour ouvrir l'~ de vos invités** little snacks as appetizers for your guests; **quelques diapositives d'abord, pour vous ouvrir l'~** *fig* first, a few slides, to put you in the mood; **ça va te couper l'~** it'll spoil your appetite, it'll take your appetite away; **perdre l'~** to lose one's appetite; **bon ~!** enjoy your meal!, have a nice meal! ❑ **avoir un ~ d'oiseau** to eat like a bird; **avoir un ~ de loup** OU **d'ogre** to eat like a horse; **l'~ vient en mangeant** *prov* & *pr* eating whets the appetite; *fig* the more you have, the more you want. -**2.** [désir]: **~ de** appetite for; **un insatiable ~ de vivre/de connaissances** an insatiable thirst for life/for knowledge.

◆ **appétits** *nmpl* [instincts] appetites.

applaudimètre [aplodimɛtr] *nm* clapometer *Br*, applause meter *Am*; **il a fait un très bon score à l'~** he was applauded very heartily.

applaudir [32] [aplodir] ◇ *vt* [personne] to applaud, to clap; [discours, pièce] to applaud; **et on l'applaudit encore une fois!** let's give him another big hand!, let's hear it for him one more time!

◇ *vi* to clap, to applaud; **~ à qqch** *fig*: **~ à une initiative** to praise OU to applaud an initiative; **~ des deux mains à qqch** to approve of OU to welcome sthg heartily ❑ **~ à tout rompre**: **les gens applaudissaient à tout rompre** there was thunderous applause.

◆ **s'applaudir de** *vp* + *prép*: **s'~ d'une résolution/d'avoir eu du flair** to congratulate o.s. for a decision/on one's intuition.

applaudissements [aplodismɑ̃] *nmpl* applause, clapping; **un tonnerre** OU **une tempête d'~** thunderous applause; **sous les ~** amidst OU in the midst of applause.

applicabilité [aplikabilite] *nf* applicability.

applicable [aplikabl] *adj* applicable; **loi ~ à partir du 1er mars** law to be applied as of March 1st; **règlement ~ immédiatement** ruling effective forthwith.

applicage [aplikaʒ] *nm* application TECH.

applicateur [aplikatœr] ◇ *adj m* applicator *(épith)*.

◇ *nm* [outil] applicator.

application [aplikasjɔ̃] *nf* -**1.** [pose] application; **~ de la première couche de peinture** applying the first coat of paint. -**2.** [mise en pratique - d'une loi] application, enforcement; [- d'une sentence] enforcement; **mesures prises en ~ de la loi** measures taken to enforce the law, law-enforcement measures; **mettre qqch en ~** to put sthg into practice, to apply sthg. -**3.** SC & TECH application; **les ~s pratiques des voyages dans l'espace** the practical applications of space travel. -**4.** [soin] application; **travailler avec ~** to work diligently, to apply o.s. (to one's work); **il y mettait une ~ inhabituelle** he was doing it with unusual application OU zeal. -**5.** MATH mapping, function; **~ bijective** bijective mapping, bijection; **~ surjective** surjective mapping, surjection. -**6.** COUT: **~ de dentelle** (piece of) appliqué lace.

applique [aplik] *nf* -**1.** [lampe] wall lamp. -**2.** COUT (piece of) appliqué work.

appliqué, e [aplike] *adj* -**1.** [studieux] assiduous, industrious. -**2.** SC & UNIV applied; **sciences/mathématiques ~es** applied sciences/mathematics.

appliquer [3] [aplike] *vt* -**1.** [poser - masque, crème, ventouse] to apply; [- enduit] to apply, to lay on *(sép)*; **s'applique sur toutes sortes de surfaces** may be applied on many different supports; **~ sur le cou et le visage** apply to neck and face; **~ son oreille contre la porte** to put one's ear to the door. -**2.** [mettre en pratique - décret] to enforce, to apply; [- peine] to enforce; [- idée, réforme] to put into practice, to implement; [- recette, méthode] to use; [- théorie, invention] to apply, to put into practice; **la règle de l'accord du participe n'est pas toujours appliquée** the rule for participle agreement is not always applied; **je ne fais qu'~ la consigne!** I don't make the rules, I'm just following orders! -**3.** [donner - sobriquet, gifle] to give; [- baiser] to plant; **un coup de pied bien appliqué** a powerful kick. -**4.** [consacrer]: **~ qqch à**: **~ toute son énergie à son travail** to devote all one's energy to one's work.

◆ **s'appliquer** ◇ *vp (emploi passif)* -**1.** [se poser]: **s'~ sur** [suj: objet] to be laid OU to fit over; [suj: enduit] to go over, to be applied on; **le pansement s'applique directement sur la lésion** the dressing is applied directly to the wound itself. -**2.** [être utilisé] to apply; **le terme s'applique uniquement aux plantes** the term only applies to plants; **cela ne s'applique pas dans notre cas** it doesn't apply in OU it's not applicable to our case.

◇ *vpi* -**1.** [être attentif - élève, apprenti] to take care (over one's work), to apply o.s. (to one's work); **tu ne t'appliques pas assez!** you don't take enough care over your work!, you don't apply yourself sufficiently!; **s'~ à ses devoirs** to apply o.s. to one's homework. -**2.** [s'acharner]: **s'~ à faire** to try to do; **je me suis appliqué à faire ce qu'on attendait de moi** I took pains to do what was expected of me.

appoggiature [apɔʒjatyr] *nf* appoggiatura.

appoint [apwɛ̃] *nm* -**1.** [argent]: **faire l'~** to give the exact money OU change; **'prière de faire l'~', 'faire l'~ SVP'** 'exact money only, please'. -**2.** *litt* [aide] assistance, contribution.

◆ **d'appoint** *loc adj* extra; **chauffage d'~** supply heating; **radiateur d'~** extra radiator; **salaire d'~** extra income.

appointage [apwɛ̃taʒ] *nm* shaping into a point.

appointé [apwɛ̃te] *nm Helv* soldier.

appointements [apwɛ̃tmɑ̃] *nmpl* salary.

appointer [3] [apwɛ̃te] *vt* -**1.** [rémunérer] to pay a salary. -**2.** TECH to sharpen.

appondre [75] [apɔ̃dr] *vt Helv* to join (together).

appontage [apɔ̃taʒ] *nm* landing *(on an aircraft carrier)*.

appontement [apɔ̃tmɑ̃] *nm* wharf, landing stage.

apponter [3] [apɔ̃te] *vi* to land *(on an aircraft carrier)*.

apponteur [apɔ̃tœr] *nm* landing officer.

apport [apɔr] *nm* -**1.** [action d'apporter] contribution; **l'~ culturel des immigrés** the cultural contribution of immigrants; **un ~ d'argent frais** an injection of new money; **l'~ journalier en fer et en calcium** [fourni] the daily supply of iron and calcium; [reçu] the daily intake of iron and calcium. -**2.** FIN & JUR: **~s en communauté** goods contributed by spouses to the joint estate; **~s en numéraire/en nature** contribution in cash/in kind; **~s en société** capital invested.

apporter [3] [apɔrte] *vt* -**1.** [objet] to bring; **apporte-le ici** bring it over here; **apporte-le à papa dans la cuisine** take it to Dad in the kitchen; **je t'ai apporté un cadeau** I've brought you a present OU a present for you; **apportez vos livres avec vous** bring your books along, bring your books with you; **on lui apporte ses repas au lit** he has his meals brought to him in bed; **Marie, apportez une chaise** Marie, bring OU fetch a chair; **apporte le plateau que j'ai laissé dehors** bring in the tray that I left outside; **faut-il ~ à boire?** should one bring a bottle?; **les marins qui ont apporté le virus en Europe** the sailors who brought OU carried the virus (with them) to Europe ❑ **~ sa pierre à l'édifice** to make one's contribution; **cela apporte de l'eau à mon moulin** it's (all) grist to my mill. -**2.** [fournir - message, nouvelle] to give; [- preuve] to give, to provide, to supply; [- résultat] to bring forth *(insép)*; [- soulagement, satisfaction] to bring; [- modification] to introduce; **~ de l'attention** OU **du soin à (faire) qqch** to exercise care in (doing) sthg; **elle apporte à ce projet l'enthousiasme de la jeunesse** she brings the enthusiasm of youth to the project; **il apporte à «Don Juan» un éclairage particulier** he brings an unusual interpretation to "Don Juan"; **vous avez des qualités à ~ à notre communauté** you have qualities to contribute to our community; **il apporte un peu de soleil dans notre vie** he brings a little sunshine into our lives.

apporteur [apɔrtœr] *nm* bearer.

apposer [3] [apoze] *vt* -**1.** [ajouter - cachet, signature] to affix, to append; JUR [insérer - clause] to insert. -**2.** [poser - affiche, plaque] to affix, to put up *(sép)*; **~ les scellés sur une porte** JUR to affix the seals on a door.

apposition [apozisjɔ̃] *nf* -**1.** [ajout] affixing, appending. -**2.** [pose] putting up; JUR [des scellés] affixing. -**3.** GRAMM apposition; **substantif en ~** noun in apposition.

appréciable [apresjabl] *adj* -**1.** [perceptible - changement] appreciable, noticeable; **de manière ~** appreciably. -**2.** [considérable - somme, effort] appreciable.

appréciatif, ive [apresjatif, iv] *adj* -**1.** [estimatif] evaluative; **état ~ du mobilier** evaluation OU estimate of the value of the furniture. -**2.** [admiratif] appreciative.

appréciation [apresjasjɔ̃] *nf* -**1.** [estimation - d'un poids, d'une valeur] appreciation, estimate, assessment; [- d'une situation] assessment, appreciation, grasp; **je laisse cela à votre ~** I leave it to your judgement OU assessment; **son ~ du problème laisse à désirer** his grasp of the problem isn't all it should be. -**2.** [observation] remark, comment; **il a obtenu d'excellentes ~s** SCOL he got very good comments from his teachers *(in his report)*. -**3.** [augmentation - d'une devise] appreciation.

apprécier [9] [apresje] *vt* -**1.** [évaluer - valeur, distance] to estimate, to appraise, to assess; ~ **qqch à sa juste valeur** to assess OU to appraise sthg at its true worth. -**2.** [discerner - ironie, subtilités] to appreciate; ~ **l'importance d'un mouvement** to appreciate the significance of a movement. -**3.** [aimer] to appreciate; ~ **qqn pour qqch** to appreciate sb for sthg, to like sb because of sthg; **on l'apprécie pour son humour** he's appreciated for his sense of humour; **vin très apprécié des connaisseurs** wine much appreciated by connoisseurs; **le brie, vous apprécierez son goût!** you'll (just) love the brie!; **je n'apprécie pas du tout ce genre de blagues** I don't care for OU like that sort of joke at all; **le sel dans son café, il n'a pas apprécié!** *fam* he was not amused when he found his coffee had salt in it!; **les premières chaleurs à la sortie de l'hiver, on apprécie!** *fam* the first spell of mild weather after the winter is really welcome!

◆ **s'apprécier** *vpi* [monnaie] to appreciate (in value).

appréhender [3] [apreɑ̃de] *vt* -**1.** [craindre - examen, réaction] to fear; **j'appréhende mon opération** I am apprehensive OU worried about my operation; **elle appréhendait de partir** she was apprehensive about leaving. -**2.** [comprendre] to apprehend, to grasp; **une situation difficile à ~ dans son ensemble** a situation which is difficult to grasp in its entirety. -**3.** JUR [arrêter] to arrest, to apprehend.

appréhension [apreɑ̃sjɔ̃] *nf* -**1.** [crainte] fear, apprehension; **avoir** OU **éprouver de l'~** to feel apprehensive, to have misgivings; **l'~ de l'échec/d'une catastrophe** fear of failure/of a catastrophe; **je n'y pense pas sans une certaine ~** I'm a little apprehensive about it. -**2.** PHILOS [compréhension] apprehension.

apprendre [79] [aprɑ̃dr] *vt* -**1.** [s'initier à] to learn; **j'apprends le russe** I'm learning Russian; ~ **qqch de qqn** to learn sthg from sb, to be taught sthg by sb; ~ **qqch par cœur** to learn sthg (off) by heart OU rote; ~ **à être patient** to learn patience OU to be patient; ~ **à connaître qqn/une ville** to get to know sb/a town || *(en usage abs)*: **il apprend facilement/avec difficulté** learning comes/doesn't come easily to him; ~ **lentement/vite** to be a slow/fast learner; **on apprend à tout âge** it's never too late to learn. -**2.** [enseigner]: ~ **qqch à qqn** to teach sb sthg OU sthg to sb; **elle m'a appris le français/à nager** she taught me French/(how) to swim; **je t'apprendrai à fouiller dans mon sac!** I'll teach you to go through my bag!; **ça t'apprendra à faire l'imbécile** that'll teach you (not) to fool around; **il/ça va lui apprendre à vivre!** he'll/it'll teach him a thing or two! || *(en usage abs)*: **ça lui apprendra!** that'll teach him! ❑ **on n'apprend pas à un vieux singe à faire la grimace** *prov* you don't teach your grandmother to suck eggs. -**3.** [donner connaissance de] to tell; ~ **qqch à qqn** to tell sb sthg; **qui te l'a appris?** who told you?; **vous ne m'apprenez rien!** tell me something new! -**4.** [être informé de - départ, mariage] to learn OU to hear of *(insép)*; [- nouvelle] to hear; **j'ai appris sa mort à la radio** I heard of his death on the radio; **on apprend à l'instant qu'un prisonnier s'est échappé** we've just heard that a prisoner has escaped; **qu'est-ce que j'apprends, vous démissionnez?** what's this I hear about you resigning?; **apprenez** OU **vous apprendrez qu'ici on ne fait pas ce genre de choses** you'll have to learn that we don't do things like that here; **tiens, tiens, on en apprend des choses!** *fam* well, well, well, who'd have thought such a thing?; **on en apprend tous les jours!** *hum* you learn something new every day!

◆ **s'apprendre** *vp (emploi passif)* to be learnt; **le style, ça ne s'apprend pas** you can't learn style; **ça ne s'apprend pas du jour au lendemain** you can't learn OU master it overnight.

apprenti, e [aprɑ̃ti] *nm, f* apprentice; ~ **maçon** apprentice builder, builder's apprentice; **être placée comme ~e chez une couturière** to be apprenticed to a seamstress; **il a mis son fils ~ chez un boucher** he apprenticed his son to a butcher ❑ **jouer les ~s sorciers** OU **à l'~ sorcier** *fig* to bite off more than one can chew; **'l'Apprenti sorcier'** *Dukas* 'The Sorcerer's Apprentice'.

apprentissage [aprɑ̃tisaʒ] *nm* -**1.** [fait d'apprendre]: **l'~ des langues** language learning, learning languages; **faire l'~ de qqch** *fig* to learn one's first lessons in sthg. -**2.** [durée] (period of) apprenticeship.

◆ **d'apprentissage** *loc adj* [centre, école] training; [contrat] of apprenticeship.

◆ **en apprentissage** *loc adv*: **être en ~ chez qqn** to be apprenticed to OU to serve one's apprenticeship with sb; **mettre qqn en ~ chez un artisan** to apprentice sb to a craftsman.

apprêt [aprɛ] *nm* -**1.** [affectation] affectation, affectedness; **sans ~** unaffectedly, without affectation. -**2.** TECH [préparation - du cuir, d'un tissu] dressing; [- du papier] finishing; [- d'un plafond, d'un mur] sizing; [produit - pour tissu] dressing; [- pour papier] finish; [- pour plafond, mur] size.

◆ **apprêts** *nmpl litt* [préparatifs] preparations; **les ~s du bal** preparations for the ball.

apprêtage [aprɛtaʒ] *nm* [d'un tissu] dressing; [d'un papier] finishing; [d'un plafond, d'un mur] sizing.

apprêté, e [aprete] *adj* affected, fussy.

apprêter [4] [aprete] *vt* -**1.** TECH [peau, tissu] to dress, to finish; [plafond] to size. -**2.** *litt* [préparer - repas] to get ready, to prepare; [habiller] to get ready, to dress.

◆ **s'apprêter** *vp (emploi réfléchi) litt* to prepare OU to dress o.s.

◆ **s'apprêter à** *vp + prép*: **je m'apprêtais à te rendre visite** I was getting ready OU preparing to call on you.

apprêteur, euse [aprɛtœr, øz] *nm, f* [d'un tissu, d'un papier] finisher.

apprivoisable [aprivwazabl] *adj* tameable, which can be tamed; **difficilement ~** difficult to tame.

apprivoisement [aprivwazmɑ̃] *nm* taming.

apprivoiser [3] [aprivwaze] *vt* [animal] to tame, to domesticate; [enfant, peur] to tame; **apprivoisez votre corps** get to know your body.

◆ **s'apprivoiser** *vpi* -**1.** [animal] to become tame; [personne] to calm down, to become more sociable. -**2.** *litt*: **s'~ à** [se familiariser avec] to get used OU accustomed to.

approbateur, trice [aprɔbatœr, tris] ◆ *adj* [regard, sourire] approving; [commentaire] supportive; **faire un signe de tête ~** to give an approving nod, to nod one's head in approval.

◇ *nm, f litt* approver, applauder.

approbatif, ive [aprɔbatif, iv] *adj* approving.

approbation [aprɔbasjɔ̃] *nf* -**1.** [assentiment] approval, approbation; **il sourit en signe d'~** he gave a smile of approval, he smiled approvingly; **rencontrer/gagner l'~ de qqn** to meet with/to win sb's approval; **sa fiancée/la nouvelle méthode a rencontré l'~ générale** his fiancee/the new method was widely approved of; **donner son ~ à un projet** to approve a plan. -**2.** [autorisation] approval; **soumettre qqch à l'~ de qqn** to submit sthg to sb for approval; **je ne peux rien faire sans son ~** I can't do anything without his approval.

approbativement [aprɔbativmɑ̃] *adv* approvingly.

approchable [aprɔʃabl] *adj* approachable, accessible; **une vedette difficilement ~** an inaccessible OU unapproachable star.

approchant, e [aprɔʃɑ̃, ɑ̃t] *adj* similar; **voici quelque chose d'~** here's something quite similar; **rien d'~** nothing like that; **il a dû le traiter d'escroc ou quelque chose d'~** he must have called him a crook or something like that OU something of the sort.

approche [aprɔʃ] *nf* -**1.** [venue] approach; **l'~ des examens** the coming of the exams, the approaching exams; **je sens l'~ de la mort** I feel that death is upon me, I have a sense of impending death. -**2.** [accès] approachability; **il est d'~ facile/difficile** he is approachable/unapproachable; **sa fiction est plus facile d'~ que son théâtre** her novels are easier to understand than her plays ❑ **travaux d'~** manoeuvring. -**3.** [conception] approach; ~ **écologique du problème** ecological approach to the problem. -**4.** IMPR [espacement] spacing; [erreur] spacing error; [signe] close-up mark. -**5.** AÉRON approach; **être en ~ (finale)** to be on one's final approach. -**6.** SPORT approach (shot).

◆ **approches** *nfpl*: **les ~s de l'aéroport** the area surrounding the airport, the vicinity of the airport.

◆ **à l'approche de** *loc prép* -**1.** [dans le temps]: **tous les ans, à l'~ de l'été** every year, as summer draws near; **à l'~ de l'épreuve, j'ai commencé à m'inquiéter** as the contest drew near, I started to worry; **à l'~ de la trentaine** as one nears OU approaches (the age of) thirty. -**2.** [dans l'espace]: **à l'~ de son père, il s'est enfui** he ran away as his father approached.

◆ **aux approches de** *loc prép* -**1.** [dans le temps]: **tous les ans, aux ~s de l'été** every year, as summer draws near; **aux ~s de l'épreuve, j'ai pris peur** as the contest drew near, I panicked. -**2.** [dans l'espace]: **aux ~s de la frontière, il y avait davantage de soldats** there were more soldiers as we approached OU neared the border.

approché, e [aprɔʃe] *adj* [idée, calcul] approximate.

approcher [3] [aprɔʃe] ◇ *vt* -**1.** [mettre plus près - lampe, chaise] to move OU to draw nearer, to move OU to draw closer; **approche un peu ton tabouret** draw OU bring your stool (a bit closer); **approche la table du mur** move OU draw the table closer to the wall; ~ **une tasse de ses lèvres** to lift OU to raise a cup to one's lips; **elle approcha ses lèvres des miennes** she put her lips close to mine; **n'approche pas ta main de la flamme** don't put your hand near the flame. -**2.** [se mettre près de] to go OU to come near; **ne l'approchez/m'approchez surtout pas!** please don't go near him/come near me! -**3.** [côtoyer - personnalité] to approach; **il n'est pas facile de l'~** she's not very approachable; **il approche les grands de ce monde** he has access to the highest levels of society.

◇ *vi* -**1.** [dans l'espace] to come OU to get nearer, to approach; **toi, approche!** you, come over here!; **on approche de Paris** we're getting near to OU we're nearing Paris; **comme nous approchions de notre destination** as we were nearing our destination; ~ **de la sainte table** OU **des sacrements** RELIG to partake of the Sacrament || *fig* to be close; **enfin nous approchons du but!** at last we're nearing our goal!; ~ **de la perfection** to be OU to come close to perfection. -**2.** [dans le temps - nuit, aube] to draw near OU on; [- événement, saison] to approach, to draw near; **on approchait de l'hiver** winter was drawing near; **il approche de la fin** he's nearing his end; **quand on approche de la cinquantaine** as one nears OU approaches (the age of) fifty.

◆ **s'approcher** *vpi* [se mettre plus près]: **approche-toi** come here OU closer; **s'~ de** to approach, to near; **s'~ de qqn** to come close to sb, to come up to sb; **s'~ de qqch** to go near sthg; **qu'elle ne s'approche pas trop du bord** see that she doesn't go too near the edge; **on s'approche de la côte** we're nearing OU approaching the coast.

◆ **s'approcher de** *vp + prép* [correspondre à] to be OU to come close to; **leurs thèses s'approchent beaucoup des nôtres** their ideas are very close to ours; **vos descriptions ne s'approchent pas du tout de la réalité** your descriptions bear no resemblance to the facts.

approfondi, e [aprɔfɔ̃di] *adj* thorough, detailed, extensive; **une connaissance ~e de la**

langue a thorough command OU knowledge of the language.

approfondir [32] [aprɔfɔ̃dir] *vt* -**1.** [creuser - puits] to deepen, to dig deeper. -**2.** [détailler - sujet, étude] to go deeper OU more thoroughly into, to delve into; **il faut ~ la question** the question needs to be examined in more detail; **tu n'approfondis jamais (les choses)** you only ever skim the surface of things; **il semblait réticent, je n'ai pas voulu ~ la question** he seemed reluctant, so I avoided pressing him on the matter; **sans ~** superficially. -**3.** [parfaire - connaissances] to improve, to deepen; **~ sa connaissance de** to improve one's knowledge of, to acquire a deeper knowledge of.

approfondissement [aprɔfɔ̃dismɑ̃] *nm* -**1.** [d'un puits] increasing the depth of, deepening. -**2.** [d'un problème]: **l'~ de l'enquête pourrait le compromettre** a more thorough investigation might compromise him; **l'~ de la question est réservé au deuxième volume** a more thorough examination of the issue will await volume two; **l'~ des connaissances** the deepening of one's knowledge.

appropriation [aprɔprijasjɔ̃] *nf* -**1.** JUR [saisie] appropriation; **~ de fonds** misappropriation of funds, embezzlement; **~ par violence** forcible seizure. -**2.** *sout* [adéquation] appropriateness, suitability.

approprié, e [aprɔprije] *adj* [adapté] appropriate, apposite, suitable; **mots ~s s'il en fut!** how appropriate those words were!; **un discours ~ aux circonstances** a speech appropriate OU suited to the circumstances; **on ne peut pas entrer si on n'a pas la tenue ~e** they won't let you in without the proper OU right clothes.

approprier [10] [aprɔprije] *vt* [adapter] to adapt, to suit; **il a su ~ son style à un public d'adolescents** he's managed to adapt his style to a teenage audience.

◆ **s'approprier** *vpt* to appropriate; **s'~ les biens/l'invention d'un autre** to appropriate somebody else's possessions/invention; **s'~ le pouvoir** to seize power.

approuvable [apruvabl] *adj* approvable, commendable.

approuver [3] [apruve] *vt* -**1.** [être d'accord avec - méthode, conduite] to approve of *(insép)*; **je n'approuve pas la manière dont tu les traites** I don't approve OU I disapprove of the way you treat them; **elle m'a approuvé de ne pas avoir cédé** she approved of my not giving in; **la proposition a été approuvée par tout le monde** the proposition met with OU received general approval. -**2.** [autoriser - alliance, fusion] to approve, to agree to *(insép)*; [- médicament, traitement] to approve; [- contrat] to ratify; [- projet de loi] to approve, to pass; **le transfert de fonds n'a pas encore été approuvé** the transfer of funds has not yet been approved OU authorized.

approvisionnement [aprɔvizjɔnmɑ̃] *nm* -**1.** [action] supplying; **assurer l'~ d'un haut-fourneau en coke** to feed a blast furnace with coke. -**2.** [provisions] supply, provision, stock.

approvisionner [3] [aprɔvizjɔne] *vt* -**1.** [village, armée] to supply OU to provide with; **être approvisionné en électricité** to be supplied with electricity; **~ l'armée en équipement** to supply equipment to the army. -**2.** ARM to load. -**3.** BANQUE [compte] to pay (funds) into; **son compte n'a pas été approvisionné depuis six mois** no funds have been paid into her account for six months.

◆ **s'approvisionner** *vpi* [faire ses courses] to shop; **où est-ce que vous vous approvisionnez?** [individu] where do you do your shopping?; [commerce, entreprise] where do you get your supplies from?; **s'~ en** [stocker] to stock up on.

approximatif, ive [aprɔksimatif, iv] *adj* [coût, évaluation] approximate, rough; [traduction] rough; [réponse] vague.

approximation [aprɔksimasjɔ̃] *nf* -**1.** [estimation] approximation; **ce chiffre n'est qu'une ~** this is only an approximate figure OU a rough estimate. -**2.** *péj* [à peu près] generality, (vague) approximation; **à l'examen, le jury ne se contentera pas d'~s** at the exam, the examiners won't be satisfied with generalities. -**3.** MATH approximation; **calcul par ~s successives** calculus by continual approach.

approximativement [aprɔksimativmɑ̃] *adv* [environ] approximately, roughly; [vaguement] vaguely.

appt *abr écrite de* **appartement**.

appui [apɥi] *nm* -**1.** CONSTR [d'un balcon, d'un garde-fou] support; **~ de fenêtre** windowsill, window ledge. -**2.** [dans les positions du corps]: **prendre ~ sur** to lean (heavily) on; **prenant appui sur les épaules de son partenaire** leaning OU resting on his partner's shoulders || [d'un alpiniste] press hold; **trouver un ~** [pied] to gain OU to get a hold; [alpiniste] to get a purchase. -**3.** [soutien] support, backing; **apporter son ~ à une initiative** to back OU to support an initiative; **avoir l'~ de qqn** to have sb's support OU backing; **ai-je votre ~?** do I have your support?; **avoir des ~s en haut lieu** to have friends in high places || MIL support; **~ aérien/naval** air/naval support; **point d'~** strong point.

◆ **à l'appui** *loc adv*: **il a lu, à l'~, une lettre datée du 24 mai** in support of this OU to back this up, he read a letter dated 24th May; **accusation sans preuves/témoignages à l'~** charge not supported by any evidence/testimony.

◆ **à l'appui de** *loc prép* in support of, supporting; **à l'~ de ses dires** in support of OU to support what he was saying.

◆ **d'appui** *loc adj* [consonne] supporting; [voyelle] support *(épith)*.

appui(e)-bras [apɥibra] (*pl* **appuis-bras** OU **appuie-bras**) *nm* armrest.

appui(e)-tête [apɥitɛt] (*pl* **appuis-tête** OU **appuie-tête**) *nm* headrest.

appuyé, e [apɥije] *adj* [allusion] heavy; [regard] insistent.

appuyer [14] [apɥije] ◇ *vt* -**1.** [faire reposer] to lean, to rest; **~ son bras/sa main sur le dos d'une chaise** to rest one's arm/hand on the back of a chair; **le vélo était appuyé contre la grille** the bicycle was resting OU leaning against the railings. -**2.** [faire peser]: **appuie ta main sur le couvercle** press down on the lid. -**3.** [étayer] to support; **mur appuyé sur des contreforts** wall supported by buttresses. -**4.** [donner son soutien à - candidat, réforme] to back, to support; **la police, appuyée par l'armée** the police, backed up OU supported by the army. -**5.** [fonder] to ground, to base; **~ son raisonnement sur des faits** to base one's argument on OU to ground one's argument in facts.

◇ *vi* -**1.** [exercer une pression] to press, to push down; **il faut ~ de toutes ses forces** you have to press as hard as you can; **~ sur** [avec le doigt] to press, to push; [avec le pied] to press down on; **~ délicatement sur l'endroit sensible** to press gently on the sore spot; **~ sur la gâchette** to pull the trigger; **appuie sur le 3ᵉ étage** *fam* [dans un ascenseur] press OU push the button for the third floor; **il faut ~ dessus de toutes tes forces** you have to press down on it as hard as you can ❑ **~ sur la chanterelle** to hammer a point home, to rub it in. -**2.** [insister]: **~ sur** [mot] to stress, to emphasize; [note] to sustain. -**3.** AUT: **~ sur la droite/la gauche** to bear right/left; **~ sur la pédale de frein** to brake; **~ sur la pédale** to put one's foot down *Br*, to step on the gas *Am*. -**4.** ÉQUIT: **~ sur le mors** to hang on the bit.

◆ **s'appuyer**▽ *vpt* to have to put up with; **je me suis appuyé deux heures de voiture pour te voir** I put up with two hours' driving just to see you; **qui c'est qui va encore s'~ le ménage?** guess who's going to get landed *Br* OU stuck *Am* with the housework again?

◆ **s'appuyer à, s'appuyer contre** *vp + prép* [physiquement] to lean OU to rest on; **il entra, s'appuyant à son bras** he came in leaning on her arm; **s'~ contre la rampe** to lean against the banister; **le voilà, appuyé sur sa canne** there he is, leaning on his stick.

◆ **s'appuyer sur** *vp + prép* [ami] to lean OU to depend OU to rely on; [amitié, aide] to count OU to rely on; [témoignage] to rely on; **ce récit s'appuie sur une expérience vécue** this story is based on a real-life experience.

apr. *abr écrite de* **après**.

apraxie [apraksi] *nf* apraxia.

apraxique [apraksik] ◇ *adj* apraxic.

◇ *nmf* apraxia sufferer.

âpre [apr] *adj* -**1.** [âcre - goût] sour; [- vin] rough. -**2.** [rude - voix, hiver, vie, froid] harsh; [féroce - concurrence, lutte] bitter, fierce; **~ au gain** *péj* greedy, money-grabbing.

aprèm *fam* [aprɛm] (*abr de* **après-midi**) *nm* OU *nf* afternoon; **à cet ~!** see you this afternoon!

âprement [aprəmɑ̃] *adv* [sévèrement] bitterly, harshly; **on me l'a ~ reproché** I was harshly OU bitterly criticized for it; **se battre ~** to fight bitterly OU ferociously; **cette victoire fut ~ disputée** it was a fiercely contested victory.

après [aprɛ] ◇ *prép* -**1.** [dans le temps] after; **~ le départ de Paul** after Paul left; **~ (le) dîner** after dinner; **je prendrai un café ~ le déjeuner** I'll have a coffee after lunch; **le but a été marqué ~ deux minutes de jeu** the goal was scored two minutes after kick-off; **530 ~ Jésus-Christ** 530 A.D.; **c'était peu ~ 3 h** it was shortly OU soon after 3 o'clock; **c'était bien ~ son départ** it was a long time OU good while after he left; **~ toutes ses promesses, voilà qu'elle change d'avis!** after all her promises, she's now changed her mind!; **qu'est-ce qu'il fait froid aujourd'hui, ~ le beau temps qu'on a eu hier!** *fam* it's so cold today, after yesterday's fine weather OU when you think how nice the weather was yesterday!; **~ cela, que prendrez-vous?** what would you like after that?; **tu le contredis en public, et ~ ça tu t'étonnes qu'il te persécute!** you contradict him publicly (and) then you're surprised to find that he persecutes you; **~ ça, il ne te reste plus qu'à aller t'excuser** the only thing you can do now is apologize; **~ quoi, nous verrons** then we'll see; **~ ce qu'il m'a fait, je ne lui parlerai plus jamais** after what he did to me, I'll never speak to him again; **~ avoir dîné, ils bavardèrent** after dining OU after dinner they chatted; **~ avoir salué l'assistance, elle prit la parole** having bowed OU after bowing to the audience, she spoke; **jour ~ jour** day after day; **page ~ page, le mystère s'épaissit** the mystery gets deeper by the page. -**2.** [dans l'espace] after; **~ le pont, la route bifurque** after the bridge the road forks; **la gare est ~ le parc** the station is past OU after the park; **~ la fontaine, tournez à gauche** turn left after the fountain || [sur] *fam*: **son foulard est resté accroché ~ les ronces** his scarf got caught on the brambles. -**3.** [dans un rang, un ordre, une hiérarchie]: **~ les livres, il aime la musique** after books, music is his second love; **~ vous, je vous en prie** after you; **vous êtes ~ moi** [dans une file d'attente] you're after me; **il était juste ~ moi dans la file** he was just behind me in the queue; **quelle lettre vient ~ w?** which letter comes (next) after w?; **il fait passer ma carrière ~ la sienne** my career comes after his OU takes second place to his, according to him; **le travail passe ~ la santé** health is more important than work. -**4.** [indiquant un mouvement de poursuite, l'attachement, l'hostilité]: **courir ~ qqn** to run after sb; **le chien aboie ~ les passants** the dog barks at the passers-by; **crier ~ qqn** to shout at sb; **il est furieux ~ toi** he's furious with you; **s'énerver ~ qqch** to get angry with sthg; **il est constamment ~ moi** [me surveille] he's always breathing down my neck; [me harcèle] he's always nagging (at) OU going on at me; **ils sont ~ une**

invitation, c'est évident it's obvious they're angling for OU they're after an invitation; **être ~ une bonne affaire** to be on to a bargain; **demander ~ qqn** to ask after sb.
◇ *adv* -**1.** [dans le temps]: **un mois ~** a month later; **aussitôt ~** right OU straight OU immediately after OU afterwards; **bien ~** a long OU good while after, much later; **longtemps ~** a long time after OU afterwards; **peu ~** shortly after OU afterwards; **garde tes forces pour ~** conserve your strength for afterwards OU later; **nous sommes allés au cinéma et ~ au restaurant** we went to the cinema and then to a restaurant ❑ **~ on ira dire que je suis avare!** and then people will say I'm mean!; **~, tu ne viendras pas te plaindre!** don't come moaning to me afterwards!; **et ~?** [pour demander la suite] and then what?; [marquant l'indifférence] so what?; **et ~? qu'a-t-il fait?** and then what did he do?; **et ~? qu'est-ce que ça peut faire?** *fam* so what? who cares?; **il menace de démissionner? et ~?** so he's threatening to resign, so what? -**2.** [dans l'espace] after; **vous tournez au feu, c'est tout de suite ~** you turn at the lights, and it's just after. -**3.** [dans un rang, un ordre, une hiérarchie] next; **qui est ~?** [dans une file d'attente] who's next?; **et qu'est-ce qui vient ~?** and what's next?; **passer ~** to be secondary; **il n'y a que l'argent qui t'intéresse, l'amour passe ~** you're only interested in money, love takes second place.
◆ **après coup** *loc adv* afterwards, later; **c'est ~ coup que j'ai compris** it was only later OU afterwards that I understood; **il n'a réagi qu'~ coup** it wasn't until afterwards that he reacted; **laissez les journalistes parler, nous démentirons ~ coup** let the press talk, we'll deny it all afterwards OU later; **n'essaie pas d'inventer une explication ~ coup** don't try to invent an explanation after the event.
◆ **après que** *loc conj (suivi de l'indicatif)* after; **~ qu'il eut terminé,...** after he had finished...; **je te dirai ce que j'en pense ~ que tu auras décidé** I'll tell you what I think after you've made a decision ‖ *(suivi du subjonctif)*: **je me suis couché ~ que tu aies téléphoné** I went to bed after you phoned.
◆ **après tout** *loc adv* after all; **~ tout, ça n'a pas beaucoup d'importance** after all, it's not particularly important; **il peut bien venir, ~ tout, s'il veut** he can come, after all, if he wants; **débrouille-toi tout seul, ~ tout!** just sort it out by yourself!
◆ **d'après** ◇ *loc prép* -**1.** [introduisant un jugement] according to; **d'~ moi** in my opinion; **d'~ eux** in their opinion, according to them; **alors, d'~ vous, qui va gagner?** so who do you think is going to win?; **d'~ les informations qui nous parviennent** from OU according to the news reaching us; **d'~ ce que je sais** from what I know; **d'~ ce qu'elle dit** from what she says; **d'~ mon expérience** in my experience. -**2.** [introduisant un modèle, une citation]: **d'~ Tolstoï** adapted from Tolstoy; **peint d'~ nature** painted from life; **d'~ une idée originale de...** based on OU from an original idea by...
◇ *loc adj* -**1.** [dans le temps] following, next; **le jour d'~, il était là** the following OU next day, he was there; **l'instant d'~** the next moment. -**2.** [dans l'espace] next; **je descends à la station d'~** I'm getting off at the next station; **la maison d'~ est la nôtre** the next house is ours; **la poste? c'est juste la rue d'~** the post office? it's the next street.

après-coup [aprɛku] (*pl* **après-coups**) *nm* aftereffect PSYCH.

après-demain [aprɛdmɛ̃] *adv* the day after tomorrow; **~ matin/soir** the day after tomorrow in the morning/evening.

après-dîner [aprɛdine] (*pl* **après-dîners**) *nm* evening; **discours d'~** after-dinner speech.

après-guerre [aprɛgɛr] (*pl* **après-guerres**) *nm* OU *nf* post-war era OU period; **le théâtre d'~** post-war drama.

après-midi [aprɛmidi] *nm inv* OU *nf inv* afternoon; **en début/fin d'~** early/late in the afternoon; **à 2 h de l'~** at 2 (o'clock) in the afternoon, at 2 p.m.

après-rasage [aprɛrazaʒ] (*pl* **après-rasages**)
◇ *adj inv* aftershave *(épith).*
◇ *nm* aftershave (lotion).

après-ski [aprɛski] (*pl* **après-skis**) *nm* -**1.** [botte] snow boot. -**2.** [activités] après-ski.

après-soleil [aprɛsɔlɛj] (*pl* **après-soleils**) *nm* aftersun cream.

après-vente [aprɛvɑ̃t] *adj inv* after-sales; **service ~** after-sales service.

âpreté [aprəte] *nf* -**1.** [âcreté] sourness. -**2.** [dureté - d'un ton, d'une voix] harshness, roughness; [- d'une saison] harshness, rawness; [- d'un reproche] bitterness, harshness; **combattre avec ~** to struggle bitterly OU grimly; **défendre avec ~ son territoire** to fight for one's territory to the bitter end.

a priori [aprijɔri] ◇ *adj inv* PHILOS a priori.
◇ *loc adv* in principle.
◇ *nm inv* [préjugé] preconception, preconceived idea; **avoir un ~ favorable envers qqn** to be biased OU prejudiced in favour of sb; **juger sans ~** to judge impartially, to be an unbiased judge.

apriorisme [aprijɔrism] *nm* apriorism.

aprioriste [aprijɔrist] ◇ *adj* based on preconceptions, biased.
◇ *nmf person with preconceived ideas.*

à-propos [aprɔpo] *nm inv* aptness, relevance; **votre remarque manque d'~** your remark is not relevant OU to the point; **intervenir avec ~** to intervene opportunely OU at the right time; **quelle que soit la situation, il réagit avec ~** whatever the situation, he always does OU says the right thing; **faire preuve d'~** to show presence of mind.

apside [apsid] *nf* apsis; **les ~s** the apsides.

apte [apt] *adj*: **~ à qqch** [par sa nature] fit for OU suited to sthg; [par ses qualifications] qualified for sthg; **~ (au service militaire)** fit (for military service); **~ à faire qqch** [par sa nature] suited to doing sthg; [par ses qualifications] qualified to do sthg; **être ~ à remplir une fonction** to be suited to a position; **est-elle ~ à conduire un autobus?** is she qualified to drive a bus?

aptère [aptɛr] *adj* apteral.

aptéryx [apteriks] *nm* apteryx, kiwi (bird).

aptitude [aptityd] *nf* [capacité] ability, aptitude; **~ à assimiler les langues** ability to learn OU aptitude for learning foreign languages; **il n'a aucune ~ dans ce domaine** he has OU shows no aptitude in that direction; **avoir une ~ au bonheur/à la patience** to have a capacity for happiness/for patience.
◆ **aptitudes** *nfpl*: **~s (intellectuelles)** abilities; **avoir/montrer des ~s en langues** to have/to show a gift for languages.

apurement [apyrmɑ̃] *nm* auditing, balancing.

apurer [3] [apyre] *vt* to audit, to balance.

aquacole [akwakɔl] *adj* aquicultural.

aquaculture [akwakyltyr] *nf* -**1.** [élevage] aquaculture, fish farming. -**2.** [technique] aquaculture, hydroponics *(sg).*

aquafortiste [akwafɔrtist] *nmf* etcher.

aquaplanage [akwaplanaʒ] = **aquaplaning**.

aquaplane [akwaplan] *nm* -**1.** [activité] aquaplaning. -**2.** [planche] aquaplane.

aquaplaning [akwaplaniŋ] *nm* aquaplaning AUT.

aquarelle [akwarɛl] *nf* [tableau] watercolour; **peindre à l'~** to paint in watercolours.

aquarelliste [akwarelist] *nmf* watercolourist.

aquariophile [akwarjɔfil] *nmf* aquarist.

aquarium [akwarjɔm] *nm* -**1.** [décoratif] fish tank, aquarium. -**2.** [au zoo] aquarium; **~ d'eau de mer** oceanarium.

aquatinte [akwatɛ̃t] *nf* aquatint.

aquatique [akwatik] *adj* aquatic, water *(épith).*

aquavit [akwavit] *nm* aquavit.

aqueduc [akdyk] *nm* -**1.** [conduit] aqueduct. -**2.** ANAT duct.

aqueux, euse [akø, øz] *adj* -**1.** ANAT & CHIM aqueous. -**2.** [plein d'eau] watery.

aquifère [akɥifɛr] *adj* water-bearing, aquiferous *spéc.*

aquilin [akilɛ̃] *adj m* aquiline.

aquilon [akilɔ̃] *nm litt* north wind.

aquitain, e [akitɛ̃, ɛn] *adj* from Aquitaine, Aquitaine *(épith).*
◆ **Aquitain, e** *nm, f inhabitant of or person from Aquitaine.*
◆ **Aquitaine** *npr f*: **(l')** Aquitaine Aquitaine.

AR -**1.** *abr écrite de* **accusé de réception**. -**2.** *abr écrite de* **arrière**.

AR, A-R (*abr écrite de* **aller-retour**) R.

ara [ara] *nm* macaw.

arabe [arab] *adj* [cheval, pays] Arab, Arabian; **chiffres ~s** Arabic numerals, Arabics.
◆ **Arabe** *nmf* Arab.
◆ **arabe** *nm* LING Arabic; **~ dialectal/littéral** vernacular/written Arabic.

ARABE:
Note that in a French context this word usually refers to people from North Africa, and often has racist connotations.

---

arabesque [arabɛsk] *nf* BX-ARTS & DANSE arabesque.

arabica [arabika] *nm* arabica.

Arabie [arabi] *npr f*: **(l')** ~ Arabia; **(l')** ~ **Saoudite** Saudi Arabia.

arabique [arabik] *adj* arabic; **gomme ~** gum arabic.

arabisant, e [arabizɑ̃, ɑ̃t] ◇ *adj* Arabic.
◇ *nm, f* Arabist, Arabic scholar.

arabisation [arabizasjɔ̃] *nf* arabization.

arabiser [3] [arabize] *vt* to arabize, to arabicize.

arabisme [arabism] *nm* Arabism.

arable [arabl] *adj* arable.

arabophone [arabɔfɔn] ◇ *adj* Arabic-speaking.
◇ *nmf* Arabic speaker.

arachide [araʃid] *nf* peanut, groundnut.

arachnéen, enne [arakneɛ̃, ɛn] *adj* -**1.** *litt* [dentelle] gossamer *(épith)*, gossamery. -**2.** ZOOL arachnidan.

arachnide [araknid] *nm* arachnid.

arachnoïde [araknɔid] *nf* arachnoid.

arachnoïdien, enne [araknɔidjɛ̃, ɛn] *adj* arachnoid.

Aragon [aragɔ̃] *npr m*: **(l')** ~ Aragon.

araignée [areɲe] *nf* -**1.** ZOOL spider; **~ d'eau** water spider; **~ (de mer)** spider crab; **avoir une ~ au plafond** *fam hum* to have bats in the belfry; **~ du matin, chagrin, ~ du soir, espoir** *prov seeing a spider in the morning brings bad luck, seeing one in the evening brings good luck.* -**2.** PÊCHE gill net.

araire [arɛr] *nm* swing-plough.

arak [arak] *nm* arak, arrack.

Aral [aral] *npr* → **mer**.

araméen, enne [arameɛ̃, ɛn] *adj* Aramaic, Aramean, Aramaean.
◆ **Araméen, enne** *nm, f* Aramean, Aramaean.
◆ **araméen** *nm* LING Aramaic.

Ararat [ararat] *npr* → **mont**.

arasement [arazmɑ̃] *nm* -**1.** CONSTR [égalisation - d'un mur] levelling; [- d'une planche] planing down; [assise] levelling course. -**2.** GÉOL erosion.

araser [3] [araze] *vt* -**1.** [égaliser - mur] to level, to make level OU flush; [- planche] to plane down *(sép).* -**2.** GÉOL to erode.

aratoire [aratwar] *adj* ploughing.

araucaria [arɔkarja] *nm* monkey puzzle (tree), araucaria *spéc.*

arbalète [arbalɛt] *nf* crossbow.

arbalétrier [arbaletrije] *nm* -**1.** [soldat] crossbowman. -**2.** ORNITH black martin. -**3.** CONSTR rafter.

arbitrable [arbitrabl] *adj* arbitrable.

arbitrage [arbitraʒ] *nm* -**1.** JUR arbitration; **recourir à l'~** to go to arbitration; **soumettre un**

différend à un ~ to refer a dispute to arbitration; **trancher par ~** to settle by arbitration. -**2.** SPORT [gén] refereeing; [au volley-ball, tennis, cricket] umpiring. -**3.** BOURSE arbitrage.

arbitraire [arbitrɛr] ◇ *adj* [choix, arrestation] arbitrary; **c'est totalement ~!** it's totally unjustified!
◇ *nm* arbitrariness, arbitrary nature.

arbitrairement [arbitrɛrmɑ̃] *adv* arbitrarily.

arbitral, e, aux [arbitral, o] *adj* -**1.** JUR arbitral. -**2.** SPORT: **décision ~e** referee's OU umpire's decision.

arbitralement [arbitralmɑ̃] *adv* by arbitration.

arbitre [arbitr] *nm* -**1.** JUR arbiter, arbitrator; **exercer un rôle d'~** to act as arbitrator, to arbitrate. -**2.** SPORT [gén] referee; [au volley-ball, tennis, cricket] umpire. -**3.** PHILOS: **libre ~** free will.

arbitrer [3] [arbitre] *vt* -**1.** [différend] to arbitrate, to settle by arbitration. -**2.** SPORT [gén] to referee; [au volley-ball, tennis, cricket] to umpire. -**3.** BOURSE [valeurs] to carry out an arbitrage operation on.

arboré, e [arbɔre] *adj Belg* planted with trees, wooded, arboreous *spéc.*

arborer [3] [arbɔre] *vt* -**1.** [porter - veste, insigne] to sport, to wear; [- drapeau] to bear, to display. -**2.** [afficher - sourire] to wear; [- manchette, titre] to carry.

arborescence [arbɔresɑ̃s] *nf* arborescence.

arborescent, e [arbɔresɑ̃, ɑ̃t] *adj* arborescent.

arboretum [arbɔretɔm] *nm* arboretum.

arboricole [arbɔrikɔl] *adj* -**1.** HORT arboricultural. -**2.** ZOOL tree-dwelling, arboreal *spéc.*

arboriculteur, trice [arbɔrikyltœr, tris] *nm, f* tree grower, arboriculturist *spéc.*

arboriculture [arbɔrikyltyr] *nf* arboriculture; **~ fruitière** cultivation of fruit trees.

arborisation [arbɔrizasjɔ̃] *nf* arborization.

arborisé [arbɔrize] *adj Helv*: **une plaine ~e** a plain dotted with trees.

arbouse [arbuz] *nf* arbutus berry.

arbousier [arbuzje] *nm* arbutus.

arbre [arbr] *nm* -**1.** BOT tree; **~ d'agrément** OU **d'ornement** ornamental tree; **~ d'amour** OU **de Judée** Judas tree; **~ à caoutchouc** rubber tree; **~ fruitier** fruit tree; **~ généalogique** family tree; **faire son ~ généalogique** to draw up one's family tree; **~ de Moïse** pyracantha; **~ de Noël** Christmas tree; **~ à pain** breadfruit; **~ de la science du bien et du mal** BIBLE tree of knowledge; **faire l'~ fourchu** to walk on one's hands; **abattre** OU **couper l'~ pour avoir le fruit** to kill the goose that lays the golden egg; **entre l'~ et l'écorce il ne faut pas mettre le doigt** one shouldn't get involved in other people's family quarrels; **les ~s cachent la forêt** you can't see the wood *Br* OU forest *Am* for the trees. -**2.** MÉCAN shaft; **~ moteur** OU **de couche** engine shaft; **~ à cames** camshaft; **~ de transmission** drive OU propeller shaft.
◆ **arbre de vie** *nm* -**1.** BOT thuya. -**2.** ANAT arbor vitae. -**3.** BIBLE tree of life.

arbrisseau, x [arbriso] *nm* shrub; **plantation** OU **parterre d'~x** shrubbery.

arbuste [arbyst] *nm* shrub, bush.

arbustif, ive [arbystif, iv] *adj* shrubby.

arc [ark] *nm* -**1.** ARM bow. -**2.** MATH arc; **~ de cercle** arc of a circle; **être assis en ~ de cercle** to be seated in a semi-circle. -**3.** ANAT arch; **~ aortique** arch of the aorta. -**4.** PHYS: **~ électrique** electric arc. -**5.** ARCHIT arch; **~ brisé** pointed arch; **~ en fer à cheval/en plein cintre** horseshoe/semicircular arch; **~ en ogive** ogee arch; **~ surbaissé/surhaussé** depressed/raised arch; **~ de triomphe** triumphal arch; **l'~ de triomphe (de l'Étoile)** the Arc de Triomphe.
◆ **à arc** *loc adj* [lampe, soudure] arc *(épith).*

arcade [arkad] *nf* -**1.** ARCHIT archway; **des ~s** arches, an arcade; **une ~ de verdure** a leafy vault. -**2.** ANAT arch; **~ sourcilière** arch of the eyebrows. -**3.** *Helv* [boutique] shop.

Arcadie [arkadi] *npr f*: **(l') ~** Arcadia.

arcadien, enne [arkadjɛ̃, ɛn] *adj* Arcadian.
◆ **Arcadien, enne** *nm, f* Arcadian.

arcane [arkan] *nm* [secret] mystery, arcanum *litt*; **les ~s de la politique/de la science** the mysteries of politics/of science.

arc-boutant [arkbutɑ̃] (*pl* **arcs-boutants**) *nm* flying buttress.

arc-boutement [arkbutmɑ̃] (*pl* **arcs-boutements**) *nm* buttressing.

arc-bouter [3] [arkbute] *vt* [mur] to buttress.
◆ **s'arc-bouter** *vpi* to brace o.s.; **s'arc-boutant des deux jambes** bracing himself with both legs; **s'~ contre un mur** to brace one's back against a wall.

arceau, x [arso] *nm* -**1.** ARCHIT arch (of vault). -**2.** MÉD cradle.

arc-en-ciel [arkɑ̃sjɛl] (*pl* **arcs-en-ciel**) *nm* rainbow.

archaïque [arkaik] *adj* -**1.** [vieux] archaic, outmoded, antiquated. -**2.** BX-ARTS & LING archaic.

archaïsant, e [arkaizɑ̃, ɑ̃t] ◇ *adj* archaistic.
◇ *nm, f* archaist.

archaïsme [arkaism] *nm* [mot] archaism, archaic term; [tournure] archaism, archaic turn of phrase.

archange [arkɑ̃ʒ] *nm* archangel.

arche [arʃ] *nf* -**1.** ARCHIT arch; **la Grande Arche (de la Défense)** *large office block at la Défense near Paris, shaped like a square archway.* -**2.** RELIG ark; **l'~ d'alliance** the Ark of the Covenant; **l'~ de Noé** Noah's Ark; **l'~ sainte** the Holy Ark.

archéologie [arkeɔlɔʒi] *nf* archeology, archaeology.

archéologique [arkeɔlɔʒik] *adj* archeological, archaeological.

archéologue [arkeɔlɔg] *nmf* archeologist, archaeologist.

archer [arʃe] *nm* archer, bowman.

archet [arʃɛ] *nm* -**1.** MUS bow; **avoir un excellent coup d'~** to be an outstanding violonist. -**2.** TECH bow-saw.

archétype [arketip] *nm* -**1.** [symbole] archetype. -**2.** BIOL prototype.

archevêché [arʃəveʃe] *nm* -**1.** [fonction, territoire] archbishopric. -**2.** [palais] archbishop's palace.

archevêque [arʃəvɛk] *nm* archbishop.

archidiacre [arʃidjakr] *nm* archdeacon.

archidiocésain, e [arʃidjɔsezɛ̃, ɛn] *adj* archdiocesan.

archidiocèse [arʃidjɔsɛz] *nm* archdiocese.

archiduc [arʃidyk] *nm* archduke.

archiduchesse [arʃidyʃɛs] *nf* archduchess.

ARCHIDUCHESSE:
This word is familiar to many French people as part of a famous tongue twister: «les chaussettes de l'archiduchesse sont-elles sèches? Oui, archisèches».

---

archiépiscopal, e, aux [arʃiepiskɔpal, o] *adj* archiepiscopal.

archiépiscopat [arʃiepiskɔpa] *nm* archiepiscopate.

archimandrite [arʃimɑ̃drit] *nm* archimandrite.

Archimède [arʃimɛd] *npr* Archimedes; **principe d'~** Archimedes' principle; **vis d'~** Archimedes' OU Archimedean screw.

archipel [arʃipɛl] *nm* archipelago; **l'~ frison** the Frisian Islands; **l'~ de la Sonde** the Sunda Islands ❑ **'l'Archipel du Goulag'** *Soljenitsyne* 'The Gulag Archipelago'.

archipresbytéral, e, aux [arʃiprɛsbiteral, o] *adj* archpriestly.

archiprêtre [arʃiprɛtr] *nm* archpriest.

architecte [arʃitɛkt] *nmf* -**1.** ARCHIT architect; **avoir un diplôme d'~** to have a degree in architecture ❑ **~ d'intérieur** interior designer; **~ naval** naval architect; **~ paysagiste** landscape architect; **~ urbaniste** town planner *Br*, city planner *Am*. -**2.** *fig*: **l'~ de la réforme** the architect of the reform.

architectonique [arʃitɛktɔnik] *nf* architectonics *(sg).*

architectural, e, aux [arʃitɛktyral, o] *adj* architectural.

architecture [arʃitɛktyr] *nf* -**1.** [art, style] architecture; **~ d'intérieur** interior design. -**2.** [structure - d'une œuvre d'art] structure, architecture. -**3.** INF architecture.

architecturer [3] [arʃitɛktyre] *vt* to structure; **un exposé bien architecturé** a well-structured talk.

architrave [arʃitrav] *nf* architrave.

architravée [arʃitrave] *nf* architraved cornice.

archivage [arʃivaʒ] *nm* filing OU storing (away).

archiver [3] [arʃive] *vt* [document, revue] to file OU to store (away).

archives [arʃiv] *nfpl* -**1.** [documents] archives, records; **~ familiales** family records. -**2.** [lieu] record office; **les Archives nationales** the French Historical Archives, ≃ the Public Record Office *Br*, ≃ the National Archives *Am*.
◆ **d'archives** *loc adj* library *(épith)*; **document/images d'~** TV library document/pictures.

archiviste [arʃivist] *nmf* archivist.

archivolte [arʃivɔlt] *nf* archivolt.

archonte [arkɔ̃t] *nm* archon.

arçon [arsɔ̃] *nm* saddletree.

arctique [arktik] *adj* Arctic; **le cercle polaire ~** the Arctic Circle.
◆ **Arctique** *npr m*: **l'Arctique** the Arctic (Ocean).

Ardèche [ardɛʃ] *npr f*: **(l') ~** the Ardèche.

ardéchois, e [ardeʃwa, az] *adj* from the Ardèche.
◆ **Ardéchois, e** *nm, f inhabitant of or person from the Ardèche*; **les Ardéchois** the people of the Ardèche.

ardemment [ardamɑ̃] *adv* ardently, fervently, passionately; **désirer qqch ~** to yearn for OU to crave sthg.

ardennais, e [ardɛnɛ, ɛz] *adj* from the Ardennes.
◆ **Ardennais, e** *nm, f inhabitant of or person from the Ardennes*; **les Ardennais** the people of the Ardennes.

Ardennes [ardɛn] *npr fpl*: **les ~** the Ardennes; **noix des ~** Ardennes ham.

ardent, e [ardɑ̃, ɑ̃t] *adj* -**1.** [brûlant - chaleur] burning, scorching; [- soleil] blazing, scorching; [- fièvre] burning, raging; **un rouge ~** a fiery red. -**2.** [vif - tempérament] fiery, passionate; [- désir] ardent, eager, fervent; [- imagination] vivid, fiery. -**3.** [passionné - amant] ardent, eager, hot-blooded; [- révolutionnaire, admirateur] ardent, fervent.

ardeur [ardœr] *nf* -**1.** [fougue] passion, ardour, fervour; **soutenir une cause avec ~** to support a cause ardently OU fervently OU passionately; **il n'a jamais montré une grande ~ au travail** he's never shown much enthusiasm for work; **modérez vos ~s!** *hum* control yourself! -**2.** *litt* [chaleur] (burning) heat.

ardillon [ardijɔ̃] *nm* tongue *(of a belt buckle).*

ardoise [ardwaz] *nf* -**1.** [matière] slate; **toit d'~s** OU **en ~s** slate roof; **crayon d'~** slate-pencil. -**2.** [objet] slate; **~ magique** magic slate. -**3.** *fam* [compte] bill, slate; **mets-le sur mon ~** put it on my bill OU on the slate; **on a une ~ de 300 francs chez le boucher** we've run up a bill of 300 francs at the butcher's.

ardoisé, e [ardwaze] *adj* slate-grey.

ardoisier, ère [ardwazje, ɛr] *adj* -**1.** [contenant de l'ardoise] slaty. -**2.** [ressemblant à l'ardoise] slatelike. -**3.** [industrie, production] slate *(épith).*
◆ **ardoisier** *nm* -**1.** [exploitant] slate-quarry owner. -**2.** [ouvrier] slate-quarry worker.
◆ **ardoisière** *nf* slate quarry.

ardu, e [ardy] *adj* [difficile - problème, question] tough, difficult; [- tâche] arduous, hard.

are [ar] *nm* are, hundred square metres.

arec [arɛk] *nm* areca.

aréique [areik] *adj* with no permanent river system.

arène [arɛn] *nf* -**1.** [pour la corrida] bullring; **descendre** OU **entrer dans l'~** *fig* to enter the

fray OU the arena. -2. [sable] arenite, sand; ~ granitique granitic sand.
◆ **arènes** *nfpl* ANTIQ amphitheatre.

arénicole [arenikɔl] ◇ *adj* sanddwelling, arenicolous *spéc.*
◇ *nf* sandworm, lugworm.

aréomètre [areɔmɛtr] *nm* hydrometer.

aréopage [areɔpaʒ] *nm* learned assembly OU gathering; l'Aréopage ANTIQ the Areopagus.

aréquier [arekje] = **arec**.

arête [arɛt] *nf* -1. [de poisson] (fish) bone; cabillaud sans ~s boneless cod fillet; enlever les ~s d'un poisson to bone a fish; poisson plein d'~s fish full of bones, bony fish. -2. [angle - d'un toit] arris; [- d'un cube] edge; [- d'une voûte] groin. -3. ANAT: l'~ du nez the bridge of the nose. -4. GÉOG crest, ridge. -5. BOT beard.

arêtier [aretje] *nm* hip CONSTR.

areu [arø] *interj langage enfantin*: ~ ~ goo-goo.

arg. *abr écrite de* argus.

argent [arʒɑ̃] ◇ *nm* -1. [métal] silver. -2. [monnaie] money; avoir de l'~ to have money, to be wealthy; une famille qui a de l'~ a well-to-do family; (se) faire de l'~ to make money; pour de l'~ for money; l'~ lui fond dans les mains money just goes through his fingers ❑ ~ comptant: payer OU régler (en) ~ comptant to pay cash; accepter OU prendre qqch pour ~ comptant to take sthg at face value; ~ liquide ready cash OU money; ~ de poche pocket money; se faire de l'~ de poche to make a bit of extra money; l'~ sale dirty money; en avoir pour son ~: tu en auras pour ton ~ you'll get your money's worth, you'll get value for money; je n'en ai pas vraiment eu pour mon ~ I didn't get my money's worth, I felt rather short-changed; en être pour son ~ to end up out of pocket; jeter l'~ par les fenêtres to throw money down the drain, to squander money; l'~ n'a pas OU point d'odeur *prov* it's all money!; l'~ ne fait pas le bonheur *prov* money can't buy happiness; l'~ (trouvé) n'a pas de maître *prov* money knows no master; le temps, c'est de l'~ *prov* time is money. -3. [couleur] silver colour; la surface du lac était du plus pur ~ the surface of the lake was the purest silver. -4. HÉRALD argent.
◇ *adj inv* silver, silvery, silver-coloured; robe en lamé ~ silver lamé dress.
◆ **d'argent** *loc adj* -1. [en métal] silver *(épith).* -2. [couleur] silver, silvery, silver-coloured; des reflets d'~ silvery reflections. -3. [pécuniaire] money *(épith).* -4. [intéressé]: homme/femme d'~ man/woman for whom money matters.
◆ **en argent** *loc adj* silver *(épith).*

argentage [arʒɑtaʒ] *nm* [d'un miroir] silvering, [d'un couvert] silver-plating.

argentan [arʒɑ̃tɑ̃] *nm* German OU nickel silver.

argenté, e [arʒɑ̃te] *adj* -1. [couleur - renard] silver *(épith);* [- tempes] silver, silvery. -2. [plaqué] silver-plated, silver *(épith);* métal ~ silver plate. -3. *fam* [fortuné] well-heeled, flush; on n'était pas très ~s à l'époque we weren't very well-off OU we were rather hard up at the time.

argenter [3] [arʒɑ̃te] *vt* -1. [miroir] to silver; [cuillère] to plate, to silver-plate. -2. *litt* [faire briller]: la lune argentait la mer the moon coated the sea in silver.

argenterie [arʒɑ̃tri] *nf* silver, silverware.

argenteur [arʒɑ̃tœr] *nm* silverer, silversmith.

argentier [arʒɑ̃tje] *nm* -1. [meuble] silver cabinet. -2. *fam* le Grand ~ [ministre] the Finance Minister.

argentifère [arʒɑ̃tifɛr] *adj* silver-bearing, argentiferous *spéc.*

argentin, e[1] [arʒɑ̃tɛ̃, in] *adj* [son] silvery.

argentin, e[2] [arʒɑ̃tɛ̃, in] *adj* GÉOG Argentinian, Argentine.
◆ **Argentin, e** *nm, f* Argentinian, Argentine.

Argentine [arʒɑ̃tin] *npr f*: (l') ~ Argentina, the Argentine.

argenture [arʒɑ̃tyr] *nf* silvering.

argile [arʒil] *nf* clay; ~ grasse/réfractaire fatty/fire clay.

argileux, euse [arʒilø, øz] *adj* clayey, clayish.

argon [argɔ̃] *nm* argon.

argonaute [argɔnot] *nm* argonaut, paper nautilus.

Argonautes [argɔnot] *npr mpl*: les ~ the Argonauts.

argot [argo] *nm* slang, argot.

argotique [argɔtik] *adj* slang *(épith),* slangy.

argotisme [argɔtism] *nm* [mot] slang word; [tournure] slang expression.

argousin [arguzɛ̃] *nm arch & péj* cop; les ~s the cops.

Argovie [argɔvi] *npr f*: (l') ~ Aargau.

argovien, enne [argɔvjɛ̃, ɛn] *adj* from Aargau.
◆ **Argovien, enne** *nm, f inhabitant of or person from Aargau.*

arguer [8] [argɥe] *vt* -1. [conclure] to deduce; que peut-on ~ de ces écrits? what can we deduce from OU what conclusion can be drawn from these writings? -2. [prétexter]: ~ que... to put forward the fact that...; arguant qu'il avait une mauvaise vue pleading his poor eyesight; ~ de to use as an excuse, to plead; elle argua d'une migraine pour se retirer she pleaded a headache in order to withdraw; il s'en est tiré en arguant de son ignorance he got away with it by putting forward OU using his ignorance as an excuse.

argument [argymɑ̃] *nm* -1. [raison] argument; ses ~s his reasoning; les ~s pour/contre la réforme the arguments supporting/opposing the reform; des ~s pour et contre OU dans les deux sens pros and cons; présenter ses ~s to state one's case; avoir de bons/solides ~s to have a good/strong case; tirer ~ de qqch to use sthg as an argument. -2. COMM: ~ de vente selling point. -3. LITTÉRAT [sommaire] general description, outline.

argumentaire [argymɑ̃tɛr] *nm* COMM promotion leaflet.

argumentation [argymɑ̃tasjɔ̃] *nf* -1. [raisonnement] argumentation, rationale. -2. [fait d'argumenter] reasoning.

argumenter [3] [argymɑ̃te] ◇ *vi* -1. [débattre] to argue; ~ en faveur de/contre qqch to argue for/against sthg; ~ de qqch avec qqn to argue with sb about sthg. -2. [ergoter] to be argumentative, to quibble.
◇ *vt* [texte, démonstration] to support with (relevant) arguments; motion bien/mal argumentée impressively/poorly argued motion.

argus [argys] *nm* -1. PRESSE: l'~ de l'automobile price guide for used cars; ta voiture vaut à peine 6 000 F à l'~ the book price for your car would only be 6,000 F. -2. ORNITH argus pheasant. -3. *litt* [gardien] guardian.

argutie [argysi] *nf* quibble; ~s quibbling, hairsplitting.

aria [arja] ◇ *nm vieilli* [souci, tracas] nuisance.
◇ *nf* MUS aria.

Ariane [arjan] *npr* Ariadne; le fil d'~ Ariadne's clew.

aride [arid] *adj* -1. [sec - terre] arid, barren; [- vent] dry; [- cœur] unfeeling. -2. [difficile - sujet] arid, dull, uninteresting.

aridité [aridite] *nf* -1. [du sol] aridity, barrenness; [du vent] dryness. -2. [d'un sujet] aridity, dullness.

Ariège [arjɛʒ] *npr f*: (l') ~ the Ariège.

ariégeois, e [arjeʒwa, az] *adj* from the Ariège.
◆ **Ariégeois, e** *nm, f inhabitant of or person from the Ariège.*

ariette [arjɛt] *nf* arietta, ariette.

Arioste [arjɔst] *npr*: l'~ Ariosto.

Aristide [aristid] *npr* Aristides.

aristocrate [aristɔkrat] ◇ *adj* aristocratic.
◇ *nmf* aristocrat; des manières d'~ aristocratic manners; une famille d'~s an aristocratic family.

aristocratie [aristɔkrasi] *nf* aristocracy.

aristocratique [aristɔkratik] *adj* aristocratic; avoir du sang ~ (dans les veines) to have aristocratic blood (in one's veins), to be blue-blooded.

aristocratiquement [aristɔkratikmɑ̃] *adv* aristocratically.

aristocratisme [aristɔkratism] *nm* elitism.

aristoloche [aristɔlɔʃ] *nf* birthwort.

Aristophane [aristɔfan] *npr* Aristophanes.

Aristote [aristɔt] *npr* Aristotle.

aristotélicien, enne [aristɔtelisjɛ̃, ɛn] *adj & nm, f* Aristotelian.

aristotélisme [aristɔtelism] *nm* Aristotelianism.

arithméticien, enne [aritmetisjɛ̃, ɛn] *nm, f* arithmetician.

arithmétique [aritmetik] ◇ *adj* -1. MATH [moyenne, progression] arithmetical. -2. TECH: machine ~ adding machine.
◇ *nf* -1. [matière] arithmetic; faire de l'~ to do arithmetic. -2. [livre] arithmetic book.

arithmétiquement [aritmetikmɑ̃] *adv* arithmetically.

Arizona [arizɔna] *npr m*: l'~ Arizona.

Arkansas [arkɑ̃sas] *npr m*: l'~ Arkansas.

arlequin [arləkɛ̃] *nm* Harlequin.

Arlequin [arləkɛ̃] *npr* Harlequin.

arlequinade [arləkinad] *nf* -1. THÉÂT harlequinade. -2. *fig & péj* (piece of) buffoonery.

Arles [arl] *npr* Arles; à OU en ~ in Arles.

arlésien, enne [arlezjɛ̃, ɛn] *adj* from Arles.
◆ **Arlésien, enne** *nm, f inhabitant of or person from Arles*; les Arlésiens the people of Arles ❑ 'l'Arlésienne' *Bizet* 'l'Arlésienne'.
◆ **arlésienne** *fam nf*: sa copine/ce ministre, c'est l'~ne! does this much talked-about girlfriend/minister REALLY exist?

armada [armada] *nf* -1. [quantité]: une ~ de touristes an army of tourists; est arrivée toute une ~ de motos a whole fleet of motorbikes suddenly appeared. -2. HIST: l' (Invincible) Armada the Spanish Armada.

armagnac [armaɲak] *nm* Armagnac (brandy).

armailli [armaji] *nm Helv* shepherd *(in Fribourg).*

armateur [armatœr] *nm* [propriétaire - d'un navire] shipowner; [- d'une flotte] fleet owner; [locataire] shipper.

armature [armatyr] *nf* -1. [cadre - d'une tente, d'un abat-jour] frame; [structure - d'un exposé, d'une théorie] basis, framework. -2. CONSTR framework. -3. COUT underwiring; soutien-gorge à ~ underwired bra. -4. PHYS armature. -5. MUS key signature.

arme [arm] *nf* -1. [objet] arm, weapon; [arsenal] weapons; porter une ~ sur soi to carry a weapon ❑ l'~ chimique/nucléaire chemical/nuclear weapons; ~ blanche knife; ~ à feu firearm; rester l'~ au pied to be ready for action. -2. [armée] force, service; l'~ de l'artillerie the artillery. -3. [instrument] weapon; contre ses accusations, j'ai l'~ absolue I have the perfect counter to his accusations; le mépris n'est pas une bonne ~ psychologique contempt isn't a good psychological weapon; son sourire est une ~ fatale her smile's a deadly weapon; ~ à double tranchant *fig* double-edged sword; le pouvoir est une ~ à double tranchant power is a double-edged sword; donner à qqn des ~s contre soi to give sb weapons against o.s.; tu lui as donné une ~ contre toi you've given her a stick to beat you with ❑ passer l'~ à gauche *fam* to kick the bucket.
◆ **armes** *nfpl* -1. [matériel de guerre] arms, weapons, weaponry; porter les ~s to be a soldier; portez/présentez/reposez ~s! shoulder/present/order arms!; régler OU résoudre qqch par les ~s to settle sthg by force; tourner ses ~s contre qqn *fig* to turn (one's weapons) against sb ❑ ~s conventionnelles conventional weapons; ~s de dissuasion deterrent; ~s de guerre weapons of war, weaponry; passer qqn par les ~s to send sb to the firing squad; il a été passé par les ~s ce matin he died before the firing squad this morning; mettre bas OU déposer OU rendre les ~s to lay

down one's arms; **partir avec ~s et bagages** to leave bag and baggage. -**2.** ESCRIME fencing. -**3.** HÉRALD coat of arms.

◆ **à armes égales** *loc adv* on equal terms.

◆ **aux armes** *loc interj* to arms.

◆ **aux armes de** *loc prép* bearing the arms of HERALD.

◆ **d'armes** *loc adj*: **compagnon d'~s** comrade-in-arms; **frère d'~s** brother-in-arms; **homme d'~s** HIST man-at-arms.

armé, e [arme] *adj* CONSTR reinforced.

◆ **armé** *nm* cock.

◆ **armée** *nf* -**1.** MIL army; **être dans l'~e** to be in the army; **être à l'~e** to be doing one's military service ❑ **~e active** OU **régulière** regular army; **l'~e de l'air** the Air Force; **l'~e de mer** the Navy; **~e de métier** professional army; **~e nationale** conscript army; **~e d'occupation** army of occupation; **~e de réserve** reserves; **l'Armée rouge** the Red Army; **l'Armée du Salut** the Salvation Army; **l'~e de terre** the Army. -**2.** *fig* army, host; **~e de figurants/sauterelles** army of extras/grasshoppers.

armement [arməmɑ̃] *nm* -**1.** [militarisation - d'un pays, d'un groupe] arming. -**2.** NAUT commissioning, fitting-out. -**3.** [d'un appareil photo] winding (on); [d'un pistolet] cocking. -**4.** [armes] arms, weapons, weaponry; **limitation** OU **réduction des ~s stratégiques** strategic arms limitation.

Arménie [armeni] *npr f*: **(l')** ~ Armenia.

arménien, enne [armenjɛ̃, ɛn] *adj* Armenian.

◆ **Arménien, enne** *nm, f* Armenian.

◆ **arménien** *nm* LING Armenian.

armer [3] [arme] *vt* -**1.** MIL [guérilla, nation] to arm, to supply with weapons OU arms; **attention, il est armé!** careful, he's armed OU he's carrying a weapon!; **armé jusqu'aux dents** armed to the teeth; **armé de...** armed with...; **armé de ses lunettes/d'une loupe, il explorait la paroi rocheuse** *fig* armed with his glasses/a magnifying glass, he scrutinized the rock face; **armé de pied en cap** HIST & *pr* in full armour; *fig* (well) prepared, fully armed; ~ **qqn chevalier** to knight sb, to dub sb a knight. -**2.** [préparer] to arm; **je suis armé contre ce genre de sarcasme** I have become inured to this kind of sarcasm; **pas encore armé contre les déceptions amoureuses** as yet unprepared for coping with unhappy love affairs; **bien/mal armé contre le froid** well-protected/defenceless against the cold; **mal armé (pour lutter) contre la concurrence** defenceless in the face of competition. -**3.** ARM to cock. -**4.** PHOT to wind (on) *(sép)*. -**5.** NAUT to commission, to fit out *(sép)*. -**6.** CONSTR [béton, ciment] to reinforce. -**7.** TECH [câble] to sheathe.

◆ **s'armer** *vp (emploi réfléchi)* [prendre une arme - policier, détective] to arm o.s.; [- nation] to arm.

◆ **s'armer de** *vp + prép* -**1.** [s'équiper de - pour se défendre] to arm o.s. with; [- instruments] to equip o.s. with; **ils se sont armés de chaînes de vélo** they armed themselves with bicycle chains; **m'étant armé d'un magnétophone** having equipped myself with a tape-recorder. -**2.** *fig* [prendre] to stock up on; **s'~ de courage/patience** to muster one's courage/patience.

armistice [armistis] *nm* armistice; **(l'anniversaire de) l'Armistice** Armistice OU Remembrance Day *Br*, Veteran's Day *Am*.

armoire [armwar] *nf* wardrobe, closet *Am*; ~ **frigorifique** cold room OU store; ~ **à glace** *pr* mirrored wardrobe; **c'est une véritable ~ à glace** *fig & hum* he's a great hulk of a man, he's built like a mountain; ~ **à linge** linen cupboard OU closet; ~ **normande** large wardrobe; ~ **à pharmacie** medicine cabinet OU chest.

armoiries [armwari] *nfpl* coat of arms, armorial bearings.

◆ **aux armoiries de** *loc prép* bearing the arms of.

armorial, e, aux [armɔrjal, o] *adj* armorial.

◆ **armorial, aux** *nm* armorial.

armoricain, e [armɔrikɛ̃, ɛn] *adj* Armorican.

◆ **Armoricain, e** *nm, f* Armorican.

armorier [9] [armɔrje] *vt* to emblazon; ~ **qqch de** to emblazon sthg with.

Armorique [armɔrik] *npr f*: **(l')** ~ Armorica.

armure [armyr] *nf* -**1.** HIST armour; **vêtu de son ~** armour-clad. -**2.** [protection] defence. -**3.** TEXT weave; ~ **satin** satin-weave; ~ **toile** plain-weave.

armurerie [armyrri] *nf* -**1.** [activité] arms trade. -**2.** [magasin] armourer's, gunsmith's. -**3.** [usine] arms factory.

armurier [armyrje] *nm* -**1.** [fabricant] gunsmith, armourer. -**2.** MIL armourer.

ARN (*abr de* **acide ribonucléique**) *nm* RNA.

arnaque *fam* [arnak] *nf* swindle, rip-off; **c'est de l'~!** what a rip-off!

arnaquer *fam* [3] [arnake] *vt* -**1.** [duper] to rip off *(sép)*; ~ **qqn de 1 000 francs** to do sb out of 1,000 francs; **ton marchand de tapis nous a joliment arnaqués** that carpet seller you recommended really ripped us off. -**2.** *arg crime* [arrêter] to nab; **se faire ~ par les flics** to be nabbed by the cops.

arnaqueur *fam* [arnakœr] *nm* swindler, rip-off merchant.

arnica [arnika] *nm* OU *nf* arnica.

aromate [arɔmat] *nm* [herbe] herb; [condiment] spice; **~s** seasoning.

aromathérapie [arɔmaterapi] *nf* MED aromatherapy.

aromatique [arɔmatik] ◇ *adj* aromatic, fragrant.

◇ *nm* CHIM aromatic compound.

aromatisation [arɔmatizasjɔ̃] *nf* flavouring.

aromatiser [3] [arɔmatize] *vt* to flavour; **chocolat aromatisé au rhum** chocolate flavoured with rum, rum-flavoured chocolate.

arôme [arom] *nm* [parfum] aroma, fragrance; [goût] flavour; ~ **artificiel** artificial flavouring.

aronde [arɔ̃d] → **queue**.

arpège [arpɛʒ] *nm* arpeggio.

arpéger [22] [arpeʒe] *vt* [accord] to play as an arpeggio, to spread.

arpent [arpɑ̃] *nm arch* ≃ acre; **un petit ~ de terre** a few acres OU a patch of land.

arpentage [arpɑ̃taʒ] *nm* land-surveying, land-measuring.

arpenter [3] [arpɑ̃te] *vt* -**1.** [parcourir - quai, couloir] to pace up and down; ~ **un quai** to pace up and down a platform. -**2.** [mesurer] to survey, to measure.

arpenteur [arpɑ̃tœr] *nm*: **~-géomètre** surveyor, land-surveyor.

arpenteuse [arpɑ̃tøz] *nf* looper, measuring worm.

arpète [arpɛt] *nf* seamstress's apprentice.

arqué, e [arke] *adj* [sourcils] arched, curved; [nez] hooked; [jambes] bandy, bow *(épith)*; **aux jambes ~es** bandy-legged, bow-legged.

arquebuse [arkəbyz] *nf* arquebus, harquebus.

arquebusier [arkəbyzje] *nm* arquebusier, harquebusier.

arquer [3] [arke] ◇ *vt* [courber - planche] to bend, to curve; [- dos] to arch.

◇ *vi* ▽ [marcher] to walk; **il peut plus ~** he can't walk any more.

◆ **s'arquer** *vpi* to bend, to curve.

arr. *abr écrite de* **arrondissement**.

arrachage [araʃaʒ] *nm* [d'une plante] pulling up, uprooting; [de pommes de terre] lifting; **l'~ des mauvaises herbes** weeding.

arraché [araʃe] *nm* SPORT snatch; **gagner à l'~** *fig* to snatch a victory; **victoire à l'~** hard-won victory.

arrache-clou [araʃklu] (*pl* **arrache-clous**) *nm* carpenter's OU claw hammer.

arrachement [araʃmɑ̃] *nm* -**1.** [fait d'enlever - plante] uprooting, pulling out; [- feuille, papier peint] ripping OU tearing out. -**2.** *fig* [déchirement] wrench; **l'~ des adieux** the wrench of saying goodbye; **quitter notre pays fut un véritable ~** it was a wrench OU it was heart-rending to leave our country.

arrache-pied [araʃpje]

◆ **d'arrache-pied** *loc adv* [travailler] relentlessly.

arracher [3] [araʃe] *vt* -**1.** [extraire - clou, cheville] to pull OU to draw out *(sép)*; [- arbuste] to pull OU to root up *(sép)*; [- betterave, laitue] to lift; [- mauvaises herbes, liseron] to pull OU to weed OU to root out *(sép)*; [- poil, cheveu] to pull out *(sép)*; [- dent] to pull out *(sép)*, to draw, to extract; **se faire ~ une dent** to have a tooth out; **la machine lui a arraché un bras** she had an arm torn off by the machine; **ça arrache la gorge** *fam fig* it burns your throat; **il t'arracherait les yeux s'il savait** he'd tear OU scratch your eyes out if he knew; **des images à vous ~ le cœur** a heart-rending OU heartbreaking spectacle; ~ **son masque à qqn** to unmask sb. -**2.** [déchirer - papier peint, affiche] to tear OU to rip off *(sép)*; [- page] to tear out *(sép)*, to pull out *(sép)*; **la dernière page de mon agenda a été arrachée** the last page was torn out of my diary. -**3.** [prendre - sac, billet] to snatch, to grab; **j'ai réussi à lui ~ le pistolet des mains** [très vite] I managed to snatch the gun away OU to grab the gun from him; [après une lutte] I managed to wrest the gun from his grip ‖ [obtenir - victoire] to snatch; ~ **des aveux/une signature à qqn** to wring a confession/signature out of sb; ~ **des larmes à qqn** to bring tears to sb's eyes; ~ **un sourire à qqn** to force a smile out of sb; ~ **une parole à qqn** to get OU to squeeze a word out of sb; **pas moyen de lui ~ le moindre commentaire** it's impossible to get him to say anything. -**4.** ~ **qqn à** [le forcer à quitter] to tear OU to drag sb away from, to drag sb out of; ~ **qqn à son lit** to drag sb out of OU from his bed; **comment l'~ à son ordinateur?** how can we get OU drag him away from his computer?; **arraché très jeune à sa famille** torn from the bosom of his family at an early age *litt*; ~ **un bébé à sa mère** to take a child from its mother; ~ **qqn au sommeil** to force sb to wake up; **le sifflement de la bouilloire l'arracha à ses rêveries** the whistling of the kettle awoke him from his daydreams. -**5.** ~ **qqn à** [le sauver de] to snatch OU to rescue sb from; ~ **qqn à la mort** to snatch sb from (the jaws of) death; ~ **qqn à l'enfer du jeu** to rescue sb from the hell of gambling.

◆ **s'arracher** ◇ *vpt* -**1.** [s'écorcher]: **s'~ la peau** to scrape o.s. ❑ **cet exercice de physique, c'est à s'~ les cheveux** *fam* this physics exercise is ghastly OU is enough to drive you crazy; **s'~ les yeux** to tear OU to scratch out each other's eyes. -**2.** [se disputer - personne, héritage] to fight over *(insép)*; **les gens s'arrachaient les taxis** people were fighting over the available taxis; **on s'arrache les droits d'adaptation du roman** everybody's fighting over the film rights to the novel.

◇ *vpi* ▽ [partir]: **allez, on s'arrache!** come on, let's be off!

◆ **s'arracher à, s'arracher de** *vp + prép* to tear o.s. away from; **s'~ au sommeil** to tear o.s. from sleep; **s'~ à des rêveries** to snap out of one's daydreams; **s'~ à son travail/à son ordinateur/de son fauteuil** to tear o.s. away from one's work/computer/armchair; **elle s'arracha à son étreinte** she tore herself away OU she wrenched free from his embrace.

arracheur [araʃœr] *nm arch*: ~ **de dents** tooth puller.

arracheuse [araʃøz] *nf* lifter, grubber.

arrageois, e [araʒwa, az] *adj* from Arras.

◆ **Arrageois, e** *nm, f inhabitant of or person from Arras*; **les Arrageois** the people of Arras.

arraisonnement [arɛzɔnmɑ̃] *nm* boarding (for inspection) NAUT.

arraisonner [3] [arɛzɔne] *vt* [navire] to board (for inspection) NAUT.

arrangeable [arɑ̃ʒabl] *adj* [difficulté] which can be settled; [projet, voyage] which can be fixed OU arranged.

arrangeant, e [arɑ̃ʒɑ̃, ɑ̃t] *adj* accommodating, obliging.

arrangement [arɑ̃ʒmɑ̃] *nm* -**1.** [fait de disposer] arrangement, laying out; [résultat] arrangement, layout; modifier l'~ d'une pièce to change the arrangement OU layout of a room; l'~ des vers dans un sonnet the order of lines in a sonnet. -**2.** [accord] arrangement, settlement; parvenir à un ~ to reach an agreement, to come to an arrangement; ~ à l'amiable amicable settlement; nous avons un ~ we have an understanding; on a un ~ réciproque pour la garde des petits we have a mutual arrangement whereby we look after each other's children; c'était un ~ entre nous we'd agreed it between ourselves ❑ ~ de famille JUR family settlement *(in financial disputes)*. -**3.** MUS arrangement; ~ pour piano arrangement for (the) piano.

arranger [17] [arɑ̃ʒe] *vt* -**1.** [mettre en ordre - chignon] to tidy up *(sép)*; [- tenue] to straighten; [- bouquet] to arrange; [- chambre] to lay out *(sép)*, to arrange; c'est bien arrangé, chez toi your place is nicely decorated. -**2.** [organiser - rencontre, entrevue] to arrange, to fix; c'est Paul qui a arrangé la cérémonie/l'exposition Paul organised the ceremony/put the exhibition together. -**3.** [résoudre - dispute, conflit] to settle, to sort out *(sép)*; je vais ~ ça avec ton professeur I'll sort this out with your teacher; c'est arrangé, tu peux partir it's all settled, you're free to leave now; et mes rhumatismes n'arrangent pas les choses OU n'arrangent rien à l'affaire my rheumatism doesn't help matters either; voilà qui n'arrange pas mes affaires this is no help (to me). -**4.** MUS to arrange; ~ un morceau pour la guitare to arrange a piece for (the) guitar. -**5.** [convenir à] to suit; ce soir ou demain, comme ça t'arrange tonight or tomorrow, as it suits you OU as is convenient for you; mardi? non, ça ne m'arrange pas Tuesday? no, that's no good for me; ça m'arrange (à merveille) it suits me (down to the ground); on ne peut pas ~ tout le monde you can't please OU satisfy everybody; ce n'est pas parce que ça t'arrange de le croire que c'est vrai just because it suits you to think so doesn't mean that it's true. -**6.** *fam* [réparer - radio, réveil] to fix, to put right *(sép)*; [- chaussures, robe] to fix, to mend; je vais t'~ ça en moins de deux I'll fix this for you in no time. -**7.** [modifier - traduction, présentation] to alter, to modify; je ne t'ai jamais rien promis, tu arranges l'histoire (à ta façon) I never promised you anything, you're just twisting things; Bonaparte n'a jamais dit cela, il arrange l'histoire (à sa façon) Bonaparte never said that, he's rewriting history (to suit himself); ils ont arrangé ça entre eux they've fixed it up between them. -**8.** *fam* [maltraiter] to sort out *Br (sép)*, to work over *Am (sép)*; eh bien, on t'a joliment arrangé! well they certainly gave you a going over!

◆ **s'arranger** ◇ *vp (emploi réfléchi)*: va donc t'~! go and tidy yourself up!; elle sait s'~ she knows how to make the best of herself; il s'est encore bien arrangé/bien arrangé la figure, ton fiston! *fam iron* your son's made a fine mess of himself/his face again!

◇ *vp (emploi réciproque)* [se mettre d'accord] to come to an agreement; on trouvera bien un moyen de s'~ we'll come to some sort of an arrangement; elle et moi, nous nous arrangeons pour la garde des enfants she and I have an arrangement whereby we look after each other's children.

◇ *vpi* -**1.** [se débrouiller] to manage; je m'arrangerai, ne t'en fais pas I'll manage, don't worry; s'~ pour: arrangez-vous pour avoir l'argent, sinon... make sure OU see that you have the money, or else...; je me suis arrangé pour vous faire tous inviter I've managed to have all of you invited; on s'était arrangé pour que ce soit une surprise we'd arranged it so that it would be a surprise. -**2.** [s'améliorer - santé, temps] to improve, to get better; les choses s'arrangeront d'elles-mêmes things'll sort themselves out OU take care of themselves; ça ne risque pas de s'~ tout seul things are hardly likely to work themselves out on their own; tu ne t'arranges pas avec les années! *hum* you're not getting any better in your old age!; et Louis? — ça ne s'arrange pas! [il est plus mal] what about Louis? — he's no better!; et maintenant il veut faire construire, ça s'arrange pas! *fam* now he wants to build a house, he's completely off his rocker! -**3.** [se dérouler] to work out; comment ça s'est arrangé, tes histoires de bagnole? *fam* how did things turn out in the end after all that trouble you had with your car?; tout s'est finalement bien arrangé everything worked out all right OU fine in the end.

◆ **s'arranger avec** *vp + prép* to come to an agreement with; on s'est arrangé avec les voisins pour partager les frais we arranged to split the costs with the people next door; s'~ à l'amiable avec ses créanciers to come to an amicable agreement with one's creditors; arrange-toi avec ma mère pour les meubles see my mother about the furniture.

◆ **s'arranger de** *vp + prép* to put up OU to make do with; ce n'est peut-être pas la couleur que tu préfères, mais tu t'en arrangeras! it may not be your favourite colour but you'll just have to put up with it!; ce n'est pas confortable, mais on s'en arrange it's not comfortable, but we make do with it; il s'arrange de tout he just accepts things, he'll put up with anything.

arrangeur [arɑ̃ʒœr] *nm* arranger.

Arras [aras] *npr* Arras.

arrérages [areraʒ] *nmpl* arrears.

arrestation [arɛstasjɔ̃] *nf* arrest; procéder à une ~ to make an arrest; être en état d'~ to be under arrest; se mettre en état d'~ to place OU to put o.s. under arrest.

arrêt [arɛ] *nm* -**1.** [interruption] stopping; il a décidé l'~ du match he decided to put a stop to OU to call a halt to OU to stop the match; ~ momentané des programmes temporary blackout; annoncer l'~ des poursuites to announce that there will be no more prosecutions; l'~ se fait automatiquement it stops automatically; appuyer sur le bouton «~» press the "stop" OU "halt" button ❑ temps d'~ pause; marquer un temps d'~ to stop OU to pause for a moment; ~ de paiement stoppage of pay; ~ de travail [grève] stoppage; [congé] sick leave; [certificat] doctor's OU medical certificate. -**2.** TRANSP [pause] stop, halt; avant l'~ complet de l'appareil before the aircraft has come to a complete stop OU standstill; ce train est sans ~ jusqu'à Arcueil this train goes non-stop OU this is the through train to Arcueil; en cas d'~ entre deux gares if the train stops between stations; Brive, Brive, deux minutes d'~ this is Brive, there will be a two-minute stop; '~s fréquents' 'slow deliveries'; '~ demandé' stop requested || [lieu]: ~ (d'autobus) bus stop; je descends au prochain ~ I'm getting off at the next stop. -**3.** SPORT: faire un ~ du pied gauche FTBL to make a save with one's left foot ❑ ~ de jeu stoppage; jouer les ~s de jeu to play injury time; faire un ~ de volée RUGBY to make a mark. -**4.** CIN & TV: ~ sur image freeze frame; faire un ~ sur image to freeze a frame. -**5.** MÉD: ~ cardiaque OU du cœur cardiac arrest. -**6.** COUT: faire un ~ to fasten off; faire un ~ de mailles to cast off. -**7.** JUR [décision] judgement, ruling; rendre un ~ to deliver OU to pronounce a judgement; les ~s de la Providence *litt* the decrees of Fate ❑ ~ de mort death sentence; signer son ~ de mort *fig* to sign one's own death warrant. -**8.** [arrestation] arrest; faire ~ sur des marchandises to seize OU to impound goods.

◆ **arrêts** *nmpl* MIL arrest; mettre qqn aux ~s to put sb under arrest; être aux ~s to be under arrest ❑ ~s forcés OU de rigueur close arrest.

◆ **à l'arrêt** *loc adj* [véhicule] stationary; l'appareil est à l'~ sur la piste the aircraft is at a standstill on the runway.

◆ **d'arrêt** *loc adj* -**1.** TECH [dispositif] stopping, stop *(épith)*. -**2.** COUT: point d'~ finishing-off stitch.

◆ **en arrêt** *loc adv*: rester en ~ devant qqch to stop dead OU short before sthg; tomber en ~ [chien] to point; [personne] to stop dead OU short; je suis tombé en ~ devant un magnifique vaisselier I stopped short in front of a splendid dresser.

◆ **sans arrêt** *loc adv* continually, incessantly.

arrêté[1] [arete] *nm* -**1.** [décret] order, decree; ~ ministériel ministerial order; ~ municipal ≃ by-law; par ~ royal by royal decree. -**2.** BANQUE: ~ de compte [bilan] statement of account; [fermeture] settlement of account.

arrêté[2], **e** [arete] *adj* [opinion] fixed, set; [intention] firm.

arrêter [4] [arete] ◇ *vt* -**1.** [empêcher d'avancer - passant, taxi] to stop; arrêtez-le! il a pris mon bracelet! stop that man, he has taken my bracelet!; tu arrêteras la voiture devant l'entrée you'll stop the car in front of the entrance; la circulation est arrêtée sur la N7 traffic is held up OU has come to a standstill on the N7 (road); arrête-moi à la prochaine gare *fam* drop me off at the next station; ~ un ballon SPORT to make a save, to save a goal ❑ arrête ton char! *fam hum* [je ne te crois pas] come off it!; [arrête de te vanter] stop showing off! -**2.** [retenir - personne] to stop; [- regard] to catch, to fix, to arrest; qu'est-ce qui t'arrête? what's stopping OU holding you?; rien ne peut plus l'~ nothing can stop him now || [interrompre] to interrupt; arrêtez-moi si je parle trop vite stop me if I'm speaking too fast. -**3.** [éteindre - radio, télévision] to turn off *(sép)*; [- moteur] to stop, to switch off *(sép)*. -**4.** [mettre fin à - élan] to stop, to check; [- écoulement, saignement] to stem, to stop; [- croissance, chute] to stop, to arrest, to bring to a halt; on n'arrête pas le progrès! *fam hum* what will they think of next!; ~ les frais to stop messing about. -**5.** [abandonner - construction, publication, traitement] to stop; [- sport, chant] to give up *(sép)*; [cesser de fabriquer] to discontinue (the manufacture of); j'ai arrêté le piano/ma carrière d'acteur I gave up the piano/my acting career. -**6.** [suj: police] to arrest; se faire ~ to get arrested. -**7.** [déterminer - date, lieu] to appoint, to decide on *(insép)*, to fix; [- plan, procédure] to decide on *(insép)*, to settle on *(insép)*, to settle upon *(insép)*; ~ son choix to make one's choice. -**8.** [suj: médecin]: ~ qqn to put sb on sick leave; ça fait un mois que je suis arrêté I've been on sick leave for a month. -**9.** FIN: ~ un compte [le fermer] to close OU to settle an account; [en faire un relevé] to draw up OU to make up a statement of account. -**10.** COUT [point] to fasten off *(sép)*; ~ les mailles to cast off. -**11.** [gibier] to point.

◇ *vi*: arrête, tu me fais mal! stop it, you're hurting me!; vous allez ~ un peu, tous les deux! stop it, the pair of you!; quatre albums en un an! mais vous n'arrêtez pas! four albums in a year! you don't ever take a break, do you?; ~ de faire to stop doing; il n'a pas arrêté de neiger it hasn't stopped snowing, it's been snowing non-stop; arrête de pleurer stop crying; j'ai arrêté de fumer I've given up OU stopped smoking; ~ de se droguer to give up OU to come off drugs.

◆ **s'arrêter** *vpi* -**1.** [cesser - bruit, pluie, saignement] to stop; notre histoire ne s'arrête pas là this isn't the end of our story; les émissions s'arrêtent à 4 h broadcasting stops OU ends at 4 a.m.; s'~ de [cesser de] to stop; [renoncer à] to give up, to stop; elle s'est arrêtée de jouer en me voyant she stopped playing when she saw me; s'~ de composer/fumer to stop writing music/smoking; il s'est arrêté de travailler après son accident he stopped working after his accident; le monde ne va pas s'~ de tourner pour autant that won't stop the world from turning. -**2.** [s'immobiliser - montre] to stop; [- ascenseur] to stop, to come to a halt; [- véhicule] to stop, to come to a stop OU halt; dites au chauffeur de s'~ tell the driver to stop; une voiture vint s'~ à ma hauteur a car pulled up alongside me; s'~ net to stop dead OU short. -**3.** [faire une halte, une pause] to stop; passer sans s'~ devant qqn to pass by sb without stopping; **on va s'~ à un Restoroute** we'll stop at a motorway *Br* OU highway *Am* café; **on s'est arrêtés plusieurs fois en route** we made several stops on the way; **s'~ chez qqn** to call at sb's; **tu peux t'~ chez l'épicier en venant?** could you stop off at the grocer's on your way here?; **on va s'~ un quart d'heure** we'll stop for fifteen minutes, we'll take a fifteen-minute break; **aujourd'hui, je m'arrête à midi** today I'm stopping work at noon; **nous nous étions arrêtés à la page 56** we'd left off at page 56. -**4.** [se fixer]: **s'~ sur: son regard s'arrêta sur leur ami** his gaze fell on their friend; **notre choix s'est arrêté sur le canapé en cuir** we decided OU settled on the leather couch.

◆ **s'arrêter à** *vp + prép* [faire attention à] to pay attention to; **il ne faut pas s'~ aux apparences** one mustn't go by appearances; **s'~ à des vétilles** to pay attention to trifles.

arrêt-maladie [arɛmaladi] (*pl* **arrêts-maladies**) *nm* [congé] sick leave; [certificat] medical certificate.

arrhes [ar] *nfpl* deposit, earnest money; **verser des ~** to pay a deposit; **verser 300 francs d'~** to leave 300 francs as a deposit OU a deposit of 300 francs.

arriération [arjerasjɔ̃] *nf* backwardness, retardation.

arrière [arjɛr] ◇ *adj inv* -**1.** AUT [roue, feu] rear; [siège] back. -**2.** SPORT backward, backwards; **roulade ~** backward roll.

◇ *nm* -**1.** [d'une maison] back, rear; [d'un véhicule] rear (end), back (end); **à l'~ du véhicule** at the rear of the vehicle; **asseyez-vous à l'~** sit in the back. -**2.** SPORT [au basket-ball] guard; [au football, au rugby] back; [au volley-ball] rearline player; **jouer ~ droit/gauche** FTBL to play right/left back; **~ latéral** side back; **~ volant** sweeper; **la ligne des ~s, les ~s** the back line, the backs. -**3.** NAUT stern; **à l'~** astern; **à l'~ de** at the stern of. -**4.** MIL: **les blessés ont été transportés à l'~** the wounded were carried behind the lines.

◇ *interj*: **~!** (stand) back!

◆ **arrières** *nmpl* MIL rear; **assurer** OU **protéger ses ~s** to protect one's rear; *fig* to leave o.s. a way out OU an escape route.

◆ **en arrière** *loc adv* -**1.** [regarder] back; [se pencher, tomber] backward, backwards; **revenir en ~** [sur une route] to retrace one's steps; [avec un magnétophone] to rewind (the tape); **reviens en ~, je n'ai pas vu le début du film** rewind (the tape), I didn't see the beginning of the film; **se balancer d'avant en ~** to rock to and fro; **ramener ses cheveux en ~** to sweep one's hair back; **rester en ~** [d'un convoi, d'un défilé] to stay at the back OU rear; **ne restez pas en ~, rapprochez-vous** don't stay at the back, come closer; **en ~ toute!** NAUT full astern! -**2.** [dans le temps] back; **revenir en ~** to go back in time; **cela nous ramène plusieurs mois en ~** this takes us back several months.

◆ **en arrière de** *loc prép* behind; **rester en ~ de la colonne** MIL to fall behind (in the line); **il reste en ~ des autres élèves** he's fallen behind the other pupils; **se tenir en ~ de qqn** to stand behind sb.

arriéré, e [arjere] ◇ *adj* -**1.** [impayé - loyer, intérêt] overdue, in arrears; [- dette] outstanding. -**2.** PSYCH backward, (mentally) retarded. -**3.** *péj* [archaïque - idée, technologie] backward; **le pays est économiquement ~** the country is economically backward.

◇ *nm, f* retarded OU backward person.

◆ **arriéré** *nm* -**1.** [dette] arrears *(pl)*; **avoir 2 000 francs d'~ de loyer/d'impôts** to be 2,000 francs in arrears with one's rent/taxes; **solder un ~** to pay off arrears. -**2.** [retard] backlog; **j'ai beaucoup d'~ dans mon travail** I have a big backlog of work OU a lot of work to catch up on.

arrière-ban [arjɛrbɑ̃] (*pl* **arrière-bans**) *nm* HIST [levée] arrière-ban *(summons to the kings' vassals to do military service)*; [vassaux] vassals.

arrière-bouche [arjɛrbuʃ] (*pl* **arrière-bouches**) *nf* back of the mouth.

arrière-boutique [arjɛrbutik] (*pl* **arrière-boutiques**) *nf*: **dans mon ~** at the back of my shop *Br* OU store *Am*.

arrière-cour [arjɛrkur] (*pl* **arrière-cours**) *nf* backyard *Br*.

arrière-cuisine [arjɛrkɥizin] (*pl* **arrière-cuisines**) *nf* scullery.

arrière-fond [arjɛrfɔ̃] (*pl* **arrière-fonds**) *nm* innermost depth.

arrière-garde [arjɛrgard] (*pl* **arrière-gardes**) *nf* rearguard.

arrière-gorge [arjɛrgɔrʒ] (*pl* **arrière-gorges**) *nf* back of the throat.

arrière-goût [arjɛrgu] (*pl* **arrière-goûts**) *nm* after-taste; **ça vous laisse un ~ d'amertume** one is left with a bitter after-taste; **le vin a un petit ~ de cassis** there's an after-taste of blackcurrant to the wine.

arrière-grand-mère [arjɛrgrɑ̃mɛr] (*pl* **arrière-grands-mères**) *nf* great-grandmother.

arrière-grand-oncle [arjɛrgrɑ̃tɔ̃kl] (*pl* **arrière-grands-oncles**) *nm* great-great-uncle, great-granduncle.

arrière-grand-père [arjɛrgrɑ̃pɛr] (*pl* **arrière-grands-pères**) *nm* great-grandfather.

arrière-grands-parents [arjɛrgrɑ̃parɑ̃] *nmpl* great-grandparents.

arrière-grand-tante [arjɛrgrɑ̃tɑ̃t] (*pl* **arrière-grands-tantes**) *nf* great-great-aunt, great-grandaunt.

arrière-neveu [arjɛrnəvø] (*pl* **arrière-neveux**) *nm* great-nephew, grandnephew.

arrière-nièce [arjɛrnjɛs] (*pl* **arrière-nièces**) *nf* great-niece, grandniece.

arrière-pays [arjɛrpei] *nm inv* hinterland; **dans l'~** in the hinterland.

arrière-pensée [arjɛrpɑ̃se] (*pl* **arrière-pensées**) *nf* thought at the back of one's mind, ulterior motive; **son acceptation cachait une ~ de revanche** he accepted with a lurking idea of revenge; **sans ~s** without any ulterior motives.

arrière-petite-fille [arjɛrpətitfij] (*pl* **arrière-petites-filles**) *nf* great-granddaughter.

arrière-petit-fils [arjɛrpətifis] (*pl* **arrière-petits-fils**) *nm* great-grandson.

arrière-petits-enfants [arjɛrpətizɑ̃fɑ̃] *nmpl* great-grandchildren.

arrière-plan [arjɛrplɑ̃] (*pl* **arrière-plans**) *nm* background; **on la voit à l'~ sur la photo** she's in the background of the picture; **une vallée profonde, avec les Alpes en ~** a deep valley with the Alps in the background; **être à l'~** *fig* to remain in the background.

arrière-saison [arjɛrsɛzɔ̃] (*pl* **arrière-saisons**) *nf* end of the autumn *Br* OU fall *Am*.

arrière-salle [arjɛrsal] (*pl* **arrière-salles**) *nf* inner room, back room.

arrière-train [arjɛrtrɛ̃] (*pl* **arrière-trains**) *nm* -**1.** ZOOL hindquarters. -**2.** *hum* [fesses] hindquarters *hum*, behind.

arrimage [arimaʒ] *nm* NAUT stowage.

arrimer [3] [arime] *vt* NAUT [ranger] to stow; [attacher] to secure.

arrimeur [arimœr] *nm* stevedore.

arrivage [arivaʒ] *nm* delivery, consignment; **nous venons d'avoir un ~** we've just had a (fresh) consignment in.

arrivant, e [arivɑ̃, ɑ̃t] *nm, f* newcomer, new arrival; **il y a dix nouveaux ~s** there are ten newcomers OU new arrivals.

arrivé, e [arive] *adj* [qui a réussi] successful.

◆ **arrivée** *nf* -**1.** [venue - d'une saison, du froid] arrival, coming; [- d'un avion, d'un ami] arrival; **on attend son ~e pour le mois prochain** we're expecting him to arrive OU he's expected to arrive next month; **à mon ~e à la gare** on OU upon my arrival at the station, when I arrived at the station; **quelques mois après son ~e au pouvoir** a few months after he came to power; **on viendra t'attendre à l'~e du train** we'll be waiting for you at the station; **heure d'~** [d'un train] time of arrival; [du courrier] time of delivery. -**2.** SPORT finish. -**3.** TECH: **~e d'air/de gaz** [robinet] air/gas inlet; [passage] inflow of air/gas.

arriver [3] [arive] *(vi toujours avec aux être)*

◇ *vi* **A.** -**1.** [parvenir à destination - voyageur, véhicule, courrier] to arrive; **~ à l'école** to arrive at school, to get to school; **~ chez qqn** to arrive at sb's place; **~ chez soi** to get OU to arrive home; **~ au sommet** to reach the summit; **elle doit ~ à Lyon vers midi** she should arrive OU be in Lyons at around twelve; **dès que je suis arrivé au Canada** as soon as I arrived in OU got to Canada; **Colomb croyait être arrivé aux Indes** Columbus thought he'd reached the Indies; **le bateau arrive à quai** the ship's coming alongside the quay; **j'étais à peine arrivé que le téléphone sonna** no sooner had I arrived than the phone rang; **nous sommes bientôt** OU **presque arrivés** we're almost there; **qui est arrivé après l'appel?** [en classe] who came in after I called the register *Br* OU called roll *Am*?; **je serai chez toi dans un quart d'heure, qui est déjà arrivé?** I'll be at your place in fifteen minutes, who's already there?; **puis la police est arrivée** then the police arrived OU came; **le courrier est-il arrivé?** has the post *Br* OU mail *Am* arrived yet?; **être bien arrivé** [personne, colis] to have arrived safely; **vous voilà enfin arrivés, je m'inquiétais** [ici] here you are OU you've arrived at last, I was getting worried; [là-bas] you got there at last, I was getting worried; **si tu n'arrives pas à l'heure, je pars sans toi** [ici] if you aren't here on time, I'll go without you; [là-bas] if you don't get there on time, I'll go without you; **par où es-tu arrivée?** [ici] which way did you come?; [là-bas] which way did you take to get there?; **~ de** to have (just) come from; **ils arrivent de Tokyo** they've just arrived OU come from Tokyo; **d'où arrives-tu pour être si bronzé?** where did you get that tan?; **j'arrive tout juste de vacances** I'm just back from my holidays; **y aller sans réserver? t'arrives d'où, toi?** go there without booking? good lord, when did you last go out? -**2.** [finir - dans un classement] to come (in); **~ (le) premier** [coureur] to come in first, to take first place; [invité] to arrive first, to be the first to arrive; **~ (le) dernier** [coureur] to come in last, to take last place; [invité] to be the last to arrive; **il est arrivé cinquième au marathon** he took (the) fifth place OU came in fifth in the marathon ❑ **ils sont arrivés dans un mouchoir** it was a close finish. -**3.** [venir] to come, to approach; **je l'ai vu ~** I saw him approaching OU coming; **les voilà qui arrivent** here they come; **tu es prêt? — j'arrive tout de suite/dans une minute** are you ready? — I'm coming/I'll be with you in a minute; **j'arrive, j'arrive!** I'm coming!; **je n'ai pas vu la voiture ~** I didn't see the car (coming); **l'express arrivait en gare** the express train was pulling in; **une odeur de chocolat arrivait de la cuisine** a smell of chocolate wafted in OU came from the kitchen; **des bruits de conversation arrivaient jusqu'à nous** the sound of chatter reached us; **~ à** [personne] to come up to, to approach; [carburant, courant, eau] to get to; **on arrive au carrefour, tu vas tourner à droite** we're coming up to OU approaching the crossroads, you want to turn right; **l'essence arrive au carburateur par ce tuyau** the petrol *Br* OU gas *Am* reaches the carburettor through this pipe; **le courant/l'eau n'arrive plus** there's no more power/no more water coming through‖ *(tournure impersonnelle)*: **il est arrivé des dizaines de photographes** dozens of photographers arrived; **il arrive un train toutes les heures** there's a train every hour.

B. -**1.** [événement, jour, moment] to come; **Noël arrive bientôt** Christmas will soon be here OU with us; **le jour arrivera où...** the day will come when...; **la soixantaine/retraite est vite arrivée** sixty/retirement is soon here; **le printemps est arrivé** spring is here OU has come; **juillet est enfin arrivé!** July is here at last!; **le grand jour**

est arrivé! the big day's here at last!; l'aube arriva enfin dawn broke at last. -2. [se produire] to happen; comment est-ce arrivé? how did it happen?; un accident est si vite arrivé! accidents will happen!; ce sont des choses qui arrivent these things happen; ça n'arrive pas dans la vie it doesn't happen in real life || *(tournure impersonnelle)*: il est arrivé un accident there's been an accident; il est arrivé tant de choses depuis deux semaines so many things have happened during the last two weeks; comme il arrive souvent en pareilles circonstances as is often the case in such circumstances. -3. ~ à qqn to happen to sb; il s'est fait renvoyer – ça devait lui ~ he got fired – it was bound to happen; ce genre d'histoires n'arrive qu'à moi! these things only happen to me!; ça peut ~ à tout le monde it could happen to anyone; ça peut ~ à tout le monde de se tromper! everybody makes mistakes!; un malheur lui est arrivé something bad's happened to her; ça n'arrive pas qu'aux autres it's easy to think it'll never happen to you; ça ne t'arrive jamais d'être de mauvaise humeur? aren't you ever in a bad mood?; tu ne te décourages jamais? – si, ça m'arrive don't you ever get discouraged? – yes, from time to time; en retard? que cela ne t'arrive plus! late? don't let it happen again! || *(tournure impersonnelle)*: il m'est arrivé une histoire incroyable! something incredible happened to me!; s'il m'arrivait quelque chose, prévenez mon père if anything happens OU should anything happen to me, let my father know; pourvu qu'il ne lui soit rien arrivé! let's hope nothing's happened to her!; il m'arrive parfois de le rencontrer dans la rue sometimes I meet him in the street; il m'arrive rarement de me mettre en colère I don't get angry very often; il lui arrivait de s'enfermer des heures dans sa bibliothèque sometimes, he'd spend hours shut away in his library.

◇ *v impers*: il arrive que: ne peut-il pas ~ que l'ordinateur se trompe? couldn't the computer ever make a mistake?; il arrive bien qu'ils se disputent mais... they do quarrel sometimes OU from time to time but...; s'il arrivait que je sois OU fusse *sout* absent if I happened to be absent.

◆ **arriver à** *v + prép* -1. [niveau, taille, lieu] to come to; le bas du rideau arrive à 20 cm du sol the bottom of the curtain is 20 cm above the ground; le fil du téléphone n'arrive pas jusqu'à ma chambre the phone cord doesn't reach OU isn't long enough to reach my room; ses cheveux lui arrivent à la taille his hair comes down to his waist; ma nièce m'arrive à l'épaule my niece comes up to my shoulder; la boue m'arrivait jusqu'aux genoux the mud came up to my knees, I was knee-deep in mud; la neige nous arrivait à mi-corps the snow came up to our waists ❑ il ne lui arrive pas à la cheville he's nowhere near as good as she is; il se prend pour un nouveau Gabin mais il ne lui arrive pas à la cheville he fancies himself as a new Gabin, but he's not in the same class; les autres cirques ne nous arrivent pas à la cheville we stand head and shoulders above the other circuses. -2. [atteindre - étape, moment, stade] to come to, to reach, to get to; nous arrivons à une phase cruciale du projet we're reaching a crucial stage in our project; où (en) étions-nous arrivés la semaine dernière? [dans une leçon] where did we get up to OU had we got to last week?; arrivée à la fin de son discours when she reached the end of her speech; maintenant qu'il est arrivé au terme de son mandat now that he's come to OU reached the end of his term of office; arrivée à la fin de sa carrière/vie having reached the end of her career/life; j'arrive à un âge où... I've reached an age when... || [dans une discussion, un exposé] to come to; je suis arrivé à la conclusion suivante I've come to OU reached the following conclusion; arrivez-en au fait come OU get to the point; et ses tableaux? – j'y arrive/arrivais what about his paintings? – I'm/I was coming to that. -3. [rang, résultat] to attain, to get; [succès] to achieve; pour ~ à une meilleure rentabilité to get better results; tu as refait l'addition? – oui, j'arrive au même total que toi did you redo the calculations? – yes, I get the same results as you; alors, tu es arrivé à ce que tu voulais? so, did you get OU achieve what you wanted? || *(en usage abs)* [réussir socialement] to succeed, to be successful; si tu veux ~ if you want to get on OU to succeed in life. -4. [pouvoir, réussir à]: ~ à faire qqch to manage to do sthg, to succeed in doing sthg; tu arrives à nager le crawl? can you do the crawl?; tu n'arriveras jamais à la convaincre you'll never succeed in convincing her, you'll never manage to convince her; pour ~ à lui faire entendre raison! to get him to listen to (the voice of) reason!; je n'arrive pas à m'y habituer I just can't get used to it; il n'arrive pas à prononcer ce mot he can't pronounce this word; je ne suis pas encore arrivé à lui écrire ce mois-ci I still haven't got round to writing to him this month; je parie que tu n'y arriveras pas! I bet you won't be able to do it!; tu m'aides? je n'y arrive pas! can you help me? I can't do OU manage it!; tu n'arriveras jamais à rien you'll never get anywhere; je n'arriverai jamais à rien avec lui! I'll never be able to do anything with him! -5. *loc*: (en) ~ à qqch [en venir à]: comment peut-on en ~ au suicide? how can anybody get to the point of contemplating suicide?; j'en arrive à penser que... I'm beginning to think that...; j'en arrive parfois à me demander si... sometimes I (even) wonder if...; elle en arrive même à ne plus le souhaiter she's even starting to hope it won't happen; en ~ là: je ne veux pas me faire opérer – il faudra pourtant bien en ~ là I don't want to have an operation – you have no choice; depuis, je ne lui parle plus – c'est malheureux d'en ~ là since then, I haven't spoken to him – it's a shame when it comes to that.

arrivisme [arivism] *nm* pushiness, ambitiousness, self-seeking attitude; elle n'est entrée au comité que par ~ for her, joining the committee was just a way of furthering her career OU ambitions.

arriviste [arivist] ◇ *adj* self-seeking, careerist. ◇ *nmf* social climber, arriviste.

arrogance [arɔgɑ̃s] *nf* arrogance; parler avec ~ to speak arrogantly.

arrogant, e [arɔgɑ̃, ɑ̃t] ◇ *adj* arrogant; prendre un air ~ to take on an arrogant OU haughty air. ◇ *nm, f* arrogant person.

arroger [17] [arɔʒe]

◆ **s'arroger** *vpt sout* to assume, to arrogate (to o.s.); s'~ le droit de faire qqch to assume the right to do sthg.

arrondi [arɔ̃di] *nm* -1. COUT hemline. -2. [forme - d'une sculpture] rounded form OU shape; [- d'un parterre] circular line OU design. -3. AÉRON flaring out, flattening out. -4. INF & MATH rounding.

arrondir [32] [arɔ̃dir] *vt* -1. [rendre rond] to make into a round shape, to round (off) *(sép)*; le potier arrondit son bloc d'argile the potter rounds off his lump of clay; ~ ses lèvres devant la glace to pout in front of the mirror || [incurver] to round off *(sép)*; ~ les lignes d'un dessin to make the lines of a drawing rounder; ~ un angle de table to round off a table corner ❑ ~ les angles to smooth things over. -2. [augmenter - capital, pécule] to increase; [- patrimoine, domaine] to extend; ~ ses fins de mois *fam* to make a little extra on the side; cela m'aide à ~ mes fins de mois it keeps the wolf from the door. -3. MATH to round off *(sép)*; ~ un total au franc supérieur/inférieur to round a sum up/down to the nearest franc. -4. COUT to level (off) *(sép)*. -5. [dégrossir - style, phrase] to refine, to polish; [- parfum, goût, personnalité] to make smoother, to round out *(sép)*; arrondissez les gestes, Mesdemoiselles round out the movement, ladies.

◆ **s'arrondir** *vpi* -1. [grossir - femme enceinte, ventre] to get bigger OU rounder; [- somme] to mount up; mes économies se sont arrondies! my nest-egg is a nice size now! -2. PHON to become rounded.

arrondissage [arɔ̃disaʒ] *nm* TECH rounding.

arrondissement [arɔ̃dismɑ̃] *nm* ADMIN district *(administrative subdivision of major French cities such as Paris, Lyon or Marseilles)*.

arrosage [arozaʒ] *nm* -1. [d'un jardin] watering; [de la chaussée] spraying. -2. *fam* [corruption] bribing.

arrosé, e [aroze] *adj* -1. [pluvieux]: la région est bien ~e the area has a high rainfall. -2. [accompagné d'alcool]: le repas a été plutôt bien ~ *fam* there was plenty to drink with the meal; après un dîner un peu trop ~ *fam* after having had a bit too much to drink at dinner ❑ café ~ coffee laced with alcohol.

arroser [3] [aroze] *vt* -1. [asperger - jardin, pelouse] to water; arrosez légèrement le dessus des feuilles sprinkle some water on the tops of the leaves; ~ une voiture au jet to hose down OU to spray a car; arrête, tu m'arroses! stop it, you're spraying water (all) over me OU I'm getting wet!; se faire ~ *fam* [par la pluie] to get drenched OU soaked. -2. [inonder] to soak; attention les enfants, vous allez ~ mon parquet! careful children, you'll get my floor all wet!; ~ qqn de qqch to pour sthg over sb, to drench sb in sthg. -3. CULIN [gigot, rôti] to baste. -4. [repas]: (bien) ~ son déjeuner *fam* to drink (heavily) with one's lunch; arrosé de: une mousse de saumon arrosée d'un bon sauvignon a salmon mousse washed down with a fine Sauvignon. -5. *fam* [fêter] to drink to; promu chef d'équipe, on va ~ ça! a promotion to section leader, let's drink to that!; ~ une naissance to wet a baby's head *Br*, to drink to a new baby. -6. GÉOG: la Seine arrose Paris the river Seine runs OU flows through Paris. -7. MIL [avec des bombes] to bomb; [avec des obus] to shell; [avec des balles] to spray. -8. *fam* [corrompre] to bribe; il avait arrosé des notables he'd bribed some VIPs.

◆ **s'arroser** *fam vp (emploi passif)*: la naissance de ta fille, ça s'arrose! let's drink to your new baby daughter!

arroseur [arozœr] *nm* -1. [personne] waterer; c'est l'~ arrosé! now the boot is on the other foot! -2. [dispositif] sprinkler.

arroseuse [arozøz] *nf* water cart.

arrosoir [arozwar] *nm* watering can *Br* OU pot *Am*.

arroyo [arɔjo] *nm* arroyo.

arrt *abr écrite de* arrondissement.

arsenal, aux [arsənal, o] *nm* -1. MIL & NAUT arsenal; ils ont découvert un véritable ~ [armes] they've stumbled on a major arms cache; [bombes] they've stumbled on a bomb factory ❑ ~ maritime naval dockyard. -2. *fam* [panoplie] equipment, gear; l'~ des lois, l'~ législatif the might of the law; elle est arrivée avec l'~ du parfait chasseur she came with all the right hunting gear.

arsenic [arsənik] *nm* arsenic; 'Arsenic et vieilles dentelles' *Capra* 'Arsenic and Old Lace'.

arsenical, e, aux [arsənikal, o], **arsénié, e** [arsenje] *adj* arsenical.

arsouille▽ [arsuj] *vieilli* ◇ *adj* [allure, genre] loutish.

◇ *nmf* yob *Br*, roughneck *Am*.

art [ar] *nm* -1. BX-ARTS art; l'~ de Cézanne Cézanne's art; l'~ pour l'~ art for art's sake ❑ ~ OU ~s déco art deco; ~ figuratif/abstrait figurative/abstract art; s'intéresser à l'~ moderne/grec to be interested in modern/Greek art; ~ contemporain contemporary art; ~ minimal minimalist art; Art nouveau Art nouveau; ~ pauvre process art; cinéma OU salle d'~ et d'essai art house; grand ~: regardez cette pyramide de fruits, c'est du grand ~! look at this pyramid of fruit, it's (pure) art!; vos graffiti dans le couloir, ce n'est pas du grand ~! your graffiti in the corridor are hardly high art! **-2.** [goût] art, taste, artistry; **maison décorée avec/sans ~** house decorated with/without taste. **-3.** [connaissance] art; **découper un poulet, c'est tout un ~!** *fig* carving a chicken is quite an art! ❑ **l'~ culinaire** the art of cooking; **l'~ dramatique** dramatic art, dramatics; **l'~ de la guerre** the art of warfare; **l'~ oratoire** the art of public speaking; **l'~ poétique** poetics; **l'~ sacré, le grand ~** (the art of) alchemy; **'l'Art d'aimer'** *Ovide* 'Ars Amatoria'; **'l'Art de la fugue'** *Bach* 'The Art of the Fugue'; **'l'Art poétique'** *Boileau* 'Ars Poetica'. **-4.** [don] art, talent; **l'~ d'aimer** the art of loving; **avoir l'~ du compromis** to have mastered the art of compromise; **il a l'~ de m'énerver** he has a knack of getting on my nerves ❑ **l'~ de vivre** the art of living; **l'Orient nous apprend un nouvel ~ de vivre** from the East, we are learning a new way of living; **avoir l'~ et la manière** to have ways and means; **je ne voulais pas le vexer mais seulement le prévenir! — oui, mais il y a l'~ et la manière** I didn't want to offend him, just to warn him! — yes, but there are ways (and means) of going about it.

◆ **arts** *nmpl* arts; **être un ami des ~s** to be a friend of the arts ❑ **les ~s appliqués** ≃ art and design; **les ~s décoratifs** the decorative arts; **les ~s graphiques** graphic arts; **les ~s martiaux** the martial arts; **les ~s ménagers** ENS home economics; **les ~s et métiers** ENS *college for the advanced education of those working in commerce, manufacturing, construction and design*; **les ~s plastiques** the visual arts; **~s et traditions populaires** arts and crafts.

art. *abr écrite de* article.

Artaban [artabɑ̃] *npr*: **fier comme ~** as proud as Punch.

artefact [artefakt] *nm* artefact, artifact.

Artémis [artemis] *npr* Artemis.

artère [artɛr] *nf* **-1.** ANAT artery. **-2.** [avenue] (main) road OU street OU thoroughfare; **les grandes ~s** the main thoroughfares.

artériectomie [arterjɛktɔmi] *nf* arteriectomy.

artériel, elle [arterjɛl] *adj* arterial.

artériographie [arterjɔgrafi] *nf* arteriography.

artériole [arterjɔl] *nf* arteriole.

artériopathie [arterjɔpati] *nf* arteriopathy.

artérioscléreux, euse [arterjɔsklerø, øz]
◇ *adj* arteriosclerotic.
◇ *nm, f* arteriosclerosis sufferer.

artériosclérose [arterjɔskleroz] *nf* arteriosclerosis.

artériotomie [arterjɔtɔmi] *nf* arteriotomy.

artérite [arterit] *nf* arteritis.

artésien, enne [artezjɛ̃, ɛn] *adj* [langue, patois] from Artois.

◆ **Artésien, enne** *nm, f inhabitant of or person from Artois.*

arthralgie [artralʒi] *nf* arthralgia.

arthrite [artrit] *nf* arthritis.

arthritique [artritik] ◇ *adj* arthritic.
◇ *nmf* arthritis sufferer.

arthritisme [artritism] *nm* arthritism, arthritic diathesis.

arthrographie [artrɔgrafi] *nf* arthrography.

arthropathie [artrɔpati] *nf* arthropathy.

arthroplastie [artrɔplasti] *nf* arthroplasty.

arthropode [artrɔpɔd] *nm* arthropod; **les ~s** the Arthropoda.

arthroscopie [artrɔskɔpi] *nf* arthroscopy.

arthrose [artroz] *nf* osteoarthritis, degenerative joint disease.

Arthur [artyr] *npr* Arthur; **la légende du roi ~** Arthurian legend.

artichaut [artiʃo] *nm* (globe) artichoke; **cœur d'~** CULIN artichoke heart; **il a un cœur d'~** *fig* he falls in love easily.

article [artikl] *nm* **-1.** COMM article, item; **facture détaillée par ~s** itemized bill; **~s d'alimentation** foodstuffs; **~s de bureau** office equipment and stationery; **~s de luxe** luxury goods; **~s de mercerie** haberdasher's goods *Br*, notions *Am*; **~s de toilette** toiletries; **~s de voyage** travel goods; **'~s en promotion'** 'special offers' ❑ **~ d'appel** loss leader; **~s sans suite** discontinued line; **faire l'~ pour** *pr* to do a sales pitch for; *fig* to praise; **elle a fait l'~ pour son bouquin toute la soirée** *fam* she went on about her book all evening. **-2.** PRESSE article; **~ de fond** leading article, leader *Br* ‖ [d'un dictionnaire, d'un guide] entry. **-3.** [sujet] point; **elle dit qu'on lui doit trois millions, et sur cet ~, tu peux lui faire confiance!** she says she's owed three millions, and on that score OU point, you can believe what she says! **-4.** RELIG: **~s de foi** articles of faith; **le socialisme, pour moi, c'est un ~ de foi** *fig* socialism is an article of faith to me. **-5.** [paragraphe] article, clause; **les ~s de la Constitution** the articles OU clauses of the Constitution; **l'~ 10 du contrat** point OU paragraph OU clause 10 of the contract ❑ **~ de loi** article of law. **-6.** LING article. **-7.** INF item.

◆ **à l'article de la mort** *loc adv* at death's door, on the point of death.

articulaire [artikylɛr] *adj* articular.

articulation [artikylasjɔ̃] *nf* **-1.** ANAT & ZOOL joint; **j'ai mal dans les ~s** my joints ache ❑ **~ immobile/mobile** fixed/hinge joint. **-2.** [prononciation] articulation; **lieu** OU **point d'~** point of articulation. **-3.** [liaison] link, link up; **l'~ des deux parties** the link between the two parts. **-4.** JUR enumeration, setting forth OU out. **-5.** MÉCAN articulation.

articulatoire [artikylatwar] *adj* LING articulatory.

articulé, e [artikyle] *adj* **-1.** [mobile] articulated. **-2.** ANAT articulated, jointed. **-3.** MÉCAN hinged, jointed; **jouet ~** jointed toy; **poupée ~e** jointed doll. **-4.** LING articulated.

◆ **articulé** *nm* **-1.** ZOOL arthropod. **-2.** MÉD articulate.

articuler [3] [artikyle] *vt* **-1.** [prononcer] to articulate; **articule, je ne comprends rien** speak more clearly, I don't understand; **dicter un texte en articulant toutes les syllabes** to pronounce all the syllables clearly when dictating a text. **-2.** [dire] to utter; **j'étais si ému que je ne pouvais plus ~ un seul mot** I was so moved that I couldn't utter OU say a single word. **-3.** [enchaîner - démonstration, thèse] to link up OU together *(sép)*; [- faits] to connect. **-4.** MÉCAN to joint. **-5.** JUR [accusations] to enumerate, to set forth OU out *(sép)*.

◆ **s'articuler sur** *vp + prép* ANAT, MÉCAN & ZOOL to be articulated OU jointed with.

◆ **s'articuler autour de** *vp + prép* [être structuré autour de] to hinge OU to turn on; **son article s'articule autour de la protection des consommateurs** her article hinges on consumer protection.

artifice [artifis] *nm* **-1.** [stratagème] (clever) device OU trick; **ils ont réussi à dissimuler la situation financière par des ~s de calcul** they managed to hide the financial situation by massaging the figures; **ils ont usé de tous les ~s pour faire passer la proposition** they used every trick in the book to get the motion through; **beauté sans ~s** artless beauty. **-2.** *litt* [adresse] artifice, skill; **la scène est peinte avec tant d'~ que l'œil s'en trouve ébloui** the scene is depicted so skilfully that it is a wonder to behold. **-3.** [explosif] firework.

artificiel, elle [artifisjɛl] *adj* **-1.** [créé par l'homme - colorant, fleur, lumière, intelligence, insémination] artificial; [- lac, soie] artificial, man-made; [- perle] artificial, imitation *(épith)*; [- dent] false; [- bras, hanche] replacement *(épith)*; [- mouche] artificial. **-2.** [factice - condition, plaisir] artificial; **créer des besoins ~s** to create artificial needs. **-3.** [affecté] artificial, false, insincere; **je le trouve totalement ~** I find him totally artificial; **le style est très ~** the style is very contrived OU unnatural. **-4.** [arbitraire] artificial; **la comparaison est totalement ~le** it's a very far-fetched comparison.

artificiellement [artifisjɛlmɑ̃] *adv* artificially.

artificier [artifisje] *nm* **-1.** [en pyrotechnie] fireworks expert, pyrotechnist. **-2.** MIL [soldat] blaster; [spécialiste] bomb disposal expert.

artificieusement [artifisjøzmɑ̃] *adv litt* deceitfully.

artificieux, euse [artifisjø, øz] *adj litt* deceitful.

artillerie [artijri] *nf* artillery; **ils ont envoyé la grosse ~** OU **l'~ lourde** *fig* they didn't stint themselves; **pièce/tir d'~** artillery cannon/fire.

artilleur [artijœr] *nm* artilleryman.

artimon [artimɔ̃] *nm*: **(mât d') ~** mizzen, mizzenmast.

artiodactyle [artjɔdaktil] *nm* artiodactyl; **les ~s** the Artiodactyla.

artisan, e [artizɑ̃, an] *nm, f* **-1.** [travailleur] craftsman (*f* craftswoman), artisan; **~ verrier** (skilled) glassmaker; **~ ébéniste** cabinetmaker. **-2.** [responsable] architect, author; **Churchill fut l'~ de la défense nationale** Churchill was the leading force in national defence; **l'~ de la paix** the peacemaker; **être l'~ de sa propre chute/ruine** to bring about one's own downfall/ruin.

artisanal, e, aux [artizanal, o] *adj* **-1.** [des artisans - classe, tradition] artisan *(épith)*. **-2.** [traditionnel - méthode, travail] traditional; **ils font toujours leur pain de façon ~e** they still make their bread in the old-fashioned way; **un fauteuil fabriqué de façon ~e** a home-made armchair. **-3.** [rudimentaire] basic *péj*; **leur production est restée à un niveau ~** their production has remained small.

artisanalement [artizanalmɑ̃] *adv*: **ils savent encore travailler ~ dans cette région** they still use traditional work methods in this area; **produire des fromages ~** to make cheese on a small scale.

artisanat [artizana] *nm* **-1.** [profession]: **l'~** the craft industry, the crafts. **-2.** [ensemble des artisans] artisans; **(produits d') ~** arts and crafts; **exposition d'~** arts and crafts exhibition; **l'~ d'art** the arts and crafts; **voilà un bel exemple de notre ~ local** here is a fine example of our local craftsmen's work.

artiste [artist] ◇ *adj* **-1.** [personne] artistic. **-2.** [bohème - genre, vie] bohemian.
◇ *nmf* **-1.** BX-ARTS [créateur] artist; **mener une vie d'~** to lead an artist's life ❑ **~ peintre** painter. **-2.** CIN, LOISIRS & THÉÂT [interprète] performer; [comédien] actor; [chanteur] singer; [de music-hall] artiste, entertainer; **~ de cabaret** cabaret entertainer; **~ comique** comedian; **~ dramatique** actor (*f* actress). **-3.** [personne habile] artist; **notre boulanger est un véritable ~** our baker is a true artist; **voilà ce que j'appelle un travail d'~!** that's what I call the work of an artist!; **quel est l'~ qui a réalisé cette merveille au tableau?** *iron* which of you lot created this masterpiece on the blackboard?

artistement [artistəmɑ̃] *adv litt* artistically.

artistique [artistik] *adj* [enseignement, richesses] artistic; **elle a un certain sens ~** she has a certain feeling for art; **genre ~** art form.

artistiquement [artistikmɑ̃] *adv* artistically.

Artois [artwa] *npr m*: **(l') ~** Artois.

arum [arɔm] *nm* arum lily.

aryen, enne [arjɛ̃, ɛn] *adj* Aryan.

◆ **Aryen, enne** *nm, f* Aryan.

arythmie [aritmi] *nf* arrhythmia.

arythmique [aritmik] *adj* ANAT arrhythmic, arrhythmical.

as [as] *nm* **-1.** JEUX [carte, dé, domino] ace; [aux courses] number one; **l'~ de cœur/pique** the ace of hearts/spades; **t'es fagoté** OU **ficelé** OU **fichu comme l'~ de pique** *fam* you look as if you've been dragged through a hedge backwards; **passer à l'~** *fam*: **et mon sandwich, alors, il passe à l'~?** what about my sandwich then?; **mon augmentation est passée à l'~** I might as well forget the idea of getting a pay rise *Br* OU a raise *Am*. **-2.** *fam* [champion] ace, champ, wizard; **Delphine, t'es un ~!** Delphine, you're a marvel ! ; un ~ du traitement de texte a word-processing wizard; un ~ de la route OU du volant a crack driver; un ~ de la gâchette a crack shot. -3. ANTIQ [poids, monnaie] as.

a/s (*abr écrite de* aux soins de) c/o.

AS *nf abr de* **association sportive**.

ASA, Asa [aza] *abr* ASA, Asa; **une pellicule 100 ~** a 100 ASA film.

asbeste [asbɛst] *nf* asbestos.

asbestose [asbɛstoz] *nf* asbestosis.

ASBL *nf abr de* **association sans but lucratif**.

asc. *abr écrite de* **ascenseur**.

ascaride [askarid] *nm* ascarid; **les ~s** Ascaridae.

ascaridiase [askaridjaz], **ascaridiose** [askaridjoz] *nf* ascariasis.

ascaris [askaris] = **ascaride**.

ascendance [asɑ̃dɑ̃s] *nf* -1. [ancêtres] ancestry. -2. [extraction] : **avoir une ~ allemande** to be of German descent; **avoir une ~ paysanne** to be of peasant origin. -3. ASTRON ascent, rising. -4. AÉRON & MÉTÉO ascending current.

ascendant, e [asɑ̃dɑ̃, ɑ̃t] ◇ *adj* -1. [mouvement] rising, ascending, up *adj*. -2. ANAT [aorte, côlon] ascending.
◇ *nm, f* JUR [parent] : **ses ~s** one's ascendants OU ancestors.
◆ **ascendant** *nm* -1. [emprise] influence, ascendancy; **je n'ai aucun ~ sur eux** I have no influence over them; **subir l'~ de qqn** to be under the influence of sb. -2. ASTROL ascendant.

ascenseur [asɑ̃sœr] *nm* lift *Br*, elevator *Am*.

ascension [asɑ̃sjɔ̃] *nf* -1. [montée - d'un ballon] ascent. -2. [escalade - d'un alpiniste] ascent, climb; **faire l'~ d'un pic** to climb a peak; **il a fait plusieurs ~s dans les Alpes** he did several climbs in the Alps. -3. [progression] ascent, progress, rise; **ses affaires connaissent une ~ rapide** his business is booming; **l'~ des Dumot dans le monde de la finance** the rising fortunes of the Dumot family in the world of finance. -4. RELIG : **l'Ascension** the Ascension; **le jour de l'Ascension** Ascension Day. -5. ASTRON ascension; **~ droite d'un astre** right ascension of a heavenly body.

ascensionnel, elle [asɑ̃sjɔnɛl] *adj* upward.

ascèse [asɛz] *nf* asceticism, ascetic lifestyle.

ascète [asɛt] *nmf* ascetic; **vivre en ~** to live an ascetic life.

ascétique [asetik] *adj* ascetic.

ascétisme [asetism] *nm* asceticism.

ascidie [asidi] *nf* -1. BOT ascidium. -2. ZOOL ascidian; **les ~s** the ascidians, the Ascidiacaea *spec*.

ASCII [aski] (*abr de* American Standard Code for Information Interchange) *adj* ASCII (*épith*).

ascomycète [askɔmisɛt] *nm* ascomycete; **les ~s** Ascomycetes.

ascorbique [askɔrbik] *adj* ascorbic.

asdic [asdik] *nm* asdic.

ase [az] *nf*: **~ fétide** asafoetida.

ASE (*abr de* Agence spatiale européenne) *npr f* ESA.

asémantique [asemɑ̃tik] *adj* asemantic.

asepsie [asɛpsi] *nf* asepsis.

aseptique [asɛptik] *adj* aseptic.

aseptisation [asɛptizasjɔ̃] *nf* asepticization, asepticizing *(U)*.

aseptiser [3] [asɛptize] *vt* to asepticize.

asexué, e [asɛksɥe] *adj* [plante, reproduction] asexual; [individu] sexless.

ashkénase [aʃkenaz] *adj* & *nmf*: **(juif) ~** Ashkenazi; **les ~s** the Ashkenazim.

ashram [aʃram] *nm* ashram.

asiadollar [azjadɔlar] *nm* Asiadollar.

asiate [azjat] *adj péj* Oriental.
◆ **Asiate** *nmf péj* Oriental.

asiatique [azjatik] *adj* -1. [de l'Asie en général] Asian. -2. [d'Extrême-Orient] Oriental; **un restaurant ~** *a restaurant serving Oriental cuisine*.
◆ **Asiatique** *nmf* Asian.

ASIATIQUE:
This word tends to refer to people from Far Eastern countries: China, Japan, Laos etc.

Asie [azi] *npr f* Asia; **l'~ centrale** Central Asia; **l'~ Mineure** HIST Asia Minor; **l'~ du Sud-Est** Southeast Asia.

asilaire [azilɛr] *adj litt*: **séjour/traitement ~** stay/treatment at a mental hospital.

asile [azil] *nm* -1. [abri] refuge; **offrir à qqn un ~ pour la nuit** to give sb shelter for the night; **chercher/trouver ~** to seek/to find refuge; **votre jardin est un ~ de paix et de verdure** your garden is a haven of peace and greenery; **le dernier ~** *litt* the final resting place, the grave. -2. HIST & POL asylum; **demander l'~ diplomatique/politique** to seek diplomatic protection/political asylum. -3. [établissement] home; [pour aliénés] mental home, (lunatic) asylum *vieilli*; **~ de nuit** night shelter. -4. ENTOM assassin-fly, asilus *spéc*.

asocial, e, aux [asɔsjal, o] ◇ *adj* asocial, antisocial.
◇ *nm, f* dropout, social outcast.

asocialité [asɔsjalite] *nf* asocial OU antisocial behaviour.

asparagus [asparagys] *nm* asparagus fern, fern asparagus.

aspartam(e) [aspartam] *nm* aspartame, artificial sweetener; **yaourt à l'~** artificially sweetened yoghurt.

aspe [asp] *nm* silk reel.

aspect [aspɛ] *nm* -1. [apparence] appearance, look; **un bâtiment d'~ imposant** an imposing-looking building; **des fromages d'un bel ~** fine-looking cheeses; **tu ne trouves pas que la viande a un ~ bizarre?** don't you think the meat looks odd?; **donner l'~ de qqch à qqn** to give sb the appearance of OU to make sb look like sthg; **ces couleurs sombres donnent à la pièce un ~ bien terne** all those dark colours make the room look very dull; **prendre l'~ de qqch** [ressembler à qqch] to take on the appearance of sthg; [se métamorphoser en qqch] to turn o.s. into sthg; **offrir** OU **présenter l'~ de qqch** to look like OU to resemble sthg. -2. [point de vue] aspect, facet; **envisager** OU **examiner une question sous tous ses ~s** to consider a question from all angles; **vu sous cet ~** seen from this angle OU point of view; **sous un ~ nouveau** in a new light. -3. ASTROL & LING aspect. -4. ASTRON aspect.
◆ **à l'aspect de** *loc prép* at the sight of, upon seeing; **elle s'est évanouie à l'~ du sang** she fainted at the sight of the blood.

asperge [aspɛrʒ] *nf* -1. BOT asparagus. -2. *fam hum & péj*: **une (grande) ~** a beanpole.

asperger [17] [aspɛrʒe] *vt* -1. [faire tomber des gouttes sur] to sprinkle; **~ le linge avant de le repasser** to spray clothes with water before ironing; **~ de: ~ qqn/qqch d'eau bénite** to sprinkle sb/sthg with holy water. -2. [mouiller] to splash, to splatter; **se faire ~** to get splashed; **on s'est fait copieusement ~** we got drenched OU soaked; **~ qqn/qqch de qqch** to splash sb/sthg with sthg, to splash sthg on sb/sthg.
◆ **s'asperger** ◇ *vp (emploi réfléchi)*: **s'~ de qqch** to splash o.s. with sthg, to splash sthg on o.s.
◇ *vp (emploi réciproque)* to splash OU to spray one another.

aspergillus [aspɛrʒilys] *nm* aspergillus.

aspérité [asperite] *nf* -1. [proéminence] rough bit; **les ~s de la roche** the rough edges of the rock. -2. *litt* [rudesse] asperity, harshness.

asperme [aspɛrm] *adj* seedless.

aspersion [aspɛrsjɔ̃] *nf* -1. [d'eau] sprinkling, spraying. -2. RELIG sprinkling, aspersion.

aspersoir [aspɛrswar] *nm* -1. RELIG [goupillon] aspersorium. -2. [pomme d'arrosoir] rose.

asphaltage [asfaltaʒ] *nm* asphalting.

asphalte [asfalt] *nm* -1. [bitume] asphalt. -2. *fam* [chaussée] street.

asphalter [3] [asfalte] *vt* to asphalt.

asphaltier [asfaltje] *nm* asphalt carrier.

asphodèle [asfɔdɛl] *nm* asphodel.

asphyxiant, e [asfiksjɑ̃, ɑ̃t] *adj* -1. [obus, vapeur] asphyxiating, suffocating. -2. [oppressant - ambiance, famille] stifling, suffocating.

asphyxie [asfiksi] *nf* -1. MÉD asphyxia; **~ par submersion** drowning. -2. *fig* paralysis; **la guerre conduit le pays à l'~** war is paralysing the country.

asphyxier [9] [asfiksje] *vt* -1. [priver d'air] to suffocate; [faire respirer du gaz à] to asphyxiate; **mourir asphyxié** to die of asphyxiation. -2. [entraver] to stifle, to smother; **mes parents asphyxiaient en moi tout désir d'indépendance** my parents stifled any desire I might have had for independence.
◆ **s'asphyxier** ◇ *vp (emploi réfléchi)* [volontairement, au gaz] to gas o.s.
◇ *vpi* [accidentellement] to suffocate; **un enfant peut s'~ avec un sac en plastique** a child could suffocate (itself) with a plastic bag.

aspic [aspik] *nm* -1. ZOOL asp. -2. BOT & CULIN aspic.

aspidistra [aspidistra] *nm* aspidistra.

aspirant, e [aspirɑ̃, ɑ̃t] ◇ *adj* sucking, pumping.
◇ *nm, f* candidate.
◆ **aspirant** *nm* officer cadet.

aspirateur [aspiratœr] *nm* -1. [domestique] Hoover® *Br*, vacuum cleaner; **passer l'~** to do the hoovering *Br* OU vacuuming. -2. TECH aspirator.

aspirateur-balai [aspiratœrbalɛ] (*pl* aspirateurs-balais) *nm* upright vacuum cleaner.

aspirateur-traîneau [aspiratœrtrɛno] (*pl* aspirateurs-traîneaux) *nm* cylinder-type vacuum cleaner.

aspiration [aspirasjɔ̃] *nf* -1. [ambition] aspiration, ambition; **je ne comprends pas quelles sont ses ~s** I don't understand his aspirations. -2. [souhait] yearning, longing, craving. -3. [absorption - d'air] inhaling *(U)*; [- d'un gaz, d'un fluide] sucking up. -4. MÉCAN induction. -5. PHON aspiration. -6. MÉD : **~ endo-utérine, IVG par ~** abortion by vacuum extraction.

aspiratoire [aspiratwar] *adj* aspiratory.

aspiré, e [aspire] *adj* PHON aspirate.
◆ **aspirée** *nf* PHON aspirate.

aspirer [3] [aspire] *vt* -1. [inspirer] to inhale, to breathe in *(sép)*; **~ goulûment l'air frais** to take long deep breaths of OU to gulp in the fresh air; **j'aspirais avec précaution l'air glacé** I was breathing the icy air in cautiously. -2. [pomper] to suck up *(sép)*; **~ une boisson avec une paille** to suck a drink through a straw; **~ de l'air/des gaz d'une conduite** to pump air/gas out of a main || [avec un aspirateur] to vacuum, to hoover *Br*; **~ la poussière d'un tapis** to hoover *Br* OU to vacuum a carpet. -3. PHON to aspirate.
◆ **aspirer à** *v + prép* [paix, repos] to crave, to long for *(insép)*, to yearn for *(insép)*; [rang, dignité] to aspire to *(insép)*.

aspirine [aspirin] *nf* aspirin; **un comprimé d'~** an aspirin.

aspiro-batteur [aspirobatœr] (*pl* aspiro-batteurs) *nm* beating vacuum cleaner.

asram [aʃram] = **ashram**.

assagir [32] [asaʒir] *vt litt* [apaiser - personne] to quieten down *(sép)*; [- passion, violence] to soothe, to allay, to relieve; **l'âge assagit les passions** passions become subdued with age; **un visage aux traits assagis** a face with composed features *litt*; **l'expérience l'a assagie** experience has made her a wiser person || [faire se ranger] to cause to settle down; **c'est un homme assagi maintenant** he's calmed down a lot.
◆ **s'assagir** *vpi* -1. [personne] to settle down. -2. *fig*: **la passion s'assagit avec l'âge** passion becomes (more) serene with age.

assagissement [asaʒismɑ̃] *nm* settling OU quietening down.

assaillant, e [asajɑ̃, ɑ̃t] ◇ *adj* [armée, troupe] assailing, assaulting, attacking.
◇ *nm, f* assailant, attacker.

assaillir [47] [asajir] *vt* MIL to attack, to assail *litt*; [esprit, imagination] to beset; **un doute m'assaille** I'm beset with doubt; **le bureau est assailli de demandes** the office is swamped OU besieged with inquiries.

assainir [32] [asenir] *vt* -**1.** [nettoyer - quartier, logement] to clean up *(sép)*; [- air] to purify. -**2.** [assécher - plaine, région] to improve the drainage of. -**3.** [épurer - situation] to clear up; [- marché, monnaie] to stabilize; **~ le climat social** to put an end to social strife.
◆ **s'assainir** *vpi* to improve, to become healthier; **la situation s'est assainie** the situation has improved.

assainissement [asenismɑ̃] *nm* -**1.** [nettoyage - d'une ville] improvement; [- d'un appartement] cleaning up; **un nouveau projet d'~ pour notre quartier** a new project for improving our district. -**2.** [assèchement] draining. -**3.** [d'une monnaie, d'un marché] stabilization, stabilizing.

assainisseur [asenisœr] *nm* air-freshener.

assaisonnement [asɛzɔnmɑ̃] *nm* -**1.** [processus] dressing, seasoning. -**2.** [condiments] seasoning; [sauce] dressing.

assaisonner [3] [asɛzɔne] *vt* -**1.** CULIN [plat, sauce] to season; [salade] to dress; **assaisonnez et servez immédiatement** season and serve immediately; **ta salade est trop assaisonnée** there's too much dressing on your salad; **~ des poireaux avec de la** OU **à la vinaigrette** to give leeks a vinaigrette dressing. -**2.** *fig* [agrémenter]: **~ qqch de** to spice OU to lace sthg with. -**3.** *fam* [malmener]: **on va l'~, celui-là!** we'll certainly take care of HIM!; **elle m'a assaisonné quand je suis arrivé en retard!** she (certainly) let me have it when I turned up late! || [escroquer] to sting, to rip off *(sép)*; **un restaurant où on se fait ~** a restaurant where you get ripped off.

assassin, e [asasɛ̃, in] *adj litt* OU *hum* [œillade, regard] provocative; **elle a un regard ~** one look from her is enough to make a man go weak at the knees.
◆ **assassin** *nm* murderer, killer; [d'une personnalité connue] assassin; **à l'aide, à l'~!** help, murder!

assassinat [asasina] *nm* murder; [d'une personnalité connue] assassination; **l'~ de la liberté** *fig* the assassination of liberty.

assassiner [3] [asasine] *vt* -**1.** [tuer - gén] to murder; [- vedette, homme politique] to assassinate. -**2.** *fam péj* [malmener - musique, symphonie] to murder, to slaughter. -**3.** *fam* [forcer à payer] to bleed; **on assassine le contribuable!** the taxpayer is being bled to death!

assaut [aso] *nm* -**1.** MIL assault, attack, onslaught; **un ~ contre** an assault on OU against; **aller** OU **monter à l'~** *pr* to attack, to storm; *fig* to attack; **à l'~!** charge!; **donner l'~** to launch OU to mount an attack; **se lancer à l'~ de la ville** to launch an attack OU to mount an onslaught on the town; **ils se sont lancés à l'~ de la face nord** they launched OU mounted an assault on the north face; **ils se sont lancés à l'~ du marché japonais** *fig* they set out to capture the Japanese market; **résister aux ~s de l'ennemi** to withstand enemy attacks; **prendre d'~ un palais** to storm a palace; **à la chute de la Bourse, les banques ont été prises d'~ par les petits porteurs** *fig* when the Stock Exchange crashed, the banks were stormed by small shareholders; **les otages libérés ont subi les ~s de la presse** the released hostages had to put up with press harassment □ **troupes d'~** storm troops; **faire ~ de** *litt*: **elles font ~ de politesse/gentillesse** they're falling over each other to be polite/nice. -**2.** ESCRIME bout.

assèchement [asɛʃmɑ̃] *nm* draining, drying-up.

assécher [18] [aseʃe] ◇ *vt* [drainer - terre, sol] to drain (the water off); [vider - étang, réservoir] to empty.
◇ *vi* [à marée basse] to become dry, to dry up.
◆ **s'assécher** *vpi* to become dry, to dry up.

ASSEDIC, Assedic [asedik] *(abr de* **Association pour l'emploi dans l'industrie et le commerce***)* *npr French unemployment insurance scheme*, ≃ Unemployment Benefit Office *Br*, ≃ Unemployment Office *Am*; **toucher les ~** to get unemployment benefit.

assemblage [asɑ̃blaʒ] *nm* -**1.** [fait de mettre ensemble] assembling, constructing, fitting together; **procéder à l'~ de pièces** [gén] to assemble parts; COUT to make up a garment □ **~ par soudage** soldering together; **~ par tenons et mortaises** tenon and mortise joining. -**2.** AUT & INDUST assembly. -**3.** [ensemble] assembly; CONSTR framework, structure; MENUIS joint. -**4.** BX-ARTS assemblage. -**5.** IMPR gathering. -**6.** *péj* [amalgame] collection, concoction *péj*; **son livre n'est qu'un ~ d'idées bizarres** her book is just a collection of weird ideas thrown together. -**7.** INF assembly; **langage d'~** assembly language.

assemblée [asɑ̃ble] *nf* -**1.** [auditoire] gathering, audience; **en présence d'une nombreuse ~** in front of a large audience; **l'~ des fidèles** RELIG the congregation. -**2.** [réunion] meeting *(C)*; **~ générale/annuelle** general/annual meeting; **~ (générale) ordinaire/extraordinaire** ordinary/extraordinary (general) meeting; **la fédération a tenu son ~ annuelle à Lille** the federation held its annual meeting in Lille. -**3.** POL [élus]: **l'Assemblée (nationale)** the (French) National Assembly; **la Haute Assemblée** the (French) Senate □ **~ constituante** constituent assembly; **~ fédérale** [en Suisse] (Swiss) federal assembly. -**4.** [bâtiment]: **l'Assemblée** *fam* ≃ the House.

assembler [3] [asɑ̃ble] *vt* -**1.** [monter] to assemble, to put OU to fit together *(sép)*; MENUIS to joint; **elle a tout assemblé elle-même à partir d'un kit** she put it together herself from a kit; **assemblez le dos et le devant du tricot** sew the back and the front of the sweater together; **~ des poutres bout à bout** to butt beams; **~ deux pièces par collage/soudure** to glue/to solder two parts together. -**2.** [combiner - pensées] to gather (together) *(sép)*; [- documents] to collate. -**3.** INF to assemble.
◆ **s'assembler** *vpi* to gather (together).

assembleur [asɑ̃blœr] *nm* -**1.** INF assembler (language). -**2.** [ouvrier] fitter.

assembleuse [asɑ̃bløz] *nf* IMPR gathering machine.

assener [19], **asséner** [18] [asene] *vt* [coup] to deliver, to strike; **je lui ai asséné quelques vérités bien senties** *fig* I hurled a few home truths in his direction.

assentiment [asɑ̃timɑ̃] *nm* assent, agreement; **hocher la tête en signe d'~** to nod one's head (in agreement).

asseoir [65] [aswar] ◇ *vt* -**1.** [mettre en position assise]: **~ qqn** [le mettre sur un siège] to sit sb down; [le redresser dans son lit] to sit sb up; **~ des enfants sur un banc** to place OU to seat children on a bench; **huit personnes seront là pour dîner, où vais-je les ~?** there will be eight people at dinner, where am I going to put them all?; **assois-le-bien, il va tomber** sit him up properly, he's going to fall; **~ qqn sur le trône** [le couronner] to put sb on the throne; **être assis** to be sitting; [sur un siège] to be seated; **êtes-vous bien assis?** are you sitting comfortably?; **être assis en tailleur** to be sitting cross-legged; **je préfère être assise pour repasser** I prefer doing the ironing sitting down; **rester assis: je vous en prie, restez assis** please don't get up; **tout le monde est resté assis** everyone remained seated □ **être assis entre deux chaises** to be (caught) between two stools. -**2.** *sout* [consolider] to establish; **~ son autorité** to establish OU to strengthen one's authority; **~ sa réputation sur qqch** to base one's reputation on sthg. -**3.** [faire reposer - statue] to sit, to rest; **veillez à bien ~ l'appareil sur son pied** make sure the camera is resting securely on its stand. -**4.** *fam* [étonner] to stun, to astound; **son insolence nous a tous assis** we were stunned by his insolence; **j'en suis resté assis** I was flabbergasted. -**5.** FIN [impôt, taxe] to base, to fix. -**6.** ÉQUIT to sit.
◇ *vi*: **faire ~ qqn** to ask sb to sit down; **je vous en prie, faites ~ tout le monde** please have everyone sit down OU get everyone to sit down; **je n'ai pas pu le faire ~** I couldn't get him to sit down.
◆ **s'asseoir** *vpi* -**1.** [s'installer] to sit down; **asseyez-vous donc** please, do sit down; **asseyons-nous par terre** let's all sit on the floor; **venez vous ~ à table avec nous** come and sit at the table with us; **elle s'est assise** she sat down; **tu devrais t'~ un peu dans ton lit, tu serais mieux** you should sit up a little in bed, you'd be more comfortable; **s'~ en tailleur** to sit cross-legged; **s'~ sur les talons** to sit on one's heels. -**2.** *loc*: **s'~ dessus**▽: **ton opinion, je m'assois dessus** I couldn't give a damn about your opinion; **votre dossier, vous pouvez vous ~ dessus** you know what you can do with your file.

assermentation [asɛrmɑ̃tasjɔ̃] *nf* swearing in, taking of an oath.

assermenté, e [asɛrmɑ̃te] ◇ *adj* [policier] sworn, sworn-in; **expert ~** expert on OU under oath.
◇ *nm, f* person sworn-in.

assermenter [3] [asɛrmɑ̃te] *vt* to swear in *(sép)*.

assertion [asɛrsjɔ̃] *nf* assertion.

asservir [32] [asɛrvir] *vt* -**1.** [assujettir] to enslave; **~ qqn à: elle était asservie à ses volontés** she was his puppet. -**2.** TECH to put under servo OU remote control.

asservissement [asɛrvismɑ̃] *nm* -**1.** [sujétion] enslavement. -**2.** TECH automatic control.

asservisseur [asɛrvisœr] ◇ *adj m* controlling.
◇ *nm* control unit, control system *Br*, controlling means *Am*.

assesseur [asesœr] *nm* assessor.

assez [ase] *adv* -**1.** [suffisamment] enough; **je suis ~ fatigué comme ça** I'm tired enough as it is; **la maison est ~ grande pour nous tous** the house is big enough for all of us; **il roule ~ vite comme ça** he drives fast enough as it is; **tu n'as pas crié ~ fort** you didn't shout loud enough; **j'ai ~ travaillé pour aujourd'hui** I've done enough work for today; **il n'a pas ~ fait attention** he didn't pay (careful) enough attention; **est-ce que c'est ~?** is that enough?; **c'est bien ~** that's plenty; **c'est plus qu'~** that's more than enough; **ça a ~ duré!** it's gone on long enough!; **~ parlé, agissons!** that's enough talk OU talking, let's DO something!; **en voilà** OU **c'(en) est ~!** that's enough!, enough's enough! || *(en corrélation avec 'pour')*: **elle est ~ grande pour s'habiller toute seule** she's old enough to dress herself; **il est ~ bête pour le croire** he's stupid enough to believe it. -**2.** [plutôt, passablement] quite, rather; **disons qu'elle est ~ jolie, sans plus** let's say she's quite pretty, no more than that; **j'aime ~ sa maison** I quite like his house; **c'est un ~ bon exemple de ce qu'il ne faut pas faire** it's a rather good example of what not to do; **je suis ~ contente de moi** I'm quite pleased with myself; **la situation est ~ grave** the situation is quite serious; **ils sont arrivés ~ tard** they arrived rather late; **ils se connaissent depuis ~ longtemps** they've known each other for quite a long time; **j'ai ~ peu mangé aujourd'hui** I haven't eaten much today; **il y a ~ peu de monde** there aren't many people, it isn't very busy.
◆ **assez de** *loc dét* enough; **il y a ~ de monde** there are enough people; **nous n'aurons pas ~ de temps** we won't have enough time; **il y en a ~** there is/are enough; **il en reste juste ~** there is/are just enough left; **il n'a pas besoin de venir, nous sommes (bien) ~ de deux** he doesn't need to come, two of us will be (quite) enough; **j'aurai bien ~ d'une couverture** one blanket will be quite enough OU sufficient || *(en corrélation avec 'pour')*: **j'ai ~ d'argent pour vivre** I have enough money to live on; **j'ai juste ~ d'essence pour finir le trajet** I've got just enough petrol to last the journey □ **j'en ai ~**

de vous écouter râler I've had enough of (listening to) your moaning; j'en ai (plus qu') ~ de toutes ces histoires! *fam* I've had (more than) enough of all this fuss!

assidu, e [asidy] *adj* -**1.** [zélé] assiduous, diligent, hard-working; **élève ~ à l'étude** hard-working pupil; **il n'est pas très brillant mais au moins il est ~** he's not very bright but at least he tries; **un amoureux ~** a persistent lover; **faire une cour ~e à une femme** to be very attentive to a woman. -**2.** [constant] unflagging, unremitting, untiring; **grâce à un travail ~** through untiring work, by dint of ceaseless work; **elle a fourni des efforts ~s** she made unremitting efforts. -**3.** [fréquent] regular, constant; **un visiteur ~ des expositions** a frequent OU dedicated exhibition-goer; **la fréquentation ~e des bars m'a appris que...** hanging around in bars has taught me that...

assiduité [asidɥite] *nf* -**1.** [zèle] assiduity; **travailler avec ~** to work assiduously OU zealously; **travailler avec ~ à qqch** to work away at sthg. -**2.** [régularité] assiduousness; **l'~ aux répétitions est essentielle** regular attendance at rehearsals is vital; **je fréquente les musées avec ~** I visit museums regularly.

◆ **assiduités** *nfpl* attentions; **importuner** OU **poursuivre qqn de ses ~s** to force one's attentions upon sb.

assidûment [asidymɑ̃] *adv* -**1.** [avec zèle] assiduously. -**2.** [régulièrement] assiduously, unremittingly, untiringly.

assiégé, e [asjeʒe] *nm, f* besieged person; **les ~s** the besieged.

assiégeant, e [asjeʒɑ̃, ɑ̃t] ◇ *adj* besieging.
◇ *nm, f* besieger.

assiéger [22] [asjeʒe] *vt* -**1.** MIL [ville, forteresse] to lay siege to *(insép)*, to besiege. -**2.** [se présenter en foule à] to besiege, to beset, to mob; **la maison fut assiégée par les journalistes** the house was besieged by journalists; **les guichets ont été assiégés** the box office was stormed by the public. -**3.** *litt* [importuner - suj: personne] to harass, to plague, to pester; [- suj: pensées] to beset.

assiette [asjɛt] *nf* -**1.** [récipient] plate; **~ à dessert** dessert plate; **~ creuse** OU **à soupe** soup dish; **~ plate** (dinner) plate; **grande ~** dinner plate; **petite ~** dessert OU side plate; **c'est l'~ au beurre** *fam* it's a cushy number ‖ [contenu] plate, plateful; **avaler une (pleine) ~ de soupe** to eat a (large) plateful of soup; **finis d'abord ton ~** eat up what's on your plate first; **faire une ~ de légumes** to prepare a dish of (mixed) vegetables ❑ **~ anglaise** assorted cold meats. -**2.** [assise] foundation, basis; **l'~ d'une voie ferrée/route** the bed of a railway/road ‖ FIN [d'une hypothèque] basis; **l'~ de l'impôt** the base (taxation) rate. -**3.** ÉQUIT seat; **avoir une bonne ~** to have a good seat. -**4.** *loc*: **je ne suis pas** OU **je ne me sens pas dans mon ~** I don't feel too well, I'm feeling (a bit) out of sorts. -**5.** NAUT trim.

assiettée [asjete] *nf* -**1.** [mesure]: **une ~ de** a plate OU plateful of. -**2.** [contenu]: **il a jeté toute l'~ par terre** he threw all the contents of the plate on the floor.

assignable [asiɲabl] *adj* -**1.** [attribuable] ascribable, attributable. -**2.** JUR liable to be subpoenaed.

assignat [asiɲa] *nm* paper money *(issued during the French Revolution)*.

assignation [asiɲasjɔ̃] *nf* -**1.** [de témoin] subpoena; [d'un accusé] summons; **~ à résidence** house arrest. -**2.** [de part, de rente] allocation.

assigner [3] [asiɲe] *vt* -**1.** [attribuer - poste] to assign; [- tâche] to allot, to allocate, to assign; **~ un même objectif à deux projets** to set the same goal for two projects. -**2.** FIN [allouer] to allocate; **~ des crédits à la recherche** to allocate funds for OU to research. -**3.** JUR: **~ un témoin (à comparaître)** to subpoena a witness; **~ le prévenu** to summon the defendant; **~ qqn à résidence** to put sb under house arrest; **être assigné à résidence** to be under house arrest; **~ qqn (en justice) pour diffamation** to issue a writ for libel against sb.

assimilable [asimilabl] *adj* -**1.** PHYSIOL assimilable, easily absorbed OU assimilated. -**2.** [abordable] easily assimilated; **l'informatique est ~ à tout âge** computer skills are easy to acquire at any age. -**3.** SOCIOL easily assimilated OU integrated; **populations difficilement ~s** groups of people difficult to integrate. -**4.** [similaire]: **~ à** comparable to; **son travail est souvent ~ à celui d'un médecin** his work can often be compared to that of a doctor.

assimilateur, trice [asimilatœr, tris] *adj* assimilative, assimilatory.

assimilation [asimilasjɔ̃] *nf* -**1.** PHYSIOL assimilation. -**2.** BOT: **~ chlorophyllienne** photosynthesis. -**3.** [fait de comprendre]: **avoir un grand pouvoir d'~** to assimilate very easily; **l'~ des connaissances se fait à un rythme différent selon les élèves** pupils assimilate knowledge at different rates. -**4.** [intégration] assimilation, integration. -**5.** [comparaison] comparison, simile; **c'est là une ~ injurieuse à notre égard** your comparison is an insult to us; **l'~ de qqch à** comparing OU likening sthg to; **l'~ des postes de maîtrise à des postes de cadres** comparing supervisory positions to executive positions. -**6.** PHON assimilation.

assimilé, e [asimile] *adj* comparable, similar; **talc pour bébé et produits ~s** baby powder and similar products.

◆ **assimilé** *nm*: **cadres et ~s** executives and similar categories.

assimiler [3] [asimile] *vt* -**1.** PHYSIOL to assimilate, to absorb, to metabolize; **son organisme n'assimile pas le fer** her body can't metabolize iron ‖ [digérer] to digest; **il assimile mal le lait** he can't digest milk properly. -**2.** [comprendre] to assimilate, to take in *(sép)*; **il n'assimile rien** he doesn't take anything in; **j'ai du mal à ~ les logarithmes** I have trouble understanding logarithms; **c'est du freudisme mal assimilé** it's ill-digested Freudianism. -**3.** [intégrer] to assimilate, to integrate. -**4.** **~ à** [rapprocher de]: **~ qqn/qqch à** to compare sb/sthg to; **il n'est pas question d'~ les infirmières aux médecins, leur rôle est bien différent** there's no question of placing the nurses in the same category as doctors, they have a very different role; **être assimilé à un cadre supérieur** to be given the same status as an executive. -**5.** PHON to assimilate.

◆ **s'assimiler** *vp (emploi passif)* PHYSIOL to become absorbed OU metabolized; [être digéré] to be assimilated OU digested; **les aliments riches en fibres s'assimilent plus facilement** high fibre food is easier to assimilate.

◆ **s'assimiler à** *vp + prép* to compare o.s. to OU with.

assis, e [asi, iz] *adj* -**1.** [établi] stable; **position bien ~e** well-established position. -**2.** [non debout] sitting (down); **il est plus à l'aise dans la position ~e que dans la position couchée** he feels more at ease sitting than lying down; **se tenir ~** to be sitting up; **~!** [à un chien] sit!

◆ **assise** *nf* -**1.** [fondement] foundation, basis. -**2.** CONSTR course; [d'une route] bed. -**3.** ANAT, BOT & GÉOL stratum.

◆ **assises** *nfpl* -**1.** JUR: **(cour d') ~s** ≃ crown court *Br*, ≃ circuit court *Am*. -**2.** [réunion] meeting, conference; **la fédération tient ses ~s à Lyon** a meeting of the federation is being held OU taking place in Lyons.

Assise [asiz] *npr* Assisi.

assistanat [asistana] *nm* -**1.** SCOL (foreign) assistant exchange scheme. -**2.** UNIV assistantship. -**3.** [secours - privé] aid; [- public] State aid.

assistance [asistɑ̃s] *nf* -**1.** [aide] assistance; **prêter ~ à qqn** to lend assistance to OU to assist sb; **trouver ~ auprès de qqn** to get help from sb ❑ **~ éducative** *measure ordered by a judge to protect a child's physical, psychological or educational wellbeing*; **~ judiciaire** legal aid; **~ médicale pour les pays du tiers-monde** medical aid for Third World countries; **l'Assistance (publique)** [à Paris et Marseille] *authority which manages the social services and State-owned hospitals*; **un enfant de l'Assistance** *vieilli* an orphan in a state institution; **~ sociale** [aux pauvres] welfare; [métier] social work; **~ technique** technical aid. -**2.** MÉD: **~ respiratoire** artificial respiration. -**3.** [spectateurs - d'une pièce] audience; [- d'un cours] audience; [- d'une messe] congregation; **la remarque a ému toute l'~** the entire audience was moved by the remark; **y a-t-il quelqu'un dans l'~ qui souhaiterait intervenir?** does anyone in the audience wish to speak? -**4.** [présence]: **~ à** attendance at; **l'~ aux conférences n'est pas obligatoire** attendance at lectures is not compulsory.

assistant, e [asistɑ̃, ɑ̃t] *nm, f* -**1.** [second] assistant; **l'~ du directeur** the director's assistant. -**2.** SCOL (foreign language) assistant. -**3.** UNIV lecturer *Br*, assistant teacher *Am*. -**4.** SOCIOL: **~ maternel, ~e maternelle** [à son domicile] childminder *Br*, babysitter; [en collectivité] crèche *Br* OU daycare center *Am* worker; **~ social, ~e sociale** social worker.

◆ **assistante** *nf*: **~e de police** policewoman, WPC *Br (in charge of minors)*.

assisté, e [asiste] ◇ *adj* -**1.** TECH [frein, direction] servo *(épith)*. -**2.** [aidé]: **enfants ~s** children in care *Br* OU in custody *Am*; **chômeurs ~s** unemployed people receiving state aid.
◇ *nm, f*: **les ~s** ADMIN recipients of state aid; **ils ont une mentalité d'~s** they expect everything to be done for them.

assister [3] [asiste] *vt* -**1.** [aider] to assist, to aid; **je l'ai assisté pendant l'opération/dans son travail** I assisted him during the operation/in his work; **pendant la messe, le prêtre est assisté d'un enfant de chœur** the priest is attended at mass by a choirboy; **~ qqn dans ses derniers moments** OU **dernières heures** to comfort sb in his last hours; **que Dieu vous assiste!** (may) God be with OU help you! ‖ JUR: **~ (qqn) d'office** to be appointed by the court (to defend sb). -**2.** ADMIN: **être assisté** to receive state aid; **je ne veux pas être assisté!** I don't want charity!

◆ **assister à** *v + prép* -**1.** [être présent à - messe, gala] to attend; [- concert de rock, enregistrement de télévision] to be at. -**2.** [être témoin de] to witness, to be a witness to; **il a assisté à l'accident** he was a witness to OU he witnessed the accident. -**3.** [remarquer] to note, to witness; **on assiste à une recrudescence de la criminalité/du chômage** we are witnessing a new increase in crime/unemployment.

associatif, ive [asɔsjatif, iv] *adj* associative.

association [asɔsjasjɔ̃] *nf* -**1.** [groupement] society, association; **protéger la liberté d'~** to protect freedom of association ❑ **~ des anciens élèves** past pupils *Br* OU alumni *Am* association; **~ de bienfaisance** charity, charitable organization; **~ à but non lucratif** OU **sans but lucratif** non profit-making organization; **~ de malfaiteurs** criminal conspiracy; **~ de parents d'élèves** ≃ Parent-Teacher Association. -**2.** [collaboration] partnership, association; **notre ~ n'a pas duré longtemps** we weren't partners for long; **travailler en ~ avec l'État** to work in association with the state; **opéra produit en ~ avec une chaîne italienne** opera produced in association with an Italian TV channel. -**3.** [d'images] association; [de couleurs] combination; **l'~ de nos intérêts devrait nous être profitable à tous deux** combining our interests should be profitable to us both ❑ **~s (d'idées)** associations; **~s verbales** PSYCH free associations.

associationnisme [asɔsjasjɔnism] *nm* associationism.

associativité [asɔsjativite] *nf* associativity.

associé, e [asɔsje] ◇ *adj* associate; **directeur/membre ~** associate director/member.
◇ *nm, f* associate, partner; **je l'ai pris comme ~** I took him into partnership.

associer [9] [asɔsje] *vt* -**1.** [idées, images, mots] to associate. -**2.** [faire participer]: ~ **qqn à: il m'a associé à son projet** he included me in his project; **j'aurais voulu l'~ à mon bonheur** I would have liked to share my happiness with him. -**3.** [allier]: ~ **qqn/qqch à** to associate sb/sthg with, to connect sb/sthg with, to link sb/sthg with; **elle a toujours associé la ville de Nice à une enfance heureuse** she has always associated the city of Nice with her happy childhood; **on associe souvent rhumatismes et humidité** rheumatism and damp conditions are frequently associated. -**4.** [saveurs, couleurs]: ~ **qqch à** to combine sthg with; **un plat qui associe la menthe à la fraise** a dish which combines mint with strawberry.

◆ **s'associer** ◇ *vpi* -**1.** [s'allier] to join forces; COMM to enter OU to go into partnership, to become partners OU associates; **associons-nous pour réussir** let's join forces in order to succeed; **la France et l'Allemagne se sont associées pour le projet Hermès** France and Germany are partners in the Hermes project. -**2.** [s'harmoniser] to be combined.
◇ *vpt*: **s'~ qqn** to take sb on as a partner.
◆ **s'associer à** *vp* + *prép* to share (in); **je m'associe pleinement à votre malheur** I share your grief; **s'~ à une entreprise criminelle** to be an accomplice to OU to take part in a crime.

assoiffé, e [aswafe] *adj* thirsty; ~ **de sang** bloodthirsty.

assoiffer [3] [aswafe] *vt* to make thirsty; ~ **une ville** to cut off the water supply to a town.

assolement [asɔlmɑ̃] *nm* crop rotation.

assoler [3] [asɔle] *vt* [terres] to rotate crops on.

assombrir [32] [asɔ̃brir] *vt* -**1.** [rendre sombre] to darken, to make dark OU darker; **l'orage/le soir assombrit le ciel** the sky's dark with the impending storm/early evening; **sous un ciel assombri** under darkened skies; **le mur brun assombrit la pièce** the brown wall makes the room look darker. -**2.** [rendre triste] to cast a shadow OU cloud over, to mar; **la mort de son père a bien assombri notre séjour** her father's death cast a shadow over our stay; **aucun incident n'a assombri la cérémonie** no incident marred the ceremony.

◆ **s'assombrir** *vpi* -**1.** [s'obscurcir] to darken, to grow dark; **à l'approche du cyclone, l'atmosphère s'est assombrie** with the approaching hurricane, the atmosphere grew very dark. -**2.** [s'attrister – visage] to become gloomy, to cloud over; [– personne, humeur] to become gloomy.

assombrissement [asɔ̃brismɑ̃] *nm litt* darkening.

assommant, e *fam* [asɔmɑ̃, ɑ̃t] *adj* -**1.** [ennuyeux] boring, tedious; **j'ai passé une demi heure ~e** I spent an excruciatingly boring half-hour. -**2.** [fatigant] harassing; **les enfants ont été ~s toute la matinée** the children were unbearable all morning!; **tu es ~, à la fin, avec tes soupçons!** it's such a pain, you being so suspicious all the time!

assommer [3] [asɔme] *vt* -**1.** [frapper] to knock out *(sép)*, to stun; [tuer]: ~ **un bœuf** to fell an ox □ **à ~** OU **qui assommerait un bœuf** powerful; **l'eau-de-vie de sa grand-mère, elle assommerait un bœuf** *fam* his grandmother's brandy is pretty strong stuff. -**2.** *fam* [ennuyer]: ~ **qqn** to bore sb stiff; **ils m'assomment avec leurs statistiques** they bore me to tears with their statistics || [importuner] to harass, to wear down *(sép)*. -**3.** [abrutir] to stun.

assommoir [asɔmwar] *nm arch* -**1.** [matraque] club. -**2.** *fam* [bar] gin palace.

Assomption [asɔ̃psjɔ̃] *nf*: **l'~** the Assumption.

assonance [asɔnɑ̃s] *nf* assonance.

assonant, e [asɔnɑ̃, ɑ̃t] *adj* assonant.

assorti, e [asɔrti] *adj* -**1.** [en harmonie]: **un couple bien ~** a well-matched couple; **un couple mal ~** an ill-matched OU ill-assorted couple; **pantalon avec veste ~e** trousers *Br* OU pants *Am* with matching jacket. -**2.** [chocolats] assorted. -**3.** [approvisionné]: **un magasin bien ~** a well-stocked shop.

assortiment [asɔrtimɑ̃] *nm* -**1.** [ensemble] assortment, selection; ~ **de charcuterie** selection of OU assorted cold meats; ~ **d'outils** set of tools, tool kit; **voulez-vous les mêmes gâteaux pour tout le monde ou un ~?** would you like the same cakes for everybody or would you prefer an assortment? -**2.** [harmonisation] arrangement, matching; **elle s'occupe de l'~ des tissus pour notre catalogue de décoration** she's in charge of selecting soft furnishings for our interior decoration catalogue. -**3.** COMM [choix] selection, range, stock; **nous avons un vaste ~ de jupes** we stock a large selection of skirts; **nous avons un vaste ~ de desserts** we offer a large selection OU a wide range of desserts.

assortir [32] [asɔrtir] *vt* -**1.** [teintes, vêtements] to match; **les deux couleurs sont très bien assorties** the two colours match (up) OU blend (in) perfectly; ~ **à: le couvre-lit assorti au papier peint** wallpaper with matching bedspread; ~ **ses chaussures à sa ceinture** to match one's shoes with OU to one's belt. -**2.** [personnes] to match, to mix; **quel beau couple, ils sont vraiment bien assortis** what a handsome couple, they are well suited to one another OU well matched. -**3.** COMM [approvisionner] to supply. -**4.** [accompagner]: ~ **de: ~ un discours d'un paragraphe sur le racisme** to add a paragraph on racism to a speech.

◆ **s'assortir** *vpi* -**1.** [s'harmoniser] to match, to go together well; **sa manière de s'habiller s'assortit à sa personnalité** the way he dresses matches OU reflects his personality. -**2.** [être complété]: **s'~ de: son étude s'assortit de quelques remarques sur la situation actuelle** a few comments on the present situation have been added to his study. -**3.** COMM to buy one's stock; **il s'assortit dans les magasins de gros** he buys his stock wholesale.

Assouan [aswɑ̃] *npr* Aswan, Assouan; **le barrage d'~** the Aswan (High) Dam.

assoupi, e [asupi] *adj* -**1.** [endormi – personne] sleeping, dozing. -**2.** *litt* [sans animation] sleepy; **une ville ~e** a sleepy town.

assoupir [32] [asupir] *vt* -**1.** [endormir] to make drowsy OU sleepy; **chut, elle est enfin assoupie** hush, she's asleep OU dozing at last. -**2.** *litt* [atténuer – soupçon, douleur] to dull.

◆ **s'assoupir** *vpi* -**1.** [s'endormir] to doze off, to fall asleep. -**2.** *litt* [s'affaiblir – crainte, douleur] to be dulled.

assoupissement [asupismɑ̃] *nm* -**1.** [sommeil léger] doze; [état somnolent] drowsiness; **tomber dans un léger ~** to doze off. -**2.** *litt* [atténuation – des soupçons, de la douleur] dulling, numbing; **l'~ de tous ses sens** the numbing of all her senses.

assouplir [32] [asuplir] *vt* -**1.** [rendre moins dur – corps] to make supple, to loosen up *(sép)*; [– linge, cuir] to soften; **ajoutez du lait pour ~ la pâte** add milk until the dough is soft. -**2.** [rendre moins strict] to ease; ~ **ses positions** to take a softer line; **l'âge n'a pas assoupli son caractère** age hasn't made her more tractable OU any easier; **le règlement de l'école a été considérablement assoupli** the school rules have been considerably relaxed.

◆ **s'assouplir** *vpi* -**1.** [devenir moins raide] to become looser OU more supple, to loosen up. -**2.** [caractère, règlement] to become more flexible.

assouplissant [asuplisɑ̃] *nm* (fabric) softener.

assouplissement [asuplismɑ̃] *nm* -**1.** LOISIRS & SPORT limbering up, loosening up; **des exercices** OU **une séance d'~** limbering-up exercises. -**2.** [d'un linge, d'un cuir] softening. -**3.** [d'une position] softening; **demander l'~ d'un règlement** to ask for regulations to be relaxed.

assouplisseur [asuplisœr] *nm* (fabric) softener.

assourdir [32] [asurdir] *vt* -**1.** [personne] to deafen; [bruit, son] to dull, to deaden, to muffle. -**2.** PHON to make voiceless OU unvoiced.

◆ **s'assourdir** *vpi* PHON to become voiceless OU unvoiced.

assourdissant, e [asurdisɑ̃, ɑ̃t] *adj* deafening, ear-splitting.

assourdissement [asurdismɑ̃] *nm* -**1.** [d'un bruit] deadening, dulling, muffling. -**2.** PHON devoicing.

assouvir [32] [asuvir] *vt sout* [désir, faim] to appease, to assuage; [soif] to quench.

assouvissement [asuvismɑ̃] *nm sout* [d'une passion, de la faim] appeasing, assuaging; [de la soif] quenching.

ASSU, Assu [asy] (*abr de* Association du sport scolaire et universitaire) *npr f former schools and university sports association.*

assuétude [asɥetyd] *nf* MÉD addiction.

assujetti, e [asyʒeti] ◇ *adj litt* [population, prisonnier] subjugated.
◇ *nm, f* person liable for tax; **les ~s** those who are liable for tax.

assujettir [32] [asyʒetir] *vt* -**1.** [astreindre] to compel; **être assujetti à un contrôle médical très strict** to be subjected to very strict medical checks; **être assujetti à l'impôt** to be liable for taxation. -**2.** [arrimer] to fasten, to secure; ~ **une porte avec une chaîne** to secure a door with a chain. -**3.** *litt* [asservir – nation, peuple] to subjugate, to hold under a yoke.

◆ **s'assujettir à** *vp* + *prép* to submit (o.s.) to.

assujettissant, e [asyʒetisɑ̃, ɑ̃t] *adj* demanding.

assujettissement [asyʒetismɑ̃] *nm* -**1.** *litt* [asservissement] subjection. -**2.** JUR: ~ **à l'impôt** liability to taxation.

assumer [3] [asyme] *vt* -**1.** [endosser] to take on *(sép)*, to take upon o.s., to assume; **j'en assume l'entière responsabilité** I take OU I accept full responsibility for it; **il assume la charge de directeur depuis la mort de son père** he took over as director when his father died; **nous assumerons toutes les dépenses** we'll meet all the expenses; **elle assume à la fois les fonctions de présidente et de trésorière** she acts both as chairperson and treasurer; **j'ai assumé ces responsabilités pendant trop longtemps** I held that job for too long. -**2.** [accepter] to accept; **il assume mal ses origines** he's never been able to come to terms with his background || *(en usage abs)*: **ils font des gosses et après ils n'assument pas!** *fam* they have kids and then they don't face up to their responsibilities!; **j'assume!** I don't care what other people think!

◆ **s'assumer** *vpi* to come to terms with o.s.

assurable [asyrabl] *adj* insurable.

assurance [asyrɑ̃s] *nf* -**1.** COMM [contrat] insurance (policy); **placer des ~s** to sell insurance (policies); ~ **contre l'incendie/les accidents** insurance against fire/(personal) accidents; ~ **contre le vol** insurance against theft; **les ~s** insurance companies; **il est dans les ~s** *fam* he's in insurance □ ~ **auto** OU **automobile** car OU motor *Br* insurance; ~ **personnelle** OU **volontaire** private health insurance OU cover; ~ **bagage** luggage insurance; ~ **chômage** unemployment insurance; ~ **maladie** health insurance; ~ **maritime** marine insurance; ~ **maternité** maternity benefit; ~ **tous risques** comprehensive insurance; **les ~s sociales** ≃ National Insurance *Br*, ≃ Welfare *Am*; ~ **au tiers** third party insurance; ~ **vieillesse** retirement pension. -**2.** *sout* [promesse] assurance; **j'ai reçu l'~ formelle que l'on m'aiderait financièrement** I was assured I would receive financial help. -**3.** [garantie]: ~ **de** guarantee of; **le retour à la démocratie constitue une ~ de paix pour le pays** the return of democracy will guarantee peace for the country. -**4.** [aisance] self-confidence, assurance; **s'exprimer avec ~** to speak with assurance OU composure; **elle a perdu toute sa belle ~** she's lost all her self-confidence OU self-assurance; **je chantonnais pour me donner un peu d'~** I was singing to give myself some confidence; **elle a de l'~ dans la voix** she sounds confident. -**5.** *sout* [certitude]: **avoir l'~ que** to feel certain OU assured that; **j'ai l'~ qu'il viendra** I'm sure he'll come. -**6.** [dans la correspondance]: **veuillez croire à l'~ de ma considération distinguée** yours faithfully. -**7.** SPORT: **(point d')** ~ belay.

assurance-crédit [asyrɑ̃skredi] (*pl* **assurances-crédits**) *nf* credit insurance.

assurance-décès [asyrɑ̃sdesɛ] (*pl* **assurances-décès**) *nf* life insurance OU assurance.

assurance-vie [asyrɑ̃svi] (*pl* **assurances-vie**) *nf* life insurance OU assurance.

assuré, e [asyre] ◇ *adj* -**1.** [incontestable] certain, sure; **succès ~ pour son nouvel album!** her new album is sure to be a hit!; **discrétion ~e** confidentiality guaranteed. -**2.** [résolu] assured, self-confident; **marcher d'un pas ~** to walk confidently; **d'une voix mal ~e** quaveringly, in an unsteady voice; **avoir un air ~** to look self-confident.
◇ *nm, f* -**1.** [qui a un contrat d'assurance] insured person, policyholder; **les ~s** the insured. -**2.** ADMIN: **~ social** ≃ contributor to the National Insurance scheme *Br*, ≃ contributor to Social Security *Am*.

assurément [asyremɑ̃] *adv sout* assuredly, undoubtedly, most certainly; **~ non!** certainly OU indeed not!; **~ (oui)!** yes, indeed!, (most) definitely!

assurer [3] [asyre] ◇ *vt* -**1.** [certifier] to assure; **il m'a assuré qu'il viendrait** he assured me he'd come; **je t'assure qu'elle est sincère** I assure you she's telling the truth; **mais si, je t'assure!** yes, I swear!; **il faut de la patience avec elle, je t'assure!** you need a lot of patience when dealing with her, I'm telling you! -**2.** [rendre sûr] to assure; **je l'assurai qu'il pouvait signer** I assured him he could sign; **laissez-moi vous ~ de ma reconnaissance** let me assure you of my gratitude. -**3.** [procurer] to maintain, to provide; **~ le ravitaillement des populations sinistrées** to provide disaster victims with supplies; **une permanence est assurée le samedi après-midi** there is someone on duty on Saturday afternoons; **pour mieux ~ la sécurité de tous** to ensure greater safety for all; **~ une liaison aérienne/ferroviaire** to operate an air/a rail link; **~ le ramassage scolaire** to operate a school bus service; **~ qqch à qqn: ~ à qqn un bon salaire** to secure a good salary for sb. -**4.** [mettre à l'abri] to ensure, to secure; **~ l'avenir** to make provision for the future ❑ **~ ses arrières** MIL to protect one's rear; *fig* to leave o.s. a way out OU something to fall back on. -**5.** [arrimer] to secure, to steady; **~ le chargement d'une voiture avec des cordes** to secure the load on a car with ropes. -**6.** COMM to insure; **~ ses bagages/sa voiture** to insure one's luggage/one's car; **j'ai fait ~ mes bijoux** I had my jewels insured; **être mal assuré contre le vol** to be under-insured (in case of theft). -**7.** SPORT to belay. -**8.** NAUT [bout] to belay, to make fast.
◇ *vi fam* to cope; **il assure en physique/anglais** he does well in physics/English; **elle a beau être nouvelle au bureau, elle assure bien** she may be new to the job but she certainly copes (well); **les femmes d'aujourd'hui, elles assurent!** modern women can do anything!
◆ **s'assurer** ◇ *vp* *(emploi réfléchi)* COMM to insure o.s.; **s'~ contre le vol/l'incendie** to insure o.s. against theft/fire; **il est obligatoire pour un automobiliste de s'~** by law, a driver must be insured.
◇ *vpi* [s'affermir] to steady o.s.
◇ *vpt* [se fournir] to secure, to ensure; **s'~ des revenus suffisants pour la retraite** to ensure a sufficient income for one's retirement.
◆ **s'assurer de** *vp + prép* [contrôler]: **assurez-vous de la validité de votre passeport** make sure your passport is valid; **je vais m'en ~ immédiatement** I'll check right away; **s'~ que** to make sure (that), to check (that); **assure-toi que tout va bien** make sure everything's OK; **pouvez-vous vous ~ qu'elle est bien rentrée?** could you check she got back all right?

assureur [asyrœr] *nm* insurer, underwriter.

Assyrie [asiri] *npr f*: (l')~ Assyria.

assyrien, enne [asirjɛ̃, ɛn] *adj* Assyrian.
◆ **Assyrien, enne** *nm, f* Assyrian.
◆ **assyrien** *nm* LING Assyrian.

assyriologie [asirjɔlɔʒi] *nf* Assyriology.

aster [astɛr] *nm* aster.

astéride [asterid] *nm* member of the Asteroida.

astérie [asteri] *nf* starfish.

astérisque [asterisk] *nm* asterisk.

astéroïde [asterɔid] *nm* asteroid.

asthénie [asteni] *nf* asthenia.

asthénique [astenik] ◇ *adj* asthenic.
◇ *nmf* asthenia sufferer.

asthmatique [asmatik] *adj* & *nmf* asthmatic.

asthme [asm] *nm* asthma; **avoir de l'~** to suffer from asthma.

asti [asti] *nm* Asti Spumante.

asticot [astiko] *nm* -**1.** [ver] maggot; PÊCHE gentle. -**2.** *fam* [individu] bloke *Br*, guy *Am*; **qu'est-ce qu'il veut, cet ~?** what's wrong with HIM?

asticoter *fam* [3] [astikɔte] *vt* to bug.

astigmate [astigmat] *adj* & *nmf* astigmatic.

astigmatisme [astigmatism] *nm* astigmatism.

astiquage [astikaʒ] *nm* polishing, shining.

astiquer [3] [astike] *vt* to polish, to shine.

astragale [astragal] *nm* -**1.** ANAT astragalus, talus. -**2.** ARCHIT astragal. -**3.** BOT astragalus.

astrakan [astrakɑ̃] *nm* astrakhan (fur); **un manteau en ~** an astrakhan coat.

Astrakan, Astrakhan [astrakɑ̃] *npr* Astrakhan.

astral, e, aux [astral, o] *adj* astral.

astre [astr] *nm* ASTROL & ASTRON star; **l'~ du jour** *litt* the sun; **l'~ de la nuit** *litt* the moon ❑ **beau comme un ~** radiantly handsome OU beautiful.

astreignant, e [astrɛɲɑ̃, ɑ̃t] *adj* demanding, exacting; **un programme ~** a punishing schedule.

astreindre [81] [astrɛ̃dr] *vt*: **~ qqn à qqch** to tie sb down to sthg; **il est astreint à un régime sévère** he's on a very strict diet; **~ qqn à faire qqch** to compel OU to force OU to oblige sb to do sthg; **je l'astreins à faire ses comptes** I force him to check his accounts.
◆ **s'astreindre à** *vp + prép* to compel OU to force o.s. to; **il s'astreint à se lever tôt** he forces himself to get up early.

astreinte [astrɛ̃t] *nf* JUR *daily fine for delay in payment of debt.*

astringence [astrɛ̃ʒɑ̃s] *nf* astringency, astringence.

astringent, e [astrɛ̃ʒɑ̃, ɑ̃t] *adj* [lotion, médicament] astringent; [vin] sharp.
◆ **astringent** *nm* astringent.

astrobiologie [astrɔbjɔlɔʒi] *nf* astrobiology.

astrolabe [astrɔlab] *nm* astrolabe.

astrologie [astrɔlɔʒi] *nf* astrology.

astrologique [astrɔlɔʒik] *adj* astrological.

astrologue [astrɔlɔg] *nmf* astrologer.

astrométrie [astrɔmetri] *nf* astrometry.

astrométrique [astrɔmetrik] *adj* astrometric, astrometrical.

astronaute [astrɔnot] *nmf* astronaut.

astronautique [astrɔnotik] *nf* astronautics *(sg)*.

astronef [astrɔnɛf] *nm vieilli* spaceship.

astronome [astrɔnɔm] *nmf* astronomer.

astronomie [astrɔnɔmi] *nf* astronomy.

astronomique [astrɔnɔmik] *adj* -**1.** SC astronomic, astronomical. -**2.** *fam fig* astronomic, astronomical; **là on atteint des prix ~s!** we're talking in millions!

astronomiquement [astrɔnɔmikmɑ̃] *adv* astronomically.

astrophysicien, enne [astrɔfizisjɛ̃, ɛn] *nm, f* astrophysicist.

astrophysique [astrɔfizik] *nf* astrophysics *(sg)*.

astuce [astys] *nf* -**1.** [ingéniosité] astuteness, shrewdness; **il est plein d'~** he's a shrewd individual. -**2.** *fam* [plaisanterie] joke, gag; **je n'ai pas compris l'~!** I didn't get it!; **encore une de tes ~s vaseuses!** another one of your lousy jokes! -**3.** *fam* [procédé ingénieux] trick; **en page 23 notre rubrique «~s»** our tips are on page 23; **je n'arrive pas à l'ouvrir – attends, il doit y avoir une ~** I can't open it – wait, there must be some knack (to it); **comment fais-tu tenir le loquet? – ah, ah, c'est l'~!** how do you get the latch to stay on? – aha, wouldn't you like to know!; **j'ai trouvé une ~ formidable pour ne pas avoir à attendre** I've hit upon a great trick to avoid waiting; **les ~s du métier** the tricks of the trade.

astucieusement [astysjøzmɑ̃] *adv* shrewdly, cleverly.

astucieux, euse [astysjø, øz] *adj* shrewd, clever.

Asturies [astyri] *npr fpl*: **les ~** Asturias; **le prince des ~** the Prince of Asturias.

asymétrie [asimetri] *nf* asymmetry, lack of symmetry.

asymétrique [asimetrik] *adj* asymmetric, asymmetrical.

asymptote [asɛ̃ptɔt] ◇ *adj* [courbe, plan] asymptotic, asymptotical.
◇ *nf* asymptote.

asymptotique [asɛ̃ptɔtik] *adj* asymptotic, asymptotical.

asynchrone [asɛ̃kron] *adj* asynchronous.

asyndète [asɛ̃dɛt] *nf* asyndeton.

asystolie [asistɔli] *nf* asystole, asystolia, asystolism.

ataraxie [ataraksi] *nf* ataraxia, ataraxy.

atavique [atavik] *adj* atavistic, atavic.

atavisme [atavism] *nm* atavism; **ils sont prudents, c'est un vieil ~ paysan** they're very cautious, on account of their peasant origins; **il est fou de vélo, ça doit être par ~** he's mad about cycling, probably because it runs in the family.

atèle [atɛl] *nm* spider monkey.

atelier [atəlje] *nm* -**1.** [d'un bricoleur, d'un artisan] workshop; [d'un peintre, d'un photographe] studio; COUT workroom; **~ d'artiste** artist's studio; **~ de stylisme** designer's studio. -**2.** [d'une usine] shop; **l'~ s'est mis en grève** the shopfloor went on strike ❑ **~ de réparation/d'assemblage** repair/assembly shop; **~ naval** shipyard; **~ protégé** sheltered workshop. -**3.** [association] work-group; BX-ARTS atelier; **~ chorégraphique** dance workshop; **participer à un ~ de peinture sur soie** to take part in a workshop on silk-screen printing. -**4.** [de francs-maçons] lodge.

atemporel, elle [atɑ̃pɔrɛl] *adj* timeless.

atermoiement [atɛrmwamɑ̃] *nm* procrastination, delaying.

atermoyer [13] [atɛrmwaje] *vi* to procrastinate, to delay; **ayant atermoyé deux mois, ils ont fini par dire oui** having held back from making a decision for two months, they finally said yes.

athée [ate] ◇ *adj* atheistic, atheist *(épith)*.
◇ *nmf* atheist.

athéisme [ateism] *nm* atheism.

Athéna [atena] *npr* Athena, Athene.

athénée [atene] *nm* -**1.** ANTIQ Atheneum. -**2.** *Belg* high OU secondary school.

Athènes [atɛn] *npr* Athens.

athénien, enne [atenjɛ̃, ɛn] *adj* Athenian.
◆ **Athénien, enne** *nm, f* Athenian; **c'est là que les Athéniens s'atteignirent** *hum* that was when things started to get complicated.

athermique [atɛrmik] *adj* athermic, athermous.

athérosclérose [ateroskleroz] *nf* atherosclerosis.

athlète [atlɛt] *nmf* athlete; **un corps/une carrure d'~** an athletic body/build.

athlétique [atletik] *adj* athletic.

athlétisme [atletism] *nm* athletics *(sg)*.

Athos [atos] *npr* → **mont**.

Atlantide [atlɑ̃tid] *npr f*: l'~ Atlantis.

atlantique [atlɑ̃tik] *adj* Atlantic; **la côte ~** the Atlantic coast; **le Pacte ~** the Atlantic Charter.

Atlantique [atlɑ̃tik] *npr m*: l'~ the Atlantic (Ocean).

atlantisme [atlɑ̃tism] *nm* Atlanticism.

atlas [atlas] *nm* -**1.** [livre] atlas. -**2.** ANAT atlas.

Atlas [atlas] ◇ *npr* MYTH Atlas.
◇ *npr m* GÉOG: l'~ the Atlas Mountains; **le Haut** OU **Grand ~** the High Atlas; **le Moyen ~** the Middle Atlas.

atm (*abr écrite de* **atmosphère**) atm.

atmosphère [atmɔsfɛr] *nf* -**1.** GÉOG atmosphere. -**2.** [ambiance] atmosphere, ambiance. -**3.** [air que l'on respire] air; **l'~ humide du littoral** the dampness of the air on the coast.

atmosphérique [atmɔsferik] *adj* [condition, couche, pression] atmospheric.

atoca [atɔka] *nm Can* cranberry.

atoll [atɔl] *nm* atoll.

atome [atom] *nm* atom; **l'ère de l'~** the atomic age ❑ **avoir des ~s crochus avec qqn** *fam* to be on the same wavelength as sb; **je n'ai pas d'~s crochus avec elle** I don't have much in common with her.

atomicité [atɔmisite] *nf* atomicity.

atomique [atɔmik] *adj* [masse] atomic; [énergie] atomic, nuclear; [explosion] nuclear.

atomisation [atɔmizasjɔ̃] *nf* PHYS atomization, atomizing.

atomisé, e [atɔmize] ◇ *adj* PHYS atomized.
◇ *nm, f* person suffering from the effects of radiation.

atomiser [3] [atɔmize] *vt* -**1.** PHYS to atomize. -**2.** NUCL: **~ qqch** to destroy sthg with an atom bomb, to blast sthg with a nuclear device. -**3.** *fig* to pulverize.

atomiseur [atɔmizœr] *nm* spray; **parfum en ~** spray perfume.

atomisme [atɔmism] *nm* atomism.

atomiste [atɔmist] ◇ *adj* -**1.** PHYS atomic. -**2.** PHILOS atomistic, atomistical, atomist.
◇ *nmf* -**1.** PHYS atomic scientist. -**2.** PHILOS atomist.

atomistique [atɔmistik] ◇ *adj* PHILOS atomistic, atomistical.
◇ *nf* PHYS atomic science.

atonal, e, aux [atɔnal, o] *adj* atonal.

atonalité [atɔnalite] *nf* atonality.

atone [atɔn] *adj* -**1.** [expression, œil, regard] lifeless, expressionless. -**2.** PHON atonic, unaccented, unstressed. -**3.** MÉD atonic.

atonie [atɔni] *nf* -**1.** [inertie] lifelessness. -**2.** MÉD atony.

atonique [atɔnik] *adj* atonic MÉD.

atours [atur] *nmpl arch* attire, array; **elle avait revêtu ses plus beaux ~** *hum* she was dressed in all her finery.

atout [atu] *nm* -**1.** JEUX trump; **jouer ~** to play a trump; [en ouvrant le jeu] to lead trump OU trumps; **il a joué ~ carreau** diamonds were trumps; **l'~ est (à) pique** spades are trumps; **quel est l'~?** what's trump OU trumps?; **prendre avec de l'~** to trump; **jouer trois sans ~** to play three no trumps ❑ **~ maître** *pr* master trump; *fig* trump card. -**2.** [avantage] asset, trump *fig*; **il a tous les ~s dans son jeu** OU **en main** he has all the trumps OU all the winning cards; **avoir (encore) un ~ dans sa manche** to have another ace up one's sleeve.

atoxique [atɔksik] *adj* non-poisonous, non-toxic.

ATP ◇ *npr f* (*abr de* Association des tennismen professionnels) ATP.
◇ *nmpl* (*abr de* Arts et Traditions populaires) arts and crafts; **musée des ~** arts and crafts museum.

atrabilaire [atrabilɛr] *litt* ◇ *adj* cantankerous, atrabilious *litt*.
◇ *nmf* cantankerous person.

âtre [atr] *nm litt* hearth.

atriau [atrijo] *nm Helv circular forcemeat patty.*

Atrides [atrid] *npr mpl*: **les ~** the Atreids, the Atridae.

atrium [atrijɔm] *nm* atrium.

atroce [atrɔs] *adj* -**1.** [cruel] atrocious, foul; **il a été d'une cruauté ~** he was dreadfully cruel; **des scènes ~s** horrifying OU gruesome scenes; **leur vengeance fut ~** their revenge was awesome. -**2.** [insupportable] excruciating, dreadful, atrocious; **il est mort dans d'~s souffrances** he died in dreadful pain. -**3.** *fam* [sens affaibli] atrocious, foul; **quel chapeau ~!** what a hideous hat!; **il est ~ avec son père** he's really awful to his father; **ils étaient ~s, ses haricots** her beans were foul.

atrocement [atrɔsmɑ̃] *adv* -**1.** [cruellement] atrociously, horribly; **~ mutilé** horribly OU hideously mutilated. -**2.** [en intensif] atrociously, dreadfully, horribly; **~ ennuyeux** excruciatingly boring; **j'ai ~ froid** I'm frozen to death; **j'ai ~ faim** I'm starving; **j'ai ~ soif** I'm parched.

atrocité [atrɔsite] *nf* -**1.** [caractère cruel]: **l'~ de** the atrociousness of; **le repentir n'excuse pas l'~ de ses crimes** repentance does not excuse his crimes. -**2.** [crime] atrocity; **les ~s de la guerre** the atrocities committed in wartime.

atrophie [atrɔfi] *nf* atrophy.

atrophié, e [atrɔfje] *adj* atrophied.

atrophier [9] [atrɔfje]
◆ **s'atrophier** *vpi* to atrophy.

atropine [atrɔpin] *nf* atropin, atropine.

attabler [3] [atable]
◆ **s'attabler** *vpi* to sit down (at the table); **tous les convives sont déjà attablés** all the guests are already seated at table; **venez donc vous ~ avec nous** do come and sit at our table.

attachant, e [ataʃɑ̃, ɑ̃t] *adj* [personnalité] engaging, lovable; [livre, spectacle] captivating; **c'est un enfant très ~** he's such a lovable child.

attache [ataʃ] *nf* -**1.** [lien - gén] tie; [- en cuir, en toile] strap; [- en ficelle] string; [- d'un vêtement] clip, fastener; [- d'un rideau] tie-back. -**2.** [relation, ami] tie; **il n'a plus aucune ~ en France** he doesn't have any ties left in France; **elle a des ~s en Normandie** she has relatives in Normandy; **un homme sans ~s** [sans partenaire] an unattached man; [sans relations] a man without family or friends; **tous les ans ils séjournaient à Monteau, ils s'y étaient fait des ~s** they went back to Monteau every year, they'd made friends there. -**3.** BOT tendril. -**4.** RAIL: **~ de rail** rail fastening.
◆ **attaches** *nfpl* ANAT joints; **avoir des ~s fines** to be small-boned.
◆ **à l'attache** *loc adj* [chien, cheval] tied up.

attaché, e [ataʃe] *nm, f* attaché; **~ militaire/d'ambassade** military/embassy attaché; **~ d'administration** administrative assistant; **~ de presse, ~e de presse** press attaché.

attaché-case [ataʃekɛz] (*pl* **attachés-cases**) *nm* attaché case.

attachement [ataʃmɑ̃] *nm* -**1.** [affection] affection, attachment; **son ~ pour sa mère** his affection for OU attachment to his mother; **avoir de l'~ pour qqn** to be fond of sb. -**2.** CONSTR daily statement *(to record the progress and costs)*.

attacher [3] [ataʃe] ◇ *vt* -**1.** [accrocher] to tie, to tie up *(sép)*; **~ son mulet** to tie up one's mule; **~ les mains d'un prisonnier** to tie a prisoner's hands together; **~ qqn/qqch à** to tie sb/sthg to; **~ un chien à une corde/à sa niche** to tie a dog to a rope/to his kennel; **pauvre bête, il l'a attachée à une chaîne** he's chained the poor thing up; **la barque est attachée à une chaîne** the boat's moored on the end of a chain OU chained up; **~ qqn à une chaise** to tie sb to a chair; **une photo était attachée à la lettre** [avec un trombone] a picture was clipped to the letter; [avec une agrafe] a picture was stapled to the letter ❑ **il n'attache pas son chien avec des saucisses** *fam* he's as mean as hell. -**2.** [pour fermer] to tie; **~ un colis avec une ficelle** to tie up a parcel; **une simple ficelle attachait la valise** the suitcase was held shut with a piece of string. -**3.** [vêtement] to fasten; **peux-tu m'aider à ~ ma robe?** [gén] can you help me to fasten up my dress?; [avec des boutons] can you help me to button up my dress?; [avec une fermeture Éclair] can you help me to zip up my dress?; **~ ses lacets** to tie one's shoelaces; **attachez votre ceinture** fasten your seatbelt. -**4.** [accorder] to attach; **j'attache beaucoup de prix** OU **de valeur à notre amitié** I attach great value to OU set great store by our friendship; **elle attache trop d'importance à son physique** she attaches too much importance to the way she looks. -**5.** [fixer]: **~ ses yeux** OU **son regard sur qqn** to fix one's eyes upon sb. -**6.** [associer] to link, to connect; **le scandale auquel son nom est/reste attaché** the scandal with which his name is/remains linked; **plus rien ne l'attache à Paris** he has no ties in Paris now; **qu'est-ce qui m'attache à la vie maintenant?** what is there for me to live for now? -**7.** *sout* [comme domestique, adjoint]: **~ qqn à: ~ un apprenti à un maître** to apprentice a young boy to a master; **elle est attachée à mon service depuis dix ans** she has been employed with us for ten years.
◇ *vi* CULIN to stick; **le riz a attaché** the rice has stuck; **poêle/casserole qui n'attache pas** non-stick pan/saucepan.
◆ **s'attacher** ◇ *vp* *(emploi réfléchi)* to tie o.s.; **il s'est attaché avec une corde** he tied himself (up) with a rope.
◇ *vp* *(emploi passif)* to fasten, to do up; **la robe s'attache sur le côté** the dress does up OU fastens on the side; **s'~ avec une fermeture Éclair/des boutons** to zip/to button up.
◇ *vpt*: **s'~ (les services de) qqn** to take sb on; **il s'est attaché les services d'un garde du corps** he's hired a bodyguard.
◆ **s'attacher à** *vp + prép* -**1.** [se lier avec] to become fond of OU attached to; **s'~ aux pas de qqn** to follow sb closely. -**2.** [s'efforcer de] to devote o.s. to; **je m'attache à le rendre heureux** I try (my best) to make him happy; **elle s'est attachée à reproduire les fresques fidèlement** she took pains to reproduce the frescoes faithfully.

attaquable [atakabl] *adj* -**1.** MIL open to attack. -**2.** [discutable] contestable; **son système/testament n'est pas ~** his system/will cannot be contested; **ses déclarations seront difficilement ~s** his statements will be difficult to contest.

attaquant, e [atakɑ̃, ɑ̃t] ◇ *adj* attacking, assaulting, assailing.
◇ *nm, f* attacker, assailant.
◆ **attaquant** *nm* SPORT striker.

attaque [atak] *nf* -**1.** [agression] attack, assault; **passer à l'~** *pr* to attack; *fig* to attack, to go on the offensive ❑ **~ aérienne** air attack OU raid; **~ à main armée** [contre une banque] armed robbery; **~ préventive** pre-emptive strike. -**2.** [diatribe] attack, onslaught; **il a été victime d'odieuses ~s dans les journaux** he was subjected to scurrilous attacks in the newspapers; **pas d'~s personnelles, s'il vous plaît** no personal attacks OU criticism please. -**3.** MÉD stroke, seizure; [crise] fit, attack; **~ cardiaque** heart attack. -**4.** SPORT *beginning of a stroke, catch etc*; [avec un ballon] attack; [en alpinisme] start. -**5.** MUS attack; **ton ~ n'est pas assez nette** your attack is too weak.
◆ **d'attaque** *fam loc adj*: **se sentir d'~ pour faire qqch: je ne me sens pas d'~ pour aller à la piscine** I don't really feel like going to the swimming pool; **te sens-tu d'~ pour un petit tennis/aller danser?** do you feel up to a game of tennis/going dancing?; **je ne suis plus d'~ comme autrefois** I'm not in such good shape as before.

attaquer [3] [atake] *vt* -**1.** [assaillir - ennemi, pays, forteresse] to attack, to launch an attack upon; [- passant, touriste] to mug; **il s'est fait ~ par deux hommes** he was attacked OU assaulted by two men; **madame, c'est lui qui m'a attaqué!** please Miss, he started it!; **~ une place par**

surprise to make a surprise attack on a fort ❑ ~ le mal à la racine to tackle the root of the problem. -2. [corroder] to damage, to corrode, to eat into *(insép)*; la rouille attaque le fer rust corrodes iron; l'humidité a même attaqué l'abat-jour the damp even damaged the lampshade. -3. [critiquer] to attack, to condemn; il a été attaqué par tous les journaux he was attacked by all the newspapers; j'ai été personnellement attaqué I suffered personal attacks || JUR: ~ qqn en justice to bring an action against sb, to take sb to court; ~ qqn en diffamation to bring a libel action against sb; ~ un testament to contest a will. -4. [entreprendre - tâche] to tackle, to attack, to get started on *(insép)*; j'ai attaqué ma pile de dossiers vers minuit I got started on my heap of files around midnight; prêt à ~ le travail? ready to get OU to settle down to work? -5. [commencer à manger, à boire]: ~ le petit déjeuner *fam* to dig into breakfast; on attaque le beaujolais? *fam* shall we have a go at that Beaujolais? -6. MUS to attack; *(en usage abs)*: quand l'orchestre attaque when the orchestra strikes up. -7. JEUX to lead; ~ à l'atout to lead trumps; ~ à carreau to lead diamonds.

◆ **s'attaquer à** *vp + prép* -1. [combattre] to take on, to attack; elle s'est attaquée aux institutions she took on the establishment; s'~ aux préjugés to attack OU to fight OU to tackle prejudice; il s'est tout de suite attaqué au problème he tackled the problem right away. -2. [agir sur] to attack; cette maladie ne s'attaque qu'aux jeunes enfants only young children are affected by this disease; les bactéries s'attaquent à vos gencives bacteria attack your gums.

attardé, e [atarde] ◇ *adj* -1. *vieilli* [anormal] backward, (mentally) retarded. -2. [démodé] old-fashioned.

◇ *nm, f vieilli* [malade] (mentally) retarded person.

attarder [3] [atarde]

◆ **s'attarder** *vpi* -1. [rester tard - dans la rue] to linger; [- chez quelqu'un] to stay late; [- au bureau, à l'atelier] to stay on OU late; ne nous attardons pas, la nuit va tomber let's not stay, it's almost nightfall; je me suis attardée près de la rivière I lingered by the river; rentre vite, ne t'attarde pas be home early, don't stay out too late; ils se sont attardés ici bien après minuit they stayed around here long after midnight; s'~ à faire qqch: elles s'attardaient à boire leur café they were lingering over their coffee. -2. s'~ sur [s'intéresser à] to linger over, to dwell on; s'~ sur des détails to linger over details; attardons-nous quelques minutes sur le cas de cette malade let's consider the case of this patient for a minute; vous vous êtes trop attardés sur l'aspect technique et pas assez sur les conséquences humaines you spent too much time discussing the technical side and not enough on the consequences for mankind; l'image contenue dans la strophe vaut que l'on s'y attarde the image in the stanza merits further consideration; encore un mélodrame qui ne vaut pas que l'on s'y attarde another forgettable melodrama.

atteindre [81] [atɛ̃dr] *vt* -1. [lieu] to reach, to get to *(insép)*; aucun son ne nous atteignait no sound reached us || RAD & TV to reach; émissions qui atteignent un large public programmes reaching a wide audience. -2. [situation] to reach, to attain; ~ la gloire to attain glory; il a atteint son but he's reached his goal OU achieved his aim; leur propagande n'atteint pas son but their propaganda misses its target; avez-vous atteint vos objectifs de vente? have you reached OU fulfilled your sales targets?; les taux d'intérêt ont atteint un nouveau record interest rates have reached a record high. -3. [âge, valeur, prix] to reach; ~ 70 ans to reach the age of 70; le sommet atteint plus de 4 000 mètres the summit is over 4,000 metres high; les dégâts atteignent neuf cent mille francs nine hundred thousand francs' worth of damage has been done. -4. [communiquer avec] to contact, to reach; il est impossible d'~ ceux qui sont à l'intérieur de l'ambassade the people inside the embassy are incommunicado. -5. [toucher] to reach, to get at, to stretch up to *(insép)*; je n'arrive pas à ~ le dictionnaire qui est là-haut I can't reach the dictionary up there. -6. ARM to hit; ~ la cible to hit the target; ~ la cible en plein centre to hit the bull's eye; la balle/le policier l'a atteint en pleine tête the bullet hit/the policeman shot him in the head; atteint à l'épaule shot in the shoulder || [blesser moralement] to affect, to move, to stir; il peut dire ce qu'il veut à mon sujet, ça ne m'atteint pas he can say what he likes about me, it doesn't bother me at all; rien ne l'atteint nothing affects OU can reach him. -7. [affecter - suj: maladie, fléau] to affect; les tumeurs secondaires ont déjà atteint le poumon the secondary tumours have already spread to the lung; être atteint d'un mal incurable to be suffering from an incurable disease; quand le moral est atteint when depression sets in; il est plutôt atteint *fam* he's not quite right in the head; les pays atteints par la folie de la guerre countries in the grip of war mania; la partie gauche de la façade est atteinte the left side of the façade is affected.

◆ **atteindre à** *v + prép litt* to achieve, to attain.

atteinte [atɛ̃t] *nf* [attaque] attack; ~ aux bonnes mœurs offence against public decency; ~ à la liberté violation of human rights; ~ à la sûreté de l'État high treason; ~ à la vie privée violation of privacy; porter ~ au pouvoir de qqn to undermine sb's power; porter ~ à l'ordre public to commit a breach of OU to disturb the peace.

◆ **atteintes** *nfpl* [effets nocifs] effects; les premières ~s du mal se sont manifestées quand il a eu 20 ans [épilepsie, diabète] he first displayed the symptoms of the disease at the age of 20; [alcoolisme, dépression] the first signs of the problem came to light when he was 20.

attelage [atlaʒ] *nm* -1. [fait d'attacher - un cheval] harnessing; [- un bœuf] yoking; [- une charrette] hitching up. -2. [plusieurs animaux] team; [paire d'animaux] yoke. -3. [véhicule] carriage. -4. RAIL [processus] coupling; [dispositif] coupling.

atteler [24] [atle] *vt* -1. [cheval] to harness; [bœuf] to yoke; [carriole] to hitch up *(sép)*. -2. RAIL to couple.

◆ **s'atteler à** *vp + prép* to get down to, to tackle; il va falloir que tu t'attelles à ces révisions! you'll have to get down to that revision!

attelle [atɛl] *nf* -1. MÉD splint. -2. [pour un cheval] hame.

attenant, e [atnɑ̃, ɑ̃t] *adj* adjoining, adjacent; cour ~e à la maison back yard adjoining the house.

attendre [73] [atɑ̃dr] *vt* **A.** -1. [rester jusqu'à la venue de - retardataire, voyageur] to wait for *(insép)*; je l'attends pour partir I'm waiting till he gets here before I leave, I'll leave as soon as he gets here; il va falloir t'~ encore longtemps? are you going to be much longer?; attendez-moi après le travail wait for me after work; (aller) ~ qqn à l'aéroport/la gare to (go and) meet sb at the airport/the station; le train ne va pas vous ~ the train won't wait (for you); l'avion l'a attendu they delayed the plane for him ❑ ~ qqn à la sortie *pr* to wait for sb outside; ~ qqn au passage OU au tournant *fig* to wait for a chance to pounce on sb; elle se trompera, et je l'attends au tournant she'll make a mistake and that's when I'll get her; 'En attendant Godot' *Beckett* 'Waiting for Godot'. -2. [escompter l'arrivée de - facteur, invité] to wait for *(insép)*, to expect; [- colis, livraison] to expect, to await; [- réponse, événement] to wait for *(insép)*, to await; je ne t'attendais plus! I'd given up waiting for you!; ~ qqn d'une minute à l'autre to expect sb any minute; ~ qqn à OU pour dîner to expect sb for dinner; vous êtes attendu, le docteur va vous recevoir immédiatement the doctor's expecting you, he'll see you straightaway; la princesse, très attendue, descend de voiture the eagerly-awaited princess is now getting out of the car; j'attends un coup de téléphone I'm expecting a telephone call; qu'est-ce que tu attends? [ton interrogatif ou de reproche] what are you waiting for?; alors, tu attends le dégel? *fam* are you going to hang around here all day?; qu'est-ce qu'il attend pour les renvoyer? why doesn't he just fire them?; qu'attendez-vous pour déjeuner? why don't you go ahead and have lunch?; ils n'attendent que ça, c'est tout ce qu'ils attendent that's exactly OU just what they're waiting for; ~ le grand jour avec impatience to be eagerly looking forward to the big day; un mariage attendu avec impatience an eagerly-awaited wedding; ~ fiévreusement des résultats to be anxiously waiting for OU awaiting results; nous attendons des précisions we're awaiting further details; ~ son tour to wait one's turn; ~ son heure to bide one's time; ~ le bon moment to wait for the right moment (to come along); ~ demain pour faire qqch to delay sthg till OU until tomorrow; cela peut ~ demain that can wait till OU until tomorrow; je lui ai prêté 3 000 francs et je les attends toujours I lent him 3,000 francs and I still haven't got it back; se faire ~ to keep others waiting; désolé de m'être fait ~ sorry to have kept you waiting; les hors-d'œuvre se font ~ the starters are a long time coming; la réforme se fait ~ the reform is taking a long time to materialize; les résultats ne se sont pas fait ~ [après une élection] the results didn't take long to come in; [conséquences d'une action] there were immediate consequences ❑ ~ qqn comme le Messie to wait eagerly for sb. -3. [suj: femme enceinte]: ~ un bébé OU enfant, ~ famille *Belg* to be expecting (a child), to be pregnant; ~ des jumeaux to be pregnant with OU expecting twins; j'attends une fille I'm expecting a girl; elle attend son bébé pour le 15 avril her baby's due on April 15th; ~ un heureux événement *euph* to be expecting. -4. [être prêt pour] to await, to be ready for; ta chambre t'attend your room's ready (for you); la voiture vous attend the car's ready, the car's waiting for you; venez, le dîner nous attend come along, dinner's ready OU dinner is served. -5. [être sur le point de se manifester à - suj: destin, sort, aventure] to await, to be OU to lie in store for; une mauvaise surprise l'attendait there was an unpleasant surprise in store for her; c'est là que la mort l'attendait that's where he was to meet his death; une nouvelle vie vous attend là-bas a whole new life awaits you there; il ne sait pas quel sort l'attend he doesn't know what fate has in store for him; si tu savais OU tu ne sais pas ce qui t'attend! you haven't a clue what you're in for, have you?; avant de me porter volontaire, je voudrais savoir ce qui m'attend before I volunteer, I'd like to know what I'm letting myself in for. -6. [espérer]: ~ qqch de to expect sthg from; j'attendais mieux d'elle I thought she'd do better, I was expecting better things from her; j'attends de lui une réponse I expect him to answer OU an answer from him; nous attendons beaucoup de la réunion we expect a lot (to come out) of the meeting; sa réponse, je n'en attends pas grand-chose I'm not expecting too much (to come) out of his reply. -7. [être encore démuni de] to need; le document attend encore trois signatures the document needs another three signatures; le pays attend encore l'homme qui sera capable de mettre fin à la guerre civile the country is still waiting for the man who will be able to put an end to the civil war.

B. AVEC COMPLÉMENT INTRODUIT PAR QUE: ~ que: nous attendrons qu'elle soit ici we'll wait till she gets here OU for her to get here; j'attends qu'il réponde I'm waiting till he answers, I'm waiting for his answer, I'm awaiting his answer; elle attendait toujours qu'il rentre avant d'aller se coucher she would always wait up for him; attends (un peu) que je le

dise à ton père! just you wait until I tell your father!

C. AVEC COMPLÉMENT INTRODUIT PAR DE: **attends d'être grand** wait until you're older; **nous attendions de sortir** we were waiting to go out; **j'attends avec impatience de la revoir** I can't wait to see her again; **~ de voir la suite des événements** to wait to see what happens.

D. EN USAGE ABSOLU **-1.** [patienter] to wait; **les gens n'aiment pas ~** people don't like to be kept waiting OU to have to wait; **je passe mon temps à ~** I spend all my time waiting around; **il est en ligne, vous attendez?** he's on the other line, will you hold?; **faites-les ~** ask them to wait; **si tu crois qu'il va t'aider, tu peux toujours ~!** if you think he's going to help you, you'd better be prepared for a long wait!; **attends!** [ordre] wait!; [menace] just you wait!; **mais enfin attends, je ne suis pas prêt!** wait a minute, will you, I'm not ready!; **elle s'appelle, attends, comment déjà?** her name is, wait a minute, now what is it?; **c'était en, attendez un peu, 1986** it was in, just a minute, 1986; **et attends, tu ne sais pas le plus beau!** wait (for it), the best part's yet to come!; **et alors là, attendez, il s'est mis à tout avouer** and at that point, wait for it OU would you believe it, he started to come clean; **attends voir** *fam* [ordre] hold OU hang on; **attends voir, toi!** *fam* [menace] just you wait (and see)!; **tout vient à point à qui sait ~** *prov* all things come to him that waits *prov*. **-2.** [suj: plat chaud, soufflé] to wait; [suj: vin, denrée] to keep; **les spaghetti ne doivent pas ~** spaghetti must be served as soon as it's ready; **un vin qui ne peut plus guère ~** a wine which will soon be past its best; **il fait trop ~ ses vins** [les sert trop vieux] he keeps his wines too long. **-3.** [être reporté] to wait; **votre projet attendra** your plan'll have to wait.

◆ **attendre après** *fam v + prép* **-1.** [avoir besoin de]: **~ après qqch** to be in great need of sthg; **garde le livre, je n'attends pas après** keep the book, I'm not desperate OU in a hurry for it. **-2.** [compter sur]: **~ après qqn** to rely OU to count on sb; **je n'ai pas attendu après toi pour me l'expliquer** I didn't exactly rely on you to explain it to me; **si tu attends après lui, tu n'auras jamais tes renseignements** if you're counting on him OU if you leave it up to him, you'll never get the information you want; **elle est assez grande, elle n'attend plus après toi!** she's old enough to get along (perfectly well) without you!

◆ **s'attendre** *vp (emploi réciproque)*: **les enfants, attendez-vous pour traverser la rue** children, wait for each other before crossing the street.

◆ **s'attendre à** *vp + prép* [escompter] to expect; **on ne s'attendait pas à sa mort** his death was unexpected; **il faut s'~ à des embouteillages** traffic jams are expected; **s'~ au pire** to expect the worst; **savoir à quoi s'~** to know what to expect; **je ne m'attendais pas à cela de votre part** I didn't expect this from you; **nous ne nous attendions pas à ce que la grève réussisse** we weren't expecting the strike to succeed, we hadn't anticipated that the strike would succeed; **s'y ~: il fallait s'y ~** that was to be expected; **tu aurais dû t'y ~** you should have known; **je m'y attendais** I expected as much.

◆ **en attendant** *loc adv* **-1.** [pendant ce temps]: **finis ton dessert, en attendant je vais faire le café** finish your dessert, and in the meantime I'll make the coffee; **le train aura un retard de vingt minutes — en attendant allons boire un café** the train's going to be twenty minutes late — let's go and have a coffee while we wait. **-2.** *fam* [malgré cela]: **oui mais, en attendant, je n'ai toujours pas mon argent** that's as maybe but I'm still missing my money; **ris si tu veux mais, en attendant, j'ai réussi à mon examen** you can laugh, but I passed my exam all the same.

◆ **en attendant que** *loc conj* until (such time as); **en attendant qu'il s'explique, on ne sait rien** until (such time as) he's explained himself OU as long as he hasn't provided any explanations, we don't know anything.

attendri, e [atɑ̃dri] *adj* **-1.** [ému]: **un regard ~** a look full of emotion. **-2.** [amolli - viande] tenderized.

attendrir [32] [atɑ̃drir] *vt* **-1.** [émouvoir] to move to tears OU pity. **-2.** [apitoyer]: **~ qqn** to make sb feel compassion OU pity; **se laisser ~** to give in to pity. **-3.** [viande] to tenderize.

◆ **s'attendrir** *vpi* **-1.** [être ému] to be moved OU touched; **ne nous attendrissons pas!** let's not get emotional!; **s'~ sur qqn/qqch** to be moved by sb/sthg, to be touched by sb/sthg; **s'~ sur un bébé** to gush over a baby. **-2.** [être apitoyé] to feel compassion; **s'~ sur le sort de qqn** to feel pity OU sorry for sb; **s'~ sur soi-même** to indulge in self-pity, to feel sorry for o.s.

attendrissant, e [atɑ̃drisɑ̃, ɑ̃t] *adj* moving, touching; **regarde-le essayer de s'habiller, c'est ~!** look at him trying to dress himself, how sweet!; **de façon ~e** touchingly.

attendrissement [atɑ̃drismɑ̃] *nm* **-1.** [tendresse] emotion *(U)*; **pas d'~!** let's not get emotional!; **l'~ le gagnait** he was getting emotional ‖ [élan]: **je ne suis pas porté aux ~s** I don't tend to get emotional, I'm not the emotive type. **-2.** [pitié] pity, compassion; **~ sur soi-même** self-pity.

attendrisseur [atɑ̃drisœr] *nm* tenderizer; **passer une viande à l'~** to tenderize meat.

attendu[1] [atɑ̃dy] *prép* considering, given.

◆ **attendu que** *loc conj* since, considering OU given that; JUR whereas.

attendu[2] [atɑ̃dy] *nm*: **les ~s d'un jugement** the reasons adduced for a verdict.

attentat [atɑ̃ta] *nm* **-1.** [assassinat] assassination attempt; **commettre un ~ contre qqn** to make an attempt on sb's life. **-2.** [explosion] attack; **~ à la bombe** bomb attack, bombing; **~ à la voiture piégée** car bomb explosion; **l'ambassade a été hier la cible d'un ~** the Embassy was bombed yesterday. **-3.** [atteinte]: **~ aux libertés constitutionnelles** violation of constitutional liberties; **~ contre la sécurité de l'État** acts harmful to State security ❑ **~ aux mœurs** JUR offence against public decency; **~ à la pudeur** indecent assault.

attentatoire [atɑ̃tatwar] *adj*: **~ à la dignité de l'homme** detrimental OU prejudicial to human dignity.

attente [atɑ̃t] *nf* **-1.** [fait d'attendre, moment] wait; **l'~ est longue** it's a long time to wait; **le plus dur, c'est l'~** the toughest part is the waiting; **j'étais là depuis quarante minutes et l'~ se prolongeait** I'd been there for forty minutes and I was still waiting; **pendant l'~ du verdict/des résultats** while awaiting the sentence/results; **deux heures d'~** a two-hour wait. **-2.** [espérance] expectation; **répondre à l'~ de qqn** to come up to sb's expectations; **si la marchandise ne répond pas à votre ~** should the goods not meet your requirements.

◆ **dans l'attente de** *loc prép* **-1.** [dans le temps]: **être dans l'~ de qqch** to be waiting for OU awaiting sthg; **il vit dans l'~ de ton retour** he lives for the moment when you return. **-2.** [dans la correspondance]: **dans l'~ de vous lire/de votre réponse/de vous rencontrer** looking forward to hearing from you/to your reply/to meeting you.

◆ **en attente** ◇ *loc adv*: **laisser qqch en ~** to leave sthg pending.

◇ *loc adj*: **les plans sont en ~** the plans have been shelved.

attenter [3] [atɑ̃te]

◆ **attenter à** *v + prép* **-1.** [commettre un attentat contre]: **~ à la vie de qqn** to make an attempt on sb's life; **~ à ses jours** OU **à sa vie** to attempt suicide. **-2.** [porter atteinte à]: **~ à l'honneur/à la réputation de qqn** to undermine sb's honour/reputation; **~ aux libertés civiles** to violate civil rights.

attentif, ive [atɑ̃tif, iv] *adj* **-1.** [concentré - spectateur, public, élève] attentive; **l'auditoire était très ~** the audience was very attentive; **soyez ~s!** pay attention!; **écouter qqn d'une oreille attentive** to listen to sb attentively, to listen to every word sb says. **-2.** [prévenant - présence] watchful; [- gestes, comportement, parole] solicitous, thoughtful; **avoir besoin de soins ~s** to be in need of tender loving care. **-3. ~ à** [prêtant attention à]: **être ~ à ce qui se dit** to pay attention to OU to listen carefully to what is being said; **être ~ à sa santé** to be mindful of one's health; **être ~ à son travail** to be careful OU painstaking in one's work; **~ à** [soucieux de]: **~ à ne pas être impliqué** anxious not to be involved.

attention [atɑ̃sjɔ̃] ◇ *nf* **-1.** [concentration] attention; **appeler** OU **attirer l'~ de qqn sur qqch** to call sb's attention to sthg, to point sthg out to sb; **mon ~ a été attirée sur le fait que...** it has come to my notice that...; **avoir l'~ de qqn** to have sb's attention; **vous avez toute mon ~** you have my undivided attention; **consacrer toute son ~ à un problème** to devote one's attention to OU to concentrate on a problem; **écouter qqn avec ~** to listen to sb attentively, to listen hard to what sb's saying; **lire qqch avec ~** to read sthg carefully OU attentively; **porter son ~ sur qqch** to turn one's attention to sthg; **faire ~** to pay attention; **faites bien ~, je vais vous interroger après** listen carefully OU pay attention, I'll be asking questions afterwards; **fais ~, et tu la verras passer** [regarde bien] look carefully, and you'll see her pass by; **faire ~ à** to pay attention to, to heed; **fais particulièrement ~ au dernier paragraphe** pay special attention to the last paragraph; **faites ~ à ces menaces** bear these threats in mind; **faire ~ (à ce) que...** to make sure OU to ensure (that)... **-2.** [égard] attention *(U)*, attentiveness *(U)*, thoughtfulness *(U)*; **elle avait eu l'~ délicate de mettre des géraniums dans ma chambre** she'd had the lovely idea of putting geraniums in my bedroom; **je n'ai pas droit à la moindre petite ~** nobody ever does nice things for me; **les mille et une ~s de la vraie tendresse** the thousand and one ways in which people express their love for each other; **entourer qqn d'~s** to lavish attention on sb. **-3.** [capacité à remarquer] attention; **attirer l'~** to attract attention; **tu vas attirer l'~!** [compliment] you'll make a few heads turn!; [critique] you're too conspicuous!; **attirer l'~ de qqn** to catch OU to attract sb's attention; **faire ~ à: tu as fait ~ au numéro de téléphone?** did you make a (mental) note of the phone number?; **quand il est entré, je n'ai d'abord pas fait ~ à lui** when he came in I didn't notice him at first; **ne fais pas ~ à lui, il dit n'importe quoi** don't mind him OU pay no attention to him, he's talking nonsense. **-4. faire ~ à** [surveiller, s'occuper de]: **faire ~ à sa santé** to take care of OU to look after one's health; **faire ~ à soi** to look after OU to take care of o.s.; **faire ~ à sa ligne** to watch one's weight; **il ne fait pas assez ~ à sa femme** he doesn't pay enough attention to his wife; **elle fait trop ~ aux autres hommes** she's too interested in other men. **-5. faire ~** [être prudent] to be careful OU cautious; **fais bien ~ en descendant de l'escabeau** do be careful when you come off the stepladder; **faire ~ à: fais ~ aux voitures** watch out for the cars; **~ à la marche/porte** mind the step/door; **fais ~ à ce que tu dis!** watch what you're saying!; **fais ~ à toi!** [menace] just watch your step!

◇ *interj* **-1.** [pour signaler un danger] watch OU look out; **~, il est armé!** watch OU look out, he's got a gun!; **~, ~, tu vas le casser!** gently OU easy (now), you'll break it!; **'~ chien méchant'** 'beware of the dog'; **'~ fragile'** 'handle with care'; **'~ peinture fraîche'** 'wet paint'; **'~ travaux'** 'men at work'. **-2.** [pour introduire une nuance]: **~, ce n'est pas cela que j'ai dit** now look, that's not what I said.

◆ **à l'attention de** *loc prép* [sur une enveloppe]: **à l'~ de Madame Chaux** for the attention of Mme Chaux.

◆ **attention à** *loc prép interj*: ~ à tes bottes sales sur le tapis! watch your muddy boots on that carpet!; ~ **à la voiture!** mind the car!; ~ **au départ!** stand clear of the doors!

attentionné, e [atɑ̃sjɔne] *adj* thoughtful, solicitous; **comme mari, il était très** ~ he was an extremely caring husband.

attentisme [atɑ̃tism] *nm* wait-and-see policy.

attentiste [atɑ̃tist] ◇ *adj*: attitude ~ wait-and-see attitude; **politique** ~ waiting game.
◇ *nmf*: **les** ~s those who play a waiting game.

attentivement [atɑ̃tivmɑ̃] *adv* [en se concentrant] attentively, carefully, closely.

atténuant, e [atenɥɑ̃, ɑ̃t] *adj* [excuse, circonstance] mitigating.

atténuateur [atenɥatœr] *nm* attenuator.

atténuation [atenɥasjɔ̃] *nf* [d'une responsabilité] reduction, lightening *(U)*; [d'une faute] mitigation; [de propos] toning down *(U)*; [d'une douleur] easing *(U)*; [d'un coup] cushioning *(U)*, softening *(U)*; **l'eau froide produit une petite** ~ **de la brûlure** cold water relieves the pain from the burn a little.

atténuer [7] [atenɥe] *vt* -**1.** [rendre moins perceptible - douleur] to relieve, to soothe; [- couleur] to tone down *(sép)*, to soften; **la neige/l'isolation atténue les bruits** snow/insulation muffles the sound; **un chagrin que rien ne peut** ~ a sorrow that nothing can relieve; **le temps a atténué les souvenirs** memories have become fainter over time. -**2.** [rendre moins important, moins grave - responsabilité] to reduce, to lighten, to lessen; [- accusation] to tone down *(sép)*; **le remords n'atténue pas la faute** remorse does not lessen the blame.
◆ **s'atténuer** *vpi* [chagrin, cris, douleur] to subside, to die down; [effet] to subside, to fade, to wane; [lumière] to fade, to dim; [bruit] to dim, to tone down; [couleur] to dim.

atterrant, e [aterɑ̃, ɑ̃t] *adj* appalling, shocking.

atterrer [4] [atere] *vt* to dismay, to appal; **sa réponse m'a atterré** I was appalled at his answer; **je l'ai trouvé atterré par la nouvelle** I found him reeling from the shock of the news; **il les regarda d'un air atterré** he looked at them aghast OU in total dismay.

atterrir [32] [aterir] *vi* -**1.** AÉRON to land, to touch down; **l'avion allait** ~ the plane was coming in to land; ~ **en catastrophe** to make an emergency landing; ~ **sur le ventre** to make a belly landing; ~ **trop court** to undershoot; ~ **trop long** to overshoot. -**2.** *fam* [retomber] to land, to wind OU to fetch *Br* up; **la voiture a atterri dans un champ** the car fetched up OU landed in a field; **tous ses vêtements ont atterri dans la cour** all his clothes wound up in the yard. -**3.** *fam* [se retrouver] to end OU to wind OU to land up; ~ **en prison** to end up OU to land up in jail; **le dossier finit par** ~ **sur son bureau** the file eventually landed OU wound up on his desk; **j'ai finalement atterri comme réceptionniste dans un cabinet dentaire** I ended up as a receptionist in a dentist's surgery; **mes lunettes, je me demande où elles ont bien pu** ~! where (on earth) could my glasses have got to?

atterrissage [aterisaʒ] *nm* landing; **prêt à l'**~ ready to touch down OU to land; **après l'**~ after touchdown OU landing; ~ **sur le ventre/en catastrophe/forcé** belly/crash/emergency landing; ~ **sans visibilité/aux instruments/à vue** blind/instrument/visual landing.
◆ **d'atterrissage** *loc adj* landing *(épith)*.

atterrissement [aterismɑ̃] *nm* alluvial deposit.

attestation [atɛstasjɔ̃] *nf* -**1.** [document] certificate; ~ **d'assurance** insurance certificate. -**2.** ENS [diplôme] certificate (of accreditation). -**3.** JUR attestation. -**4.** [preuve] proof; **son échec est une nouvelle** ~ **de son incompétence** his failure further demonstrates his incompetence.

attesté, e [atɛste] *adj* LING attested; **formes** ~**es dans la littérature du XIIe siècle** forms attested OU occurring in XII th century literature.

attester [3] [atɛste] *vt* -**1.** [certifier] to attest; **il atteste que sa femme était bien chez elle** he attests that his wife was at home; **ce document atteste que...** this is to certify that... -**2.** [témoigner] to attest OU to testify to, to vouch for; **cette version des faits est attestée par la presse** this version of the facts is borne out by the press.
◆ **attester de** *v + prép* to prove, to testify to, to show evidence of; **sa réponse atteste de sa sincérité** his answer shows evidence of OU testifies to OU demonstrates his sincerity; **ainsi qu'en attesteront ceux qui me connaissent** as those who know me will testify.

attiédir [32] [atjedir] *vt litt* -**1.** [refroidir - air] to cool; [- liquide] to make lukewarm. -**2.** [réchauffer] to warm (up) *(sép)*. -**3.** *fig* [sentiment] to cool.
◆ **s'attiédir** *vpi litt* -**1.** [se refroidir] to cool (down), to become cooler. -**2.** [se réchauffer] to warm up, to become warmer. -**3.** *fig* [sentiment] to cool, to wane.

attifement *fam* [atifmɑ̃] *nm* (weird) getup OU gear.

attifer *fam* [3] [atife] *vt péj* to get up *(sép)*, to rig out *(sép)*.
◆ **s'attifer** *fam vp (emploi réfléchi)* to get o.s. up, to rig o.s. out; **comment tu t'es attifé!** what DO you look like!

attiger▽ [17] [atiʒe] *vi* to go over the top, to go a bit far; **là, il attigeait!** he went a bit far there!

Attila [atila] *npr* Attila (the Hun).

attique [atik] ◇ *adj* attic.
◇ *nm* ARCHIT attic.
◆ **Attique** *npr f*: l'Attique Attica.

attirable [atirabl] *adj* attractable.

attirail [atiraj] *nm* equipment; ~ **de pêche** fishing tackle; **il a tout un** ~ **pour la pêche** he's got a lot of fishing tackle; ~ **de plombier** plumber's tool kit; **on emporte l'ordinateur et tout son** ~ *fam* let's take the computer with all the gear; **qu'est-ce que c'est que (tout) cet** ~? *fam péj* what's all this paraphernalia for?

attirance [atirɑ̃s] *nf* attraction; **l'**~ **entre nous deux a été immédiate** we were attracted to each other straight away; **éprouver de l'**~ **pour qqn/qqch** to feel attracted to sb/sthg; **l'**~ **du vice** the lure of vice.

attirant, e [atirɑ̃, ɑ̃t] *adj* attractive.

attirer [3] [atire] *vt* -**1.** [tirer vers soi, avec soi] to draw; **elle a attiré l'enfant contre elle/sur son cœur** she drew the child to her/to her bosom; **il m'a attiré vers le balcon pour me montrer le paysage** he drew me towards the balcony to show me the view; **l'aimant attire le fer/les épingles** iron is/pins are attracted to a magnet. -**2.** [inciter à venir - badaud] to attract; [- proie] to lure; **couvre ce melon, il attire les guêpes** cover that melon up, it's attracting wasps; ~ **les foules** to attract OU to draw (in) the crowds; **les requins, attirés par l'odeur du sang** sharks attracted OU drawn by the smell of blood; **le coup de feu les a attirés sur les lieux** the shot drew them to the scene; ~ **qqn dans un coin/piège** to lure sb into a corner/trap; **après l'avoir attirée derrière un paravent, il l'a embrassée** he kissed her after luring her behind a screen; ~ **qqn avec** OU **par des promesses** to lure OU to entice sb with promises. -**3.** [capter - attention, regard] to attract, to catch; ~ **l'attention de qqn** to catch OU to attract sb's attention; ~ **l'attention de qqn sur qqch** to call sb's attention to sthg, to point sthg out to sb; ~ **l'intérêt de qqn** to attract sb's interest; **essayant d'**~ **l'œil du serveur** trying to catch the waiter's eye. -**4.** [plaire à] to attract, to seduce; **les femmes mariées l'attirent, il est attiré par les femmes mariées** he's attracted to married women; **se sentir attiré par qqn** to feel attracted to sb; **il a une façon de sourire qui attire les femmes** women find the way he smiles attractive; **son originalité attire les hommes** her originality appeals to men; **le jazz ne m'attire pas beaucoup** jazz doesn't appeal to me much. -**5.** [avoir comme conséquence] to bring, to cause; ~ **qqch à** OU **sur qqn**: ~ **des ennuis à qqn** to cause trouble for sb, to get sb into trouble; **sa démission lui a attiré des sympathies** her resignation won OU earned her some sympathy; ~ **sur soi la colère/haine de qqn** to incur sb's anger. -**6.** ASTRON & PHYS to attract.
◆ **s'attirer** ◇ *vp (emploi réciproque)* to attract one another.
◇ *vpt*: **s'**~ **des ennuis** to get o.s. into trouble, to bring trouble upon o.s.; **s'**~ **la colère de qqn** to incur sb's anger; **s'**~ **les bonnes grâces de qqn** to win OU to gain sb's favour.

attiser [3] [atize] *vt* -**1.** [flammes, feu] to poke; [incendie] to fuel. -**2.** [colère, haine, désir] to stir up *(sép)*, to rouse.

attitré, e [atitre] *adj* -**1.** [accrédité] accredited, appointed. -**2.** [habituel - fournisseur, marchand] usual, regular. -**3.** [favori - fauteuil, place] favourite.

attitude [atityd] *nf* -**1.** [comportement] attitude; **son** ~ **envers moi/les femmes** his attitude towards me/women; **elle a eu une** ~ **irréprochable** her attitude was beyond reproach ‖ *péj* [affectation] attitude; **prendre une** ~ to strike an attitude; **prendre des** ~**s** to put on airs; **il prend des** ~**s de martyr** he puts on a martyred look; **il a l'air indigné, mais ce n'est qu'une** ~ his indignation is only skin-deep. -**2.** [point de vue] standpoint; **prendre une** ~ **ambiguë** to adopt an ambiguous standpoint OU attitude. -**3.** [maintien] bearing, demeanour; **avoir une** ~ **gauche** to move clumsily ‖ [position] position, posture; **surpris dans une** ~ **coupable** caught in a compromising position.

attorney [atɔrnɛ] *nm* attorney; ~ **général** Attorney-General.

attouchement [atuʃmɑ̃] *nm* touching *(U)*; **se livrer à des** ~**s sur qqn** to fondle sb, to interfere with sb JUR.

attractif, ive [atraktif, iv] *adj* -**1.** PHYS attractive. -**2.** *sout* [plaisant] attractive, appealing.

attraction [atraksjɔ̃] *nf* -**1.** ASTRON & PHYS attraction; ~ **terrestre** earth's gravity; ~ **universelle** gravity. -**2.** [attirance] attraction; **l'**~ **qu'il éprouve pour elle/la mort** his attraction to her/death; **exercer une** ~ **sur qqn/qqch** to attract sb/sthg; **la religion exerce-t-elle encore une** ~ **sur les jeunes?** does the younger generation still feel drawn towards religion? -**3.** [centre d'intérêt] attraction; **la grande** ~ **de la soirée** the chief attraction of the evening; **les** ~**s touristiques de la région** the area's tourist attractions. -**4.** LOISIRS attraction; ~ **principale** OU **numéro un** star attraction; **il y aura des** ~**s pour les enfants** entertainment will be provided for children. -**5.** LING attraction.

attrait [atrɛ] *nm* -**1.** [beauté - d'un visage, d'une ville, d'une idéologie] attraction, attractiveness; **elle trouve beaucoup d'**~ **à ses romans** she finds his novels very attractive; **un des** ~**s du célibat** one of the attractions of celibacy; **village sans (grand)** ~ rather charmless village. -**2.** [fascination] appeal, fascination; **éprouver un** ~ **pour qqch** to be fascinated by sthg.
◆ **attraits** *nmpl euph & litt* charms; **sans qu'elle cherche à dissimuler ses** ~**s** making no attempt to hide what nature endowed her with.

attrapade *fam* [atrapad] *nf* set-to, ding-dong *Br*, spat *Am*.

attrape [atrap] *nf* catch, trick; **il doit y avoir une** ~ **là-dessous** there must be a catch in it somewhere.

attrape-mouche [atrapmuʃ] (*pl* **attrape-mouches**) *nm* BOT flytrap.

attrape-nigaud [atrapnigo] (*pl* **attrape-nigauds**) *nm* confidence trick.

attraper [3] [atrape] *vt* -**1.** [prendre] to pick up *(sép)*; ~ **un timbre délicatement avec des pinces** to pick a stamp up carefully with tweezers; **la chatte attrape ses chatons par la peau du cou** the cat picks up her kittens by the scruff of the neck; **elle attrapa sa guitare sur le sol** she picked up her guitar from the floor; **attrape la casserole par le manche** hold OU grasp the pan by the handle; **il a attrapé un stylo et a couru répondre au téléphone** he grabbed a pen and ran to answer the phone. -**2.** [saisir au passage - bras, main, ballon] to grab; **~ qqn par le bras** to grab sb by the arm; **~ qqn par la taille** to grab sb round the waist; **il m'a attrapé par les épaules et m'a secoué** he took me by the shoulders and shook me; **attrape Rex, attrape!** come on Rex, get it! -**3.** [saisir par force, par ruse] to capture, to catch. -**4.** [surprendre - voleur, tricheur] to catch; [- bribe de conversation, mot] to catch; **~ qqn à faire** to catch sb doing; **attends que je t'attrape!** just you wait till I get hold of you!; **si tu veux le voir, il faut l'~ au saut du lit/à la sortie du conseil** if you want to see him, you must catch him as he gets up/as he comes out of the board meeting; **que je ne t'attrape plus à écouter aux portes!** don't let me catch you listening behind doors again! -**5.** [réprimander] to tell off *(sép)*; **papa m'a attrapé!** daddy told me off!; **je vais l'~ quand il va rentrer** I'll give him a thorough telling-off when he gets home; **se faire ~** to get a telling-off. -**6.** [prendre de justesse - train] to catch. -**7.** *fam* [avoir] to get; **~ une contravention** to get a ticket; **~ un coup de soleil** to get sunburnt; **~ froid** OU **un rhume** OU **du mal** *vieilli* to catch OU to get a cold; **elle a attrapé la rubéole de son frère** she got OU caught her brother's German measles; **tiens, attrape!** [à quelqu'un qui vient d'être critiqué] that's one in the eye for you!, take that! -**8.** [tromper - naïf, gogo] to catch (out), to fool.

◆ **s'attraper** ◇ *vp (emploi passif)* [être contracté - maladie, mauvaise habitude] to be catching; **le cancer ne s'attrape pas** you don't catch cancer; **la rougeole s'attrape facilement** measles is very catching.

◇ *vp (emploi réciproque)* [se disputer] to fight, to squabble; **tu les as entendus s'~?** did you hear them squabbling?

attrape-tout [atraptu] *adj inv* catch-all *(avant n)*; **une catégorie ~** a catch-all category.

attrayant, e [atrɛjɑ̃, ɑ̃t] *adj* [homme, femme] good-looking, attractive; [suggestion] attractive, appealing; **peu ~** unattractive, unappealing; **j'avoue que la perspective est ~e** I must say the idea is appealing.

attrempage [atrɑ̃paʒ] *nm* bringing to the required temperature.

attremper [3] [atrɑ̃pe] *vt* to bring to the required temperature.

attribuable [atribɥabl] *adj*: **~ à** attributable to.

attribuer [7] [atribɥe] *vt* -**1.** [distribuer - somme, bien] to allocate; [- titre, privilège] to grant; [- fonction, place] to allocate, to assign; [- prix, récompense] to award; **nous ne sommes pas ici pour ~ des blâmes** it is not up to us to lay the blame ☐ **~ un rôle à qqn** THÉÂT to cast sb for a part; *fig* to cast sb in a role. -**2.** [imputer]: **~ qqch à qqn** to ascribe OU to attribute sthg to sb; **ses contemporains ne lui attribuaient aucune originalité** her contemporaries did not credit her with any originality; **~ la paternité d'un enfant/d'une œuvre à qqn** to consider sb to be the father of a child/author of a work; **un sonnet longtemps attribué à Shakespeare** a sonnet long thought to have been written by Shakespeare; **ces mots ont été attribués à Marat** these words were attributed to Marat, Marat is supposed to have said these words; **on attribue cette découverte à Pasteur** this discovery is attributed to Pasteur, Pasteur is accredited with this discovery; **j'attribue sa réussite à son environnement** I put her success down OU I attribute her success to her environment; **un divorce qu'il faut ~ à l'alcoolisme** a divorce to be blamed on alcoholism; **attribue leur conduite à la stupidité plus qu'à la méchanceté** you must put their attitude down not so much to evil intent as to stupidity; **à quoi ~ cette succession de catastrophes?** what could account for this series of disasters? -**3.** [accorder]: **~ de l'importance/de la valeur à qqch** to attach importance to/to find value in sthg; **~ de l'intérêt à qqch** to find sthg interesting.

◆ **s'attribuer** *vpt*: **s'~ qqch** to claim sthg for o.s.; **il s'est attribué la plus grande chambre** he claimed the largest room for himself; **s'~ un titre** to give o.s. a title; **s'~ une fonction** to appoint o.s. to a function; **s'~ tout le mérite de qqch** to claim all the credit for sthg.

attribut [atriby] *nm* -**1.** [caractéristique] attribute, (characteristic) trait; **~s (virils** OU **masculins)** *euph* (male) genitals. -**2.** GRAMM predicate; *(comme adj)*: **adjectif ~** predicative adjective.

attributaire [atribytɛr] *nmf* -**1.** ÉCON allottee. -**2.** JUR beneficiary. -**3.** [d'un prix] prize-winner, award-winner.

attributif, ive [atribytif, iv] *adj* -**1.** GRAMM predicative, attributive. -**2.** JUR assignment *(épith)*.

attribution [atribysjɔ̃] *nf* -**1.** [distribution - d'une somme] allocation; [- d'une place, d'une part] allocation, attribution; **l'~ des prix** the awarding of the prizes. -**2.** [reconnaissance d'une œuvre, d'une responsabilité, d'une découverte, d'une invention] attribution; **toiles d'~s douteuses** paintings of doubtful origin; **l'~ de la figurine à Rodin a été contestée** doubts have been cast on the belief that Rodin sculpted the figurine.

attristant, e [atristɑ̃, ɑ̃t] *adj* saddening, depressing; **il est ~ de voir que...** it's such a pity to see that...; **comme c'est ~!** it's ever so depressing!

attrister [3] [atriste] *vt* to sadden, to depress; **sa mort nous a tous profondément attristés** we were all greatly saddened by his death; **cela m'attriste de voir que...** it makes me sad OU I find it such a pity to see that...

◆ **s'attrister de** *vp + prép*: **s'~ de qqch** to be sad about sthg; **je m'attriste d'apprendre qu'il est parti** I'm sad to learn that he's gone.

attrition [atrisjɔ̃] *nf* MÉD & RELIG attrition.

attroupement [atrupmɑ̃] *nm* crowd; **un ~ s'est formé** a crowd gathered.

attrouper [3] [atrupe] *vt* [foule] to gather, to draw, to attract.

◆ **s'attrouper** *vpi* [gén] to gather together; [en grand nombre] to flock together.

atypique [atipik] *adj* atypical.

au [o] → **à**.

aubade [obad] *nf* dawn serenade, aubade; **donner une ~ à qqn** to serenade sb (at dawn).

aubain [obɛ̃] *nm* HIST alien resident *(in France)*.

aubaine [obɛn] *nf* [argent] windfall; [affaire] bargain; [occasion] godsend, golden opportunity; **c'est une véritable ~ pour notre usine** it comes as OU it is a godsend to our factory; **profiter de l'~** to take advantage OU to make the most of a golden opportunity.

aube [ob] *nf* -**1.** [aurore] dawn; **à l'~** at dawn, at daybreak; **il se leva à l'~** he rose at dawn; **l'~ pointait quand il se leva** dawn was about to break when he got up; **l'~ d'une ère nouvelle** *fig* the dawn OU dawning of a new era. -**2.** RELIG alb. -**3.** NAUT paddle, blade. -**4.** [d'un moulin] vane; [pale] blade.

aubépine [obepin] *nf* hawthorn; **fleur d'~** may blossom.

auberge [obɛrʒ] *nf* inn; **tu prends la maison pour une ~?** *fam* do you think this house is a hotel? ☐ **~ espagnole: les ordinateurs, c'est l'~** OU **c'est comme une ~ espagnole** you get out of computers what you put in them in the first place; **~ de jeunesse** youth hostel; **il n'est pas sorti/on n'est pas sortis de l'auberge** *fam* he's/we're not out of the woods yet.

aubergine [obɛrʒin] ◇ *nf* -**1.** BOT aubergine *Br*, eggplant *Am*. -**2.** *fam* [contractuelle] (female) traffic warden *Br*, meter maid *Am*.

◇ *adv inv* [couleur] aubergine.

aubergiste [obɛrʒist] *nmf* inn-keeper.

aubette [obɛt] *nf Belg* -**1.** [kiosque à journaux] newsstand. -**2.** [abri] bus shelter.

aubier [obje] *nm* sapwood.

auburn [obœrn] *adj inv* auburn.

Aubusson [obysɔ̃] *npr town in central France famous as a centre for tapestry-making.*

aucun, e [okœ̃, yn] ◇ *adj indéf* -**1.** [avec une valeur négative]: **il ne fait ~ effort** he doesn't make any effort; **~e décision n'a encore été prise** no decision has been reached yet; **~ article n'est encore prêt** none of the articles is ready yet; **~ mot ne sortit de sa bouche** he didn't utter a single word; **il n'y a ~e raison de croire que...** there's no reason OU there isn't any reason to think that...; **il n'y a ~ souci à se faire** there is nothing to worry about; **ils n'eurent ~ mal à découvrir la vérité** they had no trouble (at all) finding out the truth; **elle n'en prend ~ soin** she doesn't look after it at all; **je ne vois ~ inconvénient à ce que vous restiez** I don't mind your staying at all; **en ~e façon** in no way; **sans ~ doute** undoubtedly, without any doubt; **sans ~ remords** quite remorselessly. -**2.** [avec une valeur positive] any; **il est plus rapide qu'~ autre coureur** he's faster than any other runner; **avez-vous ~e intention de le faire?** have you any intention of doing it?

◇ *pron indéf* -**1.** [avec une valeur négative] none; **~ d'entre eux n'a pu répondre** none of them could answer; **je sais qu'~ n'a menti** I know that none OU not one of them lied; **je n'ai lu ~ de ses livres** I haven't read any of her books. -**2.** [servant de réponse négative] none; **combien d'entre eux étaient présents? — ~!** how many of them were present? — none! -**3.** [avec une valeur positive] any; **j'ai apprécié son dernier livre plus qu'~ de ses films** I enjoyed his last book more than any of his films; **il est plus fort qu'~ de vos hommes** he's stronger than any of your men; **d'~s** *sout* some; **d'~s pensent que la guerre est inévitable** some (people) think OU there are those who think that war is unavoidable.

aucunement [okynmɑ̃] *adv* -**1.** [dans des énoncés négatifs avec 'ne' ou 'sans'] in no way, not in the least OU slightest; **il n'avait ~ envie d'y aller** he didn't want to go there in the slightest; **il agissait sans ~ se soucier des autres** he behaved without the slightest regard for others; **je n'ai ~ l'intention de me laisser insulter** I certainly have no OU I haven't the slightest intention of letting myself be insulted. -**2.** [servant de réponse négative] not at all; **a-t-il été question de cela? — ~** was it a question of that? — not at all; **je vous dérange? — ~!** am I disturbing you? — not at all OU by no means!

audace [odas] *nf* -**1.** [courage] daring, boldness, audaciousness; **ils ont eu l'~ de nous attaquer par le flanc droit** they were bold enough to attack our right flank. -**2.** [impudence] audacity; **il a eu l'~ de dire non** he dared (to) OU he had the audacity to say no. -**3.** [innovation] innovation; **les ~s de l'architecture moderne** the bold innovations of modern architecture.

audacieusement [odasjøzmɑ̃] *adv* audaciously.

audacieux, euse [odasjø, øz] ◇ *adj* -**1.** [courageux] daring, bold, audacious. -**2.** [impudent] bold, audacious, impudent. -**3.** [innovateur] bold, audacious, innovative.

◇ *nm, f* bold man (*f* woman); **c'était un ~** he was very daring.

au-dedans [odədɑ̃] *adv* -**1.** [à l'intérieur] inside; **vert ~, rouge au-dehors** green (on the) inside, red (on the) outside. -**2.** [mentalement] inwardly; **elle a l'air confiante mais ~ elle a des doutes** she looks confident but deep within herself OU but inwardly she has doubts.

◆ **au-dedans de** *loc prép* inside, within; **~ d'elle-même, elle regrette son geste** *fig* deep down OU inwardly, she regrets what she did.

au-dehors [odəɔr] *adv* -**1.** [à l'extérieur] outside; **il fait bon ici, mais ~ il fait froid** it's warm in here, but outside OU outdoors it's cold. -**2.** [en apparence] outwardly; **elle est généreuse même si ~ elle paraît dure** she's generous even if she looks cold OU if she's outwardly cold.

◆ **au-dehors de** *loc prép* outside, without *litt*; ~ de ces murs, personne ne sait rien nobody knows anything outside these walls.

au-delà[1] [odəla] *nm*: l'~ the hereafter, the next world.

au-delà[2] [odəla] *loc adv* beyond; ~ il y a la mer beyond OU further on there is the sea; tu vois le monument? l'école est un peu ~ can you see the monument? the school is a little further (on) OU just beyond (that); le désir d'aller ~ the desire to go further; 5 000 F, et je n'irai pas ~ 5,000 F and that's my final offer; surtout ne va pas ~ [d'une somme] whatever you do, don't spend any more; il a obtenu tout ce qu'il voulait et bien ~ he got everything he wanted and more.

◆ **au-delà de** *loc prép* beyond; ~ de la frontière on the other side of OU beyond the border; ~ de 500 F, vous êtes imposable above 500 francs you must pay taxes; ne va pas ~ de 1 000 F don't spend more than 1,000 francs; ~ des limites du raisonnable beyond the limits of what is reasonable; réussir ~ de ses espérances to succeed beyond one's expectations; c'est ~ de sa juridiction it is beyond OU outside his jurisdiction; ~ de ses forces/moyens beyond one's strength/means.

au-dessous [odsu] *adv* -1. [dans l'espace] below, under, underneath; il habite à l'étage ~ he lives one floor below; il n'y a personne ~ there's no one on the floor below. -2. [dans une hiérarchie] under, below; enfants âgés de 10 ans et ~ children aged 10 and below; taille ~ next size down; un ton ~ MUS one tone lower.

◆ **au-dessous de** *loc prép* -1. [dans l'espace] below, under, underneath; elle habite ~ de chez moi she lives downstairs from me; juste ~ de la corniche right under the cornice. -2. [dans une hiérarchie] below; ~ du niveau de la mer below sea level; ~ de zéro below zero; température ~ de zéro sub-zero temperature; ~ de la moyenne below average; ~ de 65 ans under 65; paquet ~ de 10 kg parcel of less than 10 kg; ~ d'un certain prix under OU below a certain price; c'est ~ de lui de supplier it's beneath him to beg; ~ de sa condition beneath one's condition ❑ il est vraiment ~ de tout! he's really useless!; le service est ~ de tout the service is an absolute disgrace.

au-dessus [odsy] *adv* -1. [dans l'espace] above; il habite ~ he lives upstairs; il n'y a rien ~ there is nothing upstairs OU (up) above; il y a une croix ~ there's a cross above it; là-haut, il y a le hameau des Chevrolles, et il n'y a rien ~ up there is Chevrolles village, and there's nothing beyond it. -2. [dans une hiérarchie] above; les enfants de 10 ans et ~ children aged 10 and above; la taille ~ the next size up; un ton ~ MUS one tone higher.

◆ **au-dessus de** *loc prép* -1. [dans l'espace] above; le placard est ~ de l'évier the cupboard is above the sink; pose-le ~ de l'armoire put it on top of the wardrobe; ~ du genou above the knee; il habite ~ de chez moi he lives upstairs from me; un avion passa ~ de nos têtes a plane flew overhead. -2. [dans une hiérarchie] above; ~ du niveau de la mer above sea level; ~ de 5 000 pieds above 5,000 feet; 10 degrés ~ de zéro 10 degrees above zero; paquet ~ de 10 kg parcel weighing more than 10 kg; ~ d'un certain prix above a certain price; ~ de 15 ans over 15 years old; vivre ~ de ses moyens to live beyond one's means; ~ de tout soupçon above all OU beyond suspicion; elle est ~ de ça she's above all that; c'était ~ de mes forces it was too much for OU beyond me; se situer ~ des partis to be politically neutral.

au-devant [odvɑ̃]

◆ **au-devant de** *loc prép*: aller OU se porter ~ de qqn to go and meet sb; courir OU se précipiter ~ de qqn to run to meet sb; aller ~ des désirs de qqn to anticipate sb's wishes; aller ~ de ses obligations to do more than what's expected of one; il va ~ de graves ennuis/d'une défaite he's heading for serious troubles/failure; aller ~ du danger to court danger.

audibilité [odibilite] *nf* audibility.

audible [odibl] *adj* audible; règle ton micro, tu es à peine ~ adjust your microphone, we can barely hear you.

audience [odjɑ̃s] *nf* -1. [entretien] audience; donner ~ OU accorder une ~ à qqn to grant sb an audience. -2. JUR hearing. -3. [public touché - par un livre] readership; [- par un film, une pièce, un concert] public; un livre dont l'~ a dépassé tous les espoirs a book with an unexpectedly large readership; une pièce à ~ intellectuelle a high-brow play; une émission à large ~ a very popular programme || [intérêt porté]: proposition qui a trouvé ~ auprès de la population française proposal that met the acclaim of the French population.

audiencer [16] [odjɑ̃se] *vt* to submit for hearing JUR.

Audimat® [odimat] *nm* *device used for calculating viewing figures for French television, installed for a period of time in selected households.*

audimètre [odimɛtr] *nm* audience rating device; victime de l'~ victim of the ratings.

audiocassette [odjɔkasɛt] *nf* (audio) cassette.

audioconférence [odjɔkɔ̃ferɑ̃s] *nf* audio conference.

audiodisque [odjɔdisk] *nm* record.

audiofréquence [odjɔfrekɑ̃s] *nf* audio frequency.

audiogramme [odjɔgram] *nm* audiogram.

audiomètre [odjɔmɛtr] *nm* audiometer.

audiométrie [odjɔmetri] *nf* audiometry.

audionumérique [odjɔnymerik] *adj*: disque ~ compact disc.

audio-oral, e, aux [odjoɔral, o] *adj* ENS audio-oral.

audioprothésiste [odjɔprɔtezist] *nmf* hearing technician.

audiovisuel, elle [odjɔvizɥɛl] *adj* audiovisual.

◆ **audiovisuel** *nm* -1. [matériel - des médias] radio and television equipment; [- dans l'enseignement] audiovisual aids. -2. [médias]: l'~ the (radio and television) media. -3. [techniques]: l'~ media techniques.

audit [odit] *nm* audit.

auditer [3] [odite] *vt* to audit.

auditeur, trice [oditœr, tris] *nm, f* -1. [d'une radio, d'un disque] listener; les ~s the audience. -2. LING hearer. -3. ADMIN: ~ à la Cour des comptes junior official at the Cour des comptes. -4. ENS: ~ libre unregistered student, auditor *Am*; j'y vais en ~ libre I go to the lectures but I'm not officially on the course *Br*, I audit the lectures *Am*.

auditif, ive [oditif, iv] *adj* hearing, auditory *spéc*.

audition [odisjɔ̃] *nf* -1. DANSE, MUS & THÉÂT audition; passer une ~ to audition; faire passer une ~ à qqn to audition sb. -2. JUR: pendant l'~ des témoins while the witnesses were being heard. -3. PHYSIOL hearing. -4. [fait d'écouter] listening; l'~ est meilleure dans cette salle the sound is better in this room; ne pas toucher pendant l'~ do not touch while listening.

auditionner [3] [odisjɔne] ◇ *vt*: ~ qqn to audition sb, to give sb an audition.
◇ *vi* to audition.

auditoire [oditwar] *nm* -1. [public] audience. -2. *Belg & Helv* [salle de conférence] conference hall.

auditorium [oditɔrjɔm] *nm* auditorium.

auge [oʒ] *nf* -1. CONSTR trough. -2. GÉOG & GÉOL: ~ glaciaire, vallée en ~ U-shaped valley. -3. TECH [d'un moulin] channel. -4. [mangeoire] trough; passe ton ~ *fam fig & hum* pass your plate.

augment [ogmɑ̃] *nm* augment.

augmentable [ogmɑ̃tabl] *adj* augmentable.

augmentatif, ive [ogmɑ̃tatif, iv] *adj* augmentative.

◆ **augmentatif** *nm* augmentative suffix.

augmentation [ogmɑ̃tasjɔ̃] *nf* -1. [fait d'augmenter] increase; une ~ de 3 % a 3 % increase; l'~ de qqch the increase in sthg; l'~ des cas d'hépatite the increase in the number of hepatitis cases; constater l'~ des salaires/impôts to note the increase in salaries/taxes ❑ ~ de capital increase in capital. -2. [action d'augmenter]: en ~ rising, increasing; l'~ de qqch the raising of sthg; l'~ des prix par les producteurs the raising of prices by producers. -3. [majoration de salaire] (pay) rise *Br*, raise *Am*; quand vas-tu toucher ton ~? when will your payrise come through?

augmenter [3] [ogmɑ̃te] ◇ *vt* -1. [porter à un niveau plus élevé - impôt, prix, nombre] to put up *(sép)*, to increase, to raise; [- durée] to increase; [- tarif] to step up *(sép)*; [- salaire] to increase, to raise; [- dépenses] to increase; ~ le pain *fam* OU le prix du pain to put up bread prices; ça va faire ~ la viande *fam* it'll put the price of meat up; elle a été augmentée *fam* she got a (pay) rise *Br* OU a raise *Am*; ~ le temps passé au bureau to increase the time spent in the office; ~ qqch de: ~ les impôts de 5 % to put up OU to raise OU to increase taxes by 5 %; nous voulons ~ les ventes de 10 % we want to boost sales by 10 %; ils ont augmenté les employés de 20 francs *fam* they put up the employees' pay by 20 francs. -2. [intensifier - tension, difficulté] to increase, to step up *(sép)*, to make worse; ces déclarations n'ont fait qu'~ la peur du peuple these remarks only added to OU fuelled the people's fear. -3. MUS to augment; en augmentant crescendo.
◇ *vi* -1. [dette, population] to grow, to increase, to get bigger; [quantité, poids] to increase; [prix, impôt, salaire] to increase, to go up, to rise; tout OU la vie augmente! everything's going up!; achetez maintenant, ça va ~! buy now, prices are on the increase OU going up!; les salaires n'ont pas augmenté depuis 1988 salaries have been pegged at the same level since 1988; la viande a augmenté *fam*, le prix de la viande a augmenté meat's gone up, meat has increased in price. -2. [difficulté, tension] to increase, to grow; la violence augmente dans les villes urban violence is on the increase.

◆ **s'augmenter de** *vp + prép*: la famille s'est augmentée de deux jumeaux a pair of twins has joined the family.

augural, e, aux [ogyral, o] *adj* augural.

augure [ogyr] *nm* -1. ANTIQ augur; [voyant] prophet, soothsayer; consulter les ~s to consult the oracle. -2. [présage] omen; ANTIQ augury.

◆ **de bon augure** *loc adj* auspicious; c'est de bon ~ it's auspicious, it augurs well, it bodes well.

◆ **de mauvais augure** *loc adj* ominous, inauspicious; c'est de mauvais ~ it's ominous, it doesn't augur well, it bodes ill.

augurer [3] [ogyre] *vt* to foresee; sa visite ne laisse pas ~ de progrès significatif no significant progress can be expected as a result of his visit; sa réponse augure mal/bien de notre prochaine réunion his answer doesn't augur well/augurs well for our next meeting.

auguste [ogyst] ◇ *adj* -1. [personnage] august. -2. [majestueux - geste, pas, attitude] majestic, noble.
◇ *nm* clown.

Auguste [ogyst] *npr* [empereur] Augustus.

augustin, e [ogystɛ̃, in] *nm, f* Augustinian.

Augustin [ogystɛ̃] *npr*: saint ~ Saint Augustine.

augustinien, enne [ogystinjɛ̃, ɛn] *adj & nm, f* Augustinian.

aujourd'hui [oʒurdɥi] *adv* -**1.** [ce jour] today; **je l'ai vu ~** I've seen him today; **le journal d'~** today's paper; **nous sommes le trois ~** today's the third; **ce sera tout pour ~** that'll be all for today; **il y a huit jours ~** a week ago today; **dès ~** today ❑ **qu'est-ce qu'il est paresseux! – c'est pas d'~!** *fam* he's so lazy! – tell me something new!; **alors! c'est pour ~ ou pour demain?** *fam* come on, we haven't got all day! -**2.** [à notre époque]: **~, les jeunes sont plus libres** young people today OU nowadays have more freedom; **la France d'~** modern OU present-day France, the France of today.

aula [ola] *nf Helv* hall.

aulne [on] *nm* alder.

auloffée [olɔfe] *nf* luffing.

aulx [o] *pl* → **ail**.

aumône [omon] *nf* charity, alms; **faire l'~ à qqn** to give alms to sb; **demander l'~** to beg for alms; **je ne demande pas l'~, uniquement ce qui m'est dû** I'm not asking for any handouts, only for what's rightly mine; **vivre d'~s** to live on charity; **il lui fit l'~ d'un regard** *litt* he spared her a glance.

aumônerie [omonri] *nf* chaplaincy.

aumônier [omonje] *nm* chaplain.

aumônière [omonjɛr] *nf* purse.

aune [on] ◇ *nf*: **visage long OU tête longue d'une ~** face as long as a fiddle; **savoir ce qu'en vaut l'~** *litt* to know the value of things (through experience); **c'est moi qui l'ai écrit – alors vous savez ce qu'en vaut l'~!** I wrote it – so you should know what it's worth!

◇ *nm* = **aulne**.

auparavant [oparavɑ̃] *adv* -**1.** [avant] before, previously; **10 ans ~** 10 years before OU previously; **il avait ~ vécu à l'étranger** he had previously lived abroad. -**2.** [tout d'abord] beforehand, first; **vous signerez là, mais ~ j'aimerais faire une photocopie** you'll sign here but before you do OU but first OU but beforehand I'd like to make a photocopy.

auprès [oprɛ] *adv* nearby.

◆ **auprès de** *loc prép* -**1.** [à côté de] close to, near, by; **assis ~ du feu** sitting by the fire; **rester ~ de qqn** to stay with OU close to sb. -**2.** [dans l'opinion de]: **avoir de l'influence ~ de qqn** to have some influence with sb; **il passe pour un spécialiste ~ des ignorants** he's considered to be a specialist by those who know nothing about it. -**3.** [en s'adressant à]: **chercher du réconfort ~ d'un ami** to seek comfort from a friend; **demander conseil ~ de qqn** to ask advice of sb; **faire une demande ~ d'un organisme** to make an application OU to apply to an organization; **demander une autorisation ~ de qqn** to ask permission of sb; **agir ~ de qqn** to use one's influence with sb. -**4.** [comparé à] compared with OU to; **ce n'est rien ~ de ce qu'il a gagné** it's nothing compared to OU with what he made. -**5.** [dans un titre]: **ambassadeur ~ du roi du Danemark** ambassador to the King of Denmark.

auquel [okɛl] *m* → **lequel**.

aura [ora] *nf* aura.

Aurélien [oreljɛ̃] *npr* Aurelian.

auréole [oreɔl] *nf* -**1.** BX-ARTS halo; **ils aiment à se parer de l'~ du sacrifice** *fig* they like to wear the crown of sacrifice; **il a toujours nimbé sa mère d'une ~** he's always worshipped his mother. -**2.** [tache] ring; **produit qui ne laisse pas d'~** product that removes stains without leaving a mark. -**3.** ASTRON halo.

auréoler [3] [oreɔle] *vt* -**1.** [parer]: **~ qqn de: ~ qqn de toutes les vertus** to turn sb into a saint; **tout auréolée de ses victoires américaines, elle vient se mesurer aux basketteuses européennes** basking in the glory of her American victories, she's come to challenge the European basketball teams. -**2.** BX-ARTS to paint a halo around the head of; **tête auréolée de cheveux roux** *fig* head with a halo of red hair.

◆ **s'auréoler de** *vp + prép*: **elle aime à s'~ de mystère** she likes to wreathe herself in mystery; **il s'était auréolé de gloire sur les champs de bataille** he had won his laurels on the battle field.

auréomycine [oreomisin] *nf* aureomycin.

auriculaire [orikylɛr] ◇ *adj* auricular.

◇ *nm* little finger.

auricule [orikyl] *nf* ANAT auricle.

aurifère [orifɛr] *adj* gold-bearing, auriferous *spéc.*

aurifier [9] [orifje] *vt* to fill with gold.

aurige [ɔriʒ] *nm* charioteer.

Aurigny [ɔriɲi] *npr* Alderney.

aurique [orik] *adj* auric.

aurochs [orɔk] *nm* aurochs.

auroral, e, aux [ɔrɔral, o] *adj* -**1.** *litt* [de l'aurore] dawn *(épith).* -**2.** ASTRON & MÉTÉO auroral.

aurore [ɔrɔr] ◇ *nf* -**1.** [matin] daybreak, dawn; **avant l'~** before daybreak; **nous voici à l'~ d'une ère nouvelle** *fig* we are about to witness the dawn OU dawning of a new era; **l'Aurore** PRESSE *former French newspaper.* -**2.** ASTRON aurora; **~ australe** aurora australis; **~ boréale** aurora borealis; **~ polaire** northern lights, aurora polaris.

◇ *adj inv* golden (yellow).

◆ **aux aurores** *loc adv hum* at the break of dawn.

auscultation [oskyltasjɔ̃] *nf* auscultation.

ausculter [3] [oskylte] *vt* to listen to OU to sound the chest of, to auscultate *spéc*; **il t'a ausculté?** did he listen to your chest?

auspices [ospis] *nmpl* -**1.** [parrainage]: **faire qqch sous les ~ de qqn** to do sthg under the patronage OU auspices of sb. -**2.** [présage]: **sous de bons/mauvais ~** under favourable/unfavourable auspices. -**3.** ANTIQ auspices.

aussi [osi] ◇ *adv* -**1.** [également] too, also; **tu y vas? j'y vais ~** are you going? I'm going too OU as well; **j'y étais moi ~** I was there too OU as well; **elle ~ travaille à Rome** she too works in Rome; **ils sont ~ bons tous les deux** they're both equally good; **il a faim, moi ~** he's hungry, and so am I OU me too; **elle parle russe, moi ~** she speaks Russian and so do I; **c'est ~ leur avis** they think so too; **joyeux Noël! – vous ~!** merry Christmas! – the same to you! -**2.** [en plus] too, also; **il parle anglais et ~ espagnol** he speaks English and Spanish too; **le talent ne suffit pas, il faut ~ travailler** it's not enough to be talented, you also have to work OU you have to work too; **j'ai ~ une maison à Paris** I also have a house in Paris; **elle travaille ~ à Rome** she also works in Rome, she works in Rome too OU as well. -**3.** [terme de comparaison] *(devant adjectif)*: **il est ~ grand que son père** he's as tall as his father; **il est loin d'être ~ riche qu'elle** he's far from being as rich as she is OU as her; **elle est ~ belle qu'intelligente** OU **qu'elle est intelligente** she is as beautiful as she is intelligent ‖ *(devant adverbe)*: **il ne s'attendait pas à être payé ~ rapidement que cela** he didn't expect to be paid as quickly as that OU that quickly; **il se conduit ~ mal qu'autrefois** he behaves just as badly as before; **~ souvent/tard/cher que...** as often/late/expensive as...; **~ doucement que possible** as quietly as possible; **il ne s'est jamais senti ~ bien que depuis qu'il a arrêté de fumer** he's never felt so well since he stopped smoking; **on n'est jamais ~ bien servi que par soi-même** if you want something done it's best to do it yourself ❑ **~ bien: il peut ~ bien rentrer chez lui** he might just as well go home; **je ferais ~ bien de partir** I might as well leave; **~ sec** *fam* right away. -**4.** [tellement] so; [avec un adj épithète] such; **je n'ai jamais rien vu d'~ beau** I've never seen anything so beautiful; **as-tu déjà mangé quelque chose d'~ bon?** have you ever eaten anything so delicious?; **je ne le savais pas ~ têtu** I didn't know he was so stubborn; **une ~ bonne occasion ne se représentera plus** such a good opportunity won't come up again; **d'~ beaux cheveux** such lovely hair ‖ *(antéposé au verbe)*: **~ léger qu'il soit, je ne pourrai pas le porter** light as it is, I won't be able to carry it; **~ curieux que cela puisse paraître** strange as OU though it may seem.

◇ *conj* -**1.** [indiquant la conséquence] therefore, and so; **il était très timide, ~ n'osa-t-il rien répondre** he was very shy, and so he didn't dare reply; **j'avais confiance en elle, ~ n'avais-je pas fait de copie du contrat** I trusted her, and so I hadn't made a copy of the contract. -**2.** [d'ailleurs]: **on ne lui a rien dit, ~ pourquoi n'a-t-il pas demandé?** we didn't tell him anything, but in any case, why didn't he ask?; **~ bien est-ce ma faute, je ne l'avais pas prévenu** *litt* but it's my fault, I didn't warn him.

aussitôt [osito] *adv* immediately; **il vint ~** he came right away OU immediately; **~ après son départ,...** immediately OU right after he left; **je suis tombé malade ~ après avoir acheté la maison** right after buying OU as soon as I'd bought the house I was taken ill; **il est arrivé ~ après** he arrived immediately after OU afterwards; **~ rentré chez lui, il se coucha** as soon as he got home, he went to bed; **~ votre lettre reçue, je...** as soon as I received your letter, I... ❑ **~ dit, ~ fait** no sooner said than done.

◆ **aussitôt que** *loc conj* as soon as; **il l'appela ~ qu'il l'aperçut** he called out the moment OU as soon as he saw her.

austère [ostɛr] *adj* [architecture, mode de vie] austere, stark; [style] dry; [personnalité] stern, austere.

austèrement [ostɛrmɑ̃] *adv* austerely.

austérité [osterite] *nf* -**1.** [dépouillement - d'une architecture, d'un mode de vie] austerity, starkness; [- d'un style] dryness; **l'~ de leur vêtement reflète leur religion** their religious views are reflected in their austere dress. -**2.** ÉCON: **mesures d'~** austerity measures; **politique d'~** policy of austerity.

◆ **austérités** *nfpl* RELIG: **les ~s** the austerities.

Austerlitz [ostɛrlits] *npr* Austerlitz.

AUSTERLITZ:
Napoleon's decisive victory over the Russian and Austrian forces in Moravia on 2 December 1805. The presence in the field of the Emperors of the three powers involved led to its being called the Battle of the Three Emperors.

---

austral, e, als OU **aux** [ostral, o] *adj* [hémisphère] southern; [pôle] south; [constellation] austral.

australanthropien, enne [ostralɑ̃trɔpjɛ̃, ɛn] *adj* australopithecene.

◆ **australanthropien** *nm* Australopithecus.

Australasie [ostralazi] *npr f*: **(l')** ~ Australasia.

Australie [ostrali] *npr f*: **(l')** ~ Australia; **(l')** ~-**Méridionale** South Australia; **(l')** ~-**Occidentale** Western Australia.

australien, enne [ostraljɛ̃, ɛn] *adj* Australian.

◆ **Australien, enne** *nm, f* Australian.

australopithèque [ostralɔpitɛk] *nm* Australopithecus.

autan [otɑ̃] *nm* southerly wind.

autant [otɑ̃] *adv* -**1.** [marquant l'intensité] so OU as much; **je ne le hais plus ~** I don't hate him as much as I did; **j'ignorais que tu l'aimais ~** I didn't know that you loved him so much; **s'entraîne-t-il toujours ~?** does he still train as much (as he used to)?; **pourquoi attendre ~?** why wait that OU so long? ‖ *(en corrélation avec 'que')* as much as; **rien ne me déplaît ~ que d'être en retard** there's nothing I dislike so much as being late; **tu peux le nier ~ que tu voudras** you can deny it as much as you like; **la patiente doit prendre du repos ~ que faire se peut** the patient must have as much rest as (is) possible; **je l'aime ~ que toi** I like him as much as you (do); **j'ai travaillé ~ que lui** I worked as much OU as hard as he did; **les chaussures valent ~ que la robe** the shoes are worth as much as the dress; **cela me concerne ~ que vous** it's of as much concern to me as it is to you. -**2.** [indiquant la quantité] : **je ne pensais pas qu'ils seraient ~** I didn't think there would be so many of them; **elle boit toujours ~** she still drinks just as much (as she used to); **on lui en remboursera ~** she'll get the same amount back || *(en corrélation avec 'que')*: **ils sont ~ que nous** there are as many of them as (there are of) us ❑ **~ pour moi!** my mistake! -**3.** *(avec 'en')* [la même chose] : **tu devrais en faire ~** you should do the same; **pourriez-vous en faire ~?** could you do as much OU the same?; **j'en aurais fait ~ pour toi** I'd have done the same OU as much for you; **tâchez d'en faire ~** try to do the same; **il a fini son travail, je ne peux pas en dire ~** he's finished his work, I wish I could say as much OU the same; **elle est honnête, tout le monde ne peut pas en dire ~** she's honest, and not everyone can say that OU as much; **ce n'est pas toi qui pourrais en dire ~** you certainly couldn't say that OU as much, could you?; **j'en ai ~ à votre service!** *fam* same to you!, likewise! -**4.** *(avec l'infinitif)* [mieux vaut] : **~ revenir demain** I/you *etc* might as well come back tomorrow; **~ manger le reste** I/you *etc* might as well eat up what's left; **~ dire la vérité** I/you *etc* might as well tell the truth; **~ y aller tant qu'il ne pleut pas** I/you *etc* might as well go while it's not raining. -**5.** [mieux] : **j'aurais ~ fait de rester chez moi** I'd have done as well to stay at home; **tu aurais ~ fait de passer par Le Mans** you'd have done as well to go via Le Mans; **~ aurait valu demander à sa sœur** it'd have been as well to ask her sister. -**6.** *Belg* [tant] : **il gagne ~ par mois** he earns so much a month.

◆ **autant..., autant** *loc corrél*: **~ il est cultivé, ~ il est nul en mathématiques** he's highly educated, but he's no good at mathematics; **~ il est gentil avec moi, ~ il est désagréable avec elle** he's very nice to me, but he's horrible to her; **~ j'aime le vin, ~ je déteste la bière** I hate beer as much as I love wine.

◆ **autant de** *loc dét* [avec un n non comptable] as much; [avec un n comptable] as many; **je ne pensais pas qu'il aurait ~ de patience** I didn't think he'd have so much patience; **il y a ~ d'eau/de sièges ici** there's as much water/there are as many seats here; **je n'avais jamais vu ~ d'eau/d'oliviers** I'd never seen so much water/so many olive-trees; **ces livres sont ~ de chefs-d'œuvre** every last one of these books is a masterpiece; **~ d'hommes, ~ d'avis** as many opinions as there are men; **~ de lecteurs, ~ de lectures** as many readings as there are readers || *(en corrélation avec 'que')*: **il y a ~ de femmes que d'hommes** there are as many women as (there are) men; **je lis ~ de romans que de nouvelles** I read as many novels as short stories ❑ **~ de pris** it's something; **c'est ~ de gagné** at least that's something; **c'est ~ de perdu** that's that (gone); **c'est ~ de fait** that's that done at least.

◆ **autant dire** *loc adv* in other words; **j'ai été payé 4 000 francs, ~ dire rien** I was paid 4,000 francs, in other words a pittance.

◆ **autant dire que** *loc conj*: **trois heures dans le four, ~ dire que le poulet était carbonisé!** after three hours in the oven, needless to say the chicken was burnt to a cinder!; **l'ambassade ne répond plus, ~ dire que tout est perdu** the embassy's phones are dead, a sure sign that all is lost.

◆ **autant que** *loc conj* -**1.** [dans la mesure où] as far as; **~ que possible** as far as (is) possible; **~ que je (le) sache** as far as I know. -**2.** [il est préférable que] : **~ que je vous le dise tout de suite...** I may as well tell you straightaway...

◆ **d'autant** *loc adv* accordingly; **cela augmente d'~ mon intérêt pour cette question** that increases my interest in this question all the more; **si l'on raccourcit la première étagère de cinq centimètres, il faudra raccourcir la deuxième d'~** if we shorten the first shelf by five centimetres, we'll have to shorten the second one by the same amount.

◆ **d'autant mieux** *loc adv* all the better, much better; **pars à la campagne, tu te reposeras d'~ mieux** you'll have a much better rest if you go to the country; **c'est d'~ mieux ainsi** it's much better like that.

◆ **d'autant mieux que** *loc conj*: **il a travaillé d'~ mieux qu'il se sentait encouragé** he worked all the better for feeling encouraged.

◆ **d'autant moins... que** *loc corrél*: **elle est d'~ moins excusable qu'on l'avait prévenue** what she did is all the less forgivable as she'd been warned; **la promenade a été d'~ moins agréable que j'étais un peu souffrant** the walk wasn't very pleasant, particularly as OU since I wasn't feeling well.

◆ **d'autant moins que** *loc conj*: **je le vois d'~ moins qu'il est très occupé en ce moment** I see even less of him now that he's very busy.

◆ **d'autant plus** *loc adv* all the more reason; **mais je ne l'ai jamais fait! – eh bien d'~ plus!** but I've never done it before! – so OU well, all the more reason!

◆ **d'autant plus... que** *loc corrél*: **c'est d'~ plus stupide qu'il ne sait pas nager** it's particularly OU all the more stupid given (the fact) that he can't swim.

◆ **d'autant plus que** *loc conj* especially as; **il vous écoutera d'~ plus qu'il vous connaît** he'll listen to you, especially as OU particularly as he knows you.

◆ **d'autant que** *loc conj* -**1.** [vu que, attendu que] especially as, particularly as; **il faut rentrer – oui, d'~ que je n'ai pas encore préparé le dîner** it's time to go home – yes particularly OU especially as I haven't got dinner ready yet; **c'est une bonne affaire, d'~ que le crédit est très avantageux** it's a good deal, especially as the terms of credit are very advantageous. -**2.** [dans la mesure où] as far as; **d'~ qu'il se souvienne** OU **s'en souvienne** as far as he remembers; **d'~ que je m'en souvienne, ils sont cousins** as far as I remember OU if my memory serves me correctly, they're cousins.

◆ **pour autant** *loc adv*: **la situation n'est pas perdue pour ~** the situation isn't hopeless for all that, it doesn't necessarily mean all is lost; **n'en perds pas l'appétit pour ~** don't let it put off your food; **il t'aime bien, mais il ne t'aidera pas pour ~** just because he's fond of you (it) doesn't mean that he'll help you; **fais-le-lui remarquer sans pour ~ le culpabiliser** point it out to him, but don't make him feel guilty about it.

◆ **pour autant que** *loc conj* as far as; **pour ~ que je (le) sache** as far as I know; **tu n'es pas inscrit, pour ~ que je sache?** you're not on the register, as far as I know?; **pour ~ qu'on puisse prévoir** as far as we can foresee OU predict; **pour ~ qu'on puisse faire la comparaison** inasmuch as a comparison can be made; **pour ~ qu'il ait pu être coupable** guilty though he might have been.

autarcie [otarsi] *nf* autarky; **vivre en ~** to be self-sufficient.

autarcique [otarsik] *adj* autarkic.

autel [otɛl] *nm* -**1.** RELIG altar; **conduire** OU **mener qqn à l'~** to take sb to the altar OU down the aisle. -**2.** *litt*: **l'Autel** the Church.

auteur [otœr] *nm* -**1.** [qui a écrit - un livre, un article, une chanson] writer, author; **on retrouve cette expression chez plusieurs ~s** several writers use that phrase; **~ de** [d'une toile] painter of; [d'un décor, d'un meuble, d'un vêtement] designer of; [d'un morceau de musique] composer of; [d'une statue] sculptor of; [d'un film, d'un clip] director of; **une marine d'un ~ inconnu** a seascape by an unknown artist; **quelle jolie chanson, qui en est l'~?** what a lovely song, who wrote it? ❑ **un ~ dramatique** a playwright; **un ~ à succès** a popular writer. -**2.** [responsable] : **l'~ de**: **l'~ d'un accident** the person who caused an accident; **il a reconnu être l'~ de la collision** he acknowledged responsibility for (having caused) the crash; **l'~ du meurtre** the murderer; **le meurtre dont il est l'~** the murder he committed; **les ~s de ce crime** those who committed that crime; **les ~s présumés de l'attentat à la bombe de la rue Ponge** those suspected of having planted the bomb that went off in the rue Ponge; **qui est l'~ de cette farce?** who thought up this practical joke?; **Léonard de Vinci a été l'~ de nombreuses inventions** Leonardo invented many contraptions; **l'~ de la victoire/défaite** the person who brought about victory/defeat; **l'~ de mes jours** *litt* OU *hum* my progenitor *aussi hum.*

auteur-compositeur [otœrkɔ̃pozitœr] *(pl* **auteurs-compositeurs)** *nm* composer and lyricist; **~ interprète** singer-songwriter; **je suis ~ interprète** I write and sing my own material.

authenticité [otɑ̃tisite] *nf* -**1.** [d'un document, d'un tableau, d'un tapis] authenticity; [d'un sentiment] genuineness; **l'~ de son chagrin** his heartfelt grief. -**2.** JUR authenticity.

authentification [otɑ̃tifikasjɔ̃] *nf* authentication.

authentifier [9] [otɑ̃tifje] *vt* to authenticate.

authentique [otɑ̃tik] *adj* -**1.** [document, tableau, tapis, objet d'art] genuine, authentic; [sentiment] genuine, heartfelt. -**2.** JUR authentic.

authentiquement [otɑ̃tikmɑ̃] *adv* authentically, genuinely.

autisme [otism] *nm* autism.

autiste [otist] ◇ *adj* autistic.
◇ *nmf* autistic person.

autistique [otistik] *adj* autistic.

auto [oto] ◇ *nf* car, automobile *Am*; **en ~, il faut être prudent** one should be careful when driving ❑ **~ tamponneuse** bumper car.
◇ *adj inv*: **assurance ~** car OU automobile *Am* insurance.

autoaccusateur, trice [otɔakyzatœr, tris] *adj* self-accusatory.

autoaccusation [otɔakyzasjɔ̃] *nf* self-accusation.

autoadhésif, ive [otɔadezif, iv] *adj* self-adhesive.

autoallumage [otɔalymaʒ] *nm* preignition.

autoamorçage [otɔamɔrsaʒ] *nm* automatic priming.

autoanalyse [otɔanaliz] *nf* self-analysis.

autoberge [otɔbɛrʒ] *nf*: (voie) **~** embankment road *Br*, expressway *Am (along riverbank).*

autobiographie [otɔbjɔgrafi] *nf* autobiography.

autobiographique [otɔbjɔgrafik] *adj* autobiographical.

autobronzant, e [otɔbrɔ̃zɑ̃, ɑ̃t] *adj* tanning.
◆ **autobronzant** *nm* -**1.** [crème] tanning cream. -**2.** [cachet] tanning pill.

autobus [otɔbys] *nm* bus; **~ à impériale** doubledecker (bus) *Br.*

autocar [otɔkar] *nm* coach, bus; **~ pullman** luxury coach.

autocassable [otɔkasabl] *adj* break-open PHARM.

autocensure [otɔsɑ̃syr] *nf* self-censorship, self-regulation; **pratiquer l'~** to censor o.s.

autocensurer [3] [otɔsɑ̃syre]
◆ **s'autocensurer** *vp (emploi réfléchi)* to censor o.s.

autocentré, e [otɔsɑ̃tre] *adj* autocentric.

autochenille [otɔʃnij] *nf* half-track.

autochtone [otɔktɔn] ◇ *adj* native.
◇ *nmf* native; **les ~s sont arrivés en masse** *hum* the locals turned up in droves.

autoclave [otɔklav] ◇ *adj* pressure-sealed, autoclave *(épith).*
◇ *nm* autoclave, pressure cooker.

autocollant, e [otɔkɔlɑ̃, ɑ̃t] *adj* self-adhesive.
◆ **autocollant** *nm* sticker.

autoconsommation [otɔkɔ̃sɔmasjɔ̃] *nf*: **les légumes qu'ils cultivent sont destinés à l'~** the vegetables they grow are meant for their own consumption; **économie d'~** subsistence economy.

autocopiant, e [otɔkɔpjɑ̃, ɑ̃t] *adj* duplicating.

autocorrectif, ive [otɔkɔrɛktif, iv] *adj* self-correcting.

autocorrection [otɔkɔrɛksjɔ̃] *nf* self-correcting.

autocouchette [otɔkuʃɛt] *adj inv* = **autos-couchettes.**

autocrate [otɔkrat] *nm* autocrat.

autocratie [otɔkrasi] *nf* autocracy.

autocratique [otɔkratik] *adj* autocratic.

autocritique [otɔkritik] *nf* self-criticism; **faire son ~** to make a thorough criticism of o.s.

autocuiseur [otɔkɥizœr] *nm* pressure cooker.

autodafé [otɔdafe] *nm* auto-da-fé; **faire un ~ de livres** to burn books.

autodéfense [otɔdefɑ̃s] *nf* self-defence.
◆ **d'autodéfense** *loc adj* [arme] defensive; **groupe d'~** vigilante group.

autodestructeur, trice [otɔdɛstryktœr, tris] *adj* self-destroying.

autodestruction [otɔdɛstryksjɔ̃] *nf* self-destruction.

autodétermination [otɔdetɛrminasjɔ̃] *nf* self-determination.

autodétruire [98] [otɔdetrɥir]
◆ **s'autodétruire** *vp (emploi réfléchi)* to self-destruct.

autodidacte [otɔdidakt] ◇ *adj* self-taught, self-educated.
◇ *nmf* autodidact.

autodirecteur, trice [otɔdirɛktœr, tris] *adj* self-guiding.
◆ **autodirecteur** *nm* self-guiding device.

autodiscipline [otɔdisiplin] *nf* self-discipline.

autodrome [otɔdrom] *nm* car-racing track.

auto-école [otɔekɔl] (*pl* **auto-écoles**) *nf* driving-school; *(comme adj)*: **voiture ~** driving-school car.

autoélévateur, trice [otɔelevatœr, tris] *adj* self-adjusting.

autoérotique [otɔerɔtik] *adj* autoerotic, onanistic.

autoérotisme [otɔerɔtism] *nm* autoeroticism, onanism.

autofécondation [otɔfekɔ̃dasjɔ̃] *nf* self-fertilization, self-fertilizing.

autofinancement [otɔfinɑ̃smɑ̃] *nm* self-financing; **capacité d'~** cash flow.

autofinancer [16] [otɔfinɑ̃se]
◆ **s'autofinancer** *vp (emploi réfléchi)* to be self-financing OU self-supporting.

autofocus [otɔfɔkys] ◇ *adj* autofocus.
◇ *nm* -**1.** [système] autofocus system. -**2.** [appareil] autofocus camera.

autogène [otɔʒɛn] *adj* autogenous.

autogéré, e [otɔʒere] *adj* self-managed, self-run.

autogérer [18] [otɔʒere] *vt* [entreprise, commune] to self-manage.
◆ **s'autogérer** *vp (emploi réfléchi)* [collectivité] to be self-managing.

autogestion [otɔʒɛstjɔ̃] *nf* (workers') self-management; **entreprise/université en ~** self-managed company/university.

autogestionnaire [otɔʒɛstjɔnɛr] ◇ *adj* based on workers' self-management.
◇ *nmf* advocate of workers' self-management.

autogouverner [3] [otɔguvɛrne]
◆ **s'autogouverner** *vp (emploi réfléchi)* to be self-governing.

autographe [otɔgraf] ◇ *adj* handwritten, autograph *(épith).*
◇ *nm* autograph.

autogreffe [otɔgrɛf] *nf* autograft; **faire une ~** to carry out an autograft.

autoguidage [otɔgidaʒ] *nm* self-steering.

autoguidé, e [otɔgide] *adj* [avion, missile] self-guided.

auto-immun, e [otɔimœ̃, yn] (*mpl* **auto-immuns**, *fpl* **auto-immunes**) *adj* autoimmune.

auto-immunisation [otɔimynizasjɔ̃] = **auto-immunité.**

auto-immunitaire [otɔimynitɛr] (*pl* **auto-immunitaires**) *adj* autoimmune.

auto-immunité [otɔimynite] (*pl* **auto-immunités**) *nf* autoimmunity.

auto-inductance [otɔɛ̃dyktɑ̃s] (*pl* **auto-inductances**) *nf* self-inductance.

auto-induction [otɔɛ̃dyksjɔ̃] (*pl* **auto-inductions**) *nf* self-induction.

auto-intoxication [otɔɛ̃tɔksikasjɔ̃] (*pl* **auto-intoxications**) *nf* self-poisoning, autointoxication.

autolubrifiant, e [otɔlybrifjɑ̃, ɑ̃t] *adj* self-lubricating.

autolysat [otɔliza] *nm* substance resulting from autolysis.

autolyse [otɔliz] *nf* autolysis.

automate [otɔmat] *nm* -**1.** [robot] automaton, robot; **comme un ~** like a robot. -**2.** *Helv* [machine] vending machine; [à billets] cash dispenser.

automaticien, enne [otɔmatisjɛ̃, ɛn] *nm, f* automation OU robotics specialist.

automaticité [otɔmatisite] *nf* automaticity.

automation [otɔmasjɔ̃] *nf* automation.

automatique [otɔmatik] ◇ *adj* automatic; **de façon ~** automatically.
◇ *nm* -**1.** ARM automatic.
◇ *nf* -**1.** AUT automatic (car). -**2.** SC automation, cybernetics *(sg).*

automatiquement [otɔmatikmɑ̃] *adv* automatically.

automatisation [otɔmatizasjɔ̃] *nf* automation.

automatiser [3] [otɔmatize] *vt* to automate.
◆ **s'automatiser** *vpi* to become automated.

automatisme [otɔmatism] *nm* automatism; **j'éteins toutes les lampes, c'est un ~** I always switch lamps off, I do it without thinking OU it's automatic with me.

automédication [otɔmedikasjɔ̃] *nf* self-prescription *(of drugs).*

automitrailleuse [otɔmitrajøz] *nf* armoured-car.

automnal, e, aux [otɔnal, o] *adj* autumnal *litt*, autumn *(épith)*, fall *Am (épith)*; **des teintes ~es** autumnal hues.

automne [otɔn] *nm* autumn, fall *Am*; **l'~ de sa vie** *litt* the autumn of his life.

automobile [otɔmɔbil] ◇ *nf* -**1.** [véhicule] motor car *Br*, automobile *Am*. -**2.** SPORT driving, motoring *Br*. -**3.** [industrie] car industry.
◇ *adj* -**1.** MÉCAN [des voitures] car *(épith)*; [bateau, engin] automotive, self-propelled. -**2.** ADMIN [vignette] car *(épith)*; [assurance] car, automobile.

automobilisme [otɔmɔbilism] *nm* driving, motoring *Br*.

automobiliste [otɔmɔbilist] *nmf* driver, motorist *Br*.

automorphisme [otɔmɔrfism] *nm* automorphism.

automoteur, trice [otɔmɔtœr, tris] *adj* automotive, motorized, self-propelled.
◆ **automoteur** *nm* -**1.** MIL self-propelled gun. -**2.** NAUT self-propelled barge.
◆ **automotrice** *nf* electric railcar.

automouvant, e [otɔmuvɑ̃, ɑ̃t] *adj* self-propelled.

automutilation [otɔmytilasjɔ̃] *nf* self-mutilation.

autoneige [otɔnɛʒ] *nf Can* snowmobile.

autonettoyant, e [otɔnɛtwajɑ̃, ɑ̃t] *adj* self-cleaning.

autonome [otɔnɔm] *adj* -**1.** [autogéré - territoire, gouvernement, organisme] self-governing; **gestion ~** managerial autonomy. -**2.** [non affilié - syndicat] independent. -**3.** [libre - caractère, personnalité] autonomous, independent; **elle est très ~** she likes to make her own decisions.
◆ **autonomes** *nmpl unaffiliated political extremist group (in France in the 1970s).*

autonomie [otɔnɔmi] *nf* -**1.** [d'une personne] autonomy, independence; [d'un État, d'un pays] autonomy, self-government; **ils veulent l'~ OU leur ~** they want to be self-governed. -**2.** [d'un véhicule, d'un avion] range; [d'un appareil rechargeable]: **ce rasoir a une ~ de 30 minutes** the razor will run for 30 minutes before it needs recharging.

autonomiste [otɔnɔmist] *adj & nmf* separatist.

autoplastie [otɔplasti] *nf* autoplasty.

autopompe [otɔpɔ̃p] *nf* fire-engine.

autoportant, e [otɔpɔrtɑ̃, ɑ̃t] *adj* self-supporting.

autoportrait [otɔpɔrtrɛ] *nm* self-portrait; **faire son ~** to paint a self-portrait; **en réalité, dans cette nouvelle, elle fait son ~** this short story is in fact her self-portrait.

autopropulsé, e [otɔprɔpylse] *adj* self-propelled.

autopropulseur [otɔprɔpylsœr] ◇ *adj m* self-propelling.
◇ *nm* self-propulsion apparatus OU system.

autopropulsion [otɔprɔpylsjɔ̃] *nf* self-propulsion.

autopsie [otɔpsi] *nf* -**1.** MÉD autopsy; **pratiquer une ~** to carry out an autopsy. -**2.** [analyse] critical analysis, autopsy; **faire l'~ d'un conflit** to go into the causes of a conflict.

autopsier [9] [otɔpsje] *vt* to carry out an autopsy on.

autopunitif, ive [otɔpynitif, iv] *adj* self-punishing.

autopunition [otɔpynisjɔ̃] *nf* self-punishment.

autoradio [otɔradjo] *nm* car radio.

autoradiographie [otɔradjɔgrafi] *nf* autoradiography.

autorail [otɔraj] *nm* railcar.

autoréglage [otɔreglaʒ] *nm* automatic control.

autorégulateur, trice [otɔregylatœr, tris] *adj* self-regulating.

autorégulation [otɔregylasjɔ̃] *nf* -**1.** BIOL & PHYSIOL self-regulation. -**2.** TECH automatic regulation.

autoréparable [otɔreparabl] *adj* self-repairing.

auto-reverse [otɔrivœrs] *adj* auto-reverse.

autorisation [otɔrizasjɔ̃] *nf* -**1.** [consentement - d'un parent] permission, consent; [- d'un supérieur] permission, authorization; [- d'un groupe] authorization; **donner son ~ à qqch** to consent to sthg; **donner à qqn l'~ de faire qqch** to give sb permission to do sthg; **qui t'a donné l'~ de prendre ces pommes?** who said you could have these apples?; **faire qqch sans ~** to do sthg without permission. -**2.** ADMIN [acte officiel] authorization, permit; **~ de sortie** [d'un lycée] (special) pass; **~ de sortie du territoire** parental authorization *(permitting a minor to leave a country).* -**3.** BANQUE: **une ~ de 3 000 francs** a temporary overdraft of up to 3,000 francs.

autorisé, e [otɔrize] *adj* -**1.** PRESSE official; **d'après des sources ~es, le président aurait déjà signé l'accord** sources close to the President say that he's already signed the agreement. -**2.** [agréé - aliment, colorant] permitted. -**3.** [qui a la permission]: **personnes ~es** authorized persons.

autoriser [3] [otɔrize] *vt* -**1.** [permettre - manifestation, réunion, publication] to authorize, to allow; [- emprunt] to authorize, to approve; **le défilé n'avait pas été autorisé** no permission OU authorization had been given for the procession (to be held). -**2.** [donner l'autorisation à]: **~ qqn à** to allow sb OU to give sb permission to; **je ne t'ai pas autorisé à utiliser ma voiture** I never said you could use my car; **je ne t'ai pas autorisé à me parler sur ce ton** I won't have you talk to me like that; **~ qqn à faire** [lui en donner le droit] to entitle sb OU to give sb the right to do; **vous êtes mes parents mais cela ne vous autorise pas à ouvrir mon courrier** my parents you may be but that doesn't give you the right to open my letters; **sa réponse nous autorise à penser que...** from his reply we may deduce OU his reply leads us to conclude that... -**3.** [justifier] to permit of, to justify; **la jeunesse n'autorise pas tous les débordements** being young isn't an excuse for uncontrolled behaviour; **cette dépêche n'auto-**

rise plus le moindre espoir this news spells the end of any last remaining hopes.

◆ **s'autoriser** *vpt*: **je m'autorise un petit verre de vin le soir** I allow myself a small glass of wine in the evening.

◆ **s'autoriser de** *vp + prép* [se servir de]: **elle s'autorise de sa confiance** she exploits his confidence in her.

autoritaire [otɔritɛr] *adj* & *nmf* authoritarian.

autoritairement [otɔritɛrmɑ̃] *adv* in an authoritarian way, with (excessive) authority.

autoritarisme [otɔritarism] *nm* authoritarianism.

autorité [otɔrite] *nf* -1. [pouvoir] authority, power; **l'~ de la loi** the authority OU power of the law; **par ~ de justice** by order of the court; **avoir de l'~ sur qqn** to be in OU to have authority over sb; **être sous l'~ de qqn** to be OU to come under sb's authority; **se mettre sous l'~ de qqn** to place o.s. under sb's authority; **faire qqch de sa propre ~** to do sthg on one's own authority; **avoir ~ pour faire qqch** to have authority to do sthg ❑ **l'~ parentale** [droits] parental rights; [devoirs] parental responsibilities. -2. [fermeté] authority; **ses parents n'ont aucune ~** her parents don't have any authority; **faire preuve d'~ envers un enfant** to show some authority towards a child; **il a besoin d'un peu d'~** he needs to be taken in hand; **avec de l'~ dans la voix** with a note of authority in his voice. -3. [compétence] authority; **dire qqch en invoquant l'~ de qqn** to say sthg on sb's authority; **parler de qqch avec ~** to talk authoritatively about sthg; **faire ~: édition qui fait ~** authoritative edition; **version qui fait ~** definitive version; **essai qui fait ~** seminal essay ‖ [expert] authority, expert; **c'est une ~ en matière de...** he's an authority OU expert on... -4. ADMIN: **l'~, les ~s** those in authority, the authorities; **l'~ militaire/religieuse** the military/religious authority; **s'adresser à l'~ compétente** to apply to the appropriate authority; **un agent** OU **représentant de l'~** an official ‖ [police]: **les ~s** the police force; **les ~s ont dû intervenir** the police had to intervene.

◆ **d'autorité** *loc adv* without consultation; **si tu ne me le donnes pas, je le prendrai d'~** if you won't give it to me I'll take it without asking you; **d'~, j'ai décidé de fermer la bibliothèque le mercredi** I decided on my own authority to close the library on Wednesdays; **ils ont gelé les crédits d'~** they unilaterally stopped the funding.

autoroute [otɔrut] *nf* motorway *Br*, freeway *Am*; **conduite sur ~** motorway driving ❑ **~ à péage** toll motorway *Br*, turnpike *Am*.

autoroutier, ère [otɔrutje, ɛr] *adj* motorway *Br (épith)*, freeway *Am (épith)*.

◆ **autoroutière** *nf car particularly suited to motorway driving conditions*; **c'est une bonne autoroutière** it handles well on motorways.

autosatisfaction [otɔsatisfaksjɔ̃] *nf* self-satisfaction.

autos-couchettes [otɔkuʃɛt] *adj inv*: **train ~** car-sleeper train.

auto-stop [otɔstɔp] *nm sg* hitch-hiking, hitching; **faire de l'~** to hitch-hike, to hitch; **elle a fait de l'~ jusqu'à Chicago** she hitch-hiked to OU she hitched a ride to Chicago; **prendre qqn en ~** to give sb a lift OU ride.

auto-stoppeur, euse [otɔstɔpœr, øz] (*mpl* **auto-stoppeurs**, *fpl* **auto-stoppeuses**) *nm, f* hitch-hiker; **prendre un ~** to pick up a hitch-hiker.

autosubsistance [otɔsybzistɑ̃s] *nf* (economic) self-sufficiency.

autosuffisance [otɔsyfizɑ̃s] *nf* self-sufficiency.

autosuffisant, e [otɔsyfizɑ̃, ɑ̃t] *adj* self-sufficient.

autosuggestion [otɔsygʒɛstjɔ̃] *nf* autosuggestion.

auto(-)tamponneuse [otɔtɑ̃pɔnøz] (*pl* **autos-tamponneuses** OU **autos tamponneuses**) *nf* bumper car, dodgem.

autotracté, e [otɔtrakte] *adj* self-propelled.

autotransformateur [otɔtrɑ̃sfɔrmatœr] *nm* autotransformer.

autotrempant, e [otɔtrɑ̃pɑ̃, ɑ̃t] *adj* self-hardening.

autour[1] [otur] *nm* goshawk.

autour[2] [otur] *adv* around, round; **mets du papier de soie ~** wrap it up in tissue paper; **tout ~** all around; **il y avait un arbre et les enfants couraient (tout) ~** there was a tree and the children were running round it; **une nappe avec des broderies tout ~** a tablecloth with embroidery all around it OU round the edges.

◆ **autour de** *loc prép* -1. [dans l'espace] around; **~ du village** around the village; **il observait les gens ~ de lui** he looked at the people around him. -2. [indiquant une approximation] around; **il gagne ~ de 15 000 francs** he earns around 15,000 francs; **elle a ~ de 20 ans** she's about 20; **il a fait beaucoup de films ~ des années 30** he made a lot of films around the 1930s; **ils sont arrivés ~ de 20 h** they arrived (at) around 8 p.m.

autovaccin [otɔvaksɛ̃] *nm* autogenous vaccine.

autre [otr] ◇ *adj indéf* -1. [distinct, différent]: **un ~ homme** another OU a different man; **il a rencontré une ~ femme** he's met another woman; **vous avez cette jupe dans une ~ taille?** do you have this skirt in another OU in a different size?; **donnez-moi une ~ tasse, celle-ci est ébréchée** give me another OU a new cup, this one's chipped; **j'ai une ~ idée** I've got another idea; **en d'~s lieux** elsewhere; **~ part** somewhere else; **dans d'~s circonstances...** in other circumstances..., had the circumstances been different...; **tu veux ~ chose?** do you want anything else?; **il n'y a que du fromage, je n'ai pas ~ chose** there's only cheese, I haven't got anything else; **toute ~ réaction m'aurait surpris** any other reaction would've surprised me; **la vérité est tout ~** the truth is quite OU very OU altogether different; **je me faisais une tout ~ idée de la question** I had quite a different concept of the matter ❑ **~s temps, ~s mœurs** other days, other ways. -2. [supplémentaire]: **voulez-vous un ~ café?** would you like another coffee?; **essaie une ~ fois** try another time; **il n'y a pas d'~s verres?** aren't there any other glasses?; **une ~ bière, s'il vous plaît** another beer please; **un ~ mot sur le sujet** another OU one more word on the subject; **vous avez le droit à une ~ réponse** you may give one more answer; **elle est partie sans ~s explications** she left without further explanation; **il nous faut une ~ chaise** we need one more OU an extra OU another chair; **essaie une ~ fois** try again OU one more time; **ça c'est une ~ histoire** OU **affaire** OU **paire de manches** *fam* that's something else altogether, that's another story OU kettle of fish (altogether). -3. [devenu différent] different; **c'est un ~ appartement maintenant!** it's quite a different flat now!, the flat is completely transformed now!; **je me sens un ~ homme** I feel a different OU new man; **je me sens, comment dire, ~** I feel, how can I put it, different; **un tout ~ homme** a completely different man; **avec des fines herbes, ça a un tout ~ goût!** with some fines herbes, it has quite a different taste!; **elle est tout ~ désormais** she's completely different now. -4. [marquant la supériorité]: **leur ancien appartement avait un ~ cachet!** their old flat had far more character!; **leurs émissions sont d'une ~ qualité!** their programmes are far better!; **la cuisine d'Éric, c'est ~ chose!** you should taste Éric's cooking!; **le Japon, ah c'est ~ chose!** Japan, now that's really something else! -5. [restant] other, remaining; **les ~s passagers ont été rapatriés en autobus** the other passengers were taken home by bus. -6. [avec les pronoms 'nous' et 'vous']: **nous ~s consommateurs...** we consumers...; **vous ~s Français...** you French people...; **écoutez-le, vous ~s!** *fam* listen to him, you lot! -7. [dans le temps] other; **on y est allés l'~ jour** we went there the other day; **on ira une ~ année** we'll go another year; **l'~ fois** the other time; **d'~s fois** other times; **en d'~s temps** in other times; [dans le passé] in days gone by; **l'~ matin** the other morning; **je l'ai vu l'~ dimanche** I saw him the other Sunday; **un ~ jour** some other day; **je reviendrai à un ~ moment** I'll come back some other time; **dans l'~ vie** in the next world; **dans une ~ vie** in another life. -8. [en corrélation avec 'l'un']: **l'une et l'~ hypothèses sont valables** both hypotheses are valid; **l'un ou l'~ projet devra être accepté** one of the two projects will have to be accepted; **ni l'une ni l'~ explication n'est plausible** neither explanation is plausible.

◇ *pron* -1. [désignant des personnes]: **un ~** someone else, somebody else; **d'~s** other people, others; **on n'attend pas les ~s?** aren't we going to wait for the others?; **un ~ que moi** anybody OU anyone else but me; **d'~s que moi vous donneront les explications nécessaires** others will give you the necessary explanations; **plus que tout ~, tu aurais dû prévoir que...** you of all people should have foreseen that...; **tout ~ que lui aurait refusé** anyone else but him would have refused; **quelqu'un d'~** someone else; **aucun ~, nul ~** *sout* no one else, nobody else, none other; **personne d'~** no one else, nobody else; **bien d'~s ont essayé** a lot of other people have tried; **elle est plus futée que les ~s** she's shrewder than (any of) the others ‖ [désignant des choses]: **un ~** another one; **d'~s** other ones, others; **une maison semblable à une ~** a house like any other; **le restaurant ne me disait rien, nous en avons cherché un ~** the restaurant didn't appeal to me, (so) we looked for another one; **ce livre ou l'~** this book or the other one; **mes chaussures sont sales, il faut que je mette les ~s** my shoes are dirty, I'll have to wear the other ones; **je n'en ai pas besoin d'~s** I don't need any more; **quelque chose d'~** something else; **rien d'~** nothing else ❑ **comme dit** OU **dirait l'~** as they say; **à d'~s!** *fam* tell that to the marines!, go on with you!, come off it!; **et l'~ qui n'arrête pas de pleurer!** *fam* and that one who won't stop crying!; **eh l'~, il est fou!** *fam* listen to that one OU him, he's mad! -2. [en corrélation avec 'l'un']: **l'une chante, l'~ danse** one sings, the other dances; **l'un et l'~** both of them; **l'un ou l'~** (either) one or the other, either one; **je l'ai su par l'une ou l'~ de ses collègues** I heard it through one or other of his colleagues; **l'un après l'~** one after another OU the other; **ils marchaient l'un derrière l'~/l'un à côté de l'~** they were walking one behind the other/side by side; **ni l'un ni l'~ n'est venu** neither (of them) came; **je n'ai pu les joindre ni l'un ni l'~** I couldn't get hold of either (one) of them; **on ne peut pas les distinguer l'un de l'~** you can't tell one from the other, you can't tell them apart; **on les prend souvent l'un pour l'~** people often mistake one for the other; **les uns le détestent, les ~s l'adorent** he's loathed by some, loved by others; **aimez-vous les uns les ~s** love one another; **aidez-vous les uns les ~s** help each other OU one another; **n'écoute pas ce que disent les uns et les ~s** don't listen to what people say; **l'un ne va pas sans l'~** you can't have one without the other; **présente-les l'un à l'~** introduce them to each other; **ils sont tout l'un pour l'~** they mean everything to each other; **vous êtes des brutes les uns comme les ~s!** you're (nothing but) beasts, all of you! ❑ **l'un dans l'~** all in all, at the end of the day; **c'est plus cher, mais plus solide: l'un dans l'~ on s'y retrouve** it's more expensive, but it's stronger: all in all OU at the end of the day it amounts to the same; **l'un dans l'~, nous avons recouvré nos frais** at the end of the day we broke even.

◇ *nm* PHILOS: **l'~** the other.

autrefois [otrəfwa] *adv* in the past, in former times OU days; **je l'ai bien connu ~** I knew him well once; **~ s'élevait ici un château médié-**

val... there used to be a medieval castle here...; d'~ of old, of former times; les maisons d'~ n'avaient aucun confort in the past OU in the old days, houses were very basic.

autrement [otrəmɑ̃] *adv* -1. [différemment] another OU some other way; la bouteille va se renverser, pose-la ~ that bottle will spill, stand it differently; je ne vois rien dans le rétroviseur, mets-le ~ I can't see out of the rearview mirror, adjust it for me; la banque est fermée, je vais me débrouiller ~ the bank's closed, I'll find some other way (of getting money); en être ~ : comment pourrait-il en être ~ ? how could things be different?; il n'en a jamais été ~ things have always been this way OU have never been any other way OU have never been any different; faire ~ : nous ne les laisserons pas construire la route ici, il faudra qu'ils fassent ~ we won't let them build the road here, they'll have to find another OU some other way; il n'y a pas moyen de faire ~ there's no other way OU no alternative; j'ai accepté, je n'ai pas pu faire ~ I had no alternative but to say yes. -2. [sinon] otherwise, or else; payez car ~ vous aurez des ennuis pay up or else you'll get into trouble; les gens sont désagréables, ~ le travail est intéressant the people are unpleasant, but otherwise OU apart from that the work's interesting; c'est dommage, ~ on aurait pu partir à minuit it's a shame, because otherwise we could have left at midnight. -3. *(suivi d'un compar)* [beaucoup] far; c'est ~ plus grave cette fois-ci it's far more serious this time; elle est ~ plus jolie que sa sœur she's far prettier than her sister; c'est ~ moins cher au marché it's far cheaper if you buy it on the market; il est ~ moins intelligent que son premier mari he's much less bright than her first husband.

◆ **autrement dit** *loc adv* in other words; tu as fait tes valises, ~ dit tu me quittes? you've packed your bags, in other words, you're leaving me?

◆ **autrement que** *loc adv compar*: il est habillé ~ que d'habitude he hasn't got his usual clothes on; faire ~ que: je n'ai pu faire ~ que de les entendre I couldn't help but overhear them; il n'a pas pu faire ~ que de rembourser he had no alternative but to pay the money back; on ne peut faire ~ que d'admirer son audace one can't but admire her daring.

Autriche [otriʃ] *npr f*: (l') ~ Austria.

autrichien, enne [otriʃjɛ̃, ɛn] *adj* Austrian.

◆ **Autrichien, enne** *nm, f* Austrian; l'Autrichienne HIST (Queen) Marie-Antoinette.

autruche [otryʃ] *nf* ostrich; faire l'~ to bury one's head in the sand.

autrui [otrɥi] *pron indéf inv sout* others, other people; peu m'importe l'opinion d'~ other people's opinion OU the opinion of others means little to me; la liberté d'~ other people's freedom, the freedom of others ❑ ne fais pas à ~ ce que tu ne voudrais pas qu'on te fît *prov* do as you would be done by.

auvent [ovɑ̃] *nm* -1. [en dur] porch roof. -2. [en toile] awning, canopy.

auvergnat, e [ovɛrɲa, at] *adj* from the Auvergne, of the Auvergne.

◆ **Auvergnat, e** *nm, f inhabitant of or person from the Auvergne*; les Auvergnats the people of the Auvergne.

◆ **auvergnat** *nm* LING *dialect spoken in the Auvergne.*

Auvergne [ovɛrɲ] *npr f*: (l') ~ the Auvergne.

aux [o] → **à**.

auxiliaire [oksiljɛr] ◇ *adj* -1. LING auxiliary. -2. [annexe] assistant *(épith)*, auxiliary. -3. TECH auxiliary, standby.

◇ *nmf* -1. [employé temporaire] temporary worker; ce n'est qu'un ~ he's only temporary. -2. JUR: ~ de justice representative of the law. -3. MÉD: ~ médical paramedic; les ~s médicaux the paramedical profession. -4. [aide] helper, assistant; elle m'a été une ~ infatigable she was a constant help to me.

◇ *nm* -1. LING auxiliary. -2. [outil, moyen] aid; le magnétoscope est l'~ précieux de mon enseignement I find a video-recorder to be an invaluable teaching aid.

◆ **auxiliaires** *nmpl* -1. ANTIQ *foreign troops of the Roman Army.* -2. NAUT [moteurs] auxiliary engines; [équipement] auxiliary equipment.

auxiliairement [oksiljɛrmɑ̃] *adv* -1. LING: verbe utilisé ~ verb used as an auxiliary. -2. [accessoirement] secondarily; ~, cela peut servir d'abri it can also, if necessary, be used as a shelter.

auxiliariat [oksiljarja] *nm* (status of the) assistant teachers.

auxquelles [okɛl] *fpl* → **lequel**.

auxquels [okɛl] *mpl* → **lequel**.

AV ◇ *nm abr de* avis de virement.

◇ *abr écrite de* avant.

av. *abr écrite de* avenue.

avachi, e [avaʃi] *adj* -1. [sans tenue - vêtement] crumpled, rumpled, shapeless; [- cuir] limp; [- sommier, banquette] sagging; [- chaussure] shapeless, down-at-heel; [- gâteau] soggy; [- soufflé] collapsed; mon vieux pantalon ~ my baggy old trousers; casquette/poche ~e cap/pocket pulled out of shape. -2. [indolent] flabby, spineless; la génération ~e que nous a léguée la guerre the flabby OU supine *litt* post-war generation.

avachir [32] [avaʃir]

◆ **s'avachir** *vpi* -1. [s'affaisser - vêtement] to become shapeless; [- gâteau, forme] to collapse; [- cuir] to go limp; [- canapé] to start sagging. -2. [s'affaler]: s'~ dans un fauteuil/sur une table to slump into an armchair/over a table.

avachissement [avaʃismɑ̃] *nm* -1. [perte de tenue - d'un tissu] becoming limp, losing (its) shape; [- de chaussures] wearing out; [- d'un canapé] starting to sag; [- d'une forme] collapsing; [- de ressorts] slackening; lutter contre l'~ des tissus musculaires to prevent the slackening of muscles || [état déformé] limp OU worn-down appearance. -2. [perte de courage - physique] going limp; [- moral] loss of moral fibre; gagné par un ~ de tout son corps [de fatigue] going limp (with tiredness); [à la chaleur] withering (in the heat). -3. [état physique - temporaire] limpness; [- permanent] flabbiness; [découragement] loss of moral fibre; [veulerie] spinelessness.

aval [aval] ◇ *nm* -1. FIN endorsement, guarantee; donner son ~ à une traite to guarantee OU to endorse a draft. -2. [soutien] support; donner son ~ à qqn to back sb (up). -3. [autorisation] authorization; avoir l'~ des autorités to have (an) official authorization. -4. [d'une rivière] downstream water. -5. [d'une pente] downhill side (of a slope); faites face à l'~ face the valley; regardez vers l'~ look down the slope.

◇ *adj*: ski/skieur ~ downhill ski/skier.

◆ **en aval de** *loc prép* -1. [en suivant une rivière] downstream OU down-river from. -2. [en montagne] downhill from. -3. [après] following on from; les étapes qui se situent en ~ de la production the post-production stages.

avalanche [avalɑ̃ʃ] *nf* -1. GÉOG avalanche. -2. *fig* [quantité - de courrier, de protestations, de compliments, de lumière] flood; [- de coups, d'insultes] shower; il y eut une ~ de réponses the answers came pouring in.

avalancheux, euse [avalɑ̃ʃø, øz] *adj* avalanche-prone.

avalement [avalmɑ̃] *nm* swallow, swallowing *(U)*.

avaler [3] [avale] *vt* -1. [consommer - nourriture] to swallow; [- boisson] to swallow, to drink; ~ qqch d'un (seul) coup OU d'un trait to swallow sthg in one gulp; ~ qqch de travers: j'ai avalé ma frite de travers a chip went down the wrong way; je n'ai rien avalé depuis deux jours I haven't had a thing to eat for two days; ~ du lait à petites gorgées to sip milk; ~ sa salive to swallow; à midi, elle prend à peine le temps d'~ son déjeuner at lunchtime, she bolts her meal || *(en usage abs)* [manger, boire] to swallow. -2. *fig*: ~ les obstacles/kilomètres to make light work of any obstacle/of distances ❑ vouloir tout ~ to be hungry OU thirsty for experience; ~ qqn tout cru to eat sb alive; tu as avalé ta langue? have you lost your tongue?; ~ son bulletin OU son acte de naissance OU sa chique *fam* to kick the bucket, to go and meet one's maker *hum*; comme quelqu'un qui aurait avalé son OU un parapluie [raide] stiffly, with his back like a rod; [manquant d'adaptabilité] stiffly, starchily. -3. [inhaler - fumée] to inhale, to breathe in *(sép)*. -4. [lire - roman, article] to devour; une petite anthologie que vous avalerez en un après-midi a short anthology which you will read OU get through in one afternoon. -5. *fam* [croire - mensonge] to swallow, to buy; vous croyez que je vais ~ ça? do you think I'll buy that?; il a avalé mon histoire (toute crue) he swallowed my story hook, line and sinker; je lui ai fait ~ que j'étais malade I got him to believe that I was sick; on ne nous le fera pas ~ it won't wash (with us). -6. *fam* [accepter - insulte] to swallow; pilule difficile à ~ *fig* hard OU bitter pill to swallow ❑ ~ la pilule to swallow the bitter pill; ~ des couleuvres to swallow insults; faire ~ des couleuvres à qqn to humiliate sb.

avaleur [avalœr] *nm*: ~ de sabres sword swallower.

avaliser [3] [avalize] *vt* -1. JUR [effet] to endorse, to back; [signature] to guarantee. -2. [donner son accord à] to back, to condone, to support; nous n'avalisons pas ces comportements barbares we do not condone such barbaric behaviour.

avaliseur [avalizœr] *nm* endorser.

à-valoir [avalwar] *nm inv* advance (payment).

avance [avɑ̃s] *nf* -1. [par rapport au temps prévu]: prendre de l'~ dans ses études to get ahead in one's studies; j'ai pris de l'~ sur le OU par rapport au planning I'm ahead of schedule; avoir de l'~ sur OU par rapport à ses concurrents to be ahead of the competition OU of one's competitors; arriver avec 10 minutes/jours d'~ to arrive 10 minutes/days early; le livreur a une heure d'~ the delivery man is an hour early; le maillot jaune a pris 37 secondes d'~ the yellow jersey's 37 seconds ahead of time. -2. [d'une montre, d'un réveil]: sa montre prend de l'~ her watch is fast; ma montre a une minute d'~/prend une seconde d'~ toutes les heures my watch is one minute fast/gains a second every hour. -3. [avantage - d'une entreprise] lead; [- d'une armée] progress; l'~ prise par notre pays en matière de génétique our country's lead in genetics; perdre son ~ sur un marché/dans une discipline scolaire to lose one's lead in a market/school subject; ralentir l'~ de qqn to slow sb's progress; avoir 10 points d'~ sur qqn to have a 10 point lead over sb; elle a une ~ de 10 mètres sur la Britannique she leads the British girl by 10 metres, she has a 10 metres lead over the British girl; avoir une demi-longueur d'~ to lead by half a length. -4. [dans un approvisionnement]: en avoir d'~, en faire d'~: prends ce beurre, j'en ai plusieurs paquets d'~ have this butter, I keep several packs in reserve; de la sauce tomate? j'en fais toujours d'~ tomato sauce? I always make some in advance. -5. [acompte] advance; donner à qqn une ~ sur son salaire to give sb an advance on his/her salary; faire une ~ de 500 francs à qqn to advance 500 francs to sb; ~s sums advanced ❑ ~ bancaire FIN (bank) overdraft; ~ de fonds loan; ~ sur recette loan to a producer *(to be recouped against box-office takings)*; ~ sur titre collateral loan. -6. AUT: ~ à l'allumage ignition advance.

◆ **avances** *nfpl* [propositions - d'amitié, d'association] overtures, advances; [- sexuelles] advances; faire des ~s à qqn to make advances to sb; ils nous ont fait quelques ~s mais rien n'a été signé they made a few overtures but there was no actual deal.

◆ **à l'avance** *loc adv* [payer] in advance, beforehand; vous le saurez à l'~ you'll know beforehand; dites-le-moi bien à l'~ tell me well in advance, give me plenty of notice; je n'ai été averti que deux minutes à l'~ I was only warned two minutes beforehand, I only got two minutes' notice; acheter un billet deux mois à l'~ to buy a ticket two months in advance; réservez longtemps à l'~ book early; je savais à l'~ qu'il allait mentir I knew in advance OU I could tell beforehand that he would lie; je me réjouis/j'ai peur à l'~ de voir la tête qu'elle fera quand elle l'apprendra I'm looking/I'm not looking forward to seeing her face when she hears about it.

◆ **d'avance, par avance** *loc adv* [payer, remercier] in advance; d'~ merci thanking you in advance; savourant d'~ sa revanche already savouring his planned revenge; c'est joué d'~ it's a foregone conclusion; c'est tout combiné d'~ *fam* it's a put-up job; d'~ je peux te dire qu'il n'est pas fiable I can tell you right away OU now that he's not reliable.

◆ **en avance** ◇ *loc adj*: elle est en ~ sur le reste de la classe she's ahead of the rest of the class; être en ~ sur son temps OU époque to be ahead of one's time; techniquement, ils sont en ~ par rapport à nous they're technologically ahead of us.

◇ *loc adv* [avant l'heure prévue] early; arriver en ~ to arrive early; elle arrive toujours en ~ she's always early; être en ~ to be early; être en ~ de 10 minutes/jours to be 10 minutes/days early; je me dépêche, je ne suis pas en ~! I must rush, I'm (rather) late!

avancé, e [avɑ̃se] *adj* -**1.** [dans le temps - heure, saison] late; à une heure ~e late at night; à une date ~e de la colonisation romaine at a late stage in the colonization by Rome; la saison est ~e it's very late in the season, the season's well advanced; à un âge ~ late (on) in life; arriver à un âge ~ to be getting on in years. -**2.** [pourri - poisson, viande] off *Br*, bad; [- fruit] overripe; des pêches un peu ~es peaches that are past their best. -**3.** [développé - intelligence, économie] advanced; un garçon ~ pour son âge a boy who's mature for OU ahead of his years; pays parvenus à un stade/état ~ de la technologie countries that have reached an advanced stage/state of technological development ❑ te voilà bien ~! *iron* [tu n'en sais pas plus] well, that was very helpful, wasn't it!; [tu n'as pas progressé] and a long way THAT's got you! -**4.** MIL [division, élément] advance (*épith*); ouvrage ~ advanced work.

◆ **avancée** *nf* -**1.** [progression] progress; l'~e spectaculaire d'une monnaie spectacular progress made by a currency. -**2.** [d'un toit] overhang. -**3.** PÊCHE trace, cast, leader.

avancement [avɑ̃smɑ̃] *nm* -**1.** [promotion] promotion, advancement; avoir OU obtenir de l'~ to get (a) promotion OU promoted. -**2.** [progression] progress; y a-t-il de l'~ dans les travaux? is the work progressing? -**3.** JUR: ~ d'hoirie advancement.

avancer [16] [avɑ̃se] ◇ *vt* -**1.** [pousser vers l'avant] to push OU to move forward (*sép*); [amener vers l'avant] to bring forward (*sép*); tu es trop loin, avance ta chaise you're too far away, move OU bring your chair forward; ~ un siège à qqn to draw up a seat for sb; ~ son assiette [vers le plat de service] to push one's plate forward; ~ les aiguilles d'une horloge to put the hands of a clock forward; ~ sa montre (d'une heure) to put one's watch forward (by an hour); la voiture de Madame/Monsieur est avancée *hum* Madam/Sir, your carriage awaits you. -**2.** [allonger]: ~ la tête to stick one's head out; ~ le cou to crane one's neck; ~ sa OU la main vers qqch [pour l'attraper] to reach towards sthg; [pour qu'on vous le donne] to hold out one's hand for sthg. -**3.** [dans le temps] to bring OU to put forward (*sép*); ils ont dû ~ la date de leur mariage they had to bring the date of their wedding forward; l'heure du départ a été avancée de 10 minutes the starting time was put forward 10 minutes; la réunion a été avancée à demain/lundi the meeting was brought forward to tomorrow/Monday. -**4.** [proposer - explication, raison, opinion] to put forward (*sép*), to suggest, to advance; [- argument, théorie, plan] to put forward; être sûr de ce que l'on avance to be certain of what one is saying; si ce qu'il avance est vrai if his allegations are true. -**5.** [faire progresser]: ~ qqn to help sb along; je vais rédiger les étiquettes pour vous ~ I'll write out the labels to make it quicker for you OU to help you along; trêve de bavardage, tout cela ne m'avance pas that's enough chatting, all this isn't getting my work done; voilà qui n'avance pas mes affaires this isn't much good OU help (to me); ça t'avance à quoi de mentir? *fam* what do you gain by lying?; voilà à quoi ça t'avance de tricher this is where cheating gets you; les insultes ne t'avanceront à rien being abusive will get you nowhere. -**6.** [prêter - argent, somme, loyer] to lend, to advance. -**7.** HORT [plante] to push, to force.

◇ *vi* -**1.** [se déplacer dans l'espace] to move forward, to proceed, to progress; MIL to advance, to progress; ~ d'un pas to take one step forward; ~ à grands pas to stride forward OU along; ~ avec difficulté to plod along; ~ vers OU sur qqn d'un air menaçant to advance on OU towards sb threateningly; avoir du mal à ~ to make slow progress, to be slowed down in one's progress; ne restez pas là, avancez! don't just stand there, move on!; avance! [en voiture] move!; faire ~ qqn/une mule to move sb/a mule along ❑ ~ vers un objectif *pr* to advance toward OU on a target; *fig* to make good progress in trying to fulfil an objective. -**2.** [dans le temps, dans une action] to be getting on, to progress; l'heure avance time's getting on, it's getting late; l'été/l'hiver avance we're well into the summer/winter; au fur et à mesure que la nuit avançait as the night wore on; le jeu avançait, je n'avais plus que cinq cartes devant moi the game was progressing OU we were well on into the game and I only had five cards left in front of me; ça avance? how's it going?; alors, ce tricot, ça avance? how's this knitting of yours getting along?; mon repas avance my meal's coming along nicely; les réparations n'avançaient pas/avançaient the repair work was getting nowhere/was making swift progress; le projet n'avance plus the project's come to a halt OU standstill; faire ~: faire ~ une cause to promote a cause; faire ~ les choses [accélérer une action] to speed things up; [améliorer la situation] to improve matters. -**3.** [personne] to (make) progress, to get further forward; tu n'avanceras pas en remâchant tes idées noires you won't get very far by going over the same depressing thoughts again and again; j'ai l'impression de ne pas ~ I don't feel I'm getting anywhere OU I'm making any headway; ~ dans une enquête/son travail to (make) progress in an investigation/one's work; les peintres avancent vite/lentement the decorators are making good/slow progress; ~ en âge [enfant] to grow up, to get older; [personne mûre] to be getting on in years; ~ en grade to go up the promotion ladder. -**4.** [montre, réveil]: votre montre avance OU vous avancez de 10 minutes your watch is OU you are 10 minutes fast; pendule qui avance d'une seconde toutes les heures clock that gains a second every hour. -**5.** [faire saillie - nez, menton] to jut OU to stick out, to protrude; [- piton, promontoire] to jut OU to stick out.

◆ **s'avancer** *vpi* -**1.** [approcher] to move forward OU closer; avancez-vous, les enfants move forward OU come closer, children; elle s'avançait discrètement vers les gâteaux she was discreetly making her way toward the cakes. -**2.** [progresser] to (make) progress, to advance; s'~ dans son travail to make progress OU some headway in one's work. -**3.** [prendre position] to commit o.s.; je ne voudrais pas m'~ mais il est possible que... I can't be positive but it might be that...; il s'est avancé à la légère he committed himself rather rashly; je me suis trop avancé pour me dédire I've gone too far OU I'm in too deep to pull out now. -**4.** [faire saillie] to jut OU to stick out, to protrude; la jetée s'avance dans la mer the jetty sticks out into the sea.

avanie [avani] *nf* snub; faire (subir) des ~s à qqn to snub sb; subir des ~s to be snubbed.

avant [avɑ̃] ◇ *prép* -**1.** [dans le temps] before; ~ le lever du soleil before sunrise; il est arrivé ~ la nuit/le dîner he arrived before nightfall/dinner; je voudrais te voir ~ mon départ I'd like to see you before I leave; ~ son élection prior to her election, before being elected; ~ la guerre in the pre-war period, before the war; 200 ans ~ Jésus-Christ 200 (years) BC; je ne serai pas prêt ~ une demi-heure I won't be ready for another half an hour; ne me réveille pas ~ 11 h don't wake me up before 11; quand mon manteau sera-t-il prêt? – pas ~ mardi when will my coat be ready? – not before Tuesday; nous n'ouvrons pas ~ 10 h we don't open until 10; le contrat sera signé ~ deux mois the contract will be signed within two months; vous recevrez votre livraison ~ la fin du mois you'll get your delivery before the end OU by the end of the month; il faut que je termine ~ ce soir I've got to finish by this evening; il faut que tu y sois bien ~/un peu ~ 11 h you have to be there well before/a bit before 11; peu ~ les élections a short while OU time before the elections. -**2.** [dans l'espace] before; vous tournez juste ~ le feu à droite you turn right just before the lights; il est tombé ~ la ligne d'arrivée he fell before the finishing line. -**3.** [dans un rang, un ordre, une hiérarchie] before; vous êtes ~ moi [dans une file d'attente] you're before me; il était juste ~ moi dans la file he was just in front of me in the queue; leur équipe est maintenant ~ la nôtre dans le classement général their team is now ahead of us in the league; je place le travail ~ tout le reste I put work above OU before everything else; ta santé passe ~ ta carrière your health is more important than OU comes before your career.

◇ *adv* -**1.** [dans le temps] before; quelques jours ~ some days before; il fallait (y) réfléchir ~ you should have thought (about it) before; ~, après [légende de photo] before, after; ~, j'avais plus de patience avec les enfants I used to be more patient with children; ~, il n'y avait pas de machines à laver before OU in the old days, there weren't any washing machines; la maison est comme ~ the house has remained the same OU is the same as it was (before); peu de temps ~ shortly before OU beforehand; quand j'ai un rendez-vous, j'aime arriver un peu ~ when I'm due to meet someone, I like to get there a little ahead of time; longtemps ~ well OU long before; c'était bien ~, tu n'étais pas encore né it was well before that, you weren't born then; on n'a aucune chance de le rattraper, il est parti bien ~ there's no chance of catching up with him, he left well ahead of us; il est parti quelques minutes ~ he left a few minutes before OU earlier; un jour/mois/an ~ a day/month/year earlier; très ~ dans la saison very late in the season; discuter/lire bien ~ dans la nuit to talk/to read late into the night. -**2.** [dans l'espace]: allons plus ~ let's go further; vous voyez le parc? il y a un restaurant juste ~ see the park? there's a restaurant just before it OU this side of it; il s'était aventuré trop ~ dans la forêt he'd ventured too far into the forest|| *fig*: sans entrer OU aller plus ~ dans les détails without going into any further OU more detail; il est allé trop ~ dans les réformes he went too far with the reforms; on m'a empêché d'aller plus ~ dans mon enquête I was prevented from carrying my investigations further. -**3.** [dans un rang, un ordre, une hiérarchie]: est-ce que je peux passer ~? can I go first?; lequel met-on ~? which one do you put first?; il y a quelqu'un ~? [dans une file d'attente] is someone else first?; tu sortiras cet été, mais tes

examens, ça passe ~! you can go out this summer but your exams come first!

◇ *adj inv* [saut périlleux, roulade] forward; [roue, siège] front; **la partie ~ du véhicule** the front part of the vehicle.

◇ *nm* -**1.** [d'un véhicule] front; NAUT bow, bows; **tout l'~ de la voiture a été enfoncé** the front of the car was all smashed in; **il s'est porté vers l'~ du peloton** he moved to the front of the bunch; **de l'~ à l'arrière** NAUT fore and aft; **à l'~** in the front; **montez à l'~** sit in the front ❑ **aller de l'~** *pr & fig* to forge ahead. -**2.** SPORT forward; [au volley] frontline player; **il est ~ dans son équipe de foot** he's a forward in his football team; **jouer ~ droit/gauche** to play right/left forward; **la ligne des ~s, les ~s** the forward line, the forwards. -**3.** MIL: **l'~** the front.

◆ **avant de** *loc prép* before; **~ de partir, il faudra...** before leaving, it'll be necessary to...; **écoute-moi ~ de crier** listen to me before you start shouting; **je ne signerai rien ~ d'avoir vu les locaux** I won't sign anything until OU before I see the premises; **~ d'arriver au pont, il y a un feu rouge** there is a set of traffic lights before you come to the bridge.

◆ **avant que** *loc conj*: **ne dites rien ~ qu'il n'arrive** don't say anything until he arrives; **je viendrai la voir ~ qu'elle (ne) parte** I'll come and see her before she leaves; **~ qu'il comprenne, celui-là!** by the time he's understood!

◆ **avant que de** *loc prép litt* before; **~ que de mourir...** before dying...; **~ que de donner mon avis, j'entendrai chacun d'entre vous** before I state my opinion, I'll hear what each of you has to say.

◆ **avant tout** *loc adv* -**1.** [en premier]: **sa carrière passe ~ tout** his career comes before anything else, his career comes first; **c'est une question de dignité ~ tout** it's a question of dignity above all (else). -**2.** [tout d'abord] first; **~ tout, je voudrais vous dire ceci** first (and foremost), I'd like to tell you this.

◆ **avant toute chose** *loc adv* first of all; **~ toute chose, je voudrais que vous sachiez ceci** first of all, I'd like you to know this; **~ toute chose, je vais prendre une douche** I'll have a shower before I do anything else.

◆ **d'avant** *loc adj*: **le jour/le mois d'~** the previous day/month, the day/month before; **je vais essayer de prendre le train d'~** I'll try to catch the earlier train; **les locataires d'~ étaient plus agréables** the previous tenants were much nicer.

◆ **en avant** *loc adv* [marcher] in front; [partir] ahead; [se pencher, tomber, bondir] forward; **envoyer qqn en ~** to send sb on ahead OU in front; **je pars en ~, je t'attendrai là-bas** I'm going on ahead, I'll wait for you there; **il s'élança en ~** he rushed forward; **en ~!** forward!; **en ~, marche!** MIL forward march!; **en ~, toute!** NAUT full steam ahead! || *fig*: **mettre qqn en ~** [pour se protéger] to use sb as a shield; [pour le faire valoir] to push sb forward OU to the front; **mettre qqch en ~** to put sthg forward; **se mettre en ~** to push o.s. forward OU to the fore.

◆ **en avant de** *loc prép*: **il marche toujours en ~ des autres** he always walks ahead of the others; **être en ~ d'un convoi** [dans les premiers] to be at the front of a procession; [en premier] to be leading a procession; **le barrage routier a été installé en ~ de Dijon** the roadblock was set up just before Dijon.

avantage [avɑ̃taʒ] *nm* -**1.** [supériorité] advantage; **sa connaissance du danois est un ~ par rapport aux autres candidats** her knowledge of Danish gives her an advantage OU the edge over the other candidates; **avoir un ~ sur qqn/qqch** to have an advantage over sb/sthg; **le nouveau système a des ~s sur l'ancien** the new system has advantages over the old one; **cela vous donne un ~ sur eux** this gives you an advantage over them; **garder/perdre l'~** to keep/to lose the upper hand; **prendre l'~** OU **un ~ sur qqn** to gain the upper hand over sb; **avoir l'~ de** to have the advantage of; **ils nous ont battus mais ils avaient l'~ du nombre** they defeated us but they had the advantage of numbers; **j'ai sur toi l'~ de l'âge** being older gives me an advantage over you; **elle a l'~ d'avoir 20 ans/d'être médecin** she's 20/a doctor, which is an advantage. -**2.** [intérêt] advantage; **les ~s et les inconvénients d'une solution** the advantages and disadvantages OU pros and cons of a solution; **cette idée présente l'~ d'être simple** the idea has the advantage of being simple; **à mon/son ~** in my/his interest; **c'est (tout) à ton ~** it's in your (best) interest; **exploiter une idée à son ~** to exploit an idea to one's own advantage; **avoir ~ à faire** to be better off doing; **vous auriez ~ à apprendre la comptabilité** it would be to your advantage OU you'd do well to learn accounting; **tu as tout ~ à l'acheter ici** you'd be much better off buying it here; **elle aurait ~ à se taire** she'd be well-advised to keep quiet; **quel ~ as-tu à déménager?** what advantage is there in your moving house?; **tirer ~ de** to derive an advantage from, to take advantage of; **ne tirez pas ~ de sa naïveté** don't take advantage of his naivety; **tirer ~ de la situation** to turn the situation to (one's) advantage; **tourner à l'~ de**: **la réforme ne doit pas tourner à l'~ des privilégiés** the reform mustn't be allowed to work in favour of the wealthy; **notre lien de parenté a tourné à mon ~** our family relationship worked to my advantage; **il tournera même ce divorce à son ~** he'll even turn this divorce to his advantage. -**3.** FIN [bénéfice] benefit; **elle ne tire de sa participation aucun ~ matériel** she derives no material benefit OU gain from her contribution; **~s financiers/sociaux** financial/social benefits; **~s accessoires** fringe benefits; **~s collectifs** social welfare; **~s comparatifs** comparative advantages; **~s complémentaires** perks; **~s en nature** payment in kind. -**4.** *sout* [plaisir]: **je n'ai pas l'~ de vous avoir été présenté** I haven't had the privilege OU pleasure of being introduced to you; **j'ai (l'honneur et) l'~ de vous annoncer que...** I am pleased OU delighted to inform you that... -**5.** SPORT advantage; **~ (à) Rops!** advantage Rops! -**6.** *loc*: **être à son ~** [avoir belle allure] to look one's best; **quand il parle d'équitation/quand il prend des responsabilités, il est à son ~** he's at his best when talking about horse-riding/taking on responsibilities; **changer à son ~** to change for the better.

avantager [17] [avɑ̃taʒe] *vt* -**1.** [favoriser] to advantage, to give an advantage to; **ils ont été avantagés par rapport aux étudiants étrangers** they were given an advantage over the foreign students; **être avantagé dès le départ par rapport à qqn** to have a head start on OU over sb; **être avantagé par la nature** to be favoured by nature; **elle n'a pas été avantagée par la nature!** nature hasn't been particularly kind to her! -**2.** [mettre en valeur] to show off *(sép)*, to show to advantage; **son uniforme l'avantage** he looks his best in (his) uniform; **ces grosses chaussures ne t'avantagent pas** those heavy shoes aren't very flattering.

avantageusement [avɑ̃taʒøzmɑ̃] *adv* -**1.** [peu cher] at OU for a good price. -**2.** [favorablement]: **il s'en est tiré ~** he got away lightly; **vous pourriez ~ remplacer ces deux hommes par une machine** you could usefully replace these two operatives with a machine; **l'opération se solde ~ pour elle** the transaction has worked to her advantage.

avantageux, euse [avɑ̃taʒø, øz] *adj* -**1.** [contrat, affaire] profitable; [prix] attractive; **c'est une offre très avantageuse** it's an excellent bargain; **les cerises sont avantageuses en ce moment** cherries are a good buy at the moment. -**2.** [flatteur - pose, décolleté, uniforme] flattering; **il a une idée un peu trop avantageuse de lui-même** he thinks rather too highly of himself; **prendre des airs ~** to look self-satisfied; **un sourire ~** a superior smile, a smirk.

avant-bec [avɑ̃bɛk] (*pl* **avant-becs**) *nm* pierhead.

avant-bras [avɑ̃bra] *nm inv* forearm.

avant-centre [avɑ̃sɑ̃tr] (*pl* **avants-centres**) *nm* centre-forward.

avant-cour [avɑ̃kur] (*pl* **avant-cours**) *nf* forecourt.

avant-coureur [avɑ̃kurœr] (*pl* **avant-coureurs**) *adj m* precursory.

avant-dernier, ère [avɑ̃dɛrnje, ɛr] (*mpl* **avant-derniers**, *fpl* **avant-dernières**) ◇ *adj* next to last; **l'avant-dernière fois** the time before last.
◇ *nm, f* last but one; **arriver ~** to be last but one.

avant-garde [avɑ̃gard] (*pl* **avant-gardes**) *nf* -**1.** MIL vanguard. -**2.** [élite] avant-garde; **peinture/architecture d'~** avant-garde painting/architecture.

avant-gardisme [avɑ̃gardism] (*pl* **avant-gardismes**) *nm* avant-gardism.

avant-gardiste [avɑ̃gardist] (*pl* **avant-gardistes**) ◇ *adj* avant-garde.
◇ *nmf* avant-gardist.

avant-goût [avɑ̃gu] (*pl* **avant-goûts**) *nm* foretaste.

avant-guerre [avɑ̃gɛr] (*pl* **avant-guerres**) *nm* OU *nf* pre-war years OU period; **les voitures d'~** pre-war cars.

avant-hier [avɑ̃tjɛr] *adv* the day before yesterday.

avant-midi [avɑ̃midi] *nm inv* OU *nf inv Belg & Can* morning.

avant-pays [avɑ̃pei] *nm inv* foreland.

avant-plan [avɑ̃plɑ̃] *nm Belg* foreground.

avant-port [avɑ̃pɔr] (*pl* **avant-ports**) *nm* outer harbour.

avant-poste [avɑ̃pɔst] (*pl* **avant-postes**) *nm* -**1.** MIL outpost. -**2.** [lieu de l'action]: **il est toujours aux ~s** he's always where the action is.

avant-première [avɑ̃prəmjɛr] (*pl* **avant-premières**) *nf* -**1.** THÉÂT dress rehearsal. -**2.** CIN preview; **présenter qqch en ~** to preview sthg.

avant-projet [avɑ̃prɔʒɛ] (*pl* **avant-projets**) *nm* pilot study.

avant-propos [avɑ̃prɔpo] *nm inv* foreword.

avant-scène [avɑ̃sɛn] (*pl* **avant-scènes**) *nf* -**1.** [partie de la scène] apron THEAT, proscenium. -**2.** [loge] box THEAT.

avant-toit [avɑ̃twa] (*pl* **avant-toits**) *nm*: **l'~** the eaves.

avant-train [avɑ̃trɛ̃] (*pl* **avant-trains**) *nm* -**1.** ZOOL forequarters. -**2.** AUT front-axle unit. -**3.** MIL limber.

avant-trou [avɑ̃tru] (*pl* **avant-trous**) *nm* ready-drilled boring.

avant-veille [avɑ̃vɛj] (*pl* **avant-veilles**) *nf* two days before OU earlier; **l'~ de son mariage** two days before he got married; **à l'~ de la révolution** *fig* on the eve of the revolution.

avare [avar] ◇ *adj* -**1.** [pingre] mean, miserly, avaricious, tight-fisted. -**2.** *fig*: **~ de**: **elle est plutôt ~ de sourires** she doesn't smile much; **il n'a pas été ~ de compliments/de conseils** he was generous with his compliments/advice.
◇ *nmf* miser; **un vieil ~** an old miser OU skinflint; 'l'Avare' *Molière* 'The Miser'.

avarice [avaris] *nf* miserliness, avarice.

avaricieux, euse [avarisjø, øz] ◇ *adj sout* miserly, stingy.
◇ *nm, f* miser, skinflint.

avarie [avari] *nf* damage *(sustained by a ship)*; **subir des ~s** to sustain damage ❑ **~s communes/particulières/simples** general/particular/ordinary damage; **~s de mer** sea damage; **~s de route** damage in transit.

avarier [9] [avarje] *vt* -**1.** [aliment] to spoil, to damage; **marchandise avariée** damaged OU spoilt goods; **de la viande avariée** rotting meat. -**2.** NAUT: **navire avarié** damaged ship.
◆ **s'avarier** *vpi* [denrée alimentaire] to go off *Br* OU bad, to rot.

avatar [avatar] *nm* -**1.** RELIG avatar. -**2.** [changement] change, metamorphosis. -**3.** [mésaventure] misadventure, mishap; **les ~s de la vie politique** the vicissitudes of political life.

Ave [ave] *nm inv* Ave Maria, Hail Mary.

avec [avɛk] ◇ *prép* -**1.** [indiquant la complémentarité, l'accompagnement, l'accord] with; **et ~ la viande, quels légumes voulez-vous?** what vegetables would you like with your meat?; **je ne prends jamais de sucre ~ mon café** I never take sugar in my coffee; **une maison ~ jardin** a house with a garden; **une chambre ~ vue sur le lac** a room with a view over the lake; **un homme ~ une blouse blanche** a man in a white coat OU with a white coat on; **je viendrai ~ ma femme** I'll come with my wife, I'll bring my wife along; **habiter ~ qqn** to live with sb; **j'ai réalisé le catalogue ~ lui** I designed the catalogue with him; **~ les encouragements de...** encouraged by..., with the encouragement of...; **~ la collaboration de...** with contributions from OU by...; **tous les résidents sont ~ moi** all the residents support me OU are behind me OU are on my side; **là-dessus, je suis ~ vous** I'm with you on that point; **~ les écologistes, je pense que...** like the greens, I think that...; **~ dans le rôle principal/dans son premier rôle,** X starring/introducing X; **un film ~ Gabin** a film featuring Gabin || [envers]: **être patient/honnête ~ qqn** to be patient/honest with sb; **être gentil ~ qqn** to be kind OU nice to sb; **se comporter bien/mal ~ qqn** to behave well/badly towards sb || [en ce qui concerne]: **~ lui c'est toujours la même chose** it's always the same with him; **ce qu'il y a ~ eux, c'est qu'ils ne comprennent rien** the problem with them is that they don't understand anything; **~ lui tout est toujours simple** everything is always simple according to him ❑ **et ~ ceci?** anything else?; **~ ça, il faut compter les frais d'assurance** the cost of insurance should also be added on top of that; **il est compétent et ~ ça il ne prend pas cher** he's very competent and he's cheap as well; **et ~ ça il n'est pas content!** [en plus] and on top of that OU and what's more, he's not happy!; [malgré tout] with all that, he's still not happy!; **~ tout ça, j'ai oublié de lui téléphoner** with all that, I forgot to call him; **et ~ ça que je me gênerais!** I should worry! -**2.** [indiquant la simultanéité]: **se lever ~ le jour** to get up at the crack of dawn; **se coucher ~ les poules** to go to bed early; **le paysage change ~ les saisons** the countryside changes with the seasons. -**3.** [indiquant une relation d'opposition] with; **se battre ~ qqn** to fight with sb; **être en guerre ~ un pays** to be at war with a country; **se disputer ~ qqn** to quarrel with sb; **rivaliser ~ qqn** to compete with sb. -**4.** [indiquant une relation de cause] with; **~ le temps qu'il fait, je préfère ne pas sortir** I prefer not to go out in this weather; **ils ne pourront pas venir, ~ cette pluie** they won't be able to come with (all) this rain; **~ tout le chocolat que tu as mangé, tu vas être malade** you're going to be ill with all that chocolate you've eaten; **~ ce nouveau scandale, le ministre va tomber** this new scandal will mean the end of the minister's career; **~ sa force de caractère, elle s'en sortira** with her strength of character she'll come through; **au lit ~ la grippe** in bed with (the) flu; **ils ont compris ~ le temps** in time, they understood; **s'améliorer ~ l'âge** to improve with age; **ne m'embête pas ~ toutes ces histoires** don't bother me with all that. -**5.** [malgré]: **~ tous ses diplômes, Pierre ne trouve pas de travail** even with all his qualifications, Pierre can't find work; **~ ses airs aimables, c'est une vraie peste** despite his pleasant manner, he's a real pest. -**6.** [indiquant la manière] with; **elle est habillée ~ goût** she is dressed tastefully OU with taste; **faire qqch ~ plaisir** to do sthg with pleasure, to take pleasure in doing sthg; **faire qqch ~ beaucoup de soin** to do sthg with great care, to take great care in doing sthg; **regarder qqn ~ passion/mépris** to look at sb passionately/contemptuously; **ce n'est pas ~ colère que je le fais** I'm not doing it in anger. -**7.** [indiquant le moyen, l'instrument] with; **marcher ~ une canne** to walk with a stick, to use a walking-stick; **couper qqch ~ un couteau** to cut sthg with a knife; **fonctionner ~ des piles** to run on batteries, to be battery-operated; **c'est fait ~ de la laine** it's made of wool; **~ un peu de chance** with a bit of luck; **~ un peu plus d'argent...** with a little more money...; **elle est partie ~ un bateau de pêche** she left on a fishing boat; **nous avons continué ~ 5 litres de carburant** we carried on with 5 litres of fuel; **tu peux conduire un poids lourd ~ ton permis?** can you drive a heavy goods vehicle with OU on your licence?; **voyager ~ un faux passeport** to travel with OU on a forged passport.
◇ *adv* -**1.** *fam* **il a pris la clef et il est parti ~** he took the key and went off with it; **ôtez vos chaussures, vous ne pouvez pas entrer ~** take off your shoes, you can't come in with them (on); **je vous mets les os ~?** shall I put the bones in for you? -**2.** *Belg*: **je vais faire des courses, tu viens ~?** I'm going shopping, are you coming (with me)?
◆ **d'avec** *loc prép*: **distinguer qqch d'~ qqch** to distinguish sthg from sthg; **divorcer d'~ qqn** to divorce sb; **se séparer d'~ qqn** to separate from sb.

aveline [avlin] *nf* filbert, cobnut.

avelinier [avlinje] *nm* filbert, cob.

Ave Maria [avemarja] = **Ave**.

aven [avɛn] *nm* sinkhole, swallow hole *Br*.

avenant[1] [avnɑ̃] *nm* -**1.** [gén] amendment; **~ à un contrat pour l'achat de six sièges supplémentaires** amendment to a contract for the purchase of six additional seats. -**2.** [dans les assurances] endorsement, additional clause; **~ d'augmentation de la garantie** endorsement for an increase in cover.
◆ **à l'avenant** *loc adj* to match *loc adj*; **un exposé sans intérêt et des questions à l'~** a boring lecture with similarly boring questions.
◆ **à l'avenant de** *loc prép* in accordance with; **ils se sont conduits à l'~ de leurs principes** they behaved according to their principles.

avenant[2], **e** [avnɑ̃, ɑ̃t] *adj* pleasant, pleasing; **le personnel est compétent mais peu ~** the staff are competent but not very pleasant; **une hôtesse ~e accueille les visiteurs** a gracious hostess greets the visitors; **son visage arborait un air faussement ~** his face wore a deceptively welcoming look.

avènement [avɛnmɑ̃] *nm* -**1.** [d'un souverain] accession; [du Messie] advent, coming. -**2.** [d'une époque, d'une mode] advent; **l'~ d'une ère nouvelle** the advent of a new era.

avenir [avnir] *nm* -**1.** [période future] future; **dans un ~ indéterminé** sometime in the future; **dans un ~ proche/lointain** in the near/distant future; **pas dans un ~ proche** not in the foreseeable future; **il est temps de songer à l'~** it's time to think of the future; **ce que nous réserve l'~** what the future holds (for us); **espérer dans/croire en un ~ meilleur** to hope for/to believe in a better future; **l'~ est à nous** the future is ours; **les moyens de transport de l'~** the transport systems of the future || [générations futures] future generations; **l'~ dira si j'ai raison** future generations will decide if I'm right. -**2.** [situation future] future, future well-being; **nous devons nous préoccuper de l'~ de notre fils** we should start thinking about our son's future; **tu as devant toi un brillant ~** you have a promising future ahead (of you) || [chances de succès] future, (future) prospects; **une invention sans ~** an invention with no future; **avoir de l'~** to have a future; **les nouveaux procédés techniques ont de l'~** the new technical processes are promising OU have a good future; **découverte d'un matériau d'~** discovery of a promising new material; **les professions d'~** up-and-coming professions.
◆ **à l'avenir** *loc adv* in future; **à l'~ vous êtes priés d'arriver à l'heure** in future, you are requested to be on time.

avent [avɑ̃] *nm*: **l'~** Advent.

Aventin [avɑ̃tɛ̃] → **mont**.

aventure [avɑ̃tyr] *nf* -**1.** [épisode étrange] experience, incident; **il m'est arrivé une ~ singulière ce matin** a strange thing happened to me this morning || [incident] adventure, deed; **le récit d'une ~ en mer** the tale of an adventure at sea || [épisode hasardeux] adventure, feat, venture; **adopter un tel projet c'est se lancer dans l'~** accepting such a project is a bit risky ❑ **dire la bonne ~ à qqn** to tell sb's fortune; **la grande ~** great adventure; **se lancer dans la grande ~** to set off on a big adventure. -**2.** [liaison] (love) affair.
◆ **à l'aventure** *loc adv* at random, haphazardly; **marcher/rouler à l'~** to walk/to drive aimlessly; **partir à l'~** to go off in search of adventure.
◆ **d'aventure** *loc adj* [roman, film] adventure *(épith)*.
◆ **d'aventure, par aventure** *loc adv* by chance; **si d'~ tu le vois, transmets-lui mon message** if by any chance you see him, give him my message.

aventuré, e [avɑ̃tyre] *adj* [hypothèse, théorie] risky; [démarche] chancy, risky, venturesome *litt*.

aventurer [3] [avɑ̃tyre] *vt* -**1.** [suggérer - hypothèse, analyse] to venture. -**2.** [risquer - fortune, réputation, bonheur] to risk, to chance.
◆ **s'aventurer** *vpi* [aller] to venture; **s'~ le soir dans des ruelles obscures** to venture into dark alleys at night.
◆ **s'aventurer à** *vp + prép*: **je ne m'aventure plus à faire des pronostics** I no longer venture OU dare to make any forecasts; **téléphone-lui si tu veux, moi je ne m'y aventurerais pas** ring her up if you like, I wouldn't chance it myself.

aventureusement [avɑ̃tyrøzmɑ̃] *adv* -**1.** [hardiment] adventurously. -**2.** [dangereusement] riskily.

aventureux, euse [avɑ̃tyrø, øz] *adj* -**1.** [hardi - héros] adventurous. -**2.** [dangereux - projet] risky, chancy.

aventurier [avɑ̃tyrje] *nm* -**1.** [explorateur] adventurer; [aimant le risque] risk-taker. -**2.** *péj* [escroc] rogue.

aventurière [avɑ̃tyrjɛr] *nf péj* adventuress.

aventurine [avɑ̃tyrin] *nf* MINÉR aventurin, aventurine.

aventurisme [avɑ̃tyrism] *nm* adventurism.

aventuriste [avɑ̃tyrist] *adj & nmf* adventurist.

avenu, e[1] [avny] *adj*: **nul et non ~** null and void.

avenue[2] [avny] *nf* avenue; **sur l'~ Foch** on the Avenue Foch.

avéré, e [avere] *adj* [fait, information] known, established; **c'est un fait ~ que...** it is a known fact that...

avérer [18] [avere] *vt sout* [affirmer]: **~ un fait** to vouch for the accuracy of a fact.
◆ **s'avérer** *vpi* -**1.** *litt* [être prouvé] to be proved (correct); **cette hypothèse ne s'est jamais avérée** this hypothesis was never proved correct. -**2.** *(suivi d'un adj ou d'une loc adj)* [se révéler] to prove; **la solution s'est avérée inefficace** the solution turned out OU proved (to be) inefficient; **les jeunes vendeurs se sont avérés plus performants que leurs anciens** the younger salesmen showed OU proved themselves to be more efficient than their seniors. -**3.** *(tournure impersonnelle)*: **il s'avère difficile d'améliorer les résultats** it's proving difficult to improve on the results; **il s'avère que mon cas n'est pas prévu par le règlement** it turns out OU it so happens that my situation isn't covered by the regulations.

avers [avɛr] *nm* obverse.

averse [avɛrs] *nf* shower; **sous l'~** in the rain; **laisser passer l'~** *fig* to wait until the storm blows over; **une ~ d'injures s'abattit sur moi**

I was assailed by a string OU stream of insults ❑ ~ **météorique** meteorite shower.

aversion [avɛrsjɔ̃] *nf* aversion, loathing; **sa laideur m'inspirait de l'~** his ugliness filled me with loathing; **il les a pris en ~** he took a violent dislike to them.

averti, e [avɛrti] *adj* [informé] informed, mature; [connaisseur] well-informed; **un critique ~ en matière de musique** a critic well-informed about music; **le consommateur est de plus en plus ~** consumers are better and better informed; **à 13 ans, c'était déjà une jeune fille ~e** *euph* even at 13, she knew all about the facts of life; **pour public/lecteur ~** seulement for adult audiences/readers only.

avertir [32] [avɛrtir] *vt* -**1.** [informer] to inform; **l'avez-vous averti de votre départ?** have you informed him that OU did you let him know that you are leaving?; **il faut l'~ que le spectacle est annulé** he must be informed OU told that the show's off; **nous n'avons pas été avertis du danger** we were not warned about the danger. -**2.** [par menace, défi] to warn; **je t'avertis que la prochaine fois la punition sera sévère** I'm warning you that the next time the punishment will be severe.

avertissement [avɛrtismɑ̃] *nm* -**1.** [signe] warning, warning sign; **il est parti sans le moindre ~** he left without any warning. -**2.** [appel à l'attention] notice, warning; **il n'a pas tenu compte de mon ~** he didn't take any notice of my warning. -**3.** [blâme] warning, reprimand; ADMIN [lettre] admonitory letter; **donner un ~ à qqn** to give sb a warning, to warn sb; **premier et dernier ~!** I'm telling you now and I won't tell you again! -**4.** [en début de livre] foreword. -**5.** RAIL warning signal.

avertisseur, euse [avɛrtisœr, øz] *adj* warning.
◆ **avertisseur** *nm* alarm, warning signal; **~ sonore** [gén] alarm; AUT horn; **~ visuel** indicator; **~ d'incendie** fire alarm.

aveu, x [avø] *nm* -**1.** [confession]: **faire un ~** to acknowledge OU to confess OU to admit something; **je vais vous faire un ~, j'ai peur en voiture** I must confess that I'm scared in cars; **obtenir les ~x d'un criminel** to make a criminal confess; **recueillir les ~x d'un criminel** to take down a criminal's confession; **faire des ~x complets** [à la police] to make a full confession; *fig* & *hum* to confess all; **passer aux ~x** *pr* & *fig* to confess; **faire l'~ de qqch** to own up to sthg; **faire l'~ de son inexpérience/amour** to confess to being inexperienced/in love; **(faire) l'~ de son ignorance lui a été pénible** she found it difficult to admit OU to acknowledge her ignorance. -**2.** *litt* [foi]: **sans ~** dishonourable; **c'était un homme sans ~** he was a dishonourable man, he was not a man of his word. -**3.** *sout* [autorisation] permission, consent; **nous ne pouvons rien faire sans l'~ de l'intéressé** we can do nothing without the consent of the party concerned.
◆ **de l'aveu de** *loc prép* according to; **de l'~ des participants, il ressort que...** according to the participants it seems that...; **la tour ne tiendra pas, de l'~ même de l'architecte** the tower will collapse, even the architect says so; **de son propre ~** by his own reckoning.

aveuglant, e [avœglɑ̃, ɑ̃t] *adj* [éclat, lueur] blinding, dazzling; [évidence, preuve] overwhelming; [vérité] self-evident, glaring; **soudain, une vérité ~e lui est apparue** the truth came to her in a blinding flash.

aveugle [avœgl] ◇ *adj* -**1.** [privé de la vue] blind, sightless; **un enfant ~ de naissance** a child born blind OU blind from birth; **devenir ~** to go blind; **je ne suis pas ~, je vois bien tes intrigues** I'm not blind, I can see what you're up to; **la passion la rend ~** she's blinded by passion; **il faudrait être ~ pour ne pas voir qu'elle souffre** you'd have to be blind not to see that she's in pain. -**2.** [extrême - fureur, passion] blind, reckless. -**3.** [absolu - attachement, foi, soumission] blind, unquestioning. -**4.** CONSTR [mur, fenêtre] blind.
◇ *nmf* blind man (*f* woman); **les ~s** the blind OU sightless ❑ **parler de/juger qqch comme un ~ des couleurs** to speak of/to judge sthg blindly.
◆ **en aveugle** *loc adv*: **jouer aux échecs en ~** to play chess blindly; **se lancer en ~ dans une entreprise** to take a leap in the dark.

aveuglement [avœgləmɑ̃] *nm* blindness, blinkered state; **dans son ~ il est capable de tout** in his blindness, he's capable of anything.

aveuglément [avœglemɑ̃] *adv* [inconsidérément] blindly; **elle lui faisait ~ confiance** she trusted him utterly.

aveugle-né, e [avœgləne] (*mpl* **aveugles-nés**, *fpl* **aveugles-nées**) *nm, f* person blind from birth; **c'est un ~** he was born blind, he's been blind from birth.

aveugler [5] [avœgle] *vt* -**1.** [priver de la vue] to blind; **l'accident qui l'a aveuglée** the accident which blinded her OU deprived her of her sight ‖ [temporairement] to blind; **la lueur des phares m'aveuglait** the glare of the headlights blinded OU dazzled me; **la haine l'aveugle** *fig* she's blinded by hatred. -**2.** NAUT: **~ une voie d'eau** to stop a leak.
◆ **s'aveugler sur** *vp* + *prép* to close one's eyes to; **ne vous aveuglez pas sur vos chances de réussite** don't overestimate your chances of success.

aveuglette [avœglɛt]
◆ **à l'aveuglette** *loc adv* -**1.** [sans voir] blindly; **il m'a fallu marcher à l'~ le long d'un tunnel** I had to grope my way through a tunnel; **elle conduisait à l'~ dans un brouillard épais** she drove blindly through a thick fog. -**2.** *fig*: **je ne veux pas agir à l'~** I don't want to act without first weighing the consequences; **son projet n'a pas été entrepris à l'~** he did his homework before undertaking his project.

aveulir [32] [avølir] *vt litt* to weaken, to enervate *litt*.

aveulissement [avølismɑ̃] *nm litt* enervation.

aviaire [avjɛr] *adj* avian.

aviateur, trice [avjatœr, tris] *nm, f* pilot, aviator *vieilli*; **elle a été l'une des premières aviatrices** she was one of the first women pilots.

aviation [avjasjɔ̃] *nf* -**1.** TRANSP aviation; **~ civile/marchande** civil/commercial aviation. -**2.** [activité] flying; **elle était destinée à l'~** she was meant to fly. -**3.** MIL [armée de l'air] air force; [avions] aircraft, air force; **l'~ ennemie a attaqué nos bases** enemy aircraft attacked our bases.

avicole [avikɔl] *adj* -**1.** [ferme, producteur] poultry *(épith)*, bird *(épith)*, fowl *(épith)*. -**2.** [parasite] avicolous *spéc*.

aviculteur, trice [avikyltœr, tris] *nm, f* [éleveur - d'oiseaux] bird breeder OU farmer, aviculturist *spéc*; [- de volailles] poultry breeder OU farmer.

aviculture [avikyltyr] *nf* [élevage - de volailles] poultry farming OU breeding; [- d'oiseaux] aviculture *spéc*, bird breeding.

avide [avid] *adj* -**1.** [cupide] greedy, grasping; **un homme ~** a greedy man; **des mains ~s se tendaient vers l'or** greedy OU grasping hands reached towards the gold. -**2.** [enthousiaste] eager, avid; **écouter d'une oreille ~** to listen eagerly OU avidly; **~ de** greedy OU avid for; **un produit ~ d'oxygène** an oxygen-hungry product; **~ de louanges** hungry for praise; **~ de nouveauté** eager OU avid for novelty; **~ de savoir** eager to learn, thirsty for knowledge; **un candidat ~ de succès** a candidate hungry for success; **~ de connaître le monde** eager OU anxious OU impatient to discover the world.

avidement [avidmɑ̃] *adv* -**1.** [gloutonnement] greedily, ravenously; **boire ~** to drink thirstily; **manger ~** to eat hungrily. -**2.** [avec enthousiasme] eagerly, avidly, keenly; **regardant ~ ce que faisaient les aînés** watching keenly what the older ones were doing; **écouter qqn ~** to listen to sb eagerly. -**3.** [par cupidité] greedily, covetously.

avidité [avidite] *nf* -**1.** [voracité] voracity, greed, gluttony *péj*. -**2.** [enthousiasme] eagerness, impatience. -**3.** [cupidité] greed, cupidity, covetousness.

Avignon [avinɔ̃] *npr* Avignon; **à** OU **en ~** in Avignon; **le festival d'~** the Avignon festival.

LE FESTIVAL D'AVIGNON:
Founded by Jean Vilar in 1947 and held every summer in and around Avignon in the South of France, this arts festival is a showcase for new theatre and dance performances: «la pièce sera donnée d'abord à/en Avignon».

avignonnais, e [avinɔnɛ, ɛz] *adj* from Avignon.
◆ **Avignonnais, e** *nm, f* inhabitant of or person from Avignon.

avilir [32] [avilir] *vt* -**1.** [personne] to debase, to shame; **vos mensonges vous avilissent** your lies are unworthy of you. -**2.** *sout* [monnaie] to debase; [marchandise] to cause to depreciate; **l'inflation a avili le franc** inflation has devalued the franc.
◆ **s'avilir** ◇ *vp* *(emploi réfléchi)* to demean OU to debase OU to disgrace o.s.; **il s'avilit dans l'alcoolisme** he's sunk into alcoholism.
◇ *vpi* [monnaie, marchandise] to depreciate.

avilissant, e [avilisɑ̃, ɑ̃t] *adj* degrading, demeaning; **mon métier n'a rien d'~** there is nothing shameful about my job.

avilissement [avilismɑ̃] *nm* -**1.** [d'une personne] degradation, debasement; **le roman décrit l'~ d'un homme par le jeu** the novel describes a man's downfall through gambling. -**2.** *sout* [d'une monnaie] depreciation, devaluation; **l'~ du franc** the devaluation of the franc.

aviné, e [avine] *adj* [qui a trop bu] drunken, intoxicated; [qui sent le vin - souffle] wine-laden; [altéré par la boisson - voix] drunken; **une brute ~e** a drunken brute.

aviner [3] [avine] *vt* [fût, futaille] to season.

avion [avjɔ̃] *nm* -**1.** [véhicule] plane, aeroplane *esp Br*, airplane *Am*; **~ bimoteur/quadrimoteur** twin-engined/four-engined plane; **~ militaire/de chasse** military/fighter plane; **~ à hélices** propeller plane; **~ hôpital** hospital plane; **~ de ligne** airliner; **~ ravitailleur** supply plane, (air) tanker; **~ à réaction** jet (plane). -**2.** [mode de transport]: **l'~** flying; **irez-vous en ~ ou en train?** are you flying or going by train?; **je déteste (prendre) l'~** I hate flying; **'par ~'** 'air mail' ❑ **courrier par ~** air mail.

avion-cargo [avjɔ̃kargo] (*pl* **avions-cargos**) *nm* air freighter.

avion-citerne [avjɔ̃sitɛrn] (*pl* **avions-citernes**) *nm* (air) tanker, supply plane.

avion-école [avjɔ̃ekɔl] (*pl* **avions-écoles**) *nm* training plane OU aircraft.

avionique [avjɔnik] *nf* avionics *(sg)*.

avionnerie [avjɔnri] *nf Can* aircraft factory.

avionneur [avjɔnœr] *nm* aircraft constructor.

aviron [avirɔ̃] *nm* -**1.** [rame] oar; **tirer sur les ~s** to row; **coup d'~** stroke; **en trois coups d'~ vous serez de l'autre côté** you'll row to the other side in no time at all. -**2.** [activité] rowing.

avis [avi] *nm* -**1.** [point de vue] opinion, viewpoint; **les ~ sont partagés au sein du parti** opinions within the party are divided; **avoir son** OU **un ~ sur qqch** to have views on sthg; **je n'ai pas d'~ sur la question** I have nothing to say OU no opinion on the matter; **ne décide pas pour elle, elle a son ~!** don't decide for her, she knows her own mind!; **demande** OU **prends l'~ d'un second médecin** ask the opinion of another doctor; **toi, je ne te demande pas ton ~!** I didn't ask for your opinion!; **donner son ~** to give OU to contribute one's opinion; **si vous voulez (que je vous donne) mon ~** if you ask me OU want my opinion; **donner** OU **émettre un ~ favorable** [à une demande] to give the go-ahead; [à une proposition] to give a positive response; **après ~ favorable, vous procéderez à l'expulsion** having obtained permission (from the authorities), you will start the eviction procedure; **prendre l'~ de qqn** to seek sb's advice; **je vais prendre des ~ et je vous contacterai** I'll seek further advice before contacting you; **à mon/son ~** in my/his opinion; **à mon ~, c'est un mensonge** in my opinion, it's a lie, I think it's a lie; **à mon humble ~** *hum* in my humble opinion; **être d'~ que...** to be of the opinion that...; **elle est d'~ qu'il est trop tard** she's of the opinion that it's too late; **je ne suis pas d'~ qu'on l'envoie en pension** I don't agree with his being sent away to boarding school; **de l'~ de** [selon] according to; [de la même opinion que] of the same opinion as; **de l'~ des experts** according to the experts; **je suis de votre ~** I agree with you; **il n'est pas de ton ~** he doesn't agree with you; **du même ~ (que)...**: **lui et moi ne sommes jamais du même ~** he and I don't see eye to eye OU never agree on anything; **je suis du même ~ que toi** I agree with you; **il n'est pas du même ~ que son père** he disagrees with his father; **m'est ~ que...** *hum* it seems to me that..., methinks...; **sur l'~ de** on the advice OU at the suggestion of; **c'est sur leur ~ que j'ai fait refaire la toiture** I had the roof redone on their advice. -**2.** [information] announcement; [sommation - légale] notice; [- fiscale] notice, demand; **j'ai reçu un ~ du percepteur** I had a tax demand; **jusqu'à nouvel ~** until further notice; **nous irons sauf ~ contraire** [de votre part] unless we hear otherwise OU to the contrary, we'll go; [de notre part] unless you hear otherwise OU to the contrary, we'll go ❑ **~ au lecteur** foreword; **~ au public** 'public notice'; **~ de décès** death notice; **~ de domiciliation** notice of payment by banker's order; **~ de rappel** reminder; **~ de réception** acknowledgement of receipt; **~ de recherche** [d'un criminel] wanted (person) poster; [d'un disparu] missing person poster; **il reste encore quelques parts de gâteau, ~ aux amateurs** there's still some cake left if anyone's interested.

avisé, e [avize] *adj* shrewd, prudent; **un conseiller très ~** a shrewd counsellor; **bien ~** well-advised; **mal ~** ill-advised.

aviser [3] [avize] ◇ *vt* -**1.** [informer] to inform, to notify; **vous serez avisé par lettre** you will be notified OU informed by letter; **avez-vous été avisé?** have you been informed?; **il m'a avisé que ma candidature était retenue** he informed me that my application had been accepted. -**2.** [voir] to notice, to glimpse, to catch sight of; **il avisa dans la foule un de ses amis** he caught sight of one of his friends in the crowd.
◇ *vi* to decide, to see (what one can do); **maintenant nous allons devoir ~** we'll have to see what we can do now; **s'il n'est pas là dans une heure, j'aviserai** I'll have another think if he isn't here in an hour; **avisons au plus pressé** let's attend OU see to the most urgent matters.
◆ **s'aviser de** *vp + prép* -**1.** [remarquer] to become aware; **je me suis avisé de sa présence quand elle a ri** I suddenly noticed her presence when she laughed; **il s'est avisé trop tard qu'il n'avait pas sa clé** he realized too late that he didn't have his key. -**2.** [oser] to dare to; **ne t'avise pas de l'interrompre quand elle parle** don't think of interrupting her while she's speaking; **le premier qui s'avise de tricher sera puni** the first one who takes it into his head to cheat will be punished; **il s'est avisé de sortir malgré l'interdiction du médecin** he decided to go out despite the doctor's orders.

aviso [avizo] *nm* sloop.

avitaillement [avitajmɑ̃] *nm* -**1.** NAUT victualling, refueling. -**2.** AÉRON refueling.

avitailler [3] [avitaje] *vt* AÉRON & NAUT to refuel.

avitailleur [avitajœr] *nm* -**1.** NAUT refueling tanker. -**2.** AÉRON air tanker.

avitaminose [avitaminoz] *nf* vitamin deficiency, avitaminosis *spéc*; **l'~ C provoque le scorbut** vitamin C deficiency causes scurvy.

avivage [avivaʒ] *nm* -**1.** TEXT touching up *(of colours)*. -**2.** MÉTALL burnishing.

avivement [avivmɑ̃] *nm* revivification MÉD.

aviver [3] [avive] *vt* -**1.** [intensifier - flammes] to fan, to stir up *(sép)*; [- feu] to revive, to rekindle; [- couleur] to brighten, to revive; [- sentiment] to stir up; [- désir] to excite, to arouse; [- blessure] to irritate; [- querelle] to stir up, to exacerbate; [- crainte] to heighten. -**2.** MENUIS to square off. -**3.** MÉD to open up.

av. J.-C. *(abr écrite de* **avant Jésus-Christ***)* BC.

avocaillon *fam* [avɔkajɔ̃] *nm péj* pettifogger, pettifogging lawyer.

avocasserie *fam* [avɔkasri] *nf vieilli* chicanery, pettifoggery.

avocassier, ère *fam* [avɔkasje, ɛr] *adj vieilli* pettifogging.

avocat[1] [avɔka] *nm* BOT avocado (pear).

avocat[2], **e** [avɔka, at] *nm, f* -**1.** JUR lawyer, barrister *Br*, attorney-at-law *Am*; **mon ~** my counsel; **mes ~s** my counsel; **je lui mettrai mes ~s sur le dos!** *fam* I'll take him to court! ❑ **~ d'affaires** business lawyer; **~ consultant** ≃ counsel in chamber *Br*, ≃ consulting barrister *Br*, ≃ attorney *Am*; **~ de la défense** counsel for the defence, ≃ defending counsel *Br*, ≃ defense counsel *Am*; **~ général** ≃ counsel for the prosecution *Br*, ≃ prosecuting attorney *Am*; **~ plaidant** court lawyer *Br*, trial attorney *Am*. -**2.** [porte-parole] advocate, champion; **se faire l'~ d'une mauvaise cause** to advocate OU to champion a lost cause; **je serai votre ~ auprès de lui** I'll plead with him on your behalf ❑ **~ du diable** devil's advocate; **se faire l'~ du diable** to be devil's advocate.

avocatier [avɔkatje] *nm* avocado (tree).

avocette [avɔsɛt] *nf* avocet.

avoine [avwan] *nf* -**1.** [plante] oat; [grains] oats. -**2.** ▽ *loc*: **passer une ~ à qqn** to beat sb up.

avoir[1] [avwar] *nm* -**1.** COMM credit note; [en comptabilité] credit side; **la fleuriste m'a fait un ~** the florist gave me a credit note; **j'ai un ~ de 150 francs à la boucherie** I've got 150 francs credit at the butcher's; **~ fiscal** FIN tax credit. -**2.** ÉCON & FIN: **~s** assets, holdings; **~ numéraire** OU **en caisse** cash holdings. -**3.** *litt* [possessions] assets, worldly goods; **vivre d'un petit ~ personnel** to live off a small personal income; **dépouillé de tout son ~** stripped of all his worldly goods.

avoir[2] [1] [avwar] ◇ *v aux* **A.** -**1.** [avec des vt]: **as-tu lu sa lettre?** did you read OU have you read his letter?; **les deux buts qu'il avait marqués** the two goals he had scored; **j'aurais voulu vous aider** I'd have liked to help you; **non content de les ~ humiliés, il les a jetés dehors** not content with humiliating them, he threw them out. -**2.** [avec des vi et des loc intransitives]: **j'ai maigri** I've lost weight; **as-tu bien dormi?** did you sleep well?; **tu as dû rêver** you must have been dreaming. -**3.** [avec le v être]: **j'ai été surpris** I was surprised; **il aurait été enchanté** he would've OU would have been delighted.
B. -**1.** [exprime la possibilité]: **~ à**: **tu as à manger dans le réfrigérateur** there's something to eat in the fridge for you; **je n'ai pas à boire** I haven't got anything OU I have nothing OU I've got nothing to drink; **n'~ qu'à**: **ils n'ont qu'à écrire au directeur** [conseil] all they have to do OU all they've got to do is write to the manager; [menace] just let them (try and) write to the manager; **s'il vous manque quelque chose, vous n'avez qu'à me le faire savoir** if you're missing anything, just let me know; **tu n'as qu'à le recoller** all you've got to do is glue it back together; **t'as qu'à leur dire!** *fam* why don't you (just) tell them!; **t'as qu'à la mettre à la porte!** *fam* just throw her out!; **t'as qu'à me frapper, pendant que tu y es!** *fam* why don't you hit me while you're at it? -**2.** [exprime l'obligation]: **~ à** to have to; **partez, j'ai à travailler** go away, I've got to work; **j'ai à ajouter une petite précision** I must add one point, I must just say one thing; **je n'ai pas à me justifier auprès de vous** I don't have to justify myself to you; **un jour, tu auras à t'expliquer** one day, you will have to account for yourself; **et voilà, je n'ai plus qu'à recommencer, moi!** so now I've got to start all over again! -**3.** [exprime le besoin]: **~ à** to have to; **il a à te parler** he's got something to OU there's something he wants to tell you; **j'ai à réfléchir** I need to think (it over); **tu n'as pas à t'inquiéter** you shouldn't worry, you have nothing to worry about; **tu n'as pas à te plaindre** you shouldn't complain, you have nothing to complain about. -**4.** *loc*: **n'~ que faire de**: **je n'ai que faire de tes états d'âme** I couldn't care less about your moods; **la démocratie, ils n'en ont que faire** they couldn't care less about democracy.
◇ *vt* **A.** -**1.** [être propriétaire de - action, bien, domaine etc] to have, to own, to possess; [- chien, hôtel, voiture] to have, to own; **~ de l'argent** to have money; **tu n'aurais pas un stylo en plus?** have you got OU do you happen to have a spare pen?; **je n'ai plus de sucre** I've run out of sugar ‖ COMM to have; **~ un article en magasin** to have an item in stock; **~ un article en vitrine** to display an item in the window; **nous avons plus grand si vous préférez** we have it in a larger size if you prefer; **j'ai encore quelques places à 130 F/un vol à 17 h 30** I still have some 130 franc seats/a flight at 5.30 p.m. (available). -**2.** [ami, collègue, famille etc] to have; **il a encore sa grand-mère** his grand-mother's still alive; **je n'ai plus ma mère** my mother's dead; **voilà sept ans qu'il n'a plus sa femme** he lost his wife OU his wife died seven years ago; **elle a trois enfants** she has three children; **elle a eu des jumeaux** she had twins; **il n'a jamais eu d'enfants** he never had any children; **~ un/une/des... qui**: **elle a un mari qui fait la cuisine** she's got the sort OU kind of husband who does the cooking; **j'avais un père qui jouait avec ses enfants** I had the kind of father who played with his children. -**3.** [détenir - permis de conduire, titre] to have, to hold; [- droits, privilège] to have, to enjoy; [- emploi, expérience, devoirs, obligations] to have; [- documents, preuves] to have, to possess; **quand nous aurons le pouvoir** when we're in power; **l'arme nucléaire est devenu une de leurs priorités** possession of nuclear weapons has become one of their priorities; **~ l'heure** to have the time; **quelle heure avez-vous?** what time do you make it? ‖ SPORT to have; **~ le ballon** to be in possession of OU to have the ball. -**4.** [obtenir -amende, article] to get; [- information, rabais, récompense] to get, to obtain; **où as-tu eu tes chaussettes?** where did you get OU buy your socks?; **elle a ses renseignements par Mirna** she gets her information from Mirna; **je pourrais vous ~ des places gratuites** I could get you free tickets; **tu auras la réponse/le devis demain** you'll get the answer/estimate tomorrow; **il a toutes les filles qu'il veut** *fam* he gets all the girls he wants ‖ [au téléphone] to get through to; **j'ai essayé de t'~ toute la journée** I tried to get through to you OU to contact you all day; **je l'ai eu au téléphone** I got him on the phone; **je n'arrive même pas à ~ leur standard** I can't even get through to their switchboard; **pour ~ Besançon, composez le 85 13** for Besançon OU to get through to Besançon, dial 8513. -**5.** [jouir de - beau temps, bonne santé, liberté, bonne réputation] to have, to enjoy; [- choix, temps, mauvaise réputation] to have; **~ la confiance de qqn** to be trusted by sb; **~ l'estime de qqn** to be held in high regard by sb; **vous avez toute ma sympathie** you have all my sympathy; **j'ai une heure pour me décider** I have an hour (in which) to make up my mind; **il a tout pour lui et il n'est pas heureux!** he's got everything you could wish for and he's still not happy!; **tu veux tout ~!** you want (to have) everything! -**6.** [recevoir chez soi]: **il a son fils tous les dimanches** his son stays with him every Sunday; **~ de la famille/des amis à dîner** to have relatives/friends over for dinner; **j'aurai ma belle-famille au mois d'août** my in-laws will be staying with me in August.

-**7.** RAD & TV [chaîne, station] to receive, to get; **bientôt, nous aurons les chaînes européennes** soon, we'll be able to get the European channels. -**8.** [attraper - otage, prisonnier] to have; **les flics ne l'auront jamais** *fam* the cops'll never catch him. -**9.** [atteindre - cible] to get, to hit; **vise la pomme — je l'ai eue!** aim at the apple — (I) got it!; **tu peux m'~ le pot de confiture?** can you reach the pot of jam for me? -**10.** [monter à bord de - avion, bus, train] to catch; **je n'ai pas pu ~ le train de 17 h** I couldn't catch OU get the 5 o'clock train; **j'ai eu le dernier avion** I caught OU got the last plane.

B. -**1.** [présenter -tel aspect] to have (got); **elle a un joli sourire** she's got OU she has a nice smile; **tu as de petits pieds** you've got OU you have small feet; **il a les yeux verts** he's got OU he has green eyes; **elle a le nez de sa mère** she's got OU she has her mother's nose; **un monstre qui a sept têtes** a seven-headed monster, a monster with seven heads; **je cherche un acteur qui ait un grand nez** I'm looking for an actor with a big nose; **les ordinateurs qui ont un disque dur** computers with a hard disk; **elle a une jolie couleur de cheveux** her hair's a nice colour || [avec pour complément une partie du corps] to have; **~ l'estomac vide** to have an empty stomach; **j'ai la tête lourde** my head aches; **j'ai le bras ankylosé** my arm's stiff; **~ le/la/les... qui: j'ai les jambes qui flageolent** my legs are shaking; **il a les yeux qui se ferment** he can't keep his eyes open; **~ son/sa/ses... qui** *fam*: **j'ai la chaîne de mon vélo qui est cassée** *fam* the chain on my bike is broken; **il a sa tante qui est malade** his aunt's ill ❑ **en ~**▽ to have a lot of balls; **ne pas en ~**▽ to have no balls. -**2.** [porter sur soi - accessoire, vêtement, parfum] to have on *(sép)*, to wear; **tu vois la dame qui a le foulard?** do you see the lady with the scarf?; **faites attention, il a une arme** careful, he's got a weapon OU he's armed. -**3.** [faire preuve de]: **~ de l'audace** to be bold; **~ du culot** *fam* to be cheeky, to have a nerve; **il a eu le culot de me le dire** *fam* he had the cheek OU the nerve to tell me; **~ du talent** to have talent, to be talented; **ayez la gentillesse de...** would you OU please be kind enough to...; **aie la politesse de laisser parler les autres** please be polite enough to let the others talk; **il a eu la cruauté de lui dire** he was cruel enough to tell him; **la méthode a l'avantage d'être bon marché** this method has the advantage of being cheap; **ton père a le défaut de ne pas écouter ce qu'on lui dit** your father's weakness is not listening to what people tell him; **l'appareil a la particularité de s'éteindre automatiquement** the machine's special feature is that it switches itself off automatically; **elle a beaucoup de sa mère** she really takes after her mother; **~ tout de: il a tout de l'aristocrate** he's the aristocratic type; **tu as tout d'un fou avec cette coiffure** you look like a madman with that hairstyle. -**4.** [exprime la mesure] to be; **le voilier a 4 m de large** OU **largeur** the yacht is 4 m wide; **j'ai 70 cm de tour de taille** I'm 70 cm round the waist, I have a 70 cm waist; **le puits a 2 m de profondeur** the well's 2 m deep; **la porte a 1,50 m de haut** OU **hauteur** the door is 1 m 50 cm high; **en ~ pour: j'en ai pour 500 francs** it's costing me 500 francs; **tu en as pour 12 jours/deux heures** it'll take you 12 days/two hours; **j'ai pour 2 000 francs de frais!** I have 2,000 francs worth of expenses!; **j'en ai eu pour 143 francs** I had to pay OU it cost me 143 francs; **on en a bien pour trois heures pour aller jusqu'à Lille** it's going to take us OU we'll need at least three hours to get to Lille; **si la police l'attrape, il en aura pour 20 ans!** *fam* if the police catch him he'll get OU cop 20 years! -**5.** [exprime l'âge] to be; **quel âge as-tu?** how old are you?; **j'ai 35 ans** I'm 35 (years old); **nous avons le même âge** we're the same age; **il a deux ans de plus que moi** he's two years older than me; **il vient d'~ 74 ans** he's just turned 74.

C. -**1.** [subir - symptôme] to have, to show, to display; [- maladie, hoquet, mal de tête etc] to have; [- accident, souci, ennuis] to have; [- difficultés] to have, to experience; [- opération] to undergo, to have; [- crise] to have, to go through *(insép)*; **~ de la fièvre** to have OU to be running a temperature; **~ un cancer** to have cancer; **~ des migraines** to suffer from OU to have migraines; **~ des contractions** to have contractions; **j'ai une rougeur au coude** I have a red blotch on my elbow; **je ne sais pas ce que j'ai aujourd'hui** I don't know what's the matter OU what's wrong with me today; **qu'as-tu? tu es affreusement pâle** what's wrong? you're deathly pale; **sa sœur n'a rien eu** his sister escaped unscathed; **le car n'a rien eu du tout, mais la moto est fichue** *fam* there wasn't a scratch on the bus but the motorbike's a write-off; **qu'est-ce qu'elle a encore, cette voiture?** *fam* NOW what's wrong with this car?; **il a des souris chez lui** he's got mice; **un enfant/chaton qui a des vers** a child/kitten with worms. -**2.** [émettre, produire - mouvement] to make; [- ricanement, regard, soupir] to give; **~ un sursaut** to (give a) start; **elle eut un pauvre sourire** she smiled faintly OU gave a faint smile; **elle eut cette phrase devenue célèbre** she said OU uttered those now famous words; **il eut une moue de dédain** he pouted disdainfully. -**3.** [ressentir]: **~ faim** to be OU to feel hungry; **~ peur** to be OU to feel afraid; **~ des scrupules** to have qualms; **~ des remords** to feel remorse; **~ du chagrin** to feel OU to be sad; **~ un pressentiment** to have a premonition; **~ de l'amitié pour qqn** to regard OU to consider sb as a friend; **~ de l'admiration pour qqn** to admire sb; **je n'ai que mépris pour lui** I feel only contempt for him; **~ du respect pour qqn** to have respect for OU to respect sb ❑ **en ~ après** OU **contre qqn** *fam* to be angry with sb; **après** OU **contre qui en as-tu?** who are you angry with?; **ce chien/cette guêpe en a après toi!** this dog/wasp has got it in for you!; **en ~ après** OU **contre qqch** to be angry about sthg; **moi, j'en ai après** OU **contre la pollution!** pollution really makes me angry! -**4.** [élaborer par l'esprit - avis, idée, suggestion] to have; **j'ai mes raisons** I have my reasons; **elle a toujours réponse à tout** she's got an answer for everything.

D. -**1.** *fam* [battre, surpasser] to get, to beat; **ne t'inquiète pas, on les aura dans la descente!** don't worry, we'll get them going downhill!; **tu essaies d'accaparer le marché, mais je t'aurai!** you're trying to corner the market but I'll get the better of you!; **il m'a eu au cinquième set** he got OU beat me in the fifth set; **il va se faire ~ dans la dernière ligne droite** he's going to get beaten in the final straight. -**2.** *fam* [escroquer] to have, to do, to con; **5 000 francs pour ce buffet? tu t'es fait ~!** 5,000 francs for that dresser? you were conned OU had OU done!; **les touristes, on les a facilement** tourists are easily conned. -**3.** *fam* [duper] to take in *(sép)*, to take for a ride, to have; **je t'ai bien eu!** I took you in OU I had you there, didn't I?; **il m'a eu** he led me up the garden path; **tu t'es fait ~!** you've been had OU taken in OU taken for a ride!; **tu essaies de m'~!** you're having OU putting me on!; **n'essaie pas de m'~** don't try it on with me.

E. -**1.** [devoir participer à - débat, élection, réunion] to have, to hold; [- rendez-vous] to have; **j'ai (un) cours de chimie ce matin** I've got a chemistry lesson this morning; **avons-nous une réunion du conseil aujourd'hui?** is there OU do we have a meeting of the board today?

◆ **il y a** *v impers* -**1.** [dans une description, une énumération - suivi d'un sg] there is; [- suivi d'un pl] there are; **il y avait trois chanteurs** there were three singers; **il n'y a pas de lit** there is no bed; **il y a juste de quoi faire une jupe** there is just enough to make a skirt; **il y a du soleil** the sun is shining; **qu'est-ce qu'il y a dans la malle?** what's in the trunk?; **avoue qu'il y a de quoi être énervé!** you must admit it's pretty irritating!; **il n'y a qu'ici qu'on en trouve** this is the only place (where) you can find it/them ❑ **il n'y a rien à faire, la voiture ne démarre pas** it's no good, the car won't start; **il n'y a pas à dire, il sait ce qu'il veut** there's no denying he knows what he wants; **il n'y a pas que moi qui le dis** I'm not the only one to say so; **il n'y a que lui pour dire une chose pareille!** trust him to say something like that!; **il n'y a rien à voir, y a rien à voir** *fam* there's nothing to see; **qu'est-ce qu'il y a? — il y a que j'en ai marre!** *fam* what's the matter? — I'm fed up, that's what!; **il y a voiture et voiture** there are cars and cars; **il n'y en a que pour lui!** *fam* he's the one who gets all the attention!; **il y en a** OU **il y a des gens, je vous jure!** *fam* some people, honestly OU really!; **quand il n'y en a plus, il y en a encore!** *fam* there's plenty more where that came from; **merci — il n'y a pas de quoi!** thank you — don't mention it OU you're welcome! -**2.** [exprimant la possibilité, l'obligation etc]: **il n'y a plus qu'à payer les dégâts** we'll just have to pay for the damage; **il n'y a qu'à lui dire** you/we *etc* just have to tell him; **il n'y a qu'à commander pour être servi** you only have to order to get served. -**3.** [indiquant la durée]: **il y a 20 ans de ça** 20 years ago; **il y a une heure que j'attends** I've been waiting for an hour. -**4.** [indiquant la distance]: **il y a bien 3 km d'ici au village** it's at least 3 km to the village. -**5.** *(à l'infinitif)*: **il va y ~ de la pluie** there's going to be some rain; **il pourrait y ~ un changement** there could be a change; **il doit y ~ une raison** there must be a OU some reason.

avoirdupois [avwardypwa] *nm* avoirdupois (weight).

avoisinant, e [avwazinɑ̃, ɑ̃t] *adj* neighbouring, nearby *adj*; **les quartiers ~s ont été évacués** the surrounding streets were evacuated.

avoisiner [3] [avwazine] *vt* -**1.** [dans l'espace] to be near OU close to, to border on *(insép)*; **la propriété avoisine la rivière** the land borders on the river; **son attitude avoisine l'insolence** *fig* his attitude verges on insolence. -**2.** [en valeur] to be close on, to come close to; **les dégâts avoisinent le million** damages come close to one million.

Avoriaz [avɔrjaz] *npr*: **le festival d'~** *festival of science fiction and horror films held annually at Avoriaz in the French Alps.*

avorté, e [avɔrte] *adj* [réforme, tentative] failed, abortive; **une initiative ~e** an abortive move.

avortement [avɔrtəmɑ̃] *nm* MÉD & ZOOL abortion; **être contre l'~** to be against abortion; **l'~ d'une tentative** *fig* the failure of an attempt.

avorter [3] [avɔrte] ◇ *vi* -**1.** MÉD to abort, to have an abortion; ZOOL to abort. -**2.** [plan, réforme, révolution] to miscarry, to fall through. ◇ *vt* to abort, to carry out an abortion on.

avorteur, euse [avɔrtœr, øz] *nm, f* abortionist.

avorton [avɔrtɔ̃] *nm* [chétif] runt; [monstrueux] freak, monster; **espèce de petit ~!** you little runt!

avouable [avwabl] *adj* worthy, respectable; **un motif ~** a worthy motive; **des mobiles peu ~s** disreputable motives.

avoué [avwe] *nm* ≃ solicitor *Br*, ≃ attorney *Am*.

avouer [6] [avwe] *vt* -**1.** [erreur, forfait] to admit, to confess (to), to own up to *(insép)*; **elle a avoué voyager sans billet/tricher aux cartes** she owned up to travelling without a ticket/to cheating at cards || *(en usage abs)*: **il a avoué** [à la police] he owned up, he made a full confession; **si personne n'avoue, tout le monde sera puni** if no one owns up then everyone will be punished. -**2.** [doute, sentiment] to admit OU to confess to; **elle refuse d'~ ses angoisses/qu'elle a des ennuis** she refuses to acknowledge her anxiety/admit that she has problems; **je t'avoue que j'en ai assez** I must admit that I've had all I can take; **il lui a fallu du courage, j'avoue, mais...** what he did required courage, I grant you, but...; **il faut ~ qu'elle a de la**

patience you have to admit (that) she's patient.
◆ **s'avouer** *vpi*: **elle ne s'avoue pas encore battue** she won't admit defeat yet; **je m'avoue complètement découragé** I confess OU admit to feeling utterly discouraged.

avril [avril] *nm* april; **en ~, ne te découvre pas d'un fil** *prov* ≃ ne'er cast a clout till May is out *prov*.

AVS (*abr de* **assurance vieillesse et survivants**) *nf Swiss pension scheme.*

avulsion [avylsjɔ̃] *nf* -**1.** MÉD extraction. -**2.** JUR avulsion.

avunculaire [avɔ̃kylɛr] *adj* avuncular.

avunculat [avɔ̃kyla] *nm* ANTHR avunculate.

axe [aks] *nm* -**1.** GÉOM axis; **~ des abscisses/des ordonnées** x-/y-axis; **~ optique** principal axis; **~ de symétrie** axis of symmetry. -**2.** [direction] direction, line; **deux grands ~s de développement** two major trends of development; **développer de nouveaux ~s de recherche** to open up new areas of research; **sa politique s'articule autour de deux ~s principaux** her policy revolves around two main themes OU issues; **il est dans l'~ du parti** [membre] he's in the mainstream of the party. -**3.** [voie]: **ouvrir un nouvel ~ Paris-Londres** to open up a new road link between Paris and London; **l'~ Lyon-Genève** RAIL the Lyons-Geneva line ❑ **(grand) ~** major road *Br*, main highway *Am*; **tous les (grands) ~s routiers sont bloqués par la neige** all major roads are snowed up; **~ rouge** *section of the Paris road system where parking is prohibited to avoid congestion.* -**4.** MÉCAN axle. -**5.** HIST: **l'Axe** the Axis.
◆ **dans l'axe de** *loc prép* [dans le prolongement de] in line with; **la perspective s'ouvre dans l'~ du palais** the view opens out from the palace; **le Louvre s'inscrit dans l'~ des Champs-Élysées** the Louvre is directly in line with the Champs-Élysées.

axel [aksɛl] *nm* axel.

axénique [aksenik] *adj* axenic.

axer [3] [akse] *vt* to centre; **il est très axé sur le spiritisme** he is very keen on spiritualism; **~ une campagne publicitaire sur les enfants** to build an advertising campaign around children; **le premier trimestre sera axé autour de Proust** the first term will be devoted to Proust; **une modernisation axée sur l'importation des meilleures techniques étrangères** modernization based on importing the best foreign techniques.

axial, e, aux [aksjal, o] *adj* -**1.** [d'un axe] axial. -**2.** [central] central; **éclairage ~** central overhead lighting *(in a street)*.

axillaire [aksilɛr] *adj* axillary.

axiologie [aksjɔlɔʒi] *nf* axiology.

axiomatique [aksjɔmatik] ◇ *adj* axiomatic.
◇ *nf* axiomatics *(sg)*.

axiomatisation [aksjɔmatizasjɔ̃] *nf* axiomatization.

axiomatiser [3] [aksjɔmatize] *vt* to axiomatize.

axiome [aksjom] *nm* axiom.

axis [aksis] *nm* ANAT & ZOOL axis.

axolotl [aksɔlɔtl] *nm* axolotl.

axone [akson] *nm* axon, axone.

ay [aj] *nm* Champagne from Ay.

ayant cause [ɛjɑ̃koz] (*pl* **ayants cause**) *nm* beneficiary, legal successor.

ayant droit [ɛjɑ̃drwa] (*pl* **ayants droit**) *nm* [gén] beneficiary; [à une propriété] rightful owner; [à un droit] eligible party.

ayatollah [ajatɔla] *nm* ayatollah.

aye-aye [ajaj] (*pl* ayes-ayes) *nm* aye-aye ZOOL.

azalée [azale] *nf* azalea.

azéotrope [azeɔtrɔp], **azéotropique** [azeɔtrɔpik] *adj* azeotropic.

Azerbaïdjan [azɛrbajdʒɑ̃] *npr m*: **(l') ~** Azerbaijan.

azeri [azeri] *adj* Azeri.
◆ **Azeri** *nmf* Azeri.

azimut [azimyt] *nm* azimuth; **partir dans tous les ~s** *fam* to be all over the place; **sa coiffure/la discussion partait dans tous les ~s** his hair/the discussion was all over the place.
◆ **tous azimuts** *fam* ◇ *loc adj* all out, full scale; **une attaque tous ~s** an all out attack; **publicité tous ~s** comprehensive advertising campaign.
◇ *loc adv* all over (the place); **prospecter tous ~s** to canvass all over; **la jeune société se développe tous ~s** the new firm is really taking off.

azimutal, e, aux [azimytal, o] *adj* azimuthal.

azonal, e, aux [azonal, o] *adj* azonal.

azoospermie [azɔɔspɛrmi] *nf* azoospermia.

azote [azɔt] *nm* nitrogen.

azoté, e [azɔte] *adj* nitrogenous, azotic.

AZT (*abr de* **azothymidine**) *nm* AZT.

aztèque [astɛk] *adj* Aztec.
◆ **Aztèque** *nmf* Aztec.

azulejo [azulexo] *nm* azulejo tile.

azur [azyr] ◇ *nm* -**1.** [couleur] azure *litt*, sky-blue. -**2.** *litt* [ciel] skies.
◇ *adj inv* azure, sky-blue.

azurage [azyraʒ] *nm* blueing.

azurant [azyrɑ̃] *nm* fluorescent brightening agent.

azuré, e [azyre] *adj litt* azure *litt*, sky-blue.

azuréen, enne [azyreɛ̃, ɛn] *adj* -**1.** *litt* [bleu] azure *litt*, sky-blue. -**2.** [de la Côte d'Azur] of the Côte d'Azur OU French Riviera.

azurer [3] [azyre] *vt* to blue, to tinge with blue.

azyme [azim] *adj*: **pain ~** unleavened bread.

B

b, B [be] *nm* b, B.

B -**1.** (*abr écrite de* **bien**) *good grade (as assessment of schoolwork),* ≃ B. -**2.** (*abr écrite de* **bel**) B.

BA *fam* (*abr de* **bonne action**) *nf good deed*: **faire une ~** to do a good deed.

B-A (*abr de* **Basses-Alpes**) *npr fpl French département.*

baba [baba] ◇ *adj fam*: **être** OU **rester ~** to be flabbergasted.
◇ *nm* -**1.** CULIN: **~ (au rhum)** (rum) baba. -**2.** *fam loc*: **l'avoir dans le ~** to be let down; **après ils partiront en congé et c'est toi qui l'auras dans le ~!** then they'll go off on holiday and you'll be left holding the baby!
◇ *nmf* = **baba cool.**

B.A. BA [beaba] *nm* ABCs, rudiments; **apprendre le ~ du métier** to learn the ABCs OU basics of the trade.

baba cool [babakul] (*pl* **babas cool**) *nmf person adopting hippie-like values and lifestyle.*

Babel [babɛl] *npr*: **la tour de ~** the Tower of Babel; **c'est ~, ici!** *fam* it's a real Tower of Babel here!

babeurre [babœr] *nm* buttermilk.

babil [babil] *nm* [des enfants] prattle, babble; [du ruisseau] murmuring, babble; [des oiseaux] twittering.

babillage [babijaʒ] *nm* [des enfants] babble, babbling, prattle; [d'un bavard] chatter.

babillard, e [babijar, ard] *adj litt* [ruisseau] murmuring, babbling.

babiller [3] [babije] *vi* [oiseau] to twitter; [ruisseau] to murmur, to babble; [enfant] to prattle, to babble, to chatter; [bavard] to prattle (on), to chatter (away).

babines [babin] *nfpl* -**1.** ZOOL chops. -**2.** *fam* [lèvres] lips; **se lécher** OU **pourlécher les ~** to lick one's chops; **à s'en lécher** OU **pourlécher les ~** scrumptious.

babiole [babjɔl] *nf* knick-knack, trinket; **je voudrais lui acheter une ~ pour marquer son anniversaire** I would like to buy her a little something for her birthday.

babiroussa [babirusa] *nm* babirusa.

bâbord [babɔr] *nm* port; **à ~** on the port side.

babouche [babuʃ] *nf* (oriental) slipper.

babouin [babwɛ̃] *nm* baboon.

baby-beef [bebibif] (*pl* **baby-beefs**) *nm* feeder.

baby-foot [babifut] *nm inv* table football.

Babylone [babilɔn] *npr* Babylon.

babylonien, enne [babilɔnjɛ̃, ɛn] *adj* Babylonian.
◆ **Babylonien, enne** *nm, f* Babylonian.

baby-sitter [bebisitœr] (*pl* **baby-sitters**) *nmf* baby-sitter.

baby-sitting [bebisitiŋ] (*pl* **baby-sittings**) *nm* baby-sitting; **faire du ~** to baby-sit.

baby-test [bebitɛst] (*pl* **baby-tests**) *nm* developmental test *(for young children).*

bac [bak] *nm* -**1.** NAUT (small) ferry OU ferryboat. -**2.** [dans un réfrigérateur] compartment, tray; **~ à glace** ice-cube tray; **~ à légumes** vegetable compartment ‖ [dans un bureau]: **~ mobile pour dossiers suspendus** filing trolley *Br*, movable file cabinet *Am* ‖ [pour plantes] tray, display case. -**3.** [fosse, réserve - pour liquides] tank, vat; [- pour stockage de pièces] container; **~ à sable** [d'enfant] sandpit *esp Br*, sandbox *Am*; [pour routes] grit bin; **~ à sel** salt bin *(for roads).* -**4.** PHOT [cuvette - vide] tray; [- pleine] bath. -**5.** *fam* [diplôme] *abr de* **baccalauréat.**

baccalauréat [bakalɔrea] *nm final secondary school examination, qualifying for university entrance,* ≃ A-levels *Br*, ≃ high school diploma *Am*; **~ international** international baccalaureate.

BACCALAURÉAT:
The baccalauréat or "bac" is taken by pupils who have completed their final year at the lycée; successful candidates may go to university. There are seven main types of "bac", each corresponding to a specific field: "bac A" (arts subjects), "bac B" (economics), "bac C" (maths and physics), "bac D" (maths and natural sciences), "bac D prime" (agriculture), "bac E" (science and technology), and "bac G" (vocational courses).

---

baccara [bakara] *nm* baccara, baccarat.

baccarat [bakara] *nm* Baccarat (crystal); **un vase en ~** a Baccarat crystal vase.

bacchanale [bakanal] *nf litt* [débauche] drunken revel, bacchanal.
◆ **bacchanales** *nfpl* ANTIQ bacchanalia.

bacchante [bakɑ̃t] *nf* -**1.** ANTIQ bacchante, bacchanal. -**2.** *litt & péj* [femme] bacchante *litt.*
◆ **bacchantes** *fam nfpl hum* moustache, whiskers *hum.*

Bacchus [bakys] *npr* Bacchus.

baccifère [baksifɛr] *adj* bacciferous.

Bach [bak] *npr*: **Jean-Sébastien** OU **Johann Sebastian ~** Johann Sebastian Bach.

bâchage [baʃaʒ] *nm* covering over with a tarpaulin.

bâche [baʃ] *nf* transport cover, canvas sheets, tarpaulin; **~s imperméables** waterproof tarpaulin.

bachelier, ère [baʃəlje, ɛr] *nm, f student who has passed the baccalauréat.*

bâcher [3] [baʃe] *vt* to cover over *(sép)*, to tarpaulin.

bachi-bouzouk [baʃibuzuk] (*pl* **bachi-bouzouks**) *nm* bashibazouk.

bachique [baʃik] *adj* Bacchic.

bachot [baʃo] *nm* -**1.** [barque] wherry, skiff. -**2.** *vieilli* [diplôme] = **baccalauréat.**

bachotage *fam* [baʃɔtaʒ] *nm* cramming; **faire du ~** to cram, to swot up *Br*, to bone up *Am.*

bachoter *fam* [3] [baʃɔte] *vi* to cram, to swot up *Br*, to bone up *Am*; **il a été obligé de ~ dans toutes les matières** he had to cram all the subjects.

bacillaire [basilɛr] *adj* bacillar, bacillary; **malade ~** tubercular patient.

bacille [basil] *nm* bacillus; **~ de Koch** tubercle bacillus.

bacilliforme [basilifɔrm] *adj* bacilliform.

bacillose [basiloz] *nf* pulmonary tuberculosis.

bacillurie [basilyri] *nf* bacilluria.

backgammon [bakgamɔn] *nm* backgammon.

bâclage [baklaʒ] *nm* [action] botching, skimping; **cette toiture, c'est du ~!** they made a really shoddy job of that roof!

bâcle [bakl] *nf* bar *(across a door or a window).*

bâcler [3] [bakle] *vt* to skimp on *(insép)*, to botch; **nous avons bâclé les formalités en deux jours** we pushed through the red tape in a couple of days; **on bâcle le ménage et on arrive** we'll give the house a quick clean and be right there; **~ sa toilette** to give o.s. a quick wash; **je vais ~ les comptes vite fait** *fam* I'll throw the accounts together in no time.

bacon [bekɔn] *nm* [petit lard] bacon; [porc fumé] smoked loin of pork, Canadian bacon.

bactéricide [bakterisid] ◇ *adj* bactericidal.
◇ *nm* bactericide.

bactérie [bakteri] *nf* bacterium.

bactérien, enne [bakterjɛ̃, ɛn] *adj* bacterial.

bactériologie [bakterjɔlɔʒi] *nf* bacteriology.

bactériologique [bakterjɔlɔʒik] *adj* bacteriological.

bactériologiste [bakterjɔlɔʒist] *nmf* bacteriologist.

bactériophage [bakterjɔfaʒ] *adj* bacteriophage.

bactériostatique [bakterjɔstatik] *adj* bacteriostatic.

badaboum [badabum] *interj* [bruit de chute] boom, crash (bang, wallop).

badaud, e [bado, od] *nm, f* [curieux] curious onlooker; [promeneur] stroller; **un attroupement de ~s** a crowd of gaping onlookers; **attirer les ~s** to draw a crowd.

badauderie [badodri] *nf litt* idle curiosity.

baderne▽ [badɛrn] *nf*: **une vieille ~** an old fogey, an old stick-in-the-mud.

badge [badʒ] *nm* -**1.** [insigne] badge; **passer son ~ de secouriste** to get one's first aid badge. -**2.** [autocollant] sticker.

badiane [badjan] *nf* Chinese anise-tree.

badigeon [badiʒɔ̃] *nm* CONSTR [pour l'extérieur] whitewash; [pour l'intérieur] distemper; [pigmenté] coloured distemper, colourwash *Br*; **passer qqch au ~** [pour l'extérieur] to whitewash sthg; [pour l'intérieur] to distemper sthg.

badigeonner [3] [badiʒɔne] *vt* -1. CONSTR [intérieur] to distemper; [extérieur] to whitewash; [en couleur] to paint with coloured distemper, to colourwash *Br*. -2. CULIN & MÉD to paint, to brush; ~ la plaie d'alcool dab surgical spirit liberally onto the wound; ~ la pâte de jaune d'œuf brush the pastry with egg yolk.

badigeonneur, euse [badiʒɔnœr, øz] *nm, f* -1. CONSTR painter, whitewasher. -2. [peintre amateur] *péj* & *vieilli* dauber.

badigoinces▽ [badigwɛ̃s] *nfpl* lips; se lécher les ~ to lick one's lips OU chops ❑ se caler les ~ to have a blow-out OU a chow-down *Am*.

badin1 [badɛ̃] *nm* AÉRON airspeed indicator.

badin2, **e**1 [badɛ̃, in] *adj* [gai] light-hearted; [plaisant] playful; tenir des propos ~s to (indulge in light-hearted) banter; répondre d'un air ~ to answer playfully OU jokingly.

badinage [badinaʒ] *nm* banter, jesting, badinage *litt* OU *hum*.

badine2 [badin] *nf* switch, stick; la ~ de Charlot Charlie Chaplin's stick.

badiner [3] [badine] *vi* to jest, to banter, to tease; tu badines! you jest! *hum*; ~ avec: ne badine pas avec ta santé don't trifle with your health; elle ne badine pas sur le chapitre de l'exactitude she's very strict about OU she's a stickler for punctuality; on ne badine pas avec l'amour love is not a thing to be trifled with.

badinerie [badinri] *nf litt* jest, badinage *litt* OU *hum*.

bad-lands [badlɑ̃ds] *nfpl* badlands GEOG.

badminton [badmintɔn] *nm* badminton.

BAFA, Bafa [bafa] (*abr de* brevet d'aptitude aux fonctions d'animation) *nm diploma for youth leaders and workers.*

baffe *fam* [baf] *nf* slap, clout, smack; coller une ~ à qqn to give sb a smack in the face.

Baffin [bafɛ̃] *npr* → **terre**.

baffle [bafl] *nm* AUDIO speaker; TECH baffle.

bafouer [6] [bafwe] *vt* [autorité, loi] to flout, to defy; [sentiment] to ridicule, to scoff at *(insép)*.

bafouillage [bafujaʒ] *nm* -1. [bredouillage] sputtering, stammering. -2. [propos - incohérents] gibberish; [- inaudibles] mumblings.

bafouille▽ [bafuj] *nf* letter, missive *hum*; une tendre ~ a billet doux *hum*.

bafouiller [3] [bafuje] ◇ *vi* [bégayer] to stutter, to stammer; la peur le faisait ~ he was so frightened he couldn't talk properly; tellement embarrassé qu'il en bafouillait stammering with embarrassment.
◇ *vt* to stammer; euh oui, euh non, bafouilla-t-elle well yes, well no, she stammered; ~ des propos incohérents to talk (a lot of) gibberish.

bafouilleur, euse [bafujœr, øz] *nm, f* [bégayeur] stammerer; [personne incohérente] mumbler.

bâfrer▽ [3] [bafre] ◇ *vt* to gobble, to wolf (down) *(sép)*; il a bâfré trois douzaines d'huîtres he wolfed down three dozen oysters; elle a tout bâfré she polished off the lot.
◇ *vi* to stuff one's face, to pig o.s.

bâfreur, euse▽ [bafrœr, øz] *nm, f* glutton, greedy-guts, chowhound *Am*.

bagage [bagaʒ] *nm* -1. [pour voyager] baggage, luggage; mes ~s my luggage; chacun de mes ~s [sacs] each (one) of my bags; [valises] each (one) of my suitcases; il avait pour tout ~ un sac et un manteau he was carrying only a bag and a coat; faire ses ~s to pack one's bags; il a fait ses ~s sans demander son reste *fig* he left without further ado ❑ en ~ accompagné [expédier, voyager] as registered baggage; un seul ~ de cabine est autorisé only one piece of hand baggage is allowed; un ~ à main a piece of hand-luggage; ~s de soute registered baggage *(in an aeroplane)*; filet à ~s luggage rack; soute à ~s hold. -2. *(tjrs sg)* [formation] background (knowledge); un ~ scientifique insuffisant pour faire des études de médecine scientific knowledge insufficient for studying medicine; en musique, elle a déjà un bon ~ she already has a good grounding in music.

bagagiste [bagaʒist] *nm* -1. [dans un aéroport, un hôtel] porter. -2. [fabricant] travel goods manufacturer.

bagarre [bagar] *nf* -1. [échange de coups] fight, brawl; une ~ entre ivrognes a drunken brawl; la ~ est devenue générale the fight degenerated into a free-for-all; des ~s ont éclaté dans la rue scuffles OU fighting broke out in the street; il ne connaît qu'une solution à tout, la ~! fighting is his answer to everything. -2. *fig* battle, fight; se lancer dans la ~ politique to join the political fray; la ~ a été très dure pendant la deuxième mi-temps/le deuxième set SPORT it was a close fight during the second half/set.

bagarrer *fam* [3] [bagare] *vi* [physiquement] to fight; [verbalement] to argue; elle a bagarré dur pour arriver là où elle est she fought hard to get where she is; pour les convaincre, il faut ~ you have to work hard at convincing them.
◆ **se bagarrer** *vpi* -1. [combattre] to fight, to scrap; il adore se ~ he loves a scrap. -2. [se combattre] to fight, to have a fight OU scrap OU scuffle. -3. [se quereller] to quarrel, to have a scene; mes parents se bagarraient my parents used to quarrel. -4. *fig* to fight, to struggle; se ~ pour que justice soit faite to fight OU to struggle in order to see justice done.

bagarreur, euse *fam* [bagarœr, øz] *adj* aggressive; elle a des enfants ~s her kids are always ready for a scrap.

bagasse [bagas] *nf* -1. [de canne à sucre] bagasse. -2. [marc de raisin] marc.

bagatelle [bagatɛl] *nf* -1. [chose - sans valeur] trinket, bauble; [- sans importance] trifle, bagatelle; se fâcher pour une ~ to take offence over nothing; ça m'a coûté la ~ de 70 000 F *iron* it cost me a mere 70,000 F. -2. MUS bagatelle. -3. *fam* [sexe]: la ~ nooky; être porté sur la ~ to be a ladies' man.

Bagdad [bagdad] *npr* Baghdad.

bagnard [baɲar] *nm* convict.

bagne [baɲ] *nm* [prison] prison; HIST penal colony; c'est le ~, ici! *fig* they work you to death in this place!; son travail, c'est pas le ~! he's not exactly overworked!

bagnole *fam* [baɲɔl] *nf* car; une vieille ~ an old banger *Br* OU jalopy *Am*.

bagou(t) *fam* [bagu] *nm* glibness; il a du ~ he has the gift of the gab, he can talk the hind legs off a donkey.

baguage [bagaʒ] *nm* -1. HORT girdling. -2. ZOOL ringing.

bague [bag] *nf* -1. JOAILL ring; passer la ~ au doigt à qqn to marry sb. -2. [d'un champignon] ring. -3. MÉCAN collar, ring; ~ collectrice ÉLECTR collectoring; ~ de serrage jubilee clip.

baguenaude [bagnod] *nf* BOT bladder senna pod.

baguenauder *fam* [3] [bagnode] *vi* to amble OU to stroll OU to drift along.
◆ **se baguenauder** *fam vpi* to amble OU to stroll along.

baguenaudier [bagnodje] *nm* bladder senna.

baguer [3] [bage] *vt* -1. [oiseau] to ring; [doigt] to put a ring on. -2. TECH to collar. -3. COUT to baste, to tack.

baguette [bagɛt] *nf* -1. [petit bâton] switch, stick; ~ de coudrier hazel stick OU switch; ~ magique magic wand; d'un coup de ~ magique as if by magic; ~ de sourcier divining rod. -2. CULIN [pain] French stick *Br* OU loaf, baguette; [pour manger] chopstick; manger avec des ~s to eat with chopsticks. -3. MUS [pour diriger] baton; sous la ~ du jeune chef under the baton of the young conductor ❑ ~ de tambour drumstick; mener OU faire marcher qqn à la ~ to rule sb with an iron hand OU a rod of iron. -4. VÊT [d'une chaussure] foxing; [sur des bas, un collant] clock. -5. MENUIS length of beading; cacher les câbles avec des ~s to bead in the wires.

bah [ba] *interj* -1. [marque l'indifférence] pooh, who cares; ~, on verra bien! oh well, we'll have to see! -2. [marque le doute] really, you don't say *Am*; ~, ce n'est pas possible! no, that's impossible!

Bahamas [baamas] *npr fpl*: les ~ the Bahamas; aux ~ in the Bahamas.

Bahrayn [barajn], **Bahreïn** [barejn] *npr* Bahrain, Bahrein.

bahreïni, e [barejni] *adj* Bahraini, Bahreini.
◆ **Bahreïni, e** *nm, f* Bahraini, Bahreini.

bahut [bay] *nm* -1. [buffet] sideboard, buffet. -2. *fam* [collège, lycée] school; à quelle heure tu retournes au ~? what time are you going back to school? -3. *fam* [véhicule] car; le voilà, avec son gros ~ here he comes with his tank; avance ton ~! get that heap of junk out of my way!

bai, e1 [bɛ] *adj* bay.

baie2 [bɛ] *nf* -1. BOT berry. -2. ARCHIT opening; ~ vitrée picture OU bay window. -3. GÉOG bay; la ~ d'Hudson Hudson Bay; la ~ de James James Bay; la ~ de San Francisco San Francisco Bay. -4. ÉLECTRON & TÉLÉC rack.

baignade [bɛɲad] *nf* [activité] swimming, bathing *Br*; à l'heure de la ~ at swimming time; '~ interdite' no swimming || [lieu] bathing OU swimming place; aménager une ~ to lay out an area for swimming; [pour bébés] to lay out an area for paddling.

baigner [4] [beɲe] ◇ *vt* -1. [pour laver] to bath *Br*, to bathe *Am*; c'est l'heure de ~ les enfants it's time to bath *Br* OU to bathe *Am* the children || [pour soigner] to bathe; baigne ton doigt malade dans de l'eau chaude bathe your sore finger in hot water. -2. *litt* [suj: fleuve, mer] to wash, to bathe; la Seine baigne Paris the Seine bathes OU washes Paris; un rayon de lumière baignait la pièce light suffused the room, the room was bathed in light; la clairière était baignée de soleil the clearing was bathed OU flooded with sunlight. -3. [mouiller] to soak, to wet; un visage baigné de larmes a face bathed in tears; il était baigné de sueur après sa course he was soaked with sweat after the race.
◇ *vi* -1. [être immergé - dans l'eau, le lait] to soak; [- dans l'alcool, le vinaigre] to steep; des cerises baignant dans l'alcool cherries steeping OU soaking in alcohol; les pommes de terre baignaient dans la sauce the potatoes were swimming in sauce; il faut que le tissu baigne complètement dans la teinture the material must be fully immersed in the dye || *litt* [être environné - de brouillard, de brume] to be shrouded OU swathed; le paysage baignait dans la brume the countryside was shrouded in mist. -2. *fig*: nous baignons dans le mystère we're deep in mystery; il baigne dans la joie he is overwhelmed with joy, he's overjoyed; elle baigne dans la musique depuis sa jeunesse she's been immersed in music since she was young. -3. *fam loc*: ça OU tout baigne (dans l'huile)! everything's great OU fine!
◆ **se baigner** ◇ *vp (emploi réfléchi)*: se ~ les yeux/le visage to bathe one's eyes/face.
◇ *vpi* [dans une baignoire] to have OU to take *Am* a bath; [dans un lac, dans la mer] to go swimming OU bathing *Br*; je me suis baigné dans la mer Morte I went swimming in the Dead Sea; à quelle heure on se baigne? what time shall we go for our swim?

baigneur, euse [bɛɲœr, øz] *nm, f* swimmer, bather *Br*.
◆ **baigneur** *nm* baby doll.

baignoire [bɛɲwar] *nf* -1. [dans une salle de bains] bath *Br*, bathtub *Am*; ~ sabot hip bath; supplice OU torture de la ~ torture by immersion. -2. THÉÂT ground floor box. -3. MIL & NAUT conning tower.

Baïkal [baikal] *npr m*: le ~ Lake Baikal.

bail, baux [baj, bo] *nm* -1. [de location] lease; prendre qqch à ~ to take out a lease on sthg; faire/passer un ~ to draw up/to enter into a lease ❑ ~ commercial/professionnel/rural commercial/professional/rural lease; ~ à construction construction lease; ~ d'habitation house-letting *Br*, rental lease *Am*. -2. *loc*: il y a OU ça fait un ~ que *fam*... it's been ages since...; ça fait un ~ qu'il ne m'a pas téléphoné it's been ages since he last phoned me, he hasn't phoned me for ages.

BAIL:
In France, the usual duration of the "bail" or lease for private rented accommodation is three years. The expression "bail à céder", often seen on signs in shop windows, means that the lease on the shop or office is for sale.

---

baille [baj] *nf* -**1.** [baquet] tub. -**2.** ▽ [eau] water; **tomber** OU **se retrouver à la ~** to fall into the drink.

bâillement [bajmɑ̃] *nm* -**1.** [action] yawn; **étouffer un ~** to stifle a yawn; **des ~s** yawning. -**2.** [ouverture] gap.

bailler [3] [baje] *vt arch* to give; **la ~ belle** OU **bonne à qqn** to try to hoodwink sb.

bâiller [3] [baje] *vi* -**1.** [de sommeil, d'ennui] to yawn; **~ à s'en décrocher la mâchoire** OU **comme une carpe** to yawn one's head off. -**2.** [être entrouvert - porte, volet] to be ajar OU half-open; [- col] to gape; **son chemisier bâille aux emmanchures** her blouse gapes at the armholes.

bailleur, bailleresse [bajœr, bajrɛs] *nm, f* lessor; **~ de fonds** backer, sponsor; **~ de licence** licensor, licenser.

bâilleur, euse [bajœr, øz] *nm, f* yawner; **un bon ~ en fait bâiller deux** *prov* one good yawn sets others to yawning.

bailli [baji] *nm* bailiff HIST.

bailliage [bajaʒ] *nm* bailiwick.

bâillon [bajɔ̃] *nm* [sur une personne] gag; **mettre un ~ à l'opposition** *fig* to gag OU to muzzle the opposition.

bâillonnement [bajɔnmɑ̃] *nm* gagging.

bâillonner [3] [bajɔne] *vt* [otage, victime] to gag; [adversaire, opposant] to gag, to muzzle.

bain [bɛ̃] *nm* -**1.** [pour la toilette] bath, bathing; **donner un ~ à qqn** to bath sb, to give sb a bath; **prendre un ~** to have OU to take a bath; **vider/faire couler un ~** to empty/to run a bath; **mon ~ refroidit** my bath's OU bathwater's getting cold; **je préfère le ~ à la douche** I prefer baths to showers ❑ **~ moussant/parfumé** bubble/scented bath; **~ de bouche** mouthwash, mouth rinse; **~ de boue** mud-bath; **~ de pieds** footbath; **prendre un ~ de pieds** to soak OU to bathe one's feet (in warm soapy water); **~ de vapeur** steam bath; **~s de siège**: **faire des ~s de siège** to take a sitzbath OU a hip bath; **être dans le ~** *fam* [s'y connaître] to be in the swing of things; [être compromis] to be in it up to one's neck; **quand on n'est plus dans le ~** when you've got out of the habit of things; **être dans le même ~ (que)** *fam* to be in the same boat (as); **mettre deux choses dans le même ~** *fam* to lump two things together; **mettre qqn dans le ~** *fam* [l'initier] to put sb in the picture; [le compromettre] to drag sb into it; **se mettre** OU **se remettre dans le ~** *fam* to get (back) into the swing of things OU the routine. -**2.** [baignoire] bath *Br*, bathtub *Am*; **~ à remous** Jacuzzi®. -**3.** LOISIRS & SPORT [activité] bathing, swimming; **prendre un ~** [nageur] to have a swim; [bambin] to have a paddle ❑ **~ de minuit** midnight swim OU dip. -**4.** [bassin]: **grand ~** [bassin] big pool; [côté] deep end; **petit ~** [bassin] children's pool; [côté] shallow end. -**5.** *fig* [immersion]: **~ de culture** feast of culture; **ce séjour à Paris était un véritable ~ de culture** this stay in Paris was a complete cultural experience; **~ de foule** walkabout; **prendre un ~ de foule** to go on a walkabout; **~ de jouvence** rejuvenating OU regenerating experience; **cela a été pour moi un ~ de jouvence** it's taken years off me; **~ linguistique** OU **de langue** immersion in a language; **la manifestation s'est terminée dans un ~ de sang** the demonstration ended in a bloodbath; **~ de soleil** sunbathing; **prendre un ~ de soleil** to sunbathe. -**6.** [substance pour trempage] bath; **~ révélateur** OU **de développement** developing bath, developer; **~ d'arrêt** PHOT stop bath; **~ de fixateur** fixing bath; **~ de friture** CULIN bath of fat; **~ de fusion** MÉTALL (welding) puddle; **~ de sels** salt bath; **~ de trempe** quenching bath ‖ [cuve] vat.

◆ **bains** *nmpl* [établissement] baths; **~s douches** public baths (with showers); **~s turcs** Turkish baths.

◆ **de bain** *loc adj* [sels, serviette] bath *(modif)*.

bain-marie [bɛ̃mari] (*pl* **bains-marie**) *nm* -**1.** [processus] bain-marie cooking. -**2.** [casserole] bain-marie.

◆ **au bain-marie** *loc adv* in a bain-marie.

baïonnette [bajɔnɛt] *nf* bayonet; **~ au canon** fix bayonet.

baise [bɛz] *nf* -**1.** *Belg* [baiser] kiss. -**2.** ▼ [sexe]: **la ~** sex.

baise-en-ville *fam* [bɛzɑ̃vil] *nm inv hum* overnight case OU bag.

baisemain [bɛzmɛ̃] *nm*: **faire le ~** to kiss a woman's hand; **son ~ m'a surprise** his kissing my hand surprised me.

baisement [bɛzmɑ̃] *nm* kissing; **le ~ de la Croix** the kissing of the Cross.

baiser[1] [beze] *nm* kiss; **donner/envoyer un ~ à qqn** to give/to blow sb a kiss ❑ **~ de Judas** kiss of Judas; **~ de paix** kiss of peace.

baiser[2] [4] [beze] ◇ *vt* -**1.** *litt* [embrasser] to kiss; **~ le front/la main de qqn** to kiss sb's forehead/hand; **~ la terre** to kiss the ground. -**2.** ▼ [coucher avec] to screw, to fuck; **il est mal baisé** he needs to get laid; **c'est une mal baisée** she's a frustrated old cow. -**3.** ▼ [tromper] to swindle, to con; **il s'est fait ~ par Merlot** he got conned by Merlot ‖ [vaincre] to outdo; **on les a baisés à la deuxième mi-temps** we got the better of them in the second half.

◇ *vi* ▼ to fuck; **il baise bien** he's a good fuck; **on a bien baisé** we had a good fuck.

baisoter *fam* [3] [bɛzɔte] *vt vieilli* to kiss all over.

baisse [bɛs] *nf* -**1.** [perte de valeur] fall, drop; **la ~ des taux d'intérêt** the drop in interest rates; **le marché des obligations a connu une ~ sensible** the bond market has dropped considerably. -**2.** [perte d'intensité] decline, drop; **~ de prix** fall in prices; **~ de température** drop in temperature; **~ de pression** drop OU fall in pressure. -**3.** [perte de quantité] drop; **~ de la production** drop in production.

◆ **à la baisse** *loc adv* on the downswing OU downturn OU decline; **jouer à la ~** to speculate on the fall; **revoir à la ~** to revise downwards.

◆ **en baisse** *loc adj* [crédit, fonds] declining, sinking, decreasing; **les fonds sont en ~** funds are sinking OU decreasing.

baisser [4] [bese] ◇ *vt* -**1.** [vitre de voiture] to lower, to wind OU to let down *(sép)*; [store] to lower, to take OU to let down *(sép)*; [tableau] to lower; **~ une fenêtre à guillotine** to push OU to pull OU to slide a sash window down; **il faudra ~ l'étagère de deux crans** the shelf will have to be taken down two pegs; **le rideau est baissé** THÉÂT the curtain's down; [boutique] the iron curtain's down ❑ **~ son pantalon/sa culotte** *pr* to pull down one's trousers/knickers; **~ son pantalon** OU **sa culotte** *fam* OU **son froc**▽ **(devant qqn)** *fig* to climb OU to back down. -**2.** [main, bras] to lower; **~ les yeux** OU **paupières** to lower one's eyes, to look down, to cast one's eyes down; **~ les yeux (sur qqn/qqch)** to look down (at sb/sthg); **faire ~ les yeux à qqn** to stare sb out OU down; **marcher les yeux baissés** [de tristesse] to walk with downcast eyes; [en cherchant] to walk with one's eyes to the ground; **~ le nez dans/sur son journal** to bury one's head in/to look down at one's newspaper; **il gardait le nez baissé sur sa soupe** he was hunched over his soup; **~ son chapeau sur ses yeux** to pull OU to tip one's hat over one's eyes; **attention, baisse la tête!** look out, duck!; **les fleurs baissent la tête** the flowers are drooping; **en baissant la tête** [posture] with one's head down OU bent; [de tristesse] head bowed (with sorrow); **~ la tête** OU **le nez (de honte)** *fig* to hang one's head (in shame); **~ les bras** to throw in the sponge OU towel *fig*. -**3.** [en intensité, en valeur] to lower, to turn down *(sép)*; **~ la radio/lumière** to turn the radio/light down; **~ la voix** to lower one's voice; **~ un prix** to bring down OU to lower OU to reduce a price; **~ le ton** to calm down; **baisse le ton!** *fam* cool it!, pipe down! -**4.** NAUT: **~ pavillon** to lower OU to strike one's flag.

◇ *vi* [espoir, lumière] to fade; [marée] to go out; [température] to go down, to drop, to fall; [prix, action boursière] to drop, to fall; [santé, faculté] to decline; [pouvoir] to wane, to dwindle, to decline; **la crue baisse** the waters are subsiding; **l'eau a baissé (d'un mètre) dans le bassin** the water level has gone down (by one metre) in the pond; **le soleil baisse** the sun's setting OU sinking OU going down; **le jour baisse** the daylight's fading; **la qualité baisse** the quality's deteriorating; **nos réserves de sucre ont baissé** our sugar reserves have run low, we're low on sugar; **sa vue baisse** his eyesight's fading OU getting weaker OU failing; **sa mémoire baisse** her memory's failing; **son travail baisse** his work's deteriorating; **il a beaucoup baissé depuis sa maladie** he's deteriorated OU declined considerably since his illness; **sa voix baissa, et il s'arrêta au milieu de la phrase** his voice trailed off in mid-sentence; **~ dans l'estime de qqn** to go down in sb's estimation.

◆ **se baisser** *vpi* -**1.** [personne] to bend down; **il faut se ~ pour passer** you have to bend down OU to stoop to go through; **se ~ pour éviter un coup** to duck in order to avoid a blow ❑ **il n'y a qu'à se ~ pour les prendre** OU **les ramasser** they're two a penny *Br* OU a dime a dozen *Am*. -**2.** [objet] to go down; **la poignée ne se baisse plus** the handle won't go down now.

baissier, ère [besje, ɛr] ◇ *adj* bear *(modif)*, short, bearish.

◇ *nm, f* bear ST. EX.

bajoue [baʒu] *nf* ZOOL chop, chap.

◆ **bajoues** *nfpl hum* [gén] jowls; [de bébé] chubby cheeks; **il avait des ~s** he had great big jowls; **un bébé qui a de bonnes ~s** a baby with chubby cheeks.

bakchich *fam* [bakʃiʃ] *nm* [pourboire] tip; [pot de vin] bribe, backhander *Br*.

Bakélite® [bakelit] *nf* Bakelite®.

Bakou [baku] *npr* Baku.

bal, bals [bal] *nm* -**1.** [réunion - populaire] dance; [- solennelle] ball, dance; **~ en plein air** open-air dance; **la tradition des ~s de rue** the tradition of dancing in the streets; **aller au ~** to go dancing OU to a dance OU to a ball; **donner un ~** to give a ball ❑ **~ costumé** fancy dress ball; **~ masqué** masked ball; **~ populaire** (local) dance open to the public; **~ travesti** costume ball; **mener le ~** *pr* to lead off (at a dance); *fig* to have the upper hand. -**2.** [lieu] dance hall.

BAL, Bal [bal, beaɛl] (*abr de* **boîte aux lettres (électronique)**) *nf* E-mail, email.

balade *fam* [balad] *nf* -**1.** [promenade - à pied] walk, stroll, ramble; [- en voiture] drive, spin; [- à cheval] ride; **faire une ~** [à pied] to go for a walk; [en voiture] to go for a drive; [à cheval] to go for a ride. -**2.** [voyage] jaunt, trip; **une jolie ~ à travers l'Italie** a delightful jaunt across Italy.

balader *fam* [3] [balade] *vt* -**1.** [promener - enfant, chien] to take (out) for a walk; [- touriste, visiteur] to take OU to show around *(sép)*; **je les ai baladés dans la voiture** I took them (out) for a drive. -**2.** [emporter] to carry OU to cart *péj* about; **~ le téléphone d'une pièce à l'autre** to carry the telephone from room to room.

◆ **se balader** *fam vpi* -**1.** [se promener - à pied] to stroll OU to amble along; **se ~ sans but** to drift (aimlessly) along; **aller se ~ dans les rues** to go for a walk OU stroll through the streets; **aller se ~** [en voiture] to go for a drive; [à cheval] to go for a ride. -**2.** [voyager] to go for a trip OU jaunt; **aller se ~ en Espagne** to go for a trip around Spain. -**3.** [traîner] to lie around; **ses** vêtements se baladent partout his clothes are lying around all over the place; je n'aime pas les fils électriques qui se baladent I hate trailing wires; qu'est-ce que c'est que cette fourchette qui se balade? what's this fork doing lying around?

baladeur, euse *fam* [baladœr, øz] *adj*: être de tempérament ~ to have wanderlust; il est d'humeur baladeuse ce matin he just can't stay in one place today; avoir la main baladeuse to have wandering hands.

◆ **baladeur** *nm* -1. AUDIO Walkman®, personal stereo. -2. AUT sliding shaft. -3. MÉCAN sliding gear wheel.

◆ **baladeuse** *nf* -1. [lampe] inspection OU portable lamp. -2. AUT trailer.

baladin [baladɛ̃] *nm arch* wandering player, travelling artist.

balafon [balafɔ̃] *nm* balafo.

balafre [balafr] *nf* -1. [entaille] slash, gash, cut. -2. [cicatrice] scar; Jojo la Balafre *hum* ≃ Scarface Joe.

balafré, e [balafre] ◇ *adj* scarred; un visage ~ a scarred face.

◇ *nm, f* scarface.

balafrer [3] [balafre] *vt* to slash, to gash, to cut.

balai [balɛ] *nm* -1. [de ménage] broom; ~ éponge mop; ~ mécanique carpet sweeper ❑ du ~! scram! -2. ÉLECTR brush. -3. AUT: ~ d'essuie-glace windscreen *Br* OU windshield *Am* wiper blade. -4. ▽ [année] year; il a cinquante ~s he's fifty.

◆ **coup de balai** *nm*: la cuisine a besoin d'un bon coup de ~ the kitchen needs a good sweep; le comité aurait besoin d'un bon coup de ~ *fig* the committee could do with a shake-up; donner un coup de ~ dans une pièce to sweep (out) a room; donner un (bon) coup de ~ dans la direction/les traditions *fig* to revamp the management/traditions.

balai-brosse [balɛbrɔs] (*pl* balais-brosses) *nm* (long-handled) scrubbing *Br* OU scrub *Am* brush.

balaise ▽ [balɛz] = **balèze**.

balalaïka [balalaika] *nf* balalaika.

balance [balɑ̃s] *nf* -1. [instrument de mesure] (pair of) scales, balance; ~ à bascule weighing machine; ~ de ménage kitchen scales; ~ de précision precision balance; ~ de Roberval Roberval's balance; ~ romaine steelyard; jeter qqch dans la ~ *fig* to take sthg into account, to take account of sthg; mettre tout son poids OU tout mettre dans la ~ *fig* to use (all of) one's influence to tip the scales; tenir la ~ égale entre deux personnes/opinions *fig* to strike a balance between two people/opinions. -2. [équilibre] balance; ~ des forces balance of power ‖ ÉCON balance; ~ commerciale balance of trade; ~ des comptes balance of payments; ~ des paiements balance of payments. -3. PÊCHE crayfish net. -4. ACOUST & ÉLECTR balance; ~ électrodynamique current balance OU weigher. -5. *arg crime* [dénonciateur] squealer, grass *Br*, rat *Am*.

◆ **en balance** *loc adv*: mettre deux arguments en ~ to balance two arguments; mettre en ~ toutes les données to weigh up all the information; mettre en ~ les avantages et les inconvénients to weigh (up) the pros and cons.

Balance [balɑ̃s] *npr f* -1. ASTRON Libra. -2. ASTROL Libra; être ~ to be Libra OU a Libran.

balancé, e [balɑ̃se] *adj*: être bien ~ *fam* to have a stunning figure ❑ tout bien ~ all things considered, taking one thing with another.

balancelle [balɑ̃sɛl] *nf* -1. [siège] swing chair. -2. NAUT balancelle. -3. TECH swing tray.

balancement [balɑ̃smɑ̃] *nm* -1. [mouvement - d'un train] sway, swaying; [- d'un navire] pitching, roll, rolling; [- de la tête de haut en bas] nods, nodding; [- de la tête de gauche à droite] swinging; [- des hanches] swaying; [- d'une jupe] swinging. -2. [équilibre] balance, equilibrium, symmetry. -3. *litt* [hésitation] wavering, hesitation.

balancer [16] [balɑ̃se] ◇ *vt* -1. [bras, hanches] to swing; [bébé] to rock; [personne - dans un hamac] to push. -2. [compenser] to counterbalance, to counteract, to cancel out *(sép)*. -3. *fam* [se débarrasser de - objet] to throw away *(sép)*, to chuck out *(sép)*; je ne trouve plus sa lettre, j'ai dû la ~ I can't find his letter, I must have chucked it out; ~ qqch par la fenêtre to throw OU to chuck OU to pitch sthg out of the window; tout ~ to chuck it all in ‖ [se débarrasser de - personne]: ~ qqn get rid of sb; ils ont balancé le corps dans la rivière they dumped the body in the river; elle a balancé son mec she's ditched her boyfriend. -4. *fam* [donner - coup] to give; ~ une gifle à qqn to give sb a slap, to smack sb in the face; il lui a balancé un coup de poing he socked him one ‖ [lancer - livre, clefs] to chuck OU to toss (over); balance le journal can you chuck OU sling me the paper? -5. *fam* [dire - insulte] to hurl; elle n'arrête pas de me ~ des trucs she's always making digs at me; elle m'a balancé ça en pleine figure she came out with it just like that. -6. *arg crime* [dénoncer - bandit] to shop *Br*, to squeal on *(insép)*; [- complice] to rat on *(insép)*. -7. FIN [budget, compte] to balance.

◇ *vi* -1. *litt* [hésiter] to waver, to dither; sans ~ unhesitatingly, unreservedly ❑ entre les deux mon cœur balance *hum* I can't choose between them. -2. *vieilli*: ça balance *fam* [boîte de nuit, musique] it's groovy; balance, mec! *fam* groove on, man!

◆ **se balancer** *vpi* -1. [osciller - personne] to rock, to sway; [- train] to roll, to sway; [- navire] to roll, to pitch; [- branche] to sway; se ~ d'un pied sur l'autre to shift from one foot to the other; se ~ sur sa chaise to tip back one's chair; se ~ sur ses ancres NAUT to ride at anchor. -2. [sur une balançoire] to swing; [sur une bascule] to seesaw; [au bout d'une corde] to swing, to dangle; quand on l'a retrouvé, il se balançait au bout d'une corde [pendu] when they found him, he was swinging from the end of a rope. -3. [se compenser] to balance; profits et pertes se balancent profits and losses cancel each other out, the account balances. -4. *fam loc*: s'en ~ [s'en moquer]: je m'en balance I don't give a damn; tes opinions, tout le monde s'en balance! who gives a damn about what you think?

balancier [balɑ̃sje] *nm* -1. [de moteur] beam, rocker arm; [d'horloge] pendulum; [de montre] balance wheel; [autour d'un axe] walking beam. -2. [de funambule] pole. -3. ZOOL balancer, haltere.

balancine [balɑ̃sin] *nf* topping lift.

balançoire [balɑ̃swar] *nf* -1. [suspendue] swing; faire de la ~ to have a (go on the) swing, to play on the swing. -2. [bascule] seesaw.

Balaton [balatɔ̃] *npr* → lac.

balayage [balɛjaʒ] *nm* -1. [d'un sol, d'une pièce] sweeping; [d'épluchures, de copeaux] sweeping up. -2. [avec un projecteur, un radar] scanning, sweeping; ~ d'une zone/du ciel avec un faisceau lumineux scanning an area/the sky with a light beam. -3. ÉLECTRON scanning, sweep, sweeping; circuit/fréquence/vitesse de ~ sweep current/frequency/speed. -4. INF scanning; ~ de ligne row scanning; ~ télévision raster scan. -5. [de la chevelure] highlighting.

balayer [11] [baleje] *vt* -1. [nettoyer - plancher, pièce] to sweep (up OU out); [- tapis] to brush, to sweep; le sol a besoin d'être balayé the floor could do with a sweep ❑ ~ devant chez soi OU sa porte to set one's own house in order. -2. [pousser - feuilles, nuages] to sweep (along OU away OU up); [- poussière, copeaux, épluchures] to sweep up OU away *(sép)*; le vent balayait les feuilles the wind swept the leaves along OU away; balayant les jetons de la main [pour les ramasser] sweeping up the tokens with her hand; [pour les éloigner] sweeping the tokens away with her hand. -3. [parcourir - suj: vent, tir] to sweep (across OU over); [- suj: faisceau, regard] to sweep, to scan; [- suj: caméra] to pan across *(insép)*; les vagues balayaient la jetée the waves were sweeping (over) the jetty; ses grandes ailes balayaient le sol its large wings swept the ground; ses yeux balayèrent l'assemblée he scanned the audience; les branches/les avirons balayaient l'eau the branches brushed/the oars trailed on the surface of the water. -4. [détruire - obstacles, préjugés] to sweep away OU aside *(sép)*; la monarchie a été balayée par la révolution the monarchy was swept aside by the revolution; ~ l'ennemi hors de ses positions to sweep the enemy out of its positions; les ouragans balaient tout sur leur passage the hurricanes sweep away everything in their path. -5. *fam* [renvoyer] to push out *(sép)*, to get rid of; il va falloir me ~ ces incapables! these incompetents have got to go! -6. ÉLECTRON to scan.

balayette [balɛjɛt] *nf* brush.

balayeur, euse [balɛjœr, øz] *nm, f* street OU road sweeper.

◆ **balayeuse** *nf* street cleaner.

balayures [balejyr] *nfpl* sweepings.

balbutiant, e [balbysjɑ̃, ɑ̃t] *adj* -1. [hésitant] stuttering, stammering. -2. [récent]: c'est une technique encore ~e it's a technique that's still in its infancy.

balbutiement [balbysimɑ̃] *nm* stammer, stutter; ~s [d'un bègue] stammering, stuttering; [d'un ivrogne] slurred speech; [d'un bébé] babbling.

◆ **balbutiements** *nmpl* [d'une technique, d'un art] early stages, beginnings, infancy.

balbutier [9] [balbysje] ◇ *vi* -1. [bègue] to stammer, to stutter; [ivrogne] to slur (one's speech); [bébé] to babble; j'en balbutiais d'ahurissement I was so astonished (that) I was stuck for words. -2. [débuter] to be just starting OU in its early stages OU in its infancy.

◇ *vt* to stammer (out); ~ des remerciements to stammer out one's thanks; ~ une prière to mumble a prayer.

balbuzard [balbyzar] *nm* osprey.

balcon [balkɔ̃] *nm* -1. [plate-forme] balcony. -2. [balustrade] railings *(pl)*, railing. -3. THÉÂT balcony; premier ~ dress circle; deuxième ~ upper circle; dernier ~ gallery.

balconnet [balkɔnɛ] *nm* -1. [balustrade] overhanging railing. -2. Balconnet® [soutien-gorge] half-cup bra.

baldaquin [baldakɛ̃] *nm* -1. [sur un lit] canopy, tester. -2. [sur un autel, un trône] canopy, baldachin, baldachino.

Bâle [bal] *npr* Basel, Basle.

Baléares [balear] *npr fpl* Baleares; les ~ the Balearic Islands; aux ~ in the Balearic Islands.

baleine [balɛn] *nf* -1. ZOOL whale; ~ blanche/bleue/à bosse white/blue/humpback whale; rire OU rigoler OU se tordre comme une ~ *fam* to split one's sides laughing. -2. [fanon] whalebone, baleen. -3. [de parapluie] rib. -4. [de corset - en plastique] bone, stay; [- en métal] steel; [- en fanon] (whalebone) stay. -5. [pour un col] collar stiffener.

baleiné, e [balene] *adj* -1. [corset, gaine] boned. -2. [col] stiffened.

baleineau, x [balɛno] *nm* whale calf.

baleinier, ère [balenje, ɛr] *adj* whaling; industrie baleinière whaling (industry); port ~ whaling station.

◆ **baleinier** *nm* -1. [navire] whaling ship, whaler. -2. [chasseur] whaler.

◆ **baleinière** *nf* -1. NAUT lifeboat. -2. PÊCHE whaleboat, whaler, whale catcher.

balèze ▽ [balɛz] ◇ *adj* -1. [grand] hefty, huge; un type ~ a great hulk (of a man). -2. [doué] great, brilliant; ~ en physique dead good *Br* OU ace at physics.

◇ *nm* muscleman; un gros OU grand ~ a great hulk (of a man).

Bali [bali] *npr* Bali; à ~ in Bali.

balinais, e [balinɛ, ɛz] *adj* Balinese.

◆ **Balinais, e** *nm, f* Balinese; les Balinais the Balinese.

balisage [balizaʒ] *nm* -**1.** NAUT markers, beacons, buoyage; ~ **maritime** navigational markers ‖ AÉRON lights, markers; ~ **des bords de piste** runway lights; ~ **d'aéroport/des pistes d'approche** airport/landing area lights; ~ **d'entrée de piste** airway markers ‖ [sur route] markers, road markers. -**2.** [d'un texte] markers; **le ~ du texte est mal fait** the text hasn't been properly marked. -**3.** [pose - de signaux, de signes] marking out; ~ **par radars** beacon signalling.

balise [baliz] *nf* -**1.** NAUT beacon, (marker) buoy; ~ **maritime** navigational marker; ~ **radio** (radio) beacon ‖ AÉRON marker, beacon; ~ **de guidage** radar beacon ‖ [sur route] road marker cone, police cone; [sur sentier] waymark. -**2.** BOT canna fruit.

baliser [3] [balize] ◇ *vt* -**1.** NAUT to mark out *(sép)*, to buoy. -**2.** AÉRON: ~ **une piste** to mark out a runway with lights. -**3.** [trajet] to mark out OU off *(sép)*; ~ **une voie (pour l'interdire à la circulation)** to cone off a lane (from traffic); **balisé de drapeaux/piquets** marked out with flags/poles □ **sentier balisé** waymarked path.
◇ *vi* ▽ to be scared stiff.

baliseur [balizœr] *nm* -**1.** [navire] buoy keeper's boat, Trinity House boat *Br*. -**2.** [personne] buoy keeper.

balisier [balizje] *nm* canna.

balisticien, enne [balistisjɛ̃, ɛn] *nm, f* ballistics expert.

balistique [balistik] ◇ *adj* ballistic.
◇ *nf* ballistics *(U)*.

baliveau, x [balivo] *nm* -**1.** CONSTR scaffold OU scaffolding pole. -**2.** [arbre] sapling.

balivernes [balivɛrn] *nfpl* -**1.** [propos] nonsense; **ce sont des ~** it's all nonsense; **dire des ~** to talk nonsense. -**2.** [bagatelles] trivia, trifles; **s'inquiéter pour des ~** to worry over trifles.

balkanique [balkanik] *adj* Balkan.

balkanisation [balkanizasjɔ̃] *nf* -**1.** POL Balkanisation. -**2.** [fragmentation] parcelling off into tiny units.

balkaniser [3] [balkanize] *vt* -**1.** POL to balkanize. -**2.** [fragmenter] to parcel off into tiny units.

Balkans [balkɑ̃] *npr mpl*: **les ~** the Balkans.

ballade [balad] *nf* -**1.** [poème lyrique, chanson] ballad. -**2.** [en prosodie, pièce musicale] ballade.

ballant, e [balɑ̃, ɑ̃t] *adj* [jambes] dangling; [poitrine] wobbling; **avoir les bras ~s** [ne rien tenir] to let one's arms dangle by one's sides; **il restait là, les bras ~s** he was standing there like an idiot.
◆ **ballant** *nm* looseness; **donner du ~ à un câble** to give a cable some slack, to slacken off a cable.

ballast [balast] *nm* -**1.** NAUT ballast tank OU container. -**2.** CONSTR & RAIL ballast.

ballastage [balastaʒ] *nm* ballasting.

ballaster [3] [balaste] *vt* to ballast.

balle [bal] *nf* -**1.** ARM bullet; **tirer à ~s** to shoot with real bullets; **se tirer une ~ dans la bouche/tête** to shoot o.s. in the mouth/head; **tué par ~s** shot dead □ **~ dum-dum/perdue/traçante** dum-dum/stray/tracer bullet; **~ à blanc** blank; **~ en caoutchouc** rubber bullet. -**2.** [pour jouer] ball; **jouer à la ~** to play with a ball; **la ~, la ~!** [dans les jeux d'équipe] over here, over here! □ **~ de caoutchouc** rubber ball; **la ~ est dans son camp** the ball's in his court; **saisir la ~ au bond** *pr* to catch the ball on the bounce OU rebound; *fig* to seize the opportunity. -**3.** [point, coup] stroke, shot; **une belle ~** a fine stroke OU shot; **faire des ~s** TENNIS to practice, to knock up *Br* □ **~ de jeu/match** TENNIS game/match point. -**4.** [paquet] bale. -**5.** BOT & AGR: **la ~** the chaff, the husks. -**6.** *fam* [visage] face; **avoir une bonne ~** to have a nice face.
◆ **balles** *fam nfpl* [francs] francs; **200 ~s** 200 francs.

baller [3] [bale] *vi* [bras, jambe] to dangle.

ballerine [balrin] *nf* -**1.** [danseuse] ballerina, ballet dancer. -**2.** [chaussure - de danse] ballet OU dancing shoe; [- de ville] pump.

ballet [balɛ] *nm* -**1.** [genre] ballet (dancing). -**2.** [œuvre] ballet (music); [spectacle] ballet; **le ~ blanc** classical ballet *(in white tutus)*; **~ de cour** HIST court entertainment *(danced by the monarch and courtiers)*; **~s roses/bleus** *euph sexual orgies between adults and female/male minors*; **~ diplomatique** *fig*: **l'incident a donné lieu à tout un ~ diplomatique** the incident has given rise to intense diplomatic activity; **les Ballets russes** the Ballets Russes. -**3.** [troupe] ballet company. -**4.** SPORT: **~ aquatique** aquashow, aquacade *Am*.

balletomane [balɛtɔman] *nmf* ballet-lover, balletomane.

ballet-pantomime [balɛpɑ̃tɔmim] *(pl* **ballets-pantomimes**) *nm* pantomime ballet.

ballon [balɔ̃] *nm* -**1.** JEUX & SPORT ball; **jouer au ~** to play with a ball □ **~ de foot** OU **football** football; **~ de basket** basketball; **~ de rugby** rugby ball; **le ~ ovale** [le rugby] rugby; **le ~ rond** [le foot] football *Br*, soccer. -**2.** [sphère]: **~ (de baudruche)** (party) balloon; **~ d'hélium** helium balloon; **~ d'oxygène** MÉD oxygen tank; *fig* life-saver. -**3.** AÉRON (hot-air) balloon; **monter en ~** [ascension] to go up in a balloon □ **~ captif/libre** captive/free balloon; **~ de barrage** barrage balloon; **~ d'essai** *pr* pilot balloon; *fig* test; **lancer un ~ d'essai** [se renseigner] to put out feelers; [faire un essai] to do a trial run, to run a test. -**4.** CHIM round-bottomed flask, balloon; [pour l'alcootest] (breathalyser) bag; **souffler dans le ~** to be breathalysed. -**5.** [verre] (round) wine glass, balloon glass; **~ de rouge** glass of red wine ‖ [contenu] glassful; **il boit son ~ de blanc tous les matins** he has a little glass of white wine every morning □ **verre ~** round wine glass. -**6.** [réservoir]: **~ (d'eau chaude)** hot water tank. -**7.** GÉOG: **les ~s** the (rounded tops of the) Vosges mountains □ **le ~ d'Alsace/de Guebwiller** the Ballon d'Alsace/de Guebwiller. -**8.** *Helv* [petit pain] (bread) roll. -**9.** ▽ *loc*: **avoir le ~** to have a bun in the oven.

ballonné, e [balɔne] *adj* bloated; **être ~** to feel bloated.

ballonnement [balɔnmɑ̃] *nm* -**1.** MÉD distension *(U)*, flatulence *(U)*; **j'ai des ~s** I feel bloated. -**2.** VÉTÉR bloat.

ballonner [3] [balɔne] *vt* to swell.

ballonnet [balɔnɛ] *nm* -**1.** AÉRON ballonet. -**2.** JEUX small balloon.

ballon-sonde [balɔ̃sɔ̃d] *(pl* **ballons-sondes**) *nm* pilot balloon.

ballot [balo] *nm* -**1.** [paquet] bundle, package. -**2.** *fam* [sot] nitwit, blockhead; **cet espèce de ~ n'avait rien compris** the poor fool hadn't got the idea at all.

ballote [balɔt] *nf* black OU stinking horehound.

ballotin [balɔtɛ̃] *nm* sweet *Br* OU candy *Am* box.

ballottage [balɔtaʒ] *nm* second ballot OU round; **être en ~** to have to stand *Br* OU to run *Am* again in a second round; **il y a ~ à Tours** there will be a second ballot in Tours.

ballottement [balɔtmɑ̃] *nm* [d'un véhicule] rocking, swaying, shaking; [d'un passager, d'un sac] rolling around; [d'un radeau] tossing, bobbing about.

ballotter [3] [balɔte] ◇ *vt* [navire] to toss (about); [passager, sac] to roll around; **les détritus ballottés par les vagues** refuse bobbing up and down in the waves ‖ *fig*: **être ballotté entre deux endroits** to be shifted OU shunted around constantly from one place to the other; **être ballotté entre deux personnes** to waver between two people; **être ballotté par les événements** to be carried along by events.
◇ *vi* [tête] to loll, to sway; [valise] to bang OU to shake about, to rattle around.

ballottine [balɔtin] *nf* stuffed and boned meat roll, ballottine.

ball-trap [baltrap] *(pl* **ball-traps**) *nm* -**1.** [tir - à une cible] trapshooting, clay-pigeon shooting; [- à deux cibles] skeet, skeet shooting. -**2.** [appareil] trap.

balluchon [balyʃɔ̃] *nm* bundle; **faire son ~** *pr* & *fig* to pack one's bags.

balnéaire [balneɛr] *adj* seaside *(modif)*.

balnéothérapie [balneɔterapi] *nf* balneotherapy.

bâlois, e [balwa, az] *adj* from Basel.
◆ **Bâlois, e** *nm, f inhabitant of or person from Basel.*

balourd, e [balur, urd] ◇ *adj* awkward; **qu'il est ~ quand il veut demander un service!** he's so awkward when he wants to ask a favour!
◇ *nm, f* awkward person.
◆ **balourd** *nm* MÉCAN unbalance.

balourdise [balurdiz] *nf* -**1.** [caractère] awkwardness. -**2.** [parole, acte] blunder, gaffe; **raconter des ~s** to say the wrong thing.

baloutchi [balutʃi] *nm* Baluchi.

Baloutchistan [balutʃistɑ̃], **Béloutchistan** [belutʃistɑ̃] *npr m*: **le ~** Baluchistan.

balsa [balza] *nm* balsa, balsa wood.

balsamier [balzamje] *nm* balsam.

balsamine [balzamin] *nf* balsam.

balsamique [balzamik] ◇ *adj* -**1.** BOT & MÉD balsamic. -**2.** *litt* [odorant] fragrant, scented.
◇ *nm* balsam.

balte [balt] *adj* Baltic; **les pays Baltes** the Baltic states; **les républiques ~s** the Baltic republics.
◆ **Balte** *nmf* Balt.
◆ **balte** *nm* LING Baltic.

balthazar [baltazar] *nm* Balthazar (bottle).

Balthazar [baltazar] *npr* -**1.** HIST Belshazzar. -**2.** BIBLE Balthazar.

baltique [baltik] *adj* Baltic.
◆ **Baltique** *npr f*: **la Baltique** the Baltic (Sea); **les ports de la Baltique** the Baltic ports.
◆ **baltique** *nm* LING Baltic.

baluchon [balyʃɔ̃] = **balluchon**.

balustrade [balystrad] *nf* [d'un balcon] balustrade; [d'un pont] railing.

balustre [balystr] *nm* -**1.** [pilier - de balustrade, de siège] baluster. -**2.** [compas] pair of compasses *(with spring bow dividers)*.

balzacien, enne [balzasjɛ̃, ɛn] *adj*: **une description ~ne** [de Balzac] a description by Balzac; [rappelant Balzac] a description reminiscent of Balzac.

balzan, e [balzɑ̃, an] *adj* white-stockinged ZOOL.
◆ **balzane** *nf* white stocking (of a horse).

Bamako [bamako] *npr* Bamako.

bambin [bɑ̃bɛ̃] *nm* toddler.

bambochard, e *fam* [bɑ̃bɔʃar, ard] = **bambocheur**.

bamboche *fam* [bɑ̃bɔʃ] *nf vieilli* partying; **c'est la ~ ce soir!** it's party-time tonight!

bambocher *fam* [3] [bɑ̃bɔʃe] *vi vieilli*: **à l'époque où je bambochais** in the days when I was always partying; **il adore ~** he's always ready for a good night out.

bambocheur, euse *fam* [bɑ̃bɔʃœr, øz] *vieilli* ◇ *adj* partying.
◇ *nm, f* party-goer, reveller.

bambou [bɑ̃bu] *nm* bamboo; **attraper un coup de ~** *fam* to get sunstroke; **avoir le coup de ~** *fam* [devenir fou] to go crazy; [être fatigué] to feel very tired; **c'est le coup de ~ dans ce restaurant!** *fam* [très cher] this restaurant's a real rip-off!
◆ **en bambou** *loc adj* [meuble, cloison] bamboo *(modif)*.

bamboula ▽ [bɑ̃bula] *nf*: **faire la ~** to make whoopee.

ban [bɑ̃] *nm* -**1.** [applaudissement]: **un ~ pour...!** three cheers OU a big hand for...! -**2.** [roulement de tambour] drum roll; **fermer le ~** *fig* to bring the proceedings to a close; **ouvrir le ~** *fig* to open the proceedings ‖ [sonnerie de clairon] bugle call. -**3.** HIST [condamnation] banishment, banning; [convocation] ban; [vassaux] vassals; **le**

~ et l'arrière-ban *fig* the world and his wife; **convoquer le ~ et l'arrière-ban** to summon the (entire) family.

◆ **bans** *nmpl* banns; **les ~s sont affichés** OU **publiés** the banns have been posted.

◆ **à ban** *loc adv*: **mettre qqch à ~** *Helv* to forbid access to sthg.

◆ **au ban de** *loc prép*: **être au ~ de la société** to be an outcast OU a pariah; **mettre un pays au ~ des nations** to boycott a country; **mettre qqn au ~ d'un club** to blackball sb.

banal, e, als [banal] *adj* -**1.** [courant] commonplace, ordinary, everyday *(avant n)*; **ce n'est vraiment pas ~** it's most unusual, it's really strange. -**2.** [sans originalité] trite, commonplace, banal; **un argument ~** a standard OU well-worn argument; **un événement ~** an everyday happening; **une vie ~e** a humdrum life; **ce que je vais vous dire là est très ~** there's nothing original OU unusual about what I'm going to say. -**3.** INF general-purpose.

banalement [banalmɑ̃] *adv* in an ordinary way; **nous nous sommes rencontrés fort ~** we met in very ordinary OU unremarkable circumstances.

banalisation [banalizasjɔ̃] *nf* -**1.** [généralisation] spread; *péj* [perte d'originalité] trivialization; **son exposé est une ~ des idées de Lacan** his account trivializes Lacan's ideas. -**2.** [d'un véhicule]: **la ~ des voitures de police** the use of unmarked police cars. -**3.** RAIL [d'une voie] signalling for two-way working; [d'une locomotive] use of engine by several crews.

banalisé, e [banalize] *adj* -**1.** [véhicule] unmarked. -**2.** INF general-purpose.

banaliser [3] [banalize] *vt* -**1.** [rendre courant - pratique] to trivialize, to make commonplace; **maintenant que la téléphonie sans fil est banalisée** now that cordless phones have become commonplace. -**2.** *péj* [œuvre] to deprive OU to rob of originality; [idée] to turn into a commonplace. -**3.** [véhicule] to remove the markings from; [marque déposée] to turn into a household name. -**4.** RAIL [voie] to signal for two-way working; [locomotive] to man with several crews.

◆ **se banaliser** *vpi* to become commonplace OU a part of (everyday) life; **la billetterie électronique s'est banalisée** electronic cash dispensing is now part of everyday life.

banalité [banalite] *nf* -**1.** [d'une situation, d'un propos] triteness, banality, triviality; [d'une tenue] mundaneness. -**2.** [propos, écrit] platitude, commonplace, cliché.

banane [banan] ◇ *nf* -**1.** BOT banana; ~ **plantain** OU **jaune** plantain; ~ **verte** green banana. -**2.** *fam* [pare-chocs] overrider. -**3.** *fam* [coiffure] quiff *Br*. -**4.** *fam* [hélicoptère] chopper. -**5.** *fam* [décoration] medal, gong *Br*. -**6.** [sac] bum-bag *Br*, waist-bag *Am*. -**7.** ÉLECTR banana plug. -**8.** ▽ [idiot] nitwit, twit *Br*, dumbbell *Am*.

◇ *adj inv* banana-shaped.

bananeraie [bananrɛ] *nf* banana plantation OU grove.

bananier, ère [bananje, ɛr] *adj* banana *(modif)*.

◆ **bananier** *nm* -**1.** BOT banana, banana tree. -**2.** NAUT banana boat.

banc [bɑ̃] *nm* **A.** -**1.** [gén] bench, seat; [dans une église] pew; **(au) ~ des accusés** (in the) dock; **le ~ des avocats** the lawyers' bench; **sur le ~ des ministres** on the government bench; **(au) ~ des témoins** (in the) witness box *Br* OU stand *Am*; **sur les ~s de l'école** in one's schooldays; ~ **public** park bench. -**2.** MENUIS & TECH [établi] bench, workbench; [bâti] frame, bed; ~ **d'essai à rouleaux** AUT road simulator. -**3.** INF bank; ~ **mémoire** memory bank. -**4.** NAUT (oarsman's) bench, thwart.

B. -**1.** [de poissons] shoal, school; ~ **de harengs** herring shoal; ~ **de maquereaux** school of mackerel; ~ **de morues** cod bank OU shoal; ~ **de sardines** school OU shoal of sardines || [zone]: ~ **d'huîtres** [dans la mer] oyster bed; [dans un restaurant] display of oysters; ~ **de homards** lobster ground ❑ ~ **de pêche** fishing bank OU ground. -**2.** [amas] bank; ~ **de boue** mudbank, mud flats; ~ **de brume** fog patch; ~ **de glace** ice floe; ~ **de gravier** gravel bank; ~ **de neige** *Can* snowdrift; ~ **de sable** sandbank, sandbar. -**3.** GÉOL [couche] bed, layer; [au fond de la mer] bank, shoal.

◆ **banc d'essai** *nm* INDUST test rig, test bed; INF benchmark; *fig* test; **faire un ~ d'essai** *pr* to test (an engine); *fig* to have a trial run; **mettre qqn au ~ d'essai** to give sb a test; **mettre une idée au ~ d'essai** to test out an idea.

bancaire [bɑ̃kɛr] *adj* banking, bank *(modif)*; **chèque ~** cheque *Br*, check *Am*; **commission ~** bank commission; **établissement ~** banking establishment, bank.

bancal, e, als [bɑ̃kal] *adj* -**1.** [meuble] rickety, wobbly; [personne] lame. -**2.** [peu cohérent - idée, projet] unsound; [- raisonnement] weak, unsound; **la proposition est un peu ~e** the proposal doesn't really stand up to examination.

banco [bɑ̃ko] *nm* banco; **faire ~** to go banco.

bancroche *fam* [bɑ̃krɔʃ] *adj* lame, gimpy *Am*.

banc-titre [bɑ̃titr] (*pl* **bancs-titres**) *nm* rostrum camera.

bandage [bɑ̃daʒ] *nm* -**1.** [pansement] bandage, dressing; **il faut resserrer le ~** the bandage should be tightened ❑ ~ **abdominal** abdominal bandage OU binder; ~ **herniaire** truss. -**2.** [fait de panser] bandaging, binding (up). -**3.** [fait de tendre - un ressort] stretching, tensing; [- un arc] bending, drawing. -**4.** AUT & RAIL tyre.

bandagiste [bɑ̃daʒist] *nmf* bandage manufacturer.

bandana [bɑ̃dana] *nm* bandana, bandanna.

bandant, e▼ [bɑ̃dɑ̃, ɑ̃t] *adj* exciting; **elle est ~e** she's a real turn-on || [sens affaibli]: **pas très ~ comme boulot!** *hum* this job's hardly the most exciting thing going!

bande [bɑ̃d] *nf* **A.** -**1.** [groupe - de malfaiteurs] gang; [- d'amis] group; [- d'enfants] troop, band; [- d'animaux] herd; [- de chiens, de loups] pack; **faire partie de la ~** to be one of the group ❑ ~ **armée** armed gang OU band; **la Bande des Quatre** the Gang of Four. -**2.** *loc*: **faire ~ à part**: **il fait toujours ~ à part** he keeps (himself) to himself; **il a encore décidé de faire ~ à part** he's decided yet again to go it alone; **ceux de Bel-Air font ~ à part** those who come from Bel-Air stick together; ~ **de** *péj* pack OU bunch of; **une ~ de menteurs/voleurs** a bunch of liars/crooks; **vous y comprenez rien, ~ de cons!**▽ you just don't get it, do you, you bloody *Br* OU goddamn *Am* idiots!

B. -**1.** [d'étoffe, de papier etc] strip, band; ~ **de journal** newspaper wrapper; ~ **gommée** gummed binding strip; ~ **molletière** puttee, putty; ~ **de roulement** AUT tyre tread. -**2.** [de territoire] strip; ~ **de sable** strip OU spit OU tongue of sand; ~ **de terrain** strip of land ❑ ~ **d'arrêt d'urgence** TRANSP emergency lane, hard shoulder; **la ~ de Gaza** the Gaza strip. -**3.** [sur une route] band, stripe; ~ **blanche** white line. -**4.** CIN reel; ~**-son**, ~ **sonore** soundtrack; ~ **amorce** CIN & PHOT start OU head leader; ~ **(magnétique)** AUDIO (magnetic) tape. -**5.** ÉLECTRON & RAD band; ~ **de fréquence** frequency band; ~ **(de fréquence) publique** citizen's band, CB; **sur la ~ FM** on FM; ~ **passante** pass-band. -**6.** INF: ~ **perforée** punched paper tape *Br*, perforated tape. -**7.** MÉD bandage; ~ **Velpeau®** crepe bandage. -**8.** ARCHIT band. -**9.** LITTÉRAT & LOISIRS: ~ **dessinée** [dans un magazine] comic strip, strip cartoon *Br*; [livre] comic book; **la ~ dessinée** [genre] comic strips; **l'auteur d'une ~ dessinée célèbre** the author of a well-known comic book. -**10.** ARM: ~ **de mitrailleuse** machine gun belt. -**11.** BILLARD cushion; **jouer la ~** to play off the cushion. -**12.** BIOL: ~ **chromosomique** chromosome band. -**13.** PHYS: ~ **de fréquences** frequency band.

C. NAUT list, heel; **donner de la ~** to heel over, to list.

◆ **en bande** *loc adv* as OU in a group, all together; **ils ne se déplacent qu'en ~** they always move around in a gang.

◆ **par la bande** *loc adv* in a roundabout way; **apprendre qqch par la ~** to learn sthg through the grapevine; **faire qqch par la ~** to do sthg underhandedly.

bandé, e [bɑ̃de] *adj* -**1.** [recouvert] bandaged; **avoir les yeux ~s** to be blindfolded; **pieds ~s** bound OU bound-up feet. -**2.** HÉRALD bendy. -**3.** [tendu] stretched, tensed.

bande-annonce [bɑ̃danɔ̃s] (*pl* **bandes-annonces**) *nf* trailer.

bandeau, x [bɑ̃do] *nm* -**1.** [serre-tête] headband. -**2.** [coiffure] coiled hair; **avoir les cheveux en ~, porter des ~x** to wear one's hair in coils. -**3.** [sur les yeux] blindfold; **avoir un ~ sur les yeux** *pr* to be blindfolded; *fig* to be blind to reality || [sur un œil] eye patch. -**4.** ARCHIT string OU belt course. -**5.** [espace publicitaire] advertising space *(band-shaped, on a vehicle)*. -**6.** AUT (piece of) capping.

bandelette [bɑ̃dlɛt] *nf* -**1.** [bande] strip; **les ~s d'une momie** the wrappings of a mummy. -**2.** ANAT: ~ **optique** optic tract. -**3.** ARCHIT bandelet.

bander [3] [bɑ̃de] ◇ *vt* -**1.** [panser - main, cheville] to bandage (up); **avoir les yeux bandés** MÉD to have one's eyes bandaged; [avec un bandeau] to be blindfolded. -**2.** [tendre - arc] to draw, to bend; [- ressort, câble] to stretch, to tense; *litt* [muscle] to tense, to tauten; ~ **ses forces** to gather up OU to muster one's strength; **bandant toutes ses forces vers ce seul but** her whole being directed towards that goal. -**3.** ARCHIT to arch, to vault.

◇ *vi* ▼ to have a hard-on; [sens affaibli]: **ça me fait pas ~** it doesn't turn me on.

bandera [bɑ̃dera] *nf* bandera.

banderille [bɑ̃drij] *nf* banderilla.

banderillero [bɑ̃derijero] *nm* banderillero.

banderole [bɑ̃drɔl] *nf* -**1.** [bannière - sur un mât, une lance] banderole; [- en décoration] streamer; [- dans une manifestation] banner. -**2.** ARCHIT banderole.

bande-son [bɑ̃dsɔ̃] (*pl* **bandes-son**) *nf* soundtrack.

bande-vidéo [bɑ̃dvideo] (*pl* **bandes-vidéo**) *nf* videotape.

bandit [bɑ̃di] *nm* -**1.** [voleur] bandit; ~ **de grand chemin** highwayman. -**2.** [escroc] crook, con man; [dit avec affection]: ~, **va!** you rogue OU rascal!

banditisme [bɑ̃ditism] *nm* crime; **c'est du ~!** *fig* it's daylight robbery! ❑ **grand ~** organized crime.

bandonéon [bɑ̃dɔneɔ̃] *nm* bandoneon.

bandothèque [bɑ̃dɔtɛk] *nf* tape library.

bandoulière [bɑ̃duljɛr] *nf* -**1.** ARM sling; [à cartouches] bandolier. -**2.** [d'un sac] shoulder strap.

◆ **en bandoulière** *loc adv*: **porter un sac en ~** to carry a bag with the strap across one's chest; **on peut aussi le mettre en ~** you can also wear it over your shoulder; **son fusil en ~** his gun slung across his chest.

bang [bɑ̃ŋ] ◇ *interj* bang, crash; ~, ~, **t'es mort!** bang, bang, you're dead!; ~, **tout par terre!** crash (, bang), everything on the floor!

◇ *nm* [franchissement du mur du son] sonic boom.

Bangkok [bɑ̃kɔk] *npr* Bangkok.

bangladais, e [bɑ̃gladɛ, ɛz] *adj* Bangladeshi.

◆ **Bangladais, e** *nm, f* Bangladeshi.

Bangladesh [bɑ̃gladɛʃ] *npr m*: **le ~** Bangladesh; **au ~** in Bangladesh; **les habitants du ~** the Bangladeshi OU Bangladeshis.

Bangui [bɑ̃gi] *npr* Bangui.

banian [banjɑ̃] *nm* banyan.

banjo [bɑ̃(d)ʒo] *nm* banjo.

banjoïste [bɑ̃(d)ʒɔist] *nmf* banjoist.

Banjul [bɑ̃ʒul] *npr* Banjul.

banlieue [bɑ̃ljø] ◇ *nf* suburb; **la ~** suburbia, the suburbs; **la maison est en ~** the house is on the outskirts of the town OU in the suburbs;

une ~ de Londres a suburb of London; une ~ cossue a prosperous suburb ❑ ~ pavillonnaire *comfortable suburb (with houses rather than tower blocks)*; la ~ rouge *towns in the Paris suburbs with Communist mayors*; grande ~ outer suburbs, commuter belt; proche ~ inner suburbs; train de ~ suburban, commuter train; des loubards de ~ *fam* yobs *Br* OU hoods *Am* from the suburbs.
◇ *nm Belg* commuter train.

BANLIEUE:
In France, the word "banlieue" is often associated with social problems such as delinquency.

banlieusard, e [bɑ̃ljøzar, ard] ◇ *adj péj* suburban.
◇ *nm, f* [gén] suburbanite; TRANSP commuter; les ~s people who live in the suburbs.

banne [ban] *nf* -**1.** [auvent] awning, tilt. -**2.** [charrette] cart.

banni, e [bani] ◇ *adj* banished, exiled.
◇ *nm, f* exile.

bannière [banjɛr] *nf* -**1.** [étendard] banner; la ~ étoilée the star-spangled banner; combattre OU lutter sous la ~ de qqn to fight on sb's side. -**2.** ▽ [de chemise] shirt-tail; se balader en ~ to go about in one's shirt-tails.

bannir [32] [banir] *vt* -**1.** [expulser] to banish, to exile. -**2.** *litt* [éloigner] to reject, to cast out; ~ qqn de sa présence to cast sb from one's presence *litt*; banni à jamais de mes relations forever banished from my circle of friends. -**3.** [supprimer - idée, pensée] to banish; [- aliment] to cut out *(sép)*; j'ai banni cette idée I banished OU dismissed the idea from my mind; bannissez la violence de vos comportements banish all violence from your behaviour.

bannissement [banismɑ̃] *nm* banishment.

banquable [bɑ̃kabl] *adj* [effet] bankable; non ~ unbankable.

banque [bɑ̃k] *nf* -**1.** [établissement] bank; avoir une somme à la OU en ~ to have some money in the bank; mettre une somme à la OU en ~ to bank a sum of money; passer à la ~ to go to the bank ❑ ~ d'affaires/de dépôts merchant/deposit bank; ~ commerciale commercial bank; ~ de compensation clearing bank; ~ d'émission issuing bank, issuing house; la Banque d'Angleterre the Bank of England; la Banque de France the Banque de France *(French issuing bank)*; la Banque mondiale the World Bank. -**2.** [profession] banking; travailler dans la ~ to be in banking. -**3.** INF & MÉD [bibliothèque] bank; ~ du sang/du sperme/de données blood/sperm/data bank. -**4.** JEUX [réserve] bank; tenir la ~ to be the banker, to keep the bank.

banquer▽ [3] [bɑ̃ke] *vi* to fork out; qui va ~? who's going to foot the bill?; à toi de ~ your turn to cough up.

banqueroute [bɑ̃krut] *nf* -**1.** [faillite] bankruptcy; ~ frauduleuse fraudulent bankruptcy; faire ~ to go bankrupt. -**2.** [échec] failure; la ~ d'une politique the utter failure of a policy; critiquant la ~ de notre société criticizing our bankrupt society.

banqueroutier, ère [bɑ̃krutje, ɛr] *nm, f* fraudulent bankrupt.

banquet [bɑ̃kɛ] *nm* banquet; donner un ~ to give a banquet ❑ 'le Banquet' *Platon* 'Symposium'.

banqueter [27] [bɑ̃kte] *vi* -**1.** [bien manger] to feast, to eat lavishly. -**2.** [prendre part à un banquet] to banquet.

banquette [bɑ̃kɛt] *nf* -**1.** [siège - de salon] seat, banquette *Am*; [- de piano] (duet) stool; [- de restaurant] wall seat; [- de voiture, de métro] seat; ~ avant/arrière front/back seat; jouer devant les ~s *fig* to play to an empty house. -**2.** ARCHIT window seat. -**3.** TRAV PUBL berm; ~ de halage towpath. -**4.** RAIL track bench. -**5.** MIL: ~ de tir banquette.

banquier, ère [bɑ̃kje, ɛr] *nm, f* banker.

banquise [bɑ̃kiz] *nf* [côtière] ice, ice shelf; [dérivante] pack ice, ice field OU floe.

bantou, e [bɑ̃tu] *adj* Bantu.
◆ **Bantou, e** *nm, f* Bantu.
◆ **bantou** *nm* LING Bantu.

bantoustan [bɑ̃tustɑ̃] *nm* Bantustan, Bantu Homeland.

banyuls [banjyls] *nm* Banyuls (wine).

baobab [baɔbab] *nm* baobab.

baptême [batɛm] *nm* -**1.** RELIG baptism; [cérémonie] christening, baptism; donner le ~ à qqn to baptize OU to christen sb; recevoir le ~ to be baptized OU christened. -**2.** [d'un bateau] christening, naming; [d'une cloche] christening, dedication. -**3.** [première expérience]: ~ de l'air first OU maiden flight; ~ du feu MIL & *fig* baptism of fire; maintenant que tu as eu ton ~ du feu *fig* now you've been blooded; ~ de la ligne (first) crossing of the line.

baptiser [3] [batize] *vt* -**1.** RELIG to christen, to baptize. -**2.** [nommer - personne, animal] to name, to call; elle a baptisé son chien Victor she named her dog Victor ‖ [surnommer] to nickname, to christen, to dub. -**3.** [bateau] to christen, to name; [cloche] to christen, to dedicate. -**4.** *fam* [diluer] to water down *(sép)*.

baptismal, e, aux [batismal, o] *adj* baptismal.

baptisme [batism] *nm* Baptist doctrine.

baptiste [batist] *adj & nmf* Baptist; les ~s the Baptists.

baptistère [batistɛr] *nm* baptistery.

baquet [bakɛ] *nm* -**1.** [récipient] tub. -**2.** [siège] bucket seat.

bar [bar] *nm* -**1.** [café] bar; voiture-~ restaurant-car. -**2.** [comptoir] bar; le prix au ~ n'est pas le même que le prix en salle drinks are more expensive if you sit at a table. -**3.** ZOOL bass. -**4.** PHYS bar.

baragouin [baragwɛ̃] *nm* -**1.** [langage incompréhensible] jargon, gobbledegook, double Dutch *Br*. -**2.** *péj* [langue étrangère] lingo.

baragouinage [baragwinaʒ] *nm* -**1.** [manière de parler] jabbering, gibbering. -**2.** [jargon] jargon, gobbledegook.

baragouiner [3] [baragwine] ◇ *vt* to speak badly; je baragouine l'espagnol I can barely put two words of Spanish together; qu'est-ce qu'elle baragouine? [langue étrangère] what's that language she's jabbering in?; [propos incompréhensibles] what's she jabbering on about?
◇ *vi* [de façon incompréhensible] to jabber, to gibber, to talk gibberish; [dans une langue étrangère] to jabber away.

baragouineur, euse *fam* [baragwinœr, øz] *nm, f* jabberer, gabbler.

baraka [baraka] *nf* -**1.** [dans l'Islam] baraka. -**2.** *fam* [chance] luck; avoir la ~ to be lucky; il a la ~ en ce moment he's on a winning streak at the moment.

baraque [barak] *nf* -**1.** [cabane - à outils] shed; [- d'ouvriers, de pêcheurs] shelter, hut; [- de forains] stall; [- de vente] stall, stand, booth. -**2.** *fam* [maison] shack, shanty; une vieille ~ an old shack; une ~ minuscule a rabbit hutch of a house; t'en as une belle ~! you've got a great place!; une grande ~ au bord de la mer a big place by the sea; qui commande dans cette ~? who the hell's in charge around here?; j'en ai marre de cette ~! I've had enough of this place!

baraqué, e *fam* [barake] *adj* muscular, hefty, beefy *péj*; un type ~ a great hulk of a man.

baraquement [barakmɑ̃] *nm* -**1.** [baraques] shacks. -**2.** MIL camp.

baraterie [baratri] *nf* [criminelle] barratry; [simple] fault.

baratin *fam* [baratɛ̃] *nm* -**1.** [boniment] flannel; faire du ~ à qqn to spin sb a yarn, to flannel sb. -**2.** [vantardises]: c'est du ~ it's just (a lot of) hot air.

baratiner *fam* [3] [baratine] ◇ *vi* -**1.** [mentir] to flannel. -**2.** [se vanter] to shoot one's mouth (off); il baratine tout le temps he's full of hot air.
◇ *vt*: ~ qqn [en vue d'un gain] to flannel sb; [pour séduire] to chat sb up *Br*, to give sb a line *Am*; [pour impressionner] to shoot one's mouth off to sb; ~ un client to give a customer the spiel.

baratineur, euse *fam* [baratinœr, øz] ◇ *adj* -**1.** [menteur] smooth-talking. -**2.** [vantard] big-mouthed.
◇ *nm, f* -**1.** [séducteur] smooth talker. -**2.** [menteur] fibber. -**3.** [vantard] big mouth.

barattage [barataʒ] *nm* churning.

baratte [barat] *nf* churn.

baratter [3] [barate] *vt* to churn.

barbacane [barbakan] *nf* -**1.** CONSTR weep hole. -**2.** HIST [construction] barbican; [meurtrière] loophole.

Barbade [barbad] *npr f*: la ~ Barbados; à la ~ in Barbados; de la ~ Barbadian.

barbant, e *fam* [barbɑ̃, ɑ̃t] *adj* boring; il est ~ he's a drag OU bore; l'émission était ~e the programme was boring OU a drag.

barbaque▽ [barbak] *nf* [viande] meat; *péj* tough meat.

barbare [barbar] ◇ *adj* -**1.** HIST [primitif] barbarian, barbaric. -**2.** [terme, emploi] incorrect. -**3.** [cruel] barbaric.
◇ *nmf* barbarian.

barbaresque [barbarɛsk] *adj* Barbary *(modif)*; les États ~s the Barbary states; les pirates ~s the Barbary Coast pirates.
◆ **Barbaresque** *nmf inhabitant of or person from Barbary.*

barbarie [barbari] *nf* -**1.** [cruauté] barbarity, barbarousness; acte de ~ barbarous act. -**2.** [état primitif] barbarism.

Barbarie [barbari] *npr f* Barbary.

barbarisme [barbarism] *nm* barbarism.

barbe[1] [barb] *nm* [cheval] barb.

barbe[2] [barb] *nf* -**1.** [d'homme - drue] (full) beard; [- clairsemée] stubble; [- en pointe] goatee; porter la ~ to have a beard; se faire la ~ to (have a) shave; se raser/se tailler la ~ to shave off/to trim one's beard; un homme à la ~ rousse a red-bearded man, a man with a red beard; sans ~ [rasé] beardless, clean-shaven; [imberbe] beardless, smooth-chinned; ~ de deux jours two days' stubble OU growth ❑ ~ à papa candy floss *Br*, cotton candy *Am*; fausse ~ false beard; femme à ~ bearded woman; vieille ~ (old) stick-in-the-mud, old fogey; rien que des vieilles ~s *fam* a bunch of wrinklies *Br* OU greybeards *Am*; il n'a pas encore de ~ au menton *fam* he's still wet behind the ears; elle a une longue ~ blanche, cette plaisanterie! *fam hum* that joke's got whiskers!; c'est la ~!, quelle ~! *fam* what a drag OU bore!; la ~! *fam* [pour faire taire] shut up!, shut your mouth!, shut your trap!; [pour protester] damn!, hell!, blast! -**2.** [d'animal] tuft of hairs, beard. -**3.** BOT beard, awn. -**4.** [filament - de plume] barb; [- de coton] tuft; [- de métal, de plastique] burr. -**5.** TECH beard, bolt toe.
◆ **barbes** *nfpl* [de papier] ragged edge; [d'encre] smudge.
◆ **à la barbe de** *loc prép*: faire qqch à la ~ de qqn to do sthg under sb's very nose.
◆ **dans sa barbe** *loc adv*: parler dans sa ~ to mutter under one's breath; il a marmonné quelque chose dans sa ~ he muttered something under his breath; rire dans sa ~ to laugh up one's sleeve.
◆ **en barbe** *loc adv* NAUT: mouiller en ~ to moor with two anchors ahead.

barbeau, x [barbo] *nm* -**1.** ZOOL barbel. -**2.** ▽ [souteneur] pimp. -**3.** BOT cornflower, bluebottle.

Barbe-Bleue [barbəblø] *npr* Bluebeard.

barbecue [barbəkju] *nm* -**1.** [appareil] barbecue (set); faire cuire de la viande au ~ to barbecue meat. -**2.** [repas] barbecue.

barbe-de-capucin [barbdəkapysɛ̃] (*pl* **barbes-de-capucin**) *nf* wild chicory.

barbelé, e [barbəle] *adj* barbed.

◆ **barbelé** *nm* barbed wire, barbwire *Am*; **derrière les ~s** behind the barbed wire.

barber *fam* [3] [barbe] *vt* -**1.** [lasser] to bore; **je vais lui écrire, mais ça me barbe!** I'll write to him, but what a drag! -**2.** [importuner] to hassle; **ne me barbe pas avec ces histoires!** don't hassle me with this stuff!

◆ **se barber** *vpi* to be bored stiff OU to tears OU to death; **qu'est-ce qu'on se barbe ici!** this place is so boring!

Barberousse [barbərus] *npr* Barbarossa.

Barbès [barbɛs] *npr district in north Paris with a large North African immigrant population.*

barbet, ette [barbɛ, ɛt] *nm, f* [chien] water spaniel.

◆ **barbet** *nm* ZOOL red mullet.

◆ **barbette** *nf* -**1.** VÊT barb. -**2.** MIL barbette.

barbiche [barbiʃ] *nf* goatee.

barbichette [barbiʃɛt] *nf* (small) goatee.

barbichu, e *fam* [barbiʃy] *adj* bearded.

◆ **barbichu** *nm* man with a goatee.

barbier [barbje] *nm* barber; **'le Barbier de Séville'** *Beaumarchais, Rossini* 'The Barber of Seville'.

barbillon [barbijɔ̃] *nm* -**1.** ZOOL barbel. -**2.** ▽ [souteneur] (young) pimp.

barbiturique [barbityrik] ◇ *adj* barbituric.
◇ *nm* barbiturate.

barbituromanie [barbityrɔmani] *nf* barbiturate addiction, barbiturism.

barbon [barbɔ̃] *nm litt* [homme - âgé] old man, greybeard; [- aux idées dépassées] (old) stick-in-the-mud.

barbotage [barbɔtaʒ] *nm* -**1.** *fam* [baignade] paddling, splashing about. -**2.** CHIM bubbling (through a liquid).

barbote [barbɔt] *nf* -**1.** [loche] loach. -**2.** [lotte] burbot, eelpout.

barboter [3] [barbɔte] ◇ *vi* -**1.** [s'ébattre] to paddle, to splash around OU about; **~ dans son bain** to splash around in one's bath. -**2.** [patauger] to wade. -**3.** CHIM: **faire ~ un gaz** to bubble a gas through (a liquid).
◇ *vt fam* [dérober] to pinch, to swipe.

◆ **barboter dans** *fam v + prép* -**1.** [être impliqué dans] to have a hand in; **~ dans des affaires louches** to be mixed up in some shady business; **un scandale où barbotent quelques ministres** a scandal several ministers are mixed up in. -**2.** [être empêtré dans]: **~ dans qqch** to be embroiled OU to stew in sthg; **je barbote dans ces histoires de divorce** I'm embroiled in this divorce business.

barboteur, euse *fam* [barbɔtœr, øz] ◇ *adj* light-fingered.
◇ *nm, f* pilferer.

◆ **barboteur** *nm* bubbler, wash bottle.

◆ **barboteuse** *nf* (pair of) rompers OU crawlers, playsuit.

barbouillage [barbujaʒ] *nm* -**1.** [application de couleur, de boue] daubing. -**2.** [fait d'écrire] scribbling, scrawling; [écrit] scribble, scrawl. -**3.** [tableau - de mauvais artiste] daub *péj*; [- d'enfant] scribbled picture; **à l'âge des premiers ~s** when a child first learns to draw.

barbouiller [3] [barbuje] *vt* -**1.** [salir]: **tu as barbouillé ton tablier!** you've dirtied your apron!; **~ qqch de qqch** to smear sthg with sthg; **son menton était barbouillé de confiture** his chin was smeared with jam. -**2.** [peindre] to daub; **~ des toiles** to mess about OU around with paint; **à son âge, elle ne fait encore que ~ du papier** at her age all she does is splash paint on paper; **~ qqch de peinture** to slap paint on sthg, to daub sthg with paint; **les lèvres barbouillées de rouge vif** her lips smeared with bright red lipstick || *(en usage abs)*: **je ne peins pas, je barbouille** I'm not really a painter, I just mess about with colours. -**3.** [gribouiller] to scrawl, to scribble; **il barbouille du papier** *pr* he's scribbling away; *fig & péj* he's just a scribbler. -**4.** *fam* [donner la nausée à] to nauseate; **ça me barbouille (l'estomac OU le cœur)** it turns my stomach; **avoir l'air barbouillé** to look green around the gills *hum*; **avoir l'estomac OU se sentir barbouillé** to feel queasy OU nauseated.

barbouilleur, euse [barbujœr, øz] *nm, f péj* [écrivain] scribbler; [peintre] dauber.

barbouillis [barbuji] = **barbouillage.**

barbouze▽ [barbuz] *nf* -**1.** [espion] spy. -**2.** [garde du corps] bodyguard, heavy; [intermédiaire] minder. -**3.** [barbe] beard.

barbu, e[1] [barby] *adj* bearded.

◆ **barbu** *nm* -**1.** [homme] bearded man, man with a beard. -**2.** ZOOL barbet.

barbue[2] [barby] *nf* ZOOL brill.

barcarolle [barkarɔl] *nf* barcarolle.

barcasse [barkas] *nf péj* boat, tub.

barcelonais, e [barsəlɔnɛ, ɛz] *adj* Barcelonese.

◆ **Barcelonais, e** *nm, f inhabitant of or person from Barcelona.*

Barcelone [barsəlɔn] *npr* Barcelona.

barda *fam* [barda] *nm* -**1.** MIL gear, kit *Br*. -**2.** [chargement] stuff, gear, paraphernalia.

bardage [bardaʒ] *nm* -**1.** [revêtement de maison] weatherboarding *Br*, siding *Am*. -**2.** [autour d'un tableau] (protective) boarding.

bardane [bardan] *nf* burdock.

barde [bard] ◇ *nm* [poète] bard.
◇ *nf* CULIN bard.

bardeau, x [bardo] *nm* -**1.** [tuile] shingle. -**2.** [bardage vertical] weather-board, clapboard *Am*. -**3.** [pour carrelage] lath. -**4.** = **bardot.**

barder [3] [barde] ◇ *vt* -**1.** CULIN to bard. -**2.** *arch* [cuirasser] to bard; **être bardé de** [être couvert de] to be covered in OU with; **coffre bardé de ferrures** chest bound with iron bands; **être bardé de diplômes** to have a string of academic titles.
◇ *v impers fam*: **ça barde!** all hell's broken loose!; **ça barde chez les voisins!** the neighbours are having a hell of a row *Br* OU spat *Am*!; **quand il a dit ça, ça a bardé!** things really turned nasty when he said that!; **ça va ~ si elle le retrouve!** there'll be hell to pay if she finds him!; **si je le retrouve, ça va ~!** if I find him, I'll give him something to remember me by!; **si tu ne te dépêches pas, ça va ~** you'll get it OU be for it if you don't hurry.

bardot [bardo] *nm* hinny.

barème [barɛm] *nm* -**1.** [tableau] ready reckoner. -**2.** [tarification] scale; **~ des prix** price list, schedule of prices; **~ des salaires** wage scale, variable sliding scale.

Barents [barɛ̃s] *npr* → **mer.**

barge [barʒ] *nf* -**1.** NAUT barge, lighter. -**2.** ZOOL godwit.

barguigner▽ [3] [bargiɲe] *vi*: **sans ~** without hesitation OU shillyshallying.

Bari [bari] *npr* Bari.

barigoule [barigul]

◆ **à la barigoule** *loc adj* CULIN: **artichauts à la ~** *artichokes stuffed with mushrooms and ham.*

baril [baril] *nm* [de vin] barrel, cask; [de poudre] keg; [de pétrole] barrel; [de lessive] pack.

barillet [barijɛ] *nm* -**1.** [baril] small barrel OU cask. -**2.** ARM & TECH cylinder.

bariolage [barjɔlaʒ] *nm* -**1.** [action] daubing with bright colours. -**2.** [motif] gaudy colour-scheme.

bariolé, e [barjɔle] *adj* [bigarré - tissu] motley, multicoloured, parti-coloured; [- foule] colourful.

barioler [3] [barjɔle] *vt* to cover with gaudy colours, to splash bright colours on.

bariolure [barjɔlyr] *nf* garish OU gaudy colours.

barjo(t)▽ [barʒo] *adj* nuts, bananas.

barmaid [barmɛd] *nf* barmaid.

barman [barman] (*pl* **barmans** OU **barmen** [-mɛn]) *nm* barman, bartender *Am*.

bar-mitsva [barmitsva] *nf inv* Bar Mitzvah.

barn [barn] *nm* barn PHYS.

baromètre [barɔmɛtr] *nm* barometer, glass; **le ~ est au beau fixe** the barometer is set OU reads fair; **le ~ est à la pluie** the barometer is set on rain; **~ de l'opinion publique** *fig* barometer OU indicator of public opinion ❑ **~ anéroïde** aneroid barometer.

barométrie [barɔmetri] *nf* barometry.

barométrique [barɔmetrik] *adj* barometric, barometer *(modif)*.

baron, onne [barɔ̃, ɔn] *nm, f* -**1.** [noble] baron (*f* baroness). -**2.** [magnat]: **~ de la finance** tycoon. -**3.** CULIN: **~ d'agneau** baron of mutton.

baronet [barɔnɛ] *nm* HIST baronet.

baronnage [barɔnaʒ] *nm* baronage.

baronnet [barɔnɛ] = **baronet.**

baronnie [barɔni] *nf* barony.

baroque [barɔk] ◇ *adj* -**1.** ARCHIT, BX-ARTS & LITTÉRAT baroque. -**2.** [étrange - idée] weird; **son short avec ses escarpins, ça fait un peu ~** *fam* her shorts and her court shoes look a bit weird together.
◇ *nm* Baroque.

baroquisant, e [barɔkizɑ̃, ɑ̃t] *adj* tending to the Baroque.

baroquisme [barɔkism] *nm* tendency towards the Baroque.

barotraumatisme [barɔtromatism] *nm* barotrauma.

baroud *fam* [barud] *nm* fighting, battle; **~ d'honneur** last stand; **pour moi, c'est un ~ d'honneur** it's my way of going out in style.

baroudeur [barudœr] *nm* [homme qui aime le combat] fighter; [homme qui a voyagé]: **il a un air de ~** he looks like he's been around a bit.

barouf▽ [baruf] *nm* racket, din; **faire du ~** [bruit] to kick up a racket; [scandale] to make a fuss.

barque [bark] *nf* small boat; **~ de pêcheur** small fishing boat; **mener sa ~** *fig* to look after oneself; **il est assez grand pour mener sa ~** he's old enough to look after himself; **il a bien/mal mené sa ~** he managed/didn't manage his affairs well.

barquette [barkɛt] *nf* -**1.** CULIN *boat-shaped tartlet.* -**2.** [emballage] carton, punnet.

barracuda [barakyda] *nm* barracuda.

barrage [baraʒ] *nm* -**1.** [réservoir] dam; [régulateur] weir, barrage; **~ (de retenue)** dam; **faire ~ à** to stand in the way of, to obstruct, to hinder ❑ **~ mobile** movable dam. -**2.** [dispositif policier]: **~ (de police)** police cordon; **~ routier** roadblock. -**3.** MIL: **~ roulant** creeping OU rolling barrage. -**4.** SPORT: **(match de) ~** play-off.

barrage-poids [baraʒpwa] (*pl* **barrages-poids**) *nm* gravity dam.

barrage-voûte [baraʒvut] (*pl* **barrages-voûtes**) *nm* arch OU arched dam.

barre [bar] *nf* -**1.** [tige - de bois] bar; [- de métal] bar, rod; **j'ai une ~ sur l'estomac/au-dessus des yeux** [douleur] I have a band of pain across my stomach/eyes ❑ **~ de chocolat** chocolate bar; **~ d'accouplement** AUT tie-rod; **~ antiroulis** NAUT anti-roll bar; **~ d'appui** handrail; **~ omnibus** ÉLECTR busbar; **~ de réaction** radius arm; **~ de remorquage** tow bar; **~ de torsion** AUT torsion bar; **coup de ~** *fam*: **j'ai le coup de ~** I feel tired all of a sudden. -**2.** SPORT: **~s asymétriques/parallèles** asymmetric/parallel bars; **~ à disques** barbell; **~ fixe** high OU horizontal bar || DANSE barre; **exercices à la ~** barre work OU exercises. -**3.** NAUT: **~ (de gouvernail)** [gén] helm; [sur un voilier] tiller; [sur un navire] wheel; **prendre la ~** *pr* to take the helm; *fig* to take charge; **être à la ~** to be at the helm, to steer; *fig* to be at the helm OU in charge. -**4.** [trait] line; **faire des ~s** to draw lines; **mets la ~ sur ton «T»** cross your "T" ❑ **~ de soustraction/fraction** subtraction/fraction line; **~ oblique** slash; **avoir ~ sur qqn** to have a hold over OU on sb. -**5.** [niveau] level; **le dollar est descendu au-dessous de la ~ des 6 francs** the dollar fell below the 6 francs level; **pour l'examen de physique, la ~ a été fixée à 12** the pass mark *Br* OU passing grade *Am* for the physics exam was set at twelve; **mettre OU placer la ~ trop haut** to set too high a standard; **à chaque fois, ils mettent la ~ plus haut** they keep making it harder to meet the target. -**6.** MUS: **~ (de mesure)** bar line. -**7.** JUR: **~ (du tribunal)** bar; **~ des témoins** witness box *Br* OU stand *Am*; **appeler qqn à la ~** to call sb to the witness box. -**8.** INF: **~ d'espacement** space bar. -**9.** GÉOG [crête] ridge; [banc de sable] sandbar; [houle] race. -**10.** NUCL & PHYS: **~ de contrôle** control rod. -**11.** HÉRALD bar.

barré, e [bare] *adj* -**1.** [chèque] crossed; **chèque non ~** open cheque *Br* OU check *Am*. -**2.** *loc*: **être bien/mal ~** *fam*: **on est mal ~ pour y être à 8 h** we haven't got a hope in hell OU we don't stand a chance of being there at 8; **on est bien ~s!** *iron*, **on est mal ~s!** (that's) great! *iron*, (that's) marvellous! *iron*; **c'est mal ~** it's got off to a bad start; **entre eux deux c'est mal ~** they started off on the wrong foot with each other.
◆ **barré** *nm* barré.

barreau, x [baro] *nm* -**1.** [de fenêtre] bar; [d'échelle] rung; **~ de chaise** *fam hum* fat cigar. -**2.** JUR: **le ~** the Bar; **être admis** OU **reçu au ~** to be called to the Bar; **être radié du ~** to be disbarred.

barrement [barmɑ̃] *nm* crossing.

barrer [3] [bare] ◇ *vt* -**1.** [bloquer - porte, issue] to bar, to block; [- voie, route] to bar; **les grévistes barrent la voie de chemin de fer** strikers are blocking the railway track; **la rue est temporairement barrée** the street has been temporarily closed; **~ le passage à qqn** to block sb's way ❑ **~ la route à qqn** *pr* & *fig* to stand in sb's way. -**2.** [rayer - chèque] to cross; [- erreur, phrase] to cross OU to score out *(sép)*, to strike out; **~ ses T** to cross one's Ts; **une profonde tranchée barrait le paysage** a deep trench scarred the landscape; **un pli lui barrait le front** he had a deep line running right across his forehead; **des éboulements barrent le torrent** fallen boulders are blocking the stream; **l'écharpe tricolore qui lui barrait la poitrine** the tricolor sash he wore across his chest. -**3.** NAUT to steer.
◇ *vi* NAUT to steer, to be at the helm.
◆ **se barrer** *fam vpi* -**1.** [s'enfuir] to beat it, to split, to clear off; **on se barre d'ici!** let's split!; **barre-toi de là, tu me gênes!** shift, you're in my way! -**2.** [se détacher] to come off; **y a ton foulard qui se barre** your scarf's coming off.

barrette [barɛt] *nf* -**1.** [pince]: **~ (à cheveux)** (hair) slide *Br*, barrette *Am*; **~ de médaille** medal bar. -**2.** COUT collar pin. -**3.** ÉLECTR: **~ de connexion** connecting strip. -**4.** RELIG biretta; **recevoir la ~** to be made a cardinal. -**5.** MIN helmet.

barreur, euse [barœr, øz] *nm, f* -**1.** [gén] helmsman. -**2.** [en aviron] coxswain, **avec ~** coxed; **sans ~** coxless.

barricade [barikad] *nf* barricade; **nous avons conquis ces libertés sur les ~s** we won those freedoms by going out in the streets and fighting for them; **être du même côté de la ~** to be on the same side of the fence.

barricader [3] [barikade] *vt* [porte, rue] to barricade.
◆ **se barricader** *vp (emploi réfléchi)* -**1.** [se retrancher] to barricade o.s. -**2.** [s'enfermer] to lock OU to shut o.s.; **il s'est barricadé dans sa chambre** he's locked OU shut himself in his room.

barrière [barjɛr] *nf* -**1.** [clôture] fence; [porte] gate; **~ de passage à niveau** level *Br* OU grade *Am* crossing gate. -**2.** [obstacle] barrier; **la ~ de la langue** the language barrier; **il n'y avait plus de ~ entre les deux amants** nothing further could come between the two lovers; **dresser** OU **mettre une ~ entre...** to raise a barrier between...; **faire tomber une ~/les ~s** to break down a barrier/the barriers ❑ **~ de dégel** *closure of road to heavy traffic during thaw*; **~s douanières** tariff OU trade barriers. -**3.** GÉOG: **~ naturelle** natural barrier; **la Grande Barrière** the Great Barrier Reef.

barrique [barik] *nf* barrel, cask.

barrir [32] [barir] *vi* [éléphant] to trumpet.

barrissement [barismɑ̃] *nm* trumpeting.

bartavelle [bartavɛl] *nf* rock partridge.

barycentre [barisɑ̃tr] *nm* barycentre.

baryte [barit] *nf* baryta, barium hydroxide.

baryton [baritɔ̃] *nm* [voix] baritone (voice); [chanteur] baritone; **saxophone ~** baritone saxophone.

baryum [barjɔm] *nm* barium.

barzoï [barzɔj] *nm* borzoi, Russian wolfhound.

bas[1] [ba] *nm* [de femme] stocking; **le visage dissimulé sous un ~** wearing a stocking mask; **des ~ avec/sans couture** seamed/seamless stockings; **~ fins** sheer stockings; **~ de soie** silk stocking; **~ de laine** *pr* woollen stocking; **qu'y a-t-il dans son ~ de laine?** *fig* how much money has he got under the mattress?, how big is his nest egg?; **le ~ de laine des Français** the savings of small OU small-time French investors; **~ (de) Nylon** nylon stocking; **~ résille** fishnet stocking; **~ à varices** support stocking.

bas[2], **basse** [ba, *devant nm commençant par voyelle ou h muet* baz, bas] *adj* **A.** DANS L'ESPACE -**1.** [de peu de hauteur - bâtiment, mur] low; [- herbes] low, short; [- nuages] low; **une petite maison basse** a squat little house; **une chaise basse** a low chair; **le tableau est trop ~, remonte-le un peu** the painting is too low OU far down, move it up a bit; **avoir le front ~** to be low-browed; **attrape les branches basses** grasp the lower OU bottom branches; **le soleil était ~ sur l'horizon** the sun was low on the horizon; **robe à taille basse** low-waisted dress; **à basse altitude** at (a) low altitude; **la partie basse du buffet** the lower part of the dresser; **la cave est basse de plafond** the cellar has a low ceiling. -**2.** [peu profond] low; **les eaux sont basses** the water level's low OU down; **la Seine est basse** the (level of the) Seine is low; **aux basses eaux** [de la mer] at low tide; [d'une rivière] when the water level is low; *fig* at a time of stagnation ❑ **c'est la basse mer** OU **marée basse** it's low tide, the tide is low; **à marée basse** at low tide, when the tide's out. -**3.** [incliné vers le sol]: **être assis la tête basse** to sit with one's head down; **marcher la tête basse** to hang one's head as one walks; **le chien s'enfuit, la queue basse** the dog ran away with its tail between its legs. -**4.** NAUT: **basses voiles, voiles basses** lower sails OU courses; **basses vergues** lower yards. -**5.** GÉOG: **les basses terres** the lowlands; **la basse Bretagne** the western part of Brittany; **les basses Alpes** the foothills of the Alps; **la basse vallée du Rhône** the lower Rhone valley; **la basse Loire/Seine** the lower Loire/Seine (valley).
B. DANS UNE HIÉRARCHIE -**1.** [en grandeur - prix, fréquence, pression etc] low; **à ~ prix** cheap, for a low price; **les ~ salaires** low salaries; **à basse température** [laver] at low temperatures; **le thermomètre est ~** temperatures are low; **la note la plus basse est 8** the lowest mark is 8; **les enchères sont restées très basses** the bidding didn't get off the ground; **le moral de l'équipe est ~** the team's in low spirits, morale in the team is low; **son moral est très ~** he's down, he's in very low spirits. -**2.** [médiocre - intérêt, rendement] low, poor; [- dans les arts] inferior, minor, crude; **le niveau de la classe est très ~** the (achievement) level of the class is very low; **c'est du ~ comique** it's low comedy; **c'est de la basse littérature** it's inferior literature ❑ **les basses cartes** JEUX the small OU low cards; **les ~ morceaux** [en boucherie] the cheap cuts. -**3.** [inférieur dans la société] low, lowly *litt*, humble; **de basse origine** of humble origin; **de basse condition** from a poor family ❑ **le ~ clergé** the minor clergy; **le ~ peuple** the lower classes OU orders *péj*. -**4.** MUS [grave - note] low, bottom *(modif)*; [- guitare, flûte] bass *(modif)*; **sa voix tremble dans les notes basses** her voice quavers in the bottom of the range; **le ton est trop ~, je ne pourrai pas le chanter** the piece is pitched too low, I won't be able to sing it; **une voix basse** a deep voice. -**5.** [peu fort] low, quiet; **parler à voix basse** to speak in a low OU quiet voice; **sur un ton ~** in hushed tones. -**6.** *péj* [abject, vil - âme] low, mean, villainous; [- acte] low, base, mean; [- sentiment] low, base, abject; **de basses compromissions** shabby compromises; **à moi toutes les basses besognes** I get stuck with all the dirty work ‖ [vulgaire - terme, expression] crude, vulgar. -**7.** LING: **~ allemand** Low German; **~ breton** Breton *(as spoken in southern Brittany)*. -**8.** [le plus récent]: **le Bas-Empire** the late Empire; **la basse latinité** late Roman times; **le ~ Moyen Âge** the Early Middle Ages.
◆ **bas** ◇ *adv* -**1.** [à faible hauteur, à faible niveau] low; **les oiseaux sont passés très ~** the birds flew very low; **la dernière étagère est placée trop ~** the last shelf is too low; **je mettrais l'étagère plus ~** I'd put the shelf lower down; **le thermomètre est descendu** OU **tombé très ~ cette nuit** temperatures dropped very low last night; **les prix ne descendront pas plus ~** prices won't come down any further; **leurs actions sont au plus ~** their shares have reached an all-time low; **elle est bien ~** [physiquement] she's very poorly; [moralement] she's very low OU down; **vous êtes tombé bien ~** [financièrement] you've certainly gone down in the world; [moralement] you've sunk really low; **il est tombé bien ~ dans mon estime** he's gone down a lot in my estimation; **plus ~, vous trouverez la boulangerie** [plus loin] you'll find the baker's a little further on; **j'habite deux maisons plus ~ que lui** I live two houses down from his place ‖ [dans un document]: **plus ~** below, further down OU on; **voir plus ~** see below ❑ **~ les masques: je sais tout maintenant, alors ~ les masques** I know everything now, so you can stop pretending; **~ les pattes!** *fam* hands off! -**2.** ACOUST [d'une voix douce] in a low voice; [d'une voix grave] in a deep voice; **mets le son plus ~** turn the sound down; **mets la musique tout ~** turn the music right down ❑ **il dit tout haut ce que les autres pensent tout ~** he voices the thoughts which others keep to themselves. -**3.** MUS low; **tu prends la deuxième mesure un peu trop ~** [à un chanteur, à un musicien] you're taking the second bar a bit too low. -**4.** VÉTÉR: **mettre ~** to give birth; **elle a mis ~ quatre chiots** she gave birth to four puppies. -**5.** NAUT: **mettre pavillon ~** to lower OU to strike the colours; **haler ~** to haul in OU down; **mettre ~ les feux** to draw the fires.
◇ *nm* -**1.** [partie inférieure - d'un pantalon, d'un escalier, d'une hiérarchie etc] bottom; [- d'un visage] lower part; **le ~ d'une robe** [partie inférieure] the bottom of a dress; **elle a le ~ du visage de son père** the bottom OU lower part of her face is like her father's ❑ **~ de pyjama** pyjama bottoms; **il dort en ~ de pyjama** he sleeps in his pyjama bottoms. -**2.** IMPR: **~ de casse** lower case; **lettre ~-de-casse** lower-case character. -**3.** CULIN: **~ de carré** prime chops (of veal). -**4.** NAUT: **le ~ de l'eau** low tide. -**5.** PÊCHE: **~ de ligne** trace, cast. -**6.** *litt* [ignominie] baseness, vileness; **se complaire dans le ~ et le vulgaire** to revel in base and vulgar things. -**7.** *loc*: **connaître des hauts et des ~** to have ups and downs.
◆ **basse** *nf* -**1.** MUS [partie] bass (part OU score); **basse chiffrée** figured bass; **basse continue** basso continuo; **basse contrainte** OU **obstinée** basso ostinato. -**2.** [voix d'homme] bass (voice); **basse chantante** basso cantante; **basse profonde** basso profundo ‖ [chanteur] bass; **la basse intervient à la sixième mesure** the bass comes in on the sixth bar. -**3.** [instrument - gén] bass (instrument); [- violoncelle] (double) bass. -**4.** GÉOG shoal, flat, sandbank.
◆ **à bas** ◇ *loc adv*: **mettre qqch à ~** to pull sthg down; **ils ont mis à ~ tout le quartier** they razed the whole district to the ground.
◇ *loc interj* down with; **à ~ la dictature!** down with dictatorship!
◆ **à bas de** *loc prép*: **se jeter/sauter à ~ de son cheval** to throw o.s./to jump off one's horse.
◆ **au bas de** *loc prép*: **au ~ des escaliers** at the foot OU bottom of the stairs; **au ~ de la page** at the foot OU bottom of the page; **au ~ de la**

hiérarchie/liste at the bottom of the hierarchy/list; au ~ du jardin at the bottom (end) OU far end of the garden.
◆ **de bas en haut** *loc adv* from bottom to top, from the bottom up; **regarder qqn de ~ en haut** to look sb up and down.
◆ **d'en bas** ◇ *loc adj*: **les voisins d'en ~** the people downstairs; **la porte d'en ~ est fermée** the downstairs door is shut.
◇ *loc adv* [dans une maison] from downstairs; [d'une hauteur] from the bottom; **elle est partie d'en ~** *fig* she worked her way up, she started from nowhere.
◆ **du bas** *loc adj* -**1.** [de l'étage inférieur]: **l'appartement du ~** the flat underneath OU below OU downstairs. -**2.** [du rez-de-chaussée] downstairs *(modif)*; **les chambres du ~** the downstairs rooms; **les volets du ~** the downstairs shutters. -**3.** [de l'endroit le moins élevé] lower; **le carreau du ~ est cassé** the lower pane is broken.
◆ **en bas** *loc adv* -**1.** [à un niveau inférieur - dans un bâtiment] downstairs, down; **je vais** OU **descends** *fam* **en ~** I'm going down OU downstairs; **passe par en ~, c'est plus court** [par l'étage inférieur] cut through downstairs, it's quicker; [par le jardin en contrebas] cut through the bottom of the garden, it's quicker; **la maison a deux pièces en ~ et deux en haut** the house has two rooms downstairs and two upstairs. -**2.** [dans la partie inférieure]: **prends le carton par en ~** take hold of the bottom of the box. -**3.** [vers le sol]: **je ne peux pas regarder en ~, j'ai le vertige** I can't look down, I feel dizzy; **le village semblait si petit, tout en ~** the village looked so small, down there OU below; **suspendre qqch la tête en ~** to hang sthg upside down.
◆ **en bas de** *loc prép*: **en ~ de la côte** at the bottom OU foot of the hill; **en ~ des marches** at the bottom OU foot of the stairs; **signez en ~ du contrat** sign at the bottom of the contract; **j'ai rangé les draps en ~ de l'armoire** I've put the sheets at the bottom of the wardrobe; **ils se retrouvent en ~ du classement général** they're now (at the) bottom of the league; **il s'est laissé glisser jusqu'en ~ de l'échelle** he slid down (to the bottom of) the ladder.

basal, e, aux [bazal, o] *adj* basal.

basalte [bazalt] *nm* basalt.

basaltique [bazaltik] *adj* basaltic.

basane [bazan] *nf* -**1.** [peau de mouton] sheepskin. -**2.** ▽ [peau] hide, skin. -**3.** *arg mil* [cavalerie] cavalry.

basané, e [bazane] ◇ *adj* -**1.** [bronzé - touriste] suntanned; [- navigateur] tanned, weather-beaten. -**2.** ▼ [à la peau foncée] dark-skinned.
◇ *nm, f* ▼ *racist term used with reference to dark-skinned people,* ≃ darky.

basaner [3] [bazane] *vt* to tan.

bas-bleu [bablø] *(pl* **bas-bleus**) *nm péj* bluestocking.

bas-côté [bakote] *(pl* **bas-côtés**) *nm* [de route] side, verge; [d'église] aisle.

basculant, e [baskylɑ̃, ɑ̃t] *adj* tip-up; **benne ~e** tipper (truck).

bascule [baskyl] *nf* -**1.** [balance] weighing machine; [pèse-personne] scales. -**2.** [balançoire] seesaw; **mouvement de ~** seesaw motion; **pratiquer une politique de ~** to change allies frequently. -**3.** TECH bascule; ~ **bistable** flip-flop ELECTRON.

basculement [baskylmɑ̃] *nm* [d'une pile] toppling over; [d'un récipient] tipping out OU over; **pour empêcher le ~ de l'électorat vers les verts** to prevent a swing to the green party.

basculer [3] [baskyle] ◇ *vi* -**1.** [personne] to topple, to fall over; [vase] to tip over; [benne] to tip up. -**2.** *fig*: **son univers a basculé** his world collapsed; ~ **dans: la pièce bascule soudain dans l'horreur** the mood of the play suddenly switches to horror; ~ **dans l'opposition** to go over to the opposition.
◇ *vt* [renverser - chariot] to tip up *(sép)*; [- chargement] to tip out *(sép)*; ~ **son vote sur...** to switch one's vote to...

basculeur [baskylœr] *nm* rocker switch.

base [baz] *nf* -**1.** [support] base; **à la ~ du cou** at the base of the neck; ~ **de maquillage** make-up base. -**2.** [fondement] basis, groundwork *(U)*, foundations; **établir qqch/reposer sur une ~ solide** to set sthg up/to rest on a sound basis; **établir** OU **jeter les ~s d'une alliance** to lay the foundations of OU for an alliance; **quelle est votre ~ de départ?** what's OU where's your starting point? -**3.** MIL: ~ **(aérienne/militaire/navale)** (air/army/naval) base; ~ **d'opérations/de ravitaillement** operations/supply base; **rentrer à la ~** to go back to base. -**4.** ASTRONAUT: ~ **de lancement** launching site. -**5.** POL: **la ~** the grass roots, the rank and file. -**6.** FIN: ~ **d'imposition** taxable amount. -**7.** GÉOM, INF & MATH base; ~ **d'un système numérique** base OU radix of a numeration system; **système de ~ cinq/huit** base five/eight system ❑ ~ **de données** database; ~ **de données relationnelles** relational database. -**8.** LING [en diachronie] root; [en synchronie] base, stem; [en grammaire générative] base component. -**9.** CULIN [d'un cocktail, d'une sauce] basic ingredient. -**10.** ÉLECTRON: ~ **de temps** clock. -**11.** CHIM base.
◆ **bases** *nfpl* [fondations] foundations, basis; **les ~s de la sémiotique** the basis of semiotics || [acquis] basic knowledge; **votre enfant n'a pas les ~s** your child lacks basic knowledge; **avoir de bonnes ~s en arabe/musique** to have a good grounding in Arabic/in music.
◆ **à base de** *loc prép*: **à ~ de café** coffee-based.
◆ **à la base** *loc adv* -**1.** [en son fondement]: **le raisonnement est faux à la ~** the basis of the argument is false. -**2.** [au début] at the beginning, to begin OU to start off with; **à la ~, nous étions un groupe de rock** to begin with OU originally, we were a rock band.
◆ **de base** *loc adj* -**1.** [fondamental - vocabulaire, industrie] basic; [- principe] basic, fundamental; **militant de ~** grassroots militant. -**2.** [de référence - salaire, traitement] basic. -**3.** LING base *(modif)*.

base-ball [bɛzbol] *(pl* **base-balls**) *nm* baseball.

baser [3] [baze] *vt* -**1.** [fonder]: ~ **qqch sur (qqch)** to base sthg on (sthg); ~ **une affirmation sur les faits** to base OU to ground an assertion on facts OU in fact; **tes soupçons ne sont basés sur rien** there are no grounds for your suspicions, your suspicions are groundless; ~ **une doctrine sur le libéralisme** to base a doctrine on liberalism. -**2.** MIL & COMM [installer] to base; **être basé à** to be based at OU in; **les soldats basés à Berlin** the soldiers based in Berlin, the Berlin-based soldiers; **aviation basée à terre** ground-based air force; **l'entreprise est basée à Lyon** the firm's based in Lyons.
◆ **se baser sur** *vp + prép* to base one's judgment on; **sur quoi te bases-tu?** what are your arguments based on?; **je me base sur les chiffres de l'année dernière** I've taken last year's figures as the basis for my calculations.

bas-fond [bafɔ̃] *(pl* **bas-fonds**) *nm* GÉOG & NAUT shallow, shoal.
◆ **bas-fonds** *nmpl litt*: **les ~s de New York** the slums of New York; **les ~s de la société** the dregs of society.

basic [bazik] *nm* INF basic.

basicité [bazisite] *nf* basicity.

basilic [bazilik] *nm* -**1.** BOT (sweet) basil. -**2.** MYTH & ZOOL basilisk.

basilique [bazilik] *nf* basilica; **la ~ Saint-Pierre** Saint Peter's Basilica.

basin [bazɛ̃] *nm* dimity.

basiphile [bazifil] *adj* basophilous.

basique [bazik] *adj* basic CHEM.

basket [baskɛt] ◇ *nm* OU *nf* [chaussure]: ~**s** trainers *Br*, sneakers *Am*.
◇ *nm fam* = **basket-ball**.

basket-ball [baskɛtbol] *(pl* **basket-balls**) *nm* basketball.

basketteur, euse [baskɛtœr, øz] *nm, f* basketball player.

basquaise [baskɛz] *adj f* & *nf* Basque.
◆ **(à la) basquaise** *loc adj* CULIN basquaise, with a tomato and ham sauce.

basque¹ [bask] *nf* COUT basque; **s'accrocher** OU **se pendre aux ~s de qqn** to dog sb's footsteps, to stick to sb like glue; **cet enfant est toujours pendu à mes ~s** that child just won't let go of me.

basque² [bask] *adj* Basque; **le Pays ~** the Basque Country; **au Pays ~** in the Basque Country.
◆ **Basque** *nmf* Basque.
◆ **basque** *nm* LING Basque.

bas-relief [barəljɛf] *(pl* **bas-reliefs**) *nm* bas OU low relief.

basse [bas] *f* → **bas** *adj*.

basse-cour [baskur] *(pl* **basses-cours**) *nf* -**1.** [lieu] farmyard. -**2.** [volaille]: **(animaux de) ~** poultry; **toute la ~ était en émoi** the hens and chickens were extremely agitated.

bassement [basmɑ̃] *adv* [agir] basely, meanly; **sa visite était ~ intéressée** his visit was motivated by self-interest; **question ~ intéressée, as-tu de quoi payer mon repas?** *hum* I hate to mention this, but have you got enough to pay for my meal?

bassesse [basɛs] *nf* -**1.** [caractère vil] baseness; [servilité] servility; **il ne poussera pas la ~ jusque-là** he won't stoop that low. -**2.** [action - mesquine] base OU despicable act; [- servile] servile act; **il ne reculera devant aucune ~** he will stoop to anything; **faire des ~s** to behave despicably.

basset [basɛ] *nm* basset (hound).

bassin [basɛ̃] *nm* -**1.** ANAT pelvis. -**2.** [piscine] pool; [plan d'eau] pond, ornamental lake; **il y a un petit ~ pour les enfants** there's a paddling pool. -**3.** [récipient] basin, bowl; ~ **de lit** bedpan. -**4.** ÉCOL: ~ **de décantation** settling tank. -**5.** GÉOG basin; ~ **houiller** coal basin; ~ **sédimentaire** sedimentary basin; **le Bassin d'Aquitaine** the Aquitaine Basin; **le Bassin parisien** the Paris Basin; **le Bassin rouge** the Red Basin. -**6.** NAUT dock; ~ **de radoub** dry dock.

bassinant, e *fam* [basinɑ̃, ɑ̃t] *adj* boring; **elle est vraiment ~e** she's a real pain in the neck.

bassine [basin] *nf* basin, bowl; ~ **à confiture** preserving pan.

bassiner [3] [basine] *vt* -**1.** [chauffer] to warm *(with a warming pan)*. -**2.** [humecter] to moisten. -**3.** *fam* [ennuyer] to bore; **il nous bassine avec ses histoires de cœur** we're bored stiff hearing about his love affairs; **tu nous bassines avec Georgette!** stop going on and on about Georgette!

bassinet [basinɛ] *nm* -**1.** ANAT renal pelvis. -**2.** HIST bascinet, basinet.

bassinoire [basinwar] *nf* -**1.** [à lit] warming pan. -**2.** *fam* [importun] old bore, pain in the neck, crashing bore.

bassiste [basist] *nmf* -**1.** [guitariste] bass guitarist. -**2.** [contrebassiste] double bass player.

basson [basɔ̃] *nm* -**1.** [instrument] bassoon. -**2.** [musicien] = **bassoniste**.

bassoniste [basɔnist] *nm* bassoonist.

Bassora [basɔra] *npr* Basra, Basrah.

basta *fam* [basta] *interj* (that's) enough; **je la rembourse et puis ~!** I'll give her her money back and then that's it!; **je termine la page 14 et ~!** I'll finish page 14 and then that's it!

bastide [bastid] *nf* -**1.** [maison] Provençal cottage; [ferme] Provençal farmhouse. -**2.** HIST walled town *(in southwest France)*.

bastille [bastij] *nf* -**1.** [fort] fortress. -**2.** [à Paris]: **la Bastille** [forteresse] the Bastille; [quartier] Bastille, the Bastille area; **la prise de la Bastille** the storming of the Bastille ❑ **l'Opéra-Bastille** the Bastille opera house.

BASTILLE:
The Bastille, a state prison and a symbol of Ancien Régime tyranny, fell to the people of Paris on 14 July 1789, marking the beginning of the Revolution.
The square where the Bastille once stood is now the home of the Paris opera house, known as "l'Opéra-Bastille".

bastingage [bastɛ̃gaʒ] *nm* -**1.** NAUT rail; **par-dessus le ~** overboard. -**2.** HIST bulwark.

bastion [bastjɔ̃] *nm* -**1.** CONSTR bastion. -**2.** [d'une doctrine, d'un mouvement] bastion; **~ du socialisme** socialist stronghold, bastion of socialism; **les derniers ~s de la chrétienté** the last outposts OU bastions of Christianity.

baston▽ [bastɔ̃] *nf* : **il y a eu de la ~** there was a bit of trouble.

bastonnade [bastɔnad] *nf* beating.

bastos [bastos] *nf arg crime* bullet, slug.

bastringue▽ [bastrɛ̃g] *nm* -**1.** [attirail] stuff, junk, clobber *Br*; **et tout le ~** and the whole bag of tricks, and all the whole shebang. -**2.** [bal] (sleazy) dance hall. -**3.** [orchestre] dance band.

bas-ventre [bavɑ̃tr] (*pl* **bas-ventres**) *nm* (lower) stomach, pelvic area.

bat. *abr écrite de* **bâtiment**.

bât [ba] *nm* packsaddle; **cheval de ~** pack-horse; **c'est là que** OU **où le ~ blesse** that's where the shoe pinches.

bataclan *fam* [bataklɑ̃] *nm*: **et tout le ~** and the whole caboodle OU shebang.

bataille [bataj] *nf* -**1.** [combat] battle, fight; **~ aérienne** [à grande échelle] air battle; [isolée] dogfight; **~ aéronavale** sea-air battle; **~ de boules de neige** snowball fight; **~ de polochons** pillow fight; **~ de rue** street fight OU brawl; **~ rangée** pitched battle; **~ électorale** electoral contest; **arriver après la ~** *fig* to arrive when it's all over bar the shouting. -**2.** JEUX ≃ beggar-my-neighbour; **~ navale** battleships.

◆ **en bataille** *loc adj* -**1.** MIL in battle order. -**2.** [en désordre]: **avoir les cheveux en ~** to have tousled hair; **avoir les sourcils en ~** to have bushy eyebrows, to be beetle-browed.

batailler [3] [bataje] *vi* -**1.** [physiquement] to fight, to scuffle; **il est toujours prêt à ~** he's always spoiling for a fight. -**2.** *fig* to struggle, to fight; **on a bataillé dur pour avoir ce contrat** we fought OU struggled hard to win this contract; **je bataille contre leur désordre** I wage a constant battle against their untidiness.

batailleur, euse [batajœr, øz] ◇ *adj* [agressif] quarrelsome, rowdy.
◇ *nm, f* fighter; **c'est un ~** [agressif] he's always spoiling OU ready for a fight.

bataillon [batajɔ̃] *nm* -**1.** MIL battalion. -**2.** [foule]: **un ~ de** scores of, an army of.

bâtard, e [batar, ard] ◇ *adj* -**1.** [enfant] illegitimate; [animal] crossbred; **chien ~** mongrel. -**2.** [genre, œuvre] hybrid; [solution] half-baked, ill thought-out.
◇ *nm, f* illegitimate child; *péj* bastard.

◆ **bâtard** *nm* [pain] short French stick *Br* OU baguette.

◆ **bâtarde** *nf* slanting round-hand writing.

bâtardeau, x [batardo] *nm* cofferdam.

bâtardise [batardiz] *nf* illegitimacy, bastardy *péj & litt.*

batavia [batavja] *nf* batavia lettuce.

bâté, e [bate] *adj*: **âne ~** dunce, numskull.

bateau, x [bato] *nm* -**1.** [navire, embarcation] boat, ship; **je prends le ~ à Anvers/à 10 h** I'm sailing from Antwerp/at 10; **faire du ~** [en barque, en vedette] to go boating; [en voilier] to go sailing ❑ **~ à moteur/rames** motor/rowing boat; **~ hôtel** boatel; **~ de pêche** fishing boat; **~ de plaisance** pleasure boat OU craft; **~ pneumatique** rubber boat, dinghy; **~ à vapeur** steamboat, steamer; **~ à voiles** yacht OU sailing boat; **mener** OU **conduire qqn en ~** *fam* to lead sb up the garden path, to take sb for a ride; **monter un ~ à qqn** *fam* to set sb up. -**2.** [charge]: **un ~ de charbon** a boatload of coal. -**3.** [sur le trottoir] dip (in the pavement), driveway entrance.

◆ **bateau** *adj inv* -**1.** COUT: **col** OU **encolure ~** boat neck, bateau neckline. -**2.** [banal] hackneyed; **un sujet ~** an old chestnut.

bateau-citerne [batositɛrn] (*pl* **bateaux-citernes**) *nm* tanker.

bateau-feu [batofø] (*pl* **bateaux-feux**) *nm* lightship.

bateau-lavoir [batolavwar] (*pl* **bateaux-lavoirs**) *nm* washhouse *(on a river)*.

bateau-mouche [batomuʃ] (*pl* **bateaux-mouches**) *nm* river boat *(on the Seine)*.

bateau-phare [batofar] (*pl* **bateaux-phares**) = **bateau-feu**.

bateau-pilote [batopilɔt] (*pl* **bateaux-pilotes**) *nm* pilot ship OU boat.

bateau-pompe [batopɔ̃p] (*pl* **bateaux-pompes**) *nm* fireboat.

batelage [batlaʒ] *nm* -**1.** [transport] ferry transport. -**2.** [salaire] lighterage.

bateleur, euse [batlœr, øz] *nm, f* tumbler, street entertainer.

batelier, ère [batəlje, ɛr] ◇ *adj* inland waterways *(modif)*.
◇ *nm, f* [marinier] boatman (*f* boatwoman); [sur un bac] ferryman (*f* ferrywoman).

batellerie [batɛlri] *nf* -**1.** [activité] inland waterways transport. -**2.** [flotte] inland OU river fleet.

bâter [3] [bate] *vt* to put a packsaddle on.

bat-flanc [baflɑ̃] *nm inv* [cloison - de dortoir] wooden partition; [- d'écurie] bail.

bath *fam* [bat] *adj inv vieilli* super, super-duper, great.

bathymètre [batimɛtr] *nm* bathometer, bathymeter.

bathymétrie [batimetri] *nf* bathymetry.

bathymétrique [batimetrik] *adj* bathymetric.

bathyscaphe [batiskaf] *nm* bathyscaph, bathyscaphe.

bathysphère [batisfɛr] *nf* bathysphere.

bâti, e [bati] *adj* -**1.** [personne]: **être bien ~** to be well-built; **être ~ en force** to have a powerful build, to be powerfully built. -**2.** [terrain] built-up, developed.

◆ **bâti** *nm* -**1.** COUT [technique] basting, tacking; [fil] tacking; **défais le ~** take out the tacking. -**2.** [cadre] frame, stand; **~ d'assemblage** assembly jig.

batifolage [batifɔlaʒ] *nm* -**1.** [amusement] frolicking. -**2.** [flirt] flirting.

batifoler [3] [batifɔle] *vi* -**1.** [s'amuser] to frolic. -**2.** [flirter] to flirt.

batik [batik] *nm* batik.

bâtiment [batimɑ̃] *nm* -**1.** [édifice] building; **~s de ferme/d'usine** farm/factory buildings; **les ~s d'exploitation** the sheds and outhouses (of a farm). -**2.** [profession]: **le ~** the building trade, the construction industry; **être dans le ~** to be a builder OU in the building trade ❑ **quand le ~ va, tout va** a busy building trade is the sign of a healthy economy. -**3.** NAUT ship, (seagoing) vessel; **~ de charge** freighter; **~ de guerre** warship; **~ de haut bord** ship of the line; **~ léger** light craft.

bâtir [32] [batir] *vt* -**1.** CONSTR to build; **se faire ~ une maison** to have a house built ❑ **~ (qqch) sur le sable** to build (sthg) on sand; **~ des châteaux en Espagne** to build castles in the air. -**2.** [créer - fortune] to build up *(sép)*; [- foyer] to build; **bâtissons l'avenir ensemble** let's work together to build our future. -**3.** COUT to baste, to tack.

◆ **à bâtir** *loc adj* -**1.** CONSTR [pierre, terrain] building *(modif)*. -**2.** COUT basting *(modif)*, tacking *(modif)*.

bâtisse [batis] *nf péj* building; **une grande ~** a big barn of a place.

bâtisseur, euse [batisœr, øz] *nm, f* builder; **~ d'empires** *fig* empire builder.

batiste [batist] *nf* batiste, cambric.

bâton [batɔ̃] *nm* -**1.** [baguette - gén] stick; [- d'agent de police] truncheon *Br*, billy (club) *Am*; [- de berger] staff, crook; [- de skieur] pole; **~ de maréchal** *pr* marshal's baton; **cette nomination, c'est son ~ de maréchal** *fig* this appointment is the high point of her career; **~ de pèlerin** *pr* pilgrim's staff; **prendre son ~ de pèlerin** *fig* to go on a crusade; **être le ~ de vieillesse de qqn** to be the staff of sb's old age; **~ merdeux**▼ [personne] shit; [situation] shitty situation; **mettre des ~s dans les roues à qqn** [continuellement] to impede sb's progress; [en une occasion] to throw a spanner *Br* OU wrench *Am* in the works for sb. -**2.** [barreau]: **~ de chaise** chair rung. -**3.** [de craie, de dynamite, de réglisse] stick; **~ de rouge à lèvres** lipstick. -**4.** SCOL [trait] (vertical) line; **faire des ~s** to draw vertical lines; **à l'âge où les enfants font des ~s** at the age when children are in the earliest stages of learning to write. -**5.** ▽ [dix mille francs] ten thousand francs; **10 ~s** one hundred thousand francs.

◆ **à bâtons rompus** ◇ *loc adj* -**1.** MENUIS: **parquet à ~s rompus** herringbone flooring. -**2.** [conversation] idle.
◇ *loc adv*: **parler à ~s rompus** to make casual conversation.

bâtonnat [batɔna] *nm* ≃ office of President of the Bar.

bâtonner [3] [batɔne] *vt* to beat with a stick.

bâtonnet [batɔnɛ] *nm* -**1.** [petit bâton] stick; **~ de manucure** orange stick. -**2.** ANAT: **~ de la rétine** retinal rod.

bâtonnier [batɔnje] *nm* ≃ President of the Bar.

batracien [batrasjɛ̃] *nm* batrachian.

battage [bataʒ] *nm* -**1.** [du blé] threshing; [de l'or, d'un tapis] beating. -**2.** *fam* [publicité] ballyhoo *Am*, hype; **faire du ~ autour d'un livre** to hype (up) a book, to ballyhoo *Am* a book; **ils font tout un ~ pour sa pièce** his play is getting a lot of hype ❑ **~ médiatique** media hype.

battant, e [batɑ̃, ɑ̃t] ◇ *adj*: **porte ~e** [bruyante] banging door; [laissée ouverte] swinging door; [à battant libre] swing door; **le cœur ~** with beating heart; **sous une pluie ~e** in the driving OU pelting rain.
◇ *nm, f* fighter *fig*; **c'est une ~e!** she's a real fighter!

◆ **battant** *nm* -**1.** [d'une cloche] clapper, tongue. -**2.** [vantail, volet] flap; **le ~ droit était ouvert** the right half (of the double door) was open.

batte [bat] *nf* -**1.** SPORT bat; **~ de base-ball/cricket** baseball/cricket bat. -**2.** CULIN: **~ à beurre** dasher. -**3.** [outil - maillet] mallet; [- tapette] beater.

battement [batmɑ̃] *nm* -**1.** [mouvement - des ailes] flapping; [- des paupières] flutter; **~ de mains** clapping, applause. -**2.** SPORT: **~ des jambes** leg movement. -**3.** [d'une porte] banging, beating. -**4.** [rythme du cœur, du pouls] beating, throbbing, beat; **je sens les ~s de son cœur** I can feel her heart beating ❑ **j'ai des ~s de cœur** [palpitations] I suffer from palpitations; [émotion] my heart's beating OU pounding. -**5.** [pause] break; **un ~ de 10 minutes** a 10-minute break ‖ [attente] wait; **j'ai une heure de ~ entre la réunion et le déjeuner** I have an hour between the meeting and lunch.

batterie [batri] *nf* -**1.** MIL battery; **mettre une arme en ~** to put a gun in battery ❑ **~ antichars** antitank battery; **~ de canons** battery of artillery OU guns. -**2.** AUT, ÉLECTR & PHYS battery; **~ d'accumulateurs** battery of accumulators; **~ de cellules solaires** solar-powered battery; **recharger** OU **regonfler ses ~s** *fig* to recharge one's batteries. -**3.** MUS [en jazz, rock, pop] drums, drum kit; [en musique classique] percussion instruments; [roulement] drum roll; **tenir la ~** to play the OU to be on drums; **Harvey Barton à la ~** Harvey Barton on drums. -**4.** [série] battery; **~ de piles** batteries; **~ de tests/mesures** battery of tests/of measures ❑ **~ de cuisine** *pr* set of kitchen utensils; **les officiers avec leur ~ de cuisine** *hum* the officers with all their gongs *Br* OU decorations. -**5.** DANSE batterie.

batteur [batœr] *nm* -**1.** MUS drummer. -**2.** [appareil]: **~ (à œufs)** egg beater OU whisk. -**3.** [ouvrier] beater; AGR thresher. -**4.** [au cricket] batsman; [au base-ball] batter.

batteuse [batøz] *nf* -**1.** AGR thresher, threshing machine. -**2.** MÉTALL beater.

battle-dress [batœldrɛs] *nm inv* battle-dress.

battoir [batwar] *nm* [pour laver] beetle, battledore.

◆ **battoirs** *fam nmpl* (great) paws, mitts.

battre [83] [batr] ◇ *vt* -**1.** [brutaliser - animal] to beat; [- personne] to batter; ~ **qqn à mort** to batter sb to death; **il m'énerve tellement que je le battrais!** he annoys me so much that I could hit him! ❑ ~ **en brèche** [mur] to breach; [gouvernement] to topple; [politique] to drive a coach and horses through *Br*, to demolish; ~ **qqn comme plâtre** to beat sb severely; ~ **sa coulpe** to beat one's breast. -**2.** [vaincre - adversaire] to beat, to defeat; **Bordeaux s'est fait ~ 2 à 0** Bordeaux were beaten OU defeated 2 nil; ~ **qqn aux échecs** to defeat OU to beat sb at chess; **se tenir pour** OU **s'avouer battu** to admit defeat ❑ ~ **qqn à plate couture** OU **plates coutures** to beat sb hollow. -**3.** [surpasser - record] to beat; ~ **tous les records** *pr & fig* to set a new record; **j'ai battu tous les records de vitesse pour venir ici** I must have broken the record getting here; **cet hiver, nous battrons tous les records de froid** this winter will be the coldest on record. -**4.** [frapper - tapis, or] to beat (out); [- blé, grain] to thresh; ~ **qqch à froid** to cold-hammer sthg ❑ ~ **froid à qqn** to cold-shoulder sb; ~ **la semelle** to stamp one's feet *(to keep warm)*; ~ **monnaie** to mint (coins); **il faut ~ le fer quand il est chaud** *prov* strike while the iron is hot *prov*. -**5.** [remuer - beurre] to churn; [- blanc d'œuf] to beat OU to whip (up), to whisk; **œufs battus en neige ferme** stiffly beaten egg whites; **battez le sucre avec le beurre** cream together the sugar and the butter; ~ **l'air de ses bras** *fig* to beat the air with one's arms. -**6.** [sillonner]: ~ **le secteur** to scour OU to comb the area; **battant les bois pour retrouver l'enfant** combing (every inch of) the woods to find the missing child; ~ **le pavé parisien** to roam the streets of Paris; ~ **les buissons** CHASSE to beat the bushes ❑ ~ **la campagne** OU **le pays** *pr* to comb the countryside; *fig* to be in one's own little world. -**7.** JEUX: ~ **les cartes** to shuffle the cards OU pack. -**8.** MUS [mesure] to beat (out); MIL & MUS [tambour] to beat (on); ~ **la générale** to sound the call to arms; ~ **le rappel** to drum up troops; ~ **le rappel de la famille/du parti** *fig* to gather the family/party round ❑ ~ **(le) tambour** OU **la grosse caisse** *fam* to make a lot of noise; **mon cœur bat la breloque** I've got a bad heart; **mon cœur bat la chamade** my heart's racing. -**9.** NAUT: ~ **pavillon** to sail under OU to fly a flag; **un navire battant pavillon britannique** a ship flying the British flag. -**10.** *loc*: ~ **son plein** [fête] to be in full swing.

◇ *vi* -**1.** [cœur, pouls] to beat, to throb; [pluie] to lash, to beat down; [porte] to rattle, to bang; [store] to flap. -**2.** *loc*: ~ **en retraite** *pr* to retreat; *fig* to beat a retreat.

◆ **battre de** *v + prép*: ~ **des mains** to clap one's hands; ~ **des paupières** [d'éblouissement] to blink; [pour séduire] to flutter one's eyelashes; **l'oiseau bat des ailes** *pr* [lentement] the bird flaps its wings; [rapidement] the bird flutters its wings ❑ ~ **de l'aile** to be in a bad way.

◆ **se battre** ◇ *vp (emploi réciproque)* to fight, to fight (with) one another; **se ~ à mains nues** to fight with one's bare hands; **se ~ à l'épée/au couteau** to fight with swords/knives; **se ~ en duel** to fight (each other in) a duel; **ne vous battez pas, il y en a pour tout le monde** *fig* don't get excited, there's enough for everyone; **on se bat pour assister à ses cours** people are falling over each other to get into his classes; **surtout ne vous battez pas pour m'aider!** *iron* don't all rush to help me! ❑ **se ~ comme des chiffonniers** to fight like cats and dogs.

◇ *vpi* -**1.** [lutter] to fight; **se ~ avec/contre qqn** to fight with/against sb ❑ **se ~ contre des moulins à vent** to tilt at windmills. -**2.** *fig* to fight, to struggle; **j'ai dû me ~ pour pouvoir entrer/sortir** I had to fight my way in/out; **il faut se ~ pour le faire coucher à huit heures!** it's a real struggle to get him to bed at eight!; **je me suis battu pour qu'il accepte** I had a tough time getting him to accept; **nous nous battons pour la paix/contre l'injustice** we're fighting for peace/against injustice; **se ~ contre la maladie** to struggle OU to fight against disease; **je suis obligé de me ~ avec la serrure chaque fois que je rentre** *hum* I have to struggle OU to do battle *hum* with the lock every time I come home.

◇ *vpt* [frapper]: **se ~ les flancs** to struggle pointlessly; **je m'en bats l'œil**▽ I don't give a tinker's cuss.

battu, e[1] [baty] *adj* -**1.** [maltraité] battered. -**2.** [vaincu] beaten, defeated; **partir** OU **être ~ d'avance** to have a defeatist attitude. -**3.** [or, fer] beaten.

battue[2] [baty] *nf* -**1.** CHASSE battue, beat. -**2.** [recherche] search (through an area).

batture [batyr] *nf Can* sand bar.

bau, x [bo] *nm* beam.

baud [bo] *nm* baud.

baudelairien, enne [bodlɛrjɛ̃, ɛn] *adj* of Baudelaire, Baudelairean.

baudet [bodɛ] *nm* -**1.** [âne] donkey, ass. -**2.** MENUIS sawhorse, trestle.

baudrier [bodrije] *nm* -**1.** [bandoulière] baldric. -**2.** SPORT harness.

baudroie [bodrwa] *nf* angler (fish).

baudruche [bodryʃ] *nf* -**1.** [peau] goldbeater's skin. -**2.** *fam* [personne] windbag.

bauge [boʒ] *nf* -**1.** [gîte] wallow. -**2.** [lieu sale] pigsty.

Bauhaus [boos] *npr m*: **le ~** the Bauhaus.

baume [bom] *nm* balsam, balm; ~ **de benjoin** friar's balsam; ~ **du Canada** Canada balsam; ~ **du Pérou** Peru balsam, balsam of Peru; ~ **de Tolu** tolu; **mettre un peu de ~ au cœur de qqn** *fig* to soothe sb's aching heart; **si ça peut te mettre du ~ au cœur** if it's any consolation (to you).

baumé [bome] *nm* Baumé scale.

baumier [bomje] = **balsamier**.

baux [bo] *pl* → **bail, bau**.

bauxite [boksit] *nf* bauxite.

bavard, e [bavar, ard] ◇ *adj* [personne] talkative; [roman, émission] wordy, long-winded; **elle n'était pas bien ~e ce soir** she hardly said a word OU she wasn't in a talkative mood tonight ❑ **il est ~ comme une pie** he can talk the hind leg off a donkey.

◇ *nm, f*: **quelle ~e celle-là!** *fam* she's a real chatterbox!; **attention, c'est une ~e!** watch out, she can't keep quiet!; **les ~s, on leur règle leur compte!** [délateurs] we know how to deal with informers!

bavardage [bavardaʒ] *nm* chatting, chattering; **puni pour ~** SCOL punished for talking in class.

◆ **bavardages** *nmpl* [conversation] chatter *(U)*; *péj* [racontars] gossip *(U)*.

bavarder [3] [bavarde] *vi* -**1.** [parler] to chat, to talk; ~ **avec qqn** to (have a) chat with sb; **on bavardait des heures au téléphone** we used to talk for hours on the phone; **avec qui tu bavardes?** who are you chatting to? -**2.** *péj* [médire] to gossip. -**3.** *fam* [à la police] to talk, to blab, to squeal.

bavarois, e [bavarwa, az] *adj* Bavarian.

◆ **Bavarois, e** *nm, f* Bavarian.

◆ **bavarois** *nm* LING Bavarian.

◆ **bavaroise** *nf* CULIN Bavarian cream.

bavasser *fam* [3] [bavase] *vi péj* to natter, to yak.

bave [bav] *nf* [d'un bébé] dribble; [d'un chien] slobber, slaver; [d'un malade] foam, froth; [d'un escargot] slime; **la ~ du crapaud n'atteint pas la blanche colombe** *prov* sticks and stones may break my bones, but names will never hurt me.

baver [3] [bave] *vi* -**1.** [bébé] to dribble, to drool, to slobber; [chien] to slaver, to slobber; [malade] to foam OU to froth at the mouth; ~ **d'envie à la vue de qqch** to drool over sthg; **j'avais des bottes neuves, tous les copains en bavaient!** *fam fig* I had a pair of brand new boots, all my friends were green (with envy)!; ~ **d'admiration devant qqn** to worship the ground sb walks on. -**2.** *fam loc*: **en ~** [souffrir] to have a rough OU hard time of it; **on va t'en faire ~ à l'armée** they'll make you sweat blood OU they'll put you through it in the army; **tu n'as pas fini d'en ~!** you've got a hard slog *Br* OU road ahead of you!; **en ~ des ronds de chapeau** [être étonné] to have eyes like saucers; [avoir des difficultés] to go through the mill, to have a rough time of it.

◆ **baver sur** *fam v + prép* [médire de] to slander.

bavette [bavɛt] *nf* -**1.** [bavoir] bib. -**2.** [viande]: ~ **(d'aloyau)** top of sirloin. -**3.** AUT mudguard.

baveux, euse [bavø, øz] *adj* [bouche] drooling; [baiser] wet; [omelette] runny.

Bavière [bavjɛr] *npr f*: **(la) ~** Bavaria.

bavoir [bavwar] *nm* bib.

bavure [bavyr] *nf* -**1.** IMPR smudge, ink stain. -**2.** INDUST burr. -**3.** [erreur] flaw, mistake; **un spectacle sans ~** a faultless OU flawless show ❑ ~ **(policière)** police error; **il y a eu une ~ des forces de l'ordre** the police have made a serious blunder.

bayadère [bajadɛr] ◇ *nf* [danseuse] bayadere.

◇ *adj* [rayé] bayadere *(modif)*, striped.

bayer [3] [baje] *vi*: ~ **aux corneilles** *pr* to stand gaping; [être inactif] to stargaze.

bayonnais, e [bajɔnɛ, ɛz] *adj* from Bayonne.

◆ **Bayonnais, e** *nm, f inhabitant of or person from Bayonne.*

bayou [baju] *nm* bayou.

bazar [bazar] *nm* -**1.** [souk] bazaar, bazar; [magasin] general store, dime store *Am*. -**2.** *fam* [désordre] clutter, shambles *(sg)*; **quel ~, cette chambre!** what a shambles OU mess this room is! -**3.** *fam* [attirail] stuff, junk, clobber *Br*; **et tout le ~!** and the whole caboodle OU shebang!

◆ **de bazar** *loc adj péj* [psychologie, politique] half-baked, two-bit *Am (avant n)*.

bazarder *fam* [3] [bazarde] *vt* [jeter] to dump, to chuck (out).

bazooka [bazuka] *nm* bazooka.

BCBG (*abr de* **bon chic bon genre**) *adj inv term used to describe an upper-class lifestyle reflected especially in expensive but conservative clothes*; **elle est très ~** ≈ she's really Sloany *Br*; **il est très ~** ≈ he's a real preppie type *Am*.

BCG® (*abr de* **bacille Calmette-Guérin**) *nm* BCG.

bcp *abr écrite de* **beaucoup**.

bd *abr écrite de* **boulevard**.

BD, bédé [bede] *nf abr de* **bande dessinée**.

bdc (*abr écrite de* **bas de casse**) lc.

beagle [bigœl] *nm* beagle.

béance [beɑ̃s] *nf litt* wide opening, yawning gap.

béant, e [beɑ̃, ɑ̃t] *adj* [ouvert - gouffre] gaping, yawning; [- plaie] gaping, open; [bouche, yeux - de surprise, d'étonnement] openmouthed; **être ~ d'admiration** to be open-mouthed OU agape *litt* with admiration.

béarnais, e [bearnɛ, ɛz] *adj* from the Béarn.

◆ **Béarnais, e** *nm, f inhabitant of or person from the Béarn.*

◆ **béarnaise** *nf* CULIN: **(sauce à la) ~** béarnaise sauce.

béat, e [bea, at] *adj* [heureux] blissfully happy; *péj* [niais - air, sourire] vacuous; [- optimisme] smug; [- admiration] blind; **être ~ d'admiration** to be open-mouthed OU agape *litt* with admiration.

béatement [beatmɑ̃] *adv péj* [idiotement]: **il la regardait ~** he looked at her with a blissfully stupid expression.

béatification [beatifikasjɔ̃] *nf* beatification.

béatifier [9] [beatifje] *vt* to beatify.

béatitude [beatityd] *nf* -**1.** RELIG beatitude; **les ~s** the Beatitudes. -**2.** [bonheur] bliss, beatitude *litt*.

beatnik [bitnik] *nmf* beatnik; **les ~s** the Beat Generation.

beau [bo] (*devant nm commençant par voyelle ou h muet* **bel** [bɛl], *f* **belle** [bɛl], *mpl* **beaux** [bo], *fpl* **belles** [bɛl]) *adj* **A.** -**1.** [bien fait, joli - femme] beautiful, good-looking; [- homme] good-looking, handsome; [- enfant, physique, objet, décor] beautiful, lovely; **c'est très ~** it's gorgeous OU exquisite OU beautiful; **un ~ chat** a beautiful OU handsome cat; **de la tour, on a une belle vue** OU **la vue est belle** there's a lovely OU beautiful view from the tower; **elle est belle fille** she's a good-looking OU beautiful girl; **il est ~ garçon** OU **gosse** *fam* he's good-looking, he's a good-looking guy; **ils forment un ~ couple** they make a lovely couple; **elle est assez belle** she's fairly good-looking; **se faire ~/belle** to get dressed up, to do o.s. up; **ça, c'est une belle moto!** that's a terrific-looking bike!; **la robe a une très belle coupe** the dress is beautifully cut; **pas ~ à voir** *fam* not a pretty sight; **son cadavre n'était pas ~ à voir** *fam* his body wasn't a pretty sight ❑ **il est ~ comme l'amour** OU **un ange** OU **un astre** OU **le jour** [homme] he's a very handsome OU good-looking man; [petit garçon] he's a very handsome OU good-looking boy; **il est ~ comme un dieu** he's as handsome as a Greek god; **il est ~ comme un cœur** he's a gorgeous-looking boy; **elle est belle comme un ange** OU **un cœur** OU **le jour** she's a real beauty; **sois belle et tais-toi!** *fam* just concentrate on looking pretty! -**2.** [attrayant pour l'oreille - chant, mélodie, voix] beautiful, lovely; **quelques ~x accords** some fine chords; **le russe est une belle langue** Russian is a beautiful language. -**3.** [remarquable, réussi -poème, texte] fine, beautiful; [- chanson, film] beautiful, lovely; **de ~x vêtements** fine clothes; **de belles paroles de Brel** some fine lyrics by Brel; **le boucher a de la belle marchandise** the butcher's got nice meat; **le plus ~ moment du match** the finest moment in the match; **il y a eu quelques ~x échanges** there were a few good OU fine rallies; **quel ~ coup!** what a magnificent shot!; **son cheval a fait une belle course** his horse ran a very good race; **nous avons fait un ~ voyage** we had a wonderful trip. -**4.** MÉTÉO fine, beautiful; **il y aura un ~ soleil sur tout le pays** the whole country will enjoy bright sunshine; **la mer sera belle** the sea will be calm; **temps froid mais ~ sur tout le pays** the whole country will enjoy cold but sunny weather; **du ~ temps** nice OU good weather; **on a eu du très ~ temps** we had beautiful weather, the weather was beautiful; **une belle après-midi** a beautiful afternoon; **pendant la belle saison** during the summer; **les derniers ~x jours** the last days of summer.

B. -**1.** [digne] noble, fine; **une belle âme** a noble nature; **elle a eu un ~ geste** she made a noble gesture; **je suis chirurgien — vous faites un ~ métier** I'm a surgeon — yours is a fine profession || [convenable] nice; **ce n'est pas ~ de tirer la langue!** it's not nice to stick your tongue out (at people)!; **ce n'est pas ~ de mentir!** it's very naughty OU it's not nice to lie! -**2.** [brillant intellectuellement] wonderful, fine; **c'est un ~ sujet de thèse** it's a fine topic for a thesis; **en une belle expression, il résume le dilemme** he encapsulates the dilemma in one apt phrase. -**3.** [d'un haut niveau social] smart; **faire un ~ mariage** [argent] to marry into money OU a fortune; [classe] to marry into a very good family ❑ **le ~ monde** OU **linge** *fam* the upper crust, the smart set; **les ~x quartiers** the smart districts.

C. -**1.** [gros, important - gains, prime, somme] nice, handsome, tidy; **donnez-moi un ~ melon/poulet** give me a nice big melon/chicken; **il a un bel appétit** he has a good OU hearty appetite; **manger avec un bel appétit** to eat heartily; **c'est un ~ cadeau qu'il t'a fait là!** that's a nice OU that's quite a present he gave you!; **un ~ coup en Bourse** a spectacular deal on the Stock Exchange. -**2.** [en intensif] : **il a une belle cicatrice dans le dos** he's got quite a (big) scar on his back; **je me suis fait une belle bosse** I got a great big bump; **elle lui a mis une belle raclée** *fam* she gave him a good hiding; **il y a un ~ bazar dans ta chambre!** *fam* your room's in a fine OU real mess!; **il y a eu un ~ scandale** there was a huge scandal; **c'était une belle bêtise de lui faire confiance** it was a stupid OU big mistake to trust him; **tu m'as fait une belle peur** you gave me a real scare; **quel ~ vacarme!** what a terrible noise!; **un bel hypocrite** a real hypocrite; **t'es un ~ salaud!**▽ you're a right bastard! ❑ **il y a ~ temps** OU **belle lurette**: **il y a ~ temps de ce que je te dis là** *fam* what I'm telling you now happened ages ago; **il y a belle lurette que les femmes ne font plus leur lessive au lavoir** it's ages OU years since women did their laundry in the washhouse. -**3.** [agréable] good; **présenter qqch sous un ~ jour** to show sthg in a good light; **ce serait trop ~!** that'd be too good to be true!; **c'est trop ~ pour être vrai** it's too good to be true; **c'est ~ l'amour!** love's a wonderful thing!; **un ~ coup de dés** a lucky throw of the dice; **avoir un ~ jeu** to have a good hand (of cards) ❑ **avoir ~ jeu (de faire qqch)** to have no trouble (in doing sthg), to find it easy (to do sthg); **il a eu ~ jeu de montrer qu'elle avait tort** it was easy for him to prove her wrong; **il est plus petit que toi, tu as eu ~ jeu de le faire tomber!** he's smaller than you are, it was easy for you to knock him over! -**4.** [prospère] good; **après la guerre, ils croyaient à un bel avenir** after the war, they thought they had a wonderful future ahead of them; **tu as encore de belles années devant toi** you still have quite a few good years ahead of you; **avoir une belle situation** [argent] to have a very well-paid job; [prestige] to have a high-flying job; **il a fait une très belle carrière dans les textiles** he carved out a brilliant career for himself in textiles; **la Belle Époque** the Belle Époque. -**5.** [dans des appellations] : **venez, ma belle amie** do come along, darling; **mais oui, mon bel ami, je vous accorde que...** yes, my friend, I'll grant you that...; **alors, (ma) belle enfant, qu'en dis-tu?** *fam* what do you think about that, my dear?; **mon ~ monsieur, personne ne vous a rien demandé!** my friend, this is none of your business! -**6.** [certain] : **un ~ jour/matin** one fine day/morning.

D. *iron*: **belle demande!** [saugrenue] what a question!; **que voilà un ~ langage!** language, please!; **c'est du ~ travail!** a fine mess this is!; **en voilà, une belle excuse!** that's a good excuse!, what an excuse!; **je vais le lui faire comprendre, et de la belle manière!** I'll make him understand, and in no uncertain terms!; **~x discours**: **ils ont oublié tous leurs ~x discours** they've forgotten all their fine OU fine-sounding words; **~x serments, belles promesses**: **garde tes belles promesses** OU **tes ~x serments!** you can keep your promises!; **belles paroles** fine words; **assez de belles paroles!** enough fine-sounding speeches!; **sur ces belles paroles, il faut que je m'en aille** *hum* on that note, I must go now ❑ **il lui en a dit de belles** the things he told her (you wouldn't believe)!; **j'en ai appris** OU **entendu de belles sur toi!** I heard some fine OU right things about you!; **il est sorti de voiture et il m'en a dit de belles!** he got out of his car and gave me a right earful!; **il en a fait de belles quand il était petit!** he didn't half get up to some mischief when he was little!; **elle en a vu de belles avec son mari!** *fam* her husband's led her a merry dance!; **nous voilà ~x!** we're in a fine mess now!; **c'est bien ~**: **c'est bien ~ tout ça, mais...** that's all very fine OU well, but...; **c'est bien ~ de critiquer les autres mais toi, que fais-tu?** it's all very well to criticize, but what do YOU ever do?; **le plus ~** *fam*: **et tu ne sais pas le plus ~!** and you haven't heard the best part (yet)!, and the best part's still to come!; **le plus ~ c'est que sa femme n'en savait rien!** the best part (of it) is that his wife knew nothing about it!; **ça c'est le plus ~!** that crowns it all!, that (really) takes the biscuit!

◆ **beau** ◇ *adv* -**1.** MÉTÉO: **il fait ~** the weather's OU it's fine; **il fera ~ et chaud** it'll be warm and sunny; **il n'a pas fait très ~ l'été dernier** the weather wasn't very nice OU good last summer. -**2.** *loc*: **il ferait ~ voir (cela)!** that'll be the day!; **il ferait ~ voir qu'elle me donne des ordres!** her, boss me around? that'll be the day!; **elle le fera quand même — il ferait ~ voir (cela)!** she'll do it all the same — just let her try! ❑ **avoir ~ faire (qqch)**: **j'avais ~ tirer, la porte ne s'ouvrait pas** however hard I pulled, the door wouldn't open; **j'ai eu ~ le lui répéter plusieurs fois, il n'a toujours pas compris** I've told him and told him but he still hasn't understood; **j'avais ~ me raisonner, j'avais peur** however hard I tried to reason with myself, I was frightened; **on a ~ dire...** whatever you say..., say what you like...; **on a ~ dire, on a ~ faire, les jeunes s'en vont un jour de la maison** *fam* whatever you do or say, young people eventually leave home; **tu auras ~ faire, la pelouse ne repoussera plus ici** whatever you do, the lawn won't grow here again; **vous avez ~ dire, elle a quand même financé tout elle-même** say what you like OU you may criticize, but she's paid for it all herself; **a ~ mentir qui vient de loin** *prov* strangers can tell tall tales; **voir tout en ~** to see the world through rose-coloured spectacles; **tout ~**: **alors, vous signez? — hé, tout ~ (tout ~)!** you will sign then? — hey, steady on OU not so fast!

◇ *nm* -**1.** [esthétique] : **le ~** beauty, the beautiful; **avoir le culte du ~** to worship beauty OU the beautiful || [objets de qualité] : **pour les meubles du salon, je veux du ~** I want really good OU nice furniture for the living room. -**2.** *loc*: **au ~**: **le temps est au ~** the weather looks fine; **au ~ fixe**: **le temps/baromètre est au ~ fixe** the weather/barometer is set fair; **nos relations sont au ~ fixe** *fam* things between us are looking rosy; **il a le moral au ~ fixe** *fam* he's in high spirits; **c'est du ~!** *fam*: **elle a dit un gros mot — c'est du ~!** she said a rude word! — how naughty!; **il m'a pincé — c'est du ~!** he pinched me — that was naughty OU that wasn't a nice thing to do!; **faire le ~** [chien] to sit up and beg. -**3.** [homme] beau, dandy.

◆ **belle** *nf* -**1.** [jolie femme] beauty; [dame] lady; **il se plaisait en compagnie de ces belles** he liked the company of these fair ladies; **'la Belle et la Bête'** *Madame Leprince de Beaumont, Cocteau* 'Beauty and the Beast'; **'la Belle au bois dormant'** *Perrault* 'Sleeping Beauty'. -**2.** *fam* [en appellatif] : **bonjour ma belle!** good morning, beautiful!; **tu te trompes, ma belle!** you're quite wrong my dear! -**3.** *hum* OU *litt* [amie, amante] lady friend, beloved; **sa belle l'a quitté** his lady (friend) has left him; **il chantait sous les fenêtres de sa belle** he was singing beneath the windows of his beloved. -**4.** SPORT decider, deciding match; JEUX decider, deciding game; **on fait** OU **joue la belle?** shall we play the decider? -**5.** *fam loc*: **(se) faire la belle** to do a runner *Br*, to cut and run *Am*.

◆ **au plus beau de** *loc prép*: **au plus ~ de la fête** when the party was in full swing; **au plus ~ du discours** right in the middle of the speech.

◆ **bel et bien** *loc adv* well and truly; **il m'aurait bel et bien frappé si tu n'avais pas été là** he really would have hit me if you hadn't been there; **elle s'est bel et bien échappée** she got away and no mistake; **ils nous ont bel et bien eus** *fam* they well and truly conned us (all right); **il est bel et bien mort** he's dead all right, he's dead and no mistake (about that).

◆ **bel et bon, bel et bonne** *loc adj* fine; **tout ceci est bel et bon, mais...** *iron* this is all very fine, but...

◆ **de plus belle** *loc adv* [aboyer, crier] louder than ever, even louder; [frapper] harder than ever, even harder; [taquiner, manger] more than ever, even more; **la pluie a recommencé de plus belle** it started to rain again harder than ever; **le combat a repris de plus belle** the fight resumed with renewed violence; **il s'est mis à travailler de plus belle** he went back to work with renewed energy.

◆ **belle page** *nf* IMPR right-hand page; **chaque chapitre commence en belle page** each chapter starts on the right-hand page.

◆ **belle de Fontenay** *nf* belle de Fontenay potato.

LA BELLE ÉPOQUE:
The period of apparent stability and prosperity from the closing years of the 19th century to the beginning of the First World War, which found its expression in café and theatre society, fashion, art and architecture. Its chief surviving monument is the area on the south side of the Champs-Élysées containing the "Petit Palais" and the "Grand Palais", erected at the time of the Universal Exhibition of 1900.

---

beauceron, onne [bosrɔ̃, ɔn] *adj* from the Beauce area.

◆ **Beauceron, onne** *nm, f inhabitant of or person from the Beauce area.*

beaucoup [boku] *adv* -**1.** [modifiant un verbe] a lot, a great deal; [dans des phrases interrogatives ou négatives] much, a lot, a great deal; **il boit ~** he drinks a lot OU a great deal; **il travaille ~** he works a lot OU a great deal; **il ne mange pas ~** he doesn't eat much OU a great deal OU a lot; **il sort ~** he goes out a lot OU a great deal; **elle voyage ~** she travels a great deal; **je ne l'ai pas ~ vu** I didn't see much of him; **je vous remercie ~** thank you very much (indeed); **on s'aimait ~** we liked each other a lot OU a great deal; **il compte ~ pour moi** he means a lot OU a great deal to me; **ils ne s'apprécient pas ~** they don't like each other much; **10 bouteilles, ça ne fait pas ~?** 10 bottles, isn't that a bit much? -**2.** [modifiant un adv] much, a lot; **c'est ~ mieux comme ça** it's much OU a lot better like that; **~ moins intéressant** much OU a lot less interesting; **~ plus bête** much OU a lot more stupid; **~ plus grand** much OU a lot bigger; **~ trop fort** much OU far too loud; **il parle ~ trop** he talks far too much □ **en faire ~ trop** *fam* to overdo it. -**3.** [de nombreuses personnes] many, a lot; [de nombreuses choses] a lot; **~ pensent que...** a lot of people OU many people think that...; **nous sommes ~ à penser cela** there are a lot OU many of us who think that; **il n'y en a pas ~ qui réussissent** not a lot of people OU not many succeed; **nous étions ~ à le croire** many OU a lot of us believed it; **elle a ~ à faire/à dire** she has a lot to do/to say; **c'est ~** that's a lot □ **c'est déjà ~ qu'il y soit allé!** at least he went!; **ça compte pour ~** that counts for a lot; **il est pour ~ dans son succès** he played a large part in OU he had a great deal to do with her success; **c'est ~ dire** that's a bit of an overstatement. -**4.** [modifiant un adj]: **imprudent, il l'est même ~** he's really quite careless.

◆ **beaucoup de** *loc dét* [suivi d'un n comptable] many, a lot of; [suivi d'un n non comptable] much, a lot of, a great deal of; **~ de monde** a lot of people; **~ de gens pensent que...** a lot of people OU many people think that...; **j'ai ~ de choses à dire** I've got many OU a lot of things to say; **il n'a pas ~ d'amis** he doesn't have many OU a lot of friends, he has few friends; **~ d'entre nous** many OU a lot of us; **il faut ~ de courage** it takes a lot of OU a great deal of courage; **elle a ~ de goût** she has a lot of OU a great deal of taste; **je n'ai pas ~ de patience** I don't have much patience; **il ne nous reste plus ~ de temps** we've not got much time left; **il n'y a plus ~ de lait** there isn't much milk left; **il y en a ~** there is/are a lot.

◆ **de beaucoup** *loc adv* -**1.** [avec un comparatif ou un superlatif] by far; **il est de ~ le plus jeune** he is the youngest by far, he is by far the youngest; **elle est de ~ la plus douée** she's the most talented by far; **il est mon aîné de ~** he's considerably older than I am. -**2.** [avec un verbe]: **il a gagné de ~** he won easily; **il te dépasse de ~** he's far OU much taller than you; **je préférerais de ~ rester** I'd much rather stay; **je préfère de ~ le sien** I much prefer his; **as-tu raté ton train de ~?** did you miss your train by much?; **je la préfère, et de ~** I much prefer her.

beauf▽ [bof] *nm* -**1.** [beau-frère] brother-in-law. -**2.** *péj & fig archetypal lower middle-class Frenchman.*

BEAUF:
"Beaufs" are archetypal ordinary Frenchmen as perceived by the French themselves. The term, which is short for "beau-frère" (brother-in-law), suggests conformism and a narrow outlook.

---

beau-fils [bofis] (*pl* **beaux-fils**) *nm* -**1.** [gendre] son-in-law. -**2.** [fils du conjoint] stepson.

beaufort [bofɔr] *nm* Beaufort cheese.

Beaufort [bofɔr] *npr*: **l'échelle de ~** the Beaufort scale.

beau-frère [bofrɛr] (*pl* **beaux-frères**) *nm* brother-in-law.

beaujolais [boʒɔlɛ] *nm* beaujolais (wine).

Beaujolais [boʒɔlɛ] *npr m*: **le ~** (the) Beaujolais (region).

beau-père [bopɛr] (*pl* **beaux-pères**) *nm* -**1.** [père du conjoint] father-in-law. -**2.** [époux de la mère] stepfather.

beaupré [bopre] *nm* bowsprit.

beauté [bote] *nf* -**1.** [d'une femme, d'une statue] beauty, loveliness; [d'un homme] handsomeness; **avoir la ~ du diable** to have a youthful glow; **se refaire une ~** to put one's face on. -**2.** [femme] beauty, beautiful woman; **je vous offre un verre, ~?** can I get you a drink, darling? -**3.** [élévation - de l'âme] beauty; [- d'un raisonnement] beauty, elegance; **pour la ~ du geste** OU **de la chose** for the beauty of it; **je lui ai cédé mon tour, pour la ~ du geste** I let him have my turn, just because it was a nice thing to do.

◆ **beautés** *nfpl* [d'un paysage] beauties, beauty spots; [d'une œuvre] beauties.

◆ **de beauté** *loc adj* [concours, reine] beauty (*modif*).

◆ **de toute beauté** *loc adj* magnificent, stunningly beautiful.

◆ **en beauté** *loc adv*: **être en ~** to look stunning; **gagner une course en ~** to win a race handsomely; **finir en ~** to end with a flourish OU on a high note; **pour terminer votre repas en ~** as a splendid finishing touch to your meal.

beaux-arts [bozar] *nmpl* -**1.** [genre] fine arts; **musée des Beaux-Arts** museum of fine art. -**2.** [école]: **les Beaux-Arts** *French national art school.*

beaux-parents [boparɑ̃] *nmpl* father-in-law and mother-in-law, in-laws.

bébé [bebe] ◇ *nm* -**1.** [nourrisson] baby; **avoir un ~** to have a baby; **elle a eu son ~ hier** she had her baby OU she gave birth yesterday; **attendre un ~** to be expecting a baby; **faire le ~** *péj* to act like OU to be being a baby. -**2.** ZOOL baby; **la lionne s'occupe de ses ~s** the lioness looks after her babies OU young OU cubs.

◇ *adj inv péj* babyish *péj*, baby-like; **elle est restée ~** she's still very much a baby.

◆ **bébé-éprouvette** *nm* test-tube baby.

bébête *fam* [bebɛt] *adj* silly; **le Bébête Show** *satirical television puppet show in which French political figures are represented as animals.*

be-bop [bibɔp] = **bop**.

bec [bɛk] *nm* -**1.** ZOOL beak, bill; **au ~ long/court** long/short-billed; **donner des coups de ~ à** to peck (at); **nez en ~ d'aigle** hook nose □ **avoir ~ et ongles** to be well-equipped and ready to fight; **se défendre ~ et ongles** to fight tooth and nail. -**2.** *fam* [bouche] mouth; **ferme ton ~!** shut up!, pipe down!; **ouvre le ~!** [en nourrissant un enfant] open wide!; **ça lui a bouclé** OU **cloué** OU **clos le ~** it shut him up, it reduced him to silence; **avoir toujours la cigarette/pipe au ~** to have a cigarette/pipe always stuck in one's mouth □ **être** OU **rester le ~ dans l'eau** to be left high and dry. -**3.** [d'une plume] nib. -**4.** [de casserole] lip; [de bouilloire, de théière] spout. -**5.** MUS [de saxophone, de clarinette] mouthpiece. -**6.** GÉOG bill, headland. -**7.** *fam Belg, Helv & Can* [baiser] kiss; **donner un ~** to (give a) kiss. -**8.** VÊT: **faire un ~** to pucker. -**9.** *fam loc*: **tomber sur un ~** to run into OU to hit a snag.

◆ **bec à gaz** *nm* gas burner.

◆ **bec de gaz** *nm* lamppost, gaslight.

◆ **bec fin** *nm* gourmet.

bécane *fam* [bekan] *nf* -**1.** [moto, vélo] bike. -**2.** *hum* [machine]: **ma ~** [ordinateur] my micro; [machine à écrire] my old typewriter.

bécarre [bekar] *nm* -**1.** MUS natural sign. -**2.** *(comme adj)*: **la ~** A natural.

bécasse [bekas] *nf* -**1.** [oiseau] woodcock. -**2.** *fam* [sotte] twit *Br*, silly goose.

bécasseau, x [bekaso] *nm* sandpiper.

bécassine [bekasin] *nf* -**1.** [oiseau] snipe; **~ des marais** Wilson's OU common snipe. -**2.** *fam* [sotte] silly goose, nincompoop, ninny.

Bécassine [bekasin] *npr early cartoon character representing a naive but optimistic Breton housekeeper.*

because *fam* [bikoz] ◇ *conj* because, coz.

◇ *prép* because of; **elle est pas revenue ~ sa maladie** she never came back on account of she was ill.

bec-croisé [bɛkkrwaze] (*pl* **becs-croisés**) *nm* crossbill.

bec-de-cane [bɛkdəkan] (*pl* **becs-de-cane**) *nm* -**1.** [poignée] door handle. -**2.** [serrure] spring lock.

bec-de-lièvre [bɛkdəljɛvr] (*pl* **becs-de-lièvre**) *nm* harelip.

bec-de-perroquet [bɛkdəperɔkɛ] (*pl* **becs-de-perroquet**) *nm* osteophyte.

bêchage [bɛʃaʒ] *nm* digging (up).

béchamel [beʃamɛl] *nf*: **(sauce) ~** white sauce, béchamel.

bêche [bɛʃ] *nf* spade.

bêcher [4] [beʃe] ◇ *vt* -**1.** [sol] to dig (over); [pommes de terre] to dig (up OU out). -**2.** *fam* [critiquer] to run down *(sép)*, to pull apart OU to pieces.

◇ *vi* [faire le snob] to put on airs.

bêcheur, euse *fam* [bɛʃœr, øz] *nm, f* -**1.** [critique] detractor. -**2.** *péj* [prétentieux] stuck-up person, snooty person.

bécot *fam* [beko] *nm* [bise] kiss, peck; **gros ~** smacker.

bécoter *fam* [3] [bekɔte] *vt* to kiss.

◆ **se bécoter** *fam vp (emploi réciproque)* to smooch, to kiss (and cuddle).

becquée [beke] *nf* beakful; **donner la ~** [oiseau] to feed; **sa maman lui donne la ~** *hum* his mummy's feeding him little bits of food.

becquerel [bɛkrɛl] *nm* becquerel.

becquet [bekɛ] *nm* -**1.** AUT spoiler. -**2.** [papier] slip *(of paper, to show the position of a query or addition in copy prepared for print).* -**3.** THÉÂT *change made to a play by its author during rehearsals.*

becqueter [27] [bɛkte] *vt* -**1.** [picoter] to peck (at). -**2.** ▽ [manger] to eat; **il n'y avait rien à ~** there was no grub.

bectance▽ [bɛktɑ̃s] *nf* grub, nosh *Br*, chowder *Am*.

becter [4] [bɛkte] = **becqueter**.

bedaine [bədɛn] *nf* paunch; **il a pris de la ~** he's developed a paunch OU a pot belly; **un homme qui a de la ~** a man of ample girth *euph*.

Bède [bɛd] *npr*: **~ le Vénérable** the Venerable Bede.

bédé *fam* [bede] *nf*: **la ~** strip cartoons; **une ~** a strip cartoon.

bedeau, x [bədo] *nm* beadle, verger.

bédéphile [bedefil] *nmf* comics fan.

bedon [bədɔ̃] *nm vieilli* [d'enfant] tummy; [d'obèse] paunch.

bedonnant, e *fam* [bədɔnɑ̃, ɑ̃t] *adj* paunchy.

bedonner [3] [bədɔne] *vi* to get paunchy.

bédouin, e [bedwɛ̃, in] *adj* Bedouin, Beduin.

◆ **Bédouin, e** *nm, f* Bedouin, Beduin.

bée [be] *adj f*: **être bouche ~ devant qqn** to gape at sb; **j'en suis restée bouche ~** I was dumbstruck.

beefsteak [biftɛk] = **bifteck**.

béer [15] [bee] *vi* to be wide open; **~ d'admiration** to gape with OU to be lost in admiration.

Beethoven [betɔvɛn] *npr*: **Ludwig van ~** Ludwig van Beethoven.

beffroi [befrwa] *nm* belfry.

bégaiement [begɛmɑ̃] *nm* [trouble de la parole] stammer, stutter; **~s** [d'un bègue] stammering, stuttering; [d'embarras, d'émotion] faltering; **les premiers ~s d'une industrie nouvelle** *fig* the first hesitant steps of a new industry.

bégayant, e [begɛjɑ̃, ɑ̃t] *adj* [discours] stammering, stuttering.

bégayer [11] [begeje] ◇ *vi* [hésiter - bègue] to stammer, to stutter; [- ivrogne] to slur (one's speech).
◇ *vt* to stammer (out); **~ des excuses** to stammer out an apology.

bégonia [begɔnja] *nm* begonia.

bègue [bɛg] ◇ *adj* stammering, stuttering; **être ~** to (have a) stammer.
◇ *nmf* stammerer, stutterer.

bégueule *fam* [begœl] ◇ *adj* prudish, squeamish; **elle n'est pas ~** she's no prude.
◇ *nf* prude.

bégueulerie *fam* [begœlri] *nf* prudishness, squeamishness.

béguin [begɛ̃] *nm* -**1.** *fam* [attirance]: **avoir le ~ pour qqn** to have a crush on sb. -**2.** *fam* [amoureux] crush. -**3.** [coiffe] bonnet.

béguinage [beginaʒ] *nm* Beguine convent.

bégum [begɔm] *nf* begum.

béhaviorisme [beavjɔrism] *nm* behaviourism.

béhavioriste [beavjɔrist] *adj* & *nmf* behaviourist.

Behring [beriŋ] = **Béring**.

beige [bɛʒ] *adj* & *nm* beige.

beigeasse [bɛʒas], **beigeâtre** [bɛʒatr] *adj péj* yellowish OU greyish beige.

beigne [bɛɲ] ◇ *nf* ▽[gifle] slap, clout; **filer une ~ à qqn** to slap sb, to give sb a smack; **tu veux une ~?** do you want a thick ear?
◇ *nm Can* [beignet] doughnut.

beignerie [bɛɲəri] *nf Can snack bar serving doughnuts.*

beignet [bɛɲɛ] *nm* [gén] fritter; [au sucre, à la confiture] doughnut; **~ aux pommes** apple doughnut; **~ aux crevettes** prawn fritter.

Beijing [bɛjʒiŋ] *npr* Beijing.

bêk [bɛk] *interj Belg* ugh.

béké [beke] *nm* Caribbean creole *(with white ancestry).*

bel [bɛl] ◇ *adj* → **beau**.
◇ *nm* ACOUST bel.

bêlant, e [belɑ̃, ɑ̃t] *adj* -**1.** [mouton] bleating. -**2.** [chevrotant - voix] bleating, shaky.

Bélarus [belarys] *npr*: **la république de ~** the Republic of Belarus.

bel canto [bɛlkɑ̃to] *nm* bel canto.

Belém [belɛm] *npr* Belém.

bêlement [bɛlmɑ̃] *nm* bleat; **les ~s des moutons** the bleating of the sheep.

bêler [4] [bele] ◇ *vi* to bleat.
◇ *vt* [chanson] to bleat out *(sép).*

belette [bəlɛt] *nf* weasel.

Belfort [bɛlfɔr] *npr* Belfort; **le Territoire de ~** Belfort and Territory.

belge [bɛlʒ] *adj* Belgian.
◆ **Belge** *nmf* Belgian.

belgicisme [bɛlʒisism] *nm* [mot] Belgian-French word; [tournure] Belgian-French expression.

Belgique [bɛlʒik] *npr f*: **(la) ~** Belgium.

Belgrade [bɛlgrad] *npr* Belgrade.

bélier [belje] *nm* -**1.** ZOOL ram. -**2.** TECH hydraulic ram. -**3.** HIST battering ram.

Bélier [belje] *npr m* -**1.** ASTRON Aries. -**2.** ASTROL Aries; **je suis ~** I'm Aries OU an Arian.

Belize [beliz] *npr m*: **le ~** Belize; **au ~** in Belize.

bélizien, enne [belizjɛ̃, ɛn] *adj* Belizean.
◆ **Bélizien, enne** *nm, f* Belizean.

belladone [beladɔn] *nf* belladonna, deadly nightshade.

bellâtre [bɛlatr] *nm péj* fop.

belle [bɛl] *f* → **beau**.

belle-dame [bɛldam] (*pl* **belles-dames**) *nf* -**1.** BOT belladonna. -**2.** ENTOM painted lady.

belle-de-jour [bɛldəʒur] (*pl* **belles-de-jour**) *nf* convolvulus, morning-glory.

belle-de-nuit [bɛldənɥi] (*pl* **belles-de-nuit**) *nf* BOT marvel-of-Peru, four-o'clock.

belle-doche▽ [bɛldɔʃ] (*pl* **belles-doches**) *nf* mother-in-law.

belle-famille [bɛlfamij] (*pl* **belles-familles**) *nf*: **sa ~** [de l'époux] her husband's family, her in-laws; [de l'épouse] his wife's family, his in-laws.

belle-fille [bɛlfij] (*pl* **belles-filles**) *nf* -**1.** [bru] daughter-in-law. -**2.** [fille du conjoint] stepdaughter.

bellement [bɛlmɑ̃] *adv* -**1.** [joliment] nicely, finely. -**2.** [vraiment] well and truly, in no uncertain manner; **il l'a ~ remis à sa place** he really took him down a peg or two.

belle-mère [bɛlmɛr] (*pl* **belles-mères**) *nf* -**1.** [mère du conjoint] mother-in-law. -**2.** [épouse du père] stepmother.

belles-lettres [bɛllɛtr] *nfpl*: **les ~** great literature, belles-lettres.

belle-sœur [bɛlsœr] (*pl* **belles-sœurs**) *nf* sister-in-law.

Belleville [bɛlvil] *npr area of Paris with a large immigrant population.*

bellicisme [belisism] *nm* bellicosity, warmongering.

belliciste [belisist] ◇ *adj* bellicose, warmongering.
◇ *nmf* warmonger.

belligérance [beliʒerɑ̃s] *nf* belligerence, belligerency.

belligérant, e [beliʒerɑ̃, ɑ̃t] ◇ *adj* belligerent, warring.
◇ *nm, f* belligerent; **les ~s n'étaient que trois** there were only three warring parties.

belliqueux, euse [belikø, øz] *adj* [peuple] warlike; [ton, discours] aggressive, belligerent; [enfant, humeur] bellicose, quarrelsome.

belon [bəlɔ̃] *nf* Belon oyster.

belote [bəlɔt] *nf* belote; **faire une ~** to play a game of belote.

béluga [belyga], **bélouga** [beluga] *nm* -**1.** ZOOL white OU beluga whale. -**2.** [caviar] beluga (caviar).

belvédère [bɛlvedɛr] *nm* [pavillon] belvedere, gazebo; [terrasse] panoramic viewpoint.

Belzébuth [bɛlzebyt] *npr* Beelzebub.

bémol [bemɔl] *nm* flat; **double ~** double flat ‖ *(comme adj)*: **mi ~** E flat.

ben *fam* [bɛ̃] *adv* -**1.** [pour renforcer]: **~ quoi?** so what?; **~ non** well, no; **~ voyons (donc)!** what next! -**2.** [bien]: **pt'êt ~ qu'oui, pt'êt ~ qu'non** maybe yes, maybe no.

Bénarès [benarɛs] *npr* Benares.

bénédicité [benedisite] *nm* grace; **dire le ~** to say grace.

bénédictin, e [benediktɛ̃, in] *adj* & *nm, f* Benedictine; **les Bénédictins** the Benedictines.
◆ **Bénédictine**® *nf* [liqueur] Benedictine.

bénédiction [benediksjɔ̃] *nf* -**1.** RELIG benediction, blessing; **recevoir la ~ papale** to be given OU to receive the Pope's blessing; **donner la ~ à qqn** to pronounce the blessing on OU to bless sb; **la ~ nuptiale leur sera donnée à...** the marriage ceremony will take place OU the marriage will be solemnized at... -**2.** [accord] blessing; **donner sa ~ à qqch** to give sthg one's blessing; **il peut déguerpir dès demain, et avec ma ~!** *fam* he can get lost tomorrow, with my blessing! -**3.** [aubaine] blessing, godsend; **c'est une ~ qu'il soit vivant/qu'elle se porte volontaire** it's a blessing that he's alive/a godsend that she's volunteering to do it.

bénef▽ [benɛf] *nm* profit; **c'est tout ~ pour elle** she gets quite a deal out of this.

bénéfice [benefis] *nm* -**1.** ÉCON profit; **~ avant/après impôt** pre-tax/after-tax profit; **~ brut/net** gross/net profit; **faire** OU **enregistrer un ~ brut/net de 20 000 francs** to gross/to net 20,000 francs; **~ à distribuer** profit attributable to shareholders; **~ d'exploitation** operating profit; **~s exceptionnels** windfall profit; **c'est tout ~** *fam*: **à ce prix-là, c'est tout ~** at that price, you make a 100% profit on it; **il leur apprend l'anglais en les amusant, c'est tout ~!** *fig* he teaches them English while entertaining them, what better way is there? -**2.** [avantage] benefit, advantage; **il n'y a pas de ~ à mentir** there's nothing to gain by lying; **tirer (un) ~ de qqch** to derive some benefit OU an advantage from sthg; **c'est le ~ que l'on peut tirer de cette conduite** that's the reward for such behaviour; **le ~ du doute**: **laisser à qqn le ~ du doute** to give sb the benefit of the doubt; **il a eu le ~ du doute** he was given the benefit of the doubt. -**3.** JUR: **sous ~ d'inventaire** *without liability to debts beyond inherited assets*; **j'accepte, sous ~ d'inventaire** *fig* everything else being equal, I accept. -**4.** RELIG living, benefice. -**5.** HIST benefice. -**6.** PSYCH: **~ primaire/secondaire** primary/secondary gain.
◆ **à bénéfice** *loc adv* [exploiter, vendre] at a profit.
◆ **au bénéfice de** *loc prép* -**1.** [en faveur de] for (the benefit of); **match au ~ de l'enfance handicapée** benefit match for handicapped children. -**2.** JUR: **au ~ de l'âge** by prerogative of age.

bénéficiaire [benefisjɛr] ◇ *adj* [opération] profitable, profit-making; [marge] profit *(modif).*
◇ *nmf* [d'une mesure] beneficiary; [d'un mandat, d'un chèque] payee, recipient; **qui en seront les principaux ~s?** who will benefit by it most?

bénéficier [9] [benefisje]
◆ **bénéficier de** *v + prép* -**1.** [avoir] to have, to enjoy; **~ de conditions idéales/d'avantages sociaux** to enjoy ideal conditions/welfare benefits ‖ JUR: **~ de circonstances atténuantes** to have the benefit of OU to be granted extenuating circumstances. -**2.** [profiter de] to benefit by OU from; **~ d'une forte remise** to get a big reduction; **~ d'une mesure** to benefit by OU to profit from a measure; **faire ~ qqn de ses connaissances** to allow sb to benefit by OU to give sb the benefit of one's knowledge.

bénéfique [benefik] *adj* -**1.** [avantageux] beneficial, advantageous. -**2.** ASTROL favourable.

Benelux [benelyks] *npr m*: **le ~** Benelux; **les pays du ~** the Benelux countries.

benêt [bənɛ] ◇ *adj m* simple-minded, idiotic, silly.
◇ *nm* simpleton; **son grand ~ de fils** that great fool of a son of his.

bénévolat [benevɔla] *nm* [travail] voluntary help OU work; [système] system of voluntary work.

bénévole [benevɔl] ◇ *adj* [aide, conseil] voluntary, free; [association] voluntary; [médecin] volunteer *(modif).*
◇ *nmf* volunteer, voluntary worker.

bénévolement [benevɔlmɑ̃] *adv* voluntarily; **travailler ~ pour qqn** to do voluntary work for sb.

Bengale [bɛ̃gal] *npr m*: **le ~** Bengal; **au ~** in Bengal.
◆ **du Bengale** *loc adj* Bengali.

bengali [bɛ̃gali] *adj* Bengali.
◆ **Bengali** *nmf* Bengali.
◆ **bengali** *nm* -**1.** LING Bengali. -**2.** ZOOL waxbill.

Benghazi [bɛngazi] *npr* Benghazi.

bénignité [beniɲite] *nf* -**1.** MÉD [d'une maladie] mildness; [d'une tumeur] non-malignant character. -**2.** *litt* [mansuétude] benignancy, kindness.

bénin, igne [benɛ̃, iɲ] *adj* -**1.** MÉD [maladie] mild; [tumeur] non-malignant, benign; **une forme bénigne de rougeole** a mild form of measles. -**2.** *litt* [gentil] benign, kindly.

Bénin [benɛ̃] *npr m*: **(le)** ~ Benin; **au** ~ in Benin.

béninois, e [beninwa, az] *adj* Beninese.

◆ **Béninois, e** *nm, f* Beninese; **les Béninois** the Beninese.

béni-oui-oui [beniwiwi] *nmf inv péj* yes-man (*f* yes-woman).

bénir [32] [benir] *vt* -**1.** RELIG [fidèles] to bless, to give one's blessing to; [eau, pain] to consecrate; [union] to solemnize. -**2.** [remercier]: **je bénis le passant qui m'a sauvé la vie** I'll be eternally thankful to the passer-by who saved my life; **béni soit le jour où je t'ai rencontré** blessed be the day I met you; **elle bénit le ciel de lui avoir donné un fils** she thanked God for giving her a son; **toi, je te bénis d'avoir perdu mes clés!** *iron* thanks a lot for losing my keys!

bénisseur, euse [benisœr, øz] *adj* blessing.

bénit, e [beni, it] *adj* consecrated, blessed.

bénitier [benitje] *nm* stoup, font.

benjamin, e [bɛ̃ʒamɛ̃, in] *nm, f* youngest child; **mon** ~ my youngest (child).

benjoin [bɛ̃ʒwɛ̃] *nm* benzoin, benjamin.

benne [bɛn] *nf* -**1.** MIN tub, tram; ~ **basculante** tipper (truck); ~ **preneuse** clamshell. -**2.** [à ordures] skip.

benoît, e [bənwa, at] *adj péj* [doucereux] bland, ingratiating.

◆ **benoîte** *nf* BOT herb bennet, wood avens.

Benoît [bənwa] *npr*: **saint** ~ Saint Benedict.

benoîtement [bənwatmɑ̃] *adv péj* blandly, ingratiatingly.

benzène [bɛ̃zɛn] *nm* benzene.

benzénique [bɛ̃zenik] *adj* benzene *(modif)*.

benzidine [bɛ̃zidin] *nf* benzidine.

benzine [bɛ̃zin] *nf* benzin, benzine.

benzoate [bɛ̃zɔat] *nm* benzoate.

benzodiazépine [bɛ̃zɔdjazepin] *nf* benzodiazepine.

benzoïque [bɛ̃zɔik] *adj* benzoic.

benzol [bɛ̃zɔl] *nm* benzol, benzole.

benzolisme [bɛ̃zɔlism] *nm* benzol poisoning.

benzonaphtol [bɛ̃zɔnaftɔl] *nm* sodium benzoate, benzoate of soda.

benzoyle [bɛ̃zwal] *nm* benzoyle.

benzyle [bɛ̃zil] *nm* benzyl.

benzylique [bɛ̃zilik] *adj* benzyl *(modif)*.

béotien, enne [beɔsjɛ̃, ɛn] *adj* -**1.** ANTIQ Boeotian. -**2.** *péj* [inculte] uncultured, philistine.

◆ **Béotien, enne** *nm, f* ANTIQ Boeotian.

BEP (*abr de* **brevet d'études professionnelles**) *nm vocational diploma (taken after two years of study at a 'lycée professionnel').*

BEPC (*abr de* **brevet d'études du premier cycle**) *nm former school certificate taken after four years of secondary education.*

béquet [bekɛ] = **becquet**.

béquillard, e *fam* [bekijar, ard] *nm, f* person (walking) on crutches.

béquille [bekij] *nf* -**1.** [canne] crutch; **marcher en s'appuyant sur des** ~**s** to walk on OU with crutches. -**2.** [de moto] stand. -**3.** NAUT shore, prop. -**4.** [d'une serrure] handle. -**5.** ARM stand.

béquiller [3] [bekije] ◇ *vi* to hobble (along) on OU with crutches.

◇ *vt* NAUT to shore OU to prop up *(sép)*.

ber [bɛr] *nm* NAUT cradle.

berbère [bɛrbɛr] *adj* Berber.

◆ **Berbère** *nmf* Berber.

◆ **berbère** *nm* LING Berber.

bercail [bɛrkaj] *nm* sheepfold; **rentrer** OU **revenir au** ~ [à la maison] to get back home; RELIG to return to the fold.

berçante [bɛrsɑ̃t] *nf Can*: **(chaise)** ~ rocking-chair.

berce [bɛrs] *nf* -**1.** BOT cow parsnip, hogweed. -**2.** *Belg* [berceau] cradle.

berceau, x [bɛrso] *nm* -**1.** [lit] cradle; **du** ~ **à la tombe** from the cradle to the grave; **on se connaît depuis le** ~ we've known each other since we were babies; **il/elle aime les prendre au** ~ *fam* [séducteur] he's/she's a cradlesnatcher; **ils les prennent au** ~**, les flics, maintenant** *fam* policemen seem to get younger and younger; **prendre qqn au** ~ **pour lui apprendre qqch** to teach sb sthg right from the earliest age. -**2.** [lieu d'origine] cradle, birthplace; **le** ~ **de la civilisation** the cradle of civilization. -**3.** ARCHIT: **(voûte en)** ~ barrel vault. -**4.** [tonnelle] arbour, bower.

bercelonnette [bɛrsəlɔnɛt] *nf* rocking cradle.

bercement [bɛrsəmɑ̃] *nm* rocking OU swaying movement.

bercer [16] [bɛrse] *vt* -**1.** [balancer] to rock, to cradle; ~ **un bébé dans ses bras** to cradle OU to rock a baby in one's arms; **il faut la** ~ **pour qu'elle s'endorme** you have to rock her to sleep; **les chansons qui ont bercé mon enfance** the songs I was brought up on. -**2.** [calmer - douleur] to lull, to soothe. -**3.** [tromper]: ~ **qqn de** to lull sb with; ~ **qqn de paroles/promesses** to give sb fine words/empty promises.

◆ **se bercer de** *vp + prép*: **se** ~ **d'illusions** to delude o.s. with OU to nurse OU to entertain illusions; **ne nous berçons pas d'illusions** let's not be under any illusions.

berceur, euse[1] [bɛrsœr, øz] *adj* lulling, soothing.

berceuse[2] [bɛrsøz] *nf* -**1.** [chanson d'enfant] lullaby; MUS berceuse. -**2.** [fauteuil] rocking-chair. -**3.** *Can* = **berçante**.

Bercy [bɛrsi] *npr* -**1.** [ministère] *the French Ministry of Finance.* -**2.** [stade] *large sports and concert hall in Paris.*

BERD, Berd [bɛrd] (*abr de* **Banque européenne pour la reconstruction et le développement**) *npr f* EBRD.

béret [berɛ] *nm*: ~ **(basque)** (French) beret.

Berezina [berezina] *npr f*: **la** ~ *Napoleon's retreat over the River Berezina in Bielorussia in 1812*; **c'était la** ~ *fig* it was an absolute disaster.

bergamasque [bɛrgamask] *nf* Bergamask.

Bergame [bɛrgam] *npr* Bergamo.

bergamote [bɛrgamɔt] *nf* bergamot orange.

◆ **à la bergamote** *loc adj* [savon] bergamot-scented; [thé] with bergamot, bergamot-flavoured.

bergamotier [bɛrgamɔtje] *nm* bergamot (tree).

berge [bɛrʒ] *nf* -**1.** [rive] bank GEOG; **route** OU **voie sur** ~ [dans une grande ville] embankment road. -**2.** ▽ [an] year; **à 25** ~**s, elle a monté sa boîte** when she was 25, she set up her own business.

Bergen [bɛrgɛn] *npr* Bergen.

berger, ère [bɛrʒe, ɛr] *nm, f* -**1.** [pâtre] shepherd (*f* shepherdess); **des histoires de** ~**s et de bergères** pastoral stories. -**2.** [guide] shepherd; **bon/mauvais** ~ good/bad shepherd.

◆ **berger** *nm* ZOOL sheepdog; ~ **(allemand)** Alsatian, German shepherd; ~ **d'Écosse** collie (dog); ~ **des Pyrénées** Pyrenean mountain dog.

◆ **bergère** *nf* [fauteuil] wing chair, bergère.

bergerie [bɛrʒəri] *nf* -**1.** AGR sheepfold. -**2.** BX-ARTS [peinture] pastoral (painting); [tapisserie] pastoral tapestry; LITTÉRAT [poème] pastoral. -**3.** COMM counter.

bergeronnette [bɛrʒərɔnɛt] *nf* wagtail.

béribéri [beriberi] *nm* beriberi.

Béring [beriŋ] *npr* → **détroit, mer**.

berk *fam* [bɛrk] *interj* ugh, yuk.

berkélium [bɛrkeljɔm] *nm* berkelium.

Berlin [bɛrlɛ̃] *npr* Berlin; ~**-Est** East Berlin; ~**-Ouest** West Berlin; **le mur de** ~ the Berlin Wall.

berline [bɛrlin] *nf* -**1.** AUT saloon car *Br*, sedan *Am*; **grosse** ~ big saloon (car) *Br*, full-size sedan *Am*; **moyenne** ~ compact car. -**2.** HIST berlin, berline.

berlingot [bɛrlɛ̃go] *nm* -**1.** [bonbon] ≃ boiled sweet *Br*, ≃ hard candy *Am*. -**2.** [emballage] carton.

berlinois, e [bɛrlinwa, az] *adj* from Berlin.

◆ **Berlinois, e** *nm, f* Berliner; ~ **de l'Est/l'Ouest** East/West Berliner.

berlue [bɛrly] *nf*: **avoir la** ~ to be seeing things; **si je n'ai pas la** ~**, c'est bien Paul là-bas** if my eyes don't deceive me, that's Paul over there.

bermuda [bɛrmyda] *nm*: **un** ~ (a pair of) Bermuda shorts, Bermudas.

Bermudes [bɛrmyd] *npr fpl*: **les** ~ Bermuda; **aux** ~ in Bermuda; **le triangle des** ~ the Bermuda Triangle.

bernacle [bɛrnakl], **bernache** [bɛrnaʃ] *nf* barnacle OU brent goose.

bernardin, e [bɛrnardɛ̃, in] *nm, f* Bernardine.

bernard-l'ermite [bɛrnarlɛrmit] *nm inv* hermit crab.

berne [bɛrn]

◆ **en berne** *loc adv* at half-mast; **mettre les drapeaux en** ~ to half-mast the flags, to lower the flags to half-mast.

Berne [bɛrn] *npr* Bern.

berner [3] [bɛrne] *vt* [tromper] to fool, to dupe, to hoax; **on s'est fait** ~ we were taken in OU duped; **je ne vais pas me laisser** ~ **cette fois** I won't be made a fool of this time; **n'essaie pas de me** ~ don't try to fool me.

bernique [bɛrnik] ◇ *nf* limpet.

◇ *interj arch* nothing doing.

bernois, e [bɛrnwa, az] *adj* Bernese.

◆ **Bernois, e** *nm, f* Bernese.

berrichon, onne [beriʃɔ̃, ɔn] *adj* from Berry.

◆ **Berrichon, onne** *nm, f inhabitant of or person from Berry.*

Berry [beri] *npr m*: **le** ~ Berry *(region in central France)*.

bersaglier [bɛrsaglije, bɛrsalje] *nm* bersagliere.

berthe [bɛrt] *nf* [col] bertha.

béryl [beril] *nm* beryl.

béryllium [beriljɔm] *nm* beryllium.

berzingue *fam* [bɛrzɛ̃g]

◆ **à tout(e) berzingue** *loc adv* at full speed, double quick.

besace [bəzas] *nf* [sac] beggar's bag.

bésef▽ [bezɛf] *adv (suivi d'un n non comptable)* much, a lot of; **de la patience, j'en ai pas** ~ *fam* I don't have much OU a lot of patience || *(suivi d'un n comptable)* many, a lot of; **il n'y en avait pas** ~**, des clients** there weren't many OU a lot of customers.

bésicles [bezikl], **besicles** [bəzikl] *nfpl hum* spectacles.

bésigue [bezig] *nm* bezique.

besogne [bəzɔɲ] *nf* [travail] task, job, work; **se mettre à la** ~ to get down to work; **c'est de la belle** OU **bonne** ~ it's a fine piece of work, it's a neat job; **une rude** ~ a hard task.

besogner [3] [bəzɔɲe] *vi péj* [travailler] to drudge, to slave away, to toil away.

besogneux, euse [bəzɔɲø, øz] ◇ *adj* -**1.** *péj* [travailleur] hardworking. -**2.** *litt* [pauvre] needy, poor.

◇ *nm, f* drudge, hardworking man (*f* woman).

besoin [bəzwɛ̃] *nm* -**1.** [nécessité] need; **il a de gros** ~**s d'argent** he needs lots of money; **nos** ~**s en pétrole/ingénieurs** our oil/engineering requirements; **avoir** OU **sentir** OU **ressentir le** ~ **de faire qqch** to feel the need to do sthg; **il n'est pas** ~ **de vous dire** you hardly need to be told; **si** ~ **est** if necessary, if needs be; **il n'est pas** ~ **de mentir** there's no need to lie; **sans qu'il soit** ~ **de prévenir les parents** without it being necessary to let the parents know ❑ ~ **(naturel), petit** ~**,** ~ **pressant** *euph* call of nature; **faire ses (petits)** ~**s** to attend to OU to answer the call of nature; **être pris d'un** ~ **pressant** to be taken OU caught short. -**2.** *loc*: **avoir** ~ **de qqch** to need sthg; **avoir** ~ **de faire qqch** to need to do sthg; **je n'en ai aucun** ~ I have no need of it whatsoever; **j'ai** ~ **d'oublier** I need to forget; **elle n'a pas ~ qu'on le lui répète** she doesn't need OU have to be told twice; **je n'ai pas ~ de vous rappeler que...** I don't need to OU I needn't remind you that...; **mon agenda a ~ d'être mis à jour** my diary *Br* OU agenda *Am* needs updating OU to be updated; **avoir bien** OU **grand ~ de qqch** to be in dire need of sthg, to need sthg badly; **tu aurais bien ~ d'un shampooing** your hair's badly in need of a wash; **un pneu crevé! on en avait bien ~** OU **on avait bien ~ de ça!** *iron* a flat tyre, that's all we needed!; **tu avais bien ~ de lui dire!** you WOULD have to go and tell him!, what did you (want to) tell him for? -**3.** [pauvreté] need; **dans le ~** in need; **ceux qui sont dans le ~** the needy ❑ **c'est dans le ~ qu'on connaît le véritable ami** OU **ses vrais amis** *prov* a friend in need is a friend indeed *prov*.

◆ **besoins** *nmpl* (basic) needs; **quels sont ses ~s?** what are his (basic) needs?; **tous vos ~s seront satisfaits** all your needs will be answered OU satisfied.

◆ **au besoin** *loc adv* if necessary, if needs OU need be.

◆ **pour les besoins de** *loc prép*: **pour les ~s de la cause** for the purpose in hand; **pour les ~s du direct** for the purpose of the live broadcast.

bestiaire [bɛstjɛr] *nm* -**1.** [recueil] bestiary. -**2.** ANTIQ gladiator.

bestial, e, aux [bɛstjal, o] *adj* [instinct, acte] bestial, brutish.

bestialement [bɛstjalmɑ̃] *adv* bestially, brutishly.

bestialité [bɛstjalite] *nf* -**1.** [brutalité] bestiality, brutishness. -**2.** [zoophilie] bestiality.

bestiau [bɛstjo] *nm* beast, creature.

bestiaux [bɛstjo] *nmpl* [d'une exploitation] livestock; [bovidés] cattle; **traités/entassés comme des ~** treated/penned-in like cattle.

bestiole [bɛstjɔl] *nf* [insecte] creature *hum*.

best-seller [bɛstselœr] (*pl* **best-sellers**) *nm* best-seller.

bêta, asse *fam* [bɛta, as] ◇ *adj* [stupide] idiotic, silly, foolish.

◇ *nm, f* [idiot] blockhead, numskull; **espèce de gros ~!** you blockhead!

◆ **bêta** ◇ *nm inv* [lettre] beta.

◇ *adj inv* GÉOL & ÉLECTRON beta *(modif)*.

bêtabloquant, e [bɛtablɔkɑ̃, ɑ̃t] *adj* beta-blocker *(modif)*.

◆ **bêtabloquant** *nm* beta-blocker.

bétail [betaj] *nm*: **le ~** [gén] livestock; [bovins] cattle; **100 têtes de ~** 100 head of cattle; **traiter les gens comme du ~** to treat people like cattle ❑ **gros ~** (big) cattle.

bétaillère [betajɛr] *nf* cattle truck *Br*, stock car *Am*.

bêtathérapie [bɛtaterapi] *nf* beta ray therapy.

bête [bɛt] ◇ *adj* -**1.** [peu intelligent] stupid, idiotic; **il est plus ~ que méchant** he's not wicked, just (plain) stupid; **mais non, cela ne me dérange pas, ce que tu peux être ~!** of course you're not putting me out, how silly (can you be OU of you)!; **c'est encore moi qui vais payer, je suis bien ~, tiens!** I'll end up paying again, like an idiot!; **mais oui, je me souviens maintenant, suis-je ~!** ah, now I remember, how stupid of me!; **je ne suis pas ~ au point de...** I know better than to...; **il faudrait être ~ pour dépenser plus** it would be foolish OU you'd have to be an idiot to spend more; **loin d'être ~** far from stupid; **pas si ~, j'ai pris mes précautions** I took some precautions, since I'm not a complete idiot; **pas si ~, la petite!** the little one's no fool! ❑ **être ~ comme ses pieds** OU **comme une cruche** OU **comme une oie** OU **à manger du foin** OU **à manger des chardons** to be as thick as two short planks *Br*, to be as dumb as the day is long *Am*; **c'est ~ à pleurer** it's ridiculously stupid; **je suis ~ et discipliné, moi, je fais ce qu'on me dit de faire!** I'm just carrying out orders! -**2.** [regrettable]: **je n'ai pas su le retenir, comme c'est ~!** I didn't know how to keep him, what a pity OU waste!; **c'est ~ de ne pas y avoir pensé** it's silly OU stupid not to have thought of it; **ce serait trop ~ de laisser passer l'occasion** it would be a pity not to take advantage of the occasion. -**3.** [simple]: **c'est tout ~, il suffisait d'y penser!** it's so simple, we should have thought of it before!; **ce n'est pas ~, ton idée!** that's quite a good idea you've got there! ❑ **c'est ~ comme tout** OU **chou** *fam* it's simplicity itself OU easy as pie OU easy as falling off a log. -**4.** [stupéfait]: **en être** OU **rester tout ~** to be struck dumb OU dumbfounded.

◇ *nf* -**1.** [animal - gén] animal; [- effrayant] beast; **mener les ~s aux champs** to take the herd off to graze; **aimer les ~s** to be an animal-lover; **jeté** OU **livré (en pâture) aux ~s** ANTIQ thrown to the lions ❑ **~ à cornes/poil/plume** horned/furry/feathered animal; **~ fauve** [gén] wild animal OU beast; [félin] big cat; **~ féroce** OU **sauvage** wild animal OU beast; **~ de race** pedigree animal; **~ de somme** OU **de charge** beast of burden; **~ de trait** draught *Br* OU draft *Am* animal; **(petite) ~** insect, creature *hum*; **~ à bon Dieu** ladybird *Br*, ladybug *Am*. -**2.** [personne]: **grosse ~, va!** you silly fool!; **tu n'es qu'une grande ~** you're a great fool; **c'est une bonne** OU **brave ~** *fam* [généreux] he's a good sort; [dupe] he's a bit of a sucker ❑ **~ à concours** *fam* swot *Br* OU grind *Am (who does well at competitive exams)*; **~ curieuse** strange-looking creature *fig*; **cessez de me dévisager, je ne suis pas une ~ curieuse!** stop staring at me as if I had two heads!; **ils nous regardaient comme des ~s curieuses** they were staring at us as if we'd come from Mars; **la ~ humaine** *litt* the beast in man; **sa/ma ~ noire** his/my bugbear; **un ministre qui est la ~ noire des étudiants** a minister students love to hate; **le latin, c'était ma ~ noire** Latin was my pet hate; **~ de scène/télévision** great live/television performer; **comme une ~**: **malade comme une ~** sick as a dog; **travailler comme une ~** to work like a slave OU dog; **s'éclater comme une ~** *fam* to have a great time; **mourir/vivre comme une ~** to die/to live godlessly; **faire la ~ à deux dos** to have sex; **se payer** OU **se servir sur la ~** to get one's payment in kind *(by docking it off a man's pay, or by demanding a woman's sexual favours)*. -**3.** RELIG: **la ~ de l'Apocalypse** the beast of the Apocalypse.

bétel [betɛl] *nm* betel.

bêtement [bɛtmɑ̃] *adv* -**1.** [stupidement] foolishly, stupidly, idiotically. -**2.** [simplement]: **tout ~** purely and simply, quite simply.

Bethléem [bɛtleɛm] *npr* Bethlehem.

bêtifiant, e [betifjɑ̃, ɑ̃t] *adj* idiotic, stupid.

bêtifier [9] [betifje] *vi* to talk nonsense; **elle bêtifie quand elle parle à son enfant** she uses baby talk to her child.

bêtise [betiz] *nf* -**1.** [stupidité] idiocy, foolishness, stupidity; **j'ai eu la ~ de ne pas vérifier** I was foolish enough not to check; **c'est de la ~ d'y aller seul** going there alone is sheer stupidity; **il n'y a pas de limite à la ~ humaine** human folly knows no bounds *litt*. -**2.** [remarque] silly OU stupid remark; **dire une ~** to say something stupid; **dire des ~s** to talk nonsense. -**3.** [action] stupid thing, piece of foolishness OU idiocy; **~s de jeunesse** youthful pranks; **le chat a encore fait des ~s** the cat has been up to some mischief again; **ne recommencez pas vos ~s** don't start your stupid tricks again; **faire une ~** to do something silly OU stupid; **je viens de faire une grosse ~** I've just done something very silly; **tu as fait une ~ en refusant** it was stupid OU foolish of you to refuse, you were a fool to refuse. -**4.** [vétille] trifle; **pleurer pour des ~s** to cry over trifles OU trivial matters; **on se dispute toujours pour des ~s** we're always arguing over trifles OU having petty squabbles. -**5.** CULIN: **~s de Cambrai** humbug *Br*, (hard) mint candy *Am*.

bêtisier [betizje] *nm* [mots - d'élèves] collection of howlers; [- de personnalités en vue] collection of sayings; **le ~ de la semaine** PRESSE sayings of the week.

béton [betɔ̃] *nm* -**1.** CONSTR concrete; **maintenant, il y a du ~ partout** *péj* the place is just a vast expanse of concrete now ❑ **~ armé/précontraint** reinforced/prestressed concrete. -**2.** FTBL: **faire le ~** to pack the defence.

◆ **en béton** *loc adj* -**1.** CONSTR concrete *(modif)*. -**2.** *fam* [résistant - estomac] cast-iron; [- défense, garantie] watertight, surefire.

bétonnage [betɔnaʒ] *nm* -**1.** CONSTR concreting. -**2.** FTBL defensive play.

bétonner [3] [betɔne] ◇ *vt* CONSTR to concrete.

◇ *vi* FTBL to pack the defence, to play defensively.

bétonnière [betɔnjɛr] *nf* cement mixer.

bette [bɛt] *nf* (Swiss) chard.

betterave [bɛtrav] *nf* beet; **~ fourragère** mangel-wurzel; **~ rouge** beetroot *Br*, red beet *Am*; **~ sucrière** sugar beet.

betteravier, ère [bɛtravje, ɛr] *adj* beetroot *(modif)*.

◆ **betteravier** *nm* beet grower.

beuglant *fam* [bøglɑ̃] *nm vieilli* sleazy nightclub.

beuglante *fam* [bøglɑ̃t] *nf* [chanson] song; [cri] yell; **pousser une ~** [chanter] to belt out a song; [crier] to give a yell.

beuglement [bøgləmɑ̃] *nm* -**1.** [cri - de la vache] moo; [- du taureau] bellow; [- d'une personne] bellow, yell; **des ~s** [de vache] mooing, lowing; [de taureau] bellowing; [d'une personne] bellowing, yelling, bawling. -**2.** [bruit - de la radio] blaring noise.

beugler [5] [bøgle] ◇ *vi* -**1.** [crier - vache] to moo, to low; [- taureau] to bellow; [- chanteur, ivrogne] to bellow, to bawl. -**2.** [être bruyant - radio] to blare.

◇ *vt* [chanson] to bawl OU to bellow out *(sép)*.

beur [bœr] *adj born in France of North African parents*.

◆ **Beur** *nmf person born in France of North African immigrant parents*.

Beurette *fam* [bœrɛt] *nf woman born in France of North African immigrant parents*.

beurk *fam* [bœrk] = **berk**.

beurre [bœr] *nm* -**1.** [de laiterie] butter; **au ~** (all) butter *(modif)*; **du ~ fondu** melted *Br* OU drawn *Am* butter ❑ **~ clarifié** clarified butter; **~ demi-sel** slightly salted butter; **~ laitier** dairy butter; **~ à la motte** loose butter; **~ non salé** unsalted OU sweet butter; **~ salé** salted butter; **~ de yak** OU **yack** (Tibetan) ghee; **entrer dans qqch comme dans du ~** to slice through sthg like a hot knife through butter; **faire son ~** *fam* to make money hand over fist; **ils font leur ~ sur le dos des touristes** *fam* they get rich pickings by fleecing the tourists; **mettre du ~ dans les épinards** *fam* to earn enough for the little luxuries of life; **un boulot qui met du ~ dans les épinards** *fam* a nice little earner; **vouloir le ~ et l'argent du ~** to want to have one's cake and eat it (too); **il n'y en a pas plus que de ~ en branche** OU **broche** [inexistant] there's no such thing; [introuvable] it's nowhere to be found. -**2.** [sauce, pâte]: **~ d'anchois** anchovy paste; **~ d'arachide/de cacao/de muscade** peanut/cocoa/nutmeg butter; **~ blanc/noir** white/black butter sauce; **~ composé** beurre composé; **~ d'escargot** *flavoured butter used in the preparation of snails*; **~ manié** beurre manié.

beurré, e [bœre] *adj* -**1.** CULIN: **du pain ~** buttered bread; **tartine ~e** piece of bread and butter. -**2.**▽ [ivre] plastered, pissed *Br*; **~ (comme un petit Lu)** pissed as a newt *Br*, stewed to the gills *Am*.

◆ **beurré** *nm* butter-pear, beurré.

◆ **beurrée** *nf* -**1.**▽ [ivresse]: **prendre une ~e** to get plastered, to get pissed *Br*. -**2.** *Can* [tartine] piece of bread and butter; [substance] bread and butter (and jam) spread.

beurrer [5] [bœre] *vt* [tartine, moule] to butter.

◆ **se beurrer**▽ *vpi* to get plastered, to get pissed *Br*, to get sloshed.

beurrerie [bœrri] *nf* -**1.** [laiterie] (butter-producing) dairy. -**2.** [industrie] butter industry.

beurrier, ère [bœrje, ɛr] *adj* [production] butter *(modif)*; [région] butter-producing.
◆ **beurrier** *nm* [récipient] butter dish.
beuverie *fam* [bœvri] *nf* drinking binge, bender.
bévue [bevy] *nf* [gaffe] blunder, gaffe; **commettre une ~** to blunder.
bey [bɛ] *nm* bey.
Beyrouth [berut] *npr* Beirut, Beyrouth; **de ~** Beiruti; **~-Est** East Beirut; **~-Ouest** West Beirut.
bézef▽ [bezɛf] = **bésef**.
Bhopal [bɔpal] *npr* Bhopal.
Bhoutan, Bhutan [butɑ̃] *npr m* Bhutan; **le ~** Bhutan; **au ~** in Bhutan.
BHV (*abr de* **Bazar de l'Hôtel de Ville**) *npr m* *large department store in central Paris.*
biacide [biasid] ◇ *adj* diacidic.
◇ *nm* diacid.
biais, e [bjɛ, bjɛz] *adj* [oblique] slanting; **voûte ~e** skew arch.
◆ **biais** *nm* -**1.** [obliquité] slant; **le ~ d'un mur** the slant of a wall. -**2.** COUT [bande] piece (of material) cut on the bias; [sens] bias; **travailler dans le ~** to cut on the bias OU cross. -**3.** [moyen] way; **j'ai trouvé un ~ pour ne pas payer** I found a way of not paying; **elle cherche un ~ pour se faire connaître** she is trying to find a way of making herself known; **par le ~ de** through, via, by means of. -**4.** [aspect] angle; **je ne sais pas par quel ~ le prendre** I don't know how OU from what angle to approach him; **prendre le ~** to go off at a tangent. -**5.** [dans des statistiques] bias.
◆ **de biais** *loc adv* [aborder, approcher] indirectly, tangentially.
◆ **en biais** *loc adv* sideways, slantwise, at an angle; **regarder qqn en ~** to give sb a sidelong glance; **traverser la rue en ~** to cross the street diagonally.
biaisé, e [bjeze] *adj* [statistiques, raisonnement] distorted.
biaiser [4] [bjeze] *vi* to prevaricate, to equivocate; **il va falloir ~ pour avoir des places pour l'opéra** we'll have to be a bit clever to get seats for the opera.
biathlon [biatlɔ̃] *nm* biathlon.
biauriculaire [biɔrikylɛr] *adj* biauricular.
bibasique [bibazik] *adj* dibasic.
bibelot [biblo] *nm* [précieux] curio, bibelot; [sans valeur] trinket, knick-knack.
biberon [bibrɔ̃] *nm* feeding *Br* OU baby *Am* bottle; **donner le ~ à un bébé/agneau** to bottle-feed a baby/lamb; **enfant nourri** OU **élevé au ~** bottle-fed baby; **prendre son ~** to have one's bottle; **prendre qqn au ~** to start sb from the earliest possible age.
biberonner *fam* [3] [bibrɔne] *vi hum* to tipple, to booze.
bibi[1] *fam* [bibi] *nm* [chapeau] (woman's) hat.
bibi[2] *fam* [bibi] *pron hum* [moi] yours truly; **les corvées, c'est pour ~** yours truly gets lumbered *Br* OU stuck with the chores.
Bibi Fricotin [bibifrikɔtɛ̃] *npr comic strip character from the inter-war years.*
bibine *fam* [bibin] *nf*: **c'est de la ~** [boisson, bière] it's dishwater.
bible [bibl] *nf* -**1.** RELIG: **la Bible** the Bible; **une ~ de poche** a pocket Bible. -**2.** [référence] bible; **la ~ des mélomanes** the music lover's bible.
bibli *fam* [bibli] *nf* library.
bibliobus [biblijɔbys] *nm* mobile library *Br*, bookmobile *Am*.
bibliographe [biblijɔgraf] *nmf* bibliographer.
bibliographie [biblijɔgrafi] *nf* bibliography.
bibliographique [biblijɔgrafik] *adj* bibliographic.
bibliomanie [biblijɔmani] *nf* bibliomania.
bibliophile [biblijɔfil] *nmf* book-lover, bibliophile.
bibliophilie [biblijɔfili] *nf* bibliophilism.
bibliothécaire [biblijɔtekɛr] *nmf* librarian.
bibliothèque [biblijɔtɛk] *nf* -**1.** [édifice, salle] library; [meuble] book-case; **~ municipale** public library; **la Bibliothèque nationale** *the French national library*; **~ de prêt** lending library; **~ universitaire** university library || [collection] collection; **sa ~ de livres d'art** her collection of art books; **c'est une ~ ambulante** he's a walking encyclopedia; **~ de logiciels** software library ❑ **la Bibliothèque rose** *collection of books for very young children*; **la Bibliothèque verte** *collection of books for older children*; **tu en es resté à la Bibliothèque rose!** *hum* ≃ you're still reading Janet and John stories *Br* OU Jon and Jane books *Am*! -**2.** COMM: **~ de gare** station bookstall *Br* OU newsstand *Am*.

BIBLIOTHÈQUE NATIONALE:
Situated in the rue de Richelieu in Paris, the Bibliothèque nationale or "BN" is a large copyright deposit library comparable to the British Library and the Library of Congress.

---

biblique [biblik] *adj* biblical.
bibliste [biblist] *nmf* Biblist, Biblicist.
Bic® [bik] *nm* ball (point) pen, ≃ Biro® *Br*, ≃ Bic® *Am*.
bicaméral, e, aux [bikameral, o] *adj* two-chamber, bicameral.
bicamérisme [bikamerism], **bicaméralisme** [bikameralism] *nm* two-chamber (political) system, bicameralism.
bicarbonate [bikarbɔnat] *nm* bicarbonate; **~ de soude** bicarbonate of soda.
bicarbonaté, e [bikarbɔnate] *adj* bicarbonate *(modif)*.
bicarré, e [bikare] *adj* biquadratic.
bicentenaire [bisɑ̃tnɛr] *adj & nm* bicentenary, bicentennial.
bicéphale [bisefal] *adj* two-headed, bicephalous.
biceps [bisɛps] *nm* biceps; **avoir des ~** *fam* to have big biceps.
biche [biʃ] *nf* -**1.** ZOOL doe, hind. -**2.** [en appellatif]: **ma ~** *fam* my darling.
bicher▽ [3] [biʃe] *vi* to be tickled pink; *(tournure impersonnelle)*: **ça biche?** how's it going?, how's things?
bichette [biʃɛt] *nf* -**1.** ZOOL young hind OU doe. -**2.** *fam* [en appellatif]: **ma ~** my darling OU pet.
bichlorure [biklɔryr] *nm* bichloride, dichloride.
bichon, onne [biʃɔ̃, ɔn] *nm, f* Maltese.
bichonner [3] [biʃɔne] *vt* [choyer] to pamper, to pet, to mollycoddle *péj.*
◆ **se bichonner** *vp (emploi réfléchi)* [se pomponner] to spruce o.s. up.
bichromate [bikrɔmat] *nm* bichromate, dichromate.
bichromie [bikrɔmi] *nf* two-colour process.
Bickford [bikfɔrd] *npr* → **cordeau**.
bicolore [bikɔlɔr] *adj* two-coloured *Br*, two-colored *Am*.
biconcave [bikɔ̃kav] *adj* biconcave.
biconvexe [bikɔ̃vɛks] *adj* biconvex.
bicoque [bikɔk] *nf* shack.
bicorne [bikɔrn] *nm* cocked OU two-pointed hat.
bicot [biko] *nm* -**1.** *fam* [biquet] kid ZOOL. -**2.** ▼ *racist term used to refer to North African Arabs.*
biculturalisme [bikyltyralism] *nm* biculturalism.
biculturel, elle [bikyltyrɛl] *adj* bicultural.
bicycle [bisikl] *nm* -**1.** [à roues inégales] penny-farthing *Br*, ordinary *Am*. -**2.** *Can* bicycle.
bicyclette [bisiklɛt] *nf* -**1.** [engin] bicycle; **faire de la ~** to ride a bicycle; **apprendre à faire de la ~** to learn cycling OU how to ride a bicycle; **monter à ~** to ride a bicycle; **allons-y à ~** let's cycle, let's go there by bicycle ❑ **~ de course** racer, racing bike; **~ de route** roadster, touring bike. -**2.** LOISIRS & SPORT: **la ~** cycling.
bidasse *fam* [bidas] *nm* [soldat] private.
bide *fam* [bid] *nm* -**1.** [ventre] belly, gut. -**2.** [échec] flop, washout; **ça a été** OU **fait un ~** it was a complete flop OU washout.
bidet [bidɛ] *nm* bidet.
bidoche▽ [bidɔʃ] *nf* meat.
bidon [bidɔ̃] ◇ *adj inv fam* phoney; **société ~** phoney company.
◇ *nm* -**1.** [récipient] can, tin; **~ de lait** milk-churn *Br*, milk can *Am* || MIL water bottle, canteen. -**2.** *fam* [ventre] belly, gut. -**3.** ▽ [mensonge]: **c'est du ~ tout ça** that's all baloney; **je te jure que ce n'est pas du ~** I swear that's the honest truth.
bidonnant, e *fam* [bidɔnɑ̃, ɑ̃t] *adj* side-splitting, screamingly funny; **elle est ~e** she's a hoot OU scream; **c'était ~** it was a scream OU hoot.
bidonner *fam* [3] [bidɔne]
◆ **se bidonner** *fam vpi* to split one's sides laughing, to laugh one's head off; **qu'est-ce qu'on se bidonne avec eux!** it's a laugh a minute with them!
bidonville [bidɔ̃vil] *nm* shantytown.
bidouillage *fam* [bidujaʒ] *nm* messing around, fiddling, tampering.
bidouiller *fam* [3] [biduje] *vt* [serrure, logiciel] to fiddle (about) with, to tamper with.
bidule *fam* [bidyl] *nm* -**1.** [objet] thingamajig, thingummy *Br*, contraption. -**2.** [en appellatif]: **eh, Bidule, t'as pas vu ma sœur?** hey, Thingy *Br* OU buddy *Am*, seen my sister?
bief [bjɛf] *nm* [de cours d'eau] reach; [de moulin] race; **~ d'aval/d'amont** mill/tail race.
bielle [bjɛl] *nf* connecting rod.
biélorusse [bjelɔrys] *adj* Belorussian, Byelorussian.
◆ **Biélorusse** *nmf* Belorussian, Byelorussian.
◆ **biélorusse** *nm* LING Byelorussian.
Biélorussie [bjelɔrysi] *npr f*: **(la) ~** Belarussia, Byelorussia.
bien [bjɛ̃] ◇ *adv* -**1.** [d'une manière satisfaisante] well; **tout allait ~** everything was going well OU fine; **ça te va ~** [aspect] it suits you; [taille] it fits you; **ça te va ~ de te plaindre!** *iron* you're a fine one to complain!; **il s'est ~ remis de son opération** he recovered well OU made a good recovery from his operation; **il s'en est ~ tiré** he came out of it well; **elle se débrouille ~ sans moi** she manages very well without me; **la pièce est très ~ jouée** the acting in the play's very good; **il cuisine ~** he's a good cook; **elle écrit ~** [style] she writes well; [calligraphie] she has beautiful writing; **il parle ~ (le) grec** his Greek is good, he speaks Greek well; **du travail ~ fait** a job well done; **la pièce finit ~** the play has a happy ending; **ça commence ~!** it's got off to a good start!; *iron* here we go!; **on mange ~ ici** the food is good here; **le grille-pain ne marche pas très ~** the toaster doesn't work very well; **la vis tient ~** the screw is secure OU is in tight; **dors-~!** sleep well!; **il gagne ~ sa vie** he earns a good living; **ils vivent ~** they have a comfortable life; **~ payé** well paid ❑ **faire ~** to look good; **ce vase fait très ~ sur la cheminée** the vase looks very good on the fireplace; **~ prendre qqch** to take sthg in good part; **il s'y est bien pris** he tackled it well; **il s'y est ~ pris pour interviewer le ministre** he did a good job of interviewing the minister; **vivre ~ qqch** to have a positive experience of sthg; **~ se tenir** to behave o.s.; **tiens-toi ~!** [à la rambarde] hold on tight!; [sur la chaise] sit properly!; [à table] behave yourself!; **tu tombes ~!** you've come at (just) the right time! -**2.** [du point de vue de la santé]: **aller** OU **se porter ~** to feel well OU fine; **elle ne va pas très ~ ces jours-ci** she's not very well at the moment; **il se porte plutôt ~!** *hum* he doesn't look as if he's starving! -**3.** [conformément à la raison, à la loi, à la morale] well, decently; **~ agir envers qqn** to do the proper OU right OU correct thing by sb; **~ se conduire** to behave well OU decently; **tu as ~ fait** you did the right thing, you did right; **j'ai cru ~ faire** I thought it was the right thing to do; **tu fais ~ de ne plus les voir** you're right not to see them any more; **tu fais ~ de me le rappeler** thank you for reminding me, it's a good thing you reminded me (of it); **il ferait ~ de se faire oublier!** he'd be well advised to OU

he'd do well to ou he'd better keep a low profile!; **tu ferais ~ de partir plus tôt** you'd do well to leave earlier; **pour ~ faire, nous devrions partir avant 9 h** ideally, we should leave before 9; **il faudrait lui acheter un cadeau pour ~ faire** we really ought to buy her a present. -**4.** [sans malentendu] right, correctly; **si je vous comprends ~** if I understand you correctly ou properly; **ai-je ~ entendu ce que tu viens de dire?** did I hear you right?; **comprenez-moi ~, je ne veux pas vous causer d'ennuis, mais...** don't misunderstand me, I don't intend to cause you any trouble but...; **si je me souviens ~** if I remember right ou correctly. -**5.** [avec soin]: **écoute-moi ~** listen (to me) carefully; **as-tu ~ vérifié?** did you check properly?; **fais ~ ce que l'on te dit** do exactly ou just as you're told; **mélangez ~** stir well; **soigne-toi ~** take good care of yourself. -**6.** *(suivi d'un adj)* [très] really, very; **c'est ~ agréable** it's really ou very nice; **elle est ~ belle** she's really ou very beautiful; **~ déçu** really ou terribly disappointed; **~ mûr** really ou very ripe; **tu es ~ sûr?** are you quite certain ou sure?; **c'est ~ bon** it's very ou really good; **bois un thé ~ chaud** have a nice hot cup of tea; **cette robe est ~ chère** that dress is a bit on the expensive side ou rather expensive; **cela me paraît ~ risqué!** that seems pretty ou rather risky to me! || *(suivi d'un adv)*: **tu habites ~ loin** you live a long way away; **c'était il y a ~ longtemps** that was a very long time ago; **embrasse-le ~ fort** give him a big hug; **il est ~ tard pour sortir** it's a bit late to go out; **~ souvent** (very) often; **~ avant/après** well before/after; **~ trop tôt** far ou much too early; **c'est ~ mieux** it's much better; **c'est ~ plus joli comme ça** it looks much nicer like that. -**7.** *(suivi d'un verbe)* [beaucoup]: **on a ~ ri** we had a good laugh, we laughed a lot; **hier soir, on a ~ discuté** we had a good (long) discussion last night; **je t'aime ~, tu sais** I like you a lot ou I'm very fond of you, you know. -**8.** [véritablement]: **j'ai ~ l'impression que...** I really have the feeling that...; **j'ai ~ cru que...** I really thought that...; **il a ~ failli se noyer** he very nearly drowned; **sans ~ se rendre compte de ce qu'il faisait** without being fully aware of ou without fully realizing what he was doing. -**9.** [pour renforcer, insister]: **qui peut ~ téléphoner à cette heure-ci?** who could that be ringing at this hour?; **où peut-il ~ être?** where on earth is he?; **je sais ~ que tu dis la vérité** I know very well that you're telling the truth; **veux-tu ~ te taire?** will you please be quiet?; **c'est ~ lui** it IS him; **ce n'est pas lui, mais ~ son associé que j'ai eu au téléphone** it wasn't him, but rather his partner I spoke to on the phone; **c'est ~ ça** that's it ou right; **c'est ~ ce que je disais/pensais** that's just what I was saying/thinking; **c'est ~ le moment d'en parler!** *iron* it's hardly the right time to talk about it!; **c'est ~ ce qui me préoccupe!** that's (just) what's worrying me!; **vous vous appelez ~ Anne, n'est-ce pas?** your name IS Anne, isn't it?; **j'ai pourtant ~ entendu frapper** I'm sure I heard a knock at the door; **je le vois ~ médecin** I can (quite) see him as a doctor; **elle est morte et ~ morte** she's dead all right ❑ **tu vas lui dire? – je pense ~!** are you going to tell him? – you bet I am!; **je vais me plaindre – je comprends** ou **pense ~!** I'm going to complain – I should think so too!; **il ne m'aidera pas, tu penses ~!** he won't help me, you can be sure of that!; **c'est ~ de lui, ça!** that's typical of him!, that's just like him! -**10.** [volontiers]: **j'irais ~ avec toi** I'd really like to go with you; **je te dirais ~ quelque chose, mais je suis poli** I could say something rude but I won't; **je boirais ~ quelque chose** I could do with ou I wouldn't mind a drink; **j'irais ~ nager un peu** I fancy ou I wouldn't mind going for a little swim; **je t'aurais ~ accompagné, mais...** I'd have been happy to go with you, but...; **je l'aurais ~ tué!** I could have killed him! -**11.** [au moins] at least; **ça fait ~ vingt fois qu'on lui dit** he's been told at least twenty times; **ils étaient ~ 30** there were at least 30 of them; **il est ~ 10 h** it must be 10 o'clock at least; **il a ~ 50 ans** he must be at least 50. -**12.** [exprimant la supposition, l'éventualité]: **tu verras ~** you'll see; **ça lui passera ~** he'll grow out of it; **je l'entendrai ~ venir** I'll hear him coming; **ils pourraient ~ refuser** they might well refuse; **ça se pourrait ~** it's perfectly possible. -**13.** [pourtant]: **mais il fallait ~ le lui dire!** but he had to be told (all the same)!; **il faut ~ le faire** it's got to be done. -**14.** **~ de, ~ des** [suivi d'un nom] quite a lot of; **j'ai eu ~ du souci** I've had a lot to worry about; **elle a ~ du courage!** isn't she brave!, she's got a great deal of courage!; **~ des fois...** more than once...; **~ des gens** lots of ou quite a lot of ou quite a few people; **j'ai reçu ~ des lettres** I received quite a lot of ou a good many letters. -**15.** [dans la correspondance]: **~ à toi** love; **~ à vous** yours.

◇ *adj inv* -**1.** [qui donne satisfaction] good; **comment trouves-tu mon dessin? – très ~!** how do you like my drawing? – it's very nice ou good!; **il est ~, ton médecin?** is your doctor (any) good?; **elle serait ~ dans le rôle de Turandot** she'd be ou make a good Turandot; **c'est ~ de s'amuser mais il faut aussi travailler** it's all right to have fun but you have to work too; **je recule? – non, vous êtes ~ là** *fam* shall I move back? – no, you're all right ou OK ou fine like that; **qu'est-ce qu'il est ~ dans son dernier film!** *fam* he's great ou really good on his new film! || SCOL [sur un devoir] good; **assez ~** fair; **très ~** very good. -**2.** [esthétique - personne] good-looking, attractive; [- chose] nice, lovely; **je ne me trouve jamais de chaussures ~** I can never find (any) nice shoes; **tu es très ~ en jupe** [cela te sied] you look very nice in a skirt; [c'est acceptable pour l'occasion] a skirt is perfectly all right; **elle est drôlement ~, ta sœur!** [jolie] your sister's really good-looking! ❑ **il est ~ de sa personne** he's a good-looking man; **elle est ~ de sa personne** she's a good-looking woman. -**3.** [convenable - personne] decent, nice; **c'est quelqu'un de ~** he's a nice person ou good sort; **ce ne sont pas des gens ~** they aren't decent people; **on ne rencontre pas que des gens ~ par petites annonces** the people you meet through ads aren't always the right sort; **adresse-toi à lui, c'est un type ~** *fam* go and see him, he's a decent bloke *Br* ou guy *Am*; **c'est ~** [conduite, action]: **ce serait ~ de lui envoyer un peu d'argent** it'd be a good idea to send her some money; **ils se sont séparés et c'est ~ comme ça** they've split up and it's better that way; **chacun a ses idées et c'est ~ ainsi** everybody's got their own ideas and that's how it should be; **c'est très ~ à vous de n'avoir rien dit** it's very good of you to have said nothing; **ce n'est pas ~ de tirer la langue** it's naughty ou it's not nice to stick out your tongue; **ce n'est pas ~ de montrer (les gens) du doigt** it's not nice to point ou you shouldn't point (at people); **ce n'est pas ~ de tricher** you shouldn't cheat. -**4.** [en forme] well; **elle n'est pas/est très ~ en ce moment** she's not doing/she's doing well right now; **je n'étais pas ~ hier** I wasn't feeling well yesterday; **se sentir ~** to feel fine ou well; **se sentir ~ dans sa peau** to feel at ease ou happy with o.s.; **vous ne vous sentez pas ~?** aren't you feeling well?; [mentalement] are you crazy?; **il n'est pas ~, celui-là!** *fam* he's got a problem, he has! ❑ **me/te/nous voilà ~!** NOW I'm/you're/we're in a fine mess! -**5.** [à l'aise]: **on est ~ ici** it's nice here; **on est vraiment ~ dans ce fauteuil** this armchair is really comfortable; **je suis ~ avec toi** I like being with you. -**6.** [en bons termes]: **être ~ avec qqn** to be well in with sb; **ils sont ~ ensemble** they're on the best of terms; **se mettre ~ avec qqn** to get in with sb, to get into sb's good books.

◇ *nm* -**1.** PHILOS & RELIG: **le ~** good; **la différence entre le ~ et le mal** the difference between good and evil ou right and wrong; **faire le ~** to do good; **elle fait du ~ autour d'elle** she does good (works) wherever she goes; **rendre le ~ pour le mal** to return good for evil. -**2.** [ce qui est agréable, avantageux]: **c'est pour son ~** it's for her/his good; **c'est pour ton ~ que je dis ça** I'm saying this for your own good ou benefit; **c'est ton ~ que je veux** I only want what's best for you; **le ~ commun** ou **général** ou **public** the common good; **c'est pour le ~ de tous/de l'entreprise** it's for the common good/the good of the firm; **pour le ~ public** in the public interest; **vouloir du ~ à qqn** to wish sb well; **elle ne te voulait pas que du ~** her intentions towards you weren't all friendly; **dire/penser du ~ de** to speak/to think well of; **si tu savais le ~ qu'on dit de toi** you should hear the wonderful things people say about you; **on ne m'a dit que du ~ de votre cuisine** I've heard the most flattering things about your cooking; **faire du ~: continue à me masser, ça fait du ~** carry on massaging me, it's doing me good; **cela fait du ~ de se dégourdir les jambes** it's nice to be able to stretch your legs; **les piqûres, ça ne fait pas de ~!** *fam* injections are no fun!; **je me suis cogné l'orteil, ça fait pas du ~!** *fam* I bashed my toe, it's quite painful!; **faire du ~** ou **le plus grand ~ à qqn** [médicament, repos] to do sb good, to benefit sb; **la promenade m'a fait du ~** the walk did me good; **le dentiste ne m'a pas fait du ~!** the dentist really hurt me!; **un peu de pluie ferait du ~ aux plantes** some rain would do the plants good ou wouldn't hurt the plants; **cela m'a fait du ~ de te parler** it did me good to talk to you; **une subvention ferait du ~ aux agriculteurs** a subsidy would be of great help to the farming community; **laisser tomber les livres par terre, ça ne leur fait pas du ~** *fam* you don't do a book too much good by dropping it on the floor; **la séparation leur fera le plus grand ~** being apart will do them a lot ou a world of good; **le repos m'a fait (un) grand ~** the rest did me the world ou a power of good; **grand ~ te/lui fasse!** *iron* much good may it do you/him! ❑ **~ m'en/lui en prend: ~ m'en a pris** it was just as well I did it; **~ leur en a pris de ne pas l'écouter** how right they were not to listen to him, it was just as well they didn't listen to him; **ça fait du ~ par où ça passe!** *fam* aah, I feel better for that! -**3.** [bienfait] good ou positive thing, benefit; **la restructuration sera un ~ pour l'entreprise** reorganization will be a positive move for the firm; **cette décision a été un ~ pour tout le monde** the decision was a good thing for all ou everyone concerned. -**4.** [propriété personnelle] possession, (piece ou item of) property; [argent] fortune; **mon ~ t'appartient** what's mine is yours; **il a mangé tout son ~ en trois mois** he squandered his fortune in three months; **ils ont un petit ~ en Ardèche** *fam* they have a bit of land in the Ardèche; **la jeunesse est un ~ précieux** youth is a precious asset; **tous mes ~s** all my worldly goods, all I'm worth; **les ~s temporels** ou **de ce monde** material possessions, worldly goods ❑ **avoir du ~ au soleil** *fam* to be well-off ou rich. -**5.** JUR & ÉCON: **~ foncier** ou **immeuble** ou **immobilier** property, real estate *Am*; **~ de consommation courante** consumer good; **~s de consommation durables** consumer durables; **~ marchand** commodity; **~s meubles** ou **mobiliers** personal property ou estate; **~s d'équipement** capital equipment ou goods; **~s immédiatement disponibles** off-the-shelf goods; **~s intermédiaires** intermediate goods; **~s privés/publics** private/public property; **~s de production** producer ou capital goods; **~s vacants** ownerless property. -**6.** HIST: **~s nationaux** *property confiscated from nobles during the Revolution and resold.*

◇ *interj* -**1.** [indiquant une transition] OK, right (then); **~, je t'écoute** right ou OK, I'm listening; **~, c'est fini pour aujourd'hui** right ou OK, that's it for today; **~! où en étions-nous?** right! where were we? -**2.** [marquant l'approbation]: **je n'irai pas! – ~, n'en parlons plus!** I won't go! – very well ou all right (then), let's

drop the subject!; **c'est décidé! — ~!** we've decided! – good OU fine!; **je reviens dans une heure — ~** I'll be back in an hour – (all) right OU fine; **très ~, je vais avec toi** fine OU very well, I'll go with you; **fort ~** fine; **~, ~, on y va** all right, all right OU OK, OK, let's go.
◆ **bien entendu** *loc adv* of course; **tu m'aideras? — ~ entendu!** will you help me? – of course OU that goes without saying!; **~ entendu que j'aimerais y aller** of course I'd like to go.
◆ **bien que** *loc conj* despite the fact that, although, though; **~ que je comprenne votre problème, je ne peux vous aider** although OU though I understand your problem, I can't help you; **~ qu'ayant travaillé cette question, je serais en peine d'en parler** although I've studied this question, I would be hard to speak about it; **~ que malade, il a tenu à y aller** although he was ill, he insisted on going; **sa maison, ~ que petite, est agréable** small though it is, her house is nice.
◆ **bien sûr** *loc adv* of course; **puis-je le prendre? — ~ sûr** may I take it? – of course OU please do OU by all means; **~ sûr qu'elle n'avait rien compris!** of course she hadn't understood a thing!

bien-aimé, e [bjɛ̃neme] (*mpl* bien-aimés, *fpl* bien-aimées) *adj* & *nm, f* beloved.

bien-être [bjɛ̃nɛtr] *nm* -**1.** [sensation] well-being. -**2.** [confort matériel] (material) well-being.

bienfaisance [bjɛ̃fəzɑ̃s] *nf* [charité] charity.
◆ **de bienfaisance** *loc adj* [bal] charity *(modif)*; [association, œuvre] charity *(modif)*, charitable; **travailler pour les œuvres de ~** to do charity work.

bienfaisant, e [bjɛ̃fəzɑ̃, ɑ̃t] *adj* -**1.** [bénéfique – effet, climat] beneficial, salutary. -**2.** [indulgent – personne] beneficent, kind, kindly.

bienfait [bjɛ̃fɛ] *nm* -**1.** *litt* [acte de bonté] kindness; **combler qqn de ~s** to shower sb with kindness *litt*. -**2.** [effet salutaire] benefit; **les ~s d'un séjour à la montagne** the benefits OU beneficial effects of a stay in the mountains; **les ~s de la civilisation** the advantages OU benefits of civilisation.

bienfaiteur, trice [bjɛ̃fɛtœr, tris] *nm, f* benefactor (*f* benefactress); **l'association fonctionne grâce à des ~s** the association keeps going OU running thanks to benefactors ❑ **~ du genre humain** great man (*f* woman).

bien-fondé [bjɛ̃fɔ̃de] *nm* [d'une revendication] rightfulness; [d'un argument] validity.

bien-fonds [bjɛ̃fɔ̃] *nm* real estate.

bienheureux, euse [bjɛ̃nørø, øz] ◇ *adj* -**1.** RELIG blessed; **~ les pauvres d'esprit** blessed are the poor in spirit. -**2.** [heureux – personne, vie] happy, blissful; [– hasard] fortunate, lucky.
◇ *nm, f* RELIG: **les ~** the blessed OU blest.

bien-jugé [bjɛ̃ʒyʒe] (*pl* bien-jugés) *nm* just and lawful decision JUR.

biennal, e, aux [bjenal, o] *adj* biennial.
◆ **biennale** *nf* biennial arts festival.

Bienne [bjɛn] *npr* Biel.

bien-pensant, e [bjɛ̃pɑ̃sɑ̃, ɑ̃t] ◇ *adj péj* [conformiste] right-thinking, right-minded.
◇ *nm, f péj* right-thinking OU right-minded person.

bienséance [bjɛ̃seɑ̃s] *nf* decorum, propriety; **les ~s** the proprieties.

bienséant, e [bjɛ̃seɑ̃, ɑ̃t] *adj* decorous, proper, becoming; **il n'est pas ~ d'élever la voix** it is unbecoming OU it isn't proper OU it isn't done to raise one's voice.

bientôt [bjɛ̃to] *adv* -**1.** [prochainement] soon, before long; **à (très) ~!** see you soon!; **je reviens ~** I'll be back soon; **il sera ~ de retour** he'll soon be back, he'll be back before long; **j'ai ~ fini** I've almost finished; **il est ~ midi** it's nearly midday; **~, ce ne sera plus qu'un mauvais souvenir** it'll soon be nothing but a bad memory; **tu vas ~ être plus grand que moi!** you'll be taller than me soon OU before you know it!; **l'accord de paix n'est pas pour ~** it is unlikely that the peace agreement will be signed soon; **c'est pour ~?** will it be long?; [naissance] is it OU is the baby due soon?; **c'est pas ~ fini ce vacarme?** have you quite finished (making all that racket)? -**2.** *sout* [rapidement] soon, quickly, in no time; **il eut ~ fait de reprendre ses esprits** he came around in no time ❑ **cela est ~ dit** that's easier said than done.

bienveillance [bjɛ̃vejɑ̃s] *nf* -**1.** [qualité] benevolence, kindliness; **parler de qqn avec ~** to speak favourably of sb. -**2.** [dans des formules de politesse]: **je sollicite de votre ~ un entretien** I beg to request an interview.

bienveillant, e [bjɛ̃vejɑ̃, ɑ̃t] *adj* [personne] benevolent, kindly; [regard, sourire] kind, kindly, gentle.

bienvenu, e [bjɛ̃vny] ◇ *adj* opportune, apposite.
◇ *nm, f*: **être le ~** to be welcome; **soyez les ~s dans notre ville** welcome to our city; **tu seras toujours la ~e chez nous** you'll always be welcome here, we'll always be pleased to have you with us; **cet argent était vraiment le ~** that money was most welcome.
◆ **bienvenue** *nf* welcome; **souhaiter la ~ à qqn** to welcome sb; **~ à toi, ami!** welcome to you, my friend!
◆ **de bienvenue** *loc adj* [discours] welcoming; [cadeau] welcome *(modif)*.

bière [bjɛr] *nf* -**1.** [boisson] beer; **~ blonde** lager; **~ brune** brown ale *Br*, dark beer *Am*; **~ (à la) pression** draught *Br* OU draft *Am* beer; **c'est de la petite ~** *fam*: **un budget de deux millions, c'est de la petite ~ à côté de ce que je gérais autrefois** a two million budget is small beer compared to OU nothing to the sums I used to manage; **ce n'est pas de la petite ~** it's quite something. -**2.** [cercueil] coffin, casket *Am*; **mettre qqn en ~** to place sb in his/her coffin.

biffage [bifaʒ] *nm* crossing OU scoring OU striking out.

biffe [bif] *nf arg mil* infantry.

biffer [3] [bife] *vt* to cross OU to score OU to strike out *(sép)*.

biffin [bifɛ̃] *nm arg mil* foot soldier, footslogger.

biffure [bifyr] *nf* crossing out, stroke; **faire des ~s sur une lettre** to cross things out in a letter.

bifide [bifid] *adj* bifid.

bifidus [bifidys] *nm* BIOL bifidus; **yaourt au ~** live yoghurt.

bifilaire [bifilɛr] *adj* bifilar.

bifocal, e, aux [bifɔkal, o] *adj* bifocal.

bifteck [biftɛk] *nm* -**1.** [tranche] (piece of) steak; **un ~ dans le filet** a piece of fillet steak; **un ~ dans la hampe** a (piece of) steak cut off the flank ❑ **un ~ haché** a piece of minced *Br* OU ground *Am* beef; **défendre/gagner son ~** to look after/to earn one's bread and butter. -**2.** [catégorie de viande] steak; **du ~ haché** (best) mince *Br*, lean ground beef *Am*.

bifurcation [bifyrkasjɔ̃] *nf* -**1.** [intersection] fork, junction, turn-off. -**2.** [changement] change (of course).

bifurquer [3] [bifyrke] *vi* -**1.** TRANSP [route] to fork, to branch off, to bifurcate; [conducteur] to turn off; **on a alors bifurqué sur Lyon** we then turned off towards Lyons; **~ à gauche** to take the left fork, to fork left, to turn left. -**2.** [changer] to branch off (into); **il a bifurqué vers la politique** he branched out into politics.

bigame [bigam] ◇ *adj* bigamous.
◇ *nmf* bigamist.

bigamie [bigami] *nf* bigamy.

bigarade [bigarad] *nf* bitter OU Seville orange.

bigaradier [bigaradje] *nm* bitter OU Seville orange tree.

bigarré, e [bigare] *adj* [vêtement, fleur] variegated, multicoloured, parti-coloured; [foule] colourful.

bigarreau, x [bigaro] *nm* bigarreau (cherry).

bigarrer [3] [bigare] *vt litt* [colorer] to variegate, to colour in many shades.

bigarrure [bigaryr] *nf* variegation, multicoloured effects.

big(-)bang [bigbɑ̃g] *nm* FIN & PHYS big bang.

Bige® [biʒ] (*abr de* **billet individuel de groupe étudiant**) *adj inv*: **billet ~** *cut-price student ticket (for travel)*.

bigler *fam* [3] [bigle] ◇ *vi* to squint.
◇ *vt* [regarder] to (take a) squint at, to eye.
◆ **bigler sur** *fam v + prép* to eye (with greed).

bigleux, euse *fam* [biglø, øz] ◇ *adj* short-sighted.
◇ *nm, f* short-sighted person.

bigophone *fam* [bigɔfɔn] *nm* [téléphone] phone, blower *Br*, horn *Am*; **coup de ~** ring; **passe-moi un coup de ~** give me a ring *Br* OU buzz.

bigorneau, x [bigɔrno] *nm* periwinkle, winkle.

bigorner▽ [3] [bigɔrne] *vt* [défoncer – moto] to smash up *(sép)*.
◆ **se bigorner**▽ *vp* *(emploi réciproque)* to scrap, to fight.

bigot, e [bigo, ɔt] ◇ *adj* [dévot] sanctimonious, holier-than-thou.
◇ *nm, f* (religious) bigot.

bigoterie [bigɔtri] *nf* (religious) bigotry.

bigouden [bigudɛn] ◇ *adj* from the Bigouden area (of Brittany).
◇ *nm* Bigouden (woman's) headgear.
◇ *nf* Bigouden woman.

bigoudi [bigudi] *nm* curler, roller; **(se) mettre des ~s** to put one's hair into curlers OU rollers; **elle est sortie en ~s** she went out with her hair in curlers OU rollers.

bigre [bigr] *interj vieilli* gosh, my.

bigrement [bigrəmɑ̃] *adv* [très] jolly *Br*, mighty *Am*; **il fait ~ froid ici** it's jolly OU mighty cold in here; **il faut être ~ culotté** you have to have a hell of a nerve; **ça a ~ changé** it has changed a heck of a lot.

biguine [bigin] *nf* beguine.

bihebdomadaire [biɛbdɔmadɛr] *adj* biweekly, semi-weekly.

bijectif, ive [biʒɛktif, iv] *adj* bijective.

bijection [biʒɛksjɔ̃] *nf* bijection.

bijou, x [biʒu] *nm* -**1.** [parure] jewel; **~x de famille** family jewels OU jewellery. -**2.** [fleuron] gem; **un ~ de l'art rococo** a gem of Rococo art. -**3.** *fam* [en appellatif]: **bonjour, mon ~** hello precious OU my love.

bijouterie [biʒutri] *nf* -**1.** [bijoux] jewels, jewellery. -**2.** [magasin] jeweller's (shop) *Br*, jeweler's (store) *Am*. -**3.** [industrie] jewellery business. -**4.** [technique] jewellery-making.

bijoutier, ère [biʒutje, ɛr] *nm, f* jeweller.

Bikini® [bikini] *nm* bikini.

bilabiale [bilabjal] ◇ *adj f* bilabial.
◇ *nf* bilabial (consonant).

bilabié, e [bilabje] *adj* bilabiate.

bilame [bilam] *nm* bimetallic strip.

bilan [bilɑ̃] *nm* -**1.** ÉCON balance sheet, statement of accounts; **dresser** OU **faire le ~** to draw up the balance sheet; **porter un article au ~** to put an item into the balance. -**2.** [appréciation] appraisal, assessment; **quand on fait le ~ de sa vie** when one takes stock of OU when one assesses one's (lifetime) achievements; **quel est le ~ de ces discussions?** what is the end result of these talks?, what have these talks amounted to?; **le ~ définitif fait état de 20 morts** the final toll stands at 20 casualties; **un ~ économique positif** positive economic results. -**3.** MÉD: **~ (de santé)** (medical) check-up; **se faire faire un ~ (de santé)** to have a check-up.

bilatéral, e, aux [bilateral, o] *adj* bilateral, two-way.

bilatéralement [bilateralmɑ̃] *adv* bilaterally.

bilatéralité [bilateralite] *nf* bilateralism.

bilboquet [bilbɔkɛ] *nm* cup-and-ball game.

bile [bil] *nf* -**1.** ANAT bile. -**2.** *fam loc*: **décharger** OU **épancher sa ~ sur qqn** to vent one's spleen on sb; **se faire de la ~** to fret; **je me suis fait beaucoup de ~ pour toi** I worried myself sick about you; te fais pas de ~ don't you fret OU worry.

biler *fam* [3] [bile]

◆ **se biler** *fam vpi* [s'inquiéter] to fret, to worry o.s. sick; **ne te bile pas pour lui** don't get all worked up OU don't worry yourself sick about him; **te bile pas!** no problem!

bileux, euse *fam* [bilø, øz] *adj* easily worried; **je n'ai jamais été du genre ~** I never was one to worry about things, I never was much of a worrier.

bilharzie [bilarzi] *nf* bilharzia, schistosome.

bilharziose [bilarzjoz] *nf* bilharziasis, schistosomiasis.

biliaire [biljɛr] *adj* biliary.

bilié, e [bilje] *adj* bilious.

bilieux, euse [biljø, øz] *adj* **-1.** [pâle - teint] bilious, sallow, yellowish. **-2.** [colérique - personne, tempérament] testy, irascible. **-3.** *sout* [inquiet] splenetic.

biligenèse [biliʒənɛz] *nf* biliation.

bilinéaire [bilineɛr] *adj* bilinear.

bilingue [bilɛ̃g] ◇ *adj* bilingual.
◇ *nmf* bilingual speaker.

bilinguisme [bilɛ̃gɥism] *nm* bilingualism.

bilirubine [bilirybin] *nf* bilirubin.

billard [bijar] *nm* **-1.** [jeu] billiards *(sg)*; **faire un ~** to play a game of billiards ❑ **~ américain** pool; **avoir un œil qui joue au ~** to squint. **-2.** [salle] billiard room *Br*, poolroom *Am*. **-3.** [meuble] billiard *Br* OU pool *Am* table; **~ électrique** [jeu] pinball; [machine] pinball machine. **-4.** *fam* [table d'opération]: **une fois qu'on est sur le ~** once you're on the operating table; **monter** OU **passer sur le ~** to be operated (on), to have an operation; **faire passer qqn sur le ~** to open sb up; **quand est-ce que tu passes sur le ~?** when are you going under the knife?

bille [bij] *nf* **-1.** JEUX [de verre] marble; **placer ses ~s** to get o.s. in; **reprendre ses ~s** to pull out *(of a deal)*; **toucher sa ~ en**▽ to be bloody *Br* OU darned *Am* good at; **en mécanique, je touche pas ma ~** I haven't got a clue about mechanics ‖ [de billard] ball; **être chauve comme une ~ de billard** to be bald as a coot *Br* OU as an egg *Am*. **-2.** INDUST & MÉCAN ball. **-3.** *fam* [tête]: **avoir une bonne ~** to look a good sort; **avoir une ~ de clown** to have a funny face. **-4.** [de bois] billet, log (of wood).
◆ **à bille** *loc adj* [crayon, stylo] ball-point *(modif)*; [déodorant] roll-on *(avant n)*.
◆ **bille en tête** *loc adv* straight, straightaway; **aller ~ en tête se plaindre à la direction** to go straight to the management with a complaint.

biller [3] [bije] *vt* to ball-test.

billet [bijɛ] *nm* **-1.** LOISIRS & TRANSP ticket; **~ d'avion/de train/de concert/de loterie** plane/train/concert/lottery ticket; **voyageurs munis de ~s** ticket holders; **retenez** OU **réservez les ~s à l'avance** book ahead ❑ **~ aller** OU **simple** single ticket *Br*, single *Br*, one-way ticket *Am*; **~ aller-retour** return *Br* OU roundtrip *Am* ticket; **~ circulaire** day return (ticket) *Br*, roundtrip ticket *Am*; **~ de faveur** complimentary ticket. **-2.** FIN: **~ (de banque)** note *Br*, banknote *Br*, bill *Am*, bankbill *Am*; **le nouveau ~ de 20 francs** the new 20-franc note OU bill; **le ~ est un faux** this note is a forgery; **un ~** *vieilli* [dix francs] ten francs ❑ **~ à ordre** promissory note, note of hand; **~ au porteur** bearer bill; **le ~ vert** the dollar, the U.S. currency; **faux ~** forged banknote. **-3.** [message] note; **~ doux** OU **galant** billet doux, love letter; **~ d'humeur** PRESSE column. **-4.** MIL: **~ de logement** billet. **-5.** *loc*: **je te donne** OU **flanque** *fam* OU **fiche**▽ **mon ~ que tu te trompes** I bet my bottom dollar OU my boots that you're wrong; **elle est enceinte, je t'en fiche mon ~**▽ I bet you anything she's pregnant.

billette [bijɛt] *nf* billet, log.

billetterie [bijɛtri] *nf* **-1.** TRANSP & LOISIRS [opérations] ticket distribution; [guichet] ticket office; **~ automatique** ticket machine. **-2.** BANQUE [distributeur] cash dispenser.

billettiste [bijɛtist] *nmf* **-1.** [vendeur] ticket seller. **-2.** [journaliste] columnist.

billevesées [bijvəze] *nfpl litt* nonsense, twaddle.

billion [biljɔ̃] *nm* **-1.** [million de millions] billion *Br*, trillion *Am*. **-2.** *vieilli* [milliard] milliard *Br*, billion *Am*.

billot [bijo] *nm* [de bourreau, d'enclume] block; **finir** OU **périr sur le ~** to be beheaded.

bilobé, e [bilɔbe] *adj* bilobate, bilobed.

biloculaire [bilɔkylɛr] *adj* bilocular.

bimane [biman] *adj* bimanous.

bimbeloterie [bɛ̃blɔtri] *nf* **-1.** [babioles] knick-knacks. **-2.** [commerce] fancy goods business.

bimbelotier, ère [bɛ̃blɔtje, ɛr] *nm, f* **-1.** [fabricant] fancy goods manufacturer. **-2.** [vendeur] fancy goods dealer.

bimensuel, elle [bimɑ̃sɥɛl] *adj* twice monthly, fortnightly *Br*, semimonthly *Am*.
◆ **bimensuel** *nm* [revue] fortnightly *Br*, semimonthly *Am*.

bimestriel, elle [bimɛstrijɛl] *adj* bimonthly.
◆ **bimestriel** *nm* [revue] bimonthly.

bimétallique [bimetalik] *adj* bimetallic.

bimétallisme [bimetalism] *nm* bimetallism.

bimillénaire [bimilenɛr] *nm* bimillenary.

bimoteur [bimɔtœr] ◇ *adj m* twin-engined.
◇ *nm* twin-engined plane OU aircraft.

binage [binaʒ] *nm* harrowing, hoeing.

binaire [binɛr] *adj* INF & MATH binary.

binational, e, aux [binasjɔnal, o] *adj* with dual nationality.

biner [3] [bine] *vt* to harrow, to hoe.

binette [binɛt] *nf* **-1.** AGR hoe. **-2.** *fam* [visage] mug, physog *Br vieilli*.

bineuse [binøz] *nf* cultivator.

bing [biŋ] *onomat* thwack, smack.

biniou [binju] *nm* (Breton) bagpipes *(pl)*.

binoclard, e *fam* [binɔklar, ard] ◇ *adj*: **être ~** to wear specs *Br* OU glasses.
◇ *nm, f*: **c'est une ~e** she wears specs *Br* OU glasses.

binocle [binɔkl] *nm* [lorgnon] pince-nez.
◆ **binocles** *fam nmpl* [lunettes] specs *Br*, glasses.

binoculaire [binɔkylɛr] *adj* binocular.

binôme [binom] *nm* binomial.

binomial, e, aux [binɔmjal, o] *adj* binomial.

bintje [bintʃ] *nf* bintje potato.

bio [bjo] *adj inv* [nourriture, style de vie] organic.

biobibliographie [bjɔbiblijɔgrafi] *nf* biobibliography.

biocarburant [bjɔkarbyrɑ̃] *nm* biomass fuel.

biochimie [bjɔʃimi] *nf* biochemistry.

biochimique [bjɔʃimik] *adj* biochemical.

biochimiste [bjɔʃimist] *nmf* biochemist.

bioclimat [bjɔklima] *nm* bioclimate.

bioclimatique [bjɔklimatik] *adj* bioclimatic.

bioclimatologie [bjɔklimatɔlɔʒi] *nf* bioclimatology.

bioconversion [bjɔkɔ̃vɛrsjɔ̃] *nf* bioconversion.

biodégradabilité [bjɔdegradabilite] *nf* biodegradability.

biodégradable [bjɔdegradabl] *adj* biodegradable.

biodégradation [bjɔdegradasjɔ̃] *nf* biodegradation.

biodiversité [bjɔdivɛrsite] *nf* biodiversity.

bioélectricité [bjɔelɛktrisite] *nf* bioelectricity.

bioénergétique [bjɔenɛrʒetik] *adj* bioenergetic.

bioénergie [bjɔenɛrʒi] *nf* bioenergetics.

bioéthique [bjɔetik] *nf* bioethics.

biogenèse [bjɔʒənɛz] *nf* biogenesis.

biogéographie [bjɔʒeɔgrafi] *nf* biogeography.

biographe [bjɔgraf] *nmf* biographer.

biographie [bjɔgrafi] *nf* biography; **~ officielle** authorized biography.

biographique [bjɔgrafik] *adj* biographical.

biologie [bjɔlɔʒi] *nf* biology.

biologique [bjɔlɔʒik] *adj* **-1.** BIOL biological. **-2.** [naturel - produit, aliment] natural, organic.

biologiste [bjɔlɔʒist] *nmf* biologist.

bioluminescence [bjɔlyminesɑ̃s] *nf* bioluminescence.

biomagnétisme [bjɔmaɲetism] *nm* biomagnetism.

biomasse [bjɔmas] *nf* biomass.

biomatériau, x [bjɔmaterjo] *nm* biomaterial.

biomécanique [bjɔmekanik] *nf* biomechanics *(sg)*.

biomédical, e, aux [bjɔmedikal, o] *adj* biomedical.

biométrie [bjɔmetri] *nf* biometry, biometrics *(sg)*.

biomorphique [bjɔmɔrfik] *adj* biomorphic.

biomorphisme [bjɔmɔrfism] *nm* biomorphism.

bionique [bjɔnik] *nf* bionics *(sg)*.

biophysique [bjɔfizik] *nf* biophysics *(sg)*.

biopsie [bjɔpsi] *nf* biopsy.

biorythme [bjɔritm] *nm* biorhythm.

biosphère [bjɔsfɛr] *nf* biosphere.

biosynthèse [bjɔsɛ̃tɛz] *nf* biosynthesis.

biotechnologie [bjɔtɛknɔlɔʒi], **biotechnique** [bjɔtɛknik] *nf* biotechnology.

biothérapie [bjɔterapi] *nf* biotherapy.

biotique [bjɔtik] *adj* biotic.

biotope [bjɔtɔp] *nm* biotope.

biotype [bjɔtip] *nm* biotype.

biotypologie [bjɔtipɔlɔʒi] *nf* biotypology.

bioxyde [bjɔksid] *nm* dioxide.

bip [bip] *nm* **-1.** [signal sonore] beep; **«parlez après le ~ (sonore)»** "please speak after the beep OU tone". **-2.** [appareil] pager, beeper.

bipale [bipal] *adj* twin-bladed.

biparti, e [biparti], **bipartite** [bipartit] *adj* **-1.** BOT bipartite. **-2.** POL bipartite, two-party *(avant n)*.

bipartisme [bipartism] *nm* bipartism, two-party system.

bipartition [bipartisjɔ̃] *nf* bipartition.

bipasse [bipas] *nm* by-pass.

bip-bip [bipbip] *(pl* **bips-bips**) *nm* bleep, bleeping sound OU tone.

bipède [bipɛd] *adj* & *nm* biped.

bipenne [bipɛn] ◇ *adj* two-winged.
◇ *nf* twin-edged axe.

biphasé, e [bifaze] *adj* diphasic, two-phase *(avant n)*.

bipied [bipje] *nm* bipod.

biplace [biplas] ◇ *adj* two-seat *(avant n)*.
◇ *nm* two-seater.

biplan [biplɑ̃] *nm* biplane.

bipolaire [bipɔlɛr] *adj* bipolar.

bipolarisation [bipɔlarizasjɔ̃] *nf* bipolarization.

bipolarisé, e [bipɔlarize] *adj* bipolarized.

bipolarité [bipɔlarite] *nf* bipolarity.

bipoutre [biputr] *adj* twin-boom.

bippeur [bipœr] = **bip 2**.

bique [bik] *nf* **-1.** ZOOL nanny-goat. **-2.** *fam péj* [femme]: **vieille ~** old bag OU cow.

biquet, ette [bikɛ, ɛt] *nm, f* **-1.** ZOOL kid. **-2.** [en appellatif]: **mon ~** *fam* my pet.

biquotidien, enne [bikɔtidjɛ̃, ɛn] *adj* twice-daily.

birapport [birapɔr] *nm* anharmonic ratio.

birbe [birb] *nm litt* & *péj*: **vieux ~** old fuddy-duddy OU stick-in-the-mud.

BIRD [bœrd] *(abr de* **Banque internationale pour la reconstruction et le développement**) *npr f* IBRD.

biréacteur [bireaktœr] *nm* twin-engined jet.

biréfringence [birefrɛ̃ʒɑ̃s] *nf* birefringence.

biréfringent, e [birefrɛ̃ʒɑ̃, ɑ̃t] *adj* birefringent.

birman, e [birmɑ̃, an] *adj* Burmese.
◆ **Birman, e** *nm, f* Burmese; **les Birmans** the Burmese.
◆ **birman** *nm* LING Burmese.

Birmanie [birmani] *npr f*: **(la) ~** Burma.

biroute [birut] *nf* -**1.** AÉRON windsock, wind cone OU sleeve. -**2.** ▼ [pénis] cock, prick.

bis[1] [bis] ◇ *adv* -**1.** MUS repeat, twice. -**2.** [dans une adresse]: 13 ~ 13 A.
◇ *interj* [à un spectacle] encore; **chanter une chanson en ~** to sing OU to give an encore.

bis[2], **e**[1] [bi, biz] *adj* [couleur] greyish-brown.

bisaïeul, e [bizajœl] *nm, f* great-grandfather (*f* great-grandmother).

bisannuel, elle [bizanɥɛl] *adj* [tous les deux ans] biennial.

bisbille *fam* [bizbij] *nf* tiff.
◆ **en bisbille** *fam loc adv* at loggerheads OU odds; **on est longtemps restés en ~** we were at loggerheads for a long time.

bisbrouille [bisbruj] *nf Belg* tiff.

Biscaye [biskaj] *npr* Biscay.

biscôme [biskom] *nm Helv Swiss gingerbread.*

biscornu, e [biskɔrny] *adj* -**1.** [irrégulier - forme] irregular, misshapen. -**2.** [étrange - idée] cranky, queer, weird; [- esprit, raisonnement] twisted, tortuous.

biscoteaux, biscotos *fam* [biskɔto] *nmpl* biceps.

biscotte [biskɔt] *nf*: **des ~s** *toasted bread sold in packets and often eaten for breakfast.*

biscotterie [biskɔtri] *nf factory where 'biscottes' are made.*

biscuit [biskɥi] ◇ *nm* -**1.** [gâteau sec] biscuit *Br*, cookie *Am*; **~ pour chien** dog biscuit; **~ à la cuiller** ladyfinger, sponge finger; **~ de mer** cuttlefish bone; **~ salé** savoury biscuit *Br*, cracker *Am*. -**2.** [gâteau]: **~ glacé** Neapolitan ice cream; **~ roulé** Swiss roll; **~ de Savoie** sponge cake. -**3.** [porcelaine] biscuit, bisque.
◇ *adj inv* biscuit-coloured.

biscuiter [3] [biskɥite] *vt* INDUST to make into biscuit.

biscuiterie [biskɥitri] *nf* -**1.** [usine] biscuit *Br* OU cookie *Am* factory. -**2.** [industrie] biscuit *Br* OU cookie *Am* trade.

bise[2] [biz] ◇ *f* → **bis** *adj*.
◇ *nf* -**1.** GÉOG North OU northerly wind. -**2.** [baiser] kiss; **donne-moi** OU **fais-moi une ~** give me a kiss; **se faire la ~** to give one another a kiss; **grosses ~s** [dans une lettre] love and kisses.

biseau, x [bizo] *nm* bevel; **en ~** bevelled.

biseautage [bizotaʒ] *nm* [du bois, du verre] bevelling.

biseauter [3] [bizote] *vt* -**1.** [bois, verre] to bevel. -**2.** JEUX: **~ les cartes** to mark the cards.

biset [bizɛ] *nm* rock pigeon OU dove.

bisexualité [bisɛksɥalite] *nf* bisexuality, bisexualism *Am*.

bisexué, e [bisɛksɥe] *adj* bisexual.

bisexuel, elle [bisɛksɥɛl] *adj* bisexual.

Bismarck [bismark] *npr* Bismarck.

bismuth [bismyt] *nm* MÉD & MÉTALL bismuth.

bismuthine [bismytin] *nf* bismuthinite, bismuth glance.

bison [bizɔ̃] *nm* -**1.** [d'Amérique] American buffalo OU bison. -**2.** [d'Europe] European bison, wisent.

Bison Futé [bizɔ̃fyte] *npr organization giving details of road conditions, traffic congestion etc.*

bisou *fam* [bizu] *nm* kiss; **donne-moi** OU **fais-moi un ~** give me a kiss.

bisque [bisk] *nf* bisque; **~ de homard** lobster bisque.

bisquer *fam* [3] [biske] *vi* to be riled OU nettled; **bisque, bisque, rage!** I win! *(gloating exclamation of victory).*

bisse [bis] *nm Helv* irrigation canal *(in the Valais region).*

bissecteur, trice [bisɛktœr, tris] *adj* bisecting.
◆ **bissectrice** *nf* bisector, bisectrix.

bissection [bisɛksjɔ̃] *nf* bisection, bisecting.

bisser [3] [bise] *vt* [suj: spectateur] to encore; [suj: artiste] to do again.

bissextile [bisɛkstil] *adj f*: **année ~** leap year.

bistouri [bisturi] *nm* lancet.

bistre [bistr] ◇ *adj inv* bistre.
◇ *nm* bistre.

bistré, e [bistre] *adj* brownish.

bistrer [3] [bistre] *vt* to colour with bistre.

bistro(t) [bistro] *nm* ≃ café, ≃ pub *Br*, ≃ bar *Am*; *(comme adj inv)*: **chaise/table ~** bistrot style chair/table.

BISTROT:
This word can refer either to a small café or to a cosy restaurant, especially one frequented by regulars. The "style bistrot" refers to a style of furnishing inspired by the chairs, tables and zinc countertops typical of the traditional "bistrot".

---

bisulfate [bisylfat] *nm* bisulphate.

bisulfite [bisylfit] *nm* bisulphite.

bisulfure [bisylfyr] *nm* disulphide, bisulphide.

bit [bit] *nm* bit COMPUT.

BIT (*abr de* **Bureau international du travail**) *npr m* ILO.

bite▼ [bit] *nf* prick, cock.

bitos▽ [bitos] *nm* hat.

bitte [bit] *nf* -**1.** NAUT bitt; **~ d'amarrage** bollard. -**2.** ▼ [pénis] = **bite**.

bitter [bitɛr] *nm* bitters *(pl).*

bitture▽ [bityr] *nf*: **prendre une ~** to go on a bender, to get plastered; **il (se) tenait une de ces ~s!** he got really plastered!

bitturer [3] [bityre]
◆ **se bitturer**▽ *vpi* to get plastered.

bitumage [bitymaʒ] *nm* asphalting, bituminizing.

bitume [bitym] *nm* -**1.** MIN bitumen. -**2.** TRAV PUBL asphalt, bitumen. -**3.** *fam* [trottoir] pavement *Br*, sidewalk *Am*; **sur le ~** [sans abri] out on the street; [sans ressources] on Skid Row.

bitumé, e [bityme] *adj* asphalted, bituminized.

bitumer [3] [bityme] *vt* to asphalt, to bituminize.

bitumineux, euse [bityminø, øz] *adj* bituminous.

biture▽ [bityr] = **bitture**.

biturer [bityre] = **bitturer**.

biunivoque [biynivɔk] *adj*: **correspondance ~** one-to-one mapping.

bivalence [bivalɑ̃s] *nf* bivalence.

bivalent, e [bivalɑ̃, ɑ̃t] *adj* bivalent.

bivalve [bivalv] ◇ *adj* bivalve, bivalved.
◇ *nm* bivalve.

bivouac [bivwak] *nm* bivouac.

bivouaquer [3] [bivwake] *vi* to bivouac, to set up camp overnight.

bizarre [bizar] ◇ *adj* [comportement, personne, idée, ambiance] odd, peculiar, strange; **tu ne le trouves pas ~?** don't you think he's strange?; **je l'ai trouvé ~ ce matin-là** I thought he was behaving oddly that morning; **c'est un type vraiment ~** *fam* he's an odd bod *Br* OU a weirdo; **c'est ~, ce que tu me dis** what you're telling me is funny OU strange; **elle s'habille de manière ~** she has a strange OU wayward sense of dress; **se sentir ~** to feel (a bit) funny.
◇ *nm*: **le ~, dans l'histoire, c'est que...** what's really strange is that...

bizarrement [bizarmɑ̃] *adv* oddly, strangely, peculiarly; *(en adv indép)*: **~, ce matin-là, il ne s'était pas rasé** for some strange reason, he hadn't shaved that morning.

bizarrerie [bizarri] *nf* -**1.** [caractère bizarre] strangeness; **la ~ de son comportement** the strangeness of his behaviour. -**2.** [action bizarre] eccentricity; **ses ~s ne me surprennent plus** his eccentricities no longer surprise me.

bizarroïde *fam* [bizarɔid] *adj* odd, weird, bizarre.

bizou *fam* [bizu] = **bisou**.

bizut [bizy] *nm arg scol* fresher *Br*, freshman *Am* *(liable to ragging).*

bizutage [bizytaʒ] *nm arg scol practical jokes played on new arrivals in a school or college,* ≃ ragging *Br*, ≃ hazing *Am*.

BIZUTAGE:
In some French schools and colleges, students in fancy-dress take to the streets and play practical jokes (sometimes very cruel ones) on each other and on passers-by at the beginning of the school year. This is part of the traditional initiation ceremony known as "bizutage".

---

bizuter [3] [bizyte] *vt arg scol* ≃ to rag *Br*, ≃ to haze *Am*.

bizuth [bizy] *arg scol* = **bizut**.

bla-bla(-bla) [blabla(bla)] *nm inv* blah, claptrap; **arrête ton ~!** stop talking rubbish *Br* OU trash *Am*!

black-bass [blakbas] *nm inv* black bass.

blackboulage [blakbulaʒ] *nm* blackballing.

blackbouler [3] [blakbule] *vt* [candidat] to blackball; **il s'est fait ~ à son examen** they failed him at his exam.

black jack [blak(d)ʒak] *nm* blackjack.

black-out [blakaut] *nm inv* blackout.

black-rot [blakrɔt] (*pl* **black-rots**) *nm* black rot.

blafard, e [blafar, ard] *adj* pallid, wan *litt*.

blague [blag] *nf* -**1.** [histoire] joke; **il est toujours à dire des ~s** he's always joking. -**2.** [duperie] hoax, wind-up *Br*; **c'est une ~!** are you kidding?, you can't be serious!; **elle dit qu'elle va démissionner mais c'est de la ~** she says she'll resign but that's all guff OU hot air ❑ **~ à part, ~ dans le coin** kidding OU joking apart, in all seriousness; **~ à part, c'est un homme très agréable** being serious now OU joking apart, he's a very nice man. -**3.** [farce] (practical) joke, trick; **ça n'est pas une ~ à faire!** that's NOT funny!; **il m'a fait une mauvaise** OU **sale ~** he played a nasty trick on me. -**4.** [maladresse] blunder, boob *Br*, blooper *Am*; **faire une ~** to boob *Br*, to make a blooper *Am* ‖ [sottise] silly OU stupid thing (to do); **je vous laisse seuls deux minutes, pas de ~s!** I'm leaving you alone for two minutes, so no funny business!
◆ **blague à tabac** *nf* tobacco pouch.
◆ **sans blague** *fam loc interj* -**1.** [marque la surprise] really, no kidding; **elle a eu des triplés – sans ~!** she had triplets – never OU no kidding! -**2.** [marque la colère]: **vous allez arrêter, non mais, sans ~!** will you PLEASE give it a rest!

blaguer *fam* [blage] ◇ *vi* to joke; **je ne blague plus!** I'm serious!; **j'aime bien ~** I like a joke; **tu blagues?** you're kidding!
◇ *vt* to tease; **~ qqn sur qqch** to tease sb about sthg.

blagueur, euse *fam* [blagœr, øz] ◇ *adj* [enfant, expression] joking, teasing.
◇ *nm, f* joker, prankster.

blair▽ [blɛr] *nm* beak, conk *Br*, schnozz *Am*.

blaireau, x [blɛro] *nm* -**1.** ZOOL badger. -**2.** [pour se raser] shaving brush.

blairer▽ [4] [blɛre] *vt*: **personne ne peut le ~** no one can stand OU stick *Br* him.

blâmable [blamabl] *adj* blameworthy.

blâme [blam] *nm* -**1.** [condamnation] blame; **rejeter le ~ sur qqn** to put the blame on sb; **s'attirer** OU **encourir le ~ de qqn** to incur sb's blame. -**2.** ADMIN & SCOL reprimand; **recevoir un ~** to be reprimanded; **donner un ~ à qqn** to reprimand sb.

blâmer [3] [blame] *vt* -**1.** [condamner] to blame; **je ne le blâme pas d'avoir agi ainsi** I don't blame him for having acted that way; **il ne faut pas l'en ~** he should not be blamed for it. -**2.** ADMIN & SCOL [élève, fonctionnaire] to reprimand.

blanc, blanche [blɑ̃, blɑ̃ʃ] *adj* -**1.** [couleur] white; **avoir les cheveux ~s** to be white-haired OU snowy-haired *litt*; **à 40 ans, j'étais déjà toute blanche** at 40 years of age I was already white-haired OU all my hair had already turned white; **que tu es ~!** how pale you look!; **être ~ de peau** to be white-skinned OU pale-skinned; **être ~ de rage** to be white OU livid with rage ❑ être ~ comme un cachet **d'aspirine** OU **un lavabo** *fam hum* [non bronzé] to be completely white; ~ **comme un linge** white as a sheet; ~ **comme le lis** lily-white; ~ **comme neige** *pr* snow-white, (as) white as snow, (as) white as the driven snow; *fig* (as) pure as the driven snow; **elle est sortie du procès blanche comme neige** she came out of the trial as pure as the driven snow OU with her reputation intact; **le pouvoir se veut ~ comme neige** the authorities are trying to look as innocent as the lamb. -**2.** [race] white, Caucasian; [personne] white, white-skinned, Caucasian; **les quartiers ~s de la ville** the white areas of town. -**3.** [vierge] blank; **elle a remis (une) copie blanche** she handed in a blank sheet of paper; **écrire sur du papier ~** to write on plain OU unlined paper; **vote ~** blank vote. -**4.** [examen] mock. -**5.** [innocent] innocent, pure; **il n'est pas aussi ~ qu'il en a l'air** he's not as innocent as he looks; **il n'est pas sorti tout ~ de l'affaire** he hasn't come out of this business untarnished. -**6.** CULIN [fonds, sauce, viande] white. -**7.** [verre] plain. -**8.** LITTÉRAT [vers] blank. -**9.** ACOUST & ÉLECTR white.

◆ **blanc** ◇ *nm* -**1.** [couleur] white; **le ~ lui va bien** she looks good in white ❑ ~ **cassé** off-white; **aller du ~ au noir, passer du ~ au noir** to go from one extreme to the other. -**2.** [matière blanche]: ~ [fard] white makeup powder ❑ ~ **de baleine** spermaceti; ~ **de chaux** whitewash; ~ **d'Espagne** OU **de Meudon** whiting. -**3.** [cornée]: ~ **de l'œil** white of the eye; **regarder qqn dans le ~ de l'œil** OU **des yeux** to look sb straight in the face OU eye. -**4.** CULIN: ~ **de poulet** chicken breast; **dans le poulet, je préfère le ~** when I have chicken, I like the white meat OU the breast best; ~ **d'œuf** egg white, white of an egg; ~**s d'œufs battus** whipped egg whites. -**5.** [linge]: **le ~** house linen; **un magasin de ~** a linen shop; **faire une machine de ~** to do a machine-load of whites. -**6.** [vin] white wine; **boire du ~** to drink white wine; **un ~ sec** a dry white wine; **un petit ~** *fam* a (nice) little glass of white wine ❑ ~ **de ~s** white wine from white grapes, blanc de blancs; ~ **cassis** kir. -**7.** [espace libre] blank space, blank, space; [dans une conversation] blank; **laissez un ~** leave a blank OU space. -**8.** BOT mildew.

◇ *adv*: **il a gelé ~ la semaine dernière** there was some white frost last week ❑ **voter ~** to return a blank vote; **un jour il dit ~**, **l'autre jour il dit noir** one day he says yes, the next day he says no; **il dit ~ aux uns et noir aux autres** he says one thing to one person and another thing to someone else; **l'un dit ~, l'autre dit noir** one (of them) says one thing, the other says the opposite.

◆ **Blanc, Blanche** *nm, f* -**1.** ANTHR white OU Caucasian man (*f* woman); **les Blancs** white people ❑ **petit Blanc** poor white; **les petits Blancs** white trash *péj*. -**2.** HIST [en Russie] White Russian; [en France] Bourbon supporter *(in post-revolutionary France)*; **les Blancs et les Bleus** *Chouan insurgents and Republican soldiers during the French Revolution.*

◆ **blanche** *nf* -**1.** MUS minim *Br*, half note *Am*. -**2.** [bille] white (ball). -**3.** *arg drogue* [héroïne]: **la blanche** smack. -**4.** [eau-de-vie] colourless spirit.

◆ **à blanc** ◇ *loc adj* [cartouche] blank; **tir à ~** firing blanks, blank rounds.

◇ *loc adv* -**1.** ARM: **tirer à ~** to fire blanks. -**2.** [à un point extrême]: **saigner à ~** to bleed white; **chauffer à ~** to make white-hot.

◆ **en blanc** ◇ *loc adj* -**1.** [chèque, procuration] blank. -**2.** [personne]: **une mariée en ~** a bride wearing white ❑ **les hommes en ~** (hospital) doctors.

◇ *loc adv* [peindre, colorer] white; [s'habiller, sortir] in white; **laisser une ligne/page en ~** to leave a line/page blank.

blanc-bec [blɑ̃bɛk] (*pl* **blancs-becs**) *nm* greenhorn; **jeune ~** young whippersnapper.

blanchâtre [blɑ̃ʃatr] *adj* [mur] offwhite, whitish; [nuage] whitish; [teint] pallid.

Blanche-Neige [blɑ̃ʃnɛʒ] *npr* Snow White; '**~ et les sept nains**' *Grimm* 'Snow White and the Seven Dwarfs'.

blancheur [blɑ̃ʃœr] *nf* -**1.** [couleur] whiteness; **ces draps sont d'une ~ douteuse** these sheets aren't very white; **ses mains avaient la ~ du lis** she had lily-white hands. -**2.** *litt* [pureté] purity, innocence.

blanchiment [blɑ̃ʃimɑ̃] *nm* -**1.** [décoloration, nettoyage - d'un mur] whitewashing; [- d'un tissu] bleaching. -**2.** [de l'argent] laundering. -**3.** HORT (industrial) blanching.

blanchir [32] [blɑ̃ʃir] ◇ *vt* -**1.** [couvrir de blanc] to whiten, to turn white; ~ **à la chaux** to whitewash; **le gel a blanchi les champs** the frost has turned the fields white || [décolorer] to turn white, to bleach; **le temps a blanchi ses cheveux** time has turned his hair white. -**2.** [nettoyer - linge] to launder; **donner ses draps à ~** to take one's sheets to be laundered OU cleaned; **être logé, nourri et blanchi** to get bed and board and to have one's laundry done. -**3.** [innocenter] to exonerate, to clear; **il est sorti complètement blanchi des accusations portées contre lui** he was cleared of the charges laid against him || [argent]: ~ **l'argent de la drogue** to launder money made from drug trafficking; **ces sommes sont blanchies dans l'immobilier** this money is laundered by investing it in real estate. -**4.** CULIN to blanch; **faire ~ un chou** to blanch a cabbage || HORT [légumes, salade] to blanch (industrially). -**5.** IMPR [texte, page] to space, to space out *(sép)*.

◇ *vi* [barbe, cheveux] to turn white; **elle a blanchi très jeune** her hair turned white when she was still very young; ~ **de rage** to turn ashen-faced with rage ❑ ~ **sous le harnais** OU **harnois** *litt* to grow old in a job.

◆ **se blanchir** *vp* *(emploi réfléchi)* to exonerate o.s., to clear one's name; **se ~ d'une accusation** to clear one's name of an allegation.

blanchissage [blɑ̃ʃisaʒ] *nm* -**1.** [nettoyage] laundering; **porter ses draps au ~** to take one's sheets to the laundry. -**2.** [raffinage] refining.

blanchissement [blɑ̃ʃismɑ̃] *nm* [nettoyage d'un tissu] cleaning, bleaching; ~ **à la chaux** whitewashing.

blanchisserie [blɑ̃ʃisri] *nf* laundry; **envoyer ses draps à la ~** to send one's sheets away to be laundered OU cleaned.

blanchisseur, euse [blɑ̃ʃisœr, øz] *nm, f* launderer, laundryman (*f* laundrywoman).

blanc-manger [blɑ̃mɑ̃ʒe] (*pl* **blancs-mangers**) *nm* blancmange.

blanc-seing [blɑ̃sɛ̃] (*pl* **blancs-seings**) *nm* paper signed in blank; **donner son ~ à qqn** *pr* & *fig* to give sb carte blanche.

blanquette [blɑ̃kɛt] *nf* -**1.** [vin]: ~ **de Limoux** *sparkling white wine*. -**2.** CULIN blanquette; ~ **de veau** blanquette of veal.

blase▽ [blaz] *nm* -**1.** [nom] handle, moniker. -**2.** [nez] beak, hooter *Br*, schnozz *Am*.

blasé, e [blaze] ◇ *adj* blasé.

◇ *nm, f* blasé person; **jouer les ~s** to act as if one's seen it all.

blaser [3] [blaze] *vt* to make blasé.

◆ **se blaser** *vpi* to become blasé.

blason [blazɔ̃] *nm* -**1.** [écu] arms, blazon; **salir** OU **ternir son ~** to tarnish one's reputation, to blot one's copy-book *Br*; **redorer son ~** [ses finances] to restore one's wealth; [son prestige] to get back one's prestige. -**2.** [héraldique] heraldry.

blasphémateur, trice [blasfematœr, tris] ◇ *adj* [personne] blaspheming; [acte, parole] blasphemous.

◇ *nm, f* blasphemer.

blasphématoire [blasfematwar] *adj* blasphemous.

blasphème [blasfɛm] *nm* blasphemy.

blasphémer [18] [blasfeme] ◇ *vi* to blaspheme.

◇ *vt litt*: ~ **le nom de Dieu** to take God's name in vain.

blastoderme [blastɔdɛrm] *nm* blastoderme.

blastogenèse [blastɔʒənɛz] *nf* blastogenesis.

blastomère [blastɔmɛr] *nm* blastomere.

blastomycète [blastɔmisɛt] *nm* member of the Blastomycetes.

blastomycose [blastɔmikoz] *nf* blastomycosis.

blatérer [18] [blatere] *vi* [bélier] to bleat; [chameau] to bray.

blatte [blat] *nf* cockroach.

blaze▽ [blaz] = **blase**.

blazer [blazɛr] *nm* blazer.

blé [ble] *nm* -**1.** BOT wheat; ~ **dur** durum wheat; ~ **noir** buckwheat; ~ **en herbe** wheat in the blade; ~**s** *litt* [champs] wheatfields. -**2.**▽ [argent] dosh *Br*, dough *Am*, bread *Am*.

bled [blɛd] *nm* -**1.** *fam* [petit village] small village; *péj* dump, hole; **un petit ~ paumé** a little place out in the sticks OU the middle of nowhere. -**2.** [en Afrique du Nord]: **le ~** the interior of the country; **aller dans le ~** to go up-country.

◆ **Bled** *nm*: le Bled *book used to teach French language in primary schools.*

blême [blɛm] *adj* pale, wan *litt*, ashen-faced; ~ **de peur/rage** ashen-faced with fear/rage.

blêmir [32] [blemir] *vi* to blanch, to (turn) pale; ~ **de peur/rage** to go ashen-faced with fear/rage.

blêmissement [blemismɑ̃] *nm* paling, blanching.

blende [blɛ̃d] *nf* blende.

blennie [bleni] *nf* blenny.

blennorragie [blenɔraʒi] *nf* blennorrhagia, gonorrhoea.

blennorragique [blenɔraʒik] *adj* blennorrhagic.

blennorrhée [blenɔre] *nf* blennorrhoea.

blèsement [blɛzmɑ̃] *nm* lisping.

bléser [18] [bleze] *vi* to lisp.

blessant, e [blɛsɑ̃, ɑ̃t] *adj* wounding, hurtful; **se montrer ~ envers qqn** to hurt sb's feelings.

blessé, e [blese] ◇ *adj* -**1.** [soldat] wounded; [accidenté] injured; ~ **au genou** hurt in the knee. -**2.** [vexé - amour-propre, orgueil, personne] hurt.

◇ *nm, f* [victime - d'un accident] injured person; [- d'une agression] wounded person; **les ~s et les morts de la route** road casualties; ~ **léger/grave** slightly/severely injured person ❑ **grand ~** severely injured person; ~ **de guerre** [en service] wounded soldier; [après la guerre] wounded veteran.

blesser [4] [blese] *vt* -**1.** [au cours d'un accident] to injure, to hurt; [au cours d'une agression] to injure, to wound; **il a été blessé par balle** he was hit by a bullet, he sustained a bullet-wound; ~ **qqn avec un couteau** to inflict a knife-wound on sb; **être blessé d'un coup de couteau** to be stabbed OU knifed; **elle est blessée à la jambe** she has a leg injury, her leg's hurt; **être blessé dans un accident de voiture** to be injured in a car accident; **il a été blessé à la guerre** he was wounded in the war, he has a war-wound. -**2.** [partie du corps] to hurt, to make sore; **son sac à dos lui a blessé l'épaule** her rucksack hurt her shoulder; **des chaussures qui blessent** [par compression] shoes that pinch; [par frottement] shoes that chafe. -**3.** [offenser] to offend, to upset; **tu l'as blessé avec tes questions** you hurt his feelings with your questions; **tes paroles m'ont blessé** I felt hurt by what you said; ~ **qqn dans son amour-propre** to hurt sb's pride. -**4.** *litt* [aller contre - convenances, vérité] to offend; [- intérêts] to harm.

◆ **se blesser** *vpi* to injure OU to hurt o.s.; **elle s'est blessée au bras** she injured OU hurt her arm.

blessure [blesyr] *nf* -**1.** [lésion] wound, injury; ~ **grave/légère/mortelle** severe/slight/fatal injury; **nettoyer une ~** to clean out a wound;

c'était avant ma ~ it was before I was injured ❑ ~ **en séton** seton wound. **-2.** [offense] wound; **une ~ d'amour-propre** a blow to one's pride OU self-esteem.

blet, ette [blɛ, blɛt] *adj* mushy, overripe.
◆ **blette** = **bette**.

blettir [32] [bletir] *vi* to become mushy OU overripe.

blettissement [bletismɑ̃] *nm*: **pour empêcher le ~ des poires** to stop pears becoming mushy OU overripe.

bleu, e [blø] ◇ *adj* **-1.** [coloré] blue; **avoir les yeux ~s** to be blue-eyed; **avoir le menton ~** *fig* to have a five o'clock shadow. **-2.** [meurtri, altéré] blue, bruised; **avoir les lèvres ~es** [meurtries] to have bruised lips; [de froid, de maladie] to have blue lips; **son bras était tout ~** his arm was black and blue; **~ de froid** blue with cold. **-3.** *loc*: **avoir une peur ~e** [nervosité] to be scared witless; [effroi] to have the fright of one's life. **-4.** CULIN very rare; **le steak doit être servi ~** you should serve the steak very rare.
◇ *nm, f fam* [gén] newcomer, greenhorn; MIL rookie, raw recruit; SCOL new boy (*f* new girl).
◆ **bleu** *nm* **-1.** [couleur] blue; **peindre un mur en ~** to paint a wall blue; **admirer le ~ du ciel/de la mer** to admire the blueness of the sky/sea; **~ clair** light blue; **~ foncé** dark blue ❑ **~ acier** steel blue; **~ ardoise** slate blue; **~ canard** peacock blue; **~ ciel** sky blue; **~ cobalt** cobalt blue; **~ horizon** sky blue; **~ lavande** lavender blue; **~ marine** navy blue; **~ de méthylène** MÉD methylene blue; **~ outremer** ultramarine; **~ pervenche** periwinkle blue; **~ de Prusse** Prussian blue; **~ roi** royal blue; **~ turquoise** turquoise; **~ vert** blue green; **il n'y a vu que du ~** *fam* he didn't notice a thing OU was none the wiser. **-2.** [ecchymose] bruise; **se faire un ~** to get a bruise; **se faire un ~ à la cuisse** to bruise one's thigh; **être couvert** OU **plein de ~s** to be black and blue. **-3.** VÊT: **~ (de travail)** (worker's denim) overalls; **~ de chauffe** boiler suit *Br*, work overalls. **-4.** [fromage] blue cheese. **-5.** HIST soldier of the Republic *(during the French Revolution)*. **-6.** [pour la lessive] blue, blueing; **passer du linge au ~** to blue laundry. **-7.** *vieilli*: **petit ~** telegram.
◆ **bleue** *nf* **-1. la grande ~e** the Mediterranean (sea). **-2.** *loc*: **en voir de ~es** to go through a lot.
◆ **au bleu** ◇ *loc adj* CULIN: **truite au ~** trout au bleu.
◇ *loc adv* CULIN: **cuire** OU **faire un poisson au ~** to cook a fish au bleu.

bleuâtre [bløatr] *adj* bluish, bluey.

bleuet [bløɛ] *nm* **-1.** [fleur] cornflower. **-2.** *Can* [fruit] blueberry, huckleberry.

bleuir [32] [bløir] ◇ *vi* to turn OU to go blue.
◇ *vt* to turn blue.

bleuissement [bløismɑ̃] *nm*: **empêcher le ~ des chairs** to stop the flesh turning OU going blue.

bleusaille [bløzaj] *nf arg mil*: **la ~** the rookies.

bleuté, e [bløte] *adj* [pétale, aile] blue-tinged; [lentille, verre] blue-tinted.

blindage [blɛ̃daʒ] *nm* **-1.** [revêtement] armour plate OU plating; [fait de blinder] armouring. **-2.** ÉLECTR screening, shielding. **-3.** [d'une porte] reinforcing. **-4.** MIN timbering.

blindé, e [blɛ̃de] *adj* **-1.** [voiture, tank, train] armoured, armour-clad, armour-plated; [brigade, division] armoured. **-2.** [renforcé - porte, paroi] reinforced. **-3.** *fam* [insensible] hardened. **-4.** ▽ [ivre] plastered, sloshed *esp Br*.
◆ **blindé** *nm* MIL [véhicule] armoured vehicle; **les ~s** the armour ‖ [soldat] *member of a tank regiment*.

blinder [3] [blɛ̃de] *vt* **-1.** [contre les agressions] to armour. **-2.** [renforcer - porte] to reinforce. **-3.** ÉLECTR to shield. **-4.** MIN to timber. **-5.** *fam* [endurcir] to toughen (up), to harden; **le genre d'éducation qui vous blinde pour la vie** the sort of education that gives you a thick skin for the rest of your life.
◆ **se blinder** *vpi* **-1.** ▽ [s'enivrer] to drink o.s. into a stupor. **-2.** *fam* [s'endurcir] to toughen o.s. up.

blini [blini] *nm* blini.

blinquer [3] [blɛ̃ke] *Belg* ◇ *vt* to polish.
◇ *vi* to shine.

blizzard [blizar] *nm* blizzard.

bloc [blɔk] *nm* **-1.** [masse - de pierre] block; [- de bois, de béton] block, lump; **le fronton a été fait dans un seul ~** the pediment was hewn from a single block; **être tout d'un ~** [en un seul morceau] to be made of a single block; [trapu] to be stockily built; [direct] to be simple and straightforward; [inflexible] to be unyielding. **-2.** [de papier] pad; **~ de bureau/papier** desk/writing pad; **~ calendrier** tear-off calendar; **~ à en-tête** headed notepad. **-3.** INF: **~ de calcul** arithmetic unit; **~ de mémoire** memory bank. **-4.** [installation]: **~ frigorifique** refrigeration unit; **~ opératoire** [salle] operating theatre; [locaux] surgical unit. **-5.** [maisons] block. **-6.** [ensemble] block; **deux ~s adverses** two opposing factions OU blocks; **former un ~** [sociétés] to form a grouping; [amis, alliés] to stand together; [composants] to form a single whole; **faire ~** to form a block; **faire ~ avec/contre qqn** to stand (together) with/against sb; **le ~ des pays de l'Est** OU **soviétique** HIST the Eastern OU Soviet bloc; **le ~ des pays de l'Ouest** OU **occidental** the Western Alliance. **-7.** ÉCON & FIN: **~ monétaire** monetary bloc. **-8.** GÉOL: **~ erratique** erratic (block). **-9.** *arg crime* [prison] nick *Br*, slammer; **allez, au ~!** lock him up!
◆ **à bloc** *loc adv*: **visser une vis à ~** to screw a screw down hard; **fermer une manette à ~** to turn a tap hard off; **serrer le frein à ~** to pull the brakes on hard; **gonfler un pneu à ~** to blow a tyre right *Br* OU all the way *Am* up; **remonter une pendule à ~** to wind a clock right *Br* OU all the way *Am* up ❑ **il est gonflé** *fam* OU **remonté à ~** *fam* he's all psyched up.
◆ **en bloc** *loc adv* as a whole; **j'ai tout rejeté en ~** I rejected it lock, stock and barrel, I rejected the whole thing; **condamner une politique en ~** to condemn a policy outright.

blocage [blɔkaʒ] *nm* **-1.** [arrêt - des freins] locking, jamming on; [- d'un écrou] tightening (up); SPORT [- de la balle] blocking, trapping. **-2.** ÉCON [des loyers, des tarifs] freeze; **~ des prix et des salaires** freeze on wages and prices. **-3.** PSYCH block, blockage; **faire un ~ sur qqch** to block sthg off. **-4.** CONSTR rubble, infill.

blocaille [blɔkaj] *nf* rubble.

bloc-cuisine [blɔkkɥizin] (*pl* **blocs-cuisines**) *nm* kitchen unit.

bloc-cylindres [blɔksilɛ̃dr] (*pl* **blocs-cylindres**) *nm* cylinder block.

bloc-diagramme [blɔkdjagram] (*pl* **blocs-diagrammes**) *nm* GÉOG block diagram.

bloc-eau [blɔko] (*pl* **blocs-eaux**) *nm* plumbing unit.

bloc-évier [blɔkevje] (*pl* **blocs-éviers**) *nm* sink unit.

block [blɔk] *nm* RAIL block system.

blockhaus [blɔkos] *nm* blockhouse; [de petite taille] pillbox.

bloc-moteur [blɔkmɔtœr] (*pl* **blocs-moteurs**) *nm* engine block.

bloc-notes [blɔknɔt] (*pl* **blocs-notes**) *nm* notepad.

blocus [blɔkys] *nm* blockade; **faire le ~ d'une ville** to blockade a city; **le Blocus continental** HIST the Continental System.

blond, e [blɔ̃, blɔ̃d] ◇ *adj* **-1.** [chevelure] blond, fair; [personne] blond, fair-haired; **~ platine** OU **platiné** platinum blond; **~ ardent** OU **roux** OU **vénitien** light auburn; **~ cendré** ash blond; **des cheveux ~ cendré** ash blond hair; **~ filasse** flaxen-haired; **~ comme les blés** golden-haired. **-2.** [jaune pâle] pale yellow, golden, honey-coloured.
◇ *nm, f* blonde, fair-haired man (*f* woman); **une ~e incendiaire** a bombshell; **une ~e oxygénée** a peroxide blonde.
◆ **blond** *nm* [couleur - des cheveux] blond colour; [- du sable] golden colour; **ses cheveux sont d'un ~ très clair** she has light blond hair.
◆ **blonde** *nf* **-1.** [cigarette] Virginia cigarette. **-2.** [bière] lager. **-3.** *Can* [amie] girlfriend.

blondasse [blɔ̃das] *adj péj* yellowish; **elle est ~** she's blondish.

blondeur [blɔ̃dœr] *nf* fairness, blondness, blondeness.

blondinet, ette [blɔ̃dinɛ, ɛt] ◇ *adj* blond-haired, fair-haired.
◇ *nm, f* little blond-haired OU fair-haired child.

blondir [32] [blɔ̃dir] ◇ *vi* **-1.** [personne, cheveux] to go fairer. **-2.** *litt* [feuille, blé] to turn gold.
◇ *vt*: **~ ses cheveux** [à l'eau oxygénée] to bleach one's hair; [par mèches] to put highlights in one's hair.

bloom [blum] *nm* bloom MÉTALL.

bloquer [3] [blɔke] *vt* **-1.** [caler - table] to wedge, to stop wobbling; **bloque la porte** [ouverte] wedge the door open; [fermée] wedge the door shut; **c'est le tapis qui bloque la porte** the carpet's jamming the door; **~ une roue** [avec une cale] to put a block under OU to chock a wheel; [avec un sabot de Denver] to clamp a wheel. **-2.** [serrer fort - vis] to screw down hard, to overtighten; [- frein] to jam on, to lock. **-3.** [entraver]: **~ le passage** OU **la route** to block OU to obstruct the way; **pousse-toi, tu me bloques le passage** move, you're (standing) in my way; **être bloqué dans l'ascenseur** to be stuck in the lift *Br* OU elevator *Am*; **je suis bloqué à la maison avec un gros rhume** I'm stuck at home with a bad cold; **les pourparlers sont bloqués** the negotiations are at a standstill OU have reached an impasse. **-4.** [empêcher l'accès à - ville, point stratégique] to block, to seal off *(sép)*; **la neige bloque les routes** the roads are blocked by the snow; **bloqué par la neige** snowbound; **bloqué par les glaces** icebound. **-5.** *fam* [retenir - une personne] to hold up *(sép)*. **-6.** ÉCON [loyers, prix, salaires] to freeze; FIN [compte] to freeze; [chèque] to stop; POL [mesure, vote] to block. **-7.** [réunir] to group together; **on va ~ les activités sportives le matin** we'll have all sports events in the morning. **-8.** PSYCH to cause OU to produce a (mental) block in; **ça la bloque** she has a mental block about it; **il est bloqué sur le plan sexuel** he's sexually repressed. **-9.** SPORT: **~ la balle** [au basket] to block the ball; [au football] to trap the ball. **-10.** *fam Belg* [étudier - examen] to cram for, to swot for *Br*, to grind away for *Am*; [- matière] to cram, to swot up *Br (sép)*, to grind away at *Am*. **-11.** *Can* [échouer à - examen] to fail, to flunk. **-12.** CONSTR to fill (with rubble).
◆ **se bloquer** *vpi* **-1.** [clef] to jam, to stick, to get stuck; [roue] to jam; [machine, mécanisme] to jam, to get stuck; [frein] to jam, to lock. **-2.** [personne - ne pas communiquer] to close in on o.s.; [- se troubler] to have a mental block; **je me bloque quand on me parle sur ce ton** my mind goes blank OU I freeze when somebody speaks to me like that.

blottir [32] [blɔtir] *vt* **-1.** [poser]: **~ sa tête contre l'épaule de qqn** to lay one's head on sb's shoulder. **-2.** *fig*: **être blotti**: **ferme blottie au fond de la vallée** farmhouse nestling in the bottom of the valley.
◆ **se blottir** *vpi* to curl OU to cuddle OU to snuggle up; **blotti sous mes couvertures** snug in my blankets.

blousant, e [bluzɑ̃, ɑ̃t] *adj* loose, loose-fitting; **la tunique se porte ~e** the tunic is worn tucked loosely into the waist.

blouse [bluz] *nf* **-1.** [à l'école] *smock formerly worn by French schoolchildren*; [pour travailler] overalls; [à l'ancienne, de paysan] smock; [corsage] blouse. **-2.** [d'un médecin] white coat; [d'un chimiste, d'un laborantin] lab coat; **un défilé de ~s blanches** a doctors' and nurses' demonstration.

blouser [3] [bluze] ◇ *vt* -**1.** *vieilli* [au billard] to pot, to pocket. -**2.** *fam* [tromper] to con, to trick; **je me suis fait ~** I've been conned, I was had.
◇ *vi* to be loose-fitting, to fit loosely.

blouson [bluzɔ̃] *nm* (short) jacket; **~ d'aviateur** bomber jacket; **~s dorés** rich young thugs; **les ~s noirs** *young louts in black leather jackets.*

blue-jean [bludʒin] (*pl* **blue-jeans**) *nm* (pair of) jeans.

blues [bluz] *nm* blues *(sg)*; **chanter le ~** to sing the blues.

bluet [blyɛ] *nm* cornflower.

bluette [blyɛt] *nf* -**1.** LITTÉRAT & *vieilli* well-written little piece. -**2.** *litt* sparklet.

bluff [blœf] *nm* bluff; **ne le crois pas, c'est du ~!** don't believe him, he's just bluffing!

bluffer [3] [blœfe] *vt* & *vi* to bluff.

bluffeur, euse [blœfœr, øz] ◇ *adj* bluffing.
◇ *nm, f* bluffer.

blush [blœʃ] *nm* blusher.

blutage [blytaʒ] *nm* bolting, boulting.

bluter [3] [blyte] *vt* to bolt, to boult.

BN *npr f abr de* **Bibliothèque nationale.**

boa [bɔa] *nm* -**1.** ZOOL boa; **~ constricteur** boa constrictor. -**2.** VÊT boa.

boat people [botpipœl] *nm* (South East Asian) refugee; **les ~** the boat people.

bob [bɔb] *nm* -**1.** [chapeau] sun hat. -**2.** = **bobsleigh.**

bobard *fam* [bɔbar] *nm* fib; **raconter des ~s** to fib, to tell fibs.

bobèche [bɔbɛʃ] *nf* [d'un bougeoir] candle ring; **se monter la ~** *fam vieilli* to get all worked up.

bobet *fam* [bɔbɛ] *adj Helv* silly.

bobinage [bɔbinaʒ] *nm* -**1.** [enroulage] winding, reeling. -**2.** ÉLECTR coil.

bobine [bɔbin] *nf* -**1.** TEXT bobbin, reel, spool; **une ~ de fil** a reel of thread. -**2.** ÉLECTR coil; **~ d'induction** induction coil. -**3.** CIN & PHOT reel; **une ~ de pellicule** a roll of film. -**4.** AUT: **~ d'allumage** ignition coil. -**5.** *fam* [visage] mug, physog *Br*; **quand je pense à la ~ qu'il va faire!** I can hardly wait to see (the look on) his face!
◆ **en bobine** *loc adv*: **rester en ~** *fam* to be left in the lurch.

bobiner [3] [bɔbine] *vt* -**1.** COUT & TEXT to reel, to spool, to wind. -**2.** ÉLECTR to coil. -**3.** PÊCHE to reel in *(sép)*.

bobinette [bɔbinɛt] *nf arch* wooden latch.

bobineur, euse [bɔbinœr, øz] *nm, f* winder, winding operative.
◆ **bobineur** *nm* [d'une machine à coudre] bobbin winder.
◆ **bobineuse** *nf* winding machine, coiler.

bobinoir [bɔbinwar] *nm* winding machine.

bobo [bobo] *nm langage enfantin* sore place; **faire ~ (à qqn)** to hurt (sb); **se faire ~** to hurt o.s.; **il n'y a pas de ~, tout le monde va bien?** no one hurt, everybody OK?

bobonne *fam* [bɔbɔn] *nf péj* wife, old girl OU lady; **sa femme, c'est une vraie ~** his wife's the housewife-in-curlers type; **~, t'es prête?** ready, Missus?

bobsleigh [bɔbslɛg] *nm* bobsleigh, bobsled *Am.*

bocage [bɔkaʒ] *nm* -**1.** GÉOG bocage *(countryside with small fields and many hedges).* -**2.** *litt* [bois] copse, coppice, thicket.

bocager, ère [bɔkaʒe, ɛr] *adj*: **pays/paysage ~** country/landscape of small fields and hedges.

bocal, aux [bɔkal, o] *nm* -**1.** [pour les conserves] jar, bottle; **manger des fruits en bocaux** to eat bottled OU preserved fruit; **mettre des haricots verts en bocaux** to preserve OU to bottle green beans. -**2.** [aquarium] fishbowl, bowl. -**3.** *loc*: **se remplir** *fam*/**se rincer** *fam* **le ~** to stuff/to drink o.s. silly.

Boccace [bɔkas] *npr* Boccaccio.

boche▽ [bɔʃ] *nmf vieilli* & *injurieux* Boche; **les ~s** the Boche.

Bochiman [bɔʃimɑ̃] *npr* Bushman.

bock [bɔk] *nm* [récipient] ≃ (half-pint) beer glass; [contenu] glass of beer.

Boers [bur] *npr mpl*: **les ~** the Boers.

bœuf [bœf, *pl* bø] ◇ *nm* -**1.** ZOOL [de trait] ox; [de boucherie] bullock, steer; **~ musqué** musk ox; **il a un ~ sur la langue** [on l'a payé] somebody's bought his silence; [il ne veut rien dire] he's keeping his own counsel; **comme un ~: fort comme un ~** as strong as an ox; **saigner comme un ~** to bleed profusely; **souffler comme un ~** to wheeze OU to pant (heavily). -**2.** CULIN beef; **~ bourguignon** bœuf OU beef Bourguignon; **~ gros sel** ≃ boiled beef and vegetables (with sea salt); **~ (à la) mode** beef à la mode. -**3.** *fam* MUS jam session; **faire un ~** to have a jam session, to jam.
◇ *adj inv fam*: **effet ~: elle a fait un effet ~** she made quite a splash.

bof *fam* [bɔf] *interj term expressing lack of interest or enthusiasm*; **tu as aimé le film? — ~!** did you like the film? — it was all right I suppose; **la ~ génération** *in the seventies, the young who didn't seem to be interested in anything.*

BOF [bɔf, beoɛf] (*abr de* **Beurre, Œufs, Fromages**) *nm* HIST *name given to black market profiteers during the Occupation of France.*

boggie [bɔgi] = **bogie.**

boghei [bɔgɛ] *nm* buggy (carriage).

bogie [bɔʒi] *nm* bogie, bogy RAIL.

Bogota [bɔgɔta] *npr* Bogota.

bogue [bɔg] *nf* BOT chestnut bur.

boguet [bɔgɛ] *nm Helv* [cyclomoteur] moped.

bohème [bɔɛm] ◇ *adj* bohemian; **lui, c'est le genre ~** he's the artistic type.
◇ *nmf* bohemian.
◇ *nf*: **la ~** the bohemian OU artistic way of life ❑ **'la Bohème'** *Puccini* 'La Bohème'.

Bohême [bɔɛm] *npr f*: **(la) ~** Bohemia.

bohémien, enne [bɔemjɛ̃, ɛn] *adj* Bohemian.
◆ **Bohémien, enne** *nm, f* -**1.** [de Bohême] Bohemian. -**2.** *péj* [nomade] gipsy, traveller.

boille [bwaj] = **bouille 2.**

boire¹ [bwar] *nm*: **le ~ et le manger** eating and drinking ❑ **il en oublie** OU **perd le ~ et le manger** he's becoming totally distracted.

boire² [108] [bwar] ◇ *vt* -**1.** [avaler] to drink; **~ de l'eau/de la bière** to drink water/beer; **~ un coup** *fam* OU **pot** *fam* OU **verre** to have a drink OU jar *Br*; **elle a tout bu d'un coup** she gulped it all down; **~ un coup de trop** *fam* to have one too many; **donne-nous quelque chose à ~** give us a drink OU something to drink; **commander** OU **demander quelque chose à ~** to order a drink; **prenez et buvez-en tous, car ceci est mon sang** BIBLE take ye all and drink of it for this is my blood ‖ *(en usage abs)*: **il buvait à petits coups** he was sipping his drink ❑ **~ le calice** OU **la coupe jusqu'à la lie** to put up with every last humiliation; **ça se boit comme du petit-lait** it goes down a treat *Br* OU like silk *Am*; **~ du lait** OU **du petit-lait** to lap it up; **~ les paroles de qqn: il buvait ses paroles** [très attentivement] he was hanging on her every word; [avec plaisir] her words were music to his ears; **~ la tasse** *fam pr* to swallow water; [perdre de l'argent] to lose a lot of money; [faire faillite] to go under. -**2.** [absorber] to absorb, to soak up *(sép)*; **les géraniums ont bu toute l'eau** the geraniums soaked up OU drank all the water.
◇ *vi* -**1.** [s'hydrater] to drink, to take in a liquid; **vous ne buvez pas assez** you don't drink enough liquids; **fais-le ~** [malade, enfant, animal] give him a drink OU something to drink; **s'arrêter pour faire ~ les chevaux** to stop and water the horses; **à ~, s'il te plaît!** a drink please! ❑ **il y a à ~ et à manger là-dedans** [dans un verre] there are bits floating in the glass; [dans du thé] that tea's got bits of leaves in it; *fig* it's a bit of a mixed bag; **~ jusqu'à plus soif** to drink one's fill. -**2.** [pour fêter un événement]: **~ à** to toast; **nous buvons à ta santé** we're drinking to OU toasting your health. -**3.** [alcoolique] to drink; **il boit trop** he has a drink problem; **il a toujours aimé ~** he's always enjoyed a drink; **elle s'est mise à ~ après la mort de son mari** she started drinking when her husband died; **il boit bien** OU **sec** *fam* he's a rather heavy drinker ❑ **~ comme une éponge** OU **un tonneau** OU **un trou** *fam* to drink like a fish.
◆ **se boire** *vp (emploi passif)*: **se boit frais/chambré** should be drunk chilled/at room temperature.

bois [bwa] *nm* -**1.** [de grands arbres] wood, wooded area; [de jeunes ou petits arbres] thicket, copse, coppice; [d'arbres plantés] grove; **un ~ de sapins** a pine grove ‖ [à Paris]: **le Bois de Boulogne** the Bois de Boulogne. -**2.** [matière] wood *(U)*; **en ~** wooden ❑ **~ à brûler** OU **de chauffage** firewood; **~ blanc** whitewood; **~ de charpente** timber; **~ debout** standing timber; **~ d'ébène** *pr* ebony; *fig* black gold; **~ exotique** imported wood; **~ des îles** tropical hardwood; **~ de rose** rosewood; **~ mort** deadwood; **petit ~** kindling; **être du ~ dont on fait les...: il est du ~ dont on fait les flûtes** he's very easy-going; **il est du ~ dont on fait les héros** he's got the stuff of heroes; **faire feu** OU **flèche de tout ~** to use all possible means; **dans un tel cas, il faut faire feu de tout ~** this is a case of all's fair in love and war; **ils font flèche de tout ~ pour faire tomber le ministère** they're pulling out all the stops to bring down the cabinet; **il fait même payer les emballages, il fait flèche de tout ~!** he even charges for the wrappings, he's a shrewd character!; **touchons** OU **je touche du ~** touch wood; **je vais te montrer** OU **tu vas voir de quel ~ je me chauffe!** *fam* just you wait and see what I can do when pushed OU provoked! -**3.** [d'une raquette] frame; [d'un club de golf] wood; **faire un ~** *fam* [au tennis] to hit the ball off the wood; **~ de lit** bedstead. -**4.** BX-ARTS: **~ (gravé)** woodcut.
◆ **bois** *nmpl* ZOOL antlers; FTBL goalposts; MUS woodwind section OU instruments; **les ~ de justice** HIST the guillotine.
◆ **de bois** *loc adj* -**1.** [charpente, jouet, meuble] wooden. -**2.** [impassible]: **je ne suis pas de ~** I'm only human.

boisage [bwazaʒ] *nm* MIN [action] timbering; [soutènement] timber work.

boisé, e [bwaze] *adj* -**1.** [région, terrain] wooded, woody. -**2.** CONSTR panelled.

boisement [bwazmɑ̃] *nm* afforestation.

boiser [3] [bwaze] *vt* -**1.** AGR to afforest. -**2.** MIN to timber. -**3.** CONSTR to panel.

boiserie [bwazri] *nf* piece of decorative woodwork; **des ~s** panelling.

boiseur [bwazœr] *nm* MIN timberman.

boisseau, x [bwaso] *nm* -**1.** [mesure] bushel; **cacher** OU **garder** OU **mettre** OU **tenir qqch sous le ~** to keep sthg hidden OU a secret. -**2.** TECH [tuyau] drain tile.

boisson [bwasɔ̃] *nf* -**1.** [liquide à boire] drink; **j'aimerais une ~ fraîche** I'd like a cool drink; **vendre des ~s alcoolisées** to sell alcoholic drinks; **la consommation de ~s alcoolisées est interdite dans l'enceinte du stade** drinking alcohol is forbidden inside the stadium; **je m'occupe de la ~** I'll take care of the drinks; **et pour la ~?** [au restaurant] and what will you have to drink? -**2.** [alcool]: **la ~** drink, drinking; **c'est la ~ qui l'a tué** excessive drinking killed him; **être pris de ~** *sout* to be inebriated OU intoxicated.

boîte [bwat] *nf* -**1.** [récipient – à couvercle, à fente] box; **~ d'allumettes** box of matches; **~ à idées** suggestion box; **~ à ordures** dustbin *Br*, trash can *Am*; **~ à outils** tool box, toolkit; **~ à ouvrage** sewing box; **~ de peinture** paintbox, box of paints; **~ à pharmacie** first aid box OU kit; **~ à thé** tea caddy; **c'est dans la ~!** *fam* [à un tournage de film] it's in the can!; **et toi, ~ à malice?** *fam* what about you, you clever little monkey?; **~ de Pandore** Pandora's box; **ferme ta ~ (à camembert, tu l'ouvriras au dessert)** *fam* shut your trap OU mouth. -**2.** [de conserve] tin, can; **acheter une ~ de haricots** to buy a tin of beans; **il ne mange que des ~s** *fam* he eats nothing but tinned food. -3. [contenu - d'un récipient à couvercle, à fente] box, boxful; [- d'une conserve] tinful, canful; manger une ~ de haricots to eat a tinful of beans; dévorer une ~ entière de chocolats to eat (one's way through) a OU to eat a whole box of chocolates. -4. [pour le courrier]: ~ (à OU aux lettres) [dans la rue] pillar box *Br*, mailbox *Am*; [chez soi] letterbox *esp Br*, mailbox *Am*; mettre qqch à la ~ to post *Br* OU to mail *Am* sthg; servir de ~ aux lettres to be a go-between; ~ postale post box; ~ aux lettres (électronique) INF electronic mailbox. -5. AÉRON & AUT: ~ noire black box. -6. *fam* [discothèque] (night) club; ~ de jazz jazz club. -7. *fam* [lieu de travail] office; ~ d'intérim temping agency; j'ai changé de ~ I got a job with a new firm; renvoyé de sa ~ fired || SCOL school; ~ à bachot *péj* crammer *Br*. -8. ANAT: ~ crânienne cranium. -9. AUT: ~ à gants glove compartment; ~ de vitesses gearbox. -10. MENUIS: ~ à onglets mitre box. -11. MUS: ~ à musique musical box; ~ à rythmes drum machine.

◆ en boîte ◇ *loc adj* tinned, canned.

◇ *loc adv* -1. INDUST & CULIN: mettre des fruits en ~ to preserve OU to tin fruit; mettre des petits pois en ~ to tin peas. -2. *loc*: mettre qqn en ~ *fam* to wind sb up *Br*, to pull sb's leg.

boitement [bwatmɑ̃] *nm* limp, limping; être affecté d'un léger ~ to limp a little.

boiter [3] [bwate] *vi* -1. [en marchant] to limp, to be lame; ~ du pied droit OU de la jambe droite to have a game OU lame right leg. -2. [être bancal - chaise, table] to wobble, to be rickety. -3. [être imparfait - projet, raisonnement] to be shaky.

boiteux, euse [bwatø, øz] ◇ *adj* -1. [cheval, personne] lame; [meuble, table] rickety; il est ~ he walks with a limp, he limps. -2. [imparfait - paix, alliance] fragile, brittle, shaky; [- comparaison, raisonnement] unsound, shaky; ton premier paragraphe est ~ your first paragraph doesn't hang together.

◇ *nm, f* lame man (*f* woman).

boîtier [bwatje] *nm* -1. [gén] case, casing; [d'une lampe de poche] battery compartment; ~ de montre watchcase. -2. PHOT camera body; détacher l'objectif du ~ take the lens off (the camera).

boitillant, e [bwatijɑ̃, ɑ̃t] *adj* hobbling.

boitillement [bwatijmɑ̃] *nm* slight limp, hobble.

boitiller [3] [bwatije] *vi* to limp slightly, to be slightly lame, to hobble; elle est rentrée/sortie en boitillant she hobbled in/out.

bolton *fam* [bwatɔ̃] *nm Helv* pigsty.

boit-sans-soif *fam* [bwasɑ̃swaf] *nmf inv* drunk, lush *Am*.

bol [bɔl] *nm* -1. [récipient] bowl; le Bol d'or *French motorcycle racing trophy*. -2. [contenu] bowl, bowlful; prendre un ~ d'air [se promener] to (go and) get some fresh air; [changer d'environnement] to get a change of air. -3. *fam* [chance] luck; avoir du ~ to be a lucky devil; il a un de ces ~s! he's got the luck of the devil! -4. *vieilli* [pilule] bolus.

◆ au bol *loc adj* [coupe] pudding-bowl (*modif*) *Br*, bowl (*modif*) *Am*.

◆ bol alimentaire *nm* bolus.

bolchevik, bolchevique [bɔlʃəvik] ◇ *adj* Bolshevik, Bolshevist.

◇ *nmf* Bolshevik, Bolshevist.

bolchevisme [bɔlʃəvism] *nm* Bolshevism.

boldo [bɔldo] *nm* boldo.

bolduc [bɔldyk] *nm type of flat linen or cotton ribbon*.

bolée [bɔle] *nf*: ~ de cidre bowl OU bowlful of cider (*in N.W. France, cider is often served in bowls*).

boléro [bɔlero] *nm* bolero; 'Boléro' *Ravel* 'Bolero'.

bolet [bɔlɛ] *nm* boletus.

bolide [bɔlid] *nm* fast (racing) car; où vas-tu avec ton ~? *hum* where are you going with that fiendish machine of yours?; entrer dans une/sortir d'une pièce comme un ~ to hurtle into a/out of a room.

bolivar [bɔlivar] *nm* bolivar.

Bolivie [bɔlivi] *npr f*: (la) ~ Bolivia.

bolivien, enne [bɔlivjɛ̃, ɛn] *adj* Bolivian.

◆ **Bolivien, enne** *nm, f* Bolivian.

Bologne [bɔlɔɲ] *npr* Bologna.

bolonais, e [bɔlɔnɛ, ɛz] *adj* Bolognese.

◆ **Bolonais, e** *nm, f* Bolognese; les Bolonais the Bolognese.

bombage [bɔ̃baʒ] *nm* spray-painting.

bombance [bɔ̃bɑ̃s] *nf* feast; faire ~ to feast.

bombarde [bɔ̃bard] *nf* -1. MUS [jeu d'orgues] bombarde, bombardon; [de Bretagne] shawm. -2. ARM bombarde.

bombardement [bɔ̃bardəmɑ̃] *nm* -1. MIL [avec des obus] shelling; [avec des bombes] bombing (*U*); ~ aérien aerial attack; [raid] air raid; les ~s aériens [sur Londres] the Blitz; ~ en piqué dive bombing. -2. [lancement de projectiles] showering, pelting; ~ atomique PHYS atomic bombardment.

bombarder [3] [bɔ̃barde] *vt* -1. MIL [avec des obus] to shell; [avec des bombes] to bomb. -2. [avec des projectiles] to shower, to pelt; PHYS to bombard; être bombardé de boules de neige to be pelted with snowballs; ~ qqn de questions *fig* to throw questions at sb thick and fast. -3. *fam (suivi d'un n)* [promouvoir]: il a été bombardé responsable du projet he found himself catapulted into the position of project leader.

bombardier [bɔ̃bardje] *nm* -1. AÉRON & MIL [avion] bomber; [pilote] bombardier. -2. ENTOM bombardier (beetle).

bombardon [bɔ̃bardɔ̃] *nm* bombardon.

Bombay [bɔ̃bɛ] *npr* Bombay.

bombe [bɔ̃b] *nf* -1. MIL & NUCL bomb; ~ A OU atomique atom OU atomic bomb; la ~ atomique the Bomb; ~ à billes/fragmentation/neutrons cluster/fragmentation/neutron bomb; ~ H H bomb; ~ à hydrogène hydrogen bomb; ~ incendiaire firebomb; ~ à retardement *pr* & *fig* time bomb; alerte à la ~ bomb scare; attentat à la ~ dans le métro bombing in the underground; arriver comme une ~ to come like a bolt out of the blue; la nouvelle est arrivée comme une OU a fait l'effet d'une ~ the news came like a bolt out of the blue. -2. GÉOL: ~ volcanique volcanic bomb. -3. [flacon] spray; ~ insecticide fly *Br* OU bug *Am* spray. -4. ÉQUIT riding hat OU cap. -5. CULIN: ~ glacée bombe; ~ glacée au chocolat chocolate bombe. -6. MÉD: ~ au cobalt cobalt therapy unit. -7. *fam* [fête] feast, spree; faire la ~ to whoop it up, to have a riotous old time; on a fait une de ces ~s! we had such a ball!

bombé, e [bɔ̃be] *adj* -1. [renflé - paroi] bulging; [- front] bulging, domed; [- poitrine, torse] thrown out, stuck out; [- forme] rounded. -2. TRAV PUBL cambered.

bombement [bɔ̃bmɑ̃] *nm* -1. [renflement] bulge. -2. TRAV PUBL camber.

bomber [3] [bɔ̃be] ◇ *vt* -1. TRAV PUBL to camber. -2. [gonfler]: ~ le torse *pr* to stick out one's chest; *fig* to swagger about. -3. [slogan] to spray, to spray-paint.

◇ *vi* -1. [route] to camber. -2. *fam* [se dépêcher] to belt along; va falloir ~! we'll have to get a move on!

bombyx [bɔ̃biks] *nm* bombyx.

bôme [bom] *nf* boom NAUT.

bon, bonne[1] [bɔ̃, *devant nm commençant par voyelle ou h muet* bɔn, bɔn] ◇ *adj* A. QUI CONVIENT, QUI DONNE SATISFACTION -1. [en qualité - film, récolte, résultat, connaissance] good; les hôteliers ont fait une bonne saison it was a good season for the hotel trade; très bonne idée! very good OU excellent idea!; viande de bonne qualité good-quality meat; de très bonne qualité of superior OU very good quality; elle parle un ~ espagnol she speaks good Spanish, her Spanish is good; il a un ~ accent en russe he has a good accent in Russian OU a good Russian accent; de bonnes notes SCOL good OU high marks *Br* OU grades *Am*; il a un ~ service SPORT he has a good serve, his serve is good, he serves well. -2. [qui remplit bien sa fonction - matelas, siège, chaussures] good, comfortable; [- éclairage, hygiène] good, adequate; [- freins] good, reliable; [- cœur, veines, charpente, gestion, investissement] good, sound; il a une bonne santé he's in good health, his health is good; de bonnes jambes a strong pair of legs; une bonne vue, de ~s yeux good eyesight || SPORT [au tennis] good; la balle est bonne the ball's in, the ball is good; son service était ~ his serve was correct; la remise en jeu n'était pas bonne FTBL the throw-in wasn't good OU correct. -3. [qui n'est pas périmé - nourriture] good; [- document, titre de transport] valid; le lait n'est plus ~ the milk 's gone off *Br* OU has turned; l'eau du robinet n'est pas bonne the water from the tap isn't drinkable OU isn't fit to drink; ta carte d'identité n'est plus bonne your identity card is no longer valid; l'ampoule n'est plus bonne the bulb's gone; la colle n'est plus bonne the glue isn't usable anymore. -4. [compétent - acteur, conducteur, comptable] good; [- politique] fine, good; ~ père et ~ époux a good father and husband; comme toute bonne journaliste, elle ne veut pas révéler ses sources like all good journalists, she's not prepared to name her sources; en ~ professeur, il me reprend lorsque je fais des fautes he corrects my mistakes, as any good teacher would; être/ne pas être ~ en musique to be good/bad at music; nos ~s clients our good OU regular customers. -5. ~ à [digne de]: les poires/piles sont bonnes à jeter the pears/batteries can go straight in the bin *Br* OU trash can *Am*; la table est tout juste bonne à faire du petit bois the table is just about good enough for firewood; je ne suis bonne qu'à repasser tes chemises! I'm only fit to iron your shirts!; tu n'es ~ qu'à critiquer! all you ever do is criticize!; il y a un restaurant là-bas — c'est ~ à savoir there's a restaurant there — that's worth knowing OU that's good to know ❑ à quoi ~? what for?; je pourrais lui écrire, mais à quoi ~? I could write to her but what would be the point? -6. ~ pour [condamné à]: il est ~ pour 15 ans (de prison) he's going to get 15 years in prison; je suis bonne pour recommencer I'll have to do it (all over) again; ~ pour le service MIL fit for (national) service; on est ~s pour une amende *fam* we're in for a fine; les motards nous suivent — on est ~s! *fam* the cops are following us — we've had it OU we're in for it!

B. PLAISANT -1. [pour les sens] good, nice; ton ragoût était très ~ your casserole was very good OU nice; il y a une bonne odeur de café ici there's a nice smell of coffee in here; avoir une bonne odeur to smell good OU nice; viens te baigner, l'eau est bonne! come for a swim, the water's lovely and warm!; elle est bonne? [l'eau] what's the water like? -2. [atmosphère, compagnie, semaine] good, nice, pleasant; c'est si ~ de ne rien faire! it feels so good to be doing nothing!; je me souviens des ~s moments I remember the good OU happy times; vous avez passé un ~ Noël? did you enjoy your Christmas?, did you have a good OU nice Christmas?; ~ anniversaire! happy birthday!; bonne (et heureuse) année! happy new year!; bonne chance! good luck!; bonne journée! have a nice day!; ~ voyage! [plaisant] have a nice OU good trip!; [sans incident] have a safe journey!; passe une bonne soirée enjoy yourself (tonight) || (*en intensif*): un ~ grog bien chaud *fam* a nice hot toddy; ~ vieux, bonne vieille good old; les bonnes vieilles méthodes the good old methods ❑ ~ temps: prendre OU se donner OU se payer *fam* du ~ temps to have fun, to have a great OU good time; c'était le ~ temps! those were the (good old) days!; le ~ vieux temps the good old days. -3. [favorable, optimiste - prévisions, présage] good, favourable; [- nouvelle] good; c'est (un) ~ signe it's a good sign; **la météo est bonne** the weather forecast is good.

C. JUSTE, ADÉQUAT **-1.** [correct - numéro de téléphone] right; [- réponse, solution] correct, right; **c'est la bonne rue** it's the right street. **-2.** [opportun] right, convenient, appropriate; **ce n'est pas la bonne époque** it isn't the right time; **l'héritage est arrivé au ~ moment pour elle** the inheritance came at the right time OU at a convenient time for her; **je suis arrivé au ~ moment pour les séparer** I got there in time to separate them; **ce n'est pas le ~ jour pour demander une augmentation** it's not the right day OU an appropriate moment to ask for a payrise; **tout lui est ~ pour se faire remarquer** she'll stop at nothing to attract attention; **juger** OU **trouver ~ de** to think it appropriate OU fitting to; **elle n'a pas jugé ~ de s'excuser** she didn't find that she needed to OU she didn't see fit to apologize; **juger** OU **trouver ~ que** to think it appropriate OU fitting that; **il est ~ de: il n'est pas toujours ~ de dire ce que l'on pense** it's not always a good OU wise thing to say what's on one's mind; **il serait ~ de préciser l'heure de la réunion** it would be a good thing OU idea to give the time of the meeting; **il est ~ que: il est ~ qu'un bébé dorme l'après-midi** a baby should sleep in the afternoon; **il ne serait pas ~ que l'on nous voie ensemble** it wouldn't be a good thing to be seen together; **il serait ~ que tu te fasses oublier** you'd do well to keep OU you'd better keep a low profile ❑ **comme/où/quand/si ~ vous semble** as/wherever/whenever/if you see fit. **-3.** [bénéfique, salutaire] good, beneficial; **c'est ~ pour les plantes** it's good for the plants; **c'est ~ contre** OU **pour le mal de mer** it's good for seasickness; **~ pour la santé** good for you, good for your health; **le ~ air de la campagne** the good OU fresh country air; **attention, le virage n'est pas ~!** careful, this bend's nasty OU dangerous! **-4.** *loc*: **c'est ~!** *fam* [c'est juste] that's right!; [ça suffit] that'll do!; [c'est d'accord] OK!; **c'est ~, c'est ~, je m'en occupe!** OK, OK, I'll do it!; **c'est ~?** OK?

D. MORALEMENT **-1.** [décent, honnête - conduite] good, proper; [- influence, mœurs] good; **avoir de bonnes lectures** to read the right kind of books; **avoir de bonnes fréquentations** to mix with the right sort of people; **ils n'ont pas bonne réputation** they don't have much of a reputation; **un ~ Français n'aurait pas accepté la défaite** a good OU proper Frenchman wouldn't have admitted defeat. **-2.** [bienveillant, amical - personne] good, kind, kindly; [- sourire] kind, warm; **Dieu est ~** RELIG God is merciful; **avoir une bonne tête** OU **bouille** *fam* to have a nice OU a friendly face; **son frère a une bonne tête** her brother looks nice; **avoir l'air ~** to look kind OU kindly; **ayez le ~ geste** [en sauvetage] do the right thing; [honnête] do the decent thing; **je suis déjà bien ~ de te prêter ma voiture!** it's kind OU decent enough of me to lend you my car as it is!; **dites-lui plein de bonnes choses de ma part** *fam* give her my love; **avoir de ~s rapports avec qqn** to be on good terms with sb ❑ **~ cœur: avoir ~ cœur** to be kind-hearted; **de ~ cœur** willingly; **tenez, prenez, c'est de ~ cœur** please have it, I'd love you to; **à votre ~ cœur, Messieurs-Dames, à vot' ~ cœur M'sieurs-Dames** spare a penny, ladies and gents?; **le Bon Dieu** the (good) Lord. **-3.** [brave] good; **c'est un ~ garçon** he's a good lad OU sort; **c'est une bonne petite** she's a nice OU good girl; **et en plus ils boivent, mon ~ Monsieur!** and what's more they drink, my dear man!; **alors ma bonne dame, vous (me) prenez quoi aujourd'hui?** well, my dear lady, what do you want to buy today? ❑ **bonne poire** *fam* OU **pomme** *fam* sucker.

E. EN INTENSIF **-1.** [grand, gros] good; **un ~ mètre de tissu** at least one metre OU a good metre of material; **une bonne averse** a heavy shower (of rain); **une bonne tranche** a thick slice; **donnez-moi une bonne livre de raisin** give me a pound of grapes or a little over; **elle fait un ~ 42** she's a 42 or a 44, she's a large 42; **ça a duré une bonne minute** it lasted a good minute or so; **une bonne cuillère à soupe de farine** a heaped tablespoon OU tablespoonful of flour. **-2.** [fort, violent]: **un ~ coup** [heurt] a hefty OU full blow; **un ~ coup de pied** a powerful kick; **un ~ coup de bâton** a mighty crack with a stick; **une bonne fessée** a good OU sound spanking; **pleurer un ~ coup** *fam* to have a good cry; **en prendre un ~ coup** *fam* to get a real hammering. **-3.** [complet, exemplaire] good; **le mur a besoin d'un ~ lessivage** the wall needs a good scrub; **arriver** OU **être ~ deuxième** to finish a strong second; **arriver** OU **être ~ dernier** to bring up the rear ❑ **une bonne fois pour toutes** once and for all.

◇ *nm, f* **-1.** [personne vertueuse] good person; **les ~s** the good. **-2.** [personne idéale, chose souhaitée] right one; **je crois que c'est enfin le ~** *fam* [lors d'un recrutement] I think we've got our man at last; [lors d'une rencontre amoureuse] I think it's Mister Right at last; **je ferai toutes les agences jusqu'à ce que je trouve la bonne** I'll visit all the agencies until I find the right one. **-3.** [par affection]: **mon ~** [à un jeune homme] my dear boy; [à un homme mûr] my dear man; **ma bonne** [à une jeune femme] my dear girl; [à une femme mûre] my dear; **mais mon ~/ma bonne, personne ne dit le contraire!** my dear man/woman, nobody's saying anything different!

◆ **bon** ◇ *nm* **-1.** [personne de qualité]: **c'est un ~!** [élève, artiste, sportif] he's good! || [dans les films] goody, goodie; **jouer le rôle du ~** to play the good guy; **les ~s et les méchants** the goodies and the baddies, the good guys and the bad guys. **-2.** [chose de qualité]: **n'acheter que du ~** to buy only good quality; **on m'en soumet beaucoup mais je ne publie que les ~s** I get a lot of them sent to me but I only publish the good ones ❑ **il y a du ~ dans votre dissertation** there are some good points in your essay; **il y a du ~ et du mauvais dans ses propositions** her proposals have some good points OU their merits; **avoir du ~** to have something good about it; **cette solution a cela de ~ qu'elle est moins chère que les autres** this solution is interesting insofar as it is less expensive than the others. **-3.** [ce qui est moral]: **le ~** good. **-4.** [ce qui est plaisant]: **le ~ de l'histoire, c'est que...** the funniest OU best part of the story is that... **-5.** [coupon] form, slip, chit; **~ de caisse** cash voucher; **~ de commande** order form; **~ de garantie** guarantee; **~ de livraison** delivery slip; **~ de réduction** discount coupon. **-6.** FIN: **~ du Trésor** treasury bill.

◇ *adv* **-1.** MÉTÉO: **faire ~: il fait ~ ici** it's nice and warm here, **il fait ~ ce soir** it's a nice evening. **-2.** *(suivi d'un inf)*: **il ne fait pas ~ la déranger** you'll be ill-advised to disturb her; **il ne fait pas ~ se promener seul dans les rues** walking the streets alone is not to be recommended; **il ne faisait pas ~ être communiste alors** being a communist in those days got you into trouble.

◇ *interj* **-1.** [marque une transition] right, so, well now; **~, eh bien je m'en vais** all right, I'm going now; **~, où en étais-je?** well now OU right OU so, where was I? **-2.** [en réponse] right, OK, fine; **je n'ai vraiment pas le temps — ~, ~, j'irai seul!** I really don't have the time — all right, all right, I'll go on my own then!; **sors d'ici! — ~, ~, c'est pas la peine de crier!** *fam* get out of here! — OK, OK, no need to shout!

◆ **bon à rien, bonne à rien** ◇ *loc adj* **-1.** [inutile]: **je suis trop vieux, je ne suis plus ~ à rien** I'm too old, I'm useless OU no good now. **-2.** [incompétent] useless, hopeless.

◇ *nm, f* [personne sans valeur] good-for-nothing; [personne incompétente] useless individual.

◆ **bon à tirer** *nm* final corrected proof; **donner le ~ à tirer** to pass for press.

◆ **bonne femme** ◇ *nf fam* **-1.** [femme] woman; [petite fille]: **une petite bonne femme adorable** a lovely little girl. **-2.** [épouse] wife.

◇ *loc adj* **-1.** CULIN *cooking term used in the names of simple country dishes.* **-2. des rideaux bonne femme** *old-fashioned curtains.*

Bon [bɔ̃] *npr* → **cap.**

bonapartisme [bɔnapartism] *nm* Bonapartism, pro-Bonaparte feelings.

bonapartiste [bɔnapartist] *adj* & *nmf* Bonapartist.

bonasse [bɔnas] *adj péj* easy-going, soft.

bonasserie [bɔnasri] *nf litt* & *péj*: **faire preuve de ~** to be too easy-going.

bonbon [bɔ̃bɔ̃] *nm* sweet *Br*, candy *Am*; **~ acidulé** acid drop; **~ anglais** fruit drop.

bonbonne [bɔ̃bɔn] *nf* [pour le vin] demijohn; [pour des produits chimiques] carboy.

bonbonnière [bɔ̃bɔnjɛr] *nf* **-1.** [boîte] sweet *Br* OU candy *Am* box. **-2.** [appartement] bijou flat *Br* OU apartment *Am*.

bon-chrétien [bɔ̃kretjɛ̃] (*pl* **bons-chrétiens**) *nm* William's (Bon Chrétien) pear.

bond [bɔ̃] *nm* **-1.** [d'une balle] bounce; **prendre** OU **saisir l'occasion au ~** to seize the opportunity; **prendre** OU **saisir une remarque au ~** to pounce on a remark ❑ **prendre** OU **saisir la balle au ~** *pr* to catch the ball on the bounce; *fig* to seize the opportunity. **-2.** [saut] jump, leap; **faire un ~** [d'effroi, de surprise] to leap up; **faire des ~s** *pr* to jump up and down; *fig* to go up and down; **faire un ~ en avant** [économie] to boom; [prix, loyer] to soar; [recherche] to leap forward; **ne faire qu'un ~: je n'ai fait qu'un ~ jusqu'à chez vous quand j'ai su la nouvelle** I rushed to your place when I heard the news; **se lever d'un ~** to leap up; **franchir un ruisseau d'un ~** to clear a brook at one jump, to leap across a brook; **avancer** OU **progresser par ~s** to progress in leaps and bounds. **-3.** SPORT jump; **il a remporté l'épreuve avec un ~ de 2,03 m** he won the competition with a jump of 2 m 3 cm. **-4.** *loc*: **faire faux ~ à qqn** [ne pas se présenter] to leave sb high and dry; [décevoir] to let sb down; **demain à 11 h, je vous fais faux ~** tomorrow at 11 I'll have to love you and leave you.

bonde [bɔ̃d] *nf* **-1.** [ouverture - d'un bassin] sluice gate; [- d'un tonneau] bunghole; [- d'un lavabo] plughole. **-2.** [bouchon - d'un tonneau] bung, stopper; [- d'un lavabo] plug.

bondé, e [bɔ̃de] *adj* packed, jam-packed; **le train était ~** the train was packed (with people).

bondérisation [bɔ̃derizasjɔ̃] *nf* bonderization, bonderizing.

bondérisé, e [bɔ̃derize] *adj* bonderized.

bondieuserie [bɔ̃djøzri] *nf* **-1.** [objet] religious trinket; **des ~s** religious knick-knacks. **-2.** [bigoterie] religiosity.

bondir [32] [bɔ̃dir] *vi* **-1.** [sauter] to bounce, to bound, to leap (up); **le chat bondit sur la souris** the cat pounced OU leapt on the mouse; **la moto bondit en avant** the motorbike leapt forward; **~ de: ~ de joie** to leap for joy; **~ sur** [pour importuner, semoncer] to pounce on; **faire ~: pareille inconscience me fait ~** such recklessness makes my blood boil; **ça va le faire ~** [d'indignation, de colère] he'll hit the roof, he'll go mad. **-2.** [courir] to dash, to rush; **quand il a appris l'accident, il a bondi jusqu'à l'hôpital/chez elle** when he heard about the accident, he rushed (over) to the hospital/her place.

bondissement [bɔ̃dismɑ̃] *nm litt* [d'un poulain] bouncing, bounding; [d'un agneau] gambolling.

bon enfant [bɔnɑ̃fɑ̃] *adj inv* [caractère] good-natured, easy-going; [atmosphère] relaxed, informal.

bongo [bɔ̃go] *nm* bongo (drum).

bonheur [bɔnœr] *nm* **-1.** [chance] luck; **par ~** fortunately, luckily; **avoir le ~ de** to be lucky enough OU to have the good fortune to; **il a eu le ~ d'arriver juste à temps** he was lucky enough to arrive just in time; **connaître son ~: tu ne connais pas ton ~!** you don't know when you're lucky OU how lucky you are!; **jouer de ~** to have a lucky run; **porter ~ à qqn**

to bring sb luck; **ça ne lui a pas porté ~!** he lived to regret it!, he had cause to bemoan the fact later!; **ça ne te portera pas ~!** don't think you'll get away with it! -**2.** [contentement] happiness, bliss; **connaître le ~** to know what it's like to be happy, to experience happiness; **faire le ~ de qqn** [le contenter] to make sb happy, to bring sb happiness; **si cette robe peut faire ton ~, prends-la** if this dress is any good OU use to you, have it; **trouver le ~** to find happiness; **trouver son ~: as-tu trouvé ton ~?** did you find the sort of thing you were looking for? ❑ **le ~ des uns fait le malheur des autres** *prov* one man's meat is another man's poison *prov*.
◆ **au petit bonheur (la chance)** *loc adv* haphazardly.

bonheur-du-jour [bɔnœrdyʒur] (*pl* **bonheurs-du-jour**) *nm* escritoire, writing table.

bonhomie [bɔnɔmi] *nf* geniality, bonhomie.

bonhomme *fam* [bɔnɔm] (*pl* **bonshommes** [bɔ̃zɔm]) ◇ *nm* -**1.** [homme] chap. -**2.** [partenaire] old man, fellow *dated*; **un grand ~** a great (big) man ‖ [garçon] little chap OU lad; **allez viens, mon petit ~** come along, little man. -**3.** [figure] man; **dessiner des bonshommes** to draw little men OU people ❑ **~ de neige** snowman; **le ~ Noël** Father Christmas, Santa Claus; **~ de pain d'épice** gingerbread man. -**4.** *loc*: **aller** OU **continuer son petit ~ de chemin** to go OU to carry on at one's own pace; **l'idée faisait son petit ~ de chemin** the idea was slowly but surely gaining ground.
◇ *adj* [air, allure, caractère] good-natured, good-tempered; [atmosphère] relaxed, informal;... **dit-il d'un ton ~** ... he said good-naturedly OU with bonhomie.

boni [bɔni] *nm* -**1.** [bénéfice] profit; **faire un** OU **du ~** to make a profit. -**2.** [dépense] extra amount, sum left over. -**3.** [bonus] bonus. -**4.** [prime] bonus.

boniche *fam* [bɔniʃ] *péj* = **bonniche**.

bonification [bɔnifikasjɔ̃] *nf* -**1.** AGR improvement. -**2.** SPORT [avantage] advantage, extra points. -**3.** [somme allouée] profit. -**4.** [rabais] discount, reduction. -**5.** ÉCON: **~ d'intérêts** interest relief.

bonifier [9] [bɔnifje] *vt* -**1.** AGR to improve. -**2.** [adoucir - caractère] to improve, to mellow. -**3.** [payer] to pay as a bonus. -**4.** ÉCON to credit.
◆ **se bonifier** *vpi* [caractère] to mellow, to improve.

boniment [bɔnimɑ̃] *nm* -**1.** COMM sales talk OU patter; **faire le ~** to deliver the sales patter OU spiel; **faire du ~ à** *fam* to sweet-talk, to soft-soap. -**2.** *fam* [mensonge] tall story; **tout ça, c'est des ~s** that's a load of claptrap OU guff; **arrête tes ~s** stop fibbing.

bonimenteur, euse [bɔnimɑ̃tœr, øz] *nm, f péj* [menteur] smooth talker.

bonjour [bɔ̃ʒur] *nm* -**1.** [salutation - gén] hello; [- le matin] good morning; [- l'après-midi] good afternoon; **~, comment allez-vous?** hello, how are you?; **va dire ~ à la dame** go and say hello to the lady; **vous lui donnerez le ~** OU **vous lui direz ~ de ma part** say hello for me; **vous avez le ~ de Martin** Martin sends his love; **bien le ~ chez vous** regards to everybody (back home) ❑ **c'est facile** OU **simple comme ~** it's as easy as falling off a log; **t'as le ~ d'Alfred!** *fam* get lost! -**2.** *fam* [exprime la difficulté]: **pour le faire aller à l'école, ~!** no way can you get him to go to school!; **je n'ai pas fait de gym depuis un mois, ~ les courbatures!** I haven't done any exercise for a month, I'm going to ache, let me tell you!

Bonn [bɔn] *npr* Bonn.

bonne[2] [bɔn] ◇ *f* → **bon**.
◇ *nf* -**1.** [domestique] maid; **~ d'enfants** nanny *Br*, child's nurse *Am*; **~ à tout faire** servant; **c'est moi la ~ à tout faire ici** I'm the servant around here. -**2.** *fam* [chose plaisante]: **je vais t'en raconter une ~** let me tell you a good one; **il m'en a dit** OU **raconté une bien ~** he told me a good one. -**3.** *loc*: **avoir qqn à la ~** to like sb, to be in (solid) with sb *Am*; **le patron m'a à la ~!** I'm in the boss's good books!, the boss likes me!; **la petite Julie t'a à la ~!** Julie's really sweet on you!; **prendre qqch à la ~: il prend tout à la ~** [sans façons] he takes things as they come; [avec optimisme] he always looks on the bright side; **en avoir de ~s: tu en as de ~s!** are you kidding?

Bonne-Espérance [bɔnɛsperɑ̃s] *npr* → **cap**.

bonne-maman [bɔnmamɑ̃] (*pl* **bonnes-mamans**) *nf vieilli* grand-mama.

bonnement [bɔnmɑ̃] *adv*: **tout ~** (quite) simply; **je lui ai dit tout ~ ce que je pensais** I quite simply told him what I thought.

bonnet [bɔnɛ] *nm* -**1.** [coiffe - de femme, d'enfant] hat, bonnet; [- de soldat, de marin] hat; **~ d'âne** dunce's cap; **~ de bain** swimming cap; **~ d'évêque** *fig* parson's nose; **~ de laine** woollen cap OU hat; **~ de nuit** nightcap; *fig* & *péj* wet blanket; **~ à poils** busby, bearskin; **~ de police** *vieilli* forage cap; **~ phrygien** cap of liberty, Phrygian cap; **c'est ~ blanc et blanc ~** it's six of one and half a dozen of the other, it's all much of a muchness *Br*; **jeter son ~ par-dessus les moulins** to throw caution to the winds; **parler à son ~** to talk to o.s.; **prendre qqch sous son ~** to take the initiative of doing sthg; **il a pris sous son ~ de le faire** he did it off his own bat; **se monter le ~** *fam* to get worked OU het up. -**2.** ZOOL reticulum. -**3.** [d'un soutien-gorge] cup.
◆ **gros bonnet** *fam nm* [personnage important] bigwig, big shot; **tous les gros ~s de la finance** all the financial bigwigs.

bonneteau, x [bɔnto] *nm* three-card trick.

bonneterie [bɔnɛtri] *nf* -**1.** [commerce] hosiery business OU trade. -**2.** [industrie] hosiery-making (industry).

bonneteur [bɔntœr] *nm* three-card trick player.

bonnetier, ère [bɔntje, ɛr] *nm, f* -**1.** [fabricant] hosier. -**2.** [ouvrier] hosiery worker.

bonniche *fam* [bɔniʃ] *nf péj* maid, skivvy *Br*; **faire la ~** to skivvy around *Br*, to do all the dirty work; **je ne suis pas ta ~!** I'm not here to clean up your mess!

bon-papa [bɔ̃papa] (*pl* **bons-papas**) *nm vieilli* grand-papa.

bonsaï [bɔnzaj] *nm* bonsai.

bonsoir [bɔ̃swar] *nm* -**1.** [en arrivant] good evening; [en partant] good night; **viens dire ~ à maman** come and say good night to mummy; **je vous souhaite le ~** *sout* I wish you a good night. -**2.** [exprime la difficulté]: **pour lui faire faire le ménage, ~!** *fam* no way can you get him to help around the house!; **ils paient les heures, mais pour les frais, ~!** they pay for your time, but when it comes to expenses, you might as well forget it!
◆ **bonsoir (de bonsoir)** *fam loc interj*: **mais ~ (de ~), où est-il passé?** damn, where has he gone now?; **~ de ~, je te l'ai dit cent fois!** for God's sake, if I've told you once, I've told you a hundred times!

bonté [bɔ̃te] *nf* [bienveillance] kindness, goodness; **elle l'a fait par pure ~ d'âme** she did it purely out of the goodness of her heart; **il a eu la ~ de passer nous voir** he was kind enough to come for a visit; **ayez la ~ de...** please be so kind as to... ❑ **~ divine!, ~ du ciel!** good gracious!
◆ **bontés** *nfpl litt* kindness, kindnesses; **comment vous remercier de toutes vos ~s?** how could I thank you for your kindness OU kindnesses?; **avoir des ~s pour qqn** *euph* to bestow one's favours on sb.

bonus [bɔnys] *nm* [dans les assurances] no-claim OU no-claims bonus.

bonze [bɔ̃z] *nm* -**1.** RELIG buddhist priest OU monk, bonze. -**2.** *fam péj* & *fig* stuffed shirt, big cheese; **un vieux ~** a pontificating old fool.

bonzerie [bɔ̃zri] *nf* Buddhist monastery.

bonzesse [bɔ̃zɛs] *nf* Buddhist nun.

bookmaker [bukmɛkœr] *nm* bookmaker.

booléen, enne [buleɛ̃, ɛn], **boolien, enne** [buljɛ̃, ɛn] *adj* Boolean.

boom [bum] *nm* -**1.** [développement] boom, expansion; **il y a eu un ~ sur les actions des sociétés privatisées** the shares of the privatized companies boomed; **le ~ de la natalité** the baby boom; **le ~ des fours à micro-ondes** the booming microwave oven market. -**2.** BOURSE boom.

boomer [bumœr] *nm* woofer ACOUST.

boomerang [bumrɑ̃g] *nm* boomerang; **faire ~** *fig*, **avoir un effet ~** *fig* to boomerang.

booster [bustœr] *nm* booster ASTRONAUT.

boots [buts] *nmpl* (desert) boots.

bop [bɔp] *nm* bop, be-bop.

boqueteau, x [bɔkto] *nm* coppice, copse.

Bora Bora [bɔrabɔra] *npr* Bora Bora.

borate [bɔrat] *nm* borate.

boraté, e [bɔrate] *adj* borated.

borax [bɔraks] *nm* borax, tincal.

borborygme [bɔrbɔrigm] *nm* -**1.** [gargouillement] rumble, gurgle, borborygmus *spéc.* -**2.** *péj* [paroles] mumble.

borchtch [bɔrtʃ] *nm* borsch, borscht.

bord [bɔr] *nm* -**1.** [côté - d'une forêt, d'un domaine] edge; [- d'une route] side; **sur le ~ de** on the edge of; **dessine sur le ~ de ta feuille** draw on the edge of your paper; **sur le ~ de la route** by the roadside; **sur le ~ de la Seine** on the embankment (in Paris), next to the Seine; **sur les ~s de: sur les ~s du fleuve** [gén] on the river bank; [en ville] on the waterfront; **sur les ~s de Seine** on the embankment (in Paris), on the banks of the Seine; **regagner le ~** [de la mer] to get back to the shore OU beach; [d'une rivière] to get back to the bank; [d'une piscine] to get back to the side; **le ~ du trottoir** the kerb ❑ **le ~** OU **les ~s de mer** the seaside. -**2.** [pourtour - d'une plaie] edge; [- d'une assiette, d'une baignoire] rim, edge; [- d'un verre] rim; **remplir un verre jusqu'au ~** to fill a glass to the brim OU to the top. -**3.** COUT [non travaillé] edge; [replié et cousu] hem; [décoratif] border; **chapeau à larges ~s** wide-brimmed OU broad-brimmed hat; **~ ourlé/festonné** rolled/festooned hem. -**4.** NAUT [côté, bastingage] side; **jeter** OU **balancer** *fam* **qqch par-dessus ~** to throw OU to chuck sthg overboard; **tirer des ~s** to tack ‖ [navire]: **les hommes du ~** the crew. -**5.** [opinion] side; **nous sommes du même ~** we're on the same side.
◆ **à bord** *loc adv* -**1.** AUT: **il y avait toute une famille à ~** there was an entire family on board OU in the vehicle. -**2.** AÉRON & NAUT aboard, on board; **avant de monter à ~** before boarding OU going aboard; **assurez-vous que vous n'oubliez rien à ~ (de l'appareil)** make sure you do not leave any of your belongings on board the aircraft.
◆ **à bord de** *loc prép*: **à ~ d'un navire/d'une voiture** on board a ship/car; **monter à ~ d'un bateau/avion** to board a boat/plane.
◆ **au bord de** *loc prép* -**1.** [en bordure de]: **se promener au ~ de l'eau/la mer** to walk at the water's edge/the seaside; **s'arrêter au ~ de la route** to stop by the roadside. -**2.** [à la limite de] on the brink OU verge of, very close to; **au ~ des larmes/de la dépression** on the verge of tears/a nervous breakdown; **au ~ de la défaillance** very close to fainting ❑ **être au ~ de l'abîme** to be on the verge of ruin; **il est au ~ de la tombe** he's got one foot in the grave.
◆ **bord à bord** *loc adv* edge to edge.
◆ **de bord** *loc adj* [journal, livre, commandant] ship's.
◆ **de haut bord** *loc adj* rated.
◆ **sur les bords** *fam loc adv* slightly, a touch; **il est un peu radin sur les ~s** he's a bit tight-fisted.

bordage [bɔrdaʒ] *nm* -**1.** COUT hedging, hemming. -**2.** NAUT [en bois] planking; [en fer] plating; **ajuster des ~s** [en bois] to adjust planks; [en fer] to adjust plates. -**3.** *Can* inshore ice.

bordé [bɔrde] *nm* -**1.** NAUT [en bois] planking; [en fer] plating. -**2.** COUT (piece of) trimming.
bordeaux [bɔrdo] ◇ *adj inv* [grenat] burgundy *(modif)*, claret *(modif)*.
◇ *nm* Bordeaux (wine); **un ~ rouge** a red Bordeaux, a claret; **un ~ blanc** a white Bordeaux.
Bordeaux [bɔrdo] *npr* Bordeaux.
bordée [bɔrde] *nf* -**1.** NAUT [canons, salve] broadside; [distance] tack; **tirer des ~s** to tack; **tirer une ~** *fam fig* to paint the town red || [partie de l'équipage] watch. -**2.** *fig* [série]: **une ~ d'insultes** *fig* a torrent OU stream of abuse. -**3.** *Can*: **~ de neige** heavy snowfall.
bordel▽ [bɔrdɛl] ◇ *nm* -**1.** [hôtel de passe] brothel, whorehouse. -**2.** [désordre] shambles *(sg)*, mess; **range ton ~!** clean up your (damn) mess!; **c'est toujours un vrai ~ chez toi!** your place is always a shambles!; **mettre le ~ dans une pièce/réunion** to turn a room into a pigsty/a meeting into a shambles; **ils sont venus foutre le ~**▽ they only came to mess things up.
◇ *interj* dammit, hell; **~ de merde!**▼ fuck!
bordelais, e [bɔrdəlɛ, ɛz] *adj* -**1.** [de Bordeaux] from Bordeaux. -**2.** [du Bordelais] from the Bordeaux area.
◆ **Bordelais, e** *nm, f inhabitant of or person from Bordeaux.*
◆ **bordelaise** *nf* -**1.** [bouteille] Bordeaux bottle. -**2.** CULIN: **à la ~e** in shallots and red wine.
Bordelais [bɔrdəlɛ] *npr m*: **le ~** the Bordelais (region).
bordélique▽ [bɔrdelik] *adj* [chambre] messy; [écriture, esprit] chaotic; **c'est plutôt ~ chez toi** your place is a total shambles; **c'est un mec vraiment ~!** he's all over the place!; **quelle réunion ~!** what a chaotic meeting!
border [3] [bɔrde] *vt* -**1.** [garnir] to edge, to trim; **~ qqch de** to trim OU to edge sthg with; **un jupon bordé de dentelle** a lace-edged petticoat. -**2.** [en se couchant]: **as-tu bien bordé ton lit?** did you tuck the blankets in properly?; **va te coucher, je viendrai te ~** go to bed, I'll come and tuck you in. -**3.** [délimiter] to line; **les troènes qui bordent la clôture** the privet lining the fence; **la route est bordée de haies** the road is lined with hedges. -**4.** NAUT [de planches] to plank; [de tôles] to plate; [voile] to haul on.
bordereau, x [bɔrdəro] *nm* -**1.** FIN & COMM note, slip; **~ d'achat** purchase note; **~ de caisse** cash statement; **~ d'escompte** list of bills for discount; **~ de salaire** salary advice, wages slip; **~ de vente** sales slip; **~ de versement** paying-in slip *Br*, deposit slip *Am*. -**2.** JUR: **~ des pièces** docket.
borderline [bɔrdœrlajn] *nm inv* borderline case PSYCH.
bordier, ère [bɔrdje, ɛr] *adj* -**1.** NAUT: **navire ~** lop-sided ship, lopsider. -**2.** GÉOG: **mer bordière** epicontinental sea. -**3.** *Helv* [au bord de l'eau] waterside.
◆ **bordier** *nm* -**1.** *Helv* [riverain] local resident. -**2.** NAUT lop-sided ship, lopsider.
bordure [bɔrdyr] *nf* -**1.** [bord - d'un évier] edge; [- d'un verre] edge, brim; [- d'une plate-bande] border, edge; [- d'une cheminée] surround *Br*, border *Am*; **une ~ de trottoir** a kerb stone; **la ~ du trottoir** the kerb || [bande décorative] border; **des assiettes à ~ dorée** plates with a gold border OU edged in gold. -**2.** VÊT border, edge; [d'un chapeau] brim; **foulard à ~ bleue** scarf trimmed with blue OU edged with blue OU with a blue border.
◆ **en bordure de** *loc prép*: **habiter une maison en ~ de mer** to live in a house by the sea.
bore [bɔr] *nm* boron.
boréal, e, als OU **aux** [bɔreal, o] *adj* boreal, North *(modif)*.
borgne [bɔrɲ] ◇ *adj* -**1.** [personne] one-eyed; **un homme ~** a one-eyed man, a man who's blind in one eye. -**2.** [fenêtre, mur] obstructed. -**3.** [mal fréquenté - hôtel] shady.
◇ *nmf* one-eyed person, one-eyed man (*f* woman).
borique [bɔrik] *adj* boric; **acide ~** boric acid.
Boris Godounov [bɔrisgɔdunɔf] *npr* Boris Godunov.
bornage [bɔrnaʒ] *nm* boundary marking; **procéder au ~ d'un terrain** to mark the boundaries of a plot.
borne [bɔrn] *nf* -**1.** [pour délimiter] boundary stone, landmark; **~ kilométrique** milepost; **~ milliaire** (Roman) milestone; **rester planté comme une ~**: **ne reste pas là planté comme une ~** don't just stand there. -**2.** [pour marquer un emplacement] bollard; **~ d'amarrage** bollard (for ships). -**3.** *fam* [kilomètre] kilometre; **on a fait les 10 ~s à pied** we walked the 10 kilometres. -**4.** ÉLECTR terminal.
◆ **bornes** *nfpl fig* bounds, limits; **faire reculer les ~s de la science** to roll back the frontiers of knowledge; **dépasser** OU **passer les ~s** to go too far; **son ambition n'a** OU **ne connaît pas de ~s** his ambition knows no bounds.
borné, e [bɔrne] *adj* [individu] narrow-minded; [esprit] narrow; **tu es vraiment ~!** you're so narrow-minded!, you have such a limited outlook!
borne-fontaine [bɔrnfɔ̃tɛn] (*pl* **bornes-fontaines**) *nf* public drinking fountain.
Bornéo [bɔrneo] *npr* Borneo; **à ~** in Borneo.
borner [3] [bɔrne] *vt* -**1.** [délimiter - champ, terrain] to mark off OU out *(sép)*, to mark the boundary of. -**2.** [restreindre] to limit, to restrict.
◆ **se borner à** *vp + prép* -**1.** [se limiter à] to be limited OU restricted to; **son rôle se borne à recevoir les clients** her role is limited to welcoming the clients; **nos relations se sont bornées à quelques échanges sur le palier** our relationship was never more than the odd conversation on the landing. -**2.** [se contenter de] to limit OU to restrict o.s. to; **bornez-vous à l'essentiel** don't stray from the essentials.
Borodine [bɔrɔdin] *npr* Borodin.
borosilicate [bɔrosilikat] *nm* borosilicate.
bortsch [bɔrtʃ] = **borchtch**.
borure [bɔryr] *nm* boride.
Bosch [bɔʃ] *npr*: **Jérôme ~** Hieronymus Bosch.
bosco *fam* [bɔsko] *nm* bosun, boatswain.
boskoop [bɔskɔp] *nf* Boskoop apple.
bosniaque [bɔsnjak] *adj* Bosnian.
◆ **Bosniaque** *nmf* Bosnian.
Bosnie [bɔsni] *npr f*: **(la) ~** Bosnia.
Bosnie-Herzégovine [bɔsniɛrzegɔvin] *npr f*: **(la) ~** Bosnia-Herzegovina.
bosnien, enne [bɔsnjɛ̃, ɛn] = **bosniaque**.
boson [bozɔ̃] *nm* boson.
Bosphore [bɔsfɔr] *npr m*: **le ~** the Bosphorus, the Bosporus.
bosquet [bɔskɛ] *nm* coppice, copse.
boss *fam* [bɔs] *nm* boss; **à la maison, c'est elle le ~!** she's boss at home!
bossage [bɔsaʒ] *nm* boss.
bosse [bɔs] *nf* -**1.** [à la suite d'un coup] bump, lump; **se faire une ~** to get a bump. -**2.** ANAT & ZOOL [protubérance] hump. -**3.** [du sol] bump; [en ski] mogul; **un terrain plein de ~s** a bumpy piece of ground. -**4.** NAUT painter. -**5.** *loc*: **avoir la ~ des maths/du commerce** to be a born mathematician/businessman.
◆ **en bosse** *loc adj* BX-ARTS embossed.
bosselage [bɔslaʒ] *nm* (irregular) bumps.
bosseler [24] [bɔsle] *vt* -**1.** BX-ARTS to emboss. -**2.** [faire des bosses à] to dent.
bossellement [bɔsɛlmɑ̃] *nm* denting.
bosselure [bɔslyr] *nf* (irregular) bumps.
bosser *fam* [3] [bɔse] ◇ *vi* to work; **j'ai bossé toute la nuit pour cet examen** I stayed up all night working for that exam; **il bosse en usine depuis l'âge de 14 ans** he's been working in a factory since the age of 14.
◇ *vt* to swot up *(sép) Br*, to grind away at *Am*; **tu ferais mieux de ~ ta physique** you should swot up your physics.
bosseur, euse *fam* [bɔsœr, øz] ◇ *adj*: **être ~** to work hard, to be hardworking.
◇ *nm, f* hard worker.
bossoir [bɔswar] *nm* davit.
bossu, e [bɔsy] ◇ *adj* humpbacked, hunchbacked; **être ~** to be humpbacked, to have a hump OU humpback.
◇ *nm, f* humpback, hunchback; **rire** OU **rigoler** *fam* OU **se marrer** *fam* **comme un ~** to laugh fit to burst, to laugh o.s. silly.
boston [bɔstɔ̃] *nm* JEUX & MUS boston.
Boston [bɔstɔn] *npr* Boston.
bot, e [bo, bɔt] *adj*: **pied ~** clubfoot.
botanique [bɔtanik] ◇ *adj* botanical.
◇ *nf* botany.
botaniste [bɔtanist] *nmf* botanist.
Botnie [bɔtni] *npr* → **golfe**.
Botswana [bɔtswana] *npr m*: **le ~** Botswana; **au ~** in Botswana.
botte [bɔt] *nf* -**1.** [chaussure] (high) boot; **~s de cavalier** riding boots; **~s en caoutchouc** gumboots *Br*, Wellington boots *Br*, rubber boots *Am*; **~s d'égoutier** waders; **~s de sept lieues** sevenleague boots; **haut comme une** OU **ma ~** knee-high to a grass-hopper; **être à la ~ de qqn** to be sb's puppet; **avoir qqn à sa ~** to have sb under one's thumb; **cirer** OU **lécher les ~s de qqn** *fam* to lick sb's boots; **sous la ~ de l'ennemi** beneath the enemy's heel. -**2.** [de fleurs, de radis] bunch; [de paille] sheaf, bundle; **il n'y en a pas des ~s** *fam* there isn't much OU a lot of it; **elle chante bien? — pas des ~s** *fam* does she sing well? — not really. -**3.** ESCRIME thrust; **allonger une ~** to thrust ❑ **porter une ~ à qqn** *pr* to make a thrust at sb; *fig* to hit out OU to have a dig at sb; **~ secrète** secret weapon.
botteler [24] [bɔtle] *vt* [foin, paille] to sheaf.
botteleur, euse [bɔtlœr, øz] *nm, f* trusser.
◆ **botteleuse** *nf* straw binder.
botter [3] [bɔte] *vt* -**1.** [chausser - enfant] to put boots on; [- client] to provide boots for, to sell boots to. -**2.** *loc*: **ça me botte!** *fam* it's great!; **~ le train** *fam* OU **les fesses** *fam* OU **le derrière** *fam* OU **le cul**▽ **à qqn** to kick sb in the pants. -**3.** SPORT to kick; **il a botté la balle en touche** he kicked the ball into touch.
botteur [bɔtœr] *nm* SPORT kicker.
bottier [bɔtje] *nm* [fabricant - de bottes] bootmaker; [- de chaussures] shoemaker.
bottillon [bɔtijɔ̃] *nm* ankle boot.
Bottin® [bɔtɛ̃] *nm* telephone directory, phone book; **le ~ mondain** *directory of famous people,* ≃ Who's Who?
bottine [bɔtin] *nf* ankle boot; **~ à boutons** button boot.
botulique [bɔtylik] *adj*: **toxine ~** botulin.
botulisme [bɔtylism] *nm* botulism.
boubou [bubu] *nm* boubou, bubu.
bouc [buk] *nm* -**1.** ZOOL goat, he-goat, billy goat; **sentir le ~, puer comme un ~** to stink OU to reek (like a billy goat); **~ émissaire** scapegoat. -**2.** [barbe] goatee.
boucan *fam* [bukɑ̃] *nm* din, racket; **faire du ~** to kick up a din, to make a racket; **les voisins ont fait un de ces ~s!** the neighbours really kicked up a din!; **tu ne l'as pas entendu? il a pourtant fait assez de ~** didn't you hear him? he was making enough noise.
boucaner [3] [bukane] *vt* [viande] to smoke, to cure.
boucanier [bukanje] *nm* buccaneer.
bouchage [buʃaʒ] *nm* -**1.** [d'une bouteille] corking. -**2.** [d'une fuite] plugging, stopping. -**3.** [d'un trou] filling up.
bouche [buʃ] *nf* -**1.** ANAT & ZOOL mouth; **elle me donna sa ~** *litt* she offered me her lips; **j'ai la ~ sèche** my mouth feels dry; **j'ai la ~ pâteuse** my tongue is coated; **avoir la ~ pleine** to have one's mouth full; **ne parle pas la ~ pleine** don't talk with your mouth full; **dans la ~ de**: **dans ta ~ le mot prend toute sa valeur** when you say it, the word takes on its full meaning; **ce n'est pas joli dans la ~ d'un petit garçon!** it doesn't sound nice, coming from a little boy!; **par la ~ de, par sa ~**: **ce sont toutes les mères qui s'expriment par sa ~** she's speaking for all

mothers ❑ **il a six ~s à nourrir** he has six mouths to feed (at home); **je n'ai pas l'intention de nourrir des ~s inutiles** I won't have loafers around here; **ça c'est pour** OU **je le garde pour la bonne ~** [friandise] I'm keeping this as a treat for later; [annonce] I'm keeping this for the end as it's the best bit; **de ~ en ~** from person to person; **~ à oreille** grapevine; **par le ~ à oreille** through the grapevine, by word of mouth; **de ~ à oreille** by word of mouth; **être** OU **rester ~ bée** to stand open-mouthed; **j'en suis resté ~ bée** I was flabbergasted, my mouth fell open; **motus et ~ cousue!** not a word!; **rester ~ cousue** to keep one's lips sealed; **avoir la ~ en cœur** *pr* to have a heart-shaped mouth; **avoir la** OU **faire sa ~ en cœur** *fig* & *péj* to pout (provocatively); **faire la ~ en cul-de-poule** to purse one's lips; **ouvrir la ~** *pr* to open one's mouth; **elle n'a pas ouvert la ~ de la soirée** *fig* she didn't say a word all evening; **il a toujours le même mot/nom à la ~** he can only ever trot out the same word/name; **des insultes, tu n'as que ça à la ~** insults, that's all you ever come out with; **son nom est sur toutes les ~s** her name is on everyone's lips, she's the talk of the town. -**2.** [orifice - d'un cratère] mouth; [- d'un canon] muzzle; **~ d'air chaud** OU **de chaleur** hot air vent; **~ d'eau** OU **d'incendie** fire hydrant; **~ d'aération** air vent; **~ d'arrosage** water pipe, standpipe; **~ d'égout** manhole, inspection chamber; **~ de métro** metro entrance, underground entrance. -**3.** ŒNOL full-bodiedness, richness; **un vin bien en ~** a full-bodied wine.

◆ **bouches** *nfpl* [d'un fleuve, d'un détroit] mouth.

◆ **fine bouche** *nf* -**1.** [gourmet] : **c'est une fine ~** he's a gourmet. -**2.** [difficile] : **tu ne vas pas faire la fine ~!** don't be so choosy!

bouché, e[1] [buʃe] *adj* -**1.** [obstrué] blocked; **j'ai le nez ~** my nose is blocked; **j'ai les oreilles ~es** my ears are blocked up. -**2.** MÉTÉO [ciel, horizon, temps] cloudy, overcast. -**3.** *fam* [idiot] stupid, thick *Br*; **il est vraiment ~!** he's really dumb! ❑ **~ à l'émeri** thick as a brick *Br* OU as two short planks *Br*, as dumb as they come *Am*. -**4.** [sans espoir - avenir] hopeless; [- filière, secteur] oversubscribed. -**5.** [bouteille] corked; [cidre, vin] bottled.

bouche-à-bouche [buʃabuʃ] *nm inv* mouth-to-mouth resuscitation; **faire du ~ à qqn** to give sb mouth-to-mouth resuscitation OU the kiss of life.

bouchée[2] [buʃe] *nf* -**1.** [contenu] mouthful; **ne prends pas de si grosses ~s** don't put such big pieces into your mouth; **il n'a fait qu'une ~ du petit pain** he swallowed the bun whole ❑ **elle n'a fait qu'une ~ de ses rivales** she made short work of her rivals; **je n'en ferai qu'une ~** I'll eat him for breakfast; **mettre les ~s doubles** to work twice as hard, to put on a spurt; **pour une ~ de pain** for a song OU next to nothing; **il a acheté ce tableau pour une ~ de pain** he bought this painting for next to nothing. -**2.** CULIN (vol-au-vent) case; **~ à la reine** chicken vol-au-vent || [friandise] : **~ (au chocolat)** chocolate bouchée.

boucher[1] [3] [buʃe] *vt* -**1.** [fermer - trou] to fill up (*sép*); [- fuite] to plug, to stop; [- bouteille] to cork; **~ un trou** *fig* to fill a gap ❑ **je parie que ça t'en bouche un coin** *fam* I bet you're impressed. -**2.** [entraver] to obstruct, to block; **tu me bouches le passage** you're in OU blocking my way; **la tour nous bouche complètement la vue** the tower blocks off OU obstructs our view totally.

◆ **se boucher** ◇ *vpi* -**1.** [s'obstruer - tuyau, narine] to get blocked. -**2.** MÉTÉO [temps] to become overcast.

◇ *vpt*: **se ~ le nez** to hold one's nose; **se ~ les oreilles** *pr* to put one's fingers in OU to plug one's ears; *fig* to refuse to listen; **se ~ les yeux** *pr* to hide one's eyes; *fig* to refuse to see.

boucher[2], **ère** [buʃe, ɛr] *nm, f* butcher; **ce chirurgien est un vrai ~** this surgeon is a real butcher.

boucherie [buʃri] *nf* -**1.** [boutique] butcher's shop *Br* OU store *Am*; **viande de ~** butcher's meat; **~ chevaline** horse-butcher's (shop). -**2.** [métier] butchery. -**3.** [massacre] slaughter, butchery.

bouche-trou [buʃtru] (*pl* **bouche-trous**) *nm* [personne] stand-in, stopgap; [objet] make-shift replacement.

bouchon [buʃɔ̃] *nm* -**1.** [en liège] cork; [d'un bidon, d'une bouteille en plastique] cap; [d'une bouteille en verre, d'une carafe] stopper; **vin qui sent le ~** corked wine ❑ **un ~ de carafe** *fam* a huge diamond OU rock; **tu pousses le ~ un peu loin** *fam* you're going a little too far OU pushing it a bit; **prendre du ~** *fam* to be getting on (in years). -**2.** [bonde] plug; **~ de cérumen** earwax plug. -**3.** [poignée de paille, de foin] wisp. -**4.** *fam* [embouteillage] traffic jam; [à une intersection] gridlock. -**5.** PÊCHE float.

bouchonnage [buʃɔnaʒ] *nm* rubbing down (*of a horse*).

bouchonné, e [buʃɔne] *adj* [vin] corked.

bouchonner [3] [buʃɔne] ◇ *vt* [cheval] to rub down (*sép*).

◇ *vi*: **ça bouchonne à partir de 5 h** traffic is heavy from 5 p.m. on.

bouchot [buʃo] *nm* mussel bed.

bouclage [buklaʒ] *nm* -**1.** PRESSE [d'un article] finishing off; [d'un journal] putting to bed; **c'est mardi le ~** the paper's going to bed OU to press on Tuesday. -**2.** [d'un coupable] *fam* locking up; [d'un quartier] surrounding. -**3.** [fermeture - d'une ceinture] fastening, buckling. -**4.** [des cheveux] curling.

boucle [bukl] *nf* -**1.** [de cheveux] curl. -**2.** [d'une ceinture] buckle; [d'un lacet] loop; [d'un cours d'eau] loop, meander; **elle ne fait pas de ~s à ses lettres** she doesn't put any loops on her letters; **faire une ~ à un ruban** to loop a ribbon. -**3.** INF loop. -**4.** SPORT [en course] lap.

◆ **boucle d'oreille** *nf* earring.

bouclé, e [bukle] *adj* [cheveux, barbe] curly; [personne] curly-haired.

bouclement [bukləmɑ̃] *nm* ringing (*of a bullock or a pig*).

boucler [3] [bukle] ◇ *vt* -**1.** [fermer - ceinture] to buckle, to fasten; **~ sa ceinture en voiture** to fasten one's seat belt || [dans une opération policière] : **~ une avenue/un quartier** to seal off an avenue/area ❑ **~ sa valise** *pr* to shut one's suitcase; *fig* to pack one's bags; **la ~ : toi, tu la boucles!** *fam* not a word out of you! -**2.** *fam* [enfermer] to shut away (*sép*), to lock up (*sép*); **si tu continues, je te boucle en pension** any more of this and you're off to boarding school; **je suis bouclé à la maison avec la grippe** I'm stuck at home with the flu. -**3.** [mettre un terme à - affaire] to finish off (*sép*), to settle; [- programme de révisions] to finish (off); **~ un journal/une édition** PRESSE to put a paper/an edition to bed. -**4.** [équilibrer] : **~ son budget** to make ends meet; **il a du mal à ~ ses fins de mois** he's always in the red at the end of the month. -**5.** AÉRON : **~ la boucle** to loop the loop ❑ **la boucle est bouclée, on a bouclé la boucle** we're back to square one. -**6.** [cheveux, mèches] to curl.

◇ *vi* -**1.** [cheveux] to curl, to be curly; **il boucle naturellement** he has naturally curly hair. -**2.** INF to get stuck in a loop, to loop round and round.

bouclette [buklɛt] *nf* -**1.** [de cheveux] small curl. -**2.** (*comme adj*) TEXT [fil, laine] bouclé.

bouclier [buklije] *nm* -**1.** [protection de soldat] shield; [de policier] riot shield; **elle lui a fait un ~ de son corps** *fig* & *sout* she shielded him with her body. -**2.** [protection] shield; **~ thermique** ASTRONAUT thermal OU heat shield; **~ atomique** atomic shield. -**3.** GÉOL shield; **le ~ canadien** the Canadian shield.

bouddha [buda] *nm* [statue] buddha.

Bouddha [buda] *npr* Buddha.

bouddhique [budik] *adj* Buddhist, Buddhistic.

bouddhisme [budism] *nm* Buddhism.

bouddhiste [budist] *adj* Buddhist.

bouder [3] [bude] ◇ *vi* to sulk; **elle est partie ~** she's gone off in a sulk.

◇ *vt* [ami] to refuse to talk to; [dessert, cadeau] to refuse to accept; [élection] to refuse to vote; [fournisseur] to stay away from; **le public a boudé son film** hardly anyone went to see her film.

bouderie [budri] *nf* sulking (*U*); **je ne supporte plus ses ~s** I'm fed up with his sulking.

boudeur, euse [budœr, øz] ◇ *adj* sulky, sullen.

◇ *nm, f* sulky person.

◆ **boudeuse** *nf* [siège] courting couch.

boudin [budɛ̃] *nm* -**1.** CULIN : **~ (noir)** black pudding *Br*, blood sausage *Am*; **~ blanc** white pudding *Br*, white sausage *Am*; **faire du ~** *fam* to sulk. -**2.** [cylindre] roll. -**3.** *fam* [femme] : **sa sœur est un vrai ~!** his sister looks like the back of a bus *Br* OU a Mack truck *Am*! -**4.** [doigt] fat finger.

boudiné, e [budine] *adj* [doigt, main] podgy *Br*, pudgy *Am*; **je me sens ~e dans cette robe** this dress is too tight for me.

boudiner [3] [budine] *vt* -**1.** [suj: vêtement] : **cette jupe la boudine** *fam* that skirt makes her look fat; **il a l'air boudiné dans ses vêtements** he looks as though his clothes were a size too small. -**2.** INDUST [fil de métal] to coil; TEXT to rove; [tuyau] to extrude.

◆ **se boudiner** *vp* (*emploi réfléchi*): **se ~ dans une jupe** to squeeze o.s. into a skirt (that is too tight).

boudoir [budwar] *nm* -**1.** [pièce] boudoir. -**2.** [biscuit] sponge finger *Br*, ladyfinger *Am*.

boue [bu] *nf* -**1.** [terre détrempée] mud; **couvert de ~** muddy. -**2.** [dépôt] sludge; **~s activées** MÉD activated sludge.

bouée [bwe] *nf* -**1.** [en mer] buoy; **~ d'amarrage** mooring buoy; **~ de corps-mort** anchor buoy. -**2.** [pour nager] rubber ring; **~ de sauvetage** lifebelt, lifebuoy; **il s'est raccroché à elle comme à une ~ de sauvetage** he hung onto her as if his life depended on it.

boueux, euse [buø, øz] *adj* -**1.** [sale - trottoir] muddy; [- tapis] mud-stained. -**2.** IMPR smudged.

◆ **boueux** *fam nm* bin man *Br*, garbage collector *Am*.

bouffant, e [bufɑ̃, ɑ̃t] *adj* [cheveux] bouffant; [manche] puffed out.

bouffarde *fam* [bufard] *nf* pipe.

bouffe [buf] ◇ *nf fam* food, grub, nosh; **on se fait une ~?** shall we have a meal together?; **aimer la bonne ~** to like one's food.

◇ *adj*: **opéra ~** comic opera.

bouffée [bufe] *nf* -**1.** [exhalaison] puff; **envoyer des ~s de fumée** to puff (out) smoke; **tirer des ~s d'une pipe** to draw on one's pipe; **une ~ d'air** a puff OU a breath of wind; **une ~ d'air frais** *pr* & *fig* a breath of fresh air; **une ~ de parfum** a whiff of perfume; **des odeurs de cuisine m'arrivaient par ~s** the smell of cooking wafted over to me. -**2.** [accès] fit, outburst; **une ~ de colère** a fit of rage; **une ~ de tendresse** a sudden burst of tenderness ❑ **avoir des ~s de chaleur** MÉD to have hot flushes *Br* OU flashes *Am*; **~ délirante** PSYCH delirious fit.

bouffer [3] [bufe] ◇ *vt fam* -**1.** [manger] to eat; [manger voracement] to guzzle; **je l'aurais bouffé!** *fig* I could have killed him! || (*en usage abs*): **~ au restaurant** to eat out; **on a bien/mal bouffé** the food was great/lousy. -**2.** [gaspiller] to be heavy on, to soak up (*sép*); **~ de l'essence** to be heavy on petrol *Br* OU gas *Am*; **il a bouffé toute sa fortune** he spent all his money. -**3.** [accaparer] : **les enfants me bouffent tout mon temps** the kids take up every minute of my time; **tu te laisses ~ par ta mère** you're allowing your mother to dominate you. -**4.** *loc*: **~ du curé** to be a priest-hater; **~ du communiste** to be a commie-basher.

◇ *vi* [gonfler] to puff (out); **faire ~ ses manches** to puff out one's sleeves; **faire ~ ses cheveux** to make one's hair bouffant.

◆ **se bouffer** *fam vp (emploi réciproque)*: **se ~ le nez** [une fois] to have a go at one another; [constamment] to be at daggers drawn.

bouffetance ▽ [buftɑ̃s] = **bouffe** *nf*.

bouffi, e [bufi] *adj* [yeux] puffed-up, puffy; [visage] puffed-up, puffy, bloated; **les yeux ~s de sommeil** eyes swollen with sleep; **être ~ d'orgueil** *fig* to be bloated with pride ❑ **tu l'as dit, ~!** *fam* you said it!

◆ **bouffi** *nm* [hareng] bloater.

bouffir [32] [bufir] ◇ *vt* -**1.** [visage, yeux] to puff up. -**2.** [hareng] to bloat.

◇ *vi* to become swollen OU bloated, to puff up.

bouffissure [bufisyr] *nf* [d'un visage, d'un corps] puffy OU swollen OU turgid state; [d'un style] turgidness.

bouffon, onne [bufɔ̃, ɔn] *adj* [théâtre, scène] comical, farcical, satirical.

◆ **bouffon** *nm* buffoon; **le ~ du roi** HIST the king's jester.

bouffonnerie [bufɔnri] *nf* -**1.** [acte] antic, piece of buffoonery; [parole] farcical remark. -**2.** [caractère] buffoonery.

bougainvillée [bugɛ̃vile] *nf*, **bougainvillier** [bugɛ̃vilje] *nm* bougainvillaea.

bouge [buʒ] *nm* -**1.** [logement] hovel. -**2.** [café] cheap OU sleazy bar.

bougeoir [buʒwar] *nm* candleholder, candlestick.

bougeotte *fam* [buʒɔt] *nf* fidgets; **avoir la ~** [remuer] to have the fidgets; [voyager] to have itchy feet.

bouger [17] [buʒe] ◇ *vi* -**1.** [remuer] to move; **rien ne bouge** nothing's stirring; **j'ai une dent qui bouge** I have a loose tooth; **rester sans ~** to stay still; **ne bougeons plus!** hold it! -**2.** [se déplacer] to move; **je n'ai pas bougé de la maison** I never stirred from the house; **un métier où on bouge beaucoup** a job involving a lot of travel. -**3.** [se modifier - couleur d'un tissu] to fade; **les prix n'ont pas bougé** prices haven't changed OU altered. -**4.** [s'activer] to move, to stir; **les syndicats commencent à ~** the unions are on the move.

◇ *vt* to move, to shift.

◆ **se bouger** *fam vpi*: **si on se bougeait un peu?** come on, let's get moving OU a move on!; **tu ne t'es pas beaucoup bougé pour trouver un nouveau boulot** you didn't try very hard to find a new job.

bougie [buʒi] *nf* -**1.** [en cire] candle. -**2.** AUT sparking *Br* OU spark *Am* plug.

bougnat [buɲa] *nm in Paris, owner of a small café who also sold coal.*

bougnoul(e)▼ [buɲul] *nm racist term used with reference to North Africans.*

bougon, onne [bugɔ̃, ɔn] ◇ *adj* grouchy, grumpy.

◇ *nm, f* grumbler, grouch.

bougonnement [bugɔnmɑ̃] *nm* grouching, grumbling.

bougonner [3] [bugɔne] *vi* to grouch, to grumble.

bougonneur, euse [bugɔnœr, øz] ◇ *adj* grouchy, grumpy.

◇ *nm, f* grumbler, grouch.

bougre *fam* [bugr] *vieilli* ◇ *nm* -**1.** [homme] chap, fellow; **c'est un bon ~!** he's a good bloke *Br* OU guy *Am*!; **un pauvre ~** a poor devil OU bloke *Br* OU guy *Am*. -**2.** *péj*: **~ de**: **~ d'imbécile** OU **d'andouille!** you stupid idiot!

◇ *interj* -**1.** [marque la colère] damn, heck. -**2.** [marque la surprise] I'll be dashed, cripes.

bougrement *fam* [bugrəmɑ̃] *adv vieilli* damn, damned; **il fait ~ froid** it's damn cold.

bougresse *fam* [bugrɛs] *nf vieilli* [femme - malheureuse] wretched woman; [- méprisable] vixen; **elle sait s'y prendre, la ~!** [ton admiratif] that one certainly knows what she's about!

boui-boui *fam* [bwibwi] (*pl* **bouis-bouis**) *nm* [restaurant] caff *Br*, greasy spoon; **au ~ du coin** at the local caff.

bouif▽ [bwif] *nm* cobbler.

bouillabaisse [bujabɛs] *nf* bouillabaisse.

bouillant, e [bujɑ̃, ɑ̃t] *adj* -**1.** [qui bout] boiling; [très chaud] boiling hot; **j'aime boire mon café ~** I like my coffee to be boiling hot. -**2.** [ardent] fiery, passionate; **le ~ président de notre club** our fiery club president.

bouillasse *fam* [bujas] *nf* [boue] muck, mud; [de neige] slush.

bouille [buj] *nf* -**1.** *fam* [figure] face, mug; **il a une bonne ~** [sympathique] he looks a nice bloke *Br* OU guy *Am*. -**2.** *Helv* churn *Br*, milk pail *Am*.

bouilleur [bujœr] *nm* -**1.** [distillateur] distiller; **~ de cru** home distiller. -**2.** TECH [d'une chaudière] heating OU fire tube.

bouilli, e [buji] *adj* [eau, lait, viande] boiled.

◆ **bouilli** *nm* [viande] boiled meat; [bœuf] boiled beef.

◆ **bouillie** *nf* baby food OU cereal; **mettre qqn en ~e** *fig* to beat sb to a pulp ❑ **~e bordelaise** Bordeaux mixture; **avoir de la ~e dans la bouche** to mumble; **c'est de la ~e pour les chats** it's a dog's breakfast.

bouillir [48] [bujir] ◇ *vi* -**1.** [arriver à ébullition] to boil; **faire ~ de l'eau pour le thé** to boil water for tea; **faire ~ des légumes** to boil vegetables; **~ à gros bouillons** to boil hard OU fast; **faire ~ des instruments** to sterilize OU to boil instruments ❑ **faire ~ la marmite** to keep the pot boiling. -**2.** [s'irriter] to boil; **ça me fait ~** it makes my blood boil; **~ d'impatience/de colère** to seethe with impatience/anger.

◇ *vt* to boil; **~ du linge** to boil washing.

bouilloire [bujwar] *nf* kettle; **~ électrique** electric kettle.

bouillon [bujɔ̃] *nm* -**1.** CULIN broth, stock; **garder des restes pour faire du ~** to keep leftovers for the stockpot ❑ **~ gras/maigre** meat/clear stock; **~ Kub**® stock cube; **~ de légumes** vegetable stock; **~ de onze** OU **d'onze heures** poisoned drink; **boire** OU **prendre un ~** *fam* [en nageant] to swallow water; *fig* to take a big loss (of money). -**2.** BIOL: **~ de culture** *pr* culture medium; **ces quartiers sont un véritable ~ de culture pour la délinquance** *fig* these areas are a perfect breeding-ground for crime. -**3.** [remous]: **éteindre le feu dès le premier ~** turn off the heat as soon as it boils; **à gros ~s**: **couler à gros ~s** to gush out OU forth; **bouillir à gros ~s** to boil fast OU hard; **cuire à gros ~s** to bubble fiercely. -**4.** COUT puff. -**5.** PRESSE unsold copies.

bouillonnant, e [bujɔnɑ̃, ɑ̃t] *adj* bubbling, foaming, seething.

bouillonné [bujɔne] *nm* ruffle, ruffled border.

bouillonnement [bujɔnmɑ̃] *nm* bubbling, foaming, seething; **~ d'idées** ferment of ideas.

bouillonner [3] [bujɔne] *vi* -**1.** [liquide] to bubble; [source] to foam, to froth; **ils bouillonnent d'idées** *fig* they're full of ideas. -**2.** [s'agiter]: **~ d'impatience** to seethe with impatience.

bouillotte [bujɔt] *nf* hot-water bottle.

boul. *abr écrite de* **boulevard**.

boulange *fam* [bulɑ̃ʒ] *nf* [métier] bakery trade OU business; **il est dans la ~** he works as a baker.

boulanger, ère [bulɑ̃ʒe, ɛr] *nm, f* baker.

boulangerie [bulɑ̃ʒri] *nf* -**1.** [boutique] bakery, baker's (shop *Br* OU store *Am*); **~ pâtisserie** baker's and confectioner's, bread and cake shop. -**2.** [industrie] bakery trade OU business.

boulangisme [bulɑ̃ʒism] *nm 19th-century movement supporting General Boulanger.*

boulangiste [bulɑ̃ʒist] ◇ *adj* [mouvement, parti] of General Boulanger.

◇ *nmf* supporter of General Boulanger.

boule [bul] *nf* -**1.** [sphère] ball; **~ de billard** billiard ball; **il a le crâne comme une ~ de billard** he's (as) bald as a coot; **~ de cristal** crystal ball; **regarder dans sa ~ de cristal** to crystal-gaze; **~ de gomme** gumdrop; **~ de loto** lottery ball; **avoir les yeux en ~s de loto** [en permanence] to have eyes like saucers; [de surprise] to be wide-eyed; **~ de neige** snowball; **faire ~ de neige** *fig* to snowball; **une petite ~ de poils** [chaton] a little fluffy ball; **~ puante** stinkbomb; **~s Quiès**® *earplugs made of wax*; **avoir une ~ dans la gorge** to have a lump in one's OU to have a tight throat; **avoir une ~ sur l'estomac** to have a heavy stomach. -**2.** JEUX: **~ (de pétanque)** *steel bowl used in playing boules*; **jouer aux ~s** to play boules *(popular French game played on bare ground with steel bowls which are thrown rather than rolled)*; **jeu de ~s** game of bowls. -**3.** *Belg* [bonbon] boiled sweet.

◆ **boules** *fam nfpl*: **avoir les ~s** [être effrayé] to be scared stiff; [être furieux] to be furious; [être déprimé] to be feeling down; **tu me fous les ~s** [tu me fais peur] you're scaring me; [tu me déprimes] you're really getting me down.

◆ **en boule** ◇ *loc adj fam* [en colère]: **être en ~** to be mad OU livid; **ça me met en ~** it makes me mad OU livid.

◇ *loc adv* [en rond]: **se mettre en ~** to curl up into a ball.

bouleau, x [bulo] *nm* -**1.** BOT birch; **~ argenté** silver birch. -**2.** [bois] birch.

boule-de-neige [buldənɛʒ] (*pl* **boules-de-neige**) *nf* BOT [arbuste] guelder rose.

bouledogue [buldɔg] *nm* bulldog.

bouler [3] [bule] *vi* to roll along; **~ au bas de l'escalier** to tumble down the stairs.

boulet [bulɛ] *nm* -**1.** ARM cannonball; [de prisonnier] ball (and chain); **arriver comme un ~ dans une pièce** to come crashing into a room; **tirer à ~s rouges sur qqn** to lay into sb. -**2.** MIN (coal) nut. -**3.** ZOOL fetlock.

boulette [bulɛt] *nf* -**1.** CULIN: **~ (de viande)** meatball; **~ (pour chien)** croquette; **~ empoisonnée** poison ball. -**2.** [de papier] pellet. -**3.** *fam* [erreur] blunder, blooper *Am*; **faire une ~** to blunder, to goof *Am*.

boulevard [bulvar] *nm* boulevard; [à Paris]: **les grands ~s** the main boulevards *(with many theatres, restaurants and night clubs)*; **les ~s extérieurs** OU **des maréchaux** the outer boulevards *(following the old town wall)*; **les ~s intérieurs** the (Paris) inner ring road *Br* OU beltway *Am*; **le ~ des Italiens** *boulevard in Paris where the offices of 'Le Monde' used to be*; **le ~ périphérique** the (Paris) ring road *Br* OU beltway *Am*.

◆ **de boulevard** *loc adj* THÉÂT: **pièce de ~** light comedy.

bouleversant, e [bulvɛrsɑ̃, ɑ̃t] *adj* upsetting, distressing; **témoignage ~** deeply moving testimony.

bouleversement [bulvɛrsəmɑ̃] *nm* disruption, upset; **son divorce a été un grand ~ dans sa vie** his divorce drastically changed OU was a great upheaval in his life; **le ~ de toutes mes habitudes** the disruption of my entire routine; **des ~s politiques** political upheavals.

bouleverser [3] [bulvɛrse] *vt* -**1.** [émouvoir] to move deeply; **bouleversé par la naissance de son fils** deeply moved by his son's birth; **bouleversé par la souffrance des prisonniers** distressed OU profoundly upset by the prisoners' suffering; **bouleversé par la mort de son ami** shattered by the death of his friend. -**2.** [désorganiser - maison, tiroir] to turn upside down; [- habitudes, vie, plan] to turn upside down, to disrupt, to change drastically.

boulier [bulje] *nm* abacus.

boulimie [bulimi] *nf* compulsive eating, bulimia *spéc*; **être atteint de ~, faire de la ~** to be a compulsive eater.

boulimique [bulimik] *adj* & *nmf* bulimic.

boulin [bulɛ̃] *nm* putlog.

boulingrin [bulɛ̃grɛ̃] *nm* lawn *(in a formal garden)*.

boulisme [bulism] *nm* boules.

bouliste [bulist] *nmf* boules player.

boulle [bul] *nm inv* Boulle furniture.

boulochage [bulɔʃaʒ] *nm* pilling.

boulocher [3] [bulɔʃe] *vi* to pill.

boulodrome [bulɔdrom] *nm* bowling alley.

Boulogne-Billancourt [bulɔɲbijɑ̃kur] *npr town in the Paris suburbs, former site of the Renault car factories.*

boulomane [bulɔman] *nmf person who loves playing boules.*

boulon [bulɔ̃] *nm* bolt; ~ **avec écrou** nut and bolt; ~ **à vis** screw bolt; **serrer les ~s** *fam fig* [être strict sur la discipline, le budget] to tighten the screws; **il lui manque un ~, à ce type!** *fam* this guy's got a screw loose!

boulonnage [bulɔnaʒ] *nm* bolting (on).

boulonner [3] [bulɔne] ◇ *vt* to bolt (on).
◇ *vi* *fam* to work, to plug away; **il boulonne dur** he works really hard.

boulonnerie [bulɔnri] *nf* -**1.** [fabrique] nut and bolt manufacture. -**2.** [dans une quincaillerie] nut and bolt section.

boulot¹ *fam* [bulo] *nm* -**1.** [fait de travailler]: **le ~** work ❑ ~ ~ *péj*: **elle est très ~ ~** she's a workaholic. -**2.** [ouvrage réalisé] piece of work, job; **il s'est coupé les cheveux tout seul, t'aurais vu le ~!** he cut his own hair, you should have seen the mess! -**3.** [travail à faire]: **du ~** a lot of work; **il y a encore du ~ dessus!** it needs loads more work on it! -**4.** [emploi, poste] job; **un petit ~** casual work *(U)*. -**5.** [lieu] work; **j'ai appelé le ~ pour dire que j'étais malade** I called in sick; **je déjeune au ~** I have lunch at work.
◆ **au boulot** *fam loc interj* get cracking; **tout le monde au ~!** come on everybody, let's get cracking!

boulot², **otte** *fam* [bulo, ɔt] *adj* plump, tubby; **une petite bonne femme ~te** a tubby little woman.

boulotter *fam* [3] [bulɔte] ◇ *vt* [manger] to scoff; **il a boulotté tous les gâteaux** he scoffed all the cakes || *(en usage abs)*: **elle n'arrête pas de ~** she just won't stop eating.
◇ *vi* [travailler] *vieilli* to work, to slave away; **il a passé sa vie à ~** he spent his life slaving away.

boum [bum] ◇ *interj* bang; **faire ~** to go bang; **ça a fait ~!** [attentat] it went bang!; [ballon] it went pop!
◇ *nm* -**1.** [bruit] bang; **il y a eu un grand ~ et tout s'est effondré** there was a loud bang and everything collapsed. -**2.** *fam* [succès]: **le ~ des télécopieurs** the fax boom; **faire un ~** to be a great success story OU a runaway success ❑ **être en plein ~** [dans une boutique, une entreprise] to have a rush on; [dans des préparations] to be rushed off one's feet, to be very busy.
◇ *nf* *fam* party *(for teenagers)*.

boumer *fam* [3] [bume] *vi*: **alors, ça boume?** so, how's tricks?; **ça boume pas très fort pour lui** he's having a rough time of it; **ça boume!** things are (going) fine!

bouquet [bukɛ] *nm* -**1.** [fleurs - gén] bunch; [- grand, décoratif] bouquet; [- petit] sprig, spray; **le ~ de la mariée** the wedding OU bride's bouquet. -**2.** [groupe - d'arbres] clump, cluster. -**3.** [dans un feu d'artifice] crowning OU final piece, the (grand) finale; **alors ça, c'est le ~!** *fam* that's the limit!, that takes the biscuit *Br* OU cake *Am*! -**4.** CULIN: ~ **garni** bouquet garni. -**5.** ŒNOL bouquet, nose. -**6.** ZOOL (common) prawn.

bouqueté, e [bukte] *adj* ŒNOL with a good bouquet OU nose.

bouquetière [buktjɛr] *nf* flower girl.

bouquetin [buktɛ̃] *nm* ibex.

bouquin [bukɛ̃] *nm* -**1.** *fam* [livre] book. -**2.** [lapin] buck rabbit; [lièvre] male. -**3.** [bouc] (old) billy-goat.

bouquiner *fam* [3] [bukine] *vt* & *vi* to read.

bouquiniste [bukinist] *nmf* secondhand bookseller.

LES BOUQUINISTES:
In Paris, this term can refer specifically to the people who sell books, prints, cards etc from small wooden or metal stalls fixed to the top of the wall running along the banks of the Seine.

---

bourbe [burb] *nf* [gén] mud, mire *litt*; [dans l'eau] sludge.

bourbeux, euse [burbø, øz] *adj* muddy, miry; **eau bourbeuse** muddy OU sludgy water.

bourbier [burbje] *nm* -**1.** [marécage] bog, marsh, slough. -**2.** *fig* [situation difficile] mess; **se tirer d'un ~** to extricate o.s. from a mess.

bourbon [burbɔ̃] *nm* bourbon.

Bourbon [burbɔ̃] *npr* Bourbon.

bourbonien, enne [burbɔnjɛ̃, ɛn] *adj* of the Bourbon dynasty.

bourdaine [burdɛn] *nf* alder buckthorn.

bourde *fam* [burd] *nf* -**1.** [bêtise] blunder, bloomer *Br*, blooper *Am*; **faire une ~** [gaffer] to blunder, to put one's foot in it; [faire une erreur] to make a mistake, to mess things up, to goof (up) *Am*. -**2.** *vieilli* [mensonge] fib; **raconter des ~s** to tell fibs.

bourdon [burdɔ̃] *nm* -**1.** ZOOL bumblebee, humblebee; **faux ~** drone. -**2.** MUS [jeu d'orgue] bourdon; [son de basse] drone. -**3.** [cloche] great bell. -**4.** IMPR omission, out. -**5.** [bâton] pilgrim's staff. -**6.** *loc*: **avoir le ~** *fam* to feel down, to be down in the dumps.

bourdonnant, e [burdɔnɑ̃, ɑ̃t] *adj* [ruche, insecte] humming, buzzing, droning.

bourdonnement [burdɔnmɑ̃] *nm* [vrombissement - d'un insecte, d'une voix] hum, buzz, drone; [- d'un ventilateur, d'un moteur] hum, drone; **avoir un ~ dans les oreilles** to have a ringing in one's ears.

bourdonner [3] [burdɔne] *vi* [insecte, voix] to hum, to buzz, to drone; [moteur] to hum; [oreille] to ring; [lieu] to buzz; **la salle bourdonnait du bruit des conversations** the room was buzzing with the sound of conversations.

bourg [bur] *nm* (market) town; **aller au ~** to go (up) to town.

bourgade [burgad] *nf* (large) village, small town.

bourge *fam* [burʒ] *adj péj* upper-class.

bourgeois, e [burʒwa, az] ◇ *adj* -**1.** [dans le marxisme] of the bourgeoisie, bourgeois. -**2.** [en sociologie non marxiste] middle-class. -**3.** *souvent péj* [caractéristique de la bourgeoisie]: **goûts ~** philistinism *péj*; **presse ~e** bourgeois OU capitalist press. -**4.** [confortable, aisé]: **intérieur ~** comfortable middle-class home; **quartier ~** comfortable residential area || CULIN: **cuisine ~e** good plain home cooking.
◇ *nm, f* -**1.** [dans le marxisme] bourgeois. -**2.** [en sociologie non marxiste] member of the middle class; **grand ~** member of the upper middle class. -**3.** HIST [au Moyen Âge] burgher; **'les Bourgeois de Calais'** *Rodin* 'The Burghers of Calais' || [avant la Révolution] member of the third estate. -**4.** *Helv* [citoyen] citizen; **les ~** the townspeople. -**5.** *péj* [béotien] Philistine.
◆ **bourgeoise** *fam nf*: **ma ~e** my old lady, the wife *Br*.
◆ **en bourgeois** *loc adv* *vieilli*: **habillé en ~** out of uniform, (dressed) in civvies.

bourgeoisement [burʒwazmɑ̃] *adv* -**1.** [conventionnellement] conventionally, respectably; **vivre ~** to lead a respectable life; **maison meublée ~** comfortably furnished house. -**2.** JUR: **occuper ~ un local** to use a premises for residential purposes only.

bourgeoisial [burʒwazjal] *adj Helv* town *(modif)*.

bourgeoisie [burʒwazi] *nf* -**1.** [dans le marxisme] bourgeoisie; **la petite ~** the petty bourgeoisie. -**2.** [classe aisée, professions libérales] middle class; **la petite/moyenne ~** the lower middle/the middle class; **la grande** OU **haute ~** the upper middle class. -**3.** HIST [au Moyen Âge] burghers; [avant la Révolution] bourgeoisie, third estate. -**4.** *Helv* [citoyenneté] citizenship.

bourgeon [burʒɔ̃] *nm* -**1.** BOT bud. -**2.** MÉD bud; **~s du goût** taste buds; **~s charnus** exuberant granulation.

bourgeonnement [burʒɔnmɑ̃] *nm* BOT budding.

bourgeonner [3] [burʒɔne] *vi* -**1.** BOT to bud. -**2.** [visage, nez] to break out in spots.

bourgmestre [burgmɛstr] *nm Belg* & *Helv* burgomaster.

bourgogne [burgɔɲ] *nm* Burgundy (wine).

Bourgogne [burgɔɲ] *npr f*: **(la) ~** Burgundy.

bourguignon, onne [burgiɲɔ̃, ɔn] *adj* -**1.** GÉOG & HIST Burgundian. -**2.** CULIN [sauce] bourguignonne.
◆ **Bourguignon, onne** *nm, f* -**1.** GÉOG Burgundian. -**2.** HIST: **les Bourguignons** the supporters of the Dukes of Burgundy *(in the Hundred Years War)*.
◆ **bourguignon** *nm* LING Burgundy dialect.
◆ **bourguignonne** *nf* -**1.** [bouteille] Burgundy wine bottle. -**2.** CULIN: **à la ~ne** with a bourguignonne sauce, cooked in red wine.

bourlinguer [3] [burlɛ̃ge] *vi* -**1.** [voyager par mer] to sail (around). -**2.** *fam* [se déplacer] to kick about; **elle a bourlingué dans le monde entier** she's been all over the world. -**3.** NAUT to labour.

bourlingueur, euse [burlɛ̃gœr, øz] *nm, f* -**1.** [marin] old salt. -**2.** *fam* [aventurier] wanderer, rover; **c'est un ~** he's always on the move.

bourrache [buraʃ] *nf* borage.

bourrade [burad] *nf* push, shove; **donner une ~ amicale à qqn** to give sb a friendly shove; **repousser qqn d'une ~** to shove sb away; **une ~ dans les côtes** a poke OU dig in the ribs.

bourrage [buraʒ] *nm* -**1.** [remplissage - d'un coussin] stuffing; [- d'une chaise] filling, padding; [- d'une pipe, d'un poêle] filling; **~ de crâne** *fam* [propagande] brainwashing; SCOL cramming. -**2.** TECH: **~ (de cartes)** INF (card) jam; **~ du film** CIN piling up OU buckling of the film.

bourrasque [burask] *nf* -**1.** [coup de vent] squall, gust OU blast (of wind); **souffler en ~** to blow in gusts, to gust. -**2.** [incident] storm, crisis; **sous la ~** in the midst of the crisis OU storm.

bourratif, ive *fam* [buratif, iv] *adj* filling, stodgy *péj*; **des aliments ~s** stodge *péj*.

bourre¹ [bur] *nm arg crime* cop; **les ~s** the cops, the fuzz.

bourre² [bur] *nf* -**1.** [rembourrage] filling, stuffing, wadding. -**2.** TEXT flock; **~ de laine** [déchet] flock of wool; [rembourrage] flock wool; **~ de papier** fluff; **~ de soie** flock OU floss OU waste silk. -**3.** BOT down. -**4.** ARM wad. -**5.** *loc*: **bonne ~!**▼ hope you get your oats!
◆ **à la bourre** *fam loc adv*: **être à la ~** to be in a rush; **on est toujours à la ~** life's hectic.

bourré, e¹▽ [bure] *adj* pissed *Br*, bombed *Am*.

bourreau, x [buro] *nm* -**1.** [exécuteur - gén] executioner; [- qui pend] hangman. -**2.** [tortionnaire] torturer; **~ d'enfant** child beater; **~ des cœurs** heartbreaker; **~ de travail** workaholic.

bourrée² [bure] *nf* DANSE bourrée.

bourrelé, e [burle] *adj*: **~ de remords** full of remorse, racked with guilt.

bourrèlement [burɛlmɑ̃] *nm litt* anguish, torment.

bourrelet [burlɛ] *nm* -**1.** [isolant] weather strip, draught excluder *Br*. -**2.** [de graisse] fold; **~ de chair** roll of flesh; **des ~s autour de la taille** a spare tyre.

bourrelier [burəlje] *nm* saddler.

bourrellerie [burɛlri] *nf* saddlery.

bourrer [3] [bure] ◇ *vt* -**1.** [rembourrer] to fill, to stuff. -**2.** [remplir - pipe] to fill; [- poche] to fill, to cram, to stuff; [- valise, tiroir] to cram (full), to pack tightly; **~ un poêle de papier, ~ du papier dans un poêle** to cram a stove full of paper; **un texte bourré de fautes** a text full of OU riddled with mistakes ❑ **~ le crâne** OU **le mou à qqn** *fam* to have *Br* OU to put *Am* sb on;

~ les urnes to rig the vote *(by producing large numbers of false ballot papers)*. -**3.** [gaver - suj: aliment] to fill up; ~ **qqn de** to cram OU to stuff sb with; **tu le bourres de sucreries/principes surannés** you're stuffing him full of sweets/outmoded principles || *(en usage abs)*: **les bananes, ça bourre** bananas are very filling OU fill you up. -**4.** [frapper]: ~ **la gueule à qqn**▽ to kick sb's head OU teeth in; ~ **qqn de coups** to beat sb (up).

◇ *vi* -**1.** *fam* [se hâter] to hurry; **allez, bourrez un peu!** come on, get a move on! -**2.** CHASSE [lièvre] to snap at.

◆ **se bourrer** *vp (emploi réfléchi)* -**1.** *fam* [manger] to stuff o.s. OU one's face; **se ~ de** to stuff one's face with. -**2.** ▽ *loc*: **se ~ la gueule** to get pissed *Br* OU bombed *Am*.

bourriche [buriʃ] *nf* -**1.** [panier] hamper, wicker case. -**2.** PÊCHE [filet] keepnet.

bourrichon *fam* [buriʃɔ̃] *nm*: **monter le ~ à qqn** to have *Br* OU to put *Am* sb on; **se monter le ~** to get (all) worked up OU excited; **elle s'était monté le ~** she'd imagined all sorts of things.

bourricot [buriko] *nm* donkey, burro *Am*.

bourride [burid] *nf* bourride *(fish stew with garlic mayonnaise)*.

bourrin *fam* [burɛ̃] *nm* (old) nag.

bourrique *fam* [burik] *nf* -**1.** ZOOL donkey. -**2.** [personne obstinée] pig-headed individual; **elle ne voudra pas, la ~!** she's so pig-headed she won't want to! -**3.** *loc*: **faire tourner qqn en ~** to drive sb crazy OU up the wall.

bourru, e [bury] *adj* -**1.** [rude - personne, manières] gruff, rough. -**2.** TEXT rough. -**3.** [jeune - vin] fermented; [- lait] raw.

bourse [burs] *nf* -**1.** [porte-monnaie] purse; **avoir la ~ bien garnie** to have a well-lined purse; **faire ~ commune** to pool one's money; **faire ~ à part** to keep one's money separate; **sans ~ délier** without paying a penny OU cent *Am*; **la ~ ou la vie!** stand and deliver!, your money or your life!; **ouvrir sa ~** to put one's hand in one's pocket; **ouvrir sa ~ à qqn** to lend sb money. -**2.** [allocation] scholarship, grant; **avoir une ~** to be on OU to have a grant.

◆ **bourses** *nfpl* scrotum.

Bourse [burs] *nf* -**1.** [marché] stock exchange, stock market; **la ~ de Londres** the London Stock Exchange; **la ~ de Paris** the Paris Bourse OU Stock Exchange ❑ ~ **du commerce** OU **de marchandises** commodity exchange; ~ **maritime** OU **des frets** shipping exchange; ~ **du travail** *trade union meeting place*, ≃ trades' council *Br*; ~ **des valeurs** stock exchange; **coup de ~** spectacular deal on the stock exchange. -**2.** [cours] market; **la ~ est calme/animée/en hausse** the market is quiet/is lively/has risen.

◆ **à la Bourse, en Bourse** *loc adv* on the stock exchange OU market; **jouer à la** OU **en ~** to speculate on the stock exchange OU market.

boursicotage [bursikɔtaʒ] *nm* dabbling (on the stock exchange).

boursicoter [3] [bursikɔte] *vi* to dabble (on the stock exchange).

boursicoteur, euse [bursikɔtœr, øz] *nm, f* small investor; **il était ~ à ses heures** he used to dabble from time to time on the stock exchange.

boursier, ère [bursje, ɛr] ◇ *adj* -**1.** UNIV & SCOL: **un étudiant ~** a grant OU scholarship holder. -**2.** [de la Bourse] stock exchange *(modif)*, (stock) market *(modif)*.

◇ *nm, f* -**1.** UNIV & SCOL grant OU scholarship holder; **les boursiers doivent remplir le formulaire ci-joint** students who receive a grant OU scholarship should fill in the accompanying form. -**2.** BOURSE operator.

boursouflage [bursuflaʒ] *nm* [gonflement - du visage] swelling, puffiness; [- de la peinture] blistering.

boursouflé, e [bursufle] *adj* -**1.** [gonflé - visage] swollen, puffy; [- peinture] blistered; [- plaie] swollen. -**2.** [ampoulé] bombastic, pompous, turgid.

boursouflement [bursufləmɑ̃] = **boursouflage**.

boursoufler [3] [bursufle] *vt* [gonfler - visage] to swell, to puff up *(sép)*; [- peinture] to blister.

◆ **se boursoufler** *vpi* [visage] to become swollen OU puffy; [peinture] to blister; [surface] to swell (up).

boursouflure [bursuflyr] *nf* -**1.** [bouffissure] puffiness; [cloque] blister. -**2.** [emphase] pomposity, turgidity.

bousculade [buskylad] *nf* -**1.** [agitation] crush, pushing and shoving; **pas de ~** no jostling OU shoving; **une ~ vers la sortie** a scramble OU stampede towards the exit; **j'ai perdu mon parapluie dans la ~** I lost my umbrella in the confusion. -**2.** *fam* [précipitation] rush; **ça a été la ~ toute la journée** it's been one mad rush all day (long).

bousculer [3] [buskyle] *vt* -**1.** [pousser - voyageur, passant] to jostle, to push, to shove; [- chaise, table] to bump OU to knock into; **il l'a bousculée au passage** he gave her a shove OU push as he went past. -**2.** *fig* [changer brutalement] to upset, to turn on its head, to turn upside down; ~ **les traditions** to turn tradition on its head, to upset tradition; ~ **les habitudes de qqn** to upset sb's routine. -**3.** [presser] to rush, to hurry; **j'ai été très bousculé** I've had a lot to do OU a very busy time; **laisse-moi le temps de réfléchir, ne me bouscule pas** don't rush me, I need time to think.

◆ **se bousculer** *vpi* -**1.** [dans une cohue] to jostle, to push and shove; **tout le monde se bousculait pour arriver à la caisse** everybody was shoving to get to the cash desk. -**2.** [affluer] to rush; **les idées se bousculaient dans sa tête** his head was a jumble of thoughts; **on se bouscule pour aller voir l'exposition** there's a rush to see the new exhibition; **on se bouscule pour avoir son livre** everybody's clamouring for his book; **ne vous bousculez surtout pas pour m'aider** *iron* don't all rush to help me at once, will you? ❑ **ça se bouscule au portillon!** *fam* [il y a affluence] there's a huge crowd trying to get in!; **ça ne se bouscule pas au portillon** *iron* people aren't exactly turning up in droves.

bouse [buz] *nf* -**1.** [matière] cow dung. -**2.** [motte] cowpat.

bouseux, euse ▽ [buzø, øz] *nm, f péj* yokel, country bumpkin, hick *Am*; **les ~ du coin** the local yokels *hum*.

bousier [buzje] *nm* dung beetle.

bousillage [buzijaʒ] *nm* -**1.** *fam* [gâchis] botch, botch-up, sloppy work. -**2.** CONSTR cob.

bousiller *fam* [3] [buzije] *vt* -**1.** [mal faire] to bungle, to botch (up). -**2.** [casser] to bust, to wreck; **ma montre est bousillée** my watch is bust || [gâcher] to spoil, to ruin; **tu as tout bousillé** you've spoilt it all OU ruined the whole thing. -**3.** ▽ [tuer] to bump off *(sép)*, to do in *(sép)*, to waste; **ils se sont tous fait ~** they all got wasted.

◆ **se bousiller** *fam vpt*: **se ~ les yeux/la santé** to ruin one's eyes/health.

bousilleur, euse *fam* [buzijœr, øz] *nm, f* botcher, bungler.

boussole [busɔl] *nf* -**1.** [instrument] compass. -**2.** *loc*: **perdre la ~** *fam*: **il a complètement perdu la ~** [vieillard] he's lost his marbles, he's gone gaga; [fou] he's off his head OU rocker; **il s'agit de ne pas perdre la ~** let's keep our wits about us OU our head.

boustifaille▽ [bustifaj] *nf* grub, nosh *Br*, chow *Am*.

bout [bu] *nm* -**1.** [extrémité - d'un couteau, d'un crayon] tip; [- d'une botte, d'une chaussette] toe; **le ~ de la table** the end of the table; **le ~ est arrondi** it's got a round tip; **à ~s ronds** round-tipped; **à ~s carrés** square-tipped; **tiens bien ton ~, je tire** hold on to your end while I pull ❑ ~ **du doigt** fingertip, tip of the finger; ~ **du nez** tip of the nose; ~ **du sein** nipple; ~ **filtre** filter tip; **à ~ filtre** filter-tipped; **le bon ~: prendre qqch par le bon ~** to get hold of sthg the right way round; **prendre qqn par le bon ~** to approach sb the right way; **tenir le bon ~: plus que 40 pages à écrire, je tiens le bon ~** only another 40 pages to write, I can see the light at the end of the tunnel; **je ne sais pas par quel ~ le prendre** [collègue, parent] I don't know how to handle OU to approach him; [article, travail] I don't know how to tackle OU to approach it; **aborder** OU **considérer** OU **voir les choses par le petit ~ de la lorgnette** to take a narrow view of things; **il n'a pas montré le ~ de son nez** he never showed his face; **montrer le ~ de l'oreille** to show o.s. in one's true colours; **s'asseoir du ~ des fesses** *fam* to sit down gingerly; **rester au ~ de la plume: le mot est resté au ~ de ma plume** I didn't write the word in the end; **la conclusion a dû rester au ~ de sa plume** he must have forgotten to put in the conclusion; **s'en aller par tous les ~s** *fam* to fall OU to come to pieces; **en voir le ~: enfin, on en voit le ~** at last, we're beginning to see the light at the end of the tunnel; **on n'en voit pas le ~** there's no end to it. -**2.** [extrémité - d'un espace] end; **au ~ de la rue** at the bottom OU end of the road; **leur couple est arrivé au ~ du chemin** *fig* the two of them have come to the end of the road; **le ~ du tunnel** the end of the tunnel; **qu'y a-t-il au ~ du tunnel?** *fig* what will be the outcome of all this? ❑ **le ~ du monde** the end of the world; **j'irais jusqu'au ~ du monde avec toi** *fig* I'd follow you to the end OU ends of the earth; **ce n'est pas le ~ du monde** it's not the end of the world; **ce serait bien le ~ du monde si ça prenait plus de deux jours** it'll take two days at the very most. -**3.** [portion de temps]: **un ~ de temps** a while; **ça fait un bon ~ de temps de ça** *fam* it was quite a long time ago OU a while back; **il faudra attendre un bon ~ de temps** you'll have to wait for quite some time. -**4.** [morceau]: ~ **de** bit OU piece OU scrap of; **un ~ de pain/bois** a piece of bread/wood; **un ~ de papier** a scrap of paper; **un ~ de terrain** a small piece of land; **un vieux ~ de chewing-gum** an old piece of chewing gum; **un ~ de ciel bleu** a patch of blue sky; **donne-m'en un ~** give me some OU a piece OU a bit; **un (petit) ~ d'homme/de femme** *fam* a little man/woman ❑ ~ **de chou** OU **zan** *fam* [enfant] toddler; [en appellatif] sweetie, poppet *Br*; ~ **d'essai** screen test; **un ~ de rôle** THÉÂT & CIN a walk-on OU bit part; **ça fait un bon ~ de chemin** it's quite some OU a way; **faire un ~ de chemin avec qqn** to go part of the way with sb; **faire un ~ de conduite à qqn** to walk sb back part of the way; **discuter** OU **tailler le ~ de gras** *fam* to chew the fat; **mettre les ~s**▽ to make o.s. scarce; **la vie avec lui était intolérable, alors elle a mis les ~s** life with him was intolerable, so she did a bunk *Br* OU she split *Am*. -**5.** NAUT: **être ~ au vent** to be head to the wind.

◆ **à bout** *loc adv*: **être à ~** to be at the end of one's tether; **ma patience est à ~!** I've run out of patience!; **mettre** OU **pousser qqn à ~** to push sb to the limit; **ne me pousse pas à ~!** don't push me (too far)!

◆ **à bout de** *loc prép* -**1.** **à ~ de bras: porter un paquet à ~ de bras** to carry a parcel (in one's outstretched arms); **porter qqn/une entreprise à ~ de bras** *fig* to carry sb/a business. -**2.** **être à ~ de** [ne plus avoir de]: **être à ~ d'arguments** to have run out of arguments; **être à ~ de forces: il est à ~ de forces** [physiquement] he's got no strength left in him; [psychologiquement] he can't cope any more; **être à ~ de nerfs** to be on the verge of a breakdown; **être à ~ de patience** to have run out of patience; **être à ~ de souffle** to be out of breath; **le gouvernement est à ~ de souffle** the government's on its last legs; **'À ~ de souffle'** *Godard* 'Breathless'. -**3.** **venir à ~ de** [adversaire, obstacle] to overcome; [travail] to see the end of; **je ne suis pas venu à ~ de ces taches** I couldn't get rid of these stains.

◆ **à bout portant** *loc adv* ARM point-blank; **tirer (sur qqn/qqch) à ~ portant** to shoot (sb/sthg) at point-blank range.

◆ **à tout bout de champ** *loc adv* all the time, non-stop; **elle me pose des questions à tout ~ de champ** she never stops asking me questions; **on cite son nom à tout ~ de champ** her name is constantly being quoted.

◆ **au bout de** *loc prép* -**1.** [après]: **au ~ d'un moment** after a while; **au ~ d'une heure** after an hour. -**2.** [à la fin de]: **j'arrive au ~ de mon contrat** my contract's nearly up; **le succès est au ~ de nos efforts** our efforts will lead to success; **pas encore au ~ de ses peines** not yet out of the woods ❑ **au ~ du compte** at the end of the day, in the end; **être au ~ de son** OU **du rouleau** [épuisé] to be completely washed out; [presque mort] to be at death's door.

◆ **bout à bout** *loc adv* end to end; **disposez les montants ~ à ~ avant de les assembler** lay the struts end to end before assembling; **un ramassis de citations mises ~ à ~** a whole mishmash of quotations.

◆ **de bout en bout** *loc adv* [lire] from cover to cover; **parcourir un couloir de ~ en ~** to pace up and down a corridor; **tu as raison de ~ en ~** you're completely OU totally right; **elle a mené la course de ~ en ~** she led the race from start to finish.

◆ **du bout des lèvres** *loc adv* [accepter, accorder] reluctantly, half-heartedly.

◆ **d'un bout à l'autre** *loc adv*: **la pièce est drôle d'un ~ à l'autre** the play's hilarious from beginning to end OU from start to finish; **il m'a contredit d'un ~ à l'autre** he contradicted me all the way.

◆ **d'un bout de... à l'autre** *loc adv*: **d'un ~ de l'année à l'autre** all year round; **d'un ~ à l'autre du pays, les militants s'organisent** (right) throughout the country, the militants are organizing themselves.

◆ **en bout de** *loc prép* at the end of; **en ~ de course** at the end of the race; **le régime est en ~ de course** *fig* the regime is running out of steam; **en ~ de piste** at the end of the runway.

◆ **sur le bout de la langue** *loc adv* on the tip of one's tongue.

◆ **sur le bout des doigts** *loc adv* [connaître, savoir] perfectly, by heart; **il connaît** OU **sait ses verbes sur le ~ des doigts** he knows his verbs off pat *Br* OU down pat *Am*; **je connais la ville sur le ~ des doigts** I know the city like the back of my hand.

boutade [butad] *nf* [plaisanterie] joke, sally; **faire une ~** to make OU to crack a joke; **c'est une ~?** you're joking!; **c'était une ~!** (I was) only joking!; **s'en tirer par une ~** to joke one's way out of it.

bout-dehors [budəɔr] (*pl* **bouts-dehors**) *nm* boom NAUT.

boute-en-train [butɑ̃trɛ̃] *nm inv* [amuseur] funny man, joker; **le ~ de la bande** the life and soul of the group.

boutefas [butfa] *nm Helv* pork sausage.

boutefeu, x [butfø] *nm* -**1.** MIL shot firer. -**2.** *vieilli* troublemaker.

bouteille [butɛj] *nf* -**1.** [récipient - pour un liquide] bottle; [- pour un gaz] bottle, cylinder; **une ~ de vin** [récipient] a wine bottle; **un casier à ~s** a bottle rack ❑ **~ Thermos®** Thermos® (flask *Br* OU bottle *Am*); **avoir de la ~** to be an old hand; **prendre de la ~** *fam* to be getting OU knocking *Br* on a bit; **elle prend de la ~** she's not getting any younger, she's getting on a bit; **c'est la ~ à l'encre** the whole thing's a muddle; **jeter** OU **lancer une ~ à la mer** *pr* to send a message in a bottle; *fig* to send out an S.O.S. -**2.** [contenu] bottle, bottleful; **boire une ~ de rouge** to drink a bottle of red wine; **vendu en litres ou en ~s** sold in litres or in (75 cl) bottles; **boire une bonne ~** to drink a good bottle of wine ❑ **être porté sur** OU **aimer** OU **caresser la ~** to like one's drink. -**3.** *(comme adj inv)*: **vert ~** bottle-green.

◆ **bouteilles** *nfpl* NAUT heads, toilets.

◆ **en bouteille** ◇ *loc adj* [gaz, vin] bottled.

◇ *loc adv*: **mettre du vin en ~** to bottle wine; *vieilli* **en ~** aged in bottle.

bouteillerie [butɛjri] *nf* [usine] bottle factory; [fabrication] bottle industry.

bouteillon [butɛjɔ̃] *nm* dixie.

bouter [3] [bute] *vt litt* to drive OU to chase out *(sép)*.

bouteur [butœr] *nm* [engin] bulldozer.

boutique [butik] *nf* -**1.** [magasin] shop *Br*, store *Am*; **~ de mode** boutique; **~ franche** duty-free shop; **tenir ~** to have a shop ❑ **parler ~** to talk shop. -**2.** *fam* [lieu de travail] place, hole, dump; **j'en ai marre de cette ~!** I've had enough of this dump! ❑ **changer de ~** to get a new job.

boutiquier, ère [butikje, ɛr] *nm, f* shopkeeper *Br*, storekeeper *Am*.

boutoir [butwar] *nm* -**1.** ZOOL snout. -**2.** *loc*: **coup de ~** attack.

bouton [butɔ̃] *nm* -**1.** BOT bud; **~ d'œillet** carnation bud; **~ de rose** rosebud. -**2.** COUT button; **~ de bottine** boot stud; **avoir des yeux en ~s de bottine** to have beady eyes; **~ de col** stud; **~ de manchette** cuff link. -**3.** [poignée de porte, de tiroir] knob. -**4.** [de mise en marche] button; **~ de sonnette** doorbell button. -**5.** MÉD pimple, spot; **avoir des ~s** [pustules] to have pimples; [petits, rouges] to have a rash ❑ **~ de fièvre** fever blister, cold sore. -**6.** JOAILL: **~ d'oreille** stud earring.

◆ **en bouton** *loc adj* BOT in bud.

bouton-d'argent [butɔ̃darʒɑ̃] (*pl* **boutons-d'argent**) *nm* yarrow.

bouton-d'or [butɔ̃dɔr] (*pl* **boutons-d'or**) *nm* buttercup.

boutonnage [butɔnaʒ] *nm* -**1.** [action de boutonner] buttoning (up). -**2.** [mode de fermeture] buttons; **à ~ de haut en bas** button-through.

boutonner [3] [butɔne] ◇ *vt* -**1.** [vêtement] to button (up), to do up *(sép)*. -**2.** ESCRIME to button.

◇ *vi* BOT to bud (up).

◆ **se boutonner** ◇ *vp (emploi passif)* [se fermer] to button (up).

◇ *vp (emploi réfléchi) fam* [s'habiller] to button o.s. up.

boutonneux, euse [butɔnø, øz] *adj* [peau, visage, adolescent] spotty, pimply.

boutonnière [butɔnjɛr] *nf* -**1.** COUT buttonhole; **point de ~** blanket stitch. -**2.** MÉD buttonhole. -**3.** *fam* [blessure] gash.

◆ **à la boutonnière** *loc adv* on one's lapel; **avoir une fleur à la ~** to wear a flower on one's lapel OU in one's buttonhole, to wear a buttonhole *Br* OU boutonniere *Am*; **ils défilent, la décoration à la ~** they're marching with their medals on.

bouton-poussoir [butɔpuswar] (*pl* **boutons-poussoirs**) *nm* push button.

bouton-pression [butɔ̃presjɔ̃] (*pl* **boutons-pression**) *nm* snap (fastener), press stud *Br*.

boutre [butr] *nm* dhow.

bout-rimé [burime] (*pl* **bouts-rimés**) *nm* poem in set rhymes.

◆ **bouts-rimés** *nmpl* bouts-rimés, rhymed endings.

bouturage [butyraʒ] *nm* taking cuttings.

bouture [butyr] *nf* cutting; **faire des ~s** to take cuttings.

bouturer [3] [butyre] ◇ *vt* -**1.** [reproduire] to propagate (by cuttings). -**2.** [couper] to take cuttings from.

◇ *vi* to grow suckers.

bouvier, ère [buvje, ɛr] *nm, f* bullock driver, cowherd.

◆ **bouvier** *nm* bouvier, sheepdog; **~ des Flandres** bouvier des Flandres.

bouvillon [buvijɔ̃] *nm* young bullock.

bouvreuil [buvrœj] *nm* bullfinch.

bovarysme [bɔvarism] *nm* romantic daydreaming.

bovidé [bɔvide] *nm* bovid; **les ~s** the Bovidae.

bovin, e [bɔvɛ̃, in] *adj* -**1.** ZOOL [espèce] bovine; [élevage] cattle *(modif)*. -**2.** *péj* [stupide] bovine.

◆ **bovin** *nm* bovine; **les ~s** ZOOL the Bovini; AGR cattle.

boviné [bɔvine] *nm* bovine; **les ~s** the Bovini.

bowling [buliŋ] *nm* -**1.** JEUX (tenpin) bowling; **aller faire un ~** to go bowling. -**2.** [salle] bowling alley.

bow-string [bostriŋ] (*pl* **bow-strings**) *nm* [poutre] bowstring girder.

bow-window [bowindo] (*pl* **bow-windows**) *nm* bow window.

box[1] [bɔks] *nm inv* [cuir] box calf.

box[2] [bɔks] (*pl inv* OU **boxes**) *nm* -**1.** [enclos - pour cheval] stall, loose box *Br*. -**2.** [garage] lock-up garage. -**3.** [compartiment - à l'hôpital, au dortoir] cubicle. -**4.** JUR: **~ des accusés** dock; **au ~ des accusés** *pr* & *fig* in the dock.

box-calf [bɔkskalf] (*pl inv* OU **box-calfs**) *nm* = **box** *nm inv*.

boxe [bɔks] *nf* boxing; **faire de la ~** to box, to go boxing ❑ **~ anglaise** boxing; **~ française** kick OU French boxing.

boxer[1] [bɔksɛr] *nm* ZOOL boxer.

boxer[2] [3] [bɔkse] ◇ *vi* to box, to fight; **~ contre qqn** to box with sb.

◇ *vt fam* to punch, to thump.

boxeur, euse [bɔksœr, øz] *nm, f* boxer.

box-office [bɔksɔfis] (*pl* **box-offices**) *nm* box office.

boxon▽ [bɔksɔ̃] *nm* -**1.** [maison close] brothel, whorehouse. -**2.** [désordre] bloody *Br* OU godawful *Am* mess.

boy [bɔj] *nm* -**1.** [serviteur] boy. -**2.** [danseur] (music-hall) dancer.

boyard [bɔjar] *nm* boyar.

boyau, x [bwajo] *nm* -**1.** CULIN length of casing. -**2.** MUS: **~ (de chat)** catgut, gut. -**3.** [chambre à air] inner tube.

◆ **boyaux** *nmpl* ZOOL guts, entrails; [d'une personne] *fam* innards, guts.

boycott [bɔjkɔt], **boycottage** [bɔjkɔtaʒ] *nm* boycott.

boycotter [3] [bɔjkɔte] *vt* to boycott.

boycotteur, euse [bɔjkɔtœr, øz] ◇ *adj* boycotting *(avant n)*.

◇ *nm, f* boycotter.

boy-scout [bɔjskut] (*pl* **boy-scouts**) *nm* -**1.** *fam* [naïf] idealist. -**2.** *vieilli* [scout] boyscout, scout.

BP (*abr de* **boîte postale**) *nf* P.O. Box.

BPAL *nf abr de* **base de plein air et de loisir**.

BPF (*abr écrite de* **bon pour francs**) *printed on cheques and invoices before space for amount to be inserted.*

BPI (*abr de* **bits per inch**) *nm inv* BPI.

brabançon, onne [brabɑ̃sɔ̃, ɔn] *adj* from Brabant.

◆ **Brabançon, onne** *nm, f inhabitant of or person from Brabant.*

Brabançonne [brabɑ̃sɔn] *npr f Belgian national anthem.*

brabant [brabɑ̃] *nm* metal plough.

Brabant [brabɑ̃] *npr m*: **le ~** Brabant.

bracelet [braslɛ] *nm* -**1.** [chaîne - pour poignet] bracelet; [- pour bras] bangle, bracelet; [- pour cheville] ankle bracelet. -**2.** [de montre] strap. -**3.** [pour faire du sport] wristband; **~ de force** leather wristband; **~ en éponge** sweatband. -**4.** [lien] band; **~ élastique** rubber band.

◆ **bracelets** *nmpl arg crime* [menottes] bracelets, cuffs.

bracelet-montre [braslɛmɔ̃tr] (*pl* **bracelets-montres**) *nm* wristwatch.

brachial, e, aux [brakjal, o] *adj* brachial.

brachiation [brakjasjɔ̃] *nf* brachiation.

brachiocéphalique [brakjɔsefalik] *adj* cervicobrachial.

brachiopode [brakjɔpɔd] *nm* brachiopod.

brachycéphale [brakisefal] *adj* & *nmf* brachycephalic.

braconnage [brakɔnaʒ] *nm* poaching HUNT.

braconner [3] [brakɔne] *vi* to poach HUNT.

braconnier, ère [brakɔnje, ɛr] *nm, f* poacher HUNT.

bractée [brakte] *nf* bract.

bradage [bradaʒ] *nm* clearance sale.

brader [3] [brade] *vt* to sell off *(sép)*; ~ **qqch** to sell sthg at a cut price; **'on brade'** clearance sale.

braderie [bradri] *nf* -**1.** [vente - en plein air, dans une salle] ≃ jumble sale *Br*, ≃ rummage sale *Am*. -**2.** [soldes] sale.

bradeur, euse [bradœr, øz] *nm, f* discounter.

braguette [bragɛt] *nf* flies *Br*, fly *Am (on trousers)*.

brahmane [braman] *nm* Brahman, Brahmin *vieilli*.

brahmanique [bramanik] *adj* Brahmanic.

brahmanisme [bramanism] *nm* Brahmanism.

Brahmapoutre [bramaputr], **Brahmaputra** [bramaputra] *npr m*: **le** ~ the Brahmaputra.

brahmine [bramin] *nf* Brahmani.

brai [brɛ] *nm* [goudrons] pitch.

braies [brɛ] *nfpl arch* breeches.

braillard, e *fam* [brajar, ard] ◇ *adj*: **tu étais un bébé** ~ you were a real bawler when you were a baby.
◇ *nm, f* bawler, squaller; **fais taire ton** ~! keep that squalling brat of yours quiet!

braille [braj] *nm* Braille; **apprendre le** ~ to learn (to read) Braille; **livre en** ~ book in Braille.

braillement [brajmɑ̃] *nm* bawl, howl; **les** ~**s d'un bébé** the crying OU howling of a baby.

brailler [3] [braje] ◇ *vi* -**1.** [pleurer] to wail, to bawl, to howl. -**2.** [crier - mégère, ivrogne] to yell, to bawl; [- radio] to blare (out). -**3.** [chanter] to roar, to bellow.
◇ *vt* to bawl (out), to holler (out) *Am*.

brailleur, euse *fam* [brajœr, øz] = **braillard**.

braiment [brɛmɑ̃] *nm* bray, braying.

brainstorming [brɛnstɔrmiŋ] *nm* brainstorming (session).

brain-trust [brɛntrœst] (*pl* **brain-trusts**) *nm* brains trust.

braire [112] [brɛr] *vi* -**1.** ZOOL to bray. -**2.** *fam* [crier] to yell, to bellow. -**3.** *loc*: **tu me fais** ~! *fam* you're getting on my wick!

braise [brɛz] *nf* -**1.** [charbons] (glowing) embers; **un regard de** ~ *fig* a smouldering look. -**2.** *arg crime* [argent] dough, moolah.

braiser [4] [breze] *vt* to braise.

brame [bram] ◇ *nf* (plate) slab.
◇ *nm* bell.

bramement [brammɑ̃] *nm* bell.

bramer [3] [brame] *vi* -**1.** ZOOL to bell. -**2.** *fam* [pleurer] to wail.

brancard [brɑ̃kar] *nm* -**1.** [civière] stretcher. -**2.** [limon d'attelage] shaft.

brancarder [3] [brɑ̃karde] *vt* to carry on a stretcher.

brancardier [brɑ̃kardje] *nm* stretcher-bearer.

branchage [brɑ̃ʃaʒ] *nm* [ramure] boughs, branches.
◆ **branchages** *nmpl* branches.

branche [brɑ̃ʃ] *nf* -**1.** BOT [d'arbre] branch, bough; [de céleri] stick; **grosse** ~ limb, large branch ❑ ~ **fruitière** fruit-bearing branch; **vieille** ~ *fam* old chum OU buddy; **s'accrocher** OU **se raccrocher aux** ~**s** *fam* to hang on by the skin of one's teeth; **accroche-toi aux branches!** *fam* brace yourself for a shock! -**2.** ANAT ramification. -**3.** ÉLECTRON leg, branch; **circuit à deux** ~**s** two-legged circuit. -**4.** [tige - de lunettes] sidepiece *Br*, bow *Am*; [- d'un compas, d'un aimant] arm, leg; [- de ciseaux] blade; [- de tenailles] handle; [- d'un chandelier] branch. -**5.** [secteur] field; **vous êtes dans quelle** ~? what's your line OU field? -**6.** [d'une famille] side; **par la** ~ **maternelle** on the mother's side (of the family); **la** ~ **aînée de la famille** the senior branch of the family ❑ **avoir de la** ~ *fam* to have breeding.
◆ **en branches** *loc adj* [épinards] leaf *(modif)*.

branché, e *fam* [brɑ̃ʃe] ◇ *adj* fashionable, trendy *péj*.
◇ *nm, f*: **tous les** ~**s viennent dans ce café** you get all the fashionable people OU trendies *péj* in this café.

branchement [brɑ̃ʃmɑ̃] *nm* -**1.** CONSTR, ÉLECTR, TÉLÉC & TRAV PUBL connection; ~ **d'appareil** [tuyau] connecting branch; [liaison] connection, installation; ~ **de conduits** branch-off point; ~ **d'égout** connection to the sewage system; **faire un** ~ **d'égout** to connect to the sewage system; ~ **au réseau électrique** network branch; ~ **électrique** electric power supply; **faire un** ~ **au** OU **sur le réseau** to connect to the mains (power supply); **faire un** ~ **sur un tuyau** to connect to a pipe. -**2.** RAIL turnout.

brancher [3] [brɑ̃ʃe] ◇ *vt* -**1.** CONSTR, ÉLECTR, TÉLÉC & TRAV PUBL to connect; ~ **qqch sur une prise** to plug sthg in; **je me branche où?** *fam* where can I plug in?; **être branché** [appareil] to be plugged in; [canalisation] to be connected to the system; **assurez-vous que l'appareil n'est pas branché** make sure the appliance is unplugged. -**2.** *fam* [faire parler]: ~ **qqn sur** to start sb off OU to get sb going on; **je l'ai branché sur le reggae et il ne s'est plus arrêté** I got him onto reggae music and after that, there was no stopping him. -**3.** *fam* [mettre en rapport]: ~ **qqn avec** to put sb in touch with; **je vais te** ~ **avec ma sœur, elle sait ce qu'il faut faire** I'll put you in touch with my sister, she knows what to do. -**4.** *fam* [intéresser]: **les gens, ça me branche** I get a kick out of meeting people; **ce type ne me branche pas des masses** that guy's really not my type; **l'acupuncture, ça me branche** I'm into acupuncture; **être branché (sur)** to be into.
◇ *vi* to roost, to sit.
◆ **se brancher** ◇ *vp (emploi passif)*: **se** ~ **dans** to plug into.
◇ *vpi*: **se** ~ **sur** RAD to tune in (to); **se** ~ **sur les grandes ondes** to tune in to long wave; **il s'est branché sur l'informatique** *fam fig* he's got into computers.

branchette [brɑ̃ʃɛt] *nf litt* twig, sprig.

branchial, e, aux [brɑ̃ʃjal, o] *adj* branchial.

branchies [brɑ̃ʃi] *nfpl* gills, branchiae *spéc*.

branchiopode [brɑ̃kjɔpɔd] *nm* branchiopod.

branchu, e [brɑ̃ʃy] *adj* branchy.

brandade [brɑ̃dad] *nf* brandade, salt cod puree.

brande [brɑ̃d] *nf* -**1.** [plantes] heather, heath. -**2.** [terrain] heath, moor.

brandebourg [brɑ̃dbur] *nm* COUT frog, frogging.
◆ **à brandebourgs** *loc adj* COUT frogged.

Brandebourg [brɑ̃dbur] *npr* Brandenburg; **la porte de** ~ the Brandenburg Gate.

brandebourgeois, e [brɑ̃dburʒwa, az] *adj* from Brandenburg.
◆ **Brandebourgeois, e** *nm, f inhabitant of or person from Brandenburg.*

brandir [32] [brɑ̃dir] *vt* to brandish, to wave (about), to flourish.

brandon [brɑ̃dɔ̃] *nm* -**1.** [pour allumer] firebrand. -**2.** *fig*: ~ **de discorde** [objet, situation] bone of contention; [personne] troublemaker.

brandy [brɑ̃di] *nm* brandy.

branlant, e [brɑ̃lɑ̃, ɑ̃t] *adj* -**1.** [vieux - bâtiment, véhicule] ramshackle, rickety. -**2.** [instable - pile d'objets] unsteady, wobbly, shaky; [- échelle, chaise] rickety, shaky; [- démarche] tottering; [- dent] loose; [- résolution, réputation] shaky.

branle [brɑ̃l] *nm* [mouvement] pendulum motion; [impulsion] impulsion, propulsion; **donner le** ~ **à qqch** [procédure, situation] to set sthg going OU in motion; **être en** ~ to be on the move; **mettre en** ~ [cloche] to set going; [mécanisme, procédure] to set going OU in motion; **se mettre en** ~ [voyageur] to set off, to start out; [mécanisme] to start going, to start moving; [voiture] to start (moving).

branle-bas [brɑ̃lba] *nm inv* -**1.** [agitation] pandemonium, commotion; **être en** ~ to be in turmoil. -**2.** *loc*: ~ **de combat!** NAUT & *fig* action stations!; **quand ma tante arrivait, c'était le** ~ **de combat** when my aunt arrived, it was action stations all round. -**3.** NAUT clearing of the decks.

branlement [brɑ̃lmɑ̃] *nm* [dodelinement] wagging (of the head).

branler [3] [brɑ̃le] ◇ *vi* [échelle, pile d'objets] to be shaky OU unsteady; [fauteuil] to be rickety; [dent] to be loose; ~ **dans le manche** [outil] to have a loose handle; ~ **du chef** [de haut en bas] to nod; [de droite à gauche] to shake one's head.
◇ *vt* ▼ [faire]: **mais qu'est-ce qu'il branle?** [il est en retard] where the fuck is he?; [il fait une bêtise] what the fuck's he up to?
◆ **se branler**▼ *vpi* to (have a) wank *Br*, to jerk off *Am*; **je m'en branle** *fig* I don't give a shit OU fuck.

branleur, euse▼ [brɑ̃lœr, øz] *nm, f* wanker *Br*, shit *esp Am*.

brante [brɑ̃t] *nf Helv grape-picker's basket.*

braquage [brakaʒ] *nm* -**1.** AUT (steering) lock. -**2.** AÉRON deflection. -**3.** *fam* [vol] holdup, stickup.

braque *fam* [brak] ◇ *adj fam* cracked, nuts; **elle est complètement** ~ she's as mad as a March hare OU a hatter, she's as crazy as a bedbug *Am*.
◇ *nm* ZOOL pointer.

braquer [3] [brake] ◇ *vt* -**1.** [pointer - fusil] to point, to aim, to level; [- projecteur, télescope] to train; ~ **son revolver sur qqn** to level OU to point one's gun at sb. -**2.** [concentrer]: ~ **sur** to train OU to fix OU to turn on; **son regard était braqué sur moi** she was staring straight at me, her gaze was fixed on me. -**3.** AUT & AÉRON to lock. -**4.** [rendre hostile] to antagonize; **ne le braquez pas** don't antagonize him OU put his back up; ~ **qqn contre** to set sb against; **elle est braquée contre ses collègues/ce mariage** she's totally opposed to her colleagues/dead set against this marriage. -**5.** *fam* [attaquer - caissier] to hold up *(sép)*; ~ **une banque** to hold up a bank.
◇ *vi* [voiture] to lock; ~ **bien/mal** to have a good/poor turning circle; ~ **à droite/gauche** to lock hard to the right/left; **braque à fond!** wheel hard down!
◆ **se braquer** *vpi* to dig one's heels in; **il s'est braqué, il n'y a rien à faire** he's dug his heels in OU he's set (his face) against it, there's nothing we can do.

braquet [brakɛ] *nm* transmission ratio; **mettre le petit** ~ to shift to first gear.

bras [bra] ◇ *nm* -**1.** [membre] arm; ANAT upper arm; **blessé au** ~ wounded in the arm; **avoir qqn à son** ~ to have sb on one's arm; **son panier/épouse au** ~ his basket/wife on his arm; **avoir qqch dans les** ~ to be carrying sthg in one's arms; **porter un enfant dans les** OU **ses** ~ to carry a child (in one's arms); **tomber dans les** ~ **de qqn** to fall into sb's arms; **ils sont tombés dans les** ~ **l'un de l'autre** they fell into each other's arms; **il l'a jetée dans les** ~ **de Robert** *fig* he drove her into Robert's arms; **sous le** ~ under one arm; **prendre le** ~ **de qqn** to grab sb's arm; **donner** OU **offrir son** ~ **à qqn** to offer sb one's arm; **serrer qqn dans ses** ~ to hold sb in one's arms, to hug sb; **tendre** OU **allonger le** ~ to stretch one's arm out; **les** ~ **en croix** (with) arms outstretched OU outspread; **les** ~ **ballants** with arms dangling; **ne reste pas là, les** ~ **ballants** *fig* don't just stand there like an idiot ❑ ~ **droit** right hand man (*f* woman); ~ **de fer**: **c'est un** ~ **de fer entre les deux partis** the two parties are wrestling with one another; ~ **d'honneur** ≃ V-sign *Br*, ≃ the finger *Am*; **faire un** ~ **d'honneur à qqn** to give sb a V-sign *Br* OU the finger *Am*; **gros** ~ heavy; **les** ~ **croisés** *pr* with arms folded; *fig* (idly) twiddling one's thumbs; **tomber à** ~ **raccourcis sur qqn** [gén] to lay into sb; [physiquement] to beat sb to a pulp; **avoir le** ~ **long** to be influential; **se jeter dans les** ~ **de qqn** *pr* to throw o.s. into sb's arms; *fig* to fall an easy prey to sb; **dans les** ~ **de Morphée** *hum* sound asleep, in the arms of Morpheus; **les** ~ **lui en sont tombés** his jaw dropped OU fell; **quand on entend ça, les** ~ **vous en tombent** the mind boggles when you hear that; **lever les** ~ [d'impuissance] to throw up one's arms (helplessly); **lever les ~ au ciel** to throw up one's arms in indignation; **ouvrir les ~ à qqn: tu n'avais qu'à lui ouvrir les ~!** all you had to do was open up to her!; **tendre les ~ à qqn** *pr* to hold out one's arms to sb; *fig* to offer sb (moral) support; **tendre les ~ vers qqn** *pr* to hold out one's arms to sb; *fig* to turn to sb for help. -**2.** ZOOL [du cheval] arm; [tentacule] arm, tentacle. -**3.** [partie - d'une ancre, d'un électrophone, d'un moulin] arm; [- d'une charrette] arm, shaft; [- d'une grue] arm, jib; [- d'un fauteuil] arm, armrest; [- d'une brouette] handle; [- d'une manivelle] web, arm; [- d'un brancard] pole; [- d'une croix] arm; **~ d'accès** OU **de lecture-écriture** access arm; **~ de levier** lever arm OU crank; **~ manipulateur** computer-operated arm; **~ télémanipulateur** remote-control computer-operated arm. -**4.** [pouvoir]: **le ~ séculier** the secular arm; **le ~ de la justice** the long arm of the law. -**5.** GÉOG [d'un delta] arm; **~ de mer** sound, arm of the sea; **~ de rivière** arm OU *Am* branch of a river; **~ abandonné** OU **mort** dead channel; **petit ~ d'eau** armlet. -**6.** NAUT (anchor) arm.

◇ *nmpl* [main-d'œuvre] workers; **on a besoin de ~** we need workers OU help; **le manque de ~** the shortage of manpower.

◆ **à bras ouverts** *loc adv* [accueillir, recevoir] with open arms.

◆ **au bras de** *loc prép* on the arm of, arm in arm with.

◆ **bras dessus, bras dessous** *loc adv* arm in arm.

◆ **en bras de chemise** *loc adv* in (one's) shirt-sleeves.

◆ **sur les bras** *loc adv*: **avoir qqn/qqch sur les ~** to be stuck with sb/sthg; **j'ai une entreprise sur les ~** I have a company on my hands; **je n'ai plus mes enfants sur les ~** my children are off my hands now; **rester sur les ~: le loyer m'est resté sur les ~** I was left with the rent to pay; **les libraires craignent que cette anthologie ne leur reste sur les ~** booksellers are worried that this anthology might not sell.

brasage [brazaʒ] *nm* brazing, soldering.

braser [3] [braze] *vt* to solder.

brasero [brazero] *nm* brazier.

brasier [brazje] *nm* -**1.** [incendie] blaze, fire; **il retourna dans le ~** he went back into the blaze OU inferno; **la maison n'était plus qu'un ~** the house was now a blazing mass, the fire was now raging through the house. -**2.** [tumulte] fire; **le ~ de ses passions** the (consuming) fire of his passions; **le pays est maintenant un véritable ~** the whole country's ablaze.

Brasilia [brazilja] *npr* Brasilia.

bras-le-corps [bralkɔr]

◆ **à bras-le-corps** *loc adv*: **prendre qqn à ~** to catch hold of OU to seize OU to clasp sb around the waist; **prendre un problème à ~** *fig* to tackle a problem head on.

brassage [brasaʒ] *nm* -**1.** [de la bière] brewing; [du malt] mashing. -**2.** [de liquides] mixing, swirling together; [des cultures, des peuples] intermixing, intermingling.

brassard [brasar] *nm* armband; **~ de deuil** black armband.

brasse [bras] *nf* -**1.** SPORT breaststroke; **tu sais nager la ~?** can you do the breaststroke?; **elle traverse la piscine en 10 ~s** she can cross the swimming pool in 10 strokes *(doing the breaststroke)* ❑ **~ papillon** butterfly (stroke). -**2.** [mesure] 5 feet; NAUT fathom.

brassée [brase] *nf* armful.

◆ **par brassées** *loc adv* by the armful; **on m'apportait des télégrammes par ~s** I was getting telegrams by the armful.

brasser [3] [brase] *vt* -**1.** [bière] to brew; [malt] to mash. -**2.** JEUX [cartes] to shuffle. -**3.** [populations] to intermingle. -**4.** [agiter - air] to fan; [- feuilles mortes] to toss about *(sép)*, to stir. -**5.** [manier - argent, sommes] to handle; **~ des affaires** to handle a lot of business.

brasserie [brasri] *nf* -**1.** [fabrique de bière] brewery. -**2.** [café] *large café serving light meals.*

brasseur, euse [brasœr, øz] *nm, f* -**1.** SPORT breaststroker; **c'est un bon ~** he's good at the breaststroke. -**2.** [fabricant de bière] brewer.

◆ **brasseur d'affaires** *nm* [financier] financier.

brassière [brasjɛr] *nf* -**1.** VÊT (baby's) vest *Br* OU undershirt *Am*. -**2.** NAUT: **~ de sauvetage** life jacket. -**3.** *Can* bra.

brasure [brazyr] *nf* -**1.** [résultat du brasage] soldering joint OU surface OU seam. -**2.** [alliage] brazing alloy.

bravache [bravaʃ] ◇ *adj* swaggering, blustering.

◇ *nm* braggart *litt*, swaggerer; **faire le ~** to brag.

bravade [bravad] *nf* [ostentation] bravado; [défi] defiance; **faire qqch par ~** [ostentation] to do sthg out of bravado; [défi] to do sthg in a spirit of defiance.

brave [brav] ◇ *adj* -**1.** [courageux] brave, bold; **faire le ~** to act brave. -**2.** *(avant le n)* [bon] good, decent; **de ~s gens** good OU decent people; **un ~ type** *fam* a nice bloke *Br* OU guy. -**3.** [ton condescendant]: **ma ~ dame/mon ~ monsieur, personne ne dit le contraire!** my dear lady/my dear fellow, nobody's saying anything to the contrary!; **il est bien ~ mais il ne comprend rien** he means well but he doesn't understand a thing.

◇ *nmf* [héros] brave man (*f* woman); **un ~ parmi les ~s** a hero amongst heroes.

◇ *nm* [guerrier indien] brave.

bravement [bravmɑ̃] *adv* -**1.** [courageusement] bravely, courageously. -**2.** [sans hésitation] boldly, resolutely; **il s'est ~ mis au travail** he set to work with a will.

braver [3] [brave] *vt* -**1.** [affronter] to defy, to challenge; **~ les conventions** to go against OU to brave OU to challenge conventions; **~ le danger/la mort** to defy danger/death. -**2.** [défier] to defy, to stand up to *(insép)*; **~ les autorités** to stand up to OU to defy the authorities; **~ les ordres** to go against OU to defy orders.

bravissimo [bravisimo] *interj* bravissimo.

bravo [bravo] ◇ *interj* -**1.** [applaudissement] bravo. -**2.** [félicitations] well done, bravo; **~! bien parlé!** hear! hear!; **~, tu as raison!** good thinking!; **eh bien ~, tu as réussi ton coup!** *iron* congratulations, you've really gone and done it now!

◇ *nm* bravo; **un grand ~ pour nos candidats** let's have a big hand for our contestants; **entrer/partir sous les ~s** to be cheered in/out.

bravoure [bravur] *nf* bravery, courage, gallantry *litt*.

Brazzaville [brazavil] *npr* Brazzaville.

BRB *nf abr de* **brigade de répression du banditisme.**

break [brɛk] *nm* -**1.** AUT estate car *Br*, station wagon *Am*. -**2.** [voiture à cheval] break. -**3.** MUS break. -**4.** SPORT: **faire le ~** to break away ‖ [à la boxe] break.

brebis [brəbi] *nf* -**1.** ZOOL ewe; **~ galeuse** black sheep. -**2.** RELIG sheep; **~ égarée** lost sheep; **les ~ de Dieu** the faithful.

brèche [brɛʃ] *nf* -**1.** [ouverture] breach, gap, break. -**2.** MIL breach; **faire une ~ dans un front** to break open OU to breach an enemy line ❑ **être toujours sur la ~** to be hard at it, to work day and night. -**3.** *fig* hole, dent; **faire une ~ à son capital** to make a hole OU dent in one's capital. -**4.** GÉOL breccia.

bréchet [breʃɛ] *nm* carina, keel.

bredouillage [brədujaʒ] *nm* mumbling, muttering.

bredouille [brəduj] *adj* empty-handed; **rentrer ~** CHASSE & PÊCHE to come home empty-handed OU with an empty bag; *fig* to come back empty-handed.

bredouillement [brədujmɑ̃] = **bredouillage.**

bredouiller [3] [brəduje] *vi & vt* to mumble, to mutter.

bredouilleur, euse [brədujœr, øz] ◇ *adj* mumbling, muttering.

◇ *nm, f* mumbler, mutterer.

bredouillis [brəduji] = **bredouillage.**

bref, brève [brɛf, brɛv] *adj* -**1.** [court - moment, vision] brief, fleeting; [concis - lettre, discours] brief, short; **une brève histoire d'amour** a brief love affair; **soyez ~** be brief; **soyez plus ~** come to the point. -**2.** PHON [syllabe, voyelle] short.

◆ **bref** ◇ *adv* in short, in a word, in brief.

◇ *nm* RELIG (papal) brief.

◆ **brève** *nf* -**1.** PHON [voyelle] short vowel; [syllabe] short syllable. -**2.** PRESSE, RAD & TV brief.

◆ **à bref délai** *loc adv* shortly, soon.

◆ **dans les plus brefs délais** *loc adv* as soon as possible.

◆ **en bref** *loc adv* -**1.** [en résumé] in short, in brief. -**2.** PRESSE, RAD & TV: **en ~** news in brief.

Brejnev [brɛʒnɛf] *npr* Brezhnev.

brelan [brəlɑ̃] *nm three playing cards or dice sides of the same denomination*; **~ de rois** three kings.

breloque [brəlɔk] *nf* [bijou] charm.

brème [brɛm] *nf* -**1.** ZOOL bream. -**2.** *arg crime* (playing) card.

Brême [brɛm] *npr* Bremen.

brésil [brezil] *nm* brazilwood.

Brésil [brezil] *npr m*: **le ~** Brazil; **au ~** in Brazil.

brésilien, enne [breziljɛ̃, ɛn] *adj* Brazilian.

◆ **Brésilien, enne** *nm, f* Brazilian.

◆ **brésilien** *nm* LING Brazilian Portuguese.

Bretagne [brətaɲ] *npr f*: **(la) ~** Brittany; **la ~ bretonnante** LING the Breton-speaking part of Brittany; [gén] the most typically Breton part of Brittany.

bretèche [brətɛʃ] *nf* bartizan, brattice.

bretelle [brətɛl] *nf* -**1.** [bandoulière] (shoulder) strap; **~ de fusil** gun sling; **porter l'arme à la ~** to carry one's weapon slung over one's shoulder. -**2.** [de robe] shoulder strap; [de soutien-gorge] (bra) strap. -**3.** RAIL double crossover. -**4.** TRANSP slip road *Br*, access road; **~ d'accès** access road; **~ d'autoroute** motorway slip road *Br*, highway access road *Am*; **~ de contournement** bypass; **~ de raccordement** motorway *Br* OU highway *Am* junction; **~ de sortie** exit road.

◆ **bretelles** *nfpl* braces *Br*, suspenders *Am*.

breton, onne [brətɔ̃, ɔn] *adj* Breton.

◆ **Breton, onne** *nm, f* Breton; **~ bretonnant** LING native speaker of Breton; [gén] *native Breton attached to Breton traditions and culture.*

◆ **breton** *nm* LING Breton.

bretonnant, e [brətɔnɑ̃, ɑ̃t] *adj* Breton-speaking.

bretteur [brɛtœr] *nm vieilli* swordsman, dueller.

bretzel [brɛtzɛl] *nm* pretzel.

breuvage [brœvaʒ] *nm* -**1.** [boisson] beverage, drink; **un drôle de ~** a strange concoction. -**2.** [potion] potion, beverage.

brevet [brəvɛ] *nm* -**1.** JUR: **accorder un ~** to licence a patent; **exploiter un ~** to work a patent; **prendre un ~** to take out a patent; **titulaire d'un ~** patentee ❑ **~ d'invention** patent. -**2.** SCOL diploma; **décerner** OU **délivrer un ~ à qqn** to bestow a diploma on sb; **le ~** *exam taken at 14* ❑ **~ d'études professionnelles** → **BEP**; **~s militaires** ≃ staff college qualifications; **~ professionnel** *vocational diploma*; **~ de technicien** *exam taken at 17 after 3 years' technical training*; **~ de technicien supérieur** → **BTS**. -**3.** AÉRON: **~ de pilote** pilot's licence; **avoir son ~ de pilote** to be a qualified pilot OU qualified as a pilot. -**4.** [certificat] certificate; **~ de secourisme** first-aid certificate; **décerner à qqn un ~ de moralité** to testify to OU to vouch for sb's character.

brevetable [brəvtabl] *adj* patentable.

breveté, e [brəvte] ◇ *adj* -**1.** [diplômé] qualified. -**2.** [garanti] patented.
◇ *nm, f* patentee.

breveter [27] [brəvte] *vt* to patent; **faire ~ qqch** to take out a patent for sthg.

bréviaire [brevjɛr] *nm* breviary; **dire son ~** to read one's breviary.

BRGM (*abr de* **Bureau de recherches géologiques et minières**) *npr m French geological and mining research agency.*

Briansk [briɑ̃sk] *npr* Bryansk.

briard, e [brijar, ard] *adj* from the Brie region.
◆ **Briard, e** *nm, f inhabitant of or person from the Brie region.*
◆ **briard** *nm* Briard (sheepdog).

bribes [brib] *nfpl* -**1.** [restes - d'un gâteau, d'un repas] scraps, crumbs. -**2.** [fragments - de discours] snatches, scraps; [- d'information, de connaissance] scraps.
◆ **par bribes** *loc adv* in snatches, bit by bit; **je connais l'histoire par ~s** I heard the story in snatches.

bric-à-brac [brikabrak] *nm inv* -**1.** [tas d'objets] clutter, jumble, bric-à-brac; **c'est là que je mets tout mon ~** that's where I put all my odds and ends OU bits and pieces. -**2.** [mélange d'idées] jumble of ideas, hotchpotch *Br* OU hodgepodge *Am* of ideas. -**3.** [boutique] junk shop *Br*, secondhand store *Am*.

bricelet [brislɛ] *nm Helv thin crisp waffle.*

bric et de broc [brikedbrɔk]
◆ **de bric et de broc** *loc adv* haphazardly; **meublé de ~** furnished with bits and pieces.

brick [brik] *nm* brig.

brick-goélette [brikgɔelɛt] (*pl* **bricks-goélettes**) *nm* schooner brig.

bricolage [brikɔlaʒ] *nm* -**1.** [travail manuel] do-it-yourself, DIY *Br*; **aimer le ~** to like do-it-yourself OU DIY. -**2.** [réparation] makeshift repair; **c'est du bon ~** it's good work. -**3.** [mauvais travail]: **c'est du ~** it's just been thrown together.
◆ **de bricolage** *loc adj* [magasin, manuel, rayon] do-it-yourself *(modif)*, DIY *Br (modif)*.

bricole [brikɔl] *nf* -**1.** [petit objet]: **des ~s** things, bits and pieces; **je dois acheter quelques ~s** I must buy a few things OU a few bits and pieces. -**2.** [article de peu de valeur] trifle; **je vais lui offrir une ~** I'm going to give her a little something ❑ **... et des ~s** *fam* ... and a bit; **30 francs et des ~s** 30-odd francs. -**3.** [chose sans importance] piece of trivia; **des ~s** trivia. -**4.** *fam* [ennui] trouble; **il va t'arriver des ~s** you're heading for trouble. -**5.** [harnais] breast harness. -**6.** [bretelle] carrying girth OU strap. -**7.** PÊCHE double hook.

bricoler [3] [brikɔle] ◇ *vi* -**1.** [faire des aménagements] to carry out home improvements; **elle adore ~** she's a real do-it-yourself enthusiast. -**2.** [avoir de petits emplois] to do odd jobs; **jusqu'à 24 ans, j'ai bricolé** until I was 24, I never had a serious job. -**3.** *fam péj* [mauvais artisan, praticien ou étudiant] to produce shoddy work.
◇ *vt* -**1.** [confectionner] to make; **c'est moi qui ai bricolé ça** it's all my own work; **j'ai bricolé une poignée pour la porte** I improvised a new handle for the door. -**2.** [réparer] to fix (up), to mend, to carry out makeshift repairs to; **j'ai bricolé la radio et elle a l'air de marcher** I've tinkered with the radio a bit and it seems to be working. -**3.** [manipuler] to tinker OU to tamper with; **qui a bricolé le grille-pain?** who's been tinkering with the toaster?; **~ un moteur** to soup up an engine.

bricoleur, euse [brikɔlœr, øz] ◇ *nm, f* -**1.** [qui construit ou répare soi-même] handyman (*f* handywoman), DIY enthusiast. -**2.** *péj* [dilettante] amateur, dilettante.
◇ *adj*: **il est très ~** he's good with his hands; **il n'est pas ~** he's no handyman.

bride [brid] *nf* -**1.** ÉQUIT bridle; **tenir son cheval en ~** to curb OU to rein in a horse ❑ **avoir la ~ sur le cou** to be given a free hand; **laisser la ~ sur le cou à qqn** to give sb a free rein; **serrer** OU **tenir la ~ à qqn** to keep sb on a tight rein; **tourner ~** to turn tail. -**2.** COUT bar; [en dentelle] bride, bar. -**3.** MÉD adhesion; **~ amniotique** amniotic band OU adhesion.
◆ **à bride abattue, à toute bride** *loc adv* at full speed, like greased lightning.

bridé, e [bride] *adj*: **yeux ~s** slanting eyes; **avoir les yeux ~s** to have slanting eyes.

brider [3] [bride] *vt* -**1.** ÉQUIT to bridle. -**2.** [serrer] to constrict; **ma veste me bride aux emmanchures** my jacket is too tight under the arms. -**3.** [contenir] to curb, to bridle, to restrain; **~ son enthousiasme** to keep a check on OU to curb one's enthusiasm; **~ les passions de qqn** to curb OU to dampen sb's passions. -**4.** COUT to bind. -**5.** CULIN to truss. -**6.** NAUT to lash together.

bridge [bridʒ] *nm* -**1.** DENT bridge, bridgework. -**2.** JEUX bridge.

bridger [17] [bridʒe] *vi* to play bridge.

bridgeur, euse [bridʒœr, øz] *nm, f* bridge player.

brie [bri] *nm* Brie.

Brie [bri] *npr f*: **la ~** the Brie region.

briefer [3] [brife] *vt* to brief.

briefing [brifiŋ] *nm* briefing.

brièvement [brijɛvmɑ̃] *adv* -**1.** [pendant peu de temps] briefly, fleetingly, for a short time. -**2.** [avec concision] briefly, in a few words.

brièveté [brijɛvte] *nf* brevity, briefness.

brigade [brigad] *nf* -**1.** MIL [détachement] brigade; **~ de gendarmerie** squad of gendarmes ‖ [régiments] brigade. -**2.** [équipe d'ouvriers] gang, team. -**3.** [corps de police] squad; **~ antigang** OU **de répression du (grand) banditisme** organized crime division; **~ des mineurs** juvenile squad; **~ des mœurs** vice squad; **~ des stupéfiants** drug squad; **~ mobile** OU **volante** flying squad. -**4.** [en Italie]: **les Brigades rouges** the Red Brigades.

brigadier [brigadje] *nm* -**1.** [de police] sergeant. -**2.** MIL corporal. -**3.** HIST brigadier.

brigadier-chef [brigadjeʃɛf] (*pl* **brigadiers-chefs**) *nm* sergeant.

brigand [brigɑ̃] *nm* -**1.** [bandit] bandit, brigand *litt*. -**2.** [escroc] crook, thief. -**3.** [avec affection]: **~, va!** *fam* you rogue OU imp OU rascal!

brigandage [brigɑ̃daʒ] *nm* -**1.** [vol à main armée] armed robbery. -**2.** [acte malhonnête]: **c'est du ~** it's daylight robbery.

brigantin [brigɑ̃tɛ̃] *nm* brigantine.

brigantine [brigɑ̃tin] *nf* spanker NAUT.

brigue [brig] *nf litt* intrigue; **avoir une place par (la) ~** to get a job by pulling strings.

briguer [3] [brige] *vt* [emploi] to angle for *(insép)*; [honneur] to seek, to pursue, to aspire to *(insép)*; [suffrage] to seek.

brillamment [brijamɑ̃] *adv* brilliantly, magnificently; **réussir ~ un examen** to pass an exam with flying colours.

brillance [brijɑ̃s] *nf* [du regard] brilliance; [des cheveux] shine, sheen, gloss.

brillant, e [brijɑ̃, ɑ̃t] *adj* -**1.** [luisant - parquet] shiny, glossy, polished; [- peinture] glossy; [- cheveux, lèvres] shiny, glossy; [- soie] lustrous; [- toile, cristal] sparkling, glittering; [- feuille, chaussure] glossy, shiny; [- yeux] bright, shining; **~ de: yeux ~s de malice** eyes sparkling with mischief; **yeux ~s de fièvre** eyes bright with fever. -**2.** [remarquable - esprit, intelligence] brilliant, outstanding; [- succès, carrière, talent] brilliant, dazzling, outstanding; [- conversation] brilliant, sparkling; [- hommage] superb, magnificent; [- représentation, numéro] brilliant, superb; **il a été ~** he did very well indeed OU brilliantly; **pas ~: ce n'est pas ~** it's not brilliant; **sa santé n'est pas ~e** he's poorly, his health is not too good; **les résultats ne sont pas ~s** the results aren't too good OU aren't all they should be. -**3.** [riche]: **faire un mariage ~** to marry very well; **c'est un ~ parti** he/she'll be a good catch.
◆ **brillant** *nm* -**1.** [éclat - d'un métal, d'une surface] gloss, sheen; [- de chaussures] shine; [- d'une peinture] gloss; [- d'un tissu] sheen; [- d'un diamant, d'un regard] sparkle. -**2.** [brio] brio, sparkle; **malgré le ~ de sa conversation/son œuvre** in spite of his brilliant conversation/impressive work. -**3.** JOAILL brilliant.
◆ **brillant à lèvres** *nm* [cosmétique] lip gloss.

brillanté [brijɑ̃te] *nm* dimity.

brillanter [3] [brijɑ̃te] *vt* -**1.** *litt* to give glitter OU sparkle to. -**2.** JOAILL to cut into a brilliant. -**3.** TEXT to gloss. -**4.** MÉTALL to brighten.

brillantine [brijɑ̃tin] *nf* [pour les cheveux] brilliantine.

briller [3] [brije] *vi* -**1.** [luire - chaussure, soleil, lumière, regard] to shine; [- chandelle] to glimmer; [- étoile] to twinkle, to glitter; [- diamant] to shine, to glitter, to sparkle; [- dents] to sparkle; [- eau] to shimmer, to sparkle; [- feuille] to shine, to glisten; **tout brille dans sa cuisine** his kitchen's gleaming; **j'ai le nez qui brille** I have a shiny nose; **faire ~: faire ~ ses chaussures** to shine one's shoes; **faire ~ un meuble/l'argenterie** to polish a piece of furniture/the silver; **sa bague en diamant brillait de tous ses feux** her diamond ring threw off a thousand sparkles; **~ de: des yeux qui brillent de colère** eyes ablaze with anger; **des yeux qui brillent de plaisir/d'envie** eyes sparkling with pleasure/glowing with envy; **des yeux qui brillent de fièvre** eyes bright with fever ❑ **tout ce qui brille n'est pas (d') or** *prov* all that glitters is not gold. -**2.** [exceller] to shine, to excel, to be outstanding; **~ à un examen** to do very well in an exam; **~ au tennis/en biologie** to be very good at tennis/at biology ‖ [se distinguer] to stand out; **avoir le désir de ~** to be anxious to stand out; **~ en société** to be a social success; **~ dans une conversation** to shine in a conversation ❑ **~ par** *iron*: **~ par son absence** to be conspicuous by one's absence; **~ par son incompétence** to be remarkably incompetent; **faire ~** to point out; **faire ~ les avantages d'une situation** to point out the advantages of a situation.

brimade [brimad] *nf* -**1.** [vexation] victimization, bullying; **faire subir des ~s à qqn** to victimize sb, to bully sb. -**2.** *arg scol* initiation ceremony.

brimbaler [brɛ̃bale] = **bringuebaler**.

brimborion [brɛ̃bɔrjɔ̃] *nm litt* bauble, trinket.

brimer [3] [brime] *vt* -**1.** [tracasser] to victimize; **il se sent brimé** he feels victimized. -**2.** *arg scol* to initiate.

brin [brɛ̃] *nm* -**1.** [filament] strand; **câble à un ~** single-strand OU single-stranded cable; **corde/laine à trois ~s** three-ply rope/wool ‖ TEXT fibre. -**2.** [tige - d'herbe] blade; [- d'osier] twig; [- de muguet, de persil] sprig; [- de bruyère, d'aubépine] twig, sprig. -**3.** [morceau - de laine, de fil] piece, length; **~ de paille** (piece of) straw. -**4.** [parcelle]: **un ~ de** a (tiny) bit of; **un ~ de génie** a touch of genius; **il faut avoir un ~ d'inconscience pour faire ça** you need to be a bit foolhardy to do that; **il n'a pas un ~ de bon sens** he hasn't an ounce OU a shred of common sense; **il n'y a pas un ~ de vent** there isn't a breath of wind; **il n'y a pas un ~ de vérité là-dedans** there isn't a grain of truth in it; **faire un ~ de: faire un ~ de causette (à** OU **avec qqn)** *fam* to have a quick chat (with sb); **faire un ~ de cour à** to have a little flirt with; **faire un ~ de toilette** to have a quick wash. -**5.** *loc*: **un beau ~ de fille** a good-looking girl.
◆ **un brin...** *fam loc adv* a trifle..., a touch...; **il était un ~ dépité** he was a trifle disappointed; **lève ton bras un ~ plus haut** raise your arm a shade OU fraction higher; **rigoler** OU **s'amuser un ~** to have a bit of fun.

brindille [brɛ̃dij] *nf* twig.

bringue *fam* [brɛ̃g] *nf* -**1.** *péj*: **une grande ~** a beanpole. -**2.** [noce]: **faire la ~** to live it up, to party *Am*. -**3.** *fam Helv* [querelle] row; [rengaine] refrain.

bringuebaler [3] [brɛ̃gbale] ◇ *vt* to joggle, to jiggle, to shake.
◇ *vi* to joggle, to rattle; **c'est fragile, il ne faut**

pas que ça bringuebale dans la valise it's fragile and mustn't shake about in the suitcase; **une carriole qui bringuebale** a cart that rattles along; **une voiture bringuebalante** a shaky old car.

bringuer [3] [brɛ̃ge] *Helv* ◇ *vi*: **arrête de ~!** stop going on about it!
◇ *vt* to go on at *(insép)*.
◆ **se bringuer** *vpi*: **ils se bringuaient** they were having a row.

brinquebaler [brɛ̃kbale] = **bringuebaler**.

brio [brijo] *nm* brio, verve.
◆ **avec brio** *loc adv*: **parler avec ~** [en une occasion] to make a brilliant speech; [naturellement] to be a dazzling speaker; **s'en tirer avec ~** to carry sthg off with panache; **passer une épreuve avec ~** to pass an exam with flying colours.

brioche [brijɔʃ] *nf* -**1.** CULIN brioche. -**2.** *fam* [ventre] paunch; **avoir de la ~** to be potbellied; **prendre de la ~** to be getting a paunch OU potbelly.

brioché, e [brijɔʃe] *adj* brioche-like; **pain ~** brioche-like bread *(with added fat and sugar in the dough)*.

brique [brik] ◇ *nf* -**1.** CONSTR brick; **un mur de ~** OU **~s** a brick wall ❑ **~ réfractaire** firebrick, refractory brick; **bouffer des ~s**▽ to have nothing to eat. -**2.** [morceau] piece; **~ de jeu de construction** building block. -**3.** [emballage - de lait, de jus de fruit] carton. -**4.** *fam* [million] *one million old francs (10,000 francs)*. -**5.** *Helv* [fragment] fragment, splinter.
◇ *adj inv* brick-red.

briquer [3] [brike] *vt* [pont de navire] to scrub; [maison] *fam* to clean from top to bottom; **tout avait été briqué** everything had been scrubbed.

briquet [brikɛ] *nm* -**1.** [appareil] lighter. -**2.** ZOOL beagle.

briquetage [briktaʒ] *nm* -**1.** [maçonnerie] brickwork. -**2.** [enduit] imitation brickwork.

briqueter [27] [brikte] *vt* -**1.** CONSTR [pavement, surface] to face in imitation brickwork. -**2.** [transformer en briquettes] to briquette.

briqueterie [brikɛtri] *nf* brickworks *(sg)*, brickyard.

briqueteur [briktœr] *nm* bricklayer.

briquetier [briktje] *nm* -**1.** [ouvrier] brickmaker. -**2.** [dirigeant] brickyard manager.

briquette [brikɛt] *nf* -**1.** CONSTR small brick. -**2.** [de combustible] briquette.

bris [bri] *nm* -**1.** [fragment] piece, fragment; **des ~ de glace** shards, fragments of glass; **être assuré contre les ~ de glace** to be insured for plate glass risk. -**2.** JUR: **~ de clôture** breach of close; **~ de scellés** breaking of seals.

brisant, e [brizɑ̃, ɑ̃t] *adj* highly-explosive.
◆ **brisant** *nm* [haut-fond] reef, shoal.
◆ **brisants** *nmpl* [vagues] breakers.

briscard [briskar] *nm* -**1.** MIL old soldier, veteran. -**2.** [vétéran] veteran, old hand; **un vieux ~** a veteran.

brise [briz] *nf* breeze; **bonne ~** fresh breeze.

brisé, e [brize] *adj* -**1.** [détruit] broken; **un homme ~** [par la fatigue] a run-down OU worn-out man; [par les ennuis, le chagrin] a broken man; **une voix ~e** a hoarse voice. -**2.** GÉOM broken. -**3.** ARCHIT [arc] broken.
◆ **brisé** *nm* DANSE brisé.

brise-béton [brizbetɔ̃] *nm inv* jackhammer.

brise-bise [brizbiz] *nm inv* half curtain *(on the bottom half of a window)*.

brise-copeaux [brizkɔpo] *nm inv* chip breaker.

brisées [brize] *nfpl* -**1.** CHASSE broken branches *(to mark the way)*. -**2.** *loc*: **aller** OU **marcher sur les ~ de qqn** to poach on sb's preserves.

brise-fer *fam* [brizfɛr] *nm inv vieilli* vandal.

brise-glace [brizglas] *nm inv* -**1.** NAUT icebreaker. -**2.** [pour un pont] icebreaker, ice apron OU guard. -**3.** [outil] hammer.

brise-jet [brizʒɛ] *nm inv* tap swirl.

brise-lames [brizlam] *nm inv* breakwater, groyne, mole.

brisement [brizmɑ̃] *nm litt* breaking.

brise-mottes [brizmɔt] *nm inv* harrow.

briser [3] [brize] *vt* -**1.** [mettre en pièces - verre, assiette] to break, to smash; [- vitre] to break, to shatter, to smash; [- motte de terre] to break up *(sép)*; **~ qqch en mille morceaux** to smash sthg to pieces; **~ les tabous** *fig* to break taboos. -**2.** [séparer en deux - canne, branche] to break, to snap; [- liens, chaînes] to break; **~ la glace** to break the ice. -**3.** [assouplir]: **~ des chaussures** to break shoes in. -**4.** [défaire - réputation, carrière] to wreck, to ruin; [- résistance, rébellion] to crush, to quell; [- contrat] to break; [- grève] to break (up); **~ un mariage/une amitié/une famille** to break up a marriage/friendship/family; **cela me brise le cœur** it breaks my heart ❑ **~ l'élan de qqn** *pr* to make sb stumble; *fig* to clip sb's wings. -**5.** [soumettre] to break; **je le briserai** I'll break him. -**6.** [épuiser - suj: soucis, chagrin] to break, to crush; [- suj: exercice, voyage] to exhaust, to tire out *(sép)*; **brisé par la maladie** broken by illness. -**7.** *loc*: **brisons là!** *litt* not another word!, that's enough!; **les ~ à qqn**▽: **tu me les brises!** you're getting on my wick! *Br*, you're starting to bug me! *Am*.
◆ **briser avec** *v + prép* [ami, tradition] to break with.
◆ **se briser** *vpi* -**1.** [se casser - verre] to shatter, to break. -**2.** [être altéré - espoir] to shatter; [- voix] to break, to falter; **son cœur s'est brisé** he was broken-hearted. -**3.** [déferler - mer] to break. -**4.** [échouer - attaque, assaut] to fail.

brise-soleil [brizsɔlɛj] *nm inv* sunbreaker.

brise-tout [briztu] = **brise-fer**.

briseur, euse [brizœr, øz] *nm, f* -**1.** *litt* [casseur] wrecker. -**2.** *fig*: **~ de grève** strikebreaker, scab.

brise-vent [brizvɑ̃] *nm inv* windbreak.

brisquard [briskar] = **briscard**.

bristol [bristɔl] *nm* -**1.** [carton] Bristol board, bristol. -**2.** [carte de visite] visiting *Br* OU calling *Am* card. -**3.** [fiche] index card.

Bristol [bristɔl] *npr* Bristol.

brisure [brizyr] *nf* -**1.** [fêlure] crack, break. -**2.** [fragment] splinter, fragment. -**3.** HÉRALD mark of cadency.
◆ **brisures** *nfpl*: **~s de riz** broken rice.

Britannicus [britanikys] *npr* Britannicus.

britannique [britanik] *adj* British.
◆ **Britannique** *nmf* Briton, Britisher *Am*; **les Britanniques** the British.

broc [bro] *nm* [gén] pitcher; [pour la toilette] ewer.

brocante [brɔkɑ̃t] *nf* -**1.** [objets]: **la ~** secondhand articles; **faire de la ~** to deal in secondhand goods. -**2.** [commerce] secondhand OU junk shop *Br*, used goods store *Am*; **il y a une ~ près d'ici** there's a secondhand shop near here.

brocanter [3] [brɔkɑ̃te] *vi* to deal in secondhand goods.

brocanteur, euse [brɔkɑ̃tœr, øz] *nm, f* dealer in secondhand goods, secondhand OU junk shop owner *Br*, secondhand store keeper *Am*.

brocard [brɔkar] *nm* -**1.** *litt* [moquerie] gibe, taunt. -**2.** ZOOL yearling fallow deer.

brocarder [3] [brɔkarde] *vt litt* to gibe at *(insép)*, to mock.

brocart [brɔkar] *nm* brocade.

broccio [brɔtʃjo] *nm* broccio cheese *(from Corsica)*.

brochage [brɔʃaʒ] *nm* -**1.** IMPR stitching, sewing. -**2.** TEXT brocade. -**3.** MÉCAN broaching.

broche [brɔʃ] *nf* -**1.** CULIN spit, skewer, broach. -**2.** [bijou] broach. -**3.** [en alpinisme] piton. -**4.** ÉLECTRON & MÉD pin. -**5.** MÉCAN broaching tool, broach. -**6.** TECH & TEXT spindle. -**7.** [d'une serrure] broach, hinge pin.
◆ **à la broche** *loc adv* on a spit; **cuit à la ~** roasted on a spit, spit-roasted.

broché, e [brɔʃe] *adj* -**1.** TEXT brocaded, broché. -**2.** IMPR paperback *(modif)*.
◆ **broché** *nm* -**1.** [tissu] brocade, broché OU swivel fabric. -**2.** [procédé] swivel OU broché weaving.

brocher [3] [brɔʃe] *vt* -**1.** IMPR to stitch, to sew. -**2.** MÉCAN to broach. -**3.** TEXT to brocade, to figure; **tissu broché d'or** material interwoven with raised gold threads.

brochet [brɔʃɛ] *nm* pike.

brochette [brɔʃɛt] *nf* -**1.** CULIN [broche] skewer; [mets] brochette, kebab; **du mouton en ~s** lamb kebabs. -**2.** [assemblée] lot; **une jolie ~ d'hypocrites** a fine lot of hypocrites. -**3.** [ribambelle]: **~ de décorations** row of decorations.

brocheur, euse [brɔʃœr, øz] *nm, f* -**1.** IMPR stitcher, sewer. -**2.** TEXT brocade weaver.
◆ **brocheur** *nm* broché weaving machine.
◆ **brocheuse** *nf* IMPR book sewing machine, stitcher; **brocheuse automatique sans couture** threadless OU adhesive OU flexible binding machine.

brochure [brɔʃyr] *nf* -**1.** IMPR stitched book, unbound book; [livret] pamphlet, booklet, brochure; **j'ai pris toutes les ~s sur Capri** I took all the brochures on Capri. -**2.** TEXT brocaded design, figured pattern.

brocoli [brɔkɔli] *nm* broccoli.

brodequin [brɔdkɛ̃] *nm* -**1.** [chaussure] (laced) boot. -**2.** ANTIQ [bottine] brodekin, buskin.
◆ **brodequins** *nmpl* [pour torture]: **les ~s** the boot.

broder [3] [brɔde] ◇ *vt* -**1.** COUT to embroider; **brodé à la main** hand-embroidered; **brodé d'or** embroidered in gold thread; **un mouchoir brodé de fleurs** a handkerchief embroidered with flowers. -**2.** *litt* [embellir] to embellish, to embroider *litt*.
◇ *vi* [exagérer] to use poetic licence.

broderie [brɔdri] *nf* -**1.** COUT [technique] embroidery; **~ à l'aiguille** needlework, embroidery; **faire de la ~** to do embroidery OU needlework ❑ **~ anglaise** broderie anglaise; **~ mécanique** machine embroidery. -**2.** [ouvrage] (piece of) embroidery, embroidery work. -**3.** [industrie] embroidery trade.

brodeur, euse [brɔdœr, øz] *nm, f* embroiderer.
◆ **brodeuse** *nf* embroidering machine.

broiement [brwamɑ̃] = **broyage**.

bromate [brɔmat] *nm* bromate.

brome [brom] *nm* -**1.** CHIM bromine. -**2.** BOT brome grass, brome.

bromé, e [brome] *adj* brominated.

bromhydrique [brɔmidrik] *adj* hydrobromic.

bromique [brɔmik] *adj* bromic.

bromoforme [brɔmofɔrm] *nm* bromoform.

bromure [brɔmyr] *nm* bromide; **~ de potassium** potassium bromide.

bronche [brɔ̃ʃ] *nf* bronchus; **les ~s** the bronchial tubes.

broncher [3] [brɔ̃ʃe] *vi* -**1.** [réagir] to react, to respond; **tu n'as pas intérêt à ~!** not a word out you!; **le premier qui bronche...** the first one to move a muscle OU to budge... -**2.** [cheval] to stumble.
◆ **sans broncher** *loc adv* without batting an eye OU eyelid, without turning a hair OU flinching.

bronchiole [brɔ̃ʃjɔl] *nf* bronchiole.

bronchique [brɔ̃ʃik] *adj* bronchial.

bronchite [brɔ̃ʃit] *nf* bronchitis.

bronchiteux, euse [brɔ̃ʃitø, øz] ◇ *adj* bronchitic.
◇ *nm, f* bronchitis sufferer.

bronchitique [brɔ̃ʃitik] ◇ *adj* bronchitic; **être ~** to have chronic bronchitis.
◇ *nmf* chronic bronchitis patient.

broncho-pneumonie [brɔ̃kɔpnømɔni] (*pl* broncho-pneumonies), **broncho-pneumopathie** [brɔ̃kɔpnømopati] (*pl* **broncho-pneumopathies**) *nf* bronchopneumonia.

bronchorrée [brɔ̃kɔre] *nf* bronchorrhea.

bronchoscope [brɔ̃kɔskɔp] *nm* bronchoscope.

bronchoscopie [brɔ̃kɔskɔpi] *nf* bronchoscopy.

brontosaure [brɔ̃tɔzɔr] *nm* brontosaur, brontosaurus.

bronzage [brɔ̃zaʒ] *nm* -**1.** [hâle] suntan, tan; **avoir un beau ~** to have a nice tan; **~ intégral** allover tan. -**2.** TECH bronzing.

bronze [brɔ̃z] ◇ *nm* BX-ARTS & MÉTALL bronze; **un homme au cœur de ~** *litt* a cold-hearted man.
◇ *adj inv* bronze, bronze-coloured.

bronzé, e [brɔ̃ze] *adj* -**1.** [hâlé] suntanned, tanned, bronzed. -**2.** TECH bronze, bronzed.

bronzer [3] [brɔ̃ze] ◇ *vt* -**1.** [hâler] to tan. -**2.** [donner l'aspect du bronze à] to bronze. -**3.** [fer] to blue.
◇ *vi* to tan, to go brown; **se faire ~** to get a tan.

bronzette *fam* [brɔ̃zɛt] *nf* (bout of) sunbathing; **faire une petite ~** to lie in the sun, to sunbathe for a while.

brook [bruk] *nm* water jump.

brossage [brɔsaʒ] *nm* -**1.** [de chaussures, de vêtements] brushing. -**2.** [d'un cheval] brushing down.

brosse [brɔs] *nf* -**1.** [ustensile] brush; **~ à chaussures** shoe brush; **~ à cheveux** hairbrush; **~ à dents** toothbrush; **~ à habits** clothes brush; **~ à ongles** nailbrush; **~ en chiendent** scrubbing *Br* OU scrub *Am* brush; **~ métallique** wire brush; **coup de ~**: **donner un coup de ~ à qqch** [pour dépoussiérer] to brush sthg; [pour laver] to give sthg a scrub; **~ à reluire** *fam*: **as** OU **champion de la ~ à reluire** sweet talker; **passer la ~ à reluire à qqn** to butter sb up, to soft-soap sb. -**2.** [pinceau] brush. -**3.** [coiffure] crew cut; **se faire couper les cheveux en ~** to have a crew cut OU a flat-top. -**4.** ZOOL [d'un renard] brush; [d'une abeille] scopa.

brosser [3] [brɔse] *vt* -**1.** [épousseter - miettes] to brush (off); [- pantalon, jupe] to brush down. -**2.** [frictionner] to brush, to scrub; **~ un cheval** to rub a horse down. -**3.** BX-ARTS [paysage, portrait] to paint; **~ un tableau** *fig* to describe a situation; **il m'a brossé un tableau idéal de son travail** he painted me a glowing picture of his job; **je vais vous ~ un tableau de la situation** I'll give you a brief outline of the situation. -**4.** *fam Belg*: **~ un cours** to skive off *Br* OU to cut *Am* a class. -**5.** SPORT to cut, to give spin to.
◆ **se brosser** *vp (emploi réfléchi)* -**1.** [se nettoyer] to brush o.s. (down); **brosse-toi, tu as de la poussière sur ton manteau** brush yourself down, you've got dust on your coat; **se ~ les dents/les cheveux** to brush one's teeth/hair. -**2.** *fam loc*: **il peut toujours se ~, il n'aura jamais mon livre** he can whistle for my book.

brosserie [brɔsri] *nf* -**1.** [usine] brush factory. -**2.** [commerce] brush-making industry.

brou [bru] *nm* BOT husk, shuck *Am*.
◆ **brou de noix** *nm* walnut stain; **passer au ~ de noix** to stain with walnut.

brouet [bruɛ] *nm hum* OU *litt* (coarse) gruel; **un noir ~** a foul brew.

brouettage [bruɛtaʒ] *nm* carting, barrowing, wheelbarrowing.

brouette [bruɛt] *nf* barrow, wheelbarrow.

brouettée [bruete] *nf* barrowful, wheelbarrowful.

brouetter [4] [bruete] *vt* to cart, to barrow, to wheelbarrow.

brouhaha [bruaa] *nm* hubbub, (confused) noise; **un ~ de voix** a hubbub of voices.

brouillage [brujaʒ] *nm* [accidentel] interference; [intentionnel] jamming.

brouillard [brujar] *nm* -**1.** MÉTÉO [léger] mist; [épais] fog; **il y a du ~** it's misty, there's a mist ❑ **un ~ à couper au couteau** a very thick fog; **~ givrant** freezing fog; **~ matinal** early-morning fog; **être dans le ~**: **il est dans le ~** he's not with it. -**2.** [voile] mist; **avoir un ~ devant les yeux** to have blurred vision; **voir à travers un ~** to see things through a haze OU mist. -**3.** BOT gypsophila *spéc*, baby's breath. -**4.** [livre de comptes] daybook.

brouillasse [brujas] *nf* drizzle.

brouillasser [3] [brujase] *v impers*: **il brouillasse** it's drizzling.

brouille [bruj] *nf* tiff, quarrel; **leur ~ dure toujours** they're still not speaking OU on speaking terms; **leur ~ est irrémédiable** they're fallen out (with each other) for good.

brouillé, e [bruje] *adj* -**1.** [terne - teint] sallow, muddy. -**2.** [ciel] cloudy. -**3.** JEUX shuffled. -**4.** CULIN scrambled.

brouiller [3] [bruje] *vt* -**1.** CULIN [œuf] to scramble. -**2.** [mélanger - cartes] to shuffle; **~ la cervelle** *fam* OU **le cerveau de qqn** to get sb muddled OU confused; **~ les cartes** *fig* to confuse the issue; **~ les pistes** [dans un roman] to confuse the reader; [dans une poursuite] to cover one's tracks, to put sb off one's scent; [dans un débat] to put up a smokescreen. -**3.** [dérégler] to jumble; **~ la combinaison d'un coffre** to jumble the combination of a safe. -**4.** [troubler - liquide] to cloud; **~ la vue** to cloud OU to blur one's eyesight; **~ un miroir** to blur a mirror; **les lettres étaient brouillées devant mes yeux** the letters were a blur before my eyes; **il avait les yeux brouillés par les larmes** his eyes were blurred with tears. -**5.** RAD [signal] to garble; [transmission, circuit] to jam. -**6.** [fâcher] to turn against, to alienate from; **ça l'a brouillé avec sa famille** it's turned him against his family; **ce professeur m'a brouillé avec les mathématiques** *fig* that teacher spoiled OU ruined mathematics for me; **je suis brouillé avec les ordinateurs** I'm no good with computers.
◆ **se brouiller** ◇ *vp (emploi réciproque)* [se fâcher] to quarrel, to fall out (with one another).
◇ *vpi* -**1.** [se mélanger - idées] to get confused OU muddled OU jumbled; [se troubler - vue] to blur, to become blurred. -**2.** MÉTÉO [ciel] to become cloudy, to cloud over.
◆ **se brouiller avec** *vp + prép* to fall out with.

brouillerie [brujri] *nf* tiff.

brouillon, onne [brujɔ̃, ɔn] ◇ *adj* -**1.** [travail] untidy, messy. -**2.** [personne] muddleheaded, unmethodical; **avoir l'esprit ~** to be muddleheaded.
◇ *nm, f* muddler.
◆ **brouillon** *nm* (rough) draft; **voilà le ~ du projet définitif** this is the blueprint of the project; **faire un ~** to make a (rough) draft; **faire une lettre au ~** to draft a letter, to write a first draft of a letter.

brouillonner [3] [brujɔne] *vt* to jot down *(sép)*.

broussaille [brusaj] *nf* [touffe] clump of brushwood.
◆ **broussailles** *nfpl* [sous-bois] undergrowth; [dans un champ] scrub.
◆ **en broussaille** *loc adj* [cheveux] tousled, dishevelled; [sourcils, barbe] bushy, shaggy.

broussailleux, euse [brusajø, øz] *adj* -**1.** [terrain] brushy, scrubby, covered with brushwood. -**2.** [sourcils, barbe] shaggy, bushy; [cheveux] tousled, dishevelled.

brousse [brus] *nf* -**1.** GÉOG [type de végétation]: **la ~** the bush. -**2.** [étendue]: **la ~** [en Afrique] the bush; [en Australie] the outback; **vivre en pleine ~** *fam fig* to live in the backwoods OU out in the sticks OU in the boondocks *Am*.
◆ **de brousse** *loc adj* -**1.** [chaussures] desert *(modif)*. -**2.** [feux] bush *(modif)*.

broutart, broutard [brutar] *nm* store calf.

broutement [brutmɑ̃] *nm* -**1.** [du bétail] grazing; [d'un animal sauvage] browsing. -**2.** [d'une machine, d'un outil] juddering *Br*, jerking; [d'un embrayage] slipping.

brouter [3] [brute] ◇ *vt* -**1.** [suj: bétail] to graze, to feed on *(insép)*; [suj: animal sauvage] to browse, to feed on *(insép)*; **~ des feuilles** to nibble at leaves. -**2.** ▽ *loc*: **il nous les broute** he's being a pain in the neck OU arse.
◇ *vi* -**1.** [bétail] to graze, to feed; [animal sauvage] to browse, to feed. -**2.** [machine-outil] to chatter, to judder *Br*, to jerk; [embrayage] to slip.

broutille [brutij] *nf* [chose futile] trifle, trifling matter; **il s'inquiète pour des ~s** he's worrying over nothing; **~s que tout cela!** what a lot of trivia!

brownien [brawnjɛ̃] *adj m* Brownian.

browning [brawniŋ] *nm* Browning (automatic rifle).

broyage [brwajaʒ] *nm* [pulvérisation - d'une couleur] grinding; [- de la pierre, du sucre] crushing; [- d'une fibre] breaking, crushing; [- d'un grain] milling, grinding, crushing.

broyer [13] [brwaje] *vt* -**1.** [écraser - couleur, matériau friable, nourriture] to grind; [- pierre, sucre, ail] to crush; [- grain] to mill, to grind; [- fibre] to break, to crush; [- main, pied] to crush; **~ dans un mortier** to pound in a mortar. -**2.** *loc*: **~ du noir** to be in the doldrums, to think gloomy thoughts.

broyeur, euse [brwajœr, øz] ◇ *adj* grinding.
◇ *nm, f* grinder, crusher.
◆ **broyeur** *nm* [pulvérisateur - à minerai, à sable] grinder, crusher, mill; [- à paille] bruiser; [- à fibre] brake; [- à déchets] disintegrator, grinder; **~ à ordures** [dans un évier] waste disposal unit.

brrr [br] *interj* brrr.

bru [bry] *nf* daughter-in-law.

bruant [bryɑ̃] *nm* bunting ORNITH.

brucella [brysɛla] *nf* brucella.

brucelles [brysɛl] *nfpl Helv* (pair of) tweezers.

brucellose [bryseloz] *nf* brucellosis.

brugeois, e [bryʒwa, az] *adj* from Bruges.
◆ **Brugeois, e** *nm, f inhabitant of or person from Bruges.*

Bruges [bryʒ] *npr* Bruges.

brugnon [bryɲɔ̃] *nm* (white) nectarine.

brugnonier [bryɲɔnje] *nm* nectarine (tree).

bruine [brɥin] *nf* drizzle; **petite ~** fine drizzle.

bruiner [3] [brɥine] *v impers*: **il bruine** it's drizzling.

bruineux, euse [brɥinø, øz] *adj* drizzly.

bruire [105] [brɥir] *vi litt* [feuilles, vent] to rustle, to whisper; [eau] to murmur; [insecte] to hum, to buzz, to drone.

bruissement [brɥismɑ̃] *nm* [des feuilles, du vent, d'une étoffe] rustle, rustling; [de l'eau] murmuring; [d'un insecte] hum, humming, buzzing; [des ailes, d'une voile] flapping.

bruit [brɥi] *nm* -**1.** [son] sound, noise; **des ~s de pas** the sound of footsteps; **des ~s de voix** the hum of conversation; **les ~s de la maison/rue** the (everyday) sounds of the house/street; **un ~ sec** a snap; **un ~ sourd** a thud; **faire un ~** to make a sound OU noise; **il y a un petit ~** there's a slight noise ❑ **~ blanc** ACOUST white noise; **~ de fond** background noise; **en ~ de fond** in the background; **avec les jérémiades du père en perpétuel ~ de fond** with the father's perpetual moaning in the background; **'le Bruit et la fureur'** *Faulkner* 'The Sound and the Fury'. -**2.** [vacarme]: **le ~** noise; **j'ai horreur d'expliquer quelque chose dans le ~** I hate explaining something against a background of noise; **un ~ d'enfer** a huge racket; **faire du ~** to be noisy; **ne fais pas de ~** be quiet; **la machine ne fait pas de ~** the machine doesn't make any noise; **faire beaucoup de ~** *pr* to be very loud OU noisy; **il fait beaucoup de ~ mais il n'agit pas** *fig* he makes a lot of noise but he does nothing; **beaucoup de ~ pour rien** much ado about nothing. -**3.** [retentissement] sensation, commotion, furore; **ça va faire du ~** it'll cause a sensation, we haven't heard the last of it; **sa démission a fait beaucoup de ~** her resignation caused quite a commotion; **on a fait beaucoup de ~ autour de cet enlèvement** the kidnapping caused a furore; **on a fait grand ~ autour de sa déclaration** her statement caused a great sensation OU commotion ❑ **cela fera du ~ dans Landerneau** it will be the talk of the town. -**4.** [rumeur] rumour, piece of gossip; **le ~ court que...** rumour has it OU it is rumoured that...; **se faire l'écho d'un ~** to bruit sthg abroad; **il n'est ~ que de son mariage/nouveau livre** *litt* her marriage/new book is the talk of the town ❑ **des ~s de bottes** rumours of impending war, the sound of jackboots;

c'est un ~ de couloir it's a rumour ❑ faux ~ (false) rumour; faire circuler des faux ~s to spread rumours. -5. MÉD sound, bruit; ~ cardiaque OU du cœur heart OU cardiac sound; ~ de souffle (heart) murmur; ~ respiratoire rattle. -6. RAD & TÉLÉC noise; ~s ambiants room noise, background noise; ~ solaire solar (radio) noise.

◆ **sans bruit** *loc adv* noiselessly, without a sound; il s'avance sans ~ he moves forward without a sound.

bruitage [brɥitaʒ] *nm* sound effects.

bruiter [3] [brɥite] *vt* to make sound effects for.

bruiteur, euse [brɥitœr, øz] *nm, f* sound effects engineer.

brûlage [brylaʒ] *nm* [des herbes] burning; [d'une peinture] burning (off); [des cheveux] singeing; [du café] roasting; ~ des terres scorching.

brûlant, e [brylɑ̃, ɑ̃t] *adj* -1. [chaud - lampe, assiette] burning (hot); [- liquide] burning OU boiling (hot), scalding; [- nourriture] burning (hot), piping hot; [- soleil, température] blazing (hot), scorching, blistering; [- personne, front] feverish; avoir les mains ~es to have hot hands. -2. [animé] : ~ de: yeux ~s de curiosité eyes gleaming with curiosity; un regard ~ de désir a look of burning desire. -3. [actuel, dont on parle] : sujet/dossier ~ burning issue; c'est dire l'actualité ~e de ce livre this shows how very topical this book is. -4. [ardent - regard, sentiment] ardent, impassioned. -5. [érotique - imagination, récit, secret] passionate.

brûlé, e [bryle] ◇ *adj* -1. [calciné] burnt; terre de Sienne ~e burnt sienna. -2. [impétueux] : cerveau ~, tête ~e hothead.

◇ *nm, f* badly burnt person; un grand ~ a patient suffering from third-degree burns; service pour les grands ~s burns unit.

◆ **brûlé** *nm* burnt part; enlever le ~ sur un gâteau to scrape the burnt parts off a cake; une odeur de ~ a smell of burning; un goût de ~ a burnt taste ❑ ça sent le ~ [odeur] there's a smell of burning; *fig fam*there's trouble brewing.

brûle-gueule [brylgœl] *nm inv* (short) pipe.

brûle-parfum(s) [brylparfœ̃] (*pl* brûle-parfums) *nm* perfume vaporizer.

brûle-pourpoint [brylpurpwɛ̃]

◆ **à brûle-pourpoint** *loc adv* -1. [sans détour] point-blank, without beating about the bush. -2. [inopinément] out of the blue; demanda-t-elle à ~ she asked out of the blue.

brûler [3] [bryle] ◇ *vt* -1. [détruire - feuilles, corps, objet] to burn, to incinerate; il a brûlé la moquette en jouant avec des allumettes he burnt the carpet while playing with matches; on a brûlé Jeanne d'Arc Joan of Arc was burnt (at the stake); ~ qqn vif/sur le bûcher to burn sb alive/at the stake ❑ ~ ce qu'on a adoré to turn against one's former love OU loves; ~ le pavé to tear along; ~ les planches [à une occasion] to give an outstanding performance; ~ ses dernières cartouches to shoot one's bolt; ~ ses vaisseaux to burn one's boats OU bridges. -2. [consommer - électricité, fioul] to burn (up), to use, to consume; ~ la chandelle par les deux bouts to burn the candle at both ends; elle brûle un cierge à la Vierge deux fois par an *pr* she lights a candle to the Virgin Mary twice a year; ~ un cierge à qqn *fig* to show one's gratitude to sb. -3. [trop cuire] to burn; mon gâteau est complètement brûlé my cake is burnt to a cinder. -4. [trop chauffer - tissu] to burn, to scorch, to singe; [- cheveux, poils] to singe; [- acier] to spoil; la chaleur de midi brûlait la plage *litt* the midday heat had turned the beach into an inferno. -5. [irriter - partie du corps] to burn; la fumée me brûle les yeux smoke is making my eyes smart OU sting; le froid me brûle les oreilles the cold is making my ears burn; le piment me brûle la langue the chili is burning my tongue ❑ ~ la cervelle à qqn *pr* to blow sb's brains out; l'argent lui brûle les doigts money burns a hole in his pocket. -6. [endommager - suj: gel] to nip, to burn; [- suj: acide] to burn; brûlé par le gel frost-damaged; le soleil brûle l'herbe the sun scorches the grass. -7. *fam* [dépasser] : ~ son arrêt [bus, personne] to go past OU to miss one's stop; ~ un feu to go through a red light; ~ un stop to fail to stop at a stop sign ❑ ~ la consigne [l'oublier] to forget instructions; [y désobéir] to ignore instructions; ~ la politesse à qqn [passer devant lui] to push in front of sb (in the queue); [partir sans le saluer] to leave without saying good-bye to sb; ~ les étapes [progresser rapidement] to advance by leaps and bounds; *péj* to cut corners, to take short cuts. -8. [café] to roast. -9. [animer] to burn; le désir qui le brûle the desire that consumes him. -10. MÉD [verrue] to burn off (*sép*). -11. *arg crime* [tuer] to waste; pas un geste ou je te brûle! don't move or I'll blow your brains out!

◇ *vi* -1. [flamber] to burn (up), to be on fire; [lentement] to smoulder; le pin brûle bien pine wood burns well; ~ sur le bûcher to be burnt at the stake; ~ vif to be burnt alive OU to death; la forêt a brûlé the forest was burnt down OU to the ground; mon dîner a brûlé my dinner's burnt; ses vêtements brûlaient his clothes were on fire. -2. [être consommé - charbon, essence] to burn; laisser ~ la lumière to leave the light burning OU on. -3. [être chaud] to be burning; avoir le front/la gorge qui brûle to have a burning forehead/a burning sensation in the throat; ça brûle [plat, sol] it's boiling hot OU burning; [eau] it's scalding; [feu] it's burning; les yeux me brûlent my eyes are stinging OU smarting. -4. [être animé] : ~ de: ~ de colère to be burning OU seething with anger; ~ d'impatience/de désir to be burning with impatience/desire; ~ pour qqn *litt* to be in love with sb, to have a burning passion for sb. -5. ~ de [désirer] to be dying OU longing to; ~ de parler à qqn to be dying to talk to sb; je brûle de te revoir I'm longing OU I can't wait to see you again. -6. JEUX to be close; je brûle? am I close?

◆ **se brûler** *vp* (*emploi réfléchi*) to burn o.s.; se ~ avec du thé to burn OU to scald o.s. with tea; se ~ la main to burn one's hand ❑ se ~ la cervelle *fam* to blow one's brains out; se ~ les ailes to get one's fingers burnt.

brûlerie [brylri] *nf* -1. [pour le café] coffee roasting plant. -2. [pour l'eau-de-vie] distillery.

brûleur [brylœr] *nm* burner; ~ à gaz gas burner OU ring; ~ à mazout oil burner.

brûlis [bryli] *nm* -1. [mode de culture] slash-and-burn farming; culture sur ~ slash-and-burn cultivation. -2. [terrain] patch of burn-baited land.

brûloir [brylwar] *nm* coffee roaster.

brûlot [brylo] *nm* -1. [bateau] fireship. -2. [écrit] fierce OU blistering attack. -3. *Can* ENTOM midge.

brûlure [brylyr] *nf* -1. [lésion] burn; se faire une ~ au poignet to burn o.s. on the wrist ❑ ~ au premier/second/troisième degré MÉD first-/second-/third-degree burn; ~ de cigarette cigarette burn. -2. [sensation] burning sensation; la ~ de la neige the burning of the snow; la ~ de la honte *fig* the burning sensation of shame ❑ ~s d'estomac heartburn. -3. [trace] burnt patch.

brumaire [brymɛr] *nm* *2nd month of the French revolutionary calendar (from Oct 23 to Nov 21).*

LE 18 BRUMAIRE (AN VIII):
Napoleon Bonaparte's coup d'État of 9 November 1799 when, returning from his Egyptian campaign, he put an end to the government of the Directoire and established himself as First Consul.

---

brumasse [brymas] *nf* thin mist, haze.

brumasser [3] [brymase] *v impers*: il brumasse there's a light mist.

brume [brym] *nf* -1. [brouillard - de chaleur] haze; [- de mauvais temps] mist; ~ de mer sea mist. -2. NAUT fog. -3. [confusion] daze, haze; il est encore dans les ~s du sommeil he's still half asleep; être dans les ~s de l'alcool to be in a drunken stupor.

brumeux, euse [brymø, øz] *adj* -1. MÉTÉO misty, foggy, hazy. -2. [vague] hazy, vague; un souvenir ~ a hazy OU dim recollection.

Brumisateur® [brymizatœr] *nm* atomizer.

brun, brune [brœ̃, bryn] ◇ *adj* -1. [au pigment foncé - cheveux] brown, dark; [- peau] brown, dark; ~ cuivré tawny. -2. [bronzé] brown, tanned. -3. COMM: bière ~e dark beer, ≃ brown ale *Br*; tabac ~ brown tobacco.

◇ *nm, f* brown-haired OU dark-haired man (*f* woman), brunette *nf*.

◆ **brun** *nm* brown (colour).

◆ **brune** *nf* -1. [cigarette] brown tobacco cigarette. -2. [bière] dark beer, ≃ brown ale *Br*.

◆ **à la brune** *loc adv litt* at dusk.

brunante [brynɑ̃t] *nf Can* dusk.

brunâtre [brynatr] *adj* brownish.

brunch [brœnʃ] *nm* brunch.

Brunei [brynei] *npr m*: le ~ Brunei; au ~ in Brunei.

brunet, ette [brynɛ, ɛt] *nm, f* brown-haired lad (*f* lass).

bruni [bryni] *nm* burnish.

brunir [32] [brynir] ◇ *vi* -1. [foncer - cheveux, couleur] to get darker, to darken; [- peau] to get brown OU browner; ~ au soleil to tan. -2. CULIN [sauce, oignons] to brown; [sucre] to darken; laissez ~ cook until golden.

◇ *vt* -1. [hâler] to tan. -2. [polir - métal] to burnish; [- acier] to brown, to burnish.

brunissage [brynisaʒ] *nm* burnishing.

brunissement [brynismɑ̃] *nm* tanning.

brunisseur, euse [brynisœr, øz] *nm, f* burnisher.

◆ **brunisseur** *adj m*: plat ~ browning dish.

brunissoir [bryniswar] *nm* burnisher, burnishing tool.

Brunswick [brœ̃zvik] *npr* Brunswick.

Brushing® [brœʃiŋ] *nm* blow-dry; faire un ~ à qqn to blow-dry sb's hair.

brusque [brysk] *adj* -1. [bourru - ton] curt, abrupt; [- personne] brusque, blunt; [- geste] abrupt, rough. -2. [imprévu] abrupt, sudden; une ~ baisse de température a sudden drop in temperature.

brusquement [bryskəmɑ̃] *adv* [soudainement] suddenly, abruptly.

brusquer [3] [bryske] *vt* -1. [malmener] to be rough with. -2. [hâter - dénouement] to rush; [- adieux] to cut short; ~ les choses to rush things.

brusquerie [bryskəri] *nf* -1. [brutalité] abruptness, brusqueness, sharpness. -2. [soudaineté] abruptness, suddenness.

brut, e[1] [bryt] *adj* -1. [non traité - pétrole, métal] crude, untreated; [- laine, soie, charbon, brique] untreated, raw; [- sucre] raw, coarse; [- pierre précieuse] rough, uncut; [- minerai] raw; [- or] unrefined; ~ de: bois ~ de machine machine-dressed timber; ~ de coulée as cast; ~ de forge as forged; ~ de laminage as rolled. -2. [émotion, qualité] naked, pure, raw; à l'état ~ in the rough; données ~es raw data; les faits ~s the simple OU plain facts. -3. [sauvage] brute; la force ~e brute force. -4. ÉCON gross. -5. [poids] gross. -6. ŒNOL brut, dry.

◆ **brut** ◇ *adv* gross; gagner 7 000 francs ~ to earn 7,000 francs gross; ballot qui pèse 200 kilos ~ packet weighing 200 kilos gross (including wrappings).

◇ *nm* -1. [salaire] gross income. -2. [pétrole] crude oil. -3. [champagne] brut OU dry champagne.

brutal, e, aux [brytal, o] ◇ *adj* -1. [violent - personne] brutal, vicious; [- enfant] rough; [- choc] strong, violent; [- force] brute. -2. [franc] brutal, blunt; il a été très ~ en lui annonçant la nouvelle he broke it to him very unfeelingly OU harshly; ils se parlèrent avec une franchise ~e they had a very blunt and frank conversation. -3. [non mitigé] brutal, raw. -4. [soudain - changement] sudden, abrupt;

[- transition] abrupt; cela a été très ~ it was very sudden.
◇ *nm, f* brute, violent individual.

brutalement [brytalmɑ̃] *adv* -**1.** [violemment] brutally, violently, savagely; **pousser qqn ~ contre qqch** to shove sb brutally OU roughly against sthg. -**2.** [sèchement] brusquely, sharply, harshly; **il lui annonça ~ la nouvelle** he broke the news to her bluntly. -**3.** [tout d'un coup] suddenly; **le vent peut changer ~ de direction** the wind can change direction very suddenly; **s'arrêter ~** to come to an abrupt halt.

brutaliser [3] [brytalize] *vt* -**1.** [maltraiter] to ill-treat; **~ qqn** to batter sb; **se faire ~ par la police** to be manhandled by the police. -**2.** [brusquer] to bully; **il ne faut pas me ~** don't bully me.

brutalisme [brytalism] *nm* brutality.

brutalité [brytalite] *nf* -**1.** [violence] brutality, violence; **des brutalités** brutalities, violent acts; **~s policières** police brutality. -**2.** [soudaineté] suddenness; **surpris par la ~ de la crise** startled by the sudden onset of the crisis.

brute2 [bryt] *nf* -**1.** [personne violente] bully; **comme une ~** with all one's might, like mad; **frapper comme une ~ sur qqch** to hit sthg with full force, to hammer away at sthg; **ne tire pas comme une ~, c'est fragile** don't pull so hard, it's delicate; **c'est une ~ épaisse** he's nothing but a brute; **une grande** OU **grosse ~** a big brute (of a man). -**2.** [personne fruste] boor, lout. -**3.** *litt* [animal] brute.

Brutus [brytys] *npr* Brutus.

Bruxelles [brysɛl] *npr* Brussels.

bruxellois, e [brysɛlwa, az] *adj* from Brussels.
◆ **Bruxellois, e** *nm, f inhabitant of or person from Brussels.*

bruyamment [brɥijamɑ̃] *adv* noisily; **parler/rire/protester ~** to speak/to laugh/to complain loudly; **manger ~** to eat noisily.

bruyant, e [brɥijɑ̃, ɑ̃t] *adj* [enfant, rue] noisy; **un rire ~** a loud laugh.

bruyère [brɥijɛr] *nf* -**1.** BOT heather. -**2.** [lande] moor, heath.

bryologie [brijɔlɔʒi] *nf* bryology.

bryophyte [brijɔfit] *nf* bryophyte.

BT ◇ *nm abr de* **brevet de technicien.**
◇ *nf* (*abr de* **basse tension**) LT.

BTA (*abr de* **brevet de technicien agricole**) *nm agricultural training certificate (taken at age 18).*

BTP (*abr de* **bâtiments et travaux publics**) *nmpl building and public works sector.*

BTS (*abr de* **brevet de technicien supérieur**) *nm advanced vocational training certificate (taken at the end of a 2-year higher education course).*

BU *nf abr de* **bibliothèque universitaire.**

buanderie [byɑ̃dri] *nf* -**1.** [pièce, local - à l'intérieur] laundry, utility room; [- à l'extérieur] washhouse. -**2.** *Can* [laverie] laundry.

bubale [bybal] *nm* bubal.

bubon [bybɔ̃] *nm* bubo.

bubonique [bybɔnik] *adj* bubonic.

Bucarest [bykarɛst] *npr* Bucharest.

buccal, e, aux [bykal, o] *adj* mouth (*modif*), buccal *spéc.*

buccin [byksɛ̃] *nm* -**1.** ZOOL whelk. -**2.** ANTIQ & MUS trumpet.

buccinateur [byksinatœr] *nm* -**1.** ANAT buccinator. -**2.** ANTIQ & MUS trumpet player.

bucco-dentaire [bykodɑ̃tɛr] *adj* mouth (*modif*); **hygiène ~** oral hygiene.

Bucéphale [bysefal] *npr* Bucephalus.

bûche [byʃ] *nf* -**1.** [morceau de bois] log. -**2.** *fam* [personne apathique] lump; **ne reste pas là comme une ~** don't just stand there like a lemon *Br* OU like a lump on a log *Am.* -**3.** CULIN & HIST: **~ glacée** Yule log *(with an ice-cream filling)*; **~ de Noël** Yule log. -**4.** *fam loc*: **prendre** OU **ramasser une ~** to take a tumble, to come a cropper *Br.*

bûcher1 [3] [byʃe] ◇ *vt* -**1.** *fam* [travailler]: **~ un examen** to cram for an exam; **~ sa physique** to bone up on OU to swot up *Br* one's physics. -**2.** *Can* [bois] to fell, to cut down.
◇ *vi Can* to fell trees.

bûcher2 [byʃe] *nm* -**1.** [supplice]: **le ~** the stake; **être condamné au ~** to be sentenced to be burnt at the stake. -**2.** [funéraire] pyre. -**3.** [remise] woodshed.

bûcheron, onne [byʃrɔ̃, ɔn] *nm, f* woodcutter, lumberjack.

bûchette [byʃɛt] *nf* -**1.** [petit bois] twig, stick. -**2.** [pour compter] stick.

bûcheur, euse *fam* [byʃœr, øz] ◇ *adj* hard-working.
◇ *nm, f* hardworking student, swot *Br péj,* grind *Am péj.*

bucolique [bykɔlik] ◇ *adj* bucolic, pastoral.
◇ *nf* bucolic, pastoral poem; **'les Bucoliques'** *Virgile* 'The Eclogues', 'The Bucolics'.

Budapest [bydapɛst] *npr* Budapest.

budget [bydʒɛ] *nm* -**1.** [d'une personne, d'une entreprise] budget; **avoir un petit ~** to be on a (tight) budget; **des prix pour les petits ~s** budget prices; **se fixer un ~ loisirs** to decide on a budget for one's leisure activities ❑ **~ temps** [délai] allowance; SOCIOL time budget. -**2.** FIN & POL: **le Budget** ≃ the Budget ❑ **~ économique** ÉCON economic budget.

budgétaire [bydʒetɛr] *adj* budgetary.

budgétisation [bydʒetizasjɔ̃] *nf* budgeting.

budgétiser [3] [bydʒetize] *vt* to budget for.

budgétivore [bydʒetivɔr] *hum* ◇ *adj* wasteful of State resources.
◇ *nmf* big spender (of State resources).

buée [bɥe] *nf* condensation; **il y a de la ~ sur les carreaux** the windows are covered in condensation; **plein** OU **couvert de ~** misted OU steamed up; **mes lunettes se couvrent de ~** my glasses are getting steamed up.

Buenos Aires [bɥenozɛr] *npr* Buenos Aires.

buffer [bœfœr] *nm* buffer COMPUT.

buffet [byfɛ] *nm* -**1.** [de salle à manger] sideboard; **~ (de cuisine)** kitchen cabinet OU dresser. -**2.** [nourriture]: **il y aura un ~ pour le déjeuner** there will be a buffet lunch ❑ **~ campagnard** buffet *(mainly with country-style cold meats)*; **~ froid** (cold) buffet. -**3.** [salle]: **~ (de gare)** (station) café OU buffet OU cafeteria || [comptoir roulant] refreshment trolley *Br* OU cart *Am.* -**4.** [d'un orgue] case. -**5.** ▽ [ventre] belly; **ne rien avoir dans le ~** [être à jeun] to have an empty belly; [être lâche] to have no guts; **se remplir le ~** to stuff one's face, to pig out.

buffle [byfl] *nm* -**1.** ZOOL buffalo. -**2.** [pour polir] buffer.

bufflesse [byflɛs], **bufflonne** [byflɔn] *nf* she-buffalo.

buggy [bygi] = **boghei.**

bugle [bygl] *nm* MUS bugle.

bugne [byɲ] *nf* CULIN *strip of fried dough sprinkled with sugar, speciality of the Lyon region.*

building [bildiŋ] *nm* tower block.

buis [bɥi] *nm* -**1.** BOT box, boxtree. -**2.** MENUIS box, boxwood.

buisson [bɥisɔ̃] *nm* -**1.** BOT bush. -**2.** CULIN: **~ d'écrevisses** crayfish en buisson. -**3.** RELIG: **~ ardent** burning bush.

buisson-ardent [bɥisɔ̃ardɑ̃] (*pl* **buissons-ardents**) *nm* BOT pyracantha.

buissonneux, euse [bɥisɔnø, øz] *adj* -**1.** [terrain] shrub-covered. -**2.** [arbre, végétation] shrub-like.

buissonnière [bɥisɔnjɛr] *adj f* → **école.**

Bujumbura [buʒumbura] *npr* Bujumbura.

Bulawayo [bulawajo] *npr* Bulawayo.

bulbe [bylb] *nm* -**1.** BOT bulb, corm. -**2.** ANAT: **~ pileux** hair bulb; **~ rachidien** medulla. -**3.** ARCHIT onion dome. -**4.** NAUT bulb. -**5.** ÉLECTR *(comme adj)*: **groupe ~** bulb turbine generator set.

bulbeux, euse [bylbø, øz] *adj* BOT bulbous.

bulgare [bylgar] *adj* Bulgarian.
◆ **Bulgare** *nmf* Bulgarian.
◆ **bulgare** *nm* LING Bulgarian.

Bulgarie [bylgari] *npr f*: **(la) ~** Bulgaria.

bulldozer [byldozɛr] *nm* -**1.** [machine] bulldozer. -**2.** *fam* [fonceur] bulldozer; **c'est un ~, cette femme!** that woman bulldozes her way through life!

bulle [byl] ◇ *nf* -**1.** [d'air, de gaz, de bain moussant] bubble; **~ de savon** soap bubble; **des ~s** bubbles, froth; **il n'y a plus de ~s dans le Coca** the coke has gone flat; **faire des ~s** [de savon] to blow bubbles; [bébé] to dribble. -**2.** [de bande dessinée] balloon, speech bubble. -**3.** *arg scol* [zéro] nought, zero; **avoir la ~** to get nought OU (a) zero; **j'ai encore eu la ~ en maths** I got nought again in maths. -**4.** MÉD [enceinte stérile] bubble; *(comme adj)*: **enfant ~** *child brought up in a sterile bubble.* -**5.** [emballage] blister. -**6.** RELIG bull.
◇ *nm*: **(papier) ~** Manila paper.

buller▽ [3] [byle] *vi* to bum about OU around.

bulletin [byltɛ̃] *nm* -**1.** RAD & TV bulletin; **~ d'informations** news bulletin; **~ météorologique** weather forecast OU report. -**2.** ADMIN: **~ de naissance** birth certificate; **le Bulletin officiel** ADMIN *official listing of all new laws and decrees*; **~ de recensement** census return; **~ de santé** medical report. -**3.** SCOL: **~ (scolaire** OU **de notes)** (school) report *Br*, report card *Am*; **~ mensuel/trimestriel** monthly/end-of-term report; **avoir un bon/mauvais ~** to get a good/bad school report. -**4.** BOURSE: **~ des oppositions** list of stopped bonds. -**5.** POL: **~ de vote** ballot paper; **~ blanc** blank ballot paper; **~ secret** secret ballot. -**6.** [revue] bulletin, annals. -**7.** [ticket]: **~ de commande** order form; **~ de consigne** checkroom *Am* OU left luggage *Br* ticket; **~ de paie** OU **salaire** pay slip, salary advice; **~ de participation** entry form.

bulletin-réponse [byltɛ̃repɔ̃s] (*pl* **bulletins-réponse**) *nm* entry form.

bulot [bylo] *nm* whelk.

bungalow [bœ̃galo] *nm* [maison - sans étage] bungalow; [- de vacances] chalet.

bunker [bunkœr] *nm* -**1.** SPORT bunker *Br*, sand trap *Am.* -**2.** MIL bunker.

Bunsen [bœ̃zɛn] *npr*: **bec ~** Bunsen burner.

buraliste [byralist] *nmf* tobacconist *(licensed to sell stamps).*

bure [byr] *nf* -**1.** TEXT homespun. -**2.** VÊT frock, cowl; **la ~ du moine** monk's habit.

bureau, x [byro] *nm* -**1.** [meuble - gén] desk; [- à rabat] bureau; **~ à cylindre** roll top desk; **~ ministre** pedestal desk. -**2.** [pièce d'une maison] study; [meubles de cette pièce] set of furniture *(for a study).* -**3.** [lieu de travail des employés] office; **aller au ~** to go to the office; **travailler dans un ~** to do office work; **le centre de Londres est envahi par les ~x** central London has been taken over by offices || [salle de travail]: **elle est dans son ~** she's in her office ❑ **~ paysager** open-plan office *(with plants).* -**4.** [agence]: **~ d'aide sociale** welfare office OU centre; **~ de change** [banque] bureau de change, foreign exchange office; [comptoir] bureau de change, foreign exchange counter; **~ d'études** [entreprise] research consultancy; **~ des objets trouvés** lost property *Br* OU lost-and-found *Am* office; **~ de placement** employment agency *(for domestic workers)*; **~ de poste** post office; **~ de renseignements** information desk OU point OU centre; **~ de style** design consultancy; **~ de tabac** tobacconist's *Br*, tobacco dealer's *Am*; **~ de tri** sorting office; **~ de vote** polling station. -**5.** [service interne]: **~ commercial** commercial department; **~ d'études** [dans une entreprise] research department OU unit. -**6.** THÉÂT booking office; **jouer à ~x fermés** to be fully booked. -**7.** [commission] committee; **~x internationaux** international bureaux; **le syndicat réuni en ~ confédéral** the union meeting at federal committee level ❑ **~ politique** POL Politburo. -**8.** PRESSE office (abroad).
◆ **bureaux** *nmpl* [locaux] office, offices; **nos ~x sont transférés au 10, rue Biot** our office

has OU our premises have been transferred to 10 rue Biot; les ~x du ministère the Ministry offices.

◆ **de bureau** *loc adj* [travail] office *(modif)*; [articles, fournitures] office *(modif)*, stationery *(modif)*; [employé] office *(modif)*, white-collar.

bureaucrate [byrokrat] *nmf* bureaucrat.

bureaucratie [byrokrasi] *nf* -**1.** [système] bureaucracy. -**2.** [fonctionnaires] officials, bureaucrats. -**3.** [tracasseries] red tape, bureaucracy.

bureaucratique [byrokratik] *adj* bureaucratic, administrative.

bureaucratisation [byrokratizasjɔ̃] *nf* bureaucratization.

bureaucratiser [3] [byrokratize] *vt* to bureaucratize.

Bureautique® [byrotik] ◇ *adj*: **système/méthode ~** system/method of office automation.

◇ *nf* -**1.** [système] office automation. -**2.** [matériel] (electronic) office equipment.

burette [byrɛt] *nf* -**1.** [d'huile] oilcan. -**2.** CHIM burette. -**3.** RELIG cruet.

◆ **burettes**▼ *nfpl* bollocks *Br*, nuts *Am*; **il me casse les ~s** he's getting on my wick *Br*, he's starting to break my balls *Am*.

burger [bœrgœr] *nm* CULIN burger.

burgrave [byrgrav] *nm* burgrave.

burin [byrɛ̃] *nm* -**1.** MÉTALL cold, coldchise. -**2.** [outil de graveur] burin, graver. -**3.** [gravure] engraving, print.

buriné, e [byrine] *adj* [traits] strongly marked; [visage] craggy, furrowed.

buriner [3] [byrine] *vt* -**1.** BX-ARTS to engrave. -**2.** TECH to chisel. -**3.** *litt* [visage] to carve deep lines into.

Burkina [byrkina] *npr m*: **le ~** Burkina Faso; **au ~** in Burkina Faso.

burkinabé [byrkinabe] *adj* from Burkina Faso.

◆ **Burkinabé** *nmf inhabitant of or person from Burkina Faso.*

burlesque [byrlɛsk] ◇ *adj* -**1.** [très drôle - accoutrement] comic, comical, droll; [- plaisanterie] funny. -**2.** *péj* [stupide - idée] ludicrous, ridiculous. -**3.** CIN & LITTÉRAT burlesque.

◇ *nm* CIN & LITTÉRAT: **le ~** the burlesque.

burnous [byrnu] *nm* burnous, burnouse.

burundais, e [burundɛ, ɛz] *adj* Burundian.

◆ **Burundais, e** *nm, f* Burundian.

Burundi [burundi] *npr m*: **le ~** Burundi; **au ~** in Burundi.

bus [bys] *nm* bus; **on y va en ~** OU **par le ~** we're going there by bus; **il était dans le ~** he was on the bus; **monter/descendre du ~** to get on/off the bus.

busard [byzar] *nm* harrier; **~ Saint-Martin** hen harrier.

buse [byz] *nf* -**1.** ZOOL buzzard. -**2.** *fam péj* nitwit, dolt; **quelle ~!** what a nitwit! -**3.** [conduit] duct; **~ d'aérage** ventilation duct, air shaft. -**4.** AUT: **~ de carburateur** choke tube; **~ d'injection** injector nozzle. -**5.** *fam Belg* [échec] failure.

buser *fam* [3] [byze] *vt Belg*: **il a été busé** he failed.

business *fam* [biznɛs] *nm* -**1.** [affaires] business; **parler ~** to talk business. -**2.** *vieilli* [embrouillamini]: **qu'est-ce que c'est que ce ~?** what's this mess? || [tâche difficile]: **c'est tout un ~ pour démonter le moteur** it's a hell of a job taking the engine apart. -**3.** *vieilli* [objet] whatsit, thingamajig.

busqué, e [byske] *adj* [nez] hook *(modif)*, hooked.

buste [byst] *nm* -**1.** ANAT [haut du corps] chest; [seins] bust. -**2.** [sculpture] bust; **un ~ de Mozart** a bust of Mozart.

bustier [bystje] *nm* -**1.** [soutien-gorge] strapless bra. -**2.** [corsage] bustier.

but [byt] *nm* -**1.** [dessein] aim, purpose, point; **quel est le ~ de votre visite?** what's the purpose OU object of your visit?; **quel est le ~ de la manœuvre** OU **de l'opération?** what's the point of such a move?; **j'aimerais vous voir — dans quel ~?** I'd like to see you – what for?; **avoir pour ~ de** to aim to; **j'avais pour ~ de vous connaître** I was aiming to OU my aim was to get to know you; **la réforme a un ~ bien précis** the purpose of the reform is quite precise; **dans le ~ de faire...** for the purpose of doing..., with the aim of doing...; **je lui ai parlé dans le seul ~ de t'aider** my sole aim in talking to him was to help you; **aller** OU **frapper droit au ~** to go straight to the point; **dans ce ~** with this end OU aim in view; **à ~ industriel** industrial; **à ~ lucratif** profit-making; **à ~ non lucratif** non profit-making. -**2.** [ambition] aim, ambition, objective; **ils n'ont aucun ~ dans la vie** they have no aim OU purpose in life; **toucher au** OU **le ~** to be on the point of achieving one's aim; **je n'ai d'autre ~ que de bien faire mon travail** my only ambition is to do my work well. -**3.** [destination]: **le ~ de notre voyage leur était inconnu** our destination was unknown to them; **aujourd'hui, le ~ de la promenade sera le monastère** today, we'll walk as far as OU to the monastery; **sans ~** aimlessly. -**4.** FTBL [limite, point] goal; **jouer dans les ~s** to be (the) goalkeeper; **gagner/perdre par 5 ~s à 2** to win/to lose by 5 goals to 2; **marquer** OU **rentrer** *fam* **un ~** to score a goal; **un ~ égalisateur** an equalizer, an equalizing goal || [cible] target, mark. -**5.** GRAMM purpose.

◆ **de but en blanc** *loc adv* [demander] point-blank; [rétorquer] bluntly; **répondre à qqn de ~ en blanc** to give sb a blunt answer, to answer sb bluntly; **demanda-t-elle de ~ en blanc** she suddenly asked.

butane [bytan] *nm*: **(gaz) ~** CHIM butane; [dans la maison] Calor® gas.

buté, e[1] [byte] *adj* mulish, stubborn; **elle est complètement ~e** she's as stubborn as a mule.

butée[2] [byte] *nf* -**1.** TECH stop; [de ski] toe-piece; MÉCAN stop block. -**2.** ARCHIT abutment.

buter [3] [byte] ◇ *vi* -**1.** [trébucher] to stumble, to trip; **~ contre une pierre** to trip over a stone. -**2.** [cogner]: **~ contre qqch** to walk OU to bump into sthg. -**3.** [achopper]: **~ sur: ~ sur une difficulté** to come OU to stumble across a problem; **~ sur un mot** [en parlant] to trip over a word; [en lisant pour soi] to have trouble understanding a word. -**4.** CONSTR: **~ contre** to rest against, to be supported by.

◇ *vt* -**1.** [braquer]: **~ qqn** to put sb's back up, to make sb dig his/her heels in. -**2.** *arg crime* [tuer] to bump off *(sép)*, to waste.

◆ **se buter** *vpi* [se braquer] to dig one's heels in, to get obstinate.

◆ **se buter dans, se buter contre** *vp + prép* to bump into.

buteur [bytœr] *nm* -**1.** SPORT striker. -**2.** ▽ [assassin] killer.

butin [bytɛ̃] *nm* -**1.** [choses volées - par des troupes] spoils, booty; [- par un cambrioleur] loot. -**2.** [trouvailles] booty.

butiner [3] [bytine] ◇ *vi* [insectes] to gather nectar and pollen.

◇ *vt* -**1.** [pollen, nectar] to gather; [fleurs] to gather pollen and nectar on. -**2.** [rassembler - idées] to glean, to gather.

butoir [bytwar] *nm* -**1.** RAIL buffer. -**2.** [de porte] door stop. -**3.** FIN limit.

butor [bytɔr] *nm* -**1.** *péj* [malotru] boor, lout. -**2.** ZOOL bittern.

buttage [bytaʒ] *nm* earthing OU banking up HORT.

butte [byt] *nf* -**1.** [monticule] hillock, knoll; **la Butte (Montmartre)** (the Butte) Montmartre; **habiter sur la Butte** to live up on the hill *(in Montmartre)*. -**2.** MIL: **~ de tir** butts. -**3.** HORT mound.

◆ **en butte à** *loc prép*: **être en ~ à** to be exposed to, to be faced with; **en ~ aux quolibets** exposed to OU a prey to jeers.

butter [3] [byte] *vt* -**1.** HORT to earth OU to bank up *(sép)*. -**2.** *arg crime* to bump off *(sép)*, to waste.

butte-témoin [byttemwɛ̃] *(pl* **buttes-témoins***)* *nf* outlier.

buvable [byvabl] *adj* -**1.** [qui n'est pas mauvais à boire] drinkable; **il est ~, ce petit vin!** *hum* this wine's very drinkable! -**2.** PHARM [ampoule] to be taken orally.

buvard [byvar] *nm* -**1.** [morceau de papier] piece of blotting-paper; [substance] blotting-paper. -**2.** [sous-main] blotter.

buvette [byvɛt] *nf* -**1.** [dans une foire, une gare] refreshment stall; **'buvette'** 'refreshments'. -**2.** [de station thermale] pump room.

buveur, euse [byvœr, øz] *nm, f* -**1.** [alcoolique] drinker, drunkard; **c'est un gros ~** he's a heavy drinker. -**2.** [client de café] customer. -**3.** [consommateur]: **~ de: nous sommes de grands ~s de café** we are great coffee drinkers; **je ne suis pas un gros ~ de lait** I don't drink much milk.

BVA *(abr de* **Brulé Ville Associés***)* *npr French market research company.*

BVP *(abr de* **Bureau de vérification de la publicité***)* *npr m French advertising standards authority,* ≃ ASA *Br.*

by-pass [bajpas] *nm inv* -**1.** ÉLECTR bypass. -**2.** MÉD bypass operation.

byronien, enne [birɔnjɛ̃, ɛn] *adj* Byronic.

Byzance [bizɑ̃s] *npr* -**1.** GÉOG Byzantium. -**2.** *loc*: **c'est ~!** *fam* it's fantastic!

byzantin, e [bizɑ̃tɛ̃, in] *adj* -**1.** HIST Byzantine. -**2.** *péj* & *sout* byzantine *péj*.

◆ **Byzantin, e** *nm, f* Byzantine.

byzantinisme [bizɑ̃tinism] *nm* hair-splitting, argumentativeness.

byzantiniste [bizɑ̃tinist] *adj* Byzantinist, specialist in Byzantine art.

BZH *(abr écrite de* **Breizh***)* *Brittany (as nationality sticker on a car).*

C

c, C [se] *nm inv* [lettre] c, C.

c -**1.** (*abr écrite de* **centime**) c. -**2.** *abr écrite de* **centi**.

c' [s] → **ce** *pron dém*.

C -**1.** (*abr écrite de* **Celsius, centigrade**) C. -**2.** (*abr écrite de* **coulomb**) C. -**3.** *abr écrite de* **code**.

ç' [s] → **ce** *pron dém*.

ca *abr écrite de* **centiare**.

CA ◇ *nm* -**1.** *abr de* **chiffre d'affaires**. -**2.** *abr de* **conseil d'administration**. -**3.** *abr de* **corps d'armée**.
◇ *nf abr de* **chambre d'agriculture**.

ça[1] [sa] *nm* PSYCH id.

ça[2] [sa] *pron dém* -**1.** [désignant un objet - proche] this, it; [- éloigné] that, it; **donne-moi ça** give me that, give it to me; **ça se trouve où?** where is it OU that?; **laisse ça!** hands off!, leave that OU it (alone)!; **qu'est-ce que tu veux? — ça, là-bas** what do you want? — that, over there; **ça sent bon** that OU it smells nice; **il y avait ça entre moi et l'autobus** there was this OU that much between me and the bus; **il y a ça de différence de taille entre eux** there is this OU that much difference in height between them ❑ **il ne m'a pas donné ça!** *fam* he didn't give me a thing OU a bean!; **regarde-moi ça!** just look at that!; **il ne pense qu'à ça!** *euph* he's got a one track mind! -**2.** [désignant - ce dont on vient de parler] this, that; [- ce dont on va parler] this; **qu'est-ce que tu dis de ça?** what do you say to that?; **je n'ai jamais dit ça!** I never said that OU any such thing!; **la liberté, c'est ça qui est important** freedom, that's what matters; **il y a un peu de ça, c'est vrai** it's true, there's an element of OU a bit of that; **à part ça, tout va bien** apart from that, everything's fine; **il est parti il y a un mois/une semaine de ça** he left a month/a week ago; **écoutez, ça va vous étonner...** this will surprise you, listen... -**3.** [servant de sujet indéterminé]: **et ton boulot, comment ça se passe?** *fam* how's your job going?; **je voudrais m'inscrire, comment ça se passe?** I'd like to join, what do I have to do OU how do I go about it?; **ça souffle!** *fam* there's quite a wind (blowing)!; **ça fait 2 kg/3 m** that's 2 kg/3 m; **ça vous fera 15 francs** that'll be 15 francs; **ça fait deux heures que j'attends** I've been waiting for two hours; **ça vaut mieux** it's just as well; **qu'est-ce que ça peut faire?** what does it matter?; **qu'est-ce que ça veut dire?** what does it OU that mean?; [c'est ridicule] where's the sense in it?; [ton menaçant] what do you mean by that?, what's that supposed to mean?; **les enfants, ça comprend tout** children understand everything; **et ça fait la morale aux autres!** *fam péj* and he/they'll *etc* preach at you into the bargain! ❑ **ça ira comme ça** that'll do; **ça y est, j'ai fini!** that's it, I'm finished!; **ça y est, ça devait arriver!** now look what's happened!; **ça y est, ça commence!** here we go!; **ça y est, tu es prêt?** so are you ready now?; **ça y est, c'est de ma faute!** that's it, it's all my fault!; **c'est ça!** *iron* right!; **c'est ça, dites que je suis folle** so I'm out of my mind, is that it OU am I?; **c'est ça, moquez-vous de moi!** that's right, have a good laugh at my expense! -**4.** [emploi expressif]: **pourquoi ça?** why?, what for?; **qui ça?** who?, who's that?; **où ça?** where?, where abouts?; **quand ça?** when?; **comment ça, c'est fini?** what do you mean it's over?; **ah ça oui!** you bet!; **ah ça non!** certainly not!

çà [sa] *adv*: ~ **et là** here and there.

cabale [kabal] *nf* -**1.** [personnes] cabal; [intrigue] cabal, intrigue; **monter une ~ contre qqn** to plot against sb. -**2.** HIST cabala, cabbala, kabbala.

cabaliste [kabalist] *nmf* cabalist, kabbalist.

cabalistique [kabalistik] *adj* [science, interprétation] cabalistic.

caban [kabɑ̃] *nm* [longue veste] car coat; [de marin] reefer jacket; [d'officier] pea jacket.

cabane [kaban] *nf* -**1.** [hutte] hut, cabin; [pour animaux, objets] shed; ~ **de** OU **en rondins** log cabin ❑ ~ **à lapins** rabbit hutch; ~ **à outils** toolshed. -**2.** *fam* [maison] dump; **j'en ai marre de cette ~!** I'm fed up with this dump! -**3.** *fam* [prison] clink; **il a fait 8 ans de ~** he did OU spent 8 years inside. -**4.** *Helv* [refuge] mountain refuge. -**5.** *Can*: ~ **à sucre** sugar (and maple syrup) refinery, sap house.

cabanon [kabanɔ̃] *nm* -**1.** [abri] shed, hut; [en Provence] (country) cottage. -**2.** *vieilli* [pour fou] padded cell; **il est bon pour le ~** *fam* OU **à mettre au ~** he should be put away.

cabaret [kabarɛ] *nm* -**1.** [établissement] nightclub, cabaret. -**2.** [activité]: **le ~** cabaret; **il a débuté au ~** he started off doing cabaret. -**3.** [meuble] liqueur cabinet. -**4.** *vieilli* [auberge] tavern.

cabaretier, ère [kabartje, ɛr] *nm, f vieilli* innkeeper.

cabas [kaba] *nm* -**1.** [pour provisions] shopping bag. -**2.** [pour figues, raisins] basket.

cabestan [kabɛstɑ̃] *nm* capstan.

cabillaud [kabijo] *nm* cod.

cabillot [kabijo] *nm* toggle.

cabine [kabin] *nf* -**1.** NAUT cabin. -**2.** AÉRON [de pilotage] cockpit; [des passagers] cabin; **personnel de ~** cabin crew. -**3.** [de laboratoire de langues] booth; [de piscine, d'hôpital] cubicle; ~ **(de bain)** [hutte] bathing OU beach hut; [serviette] beachtowel (for changing); ~ **de douche** shower cubicle; ~ **d'essayage** changing OU fitting room *Br*, dressing room *Am*; ~ **de projection** projection room. -**4.** TÉLÉC: ~ **téléphonique** phone box *Br* OU booth. -**5.** TRANSP [de camion, de tracteur, de train] cab; [de grue] cabin; ~ **(de téléphérique)** cablecar. -**6.** RAIL: ~ **d'aiguillage** signal box, points control box.

cabinet [kabinɛ] *nm* -**1.** [de dentiste] surgery *Br*, office *Am*; [de magistrat] chambers; [d'avoué, de notaire] office; ~ **(de consultation)** (doctor's) surgery *Br* OU office *Am*. -**2.** [réduit]: ~ **de débarras** boxroom *Br*, storage room *Am*; ~ **noir** walk-in cupboard. -**3.** [petite salle]: **~s d'aisances** *arch* toilet, privy *arch*; ~ **de lecture** reading room; ~ **particulier** [de restaurant] private dining room; ~ **de toilette** bathroom; ~ **de travail** study. -**4.** [clientèle - de médecin, de dentiste] practice; **monter un ~** to set up a practice. -**5.** [agence]: ~ **d'affaires** business consultancy; ~ **d'architectes** firm of architects; ~ **d'assurances** insurance firm OU agency; ~ **conseil** consulting firm, consultancy firm; ~ **immobilier** estate agent's *Br* OU realtor's *Am* office. -**6.** POL [gouvernement] cabinet; **faire partie du ~** to be in OU a member of the Cabinet; ~ **du Premier ministre** Prime Minister's departmental staff ❑ ~ **fantôme** shadow cabinet; ~ **ministériel** minister's advisers, departmental staff. -**7.** [d'un musée] (exhibition) room; ~ **des estampes/médailles** prints/medals room. -**8.** [meuble] cabinet. -**9.** [d'horloge] (clock) case.
◆ **cabinets** *fam nmpl* toilet, loo *Br*, bathroom *Am*.

câblage [kablaʒ] *nm* -**1.** TV [pose du réseau] cable TV installation, cabling; **le ~ d'une rue/ville** cabling a street/a town. -**2.** ÉLECTR [opération] wiring; [fils] cables. -**3.** [torsion] cabling.

câble [kabl] *nm* -**1.** [cordage - en acier] cable, wire rope; [- en fibres végétales] line, rope, cable; ~ **de démarreur** OU **de démarrage** AUT jump lead; ~ **de halage** OU **remorquage** NAUT towrope, towline; ~ **d'accélérateur** AUT accelerator cable; ~ **d'amarrage** NAUT mooring line OU cable; ~ **de frein** AUT brake cable. -**2.** ÉLECTR cable; ~ **électrique** electric cable; ~ **hertzien** radio link *(by hertzian waves)*; ~ **optique** optical fibre; ~ **à paires** paired cable; ~ **(à courant) porteur** carrier cable; ~ **à quartes** quad OU quadded cable. -**3.** TV: **avoir le ~** to have cable TV; **transmettre par ~** to cablecast; **télévision par ~** OU **~s** cable television, cablevision. -**4.** [télégramme] cable, cablegram.

câblé, e [kable] *adj* -**1.** TV [ville, région] with cable television; **réseau ~** cable television network; **télévision ~e** cable television, cablevision. -**2.** INF hard-wired. -**3.** [à fonctionnement fixe] cabled. -**4.** *fam* [à la mode] switched on.
◆ **câblé** *nm* cord.

câbler [3] [kable] *vt* -**1.** TV [ville, région] to link to a cable television network, to wire for cable; [émission] to cable. -**2.** ÉLECTR to cable. -**3.** [fils] to twist together (into a cable), to cable. -**4.** TÉLÉC [message] to cable.

câblerie [kabləri] *nf* cable OU cable-manufacturing plant.

câbleur, euse [kablœr, øz] *nm, f* cable-layer.

câblodistribution [kablɔdistribysjɔ̃] *nf* cable television, cablevision.

câblogramme [kablɔgram] *nm* cablegram.

cabochard, e *fam* [kabɔʃar, ard] ◇ *adj* pigheaded, stubborn.
◇ *nm, f*: c'est un ~ he's pigheaded OU as stubborn as a mule.

caboche [kabɔʃ] *nf* -**1.** *fam* [tête] nut, noddle *Br*; **mets-toi (bien) ça dans la ~!** get that into your thick head!; **avoir la ~ dure** to be pigheaded. -**2.** [clou] hob-nail.

cabochon [kabɔʃɔ̃] *nm* -**1.** JOAILL cabochon. -**2.** [clou] stud.

cabosser [3] [kabɔse] *vt* [carrosserie, couvercle] to dent; **voiture cabossée** battered car; **chapeau cabossé** battered hat.

cabot [kabo] *nm* -**1.** ▽ [chien] dog, mutt *péj*. -**2.** *arg mil* corporal. -**3.** [mulet] common grey mullet. -**4.** [acteur] ham (actor).

cabotage [kabɔtaʒ] *nm* coastal navigation; **petit/grand ~** inshore/seagoing navigation.

caboter [3] [kabɔte] *vi* [gén] to sail OU to ply along the coast; [ne pas s'éloigner] to hug the shore.

caboteur [kabɔtœr] *nm* [navire] coaster, tramp.

cabotin, e [kabɔtɛ̃, in] ◇ *adj* [manières, personne] theatrical.
◇ *nm, f* -**1.** [personne affectée] show-off, poseur. -**2.** *péj* [acteur] ham (actor).

cabotinage [kabɔtinaʒ] *nm* [d'un poseur] affectedness, theatricality; [d'un artiste] ham acting; **faire du ~** to ham it up.

cabrer [3] [kabre] *vt* -**1.** [cheval]: **il cabra son cheval** he made his horse rear up. -**2.** AÉRON to nose up *(sép)*. -**3.** [inciter à la révolte]: ~ **qqn** to put sb's back up.
◆ **se cabrer** *vpi* -**1.** [cheval] to rear up. -**2.** AÉRON to nose up. -**3.** [se rebiffer] to balk, to jib.

cabri [kabri] *nm* kid ZOOL.

cabriole [kabrijɔl] *nf* -**1.** [bond - d'un enfant] leap; [- d'un animal] prancing *(U)*, cavorting *(U)*; [acrobatie] somersault; **faire des ~s** [clown] to do somersaults; [chèvre] to prance OU to cavort (about); [enfant] to dance OU to jump about. -**2.** [manœuvre] clever manœuvre; **il a éludé la question/refusé l'invitation par une ~** he managed to dodge the question/to duck out of having to accept the invitation. -**3.** DANSE cabriole. -**4.** ÉQUIT capriole.

cabrioler [3] [kabrijɔle] *vi* [enfant] to leap (about); [animal] to prance OU to cavort (about).

cabriolet [kabrijɔlɛ] *nm* -**1.** [véhicule - automobile] convertible; [- hippomobile] cabriolet. -**2.** [meuble] cabriole chair.

cabus [kaby] *nm* white cabbage.

CAC, Cac [kak, sease] *(abr de* **cotation assistée en continu**): **l'indice ~-40** *the French stock exchange shares index.*

caca *fam* [kaka] *nm* -**1.** [substance]: **c'est du ~** it's poo; **c'est du ~!** *fig* it's yucky!; **du ~ de chien** some dog dirt OU mess; **du ~ d'oiseau** some bird mess; **faire ~** to have a poo. -**2.** [étron] poo; **un ~ de chien** some dog poo; **un ~ d'oiseau** a bird dropping.
◆ **caca d'oie** *nm & adj inv* greenish-yellow.

cacaber [3] [kakabe] *vi* [perdrix] to call.

cacahouète [kakawɛt], **cacahuète** [kakaɥɛt] *nf* peanut.

cacao [kakao] *nm* -**1.** BOT [graine] cocoa bean. -**2.** CULIN: **(poudre de) ~** cocoa (powder); **au ~** cocoa-flavoured ‖ [boisson] cocoa.

cacaoté, e [kakaɔte] *adj* cocoa-flavoured.

cacaotier [kakaɔtje], **cacaoyer** [kakaɔje] *nm* cocoa tree.

cacaotière [kakaɔtjɛr], **cacaoyère** [kakaɔjɛr] *nf* cocoa plantation.

cacarder [3] [kakarde] *vi* to cackle ZOOL.

cacatoès [kakatɔɛs] *nm* cockatoo.

cacatois [kakatwa] *nm* [voile] royal; **grand/petit ~** main/fore royal; **(mât de) ~** royal mast.

cachalot [kaʃalo] *nm* sperm whale.

cache [kaʃ] ◇ *nf* [d'armes, de drogue] cache.
◇ *nm* -**1.** [pour œil, texte] cover card; [de machine à écrire] cover. -**2.** CIN & PHOT mask.

caché, e [kaʃe] *adj* -**1.** [dans une cachette - butin, or] hidden. -**2.** [sous-jacent - sentiment] secret; [- signification] hidden, secret; [- talent] hidden.

cache-cache [kaʃkaʃ] *nm inv*: **jouer à ~ (avec qqn)** *pr & fig* to play hide and seek (with sb).

cache-cœur [kaʃkœr] *nm inv* wrapover top.

cache-col [kaʃkɔl] *nm inv* scarf.

cachemire [kaʃmir] *nm* -**1.** [tissu, poil] cashmere; **en ~** cashmere *(modif)*. -**2.** VÊT [châle] cashmere shawl; [pullover] cashmere sweater; [gilet] cashmere cardigan. -**3.** *(comme adj)* [motif, dessin] paisley *(modif)*.

Cachemire [kaʃmir] *npr m*: **le ~** Kashmir; **au ~** in Kashmir.

cache-nez [kaʃne] *nm inv* scarf, comforter *Br*.

cache-pot [kaʃpo] *nm inv* (flower OU plant) pot holder.

cache-prise [kaʃpriz] *nm inv* socket cover.

cacher¹ [kaʃɛr] = **kasher**.

cacher² [3] [kaʃe] *vt* -**1.** [prisonnier, réfugié] to hide; [trésor, jouet] to hide, to conceal. -**2.** [accroc, ride] to hide, to conceal (from view); **il cache son jeu** *pr* he's not showing his hand; *fig* he's keeping his plans to himself, he's playing his cards close to his chest. -**3.** [suj: niche, grenier] to hide, to conceal. -**4.** [faire écran devant] to hide, to obscure; **~ un œil** [chez l'oculiste] to cover one eye (with one's hand); **~ la lumière** OU **le jour à qqn** to be in sb's light; **pousse-toi, tu caches ta sœur!** [en prenant une photo] get out of the way, you're right in front of your sister!; **tu me caches la vue!** you're blocking my view! -**5.** [ne pas révéler - sentiment, vérité] to hide, to conceal, to cover up *(sép)*; **~ son âge** to keep one's age (a) secret; **~ qqch à qqn** to conceal OU to hide sthg from sb; **toi, tu me caches quelque chose!** you're keeping something from me!; **je ne cache pas que...** I must say OU admit that...; **je ne (te) cacherai pas que je me suis ennuyé** to be frank with you, (I must say that) I was bored; **il l'aime, il ne l'a jamais caché** he loves her, he's never made any secret of it; **il n'a pas caché son soulagement** his relief was plain for all to see.
◆ **se cacher** ◇ *vp (emploi réfléchi)* -**1.** [suivi d'une partie du corps]: **je me cachais la tête sous les draps** I hid my head under the sheets; **cachez-vous un œil** cover one eye. -**2.** [au nég]: **ne pas se ~ qqch** to make no secret of sthg, to be quite open about sthg; **il me plaît, je ne m'en cache pas!** I like him, it's no secret!
◇ *vpi* -**1.** [aller se dissimuler - enfant, soleil] to hide; **se ~ derrière des rideaux/dans un bois** to hide behind curtains/in the woods; **se ~ de qqn: se ~ de ses parents pour fumer, fumer en se cachant de ses parents** to smoke behind one's parents' back. -**2.** [être dissimulé - fugitif] to be hiding; [- objet] to be hidden; **le village se cache dans la vallée** the village lies tucked away at the bottom of the valley.

cache-radiateur [kaʃradjatœr] *nm inv* radiator cover.

cache-sexe [kaʃsɛks] *nm inv* G-string.

cachet [kaʃɛ] *nm* -**1.** PHARM tablet; **un ~ d'aspirine** an aspirin (tablet). -**2.** [sceau] seal; [empreinte] stamp; **~ de la poste** postmark; **porter le ~ de Nice** to be postmarked Nice, to bear a Nice postmark; **le ~ de la poste faisant foi** date of postmark will be taken as proof of postage. -**3.** [salaire] fee. -**4.** [charme - d'un édifice, d'une ville] character; [- d'un vêtement] style; **avoir du ~** [édifice, village] to be full of character; [vêtements] to be stylish; **donner du ~ à** OU **faire le ~ de qqch** to give sthg its charm OU character; **n'avoir aucun ~** to be utterly lacking in character.

cache-tampon [kaʃtɑ̃pɔ̃] *(pl inv* OU **cache-tampons)** *nm* JEUX ≃ hunt-the-thimble.

cacheter [27] [kaʃte] *vt* [enveloppe, vin] to seal; **~ un billet à la cire** to seal a letter with wax.

cachette [kaʃɛt] *nf* [d'un enfant] hiding place; [d'un malfaiteur, d'un réfugié] hideout; [d'un objet] hiding place; **sors de ta ~!** [à un enfant] come out!
◆ **en cachette** *loc adv* [boire, fumer, lire, partir] secretly, in secret; [rire] to o.s., up one's sleeve; **il me l'a donné en ~** he gave it to me secretly OU without anybody noticing; **ils faisaient circuler le livre en ~** the book was circulated in secret; **en ~ de qqn** [boire, fumer] behind sb's back, while sb's back's turned; [préparer, décider] without sb knowing, unbeknownst to sb.

cachexie [kaʃɛksi] *nf* -**1.** MÉD cachexia. -**2.** VÉTÉR rot.

cachot [kaʃo] *nm* [de prisonnier] dungeon; **3 ans de ~** 3 years (locked away) in a dungeon.

cachotterie [kaʃɔtri] *nf* (little) secret; **elle aime faire des ~s** she likes to make a mystery of everything; **faire des ~s à qqn** to keep secrets from sb.

cachottier, ère *fam* [kaʃɔtje, ɛr] ◇ *adj* secretive; **il est ~** he's full of little mysteries OU secrets.
◇ *nm, f*: **c'est un ~** he's secretive; **tu ne me l'avais pas dit, petite cachottière!** you never told me, you secretive little thing!

cachou [kaʃu] *nm* -**1.** [bonbon] cachou. -**2.** [substance, teinture] catechou, cachou, cutch.

cacique [kasik] *nm* -**1.** [notable] cacique. -**2.** *arg scol*: **le ~** [à un concours] *student graduating in first place (especially from the École Normale Supérieure)*. -**3.** *fam* [personne importante] big shot, bigwig.

cacochyme [kakɔʃim] *litt* ◇ *adj hum* doddery, doddering.
◇ *nmf* dodderer.

cacophonie [kakɔfɔni] *nf* cacophony.

cacophonique [kakɔfɔnik] *adj* cacophonous.

cactacée [kaktase], **cactée** [kakte] *nf* member of the cactus family OU of the Cactaceae.

cactus [kaktys] *nm* cactus.

c.-à-d. *(abr écrite de* **c'est-à-dire)** i.e.

cadastral, e, aux [kadastral, o] *adj* cadastral.

cadastre [kadastr] *nm* -**1.** [plans] cadastral register, ≃ land register. -**2.** [service]: **le ~** cadastral survey (office), ≃ land registry.

cadastrer [3] [kadastre] *vt* ≃ to register with the land registry.

cadavéreux, euse [kadaverø, øz] *adj* [teint] livid, deathly pale; [fixité] corpse-like.

cadavérique [kadaverik] *adj* -**1.** [du cadavre] of a corpse; **rigidité ~** rigor mortis. -**2.** [rappelant un cadavre - blancheur] deathly, cadaverous; [- teint] deathly pale; [- fixité] corpse-like.

cadavre [kadavr] *nm* -**1.** [d'une personne - gén] corpse, body; [- à disséquer] cadaver; [d'un animal] body, carcass; **c'est un ~ ambulant** he's a walking corpse ❑ **il y a un ~ entre eux** they share a guilty secret. -**2.** *fam hum* [bouteille] empty bottle, empty.
◆ **cadavre exquis** *nm* [jeu] ≃ consequences; LITTÉRAT cadavre exquis.

caddie, caddy [kadi] nm [au golf] caddie, caddy.

Caddie® [kadi] *nm* [chariot] (supermarket) trolley *Br*, (grocery) cart *Am*.

caddy [kadi] = **caddie**.

cade [kad] *nm* cade BOT.

cadeau, x [kado] *nm* -**1.** [don] present, gift; **recevoir un ~ de qqn** to get a present from OU to be given a present by sb; **faire un ~ à qqn** to give sb a present OU a gift; **faire ~ de qqch à qqn** [le lui offrir] to make sb a present of sthg, go give sb sthg as a present; **je vous fais ~ du kiwi** I'll give you OU throw in the kiwi fruit for free; **je te dois 15 francs — je t'en fais ~!** I owe you 15 francs — forget it!; **ils ne font pas ~ des places!** *euph* the tickets aren't exactly cheap!; **il ne m'a pas fait de ~** [dans une transaction, un match] he didn't do me any favours; [critique] he didn't spare me; **dans la vie, on ne vous fait pas de ~** you can't expect things to be easy!; **ils ne font pas de ~!** [gendarmes, examinateurs, employeurs] they're not out to do anybody any favours!; **tiens, ~!** *hum* here's a little present for you! ❑ **~ d'anniversaire/de Noël** birthday/Christmas present; **~ de noces** OU **de mariage** wedding present; **~ d'entreprise** giveaway OU free gift; **~ publicitaire** free gift; ce

n'est pas un ~! *fam* [personne insupportable] he's a real pain!; [personne bête] he's no bright spark!; **les petits ~x entretiennent l'amitié** *prov* gifts oil the wheels of friendship. -**2.** *(comme adj; avec ou sans trait d'union)*: **shampooing ~** free bottle of shampoo *(with a purchase)*.

cadenas [kadna] *nm* padlock; **fermer au ~** to padlock.

cadenasser [3] [kadnase] *vt* -**1.** [fermer] to padlock. -**2.** *fam* [emprisonner] to lock up *(sép)*, to put away *(sép)*.

cadence [kadɑ̃s] *nf* -**1.** DANSE & MUS [rythme] rhythm; **marquer la ~** to beat out the rhythm || [accords] cadence; [passage de soliste] cadenza. -**2.** LITTÉRAT cadence. -**3.** [d'un marcheur, d'un rameur] pace; **à une bonne ~** at quite a pace. -**4.** INDUST rate; **~ de production** rate of production; **~ de travail** work rate; **non aux ~s infernales!** no speed-up! -**5.** MIL: **~ de tir** rate of fire.

◆ **à la cadence de** *loc prép* at the rate of.

◆ **en cadence** *loc adv*: **taper des mains en ~** to clap in time; **marcher en ~** to march.

cadencé, e [kadɑ̃se] *adj* [marche, musique] rhythmical; [gestes, démarche] swinging; **au pas ~** MIL in quick time.

cadencer [16] [kadɑ̃se] *vt* [vers, phrase] to give rhythm to; **~ son pas** to march in rhythm.

cadet, ette [kadɛ, ɛt] ◇ *adj*: **frère ~, sœur ~te** [plus jeune que celui qui parle ou dont on parle] younger brother, younger sister; [dernier-né] youngest brother, youngest sister.

◇ *nm, f* -**1.** [dans une famille - dernier-né]: **le ~, la ~te** the youngest child OU one; **son ~** [fils] his youngest son OU boy; [frère] his youngest brother || [frère, sœur plus jeune]: **mon ~** my younger brother; **ma ~te** my younger sister. -**2.** [entre personnes non apparentées]: **être le ~ de qqn** to be younger than sb; **je suis son ~ de 4 ans** I'm 4 years his junior OU 4 years younger than he is. -**3.** SPORT junior *(between 13 and 16 years old)*.

◆ **cadet** *nm* -**1.** MIL [élève] cadet. -**2.** HIST [futur militaire] cadet. -**3.** *loc*: **c'est le ~ de mes soucis** it's the least of my worries.

cadi [kadi] *nm* cadi.

Cadix [kadiks] *npr* Cadiz.

cadmie [kadmi] *nf* zinc oxide residue.

cadmier [9] [kadmje] *vt* to coat with cadmium.

cadmium [kadmjɔm] *nm* cadmium.

cadogan [kadɔgɑ̃] = **catogan**.

cadrage [kadraʒ] *nm* -**1.** CIN & PHOT centring. -**2.** MIN framing. -**3.** IMPR [des dimensions] cropping; [des couleurs] masking.

cadran [kadrɑ̃] *nm* [d'une montre, d'une pendule] face, dial; [d'un instrument de mesure, d'une boussole] face; [d'un téléphone] dial; **~ solaire** sun dial.

cadre [kadr] *nm* **A.** -**1.** [d'une entreprise] executive; [d'un parti, d'un syndicat] cadre; **un poste de ~** an executive OU a managerial post; **~ supérieur** OU **dirigeant** senior executive, member of (the) senior management; **~ moyen** middle manager; **femme ~** woman executive; **jeune ~ dynamique** *hum* whizz kid, ≃ yuppie. -**2.** MIL officer, member of the officer corps.

B. -**1.** ADMIN [catégorie] grade, category *(within the Civil Service)*; **le ~ (de la fonction publique)** [toutes catégories] the Civil Service. -**2.** MIL corps; **~ d'active** ≃ active list; **~ de réserve** ≃ reserve list.

C. -**1.** [encadrement - d'un tableau, d'une porte, d'une ruche etc] frame; **~ de bicyclette** bicycle frame. -**2.** [environnement] setting, surroundings; **habiter dans un ~ agréable/de verdure** to live in pleasant surroundings/a leafy setting; **le ~ de** the scene of; **c'était le ~ de mes amours enfantines** it was the scene of my childhood loves ❑ **~ de vie** (living) environment. -**3.** [portée, limites - d'accords, de réformes] scope, framework; **une fois posé le ~ de votre réflexion** once you've defined the framework of your ideas ❑ **loi ~** outline law; **plan ~** blueprint (project); **réforme ~** general outline of reform. -**4.** IMPR box, space; **'~ réservé à l'administration'** 'for official use only'. -**5.** [emballage] crate, packing case. -**6.** ÉLECTR [de radio] frame aerial. -**7.** MIN casing.

◆ **cadres** *nmpl* -**1.** [contrainte]: **~s sociaux** social structures; **~s de la mémoire** structures of the memory. -**2.** ADMIN staff list; **être sur les ~s** to be a member of staff.

◆ **dans le cadre de** *loc prép* within the framework OU scope of; **dans le ~ de mes fonctions** as part of my job; **cela n'entre pas dans le ~ de mes fonctions** it falls outside the scope of my responsibilities.

cadrer [3] [kadre] ◇ *vi* -**1.** [correspondre - témoignages] to tally, to correspond; **les deux notions ne cadrent pas ensemble** the two ideas don't go together; **~ avec** to be consistent with; **sa déposition cadre bien avec les premiers témoignages** her statement is consistent with the earlier testimonies; **un suicide ne cadre pas du tout avec sa personnalité** she's not the sort of person who would ever commit suicide. -**2.** COMPTA: **faire ~ un compte** to square an account.

◇ *vt* CIN & PHOT to centre.

cadreur, euse [kadrœr, øz] *nm, f* cameraman (*f* camerawoman).

caduc, caduque [kadyk] *adj* -**1.** BOT deciduous. -**2.** PHYSIOL [dent] deciduous; [membrane] decidual. -**3.** PHON mute; **le schwa est ~** the schwa falls OU disappears. -**4.** JUR [accord, loi] null and void; [police d'assurances] lapsed; **devenir ~** [accord, contrat, loi] to lapse; **rendre ~** [accord, loi] to make null and void. -**5.** *sout* [qui n'est plus fondé - théorie] outmoded, obsolete.

◆ **caduque** *nf* PHYSIOL decidua, decidual membrane.

caducée [kadyse] *nm* -**1.** [de médecin, de pharmacien] caduceus, doctor's badge; **avoir le ~ sur son pare-brise** to display a doctor's symbol on one's car. -**2.** MYTH Caduceus.

caducifolié, e [kadysifɔlje] *adj* deciduous.

caducité [kadysite] *nf* deciduous nature OU character.

caduque [kadyk] *f* → **caduc**.

cæcal, e, aux [sekal, o] *adj* caecal.

cæcum [sekɔm] *nm* ANAT & VÉTÉR caecum.

caennais, e [kanɛ, ɛz] *adj* from Caen.

◆ **Caennais, e** *nm, f inhabitant of or person from Caen.*

cæsium [sezjɔm] = **césium**.

CAF [kaf] ◇ *npr f abr de* Caisse d'allocations familiales.

◇ *adj (abr de* **coût, assurance, fret)** cif.

cafard[1] [kafar] *nm* -**1.** ENTOM cockroach. -**2.** *fam loc*: **avoir le ~** to feel low, to feel down; **donner le ~ à qqn** to get sb down; **j'ai eu un coup de ~ hier** I felt a bit down yesterday.

cafard[2], **e** *fam* [kafar, ard] *nm, f* -**1.** [dénonciateur] sneak, telltale. -**2.** [faux dévot] (religious) hypocrite.

cafardage *fam* [kafardaʒ] *nm* sneaking, taletelling.

cafarder *fam* [3] [kafarde] ◇ *vi* -**1.** [rapporter] to sneak, to snitch. -**2.** [être déprimé] to feel depressed OU down.

◇ *vt* [quelqu'un] to sneak OU to snitch on *(insép)*.

cafardeur, euse[1] [kafardœr, øz] *nm, f* sneak, telltale.

cafardeux, euse[2] [kafardø, øz] *adj* [air, tempérament] gloomy; **je suis** OU **je me sens ~ en ce moment** I'm feeling low OU down at the moment.

café [kafe] ◇ *nm* -**1.** [boisson, graine] coffee; **faire du ~** to make coffee; **garçon, deux ~s** waiter, two coffees ❑ **~ frappé** OU **glacé** iced coffee; **~ instantané** OU **soluble** instant coffee; **~ nature** OU **noir** black coffee; **~ crème** coffee with cream; **~ filtre** filter coffee; **~ en grains** coffee beans; **j'achète mon ~ en grains** I buy coffee beans; **~ au lait** white coffee *Br*, coffee with milk *Am*; **~ moulu** ground coffee; **~ turc** Turkish coffee; **~ vert** unroasted coffee; **~ viennois** Viennese coffee. -**2.** [fin du repas] coffee, coffee-time; *Belg early evening meal (served with coffee)*, ≃ high tea *Br*; **au ~, il n'avait toujours pas terminé son histoire** he still hadn't finished his story by the time we got to the coffee; **venez pour le ~** come and have coffee with us *(after the meal)*. -**3.** [établissement]: **~** (bar) (licensed) café; **~ littéraire** literary café; **c'est une discussion de ~ du Commerce** *péj* it's bar-room talk.

◇ *adj* coffee-coloured.

◆ **au café** *loc adj* [glace, entremets] coffee, coffee-flavoured; **chou au ~** chou bun with coffee-flavoured OU coffee-cream filling; **éclair au ~** coffee eclair.

◆ **café liégeois** *nm* coffee ice cream (sundae).

CAFÉ:

1. In French cafés, a small cup of strong black coffee is called "un (petit) café", "un express" or, colloquially, "un petit noir". This may be served "serré" (extra-strong), "léger" (weak) or "allongé" (diluted with hot water). An "express" with a tiny amount of milk added is called "une noisette". A large cup of black coffee is "un grand café", "un double express" or, colloquially, "un grand noir". Coffee with frothy, steam-heated milk is called "un (grand/petit) crème". The term "café au lait" is almost never used in cafés.
2. Parisian cafés have traditionally played an important part in the intellectual and artistic life of the city. For example, the Café de Flore was a favourite meeting place for the existentialists.

---

café-au-lait [kafeolɛ] *adj inv* coffee-coloured.

café-concert [kafekɔ̃sɛr] *(pl* **cafés-concerts)** *nm* , **caf'conc'** *fam* [kafkɔ̃s] *vieilli nm inv café where music-hall performances are given.*

caféier [kafeje] *nm* coffee tree.

caféière [kafejɛr] *nf* coffee plantation.

caféine [kafein] *nf* caffeine.

caféisme [kafeism] *nm* excessive coffee-drinking.

caf(e)tan [kaftɑ̃] *nm* caftan, kaftan.

cafétéria [kafeterja] *nf* cafeteria.

café-théâtre [kafeteatr] *(pl* **cafés-théâtres)** *nm* -**1.** [café avec spectacle] *café where theatre performances take place.* -**2.** [petit théâtre] alternative theatre.

cafetier [kaftje] *nm vieilli* café owner.

cafetière [kaftjɛr] *nf* -**1.** [machine] coffee maker; [récipient] coffeepot. -**2.** *fam* [tête] nut, noddle *Br*.

cafouillage *fam* [kafujaʒ] *nm* -**1.** [désordre] shambles, muddle; **il y a eu un ~ devant les buts** there was a scramble in front of the goal. -**2.** AUT misfiring.

cafouiller *fam* [3] [kafuje] *vi* -**1.** [projet, service] to get into a muddle; [décideur, dirigeant] to faff around OU about; [présentateur, orateur] to get mixed up OU into a muddle; **il a cafouillé dans ses explications** he got all confused (in his explanations); **~ avec le ballon** SPORT to fumble the ball. -**2.** AUT to misfire.

cafouilleur, euse[1] *fam* [kafujœr, øz] ◇ *adj* [personne]: **il est ~** he's totally disorganised.

◇ *nm, f* bungler.

cafouilleux, euse[2] *fam* [kafujø, øz] *adj* [explications] muddled; [service] shambolic *Br*, chaotic; **le départ de la course a été assez ~** there was chaos when the race started.

cafouillis *fam* [kafuji] = **cafouillage**.

cafre [kafr] *adj* & *nmf* kafir, kaffir.

cafter *fam* [3] [kafte] ◇ *vi* to sneak, to snitch.

◇ *vt*: **~ qqn** to sneak OU to snitch on sb; **elle a cafté que j'étais pas à l'école** she sneaked on me and said I wasn't at school.

cafteur, euse▽ [kaftœr, øz] *nm, f* sneak, snitch.

cage [kaʒ] *nf* -**1.** [pour animaux] cage; **un animal en ~** a caged animal; **mettre un animal en ~** to cage an animal; **~ à lapins** *pr* rabbit hutch; **habiter dans des ~s à lapins** *fig* to live in little boxes; **~ à oiseau** OU **oiseaux** cage, birdcage; **~ à poules** *pr* hen coop; **vivre dans une ~ à poules** *fig* to live in cramped surroundings.

-**2.** ANAT: ~ **thoracique** rib cage. -**3.** CONSTR: ~ **d'ascenseur** lift *Br* OU elevator *Am* shaft; ~ **d'escalier** stairwell. -**4.** [structure, enceinte]: ~ **d'écureuil** JEUX climbing frame; ~ **de Faraday** ÉLECTR Faraday cage. -**5.** MÉCAN: ~ **de roulement** ball bearing casing. -**6.** MIN: ~ **(d'extraction)** cage. -**7.** *fam* FTBL goal; **dans la** ~ in the net. -**8.** *fam* [prison] nick *Br*, slammer.

cageot [kaʒo] *nm* -**1.** [contenant] crate; [contenu] crate, crateful. -**2.** *fam péj* [laideron]: **quel** ~, **sa femme!** his wife looks like the back of a bus *Br* OU Mack truck *Am*!

cagibi [kaʒibi] *nm* boxroom *Br*, storage room *Am*.

cagne [kaɲ] = **khâgne**.

cagneux, euse [kaɲø, øz] ◇ *adj* [jambes] crooked; [cheval, personne] knock-kneed; **genoux** ~ knock knees.
◇ *nm, f* = **khâgneux**.

cagnotte [kaɲɔt] *nf* -**1.** [caisse, somme] jackpot; **la** ~ **est maintenant de 15 millions de centimes** the sum to be won is now 15 million centimes. -**2.** *fam* [fonds commun] kitty. -**3.** *fam* [économies] nest egg.

cagot, e [kago, ɔt] ◇ *adj* -**1.** *litt* [air] sanctimonious, holier-than-thou; [personne] sanctimonious. -**2.** HIST outcast *(presumed descendant of lepers under the Ancien Régime)*.
◇ *nm, f* hypocrite.

cagou [kagu] *nm* kagu.

cagoule [kagul] *nf* -**1.** [capuchon - d'enfant] balaclava; [- de voleur] hood; [- de moine] cowl; [- de pénitent] hood, cowl. -**2.** [manteau] cowl.

cahier [kaje] *nm* -**1.** SCOL notebook; ~ **de maths/géographie** maths/geography copybook ❑ ~ **de brouillon** roughbook *Br*, notebook (for drafts); ~ **d'exercices** exercise book; ~ **de textes** [d'élève] homework notebook; [de professeur] (work) record book; ~ **de travaux pratiques** lab (note) book. -**2.** [recueil]: ~ **des charges** [de matériel] specifications; [dans un contrat] remit; ~ **de revendications** claims register. -**3.** IMPR gathering.
◆ **cahiers** *nmpl* -**1.** LITTÉRAT [mémoires] diary, memoirs. -**2.** HIST: ~**s de doléances** book of grievances.

cahin-caha [kaɛ̃kaa] *loc adv*: **aller** ~ [marcheur] to hobble along; [entreprise, projet] to struggle along; **comment va-t-il?** — ~ how is he? — struggling along.

cahors [kaɔr] *nm* Cahors (wine).

cahot [kao] *nm* jolt, judder.

cahotant, e [kaɔtɑ̃, ɑ̃t] *adj* [chemin] bumpy, rough; [voiture] jolting, juddering.

cahotement [kaɔtmɑ̃] *nm* jolt, judder.

cahoter [3] [kaɔte] ◇ *vi* [véhicule] to jolt (along).
◇ *vt* [passagers] to jolt, to bump about; [voiture] to jolt.

cahoteux, euse [kaɔtø, øz] *adj* bumpy, rough.

cahute [kayt] *nf* -**1.** [abri] shack, hut. -**2.** *péj* [foyer] hovel.

caïd [kaid] *nm* -**1.** *fam* [dans une matière] wizard; [en sport] ace; [d'une équipe] star. -**2.** *fam* [chef - de bande] gang leader; [- d'une entreprise, d'un parti] big shot, bigwig; **jouer au** ~, **faire son** ~ to act tough. -**3.** HIST caid, local governor *(of indigenous origin, under French rule)*.

caillage [kajaʒ] = **caillement**.

caillasse [kajas] *nf* -**1.** [éboulis] loose stones, scree. -**2.** *fam péj* [mauvais sol] stones; **je ne peux rien planter, c'est de la** ~ I can't plant anything, the ground's nothing but stones.

caille [kaj] *nf* -**1.** ZOOL quail; **gras comme une** ~ as plump as a partridge. -**2.** [en appellatif]: **ma (petite)** ~ my pet.

caillé [kaje] ◇ *nm* curds.
◇ *adj m* [lait] curdled.

caillebotis [kajbɔti] *nm* -**1.** [grille] grating. -**2.** [plancher] duckboard.

caille-lait [kajlɛ] *nm inv* bedstraw BOT.

caillement [kajmɑ̃] *nm* [du lait] curdling; [du sang] coagulation, clotting.

cailler [3] [kaje] *vi* -**1.** [lait] to curdle; [sang] to coagulate, to clot; **faire** ~ **du lait** to curdle milk. -**2.** ▽ [avoir froid]: **ça caille ici!** it's bloody *Br* OU goddam *Am* freezing here!
◆ **se cailler**▽ ◇ *vpi* to be cold.
◇ *vpt*: **se** ~ **les miches, se les** ~ to be bloody cold; **on se les caille dehors!** it's bloody *Br* OU goddam *Am* freezing outside!

caillette [kajɛt] *nf* rennet stomach, abomasum.

caillot [kajo] *nm* [de sang] clot, blood-clot; [de lait] (milk) curd.

caillou, x [kaju] *nm* -**1.** [gén] stone. -**2.** TRAV PUBL: ~**x d'empierrement** road metal. -**3.** JOAILL stone; ~ **du Rhin** rhinestone. -**4.** *fam* [diamant] stone, sparkler. -**5.** MINÉR feldspar. -**6.** *fam* [crâne]: **avoir le** ~ **déplumé** to be bald; **il n'a plus un cheveu** OU **un poil sur le** ~ he's as bald as an egg OU a coot *Br* now.

cailloutage [kajutaʒ] *nm* -**1.** [empierrement - d'une route] metalling; [- d'une voie ferrée] ballasting. -**2.** [pierres - d'une route] road metal; [- d'une voie ferrée] ballast. -**3.** [pâte de faïence] hard paste.

caillouter [3] [kajute] *vt* [route] to metal; [voie ferrée] to ballast.

caillouteux, euse [kajutø, øz] *adj* [chemin, champ] stony; [plage] pebbly, shingly.

cailloutis [kajuti] *nm* TRAV PUBL road metal.

caïman [kaimɑ̃] *nm* caiman, cayman.

Caïn [kaɛ̃] *npr* Cain.

Caire [kɛr] *npr*: **Le** ~ Cairo; **au** ~ in Cairo.

cairn [kɛrn] *nm* cairn.

cairote [kɛrɔt] *adj* from Cairo.
◆ **Cairote** *nmf inhabitant of or person from Cairo.*

caisse [kɛs] *nf* **A.** -**1.** [gén] box, case, chest; [à claire-voie] crate; ~ **américaine** cardboard box; ~ **d'emballage** packing crate; ~ **à outils** toolbox. -**2.** [boîte de 12 bouteilles] case; **on a bu deux** ~**s de champagne** we drank two cases of Champagne. -**3.** HORT box, tub; **mettre un arbuste en** ~ to plant a shrub in a tub.
B. -**1.** [fût de tambour] cylinder; ~ **claire** side OU snare drum; ~ **de résonance** resonance chamber, resonating body; ~ **roulante** side drum; **grosse** ~ [tambour] bass drum; [musicien] bass drummer. -**2.** [corps de violon] belly, sounding board. -**3.** [d'horloge] case, casing.
C. -**1.** [carrosserie] body. -**2.** *fam* [voiture] car; **vieille** ~ old banger OU crate OU heap; **t'es venu avec ta** ~**?** did you come by car? -**3.** RAIL water tank.
D. -**1.** ANAT: ~ **du tympan** middle ear, tympanic cavity *spéc*. -**2.** *loc*: **il part** OU **s'en va de la** ~ *fam* it's his cough that'll carry him off *hum*.
E. -**1.** [tiroir] till; [petit coffre] cashbox; ~ **(enregistreuse)** till OU cash register; **tenir la** ~ to be the cashier; **partir avec la** ~ to run off with the takings; **on l'a pris en train de se servir dans la** ~ *pr* & *fig* he was caught helping himself from OU with his hand in the till; **faire une** ~ **commune** to put one's money together, to have a kitty; **les** ~**s de l'État** the coffers of the State. -**2.** [lieu de paiement - d'un supermarché] check-out, till; [- d'un cinéma, d'un casino, d'un magasin] cash desk; [- d'une banque] cashier's desk; **'caisse'** [panneau dans un magasin] 'please pay here'; **passer à la** ~ [magasin] to go to the cash desk; [supermarché] to go through the check-out; [banque] to go to the cashier's desk; [recevoir son salaire] to collect one's wages; **après ce qu'il a dit au patron, il n'a plus qu'à passer à la** ~**!** *fam* after what he said to the boss, he'll be getting his cards *Br* OU pink slip *Am*! -**3.** [argent - d'un commerce] cash (in the till), takings; **faire la** OU **sa** ~ to balance the till ❑ ~ **noire** slush fund. -**4.** BANQUE: ~ **d'épargne** ≃ savings bank.
F. -**1.** [organisme] office; ~ **d'Allocations familiales** Child Benefit office *Br*, Aid to Dependent Children office *Am*; **la Caisse des dépôts et consignations** *French funding body for public works and housing*; ~ **des écoles** *local schools' fund for extra-curricular activities, school meals etc*; ~ **de prévoyance** contingency fund; ~ **primaire d'Assurance maladie** *French Social Security office in charge of medical insurance*; ~ **de retraite** pension OU superannuation fund. -**2.** [fonds] fund, funds; **nous avons une** ~ **pour les cas sociaux** we have a fund for needy individuals.
◆ **en caisse** ◇ *loc adj* -**1.** FIN: **argent en** ~ cash. -**2.** HORT: **arbuste en** ~ boxed shrub.
◇ *loc adv*: **avoir 3 000 francs en** ~ to have 3,000 francs in the till; **je n'ai plus rien en** ~ COMM my till's empty; *fig* I'm broke.

caisserie [kɛsri] *nf* case OU crate manufacture.

caissette [kɛsɛt] *nf* -**1.** [contenant] small box. -**2.** [contenu] small boxful.

caissier, ère [kesje, ɛr] *nm, f* [d'une boutique, d'un casino, d'une banque] cashier; [d'un supermarché] check-out assistant *Br* OU clerk *Am*; [de cinéma] cashier, box-office assistant *Br*.

caisson [kɛsɔ̃] *nm* -**1.** TRAV PUBL [pour fondation] caisson, cofferdam; ~ **de pont** caisson *(for underwater work)*. -**2.** ARCHIT [pour plafond] coffer, caisson, lacunar. -**3.** NAUT caisson, cofferdam; ~ **étanche** OU **de flottabilité** buoyancy tank. -**4.** SPORT: ~ **hyperbare** bathysphere; **maladie** OU **mal des** ~**s** decompression sickness, the bends. -**5.** NUCL (nuclear reactor) casing. -**6.** HIST & MIL caisson, ammunition wagon.

cajoler [3] [kaʒɔle] *vt* [enfant] to cuddle.

cajolerie [kaʒɔlri] *nf* [manifestation de tendresse] cuddle; **faire des** ~**s à qqn** to cuddle sb.
◆ **cajoleries** *nfpl péj* [flatteries] flattery, cajolery.

cajoleur, euse [kaʒɔlœr, øz] ◇ *adj* -**1.** [affectueux - parent, ton] affectionate, loving. -**2.** *péj* [flatteur] coaxing, wheedling.
◇ *nm, f péj* [flatteur] wheedler, flatterer.

cajou [kaʒu] *nm*: **noix de** ~ cashew nut.

cajun [kaʒœ̃] *adj* Cajun.
◆ **Cajun** *nmf* Cajun.

cake [kɛk] *nm* fruit cake.

cal [kal] ◇ *nm* -**1.** [durillon - à la main] callus; [- au pied] corn. -**2.** BOT & MÉD callus.
◇ *(abr écrite de* **calorie**) cal.

calabrais, e [kalabrɛ, ɛz] *adj* Calabrian.
◆ **Calabrais, e** *nm, f* Calabrian.

Calabre [kalabr] *npr f*: **(la)** ~ Calabria.

caladium [kaladjɔm] *nm* caladium.

Calais [kalɛ] *npr* Calais.

calaisien, enne [kalɛzjɛ̃, ɛn] *adj* from Calais.
◆ **Calaisien, enne** *nm, f inhabitant of or person from Calais.*

calaison [kalɛzɔ̃] *nf* draught NAUT.

calamar [kalamar] = **calmar**.

calamine [kalamin] *nf* -**1.** CHIM calamine. -**2.** AUT carbon deposit.

calaminer [3] [kalamine]
◆ **se calaminer** *vpi* to get covered with soot.

calamistré, e [kalamistre] *adj* brilliantined.

calamite [kalamit] *nf* BOT calamite.

calamité [kalamite] *nf* -**1.** [événement] calamity, catastrophe, disaster. -**2.** *fam hum* [personne] walking disaster.

calamiteux, euse [kalamitø, øz] *adj* calamitous, disastrous, catastrophic.

calancher▽ [3] [kalɑ̃ʃe] *vi* to kick the bucket, to snuff it *Br*.

calandre [kalɑ̃dr] *nf* -**1.** AUT radiator grill. -**2.** TEXT & PAPETERIE calender. -**3.** ORNITH: ~ **nègre** black lark. -**4.** AGR: ~ **du blé/riz** wheat/rice weavil.

calandrer [3] [kalɑ̃dre] *vt* to calender.

calanque [kalɑ̃k] *nf* (Mediterranean) creek.

calcaire [kalkɛr] ◇ *adj* [roche, relief] limestone *(modif)*; [sol] chalky, calcareous *spéc*; [eau] hard.
◇ *nm* -**1.** GÉOL limestone. -**2.** [dans une casserole] fur *Br*, sediment *Am*.

calcanéum [kalkaneɔm] *nm* calcaneum.

calcareux, euse [kalkarø, øz] *adj Belg*: **eau calcareuse** hard water.

calcédoine [kalsedwan] *nf* chalcedony.

calcémie [kalsemi] *nf* blood calcium content.

calcéolaire [kalseɔlɛr] *nf* calceolaria.

calcicole [kalsikɔl] *adj* calcicolous.

calcif *fam* [kalsif] *nm* pants *Br*, shorts *Am*.

calcification [kalsifikasjɔ̃] *nf* calcification.

calcifié, e [kalsifje] *adj* calcified.

calcifuge [kalsifyʒ] *adj* calcifuge.

calcin [kalsɛ̃] *nm* calcine.

calcination [kalsinasjɔ̃] *nf* calcination.

calciné, e [kalsine] *adj* [bois, corps, os, viande] charred, burned to a cinder; [mur, maison] charred.

calciner [3] [kalsine] *vt* -**1.** [transformer en chaux] to calcine. -**2.** [brûler] to burn to a cinder, to char. -**3.** [chauffer - brique, minerai] to calcine.
◆ **se calciner** *vpi* -**1.** [viande] to burn to a cinder. -**2.** [être chauffé - brique, minerai] to calcine.

calciphobe [kalsifɔb] *adj* calciphobe.

calcique [kalsik] *adj* calcic.

calcite [kalsit] *nf* calcite.

calcium [kalsjɔm] *nm* calcium.

calciurie [kalsjyri] *nf* calcium content of urine.

calcul [kalkyl] *nm* **A.** -**1.** [suite d'opérations] calculation; **faire un ~** to do a calculation; **faire des ~s** to calculate; **je fais des ~s à longueur de journée** I handle figures all day long; **ça reviendra moins cher, fais le ~!** *fam* it'll be cheaper, just work it out!; **faire le ~ de qqch** to work sthg out, to calculate sthg; **il suffit d'un rapide ~ pour voir que...** a quick calculation is all that's needed to see that...; **le raisonnement est correct, mais le ~ est faux** the method's right but the calculations are wrong ❑ **~ différentiel/intégral/vectoriel** differential/integral/vector calculus; **~ algébrique** calculus; **~ des probabilités** probability theory. -**2.** SCOL: **le ~** *fam* sums, arithmetic ❑ **~ mental** [matière] mental arithmetic; [opération] mental calculation. -**3.** [estimation] calculation, computation; **d'après mes ~s** according to my calculations; **tous ~s faits, le piano devrait pouvoir passer** working it out, we should get the piano through; **un bon ~** a good move; **ce n'est pas un bon ~** it's not a good way of going about things; **un mauvais** OU **faux ~** a bad move. -**4.** *péj* [manœuvre] scheme; **par ~** out of (calculated) self-interest; **sans ~** without any OU with no ulterior motive.
B. MÉD stone, calculus *spéc*; **~ biliaire** gall stone; **~ urinaire** OU **rénal** kidney stone, renal calculus *spéc*.

calculabilité [kalkylabilite] *nf* calculability.

calculable [kalkylabl] *adj* [prix] calculable; [dégâts] estimable; **c'est ~ de tête** you can work it out OU calculate it in your head.

calculateur, trice [kalkylatœr, tris] ◇ *adj péj* calculating, scheming.
◇ *nm, f* -**1.** [qui compte]: **c'est un bon/mauvais ~** he's good/bad at figures OU sums. -**2.** *péj* [qui manœuvre]: **un fin ~** a shrewd operator; **un ignoble ~** a scheming character.
◆ **calculateur** *nm* -**1.** *vieilli* [ordinateur] computer; **~ digital** OU **numérique** digital computer. -**2.** AUT: **~ embarqué** on-board computer.
◆ **calculatrice** *nf* [machine] calculator; **calculatrice de poche** pocket calculator.

calculer [3] [kalkyle] ◇ *vt* -**1.** [dépenses, dimension, quantité etc] to calculate, to work out *(sép)*; **on n'a pas encore calculé le montant de la facture** the bill hasn't been calculated yet; **~ qqch de tête** OU **mentalement** to work sthg out in one's head; **~ vite** to be quick at figures, to calculate quickly. -**2.** [avec parcimonie - pourboire, dépenses] to work out to the last penny, to budget carefully. -**3.** [évaluer - avantages, inconvénients, chances, risque] to calculate, to weigh up *(sép)*; **mal ~ qqch** to miscalculate sthg; **~ que** to work out OU to calculate that; **j'ai calculé qu'il me faudrait deux heures pour aller à Toulouse** I've worked out that it'll take me two hours to get to Toulouse. -**4.** [préparer - gestes, effets, efforts] to calculate, to work out *(sép)*; **j'ai tout calculé** I have it all worked out; **~ son élan** SPORT to work out one's run-up ❑ **~ son coup** *fam* to plan one's moves carefully; **tu as bien calculé ton coup!** you had it all figured out!; **tu as mal calculé ton coup!** you got it all wrong!
◇ *vi* to calculate; **il calcule vite et bien** he's quick at arithmetic.

calculette [kalkylɛt] *nf* pocket calculator.

calculeux, euse [kalkylø, øz] *adj* -**1.** [relatif aux calculs] calculous, calculary. -**2.** [affecté de calculs] calculous.

Calcutta [kalkyta] *npr* Calcutta.

caldoche [kaldɔʃ] *nmf white inhabitant of New Caledonia.*

cale [kal] *nf* **A.** -**1.** [pour bloquer - un meuble] wedge; [- une roue] wedge, chock; **mettre une voiture sur ~s** to put a car on blocks. -**2.** [d'ébéniste]: **~ à poncer** sanding block. -**3.** [sur rails] chock.
B. -**1.** NAUT hold. -**2.** [d'un quai] slipway; **mettre sur ~s** to lay down; **le bateau est sur ~** the boat is on the stocks ❑ **~ de construction** OU **de lancement** slip, slipway; **~ de radoub** graving OU dry dock; **~ sèche** dry dock; **être en ~ sèche** to be in dry dock.

calé, e *fam* [kale] *adj* -**1.** [instruit]: **~ en** well up on; **il est ~ en histoire** he's brilliant at history. -**2.** [difficile - problème] tough. -**3.** *fam Belg* [prêt] ready.

calebasse [kalbas] *nf* -**1.** [fruit, récipient] calabash, gourd. -**2.** *fam* [tête] nut, noddle *Br.*

calebassier [kalbasje] *nm* calabash tree.

calèche [kalɛʃ] *nf* barouche, calash.

calecif *fam* [kalsif] = **calcif**.

caleçon [kalsɔ̃] *nm* -**1.** [sous-vêtement]: **~ court, ~s courts** pair of (men's) underpants; **~ long, ~s longs** pair of long johns. -**2.** [pour nager]: **~ de bain** swimming trunks. -**3.** [pantalon] leggings.

Calédonie [kaledɔni] *npr f*: **(la) ~** Caledonia.

calédonien, enne [kaledɔnjɛ̃, ɛn] *adj* Caledonian.
◆ **Calédonien, enne** *nm, f* Caledonian.

cale-étalon [kaletalɔ̃] (*pl* **cales-étalons**) *nf* stop-measure.

calembour [kalɑ̃bur] *nm* play on words, pun; **faire un ~** to make a pun; **faire des ~s** to play with words.

calembredaine [kalɑ̃brədɛn] *nf* [plaisanterie] joke.
◆ **calembredaines** *nfpl* [sornettes] balderdash, nonsense; **dire** OU **débiter des ~s** to talk a lot of (stuff and) nonsense.

calendes [kalɑ̃d] *nfpl* -**1.** ANTIQ calends. -**2.** *loc*: **renvoyer** OU **remettre qqch aux ~ grecques** to put sthg off OU to postpone sthg indefinitely.

calendrier [kalɑ̃drije] *nm* -**1.** [tableau, livret] calendar; **~ grégorien/républicain** Gregorian/Republican calendar; **~ perpétuel/à effeuiller** perpetual/tear-off calendar. -**2.** [emploi du temps] timetable, schedule; [plan - de réunions] schedule, calendar; [- d'un festival] calendar; [- d'un voyage] schedule; **j'ai un ~ très chargé** I have a very busy schedule OU timetable; **le ~ de ses visites officielles n'a pas encore été établi** her official visits haven't been timetabled OU scheduled yet ❑ **~ des rencontres** FTBL fixture list *Br*, match schedule *Am*.

CALENDRIER RÉPUBLICAIN:
The Republican calendar was first used in 1793. The year began on 22 September and was divided into twelve months of thirty days each, the remaining days being given over to celebrations. The names of the months were inspired by the changing seasons, the weather and the harvest:
vendémiaire, brumaire, frimaire, nivôse, pluviôse, ventôse, germinal, floréal, prairial, messidor, thermidor, fructidor.
The calendar was officially replaced by the Gregorian calendar in 1806.

---

cale-pied [kalpje] (*pl* **cale-pieds**) *nm* toe-clip.

calepin [kalpɛ̃] *nm* -**1.** [carnet] notebook. -**2.** *Belg* [serviette] briefcase.

caler [3] [kale] ◇ *vt* -**1.** [avec une cale - armoire, pied de chaise] to wedge, to steady with a wedge; [- roue] to chock, to wedge; **~ une porte** [pour la fermer] to wedge a door shut; [pour qu'elle reste ouverte] to wedge a door open. -**2.** [installer] to prop up *(sép)*; **~ qqn sur des coussins** to prop sb up on cushions; **le pied doit être bien calé dans la chaussure** the foot must be firmly held in the shoe; **bien calé dans son fauteuil** comfortably settled in his armchair. -**3.** *fam* [remplir]: **ça cale (l'estomac)** it fills you up, it's filling. -**4.** NAUT [mât] to house.
◇ *vi* -**1.** AUT [moteur, voiture] to stall; **j'ai calé** I've stalled. -**2.** [s'arrêter - dans une discussion] to be baffled; [- dans un repas] to be full up; **prends mon gâteau, je cale** have my cake, I'm full (up). -**3.** NAUT: **~ 15 pieds** to draw 15 feet, to have a draught *Br* OU draft *Am* of 15 feet; **~ trop** to be too deep in water.
◆ **se caler** ◇ *vpi* [s'installer]: **se ~ dans un fauteuil** to settle o.s. comfortably in an armchair.
◇ *vpt loc*: **se ~ les joues** *fam*, **se les ~** *fam* [bien manger] to stuff OU to feed one's face.

caleter▽ [kalte] = **calter**.

calf [kalf] *nm abr de* **box-calf**.

calfat [kalfa] *nm* [ouvrier] calker, caulker.

calfatage [kalfataʒ] *nm* calking, caulking.

calfater [3] [kalfate] *vt* to calk, to caulk.

calfeutrage [kalføtraʒ], **calfeutrement** [kalføtrəmɑ̃] *nm* [d'une fenêtre, d'une porte] draught-proofing; [d'une ouverture] stopping up, filling.

calfeutrer [3] [kalføtre] *vt* [ouverture] to stop up *(sép)*, to fill; [fenêtre, porte - gén] to make draught-proof; [- avec un bourrelet] to weather-strip.
◆ **se calfeutrer** *vp (emploi réfléchi)* -**1.** [s'isoler du froid] to make o.s. snug. -**2.** [s'isoler du monde] to shut o.s. up OU away.

calibrage [kalibraʒ] *nm* -**1.** [d'un obus, d'un tube] calibration. -**2.** COMM [de fruits] grading. -**3.** IMPR castoff.

calibre [kalibr] *nm* -**1.** INDUST & MÉCAN gauge. -**2.** CONSTR & TRAV PUBL template. -**3.** ARM & TECH bore, calibre; **un canon de 70 ~s** a 70 millimetre gun; **de gros ~** large-bore; **de petit ~** small-bore. -**4.** COMM grade, (standardized OU standard) size. -**5.** *arg crime* [revolver] shooter *Br*, rod *Am*. -**6.** *fig* [type] class, calibre; **de ce ~** of this calibre OU class; **il est d'un autre ~** he's not in the same league.

calibrer [3] [kalibre] *vt* -**1.** [usiner - obus, revolver, tube] to calibrate. -**2.** COMM to grade. -**3.** IMPR to cast off *(sép)*.

calice [kalis] *nm* -**1.** BOT & PHYSIOL calyx. -**2.** RELIG chalice; **boire le ~ jusqu'à la lie** to endure one's sad fate courageously.

calicot [kaliko] *nm* -**1.** TEXT calico. -**2.** [bande] banner.

califat [kalifa] *nm* caliphate.

calife [kalif] *nm* caliph.

Californie [kalifɔrni] *npr f*: **(la) ~** California; **la Basse-~** Lower California.

californien, enne [kalifɔrnjɛ̃, ɛn] *adj* Californian.
◆ **Californien, enne** *nm, f* Californian.

califourchon [kalifurʃɔ̃]
◆ **à califourchon** *loc adv* astride; **être à ~ sur qqch** to bestride OU to be astride sthg; **monter** OU **s'asseoir** OU **se mettre à ~ sur qqch** to sit astride OU to straddle sthg.

Caligula [kaligyla] *npr* Caligula.

câlin, e [kalɛ̃, in] *adj* -**1.** [regard, voix] tender. -**2.** [personne] affectionate.
◆ **câlin** *nm* cuddle; **faire un ~ à qqn** to give sb a cuddle; **faire des ~s à qqn** to (kiss and) cuddle sb.

câliner [3] [kaline] *vt* to (kiss and) cuddle, to pet.

câlinerie [kalinri] *nf* [qualité] tenderness; [geste] caress, cuddle; **faire des ~s à qqn** to kiss and cuddle sb.

calisson [kalisɔ̃] *nm*: **~ (d'Aix)** *lozenge-shaped sweet made of iced marzipan.*

calleux, euse [kalø, øz] *adj* -**1.** [main, peau] callous, horny. -**2.** MÉD [ulcère] callous.

call-girl [kɔlgœrl] (*pl* call-girls) *nf* call girl.

calligramme [kaligram] *nm* calligramme.

calligraphe [kaligraf] *nmf* calligrapher.

calligraphie [kaligrafi] *nf* calligraphy.

calligraphier [9] [kaligrafje] *vt* -**1.** BX-ARTS to calligraph. -**2.** [écrire avec soin]: ~ qqch to write sthg in a beautiful hand.

calligraphique [kaligrafik] *adj* calligraphic.

callosité [kalozite] *nf* callosity, callus.

calmant, e [kalmɑ̃, ɑ̃t] *adj* -**1.** PHARM [contre l'anxiété] tranquillizing; [contre la douleur] painkilling. -**2.** [propos] soothing.

◆ **calmant** *nm* -**1.** PHARM [contre l'anxiété] tranquillizer, sedative; des ~s tranquillizers; prendre des ~s to be on tranquillizers; je voudrais m'arrêter de prendre des ~s I want to come off tranquillizers. -**2.** [contre la douleur] painkiller.

calmar [kalmar] *nm* squid.

calme [kalm] ◇ *adj* -**1.** [sans agitation - quartier, rue] calm, quiet, peaceful; nous avons passé trois jours ~s we had three quiet days; le malade a passé une nuit ~ the patient had a peaceful night. -**2.** [sans mouvement - eau, étang, mer] still, calm; [- air] still; par temps ~ when there's no wind. -**3.** [maître de soi] calm, self-possessed; parler d'une voix ~ to talk calmly; c'est un enfant très ~ he's a very placid child; rester ~ to stay calm. -**4.** [peu productif -marché] quiet, dull, slack; les affaires sont ~s en ce moment business is slack OU quiet at the moment.

◇ *nmf* [personne] calm OU placid person.

◇ *nm* -**1.** [absence d'agitation] peace, quiet, calm; [de l'air, de l'eau] stillness; avec ~ calmly; du ~! [ne vous agitez pas] keep quiet!; [ne paniquez pas] keep cool!; le ~ peace and quiet; j'ai besoin de ~ pour réfléchir I need quiet OU peace and quiet to think; être au ~ to have OU to enjoy peace and quiet; il faut rester au ~ you should avoid excitement; manifester dans le ~ to hold a peaceful demonstration; ramener le ~ [dans une assemblée] to restore order; [dans une situation] to calm things down ❑ c'est le ~ avant la tempête this is the calm before the storm. -**2.** [silence] silence; faire qqch dans le ~ to do sthg quietly; allons les enfants, on rentre dans le ~! come on children, let's go back in quietly now! -**3.** [sang-froid] composure, calm; du ~! calm down!; une femme d'un grand ~ a very composed woman; garder son ~ to keep calm; perdre son ~ to lose one's composure; recouvrer son ~ to calm down, to regain one's composure. -**4.** [vent] calm; c'est le ~ plat [il ne se passe rien] there's nothing happening; [à la Bourse] the Stock Exchange is in the doldrums; [en mer] there's no wind.

◆ **calmes** *nmpl*: ~s équatoriaux doldrums.

calmement [kalməmɑ̃] *adv* calmly, quietly.

calmer [3] [kalme] *vt* -**1.** [rendre serein - enfant, opposant, foule] to calm down *(sép)*; essaie de ~ les enfants try and get the children to calm down; nous devons ~ les esprits [dans un groupe] we must put everybody's mind at rest; [dans la nation] we must put the people's minds at rest; ~ le jeu SPORT to calm the game down. -**2.** [dépassionner - mécontentement] to soothe, to calm; [- colère] to calm, to appease; [- querelle] to pacify, to defuse; [- débat] to restore order to; [- faim] to satisfy, to appease; [- soif] to quench. -**3.** [diminuer - fièvre, inflammation] to bring down *(sép)*; [- douleur] to soothe, to ease; [- désespoir, crainte] to ease, to allay; [- désir, passion, enthousiasme] to dampen; pour ~ sa frayeur to dispel OU to allay his fear; pour ~ son impatience to relieve her impatience; ça devrait leur ~ les nerfs that should soothe their (frayed) nerves.

◆ **se calmer** *vpi* -**1.** [devenir serein] to calm down; attends que les choses se calment wait for things to calm down. -**2.** [se taire] to quieten *Br* OU to quiet *Am* down. -**3.** [s'affaiblir - dispute, douleur] to die down OU away, to ease off OU up; [- fièvre] to die OU to go down; [- anxiété] to fade; [- passion] to fade away, to cool; [- faim, soif] to die down, to be appeased; la douleur s'est calmée brusquement/peu à peu the pain died away abruptly/eased up gradually. -**4.** MÉTÉO [averse] to ease off; [mer] to become calm; [vent] to die down, to drop.

calomel [kalɔmɛl] *nm* calomel.

calomniateur, trice [kalɔmnjatœr, tris] ◇ *adj* [parole] slanderous; [lettre] libellous.

◇ *nm, f* slanderer; [par écrit] libeller.

calomnie [kalɔmni] *nf* slander, calumny; ce sont de pures ~s it's all lies.

calomnier [9] [kalɔmnje] *vt* [dénigrer - personne] to slander, to calumniate; [- par écrit] to libel.

calomnieux, euse [kalɔmnjø, øz] *adj* [propos] slanderous; [écrit] libellous, slanderous.

caloporteur [kalɔpɔrtœr] *adj m* heat-conveying.

calorie [kalɔri] *nf* calorie; ça apporte des ~s [c'est nutritif] it'll help build you up; [cela fait grossir] it's fattening ❑ grande ~ kilocalorie, major calorie.

calorifère [kalɔrifɛr] ◇ *adj* -**1.** [produisant de la chaleur] heat-giving. -**2.** [transportant de la chaleur] heat-conveying.

◇ *nm* stove.

calorifique [kalɔrifik] *adj* [perte] heat *(modif)*; [valeur] calorific.

calorifuge [kalɔrifyʒ] ◇ *adj* heat-insulating.

◇ *nm* heat insulator.

calorifuger [17] [kalɔrifyʒe] *vt* to insulate, to lag.

calorimètre [kalɔrimɛtr] *nm* calorimeter.

calorimétrie [kalɔrimetri] *nf* calorimetry.

calorimétrique [kalɔrimetrik] *adj* calorimetric, calorimetrical.

caloriporteur [kalɔripɔrtœr] *adj m* heat-conveying.

calorique [kalɔrik] *adj* PHYS & PHYSIOL calorific, caloric.

calorisation [kalɔrizasjɔ̃] *nf* calorization.

calot [kalo] *nm* -**1.** VÊT cap. -**2.** MIL forage cap. -**3.** JEUX big marble.

calotin, e [kalɔtɛ̃, in] ◇ *adj* churchy.

◇ *nm, f* holy Joe.

calotte [kalɔt] *nf* -**1.** VÊT skullcap; [de prêtre] calotte, skullcap; la ~ *fam* the clergy. -**2.** *fam* [tape] box on the ear; flanquer une ~ à qqn to give sb a clip round the earhole; (se) prendre OU recevoir une ~ to get one's ears boxed. -**3.** ANAT: ~ du crâne OU crânienne top of the skull. -**4.** ARCHIT [voûte] calotte. -**5.** ASTRON: ~ polaire polar region. -**6.** *litt*: la ~ des cieux the dome OU vault of heaven. -**7.** MATH: ~ sphérique portion of a sphere. -**8.** GÉOG: ~ glaciaire icecap.

calotter *fam* [3] [kalɔte] *vt*: ~ un enfant to box a child around the ears.

calque [kalk] *nm* -**1.** [feuille] piece of tracing paper; [substance] tracing paper. -**2.** [dessin] tracing, traced design; prendre OU faire un ~ de to trace. -**3.** [copie - d'un tableau, d'un texte] exact copy, replica. -**4.** [répétition - d'une attitude, d'une erreur] carbon copy. -**5.** LING calque, loan translation.

calquer [3] [kalke] *vt* -**1.** [motif] to trace. -**2.** [imiter - manières, personne] to copy exactly. -**3.** LING to translate literally; calqué sur OU de l'espagnol translated literally from Spanish.

calter▽ [3] [kalte] *vi* to scarper *Br*, to cut and run *Am*.

◆ **se calter**▽ *vpi* to scarper *Br*, to cut and run *Am*.

calumet [kalymɛ] *nm* peace pipe; fumer le ~ de la paix *pr* to smoke the pipe of peace; *fig* to make peace.

calva *fam* [kalva] = **calvados**.

calvados [kalvados] *nm* Calvados, apple brandy.

calvaire [kalvɛr] *nm* -**1.** RELIG [crucifixion]: le Calvaire (de Jésus) the suffering of Jesus on the Cross. -**2.** [monument - à plusieurs croix] calvary; [- à une croix] wayside cross OU calvary. -**3.** BX-ARTS calvary, road to Calvary. -**4.** [souffrance] ordeal; sa maladie a été un long ~ his illness was a long ordeal.

Calvin [kalvɛ̃] *npr*: Jean ~ John Calvin.

calvinisme [kalvinism] *nm* Calvinism.

calviniste [kalvinist] ◇ *adj* Calvinist, Calvinistic.

◇ *nmf* Calvinist.

calvitie [kalvisi] *nf* -**1.** [absence de cheveux] baldness; ~ précoce premature baldness. -**2.** *fam* [emplacement] bald spot.

calypso [kalipso] *nm* calypso.

camaïeu, x [kamajø] *nm* -**1.** [tableau] monochrome painting. -**2.** [gravure] monochrome engraving. -**3.** [technique]: le ~ monochrome, monotint; en ~ [tableau] monochrome; un ~ de bleus a monochrome in blue. -**4.** [couleurs] merging shades; le ~ du couchant the shades of sunset.

camail [kamaj] *nm* -**1.** [d'un cheval] neck guard. -**2.** VÊT (ecclesiastical) cape, cope. -**3.** [du coq] neck feathers, hackles. -**4.** HIST camail.

camarade [kamarad] *nmf* -**1.** [ami] friend; ~ de chambrée roommate; ~ de classe classmate; ~ d'école schoolmate; ~ de jeu playmate; ~ de régiment comrade (in arms). -**2.** POL comrade. -**3.** [en appellatif] comrade.

camaraderie [kamaradri] *nf* [entre deux personnes] good fellowship, friendship; [dans un club, un groupe] companionship, camaraderie; il n'y a que de la ~ entre eux they're just (good) friends.

camard, e [kamar, ard] *adj vieilli* [nez] pug; [personne] pug-nosed.

◆ **Camarde** *nf litt*: la Camarde the Grim Reaper.

Camargue [kamarg] *npr f*: la ~ the Camargue (area).

camarilla [kamarija] *nf* camarilla.

cambial, e, aux [kɑ̃bjal, o] *adj* FIN exchange *(modif)*, currency *(modif)*.

cambiste [kɑ̃bist] ◇ *adj*: banquier ~ bank with a bureau de change OU foreign exchange counter; marché ~ currency OU foreign exchange market.

◇ *nmf* -**1.** BOURSE exchange broker. -**2.** [de bureau de change] bureau de change OU foreign exchange dealer.

cambium [kɑ̃bjɔm] *nm* cambium.

Cambodge [kɑ̃bɔdʒ] *npr m*: le ~ Cambodia; au ~ in Cambodia.

cambodgien, enne [kɑ̃bɔdʒjɛ̃, ɛn] *adj* Cambodian.

◆ **Cambodgien, enne** *nm, f* Cambodian.

◆ **cambodgien** *nm* LING Cambodian.

cambouis [kɑ̃bwi] *nm* dirty oil OU grease.

cambrage [kɑ̃braʒ] *nm* camber.

cambré, e [kɑ̃bre] *adj* [dos] arched; [pied] with a high instep; [personne] arched-back; [cheval] bow-legged.

cambrement [kɑ̃brəmɑ̃] = **cambrage**.

cambrer [3] [kɑ̃bre] *vt* -**1.** [pied] to arch; ~ le dos OU les reins to arch one's back. -**2.** TECH [barre, poutre] to camber.

◆ **se cambrer** *vpi* to arch one's back.

cambrien, enne [kɑ̃brijɛ̃, ɛn] *adj* Cambrian.

◆ **cambrien** *nm* Cambrian (period).

cambriolage [kɑ̃brijɔlaʒ] *nm* -**1.** [coup] burglary, break-in. -**2.** [activité]: le ~ burglary, housebreaking.

cambrioler [3] [kɑ̃brijɔle] *vt* [propriété] to burgle *Br*, to burglarize *Am*; [personne] to burgle; se faire ~ to be burgled.

cambrioleur, euse [kɑ̃brijɔlœr, øz] *nm, f* burglar, housebreaker.

Cambronne [kɑ̃brɔn] *npr*: le mot de ~ *euphemism for the word "merde".*

cambrousse *fam* [kɑ̃brus], **cambrouse** *fam* [kɑ̃bruz] *nf péj* OU *hum* country, countryside; en pleine ~ in the middle of nowhere; il arrive OU débarque de sa ~ he's just up from the backwoods OU sticks.

cambrure [kɑ̃bryr] *nf* -**1.** [posture - du dos] curve; [- du pied, d'une semelle] arch. -**2.** TECH [d'une chaussée, d'une pièce de bois] camber. -**3.** OPT curve. -**4.** [partie - du pied] instep; [- du dos] small. -**5.** [support de semelage] instep.

cambuse [kɑ̃byz] *nf* -**1.** NAUT storeroom. -**2.** *fam péj* [chambre, maison] dump, tip *Br*.

cambusier [kɑ̃byzje] *nm* storekeeper NAUT.

came [kam] *nf* -**1.** MÉCAN cam. -**2.** ▽ [drogue] junk. -**3.** ▽ [marchandises] stuff, junk.

camé, e¹▽ [kame] ◇ *adj* high; il est ~ he's on something.

◇ *nm, f* junkie.

camée² [kame] *nm* JOAILL cameo.

caméléon [kameleɔ̃] *nm* ZOOL chameleon.

camélia [kamelja] *nm* camellia.

camélidé [kamelide] *nm* camel, member of the camel family OU *spéc* the Camelidae.

camelot [kamlo] *nm* -**1.** [dans la rue] street peddler, hawker. -**2.** POL: ~ **du roi** Royalist supporter *(in France)*.

camelote *fam* [kamlɔt] *nf* -**1.** [marchandise] stuff, goods; **c'est de la bonne** ~ it's good stuff. -**2.** *péj* [mauvaise qualité]: **c'est de la** ~ it's junk OU trash; **leurs bagues, c'est de la** ~ their rings are cheap and nasty.

camembert [kamɑ̃bɛr] *nm* Camembert (cheese).

camer [3] [kame]

◆ **se camer**▽ *vpi* to be a junkie; **se** ~ **à la cocaïne** to be on coke.

caméra [kamera] *nf* -**1.** AUDIO, CIN & TV film *Br* OU movie *Am* camera; **il s'est expliqué devant les** ~**s** he gave an explanation in front of the television cameras ❑ ~ **invisible** candid camera; ~ **portative** press camera; ~ **sonore** sound camera; ~ **super-8** super 8 camera; ~ **vidéo** video camera. -**2.** OPT: ~ **électronique** OU **électronographique** electronic camera.

cameraman [kameraman] (*pl* **cameramans** OU **cameramen** [-mɛn]) *nm* cameraman *nm*, camera operator.

camériste [kamerist] *nf* -**1.** [dame d'honneur] lady-in-waiting. -**2.** [femme de chambre] chambermaid.

camerlingue [kamɛrlɛ̃g] *nm* camerlengo.

Cameroun [kamrun] *npr m*: **le** ~ Cameroon; **au** ~ in Cameroon.

camerounais, e [kamrunɛ, ɛz] *adj* Cameroonian.

◆ **Camerounais, e** *nm, f* Cameroonian.

Caméscope® [kameskɔp] *nm* camcorder.

camion [kamjɔ̃] *nm* -**1.** AUT lorry *Br*, truck *Am*; **'interdit aux** ~**s'** 'no HGVs' *Br*, '(no trucks)' *Am* ❑ ~ **benne** dumper truck; ~ **de déménagement** removal van *Br*, moving van *Am*; ~ **à remorque** lorry with trailer; ~ **à semi-remorque** articulated lorry *Br*, trailer truck *Am*. -**2.** [de peintre] (paint) pail.

camion-citerne [kamjɔ̃sitɛrn] (*pl* **camions-citernes**) *nm* tanker (lorry) *Br*, tank truck *Am*.

camionnage [kamjɔnaʒ] *nm* (road) haulage.

camionner [3] [kamjɔne] *vt* to haul, to transport by lorry *Br* OU truck *Am*.

camionnette [kamjɔnɛt] *nf* van.

camionneur [kamjɔnœr] *nm* -**1.** [conducteur] lorry *Br* OU truck *Am* driver. -**2.** [entrepreneur] (road) haulage contractor, (road) haulier *Br* OU hauler *Am*.

camisard [kamizar] *nm* HIST Calvinist partisan *(in the Cévennes uprising of 1702)*.

camisole [kamizɔl] *nf* -**1.** VÊT camisole. -**2.** PSYCH: ~ **chimique** *drugs used to control the behaviour of violent psychiatric patients*; ~ **de force** strait jacket.

camomille [kamɔmij] *nf* -**1.** BOT camomile. -**2.** [infusion] camomile tea.

camouflage [kamuflaʒ] *nm* -**1.** MIL [procédé] camouflaging; [matériel] camouflage. -**2.** [d'un message] coding. -**3.** ZOOL camouflage, mimicry.

camoufler [3] [kamufle] *vt* -**1.** MIL to camouflage. -**2.** [cacher - passage, gêne] to conceal; [- bavure] to cover up *(sép)*; [- vérité] to hide, to conceal. -**3.** [déguiser]: **de nombreux crimes sont camouflés en suicides** murders are often made to look like suicide.

◆ **se camoufler** *vp* *(emploi réfléchi)* -**1.** MIL to camouflage o.s. -**2.** ZOOL to camouflage itself, to mimic its environment.

camouflet [kamuflɛ] *nm* -**1.** *litt* [affront] snub, insult, affront. -**2.** MIL camouflet, stifler.

camp [kɑ̃] *nm* -**1.** MIL (army) camp; ~ **militaire/retranché** military/fortified camp; ~ **de base** base camp; ~ **de prisonniers** prisoner of war camp; ~ **volant** temporary camp; **vivre en** ~ **volant** *fig* [en situation changeante] to be always on the move; [en déménageant souvent] to live out of a suitcase; **lever le** ~ *pr* to break camp; *fig* to make tracks. -**2.** HIST & POL camp; ~ **(de concentration)** concentration camp; **la vie dans les** ~**s** life in the concentration camps; ~ **de déportation** deportation camp; ~ **d'extermination** OU **de la mort** death camp; ~ **de réfugiés** refugee camp; ~ **de travail (forcé)** forced labour camp; **Camp David** HIST Camp David; **le Camp du Drap d'or** HIST the Field of (the) Cloth of Gold *(meeting between François I of France and Henry VIII of England in 1520)*. -**3.** LOISIRS campsite, camping site; **je fais un** ~ **à Pâques avec ma classe** I'm going on a camping trip at Easter with my class; **j'envoie les enfants en** ~ **cet été** I'm sending the children off to summer camp this year ❑ ~ **de scouts** scout camp. -**4.** JEUX & SPORT team, side. -**5.** [faction] camp, side; **il faut choisir son** ~ you must decide which side you're on; **passer dans l'autre** ~, **changer de** ~ to change sides, to go over to the other side. -**6.** *loc*: **ficher le** ~ *fam* to clear off; **foutre le** ~ ▽ [personne] to bugger off *Br*, to take off *Am*; **fous le** ~**!** shove OU piss off!; **mon pansement fout le** ~ my plaster's coming off ❑ **tout fout le** ~**!** what is the world coming to?

campagnard, e [kɑ̃paɲar, ard] ◇ *adj* [accent, charme, style, vie] country *(modif)*, rustic.

◇ *nm, f* countryman (*f* countrywoman); **les** ~**s** countryfolk.

campagne [kɑ̃paɲ] *nf* -**1.** GÉOG [habitat] country; [paysage] countryside; **les travaux de la** ~ farm OU agricultural work; **la** ~ **environnante** the surrounding country OU countryside; **une** ~ **plate** flat OU open country; **une** ~ **vallonnée** rolling countryside; **à la** ~ in the country OU countryside. -**2.** [activité] campaign; **faire** ~ **pour/contre** to campaign for/against; **lancer une** ~ **pour/contre** to launch a campaign for/against; ~ **de diffamation** smear campaign ❑ ~ **électorale** election campaign; ~ **de presse** press campaign; ~ **publicitaire** OU **de publicité** COMM advertising campaign; [de recrutement] recruitment drive. -**3.** MIL campaign; **faire** ~ to campaign, to fight ❑ **la** ~ **d'Italie** the Italian campaign; **les** ~**s napoléoniennes** Napoleon's campaigns. -**4.** ARCHÉOL: ~ **de fouilles** excavation plan.

◆ **de campagne** *loc adj* -**1.** [rural - chemin, médecin, curé] country *(modif)*. -**2.** COMM [pain, saucisson] country *(modif)*. -**3.** MIL [tenue] field *(modif)*.

◆ **en campagne** *loc adv* in the field, on campaign; **être en** ~ *fig* to be on the warpath; **entrer** OU **se mettre en** ~ to go into action.

campagnol [kɑ̃paɲɔl] *nm* vole.

Campanie [kɑ̃pani] *npr f*: **(la)** ~ Campania.

campanile [kɑ̃panil] *nm* [d'une église] bell-tower; [isolé] campanile.

campanulacée [kɑ̃panylase] *nf* member of the Campanulae.

campanule [kɑ̃panyl] *nf* bellflower, campanula *spéc*.

campé, e [kɑ̃pe] *adj*: **bien** ~ well-built ‖ [solide]: **bien** ~ **sur ses jambes** standing firmly on his feet ‖ [bien décrit]: **des personnages bien** ~**s** well-drawn characters.

campement [kɑ̃pmɑ̃] *nm* -**1.** [installation] camp, encampment; [terrain] camping place OU ground; [de bohémiens] caravan site; '~ **interdit**' 'no camping'; **établir un** ~ to set up camp; **replier le** ~ to break camp. -**2.** MIL [détachement] detachment of scouts.

camper [3] [kɑ̃pe] ◇ *vi* -**1.** LOISIRS to camp. -**2.** MIL to camp (out); ~ **sur ses positions** MIL to stand one's ground; *fig* to stand one's ground, to stick to one's guns. -**3.** [habiter temporairement]: **je campe chez un copain en attendant** meanwhile, I'm camping (out) at a friend's.

◇ *vt* -**1.** THÉÂT [personnage] to play the part of; **personnage bien campé** well-played character. -**2.** [par un dessin - silhouette] to draw, to sketch out *(sép)*. -**3.** [par un écrit - personnage] to portray. -**4.** [placer]: ~ **son chapeau sur l'oreille** to tilt one's hat over one's ear; ~ **son chapeau sur sa tête** to stick one's hat on one's head. -**5.** MIL [troupes] to encamp.

◆ **se camper** *vpi*: **se** ~ **devant qqn** to plant o.s. in front of sb.

campeur, euse [kɑ̃pœr, øz] *nm, f* camper.

camphre [kɑ̃fr] *nm* camphor.

camphré, e [kɑ̃fre] *adj* camphorated.

camphrier [kɑ̃frije] *nm* camphor tree.

camping [kɑ̃piŋ] *nm* -**1.** [activité] camping; **faire du** ~ to go camping, to camp; **on fait du** ~ we're camping ❑ ~ **sauvage** [non autorisé] camping on non-authorized sites; [en pleine nature] camping in the wild. -**2.** [terrain] camp OU camping site *Br*, campground *Am*; [pour caravanes] caravan *Br* OU trailer *Am* site.

◆ **de camping** *loc adj* [chaise, ustensiles] camp *(modif)*, camping.

camping-car [kɑ̃piŋkar] (*pl* **camping-cars**) *nm* camper-van *Br*, camper *Am*.

camping-caravaning [kɑ̃piŋkaravaniŋ] *nm inv* caravanning *Br*, camping in a trailer *Am*.

Camping-Gaz® [kɑ̃piŋgaz] *nm inv* butane gas-stove.

campus [kɑ̃pys] *nm* campus; **sur le** ~ on campus.

camus, e [kamy, yz] *adj* [nez] pug; [personne] pug-nosed.

canada [kanada] *nf* Canada apple.

Canada [kanada] *npr m*: **le** ~ Canada; **au** ~ in Canada.

Canadair® [kanadɛr] *nm* fire-fighting plane, tanker plane *Am*.

canadianisme [kanadjanism] *nm* canadianism.

canadien, enne [kanadjɛ̃, ɛn] *adj* Canadian.

◆ **Canadien, enne** *nm, f* Canadian.

◆ **canadienne** *nf* -**1.** [tente] (ridge) tent. -**2.** VÊT fur-lined jacket. -**3.** [pirogue] (Canadian) canoe.

canaille [kanaj] ◇ *adj* **1.** [polisson - air, manières] roguish. -**2.** [vulgaire - chanson, manières] coarse, vulgar.

◇ *nf* -**1.** [crapule] scoundrel, crook; **la** ~ *vieilli* the rabble. -**2.** [ton affectueux]: **petite** ~**!** you little devil OU rascal!

canaillerie [kanajri] *nf litt* -**1.** [acte] low trick. -**2.** [malhonnêteté] crookedness. -**3.** [vulgarité] coarseness, vulgarity.

canal, aux [kanal, o] *nm* -**1.** NAUT canal; **sur les canaux et rivières** on the inland waterways ❑ ~ **maritime** OU **de navigation** ship canal; ~ **de jonction** junction canal; ~ **latéral** lateral canal; **le** ~ **Calédonien** the Caledonian Canal; **le** ~ **de Mozambique** the Mozambique Channel; **le** ~ **de Panama/Suez** the Panama/Suez Canal. -**2.** TRAV PUBL duct, channel; ~ **d'amenée** feed OU feeder channel. -**3.** AGR channel; ~ **de drainage/d'irrigation** drainage/irrigation canal. -**4.** AUDIO & INF channel; **Canal +** OU **Plus** *French TV pay channel* ‖ *Can* [chaîne] (TV) channel. -**5.** ARCHIT flute. -**6.** ANAT & VÉTÉR duct, canal; ~ **auditif** auditory canal; ~ **biliaire** bile duct; ~ **déférent** vas deferens; ~ **inguinal** inguinal canal; ~ **lacrymal** tear duct, lacrymal canal *spéc*; ~ **médullaire** medullary canal OU cavity. -**7.** BOT duct, canal. -**8.** ÉCON: ~ **de distribution** distribution channel. -**9.** ASTRON canal.

◆ **par le canal de** *loc prép* through, via.

CANAL +:
Canal + broadcasts programmes that have to be unscrambled using a special decoding unit, although for part of the day its programmes can be seen without this device.

---

canalisable [kanalizabl] *adj* [énergie, pensées, efforts] which can be channelled.

canalisation [kanalizasjɔ̃] *nf* -**1.** TRAV PUBL [conduit] pipe; ~s [système] pipes, pipework, piping. -**2.** ÉLECTR wiring. -**3.** [travaux - d'une rivière] channelling; **la ~ de la région** equipping the area with a canal system. -**4.** [rassemblement - d'énergies, d'une foule, de pensées] channelling.

canaliser [3] [kanalize] *vt* -**1.** TRAV PUBL [cours d'eau] to channel; [région] to provide with a canal system. -**2.** [énergies, foule, pensées, ressources] to channel; **la police canalisait les manifestants vers la sortie** the police were channelling the demonstrators towards the exit.

canapé [kanape] *nm* -**1.** [siège] settee, sofa; ~ **convertible** bed settee, sofa bed. -**2.** CULIN [pour cocktail] canapé; **caviar sur ~** canapé of caviar || [pain frit] canapé OU croûton *(spread with forcemeat, served with certain meats).*

canapé-lit [kanapeli] (*pl* **canapés-lits**) *nm* bed settee, sofa bed.

canaque [kanak] *adj* Kanak.
◆ **Canaque** *nmf* Kanak.

canard [kanar] *nm* -**1.** ZOOL duck; ~ **mâle** drake; ~ **musqué** OU **de Barbarie** Muscovy OU musk duck; ~ **sauvage** wild duck; ~ **siffleur** widgeon; ~ **boiteux** *fig* lame duck. -**2.** CULIN duck; ~ **laqué** Peking duck; ~ **à l'orange** duck in orange sauce, duck à l'orange. -**3.** [terme affectueux]: **mon petit ~** sweetie, sweetie-pie. -**4.** *fam* [journal] paper, rag; **le Canard enchaîné** PRESSE *satirical French weekly newspaper.* -**5.** [informations] rumour. -**6.** [couac] false note; **faire un ~** to hit a false note, to go off key. -**7.** *fam* [sucre - au café] sugar lump dipped in coffee; [- à l'eau-de-vie] sugar lump dipped in eau-de-vie; [- au rhum] sugar lump dipped in rum; **faire un ~** to dip a lump of sugar into one's drink. -**8.** MÉD [bol] feeding cup.

canardeau, x [kanardo] *nm* duckling.

canarder [3] [kanarde] ◇ *vt* [avec une arme à feu] to snipe at *(insép)*, to take potshots at *(insép)*; [avec des projectiles] to pelt; **se faire ~** [au fusil] to be sniped at.
◇ *vi fam* [faire des fausses notes] to sing off key; [faire une fausse note] to hit a false note, to go off key.

canardière [kanardjɛr] *nf* -**1.** [mare] duckpond. -**2.** CHASSE [zone] duck shoot; [fusil] punt gun.

canari [kanari] ◇ *nm* canary; **les Canaris** *the Nantes football team.*
◇ *adj inv* canary-yellow.

Canarie [kanari] *npr f*: **la Grande ~** Grand Canary.

canarien, enne [kanarjɛ̃, ɛn] *adj* Canarian.
◆ **Canarien, enne** *nm, f* Canarian.

Canaries [kanari] *npr fpl*: **les (îles) ~** the Canary Islands OU Canaries; **aux ~** in the Canaries.

canasson▽ [kanasɔ̃] *nm* horse, nag *péj.*

canasta [kanasta] *nf* canasta.

Canaveral [kanaveral] *npr* → **cap.**

Canberra [kɑ̃bɛra] *npr* Canberra.

cancale [kɑ̃kal] *nf* (Cancale) oyster.

cancan [kɑ̃kɑ̃] *nm* -**1.** [cri du canard] quack. -**2.** [danse] (French) cancan. -**3.** [bavardage] piece of gossip; **des ~s** gossip; **n'écoute pas les ~s** don't listen to gossip OU to what people say.

cancaner [3] [kɑ̃kane] *vi* -**1.** ZOOL to quack. -**2.** [médire] to gossip.

cancanier, ère [kɑ̃kanje, ɛr] ◇ *adj* gossipy.
◇ *nm, f* gossip.

cancer [kɑ̃sɛr] *nm* -**1.** MÉD cancer; **avoir un ~** to have cancer; ~ **du foie/de la peau** liver/skin cancer; **atteint d'un ~ rare** suffering from a rare form of cancer. -**2.** [fléau] cancer, canker.

Cancer [kɑ̃sɛr] *npr m* -**1.** ASTRON Cancer. -**2.** ASTROL Cancer; **être ~** to be Cancer OU a Cancerian.

cancéreux, euse [kɑ̃serø, øz] ◇ *adj* [cellule, tumeur] malignant, cancerous; [malade] cancer *(modif).*
◇ *nm, f* cancer victim OU sufferer.

cancérigène [kɑ̃seriʒɛn] *adj* carcinogenic.

cancérisation [kɑ̃serizasjɔ̃] *nf*: **pour empêcher la ~ des cellules** to prevent cells from becoming malignant.

cancériser [3] [kɑ̃serize]
◆ **se cancériser** *vpi* to become cancerous OU malignant.

cancérogène [kɑ̃serɔʒɛn] = **cancérigène.**

cancérogenèse [kɑ̃serɔʒənɛz] *nf* carcinogenesis.

cancérologie [kɑ̃serɔlɔʒi] *nf* cancerology.

cancérologique [kɑ̃serɔlɔʒik] *adj* cancerologic, cancerological.

cancérologue [kɑ̃serɔlɔg] *nmf* cancerologist.

cancérophobie [kɑ̃serɔfɔbi] *nf* cancerophobia.

cancoillotte [kɑ̃kwajɔt] *nf* Cancoillotte *(soft cheese mixed with butter, from the Franche Comté region).*

cancre [kɑ̃kr] *nm* dunce.

cancrelat [kɑ̃krəla] *nm* cockroach.

candélabre [kɑ̃delabr] *nm* -**1.** [flambeau] candelabra. -**2.** [colonne ornementée] ornate column. -**3.** [réverbère] street lamp.

candeur [kɑ̃dœr] *nf* ingenuousness, naivety; **il l'a raconté en toute ~** he recounted it quite candidly OU ingenuously.

candi [kɑ̃di] *adj m*: **sucre ~** sugar candy, rock candy.

candida [kɑ̃dida] *nm* candida.

candidat, e [kɑ̃dida, at] *nm, f* -**1.** POL candidate; **être ~ aux élections** to be a candidate in the elections, to stand *Br* OU to run in the elections; **être ~ à la présidence** to run for president, to stand for president *Br.* -**2.** [à un examen, à une activité] candidate; [à un emploi] applicant, candidate; **les ~s à l'examen d'entrée** entrance examination candidates; **être ~ à un poste** to be a candidate for a post; **il y a des ~s à la vaisselle?** *hum* any volunteers for the washing-up *Br* OU for doing the dishes *Am*?; **les ~s à l'aventure** adventure-seekers.

candidature [kɑ̃didatyr] *nf* -**1.** POL candidature, candidacy; **poser sa ~** to stand *Br*, to declare o.s. a candidate; **retirer sa ~** to stand down; **elle soigne sa ~ au poste de trésorière** she's working on her election to the post of treasurer □ ~ **multiple** standing *Br* OU running for election in several constituencies; ~ **officielle** standing *Br* OU running as official candidate. -**2.** [pour un emploi] application; **poser sa ~ (à)** to apply (for); **retirer sa ~** to withdraw one's application.

candide [kɑ̃did] *adj* ingenuous, naive.

candidement [kɑ̃didmɑ̃] *adv* ingenuously, naively.

candidose [kɑ̃didoz] *nf* candidiasis.

candir [32] [kɑ̃dir] *vt* [sucre, bonbon] to candy.
◆ **se candir** *vpi* to candy.

cane [kan] *nf* (female) duck.

Canebière [kanbjɛr] *npr f*: **la ~** *large avenue in Marseilles.*

LA CANEBIÈRE:
This name is sometimes used to refer to the city of Marseilles itself: "tout le monde en parle sur la Canebière".

Canée [kane] *npr f*: **La ~** Canea.

caner▽ [3] [kane] *vi* -**1.** [de peur] to chicken out. -**2.** [mourir] to kick the bucket.

caneton [kantɔ̃] *nm* -**1.** ZOOL duckling. -**2.** CULIN: ~ **à l'orange** duckling à l'orange.

canette [kanɛt] *nf* -**1.** ZOOL duckling. -**2.** [bouteille]: ~ **(de bière)** bottle (of beer). -**3.** [bobine] spool.

canevas [kanva] *nm* -**1.** [d'un roman, d'un exposé] framework. -**2.** TEXT canvas. -**3.** [d'une carte] graticule.

caniche [kaniʃ] *nm* -**1.** ZOOL poodle. -**2.** *péj* [personne] lapdog, poodle.

caniculaire [kanikylɛr] *adj* scorching, blistering.

canicule [kanikyl] *nf* -**1.** [grande chaleur] scorching heat; [en plein été]: **la ~** the midsummer heat; **une semaine de ~** a weeklong heatwave; **quelle ~!** what a scorcher! -**2.** ANTIQ caniculars, canicular days.

canidé [kanide] *nm* canine; **les ~s** the dog family, the Canidae *spéc.*

canif [kanif] *nm* penknife, pocketknife.

canin, e[1] [kanɛ̃, in] *adj* canine; **exposition ~e** dog show.

canine[2] [kanin] *nf* canine tooth.

canisse [kanis] = **cannisse.**

caniveau, x [kanivo] *nm* -**1.** [le long du trottoir] gutter. -**2.** [conduit] gutter, drainage channel.

canna [kana] *nm* canna; **les ~s** the Cannaceae.

cannabis [kanabis] *nm* [drogue, chanvre] cannabis.

cannabisme [kanabism] *nm* cannabis dependency.

cannage [kanaʒ] *nm* -**1.** [activité] caning. -**2.** [produit] cane work.

canne [kan] *nf* -**1.** [d'un élégant] cane; [d'un vieillard] walking-stick □ ~ **(anglaise)** crutch; **marcher avec des ~s** to be on crutches; ~ **blanche** white stick *Br* OU cane *Am*; **les ~s blanches** the visually disabled. -**2.** PÊCHE: ~ **à pêche** fishing-rod. -**3.** BOT: ~ **à sucre** sugar cane. -**4.** ARM: ~ **à épée** swordstick, sword cane. -**5.** [rotin] cane *(U).*
◆ **cannes** *nfpl* ▽ [jambes] legs, pins; SPORT ski-poles, poles.

canné, e [kane] *adj* -**1.** [en rotin] cane *(modif).* -**2.** ▽ [mort] dead as a doornail.

canne-béquille [kanbekij] (*pl* **cannes-béquilles**) *nf* crutch.

cannelé, e [kanle] *adj* -**1.** [orné de cannelures] fluted. -**2.** OPT fluted. -**3.** [à gouttière] grooved.

canneler [24] [kanle] *vt* to flute.

cannelier [kanəlje] *nm* cinnamon tree.

cannelle [kanɛl] ◇ *nf* -**1.** CULIN cinnamon; ~ **de Ceylan/Chine** Ceylon/China cinnamon. -**2.** [robinet] tap, faucet *Am*, spigot *Am.*
◇ *adj inv* pale brown, cinnamon-coloured.
◆ **à la cannelle** *loc adj* cinnamon-flavoured; **thé à la ~** cinnamon tea.

cannelloni [kanelɔni] (*pl inv* OU **cannellonis**) *nm* cannelloni.

cannelure [kanlyr] *nf* -**1.** [d'un vase, d'un pilier] flute, fluting. -**2.** [d'une vis, d'une pièce de monnaie] groove, grooving. -**3.** BOT & GÉOL stria, striation.

canner [3] [kane] ◇ *vt* [tabouret] to cane.
◇ *vi* ▽ = **caner.**

Cannes [kan] *npr* Cannes; **le festival de ~** the Cannes film festival.

cannette [kanɛt] = **canette 2, 3.**

cannibale [kanibal] ◇ *adj* & *nmf* cannibal *aussi fig.*
◇ *nm Belg* steak tartare on toast.

cannibalique [kanibalik] *adj* cannibalistic.

cannibaliser [3] [kanibalize] *vt* to cannibalize.

cannibalisme [kanibalism] *nm* -**1.** [anthropophagie] cannibalism. -**2.** [férocité] cannibalism, savagery.

cannisse [kanis] *nf* rush fence.

cannois, e [kanwa, az] *adj* from Cannes.
◆ **Cannois, e** *nm, f inhabitant of or person from Cannes.*

canoë [kanɔe] *nm* canoe; **faire du ~** to go canoeing.

canoéisme [kanɔeism] *nm* canoeing.

canoéiste [kanɔeist] *nmf* canoeist.

canoë-kayak [kanɔekajak] (*pl* **canoës-kayaks**) *nm*: **faire du ~** to go canoeing.

canon [kanɔ̃] *nm* **-1.** ARM [pièce - moderne] gun; [- ancienne] cannon; [tube] barrel; **à ~ double** double-barrelled; **à ~ scié** sawn-off *Br*, sawed-off *Am*; **~ automatique** machine-gun; **~ mitrailleur** heavy machine-gun. **-2.** NAUT: **~ de chasse/retraite** fore/aft gun. **-3.** ÉLECTRON: **~ électronique** OU **à électrons** electron gun. **-4.** AGR: **~ arroseur** irrigation cannon. **-5.** LOISIRS & SPORT: **~ à neige** snow-making machine. **-6.** [de clé, de serrure] barrel. **-7.** MUS canon; **~ à trois voix** canon for three voices; **chanter en ~** to sing a OU in canon. **-8.** BX-ARTS canon. **-9.** *sout* [modèle] model, canon; **le ~ de la beauté/du bon goût** the canon of beauty/good taste; **elle était le ~ de l'élégance** she was a model of elegance. **-10.** RELIG canon; *(comme adj m)*: **droit ~** canonic law. **-11.** [de vin] glass (of wine); [d'eau-de-vie] shot (of spirits).

cañon [kaɲɔn] *nm* canyon.

canonial, e, aux [kanɔnjal, o] *adj* RELIG **-1.** [réglé par les canons] canonic, canonical. **-2.** [du chanoine] canonic.

canonicat [kanɔnika] *nm* canonry.

canonique [kanɔnik] ◇ *adj* **-1.** [conforme aux règles] classic, canonic, canonical. **-2.** RELIG canonic, canonical. **-3.** MATH canonical.
◇ *nf* canon.

canonisation [kanɔnizasjɔ̃] *nf* canonization, canonizing.

canoniser [3] [kanɔnize] *vt* to canonize.

canoniste [kanɔnist] *nm* canonist.

canonnade [kanɔnad] *nf* heavy gunfire, cannonade.

canonner [3] [kanɔne] *vt litt* to shell, to cannonade *litt*.

canonnier [kanɔnje] *nm* gunner.

canonnière [kanɔnjɛr] *nf* **-1.** NAUT gunboat. **-2.** [meurtrière] loophole.

Canossa [kanɔsa] *npr loc*: **aller à ~** to eat humble pie.

canot [kano] *nm* dinghy; **~ automobile** motorboat; **~ de pêche** fishing boat; **~ pneumatique** pneumatic OU inflatable dinghy; **~ de sauvetage** lifeboat.

canotage [kanɔtaʒ] *nm* boating; **faire du ~** to go boating.

canoter [3] [kanɔte] *vi* **-1.** [se promener] to go boating. **-2.** [manœuvrer] to handle a boat.

canoteur, euse [kanɔtœr, øz] *nm, f* rower *(in a dinghy)*.

canotier [kanɔtje] *nm* [chapeau] (straw) boater.

Canson® [kɑ̃sɔ̃] *npr*: **papier ~** drawing paper.

Cantabriques [kɑ̃tabrik] *npr* → **mont**.

cantal [kɑ̃tal] *nm* Cantal cheese.

Cantal [kɑ̃tal] *npr m*: **le ~** (the) Cantal (region).

cantaloup [kɑ̃talu] *nm* cantaloup (melon).

cantate [kɑ̃tat] *nf* cantata.

cantatrice [kɑ̃tatris] *nf* [d'opéra] (opera) singer; [de concert] (concert) singer; **'la Cantatrice chauve'** *Ionesco* 'The Bald Primadonna'.

canter [kɑ̃tɛr] *nm* ÉQUIT cantering *(up to the weighing enclosure)*.

cantilène [kɑ̃tilɛn] *nf* cantilena.

cantilever [kɑ̃tilevœr] ◇ *adj* **-1.** [poutre, pont] cantilever. **-2.** AÉRON cantilever.
◇ *nm* [poutre] cantilever.

cantine [kɑ̃tin] *nf* **-1.** [dans une école] dining hall, canteen; [dans une entreprise] canteen; **les élèves qui mangent à la ~** pupils who have school meals OU school dinners; **c'est bon à la ~?** are school dinners good? **-2.** [malle] (tin) trunk.

cantiner [3] [kɑ̃tine] *vi arg crime* to buy goods in prison.

cantique [kɑ̃tik] *nm* canticle; **Le Cantique des ~s** The Song of Songs, The Song of Solomon.

canton [kɑ̃tɔ̃] *nm* **-1.** [en France] division of an arrondissement, canton; [en Suisse] canton; [au Luxembourg] administrative unit, canton; [au Canada] township. **-2.** RAIL section. **-3.** ARCHIT canton. **-4.** HÉRALD canton.

Canton [kɑ̃tɔ̃] *npr* Canton.

cantonade [kɑ̃tɔnad]
◆ **à la cantonade** *loc adv* **-1.** [sans interlocuteur précis] to all present, to the company at large; **crier qqch à la ~** to call OU to shout sthg (out); **«téléphone!», cria-t-il à la ~** "phone!", he called out; **il a perdu mais ce n'est pas la peine de le crier** OU **de l'annoncer à la ~** he's lost but there's no need to proclaim OU to shout it from the rooftops. **-2.** THÉÂT: **parler à la ~** [depuis les coulisses] to speak off stage; [à une personne qui est dans les coulisses] to speak to the wings.

cantonais, e [kɑ̃tɔnɛ, ɛz] *adj* **-1.** CULIN [cuisine] Cantonese; **riz ~** (special) fried rice. **-2.** GÉOG Cantonese.
◆ **Cantonais, e** *nm, f* Cantonese; **les Cantonais** the Cantonese.
◆ **cantonais** *nm* LING Cantonese.

cantonal, e, aux [kɑ̃tɔnal, o] *adj* local.
◆ **cantonales** *nfpl election of representatives for the canton,* ≃ local elections.

cantonnement [kɑ̃tɔnmɑ̃] *nm* **-1.** [à une tâche, à un lieu] confinement, confining *(U)*. **-2.** MIL [lieu] billet; [action] billeting *(U)*.

cantonner [3] [kɑ̃tɔne] ◇ *vt* **-1.** [isoler]: **~ qqn dans un lieu** to confine sb to a place. **-2.** *fig*: **~ qqch à** OU **dans** [activité, explication] to limit OU to confine sthg to; **si la discussion reste cantonnée au taux de chômage** if the discussion remains confined to the rate of unemployment. **-3.** MIL to billet; **~ un soldat chez qqn** to billet a soldier on sb.
◇ *vi* to be billeted; **~ chez qqn** to be billeted on sb.
◆ **se cantonner à, se cantonner dans** *vp + prép* **-1.** [s'enfermer]: **se ~ dans** [lieu] to confine o.s. to; **il se cantonnait dans sa solitude** he took refuge in solitude. **-2.** [être limité]: **se ~ à** OU **dans** to be confined OU limited OU restricted to. **-3.** [se restreindre]: **se ~ à** OU **dans** [activité, explication] to confine OU to limit o.s. to.

cantonnier [kɑ̃tɔnje] *nm* **-1.** [sur une route] roadman, road mender. **-2.** RAIL platelayer *Br*, trackman *Am*.

cantonnière [kɑ̃tɔnjɛr] *nf* [de lit] valance; [rideau] pelmet.

Cantorbéry [kɑ̃tɔrberi] *npr* Canterbury.

canular [kanylar] *nm* **-1.** [action] practical joke, hoax; **faire un ~ à qqn** to hoax sb, to play a hoax on sb. **-2.** [parole] hoax.

canule [kanyl] *nf* cannula.

canuler▽ [3] [kanyle] *vt* to drive mad OU up the wall.

canut, use [kany, yz] *nm, f* silk weaver OU worker *(in Lyons)*.

canyon [kaɲɔn] = **cañon**.

canzone [kandzɔne] (*pl* **canzoni** [-ni]) *nf* canzone.

CAO (*abr de* **conception assistée par ordinateur**) *nf* CAD.

caoua▽ [kawa] *nm* coffee.

caoutchouc [kautʃu] *nm* **-1.** BOT (natural OU India) rubber. **-2.** CHIM (synthetic) rubber; **~ butyle** Butyl®; **~ Mousse**® foam rubber. **-3.** *fam* [élastique] rubber OU elastic band. **-4.** [soulier] galosh. **-5.** [ficus] rubber plant.
◆ **de caoutchouc, en caoutchouc** *loc adj* [semelle] rubber *(modif)*; **bottes en ~** gumboots *Br*, wellingtons, rubber boots *Am*.

caoutchoutage [kautʃutaʒ] *nm* **-1.** [processus] coating with rubber, rubberizing. **-2.** [enduit] rubberized coating.

caoutchouter [3] [kautʃute] *vt* to cover OU to overlay with rubber, to rubberize; **toile caoutchoutée** rubberized OU rubber-coated cloth.

caoutchouteux, euse [kautʃutø, øz] *adj* [viande] rubbery, chewy; [fromage] rubbery.

cap [kap] *nm* **-1.** GÉOG cape, headland, promontory; **doubler** OU **passer un ~** to round a cape. **-2.** AÉRON, AUT & NAUT course; **~ au compas** magnetic OU compass course; **~ au vent** head on to the wind; **changer de** OU **le ~** to alter one's OU to change course; **mettre le ~ sur** NAUT to steer OU to head for; AUT to head for; **mettre le ~ au large** to set out to sea; **suivre un ~** to steer a course. **-3.** [étape] milestone, hurdle; **passer** OU **franchir le ~ de** [dans une situation difficile] to get over, to come through; [dans une gradation, des statistiques] to pass the mark of; **il a passé le ~ de la cinquantaine** he's into his fifties; **l'adolescence est un ~ difficile à passer** adolescence is a difficult time to live through; **la revue a dépassé le ~ des deux mille lecteurs** the readership of the magazine has passed the two thousand mark.

CAPS:
le cap Blanc Cap Blanc;
le cap Bon Cap Bon;
le cap de Bonne-Espérance the Cape of Good Hope;
cap Canaveral Cape Canaveral;
le cap Horn Cape Horn;
le cap Nord North Cape.

Cap [kap] *npr*: **Le ~** [ville] Cape Town; [province] Cape Province; **au ~** in Cape Town.

Cap. (*abr écrite de* **capitaine**) Capt.

CAP *nm* **-1.** (*abr de* **certificat d'aptitude professionnelle**) *vocational training certificate (taken at secondary school)*, ≃ City and Guilds examination *Br*. **-2.** (*abr de* **certificat d'aptitude pédagogique**) teaching diploma.

capable [kapabl] *adj* **-1.** [compétent] capable, competent, able; **un architecte très ~** a very capable OU able architect. **-2.** JUR competent. **-3. être ~ de** [physiquement] to be able to, to be capable of; [psychologiquement] to be capable of; **~ de porter 30 kilos** capable of lifting OU able to lift 30 kilos; **te sens-tu ~ de te lever?** do you feel able to get up?; **~ de mentir** capable of lying; **il n'est pas ~ de se maîtriser** he's unable to control himself; **~ de générosité** capable of generosity OU of being generous; **~ de tout** capable of (doing) anything; **il est ~ de nous oublier!** [il est possible qu'il nous oublie] I wouldn't put it past him to forget us!

capacimètre [kapasimɛtr] *nm* faradmeter.

capacitaire [kapasitɛr] *nmf* **-1.** [diplômé] *holder of the "capacité en droit" qualification.* **-2.** [étudiant] *student preparing for the "capacité en droit" examination.*

capacitance [kapasitɑ̃s] *nf* capacitance.

capacité [kapasite] *nf* **-1.** [aptitude] ability, capability; **avoir la ~ de (faire) qqch** to have the ability to do sthg, to be capable of (doing) sthg; **diriger? il n'en a pas la ~** managing? he hasn't got the ability for it; **avoir une grande ~ de travail** to be capable of OU to have a capacity for hard work; **j'ai perdu toute ~ de concentration** I'm no longer able to concentrate; **ses ~s d'organisateur** his abilities as an organizer. **-2.** [d'un récipient, d'une salle, d'un véhicule] capacity; **sac d'une grande ~** roomy bag ❑ **~ vitale** OU **thoracique** ANAT & PHYSIOL vital capacity. **-3.** ÉLECTR capacitance. **-4.** INF & TÉLÉC capacity. **-5.** JUR capacity; **avoir ~ pour** to be (legally) entitled to; **je n'ai pas ~ pour vous répondre** *fig* it's not up to me to give you an answer ❑ **~ civile** civil capacity; **~ électorale** (electoral) franchise; **~ de jouissance** legal entitlement (to a piece of property). **-6.** [diplôme]: **~ en droit** *law diploma leading to a law degree course.* **-7.** ÉCON: **~ de financement** financing capacity; **~ productrice** maximum possible output OU capacity.
◆ **capacités** *nfpl* (intellectual) ability; **utiliser au mieux les ~s de qqn** to make the best use of sb's ability; **élève ayant des ~s mais paresseux** pupil with ability but inclined to be lazy.

capacitif, ive [kapasitif, iv] *adj* capacitive.

caparaçon [kaparasɔ̃] *nm* caparison.

caparaçonner [3] [kaparasɔne] *vt* **-1.** [cheval] to caparison. **-2.** [protéger] to cover from top to bottom.
◆ **se caparaçonner** *vpi* to deck o.s. out, to bedeck o.s.

cape [kap] *nf* **-1.** [pèlerine] cloak, cape; **rire sous ~** to laugh up one's sleeve. **-2.** [d'un cigare] wrapper, outer leaf. -**3.** [de torero] capa. -**4.** NAUT: **être à la ~** to lie to; **mettre à la ~** to heave to.

◆ **de cape et d'épée** *loc adj* cloak-and-dagger *(avant n)*.

capelan [kaplɑ̃] *nm* capelin, caplin.

capeler [24] [kaple] *vt* -**1.** [cordage] to reeve. -**2.** [vague]: **~ une lame par l'avant** to take a wave head-on.

capeline [kaplin] *nf* wide-brimmed hat, capeline.

capella → **a capella.**

CAPES, Capes [kapɛs] *(abr de* **certificat d'aptitude au professorat de l'enseignement du second degré)** *nm secondary school teaching certificate,* ≃ PGCE *Br.*

> CAPES:
> Candidates who pass the CAPES become "professeurs certifiés" and are entitled to teach in secondary schools.

capésien, enne [kapesjɛ̃, ɛn] *nm, f* -**1.** [étudiant] student preparing to take the CAPES. -**2.** [diplômé] CAPES-holder.

Capet [kapɛ] *npr*: **Hugues ~** Hugues Capet.

CAPET, Capet [kapɛt] *(abr de* **certificat d'aptitude au professorat de l'enseignement technique)** *nm specialized teaching certificate.*

capétien, enne [kapesjɛ̃, ɛn] *adj* Capetian.

◆ **Capétien, enne** *nm, f* Capetian *(descendant of Hugues Capet).*

capharnaüm [kafarnaɔm] *nm* [chaos] shambles; **un vrai ~,** **leur maison** their house is a real shambles; **je n'y retrouve rien, dans ce ~!** I can't find a thing in all this clutter!

Capharnaüm [kafarnaɔm] *npr* Capernaum.

cap-hornier [kapɔrnje] (*pl* **cap-horniers**) *nm* Cape Horner.

capillaire [kapilɛr] ◇ *adj* -**1.** [relatif aux cheveux] hair *(modif)*. -**2.** [très fin - tube, vaisseau] capillary *(modif)*.

◇ *nm* -**1.** [vaisseau] capillary. -**2.** [tube] capillary (tube). -**3.** BOT maidenhair (fern).

capillarite [kapilarit] *nf* capillaritis.

capillarité [kapilarite] *nf* ANAT & PHYS capillarity, capillary action.

◆ **par capillarité** *loc adv* by OU through capillary action.

capilliculteur, trice [kapilikyltœr, tris] *nm, f* trichologist *spéc*, specialist in hair care.

capilliculture [kapilikyltyr] *nf* hair care.

capilotade [kapilɔtad]

◆ **en capilotade** *loc adj* [écrasé] in a pulp; [fatigué et douloureux] aching; **j'ai les jambes en ~** my legs are aching.

capitaine [kapitɛn] *nm* -**1.** NAUT [dans la marine marchande] captain, master; [dans la navigation de plaisance] captain, skipper; **oui, ~** yes, sir ❑ **~ de corvette** MIL lieutenant commander; **~ de frégate** MIL commander; **~ au long cours** master mariner; **~ de port** ADMIN & NAUT harbour master; **~ de vaisseau** MIL captain. -**2.** MIL [dans l'armée - de terre] captain; [- de l'air] flight lieutenant *Br*, captain *Am*; *litt* leader of men, military commander; **les ~s d'industrie** the captains of industry. -**3.** SPORT captain. -**4.** [des pompiers] chief fire officer *Br*, fire chief *Am*. -**5.** ZOOL tread-fin.

capitainerie [kapitɛnri] *nf* harbour master's office.

capital[1], **aux**[1] [kapital, o] *nm* -**1.** FIN [avoir - personnel] capital *(U)*; [- d'une société] capital *(U)*, assets; **~ réel** OU **versé** paid-up capital; **~ engagé** capital expenditure; **~ d'exploitation** working capital; **~ financier** finance capital; **~ fixe** fixed OU capital assets; **~ foncier** land; **~ social** nominal capital; **~ social autorisé** authorized capital; **~ souscrit** subscribed capital ‖ ÉCON: **~ variable** variable capital. -**2.** [compensation]: **~ décès** death benefit; **~ départ** severance money OU pay. -**3.** [monde de l'argent, des capitalistes]: **le ~** capital; **le grand ~** big business; **'le Capital'** *Marx* 'Das Kapital'. -**4.** [accumulation] stock; **notre ~ de confiance auprès des usagers** the stock of good-will we have built up among users; **un ~ de connaissances** a fund of knowledge; **le ~ culturel du pays** the nation's cultural wealth; **le ~ intellectuel** intellectual resources; **le ~ forêt de la planète** the forest reserves of the planet; **n'entamez pas votre ~ santé** don't overtax your health.

◆ **capitaux** *nmpl* [valeurs disponibles] capital; **circulation des capitaux** circulation of capital; **fuite des capitaux** flight of capital ❑ **capitaux flottants** floating capital.

◆ **à capital anonyme** *loc adj* joint-stock.

◆ **au capital de** *loc prép* with assets of.

capital[2], **e, aux**[2] [kapital, o] *adj* -**1.** [importance] vital; [question, aide] fundamental, crucial, vital; **c'est ~** it's essential OU crucial; **c'est d'une importance ~e** it's of the utmost importance; **n'en fais pas une affaire ~e!** don't blow it up out of all proportion! -**2.** [le plus important - œuvre, projet] major. -**3.** [lettre - imprimée] capital; [- manuscrite] (block) capital. -**4.** JUR capital; **la peine ~e** capital punishment, the death penalty.

◆ **capitale** *nf* -**1.** POL & ADMIN capital (city); **la ~e** [Paris] the capital, Paris ❑ **~e régionale** regional capital; **la ~e des Gaules** *the city of Lyons.* -**2.** [centre]: **la ~e de la mode/de la saucisse** the capital of fashion/of the sausage. -**3.** IMPR capital (letter); **petite ~e** small capital.

◆ **en capitales** *loc adv* IMPR in capitals, in block letters; **écrivez votre nom en ~es (d'imprimerie)** write your name in block capitals, print your name.

capitalisable [kapitalizabl] *adj* capitalizable.

capitalisation [kapitalizasjɔ̃] *nf* capitalization; **~ boursière** capital stock.

capitaliser [3] [kapitalize] *vt* -**1.** FIN [capital] to capitalize; [intérêts] to add; [revenu] to turn into capital; **une fois que les intérêts ont été capitalisés** once the accrued interest has been calculated. -**2.** [amasser - argent] to save up *(sép)*, to accumulate. -**3.** [accumuler] to save up *(sép)*; **~ des heures supplémentaires** [les faire] to do all one's overtime at once; [se les faire payer] to collect all one's overtime pay at once; **~ des connaissances** to accumulate knowledge.

capitalisme [kapitalism] *nm* capitalism.

capitaliste [kapitalist] ◇ *adj* capitalist, capitalistic.

◇ *nmf* capitalist.

capital-risque [kapitalrisk] *nm* venture OU risk capital.

capiteux, euse [kapitø, øz] *adj* -**1.** [fort - alcool, senteur] heady. -**2.** [excitant - charme, blonde] sensuous.

Capitole [kapitɔl] *npr m*: **le ~** [à Toulouse, à Rome] the Capitol; [à Washington] Capitol Hill, the Capitol.

Capitolin [kapitɔlɛ̃] *npr* → **mont.**

capiton [kapitɔ̃] *nm* -**1.** [matériau] padding. -**2.** [section rembourrée] boss, padded section.

capitonnage [kapitɔnaʒ] *nm* padding.

capitonner [3] [kapitɔne] *vt* to pad.

capitulaire [kapitylɛr] *adj* [cathédrale] capitular; [salle] chapter *(modif)*.

capitulard, e [kapitylar, ard] *péj* ◇ *adj* defeatist.

◇ *nm, f* defeatist; **espèce de ~!** you quitter!, defeatist!

capitulation [kapitylasjɔ̃] *nf* -**1.** MIL [action] surrender, capitulation; [traité] capitulation; **~ sans conditions** unconditional surrender. -**2.** [fait de céder] surrendering.

capitule [kapityl] *nm* capitulum.

capituler [3] [kapityle] *vi* -**1.** MIL to surrender, to capitulate. -**2.** [céder] to surrender, to give in.

caporal, aux [kapɔral, o] *nm* -**1.** [dans l'armée de terre] lance corporal *Br*, private first class *Am*. -**2.** [dans l'armée de l'air] senior aircraftman *Br*, airman first class *Am*. -**3.** [tabac] Caporal tobacco. -**4.** HIST: **le Petit Caporal** (Napoleon) Bonaparte.

caporal-chef [kapɔralʃɛf] (*pl* **caporaux-chefs** [kapɔroʃɛf]) *nm* corporal.

caporaliser [3] [kapɔralize] *vt* to set petty rules for.

caporalisme [kapɔralism] *nm* -**1.** [autoritarisme] petty officiousness, bossiness. -**2.** [régime politique] military rule.

capot [kapo] ◇ *nm* -**1.** AUT bonnet *Br*, hood *Am*. -**2.** NAUT [tôle] cover; [ouverture] companion hatchway. -**3.** [d'une machine] hood.

◇ *adj inv* CARTES: **être ~** to make no tricks at all.

capotage [kapɔtaʒ] *nm* -**1.** [d'une machine, d'un moteur] hooding. -**2.** [culbute] overturning.

capote [kapɔt] *nf* -**1.** *fam* [préservatif] condom; **~ anglaise** *vieilli* French letter *Br*, condom. -**2.** [d'une voiture décapotable] hood *Br*, top *Am*. -**3.** [manteau] greatcoat. -**4.** [chapeau] bonnet.

capoter [3] [kapɔte] ◇ *vt* to fit with a hood.

◇ *vi* -**1.** [se renverser - voiture] to overturn, to roll over; [- bateau] to turn turtle. -**2.** *fam* [échouer - projet] to fall through, to collapse; [- tractation] to fall through.

Capoue [kapu] *npr* Capua.

Cappadoce [kapadɔs] *npr f*: **(la) ~** Cappadocia.

cappuccino [kaputʃino] *nm* cappuccino.

câpre [kapr] *nf* caper.

caprice [kapris] *nm* -**1.** [fantaisie] whim, passing fancy; **elle lui passe tous ses ~s** she indulges his every whim; **rien n'est réfléchi, il n'agit que par ~** he doesn't think things through, he just acts on impulse. -**2.** [colère] tantrum; **faire des ~s** to throw tantrums; **elle n'a pas mal, c'est un ~** she's not in pain, she's just being awkward OU difficult. -**3.** [irrégularité] freak, quirk; **une plante carnivore, véritable ~ de la nature** a carnivorous plant, a real freak of nature. -**4.** [engouement] (sudden) infatuation. -**5.** MUS capriccio, caprice.

capricieusement [kaprisjøzmɑ̃] *adv* capriciously.

capricieux, euse [kaprisjø, øz] *adj* -**1.** [coléreux] temperamental, awkward; **un enfant ~** an awkward child. -**2.** [fantaisiste] capricious, fickle. -**3.** [peu fiable - machine, véhicule] unreliable, temperamental; [- saison, temps] unpredictable.

capricorne [kaprikɔrn] *nm* ZOOL capricorn beetle.

Capricorne [kaprikɔrn] *npr m* -**1.** ASTRON Capricorn. -**2.** ASTROL Capricorn; **être ~** to be (a) Capricorn.

câprier [kaprije] *nm* caper (plant).

caprifoliacée [kaprifɔljase] *nf* caprifoil; **les ~s** the Caprifoliaceae.

caprin, e [kaprɛ̃, in] *adj* goat *(modif)*, caprine *spéc.*

◆ **caprin** *nm* member of the goat family.

capriné [kaprine] *nm* member of the goat family OU *spéc* the Caprinae.

capron [kaprɔ̃] *nm* hautboy OU hautbois strawberry.

capsulage [kapsylaʒ] *nm* capsuling.

capsulaire [kapsylɛr] *adj* capsular.

capsule [kapsyl] *nf* -**1.** [d'un flacon] top, cap. -**2.** ASTRON: **~ (spatiale)** (space) capsule. -**3.** ARM cap, primer. -**4.** PHARM capsule. -**5.** BOT [du pavot, des mousses] capsule. -**6.** ANAT capsule; **~ interne** internal capsule; **~s surrénales** adrenal OU suprarenal gland.

capsuler [3] [kapsyle] *vt* to put a cap OU top on.

captage [kaptaʒ] *nm* -**1.** AUDIO & TÉLÉC picking up, receiving. -**2.** PHYS harnessing. -**3.** RAIL picking up (of current). -**4.** ÉCOL arresting. -**5.** MIN: **~ de grisou** degassing.

captateur, trice [kaptatœr, tris] *nm, f* inveigler; **~ de succession** inheritance hunter.

captation [kaptasjɔ̃] *nf* -**1.** JUR inveiglement. -**2.** PHYS harnessing.

captatoire [kaptatwar] *adj* inveigling JUR.

capter [3] [kapte] *vt* -**1.** [attention, intérêt] to capture. -**2.** PHYS to harness. -**3.** ÉCOL to arrest.

-**4.** AUDIO & TÉLÉC to pick up *(insép)*, to receive. -**5.** JUR to inveigle.

capte-suies [kaptəsɥi] *nm inv* extractor (fan).

capteur [kaptœr] *nm* -**1.** ÉCOL: ~ **(solaire)** solar panel. -**2.** [pour mesurer] sensor; [pour commander] probe.

captieux, euse [kapsjø, øz] *adj* specious, misleading.

captif, ive [kaptif, iv] ◇ *adj* -**1.** COMM [marché] captive. -**2.** [emprisonné] captive.
◇ *nm, f litt* captive.

captivant, e [kaptivɑ̃, ɑ̃t] *adj* captivating, riveting, enthralling.

captiver [3] [kaptive] *vt* to captivate, to rivet, to hold in thrall.

captivité [kaptivite] *nf* captivity; **garder un animal en** ~ to keep an animal in captivity.

capture [kaptyr] *nf* -**1.** [de biens] seizure, seizing, confiscation; [d'un navire, d'un tank] capture. -**2.** [arrestation] capture; **après sa** ~, **il a déclaré...** after he was captured OU caught, he said... -**3.** CHASSE & PÊCHE catching. -**4.** [biens ou animaux] catch, haul. -**5.** GÉOG & PHYS capture.

capturer [3] [kaptyre] *vt* -**1.** [faire prisonnier] to capture, to catch. -**2.** CHASSE & PÊCHE to catch. -**3.** [navire, tank] to capture.

capuche [kapyʃ] *nf* hood; ~ **en plastique** rain hood.

capuchon [kapyʃɔ̃] *nm* -**1.** VÊT [bonnet] hood; [manteau] hooded coat. -**2.** [d'un stylo] cap, top; [d'un dentifrice] top. -**3.** [d'une cheminée] cowl. -**4.** ANAT & ZOOL hood.
◆ **à capuchon** *loc adj* hooded.

capuchonné, e [kapyʃɔne] *adj* hooded.

capucin [kapysɛ̃] *nm* -**1.** RELIG Capuchin (Friar); **les** ~**s** the Capuchins. -**2.** ZOOL capuchin (monkey). -**3.** CHASSE hare.

capucine [kapysin] ◇ *nf* -**1.** BOT nasturtium. -**2.** [danse] (children's) round. -**3.** RELIG Capuchin nun.
◇ *adj inv* orangey-red.

capverdien, enne [kapvɛrdjɛ̃, ɛn] *adj* Cape Verdean.
◆ **Capverdien, enne** *nm, f* Cape Verdean.

Cap-Vert [kapvɛr] *npr m*: **le** ~ Cape Verde; **au** ~ in Cape Verde.

caque [kak] *nf* herring barrel; **la** ~ **sent toujours le hareng** *prov* what is bred in the bone will come out in the flesh *prov*.

caquelon [kaklɔ̃] *nm* fondue pot.

caquet [kakɛ] *nm* -**1.** [gloussement] cackle, cackling. -**2.** *fam* [bavardage] yakking; **il a un de ces** ~**s!** he yaks on and on! ❑ **rabattre** OU **rabaisser le** ~ **à qqn** *fam* to take sb down a peg or two, to put sb in his/her place.

caquetage [kaktaʒ] *nm* [bavardage - futile] prattle; [- indiscret] gossip.

caqueter [27] [kakte] *vi* -**1.** [poule] to cackle. -**2.** [tenir des propos - futiles] to prattle (on); [- indiscrets] to gossip.

car[1] [kar] *(abr de* autocar*) nm* bus, coach; ~ **de police** police van; ~ **de ramassage (scolaire)** school bus.

car[2] [kar] *conj sout* because, for; **il est efficace,** ~ **très bien secondé** he is efficient because he has very good back-up; ~ **voyez-vous, je n'ai jamais pu me résoudre à...** (for OU because) you see, I have never been able to bring myself to...; ~ **enfin, à quoi vous attendiez-vous?** I mean, what did you expect?

carabe [karab] *nm* ground beetle.

carabin *fam* [karabɛ̃] *nm* medic.

carabine [karabin] *nf* rifle; ~ **à air comprimé** air rifle OU gun.

carabiné, e *fam* [karabine] *adj* [note à payer, addition] stiff, steep; [rhume] filthy, stinking; [migraine] blinding; **une grippe** ~**e** a dreadful dose of the flu.

carabinier [karabinje] *nm* -**1.** [en Italie] carabiniere, policeman. -**2.** [en Espagne] carabinero, customs officer. -**3.** HIST carabineer, carabinier. -**4.** *loc*: **il arrive toujours comme les** ~**s** *fam* he always turns up too late.

carabistouille *fam* [karabistuj] *nf Belg*: **raconter des** ~**s** to talk nonsense.

Carabosse [karabɔs] *npr*: **la fée** ~ the wicked fairy *(in "Sleeping Beauty")*.

Caracas [karakas] *npr* Caracas.

caraco [karako] *nm* camisole.

caracole [karakɔl] *nf* caracole.

caracoler [3] [karakɔle] *vi* -**1.** [sautiller] to skip about, to gambol. -**2.** ÉQUIT to caracole.

caractère [karaktɛr] *nm* -**1.** [nature] character, nature, temperament; **ce n'est pas dans son** ~ **d'être agressif** it's not in character for him to be OU it's not in his nature to be aggressive. -**2.** [tempérament] temper; **quel** ~**!** what a temper!; **avoir bon** ~ to be good-natured; **avoir mauvais** ~ to be bad-tempered; **avoir un** ~ **de chien** *fam* OU **de cochon** *fam* to have a foul temper. -**3.** [volonté, courage] character; **avoir du** ~ to have character; **elle manque de** ~ she's not very strong-willed. -**4.** [type de personne] character; **les** ~**s doux sont souvent mal compris** gentle people are often misunderstood. -**5.** [particularité] nature, character; **le** ~ **religieux de la cérémonie** the religious nature of the ceremony; **pour donner un** ~ **d'authenticité à son œuvre** to give his work a stamp of authenticity; **sa conversation a le** ~ **d'une confession** he talks as if he were making a confession; **à** ~ **officiel** of an official nature. -**6.** [trait] characteristic, feature, trait; **tous les** ~**s d'une crise économique** all the characteristics of an economic crisis ‖ [dans des statistiques] characteristic. -**7.** [originalité] character; **un édifice qui a du** ~ a building with character; **sans aucun** ~ characterless. -**8.** BIOL character; ~ **acquis** acquired trait. -**9.** IMPR & INF character; **le choix des** ~**s** the choice of type ❑ ~**s gras: en** ~**s gras** in bold (type); ~**s d'imprimerie** block letters; **écrire en** ~**s d'imprimerie** please write in block letters.
◆ **de caractère** *loc adj*: **appartement/maison de** ~ apartment/house with character; **une femme de** ~ a woman of character.

caractériel, elle [karakterjɛl] ◇ *adj* -**1.** PSYCH [adolescent] maladjusted, (emotionally) disturbed. -**2.** [du caractère] character *(modif)*.
◇ *nm, f* [enfant] problem child; [adulte] maladjusted person.

caractérisation [karakterizasjɔ̃] *nf* characterization.

caractérisé, e [karakterize] *adj* [méchanceté] blatant; [indifférence] pointed.

caractériser [3] [karakterize] *vt* -**1.** [constituer le caractère de] to characterize; **avec la générosité qui le caractérise** with characteristic generosity; **qu'est-ce qui caractérise son art?** what are the main characteristics OU features of his work? -**2.** [définir] to characterize, to define.
◆ **se caractériser par** *vp + prép* to be characterized OU defined by.

caractéristique [karakteristik] ◇ *adj* characteristic, typical; **observez la rougeur** ~ note the characteristic red hue; **c'est** ~ **de sa façon d'agir** it's typical of his way of doing things.
◇ *nf* -**1.** [trait] characteristic, (distinguishing) feature OU trait. -**2.** MATH characteristic.

caractérologie [karakterɔlɔʒi] *nf* characterology.

caractérologique [karakterɔlɔʒik] *adj* characterological.

caracul [karakyl] *nm* caracul, karakul.

carafe [karaf] *nf* -**1.** [récipient - ordinaire] carafe; [- travaillé] decanter. -**2.** [contenu] jugful; [de vin] carafe; **une demi-**~ half a carafe (of wine). -**3.** *fam* [tête] nut. -**4.** *loc*: **rester** OU **tomber en** ~ [véhicule] to break down; [voyageur] to be stranded.

carafon [karafɔ̃] *nm* -**1.** [récipient - ordinaire] small jug OU carafe; [- travaillé] small decanter. -**2.** [contenu] (small) jugful; [de vin] small carafe. -**3.** *fam* [tête] nut; **il n'a rien dans le** ~**!** he's got no brains!

caraïbe [karaib] *adj* Caribbean.

Caraïbe [karaib] *npr f*: **la** ~ the Caribbean.

Caraïbes [karaib] *npr fpl*: **les (îles)** ~ the Caribbean, the West Indies; **la mer des** ~ the Caribbean (Sea).

carambolage [karɑ̃bɔlaʒ] *nm* -**1.** [de voitures] pileup, multiple crash. -**2.** [au billard] cannon.

carambole [karɑ̃bɔl] *nf* red (billiard) ball.

caramboler [3] [karɑ̃bɔle] ◇ *vi* to cannon.
◇ *vt* to crash into; **11 voitures carambolées** a pileup of 11 cars.

carambouillage [karɑ̃bujaʒ] *nm*, **carambouille** [karɑ̃buj] *nf* fraudulent selling of goods bought on credit.

carambouilleur, euse [karɑ̃bujœr, øz] *nm, f* swindler *(who fraudulently sells goods bought on credit)*.

caramel [karamɛl] ◇ *nm* -**1.** [pour napper] caramel. -**2.** [bonbon - dur] toffee, caramel; [- mou] toffee, fudge.
◇ *adj inv* caramel colour.

caramélisation [karamelizasjɔ̃] *nf* caramelization.

caraméliser [3] [karamelize] *vt* -**1.** [mets] to coat with caramel; [boisson, glace] to flavour with caramel. -**2.** [sucre] to caramelize.
◆ **se caraméliser** *vpi* to caramelize.

carapace [karapas] *nf* -**1.** ZOOL shell, carapace *spéc*. -**2.** *fig* (protective) shell.

carapater [3] [karapate]
◆ **se carapater** *fam vpi* to skedaddle, to scram, to make o.s. scarce; **c'est le moment de se** ~**!** it's time we made ourselves scarce!

carat [kara] *nm* [d'un métal, d'une pierre] carat; **chaîne de 22** ~**s** 22 carat (gold) chain.

Caravage [karavaʒ] *npr m*: **le** ~ Caravaggio; **un tableau du** ~ a painting by Caravaggio.

caravagesque [karavaʒɛsk], **caravagiste** [karavaʒist] *adj* of the Caravaggio school.

caravanage [karavanaʒ] *nm offic* caravaning.

caravane [karavan] *nf* -**1.** [véhicule - de vacancier] caravan *Br*, trailer *Am*; [- de nomade] caravan. -**2.** [convoi] caravan; ~ **publicitaire** following vehicles.

caravanier, ère [karavanje, ɛr] *nm, f* -**1.** [conducteur] caravanner. -**2.** [vacancier] caravanner *Br*, camper *(in a trailer) Am*.

caravaning [karavaniŋ] *nm* caravanning.

caravansérail [karavɑ̃seraj] *nm* caravanserai, caravansary.

caravelle [karavɛl] *nf* NAUT caravel.

Caravelle® [karavɛl] *nf* AÉRON Caravelle®.

carbochimie [karbɔʃimi] *nf* organic chemistry.

carbogène [karbɔʒɛn] *nm* carbogen.

carbohémoglobine [karbɔemɔglɔbin] *nf* carbohaemoglobin.

carbonade [karbɔnad] *nf* carbonade, carbonnade; ~ **flamande** beef stew with beer.

carbonado [karbɔnado] *nm* carbonado.

carbonarisme [karbɔnarism] *nm* Carbonarism.

carbonaro [karbɔnaro] *nm* Carbonaro.

carbonatation [karbɔnatasjɔ̃] *nf* carbonatation.

carbonate [karbɔnat] *nm* carbonate.

carbonater [3] [karbɔnate] *vt* to carbonate.

carbone [karbɔn] *nm* -**1.** [papier] (sheet of) carbon paper. -**2.** CHIM carbon; ~ **14** carbon-14; **dater au** ~ **14** to carbon-date, to date with carbon-14.

carboné, e [karbɔne] *adj* -**1.** CHIM carbonaceous. -**2.** MINÉR carboniferous.

carbonifère [karbɔnifɛr] ◇ *adj* carboniferous.
◇ *nm* Carboniferous (period).

carbonique [karbɔnik] *adj* carbonic.

carbonisage [karbɔnizaʒ] *nm* carbonizing.

carbonisation [karbɔnizasjɔ̃] *nf* carbonization.

carboniser [3] [karbɔnize] *vt* -**1.** [brûler - viande] to burn to a cinder; [- édifice] to burn to the ground; **des corps carbonisés** charred bodies. -**2.** [transformer en charbon] to carbonize, to turn into charcoal.

carbonnade [karbɔnad] = **carbonade.**

carbonyle [karbɔnil] *nm* carbonyl.

carbonylé, e [karbɔnile] *adj* carbonylic.

carboxyhémoglobine [karbɔksiemɔglɔbin] *nf* carboxyhaemoglobin.

carboxylase [karbɔksilaz] *nf* carboxylase.

carboxyle [karbɔksil] *nm* carboxyl.

carboxylique [karbɔksilik] *adj* carboxylic.

carburant [karbyrɑ̃] ◇ *adj m*: **mélange ~** mixture of air and petrol.
◇ *nm* fuel.

carburateur [karbyratœr] *nm* carburettor.

carburation [karbyrasjɔ̃] *nf* -**1.** AUT carburation. -**2.** MÉTALL carburization, carburizing.

carbure [karbyr] *nm* carbide.

carburé, e [karbyre] *adj* carburetted.

carburéacteur [karbyreaktœr] *nm* jet fuel.

carburer [3] [karbyre] ◇ *vt* -**1.** AUT to carburate. -**2.** MÉTALL to carburize.
◇ *vi fam* -**1.** [aller vite]: **fais tes valises, et que ça carbure!** pack your bags, and be quick about it! -**2.** [travailler dur] to work flat out; [réfléchir] to use one's brain. -**3.** [fonctionner]: **ça carbure?** how are things?; **moi, je carbure au café** I can't do anything unless I have a coffee inside me.

carcan [karkɑ̃] *nm* -**1.** HIST [collier] collar shackle; **pris dans les règlements comme dans un ~** *fig* hemmed in by regulations. -**2.** [sujétion] yoke, shackles; **pour moi, la famille est un ~** for me, the family fetters and constrains. -**3.** [pour bétail] yoke.

carcasse [karkas] *nf* -**1.** [d'un animal] carcass. -**2.** *fam fig*: **amène ta ~!** get yourself over here!; **promener** OU **traîner sa (vieille) ~** to drag o.s. along. -**3.** [armature - d'un édifice] shell; [- d'un meuble] carcass; [- d'un véhicule] shell, body; [- d'un parapluie] frame. -**4.** ÉLECTR yoke ring. -**5.** MÉTALL casing, frame. -**6.** [d'un pneu] carcass; **~ diagonale** bias-ply tyre; **~ radiale** radial-ply tyre.

carcéral, e, aux [karseral, o] *adj* prison *(modif).*

carcinogène [karsinɔʒɛn] *adj* carcinogenic.

carcinogenèse [karsinɔʒənɛz] *nf* carcinogenesis.

carcinoïde [karsinɔid] *adj* carcinoid.

carcinologie [karsinɔlɔʒi] *nf* carcinology.

carcinomateux, euse [karsinɔmatø, øz] *adj* carcinomatous.

carcinome [karsinom] *nm* carcinoma.

cardage [kardaʒ] *nm* carding.

cardamome [kardamɔm] *nf* cardamon, cardamum, cardamom.

cardan [kardɑ̃] *nm*: **(joint de) ~** universal joint.

carde [kard] *nf* edible part of a cardoon.

cardé [karde] *nm* -**1.** [fil] carded yarn. -**2.** [étoffe] carded cloth.

carder [3] [karde] *vt* to card.

cardeur, euse [kardœr, øz] *nm, f* carder, carding operator.
◆ **cardeuse** *nf* carding machine.

cardia [kardja] *nm* cardia.

cardiaque [kardjak] ◇ *adj* heart *(modif)*, cardiac; **une maladie ~** a heart disease; **elle est ~** she has a heart condition.
◇ *nmf* cardiac OU heart patient.

cardigan [kardigɑ̃] *nm* cardigan.

cardinal, e, aux [kardinal, o] *adj* -**1.** ASTROL & MATH cardinal. -**2.** [essentiel] essential, fundamental; **vertus ~es** cardinal virtues. -**3.** GÉOG: **points cardinaux** points of the compass.
◆ **cardinal, aux** *nm* -**1.** MATH cardinal number, cardinal. -**2.** RELIG cardinal. -**3.** ZOOL cardinal (grosbeak).

cardinalat [kardinala] *nm* cardinalate.

cardinalice [kardinalis] *adj* of a cardinal.

cardiogramme [kardjogram] *nm* cardiogram.

cardiographe [kardjograf] *nm* cardiograph.

cardiographie [kardjografi] *nf* cardiography.

cardiologie [kardjolɔʒi] *nf* cardiology.

cardiologue [kardjolɔg] *nmf* heart specialist, cardiologist *spéc.*

cardiomégalie [kardjomegali] *nf* megalocardia, cardiomegaly.

cardiomyopathie [kardjomjɔpati] *nf* cardiomyopathy.

cardiopathie [kardjopati] *nf* heart disease, cardiopathy *spéc.*

cardio-pulmonaire [kardjopylmɔnɛr] (*pl* **cardio-pulmonaires**) *adj* cardio-pulmonary; **maladie ~** heart and lung disease.

cardio-rénal, e, aux [kardjorenal, o] (*mpl* **cardiorénaux**, *fpl* **cardio-rénales**) *adj* cardiorenal; **maladie ~e** heart and kidney disease.

cardio-respiratoire [kardjorɛspiratwar] (*pl* **cardio-respiratoires**) *adj* cardiorespiratory; **maladie ~** disease of the heart and respiratory system.

cardiotonique [kardjotɔnik] *adj* & *nm* cardiotonic.

cardio-vasculaire [kardjovaskylɛr] (*pl* **cardio-vasculaires**) *adj* cardiovascular.

cardite [kardit] *nf* MÉD carditis.

cardon [kardɔ̃] *nm* cardoon.

Carélie [kareli] *npr f*: **(la) ~** Karelia.

carême [karɛm] *nm* -**1.** RELIG: **le ~** [abstinence] fasting; [époque] Lent; **faire ~** to fast for OU to observe Lent. -**2.** [saison] dry season *(in the West Indies).*
◆ **de carême** *loc adj*: **face** OU **figure de ~** sad OU long face.

carénage [karenaʒ] *nm* -**1.** NAUT careenage. -**2.** AÉRON & AUT streamlined body.

carence [karɑ̃s] *nf* -**1.** MÉD deficiency; **~ en zinc** zinc deficiency; **avoir une ~** to suffer from a nutritive deficiency. -**2.** [d'une administration, d'une œuvre, d'une méthode] shortcomings, failings. -**3.** PSYCH: **~ affective** emotional deprivation. -**4.** JUR insolvency.
◆ **de carence, par carence** *loc adj* deficiency *(modif).*

carencer [16] [karɑ̃se] *vt* to cause a nutritional deficiency in.

carène [karɛn] *nf* -**1.** NAUT hull. -**2.** AÉRON & AUT streamlined body. -**3.** BOT & ZOOL carina.

caréner [18] [karene] *vt* -**1.** NAUT to careen. -**2.** AUT & AÉRON to streamline.

carentiel, elle [karɑ̃sjɛl] *adj* deficiency-related.

caressant, e [karɛsɑ̃, ɑ̃t] *adj* -**1.** [personne] affectionate, loving; **un enfant ~** an affectionate child. -**2.** [doux - voix, sourire] warm, caressing; [- vent] *litt* caressing.

caresse [karɛs] *nf* -**1.** [attouchement] caress, stroke; **faire des ~s à** [chat] to stroke; [personne] to caress. -**2.** *litt* [douceur - d'un sourire] tenderness; [- du vent, du soleil] caress, kiss; **sous la ~ du soleil** kissed by the sun.

caresser [4] [karese] *vt* -**1.** [toucher - affectueusement] to stroke; [- sensuellement] to caress; **~ un enfant** to pet a child; **~ les cheveux de qqn** to stroke sb's hair; **~ qqn des yeux** OU **du regard** to gaze lovingly at sb ❑ **~ qqn dans le sens du poil: il faut le ~ dans le sens du poil** don't rub him (up) the wrong way. -**2.** *litt* [effleurer - tissu, papier] to touch lightly; **~ les touches d'un piano** to play the piano delicately. -**3.** [avoir, former]: **~ le dessein de faire** to be intent on doing; **~ le rêve de faire qqch** to dream of doing sthg. -**4.** *fam* [battre]: **~ les côtes à qqn** to give sb a good hiding; **~ les oreilles à qqn** to clout sb round the ear.

caret [karɛ] *nm* -**1.** [corde] rope yarn. -**2.** ZOOL hawksbill (turtle).

car-ferry [karferi] (*pl* **car-ferries** [-ri]) *nm* ferry, car-ferry.

cargaison [kargɛzɔ̃] *nf* -**1.** [marchandises] cargo, freight; **quelle est votre ~?** what (type of goods) are you carrying? -**2.** *fam* [quantité]: **une ~ de** a load of.

cargo [kargo] *nm* freighter.

cari [kari] *nm* -**1.** [épice] curry powder. -**2.** [plat] curry.
◆ **au cari** *loc adj*: **poulet au ~** chicken curry, curried chicken.

cariatide [karjatid] = **caryatide.**

caribou [karibu] *nm Can* caribou, reindeer.

caricatural, e, aux [karikatyral, o] *adj* -**1.** [récit, explication] distorted; **un féminisme ~** a mockery OU travesty of feminism. -**2.** [visage] grotesque. -**3.** [dessin, art] caricatural. -**4.** [exagéré] typical, caricature *(modif)*; **il a tout du vieux militaire ~** he's a typical old soldier.

caricature [karikatyr] *nf* -**1.** [dessin] caricature; **~ politique** (political) cartoon. -**2.** [déformation] caricature; **c'est une ~ de ce que j'ai dit** it makes a mockery of OU it's a complete distortion of what I said. -**3.** [laideron] scarecrow *fig*; **regarde-la, quelle ~!** just look at her, what a mess OU horror!

caricaturer [3] [karikatyre] *vt* -**1.** [dessiner] to caricature. -**2.** [déformer] to distort.

caricaturiste [karikatyrist] *nmf* caricaturist.

carie [kari] *nf* -**1.** MÉD [des dents, des os] caries; **elle n'a pas de ~s** she's got no holes in her teeth ❑ **~ dentaire** tooth decay. -**2.** BOT [du blé] bunt, smut; [des arbres] blight.

carié, e [karje] *adj* -**1.** MÉD [dent] decayed, bad; [os] carious. -**2.** [blé] smutty; [arbre] blighted.

carier [9] [karje] *vt* to decay, to cause decay in.
◆ **se carier** *vpi* to decay.

carillon [karijɔ̃] *nm* -**1.** [cloches] carillon; **on entendit un ~ dans le lointain** bells could be heard ringing in the distance. -**2.** [sonnerie - d'une horloge] chime; [- d'entrée] chime. -**3.** [horloge] chiming clock. -**4.** MUS carillon.

carillonné, e [karijɔne] *adj*: **fête ~e** high festival.

carillonnement [karijɔnmɑ̃] *nm* -**1.** [action] ringing. -**2.** [son] chiming.

carillonner [3] [karijɔne] ◇ *vi* -**1.** [cloches] to ring, to chime; **~ à toute volée** to peal out. -**2.** [à la porte] to ring (the doorbell) loudly.
◇ *vt* -**1.** *péj* [rumeur] to broadcast, to shout from the roof tops. -**2.** [festival] to announce with a peal of bells.

carillonneur, euse [karijɔnœr, øz] *nm, f* bell ringer.

Carinthie [karɛ̃ti] *npr f*: **(la) ~** Carinthia.

carioca [kariɔka] *adj* from Rio de Janeiro, of Rio de Janeiro.
◆ **Carioca** *nmf* Cariocan, Carioca.

cariste [karist] *nm* forklift truck operator.

caritatif, ive [karitatif, iv] *adj sout* charity *(modif).*

carlin [karlɛ̃] *nm* ZOOL pug (dog).

carlingue [karlɛ̃g] *nf* -**1.** AÉRON cabin. -**2.** NAUT keelson.

carlisme [karlism] *nm* Carlism.

carliste [karlist] *adj* & *nmf* Carlist.

carmagnole [karmaɲɔl] *nf* MUS & VÊT carmagnole.

carme [karm] *nm* Carmelite, White Friar; **les ~s** the Carmelites.

carmel [karmɛl] *nm* -**1.** [de carmélites] carmel, Carmelite convent; [de carmes] carmel, Carmelite monastery. -**2.** [ordre]: **le ~** the Carmelite order.

carmélite [karmelit] *nf* Carmelite.

carmin [karmɛ̃] *nm* & *adj inv* crimson, carmine.

carminé, e [karmine] *adj litt* crimson, carmine.

Carnac [karnak] *npr* -**1.** [en Bretagne] Carnac; **les alignements de ~** *lines of standing stones at Carnac.* -**2.** [en Égypte] = **Karnak.**

carnage [karnaʒ] *nm* slaughter, carnage; **à l'examen, ça a été le ~!** *fam fig* they went down like nine pins in the exam!

carnassier, ère [karnasje, ɛr] *adj* [animal] carnivorous; [dent] carnassial.
◆ **carnassier** *nm* carnivore.
◆ **carnassière** *nf* -**1.** [dent] carnassial. -**2.** [sac] gamebag.

carnation [karnasjɔ̃] *nf litt* [teint] complexion; [en peinture] flesh tint.

carnaval [karnaval] *nm* -**1.** [fête] carnival; **pendant le ~** during carnival, at carnival time. -**2.** [mannequin]: **(Sa Majesté) Carnaval** King Carnival.

carnavalesque [karnavalɛsk] *adj* -**1.** [de carnaval] of the carnival. -**2.** [burlesque] carnivalesque, carnival-like.

Carnavalet [karnavalɛ] *npr*: **le musée ~** *museum of Parisian history.*

LE MUSÉE CARNAVALET:
Situated in the Marais district of Paris, this museum retraces the history of Paris by means of paintings, documents and objects, many of them displayed in reconstructed period settings.

carne [karn] *nf* -**1.** *fam* [viande] tough meat. -**2.** ▽ [terme d'injure] swine; **petite ~, va!** you little swine!; **vieille ~!** old bag!

carné, e [karne] *adj* -**1.** [en diététique] meat-based. -**2.** [rosé] flesh-toned, flesh-coloured.

carnet [karnɛ] *nm* -**1.** [cahier] note-book. -**2.** [registre]: **~ d'adresses** address book; **~ de bal** dance card; **~ de bord** log book; **~ de notes** school report *Br*, report card *Am*; **elle a eu un bon ~ (de notes)** she got a good report *Br* OU good grades *Am*; **~ de route** log book; **~ de santé** child's health record. -**3.** [à feuilles détachables]: **~ de chèques** cheque book; **~ à souches** counterfoil book; **~ de tickets (de métro)** ten metro tickets; **~ de timbres** book of stamps. -**4.** ÉCON: **~ de commandes** order book; **avoir un bon ~ de commandes** to have a full order book. -**5.** [rubrique] births and deaths column; **~ mondain** court and social; **~ rose** births column.

carnier [karnje] *nm* gamebag.

carnivore [karnivɔr] ◇ *adj* carnivorous.
◇ *nm* carnivore, meat-eater.

carnotset, carnotzet [karnotze] *nm Helv room set aside for drinking with friends, usually in a cellar.*

Caroline [karɔlin] *npr f*: **(la) ~ du Nord** North Carolina; **(la) ~ du Sud** South Carolina.

Carolines [karɔlin] *npr fpl*: **les (îles) ~** the Caroline Islands.

carolingien, enne [karɔlɛ̃ʒjɛ̃, ɛn] *adj* Carolingian, of Charlemagne.

caroncule [karɔ̃kyl] *nf* ANAT, BOT & ZOOL caruncle.

carotène [karɔtɛn] *nm* carotene.

carotide [karɔtid] *nf* carotid.

carotidien, enne [karɔtidjɛ̃, ɛn] *adj* carotid.

carottage [karɔtaʒ] *nm* -**1.** GÉOL & MIN core boring. -**2.** *fam* [d'une somme] nicking *Br*, pinching; [d'une permission] wangling.

carotte [karɔt] ◇ *nf* -**1.** BOT carrot; **les ~s sont cuites** *fam* the game's up. -**2.** *fam* [récompense] carrot; **la ~ et le bâton** the carrot and the stick. -**3.** GÉOL & MIN core. -**4.** [tabac] plug. -**5.** [enseigne] tobacconist's sign.
◇ *adj inv* carroty *péj*, red, carrot coloured.

carotter▽ [3] [karɔte] *vt* [argent, objet] to nick *Br*, to pinch; [permission] to wangle; **~ qqch à qqn** to swindle OU to diddle sb out of sthg.

carotteur, euse [karɔtœr, øz], **carottier, ère** [karɔtje, ɛr] *nm, f* [escroc] crook.
◆ **carottier** *nm* core drill.

caroube [karub] *nf* carob.

caroubier [karubje] *nm* carob (tree).

carouge [karuʒ] = **caroube**.

carpaccio [karpatʃjo] *nm* CULIN carpaccio.

Carpates [karpat] *npr fpl*: **les ~** the Carpathian Mountains OU Carpathians; **dans les ~** in the Carpathians.

carpatique [karpatik] *adj* Carpathian.

carpe [karp] ◇ *nf* carp.
◇ *nm* carpus.

carpeau, x [karpo] *nm* young carp.

carpelle [karpɛl] *nm* carpel.

carpette [karpɛt] *nf* -**1.** [tapis] rug. -**2.** *fam péj* [personne] doormat, spineless individual; **s'aplatir** OU **être (plat) comme une ~ devant qqn** to grovel in front of sb.

carpiculture [karpikyltyr] *nf* carp farming.

carpien, enne [karpjɛ̃, ɛn] *adj* carpal.

carpillon [karpijɔ̃] *nm* very small carp.

carquois [karkwa] *nm* quiver.

carrare [karar] *nm* Carrara marble.

carre [kar] *nf* -**1.** SPORT [d'un ski, d'un patin à glace] edge; **lâcher les ~s** to flatten the skis; **reprendre de la ~** to go back on one's edges. -**2.** [d'une planche] crosscut. -**3.** [sur un pin] notch *(for extracting resin).*

carré, e [kare] *adj* -**1.** [forme, planche] square; **avoir les épaules ~es** to be square-shouldered. -**2.** GÉOM & MATH square. -**3.** [sans détours] straight, straightforward; **être ~ en affaires** to have a forthright business manner; **il est un peu trop ~** he's a bit blunt. -**4.** NAUT [mât] square-rigged; [voile] square.
◆ **carré** *nm* -**1.** [gén & GÉOM] square; **un petit ~ de ciel bleu** a little patch of blue sky; **~ blanc** *white square in the corner of the screen indicating that a television programme is not recommended for children.* -**2.** MATH square; **le ~ de six** six squared, the square of six; **élever un nombre au ~** to square a number. -**3.** HORT: **~ de choux** cabbage patch. -**4.** VÊT (square) scarf; **~ de coton** cotton square; **~ Hermès**® *designer headscarf made by Hermès (a status symbol in France).* -**5.** [viande]: **~ d'agneau/de mouton/de porc/de veau** loin of lamb/mutton/pork/veal. -**6.** [fromage]: **~ de l'Est** carré de l'Est cheese. -**7.** JEUX [au poker]: **~ d'as** four aces. -**8.** MIL square. -**9.** NAUT wardroom. -**10.** ANAT quadrate muscle.
◆ **carrée** *fam nf* pad; **un peu d'ordre dans la ~e!** get this place tidied up!
◆ **au carré** *loc adj* -**1.** [coiffure]: **coupe au ~** bob. -**2.** [lit] with hospital corners.

Carré [kare] *npr*: **maladie de ~** Carré's disease, canine distemper; **virus de ~** canine distemper virus.

carreau, x [karo] *nm* -**1.** [sur du papier] square; **papier à ~x** squared paper, graph paper; **mettre un motif au ~** to square up a design || [motif sur du tissu] check; **veste à ~x** check OU checked jacket; **draps à petits ~x** sheets with a small check design OU pattern. -**2.** [plaque de grès, de marbre] tile. -**3.** [sol] tiled floor; **se retrouver sur le ~** *fam* [par terre] to end up on the floor; [pauvre] to wind up on Skid Row; **rester sur le ~** *fam* [être assommé] to be laid out; [être tué] to be bumped off; [échouer] to come a cropper *Br*, to take a spill *Am*. -**4.** [vitre] window-pane; [fenêtre] window. -**5.** CARTES diamond. -**6.** *fam loc*: **se tenir à ~**: **tiens-toi à ~!** watch your step!; **il s'est tenu à ~** he kept a low profile. -**7.** *Helv* [jardin] (square) garden.
◆ **carreaux**▽ *nmpl* [lunettes] specs; [yeux] peepers; **t'as vu l'autre là-bas avec ses ~x?** look at old four-eyes over there!

carrefour [karfur] *nm* -**1.** [de rues] crossroads *(sg)*, junction; **nous arrivons à un ~** [dans une vie, en politique] we've come to a crossroads. -**2.** [point de rencontre] crossroads; **Hong Kong, ~ de l'Asie** Hong Kong, crossroads of Asia; **un ~ d'idées** a forum of ideas. -**3.** [rencontre] forum, symposium.

carrelage [karlaʒ] *nm* -**1.** [carreaux] tiles, tiling; **poser un ~** to lay tiles OU a tiled floor. -**2.** [opération] tiling. -**3.** [sol] tiled floor.

carreler [24] [karle] *vt* [mur, salle de bains] to tile.

carrelet [karlɛ] *nm* -**1.** ZOOL plaice. -**2.** [filet] square fishing net. -**3.** [aiguille] half-moon needle. -**4.** [règle] square ruler.

carreleur [karlœr] *nm* tiler.

carrément [karemɑ̃] *adv* -**1.** [dire] straight out; [parler] bluntly; [agir] straight; **elle a ~ téléphoné au maire** she phoned straight to the mayor; **je vais le quitter! — ah, ~?** I'm going to leave him! — it's as serious as that, is it? -**2.** *fam* [en intensif] pretty *adv*, downright; **~ bête** downright stupid; **il est ~ en retard** he's well and truly late; **on gagne ~ un mètre** you gain a whole metre; **c'est ~ du vol/de la corruption** it's daylight robbery/blatant corruption; **tourne ~ à gauche** take a sharp left. -**3.** [poser] squarely, firmly.

carrer [3] [kare]
◆ **se carrer** *vpi* to settle, to ensconce o.s. *hum.*

carrier [karje] *nm* quarryman.

carrière [karjɛr] *nf* -**1.** [d'extraction] quarry. -**2.** [profession] career; **la Carrière** [diplomatie] the diplomatic service; **la ~ des armes** a military career. -**3.** [parcours professionnel] career; **faire ~ dans** to pursue a career in; **briser sa ~** to ruin OU to wreck one's career; **en début/en fin de ~** at the beginning/end of one's career. -**4.** *litt* [de la vie, du soleil] course; **la ~ de la gloire** the path to glory ❑ **donner (libre) ~ à** to give free rein to.
◆ **de carrière** *loc adj* [officier] regular; [diplomate] career *(modif).*

carriérisme [karjerism] *nm* careerism.

carriériste [karjerist] *nmf* careerist, career-minded person.

carriole [karjɔl] *nf* -**1.** [à deux roues] cart. -**2.** *Can* car sleigh, carriole.

carrossable [karɔsabl] *adj* suitable for motor vehicles.

carrossage [karɔsaʒ] *nm* [angle] camber.

carrosse [karɔs] *nm* -**1.** [véhicule] coach; **~ d'apparat** state coach. -**2.** [panier] wine basket.

carrosser [3] [karɔse] *vt* -**1.** [voiture] to fit a body to. -**2.** *loc*: **elle est bien carrossée**▽ she's got a good figure, she's got curves in all the right places.

carrosserie [karɔsri] *nf* -**1.** AUT [structure] body; [habillage] bodywork. -**2.** [d'un appareil ménager] cover, case. -**3.** ▽ [d'une personne]: **belle ~!** nice figure! -**4.** [métier] coachwork, coach-building.

carrossier [karɔsje] *nm* coachbuilder.

carrousel [karuzɛl] *nm* -**1.** ÉQUIT carousel. -**2.** [de voitures, de personnes] merry-go-round; **le ~ ministériel** the comings and goings at the Ministry. -**3.** [à valises] carousel. -**4.** AUDIO carousel. -**5.** *Belg* [manège] merry-go-round, carousel.

carroyage [karwajaʒ] *nm* [en dessin] squaring.

carroyer [13] [karwaje] *vt* to square.

carrure [karyr] *nf* -**1.** [corps] build; **avoir une ~ d'athlète** to be built like an athlete. -**2.** [qualité] stature, calibre; **une présidente d'une ~ exceptionnelle** an exceptionally able chairwoman. -**3.** VÊT breadth across the shoulders.

carry [kari] = **cari**.

cartable [kartabl] *nm* [à bretelles] satchel; [à poignée] schoolbag.

carte [kart] *nf* **A.** -**1.** [carton pour la correspondance] card; **~ d'anniversaire** birthday card; **~ blanche** carte blanche; **donner** OU **laisser ~ blanche à qqn** to give sb carte blanche OU a free hand; **~ d'invitation** invitation card; **~ postale** postcard; **~ de visite** [personnelle] visiting *Br* OU calling *Am* card; [professionnelle] business card; **~ de vœux** New Year greetings card. -**2.** [carton de menus] menu; **la ~ des vins** the wine list|| [choix] menu; **ils ont une belle/petite ~** they have an impressive/a limited menu || [menu à prix non fixe] à la carte menu; **choisissez dans la ~** choose one of the à la carte dishes. -**3.** [document officiel] card; **il a la ~ du parti écologiste** he's a card-carrying member of the green party ❑ **~ d'alimentation** OU **de rationnement** ration card; **~ d'abonnement** TRANSP season ticket OU pass; MUS & THÉÂT season ticket; **~ d'adhérent** OU **de membre** membership card; **~ d'électeur** voter registration card *Am*, polling card *Br*; **~ d'embarquement** boarding card; **~ d'entrée** pass; **~ d'étudiant** student card; **~ de famille nombreuse** discount card *(for families with at least three children)*; **~ de fidélité** discount card *(for regular customers)*; **~ grise** logbook *Br*, car registration papers *Am*; **~ d'identité professionnelle** [de représentant] (official) ID card; **~ d'invalidité** *handicapped person's travel pass*; **~ de lecteur** reader's *Br* OU library card; **~ (nationale) d'identité** (national) identity card OU ID card; **~ (nationale) de priorité** *card giving priority in queues and on public transport*; **Carte Orange** *pass for travel on the Paris transport system*; **~ de presse** presscard; **~ de résident** (long term) residence permit; **~ sanitaire** prosti-

tute's registration papers; **fille** OU **prostituée en ~** registered prostitute; **~ de séjour (temporaire)** (temporary) residence permit; **~ de sortie** pupil's pass *(showing entitlement to leave school at certain times)*; **Carte Vermeil** *card entitling senior citizens to reduced rates in cinemas, on public transport etc*; **~ verte** green card. **-4.** [autorisant une transaction]: **Carte Bleue®** Visa Card® *(with which purchases are debited direct from the holder's current account)*; **~ de crédit** credit card *(to back up signatures on bills and to obtain cash from machines)*; **~ de paiement** credit card *(to effect automatic payment for goods and services)*; **~ de téléphone** Phonecard®. **-5.** INF (circuit) card OU board; **~ d'extension** expansion card; **~ d'extension mémoire** memory card; **~ graphique** graphics card; **~ magnétique** magnetic card; **~ à mémoire** OU **à puce** smart card; **~ perforée** punch card; **~ à pistes magnétiques** magnetic (striped) ledger card. **-6.** COMM: **~ de coloris** shade card.
B. GÉOG & GÉOL map; ASTRON, MÉTÉO & NAUT chart; **dresser une ~ de la région** to map (out) the area ❑ **~ du ciel** sky chart; **~ d'état-major** ≃ Ordnance Survey map *Br*, ≃ Geological Survey map *Am*; **~ marine** nautical chart; **~ routière** road map; **la ~ de** OU **du Tendre** LITTÉRAT map of the amorous sentiments *(from de Scudéry's novel "Clélie", 1660)*.
C. JEUX card; **tirer** OU **faire** *fam* **les ~s à qqn** to read sb's cards; **se faire tirer les ~s** to have one's cards read; **jouons la ~ de l'honnêteté/la qualité** *fig* let's go for honesty/quality; **jeu de ~s** [activité] card game; [paquet] pack of cards ❑ **~ forcée** *pr* forced card; *fig* Hobson's choice; **~ maîtresse** *pr* master card; *fig* master OU trump card; **une bonne ~** *fig* an asset; **abattre** OU **montrer ses ~s** to show one's hand; **jeter des ~s/une ~ sur la table** to put proposals/a proposal on the table; **jouer ~s sur table** to lay one's cards on the table; **il n'a pas joué toutes ses ~s** *pr* he hasn't played his last card; *fig* he still has a trick OU a card up his sleeve.
◆ **à cartes** *loc adj* card-programmed, card *(modif)*.
◆ **à la carte** ◇ *loc adj* **-1.** [au restaurant] à la carte. **-2.** [libre - programme, investissement] customized; [- horaire] flexible; **nos vacances à la ~** our do as you please holidays.
◇ *loc adv*: **manger à la ~** to eat à la carte.
◆ **de grande carte** *loc adj* [restaurant, établissement] first-class.

CARTE DE SÉJOUR:
Foreign nationals living in France are required to carry this identity card, issued by their local "préfecture".

---

cartel [kartɛl] *nm* **-1.** ÉCON cartel; **se rassembler en ~** to form a cartel. **-2.** POL coalition, cartel. **-3.** MIL cartel. **-4.** [pendule] (decorative) wall clock. **-5.** [plaque] name and title plaque *(on a painting, a statue)*.
carte-lettre [kartəlɛtr] (*pl* **cartes-lettres**) *nf* letter card.
cartellisation [kartelizasjɔ̃] *nf* [d'entreprises] cartelization.
carter [kartɛr] *nm* **-1.** ÉLECTR case, casing. **-2.** AUT: **~ d'engrenages** gearbox casing; **~ à l'huile** sump *Br*, oilpan *Am*; **~ du moteur** crankcase ‖ [de vélo] chain guard.
carte-réponse [kartrepɔ̃s] (*pl* **cartes-réponse** OU **cartes-réponses**) *nf* reply card.
cartésianisme [kartezjanism] *nm* Cartesianism.
cartésien, enne [kartezjɛ̃, ɛn] *adj* & *nm, f* Cartesian.
carte-vue [kartəvy] *nf Belg* (picture) postcard.
Carthage [kartaʒ] *npr* Carthage.
Carthagène [kartaʒɛn] *npr* Carthagena.
carthaginois, e [kartaʒinwa, az] *adj* Carthaginian.
◆ **Carthaginois, e** *nm, f* Carthaginian.
cartier [kartje] *nm* playing card manufacturer.
cartilage [kartilaʒ] *nm* **-1.** ANAT [substance] cartilage *(U)*. **-2.** [du poulet] piece of gristle.
cartilagineux, euse [kartilaʒinø, øz] *adj* **-1.** ANAT cartilaginous. **-2.** [poisson] gristly.
cartogramme [kartɔgram] *nm* cartogram.
cartographe [kartɔgraf] *nmf* cartographer.
cartographie [kartɔgrafi] *nf* cartography.
cartographique [kartɔgrafik] *adj* cartographic.
cartomancie [kartɔmɑ̃si] *nf* cartomancy, fortune-telling *(with cards)*.
cartomancien, enne [kartɔmɑ̃sjɛ̃, ɛn] *nm, f* fortune-teller *(with cards)*.
carton [kartɔ̃] *nm* **-1.** [matière] cardboard. **-2.** [boîte - grande] cardboard box; [- petite] carton. **-3.** [contenu - d'une grande boîte] cardboard boxful; [- d'une petite boîte] cartonful; **~ à chapeau** hatbox; **~ à chaussures** shoebox. **-4.** [rangement - pour dossiers] (box) file; [- pour dessins] portfolio; **le projet est resté dans les ~s** *fig* the project never saw the light of day, the project was shelved. **-5.** BX-ARTS sketch, cartoon; **~ de tapisserie** (tapestry) cartoon. **-6.** GÉOG insert map. **-7.** FTBL: **~ jaune** yellow card; **~ rouge** red card; **prendre** *fam* OU **ramasser** *fam* **un ~** to get thrashed. **-8.** *fam loc*: **taper le ~** to play cards; **faire un ~** [au ball-trap] to take a potshot; [réussir] to hit the jackpot; **faire un ~ sur qqn** to shoot sb down.
◆ **en carton** *loc adj* cardboard *(modif)*.
carton-feutre [kartɔ̃føtr] (*pl* **cartons-feutres**) *nm* roofing felt.
cartonnage [kartɔnaʒ] *nm* **-1.** [reliure] boarding. **-2.** [boîte] cardboard box. **-3.** [empaquetage] cardboard packing. **-4.** [fabrication] cardboard industry.
cartonner [3] [kartɔne] ◇ *vt* [livre] to bind in boards; **livre cartonné** hardback book.
◇ *vi fam* **-1.** [réussir] to hit the jackpot. **-2.** *loc*: **garé dans un couloir d'autobus, ça va ~!** he's parked in a bus lane, he's really going to catch it!; **ça cartonne sec!** its risky!
cartonnerie [kartɔnri] *nf* **-1.** [industrie] cardboard industry. **-2.** [commerce] cardboard trade. **-3.** [usine] cardboard factory.
cartonneux, euse [kartɔnø, øz] *adj* cardboard-like.
cartonnier, ère [kartɔnje, ɛr] *nm, f* **-1.** BX-ARTS tapestry designer, mosaic designer. **-2.** [fabricant] cardboard manufacturer.
◆ **cartonnier** *nm* filing cabinet *(for cardboard files)*.
carton-pâte [kartɔ̃pat] (*pl* **cartons-pâtes**) *nm* pasteboard.
◆ **de carton-pâte, en carton-pâte** *loc adj péj* [décor] cardboard *(modif)*; [personnage, intrigue] cardboard cut-out *(modif)*.
cartophile [kartɔfil] *nmf* picture postcard collector.
cartophilie [kartɔfili] *nf* picture postcard collecting.
cartothèque [kartɔtɛk] *nf* map library.
cartouche [kartuʃ] ◇ *nf* **-1.** ARM [projectile, charge] cartridge. **-2.** COMM [recharge] cartridge; [emballage groupant plusieurs paquets] carton. **-3.** PHOT cartridge, cassette, magazine. **-4.** ÉLECTR cartridge.
◇ *nm* **-1.** ANTIQ & BX-ARTS cartouche. **-2.** [sur un plan] box.
cartoucherie [kartuʃri] *nf* **-1.** [fabrique] cartridge factory. **-2.** [dépôt] cartridge depot.
cartouchière [kartuʃjɛr] *nf* **-1.** [de soldat] cartridge pouch. **-2.** [de chasseur] cartridge belt.
carvi [karvi] *nm* caraway.
cary [kari] = **cari**.
caryatide [karjatid] *nf* caryatid.
caryopse [karjɔps] *nm* caryopsis.
caryotype [kariɔtip] *nm* karyotype.
cas [ka] *nm* **-1.** [hypothèse]: **dans le premier ~** in the first instance; **dans le meilleur des ~** at best; **dans le pire des ~** at worst; **dans l'un des ~** in one case; **dans certains ~, en certains ~** in some OU certain cases; **en aucun ~** under no circumstances, on no account; **en pareil ~** in such a case; **auquel ~, en ce ~, dans ce ~** in which case, in that case, this being the case ❑ **~ de figure** case, instance; **envisageons ce ~ de figure** let us consider that possibility; **le ~ échéant** should this happen. **-2.** [situation particulière] case, situation; **c'est également mon ~** I'm in the same situation; **j'ai expliqué mon ~** I stated my case OU position; **certains animaux sont presque aveugles; c'est le ~ de la taupe** some animals, such as the mole, are almost blind; **ce n'est pas le ~** that's not the case; **~ particulier** special case; **c'est un ~ particulier, elle n'a pas de ressources** she's a special case, she has no income; **les ~ particuliers en grammaire russe** exceptions in Russian grammar; **se mettre dans un mauvais ~** to paint o.s. into a corner ❑ **~ de conscience** matter of conscience; **poser un ~ de conscience à qqn** to put sb in a (moral) dilemma; **~ d'espèce** individual OU particular case; **~ de force majeure** *pr* case of force majeure; *fig* case of absolute necessity; **~ limite** borderline case; **ce n'est pas un ~ pendable** it's no great crime; **c'est le ~ de le dire!** you've said it! **-3.** MÉD & SOCIOL case; **il y a eu trois ~ de varicelle** there have been three cases of chickenpox; **ce garçon est un ~!** *fam hum* that boy is something else OU a real case! **-4.** GRAMM case; **grammaire des** OU **de ~** case grammar; **langue à ~** inflected language. **-5.** *loc*: **faire grand ~ de** [argument, raison] to set great store by; [invité, ami] to make a great fuss OU much of; **on fit grand ~ du jeune romancier** much was made of the young novelist; **faire peu de ~ de** [argument, raison] to pay scant attention to; [invité, ami] to ignore.
◆ **au cas où** *loc conj* in case; **au ~ où il ne viendrait pas** in case he doesn't come ‖ *(comme adv)*: **prends un parapluie au ~ où** *fam* take an umbrella just in case.
◆ **dans le cas de** *loc prép sout*: **mettre qqn dans le ~ de faire** OU **d'avoir à faire qqch** to put sb in the position of having to do sthg.
◆ **dans tous les cas** = **en tout cas**.
◆ **en cas de** *loc prép* in case of; **en ~ de besoin** in case of need; **en ~ d'incendie** in the event of a fire; **en ~ d'urgence** in an emergency; **en ~ de perte de la carte** should the card be lost.
◆ **en tout cas** *loc adv* in any case OU event, anyway.
◆ **cas social** *nm* person needing social worker's assistance; **tous les ~ sociaux dans son école** all the underprivileged children at her school.
Casablanca [kazablɑ̃ka] *npr* Casablanca.
casanier, ère [kazanje, ɛr] ◇ *adj* stay-at-home.
◇ *nm, f* stay-at-home type, homebody.
casaque [kazak] *nf* [d'un jockey] silks; [de mousquetaire] paletot *(with wide sleeves)*; [blouse] paletot ❑ **tourner ~** [fuir] to turn and run; [changer d'opinion] to do a volte-face.
casbah [kazba] *nf* casbah, kasbah.
cascade [kaskad] *nf* **-1.** [chute d'eau] waterfall, cascade *litt*. **-2.** [abondance]: **une ~ de** [tissu] a cascade of; [compliments] a stream of; [sensations] a rush of, a gush of; **des ~s d'applaudissements** thundering applause. **-3.** [acrobatie] stunt; **faire de la ~** to do stunts.
◆ **en cascade** ◇ *loc adj* **-1.** [applaudissements] tumultuous; [rires] ringing. **-2.** ÉLECTR: **montage en ~** cascade OU tandem connection.
◇ *loc adv*: **ses cheveux tombaient en ~ sur ses épaules** her hair cascaded around her shoulders.
cascader [3] [kaskade] *vi litt* to cascade (down).
cascadeur, euse [kaskadœr, øz] *nm, f* stunt man (*f* woman).
case [kaz] *nf* **-1.** [d'un damier] square; [d'une grille de mots croisés] square; [d'un formulaire] box; **~ départ**: **retournez** OU **retour à la ~ départ** return to go; **retour à la ~ départ!** *fig* back to square one! **-2.** [d'un meuble, d'une boîte] compartment; **il a une ~ (de) vide** *fam* OU **en moins** *fam* he's not all there, he's got a screw loose.

-**3.** *Helv*: ~ (postale) postbox. -**4.** INF box. -**5.** RAD & TV slot. -**6.** [hutte] hut; **'la Case de l'oncle Tom'** *Beecher-Stowe* 'Uncle Tom's Cabin'.

caséeux, euse [kazeø, øz] *adj* -**1.** *sout* [rappelant le fromage] caseous. -**2.** MÉD caseous.

caséification [kazeifikasjɔ̃] *nf* MÉD caseation.

caséine [kazein] *nf* casein.

casemate [kazmat] *nf* -**1.** [d'une fortification] casemate. -**2.** [ouvrage fortifié] blockhouse.

caser *fam* [3] [kaze] *vt* -**1.** [faire entrer] to fit in *(sép)*; **tu peux y ~ un canapé** you can fit a sofa in; **peux-tu ~ ça dans ta valise?** can you find room for this in your suitcase? -**2.** [dire - phrase, histoire] to get in *(sép)*. -**3.** [loger - invités] to put up *(sép)*; **les enfants sont casés chez la grand-mère** the children are staying at their grandma's. -**4.** [dans un emploi] to fix up *(sép)*; **elle est bien casée** she's fixed up nicely. -**5.** [marier] to marry off *(sép)*; **il est enfin casé** he's settled down at last.

◆ **se caser** *fam vpi* -**1.** [dans un emploi] to get fixed up with a job. -**2.** [se marier] to settle down. -**3.** [se loger] to find somewhere to live.

caserne [kazɛrn] *nf* -**1.** MIL barracks *(sg ou pl)*; ~ **de pompiers** fire station; **des plaisanteries de ~** barrack-room OU locker-room jokes. -**2.** *péj* [logements] soulless high-rise flats *Br* OU apartments *Am*.

casernement [kazɛrnəmɑ̃] *nm* -**1.** [action] quartering in barracks. -**2.** [locaux] barrack buildings.

caserner [3] [kazɛrne] *vt* to barrack.

cash [kaʃ] *adv* cash; **payer ~** to pay cash; **je te le vends, mais ~!** *fam* I'll sell it to you but it's cash on the nail!

cash and carry [kaʃɛndkari] *nm inv* cash-and-carry.

casher [kaʃɛr] = **kasher**.

cash-flow [kaʃflo] (*pl* **cash-flows**) *nm* cash flow.

cashmere [kaʃmir] *nm* cashmere.

casier [kazje] *nm* -**1.** [case - ouverte] pigeonhole; [- fermée] compartment; [- dans une consigne, un gymnase] locker; ~ **de consigne automatique** luggage locker. -**2.** [meuble - à cases ouvertes] pigeonholes; [- à tiroirs] filing cabinet; [- à cases fermées] compartment; [- à cases fermant à clef] locker. -**3.** [pour ranger - des livres] unit; [- des bouteilles] rack; [- dans un réfrigérateur] compartment. -**4.** [pour transporter] crate. -**5.** ADMIN & JUR record; ~ **fiscal** tax record; ~ **judiciaire** police OU criminal record; **un ~ judiciaire vierge** a clean (police) record; **maintenant, il a un ~ judiciaire** now he's got a criminal record. -**6.** PÊCHE pot.

casino [kazino] *nm* casino.

casoar [kazɔar] *nm* -**1.** ZOOL cassowary. -**2.** [plumet] plume *(on hats worn by Saint-Cyr cadets)*.

Caspienne [kaspjɛn] *npr f*: **la (mer) ~** the Caspian Sea.

casque [kask] *nm* -**1.** [pour protéger] helmet; **le port du ~ est obligatoire** crash helmets must be worn ❑ ~ **colonial** pith helmet; ~ **intégral** full face helmet; ~ **de moto** crash helmet; ~ **à pointe** spiked helmet; **les ~s bleus** the UN peace-keeping force. -**2.** [pour sécher] hairdrier. -**3.** AUDIO: ~ **(à écouteurs)** headphones, headset, earphones. -**4.** [cheveux] *litt*: **un ~ roux** a crown of red hair. -**5.** BOT helmet, galea. -**6.** ZOOL casque.

casqué, e [kaske] *adj* helmeted.

casquer▽ [3] [kaske] *vi* to cough up, to come up with the cash.

casquette [kaskɛt] *nf* cap; ~ **d'officier** officer's peaked cap.

cassable [kasabl] *adj* breakable.

cassage [kasaʒ] *nm* [d'assiettes] breaking; [de cailloux] crushing; [d'un syndicat] crushing; ~ **de gueule**▽ punch-up *Br*, fist-fight.

Cassandre [kasɑ̃dr] *npr* Cassandra; **jouer les ~** to be a prophet of doom OU a real Jeremiah.

cassant, e [kasɑ̃, ɑ̃t] *adj* -**1.** [cheveux, ongle] brittle; [métal] short. -**2.** [réponse] curt; **être ~ avec qqn** to be short OU curt with sb. -**3.** *fam* [fatigant]: **c'est pas vraiment ~** it's not exactly tiring OU overtaxing.

cassate [kasat] *nf* cassata.

cassation [kasasjɔ̃] *nf* -**1.** JUR cassation. -**2.** MIL reduction to the ranks.

casse [kas] ◇ *nm fam* [d'une banque] bank robbery; [d'une maison] break-in; **faire un ~ dans une maison** to do a house job.

◇ *nf* -**1.** IMPR case; **lettre bas/haut de ~** lower-case/upper-case letter. -**2.** [bris, dommage] breakage; **'on paye la ~'** 'breakages must be paid for'. -**3.** *fam* [bagarre]: **de la ~** a punch-up *Br* OU fist-fight; **il va y avoir de la ~** there's going to be a bit of punch up *Br* OU a free-for-all *Am*. -**4.** [de voitures] scrapyard; **mettre** OU **envoyer à la ~** to scrap; **vendre une voiture à la ~** to sell a car for scrap; **une idéologie bonne pour la ~** *fig* an ideology fit for the scrapheap. -**5.** BOT cassia.

cassé, e [kase] *adj* → **blanc, col**.

◆ **cassé** *nm* CULIN: **gros ~** large crack; **petit ~** small crack.

casse-cou [kasku] ◇ *adj inv* [personne] daredevil; [projet] risky.

◇ *nmf inv* daredevil.

casse-croûte *fam* [kaskrut] *nm inv* [repas léger] snack; [sandwich] sandwich.

casse-cul▽ [kasky] ◇ *adj inv* boring as hell; **ses cours sont ~** his lectures are a complete pain in the arse *Br* OU ass *Am*.

◇ *nmf inv* pain in the arse *Br* OU ass *Am*.

casse-graine *fam* [kasgrɛn] *nm inv* [repas léger] snack.

casse-gueule *fam* [kasgœl] ◇ *adj inv* [chemin] treacherous; [projet] risky; **dis donc, il est ~ ton escalier!** hey this staircase of yours is dangerous!; **c'est ~, ton projet!** this plan of yours is going to be a complete disaster!

◇ *nmf inv* daredevil.

◇ *nm inv* dangerous OU nasty spot.

casse-noisettes [kasnwazɛt] *nm inv* -**1.** [instrument] nutcracker. -**2.** DANSE: **'Casse-Noisette'** *Tchaïkovski* 'Nutcracker Suite'.

casse-noix [kasnwa] *nm inv* -**1.** [instrument] nutcracker. -**2.** ZOOL nutcracker.

casse-pattes▽ [kaspat] *nm inv* [alcool] rotgut.

casse-pieds *fam* [kaspje] *adj inv* [ennuyeux] boring; [agaçant] annoying; **c'est ~ à faire** it's a nuisance OU drag OU bind; **un peu ~ à préparer** a bit of a hassle to prepare.

casse-pierre(s) [kaspjɛr] *nm inv* stone crusher.

casse-pipe(s) [kaspip] *nm inv* MIL & *fig*: **aller au ~** *fam* to go to war.

casser [3] [kase] ◇ *vt* -**1.** [mettre en pièces - table] to break (up); [- porte] to break down *(sép)*; [- poignée] to break off *(sép)*, [- noix] to crack (open); ~ **qqch en mille morceaux** to smash sthg to bits OU smithereens; ~ **qqch en deux** to break OU to snap sthg in two; **avoir envie de tout ~** to feel like smashing everything up ❑ ~ **sa tirelire** to break into one's piggybank; ~ **du bois** *pr* to chop wood; *fig fam* to crash-land; ~ **du sucre sur le dos de qqn** *fam* to knock sb when his/her back's turned; **un journal où on casse du coco**▽ a commie-bashing paper; ~ **la banque** JEUX & *fig* to break the bank; ~ **la baraque** *fam* THÉÂT to bring the house down; [faire échouer un plan] to ruin it all; **ne casse pas ma baraque en lui disant** *fam* don't ruin it all for me by telling him; ~ **la croûte** *fam* OU **graine** *fam* to have a bite to eat; ~ **le morceau** *fam* to spill the beans; ~ **sa pipe** *fam* to kick the bucket; **ça ne casse pas des briques** *fam* OU **les vitres** *fam* it's no great shakes OU no big deal; **il/ça ne casse pas trois pattes à un canard** *fam* he/it wouldn't set the world on fire. -**2.** [interrompre - fonctionnement, déroulement] to break; **le mécanisme est cassé** the mechanism is broken; **un homme que la douleur a cassé** *fig* a man broken by suffering; ~ **le rythme** to break the rhythm; ~ **l'ambiance** to spoil the atmosphere; ~ **une grève** to break a strike. -**3.** [démolir] to demolish; **on a dû ~ le mur** we had to knock down OU to demolish the wall; ~ **la salle de bains pour agrandir la chambre** to take the bathroom out to make the bedroom bigger. -**4.** [en parlant de parties du corps] to break; **avoue ou je te casse le bras!** own up or I'll break your arm! ❑ ~ **la figure** *fam* OU **gueule**▽ **à qqn** to smash sb's face in; ~ **les oreilles à qqn** *fam* [avec de la musique] to deafen sb; [en le harcelant] to give sb a lot of hassle; ~ **les reins à qqn** to put a stop to sb's career; ~ **les pieds à qqn** *fam* to get on sb's nerves OU wick *Br*; ~ **les noix à qqn**▼ to get on sb's tits; **tu nous les casses**▼ you're a fucking pain (in the neck). -**5.** [abîmer - voix] to damage, to ruin; **le rhum lui a cassé la voix** rum ruined her voice. -**6.** [annihiler - espoir] to dash, to destroy; [- moral] to crush; **la religion, la famille, ils veulent tout ~** religion, family values, they want to smash everything. -**7.** JUR [jugement] to quash; [arrêt] to nullify, to annul. -**8.** [rétrograder - officier] to break, to reduce to the ranks; [- fonctionnaire] to demote. -**9.** COMM: ~ **les prix** to slash prices; ~ **le métier** to operate at unfairly competitive rates. -**10.** ▽ [cambrioler] to do a job on. -**11.** *fam* [voiture] to take to bits *(for spare parts)*, to cannibalize.

◇ *vi* [verre, chaise] to break; [fil] to snap; [poignée] to break off; **la tige a cassé** [en deux] the stem snapped; [s'est détachée] the stem snapped off ❑ **tout passe, tout lasse, tout casse** *prov* nothing lasts.

◆ **se casser** ◇ *vpi* -**1.** [être mis en pièces - assiette] to break; [- poignée] to break off; **se ~ net** [en deux] to snap into two; [se détacher] to break clean off. -**2.** ▽ [partir] to push OU to buzz off; **casse-toi!** get lost!, push off!; **le voilà, casse-toi!** he's coming, scram! -**3.** [cesser de fonctionner - appareil, véhicule] to break down. -**4.** [être altéré - voix] to crack, to falter. -**5.** [être discontinu] to break (off); **votre pli de pantalon doit se ~ sur la chaussure** the crease of your trouser leg *Br* OU pant leg *Am* must break over the shoe.

◇ *vpt* to break; **se ~ le cou** *pr* to break one's neck; *fig* to come a cropper *Br*, to take a tumble; **se ~ le cul**▼ OU **les reins** *fam* [au travail] to bust a gut, to kill o.s.; **se ~ la figure** *fam* OU **gueule**▽ [personne] to come a cropper *Br*, to take a tumble; [livre, carafe] to crash to the ground; [projet] to come a cropper *Br*, to take a dive; **le projet s'est cassé la figure** the project bit the dust; **se ~ la tête** *fam* OU **nénette** *fam* to rack one's brains; **ne te casse pas la tête, fais une omelette** don't put yourself out, just make an omelette; **se ~ le nez** *fam* [ne trouver personne] to find no-one in; [échouer] to come a cropper *Br*, to bomb *Am*; **ça vaut mieux que de se ~ une jambe** *fam* it's better than a poke in the eye with a sharp stick.

◆ **à tout casser** *fam* ◇ *loc adj* [endiablé - fête] fantastic; [- succès] runaway; **une soirée à tout ~** one hell of a party.

◇ *loc adv* [tout au plus] at the (very) most.

casserole [kasrɔl] *nf* -**1.** [ustensile, contenu] saucepan. -**2.** *fam* [instrument de musique] flat OU off-key instrument; [voix] flat OU off-key voice; **chanter comme une ~** to sing off key. -**3.** CIN spot (light).

◆ **à la casserole** ◇ *loc adj* braised.

◇ *loc adv*: **faire** OU **cuire à la ~** to braise ❑ **passer à la ~** *fam* [être tué] to get bumped off; [subir une épreuve] to go through it; **elle est passée à la ~**▼ [sexuellement] she got laid.

casse-tête [kastɛt] *nm inv* -**1.** JEUX puzzle, brainteaser; **c'est un vrai ~ chinois** *fig* it's totally baffling. -**2.** [préoccupation] headache. -**3.** ARM club.

casse-tout *fam* [kastu] ◇ *adj inv* butterfingered.

◇ *nmf inv* butterfingers.

cassette [kasɛt] *nf* -**1.** AUDIO & INF cassette. -**2.** [coffret] casket. -**3.** [trésor royal] privy purse.

cassettothèque [kasɛtɔtɛk] *nf* cassette library.

casseur, euse [kasœr, øz] *nm, f* -**1.** [dans une manifestation] rioting demonstrator. -**2.** *fam* [cambrioleur] burglar. -**3.** COMM scrap dealer, scrap merchant *Br*.

cassis [kasis] *nm* -**1.** [baie] blackcurrant. -**2.** [plante] blackcurrant bush. -**3.** [liqueur] blackcurrant liqueur, cassis. -**4.** ▽ [tête] nut. -**5.** [dos d'âne] gully *(across a road).*
Cassius [kasjys] *npr* Cassius.
cassolette [kasɔlɛt] *nf* -**1.** CULIN small baking dish. -**2.** [brûle-parfum] incense-burner.
cassonade [kasɔnad] *nf* light brown sugar.
cassoulet [kasulɛ] *nm* cassoulet, haricot bean stew *(with pork, goose or duck).*
cassure [kasyr] *nf* -**1.** [fissure] crack. -**2.** [rupture dans la vie, le rythme] break. -**3.** VÊT fold; **la ~ de son pantalon** the crease in her trousers. -**4.** GÉOL break; [faille] fault.
castagnettes [kastaɲɛt] *nfpl* castanets; **ses dents jouaient des ~** his teeth were chattering; **ses genoux jouaient des ~** his knees were knocking.
caste [kast] *nf* ENTOM & SOCIOL caste.
castel [kastɛl] *nm litt* small castle.
castillan, e [kastijɑ̃, an] *adj* Castilian.
◆ **Castillan, e** *nm, f* Castilian.
◆ **castillan** *nm* LING Castilian.
Castille [kastij] *npr f*: (la) ~ Castile; **~-La Manche** La Mancha; **~-León** Leon.
casting [kastiŋ] *nm* casting CIN & THEAT.
castor [kastɔr] *nm* -**1.** ZOOL beaver. -**2.** [fourrure] beaver.
Castor [kastɔr] *npr*: ~ **et Pollux** Castor and Pollux.
castrat [kastra] *nm* -**1.** MUS castrato. -**2.** [homme castré] castrated man, eunuch.
castrateur, trice [kastratœr, tris] *adj* castrating.
castration [kastrasjɔ̃] *nf* -**1.** [d'un homme, d'une femme] castration. -**2.** [d'un animal - mâle] castration, gelding; [- femelle] castration, spaying. -**3.** BOT castration.
castrer [3] [kastre] *vt* -**1.** [homme, femme] to castrate; [cheval] to castrate, to geld; [chat] to castrate, to neuter, to spay. -**2.** BOT to castrate.
castrisme [kastrism] *nm* Castroism.
castriste [kastrist] ◇ *adj* Castroist.
◇ *nmf* Castroist, Castro supporter.
casuel, elle [kazɥɛl] *adj* -**1.** [éventuel] fortuitous. -**2.** LING case *(modif).* -**3.** *Belg* [fragile] fragile.
casuiste [kazɥist] *nm* casuist.
casuistique [kazɥistik] *nf* casuistry.
casus belli [kazysbeli] *nm inv* casus belli.
catabolisme [katabɔlism] *nm* catabolism.
cataclysmal, e, aux [kataklismal, o] *adj* -**1.** GÉOG cataclysmal, cataclysmic. -**2.** [bouleversant] catastrophic, disastrous, cataclysmic.
cataclysme [kataklism] *nm* -**1.** GÉOG natural disaster, cataclysm. -**2.** [bouleversement] cataclysm, catastrophe, disaster.
cataclysmique [kataklismik] = **cataclysmal.**
catacombes [katakɔ̃b] *nfpl* catacombs.
catadioptre [katadjɔptr] *nm* -**1.** AUT reflector. -**2.** [sur une route] cat's eye.
catadioptrique [katadjɔptrik] *adj* catadioptric.
catafalque [katafalk] *nm* catafalque.
cataire [katɛr] *nf* catmint.
catalan, e [katalɑ̃, an] *adj* Catalan.
◆ **Catalan, e** *nm, f* Catalan.
◆ **catalan** *nm* LING Catalan.
catalepsie [katalɛpsi] *nf* catalepsy.
cataleptique [katalɛptik] *adj* & *nmf* cataleptic.
catalogage [katalɔgaʒ] *nm* cataloguing.
catalogne [katalɔɲ] *nf Can material woven from strips of coloured fabric.*
Catalogne [katalɔɲ] *npr f*: (la) ~ Catalonia.
catalogue [katalɔg] *nm* -**1.** [liste - de bibliothèque, d'exposition] catalogue; **faire le ~ des toiles exposées** to catalogue OU to itemize the exhibits; ~ **raisonné** BX-ARTS catalogue raisonné. -**2.** COMM [illustré] catalogue; [non illustré] price-list. -**3.** *péj* [énumération] (long) list.
cataloguer [3] [katalɔge] *vt* -**1.** [livre] to list, to catalogue; [bibliothèque] to catalogue; [œuvre, marchandise] to put into a catalogue. -**2.** *fam* [juger] to label, to categorize; **j'ai horreur d'être catalogué** I hate people putting labels on me.
catalpa [katalpa] *nm* catalpa.
catalyse [kataliz] *nf* catalysis.
catalyser [3] [katalize] *vt* -**1.** [provoquer - forces, critiques] to act as a catalyst for. -**2.** CHIM to catalyse.
catalyseur [katalizœr] *nm* -**1.** [personne, journal] catalyst; **il a été le ~ de...** he acted as a catalyst for... -**2.** CHIM catalyst.
catalytique [katalitik] *adj* catalytic.
catamaran [katamarɑ̃] *nm* -**1.** [voilier] catamaran. -**2.** [flotteurs] floats.
Catane [katan] *npr* Catania.
Cataphote® [katafɔt] *nm* reflector.
cataplasme [kataplasm] *nm* -**1.** MÉD poultice, cataplasm. -**2.** *fam* [aliment]: **j'ai encore ce ~ sur l'estomac** I can still feel that lead weight in my stomach.
cataplexie [katapleksi] *nf* MÉD & ZOOL cataplexy.
catapultage [katapyltaʒ] *nm* -**1.** AÉRON & ARM catapulting. -**2.** [d'un employé] rapid promotion.
catapulte [katapylt] *nf* AÉRON, ARM & JEUX catapult.
catapulter [3] [katapylte] *vt* -**1.** ARM & AÉRON to catapult. -**2.** [employé] to kick upstairs; **il a été catapulté directeur** he was pitchforked into the manager's job.
cataracte [katarakt] *nf* -**1.** MÉD cataract; **se faire opérer de la ~** to have a cataract operation. -**2.** [chute d'eau] waterfall, cataract.
catarrhal, e, aux [kataral, o] *adj* catarrhal.
catarrhe [katar] *nm* catarrh.
catarrheux, euse [katarø, øz] ◇ *adj* catarrhous.
◇ *nm, f* catarrh sufferer.
catastrophe [katastrɔf] *nf* -**1.** [désastre - en avion, en voiture] disaster; [- dans une vie, un gouvernement] catastrophe, disaster; **éviter la ~** to avoid a catastrophe; **frôler la ~** to come close to disaster; **une ~, la soirée chez Claude!** Claude's party was a total disaster!; **une ~, ce type!** *fam* that guy's a walking disaster!; ~, **il nous manque deux chaises!** oh horrors, we're a couple of chairs short! -**2.** LITTÉRAT catastrophe, denouement.
◆ **en catastrophe** *loc adv*: **partir en ~** to rush off; **s'arrêter en ~** to make an emergency stop; **atterrir en ~** to make a forced OU an emergency landing.
catastropher [3] [katastrɔfe] *vt* to shatter, to stun; **air catastrophé** stunned look.
catastrophique [katastrɔfik] *adj* catastrophic, disastrous.
catastrophisme [katastrɔfism] *nm* catastrophism; **ne fais pas de ~!** don't be so pessimistic!
catch [katʃ] *nm* (all-in) wrestling; **faire du ~** to wrestle.
catcher [3] [katʃe] *vi* to wrestle.
catcheur, euse [katʃœr, øz] *nm, f* (all-in) wrestler.
catéchèse [kateʃɛz] *nf* catechesis.
catéchisation [kateʃizasjɔ̃] *nf* -**1.** RELIG catechization, catechizing. -**2.** *péj* indoctrination.
catéchiser [3] [kateʃize] *vt* -**1.** RELIG to catechize. -**2.** *péj* to indoctrinate.
catéchisme [kateʃism] *nm* -**1.** RELIG [enseignement, livre] catechism; **aller au ~** to go to catechism, ≃ to go to Sunday school. -**2.** *fig* doctrine, creed; **cela fait partie de leur ~** it's Gospel truth to them.
catéchiste [kateʃist] *nmf* [gén] catechist; [pour enfants] Sunday-school teacher.
catéchumène [katekymɛn] *nmf* -**1.** RELIG catechumen. -**2.** [que l'on initie] novice.
catégorie [kategɔri] *nf* -**1.** [pour classifier - des objets, des concepts] category, class, type; [- des employés] grade; ~ **d'âge** age group; ~ **sociale** social class; ~ **socio-économique** socioeconomic class; ~ **socioprofessionnelle** socioprofessional group. -**2.** [qualité - dans les transports, les hôtels] class; [- en boucherie]: **morceau de première/deuxième/troisième ~** prime/second/cheap cut. -**3.** SPORT class; **premier dans sa ~** first in his class; **toutes ~s** for all comers. -**4.** PHILOS category.
catégoriel, elle [kategɔrjɛl] *adj* -**1.** [d'une catégorie] category *(modif)*; **classement ~** classification by category. -**2.** SOCIOL: **revendications ~les** sectional claims *(claims relating to one category of workers only).* -**3.** LING & PHILOS category *(modif).*
catégorique [kategɔrik] *adj* -**1.** [non ambigu - refus] flat, categorical, point-blank. -**2.** [décidé] categorical; **il a été ~** he was adamant; **là-dessus, je serai ~** I'm not prepared to budge on that. -**3.** MATH & PHILOS categorical; **impératif ~** categorical imperative.
catégoriquement [kategɔrikmɑ̃] *adv* [nettement - affirmer] categorically; [- refuser] categorically, flatly, point-blank.
catégoriser [3] [kategɔrize] *vt* [ranger] to categorize.
catelle [katɛl] *nf Helv* ceramic tile.
caténaire [katenɛr] ◇ *adj* catenary *(modif).*
◇ *nf* catenary.
catgut [katgyt] *nm* catgut MED.
cathare [katar] *adj* Cathar.
◆ **Cathare** *nmf* Cathar.
catharisme [katarism] *nm* Catharism.
catharsis [katarsis] *nf* PSYCH & THÉÂT catharsis.
cathartique [katartik] *adj* MÉD, PHYS & THÉÂT cathartic.
cathédral, e, aux [katedral, o] *adj* RELIG cathedral *(modif).*
◆ **cathédrale** *nf* [édifice] cathedral; *(comme adj)*: **verre ~e** cathedral glass.
Catherine [katrin] *npr*: **sainte ~** Saint Catherine; **la Sainte-~** Saint Catherine's Day; **coiffer sainte ~** *to be still unmarried by the age of 25*; ~ **d'Aragon** Catherine of Aragon; ~ **de Medicis** Catherine de Medici; ~ **de Russie** Catherine the Great.
catherinette [katrinɛt] *nf woman who is still single and aged 25 on St Catherine's Day.*
cathéter [katetɛr] *nm* catheter.
cathode [katɔd] *nf* cathode.
cathodique [katɔdik] *adj* cathodic.
catholicisme [katɔlisism] *nm* (Roman) Catholicism.
catholicité [katɔlisite] *nf* RELIG [caractère] catholicity; [groupe]: **la ~** [église] the (Roman) Catholic Church; [fidèles] the (Roman) Catholic community.
catholique [katɔlik] ◇ *adj* -**1.** RELIG (Roman) Catholic; **une institution ~** a Catholic OU an RC school. -**2.** *fam loc*: **pas très ~ comme façon de faire** [peu conventionnel] not a very orthodox way of doing things; [malhonnête] not a very kosher way of doing things; **un individu pas très ~** a rather shady individual.
◇ *nmf* (Roman) Catholic.
catholiquement [katɔlikmɑ̃] *adv* catholically, according to the ways of the (Roman) Catholic church.
catimini [katimini]
◆ **en catimini** *loc adv* on the sly OU quiet; **arriver/partir en ~** to sneak in/out.
catin [katɛ̃] *nf litt* trollop *vieilli.*
cation [katjɔ̃] *nm* cation.
cationique [katjɔnik] *adj* cationic.
catogan [katɔgɑ̃] *nm large bow holding the hair at the back of neck.*
Caton [katɔ̃] *npr* Cato.
cattleya [katlɛja] *nm* cattleya.
Catulle [katyl] *npr* Catullus.
Caucase [kokaz] *npr m* -**1.** [montagnes]: **le ~** the Caucasus. -**2.** [région]: **le ~** Caucasia.
caucasien, enne [kokazjɛ̃, ɛn] *adj* Caucasian; **les langues ~nes** the Caucasian languages.
◆ **Caucasien, enne** *nm, f* Caucasian.
caucasique [kokazik] *adj* Caucasian; **les langues ~s** the Caucasian languages.

cauchemar [kɔʃmar] *nm* -**1.** [mauvais rêve] nightmare; **faire un ~** to have a nightmare. -**2.** [situation] nightmare; **c'était un ~ pour moi d'apprendre les verbes irréguliers** learning irregular verbs was a real nightmare for me. -**3.** [personne assommante] nuisance.

cauchemarder [3] [kɔʃmarde] *vi* [en dormant] to have nightmares.

cauchemardesque [kɔʃmardɛsk], **cauchemardeux, euse** [kɔʃmardø, øz] *adj* -**1.** [sommeil] nightmarish. -**2.** *fig* [horrifiant] nightmarish, hellish.

cauchois, e [koʃwa, az] *adj* from the Caux region.

◆ **Cauchois, e** *nm, f inhabitant of or person from the Caux region.*

caudal, e, aux [kodal, o] *adj* tail *(modif)*, caudal *spéc.*

caudillo [kaɔdijo] *nm* caudillo; **le Caudillo** General Franco.

causal, e, als OU **aux** [kozal, o] *adj* [rapport] LING & PHILOS causal.

causalisme [kozalism] *nm* doctrine of causality.

causalité [kozalite] *nf* causality.

causant, e *fam* [kozɑ̃, ɑ̃t] *adj* chatty; **il n'est pas très ~** he's not exactly forthcoming.

causatif, ive [kozatif, iv] *adj* causative.

cause [koz] *nf* -**1.** [origine, motif] cause, reason, origin; **remonter jusqu'aux ~s** to go back to the origins; **~ de: la ~ profonde de sa tristesse** the underlying reason for his sadness; **être (la) ~ de qqch** to cause sthg; **être ~ que** *litt*: **le mauvais temps est ~ que je n'ai pu aller vous rendre visite** I wasn't able to come and see you on account of the bad weather ❑ **relation de ~ à effet** causal relationship; **à petite ~ grands effets** *prov* great oaks from little acorns grow *prov*; **et pour ~!** and for a very good reason!; **il n'est pas venu, et pour ~!** he didn't come, for obvious reasons!; **elle est malheureuse, et pour ~!** she's unhappy, and with good reason OU as well she might be! -**2.** PHILOS cause; **la ~ première/seconde/finale** the prime/secondary/final cause. -**3.** JUR [affaire] case, brief; **~ célèbre** *pr* & *fig* cause célèbre; **~ civile** civil action; **~ criminelle** criminal proceedings; **un avocat sans ~s** a briefless barrister; **la ~ est entendue** *pr* each side has put its case; *fig* there's no doubt about it ‖ [motif]: **~ licite/illicite** just/unjust cause. -**4.** [parti que l'on prend] cause; **la ~ des mineurs** the miners' cause; **faire ~ commune avec qqn** to join forces with sb; **une ~ perdue** a lost cause; **une bonne ~** a good cause; **pour la bonne ~** [pour un bon motif] for a good cause; *hum* [en vue du mariage] *fam* with honourable intentions.

◆ **à cause de** *loc prép* -**1.** [par la faute de] because OU on account of, due OU owing to; **j'ai perdu mon temps à ~ de toi** I wasted my time because of you. -**2.** [en considération de] because OU on account of, due OU owing to; **acceptée à ~ de ses diplômes** taken on on account of her qualifications. -**3.** [par égard pour] for the sake OU because of; **ils sont venus à cause de votre amitié** they came because of your friendship.

◆ **en cause** ◇ *loc adj* -**1.** [concerné] in question; **la voiture en ~ était à l'arrêt** the car involved OU in question was stationary; **la somme/l'enjeu en ~** the amount/the thing at stake. -**2.** [que l'on suspecte]: **les financiers en ~** the financiers involved; **certains ministres sont en ~** some ministers are implicated. -**3.** [contesté]: **être en ~** [talent] to be in question ‖ JUR: **affaire en ~** case before the court.

◇ *loc adv* -**1.** [en accusation]: **mettre qqn en ~** to implicate sb; **mettre qqch en ~** to call sthg into question. -**2.** [en doute]: **remettre en ~** [principe] to question, to challenge; **son départ remet tout en ~** her departure reopens the whole question OU debate.

◆ **en tout état de cause** *loc adv* in any case, at all events, whatever happens; **en tout état de ~, nous ne pouvons partir que mardi** whatever happens, we can only leave on Tuesday.

◆ **pour cause de** *loc prép* owing to, because of; **'fermé pour ~ de décès'** 'closed owing to bereavement'; **démissionner pour ~ de maladie** to resign owing to ill-health OU on grounds of health.

causer [3] [koze] ◇ *vt* [provoquer - peine, problème] to cause; **~ des ennuis à qqn** to make trouble for sb; **cela m'a causé de graves ennuis** it got me into a lot of trouble.

◇ *vi* *fam* -**1.** [bavarder]: **~ (à qqn)** to chat (to sb); **cause toujours (, tu m'intéresses)!** yeah, yeah (I'll do what I like anyway)!; **je l'avais prévenu, mais cause toujours!** I'd warned him but I might as well have been talking to the wall! -**2.** [médire] to gossip, to prattle; **ça a fait ~ dans le quartier** it set tongues wagging in the district. -**3.** *(suivi d'un n sans art)* [parler]: **~ politique** to talk about politics, to talk politics.

causerie [kozri] *nf* informal talk *(in front of an audience)*.

causette *fam* [kozɛt] *nf*: **faire la ~ à qqn** to chat with sb; **faire un brin de ~** to have a little chinwag *Br*, to chew the fat *Am*.

causeur, euse [kozœr, øz] ◇ *adj* chatty, talkative.

◇ *nm, f* talker, conversationalist.

◆ **causeuse** *nf* love seat.

causse [kos] *nm* limestone plateau.

causticité [kostisite] *nf* CHIM & *fig* causticity.

caustique [kostik] ◇ *adj* -**1.** CHIM caustic. -**2.** [mordant] caustic, biting, sarcastic.

◇ *nm* CHIM caustic.

◇ *nf* OPT caustic (curve).

cautèle [kotɛl] *nf litt* wiliness, cunning.

cauteleux, euse [kotlø, øz] *adj litt* wily, cunning.

cautère [kotɛr] *nm* cautery; **c'est un ~ sur une jambe de bois** it's as much use as a poultice on a wooden leg.

cautérisation [koterizasjɔ̃] *nf* cauterization, cauterizing.

cautériser [3] [koterize] *vt* to cauterize.

caution [kosjɔ̃] *nf* -**1.** [somme] bail; **payer la ~ de qqn** to post bail for sb, to bail sb out ❑ **~ personnelle** personal security. -**2.** [garant]: **se porter ~ pour qqn** to stand security OU surety OU guarantee for sb. -**3.** [garantie morale] guarantee; [soutien] support, backing; **avec la ~ du ministre** with the support OU the backing of the minister; **donner** OU **apporter sa ~ à** to support, to back ❑ **~ juratoire** guarantee given on oath. -**4.** COMM security, guarantee; **verser une ~ de 500 francs** to pay 500 francs as security, to put down a 500 francs deposit (as security).

◆ **sous caution** ◇ *loc adj*: **liberté sous ~** release on bail.

◇ *loc adv* [libérer] on bail.

CAUTION:
When renting accommodation in France, the future tenant is usually required to pay a "caution" or deposit (normally twice the monthly rent), repayable if the property is maintained in good condition. A "caution solidaire" is a statement signed by a third party guaranteeing payment of rent in the event of non-payment by the tenant. The term "caution parentale" is used when the guarantor is the tenant's mother or father.

---

cautionnement [kosjɔnmɑ̃] *nm* -**1.** [contrat] surety OU security bond. -**2.** [dépôt] COMM security, guarantee; JUR bail; **~ réel** collateral security. -**3.** [soutien] support, backing.

cautionner [3] [kosjɔne] *vt* -**1.** JUR: **~ qqn** [se porter caution] to post bail for sb; [se porter garant] to stand surety OU guarantee for sb. -**2.** [soutenir] to support, to back.

Caux [ko] *npr*: **le pays de ~** the Caux region; **dans le pays de ~** in the Caux region.

cavaillon [kavajɔ̃] *nm* Cavaillon melon.

cavalcade [kavalkad] *nf* -**1.** [défilé] cavalcade. -**2.** [course] stampede; **pas de ~ dans l'escalier, s'il vous plaît!** please, no stampeding down the stairs!; **c'est tout le temps la ~** it's a hell of a rush all the time.

cavalcader [3] [kavalkade] *vi* to scamper around.

cavale [kaval] *nf* -**1.** *litt* [jument] mare ZOOL. -**2.** *arg crime* jailbreak; **être en ~** to be on the run.

cavaler *fam* [3] [kavale] ◇ *vi* -**1.** [courir] to run OU to rush (around); **j'ai cavalé toute la journée pour trouver un cadeau** I ran around all day long looking for a present; **je cavale tout le temps** I'm on the go the whole time. -**2.** [se hâter] to scoot; **il va falloir ~ si tu veux avoir ton train** you'll have to get a move on if you want to catch your train. -**3.** [suj: homme] to chase women; [suj: femme] to chase men; **il ne pense qu'à ~ après les femmes** chasing women is all he (ever) thinks about.

◇ *vt* ▽ [agacer]: **il commence à me ~** he's getting right up my nose *Br*, he's starting to tick me off *Am*.

◆ **se cavaler** *fam vpi* to clear off.

cavalerie [kavalri] *nf* -**1.** MIL cavalry; **~ légère** light (cavalry OU horse) brigade; **~ lourde, grosse ~** armoured cavalry; **la grosse ~** *fig* the run-of-the-mill stuff. -**2.** COMM: **effets** OU **papiers de ~** accommodation bills OU notes.

cavaleur, euse *fam* [kavalœr, øz] *adj* [homme] philandering; [femme] man-eating; **il est ~** he's a womanizer; **elle est cavaleuse** she'll go for anything in trousers.

◆ **cavaleur** *fam nm* philanderer, womanizer.

◆ **cavaleuse** *fam nf* man-eater.

cavalier, ère [kavalje, ɛr] ◇ *adj* -**1.** ÉQUIT: **allée** OU **piste cavalière** bridle path, bridleway. -**2.** *péj* [désinvolte - attitude] offhand, cavalier; [- réponse] curt, offhand; **agir de façon cavalière** to act in an offhand manner.

◇ *nm, f* -**1.** ÉQUIT rider. -**2.** [danseur] partner.

◆ **cavalier** *nm* -**1.** HIST Cavalier. -**2.** MIL cavalryman, mounted soldier. -**3.** BIBLE: **les (quatre) Cavaliers de l'Apocalypse** the (Four) Horsemen of the Apocalypse. -**4.** [pour aller au bal] escort; **faire ~ seul** [dans une entreprise] to go it alone; POL to be a maverick. -**5.** JEUX [aux échecs] knight. -**6.** [sur un dossier] tab. -**7.** [clou] staple. -**8.** [surcharge] rider.

cavalièrement [kavaljɛrmɑ̃] *adv* casually, in a cavalier OU an offhand manner.

cave[1] [kav] ◇ *adj* -**1.** *litt* [creux] hollow, sunken. -**2.** ANAT: **veine ~** vena cava.

◇ *nm arg crime* -**1.** [étranger au milieu] outsider. -**2.** [dupe] gullible individual, soft touch.

cave[2] [kav] *nf* -**1.** [pièce] cellar; **de la ~ au grenier** *fig* [ranger, nettoyer] from top to bottom. -**2.** [vins] (wine) cellar; **avoir une bonne ~** to keep a good cellar. -**3.** [cabaret] cellar *Br* OU basement *Am* nightclub. -**4.** [coffret]: **~ à cigares** cigar box; **~ à liqueurs** cellaret. -**5.** JEUX [gén] stake; [au poker] ante.

caveau, x [kavo] *nm* -**1.** [sépulture] vault, tomb, burial chamber. -**2.** [cabaret] club *(in a cellar)*.

caver [3] [kave] *vt litt* [creuser] to hollow OU to dig (out).

caverne [kavɛrn] *nf* -**1.** [grotte] cave, cavern; **une ~ de brigands** *fam* a den of thieves. -**2.** MÉD cavity.

caverneux, euse [kavɛrnø, øz] *adj* -**1.** [voix] sepulchral. -**2.** ANAT [poumon] cavernulous; [souffle, râle] cavernous.

cavernicole [kavɛrnikɔl] ◇ *adj* cavernicolous *spéc*, cave-dwelling.

◇ *nm* cave-dwelling OU *spéc* cavernicolous animal.

caviar [kavjar] *nm* -**1.** CULIN caviar, caviare; **~ rouge** salmon roe; **~ d'aubergines** aubergine *Br* OU eggplant *Am* puree. -**2.** IMPR blue pencil; **passer au ~** to blue-pencil, to censor.

caviardage [kavjardaʒ] *nm* blue-pencilling, censoring; **après un bon ~** after a thorough going over with the blue pencil.

caviarder [3] [kavjarde] *vt* to blue-pencil, to censor.

cavicorne [kavikɔrn] *nm* cavicorn animal.

caviste [kavist] *nm* cellarman.

cavitation [kavitasjɔ̃] *nf* MÉCAN & MÉTALL cavitation.

cavité [kavite] *nf* -**1.** [trou] cavity; une ~ **entre deux roches** a cavity OU gap between two rocks. -**2.** ANAT cavity; ~ **articulaire** socket; ~ **cotyloïde** acetabulum; ~ **dentaire** pulp cavity. -**3.** ÉLECTRON: ~ **résonante** resonant cavity, cavity resonator.

Cayenne [kajɛn] *npr* Cayenne.

CB [sibi] (*abr de* **citizen's band, canaux banalisés**) *nf* CB.

cc -**1.** (*abr écrite de* **cuillère à café**) tsp. -**2.** *abr écrite de* **charges comprises.**

CC (*abr écrite de* **corps consulaire**) CC.

CCE (*abr de* **Commission des communautés européennes**) *npr f* ECC.

CCI (*abr de* **chambre de commerce et d'industrie**) *nf* CCI.

CCP (*abr de* **compte chèque postal, compte courant postal**) *nm post office account,* ≃ giro account *Br,* ≃ Post Office checking account *Am.*

cd (*abr écrite de* **candela**) cd.

CD ⋄ *nm* -**1.** *abr de* **chemin départemental.** -**2.** (*abr de* **Compact Disc**) CD. -**3.** *abr de* **comité directeur.**
⋄ (*abr écrite de* **corps diplomatique**) CD.

CDD (*abr de* **contrat à durée déterminée**) *nm* fixed term contract; **elle est en** ~ she's on a fixed term contract.

CdF *npr mpl abr de* **Charbonnages de France.**

CDI *nm* -**1.** (*abr de* **centre de documentation et d'information**) *school library.* -**2.** (*abr de* **contrat à durée indéterminée**) permanent employment contract; **elle est en** ~ she's got a permanent employment contract.

CD-I (*abr de* **Compact Disc interactif**) *nm* interactive Compact Disc.

CD-Rom [sederɔm] (*abr de* **Compact Disc read only memory**) *nm inv* CD-Rom.

CDS (*abr de* **Centre des démocrates sociaux**) *npr m French political party.*

CDU *nf abr de* **classification décimale universelle.**

CDV (*abr de* **Compact Disc Video**) *nm* CVD.

ce[1] [sə] (*devant nm commençant par voyelle ou h muet* **cet** [sɛt], *f* **cette** [sɛt], *pl* **ces** [se]) *adj dém* -**1.** [dans l'espace - proche] this, these *pl;* [- éloigné] that, those *pl;* **cet homme qui vient vers nous** the man (who's) coming towards us; **tiens, prends cette canne** here, take this walking-stick; **tu vois cet immeuble?** you see that building?; **regarde de ce côté-ci** look over here; **cette veste, là-bas en vitrine** that jacket, over there in the window; **cet homme qui gesticule là-bas** that man over there (who's) waving his arms about; **je ne connais pas cette région-là** I don't know that region; **ces arbres, ces fleurs, ces jardins lui rappelaient son enfance** these trees, these flowers, these gardens reminded him of his childhood. -**2.** [dans le temps - à venir] this, these *pl;* [- passé] last; **vas-y ce matin** go this morning; **cette nuit nous mettrons le chauffage** tonight we'll turn the heating on; **cette nuit j'ai fait un rêve étrange** last night I had a strange dream; **cette semaine je n'ai rien fait** I haven't done a thing this (past) OU this (last) week; **cette année-là** that year; **ces jours-ci** these days; **ce jour** *sout:* **fait ce jour à Blois** witnessed by my hand this day in Blois. -**3.** [désignant - ce dont on a parlé] this, these *pl,* that, those *pl;* [- ce dont on va parler] this, these *pl;* **je t'ai déjà raconté cette histoire** I've told you that story before; **enfin, ces personnes se sont rencontrées** these people finally met; **cette remarque traduit son incompréhension** this OU that remark shows that he doesn't understand; **écoute cette histoire et tu vas comprendre** listen to this story and you'll understand. -**4.** [suivi d'une proposition relative]: **voici ce pont dont je t'ai parlé** here's the OU that bridge I told you about; **cet air que tu fredonnais** that OU the tune you were humming; **il était de ces comédiens qui...** he was one of those actors who... -**5.** [emploi expressif]: **cette douleur dans son regard!** such grief in his eyes!; **ce peuple!** *fam* what a crowd!; **cet enfant est un modèle de sagesse!** this OU that child is so well behaved!; **ce culot!** *fam* what a nerve!, the cheek of it!; **cette idée!** what an idea!, the very idea!; **et cette bière, elle vient?** *fam* well, what about that beer then?; **et ce roman tu le commences quand?** when will you get started on that novel of yours?; **et ces douleurs/cette grippe comment ça va?** *fam* how's the pain/the flu doing?; **ce roquet n'entrera pas chez moi!** I won't have that nasty little dog in my house!; **cette tache sur le mur m'inquiète** that stain on the wall worries me; **et pour ces messieurs, ce sera?** now what will the OU you gentlemen have?

ce[2] [sə] (*devant 'e' c'* [s], *devant 'a' ç'* [s]) *pron dém* -**1.** [sujet du v 'être']: **c'est à Paris** it's in Paris; **c'était hier** it was yesterday; **c'est toi!** it's you!; **c'est un escroc** he's a crook; **ce sont mes frères** they are my brothers; **ce doit/peut être son mari** it must/could be her husband; **dire oui, c'est renoncer à sa liberté** saying yes means OU amounts to giving up one's freedom; **tes amis, ce sont** OU *fam* **c'est des gens bien sympathiques** your friends are really nice people; **c'est rare qu'il pleuve en juin** it doesn't often rain in June; **c'est encore loin, la mer?** is the sea still far away?, is it still a long way to the sea?; **qui est-ce?, c'est qui?** *fam* who is it?; **où est-ce?, c'est où?** *fam* where is it?; **qu'est-ce que c'est?, c'est quoi?** *fam* what is it?, what's that?; **à qui est-ce?** whose is it?; **c'est à toi?** is this OU is it yours?; **serait-ce que tu as oublié?** have you forgotten, by any chance? -**2.** [pour insister]: **c'est la robe que j'ai achetée** this is the dress (that) I bought; **c'est l'auteur que je préfère** he's/she's my favourite writer; **c'est à vous, monsieur, que je voudrais parler** it was you I wanted to speak to, sir; **c'est à elle que je dois ma réussite** she's the one I owe my success to, it is to her that I owe my success; **c'est à lui/à toi de décider** it's up to him/up to you to decide; **c'est à pleurer de rage** it's enough to make you weep with frustration. -**3.** ['c'est que' introduisant une explication]: **si je te le demande, c'est que j'en ai besoin** I wouldn't be asking you for it if I didn't need it; **s'il ne parle pas beaucoup, c'est qu'il est timide** if he doesn't say much, it's because he's shy. -**4.** [comme antécédent du pronom relatif]: **ce qui, ce que** what; **ce qui m'étonne, c'est que...** what surprises me is that...; **ce qui est arrivé était à prévoir** what happened was foreseeable; **demande-lui ce qui lui ferait plaisir** ask her what she'd like; **voici ce que l'on me propose** here's what I've been offered; **il y a du vrai dans ce qu'il dit** there's some truth in what he says; **dis-moi ce que tu as fait** tell me what you did || (*reprenant la proposition*) which; **cette action provoquerait une rupture, ce qui serait catastrophique** such an action would cause a split, which would be disastrous; **il dit en avoir les moyens, ce que je crois volontiers** he says he can afford it, which I'm quite prepared to believe; **ce dont: ce dont je ne me souviens pas, c'est l'adresse** what I can't remember is the address; **ce pour quoi: ce pour quoi j'ai démissionné** the reason (why) I resigned; **ce en quoi: ce en quoi je croyais s'est effondré** the thing I believed in has collapsed || [introduisant une complétive]: **de ce que: je m'étonne de ce qu'il n'ait rien dit** I'm surprised (by the fact that) he didn't say anything; **à ce que: veille à ce que tout soit prêt** make sure everything's ready; **sur ce que: il insiste sur ce que le travail doit être fait en temps voulu** he insists that the work must be done in the specified time. -**5.** [emploi exclamatif]: **ce que tu es naïf!** you're so naive!, how naive you are!; **ce qu'elle joue bien!** she's such a good actress!, what a marvellous actress she is!; **tu vois ce que c'est que de mentir!** you see what happens when you lie!, you see where lying gets you! -**6.** *loc:* **ce me semble** *sout* OU *hum* it seems to me, I think, methinks *lit* OU *hum;* **vous êtes pressé, ce me semble** it seems to me (that) OU you look like you're in a hurry; **je n'ai rien reçu, ce me semble** I don't think I've received anything, I don't appear to have received anything; **ce faisant** in so doing; **il l'a radiée de la liste, ce faisant il la prive de ses droits** he has struck her off the list, and in so doing he is depriving her of her rights; **ce disant** so saying, with these words; **et ce: il n'a rien dit, et ce malgré toutes les menaces** he said nothing, (and this) in spite of all the threats; **sur ce: j'arrive et sur ce, le téléphone sonne** I arrive and just then the phone rings; **sur ce, je vous salue** and now, I take my leave; **sur ce, elle se leva** with that, she got up; **pour ce faire** *sout* to this end; **ils veulent construire et pour ce faire ils ont pris contact avec des entrepreneurs** they want to start building and to this end they have contacted a firm of contractors.

CE ⋄ *nm* -**1.** *abr de* **comité d'entreprise.** -**2.** (*abr de* **cours élémentaire**): ~**1** *second year of primary school;* ~**2** *third year of primary school.*
⋄ *npr f* (*abr de* **Communauté européenne**) EC.

CEA (*abr de* **Commissariat à l'énergie atomique**) *npr m French atomic energy commission,* ≃ AEA *Br,* ≃ AEC *Am.*

céans [seɑ̃] *adv arch* here, within OU in this house.

CECA, Ceca [seka] (*abr de* **Communauté européenne du charbon et de l'acier**) *npr f* ECSC.

ceci [səsi] *pron dém* this; ~ **n'est pas très loin de nos préoccupations actuelles** this is not unrelated to our present concerns; ~ **pour vous dire que...** (all) this to tell you that...; ~ **(étant) dit** having said this OU that; **à** ~ **près que** except OU with the exception that; **retenez bien** ~... now, remember this...; ~ **va vous étonner, écoutez...** this will surprise you, listen...; **son rapport a** ~ **d'étonnant que...** her report is surprising in that...; ~ **ne me concerne pas** this is nothing to do with me; ~ **n'explique pas cela** one thing doesn't explain the other.

Cécile [sesil] *npr:* **sainte** ~ Saint Cecilia.

cécilie [sesili] *nf* caecilian.

cécité [sesite] *nf* blindness, cecity; ~ **nocturne/verbale/des neiges** night/word/snow blindness.

cédant, e [sedɑ̃,ɑ̃t] ⋄ *adj* assigning, granting.
⋄ *nm, f* assignor, grantor.

céder [18] [sede] ⋄ *vt* -**1.** [donner] to give (up); **il est temps de** ~ **l'antenne** our time is up; **nous cédons maintenant l'antenne à Mélanie** we're now going to hand over to Mélanie; **'cédez le passage'** 'give way' *Br,* 'yield' *Am;* ~ **le passage à qqn** to let sb through, to make way for sb □ ~ **du terrain** MIL to give ground, to fall back; *fig* to back down OU off; ~ **le pas à qqn** *pr* to give way to sb; *fig* to let sb have precedence; ~ **sa place à qqn** *pr* to give up one's seat to sb; *fig* to give up one's place to sb; **il ne le cède à personne en ambition** *sout* as far as ambition is concerned, he's second to none; **des gens qui ne le cèdent à personne en ténacité** people who are as tenacious as the best of them; **il ne le cède en rien à nos plus grands peintres** he can take his place alongside our greatest painters. -**2.** [vendre] to sell; **il a cédé son fonds de commerce pour rien** he gave up OU sold his business for next to nothing; **je ne céderai jamais le verger** I'll never part with OU sell the orchard; **'à** ~**'** 'for sale' || [faire cadeau de] to give away (*sép*), to donate; ~ **ses biens à une fondation** to donate OU to transfer one's assets to a foundation.
⋄ *vi* -**1.** [se plier à la volonté d'autrui] to give in; **je ne céderai pas!** I won't give in, I won't back down! -**2.** MIL: ~ **sous l'assaut de l'ennemi** to be overpowered OU overwhelmed by the enemy. -**3.** [casser - étagère, plancher] to give way; [- câble, poignée] to break off; [- couture] to come unstitched.
◆ **céder à** *v + prép* -**1.** [ne pas lutter contre - sommeil, fatigue] to succumb to; [- tentation, caprice] to give in OU to yield to; **la fièvre a cédé aux médicaments** the drugs reduced the temperature; **cette hypothèse cèdera à la première analyse** this hypothesis won't stand up to

analysis. -**2.** [être séduit par]: ~ **à la facilité** to take the easy way out; ~ **à un homme** to give in to a man.

cédétiste [sedetist] ◇ *adj* CFDT *(modif)*.
◇ *nmf* member of the CFDT.

CEDEX, Cedex [sedɛks] (*abr de* **courrier d'entreprise à distribution exceptionnelle**) *nm accelerated postal service for bulk users.*

cédille [sedij] *nf* cedilla.

cédrat [sedra] *nm* citron.

cédratier [sedratje] *nm* citron (tree).

cèdre [sɛdr] *nm* -**1.** [arbre] cedar (tree), arborvitae *Can*; ~ **du Liban** cedar of Lebanon. -**2.** [bois] cedar (wood).

cédrière [sedrijɛr] *nf Can* cedar grove.

CEE (*abr de* **Communauté économique européenne**) *npr f* EC.

CEG (*abr de* **collège d'enseignement général**) *nm former junior secondary school.*

CEGEP [seʒɛp] (*abr de* **collège d'enseignement général et professionnel**) *nm Can* ≃ college of further education.

cégépien, enne [seʒepjɛ̃, ɛn] *nm, f Can student of a CEGEP.*

cégétiste [seʒetist] ◇ *adj* CGT *(modif)*.
◇ *nmf* member of the CGT.

CEI (*abr de* **Communauté des États indépendants**) *npr f* CIS.

ceindre [81] [sɛ̃dr] *vt litt* -**1.** [entourer]: **un cercle de fer ceignait son front** he had a band of iron around his head; **son bras ceignant ma taille** her arm around my waist; ~ **qqch de**: ~ **sa tête d'une couronne** to place a crown upon one's head; **un château ceint de hautes murailles** a castle surrounded by high walls. -**2.** [porter]: ~ **la couronne** to assume the crown; ~ **la tiare** to assume the priestly robe; ~ **l'écharpe tricolore** to don the mayoral (tricolour) sash.
◆ **se ceindre** *vpt litt*: **se** ~ **les reins** to gird one's loins.

ceinturage [sɛ̃tyraʒ] *nm* girdling HORT.

ceinture [sɛ̃tyr] *nf* -**1.** VÊT [en cuir, métal] belt; [fine et tressée] cord; [large et nouée] sash; [gaine, corset] girdle; ~ **de chasteté** chastity belt; ~ **fléchée** *Can* arrow sash; **faire** ~ *fam*, **se serrer la** ~ *fam* [se priver] to tighten one's belt. -**2.** SPORT [à la lutte] waistlock; [au judo et au karaté] belt; **elle est** ~ **blanche/noire** she is a white/black belt. -**3.** [accessoire]: ~ **de sauvetage** life belt; ~ **de sécurité** seat OU safety belt; **attachez votre** ~ fasten your seat belt. -**4.** [taille] COUT waistband; ANAT waist; **de l'eau jusqu'à la** ~ with water up to his waist; **nu jusqu'à la** ~ naked from the waist up; **il ne leur/vous arrive pas à la** ~ *fig* he doesn't hold a candle to them/you; **au-dessous de la ceinture**: **frapper au-dessous de la** ~ *pr & fig* to hit below the belt; **c'est un coup au-dessous de la** ~! that's a bit below the belt! -**5.** ZOOL: ~ **pelvienne/scapulaire** pelvic/pectoral girdle. -**6.** MÉD: ~ **orthopédique** surgical corset; ~ **de grossesse** maternity girdle. -**7.** TRANSP: **petite/grande** ~ inner/outer circle. -**8.** ARCHIT cincture. -**9.** ASTRON: ~ **de rayonnement** OU **radiations** OU **Van Allen** Van Allen belt. -**10.** [encerclement] belt, ring; **une** ~ **de peupliers** a belt of poplars; **une** ~ **montagneuse** a belt of mountains □ ~ **verte** green belt.

ceinturer [3] [sɛ̃tyre] *vt* -**1.** [saisir par la taille] to grab round the waist; SPORT to tackle. -**2.** [entourer un lieu] to surround, to encircle; **les remparts ceinturent la ville** the town is surrounded by ramparts. -**3.** HORT to girdle.

ceinturon [sɛ̃tyrɔ̃] *nm* -**1.** VÊT (broad) belt. -**2.** MIL [gén] belt; [à cartouches] cartridge belt; [à sabre] sword belt.

cela [səla] *pron dém* -**1.** [désignant un objet éloigné] that; **regardez** ~, **là-bas!** look at that (over there)! -**2.** [désignant - ce dont on vient de parler] this, that; [- ce dont on va parler] this; ~ **(étant) dit...** having said this OU that...; **je n'ai pas dit** ~ I didn't say that; ~ **mérite qu'on s'y intéresse** that OU this is worth studying; ~ **prouve que j'avais raison** that proves I was right; **je ne m'attendais pas à** ~ I wasn't expecting that; **après** ~, **on n'en entendit plus parler** after that, nothing more was heard of it; **malgré** ~ **il est resté fidèle à ses amis** inspite of (all) that, he remained loyal to his friends; **à part** ~ apart from that; **qu'est-ce que** ~? what is that?; ~ **n'explique pas ce qu'il a dit hier** this OU that doesn't explain what he said yesterday; **il est parti il y a un mois/une semaine de** ~ he left a month/a week ago; ~ **va vous étonner, écoutez...** this'll surprise you, listen...; **son histoire a** ~ **d'extraordinaire que...** her story is extraordinary in that... □ **c'est** ~! *iron* that's right!; **c'est** ~, **moquez-vous de moi!** that's right, have a good laugh (at my expense)!; **je suis folle, c'est (bien)** ~? so I'm out of my mind, is that it OU am I? -**3.** [remplaçant 'ce']: ~ **est très étonnant** that is very surprising; ~ **est mieux ainsi** it's better this way. -**4.** [dans des tournures impersonnelles] it; ~ **ne fait rien** it doesn't matter; ~ **fait une heure que j'attends** I've been waiting for an hour; ~ **fait longtemps que nous ne nous sommes vus** it's been a long time since we've seen each other. -**5.** [emploi expressif]: **pourquoi** ~? why?, what for?; **qui** ~? who?, who's that?; **où** ~? where?, whereabouts?; **quand** ~? when?

céladon [seladɔ̃] ◇ *adj inv* pale green, celadon *litt.*
◇ *nm* celadon.

Célèbes [selɛb] *npr* Celebes; **à** ~ in Celebes.

célébrant [selebrɑ̃] *nm* celebrant.

célébration [selebrasjɔ̃] *nf* celebration; **la** ~ **du mariage se fera à...** the marriage ceremony will take place at...

célèbre [selɛbr] *adj* famous, famed; **devenir** ~ to become famous; **tristement** ~ notorious.

célébrer [18] [selebre] *vt* -**1.** [fêter - fête] to observe; [- anniversaire, messe, mariage] to celebrate. -**2.** [glorifier - personne] to extol the virtues of; [- exploit] to toast, to celebrate.

célébrité [selebrite] *nf* -**1.** [gloire] fame, celebrity. -**2.** [personne] celebrity, well-known personality.

celer [25] [səle] *vt arch* OU *litt*: ~ **qqch à qqn** to conceal sthg from sb; **à ne vous rien** ~ to tell you the truth.

céleri [sɛlri] *nm* celery; ~ **en branches** celery; ~ **rémoulade** celeriac salad.

céleri-rave [sɛlrirav] (*pl* **céleris-raves**) *nm* celeriac.

célérité [selerite] *nf litt* celerity *litt*, swiftness, speed; **avec** ~ swiftly, rapidly.

célesta [selɛsta] *nm* celesta.

céleste [selɛst] *adj* -**1.** [du ciel] celestial. -**2.** [du paradis] celestial, heavenly. -**3.** [de Dieu] divine. -**4.** [surnaturel - beauté, voix, mélodie] heavenly, sublime. -**5.** HIST: **le Céleste Empire** the Celestial Empire.

célibat [seliba] *nm* [d'un prêtre] celibacy; [d'un homme] celibacy, bachelorhood; [d'une femme] spinsterhood, celibacy; **elle a choisi le** ~ she decided to remain single OU not to marry; **vivre dans le** ~ [homme] to remain a bachelor; [femme] to remain single; [prêtre] to be celibate.

célibataire [selibatɛr] ◇ *adj* -**1.** [homme, femme] single, unmarried; [prêtre] celibate; **il est encore** ~ he's still a single man OU a bachelor; **elle est** ~ she is single OU unmarried. -**2.** ADMIN single.
◇ *nm* single man, bachelor; **les** ~**s paient davantage d'impôts que les hommes mariés** single men pay more tax than married men; **un** ~ **endurci** a confirmed bachelor; **un club pour** ~**s** a singles club.
◇ *nf* single woman OU girl.

celle *f* [sɛl] → **celui.**

celle-ci [sɛlsi] *f*, **celle-là** [sɛlla] *f* → **celui.**

celles [sɛl] *fpl* → **celui.**

cellier [selje] *nm* storeroom *(for wine or food)*, pantry.

Cellophane® [selɔfan] *nf* Cellophane®.
◆ **sous Cellophane** *loc adj* cellophane-wrapped.

cellulaire [selylɛr] *adj* -**1.** BIOL [de la cellule] cell *(modif)*; [formé de cellules] cellular. -**2.** TÉLÉC cellular; **téléphone** ~ cellular phone, Cellphone®. -**3.** MIN porous, poriferous. -**4.** TECH [béton] cellular; [matériau, mousse] expanded. -**5.** [carcéral]: **emprisonnement** OU **régime** ~ solitary confinement; **fourgon** OU **voiture** ~ prison van.

cellulase [selylaz] *nf* cellulase.

cellule [selyl] *nf* -**1.** BIOL cell. -**2.** [d'un prisonnier, d'un religieux] cell; **deux par** ~ two to a cell. -**3.** [élément constitutif] basic element OU unit; POL cell; ~ **familiale** family unit OU group. -**4.** [d'une ruche] cell. -**5.** AÉRON airframe. -**6.** PHOT: ~ **photoélectrique** photoelectric cell. -**7.** ACOUST & INF cell; ~ **(de) mémoire** storage cell. -**8.** TECH: ~ **photovoltaïque** photovoltaic cell.

cellulite [selylit] *nf* cellulitis.

cellulitique [selylitik] *adj* cellulitis *(modif)*.

celluloïd [selylɔid] *nm* celluloid.

cellulose [selyloz] *nf* cellulose.

cellulosique [selylozik] *adj* cellulosic.

Celsius [sɛlsjys] *npr* Celsius.

celte [sɛlt] *adj* Celtic.
◆ **Celte** *nmf* Celt.

celtique [sɛltik] *adj* Celtic; **les langues** ~**s** the Celtic languages.

celui [səlɥi] (*f* **celle** [sɛl], *mpl* **ceux** [sø], *fpl* **celles** [sɛl]) *pron dém* -**1.** [suivi de la préposition 'de']: **le train de 5 h est parti, prenons** ~ **de 6 h** we've missed the 5 o'clock train, let's get the 6 o'clock; **vous ajouterez à vos frais ceux de janvier** add January's expenses to the current ones; **j'ai comparé mon salaire avec** ~ **d'Eve** I compared my salary with Eve's; **ceux d'entre vous qui veulent s'inscrire** those of you who wish to register. -**2.** [suivi d'un pronom relatif]: ~, **celle** the one; **ceux, celles** those, the ones; **prête-moi ceux que tu as lus** lend me those OU the ones you have read; **c'est celle que j'ai achetée** that's the one I bought; **c'est** ~ **qui a réparé ma voiture** he's the one who fixed my car; **prends la rouge, c'est celle qui te va le mieux** take the red one, it's the one that suits you best; ~ **dont je t'ai parlé** the one I told you about. -**3.** [suivi d'un adj, d'un participe]: **achetez celle conforme aux normes** buy the one that complies with the standard; **tous ceux désirant participer à l'émission** all those wishing OU who wish to take part in the show.
◆ **celui-ci** (*f* **celle-ci**, *mpl* **ceux-ci**, *fpl* **celles-ci**) *pron dém* -**1.** [désignant une personne ou un objet proches]: ~**-ci, celle-ci** this one (here); **ceux-ci, celles-ci** these ones, these (here); **donne-moi** ~**-ci** give me this one (here); **c'est** ~**-ci que je veux** this is the one I want, I want this one; **passe-moi le pinceau, non pas** ~**-là,** ~**-ci** pass me the brush, no not that one, this one. -**2.** [désignant ce dont on va parler ou ce dont on vient de parler]: **son inquiétude était celle-ci...** his worry was as follows...; **elle voulait voir Anne, mais celle-ci était absente** she wanted to see Anne, but she was out.
◆ **celui-là** (*f* **celle-là**, *mpl* **ceux-là**, *fpl* **celles-là**) *pron dém* -**1.** [désignant une personne ou un objet éloignés]: ~**-là, celle-là** that one (there); **ceux-là, celles-là** those ones, those (over there); **donne-moi** ~**-là** give me that one (there); **c'est** ~**-là que je veux** that's the one I want, I want that one; **il n'y a aucun rapport entre les deux décisions, celle-ci n'explique pas celle-là** the two decisions are unconnected, the latter is no explanation for the former. -**2.** [emploi expressif]: **elle est bien bonne, celle-là!** that's a good one (that)!; *iron* that's a bit much!; **il a toujours une bonne excuse** ~**-là!** he's always got a good excuse, that one!

celui-ci [səlɥisi] *m*, **celui-là** [səlɥila] *m* → **celui.**

cément [semɑ̃] *nm* -**1.** MÉTALL cement. -**2.** ANAT cement, cementum.

cémentation [semɑ̃tasjɔ̃] *nf* cementation.

cémenter [3] [semɑ̃te] *vt* to cement.

cénacle [senakl] *nm* -**1.** RELIG cenacle. -**2.** *sout* [comité] literary coterie OU group; **admis au ~** admitted into the company of the select few.

cendre [sɑ̃dr] *nf* -**1.** [résidu - gén] ash, ashes; [- de charbon] cinders; **~ de bois/de cigarette** wood/cigarette ash; **une viande au goût de ~** meat with a smoky taste; **mettre** OU **réduire en ~s** [maison] to burn to the ground. -**2.** GÉOL (volcanic) ash. -**3.** *litt* [dépouille] ashes, remains. -**4.** RELIG: **les Cendres, le mercredi des Cendres** Ash Wednesday.

cendré, e [sɑ̃dre] *adj* -**1.** [gris] ashen, ash *(modif)*, ash-coloured. -**2.** [couvert de cendres] ash covered; **fromage ~** cheese matured in wood ash.

◆ **cendré** *nm* cheese matured in wood ash.

◆ **cendrée** *nf* -**1.** CHASSE & PÊCHE dust shot. -**2.** [revêtement] cinder; [piste] cinder track; **sur la ~e** (out) on the track.

cendreux, euse [sɑ̃drø, øz] *adj* -**1.** [plein de cendres] full of ashes. -**2.** [gris - écorce, roche] ash-coloured; [- teint] ashen, ashy. -**3.** MÉTALL grainy, granular; [sol] ashy.

cendrier [sɑ̃drije] *nm* [de fumeur] ashtray; [de fourneau] ash pit; [de poêle] ashpan; [de locomotive] ash box.

cendrillon [sɑ̃drijɔ̃] *nf litt* [servante] drudge.

Cendrillon [sɑ̃drijɔ̃] *npr* Cinderella.

cène [sɛn] *nf* -**1.** [dernier repas]: **la Cène** the Last Supper. -**2.** [communion] Holy Communion, Lord's Supper.

cénobite [senɔbit] *nm* cenobite.

cénotaphe [senɔtaf] *nm* cenotaph.

cens [sɑ̃s] *nm* -**1.** ANTIQ [recensement] census. -**2.** HIST [électoral]: **~ électoral** poll tax‖ [féodal] quitrent.

censé, e [sɑ̃se] *adj* supposed to; **tu n'es pas ~ le savoir** you're not supposed to know it; **être ~ faire qqch** to be supposed to do sthg; **vous êtes ~ arriver à 9 h** [indication] you're supposed to arrive at 9; [rappel à l'ordre] we expect you to arrive at 9.

censément [sɑ̃semɑ̃] *adv* apparently, seemingly.

censeur [sɑ̃sœr] *nm* -**1.** SCOL deputy headmaster OU head teacher *Br*, assistant principal *Am*; **Madame le ~** the deputy headmistress OU head teacher *Br*, the assistant principal *Am*. -**2.** [responsable de la censure] censor. -**3.** *sout* [critique] critic. -**4.** ANTIQ censor.

censitaire [sɑ̃sitɛr] *adj* poll-tax based.

censorat [sɑ̃sɔra] *nm* -**1.** SCOL deputy headship *Br*, position of assistant principal *Am*. -**2.** ANTIQ censorship.

censorial, e, aux [sɑ̃sɔrjal, o] *adj* censorial.

censurable [sɑ̃syrabl] *adj* censurable.

censure [sɑ̃syr] *nf* -**1.** [interdiction] censorship; **face à la ~ paternelle** faced with his father's instruction that he shouldn't do it‖ [commission]: **la ~** the censors; [examen] censorship. -**2.** POL censure. -**3.** RELIG censure; **les ~s de l'Église** the censure of the Church. -**4.** PSYCH & ANTIQ censorship.

censurer [3] [sɑ̃syre] *vt* -**1.** [film, livre] to censor. -**2.** POL & RELIG to censure. -**3.** PSYCH to exercise censorship on. -**4.** *sout* [critiquer] to criticize, to censure.

cent [sɑ̃] ◇ *adj num* -**1.** *(card)* a OU one hundred; **~ mille** a hundred thousand; **deux ~s filles** two hundred girls; **trois ~ quatre rangs** three hundred and four rows ❑ **les Cent-Jours** HIST the Hundred Days; **t'as pas ~ balles?** *fam* can you give me one franc?; **elle est aux ~ coups** [affolée] she's frantic; **je te l'ai dit ~ fois** I've told you a hundred times; **tu as ~ fois raison** you're a hundred per cent right; **je préfère ~ fois celle-ci** I prefer this one a hundred times over; **faire les ~ pas** to pace up and down; **à ~ pieds sous terre** dead and buried; **~ sept ans** *fam*: **il y a ~ sept ans que...** it's been ages since...; **je ne vais pas attendre ~ sept ans** I'm not going to wait forever (and a day); **je m'embête** *fam* OU **m'emmerde**▽ **à ~ sous de l'heure** I'm bored stiff OU to death; **on se faisait suer à ~ sous de l'heure** it was as exciting as watching paint dry; **'Cent Ans de solitude'** *Garcia Marquez* 'One Hundred Years of Solitude'. -**2.** *(ord)*: **chambre ~** room one hundred; **page deux ~ (six)** page two hundred (and six); **l'an neuf ~** the year nine hundred. -**3.** SPORT: **le ~ mètres** the hundred metres; **le quatre ~ mètres haies** the four hundred metres hurdle OU hurdles; **le ~ mètres nage libre** the hundred metres freestyle.

◇ *nm* -**1.** [chiffre]: **j'habite au ~** I live at number one hundred. -**2.** [centaine] hundred; **un ~ d'huîtres** a hundred oysters. -**3.** *loc*: **pour ~** per cent; **20 pour ~** 20 per cent; **~ pour ~ coton** a OU one hundred per cent pure cotton; **il est ~ pour ~ anglais** he's a hundred per cent English; **je suis ~ pour ~ contre** I'm wholeheartedly against it; **je te le donne en ~** guess, I'll give you three guesses. -**4.** [centime] cent BANK.

LES CENT-JOURS:
Napoleon's attempt to regain power on his return from Elba on 20 March 1815, ending in his defeat at Waterloo on 18 June and his second and final exile to St Helena.

---

centaine [sɑ̃tɛn] *nf* -**1.** [cent unités] hundred; **la colonne des ~s** the hundreds column. -**2. une ~ de** [environ cent] about a hundred, a hundred or so; **il faut compter une ~ de francs** it costs about a hundred francs OU a hundred francs or so; **plusieurs ~s de dollars** several hundred dollars; **elle a traité des ~s de personnes** she treated hundreds of people. -**3.** [âge]: **arriver à la ~** to reach one's hundredth birthday; **j'espère atteindre la ~** I hope to live to be a hundred; **dépasser la ~** to be over a hundred.

◆ **par centaines** *loc adv* by the hundreds; **les gens arrivent par ~s** people are arriving by the hundreds OU in their hundreds.

centaure [sɑ̃tɔr] *nm* centaur.

centaurée [sɑ̃tɔre] *nf* centaurea.

centenaire [sɑ̃tnɛr] ◇ *adj* hundred-year old; **plusieurs fois ~** several hundred years old.

◇ *nmf* [vieillard] centenarian.

◇ *nm* [anniversaire] centenary, centennial *Am* & *Can*.

centennal, e, aux [sɑ̃tenal, o] *adj* centennial.

centésimal, e, aux [sɑ̃tezimal, o] *adj* centesimal.

centiare [sɑ̃tjar] *nm* centiare.

centième [sɑ̃tjɛm] ◇ *adj ord* hundredth.

◇ *nm* -**1.** [fraction] hundredth part. -**2.** *loc*: **ce n'est pas le ~ de ce qu'il m'a dit/m'a fait** it doesn't even come close to what he told me/did to me.

◇ *nf* THÉÂT hundredth performance.

centigrade [sɑ̃tigrad] *adj* centigrade.

centigramme [sɑ̃tigram] *nm* centigram.

centilitre [sɑ̃tilitr] *nm* centilitre.

centime [sɑ̃tim] *nm* -**1.** [centième de franc] centime; **pas un ~** not a penny *Br* OU cent *Am*; **ça ne m'a pas coûté un ~** it didn't cost me a penny *Br* OU one cent *Am*. -**2.** FIN: **~s additionnels** additional tax.

centimètre [sɑ̃timɛtr] *nm* -**1.** [unité de mesure] centimetre. -**2.** [ruban] tape measure, tape line *Am*.

centimétrique [sɑ̃timetrik] *adj* centimetric.

centrafricain, e [sɑ̃trafrikɛ̃, ɛn] *adj* Central African.

◆ **Centrafricain, e** *nm, f* Central African.

centrage [sɑ̃traʒ] *nm* centring.

central, e, aux [sɑ̃tral, o] *adj* -**1.** [du milieu d'un objet] central; **le trou ~** the central OU middle hole. -**2.** [du centre d'une ville] central; **mon bureau est très ~** my office is very central. -**3.** ADMIN & POL central, national. -**4.** [principal] main, crucial; **le point ~ de votre exposé** the main OU crucial OU key point in your thesis. -**5.** PHON centre *(modif)*.

◆ **central** *nm* -**1.** TÉLÉC (telephone) exchange. -**2.** SPORT [de tennis]: **(court) ~** centre court.

◆ **centrale** *nf* -**1.** [usine] power station; **~e électrique/nucléaire/thermique** power/nuclear/thermal station. -**2.** POL: **~e ouvrière** trade *Br* OU labor *Am* union confederation. -**3.** [prison] county jail, penitentiary *Am*.

◆ **centrale d'achats** *nf* central purchasing department.

Centrale [sɑ̃tral] *npr grande école training highly-qualified engineers.*

centralien, enne [sɑ̃traljɛ̃, ɛn] *nm, f student or ex-student of Centrale.*

centralisateur, trice [sɑ̃tralizatœr, tris] *adj* centralizing.

centralisation [sɑ̃tralizasjɔ̃] *nf* centralization, centralizing.

centraliser [3] [sɑ̃tralize] *vt* to centralize.

centralisme [sɑ̃tralism] *nm* centralism.

centraméricain, e [sɑ̃tramerikɛ̃, ɛn] *adj* Central American.

◆ **Centraméricain, e** *nm, f* Central American.

centre [sɑ̃tr] *nm* -**1.** [milieu - gén] middle, centre; [- d'une cible] bull's eye, centre; **le ~** [d'une ville] the centre; **aller au ~** to go into the centre (of town); **le Centre** [en France] *administrative region in central France*; **elle était le ~ de tous les regards** all eyes were fixed on her ❑ **il se prend pour le ~ du monde** OU **de l'univers** he thinks the world revolves around him; **pour elle, je suis le ~ du monde** I'm the apple of her eye. -**2.** [concentration]: **~ industriel** industrial area; **~ urbain** town; **les grands ~s urbains** large conurbations. -**3.** [organisme] centre; **~ d'accueil** reception centre; **~ aéré** *holiday activity centre for schoolchildren*; **~ commercial** shopping centre OU *Br* precinct, (shopping) mall *Am*; **~ de contrôle** [spatial] mission control; **~ culturel** art OU arts centre; **~ de dépistage du cancer/SIDA** centre for cancer/AIDS screening; **~ pour femmes battues** women's refuge; **~ d'hébergement** rescue centre; **~ hospitalier** hospital (complex); **~ hospitalo-universitaire** teaching hospital; **~ d'instruction** military academy; **~ médical** clinic; **~ de renseignements (téléphoniques)** directory enquiries *Br*, information *Am*; **~ social** social services office; **~ de tri** sorting office. -**4.** [point essentiel] main OU key point, heart, centre; **le ~ du débat** the heart OU crux of the matter; **être au ~ de** to be the key point of, to be at the heart OU centre of; **la sécurité est au ~ de nos préoccupations** safety is at the centre of our concerns ❑ **~ d'intérêt** centre of interest. -**5.** SC centre; **~ de gravité** *pr* & *fig* centre of gravity; **~ phrénique** central tendon of the diaphragm; **~ nerveux** nerve centre; **~ vital** *pr* vital organs, *fig* nerve centre. -**6.** POL middle ground, centre; **un type du ~** *fam* a middle-of-the-roader ❑ **~ droit/gauche** moderate right/left; **il est (de) ~ droit** he's right-of-centre; **il est (de) ~ gauche** he's left-of-centre. -**7.** SPORT [au basketball] post, pivot; FTBL centre pass. -**8.** INDUST: **~ d'usinage** turning shop.

centrer [3] [sɑ̃tre] *vt* -**1.** [gén, PHOT & SPORT] to centre. -**2.** [orienter]: **centrons le débat** let's give the discussion a focus; **être centré sur** to be centred OU focussed around; **le documentaire était centré sur l'enfance de l'artiste** the documentary was focussed around the artist's childhood; **nos préoccupations sont centrées sur...** our number one concern is...

centreur [sɑ̃trœr] *nm plastic adaptor for singles on a record-player.*

centre-ville [sɑ̃trəvil] (*pl* **centres-villes**) *nm* town centre; **aller au ~** to go into the centre (of town).

centrifugation [sɑ̃trifygasjɔ̃] *nf* centrifugation.

centrifuge [sɑ̃trifyʒ] *adj* centrifugal.

centrifuger [17] [sɑ̃trifyʒe] *vt* to centrifuge.

centrifugeuse [sɑ̃trifyʒøz] *nf* -**1.** MÉD & TECH centrifuge. -**2.** CULIN juice extractor, juicer *Am*.

centripète [sɑ̃tripɛt] *adj* centripetal.

centrisme [sɑ̃trism] *nm* centrism.

centriste [sɑ̃trist] *adj* & *nmf* centrist.

centuple [sãtypl] ◇ *adj*: **1 000 est un nombre ~ de 10** 1,000 is a hundred times 10.
◇ *nm*: **le ~ de 20 est 2 000** a hundred times 20 is 2,000; **il a gagné le ~ de sa mise** his bet paid off a hundredfold.
◆ **au centuple** *loc adv* a hundredfold.

centupler [3] [sãtyple] ◇ *vt* to increase a hundredfold OU a hundred times, to multiply by a hundred.
◇ *vi* to increase a hundredfold.

centurie [sãtyri] *nf* century.

centurion [sãtyrjɔ̃] *nm* centurion.

cep [sɛp] *nm* BOT: **~ (de vigne)** vine stock.

CEP *nm abr de* **certificat d'études primaires.**

cépage [sepaʒ] *nm* vine.

cèpe [sɛp] *nm* **-1.** BOT boletus. **-2.** CULIN cep.

cependant [səpɑ̃dɑ̃] *conj* however, nevertheless, yet; **il n'avait pas très envie de sortir ce soir-là; ~ il se laissa entraîner** he didn't really want to go out that night, nevertheless OU yet he let himself be dragged along; **je suis d'accord avec vous, j'ai ~ une petite remarque à faire** I agree with you, however I have one small comment to make; **il parle très bien, avec un léger accent ~** he speaks very well, but with a slight accent.
◆ **cependant que** *loc conj litt* while.

céphalée [sefale], **céphalalgie** [sefalalʒi] *nf* headache, cephalgia *spéc.*

céphalique [sefalik] *adj* cephalic.

céphalopode [sefalɔpɔd] *nm* cephalopod; **les ~s** the Cephalopoda.

céphalo-rachidien, enne [sefalɔraʃidjɛ̃, ɛn] (*mpl* **céphalo-rachidiens,** *fpl* **céphalo-rachidiennes**) *adj* cerebrospinal, cephalorachidian *spéc.*

céphalosporine [sefalɔspɔrin] *nf* cephalosporin.

céphalothorax [sefalɔtɔraks] *nm* cephalothorax.

cérame [seram] ◇ *adj*: **grès ~** Grecian urn.
◇ *nm* Grecian urn.

céramique [seramik] ◇ *adj* ceramic.
◇ *nf* **-1.** [art] ceramics *(U)*, pottery. **-2.** [objet] piece of ceramic. **-3.** [matière] ceramic; **des carreaux de ~** ceramic tiles. **-4.** DENT dental ceramics OU porcelain.

céramiste [seramist] *nmf* ceramist.

céraste [serast] *nm* cerastes.

cérat [sera] *nm* cerate.

cerbère [sɛrbɛr] *nm litt* **-1.** [concierge] ill-tempered doorkeeper. **-2.** [geôlier] jailer.

Cerbère [sɛrbɛr] *npr* MYTH Cerberus.

cerce [sɛrs] *nf* curved template, hoop.

cerceau, x [sɛrso] *nm* [d'enfant, d'acrobate, de tonneau, de jupon] hoop; [de tonnelle] half-hoop.

cerclage [sɛrklaʒ] *nm* **-1.** [action de cercler] hooping. **-2.** MÉD cerclage. **-3.** [cercles d'une futaille] hooping.

cercle [sɛrkl] *nm* **-1.** GÉOM circle; [forme] circle, ring; **tracer un ~** to draw a circle; **décrire des ~s dans le ciel** [avion, oiseau] to fly around in circles, to wheel round, to circle; **faire ~ autour de qqn** to stand OU to gather round sb in a circle; **entourer qqch d'un ~** to put a ring round OU to circle sthg; **en ~** in a circle; **un village entouré d'un ~ de collines** a village ringed with hills ❑ **~ vicieux** vicious circle. **-2.** [gamme, étendue] range, circle; **élargir le ~ de ses occupations** to widen the range OU circle OU scope of one's occupations. **-3.** [groupe] circle, group; **le ~ de mes amis** my circle OU group of friends ❑ **~ de famille** family (circle); **~ littéraire** literary circle. **-4.** [club] club; **un ~ militaire** an officer's club. **-5.** [objet circulaire] hoop; **~ de roue** (wheel) tyre. **-6.** ASTRON & MATH circle; **grand ~** great circle; **~ horaire** horary circle. **-7.** GÉOG: **~ polaire** polar circle; **~ polaire Arctique/Antarctique** Arctic/Antarctic Circle. **-8.** ÉCON: **~ de qualité** quality circle.

cercler [3] [sɛrkle] *vt* **-1.** [emballage] to ring; [tonneau] to hoop; **une caisse cerclée de fer** an iron-bound crate. **-2.** MÉD to wire.

cercopithèque [sɛrkɔpitɛk] *nm* cercopithecid.

cercueil [sɛrkœj] *nm* coffin *Br*, casket *Am.*

céréale [sereal] *nf* **-1.** BOT cereal. **-2.** CULIN: **des ~s** (breakfast) cereal.

céréaliculture [serealikyltyr] *nf* cereal farming.

céréalier, ère [serealje, ɛr] *adj* cereal *(modif).*
◆ **céréalier** *nm* **-1.** [producteur] cereal farmer OU grower. **-2.** [navire] grain ship.

cérébelleux, euse [serebelø, øz] *adj* cerebellar.

cérébral, e, aux [serebral, o] ◇ *adj* **-1.** ANAT cerebral. **-2.** MÉD brain *(modif).* **-3.** [intellectuel - activité, travail] intellectual, mental; [- film, livre] cerebral, intellectual.
◇ *nm, f*: **c'est un ~/une ~e** he's/she's an intellectual.

cérébro-spinal, e, aux [serebrospinal, o] *adj* cerebrospinal.

cérémonial, als [seremɔnjal] *nm* [règles, livre] ceremonial.

cérémonie [seremɔni] *nf* **-1.** RELIG ceremony. **-2.** [fête] ceremony, solemn OU formal occasion; **la ~ de remise des prix** the award ceremony ❑ **~ d'ouverture/de clôture** opening/closing ceremony; **~ nuptiale** wedding ceremony. **-3.** ANTHR ceremony, rites; **~ d'initiation** initiation rites; **~ du thé** tea ceremony; **c'est tout une ~: avant qu'il ne s'endorme, c'est tout une ~** it's quite a performance getting him to go to sleep.
◆ **cérémonies** *nfpl péj* [manières] fuss, palaver; **ne fais pas tant de ~s** don't make such a fuss.
◆ **avec cérémonie** *loc adv* ceremoniously.
◆ **de cérémonie** *loc adj* [tenue] ceremonial.
◆ **en grande cérémonie** *loc adv* [apporter, présenter] with great formality, very ceremoniously.
◆ **sans cérémonie** *loc adv* **-1.** [simplement] casually, informally; **pas besoin de te changer, c'est sans ~** just come as you are, it's an informal occasion; **venez dîner ce soir, sans ~** come and have dinner tonight, it won't be anything special. **-2.** *péj* [abruptement] unceremoniously, without so much as a by-your-leave.

cérémoniel, elle [seremɔnjɛl] *adj* RELIG ceremonial.

cérémonieusement [seremɔnjøzmɑ̃] *adv* ceremoniously, formally.

cérémonieux, euse [seremɔnjø, øz] *adj* ceremonious, formal.

CERES [serɛs] (*abr de* **Centre d'études, de recherches et d'éducation socialiste**) *npr m formerly, the intellectual section of the French socialist party.*

cerf [sɛr] *nm* stag.

cerfeuil [sɛrfœj] *nm* chervil.

cerf-volant [sɛrvɔlɑ̃] (*pl* **cerfs-volants**) *nm* **-1.** JEUX kite; **jouer au ~** to fly a kite. **-2.** ZOOL stag beetle.

cerisaie [sərizɛ] *nf* cherry orchard; **'la Cerisaie'** *Tchekhov* 'The Cherry Orchard'.

cerise [səriz] ◇ *nf* **-1.** [fruit] cherry. **-2.**▽ *loc*: **avoir la ~** to be jinxed.
◇ *adj inv* cherry, cherry-red, cerise.

cerisier [sərizje] *nm* **-1.** [arbre] cherry (tree). **-2.** [bois] cherry (wood).

CERN, Cern [sɛrn] (*abr de* **Conseil européen pour la recherche nucléaire**) *npr m* CERN.

cerne [sɛrn] *nm* **-1.** [sous les yeux] shadow, (dark) ring; **elle a des ~s** she's got dark rings under her eyes. **-2.** TEXT ring; **faire un ~** to leave a ring. **-3.** HORT (annual) ring. **-4.** BX-ARTS outline.

cerné, e [sɛrne] *adj*: **avoir les yeux ~s** to have (dark) rings under one's eyes.

cerneau, x [sɛrno] *nm* (shelled) walnut.

cerner [3] [sɛrne] *vt* **-1.** [entourer] to surround, to lie around; **les lacs qui cernent la ville** the lakes dotted around the OU surrounding the town. **-2.** [assiéger - ville] to surround, to seal off *(sép)*; [- armée, population] to surround; **vous êtes cernés!** you are surrounded! **-3.** [délimiter] to define, to determine, to mark out; **cernons le problème** let's specify the scope of the problem. **-4.** [ouvrir - noix] to crack open, to shell. **-5.** HORT to ring.

CERS (*abr de* **Commission européenne de recherches spatiales**) *nf* ESRO.

certain, e[1] [sɛrtɛ̃, *devant nm commençant par voyelle ou h muet* sɛrtɛn, sɛrtɛn] *adj* **-1.** [incontestable - amélioration] definite; [- preuve] definite, positive; [- avantage, rapport] definite, clear; [- décision, invitation, prix] definite; **le médicament a des effets secondaires ~s** the drug has definite side-effects; **avec un enthousiasme ~** with real OU obvious enthusiasm; **tenir qqch pour ~** to have no doubt about sthg; **je tiens son accord pour ~** I have no doubt that he'll agree; **c'est ~** [pour confirmer] undoubtedly, that's for certain OU sure; **le projet a beaucoup de retard — c'est ~, mais...** the project is a long way behind schedule — that's certainly true but...; **j'aurais préféré attendre, c'est ~** I'd have preferred to wait, of course; **une chose est ~e** one thing's for certain OU sure; **elle démissionne, c'est maintenant ~** it's now certain OU definite that she's resigning. **-2.** [inéluctable - échec, victoire] certain; **devant un renvoi ~/une mort ~e** faced with certain dismissal/death; **on nous avait présenté son départ comme ~** we'd been told he was certain to go. **-3.** [persuadé]: **être ~ de: être ~ de ce qu'on avance** to be sure OU certain about what one is saying; **il n'est pas très ~ de sa décision** he's not sure he's made the right decision; **êtes-vous ~ de votre bon droit?** are you sure (that) you're in the right?; **être ~ d'avoir fait qqch** to be sure OU to be positive one has done sthg; **il est ~ de revenir** he's sure OU certain to return; **si tu pars battu, tu es ~ de perdre!** if you think you're going to lose, (then) you're bound OU sure OU certain to lose!; **être ~ que, en être ~: êtes-vous sûr que c'était lui? — j'en suis ~!** are you sure it was him? — I'm positive!; **ils céderont — n'en sois pas si ~** they'll give in — don't be so sure; **j'étais ~ que cela recommencerait** I was sure OU I knew it would happen again; **si j'étais ~ qu'il vienne** if I knew (for sure) OU if I was certain that he was coming. **-4.** MATH & PHILOS certain.
◆ **certain** *nm* BOURSE fixed OU direct rate of exchange.

certain, e[2] [sɛrtɛ̃, *devant nm commençant par voyelle ou h muet* sɛrtɛn, sɛrtɛn] *adj indéf* **-1.** [exprimant l'indétermination]: **à remettre à une ~e date** to be handed in on a certain date; **à un ~ moment** at one point; **un ~ nombre d'entre eux** some of them; **j'y ai cru un ~ temps** I believed it for a while; **un ~ temps après/avant** a while later/earlier; **d'un ~ point de vue, tu as raison** in some ways OU in a sense, you're right; **d'une ~e façon** OU **manière** in a way; **dans une ~e mesure** to a certain extent, to an extent; **dans** OU **en un ~ sens** in a sense. **-2.** [exprimant une quantité non négligeable]: **il a fait preuve d'une ~e intelligence** he has shown a certain amount of OU some intelligence; **il a un ~ talent** he has some talent; **il a eu une ~e influence sur elle** he had some influence on her; **il faut un ~ courage!** you certainly need some pluck!; **elle a un ~ culot!** she's got some nerve! **-3.** [devant un nom de personne]: **un ~ John a téléphoné** someone called John phoned; **les dialogues sont l'œuvre d'un ~...** the dialogue is by someone called... OU by one...; **il voit souvent un ~ Robert** *péj* he sees a lot of some character called Robert.
◆ **certains, certaines** ◇ *adj indéf pl* [quelques] some, certain; **~es fois** sometimes, on some occasions; **dans ~es circonstances** in certain OU some circumstances; **~s jours** sometimes, on some days; **~s indices retrouvés chez lui...** certain clues found at his home...; **j'ai ~es idées sur la question** I have some OU a few ideas on the subject; **je connais ~es personnes qui n'auraient pas hésité** I can think of some OU a few people who wouldn't have thought twice about it.

◇ *pron indéf pl* [personnes] some (people); [choses] some; [d'un groupe] some (of them); **~s pensent que...** some people think that...; **je travaille, moi, je ne suis pas comme ~s!** *aussi hum* I work, unlike some people!; **~s d'entre vous semblent ne pas avoir compris** some of you seem not to have understood; **il a de nombreux amis et ~s sont très influents** he has a lot of friends and some of them are very influential; **il vend des gravures et ~es sont très jolies** he sells engravings, and some (of them) are very pretty.

certainement [sɛrtɛnmɑ̃] *adv* -**1.** [sans aucun doute] certainly, surely, no doubt; **il va ~ échouer** he is bound to fail. -**2.** [probablement] surely, certainly; **il y a ~ une solution à ton problème** there must be OU there is surely a way to solve your problem; **elle va ~ t'appeler** she'll most likely call you; **tu te souviens ~ de Paul?** surely you remember Paul?, your remember Paul, surely?; **il sera ~ le vainqueur** he's the most likely candidate; **je reviendrai ~ mardi** I'll very likely come back on Tuesday. -**3.** [dans une réponse] certainly; **je peux? — ~!** may I? — certainly OU of course!; **~ pas!** certainly not!

certes [sɛrt] *adv sout* -**1.** [assurément] certainly, indeed; **vous n'ignorez ~ pas quelle est la situation** I'm sure you are not unaware of the situation; **~, je ne pouvais pas lui dire la vérité** I certainly couldn't tell him the truth. -**2.** [servant de réponse] certainly; **acceptez-vous? — ~!** do you accept? — certainly!; **l'avez-vous lu? — ~!** did you read it? — I certainly did OU I did indeed!; **m'en voulez-vous? — ~ non!** are you angry with me? — of course not OU certainly not! -**3.** [indiquant la concession] of course, certainly; **~, sa situation n'est pas enviable, mais que faire?** his situation is certainly not to be envied, but what can be done?; **je ne veux ~ pas la décourager, mais...** I certainly wouldn't want to discourage her, but...; **il est beau, ~, mais il n'est pas sympathique** he's handsome, I grant you, but he's not very nice.

certif *fam* [sɛrtif] *nm abr de* **certificat d'études (primaires).**

certificat [sɛrtifika] *nm* -**1.** [attestation] certificate; **~ de bonne vie et de bonnes mœurs** JUR character reference; **~ médical** doctor's certificate; **~ de naissance** birth certificate; **~ de navigabilité** [aérienne] certificate of airworthiness; [maritime] certificate of seaworthiness; **~ d'origine** certificate of origin; **~ de scolarité** SCOL school attendance certificate; UNIV university attendance certificate; **~ de travail** ≃ P 45 *Br*, attestation of employment; **~ de vaccination** vaccination certificate. -**2.** [diplôme] diploma, certificate; **~ d'aptitude pédagogique → CAP**; **~ d'aptitude professionnelle → CAP**; **~ d'aptitude au professorat de l'enseignement du second degré → CAPES**; **~ d'aptitude au professorat de l'enseignement technique → CAPET**; **~ d'études (primaires)** basic school-leaving qualification *(abolished in Metropolitan France in 1989)*.

certificateur [sɛrtifikatœr] ◇ *adj m* certifying, guaranteeing.
◇ *nm* [gén] certifier, guarantor; [de caution] counter-security.

certification [sɛrtifikasjɔ̃] *nf* -**1.** [authentification] authentification. -**2.** [garantie] (bank) guarantee. -**3.** [assurance, attestation] attestation, witnessing; **~ de signature** OU **des signatures** witnessing of signatures.

certifié, e [sɛrtifje] ◇ *adj* holding the CAPES.
◇ *nm, f* CAPES holder.

certifier [9] [sɛrtifje] *vt* -**1.** [assurer] to assure; **il m'a certifié que rien n'avait été vendu** he assured me nothing had been sold. -**2.** JUR [garantir - caution] to guarantee, to counter-secure; [- signature] to witness; [- document] to certify; **certifié conforme: une copie certifiée conforme à l'original** a certified copy of the original document.

certitude [sɛrtityd] *nf* certainty, certitude; **ce n'est pas une hypothèse, c'est une ~** it's not a possibility, it's a certainty; **avoir la ~ de qqch** to be convinced of sthg; **il viendra, j'en ai la ~** I'm convinced OU certain OU quite sure he'll come; **je sais avec ~ que...** I know for a certainty that...

ceruléen, enne [seryleɛ̃, ɛn] *adj litt* cerulean.

cérumen [serymɛn] *nm* earwax, cerumen *spéc.*

céruse [seryz] *nf* ceruse.

Cervantès [sɛrvɑ̃tɛs] *npr* Cervantes.

cerveau, x [sɛrvo] *nm* -**1.** ANAT brain; **~ antérieur** forebrain; **~ moyen** midbrain; **~ postérieur** hindbrain; **~ brûlé** *fam* reckless fool; **les ~ brûlés** the reckless; **il a le ~ malade** *fam* OU **dérangé** *fam* OU **fêlé** *fam* he's got a screw loose, he's cracked. -**2.** *fam* [génie] brainy person; **c'est un ~** he's got brains. -**3.** [instigateur] brains; **être le ~ de qqch** to be the brains behind sthg. -**4.** INF: **~ électronique** electronic brain.

cervelas [sɛrvəla] *nm* ≃ saveloy *(sausage)*.

cervelet [sɛrvəlɛ] *nm* cerebellum.

cervelle [sɛrvɛl] *nf* -**1.** ANAT brain. -**2.** *fam* [intelligence] brain; **se mettre qqch dans la ~** to get sthg into one's head; **il faudrait te le mettre dans la ~** get it into your head; **il n'a** OU **il n'y a rien dans sa petite ~** he's got nothing between his ears; **quand elle a quelque chose dans la ~** when she gets an idea into her head ❑ **avoir une ~ d'oiseau** OU **une tête sans ~** to be bird-brained; **se mettre la ~ à l'envers** to rack one's brains. -**3.** CULIN brains; **une ~ de mouton** sheep's brains ❑ **~ de canut** *fromage frais with herbs.*

cervical, e, aux [sɛrvikal, o] *adj* cervical.

cervicite [sɛrvisit] *nf* cervicitis.

cervidé [sɛrvide] *nm* cervid; **les ~s** the Cervidae.

Cervin [sɛrvɛ̃] *npr m*: **le (mont) ~** the Matterhorn.

cervoise [sɛrvwaz] *nf* ale, barley wine.

ces [se] *pl* → **ce** *adj dém.*

CES (*abr de* **collège d'enseignement secondaire**) *nm former secondary school.*

césar [sezar] *nm* -**1.** [despote] tyrant, dictator. -**2.** CIN *French cinema award.*

César [sezar] *npr* Caesar; **rendez à ~ ce qui appartient à ~** render unto Caesar that which is Caesar's.

césarienne [sezarjɛn] *nf* Caesarean section.

césium [sezjɔm] *nm* caesium.

cessant, e [sɛsɑ̃, ɑ̃t] *adj* → **affaire.**

cessation [sɛsasjɔ̃] *nf* -**1.** MIL: **~ des hostilités** cease-fire. -**2.** [d'une activité] cessation, stopping; **~ du travail** stoppage. -**3.** COMM: **~ de paiement** suspension of payments; **être en ~ de paiement** to have suspended (all) payments; **~ d'activité** termination of business.

cesse [sɛs] *nf*: **n'avoir de ~ que** *sout*: **elle n'aura de ~ qu'elle n'ait trouvé la réponse** she will not rest until she finds the answer.
◆ **sans cesse** *loc adv* continually, constantly; **elle se plaint sans ~** she's constantly complaining, she complains all the time.

cesser [4] [sese] ◇ *vi* [pluie] to stop, to cease; [vent] to die down, to abate; [combat] to (come to a) stop; [bruit, mouvement] to stop, to cease; **il y a trop d'absentéisme, il faut que cela cesse!** too many people are staying away from work, this must stop!
◇ *vt* -**1.** [arrêter] to stop, to halt; **~ le travail** to down tools, to walk out; **les chantiers navals cessent le travail** [dans un titre] stoppage at the shipyards; **faire ~ qqch** to put a stop to sthg; **~ de** *sout* to stop; **cesse de pleurer** stop crying; **~ de fumer** to give up OU to stop smoking; **ne pas ~ de faire** *sout* to carry on doing; **il n'a pas cessé de pleuvoir** it rained non-stop; **il ne cesse pas de gémir** he never stops moaning; **ne ~ de faire** *sout* to persist in doing; **je ne cesse d'y penser** I cannot stop myself thinking about it. -**2.** MIL: **~ le combat** to stop fighting; **~ le feu** to cease fire.

cessez-le-feu [seselfø] *nm inv* cease-fire.

cessibilité [sesibilite] *nf* assignability, transferability.

cessible [sesibl] *adj* assignable, transferable.

cession [sɛsjɔ̃] *nf* JUR transfer, assignment; **~ de bail** lease transfer.

cession-bail [sɛsjɔ̃baj] (*pl* **cessions-bails** OU **cessions-baux**) *nf* lease-back.

cessionnaire [sɛsjɔnɛr] *nmf* assignee, transferee.

c'est-à-dire [setadir] *loc adv* -**1.** [introduisant une explication] that is (to say), i.e., in other words; **toute la famille, ~ mes parents et mes sœurs** all the family, i.e. OU that is, my parents and my sisters. -**2.** [introduisant une rectification] or rather; **il est venu hier, ~ plutôt avant-hier** he came yesterday, I mean OU or rather the day before yesterday.
◆ **c'est-à-dire que** *loc conj* -**1.** [introduisant un refus, une hésitation] actually, as a matter of fact; **voulez-vous nous accompagner? — ~ que je suis un peu fatigué** do you want to come with us? — I'm afraid OU actually I'm a bit tired; **tu m'en veux? — ~ que oui, un peu** are you angry with me? — well, actually, I am a bit. -**2.** [introduisant une explication] which means; **il a acheté une maison, ~ qu'il s'est endetté** he bought a house, which means he got himself into debt. -**3.** [introduisant une rectification] or rather; **je ne sais pas ce qu'il veut, ~ que je préfère ne pas le savoir** I don't know what he wants or rather I don't want to know.

césure [sezyr] *nf* caesura.

cet [sɛt] *m* → **ce** *adj dém.*

CET (*abr de* **collège d'enseignement technique**) *nm former technical school.*

cétacé [setase] *nm* cetacean; **les ~s** the Cetacea.

cétane [setan] *nm* cetane.

cétoine [setwan] *nf* beetle.

cétone [setɔn] *nf* ketone.

cétonique [setɔnik] *adj* ketonic.

cétonurie [setɔnyri] *nf* ketonuria.

cette [sɛt] *f* → **ce** *adj dém.*

ceux [sø] *pl* → **celui.**

ceux-ci [søsi] *mpl* , **ceux-là** [søla] *mpl* → **celui.**

Cévennes [sevɛn] *npr fpl*: **les ~** the Cévennes.

cévenol, e [sevnɔl] *adj* from the Cévennes.
◆ **Cévenol, e** *nm, f inhabitant of or person from the Cévennes.*

Ceylan [selɑ̃] *npr* Ceylon.

ceylanais, e [selanɛ, ɛz] *adj* Ceylonese.
◆ **Ceylanais, e** *nm, f inhabitant of or person from Ceylon.*

cf. (*abr de* confer) cf.

CFA ◇ *npr* (*abr de* **Communauté financière africaine**): **franc ~** *currency used in former French African colonies.*
◇ *nm* (*abr de* **centre de formation des apprentis**) *centre for apprenticeship training.*

CFAO (*abr de* **conception et fabrication assistées par ordinateur**) *nf* CADCAM.

CFC (*abr de* **chlorofluorocarbone**) *nm* CFC.

CFDT (*abr de* **Confédération française démocratique du travail**) *npr f French trade union.*

CFES (*abr de* **certificat de fin d'études secondaires**) *nm school-leaving certificate.*

CFF (*abr de* **Chemins de fer fédéraux**) *npr mpl Swiss railways.*

CFL (*abr de* **Chemins de fer luxembourgeois**) *npr mpl Luxembourg railways.*

CFP ◇ *npr f* (*abr de* **Compagnie française des pétroles**) *French oil company.*
◇ *npr* (*abr de* **Colonies françaises du Pacifique**): **franc ~** *currency used in former French colonies in the Pacific area.*

CFTC (*abr de* **Confédération française des travailleurs chrétiens**) *npr f French trade union.*

CGC (*abr de* **Confédération générale des cadres**) *npr f French management union.*

CGPME (*abr de* **Confédération générale des petites et moyennes entreprises**) *npr f French small business employers' organization.*

CGT (*abr de* Confédération générale du travail) *npr f major association of French trade unions (affiliated to the Communist Party).*

ch (*abr de* cheval-vapeur) hp.

ch. -**1.** *abr écrite de* **charges**. -**2.** *abr écrite de* **chauffage**. -**3.** *abr écrite de* **cherche**.

CH (*abr écrite de* Confédération helvétique) *Switzerland (as nationality sticker on a car).*

chabichou [ʃabiʃu] *nm kind of goatsmilk cheese.*

chablis [ʃabli] *nm* ŒNOL Chablis.

chablon [ʃablɔ̃] *nm Helv* stencil.

chabot [ʃabo] *nm* ZOOL bullhead, miller's thumb.

chacal, als [ʃakal] *nm* -**1.** ZOOL jackal. -**2.** *péj* [personne] vulture, wolf.

cha-cha-cha [tʃatʃatʃa] *nm inv* cha-cha, cha-cha-cha.

chacun, e [ʃakœ̃, yn] *pron indéf* -**1.** [chaque personne, chaque chose] each; ~ **à sa façon** each in his own way; ~ **à sa façon, ils ont raison** each one is right in his own way; **je vous donne 10 minutes** ~ I'll give you 10 minutes each; **je les vends 15 F** ~ I'm selling them for 15 F each OU a piece; ~ **de** each (one) of; ~ **d'entre nous** each of us; ~ **des employés a une tâche à remplir** each employee has a job to do; ~ **de ses gestes** each of his gestures; ~ **son tour: Madame,** ~ **son tour** please wait your turn, Madam; **alors comme ça tu pars en vacances? – eh oui** ~ **son tour!** so you're off on holiday, are you? – well, it's my turn now!; **nous y sommes allés** ~ **à notre tour** we each went in turn. -**2.** [tout le monde] everyone, everybody; ~ **le dit** everyone says so; **à** ~ **ses goûts** to each his own; **à** ~ **son métier** every man to his own trade; **tout un** ~ everybody, each and every person □ **à** ~ **sa** ~**e** *fam* every Jack has his Jill; ~ **pour soi** every man for himself.

chafouin, e [ʃafwɛ̃, in] *adj péj*: **un petit visage** ~ a pinched OU foxy face.

chagrin1 [ʃagrɛ̃] *nm* [peine] sorrow, grief; **causer du** ~ **à qqn** to cause distress to OU to distress sb; **avoir un** ~ **d'amour** to be disappointed in love.

chagrin2 [ʃagrɛ̃] *nm* [cuir] shagreen.

chagrin3**, e** [ʃagrɛ̃, in] *adj litt* -**1.** [triste] sad, sorrowful, woeful *litt*. -**2.** [revêche] ill-tempered, quarrelsome.

chagrinant, e [ʃagrinɑ̃, ɑ̃t] *adj* grievous, distressing.

chagriner [3] [ʃagrine] *vt* -**1.** [attrister] to grieve, to distress. -**2.** [contrarier] to worry, to bother, to upset. -**3.** [cuir] to shagreen, to grain.

chah [ʃa] = **shah**.

chahut [ʃay] *nm* rumpus, hullabaloo, uproar; **faire du** ~ [élèves] to make a racket, to kick up a rumpus.

chahuter [3] [ʃayte] ◇ *vi* -**1.** [être indiscipliné] to kick up a rumpus, to make a racket. -**2.** [remuer]: **ça chahutait ferme sur le bateau!** it was a bit rough on the boat!
◇ *vt* -**1.** [houspiller - professeur] to rag, to bait; [- orateur] to heckle; **un professeur chahuté** a teacher who can't control his pupils; **se faire** ~: **il se fait** ~ **en classe** he can't keep (his class in) order. -**2.** [remuer] to knock about, to bash around.

chahuteur, euse *fam* [ʃaytœr, øz] ◇ *adj* rowdy, boisterous.
◇ *nm, f* rowdy.

chai [ʃɛ] *nm* wine and spirits storehouse.

chaînage [ʃɛnaʒ] *nm* -**1.** CONSTR [action] clamping, tying; [armature] clamps, ties; [mesurage] chaining. -**2.** INF chaining.

chaîne [ʃɛn] *nf* -**1.** [attache, bijou] chain; **le chien était attaché à sa niche par une** ~ the dog was chained to its kennel; **une** ~ **en or** a gold chain; **faire la** ~ *fig* to form a (human) chain; **former une** ~ **de solidarité** to create a network of support □ ~ **d'arpenteur** surveyor's chain; ~ **de bicyclette** bicycle chain; ~ **de sûreté** [sur un bijou] safety chain; [sur une porte] (door) chain; **briser ses** ~**s** to cast off one's chains OU shackles; **le peuple a brisé ses** ~**s** the people shook off their chains. -**2.** [suite] chain, series; **une** ~ **d'événements** a chain of events □ **la** ~ **alimentaire** ÉCOL the food chain; ~ **de montagnes** (mountain) range; ~ **parlée** LING (speech) utterances. -**3.** TV channel; **je regarde la première** ~ I'm watching channel one; **une** ~ **payante** a subscription TV channel. -**4.** AUDIO: ~ **hi-fi** hi-fi; ~ **stéréo** stereo; ~ **compacte** compact system; ~ **laser** CD system. -**5.** COMM [de restaurants, de supermarchés] chain. -**6.** INDUST: ~ **de montage/fabrication** assembly/production line. -**7.** INF string; ~ **vide/de caractères** nul/character string. -**8.** CHIM & PHYS chain. -**9.** TEXT warp. -**10.** DANSE chain; **faites la** ~! [dans une ronde] hold hands and make a circle! -**11.** CONSTR [barre] I-beam, tie-beam, tie-iron; [pilier] pier. -**12.** PÊCHE: ~ **à chalut** trawl grommet.
◆ **chaînes** *nfpl* AUT (snow) chains.
◆ **à la chaîne** ◇ *loc adj* [travail] assembly-line *(modif)*, production-line *(modif)*.
◇ *loc adv* [travailler, produire] on the production line; **faire qqch à la** ~ to mass-produce sthg; **ils ont été faits à la** ~ [gén] they're off the production line; *péj* they've been churned out (in their hundreds); **des objets produits à la** ~ mass-produced items.
◆ **en chaîne** *loc adj*: **des catastrophes en** ~ a whole catalogue of disasters.

chaîner [4] [ʃene] *vt* -**1.** CONSTR to chain, to tie. -**2.** [mesurer] to chain. -**3.** AUT [pneu] to put chains on; [voiture] to fit with chains. -**4.** INF to chain.

chaînette [ʃɛnɛt] *nf* -**1.** JOAILL small chain. -**2.** COUT: (**point de**) ~ chain stitch.
◆ **en chaînette** *loc adj* ARCHIT & GÉOM catenary.

chaînon [ʃɛnɔ̃] *nm* -**1.** [élément - d'une chaîne, d'un raisonnement] link; **le** ~ **manquant** *pr* & *fig* the missing link. -**2.** GÉOG secondary chain OU range (of mountains). -**3.** INF: ~ **de données** data link.

chair [ʃɛr] ◇ *nf* -**1.** [chez les humains, les animaux]: **la** ~, **les** ~**s** the flesh □ ~ **à canon** cannon fodder; ~ **fraîche: il aime la** ~ **fraîche** [ogre] he likes to eat children; *hum* [séducteur] he's a bit of a cradle-snatcher; **avoir la** ~ **de poule** [avoir froid, avoir peur] to have goose pimples; **quelle horreur! ça me donne** OU **j'en ai la** ~ **de poule!** how awful! it gives me goose pimples!; **bien en** ~ chubby; **un être de** ~ **et de sang** a creature of flesh and blood; **voir qqn en** ~ **et en os** to see sb in the flesh; ~ **à saucisse** *pr* sausage meat; **je vais en faire de la** ~ **à saucisse** *fam* OU **à pâté!** *fam fig* I'm going to make mincemeat out of him! -**2.** BOT flesh, pulp. -**3.** RELIG & *litt*: **la** ~ **est faible** the flesh is weak; **les plaisirs de la** ~ the pleasures of the flesh; **la** ~ **de sa** ~ his own flesh and blood □ **le péché de** ~ the sin of the flesh.
◇ *adj inv* [couleur] flesh, flesh-coloured.
◆ **chairs** *nfpl* BX-ARTS flesh parts OU tints.

chaire [ʃɛr] *nf* -**1.** [estrade] rostrum; **monter en** ~ *pr* to go up on the rostrum; *fig* to start one's speech. -**2.** RELIG throne, cathedra; **la** ~ **apostolique** the Holy See. -**3.** UNIV chair; **être titulaire d'une** ~ **de linguistique** to hold a chair in linguistics.

chaise [ʃɛz] *nf* -**1.** [siège] chair; ~ **à bascule,** ~ **berçante** *Can* rocking chair; ~ **de cuisine/jardin** kitchen/garden chair; ~ **haute** OU **d'enfant** OU **de bébé** highchair; ~ **électrique** electric chair; ~ **à porteurs** sedan (chair); ~ **longue** [d'extérieur] deck OU canvas chair; [d'intérieur] chaise longue; **faire de la** ~ **longue** to lounge about in a deck chair; ~ **percée** commode; ~ **pliante** folding chair; ~ **de poste** post chaise; ~ **roulante** wheelchair. -**2.** JEUX: ~**s musicales** musical chairs. -**3.** CONSTR wooden frame. -**4.** NAUT: **nœud de** ~ bowline.

chaisier, ère [ʃɛzje, ɛr] *nm, f* -**1.** [fabricant] chair maker. -**2.** [gardien] chair attendant *(in gardens or church)*.

chaland1 [ʃalɑ̃] *nm* NAUT barge.

chaland2**, e** [ʃalɑ̃, ɑ̃d] *nm, f arch* & COMM regular customer.

chaland-citerne [ʃalɑ̃sitɛrn] (*pl* **chalands-citernes**) *nm* bunkering barge.

Chaldée [kalde] *npr f*: (**la**) ~ Chaldea.

chaldéen, enne [kaldeɛ̃, ɛn] *adj* Chaldean.
◆ **Chaldéen, enne** *nm, f* Chaldean.
◆ **chaldéen** *nm* LING Chaldee, Chaldean.

châle [ʃal] *nm* shawl.

chalet [ʃalɛ] *nm* [maison - alpine] chalet; [- de plaisance] (wooden) cottage.

chaleur [ʃalœr] *nf* -**1.** MÉTÉO heat; ~ **douce** warmth; **il fait une** ~ **lourde** it's very muggy; **quelle** ~! what a scorcher!; **'craint** OU **ne pas exposer à la** ~**'** 'store in a cool place'. -**2.** PHYS heat; ~ **massique** OU **spécifique** specific heat. -**3.** [sentiment] warmth; **leur accueil manquait de** ~ their welcome lacked warmth OU wasn't very warm; **il y avait une certaine** ~ **dans sa voix** his voice was warm (and welcoming); **plaider une cause avec** ~ to plead a case fervently OU with fervour □ ~ **humaine** human warmth. -**4.** BX-ARTS [d'une couleur] warmth.
◆ **chaleurs** *nfpl* -**1.** MÉTÉO: **les grandes** ~**s** the hottest days of the summer. -**2.** ZOOL heat; **la jument a ses** ~**s** the mare's on *Br* OU in *Am* heat.
◆ **en chaleur** *loc adj* -**1.** ZOOL on heat *Br*, in heat *Am*. -**2.** ▼ [homme, femme] horny.

chaleureusement [ʃalœrøzmɑ̃] *adv* warmly.

chaleureux, euse [ʃalœrø, øz] *adj* [remerciement] warm, sincere; [accueil] warm, cordial, hearty; [approbation] hearty, sincere; [voix] warm; [ami] warm-hearted.

châlit [ʃali] *nm* bedstead.

challenge [ʃalɑ̃ʒ] *nm* -**1.** [défi] challenge. -**2.** SPORT [épreuve] sporting contest; [trophée] trophy.

challenger [tʃalɛndʒœr] *nm* challenger.

chaloir [ʃalwar] *v impers arch* OU *litt*: **peu me** OU **peu m'en chaut** it matters (but) little to me.

chaloupe [ʃalup] *nf* [à moteur] launch; [à rames] rowing boat *Br*, rowboat *Am*.

chaloupé, e [ʃalupe] *adj* -**1.** [danse] gliding, swaying. -**2.** [démarche] rolling.

chalouper [3] [ʃalupe] *vi* -**1.** [danser] to sway, to glide. -**2.** [marcher] to waddle.

chalumeau, x [ʃalymo] *nm* -**1.** TECH blowlamp *Br*, blowtorch *Am*; **chauffer un métal au** ~ to heat a piece of metal with a blowlamp □ ~ **oxhydrique/oxyacétylénique** oxyhydrogen/oxyacetylene torch. -**2.** MUS pipe. -**3.** [paille] straw.

chalut [ʃaly] *nm* trawl; **pêcher au** ~ to trawl.

chalutage [ʃalytaʒ] *nm* trawling.

chalutier [ʃalytje] *nm* -**1.** [pêcheur] trawlerman. -**2.** [bateau] trawler; **petit** ~ dragger.

chamade [ʃamad] *nf*: **battre la** ~ to beat OU to pound wildly.

chamaille *fam* [ʃamaj] = **chamaillerie**.

chamailler *fam* [3] [ʃamaje]
◆ **se chamailler** *fam vp (emploi réciproque)* to bicker, to squabble.
◆ **se chamailler avec** *fam vp + prép* to bicker with.

chamaillerie *fam* [ʃamajri] *nf* squabble, tiff.

chamailleur, euse *fam* [ʃamajœr, øz] ◇ *adj* squabbling.
◇ *nm, f* bickerer, squabbler.

chaman [ʃaman] *nm* shaman.

chamanisme [ʃamanism] *nm* shamanism.

chamarrer [3] [ʃamare] *vt* to decorate, to adorn, to ornament; **un tissu chamarré** a rich and colourful material; **un costume chamarré d'or** a costume decorated with gold.

chamarrures [ʃamaryr] *nfpl* trimmings, adornments; **elle adore les** ~ she loves a glittery style of dress.

chambard *fam* [ʃɑ̃bar] *nm* din, racket, rumpus; **faire tout un** ~ [faire du bruit] to kick up (a din), to make a rumpus; [faire du désordre] to make a mess; [protester] to kick up (a fuss), to raise a stink.

chambardement *fam* [ʃɑ̃bardəmɑ̃] *nm* upheaval; **le grand ~, le ~ général** the troubles.

chambarder *fam* [3] [ʃɑ̃barde] *vt* [endroit, objets] to mess up *(sép)*, to turn upside down *(sép)*; [projets] to upset, to overturn, to turn upside down.

chambellan [ʃɑ̃belɑ̃] *nm* chamberlain.

chambertin [ʃɑ̃bɛrtɛ̃] *nm* Chambertin (wine).

chamboulement *fam* [ʃɑ̃bulmɑ̃] *nm* **-1.** [désordre] mess, shambles. **-2.** [changement] total change, upheaval; **il y a eu un ~ complet dans nos projets** our plans were turned upside down.

chambouler *fam* [3] [ʃɑ̃bule] *vt* [endroit, objets] to mess up *(sép)*, to turn upside down *(sép)*; [projets] to ruin, to upset, to mess up *(sép)*; **cette réunion imprévue a chamboulé mon emploi du temps** this last-minute meeting has messed up my schedule.

chambranle [ʃɑ̃brɑ̃l] *nm* [de cheminée] mantelpiece; [de porte] (door) frame OU casing; [de fenêtre] (window) frame OU casing.

chambre [ʃɑ̃br] *nf* **-1.** [pièce - d'une maison] room; [- d'un hôtel, d'une pension] room; **dans ma ~** in my room OU bedroom; **avoir une ~ en ville** [étudiant] to have a place in town; **faire ~ à part** to sleep in separate rooms; **faire ~ commune** to share the same room OU bedroom; **réserver une ~ d'hôtel** to book a hotel room; **~ individuelle** OU **pour une personne** single (room); **~ pour deux personnes** double room; '**~s à louer**' 'rooms available'; '**~ avec ou sans pension**' 'bed and breakfast or full board' ❑ **~ (à coucher)** bedroom; **~ d'amis** guest OU spare room; **~ de bonne** *pr* maid's room; [louée à un particulier] attic room *(often rented to a student)*; **~ d'enfant** child's room; [pour tout-petits] nursery; **~ de service** servant's room; **camarade de ~** roommate. **-2.** [local]: **~ forte** strongroom; **~ froide** cold room; **~ à gaz** gas chamber. **-3.** POL House Chamber; **la Chambre des communes** the House of Commons; **la Chambre des députés** the (French) Chamber of Deputies; **la Chambre haute/basse** the Upper/Lower Chamber; **la Chambre des lords** OU **des pairs** the House of Lords; **la Chambre des représentants** the House of Representatives. **-4.** JUR [subdivision d'une juridiction] chamber; **première ~** upper chamber OU court; **deuxième ~** lower chamber OU court || [section] Court; **Chambre d'accusation** OU **des mises en accusation** Court of criminal appeal; **Chambre des appels correctionnels** District Court. **-5.** [organisme]: **Chambre de commerce** Chamber of Commerce; **~ de compensation** clearing house; **Chambre des métiers** Guild Chamber; **Chambre syndicale** Employer's Syndicate. **-6.** MUS: **musique de ~** chamber music. **-7.** NAUT [local]: **~ des cartes** OU **de navigation** chart house; **~ de chauffe** stokehold; **~ des machines** engine-room || [cabine] cabin. **-8.** ASTRON: **~ de Schmidt** Schmidt telescope. **-9.** ARM chamber. **-10.** MÉCAN, PHYS & TECH chamber; **~ à air** inner tube; **sans ~ à air** tubeless; **~ de combustion** combustion chamber. **-11.** PHOT: **~ noire** darkroom. **-12.** OPT: **~ claire/noire** camera lucida/obscura. **-13.** ANAT: **~ antérieure** OU **de l'œil** anterior chamber of the eye; **~ pulpaire (d'une dent)** (tooth) pulp chamber.

◆ **en chambre** ◇ *loc adj* **-1.** *hum* [stratège, athlète] armchair *(modif)*. **-2.** [à domicile]: **couturière en ~** dressmaker working from home. ◇ *loc adv* [travailler] at OU from home.

LA CHAMBRE DES DÉPUTÉS:
This was the official name for the French parliamentary assembly until 1946, when the name "l'Assemblée nationale" was adopted.

---

chambrée [ʃɑ̃bre] *nf* MIL [pièce] (barrack) room; [soldats]: **toute la ~** all the soldiers in the barrack room.

chambrer [3] [ʃɑ̃bre] *vt* **-1.** ŒNOL to allow to breathe, to bring to room temperature. **-2.** *fam* [se moquer de] to pull sb's leg; **arrête de me ~!** stop pulling my leg!

chambrette [ʃɑ̃brɛt] *nf* small room.

chambrière [ʃɑ̃brijɛr] *nf* **-1.** [servante] chambermaid. **-2.** [fouet] lunging whip. **-3.** [béquille] cart-prop.

chameau, x [ʃamo] *nm* **-1.** ZOOL camel. **-2.** *fam péj* [personne]: **quel ~!** [homme] he's a real swine!; [femme] she's a real cow!; **oh, le petit ~!** little tyke!

chamelier [ʃaməlje] *nm* camel driver.

chamelle [ʃamɛl] *nf* she-camel.

chamito-sémitique [kamitɔsemitik] (*pl* **chamito-sémitiques**) ◇ *adj* Hamito-Semitic. ◇ *nm* LING Hamito-Semitic language group.

chamois [ʃamwa] ◇ *nm* **-1.** ZOOL chamois. **-2.** SPORT *skiing proficiency grade*. **-3.** [couleur] buff, fawn. ◇ *adj inv* buff, fawn.

chamoisage [ʃamwazaʒ] *nm* buffing.

chamoiser [3] [ʃamwaze] *vt* to buff.

chamoisette [ʃamwazɛt] *nf Belg* duster.

champ [ʃɑ̃] *nm* **-1.** AGR field; **~ de blé** field of wheat; **~ de maïs** cornfield; **mener les bêtes aux ~s** to graze a herd in the field OU fields; **un ~ de neige** a snowfield, a field of snow. **-2.** [périmètre réservé]: **~ d'aviation** airfield; **~ de courses** racecourse; **~ de foire** fairground; **~ de tir** ARM [terrain] rifle range; [portée d'une arme] field of fire. **-3.** [domaine, étendue] field; **le ~ de la psychanalyse/conscience** the field of psychoanalysis/consciousness; **élargir le ~ de ses activités** to widen the range OU scope of one's activities; **un vaste ~ d'action** a broad field of activity ❑ **avoir le ~ libre** to have a free hand; **laisser le ~ libre à qqn** to leave the field open for sb. **-4.** CIN & PHOT: **être dans le ~** to be in shot; **sortir du ~** to go out of shot. **-5.** ÉLECTR & PHYS field; **~ électrique/magnétique** electric/magnetic field; **~ de pesanteur** gravitational field. **-6.** FTBL: **~ (de jeu)** play area; **il a du ~ devant lui** he's got an open field in front of him; **prendre du ~** [pour observer] to step back; [pour réfléchir] to stand back; [pour sauter] to take a run-up. **-7.** HÉRALD field. **-8.** INF: **~ d'action** sensitivity; **~ variable** variable field. **-9.** LING & MATH field. **-10.** MÉD field; **~ opératoire/visuel** field of operation/view. **-11.** MIL: **aux ~s** general salute ❑ **~ de bataille** *pr* battlefield, battleground; *fig* mess; **la cuisine avait l'air d'un ~ de bataille** the kitchen looked like a bomb had hit it; **~ clos** *pr* battleground; **~ d'honneur** field of honour; **il est mort au ~ d'honneur** he died for his country; **~ de manœuvre** parade ground; **~ de mines** minefield. **-12.** MYTH: **les ~s Élysées** OU **Élyséens** the Elysian Fields.

◆ **champs** *nmpl* [campagne] country, countryside; **la vie aux ~s** country life; **se promener dans les ~s** to go for a walk in the country.

◆ **sur le champ** *loc adv* immediately, at once, right away.

champagne [ʃɑ̃paɲ] ◇ *nm* Champagne; **~ brut/rosé** extra dry/pink Champagne. ◇ *adj inv* **-1.** [couleur] Champagne *(modif)*. **-2.** ŒNOL → **fine**.

Champagne [ʃɑ̃paɲ] *npr f*: (la) **~** Champagne.

champagnisation [ʃɑ̃paɲizasjɔ̃] *nf* sparkling wine production *(according to the Champagne method)*.

champagniser [3] [ʃɑ̃paɲize] *vt*: **~ le vin** to make sparkling wine *(by using the Champagne method)*; **vins champagnisés** Champagne method wines.

Champ-de-Mars [ʃɑ̃dmars] *npr m*: **le ~** *the esplanade where the Eiffel Tower stands.*

champenois, e [ʃɑ̃pənwa, az] *adj* from Champagne; **méthode ~e** Champagne method.

◆ **Champenois, e** *nm, f inhabitant of or person from the Champagne region.*

◆ **champenoise** *nf bottle designed for Champagne.*

champêtre [ʃɑ̃pɛtr] *adj litt* [vie, plaisirs, travaux] country *(modif)*, rustic.

champignon [ʃɑ̃piɲɔ̃] *nm* **-1.** BOT & CULIN mushroom, fungus SCI; **~ de Paris** OU **de couche** button mushroom; **grandir** OU **pousser comme un ~** [enfant] to grow (up) fast; [ville, installations] to mushroom. **-2.** MÉD: **un ~, des ~s** a fungus, a fungal infection. **-3.** [nuage - atomique] mushroom cloud. **-4.** *fam* AUT accelerator (pedal); **mettre le pied** OU **appuyer sur le ~** to put one's foot down, to step on it.

champignonnière [ʃɑ̃piɲɔnjɛr] *nf* mushroom bed.

champignonniste [ʃɑ̃piɲɔnist] *nmf* mushroom grower.

champion, onne [ʃɑ̃pjɔ̃, ɔn] *nm, f* **-1.** SPORT champion; **le ~ du monde d'aviron** the world rowing champion; **c'est un ~ de la triche** *fam* he's a first-rate OU prize cheat. **-2.** [défenseur] champion; **se faire le ~ de qqch** to champion sthg.

◆ **champion** *fam adj m*: **pour les bêtises, il est ~!** he's a great one for getting up to stupid things!; **c'est ~!** it's terrific!

championnat [ʃɑ̃pjɔna] *nm* championship.

champlever [19] [ʃɑ̃lve] *vt* [gravure] to cut away *(insép)*; [émail] to chase.

Champs-Élysées [ʃɑ̃zelize] *npr mpl*: **les ~** the Champs-Elysées.

chançard, e *fam* [ʃɑ̃sar, ard] ◇ *adj* lucky, jammy *Br*. ◇ *nm, f* lucky dog OU devil, jammy devil *Br*.

chance [ʃɑ̃s] *nf* **-1.** [aléa, hasard] luck; **quelle ~ j'ai eue!** lucky me!; **bonne ~!** good luck!; **souhaiter bonne ~ à qqn** to wish sb good luck. **-2.** [hasard favorable] (good) luck; **c'est une ~ que je sois arrivée à ce moment-là!** it's a stroke of luck that I arrived then!; **avoir de la/ne pas avoir de ~** to be lucky/unlucky; **votre génération aura peut-être plus de ~ que la nôtre** your generation will perhaps have more luck than ours; **tenter sa ~** to try one's luck; **donner** OU **laisser sa ~ à qqn** to give sb his chance. **-3.** *(tjrs sg)* [sort favorable] luck, (good) fortune; **la ~ lui sourit** luck favours him; **la ~ a voulu que sa lettre se soit égarée** luckily his letter got lost; **dernière ~** last chance; **sa dernière ~ de salut** his last chance of salvation; **négociations de la dernière ~** last-ditch negotiations; **jour de ~** lucky day; **sa ~ tourne** his luck is changing; **porter ~** to bring (good) luck; **son intransigeance ne lui a pas porté ~** his intransigence has not brought him luck; **pousser sa ~** to push one's luck. **-4.** [éventualité, probabilité] chance; **tu n'as pas une ~ sur dix de réussir** you haven't got a one-in-ten chance of succeeding; **ce qu'il dit a toutes les ~s d'être faux** the chances are that what he is saying is wrong; **quelles sont mes ~s d'être nommé à ce poste?** what are my chances of being appointed to this post?; **il y a peu de ~s qu'on te croie** there's little chance (that) you'll be believed; **son projet a de fortes** OU **grandes ~s d'être adopté** his plan stands a good chance of being adopted; **je cherche à évaluer mes ~s de succès** I'm trying to evaluate my chances of success; **n'hésite pas, tu as tes ~s** don't hesitate, you've got OU you stand a chance; **tu assisteras au débat? — il y a des ~s** *fam* will you be present at the debate? — maybe.

◆ **par chance** *loc adv* luckily, fortunately; **par ~, le courant était coupé** luckily the current was turned OU switched off.

◆ **coup de chance** *nm* stroke of luck.

chancelant, e [ʃɑ̃slɑ̃, ɑ̃t] *adj* **-1.** [vacillant - démarche, pas] unsteady, wobbling; [- pile] tottering. **-2.** [faiblissant - santé] faltering, failing, fragile.

chanceler [24] [ʃɑ̃sle] *vi* **-1.** [vaciller - personne] to totter, to wobble, to stagger; [- pile d'objets] to be unsteady. **-2.** [faiblir - pouvoir, institution, autorité] to wobble, to totter; [- santé] to falter.

chancelier [ʃɑ̃səlje] *nm* **-1.** [d'ambassade] (embassy) chief secretary, chancellor *Br*; [de consulat] first secretary. -**2.** POL: ~ **fédéral** chancellor; ~ **de l'Échiquier** Chancellor of the Exchequer. -**3.** HIST chancellor.

chancelière [ʃɑ̃səljɛr] *nf* -**1.** [épouse] chancellor's wife. -**2.** [chausson] foot muff.

chancellerie [ʃɑ̃sɛlri] *nf* -**1.** POL chancery, chancellery. -**2.** RELIG: ~ **apostolique** Chancery.

chanceux, euse [ʃɑ̃sø, øz] ◇ *adj* lucky, fortunate, happy *litt.*

◇ *nm, f* lucky man (*f* woman).

chancre [ʃɑ̃kr] *nm* -**1.** MÉD chancre; ~ **induré** OU **syphilitique** hard OU infective OU true chancre; ~ **mou** chancroid, soft chancre. -**2.** BOT canker. -**3.** *litt* [fléau] plague.

chancrelle [ʃɑ̃krɛl] *nf* chancroid, soft chancre.

chandail [ʃɑ̃daj] *nm* pullover, sweater.

Chandeleur [ʃɑ̃dlœr] *nf*: la ~ Candlemas.

chandelier [ʃɑ̃dəlje] *nm* [à une branche] candlestick; [à plusieurs branches] candelabrum, candelabra.

chandelle [ʃɑ̃dɛl] *nf* -**1.** [bougie] (tallow) candle; **le jeu n'en vaut pas la** ~ the game's not worth the candle; **brûler la** ~ **par les deux bouts** to burn the candle at both ends; **devoir une fière** ~ **à qqn** to be deeply indebted to sb; **tenir la** ~ to play gooseberry *Br.* -**2.** [feu d'artifice]: ~ **romaine** Roman candle. -**3.** *fam* [morve] trickle of snot. -**4.** AÉRON chandelle; **monter en** ~ to chandelle. -**5.** [tir] RUGBY up-and-under; **faire une** ~ TENNIS to lob the ball. -**6.** [position de gymnastique]: **faire la** ~ to perform a shoulder stand. -**7.** CONSTR prop, stay.

◆ **aux chandelles** ◇ *loc adj* [dîner, repas] candlelit.

◇ *loc adv* [dîner] by candlelight.

chanfrein [ʃɑ̃frɛ̃] *nm* -**1.** ZOOL snout, muzzle. -**2.** [pièce d'armure] chamfron, chamfrain. -**3.** ARCHIT chamfer, bevel edge.

chanfreiner [4] [ʃɑ̃frene] *vt* to chamfer, to bevel.

change [ʃɑ̃ʒ] *nm* -**1.** FIN [transaction] exchange; [taux] exchange rate; **quel est le** ~**?** what's the rate of exchange OU the exchange rate?; **faire le** ~ to deal in foreign exchange; '~ **(ouvert de 9 h à 11 h)**' 'bureau de change (open from 9 a.m. till 11 a.m.)' ❑ **donner le** ~ **à qqn** [le duper] to hoodwink sb, to put sb off the track; **gagner/perdre au** ~ *pr* to be better/worse off because of the exchange rate; *fig* to come out a winner/loser on the deal; **je perds au** ~ **du point de vue salaire** I'm worse off as far as my pay goes. -**2.** [couche]: ~ **complet** disposable nappy *Br* OU diaper *Am.*

changeable [ʃɑ̃ʒabl] *adj* [caractère, ordre] changeable, alterable.

changeant, e [ʃɑ̃ʒɑ̃, ɑ̃t] *adj* -**1.** [moiré] shot. -**2.** [inconstant - fortune] fickle, unpredictable; [- humeur] fickle, volatile, shifting. -**3.** MÉTÉO [temps] unsettled, changeable; **un ciel** ~ changing skies.

changement [ʃɑ̃ʒmɑ̃] *nm* -**1.** [substitution] change; ~ **de** change of; **après le** ~ **d'entraîneur/de régime** after the new trainer/regime came in ❑ ~ **d'adresse** change of address; **signaler son** ~ **d'adresse** to give out one's new address; **en cas de** ~ **de domicile** in case of a change of address; '~ **de propriétaire**' 'under new ownership'. -**2.** [modification] change; **un** ~ **très net s'est produit** there's been a definite change; **apporter des** ~**s à qqch** to alter sthg; **des** ~**s sont intervenus** there have been changes; **comment va-t-il? — pas de** OU **aucun** ~ how is he? — stable; ~ **de:** ~ **de température/temps** change in temperature/(the) weather ❑ ~ **de cap** change of course; ~ **de direction** change of course; ~ **de programme** TV change in the (published) schedule; *fig* change of plan OU in the plans. -**3.** [évolution]: **le** ~ change; **pour le** ~, **votez Poblon!** for a new future, vote Poblon!; **je voudrais bien un peu de** ~ I'd like things to change a little; **quand les enfants seront partis, ça fera du** ~ things will be different after the children have gone. -**4.** TRANSP change; **j'ai trois** ~**s/je n'ai pas de** ~ **pour aller chez elle** I have to change three times/I don't have to change to get to her place || [lieu]: **le** ~ **est au bout du quai** change (lines) at the end of the platform. -**5.** THÉÂT: ~ **à vue** transformation scene; ~ **de décor** *pr* scene change OU shift; **avoir besoin d'un** ~ **de décor** *fig* to be in need of a change of horizon. -**6.** SPORT: ~ **de joueurs** change of players, changeover; ~ **de balles!** TENNIS new balls! -**7.** AUT: ~ **de vitesse** [levier] gear lever, gear shift *Am* & *Can*; [en voiture] gear change OU shift; [à bicyclette] gear change.

changer [17] [ʃɑ̃ʒe] ◇ *vt* -**1.** [modifier - apparence, règlement, caractère] to change, to alter; [- testament] to alter; **on ne le changera pas** he'll never change; **mais ça change tout!** ah, that makes a big difference!; **ça ne change rien** it makes no difference OU odds *Br*; **qu'est-ce que ça change?** what difference does it make?; **je n'ai pas changé un mot à ton texte** I didn't alter a single OU one word of your text; **il ne veut rien** ~ **à ses habitudes** he won't alter his ways one jot OU iota ❑ ~ **les règles du jeu** *pr* to alter the rules of the game; *fig* to move the goalposts, to change the rules. -**2.** [remplacer - installation, personnel] to change, to replace; [- roue, ampoule, drap etc] to change; **ne change pas les assiettes** don't lay new plates; **j'ai fait** ~ **les freins** I had new brakes put in; **on change les balles tous les six jeux** new balls are used every sixth game; ~ **l'eau d'un vase** to change the water in a vase; **le directeur a été changé** there's been a change of manager; ~ **le décor** THÉÂT to shift the set. -**3.** FIN to change; ~ **de l'argent** to change money; ~ **un billet pour avoir de la monnaie** to change a note in order to get small change; ~ **des francs en lires** to change francs into lira. -**4.** [troquer]: ~ **son cheval borgne pour un aveugle** to go from the frying pan into the fire || (*en usage abs*): **j'aime mieux ton écharpe, on change?** I like your scarf better, shall we swap?; **je ne voudrais pas** ~ **avec elle** *fam* I'd hate to be in her shoes. -**5.** [transformer]: ~ **du sable en or** to turn sand into gold; **elle a changé le prince en grenouille** she changed the prince into a frog ❑ **je veux bien être changé en pierre si...** I'll eat my hat if... -**6.** [transférer]: ~ **qqch de place** to move sthg; ~ **une cassette de face** to turn a cassette over; ~ **qqn de poste/service** to transfer sb to a new post/department ❑ ~ **son fusil d'épaule** to have a change of heart. -**7.** *fam* [désaccoutumer]: **pars en vacances, ça te changera un peu** *fam* you should go away somewhere, it'll be a change for you; **mets-toi en jupe, ça te changerait** *fam* wear a skirt, it'd make a change for you; **enfin un bon spectacle, ça nous change des inepties habituelles!** *fam* a good show at last, that makes a change from the usual nonsense!; **viens, ça te changera les idées** come along, it'll take your mind off things; **je broie du noir, il faut que je sorte pour me** ~ **les idées** I'm brooding, I must get out for a bit of a change of scene. -**8.** [vêtement] to change; ~ **un bébé** to change a baby; ~ **un malade** to put fresh clothes on a sick person.

◇ *vi* (*aux avoir*) -**1.** [se modifier - temps, idée, tarif etc] to change; **sa personnalité a changé** he's become different; **tu n'as pas changé** you've not changed, you're still the same; **les horaires de train vont** ~ there's going to be a new train timetable; **le corps change à ton âge** at your age, bodily OU physical changes occur; ~ **en bien/mal** to change for the better/worse ❑ **plus ça change plus c'est la même chose** *fam* the more things change the more they stay the same. -**2.** TRANSP [de métro, de train] to change. -**3.** [être remplacé] to change; **le président change tous les trois ans** there's a change of chairperson every three years.

◇ *vi* (*aux être*) [malade, personnalité] to change; **il est bien changé depuis son accident** he's changed a lot since his accident.

◆ **changer de** *v + prép*: ~ **d'adresse** [personne] to move to a new address; [commerce] to move to new premises; ~ **de nom/nationalité** to change one's name/nationality; ~ **de rouge à lèvres** to switch lipsticks, to use a different lipstick; ~ **de fournisseur** to use a different dealer; ~ **de partenaire** [en dansant, dans un couple] to change partners; ~ **de chaussettes** to change one's socks; ~ **de vêtements** to get changed; ~ **de coiffure** to get a new hairstyle; ~ **de style** to adopt a new style; ~ **de chaîne** [une fois] to switch channel; [constamment] to zap; **je dois** ~ **d'avion à Athènes** I have to get a connecting flight in Athens; ~ **de vie** to embark on a new life; ~ **d'avis** OU **d'idée** to change one's mind; ~ **de ton** to change one's tune; ~ **de direction** [gén] to change direction; [vent] to change; ~ **de place** to move; **changez de côté** [au tennis, au ping-pong] change OU switch sides; [dans un lit] turn over; ~ **d'aspect** to begin to look different; ~ **de forme** to change shape; **en chauffant, la sauce change de consistance** as it heats up, the sauce changes its consistency; **le courant a changé d'intensité** the intensity of the current has changed ❑ ~ **d'air** to have a break; ~ **d'avis comme de chemise** to keep changing one's mind; ~ **de cap** *pr* & *fig* to change course; ~ **de crèmerie** *fam* to take one's custom OU business elsewhere; ~ **de vitesse** AUT to change gear; *fig* to go into a new gear, to change pace; **change de disque!** *fam* put another record on!

◆ **se changer** ◇ *vp* (*emploi réfléchi*) [s'habiller] to get changed.

◇ *vpi* [se transformer]: **se** ~ **en** to change OU to turn into; **la grenouille se changea en princesse** the frog turned into a princess.

◆ **pour changer** *loc adv* for a change.

◆ **pour ne pas changer** *loc adv* as usual; **et toi, tu ne fais rien, pour ne pas** ~**!** and you do nothing, as usual!

changeur [ʃɑ̃ʒœr] *nm* -**1.** [personne] money changer. -**2.** [dispositif]: ~ **de billet** change machine; ~ **de disques** record changer; ~ **de monnaie** money changer.

channe [ʃan] *nf Helv* pewter jug.

chanoine [ʃanwan] *nm* canon.

chanoinesse [ʃanwanɛs] *nf* canoness.

chanson [ʃɑ̃sɔ̃] *nf* -**1.** MUS song; **mettre un texte en** ~ to set a text to music ❑ ~ **d'amour/populaire** love/popular song; ~ **à boire** drinking song; ~ **enfantine** children's song, nursery rhyme; ~ **de marins** shanty *Br*, chantey *Am* || *fig*: **c'est toujours la même** ~ it's always the same old story; **ça va, on connaît la** ~ enough of that, we've heard it all before; **ça, c'est une autre** ~ that's another story. -**2.** LITTÉRAT: ~ **de geste** chanson de geste, epic poem; **'la Chanson de Roland'** 'The Song of Roland'.

chansonnette [ʃɑ̃sɔnɛt] *nf* ditty, simple song.

chansonnier, ère [ʃɑ̃sɔnje, ɛr] *nm, f satirical cabaret singer or entertainer.*

◆ **chansonnier** *nm* -**1.** *vieilli* songwriter. -**2.** [recueil] songbook.

chant [ʃɑ̃] *nm* -**1.** [chanson] song; [mélodie] melody; ~ **grégorien** Gregorian chant; ~ **de guerre** battle hymn; ~ **funèbre** dirge; ~ **de Noël** Christmas carol; ~ **nuptial** wedding song; **son** ~ **du cygne** his swan song; **écouter le** ~ **des sirènes** to listen to the siren's OU mermaid's song; **'le Chant du départ'** *French revolutionary song written by Méhul.* -**2.** [action de chanter] singing. -**3.** [art de chanter] singing; **apprendre le** ~ to learn singing; **prendre des leçons de** ~ to take singing lessons. -**4.** [sons - d'un oiseau] singing, chirping; [- d'une cigale] chirping; [- d'un coq] crowing; **le** ~ **des vagues/de la source** *litt* the song of the waves/of the spring. -**5.** [forme poétique] ode, lyric; [division dans un poème] canto. -**6.** CONSTR edge; **posés de** ~ OU **sur** ~ set edgewise OU on edge.

◆ **au chant du coq** *loc adv* at cockcrow.

chantage [ʃɑ̃taʒ] *nm* blackmail; **faire du** ~ **à qqn** to blackmail sb.

chantant, e [ʃɑ̃tɑ̃, ɑ̃t] *adj* -**1.** [langue] musical; [voix, accent] lilting. -**2.** [aisément retenu - air] tuneful; **un opéra très** ~ an opera full of easily remembered tunes.

chanter [3] [ʃɑ̃te] ◇ *vi* -**1.** [personne] to sing; ~ **juste/faux** to sing in tune/out of tune; **elle chantait accompagnée à la guitare** she was singing to the accompaniment of a guitar ❑ ~ **à tue-tête** to sing one's head off; **c'est comme si tu chantais** *fam* it's like talking to a brick wall, you're wasting your breath; **'Chantons sous la pluie'** *Donen* 'Singin' in the Rain'. -**2.** [oiseau] to sing, to chirp; [cigale] to chirp; [coq] to crow; **écouter ~ les oiseaux** to listen to the birds singing || *litt* [rivière, mer, bouilloire] to sing; [eau bouillante] to hiss. -**3.** [être mélodieux - accent, voix] to lilt; **avoir une voix qui chante** to have a singsong voice. -**4.** *loc*: **faire ~ qqn** to blackmail sb; **si ça te chante** if you fancy it; **viens quand ça te chante** come whenever you feel like it OU whenever the mood takes you; **ça te chante d'aller au concert?** how do you fancy (going to) a concert?
◇ *vt* -**1.** MUS [chanson, messe] to sing. -**2.** [célébrer] to sing (of); ~ **les exploits d'un héros** to sing (of) a hero's exploits; ~ **victoire** to crow (over one's victory); ~ **les louanges de qqn** to sing sb's praises.

chanterelle [ʃɑ̃trɛl] *nf* -**1.** BOT chanterelle. -**2.** MUS E-string. -**3.** CHASSE decoy (bird).

chanteur, euse [ʃɑ̃tœr, øz] ◇ *nm, f* singer; ~ **de charme** crooner; ~ **folk** folk singer; ~ **de rock** rock singer; ~ **des rues** street singer.
◇ *adj*: **oiseau ~** songbird.

chantier [ʃɑ̃tje] *nm* -**1.** [entrepôt] yard, depot. -**2.** [terrain] (working) site; **aller au ~** OU **sur le ~** to go on the site. -**3.** CONSTR: ~ **(de construction)** building site; ~ **de démolition** demolition site OU area. -**4.** TRAV PUBL roadworks. -**5.** NAUT: ~ **naval** shipyard. -**6.** *fam* [désordre] mess, shambles; **ta chambre, c'est un vrai ~** your bedroom is a total shambles OU looks like a bomb's hit it.
◆ **en chantier** ◇ *loc adj*: **la maison est en ~** they're still doing OU fixing *Am* up the house.
◇ *loc adv*: **il a plusieurs livres en ~** he has several books on the stocks OU in the pipeline; **mettre un ouvrage en ~** to get a project started.

chantilly [ʃɑ̃tiji] ◇ *adj inv* → **crème**, **dentelle**.
◇ *nf inv* whipped cream Chantilly.

chantonnement [ʃɑ̃tɔnmɑ̃] *nm* humming, crooning.

chantonner [3] [ʃɑ̃tɔne] *vt & vi* to hum, to croon, to sing softly.

chantoung [ʃɑ̃tuŋ] = **shantung**.

chantournement [ʃɑ̃turnəmɑ̃] *nm* jigsawing.

chantourner [3] [ʃɑ̃turne] *vt* to jigsaw.

chantre [ʃɑ̃tr] *nm* -**1.** RELIG cantor; **grand ~** precentor. -**2.** *litt*: **le ~ de** the eulogist of OU apologist for.

chanvre [ʃɑ̃vr] *nm* BOT & TEXT hemp; ~ **de Manille** abaca, Manila hemp; ~ **indien** BOT Indian hemp; [drogue] marijuana.

chanvrier, ère [ʃɑ̃vrije, ɛr] ◇ *adj* hemp, hempen, hemplike.
◇ *nm, f* -**1.** [cultivateur] hemp grower. -**2.** [ouvrier] hemp dresser.

chaos [kao] *nm* -**1.** [confusion] chaos; **un ~ de ruines** a tangled heap of ruins. -**2.** RELIG: **le Chaos** Chaos.

chaotique [kaɔtik] *adj* chaotic.

chap. (*abr écrite de* **chapitre**) ch.

chapardage *fam* [ʃapardaʒ] *nm* petty theft; **des ~s répétés** pilfering.

chaparder *fam* [3] [ʃaparde] *vt* to pinch, to swipe; **il s'est fait ~ sa montre** he had his watch pinched OU nicked *Br*; **on chapardait des fruits à l'étalage** we used to pinch fruit from shops.

chapardeur, euse *fam* [ʃapardœr, øz] ◇ *adj* inclined to (petty) theft.
◇ *nm, f* (casual) thief; **un ~ invétéré** a habitual pilferer.

chape [ʃap] *nf* -**1.** RELIG [de prêtre] cope. -**2.** CONSTR screed; **comme une ~ de plomb** like a lead weight. -**3.** [d'un pneu] tread. -**4.** [d'une poulie] shell.

chapeau, x [ʃapo] *nm* -**1.** [couvre-chef] hat; ~ **claque** opera hat; ~ **cloche** cloche (hat); ~ **de feutre** felt hat; ~ **de gendarme** paper hat; ~ **haut-de-forme** top hat; ~ **melon** bowler OU derby *Am* (hat); ~ **mou** trilby *Br*, fedora *Am*; ~ **de paille** straw hat; **mettre** OU **porter la main au ~** to raise one's hat; **porter le ~** to carry the can *Br*, to take the rap *Am*; **faire porter le ~ à qqn** to force sb to carry the can *Br*, to leave sb holding the bag *Am*; **tirer son ~ à qqn** to take one's hat off to sb; **saluer qqn ~ bas** to doff one's hat to sb. -**2.** [d'un champignon] cap. -**3.** [de texte, d'article] introductory paragraph; RAD & TV introduction. -**4.** [d'un tuyau de cheminée] cowl.
◆ **chapeau** *interj* well done, bravo; **je te dis ~!** (I'll take) my hat off to you!
◆ **sur les chapeaux de roue** *loc adv*: **prendre un virage sur les ~x de roue** to take a turning on two wheels ❑ **démarrer sur les ~x de roue** *pr* to shoot off; [film, réception, relation] to get off to a great start.
◆ **chapeau chinois** *nm* -**1.** MUS crescent. -**2.** ZOOL limpet.
◆ **coup de chapeau** *nm* praise; **donner un coup de ~ à qqn** to praise sb; **son livre mérite un coup de ~** his book deserves some recognition.

chapeauté, e [ʃapote] *adj*: **femme bien gantée et bien ~e** a woman with nice gloves and a nice hat on.

chapeauter [3] [ʃapote] *vt* -**1.** *fam* [superviser] to oversee, to supervise. -**2.** [article, texte] to write an introductory piece for.

chapelain [ʃaplɛ̃] *nm* chaplain.

chapelet [ʃaplɛ] *nm* -**1.** RELIG [collier] rosary, beads; [prières] rosary; **dire son ~** to tell one's beads ❑ **débiter** OU **dévider son ~** *fam* to come out with it. -**2.** [d'îles, de saucisses] string; [d'insultes] string, stream; **un ~ de bombes** a stick of bombs.

chapelier, ère [ʃapəlje, ɛr] ◇ *adj* [commerce, industrie] hat *(modif)*.
◇ *nm, f* hatter.

chapelle [ʃapɛl] *nf* -**1.** RELIG chapel; ~ **ardente** chapel of rest; **transformer une salle en ~ ardente** to turn a room into a temporary mortuary. -**2.** [cercle] clique, coterie.

chapellerie [ʃapɛlri] *nf* -**1.** COMM hat trade. -**2.** [industrie] hat OU hat-making industry. -**3.** [magasin] hat shop *Br* OU store *Am*.

chapelure [ʃaplyr] *nf* breadcrumbs; **passer qqch dans la ~** to coat sthg with breadcrumbs.

chaperon [ʃaprɔ̃] *nm* -**1.** [surveillant] chaperon, chaperone; **servir de ~ à qqn** to chaperon OU to chaperone sb. -**2.** CONSTR [d'un mur] coping. -**3.** LITTÉRAT: **'le Petit Chaperon rouge'** *Perrault* 'Little Red Riding Hood'.

chaperonner [3] [ʃaprɔne] *vt* -**1.** [jeune fille, groupe] to chaperon, to chaperone. -**2.** CONSTR to cope.

chapiteau, x [ʃapito] *nm* -**1.** ARCHIT capital, chapiter. -**2.** [cirque] big top; **nous vous accueillons ce soir sous le plus grand ~ du monde** we welcome you tonight under the world's biggest top. -**3.** [d'un alambic] head.

chapitral, e, aux [ʃapitral, o] *adj* [assemblée, délibération] capitular.

chapitre [ʃapitr] *nm* -**1.** [d'un livre] chapter. -**2.** FIN [d'un budget] item. -**3.** [question] matter, subject; **il est exigeant sur le ~ des vins** he's hard to please in the matter of OU as regards wines; **tu as raison, au moins sur un ~** you're right, at least on one score. -**4.** RELIG [assemblée] chapter; [lieu] chapterhouse.

chapitrer [3] [ʃapitre] *vt* [sermonner] to lecture; [tancer] to admonish; **je l'ai dûment chapitré sur ses responsabilités** I gave him the appropriate lecture about his responsibilities.

chapka [ʃapka] *nf* shapka *(round brimless fur hat worn in Russia)*.

chapon [ʃapɔ̃] *nm* capon.

chaponner [3] [ʃapɔne] *vt* to caponize.

chaptalisation [ʃaptalizasjɔ̃] *nf* chaptalization, chaptalizing.

chaptaliser [3] [ʃaptalize] *vt* to chaptalize.

chaque [ʃak] *adj indéf* -**1.** [dans un ensemble défini] each, every; ~ **enfant a reçu un livre** each OU every child received a book; **à ~ pas** at every OU each step. -**2.** [dans un ensemble indéfini] every; ~ **hiver** every OU each winter; **la distance est de trois mètres entre ~ poteau** there is a distance of three metres between each pole; **je pense à elle à ~ instant** I think about her all the time; ~ **chose en son temps!** all in good time! ❑ **à ~ jour suffit sa peine** *prov* sufficient unto the day (is the evil thereof). -**3.** [chacun] each; **on a gagné 1 000 francs ~ au Loto** we won 1,000 francs each on the lottery; **les disques sont vendus 150 francs ~** the records are sold at 150 francs each OU a piece.

char [ʃar] *nm* -**1.** MIL tank; ~ **d'assaut** OU **de combat** tank; **fait comme un ~ d'assaut** built like a tank. -**2.** LOISIRS float; ~ **à voile** sand yacht; **faire du ~ à voile** to go sand yachting. -**3.** [voiture]: ~ **à bancs** charabanc; ~ **à bœufs** ox cart; ~ **funèbre** hearse. -**4.** ANTIQ chariot; **le ~ de l'État** the ship of State. -**5.** *fam Can* car. -**6.** ▽ = **charre**.

charabia [ʃarabja] *nm* gobbledegook, gibberish.

charade [ʃarad] *nf* -**1.** [devinette] riddle. -**2.** [mime] (game of) charades.

charançon [ʃarɑ̃sɔ̃] *nm* weevil, snout beetle; ~ **du blé/de la vigne** grain/vine weevil.

charançonné, e [ʃarɑ̃sɔne] *adj* [fruit, grain] weevilled, weevily.

charbon [ʃarbɔ̃] *nm* -**1.** MIN coal; **le rôti n'est plus qu'un morceau de ~** the roast is burnt to a cinder; **se passer le visage au ~** to black one's face ❑ ~ **aggloméré** briquette; ~ **de bois** charcoal; **aller au ~** *fam* to do one's bit; **être** OU **marcher sur des ~s ardents** to be on tenterhooks, to be like a cat on hot bricks *Br* OU a hot tin roof *Am*. -**2.** BX-ARTS [crayon] charcoal (pencil); [croquis] charcoal drawing. -**3.** [maladie - chez l'animal, chez l'homme] anthrax; [- des céréales] smut, black rust. -**4.** PHARM charcoal; ~ **actif** OU **activé** active OU activated carbon, activated charcoal. -**5.** ÉLECTR carbon.

charbonnages [ʃarbɔnaʒ] *nmpl* coalmines, collieries *Br*; **les Charbonnages de France** the French Coal Board.

charbonner [3] [ʃarbɔne] ◇ *vt* -**1.** BX-ARTS [croquis, dessin] to (draw with) charcoal. -**2.** [noircir - visage] to charcoal.
◇ *vi* -**1.** [mèche] to char. -**2.** NAUT to bunker, to coal.

charbonneux, euse [ʃarbɔnø, øz] *adj* -**1.** [noir] coal-black, coal-like. -**2.** [souillé] sooty black; **avoir les yeux ~** *péj* to use heavy black eye makeup. -**3.** [brûlé] charred. -**4.** MÉD anthracoid. -**5.** BOT smutty.

charbonnier, ère [ʃarbɔnje, ɛr] ◇ *adj* [commerce, industrie] coal *(modif)*; **navire ~** coaler, collier.
◇ *nm, f* [vendeur] coaler, coalman; [fabricant de charbon de bois] charcoal-burner; ~ **est maître dans sa maison** OU **chez soi** *prov* an Englishman's *Br* OU a man's *Am* home is his castle *prov*.
◆ **charbonnier** *nm* NAUT coaler, collier.
◆ **charbonnière** *nf* -**1.** [lieu] charcoal kiln OU stack. -**2.** *Belg* [seau à charbon] coal bucket. -**3.** ORNITH great tit.

charcutage *fam* [ʃarkytaʒ] *nm péj* [opération chirurgicale] butchering; [travail mal fait] hacking about; ~ **électoral** gerrymandering; **faire du ~ électoral** to gerrymander.

charcuter *fam* [3] [ʃarkyte] *vt péj* -**1.** [opérer] to butcher, to hack about. -**2.** [couper - volaille, texte] to hack to pieces OU about.
◆ **se charcuter** *fam vp (emploi réfléchi)*: **je me suis charcutée en essayant de m'enlever l'écharde** I made a real mess of my finger trying to get the splinter out; **je me suis charcuté un doigt/le pied** I mangled one of my fingers/my foot.

charcuterie [ʃarkytri] *nf* -**1.** [magasin] delicatessen. -**2.** [produits] cooked meats. -**3.** [fabrication] cooked meats trade.

CHARCUTERIE:
The "charcuterie" sells mainly food prepared with pork: sausages, pâtés, ham etc, collectively also known as "charcuterie". Ready-prepared dishes to take away are usually also sold.

charcutier, ère [ʃarkytje, ɛr] *nm, f* -**1.** [commerçant] pork butcher; **chez votre ~ habituel** ≃ at your local delicatessen. -**2.** *fam péj* [chirurgien] butcher.

chardon [ʃardɔ̃] *nm* -**1.** BOT thistle. -**2.** [sur un mur] spike.

chardon(n)ay [ʃardɔnɛ] *nm* Chardonay OU Chardonnay (wine).

chardonneret [ʃardɔnrɛ] *nm* goldfinch.

charentais, e [ʃarɑ̃tɛ, ɛz] *adj* from the Charente.
◆ **Charentais, e** *nm, f inhabitant of or person from the Charente.*
◆ **charentaise** *nf* [pantoufle] slipper.

CHARENTAISES:
These slippers made of a distinctive felt-like material traditionally symbolise old-fashioned conformism and home-loving attitudes in France (cf "pipe and slippers" in England).

Charente [ʃarɑ̃t] *npr f*: **(la) ~** the Charente (region).

Charenton [ʃarɑ̃tɔ̃] *npr suburb of Paris, with a famous psychiatric hospital.*

charge [ʃarʒ] *nf* -**1.** [cargaison - d'un animal] burden; [- d'un camion] load; [- d'un navire] cargo, freight; **plier sous une lourde ~** to be weighed down by a heavy burden; **camion en pleine ~** fully laden lorry ❑ **~ utile** capacity load, payload; **~ à vide** empty weight. -**2.** [poussée] load. -**3.** [gêne] burden, weight *fig*; **c'est une telle ~ pour nous** it's such a burden to us. -**4.** [responsabilité] responsibility; **à qui revient la ~ de le faire?** who has OU carries the responsibility for doing it?; **à ~ pour toi d'apporter le vin** you'll be responsible for bringing OU it'll be up to you to bring the wine; **avoir ~ d'âmes** [prêtre] to have the care of souls; [parent] to have lives in one's care; **prendre en ~: nous prenons tous les frais médicaux en ~** we pay for OU take care of all medical expenses; **elle a pris son neveu en ~** she took on responsibility for her nephew; **à ton âge, tu dois te prendre en ~** at your age, you should take responsibility for yourself; **avoir qqn à (sa) ~** [gén] to be responsible for supporting sb; ADMIN to have sb as a dependant; **ses enfants sont encore à sa ~** his children are still his dependants; **prendre des frais/un orphelin à sa ~** to take on the expenditure/an orphan. -**5.** ADMIN [fonction] office; **~ élective** elective office. -**6.** ARM charge; **il a reçu toute la ~ dans la poitrine** his chest took the full impact of the blast ❑ **~ creuse** hollow charge; **~ d'explosifs** explosive charge; **~ nucléaire** nuclear charge. -**7.** ÉLECTR: **mettre une batterie en ~** to charge a battery ❑ **~ électrique** electric charge; **~ négative/positive** minus/positive charge. -**8.** PSYCH: **~ affective** OU **émotionnelle** charge. -**9.** JUR [présomption] serious suspicion; **de très lourdes ~s pèsent sur lui** very serious suspicions are hanging over him. -**10.** [satire] caricature. -**11.** MIL [assaut] charge; **donner la ~** to charge; **sonner la ~** to sound the charge; **reculer devant une ~ de police** to retreat when the police charge ❑ **retourner** OU **revenir à la ~** *pr* to return to the attack; *fig* to go on the offensive again.
◆ **charges** *nfpl* [frais] costs; **~s de famille** dependants; **~s (locatives)** maintenance charges; **~s salariales** wage costs; **~s sociales** overheads.
◆ **à charge** *loc adv*: **avoir qqn à ~** [gén] to be responsible for supporting sb; ADMIN to have sb as a dependant.
◆ **à charge de** *loc prép*: **j'accepte, à ~ de revanche** I accept, provided you'll let me do the same for you; **à ~ de preuve** pending production of proof.
◆ **au pas de charge** *loc adv* at the double.

CHARGES:
Householders and tenants in blocks of flats are required to pay "charges", a monthly contribution to pay for the general upkeep of the building. In estate agencies, rent is expressed either including this sum ("charges comprises" or "cc") or excluding it ("hors charges" or "charges en sus"). Sometimes, the "charges" include heating costs.

chargé, e [ʃarʒe] *adj* -**1.** [occupé] busy, full; **j'ai une journée ~e demain** I have a busy day tomorrow. -**2.** [alourdi] intricate; **tissu/motif trop ~** overelaborate material/pattern. -**3.** *fig*: **avoir la conscience ~e** to have a guilty conscience; **un gangster au passé ~** a gangster with a past; **il a un casier judiciaire ~** he has a long (criminal) record. -**4.** MÉD: **estomac ~** overloaded stomach; **avoir la langue ~e** to have a furred tongue.
◆ **chargé** *nm* [responsable]: **~ d'affaires** chargé d'affaires; **~ de cours** ≃ part-time lecturer; **~ de famille** person supporting a family; **~ de mission** ≃ (official) representative.

chargement [ʃarʒəmɑ̃] *nm* -**1.** [marchandises - gén] load; [- d'un navire] cargo, freight. -**2.** [fait de charger - un navire, un camion] loading; [- une chaudière] stoking; [- une arme] loading. -**3.** ÉLECTR charging (up).
◆ **à chargement automatique** *loc adj* selfloading.

charger [17] [ʃarʒe] *vt* -**1.** [mettre un poids sur] to load; **~ une voiture** to load a car; **tes livres chargent un peu trop l'étagère** the shelf is overloaded with your books; **être chargé** to be loaded; **il est entré, les bras chargés de cadeaux** he came in loaded down with presents; **les arbres sont chargés de fruits** the trees are loaded down OU groaning with fruit; **~ son estomac** MÉD to overload one's stomach ❑ **être chargé comme une bête** OU **un âne** OU **un baudet** to be weighed down. -**2.** [prendre en charge - suj: taxi] to pick up *(sép)*. -**3.** [alourdir, encombrer] to overload; **les notes dont il charge les marges de ses cahiers** the notes that fill the margins of his notepads; **ces meubles chargent trop la pièce** this furniture makes the room look (too) cluttered; **~ qqn de** to overload sb with; **~ sa mémoire de détails** to overload one's memory with details. -**4.** [approvisionner - arme, caméra, magnétoscope] to load (up); ÉLECTR to charge (up). -**5.** [investir]: **~ qqn de qqch** to put sb in charge of sthg; **on l'a chargé d'un cours à l'université** he was assigned to teach OU given a class at the university; **je vous charge d'un travail important** I'm giving you OU entrusting you with an important job; **il m'a chargé de vous transmettre un message** he asked me to give you a message. -**6.** [amplifier] to inflate, to put up *(sép)*. -**7.** [exagérer - portrait] to overdo; **ne charge pas ainsi ton rôle, joue plus en finesse** don't overact, be more subtle; **elle n'est pas si idiote, tu charges un peu la description!** she's not that stupid, you're overdoing it a bit! -**8.** [incriminer]: **~ qqn** to make sb appear guiltier; **certains témoins ont essayé de le ~ au maximum** some witnesses tried to strengthen the prosecution's case against him. -**9.** [attaquer] to charge (at); **chargez!** charge!; **la police n'a pas chargé (les manifestants)** the police didn't charge (at the demonstrators).
◆ **se charger de** *vp + prép* -**1.** [obj: responsabilité] to take on, to take care of; **je me charge de tout** I'll take care of everything; **je me charge de lui remettre votre lettre** I'll see to it personally that he gets your letter; **qui va se ~ du travail?** who's going to take the job on? -**2.** [obj: élève, invité] to take care of, to look after; **quant à lui, je m'en charge personnellement** I'll personally take good care of him.

chargeur [ʃarʒœr] *nm* -**1.** PHOT magazine. -**2.** ARM cartridge clip. -**3.** ÉLECTR charger. -**4.** [ouvrier] loader. -**5.** NAUT shipper.

chargeuse [ʃarʒøz] *nf* -**1.** [distributrice] distributor. -**2.** MIN loading machine. -**3.** MÉTALL charging OU loading machine.

chariot [ʃarjo] *nm* -**1.** [véhicule - gén] wagon, waggon *Br*; [- à bagages] trolley *Br*, cart *Am*; [- dans un supermarché] trolley *Br*, cart *Am*; **~ élévateur** fork-lift truck; **~ élévateur à fourche** fork-lift truck. -**2.** ASTRON: **le Grand Chariot** the Great Bear *Br*, the Big Dipper *Am*; **le Petit Chariot** the Little Bear *Br* OU Dipper *Am*. -**3.** [de machine à écrire] carriage. -**4.** CIN & TV dolly.

charioter [3] [ʃarjɔte] *vt* to turn on a lathe.

charismatique [karismatik] *adj* -**1.** RELIG charismatic. -**2.** [séduisant] charismatic; **être ~** to have charisma.

charisme [karism] *nm* -**1.** RELIG charisma, charism. -**2.** [influence] charisma.

charitable [ʃaritabl] *adj* -**1.** [généreux] charitable; **se montrer ~ envers qqn** to be charitable OU to exercise charity towards sb; **avis** OU **conseil ~** *iron* so-called friendly bit of advice. -**2.** [association, mouvement] charitable, charity *(modif)*.

charitablement [ʃaritabləmɑ̃] *adv* charitably, generously; **je lui ai ~ conseillé d'abandonner le chant** *hum* I advised her in the kindest possible way to give up singing.

charité [ʃarite] *nf* -**1.** [altruisme] charity, love; **aurais-tu la ~ de leur rendre visite?** would you be kind enough to pay them a visit? ❑ **~ bien ordonnée commence par soi-même** *prov* charity begins at home *prov*. -**2.** [aumône] charity; **demander la ~** to beg (for charity); **faire la ~ (à)** to give alms *vieilli* OU a handout (to); **je n'ai nul besoin qu'on me fasse la ~** *fig* I don't need anybody's help, I'll manage on my own; **la ~, s'il vous plaît!** can you spare some change, please?
◆ **de charité** *loc adj*: **fête de ~** benefit event; **œuvres de ~** charities; **vente de ~** charity sale.

charivari [ʃarivari] *nm* hurly-burly, hullabaloo.

charlatan [ʃarlatɑ̃] *nm péj* charlatan.

charlatanerie [ʃarlatanri] *nf péj* = **charlatanisme**.

charlatanesque [ʃarlatanɛsk] *adj péj* -**1.** [guérisseur] quackish. -**2.** [imposteur] phoney, bogus.

charlatanisme [ʃarlatanism] *nm péj* -**1.** [d'un guérisseur] quackery. -**2.** [d'un imposteur] charlatanism.

Charlemagne [ʃarləmaɲ] *npr* Charlemagne.

Charleroi [ʃarlərwa] *npr* Charleroi.

Charles [ʃarl] *npr*: **~ Martel** Charles Martel; **~ Quint** Charles V, Charles the Fifth; **~ le Téméraire** Charles the Bold.

charleston [ʃarlɛstɔn] *nm* charleston.

charlot *fam* [ʃarlo] *nm* clown, joker; **jouer les ~s** to fool around.

Charlot [ʃarlo] *npr* CIN Charlie Chaplin.

charlotte [ʃarlɔt] *nf* CULIN charlotte; **~ aux pommes** apple charlotte.

charmant, e [ʃarmɑ̃, ɑ̃t] *adj* charming, engaging, delightful; **nous étions en ~e compagnie** we were in delightful company; **vous avez eu là une ~e attention** how very thoughtful of you; **~e soirée!** *iron* what a great evening!; **c'est ~!** *iron* charming!

charme [ʃarm] *nm* -**1.** [attrait] charm; **faire le ~ de** to be the most attractive OU greatest asset of; **c'est ce qui fait tout son ~** that's what is so appealing OU charming about him; **leur maison ne manque pas de ~** their house is not without charm. -**2.** [d'une femme, d'un homme] charm, attractiveness; **les femmes lui trouvent du ~** women find him attractive ❑ **faire du ~ à qqn** to try to charm sb. -**3.** [enchantement] spell; **être sous le ~ de** to be under the spell of; **tenir qqn/un public sous le ~** to hold sb/an audi-

ence spellbound; le ~ est rompu the spell's broken. -**4.** *loc*: **se porter comme un ~** to be in excellent health OU as fit as a fiddle; **comment vous portez-vous? — comme un ~!** how do you feel? — never better! -**5.** BOT hornbeam.
◆ **charmes** *nmpl euph* [d'une femme] charms; **vivre** OU **faire commerce de ses ~s** to trade on one's charms.
◆ **de charme** *loc adj* -**1.** MUS: **chanson de ~** sentimental ballad. -**2.** *euph* [érotique - presse] soft-porn; **hôtesse de ~** escort.

charmer [3] [ʃarme] *vt* -**1.** [plaire à] to delight, to enchant; **son sourire l'a charmé** he was enchanted by her smile. -**2.** [envoûter - auditoire] to cast OU to put a spell on; [- serpent] to charm. -**3.** [dans des formules de politesse]: **être charmé de**: **je suis charmé de vous revoir** I'm delighted to see you again; **charmé de vous avoir rencontré** (it's been) very nice meeting you.

charmeur, euse [ʃarmœr, øz] ◇ *adj* [air, sourire] charming, engaging, delightful.
◇ *nm, f* -**1.** [séducteur] charmer; **méfie-toi de ce ~** watch out, he'll try and use his charm on you. -**2. ~ de serpents** snake charmer.

charmille [ʃarmij] *nf* -**1.** [berceau] bower, arbour. -**2.** [allée] tree-covered walk OU path.

charnel, elle [ʃarnɛl] *adj* -**1.** [sexuel] carnal; **l'amour ~** carnal love. -**2.** *sout* [physique - beauté] physical, bodily; **nous parlons d'eux en tant qu'êtres ~s** we're talking about them as human beings made of flesh and blood.

charnellement [ʃarnɛlmɑ̃] *adv sout* carnally; **connaître qqn ~** to have carnal knowledge of sb.

charnier [ʃarnje] *nm* -**1.** [fosse] mass grave. -**2.** [ossuaire] charnel house.

charnière [ʃarnjɛr] *nf* -**1.** ANAT & MENUIS hinge. -**2.** [transition] junction, turning point; **Goethe est à la ~ du XVIIIe et du XIXe siècle** Goethe stands at the junction of the 18th and 19th centuries; **marquer la ~ entre deux périodes** to be a turning point between two eras. -**3.** *(comme adj; avec ou sans trait d'union)*: **moment/siècle ~** moment/century of transition.

charnu, e [ʃarny] *adj* -**1.** [corps] plump, fleshy; [lèvres] full, fleshy; [fruits] pulpy. -**2.** ANAT fleshy, flesh-covered; **la partie ~e de son anatomie** *hum* his posterior. -**3.** ŒNOL ropy.

charognard [ʃarɔɲar] *nm* -**1.** ZOOL carrion feeder. -**2.** *fam* [exploiteur] vulture *fig*.

charogne [ʃarɔɲ] *nf* -**1.** [carcasse]: **une ~** a decaying carcass; **ces animaux se nourrissent de ~** these animals feed off carrion. -**2.** ▽[homme] bastard; [femme] bitch; **espèce de ~!** you bastard!

charolais, e [ʃarɔlɛ, ɛz] *adj* from the Charolais area.
◆ **Charolais, e** *nm, f inhabitant of or person from the Charolais area.*
◆ **Charolais** *npr m* Charolais area.
◆ **charolais** *nm* Charolais bull; **les ~** Charolais cattle.
◆ **charolaise** *nf* Charolais cow.

Charon [ʃarɔ̃] *npr* MYTH Charon.

Charonne [ʃarɔn] *npr* Charonne.

CHARONNE:
On 8 February 1962, Paris police charged a crowd of Communist demonstrators protesting against the OAS (a clandestine organization opposed to Algerian independence, then conducting a terrorist campaign in Paris), forcing them towards the closed gates of the Metro station "Charonne". Over a hundred people were injured and eight were crushed to death. Half a million people attended their funerals, and the incident became a symbolic event in the history of the French Left.

---

charpentage [ʃarpɑ̃taʒ] *nm* carpentry OU timber work.

charpente [ʃarpɑ̃t] *nf* -**1.** CONSTR skeleton, framework; **~ en bois** timber work; **maison à ~ de bois** wood frame house; **~ métallique** steel frame. -**2.** ANAT: **il a la ~ d'un boxeur** he's built like a boxer; **une ~ d'athlète** an athlete's build ❑ **~ osseuse** skeleton. -**3.** [schéma - d'un projet] structure, framework; [- d'un roman] outline.

charpenté, e [ʃarpɑ̃te] *adj*: **bien** OU **solidement ~** [personne] well-built; [film, argument] well-structured.

charpenter [3] [ʃarpɑ̃te] *vt* -**1.** CONSTR to carpenter. -**2.** [structurer - œuvre] to construct, to structure.

charpentier [ʃarpɑ̃tje] *nm* [ouvrier] carpenter; [entrepreneur] (master) carpenter.

charpie [ʃarpi] *nf* [pansement] lint, shredded linen.
◆ **en charpie** *loc adv*: **mettre** OU **réduire qqch en ~** to tear sthg to shreds; **je vais le mettre** OU **réduire en ~** *fig* I'll make mincemeat (out) of him; **il a servi de la viande en ~** he served meat that was cooked to shreds.

charre▽ [ʃar] *nm*: **c'est pas du ~** OU **des ~s!** no kidding!

charretée [ʃarte] *nf* -**1.** [contenu] cartful, cartload; **une ~ de blé** a cartload of wheat; **par ~s entières** by the cartload. -**2.** *fam* [grande quantité]: **une ~ d'insultes** loads OU a heap of insults; **des ~s de vieux machins** piles of old junk, old junk by the crateful.

charretier, ère [ʃartje, ɛr] ◇ *adj* [chemin, voie] cart *(modif)*.
◇ *nm, f* carter.

charrette [ʃarɛt] *nf* -**1.** AGR cart. -**2.** HIST: **la ~ des condamnés** the tumbrel OU tumbril. -**3.** *loc*: **faire partie de la ~**: **faire partie de la première/dernière ~** [d'employés licenciés] to be among the first/last group of people to be dismissed; **on ne sait pas qui va faire partie de la prochaine ~** you don't know where the axe is going to fall next time.

charriage [ʃarjaʒ] *nm* -**1.** TRANSP carriage, haulage. -**2.** GÉOL overthrust.

charrié, e [ʃarje] *adj* GÉOL displaced *(as the result of an overthrust)*.

charrier [9] [ʃarje] ◇ *vt* -**1.** [suj: personne] to cart OU to carry (along). -**2.** [suj: fleuve, rivière] to carry OU to wash along; **la Néva charrie d'énormes glaçons** the Neva carries great blocks of ice. -**3.** ▽ [railler]: **~ qqn** to take the mickey out of sb *Br*, to put sb on *Am*; **se faire ~** to get ribbed.
◇ *vi* ▽ [exagérer] to go too far OU (way) over the top; **10 francs d'augmentation, ils charrient!** 10 francs on the price, they've got a nerve!; **cette fois, tu charries vraiment!** you're going too far this time!; **je veux bien aider mais faut pas ~** I don't mind lending a hand, but I don't like people taking advantage.

charroi [ʃarwa] *nm* carting.

charron [ʃarɔ̃] *nm* -**1.** [fabricant] cartwright, wheelwright. -**2.** [réparateur] wheelwright.

charroyer [13] [ʃarwaje] *vt* to cart.

charrue [ʃary] *nf* plough *Br*, plow *Am*; **~ polysoc** multiple plough; **mettre la ~ avant les bœufs** to put the cart before the horse.

charte [ʃart] *nf* -**1.** [document] charter; **la ~ des droits de l'homme** the Charter of Human Rights. -**2.** HIST charter; **la Grande Charte** Magna Carta. -**3.** [plan]: **~ d'aménagement** development plan.
◆ **chartes** *nfpl* → **école**.

charter [ʃartɛr] *nm* [avion] chartered plane; [vol] charter flight.

chartiste [ʃartist] *nmf* -**1.** POL [en Grande-Bretagne] Chartist. -**2.** UNIV *student or former student of the École des chartes.*

chartreux, euse [ʃartrø, øz] *nm, f* Carthusian monk.
◆ **chartreux** *nm* [chat] British blue (cat).
◆ **chartreuse** *nf* -**1.** RELIG Charterhouse, Carthusian monastery, Carthusian convent; **'la Chartreuse de Parme'** *Stendhal* 'The Charterhouse of Parma'. -**2.** [liqueur] Chartreuse.

Charybde [karibd] *npr* Charybdis; **tomber de ~ en Scylla** to go from the frying pan into the fire.

chas [ʃa] *nm* eye *(of a needle)*.

chassant, e [ʃasɑ̃, ɑ̃t] *adj* MIN longitudinal.

chasse [ʃas] *nf* -**1.** [activité] shooting; [occasion] shoot; **~ au daim/renard/tigre** deer/fox/tiger hunt; **~ au lapin** (rabbit) shooting; **~ au lièvre** [gén] hare hunting; [avec lévriers] hare coursing; **~ au phoque** sealing, seal culling; **un pays de ~** an area that's good for hunting; **aller à la ~** [à courre] to go hunting; [au fusil] to go shooting; **dresser un chien pour la ~** [à courre] to train a dog for hunting OU the hunt; [au fusil] to train a dog for shooting OU the shoot ❑ **~ à courre** [activité] hunting; [occasion] hunt; **~ sous-marine** underwater fishing; **qui va à la ~ perd sa place** *prov* if somebody takes your place it serves you right for leaving it empty. -**2.** [domaine - de chasse à courre] hunting grounds; [- de chasse au fusil] shoot; **louer une ~** to rent a shoot; **'~ gardée'** 'private, poachers will be prosecuted'; **laisse-la tranquille, c'est ~ gardée** *fam* leave her alone, she's spoken for. -**3.** [butin] game; **la ~ a été bonne** we got a good bag; **faire bonne ~** to get a good bag. -**4.** [poursuite] chase, hunt; **faire** OU **donner la ~ à un cambrioleur** to hunt down a burglar; **prendre en ~ une voiture** to chase a car. -**5.** [recherche]: **~ à** search for; **faire la ~ à** to search for, to (try to) track down; **~ à l'homme** manhunt; **~ au trésor** treasure hunt; **~ aux sorcières** witch hunt; **faire la ~ au mari** *fam* to go hunting for a husband; **se mettre en ~ pour trouver** to go out hunting for; **se mettre en ~ pour trouver un emploi/une maison** to go job-hunting/house-hunting. -**6.** AÉRON: **la ~** fighter planes. -**7.** [d'eau] flush; **tirer la ~ (d'eau)** to flush the toilet.
◆ **en chasse** *loc adj* ZOOL on *Br* OU in *Am* heat.

chassé [ʃase] *nm* chassé.

châsse [ʃas] *nf* -**1.** RELIG [coffre] shrine; **orné** OU **paré comme une ~** [personne] extravagantly overdressed. -**2.** [de lunettes] frames.

chasse-clou [ʃasklu] (*pl* **chasse-clous**) *nm* nail punch.

chassé-croisé [ʃasekrwaze] (*pl* **chassés-croisés**) *nm* -**1.** [confusion]: **le ~ ministériel/de limousines** the comings and goings of ministers/of limousines. -**2.** DANSE set to partners.

chasselas [ʃasla] *nm*: **du ~** Chasselas grapes.

chasse-mouches [ʃasmuʃ] *nm inv* flyswatter.

chasse-neige [ʃasnɛʒ] *nm inv* -**1.** [véhicule] snowplough *Br*, snowplow *Am*. -**2.** [position du skieur] snowplough *Br*, snowplow *Am*; **descendre/tourner en ~** to snowplough down/round.

chassepot [ʃaspo] *nm* ARM chassepot.

chasser [3] [ʃase] ◇ *vt* -**1.** CHASSE to hunt; **il chasse le daim** he hunts deer; **~ le phoque** to seal. -**2.** [expulser] to drive out *(sép)*, to expel; **il a été chassé de chez lui** he was made to leave home; **elle l'a chassé de la maison** she sent him packing. -**3.** [congédier - employé] to dismiss. -**4.** [faire disparaître] to dispel, to drive away *(sép)*, to get rid of; **pour ~ les mauvaises odeurs** to get rid of bad smells; **sortez pour ~ les idées noires** go out and forget your worries ❑ **chassez le naturel, il revient au galop** nature will not easily be driven out. -**5.** [pousser] to drive (forward); **le vent chasse le sable/les nuages** the wind is blowing the sand/the clouds along.
◇ *vi* -**1.** [aller à la chasse - à courre] to go hunting; [- au fusil] to go shooting; **~ sur les terres d'autrui** *fig* to poach on somebody's preserve OU territory. -**2.** [déraper] to skid; **le navire chasse sur son ancre** NAUT the ship is dragging its anchor.

chasseresse [ʃasrɛs] ◇ *adj f*: **Diane ~** Diana the huntress.
◇ *nf litt* huntress.

châsses▽ [ʃas] *nmpl* peepers, eyes.

chasseur, euse [ʃasœr, øz] *nm, f* -**1.** CHASSE hunter, huntsman (*f* huntress); **un très bon ~** [de gibier à plumes] an excellent shot; **~ de daims** deerhunter; **le Chasseur français** PRESSE *hunting magazine whose small ads section is traditionally used by people looking for companionship.* -**2.** [chercheur]: **~ d'autographes** autograph hunter; ~ **d'images** (freelance) photographer; ~ **de têtes** *pr* & *fig* headhunter. -**3.** AÉRON & MIL fighter (plane); ~ **à réaction** jet fighter; ~**-bombardier** fighter bomber. -**4.** MIL chasseur; ~ **alpin** Alpine chasseur. -**5.** [dans un hôtel] messenger (boy), bellboy *Am*.

◆ **chasseur** *adj inv* CULIN chasseur.

chassie [ʃasi] *nf* rheum; **avoir de la ~ dans les yeux** to have rheumy eyes.

chassieux, euse [ʃasjø, øz] ◇ *adj* [œil] rheumy; [personne] rheumy-eyed; **avoir les yeux ~** to have rheumy eyes.
◇ *nm, f* rheumy-eyed person.

châssis [ʃasi] *nm* -**1.** CONSTR frame; ~ **à tabatière** skylight frame. -**2.** BX-ARTS stretcher; PHOT (printing) frame; ~ **d'imprimerie** IMPR chase. -**3.** AUT chassis, steel frame. -**4.** ▽ [corps féminin] chassis, figure; **quel beau ~!** *hum* what a body!

chaste [ʃast] *adj* chaste, innocent.

chastement [ʃastəmɑ̃] *adv* chastely, innocently.

chasteté [ʃastəte] *nf* chastity.

chasuble [ʃazybl] *nf* -**1.** RELIG chasuble. -**2.** VÊT: **robe ~** pinafore dress.

chat, chatte [ʃa, ʃat] *nm, f* -**1.** ZOOL [gén] cat; [mâle] tomcat; [femelle] she-cat; **un petit ~** a kitten; **regarde le petit ~** look at the little pussy cat ❑ ~ **européen** OU **de gouttière** tabby (cat); ~ **persan/siamois** Persian/Siamese cat; ~ **angora** Angora cat; ~ **de Birmanie** Burmese cat; ~ **sauvage** wildcat; **appeler un ~ un ~** to call a spade a spade; **avoir un ~ dans la gorge** to have a frog in one's throat; **acheter ~ en poche** to buy a pig in a poke; **écrire comme un ~** to scrawl; **il n'y a pas de quoi fouetter un ~** it's nothing to make a fuss about; **j'ai d'autres ~s à fouetter** I've got better things to do; **il n'y avait pas un ~** *fam* there wasn't a soul about; **à bon ~, bon rat** *prov* it's tit for tat *loc*; ~ **échaudé craint l'eau froide** once bitten, twice shy *prov*; **n'éveillez** OU **ne réveillez pas le ~ qui dort** let sleeping dogs lie *prov*. -**2.** LITTÉRAT: 'le Chat botté' *Perrault* 'Puss in Boots'. -**3.** *fam* [terme d'affection] pussycat, sweetie, sweetheart. -**4.** JEUX: **jouer à ~** to play tag; **c'est Sonia le ~** Sonia's it; **jouer à ~ perché** to play off-ground tag; **jouer au ~ et à la souris avec qqn** *fig* to play cat-and-mouse with sb. -**5.** HIST & NAUT: ~ **à neuf queues** cat-o'-nine-tails.

◆ **chatte**▼ *nf* pussy, fanny *Br*.

châtaigne [ʃatɛɲ] *nf* -**1.** BOT chestnut; ~ **d'eau** water chestnut. -**2.** ▽ [coup] biff, clout; **il s'est pris une de ces ~s!** [il a été frappé] he got such a smack!; [il s'est cogné] he gave himself a nasty knock! -**3.** ZOOL: ~ **de mer** sea urchin.

châtaigneraie [ʃatɛɲɔrɛ] *nf* chestnut grove.

châtaignier [ʃateɲje] *nm* -**1.** BOT chestnut tree. -**2.** [bois] chestnut.

châtain [ʃatɛ̃] ◇ *adj m* [cheveux] chestnut (brown); ~ **clair** light brown; ~ **doré** OU **roux** auburn; **être ~** to have brown hair.
◇ *nm* chestnut brown.

chataire [ʃatɛr] = **cataire**.

château, x [ʃato] *nm* -**1.** HIST castle; ~ **fort** fortified castle. -**2.** [palais] castle, palace; [manoir] mansion, manor (house); ~ **de cartes** house of cards; **ses illusions se sont écroulées comme un ~ de cartes** his illusions collapsed like a house of cards; **bâtir** OU **faire des ~x en Espagne** to build castles in the air; **le Château** *fam* [la présidence de la République] *humorous term referring to the French presidency*. -**3.** ŒNOL chateau; **mis en bouteilles au ~** chateau bottled. -**4.** NAUT: ~ **d'arrière** aftercastle; ~ **d'avant** forecastle, fo'c's'le, fo'c'sle.

◆ **château d'eau** *nm* water tower.

chateaubriand, châteaubriant [ʃatobrijɑ̃] *nm* Chateaubriand (steak).

Château-la-Pompe *fam* [ʃatolapɔ̃p] *npr m hum* water; **accompagné d'un verre de ~** washed down with a glass of good old tapwater *hum*.

châtelain, e [ʃatlɛ̃, ɛn] *nm, f* -**1.** [propriétaire - gén] owner of a manor; [- homme] lord of the manor; [- femme] lady of the manor. -**2.** HIST (feudal) lord.

◆ **châtelaine** *nf* -**1.** [chaîne de ceinture, bijou] chatelaine. -**2.** HIST [femme du châtelain] chatelaine, lady of the manor.

châtelet [ʃatlɛ] *nm* small (fortified) castle.

chat-huant [ʃaɥɑ̃] (*pl* **chats-huants**) *nm* tawny OU brown OU wood owl.

châtier [9] [ʃatje] *vt litt* -**1.** [punir] to chastise, to castigate *litt*. -**2.** [affiner] to polish, to refine; **parler dans une langue châtiée** to use refined language.

chatière [ʃatjɛr] *nf* -**1.** [pour un chat] cat door OU flap. -**2.** [dans un toit] ventilation hole.

châtiment [ʃatimɑ̃] *nm sout* chastisement, punishment.

chatoiement [ʃatwamɑ̃] *nm* [sur du métal, du verre] gleam, shimmer; [sur de la soie] (soft) glimmer.

chaton [ʃatɔ̃] *nm* -**1.** ZOOL kitten. -**2.** BOT catkin, ament *spéc*, amentum *spéc*. -**3.** [poussière] ball of fluff. -**4.** [par affection] darling. -**5.** JOAILL [tête de la bague] bezel; [pierre enchâssée] stone.

chatouille *fam* [ʃatuj] *nf* tickle; **faire des ~s à qqn** to tickle sb; **elle adore les ~s** she loves being tickled; **elle craint les ~s** she's ticklish.

chatouillement [ʃatujmɑ̃] *nm* tickle; **je ressens encore un ~ dans les oreilles mais je n'ai plus mal** my ears still tickle but it doesn't hurt anymore.

chatouiller [3] [ʃatuje] *vt* -**1.** [pour faire rire] to tickle; ~ **les côtes à qqn** *fam* to give sb a good thrashing. -**2.** [irriter] to tickle. -**3.** [exciter - odorat, palais] to titillate. -**4.** [heurter - amour-propre, sensibilité] to prick.

chatouilleux, euse [ʃatujø, øz] *adj* -**1.** [physiquement] ticklish. -**2.** [pointilleux] sensitive, touchy; **il a un caractère ~** he's a touchy kind of person; ~ **sur** overparticular about; **elle est très chatouilleuse sur ce qu'elle appelle le bon goût** she's very sensitive OU particular about what she calls good taste.

chatouillis *fam* [ʃatuji] *nm* tickle; **faire des ~ à qqn** to tickle sb; **aimer les ~** to love being tickled; **craindre les ~** to be ticklish.

chatoyant, e [ʃatwajɑ̃, ɑ̃t] *adj* -**1.** [brillant] gleaming, glistening, shimmering. -**2.** [luisant] glimmering.

chatoyer [13] [ʃatwaje] *vi* -**1.** [briller] to gleam, to glisten, to shimmer. -**2.** [luire] to glimmer.

châtrer [3] [ʃatre] *vt* -**1.** [étalon, homme, taureau] to castrate; [verrat] to geld; [chat] to castrate, to fix *Am*. -**2.** [censurer - article] to make innocuous. -**3.** BOT [plante] to cut back; [fleur] to castrate.

chattemite [ʃatmit] *nf litt* & *péj*: **faire la ~** to be all honey.

chatterie [ʃatri] *nf* -**1.** [câlinerie] coaxing; **faire des ~s à qqn** to pamper sb. -**2.** [friandise] delicacy.

chatterton [ʃatɛrtɔn] *nm* adhesive insulating tape, friction tape.

chat-tigre [ʃatigr] (*pl* **chats-tigres**) *nm* tiger cat.

chaud, e [ʃo, ʃod] *adj* -**1.** [dont la température est - douce] warm; [- élevée] hot; **climat/temps/vent ~** [tempéré] warm climate/weather/wind; [tropical] hot climate/weather/wind; **un bain ~** a hot bath; **une boisson ~e** a hot drink; **un petit pain tout ~** a hot bun; **ton thé est à peine ~** your tea is barely warm; **son front est tout ~** his forehead is hot; **les nuits deviennent plus ~es en juin** the nights become warmer in June; **au (moment le) plus ~ de la journée** in the heat of the day ❑ **marrons ~s** roast chestnuts; ~ **comme une caille** snug as a bug in a rug; ~ **devant!** [au restaurant] out of the way! -**2.** [veste, couverture] warm. -**3.** [qui n'a pas refroidi] warm; **le lit est encore ~** the bed is still warm; **la place du directeur est encore ~e** *fig* the manager's shoes are still warm. -**4.** [enthousiaste] ardent, warm, keen; **de ~s partisans** dedicated supporters; **je ne suis pas très ~ pour le faire** *fam* I'm not really eager to do it; **son accueil n'a pas été très ~** he didn't welcome us too warmly. -**5.** [passionné] warm; **avoir une ~e discussion sur qqch** to debate sthg heatedly; **une ~e amitié** a loving OU close OU warm friendship; **une ~e ambiance règne dans la salle** the atmosphere in the room is wonderfully warm. -**6.** [agité, dangereux] hot; **les points ~s du monde** the danger spots in the world; **le mois de septembre sera ~** there will be (political) unrest in September; **l'alerte a été ~e** it was a near OU close thing. -**7.** *fam* PRESSE hot (off the press); **une nouvelle toute ~e** an up-to-the-minute piece of news. -**8.** ▽ [sexuellement] hot, randy *esp Br*, horny; ~ **lapin** randy devil. -**9.** [couleur, voix] warm.

◆ **chaud** ◇ *adv* -**1.** [à une température élevée] hot; **servir ~** serve hot; **bois-le ~** drink it (while it's) hot; **avoir ~** [douce chaleur] to feel warm; [forte chaleur] to feel hot; **il fait ~** [douce chaleur] it's warm; [forte chaleur] it's hot ❑ **on a eu ~!** *fam* it was a close OU near thing; **il fera ~ le jour où tu l'entendras dire merci!** that'll be the day when you hear him say thank you!; **ça ne me fait ni ~ ni froid** I couldn't care less. -**2.** *fam* [cher] expensive; **ça a dû coûter ~** it must have cost a mint OU cost an arm and a leg.
◇ *nm* -**1.** [chaleur]: **le ~** the heat OU hot weather. -**2.** MÉD: **un ~ et froid** a chill.

◆ **chaude** *nf* MÉTALL heat, melt; ~**e blanche/rouge** white/red heat.

◆ **à chaud** *loc adv* -**1.** [en urgence]: **l'opération s'est faite à ~** it was emergency surgery; **sonder à ~** to do a spot poll; **ne lui pose pas la question à ~** don't just spring the question on him in the midst of it all. -**2.** MÉTALL: **souder à ~** to hot-weld; **étirer un métal à ~** to draw metal under heat.

◆ **au chaud** *loc adv*: **restez bien au ~** [au lit] stay nice and cosy OU warm in your bed; [sans sortir] don't go out in the cold; **mettre** OU **garder des assiettes au ~** to keep plates warm.

chaudement [ʃodmɑ̃] *adv* -**1.** [contre le froid] warmly; **se vêtir ~** to put on warm clothes. -**2.** [passionnément - gén] warmly, warmheartedly; [- recommander] heartily; [- féliciter] with all one's heart.

chaude-pisse▼ [ʃodpis] (*pl* **chaudes-pisses**) *nf* clap.

chaud-froid [ʃofrwa] (*pl* **chauds-froids**) *nm* CULIN chaudfroid.

chaudière [ʃodjɛr] *nf* boiler; ~ **à bois/charbon** wood-/coal-fired boiler; ~ **accumulatrice de chaleur** heat storage vessel; ~ **à eau chaude** hot water boiler; ~ **à vapeur** steam boiler; ~ **nucléaire** nuclear-powered boiler.

chaudron [ʃodrɔ̃] *nm* [en fonte] cauldron; [en cuivre] copper kettle OU boiler.

chaudronnerie [ʃodrɔnri] *nf* -**1.** [profession] boilermaking, boilerwork. -**2.** [marchandises - de grande taille] boilers; [- de petite taille] hollowware. -**3.** [usine] boilerworks.

chaudronnier, ère [ʃodrɔnje, ɛr] *nm, f* [gén] boilermaker; [sur du cuivre] coppersmith.

chauffage [ʃofaʒ] *nm* -**1.** [d'un lieu] heating; **le ~ coûte cher** heating costs a lot; **système de ~** heating system. -**2.** [installation, système] heating (system); **installer le ~** to put heating in ❑ ~ **central/urbain** central/district heating; ~ **électrique/solaire** electric/solar heating; ~ **au gaz/au mazout** gas-fired/oil-fired heating; ~ **à air pulsé** warm-air heating. -**3.** [chaleur] heat; **baisser/monter le ~** [dans une maison] to turn the heating down/up; [en voiture] to turn the heater down/up.

chauffagiste [ʃofaʒist] *nm* heating specialist.

chauffant, e [ʃofɑ̃, ɑ̃t] *adj* [surface] heating.

chauffard [ʃofar] *nm* reckless driver; [qui s'enfuit] hit-and-run driver.

chauffe [ʃof] *nf* -**1.** [opération] stoking. -**2.** [temps] heating time; **pendant la ~** [d'une machine] while the machine's warming up; [d'une chaudière] while the boiler's heating.

◆ **de chauffe** *loc adj* boiler *(modif)*.

chauffe-assiettes [ʃofasjɛt] *nm inv* plate warmer, hostess tray.

chauffe-bain [ʃofbɛ̃] (*pl* **chauffe-bains**) *nm* water heater.

chauffe-biberon [ʃofbibrɔ̃] (*pl* **chauffe-biberons**) *nm* bottle warmer.

chauffe-eau [ʃofo] *nm inv* water heater; ~ **électrique** immersion heater.

chauffe-plats [ʃofpla] *nm inv* chafing dish.

chauffer [3] [ʃofe] ◇ *vi* -**1.** [eau, plat, préparation] to heat up; **mettre qqch à ~, faire ~ qqch** to heat sthg up; **ça chauffe trop, baisse le gaz** it's overheating, turn the gas down. -**2.** [dégager de la chaleur - radiateur] to give out heat; **un pâle soleil d'hiver qui chauffe à peine** a pale wintry sun, hardly giving out any heat; **en avril, le soleil commence à ~** in April, the sun gets hotter. -**3.** [surchauffer - moteur] to overheat; **ne laissez pas ~ l'élément** don't allow the element to overheat OU to get too hot. -**4.** *fam* [être agité]: **les choses commencent à ~** things are getting hot; **ça va ~!** there's trouble brewing!; **ça chauffe** [à un concert] things are really cooking. -**5.** JEUX to get warm; **tu chauffes!** you're getting warmer!

◇ *vt* -**1.** [chambre, plat] to warm OU to heat up (*sép*); ~ **une maison à l'électricité** to have electric heating in a house; **piscine chauffée** heated swimming pool. -**2.** *loc*: **tu commences à me ~ les oreilles** *fam* you're getting up my nose *Br*, you're starting to get my goat. -**3.** MÉTALL: ~ **un métal à blanc/au rouge** to make a metal white-hot/red-hot. -**4.** *fam* [exciter]: ~ **la salle** to warm up the audience; **il a chauffé la salle à blanc** OU **à bloc** he worked the audience up into a frenzy; ~ **un étudiant pour un examen** to cram a student for an exam.

◆ **se chauffer** *vpi* -**1.** [se réchauffer] to warm o.s. (up); **viens te ~ près du feu** come and warm yourself up OU get warm by the fire. -**2.** [dans un local]: **ils n'ont pas les moyens de se ~** they can't afford heating; **se ~ à l'électricité** to have electric heating; **se ~ au bois** to use a wood stove for heating.

chaufferette [ʃofrɛt] *nf* [bouillotte, boîte] footwarmer.

chaufferie [ʃofri] *nf* -**1.** [local] boiler room. -**2.** NAUT & NUCL stokehold.

chauffeur, euse [ʃofœr, øz] *nm, f* stoker, boiler attendant.

◆ **chauffeur** *nm* -**1.** [conducteur] driver; ~ **de camion** lorry *Br* OU truck *Am* driver; ~ **de taxi** taxi OU cab driver; ~ **du dimanche** *péj* Sunday driver. -**2.** [employé]: **location de voiture avec ~** chauffeur-driven hire-cars; **j'ai fait le ~ de ces dames toute la journée** *fam* I drove the ladies around all day long; **il est le ~ du président** he chauffeurs for the chairman ❑ ~ **de maître** chauffeur.

◆ **chauffeuse** *nf* low armless chair (*by a fire-place*).

chaulage [ʃolaʒ] *nm* -**1.** AGR liming. -**2.** CONSTR whitewashing.

chauler [3] [ʃole] *vt* -**1.** AGR to lime. -**2.** CONSTR to whitewash.

chaumard [ʃomar] *nm* fairlead.

chaume [ʃom] *nm* -**1.** [sur un toit] thatch; **recouvrir un toit de ~** to thatch a roof; **une maison au toit de ~** a thatched cottage. -**2.** AGR [paille] haulm; [sur pied] stubble. -**3.** *litt* [champ] stubble field.

chaumer [3] [ʃome] ◇ *vt* [champs] to clear stubble from, to clear of stubble.

◇ *vi* to clear stubble.

chaumière [ʃomjɛr] *nf* ≃ cottage; [avec un toit de chaume] thatched cottage; **faire causer** OU **jaser dans les ~s** to give the neighbours something to talk about.

chaussant, e [ʃosɑ̃, ɑ̃t] *adj* [botte, soulier] well-fitting.

◆ **chaussant** *nm* fitting qualities (*of a shoe or boot*).

chaussée [ʃose] *nf* -**1.** [d'une route] roadway, pavement *Am*; **ne restez pas sur la ~** stay off the road OU roadway; '~ **déformée**' 'uneven road surface'; '~ **glissante**' 'slippery road', 'slippery when wet'. -**2.** [talus] dyke, embankment; [voie surélevée] causeway; **la Chaussée des Géants** the Giant's Causeway.

chausse-pied [ʃospje] (*pl* **chausse-pieds**) *nm* shoehorn.

chausser [3] [ʃose] ◇ *vt* -**1.** [escarpins, skis, palmes] to put on (*sép*); ~ **les étriers** SPORT to put one's feet into the stirrups; **elle était chaussée de pantoufles de soie** she was wearing silk slippers. -**2.** [enfant, personne]: **viens ~ les enfants** come and put the children's shoes on for them. -**3.** [fournir en chaussures] to provide shoes for, to supply with shoes. -**4.** [lunettes] to put OU to slip on (*sép*). -**5.** AUT: **la voiture est chaussée de pneus neige** the car has snow tyres on. -**6.** [arbre, plante] to earth up.

◇ *vi*: **je suis difficile à ~** it's hard for me to find shoes that fit; **voici un modèle qui devrait mieux ~** this style of shoe should fit better; **du combien chausses-tu?** what size shoes do you take?; **je chausse du 38** I take a size 38 shoe, I take size 38 in shoes.

◆ **se chausser** ◇ *vp* (*emploi réfléchi*): **chausse-toi, il fait froid** put something on your feet, it's cold; **se ~ avec un chausse-pied** to use a shoehorn.

◇ *vpi* [se fournir]: **je me chausse chez Lebel** I buy my shoes at OU I get my shoes from Lebel's.

chausses [ʃos] *nfpl arch* hose, chausses.

chausse-trap(p)e [ʃostrap] (*pl* **chausse-trapes** OU **chausse-trappes**) *nf pr* & *fig* trap.

chaussette [ʃosɛt] *nf* -**1.** VÊT sock; **en ~s** in one's stockinged feet; **laisser tomber qqn comme une vieille ~** *fam* to ditch sb. -**2.** *fam vieilli*: ~ **à clous** (policeman's) boot.

chausseur [ʃosœr] *nm* -**1.** [fabricant] shoemaker. -**2.** [vendeur] shoemaker, footwear specialist.

chausson [ʃosɔ̃] *nm* -**1.** VÊT [d'intérieur] slipper; [de bébé] bootee. -**2.** [de danseuse] ballet shoe, pump; [de gymnastique] soft shoe; [dans la chaussure de ski] inner shoe; ~ **de neige** snow shoe. -**3.** CULIN turnover; ~ **aux pommes** ≃ apple turnover. -**4.** COUT: **point de ~** blind hem stitch.

chaussure [ʃosyr] *nf* -**1.** VÊT shoe; **acheter des ~s** to buy shoes OU footwear ❑ **trouver ~ à son pied** to find a suitable match; **elle a trouvé ~ à son pied** she found the right person. -**2.** LOISIRS & SPORT: ~**s de marche** walking OU hiking boots; ~**s de ski** ski boots. -**3.** COMM shoe trade; [industrie] shoe OU shoe-manufacturing industry.

chaut [ʃo] → **chaloir.**

chauve [ʃov] ◇ *adj* [crâne, tête] bald; [personne] bald, baldheaded; [montagne, pic] bare; ~ **comme un œuf** *fam* as bald as a coot *Br* OU as an egg *Am*.

◇ *nmf* bald person, bald man (*f* woman).

chauve-souris [ʃovsuri] (*pl* **chauves-souris**) *nf* bat.

chauvin, e [ʃovɛ̃, in] ◇ *adj* chauvinistic, jingoist, jingoistic.

◇ *nm, f* chauvinist, jingoist.

chauvinisme [ʃovinism] *nm* chauvinism, jingoism.

chaux [ʃo] *nf* lime; **mur passé** OU **blanchi à la ~** whitewashed wall; **enduire un arbre de ~** to lime a tree ❑ ~ **éteinte** slaked lime; ~ **vive** quicklime.

chavirement [ʃavirmɑ̃] *nm* -**1.** *litt* [d'un navire] capsizing, keeling over, overturning. -**2.** *fig* [effondrement] collapse.

chavirer [3] [ʃavire] ◇ *vi* -**1.** NAUT to capsize, to keel over, to turn turtle; **faire ~** to capsize. -**2.** [se renverser] to keel over, to overturn; **tout chavire autour de moi** everything around me is spinning. -**3.** [tourner - yeux] to roll; **avoir le cœur qui chavire** [de dégoût] to feel nauseated; [de chagrin] to be heartbroken.

◇ *vt* -**1.** [basculer] to capsize, to overturn. -**2.** [émouvoir] to overwhelm, to shatter; **il a l'air tout chaviré** he looks devastated.

chèche [ʃɛʃ] *nm* scarf.

chéchia [ʃeʃja] *nf* tarboosh, fez.

check-list [tʃɛklist] (*pl* **check-lists**) *nf* checklist.

check-up [tʃɛkœp] *nm inv* checkup.

chef [ʃɛf] ◇ *nm* -**1.** [responsable - gén] head; [- d'une entreprise] manager, boss; ~ **comptable** chief accountant; ~ **d'atelier** shop foreman; ~ **de bureau** head clerk; ~ **de cabinet** minister's *Br* OU secretary of state's *Am* principal private secretary; ~ **de chantier** site foreman; ~ **d'établissement** SCOL headmaster (*f* headmistress), principal; ~ **de famille** head of the family; ~ **de l'Église** Head of the Church; ~ **de l'État** Head of the State; ~**s d'État** heads of state; ~ **d'entreprise** company manager; ~ **d'équipe** foreman; ~ **de rayon** department manager; ~ **de service** section head; ~ **du personnel** personnel OU staff manager. -**2.** MIL: ~ **d'escadron** major; ~ **d'état-major** chief of staff; ~ **de patrouille** patrol leader; ~ **de pièce** gun captain. -**3.** RAIL: ~ **de gare** station master; ~ **mécanicien** chief mechanic. -**4.** CULIN chef; **la spécialité du ~ aujourd'hui** the chef's special today. -**5.** MUS: ~ **de pupitre** head of section; ~ **des chœurs** choirmaster. -**6.** SPORT: ~ **de nage** naut. -**7.** [leader] leader; **elle a toutes les qualités d'un ~** she has all the qualities of a leader; **bravo, c'est toi le ~!** *hum* well done, boss! *hum* ❑ ~ **de bande** gang leader; ~ **de file** leader; **petit ~** *péj* [dans une famille] domestic tyrant; [au bureau, à l'usine] slave driver; **elle s'est débrouillée comme un ~!** *fam* she did really well! -**8.** (*comme adj*) head (*modif*), chief (*modif*); **infirmière ~** head nurse; **ingénieur ~** chief engineer; **médecin-~** ≃ senior consultant. -**9.** *hum* [tête] head; **opiner du ~** to nod. -**10.** JUR: ~ **d'accusation** charge OU count (of indictment). -**11.** HÉRALD chief.

◇ *nf fam* [responsable]: **la ~** the boss.

◆ **au premier chef** *loc adv* above all, first and foremost.

◆ **de son chef, de son propre chef** *loc adv* on one's own authority OU initiative; **j'ai agi de mon propre ~** I acted on my own initiative.

◆ **en chef** ◇ *loc adj*: **commandant en ~** commander-in-chief; **ingénieur en ~** chief engineer.

◇ *loc adv*: **commander en ~** to be commander-in-chief.

◆ **chef d'orchestre** *nm* -**1.** MUS conductor. -**2.** *fig* organizer, orchestrator.

chef-d'œuvre [ʃɛdœvr] (*pl* **chefs-d'œuvre**) *nm* masterpiece.

chefferie [ʃɛfri] *nf* [autorité politique] chieftaincy.

chef-garde [ʃɛfgard] *nm Belg* guard (*on a train*).

chef-lieu [ʃɛfljø] (*pl* **chefs-lieux**) *nm* ADMIN *in France, administrative centre of a "département", "arrondissement" or "canton".*

cheftaine [ʃɛftɛn] *nf* [de louveteaux] cubmistress *Br*, den mother *Am*; [chez les jeannettes] Brown Owl *Br*, den mother *Am*; [chez les éclaireuses] captain.

cheikh [ʃɛk] *nm* sheik, sheikh.

chéiroptère [keirɔptɛr] = **chiroptère.**

chelem [ʃlɛm] *nm* JEUX & SPORT slam; **grand ~** grand slam; **petit ~** small OU little slam.

chemin [ʃəmɛ̃] *nm* -**1.** [allée] path, lane; ~ **creux** sunken lane; ~ **de halage** towpath; ~ **de ronde** covered way; ~ **de traverse** *pr* path across the fields; *fig* short cut; ~ **vicinal** OU **départemental** minor road; **être toujours sur les (quatre) ~s** OU **par voies et par ~s** to be always on the move OU road; **bandit** OU **voleur de grand ~** OU **grands ~s** highwayman; **il n'y va pas par quatre** OU **trente-six ~s** he doesn't beat about *Br* OU around *Am* the bush; **tous les ~s mènent à Rome** *prov* all roads lead to Rome *prov*. -**2.** [parcours, trajet] way; **faire** OU **abattre du ~** to go a long way; **le ~ que nous avons fait** OU **abattu** the long way we've come OU distance we've covered; **on s'est retrouvé à mi-~** OU **à moitié ~** we met halfway; **suivre le ~ de la balle** [au tennis] to follow the path of the ball; **demandons-lui notre ~** let's ask him how to get to our destination; **pas de problème, c'est sur mon ~** no problem, it's on my way; **c'est le ~ le plus court/long** it's the shortest/longest way; **nous avons fait tout le ~ à pied/en voiture** we walked/drove all the way; **se frayer** OU **s'ouvrir un ~ dans la foule** to force one's way through the crowd; **barrer** OU **couper le ~ à qqn** to be in OU to bar sb's way; **passer son ~** *vieilli* to go on one's way; **passez votre ~!** on your way!; **prendre le ~ de l'exil** to go into exile; **prendre des ~s détournés pour faire qqch** *fig* to use roundabout means in order to do sthg ❑ **prendre le ~ des écoliers** to go the long way around; **je voudrais des petits-enfants mais ça n'en prend pas le ~** I'd like some grandchildren but it doesn't seem to be on the agenda. -**3.** [destinée, progression] way; **barrer** OU **couper le ~ à qqn** to bar sb's way, to impede sb's progress; **ouvrir/montrer le ~** to open/to lead the way; **il va son ~ sans se préoccuper des autres** he goes his way without worrying about other people; **nos ~s se sont croisés autrefois** we met a long time ago; **faire son ~** to make one's way in life; **cet enfant fera du ~, croyez-moi!** this child will go far OU a long way, believe me!; **mettre un obstacle sur le ~ de qqn** to put an obstacle in sb's way; **se mettre sur le ~ de qqn** to stand in sb's way; **trouver qqn sur son ~** [ennemi] to find sb standing in one's way; [futur époux] to meet sb; **que je ne te retrouve pas sur mon ~!** don't let me ever bump into you again! ❑ **le ~ de Damas** BIBLE the road to Damascus; **trouver son ~ de Damas** *fig* to see the light; **le bon ~** the right track; **ne t'arrête pas en si bon ~** don't give up now that you're doing so well; **le droit ~** the straight and narrow. -**4.** RELIG: **~ de croix** Way of the Cross. -**5.** [napperon]: **~ de table** table runner.

◆ **chemin faisant** *loc adv* while going along; **nous en avons parlé ~ faisant** we talked about it on our way OU as we went along.

◆ **en chemin** *loc adv* on one's way OU the way; **ne t'amuse pas en ~** don't mess around on the way.

chemin de fer [ʃəmɛ̃dfɛr] (*pl* **chemins de fer**) *nm* railway *Br*, railroad *Am*; **voyager en ~** to travel by train; **employé des ~s de fer** rail worker *Br*, railman.

chemineau, x [ʃəmino] *nm vieilli* tramp, vagrant, hobo *Am*.

cheminée [ʃəmine] *nf* -**1.** [gén] shaft; [de maison] chimney (stack); [dans un mur] chimney; [d'usine] chimney (stack), smokestack; [de paquebot] funnel; **~ d'aération** ventilation shaft. -**2.** [âtre] fireplace; [chambranle] mantelpiece; **viens te réchauffer près de la ~** come and get warm by the fire OU fireplace. -**3.** GÉOL [d'un volcan] vent; **~ des fées** devil's chimney.

cheminement [ʃəminmɑ̃] *nm* -**1.** [parcours] movement; **le ~ des eaux souterraines** the movement of underground water. -**2.** *fig* [développement] development, unfolding; **le ~ de sa pensée** the development of her thought. -**3.** MIL advance (under cover).

cheminer [3] [ʃəmine] *vi* -**1.** *litt* [avancer - marcheur] to walk along; [- fleuve] to flow; **~ avec difficulté à travers bois** to struggle through the woods. -**2.** *fig* [progresser - régulièrement] to progress, to develop; [- lentement] to make slow progress OU headway. -**3.** MIL to advance (under cover). -**4.** [en topographie] to traverse.

cheminot [ʃəmino] *nm* RAIL railwayman *Br*, railroad man *Am*.

chemisage [ʃəmizaʒ] *nm* -**1.** [d'un projectile] jacketing. -**2.** [d'un conduit, d'un moule] lining.

chemise [ʃəmiz] *nf* -**1.** VÊT shirt; **~ américaine** undershirt; **~ de nuit** [de femme] nightgown, nightdress; [d'homme] nightshirt; **en (bras** OU **manches de) ~** in shirt-sleeves; **changer d'avis comme de ~** *fam* to keep changing one's mind; **il donnerait jusqu'à sa ~** he'd give the shirt off his back; **ils ne lui ont laissé que sa ~** they took everything but what he stood up in; **je m'en soucie** OU **moque** OU **fiche** *fam* **comme de ma première ~** I don't give a tinker's cuss OU two hoots; **perdre au jeu jusqu'à sa dernière ~** to gamble one's last penny *Br* OU cent *Am* away. -**2.** HIST: **Chemises brunes** Brownshirts; **Chemises noires** Blackshirts; **Chemises rouges** Redshirts. -**3.** [de carton] folder. -**4.** MÉCAN & TECH [enveloppe - intérieure] lining; [- extérieure] jacket.

chemiser [3] [ʃəmize] *vt* -**1.** MÉCAN & TECH [intérieurement] to line; [extérieurement] to jacket. -**2.** CULIN to coat with aspic jelly.

chemiserie [ʃəmizri] *nf* -**1.** [fabrique] shirt factory. -**2.** [boutique] gents' outfitter's *Br*, haberdasher's *Am*. -**3.** [industrie] shirt trade.

chemisette [ʃəmizɛt] *nf* [pour femme] short-sleeved blouse; [pour homme, pour enfant] short-sleeved shirt.

chemisier, ère [ʃəmizje, ɛr] *nm, f* shirtmaker *Br*, haberdasher *Am*.

◆ **chemisier** *nm* blouse.

chenal, aux [ʃənal, o] *nm* -**1.** [canal - dans les terres] channel; [- dans un port] fairway, channel. -**2.** GÉOL [sous la mer] trench. -**3.** MÉTALL: **~ de coulée** runner.

chenapan [ʃ(ə)napɑ̃] *nm hum* OU *vieilli* rascal, rogue, scoundrel.

chêne [ʃɛn] *nm* -**1.** BOT oak; **~ rouvre** Turkey oak; **~ vert** holm oak, ilex; **fort** OU **solide comme un ~** as strong as an ox. -**2.** MENUIS oak.

chéneau, x [ʃeno] *nm* gutter *(on a roof)*.

chêne-liège [ʃɛnljɛʒ] (*pl* **chênes-lièges**) *nm* cork oak.

chenet [ʃənɛ] *nm* andiron, firedog.

chènevis [ʃɛnvi] *nm* hempseed.

Chengdu [ʃɛŋdu] *npr* Chengdu.

chenil [ʃənil] *nm* -**1.** [établissement - pour la reproduction] breeding kennels; [- pour la garde] boarding kennels; [- pour le dressage] training kennels. -**2.** *Helv* [bric-à-brac] (load of) junk.

chenille [ʃənij] *nf* -**1.** ENTOM caterpillar; **~ du bombyx** silk worm; **~ processionnaire** processionary caterpillar. -**2.** MÉCAN caterpillar; **véhicule à ~s** tracked vehicle. -**3.** TEXT chenille.

chenillé, e [ʃənije] *adj* [engin, véhicule] tracked.

chenillette [ʃənijɛt] *nf* MIL small tracked vehicle; [pour neige] snowmobile.

chenu, e [ʃəny] *adj litt* -**1.** [vieillard] hoary. -**2.** [arbre] bald OU leafless (with age), glabrous *spéc*.

cheptel [ʃɛptɛl] *nm* -**1.** [bétail] livestock; **avoir un ~ de 1 000 têtes** to have 1,000 head of cattle; **le ~ bovin de la France** the total number of cattle in France. -**2.** JUR: **~ (vif)** livestock; **~ mort** farm equipment.

chèque [ʃɛk] *nm* -**1.** FIN cheque *Br*, check *Am*; **tirer/toucher un ~** to draw/to cash a cheque; **faire un ~ de 100 francs à qqn** to write sb a cheque for 100 francs; **~ bancaire** cheque; **~ barré** crossed cheque; **~ en blanc** blank cheque; **donner un ~ en blanc à qqn** *fig* to give sb carte blanche; **~ en bois** *fam* OU **sans provision** dud cheque *Br*, bad check; **il a fait un ~ sans provision** his cheque bounced; **~ à ordre** cheque to order; **~ au porteur** bearer cheque; **~ postal** *cheque drawn on the postal banking system*, ≃ giro (cheque) *Br*; **~ de voyage** traveller's cheque. -**2.** [coupon]: **~ cadeau** gift token; **~-essence** petrol coupon OU voucher; **~ repas** luncheon voucher.

Chèque-Déjeuner® [ʃɛkdeʒœne] (*pl* **Chèques-Déjeuners**) *nm* ≃ luncheon voucher.

Chèque-Restaurant® [ʃɛkrɛstɔrɑ̃] (*pl* **Chèques-Restaurants**) *nm* ≃ luncheon voucher.

chéquier [ʃekje] *nm* chequebook *Br*, checkbook *Am*.

cher, chère [ʃɛr] *adj* -**1.** [aimé] dear; **elle m'est plus chère qu'une sœur** she's dearer to me than a sister; **ceux qui vous sont ~s** your loved ones, the ones you love; **un être ~** a loved one. -**2.** [dans des formules de politesse] dear; **~ Monsieur, chère Madame** dear Sir, dear Madam; **mon ~ ami** my dear friend; **mes bien** OU **très ~s amis** dearest friends; **bien ~s tous** dearest friends; **le ~ homme n'a pas compris** *hum* OU *iron* the dear man didn't understand; **mes bien** OU **très ~s frères** RELIG beloved brethren. -**3.** [précieux] dear, beloved; **il est retourné à ses chères études** *hum* he's gone back to his ivory tower OU to his beloved books; **~ à: la formule si chère aux hommes politiques** the phrase beloved of politicians, that favourite phrase of politicians; **mon souhait le plus ~** my dearest OU most devout wish. -**4.** [onéreux] expensive, dear *Br*; **c'est plus ~** it's dearer OU more expensive; **c'est moins ~** it's cheaper OU less expensive; **voilà un dîner pas ~!** now this is a cheap dinner!; **ne va pas chez Pablet, il est trop ~** don't go to Pablet's, his prices are too high.

◆ **cher** *adv* -**1.** COMM: **coûter ~** to cost a lot, to be expensive; **est-ce que ça te revient ~?** does it cost you a lot?; **ça me revient trop ~** it's too expensive for me, I can't afford it; **prendre ~** *fam* to charge a lot; **il te prend ~?** how much does he charge (you)?; **il prend trop ~** he charges too much; **tu ne prends pas assez ~** you don't charge enough; **il vaut ~** [bijou de famille] it's worth a lot OU valuable; [article en magasin] it's expensive; **je l'ai eu pour pas ~** *fam* I didn't pay much for it; **elle vend ~** *fam* her prices are high. -**2.** *loc*: **donner ~: je donnerais ~ pour le savoir** I'd give anything to know; **je ne donne pas ~ de sa vie** I wouldn't give much for his chances of survival; **valoir ~: il ne vaut pas ~** he's a good-for-nothing; **et toi, tu ne vaux pas plus ~** and you're no better.

◆ **chère** *nf hum* food, fare; **la chère y est excellente** the food there is superb ❑ **faire bonne chère** to eat well.

chercher [3] [ʃɛrʃe] *vt* -**1.** [avec les sens] to look OU to search for *(insép)*; **que cherches-tu?** what are you looking for?; **cherche les clefs dans tes poches** look in your pockets for the keys; **~ qqn du regard** OU **des yeux** to look around for sb; **~ qqn/qqch à tâtons** to fumble OU to grope for sb/sthg; **il cherchait son enfant à tâtons dans le noir** he groped around in the dark trying to find his child ❑ **c'est comme ~ une aiguille dans une botte de foin** it's like looking for a needle in a haystack; **~ la petite bête** *fam* to split hairs; **~ des poux dans la tête de qqn** *fam* to try and pick a fight with sb; **cherchez la femme** *allusion Alexandre Dumas, père* cherchez la femme. -**2.** [avec l'esprit] to try to find, to search for *(insép)*; **je cherche son nom** I'm trying to remember her name || *(en usage abs)*: **tu donnes ta langue au chat? — attends, je cherche** give up? — wait, I'm still thinking OU trying to think ❑ **~ des ennuis** OU **histoires** OU **crosses** *fam* **à qqn** to try and cause trouble for sb; **~ chicane** OU **querelle à qqn** to try and pick a quarrel with sb; **~ midi à quatorze heures** *fam* to look for complications (where there are none); **pas besoin de ~ midi à quatorze heures pour expliquer son départ** no need to look too far to understand why he left. -**3.** [essayer de se procurer] to look OU to search for *(insép)*; **je cherche cette édition rare depuis longtemps** I've been hunting for this rare edition for years; **~ du travail** to look for work, to be job-hunting; **~ une maison** to look for a house, to be house-hunting; **il faut vite ~ du secours** you must get help quickly; **il est parti ~ fortune à l'étranger** he went abroad to look for fame and fortune; **~ refuge auprès de qqn** to seek refuge with sb; **~ femme** *vieilli* to look for a wife. -**4.** [aspirer à - tranquillité, inspiration] to look OU to search for *(insép)*, to seek (after); **il ne cherche que son intérêt** he thinks only of his own interests. -**5.** *fam* [provoquer] to look for *(insép)*; **tu l'as bien cherché!** you asked for it!; **toujours à ~ la bagarre!** always looking OU spoiling for a fight!; **quand** OU **si on me cherche, on me trouve** if anybody asks for trouble, he'll get it. -**6.** [avec des v de mouvement]: **aller ~ qqn/qqch** to fetch sb/sthg; **aller ~ les enfants à l'école** to pick the children up from school; **monte/descends ~ la valise** go (up/down) and fetch the suitcase; **aller ~ qqn à l'aéroport** to go and pick sb up at the airport ❑ **aller ~** *fig*: **que vas-tu ~ là?** what on earth are you going on about?; **mais qu'est-ce que tu vas encore ~, je n'ai rien dit de mal** now what are you thinking of? I didn't mean anything bad; où as-tu été ~ que j'avais accepté? what made you think I said yes?; aller ~ dans les *fam*, aller ~ jusqu'à *fam*: ça va bien ~ dans les 1 000 F it's worth at least 1,000 F; ça peut aller ~ jusqu'à dix ans de prison it could get you up to ten years in prison; aller ~ loin *fam*: ça va ~ loin, cette histoire this is a bad business.

◆ **chercher à** *v + prép* to try OU to attempt OU to seek to; je ne cherche qu'à t'aider I'm only trying to help you; cherche pas à comprendre *fam* don't bother to try to OU and understand.

◆ **chercher après** *fam v + prép* to look for, to be OU to chase after; je cherche encore après ces maudites lunettes! I'm still after those damn glasses!

◆ **se chercher** ◇ *vp (emploi réciproque)*: ils se sont cherchés pendant longtemps they spent a long time looking for each other.

◇ *vpi*: il se cherche he's trying to sort himself out.

chercheur, euse [ʃɛrʃœr, øz] ◇ *adj* [esprit, mentalité] inquiring.

◇ *nm, f* -**1.** UNIV researcher, research worker; travailler comme ~ to be a researcher, to do research. -**2.** [aventurier]: un ~ de trésor a treasure seeker ❑ ~ d'or gold digger.

◆ **chercheur** *nm* ASTRON: ~ de comètes finder.

chère [ʃɛr] *f* → **cher**.

chèrement [ʃɛrmɑ̃] *adv* -**1.** [à un prix élevé] dearly, at great cost; la victoire fut ~ payée the victory was won at great cost. -**2.** *litt* [tendrement] dearly, fondly; aimer ~ qqn to love sb dearly.

chéri, e [ʃeri] ◇ *adj* darling, dear, beloved; mon gros bébé ~ my sweet darling baby; à notre grand-mère ~e [au cimetière] to our beloved grandmother.

◇ *nm, f* -**1.** *(en appellatif)* darling, dear, honey *Am*; qu'y a-t-il, ~? what's the matter, dear OU darling?; mon ~, je te l'ai dit cent fois darling, I've already told you a hundred times. -**2.** [personne préférée]: il a toujours été le ~ de ses parents he was always the darling of the family; voilà le ~ de ces dames *hum* here comes the ladykiller. -**3.** *fam* [amant] lover, boyfriend (*f* girlfriend); sa ~e l'a largué his girlfriend ditched him.

chérif [ʃerif] *nm* [prince arabe] sherif, sharif.

chérir [32] [ʃerir] *vt litt* [aimer - personne] to cherish, to love (dearly); [- démocratie, liberté] to cherish; [- mémoire, souvenir] to cherish, to treasure.

chérot *fam* [ʃero] ◇ *adj inv* pricey, on the pricey side.

◇ *adv*: il vend plutôt ~! his prices are on the stiff side!

cherry [ʃeri] (*pl* cherrys OU cherries) *nm* cherry brandy.

cherté [ʃɛrte] *nf*: la ~ des fraises the high price of strawberries; la ~ de la vie the high cost of living.

chérubin [ʃerybɛ̃] *nm* -**1.** RELIG cherub. -**2.** [enfant] cherub.

chétif, ive [ʃetif, iv] *adj* -**1.** [peu robuste] sickly, puny. -**2.** BOT stunted. -**3.** *litt* [peu riche - récolte] meagre, poor; [- vie] poor, wretched.

chevaine [ʃəvɛn] *nm* chub.

cheval, aux [ʃəval, o] *nm* -**1.** ZOOL horse; ~ d'attelage carthorse, plough horse; ~ de poste OU relais post-horse; ~ de bataille *fig* hobby-horse, pet subject; ~ de cirque circus horse; ~ de course racehorse; ~ de labour plough horse; ~ de manège school horse; ~ marin [hippocampe] sea horse; ~ de retour [récidiviste] recidivist; ~ de selle saddle horse; ~ de trait draught horse; changer OU échanger OU troquer son ~ borgne pour un aveugle to jump from the frying pan into the fire; travailler comme un ~ to work like a dog OU slave; à ~ donné on ne regarde pas la dent *prov* don't look a gift horse in the mouth *prov*; monter sur ses grands chevaux to get on one's high horse; ce n'est pas un OU le mauvais ~ he's not a bad guy OU sort; ça ne se trouve pas sous le pas OU sabot d'un ~ it doesn't grow on trees. -**2.** ÉQUIT (horseback) riding; elle aime beaucoup le ~ she loves riding; faire du ~ to ride, to go riding. -**3.** LOISIRS: ~ de bois wooden horse; faire un tour sur les chevaux de bois to go on the roundabout OU carousel; jouer aux petits chevaux JEUX ≃ to play ludo. -**4.** AUT & FIN: ~ fiscal horsepower *(for tax purposes)*. -**5.** MIL: ~ de frise cheval-de-frise. -**6.** ANTIQ: le ~ de Troie the Trojan horse. -**7.** [viande] horsemeat. -**8.** *fam péj* [femme]: grand ~ great horse of a woman.

◆ **à cheval** *loc adv* -**1.** ÉQUIT on horseback; aller au village à ~ to ride to the village, to go to the village on horseback; traverser une rivière à ~ to ride across a river. -**2.** [à califourchon]: être à ~ sur une chaise to be sitting astride a chair; l'étang est à ~ sur deux propriétés the pond straddles two properties; mon congé est à ~ sur février et mars my period of leave starts in February and ends in March. -**3.** *fam* [pointilleux]: être à ~ sur to be particular about; il est très à ~ sur les principes he is a stickler for principles; ils sont très à ~ sur la tenue they're very particular about dress.

◆ **de cheval** *loc adj* -**1.** CULIN horse *(modif)*, horsemeat *(modif)*. -**2.** *fam* [fort]: fièvre de ~ very high temperature; remède de ~ drastic remedy. -**3.** *péj* [dents, profil] horsey *péj*, horse-like.

cheval-d'arçons [ʃəvaldarsɔ̃] *nm inv* vaulting horse.

chevalement [ʃəvalmɑ̃] *nm* -**1.** CONSTR shoring. -**2.** MIN (pit) head frame, gallows frame.

chevaler [3] [ʃəvale] *vt* to shore up *(sép)*.

chevaleresque [ʃəvalrɛsk] *adj* -**1.** [généreux] chivalrous; agir de façon ~ to behave like a gentleman. -**2.** [des chevaliers]: l'honneur/le devoir ~ a knight's honour/duty.

chevalerie [ʃəvalri] *nf* -**1.** [ordre] knighthood. -**2.** [institution] chivalry.

chevalet [ʃəvalɛ] *nm* -**1.** [d'un peintre] easel. -**2.** [support] stand, trestle. -**3.** MUS bridge. -**4.** HIST [de torture] rack.

chevalier [ʃəvalje] *nm* -**1.** HIST knight; il a été fait ~ he was knighted ❑ ~ errant knight-errant; ~ d'industrie wheeler-dealer; ~ servant (devoted) escort; le ~ de la Triste Figure LITTÉRAT the Knight of the Sorrowful countenance; les ~s de la Table ronde the Knights of the Round Table. -**2.** ADMIN: ~ de la Légion d'honneur chevalier of the Legion of Honour. -**3.** ORNITH sandpiper.

chevalière [ʃəvaljɛr] *nf* signet ring.

chevalin, e [ʃəvalɛ̃, in] *adj* -**1.** [race] equine. -**2.** [air, allure, visage] horsey, horselike.

cheval-vapeur [ʃəvalvapœr] (*pl* chevaux-vapeur [ʃəvovapœr]) *nm* horsepower.

chevauchant, e [ʃəvoʃɑ̃, ɑ̃t] *adj* overlapping.

chevauchée [ʃəvoʃe] *nf* ride; 'la Chevauchée fantastique' *John Ford* 'Stagecoach'.

chevauchement [ʃəvoʃmɑ̃] *nm* -**1.** [superposition] overlap, overlapping; pour éviter tout ~ dans l'emploi du temps des élèves to avoid clashes OU overlaps between subjects in the students' timetable. -**2.** CONSTR spanning. -**3.** GÉOL thrust fault.

chevaucher [3] [ʃəvoʃe] *vt* -**1.** [monter sur - moto, cheval, balai, vague] to ride; [- âne, chaise] to sit astride OU astraddle. -**2.** [recouvrir en partie] to overlap.

◆ **se chevaucher** *vp (emploi réciproque)* -**1.** [être superposé - dents] to grow into each other; [- tuiles] to overlap; mon cours et le sien se chevauchent my lesson overlaps with hers. -**2.** GÉOL to overthrust.

chevau-léger [ʃəvoleʒe] (*pl* chevau-légers) *nm* -**1.** [soldat] soldier of the Household Cavalry. -**2.** [corps]: les ~s the Household Cavalry.

chevêche [ʃəvɛʃ] *nf* little owl.

chevelu, e [ʃəvly] ◇ *adj* -**1.** [ayant des cheveux] hairy. -**2.** [à chevelure abondante] longhaired. -**3.** BOT comose, comate.

◇ *nm, f péj* [personne] long-haired man (*f* woman).

◆ **chevelu** *nm* BOT root-hairs *(pl)*.

chevelure [ʃəvlyr] *nf* -**1.** [cheveux] hair; son abondante ~ her thick hair. -**2.** ASTRON tail.

chevet [ʃəvɛ] *nm* -**1.** [d'un lit] bedhead. -**2.** ARCHIT chevet.

◆ **au chevet de** *loc prép* at the bedside of.

◆ **de chevet** *loc adj* bedside *(modif)*.

cheveu, x [ʃəvø] *nm* -**1.** [poil] hair; ses ~x his hair; avoir les ~x noirs/longs/frisés to have black/long/curly hair; une fille aux ~x courts a girl with short hair, a short-haired girl; les ~x en désordre OU bataille with unkempt OU tousled hair; ~x au vent windblown hair; avoir le ~ rare to be thinning (on top); s'il touche à un seul ~ de ma femme... if he dares touch a hair on my wife's head... ❑ elle a les ~x raides comme des baguettes her hair's dead straight; en ~x *vieilli* bare-headed; il s'en est fallu d'un ~ qu'on y reste we missed death by a hair's breadth; une histoire à faire dresser les ~x sur la tête a story that makes your hair stand on end; le coup l'a manqué d'un ~ the blow missed him by a hair's breadth; il s'en est fallu d'un ~ qu'il ne soit renversé par une voiture he very nearly got run over; avoir un ~ sur la langue to (have a) lisp; se faire des ~x (blancs) to worry o.s. sick; venir OU arriver comme un ~ sur la soupe to come at the wrong time; sa question est tombée comme un ~ sur la soupe his question couldn't have come at a worse time; saisir une occasion aux ~x to seize an opportunity; c'est un peu tiré par les ~x it's a bit far-fetched; se prendre aux ~x to come to blows; avoir mal aux ~x *fam* to have a hangover. -**2.** [coiffure] hairstyle; tu aimes mes ~x comme ça? how do you like my haircut OU hairstyle?

◆ **à cheveux** *loc adj* hair *(modif)*.

◆ **à un cheveu de** *loc prép* within a hair's breadth of.

◆ **cheveux d'ange** *nmpl* -**1.** [guirlande] tinsel garland. -**2.** CULIN vermicelli.

cheville [ʃəvij] *nf* -**1.** ANAT ankle; ils avaient de la boue jusqu'aux ~s, la boue leur arrivait aux ~s they were ankle-deep in mud, the mud came up to their ankles ❑ son fils ne lui arrive pas à la ~ his son's hardly in the same league as him; personne ne lui arrive à la ~ he towers above everybody else *fig*. -**2.** MENUIS [pour visser] plug; [pour boucher] dowel; il est la ~ ouvrière du mouvement *fig* he's the mainspring OU kingpin of the movement. -**3.** MUS peg. -**4.** LITTÉRAT cheville, expletive. -**5.** [de boucher] hook.

◆ **en cheville** *loc adv*: être en ~ avec qqn to be in cahoots with sb; ils sont en ~ tous les deux they're in it together.

cheviller [3] [ʃəvije] *vt* to peg; l'armoire est chevillée the wardrobe is pegged together.

chevillette [ʃəvijɛt] *nf* [clé] (wooden) peg.

cheviotte [ʃəvjɔt] *nf* Cheviot wool.

chèvre [ʃɛvr] *nf* -**1.** ZOOL [mâle] goat, billy-goat; [femelle] goat, she-goat, nanny-goat; rendre qqn ~ *fam* to drive sb crazy. -**2.** [treuil] hoist; [chevalet] trestle.

chevreau, x [ʃəvro] *nm* -**1.** ZOOL kid. -**2.** [peau] kid.

chèvrefeuille [ʃɛvrəfœj] *nm* honeysuckle.

chevrette [ʃəvrɛt] *nf* -**1.** ZOOL [chèvre] kid, young nanny-goat OU she-goat; [femelle du chevreuil] roe, doe; [crevette] shrimp. -**2.** [fourrure] goatskin. -**3.** [trépied] tripod.

chevreuil [ʃəvrœj] *nm* -**1.** ZOOL roe deer. -**2.** CULIN venison.

chevrier, ère [ʃəvrije, ɛr] *nm, f* goatherd.

◆ **chevrier** *nm* chevrier bean.

chevron [ʃəvrɔ̃] *nm* -**1.** CONSTR rafter. -**2.** MIL chevron, V-shaped stripe. -**3.** [motif] chevron; veste à ~s [petits] herringbone jacket; [grands] chevron-patterned jacket.

chevronné, e [ʃəvrɔne] *adj* seasoned, experienced, practised; c'est un grimpeur ~ he's an old hand at climbing OU a seasoned climber.

chevrotant, e [ʃəvrɔtɑ̃, ɑ̃t] *adj* quavering.

chevrotement [ʃəvrɔtmɑ̃] *nm* quavering.

chevroter [3] [ʃəvrɔte] *vi* [voix] to quaver.

chevrotin [ʃəvrɔtɛ̃] *nm* -**1.** ZOOL fawn *(of roe deer)*. -**2.** CULIN [fromage] goat's cheese.

chevrotine [ʃəvrɔtin] *nf* piece of buckshot; **~s** buckshot.

chewing-gum [ʃwiŋgɔm] (*pl* **chewing-gums**) *nm* gum, chewing-gum; **un ~** a piece of gum.

Cheyenne [ʃejɛn] *nmf* Cheyenne; **les ~s** the Cheyenne.

chez [ʃe] *prép* -**1.** [dans la demeure de]: **je rentre ~ moi** I'm going home; **~ soi** at home; **rentrer ~ soi** to go home; **rester ~ soi** to stay at home OU in; **est-elle ~ elle en ce moment?** is she at home OU in at the moment?; **il habite ~ moi en ce moment** he's living with me OU he's staying at my place at the moment; **elle l'a raccompagné ~ lui** [à pied] she walked him home; [en voiture] she gave him a lift home; **puis-je venir ~ vous?** may I come over (to your place)?; **les amis ~ qui j'étais ce week-end** the friends I stayed with this weekend; **c'est juste à côté de ~ lui** it's just round the corner from his place; **ça s'est passé pas loin de/devant ~ nous** it happened not far from/right outside where we live; **elle arrive de ~ lui** she's just come from his place; **on pourrait passer ~ elle** we could drop by at her place OU drop in on her; **~ M. Durand** [dans une adresse] care of Mr Durand; **il se sent partout ~ lui** he's at home everywhere; **fais comme ~ toi** make yourself at home; *iron* do make yourself at home, won't you; **~ nous** [dans ma famille] in my OU our family; [dans mon pays] in my OU our country; **~ nous, on ne fait pas de manières** we don't stand on ceremony in our family; **~ moi, ma mère disait toujours...** in my family OU at home, my mother used to say... ❑ **chacun ~ soi** everyone should look to his own affairs; **c'est une coutume/un accent bien de ~ nous** it's a typical local custom/accent; **une bonne tarte aux pommes bien de ~ nous** *hum* a good old apple pie like mother used to make. -**2.** [dans un magasin, une société etc]: **aller ~ le coiffeur/le médecin** to go to the hairdresser's/the doctor's; **il est ~ le coiffeur/le médecin** he's at the hairdresser's/the doctor's; **acheter qqch ~ l'épicier** to buy sthg at the grocer's; **je l'ai acheté ~ Denver & Smith** I bought it from Denver & Smith; **dîner ~ Maxim's** to dine at Maxim's; **une robe de ~ Dior** a Dior dress, a dress designed by Dior; **il a travaillé ~ IBM** he worked at OU for IBM; **il a fait ses études ~ les jésuites** he studied with the Jesuits OU at a Jesuit school. -**3.** [dans un pays, un groupe, une espèce etc]: **~ les Russes** in Russia; **c'est une coutume ~ les Suédois** it's a Swedish custom; **~ les Grecs** in Ancient Greece; **cette expression est courante ~ les jeunes** this expression is widely used among young people; **~ l'homme** in men; **~ la femme** in women; **c'est fréquent ~ les mammifères** it's often the case in OU with mammals. -**4.** [dans une personne]: **ce qui me gêne ~ lui, c'est...** the problem with him is...; **c'est devenu une habitude ~ elle** it's become a habit with her; **il y a quelque chose que j'apprécie particulièrement ~ eux, c'est leur générosité** something I particularly like about them is their generosity. -**5.** [dans l'œuvre de] in; **~ Molière/Giotto** in Molière's/Giotto's work; **c'est souvent le cas ~ Marivaux** it's often the case with OU in Marivaux.

chez-soi [ʃeswa] *nm inv* home; **avoir un ~** OU **son ~** to have a home of one's own.

chiader▽ [3] [ʃjade] *vt* -**1.** [perfectionner] to polish up *(sép)*; **c'est vachement chiadé comme bagnole!** this car's got the works! -**2.** SCOL & UNIV to cram for, to swot (up) *Br*.

chiadeur, euse▽ [ʃjadœr, øz] *nm, f* SCOL swot *Br*, grind *Am*; [au travail] perfectionist.

chialer▽ [3] [ʃjale] *vi* to blubber, to bawl; **~ un bon coup** to bawl one's head off.

chialeur, euse▽ [ʃjalœr, øz] ◇ *adj* blubbering, bawling.
◇ *nm, f* blubbering OU bawling brat.

chiant, e▽ [ʃjɑ̃, ɑ̃t] *adj* -**1.** [assommant - personne, chose à faire, livre] boring; **ce qu'elle est ~e avec ses histoires!** she's so boring when she gets going with her stories!; **ce que c'est ~ cette vérification!** having to check all this is a real pain!; **son dernier bouquin est d'un ~!** his latest book is really bloody *Br* OU godawful *Am* boring! -**2.** [difficile - chose à faire]: **c'est ~ à mettre en service, cette imprimante!** this printer is a real pain to install! -**3.** [contrariant - personne, événement] annoying; **t'es ~e de pas répondre quand on te parle!** why can't you answer me when I speak to you, it really winds me up *Br* OU ticks me off *Am*!; **c'est ~, cette coupure de courant!** this power cut is a real pain in the neck OU arse *Br*!

chianti [kjɑ̃ti] *nm* Chianti.

chiard▽ [ʃjar] *nm* brat.

chiasma [kjasma] *nm* chiasm, chiasma.

chiasmatique [kjasmatik] *adj* chiasmal, chiasmatic.

chiasme [kjasm] *nm* -**1.** [figure de style] chiasmus. -**2.** ANAT & BX-ARTS chiasm, chiasma.

chiasse [ʃjas] *nf* -**1.** ▼ [diarrhée] runs, trots; **avoir la ~** to have the trots OU runs; **attraper la ~** to get the trots OU runs. -**2.** ▽ [poisse]: **quelle ~!** what a drag! -**3.** [de mouche, d'oiseau] shit.

chiatique▽ [ʃjatik] *adj*: **t'es vraiment ~** you're a bloody *Br* OU damn pain; **c'est vraiment ~** it's a complete drag.

chibre [ʃibr] *nm Helv popular Swiss card game.*

chic [ʃik] ◇ *adj inv fam* -**1.** [élégant] stylish, smart, classy; **pour faire ~** in order to look smart OU classy; **c'est très ~!** very classy! -**2.** [distingué] smart; **il paraît que cela fait ~ de...** it's considered smart (these days) to...; **les gens ~** the smart set. -**3.** [sympathique] nice; **c'est un ~ type!** he's a decent fellow OU nice guy!; **être ~ avec qqn** to be nice to sb; **c'était (vraiment) ~ de sa part** it was (really) nice of him; **sois ~, donne-le-moi!** be an angel, give it to me!
◇ *nm* -**1.** [élégance - d'une allure, d'un vêtement] style, stylishness, chic; **avoir du ~** to have style, to be chic; **veste qui a du ~** stylish jacket; **s'habiller avec ~** to dress smartly ❑ **bon ~ bon genre** *fam* ≃ Sloany *Br*, ≃ preppy *Am*. -**2.** *loc*: **avoir le ~ pour** *fam*: **il a le ~ pour dire ce qu'il ne faut pas** he has a gift for OU a knack of saying the wrong thing; **tu as vraiment le ~ pour trouver des petites robes chouettes** you've really got the knack of finding great little dresses.
◇ *interj fam vieilli* great, smashing; **tu viendras? ~ alors!** you'll be coming? great!
◆ **de chic** *loc adv* off the cuff, impromptu *adv*.

Chicago [ʃikago] *npr* Chicago.

chicane [ʃikan] *nf* -**1.** [dans un procès] quibble, pettifogging *(U)*, chicanery *(U)*. -**2.** [querelle] squabble. -**3.** SPORT [de circuit] chicane; [de gymkhana] zigzag. -**4.** CARTES chicane.
◆ **en chicane** *loc adj* slantwise.

chicaner [3] [ʃikane] ◇ *vt*: **~ qqn sur** to quibble with sb about; **on me chicane sur l'emploi de ce mot** they quibble about my use of this word.
◇ *vi* to quibble.

chicaneries [ʃikanri] *nfpl* bickering, quarrelling, quibbling.

chicaneur, euse [ʃikanœr, øz], **chicanier, ère** [ʃikanje, ɛr] ◇ *adj* quibbling.
◇ *nm, f* -**1.** [au tribunal] pettifogger. -**2.** [ergoteur] quibbler.

chicano [ʃikano] *adj* Chicano.
◆ **Chicano** *nmf* Chicano.

chiche [ʃiʃ] *adj* -**1.** [avare] mean; **être ~ de: il n'a pas été ~ de son temps/de ses efforts** he didn't spare his time/efforts; **il n'a pas été ~ de compliments** he was generous with his compliments. -**2.** [peu abondant - repas, dîner, récolte] scanty, meagre. -**3.** *fam* [capable]: **être ~ de: tu n'es pas ~ de le faire!** I'll bet you couldn't do it!; **elle est ~ de le faire!** she's quite capable of doing it! -**4.** *fam* [en pariant]: **~?** want to bet?; **~? — ~!** want to bet? – you're on!; **~ que je mange tout!** bet you I can eat it all!

chiche-kebab [ʃiʃkebab] (*pl* **chiches-kebabs**) *nm* kebab, shish kebab.

chichement [ʃiʃmɑ̃] *adv* -**1.** [de façon mesquine] meanly, stingily. -**2.** [pauvrement] scantily; **vivre ~** to lead a meagre existence.

chichi *fam* [ʃiʃi] *nm* [simagrée] airs (and graces); **faire des ~s** to put on airs; **ce sont des gens à ~s** these people give themselves airs; **un dîner sans ~s** an informal dinner; **ne fais pas tant de ~s pour une simple piqûre!** don't make such a fuss about a little injection!

chichiteux, euse *fam* [ʃiʃitø, øz] ◇ *adj* affected.
◇ *nm, f* show-off, poseur.

chicon [ʃikɔ̃] *nm* -**1.** [pomme de laitue] cos *Br* OU romaine *Am* lettuce heart. -**2.** *Belg* [endive] chicory.

chicorée [ʃikɔre] *nf* -**1.** [salade] endive. -**2.** [à café] chicory. -**3.** [fleur] (wild) chicory.

chicot [ʃiko] *nm* [d'une dent] stump; [d'un arbre] tree stump.

chicotin [ʃikɔtɛ̃] *nm* sap of aloes.

chié, e▽ [ʃje] *adj* -**1.** [réussi - soirée, livre] damn good; **c'est un ~ spectacle** it's a fabulous show; **oh, dis donc, c'est ~ comme appareil photo!** wow, what a brilliant camera! -**2.** [culotté] incredible; **il est ~, il n'a pas bronché quand j'ai dit qu'il mentait!** can you believe this guy? he didn't bat an eyelid when I accused him of lying! || [drôle] a scream; **il est ~ quand il imite le directeur** he's a scream when he takes off the boss. -**3.** [difficile - tâche] hard; **alors là, c'est une ~e question!** well, that's a hell of a question!
◆ **chiée**▽ *nf* [grande quantité]: **une ~ de...** heaps OU a whole lot OU loads of...; **on a eu une ~ d'ennuis pendant le voyage** it was just one damn thing after another during the whole journey; **des ~s** loads; **des gens serviables, y en a pas des ~s!** helpful people don't exactly grow on trees!

chien, chienne [ʃjɛ̃, ʃjɛn] *nm, f* -**1.** ZOOL dog (*f* bitch); **~ d'arrêt** OU **couchant** pointer; **faire le ~ couchant** to fawn, to crawl; **~ d'appartement** pet dog; **~ d'aveugle** guide dog; **~ de berger** sheepdog; **~ de chasse** retriever; **~ courant** hound; **~ errant** stray dog; **~ de garde** *pr* guard dog; *fig* watchdog; **~ de manchon** lapdog; **~ de traîneau** husky; **~ policier** police dog; **~ de meute** hound; **~ de race** pedigree dog; **'~ méchant'** 'beware of the dog'; **de ~** *fam*: **un temps de ~** lousy weather; **il a un caractère de ~** he's cantankerous; **un regard de ~ battu** a hangdog expression; **bon à jeter aux ~s** fit for the bin *Br* OU garbage *Am*; **(rubrique des) ~s écrasés** minor news items; **se regarder en ~s de faïence** to stare at one another; **il est comme le ~ du jardinier** he's a dog in the manger; **ils sont comme ~ et chat** they fight like cat and dog; **comme un ~** like a dog; **comme un jeune ~** excitedly; **comme un ~ savant** *péj* like a trained monkey; **arriver comme un ~ dans un jeu de quilles** to turn up at just the wrong moment; **ce n'est pas fait pour les ~s** *péj* it is there for a good reason; **et ta fourchette, c'est pour les ~s?** *fam* what do you think your fork's for?; **merci mon ~!** *fam iron* I never heard you say thank you!; **je lui réserve** OU **garde un ~ de ma chienne** I've got something up my sleeve for him that he's not going to like one bit; **chienne de vie!** *fam* life's a bitch!; **un ~ regarde bien un évêque** a cat may look at a king; **bon ~ chasse de race** *prov* good breeding always tells; **il menace beaucoup, mais ~ qui aboie ne mord pas** *prov* his bark is worse than his bite; **les ~s aboient, la caravane passe** *prov* let the world say what it will; **'le Chien des Baskerville'** *Conan Doyle*

'The Hound of the Baskervilles'. -**2.** ▽ [terme d'insulte] bastard *nm*, bitch *nf*.

◆ **chien** *nm* -**1.** *loc*: **avoir du** ~ *fam*: **elle a du** ~ she's got sex-appeal. -**2.** ASTRON: **le Grand/Petit Chien** the Great/Little Dog. -**3.** ARM hammer, cock. -**4.** ZOOL: ~ **de mer** dogfish.

◆ **chiens** *nmpl* (long) fringe.

◆ **à la chien** *loc adv* [coiffé] with a long fringe.

◆ **de chien** *fam loc adj* [caractère, temps] lousy, rotten; **avoir un mal de** ~ **à faire qqch** to find it terribly difficult to do sthg.

◆ **de chien battu** *loc adj* hangdog.

◆ **en chien de fusil** *loc adv* curled up.

◆ **coup de chien** *nm* -**1.** MÉTÉO sudden squall. -**2.** *fig* bolt from the blue.

chien-assis [ʃjɛ̃asi] (*pl* **chiens-assis**) *nm* dormer window *Br*, dormer *Am*.

chien-chien [ʃjɛ̃ʃjɛ̃] (*pl* **chiens-chiens**) *nm* doggy; ~ **à sa mémère** *pr* Momma's little doggie-woggie; *fig* yes-man.

chiendent [ʃjɛ̃dɑ̃] *nm* couch grass; **ça pousse comme du** ~ it grows at a phenomenal rate.

chienlit *fam* [ʃjɑ̃li] *nf* -**1.** [désordre] mess, shambles; **c'est la** ~! it's a shambles! -**2.** [masque] mask. -**3.** [mascarade] mascarade.

chien-loup [ʃjɛ̃lu] (*pl* **chiens-loups**) *nm* Alsatian (dog), German shepherd.

chienne [ʃjɛn] *f* → **chien**.

chiennerie [ʃjɛnri] *nf* -**1.** ▽ [saleté]: **cette** ~ **de métier!** what a lousy job! -**2.** *litt* [comportement] meanness.

chier [9] [ʃje] *vi* -**1.** ▼ [déféquer] to (have *Br* OU take *Am* a) shit. -**2.** ▽ *loc*: **ça chie (des bulles)** [ça fait du scandale] it's a bloody scandal; [entre deux personnes] they're having a real bloody go at each other; **attends qu'il te trouve avec elle, ça va** ~ **des bulles!** the shit's really going to hit the fan if he finds you with her!; ~ **dans les bottes de qqn** [l'ennuyer à l'excès] to piss sb off; [lui jouer un sale tour] to play a dirty trick on sb; ~ **dans la colle** to be bang *Br* OU smack *Am* out of order; **en** ~ **(des bulles** OU **des ronds de chapeau)** to go through a lot of shit; **j'en ai chié pour le terminer à temps!** I've been sweating blood to get this finished on time!; **faire** ~ **qqn** [l'importuner, le contrarier] to bug sb; [l'ennuyer] to bore the pants off sb; **fais pas** ~! don't be such a pain in the arse *Br* OU ass *Am*!, give me a break!; **tu (me) fais** ~! give me a break, will you?; **(ça) fait** ~**, ce truc!** this thing's a real pain in the arse *Br* OU ass *Am*!; **se faire** ~ [s'ennuyer] to be bored stiff OU out of one's mind; **se faire** ~ **à faire qqch**: **je vais pas me faire** ~ **à tout recopier!** I can't be arsed *Br* OU bothered with writing it all out again!, I'm not bloody well writing it all out again!; **il n'y a pas à** ~**, y a pas à** ~: **y a pas à** ~**, faut que j'aie fini ce soir!** like it or not, I've bloody well got to finish by tonight!

◆ **à chier** ▽ *loc adj* -**1.** [très laid]: **son costard est à** ~ his suit looks bloody awful *Br* OU godawful *Am*. -**2.** [très mauvais] crap; **ce film est à** ~ this film is (a load of) crap. -**3.** [insupportable]: **il est à** ~**, ce prof!** that teacher is a pain in the arse *Br* OU ass *Am*!

chiffe [ʃif] *nf*: **c'est une vraie** ~ **molle** he's got no guts, he's totally spineless; **je suis une vraie** ~ **molle aujourd'hui** [fatigué] I feel like a wet rag today.

chiffon [ʃifɔ̃] *nm* -**1.** [torchon] cloth; ~ **à poussière** duster *Br*, dust cloth *Am*. -**2.** [vieux tissu] rag; **parler** ~**s** to talk clothes OU fashion. -**3.** *péj* [texte]: **qui est l'auteur de ce** ~? who produced this rubbish *Br* OU garbage *Am*?

◆ **en chiffon** *loc adj* crumpled up (in a heap); **toutes ses affaires sont en** ~ his things are all crumpled up.

chiffonnade [ʃifɔnad] *nf* chiffonnade.

chiffonnage [ʃifɔnaʒ] *nm* rumpling, crumpling.

chiffonné, e [ʃifɔne] *adj* -**1.** [froissé] crumpled. -**2.** [fatigué] tired, worn; **un visage** ~ a tired OU worn face.

chiffonner [3] [ʃifɔne] *vt* -**1.** [vêtement] to rumple, to crumple; [papier] to crumple. -**2.** *fam* [préoccuper] to bother, to worry; **ça n'a pas eu l'air de la** ~ it didn't seem to bother her.

chiffonnier, ère [ʃifɔnje, ɛr] *nm, f* rag dealer, rag-and-bone man *nm*.

◆ **chiffonnier** *nm* [meuble] chiffonier, chiffonnier.

chiffrable [ʃifrabl] *adj* quantifiable.

chiffrage [ʃifraʒ] *nm* -**1.** [d'un code] ciphering. -**2.** [évaluation] (numerical) assessment. -**3.** MUS figuring.

chiffre [ʃifr] *nm* -**1.** MATH figure, number; **nombre à deux/trois** ~**s** two/three digit number; **jusqu'à deux** ~**s après la virgule** up to two decimal points; **arrondi au** ~ **supérieur/inférieur** rounded up/down; **écrivez la somme en** ~**s** write the amount out in figures; **en** ~**s ronds** in round figures; **les** ~**s du cadran de la montre** the figures on the watchface; **aimer les** ~**s** [le calcul] to like maths ❑ ~ **arabe/romain** Arabic/Roman numeral. -**2.** [montant] amount, sum; **le** ~ **des dépenses s'élève à 2 000 francs** total expenditure amounts to 2,000 francs. -**3.** [taux] figures, rate; ~ **de diffusion d'un magazine** a magazine's sales (figures); **les** ~**s du chômage** the unemployment figures. -**4.** COMM: ~ **d'affaires** turnover; ~ **d'affaires à l'exportation** total export sales; **faire du** ~ *fam* to run at a healthy profit. -**5.** INF digit; ~ **binaire** bit, binary digit; ~ **de contrôle** check digit. -**6.** TÉLÉC code, ciphering; [service] cipher (office). -**7.** [d'une serrure] combination. -**8.** [initiales] initials; [à l'ancienne] monogram; **du papier à lettres à son** ~ (his) personalized OU monogrammed stationery; **brodé à leur** ~ embroidered with their monogram. -**9.** MUS figure.

chiffré, e [ʃifre] *adj* -**1.** [évalué] assessed, numbered. -**2.** [codé] coded, ciphered. -**3.** MUS figured.

chiffrement [ʃifrəmɑ̃] *nm* [codage] ciphering.

chiffrer [3] [ʃifre] ◇ *vt* -**1.** [évaluer] to assess, to estimate; ~ **des travaux** to draw up an estimate (of the cost of work); **il est trop tôt pour** ~ **le montant des dégâts** it's too early to put a figure to the damage. -**2.** [numéroter] to number; ~ **les pages d'un document** to number the pages of OU to paginate *spéc* a document. -**3.** ADMIN, INF & MIL to cipher, to code, to encode. -**4.** [linge, vêtement - marquer de ses initiales] to mark OU to inscribe with initials; [- marquer d'un monogramme] to monogram. -**5.** MUS to figure.

◇ *vi fam* to cost a packet; **ça chiffre!** you're talking big money here!

◆ **se chiffrer** *vp (emploi passif)*: **se** ~ **à** [se monter à] to add up OU to amount to; **se** ~ **en** OU **par** to amount to, to be estimated at; **sa fortune se chiffre par milliards** his fortune amounts to billions; **les pertes se chiffrent en centaines de têtes** losses are estimated at several hundreds.

chiffreur, euse [ʃifrœr, øz] *nm, f* coder, ciphering clerk.

chignole [ʃiɲɔl] *nf* -**1.** [outil - à main] hand-drill; [- électrique] electric drill. -**2.** *fam péj* [voiture] heap.

chignon [ʃiɲɔ̃] *nm* bun, chignon; **faire son** ~ to coil up one's hair; **défaire son** ~ to undo one's chignon ❑ ~ **banane** long coil of hair.

chihuahua [ʃiwawa] *nm* Chihuahua.

chiisme [ʃiism] *nm* Shiism.

chiite [ʃiit] *adj* Shiah, Shiite.

◆ **Chiite** *nmf* Shiite.

Chili [ʃili] *npr m*: **le** ~ Chile; **au** ~ in Chile.

chilien, enne [ʃiljɛ̃, ɛn] *adj* Chilean.

◆ **Chilien, enne** *nm, f* Chilean.

chimère [ʃimɛr] *nf* -**1.** MYTH chimera. -**2.** [utopie] dream, fantasy; **on est en pleine** ~! this is a complete pipe dream!; **je vous laisse à vos** ~**s** I'll leave you alone with your pipe dreams.

chimérique [ʃimerik] *adj* -**1.** [illusoire] fanciful; **des espoirs** ~**s** fanciful hopes. -**2.** *litt* [utopiste] chimeric.

chimie [ʃimi] *nf* chemistry; **la** ~ **de l'amour/des sentiments** the chemistry of love/emotions ❑ ~ **biologique** biochemistry; ~ **minérale** inorganic chemistry; ~ **organique** organic chemistry.

chimiluminescence [ʃimilyminɛsɑ̃s] *nf* chemiluminescence.

chimiosynthèse [ʃimjɔsɛ̃tɛz] *nf* chemosynthesis.

chimiothérapie [ʃimjɔterapi] *nf* drug-therapy, chemotherapy *spéc*.

chimiothérapique [ʃimjɔterapik] *adj* [méthode] chemotherapeutic; [traitement] drug-based, chemotherapeutic *spéc*.

chimique [ʃimik] *adj* -**1.** [de la chimie] chemical. -**2.** *fam* [artificiel] chemical, artificial; **tous ces trucs** ~**s qu'on trouve dans la nourriture** all these additives you find in food.

chimiquement [ʃimikmɑ̃] *adv* chemically.

chimiste [ʃimist] *nmf* chemist; **ingénieur** ~ chemical engineer.

chimiurgie [ʃimjyrʒi] *nf* chemurgy.

chimpanzé [ʃɛ̃pɑ̃ze] *nm* chimpanzee.

chinchilla [ʃɛ̃ʃila] *nm* -**1.** [rongeur, fourrure] chinchilla. -**2.** [chat] chinchilla. -**3.** [lapin] chinchilla.

chine [ʃin] ◇ *nm* -**1.** [porcelaine] china. -**2.** [papier] rice paper.

◇ *nf* [brocante] secondhand goods trade.

◆ **à la chine** ◇ *loc adj*: **vente à la** ~ hawking; **vendeur à la** ~ hawker.

◇ *loc adv*: **vendre qqch à la** ~ to hawk sthg.

Chine [ʃin] *npr f*: **(la)** ~ China; ~ **communiste** Red OU Communist China; ~ **nationaliste** Nationalist China; ~ **populaire, République populaire de** ~ People's Republic of China.

chiné, e [ʃine] *adj* [tissu] chiné, mottled; [laine] bicoloured wool.

chiner [3] [ʃine] ◇ *vt* -**1.** TEXT to mottle. -**2.** *fam* [taquiner] to kid, to tease.

◇ *vi* [faire les boutiques] to go round the secondhand shops.

chinetoque ▼ [ʃintɔk] *adj & nmf racist term used with reference to Chinese people,* ≃ Chink, ≃ Chinky.

chineur, euse *fam* [ʃinœr, øz] *nm, f* [taquin] teaser.

chinois, e [ʃinwa, az] *adj* -**1.** [de Chine] Chinese. -**2.** *fam* [compliqué] twisted.

◆ **Chinois, e** *nm, f* Chinese; **les Chinois** the Chinese.

◆ **chinois** *nm* -**1.** LING Chinese; ~ **du Nord** Mandarin (Chinese); ~ **du Sud** Cantonese; **pour moi, c'est du** ~ it's all Greek to me. -**2.** CULIN [passoire] (conical) strainer; **passer qqch au** ~ to sieve sthg.

chinoiser [3] [ʃinwaze] *vi* to split hairs.

chinoiserie [ʃinwazri] *nf* -**1.** *fam* [complication] complication; ~**s administratives** red tape. -**2.** BX-ARTS chinoiserie.

chinook [ʃinuk] *nm* Chinook.

chintz [ʃints] *nm* chintz.

chiot [ʃjo] *nm* pup, puppy.

chiotte ▽ [ʃjɔt] *nf* [désagrément] drag, hassle; **quel temps de** ~! what bloody awful *Br* OU godawful *Am* weather!

◆ **chiottes** ▽ *nfpl* bog *Br*, john *Am*.

◆ **aux chiottes** ▽ *loc interj*: **aux** ~**s!** [tu dis des bêtises] (what a load of) bullshit!; **aux** ~**s l'arbitre!** the referee's a wanker!

chiourme [ʃjurm] *nf* -**1.** [rameurs]: **la** ~ the slaves *(on a galley)*. -**2.** [forçats]: **la** ~ the convicts *(in a penitentiary)*.

chiper *fam* [3] [ʃipe] *vt* to pinch, to swipe; **elle me chipe tous mes pulls** she's always pinching my sweaters.

chipie [ʃipi] *nf* minx.

chipolata [ʃipɔlata] *nf* chipolata.

chipotage *fam* [ʃipɔtaʒ] *nm* -**1.** [en discutant] quibbling, hairsplitting. -**2.** [en mangeant] nibbling.

chipoter *fam* [3] [ʃipɔte] *vi* -**1.** [discuter] to argue, to quibble; **ne chipotons pas!** let's not argue over trifles!; ~ sur les prix to haggle over prices. -2. [être difficile] to pick at one's food.

chipoteur, euse *fam* [ʃipɔtœr, øz] ◇ *adj* -1. [en discutant] quibbling. -2. [en mangeant] finicky.
◇ *nm, f* -1. [ergoteur] fault finder, quibbler. -2. [mangeur] picky eater.

chips [ʃips] *nfpl* (potato) crisps *Br* OU chips *Am*.

chique [ʃik] *nf* -1. [tabac] quid, chew (of tobacco); ça ne vaut pas une ~ *fam* it's not worth a bean. -2. [cocon de soie] *small, poor-quality silk cocoon.*

chiqué *fam* [ʃike] *nm péj*: ~! [dans un match] that's cheating!; il n'a pas mal, c'est du ~ he's not in pain at all, he's putting it on OU just pretending; faire du ~ to fake (it), to pretend.

chiquenaude [ʃiknod] *nf* -1. [pichenette] flick. -2. [impulsion] push.

chiquer [3] [ʃike] ◇ *vt* to chew.
◇ *vi* -1. [mâcher] to chew tobacco. -2. ∇ *loc*: y a pas à ~ there's no doubt about it.

chiromancie [kirɔmɑ̃si] *nf* chiromancy, palmistry.

chiromancien, enne [kirɔmɑ̃sjɛ̃, ɛn] *nm, f* chiromancer.

chiropracteur [kirɔpraktœr] = **chiropraticien**.

chiropractie [kirɔprakti] *nf* chiropractic.

chiropraticien, enne [kirɔpratisjɛ̃, ɛn] *nm, f* chiropractor.

chiropratique [kiropratik] *adj Can* chiropractic.

chiropraxie [kirɔpraksi] = **chiropractie**.

chiroptère [kirɔptɛr] *nm* chiropter, chiropteran.

chiroubles [ʃirubl] *nm* Chiroubles (wine).

chirurgical, e, aux [ʃiryrʒikal, o] *adj* -1. MÉD surgical. -2. [précis] accurate.

chirurgie [ʃiryrʒi] *nf* surgery; petite/grande ~ minor/major surgery; ~ esthétique cosmetic surgery.

chirurgien, enne [ʃiryrʒjɛ̃, ɛn] *nm, f* surgeon.

chirurgien-dentiste [ʃiryrʒjɛ̃dɑ̃tist] (*pl* chirurgiens-dentistes) *nm* dental surgeon.

chistera [ʃistera] *nm* chistera.

chitine [kitin] *nf* chitin.

chitineux, euse [kitinø, øz] *adj* chitinous.

chiure [ʃjyr] *nf*: ~ de mouche fly speck.

ch-l *abr écrite de* chef-lieu.

chlâsse∇ [ʃlas] *adj* -1. [ivre] tanked-up, rat-arsed *Br*; il était complètement ~ he was pissed out of his head. -2. [fatigué] knackered *Br*, all in.

chleuh, e ∇ [ʃlø] *adj & nm, f offensive term used with reference to German people*; les ~s ≃ the Jerries, ≃ the Boche.

chlinguer∇ [3] [ʃlɛ̃ge] *vi péj* to stink, to pong *Br*; ça chlingue, par ici! it's a bit whiffy *Br* OU it sure stinks *Am* around here!

chloral, als [klɔral] *nm* chloral.

chloramphénicol [klɔrɑ̃fenikɔl] *nm* chloramphenicol.

chlorate [klɔrat] *nm* chlorate.

chloration [klɔrasjɔ̃] *nf* chlorination.

chlore [klɔr] *nm* -1. CHIM chlorine. -2. [Javel] bleach, bleaching agent.

chloré, e [klɔre] *adj* chlorinated.

chloreux [klɔrø] *adj m* chlorous.

chlorhydrate [klɔridrat] *nm* hydrochlorate.

chlorhydrique [klɔridrik] *adj* hydrochloric.

chlorique [klɔrik] *adj* chloric.

chlorofluorocarbone [klɔrɔflyɔrɔkarbɔn] *nm* CHIM chlorofluorocarbon.

chloroforme [klɔrɔfɔrm] *nm* chloroform.

chloroformer [3] [klɔrɔfɔrme] *vt* -1. MÉD to administer chloroform to. -2. [abrutir] to stultify.

chlorométrie [klɔrɔmetri] *nf* chlorometry.

chlorophylle [klɔrɔfil] *nf* -1. BOT chlorophyll. -2. [nature]: les citadins avides de ~ city dwellers eager to breathe the fresh country air.

chlorophyllien, enne [klɔrɔfiljɛ̃, ɛn] *adj* chlorophyll *(modif)*.

chlorure [klɔryr] *nm* chloride.

chloruré, e [klɔryre] *adj* chlorinated.

chlorurer [3] [klɔryre] *vt* to chlorinate.

chnoque [ʃnɔk] = **schnock**.

chnouf [ʃnuf] = **schnouf**.

choc [ʃɔk] *nm* -1. [heurt] collision; ~ de deux objets collision of two objects; à l'épreuve des OU résistant aux ~s shock-proof, shock-resistant; l'essieu a subi un ~ the axle sustained a shock; projeté dans le fossé par la violence du ~ thrown into the ditch by the force of the collision; tenir le ~ *fam* to withstand the impact; le verre n'a pas tenu le ~ the glass shattered with the impact. -2. MIL [affrontement] clash. -3. [incompatibilité] clash, conflict; le ~ des générations the generation gap. -4. [émotion] shock; ça fait un ~! it's a bit of a shock!; ça m'a fait un sacré ~ de les revoir it was a great shock to me to meet them again. -5. ÉLECTR shock; PHYS collision; par ~s by collision; ~ moléculaire molecule collision. -6. MÉD shock; ~ allergique/anesthésique allergic/anaesthesia shock; ~ émotif emotional OU psychic shock; ~ opératoire post-operative trauma OU shock. -7. ÉCON: ~ pétrolier oil crisis. -8. [bruit - métallique] clang; [- sourd] thwack; [- cristallin] clink, tinkle. -9. *(comme adj; avec ou sans trait d'union)*: argument/discours ~ hard-hitting argument/speech; mesures ~s hard-hitting measures; des prix-~s rock-bottom prices.
◆ **de choc** *loc adj* -1. MÉD & MIL shock *(modif)*; état de ~ state of shock. -2. *fam* [efficace] ultra-efficient; un patron de ~ a go-ahead OU whizz-kid manager. -3. *fam hum* [d'avant-garde] ultra-modern; un curé de ~ a right-on OU with-it priest.
◆ **sous le choc** *loc adj*: être sous le ~ MÉD to be in shock; [bouleversé] to be in a daze OU in shock.

chochotte *fam* [ʃɔʃɔt] *nf péj*: quelle ~ tu fais! [mijaurée] don't be so stuck-up!; [effarouchée] don't be so squeamish!; elle n'aime pas ça, ~! fancy that, Madam doesn't like it!; il ne supporte pas cette odeur, ~! oh dear, His Holiness can't stand the smell!

chocolat [ʃɔkɔla] ◇ *nm* -1. CULIN chocolate; ~ blanc white chocolate; ~ à croquer OU noir dark OU plain chocolate; ~ au lait milk chocolate; ~ de ménage cooking chocolate; ~ de régime diet chocolate. -2. [friandise] chocolate; ~ fourré à la fraise strawberry-flavoured chocolate; ~ glacé choc ice. -3. [boisson] hot chocolate, cocoa; boire du ~ to drink a cup of hot chocolate OU cocoa.
◇ *adj inv* -1. [couleur] chocolate brown. -2. *fam loc*: être ~ to be had; me voilà ~ une fois de plus! and I'm the sucker, yet again!
◆ **au chocolat** *loc adj* chocolate *(modif)*.

chocolaté, e [ʃɔkɔlate] *adj* chocolate *(modif)*, chocolate-flavoured.

chocolaterie [ʃɔkɔlatri] *nf* chocolate factory.

chocolatier, ère [ʃɔkɔlatje, ɛr] *nm, f* -1. [fabricant] chocolate-maker. -2. [marchand] confectioner.
◆ **chocolatière** *nf* hot chocolate pot.

chocottes∇ [ʃɔkɔt] *nfpl*: avoir les ~ to be scared stiff; ça m'a donné OU filé les ~ it scared me out of my wits.

chœur [kœr] *nm* -1. MUS [chorale] choir, chorus; [morceau] chorus; le ~ des prisonniers de «Fidelio» the prisoners' chorus in "Fidelio". -2. *fig* [ensemble] body, group; le ~ des critiques n'a pas ménagé ses louanges the critics at large were highly appreciative. -3. ANTIQ chorus. -4. ARCHIT choir.
◆ **en chœur** *loc adv* -1. MUS: chanter en ~ to sing in chorus. -2. [ensemble] (all) together; tous en ~! all together!; parler en ~ to speak in unison; ils sont tous allés à la plage en ~ they all went to the beach together.

choir [72] [ʃwar] *vi sout* to fall; se laisser ~ sur une chaise/dans un fauteuil to flop on to a chair/down in an armchair; laisser ~ qqn *fig* to drop sb.

choisi, e [ʃwazi] *adj* -1. [raffiné]: une assemblée ~e a select audience; en termes ~s in a few choice phrases; il parle un langage ~ he chooses his words carefully. -2. [sélectionné] selected, picked; cocher les articles ~s tick the selected items.

choisir [32] [ʃwazir] *vt* -1. [sélectionner] to choose, to pick; choisis ce que tu veux take your choice OU pick; à ta place, je choisirais celle-ci if I were you, I'd choose this one; voilà ce que/celui que j'ai choisi this is/he's the one I've chosen; j'ai choisi les pommes les plus mûres I selected the ripest apples; tu as choisi ton moment! *iron* you picked a good time!; il a choisi la liberté he chose freedom ‖ *(en usage abs)*: bien ~ to choose carefully, to be careful in one's choice; je n'ai pas eu le temps de ~ I had no time to make my choice. -2. [décider] to decide, to choose, to elect; ils ont choisi de rester they decided OU chose to stay ‖ *(en usage abs)*: je n'ai pas choisi, c'est arrivé comme ça it wasn't my decision, it just happened.

choix [ʃwa] *nm* -1. [liberté de choisir] choice; donner le ~ à qqn to give sb a OU the choice; avoir le ~ de qqch to be able to choose sthg; avoir un OU le ~ to have a choice; je n'avais pas le ~ I had no choice, I didn't have any choice; ils ne nous ont pas laissé le ~ they left us no alternative OU other option; tu as le ~ entre rester et partir you may choose either to stay or go; vous avez le ~ des moyens you may use whatever means you choose; avoir le ~ des armes *pr & fig* to have the choice of weapons. -2. [sélection] choice; faire un ~ to make a choice; arrêter son ~ sur to decide on, to choose; mon ~ est fait I've made up my mind; ses ~ sont toujours réfléchis she's always cautious in her choice OU choices; précisez votre ~ par téléphone phone in your selection; nous allons procéder au ~ des couleurs we are going to choose the colour scheme; chacun peut y trouver un article de son ~ everybody can find something that appeals to them; vous avez gagné un voyage aux Seychelles avec la personne de votre ~ you've won a holiday for two in the Seychelles; la carrière de votre ~ your chosen career. -3. [gamme]: un ~ de a choice OU range OU selection of; ils ont un bon/grand ~ de robes they have a good/large selection of dresses. -4. COMM: de (premier) ~ first-grade, first-rate; articles de second ~ seconds; des fruits de premier ~ choice fruit; viande de premier/deuxième/troisième ~ top/second/third grade meat. -5. PSYCH: ~ d'objet object choice.
◆ **à choix multiple** *loc adj* multiple choice.
◆ **au choix** ◇ *loc adj* [question] optional.
◇ *loc adv*: être promu au ~ to be promoted by selection; prenez deux cartes au ~ choose OU select (any) two cards; vous avez fromage ou dessert au ~ you have a choice of either cheeses or a dessert.
◆ **au choix de** *loc prép*: répondre à trois des questions suivantes, au ~ du candidat choose three out of the following questions.
◆ **de choix** *loc adj* -1. [de qualité] choice *(avant n)*, selected; des vins/mets de ~ choice wines/food. -2. [spécial] special; il gardera toujours une place de ~ dans nos cœurs he will always have a special place in our hearts.
◆ **par choix** *loc adv* out of choice.

choke [tʃok] *nm Helv* AUT choke.

cholédoque [koledɔk] ◇ *adj m* bile *(modif)*.
◇ *nm*: (canal) ~ bile duct.

choléra [kɔlera] *nm* MÉD & VÉTÉR cholera.

cholériforme [kɔleriform] *adj* choleriform.

cholérique [kɔlerik] ◇ *adj* choleraic.
◇ *nmf* cholera sufferer.

cholestérol [kɔlɛsterɔl] *nm* cholesterol; avoir du ~ to have a high cholesterol level.

cholestérolémie [kɔlɛsterɔlemi] *nf* cholesterol level (of the blood).

chômable [ʃomabl] *adj*: jour ~ public holiday.

chômage [ʃomaʒ] *nm* -1. [inactivité] unemployment; la montée du ~ the rise in unemployment ❑ ~ partiel short-time working; ~ technique: être mis au ~ technique to be laid off. -**2.** *fam* [allocation] unemployment benefit, dole (money) *Br*; **toucher le** ~ to be on the dole.

◆ **au chômage** ◇ *loc adj* [sans emploi] unemployed, out of work; **être au** ~ to be unemployed OU out of work.

◇ *loc adv*: **s'inscrire au** ~ to sign on *Br*, to register as unemployed.

chômé, e [ʃome] *adj*: **jour** ~ public holiday.

chômer [3] [ʃome] *vi* -**1.** [être sans emploi] to be unemployed OU out of work. -**2.** [suspendre le travail - employé] to knock off work; [- entreprise, machine] to stand idle, to be at a standstill. -**3.** [avoir du loisir] to be idle, to have time on one's hands; **elle n'a pas le temps de** ~ she hasn't got time to twiddle her thumbs; **il ne chôme pas** he's never short of something to do. -**4.** [être improductif]: **laisser** ~ **une terre** to allow land to lie fallow; **laisser** ~ **son argent** to let one's money lie idle.

chômeur, euse [ʃomœr, øz] *nm, f* [sans emploi] unemployed person; **il est** ~ he's unemployed OU out of work; **les** ~**s** the unemployed; **le nombre des** ~**s est très important** the unemployment figures are high ❑ **les** ~**s de longue durée** the long-term unemployed.

chope [ʃɔp] *nf* mug.

choper *fam* [3] [ʃɔpe] ◇ *vt* -**1.** [contracter] to catch; **j'ai chopé la grippe** I've caught the flu. -**2.** [intercepter] to catch, to get, to nab; **tâche de la** ~ **à sa descente du train** try to get hold of her when she gets off the train. -**3.** [voler] to swipe, to pinch; **elle s'est fait** ~ **son porte-monnaie** she had her purse nicked *Br* OU snatched *Am*.

◇ *vi* SPORT to chop, to slice.

chopine [ʃɔpin] *nf* -**1.** *fam* [bouteille] bottle. -**2.** *fam* [verre] glass; **aller boire une** ~ to go and have a jar *Br* OU a drink. -**3.** *Can* [mesure] half-pint.

chopper [ʃɔpœr] *nm* -**1.** ARCHÉOL chopper tool. -**2.** [moto] chopper. -**3.** ÉLECTRON chopper, vibrator.

chop suey [ʃɔpsoj] (*pl* **chop sueys**) *nm* chop suey.

choquant, e [ʃɔkɑ̃, ɑ̃t] *adj* -**1.** [déplaisant] outrageous, shocking; **avec un mépris** ~ **de la justice** with outrageous disregard for justice. -**2.** [déplacé] offensive, shocking; **tu trouves sa tenue** ~**e?** do you find the way she's dressed offensive?

choqué, e [ʃɔke] *adj* shocked; **il les regardait d'un air profondément** ~ he looked at them, visibly shocked.

choquer [3] [ʃɔke] *vt* -**1.** [heurter] to hit, to knock, to bump; ~ **des verres** to clink glasses. -**2.** [scandaliser] to shock, to offend; **ça te choque qu'elle pose nue?** do you find it shocking OU offensive that she should pose naked?; **être choqué (de qqch)** to be shocked (at sthg) || *(en usage abs)*: **son intention était de** ~ he intended to be offensive OU to shock; **leur album a beaucoup choqué** their album caused great offence. -**3.** [aller contre] to go against, to be contrary to; ~ **le bon goût** to be OU to run contrary to good taste; **ce raisonnement choque le bon sens** such a piece of reasoning is an insult to common sense. -**4.** [traumatiser]: **ils ont été profondément choqués par sa mort** they were devastated by his death; **être choqué** MÉD to be in shock.

◆ **se choquer** ◇ *vp (emploi réciproque)* [s'entrechoquer] to come into collision.

◇ *vpi* [être scandalisé] to be shocked.

choral, e, als OU **aux** [kɔral, o] *adj* choral; **chants** ~**s** choral songs.

◆ **choral, als** *nm* MUS & RELIG choral, chorale.

◆ **chorale** *nf* choir, choral society.

chorégraphe [kɔregraf] *nmf* choreographer.

chorégraphie [kɔregrafi] *nf* choreography.

chorégraphique [kɔregrafik] *adj* choreographic.

choréique [kɔreik] ◇ *adj* choreal, choreic.

◇ *nmf* chorea sufferer.

choriste [kɔrist] *nmf* -**1.** RELIG chorister. -**2.** THÉÂT chorus singer; **les** ~**s** [au cabaret] the chorus line.

chorizo [ʃɔrizo] *nm* chorizo.

choroïde [kɔrɔid] *nf* choroid coat.

chorus [kɔrys] *nm*: **faire** ~ to (all) agree, to speak with one voice.

chose [ʃoz] ◇ *nf* **A.** SENS CONCRET -**1.** [bien matériel, nourriture, vêtement] thing; **un livre et une table sont des** ~**s** tables and books are things OU objects; **les belles** ~**s** nice things; **il n'avait acheté que des bonnes** ~**s** he had only bought good things to eat; **elle a eu trop de** ~**s à Noël** she got too many things OU presents for Christmas; **j'ai encore deux ou trois** ~**s à acheter** I still have a couple of things to buy; **j'ai encore des** ~**s à lui chez moi** I still have a few of his things OU some of his belongings at home. -**2.** [objet ou produit indéterminé] thing; **quelle est cette** ~ **immonde?** what is this hideous thing?; **tu sais faire marcher cette** ~**?** do you know how this thing works? -**3.** PHILOS thing; **la** ~ **en soi** the thing in itself.

B. PERSONNE creature, thing; **être la** ~ **de qqn** [avoir été modelé par qqn] to be (like) putty in sb's hands; [être la possession de qqn] to belong to sb; **elle me prend pour sa** ~ she thinks she can do what she wants with me.

C. SENS ABSTRAIT -**1.** [acte, fait]: **une** ~ a thing, something; **les** ~**s** things; **j'ai encore beaucoup de** ~**s à faire** I've still got lots (of things) to do; **c'est une** ~ **que je ne savais pas** that's something I didn't know; **ah, encore une** ~**, je ne viendrai pas demain** oh, one more thing, I won't be coming tomorrow; **s'il y a bien une** ~ **qui m'agace, c'est son manque de ponctualité** if there's one thing that annoys me (about him), it's that he's never on time; **l'hypocrisie, c'est une** ~ **que je ne supporte pas** hypocrisy is something I can't bear; **une** ~ **est sûre, il perdra** one thing's (for) sure, he'll lose; **y a-t-il une** ~ OU **y a-t-il** ~ *litt* **plus belle que l'amour?** is there anything more beautiful than love?; **c'est une bonne** ~ **qu'elle soit restée** it's a good thing she stayed; **en avril, ce sera** ~ **faite** OU **la** ~ **sera faite** it will be done by April; **ce n'est pas la même** ~ [cela modifie les données du problème] it's a different matter; **j'y suis retournée, mais ce n'est plus la même** ~ I went back, but it's not the same thing; **la fidélité est une** ~**, l'amour en est une autre, une** ~ **est d'être fidèle, une autre (est) d'aimer** faithfulness is one thing, love is (quite) another; **ce n'est pas la** ~ **à dire/faire!** what a thing to say/do!; **c'est pas des** ~**s à dire/faire!** *fam* you just don't say/do that kind of thing!; ~ **extraordinaire/curieuse, il était à l'heure!** amazingly/strangely enough, he was on time!; **je ne crois pas à toutes ces** ~**s** I don't believe in all that; **ce sont des** ~**s qui arrivent** it's just one of those things; **accomplir** OU **faire de grandes** ~**s** to do great things; **ce ne sont pas des** ~**s à faire en société** that's not done in polite circles; **elle fait beaucoup de** ~**s pour les handicapés** she does a lot for handicapped people; **faire bien les** ~**s** [savoir recevoir] to do things in style; **il ne fait pas les** ~**s à demi** OU **moitié** he doesn't do things by halves; ~ **promise** ~ **due** a promise is a promise. -**2.** [parole] thing; **il dit une** ~ **et il en fait une autre** he says one thing and does something else; **la** ~ **que je n'ai pas comprise** what OU the thing I didn't understand; **je vais te dire une (bonne)** ~**, ça ne marchera jamais** let me tell you something, it'll never work; **il est sorti de sa voiture et il m'a dit de ces** ~**s!** *fam* he got out of his car and gave me a right mouthful!; **elle dit toujours des** ~**s sur ses collègues** she's always saying things about the people she works with; **qu'a-t-il dit? — peu de** ~**s en vérité** what did he say? — very little OU nothing much, actually; **bavarder** OU **parler de** ~**s et d'autres** to chat about this and that ❑ **dites-lui bien des** ~**s** give him my best regards. -**3.** [écrit] thing; **elle a écrit de bonnes** ~**s** she wrote some good things OU stuff; **comment peut-on écrire des** ~**s pareilles!** how can anyone write such things! -**4.** **la** ~ [ce dont il est question]: **comment a-t-il pris la** ~**?** how did he take it?; **comment vois-tu la** ~**?** how do you see it OU things OU the matter?; **la** ~ **est entendue** we're agreed on this; **la** ~ **n'est pas faisable** it can't be done; **laisse-moi t'expliquer la** ~ let me explain what it's all about ❑ **être porté sur la** ~ *euph* to have a one-track mind. -**5.** *sout* [affaires]: **la** ~ **publique** POL the state. -**6.** JUR: ~ **jugée** res judicata.

◇ *nm* *fam* -**1.** [objet impossible à nommer] thing, thingie; **passe-moi le…, le** ~ **bleu sur la table** give me the…, the blue thing on the table. -**2.** [personne impossible à nommer]: **Chose** [homme] What's-his-name, Thingie; [femme] What's-her-name, Thingie; **c'est une pièce avec Chose, tu sais, le grand blond!** it's a play with What's-his-name, you know, the tall blond guy!; **Madame Chose, elle devrait savoir ça** What's-her-name OU Mrs Thingie should know that.

◇ *adj* *fam* funny, peculiar; **être** OU **se sentir un peu** ~ to feel a bit peculiar; **ton fils a l'air tout** ~ **aujourd'hui** your son looks a bit peculiar today.

◆ **choses** *nfpl* [situation] things; **les** ~**s de la vie** the things that go to make up life; **les** ~**s étant ce qu'elles sont** as things stand, things being as they are; **au point où en sont les** ~**s** as things now stand; **voilà où en sont les** ~**s** this is how things stand (at the moment); **en mettant les** ~**s au mieux/pire** looking on the bright/dark side (of things); **prendre les** ~**s comme elles viennent** to take life as it comes.

◆ **de deux choses l'une** *loc adv*: **de deux** ~**s l'une, tu es avec moi ou avec lui!** either you're on my side or you're on his!; **de deux** ~**s l'une, ou tu m'obéis ou tu vas te coucher!** either you do as I tell you or you go to bed, it's up to you!

chosification [ʃozifikasjɔ̃] *nf* reification.

chosifier [9] [ʃozifje] *vt* to reify, to consider as a thing.

Chostakovitch [ʃɔstakɔvitʃ] *npr* Shostakovich.

chott [ʃɔt] *nm* salt lake.

chou[1]**, x** [ʃu] *nm* -**1.** BOT: ~ **(cabus)** white cabbage; ~ **de Bruxelles** Brussels sprout; ~ **frisé** (curly) kale; ~ **pommé** round cabbage; ~ **rouge** red cabbage. -**2.** CULIN: **(petit)** ~ chou; ~ **à la crème** cream puff. -**3.** [ornement] round knot, rosette. -**4.** *fam loc*: **être dans les** ~**x** to be in a mess; **c'est dans les** ~**x!** that's torn it!, that's the end of that!; **avec cette pluie, son barbecue est dans les** ~**x** it's curtains for his barbecue in this rain; **faire** ~ **blanc** to draw a blank, to be out of luck; **faire ses** ~**x gras de qqch** to put sthg to good use; **rentrer dans le** ~ **à qqn** [en voiture] to slam into sb; [agresser] to go for sb.

chou[2]**, choute** *fam* [ʃu, ʃut] *nm, f* -**1.** *(en appellatif)* honey, sugar, sweetheart; **mon pauvre** ~**!** you poor little thing!; **viens voir mamie, mon petit** ~ come along with granny, sweetheart. -**2.** [personne aimable] darling, love; **c'est un** ~ he's such a darling OU love. -**3.** *(comme adj inv)* [gentil] nice, kind; **tu es** ~ [en demandant un service] there's a dear; [pour remercier] you're so kind, you're an absolute darling || [mignon] cute; **il est vraiment** ~ **sur cette photo** isn't he cute in this picture?

chouan [ʃwɑ̃] *nm* Chouan *(member of a group of counter-revolutionary royalist insurgents, one of whose leaders was Jean Chouan, in the Vendée (Western France) from 1793 to 1800)*.

chouannerie [ʃwanri] *nf*: **la** ~ the Chouan uprising.

choucas [ʃuka] *nm* jackdaw.

chouchou, oute *fam* [ʃuʃu, ut] *nm, f péj* favourite; **c'est le** ~ **du prof** she's the teacher's pet; **le** ~ **de sa grand-mère** his grandmother's blue-eyed boy.

chouchoutage *fam* [ʃuʃutaʒ] *nm péj* favouritism.

chouchouter *fam* [3] [ʃuʃute] *vt* [élève] to give preferential treatment to; [filleul, ami] to mollycoddle, to pamper; **j'adore être chouchouté quand je suis malade** I love being pampered when I'm ill; **ton mari, tu le chouchoutes trop!** you shouldn't mollycoddle your husband so much!; **se faire ~** to let o.s. be mollycoddled.

choucroute [ʃukrut] *nf* -**1.** CULIN [chou] pickled cabbage; [plat] sauerkraut; **~ garnie** *sauerkraut with various types of pork meat and sausage.* -**2.** *fam* [coiffure] beehive.

Chou En-lai [ʃuɛnlaj] *npr* Chou En-lai.

chouette¹ [ʃwɛt] *nf* -**1.** ZOOL owl; **~ hulotte** tawny owl. -**2.** *fam péj* [femme]: **vieille ~** old bag.

chouette² [ʃwɛt] ◇ *adj fam* -**1.** [agréable] fantastic, lovely, terrific; **il me reste 100 francs, c'est ~!** fantastic, I've got 100 francs left!; **on a passé une ~ soirée hier** we had a terrific time last night; **~ journée, non?** lovely day, isn't it?; **elle est ~, ta sœur** your sister's really nice; **il a une ~ petite bouille, ce gosse** that kid's got a cute face; **ben il est ~ avec ce chapeau!** *iron* doesn't he look a riot with that hat on? -**2.** [gentil] kind; [coopératif] helpful; **il est vraiment ~** he's so good-natured; **il est très ~ avec nous** he's very good to us; **elle est drôlement ~ avec les enfants** she's really good with the kids; **sois ~, prête-moi ta voiture** be nice, lend me your car.
◇ *interj* great.

chouettement *fam* [ʃuɛtmɑ̃] *adv vieilli* -**1.** [gentiment] nicely. -**2.** [agréablement] fantastically, terrifically.

chou-fleur [ʃuflœr] (*pl* **choux-fleurs**) *nm* cauliflower.

chouia *fam* [ʃuja] *nm*: **un ~** a little OU wee OU tiny bit; **encore un ~ de crème** just a drop more cream; **un ~ trop à gauche** a teeny (weeny) bit too much to the left.

chou-navet [ʃunavɛ] (*pl* **choux-navets**) *nm* swede *Br*, rutabaga *Am*.

chou-palmiste [ʃupalmist] (*pl* **choux-palmistes**) *nm* cabbage tree.

chouquette [ʃukɛt] *nf* sugar bun.

chou-rave [ʃurav] (*pl* **choux-raves**) *nm* kohlrabi.

chouraver ▽ [3] [ʃurave] *vt* to swipe, to pinch; **~ qqch à qqn** to pinch sthg from sb.

chouriner [ʃurine] = **suriner**.

choute [ʃut] *f* → **chou**.

chow-chow [ʃoʃo] (*pl* **chows-chows**) *nm* chow (dog).

choyer [13] [ʃwaje] *vt* to cherish, to pamper, to make a fuss of.

CHR (*abr de* **centre hospitalier régional**) *nm regional hospital.*

chrême [krɛm] *nm* chrism, consecrated oil.

chrétien, enne [kretjɛ̃, ɛn] *adj* & *nm, f* Christian.

chrétiennement [kretjɛnmɑ̃] *adv*: **vivre ~** to live as a good Christian; **être enterré ~** to have a Christian burial.

chrétienté [kretjɛ̃te] *nf* Christendom.

Chris-Craft® [kriskraft] *nm inv* Chris-Craft®.

Christ [krist] *npr m*: **le ~** Christ.
◆ **christ** *nm* [crucifix] (Christ on the) cross, crucifix.

christiania [kristjanja] *nm* christie, christy.

christianisation [kristjanizasjɔ̃] *nf* Christianization, conversion to Christianity; **le pays avant la ~** the country before the spread of Christianity.

christianiser [3] [kristjanize] *vt* to evangelize, to convert to Christianity.

christianisme [kristjanism] *nm* Christianity.

christique [kristik] *adj* Christlike.

christologie [kristɔlɔʒi] *nf* christology.

Christophe [kristɔf] *npr*: **saint ~** Saint Christopher.

chromage [krɔmaʒ] *nm* chromium plating.

chromate [krɔmat] *nm* chromate.

chromatine [krɔmatin] *nf* chromatin.

chromatique [krɔmatik] *adj* -**1.** MUS & OPT chromatic. -**2.** BIOL chromosomal.

chromatisme [krɔmatism] *nm* chromaticism.

chromatogramme [krɔmatɔgram] *nm* chromatogram.

chromatographie [krɔmatɔgrafi] *nf* chromatography.

chromatophore [krɔmatɔfɔr] *nm* chromatophore.

chrome [krom] *nm* CHIM chromium.
◆ **chromes** *nmpl* [d'un véhicule] chrome, chromium-plated parts; **faire les ~s d'une voiture/bicyclette** to polish up a car/bicycle.

chromeux, euse [krɔmø, øz] *adj* chromous.

chromique [krɔmik] *adj* chromic.

chromo [krɔmo] *nm péj* poor quality colour-print.

chromodynamique [krɔmɔdinamik] *nf* chromodynamics (*sg*).

chromogène [krɔmɔʒɛn] *adj* chromogenous, colour-producing.

chromolithographie [krɔmɔlitografi] *nf* chromolithography, process offset.

chromosome [krɔmɔzom] *nm* chromosome; **~ X/Y** X/Y chromosome; **jeu de ~s** set of chromosomes.

chromosomique [krɔmɔzomik] *adj* chromosomal, chromosome (*modif*).

chromosphère [kromɔsfɛr] *nf* chromatosphere.

chronicité [krɔnisite] *nf* chronicity.

chronique [krɔnik] ◇ *adj* -**1.** MÉD chronic. -**2.** [constant] chronic; **chômage ~** chronic unemployment.
◇ *nf* -**1.** PRESSE [rubrique] column; **faire la ~ de** to report on ❑ **~ littéraire** arts page; **~ mondaine** gossip column; **~ des spectacles** (entertainments) listings. -**2.** LITTÉRAT chronicle. -**3.** BIBLE: **les Chroniques** Chronicles.

chroniquement [krɔnikmɑ̃] *adv* -**1.** MÉD chronically. -**2.** [constamment] chronically, perpetually.

chroniqueur, euse [krɔnikœr, øz] *nm, f* -**1.** [journaliste] commentator, columnist; **~ mondain** gossip columnist. -**2.** [historien] chronicler.

chrono *fam* [krono] ◇ *nm* stopwatch.
◇ *adv* by the clock; **250 ~** recorded speed 250 kph.

chronobiologie [krɔnɔbjɔlɔʒi] *nf* chronobiology.

chronogramme [krɔnɔgram] *nm* chronogram, timing chart.

chronographe [krɔnɔgraf] *nm* chronograph.

chronologie [krɔnɔlɔʒi] *nf* chronology, time sequence; **~ des événements** calendar of events.

chronologique [krɔnɔlɔʒik] *adj* chronological; **par ordre ~** in chronological order; **série ~** time series.

chronologiquement [krɔnɔlɔʒikmɑ̃] *adv* chronologically.

chronométrage [krɔnɔmetraʒ] *nm* timing, time-keeping.

chronomètre [krɔnɔmɛtr] *nm* stopwatch.

chronométrer [18] [krɔnɔmetre] *vt* to time (*with a stopwatch*).

chronométreur, euse [krɔnɔmetrœr, øz] *nm, f* time-keeper.

chronométrie [krɔnɔmetri] *nf* chronometry.

chronométrique [krɔnɔmetrik] *adj* chronometric.

chronophotographie [krɔnɔfɔtɔgrafi] *nf* chronophotography.

chrysalide [krizalid] *nf* chrysalis; **sortir de sa ~** *fig* to come out of one's shell.

chrysanthème [krizɑ̃tɛm] *nm* chrysanthemum.

CHRYSANTHÈME:
Chrysanthemums are often associated with funerals in France, as they are traditionally used to decorate graves, especially on All Saints' Day.

---

chrysolite [krizɔlit] *nf* chrysolite, chrysolith.

CHS *nm* (*abr de* **centre hospitalier spécialisé**) *psychiatric hospital.*

ch'timi [ʃtimi] ◇ *adj* from the North of France.
◇ *nmf* northerner (*in France*).

CHU *nm abr de* **centre hospitalo-universitaire**.

chuchotement [ʃyʃɔtmɑ̃] *nm* whisper; **des ~s** whispering.

chuchoter [3] [ʃyʃɔte] ◇ *vi* to whisper.
◇ *vt* [murmurer - mot d'amour, secret] to whisper; **~ qqch à qqn** to whisper sthg to sb; **il lui a chuchoté quelques mots à l'oreille** he whispered a few words in her ear.

chuchoterie [ʃyʃɔtri] *nf* whispers, whispered conversation.

chuchoteur, euse [ʃyʃɔtœr, øz] ◇ *adj* whispering.
◇ *nm, f* whisperer.

chuchotis [ʃyʃɔti] = **chuchotement**.

chuintant, e [ʃɥɛ̃tɑ̃, ɑ̃t] *adj* hushing.
◆ **chuintante** *nf* PHON palato-alveolar fricative.

chuintement [ʃɥɛ̃tmɑ̃] *nm* -**1.** PHON *use of palato-alveolar fricatives instead of sibilants (characteristic of certain French regional accents).* -**2.** [sifflement d'une Cocotte-Minute, d'une bouilloire] hiss, hissing.

chuinter [3] [ʃɥɛ̃te] *vi* -**1.** ZOOL to hoot. -**2.** [siffler] to hiss. -**3.** PHON to pronounce OU articulate as a fricative.

chut [ʃyt] *interj* hush, sh, shhh.

chute [ʃyt] *nf* -**1.** [perte d'équilibre] fall; **faire une ~** to fall, to take a tumble; **faire une ~ de cheval** to come off a horse; **il a fait une ~ de neuf mètres** he fell nine metres; **il m'a entraîné dans sa ~** he dragged OU pulled me down with him; **'attention, ~ de pierres'** 'danger! falling rocks' ❑ **~ libre** free fall; **faire du saut en ~ libre** to skydive; **la livre est en ~ libre** *fig* the pound's plummeting. -**2.** [perte] fall; **la ~ des cheveux** hair loss; **au moment de la ~ des feuilles** when the leaves fall. -**3.** [baisse] drop, fall; **~ des ventes** COMM fall-off in sales; **la ~ des prix** the fall OU drop in prices; **~ de tension** MÉD drop in blood pressure; ÉLECTR & PHYS voltage drop; **~ de pression** pressure drop. -**4.** [effondrement - d'un gouvernement, d'une institution] collapse, fall; **entraîner qqn dans sa ~** to drag sb down with one. -**5.** MIL fall; **la ~ de Metz** the fall of Metz. -**6.** BIBLE: **la Chute** the Fall. -**7.** [cascade]: **~ d'eau** waterfall. -**8.** MÉTÉO: **~s de neige** snowfall; **~s de pluie** rainfall. -**9.** [fin - d'une histoire] punch line; **j'ai été surpris par la ~** [d'une situation] I was surprised by the outcome; **j'attends la ~ avec grand intérêt** I wonder how things will turn out ❑ **la ~ du jour** *litt* nightfall, the day's end. -**10.** ANAT: **~ des reins** small of the back. -**11.** [déchet - de tissu] scrap; [- de bois, de métal] offcut, trimming; **~s de pellicule** film trims; **c'est une scène qui est restée parmi les ~s** that scene ended up on the cutting-room floor; **une couverture faite avec des ~s (de tissu)** a blanket made of remnants (of fabric). -**12.** CONSTR [d'un toit] pitch, slope.
◆ **point de chute** *nm* -**1.** ARM point of impact. -**2.** *fig*: **j'ai un point de ~ à Milan** I have somewhere to stay in Milan.

CHUTES:
les chutes du Niagara (the) Niagara Falls;
les chutes Victoria (the) Victoria Falls;
les chutes d'Iguaçu the Iguaçu Falls.

---

chuter [3] [ʃyte] *vi* -**1.** *fam* [tomber] to fall. -**2.** [ne pas réussir] to fail, to come to grief; **~ sur** to fail on; **le candidat a chuté sur la dernière question** the candidate failed on the final question.

-3. [baisser] to fall, to tumble; **faire ~ les ventes** to bring sales (figures) tumbling down. -4. JEUX to go down.

chyme [ʃim] *nm* chyme.

Chypre [ʃipr] *npr* Cyprus; **à ~** in Cyprus.

chypriote [ʃiprijɔt] = **cypriote**.

ci [si] *pron dém inv*: **~ et ça** this and that; **faire ~ et ça** to do this and that.

-ci [si] *adv* -1. [dans l'espace]: **celui~** this one; **celui~ ou celui-là?** this one or that one? -2. [dans le temps - présent]: **à cette heure~ il n'y a plus personne** there's nobody there at this time of day; **ce mois~** this month; **cette semaine~** this week || [dans le temps - futur]: **ils viennent dîner ce mercredi~** they're coming for dinner next Wednesday || [dans le temps - passé]: **il n'a pas fait très beau ces jours~** the weather hasn't been too good just lately; **je ne l'ai pas beaucoup vu ces temps~** I haven't seen much of him lately. -3. [pour insister]: **je ne t'ai pas demandé ce livre~** THAT's not the book I asked for; **cette fois~ j'ai compris!** NOW I've got it!; **c'est à cette heure~ que tu rentres?** what time do you call this?

Ci (*abr écrite de* **curie**) Ci.

CIA (*abr de* **Central Intelligence Agency**) *npr f* CIA.

ciao *fam* [tʃao] *interj* ciao.

ci-après [siaprɛ] *adv* hereafter, hereinafter, following; **les dispositions ~** the provisions set out below; **~ dénommé l'acheteur** hereinafter referred to as the Buyer.

cibiche *fam* [sibiʃ] *nf vieilli* cig, ciggie.

cibiste [sibist] *nmf* CB user.

cible [sibl] *nf* -1. ARM & PHYS target; **~ fixe/mobile** stationary/moving target; **~ d'amarrage** docking target; **~ panoramique** landscape target. -2. *fig* [victime] target; **prendre qqn pour ~** to make sb the target of one's attacks; **c'est toujours lui qu'on prend pour ~** he's always the scapegoat; **sa maladresse fait de lui une ~ toute trouvée** his clumsiness makes him the obvious target for OU the butt of everybody's jokes. -3. COMM target group; **~ visée** intended target ❑ **population ~** target population; **public ~** TV & RADIO target audience. -4. LING: **langue ~** target language.

ciblé, e [sible] *adj* targeted.

cibler [3] [sible] *vt* [produit] to define a target group for; [public] to target.

ciboire [sibwar] *nm* RELIG ciborium.

ciboule [sibul] *nf*: **de la ~** scallion *Am* OU spring onion *Br* leaves.

ciboulette [sibulɛt] *nf*: **de la ~** chives.

ciboulot *fam* [sibulo] *nm* head; **se creuser le ~** to rack one's brain; **il n'a rien dans le ~** he's a dope, he's got nothing between his ears; **elle en a dans le ~!** she's not just a pretty face!

cicatrice [sikatris] *nf* -1. MÉD scar. -2. *fig* [marque] mark, scar; **~ indélébile** permanent scar; **laisser des ~s** to leave scars. -3. BOT scar (of attachment); **~ de feuille/de bourgeon** leaf/bud scar; **~ du haricot** hilum.

cicatriciel, elle [sikatrisjɛl] *adj* scar *(modif)*, cicatricial *spéc.*

cicatricule [sikatrikyl] *nf* tread.

cicatrisable [sikatrizabl] *adj* that can be healed.

cicatrisant, e [sikatrizɑ̃, ɑ̃t] *adj* healing.

◆ **cicatrisant** *nm* healing agent, cicatrizant *spéc.*

cicatrisation [sikatrizasjɔ̃] *nf* -1. MÉD scarring, cicatrization *spéc*; **la ~ se fait mal** the wound is not closing up properly. -2. [apaisement] healing.

cicatriser [3] [sikatrize] *vt* -1. MÉD to heal, to cicatrize *spéc.* -2. [adoucir] to heal.

◆ **se cicatriser** *vpi* [coupure] to heal OU to close up; [tissus] to form a scar; [blessure d'amour-propre] to heal.

Cicéron [siserɔ̃] *npr* Cicero.

cicérone [siserɔn] *nm* guide, mentor.

cicéronien, enne [siserɔnjɛ̃, ɛn] *adj* Ciceronian.

ci-contre [sikɔ̃tr] *adv* opposite; **illustré ~** as shown (in the picture) opposite.

CICR (*abr de* **Comité international de la Croix-Rouge**) *npr m* IRCC.

Cid [sid] *npr m*: **le ~** El Cid; **'le ~'** *Corneille* 'Le Cid'.

ci-dessous [sidəsu] *adv* below.

ci-dessus [sidəsy] *adv* above; **l'adresse ~** the above address.

ci-devant [sidəvɑ̃] *nmf inv* HIST former aristocrat.

CIDEX, Cidex [sidɛks] (*abr de* **courrier individuel à distribution exceptionnelle**) *nm system grouping letter boxes in country areas.*

CIDJ (*abr de* **centre d'information et de documentation de la jeunesse**) *nm careers advisory service.*

cidre [sidr] *nm* cider; **~ bouché** bottled cider *(with a seal).*

cidrerie [sidrəri] *nf* cider-house.

CIDUNaTI [sidynati] (*abr de* **Comité interprofessionnel d'information et de défense de l'union nationale des travailleurs indépendants**) *npr m union of self-employed craftsmen.*

Cie (*abr écrite de* **compagnie**) Co.; **Johnson et ~** Johnson & Co.

ciel [sjɛl] (*pl sens 1, 3, 4 & 5* **cieux** [sjø], *pl sens 2, 6 & 7* **ciels**) ◇ *nm* -1. [espace] sky; **haut dans le ~** (high) up in the sky; **entre ~ et terre** in the air, in midair; **une explosion en plein ~** a midair explosion; **jusqu'au ~** (up) to the skies ❑ **lever les bras au ~** to throw up one's hands *(in exasperation, despair etc)*; **lever les yeux au ~** [d'exaspération] to roll one's eyes; **être tombé du ~** [arriver à l'improviste] to be heaven-sent OU a godsend; [être stupéfait] to be stunned. -2. MÉTÉO: **~ clair/nuageux** clear/cloudy sky. -3. ASTRON sky. -4. RELIG Heaven; **Mamie est montée OU partie au ~** Grandma has gone up to Heaven. -5. *litt* [fatalité] fate; [providence]: **c'est le ~ qui t'envoie** you're a godsend; **c'est le ~ qui nous envoie cet argent** that money's a godsend; **le ~ soit loué** thank heavens; **que le ~ vous entende!** may heaven help you! -6. [plafond]: **~ de chambre** canopy; **~ de lit** canopy. -7. MIL: **~ protecteur** overhead cover. ◇ *interj vieilli*: **(juste) ~!** heavens above!, (good) heavens!

◆ **ciels** *nmpl litt* [temps]: **les ~s changeants de Bretagne** the changing skies of Brittany; **les ~s tourmentés de Van Gogh** BX-ARTS Van Gogh's tortured skies.

◆ **cieux** *nmpl litt* [région] climes, climate; **sous des cieux plus cléments** in milder climes; **partir vers d'autres cieux** to be off to distant parts.

◆ **à ciel ouvert** *loc adj* -1. MIN open-cast *Br*, open-cut *Am*. -2. [piscine, stade] open-air.

CIEP (*abr de* **Centre international d'études pédagogiques**) *npr m French centre for educational research.*

cierge [sjɛrʒ] *nm* -1. [bougie] altar candle. -2. BOT cereus.

cieux [sjø] *pl* → **ciel**.

cigale [sigal] *nf* cicada.

cigare [sigar] *nm* -1. [à fumer] cigar. -2. *fam* [tête] head. -3. *Belg* [réprimande] talking-to.

cigarette [sigarɛt] *nf* -1. [à fumer] cigarette; **fumer une ~** to smoke a cigarette, to have a smoke ❑ **~ filtre** filter-tipped cigarette. -2. CULIN: **~ (russe)** *short-crust biscuit shaped like a brandy snap.*

cigarière [sigarjɛr] *nf* cigar-maker.

cigarillo [sigarijo] *nm* cigarillo.

ci-gît [siʒi] *adv* here lies.

cigogne [sigɔɲ] *nf* stork.

cigogneau, x [sigɔɲo] *nm* young OU immature stork.

ciguë [sigy] *nf*: **(petite) ~** Fool's parsley; **grande ~** giant hemlock.

ci-inclus, e [siɛ̃kly, yz] (*mpl inv, fpl* **ci-incluses**) *adj (après le n)* enclosed.

◆ **ci-inclus** *adv*: **~ vos quittances** please find bill enclosed; **~ une copie du testament et les instructions du notaire** enclosures: one copy of the will and the solicitor's instructions.

ci-joint, e [siʒwɛ̃, ɛ̃t] (*mpl* **ci-joints**, *fpl* **ci-jointes**) *adj (après le n)* attached, enclosed; **après examen des pièces ~es** on studying the enclosed documents.

◆ **ci-joint** *adv*: **~ photocopie** photocopy enclosed; **veuillez trouver ~ la facture correspondante** please find enclosed OU attached the invoice relating to your order.

cil [sil] *nm* -1. ANAT eyelash, lash, cilium *spéc.* -2. BIOL: **~s vibratiles** cilia.

ciliaire [siljɛr] *adj* ciliary.

cilice [silis] *nm* hair shirt, cilice *spéc.*

cilié, e [silje] *adj* ciliate, ciliated.

cillement [sijmɑ̃] *nm* blinking, nictitation *spéc.*

ciller [3] [sije] *vi* -1. [battre des cils] to blink. -2. [réagir]: **il n'a pas cillé** he didn't bat an eyelid OU turn a hair; **ils contemplaient le spectacle sans ~** they contemplated the sight with no visible sign of emotion.

cimaise [simɛz] *nf* -1. BX-ARTS picture rail; **pendre un tableau aux plus hautes ~s** to sky a painting. -2. ARCHIT cymatium.

cime [sim] *nf* -1. GÉOG peak, summit, top; **les ~s** *litt* the mountain tops. -2. [haut d'un arbre] crown, top; **les singes vivent dans les ~s** monkeys live in the canopy of the forest.

ciment [simɑ̃] *nm* -1. CONSTR cement; **~ à prise lente/rapide** slow-setting/quick-setting cement; **~ armé** reinforced cement. -2. *sout* [lien] bond; **l'enfant fut le ~ de leur amour** the child acted as a bond between them.

cimentation [simɑ̃tasjɔ̃] *nf* cementing.

cimenter [3] [simɑ̃te] *vt* -1. CONSTR to cement. -2. [renforcer] to consolidate.

cimenterie [simɑ̃tri] *nf* cement factory OU works.

cimentier [simɑ̃tje] *nm* cement manufacturer.

cimeterre [simtɛr] *nm* scimitar.

cimetière [simtjɛr] *nm* cemetery, graveyard; [autour d'une église] churchyard; **~ de voitures** scrapyard *(for cars)*; **'le Cimetière marin'** *Paul Valéry* 'The Graveyard by the Sea'.

cinabre [sinabr] *nm* -1. CHIM cinnabar. -2. BX-ARTS vermilion.

ciné *fam* [sine] *nm* -1. [spectacle]: **le ~** the pictures; **se faire un ~** to go and see a film *Br* OU a movie *Am*. -2. [édifice] cinema *Br*, movie theater *Am*; **les vieux ~s d'autrefois** the flea-pits of the old days.

cinéaste [sineast] *nmf* film-director *Br*, movie director *Am*; **~ amateur** amateur film-maker *Br* OU movie-maker *Am*.

ciné-club [sineklœb] (*pl* **ciné-clubs**) *nm* film society *Br*, movie club *Am*.

cinéma [sinema] *nm* -1. [édifice] cinema *Br*, movie theater *Am*; **~ d'art et d'essai** art house; **~ en plein air** [dans les pays chauds] open-air cinema; [aux U.S.A.] drive-in (movie-theater); **un vieux ~ de quartier** an old local cinema. -2. [spectacle, genre]: **le ~** the cinema *Br*, the movies *Am*; **des effets encore jamais vus au ~** effects never before seen on a screen ❑ **le ~ d'animation** cartoons, animation; **le ~ d'art et d'essai** art films *Br* OU movies *Am*; **le ~ muet** silent movies; **le ~ parlant** talking pictures, talkies; **festival de ~** film *Br* OU movie *Am* festival; **revue de ~** cinema magazine *Br*; **vedette de ~** film *Br* OU movie *Am* star. -3. [métier]: **le ~** film-making *Br*, movie-making *Am*; **faire du ~** [technicien] to work in films *Br* OU the movies *Am*; [acteur] to act in films *Br*, to be a screen actor; **étudiant en ~** student of film *Br* OU movies *Am*; **école de ~** film OU film-making school *Br*, movie-making school *Am*. -4. [industrie]: **le ~** the film *Br* OU movie *Am* industry. -5. *fam loc*: **du ~** faking, pretending; **faire du OU tout un ~ (pour)** to kick up a huge fuss (about); **alors c'était du ~, ton voyage en Inde?** so your trip to India was all a sham?; **le gosse a fait un ~ pas possible**

pour y retourner the kid made an awful fuss to go back there; **arrête (de faire) ton ~!** [de mentir] stop putting us on!; [de bluffer] stop shooting your mouth off!; **se faire du ~** to fantasize.

◆ **de cinéma** *loc adj* [festival, revue, vedette] film *Br (modif)*, movie *Am (modif)*; [école] film-making *Br*, movie-making *Am*.

Cinémascope® [sinemaskɔp] *nm* Cinemascope®.

cinémathèque [sinematɛk] *nf* film *Br* OU movie *Am* library; la Cinémathèque française *the French film institute.*

LA CINÉMATHÈQUE FRANÇAISE:
Founded in 1936, the Cinémathèque specializes in the conservation and restoration of films; it also screens films for public viewing.

---

cinématique [sinematik] *nf* kinematics.

cinématographe [sinematɔgraf] *nm* cinematograph.

cinématographie [sinematɔgrafi] *nf* cinematography.

cinématographique [sinematɔgrafik] *adj* cinematographic, film *Br (modif)*, movie *Am (modif)*; **les techniques ~s** cinematic techniques; **une grande carrière ~** a great career in the cinema; **droits d'adaptation ~** film rights; **droits de reproduction ~** film printing rights.

cinématographiquement [sinematɔgrafikmɑ̃] *adv* cinematographically; **~ parlant** from the point of view of cinematography.

cinémographe [sinemɔgraf] *nm* tachograph.

cinémomètre [sinemɔmɛtr] *nm* tachometer, speedometer.

ciné-parc [sinepark] *nm Can* drive-in cinema.

cinéphile [sinefil] *nmf* film-lover *Br*, moviegoer *Am*.

cinéraire [sinerɛr] ◇ *adj* cinerary; **urne ~** funeral urn.
◇ *nf* cineraria.

Cinérama® [sinerama] *nm* Cinerama®.

cinéroman [sinerɔmɑ̃] *nm* cinenovel.

cinétique [sinetik] ◇ *adj* kinetic.
◇ *nf* kinetics *(sg)*.

cinétisme [sinetism] *nm* kinetic art.

cinghalais, e [sɛ̃galɛ, ɛz] *adj* Singhalese, Sinhalese.

◆ **Cinghalais, e** *nm, f* Singhalese, Sinhalese.

◆ **cinghalais** *nm* LING Singhalese, Sinhalese.

cinglant, e [sɛ̃glɑ̃, ɑ̃t] *adj* -**1.** [violent] bitter, biting; **une gifle ~e** a stinging slap. -**2.** [blessant] biting, cutting, stinging; **d'un ton ~** scathingly; **des reproches ~s** bitter criticism.

cinglé, e *fam* [sɛ̃gle] ◇ *adj* crazy, screwy, nuts; **t'es pas un peu ~?** are you crazy?
◇ *nm, f* loony *Br*, screwball *Am*, **les ~s du volant/jazz/cinéma** car/jazz/film fanatics.

cingler [3] [sɛ̃gle] ◇ *vi* -**1.** NAUT: **~ vers** to sail (at full sail) towards, to make for. -**2.** *(tournure impersonnelle)*: **ça cingle** *fam* it's bitterly cold.
◇ *vt* -**1.** [fouetter] to lash; **la pluie cingle les vitres** the rain is lashing the window-panes. -**2.** [blesser] to sting.

cinoche *fam* [sinɔʃ] *nm* cinema *Br*, movies *Am (pl)*.

cinq [sɛ̃k] ◇ *adj num inv* -**1.** *(card)* five; **~ est la moitié de dix** five is half of ten; **~ livres de pommes** five pounds of apples; **~ cents/mille étoiles** five hundred/thousand stars; **~ pour cent** five per cent; **~ dixièmes** five tenths; **ils vivent à ~ dans la même pièce** there are five of them living in the same room; **~ fois mieux** five times better; **elle a ~ ans** [fillette] she's five (years old OU of age); [voiture] it's five years old; **une fille de ~ ans** a five-year old (girl) ❑ **les ~ lettres** *euph* ≃ a four-letter word; **dire les ~ lettres à qqn** to tell sb where to go; **bouteille ~ étoiles** *inexpensive wine bottle (with five stars embossed on the neck) for which a deposit is payable.* -**2.** *(ord)* five; **à la page ~** on page five; **au chapitre ~** in chapter five, in the fifth chapter; **il arrive le ~ novembre** he's arriving on November (the) fifth OU the fifth of November; **quel jour sommes-nous? — le ~ novembre** what's the date today? — the fifth of November. -**3.** [pour exprimer les minutes]: **trois heures ~** five past three; **trois heures moins ~** five to three; **elle est arrivée à ~** *fam* she arrived at five past; **~ minutes** [d'horloge] five minutes; [un moment] a short while; **~ minutes plus tard, il a changé d'avis** after a few minutes he changed his mind; **j'en ai pour ~ minutes** it'll only take me a few minutes; **il doit s'absenter ~ minutes pour changer sa voiture de place** he's got to go and move his car, it'll only take him a few minutes; **c'est à ~ minutes (d'ici)** it's not very far from here.
◇ *nm inv* -**1.** MATH five; **~ et ~ font dix** five and five are ten; **deux fois ~** two times five, twice five. -**2.** [numéro d'ordre] number five; **c'est le ~ qui a gagné** number five wins; **allez au ~** [maison] go to number five. -**3.** JEUX five; **le ~ de carreau/pique** the five of diamonds/spades ‖ [quille] kingpin. -**4.** [représentation]: **dessiner un ~** to draw a (figure) five. -**5.** TV: **La Cinq, La 5** *former French television channel.* -**6.** MUS: **le groupe des Cinq** the Five.

◆ **cinq sur cinq** *loc adv*: **je te reçois ~ sur ~** *pr* receiving you loud and clear; *fig & hum* I see exactly what you mean; **t'as compris? — ~ sur ~!** got it? — got it!

◆ **en cinq sec** *fam loc adv* in no time at all, in the twinkling of an eye; **en ~ sec, c'était fait** it was done before you could say "Jack Robinson".

cinquantaine [sɛ̃kɑ̃tɛn] *nf* -**1.** [nombre]: **une ~ de voitures** fifty or so cars, about fifty cars. -**2.** [d'objets] (lot of) fifty. -**3.** [âge] fifty; **il frise la ~** he's nearly fifty; **il a la ~ bien sonnée** he's well into fifties; **quand on arrive à OU atteint la ~** when you reach fifty.

cinquante [sɛ̃kɑ̃t] ◇ *adj num inv* -**1.** *(card)* fifty; **~ est la moitié de cent** fifty is half of one hundred; **~ et un** fifty-one; **~-deux** fifty-two; **~ et unième** fifty-first; **~ mille habitants** fifty thousand inhabitants; **deux billets de ~** *fam* two fifty franc notes OU fifties; **dans les années ~** in the fifties; **la mode des années ~** fifties fashions; **~ pour cent des personnes interrogées pensent que...** fifty per cent of OU half the people we asked think that...; **il est mort à ~ ans** he died at OU when he was fifty. -**2.** *(ord)* fifty; **page/numéro ~** page/number fifty. -**3.** SPORT: **le ~ mètres** the fifty metres. -**4.** *loc*: **il n'y en a pas ~** *fam*: **des solutions, il n'y en a pas ~** there aren't that many ways to solve the problem; **je te l'ai dit ~ fois!** If I've told you once, I've told you a hundred times!
◇ *nm inv* -**1.** MATH fifty; **~ et ~ font cent** fifty and fifty are a hundred; **deux fois ~** two times fifty. -**2.** [numéro d'ordre] number fifty; **c'est le ~ qui a gagné** number fifty wins; **allez au ~** [maison] go to number fifty. -**3.** [chiffre écrit]: **le ~ n'est pas lisible** the fifty is illegible.

cinquantenaire [sɛ̃kɑ̃tnɛr] ◇ *adj* fifty-year old.
◇ *nm* fiftieth anniversary, golden jubilee.

cinquantième [sɛ̃kɑ̃tjɛm] ◇ *adj num ord* fiftieth.
◇ *nm* fiftieth part.
◇ *nf* fiftieth performance.

cinquième [sɛ̃kjɛm] ◇ *adj num ord* fifth; **le ~ volume de la collection** the fifth volume in the series; **le vingt-~ concurrent** the twenty-fifth competitor; **la quarante-~ année** the forty-fifth year; **arriver ~** to come fifth ❑ **~ colonne** fifth column; **~ maladie** MÉD fifth disease; **être la ~ roue du carrosse** OU **de la charrette** to be the fifth wheel.
◇ *nmf* -**1.** [personne] fifth, fifth man *(f* woman); **je suis ~** [dans une file] I'm fifth; [dans un classement] I came fifth. -**2.** [objet] fifth (one); **le ~ était cassé** the fifth (one) was broken.
◇ *nm* -**1.** [étage] fifth floor. -**2.** [arrondissement de Paris] fifth (arrondissement). -**3.** MATH fifth; **les quatre ~s du total** four fifths of the total amount.
◇ *nf* -**1.** SCOL second form *Br*, seventh grade *Am*. -**2.** DANSE fifth (position).

cinquièmement [sɛ̃kjɛmmɑ̃] *adv* fifthly, in the fifth place.

cintrage [sɛ̃traʒ] *nm* -**1.** MÉTALL bending. -**2.** ARCHIT centering.

cintre [sɛ̃tr] *nm* -**1.** [porte-manteau] coat-hanger. -**2.** ARCHIT arch. -**3.** MÉTALL bend, curve. -**4.** [d'un siège] crest. -**5.** THÉÂT rigging loft; **les ~s** the flies.

◆ **(de) plein cintre** *loc adj* semicircular.

cintré, e [sɛ̃tre] *adj* -**1.** COUT close-fitting (at the waist), waisted. -**2.** *fam* [fou] crazy, nuts, screwy.

cintrer [3] [sɛ̃tre] *vt* -**1.** ARCHIT to arch, to vault. -**2.** [courber] to bend, to curve. -**3.** COUT to take in *(sép) (at the waist).*

CIO *(abr de* **Comité international olympique)** *npr m* IOC.

cirage [siraʒ] *nm* [cire] shoe polish; [polissage] polishing.

◆ **dans le cirage** *fam loc adj*: **être dans le ~** AÉRON to be flying blind; *fig* to be groggy.

circadien, enne [sirkadjɛ̃, ɛn] *adj* circadian.

circaète [sirkaɛt] *nm* circaetus.

Circé [sirse] *npr* Circe.

circoncire [101] [sirkɔ̃sir] *vt* to circumcise.

circoncis [sirkɔ̃si] ◇ *adj* circumcised.
◇ *nm* [garçon] circumcised boy; [homme] circumcised man.

circoncision [sirkɔ̃sizjɔ̃] *nf* circumcision.

circonférence [sirkɔ̃ferɑ̃s] *nf* -**1.** GÉOM circumference. -**2.** [tour] periphery.

circonflexe [sirkɔ̃flɛks] *adj* circumflex.

circonlocution [sirkɔ̃lɔkysjɔ̃] *nf péj* circumlocution; **que de ~s!** what a roundabout way of putting it!

circonscriptible [sirkɔ̃skriptibl] *adj* circumscribable.

circonscription [sirkɔ̃skripsjɔ̃] *nf* -**1.** ADMIN & POL area, district; **~ électorale** constituency; **~ consulaire** consular district. -**2.** GÉOM circumscription, circumscribing.

circonscrire [99] [sirkɔ̃skrir] *vt* -**1.** [limiter - extension, dégâts] to limit, to control; **~ un incendie** to bring a fire under control, to contain a fire. -**2.** [préciser] to define the limits OU scope of. -**3.** GÉOM to circumscribe.

circonspect, e [sirkɔ̃spɛ, ɛkt] *adj* [observateur, commentateur] cautious, wary; [approche] cautious, circumspect.

circonspection [sirkɔ̃spɛksjɔ̃] *nf* caution, cautiousness, wariness; **avec ~** cautiously, warily; **agir avec la plus extrême ~** to be extremely cautious.

circonstance [sirkɔ̃stɑ̃s] *nf* -**1.** [situation]: **~s** circumstances; **quelles étaient les ~s?** what were the circumstances?; **étant donné les ~s** given the circumstances OU situation. -**2.** [conjoncture] circumstance, occasion; **profiter de la ~** to seize the opportunity. -**3.** JUR: **~s aggravantes/atténuantes** aggravating/ mitigating OU extenuating circumstances.

◆ **de circonstance** *loc adj* -**1.** [approprié] appropriate, fitting; **vers de ~** occasional verse. -**2.** GRAMM: **complément de ~** adverbial phrase.

◆ **pour la circonstance** *loc adv* for the occasion.

circonstancié, e [sirkɔ̃stɑ̃sje] *adj* detailed; **je ne vous ferai pas un rapport ~** I won't go into great detail.

circonstanciel, elle [sirkɔ̃stɑ̃sjɛl] *adj* GRAMM adverbial.

circonvenir [40] [sirkɔ̃vnir] *vt* [abuser - juge, témoin] to circumvent; **~ l'électorat** to trick the voters.

circonvoisin, e [sirkɔ̃vwazɛ̃, in] *adj litt* neighbouring, surrounding.

circonvolution [sirkɔ̃vɔlysjɔ̃] *nf* -**1.** [enroulement] circumvolution. -**2.** ANAT convolution, gyrus.

circuit [sirkɥi] *nm* -**1.** AUT & SPORT circuit; ~ **automobile** racing circuit. -**2.** [randonnée] tour, trip; **faire le ~ des châteaux/vins** to do a tour of the chateaux/vineyards; **faire le ~ des bars** ≃ to go bar hopping *Am*, ≃ to go on a pub crawl *Br* ❑ ~ **touristique** organised trip OU tour. -**3.** [détour] detour, circuitous route; **faire un long ~ pour arriver quelque part** to make a long detour to get somewhere; **par tout un ~ de raisonnement** *fig* through a long and complicated thought process. -**4.** ÉLECTR & ÉLECTRON circuit; **couper le ~** to switch off ❑ ~ **imprimé** printed circuit; ~ **intégré** integrated circuit; ~ **logique** logical circuit. -**5.** [parcours] progression, route. -**6.** ÉCON channels; **le ~ de distribution du pain** the distribution channels for bread. -**7.** CIN network; **le film est fait pour le ~ commercial** it's a mainstream film. -**8.** [tuyaux] (pipe) system; ~ **de refroidissement** cooling system. -**9.** [pourtour d'une ville] circumference. -**10.** *loc*: **elle est encore dans le ~** she's still around; **quand je rentrerai dans le ~** when I'm back in circulation.
◆ **en circuit fermé** ◇ *loc adj* [télévision] closed-circuit *(modif)*.
◇ *loc adv* -**1.** ÉLECTRON in closed circuit. -**2.** [discuter, vivre] without any outside contact.

circulaire [sirkylɛr] ◇ *adj* -**1.** [rond] circular, round. -**2.** [tournant - mouvement, regard] circular. -**3.** TRANSP return *Br (modif)*, round-trip *Am (modif)*. -**4.** [définition, raisonnement] circular.
◇ *nf* circular.

circulairement [sirkylɛrmɑ̃] *adv* [marcher, rouler] in a circle.

circularité [sirkylarite] *nf* -**1.** [forme] roundness. -**2.** [d'un raisonnement] circularity.

circulation [sirkylasjɔ̃] *nf* -**1.** TRANSP: **la ~ des camions est interdite le dimanche** lorries are not allowed to run on Sundays; **il y a de la/peu de ~ aujourd'hui** the traffic is heavy/there isn't much traffic today; **encore quelques petits problèmes de ~ au nord de Lyon** still some congestion north of Lyons ❑ ~ **aérienne/ferroviaire** air/rail traffic; **la ~ routière** road traffic. -**2.** [du sang, de l'air, d'un fluide] circulation; **avoir une bonne/mauvaise ~** to have good/bad circulation. -**3.** [déplacement] spread, movement; **la libre ~ des hommes et des idées** the free movement of men and ideas; **la ~ des capitaux** ÉCON the movement of capital. -**4.** [circuit]: **enlever** OU **retirer de la ~** COMM to take off the market; *fig* to take out of circulation; **être/mettre en ~** to be/to put on the market.

circulatoire [sirkylatwar] *adj* [appareil] circulatory.

circuler [3] [sirkyle] *vi* -**1.** [se déplacer - personne] to move; **circulez, il n'y a rien à voir** move along now, there's nothing to see; **je n'aime pas que les enfants circulent dans toute la maison** I don't like the children to have the run of the whole house || TRANSP [conducteur] to drive; [flux de voitures] to move; [train] to run; **rien ne circule ce matin** the traffic's at a standstill this morning; **en Angleterre on circule à gauche** they drive on the left in England; **l'autobus 21 circule de nuit** the number 21 bus runs at night. -**2.** [air, fluide] to circulate. -**3.** [passer de main en main] to be passed around OU round; **le rapport circule** the report's being circulated; **faites ~ la bouteille** pass the bottle round. -**4.** [se propager] to circulate; **faire ~ des bruits** to spread rumours; **c'est une rumeur qui circule** it's a rumour that's going around; **l'information ne circule pas** information is not getting around.

circumlunaire [sirkɔmlynɛr] *adj* circumlunar.

circumnavigation [sirkɔmnavigasjɔ̃] *nf* circumnavigation.

circumpolaire [sirkɔmpɔlɛr] *adj* circumpolar.

circumstellaire [sirkɔmstelɛr] *adj* circumstellar.

circumterrestre [sirkɔmterɛstr] *adj* around-the-world *(avant n)*.

cire [sir] *nf* -**1.** [encaustique] (wax) polish. -**2.** [dans une ruche] wax; ~ **d'abeille** beeswax; ~ **à cacheter** sealing wax. -**3.** [cérumen] earwax. -**4.** PÉTR mineral OU earth wax. -**5.** *loc*: **c'est une ~ molle** *fam* he's got no will of his own.
◆ **à (la) cire perdue** ◇ *loc adj* lost-wax.
◇ *loc adv* using the lost-wax process.
◆ **de cire** *loc adj* [poupée, figurine] wax *(modif)*; **musée de ~, cabinet de ~** *vieilli* wax-works.

ciré, e [sire] *adj* waxed, polished.
◆ **ciré** *nm* -**1.** VÊT [gén] oilskin; [de marin] sou'wester. -**2.** TEXT oilskin.

cirer [3] [sire] *vt* -**1.** [faire briller - meuble, parquet] to wax, to polish; [- chaussure] to polish; ~ **les bottes à qqn** *fam fig* to lick sb's boots. -**2.** *loc*: **il en a rien à ~** ▽ he doesn't give a damn.

cireur, euse[1] [sirœr, øz] *nm, f* [de rue] shoe shiner, shoe-shine boy *(nm)*.
◆ **cireuse** *nf* floor polisher.

cireux, euse[2] [sirø, øz] *adj* -**1.** [comme la cire] waxy, wax-like, waxen *litt*. -**2.** [jaunâtre] waxen *litt*, wax-coloured.

cirque [sirk] *nm* -**1.** LOISIRS [chapiteau] circus, big top; [représentation] circus; **aller au ~** to go to the circus. -**2.** *fam* [agitation] mess; **c'est pas un peu fini ce ~?** will you stop fooling around?; **c'est un vrai ~ ici!** it's pandemonium in here! -**3.** *fam* [scène] scene; **arrête un peu ton ~!** stop fooling around!; **faire son ~** to make a fuss; **tous les matins, elle fait son ~ pour s'habiller** every morning she makes an awful fuss about getting dressed. -**4.** GÉOG cirque, corrie; [sur la Lune] crater. -**5.** ANTIQ amphitheatre; **les jeux du ~** the circus games.

cirrhose [siroz] *nf* cirrhosis.

cirrhotique [sirɔtik] ◇ *adj* [foie] cirrhotic.
◇ *nmf* cirrhotic, cirrhosis sufferer.

cirrocumulus [sirɔkymylys] *nm inv* cirrocumulus.

cirrostratus [sirɔstratys] *nm inv* cirrostratus.

cirrus [sirys] *nm inv* cirrus.

cisaille [sizaj] *nf* [outil]: ~, ~**s** (pair of) shears ❑ ~ **à lame** guillotine; ~ **circulaire** rotary shears.

cisaillement [sizajmɑ̃] *nm* -**1.** MÉTALL cutting. -**2.** HORT pruning.

cisailler [3] [sizaje] *vt* -**1.** [barbelés, tôle] to cut. -**2.** [couper grossièrement] to hack (at).
◆ **se cisailler** ◇ *vpi* [métal] to shear off.
◇ *vpt* [se couper]: **il s'est cisaillé la joue** he cut OU slashed his cheek.

cisalpin, e [sizalpɛ̃, in] *adj* Cisalpine; **(la) Gaule ~e** Cisalpine Gaul.

ciseau, x [sizo] *nm* -**1.** [outil] chisel; **sculpter une figure au ~** to chisel out a figure ❑ ~ **à froid** cold chisel. -**2.** FTBL scissor-kick.
◆ **ciseaux** *nmpl* -**1.** [outil]: **(une paire de) ~x** (a pair of) scissors; **une paire de grands ~x** (a pair of) shears; **donner un coup de ~x dans un tissu** to cut a piece of material with scissors; **donner des coups de ~x dans un texte** to make cuts in a text ❑ ~**x à ongles** nail scissors. -**2.** SPORT: **saut en ~x** scissors jump; **sauter en ~x** to do a scissors jump.

ciselage [sizlaʒ], **cisèlement** [sizɛlmɑ̃] *nm* [d'une grappe de raisin] shearing; [du métal] engraving; [du cuir] embossing.

ciseler [25] [sizle] *vt* -**1.** MÉTALL [en défonçant] to engrave; [en repoussant] to emboss; **un bracelet en or ciselé** an engraved gold bracelet; **son nez délicatement ciselé** *fig* her finely chiselled nose. -**2.** *litt* [texte] to polish; **un sonnet délicatement ciselé** a delicately crafted sonnet. -**3.** [ciboulette] to snip. -**4.** [grappe de raisin] to shear (off).

ciselet [sizlɛ] *nm* small chisel.

ciseleur [sizlœr] *nm* engraver.

ciselure [sizlyr] *nf* -**1.** MÉTALL [en défoncé] engraving; [en repoussé] embossing. -**2.** BX-ARTS & MENUIS chiselling. -**3.** [de reliure] embossing.

Cisjordanie [sisʒɔrdani] *npr f*: **(la) ~** the West Bank.

cisjordanien, enne [sisʒɔrdanjɛ̃, ɛn] *adj* from the West Bank.
◆ **Cisjordanien, enne** *nm, f inhabitant of or person from the West Bank.*

ciste [sist] *nm* -**1.** [arbrisseau] cistus, rockrose. -**2.** ANTIQ cist. -**3.** [tombe] cist, kist.

cistercien, enne [sistɛrsjɛ̃, ɛn] *adj & nm, f* Cistercian; **les ~s** the Cistercians.

cistre [sistr] *nm* cithern, cittern.

citadelle [sitadɛl] *nf* -**1.** CONSTR citadel; **la ferme avait été transformée en ~** *fig* the farm had been made into a fortress. -**2.** [centre] stronghold.

citadin, e [sitadɛ̃, in] ◇ *adj* [habitude, paysage] city *(modif)*, town *(modif)*; [population] town-dwelling, city-dwelling.
◇ *nm, f* city-dweller, town-dweller.

citation [sitasjɔ̃] *nf* -**1.** [extrait] quotation. -**2.** JUR summons; ~ **à comparaître** [pour un témoin] subpoena; [pour un accusé] summons; **il a reçu une ~ à comparaître** [témoin] he was subpoenaed; [accusé] he was summonsed. -**3.** MIL: ~ **à l'ordre du jour** mention in dispatches.

cité [site] *nf* -**1.** [ville] city; [plus petite] town; ~ **linéaire** ribbon development. -**2.** [dans des noms de lieux]: **la Cité interdite** the Forbidden City; **la ~ des Papes** Avignon; **la ~ phocéenne** Marseille; **la Cité des Sciences et de l'Industrie** *science and technology museum complex at La Villette in northern Paris.* -**3.** [résidence] (housing) estate *Br* OU development *Am*; **les ~s de banlieue** suburban housing estates *(in France, often evocative of poverty and delinquency)* ❑ ~ **de transit** transit OU temporary camp; ~ **ouvrière** ≃ council estate *Br*, ≃ housing project *Am*; ~ **universitaire** hall of residence. -**4.** ANTIQ city-state. -**5.** RELIG: **la ~ céleste** the Heavenly City; **la ~ sainte** the Holy City; **'la Cité de Dieu'** *saint Augustin* 'The City of God'.

cité-dortoir [sitedɔrtwar] (*pl* **cités-dortoirs**) *nf* dormitory town.

cité-jardin [siteʒardɛ̃] (*pl* **cités-jardins**) *nf* garden city.

citer [3] [site] *vt* -**1.** [donner un extrait de] to cite, to quote (from); **je vous ai cité dans mon article** I quoted you in my article. -**2.** [mentionner] to mention; **son ouvrage principal n'est même pas cité** his main work isn't even mentioned; ~ **qqn en exemple** to cite sb as an example. -**3.** [énumérer] to name, to quote, to list. -**4.** JUR [témoin] to subpoena; [accusé] to summons. -**5.** MIL to mention; ~ **un soldat à l'ordre du jour** to mention a soldier in dispatches.

citerne [sitɛrn] *nf* -**1.** [cuve] tank; [pour l'eau] water tank, cistern. -**2.** NAUT tank. -**3.** [camion] tanker. -**4.** RAIL tank wagon *Br*, tank car *Am*.

cité U *fam* [sitey] *nf abr de* **cité universitaire**.

cithare [sitar] *nf* cithara.

cithariste [sitarist] *nmf* cithara player.

citizen band [sitizœnbɑ̃d] (*pl* **citizen bands**) *nf* citizens' band, CB.

citoyen, enne [sitwajɛ̃, ɛn] *nm, f* -**1.** HIST & POL citizen. -**2.** *fam* [personnage]: **qu'est-ce que c'est que ce ~-là?** [inquiétant] he's a bit of a queer fish *Br* OU odd duck *Am*!; [amusant] what an eccentric!

citoyenneté [sitwajɛnte] *nf* citizenship; **prendre la ~ française** to acquire French citizenship.

citrate [sitrat] *nm* citrate.

citrine [sitrin] *nf* citrine.

citrique [sitrik] *adj* citric.

citron [sitrɔ̃] *nm* -**1.** BOT lemon; ~ **pressé** freshly squeezed lemon juice; ~ **vert** lime. -**2.** *fam* [tête] nut. -**3.** ENTOM brimstone.
◆ **au citron** *loc adj* [lotion, savon] lemon *(modif)*; [gâteau, sauce] lemon *(modif)*, lemon-flavoured; **parfumé au ~** lemon-scented.

citronnade [sitrɔnad] *nf* lemonade.

citronné, e [sitrɔne] *adj* [gâteau] lemon-flavoured; [pochette] lemon-scented.

citronnelle [sitrɔnɛl] *nf* -**1.** [mélisse] lemon balm. -**2.** [aromate tropical] lemongrass. -**3.** [baume] citronella oil. -**4.** [boisson] citronella liqueur.

citronnier [sitrɔnje] *nm* lemon tree.

citrouille [sitruj] *nf* -**1.** [fruit] pumpkin. -**2.** *fam* [tête] nut.

cive [siv] *nf*: **de la ~** chives.

civelle [sivɛl] *nf* young eel.

civet [sivɛ] *nm* civet, stew; **~ de lièvre, lièvre en ~** civet of hare, ≃ jugged hare.

civette [sivɛt] *nf* -**1.** BOT: **de la ~** chives. -**2.** [animal, parfum, fourrure] civet.

civière [sivjɛr] *nf* stretcher.

civil, e [sivil] *adj* -**1.** [non religieux] civil; **mariage ~** civil marriage ceremony. -**2.** [non militaire] civilian; **porter des vêtements ~s** to wear civilian clothes. -**3.** ADMIN: **année ~e** calendar year; **jour ~** civil OU calendar day. -**4.** [non pénal] civil. -**5.** *litt* [courtois] courteous, civil.

◆ **civil** *nm* -**1.** [non militaire] civilian; **être en ~** [soldat] to be wearing civilian clothes; **policier en ~** plain clothes policeman. -**2.** JUR civil action; **porter une affaire au ~** to bring a case before the civil courts.

◆ **dans le civil** *loc adv* in civilian life.

civilement [sivilmɑ̃] *adv* -**1.** JUR: **se marier ~** to have a civil wedding; **être ~ responsable** to be legally responsible. -**2.** *sout* [courtoisement] courteously.

civilisable [sivilizabl] *adj* civilizable.

civilisateur, trice [sivilizatœr, tris] ◇ *adj* civilizing.

◇ *nm, f* civilizer.

civilisation [sivilizasjɔ̃] *nf* -**1.** SOCIOL civilization; **les grandes ~s du passé** great civilizations of the past. -**2.** [action de civiliser] civilization, civilizing. -**3.** [fait d'être civilisé] civilization. -**4.** *hum* [confort] civilization; **revenir à la ~ après dix jours sous la tente** to get back to civilization after ten days under canvas.

◆ **de civilisation** *loc adj*: **langue de ~** language of culture; **maladie de ~** social disease.

civilisé, e [sivilize] ◇ *adj* [nation, peuple] civilized; **on est chez des gens ~s, ici!** *fam* we're not savages!

◇ *nm, f* civilized person, member of a civilized society.

civiliser [3] [sivilize] *vt* to civilize, to bring civilization to.

◆ **se civiliser** *vpi* to become civilized.

civiliste [sivilist] *nmf* specialist in civil law.

civilité [sivilite] *nf litt* [qualité] politeness, polite behaviour, civility; **la plus élémentaire ~ voudrait que l'on fasse** OU **serait de...** it would be only polite to...

◆ **civilités** *nfpl litt* [paroles] polite greetings; **présenter ses ~s à qqn** to pay one's respects to sb; **rivalisant de ~s** making polite comments to one another.

civique [sivik] *adj* civic; **avoir l'esprit ~** to be public-spirited □ **éducation** OU **instruction ~** civics *(sg)*.

civisme [sivism] *nm* sense of citizenship, public-spiritedness.

cl (*abr écrite de* **centilitre**) cl.

clac [klak] *interj* [bruit - de fouet] crack; [- d'une fenêtre] slam; **le ~ ~ ~ des sabots des chevaux** the clip-clop of the horses' hooves.

clafoutis [klafuti] *nm tart made with cherries or other fruit and batter.*

claie [klɛ] *nf* -**1.** [pour les fruits] rack. -**2.** [barrière] fence, hurdle. -**3.** [tamis] riddle, screen.

claim [klɛm] *nm* -**1.** [titre] claim, mining concession. -**2.** [terrain] claim.

clair, e [klɛr] *adj* -**1.** [lumineux] light; **la pièce est très ~e le matin** the room gets a lot of sun in the morning; **une nuit ~e** a fine OU cloudless night; **une ~e journée de juin** a fine OU bright day in June; **il a le regard ~** he's got bright eyes. -**2.** [limpide - eau] clear, transparent; [- teint] clear. -**3.** [peu épais] thin; **soupe ~e** clear soup ‖ [rare] sparse; **des bois ~s** sparsely wooded area. -**4.** [couleur] light; **porter des vêtements ~s** to wear light OU light-coloured clothes; **vert/rose ~** light green/pink. -**5.** [bien timbré] clear; **d'une voix ~e** in a clear voice. -**6.** [compréhensible] clear; **un résumé ~ de la situation** a clear OU lucid account of the situation; **se faire une idée ~e de** to form a clear OU precise picture of. -**7.** [perspicace] clear; **avoir les idées ~es**: **je n'ai plus les idées très ~es** I can't see things clearly any more; **avoir l'esprit ~** to be clear-thinking. -**8.** [évident] obvious; **il est ~ que nous irons** it's obvious that we'll go, obviously we'll go □ **c'est ~ et net** it's obvious; **il n'a rien compris, c'est ~ et net** he clearly hasn't understood a thing; **c'est ~ comme le jour** OU **comme de l'eau de roche** OU **comme deux et deux font quatre** it's crystal-clear.

◆ **clair** ◇ *nm* -**1.** [couleur] light colour; **les ~s et les sombres** BX-ARTS light and shade. -**2.** ASTRON: **~ de lune** moonlight; **il y a un beau ~ de lune ce soir** it's a fine moonlit night tonight; **~ de terre** earth light. -**3.** *loc*: **le plus ~ de** the best part of; **passer le plus ~ de son temps à faire qqch** to spend most OU the best part of one's time doing sthg.

◇ *adv*: **il fait déjà ~ dehors** it's already light outside □ **parler ~**: **parlons ~!** let's not mince words!; **voir ~**: **on n'y voit plus très ~ à cette heure-ci** the light's not really good enough at this time of the day; **y voir ~** [dans une situation] to see things clearly; **j'aimerais y voir ~** I'd like to understand; **y voir ~ dans le jeu de qqn** to see right through sb, to see through sb's little game.

◆ **au clair** ◇ *loc adj*: **sabre au ~** drawn sword.

◇ *loc adv*: **mettre** OU **tirer qqch au ~** to clarify sthg; **il faut tirer cette affaire au ~** this matter must be cleared up.

◆ **en clair** *loc adv* -**1.** [sans code]: **envoyer un message en ~** to send an unscrambled message; **diffuser en ~** to broadcast unscrambled programmes. -**2.** *(en tête de phrase)* in plain language.

◆ **claire** *nf* [bassin] oyster bed.

clairance [klɛrɑ̃s] *nf* clearance.

clairement [klɛrmɑ̃] *adv* clearly; **il a répondu très ~** his answer was quite clear.

clairet, ette [klɛrɛ, ɛt] *adj* -**1.** [léger - sauce, vin] light, thin *péj*. -**2.** [faible - voix] thin, reedy.

◆ **clairet** *nm light red wine.*

◆ **clairette** *nf light sparkling wine.*

claire-voie [klɛrvwa] (*pl* claires-voies) *nf* -**1.** [barrière] lattice, open-worked fence. -**2.** ARCHIT clerestory, clearstory. -**3.** NAUT deadlight.

◆ **à claire-voie** *loc adj* open-work.

clairière [klɛrjɛr] *nf* [dans une forêt] clearing, glade.

clair-obscur [klɛrɔpskyr] (*pl* clairs-obscurs) *nm* -**1.** BX-ARTS chiaroscuro. -**2.** [pénombre] twilight, half-light.

clairon [klɛrɔ̃] *nm* MUS [instrument] bugle; [joueur] bugler; [orgue] clarion stop.

claironnant, e [klɛrɔnɑ̃, ɑ̃t] *adj* resonant, stentorian *litt*; **..., dit-il d'une voix ~e** ...he said, his words ringing out.

claironner [3] [klɛrɔne] ◇ *vi* to shout.

◇ *vt* to proclaim far and wide, to broadcast (to all and sundry).

clairsemé, e [klɛrsəme] *adj* [barbe, cheveux] sparse, thin; [arbres] scattered; **devant un public ~** to a sparse audience; **il a eu quelques succès ~s au cours des 20 dernières années** he has had occasional successes over the last 20 years.

clairsemer [19] [klɛrsəme]

◆ **se clairsemer** *vpi*: **ses cheveux commencent** OU **il commence à se ~** his hair is beginning to grow thin.

clairvoyance [klɛrvwajɑ̃s] *nf* -**1.** [lucidité] clearsightedness; **faire preuve de ~** to be clearsighted. -**2.** [de médium] clairvoyance.

clairvoyant, e [klɛrvwajɑ̃, ɑ̃t] ◇ *adj* -**1.** [lucide] clearsighted, perceptive. -**2.** [non aveugle] sighted. -**3.** [médium] clairvoyant.

◇ *nm, f* -**1.** [non aveugle] sighted person; **les ~s** the sighted. -**2.** [médium] clairvoyant.

clam [klam] *nm* clam.

clamecer▽ [16] [klamse] = **clamser**.

clamer [3] [klame] *vt* -**1.** [proclamer]: **~ son innocence** to protest one's innocence; **clamant leur mécontentement** making their dissatisfaction known. -**2.** [crier] to clamour, to shout.

clameur [klamœr] *nf* clamour; **pousser des ~s** to shout; **la ~ du marché montait** OU **les ~s du marché montaient jusqu'à nos fenêtres** the hubbub of the market could be heard from our windows.

clamp [klɑ̃p] *nm* MÉD clamp.

clamser▽ [3] [klamse] *vi* to kick the bucket.

clan [klɑ̃] *nm* -**1.** SOCIOL clan. -**2.** *péj* [coterie] clan, coterie, clique.

clandé▽ [klɑ̃de] *nm* -**1.** [maison de passe] whorehouse. -**2.** [maison de jeux] gambling den.

clandestin, e [klɑ̃dɛstɛ̃, in] ◇ *adj* -**1.** [secret] secret, underground, clandestine. -**2.** [illégal] illegal, illicit.

◇ *nm, f* [passager] stowaway; [immigré] illegal immigrant.

clandestinement [klɑ̃dɛstinmɑ̃] *adv* -**1.** [secrètement] secretly, in secret, clandestinely. -**2.** [illégalement] illegally, illicitly.

clandestinité [klɑ̃dɛstinite] *nf* [caractère secret] secrecy, clandestine nature, clandestineness *litt*.

◆ **dans la clandestinité** *loc adv* underground *(adv)*; **entrer dans la ~** to go underground; **des armes sont fabriquées dans la ~** weapons are made clandestinely.

clanique [klanik] *adj* -**1.** SOCIOL clan *(modif)*. -**2.** *péj* [coterie] clannish.

clanisme [klanism] *nm* -**1.** SOCIOL clan system. -**2.** *péj* [comportement] clannishness.

clapet [klapɛ] *nm* -**1.** TECH [soupape] valve; **~ d'admission/d'échappement** inlet/exhaust valve; **~ à charnière** poppet valve. -**2.** *fam* [bouche]: **elle a un de ces ~s!** she's a real chatterbox!, she can talk the hind legs off a donkey!; **ferme ton ~!** shut your mouth!

clapier [klapje] *nm* -**1.** [à lapins] hutch. -**2.** *péj* [appartement]: **c'est un vrai ~ ici!** it's like living in a shoe box in this place!

clapir [32] [klapir] *vi* [lapin] to squeal.

clapotant, e [klapɔtɑ̃, ɑ̃t] *adj* lapping.

clapotement [klapɔtmɑ̃] *nm* lapping.

clapoter [3] [klapɔte] *vi* [eau, vague] to lap.

clapoteux, euse [klapɔtø, øz] = **clapotant**.

clapotis [klapɔti] = **clapotement**.

clappement [klapmɑ̃] *nm* [de la langue] clicking; **des ~s de langue** clicks of the tongue.

clapper [3] [klape] *vi* to click one's tongue.

claquage [klakaʒ] *nm* -**1.** MÉD [muscle] strained muscle; [ligament] strained ligament; **se faire** OU **avoir un ~** [muscle] to strain a muscle; **pour éviter les ~s** [ligament] to avoid strained ligaments OU straining a ligament. -**2.** ÉLECTR (electric) breakdown.

claquant, e *fam* [klakɑ̃, ɑ̃t] *adj* exhausting, killing.

claque [klak] ◇ *nm* -**1.** [chapeau] opera hat. -**2.** ▽ [maison de tolérance] knocking-shop *Br*, cathouse *Am*.

◇ *nf* -**1.** [coup] smack, slap; **tu vas recevoir une ~!** you'll get a smack!; **une bonne ~** a stinger; **une ~ dans la gueule**▽ *pr* a smack in the gob *Br* OU kisser *Am*; *fig* a slap in the face. -**2.** THÉÂT claque. -**3.** *loc*: **j'en ai ma ~** *fam* [saturé] I've had it up to here; [épuisé] I'm shattered *Br* OU bushed *Am*. -**4.** [d'une chaussure] upper. -**5.** *Can* [chaussure] rubber overshoe.

claqué, e [klake] *adj* -**1.** *fam* [éreinté] worn out, shattered *Br*, bushed *Am*; **je suis ~!** I'm shattered! -**2.** MÉD strained.

claquement [klakmɑ̃] *nm* [bruit violent] banging, slamming; **le ~ sec du fouet** the sharp crack of the whip; **un ~ de doigts** a snap of the fingers; **sur un ~ de doigts** *fig* in the twinkling of an eye; **un ~ de langue** a clicking of the tongue; **entendre un ~ de portière** to hear a car door slam.

claquemurer [3] [klakmyre] *vt* to shut in *(sép)*.

◆ **se claquemurer** *vp (emploi réfléchi)* to shut o.s. in OU away.

claquer [3] [klake] ◇ *vt* -**1.** [fermer] to bang OU to slam (shut); ~ **la porte** *pr* to slam the door; *fig* to storm out; ~ **la porte au nez de qqn** *pr* to slam the door in sb's face; *fig* to send sb packing. -**2.** [faire résonner] : ~ **sa langue** to click one's tongue. -**3.** *fam* [dépenser] to spend; **ils ont claqué tout l'héritage** they spent all the money from the inheritance; **elle claque un fric fou en vêtements** she spends a fortune on clothes; **j'ai tout claqué** I blew the lot. -**4.** *fam* [fatiguer] to wear out *(sép)*; **ça m'a claqué** it was absolutely shattering *Br*, it wiped me out *Am*. -**5.** *fam* [gifler] to slap.
◇ *vi* -**1.** [résonner - porte] to bang; [- drapeau, linge] to flap; [- touche de clavier] to clack; **un coup de feu a claqué** a shot rang out. -**2.** *fam* [mourir] to peg out; [tomber en panne] to conk out; **le frigo va** ~ the fridge is on the way out; **elle lui a claqué dans les bras** she just died on him; **le projet lui a claqué dans les doigts** [il a échoué] his project fell through. -**3.** [céder avec bruit - sangle] to snap; [- baudruche, chewing-gum] to pop.
◆ **claquer de** *v + prép*: **il claque des dents** his teeth are chattering; ~ **des doigts** to snap one's fingers; ~ **des mains** [de joie, pour applaudir] to clap one's hands ❑ **je claque du bec** *fam* I'm starving.
◆ **se claquer** ◇ *vpi* *fam* [se fatiguer] to wear o.s. out; **je me suis claqué pour rien** I worked myself into the ground for nothing.
◇ *vpt*: **se** ~ **un muscle** to strain OU to pull a muscle; **se** ~ **un ligament** to strain OU to pull a ligament.

claqueter [27] [klakte] *vi* [cigogne] to clapper.

claquette [klakɛt] *nf* CIN clapperboard.
◆ **claquettes** *nfpl* -**1.** DANSE tap-dancing; **faire des** ~**s** *pr* to tap-dance. -**2.** [tongs] flipflops.

claquoir [klakwar] *nm* clapperboard.

clarification [klarifikasjɔ̃] *nf* -**1.** [d'une suspension, d'une sauce, du beurre] clarification; [d'un vin] settling. -**2.** [explication] clarification.

clarifier [9] [klarifje] *vt* -**1.** [rendre limpide - suspension, beurre, sauce] to clarify; [- vin] to settle. -**2.** [expliquer] to clarify, to make clear.
◆ **se clarifier** *vpi* -**1.** [s'éclaircir] to become clearer. -**2.** CHIM to become clarified.

clarine [klarin] *nf* cowbell.

clarinette [klarinɛt] *nf* clarinet.

clarinettiste [klarinetist] *nmf* clarinettist, clarinet player.

clarisse [klaris] *nf* Clarisse; **les** ~**s** the Poor Clares.

clarté [klarte] *nf* -**1.** [lumière] light; **la** ~ **du jour** daylight || [luminosité] brightness. -**2.** [transparence] clarity, limpidness, clearness. -**3.** [intelligibilité] clarity, clearness; **son raisonnement n'est pas d'une grande** ~ his reasoning is not particularly clear; **voir avec** ~ **que** to see with great clarity OU perfectly clearly that.
◆ **clartés** *nfpl* *litt* knowledge.

clash *fam* [klaʃ] *(pl* **clashs** OU **clashes***)* *nm* clash, conflict; **il y a eu un** ~ **entre nous (à propos de...)** we clashed (over...).

classable [klasabl] *adj* classable; **cette musique est difficilement** ~ it's hard to classify this kind of music.

classe [klas] *nf* **A.** -**1.** [salle] classroom. -**2.** [groupe] class; **sa** ~ his class OU classmates; **toute la** ~ **riait** the whole class laughed ❑ ~ **de neige** *residential classes in the mountains for schoolchildren*; ~ **de mer** *residential classes at the seaside for schoolchildren*; ~ **verte** *residential classes in the countryside for schoolchildren*; ~ **transplantée** *generic term referring to 'classe de neige', 'classe de mer' and 'classe verte'*. -**3.** [cours] class *(C)*, lesson; ~ **de français** French class; ~ **de perfectionnement** advanced class; **faire la** ~ [être enseignant] to teach; [donner un cours] to teach OU to take a class; **faire la** ~ : **c'est moi qui leur fais la** ~ I'm their teacher. -**4.** [niveau] class, form *Br*, grade *Am*; **dans les grandes/petites** ~**s** in the upper/ lower forms *Br*; **silence, la petite** ~! *hum* be quiet, children!; **monter de** ~ to go on to the next form; **refaire** OU **redoubler une** ~ to repeat a year ❑ ~**s préparatoires** *schools specialising in preparing pupils to take Grandes Écoles entrance exams.*
B. -**1.** [type] class, kind; MATH & SC class; [dans des statistiques] bracket, class, group; ~ **d'âge** age group; ~ **de revenus** income bracket; ~ **grammaticale** part of speech. -**2.** [rang] class, rank; **former une** ~ **à part** to be in a class OU league of one's own. -**3.** POL & SOCIOL class; ~ **sociale** social class; **les** ~**s populaires** OU **laborieuses** the working classes; **les** ~**s moyennes/dirigeantes** the middle/ruling classes; **l'ensemble de la** ~ **politique** the whole of the political establishment OU class; **la** ~ **des petits commerçants** shopkeepers as a group. -**4.** TRANSP class; **première/deuxième** ~ first/second class; **billet de première/deuxième** ~ first-/second-class ticket; **voyager en première** ~ to travel first class; ~ **affaires/économique** AÉRON business/economy class. -**5.** [niveau] quality, class; **de grande** ~ top-quality; **de première** ~ first-class; **un hôtel de** ~ **internationale** a hotel of international standing. -**6.** [distinction] class, style; **avec** ~ smartly, with elegance; **avoir de la** ~ to have class OU style || *(comme adj)*: **être** ~ *fam* to be classy, to have class. -**7.** LING class.
C. MIL annual contingent; **la** ~ **70** the 1970 levy.
◆ **classes** *nfpl*: **faire ses** ~**s** MIL to go through training.
◆ **de classe** *loc adj* ENS: **camarade de** ~ classmate; **livre de** ~ schoolbook.
◆ **en classe** *loc adv*: **aller en** ~ to go to school; **il a l'âge d'aller en** ~ he's of school age; **rentrer en** ~ [pour la première fois] to start school; [à la rentrée] to go back to school, to start school again.

classé, e [klase] *adj* -**1.** [terminé] closed, dismissed; **pour moi, c'est une affaire** ~**e** all that's over and done with as far as I'm concerned. -**2.** [protégé] listed; **monument/château** ~ listed OU scheduled building/castle.

classement [klasmɑ̃] *nm* -**1.** [tri - de documents] classifying, ordering, sorting; [- d'objets] sorting, grading; **faire un** ~ **de livres** to sort out OU to classify books|| [rangement] filing; **faire du** ~ to do some filing; **faire une erreur de** ~ to file something in the wrong place. -**2.** CHIM grading; ~ **volumétrique** sizing. -**3.** [palmarès] ranking, placing; **avoir un mauvais/bon** ~ to do badly/well; **donner le** ~ **d'un examen/d'une course** to give the results of an exam/of a race; ~ **des élèves** class list; ~ **de sortie** pass list; **premier au** ~ **général** first overall. -**4.** INF sequencing. -**5.** ADMIN listing.

classer [3] [klase] *vt* -**1.** [archiver - vieux papiers] to file (away); [- affaire] to close; **je considère que l'affaire est classée** I consider this matter closed. -**2.** [agencer] to arrange, to classify, to sort; ~ **qqch par ordre alphabétique** to put sthg in alphabetical order; ~ **ses idées** to organize one's thoughts. -**3.** INF to sequence. -**4.** ADMIN [site] to list, to schedule. -**5.** [définir] : ~ **qqn comme** to categorize OU to label *péj* sb as; **à sa réaction, je l'ai tout de suite classé** I could tell straight away what sort of person he was from his reaction.
◆ **se classer** *vpi* -**1.** [dans une compétition] to finish, to rank; **se** ~ **troisième** to rank third; **mon cheval s'est classé premier** my horse came in OU finished first. -**2.** [prendre son rang] : **se** ~ **parmi** to rank among.

classeur [klasœr] *nm* -**1.** [chemise] binder, folder, jacket *Am*; ~ **à anneaux** ring binder; ~ **à feuilles mobiles** loose leaf binder. -**2.** [tiroir] filing drawer; [meuble] filing cabinet.

classicisme [klasisism] *nm* -**1.** BX-ARTS & LITTÉRAT classicism. -**2.** [conformisme] traditionalism.

classificateur, trice [klasifikatœr, tris] *adj* classifying.
◆ **classificateur** *nm* -**1.** INF classifier. -**2.** CHIM screen, sizer.

classification [klasifikasjɔ̃] *nf* -**1.** [répartition] classification; ~ **du bois** lumber grading. -**2.** [système] classification system; ~ **décimale universelle** Dewey decimal system. -**3.** NAUT [mode d'identification] class logo. -**4.** BIOL classification; ~ **des animaux/végétaux** animal/plant classification.

classificatoire [klasifikatwar] *adj* classifying, classificatory.

classifier [9] [klasifje] *vt* -**1.** [ordonner] to classify. -**2.** [définir] to label.

classique [klasik] ◇ *adj* -**1.** ENS classical; **faire des études** ~**s** to study classics. -**2.** LING & LITTÉRAT classical; **les auteurs** ~**s** the classical OU seventeenth and eighteenth-century authors; **le français** ~ seventeenth and eighteenth-century French || DANSE & MUS [traditionnel] classical; [XVIIIe siècle] classical, eighteenth-century; ANTIQ classical. -**3.** [conventionnel] conventional; **matériel/armement** ~ conventional equipment/weapons; **vêtement de coupe** ~ classically-cut garment. -**4.** [connu - sketch, plaisanterie, recette] classic; **réaction** ~ classic response; **c'est le coup** ~ [une chose qui se reproduit fréquemment] that's typical!; [une ruse connue] that's a well-known trick!; **il m'a fait le coup** ~ **de la panne** he gave me the old breakdown scenario. -**5.** ÉCON classic.
◇ *nm* -**1.** LITTÉRAT [auteur] classical author; [œuvre] : **un** ~ **du genre** a classic of its kind; **connaître ses** ~**s** to be well-read; **c'est un des grands** ~**s de la littérature russe** it's one of the great classics of Russian literature. -**2.** MUS [genre] : **le** ~ classical music || [œuvre - gén] classic; [- de jazz] (jazz) standard. -**3.** [style - d'habillement, de décoration] classic style. -**4.** ÉQUIT classic.
◇ *nf* SPORT classic.

classiquement [klasikmɑ̃] *adv* -**1.** [avec classicisme] classically. -**2.** [habituellement] customarily; **méthode** ~ **utilisée** customary OU classic method.

Claude [klod] *npr* [empereur romain] Claudius.

claudicant, e [klodikɑ̃, ɑ̃t] *adj* limping.

claudication [klodikasjɔ̃] *nf* limp, claudication *spéc.*

claudiquer [3] [klodike] *vi* to limp.

Claudius [klodjys] *npr* Claudius.

clause [kloz] *nf* -**1.** JUR clause, stipulation; ~ **de résiliation/retrait** withdrawal/termination clause; ~ **abusive** unfair clause; ~ **compromissoire** arbitration clause; ~ **conditionnelle** proviso; ~ **contraire** stipulation to the contrary; ~ **dérogatoire** derogatory clause; ~ **pénale** penalty clause; ~ **résolutoire** resolutive clause; ~ **de sauvegarde** safety clause; ~ **de style** *pr* standard OU formal clause; **ce n'est qu'une** ~ **de style** *fig* it's only a manner of speaking. -**2.** POL [d'un traité] clause.

claustra [klostra] *nm* partition.

claustral, e, aux [klostral, o] *adj* -**1.** [d'un cloître] claustral, cloistral. -**2.** [retiré] cloistered.

claustration [klostrasjɔ̃] *nf* confinement.

claustrer [3] [klostre] *vt* to confine; **vivre claustré** to lead the life of a recluse.
◆ **se claustrer** *vp (emploi réfléchi)* to shut o.s. away; **elle s'est claustrée** she has become a recluse.

claustromanie [klostrɔmani] *nf* claustromania.

claustrophobe [klostrɔfɔb] ◇ *adj* claustrophobic.
◇ *nmf* claustrophobe, claustrophobic.

claustrophobie [klostrɔfɔbi] *nf* claustrophobia.

claveau, x [klavo] *nm* -**1.** [pierre taillée] gauged stone. -**2.** [voussoir] arch stone. -**3.** VÉTÉR sheep-pox.

clavecin [klavsɛ̃] *nm* harpsichord.

claveciniste [klavsinist] *nmf* harpsichordist, harpsichord player.

claver [3] [klave] *vt* IMPR & INF to keyboard, to type, to key (in).

claveter [27] [klavte] *vt* to spline.

clavette [klavɛt] *nf* key, pin; ~ **de commande** actuating pin; ~ **plate/creuse** flat/hollow key.

clavicorde [klavikɔrd] *nm* clavichord.

clavicule [klavikyl] *nf* collarbone, clavicle *spéc.*

clavier [klavje] *nm* -**1.** [d'une machine] keyboard; [d'un téléphone] keypad; ~ **qwerty/azerty** qwerty/azerty keyboard; ~ **dactylographique** alpha-numeric keyboard; ~ **de fonctions** function keyboard; ~ **numérique** OU **auxiliaire** keypad. -**2.** MUS [d'un piano] keyboard; [d'un orgue] manual; ~ **main gauche** [d'un accordéon] fingerboard; ~ **de pédales** pedal board; **'le Clavier bien tempéré'** *Bach* 'The Well-Tempered Clavier'. -**3.** [registre] range; **tout le** ~ **des émotions** the whole spectrum of emotions.

claviste [klavist] *nmf* keyboard operator, keyboarder.

clayère [klɛjɛr] *nf* oyster bed.

clayette [klɛjɛt] *nf* shelf, tray; ~ **coulissante d'un réfrigérateur** slide-out shelf in a fridge.

clayon [klɛjɔ̃] *nm* wire stand.

clé [kle] = **clef**.

clearance [klirɑ̃s] = **clairance**.

clearing [kliriŋ] *nm* clearing FIN.

clébard▽ [klebar], **clebs**▽ [klɛps] *nm* dog, mutt.

clédar [kledar] *nm Helv* garden gate.

clef [kle] *nf* -**1.** [de porte, d'horloge, de boîte deconserve] key; [d'un tuyau de poêle] damper; **la** ~ **est sur la porte** the key's in the lock OU door ❑ **la** ~ **des champs** freedom; **prendre la** ~ **des champs** to get away; ~ **à pompe** pump-action key; **les** ~**s de saint Pierre** the papal authority; **les** ~**s de la ville** the freedom of the city; **fausse** ~ picklock; **mettre la** ~ **sous la porte** OU **le paillasson** *pr* to shut up shop; *fig* to disappear overnight. -**2.** [outil] spanner *Br*, wrench *Am*; ~ **anglaise** OU **à molette** monkey wrench; ~ **à douilles** socket wrench; ~ **à pipe** box spanner; ~ **à tube** tube spanner; ~ **universelle** adjustable spanner. -**3.** AUT: ~ **de contact** ignition key; **mes** ~**s de voiture** my car keys. -**4.** TÉLÉC: ~ **d'appel** call-button; ~ **d'écoute** audio-switch; ~ **de réponse** reply key ‖ INF: ~ **d'accès** enter key; ~ **de protection** data protection. -**5.** MUS clef, key; ~ **de sol** key of G, treble clef; ~ **de fa** key of F, bass clef; ~ **d'ut** key of C, C clef ‖ [touche] key; [d'un instrument - à vent] finger-plate; [- à corde] peg; ~**s de tension** screws. -**6.** [moyen]: **la** ~ **de** the key to; **la** ~ **de la réussite** the key to success. -**7.** [explication] clue, key; **la** ~ **de l'énigme** the key to the puzzle; **la** ~ **du mystère** the key to the mystery; **la** ~ **de vos songes** your dreams explained. -**8.** [influence déterminante]: **la** ~ **de** the key to; **le parti écologiste détient la** ~ **des élections** the green party holds the key to OU is a key factor in the election results; **Gibraltar est la** ~ **de la Méditerranée** he who holds Gibraltar holds the Mediterranean ‖ *(comme adj; avec ou sans trait d'union)* [essentiel] key *(avant n)*; **mot/position** ~ key word/post; **témoin** ~ key witness. -**9.** [introduction]: ~**s pour l'informatique/la philosophie** introduction to computer technology/philosophy. -**10.** [prise de lutte] arm lock; **faire une** ~ **au bras de qqn** to have sb in an arm lock. -**11.** ARCHIT: ~ **d'arc** keystone; ~ **de voûte** *pr* keystone, quoin; *fig* linchpin, cornerstone.

◆ **à clef** *loc adv*: **fermer une porte à** ~ to lock a door.

◆ **à clefs** *loc adj*: **roman/film à** ~**s** novel/film based on real characters *(whose identity is disguised)*.

◆ **à la clef** *loc adv* -**1.** MUS in the key signature; **il y a un bémol/dièse à la** ~ the key signature has a flat/sharp. -**2.** [en même temps]: **avec... à la** ~ with... thrown in; **une promenade dans la campagne, avec visite des vignobles à la** ~ a ride in the country with a tour of the vineyards thrown in. -**3.** [là-dessous]: **il doit y avoir un meurtre à la** ~ there's probably a murder at the bottom of all this.

◆ **clef(s) en main** ◇ *loc adj* -**1.** COMM: **prix** ~ OU ~**s en main** [d'un véhicule] on-the-road price; [d'une maison] all-inclusive price. -**2.** INDUST turnkey *(adj)*.
◇ *loc adv* -**1.** COMM: **acheter une maison** ~ OU ~**s en main** to buy a house with vacant OU immediate possession; **acheter une voiture** ~ OU ~**s en main** to buy a car ready to drive away. -**2.** INDUST on a turnkey basis.

◆ **sous clef** *loc adv* -**1.** [en prison] behind bars; **mettre qqn sous** ~ to lock sb up, to put sb behind bars. -**2.** [à l'abri]: **garder qqch sous** ~ to lock sthg away, to put sthg under lock and key.

clématite [klematit] *nf* clematis.

clémence [klemɑ̃s] *nf* -**1.** MÉTÉO mildness. -**2.** [pardon] leniency, mercy, clemency; **s'en remettre à la** ~ **de qqn** to throw o.s. on sb's mercy; **l'accusé s'en remet à la** ~ **des juges** the defendant throws himself on the mercy of the Court.

clément, e [klemɑ̃, ɑ̃t] *adj* -**1.** MÉTÉO mild; **temps** ~ **sur toutes les régions** mild weather throughout the country. -**2.** [favorable]: **à une époque moins** ~**e** in less happy times.

Clément [klemɑ̃] *npr*: **saint** ~ Saint Clement.

clémentine [klemɑ̃tin] *nf* clementine.

clémentinier [klemɑ̃tinje] *nm* clementine tree.

clenche [klɑ̃ʃ] *nf* -**1.** [loquet] latch. -**2.** *Belg* [poignée] doorhandle.

Cléopâtre [kleɔpatr] *npr* Cleopatra.

clepsydre [klɛpsidr] *nf* clepsydra.

cleptomane [klɛptɔman] = **kleptomane**.

cleptomanie [klɛptɔmani] = **kleptomanie**.

clerc [klɛr] *nm* -**1.** RELIG cleric. -**2.** *sout* scholar; **grand** ~: **point n'est besoin d'être grand** ~ **pour deviner la fin de l'histoire** you don't need to be a genius to guess the end of the story. -**3.** [employé]: ~ **de notaire** clerk; **faire un pas de** ~ *litt* to blunder.

clergé [klɛrʒe] *nm* clergy, priesthood; ~ **régulier** regular clergy; **le bas** ~ the lower clergy.

clergyman [klɛrʒiman] (*pl* **clergymans** OU **clergymen** [-mɛn]) *nm* clergyman.

clérical, e, aux [klerikal, o] *adj* [du clergé] clerical.

cléricalisme [klerikalism] *nm* clericalism.

Clermont-Ferrand [klɛrmɔ̃fɛrɑ̃] *npr* Clermont-Ferrand.

clermontois, e [klɛrmɔ̃twa, az] *adj* from Clermont-Ferrand.

◆ **Clermontois, e** *nm, f inhabitant of or person from Clermont-Ferrand.*

CLES, Cles [klɛs] (*abr de* **contrat local emploi-solidarité**) *nm community work scheme for young unemployed people.*

clic [klik] *interj* & *nm* click.

clic-clac [klikklak] *nm inv* clickety-click.

cliché [kliʃe] *nm* -**1.** PHOT [pellicule] negative; [photo] photograph, shot; **il a pris quelques** ~**s de la cérémonie** he took some photographs of the ceremony. -**2.** TECH [plaque] plate. -**3.** INF format, layout. -**4.** *péj* [banalité] cliché; **tous ses gags sont des** ~**s** his gags are all so corny.

clicher [3] [kliʃe] *vt* to plate, to stereotype.

click [klik] *nm* click (of the tongue).

client, e [kliɑ̃, ɑ̃t] *nm, f* -**1.** [acheteur] customer. -**2.** [clientèle]: **les** ~**s** customers, the clientele; **les** ~**s d'un médecin** a doctor's patients; **les** ~**s d'un hôtel** hotel guests. -**3.** HIST client. -**4.** *fam péj* [individu]: **un drôle de** ~ a dodgy customer; **qu'est-ce qu'ils veulent, ces** ~**s-là?** what's this crew after?

clientèle [kliɑ̃tɛl] *nf* -**1.** [clients] clientele, customers; **'la** ~ **est priée de...'** 'customers are requested to...'; **acheter une** ~ **à un confrère** to buy a practice from a colleague; **perdre sa** ~ to lose one's customers. -**2.** POL: ~ **électorale** electorate, voters. -**3.** HIST patronage, protection.

clientélisme [kliɑ̃telism] *nm péj* populism.

clignement [kliɲmɑ̃] *nm*: ~ **d'œil** OU **d'yeux** [involontaire] blink; [volontaire] wink; **des** ~**s d'œil** OU **d'yeux** blinking.

cligner [3] [kliɲe] ◇ *vt* [fermer]: ~ **les yeux** to blink.
◇ *vi* [paupières, yeux] to blink.

◆ **cligner de** *v + prép* -**1.** [fermer involontairement]: ~ **de l'œil** to blink; ~ **des yeux** to blink. -**2.** [faire signe avec]: ~ **de l'œil (en direction de qqn)** to wink (at sb).

clignotant, e [kliɲɔtɑ̃, ɑ̃t] *adj* [signal] flashing; [lampe défectueuse] flickering; [guirlande] twinkling, flashing.

◆ **clignotant** *nm* -**1.** AUT [lampe] indicator *Br*, turn signal *Am*; **mettre son** ~ to indicate *Br*, to put on one's turn signal *Am*. -**2.** [signal] warning light; SPORT sequenced starting lights. -**3.** ÉCON [indice] (key) indicator.

clignotement [kliɲɔtmɑ̃] *nm* -**1.** [lumière - d'une guirlande, d'une étoile] twinkling; [- d'un signal] flashing; [- d'une lampe défectueuse] flickering. -**2.** [mouvement - des paupières] flickering; [- des yeux] blinking.

clignoter [3] [kliɲɔte] *vi* -**1.** [éclairer - étoile, guirlande] to twinkle; [- signal] to flash (on and off); [- lampe défectueuse] to flicker. -**2.** [automobiliste] to indicate *Br*, to put on one's turn signal *Am*.

climat [klima] *nm* -**1.** GÉOG climate; **sous nos** ~**s** in our country; **sous d'autres** ~**s** in other countries; **partir vers des** ~**s plus sereins** *sout* to travel to sunnier climes ❑ ~ **artificiel** artificial climate. -**2.** [ambiance] climate, atmosphere; **un** ~ **de méfiance** an atmosphere of suspicion; **le** ~ **devient malsain!** things are turning nasty!

climatique [klimatik] *adj* -**1.** MÉTÉO weather *(modif)*, climatic. -**2.** LOISIRS: **centre/station** ~ health centre/resort.

climatisation [klimatizasjɔ̃] *nf* -**1.** [dans un immeuble] air conditioning. -**2.** [dans une voiture] heating and ventilation.

climatiser [3] [klimatize] *vt* to air-condition, to instal air-conditioning in; **restaurant climatisé** restaurant with air-conditioning.

climatiseur [klimatizœr] *nm* air-conditioner, air-conditioning unit.

climatisme [klimatism] *nm* climatism.

climatologie [klimatɔlɔʒi] *nf* climatology.

climatologique [klimatɔlɔʒik] *adj* climatological.

climatologue [klimatɔlɔg] *nmf* climatologist.

clin [klɛ̃]

◆ **à clin** *loc adj*: **un pont à** ~ a clapboard bridge.

clin d'œil [klɛ̃dœj] (*pl* **clins d'œil**) *nm* -**1.** [clignement] wink; **faire un** ~ **à qqn** to wink at sb. -**2.** [allusion] hint, implied reference; **cette partie de son discours est un** ~ **à...** this part of his speech is an implied reference to...

◆ **en un clin d'œil** *loc adv* in the twinkling of an eye, in less than no time, in a flash.

clinicat [klinika] *nm* ≃ registrarship *(in a teaching hospital)*.

clinicien, enne [klinisjɛ̃, ɛn] *nm, f* -**1.** MÉD clinical practitioner. -**2.** PSYCH clinical psychologist.

clinique [klinik] ◇ *adj* clinical; **conférence/médecine/psychologie** ~ clinical lecture/medecine/psychology; **leçon** ~ teaching at the bedside; **les signes** ~**s de l'affection** the visible signs of the disease.
◇ *nf* -**1.** [établissement] (private) clinic; ~ **d'accouchement** maternity hospital. -**2.** [service] teaching department *(of a hospital)*.

cliniquement [klinikmɑ̃] *adv* clinically.

clinquant, e [klɛ̃kɑ̃, ɑ̃t] *adj* -**1.** [brillant] glittering, tinselly *péj*. -**2.** [superficiel - style] flashy; **le monde** ~ **du show business** the razzmatazz of show business.

◆ **clinquant** *nm* -**1.** [faux éclat]: **le** ~ **de leurs conversations** the superficial sparkle of their conversations. -**2.** [lamelle] tinsel.

Clio [klijo] *npr* Clio.

clip [klip] *nm* -**1.** [broche] clip, brooch. -**2.** [boucle d'oreille] clip-on earring. -**3.** [attache] clamp, clip; ~ **de blocage** lock clip; ~**s de fixation** holders. -**4.** [film] video.

clique [klik] *nf* -**1.** [coterie] clique, gang, coterie. -**2.** MIL [fanfare] band.

◆ **cliques** *nfpl*: **prendre ses ~s et ses claques** *fam* [partir] to up and leave; [emporter ses affaires] to pack one's bags (and go).

cliquer [3] [klike] *vi* to click.

cliquet [klikɛ] *nm* -**1.** [mécanisme] catch, dog, pawl; ~ **de retenue** holding-dog; ~ **d'entraînement** driving pawl. -**2.** [outil] ratchet; **à** ~ ratchet *(modif)*.

cliquètement [klikɛtmɑ̃] = **cliquetis**.

cliqueter [27] [klikte] *vi* [clefs] to jangle; [petite serrure] to click; [grosse serrure] to clang, to clank; [épées] to click; [machine à écrire] to clack; [assiettes] to clatter; [verres] to clink.

cliquetis [klikti] *nm* [de clefs, de bracelets, de chaînes] jangling *(U)*; [d'épées] rattling *(U)*; [d'une machine à écrire] clacking *(U)*; [d'assiettes] clatter, clattering *(U)*; [de verres] clinking *(U)*.

cliquettement [klikɛtmɑ̃] = **cliquetis**.

clisse [klis] *nf* -**1.** [pour fromages] wicker tray. -**2.** [pour bouteilles] wicker jacket.

clitoridectomie [klitɔridɛktɔmi] *nf* clitoridectomy.

clitoridien, enne [klitɔridjɛ̃, ɛn] *adj* clitoral.

clitoris [klitɔris] *nm* clitoris.

clivable [klivabl] *adj* cleavable CHEM.

clivage [klivaʒ] *nm* -**1.** [de roche, de cristal] cleavage, splitting; **plan de** ~ cleavage plane. -**2.** [séparation] split, division; ~ **social** social divide; **il y a un net ~ entre les riches et les pauvres/la droite et la gauche** there's a sharp divide between rich and poor/right and left.

cliver [3] [klive] *vt* MINÉR to divide, to separate.

◆ **se cliver** *vpi* to split, to become divided.

cloaque [klɔak] *nm* -**1.** [égout] cesspool, open sewer. -**2.** *litt* [lieu sale] cesspool, cloaca *litt*. -**3.** ZOOL cloaca.

clochard, e [klɔʃar, ard] *nm, f* tramp.

clochardisation [klɔʃardizasjɔ̃] *nf*: **on observe une ~ croissante chez les jeunes** more and more young people are turning into vagrants.

clochardiser [3] [klɔʃardize] *vt* to turn into a tramp OU hobo *Am*.

◆ **se clochardiser** *vpi* to turn o.s. into a tramp OU hobo *Am*.

cloche [klɔʃ] ◇ *adj fam* [idiot] stupid; **c'est ~, cette histoire** what a stupid story; **ce que tu peux être ~!** what a dope OU ninny you are! ◇ *nf* -**1.** [instrument, signal] bell; **les enfants, c'est la ~!** [à l'école] children, the bell's ringing! ❑ **(chapeau)** ~ cloche hat; **jupe** ~ bell-shaped skirt; **s'en mettre plein** OU **se taper la** ~ *fam* to stuff one's face; **déménager** OU **partir à la ~ de bois** to decamp. -**2.** HORT cloche. -**3.** CULIN dome, dish-cover; ~ **à fromage** cheese dish *(with cover)*, cheese-bell. -**4.** NAUT: ~ **de plongée** OU **à plongeur** diving-bell. -**5.** CHIM: ~ **à vide** vacuum bell-jar. -**6.** *fam* [personne] idiot; **quelle ~, ce type!** what an idiot!; **salut, vieille ~!** hello, old thing! ❑ **comme une ~: ne reste pas là à me regarder comme une ~!** don't just stand there gawping at me! -**7.** *fam* [vagabondage]: **la** ~ vagrancy; **être de la** ~ to be of no fixed abode; **c'est la ~ là-bas sous le pont** it's cardboard city over there under the bridge.

◆ **en cloche** *loc adj* bell-shaped; **courbe en** ~ bell-shaped curve.

◆ **sous cloche** *loc adv*: **mettre sous** ~ HORT to put under glass, to cloche; *fig* to mollycoddle.

cloche-pied [klɔʃpje]

◆ **à cloche-pied** *loc adv*: **sauter à** ~ to hop.

clocher[1] [klɔʃe] *nm* -**1.** [tour] bell-tower, church tower. -**2.** [village]: **son** ~ the place where he was born; **il n'a jamais quitté son** ~ he knows nothing of the world.

◆ **de clocher** *loc adj*: **esprit de** ~ parochialism, village-pump mentality; **intérêts de** ~ parochial interests; **querelles de** ~ petty bickering.

clocher[2] [3] [klɔʃe] ◇ *vi fam* to be wrong; **qu'est-ce qui cloche?** what's wrong OU up? ◇ *vt* HORT to (put under a) cloche.

clocheton [klɔʃtɔ̃] *nm* pinnacle turret.

clochette [klɔʃɛt] *nf* -**1.** [petite cloche] small bell; ~ **à vache** cow-bell; ~ **à mouton** sheep-bell. -**2.** BOT [fleur] bell-flower; [corolle] bell-shaped flower.

clodo *fam* [klɔdo] *nmf* tramp, bum *Am*.

cloison [klwazɔ̃] *nf* -**1.** CONSTR partition; **mur de** ~ dividing wall. -**2.** AÉRON & NAUT bulkhead; ~ **étanche** watertight bulkhead. -**3.** ANAT & BOT dissepiment, septum; ~ **nasale** nasal septum.

cloisonnage [klwazɔnaʒ] *nm* -**1.** ARCHIT partitioning. -**2.** NAUT bulkheading. -**3.** JOAILL cloisonné work.

cloisonné, e [klwazɔne] *adj* -**1.** ANAT & BOT septated. -**2.** JOAILL cloisonné.

cloisonnement [klwazɔnmɑ̃] *nm* -**1.** [division] division; **le ~ des services dans une entreprise** the excessive compartmentalisation of departments in a firm. -**2.** ARCHIT, JOAILL & NAUT = **cloisonnage**.

cloisonner [3] [klwazɔne] *vt* -**1.** CONSTR to partition off *(sép)*. -**2.** NAUT to bulkhead. -**3.** [séparer] to compartmentalise.

cloisonnisme [klwazɔnism] = **synthétisme**.

cloître [klwatr] *nm* -**1.** [couvent] convent, monastery. -**2.** ARCHIT [d'un couvent] cloister; [d'une cathédrale] close.

cloîtré, e [klwatre] *adj* [moine, religieuse] cloistered, enclosed; [ordre] monastic.

cloîtrer [3] [klwatre] *vt* -**1.** RELIG: ~ **qqn** to shut sb up in a convent. -**2.** [enfermer] to shut up OU away; **nous sommes cloîtrés toute la journée/dans notre atelier** we're shut up all day/in our workshop.

◆ **se cloîtrer** *vp (emploi réfléchi)* to shut o.s. away.

clonage [klonaʒ] *nm* cloning.

clone [klon] *nm* clone.

cloner [3] [klone] *vt* to clone.

clonique [klonik] *adj* clonic.

clope *fam* [klɔp] *nm* OU *nf* fag *Br*, smoke *Am*.

cloper *fam* [3] [klɔpe] *vi* to smoke.

clopin-clopant [klɔpɛ̃klɔpɑ̃] *adv* -**1.** [en boitant]: **avancer** ~ to hobble along; **traverser** ~ to hobble across. -**2.** [irrégulièrement]: **ça va** ~ it has its ups and downs.

clopiner *fam* [3] [klɔpine] *vi* to hobble along.

clopinettes *fam* [klɔpinɛt] *nfpl* (next to) nothing; **gagner des** ~ to earn peanuts; **des ~!** [refus] nothing doing!, no way!

cloporte [klɔpɔrt] *nm* -**1.** ZOOL wood-louse. -**2.** *fam vieilli* [concierge] door-keeper, concierge.

cloque [klɔk] *nf* -**1.** BOT & MÉD blister. -**2.** [défaut] raised spot, blister; **faire des ~s** to blister; **la peinture fait des ~s** the paint has blistered. -**3.** *loc*: **être en** ~ ▽ to have a bun in the oven.

cloqué, e [klɔke] *adj* seersucker *(modif)*.

◆ **cloqué** *nm* seersucker; ~ **de soie** ripple silk.

cloquer [3] [klɔke] *vi* -**1.** [peinture, papier] to blister. -**2.** *fam* [peau] to come up in a blister.

clore [113] [klɔr] *vt* -**1.** *sout* [fermer - porte, volet] to close, to shut; [entourer - parc] to shut off *(sép)*; **verger clos** walled orchard. -**2.** FIN: ~ **un compte** to close an account. -**3.** [conclure] to conclude, to end, to finish; ~ **les débats** [s'arrêter] to end the discussion, to bring the discussion to a close; [reporter] to adjourn (the discussion); **les inscriptions seront closes le lundi 15** the closing date for applications is Monday 15th; **la scène qui clôt le film** the very last scene of the film.

clos, e [klo, kloz] *adj* -**1.** [fermé] closed, shut; **les yeux ~** with one's eyes shut; **garder** OU **rester la bouche ~e** to keep one's mouth shut; **trouver porte ~e** to find nobody at home; **l'incident est ~** the matter is closed. -**2.** PHON closed.

◆ **clos** *nm* garden *(usually adjoining the house)*.

close-combat [klɔzkɔ̃ba] (*pl* **close-combats**) *nm* close combat.

closerie [klozri] *nf* flower-garden.

clôture [klotyr] *nf* -**1.** [palissade] fence, railings; ~ **à claire-voie** split-rail fencing. -**2.** RELIG enclosure. -**3.** [fermeture] closing; ~ **annuelle** closed for the season; **j'ai assisté à la ~** I attended the closing ceremony || [fin] end; ~ **des inscriptions le 20 décembre** the closing date for applications is December 20th. -**4.** BOURSE close; **à la ~** at the close.

◆ **de clôture** *loc adj* [gén, BOURSE & COMM] closing.

clôturer [3] [klotyre] *vt* -**1.** [fermer] to enclose, to fence (in) *(sép)*. -**2.** [terminer] to close, to end; ~ **les débats** to close the debate. -**3.** FIN [compte] to close.

clou [klu] *nm* -**1.** [pointe] nail; ~ **d'ameublement** (upholstery) tack; ~ **cavalier** staple; ~ **(de) tapissier** (carpet) tack; ~ **sans tête** brad; **un ~ chasse l'autre** *prov* new enthusiasms chase out old ones. -**2.** [summum]: **le ~ de** the climax OU highlight of. -**3.** CULIN: ~ **de girofle** clove. -**4.** *fam* [furoncle] boil. -**5.** *loc*: **pas un ~** *fam*: **ça ne vaut pas un ~** it's not worth a bean; **il n'en fiche pas un ~** he doesn't do a stroke, he never lifts a finger; **qu'est-ce qu'il a eu? — pas un ~!** what did he get? — not a sausage! *Br* OU zilch! *Am*; **des ~s!** *fam* no way!, nothing doing!; **pour des ~s** *fam* for nothing. -**6.** *fam péj* [machine]: **vieux** ~ [voiture] old banger *Br* OU crate *Am*; [bicyclette] old boneshaker *Br* OU bike.

◆ **clous** *nmpl* pedestrian OU zebra crossing *Br*, crosswalk *Am*.

◆ **à clous** *loc adj* [chaussure] hobnail *(modif)*; [pneu] studded.

◆ **au clou** *fam loc adv* in the pawnshop; **mettre qqch au ~** to pawn sthg, to hock sthg.

clouage [kluaʒ] *nm* nailing; ~ **droit/en biais** face/edge nailing.

clouer [3] [klue] *vt* -**1.** [fixer] to nail (down). -**2.** [fermer] to nail shut; ~ **le bec à qqn** *fam* to shut sb up. -**3.** [immobiliser] to pin down *(sép)*; **il est resté cloué au lit pendant trois jours** he was laid up in bed for three days; **être cloué de peur** to be transfixed with fear; **être cloué sur place** to be rooted to the spot.

cloutage [klutaʒ] *nm* [décoration] studding, studwork.

clouté, e [klute] *adj* -**1.** [décoré] studded. -**2.** [renforcé - chaussure, semelle] hobnailed; [- pneu] studded.

clouter [3] [klute] *vt* to stud.

Clovis [klɔvis] *npr* Clovis.

clovisse [klɔvis] *nf* clam.

clown [klun] *nm* clown; **faire le ~** to clown, to fool around; **quel ~, ce gosse!** *fig* that kid's a clown! ❑ ~ **blanc** white-faced clown.

clownerie [klunri] *nf* -**1.** LOISIRS: **des ~s** clown's antics. -**2.** *péj* [bêtise] (stupid) prank; **faire des ~s** to clown OU to fool around.

clownesque [klunɛsk] *adj* clownish, clownlike.

CLT (*abr de* **Compagnie luxembourgeoise de télévision**) *npr f Luxembourg TV company*.

club [klœb] *nm* -**1.** [groupe - de personnes] club; [- de nations] group; **le Club des 12** the 12 (member states of the EC). -**2.** LOISIRS: ~ **de vacances** travel club. -**3.** FTBL club, team. -**4.** GOLF club.

Cluny [klyni] *npr* -**1.** [ville] Cluny. -**2.** [à Paris]: **l'hôtel et musée de ~** the Cluny Museum.

LE MUSÉE DE CLUNY:
This museum of the Middle Ages is in a 14th-century house in the centre of Paris. Adjoining it are the remains of some Roman baths ("les thermes de Cluny").

---

cluse [klyz] *nf* cluse, transverse valley.

clystère [klistɛr] *nm* clyster.

Clytemnestre [klitɛmnɛstr] *npr* Clytemnestra.
cm (*abr écrite de* **centimètre**) cm.
cm² (*abr écrite de* **centimètre carré**) sq.cm., cm².
cm³ (*abr écrite de* **centimètre cube**) cu.cm., cm³.
CM ◇ *nf abr de* Chambre des métiers.
◇ *nm* (*abr de* **cours moyen**): ~1 *fourth year of primary school*; ~2 *fifth year of primary school.*
CNAC [knak] (*abr de* Centre national d'art et de culture) *npr m official name of the Pompidou Centre.*
CNAM [knam] *npr m abr de* Conservatoire national des arts et métiers.
CNC *npr m* -**1.** (*abr de* Conseil national de la consommation) *consumer protection organization.* -**2.** (*abr de* Centre national de la cinématographie) *national cinematographic organization.*
CNCL (*abr de* Commission nationale de la communication et des libertés) *npr f former French TV and radio supervisory body.*
CNDP (*abr de* Centre national de documentation pédagogique) *npr m national organization for educational resources.*
CNE (*abr de* Caisse nationale d'épargne) *npr f national savings bank.*
CNEC [knɛk] (*abr de* Centre national de l'enseignement par correspondance) *npr m national education body organizing correspondence courses.*
CNES, Cnes [knɛs] (*abr de* Centre national d'études spatiales) *npr m French national space research centre.*
CNIL [knil] (*abr de* Commission nationale de l'informatique et des libertés) *npr f board which enforces data protection legislation.*
CNIT, Cnit [knit] (*abr de* Centre national des industries et des techniques) *npr m trade centre at la Défense near Paris.*
CNJA (*abr de* Centre national des jeunes agriculteurs) *npr m farmers' union.*
Cnossos [knɔsos] *npr* Knossos.
CNPF (*abr de* Conseil national du patronat français) *npr m national council of French employers,* ≃ CBI *Br.*
CNR (*abr de* Conseil national de la Résistance) *npr m central organization of the French Resistance founded in 1943.*
CNRS (*abr de* Centre national de la recherche scientifique) *npr m national organization for scientific research,* ≃ SRC *Br.*
CNTS (*abr de* Centre national de transfusion sanguine) *npr m national blood transfusion centre.*
CNUCED, Cnuced [knysɛd] (*abr de* Conférence des Nations unies pour le commerce et l'industrie) *npr f* UNCTAD.
coaccusé, e [koakyze] *nm, f* codefendant.
coach [kotʃ] (*pl* **coachs** OU **coaches**) *nm* coach SPORT, trainer.
coacquéreur [koakerœr] *nm* joint purchaser.
coadjuteur [koadʒytœr] *nm* coadjutor.
coadministrateur, trice [koadministratœr, tris] *nm, f* codirector.
coagulabilité [koagylabilite] *nf* coagulability.
coagulable [koagylabl] *adj* coagulable, which is liable to coagulate.
coagulant, e [koagylɑ̃, ɑ̃t] *adj* coagulating.
◆ **coagulant** *nm* coagulant.
coagulation [koagylasjɔ̃] *nf* [du sang] coagulation, coagulating *(U)*; [du lait] curdling *(U)*.
coaguler [3] [koagyle] *vi* & *vt* [sang] to coagulate; [lait] to curdle.
◆ **se coaguler** *vpi* [sang] to coagulate; [lait] to curdle.
coagulum [koagylɔm] *nm* clot, coagulum *spéc.*
coalescence [koalɛsɑ̃s] *nf* coalescence, coalescing *(U)*.
coalescent, e [koalɛsɑ̃, ɑ̃t] *adj* coalescent.
coalescer [21] [koalɛse] *vt* to blend, to mix METALL.
coalisé, e [koalize] ◇ *adj* allied.
◇ *nm, f* allied nation, ally.
coaliser [3] [koalize] *vt* to make into a coalition.
◆ **se coaliser** *vpi* to form a coalition.
coalition [koalisjɔ̃] *nf* POL coalition; *péj* conspiracy.
coaltar [koltar] *nm* coaltar; **être dans le ~** *fam fig* to be in a daze.
coassement [koasmɑ̃] *nm* croaking.
coasser [3] [koase] *vi* -**1.** [grenouille] to croak. -**2.** *péj* [commère] to gossip.
coassocié, e [koasosje] *nm, f* copartner.
coassurance [koasyrɑ̃s] *nf* coinsurance.
coati [koati] *nm* coati.
coauteur [kootœr] *nm* -**1.** LITTÉRAT coauthor, joint author; **mon ~** my coauthor. -**2.** JUR accomplice.
coaxial, e, aux [koaksjal, o] *adj* coaxial.
COB, Cob [kɔb] (*abr de* Commission des opérations de Bourse) *npr f commission for supervision of stock exchange operations,* ≃ Stockwatch *Br,* ≃ SEC *Am.*
cobalt [kobalt] *nm* cobalt.
cobalthérapie [kobalterapi], **cobaltothérapie** [kobaltoterapi] *nf* cobaltotherapy.
cobaye [kobaj] *nm* guinea pig; **servir de ~** to be used as a guinea pig.
cobelligérant, e [kobeliʒerɑ̃, ɑ̃t] *adj* & *nm, f* cobelligerent.
cobol [kobɔl] *nm* Cobol, COBOL.
cobra [kobra] *nm* cobra; **~ royal** king cobra.
coca [koka] *nf* -**1.** BOT coca. -**2.** PHARM coca extract.
◆ **Coca®** *nm inv fam* [boisson] Coke®.
Coca-Cola® [kokakola] *nm inv* Coca-Cola®.
cocagne [kokaɲ]
◆ **de cocagne** *loc adj*: **époque/pays de ~** years/land of plenty.
cocaïne [kokain] *nf* cocaine.
cocaïnisme [kokainism] *nm* = **cocaïnomanie**.
cocaïnomane [kokainɔman] *nmf* cocaine addict.
cocaïnomanie [kokainɔmani] *nf* cocaine addiction.
cocarde [kokard] *nf* -**1.** [en tissu] rosette; HIST cockade. -**2.** [signe - militaire] roundel; [- sur une voiture officielle] official logo.
cocardier, ère [kokardje, ɛr] ◇ *adj péj* chauvinistic, jingoistic.
◇ *nm, f* chauvinist, jingoist.
cocasse [kokas] *adj* comical.
cocasserie [kokasri] *nf* funniness.
coccinelle [koksinɛl] *nf* ladybird *Br,* ladybug *Am.*
coccyx [koksis] *nm* coccyx.
coche [kɔʃ] ◇ *nf* -**1.** [encoche] notch. -**2.** *dial* [truie] sow.
◇ *nm* -**1.** HIST [voiture] stage coach; **manquer** OU **rater** OU **louper le ~** to miss the boat. -**2.** NAUT: **~ d'eau** (horse-pulled passenger) barge.
cochenille [kɔʃnij] *nf* cochineal.
cocher¹ [kɔʃe] *nm* coach driver; **~ de fiacre** cabman.
cocher² [3] [kɔʃe] *vt* to tick (off) *Br,* to check (off) *Am.*
cochère [kɔʃɛr] *adj f*: **porte ~** carriage entrance, porte cochère.
cochevis [kɔʃvi] *nm* crested lark.
Cochinchine [kɔʃɛ̃ʃin] *npr f*: **(la) ~** Cochin China.
cochlée [kokle] *nf* cochlea.
cochon, onne *fam* [kɔʃɔ̃, ɔn] ◇ *adj* -**1.** [sale] dirty, filthy, disgusting; **tu ne vas pas rendre un devoir aussi ~?** are you really going to hand in such a messy piece of homework?; **ce n'est pas ~!** it's not bad! -**2.** [obscène] smutty, dirty, filthy.
◇ *nm, f* -**1.** [vicieux] lecher; **un vieux ~** a dirty old man. -**2.** [personne sale] (filthy) pig; **oh, le petit ~!** [à un enfant] you mucky pup!
◆ **cochon** *nm* -**1.** ZOOL pig; **~ de lait** suckling pig; **faire le ~ pendu** to hang by one's legs; **sale comme un ~** filthy dirty; **manger comme un ~** to eat like a pig; **amis** OU **copains comme ~s** as thick as thieves; **si les petits ~s ne te mangent pas** *hum* if the wolf doesn't get you. -**2.** [homme méprisable] dirty dog; **~ qui s'en dédit!** you've got a deal!; **ben mon ~!** well, well!
◆ **de cochon** *loc adj* [temps] foul, filthy; [caractère] foul.
◆ **cochon d'Inde** *nm* guinea pig.
cochonceté *fam* [kɔʃɔ̃ste] *nf* -**1.** [saleté]: **faire des ~s** to make a filthy mess. -**2.** [obscénité] piece of smut; **dire des ~s** to say dirty things.
cochonnaille [kɔʃɔnaj] *nf* pork products; **des ~s pendaient au plafond** sausages and hams were hanging from the ceiling.
cochonner [3] [kɔʃɔne] ◇ *vt fam* [dessin, chambre] to make a mess of.
◇ *vi* [truie] to pig.
cochonnerie *fam* [kɔʃɔnri] *nf* -**1.** [chose médiocre] rubbish *(U) Br,* trash *(U) Am*; **on t'a vendu une ~** they sold you a piece of rubbish *Br* OU junk ‖ [nourriture - mal préparée] pigswill *(U)*; [- de mauvaise qualité] junk *(U)*. -**2.** [saleté] mess *(U)*; **faire des ~s** to make a mess. -**3.** [obscénité] smut *(U)*; **dire des ~s** to say filthy things. -**4.** [action déloyale] dirty trick; **faire une ~ à qqn** to play a dirty trick on sb. -**5.** *(en appellatif)*: **~ de: ~ de voiture!/de brouillard!** damn this car!/this fog!
cochonnet [kɔʃɔnɛ] *nm* -**1.** [aux boules] jack. -**2.** [porcelet] piglet.
cocker [kokɛr] *nm* cocker (Spaniel).
cockpit [kokpit] *nm* cockpit.
cocktail [koktɛl] *nm* -**1.** [boisson] cocktail; [réception] cocktail party. -**2.** [mélange] mix, mixture. -**3.** ARM: **~ Molotov** Molotov cocktail.
coco [koko] *nm* -**1.** *langage enfantin* [œuf] egg. -**2.** *fam* [tête] nut; **il a rien dans le ~!** he's got nothing between the ears. -**3.** [individu]: **un drôle de ~** *péj* a shady customer; **c'est un joli ~!** *iron* what a charming individual! -**4.** *fam* [en appellatif - à un adulte] love *Br,* honey *Am*; [- à un enfant] sweetie; **petit ~: qu'est-ce qu'il a le petit ~?** what's wrong, little man? -**5.** *fam péj* [communiste] commie. -**6.** BOT: **(noix de) ~** coconut. -**7.** TEXT coir.
◆ **de coco** *loc adj* coconut *(modif)*.
cocoler [3] [kokɔle] *vt Helv* to cosset.
cocon [kokɔ̃] *nm* cocoon; **dans un ~** *fig* cocooned; **s'enfermer** OU **rester dans son ~** *fig* to stay in one's shell.
cocontractant, e [kokɔ̃traktɑ̃, ɑ̃t] *nm, f* contracting partner.
cocorico [kokoriko] *nm* -**1.** *pr* cock-a-doodle-doo; **faire ~** to crow. -**2.** *fig expression of French national pride*; **~!** three cheers for France!
cocoter [kokote] *péj* = **cocotter**.
cocoteraie [kokotrɛ] *nf* coconut grove.
cocotier [kokotje] *nm* coconut palm; **tomber du ~** *fig* to be forced to retire.
cocotte [kokɔt] *nf* -**1.** [casserole] casserole dish; **cuire à la ~** to casserole. -**2.** *langage enfantin* [poule] hen; **~ en papier** paper bird. -**3.** [en appellatif] darling, love *Br,* honey *Am.* -**4.** *péj* [femme] tart; **sentir** OU **puer la ~** to stink of cheap perfume.
◆ **cocottes** *nfpl* MUS high staccato notes.
◆ **à la cocotte, en cocotte** *loc adv*: **cuit en ~** casseroled; **(faire) cuire qqch en ~** to casserole sthg.
◆ **en cocotte** *loc adj* [œuf] coddled.
Cocotte-Minute® [kokɔtminyt] *nf* pressure-cooker.
◆ **à la Cocotte-Minute** ◇ *loc adj* pressure-cooked.
◇ *loc adv* [cuit] in a pressure cooker.
cocotter *fam* [3] [kokɔte] *vi péj* to stink; **ça cocotte!** it stinks!
cocu, e *fam* [koky] ◇ *adj*: **il est ~** his wife's been unfaithful to him.
◇ *nm, f* -**1.** [conjoint trompé] deceived husband

(*f* wife); elle l'a fait ~ she was unfaithful to him. -**2.** [dupe] sucker.

cocuage *fam* [kɔkyaʒ] *nm*: **il a très mal vécu son ~** he found his wife's unfaithfulness very difficult to accept.

cocufier *fam* [9] [kɔkyfje] *vt* to be unfaithful to, to cuckold *vieilli*.

cocyclique [kɔsiklik] *adj* belonging to the same circle.

codage [kɔdaʒ] *nm* -**1.** [chiffrement] coding. -**2.** LING encoding.

code [kɔd] *nm* -**1.** [ensemble de lois] code; **le ~ (civil)** the civil code; **~ de commerce** commercial law; **~ maritime** navigation laws; **~ pénal** penal code; **~ de la route** AUT Highway Code *Br*, rules of the road *Am*; **~ du travail** labour legislation. -**2.** [normes] code; **~ moral** moral code; **~ de la politesse** code of good manners. -**3.** [ensemble de conventions] code; **~ international de signaux** NAUT International Code; **~ télégraphique** telegraphic code; **~ des transmissions** signal OU signalling code. -**4.** [groupe de symboles] code; **science des ~s** cryptography ❑ **~ alphanumérique/binaire** alphanumeric/binary code; **~ (à) barres** bar code; **~ confidentiel** [d'une carte de crédit] personal identification number, PIN; **~ d'entrée** [sur une porte] door code; **~ à lecture optique** machine readable code line; **~ postal** post *Br* OU zip *Am* code; **~ de routage** routing information. -**5.** [manuel] code-book; **~ de chiffrement** cipher book; **~ de déchiffrement** code-book. -**6.** LING language. -**7.** SC: **~ génétique** genetic code.

◆ **codes** *nmpl* AUT dipped headlights *Br*, low beams *Am*.

◆ **en code** *loc adv* -**1.** [sous forme chiffrée] in code; **mettre qqch en ~** to cipher OU to code sthg. -**2.** AUT: **se mettre en ~** to dip one's headlights *Br*, to put on the low beams *Am*.

codé, e [kɔde] *adj* encoded, coded; **caractère/programme ~** coded character/program; **générateur d'impulsions ~es** pulse coder; **message ~** cryptogram; **question ~e** encoded question; **langage ~** secret language.

code-barres [kɔdbar] (*pl* **codes-barres**) *nm* bar code.

codébiteur, trice [kɔdebitœr, tris] *nm, f* joint debtor.

codéine [kɔdein] *nf* codeine.

codemandeur, eresse [kɔdəmɑ̃dœr, drɛs] *nm, f* joint plaintiff.

coder [3] [kɔde] *vt* -**1.** [chiffrer] to code, to encipher. -**2.** LING to encode.

codétenteur, trice [kɔdetɑ̃tœr, tris] *nm, f* joint holder.

codétenu, e [kɔdetny] *nm, f* fellow-prisoner.

codeur, euse [kɔdœr, øz] *nm, f* coder.

◆ **codeur** *nm* coding machine.

codicillaire [kɔdisilɛr] *adj* codicillary.

codicille [kɔdisil] *nm* JUR codicil.

codificateur, trice [kɔdifikatœr, tris] ◇ *adj* codifying.

◇ *nm, f* codifier.

codification [kɔdifikasjɔ̃] *nf* -**1.** [d'une profession, d'un système] codification. -**2.** JUR classification of laws.

codifier [9] [kɔdifje] *vt* -**1.** [pratique, profession] to codify. -**2.** JUR to classify.

codirecteur, trice [kɔdirɛktœr, tris] *nm, f* joint manager.

codiriger [17] [kɔdiriʒe] *vt*: **~ qqch** to manage sthg together OU jointly.

codon [kɔdɔ̃] *nm* codon.

coéchangiste [kɔeʃɑ̃ʒist] *nmf* party to an exchange.

coéditer [3] [kɔedite] *vt* to copublish.

coéditeur, trice [kɔeditœr, tris] ◇ *adj* copublishing.

◇ *nm, f* copublisher.

coédition [kɔedisjɔ̃] *nf* copublication.

coéducation [kɔedykasjɔ̃] *nf* coeducation.

coefficient [kɔefisjɑ̃] *nm* -**1.** MATH & PHYS coefficient; **~ multiplicateur** multiplying factor; **~ numérique** numerical coefficient; **~ de pénétration dans l'air** AUT drag factor; **~ de rendement** coefficient of efficiency. -**2.** [proportion] rating, ratio; **~ d'exploitation/de perte** operating/loss ratio; **~ d'erreur** OU **d'incertitude** margin of error; **~ d'octane** octane rating. -**3.** [valeur] weight, weighting; **affecter qqch d'un ~** to weight sthg; **l'anglais est affecté du ~ 3** English will be weighted at a rate equal to 300%; **~ correcteur applicable aux salaires** weighting applicable to salaries; **~ statistique** statistical weight.

COEFFICIENT:

In baccalauréat examinations, the grade for each subject is multiplied by a "coefficient" which is determined by the type of baccalauréat chosen. For a "bac C", which has a scientific bias, the "coefficient" for maths will be higher than the philosophy "coefficient", for example.

---

cœlacanthe [selakɑ̃t] *nm* coelacanth.

cœliaque [seljak] *adj* coeliac.

cœlioscopie [seljɔskɔpi] *nf* coelioscopy.

coenzyme [kɔɑ̃zim] *nf* coenzyme.

coéquation [kɔekwasjɔ̃] *nf* proportional assessment.

coéquipier, ère [kɔekipje, ɛr] *nm, f* teammate.

coercible [kɔɛrsibl] *adj* coercible, which can be coerced.

coercitif, ive [kɔɛrsitif, iv] *adj* coercive.

coercition [kɔɛrsisjɔ̃] *nf* coercion.

Coëtquidan [kɔetkidɑ̃] *npr important army base in Brittany where the Saint-Cyr military college is situated.*

cœur [kœr] *nm* **A.** ORGANE -**1.** ANAT heart; **une balle en plein ~** a bullet through the heart; **il est malade du ~** he's got a heart condition; **avoir le ~ solide**: **je n'ai pas le ~ assez solide** my heart is too weak ❑ **~ droit/gauche** right/left ventricle; **~ artificiel** artificial heart; **greffe du ~** heart transplant; **ça m'a donné** OU **j'ai eu un coup au ~** it really made me jump; **beau** OU **joli** OU **mignon comme un ~** as pretty as a picture. -**2.** [poitrine] heart, breast, bosom *litt*; **tenir qqn contre son ~** to hold sb to one's bosom *litt*. -**3.** [estomac]: **avoir le ~ au bord des lèvres** to feel queasy OU sick; **ça va mieux, ton mal au** OU **de ~?** do you still feel sick?; **avoir mal au ~** to feel sick; **ça me ferait mal au ~ de devoir le lui laisser!** *fam* I'd hate to have to leave it to him!; **mettre le ~ à l'envers à qqn** *fam* [le dégoûter] to sicken sb, to turn sb's stomach; **lever** OU **soulever le ~ à qqn** to sicken sb, to turn sb's stomach; **un spectacle à vous lever** OU **soulever le ~** a nauseating OU sickening sight; **avoir le ~ bien accroché**: **pour voir ce reportage il faut avoir le ~ bien accroché** this report is not for the squeamish.
B. SYMBOLE DE L'AFFECTIVITÉ -**1.** [pensées, for intérieur] heart; **ouvrir son ~ à qqn** to open one's heart to sb; **vider son ~** to pour out one's heart; **en avoir le ~ net**: **je veux en avoir le ~ net** I want to know OU to find out the truth; **je vais lui demander franchement, comme cela j'en aurai le ~ net** I'll ask him straight out, that way, I'll get to the bottom of the matter. -**2.** [énergie, courage] courage; **le ~ lui a manqué** his courage failed him; **avoir le ~ de** to have the heart to; **tu n'aurais pas le ~ de la renvoyer!** you wouldn't have the heart to fire her!; **donner du ~ à qqn** to give heart to OU to encourage sb ❑ **avoir le ~ à l'ouvrage**: **je n'ai pas le ~ à l'ouvrage** my heart isn't in it; **avoir du ~ au ventre** to be courageous; **donner** OU **mettre du ~ au ventre à qqn** to give sb courage; **y mettre du ~**: **elle adore son travail, elle y met du ~** she loves her work, she really puts her heart (and soul) into it; **allez, haut les ~s!** come on, chin up! -**3.** [humeur]: **il est parti le ~ joyeux** OU **gai** he left in a cheerful mood; **avoir le ~ léger/triste** to be cheerful/heavy-hearted; **d'un ~ léger** light-heartedly; **d'un ~ content** contentedly ❑ **avoir le ~ à faire qqch** to be in the mood to do OU to feel like doing sthg; **je n'ai plus le ~ à rire** I don't feel like laughing any more; **ne plus avoir le ~ à rien** to have lost heart; **ils travaillent, mais le ~ n'y est pas** they're working but their hearts aren't in it; **si le ~ t'en dit** if you feel like it, if the fancy takes you. -**4.** [charité, bonté]: **avoir du** OU **bon ~** to be kind OU kind-hearted; **elle a du** OU **bon ~** her heart is in the right place; **tu n'as pas de ~!** you're heartless!, you have no heart!; **ton bon ~ te perdra!** you're too kind-hearted for your own good!; **c'était un homme au grand ~** he was a good man; **ce sont des gens de ~** they're good people ❑ **il a un ~ gros comme ça** *fam* he'd give you the shirt off his back; **avoir le ~ sur la main** to be very generous; **avoir un ~ d'or** to have a heart of gold; **avoir un ~ dur** OU **sec** OU **de pierre** OU **d'airain** to have a heart of stone; **à vot' bon ~ (M'sieurs-Dames)** spare us a few pence *Br* OU a dime *Am*. -**5.** [siège des émotions, de l'amour] heart; **son ~ se remplit de joie** his heart filled with joy; **son ~ a parlé** he spoke from the heart; **laisser parler son ~** to let one's feelings come through; **venir du ~** to come (straight) from the heart; **des mots venus du (fond du) ~** heartfelt words; **aller droit au ~**: **vos paroles me sont allées droit au ~** your words went straight to my heart; **je garderai son souvenir dans mon ~** his memory will remain in my heart; **son ~ de mère ne pouvait s'y résigner** as a mother, her heart just couldn't accept it; **briser le ~ à qqn** [par chagrin d'amour] to break sb's heart; **cela me brise le ~ de le voir dans cet état** it breaks my heart to see him in such a state; **c'était à vous briser** OU **fendre le ~** it was heartbreaking OU heartrending; **cette fille lui a mis le ~ à l'envers** he lost his heart to that girl; **cela chauffe** OU **réchauffe le ~** it warms the cockles of your heart, it's heart-warming; **avoir le ~ serré** to have a lump in one's throat; **avoir le ~ déchiré** to be heart-broken; **avoir un ~ sensible/pur** to be a sensitive/candid soul; **mon ~ est libre** OU **à prendre** I'm fancy-free; **comment trouver le chemin de** OU **gagner son ~?** how can I win her heart?; **c'était un ami selon mon ~** *litt* he was a friend after my own heart; **ce sont des amis de ~** they're bosom friends ❑ **histoire de ~** love affair; **ses problèmes de ~** the problems he has with his love life; **avoir le ~ gros** to feel sad, to have a heavy heart; **il ne me porte pas dans son ~** *fam* he has no great liking for me, he's no great fan of mine; **le ~ a ses raisons (que la raison ne connaît point)** *allusion Pascal* the heart has its reasons which reason does not know nothing of; **coup de ~**: **voici nos coups de ~ dans la collection de printemps** here are our favourite spring outfits; **avoir un coup de ~ pour qqch** to fall in love with sthg, to be really taken with OU by sthg.
C. PERSONNE -**1.** [personne ayant telle qualité]: **c'est un ~ d'or** he has a heart of gold; **c'est un ~ sensible/pur** he's a sensitive/candid soul; **c'est un ~ dur** OU **sec** OU **de pierre** OU **d'airain** he has a heart of stone, he's heartless; **c'est un ~ de lion** he is lion-hearted ❑ **à ~ vaillant rien d'impossible** *prov* where there's a will there's a way *prov*. -**2.** [être aimé] darling, sweetheart; **tu viens, mon ~?** coming, darling?; **mon (petit) ~** my darling.
D. CENTRE -**1.** [d'un chou, d'une salade, d'un fromage] heart; [d'un fruit, d'un réacteur nucléaire] core; [d'une ville] heart, centre; **enlever le ~ d'une pomme** to core an apple ❑ **~ de laitue** lettuce heart; **~ de palmier** palm heart; **~ d'artichaut** *pr* artichoke heart; **ton frère est un ~ d'artichaut** *fig* your brother falls in love with every girl he sees OU meets; **Annie est un vrai ~ d'artichaut** Annie falls in love with every man she sees OU meets. -**2.** [d'un débat] central point; **le ~ de mon argument est que...** the central point of my argument is that...

-**3.** MENUIS: ~ **de merisier/peuplier** heart of cherry/poplar.

E. OBJET EN FORME DE CŒUR -**1.** JOAILL heart-shaped jewel. -**2.** CULIN heart-shaped delicacy; **petits ~s à la crème** hearts of fromage frais with cream. -**3.** JEUX: **du ~** hearts; **dame/dix de ~** queen/ten of hearts; **jouer à** OU **du ~** to play hearts.

◆ **à cœur** *loc adv* -**1.** [avec sérieux]: **prendre les choses à ~** to take things to heart; **elle prend vraiment son travail à ~** she really takes her job seriously; **ne prends pas ses critiques tant à ~** don't take her criticism so much to heart; **tenir à ~ à qqn: ce rôle me tient beaucoup à ~** the part means a lot to me; **avoir à ~ de faire qqch** to be very eager to do sthg. -**2.** CULIN: **fromage fait à ~** fully ripe cheese; **café grillé à ~** high roast coffee; **avocat mûr à ~** fully ripe avocado.

◆ **à cœur joie** *loc adv* to one's heart's content; **s'en donner à ~ joie** to have tremendous fun OU a tremendous time.

◆ **à cœur ouvert** ◇ *loc adj* [opération] open-heart *(modif)*.

◇ *loc adv*: **parler à ~ ouvert à qqn** to have a heart-to-heart (talk) with sb.

◆ **au cœur de** *loc prép*: **au ~ de l'été** at the height of summer; **au ~ de l'hiver** in the depths of winter; **au ~ de la forêt** deep in the forest; **au ~ de la nuit** in the OU at dead of night; **au ~ du Morvan** in the heart of the Morvan region; **au ~ de la ville** in the centre of town, in the town centre; **le sujet fut au ~ des débats** this subject was central to the debate.

◆ **cœur à cœur** *loc adv litt*: **parler ~ à ~ avec qqn** to have a heart-to-heart (talk) with sb.

◆ **de bon cœur** *loc adv* [volontiers - donner] willingly; [- parler] readily; **c'est de bon ~: ne me remerciez pas, c'est de bon ~ que je vous ai aidé** no need to thank me, it was a pleasure helping you.

◆ **de tout cœur** *loc adv* wholeheartedly; **être de tout ~ avec qqn** [condoléances] to sympathize wholeheartedly with sb; **je ne pourrai assister à votre mariage mais je serai de tout ~ avec vous** I won't be able to attend your wedding but I'll be with you in spirit.

◆ **de tout mon cœur, de tout son cœur** *etc loc adv* -**1.** [sincèrement - aimer] with all my/his *etc* heart, wholeheartedly; [- féliciter] most sincerely, with all one's heart; **je vous remercie de tout mon ~** I thank you from the bottom of OU with all my heart. -**2.** [énergiquement]: **y aller de tout son ~** *fam* to go at it hammer and tongs, to give it all one's got; **rire de tout son ~** to laugh one's head off.

◆ **en cœur** *loc adj* [bouche, pendentif] heart-shaped.

◆ **par cœur** *loc adv* -**1.** [de mémoire] by heart. -**2.** [très bien]: **connaître qqn par ~** to know sb inside out; **je connais toutes tes excuses par ~** I know all your excuses by heart. -**3.** *loc*: **dîner par ~** to go without (one's) dinner.

◆ **sans cœur** *loc adj* heartless.

◆ **sur le cœur** *loc adv*: **avoir qqch sur le ~** to have sthg on one's mind; **dis ce que tu as sur le ~** say what's (weighing) on your mind; **avoir un poids sur le ~** to have a heavy heart; **en avoir gros sur le ~** *fam* to be really upset; **la mousse au chocolat m'est restée sur le ~** *pr* the chocolate mousse made me feel sick; **ses critiques me sont restées** OU **me pèsent sur le ~** I still haven't got over the way she criticized me.

coexistence [kɔɛgzistɑ̃s] *nf* coexistence; **~ pacifique** peaceful coexistence.

coexister [3] [kɔɛgziste] *vi*: **~ (avec)** to coexist (with).

coextensif, ive [kɔɛkstɑ̃sif, iv] *adj* coextensive; **~ à** sharing the same area of application as.

COFACE [kɔfas] (*abr de* **Compagnie française d'assurances pour le commerce extérieur**) *npr f export insurance company,* ≃ ECGD.

coffrage [kɔfraʒ] *nm* -**1.** MIN & TRAV PUBL coffering, lining. -**2.** CONSTR casing.

coffre [kɔfr] *nm* -**1.** [caisse] box, chest; **~ à jouets** toybox; **~ à outils** tool box. -**2.** NAUT locker; **~ d'amarrage** mooring-buoy, trunk-buoy. -**3.** AUT boot *Br*, trunk *Am*; **~ de rangement** [d'un camion] storage compartment; **~ à bagages** [d'un autocar] baggage OU luggage compartment. -**4.** [coffre-fort] safe, strongbox; **les ~s de l'État** the coffers of the State; **les ~s sont vides à la fin du mois** the coffers are empty by the end of the month ‖ BANQUE safe-deposit box. -**5.** AÉRON: **~ à parachute** parachute canister. -**6.** ZOOL [poisson] coffer-fish. -**7.** *fam* [poitrine] chest; [voix] (big) voice; **avoir du ~** [du souffle] to have a good pair of lungs.

coffre-fort [kɔfrəfɔr] (*pl* **coffres-forts**) *nm* safe, strongbox.

coffrer [3] [kɔfre] *vt* -**1.** *fam* [emprisonner] to put behind bars; **se faire ~** to be sent down. -**2.** MIN to coffer. -**3.** CONSTR to form.

coffret [kɔfrɛ] *nm* -**1.** [petit coffre] box, case, casket; **dans un ~ cadeau** in a gift box; **un ~ de cinq savons** a boxed set of five soaps ❑ **~ à bijoux** jewellery box. -**2.** [cabinet] cabinet.

◆ **en coffret** *loc adv*: **présenté en ~** sold in a box; **'vendu en ~'** 'not to be sold separately'; **la présentation en ~ est ce qui fait le succès de ce produit** this item sells so well because it comes in a presentation box.

cofinancement [kɔfinɑ̃smɑ̃] *nm* cofinancing.

cofinancer [16] [kɔfinɑ̃se] *vt* to cofinance, to finance jointly.

cofondateur, trice [kɔfɔ̃datœr, tris] *nm, f* cofounder.

cogérance [kɔʒerɑ̃s] *nf* joint management.

cogérant, e [kɔʒerɑ̃, ɑ̃t] *nm, f* joint manager (*f* manageress).

cogérer [18] [kɔʒere] *vt* to manage jointly.

cogestion [kɔʒɛstjɔ̃] *nf* joint management OU administration.

cogitation [kɔʒitasjɔ̃] *nf hum* cogitation *(U)*, pondering *(U)*; **je te laisse à tes ~s** I'll leave you to think things over.

cogiter [3] [kɔʒite] *hum* ◇ *vi* to cogitate; **il faut que je cogite!** I must put my thinking cap on!

◇ *vt* to think out *(sép)*, to ponder.

cognac [kɔɲak] *nm* [gén] brandy; [de Cognac] Cognac.

cognassier [kɔɲasje] *nm* quince tree.

cogne [kɔɲ] *nm arg crime*: **les ~s** the fuzz *Br* OU cops *Am*.

cognée [kɔɲe] *nf* axe, hatchet.

cognement [kɔɲmɑ̃] *nm* knock, thump.

cogner [3] [kɔɲe] ◇ *vi* -**1.** [heurter] to bang, to knock; **qu'est-ce qui cogne?** what's that banging?; **le moteur cogne** there's a knocking sound in the engine; **son cœur cognait dans sa poitrine** his heart was thumping; **~ à la fenêtre** [fort] to knock on the window; [légèrement] to tap on the window. -**2.** *fam* [user de violence]: **mon père cognait** my father was violent; **~ sur qqn** to beat sb up; **ça va ~** things are going to get rough.

◇ *vt* -**1.** [entrer en collision avec] to bang OU to knock OU to smash into. -**2.** *fam* [battre] to whack, to wallop.

◆ **se cogner** ◇ *vpi* -**1.** [se faire mal]: **je me suis cogné!** I banged into something. -**2.** *loc*: **il s'en cogne**▽ he doesn't give a damn OU monkey's *Br*.

◇ *vpt*: **se ~ le coude** to hit OU to bang one's elbow.

cognitif, ive [kɔgnitif, iv] *adj* cognitive.

cognition [kɔgnisjɔ̃] *nf* cognitive processes, cognition.

cohabitation [kɔabitasjɔ̃] *nf* -**1.** [vie commune] cohabitation, cohabiting, living together. -**2.** POL *coexistence of an elected head of state and an opposition parliamentary majority.*

LA COHABITATION:
This term usually refers to the period (1986-1988) during which the socialist President (François Mitterrand) had a right-wing Prime Minister (Jacques Chirac), following the victory of the RPR in the legislative elections and Mitterrand's decision not to resign as President. It now also refers to the similar situation which arose following the 1993 elections.

cohabiter [3] [kɔabite] *vi* -**1.** [partenaires] to cohabit, to live together; [amis] to live together; **~ avec qqn** to live with sb; **ici, plusieurs races cohabitent** people of several different races live together here. -**2.** [coexister] to coexist; **faire ~ deux théories** to reconcile two theories.

cohérence [kɔerɑ̃s] *nf* [gén & OPT] coherence.

cohérent, e [kɔerɑ̃, ɑ̃t] *adj* -**1.** [logique] coherent. -**2.** [fidèle à soi-même] consistent; **être ~** to be true to o.s. -**3.** OPT coherent.

cohériter [3] [kɔerite] *vi* to inherit jointly.

cohéritier, ère [kɔeritje, ɛr] *nm, f* co-heir (*f* co-heiress).

cohésif, ive [kɔezif, iv] *adj* cohesive.

cohésion [kɔezjɔ̃] *nf* -**1.** [solidarité] cohesion, cohesiveness; **la ~ du groupe** the way the members of the group stick together. -**2.** [d'un adhésif] stickiness, cohesiveness.

cohorte [kɔɔrt] *nf* -**1.** ANTIQ cohort. -**2.** *péj* [foule]: **une ~ de** hordes OU droves of. -**3.** SOCIOL population.

cohue [kɔy] *nf* -**1.** [foule] crowd, throng. -**2.** [bousculade]: **dans la ~** amidst the general pushing and shoving, in the (general) melee.

coi, coite [kwa, kwat] *adj* speechless; **en rester ~** to be speechless; **se tenir ~** to keep quiet.

coiffe [kwaf] *nf* -**1.** VÊT [de paysanne] (traditional) headdress; [de nonne] (nun's) headdress; [garniture de chapeau] lining *(C)*. -**2.** ASTRONAUT & BOT cap. -**3.** [d'un livre relié] head cap. -**4.** ANAT caul.

coiffer [3] [kwafe] *vt* -**1.** [peigner - cheveux, frange] to comb; [- enfant, poupée] to comb the hair of; **tu es horriblement mal coiffé** your hair's all over the place; **cheveux faciles/difficiles à ~** manageable/unmanageable hair. -**2.** [réaliser la coiffure de] to do OU to style the hair of; **elle s'est fait ~ par Paolo** she had her hair done by Paolo; **qui vous coiffe d'habitude?** who normally does your hair?; **coiffez-le court s'il vous plaît** cut his hair short please; **j'ai payé une fortune pour être mal coiffé!** I spent a fortune on a hairstyle I don't like! -**3.** [chapeauter] to cover the head of; **être coiffé de noir** to be wearing a black hat; **il a coiffé la statue d'une casquette** he's put a cap on the statue. -**4.** [aller à]: **un rien la coiffe** she suits any hat; **cette toque te coiffe à ravir** you look wonderful in that fur hat. -**5.** [mettre sur sa tête] to put on; **il était coiffé d'un Stetson** he was sporting a stetson; **~ la couronne** to be crowned; **~ la mitre** to be ordained a bishop. -**6.** *litt* [couvrir]: **la neige coiffait les sommets** the mountain-tops were covered in snow; **la tour était coiffée d'étendards** the tower was crowned with flags. -**7.** [diriger] to control; **elle coiffe plusieurs services** she's in charge of several departments. -**8.** *loc*: **~ qqn (au** OU **sur le poteau)** to pip sb at the post *Br*, to pass sb up *Am*; **~ sainte Catherine: elle a coiffé sainte Catherine** she's 25 and still unmarried.

◆ **se coiffer** *vp (emploi réfléchi)* -**1.** [se peigner] to comb one's hair; [arranger ses cheveux] to do one's hair. -**2.** [mettre un chapeau] to put a hat on. -**3.** [acheter ses chapeaux]: **se ~ chez les grands couturiers** to buy one's hats from the top designers.

coiffeur, euse [kwafœr, øz] *nm, f* hairdresser, hair stylist; **aller chez le ~** to go to the hairdresser's ❑ **~ pour hommes** gentlemen's hairdresser, barber; **~ pour dames** ladies' hairdresser.

◆ **coiffeuse** *nf* dressing-table.

coiffure [kwafyr] *nf* -**1.** [coupe] hairdo, hairstyle; **se faire faire une nouvelle ~** to have one's hair styled OU restyled ❑ ~ à la garçonne Eton crop *Br*, urchin cut *Am*; ~ à la Jeanne d'Arc pudding-bowl cut. -**2.** [technique]: la ~ hairdressing. -**3.** [chapeau] headdress.

coin [kwɛ̃] *nm* -**1.** [angle] corner; se cogner au ~ de la table to hit the corner of the table; le ~ de la rue the corner of the street; à un ~ de rue on a street-corner; la boulangerie qui est au ~ the baker's on OU at the corner ❑ un ~ couloir/fenêtre an aisle/a window seat; à chaque ~ de rue, à tous les ~s de rue all over the place, everywhere; une robe comme on en trouve à tous les ~s de rue a common or garden dress; il n'y en a pas à tous les ~s de rue you don't see many of them about; au ~ du feu *pr* by the fireside; rester au ~ du feu *fig* to stay at home; au ~ d'un bois *pr* somewhere in a wood; *fig* in a lonely place; on n'aimerait pas le rencontrer au ~ d'un bois! you wouldn't like to meet him on a dark night! -**2.** [commissure - des lèvres, de l'œil] corner; du ~ de l'œil [regarder, surveiller] out of the corner of one's eye. -**3.** [endroit quelconque] place, spot; dans un ~ de la maison somewhere in the house; j'ai dû laisser mon livre dans un ~ I must have left my book somewhere or other; dans un ~ de sa mémoire in a corner of his memory; bon ~: il connaît les bons ~s he knows all the right places || [espace réservé]: le ~ des bricoleurs COMM the do-it-yourself department || *(suivi d'un n; avec ou sans trait d'union)*: ~ cuisine kitchen recess; ~ salle à manger/salon dining/sitting area || [à la campagne] corner, place, spot; quel ~ charmant! what a lovely place!; un petit ~ tranquille à la campagne a quiet spot in the country; un ~ perdu [isolé] an isolated spot; [arriéré] a godforsaken place *péj*; trouver un petit ~ pas cher (pour passer l'été) to find somewhere not too expensive (for the summer); c'est vraiment un ~ pourri! *fam* what a dump! ❑ les ~s et les recoins the nooks and crannies; le petit ~ *fam euph* the smallest room. -**4.** [parcelle] patch, plot; un ~ de terre a plot OU patch of land; le ~ des fleurs the flower plot; il reste un ~ de ciel bleu there's still a patch of blue sky. -**5.** IMPR [forme] die; [poinçon] stamp, hallmark; idée marquée au ~ du bon sens idea full of common sense. -**6.** [cale] wedge; ~ de centrage/serrage centering/tightening wedge.

◆ **au coin** *loc adv*: mettre un enfant au ~ to make a child stand in the corner (as punishment).

◆ **dans le coin** *loc adv* [dans le quartier - ici] locally, around here; [- là-bas] locally, around there; elle habite dans le ~ [ici] she lives (somewhere) around here; [là-bas] she lives somewhere around there; et Victor? — il est dans le ~ where's Victor? — somewhere around; je passais dans le ~ et j'ai eu envie de venir te voir I was in the area and I felt like dropping in (on you).

◆ **dans les coins** *loc adv* -**1.** [balayer, illuminer] in every nook and cranny. -**2.** *loc*: connaître qqch dans les ~s to know sthg like the back of one's hand.

◆ **dans son coin** *loc adv*: laisser qqn dans son ~ to leave sb alone; allons, ne laisse pas ton petit frère dans son ~ come on, make an effort to include your young brother; rester dans son ~ to keep oneself to oneself; elle reste toujours dans son ~ she doesn't mix.

◆ **dans tous les coins** *loc adv* everywhere, all over the place; ils l'ont cherché dans tous les ~s they went over the place with a fine-tooth OU fine-toothed comb looking for it, they searched high and low for it.

◆ **de coin** *loc adj* [étagère] corner *(modif)*.

◆ **du coin** *loc adj* local; la boucherie du ~ the butcher's just round the corner, the local butcher's; les gens du ~ [ici] people who live round here, the locals; [là-bas] people who live there, the locals; être du ~ to live locally OU in the area; désolé, je ne suis pas du ~ sorry, I'm not from around here.

◆ **en coin** ◇ *loc adj* [regard] sidelong; un sourire en ~ a half-smile.

◇ *loc adv* [regarder, observer] sideways; sourire en ~ to give a half-smile.

◆ **sur un coin de table** *loc adv*: manger sur un ~ de table to eat a hasty meal; travailler sur un ~ de table to bungle one's work; ce n'est pas le genre de calcul qui peut se faire sur un ~ de table that's not the sort of calculation you can do on the back of an envelope.

coinçage [kwɛ̃saʒ] *nm* TECH keying, wedging.

coincé, e *fam* [kwɛ̃se] *adj* -**1.** *péj* [inhibé] repressed, hung-up. -**2.** [mal à l'aise] tense, uneasy.

coincement [kwɛ̃smɑ̃] *nm* jamming.

coincer [16] [kwɛ̃se] ◇ *vt* -**1.** [immobiliser - volontairement] to wedge; [- accidentellement] to catch, to stick, to jam; coince la roue avec une pierre wedge the wheel with a stone; mon manteau est coincé dans la portière my coat's caught OU stuck in the door; j'ai coincé la fermeture de ma robe I got the zipper of my dress stuck; il a été coincé entre la voiture et le mur he was jammed OU trapped between the car and the wall. -**2.** *fam* [attraper] to corner, to nab, to collar; se faire ~ to get nabbed; j'arriverai bien à le ~ après le dîner I'll corner him somehow after dinner. -**3.** *fam* [retenir]: plus de trains? je suis coincé, maintenant! the last train's gone? I'm in a real fix now!; je suis coincé par ce qu'il a dit à ma mère because of what he said to my mother, my hands are tied OU I'm stuck; elle est coincée entre ses convictions et les exigences de la situation she's torn between her convictions and the demands of the situation. -**4.** [mettre en difficulté - par une question] to catch out *(sép) Br*, to put on the spot; là, ils t'ont coincé! they've got you there!

◇ *vi* -**1.** [être calé]: c'est la chemise bleue qui coince au fond du tiroir the blue shirt at the back is making the drawer jam. -**2.** [être entravé] to stick; les négociations coincent the discussions have come to a sticking point || *(tournure impersonnelle)*: ça coince *fam*: ça coince (quelque part) there's a hitch somewhere; ça coince au niveau de mes parents! my parents don't much care for the idea!

◆ **se coincer** ◇ *vpi* [se bloquer - clef, fermeture] to jam, to stick.

◇ *vpt*: se ~ la main/le pied to have one's hand/foot caught; l'enfant s'est coincé le doigt dans la serrure the child got his finger stuck in the lock.

coïncidence [kɔɛ̃sidɑ̃s] *nf* -**1.** [hasard] chance; quelle ~ de vous voir ici! what a coincidence seeing you here!; c'est (une) pure ~ it's purely coincidental. -**2.** MATH coincidence. -**3.** ÉLECTRON: ~ d'oscillations surging.

◆ **par coïncidence** *loc adv* coincidentally, by coincidence; par ~, il était là aussi by coincidence OU chance, he was there as well.

coïncident, e [kɔɛ̃sidɑ̃, ɑ̃t] *adj* -**1.** [dans l'espace] coextensive, coincident. -**2.** [dans le temps] concomitant, simultaneous.

coïncider [3] [kɔɛ̃side] *vi* -**1.** [s'ajuster l'un sur l'autre] to line up, to coincide, to be coextensive; faites ~ les deux triangles line up the two triangles (so that they coincide); faire ~ les gains et les pertes to equate gains and losses. -**2.** [se produire ensemble] to coincide; nos anniversaires coïncident our birthdays fall on the same day. -**3.** [concorder] to concord; les deux témoignages coïncident the two statements are consistent.

coin-coin [kwɛ̃kwɛ̃] ◇ *nm inv* quacking.

◇ *onomat* quack quack.

coïnculpé, e [koɛ̃kylpe] *nm, f* fellow-accused.

coing [kwɛ̃] *nm* quince.

coït [kɔit] *nm* coitus.

coke [kɔk] ◇ *nm* coke.

◇ *nf fam* coke.

cokéfaction [kɔkefaksjɔ̃] *nf* = **coking**.

cokéfiable [kɔkefjabl], **cokéfiant, e** [kɔkefjɑ̃, ɑ̃t] *adj* coking.

cokéfier [9] [kɔkefje] *vt* to coke.

cokerie [kɔkri] *nf* coking plant.

coking [kɔkiŋ] *nm* coking.

col [kɔl] *nm* -**1.** COUT collar; ~ boutonné button-down collar; ~ cassé wing collar; ~ châle shawl collar; ~ cheminée turtleneck; ~ chemisier shirt collar; ~ Claudine Peter Pan collar; ~ officier mandarin collar; ~ Mao Mao collar; ~ marin sailor's collar; faux ~ *pr* detachable collar; [de la bière] head; un demi sans faux ~ a glass of beer with as little froth as possible; ~ blanc/bleu white-collar/blue-collar worker; ~ roulé [pull] polo-neck sweater; se pousser du OU se hausser du OU se hausser le ~ *litt* to blow one's own trumpet. -**2.** [d'une bouteille] neck. -**3.** ANAT cervix, neck; ~ du fémur neck of the thighbone; ~ de l'utérus neck of the womb. -**4.** GÉOG pass, col; le ~ du Saint-Gothard the Saint Gotthard Pass.

col. *abr écrite de* colonne.

Col. (*abr écrite de* Colonel) Col.

cola [kɔla] = **kola**.

col-bleu *fam* [kɔlblø] (*pl* cols-bleus) *nm vieilli* sailor.

colchique [kɔlʃik] *nm* colchicum; ~ d'automne autumn crocus.

cold-cream [kɔldkrim] (*pl* cold-creams) *nm* cold cream.

col-de-cygne [kɔldəsiɲ] (*pl* cols-de-cygne) *nm* swan-neck.

colégataire [kɔlegatɛr] *nmf* joint legatee.

coléoptère [kɔleɔptɛr] *nm* member of the Coleoptera.

colère [kɔlɛr] ◇ *nf* -**1.** [mauvaise humeur] anger, rage; passer sa ~ sur qqn to take out one's bad temper on sb ❑ ~ bleue OU noire towering rage; la ~ est mauvaise conseillère *prov* anger and haste hinder good counsel. -**2.** [crise] fit of anger OU rage; [d'un enfant] tantrum; faire OU piquer *fam* une ~ [adulte] to fly into a temper; [enfant] to have OU to throw a tantrum; entrer dans une violente ~ to fly into a violent rage. -**3.** *litt* [des éléments, des dieux] wrath; la ~ de Dieu BIBLE the wrath of God ❑ 'Aguirre ou la ~ de Dieu' *Herzog* 'Aguirre, the Wrath of God'.

◇ *adj vieilli*: être ~ to be bad-tempered.

◆ **avec colère** *loc adv* angrily, in anger; il se retourna avec ~ he turned round angrily; va-t'en, dit-il avec ~ go away, he said in anger.

◆ **en colère** *loc adj* angry, livid, mad; être en ~ contre qqn to be angry with sb *Br* OU at sb *Am*; mettre qqn en ~ to make sb angry; se mettre en ~ to flare up, to lose one's temper; je vais me mettre en ~! I'm going to get angry!

coléreux, euse [kɔlerø, øz], **colérique** [kɔlerik] *adj* irritable, quick-tempered; il a un caractère très ~ he's got quite a temper.

colibacille [kɔlibasil] *nm* colon bacillus.

colibacillose [kɔlibasiloz] *nf* colibacillosis.

colibri [kɔlibri] *nm* humming bird, colibri.

colifichet [kɔlifiʃɛ] *nm* knick-knack, trinket; vendre des ~s to sell fancy goods.

colimaçon [kɔlimasɔ̃] *nm* snail.

colin [kɔlɛ̃] *nm* [lieu noir] coley *Br*, pollock *Am*; [lieu jaune] pollack; [merlan] whiting; [merlu] hake.

colinéaire [kɔlineɛr] *adj* collinear.

colineau [kɔlino] *nm* codling.

colin-maillard [kɔlɛ̃majar] (*pl* colin-maillards) *nm* blind man's buff.

colinot [kɔlino] = **colineau**.

colin-tampon [kɔlɛ̃tɑ̃pɔ̃] (*pl* colin-tampons) *nm* drum beat; il s'en moque OU il s'en soucie comme de ~ *fam vieilli* he doesn't give a damn about it.

colique [kɔlik] *nf* -**1.** *fam* [diarrhée] diarrhoea; avoir la ~ to have diarrhoea; ça me flanque la ~ *fig* it gives me the heebie-jeebies. -**2.** MÉD [douleur] colic, stomach ache; ~s néphrétiques renal colic. -**3.** ▽ [contrariété] hassle, drag; quelle ~! what a pain!

colis [kɔli] *nm* package, packet, parcel; ~ piégé parcel *Br* OU package *Am* bomb; ~ postal postal packet; par ~ postal by parcel post.

colistier, ère [kɔlistje, ɛr] *nm, f* fellow candidate *(on a list or platform)*.

colite [kɔlit] *nf* colitis.

coll. -1. *abr écrite de* collection. -2. (*abr écrite de* collaborateurs): et ~ et al.

collabo [kɔlabo] *nmf péj* & HIST collaborationist.

collaborateur, trice [kɔlabɔratœr, tris] *nm, f* -1. [aide] associate. -2. [membre du personnel] member of staff. -3. *péj* & HIST collaborator, collaborationist.

collaboration [kɔlabɔrasjɔ̃] *nf* -1. [aide] collaboration, co-operation, help; merci de votre ~ thank you for your co-operation; ~ étroite close co-operation. -2. HIST [politique] collaborationist policy; [période] collaboration.

collaborationniste [kɔlabɔrasjɔnist] *nmf* & *adj péj* & HIST collaborationist.

collaborer [3] [kɔlabɔre] *vi* -1. [participer] to participate; ont aussi collaboré... also taking part were...; ~ à to take part OU to participate in; PRESSE to write for, to contribute to, to be a contributor to. -2. *péj* & HIST to collaborate.

collage [kɔlaʒ] *nm* -1. [fixation] gluing, sticking; ~ des affiches billposting, bill sticking; ~ du papier peint paperhanging. -2. BX-ARTS collage. -3. *fam* [concubinage] affair. -4. ŒNOL fining. -5. INDUST sizing.

collagène [kɔlaʒɛn] *nm* collagen.

collant, e [kɔlɑ̃, ɑ̃t] *adj* -1. [adhésif] adhesive, sticking; papier ~ gummed paper ‖ [poisseux] sticky; j'ai les mains ~es my hands are sticky. -2. [moulant] tightfitting; un pull ~ a skintight sweater. -3. *fam péj* [importun] limpet-like; qu'il est ~! [importun] he just won't leave you alone!; [enfant] he's so clinging!, he won't give you a minute's peace!

◆ **collant** *nm* -1. [bas] pair of tights, pantyhose *Am (U)*. -2. [de danse] leotard.

◆ **collante** *nf arg scol* [convocation] *letter asking a student to present himself for an exam.*

collapsus [kɔlapsys] *nm* collapse MED.

collatéral, e, aux [kɔlateral, o] ◇ *adj* -1. [de chaque côté] collateral; les rues ~es [les rues parallèles] the streets that run parallel; [les rues perpendiculaires] the side streets. -2. ANAT & JUR collateral. -3. GÉOG: points collatéraux intermediate points *(of the compass)*.

◇ *nm, f* JUR collateral relative.

◆ **collatéral, aux** *nm* ARCHIT aisle.

collation [kɔlasjɔ̃] *nf* -1. [repas] light meal, snack. -2. RELIG collation, conferral, conferment. -3. [de textes] collation.

collationnement [kɔlasjɔnmɑ̃] *nm* checking, collation.

collationner [3] [kɔlasjɔne] *vt* to collate.

colle [kɔl] *nf* -1. [glu] glue, adhesive; ~ à bois wood glue; ~ végétale vegetable size. -2. *fam* [énigme] trick question, poser, teaser; poser une ~ à qqn to set sb a poser; là, vous me posez une ~! you've got me there! -3. *arg scol* [examen] oral test; [retenue] detention; avoir une ~ to get detention, to be kept in OU behind (after school); j'ai eu une ~ I got detention; mettre une ~ à qqn to keep sb behind (in detention); une heure de ~ an hour's detention.

◆ **à la colle** *fam loc adv*: ils sont à la ~ they've shacked up together, they're living in sin *hum*.

collectage [kɔlɛktaʒ] *nm* collection, picking up.

collecte [kɔlɛkt] *nf* -1. [ramassage] collection; faire la ~ du lait to collect milk *(from farms for transportation to the local creamery)*; faire la ~ des vieux journaux to pick up (bundles of) old newspapers set aside for collection. -2. INF: ~ des données data collection OU gathering. -3. [quête] collection; faire une ~ to collect money, to make a collection; je fais une ~ pour lui acheter un cadeau de notre part à toutes I've started a kitty to buy her a present from us all.

collecter [4] [kɔlɛkte] *vt* [argent] to collect; [lait, ordures] to collect, to pick up *(sép)*.

collecteur, trice [kɔlɛktœr, tris] ◇ *adj* collecting.

◇ *nm, f* ADMIN: ~ d'impôts tax collector.

◆ **collecteur** *nm* -1. ÉLECTR collector, commutator. -2. MÉCAN manifold; ~ d'admission intake manifold; ~ d'air ÉLECTRON air-trap; ~ de dynamo collector ring; ~ d'échappement AUT exhaust manifold; ~ de pont NAUT deck manifold; ~ supérieur upper header. -3. CULIN drip cup, juice collector cup. -4. [égout] main sewer.

collectif, ive [kɔlɛktif, iv] *adj* -1. [en commun] collective, common; une démarche collective serait plus efficace collective representations would have more impact. -2. [de masse] general, mass *(modif)*, public; suicide ~ mass suicide; licenciements ~s mass redundancies; terreur collective general panic. -3. TRANSP group *(modif)*. -4. GRAMM collective.

◆ **collectif** *nm* -1. GRAMM collective noun. -2. FIN: ~ budgétaire interim budget, extra credits. -3. [groupe d'auteurs] group of writers; ouvrage rédigé par un ~ sous la direction de Jean Dupont by Jean Dupont et al.

collection [kɔlɛksjɔ̃] *nf* -1. [collecte] collecting; il fait ~ de timbres he collects stamps. -2. [ensemble de pièces] collection; ~ privée private collection; aller voir les ~s d'un musée to visit the collections of a museum; une amende, je l'ajoute à ma ~! *hum* another fine for my collection! -3. *fam péj* [clique]: une ~ de a bunch OU crew of; une belle ~ d'imbéciles! a fine bunch of idiots! -4. COMM [série - gén] line, collection; [- de livres] collection, series; toute la ~ the complete set, all the back issues; dans la ~ jeunesse in the range of books for young readers; la ~ complète des œuvres de Victor Hugo the collected works of Victor Hugo. -5. VÊT collection; les ~s [présentations] fashion shows; pendant les ~s while the fashion shows are on. -6. MÉD gathering.

collectionner [3] [kɔlɛksjɔne] *vt* -1. [tableaux, timbres] to collect. -2. *hum* [avoir en quantité]: il collectionne les ennuis he's never out of trouble; les enfants collectionnent les virus! children pick up every virus (that's) going!; je collectionne les factures en ce moment! I'm inundated with bills at the moment!

collectionneur, euse [kɔlɛksjɔnœr, øz] *nm, f* collector.

collectionnisme [kɔlɛksjɔnism] *nm* passion for hoarding OU collecting (things).

collectivement [kɔlɛktivmɑ̃] *adv* collectively; ils sont ~ responsables they're collectively responsible; ils se sont élevés ~ contre la nouvelle loi they protested as a group against the new law.

collectivisation [kɔlɛktivizasjɔ̃] *nf* collectivization, collectivizing.

collectiviser [3] [kɔlɛktivize] *vt* to collectivize.

collectivisme [kɔlɛktivism] *nm* collectivism.

collectiviste [kɔlɛktivist] *adj* & *nmf* collectivist.

collectivité [kɔlɛktivite] *nf* -1. [société] community; au sein de la ~ within the community; dans l'intérêt de la ~ in the public interest. -2. ADMIN: les ~s locales [dans un État] local authorities; [dans une fédération] federal authorities.

collège [kɔlɛʒ] *nm* -1. SCOL school; ~ privé/technique private/technical school; ~ d'enseignement secondaire → CES; ~ d'enseignement technique → CET; le Collège de France the Collège de France ‖ RELIG private school *(run by a religious organization)*. -2. [corps constitué] college. -3. ADMIN body; ~ électoral body of electors, constituency.

LE COLLÈGE DE FRANCE:

This place of learning near the Sorbonne holds public lectures given by prominent academics and specialists. It is not a university and does not confer degrees, although it is controlled by the Ministry of Education.

---

collégial, e, aux [kɔleʒjal, o] *adj* collegial, collegiate; exercer un pouvoir ~ to rule collegially.

◆ **collégiale** *nf* RELIG collegiate church.

collégialité [kɔleʒjalite] *nf* collegiality, collegial structure OU authority.

collégien, enne [kɔleʒjɛ̃, ɛn] *nm, f* schoolkid, schoolboy (*f* schoolgirl); rougir comme un ~ to blush like a schoolboy; se conduire comme un ~ to behave like a schoolkid ❑ prendre qqn pour un ~ to take sb for a fool; tu me prends pour un ~! do you think I was born yesterday?

collègue [kɔlɛg] *nmf* -1. [employé] colleague, fellow-worker; ~ de bureau: je l'ai prêté à un ~ de bureau I lent it to somebody at the office. -2. [homologue] opposite number; son ~ de l'opposition his counterpart in the opposition. -3. *fam hum* [autrui]: demande au ~ de se pousser ask our friend here to move over; salut ~! how's things!

coller [3] [kɔle] ◇ *vt* -1. [fixer - étiquette, timbre] to stick (down); [- tissu, bois] to glue (on); [- papier peint] to paste (up); [- affiche] to post, to stick up *(sép)*, to put up *(sép)*. -2. [fermer - enveloppe] to close up *(sép)*, to stick down *(sép)*. -3. [emmêler] to mat, to plaster; le poil du chien est tout collé the dog's coat is all matted; les cheveux collés par la pluie his hair plastered by the rain. -4. [appuyer] to press; ~ le nez sur la vitre to press one's face to the window; ~ son oreille contre le mur to press one's ear against the wall; ~ qqn au mur to put sb against a wall. -5. *fam* [suivre] to follow closely, to tag along behind; ne me colle pas comme ça! stop following me everywhere!, just let go of me, will you!; la voiture nous colle de trop près the car's keeping too close to us. -6. *fam* SCOL [punir] to keep in *(sép)*; se faire ~ to get a detention ‖ [refuser]: se faire ~ à un examen to fail an exam. -7. *fam* [mettre - chose] to dump, to stick; [- personne] to put, to stick; colle ton sac là stick OU dump your bag over there; ils l'ont collée en pension/en prison they stuck her in a boarding school/put her in jail; je vais lui ~ mon poing sur la figure! I'm going to thump him on the nose!; je vous colle une contravention! I'm booking you! -8. *fam* [imposer] to foist on, to saddle with; ~ qqch à qqn: ils m'ont collé le bébé pour la semaine they've lumbered *Br* OU saddled me with the baby for a week ‖ [obliger à devenir]: ils l'ont collé responsable des sports they saddled him with the sports editorship. -9. ŒNOL to fine. -10. INDUST to size.

◇ *vi* -1. [adhérer - timbre] to stick; ces vieilles étiquettes ne collent plus these old labels don't stick any more; le caramel colle aux dents toffee sticks to your teeth ‖ [être poisseux] to be sticky; avoir les doigts qui collent to have sticky fingers; j'ai horreur de la confiture, ça colle I hate jam, it's sticky ❑ ~ aux basques OU aux semelles de qqn *fam* to stick to sb like glue; ~ au derrière *fam* OU aux fesses▽ de qqn *fig* to stick to sb like a limpet; ~ à la peau de qqn *pr* to fit sb tightly; *fig* to be inherent to OU innate in sb; la méfiance lui colle à la peau he was born suspicious. -2. [vêtement] to cling. -3. *fam* [aller bien]: ça colle! it's OK!, right-ho! *Br*; ça ne colle pas it doesn't work, something's wrong; il y a quelque chose qui ne colle pas there's something wrong somewhere; ça ne colle pas pour demain soir tomorrow night's off; ça ne colle pas entre eux they're not hitting it off very well; les couleurs sont bien, c'est la taille qui ne colle pas it's the right shade, but the size is no good; ~ avec to match up to, to fit in with; ça ne colle pas avec son caractère it's just not like him; les faits ne collent pas les uns avec les autres the facts don't make sense. -4. *fam* JEUX: toi, tu colles (et nous, on se cache)! you count (up to ten and we hide)!

◆ **coller à** *v + prép* [respecter] to be faithful to; ~ à son sujet to stick to one's subject; vous collez trop à l'original you're too close to the original text; ~ à la réalité to stay close to

reality; **une émission qui colle à l'actualité** a programme that keeps up with current events.
◆ **se coller** ◇ *vpi* -**1.** [se blottir] to snuggle up OU to cling to, to hug; **les chatons se collaient les uns aux autres** the kittens were snuggling up to each other; **se ~ à** OU **contre un mur pour ne pas être vu** to press o.s. up against a wall in order not to be seen. -**2.** *fam* [s'installer]: **les enfants se sont collés devant la télé** the children plonked themselves down in front of the TV. -**3.** *loc*: **se ~ ensemble**▽ [vivre ensemble] to shack up together; **s'y ~** *fam* [s'atteler à un problème, une tâche] to make an effort to do sthg, to set about doing sthg; **maintenant, il faut t'y ~** you must get down to work now; **je vais m'y ~ sérieusement** I'm going to get down to it seriously.
◇ *vpt fam*: **se ~ qqch** to take sthg on; **c'est moi qui me colle les gosses!** I'm the one who has to put up with the kids!; **il s'est collé tout Proust pour l'examen** he got through all of Proust for the exam.

collerette [kɔlrɛt] *nf* -**1.** COUT collar, collarette; **~ de dentelle** lace collar ‖ HIST frill, ruff. -**2.** CULIN (paper) frill. -**3.** [sur une bouteille] neck-band label. -**4.** MÉCAN flange. -**5.** BOT annulus.

collet [kɔlɛ] *nm* -**1.** [col] collar; **être ~ monté** to be straight-laced; **mettre la main au ~ de qqn** to arrest OU to collar sb; **prendre qqn au ~** *pr* to seize OU to grab sb by the neck; *fig* to nab sb in the act. -**2.** CULIN neck; **~ de veau/bœuf** neck of veal/beef. -**3.** ANAT neck. -**4.** BOT annulus, ring. -**5.** [piège] noose, snare; **prendre un lapin au ~** to snare a rabbit.

colleter [27] [kɔlte] *vt* to seize by the collar; **se faire ~** to be collared OU nabbed.
◆ **se colleter** *vp* (*emploi réciproque*) to fight.
◆ **se colleter avec** *vp + prép* to struggle OU to wrestle with.

colleur, euse [kɔlœr, øz] *nm, f*: **~ d'affiches** billsticker, bill poster.
◆ **colleuse** *nf* -**1.** CIN splicer, splicing unit. -**2.** IMPR pasting machine. -**3.** PHOT mounting press.

colley [kɔlɛ] *nm* collie.

collier [kɔlje] *nm* -**1.** JOAILL necklace, necklet; **~ de perles** string of pearls; **~ ras du cou** choker. -**2.** [parure] collar; **~ de fleurs** garland of flowers. -**3.** [courroie - pour chien, chat] collar; **~ antipuces** flea collar; **~ de cheval** horse-collar ❑ **~ de misère** yoke of misery ‖ *fig*: **donner un coup de ~** to make a special effort; **encore un petit coup de ~!** just one more try!; **reprendre le ~** to get back into harness OU to the treadmill *péj*. -**4.** MÉCAN clip, collar, ring; **~ d'arbre** shaft collar; **~ de blocage** clamping ring; **~ de câble** cable clamp; **~ de fixation** bracket, clip; **~ de serrage** clamp collar; **~ ressort** spring clip. -**5.** [de plumes, de poils] collar, frill, ring; **pigeon à ~** ring-necked pigeon; **~ (de barbe)** short OU clipped beard; **porter le ~** to be bearded, to have a beard.

collimateur [kɔlimatœr] *nm* ASTRON & OPT collimator; ARM sight; **avoir qqn dans le ~** OU **son ~** to have one's eye on sb; **il est dans le ~ du patron** the boss has got his eye on him.

colline [kɔlin] *nf* hill, hillock, tussock; **les ~s** [au pied d'un massif] the foothills; **au sommet de la ~** up on the hilltop; **sur le versant de la ~** on the hillside.

collision [kɔlizjɔ̃] *nf* -**1.** [choc] collision, impact; **entrer en ~ avec** to collide with; **~ entre les manifestants et la police** clash between demonstrators and police ‖ AUT crash; **~ en chaîne** OU **série** (multiple) pile-up. -**2.** [désaccord] clash; **~ d'intérêts** clash of interests. -**3.** GÉOG & PHYS collision.

collocation [kɔlɔkasjɔ̃] *nf* -**1.** JUR order of priority, ranking. -**2.** LING collocation.

colloïdal, e, aux [kɔlɔidal, o] *adj* colloidal.

colloïde [kɔlɔid] *nm* colloid.

colloque [kɔlɔk] *nm* conference, colloquium, seminar.

colloquer [3] [kɔlɔke] *vt*: **~ des créanciers** *to list creditors in bankruptcy proceedings in the order in which they should be paid.*

collusion [kɔlyzjɔ̃] *nf* collusion; **il y a ~ entre eux** they're in collusion.

collusoire [kɔlyzwar] *adj* collusive.

collutoire [kɔlytwar] *nm* antiseptic throat preparation; **~ en aérosol** throat spray.

collyre [kɔlir] *nm* eyewash, antiseptic eye lotion.

colmatage [kɔlmataʒ] *nm* -**1.** [réparation] filling-up, plugging; **après le ~ des brèches du barrage** after plugging the gaps in the dam. -**2.** MIL consolidation. -**3.** AGR warping. -**4.** [fait d'obstruer] clogging, choking.

colmater [3] [kɔlmate] *vt* -**1.** [boucher] to fill in (*sép*), to plug, to repair; **~ le déficit du commerce extérieur** to attempt to reduce the size of the trade gap ❑ **~ les brèches** *pr* & *fig* to close the gaps. -**2.** AGR to warp. -**3.** MIL to consolidate.

colo *fam* [kolo] *nf* (children's) holiday camp.

colocataire [kɔlɔkatɛr] *nmf* co-tenant.

colocation [kɔlɔkasjɔ̃] *nf* joint tenancy, joint occupancy.

cologarithme [kɔlɔgaritm] *nm* cologarithm.

Cologne [kɔlɔɲ] *npr* Cologne.

Colomb [kɔlɔ̃] *npr*: **Christophe ~** Christopher Columbus.

colombage [kɔlɔ̃baʒ] *nm* frame wall, studwork.
◆ **à colombages** *loc adj* half-timbered.

colombe [kɔlɔ̃b] *nf* dove; **les ~s et les faucons** POL the doves and the hawks.

Colombie [kɔlɔ̃bi] *npr f*: **(la) ~** Colombia.

Colombie-Britannique [kɔlɔ̃bibritanik] *npr f*: **(la) ~** British Columbia.

colombien, enne [kɔlɔ̃bjɛ̃, ɛn] *adj* Columbian.
◆ **Colombien, enne** *nm, f* Columbian.

colombier [kɔlɔ̃bje] *nm* dovecot, dovecote, pigeon house.

colombin, e [kɔlɔ̃bɛ̃, in] *adj* reddish-purple.
◆ **colombin** *nm* -**1.** ORNITH male pigeon. -**2.** ▽ [étron] turd.
◆ **colombine** *nf* AGR guano.

Colombine [kɔlɔ̃bin] *npr* Colombine.

colombium [kɔlɔ̃bjɔm] *nm* columbium.

Colombo [kɔlɔ̃bo] *npr* Colombo.

colombophile [kɔlɔ̃bɔfil] ◇ *adj* pigeon-fancying.
◇ *nmf* pigeon fancier.

colombophilie [kɔlɔ̃bɔfili] *nf* pigeon fancying.

colon [kɔlɔ̃] *nm* -**1.** [pionnier] colonist, settler. -**2.** [enfant] boarder, camper (*at a "colonie de vacances"*). -**3.** *arg mil* colonel; **ben mon ~!** *hum* struth!

côlon [kolɔ̃] *nm* colon.

colonel [kɔlɔnɛl] *nm* [de l'armée - de terre] colonel; [- de l'air] group captain *Br*, colonel *Am*.

colonelle [kɔlɔnɛl] *nf* colonel's wife.

colonial, e, aux [kɔlɔnjal, o] ◇ *adj* colonial; **l'empire ~** the (colonial) Empire, the colonies; **style ~ (américain)** colonial style, Early American.
◇ *nm, f* colonial; **mon père était un ~** my father lived in the colonies.
◆ **coloniale** *nf* MIL: **la ~e** the colonial troops.

colonialisme [kɔlɔnjalism] *nm* colonialism.

colonialiste [kɔlɔnjalist] ◇ *adj* colonialistic.
◇ *nmf* colonialist.

colonie [kɔlɔni] *nf* -**1.** [population] settlement. -**2.** POL [pays] colony; **vivre aux ~s** to live in the colonies ‖ [fondation]: **~ pénitentiaire** penal colony. -**3.** [minorité] colony; **la ~ indienne de Vancouver** the Indian colony in Vancouver; **la ~ bretonne de Paris** the Breton community in Paris. -**4.** ZOOL colony group; **une ~ de fourmis** a colony of ants; **des ~s de touristes marchaient vers la plage** crowds of tourists were marching along to the beach. -**5.** [communauté] community, (little) group; **une ~ de peintres** a little group of painters. -**6.** LOISIRS: **~ (de vacances)** *organized holidays for children*; **l'été dernier, j'ai fait une ~** [enfant] I went to summer camp last year; [moniteur] I worked at a summer camp OU I was a camp counsellor *Am* last summer; **aller à la montagne en ~ de vacances** [moniteur] to take a group of children on holiday to the mountains.

COLONIE DE VACANCES:
The "colonie de vacances" or "colo" is an integral part of childhood for many French people. The children's parents do not stay with them at the "colonie", the group being supervised by "moniteurs" (group leaders), who organize games and activities.

colonisable [kɔlɔnizabl] *adj* colonizable, fit for colonization.

colonisateur, trice [kɔlɔnizatœr, tris]
◇ *adj* colonizing.
◇ *nm, f* colonizer.

colonisation [kɔlɔnizasjɔ̃] *nf* -**1.** [conquête] colonization; **après la ~ de l'Afrique** after the colonization of Africa. -**2.** [période]: **la ~** (the age of) colonization. -**3.** *péj* [influence] subjugation, colonization.

colonisé, e [kɔlɔnize] ◇ *adj* colonized.
◇ *nm, f* inhabitant of a colonized country; **les ~s** colonized peoples.

coloniser [3] [kɔlɔnize] *vt* -**1.** POL to colonize. -**2.** *fam* [envahir] to take over (*sép*), to colonize; **ne les laissez pas ~ nos plages!** don't let them take over our beaches! -**3.** *péj* [influencer] to subjugate, to influence; **les productions américaines ont-elles colonisé notre télévision?** have American programmes taken over our TV channels?

colonnade [kɔlɔnad] *nf* ARCHIT colonnade.

colonne [kɔlɔn] *nf* -**1.** ARCHIT column, pilaster, pillar; **~ dorique/ionique** Doric/Ionic column. -**2.** [monument] column; [colonnette] pillar; **~ Morris** *dark green ornate pillar used to advertise forthcoming attractions in Paris*; **la ~ Trajane** Trajan's Column. -**3.** CONSTR & TRAV PUBL [poteau] column, post, upright; **~ d'appui** support beam; **~ de levage** lifting column ‖ [conduite] riser, pipe; **~ de distribution** standpipe; **~ montante** rising main, riser. -**4.** ANAT: **~ (vertébrale)** backbone, spinal column *spéc*; **avoir mal à la ~** *fam* to have backache. -**5.** MÉCAN column; **~ de direction** steering column. -**6.** [masse cylindrique]: **~ de liquide/mercure** liquid/mercury column. -**7.** [forme verticale] column, pillar; **~ d'eau** column of water, waterspout; **~ de feu/fumée** pillar of fire/smoke. -**8.** [file] column, line; **~ de tête/queue** MIL front/rear column; **~ d'assaut** attacking column; **~ de ravitaillement** supply column ❑ **la ~ infernale** HIST *Republican soldiers fighting the people of Vendée in 1793*. -**9.** [d'un formulaire] column; **ne rien inscrire dans cette ~** do not write in this column; **les rangées et les ~s d'un tableau** the rows and columns of a table; **~ des unités** unit column. -**10.** PRESSE column; **~s rédactionnelles** editorial columns; **dans les ~s de votre quotidien** in your daily paper; **comme je l'écrivais hier dans ces ~s** as I wrote yesterday in these pages.
◆ **en colonne** *loc adv*: **en ~ par trois/quatre** in threes/fours; **les enfants étaient en ~ par deux** the children formed a line two abreast.

colonnette [kɔlɔnɛt] *nf* small column, colonnette.

colonoscopie [kɔlɔnɔskɔpi] *nf* colonoscopy.

colopathie [kɔlɔpati] *nf* colonopathy.

colophane [kɔlɔfan] *nf* colophony, rosin.

coloquinte [kɔlɔkɛ̃t] *nf* -**1.** BOT colocynth. -**2.** *fam* [tête] nut.

Colorado [kɔlɔrado] *npr m* -**1.** [État]: **le ~** Colorado. -**2.** [fleuve]: **le ~** the Colorado (River).

colorant, e [kɔlɔrɑ̃, ɑ̃t] *adj* colouring.
◆ **colorant** *nm* colorant, dye, pigment; **~ alimentaire** food colouring (*U*), edible dye; **'sans ~s'** 'no artificial colouring'.

coloration [kɔlɔrasjɔ̃] *nf* -1. [couleur] pigmentation, colouring. -2. [chez le coiffeur] hair tinting; **se faire faire une ~** to have one's hair tinted; **je vous fais une ~?** shall I give you a colour rinse? -3. [de la voix, d'un instrument] colour. -4. [tendance]: **~ politique** political colour OU tendency.

coloré, e [kɔlɔre] *adj* -1. [teinté] brightly coloured; **une eau ~e** [à la teinture] water with dye in it; [avec du vin] water with just a drop of wine in it || [bariolé] multicoloured. -2. [expressif] colourful, vivid, picturesque; **leur langage ~** their colourful language.

colorer [3] [kɔlɔre] *vt* -1. [teinter - dessin, objet] to colour; [- ciel, visage] to tinge, to colour; **~ qqch en rouge/jaune** to colour sthg red/yellow; **l'émotion lui colorait les joues** he was flushed with emotion; **l'aurore colore de rose les maisons des pêcheurs** dawn gives a pink tinge to the fishermen's cottages. -2. [teindre - tissu] to dye; [- bois] to stain, to colour. -3. CULIN [oignons, viande] to brown lightly.

◆ **se colorer** *vpi* [prendre couleur] to blush, to redden; **les pêches commencent à se ~** the peaches are beginning to ripen; **son visage se colora sous l'effet de la confusion** his face reddened with embarrassment; **se ~ de** *fig* to be tinged with; **sa colère se colorait d'attendrissement** his anger was tinged with pity.

coloriage [kɔlɔrjaʒ] *nm* -1. [technique] colouring; **faire du ~** OU **des ~s** to colour (a drawing). -2. [dessin] coloured drawing.

colorier [9] [kɔlɔrje] *vt* to colour in; **colorie le crocodile en vert** colour in the crocodile (in OU with) green.

colorimètre [kɔlɔrimɛtr] *nm* colorimeter, tintometer.

colorimétrie [kɔlɔrimetri] *nf* colorimetry, colorimetrics *(U)*.

coloris [kɔlɔri] *nm* [couleur] colour; [nuance] shade; **les ~ pastel** pastel shades OU colours; **nous avons cette jupe dans d'autres ~** we have the same skirt in other colours.

colorisation [kɔlɔrizasjɔ̃] *nf* colorization.

coloriser [3] [kɔlɔrize] *vt* to colorize.

coloriste [kɔlɔrist] *nmf* -1. BX-ARTS colourist. -2. IMPR colorer, colourist. -3. [coiffeur] hairdresser *(specializing in tinting)*.

colossal, e, aux [kɔlɔsal, o] *adj* huge, colossal.

colossalement [kɔlɔsalmɑ̃] *adv* hugely, colossally.

colosse [kɔlɔs] *nm* -1. [statue] colossus; **le ~ de Rhodes** the Colossus of Rhodes; **un ~ aux pieds d'argile** an idol with feet of clay. -2. [homme de grande taille] giant; **un ~ de l'automobile** *fig* a giant car manufacturer.

colostomie [kɔlɔstɔmi] *nf* colostomy.

colostrum [kɔlɔstrɔm] *nm* colostrum.

colportage [kɔlpɔrtaʒ] *nm* hawking, peddling.

colporter [3] [kɔlpɔrte] *vt* -1. [vendre] to hawk, to peddle. -2. [répandre] to hawk about *(sép)*; **qui a colporté la nouvelle?** who spread the news?

colporteur, euse [kɔlpɔrtœr, øz] *nm, f* hawker, pedlar; **~ de mauvaises nouvelles** bringer of bad tidings; **~ de ragots** scandalmonger.

colt [kɔlt] *nm* gun.

coltiner [3] [kɔltine] *vt* to carry; **~ de lourdes charges** to carry heavy loads.

◆ **se coltiner** *fam vpt* -1. [porter]: **se ~ une valise/boîte** to lug a suitcase/box around. -2. [supporter - corvée] to take on *(sép)*, to put up with *(insép)*; [- personne indésirable] to put up with; **celui-là, faut se le ~!** you certainly need patience to put up with him!

columbarium [kɔlɔ̃barjɔm] *nm* columbarium.

colvert [kɔlvɛr] *nm* mallard.

Colysée [kɔlize] *npr m*: **le ~** the Colosseum.

colza [kɔlza] *nm* colza, rape.

coma [kɔma] *nm*: **le ~** a coma; **tomber** OU **sombrer dans le ~** to go OU to fall into a coma ❑ **~ dépassé** irreversible coma.

Comanche [kɔmɑ̃ʃ] *nmf* Comanche; **les ~s** the Comanche.

comandant [kɔmɑ̃dɑ̃] *nm* joint mandator.

comandataire [kɔmɑ̃datɛr] *nmf* joint proxy.

comateux, euse [kɔmatø, øz] *adj* comatose.

combat [kɔ̃ba] *nm* -1. MIL battle, fight; **~ aérien/naval** air/sea battle; **~ d'arrière-garde** *pr* & *fig* rearguard action; **des ~s de rue** street fighting; **quelques ~s isolés dans les montagnes** some isolated skirmishes in the mountains; **aller au ~: les tanks ne sont jamais allés au ~** the tanks never went into battle; **il n'est jamais allé au ~** he never saw action ❑ **et le ~ cessa faute de combattants** and the combat ceased for want of fighters. -2. [lutte physique] fight; **~ corps à corps** hand-to-hand combat; **~ rapproché** close combat; **~ singulier** single combat; **en ~ singulier** *fig* on a one-to-one basis || SPORT contest, fight; **~ de boxe** boxing match; **~ de coqs** cockfight. -3. [lutte morale, politique] struggle, fight; **continuons le ~!** the struggle goes on!; **le bon ~** the good fight; **mener le bon ~** to fight for a just cause; **le ~ contre l'alcoolisme/la pauvreté** the fight against alcoholism/poverty; **son ~ de tous les instants contre l'injustice** her relentless fight OU war against injustice; **son long ~ contre le cancer** his long struggle against cancer; **~ d'intérêts** clash of interests.

◆ **de combat** *loc adj* -1. MIL [zone] combat *(modif)*; [réserves] battle *(modif)*, war *(modif)*; **avion de ~** warplane, fighter plane; **navire de ~** battleship; **tenue de ~** battledress. -2. [de choc] militant.

combatif, ive [kɔ̃batif, iv] *adj* [animal] aggressive; [personne] combative, aggressive, pugnacious *litt*; **se montrer ~** to be ready for a fight; **être d'humeur ~** to be full of fight; **tu n'es pas d'humeur très combative aujourd'hui** you haven't got any fight in you today.

combativité [kɔ̃bativite] *nf* combativeness, aggressiveness, pugnacity *litt*.

combattant, e [kɔ̃batɑ̃, ɑ̃t] ◇ *adj* fighting.

◇ *nm, f* MIL combatant, fighter, soldier; [adversaire] fighter.

combattre [83] [kɔ̃batr] ◇ *vt* -1. MIL to fight (against); **~ l'ennemi** to give battle to the enemy. -2. [s'opposer à - inflation, racisme] to combat, to fight, to struggle against; [- politique] to oppose, to fight; **il est difficile de ~ son instinct** it's difficult to go against one's instincts; **il a longtemps combattu la maladie** he fought OU struggled against the disease for a long time. -3. [agir contre - incendie] to fight; **lotion qui combat l'acné** lotion for acne; **pour ~ l'effet nocif du soleil sur vos cheveux** to combat the effects of too much sun on your hair.

◇ *vi* -1. MIL to fight; **l'armée est prête à ~** the troops are ready to fight OU for action; **~ aux côtés d'une nation** to fight alongside a nation. -2. [en politique, pour une cause] to fight, to struggle; **les femmes ont combattu pour obtenir l'égalité des droits** women have fought OU struggled for equal rights.

combe [kɔ̃b] *nf* combe, valley.

combien [kɔ̃bjɛ̃] ◇ *adv* -1. [pour interroger sur le prix] how much; **c'est ~?, ~ ça fait?** how much is it?; **~ coûte ce livre?** how much is this book?, how much does this book cost?; **~ je vous dois?** how much do I owe you?; **~ te faut-il?** how much (money) do you need?; **je ne sais même pas ~ il gagne** I don't even know how much he earns; **à ~ doit-on affranchir cette lettre?** how much postage does this letter need?; **à ~ se montent vos frais?** how much are your expenses?; **à ~ cela vous est-il revenu?** how much did you pay for that?; **l'indice a augmenté de ~?** how much has the rate gone up by?; **de ~ est le déficit?** how large is the deficit? -2. [pour interroger sur le nombre] how many; **~ serons-nous ce soir?** how many of us will there be this evening?; **~ sont-ils?** how many of them are there?; **~ se souviendront de lui?** how many will remember him?; **je me demande ~ ils sont** I wonder how many of them there are. -3. [pour interroger sur la distance, la durée, la mesure etc]: **~ tu pèses?** how much do you weigh?; **~ tu mesures?** how tall are you?; **~ y a-t-il de Londres à Paris?** how far is it from London to Paris?; **~ dure le film?** how long is the film?, how long does the film last?; **il est arrivé ~?** where did he come?; **~ ça lui fait maintenant?** *fam* how old is he now?; **il y a ~ entre lui et sa sœur?** what's the age difference between him and his sister?; **de ~ votre frère est-il votre aîné?** how much older than you is your brother? -4. [en emploi exclamatif] how; **vous ne pouvez pas savoir ~ il est distrait!** you wouldn't believe how absent-minded he is!; **~ je regrette de ne pas vous voir plus souvent!** how I regret not seeing you more often!; **tu ne peux pas savoir ~ je suis heureuse!** you can't imagine how happy I am!; **ces mesures étaient sévères mais ~ efficaces** these measures were drastic but extremely efficient; **c'est plus cher mais ~ meilleur!** it's more expensive but all the better for it!; **~ plus crédible était sa première version des faits!** his first version of the facts was so much more believable! ❑ **ô ~!** *litt* OU *hum*: **elle a souffert, ô ~!** she suffered, oh how she suffered!

◇ *nm inv*: **le ~ sommes-nous?** what's the date (today)?; **le bus passe tous les ~?** how often does the bus come?

◆ **combien de** *loc dét* -1. [pour interroger - suivi d'un n non comptable] how much; [- suivi d'un n comptable] how many; **~ d'argent avez-vous sur vous?** how much money have you got on OU with you?; **~ de sucre reste-t-il?** how much sugar is left?; **~ de paquets reste-t-il?** how many packets are left?; **~ de fois** how many times, how often; **~ de fois par semaine vas-tu au cinéma?** how many times a week do you go to the pictures?; **~ de fois faut-il que je te le répète?** how often OU how many times do I have to tell you?; **~ de temps** how long; **~ de temps resterez-vous?** how long will you be staying?; **depuis ~ de temps habitent-ils ici?** how long have they been living here for?; **~ y a-t-il de pays en Europe?** how many countries are there in Europe?; **~ veux-tu de lait dans ton thé?** how much milk do you want in your tea?; **~ de jours resterez-vous?** how many days OU how long will you be staying?; **~ d'enfants ont-ils?** how many children have they got? -2. [emploi exclamatif]: **~ d'ennuis il aurait pu s'éviter!** he could have saved himself so much trouble!

combientième [kɔ̃bjɛ̃tjɛm] ◇ *adj interr*: **c'est ta ~ tasse de thé aujourd'hui?** just how many cups of tea have you drunk today?; **c'est la ~ fois que je te le dis?** how many times have I told you?, I must have told you umpteen times!, if I've told you once I've told you a hundred times!

◇ *nmf* -1. [personne]: **c'est la ~ qui demande à être remboursée depuis ce matin?** how many does that make wanting their money back since this morning? -2. [objet]: **prends le troisième — le ~?** have the third one — which one did you say? -3. [rang]: **tu es le ~ en math?** how high are you OU where do you come in maths?

combinable [kɔ̃binabl] *adj* combinable.

combinaison [kɔ̃binɛzɔ̃] *nf* -1. CHIM [action] combining; [résultat] combination; [composé] compound. -2. [d'un cadenas] combination. -3. INF: **~ de code** password. -4. MATH combination. -5. POL: **~ ministérielle** composition of a cabinet. -6. VÊT [sous-vêtement] slip; [vêtement]: **~ anti-g** G suit; **~ de plongée** diving suit; **~ de ski** ski suit; **~ de travail** overalls; **~ de vol** flying suit; **~ pantalons** jump suit. -7. [assemblage]: **la ~ des deux éléments est nécessaire** the two elements must be combined; **la ~ de l'ancien avec le moderne est très réussie** the combination OU mixture of ancient and modern is very successful.

◆ **combinaisons** *nfpl péj* [manigances] schemes, tricks.

combinard, e *fam* [kɔ̃binar, ard] *adj & nm, f péj*: c'est un vrai ~, il est vraiment ~ he's a real schemer, he always knows some dodge or other.
combinat [kɔ̃bina] *nm* (industrial) combine.
combinateur [kɔ̃binatœr] *nm* -**1.** AUT selector switch. -**2.** RAIL controller.
combinatoire [kɔ̃binatwar] ◇ *adj* -**1.** [capable d'agencer] combinative. -**2.** LING combinatory. -**3.** MATH combinatorial.
◇ *nf* -**1.** LING combinatorial rules. -**2.** MATH combinatorial mathematics *(sg)*.
combine *fam* [kɔ̃bin] *nf* -**1.** [astuce, truc] scheme, trick; **il a toujours des ~s, lui!** he always knows some trick or other!; **j'ai une ~ pour entrer sans payer** I know a way of getting in for free; **c'est simple, il suffit de connaître la ~** it's easy when you know how. -**2.** VÊT slip.
◆ **dans la combine** *fam loc adv*: **être dans la ~** to be in on it; **mettre qqn dans la ~** to let sb in on it.
combiné, e [kɔ̃bine] *adj* joint, combined; **état-major ~** joint chief of staff.
◆ **combiné** *nm* -**1.** VÊT corselet, corselette. -**2.** TÉLÉC receiver, handset. -**3.** CHIM compound. -**4.** SPORT [gén] athletics event; [en ski] combined competition; **~ alpin** alpine combined competition; **~ nordique** northern combined competition. -**5.** HORT: **~ d'arrosage** sprinkler (system).
combiner [3] [kɔ̃bine] *vt* -**1.** [harmoniser - styles] to combine, to match; [- couleurs] to match, to harmonize, to mix; [- sons] to harmonize, to mix; **on peut ~ glaïeuls et marguerites** you can mix gladioli with daisies; **~ son travail et ses loisirs** to combine business with pleasure. -**2.** [comprendre] to combine; **un sentiment qui combine la crainte et le désir** a mixed feeling of fear and desire; **un appareil qui combine deux/diverses fonctions** a two-function/multi-function apparatus. -**3.** [planifier] to plan, to work out *(sép)*; **combine ton voyage de sorte que...** plan your trip so that...; **un itinéraire combiné à l'avance** an itinerary planned in advance; **bien combiné** well planned. -**4.** *fam péj* [manigancer] to think up *(sép)*; **on avait pourtant combiné de raconter la même chose!** but the idea was to give them the same story! -**5.** CHIM to combine; **~ une base avec un acide** to combine a base with an acid.
◆ **se combiner** *vpi* -**1.** [être présents ensemble - éléments] to be combined; **en lui se combinent la sensibilité et l'érudition** he combines sensitivity with erudition. -**2.** [s'harmoniser - couleurs] to match, to harmonize, to mix; [- sons] to harmonize, to mix. -**3.** CHIM: **se ~ avec** to combine with. -**4.** *fam* [se passer]: **ça se combine** OU **les choses se combinent bien** it's OU things are working out very well; **ça s'est mal combiné** it didn't work out.
comble [kɔ̃bl] ◇ *adj* packed, crammed.
◇ *nm* -**1.** [summum]: **le ~ de** the height OU epitome of; **le ~ du chic** the ultimate in chic; **le ~ du snobisme est de...** the last word in snobbery is to...; **du champagne et, ~ du luxe, du caviar** champagne and, oh, height of luxury, caviare ❑ **(c'est) un** OU **le ~!** that beats everything, that takes the biscuit *Br* OU takes the cake *Am*!; **le comble, c'est que...** to crown OU to cap it all...; **le ~, c'est qu'il est parti sans payer** and to crown it all OU to add insult to injury, he left without paying; **les objectifs ne sont pas atteints, un ~ pour une usine-pilote!** they haven't fulfilled their objectives, which is just not on for a model factory! -**2.** [charpente] roof timbers OU gable; **~ mansardé** mansard roof; **faux ~** mansard roof deck; **les ~s** the attic.
◆ **à son comble** *loc adv* at its height; **la panique était à son ~** the panic was at its height.
◆ **au comble de** *loc prép* at the height of, in a paroxysm of; **au ~ du bonheur** deliriously happy; **au ~ de la douleur** prostrate with OU in a paroxysm of grief.
◆ **pour comble de** *loc prép*: **pour ~ de malchance: et pour ~ de malchance, la voiture est tombée en panne** and then, to cap it all, the car broke down; **pour ~ d'hypocrisie, ils envoient leur fille chez les sœurs** then, to compound the hypocrisy, they send their daughter to a convent.
comblement [kɔ̃bləmɑ̃] *nm* filling in.
combler [3] [kɔ̃ble] *vt* -**1.** [boucher - cavité, creux] to fill in *(insép)*; **~ un trou avec de la terre** to fill in a hole with earth. -**2.** [supprimer - lacune, vide] to fill; [- silence] to break; [- perte, déficit] to make up for; **~ son retard** to make up for lost time. -**3.** [satisfaire - personne] to satisfy; [- désir, vœu] to satisfy, to fulfil; **je suis vraiment comblée!** I have everything I could wish for!, I couldn't ask for anything more!; **voilà un père comblé!** there's a contented father! -**4.** *fig* [couvrir, emplir]: **~ qqn de: ~ un enfant de cadeaux** to shower a child with gifts; **~ qqn de joie** to fill sb with joy.
◆ **se combler** *vpi* [trou] to get filled in, to fill up.
combo [kɔ̃bo] *nm* combo.
comburant, e [kɔ̃byrɑ̃, ɑ̃t] *adj* combustive.
◆ **comburant** *nm* oxidant.
combustibilité [kɔ̃bystibilite] *nf* combustibility.
combustible [kɔ̃bystibl] ◇ *adj* combustible.
◇ *nm* fuel.
combustion [kɔ̃bystjɔ̃] *nf* combustion; **à ~ interne** internal-combustion; **à ~ lente** slow-burning.
Côme [kom] *npr* Como.
come-back [kɔmbak] *nm inv* comeback; **faire son** OU **un ~** to make OU to stage a comeback.
COMECON, Comecon [kɔmekɔn] *(abr de* Council for Mutual Economic Assistance) *npr m* COMECON.
comédie [kɔmedi] *nf* -**1.** [art dramatique]: **jouer la ~** to act, to be an actor. -**2.** [pièce comique] comedy; **~ de caractères** character comedy; **~ de mœurs** comedy of manners; **~ de situation** situation comedy ❑ **~ musicale** musical; **'la Comédie humaine'** *Balzac* 'The Human Comedy'. -**3.** [genre] comedy; **acteur spécialisé dans la ~** comic actor. -**4.** [nom de certains théâtres]: **la Comédie du Nord** the Comédie du Nord. -**5.** *péj* [faux-semblant] act; **cette réception, quelle ~!** what a fiasco that party was!; **il nous joue** OU **fait la ~ du martyre** he's putting on his martyr act. -**6.** *fam* [caprice, colère] tantrum; **faire** OU **jouer la ~** to throw a tantrum, to make a fuss; **il m'a fait toute une ~ pour avoir le jouet** he kicked up a huge fuss to get the toy. -**7.** *fam* [histoire]: **c'est toute une ~ pour lui faire avaler sa soupe** you have to go through a whole rigmarole to get her to eat her soup; **pour avoir un rendez-vous, quelle ~!** what a palaver to get an appointment!
◆ **de comédie** *loc adj* comic, comedy *(modif)*; **personnage de ~** *pr* comedy character; *fig* clown, buffoon.
Comédie-Française [kɔmedifrɑ̃sɛz] *npr f*: **la ~** *French national theatre company.*

LA COMÉDIE-FRANÇAISE:
This state-subsidised company dates back to the seventeenth century; the theatre itself, officially called "le Théâtre-Français" or "le Français", is situated in the rue de Richelieu in Paris. Its repertoire consists mainly of classical works, although modern plays are sometimes staged.

---

comédien, enne [kɔmedjɛ̃, ɛn] ◇ *adj*: **elle est ~ne** *fig* she's putting on an act, she's a phoney.
◇ *nm, f* -**1.** [acteur - gén] actor *(f* actress); [- comique] comedian *(f* comedienne). -**2.** [hypocrite] phoney; **quel ~!** he's putting it on!
comédon [kɔmedɔ̃] *nm* blackhead, comedo *spéc.*
COMES, Comes [kɔmɛs] *(abr de* **Commissariat à l'énergie solaire**) *npr m* *solar energy commission.*
comestibilité [kɔmɛstibilite] *nf* edibility.
comestible [kɔmɛstibl] *adj* edible.
◆ **comestibles** *nmpl* food, foodstuffs.
comète [kɔmɛt] *nf* comet.
comice [kɔmis] *nf* [poire] comice pear.
comices [kɔmis] *nmpl* -**1.** ANTIQ comitia. -**2.** AGR: **~ agricoles** agricultural fair.
comique [kɔmik] ◇ *adj* -**1.** LITTÉRAT comic, comedy *(modif)*; **auteur ~** comic author. -**2.** [amusant] comical, funny; **avec une expression ~ sur le visage** with a comical look on his face.
◇ *nmf* -**1.** [artiste] comic, comedian *(f* comedienne); **c'est un grand ~** he's a great comic actor. -**2.** [auteur] comic author, writer of comedies OU comedy.
◇ *nm* -**1.** [genre] comedy; **le ~ de caractères/situation** character/situation comedy; **le ~ troupier** barrack-room comedy. -**2.** [ce qui fait rire]: **c'était du plus haut ~!** it was hysterically funny!; **le ~ de l'histoire, c'est que...** the funny part of it is that...
comiquement [kɔmikmɑ̃] *adv* comically, funnily.
comité [kɔmite] *nm* committee, board; **se constituer en ~** to form a committee ❑ **~ d'action** action committee; **~ central** central committee; **~ consultatif** advisory board; **~ de défense** defence committee; **~ directeur** steering committee; **~ électoral** POL electoral committee; **~ d'entreprise** works council; **~ exécutif** POL executive committee OU board; **~ de gestion** board of managers; **~ de lecture** supervisory committee; **~ de locataires** tenants' association; **~ de quartier** POL local committee; **le Comité de salut public** the Committee of Public Safety.
◆ **en comité secret** *loc adv* secretly.
◆ **en petit comité, en comité restreint** *loc adv* -**1.** ADMIN & POL as a small group. -**2.** [dans l'intimité]: **il faudra en discuter quand on sera en petit ~** we'll talk about it in private.

COMITÉ D'ENTREPRISE:
The "CE" looks after the general welfare of company employees and organizes subsidised leisure activities, outings, holidays etc. It also deals with industrial problems.

---

command [kɔmɑ̃] *nm* principal *(in purchase)*.
commandant [kɔmɑ̃dɑ̃] *nm* -**1.** MIL [de l'armée de terre] major; **~ d'armes** garrison commander ‖ [de l'armée de l'air] wing commander *Br*, lieutenant colonel *Am*; [de la marine] commander; **~ en second** first lieutenant ‖ [de la marine marchande] captain; **~ en chef** commander in chief. -**2.** NAUT captain. -**3.** AÉRON: **~ (de bord)** captain; **le ~ Durcot vous souhaite...** Captain Durcot wishes you...; **~ en second** second in command.
commande [kɔmɑ̃d] *nf* -**1.** COMM order; **passer/annuler une ~** to put in/to cancel an order; **passer ~ de 10 véhicules** to order 10 vehicles; **le garçon a pris la ~** the waiter took the order ‖ [marchandises] order, goods ordered; **notre ~ vient d'être livrée** our order has just been delivered; **j'ai été obligé de renvoyer toute la ~** I had to return all the goods (I had) ordered. -**2.** TECH control mechanism; **la ~ des essuie-glaces est cassée** the wiper mechanism is broken; **~ à distance** remote control. -**3.** INF control; **~ numérique** numerical control; **~ de contact** contact operate; **~ d'interruption** break feature.
◆ **commandes** *nfpl* [dispositif de guidage] controls; **être aux ~s** *pr* to be at the controls; *fig* to be in charge; **prendre les** OU **se mettre aux ~s** *pr* to take over at the controls; *fig* to take charge.
◆ **à la commande** *loc adv*: **payer à la ~** to pay while ordering; **payable à la ~** payment with order; **travailler à la ~** to work to order.
◆ **de commande** *loc adj* -**1.** MÉCAN control *(modif)*; **leviers** OU **organes de ~** controls. -**2.** *péj* [factice - enthousiasme, humour] forced, unnatu-

ral. -**3.** *litt* [indispensable]: **la plus grande circonspection/générosité est de ~** prudence/generosity is of the essence.

◆ **sur commande** *loc adv* -**1.** COMM to order; **un objet fabriqué sur ~** an item manufactured to order OU according to specifications. -**2.** *péj* [pleurer, rire] to order.

commandement [kɔmɑ̃dmɑ̃] *nm* -**1.** [ordre] command, order; **donner un ~** to give an order; **obéir aux ~s de qqn** to obey sb's orders; **à mon ~, prêt, partez!** get ready to move when I give the order! -**2.** [fait de diriger] command; **prendre le ~ d'une section** to take over command of a platoon; **avoir le ~ de** [armée, pays] to be in command of, to lead. -**3.** [état-major] command; **le ~ allié** allied command; **~s territoriaux** territorial commands ❑ **le haut ~** the High Command. -**4.** JUR summons. -**5.** BIBLE commandment.

commander [3] [kɔmɑ̃de] ◇ *vt* -**1.** [diriger - armée, expédition, soldats, équipe] to command; [- navire] to be in command of; *(en usage abs)*: **tu dois lui obéir, c'est lui qui commande** you must obey him, he's in charge; **c'est moi qui commande ici!** I'm the one who gives the orders around here! -**2.** [ordonner]: **~ la retraite aux troupes** to order the troops back OU to retreat; **~ à qqn de faire** OU **qu'il fasse** *sout* **qqch** to order sb to do sthg; **il a commandé de se taire** OU **que l'on se taise** he demanded silence. -**3.** TECH: **l'ouverture des portes est commandée par une manette** the doors open by means of a lever; **la porte qui commande l'accès à la cave** the door to the cellar; **la télévision est commandée à distance** the television is remote-controlled. -**4.** COMM [tableau, ouvrage] to commission; [objet manufacturé, repas] to order; **on m'a commandé une affiche pour le festival** I was commissioned to do a poster for the festival; **peux-tu ~ un sandwich?** could you order a sandwich?; **~ une robe sur catalogue** to order a dress from a catalogue; **je vais ~ le menu** I'll take the fixed-price menu ‖ *(en usage abs)*: **c'est fait, j'ai déjà commandé** I've already ordered; **vous avez commandé?** has somebody taken your order? -**5.** *sout* [requérir] to demand; **la prudence commande le silence absolu** prudence demands total discretion, total discretion is required for the sake of prudence; **l'intérêt général commande que l'on soit modéré** for the sake of the general interest, moderation is required. -**6.** *litt* [maîtriser] to control; **il ne commande plus ses nerfs** he is no longer in control of his emotions.

◇ *vi* [primer]: **le devoir commande!** duty calls!; **le travail commande!** back to work!

◆ **commander à** *v + prép* -**1.** [donner des ordres à armée] to command. -**2.** *litt* [maîtriser] to control; **on ne commande pas à ses désirs** desire cannot be controlled.

◆ **se commander** ◇ *vp (emploi passif) fam* [être imposé]: **je n'aime pas ces gens, ça ne se commande pas** I don't like those people, I can't help it; **l'amour ne se commande pas** you can't just decide to fall in love.

◇ *vpi sout* [être relié] to be connected OU interconnected, to connect, to interconnect; **toutes les pièces se commandent** all the rooms are interconnected.

commanderie [kɔmɑ̃dri] *nf* commandery.

commandeur [kɔmɑ̃dœr] *nm* -**1.** RELIG commander. -**2.** [dans un ordre civil] commander; **grand ~** Grand Commander.

commanditaire [kɔmɑ̃ditɛr] *nm* -**1.** [d'une entreprise commerciale] sleeping *Br* OU silent *Am* partner; [d'un tournoi, d'un spectacle] backer, sponsor. -**2.** *(comme adj)*: **associé ~** sleeping *Br* OU silent *Am* partner.

commandite [kɔmɑ̃dit] *nf* share *(of limited partner)*.

commanditer [3] [kɔmɑ̃dite] *vt* [entreprise commerciale] to finance; [tournoi, spectacle] to sponsor.

commando [kɔmɑ̃do] *nm* commando.

comme [kɔm] ◇ *conj* -**1.** [introduisant une comparaison] as, like; **c'est un jour ~ les autres** it's a day like any other; **ce n'est pas un homme ~ les autres** he's not like other men; **une maison pas ~ les autres** a very unusual house; **il fut ~ un second père pour moi** he was like a second father to me; **ce fut ~ une révélation** it was like a revelation; **il fait beau ~ en plein été** it's as hot as if it was the middle of summer; **nous nagerons ~ quand nous étions en Sicile** we'll swim like when we were in Sicily; **il a fait un signe, ~ pour appeler** he made a sign, as if to call out; **c'est ~ ta sœur, elle ne téléphone jamais** your sister's the same, she never phones; **je suis ~ toi, j'ai horreur de ça** I'm like you, I hate that kind of thing; **fais ~ moi, ne lui réponds pas** do as I do, don't answer him; **qu'est-ce que tu veux? – choisis ~ pour toi** what do you want? – get me the same as you; **blanc ~ neige** white as snow; **il parle ~ un livre** he talks like a book; **je l'ai vu ~ je vous vois** I saw it as sure as I'm standing here; **il reviendra – je ne dis pas ~ toi** he'll be back – I wouldn't be too sure; **il sera dentiste, tout ~ sa mère** he'll be a dentist, just like his mother ❑ **la voiture fait ~ un bruit** the car's making a funny noise; **j'ai ~ l'impression qu'on s'est perdus!** I've got a feeling we're lost!; **il y a ~ un défaut!** *fam* something seems to be wrong!; **c'est tout ~** as good as; **il ne m'a pas injurié, mais c'était tout ~** he didn't actually insult me, but it was close OU as good as; **elle n'a pas encore le rôle, mais c'est tout ~** she hasn't got the part yet, but it's as good as OU as near as makes no difference. -**2.** [exprimant la manière] as; **fais ~ il te plaira** do as you like OU please; **fais ~ je t'ai appris** do it the way I taught you; **tout s'est passé ~ je l'ai dit** everything happened as I said (it would); **il est venu, ~ je l'espérais** he came as I hoped he would; **si, ~ je le crois, il n'est pas trop tard** if, as I believe, it's not too late; **~ on pouvait s'y attendre, nos actions ont baissé** as could be expected, our shares have gone down; **~ je l'ai fait remarquer...** as I pointed out...; **ça s'écrit ~ ça se prononce** it's written as it's pronounced; **la connaissant ~ je la connais** knowing her as well as OU like I do; **si, ~ le dit Aristote...** if, as Aristotle says... ❑ **~ par hasard** surprisingly enough; **et ~ par hasard, il était en retard!** and surprisingly enough he was late!; **et quand je suis allé chez lui, il n'y avait personne, ~ par hasard!** and surprisingly enough when I went to see him there was no one there!; **et ~ de juste, il s'est mis à pleuvoir** and of course OU needless to say, it started to rain; **je passerai vous prendre à 9 h ~ convenu** I'll pick you up at 9 as (we) agreed OU planned; **~ de bien entendu: il n'est pas là, ~ de bien entendu** I might have known it OU just what you'd expect, he's not there; **j'ai oublié l'argent! – ~ de bien entendu!** I've forgotten to take the money! – you would, wouldn't you? OU that's just typical of you!; **~ dirait l'autre** *fam*, **~ dit l'autre** *fam* as the saying goes, to coin a phrase, as they say; **~ on dit** as they say; **~ il se doit** as is fitting, in a fitting manner; **on le recevra ~ il se doit** we'll receive him in a fitting manner; **~ il se doit en pareilles circonstances** as befits the circumstances, as is fitting in such circumstances; **~ qui dirait** *fam* sort of, kind of; **c'était ~ qui dirait un gémissement** it was a sort of moan; **~ bon vous semble** as you think best; **fais ~ bon te semble** do whatever you wish OU like; **vous accepterez ou non, ~ bon vous semblera** say yes or no, whatever you feel like; **~ ci ~ ça** *fam*: **comment ça va? – ~ ci ~ ça** how are you? – so-so; **tu t'entends bien avec lui? – ~ ci ~ ça** do you get on with him? – sort of OU so-so. -**3.** [tel que] like, such as; **une femme ~ elle mérite mieux** a woman like her deserves better; **une grande fille ~ toi ne pleure pas** a big girl like you doesn't cry; **mince ~ elle est, elle peut porter n'importe quoi** being as slim as she is everything suits her, she is so slim that everything suits her; **bête ~ il est, il serait capable de lui dire** he's so stupid, he'd even tell him; **les arbres ~ le marronnier...** trees like OU such as the chestnut...; **les grands mammifères, ~ l'éléphant...** big mammals, such as OU like elephants...; **D ~ Denise** D for Denise. -**4.** [en tant que] as; **il vaut mieux l'avoir ~ ami que ~ ennemi** I'd sooner have him as a friend than as an enemy; **je l'ai eu ~ élève** he was one of my students; **elle a réussi ~ actrice** she's a success as an actress; **ils se sont présentés à l'élection ~ libéraux** they ran in the election as liberals; **qu'est-ce que vous avez ~ vin?** what (kind of) wine do you have?; **qu'y a-t-il ~ dessert?** what's for dessert?; **c'est plutôt faible ~ excuse!** it's a pretty feeble excuse!; **c'est pas mal ~ clip** *fam* it's not a bad video; **~ gaffeur, tu te poses là!** *fam* when it comes to putting your foot in it, you really take the biscuit!; **c'est tout ce que j'ai eu ~ remerciements** that's all the thanks I got; **il n'y a qu'une table et deux chaises ~ meubles** the only furniture is a table and two chairs. -**5.** [pour ainsi dire]: **il restait sur le seuil, ~ paralysé** he was standing on the doorstep, (as if he was) rooted to the spot; **ta robe est ~ neuve!** your dress is as good as new!; **le village était ~ mort** the village seemed dead; **il était ~ fou** he was like a madman. -**6.** [et]: **l'un ~ l'autre aiment beaucoup voyager** they both love travelling; **lui ~ moi adorons les longues promenades** we both love long walks; **cette robe peut se porter avec ~ sans ceinture** you can wear this dress with or without a belt; **le règlement s'applique à tous, à vous ~ aux autres** the rules apply to everybody, you included; **un spectacle que les parents, ~ les enfants, apprécieront** a show which will delight parents and children alike; **à la ville ~ à la scène** in real life as well as on stage; **tout le monde s'y est mis, les jeunes ~ les vieux** everybody, young and old, got down to work; **la solidarité a joué son rôle en France ~ à l'étranger** solidarity played its part in France as well as abroad. -**7.** [indiquant la cause] since, as; **~ elle arrive demain, je prépare sa chambre** since OU as she's arriving tomorrow, I'll get her room ready; **~ j'ai bon cœur, je le lui ai donné** since OU as I'm generous, I gave it to him; **~ il était en retard, on a raté le film** since OU as he was late, we missed the film. -**8.** [au moment où] as, when; [pendant que] while; **le pot de fleurs est tombé juste ~ je passais** the flower pot fell just as OU when I was walking past; **~ le soir tombait, il se mit à neiger** as evening approached, it began to snow; **~ le rôti cuisait, je préparais les légumes** while the joint was cooking, I prepared the vegetables.

◇ *adv* -**1.** [emploi exclamatif] how (much); **~ c'est triste!** how sad (it is)!, it's so sad!; **~ tu es grande!** what a big girl you are now!, how big you've grown!; **~ je regrette de l'avoir fait!** I'm so sorry I did it!, how I regret having done it!; **~ il court vite!** he runs so fast!; **~ je te comprends!** I know exactly how you feel! -**2.** [indiquant la manière]: **tu sais ~ il est** you know what he's like OU how he is; **tu as vu ~ elle m'a traité!** you saw how OU the way she treated me!

◆ **comme ça** ◇ *loc adj* -**1.** [ainsi] like that; **je suis ~ ça** I'm like that; **va lui dire – je ne suis pas ~ ça, moi!** go and tell him – I'm not like that!; **il est ~ ça, on ne le changera pas!** that's the way he is, you won't change him!; **j'ai fait pousser une citrouille ~ ça!** I grew a pumpkin THAT big! -**2.** [admirable] great; **c'est une fille ~ ça!** she's a great girl!; **il a un vin blanc ~ ça!** he's got a fantastic white wine!; **et l'expo? – c'était ~ ça!** what about the exhibition? – it was great!

◇ *loc adv* -**1.** [de cette manière] like this OU that; **je ne peux pas sortir ~ ça** I can't go out (dressed) like this OU that; **qu'as-tu à me regarder ~ ça?** why are you staring at me like that?; **c'est ~ ça, que cela te plaise ou non!** that's how OU the way it is, whether you like it or not!; **il m'a répondu ~ ça qu'il était** majeur *fam* I'm old enough, he says to me; **puisque** OU **si c'est ~ ça** if that's how OU the way it is; **je ne te dirai jamais plus rien, puisque c'est ~ ça** I'll never tell you anything ever again, if that's the way OU how it is; **depuis quand tousses-tu ~ ça?** how long have you been coughing like that?; **ne crie pas ~ ça!** don't shout like that! -**2.** [en intensif]: **alors ~ ça, tu te maries?** (oh) so you're getting married?; **où vas-tu ~ ça?** where are you off to? -**3.** [de telle manière que] that way, so that; **je te laisse la clef, ~ ça tu pourras entrer** I'll leave you the key, so that you can let yourself in.

◆ **comme il faut** ◇ *loc adj* respectable, proper, well-bred; **une jeune fille ~ il faut** a very well-bred girl; **des gens très ~ il faut** very respectable people.

◇ *loc adv* -**1.** [correctement] properly; **fais ton travail ~ il faut** do your work properly; **tu ne t'y prends pas ~ il faut** you're doing it the wrong way, you're not doing it properly; **tu n'as pas refermé la boîte ~ il faut** you didn't close the box properly; **elle est un peu maigre – et pourtant elle mange ~ il faut!** she's a bit skinny – she eats well though OU and yet she eats properly! -**2.** *fam* [emploi exclamatif]: **il s'est fait battre, et ~ il faut (encore)!** he got well and truly thrashed!

◆ **comme quoi** *loc conj* -**1.** [ce qui prouve que] which shows OU (just) goes to show that; **~ quoi, on ne peut pas tout prévoir** which (just) goes to show that you can't foresee everything; **~ quoi tu aurais mieux fait de te taire!** which just goes to show that you should have kept quiet! -**2.** *fam* [selon quoi]: **j'ai reçu des ordres ~ quoi personne ne devait avoir accès au dossier** I've been instructed not to allow anybody access to that file; **c'est une lettre ~ quoi je dois me présenter à leur bureau** it's a letter telling me to go to their office.

◆ **comme si** *loc conj* -**1.** [exprimant la comparaison] as if; **il se conduit ~ s'il était encore étudiant** he behaves as if he was still a student ❑ **~ si de rien n'était** as though nothing was wrong OU amiss; **elle faisait ~ si de rien n'était** she pretended (that) there was nothing wrong, she pretended (that) nothing had happened; **mais je n'y connais rien – fais ~ si!** but I don't know anything about it – just pretend! -**2.** [emploi exclamatif] as if, as though; **c'est ~ si c'était fait!** it's as good as done!; **~ s'il ne savait pas ce qu'il faisait!** as if OU as though he didn't know what he was doing!

◆ **comme tout** *loc adv* really, extremely, terribly; **tu es jolie ~ tout** you really are pretty!, aren't you pretty!, **il est malin ~ tout** he's extremely cunning OU as cunning as they come; **j'ai été malade ~ tout sur le bateau** I was (as) sick as a dog on the boat.

commedia dell'arte [kɔmedjadɛlarte] *nf* commedia dell'arte.

commémoratif, ive [kɔmemɔratif, iv] *adj* memorial *(modif)*, commemorative; **une plaque commémorative** a commemorative plaque.

commémoration [kɔmemɔrasjɔ̃] *nf* commemoration; **en ~ de** in commemoration of, in memory of.

commémorer [3] [kɔmemɔre] *vt* to commemorate, to celebrate the memory of.

commençant, e [kɔmɑ̃sɑ̃, ɑ̃t] *nm, f* beginner.

commencement [kɔmɑ̃smɑ̃] *nm* -**1.** [première partie - de la vie, d'un processus] beginning, start, early stages; **du ~ jusqu'à la fin** from start to finish, from beginning to end; **~s** [période] beginnings, early OU initial stages; **les ~s ont été durs** the early days were tough, things were pretty hard at the beginning ❑ **c'est le ~ de la fin** *hum* it's the beginning of the end; **il y a un ~ à tout** everybody has to learn to walk before they can run. -**2.** [essai] beginning, start, attempt; **il y a eu un ~ d'émeute, vite réprimé** a riot started, but was soon brought under control; **son texte ne comporte pas même le ~ d'une idée** there isn't even a vestige of an idea in his text. -**3.** JUR: **~ d'exécution** *initial steps in the commission of a crime*; **~ de preuve par écrit** prima facie evidence.

◆ **au commencement** *loc adv* in OU at the beginning; **au ~ était le Verbe** BIBLE in the beginning was the Word.

◆ **au commencement de** *loc prép* at the beginning OU start of; **au ~ de la période** JUR when the period commences.

commencer [16] [kɔmɑ̃se] ◇ *vt* -**1.** [entreprendre - ouvrage, jeu, apprentissage] to start, to begin; **as-tu commencé ton livre?** [celui que tu vas lire] have you started OU begun (reading) your book?; [celui que tu vas écrire] have you started OU begun (writing) your book?; **il a commencé le repas** he's started eating; **allez, commence la vaisselle!** come on, get going on the dishes!; **vous commencez le travail demain** you start (work) tomorrow; **j'ai commencé des chaussons pour le bébé** I've started (knitting) some bootees for the baby; **~ le piano/la compétition très jeune** to start playing the piano/taking part in tournaments very young; **nous allons ~ notre descente vers Milan** we are beginning our descent towards Milan || *(en usage abs)*: **à quelle heure tu commences?** *fam* [au lycée] what time do you start school?; [au travail] what time do you start work? -**2.** [passer au début de - journée, soirée] to start, to begin; **nous commencerons cette heure par un exposé** we will begin this class with a talk; **j'ai bien/mal commencé l'année** I've made a good/bad start to the year. -**3.** [être au début de] to begin; **la maille qui commence le rang** the first stitch in the row; **c'est son numéro qui commence le spectacle** her routine begins the show, the show begins with her routine.

◇ *vi* -**1.** [débuter] to start; **ne commence pas!** don't start!; **ce n'est pas moi, c'est lui qui a commencé!** it wasn't me, HE started it!; **ça commence bien!** *aussi iron* things are off to a good start!; **~ à faire qqch** to start OU to begin doing sthg; **elle a commencé à repeindre la cuisine** she started redecorating the kitchen; **je commençais à m'inquiéter** I was beginning to worry; **tu commences à m'énerver!** you're getting on my nerves!; **je commence à en avoir assez!** I've had enough!; **ça commence à bien faire!** *fam* enough is enough!, things have gone quite far enough! || *(tournure impersonnelle)*: **il commence à pleuvoir/neiger** it's started to rain/to snow; **il commence à se faire tard** *fam* it's getting late; **~ de** *litt*: **nous commencions de déjeuner** we had started luncheon; **~ par**: **la pièce commence par un dialogue** the play starts OU opens with a dialogue; **la dispute a commencé par** OU **sur un malentendu** the argument started with a misunderstanding; **commençons par le commencement** let's begin at the beginning, first things first; **commence par enlever les couvertures** first, take the blankets off; **tu veux une moto? commence par réussir ton examen** if you want a motorbike, start by passing your exam; **je vais commencer par l'appeler** the first thing I'm going to do is call him. -**2.** *(aux avoir ou être)* [avoir tel moment comme point de départ] to start, to begin; **quand commence le trimestre?** when does term start?; **la séance commence à 20 h** the session starts OU begins at 8 p.m.; **à quelle heure ça commence?** *fam* [cours, spectacle, match] what time does it start?; **les vendanges ont commencé tard cette année** the grape harvest started OU is late this year; **les ennuis ont commencé quand il s'est installé au-dessous de chez moi** the trouble started OU began when he moved in downstairs. -**3.** [se mettre à travailler]: **~ dans la vie** to start off in life; **~ sur la scène/au cinéma** to make one's stage/screen debut; **j'ai commencé en 78 avec deux ouvrières** I set up OU started (up) in '78 with two workers. -**4.** [premier dans un barème de prix] to start; **les pantalons commencent à** OU **vers 200 F** trousers start at OU from OU around 200 F.

◆ **à commencer par** *loc prép* starting with; **que tout le monde contribue, à ~ par toi!** let everyone give something, starting with you!

◆ **pour commencer** *loc adv* -**1.** [dans un programme, un repas] first; **pour ~, du saumon** to start the meal OU as a first course, salmon. -**2.** [comme premier argument] for a start, in the first place; **pour ~, tu es trop jeune, et ensuite c'est trop cher!** for a start you're too young, and anyway, it's too expensive!

commendataire [kɔmɑ̃datɛr] *adj* commendatory.

commensal, e, aux [kɔmɑ̃sal, o] *nm, f* -**1.** *litt* [compagnon de table] table companion; [hôte] guest. -**2.** ZOOL commensal.

commensalisme [kɔmɑ̃salism] *nm* commensalism.

commensurable [kɔmɑ̃syrabl] *adj* commensurable, measurable.

comment [kɔmɑ̃] ◇ *adv* -**1.** [de quelle manière] how; **~ lui dire que...?** how am I/are we *etc* going to tell him that...?; **~ t'appelles-tu?** what's your name?; **~ se fait-il qu'il n'ait pas appelé?** how come he hasn't called?; **~ est-ce possible?** how is it possible?; **~ faire?** what shall we do?; **je me demande ~ tout cela va finir** I wonder how it's all going to end; **~ tu parles!** *fam* what kind of language is that!; **~ allez-vous?** how are you?; **~ va?** *fam* how's things?; **et les enfants, ~ ça va?** and how are the children? -**2.** [quoi]: **~?** sorry?, what (was that)?; **je pars – ~? – j'ai dit, je pars** I'm leaving – what (did you say)? – I said, I'm leaving. -**3.** [exprimant l'indignation, l'étonnement]: **~, c'est tout ce que tu trouves à dire?** what! is that all you can say?; **~, tu n'as pas compris?** what? you didn't understand? OU you mean you didn't understand?; **~ oses-tu me parler ainsi!** how dare you talk to me like this!; **~, ce n'est pas encore prêt?** you mean it's still not ready?; **~, mais c'est scandaleux!** what! but that's scandalous! ❑ **le concert t'a plu? – et ~!** did you like the concert? – I certainly did!; **il l'a bien eu – et ~!** *fam* he really took him in – he certainly did!; **mais ~ donc!** of course!, by all means!; **pouvons-nous entrer? – mais ~ donc!** can we come in? – of course! OU by all means!; **mais ~ donc! ne vous gênez surtout pas!** *iron* don't mind me!

◇ *nm*: **le ~** the how.

commentaire [kɔmɑ̃tɛr] *nm* -**1.** [remarque] comment, remark, observation; **avez-vous des ~s?** any comments OU remarks?; **faire un ~** to make a remark OU a comment; **il n'a pas fait de ~s dans la marge** he didn't write any remarks in the margin; **puis-je me permettre (de faire) un ~?** may I say something?; **je te dispense** OU **je me passe de tes ~s** I can do without your remarks; **c'est comme ça, et pas de ~!** *fam* that's how it is, and don't argue (with me)!; **cela se passe de ~** OU **~s** it speaks for itself; **sans ~!** no comment! ❑ **~s de presse** press comments. -**2.** *péj* [critique] comment; **son mariage a suscité bien des ~s** her marriage caused a great deal of comment OU gossip; **les ~s des voisins ne vont pas manquer** the neighbours will have a few things to say; **avoir des ~s (à faire) sur**: **j'aurais des ~s à faire sur ton attitude d'hier soir** I'd like to say something about your attitude last night. -**3.** PRESSE commentary; **~ de notre envoyé permanent à Bonn** the commentary is by our correspondent in Bonn; **~ de la rencontre, Pierre Pastriot** with live commentary from the stadium, Pierre Pastriot. -**4.** ENS: **un texte avec ~** an annotated text; **un ~ de la Bible** a biblical commentary, a biblical exegesis ❑ **~ de texte**: **faire un ~ de texte** to comment on a text; **un ~ composé** a written commentary. -**5.** INF comment. -**6.** LING comment, theme. -**7.** LITTÉRAT: **les Commentaires de César** Caesar's Commentaries.

commentateur, trice [kɔmɑ̃tatœr, tris] *nm, f* -**1.** ENS & LITTÉRAT commentator, reviewer, critic. -**2.** PRESSE [d'une cérémonie, d'un match] commentator; [d'un documentaire] presenter; ~ du journal télévisé broadcaster, anchorman *Am* || [observateur] observer, critic; pour certains ~s, il s'agit là d'une victoire for some observers, this is a victory.

commenter [3] [kɔmɑ̃te] *vt* -1. [expliquer - œuvre] to explain, to interpret; **veuillez ~ ce dernier vers du poème** please write a commentary on the last line of the poem; **la façon dont Sartre a commenté Flaubert** the way in which Sartre interpreted Flaubert; **le directeur va maintenant ~ notre programme de fabrication** the manager will now explain our manufacturing schedule. -2. [donner son avis sur] to comment on *(insép)*, to respond, to give one's response to; **voulez-vous ~ les récentes critiques de l'opposition?** would you care to respond to recent objections by the Opposition? -3. PRESSE [cérémonie, match] to cover, to do the commentary of OU for.

commérage [kɔmeraʒ] *nm* piece of gossip; **~s** gossip; **être friand de ~s** to be fond of gossip; **faire des ~s** to gossip; **ce ne sont que des ~s** it's only hearsay.

commerçant, e [kɔmɛrsɑ̃, ɑ̃t] ◇ *adj* -1. [peuple, port, pays] trading *(modif)*; [rue, quartier] shopping *(modif)*; **un quartier très ~** a good shopping area. -2. [qui a le sens du commerce]: **ils en offrent deux pour le prix d'un, c'est très ~** they sell two for the price of one, that's good business sense; **il a l'esprit ~** he's a born salesman, he could sell you anything; **un sourire ~** *péj* a mercenary smile.
◇ *nm, f* shopkeeper *Br*, storekeeper *Am*; **tous les ~s étaient fermés** all the shops *Br* OU stores *Am* were closed ❑ **~ de détail** retail trader; **~ en gros** wholesale dealer; **les petits ~s** small OU retail traders.

commerce [kɔmɛrs] *nm* -1. [activité]: **le ~** trade; **faire le ~ des céréales** to trade in cereals; **être dans le ~** to be in trade, to run a business; **faire du ~ avec qqn/un pays** to trade with sb/a country ❑ **le ~ extérieur/intérieur** foreign/domestic trade; **~ de détail** retail trade; **le ~ en gros** wholesale trade; **faire ~ de ses charmes** *euph* to cash in on one's charms. -2. [affaires] business; **cela fait marcher le ~** it's good for business; **le ~ marche mal** business is slow; **le monde du ~** the business world; **le ~ français** business in France ❑ **~ intégré** corporate OU combined chain; **le petit ~** (small) business. -3. [circuit de distribution]: **on ne trouve pas encore ce produit dans le ~** this item is not yet available on the market; **cela ne se trouve plus dans le ~** this item has gone off the market. -4. [magasin] shop *Br*, store *Am*; **ouvrir** OU **monter un ~** to open OU to start a business; **tenir un ~** to run a business. -5. *litt* [relation]: **entretenir un ~ d'amitié avec qqn** to keep company with sb || [fréquentation] company; **renoncer au ~ des hommes** to renounce the company of one's fellow-men.
◆ **de commerce** *loc adj* -1. [opération] commercial, business *(modif)*; [acte] trade *(modif)*; [code, tribunal] commercial; [école] business *(modif)*. -2. NAUT [marine, navire, port] trading, merchant *(modif)*.

commercer [16] [kɔmɛrse] *vi* to trade, to deal; **~ avec un pays** to trade with a country.

commercial, e, aux [kɔmɛrsjal, o] *adj* -1. [activité] commercial; [relation] trade *(modif)*; **adressez-vous à notre service** OU **secteur ~** please apply to our sales department; **avoir des contacts commerciaux avec** to have trading OU trade links with; **pour des raisons ~es** for commercial reasons ❑ **droit ~** business law; **l'anglais ~** business English; **un gros succès ~** [film, pièce] a big box-office success; [livre] a best-selling book, a best-seller. -2. TV commercial; **les chaînes ~es** commercial channels. -3. *péj* [fait pour plaire] false; **un sourire ~** an ingratiating smile; **vos anciens fans trouvent que vous êtes devenu ~** your old fans think you've sold out.

commercialement [kɔmɛrsjalmɑ̃] *adv* commercially; **~ parlant** from a business point of view.

commercialisable [kɔmɛrsjalizabl] *adj* marketable.

commercialisation [kɔmɛrsjalizasjɔ̃] *nf* marketing.

commercialiser [3] [kɔmɛrsjalize] *vt* -1. COMM to market, to commercialize; **le modèle sera commercialisé en janvier** the model will be coming onto the market in January. -2. JUR [dette, lettre de change] to market.

commère [kɔmɛr] *nf* -1. *péj* [médisante] gossip. -2. [bavarde] chatterbox. -3. LITTÉRAT: **ma ~ la tortue** Mrs Tortoise.

commettant [kɔmetɑ̃] *nm* principal.

commettre [84] [kɔmɛtr] *vt* -1. [perpétrer - erreur] to make; [- injustice] to perpetrate; [- meurtre] to commit; **quand le crime a-t-il été commis?** when did the crime take place?; **~ une maladresse** to commit a blunder, to make a gaffe; **~ une imprudence** to take an unwise step. -2. JUR [nommer - arbitre, avocat, huissier] to appoint; **~ un avocat (à la défense)** to appoint OU to name a lawyer (for the defence); **commis d'office** appointed by the court. -3. NAUT to lay up rope. -4. *hum & péj* [produire - livre, émission] to be responsible for; **il avait commis quelques articles dans les années 80** he had penned a few articles back in the eighties.
◆ **se commettre avec** *vp + prép litt* to associate with.

comminatoire [kɔminatwar] *adj* -1. *litt* [menaçant] threatening. -2. JUR *giving a warning that payment is due.*

comminutif, ive [kɔminytif, iv] *adj* comminuted.

commis [kɔmi] *nm* -1. JUR agent. -2. [employé - de magasin] helper, assistant; [- de banque] runner, junior clerk; [- de ferme] lad, boy, farm hand; **~ boucher** OU **de boucherie** butcher's boy; **~ greffier** assistant to the court clerk; **~ voyageur** *vieilli* travelling salesman. -3. ADMIN: **grand ~ de l'État** senior OU higher civil servant. -4. MIL & NAUT: **~ aux vivres** steward.

commisération [kɔmizerasjɔ̃] *nf* commiseration; **sans ~** ruthlessly, pitilessly.

commissaire [kɔmisɛr] *nm* -1. [membre d'une commission] commissioner. -2. SPORT steward; **~ d'une course** race steward. -3. ADMIN: **~ de la Marine/de l'Air** chief administrator in the Navy/the Air Force; **~ de la République** commissioner of the Republic; **~ du gouvernement** government commissioner; **~ de police** (police) superintendent *Br*, (police) captain *Am*, precinct captain *Am*; **bonjour, Monsieur le ~** good morning, Superintendent *Br* OU Captain *Am*; **~ divisionnaire** chief superintendent *Br*, police chief *Am*; **~ principal** chief superintendent *Br*, chief of police *Am*. -4. FIN: **~ aux comptes** auditor. -5. NAUT: **~ de** OU **du bord** purser. -6. HIST [en URSS] commissar.

commissaire-priseur [kɔmisɛrprizœr] *(pl* commissaires-priseurs) *nm* auctioneer.

commissariat [kɔmisarja] *nm* -1. [fonction] commissionership. -2. ADMIN: **~ de l'Air** Air Force staff; **~ de la Marine** Admiralty Board *Br*, Naval Command *Am*. -3. FIN: **~ aux comptes** auditorship. -4. [local]: **~ (de police)** police station OU precinct *Am*.

commission [kɔmisjɔ̃] *nf* -1. [groupe] commission, committee; **~ d'arbitrage** arbitration committee; **~ du budget** budget committee; **~ de contrôle** supervisory committee; **~ d'enquête** committee OU commission of enquiry; **~ d'examen** board of examiners; **~ paritaire** joint commission; **~ parlementaire** parliamentary committee OU commission; **être en ~** to be in committee; **renvoyer un projet de loi en ~** to commit a bill. -2. JUR [pouvoir] commission; **~ rogatoire** letters rogatory. -3. MIL: **~ d'armistice** armistice council; **~ militaire** army exemption tribunal. -4. [pourcentage] commission, percentage; **toucher une ~ sur une vente** to get a commission OU percentage on a sale; **ajoute 5 % de ~ pour l'agence** add a 5 % commission for the agency; **travailler à la ~** to work on a commission basis OU for a percentage. -5. [course] errand; **j'ai envoyé mon fils faire des ~s** I've sent my son off on some errands; **n'oublie pas de lui faire la ~** [de lui donner le message] don't forget to give him the message. -6. *fam euph*: **la petite/grosse ~** number one/two; **faire la petite/grosse ~** to do a wee-wee/poo. -7. *sout* [perpétration]: **la ~ d'un crime** the commission of a crime.
◆ **commissions** *nfpl* [achats] shopping; **faire les ~s** to do some shopping; **sors les ~s de la voiture** get the shopping out of the car.

commissionnaire [kɔmisjɔnɛr] *nmf* [intermédiaire] commission agent *Br*, broker, agent; **~ en douane** customs agent OU broker; **~ de transport** forwarding agent.

commissionnement [kɔmisjɔnmɑ̃] *nm* commissioning.

commissionner [3] [kɔmisjɔne] *vt* to commission.

commissoire [kɔmiswar] *adj*: **clause ~** commissoria lex.

commissural, e, aux [kɔmisyral, o] *adj* commissural.

commissure [kɔmisyr] *nf* -1. [dans le cerveau] commissure. -2. [de la bouche] corner.

commode[1] [kɔmɔd] *adj* -1. [pratique - moyen de transport] useful, convenient; [- outil] useful, handy; **c'est bien ~ d'avoir un marché dans le quartier** it's very handy OU convenient having a market in the area; **les talons aiguilles ne sont pas très ~s pour marcher** high heels aren't very practical for walking (in). -2. [facile] easy; **ce n'est pas ~ à analyser** it's not easy to analyse; **ce n'est pas ~ de concilier deux activités** reconciling two different jobs is not easy OU a simple task; **c'est** OU **ce serait trop ~!** that would be too easy! -3. [aimable]: **elle n'est pas ~ (à vivre)** she's not easy to live with; **son patron n'est pas ~** her boss isn't an easy person to get along with. -4. *vieilli* [indulgent - morale] liberal, easy-going.

commode[2] [kɔmɔd] *nf* chest of drawers.

commodément [kɔmɔdemɑ̃] *adv* -1. [confortablement] comfortably. -2. *vieilli* [aisément] easily.

commodité [kɔmɔdite] *nf* -1. [facilité] convenience; **pour plus de ~** for greater convenience, to make things more convenient. -2. [aspect pratique]: **la ~ d'une maison** the comfort OU convenience of a house; **j'habite à côté de mon bureau, c'est d'une grande ~** I live next door to my office, it's extremely convenient.
◆ **commodités** *nfpl* [agréments] conveniences; *vieilli* [toilettes] toilet, toilets.

commotion [kɔmɔsjɔ̃] *nf* -1. [choc] shock; **être sous le coup de la ~** to be dazed by the shock. -2. MÉD [d'un organe]: **~ cérébrale** concussion. -3. *sout* [perturbation] upheaval, agitation; **les ~s sociales/politiques dans l'Allemagne de 1933** the social/political upheavals in the Germany of 1933.

commotionner [3] [kɔmɔsjɔne] *vt* to shake up *(sép)*; **la terrible nouvelle l'a commotionné** the appalling news gave him a shock.

commuable [kɔmɥabl] *adj* commutable.

commuer [7] [kɔmɥe] *vt* to commute; **~ une peine de prison en amende** to commute a prison sentence to a fine.

commun, e[1] [kɔmœ̃, yn] *adj* -1. [non exclusif - jardin, local] shared, common; [- ami] mutual; **hôtel avec salle de télévision ~e** hotel with public TV lounge; **~ à: une langue ~e à cinq millions de personnes** a language shared by five million people; **le court de tennis est ~ à tous les propriétaires** the tennis court is the common property of all the residents; **point ~ à deux lignes** crossing point of two lines. -2. [fait en collaboration - travail, politique] shared, common; **nous avons pris la décision ~e de...**

we took a joint decision to... || [en communauté]: **la vie ~e** [conjugale] conjugal life, the life of a couple; **ils vont reprendre la vie ~e** they're going to live together again. -**3.** [identique - caractère, passion] similar; [- habitude] common, shared, identical; **nous avons des problèmes ~s** we share the same problems, we have similar problems; **il n'y a pas de ~e mesure entre...** there's no similarity whatsoever between...; **c'est sans ~e mesure avec...** there's no comparison with... -**4.** [courant - espèce, usage, faute] common, ordinary, run-of-the mill; **une plante ~e dans cette région** a plant that is common in this region; **il est d'un courage peu ~** he's uncommonly OU exceptionally brave; **un nom peu ~** a very unusual name; **c'est une croyance ~e que...** it's a commonly held belief that..., many people believe that... -**5.** *péj* [banal] common, coarse; **il la trouvait ~e** he thought she was common. -**6.** LING common. -**7.** MATH: **le plus grand ~ dénominateur** the highest common denominator.

◆ **commun** *nm*: l'homme du ~ *vieilli* the common man; **c'est hors du ~** this is exceptional OU unusual; **cela sort du ~** this is very unusual ❑ **le ~ de**: **le ~ des mortels** the common run of people; **le ~ des mortels ne pourra sans doute pas comprendre** the man in the street won't be able to understand; **le ~ des lecteurs** the average reader.

◆ **communs** *nmpl* outbuildings, outhouses.

◆ **d'un commun accord** *loc adv* by mutual agreement, by common consent; **tous d'un ~ accord ont décidé que...** they decided unanimously that...

◆ **en commun** *loc adv*: **avoir qqch en ~ (avec)** to have sthg in common (with); **nous mettons tout en ~** we share everything.

communal, e, aux [kɔmynal, o] *adj* -**1.** ADMIN [en ville] ≃ of the urban district; [à la campagne] ≃ of the rural district. -**2.** [du village - fête] local *(modif)*, village *(modif)*. -**3.** *Belg*: **conseil ~** town council; **maison ~e** town hall.

◆ **communale** *fam nf* primary *Br* OU grade *Am* school.

◆ **communaux** *nmpl Belg* [terres] common land.

communaliser [3] [kɔmynalize] *vt* ≃ to put under the jurisdiction of the local authority.

communard, e [kɔmynar, ard] ◇ *adj* HIST of the (Paris) Commune.
◇ *nm, f* -**1.** HIST Communard, member of the (Paris) Commune. -**2.** [boisson] *red wine mixed with crème de cassis liqueur.*

communautaire [kɔmynotɛr] *adj* -**1.** [vie, esprit] communal, community *(modif)*. -**2.** [du Marché commun] Common Market *(modif)*, Community *(modif)*.

communautarisation [kɔmynotarizasjɔ̃] *nf* joint exploitation of oceanic or maritime resources.

communauté [kɔmynote] *nf* -**1.** [similitude - de vues, de pensées] likeness, closeness; [- d'intérêts] community; [- de sentiments] commonness. -**2.** [groupe] community; **~ linguistique** group of people speaking the same language; **la ~ scientifique** the scientific community; **la ~ universitaire** the academic community; **la ~ des fidèles** [d'une paroisse] the congregation; **~ religieuse** religious community ❑ **la Communauté économique européenne** the European Economic Community; **la Communauté européenne du charbon et de l'acier** the European Coal and Steel Community; **la Communauté européenne de l'énergie atomique** the European Atomic Energy Community; **les Communautés européennes** the European Community. -**3.** [public]: **la ~** the general public. -**4.** JUR joint estate.

◆ **en communauté** *loc adv* [vivre] communally, as a community.

commune[2] [kɔmyn] ◇ *f* → **commun.**
◇ *nf* -**1.** [agglomération] commune ADMIN; **une jolie petite ~ rurale** a nice little country village; **la ~ et ses alentours** [en ville] ≃ the urban district; [à la campagne] ≃ the rural district. -**2.** [habitants]: **la ~** [en ville] people who live within the urban district; [à la campagne] people who live within the rural district. -**3.** [administrateurs]: **c'est la ~ qui paie** the local authority OU the council *Br* is paying. -**4.** HIST: **la Commune (de Paris)** the (Paris) Commune. -**5.** [en Grande-Bretagne]: **les Communes** the House of Commons.

COMMUNE:
There are 36,000 "communes" or administrative districts in France, some with less than 25 inhabitants. Each "commune" has an elected mayor.

LA COMMUNE:
A revolutionary government set up in Paris from 18 March-28 May 1871 after the Prussian siege was lifted. It was brutally put down by soldiers sent in by Thiers' government in Versailles. An important landmark in the history of European socialism.

---

communément [kɔmynemɑ̃] *adv* commonly, usually; **il n'arrive pas ~ que...** it is unusual for...; **la torture est encore ~ pratiquée là-bas** torture is still routinely practised there; **la renoncule terrestre, ~ appelée bouton d'or** ranunculus, commonly known as OU usually called the buttercup.

communiant, e [kɔmynjɑ̃, ɑ̃t] *nm, f* communicant.

communicable [kɔmynikabl] *adj* -**1.** [exprimable] communicable; **c'est une impression difficilement ~** it's a feeling difficult to put into words. -**2.** [transmissible - données, informations] communicable; **ces données ne sont pas ~s** this data is classified.

communicant, e [kɔmynikɑ̃, ɑ̃t] *adj* communicating; **deux chambres ~es** two connecting *Br* OU adjoining *Am* rooms.

communicatif, ive [kɔmynikatif, iv] *adj* -**1.** [qui se répand - rire, bonne humeur] infectious. -**2.** [bavard] communicative, talkative.

communication [kɔmynikasjɔ̃] *nf* -**1.** [annonce] announcement, communication; **j'ai une ~ importante à vous faire** I have an important announcement to make; **donner ~ de qqch** to communicate sthg. -**2.** [exposé - fait à la presse] statement; [- fait à des universitaires, des scientifiques] paper; **les ~s des intervenants seront publiées** all papers read at the conference will be published; **faire une ~ sur l'atome** to deliver a lecture on the atom. -**3.** [transmission] communicating, passing on, transmission; **pour éviter la ~ de ces maladies** to stop the spread of these diseases; **avoir ~ d'un dossier** to get hold of a file, to have had a file passed on to one; **je n'ai pas eu ~ de sa nouvelle adresse** her new address hasn't been passed on to me; **demander ~ d'un dossier** to ask for a file (to be handed on to one); **donner ~ d'un dossier (à qqn)** to pass on a file (to sb); **'arrêt des ~s à 16 h'** [dans une bibliothèque] 'no book deliveries after 4 p.m.' ❑ **~ au ministère public** *court order submitting a case to the public prosecutor*; **donner ~ de pièces** to give discovery of documents. -**4.** [contact] communication, contact; **être en ~ avec qqn** to be in contact OU touch with sb; **vous devriez vous mettre en ~ avec elle** you should get in touch with her; **cela rend désormais possible la ~ entre gens malentendants** this has made it possible for the hard of hearing to communicate with each other; **depuis l'explosion, nous n'avons plus de ~ avec l'extérieur** we haven't been able to communicate with the outside world since the blast. -**5.** [échange entre personnes] communication; **il a des problèmes de ~ (avec les autres)** he has problems communicating with OU relating to people; **il n'y a pas de ~ possible avec elle** it's impossible to get through to her || [diffusion d'informations]: **la ~**: **les techniques de la ~** media techniques; **la ~ de masse** the mass media; **~ interne** [dans une entreprise] interdepartmental communication. -**6.** [moyen de liaison] (means of) communication; **toutes ~s entre les deux pays ont été interrompues** all communication between the two countries has been stopped. -**7.** TÉLÉC: **~ téléphonique** (phone) call; **je prends la ~** I'll take the call; **il est en ~ avec...** he's speaking to..., he's on the phone to...; **la ~ a été coupée** we were cut off; **le prix de la ~ a augmenté** the cost of a phone call has gone up; **avoir la ~**: **vous avez la ~** you're through; **pour obtenir la ~, faites le 12** dial 12 in order to get through; **~ interurbaine** inter-city OU city-to-city call; **~ en PCV** reverse-charge call *Br*, collect call *Am*. -**8.** INF: **~ homme-machine** man-machine dialogue.

◆ **communications** *nfpl* MIL communications.

◆ **de communication** *loc adj* -**1.** [porte, couloir] connecting. -**2.** [réseau, satellite] communications *(modif)*; **moyens de ~** means of communication. -**3.** [agence] publicity *(modif)*.

communier [9] [kɔmynje] *vi* -**1.** RELIG to communicate, to receive Communion. -**2.** *litt* [s'unir spirituellement]: **~ dans un même idéal** to be united in OU to share the same ideals; **~ avec qqn** to share the same feelings as sb; **~ avec la nature** to be at one OU to commune with nature.

communion [kɔmynjɔ̃] *nf* -**1.** RELIG [communauté de foi] communion; **Communion des saints** communion of saints || [partie de la messe]: **Communion** (Holy) Communion || [cérémonie]: **première ~** first communion; **~ solennelle** solemn communion. -**2.** *litt* [accord]: **nous nous sommes découvert une ~ d'idées et de sentiments** we found that we shared the same ideas and feelings; **être en ~ avec qqn** to be at one OU to commune with sb; **être en ~ d'idées** OU **d'esprit avec qqn** to share sb's ideas.

communiqué [kɔmynike] *nm* communiqué; **un ~ officiel** an official communiqué OU announcement; **un ~ de presse** a press release.

communiquer [3] [kɔmynike] ◇ *vt* -**1.** [transmettre - information] to communicate, to give; [- demande] to transmit; [- dossier, message] to pass on *(sép)*; [- savoir, savoir-faire] to pass on, to hand down *(sép)*; **~ le goût de la lecture à ses enfants** to pass on one's love of reading to one's children. -**2.** PHYS [chaleur, lumière] to transmit; [mouvement, impulsion] to impart; **~ de l'énergie à un corps** to transmit energy to a body. -**3.** [donner par contamination] to transmit; **il leur a communiqué son fou rire/enthousiame** he passed on his giggles/enthusiasm to them. -**4.** [annoncer] to announce, to impart, to communicate; **j'ai une chose importante à vous ~** I have something important to say to you; **rien ne nous a été communiqué** we have heard nothing; **selon une nouvelle qu'on nous communique à l'instant** according to news just in.
◇ *vi* -**1.** [échanger des messages] to communicate; **~ par téléphone/lettre** to communicate by phone/letter; **les dauphins communiquent entre eux** dolphins communicate with each other || [échanger des sentiments]: **leur problème est qu'ils n'arrivent pas à ~ avec leurs parents** their problem is that they can't communicate with their parents; **dans une famille, il faut apprendre à ~** members of a family must learn to express their feelings to each other; **j'ai besoin de ~** I need to express my feelings (to others). -**2.** [être relié] to interconnect; **la chambre communique avec la salle de bains** there's a connecting door between the bathroom and the bedroom; **une maison où les pièces communiquent** a house with interconnecting rooms; **une chambre avec salle de bains qui communique** a bedroom with bathroom en suite.

◆ **se communiquer** ◇ *vp (emploi passif)* [être transmis - don, savoir, savoir-faire] to be passed on, to be handed down; **le vrai talent ne se communique pas** you can't teach people how to be talented.

◇ *vpi* [se propager - incendie] to spread; [- maladie] to spread, to be passed on; **l'infection s'est communiquée à tout le groupe** the infection spread throughout the group; **sa peur risque de se ~ à tout son entourage** he's likely to make everyone else as frightened as he is.

communisant, e [kɔmynizɑ̃, ɑ̃t] ◇ *adj* Communistic; **un journal ~** a paper with Communist sympathies.

◇ *nm, f* Communist sympathizer, fellow traveller.

communisme [kɔmynism] *nm* Communism.

communiste [kɔmynist] *adj* & *nmf* Communist.

commutable [kɔmytabl] *adj* -**1.** [éléments] commutable. -**2.** JUR = **commuable**.

commutateur [kɔmytatœr] *nm* ÉLECTR & ÉLECTRON [de circuits] changeover switch, commutator; [interrupteur] switch; **actionner un ~** [pour allumer] to switch on; [pour éteindre] to switch off.

commutatif, ive [kɔmytatif, iv] *adj* -**1.** MATH commutative. -**2.** LING commutable. -**3.** JUR commutative.

commutation [kɔmytasjɔ̃] *nf* -**1.** [substitution] commutation, substitution; LING & MATH commutation. -**2.** JUR: **~ de peine** commutation of a sentence. -**3.** ÉLECTR & ÉLECTRON commutation, switching; **une ~ permet de passer automatiquement sur piles** it switches itself on to battery. -**4.** INF & TÉLÉC switch-over, switching; **~ de bande/circuits** tape/circuit switching.

commutativité [kɔmytativite] *nf* -**1.** MATH commutativity. -**2.** LING commutability.

commutatrice [kɔmytatris] *nf* rotary converter.

commuter [3] [kɔmyte] ◇ *vt* -**1.** LING & MATH to commute; **~ A et B** to commute A and OU with B. -**2.** ÉLECTR to commutate.

◇ *vi* -**1.** MATH to commute. -**2.** LING to substitute, to commute.

Comores [kɔmɔr] *npr fpl*: **les ~** the Comoro Islands, the Comoros; **aux ~** in the Comoro Islands.

comorien, enne [kɔmɔrjɛ̃, ɛn] *adj* Comoran, Comorian.

◆ **Comorien, enne** *nm, f* Comoran, Comorian.

compacité [kɔ̃pasite] *nf* compactness.

compact, e [kɔ̃pakt] *adj* -**1.** [dense - matière] solid, dense; [- foule] dense, packed; [- poudre] pressed, compacted. -**2.** [ski] short. -**3.** AUDIO, AUT & PHOT compact. -**4.** MATH compact.

◆ **compact** *nm* -**1.** [ski] short ski. -**2.** *vieilli* [poudre] pressed powder. -**3.** [chaîne hi-fi] music centre *Br*, single-unit hi-fi *Am*. -**4.** [disque] compact disc, CD; **disponible en ~** available on CD. -**5.** [appareil photo] compact (camera).

compactage [kɔ̃paktaʒ] *nm* -**1.** [technique] compacting *(U)*. -**2.** [résultat] compaction.

Compact Disc® [kɔ̃paktdisk] (*pl* **Compact Discs**) *nm* compact disc, CD.

compacteur [kɔ̃paktœr] *nm* road roller, steamroller.

compagne [kɔ̃paɲ] *nf* -**1.** [camarade] companion; **elle a rejoint ses ~s** she went over to join the other schoolgirls; **~ de classe/jeux** (female) classmate/playmate; **elle a été ma ~ d'infortune** she suffered with me, she was my companion in misery. -**2.** [épouse] wife; [concubine] girlfriend. -**3.** [animal domestique] companion; **sa chatte est une fidèle ~** her cat is a faithful companion.

compagnie [kɔ̃paɲi] *nf* -**1.** [présence] company; **sa ~ m'est insupportable** I can't stand her company OU being with her; **elle avait un chien pour toute ~** her dog was her only companion; **être d'une ~ agréable/sinistre** to be a pleasant/gloomy companion; **être de bonne/mauvaise ~** to be good/bad company; **être en bonne/mauvaise ~** to be in good/bad company; **je te laisse en bonne ~** I leave you in good hands; **tenir ~ à qqn** to keep sb company; **il te faudrait de la ~** you need some company; **se passer de ~: tu sais, je me passerais bien de ~!** I could do with being left alone, you know!; **il n'aime pas la ~** he doesn't enjoy company OU being with people. -**2.** [groupe] party, company, gang; **une joyeuse ~** a lively company OU group OU gang; **toute la ~ était là** the whole gang was there. -**3.** COMM & INDUST company; **~ aérienne** airline (company); **~ d'assurances** insurance company; **~ maritime** shipping company OU line; **Michel Darot et ~** *pr* Michel Darot and Company; **tout ça, c'est mensonge/arnaque et ~** *fam fig* that's nothing but a pack of lies/a swindle. -**4.** THÉÂT: **~ (théâtrale)** (theatre) group OU company OU troupe. -**5.** ZOOL [de sangliers] herd; [de perdreaux] covey, flock. -**6.** MIL company; **~ de chars** tank brigade; **~ d'éclairage et d'appui** lighting and support company. -**7.** [dans des noms d'organisations]: **Compagnie de Jésus** Society of Jesus; **Compagnies républicaines de sécurité** ≃ S.A.S. *Br*, ≃ state troopers *Am*.

◆ **de compagnie** ◇ *loc adj* [animal] domestic.

◇ *loc adv sout* [voyager] together.

◆ **en compagnie de** *loc prép* accompanied by, (in company) with.

compagnon [kɔ̃paɲɔ̃] *nm* -**1.** [camarade] companion; **~ d'armes** brother OU comrade in arms; **~ de bord** shipmate; **~ de captivité** companion in captivity; **~ de cellule** cellmate; **~ d'exil** fellow exile; **~ de jeux** playmate; **~ de route** OU **voyage** travelling companion; **~ de table** table companion; **~ d'infortune** companion in misery OU misfortune. -**2.** [époux] husband, companion; [ami, concubin] boyfriend; **mon ~** my companion. -**3.** [animal] friend; **il a un chien pour tout ~** his only friend is a dog. -**4.** [franc-maçon] companion. -**5.** HIST [ouvrier]: **Compagnon du Tour de France** journeyman, apprentice || [résistant]: **Compagnon de la Libération** (French) Resistance fighter. -**6.** INDUST unskilled worker OU labourer. -**7.** BOT: **~ rouge/blanc** red/white campion.

compagnonnage [kɔ̃paɲɔnaʒ] *nm* HIST -**1.** [chez un maître] ≃ apprenticeship. -**2.** [association] guild.

comparabilité [kɔ̃parabilite] *nf* comparability.

comparable [kɔ̃parabl] *adj* comparable, similar; **on aboutit à des résultats ~s** we arrive at similar results; **comparons ce qui est ~** let's compare like with like; **ce n'est pas ~** there's no comparison; **je n'ai jamais rien goûté de ~** I've never tasted anything like it; **une fonction ~ à celle de comptable** a function comparable with OU similar to that of an accountant.

comparaison [kɔ̃parɛzɔ̃] *nf* -**1.** [gén] comparison; **faire la** OU **une ~ entre deux qualités** to compare two qualities; **c'est sans ~ avec le mien** it cannot possibly be compared with mine; **elle est, sans ~, la plus grande chanteuse du moment** she's by far our best contemporary singer; **aucune ~!** there's no comparison!; **point de ~** point of comparison; **comment décider sans avoir un point de ~?** how can you possibly make up your mind without some means of comparison?; **supporter** OU **soutenir la ~ avec qqch** to bear OU to stand comparison with sthg. -**2.** [figure de style] comparison, simile; **adverbe de ~** comparative adverb.

◆ **en comparaison de** *loc prép* in comparison OU as compared with, compared to.

comparaître [91] [kɔ̃parɛtr] *vi* to appear; **~ en justice** to appear before a court; **appelé** OU **cité à ~** summoned to appear.

comparant, e [kɔ̃parɑ̃, ɑ̃t] ◇ *adj* appearing before the court.

◇ *nm, f person appearing before the court.*

comparateur [kɔ̃paratœr] *nm* comparator.

comparatif, ive [kɔ̃paratif, iv] *adj* comparative; **étude comparative** comparative study ❑ **publicité comparative** comparative advertising.

◆ **comparatif** *nm* comparative; **~ de supériorité/d'infériorité** comparative of greater/lesser degree.

comparatisme [kɔ̃paratism] *nm* -**1.** LING comparative linguistics. -**2.** LITTÉRAT comparative literature.

comparatiste [kɔ̃paratist] *nmf* -**1.** LING specialist in comparative linguistics. -**2.** LITTÉRAT specialist in comparative literature.

comparativement [kɔ̃parativmɑ̃] *adv* comparatively, by OU in comparison.

comparé, e [kɔ̃pare] *adj* comparative.

comparer [3] [kɔ̃pare] *vt* -**1.** [confronter] to compare; **~ deux tableaux** to compare two pictures; **~ un livre à** OU **avec un autre** to compare a book to OU with another; **comparez les prix avant d'acheter** compare prices before you buy; **il faut ~ ce qui est comparable** you must compare like with like. -**2.** [assimiler]: **~ qqch/qqn à** to compare sthg/sb to; **comme artiste, il ne peut être comparé à Braque** as an artist, he cannot compare with Braque; **je le compare toujours à Groucho Marx** he always reminds me of Groucho Marx.

◆ **se comparer à** ◇ *vp + prép* to compare o.s. with.

◇ *vp (emploi passif)*: **ce sont deux choses qui ne se comparent pas** there can be no comparison between these two things.

◆ **comparé à** *loc prép* compared to OU with, in comparison to.

comparse [kɔ̃pars] *nmf* -**1.** THÉÂT extra, walk-on; **un rôle de ~** a walk-on part. -**2.** *péj* [d'un brigand, d'un camelot] stooge.

compartiment [kɔ̃partimɑ̃] *nm* -**1.** RAIL compartment; **~ de 1re classe** first-class compartment. -**2.** [case - d'une boîte] compartment; [- d'un sac] pocket. -**3.** [carreau] square. -**4.** NAUT tank. -**5.** INF: **~ protégé** hold area.

◆ **à compartiments** *loc adj* [tiroir, classeur] divided into compartments.

compartimentage [kɔ̃partimɑ̃taʒ] *nm*, **compartimentation** [kɔ̃partimɑ̃tasjɔ̃] *nf* [d'une caisse, d'une armoire] partitioning; [d'une administration, des connaissances] compartmentalization, fragmenting.

compartimenter [3] [kɔ̃partimɑ̃te] *vt* [caisse, armoire] to partition, to divide into compartments; [administration, connaissances] to compartmentalize, to split into small units.

comparution [kɔ̃parysjɔ̃] *nf* appearance; **~ en justice** court appearance; **~ en conseil de discipline** appearance before a disciplinary committee.

compas [kɔ̃pa] *nm* -**1.** AÉRON & NAUT compass; **~ gyroscopique** gyrocompass. -**2.** GÉOM (pair of) compasses; **~ d'épaisseur** spring-adjusting callipers; **~ à pointes sèches** dividers; **~ de réduction** proportional compasses; **avoir le ~ dans l'œil** to be a good judge OU to have a good idea of distance; **le placard tient juste, tu as eu le ~ dans l'œil!** the cupboard just fits, you judged that well!

◆ **au compas** *loc adv* -**1.** NAUT by the compass. -**2.** [avec précision] with military precision.

compassé, e [kɔ̃pase] *adj* stiff, strait-laced.

compassion [kɔ̃pasjɔ̃] *nf* compassion, sympathy; **avec ~** compassionately.

compatibilité [kɔ̃patibilite] *nf* compatibility; **~ sanguine** blood-group compatibility OU matching.

compatible [kɔ̃patibl] *adj* [gén, CHIM & TECH] compatible; **leurs modes de vie ne sont pas ~s** their life-styles are totally incompatible; **cela n'est pas ~ avec mon emploi du temps** this won't fit into my schedule.

compatir [32] [kɔ̃patir]

◆ **compatir à** *v + prép*: **je compatis à votre douleur** I sympathize with you in your grief, I share in your grief || *(en usage abs)*: **je compatis!** I sympathize!; *iron* my heart bleeds!

compatissant, e [kɔ̃patisɑ̃, ɑ̃t] *adj* sympathetic, compassionate.

compatriote [kɔ̃patrijɔt] *nmf* compatriot, fellow countryman (*f* countrywoman).

compensable [kɔ̃pɑ̃sabl] *adj* -**1.** [perte] that can be compensated, compensable *Am*. -**2.** [chèque] clearable.

compensateur, trice [kɔ̃pɑ̃satœr, tris] *adj* -**1.** [indemnité] compensating, compensatory. -**2.** [pendule] compensation *(modif)*.

◆ **compensateur** *nm* -**1.** [appareil] compensator. -**2.** AÉRON (trim) tab.

compensation [kɔ̃pɑ̃sasjɔ̃] *nf* -**1.** [dédommagement] compensation; **je travaille dur mais il y a des ~s** I work hard but there are compensations. -**2.** FIN [de dettes] offsetting; [de chèques] clearing. -**3.** JUR: **~ des dépens** sharing of the costs *(among different parties)*. -**4.** MÉD & PSYCH compensation; **elle mange par ~** she eats for comfort. -**5.** NAUT correction, adjustment. -**6.** AÉRON tabbing. -**7.** MÉCAN & PHYS balancing.

◆ **en compensation** *loc adv* as a OU by way of (a) compensation.

◆ **en compensation de** *loc prép* by way of compensation OU as compensation OU to compensate for.

compensatoire [kɔ̃pɑ̃satwar] *adj* -**1.** [qui équilibre] compensatory, compensating. -**2.** FIN countervailing.

compensé, e [kɔ̃pɑ̃se] *adj* -**1.** MÉD compensated. -**2.** [semelle]: **chaussures à semelles ~es** platform shoes. -**3.** COMM: **publicité ~e** prestige advertising.

compenser [3] [kɔ̃pɑ̃se] *vt* -**1.** [perte] to make up for *(insép)*, to offset; **rien ne compense la perte d'un ami** nothing makes up for the loss of a friend || *(en usage abs)*: **pour ~, je l'ai emmenée au cinéma** by way of compensation, I took her to the cinema; **au moins, le dîner était bon, cela compense** at least the meal was good, that makes up for it. -**2.** JUR: **~ les dépens** to order each party to pay its own costs. -**3.** MÉD to compensate, to counterbalance; PSYCH to compensate; *(en usage abs)*: **elle mange pour ~** she eats for comfort. -**4.** MÉCAN & PHYS to balance. -**5.** NAUT to adjust, to correct. -**6.** FIN [dette] to offset, to balance out *(sép)*.

◆ **se compenser** *vp (emploi réciproque)* to make up for one another.

compère [kɔ̃pɛr] *nm* -**1.** [complice - d'un camelot] accomplice; [- d'un artiste] stooge. -**2.** LITTÉRAT: **(mon) ~ le lapin** Mister Rabbit.

compère-loriot [kɔ̃pɛrlɔrjo] (*pl* **compères-loriots**) *nm* sty MED, stye.

compétence [kɔ̃petɑ̃s] *nf* -**1.** [qualification, capacité] competence; **j'ai des ~s en informatique** I have computer skills; **ses ~s en traduction** her ability as a translator; **avoir recours aux ~s d'un expert** to refer to an expert; **cela n'entre pas dans mes ~s, ce n'est pas de ma ~** [cela ne fait pas partie de mes attributions] this doesn't come within my remit; [cela me dépasse] that's beyond my competence. -**2.** JUR competence; **~ territoriale** jurisdiction. -**3.** LING & MÉD competence. -**4.** *fam* [personne] top expert.

compétent, e [kɔ̃petɑ̃, ɑ̃t] *adj* -**1.** [qualifié] competent, skilful, skilled; **en cuisine, je suis assez ~e** I'm quite a good cook; **un ouvrier ~** a competent worker; **~ en la matière: les gens ~s en la matière** people who know about OU are conversant with this topic; **seul le maire est ~ en la matière** only the mayor is competent to act in this matter. -**2.** [approprié] relevant; **les services ~s** the relevant departments, the departments concerned.

compétiteur, trice [kɔ̃petitœr, tris] *nm, f* -**1.** [rival]: **le ~ de qqn** sb's rival. -**2.** COMM & SPORT competitor.

compétitif, ive [kɔ̃petitif, iv] *adj* -**1.** [concurrentiel] competitive; **leurs produits sont très ~s** their products are highly competitive OU very competitively priced. -**2.** [peu cher] competitive; **des prix très ~s** very good OU competitive prices; **leurs chaînes hi-fi sont à des prix ~s** their hi-fi equipment is competitively priced.

compétition [kɔ̃petisjɔ̃] *nf* -**1.** [rivalité] competition, competing; **j'ai horreur de la ~** I hate having to compete (with others). -**2.** [niveau d'activité sportive] competition; **faire de la ~** [athlétisme] to take part in competitions; AUT & NAUT to race; **j'arrête la ~** I'm giving up (taking part in) competitive events || *(comme adj inv)*: **elle a le niveau ~ en aviron** she's a top-level oarswoman; **le cours ~** [au ski] the advanced (ski) class. -**3.** [concours - en athlétisme, en natation] competition, event; AUT & NAUT competition, race; [- au tennis] tournament.

◆ **de compétition** *loc adj*: **des skis de ~** [de descente] racing skis; [de fond] eventing skis ❑ **sport de ~** competitive sport.

◆ **en compétition** *loc adv* SPORT at competition level.

◆ **en compétition avec** *loc prép* competing OU in competition with.

compétitivité [kɔ̃petitivite] *nf* competitiveness.

compilateur, trice [kɔ̃pilatœr, tris] *nm, f* -**1.** *sout* [auteur] compiler. -**2.** *péj* [plagiaire] plagiarist.

◆ **compilateur** *nm* INF compiler.

compilation [kɔ̃pilasjɔ̃] *nf* -**1.** [fait de réunir des textes] compiling; [ensemble de textes, de morceaux de musique] compilation. -**2.** *péj* [plagiat] plagiarizing, synthesizing; [ouvrage] (mere) compilation OU synthesis *péj*. -**3.** INF compilation.

compiler [3] [kɔ̃pile] *vt* -**1.** [assembler] to put together *(sép)*, to assemble. -**2.** *péj* [suj: plagiaire] to borrow from. -**3.** INF to compile.

complainte [kɔ̃plɛ̃t] *nf* -**1.** LITTÉRAT, MUS & *litt* lament, plaint. -**2.** JUR complaint.

complaire [110] [kɔ̃plɛr]

◆ **complaire à** *v + prép litt*: **~ à qqn** to please sb.

◆ **se complaire** *vpi*: **se ~ dans qqch** to revel OU to delight OU to take pleasure in sthg; **il se complaît dans son malheur** he wallows in his own misery; **se ~ à dire/faire qqch** to take great pleasure in saying/doing sthg.

complaisamment [kɔ̃plɛzamɑ̃] *adv* -**1.** [avec amabilité] kindly, obligingly. -**2.** *péj* [avec vanité] smugly, complacently, with self-satisfaction.

complaisance [kɔ̃plɛzɑ̃s] *nf* -**1.** [amabilité] kindness, obligingness; **avec ~** kindly, obligingly. -**2.** [vanité] complacency, smugness, self-satisfaction; **avec ~** smugly, complacently. -**3.** [indulgence - des parents] laxity, indulgence; [- d'un tribunal, d'un juge] leniency, indulgence; [- d'un mari] connivance.

◆ **complaisances** *nfpl* favours.

◆ **de complaisance** *loc adj*: **certificat** OU **attestation de ~** phoney certificate *(given to please the person concerned)*; **billet de ~** COMM accommodation bill.

◆ **par complaisance** *loc adv* out of sheer politeness, purely OU merely to be polite.

complaisant, e [kɔ̃plɛzɑ̃, ɑ̃t] *adj* -**1.** [aimable] kind; [serviable] obliging, complaisant. -**2.** [vaniteux] smug, self-satisfied, complacent; **prêter une oreille ~e aux éloges** to lap up praise. -**3.** [indulgent - parents] lax, indulgent; [- juge, tribunal] indulgent, lenient; **elle a un mari ~** her husband turns a blind eye to her infidelities.

complément [kɔ̃plemɑ̃] *nm* -**1.** [supplément]: **un ~ d'information est nécessaire** further OU additional information is required; **demander un ~ d'enquête** to order a more extensive inquiry. -**2.** [reste] rest, remainder; **voici 300 francs, vous aurez le ~ ce soir** here's 300 francs, you'll get the remainder tonight. -**3.** MÉD complement; **fixation** OU **déviation du ~** complement fixation; **~ inactivé** complementoid. -**4.** MATH complement. -**5.** LING complement; **~ (d'objet) direct/indirect** direct/indirect object; **~ d'agent** agent; **~ de comparaison** comparative expansion; **~ circonstanciel** adverbial phrase. -**6.** ADMIN: **~ familial** means-tested family allowance *(for parents with three children above the age of three)*.

complémentaire [kɔ̃plemɑ̃tɛr] ◇ *adj* -**1.** [supplémentaire - information] additional, further. -**2.** [industries, couleurs] complementary. -**3.** LING & MATH complementary. -**4.** ÉCON complementary. -**5.** SCOL: **cours ~** ≃ secondary modern school.

◇ *nm* MATH complementary.

complémentarité [kɔ̃plemɑ̃tarite] *nf* -**1.** [fait de se compléter] complementarity; **la ~ du jaune et du violet** the complementary qualities of yellow and purple. -**2.** ÉCON complementarity.

complet, ète [kɔ̃plɛ, ɛt] *adj* -**1.** [qui a tous ses éléments - série, collection, parure] complete, full; [- œuvre] complete; **la panoplie n'est pas complète** there's something missing from the set ❑ **café/thé ~** COMM continental breakfast with coffee/tea; **change ~** disposable nappy *Br* OU diaper *Am*; **pension complète** full board. -**2.** [approfondi - compte-rendu, description] full, comprehensive; [- analyse, examen] thorough, full; **une lecture complète du manuscrit** a thorough OU an in-depth reading of the manuscript. -**3.** [entier] full; **nous resterons un mois ~** we'll stay a full month; **le ticket est valable pour la journée complète** the ticket is valid for the whole day. -**4.** [bondé - bus, métro, stade] full; **'complet'** [hôtel] 'no vacancies'; [parking] 'full'; **nous sommes ~s** [salle de concert, théâtre, restaurant] we're (fully) booked. -**5.** [parfait - homme, artiste] all-round *(avant n)*, complete; **un sportif ~** an all-round athlete. -**6.** [total, absolu] total, absolute; **je demande le silence ~** I must have complete silence; **il vous faut un repos ~** you need absolute rest; **c'est un échec ~** it's a total failure; **ils vivent dans la pauvreté la plus complète** they live in utter OU absolute OU abject poverty; **un fiasco ~** a complete (and utter) disaster ❑ **c'est ~!** that's all we needed!, that's the last straw!, that caps it all! -**7.** [fournissant tout le nécessaire]: **la natation est un sport ~** swimming is an all-round sport; **le lait est un aliment ~** milk is a complete food, milk contains all the necessary nutrients. -**8.** CULIN [pain, farine, spaghetti] wholemeal; [riz] brown. -**9.** BOT complete.

◆ **complet** *nm* VÊT: **~, ~-veston** (man's) suit.

◆ **au (grand) complet** *loc adj*: **(toute) l'équipe au ~** the whole team; **mes amis étaient là au ~** all my friends showed up; **tous les documents au ~** the complete set of documents; **les couverts ne sont pas au ~** there are some knives and forks missing.

complètement [kɔ̃plɛtmɑ̃] *adv* -**1.** [totalement] completely, totally; **une maison ~ refaite** a completely renovated house; **c'est ~ faux** it's totally OU completely wrong; **~ nu** stark naked; **il n'est pas ~ responsable** he's not wholly to blame; **sa thèse est ~ terminée** her thesis is completely finished; **le jeu les a ~ ruinés** gambling left them totally penniless. -**2.** [vraiment] absolutely; **elle est ~ folle** she's stark raving mad; **je suis ~ d'accord** I absolutely OU totally agree; **il est ~ fou d'elle!** he's absolutely mad about her!

compléter [18] [kɔ̃plete] *vt* -**1.** [ajouter ce qui manque à - collection, dossier] to complete; [- somme, remboursement] to make up *(sép)*; **il a complété sa collection par un Van Gogh** he completed his collection with a painting by Van Gogh. -**2.** [approfondir - analyse, notes] to complete; [- enquête] to finish, to complete; **~ son éducation/sa formation** to complete one's education/training. -**3.** [constituer le dernier élément de] to complete, to finish OU to round off *(sép)*; **un index complète le guide** the guide is completed by an index; **pour ~ le tout** to cap OU to crown it all.

◆ **se compléter** ◇ *vp (emploi passif)*: **ma collection se complète peu à peu** my collection will soon be complete.

◇ *vp (emploi réciproque)* [personnes, caractères] to complement (one another); **le vin et le fromage se complètent parfaitement** wine complements cheese perfectly.

complétif, ive [kɔ̃pletif, iv] *adj*: **proposition complétive** noun clause.

◆ **complétive** *nf* noun clause.

complétion [kɔ̃plesjɔ̃] *nf* completion.

complétive [kɔ̃pletiv] *nf* noun clause *(functioning as the object of a verb)*.

complétude [kɔ̃pletyd] *nf sout* [fait d'être complet] completeness.

complexe [kɔ̃plɛks] ◇ *adj* -**1.** [compliqué - processus, trajet] complicated; [- caractère, personne] complex, complicated; **pour des raisons ~s** for complex reasons. -**2.** LING & MATH complex.
◇ *nm* -**1.** PSYCH complex; **avoir des ~s** *fam* to be hung up ❑ **~ d'infériorité/de supériorité/d'Œdipe** inferiority/superiority/Oedipus complex. -**2.** CONSTR & ÉCON complex; **~ hospitalier/industriel** medical/industrial complex; **un grand ~ hôtelier** a large hotel complex; **un ~ touristique** a tourist centre. -**3.** CHIM & MATH complex.
◆ **sans complexe(s)** ◇ *loc adj* -**1.** [simple] natural. -**2.** *péj* [sans honte] uninhibited; **elle est sans ~, celle-là!** she's so brazen!
◇ *loc adv* -**1.** [sans manières] quite naturally OU simply, uninhibitedly. -**2.** *péj* [avec sans-gêne] uninhibitedly; **elle s'est ruée sur le buffet sans ~** she went straight for the buffet quite unashamedly.

complexé, e [kɔ̃plɛkse] ◇ *adj* neurotic; **elle est ~e par son poids** she has a complex about her weight.
◇ *nm, f*: **c'est un ~** he has a lot of complexes.

complexer [4] [kɔ̃plɛkse] *vt* -**1.** [personne]: **arrête, tu vas le ~** stop, you'll give him a complex. -**2.** CHIM to unite into a complex.

complexifier [9] [kɔ̃plɛksifje] *vt* to complicate, to make more complex.

complexion [kɔ̃plɛksjɔ̃] *nf litt* constitution; **être de ~ robuste/délicate** to have a healthy/delicate constitution.

complexité [kɔ̃plɛksite] *nf* complexity.

complication [kɔ̃plikasjɔ̃] *nf* -**1.** [problème] complication; **oui mais attendez, il y a une ~** yes but wait, it's more complicated than you think; **tu cherches des ~s là où il n'y en a pas** you're reading more into it than is justified; **pourquoi faire des ~s?** why make things more difficult than they need be? -**2.** [complexité] complicatedness, complexity; **elle aime les ~s** she likes things to be complicated.
◆ **complications** *nfpl* MÉD complications; **s'il n'y a pas de ~s, il s'en sortira** if no complications set in OU arise, he'll pull through.

complice [kɔ̃plis] ◇ *adj* [regard, sourire, silence] knowing; **être ~ de qqch** to be (a) party to sthg.
◇ *nmf* -**1.** [malfrat] accomplice; **c'est un de leurs ~s** he's in league with them. -**2.** [ami, confident] partner, friend; **sa femme et ~ de tous les instants** his wife and constant companion. -**3.** [dans un spectacle, un canular] partner.

complicité [kɔ̃plisite] *nf* -**1.** JUR complicity; **avec la ~ de qqn** with the complicity of sb, with sb as an accomplice. -**2.** [entente, amitié]: **elle lui adressa un sourire de ~** she smiled at him knowingly, she gave him a knowing smile; **nous avons retrouvé ce très vieux film avec la ~ du réalisateur** we've unearthed this very old footage, with the kind help of the director.
◆ **en complicité avec** *loc prép* in collusion with.

complies [kɔ̃pli] *nfpl* complin, compline.

compliment [kɔ̃plimɑ̃] *nm* -**1.** [éloge] compliment; **faire un ~ à qqn** to pay sb a compliment, to pay a compliment to sb; **on m'a fait des ~s sur mon soufflé** I was complimented on my soufflé. -**2.** [félicitations] congratulations; **adresser des ~s au vainqueur** to congratulate the winner; **(je vous fais) mes ~s!** *iron* congratulations!, well done! -**3.** [dans des formules de politesse] compliment; **mes ~s à votre épouse** my regards to your wife; **avec les ~s de l'auteur** with the author's compliments; **~s au chef!** *aussi hum* my compliments to the chef! -**4.** [discours] congratulatory speech.

complimenter [3] [kɔ̃plimɑ̃te] *vt* -**1.** [féliciter] to congratulate; **~ qqn sur son succès** to congratulate sb on OU for having succeeded. -**2.** [faire des éloges à] to compliment; **Julie m'a complimentée sur** OU **pour ma robe** Julie complimented me on my dress.

complimenteur, euse [kɔ̃plimɑ̃tœr, øz] ◇ *adj litt* obsequious.
◇ *nm, f* flatterer.

compliqué, e [kɔ̃plike] ◇ *adj* -**1.** [difficile à comprendre - affaire, exercice, phrase] complicated; [- jeu, langue, livre, problème] difficult; [- plan] intricate; **elle avait un nom ~** she had a real tongue-twister of a name; **c'est trop ~ à expliquer** it's too hard to explain; **regarde, ce n'est pourtant pas ~!** look, it's not so difficult to understand! -**2.** [ayant de nombreux éléments - appareil, mécanisme] complicated, complex, intricate. -**3.** [qui manque de naturel - personne] complicated; [- esprit] tortuous; **que les rapports entre les gens sont ~s!** relationships (between people) are so complicated! -**4.** MÉD: **fracture ~e** compound fracture.
◇ *nm, f fam*: **ta sœur, c'est une ~e!** your sister certainly likes complications!
◆ **compliqué** *nm*: **c'est d'un ~!** it's so complicated!

compliquer [3] [kɔ̃plike] *vt* to complicate, to make (more) difficult OU complicated; **~ la tâche des sauveteurs** to make things harder for the rescuers; **il me complique la vie** he makes things OU life difficult for me.
◆ **se compliquer** ◇ *vpi* -**1.** [devenir embrouillé] to become (more) complicated; **l'affaire se complique!** things are getting complicated!, the plot thickens! *hum*; **la situation se complique** the situation is becoming more and more involved. -**2.** MÉD to be followed by complications; **un rhume mal soigné peut se ~** an untreated cold can give rise to complications.
◇ *vpt*: **se ~ la vie** OU **l'existence** to complicate things for o.s.; **ne te complique donc pas la vie!** don't make life difficult for yourself!

complot [kɔ̃plo] *nm* -**1.** POL plot; **le ~ des poudres** HIST the Gunpowder Plot. -**2.** [menées] plot, scheme.

comploter [3] [kɔ̃plɔte] ◇ *vt* to plot; **qu'est-ce que vous complotez tous les deux?** what are you two plotting?, what are you two up to?
◇ *vi* to be part of a plot; **punis pour avoir comploté** punished for their part in the plot; **~ de** to conspire to; **~ de tuer qqn** to conspire to kill sb, to plot sb's murder.

comploteur, euse [kɔ̃plɔtœr, øz] *nm, f* plotter.

componction [kɔ̃pɔ̃ksjɔ̃] *nf* -**1.** [gravité affectée] gravity, solemnity; **avec ~** with solemnity. -**2.** RELIG compunction, contrition.

comportement [kɔ̃pɔrtəmɑ̃] *nm* -**1.** [attitude] behaviour. -**2.** AUT & SC [d'un véhicule] performance, behaviour, [de pneus] performance; [d'une molécule] behaviour. -**3.** PSYCH behaviour.

comportemental, e, aux [kɔ̃pɔrtəmɑ̃tal, o] *adj* -**1.** [relatif à la façon d'être] behaviour *(modif)*, behavioural. -**2.** PSYCH behaviourist.

comportementalisme [kɔ̃pɔrtəmɑ̃talism] *nm* behaviourism.

comporter [3] [kɔ̃pɔrte] *vt* -**1.** [être muni de] to have, to include; **l'immeuble ne comporte pas d'escalier de secours** the building doesn't have a fire escape. -**2.** [être constitué de] to be made up OU to consist of; **la maison comporte trois étages** it's a three storey house. -**3.** [contenir] to contain; **le reportage comporte des interviews inédites** the report contains original interviews. -**4.** [entraîner] to entail, to imply; **c'est un voyage qui comporte des risques** it's a risky trip; **tout métier comporte des inconvénients** every profession has its disadvantages; **elle a choisi l'aventure, avec tout ce que cela comporte de dangers** she chose to lead a life of adventure with all the risks it entailed. -**5.** [permettre, admettre] to allow, to admit; **la règle comporte quelques exceptions** there are one or two exceptions to this rule.
◆ **se comporter** *vpi* -**1.** [réagir - personne] to act, to behave, to respond; **tâche de bien te ~** try to behave (yourself OU well); **il s'est très mal comporté** he behaved very badly; **se ~ en enfant/en adulte** to act childishly/like an adult; **comment se comporte-t-elle en classe?** how does she behave in class? -**2.** [fonctionner - voiture, pneus] to behave, to perform; [- molécule] to behave; **la voiture se comporte très bien sur verglas** the car handles very well on ice.

composant, e [kɔ̃pozɑ̃, ɑ̃t] *adj* -**1.** [qui constitue] constitutive. -**2.** LING compound *(modif)*.
◆ **composant** *nm* -**1.** [élément] component, constituent. -**2.** CONSTR, INDUST & LING component.
◆ **composante** *nf* [gén, MATH & PHYS] component.

composé, e [kɔ̃poze] *adj* -**1.** [formé d'un mélange - bouquet, salade] mixed, composite. -**2.** [affecté - attitude] studied; **un visage ~** a studied look. -**3.** BOT [feuille] compound; [inflorescence] composite; **fleur ~e** composite (flower). -**4.** ARCHIT composite. -**5.** LING [temps] compound *(modif)*; **mot ~** compound (word). -**6.** CHIM, ÉCON & MATH compound *(modif)*.
◆ **composé** *nm* -**1.** [ensemble]: **~ de** mixture OU blend OU combination of. -**2.** CHIM & MATH compound. -**3.** LING compound (word).
◆ **composée** *nf* composite (flower); **les ~es** the Compositae.

composer [3] [kɔ̃poze] ◇ *vt* -**1.** [rassembler pour faire un tout - équipe, cabinet] to form, to select (the members of); [- menu] to prepare, to put together *(sép)*; [- bouquet] to make up *(insép)*; **~ un plateau de fromages** to prepare a selection of cheeses. -**2.** [écrire - roman, discours] to write; [- poème, symphonie] to compose; [- programme] to draw up *(sép)*, to prepare; **une chanson que j'ai composée en cinq minutes/une nuit** a song I dashed off in five minutes/composed in one night. -**3.** [faire partie de] to (go to) make up *(insép)*; **les personnes qui composent le gouvernement** the politicians who make up the government. -**4.** *litt* [apprêter, étudier - attitude]: **~ son visage** to compose one's features; **~ son personnage** to create an image for o.s. -**5.** TÉLÉC [numéro de téléphone] to dial; [code] to key (in). -**6.** IMPR to set.
◇ *vi* -**1.** [transiger] to compromise; **entre époux, il faut ~** there must be a certain amount of give and take between husband and wife; **tu ne sais pas ~** you're (too) uncompromising; **~ avec qqn/sa conscience** to come to a compromise with sb/one's conscience. -**2.** SCOL to take an exam; **~ en histoire** to take a history test OU exam. -**3.** MUS: **il ne compose plus depuis des années** he hasn't composed OU written anything for years; **il compose** he writes music.
◆ **se composer** *vpt*: **se ~ un visage de circonstance** to assume an appropriate expression.
◆ **se composer de** *vp + prép* to be made up OU composed of; **l'équipe se compose de onze joueurs** the team is made up of OU comprises eleven players; **le noyau se compose d'un proton et d'un neutron** the nucleus is made up of OU is composed of a proton and a neutron.

composeuse [kɔ̃pozøz] *nf* typesetter.

composite [kɔ̃pozit] ◇ *adj* -**1.** [mobilier, population] heterogeneous, mixed, composite; [foule, assemblée] mixed. -**2.** ARCHIT & TECH composite.
◇ *nm* ARCHIT composite order.

compositeur, trice [kɔ̃pozitœr, tris] *nm, f* -**1.** MUS composer. -**2.** IMPR compositor, typesetter.

composition [kɔ̃pozisjɔ̃] *nf* -**1.** [fabrication, assemblage - d'un produit, d'un plat, d'un menu] making up, putting together; [- d'un bouquet] making up, arranging; [- d'une équipe, d'une assemblée, d'un gouvernement] forming, formation, setting up. -**2.** [écriture - d'une symphonie] composition; [- d'un poème, d'une lettre] writing; [- d'un programme] drawing up. -**3.** [éléments - d'une assemblée, d'un gouvernement, d'un menu] composition; [- d'un programme] elements; **quelle sera la ~ du jury?** who will the members of the jury be?, who will make up the jury? || CULIN & PHARM composition; **des conservateurs entrent dans la ~ du produit** this product contains preservatives; **'~: eau, sucre, fraises'** 'ingredients: water, sugar, strawberries'. -**4.** BX-ARTS & PHOT [technique, résultat] composition; **avoir le sens de la ~** to have a good eye for composition; **la ~ est déséquilibrée** the composition is unbalanced. -**5.** IMPR typesetting, composition; **~ automatique** OU **programmée** automatic typesetting. -**6.** CHIM composition. -**7.** LING compounding. -**8.** SCOL [dissertation] essay, composition; [examen] test, exam, paper; **~ française** French paper.

◆ **à composition** *loc adv sout*: **amener qqn à ~** to lead sb to a compromise; **arriver** OU **venir à ~** to come to a compromise.

◆ **de bonne composition** *loc adj* accommodating, good-natured, easy-going.

◆ **de composition** *loc adj* [rôle] character *(modif)*.

◆ **de ma composition, de sa composition** *etc loc adj* of my/his *etc* (own) making; **il a chanté une petite chanson de sa ~** he sang a little song he'd written; **je vais servir une ratatouille de ma ~** I'm going to serve my own version of ratatouille.

◆ **de mauvaise composition** *loc adj* difficult.

compost [kɔ̃pɔst] *nm* compost.

compostage [kɔ̃pɔstaʒ] *nm* -**1.** [pour dater] datestamping. -**2.** [pour valider] punching. -**3.** AGR composting.

composter [3] [kɔ̃pɔste] *vt* -**1.** [pour dater] to datestamp. -**2.** [pour valider] to punch. -**3.** AGR to compost.

COMPOSTER:
Rail passengers in France are required to insert their ticket into a special punching machine ("composteur") on the platform before beginning their journey. The words "à composter" printed across the ticket mean that the passenger must do this before getting on the train.

---

composteur [kɔ̃pɔstœr] *nm* -**1.** [dateur] datestamp. -**2.** [pour valider] ticket-punching machine. -**3.** INF: **~ de données** data cartridge.

compote [kɔ̃pɔt] *nf* CULIN compote, (fruit) purée; **~ de fruits** stewed fruit, compote; **~ de poires** pear compote.

◆ **en compote** *loc adj* -**1.** [fruits] stewed; **elle ne mange que des fruits en ~** all she ever eats is stewed fruit. -**2.** *fam* [meurtri, détruit] smashed up; **j'ai les pieds en ~** my feet are killing me; **il a la figure en ~** his face has been beaten to a pulp.

compotier [kɔ̃pɔtje] *nm* fruit bowl.

compound [kɔ̃pund] *adj inv* compound *(modif)*.

compréhensibilité [kɔ̃preɑ̃sibilite] *nf* intelligibility.

compréhensible [kɔ̃preɑ̃sibl] *adj* [intelligible] intelligible; [excusable, concevable] understandable.

compréhensif, ive [kɔ̃preɑ̃sif, iv] *adj* -**1.** [disposé à comprendre] understanding. -**2.** PHILOS comprehensive.

compréhension [kɔ̃preɑ̃sjɔ̃] *nf* -**1.** [fait de comprendre] comprehension, understanding; **des notes nécessaires à la ~ du texte** notes that are necessary to understand OU for a proper understanding of the text; **nous testons leur rapidité de ~** we try to see how quickly they understand. -**2.** [bienveillance] sympathy, understanding; **être plein de ~** to be very understanding. -**3.** LING & MATH comprehension.

comprendre [79] [kɔ̃prɑ̃dr] *vt* **A.** -**1.** [saisir par un raisonnement] to understand, to comprehend; **je ne comprends pas la logique de ce que tu dis** I don't understand the logic behind what you're saying; **c'est simple, qu'y a-t-il à ~?** it's very plain, what is there to understand?; **il comprend vite mais il faut lui expliquer longtemps!** *hum* he's a bit slow on the uptake!; **c'est à n'y rien ~** it's just baffling; **(c'est) compris?** [vous avez suivi] is it clear?, do you understand?; [c'est un ordre] do you hear me!; **(c'est) compris!** all right!, OK!; **faire ~ qqch à qqn** [le lui prouver] to get sb to understand sthg; [l'en informer] to give sb to understand sthg; **je lui ai bien fait ~ que tout était fini** I gave him to understand that it was all over; **se faire ~: est-ce que je me fais bien ~?** [mon exposé est-il clair?] is my explanation clear enough?; [ton menaçant] do I make myself clear?; **il a vite compris son malheur** OU **sa douleur!** *fig* it didn't take him long to understand that he was in trouble!; **quand j'ai vu la pile de dossiers, j'ai compris mon malheur** OU **ma douleur!** when I saw that great pile of files, I knew what I was in for! || *(en usage abs)*: **elle a fini par ~** [se résigner] she finally got the message; **ça va, j'ai compris, tu préfères que je m'en aille!** OK, I get the message, you want me to go! -**2.** [saisir grâce à ses connaissances - théorie, langue] to understand; **pour ~ le cubisme** in order to understand cubism; **elle comprend parfaitement le russe** she understands Russian perfectly; **se faire ~** to make o.s. understood; **je n'arrive pas à me faire ~ en allemand** I can't make myself understood in German. -**3.** [saisir par une intuition] to understand, to realize; **il a compris qu'il était condamné** he understood OU realized he was doomed; **comprends-tu l'importance d'une telle décision?** do you realize how important a decision it is?; **je commence à ~ où il veut en venir** I'm beginning to realize what he's after. -**4.** [admettre] to understand; **je comprends qu'on s'énerve dans les bouchons** it's quite understandable that people get irritable when caught in traffic jams; **je ne comprends pas qu'elle ne m'ait pas appelé** I don't understand why she didn't call me; **je n'arrive toujours pas à ~ ce qui lui a pris** I still can't figure out what got into him || *(en usage abs)*: **elle n'a pas osé, il faut ~ (aussi)!** she didn't dare, you have to put yourself in her shoes! -**5.** [concevoir] to understand, to see; **voilà comment je comprends la vie!** now this is what I call living!; **c'est ainsi que je comprends le rôle** this is how I understand OU see the part || *(en usage abs)* [pour établir un lien avec l'interlocuteur]: **tu comprends?, comprends-tu?** you see?, you know?; **tu comprends, ce qui me plaît c'est de vivre à la campagne** you see, what I like is living in the country. -**6.** [avoir les mêmes sentiments que] to understand, to sympathize with; **je ne le comprendrai jamais** I'll never understand him; **elle comprend les jeunes** she understands young people; **je vous comprends, cela a dû être terrible** I know how you feel, it must have been awful; **je la comprends, avec un mari pareil!** *fam* I don't blame her with the sort of husband she's got! -**7.** [apprécier] to have a feeling for, to understand; **un public qui comprend l'art abstrait** an audience that understands abstract art; **il ne comprend pas la plaisanterie** he can't take a joke.

B. -**1.** [être composé entièrement de] to contain, to be made up OU to be comprised OU to consist of; **la maison comprend cinq pièces** the house consists of five rooms; **la cérémonie comprend trois phases** the ceremony's made up of three (different) phases. -**2.** [être composé en partie de] to include, to contain; **l'équipe comprend trois joueurs étrangers** there are three foreign players in the team. -**3.** [englober] to include; **le prix comprend les frais d'envoi** the price includes postage; **si l'on comprend les cousins et cousines** if you include the cousins (as well); **la TVA est-elle comprise dans le total?** did you include OU count VAT (in the total)? -**4.** *(au passif)* [se situer]: **l'inflation sera comprise entre 5 % et 8 %** inflation will be (somewhere) between 5% and 8%; **la partie comprise entre la table et le mur** the section between the table and the wall.

◆ **se comprendre** ◇ *vp (emploi passif)* to be understandable; **c'est une réaction/un motif qui se comprend** it's an understandable response/motive; **cela se comprend, ça se comprend** understandably enough; **elle ne veut plus le voir, cela se comprend** understandably enough, she won't see him any more.

◇ *vp (emploi réciproque)* to understand one another; **nous nous sommes mal compris** we failed to understand OU we misunderstood each other.

◇ *vp (emploi réfléchi) fam loc*: **je me comprends!** I know what I'm getting at (even if others don't)!

comprenette *fam* [kɔ̃prənɛt] *nf*: **il n'a pas la ~ facile, il a la ~ dure** he's a bit slow-witted, he's a bit slow on the uptake.

compresse [kɔ̃prɛs] *nf* compress, pack.

compresser [4] [kɔ̃prese] *vt* to pack (tightly) in, to pack in tight.

compresseur [kɔ̃presœr] *nm* -**1.** [d'un réfrigérateur] compressor. -**2.** MÉCAN supercharger. -**3.** TRAV PUBL: **(rouleau) ~** steamroller.

compressibilité [kɔ̃presibilite] *nf* -**1.** MÉCAN & PHYS compressibility. -**2.** *fig* [flexibilité]: **cela dépend de la ~ des dépenses** it depends on how much expenditure can be cut down OU reduced.

compressible [kɔ̃presibl] *adj* -**1.** MÉCAN & PHYS compressible. -**2.** *fig* [réductible] reducible; **commençons par les dépenses ~s** let's begin with expenses that can be cut down OU reduced.

compressif, ive [kɔ̃presif, iv] *adj* [bandage, appareil] compressive.

compression [kɔ̃presjɔ̃] *nf* -**1.** MÉCAN & PHYS compression. -**2.** [des dépenses, du personnel] reduction, cutting-down; **procéder à une ~ des effectifs** to cut down the work force; **des ~s budgétaires** cuts OU reductions in the budget. -**3.** MÉD compression. -**4.** INF compression; **~ des caractères** digit compression.

◆ **à compression (de vapeur)** *loc adj* compression *(modif)*.

◆ **de compression** *loc adj* MÉCAN [pompe] compression *(modif)*.

comprimé, e [kɔ̃prime] *adj* compressed.

◆ **comprimé** *nm* tablet.

comprimer [3] [kɔ̃prime] *vt* -**1.** [serrer - air, vapeur, gaz] to compress; [- objets] to pack (in) tightly; [- foin, paille] to compact, to press tight; **cette robe me comprime la taille** this dress is much too tight for me around the waist; **les voyageurs étaient comprimés dans le train** the travellers were jammed OU packed tight in the train. -**2.** [diminuer - dépenses] to curtail, to trim, to cut down *(sép)*; [- effectifs] to trim OU to cut down *(sép)*. -**3.** [contenir - colère, joie, rire] to hold back *(sép)*, to suppress, to repress; [- larmes] to hold back *(sép)*. -**4.** INF to pack. -**5.** MÉD to compress.

compris, e [kɔ̃pri, iz] ◇ *adj* -**1.** [inclus - service, boisson] included; **3 900 F de loyer, charges ~es** 3,900 F rent, all maintenance charges included; **ils vivent à cinq, l'oncle ~** the five of them live together, the uncle included; **non ~** not included; **service non ~** service not included, not inclusive of the service charge; **y ~** included, including; **32 personnes y ~ l'équipage** 32 people including the crew OU the crew included; **je travaille tous les jours y ~ le dimanche** I work every day including Sundays OU Sundays included || [dans les dates] inclusive; **je serai parti du premier au 15 ~** I'll be away from the first to the 15th inclusive. -**2.** [pensé]: **bien ~** well thought-out.

◇ *interj fam* AÉRON & TÉLÉC: **~!** *aussi hum* roger!

◆ **tout compris** *loc adv* net, all inclusive, all in *Br*; **on a payé 1 200 F tout ~** we paid 1,200 F all inclusive OU all in.

compromettant, e [kɔ̃prɔmetɑ̃, ɑ̃t] *adj* [document, action] incriminating; [situation] compromising; **évitez toute relation ~e** avoid associating with anybody who might compromise you.

compromettre [84] [kɔ̃prɔmɛtr] ◇ *vt* -**1.** [nuire à la réputation de] to compromise; **ils ont tenté de la ~** they tried to compromise her; **compro-**

mis par une cassette compromised ou incriminated because of a cassette; il est compromis dans l'affaire he's implicated ou involved in the affair. -2. [mettre en danger - fortune, avenir, santé] to put in jeopardy, to jeopardize; s'il pleut, notre sortie est compromise if it rains, our outing is unlikely to go ahead.
◇ *vi* JUR to compromise.
◆ **se compromettre** *vp (emploi réfléchi)* to risk ou to jeopardize one's reputation, to be compromised.

compromis [kɔ̃prɔmi] *nm* -1. [concession] compromise; [moyen terme] compromise (solution); la vie de couple implique des ~ living together means making compromises; trouver un ~ to reach ou to come to a compromise. -2. JUR: ~ de vente provisional sale agreement.

compromission [kɔ̃prɔmisjɔ̃] *nf* base action, (piece of) dishonourable behaviour; elle est prête à n'importe quelle ~ pour réussir she will stoop to anything in order to succeed.

compromissoire [kɔ̃prɔmiswar] *adj* arbitration *(modif)*.

comptabilisation [kɔ̃tabilizasjɔ̃] *nf* FIN: faire la ~ des recettes et des dépenses to balance out credits and debits.

comptabiliser [3] [kɔ̃tabilize] *vt* -1. FIN to list, to enter in the accounts. -2. [compter] to count; je n'ai pas comptabilisé ses allées et venues I didn't keep a record of his comings and goings; ~ les appels to list ou to itemize phone calls.

comptabilité [kɔ̃tabilite] *nf* -1. [profession] accountancy, accounting; faire de la ~ to work as an accountant. -2. [comptes] accounts, books; faire sa ~ to do one's books ou book-keeping; faire la ~ de qqn to do sb's books ou book-keeping; ma ~ est à jour my books are ou my book-keeping is up-to-date. -3. [technique] accounting, book-keeping; ~ analytique cost accounting; ~ à partie double double-entry book-keeping. -4. [service, bureau] accounts (division ou section); adressez-vous à la ~ apply to the accounts department. -5. ÉCON & FIN: ~ nationale national auditing; ~ publique public finance.

comptable [kɔ̃tabl] ◇ *adj* -1. FIN accounting *(modif)*, book-keeping *(modif)*. -2. LING count *(modif)*, countable. -3. *sout* [responsable]: être ~ (à qqn) de qqch to be accountable ou answerable (to sb) for sthg.
◇ *nmf* accountant; ~ du Trésor public Treasury Official.

comptage [kɔ̃taʒ] *nm* counting; faire le ~ des voitures à l'entrée et à la sortie to count the cars going in and coming out.

comptant [kɔ̃tɑ̃] ◇ *adj m*: je lui ai versé 1 000 F ~ I paid him 1,000 F in cash.
◇ *adv* cash; payer ~ to pay cash; acheter/vendre ~ to buy/to sell for cash.
◆ **au comptant** *loc adv* cash *adv*; acheter/vendre au ~ to buy/to sell for cash.

compte [kɔ̃t] *nm* A. CALCUL, SOMME CALCULÉE -1. [énumération] counting; faire le ~ (de) [dénombrer] to count (up); ils ont fait le ~ des absents they counted (up) the number of people absent; faites le ~ vous-même work it out (for) yourself; le ~, les ~s calculation ❑ ~ à rebours *pr* & *fig* countdown; commencer le ~ à rebours *pr* & *fig* to start the countdown. -2. [somme totale] (sum) total; j'ai le ~ I've got the right money; je vous remercie, monsieur, le ~ est bon ou y est! thank you sir, that's right!; il n'y a pas le ~ [dénombrement] they're not all here ou there, some are missing; [addition] it doesn't add up; faire le ~ de [totaliser] to add up; quand on fait le ~... when you reckon it all up... ❑ ~ rond: cela fait un ~ rond that makes it a (nice) round sum ou figure; cela ne fait pas un ~ rond it comes to an odd figure; faire bon ~ to be generous (when serving), to give generous helpings; faire son ~ (pour) *fam*: comment fais-tu ton ~ pour te tromper à chaque fois/pour que tout le monde soit mécontent? how do you manage to get it wrong every time/manage it so (that) nobody's satisfied?; mais comment il a fait son ~? but how did he make such a mess of it? -3. [avantage]: trouver son ~: j'y trouve mon ~ I do well out of it, it works out well for me; il n'y trouvait pas son ~, alors il est parti [il ne gagnait pas assez d'argent] he wasn't doing well enough out of it, so he left; [dans une relation] he wasn't getting what he wanted out of it, so he left. -4. [dû]: demander son ~ to ask for one's wages; donner son ~ à qqn to give sb (his) notice ❑ avoir son ~ (de) to have more than one's fair share ou more than enough (of); je n'ai pas mon ~ de sommeil I don't get all the sleep I need ou enough sleep; avoir eu son ~ d'ennuis to have had one's fair share of trouble; il a déjà son ~ *fam* [il a beaucoup bu] he's had quite enough to drink already; recevoir son ~ *pr* to get one's (final) wages; *fig fam* to get the sack *Br* ou one's marching orders; régler son ~ à qqn *pr* to pay sb off; *fig fam* to give sb a piece of one's mind; je vais lui régler son ~! *fig* I'm going to give him a piece of my mind!; régler ses ~s [mettre en ordre ses affaires] to put one's affairs in order; régler ses ~s avec qqn [le payer] to settle up with sb; [se venger] to settle one's ou old scores with sb; son ~ est bon *fam* ou sera vite réglé he's had it, he's done for.

B. DANS LE DOMAINE FINANCIER ET COMMERCIAL -1. [de dépôt, de crédit] account; ~ courant current *Br* ou checking *Am* account; ~ de dépôt deposit *Br* ou savings *Am* account; ~ épargne logement savings account *(for purchasing a property)*; ~ joint joint account; ~ numéroté numbered account. -2. [facture] bill, check *Am*; faites-moi ou préparez-moi le ~ may I have the bill, please?; régler un ~ [payer] to settle a bill; [mettre au net une situation] to clear the air; [se venger] to settle a score ou an old score. -3. [bilan]: ~ de profits et pertes profit and loss account.

C. LOCUTIONS: à mon/son *etc* ~: reprendre à son ~ [magasin] to take over in one's own name; [idée, écrit] to adopt; il a pris le repas à son ~ he paid for the meal; être ou travailler à son ~ to be self-employed; il est à son ~ maintenant he's his own boss now, he's set up on his own now; à ~ d'auteur at the author's own expense; en ~: nous sommes en ~, vous me réglerez tout à la fin as we're doing business together, you may pay me in full at the end; passer ou porter une somme en ~ [recette] to credit a sum; [dépense] to debit a sum; je suis en ~ avec ton frère I've got some business to settle with your brother; demander ~ de qqch à qqn to ask sb for an explanation of sthg, to ask sb to account for sthg; rendre des ~s (à qqn) to give ou to offer (sb) an explanation; je n'ai de ~s à rendre à personne I don't owe anybody any explanations, I don't have to justify my actions to anybody; je n'ai pas de ~s à vous rendre I don't have to justify myself to you; rendre ~ de qqch à qqn [s'en expliquer] to justify sthg to sb || [faire un rapport]: si vous rencontrez des difficultés, rendez-en ~ au chef d'équipe if you have any difficulties, report to the team leader; il est venu nous rendre ~ de l'accident he came to give us an account of the accident; devoir des ~s à qqn to be responsible ou accountable to sb; je ne dois de ~s à personne I don't have to account for ou to justify my actions to anybody; il ne te doit pas de ~s he doesn't owe you any explanations; prendre qqch en ~ [prendre en considération] to take sthg into account ou consideration; se rendre ~ (de qqch) to realize sthg; je ne me rendais pas ~ de l'effort que cela lui avait coûté I hadn't realized ou appreciated the effort she'd put into it; te rends-tu ~ de ce que tu fais? do you realize ou really understand what you're doing?; on lui a collé une étiquette dans le dos mais il ne s'en est pas rendu ~ somebody stuck a label on his back but he didn't notice; non mais, tu te rends ~? *fam* [indignation] can you believe it?; tenir ~ de qqch to take account of sthg, to take sthg into account; elle n'a pas tenu ~ de mes conseils she took no notice of ou ignored my advice; si vous avez réglé récemment, ne tenez pas ~ du présent rappel if you have settled the account in the last few days, please ignore this reminder; ~ tenu de in view ou in the light of; ~ non tenu de leaving out, excluding.
◆ **comptes** *nmpl* accounts, accounting; faire/tenir les ~s to do/to keep the accounts; elle tient bien ses ~s she keeps her accounts in good order; j'ai mal fait mes ~s I've made a mistake in my accounts ❑ ~s d'apothicaire: faire des ~s d'apothicaire to work things out to the last penny ou *Am* cent; les bons ~s font les bons amis *prov* pay your debts and you'll keep your friends.
◆ **à bon compte** *loc adv* [acheter] cheap, cheaply; s'en tirer à bon ~ [sans frais] to manage to avoid paying a fortune; [sans conséquences graves] to get off lightly.
◆ **à ce compte, à ce compte-là** *loc adv* [selon ce raisonnement] looking at it ou taking it that way.
◆ **de compte à demi** *loc adv* [en partageant - les frais] sharing the expenses ou costs; [- les bénéfices] sharing the profits, with a half-share of the profits.
◆ **pour compte** *loc adv*: laisser des marchandises pour ~ to leave goods on a merchant's hands.
◆ **pour le compte** *loc adv* for the count; il est resté à terre pour le ~ he was out for the count.
◆ **pour le compte de** *loc prép* for; elle travaille pour le ~ d'une grande société (mais n'en fait pas partie) she works for a large firm (but isn't on the payroll), she freelances for a large firm.
◆ **pour mon compte, pour son compte** *etc loc adv* for my/his *etc* part, as for me/him *etc*; pour son ~, il la trouvait antipathique as for him, he thought she was unpleasant.
◆ **sur le compte de** *loc prép* -1. [à propos de] on, about, concerning; on a dit bien des bêtises sur son ~ people talked a lot of nonsense about him. -2. *loc*: mettre qqch sur le ~ de qqn *pr* to put sthg on sb's bill; mettre qqch sur le ~ de qqch to put sthg down to sthg; je mets ses excentricités sur le ~ de sa jeunesse I put her eccentric behaviour down to her youth.
◆ **tout compte fait, tous comptes faits** *loc adv* -1. [en résumé] all in all, on balance, all things considered. -2. [après tout] thinking about it, on second thoughts.

compte(-)chèques [kɔ̃tʃɛk] (*pl* comptes-chèques ou comptes chèques) *nm* current *Br* ou checking *Am* account; ~ postal *account held at the Post Office*, ≃ giro account *Br*; les comptes-chèques postaux *the banking service of the French Post Office*, ≃ the Giro Bank *Br*.

compte-gouttes [kɔ̃tgut] *nm inv* dropper.
◆ **au compte-gouttes** *fam loc adv* very sparingly; payer qqn au ~ to pay sb off in dribbs and drabs; ils les prêtent au ~, leurs vidéos! they don't like lending out too many videos at a time!

compter [3] [kɔ̃te] ◇ *vt* -1. [dénombrer - images, objets, personnes] to count; avez-vous compté l'argent de la caisse/les absents? have you counted the money in the till/the people who are absent?; il s'est mis à ~ les billets he started to count the notes; on peut ~ ou on a vite compté les cadeaux qu'elle a faits! *péj* you can count the presents she's given on the fingers of one hand!; on ne compte plus ses crimes she has committed countless ou innumerable crimes; as-tu compté combien de jours elle a été absente? have you counted the number of days she was missing ou absent?; j'ai compté qu'il restait 200 francs dans la caisse according to my reckoning, there are 200 francs left in the till; ~ les heures/jours [d'impatience] to be counting the hours/days; on peut lui ~ les côtes he's as thin as a rake; il m'a compté absent/présent *fam* he marked me (down as) absent/present ❑ ~ les points *pr* & *fig* to keep score. -2. [mesurer - quantité] to measure OU to count (out); [- unités] to count (out); **le temps lui est compté, ses jours sont comptés** his days are numbered; **il ne comptait pas sa peine/ses efforts** he spared no pains/ effort; **tu es toujours à ~ tes sous!** you're always counting your pennies!; **il lui compte chaque sou** OU **son argent** *fig* he grudges her every penny OU *Am* cent. -**3.** [faire payer] to charge for; ~ **qqch à qqn** to charge sb for sthg; **j'ai compté trois heures de ménage** I've charged for three hours' housework; **le serveur nous a compté 15 francs de trop** the waiter has overcharged us by 15 francs, the waiter has charged us 15 francs too much. -**4.** [payer, verser] to pay; **il m'a compté deux jours à 110 francs** he paid me (for) two days at 110 francs. -**5.** [inclure] to count (in), to include; **nous ne vous compterons pas la pièce détachée** we won't charge you OU there'll be no charge for the spare part; **dans le total nous n'avons pas compté le vin** wine has not been included in the overall figure; **tu as compté les boissons aussi?** did you count the drinks as well? -**6.** [classer - dans une catégorie]: ~ **qqch/qqn parmi** to count sthg/sb among, to number sthg/sb among; **je compte ce livre parmi mes préférés** I count this book among my favourites. -**7.** [prendre en considération] to take into account, to take account of; **on vous comptera vos années d'ancienneté** your length of service will be taken into account; **et je ne compte pas la fatigue!** and that's without mentioning the effort!; ~ **qqn/qqch pour**: **nous devons ~ sa contribution pour quelque chose** we must take some account of her contribution. -**8.** [avoir] to have; **notre musée compte quelques tableaux rares** our museum has OU boasts several rare paintings; **la capitale compte deux millions d'habitants** the capital has two million inhabitants; **l'association compte maintenant 67 adhérents** the association now has OU numbers 67 members; **nous sommes heureux de vous ~ parmi nous ce soir** we're happy to have OU to welcome you among us tonight; **il compte beaucoup d'artistes au nombre de** OU **parmi ses amis** he numbers many artists among his friends || [avoir à son actif] to have; **elle compte déjà cinq victoires dans des grands tournois** she's already won five big tournaments; **quand on compte 20 années de service** when you've been 20 years with the same company. -**9.** [avoir l'intention de] to intend; ~ **faire qqch** to intend to do sthg, to mean to do sthg, to plan to do sthg; **que comptes-tu faire ce soir?** what are your plans for OU what do you intend to do tonight?; **ils m'ont renvoyé — que comptes-tu faire maintenant?** I've been fired — what do you intend to do now?; **dis-lui ce que tu comptes faire** tell him what your intentions are OU what you have in mind; **nous comptions aller en Grèce cet été** we'd planned to go to Greece this summer. -**10.** [prévoir] to allow, to reckon; **nous comptons une demi-bouteille de vin par personne** we allow half a bottle of wine per person; **il faut ~ entre 100 et 200 F pour un repas** you have to allow between 100 and 200 F for a meal; **je compte qu'il y a un bon quart d'heure de marche/une journée de travail** I reckon there's a good quarter of an hour's walk/there's a day's work || *(en usage abs)*: ~ **juste** to skimp; ~ **large** to be generous; **deux canards pour 10 personnes? c'est ~ un peu juste!** two ducks between 10 people? that's cutting it a bit fine!; **il faudra deux heures pour y aller, en comptant large** it will take two hours to get there, at the most. -**11.** SPORT [boxeur] to count out *(sép)*.

◇ *vi* -**1.** [calculer] to count, to add up; **apprendre à ~** to learn to count; **ça fait 37 — je sais ~!** it's 37 — I do know how to count (,thank you)!; **ne me dérange pas quand je compte** don't disturb me when I'm counting; ~ **jusqu'à 10** to count (up) to 10; ~ **sur ses doigts** to count on one's fingers; ~ **avec une calculette** to add up with a calculator; ~ **vite** to add up quickly; **si je compte bien, tu me dois 345 francs** if I've counted right OU according to my calculations, you owe me 345 francs; **tu as dû mal ~** you must have got your calculations wrong, you must have miscalculated. -**2.** [limiter ses dépenses] to be careful (with money); **ils sont obligés de ~ maintenant** they have to be careful with money now; **c'est quelqu'un qui n'a jamais compté** he has never been one to worry about money; **savoir ~** to be good at looking after one's money; **ne t'inquiète pas pour la tante, elle sait ~!** don't worry about the aunt, she knows how to look after her own interests OU her money! -**3.** [importer] to count, to matter; **ce qui compte, c'est ta santé/le résultat** the important thing is your health/the end result; **40 ans d'ancienneté, ça compte!** 40 years (of) service DOES count for something!; **une des personnes qui ont le plus compté dans ma vie** one of the most important people in my life; **tu comptes beaucoup pour moi** you mean a lot to me; **le médecin est un personnage qui compte dans le village** the doctor is a highly respected figure in the village; **je prendrai ma décision seule! — alors moi, je ne compte pas?** I'll make my own decision! — so I don't count OU matter, then?; **tu as triché, ça ne compte pas** you cheated, it doesn't count; **à l'examen, la philosophie ne compte presque pas** philosophy is a very minor subject in the exam; ~ **double/triple** to count double/triple; ~ **pour** to count for; ~ **pour quelque chose/rien** to count for something/nothing; **et moi, je ne compte pour rien?** what about me then? don't I count for OU mean anything?; **quand il est invité à dîner, il compte pour trois!** when he's invited to dinner he eats enough for three! ❑ ~ **pour du beurre** *fam* to count for nothing; **et moi, dans tout ça, je compte pour du beurre?** so I don't count, then? -**4.** [figurer]: ~ **parmi** to rank with, to be numbered among; **elle compte parmi les plus grands pianistes de sa génération** she ranks among the greatest pianists of her generation.

◆ **compter avec** *v + prép* to reckon with; **désormais, il faudra ~ avec l'opposition** from now on, the opposition will have to be reckoned with; **dans une course, il faut toujours ~ avec le vent** in a race, the wind always has to be reckoned with.

◆ **compter sans** *v + prép* to fail to take into account, to fail to allow for; **il avait compté sans la rapidité de Jones** he had failed to take Jones' speed into account.

◆ **compter sur** *v + prép* [faire confiance à] to count OU to rely OU to depend on *(insép)*; [espérer - venue, événement] to count on *(insép)*; **on ne peut pas ~ sur lui** he can't be relied on, you can't count OU rely OU depend on him; **c'est quelqu'un sur qui tu peux ~** he's/she's a reliable person; **je compte sur son aide** I'm counting on his help; **ne compte pas trop sur la chance** don't count OU rely too much on luck; **je vous le rendrai — j'y compte bien!** I'll give it back to you — I should hope so!; **je peux sortir demain soir? — n'y compte pas!** can I go out tomorrow night? — don't count OU bank on it!; ~ **sur qqn/qqch pour**: **compte sur lui pour aller tout répéter au patron!** you can rely on him to go and tell the boss everything!; **si c'est pour lui jouer un mauvais tour, ne comptez pas sur moi!** if you want to play a dirty trick on him, you can count me out!; ~ **sur qqn/qqch pour que**: **ne compte pas sur moi pour que j'arrange les choses!** don't count on me to patch things up! ❑ **compte là-dessus (et bois de l'eau fraîche)!** *fam iron* you must be joking!, dream on!; **tu me prêteras ta moto? — c'est ça, compte là-dessus (et bois de l'eau fraîche)!** will you lend me your motorbike? — you must be joking!

◆ **se compter** ◇ *vp (emploi passif)* to be counted; **les détournements de fonds se comptent par dizaines** there have been dozens of cases of embezzlement; **ses succès ne se comptent plus** her successes are innumerable OU are past counting ❑ **ça se compte sur les doigts de la main** you can count them on the fingers of one hand.

◇ *vp (emploi réfléchi)* -**1.** [s'estimer] to count OU to consider o.s.; **je ne me compte pas parmi les plus malheureux** I count myself as one of the luckier ones. -**2.** [s'inclure dans un calcul] to count OU to include o.s.; **non, nous sommes six — ah oui, j'avais oublié de me ~** no, there are six of us — oh yes, I forgot to count OU to include myself.

◆ **à compter de** *loc prép* as from OU of; **à ~ du 7 mai** as from OU of May 7th; **à ~ de ce jour, nous ne nous sommes plus revus** from that day on, we never saw each other again.

◆ **à pas comptés** *loc adv* -**1.** [lentement]: **marcher à pas comptés** to walk OU to go at a snail's pace. -**2.** [prudemment] slowly but surely, with cautious steps.

◆ **à tout compter** *loc adv* all things considered, all in all.

◆ **en comptant** *loc prép* including; **il faut deux mètres de tissu en comptant l'ourlet** you need two metres of material including OU if you include the hem.

◆ **sans compter** ◇ *loc adv* [généreusement]: **donner sans ~** to give generously OU without counting the cost; **se dépenser sans ~** to spare no effort.

◇ *loc prép* to say nothing of, not to mention; **il y aura beaucoup de monde, sans ~ ceux qui viennent sans prévenir** there'll be a lot of people, even without counting OU not to mention the ones who'll come without letting us know beforehand.

◆ **sans compter que** *loc conj* quite apart from the fact that; **il est trop tôt pour aller dormir, sans ~ que je n'ai pas du tout sommeil** it's too early to go to bed, quite apart from the fact that I'm not at all sleepy.

◆ **tout bien compté** *loc adv* all things considered, all in all.

compte(-)rendu [kɔ̃trɑ̃dy] (*pl* **comptes rendus** OU **comptes-rendus**) *nm* [d'une conversation] account, report; [d'une séance, d'un match, d'une visite professionnelle] report; [d'un livre, d'un spectacle] review; **faire le ~ d'un livre** to review a book; **faire le ~ de la réunion** to report on the meeting; ~ **d'audience** court session record.

compte-tours [kɔ̃ttur] *nm inv* rev counter, tachometer *spéc*.

compteur [kɔ̃tœr] *nm* [appareil] meter; [affichage] counter; **relever le ~** to read the meter; **mettre le ~ à zéro** to set the counter on zero; **remettre le ~ à zéro** to reset the counter; **la voiture a 1 000 kilomètres au ~** the car has 1,000 kilometres on the clock ❑ ~ **à gaz/ d'eau/d'électricité** gas/water/electricity meter; ~ **Geiger** Geiger counter; ~ **kilométrique** milometer *Br*, mileometer *Br*, odometer *Am*; ~ **bloqué** *fam* [conduire, rouler] with one's foot to the floor, like a maniac; ~ **de vitesse** speedometer; ~ **volumétrique** volumeter; **remettre les ~s à zéro** to start from scratch again, to go back to square one.

comptine [kɔ̃tin] *nf* [chanson] nursery rhyme; [formule] counting-out rhyme.

comptoir [kɔ̃twar] *nm* -**1.** [bar] bar; **j'ai pris un café au ~** I had a coffee at the bar OU counter. -**2.** COMM [table] counter. -**3.** HIST trading post. -**4.** ÉCON trading syndicate. -**5.** BANQUE bank branch; ~ **national d'escompte** national discount branch. -**6.** *Helv* [foire] fair *(where items are exhibited and sold)*.

compulser [3] [kɔ̃pylse] *vt* to consult, to refer to *(insép)*.

compulsif, ive [kɔ̃pylsif, iv] *adj* compulsive PSYCH.

compulsion [kɔ̃pylsjɔ̃] *nf* compulsion PSYCH.

compulsionnel, elle [kɔ̃pylsjɔnɛl] *adj* compulsive PSYCH.

computation [kɔ̃pytasjɔ̃] *nf* computation (of time).

computer [kɔ̃pjutœr], **computeur** [kɔ̃pytœr] *nm* computer.

comtal, e, aux [kɔ̃tal, o] *adj* of a count, of an earl *Br*.

comtat [kɔ̃ta] *nm* county.

comte [kɔ̃t] *nm* count, earl *Br*; 'le Comte de Monte-Cristo' *Dumas* 'The Count of Monte Christo'.

comté [kɔ̃te] *nm* -**1.** [territoire d'un comte] earldom. -**2.** [division géographique] county. -**3.** [fromage] comté (cheese).

comtesse [kɔ̃tɛs] *nf* countess.

comtoise [kɔ̃twaz] *nf* [horloge] grandfather OU longcase clock.

con, conne▽ [kɔ̃, kɔn] ◇ *adj* -**1.** [stupide] bloody *Br* OU damn stupid; [irritant] bloody *Br* OU damn infuriating; **ce que c'est ~!** it's so bloody *Br* OU damn stupid!; **ce que t'es ~!** you're so bloody stupid *Br* OU so dumb *Am*!; **il est pas ~!** he's no fool! ❑ **~ comme un balai** OU **la lune** OU **un manche** thick as two short planks *Br*, as dumb as they come *Am*; **se retrouver tout ~** to look an idiot, to end up looking stupid; **quand sa perruque s'est envolée, il s'est retrouvé tout ~** he looked a real fool when his wig blew off. -**2.** [regrettable] silly, stupid; **c'est vraiment ~ que t'aies pas pu le prévenir!** it's really stupid that you weren't able to let him know in time!

◇ *nm, f* [personne stupide] bloody *Br* OU goddam *Am* fool; **pauvre ~!** you schmuck *Am* OU prat *Br*!; **bande de ~s!** (what a) load of jerks!; **le roi des ~s** a complete and utter prat *Br* OU jerk *Am*; **jouer au ~, faire le ~** to arse around *Br*, to screw around *Am*; **fais pas le ~ avec ce rasoir!** put that bloody *Br* OU goddam *Am* razor down!

◆ **à la con**▽ *loc adj* -**1.** [stupide] bloody stupid; **c'est une histoire à la ~** it's a bloody stupid story. -**2.** [de mauvaise qualité] crappy, shitty; **j'en ai ras le bol de cette bagnole à la ~!** I'm fed up with this bloody *Br* OU goddam *Am* car!

◆ **con**▼ *nm* cunt.

Conakry [kɔnakri] *npr* Conakry, Konakri.

conard▼ [kɔnar] = **connard**.

conasse▼ [kɔnas] = **connasse**.

concassage [kɔ̃kasaʒ] *nm* [de la pierre, du sucre] crushing, pounding; [du poivre] grinding.

concasser [3] [kɔ̃kase] *vt* [broyer - pierre, sucre] to crush, to pound; [- poivre] to grind.

concasseur [kɔ̃kasœr] ◇ *adj m* crushing; **cylindre ~** crushing cylinder.

◇ *nm* crusher.

concaténation [kɔ̃katenasjɔ̃] *nf* concatenation.

concave [kɔ̃kav] *adj* concave.

concavité [kɔ̃kavite] *nf* -**1.** [fait d'être concave] concavity. -**2.** [creux] hollow, cavity.

concéder [18] [kɔ̃sede] *vt* -**1.** [donner - droit, territoire] to concede, to grant; **on leur a concédé des terres** they were granted some land. -**2.** [admettre] to admit, to grant; **je te concède ce point** I grant you that point; **elle parle bien, ça je te le concède** I must admit that she's a good speaker, she's a good speaker, I grant you. -**3.** SPORT [point, corner] to concede, to give away *(sép)*; **il n'a pas concédé un seul set en dix matches** he hasn't given away OU conceded a single set in his last ten matches.

concélébrer [18] [kɔ̃selebre] *vt* to concelebrate.

concentrateur [kɔ̃sɑ̃tratœr] *nm* INF concentrator.

concentration [kɔ̃sɑ̃trasjɔ̃] *nf* -**1.** [attention]: **~ (d'esprit)** concentration; **l'exercice nécessite une grande ~** the exercise requires great concentration; **faire un effort de ~** to try to concentrate; **elle fait des erreurs par manque de ~** she makes mistakes because she doesn't concentrate enough. -**2.** [rassemblement] concentration; **pour éviter la ~ de tous les pouvoirs chez un seul homme** to make sure that all power isn't concentrated in the hands of one man; **la ~ de l'industrie textile dans le Nord** the concentration of the textile industry in the North ❑ **~ du feu** OU **tir** MIL concentration of fire; **~ de troupes** MIL troop concentration; **~ urbaine** conurbation. -**3.** CHIM, CULIN & PHARM concentration; **augmenter la ~ en sucre d'un sirop** to increase the sugar content of a syrup. -**4.** ÉCON: **~ horizontale/verticale** horizontal/vertical integration.

concentrationnaire [kɔ̃sɑ̃trasjɔnɛr] *adj* -**1.** HIST: **l'univers ~** life in the (concentration) camps; **l'horreur ~** the horror of the (concentration) camps. -**2.** [rappelant les camps] like a concentration camp.

concentré, e [kɔ̃sɑ̃tre] *adj* -**1.** [attentif]: **je n'étais pas assez ~** I wasn't concentrating hard enough. -**2.** CHIM, CULIN & PHARM concentrated. -**3.** [concis - style] compact, taut; **dans une lettre très ~e** in a letter that was very much to the point.

◆ **concentré** *nm* -**1.** CULIN & PHARM [de jus de fruit] concentrate; [de parfum] extract; **~ de tomate** tomato purée. -**2.** [résumé] summary, boiled-down version *péj*; **on leur fait apprendre un ~ d'histoire de France** they're made to learn a boiled-down OU potted version of French history.

concentrer [3] [kɔ̃sɑ̃tre] *vt* -**1.** [rassembler - troupes, foule, élèves] to concentrate, to mass; **c'est là que l'on a concentré les malades** this is where all the sick people have been gathered together. -**2.** [intérêt, efforts] to concentrate, to focus; **~ (toute) son attention sur** to concentrate (all) one's attention on. -**3.** CHIM, CULIN & PHARM to concentrate. -**4.** OPT to focus.

◆ **se concentrer** *vpi* -**1.** [être attentif] to concentrate; **la radio m'empêche de me ~** the radio is preventing me from concentrating OU is ruining my concentration; **se ~ sur qqch** to concentrate OU to focus on sthg; **je vais me ~ sur l'anglais pour l'examen** I'm going to concentrate on English for the exam. -**2.** [se réunir - foule] to gather, to cluster, to concentrate; **la foule s'était concentrée sur le parvis** the crowd had converged on the square. -**3.** [se canaliser] to be concentrated OU focussed; **se ~ sur un seul problème** to concentrate on a single issue.

concentrique [kɔ̃sɑ̃trik] *adj* concentric.

concept [kɔ̃sɛpt] *nm* concept, notion.

concepteur, trice [kɔ̃sɛptœr, tris] *nm, f* designer.

conception [kɔ̃sɛpsjɔ̃] *nf* -**1.** [notion] idea, concept, notion; **sa ~ du socialisme** his idea of socialism; **elle a une ~ originale de la vie** she has an original way of looking at life. -**2.** *litt* [compréhension] understanding. -**3.** BIOL conception. -**4.** [élaboration - gén] design; [- par une entreprise] product design; **produit de ~ française** French-designed product; **un ventilateur d'une ~ toute nouvelle** a fan with an entirely new design. -**5.** INF: **~ assistée par ordinateur** computer-aided design; **~ et fabrication assistées par ordinateur** computer-aided manufacturing.

conceptualisation [kɔ̃sɛptɥalizasjɔ̃] *nf* conceptualization.

conceptualiser [3] [kɔ̃sɛptɥalize] *vt* to conceptualize.

conceptualisme [kɔ̃sɛptɥalism] *nm* conceptualism.

conceptuel, elle [kɔ̃sɛptɥɛl] *adj* conceptual.

concernant [kɔ̃sɛrnɑ̃] *prép* -**1.** [relatif à] concerning, regarding; **pour toutes questions ~ nos nouveaux produits** for all questions concerning OU regarding OU relating to our new products. -**2.** [à propos de] regarding, with regard to; **~ la réduction des impôts, voilà ce qu'il a dit** regarding OU with regard to taxes, this is what he said.

concerner [3] [kɔ̃sɛrne] *vt* to concern; **écoute un peu, cette discussion te concerne** listen! this discussion has implications for you OU concerns you; **cette histoire ne nous concerne pas** this business doesn't concern us OU is of no concern to us OU is no concern of ours; **les salariés concernés par cette mesure** the employees concerned OU affected by this measure; **se sentir concerné** to feel (morally) involved; **une génération qui ne se sent pas concernée** an indifferent generation.

◆ **en ce qui concerne** *loc prép* concerning, as regards; **en ce qui me/le concerne** as far as I'm/he's concerned, from my/his point of view, as for me/him.

concert [kɔ̃sɛr] *nm* -**1.** MUS concert; **~ rock/de musique classique** rock/classical (music) concert; **~ de musique sacrée** concert of sacred music; **aller au ~** to go to a concert; **je vais peu au ~** I don't go to concerts very often, I'm not much of a concert-goer. -**2.** *fig* [ensemble] chorus; **~ de louanges/protestations** chorus of praises/protests; **un ~ de sifflets/marteaux-piqueurs** a chorus of whistles/pneumatic drills. -**3.** *sout* [entente] entente; **le ~ des nations africaines** the entente between African nations.

◆ **de concert** *loc adv* together, jointly, concertedly; **nous avons décidé de ~ que...** together we have decided that...

◆ **de concert avec** *loc prép* in conjunction OU concert with, jointly OU together with; **agir de ~ avec qqn** to act jointly OU in conjunction with sb.

◆ **en concert** *loc adv*: **il faut les voir en ~** you have to see them in concert OU on stage; **Béhel en ~** [sur une affiche, un disque] Béhel live OU in concert.

concertant, e [kɔ̃sɛrtɑ̃, ɑ̃t] *adj* concertante.

concertation [kɔ̃sɛrtasjɔ̃] *nf* -**1.** [dialogue] dialogue; **une plus grande ~ entre les pays industrialisés serait désirable** a greater dialogue between the industrialized countries would be welcome. -**2.** [consultation] consultation; **sans ~ préalable avec les syndicats** without consulting the unions.

concerté, e [kɔ̃sɛrte] *adj* -**1.** [commun - plan, action] concerted, joint. -**2.** ÉCON: **fixation ~e des prix** common pricing OU price fixing.

concerter [3] [kɔ̃sɛrte] *vt* to plan OU to devise jointly.

◆ **se concerter** *vp (emploi réciproque)* to consult together, to confer.

concertino [kɔ̃sɛrtino] *nm* [groupe, morceau] concertino.

concertiste [kɔ̃sɛrtist] *nmf* -**1.** [gén] concert performer OU artist. -**2.** [soliste] soloist *(in a concerto)*.

concerto [kɔ̃sɛrto] *nm* concerto; **~ grosso** concerto grosso; **'(les) Concertos brandebourgeois'** *Bach* '(The) Brandenburg Concertos'.

concessif, ive [kɔ̃sesif, iv] *adj* GRAMM concessive.

◆ **concessive** *nf* GRAMM concessive clause.

concession [kɔ̃sesjɔ̃] *nf* -**1.** [compromis] concession; **faire des ~s** to make concessions; **je l'ai fait, mais au prix de nombreuses ~s** I did it but I had to concede a lot (of ground); **c'est un homme sans ~** he's an uncompromising man. -**2.** JUR [action de concéder] concession, conceding; **faire la ~ d'un terrain à** to grant a piece of land to; **accorder une ~ à** to grant a concession to; **retirer une ~ à** to withdraw a concession from. -**3.** [terrain] concession; **~ minière/pétrolière** mining/oil concession; **~ funéraire** burial plot.

◆ **de concession** *loc adj* GRAMM concessive.

concessionnaire [kɔ̃sesjɔnɛr] ◇ *adj* concessionary.

◇ *nmf* COMM dealer, franchise holder; **renseignez-vous auprès de votre ~ (automobile)** see your (car) dealer.

concevable [kɔ̃səvabl] *adj* conceivable; **c'est difficilement ~** it's hardly conceivable; **il n'est pas ~ que...** it's inconceivable that...

concevoir [52] [kɔ̃səvwar] *vt* -**1.** [avoir une notion de] to conceive of *(insép)*, to form a notion of; **~ l'infini** to form a notion of infinity || *(en usage abs)*: **la faculté de ~** the ability to think ❑ **ce que l'on conçoit bien s'énonce clairement** *allusion Boileau* what is clearly understood can be clearly expressed. -**2.** [imaginer] to imagine, to conceive of *(insép)*; **~ la maison idéale** to imagine the ideal home; **je ne conçois pas de repas sans vin** I can't imagine a meal without wine. -**3.** [comprendre] to understand, to see; **c'est ainsi que je conçois l'amour** this is my idea of love OU how I see love; **cela vous est difficile, je le conçois** I can (well) understand that it's difficult for you; ~ **qqch comme** to conceive OU to see sthg as. -**4.** *litt* [ressentir - haine, amitié] to conceive, to develop. -**5.** [créer - meuble, décor, ouvrage] to design; [- plan, programme] to conceive, to devise, to think up *(sép)*; **parc bien/mal conçu** well-/poorly-designed garden. -**6.** [rédiger - message, réponse] to compose, to couch; **une lettre conçue en ces termes** a letter written as follows OU couched in the following terms. -**7.** BIOL to conceive; *(en usage abs)*: **les femmes qui ne peuvent pas** ~ women who cannot have children OU conceive.

◆ **se concevoir** *vp (emploi passif)* to be imagined; **une telle politique se conçoit en temps de guerre** such a policy is understandable in wartime.

conchoïdal, e, aux [kɔ̃kɔidal, o] *adj* conchoidal.

conchoïde [kɔ̃kɔid] *nf* conchoid.

conchyliculteur, trice [kɔ̃kilikyltœr, tris] *nm, f* shellfish breeder.

conchyliculture [kɔ̃kilikyltyr] *nf* shellfish breeding.

conchyliologie [kɔ̃kiljɔlɔʒi] *nf* conchology.

concierge [kɔ̃sjɛrʒ] *nmf* -**1.** [gardien - d'immeuble] caretaker, janitor *Am*; [- d'hôtel] porter *Br*, receptionist. -**2.** *fam péj* [bavard] gossip, blabbermouth.

CONCIERGE:
In French apartment buildings, the concierge does general cleaning jobs, sees to it that no unwelcome visitors enter the building, and often also delivers mail to the occupants of the building. The concierge usually lives in a small flat ("la loge") just inside the front entrance.

---

conciergerie [kɔ̃sjɛrʒəri] *nf* -**1.** [loge] caretaker's office, janitor's lodge *Am*. -**2.** HIST: **la Conciergerie** the Conciergerie prison *(in Paris)*.

concile [kɔ̃sil] *nm* council; ~ **œcuménique** ecumenical council; ~ **de Trente** Council of Trent.

conciliable [kɔ̃siljabl] *adj* reconcilable, compatible; **les études sont-elles** ~**s avec le métier de chanteur?** is studying compatible with a singing career?; **des principes difficilement** ~**s** principles difficult to reconcile.

conciliabules [kɔ̃siljabyl] *nmpl* chatting; **c'est fini, ces** ~**?** *fam* have you finished yakking?

conciliaire [kɔ̃siljɛr] *adj* conciliar.

conciliant, e [kɔ̃siljɑ̃, ɑ̃t] *adj* [personne] conciliatory, accommodating; [paroles, ton] conciliatory, placatory.

conciliateur, trice [kɔ̃siljatœr, tris] ◇ *adj* conciliatory, placatory.
◇ *nm, f* conciliator, arbitrator.

conciliation [kɔ̃siljasjɔ̃] *nf* -**1.** [médiation] conciliation; **esprit de** ~ spirit of conciliation; **geste de** ~ conciliatory gesture. -**2.** JUR conciliation, arbitration. -**3.** *litt* [entre deux personnes, deux partis] reconciliation.

conciliatoire [kɔ̃siljatwar] *adj* conciliatory.

concilier [9] [kɔ̃silje] *vt* -**1.** [accorder - opinions, exigences] to reconcile; ~ **travail et plaisir** to manage to combine work with pleasure. -**2.** [gagner - faveurs, sympathie] to gain, to win; **sa gentillesse lui a concilié la sympathie de tous** his kindness made him popular with everybody.

◆ **se concilier** *vpt*: **se** ~ **l'amitié de qqn** to gain OU to win sb's friendship; **se** ~ **les électeurs** to win the voters over.

concis, e [kɔ̃si, iz] *adj* [style] concise, tight; [écrivain] concise; **soyez plus** ~ come to the point.

concision [kɔ̃sizjɔ̃] *nf* concision, conciseness, tightness; **style d'une extrême** ~ extremely concise OU tight style.

concitoyen, enne [kɔ̃sitwajɛ̃, ɛn] *nm, f* fellow citizen.

conclave [kɔ̃klav] *nm* conclave.

concluant, e [kɔ̃klyɑ̃, ɑ̃t] *adj* [essai, démonstration] conclusive; **peu** ~ inconclusive.

conclure [96] [kɔ̃klyr] ◇ *vt* -**1.** [terminer - discussion, travail] to end, to conclude, to bring to a close OU conclusion; [- repas] to finish OU to round off *(sép)*; *(en usage abs)*: ~ **par** to end OU to conclude with; **elle a conclu par un appel à l'unité** she ended with a call for unity; **maintenant, vous devez** ~ now you must come to a conclusion. -**2.** [déduire] to conclude; **que peut-on** ~ **de cette expérience?** what conclusion can be drawn from this experience?; **n'ayant pas eu de réponse, j'en conclus que...** not having had an answer I conclude that... -**3.** [accord] to conclude; [traité] to sign; [- cessez-le-feu] to agree to *(insép)*; ~ **une affaire** to conclude OU to clinch a deal; **marché conclu!** it's a deal!
◇ *vi* JUR: **les témoignages concluent contre lui/en sa faveur** the evidence goes against him/in his favour.

◆ **conclure à** *v + prép*: **ils ont dû** ~ **au meurtre** they had to conclude that it was murder.

◆ **pour conclure** *loc adv indép* as a OU in conclusion, to conclude.

conclusif, ive [kɔ̃klyzif, iv] *adj sout* [paragraphe] closing, final.

conclusion [kɔ̃klyzjɔ̃] *nf* -**1.** [fin] conclusion. -**2.** [déduction] conclusion; **on en est arrivé à la** ~ **suivante** we came to OU reached the following conclusion; **gardons-nous des** ~**s hâtives** let's not jump to conclusions; **tirer une** ~ **de qqch** to draw a conclusion from sthg; ~**, la voiture est fichue** *fam* the result is that the car's a write-off.

◆ **conclusions** *nfpl* [d'un rapport] conclusions, findings; JUR submissions; **déposer** OU **signifier des** ~**s** to file submissions with a court.

◆ **en conclusion** *loc adv indép* as a OU in conclusion, to conclude.

concocter [3] [kɔ̃kɔkte] *vt* to concoct.

concombre [kɔ̃kɔ̃br] *nm* BOT cucumber.

◆ **concombre de mer** *nm* ZOOL sea cucumber.

concomitance [kɔ̃kɔmitɑ̃s] *nf* concomitance.

concomitant, e [kɔ̃kɔmitɑ̃, ɑ̃t] *adj* concomitant, attendant.

concordance [kɔ̃kɔrdɑ̃s] *nf* -**1.** [conformité] agreement, similarity; **la** ~ **des empreintes/dates** the similarity between the fingerprints/dates. -**2.** GRAMM: ~ **des temps** sequence of tenses. -**3.** GÉOL conformability. -**4.** [index] concordance.

◆ **en concordance avec** *loc prép* in agreement OU keeping OU accordance with.

concordant, e [kɔ̃kɔrdɑ̃, ɑ̃t] *adj* -**1.** [correspondant]: **les versions sont** ~**es** the stories agree OU match OU are in agreement. -**2.** GÉOL conformable.

concordat [kɔ̃kɔrda] *nm* -**1.** RELIG concordat. -**2.** COMM winding-up arrangement.

concordataire [kɔ̃kɔrdatɛr] *adj* -**1.** RELIG concordat *(modif)*. -**2.** COMM: **failli** ~ certified bankrupt.

concorde [kɔ̃kɔrd] *nf litt* concord, harmony.

concorder [3] [kɔ̃kɔrde] *vi* [versions, chiffres] to agree, to tally; [groupes sanguins, empreintes] to match; **faire** ~ **qqch et** OU **avec qqch** to make sthg and sthg agree.

concourant, e [kɔ̃kurɑ̃, ɑ̃t] *adj* -**1.** GÉOM: **droites** ~**es** concurrent OU convergent lines. -**2.** [actions, volontés] joint, concerted, united.

concourir [45] [kɔ̃kurir] *vi* -**1.** [être en compétition] to compete; **elle a refusé de** ~ **cette année** she has refused to enter competitions OU to compete this year; **il est trop jeune pour que je le fasse** ~ he's too young for me to enter him in competitions; ~ **avec qqn** to compete with OU against sb. -**2.** GÉOM to converge. -**3.** JUR to have concurrent claims.

◆ **concourir à** *v + prép* to contribute to; **beaucoup de facteurs ont concouru à sa réussite** a number of factors contributed to his success; **tout concourt à me faire croire qu'il ment** everything leads me to believe that he's lying.

concours [kɔ̃kur] *nm* -**1.** [aide] aid, help, support; **prêter son** ~ **à** to lend one's support to; **grâce au** ~ **du maire** thanks to the mayor's help OU support. -**2.** [combinaison]: **un heureux/un fâcheux** ~ **de circonstances** a lucky/an unfortunate coincidence. -**3.** [épreuve] competition, contest; ~ **de beauté/de chant** beauty/singing contest; ~ **agricole/hippique** agricultural/horse show. -**4.** ENS competitive (entrance) exam; **le** ~ **d'entrée à l'ÉNA** the entrance exam for ÉNA ❑ **le** ~ **de l'Eurovision** the Eurovision song contest; **le** ~ **général** *annual competition between the best senior pupils at French lycées.*

◆ **avec le concours de** *loc prép* with the participation of, in association with.

◆ **par concours, sur concours** *loc adv* [recruter, entrer] on the results of a competitive entrance exam.

concret, ète [kɔ̃krɛ, ɛt] *adj* -**1.** [palpable] concrete; **un objet** ~ a thing, a concrete object. -**2.** [non théorique] concrete, practical; **faire des propositions concrètes** to make concrete OU practical proposals. -**3.** [s'appuyant sur l'expérience] concrete, empirical, experiential; **un esprit** ~ a practical mind. -**4.** LING & MUS concrete.

◆ **concret** *nm*: **le** ~ that which is concrete, the concrete; **ce qu'il nous faut, c'est du** ~ we need something we can get our teeth into.

concrètement [kɔ̃krɛtmɑ̃] *adv* concretely, in concrete terms; **je ne vois pas** ~ **ce que ça peut donner** I can't visualize what it would be like; ~**, qu'est-ce que cela va entraîner pour les usagers?** in concrete terms, what will that mean for the users?

concrétion [kɔ̃kresjɔ̃] *nf* CHIM, GÉOL & MÉD concretion.

concrétisation [kɔ̃kretizasjɔ̃] *nf* concretization, materialization; **la** ~ **d'un rêve** a dream come true.

concrétiser [3] [kɔ̃kretize] *vt* [rêve] to realize; [idée, proposition] to make concrete.

◆ **se concrétiser** *vpi* [rêve] to come true, to materialize; [proposition, idée] to be realized, to take concrete form OU shape.

concubin, e [kɔ̃kybɛ̃, in] *nm, f* -**1.** [amant] concubine, partner. -**2.** JUR partner, cohabitee.

concubinage [kɔ̃kybinaʒ] *nm* -**1.** [vie de couple]: **vivre en** ~ to live as man and wife, to cohabit. -**2.** JUR cohabitation, cohabiting; ~ **notoire** common-law marriage.

concupiscence [kɔ̃kypisɑ̃s] *nf* [envers les biens] greed; [envers le sexe] lust, concupiscence *litt*.

concupiscent, e [kɔ̃kypisɑ̃, ɑ̃t] *adj* [envers les biens] greedy; [envers le sexe] lustful, concupiscent *litt*.

concurremment [kɔ̃kyramɑ̃] *adv* at the same time, concurrently.

◆ **concurremment avec** *loc prép* -**1.** [de concert avec] in conjunction OU concert with. -**2.** [en même temps que] concurrently with.

concurrence [kɔ̃kyrɑ̃s] *nf* -**1.** [rivalité] competition; **faire (de la)** ~ **à** to be in competition OU to compete with; **les Japonais nous livrent une** ~ **acharnée** we're engaged in a cut-throat competition with the Japanese ❑ ~ **déloyale** unfair competition OU trading. -**2.** [rivaux]: **la** ~ the competition.

◆ **en concurrence avec** *loc prép* competing OU in competition with.

◆ **à concurrence de, jusqu'à concurrence de** *loc prép* up to, to the limit of; **vous pouvez être à découvert jusqu'à** ~ **de 5 000 F** your overdraft limit is 5,000 F.

concurrencer [16] [kɔ̃kyrɑ̃se] *vt* to compete OU to be in competition with; **ils nous concurrencent dangereusement** they're very dangerous OU serious competitors for us.

concurrent, e [kɔ̃kyrɑ̃, ɑ̃t] ◇ *adj* competing, rival *(avant n)*.
◇ *nm, f* -**1.** COMM & SPORT competitor. -**2.** SCOL candidate.

concurrentiel, elle [kɔ̃kyʀɑ̃sjɛl] *adj* competitive; **marchandises vendues à des prix ~s** competitively-priced goods.

concussion [kɔ̃kysjɔ̃] *nf* embezzlement, misappropriation of public funds.

concussionnaire [kɔ̃kysjɔnɛʀ] ◇ *adj* embezzling.
◇ *nmf* embezzler.

condamnable [kɔ̃danabl] *adj* blameworthy, reprehensible.

condamnation [kɔ̃danasjɔ̃] *nf* -**1.** [action] sentencing, convicting; **il a fait l'objet de trois ~s pour vol** he's already had three convictions for theft, he's been convicted three times for theft ‖ [peine] sentence; **~ aux travaux forcés** sentence of hard labour; **~ à mort** death sentence; **~ à la réclusion à perpétuité** life sentence, sentence of life imprisonment; **~ par défaut/ par contumace** decree by default/in absentia. -**2.** [blâme] condemnation, blame; **c'est une ~ sans appel de sa politique extérieure** it's an out and out condemnation of his foreign policy. -**3.** [fin - d'un projet, d'une tentative] end; **ce projet est la ~ de l'enseignement privé** this project spells the end of private education. -**4.** AUT [blocage] locking; [système] locking device.

condamnatoire [kɔ̃danatwaʀ] *adj* JUR condemnatory.

condamné, e [kɔ̃dane] *nm, f* JUR sentenced OU convicted person; **~ à la réclusion perpétuelle** life prisoner, lifer; **l'aile des ~s à mort** Death Row ❑ **~ à mort** prisoner under sentence of death; **la cigarette du ~** the condemned man's last cigarette.

condamner [3] [kɔ̃dane] *vt* -**1.** JUR [accusé] to sentence; **~ qqn à mort/aux travaux forcés** to sentence sb to death/to hard labour; **condamné à trois mois de prison pour...** sentenced to three months' imprisonment for...; **condamné à une amende** fined; **condamné aux dépens** ordered to pay costs; **condamné pour meurtre** convicted of murder; **~ qqn par défaut/par contumace** to sentence sb by default/in absentia; **faire ~ qqn** to get OU to have sb convicted. -**2.** [interdire - magazine] to forbid publication of; [- pratique] to forbid, to condemn; **la société condamne la bigamie** society forbids OU condemns bigamy; **la loi condamne l'usage de stupéfiants** the use of narcotics is forbidden by law. -**3.** [désapprouver - attentat, propos] to express disapproval of; **~ qqn pour avoir fait** OU **d'avoir fait qqch** to blame sb for having done sthg; **l'expression est condamnée par les puristes** the use of the phrase is condemned OU is disapproved of by purists. -**4.** [accuser] to condemn; **son silence la condamne** her silence condemns her. -**5.** [suj: maladie incurable] to condemn, to doom; [rendre infaisable] to doom; **les médecins disent qu'il est condamné** the doctors say that there is no hope for him; **les malades condamnés sont renvoyés chez eux** terminally-ill patients are sent back home; **ce projet est condamné par manque d'argent** the project is doomed through lack of money. -**6.** [murer - porte, fenêtre] to block up *(sép)*, to seal off *(sép)*; **la troisième chambre avait été condamnée** the third bedroom had been closed up; **~ toutes les fenêtres d'une maison** to board up the windows in a house; **~ sa porte** *fig* to bar one's door. -**7.** [obliger]: **je suis condamnée à rester alitée pendant dix jours** I'm confined to bed for ten days.

condé [kɔ̃de] *nm arg crime* [flic] cop; **les ~s** the fuzz, the cops.

condensable [kɔ̃dɑ̃sabl] *adj* condensable.

condensateur [kɔ̃dɑ̃satœʀ] *nm* -**1.** ÉLECTR condenser, capacitor. -**2.** OPT: **~ optique** condenser.

condensation [kɔ̃dɑ̃sasjɔ̃] *nf* -**1.** CHIM & PHYS condensation. -**2.** [buée] condensation; **une pièce où il y a beaucoup de ~** a very damp room. -**3.** [d'un texte] reducing, abstracting.

condensé [kɔ̃dɑ̃se] *nm* digest, summary, abstract.

condenser [3] [kɔ̃dɑ̃se] *vt* -**1.** CHIM & PHYS to condense. -**2.** [raccourcir - récit] to condense, to cut down; **style condensé** terse style.
◆ **se condenser** *vpi* to condense.

condenseur [kɔ̃dɑ̃sœʀ] *nm* -**1.** CHIM, MÉTALL & PHYS condenser; **~ à mélange** jet OU injection condenser; **~ à surface** surface condenser. -**2.** OPT condenser.

condescendance [kɔ̃desɑ̃dɑ̃s] *nf* condescension; **un air de ~** an air of condescension, a patronizing attitude; **faire preuve de ~ à l'égard de qqn** to patronize sb.

condescendant, e [kɔ̃desɑ̃dɑ̃, ɑ̃t] *adj* [hautain - regard, parole] condescending, patronizing.

condescendre [73] [kɔ̃desɑ̃dʀ]
◆ **condescendre à** *v + prép* to condescend to; **elle a condescendu à me recevoir** *aussi hum* she condescended OU deigned to see me.

condiment [kɔ̃dimɑ̃] *nm* [épices] condiment; [moutarde] (mild) mustard.

condisciple [kɔ̃disipl] *nmf* SCOL classmate, schoolmate; UNIV fellow student.

condition [kɔ̃disjɔ̃] *nf* -**1.** [préalable] condition; **une des ~s du progrès** one of the conditions of OU requirements for progress; **mettre une ~ à qqch** to set a condition before sthg can be done; **j'accepte mais j'y mets une ~** I accept but on one condition; **j'irai avec toi à une ~: on prend la voiture** I'll come with you on one condition: we take the car ❑ **~ nécessaire/ suffisante** necessary/sufficient condition; **~ préalable** prerequisite; **~ requise** requirement; **une ~ sine qua non** de an absolute prerequisite for. -**2.** [état] condition, shape; **~ physique/psychologique** physical/psychological shape; **être en bonne ~ physique** to be in condition, to be fit; **en grande** OU **excellente ~ physique** in excellent shape; **être en petite** OU **mauvaise ~ physique** to be in poor physical shape, to be unfit. -**3.** [position sociale] condition, rank, station; **des gens de toutes ~s** people from all walks of life; **une femme de ~ modeste** a woman from a modest background; **épouser qqn de sa ~** to marry a person of one's station OU condition; **la ~ paysanne au XIXᵉ siècle** the situation of peasants in the 19th century; **pour améliorer leur ~** in order to improve their lot ❑ **la ~ féminine** the lives of women, the female condition; **la ~ ouvrière** the condition of the working-class. -**4.** [destinée]: **la ~ humaine** the human condition. -**5.** GRAMM & JUR condition.
◆ **conditions** *nfpl* -**1.** [environnement] conditions; **~s climatiques/économiques** weather/ economic conditions; **dans des ~s normales de température** at normal temperatures ❑ **~s de vie/travail** living/working conditions. -**2.** [termes] terms; **les ~s d'un accord** the terms of an agreement; **aux ~s les plus avantageuses** on the most favourable terms; **vos ~s seront les miennes** I'll go along with whatever conditions you wish to lay down; **quelles sont ses ~?** what terms is he offering? ❑ **~s de vente/d'achat** terms of sale/purchase; **~s de paiement/de remboursement** payment/ repayment terms.
◆ **à (la) condition de, sous (la) condition de** *loc prép* on condition that, providing OU provided (that); **tu peux y aller à ~ de ne pas rentrer tard** you may go on condition that OU provided (that) you don't come back late.
◆ **à (la) condition que, sous (la) condition que** *loc conj* on condition that, provided OU providing (that); **je ne dirai rien à ~ que tu en fasses autant** I won't say anything on condition that OU provided (that) you do the same.
◆ **dans ces conditions** *loc adv* under these conditions; **dans ces ~s, j'accepte** under these conditions, I accept; **dans ces ~s, pourquoi se donner tant de mal?** if that's what it's like, why go to so much trouble?
◆ **en condition** *loc adv* -**1.** [en bonne forme] in shape; **mettre en ~** [athlète, candidat] to get into condition OU form; **se mettre en ~** to get (o.s.) fit OU into condition OU into shape. -**2.** [dans un état favorable]: **mettre le public en ~** to condition the public. -**3.** *arch* [dans la domesticité]: **entrer en ~ chez qqn** to enter sb's service.
◆ **sans conditions** *loc adv* unconditionally.
◆ **sous condition** *loc adv* conditionally; **acheter sous ~** to buy on approval.

conditionné, e [kɔ̃disjɔne] *adj* -**1.** PSYCH conditioned. -**2.** [climatisé - bureau, autocar] air-conditioned. -**3.** COMM [marchandise] packaged.

conditionnel, elle [kɔ̃disjɔnɛl] *adj* -**1.** [soumis à condition] conditional, tentative; **notre soutien est ~ et dépend de...** our support is conditional on... -**2.** PSYCH conditioned. -**3.** GRAMM conditional.
◆ **conditionnel** *nm* GRAMM conditional (mood); **~ présent/passé** present/perfect conditional tense.
◆ **conditionnelle** *nf* GRAMM conditional clause.
◆ **au conditionnel** *loc adv* -**1.** GRAMM in the conditional. -**2.** [comme une hypothèse]: **la nouvelle est à prendre au ~** the news has yet to be confirmed OU checked; **il faut l'annoncer au ~** it's not yet certain.

conditionnellement [kɔ̃disjɔnɛlmɑ̃] *adv* conditionally, tentatively.

conditionnement [kɔ̃disjɔnmɑ̃] *nm* -**1.** [fait d'emballer, emballage] packaging. -**2.** TEXT conditioning. -**3.** INDUST processing. -**4.** PSYCH conditioning; **~ classique** classical conditioning; **~ instrumental** OU **opérant** instrumental learning.

conditionner [3] [kɔ̃disjɔne] *vt* -**1.** [emballer - marchandise, aliments] to package. -**2.** TEXT to condition. -**3.** INDUST to process. -**4.** [influencer] to condition, to influence; **la publicité conditionne nos choix** advertising conditions OU influences our choices; **on l'a conditionné pour réagir de la sorte** he's been conditioned to react this way; **notre départ est conditionné par son état de santé** our going away depends on OU is conditional on her state of health. -**5.** [climatiser] to air-condition.

conditionneur, euse [kɔ̃disjɔnœʀ, øz] *nm, f* food-processing specialist.
◆ **conditionneur** *nm* -**1.** [climatiseur] air conditioner. -**2.** INDUST packer.

condoléances [kɔ̃dɔleɑ̃s] *nfpl* condolences; **lettre de ~** letter of condolence; **présenter ses ~** to offer one's condolences; **veuillez accepter mes plus sincères ~** please accept my deepest sympathy OU my most sincere condolences; **toutes mes ~, Paul** with deepest sympathy OU heartfelt condolences, Paul.

condom [kɔ̃dɔm] *nm* condom, sheath.

condominium [kɔ̃dɔminjɔm] *nm* condominium.

condor [kɔ̃dɔʀ] *nm* condor.

condottiere [kɔ̃dɔtjɛʀ] *(pl* **condottieri** [-ʀi]) *nm* condottiere.

conductance [kɔ̃dyktɑ̃s] *nf* conductance.

conducteur, trice [kɔ̃dyktœʀ, tʀis] ◇ *adj* -**1.** ÉLECTR conductive. -**2.** *fig* [principal - principe, fil] guiding.
◇ *nm, f* -**1.** TRANSP driver; **~ d'autobus** bus driver. -**2.** INDUST operator; **~ de travaux** foreman *(f* forewoman), clerk of works.
◆ **conducteur** *nm* PHYS conductor.

conductibilité [kɔ̃dyktibilite] *nf* conductivity.

conductible [kɔ̃dyktibl] *adj* conductive, conductible.

conduction [kɔ̃dyksjɔ̃] *nf* conduction; **~ électrolytique** electrolysis.

conductivité [kɔ̃dyktivite] *nf* conductivity.

conduire [80] [kɔ̃dɥiʀ] *vt* -**1.** [emmener] to take, to drive; **~ les enfants à l'école** to take OU to drive the children to school; **je vais t'y ~, si tu veux** I'll drive OU take you there, if you like; **~**

qqn jusqu'à la porte to see sb to the door, to show sb the way out; ~ le troupeau à l'alpage to drive the cattle to the high pastures; le policier l'a conduit au poste the policeman took him down to the station. -2. [guider] to lead; ~ un cheval par la bride to lead a horse by the bridle; ~ un aveugle dans la rue to lead a blind man along the street; les empreintes m'ont conduit jusqu'au hangar *fig* the footprints led me to the shed. -3. [donner accès à] to lead to *(insép)*, to open out onto *(insép)*; cet escalier ne conduit nulle part this staircase doesn't lead anywhere. -4. [mener]: ~ qqn à: ~ qqn au désespoir to drive sb to desperation; cela me conduit à penser que... this leads me to believe that..., I am led to believe that...; ce qui nous conduit à la conclusion suivante which leads OU brings us to the following conclusion; ~ qqn à la victoire [entraîneur, entraînement] to lead sb (on) to victory || *(en usage abs)*: cette filière conduit au bac technique this stream allows you to go on to OU this stream leads to a vocational school-leaving qualification; la jalousie conduit aux pires excès jealousy leads to OU can cause extremes of bad behaviour. -5. TRANSP [véhicule] to drive; [hors-bord] to steer; *(en usage abs)*: qui conduisait? who was driving?, who was behind the wheel?; ils conduisent trop longtemps sans s'arrêter they spend too much time behind the wheel without a break; ~ à droite/gauche to drive on the right-/left-hand side of the road; ~ bien/mal/vite to be a good/bad/fast driver. -6. [diriger - état] to run, to lead; [- affaires, opérations] to run, to conduct, to manage; [- travaux] to supervise; [- recherches, enquête] to conduct, to lead; [- délégation, révolte] to head, to lead. -7. [être en tête de]: ~ le deuil to be at the head of the funeral procession, to be a chief mourner. -8. MUS [orchestre, symphonie] to conduct. -9. [faire passer - eau] to carry, to bring; l'oléoduc qui conduit le pétrole à travers le désert the pipeline which carries the oil across the desert. -10. PHYS [chaleur, électricité] to conduct, to be a conductor of.

◆ **se conduire** ◇ *vp (emploi passif)* [être piloté] to be driven, to drive; une voiture qui se conduit facilement a car that's easy to drive. ◇ *vpi* [se comporter] to behave, to conduct o.s.; ce n'est pas une façon de se ~ avec une dame that's no way to behave to a lady; se ~ bien to behave (o.s.) well; tâche de bien te ~ try to behave (yourself); se ~ mal to behave badly, to misbehave; nos joueurs se sont conduits comme des sauvages our players behaved like brutes.

conduit [kɔ̃dɥi] *nm* -1. TECH conduit, pipe; ~ d'aération air duct; ~ de ventilation ventilation shaft; ~ de fumée flue. -2. ANAT canal, duct; ~ auditif auditory canal; ~ lacrymal tear OU lachrymal *spéc* duct.

conduite [kɔ̃dɥit] *nf* -1. [pilotage - d'un véhicule] driving; [- d'un hors-bord] steering; ~ tout terrain cross-country driving ❑ la ~ à droite/gauche driving on the right-/left-hand side of the road; avec ~ à droite right-hand drive *(modif)*; avec ~ à gauche left-hand drive *(modif)*; ~ en état d'ivresse drink driving, drinking and driving; faire un bout OU brin de ~ à qqn (jusqu'à) *fam* to walk sb part of the way (to). -2. [comportement] conduct, behaviour; avoir une ~ étrange to behave oddly; pour bonne ~ [libéré, gracié] for good behaviour; mauvaise ~ misbehaviour, misconduct. -3. [direction - des affaires] management, conduct; [- de la guerre] conduct; [- d'un pays] running; [- des travaux] supervision. -4. AUT: ~ intérieure saloon (car) *Br*, sedan *Am*. -5. TECH pipe; [canalisation principale] main; ~ d'eau/de gaz water/gas pipe; ~ forcée pressure pipeline.

condyle [kɔ̃dil] *nm* condyle.

condylien, enne [kɔ̃diljɛ̃, ɛn] *adj* condylar.

cône [kon] *nm* -1. GÉOM cone; en forme de ~ conical, coneshaped. -2. BOT pine cone. -3. GÉOL: ~ de déjection alluvial cone; ~ volcanique volcanic OU volcano cone. -4. ANAT: ~ rétinien retinal cone. -5. ZOOL cone shell. -6. [glace] cone, cornet.

conf. *(abr écrite de* confort): tt ~ mod. cons.

confabulation [kɔ̃fabylasjɔ̃] *nf* PSYCH confabulation.

confection [kɔ̃fɛksjɔ̃] *nf* -1. CULIN preparation, making. -2. COUT [fabrication -d'une robe] making; [- d'un veston] tailoring; la ~ INDUST the clothing industry OU business; je ne trouve pas ma taille en ~ I can't find my size in ready-to-wear clothes OU in the shops.

◆ **de confection** *loc adj* ready-to-wear, ready-made, off-the-peg *Br*.

confectionner [3] [kɔ̃fɛksjɔne] *vt* -1. [préparer - plat, sauce] to prepare, to make. -2. COUT [robe] to make, to sew; [veston] to tailor; c'est sa mère qui confectionne les costumes des enfants it's her mother who runs up the children's costumes.

confectionneur, euse [kɔ̃fɛksjɔnœr, øz] *nm, f* clothes manufacturer.

confédéral, e, aux [kɔ̃federal, o] *adj* confederal.

confédération [kɔ̃federasjɔ̃] *nf* -1. [nation] confederation, confederacy; la Confédération helvétique the Swiss Confederation. -2. POL: confédération générale du travail → CGT.

confédéré, e [kɔ̃federe] ◇ *adj* confederate. ◇ *nm, f Helv person from another canton.*

◆ **confédérés** *nmpl* HIST: les ~s the Confederates.

confédérer [18] [kɔ̃federe] *vt* to confederate.

confer [kɔ̃fɛr] *vt*: ~ page 36 see page 36.

conférence [kɔ̃ferɑ̃s] *nf* -1. [réunion] conference; ~ internationale sur la paix international peace conference; donner OU tenir une ~ to hold a meeting OU conference ❑ ~ de presse press conference; ~ au sommet summit conference. -2. [cours] lecture; donner une ~ sur Milton to give OU to deliver a lecture on Milton, to lecture on Milton. -3. BOT [poire] conference pear.

◆ **en conférence** *loc adv* in a meeting.

conférencier, ère [kɔ̃ferɑ̃sje, ɛr] *nm, f* speaker.

conférer [18] [kɔ̃fere] ◇ *vt* -1. [décerner - titre, droit] to confer, to bestow; ~ une médaille à qqn to confer a medal on OU upon sb. -2. *fig* [donner - importance, prestance] to impart. ◇ *vi* [discuter] to talk, to hold talks.

confesse [kɔ̃fɛs] *nf* [confession]: aller à/revenir de ~ to go to/to come back from confession ❑ chacun son tour, comme à ~ *hum* one at a time.

confesser [4] [kɔ̃fese] *vt* -1. RELIG [péché] to confess (to); [personne] to hear the confession of, to be the confessor of; *(en usage abs)*: le Père Guérin ne confessera pas aujourd'hui Father Guérin will not hear confessions today. -2. *fam* [faire parler]: ~ qqn to make sb talk. -3. *litt* [foi, convictions] to proclaim. -4. [reconnaître, admettre] to admit, to confess; j'ai eu tort, je le confesse I admit OU confess I was wrong.

◆ **se confesser** *vpi* to confess, to make one's confession; se ~ à un prêtre to confess to a priest.

confesseur [kɔ̃fesœr] *nm* -1. RELIG confessor. -2. [confident] confidant (*f* confidante).

confession [kɔ̃fesjɔ̃] *nf* -1. RELIG [aveu, rite] confession; faire une ~ *pr* & *fig* to make a confession, to confess. -2. [appartenance] faith, denomination; être de ~ luthérienne/anglicane to belong to the Lutheran/Anglican faith. -3. *litt* [proclamation] proclaiming. -4. LITTÉRAT: 'Confessions' *Rousseau* 'Confessions'.

confessionnal, aux [kɔ̃fesjɔnal, o] *nm* confessional.

confessionnel, elle [kɔ̃fesjɔnɛl] *adj* denominational.

confetti [kɔ̃feti] *nm* (piece of) confetti; des ~s confetti; ils ont quitté le bal masqué sous une pluie de ~s they were showered with confetti as they left the masked ball.

confiance [kɔ̃fjɑ̃s] *nf* -1. [foi - en quelqu'un, quelque chose] trust, confidence; avec ~ confidently; envisager son avenir avec ~ to feel confident about one's future; avoir ~ en qqn/qqch to trust sb/sthg, to have confidence in sb/sthg; faire ~ à qqn to trust sb; peut-on lui faire ~? can he be trusted?, is he trustworthy OU reliable?; elle a mon entière ~ I have complete confidence in her; placer sa ~ en qqn to put one's trust OU to place one's confidence in sb; j'ai ~ en l'avenir de mon pays I have faith in the future of my country. -2. POL: voter la ~ au gouvernement to pass a vote of confidence in the government ❑ vote de ~ vote of confidence. -3. [aplomb]: ~ en soi confidence, self-confidence, self-assurance; manquer de ~ en soi to lack self-confidence; reprendre ~ en soi to regain one's self-confidence.

◆ **de confiance** *loc adj*: poste de ~ position of trust; personne de ~ reliable OU trustworthy person; les hommes de ~ du président the President's advisers.

◆ **en confiance** *loc adv*: mettre qqn en ~ to win sb's trust; se sentir OU être en ~ (avec qqn) to feel safe (with sb).

◆ **en (toute) confiance** *loc adv* with complete confidence; tu peux y aller/l'acheter en toute ~ you can go there/buy it with confidence.

confiant, e [kɔ̃fjɑ̃, ɑ̃t] *adj* -1. [qui fait confiance] trusting, trustful. -2. [qui exprime la confiance] trusting, confident. -3. [qui a confiance]: être ~ dans OU en to have confidence in; je suis ~ dans la réussite de notre programme I have confidence in the success of our programme, I'm confident that our programme will be a success; il est ~ (en lui-même) he's self-assured OU self-confident.

confidence [kɔ̃fidɑ̃s] *nf* confidence; faire une ~ à qqn to confide something to sb, to trust sb with a secret; faire des ~s à qqn to confide in sb; mettre qqn dans la ~ to take sb into one's confidence, to let sb into the secret; être dans la ~ to be in on the OU a secret; se faire des ~s to confide in each other ❑ ~s sur l'oreiller *hum* pillow talk.

◆ **en confidence** *loc adv* in (strict) confidence.

confident, e [kɔ̃fidɑ̃, ɑ̃t] *nm, f* confidant (*f* confidante).

confidentialité [kɔ̃fidɑ̃sjalite] *nf* confidentiality.

confidentiel, elle [kɔ̃fidɑ̃sjɛl] *adj* [information] confidential; [entretien] private; à titre ~ in confidence, confidentially.

confidentiellement [kɔ̃fidɑ̃sjɛlmɑ̃] *adv* confidentially, in (strict) confidence.

confier [9] [kɔ̃fje] *vt* -1. [dire - craintes, intentions] to confide, to entrust; ~ un secret à qqn to confide OU to entrust a secret to sb, to share a secret with sb; il m'a confié qu'il voulait divorcer he confided to me that he wanted to get a divorce. -2. [donner] to entrust; ~ ses clefs à un ami to entrust one's keys to a friend; ~ une mission à qqn to entrust a mission to sb, to entrust sb with a mission; la garde de Marie a été confiée à sa mère Marie has been put in her mother's care. -3. *litt* [livrer] to consign.

◆ **se confier** *vpi* [s'épancher] to confide; se ~ à qqn to confide in sb; je n'ai personne à qui me ~ I have nobody to confide in; elle ne se confie pas facilement she doesn't confide in people easily.

◆ **se confier à** *vp + prép* [s'en remettre à] to trust to; se ~ à sa bonne étoile to trust to one's lucky star.

configuration [kɔ̃figyrasjɔ̃] *nf* -1. [aspect général] configuration, general shape; la ~ des lieux the layout of the place. -2. CHIM & INF configuration.

confiné, e [kɔ̃fine] *adj* [air] stale; [atmosphère] stuffy; vivre ~ chez soi to live shut up indoors.

confinement [kɔ̃finmɑ̃] *nm* -1. [enfermement] confinement. -2. PHYS: ~ d'un plasma confinement, containment. -3. [d'une espèce animale] concentration *(in a particular area)*.

confiner [3] [kɔ̃fine] *vt* [reléguer] to confine; ~ **un acteur dans des rôles comiques** to confine an actor to comic parts.

◆ **confiner à** *v + prép* -**1.** *sout* [être voisin de - pays, maison] to border on. -**2.** *fig* [être semblable à] to border OU to verge on; **passion qui confine à la folie** passion bordering OU verging on madness.

◆ **se confiner** *vp (emploi réfléchi)* [s'enfermer]: **se ~ dans son bureau** to confine o.s. to one's study, to shut o.s. away in one's study.

◆ **se confiner à** *vp + prép* [se limiter à] to confine o.s. OU to limit o.s. OU to keep to; **je préfère ne pas me ~ aux auteurs que je connais bien** I'd rather not confine myself to OU keep to those writers I'm familiar with.

confins [kɔ̃fɛ̃] *nmpl* [limites - d'un pays] borders; [- d'un savoir, de l'intelligence] confines, bounds; **les ~ de l'Europe et de l'Asie** the borders of Europe and Asia.

◆ **aux confins de** *loc prép* on the borders of; **aux ~ du conscient et de l'inconscient** *fig* on the borders of the conscious and the unconscious.

confire [101] [kɔ̃fir] *vt* [dans du sucre] to preserve, to candy; [dans du vinaigre] to pickle.

◆ **se confire** *vpi litt*: **se ~ en dévotion** to be excessively pious.

confirmand, e [kɔ̃firmɑ̃, ɑ̃d] *nm, f* confirmand.

confirmatif, ive [kɔ̃firmatif, iv] *adj* confirmative.

confirmation [kɔ̃firmasjɔ̃] *nf* -**1.** [attestation] confirmation; **obtenir ~ d'un résultat** to receive confirmation of a result, to have a result confirmed; **donnez-nous ~ de votre rendez-vous** please give us confirmation of OU please confirm your appointment; **en ~ de** as a OU in confirmation of, confirming; **il m'en a donné ~ lui-même** he confirmed it to OU for me himself. -**2.** RELIG confirmation; **recevoir la ~** to be confirmed; **donner la ~** to confirm. -**3.** JUR upholding.

confirmé, e [kɔ̃firme] *adj* [professionnel] experienced.

confirmer [3] [kɔ̃firme] *vt* -**1.** [rendre définitif - réservation, nouvelle] to confirm; ~ **par écrit** to confirm by letter OU in writing; **cela reste à ~** it remains to be confirmed, it is as yet unconfirmed. -**2.** [renforcer - témoignage, diagnostic, impression] to confirm, to bear out *(insép)*; **ceci confirme mes** OU **me confirme dans mes soupçons** this bears out OU confirms my suspicions. -**3.** [affermir - position, supériorité] to reinforce; ~ **qqn dans ses fonctions** to confirm sb in office. -**4.** RELIG to confirm; **se faire ~** to be confirmed.

◆ **se confirmer** *vpi* -**1.** [s'avérer - rumeur] to be confirmed; **son départ se confirme** it's been confirmed that he's leaving; **il se confirme que...** it has now been confirmed that... -**2.** [être renforcé - tendance, hausse] to become stronger.

confiscable [kɔ̃fiskabl] *adj* liable to seizure OU to being seized, confiscable.

confiscation [kɔ̃fiskasjɔ̃] *nf* -**1.** [saisie] confiscation, seizure, seizing. -**2.** JUR forfeiture.

confiserie [kɔ̃fizri] *nf* -**1.** [produit] sweet *Br*, candy *Am*; **acheter des ~s** to buy confectionery, to buy sweets *Br*, to buy candy *Am*. -**2.** [industrie] confectionery (business OU trade). -**3.** [magasin] confectioner's, sweet shop *Br*, candy store *Am*. -**4.** [des olives, des sardines] pickling.

confiseur, euse [kɔ̃fizœr, øz] *nm,f* confectioner.

confisquer [3] [kɔ̃fiske] *vt* -**1.** [retirer - marchandises, drogue] to confiscate, to seize; [- sifflet, livre] to take away *(sép)*, to confiscate; ~ **qqch à qqn** to take sthg away from OU to confiscate sthg from sb. -**2.** [supprimer] to take away *(sép)*, to suppress; **le pouvoir a confisqué nos libertés** the authorities have taken away OU suppressed our civil rights. -**3.** JUR to seize, to confiscate.

confit, e [kɔ̃fi, it] *adj* [fruits] candied, crystallized; [cornichons] pickled; **ailes de canards ~es** conserve of duck wings.

◆ **confit** *nm* conserve; ~ **d'oie** goose conserve.

confiteor [kɔ̃fiteɔr] *nm inv* Confiteor.

confiture [kɔ̃fityr] *nf* jam, preserve; ~ **de fraises/mûres** strawberry/blackberry jam; ~ **d'oranges** (orange) marmalade; **tartine de ~** slice of bread with jam; **faire des ~s** to make jam ❑ **donner de la ~ aux cochons** *fam* to throw OU to cast pearls before swine.

◆ **en confiture** *loc adv*: **mettre qqch en ~** to reduce sthg to a pulp.

confiturerie [kɔ̃fityrri] *nf* jam factory.

confiturier, ère [kɔ̃fityrje, ɛr] ◇ *adj* jam *(modif)*.

◇ *nm, f* jam OU preserve manufacturer.

◆ **confiturier** *nm* jam dish.

conflagration [kɔ̃flagrasjɔ̃] *nf* -**1.** [conflit] conflagration, conflict. -**2.** [bouleversement] major upheaval.

conflictuel, elle [kɔ̃fliktɥɛl] *adj* [pulsions, désirs] conflicting, clashing; **situation/relation ~le** antagonistic situation/relationship.

conflit [kɔ̃fli] *nm* -**1.** MIL conflict, war; **le ~ irano-irakien** the Iran-Iraq war ❑ ~ **armé** armed conflict OU struggle; ~ **limité** limited conflict. -**2.** [heurt]: **entrer en ~ avec** to conflict with, to come into conflict with; **il y a beaucoup de ~s internes** there's a lot of infighting; **le ~ des générations** the clash between generations. -**3.** JUR conflict; ~ **d'attribution/de juridiction** conflict of authority; ~ **social** OU **du travail** labour OU industrial dispute.

confluence [kɔ̃flyɑ̃s] *nf* -**1.** GÉOG confluence. -**2.** [rencontre] confluence, convergence; **à la ~ de** at the junction of; **à la ~ du marxisme et de la psychanalyse** where Marxism and psychoanalysis meet.

confluent [kɔ̃flyɑ̃] *nm* -**1.** GÉOG confluence; **au ~ du Rhône et de la Saône** at the confluence of the Saône and the Rhône. -**2.** [point de rencontre] junction. -**3.** ANAT confluence.

confluer [3] [kɔ̃flye] *vi* -**1.** GÉOG to meet, to merge. -**2.** *litt* [être réunis] to converge.

confondant, e [kɔ̃fɔ̃dɑ̃, ɑ̃t] *adj* astonishing, astounding.

confondre [75] [kɔ̃fɔ̃dr] *vt* -**1.** [mêler - films, auteurs, dates] to confuse, to mix up *(sép)*; **il a confondu la clef du garage et celle de la porte** he mistook the garage key for the door key, he mixed up the garage key and the door key; **j'ai confondu leurs voix** I got their voices mixed up; ~ **qqn/qqch avec** to mistake sb/sthg for; **on me confond avec ma cousine** I'm mistaken for OU people mix me up with my cousin ‖ *(en usage abs)*: **on ne se connaît pas, vous devez ~** we've never met, you must be making a mistake OU be mistaken; **attention, c'est elle que j'aime, ne pas ~** OU **ne confondons pas!** hey, don't get it wrong, I love HER! -**2.** [démasquer - menteur, meurtrier] to unmask, to confound; **le misérable était enfin confondu!** at last the rogue was unmasked! -**3.** *sout* [étonner] to astound, to astonish; **une telle naïveté a de quoi vous ~** such naivety is truly astounding; **être** OU **rester confondu devant** to be speechless in the face of OU astounded by.

◆ **se confondre** *vpi* -**1.** [se mêler - fleuves] to flow together, to merge; [- formes, couleurs] to merge; **dans mon rêve, Marie et Sophie se confondaient en une seule personne** in my dream, Marie and Sophie merged into one person OU were one and the same (person). -**2.** [être embrouillé] to be mixed up OU confused; **les dates se confondaient dans mon esprit** the dates became confused OU were all mixed up in my mind.

◆ **se confondre en** *vp + prép*: **se ~ en excuses/remerciements** to be effusive in one's apologies/thanks.

conformation [kɔ̃fɔrmasjɔ̃] *nf* -**1.** [aspect physique] build; **sa ~ anatomique** its anatomical structure; **avoir une ~ normale** to be normally built; **un enfant qui a une mauvaise ~** a child with poor bone structure. -**2.** CHIM conformation, configuration.

conforme [kɔ̃fɔrm] *adj* -**1.** COMM standard; **on ne peut pas brancher l'appareil, la fiche n'est pas ~** the machine can't be plugged in, the plug isn't standard; **ce n'est pas ~ à la loi** this is not in accordance with the law. -**2.** [conventionnel] conventional, standard. -**3.** [semblable] identical; **~ à l'original** true to the original; **ce n'est pas ~ à l'esquisse** it bears little resemblance to OU doesn't match the sketch; **une maison ~ à mes goûts** a house in keeping with my OU after my own tastes.

conformé, e [kɔ̃fɔrme] *adj*: **bien ~** [fœtus] well-formed; [enfant] well-built; **mal ~** [fœtus] malformed; **un enfant mal ~** a child with poor bone structure.

conformément [kɔ̃fɔrmemɑ̃] *adv*: **~ à** in accordance OU in conformity with, according to; **~ au souhait que vous avez exprimé** in accordance with your wish; **vivre ~ à ses principes** to live in accordance OU conformity with one's principles; **tout s'est déroulé ~ au plan** everything was done according to plan; **~ à l'article 26** in accordance with clause 26.

conformer [3] [kɔ̃fɔrme] *vt* -**1.** COMM [standardiser] to make standard, to produce according to the standards. -**2.** [adapter]: **~ qqch à** to adapt OU to match sthg to; **~ ses envies à ses possibilités financières** to tailor OU to match one's desires to one's financial means; **ils ont conformé leur tactique à la nôtre** they modelled their tactics on ours.

◆ **se conformer à** *vp + prép* [se plier à] to conform to; **se ~ aux habitudes de qqn** to conform to sb's habits ‖ [suivre] to comply with, to abide by; **se ~ à une décision** to abide by OU to comply with a decision.

conformisme [kɔ̃fɔrmism] *nm* conventionality, conformism.

conformiste [kɔ̃fɔrmist] ◇ *adj* -**1.** [traditionnel] conformist, conventional. -**2.** HIST Conformist.

◇ *nmf* conformist, conventionalist.

conformité [kɔ̃fɔrmite] *nf* -**1.** [ressemblance] similarity; **étonné par la ~ des deux statuettes** surprised by the similarity of the two figurines; **~ de goûts/d'intérêts** similarity of tastes/of interests. -**2.** [obéissance]: **la ~ à** conformity to; **la ~ aux usages sociaux** conformity to social customs. -**3.** [conventionnalisme] conventionality.

◆ **en conformité avec** *loc prép* in accordance OU conformity with, according to.

confort [kɔ̃fɔr] *nm* -**1.** [commodités]: **le ~** [d'un appartement, d'un hôtel] modern conveniences; [d'un aéroport] modern facilities; **un cinq-pièces tout ~** a five-room apartment with all mod cons *Br* OU modern conveniences *Am*. -**2.** [aise physique]: **le ~** comfort; **j'aime (avoir) mon ~** I like being comfortable; **son petit ~** his creature comforts; **pour votre ~, nous avons prévu des serviettes parfumées** scented tissues are available for your convenience ❑ **améliorer le ~ d'écoute** to improve sound quality. -**3.** [tranquillité]: **le ~ intellectuel** self-assurance.

confortable [kɔ̃fɔrtabl] *adj* -**1.** [douillet - lit, maison] comfortable, cosy, snug; **la chaise n'est pas très ~** the chair's rather uncomfortable. -**2.** [tranquillisant - situation, routine] comfortable; **être dans une position peu ~** *pr & fig* to be in an awkward position. -**3.** [important - retraite, bénéfice] comfortable.

confortablement [kɔ̃fɔrtabləmɑ̃] *adv* comfortably; **être ~ assis** to be comfortably seated; **vivre ~** [dans l'aisance] to lead a comfortable existence, to be comfortably off.

conforter [3] [kɔ̃fɔrte] *vt* [renforcer - position, avance] to reinforce, to strengthen; **ce que tu dis conforte mon interprétation** what you say bears out OU confirms my interpretation; **cela la conforte dans la mauvaise opinion qu'elle a de moi** it confirms her poor opinion of me; **le franc a conforté sa position** the franc has strengthened its position.

confraternel, elle [kɔ̃fratɛrnɛl] *adj* fraternal.

confraternité [kɔ̃fratɛrnite] *nf* fraternity OU brotherhood between colleagues.

confrère [kɔ̃frɛr] *nm* -**1.** [collègue] colleague; un ~ de la BBC a BBC colleague; un de mes ~s du journal one of my colleagues on the paper, one of my fellow journalists; un de mes ~s qui est spécialiste des maladies vasculaires one of my colleagues who specializes in vascular diseases. -**2.** [journal] rival newspaper; RAD & TV rival channel; à cette heure-là, notre ~ diffusait un match at that time the other side OU channel was showing a match.

confrérie [kɔ̃freri] *nf* -**1.** [groupe professionnel] fraternity; la ~ des journalistes sportifs the fraternity of sports writers ❑ ~ gastronomique *association for the promotion of good food.* -**2.** RELIG confraternity, brotherhood.

confrontation [kɔ̃frɔ̃tasjɔ̃] *nf* -**1.** [face-à-face] confrontation; la ~ du violeur avec la victime OU entre le violeur et la victime est-elle une bonne chose? is it a good idea to confront the rapist with his victim? -**2.** JUR confrontation. -**3.** [comparaison] comparison. -**4.** [conflit] confrontation; ~ armée armed confrontation OU conflict; il cherche toujours à éviter les ~s OU la ~ he always tries to avoid confrontation.

confronter [3] [kɔ̃frɔ̃te] *vt* -**1.** [mettre face à face - accusés, témoins] to confront; être confronté à OU avec qqn to be confronted with sb. -**2.** [faire reconnaître]: être confronté à une difficulté to be faced OU confronted with a difficulty; ~ qqn avec les conséquences de ses actes to confront sb with the consequences of his/her actions; il n'est pas toujours facile d'être confronté à la réalité it's not always easy to face up to reality. -**3.** [comparer - textes, points de vue] to compare; ~ un vers avec un autre OU un vers et un autre OU deux vers to compare one line with another OU one line to another OU two lines (together).

confucéen, enne [kɔ̃fyseɛ̃, ɛn] *adj & nm, f* Confucian.

confucianisme [kɔ̃fysjanism] *nm* Confucianism.

confucianiste [kɔ̃fysjanist] = **confucéen.**

Confucius [kɔ̃fysjys] *npr* Confucius.

confus, e [kɔ̃fy, yz] *adj* -**1.** [imprécis - souvenir, impression] unclear, confused, vague; [- idées, explication] muddled; [- situation, histoire] confused, involved; c'est un esprit ~ he is muddle-headed. -**2.** [désordonné - murmures, cris] confused; [- amas] confused, disorderly; des voix ~es a confused babble of voices; un enchevêtrement ~ de fils multicolores a confused tangle of many coloured threads. -**3.** [embarrassé]: c'est un cadeau magnifique, je suis ~e it's a splendid present, I'm quite overwhelmed OU I really don't know what to say; je l'ai tellement regardé qu'il en est resté tout ~ I stared at him so much he didn't know what to do with himself; ~ de ashamed at, embarrassed by; être ~ de sa propre ignorance to be ashamed of one's (own) ignorance; je suis ~ de t'avoir fait attendre I'm awfully OU dreadfully sorry to have kept you waiting.

confusément [kɔ̃fyzemɑ̃] *adv* -**1.** [vaguement] confusedly, vaguely; sentir ~ que to have a vague feeling that. -**2.** [indistinctement] unintelligibly, inaudibly.

confusion [kɔ̃fyzjɔ̃] *nf* -**1.** [méprise] mix-up, confusion; la ~ entre les deux notions est fréquente the two notions are often mixed up OU confused. -**2.** [désordre] confusion, disarray, chaos; la fête s'est terminée dans la ~ générale the party ended in total confusion; semer OU répandre la ~ dans une assemblée to throw a meeting into confusion; il régnait une ~ indescriptible dans la gare the station was in a state of indescribable confusion OU chaos; jeter la ~ dans l'esprit de qqn to sow confusion in sb's mind, to throw sb into confusion. -**3.** PSYCH: ~ mentale mental confusion. -**4.** [honte] embarrassment, confusion; rougir de ~ to blush (with shame); à ma grande ~ to my great embarrassment. -**5.** JUR: ~ de dette confusion. -**6.** POL: ~ des pouvoirs nonseparation of legislative, executive and judiciary powers.

confusionnel, elle [kɔ̃fyzjɔnɛl] *adj* confusional.

confusionnisme [kɔ̃fyzjɔnism] *nm* disinformation.

conga [kɔ̃ga] *nm* -**1.** [danse] conga. -**2.** [tambour] conga drum.

congé [kɔ̃ʒe] *nm* -**1.** [vacances] holiday *Br*, vacation *Am*; ADMIN & MIL leave; trois semaines de ~ three weeks off, three weeks' leave; vous avez ~ le 11 novembre? do you have the 11th of November off?; les écoles ont ~ le 30 the schools are out OU break up on the 30th; j'ai ~ le lundi I have Mondays off, I'm off on Mondays, Monday is my day off ❑ ~ pour convenance personnelle compassionate leave; ~ formation in-service training; ~ de maladie sick leave; ~ (de) maternité maternity leave; ~ de naissance (three-day) paternity leave; ~ parental (d'éducation) *parent's right to time off without pay (after a birth or an adoption)*; ~ de paternité paternity leave; ~s payés paid holidays *Br* OU vacation *Am*; ~ sabbatique sabbatical (leave); ~s scolaires school holidays *Br* OU vacation *Am*; ~ sans solde time off without pay, unpaid leave; jour de ~ day off. -**2.** [avis de départ] notice; donner son ~ à son patron to hand in one's notice to the boss; donner son ~ à son propriétaire to give notice to one's landlord; donner (son) ~ à un employé to give notice to OU to dismiss an employee; demander son ~ [serviteur] to ask to leave. -**3.** [adieu] leave; prendre ~ to (take one's) leave, to depart; prendre ~ de to take one's leave of.

◆ **en congé** *loc adv*: être en ~ [soldat] to be on leave; [écolier, salarié] to be on holiday *Br* OU vacation *Am*; je suis en ~ demain jusqu'à lundi I'm off (from) tomorrow till Monday.

congéable [kɔ̃ʒeabl] *adj* that may be terminated *(at landlord's request).*

congédiable [kɔ̃ʒedjabl] *adj* liable to be dismissed *(at any time).*

congédiement [kɔ̃ʒedimɑ̃] *nm* -**1.** [licenciement] dismissal. -**2.** [d'un bail] termination.

congédier [9] [kɔ̃ʒedje] *vt* [employé] to dismiss, to discharge; [locataire] to give notice to; [importun] *sout* to send away *(sép).*

congelable [kɔ̃ʒlabl] *adj* freezable, that can be frozen, suitable for freezing.

congélateur [kɔ̃ʒelatœr] *nm* deep freeze, freezer.

congélation [kɔ̃ʒelasjɔ̃] *nf* -**1.** [technique] freezing; [durée] freezing time; supporte bien la ~ may be frozen; ne supporte pas la ~ does not freeze well ❑ sac de ~ freezer bag. -**2.** [passage à l'état de glace] freezing, turning to ice; point de ~ freezing point.

congeler [25] [kɔ̃ʒle] *vt* to freeze; tarte/viande congelée frozen pie/meat.

◆ **se congeler** ◇ *vp (emploi passif)* [dans un congélateur] to freeze; la mayonnaise ne se congèle pas you can't freeze mayonnaise (successfully), mayonnaise doesn't freeze well. ◇ *vpi* [eau] to freeze.

congénère [kɔ̃ʒenɛr] ◇ *adj* congeneric; ~ à congeneric with.
◇ *nmf* -**1.** [animal de la même espèce] congener. -**2.** *péj* [personne]: toi et tes ~s you and your sort; sans ses ~s, il se comporte correctement away from his peers, he behaves well.

congénital, e, aux [kɔ̃ʒenital, o] *adj* congenital; il est bête, c'est ~! *fam hum* he was born stupid!; une maladie ~e a congenital illness.

congénitalement [kɔ̃ʒenitalmɑ̃] *adv* congenitally.

congère [kɔ̃ʒɛr] *nf* snowdrift.

congestif, ive [kɔ̃ʒɛstif, iv] *adj* congestive.

congestion [kɔ̃ʒɛstjɔ̃] *nf* congestion; il a eu une ~ *fam* he has had a stroke ❑ ~ cérébrale stroke; ~ pulmonaire congestion of the lungs.

congestionner [3] [kɔ̃ʒɛstjɔne] *vt* -**1.** [partie du corps] to congest; [visage] to flush. -**2.** [encombrer - réseaux routiers] to congest, to clog up *(sép).*

◆ **se congestionner** *vpi* -**1.** [visage] to become flushed. -**2.** [être encombré] to become clogged up OU congested; une autoroute congestionnée a heavily congested motorway.

conglomérat [kɔ̃glɔmera] *nm* ÉCON & GÉOL conglomerate.

conglomération [kɔ̃glɔmerasjɔ̃] *nf* conglomeration.

conglomérer [18] [kɔ̃glɔmere] *vt* to conglomerate.

conglutiner [3] [kɔ̃glytine] *vt* to thicken.

Congo [kɔ̃go] *npr m*: le ~ [pays] the Congo; [fleuve] the Congo River, the River Congo; au ~ in the Congo; le ~ Belge the Belgian Congo.

Congo-Kinshasa [kɔ̃gokinʃasa] *npr m former name of the Republic of Zaïre.*

congolais, e [kɔ̃gɔlɛ, ɛz] *adj* Congolese.

◆ **Congolais, e** *nm, f* Congolese; les Congolais the Congolese.

◆ **congolais** *nm* CULIN coconut cake.

congratulations [kɔ̃gratylasjɔ̃] *nfpl litt* felicitations.

congratuler [3] [kɔ̃gratyle] *vt litt* to congratulate.

congre [kɔ̃gr] *nm* conger (eel).

congréer [15] [kɔ̃gree] *vt* to worm NAUT.

congréganiste [kɔ̃greganist] ◇ *adj* congregational.
◇ *nmf* congregant.

congrégation [kɔ̃gregasjɔ̃] *nf* -**1.** [ordre] congregation, order. -**2.** [assemblée de prélats] congregation.

congrégationalisme [kɔ̃gregasjɔnalism] *nm* Congregationalism.

congrégationaliste [kɔ̃gregasjɔnalist] ◇ *adj* Congregational, Congregationalist.
◇ *nmf* Congregationalist.

congrès [kɔ̃grɛ] *nm* [conférence, colloque] congress; ~ médical/scientifique medical/scientific congress ❑ le Congrès (américain) Congress; membre du Congrès member of Congress, Congressman *(f* Congresswoman*)*; le ~ de Vienne HIST the Congress of Vienna.

congressiste [kɔ̃gresist] *nmf* participant at a congress.

congru, e [kɔ̃gry] *adj* MATH congruent.

congruence [kɔ̃gryɑ̃s] *nf* congruence.

congruent, e [kɔ̃gryɑ̃, ɑ̃t] *adj* congruent.

conicité [kɔnisite] *nf* conic shape.

conifère [kɔnifɛr] *nm* conifer.

conique [kɔnik] *adj* -**1.** [pointu] conical, coneshaped. -**2.** MATH conic.

conjectural, e, aux [kɔ̃ʒɛktyral, o] *adj* conjectural.

conjecturalement [kɔ̃ʒɛktyralmɑ̃] *adv* conjecturally.

conjecture [kɔ̃ʒɛktyr] *nf* conjecture, surmise; se perdre en ~s to be perplexed; nous en sommes réduits aux ~s we can only guess.

conjecturer [3] [kɔ̃ʒɛktyre] *vt sout* to conjecture OU to speculate about *(insép)*; ~ l'évolution politique to conjecture OU to speculate about the development of the political situation; je ne conjecture rien de bon de la situation I can't see anything good coming out of the situation; ~ que to surmise that ‖ *(en usage abs)*: que s'est-il passé? — on ne peut que ~ what happened? — one can but guess; ~ sur to make guesses about.

conjoint, e [kɔ̃ʒwɛ̃, ɛ̃t] ◇ *adj* -**1.** [commun - démarche] joint. -**2.** [lié - cas, problème] linked, related. -**3.** [qui accompagne]: note ~e attached note. -**4.** MUS conjoint, conjunct.
◇ *nm, f* ADMIN spouse; il faut l'accord des deux ~s the agreement of both husband and wife is necessary; les futurs ~s the bride and groom, the future couple.

conjointement [kɔ̃ʒwɛ̃tmɑ̃] *adv* jointly; ~ avec mon associé together with my associate; vous recevrez ~ la facture et le catalogue you'll find the invoice enclosed with the catalogue.

conjoncteur-disjoncteur [kɔ̃ʒɔ̃ktœrdisʒɔ̃ktœr] (*pl* **conjoncteurs-disjoncteurs**) *nm* circuit breaker.

conjonctif, ive [kɔ̃ʒɔ̃ktif, iv] *adj* -**1.** GRAMM conjunctive. -**2.** ANAT connective.

◆ **conjonctive** *nf* -**1.** GRAMM conjunctive clause. -**2.** ANAT conjunctiva.

conjonction [kɔ̃ʒɔ̃ksjɔ̃] *nf* -**1.** [union] union, conjunction; dû à la ~ de deux facteurs due to the conjunction of two factors. -**2.** GRAMM conjunction; ~ de coordination/de subordination coordinating/subordinating conjunction. -**3.** ASTRON conjunction.

conjonctival, e, aux [kɔ̃ʒɔ̃ktival, o] *adj* conjunctival.

conjonctivite [kɔ̃ʒɔ̃ktivit] *nf* conjunctivitis.

conjoncture [kɔ̃ʒɔ̃ktyr] *nf* -**1.** [contexte] situation, conditions; la ~ internationale actuelle the current international context OU situation; dans la ~ actuelle under the present circumstances, at this juncture. -**2.** ÉCON economic situation OU trends; attendre une amélioration de la ~ to wait for economic conditions to improve; de ~ conjunctural; étude de ~ study of the (overall) economic climate; crise de ~ economic crisis.

conjoncturel, elle [kɔ̃ʒɔ̃ktyrɛl] *adj* [crise, chômage] cyclical; prévisions ~les economic forecasts; test ~ economic test.

conjoncturiste [kɔ̃ʒɔ̃ktyrist] *nmf* economic planner.

conjugable [kɔ̃ʒygabl] *adj* which can be conjugated.

conjugaison [kɔ̃ʒygɛzɔ̃] *nf* -**1.** BIOL, CHIM & GRAMM conjugation. -**2.** [union] union, conjunction.

conjugal, e, aux [kɔ̃ʒygal, o] *adj* conjugal.

conjugalement [kɔ̃ʒygalmɑ̃] *adv* conjugally; vivre ~ to live as a married couple OU as husband and wife.

conjugué, e [kɔ̃ʒyge] *adj* -**1.** [uni - efforts] joint, combined. -**2.** CHIM, MATH & OPT conjugate.

◆ **conjugués** *nmpl* MATH conjugate complex numbers.

conjuguées [kɔ̃ʒyge] *nfpl* conjugatae.

conjuguer [3] [kɔ̃ʒyge] *vt* -**1.** [verbe] to conjugate; ~ au futur to conjugate in the future tense. -**2.** [unir - efforts, volontés] to join, to combine.

◆ **se conjuguer** ◇ *vp (emploi passif)* GRAMM to conjugate, to be conjugated.

◇ *vpi* [s'unir] to work together, to combine.

conjurateur, trice [kɔ̃ʒyratœr, tris] *nm, f* conjuror, sorcerer.

conjuration [kɔ̃ʒyrasjɔ̃] *nf* -**1.** [complot] conspiracy. -**2.** [incantation] conjuration.

conjuré, e [kɔ̃ʒyre] *nm, f* conspirator, plotter.

conjurer [3] [kɔ̃ʒyre] *vt* -**1.** *litt* [supplier] to beg, to beseech *litt*; il la conjura de ne pas le dénoncer he begged OU besought *litt* her not to give him away; ne le bats pas, je t'en conjure don't hit him, I beseech you *litt* OU I beg (of) you. -**2.** [écarter - mauvais sort, danger, crise] to ward off *(sép)*, to keep at bay. -**3.** *litt* [manigancer] to plot; ~ la perte de qqn to plot sb's downfall.

◆ **se conjurer** *vpi litt* to conspire; se ~ contre to plot OU to conspire against.

connaissance [kɔnɛsɑ̃s] *nf* -**1.** [maîtrise dans un domaine] knowledge; avoir une ~ intuitive/empirique de to have an intuitive/empirical knowledge of; une ~ approfondie de l'espagnol a thorough knowledge OU good command of Spanish ❑ la ~ de soi self-knowledge. -**2.** PHILOS: la ~ knowledge; toutes les branches de la ~ all areas of (human) knowledge. -**3.** [fait d'être informé]: avoir ~ de qqch to know OU to learn about sthg; il n'en a jamais eu ~ he never learnt about it, he was never notified of it; prendre ~ des faits to learn about OU to hear of the facts; il est venu à notre ~ que... it has come to our attention that...; porter qqch à la ~ de qqn to bring sthg to sb's knowledge OU attention. -**4.** [conscience] consciousness; avoir toute sa ~ to be fully conscious; il gisait là/il est tombé, sans ~ he was lying there/he fell unconscious; perdre ~ to lose consciousness; reprendre ~ to come to, to regain consciousness; faire reprendre ~ à qqn to bring sb to OU round. -**5.** faire la ~ de qqn, faire ~ avec qqn[rencontrer qqn] to make sb's acquaintance, to meet sb; on a lié OU fait ~ à Berne we met in Bern; une fois que vous aurez mieux fait ~ once you've got to know each other better; faire la ~ d'un auteur to get to know an author; prendre ~ d'un texte to read OU to peruse a text; faire ~ avec qqch [aborder qqch] to discover, to get to know. -**6.** [ami] acquaintance; c'est une simple ~ he's a mere OU nodding acquaintance; faire de nouvelles ~s to make new acquaintances, to meet new people; agrandir le cercle de ses ~s to widen one's circle of acquaintances.

◆ **connaissances** *nfpl* knowledge; avoir des ~s to be knowledgeable; avoir de solides ~s en to have a thorough knowledge of OU a good grounding in; avoir des ~s sommaires en to have a basic knowledge of, to know the rudiments of; mes ~s en chimie sont tout ce qu'il y a de rudimentaire my knowledge of chemistry is extremely rudimentary.

◆ **à ma connaissance, à sa connaissance** *etc loc adv indép* to (the best of) my/his *etc* knowledge, as far as I know/he knows *etc*; pas à ma ~ not to my knowledge, not as far as I know, not that I know of; il n'y avait pas, à sa ~, de cas semblable dans la famille there was, as far as he knew, no similar case in the family.

◆ **de connaissance** *loc adj*: être entre gens de ~ to be among familiar faces; nous sommes entre gens de ~ ici we all know each other here; être en pays de ~ [dans un domaine] to be on familiar ground; [dans un milieu] to be among familiar faces.

◆ **de ma connaissance, de sa connaissance** *etc loc adj*: une personne de ma ~ an acquaintance of mine, somebody I know.

◆ **en connaissance de cause** *loc adv*: faire qqch en ~ de cause to do sthg with full knowledge of the facts; et j'en parle en ~ de cause and I know what I'm talking about.

connaissement [kɔ̃nɛsmɑ̃] *nm* bill of lading, waybill.

connaisseur, euse [kɔnɛsœr, øz] ◇ *adj* [regard, air] expert *(avant n)*, knowledgeable.

◇ *nm, f* connoisseur; un public de ~s a knowledgeable audience, an audience of experts, parler de qqch en ~ to speak knowledgeably about sthg; être ~ en pierres précieuses to be a connoisseur of OU knowledgeable about gems.

connaître [91] [kɔnɛtr] *vt* **A.** AVOIR UNE IDÉE DE -**1.** [avoir mémorisé - code postal, itinéraire, mot de passe] to know; connais-tu le chemin pour y aller? do you know how to get there OU the way there?; la cachette était connue d'elle seule she was the only one who knew where the hiding place was; je connais des bars espagnols à Paris I know some Spanish bars in Paris; ~ les bonnes adresses to know (all) the best places to go. -**2.** [être informé de - information, nouvelle] to know; impatient de ~ les résultats anxious to know OU to hear the results; tu connais celle du cheval qui ne voulait pas boire? *fam* do you know OU have you heard the one about the horse who wouldn't drink?; faire ~ [avis, sentiment] to make known; [décision, jugement] to make known, to announce; je vous ferai ~ ma décision plus tard I'll inform you of my decision OU I'll let you know what I've decided later; les patrouilleurs nous font ~ la position des canons ennemis scout planes let us know the position of enemy fire OU give us intelligence about the position of enemy fire; je ne te connaissais pas ce manteau I didn't know you had this coat, I've never seen you wearing this coat (before); je ne lui connais aucun défaut I'm not aware of her having any faults; on ne lui connaissait aucun ennemi he had no known enemies. -**3.** [avoir des connaissances sur - langue, ville, appareil, œuvre] to know, to be familiar with; [- technique] to know, to be acquainted with; [- sujet] to know (about); je ne connais pas l'italien I don't know OU cannot speak Italian; je connais un peu l'informatique I have some basic knowledge of computing; apprenez à ~ votre corps learn to know your body; je ne conduirai pas, je ne connais pas ta voiture I won't drive, I'm not familiar with OU I don't know your car; elle connaît tout sur tout *aussi iron* she knows everything there is to know; il connaît bien les Alpes he knows the Alps well; je connais mal les dauphins my knowledge of dolphins is patchy, I don't know much about dolphins; connais-tu Flaubert? do you know (the work of) OU have you read Flaubert?; faire ~: faire ~ un produit to publicise a product; sa traduction a fait ~ son œuvre en France her translation has brought his work to French audiences; ça me/le connaît *fam*: les bons vins, ça le connaît! he knows a thing or two about OU he's an expert on good wine!; la mécanique, ça le connaît! he's a dab hand *Br* OU a whiz at mechanics!; connaît pas *fam*: dans ces bleds perdus, le téléphone, connaît pas in these godforsaken places they've never (even) heard of a telephone; à cet âge-là, la propreté, connaît pas at that age they don't know the meaning of the word cleanliness; y ~ quelque chose en to have some idea OU to know something about; tu y connais quelque chose en informatique? do you know anything about computers?; ne rien y ~: je n'y connais rien en biologie I don't know a thing about biology; je ne mange pas de cette horreur! — tu n'y connais rien! I won't eat that horrible stuff! — you don't know what's good for you! || *(en usage abs)*: tu sais comment ça marche? — oui, je connais do you know how it works? — yes, I do ❑ ~ son affaire OU métier to know one's job; en ~ un bout *fam* OU rayon *fam* sur to know a thing or two about; ~ la chanson *fam* OU musique *fam* to have heard it all before; il te remboursera — ouais, je connais la musique! he'll pay you back — yeah, (I've) heard that one before! -**4.** *litt* [reconnaître] to recognize, to know *litt*; ~ qqn à qqch to recognize sb because of sthg.

B. IDENTIFIER, ÊTRE EN RELATION AVEC -**1.** [par l'identité] to know; ~ qqn de vue/nom/réputation to know sb by sight/name/reputation; on la connaissait sous le nom de Louise Michel she was known as Louise Michel; se faire ~ [révéler son identité] to make o.s. known; [devenir une personne publique] to make o.s. OU to become known; notre auditeur n'a pas voulu se faire ~ our listener didn't want his name to be known OU wished to remain anonymous; la police ne le connaît que trop bien! the police know him only too well!; je suis patient, tu me connais I'm patient, you know me; la connaissant, ça ne me surprend pas knowing her, I'm not surprised; tu me connais mal! you don't know me!; elle a bien connu ton oncle she knew your uncle well; je ne le connais qu'un peu he's only an acquaintance of mine; je la connais depuis toujours I've always known her; je t'ai connue plus enjouée I've known you to be chirpier; je l'ai connu enfant I knew him when he was a child; si tu fais ça, je ne te connais plus! if you do that, I'll have nothing more to do with you! ❑ je te connais comme si je t'avais fait! *fam* I know you as if you were my own OU like the back of my hand! -**2.** [rencontrer] to meet; emmène-moi chez lui, j'aimerais le ~ take me to his house, I'd like to meet him; ah, si je t'avais connue plus tôt! if only I'd met you earlier!; je l'ai connu au cours du tournage I got to know him while we were

shooting the picture. -**3.** BIBLE [sexuellement] to have carnal knowledge of, to know BIBLE.
C. ÉPROUVER -**1.** [peur, amour] to feel, to know, to experience; **dans ses bras, j'ai connu l'amour** in her arms, I understood what love was; **une famille où il pourra enfin ~ la tendresse** a family where he will at last experience affection. -**2.** [faire l'expérience de] to experience; **tu n'as pas connu les petits bars de Saint-Germain!** you never knew OU experienced the little bars in Saint-Germain!; **la tour avait connu des jours meilleurs** the tower had seen better days; **ah, l'insouciance de la jeunesse, j'ai connu ça!** I was young and carefree once!; **ses promesses, je connais!** *fam* don't talk to me about his promises!; **faire ~ qqch à qqn** to introduce sb to sthg ‖ [obtenir - succès, gloire] to have, to experience; **enfin, elle connut la consécration** she finally received the highest accolade; **ma douleur ne connaîtra jamais aucun soulagement** there will never be any relief from my pain. -**3.** [subir - crise] to go OU to live through *(insép)*, to experience; [- épreuve, humiliation, guerre] to live through *(insép)*, to suffer, to undergo; **il a connu bien des déboires** he has had OU suffered plenty of setbacks; **puis Rome connut la décadence** then Rome went through a period of OU fell into decline; **sa carrière a connu des hauts et des bas** her career has had its ups and downs; **le corps de l'enfant connaît ensuite une période d'intenses bouleversements** profound changes then take place in the child's body.
D. ADMETTRE -**1.** [suj: chose] to have; *(au nég)* to know; **son ambition ne connaît pas de bornes** OU **limites** her ambition is boundless OU knows no bounds. -**2.** [suj: personne]: **ne pas ~ de** *litt*: **il ne connaît pas de maître** he knows no master; **ne ~ que**: **Rex ne connaît que son maître** Rex only responds to OU knows his master; **il ne connaît que le travail** work is the only thing he's interested in OU he knows; **la voiture, tu ne connais que ça!** *fam* cars, that's all you're interested in!; **il ne connaît que le mensonge** he is incapable of telling the truth; **ils ne connaissent que le règlement!** they always stick to the rules OU go by the book!; **contre les rhumes, je ne connais qu'un bon grog** there's nothing like a good old rum toddy to cure a cold.

◆ **connaître de** *v + prép* JUR: **ce tribunal ne connaît pas des fraudes fiscales** this court is not empowered to deal with tax fraud.

◆ **se connaître** ◇ *vp (emploi réfléchi)* to know o.s., to be self-aware; **je n'oserais jamais, je me connais** I'd never dare, I know what I'm like; **le yoga vous aide à mieux vous** yoga helps you to get to know yourself better OU is the way to greater self-knowledge ❑ **connais-toi toi-même** *allusion Socrate* know thyself; **ne plus se ~** *vieilli* [de colère] to be beside o.s.
◇ *vp (emploi réciproque)* to be acquainted, to have met (before); **vous vous connaissez?** have you met (before)?; **tout le monde se connaît?** has everybody met everybody else?; **les deux joueurs se connaissent bien, ils ont déjà disputé 15 matches ensemble** the two players know each other well, they've already played 15 matches together.
◇ *vpi* [être expert]: **s'y ~**: **s'y ~ en architecture** to know a lot about architecture; **je ne m'y connais pas en antiquités** I don't know anything about antiques; **je m'y connais peu en informatique** I don't know much about computers; **ah ça, pour râler, il s'y connaît!** *fam* he's very good at grumbling!; **pour les gaffes, tu t'y connais!** *fam* when it comes to blunders, you take some beating! ❑ **ou je ne m'y connais pas!** or I'll eat my hat!

connard▼ [kɔnar] *nm* wanker *Br*, arsehole *Br*, asshole *Am*.

connasse▼ [kɔnas] *nf* stupid cow OU bitch.

connectable [kɔnɛktabl] *adj* connectable.

connecter [4] [kɔnɛkte] *vt* to connect.
◆ **se connecter à** *vp + prép* INF to connect o.s. to.

connecteur [kɔnɛktœr] *nm* connector.

Connecticut [kɔnɛktikœt] *npr m*: **le ~** Connecticut.

connectivite [kɔnɛktivit] *nf* collagenosis.

connerie▽ [kɔnri] *nf* -**1.** [stupidité] stupidity; **sa ~ se lit sur sa figure** you can tell he's a prat *Br* OU schmuck *Am* just by looking at him. -**2.** [acte, remarque] stupid thing; **c'est incroyable ce qu'il peut raconter comme ~s** it's incredible what rubbish he comes out with sometimes; **faire des ~s**: **depuis qu'elle est arrivée, elle ne fait que des ~s** she's been an absolute bloody *Br* OU goddamn *Am* liability since the day she arrived.

connétable [kɔnetabl] *nm* HIST constable.

connexe [kɔnɛks] *adj* [idées, problèmes] closely related.

connexion [kɔnɛksjɔ̃] *nf* [gén, INF & ÉLECTR] connection.

connexité [kɔnɛksite] *nf* relatedness.

connivence [kɔnivɑ̃s] *nf sout* connivance, complicity; **avec la ~ du gardien** with the warden's connivance; **être de ~ avec** to be in connivance with, to connive with; **ils sont de ~** they're in league with each other; **un regard de ~** a conniving look.

connivent, e [kɔnivɑ̃, ɑ̃t] *adj* connivent.

connotation [kɔnɔtasjɔ̃] *nf* -**1.** LING connotation. -**2.** [nuance] overtone.

connoter [3] [kɔnɔte] *vt* -**1.** LING to connote. -**2.** PHILOS to connote, to imply, to have overtones of.

connu, e [kɔny] *adj* -**1.** [découvert - univers] known. -**2.** [répandu - idée, tactique] well-known, widely known. -**3.** [célèbre - personnalité, chanteur] famous, well-known; **un de ses tableaux les moins ~s** one of his least well-known OU least-known paintings; **une blague connue** *fam* an old joke ❑ **il est ~ comme le loup blanc** everybody knows him.
◆ **connu** *nm*: **le ~ et l'inconnu** the known and the unknown.

conque [kɔ̃k] *nf* -**1.** ZOOL conch. -**2.** ANAT external ear, concha *spéc*.

conquérant, e [kɔ̃kerɑ̃, ɑ̃t] ◇ *adj* -**1.** MIL & POL conquering. -**2.** [hautain - sourire] domineering; [- démarche] swaggering; **il entra d'un air ~** he swaggered in.
◇ *nm, f* conqueror.

conquérir [39] [kɔ̃kerir] *vt* -**1.** MIL & POL to conquer. -**2.** [acquérir - espace, pouvoir] to gain control over, to capture, to conquer; **~ de nouveaux marchés** to conquer OU to capture new markets ❑ **se comporter comme en pays conquis** to act as if one owns the place. -**3.** [séduire - cœur, public] to win (over) *(sép)*, to conquer; **~ un homme/une femme** to win a man's/a woman's heart; **être conquis** to be entirely won over.

conquête [kɔ̃kɛt] *nf* -**1.** [action] conquest; **partir à la ~ de l'Amérique** to set out to conquer America; **il a fait la ~ de ma cousine** he's made a conquest of my cousin, he's won my cousin's heart. -**2.** [chose gagnée] conquest, conquered territory; **les ~s des premiers jours de la révolution** the conquests of the early days of the revolution. -**3.** *fam* [personne] conquest; **sa dernière ~ s'appelle Peter** her latest conquest is called Peter.

conquistador [kɔ̃kistadɔr] *nm* conquistador.

consacrant [kɔ̃sakrɑ̃] ◇ *adj m* consecrating.
◇ *nm* consecrating priest, consecrator.

consacré, e [kɔ̃sakre] *adj* -**1.** RELIG [hostie] consecrated; [terre] hallowed. -**2.** [accepté - rite, terme] accepted, established; **c'est l'expression ~e** it's the accepted way of saying it. -**3.** [célèbre - artiste, cinéaste] established, recognized.

consacrer [3] [kɔ̃sakre] *vt* -**1.** **~ qqch à** [réserver qqch à qqn] to devote OU to dedicate sthg to; **les week-ends sont consacrés aux enfants/au sport** weekends are devoted to the children/to sports; **combien de temps consacrez-vous à la lecture?** how much time do you devote to OU spend reading?; **as-tu dix minutes à me ~?** can you spare me ten minutes?; **consacrons-lui notre couverture cette semaine** let's devote our front page to her this week. -**2.** RELIG [pain, autel, église, évêque] to consecrate; **~ un temple à Jupiter** to consecrate OU to dedicate a temple to Jupiter; **le sang de nos fils a consacré ce lieu** *litt* the blood of our sons has hallowed this place. -**3.** [entériner - pratique, injustice] to sanction, to hallow; **expression consacrée par l'usage** expression that has become established by usage; **tradition consacrée par le temps** time-honoured tradition. -**4.** [couronner - artiste, acteur] to crown, to turn into a star; **le jury l'a consacré meilleur acteur de l'année** the jury voted him best actor of the year.
◆ **se consacrer à** *vp + prép* to devote OU to dedicate o.s. to; **je ne peux me ~ à mon fils que le soir** I can only find time for my son in the evenings; **se ~ à Dieu** to consecrate one's life to the service of OU to devote o.s. to God.

consanguin, e [kɔ̃sɑ̃gɛ̃, in] ◇ *adj*: **sœur ~e** half-sister *(on the father's side)*; **mariage ~** intermarriage, marriage between blood relatives.
◇ *nm, f* half-brother *(f* half-sister) *(on the father's side)*; **les ~s** blood relations OU relatives.

consanguinité [kɔ̃sɑ̃ginite] *nf* -**1.** [parenté] consanguinity. -**2.** [mariages consanguins] intermarriage.

consciemment [kɔ̃sjamɑ̃] *adv* consciously, knowingly.

conscience [kɔ̃sjɑ̃s] *nf* -**1.** [connaissance] consciousness, awareness; **avoir ~ de** to be conscious OU aware of; **prendre ~ de qqch** to become aware of OU to realize sthg; **ça m'a fait prendre ~ de la précarité du bonheur** it made me realize OU aware (of) how precarious happiness is ❑ **~ de classe** class consciousness; **~ collective/politique** collective/political consciousness; **~ de soi** self-awareness. -**2.** [sens de la morale] conscience; **agir selon sa ~** to act according to one's conscience; **libérer** OU **soulager sa ~** to relieve one's conscience; **avoir qqch sur la ~** to have sthg on one's conscience; **avoir un poids sur la ~**: **elle a un poids sur la ~** there is a heavy weight on her conscience; **avoir une ~ large** OU **élastique** *fam* to have a very flexible sense of right and wrong; **sa ~ ne le laissera pas tranquille** OU **en paix** his conscience will give him no rest; **avoir la ~ tranquille** to have an easy conscience; **je n'ai pas la ~ tranquille de l'avoir laissé seul** I have an uneasy conscience OU I feel bad about having left him alone; **avoir bonne ~** to have a good OU clear conscience; **avoir mauvaise ~** to have a guilty conscience; **tu dis ça pour te donner bonne ~** you're saying this to appease your conscience; **le monde occidental se donne bonne ~** the Western world is appeasing its conscience ❑ **c'est une affaire** OU **un cas de ~** it's a matter of conscience; **crise de ~** crisis of conscience; **j'ai ma ~ pour moi** my conscience is clear; **acheter les ~s** to buy off people's consciences. -**3.** [lucidité] consciousness; **perdre ~** to lose consciousness; **reprendre ~** to regain consciousness, to come to. -**4.** [application]: **~ professionnelle** conscientiousness; **faire son travail avec beaucoup de ~ professionnelle** to do one's job very conscientiously, to be conscientious in one's work.
◆ **en (toute) conscience** *loc adv* in all conscience; **je ne peux, en ~, te laisser partir seul** I can't decently let you go on your own.

consciencieusement [kɔ̃sjɑ̃sjøzmɑ̃] *adv* conscientiously.

consciencieux, euse [kɔ̃sjɑ̃sjø, øz] *adj* [élève] conscientious, meticulous; [travail] meticulous.

conscient, e [kɔ̃sjɑ̃, ɑ̃t] *adj* -**1.** [délibéré - geste, désir, haine] conscious; **être ~ du danger** to be aware OU conscious of the danger. -**2.** [lucide - blessé] conscious.
◆ **conscient** *nm*: **le ~** the conscious (mind).

conscription [kɔ̃skripsjɔ̃] *nf* conscription, draft *Am*.

conscrit [kɔ̃skri] *nm* conscript, draftee *Am*; **armée de ~s** conscript OU draft *Am* army ❑ **se faire avoir comme un ~** *fam* to be completely taken in.

consécrateur [kɔ̃sekratœr] = **consacrant**.

consécration [kɔ̃sekrasjɔ̃] *nf* -**1.** RELIG consecration. -**2.** [confirmation - d'une coutume] establishment, sanctioning; [- d'une injustice] sanctioning. -**3.** [couronnement - d'un artiste, d'une carrière] consecration, apotheosis, crowning point.

consécutif, ive [kɔ̃sekytif, iv] *adj* -**1.** [successif] consecutive; **dormir 12 heures consécutives** to sleep for 12 consecutive hours OU for 12 hours running; **c'est la cinquième fois consécutive qu'il remet le rendez-vous** this is the fifth time running OU in a row that he's postponed the meeting; **~ à**: **les dégâts ~s à l'incendie** the damage brought about OU caused by the fire; **l'infarctus est souvent ~ au surmenage** heart attacks are often the result of stress. -**2.** GRAMM & MATH consecutive.

consécution [kɔ̃sekysjɔ̃] *nf* [gén & LOGIQUE] consecution.

consécutivement [kɔ̃sekytivmɑ̃] *adv* consecutively; **subir ~ quatre défaites** to suffer four consecutive defeats OU four defeats in a row; **les accidents se sont produits ~** the accidents happened one after another OU the other.

◆ **consécutivement à** *loc prép* after, as a result of, following; **~ à un incident technique** as a result of OU following a technical hitch.

conseil [kɔ̃sɛj] *nm* -**1.** [avis] piece of advice, counsel; **un dernier petit ~** one last word OU piece of advice; **un ~ d'ami** a friendly piece of advice; **des ~s** [d'ami] advice; [trucs] tips, hints; **~s aux bricoleurs/jardiniers** hints for handymen/gardeners; **agir sur/suivre le ~ de qqn** to act on/to take sb's advice; **écouter le ~ de qqn** to listen to OU to take sb's advice; **demander ~ à qqn** to ask sb's advice, to ask sb for advice; **si j'avais un ~ à te donner** if I had one piece of advice to give you; **prendre ~ auprès de qqn** to take advice from sb. -**2.** [conseiller] adviser, consultant; **~ en publicité** advertising consultant; **~ en organisation** organizational consultant; **~ fiscal** tax consultant; **~ juridique** legal adviser ‖ *(comme adj; avec ou sans trait d'union)*: **ingénieur ~** consultant engineer; **avocat ~** legal consultant; **parfumeur-~** cosmetics consultant. -**3.** [assemblée] board; [réunion] meeting; **tenir ~** to hold a meeting ❑ **~ d'administration** [d'une société] board of directors; [d'une organisation internationale] governing body; **~ d'arrondissement** district council; **~ de cabinet** cabinet council, council of ministers; **le Conseil constitutionnel** *French government body ensuring that laws, elections and referenda are constitutional*; **le Conseil économique et social** *consultative body advising the government on economic and social matters*; **le Conseil d'État** the (French) Council of State; **le Conseil de l'Europe** the Council of Europe; **~ de famille** board of guardians; **~ général** ≃ county council; **~ de guerre** [réunion] war council, ≃ War Cabinet; [tribunal] court-martial; **passer en ~ de guerre** to be court-martialled; **faire passer qqn en ~ de guerre** to court-martial sb; **~ interministériel** interministerial council; **le Conseil des ministres** ≃ the Cabinet; **~ municipal** [en ville] ≃ town council, ≃ local (urban) council; [à la campagne] ≃ parish council *Br*, ≃ local (rural) council; **~ des prud'hommes** industrial arbitration court, ≃ ACAS *Br*; **~ régional** regional council; **~ de révision** MIL recruiting board, draft board *Am*; **le Conseil de sécurité** the Security Council; **le Conseil supérieur de la magistrature** *French state body that appoints members of the judiciary*. -**4.** ENS: **~ de classe** staff meeting *(concerning a class)*; **~ de discipline** disciplinary committee; **~ d'établissement** ≃ board of governors *Br*, ≃ board of education *Am*; **~ d'UFR** departmental (management) committee; **Conseil d'Université** ≃ university Senate *Br*, ≃ Board of Trustees *Am*.

◆ **de bon conseil** *loc adj*: **un homme de bon ~** a man of sound advice, a good counsellor; **demande-lui, elle est de bon ~** ask her, she's good at giving advice.

LE CONSEIL CONSTITUTIONNEL:
The "Conseil constitutionnel" has nine members appointed for a nine-year period, and also includes the surviving former Presidents of France. The President of the Republic and any member of parliament can refer laws to the Conseil constitutionnel for scrutiny.

LE CONSEIL D'ÉTAT:
The French Council of State has 200 members. It acts both as the highest court to which the legal affairs of the state can be referred, and as a consultative body to which bills and rulings are submitted by the government prior to examination by the "Conseil des ministres".

LE CONSEIL SUPÉRIEUR DE LA MAGISTRATURE:
This state body has ten members: the Minister of Justice and nine others appointed by the President of the Republic. It advises on the appointment of members of the "magistrature", and on specific points of law concerning the judiciary. It is also consulted when the President wishes to exercise his official pardon.

LE CONSEIL DES MINISTRES:
The President himself presides over the "Conseil des ministres", which traditionally meets every Wednesday morning; strictly speaking, when ministers assemble in the sole presence of the Prime Minister, this is known as "le Conseil du cabinet".

---

conseiller[1] [4] [kɔ̃seje] *vt* -**1.** [recommander - livre, dentiste] to recommend; **~ qqch/qqn à qqn** to recommend sthg/sb to sb. -**2.** [donner son avis à - ami, enfant] to advise, to give advice to; **elle conseille le président sur les questions économiques** she advises OU counsels the President on economic matters; **on m'a bien/mal conseillé** I was given good/bad advice; **~ à qqn de faire qqch** to advise sb to do sthg; **je vous conseille de réserver** I advise you to make a reservation; **il n'est pas conseillé de conduire par ce temps** it's not advisable to drive in this weather.

conseiller[2], **ère** [kɔ̃seje, ɛr] *nm, f* -**1.** [guide] adviser, counsellor *Br*, counselor *Am*; [spécialiste] adviser; **~ économique/juridique** economic/legal adviser; **~ matrimonial** marriage guidance counsellor. -**2.** ENS: **~ d'éducation** ≃ year head *Br*, ≃ dean *Am*; **~ d'orientation** careers adviser *Br*, guidance counselor *Am*; **~ pédagogique** educational adviser. -**3.** [membre d'un conseil] councillor *Br*, councilor *Am*, council member; ADMIN: **~ d'État** member of the Conseil d'État; **~ municipal** [en ville] ≃ local OU town councillor; [à la campagne] ≃ local councillor; **~ régional** regional councillor.

conseilleur, euse [kɔ̃sejœr, øz] *nm, f péj* giver of advice; **les ~s ne sont pas les payeurs** *prov* it's very easy to give advice when you're not going to suffer the consequences.

consensuel, elle [kɔ̃sɑ̃sɥɛl] *adj* -**1.** [contrat] consensus *(modif)*, consensual; **une politique ~le** a strategy of seeking the middle ground, consensus politics. -**2.** ANAT consensual.

consensus [kɔ̃sɛ̃sys] *nm* consensus (of opinion); **il n'y a pas de ~ là-dessus** there's no consensus of OU generally agreed opinion on this.

consentant, e [kɔ̃sɑ̃tɑ̃, ɑ̃t] *adj* -**1.** [victime] willing. -**2.** JUR: **les trois parties sont ~es** the three parties are in agreement OU are agreeable ❑ **adultes ~s** consenting adults.

consentement [kɔ̃sɑ̃tmɑ̃] *nm* consent; **donner son ~ à** to (give one's) consent to; **avec/sans le ~ de la famille** with/without the family's consent ❑ **~ exprès/tacite** JUR formal/tacit consent; **divorce par ~ mutuel** divorce by mutual consent.

consentir [37] [kɔ̃sɑ̃tir] *vt* to grant; **on m'a consenti une remise de 10 %/un délai supplémentaire de 15 jours** I was allowed a 10% discount/another two weeks.

◆ **consentir à** *v + prép* to consent OU to agree to; **~ à une hausse des salaires** to consent OU to agree to a wage increase; **elle n'a pas consenti à m'accompagner** [n'a pas été d'accord pour le faire] she didn't agree to come with me; [n'a pas daigné le faire] she didn't deign to OU stoop so low as to accompany me; **consentiront-ils à ce que tu épouses un étranger?** will they consent to your marrying a foreigner?; **j'y ai consenti à contrecœur** I agreed to it OU allowed it reluctantly.

conséquemment [kɔ̃sekamɑ̃] *adv* consequently; **~ à** as a result of, following (on OU upon).

conséquence [kɔ̃sekɑ̃s] *nf* consequence, repercussion; **lourd de ~s** with serious consequences; **ma gaffe a eu pour ~ de les brouiller** my blunder resulted in their falling out (with each other); **cela ne tirera pas à ~** this won't have any repercussions OU will be of no consequence; **une déclaration sans ~** [sans importance] a statement of no OU little consequence; [sans suite] an inconsequential statement.

◆ **de conséquence** *loc adj*: **personne de ~** person of consequence OU importance; **une affaire de ~** a matter of (some) consequence.

◆ **en conséquence** *loc adv* -**1.** [par conséquent] consequently, therefore. -**2.** [comme il convient] accordingly.

◆ **en conséquence de** *loc prép* as a consequence OU result of; **en ~ de quoi** as a result of which.

conséquent, e [kɔ̃sekɑ̃, ɑ̃t] *adj* -**1.** [cohérent] consistent; **être ~ avec soi-même** to be consistent; **être ~ dans ses engagements** to be consistent in one's commitments. -**2.** *litt* [conforme]: **~ à** in keeping OU conformity OU agreement with. -**3.** *fam* [important - moyens, magasin] sizeable; [- somme] tidy. -**4.** GÉOG consequent.

◆ **conséquent** *nm* -**1.** PHILOS consequent. -**2.** MUS answer.

◆ **par conséquent** *loc adv* consequently, as a result.

conservateur, trice [kɔ̃sɛrvatœr, tris] ◇ *adj* -**1.** [prudent - placement, gestion] conservative; **avoir un esprit ~** to be conservative-minded. -**2.** POL [gén] conservative; **le parti ~** [en Grande-Bretagne] the Conservative OU Tory Party; [au Canada] the Progressive Conservative Party.
◇ *nm, f* POL [gén] conservative; [en Grande-Bretagne] Conservative, Tory.

◆ **conservateur** *nm* -**1.** [additif] preservative. -**2.** [responsable - de musée] curator; [- de bibliothèque] librarian; **~ des eaux et forêts** ≃ forestry commissioner; **~ des hypothèques** ≃ registrar of mortgages.

conservation [kɔ̃sɛrvasjɔ̃] *nf* -**1.** [dans l'agroalimentaire] preserving. -**2.** [maintien en bon état] keeping, preserving, safeguarding; **pour ce qui est de la ~ des archives** as far as keeping the archives is concerned. -**3.** BIOL & PHYS: **~ de l'énergie** conservation of energy. -**4.** [état] state of preservation; **des originaux dont la ~ est remarquable/lamentable** originals in a remarkable/appalling state of preservation. -**5.** ADMIN: **~ des eaux et forêts** ≃ Forestry Commission; **~ des hypothèques** ≃ Land Registry.

conservatisme [kɔ̃sɛrvatism] *nm* -**1.** [prudence] conservatism. -**2.** POL [gén] conservatism; [en Grande-Bretagne] Conservatism.

conservatoire [kɔ̃sɛrvatwar] ◇ *adj* protective.
◇ *nm* [école] school, academy; **~ de musique** music school, academy of music ❑ **le Conservatoire (national supérieur d'art dramatique)** *national drama school in Paris*; **le Conservatoire (national supérieur de musique)** the Paris

Conservatoire; le **Conservatoire national des arts et métiers** *science and technology school in Paris.*

conserve [kɔ̃sɛrv] *nf* item of tinned *Br* OU canned *Am* food; les ~s tinned *Br* OU canned *Am* food; ~ **de viande** tinned *Br* OU canned *Am* meat; ~**s de fruits** conserves; ~**s en bocaux** bottled preserves; **se nourrir de** ~**s** to live on OU out of tins *Br* OU cans *Am*; **aliments en** ~ tinned *Br* OU canned *Am* food; **mettre en** ~ to tin *Br*, to can *Am*; **on ne va pas en faire des** ~**s!** *hum* we're not going to hang on to it forever!

◆ **de conserve** *loc adv*: **naviguer de** ~ to sail in convoy; **aller de** ~ *fig* & *litt* to go (all) together; **agir de** ~ *litt* to act in concert.

conservé, e *fam* [kɔ̃sɛrve] *adj*: **bien** ~ well-preserved.

conserver [3] [kɔ̃sɛrve] *vt* -**1.** [préparation alimentaire - dans le vinaigre] to pickle; [- dans le sel, par séchage, en congelant] to preserve; [- dans le sucre] to preserve, to conserve; [- dans des boîtes] to preserve, to tin *Br*, to can *Am*; [- en bocal] to bottle. -**2.** ARCHIT, CONSTR & ÉCOL [édifice, énergie] to preserve. -**3.** [stocker] to keep, to store, to stock; '~ **à l'abri de l'humidité**' 'keep OU store in a dry place'; '~ **hors de la portée des enfants**' 'keep out of children's reach'. -**4.** [avoir en sa possession - photos, relations] to keep, to hang on to *(insép)*; ~ **qqch précieusement** to treasure sthg; ~ **la partie B de ce formulaire** keep OU retain part B of this form. -**5.** [garder - charme, force, illusion, calme] to keep, to retain; ~ **(toute) sa tête** [rester calme] to keep one's head OU self-control; [être lucide] to have all one's wits about one; **une idée qui conserve toute son actualité** an idea which is still very topical; **elle a conservé sa beauté** she's kept OU retained her looks; **j'ai toujours conservé mes amis** I've always kept (up with) my friends; **j'ai conservé mes grands-parents** I've still got my grandparents; **cette crème conserve à votre peau toute sa jeunesse** this cream will help your skin retain its youthfulness; **le sport, ça conserve** *fam* sport keeps you young; ~ **son amitié à qqn** to stay friendly with sb. -**6.** [à la suite d'une expérience]: ~ **qqch de**: ~ **des séquelles d'une maladie** to suffer the aftereffects of a disease; **j'en ai conservé un excellent souvenir** I've retained very good memories of it; **j'en ai conservé la peur du noir** it left me with a fear of the dark; **je veux en** ~ **le souvenir** I want to hold on to the memory of it. -**7.** NAUT: ~ **sa position** to hold one's position. -**8.** MIL: ~ **ses positions** to hold fast.

◆ **se conserver** ◇ *vp (emploi passif)* [être stocké] to be kept; **les pommes doivent se** ~ **sur des clayettes** apples must be stored on racks.

◇ *vpi* [durer - aliment] to keep; [- poterie, parchemin] to survive; **les truffes au chocolat ne se conservent pas longtemps** (chocolate) truffles don't keep long; **les seuls documents qui se soient conservés** the only documents which survived.

conserverie [kɔ̃sɛrvəri] *nf* -**1.** [industrie] tinning *Br* OU canning *Am* industry. -**2.** [technique] tinning *Br*, canning *Am*. -**3.** [usine] tinning *Br* OU canning *Am* factory.

conserveur [kɔ̃sɛrvœr] *nm* manufacturer of tinned *Br* OU canned *Am* food.

considérable [kɔ̃siderabl] *adj* considerable; **c'est une personnalité** ~ he's got a remarkable personality; **une personnalité** ~ **dans le monde des lettres** a prominent figure in the world of literature.

considérablement [kɔ̃siderabləmɑ̃] *adv* considerably; **elle nous a** ~ **influencés** she had a considerable influence on us.

considérant [kɔ̃siderɑ̃] *nm* preamble JUR.

considération [kɔ̃siderasjɔ̃] *nf* -**1.** [examen] consideration, scrutiny; **la question mérite** ~ the question is worth considering. -**2.** [préoccupation] consideration, factor; **ce ne sont pas les seules** ~**s** these are not the only considerations; **ce sont des** ~**s bassement matérielles** these are very mundane preoccupations; **les** ~**s de temps** the time factor; **se perdre en** ~**s techniques** to get lost in technical considerations; **si l'on s'arrête à ce genre de** ~**s** if we pay too much attention to this kind of detail. -**3.** [respect] regard, esteem; **par** ~ **pour** out of respect OU regard for; **jouir d'une grande** ~ to be highly considered OU regarded, to be held in great esteem ❑ **veuillez agréer l'assurance de ma** ~ **distinguée** yours faithfully *Br*, yours sincerely *Am*.

◆ **en considération** *loc adv*: **faire entrer qqch en** ~ to bring sthg into play OU consideration; **prendre qqch en** ~ to take sthg into account OU consideration; **toutes les candidatures seront prises en** ~ all applications will be given careful consideration; **omettre de prendre en** ~ to leave out of consideration.

◆ **en considération de** *loc prép*: **en** ~ **de votre état de santé** because of OU given OU considering your health; **en** ~ **de vos services** in (full) recognition of your services.

◆ **sans considération de** *loc prép*: **sans** ~ **de personne** without taking individual cases into consideration OU account; **sans** ~ **du coût** regardless OU heedless of OU without considering (the) cost.

considérer [18] [kɔ̃sidere] *vt* -**1.** [regarder] to gaze OU to stare at *(insép)*; ~ **qqn avec hostilité** to stare at sb in a hostile manner; **considérons la droite AB** consider the line AB. -**2.** [prendre en compte - offre, problème] to consider, to take into consideration, to weigh up *(sép)*; ~ **le pour et le contre** to weigh up the pros and cons; **nous devons** ~ **l'intérêt de tous** we have to take everybody's interests into account OU consideration; **il faut** ~ **que l'accusé est mineur** it must be taken into account OU be borne in mind that the defendant is underage. -**3.** [croire] to consider, to deem; **je la considère qualifiée pour ce travail** I consider her (to be) qualified for this job; **je considère ne pas en avoir le droit** OU **que je n'en ai pas le droit** I consider that I don't have any right to do so. -**4.** [juger]: ~ **bien/mal** to hold in high/low esteem; ~ **qqn/qqch comme** to regard OU to consider sb/sthg as; **elle me considère comme sa meilleure amie** she regards me as OU looks upon me as OU considers me to be her best friend; **je considère ta réponse comme un refus** I regard your answer as a refusal. -**5.** [respecter] to respect, to hold in high esteem OU regard; **on considérait beaucoup votre père dans les milieux financiers** your father was highly respected OU was held in high regard in financial circles; **un spécialiste hautement considéré** a highly-regarded OU highly-respected expert.

◆ **à tout bien considérer, tout bien considéré** *loc adv* -**1.** [en résumé] all things considered, taking everything into consideration, considering; **elle s'est bien débrouillée, tout bien considéré** she managed rather well, considering. -**2.** [pour changer d'avis] on second thoughts OU further consideration; **tout bien considéré, je ne me présente plus** having thought (further) about it OU on further consideration, I'm not standing after all.

consignataire [kɔ̃siɲatɛr] *nmf* -**1.** COMM consignee. -**2.** NAUT consignee, forwarding agent. -**3.** JUR depositary.

consignation [kɔ̃siɲasjɔ̃] *nf* -**1.** COMM consignment; **en** ~ on consignment. -**2.** JUR deposit. -**3.** [d'un emballage] charging a deposit on; **la** ~ **est de 10 centimes** there's a 10-centime refund on return.

consigne [kɔ̃siɲ] *nf* -**1.** [instruction] orders, instructions; **ils ont reçu pour** ~ **de ne pas tirer** they've been given orders not to shoot; **je n'ai pas (reçu) de** ~**s** I have received no instructions; **elle avait pour** ~ **de surveiller sa sœur** she'd been told to keep an eye on her sister. -**2.** [punition] MIL confinement to barracks; SCOL detention; **on m'a filé deux heures de** ~ *fam* I was kept in (detention) for two hours. -**3.** RAIL left-luggage office *Br*, checkroom *Am*; ~ **automatique** (left-luggage *Br*) lockers. -**4.** COMM deposit; **il y a un franc de** ~ **sur la bouteille** there's a one-franc deposit on the bottle, you get one franc back on the bottle.

consigné, e [kɔ̃siɲe] *adj* returnable; **non** ~ nonreturnable.

consigner [3] [kɔ̃siɲe] *vt* -**1.** [déposer - valise] to put in the left-luggage office *Br* OU checkroom *Am*. -**2.** FIN [somme] to deposit. -**3.** [emballage] to put OU to charge a deposit on; **la bouteille est consignée 50 centimes** there's a 50-centime deposit on the bottle. -**4.** [noter] to record, to put down *(sép)*; ~ **ses pensées dans un journal** to put OU to write down one's thoughts in a diary; ~ **qqch par écrit** to put down sthg in writing OU on paper; ~ **les déclarations des témoins** to take down statements. -**5.** MIL to confine to barracks; SCOL to keep in (detention). -**6.** [interdire]: ~ **sa porte à qqn** *sout* to bar one's door to sb, to refuse sb admittance; ~ **une salle de jeux** to bar entrance to a gaming room; **'consigné à la troupe'** 'out of bounds to troops'. -**7.** NAUT to consign.

consistance [kɔ̃sistɑ̃s] *nf* -**1.** [état] consistency; ~ **crémeuse/dure** creamy/firm consistency; **donner de la** ~ **à une sauce** to thicken a sauce; **prendre** ~ [sauce] to thicken; **le projet prend** ~ *fig* the project is taking shape; **sans** ~ *fig* [rumeur] groundless, ill-founded; [personne] spineless; [discours, raisonnement] woolly. -**2.** [cohérence] consistency.

consistant, e [kɔ̃sistɑ̃, ɑ̃t] *adj* -**1.** [épais - sauce, peinture] thick. -**2.** [substantiel - plat, repas] substantial. -**3.** [bien établi - argument, rumeur] well-founded, well-grounded.

consister [3] [kɔ̃siste]

◆ **consister à** *v + prép* to consist in; **son rôle consistait à claquer une porte** his part consisted in slamming a door.

◆ **consister dans, consister en** *v + prép* to consist of; **en quoi consiste votre mission?** what does your mission consist of?, what is your mission all about?; **l'exposition consiste en sculptures et tableaux** the exhibition consists of OU is made up of sculptures and paintings; **l'intérêt de la pièce consiste dans les effets scéniques** the interest of the play lies in OU lies with its stage effects.

consistoire [kɔ̃sistwar] *nm* consistory.

consœur [kɔ̃sœr] *nf* -**1.** [collègue] (female) colleague. -**2.** RELIG sister nun.

consol [kɔ̃sɔl] *nm* consol.

consolable [kɔ̃sɔlabl] *adj* consolable.

consolant, e [kɔ̃sɔlɑ̃, ɑ̃t] *adj* consoling, comforting.

consolateur, trice [kɔ̃sɔlatœr, tris] ◇ *adj* comforting, consolatory.

◇ *nm, f* comforter.

consolation [kɔ̃sɔlasjɔ̃] *nf* -**1.** [soulagement] consolation, comfort, solace *litt*; **la compagnie de son chien était une maigre** ~ his dog was of little comfort to him. -**2.** [personne ou chose qui réconforte] consolation; **sa fille est sa seule** ~ his daughter is his sole consolation.

◆ **de consolation** *loc adj* [épreuve, tournoi] runners-up *(modif)*; [lot, prix] consolation *(modif)*.

console [kɔ̃sɔl] *nf* -**1.** [table] console table. -**2.** CONSTR cantilever, bracket. -**3.** ARCHIT console. -**4.** MUS [d'un orgue] console; [d'une harpe] neck. -**5.** INF console; ~ **de visualisation** (visual) display unit; ~ **de jeux** video game.

consoler [3] [kɔ̃sɔle] *vt* to console, to comfort; **rien ne pouvait le** ~ [enfant] nothing could cheer him up OU console him; [veuf, poète] nothing could bring him comfort OU solace *litt*; **si cela peut te** ~ if it's any consolation.

◆ **se consoler** ◇ *(emploi réfléchi)* to console o.s.; **se** ~ **dans l'alcool** to find solace in drink.

◇ *vpi* to console o.s., to be consoled; **Marc ne s'est jamais consolé de la mort de sa femme** Marc never got over losing his wife; **on dirait qu'elle s'est vite consolée!** it looks like she got over it fast!

consolidation [kɔ̃sɔlidasjɔ̃] *nf* -**1.** [d'un édifice, d'un meuble] strengthening, reinforcement; [d'un mur] bracing, buttressing, reinforcement. -**2.** COUT [d'un bouton, d'un talon] reinforcement. -**3.** [renforcement - d'une amitié, d'une position, d'un pouvoir] consolidation, strengthening; **on assiste à la ~ de la dictature** the dictatorship is consolidating its power. -**4.** MÉD setting. -**5.** JUR consolidation. -**6.** FIN consolidation. -**7.** GÉOL & TRAV PUBL bracing, strengthening.

consolidé, e [kɔ̃sɔlide] *adj* [fonds, bilan] consolidated; [dette] funded.
◆ **consolidés** *nmpl* consols.

consolider [3] [kɔ̃sɔlide] *vt* -**1.** [renforcer - édifice, meuble] to strengthen; [- mur] to brace, to buttress. -**2.** [affermir - position, majorité, amitié] to consolidate, to strengthen. -**3.** MÉD to set, to reduce. -**4.** JUR to consolidate. -**5.** FIN to consolidate; **le franc a consolidé son avance à la Bourse** the franc has strengthened its lead on the Stock Exchange.

consommable [kɔ̃sɔmabl] *adj* -**1.** [nourriture] edible; [boisson] drinkable. -**2.** CHIM consumable.

consommateur, trice [kɔ̃sɔmatœr, tris] ◇ *adj*: **système ~ d'électricité** electricity consuming system; **les pays fortement ~s de pétrole** the countries that consume large quantities of crude oil.
◇ *nm, f* -**1.** [par opposition à producteur] consumer. -**2.** [client - d'un service] customer, user.

consommation [kɔ̃sɔmasjɔ̃] *nf* -**1.** [absorption - de nourriture] consumption; **viande impropre à la ~** meat unfit for (human) consumption. -**2.** [utilisation - de gaz, d'électricité] consumption; **elle fait une grande ~ de parfum/papier** she goes through a lot of perfume/paper. -**3.** ÉCON: **la ~** consumption (of goods and services); **la ~ des ménages** household consumption ❑ **biens/société de ~** consumer goods/society. -**4.** AUT (petrol *Br* OU gas *Am*) consumption; **une ~ de 4 litres aux 100 (km)** a consumption of 4 litres per 100 km. -**5.** [au café] drink; **prendre une ~** [boire] to have a drink; **la serveuse a déjà pris les ~s** *fam* the waitress has already taken the orders (for the drinks). -**6.** *litt* [accomplissement - d'un crime] perpetration; [- d'un mariage] consummation.

consommé, e [kɔ̃sɔme] *adj sout* consummate.
◆ **consommé** *nm* clear soup, consommé.

consommer [3] [kɔ̃sɔme] *vt* -**1.** [absorber - nourriture] to eat, to consume; [- boisson] to drink, to consume; **les Français consomment beaucoup de pain** French people eat a lot of bread; **le pays où l'on consomme le plus de café** the country with the highest coffee consumption ‖ *(en usage abs)*: **toute personne attablée doit ~** anyone occupying a table must order a drink; **les gens qui ne consomment pas** nondrinking customers; **'à ~ frais'** 'serve chilled'; **'à consommer avant (fin)...'** 'best before (end)...'; **je consommais des montagnes de BD** *fam fig* I used to devour loads of comics. -**2.** [utiliser - essence, charbon] to use (up), to consume, to go through *(sép)*; **une voiture qui consomme beaucoup/peu (d'essence)** a car that uses a lot of/that doesn't use much petrol; **les industries qui consomment de l'aluminium** industries that use aluminium. -**3.** JUR [mariage] to consummate. -**4.** *litt* [accomplir - crime] to perpetrate; [- ruine] to bring about the completion of.

consomptible [kɔ̃sɔ̃ptibl] *adj* consumable; **produits ~s** consumables.

consomptif, ive [kɔ̃sɔ̃ptif, iv] *adj* wasting *(avant n)*.

consomption [kɔ̃sɔ̃psjɔ̃] *nf vieilli* [amaigrissement] wasting; [tuberculose] consumption.

consonance [kɔ̃sɔnɑ̃s] *nf* -**1.** LITTÉRAT & MUS consonance. -**2.** [sonorité] sound; **je n'aime pas la ~ de ce mot** I don't like the sound of that word; **de ~ anglaise, aux ~s anglaises** English-sounding.

consonant, e [kɔ̃sɔnɑ̃, ɑ̃t] *adj* LITTÉRAT & MUS consonant.

consonantique [kɔ̃sɔnɑ̃tik] *adj* -**1.** [des consonnes] consonantal, consonant *(modif)*; **le système ~** the consonant system. -**2.** ACOUST consonant, resonant.

consonantisme [kɔ̃sɔnɑ̃tism] *nm* consonant system *(of a language)*.

consonne [kɔ̃sɔn] *nf* consonant.

consort [kɔ̃sɔr] *adj m* consort.
◆ **consorts** *nmpl péj*: **Paul et ~s** Paul and his kind, Paul and those like him.

consortage [kɔ̃sɔrtaʒ] *nm Helv farmers' association.*

consortial, e, aux [kɔ̃sɔrsjal, o] *adj relating to a consortium or a syndicate.*

consortium [kɔ̃sɔrsjɔm] *nm* consortium, syndicate; **constituer un ~** to form a consortium; **les chaînes ont constitué un ~** the channels have become syndicated.

conspirateur, trice [kɔ̃spiratœr, tris] *nm, f* conspirator, plotter, conspirer.

conspiration [kɔ̃spirasjɔ̃] *nf* conspiracy, plotting; **Conspiration des poudres** HIST Gunpowder Plot.

conspirer [3] [kɔ̃spire] ◇ *vi*: **~ contre** to conspire OU to plot OU to scheme against; **~ à** *sout* to conspire to; **tout conspire à la réussite de ce projet** everything conspires OU combines to make this project a success.
◇ *vt* to plot, to scheme.

conspuer [7] [kɔ̃spɥe] *vt sout* to shout down *(sép)*.

constamment [kɔ̃stamɑ̃] *adv* -**1.** [sans interruption] continuously, continually. -**2.** [très fréquemment] constantly.

constance [kɔ̃stɑ̃s] *nf* -**1.** [persévérance] constancy, steadfastness; **vous avez de la ~!** you're so patient! -**2.** *litt* [fidélité] constancy, fidelity, faithfulness. -**3.** PSYCH invariability, constancy.

Constance [kɔ̃stɑ̃s] *npr* → **lac**.

constant, e [kɔ̃stɑ̃, ɑ̃t] *adj* -**1.** [invariable] unchanging, constant; **~ dans ses amitiés** faithful to one's friends OU in friendship; **~ dans ses goûts** to be unchanging in one's tastes. -**2.** [ininterrompu] continual, continuous, unceasing. -**3.** MATH constant. -**4.** FIN constant; **en francs ~s** in constant francs.
◆ **constante** *nf* -**1.** MATH & PHYS constant. -**2.** ÉLECTR: **~e diélectrique** (dielectric) permittivity, dielectric constant. -**3.** MÉTÉO: **~e solaire** solar constant. -**4.** [caractéristique stable] stable OU permanent trait. -**5.** INF constant; **~e complexe/double précision/réelle** complex/double precision/real constant.

Constantin [kɔ̃stɑ̃tɛ̃] *npr* [empereur] Constantine.

Constantine [kɔ̃stɑ̃tin] *npr* Constantine.

Constantinople [kɔ̃stɑ̃tinɔpl] *npr* Constantinople.

constat [kɔ̃sta] *nm* -**1.** [acte] certified statement OU report; **~ d'accident** accident statement; **faisons le ~** [après un accident] let's fill in the necessary papers (for the insurance); **~ d'adultère** adultery report; **~ à l'amiable** mutually-agreed accident report; **~ d'huissier** process-server's affidavit. -**2.** [bilan] review; **faire un ~ d'échec** to acknowledge OU to admit a failure.

constatation [kɔ̃statasjɔ̃] *nf* -**1.** [observation] noting, noticing; **la ~ d'une fuite a entraîné une vérification de l'ensemble du système** the discovery of a leak led to a checkup of the entire system. -**2.** [remarque] remark, comment, observation; **faites-moi part de vos ~s** let me have your comments; **ce n'est pas un reproche, c'est une simple ~** this isn't a criticism, it's just an observation OU I'm just stating a fact, I'm not criticizing, I'm just saying; **première ~, le liquide vire au bleu** the first thing to note is that the liquid turns blue.
◆ **constatations** *nfpl* [d'une enquête] findings; **procéder aux ~s** to establish the facts.

constater [3] [kɔ̃state] *vt* -**1.** [remarquer] to note, to observe, to notice; **on constate une régression de la criminalité** a decline in criminality can be observed; **je constate que tu fumes toujours autant** I notice you still smoke just as much; **j'ai constaté une légère amélioration de son état de santé** I've noticed a slight improvement in his health; **je suis forcée de constater que je ne peux te faire confiance** I am forced to the conclusion that I can't trust you; **constatez par vous-même!** just see for yourself!; **~ plusieurs erreurs** to note OU to notice several mistakes. -**2.** [enregistrer - décès] to certify; [- faits] to record, to list; **l'expert est venu ~ les dégâts** the expert came to assess the damage.

constellation [kɔ̃stelasjɔ̃] *nf* -**1.** ASTRON constellation. -**2.** [ensemble - de savants, de célébrités] constellation, galaxy; **une ~ de taches** stains all over.

consteller [4] [kɔ̃stele] *vt* to spangle, to stud; **de nombreuses décorations constellent son uniforme** his uniform is adorned with medals; **constellé de: un ciel constellé d'étoiles** a star-studded sky; **une robe constellée de taches** a dress spattered with stains; **un visage constellé de taches de rousseur** a face covered in freckles.

consternant, e [kɔ̃stɛrnɑ̃, ɑ̃t] *adj* distressing; **d'une bêtise ~e** appallingly stupid; **la pièce est ~e** the play's dire OU appallingly bad.

consternation [kɔ̃stɛrnasjɔ̃] *nf* consternation, dismay; **la ~ était générale** everybody was appalled.

consterner [3] [kɔ̃stɛrne] *vt* to appall, to fill with consternation; **consterné par une nouvelle** appalled by a piece of news; **regarder qqch d'un air consterné** to look with consternation upon sthg.

constipation [kɔ̃stipasjɔ̃] *nf* constipation.

constipé, e [kɔ̃stipe] ◇ *adj* -**1.** MÉD constipated. -**2.** *fam* [guindé]: **être** OU **avoir l'air ~** to look ill-at-ease OU uncomfortable; **un style ~** a constipated style.
◇ *nm, f* -**1.** MÉD constipated person. -**2.** *fam* [personne guindée] repressed OU stuffy person.

constiper [3] [kɔ̃stipe] *vt* to constipate.

constituant, e [kɔ̃stitɥɑ̃, ɑ̃t] *adj* -**1.** [élément] constituent. -**2.** JUR & POL: **pouvoir ~** constituent power.
◆ **constituant** *nm* -**1.** JUR & POL constituent; HIST *member of the 1789 Constituent Assembly.* -**2.** CHIM component. -**3.** LING constituent; **~ immédiat** immediate constituent.
◆ **Constituante** *nf* HIST: **la Constituante** the Constituent Assembly.

constitué, e [kɔ̃stitɥe] *adj* -**1.** [personne]: **un homme normalement ~** a (physically) normal man; **un individu solidement ~** a sturdily-built individual; **bien ~** hardy. -**2.** POL [autorité] constituted.

constituer [7] [kɔ̃stitɥe] *vt* -**1.** [créer - collection] to build up *(sép)*, to put together *(sép)*; [- bibliothèque] to build OU to set up *(sép)*; [- société anonyme, association, gouvernement] to form, to set up *(sép)*; [- équipe, cabinet] to form, to select (the members of); [- dossier] to prepare; **son père voulait lui ~ un patrimoine** his father wanted to set him up with an estate. -**2.** [faire partie de] to form, to constitute, to (go to) make up; **ces cinq pages constituent l'introduction** these five pages form the introduction; **les timbres qui constituent sa collection** the stamps that make up his collection; **l'eau est constituée de...** water consists OU is composed of... -**3.** [être] to be, to represent; **le vol constitue un délit** theft is OU constitutes an offence; **sa présence constitue un danger** his presence spells danger. -**4.** JUR [nommer] to name, to appoint; **~ qqn président** to appoint sb as OU to make sb chairman; **~ qqn son légataire** JUR to name OU to appoint sb one's legatee. -**5.** [établir]: **~ une dot/une rente à qqn** to settle a dowry/a pension on sb.
◆ **se constituer** ◇ *vpi* -**1.** [être composé]: **se ~ de** to be made up of. -**2.** [se mettre en position de]: **se ~ prisonnier** to give o.s. up; **se ~ partie civile** to file a civil action. -**3.** [se former] to form, to be formed; **un nouveau comité s'est consti-**

tué a new committee has formed OU has been formed OU has been created; se ~ en to form; **ils se sont constitués en association** they formed a society.

◇ *vpt*: se ~ **qqch** to build sthg up OU to amass sthg (for o.s.); se ~ **une vidéothèque** to build up a video library; se ~ **un patrimoine** to amass an estate.

constitutif, ive [kɔ̃stitytif, iv] *adj* -1. [qui compose] constituent, component; **les éléments ~s de l'eau** the elements which make up OU the constituent elements of water. -2. [typique - propriété] constitutive. -3. JUR constitutive.

constitution [kɔ̃stitysjɔ̃] *nf* -1. [création - d'une collection] building up, putting together; [- d'une bibliothèque] building up, setting up; [- d'une association, d'une société, d'un gouvernement] forming, formation, setting up; [- d'un dossier] preparation, putting together; [- d'une équipe] selection. -2. [composition - d'un groupe] composition; [- d'une substance] makeup, composition. -3. POL [lois] constitution; [régime]: ~ **républicaine** republic; ~ **monarchique** monarchy. -4. [santé] constitution, physique; **une bonne/solide ~** a sound/sturdy constitution; **être de ~ fragile** [souvent malade] to be susceptible to disease. -5. PHARM [en homéopathie] composition. -6. JUR [d'une dot, d'une rente] settling, settlement; [désignation]: ~ **d'un avoué** appointment OU briefing of a lawyer; ~ **de partie civile** filing of a civil action.

constitutionnaliser [3] [kɔ̃stitysjɔnalize] *vt* to constitutionalize, to make constitutional.

constitutionnalité [kɔ̃stitysjɔnalite] *nf* constitutionality.

constitutionnel, elle [kɔ̃stitysjɔnɛl] *adj* constitutional.

constitutionnellement [kɔ̃stitysjɔnɛlmɑ̃] *adv* constitutionally.

constricteur [kɔ̃striktœr] ◇ *adj m* ANAT & ZOOL constrictor.

◇ *nm* -1. ANAT constrictor. -2. ZOOL boa constrictor.

constriction [kɔ̃striksjɔ̃] *nf* constriction.

constrictor [kɔ̃striktɔr] ◇ *adj* = **constricteur**.

◇ *nm* boa constrictor.

constringent, e [kɔ̃strɛ̃ʒɑ̃, ɑ̃t] *adj* constringent.

constructeur, trice [kɔ̃stryktœr, tris] *adj* building, manufacturing.

◆ **constructeur** *nm* -1. [d'édifices] builder. -2. [d'appareils, d'engins] manufacturer; ~ **automobile** car manufacturer; ~ **naval** shipbuilder. -3. INF handler, builder. -4. *litt*: ~ **d'empire** empire builder.

constructible [kɔ̃stryktibl] *adj* constructible; **terrain** OU **parcelle ~** plot suitable for building on, building land.

constructif, ive [kɔ̃stryktif, iv] *adj* -1. [qui fait progresser] constructive, positive. -2. CONSTR constructional, building *(modif)*.

construction [kɔ̃stryksjɔ̃] *nf* -1. [édification] building, construction; **la ~ de la tour a duré un an** it took a year to build OU to erect the tower; **c'était de la bonne ~ à l'époque** building standards were high in those days. -2. [édifice] building, construction; **des ~s récentes** new buildings, recent constructions. -3. [fabrication] building, manufacturing; **la ~ automobile** car manufacturing; **appareil de ~ française** French-built machine || [entreprise]: ~**s navales** shipbuilding (industry); ~**s aéronautiques** aircraft industry. -4. [structure - d'une œuvre] structure; [- d'une phrase] construction, structure; **ce n'est qu'une ~ idéologique** it's only an ideological construction. -5. GRAMM construction; **ce verbe a une ~ passive** this verb is construed passively OU has a passive construction. -6. MATH figure, construction.

◆ **de construction** *loc adj* -1. [matériau] building *(modif)*, construction *(modif)*. -2. JEUX: **jeu de ~** set of building blocks.

◆ **en construction** *loc adv* under construction; **la maison est encore en ~** the house is still being built OU still under construction.

constructivisme [kɔ̃stryktivism] *nm* BX-ARTS & PHILOS constructivism.

constructiviste [kɔ̃stryktivist] *adj* & *nmf* BX-ARTS & PHILOS constructivist.

construire [98] [kɔ̃strɥir] *vt* -1. [route, barrage] to build, to construct; [maison] to build; **une maison récemment construite** a newly-built house; **tous ensemble pour ~ l'Europe!** *fig* all united to build a new Europe! || *(en usage abs)*: **leur rêve, c'est de pouvoir faire ~** they dream of having their own house built. -2. INDUST [fabriquer] to build, to manufacture. -3. [structurer - pièce, roman] to structure, to construct; [- théorie, raisonnement] to build, to develop; [- figure de géométrie] to draw, to construct; ~ **correctement une phrase** to construct a sentence properly. -4. GRAMM [verbe] to construe; **on construit «vouloir» avec le subjonctif** "vouloir" is construed with OU takes the subjunctive.

◆ **se construire** *vp (emploi passif)* -1. [être édifié] to be built; **ça se construit par ici!** *fam* a lot of stuff's going up OU a lot of building's going on around here!; **la campagne environnante s'est construite** the surrounding countryside has become a built-up area. -2. GRAMM: **se ~ avec** to be construed with, to take.

consubstantialité [kɔ̃sypstɑ̃sjalite] *nf* consubstantiality.

consubstantiation [kɔ̃sypstɑ̃sjasjɔ̃] *nf* consubstantiation.

consubstantiel, elle [kɔ̃sypstɑ̃sjɛl] *adj* consubstantial.

consul [kɔ̃syl] *nm* -1. [diplomate] consul; **le ~ de France** the French consul. -2. HIST Consul *(in France from 1799 to 1804)*. -3. ANTIQ consul.

consulaire [kɔ̃sylɛr] *adj* consular.

consulat [kɔ̃syla] *nm* -1. [résidence, bureaux] consulate. -2. [fonction diplomatique] consulship. -3. HIST: **le Consulat** the Consulate *(in France from 1799 to 1804)*. -4. ANTIQ consulship.

consultable [kɔ̃syltabl] *adj* [ouvrage, fichier] which may be consulted, available for reference OU consultation.

consultant, e [kɔ̃syltɑ̃, ɑ̃t] ◇ *adj*: **avocat ~** counsel in chamber; **médecin ~** consultant.

◇ *nm, f* consultant; ~ **en gestion** management consultant.

consultatif, ive [kɔ̃syltatif, iv] *adj* advisory.

consultation [kɔ̃syltasjɔ̃] *nf* -1. [d'un plan, d'un règlement] consulting, checking; **la ~ d'un dictionnaire** looking words up in a dictionary; **après ~ de mon emploi du temps** after checking my timetable. -2. POL: ~ **électorale** election. -3. [chez un professionnel] consultation; **donner des ~s** [gén] to hold consultations; [médecin] to have one's surgery *Br* OU office hours *Am*; **horaires de ~** [chez un médecin] surgery *Br* OU office *Am* hours; **il demande 700 F pour la ~** he charges 700 F for (his) professional services. -4. INF: ~ **de table** table lookup; ~ **de fichier** file browsing OU browse.

consulter [3] [kɔ̃sylte] ◇ *vt* -1. [demander l'avis de - médecin] to visit, to consult; [- avocat, professeur] to consult, to seek advice from; [- voyante] to visit; **il ne m'a même pas consulté** he didn't even ask for my opinion; ~ **qqn du regard** to look questioningly at sb || *(en usage abs)*: **se décider à ~** to decide to go to the doctor's; **lorsqu'il est venu ~, j'ai prescrit des antibiotiques** when he came to see me, I prescribed some antibiotics. -2. [lire - livre, dictionnaire] to refer to *(insép)*; [- plan, montre, baromètre, horaire] to look at *(insép)*, to check; [- horoscope] to read; **quand je consulte le miroir** when I look at myself in the mirror; ~ **ses notes** to go over one's notes. -3. *sout (au nég)* [prendre en compte]: **il ne consulte que son intérêt** he's guided only by self-interest. -4. INF to search.

◇ *vi* [docteur] to hold surgery, to see patients.

◆ **se consulter** *vp (emploi réciproque)* [discuter] to confer; **ils se sont consultés avant de m'annoncer la nouvelle** they conferred before giving me the news; **se ~ du regard** to look questioningly at one another.

consumable [kɔ̃symabl] *adj*: **cette matière est ~** this substance will burn.

consumer [3] [kɔ̃syme] *vt* -1. [brûler] to burn, to consume; **le feu a consumé tous les livres** the fire destroyed all the books; **les bûches consumées dans la cheminée** the charred logs in the fireplace. -2. *litt* [tourmenter]: **la jalousie la consume** she's consumed with jealousy; **il est consumé de chagrin** OU **par le chagrin** he is racked with grief.

◆ **se consumer** *vpi* -1. [brûler] to burn; **laisser une cigarette se ~** to let a cigarette burn (out). -2. *litt* [être tourmenté]: **il se consume de désespoir** he's wasting away in OU with despair; **se ~ d'amour pour qqn** to pine for sb.

consumérisme [kɔ̃symerism] *nm*: **le ~** consumerism.

consumériste [kɔ̃symerist] *adj*: **le mouvement ~** the consumerist movement.

contact [kɔ̃takt] *nm* -1. [toucher] touch, contact. -2. AUT, ÉLECTR & RAD contact, switch; **le ~ ne se fait pas** there's no contact; **il y a un mauvais ~** there's a loose connection somewhere; **mettre/couper le ~** ÉLECTR to switch on/off; AUT to turn the ignition on/off; **nous avons perdu le ~ radio avec eux** we're no longer in radio contact with them. -3. [lien] contact; **avoir des ~s avec** to have contact with; **il a perdu tout ~ avec le réel** he's lost all contact with reality; **prendre des ~s** to establish some contacts; **prendre ~ avec qqn** to contact sb, to get in touch with sb; **j'ai gardé le ~ avec mes vieux amis** I'm still in touch with my old friends; **il est d'un ~ facile** he's easy to get on with; **avec ma belle-famille, il n'y a pas tellement de ~** my in-laws aren't very close (to us). -4. [personne - dans les affaires, l'espionnage, le trafic de drogue] contact, connection. -5. GÉOM: **(point de) ~ de deux plans** intersection OU meeting point of two planes. -6. PHOT contact (print). -7. ÉQUIT contact.

◆ **au contact de** *loc prép*: **au ~ de l'air** in contact with OU when exposed to the air; **sursauter au ~ d'une main** to jump at the touch of a hand; **ne pas mettre au ~ de l'œil** avoid contact with the eyes; **il a changé à mon contact** he's changed since he met me.

◆ **de contact** *loc adj* -1. AUT ignition *(modif)*. -2. RAIL [fil, ligne] contact *(modif)*. -3. OPT contact *(modif)*.

◆ **en contact** ◇ *loc adj* -1. [reliés - personnes] in touch. -2. [adjacents - objets, substances] in contact. -3. ÉLECTR connected.

◇ *loc adv*: **rester en ~ avec qqn** to keep OU to stay OU to remain in touch with sb; **entrer en ~ avec qqn** to contact sb, to get in touch with sb; AÉRON & MIL to make contact with sb; **mettre en ~** [personnes] to put in touch (with each other); [objets, substances] to bring into contact; AÉRON to establish contact between.

contacter [3] [kɔ̃takte] *vt* to contact, to get in touch with; **on peut me ~ par téléphone au bureau** you can reach me by phone at the office; **veuillez ~ ma secrétaire** please get in touch with my secretary.

contacteur [kɔ̃taktœr] *nm* ÉLECTR contactor.

contactologiste [kɔ̃taktɔlɔʒist] *nmf* contact lens specialist.

contagieux, euse [kɔ̃taʒjø, øz] ◇ *adj* [personne] contagious; [maladie, rire] infectious, contagious; **son virus/enthousiasme est ~** his virus/enthusiasm is catching.

◇ *nm, f* contagious patient; **les ~ ne sont pas acceptés à la crèche** children with contagious diseases will not be admitted to the nursery.

contagion [kɔ̃taʒjɔ̃] *nf* -1. MÉD contagion; **pour éviter tout risque de ~** to avoid any risk of infection OU contagion. -2. [d'un rire, d'une peur] contagiousness, infectiousness.

contagiosité [kɔ̃taʒjozite] *nf* contagiousness; **à haute** OU **forte ~** highly contagious.

container [kɔ̃tɛnɛr] = **conteneur**.

contaminateur, trice [kɔ̃taminatœr, tris] ◇ *adj* infectious.
◇ *nm, f* infectious carrier; chercher le ~ de qqn to look for the contact who infected sb.

contamination [kɔ̃taminasjɔ̃] *nf* -**1.** MÉD contamination; pour éviter la ~ to avoid contamination. -**2.** [de l'environnement, des aliments] contamination; ~ radioactive radioactive contamination. -**3.** LING contamination. -**4.** *litt* [corruption] (moral) pollution.

contaminer [3] [kɔ̃tamine] *vt* -**1.** MÉD to contaminate, to infect. -**2.** ÉCOL to contaminate. -**3.** *litt* [corrompre - personne] to corrupt.

conte [kɔ̃t] *nm* story, tale; ~s de Bretagne Breton stories OU tales OU legends ❑ ~ de bonnes femmes old wives' tale; ~ de fées *pr* & *fig* fairy tale; 'Contes du chat perché' *Aymé* 'The Wonderful Farm'.

contemplateur, trice [kɔ̃tɑ̃platœr, tris] *nm, f* contemplator.

contemplatif, ive [kɔ̃tɑ̃platif, iv] ◇ *adj* -**1.** [pensif] thoughtful, contemplative, meditative. -**2.** RELIG contemplative.
◇ *nm, f* contemplative; c'est un ~ he likes to muse.

contemplation [kɔ̃tɑ̃plasjɔ̃] *nf* -**1.** [méditation] contemplation, reflection; en ~ devant lost in admiration of. -**2.** RELIG contemplation.

contempler [3] [kɔ̃tɑ̃ple] *vt* to contemplate, to gaze at *(insép)* OU upon *(insép)*; d'ici, vous pouvez ~ le superbe paysage from here, you can see the superb view; ~ qqn avec amour to gaze lovingly at sb.

contemporain, e [kɔ̃tɑ̃pɔrɛ̃, ɛn] ◇ *adj* -**1.** [de la même époque] contemporary; être ~ de to be contemporary with; elle est ~e de Colette she's a contemporary of Colette's. -**2.** [moderne] contemporary, modern, present-day.
◇ *nm, f* contemporary; mon/son ~ my/his contemporary; les ~s n'ont rien compris à son attitude his contemporaries didn't understand his attitude.

contempteur, trice [kɔ̃tɑ̃ptœr, tris] *nm, f litt* denigrator, despiser; ses ~s those who derided him.

contenance [kɔ̃tnɑ̃s] *nf* -**1.** [attitude] attitude, bearing; il essayait de prendre OU se donner une ~ he was trying to put on a brave face; faire bonne ~ to put up a bold OU good front; perdre ~ to lose one's composure. -**2.** [capacité - d'un tonneau, d'un réservoir] capacity; [- d'un navire] (carrying OU holding) capacity.

contenant [kɔ̃tnɑ̃] *nm* container.

conteneur [kɔ̃tənœr] *nm* -**1.** INDUST container; ~ à gaz gas tank; mise en ~ containerization. -**2.** HORT (large) plant holder.

contenir [40] [kɔ̃tnir] *vt* -**1.** [renfermer] to contain, to hold; chaque boîte contient 10 cigares each box contains OU holds 10 cigars; l'enveloppe contenait le reçu the receipt was enclosed in the envelope; que contient ce colis? what's in this parcel?; votre article contient beaucoup de paradoxes your article is full of OU contains many contradictions. -**2.** [être constitué de] to contain; boissons qui contiennent de l'alcool drinks containing alcohol. -**3.** [avoir telle capacité] to hold; véhicule pouvant ~ 35 personnes assises/debout vehicle seating 35/with standing room for 35 people. -**4.** [réprimer - foule, larmes, sanglots] to hold back *(sép)*; [- poussée, invasion] to contain; [- rire, colère] to suppress; une colère mal contenue barely suppressed anger.
◆ **se contenir** *vpi* to control o.s.; ils ne pouvaient plus se ~ [ils pleuraient] they couldn't hold back their tears any longer; [ils riaient] they couldn't disguise their mirth any longer.

content, e [kɔ̃tɑ̃, ɑ̃t] *adj* -**1.** [heureux] happy, glad, pleased; ils avaient l'air très ~s they looked very happy OU pleased; je suis ~ que tu aies pu venir I'm glad that you could make it; je ne suis pas ~ du tout I'm not at all pleased OU happy; s'il n'est pas ~, c'est pareil! *fam* he can like it or lump it! -**2.** [satisfait]: être ~ de to be satisfied with; je suis très ~ de moi I'm very pleased with myself; non ~ de *sout* not content with; non ~ d'être riche, il veut aussi être célèbre not content with being rich OU not satisfied with being rich, he wants to be famous as well.
◆ **content** *nm sout*: avoir (tout) son ~ de qqch to have (had) one's fill of sthg; laisse-les s'amuser tout leur ~ let them play as much as they like.

contentement [kɔ̃tɑ̃tmɑ̃] *nm* satisfaction, contentment; avec ~ contentedly ❑ ~ de soi self-satisfaction.

contenter [3] [kɔ̃tɑ̃te] *vt* -**1.** [faire plaisir à] to please, to satisfy; voilà qui devrait ~ tout le monde this should satisfy OU please everybody. -**2.** [satisfaire] to satisfy.
◆ **se contenter de** *vp + prép* -**1.** [s'accommoder de] to be content OU to content o.s. with, to make do with; elle s'est contentée d'une modeste chambre she contented herself OU was satisfied with a modest room; il se contente de peu he's easily satisfied. -**2.** [se borner à]: en guise de réponse, elle s'est contentée de sourire she merely smiled in reply.

contentieux, euse [kɔ̃tɑ̃sjø, øz] *adj* contentious.
◆ **contentieux** *nm* -**1.** [conflit] dispute, disagreement; il y a un ~ entre eux they're in dispute. -**2.** [service] legal department OU bureau. -**3.** [affaire] litigation; ~ administratif procedure in contentious administrative matters; ~ fiscal tax litigation; ~ électoral procedure in contentious electoral matters.

contention [kɔ̃tɑ̃sjɔ̃] *nf* -**1.** *litt* exertion, application; ~ d'esprit concentration. -**2.** MÉD [d'un os] setting, reduction; [d'un malade] restraint; moyen de ~ splint. -**3.** VÉTÉR restraint.

contenu [kɔ̃tny] *nm* -**1.** [d'un récipient, d'un paquet] content, contents. -**2.** [teneur - d'un document] content, text; quel est le ~ du texte? what does the text say? -**3.** LING (linguistic) content. -**4.** PSYCH: ~ latent latent content.

conter [3] [kɔ̃te] *vt litt* to relate, to tell; je vais vous ~ l'histoire de Barbe-Bleue I'll tell you the story of Bluebeard ❑ ~ fleurette à qqn to murmur sweet nothings to sb; en ~: on m'en a conté de belles sur toi! I've heard some fine things about you!; elle ne s'en laisse pas ~ she's not easily taken in.

contestable [kɔ̃tɛstabl] *adj* debatable, questionable.

contestataire [kɔ̃tɛstatɛr] ◇ *adj* protesting OU revolting *(against established values)*; un journal ~ an antiestablishment newspaper; c'est un ~ he's always calling things into question.
◇ *nmf* antiestablishment protester.

contestation [kɔ̃tɛstasjɔ̃] *nf* -**1.** [d'une loi, d'un testament, d'un document] contesting, opposing; [d'un récit, d'un droit] contesting, questioning; [d'une compétence] questioning, challenging, doubting; sans ~ (possible) beyond (all possible) dispute OU question. -**2.** [litige] dispute, controversy, debate. -**3.** POL: la ~ protests, protesting, the protest movement.

conteste [kɔ̃tɛst]
◆ **sans conteste** *loc adv* indisputably, unquestionably.

contester [3] [kɔ̃tɛste] ◇ *vt* -**1.** [testament] to contest, to object to; [récit, document] to dispute, to question; [compétence] to question, to dispute, to throw into doubt; je ne conteste pas que votre tâche ait été difficile I don't dispute OU doubt the fact that you had a difficult task; je ne lui conteste pas le droit de... I don't challenge OU question his right to...; être contesté to be a subject of controversy; une personnalité très contestée a very controversial personality. -**2.** POL to protest OU to rebel against.
◇ *vi* -**1.** [discuter]: obéir aux ordres sans ~ to obey orders blindly OU without raising any objections. -**2.** POL to protest.

conteur, euse [kɔ̃tœr, øz] *nm, f* -**1.** [narrateur] narrator, storyteller. -**2.** [écrivain] storyteller.

contexte [kɔ̃tɛkst] *nm* -**1.** [situation] context. -**2.** INF environment. -**3.** LING: ~ linguistique/de situation linguistic/situational context.
◆ **en contexte** *loc adv* [voir, examiner] in context; mettre qqch en ~ to put sthg into context, to contextualize sthg.

contextuel, elle [kɔ̃tɛkstɥɛl] *adj* contextual.

contexture [kɔ̃tɛkstyr] *nf* -**1.** [d'un tissu, d'un matériel] texture. -**2.** *sout* [d'une œuvre] structure.

contigu, ë [kɔ̃tigy] *adj* -**1.** [bâtiments, terrains, objets] contiguous, adjacent, adjoining; les maisons ~ës à la nôtre [accolées] the houses joining on to ours. -**2.** *sout* [époques, sujets, domaines] close, contiguous.

contiguïté [kɔ̃tigɥite] *nf* -**1.** [proximité - de bâtiments, de terrains, d'objets] contiguity, adjacency, proximity. -**2.** *sout* [de domaines, d'époques, de sujets] closeness, contiguousness, contiguity. -**3.** INF adjacency.

continence [kɔ̃tinɑ̃s] *nf* -**1.** [abstinence] continence, (self-imposed) chastity. -**2.** [sobriété, discrétion] restraint. -**3.** MÉD continence.

continent¹ [kɔ̃tinɑ̃] *nm* -**1.** GÉOG continent; l'Ancien/le Nouveau Continent the Old/the New World. -**2.** [par opposition à une île]: le ~ the mainland.

continent², e [kɔ̃tinɑ̃, ɑ̃t] *adj* -**1.** [chaste] continent, chaste; [sobre, discret] discreet, restrained, reserved. -**2.** MÉD continent.

continental, e, aux [kɔ̃tinɑ̃tal, o] ◇ *adj* -**1.** [par opposition à insulaire] mainland *(modif)*. -**2.** GÉOG [climat, température] continental.
◇ *nm, f* person who lives on the mainland; les continentaux people from the mainland.

continentalité [kɔ̃tinɑ̃talite] *nf* continental climatic characteristics.

contingence [kɔ̃tɛ̃ʒɑ̃s] *nf* MATH & PHILOS contingency.
◆ **contingences** *nfpl* contingencies, eventualities; les ~s de la vie quotidienne everyday happenings OU events; prévoir toutes les ~s to take unforeseen circumstances into consideration.

contingent¹ [kɔ̃tɛ̃ʒɑ̃] *nm* -**1.** [quantité] (allotted) share. -**2.** [quota] quota. -**3.** [troupe] contingent; [ensemble des recrues] call-up *Br*, draft *Am*; le ~, les soldats du ~ those conscripted, the conscripts, the draft *Am*.

contingent², e [kɔ̃tɛ̃ʒɑ̃, ɑ̃t] *adj* -**1.** PHILOS contingent. -**2.** *litt* [sans importance] incidental.

contingentement [kɔ̃tɛ̃ʒɑ̃tmɑ̃] *nm* -**1.** ÉCON fixing of quotas, restriction. -**2.** COMM quota system, apportioning by quota.

contingenter [3] [kɔ̃tɛ̃ʒɑ̃te] *vt* -**1.** ÉCON [importations] to limit, to fix a quota on; [produits de distribution] to restrict the distribution of. -**2.** COMM to distribute OU to allocate according to a quota.

continu, e [kɔ̃tiny] *adj* -**1.** [ininterrompu - effort, douleur, bruit] continuous, unremitting, relentless; [- soins] constant; [- ligne, trait] continuous, unbroken; [- sommeil] unbroken. -**2.** ÉLECTR [courant] direct. -**3.** MATH continuous. -**4.** TEXT [métier] throstle (frame).
◆ **continu** *nm* MATH & PHILOS continuum.
◆ **continue** *nf* LING continuant.
◆ **en continu** *loc adv* -**1.** [sans arrêt] continuously, uninterruptedly. -**2.** IMPR continuously.

continuateur, trice [kɔ̃tinɥatœr, tris] *nm, f* continuator.

continuation [kɔ̃tinɥasjɔ̃] *nf* -**1.** [suite] continuation, extension; notre politique doit être la ~ de la vôtre our policy must be a continuation of yours. -**2.** [fait de durer] continuing, continuance. -**3.** *loc*: bonne ~! *fam* all the best!

continuel, elle [kɔ̃tinɥɛl] *adj* -**1.** [ininterrompu] continual. -**2.** [qui se répète] constant, perpetual; des pannes ~les constant breakdowns.

continuellement [kɔ̃tinɥɛlmɑ̃] *adv* -**1.** [de façon ininterrompue] continually. -**2.** [de façon répétitive] constantly, perpetually.

continuer [7] [kɔ̃tinɥe] ◇ *vt* -**1.** [faire durer - exposé] to carry on *(insép)*; [- conversation] to

carry on *(insép)*, to maintain, to keep up *(sép)*; [- études] to continue, to keep up *(sép)*, to go on with *(insép)*; **continuez le repas sans moi** go on with the meal without me; **je veux ~ le chant** I want to keep up my singing. -**2.** [dans l'espace] to continue, to extend; **continue le trait jusqu'au bout** continue the line to the end; **nous voulons ~ la cuisine en démolissant la resserre** we want to extend the kitchen by pulling down the pantry; **~ son chemin** [voyageur] to keep going; [idée] to keep gaining momentum.
◇ *vi* -**1.** [dans le temps] to go OU to carry on *(insép)*; **'la vente continue pendant les travaux'** 'business as usual during alterations'; **une histoire qui a continué pendant tout le repas** a story that went on throughout the meal; **si tu continues, ça va mal aller!** if you keep this up, you'll be sorry!; **tu vois, continua-t-elle** you see, she went on; **une telle situation ne peut ~** this situation cannot be allowed to continue; **~ à** OU **de faire qqch** to continue to do OU to keep on doing sthg; **il continue de** OU **à pleuvoir** it keeps on raining; **malgré cela, il continue à fumer** in spite of this, he continues to smoke OU carries on smoking; **ma plante continue de grandir** my plant keeps getting bigger. -**2.** [dans l'espace] to continue, to carry on *(insép)*, to go on *(insép)*; **la route continue jusqu'au village** the road runs straight on to the village; **arrête-toi ici, moi je continue** you can stop right here, I'm going on; **continue!** [à avancer] keep going!; **continue tout droit jusqu'au carrefour** keep straight on to the crossroads.
◆ **se continuer** *vpi* -**1.** [dans le temps] to carry on, to be carried on. -**2.** [dans l'espace] to extend.

continuité [kɔ̃tinɥite] *nf* -**1.** [d'un effort, d'une tradition] continuity; [d'une douleur] persistence; **la ~ dans l'action** continuity of action. -**2.** MATH continuity.

continûment [kɔ̃tinymɑ̃] *adv litt* continually.

continuum [kɔ̃tinɥɔm] *nm* continuum; **~ espace-temps** space-time continuum.

contondant, e [kɔ̃tɔ̃dɑ̃, ɑ̃t] *adj* blunt.

contorsion [kɔ̃tɔrsjɔ̃] *nf* [d'acrobate] contortion, acrobatic feat *(involving twisting the body)*; **il a fait toutes sortes de ~s pour atteindre la boîte** he had to twist right round to reach the box.

contorsionner [3] [kɔ̃tɔrsjɔne]
◆ **se contorsionner** *vpi* to twist one's body, to contort o.s.; **se ~ comme un ver** to squirm OU to wriggle about like a worm.

contorsionniste [kɔ̃tɔrsjɔnist] *nmf* contortionist.

contour [kɔ̃tur] *nm* -**1.** [d'un vase, d'une maison, d'une silhouette] contour, outline, shape; **la nuit estompait les ~s du vieux moulin** darkness blurred the outlines of the old mill; **~ d'un caractère** INF character outline. -**2.** [arrondi - d'un visage] curve; [- d'une rivière, d'un chemin] winding part OU section.

contourné, e [kɔ̃turne] *adj* -**1.** [avec des courbes]: **la balustrade ~e d'un balcon** the curved railing of a balcony. -**2.** [peu naturel] overelaborate; **un style ~** overblown rhetoric. -**3.** HÉRALD: **animal ~** animal regardant.

contournement [kɔ̃turnəmɑ̃] *nm* -**1.** [d'un obstacle - à pied] bypassing, walking round OU around; [- en voiture] driving round OU around. -**2.** [d'une difficulté] bypassing, circumventing; [d'une loi] circumventing.

contourner [3] [kɔ̃turne] *vt* -**1.** [faire le tour de - souche, flaque] to walk around *(insép)*; [- ville] to bypass, to skirt; **ayant contourné la forêt** [à pied] having walked round the forest; [en voiture] having driven round the forest ‖ MIL [position] to skirt. -**2.** [éluder - loi, difficulté] to circumvent, to get round *(insép)*. -**3.** *litt* [modeler - vase, piédestal] to fashion OU to shape (into complex curves).

contraceptif, ive [kɔ̃traseptif, iv] *adj* contraceptive.
◆ **contraceptif** *nm* contraceptive, means *(sg)* of contraception.

contraception [kɔ̃trasɛpsjɔ̃] *nf* contraception; **moyen de ~** means *(sg)* of contraception.

contractant, e [kɔ̃traktɑ̃, ɑ̃t] ◇ *adj* contracting.
◇ *nm, f*: **les ~s** the contracting parties.

contracté, e [kɔ̃trakte] *adj* -**1.** ANAT [muscle, mâchoire, voix] taut, tense. -**2.** [nerveux - personne] tense.

contracter [3] [kɔ̃trakte] *vt* -**1.** [se charger de - dette] to incur, to run up *(sép)*; [- assurance] to take out *(sép)*; [- obligation, engagement] to take on *(sép)*; **~ une dette de reconnaissance** *fig* to be beholden to sb; **~ une alliance** to enter into an alliance; **~ mariage avec qqn** *sout* to contract a marriage with sb. -**2.** [acquérir - manie, habitude] to develop, to acquire; [- maladie] to contract, to catch. -**3.** [réduire - liquide, corps] to contract. -**4.** [raidir - muscle] to contract, to tighten, to tauten; [- visage, traits] to tense (up), to tighten (up); **le visage contracté par la peur** his/her face taut with fear; **il avait les mâchoires contractées** his jaw was stiff. -**5.** [rendre anxieux] to make tense; **avant la représentation, elle est toujours très contractée** before the performance, she's always very tense. -**6.** LING to contract.
◆ **se contracter** *vpi* -**1.** [être réduit - liquide, corps] to contract, to reduce; [- fibre] to shrink. -**2.** [se raidir - visage, traits] to tense (up), to become taut; **ne vous contractez pas** don't tense up. -**3.** LING [mot] to contract, to be contracted.

contractile [kɔ̃traktil] *adj* contractile.

contractilité [kɔ̃traktilite] *nf* contractility.

contraction [kɔ̃traksjɔ̃] *nf* -**1.** [raidissement - d'un muscle] contracting, tensing; [- du visage, des traits, de l'estomac] tensing, tightening (up); [- des mâchoires] clamping; [raideur - d'un muscle] tenseness, tautness; [- de l'estomac] tightness; [- des mâchoires] stiffness. -**2.** MÉD: **~ (utérine)** contraction. -**3.** LING contraction. -**4.** SCOL: **~ de texte** summary; **faire une ~ de texte** to summarize a text. -**5.** PHYS contraction; **~ des longueurs** OU **de Lorentz** Lorentz OU Lorentz-Fitzgerald contraction.

contractualisation [kɔ̃traktɥalizasjɔ̃] *nf* -**1.** [d'un problème] contract-based solution. -**2.** [d'un agent] appointment as a public servant.

contractualiser [3] [kɔ̃traktɥalize] *vt* -**1.** [problème] to solve by a contract. -**2.** [employé] to hire as a public servant.

contractuel, elle [kɔ̃traktɥɛl] *adj* contractual, contract *(modif)*.
◆ **contractuel** *nm* ADMIN contract public servant; [policier] (male) traffic warden *Br* OU policeman *Am*.
◆ **contractuelle** *nf* (female) traffic warden *Br*, traffic policewoman *Am*.

contractuellement [kɔ̃traktɥɛlmɑ̃] *adv* contractually.

contracture [kɔ̃traktyr] *nf* -**1.** MÉD contraction, cramp. -**2.** ARCHIT contracture.

contracturer [3] [kɔ̃traktyre] *vt* to contract.

contradicteur [kɔ̃tradiktœr] *nm* contradictor; **il y avait de bruyants ~s dans l'auditoire** there were some noisy hecklers in the audience.

contradiction [kɔ̃tradiksjɔ̃] *nf* -**1.** [contestation] contradiction; **elle ne supporte pas la ~** she can't stand contradiction OU being contradicted; **porter** OU **apporter la ~**: **porter la ~ dans une discussion** to be a dissenter in a discussion; **désolé de devoir porter la ~ mais...** I'm sorry to have to differ but... -**2.** [incompatibilité] contradiction, inconsistency; **trop de ~s dans son témoignage** too many contradictions OU inconsistencies in her testimony; **il est plein de ~s** he's full of contradictions; **«soleil» et «noir», il y a une ~ entre ces deux mots** "soleil noir" is a contradiction in terms. -**3.** LOGIQUE contradiction. -**4.** JUR allegation.
◆ **en contradiction avec** *loc prép* in contradiction with; **c'est en ~ avec sa façon de vivre** it goes against his style of life; **être en ~ avec soi-même** to be inconsistent.

contradictoire [kɔ̃tradiktwar] *adj* -**1.** [opposé - théories, idées] contradictory, clashing; [- témoignage] conflicting; **débat/réunion ~** open debate/meeting; **~ à** in contradiction to, at variance with; **c'est ~ à** OU **avec ce que tu viens de dire** this contradicts what you've just said. -**2.** LOGIQUE contradictory. -**3.** JUR: **jugement ~** *judgement rendered in the presence of the parties involved.*

contradictoirement [kɔ̃tradiktwarmɑ̃] *adv* -**1.** [de façon opposée] contradictorily. -**2.** JUR *in the presence of the parties involved.*

contraignable [kɔ̃trɛɲabl] *adj* that can be constrained.

contraignant, e [kɔ̃trɛɲɑ̃, ɑ̃t] *adj* [occupation] restricting; [contrat] restrictive; [horaire] restricting, limiting.

contraindre [80] [kɔ̃trɛ̃dr] *vt* -**1.** [obliger]: **~ qqn à**: **la situation nous contraint à la prudence** the situation forces us to be careful; **les grèves nous ont contraints à annuler notre voyage** the strikes forced us to cancel our trip; **être contraint de** to be obliged to; **je suis contraint de rester à Paris** I'm obliged OU forced to stay in Paris. -**2.** *litt* [réprimer - désir, passion] to constrain *litt*, to restrain, to keep a check on. -**3.** *litt* [réprimer]: **~ une personne dans ses choix** to restrict sb's choice. -**4.** JUR to constrain.
◆ **se contraindre** *vp (emploi réfléchi)* to force o.s.

contraint, e [kɔ̃trɛ̃, ɛ̃t] *adj* -**1.** [emprunté - sourire] constrained, forced, unnatural; [- politesse] unnatural. -**2.** [obligé]: **~ et forcé** under duress; **elle est venue ~e et forcée** she came under duress OU because she had no choice.
◆ **contrainte** *nf* -**1.** [obligation] constraint, imposition; **les ~s sociales** social constraints. -**2.** [force] constraint; **céder sous la ~** to give in under pressure. -**3.** [gêne] constraint, embarrassment; **parler sans ~** to speak uninhibitedly. -**4.** JUR: **~ par corps** imprisonment for non-payment of debts.

contraire [kɔ̃trɛr] ◇ *adj* -**1.** [qui s'oppose]: **ils ont des avis ~s** they hold opposite opinions; **face à cela, on peut avoir deux attitudes ~s** in the face of this, two radically opposed attitudes are possible; **sauf avis ~** unless otherwise informed. -**2.** [inverse - vent] contrary; **fais le tour dans le sens ~** go the opposite way round; **dans le sens ~ à celui des aiguilles d'une montre** anticlockwise *Br*, counterclockwise *Am*. -**3.** *sout* [défavorable, nuisible] contrary, unfavourable. -**4.** LOGIQUE contrary. -**5.** MUS contrary.
◇ *nm* -**1.** [inverse]: **le ~** the opposite; **j'avais raison, ne me dis pas le ~** I was right, don't deny it; **le ~ de** the opposite of; **elle est le ~ d'une timide** she's not shy, quite the opposite OU contrary; **il est le ~ de son père** he's the opposite of his father; **elle dit toujours le ~ de ce que disent les autres** she always says the opposite of what others say; **on peut comprendre par là une chose et son ~** you can interpret this statement either one way or the other; **dire tout et son ~** to contradict o.s. -**2.** LING opposite, antonym.
◆ **au contraire, bien au contraire, tout au contraire** *loc adv* quite the reverse OU opposite.
◆ **au contraire de** *loc prép* unlike.
◆ **contraire à** *loc prép*: **c'est ~ à mes principes** it's against my principles; **style de vie ~ à l'hygiène** unhygienic lifestyle; **le sort était ~ à leur amour** *litt* fate stood in the way of their love.

contrairement [kɔ̃trɛrmɑ̃]
◆ **contrairement à** *loc prép*: **~ à ce qu'il m'a dit/aux prévisions** contrary to what he told me/to all expectations; **~ à son frère** unlike his brother.

contralto [kɔ̃tralto] *nm* contralto.

contrapontiste, contrapuntiste [kɔ̃trapɔ̃tist] *nmf* contrapuntist.

contrariant, e [kɔ̃trarjɑ̃, ɑ̃t] *adj* [personne] annoying; [nouvelle] annoying, upsetting; **il n'est pas ~** he's an easy-going person.

contrarié, e [kɔ̃trarje] *adj* [amour] frustrated, thwarted; **tu as l'air ~** you look annoyed OU upset.

contrarier [9] [kɔ̃trarje] *vt* -**1.** [ennuyer - personne] to annoy, to upset; **je ne voulais pas te ~** I didn't mean to annoy you; **si cela ne te contrarie pas** if you don't mind. -**2.** [contrecarrer - ambitions, amour] to thwart; [- mouvement, action] to impede, to bar; **~ un gaucher** to force a left-handed person to use his right hand. -**3.** [contraster]: **~ des couleurs** to use contrasting shades.
◆ **se contrarier** *vp (emploi réciproque)* -**1.** [aller à l'encontre de - forces] to oppose one another. -**2.** [être en conflit - personnes] to clash. -**3.** [s'opposer - formes, couleurs] to contrast.

contrariété [kɔ̃trarjete] *nf* -**1.** [mécontentement] annoyance, vexation; **éprouver une ~** to be annoyed OU upset; **elle doit avoir une grosse ~** something must have upset her a lot; **elle a dû avoir une petite ~** she must have had some minor setback. -**2.** *sout* [opposition] clash; **~ d'humeur** clash of personalities.

contraste [kɔ̃trast] *nm* contrast; **faire ~ (avec qqch)** to contrast (with sthg); **deux couleurs qui font ~** two contrasting shades.
◆ **de contraste** *loc adj* [substance] contrast *(modif)*.
◆ **en contraste** *loc adv*: **mettre deux choses en ~** to contrast two things.
◆ **en contraste avec, par contraste avec** *loc prép* by contrast to OU with, in contrast to OU with.

contrasté, e [kɔ̃traste] *adj* [couleurs, situations] contrasting; [photo, image] contrasty.

contraster [3] [kɔ̃traste] ◇ *vt* [caractères, situations, couleurs] to contrast; [photo] to show up the contrast in.
◇ *vi* to contrast; **~ avec qqch** to contrast with sthg.

contrat [kɔ̃tra] *nm* -**1.** [acte, convention] contract; **passer un ~ avec qqn** to enter into a contract with sb; **un ~ de deux ans** a two-year contract ❑ **~ bilatéral/consensuel** bilateral/consensual contract; **~ d'adhésion** membership agreement; **~ administratif** public service contract; **~ d'assurance** insurance policy; **~ à durée déterminée** fixed term contract; **~ de louage** rental contract; **~ de mariage** marriage contract; **il n'y a pas eu de ~ de mariage** there was no marriage contract drawn up; **~ de prestation de service** service contract; **~ de travail** contract of employment; **~ de vente** bill of sale; **~ verbal** verbal contract OU undertaking; **remplir son ~** JUR to fulfil the terms of one's contract; *fig* [s'exécuter] to keep one's promise. -**2.** [entente] agreement, deal; **un ~ tacite** an unspoken agreement. -**3.** PHILOS: **~ social** social contract; **'Du ~ social'** *Rousseau* 'The Social Contract'. -**4.** *arg crime* [de tueur] contract. -**5.** CARTES contract; **réaliser son ~** to make one's contract.

contrat-type [kɔ̃tratip] (*pl* **contrats-types**) *nm* skeleton contract.

contravention [kɔ̃travɑ̃sjɔ̃] *nf* -**1.** [amende] (parking) fine; [avis] (parking) ticket. -**2.** [infraction] contravention, infraction, infringement; **être en ~, se mettre en état de ~** to contravene OU to infringe the law.

contre [kɔ̃tr] ◇ *prép* -**1.** [indiquant la proximité] against, on; **s'appuyer ~ un arbre/une palissade** to lean against a tree/a fence; **l'échelle était dressée ~ le mur** the ladder was against the wall; **se frotter ~ qqch** to rub (o.s.) against OU on sthg; **se blottir ~ qqn** to cuddle up to sb; **elle s'est endormie ~ moi** she fell asleep on me OU against me; **joue ~ joue** cheek to cheek; **pare-chocs ~ pare-chocs** bumper to bumper; **tenir qqn tout ~ soi** to hold sb close; **allongé tout ~ elle** lying right next to OU beside her; **un coup ~ la vitre** a knock on OU at the window; **je me suis cogné la tête ~ le radiateur** I hit my head on the radiator; **les vagues se brisaient ~ la jetée** the waves were breaking against OU on the jetty; **lancer une balle ~ le mur** to throw a ball against OU at the wall; **jeter des cailloux ~ un carreau** to throw pebbles at a window; **gare ta voiture ~ la mienne** park your car next to mine; **mettez-vous ~ le mur** stand (right) by the wall. -**2.** [indiquant l'opposition] against; **nager ~ le courant** to swim upstream OU against the current; **notre équipe aura le vent ~ elle** our team will play into the wind; **une attaque ~ qqn** an attack against OU on sb; **agir ~ qqn** to act against sb; **être en colère ~ qqn** to be angry at OU with sb; **nous avons des preuves ~ lui** we have (some) evidence against him; **je suis ~ l'intervention** I'm opposed to OU against (the idea of) intervention; **trop de gens sont ~ cette réforme** there are too many people against this reform; **qui se présente ~ le candidat sortant?** who's running against the outgoing candidate?; **voter ~ qqn/qqch** to vote against sb/sthg; **Durier ~ Chardin** JUR Durier versus Chardin; **le match ~ le Brésil** the Brazil match, the match against OU with Brazil; **jouer ~ qqn** to play against sb; **c'est ~ mes principes** that goes OU it's against my principles; **c'est ~ ma religion** it's against my religion; **avoir qqch ~ qqn** to have sthg against sb; **je n'ai rien ~ toi personnellement** it's nothing personal, I've nothing personal against you; **je l'ai fait ~ ma volonté** I did it against my will; **agir ~ les ordres/son devoir** to act against orders/counter to one's duty; **pour une fois, j'irai ~ mon habitude** for once, I'll break my habit; **vous allez ~ l'usage/le règlement** you're going against accepted custom/the regulations. -**3.** [pour protéger de] against; **pastilles ~ la toux** cough lozenges; **lutter ~ l'alcoolisme** to fight (against) alcoholism; **que faire ~ l'inflation?** what can be done about OU against OU to combat inflation?; **c'est le seul recours ~ cette décision** it's the only appeal against this decision; **s'assurer ~ le vol** to take out insurance against theft. -**4.** [en échange de] for, in exchange OU return for; **j'ai échangé mon livre ~ le sien** I swapped my book for hers; **elle est revenue sur sa décision ~ une promesse d'augmentation** she reconsidered her decision after being promised a rise; **que demandent-ils ~ la libération des otages?** what do they want in return for releasing the hostages? -**5.** [indiquant une proportion, un rapport] against, to; **parier à 10 ~ 1** to bet at 10 to 1; **10 ~ 1 qu'ils vont gagner!** ten to one they'll win!; **156 voix ~ 34** 156 votes to 34; **ils nous sont tombés dessus à trois ~ un** there were three of them for every one of us, they were three to one against us; **le dollar s'échange à 5,82 francs ~ 5,67 hier** the dollar is trading at 5.82 francs compared to OU (as) against 5.67 yesterday. -**6.** [contrairement à]: **~ toute apparence** contrary to OU despite all appearances; **~ toute attente** contrary to all expectations; **~ toute logique** against all logic; **~ toute prévision** against all the odds.
◇ *adv* -**1.** [indiquant la proximité]: **approche-toi du mur, et appuie-toi ~** go up to the wall and lean against it; **il n'a pas vu le poteau, et sa tête a heurté ~** he didn't see the post, and he banged his head against OU on it. -**2.** [indiquant l'opposition] against; **cette réforme ne passera pas, trop de gens sont ~** this reform won't get through, too many people are against it; **ah non, moi je suis ~!** I'm against it!; **on partage? – je n'ai rien ~** shall we share? – I've nothing against it OU it's OK by me; **c'est l'instinct, tu ne pourras pas aller ~** it's instinctive, you won't be able to fight it; **~? levez la main** hands up those against *Br*, all against, hands up *Am*.
◇ *nm* -**1.** [argument opposé]: **le pour et le ~** the pros and cons. -**2.** SPORT & JEUX [au volley, au basket] block; [en escrime] counter; [au billard] kiss; [au bridge] double; **marquer sur un ~** FTBL to score on a counter attack; **faire un ~** RUGBY to intercept the ball.
◆ **là-contre** *loc adv sout*: **c'est votre droit, je n'ai rien à dire là-~** it's your right, I have nothing to say in opposition.
◆ **par contre** *loc adv* on the other hand; **il est très compétent, par ~ il n'est pas toujours très aimable** he's very competent, but on the other hand he's not always very pleasant; **il parle espagnol, par ~ son anglais laisse encore à désirer** his Spanish is good, but his English isn't all it might be.

contre-acculturation [kɔ̃trakyltyrasjɔ̃] (*pl* **contre-acculturations**) *nf* counteracculturation.

contre-alizé [kɔ̃tralize] (*pl* **contre-alizés**) *nm* anti-trade (wind).

contre-allée [kɔ̃trale] (*pl* **contre-allées**) *nf* [d'une avenue] service OU frontage *Am* road; [d'une promenade] side track OU path.

contre-amiral [kɔ̃tramiral] (*pl* **contre-amiraux** [-ro]) *nm* rear admiral.

contre-appel [kɔ̃trapɛl] (*pl* **contre-appels**) *nm* second roll call.

contre-assurance [kɔ̃trasyrɑ̃s] (*pl* **contre-assurances**) *nf* reinsurance.

contre-attaque [kɔ̃tratak] (*pl* **contre-attaques**) *nf* -**1.** MIL [gén] counterattack; [à l'explosif] counter-blast. -**2.** [dans une polémique] counterattack, counter-blast.

contre-attaquer [3] [kɔ̃tratake] *vt* to counter-attack, to strike back *(sép)*.

contrebalancer [16] [kɔ̃trəbalɑ̃se] *vt* -**1.** [poids] to counterbalance. -**2.** [compenser - inconvénients, efforts] to offset, to make up for *(insép)*, to compensate.
◆ **se contrebalancer** ◇ *vp (emploi réciproque)* [s'équilibrer - raisons, hypothèses] to counterbalance each other; [- dépenses] to cancel each other out.
◇ *vpi fam* [se moquer]: **je m'en contrebalance** I couldn't give a damn.

contrebande [kɔ̃trəbɑ̃d] *nf* -**1.** [trafic] smuggling, contraband; **faire de la ~** to smuggle (in) goods. -**2.** [marchandises] contraband, smuggled goods; [alcool] bootleg; **~ de guerre** wartime smuggling.
◆ **de contrebande** *loc adj* smuggled (in), contraband *(modif)*.
◆ **en contrebande** *loc adv*: **faire entrer/sortir qqch en ~** to smuggle sthg in/out.

contrebandier, ère [kɔ̃trəbɑ̃dje, ɛr] *nm, f* smuggler.

contrebas [kɔ̃trəba]
◆ **en contrebas** *loc adv* lower down, below *(adv)*.
◆ **en contrebas de** *loc prép* below.

contrebasse [kɔ̃trəbas] *nf* -**1.** [instrument] (double) bass, contrabass. -**2.** [musicien] (double) bass player, double bassist.

contrebassiste [kɔ̃trəbasist] *nmf* (double) bass player, double bassist.

contrebasson [kɔ̃trəbasɔ̃] *nm* contrabassoon, double bassoon.

contrebatterie [kɔ̃trəbatri] *nf* counterbattery.

contre-braquer [3] [kɔ̃trəbrake] *vi* to drive into a skid.

contrebuter [3] [kɔ̃trəbyte] *vt* to buttress, to prop OU to shore up *(sép)*.

contrecarrer [3] [kɔ̃trəkare] *vt* [personne] to thwart; [projet, initiative] to thwart, to block.

contrechamp [kɔ̃trəʃɑ̃] *nm* reverse shot.

contre-chant [kɔ̃trəʃɑ̃] (*pl* **contre-chants**) *nm* counterpoint.

contre-choc [kɔ̃trəʃɔk] (*pl* **contre-chocs**) *nm* backlash.

contrecœur[1] [kɔ̃trəkœr] *nm* -**1.** [d'un foyer] fire-back. -**2.** RAIL guardrail, check rail *Br*.

contrecœur[2] [kɔ̃trəkœr]
◆ **à contrecœur** *loc adv* reluctantly, unwillingly, grudgingly.

contrecollé, e [kɔ̃trəkɔle] *adj*: **bois ~** thick plywood.

contrecoup [kɔ̃trəku] *nm* -**1.** [répercussion] repercussion, aftereffect; **subir le ~ de qqch** to suffer the aftershock OU aftereffects of sthg. -**2.** [ricochet] rebound.

contre-courant [kɔ̃trəkurɑ̃] (*pl* contre-courants) *nm* countercurrent.

◆ **à contre-courant** *loc adv* -**1.** [d'un cours d'eau] against the current, upstream. -**2.** [à rebours] : aller à ~ to go against the grain.

◆ **à contre-courant de** *loc prép*: aller à ~ de la mode to go against the trend; cela va à ~ de ce que je voulais faire that is the (exact) opposite of what I wanted to do.

contre-courbe [kɔ̃trəkurb] (*pl* contre-courbes) *nf* countercurve.

contre-culture [kɔ̃trəkyltyr] (*pl* contre-cultures) *nf* counterculture.

contredanse [kɔ̃trədɑ̃s] *nf* -**1.** DANSE contredanse, contra danse. -**2.** *fam* [contravention] ticket; avoir une ~ to get a ticket, to get booked.

contredire [103] [kɔ̃trədir] *vt* [personne, propos] to contradict; sa version contredit la tienne his version is at variance with OU contradicts yours; les faits contredisent cette hypothèse the facts contradict OU go against this assumption.

◆ **se contredire** ◇ *vp (emploi réciproque)* -**1.** [personnes] : ils se contredisent (l'un l'autre) they contradict each other. -**2.** [témoignages, faits, propositions] to be in contradiction (with each other), to contradict each other.

◇ *vp (emploi réfléchi)*: il se contredit he contradicts himself.

contredit [kɔ̃trədi]

◆ **sans contredit** *loc adv* unquestionably, undoubtedly.

contrée [kɔ̃tre] *nf litt* [pays] country, land *litt*; [région] region, area; dans une ~ lointaine in a faraway land.

contre-écrou [kɔ̃trekru] (*pl* contre-écrous) *nm* locknut.

contre-emploi [kɔ̃trɑ̃plwa] (*pl* contre-emplois) *nm* miscasting.

contre-empreinte [kɔ̃trɑ̃prɛ̃t] (*pl* contre-empreintes) *nf* fossil imprint.

contre-enquête [kɔ̃trɑ̃kɛt] (*pl* contre-enquêtes) *nf* counterinquiry.

contre-épreuve [kɔ̃treprœv] (*pl* contre-épreuves) *nf* -**1.** IMPR counterproof. -**2.** [contre-essai] repetition test, countercheck.

contre-espionnage [kɔ̃trɛspjɔnaʒ] (*pl* contre-espionnages) *nm* counterespionage.

contre-essai [kɔ̃tresɛ] (*pl* contre-essais) *nm* repetition OU second test, countercheck.

contre-exemple [kɔ̃trɛgzɑ̃pl] (*pl* contre-exemples) *nm* [illustration] counterexample; choisir un ~ to choose an example that goes against the rule; il a donné un ~ he gave evidence to the contrary.

contre-expertise [kɔ̃trɛkspɛrtiz] (*pl* contre-expertises) *nf* second expert evaluation OU opinion.

contre-extension [kɔ̃trɛkstɑ̃sjɔ̃] (*pl* contre-extensions) *nf* counterextension.

contrefaçon [kɔ̃trəfasɔ̃] *nf* -**1.** [action d'imiter - une signature, une écriture, une monnaie] counterfeiting, forging; [- un brevet] infringement. -**2.** [copie - d'un produit, d'un vêtement] imitation, fake; [- d'une signature, d'une écriture, de monnaie] counterfeit, forgery; méfiez-vous des ~s be wary of imitations.

contrefacteur, trice [kɔ̃trəfaktœr, tris] *nm, f* [de produits] copier, imitator, faker; [de billets] counterfeiter, forger.

contrefaire [109] [kɔ̃trəfɛr] *vt* -**1.** [parodier] to mimic, to take off *(sép)*. -**2.** [imiter - signature, écriture, argent] to counterfeit, to forge; [- brevet] to infringe. -**3.** [déformer - visage] to distort; [- voix] to alter, to change, to distort.

contrefait, e [kɔ̃trəfɛ, ɛt] *adj* -**1.** [déformé] deformed, misshapen. -**2.** [falsifié - signature, écriture, argent] counterfeit, forged.

contre-fenêtre [kɔ̃trəfənɛtr] (*pl* contre-fenêtres) *nf* double window sash.

contre-feu [kɔ̃trəfø] (*pl* contre-feux) *nm* -**1.** [plaque] fireback. -**2.** [incendie] backfire.

contrefiche [kɔ̃trəfiʃ] *nf* -**1.** [étai] oblique prop OU stay. -**2.** ARCHIT [jambe de force] brace, strut.

contreficher [3] [kɔ̃trəfiʃe]

◆ **se contreficher de** *fam vp + prép* to be indifferent to; je me contrefiche de ses problèmes I don't give two hoots about her problems; je m'en contrefiche I couldn't care less, who gives a damn?

contre-fil [kɔ̃trəfil] (*pl* contre-fils) *nm* opposite direction.

◆ **à contre-fil** *loc adv* against the grain.

contre-filet [kɔ̃trəfilɛ] (*pl* contre-filets) *nm* sirloin (steak).

contrefort [kɔ̃trəfɔr] *nm* -**1.** ARCHIT buttress, abutment. -**2.** [d'une chaussure] stiffener. -**3.** BOT & GÉOG spur.

◆ **contreforts** *nmpl* GÉOG foothills.

contrefoutre [116] [kɔ̃trəfutr]

◆ **se contrefoutre de**▽ *vp + prép*: je m'en contrefous I don't give a shit OU toss *Br* (about it).

contre-haut [kɔ̃trəo]

◆ **en contre-haut** *loc adv* (up) above.

◆ **en contre-haut de** *loc prép* (up) above.

contre-indication [kɔ̃trɛ̃dikasjɔ̃] (*pl* contre-indications) *nf* -**1.** MÉD contraindication. -**2.** [argument, raison] counter-argument; je ne vois pas de ~ à ce que nous construisions sur ce terrain I see no reason why we shouldn't build on this piece of land.

contre-indiqué, e [kɔ̃trɛ̃dike] (*mpl* contre-indiqués, *fpl* contre-indiquées) *adj* -**1.** MÉD contraindicated. -**2.** [déconseillé] inadvisable.

contre-indiquer [3] [kɔ̃trɛ̃dike] *vt* to contraindicate.

contre-interrogatoire [kɔ̃trɛ̃terɔgatwar] (*pl* contre-interrogatoires) *nm* cross-examination.

contre-jour [kɔ̃trəʒur] (*pl* contre-jours) *nm* -**1.** [éclairage] back light. -**2.** [photo] contre-jour shot.

◆ **à contre-jour, en contre-jour** *loc adv* [être placé - personne] with one's back to the light; [- objet] against the light OU sunlight; une photo prise à ~ a contre-jour shot.

contre-la-montre [kɔ̃trəlamɔ̃tr] *nm inv* time trial.

contremaître [kɔ̃trəmɛtr] *nm* -**1.** [dans un atelier] foreman, supervisor. -**2.** NAUT petty officer.

contremaîtresse [kɔ̃trəmɛtrɛs] *nf* forewoman, supervisor.

contre-manifestant, e [kɔ̃trəmanifɛstɑ̃, ɑ̃t] (*mpl* contre-manifestants, *fpl* contre-manifestantes) *nm, f* counterdemonstrator.

contre-manifestation [kɔ̃trəmanifɛstasjɔ̃] (*pl* contre-manifestations) *nf* counterdemonstration.

contre-manifester [3] [kɔ̃trəmanifɛste] *vi* to hold a counterdemonstration.

contremarche [kɔ̃trəmarʃ] *nf* -**1.** [d'escalier] riser. -**2.** MIL countermarch.

contremarque [kɔ̃trəmark] *nf* -**1.** [billet - au spectacle] voucher *(exchanged for ticket at the entrance)*; [- de transport] extra portion (of ticket). -**2.** ÉQUIT bishopping *(of horse's teeth)*. -**3.** COMM & HÉRALD countermark.

contremarquer [3] [kɔ̃trəmarke] *vt* - COMM & HÉRALD to countermark.

contre-mesure [kɔ̃trəməzyr] (*pl* contre-mesures) *nf* [gén & MIL] countermeasure; ~ électronique jamming device.

contre-nature [kɔ̃trənatyr] *adj inv* unnatural, contrary to nature.

contre-offensive [kɔ̃trɔfɑ̃siv] (*pl* contre-offensives) *nf* -**1.** MIL counteroffensive. -**2.** [réplique] counteroffensive, counterblast.

contre-OPA [kɔ̃trɔpea] *nf* counter bid.

contrepartie [kɔ̃trəparti] *nf* -**1.** [compensation] compensation; ce travail est pénible, mais il y a des ~s this job is difficult but there are compensations || [financière] compensation, consideration; vous aurez la ~ financière de la perte subie you will be financially compensated for the loss incurred. -**2.** [registre comptable] duplicate register. -**3.** BOURSE market making. -**4.** [opposé - d'une opinion] opposite view; [- d'un argument] corollary, obverse, converse.

◆ **en contrepartie** *loc adv* -**1.** [en compensation] in OU by way of compensation. -**2.** [en revanche] on the other hand. -**3.** [en retour] in return.

◆ **en contrepartie de** *loc prép* (as a OU in compensation) for; service en ~ duquel vous devrez payer la somme de ... for which services you will pay the sum of...

contre-passation [kɔ̃trəpasasjɔ̃] (*pl* contre-passations) *nf*, **contrepassement** [kɔ̃trəpasmɑ̃] *nm* reversing OU transferring *(of an amount)*.

contre-pente [kɔ̃trəpɑ̃t] (*pl* contre-pentes) *nf* reverse slope.

contre-performance [kɔ̃trəpɛrfɔrmɑ̃s] (*pl* contre-performances) *nf* bad result, performance below expectation; elle a eu OU fait *fam* une série de ~s she's had a run of bad results.

contrepèterie [kɔ̃trəpɛtri] *nf* spoonerism.

contre-pied [kɔ̃trəpje] (*pl* contre-pieds) *nm* -**1.** [opposé - d'une opinion] opposite (view); [- d'un argument] converse, obverse; prendre le ~ de: prendre le ~ d'une hypothèse to oppose a hypothesis; prenons le ~ de sa position let's take the (exact) opposite position to hers. -**2.** SPORT: prendre un adversaire à ~ to catch an opponent off balance. -**3.** CHASSE backscent; prendre le ~ [chien] to run heel; *fig* to take the opposite view.

contreplacage [kɔ̃trəplakaʒ] *nm* -**1.** [procédé] plywood construction. -**2.** [feuille] plywood panel.

contreplaqué [kɔ̃trəplake] *nm* plywood.

contreplaquer [3] [kɔ̃trəplake] *vt* to laminate into plywood.

contre-plongée [kɔ̃trəplɔ̃ʒe] (*pl* contre-plongées) *nf* low-angle shot.

◆ **en contre-plongée** *loc adv* from below; prends-la en ~ get a low-angle shot of her, shoot her from below.

contrepoids [kɔ̃trəpwa] *nm* [gén] counterbalance, counterweight; [d'une horloge] balance weight; [d'un funambule] balancing pole; faire ~ (à qqch) *pr* & *fig* to provide a counterweight (to sthg).

contre-poil [kɔ̃trəpwal]

◆ **à contre-poil** *loc adv* the wrong way; prendre qqn à ~ *fam* to rub sb up the wrong way.

contrepoint [kɔ̃trəpwɛ̃] *nm* LITTÉRAT & MUS counterpoint.

◆ **en contrepoint** *loc adv* -**1.** LITTÉRAT & MUS contrapuntally. -**2.** *litt* [en même temps] at the same time, concurrently.

◆ **en contrepoint de** *loc prép* -**1.** LITTÉRAT & MUS as counterpoint to. -**2.** [avec] as an accompaniment to.

contre-pointe [kɔ̃trəpwɛ̃t] (*pl* contre-pointes) *nf* -**1.** ARM back edge of sword. -**2.** MÉCAN tailstock.

contrepointiste [kɔ̃trəpwɛ̃tist] = **contrapuntiste**.

contrepoison [kɔ̃trəpwazɔ̃] *nm* antidote.

contre-porte [kɔ̃trəpɔrt] (*pl* contre-portes) *nf* [d'isolation] inner door; [de protection] screen door.

contre-pouvoir [kɔ̃trəpuvwar] (*pl* contre-pouvoirs) *nm* *challenge to established authority*.

contre-préparation [kɔ̃trəpreparasjɔ̃] (*pl* contre-préparations) *nf* counterpreparation.

contre-productif, ive [kɔ̃trəprɔdyktif, iv] (*mpl* contre-productifs, *fpl* contre-productives) *adj* counterproductive.

contre-projet [kɔ̃trəprɔʒɛ] (*pl* contre-projets) *nm* counterplan, counterproject; y a-t-il des ~s? are there any (other) projects to rival this one?

contre-propagande [kɔ̃trəprɔpagɑ̃d] (*pl* contre-propagandes) *nf* counterpropaganda.
contre-proposition [kɔ̃trəprɔpozisjɔ̃] (*pl* contre-propositions) *nf* counterproposal.
contre-publicité [kɔ̃trəpyblisite] (*pl* contre-publicités) *nf* [qui concurrence] *advertisement intended to downgrade a competitor*; [qui manque son objectif] *advertisement which has missed its target.*
contrer [3] [kɔ̃tre] *vt* -**1.** [s'opposer à] to block, to counter; **elle me contre systématiquement** she tries to block everything I do. -**2.** JEUX to double. -**3.** SPORT [au volley] to block *(a smash)*; [au rugby] to block *(a kick)*; [à la boxe] to counter *(a punch)*.
contre-révolution [kɔ̃trərevɔlysjɔ̃] (*pl* contre-révolutions) *nf* counterrevolution.
contre-révolutionnaire [kɔ̃trərevɔlysjɔnɛr] (*pl* contre-révolutionnaires) *adj* & *nmf* counterrevolutionary.
contrescarpe [kɔ̃trɛskarp] *nf* counterscarp.
contreseing [kɔ̃trəsɛ̃] *nm* countersignature.
contresens [kɔ̃trəsɑ̃s] *nm* -**1.** [mauvaise interprétation] misinterpretation; [mauvaise traduction] mistranslation; **faire un ~** to mistranslate *(a word or a passage)*. -**2.** [aberration] sheer nonsense; **la politique pétrolière de ce pays est un ~** this country's oil policy is an absurdity. -**3.** TEXT wrong way *(of fabric)*.
◆ **à contresens** *loc adv* -**1.** [traduire, comprendre, marcher] the wrong way. -**2.** TEXT against the grain.
contresignataire [kɔ̃trəsiɲatɛr] *nmf* countersigner.
contresigner [3] [kɔ̃trəsiɲe] *vt* to countersign.
contretemps [kɔ̃trətɑ̃] *nm* -**1.** [empêchement] hitch, mishap, setback; **à moins d'un ~** unless there's a hitch, unless something unexpected crops up. -**2.** MUS offbeat.
◆ **à contretemps** *loc adv* -**1.** [inopportunément] at the wrong time OU moment. -**2.** MUS off the beat.
contre-terrorisme [kɔ̃trətɛrɔrism] (*pl* contre-terrorismes) *nm* counterterrorism.
contre-terroriste [kɔ̃trətɛrɔrist] (*pl* contre-terroristes) *adj* & *nmf* counterterrorist.
contre-torpilleur [kɔ̃trətɔrpijœr] (*pl* contre-torpilleurs) *nm* destroyer.
contre-transfert [kɔ̃trətrɑ̃sfɛr] (*pl* contre-transferts) *nm* countertransfer, countertransference.
contretype [kɔ̃trətip] *nm* duplicate.
contre-valeur [kɔ̃trəvalœr] (*pl* contre-valeurs) *nf* exchange value; **pour la ~ de 300 francs** in exchange for 300 francs.
contrevenant, e [kɔ̃trəvnɑ̃, ɑ̃t] *nm, f* offender.
contrevenir [40] [kɔ̃trəvnir]
◆ **contrevenir à** *v + prép*: **~ à qqch** to contravene OU to infringe sthg.
contrevent [kɔ̃trəvɑ̃] *nm* -**1.** [volet] shutter. -**2.** MÉTALL back-draught. -**3.** CONSTR strut, brace.
contrevérité [kɔ̃trəverite] *nf* falsehood, untruth.
contre-visite [kɔ̃trəvizit] (*pl* contre-visites) *nf* further consultation *(for a second medical opinion)*.
contre-voie [kɔ̃trəvwa] (*pl* contre-voies) *nf* parallel track *(going in the opposite direction)*.
◆ **à contre-voie** *loc adv*: **monter/descendre à ~** to get on/off on the wrong side of the train.
contribuable [kɔ̃tribɥabl] *nmf* taxpayer.
contribuer [7] [kɔ̃tribɥe] *vi* [financièrement] to contribute (money), to pay a share.
◆ **contribuer à** *v + prép*: **~ à qqch** to have a part in OU to contribute to sthg; **~ à l'achat d'un cadeau** to contribute to (buying) a present; **~ au succès de** to contribute to OU to have a part in the success of; **elle n'a pas contribué à la discussion** she took no part in the discussion; **la forêt contribue à l'agrément de la région** the forest is one of the things that helps to make the area so pleasant; **~ à faire qqch** to go towards doing sthg.
contribution [kɔ̃tribysjɔ̃] *nf* -**1.** [argent apporté] contribution, sum contributed; **ma ~ a été de 200 francs** I contributed 200 francs. -**2.** [aide] contribution, help; **sa ~ au spectacle se limite à la rédaction du programme** his only contribution to the show is the writing of the programme. -**3.** [impôt] tax; **~ indirecte** indirect taxation.
◆ **Contributions** *nfpl* ≃ Inland Revenue *Br*, ≃ Internal Revenue Service *Am*.
◆ **à contribution** *loc adv*: **mettre qqn à ~** to get sb involved; **mets-le à ~** ask him to help.
contrit, e [kɔ̃tri, it] *adj* contrite, chastened.
contrition [kɔ̃trisjɔ̃] *nf* -**1.** *litt* [repentir] contrition *litt*, remorse. -**2.** RELIG: **acte de ~** act of contrition.
contrôlabilité [kɔ̃trolabilite] *nf* controllability.
contrôlable [kɔ̃trolabl] *adj* -**1.** [maîtrisable] that can be controlled, controllable. -**2.** [vérifiable] that can be checked OU verified, checkable, verifiable.
contrôle [kɔ̃trol] *nm* -**1.** [maîtrise] control; **garder/perdre le ~ de sa voiture** to keep/to lose control of one's car; **avoir le ~ de** [d'un secteur, de compagnies] to have (owning) control of; [d'un pays, d'un territoire, d'un match] to be in control of ❑ **~ de soi-même** self-control; **~ des naissances** birth control. -**2.** [surveillance - de personnes, de travail] supervision, control ❑ **~ budgétaire** ÉCON budgeting control; **~ de gestion** ÉCON management control; **~ économique** OU **des prix** price control; **~ des changes** exchange control; **~ judiciaire** ≃ probation; **placé sous ~ judiciaire** ≃ put on probation. -**3.** [inspection - d'actes, de documents] control, check, checking; **~ des comptes** OU **fiscal** audit; **il a un ~ fiscal** ≃ the Inland Revenue *Br* OU IRS *Am* is checking his returns; **~ d'identité** OU **de police** identification papers control OU check; **~ de douane** customs control; **~ de routine** routine check-up. -**4.** [bureau] check point. -**5.** SPORT [de la balle, du ballon] control. -**6.** SCOL test; **avoir un ~ en chimie** to have a chemistry test ❑ **~ continu (des connaissances)** continuous assessment. -**7.** JOAILL [poinçon] hallmark; [bureau] hallmark centre. -**8.** MIL [liste] list, roll. -**9.** INF: **~ carré** crosscheck; **~ de la coupure de mot** hyphenation control; **~ de parité** odd-even check. -**10.** TÉLÉC monitoring.
contrôler [3] [kɔ̃trole] *vt* -**1.** [maîtriser - émotions, sentiments] to control, to master, to curb; [- respiration] to control; [- discussion, match] to control, to master; [- véhicule] to control, to be in control of; **contrôle tes nerfs!** get a grip on yourself!; **nous ne contrôlons plus la situation** the situation is out of our control. -**2.** [surveiller - personnes, travail] to supervise; **nous sommes contrôlés toutes les semaines** a supervisor checks our work every week. -**3.** [vérifier - renseignement, exactitude] to check, to verify; [- billet, papiers, validité] to check, to control; [- qualité] to control; [- bon fonctionnement] to check, to monitor; [- traduction] to check; **je vais ~ ce que tu m'as dit/si tu m'as dit la vérité** I'll check what you told me/whether you told me the truth. -**4.** [avoir sous son autorité - affaires, secteur] to be in control of, to control; [- territoire, zone] to control, to be in command of. -**5.** SPORT [ballon] to have control of. -**6.** JOAILL to hallmark. -**7.** TÉLÉC to monitor. -**8.** FIN [prix] to control; [dépenses, comptes] to audit.
◆ **se contrôler** *vp (emploi réfléchi)* to control o.s., to be in control of o.s.; **il ne se contrôlait plus** he'd lost his grip on himself, he was (totally) out of control.
contrôleur, euse [kɔ̃trolœr, øz] *nm, f* -**1.** RAIL ticket inspector. -**2.** AÉRON: **~ aérien** air traffic controller. -**3.** ADMIN & FIN: **~ (de gestion)** auditor; **~ (des impôts)** (tax) inspector OU assessor; **~ des douanes** customs inspector.
◆ **contrôleur** *nm* -**1.** INDUST regulator. -**2.** [horloge] telltale *Br*, time clock. -**3.** INF controller; **~ de transmission/communication** transmission/communication controller; **~ interne de disques** internal storage control.
contrordre [kɔ̃trɔrdr] *nm* countermand, counterorder; **il y a ~, vous ne partez plus** orders have been countermanded OU changed, you're not leaving; **à moins d'un** OU **sauf ~** unless otherwise informed; **sauf ~, je te retrouve à six heures à la gare** unless you hear from me, I'll meet you at six at the station.
controversable [kɔ̃trɔvɛrsabl] *adj* debatable, disputable.
controverse [kɔ̃trɔvɛrs] *nf* [débat] controversy; **donner lieu à ~** to be controversial.
controversé, e [kɔ̃trɔvɛrse] *adj* (much) debated OU disputed.
contumace [kɔ̃tymas] *nf* contumacy, refusal to appear in court, contempt of court.
◆ **par contumace** *loc adv* in absentia.
contusion [kɔ̃tyzjɔ̃] *nf* contusion *spéc*, bruise.
contusionner [3] [kɔ̃tyzjɔne] *vt* to bruise; **visage contusionné** face covered in bruises.
conurbation [kɔnyrbasjɔ̃] *nf* conurbation.
convaincant, e [kɔ̃vɛ̃kɑ̃, ɑ̃t] *adj* [document, orateur] convincing, persuasive; **faites-vous ~** try to be persuasive.
convaincre [114] [kɔ̃vɛ̃kr] *vt* -**1.** [persuader] to convince, to persuade; **je n'ai pas su le ~** I couldn't convince him; **essaie de la ~ de venir** try to persuade her to come; **~ qqn de faire qqch** to persuade sb to do sthg, to talk sb into doing sthg; **votre dernier argument m'a convaincu** your last argument has won me over. -**2.** [prouver coupable]: **~ qqn de mensonge** to force sb to admit he/she lied; **~ qqn de vol** to convict sb of theft, to find sb guilty of theft.
◆ **se convaincre** *vp (emploi réfléchi)* to realize, to accept; **il faut te ~ que tout est fini** you must realize OU understand OU accept that it's all over; **il est difficile de s'en ~** it's difficult to accept it.
convaincu, e [kɔ̃vɛ̃ky] ◇ *adj* convinced; **un partisan ~ du socialisme** a firm believer in socialism; **parler d'un ton ~** to talk with conviction.
◇ *nm, f* firm OU great OU strong believer *(in an idea)*.
convalescence [kɔ̃valesɑ̃s] *nf* -**1.** MÉD convalescence; **être en ~** to be convalescing. -**2.** MIL *army convalescence leave.*
convalescent, e [kɔ̃valesɑ̃, ɑ̃t] *adj* & *nm, f* convalescent.
convecteur [kɔ̃vɛktœr] *nm* convector.
convection [kɔ̃vɛksjɔ̃] *nf* convection.
convenable [kɔ̃vnabl] *adj* -**1.** [approprié] suitable, fitting, appropriate; **au moment ~** at the right OU appropriate moment. -**2.** [décent - tenue] decent, respectable; [- comportement] seemly, correct; **mets une robe plus ~** put a more decent dress on; **une famille très ~** a very respectable OU decent OU upstanding family; **ce n'est pas très ~ de parler fort** it's not very polite to talk loudly. -**3.** [acceptable - devoir] passable, adequate; [- logement, rémunération] decent, adequate.
convenablement [kɔ̃vnabləmɑ̃] *adv* -**1.** [de façon appropriée] suitably, appropriately. -**2.** [décemment] decently, properly; **habille-toi ~** dress decently OU respectably; **se tenir ~** to behave properly. -**3.** [de façon acceptable]: **gagner ~ sa vie** to earn a decent wage; **il s'exprime très ~ en italien** he has a fairly good knowledge of Italian; **une pièce ~ éclairée** a fairly well-lit room; **il travaille ~ à l'école** his schoolwork is fairly good; **on y mange ~** the food is quite adequate there.
convenance [kɔ̃vnɑ̃s] *nf litt* [adéquation] appropriateness, suitability; **la ~ d'humeur** OU **de goût entre deux personnes** affinity of taste between two people.
◆ **convenances** *nfpl* propriety, decorum, accepted (standards of) behaviour; **respecter les ~s** to respect OU to observe the proprieties.

◆ **à ma convenance, à sa convenance** *etc loc adv* as suits me/him *etc* (best); **je choisirai une couleur à ma ~** I'll choose a shade to suit me.

◆ **de convenance** *loc adj* SOCIOL: **mariage de ~** marriage of convenience.

◆ **pour convenance(s) personnelle(s)** *loc adv* for personal reasons.

convenir [40] [kɔ̃vnir] *vt*: **c'est convenu ainsi** it's been agreed this way; **comme cela a été convenu** as agreed; **~ que** to agree OU to accept OU to admit that; **tu dois bien ~ qu'elle est belle** you must admit she's beautiful.

◆ **convenir à** *v + prép* -**1.** [être approprié à] to suit; **cette table conviendra parfaitement à ma cuisine** this table's perfect for my kitchen || *(en usage abs)*: **dire les mots qui conviennent** to say the right words; **trouver le ton qui convient** to find the right OU suitable tone. -**2.** [plaire à] to suit; **lundi matin me conviendrait assez** Monday morning would suit me fine; **10 h, cela vous convient-il?** does 10 o'clock suit you?; **ce travail ne lui convient pas du tout** this job's not right for him at all; **une mode qui convient à toutes les femmes** a style that looks good on OU suits all women; **la vie que je mène me convient parfaitement** the life I lead suits me perfectly; **cette chaleur ne me convient pas du tout** this heat doesn't agree with me at all.

◆ **convenir de** *v + prép* -**1.** [se mettre d'accord sur] to agree that; **nous avions convenu de nous retrouver à midi** we had agreed to meet at noon; **~ d'un endroit** to agree upon a place; **il est convenu avec la direction de...** it's agreed with the management to...; **somme convenue** agreed sum; **comme convenu** as agreed. -**2.** [reconnaître]: **~ de qqch** to admit sthg; **~ de ses erreurs** to admit OU to acknowledge one's errors; **je conviens d'avoir dit cela** I admit to having said that; **j'en conviens volontiers** I don't mind admitting it.

◆ **il convient de** *v impers* -**1.** [il est souhaitable de] it is advisable OU a good idea to; **il convient de fermer cette porte à clé** it is advisable to lock this door; **il voudrait savoir ce qu'il convient de faire** he would like to know the right thing to do. -**2.** [il est de bon ton de] it is proper OU the done thing to; **il convient d'apporter des fleurs à la maîtresse de maison** it is the done thing to bring flowers for one's hostess.

◆ **se convenir** *vp (emploi réciproque)* to suit one another.

convent [kɔ̃vɑ̃] *nm* Masonic assembly.

convention [kɔ̃vɑ̃sjɔ̃] *nf* -**1.** [norme] convention; **les ~s orthographiques** spelling conventions; **un système de ~s** an agreed system. -**2.** [règle de bienséance] (social) convention; **respecter les ~s** to conform to accepted social behaviour OU established conventions. -**3.** [accord - tacite] agreement, understanding; [- officiel] agreement; [- diplomatique] convention; **~ signée entre le patronat et les syndicats** union OU union-management agreement ❑ **~ collective (du travail)** collective agreement. -**4.** POL [assemblée - aux États-Unis] convention; [- en France] assembly. -**5.** HIST: **la Convention** the French National Convention *(1792-1795)*.

◆ **de convention** *loc adj* conformist, conventional.

◆ **par convention** *loc adv*: **par ~, nous appellerons cet ensemble N** let us call this set N; **par ~, on symbolise la vitesse par un v** speed is usually symbolised by a v.

conventionnalisme [kɔ̃vɑ̃sjɔnalism] *nm* conventionalism, conformism.

conventionné, e [kɔ̃vɑ̃sjɔne] *adj* -**1.** [médecin, clinique] subsidized, designated by the health system, ≃ National Health *Br*. -**2.** [honoraires, prix] set; **prêt ~** low-interest (subsidized) loan.

conventionnel, elle [kɔ̃vɑ̃sjɔnɛl] *adj* -**1.** [conformiste] conventional, conformist; **formules ~les** clichés, platitudes. -**2.** [arbitraire - signe, valeur] conventionally agreed. -**3.** POL: **accords ~s** agreements resulting from collective bargaining; **politique ~le** policies relating to union-management agreements. -**4.** JUR contractual. -**5.** ARM conventional.

◆ **conventionnel** *nm* -**1.** [membre d'une convention] member *(of a convention)*. -**2.** HIST: **Conventionnel** member of the French National Convention *(1792-1795)*.

conventionnellement [kɔ̃vɑ̃sjɔnɛlmɑ̃] *adv* conventionally, unoriginally *péj*.

conventionnement [kɔ̃vɑ̃sjɔnmɑ̃] *nm* MÉD medical care, ≃ National Health Service contract *Br*; **le ~ d'une clinique** a clinic's adherence to a (public) medical care system.

conventionner [3] [kɔ̃vɑ̃sjɔne] *vt* ≃ to link to the NHS System *Br* OU a (public) medical care system.

conventuel, elle [kɔ̃vɑ̃tɥɛl] *adj* conventual.

◆ **conventuel** *nm* Friar Minor Conventual.

convenu, e [kɔ̃vny] *adj*: **style ~** conventional style; **l'intrigue est très ~e** the plot is very obvious.

convergence [kɔ̃vɛrʒɑ̃s] *nf* -**1.** [confluence - de chemins, de lignes] convergence, confluence. -**2.** [concordance]: **la ~ de nos efforts** the convergence of our efforts (on a common goal); **la ~ de nos conclusions** the fact that our conclusions lead to a single result. -**3.** MATH & OPT convergence.

convergent, e [kɔ̃vɛrʒɑ̃, ɑ̃t] *adj* convergent.

converger [17] [kɔ̃vɛrʒe] *vi* -**1.** [confluer] to converge, to meet at a point; **tous les chemins convergent vers la clairière** all paths converge on the clearing. -**2.** [aboutir au même point]: **nos conclusions convergent** we tend toward the same conclusions. -**3.** MATH & OPT to converge.

convers, e [kɔ̃vɛr, ɛrs] *adj* -**1.** RELIG lay *(avant n)*. -**2.** LOGIQUE converse.

conversation [kɔ̃vɛrsasjɔ̃] *nf* -**1.** [discussion] discussion, conversation, talk; **une ~ animée** a heated discussion; **être en grande ~** to be deep in conversation; **elle est en grande ~ avec son mari** she's deep in conversation with her husband; **engager la ~ (avec qqn)** to start up a conversation (with sb); **suite à ma ~ téléphonique avec votre secrétaire** following my phone conversation with your secretary; **interrompre sa ~** to break off in mid-conversation; **interrompre une ~** to interrupt a conversation; **détourner la ~** to change the subject, to steer the conversation in another direction; **amener la ~ sur qqch** to steer the conversation towards sthg, to bring sthg up in the conversation; **il écrit dans le style de la ~** he writes in a conversational style, his style of writing is colloquial; **je n'aime pas sa ~** I don't like the way he talks ❑ **avoir de la ~** to be a good conversationalist; **il n'a aucune ~** he never has anything to say, he's a poor conversationalist. -**2.** [pourparlers]: **~s diplomatiques** diplomatic talks OU negotiations; **des ~s entre les syndicats et le patronat** talks between unions and management.

conversationnel, elle [kɔ̃vɛrsasjɔnɛl] *adj* interactive; **en mode ~** in interactive OU conversational mode.

converser [3] [kɔ̃vɛrse] *vi* to converse, to talk.

conversion [kɔ̃vɛrsjɔ̃] *nf* -**1.** [de chiffres, de mesures, de devises] conversion, converting; **~ des miles en kilomètres** converting of miles to kilometres. -**2.** RELIG conversion; **à cause de sa ~ au judaïsme** because of her conversion OU because she converted to Judaism. -**3.** [ralliement] conversion. -**4.** NAUT turning around. -**5.** [au ski] kick turn. -**6.** JUR & SC conversion. -**7.** [formation] retraining.

converti, e [kɔ̃vɛrti] ◇ *adj* converted.
◇ *nm, f* convert.

convertibilité [kɔ̃vɛrtibilite] *nf* convertibility.

convertible [kɔ̃vɛrtibl] ◇ *adj* -**1.** [transformable] convertible; **~ en qqch** convertible into sthg ❑ **avion ~** convertiplane, convertoplane; **canapé ~** sofa bed, bedsettee *Br*, convertible sofa *Am*; **fauteuil ~** convertible armchair. -**2.** FIN convertible.
◇ *nm* -**1.** [canapé] sofa bed, bedsettee *Br*, convertible sofa *Am*. -**2.** AÉRON convertiplane, convertoplane.

convertir [32] [kɔ̃vɛrtir] *vt* -**1.** [convaincre] to convert; **~ qqn à** [religion] to convert sb to; [opinion, mouvement] to win sb over OU to convert sb to. -**2.** FIN & MATH [mesure, grandeur, argent] to convert; **~ des francs en dollars** to convert francs into dollars. -**3.** INF [données] to convert; **~ en numérique** to digitize. -**4.** LOGIQUE to convert. -**5.** [transformer]: **~ une vieille gare en musée** to convert OU to transform an old railway station into a museum.

◆ **se convertir** *vpi* [athée] to become a believer; [croyant] to change religion; **se ~ à** [religion, mouvement] to be converted to, to convert to.

convertissage [kɔ̃vɛrtisaʒ] *nm* conversion MÉTALL.

convertisseur, euse [kɔ̃vɛrtisœr, øz] *nm, f* RELIG converter.

◆ **convertisseur** *nm* -**1.** MÉTALL converter; **~ Bessemer** Bessemer converter. -**2.** ÉLECTR converter, convertor. -**3.** TV converter; **~ d'images** image converter. -**4.** MÉCAN: **~ de couple** torque converter. -**5.** INF: **~ de signal** converter; **~ tournant** motor generator (set); **~ série-parallèle** staticizer.

convexe [kɔ̃vɛks] *adj* convex.

convexion [kɔ̃vɛksjɔ̃] = **convection.**

convexité [kɔ̃vɛksite] *nf* convexity.

conviction [kɔ̃viksjɔ̃] *nf* [certitude] conviction, belief; **j'ai la ~ que...** it's my belief that..., I'm convinced that...; **avec/sans ~** with/without conviction.

◆ **convictions** *nfpl* [credo] fundamental beliefs; **avoir des ~s politiques** to have political convictions.

convier [9] [kɔ̃vje] *vt litt* -**1.** [faire venir] to invite; **~ qqn à une soirée/un repas** to invite sb to a party/a meal. -**2.** [inciter]: **~ qqn à faire qqch** to invite OU to urge sb to do sthg.

convive [kɔ̃viv] *nmf* guest *(at a meal)*; **combien y aura-t-il de ~s?** how many people will be at the meal?

convivial, e, aux [kɔ̃vivjal, o] *adj* -**1.** [ambiance, fête] convivial. -**2.** INF user-friendly.

convivialité [kɔ̃vivjalite] *nf* -**1.** [d'une société] conviviality. -**2.** INF user-friendliness.

convocable [kɔ̃vɔkabl] *adj* summonable.

convocation [kɔ̃vɔkasjɔ̃] *nf* -**1.** [appel - d'une assemblée, d'un concile, de ministres] calling together, convening; [- de témoins, d'un employé] summoning. -**2.** [avis écrit] notification; **vous recevrez bientôt votre ~** you'll be notified shortly || JUR summons *(sg)*.

convoi [kɔ̃vwa] *nm* -**1.** AUT & NAUT convoy; **~ d'ambulances/de péniches** string of ambulances/of barges; **'~ exceptionnel'** 'wide OU dangerous load'. -**2.** RAIL train; **~ postal** postal *Br* OU mail *Am* train. -**3.** [cortège] convoy; **un ~ de prisonniers** a convoy of prisoners ❑ **~ funèbre** funeral procession.

◆ **en convoi** *loc adv* in convoy.

convoiement [kɔ̃vwamɑ̃] *nm* [gén] escorting, convoying; AÉRON *shuttling of new planes to operational zones.*

convoiter [3] [kɔ̃vwate] *vt* -**1.** [vouloir - argent, héritage, poste] to covet, to be after *(inséip)*; **j'avais enfin le rôle tant convoité** at last, I had the role I had longed for. -**2.** *litt* [par concupiscence] to lust after *(insép)*.

convoitise [kɔ̃vwatiz] *nf* -**1.** [désir - d'un objet] desire, covetousness; [- d'argent] greed, cupidity; **agir par ~** to act out of greed; **regarder qqch avec ~** to stare at sthg greedily; **exciter** OU **exaspérer les ~s** to arouse envy OU greed. -**2.** *litt* [concupiscence]: **~ (de la chair)** lust.

convoler [3] [kɔ̃vɔle] *vi arch*: **~ en secondes noces** to re-marry ❑ **~ en justes noces** *hum* to be wed.

convoluté, e [kɔ̃vɔlyte] *adj* convolute *(modif)*, coiled.

convolvulacée [kɔ̃vɔlvylase] *nf* convolvulus.

convoquer [3] [kɔ̃vɔke] *vt* [appeler - assemblée, concile, ministres] to call together *(sép)*, to convene; [- témoin] to summon to a hearing; [- employé, postulant] to call in *(sép)*; [- journalistes, presse] to invite; **ils m'ont convoqué pour passer un entretien** they've called OU asked me in for an interview; **elle est convoquée chez le proviseur** she's been summoned to the principal's office; **je suis convoqué à 9 h au centre d'examens** I have to be at the examination centre at 9.

convoyage [kɔ̃vwajaʒ] = **convoiement**.

convoyer [13] [kɔ̃vwaje] *vt* [accompagner] to escort; MIL to convoy.

convoyeur, euse [kɔ̃vwajœr, øz] ◇ *adj* escort *(modif)*.
◇ *nm, f* escort.
◆ **convoyeur** *nm* -**1.** [transporteur]: ~ **de fonds** [entreprise] security firm *(transporting money)*, ≃ Securicor® *Br*; [homme] security guard, ≃ Securicor guard *Br*. -**2.** NAUT convoy (ship). -**3.** MÉCAN conveyer, conveyor.

convulser [3] [kɔ̃vylse] *vt* to convulse; **la peur convulsait son visage** her face was convulsed OU distorted with fear.
◆ **se convulser** *vpi* to be convulsed; **il se convulsait de douleur** he was convulsed with pain.

convulsif, ive [kɔ̃vylsif, iv] *adj* -**1.** MÉD convulsive. -**2.** [brusque]: **un mouvement** ~ a sudden OU uncontrolled movement.

convulsion [kɔ̃vylsjɔ̃] *nf* -**1.** MÉD convulsion; **il fut soudain pris de ~s** he suddenly went into convulsion OU convulsions. -**2.** [agitation] convulsion, upheaval, disturbance.

convulsionnaire [kɔ̃vylsjɔnɛr] *nmf* convulsionary mystic.

convulsionner [3] [kɔ̃vylsjɔne] *vt* [visage] to convulse, to distort; [patient] to send into convulsion OU convulsions.

convulsivement [kɔ̃vylsivmɑ̃] *adv* convulsively.

coobligé, e [kɔɔbliʒe] *nm, f* joint debtor.

cooccupant, e [kɔɔkypɑ̃, ɑ̃t] *nm, f* co-occupier.

cooccurrence [kɔɔkyrɑ̃s] *nf* co-occurrence.

Cook [kuk] *npr* → **détroit**.

cool *fam* [kul] ◇ *adj inv* cool, laid-back, relaxed; **ils sont ~, ses parents** his parents are easy going.
◇ *nm inv* MUS cool jazz.

coolie [kuli] *nm* coolie.

coopérant, e [kɔɔperɑ̃, ɑ̃t] ◇ *adj* cooperative.
◇ *nm, f* aid worker.
◆ **coopérant** *nm* *conscript doing National Service in a non-military capacity in a developing country.*

coopérateur, trice [kɔɔperatœr, tris] ◇ *adj* cooperative.
◇ *nm, f* [collaborateur] cooperator, collaborator; [adhérent] member of a cooperative.

coopératif, ive [kɔɔperatif, iv] *adj* cooperative, helpful.
◆ **coopérative** *nf* -**1.** ÉCON cooperative, co-op. -**2.** SCOL: ~ **scolaire** fund-raising group *(of pupils under the supervision of a teacher)*.

coopération [kɔɔperasjɔ̃] *nf* -**1.** [collaboration] cooperation; **il nous a offert sa ~** he offered to cooperate (with us). -**2.** ÉCON & POL economic cooperation. -**3.** ADMIN & MIL *form of National Service in which the person works abroad on an aid project*; **le ministère de la Coopération et du Développement** ministry promoting the development of Third World countries. -**4.** ÉCON cooperation, cooperative action.

coopératisme [kɔɔperatism] *nm* *doctrine encouraging the cooperative movement.*

coopérer [18] [kɔɔpere] *vi* to cooperate; ~ **à qqch** to cooperate in (doing) sthg, to collaborate on doing sthg.

cooptation [kɔɔptasjɔ̃] *nf* co-option.

coopter [3] [kɔɔpte] *vt* to co-opt.

coordinateur, trice [kɔɔrdinatœr, tris]
◇ *adj* coordinating.
◇ *nm, f* coordinator.

coordination [kɔɔrdinasjɔ̃] *nf* -**1.** [d'une opération] coordination. -**2.** [des mouvements] coordination; **il n'a aucune ~** he is totally uncoordinated.

coordonnateur, trice [kɔɔrdɔnatœr, tris] = **coordinateur**.

coordonné, e [kɔɔrdɔne] *adj* -**1.** [harmonieux] coordinated. -**2.** LING: **propositions ~es** coordinate clauses. -**3.** [assorti] matching; **veste et jupe ~es** matching OU coordinating jacket and skirt.
◆ **coordonnés** *nmpl* [vêtements] coordinates, (matching) separates; [linge] matched set.
◆ **coordonnées** *nfpl* -**1.** GÉOG & MATH coordinates. -**2.** *fam* [adresse]: **laissez-moi vos ~es** leave me your name, address and phone number; **je n'ai même pas ses ~es!** I don't even know where to reach her!

coordonner [3] [kɔɔrdɔne] *vt* -**1.** [organiser] to coordinate, to integrate; **il est là pour ~ les secours** his job is to act as coordinator for the emergency services. -**2.** [assortir] to match; ~ **des accessoires** to match OU to coordinate accessories. -**3.** LING to coordinate.

copain, copine *fam* [kɔpɛ̃, kɔpin] ◇ *nm, f* [ami] buddy *Am*, mate *Br*, friend; **Anne, c'est vraiment une supercopine** Anne's a really good friend; **un ~ d'école/de bureau** a school/an office chum; **être/rester bons ~s** to be/to remain good friends; **fais-en profiter les ~s!** let everybody share it!; **il retrouvera vite du boulot grâce aux ~s** he'll soon find another job through his connections ❑ **petit ~** boyfriend; **petite copine** girlfriend.
◇ *adj*: **être très ~** OU **être ~-~ avec** to be very pally with; **~s comme cochons** *fam* thick as thieves.

copartage [kɔpartaʒ] *nm* coparcenary.

copartageant, e [kɔpartaʒɑ̃, ɑ̃t] *nm, f* coparcener, parcener.

copartager [17] [kɔpartaʒe] *vt*: ~ **qqch** to be coparcener OU coparceners in sthg.

coparticipant, e [kɔpartisipɑ̃, ɑ̃t] ◇ *adj* in copartnership.
◇ *nm, f* copartner.

coparticipation [kɔpartisipasjɔ̃] *nf* copartnership.

copaternité [kɔpatɛrnite] *nf* joint responsibility *(for invention)*.

copeau, x [kɔpo] *nm* [fragment - de métal] (metal) chip; [- de bois] (wood) chip; **des ~x** [de métal] chips, filings; [pour l'emballage] woodwool.

Copenhague [kɔpənag] *npr* Copenhagen.

Copernic [kɔpɛrnik] *npr* Copernicus.

copernicien, enne [kɔpɛrnisjɛ̃, ɛn] *adj* Copernican.

copiage [kɔpjaʒ] *nm péj* [plagiat] copying; SCOL & UNIV cribbing.

copie [kɔpi] *nf* -**1.** [reproduction légitime - d'un document] copy, duplicate; [- d'une lettre] copy; **je vais en faire une ~** I'll go and make a copy (of it); **il est la ~ de son père** he's the image of his father ❑ ~ **carbone** carbon copy, cc; ~ **certifiée conforme (à l'original)** certified copy. -**2.** [reproduction frauduleuse - d'un tableau, d'une cassette, d'un produit] copy, imitation, reproduction; **ce n'était pas un vrai Pollock mais une ~** it wasn't a real Pollock but a copy OU fake. -**3.** [feuille] sheet; **des ~s simples/doubles** *single-/double-width sheets of squared paper used for schoolwork.* -**4.** SCOL [devoir] paper; **il m'a rendu une très bonne ~** he did a very good paper OU piece of work for me ❑ **rendre ~ blanche** *pr* to hand in a blank paper; *fig* to fail to come up with the solution *(for a problem)*. -**5.** CIN, RAD & TV [exemplaire] copy. -**6.** PRESSE: **la ~** copy; **être en mal de ~** to be short of copy; **des journalistes en mal de ~** journalists short of OU desperate for something to write about. -**7.** INF: ~ **libre/en clair** blind/hard copy.
◆ **pour copie conforme** *loc adv* certified accurate.

copier [9] [kɔpje] *vt* -**1.** [reproduire légitimement - modèle] to reproduce, to copy; **j'ai copié cette robe sur un modèle de couturier** I copied this dress from a designer model. -**2.** [reproduire frauduleusement - bijou, tableau] to fake, to copy. -**3.** [transcrire - document, texte] to copy (out), to make a copy of; ~ **un rapport au propre** to make a fair copy of a report‖ [punition] to copy out *(sép)*; **vous me copierez dix fois cette phrase** write out this sentence ten times. -**4.** SCOL [pour tricher] to copy; **monsieur, il copie (l'exercice) sur moi/son livre** Sir, he's copying (the exercise) from me/his book. -**5.** [chercher à imiter - attitude, personne] to copy, to imitate; **ils copient les Américains** they imitate the Americans. -**6.** *fam loc*: **tu me la copieras!, vous me la copierez!** that's something that's going to stick with me for a while!

copieur, euse[1] [kɔpjœr, øz] *nm, f* [plagiaire] plagiarist; SCOL & UNIV cribber.
◆ **copieur** *nm* [de documents] copier.

copieusement [kɔpjøzmɑ̃] *adv* [manger] heartily; [annoter] copiously; [servir] generously; **après un repas ~ arrosé** after a meal washed down with generous amounts of wine; **il s'est fait ~ insulter par sa femme** *hum* he got quite a mouthful from his wife.

copieux, euse[2] [kɔpjø, øz] *adj* [repas] copious, hearty, lavish; [ration] lavish, big, giant *Am*; [notes] copious.

copilote [kɔpilɔt] *nmf* co-pilot.

copinage *fam* [kɔpinaʒ] *nm péj* (mutually profitable) chumminess; **par ~** through the old boy network *Br* OU one's connections.

copine [kɔpin] *f* → **copain**.

copiner [3] [kɔpine]
◆ **copiner avec** *fam v + prép* to pal up with.

copinerie *fam* [kɔpinri] *nf* chumminess.

copiste [kɔpist] *nmf* -**1.** [de musique ou de textes] copyist, transcriber. -**2.** IMPR platemaker.

coplanaire [kɔplanɛr] *adj* coplanar.

coposséder [18] [kɔpɔsede] *vt* to own jointly, to have joint ownership of.

copossession [kɔpɔsesjɔ̃] *nf* joint ownership.

copra(h) [kɔpra] *nm* copra.

coprin [kɔprɛ̃] *nm* ink OU inky cap.

coproduction [kɔprɔdyksjɔ̃] *nf* coproduction; **ce film est une ~ des télévisions française et italienne** this film has been coproduced by French and Italian television.

coproduire [80] [kɔprɔdɥir] *vt* to coproduce, to produce jointly.

copropriétaire [kɔprɔprijetɛr] *nmf* co-owner, joint owner, coproprietor.

copropriété [kɔprɔprijete] *nf* joint ownership.
◆ **en copropriété** *loc adj* jointly owned.

copte [kɔpt] *adj* Coptic.
◆ **Copte** *nmf* Copt.
◆ **copte** *nm* LING Coptic.

copulatif, ive [kɔpylatif, iv] *adj* copulative.

copulation [kɔpylasjɔ̃] *nf* copulation.

copule [kɔpyl] *nf* copula.

copuler [3] [kɔpyle] *vi* to copulate.

copyright [kɔpirajt] *nm* copyright.

coq [kɔk] ◇ *nm* -**1.** [mâle - de la poule] cock, rooster *Am*; [- des gallinacés] cock, cockbird; ~ **de bruyère** capercailie, capercaillie; ~ **de combat** gamecock; ~ **d'été** hoopoe; ~ **faisan** cock pheasant; ~ **d'Inde** turkey-cock; ~ **de perdrix** partridge; ~ **de roche** cock-of-the-rock; **être comme un ~ en pâte** to be in clover; **avoir des mollets de ~** to be spindly-legged, to have legs like matchsticks; **passer** OU **sauter du ~ à l'âne** to flit from one subject to another. -**2.** [figure, symbole]: ~ **de clocher** weathercock, weather vane; ~ **gaulois** *French national symbol (a cockerel)*. -**3.** CULIN chicken; ~ **au vin** coq au vin. -**4.** *fam* [fanfaron, séducteur] lady-killer; **le ~ de** OU **du village** the local Casanova. -**5.** NAUT (ship's) cook.
◇ *adj* SPORT [catégorie, poids] bantam *(modif)*.

LE COQ GAULOIS:
The cockerel is the symbol of France. Its cry, "cocorico!", is sometimes used to express national pride: "trois médailles d'or pour la France - cocorico!".

coq-à-l'âne [kɔkalan] *nm inv* -**1.** [dans la conversation] sudden change of subject; **faire un ~** to go on to something completely different. -**2.** LITTÉRAT skit, satirical farce.

coquard *fam*, **coquart** *fam* [kɔkar] *nm* shiner, black eye.

coque [kɔk] *nf* -**1.** [mollusque] cockle. -**2.** [de noix, de noisette, d'amande] shell. -**3.** [boucle - de ruban] loop, bow; [- de cheveux] curl, lock. -**4.** [châssis] NAUT hull; AÉRON hull, fuselage; AUT shell, body. -**5.** [de chaussure de ski] shell. -**6.** *fam* [embarcation]: ~ (**de noix**) skiff.
◆ **à la coque** *loc adj* [œuf] soft-boiled.

coquelet [kɔklɛ] *nm* young cockerel.

coquelicot [kɔkliko] *nm* poppy.

coqueluche [kɔklyʃ] *nf* -**1.** MÉD whooping-cough, pertussis *spéc.* -**2.** *fam fig*: **il est la ~ de l'école** he's the darling OU heartthrob of the school.

coquelucheux, euse [kɔklyʃø, øz] ◇ *adj* [personne] suffering from whooping-cough; **toux coquelucheuse** whooping-cough.
◇ *nm, f* whooping-cough sufferer.

coquerelle [kɔkrɛl] *nf Can* cockroach.

coqueron [kɔkrɔ̃] *nm* -**1.** NAUT peak; ~ **avant** forepeak; ~ **arrière** after-peak. -**2.** *Can* [logement] tumbledown house.

coquet, ette [kɔkɛ, ɛt] *adj* -**1.** [qui a le goût de la toilette] who enjoys being elegant; **elle est très ~te** she's always very smartly dressed. -**2.** [élégant - maison, mobilier] fashionable, stylish. -**3.** *vieilli* [qui cherche à séduire] coquettish, flirtatious. -**4.** *fam* [important - somme, indemnité] tidy, nice (little).
◆ **coquette** *nf* -**1.** [femme] coquette, flirt. -**2.** THÉÂT stage coquette; **jouer les grandes ~tes** *pr* to specialize in stage coquette parts; *fig* to be a coquette.

coquetier [kɔktje] *nm* -**1.** [godet] eggcup. -**2.** [pêcheur] cockle gatherer. -**3.** *fam loc*: **gagner** OU **décrocher le ~** to hit the jackpot.

coquettement [kɔkɛtmɑ̃] *adv* -**1.** [décorer, meubler] elegantly, stylishly; [s'habiller] smartly, stylishly, elegantly. -**2.** [sourire, répondre] coquettishly, flirtatiously.

coquetterie [kɔkɛtri] *nf* -**1.** [goût de la toilette] interest in one's looks, desire to look elegant. -**2.** *litt* [flirt] act of coquetry OU flirtatiousness; **faire des ~s à qqn** to flirt with sb; **être en ~ avec qqn** to be flirtatious with sb. -**3.** *loc*: **avoir une ~ dans l'œil** *fam* to have a cast in one's eye OU a slight squint.

coquillage [kɔkijaʒ] *nm* -**1.** [mollusque] shellfish. -**2.** CULIN: **manger des ~s** to eat shellfish OU seafood. -**3.** [coquille] shell; **collectionner des ~s** to collect sea-shells.

coquillard▽ [kɔkijar] *nm* [œil] eye; **~s** peepers.

coquille [kɔkij] *nf* -**1.** [enveloppe - de mollusque, d'œuf, de noix] shell; **rentrer dans sa ~** *fig* to go OU to retire into one's shell; **rester dans sa ~** *fig* to be introverted; **sortir de sa ~** [cesser d'être timide] to come out of one's shell, to open up; ~ **Saint-Jacques** [mollusque] scallop; [enveloppe] scallop shell. -**2.** [récipient] shell, scallop, scallop-shaped dish. -**3.** CULIN: ~ **de beurre** butter curl; ~ **de poisson** fish served in a shell. -**4.** ARCHIT shell. -**5.** [bateau]: ~ **de noix** *fam* cockleshell. -**6.** SPORT box. -**7.** MÉD spinal bed. -**8.** VÊT cup. -**9.** IMPR [en composition] misprint; [d'une seule lettre] literal; [en dactylographie] typo.
◆ **coquille d'œuf** *adj inv* eggshell.

coquillette [kɔkijɛt] *nf*: **des ~s** pasta *(shaped like curved macaroni)*.

coquin, e [kɔkɛ̃, in] ◇ *adj* -**1.** [espiègle] mischievous; **comme elle est ~e, cette petite!** what a little rascal OU devil she is! -**2.** [grivois - histoire] risqué, naughty; **une œillade ~e** a provocative glance. -**3.** *fam dial* OU *hum*: ~ **de sort!** I'll be darned!
◇ *nm, f* [enfant] (little) rascal OU devil.
◆ **coquin** *nm* -**1.** *arch* [voyou] rogue, scoundrel. -**2.** GÉOL nodule of phosphate of lime.
◆ **coquine** *nf arch* strumpet.

coquinerie [kɔkinri] *nf litt* -**1.** [caractère malicieux] mischievousness, roguishness. -**2.** [acte malicieux] trick, prank; **faire une ~ à qqn** to play a trick on sb ‖ [acte malfaisant] dirty OU mean trick; [escroquerie] swindle.

cor [kɔr] *nm* -**1.** MUS horn; ~ **(de chasse)** hunting horn; ~ **anglais** cor anglais, English horn; ~ **d'harmonie** French horn. -**2.** [au pied] corn.
◆ **à cor et à cri** *loc adv*: **réclamer qqch/qqn à ~ et à cri** to clamour for sthg/sb.

corail, aux [kɔraj, o] *nm* -**1.** JOAILL & ZOOL coral. -**2.** CULIN coral, red part.
◆ **de corail** *loc adj* [rouge] coral-red, coral, coral-coloured.

corallien, enne [kɔraljɛ̃, ɛn] *adj* coralloid, coralline.

coralline [kɔralin] *nf* coralline.

Coran [kɔrɑ̃] *nm*: **le ~** the Koran.

coranique [kɔranik] *adj* [texte, école] Koranic.

corbeau, x [kɔrbo] *nm* -**1.** ORNITH crow; ~ **corneille** crow; ~ **freux** rook; **grand ~** raven. -**2.** *fam péj* [auteur anonyme] writer of poison-pen letters; **la police savait qui était le ~** the police knew who'd written the poison-pen letter. -**3.** *vieilli* [escroc] shark. -**4.** ARCHIT corbel, bracket.

corbeille [kɔrbɛj] *nf* -**1.** [contenant, contenu] basket; ~ **à courrier** desk tray; ~ **à ouvrage** workbasket; ~ **à pain** breadbasket; ~ **à papier** wastepaper basket OU bin. -**2.** THÉÂT dress circle. -**3.** ARCHIT bell. -**4.** BOURSE [à Paris] trading floor; **à la ~** [en style journalistique] on the (Paris) Stock Exchange.
◆ **corbeille de mariage** *nf* [des invités] wedding presents; [du marié] groom's wedding presents *(to the bride)*; **mon père avait mis la voiture dans ma ~ de mariage** the car was a wedding present from my father.

corbeille-d'argent [kɔrbɛjdarʒɑ̃] (*pl* **corbeilles-d'argent**) *nf* sweet alyssum.

corbillard [kɔrbijar] *nm* hearse.

corbleu [kɔrblø] *interj arch* by Jove.

cordage [kɔrdaʒ] *nm* -**1.** [lien] rope; **les ~s** ropes and cables. -**2.** [mesure] measuring by the cord. -**3.** [d'une raquette] strings; [action de corder] stringing; **faire refaire le ~ de sa raquette** to have one's racket re-strung.
◆ **cordages** *nmpl* NAUT rigging.

corde [kɔrd] *nf* -**1.** [lien] rope; **attaché au poteau par une ~** roped to the post ❑ **tirer (un peu trop) sur la ~** *fam* [profiter d'autrui] to push one's luck, to go a bit too far; [abuser de sa santé, ses forces] to push o.s. to the limits, to overdo it; **il tombe** OU **pleut des ~s** *fam* it's raining cats and dogs, it's bucketing down. -**2.** [câble tendu]: ~ **à linge** clothesline; ~ **raide** high wire, tightrope; **être sur la ~ raide** *pr* to be on OU to walk the tightrope; *fig* to walk a tightrope, to do a (difficult) balancing act. -**3.** [pour pendre] rope; **la ~** [supplice] the rope; **il mérite la ~!** he deserves to be hanged OU to hang!; **passer la ~ au cou à qqn** to send sb to the gallows ❑ **se mettre** OU **se passer la ~ au cou** [se mettre à la merci de qqn] to put one's head in a noose; [se marier] *fam* to saddle o.s. with a wife; **il ne faut pas parler de ~ dans la maison d'un pendu** *prov* talk not of ropes in a hanged man's house; **toucher la ~ du pendu** to touch wood; **il ne vaut pas la ~ pour le pendre** hanging's too good for him. -**4.** [matériau] cord, rope. -**5.** ACOUST & MUS string; **instruments à ~s** string instruments; **toucher** OU **faire vibrer** OU **faire jouer la ~ sensible** to touch an emotional chord, to tug at the heartstrings. -**6.** JEUX, LOISIRS & SPORT rope; ÉQUIT rail; ~ **à nœuds** knotted climbing rope; ~ **à sauter** skipping rope; **sauter à la ~** to skip; ~ **lisse** climbing rope. -**7.** [d'une arbalète, d'une raquette] string; **avoir plus d'une ~** OU **plusieurs ~s à son arc** to have more than one string to one's bow. -**8.** ANAT cord; ~ **dorsale** spinal cord; ~ **du jarret** hamstring; ~ **du tympan** chorda tympani; **~s vocales** vocal cords; **c'est dans ses ~s** it's right up her street, it's her line. -**9.** TEXT thread; **des manches qui montraient la ~** threadbare sleeves. -**10.** [mesure] cord. -**11.** MATH chord.
◆ **cordes** *nfpl* [instruments] strings, stringed instruments.
◆ **à la corde** *loc adv* AUT & ÉQUIT: **être à la ~** to be on the inside; **prendre un virage à la ~** to hug a bend.
◆ **dans les cordes** *loc adv* [d'un ring] on the ropes; **aller dans les ~s** *pr* & *fig* to be on the ropes.
◆ **de corde, en corde** *loc adj* [semelle] cord *(modif)*; [revêtement] whipcord *(modif)*; [échelle] rope *(modif)*.

cordé¹ [kɔrde] *nm member of the Cordata*.

cordé², e [kɔrde] *adj* GÉOL [lave] ropy.
◆ **cordée** *nf* roped party.

cordeau, x [kɔrdo] *nm* -**1.** [fil] string, line. -**2.** [mèche] fuse; ~ **Bickford** Bickford fuse; ~ **détonant** detonator fuse.
◆ **tiré au cordeau** *loc adj* [allée] perfectly straight, straight as a die.

cordelette [kɔrdəlɛt] *nf* cord.

cordelière [kɔrdəljɛr] *nf* -**1.** [corde] cord. -**2.** ARCHIT cable moulding, ropework.

corder [3] [kɔrde] *vt* -**1.** [lier] to rope up *(sép)*. -**2.** [mettre en corde] to twist (into ropes OU a rope). -**3.** [raquette] to string. -**4.** [mesurer - bois] to cord.
◆ **se corder** *vpi* [légume] to become OU to go stringy.

corderie [kɔrd(ə)ri] *nf* -**1.** [industrie] ropemaking trade OU industry. -**2.** [usine] rope factory.

cordial, e, aux [kɔrdjal, o] *adj* warm, cordial, friendly; **une haine/aversion ~e pour...** a heartfelt hatred of/disgust for...
◆ **cordial, aux** *nm* [boisson] tonic, pick-me-up.

cordialement [kɔrdjalmɑ̃] *adv* -**1.** [saluer] warmly, cordially; **ils se détestent ~** they heartily detest each other. -**2.** [en bas de lettres]: ~ **vôtre** kind regards.

cordialité [kɔrdjalite] *nf* warmth, cordiality.

cordiforme [kɔrdifɔrm] *adj* cordate, cordiform.

cordillère [kɔrdijɛr] *nf* mountain range, cordillera *spéc*; **la ~ des Andes** the Andes (cordillera).

cordon [kɔrdɔ̃] *nm* -**1.** [attache - de rideaux] cord; [- d'un bonnet, d'un sac] string; [- de soulier] lace; ~ **de sonnette** bellpull ❑ **tenir les ~s de la bourse** to hold the purse strings. -**2.** [ligne - de policiers] row, cordon; [- de peupliers] row, line; ~ **sanitaire** MÉD cordon sanitaire, MIL cordon sanitaire, buffer zone. -**3.** ANAT: ~ **médullaire** spinal cord; ~ **ombilical** umbilical cord; ~ **spermatique** spermatic cord. -**4.** GÉOL: ~ **littoral** offshore bar. -**5.** [insigne] sash; **avoir** OU **recevoir le grand ~** to be awarded the grand-croix of the Légion d'honneur. -**6.** ARCHIT cordon.

cordon-bleu [kɔrdɔ̃blø] (*pl* **cordons-bleus**) *nm* cordon bleu (cook), gourmet cook.

cordonnerie [kɔrdɔnri] *nf* -**1.** [boutique - moderne] heel bar, shoe repair shop *Br* OU store *Am*; [- artisanale] cobbler's. -**2.** [activité] shoe repairing, cobbling.

cordonnet [kɔrdɔnɛ] *nm* -**1.** [pour lier] (piece of) cord. -**2.** [pour orner] (piece of) braid.

cordonnier, ère [kɔrdɔnje, ɛr] *nm, f* [qui répare] shoe repairer, cobbler; [qui fabrique] shoemaker; **les ~s sont toujours les plus mal chaussés** *prov* the shoemaker's son always goes barefoot *prov*.

cordouan, e [kɔrdwɑ̃, an] *adj* from Cordoba.
◆ **Cordouan, e** *nm, f inhabitant of or person from Cordoba*.
◆ **cordouan** *nm* [de chèvre, de cheval] cordovan.

Cordoue [kɔrdu] *npr* Cordoba.

Corée [kɔre] *npr f* Korea; **(la) ~ du Nord/Sud** North/South Korea.

coréen, enne [kɔreɛ̃, ɛn] *adj* Korean.
◆ **Coréen, enne** *nm, f* Korean.
◆ **coréen** *nm* LING Korean.

coreligionnaire [kɔrəliʒjɔnɛr] *nmf* coreligionist; **vos ~s** those who share your religious denomination.

coresponsable [kɔrɛspɔ̃sabl] ◇ *adj* jointly responsible.
◇ *nmf* person sharing responsibility; **les ~s** those jointly responsible.

Corfou [kɔrfu] *npr* Corfu; **à ~** in Corfu.

coriace [kɔrjas] *adj* -**1.** [dur - viande] tough, chewy. -**2.** [problème, personne] tough; **des taches ~s** tough stains, stains that won't come out; **c'est ~!** [situation] it's a tough one!; **elle est ~!** she's a tough one!

coriandre [kɔrjɑ̃dr] *nf* [plante] (fresh) coriander; [graines] coriander seeds.

coricide [kɔrisid] *nm* corn remover.

corindon [kɔrɛ̃dɔ̃] *nm* corundum.

corinthien, enne [kɔrɛ̃tjɛ̃, ɛn] *adj* Corinthian.
◆ **Corinthien, enne** *nm, f* Corinthian.

corme [kɔrm] *nf* whitebeam berry.

cormier [kɔrmje] *nm* whitebeam.

cormoran [kɔrmɔrɑ̃] *nm* cormorant.

cornac [kɔrnak] *nm* elephant keeper, mahout.

cornaline [kɔrnalin] *nf* cornelian.

cornaquer *fam* [3] [kɔrnake] *vt* to lead, to guide, to act as a guide to.

corne [kɔrn] *nf* -**1.** [d'un animal, d'un diable] horn; **faire les ~s à qqn** to mock sb *(by making a gesture with one's fingers shaped like horns)*; **hou les ~s!** *fam* shame on you!; **avoir** OU **porter des ~s** *fam* to be a cuckold; **faire porter des ~s à qqn** *fam* to cuckold sb. -**2.** [matériau] horn; **bouton de ~** horn button; **lunettes à monture de ~** horn-rimmed glasses OU spectacles. -**3.** [outil]: **~ à chaussures** shoehorn. -**4.** MUS horn; **~ de brume** fog horn. -**5.** [récipient] horn; **~ d'abondance** [ornement] horn of plenty, cornucopia; BOT horn of plenty. -**6.** [callosité]: **avoir de la ~** to have calluses. -**7.** [coin de page] dog-ear; **faire une ~ à** to turn down the corner of. -**8.** [forme - d'un mont] peak; [- d'un bois] (horn-shaped) corner; [- de la Lune, d'un champ, d'une terre] horn; **la Corne de l'Afrique** the Horn of Africa. -**9.** CULIN: **~ de gazelle** *horn-shaped cake.*
◆ **à cornes** *loc adj* -**1.** [bête] horned. -**2.** [chapeau] cocked.

corné, e[1] [kɔrne] *adj* [qui a l'apparence de la corne] corneous, horned.

corned-beef [kɔrnbif] *nm inv* corned beef.

cornée[2] [kɔrne] *nf* ANAT cornea.

cornéen, enne [kɔrneɛ̃, ɛn] *adj* corneal.

corneille [kɔrnɛj] *nf* crow; **~ mantelée** hooded crow.

cornélien, enne [kɔrneljɛ̃, ɛn] *adj* [héros, vers] Cornelian, of Corneille; **choix** OU **dilemme ~** conflict of love and duty.

cornemuse [kɔrnəmyz] *nf* (set of) bagpipes.

cornemuseur [kɔrnəmyzœr], **cornemuseux** [kɔrnəmyzø] *nm* bagpiper, piper.

corner[1] [kɔrnɛr] *nm* FTBL corner kick.

corner[2] [3] [kɔrne] ◇ *vt* -**1.** [plier - par négligence] to dog-ear; [- volontairement] to turn down the corner OU corners of. -**2.** *fam* [clamer - nouvelle] to blare out *(sép)*; *(en usage abs)*: **~ aux oreilles de qqn** to deafen sb.
◇ *vi* -**1.** CHASSE to sound a horn. -**2.** AUT & *arch* to hoot, to sound one's horn; **corne!** sound your horn! -**3.** VÉTÉR to wheeze. -**4.** *loc*: **les oreilles ont dû lui/te ~** his/your ears must have been burning.

cornet [kɔrnɛ] *nm* -**1.** [papier] cornet; [contenu] cornet, cornetful; **un ~ de frites** a bag of chips *Br* OU French fries *Am*; **mettre sa main en ~** to cup one's hand to one's ear. -**2.** *Helv* [sac en papier] paper bag; [sac en plastique] plastic bag. -**3.** CULIN [gaufrette] cone; [gaufrette et glace] ice cream cone, cornet *Br*; **~ à la crème** cream horn; **~ de jambon** stuffed slice of ham *(rolled in the shape of a horn)*. -**4.** [gobelet]: **~ à dés** dice cup. -**5.** MUS [d'un orgue] cornet stop; [instrument]: **~ (à pistons)** cornet. -**6.** ANAT: **~ de nez** turbinate body. -**7.** ACOUST: **~ acoustique** ear trumpet.

cornette [kɔrnɛt] *nf* [de religieuse] cornet.
◆ **cornettes** *nfpl Helv cone-shaped Swiss pasta.*

cornettiste [kɔrnetist] *nmf* cornet player.

corniaud [kɔrnjo] *nm* -**1.** [chien] mongrel. -**2.** *fam* [imbécile] nitwit, nincompoop.

corniche [kɔrniʃ] *nf* -**1.** GÉOG [roche] ledge; [neige] cornice. -**2.** [route] corniche (road). -**3.** ARCHIT cornice. -**4.** *arg scol class preparing for admission to Saint-Cyr.*

cornichon [kɔrniʃɔ̃] *nm* -**1.** [légume] gherkin; [condiment] (pickled) gherkin. -**2.** *fam* [imbécile] nitwit, nincompoop. -**3.** *arg scol student preparing for the entrance examination to Saint-Cyr.*

cornière [kɔrnjɛr] *nf* -**1.** [barre] angle bar. -**2.** [tuile] corner tile.

corniot [kɔrnjo] = **corniaud**.

corniste [kɔrnist] *nmf* horn player.

cornouaillais, e [kɔrnwajɛ, ɛz] *adj* -**1.** [de la Cornouaille] from Cornouaille. -**2.** [de la Cornouailles] Cornish.
◆ **Cornouaillais, e** *nm, f* Cornishman *(f* Cornishwoman).
◆ **cornouaillais** *nm* LING Cornish.

Cornouaille [kɔrnwaj] *npr f*: **(la) ~** Cornouaille *(region in NW France).*

Cornouailles [kɔrnwaj] *npr f*: **(la) ~** Cornwall.

cornouille [kɔrnuj] *nf* cornelian cherry.

cornouiller [kɔrnuje] *nm* cornus, dogwood (tree); [rouge] redwood.

cornu, e [kɔrny] *adj* horned.
◆ **cornue** *nf* retort.

Corogne [kɔrɔɲ] *npr*: **La ~** La Coruña.

corollaire [kɔrɔlɛr] *nm* [conséquence] consequence; LOGIQUE corollary; **le ~ obligé de la hausse des prix** the inevitable consequence of the rise in prices; **cela a pour ~ une inflation endémique** a consequence of this is endemic inflation, this results in endemic inflation.

corolle [kɔrɔl] *nf* corolla.

Coromandel [kɔrɔmɑ̃dɛl] *npr* → **côte**.

coron [kɔrɔ̃] *nm* [quartier] mining village; [maison] miner's cottage.

coronaire [kɔrɔnɛr] ◇ *adj* coronary.
◇ *nf* coronary artery.

coronal, e, aux [kɔrɔnal, o] *adj* -**1.** ASTRON of the solar corona. -**2.** ANAT coronal.

coronarien, enne [kɔrɔnarjɛ̃, ɛn] *adj* coronary.

coronarite [kɔrɔnarit] *nf* coronaritis.

corporatif, ive [kɔrpɔratif, iv] *adj* [institution, système] corporative; [image, esprit] corporate.

corporation [kɔrpɔrasjɔ̃] *nf* [groupe professionnel] corporate body; **dans notre ~** in our profession.

corporatisme [kɔrpɔratism] *nm* -**1.** POL corporatism. -**2.** *péj* [esprit de caste] professional protectionism.

corporatiste [kɔrpɔratist] *adj* & *nmf* corporatist.

corporel, elle [kɔrpɔrɛl] *adj* -**1.** [douleur] physical; [fonction] bodily; [châtiment] corporal; [hygiène] personal; **soins ~s** care of OU caring for one's body. -**2.** PHILOS endowed with a (physical) body.

corps [kɔr] *nm* -**1.** [membres] body; **tremblant de tout son ~** trembling all over; **nationaliser? il faudra me passer sur le ~!** *fig* & *hum* nationalize? (it'll be) over my dead body!; **elle te passerait sur le ~ pour obtenir le poste** *fig* she'd trample you underfoot to get the job ❑ **faire ~ avec** to be at OU as one with. -**2.** [cadavre] body; **porter un ~ en terre** to lay a body to rest. -**3.** [élément, substance] body; **~ simple/composé** simple/compound body; **~ céleste** celestial OU heavenly body; **~ étranger** foreign body; **~ gras** fatty substance; **~ noir** black body. -**4.** [groupe, communauté] corporation; **le ~ médical** the medical profession; **le ~ diplomatique** the diplomatic corps; **le ~ professoral** the teaching profession *(excluding primary school teachers)*; **le ~ professoral de l'université** the teaching staff of the university; **le ~ électoral** the electorate, the body of voters; **~ législatif** legislative body; **~ politique** body politic ❑ **un ~ d'état** OU **de métier** a building trade; **le ~ de ballet** DANSE the corps de ballet; **~ constitué** constituent body; **grand ~ de l'État** *senior civil servants recruited through the École nationale d'administration.* -**5.** MIL: **~ d'armée** army corps; **~ de cavalerie** cavalry brigade; **~ expéditionnaire** task force; **~ franc** commando; **~ de garde** [soldats] guards; [local] guardroom; **chansons de ~ de garde** ≃ rugby songs; **plaisanteries de ~ de garde** barrack-room jokes; **~ de troupes** unit of troops. -**6.** [partie principale - d'un texte] body; [- d'une machine] main part; [- d'un cylindre] barrel; **~ de bâtiment** wing (of a building); **~ de logis** main building ‖ [majorité] bulk, greater part. -**7.** [ensemble - de lois, de textes] body, corpus; [- de preuves] body; **le ~ du délit** corpus delicti. -**8.** [consistance - d'un tissu, d'un arôme] body; **un vin qui a du ~** a full-bodied wine; **donner ~ à une idée/un plan** to give substance to an idea/a scheme; **prendre ~** [sauce] to thicken; [projet] to become more concrete, to take shape. -**9.** IMPR body. -**10.** ANAT: **~ caverneux** erectile tissue *(of the penis)*; **~ vitré** vitreous body. -**11.** RELIG: **le ~ mystique du Christ** the Body of Christ.
◆ **à corps perdu** *loc adv* with all one's might; **se jeter** OU **se lancer à ~ perdu dans** to throw o.s. headlong into; **il se jeta** OU **lança à ~ perdu dans son travail** he immersed himself in his work.
◆ **à mon corps défendant, à son corps défendant** *etc loc adv* reluctantly.
◆ **corps et âme** *loc adv* body and soul.
◆ **corps et biens** *loc adv* NAUT: **perdu ~ et biens** lost with all hands; **il s'est perdu ~ et biens** *fig* he's disappeared without trace.

corps à corps [kɔrakɔr] ◇ *nm pr* hand-to-hand combat OU fight; *fig* hard struggle.
◇ *loc adv* hand to hand; **lutter ~** [physiquement] to fight hand to hand.

corps-mort [kɔrmɔr] (*pl* **corps-morts**) *nm* moorings, (mooring) buoys.

corpulence [kɔrpylɑ̃s] *nf* -**1.** [volume corporel] build. -**2.** [obésité] stoutness, corpulence; **avoir de la ~** to be stout OU corpulent; **un monsieur d'une certaine ~** *euph* a rather portly gentleman, a gentleman of ample girth.

corpulent, e [kɔrpylɑ̃, ɑ̃t] *adj* stout, corpulent, portly.

corpus [kɔrpys] *nm* -**1.** [recueil] corpus, collection. -**2.** LING corpus.

corpusculaire [kɔrpyskylɛr] *adj* corpuscular.

corpuscule [kɔrpyskyl] *nm* ANAT & PHYS corpuscle.

corral, als [kɔral] *nm* corral.

correct, e [kɔrɛkt] *adj* -**1.** [sans fautes - calcul, description] correct, accurate; [- déroulement] correct, proper. -**2.** [décent - tenue] proper, correct, decent. -**3.** [courtois] courteous, polite; **un monsieur tout à fait ~** a well-bred gentleman, a gentleman with (good) manners; **tu n'as pas été très ~ en partant sans prévenir** it was rather ill-mannered OU impolite of you to leave without warning. -**4.** [acceptable] acceptable, decent; **5 000 francs, c'est ~** 5,000 francs, that's fair enough OU acceptable; **trois jours de travail pour 2 500 francs, il a été plutôt ~ avec toi** 2,500 francs for three days' work, he was certainly very fair (with you). -**5.** [peu remarquable] decent, OK; **le concert était ~, sans plus** the concert was OK (, that's all one can say).

correctement [kɔrɛktəmɑ̃] *adv* -**1.** [sans fautes] correctly, accurately. -**2.** [selon la décence, la courtoisie] properly, decently. -**3.** [de façon peu remarquable] reasonably well; **on a mangé ~** we had a reasonable meal.

correcteur, trice [kɔrɛktœr, tris] ◇ *adj* corrective.
◇ *nm, f* -**1.** SCOL & UNIV examiner. -**2.** IMPR proofreader.
◆ **correcteur** *nm* [dispositif] corrector.

correctif, ive [kɔrɛktif, iv] *adj* corrective.
◆ **correctif** *nm* -**1.** [rectification] qualifying statement, corrective; **je voudrais apporter un ~ à ce qu'a dit mon collègue** I'd like to qualify what my colleague said. -**2.** [atténuation] toning down; **apporter un ~ à des mesures** to soften measures.

correction [kɔrɛksjɔ̃] *nf* -**1.** [rectificatif] correction; **apporter une ~ à une déclaration** [mise au point] to qualify a statement; [atténuation] to tone down a statement || [action de rectifier] correction, correcting; **la ~ des troubles de la vue** correcting eye defects. -**2.** SCOL marking *Br*, grading *Am*; **elle fait ses ~s** she's doing her marking. -**3.** IMPR: **la ~** [lieu] the proofreading department; [personnel] proofreaders, the proofreading department □ **~ d'auteur** author's corrections OU emendations; **~ d'épreuves** proofreading. -**4.** [punition] beating. -**5.** [conformité] accuracy; **la ~ d'une traduction** the accuracy of a translation. -**6.** [comportement] correctness, propriety; **apprenez-leur la ~** teach them manners OU how to behave (properly); **il a agi avec ~** he showed good manners.

correctionnalisation [kɔrɛksjɔnalizasjɔ̃] *nf* referral to a criminal court.

correctionnaliser [3] [kɔrɛksjɔnalize] *vt* ≃ to commit for trial to the magistrate's court *Br* OU criminal *Am* court.

correctionnel, elle [kɔrɛksjɔnɛl] *adj*: **peine ~le** correctional penalty; **tribunal ~** ≃ magistrate's *Br* OU criminal *Am* court.
◆ **correctionnelle** *nf*: **la ~le** ≃ magistrate's *Br* OU criminal *Am* court; **passer en ~le** to go before a magistrate *Br* OU judge.

Corrège [kɔrɛʒ] *npr m*: **le ~** Correggio; **un tableau du ~** a painting by Correggio.

corrélat [kɔrela] *nm* correlate.

corrélatif, ive [kɔrelatif, iv] *adj* LING & LOGIQUE correlative.
◆ **corrélatif** *nm* LING correlative.

corrélation [kɔrelasjɔ̃] *nf* -**1.** [rapport] correlation; **il y a (une) ~ entre A et B** A and B are correlated; **il n'y a aucune ~ entre les deux** the two are unrelated; **mettre en ~** to correlate. -**2.** MATH correlation.

corrélationnel, elle [kɔrelasjɔnɛl] *adj* correlational.

corrélativement [kɔrelativmɑ̃] *adv* correlatively.

corrélé, e [kɔrele] *adj* correlated.

corréler [18] [kɔrele] *vt* to correlate.

correspondance [kɔrɛspɔ̃dɑ̃s] *nf* -**1.** [lettres] post *Br*, mail *Am*, correspondence; [échange de lettres] correspondence; **~ commerciale** business correspondence; **être en ~ avec** [par lettre] to correspond with; **par ~**: **cours par ~** correspondence courses; **elle étudie l'anglais par ~** she's learning English through a correspondence course; **faire des études supérieures par ~** to take a degree through a correspondence course, ≃ to do an Open University course *Br*. -**2.** PRESSE correspondence. -**3.** TRANSP connection; [train, bus] connection; [vol] connecting flight; **la ~ est au bout du quai** change trains at the end of the platform; **la ~ est assurée entre les aérogares** a shuttle service is provided between the air terminals. -**4.** [similitude] conformity; [rapport] correspondence; **la ~ de leurs ambitions** the uniformity of their ambitions. -**5.** MATH correspondence.

correspondant, e [kɔrɛspɔ̃dɑ̃, ɑ̃t] ◇ *adj* -**1.** [qui s'y rapporte] corresponding, correspondent, relevant; **une commande et la facture ~e** an order and the corresponding invoice OU the invoice that goes with it, corresponding; **il n'y a pas de terme grec ~** there's no equivalent OU corresponding term in Greek. -**2.** *sout* [qui écrit] corresponding; **membre ~ de la société** corresponding member of the society.
◇ *nm, f* -**1.** TÉLÉC *person one is speaking to*; **votre ~ est en ligne** you're through; **nous recherchons votre ~** we're trying to connect you. -**2.** [épistolaire] correspondent; **le ~ de mon fils** my son's pen-friend; **tous mes ~s me disent que...** all the people who write to me tell me that... -**3.** [avec qui l'on traite] correspondent; **mon ~ était Butier** Butier was the person I was dealing with. -**4.** PRESSE: **~ (de presse)** (press) correspondent; **notre ~ à Moscou** our Moscow correspondent. -**5.** SCOL guardian *(of a boarder)*.

correspondre [75] [kɔrɛspɔ̃dr] *vi* [par lettre] to correspond, to write (letters to one another); [par téléphone] to be in touch by telephone; **~ avec qqn** [par lettre] to correspond with sb, to write to sb; [par téléphone] to stay in touch with sb; **l'entreprise correspond avec l'Allemagne** the firm has contacts in Germany.
◆ **correspondre à** *v + prép* -**1.** [équivaloir à] to be equivalent to; **mon rôle correspond à celui d'un de vos «tutors»** my function is equivalent OU may be compared to that of what you call a tutor. -**2.** [être conforme à - désir] to correspond to; [- vérité] to correspond to, to tally with; [- besoin] to meet. -**3.** [être lié à] to correspond to.
◆ **se correspondre** *vp (emploi réciproque)* -**1.** [communiquer - salles] to communicate, to connect. -**2.** [être en relation - idées, mots] to correspond.

Corrèze [kɔrɛz] *npr f*: **(la) ~** the Corrèze.

corrézien, enne [kɔrezjɛ̃, ɛn] *adj* from the Corrèze.
◆ **Corrézien, enne** *nm, f inhabitant of or person from the Corrèze.*

corrida [kɔrida] *nf* -**1.** [de taureaux] bullfight. -**2.** *fam* [agitation] carry-on *Br*, to-do; **les gosses font la ~ dans leur chambre** the kids are racing OU tearing round their bedroom; **cette ~ pour la faire s'habiller!** what a performance trying to get her dressed!

corridor [kɔridɔr] *nm* -**1.** [d'un bâtiment] corridor, passage. -**2.** [territoire] corridor.

corrigé [kɔriʒe] *nm* correct version; **faire un ~ de qqch** to give the correct version of sthg; **un ~ du problème de physique** a model answer to the physics problem.

corriger [17] [kɔriʒe] *vt* -**1.** SCOL [copie] to mark *Br*, to grade *Am*; [en cours] to correct, to give the correct version. -**2.** [vérifier - texte] to correct, to amend; [- faute] to correct; IMPR to proofread. -**3.** [modifier - vice] to cure; [- mauvaise habitude] to break; [- posture] to correct; [- comportement] to improve. -**4.** [débarrasser]: **~ qqn de** [vice, mauvaise posture] to cure sb of; [mauvaise habitude] to rid sb of. -**5.** [adoucir - agressivité] to mitigate; [- parole dure] to soften; **l'ajout de miel corrige l'acidité du fruit** adding honey softens the acid taste of the fruit. -**6.** ARM: **~ le tir** to adjust the firing; **corrigeons le tir, je l'accuse non de malveillance mais de négligence** my words are in danger of being distorted, I didn't say she's been malicious, just careless.
◆ **se corriger** ◇ *vp (emploi réfléchi)* -**1.** [vérifier ses fautes - élève, auteur] to correct one's (own) work; [se reprendre - orateur, présentateur] to correct o.s. -**2.** [devenir - plus sage] to improve (one's behaviour); [- moins immoral] to mend one's ways. -**3.** [se guérir]: **se ~ de** [avarice, paranoïa] to cure o.s. of; [mauvaise habitude] to rid o.s. of.
◇ *vp (emploi passif)* [être rectifié] to be put right; **la myopie se corrige avec une bonne paire de lunettes** short-sightedness can be corrected with a good pair of glasses.

corrigible [kɔriʒibl] *adj* rectifiable.

corroboration [kɔrɔbɔrasjɔ̃] *nf* corroboration.

corroborer [3] [kɔrɔbɔre] *vt* to corroborate, to confirm.

corrodant, e [kɔrɔdɑ̃, ɑ̃t] *adj* corrosive.

corroder [3] [kɔrɔde] *vt* [métal] to corrode, to eat into *(insép)*; [amitié, bonheur] to corrode.

corrompre [78] [kɔrɔ̃pr] *vt* -**1.** [vicier - denrée] to taint, to spoil; [- sang] to taint, to rot; [- air] to taint, to pollute. -**2.** [pervertir - innocent, enfant] to corrupt. -**3.** [soudoyer - fonctionnaire] to bribe. -**4.** *litt* [faire dévier - langue, sens] to distort, to debase. -**5.** *litt* [troubler - joie, bonheur] to mar, to taint *litt*, to spoil.

corrompu, e [kɔrɔ̃py] *adj* -**1.** [en décomposition] rotting. -**2.** [vil] corrupted. -**3.** [vénal] venal; **des juges ~s** judges amenable to being bribed.

corrosif, ive [kɔrɔzif, iv] *adj* -**1.** [satire, auteur] corrosive, biting, caustic. -**2.** [acide] corrosive.

corrosion [kɔrɔzjɔ̃] *nf* CHIM, GÉOL & MÉTALL corrosion.

corroyer [13] [kɔrwaje] *vt* -**1.** [cuir] to curry. -**2.** [métal] to weld. -**3.** [bois] to trim.

corrupteur, trice [kɔryptœr, tris] ◇ *adj* corrupting.
◇ *nm, f* -**1.** [qui soudoie] briber. -**2.** *litt* [qui débauche] corrupter.

corruptible [kɔryptibl] *adj* corruptible.

corruption [kɔrypsjɔ̃] *nf* -**1.** [vénalité] corruption; [fait de soudoyer] corruption, bribing; **il a tout utilisé, même la ~** he used every available means, including corruption □ **~ de fonctionnaire** bribery and corruption. -**2.** [avilissement - de la jeunesse, d'un innocent] corruption. -**3.** [putréfaction - d'un cadavre, d'une substance] corruption, decomposition, putrefaction. -**4.** *litt* [déviation - d'une langue, de termes] distortion, corruption, debasement *litt*; **la ~ du goût** corruption of taste; **la ~ du jugement** distortion of judgement.

corsage [kɔrsaʒ] *nm* [blouse] blouse; [d'une robe] bodice.

corsaire [kɔrsɛr] ◇ *nm* pirate, corsair; **du temps des ~s** when pirates used to roam the high seas.
◇ *adj*: **pantalon ~** breeches.

corse [kɔrs] *adj* Corsican.
◆ **Corse** *nmf* Corsican.
◆ **corse** *nm* LING Corsican.

Corse [kɔrs] *npr f*: **(la) ~** Corsica; **(la) ~-du-Sud** Southern Corsica; **(la) Haute-~** Upper Corsica.

corsé, e [kɔrse] *adj* -**1.** [fort de goût - café] full-flavoured; [- vin] full-bodied; [- mets] spicy; **la sauce est trop ~e** the sauce is too strong. -**2.** [scabreux] racy, spicy. -**3.** [difficile]: **il était ~, cet examen!** that exam was a real stinker!

corselet [kɔrsəlɛ] *nm* -**1.** [d'une armure] corselet, corslet. -**2.** ENTOM & VÊT corselet.

corser [3] [kɔrse] *vt* -**1.** [compliquer - problème] to aggravate, to make harder to solve; [- exercice] to complicate; **ils corsent l'addition** *fam* they rip you off. -**2.** [rendre - plus intéressant] to liven up *(sép)*; [- plus osé] to make racier; **elle corsait ses récits de détails savoureux** she livened up her stories with spicy details. -**3.** CULIN to make spicier; [boisson] to spike; [vin] to strengthen.
◆ **se corser** *vpi* -**1.** [se compliquer] to become harder to solve; **l'affaire se corse** the plot thickens; **c'est là que l'histoire se corse** at this point the story gets really complicated. -**2.** [devenir osé] to become spicy. -**3.** [devenir plus intéressant] to liven up; **vers minuit, au club, les choses se corsaient** the club used to liven up OU to come to life around midnight.

corset [kɔrsɛ] *nm* -**1.** [sous-vêtement] corset. -**2.** MÉD: **~ orthopédique** (orthopedic) corset. -**3.** [d'un arbre] protective fence. -**4.** *fig* [contrainte] straight-jacket.

corseter [28] [kɔrsəte] *vt* -**1.** [institution, jeunesse] to constrict; **corseté de principes** hemmed about with principles. -**2.** VÊT to fit with a corset.

corsetier, ère [kɔrsətje, ɛr] *nm, f* corsetiere.

corso [kɔrso] *nm* procession of floats; **~ fleuri** procession of flowered floats.

cortège [kɔrtɛʒ] *nm* -**1.** [accompagnateurs] cortege; [d'un roi] retinue; **la guerre et son ~ de**

malheurs the war and its attendant tragedies. -**2.** [série] series, succession; **un ~ d'échecs** a trail of failures; **tout le ~ des maladies infantiles** the full complement of childhood diseases. -**3.** [défilé] procession; **un long ~ de fourmis** a long trail of ants; **un ~ de manifestants** a march (of protesters); **le ~ allait de la Bastille à la République** the demonstration stretched from the Bastille to the place de la République ❑ **~ funèbre** funeral cortege OU procession; **~ nuptial** bridal procession.

Cortes [kɔrtɛs] *nfpl* Cortes.

cortex [kɔrtɛks] *nm* cortex.

cortical, e, aux [kɔrtikal, o] *adj* cortical.

corticoïde [kɔrtikɔid], **corticostéroïde** [kɔrtikɔsterɔid] *adj* & *nm* corticosteroid.

corticosurrénal, e, aux [kɔrtikɔsyrenal, o] *adj* adrenocortical.

◆ **corticosurrénale** *nf* adrenal cortex.

corticothérapie [kɔrtikɔterapi] *nf* corticotherapy.

cortisone [kɔrtizɔn] *nf* cortisone.

cortisonique [kɔrtizɔnik] *adj* -**1.** [relatif à la cortisone] cortisone *(modif)*. -**2.** [dérivé] cortisone-based.

corvéable [kɔrveabl] *adj* & *nmf* HIST liable to the corvée.

corvée [kɔrve] *nf* -**1.** [activité pénible] chore; **repasser, quelle ~!** ironing's such a chore OU a drag! -**2.** [service] duty; MIL fatigue; **être de ~** [soldat] to be on fatigue duty; **être de ~ de pluches** *fam*/**de chiottes**▽ to be on spud-peeling/on latrine duty; **c'est toujours la mère qui est de ~** *hum* it's always the mother who has to do everything; **on est de ~ de vaisselle** we're on dishwashing duty. -**3.** HIST corvée.

corvette [kɔrvɛt] *nf* corvette.

corvidé [kɔrvide] *nm* member of the Corvidae.

coryphée [kɔrife] *nm* -**1.** ANTIQ coryphaeus. -**2.** MUS choirmaster. -**3.** DANSE coryphee, ballerina.

coryza [kɔriza] *nm* coryza, headcold.

COS [kɔs] *nm* *abr de* **coefficient d'occupation des sols.**

cosaque [kɔzak] *nm* cossack.

cosécante [kɔsekɑ̃t] *nf* cosecant.

cosignataire [kɔsiɲatɛr] *nmf* cosignatory.

cosigner [3] [kɔsiɲe] *vt* to cosign.

cosinus [kɔsinys] *nm* cosine.

cosmétique [kɔsmetik] *adj* & *nm* cosmetic.

cosmétologie [kɔsmetɔlɔʒi] *nf* cosmetology.

cosmétologue [kɔsmetɔlɔg] *nmf* cosmetologist.

cosmique [kɔsmik] *adj* -**1.** ASTRON cosmic. -**2.** *fam* [très grand] cosmic.

cosmodrome [kɔsmɔdrom] *nm* cosmodrome.

cosmogonie [kɔsmɔgɔni] *nf* cosmogony.

cosmogonique [kɔsmɔgɔnik] *adj* cosmogonic, cosmogonical.

cosmographe [kɔsmɔgraf] *nmf* cosmographer.

cosmographie [kɔsmɔgrafi] *nf* cosmography.

cosmographique [kɔsmɔgrafik] *adj* cosmographic, cosmographical.

cosmologie [kɔsmɔlɔʒi] *nf* cosmology.

cosmologique [kɔsmɔlɔʒik] *adj* cosmologic, cosmological.

cosmonaute [kɔsmɔnot] *nmf* cosmonaut.

cosmopolite [kɔsmɔpɔlit] ◇ *adj* -**1.** [ville, foule] cosmopolitan, multi-ethnic. -**2.** [personne] cosmopolitan, international. -**3.** BOT & ZOOL ubiquitous.

◇ *nmf* cosmopolitan person.

cosmopolitisme [kɔsmɔpɔlitism] *nm* -**1.** [d'une personne] cosmopolitanism, internationalism. -**2.** [d'un lieu] cosmopolitan air.

cosmos [kɔsmos] *nm* [univers] cosmos; [espace] space, outer-space.

cossard, e▽ [kɔsar, ard] ◇ *adj* lazy.

◇ *nm, f* lazybones.

cosse [kɔs] *nf* -**1.** BOT pod, husk. -**2.** ÉLECTR cable terminal. -**3.** NAUT eye. -**4.** ▽ *loc*: **avoir la ~** to feel lazy.

cossu, e [kɔsy] *adj* [famille] affluent, well-off, wealthy; [quartier] affluent, moneyed; [maison] wealthy-looking, affluent-looking.

Costa Brava [kɔstabrava] *npr f*: **la ~** the Costa Brava; **sur la ~** on the Costa Brava.

Costa del Sol [kɔstadɛlsɔl] *npr f*: **la ~** the Costa del Sol; **sur la ~** on the Costa del Sol.

costal, e, aux [kɔstal, o] *adj* costal, rib *(modif)*.

costard *fam* [kɔstar] *nm* suit; **~ de sapin** *hum* wooden overcoat, coffin.

Costa Rica [kɔstarika] *npr m*: **le ~** Costa Rica; **au ~** in Costa Rica.

costaricien, enne [kɔstarisjɛ̃, ɛn] *adj* Costa Rican.

◆ **Costaricien, enne** *nm, f* Costa Rican.

costaud, e *fam* [kɔsto, od] ◇ *adj* -**1.** [personne] hefty, beefy; **elle est ~** OU **~e** she's built like a tank; **un type ~** a great hulk of a bloke *Br* OU guy *Am*. -**2.** [solide - meuble, arbre, tissu] strong, tough, resilient. -**3.** [ardu - problème] tough; **c'est ~, comme bouquin!** it's pretty solid stuff, that book! -**4.** [fort - alcool] strong, robust.

◇ *nm, f* beefy bloke *Br* OU fellow (*f* hefty lass).

◇ *nm*: **c'est du ~** [édifice] it's built to last; [argument] it's solid stuff.

costume [kɔstym] *nm* -**1.** [complet] suit. -**2.** [tenue] costume; **en ~ de cérémonie** in ceremonial costume OU dress ❑ **en ~ d'Adam/d'Ève** in his/her birthday suit; **~ de bain** bathing costume *Br* OU suit; **un ~ en sapin** *famhum* a wooden overcoat. -**3.** HIST & THÉÂT costume; **l'histoire du ~** the history of costume.

costumé, e [kɔstyme] *adj*: **des enfants ~s** children in fancy dress; **bal ~** fancy-dress ball.

costumer [3] [kɔstyme] *vt*: **~ qqn en Pierrot** to dress sb up as a Pierrot.

◆ **se costumer** *vp* *(emploi réfléchi)* to wear fancy dress; **se ~ en diable** to dress up as a devil.

costumier, ère [kɔstymje, ɛr] *nm, f* -**1.** [vendeur, loueur] costumier, costumer. -**2.** THÉÂT wardrobe master (*f* mistress).

cosy [kɔzi] *nm* *vieilli bed with built-in shelves running along the headboard and down one side.*

cotable [kɔtabl] *adj* quotable ST. EX.

cotangente [kɔtɑ̃ʒɑ̃t] *nf* cotangent.

cotation [kɔtasjɔ̃] *nf* -**1.** BOURSE quotation. -**2.** ARCHIT & CONSTR: **~ fonctionnelle** *illustration of the most important dimensions of machine parts in a drawing.*

cote [kɔt] *nf* -**1.** BOURSE [valeur] quotation; [liste] share (price) index; **inscrit à la ~** quoted on the stock exchange. -**2.** COMM quoted value. -**3.** *fam* [estime]: **~ d'amour** OU **de popularité** [d'un homme politique] standing with the electorate OU (popular) rating OU popularity; [d'un film, d'une idée] (popular) rating; **avoir une bonne ~** to be held in high regard OU esteem; **avoir la ~** *fam* to be popular. -**4.** ARCHIT, CONSTR & TRAV PUBL measurement. -**5.** GÉOG height; **~ d'alerte** *pr* flood OU danger level; *fig* crisis OU flash point; **la ~ d'alerte est atteinte** we're at flash point. -**6.** [dans une bibliothèque - sur un livre] shelf mark; [- sur un périodique] serial mark. -**7.** ADMIN assessment; **~ mobilière** property assessment OU rate; **~ mal taillée** awkward compromise.

coté, e [kɔte] *adj* -**1.** [apprécié - quartier] sought-after; [- produit] highly rated; **un architecte/gynécologue ~** an architect/a gynaecologist who's (much) in demand; **être bien/mal ~** to have a good/bad reputation; **elle est bien ~e** she's highly thought of; **il est mal ~** he has a very poor reputation. -**2.** BOURSE listed; **valeurs ~es en Bourse** listed securities.

côte [kot] *nf* -**1.** [hauteur] slope, incline; [à monter, à descendre] hill; **monter la ~** to go uphill; **descendre la ~** to go downhill; **en haut de la ~** on the top of the hill. -**2.** [rivage] coast; [vu d'avion, sur une carte] coastline; **ils vivent sur la ~** they live on the coast. -**3.** ANAT rib; **vraie/fausse ~** true/false rib; **~ flottante** floating rib; **se tenir les ~s (de rire)** *fam* to be in stitches; **caresser** OU **chatouiller les ~s à qqn** *fam* to give sb a good hiding; **avoir les ~s en long** *fam* to be bone idle. -**4.** [de porc, d'agneau, de veau] chop; [de bœuf] rib; **~ première** [de veau] shoulder chop; [d'agneau] lamb chop *Br*, loin chop *Am*; **~ seconde** [d'agneau] neck cutlet *Br*, rib chop *Am*. -**5.** ARCHIT, BOT & TEXT rib; **~ de bette** rib of beet OU chard; **point de ~s** ribbing stitch. -**6.** NAUT: **aller à la** OU **faire la ~** to hug the coast.

◆ **côte-à-côte** *loc adv* [marcher, s'asseoir] side by side; [travailler, lutter] side by side, shoulder to shoulder.

CÔTES:

la Côte d'Amour the Atlantic coast near La Baule;
la Côte d'Argent the Atlantic coast between the Gironde and Bidassoa estuaries;
la Côte d'Azur the French Riviera;
la Côte de Coromandel the Coromandel Coast;
la Côte d'Émeraude part of the Northern French coast, near Saint-Malo;
la Côte de Malabar the Malabar Coast;
la Côte d'Opale the coast between Calais and Dieppe;
la Côte Vermeille part of the Mediterranean coast, between Collioure and Cerbère.

---

côté [kote] *nm* -**1.** [d'un tissu, d'une médaille] side; **le ~ humide du mur** the damp side of the wall. -**2.** [d'un jardin, d'une pièce, d'une rue] side; **ton ~ du lit** your side of the bed; **le ~ sud de la ville** the south side OU part of town ❑ **~ cour/jardin** THÉÂT stage left/right; **~ sous le vent** NAUT leeward side; **~ du vent** windward side. -**3.** [du corps] side, flank; **dormir sur le ~** to sleep on one's side; **recevoir un coup au ~** to be hit in the side; **une douleur au ~** a pain in the side. -**4.** [parti] side; **il s'est mis de mon ~** he sided with me. -**5.** [aspect] side; **le ~ publicité** the advertizing side (of things); **~ travail** *fam* on the work front, workwise. -**6.** [facette - d'une personnalité] side, facet; [- d'une situation] side, aspect; **elle a un ~ naïf** there's a naive side to her; **chaque emploi a ses bons et ses mauvais ~s** every job has its good and bad sides OU points; **prendre qqch du bon/mauvais ~** to take sthg in good/bad part; **les bons ~s de la vie** the good things in life; **voir le bon ~ des choses** to look on the bright side ❑ **d'un ~** in a way, in some respects; **d'un ~ ... d'un autre ~** on the one hand ... on the other hand.

◆ **à côté** *loc adv* -**1.** [tout près] next door; [pas très loin] nearby; **les voisins d'à ~** the nextdoor neighbours. -**2.** [mal]: **passer** OU **tomber à ~** to miss; **répondre à ~**: **elle a répondu à ~** [exprès] she avoided the question; [involontairement] her answer was not to the point.

◆ **à côté de** *loc prép* -**1.** [pas loin] next to; **à ~ de la cible** off target; **passer à ~ de** [chemin, difficulté, porte] to miss; [aubaine] to miss out on; **il est passé à ~ du bonheur** he missed out on happiness ❑ **à ~ de ça** on the other hand; **être à ~ de la plaque** *fam* to have (got hold of) the wrong end of the stick; **être** OU **marcher à ~ de ses pompes** *fam* to be in another world. -**2.** [par rapport à] by OU in comparison with; **il fait plutôt avare à ~ de son frère** he seems rather mean compared to his brother.

◆ **à mon côté, à son côté** *etc*, **à mes côtés, à ses côtés** *etc loc adv* by my/his *etc* side; **une grande épreuve t'attend mais je serai à tes ~s** a great ordeal awaits you but I'll be by your side.

◆ **de côté** *loc adv* -**1.** [de travers - regarder] sideways; [- sauter, tomber] aside, to one side; **la casquette posée de ~** the cap worn to OU on one side. -**2.** [en réserve] aside, to one side; **mettre qqch de ~** to put sthg aside OU by; **laisser qqch de ~** to put sthg to one side; **laisser qqn de ~** to leave sb out.

◆ **de ... côté** *loc adv*: **il y a un arbre de chaque ~** there's a tree (on) each side; **allons de ce ~-ci** let's go this way ❑ **de ce/de l'autre ~**

de la barrière *pr & fig* on this side/on the other side of the fence; voir de quel ~ vient le vent *fig* to see which way the wind blows *loc.*

◆ **de mon côté, de son côté** *etc loc adv* -1. [en ce qui concerne] for my/his *etc* part. -2. [de la famille] on my/his *etc* side of the family.

◆ **de tous côtés** *loc adv* -1. [partout - courir] everywhere, all over the place; [- chercher] everywhere, high and low. -2. [de partout] from all sides.

◆ **du côté de** *loc prép* -1. [dans l'espace] : elle est partie du ~ du village she went towards the village; du ~ de chez toi around where you live; la maison est située du ~ sud de la baie the house is on the south side of the bay; le vent vient du ~ de la mer the wind's blowing from the sea. -2. [parmi] : cherchons du ~ des auteurs classiques let's look amongst classical authors. -3. *loc*: être du ~ du manche to be on the strongest OU winning side; il s'est mis du ~ du manche he made sure he was on the strongest OU winning side.

◆ **du côté où** *loc conj*: tomber du ~ où ça penche to follow one's inclinations.

◆ **d'un côté et de l'autre** *loc adv* here and there.

coteau, x [kɔto] *nm* -1. [versant] hillside, slope. -2. [colline] hill.

◆ **coteaux** *nmpl* vineyards *(on a hillside).*

Côte-de-l'Or [kotdəlɔr] *npr f*: la ~ the Gold Coast.

Côte-d'Ivoire [kotdivwar] *npr f*: (la) ~ the Ivory Coast.

Côte-d'Or [kotdɔr] *npr f*: (la) ~ the Côte-d'Or *(département in Burgundy).*

côtelé, e [kotle] *adj* ribbed.

côtelette [kotlɛt] *nf* -1. [de viande] : ~ d'agneau lamb chop ❑ ~s découvertes [d'agneau] ≃ middle of neck; ~s premières [d'agneau] ≃ best end of neck. -2. *fam* [d'une personne] rib; en plein dans les ~s slap bang in the ribcage.

coter [3] [kɔte] *vt* -1. BOURSE to list (on the share index); coté en Bourse ≃ listed on the Stock Exchange; des valeurs qui seront cotées en Bourse demain ≃ shares which will go on the Stock Exchange tomorrow. -2. COMM to price, to give a list price for. -3. [évaluer - œuvre d'art] to rate. -4. [dans une bibliothèque - livre] to assign a class OU shelf mark to; [- périodique] to assign a serial mark to. -5. GÉOG to write in the heights on. -6. ARCHIT, CONSTR & TRAV PUBL [dessin] to mark the dimensions on.

coterie [kɔtri] *nf péj* set, clique *péj*, coterie *litt.*

Côtes-d'Armor [kotdarmɔr] *npr fpl*: les ~ the Côtes-d'Armor *(département in Brittany).*

coteur [kɔtœr] *nm* jobber.

cothurne [kɔtyrn] *nm* buskin, cothurnus.

côtier, ère [kotje, ɛr] *adj* [région, navigation] coastal; [pêche] inshore; [chemin] coast *(modif)*; un fleuve ~ a river that rises close to the coast.

cotillon [kɔtijɔ̃] *nm* -1. *hum* petticoat. -2. [farandole] cotillion, cotillon.

◆ **cotillons** *nmpl* party novelties.

cotisant, e [kɔtizɑ̃, ɑ̃t] ◇ *adj* contributing.
◇ *nm, f* [à une association] subscriber; [à une assurance, à une fête] contributor.

cotisation [kɔtizasjɔ̃] *nf* [pour une fête] contribution; [à une association] subscription, dues; [pour la protection sociale] contributions.

cotiser [3] [kɔtize] *vi* [par choix] to subscribe; [par obligation] to pay one's contributions; ~ à une caisse de retraite to contribute to a pension fund.

◆ **se cotiser** *vpi* to club together; le groupe s'est cotisé everyone in the group contributed.

côtoiement [kotwamɑ̃] *nm* contact; le ~ du danger contact with danger.

coton [kɔtɔ̃] ◇ *nm* -1. BOT [fibre, culture] cotton; [plante] cotton plant. -2. TEXT [tissu] cotton; [fil] (cotton) thread, piece of cotton. -3. [ouate] : ~ (hydrophile) cotton wool, (absorbent) cotton *Am* ❑ avoir du ~ dans les oreilles *fam* to be cloth-eared; avoir les jambes en ~ : j'ai les jambes en ~ my legs are like cotton wool OU jelly. -4. [tampon de ouate] (cotton wool) swab *Br*, (cotton) swab *Am*.
◇ *adj fam* hard, tough, difficult; c'est (plutôt) ~ ! it's (rather) tough OU tricky!

cotonnade [kɔtɔnad] *nf* cotton fabric, cottonade.

cotonner [3] [kɔtɔne]

◆ **se cotonner** *vpi* [tissu] to fluff (up); [fruit] to go like cotton-wool.

cotonnerie [kɔtɔnri] *nf* -1. [culture] cotton-growing. -2. [terrain] cotton plantation. -3. [fabrique] cotton mill.

cotonneux, euse [kɔtɔnø, øz] *adj* -1. BOT downy. -2. *litt* [vaporeux] fleecy; un ciel ~ a cotton-wool sky. -3. [sourd - bruit] muffled. -4. [texture] : une poire/purée cotonneuse a pear/puree tasting of cotton-wool.

cotonnier, ère [kɔtɔnje, ɛr] ◇ *adj* cotton *(modif).*
◇ *nm, f* cotton spinner.

◆ **cotonnier** *nm* cotton (plant).

Coton-Tige® [kɔtɔ̃tiʒ] (*pl* **Cotons-Tiges**) *nm* cotton bud *Br*, Q-tip® *Am*.

côtoyer [13] [kotwaje] *vt* -1. [vivre près de] to mix with; elle côtoie le danger tous les jours she faces danger everyday. -2. *litt* [suj: personne] to follow. -3. [suj: chemin] to skirt OU to run alongside; [suj: fleuve] to flow OU to run alongside.

cotre [kɔtr] *nm* cutter.

cotte [kɔt] *nf* -1. ARM : ~ d'armes coat of arms; ~ de mailles coat of mail. -2. [de travail] overalls *(pl)*, dungarees *(pl)*.

cotylédon [kɔtiledɔ̃] *nm* ANAT & BOT cotyledon.

cou [ku] *nm* -1. ANAT neck; un pendentif autour du ~ a pendant round her neck; sauter OU se jeter au ~ de qqn to throw one's arms around sb's neck; se casser OU se rompre le ~ to break one's neck ❑ il y est jusqu'au ~ he's up to his neck in it. -2. ZOOL neck. -3. VÊT neck. -4. [d'une bouteille, d'un vase] neck.

couac [kwak] ◇ *nm* [note] false note; faire un ~ [au piano] to hit the wrong key; [en chantant] to hit the wrong note, to go off key.
◇ *onomat* arrk, quack.

couard, e [kwar, ard] *litt* ◇ *adj* cowardly.
◇ *nm, f* coward, poltroon *litt.*

couardise [kwardiz] *nf litt* cowardice.

couchage [kuʃaʒ] *nm* [matériel] bed; [préparatifs] sleeping arrangements; matériel de ~ bedding.

couchailler *fam* [3] [kuʃaje] *vi péj* to sleep around.

couchant, e [kuʃɑ̃, ɑ̃t] *adj* → **chien, soleil.**

◆ **couchant** *nm litt* [occident] west.

couche [kuʃ] *nf* -1. [épaisseur - de peinture] coat; [- de maquillage] layer; passer une ~ de minium sur une grille to give a railing a coat of red lead ❑ avoir OU en tenir une ~ *fam* to be (as) thick as a brick *Br* OU as two short planks *Br*, to be as dumb as they come *Am*. -2. ASTRON & GÉOL layer, stratum. -3. SOCIOL level, social stratum. -4. HORT hotbed. -5. [de bébé] nappy *Br*, diaper *Am*. -6. *litt* [lit] bed.

◆ **couches** *nfpl vieilli* [accouchement] confinement; elle est morte en ~s she died in childbirth.

couché, e [kuʃe] *adj* -1. [allongé] lying down; [au lit] in bed; ~ ! [à un chien] (lie) down! -2. [écriture] slanting, sloping. -3. [pli] recumbent.

couche-culotte [kuʃkylɔt] (*pl* **couches-culottes**) *nf* disposable nappy *Br* OU diaper *Am*.

coucher[1] [kuʃe] *nm* -1. [action] going to bed; le ~ est à 11 h bedtime is at 11 o'clock; le ~ du roi the king's going-to-bed ceremony; le ~ d'un enfant a child's bedtime routine. -2. [moment] bedtime; deux cachets au ~ two tablets at bedtime OU before bed; la lune à son ~ *litt* the setting moon ❑ ~ de soleil sunset; au ~ du soleil at sunset, at sundown *Am*.

coucher[2] [3] [kuʃe] ◇ *vt* -1. [mettre au lit] to put to bed; [allonger] to lay down *(sép)*; ~ qqn sur le carreau *fam* to knock sb down, to lay sb out. -2. [héberger] to put up *(sép)*, to accommodate; je peux ~ toute la famille I can accommodate the entire family; la maison peut ~ dix personnes the house can accommodate OU sleep ten. -3. [poser - par terre] to lay down *(sép)*; ~ une bouteille/moto to lay a bottle/motorbike on its side; la pluie a couché les herbes the rain flattened the grasses; l'orage a couché les arbres the storm brought the trees down; poteaux couchés en travers de la rivière poles lying across the river; le vent coucha le bateau the wind made the boat keel over OU keeled the boat over; ~ un fusil en joue ARM to aim a gun. -4. *sout* [écrire] to set down (in writing OU on paper); ~ ses pensées sur le papier to write down one's thoughts, to commit one's thoughts to writing; ~ qqn sur son testament to name sb in one's will; ~ qqn sur une liste to include sb's name in a list.
◇ *vi* -1. [aller dormir] to go to bed; cela va te faire ~ tard that will keep you up late. -2. [dormir] to sleep; on couchera à l'hôtel [une nuit] we'll spend the night OU we'll sleep in a hotel; [plusieurs nuits] we'll stay in a hotel; les deux enfants couchent au grenier the two children sleep in the attic; tu restes ~ ? are you staying overnight OU the night?; ~ à la belle étoile to sleep out in the open; ~ sous les ponts to sleep rough; la voiture couche dehors the car stays in the street at night. -3. ▽ [sexuellement] to sleep around.

◆ **coucher avec** *fam v + prép* to go to bed OU to sleep with.

◆ **se coucher** *vpi* -1. [dans un lit] to go to bed; je vous empêche de vous ~ ? am I keeping you up? ❑ se ~ avec OU comme les poules to go to bed early; va te ~ ! *fam* get lost OU knotted *Br*! -2. [s'allonger] to lie down; se ~ en chien de fusil to lie curled up OU in the foetal position; se ~ à plat ventre to lie face down; il se couchait sur sa copie pour que je ne puisse pas la lire he was leaning over his work so I couldn't read it; se ~ sur son guidon to lean hard against one's handlebars. -3. [soleil, lune] to set, to go down. -4. NAUT to keel over.

coucherie *fam* [kuʃri] *nf* sleeping around; qui s'intéresse à leurs ~s? who's interested in their sexual goings-on OU in who they go to bed with?

couche-tard [kuʃtar] *nmf inv* night owl; c'est un ~ he's always late to bed, he's a night owl.

couche-tôt [kuʃto] *nmf inv*: c'est un ~ he's always early to bed.

couchette [kuʃɛt] *nf* [d'un train] couchette; [d'un bateau] bunk.

coucheur, euse *fam* [kuʃœr, øz] *nm, f*: c'est un ~ he sleeps around, he's promiscuous ❑ mauvais ~ awkward customer.

couci-couça *fam* [kusikusa] *loc adv* so-so.

coucou [kuku] ◇ *nm* -1. ZOOL cuckoo; (pendule à) ~ cuckoo clock. -2. BOT cowslip. -3. *fam* [avion] crate, heap.
◇ *interj* -1. [cri] hi. -2. JEUX peekaboo, coo-ee.

coude [kud] *nm* -1. ANAT elbow; ~s au corps elbows in; jusqu'au ~ up to one's elbow; donner un coup de ~ à qqn [comme signe] to nudge sb; [accidentellement, par agression] to dig one's elbow into sb ❑ faire du ~ à qqn to nudge sb; jouer des ~s *pr* to push and shove, to jostle; *fig* to manoeuvre; les gens jouaient des coudes pour atteindre le guichet people were pushing and shoving to get to the kiosk; ~ à ~ [marcher, travailler] shoulder to shoulder, side by side; sous le ~ : garder OU mettre OU tenir qqch sous le ~ to keep sthg shelved indefinitely, to keep sthg on the back burner; lever le ~ *fam* to booze; se serrer OU se tenir les ~s to stick together. -2. [d'un vêtement] elbow; [pièce en cuir, en tissu] elbow patch. -3. [d'un tuyau] bend, elbow; [d'une route] bend; le couloir fait un ~ there's a sharp bend in the passage.

coudé, e [kude] *adj* bent, angled.

◆ **coudée** *nf* -1. *loc*: avoir les ~es franches to have elbow room. -2. *arch* [mesure] cubit.

cou-de-pied [kudpje] (*pl* **cous-de-pied**) *nm* instep.

couder [3] [kude] *vt* to bend (at an angle).

coudière [kudjɛr] *nf* elbow pad.

coudoiement [kudwamɑ̃] *nm*: le ~ de mixing with.

coudoyer [13] [kudwaje] *vt* -**1.** [fréquenter] to rub shoulders OU to mix with. -**2.** [frôler] to brush past. -**3.** [suj: réalité, image] to stand side by side with.

coudre [86] [kudr] *vt* -**1.** COUT [robe] to make; [morceaux] to sew OU to stitch together *(sép)*; [bouton] to sew on *(sép)*; [semelle] to sew OU to stitch on *(sép)*; **il aime** ~ he enjoys sewing; ~ **à la main/machine** to sew by hand/machine; **cousu (à la) machine** machined ❑ **cousu (à la) main** hand-stitched; **du cousu main** *fam* top quality stuff; **être (tout) cousu d'or** to be extremely wealthy; **c'est cousu de fil blanc** it's plain for all to see; **mensonge cousu de fil blanc** transparent lie. -**2.** [volaille] to sew up *(sép)*. -**3.** [plaie] to stitch up *(sép)*, to sew up *(sép)*. -**4.** [livre] to stitch (together).
◆ **à coudre** *loc adj* sewing.

coudrier [kudrije] *nm* hazel tree.

Coué [kwe] *npr*: **méthode** ~ autosuggestion, Couéism.

couenne [kwan] *nf* -**1.** [de porc] rind. -**2.** *Helv* [de fromage] rind. -**3.** MÉD buffy coat.

couenneux, euse [kwanø, øz] *adj* -**1.** [semblable à la couenne] rind-like. -**2.** MÉD buffy.

couette [kwɛt] *nf* -**1.** [de cheveux]: **des** ~**s** bunches. -**2.** [édredon] duvet, (continental) quilt.

couffin [kufɛ̃] *nm* -**1.** [pour bébé] Moses basket, bassinet *Am*. -**2.** [cabas] (straw) basket.

cougouar [kugwar], **couguar** [kug(w)ar] *nm* cougar.

couic [kwik] *onomat* squeak.
◆ **que couic** *loc adv* zilch, nothing.

couille▼ [kuj] *nf* -**1.** [testicule] nut, ball, bollock *Br*; **un coup de pied dans les** ~**s** a kick in the balls ❑ **avoir des** ~**s (au cul)** [montrer du courage, de la fermeté] to have balls; **il n'a pas de** ~**s** he's got no balls; **casser** OU **peler les** ~**s à qqn** [l'importuner, l'agacer au plus haut point] to get on sb's tits *Br*, to break sb's balls *Am*. -**2.** [échec, insuccès, erreur] cock-up *Br*, ball-up *Am*; **il m'est arrivé une** ~ there's been a bit of a cock-up; **partir en** ~ to cock up, to fuck up. -**3.** [personne]: **une** ~ **molle** a wanker *Br*, a pantywaist *Am*, a wimp.

couillon [kujɔ̃] ◇ *nm* -**1.** ▽ [imbécile] wally *Br*, airhead *Am*; [dupe] mug. -**2.** *fam* [dans le Midi]: **salut,** ~! ≃ hello, mate! *Br*.
◇ *adj* ▽ bloody stupid.

couillonnade▽ [kujɔnad] *nf* [histoire] damn stupid thing to say; [action] damn stupid thing to do; [objet] piece of junk; **dire des** ~**s** to talk rubbish; **fais pas de** ~**s** don't do anything daft; **après on te donne une médaille ou une** ~ **de ce genre** afterwards they give you a medal or some such piece of junk; **c'est de la** ~ [discours] it's a load of bull OU (old) cobblers *Br*; **l'entraînement le samedi, c'est de la** ~ you'd have to be a moron to train on Saturdays.

couillonner▽ [3] [kujɔne] *vt* to rip off, to con; **te laisse pas** ~ don't let yourself be conned, don't be taken for a sucker.

couinement [kwinmɑ̃] *nm* -**1.** [d'une souris] squeak, squeaking; [d'un lièvre, d'un porc] squeal, squealing. -**2.** [d'un enfant] whine, whining. -**3.** [d'un frein] squeal, squealing.

couiner [3] [kwine] *vi* -**1.** [souris] to squeak; [lièvre, porc] to squeal. -**2.** [enfant] to whine. -**3.** [frein] to squeal.

coulage [kulaʒ] *nm* [d'une statue] casting; [d'un métal, de la cire, du verre] pouring.

coulant, e [kulɑ̃, ɑ̃t] *adj* -**1.** *fam* [personne] easygoing, lax *péj*; **ils sont** ~**s avec les passeurs** they shut their eyes to the activities of the dealers; **elle est plus** ~**e avec toi** she lets you get away with more. -**2.** [léger - vin] smooth; **il est** ~ it slips down easily. -**3.** [fluide - style, prose] free, free-flowing. -**4.** [fromage] runny.

coulée [kule] *nf* -**1.** [de sang, de peinture] streak. -**2.** [chute]: ~ **de lave** lava flow; ~ **de neige** snowslide; ~ **de boue** mudslide. -**3.** MÉTALL [injection] casting; [masse] casting. -**4.** [d'un animal] run.

coulemelle [kulmɛl] *nf* parasol mushroom.

couler [3] [kule] ◇ *vi* -**1.** [fleuve, eau] to run, to flow; [larmes] to run down, to flow; **la sueur coulait sur son visage** [abondamment] sweat was pouring down his face; [goutte à goutte] sweat was trickling down his face; **fais** ~ **l'eau** turn on the water; **le vin coulait à flots** wine flowed freely; **le sable/l'argent coule entre ses doigts** sand/money trickles through her fingers; **faire** ~ **un bain** to run a bath; **avoir le nez qui coule** to have a runny nose; **il a les yeux qui coulent** he has watery eyes; **laisser** ~ **son sang** to let o.s. bleed; **faire** ~ **le sang** to spill OU to shed blood; **faire** ~ **de la salive** *fig* to cause some tongue-wagging, to set the tongues wagging; **faire** ~ **beaucoup d'encre** *fig* to cause a lot of ink to flow ❑ **il coulera de l'eau sous les ponts avant que...** there'll be a lot of water under the bridge before... -**2.** [progresser facilement] to flow; **le temps coule** time slips by; **depuis, sa vie a coulé, calme et tranquille** since then, he has enjoyed a calm and peaceful life ❑ ~ **de source** to follow (on naturally); **cela coule de source** [évident] it's obvious; [naturel] it's second nature; **laisse** ~! *fam* don't bother!, just drop it! -**3.** [avoir une fuite - robinet] to leak, to drip. -**4.** [se liquéfier - fromage, bougie] to run. -**5.** [sombrer - nageur] to go under; [- bateau] to go down, to sink; ~ **à pic** to go straight to the bottom; ~ **pavillon haut** to lose gracefully ‖ [entreprise, politicien] to sink, to go down.
◇ *vt* -**1.** [faire sombrer - bateau] to sink; [- entreprise, concurrent] to sink, to bring down *(sép)*. -**2.** *litt* [passer]: ~ **des jours heureux** to spend some happy days. -**3.** [ciment] to pour; [métal] to cast; ~ **l'eau d'une chaudière** to run OU to draw water out of a boiler; ~ **du plomb dans un joint** to run lead into a joint. -**4.** [fabriquer - statue] to cast. -**5.** AUT: ~ **une bielle** to run a rod.
◆ **se couler** ◇ *vpi* [se glisser]: **se** ~ **dans** [lit, foule] to slip into; **elle se coula dans son lit et s'endormit aussitôt** she slipped into her bed and went to sleep straight away; **il s'est coulé dans le moule** *fig* he slipped into the mould; **se** ~ **le long de** to slide alongside; **se** ~ **le long des murs** to hug the walls.
◇ *vpt*: **se la** ~ **douce** *fam* to have it easy, to live the life of Riley.

couleur [kulœr] *nf* -**1.** [impression visuelle] colour; **le vert est une** ~ green is a colour; **de** ~ **vive** brightly-coloured; **une jolie** ~ **verte** a pretty shade of green; **je n'ai jamais vu la** ~ **de son argent** I've never seen the colour of his money; **de quelle** ~ **est sa voiture?** what colour is his car? ❑ ~**s fondamentales/complémentaires** primary/complementary colours; ~ **de muraille** stone grey; **en voir de toutes les** ~**s** *fam*: **on en a vu de toutes les** ~**s** we've been through some hard times; **en faire voir à qqn de toutes les** ~**s** to give sb a hard time; **il nous en a fait voir de toutes les** ~**s** he gave us a hard time. -**2.** [pour les cheveux] tint, colour; **se faire faire une** ~ to have one's hair tinted, to have some colour put in. -**3.** JEUX suit. -**4.** [vivacité] colour; **le texte a beaucoup de** ~ the text has a good deal of colour OU is very colourful ❑ ~ **locale** local colour; **un restaurant très** ~ **locale** a restaurant with plenty of local colour. -**5.** [aspect - général] light, colour; **voir la situation sous de nouvelles** ~**s** to see the situation in a new light; **décrire l'avenir sous les** ~**s les plus sombres/sous de belles** ~**s** to describe the future in the gloomiest terms/in the most glowing colours; **quelle sera la** ~ **politique de votre nouveau journal?** what will be the political colour of your new newspaper?; **la** ~ **du temps** the spirit of the times. -**6.** [d'une personne] shade, colour; **changer de** ~ to change colour; **passer par toutes les** ~**s de l'arc-en-ciel** to go (through) all the colours of the rainbow ‖ [carnation]: **la** ~ **de la peau** skin colour. -**7.** HÉRALD & MUS colour.
◆ **couleurs** *nfpl* -**1.** [linge] coloureds. -**2.** [peintures] coloured paints; ~**s à l'huile** oil paints; ~**s à l'eau** watercolours. -**3.** [bonne mine] (healthy) glow, colour; **prendre des** ~**s** to get a tan OU a bit of colour in one's cheeks; **avoir des** ~**s** to look well. -**4.** SPORT [d'une équipe] colours; [d'un jockey, d'un cheval] livery; **elle a défendu les** ~**s de la France** she defended the French flag. -**5.** HÉRALD colour.
◆ **aux couleurs de** *loc prép*: **aux** ~**s du parti** in party colours; **aux** ~**s du propriétaire** [yacht] flying the owner's flag; [cheval] in the owner's colours.
◆ **de couleur** *loc adj* coloured.
◆ **en couleur** *loc adv* in colour; **tout en** ~ in full colour ❑ **haut en** ~ very lively OU colourful OU picturesque.

couleuvre [kulœvr] *nf*: ~ **(à collier)** grass snake.

couleuvreau, x [kulœvro] *nm* young grass snake.

couleuvrine [kulœvrin] *nf* culverin.

coulis [kuli] ◇ *nm* -**1.** CULIN purée, coulis. -**2.** [mortier] grout.
◇ *adj m*: **vent** ~ draught *(through a crack)*.

coulissant, e [kulisɑ̃, ɑ̃t] *adj* sliding.

coulisse [kulis] *nf* -**1.** THÉÂT: **la** ~**, les** ~**s** the wings; **les** ~**s du pouvoir** the corridors of power ❑ **dans les** ~**s, en** ~ THÉÂT in the wings; *fig* behind the scenes; **on murmure en** ~ **que...** THÉÂT there's an off-stage rumour that...; *fig* they say behind the scenes that... -**2.** [glissière] runner. -**3.** COUT hem *(through which to pass tape)*. -**4.** BOURSE unofficial stock market.
◆ **à coulisse** *loc adj* sliding.

coulissement [kulismɑ̃] *nm* sliding motion.

coulisser [3] [kulise] ◇ *vi* to slide, to run.
◇ *vt* -**1.** [volet] to provide with runners. -**2.** COUT to hem *(in order to run a tape through)*; **pantalon coulissé** trousers with a draw-string waist.

couloir [kulwar] *nm* -**1.** [d'un bâtiment] corridor, passage; [d'un wagon] corridor; **les** ~**s du métro** the corridors of the tube *Br* OU subway *Am*; **intrigues de** ~ backstage manoeuvring; **bruits de** ~**s** rumours. -**2.** TRANSP: ~ **(de circulation)** lane; ~ **aérien** air traffic lane. -**3.** [entre des régions, des pays] corridor. -**4.** GÉOG gully, couloir *spéc*; **le** ~ **rhodanien** the Rhone Corridor; ~ **d'avalanche** avalanche corridor. -**5.** [d'un appareil de projection] track. -**6.** SPORT lane; TENNIS tramlines, alley *Am*.

coulomb [kulɔ̃] *nm* coulomb.

coulommiers [kulɔmje] *nm* Coulommiers cheese.

coulpe [kulp] *nf*: **battre sa** ~ to beat one's breast.

coulure [kulyr] *nf* -**1.** [traînée] streak. -**2.** MÉTALL run-out. -**3.** BOT *washing-away of pollen by spring rains, causing crop failure.*

country [kuntri] *nm inv* OU *nf inv* Country (and Western) music.

coup [ku] *nm* **A.** HEURT, DÉFLAGRATION -**1.** [gén] blow, knock; [avec le poing] punch, blow; [avec le pied] kick; **un** ~ **violent** a hard knock; **un** ~ **brutal** a nasty blow; **elle a failli mourir sous ses** ~**s** he thrashed her to within an inch of her life, he nearly battered her to death; **frapper à** ~**s redoublés** to hit twice as hard; **donner un** ~: **donner un petit** ~ **à** OU **sur qqch** to tap sthg lightly; **donner un** ~ **sec sur qqch** to give sthg a (hard OU smart) tap; **un** ~ **dans les tibias** a kick in the shins; **donner un** ~ **sur la table** [avec le poing] to thump the table, to bang one's fist (down) on the table; **en arriver** OU **en venir aux** ~**s** to come to blows; **prendre un** ~ [par un objet] to take OU to get a knock; [par quelqu'un d'autre] to get hit; **j'ai pris un** ~ **sur la tête** I got a knock OU a bang on the head; **prendre des** ~**s** to get knocked about; **recevoir un** ~ to get hit; **il a reçu un** ~ **sur la tête** he was hit on the head; **j'en ai reçu des** ~**s quand j'étais petit!** I was constantly knocked about when I was little!; rendre ~ pour ~ *aussi fig* to hit back, to give as good as one gets ❑ un ~ de pied a kick; ~s et blessures JUR grievous bodily harm; inculpé de ~s et blessures charged with inflicting grievous bodily harm; porter un ~ à qqn *pr* to strike sb; porter un ~ mortel à qqn to strike sb a fatal blow; les grandes surfaces ont porté un ~ au petit commerce *fig* small traders have been dealt a blow by large retail chains; le ~ a porté *pr* & *fig* the blow struck home. -**2.** [attaque, choc] blow, shock; ça m'a fait un ~ [émotion] it gave me a shock; [déception] it was a blow; les mauvais ~s de la vie the nasty blows that life deals you ❑ sale ~ (pour la fanfare)! *fam* that's a bit of a blow OU downer!; en prendre un ~ *fam*: le buffet en a pris un ~ pendant le déménagement the dresser got a bit bashed in the move; trois échecs d'affilée, son moral en a pris un ~ with three successive failures, her morale has taken a bit of a bashing; avec le krack boursier, l'économie en a pris un ~ the economy has suffered a great deal from the crash; accuser le ~ to reel under the blow; tenir le ~: j'ai trop de travail, je ne sais pas si je tiendrai le ~ I've got too much work, I don't know if I'll be able to cope; il faut que tu tiennes le ~ jusqu'à la fin de la semaine you'll have to keep going until the end of the week; porter un (rude) ~ à qqn to deal sb a (severe) blow; le transfert de l'avant-centre a porté un (rude) ~ à l'équipe the transfer of the centre forward dealt a (severe) blow to OU was quite a blow for the team's prospects. -**3.** BOXE punch, blow; ~ bas *pr* & *fig* blow OU punch below the belt; tous les ~s sont permis *pr* & *fig* (there are) no holds barred; compter les ~s *pr* & *fig* to keep score. -**4.** ARM shot, blast; un ~ de revolver a shot, a gunshot; le ~ est parti [revolver] the gun went off; [fusil] the rifle went off; il a reçu un ~ de fusil en pleine poitrine he got shot full in the chest with a rifle; je n'ai pas envie de recevoir des ~s de fusil! I don't want to get shot at!; tirer un ~ de canon to fire OU to blast a cannon; le ~ est passé très près the bullet just whistled past ❑ (revolver à) six ~s six-shot gun; faire ~ double CHASSE to do a right and left; *fig* to kill two birds with one stone. -**5.** [bruit - gén] knock; [- sec] rap; [craquement] snap; entendre des ~s de feu to hear gunshots OU (the crackle of) gunfire; des ~s au carreau knocking OU knocks on the window; un ~ de gong a bang on a gong || [heure sonnée] stroke; le dernier ~ de 3 h the last stroke of three; les douze ~s de minuit the twelve strokes of midnight. -**6.** ▼ [éjaculation]: tirer un OU son ~ to shoot one's load.

B. GESTE, ACTION -**1.** [mouvement d'une partie du corps]: un ~ d'aile a wingbeat; un ~ de bec a peck; un ~ de corne a butt with the horn; un ~ de coude [qui fait mal] a dig with the elbow; [signal] a nudge; un ~ de dent a bite; un ~ de langue a lick; elle nettoyait ses chatons à (grands) ~s de langue she was licking the kittens clean ❑ un ~ de griffe OU patte *pr* a swipe with the claw; un ~ de bec OU dent OU griffe OU patte *fig* a cutting remark; un ~ d'œil a glance, a (quick) look; jeter un ~ d'œil à to glance OU to have a (quick) look at; avoir le ~ d'œil [être observateur] to be observant; [évaluer les distances] to be a good judge of distance. -**2.** [emploi d'un instrument]: donner un (petit) ~ de brosse/chiffon à qqch to give sthg a (quick) brush/wipe; donne-lui un ~ de fer run an iron over it, give it a quick iron; passe un ~ d'aspirateur au salon give the living room a quick vacuum; passe un ~ d'éponge sur la table give the table a wipe (with the sponge); il a reçu un ~ de gourdin sur la tête he was clubbed on the head; un ~ de marteau a blow with a hammer; il s'est donné un ~ de marteau sur le doigt he hit his finger with a hammer; il a reçu un ~ de marteau sur la tête he was hit on the head with a hammer; je vais te donner un ~ de peigne I'll give your hair a comb; il creusait la terre à ~s de pioche he dug the earth with a pick; elle a donné un ~ de rame she pulled on the oar; donner un ~ de balai dans une pièce to give a room a sweep; passe un ~ dans la salle de bain *fam* give the bathroom a going-over ❑ ~ de téléphone OU fil *fam* phone call; donner OU passer un ~ de téléphone à qqn to call sb (on the phone); recevoir un ~ de téléphone to get a (phone) call; tu as eu trois ~s de fil there were three (phone) calls for you; en deux OU trois ~s de cuillère à pot *fam* in a trice, in the twinkling of an eye, before you can say Jack Robinson; en donner OU ficher *fam* OU mettre *fam* un ~ to get down to business; il va falloir qu'on en mette OU en mettre un ~ we'll have to get down to it OU to get a move on; mets-en un bon ~! give it everything you've got!, go for it! -**3.** GOLF & BILLARD stroke; TENNIS shot, stroke; ~ droit forehand stroke; ~ droit croisé cross court forehand (stroke); elle a retourné le service en ~ droit she returned the serve with her forehand. -**4.** *fam* [savoir-faire] knack; avoir le ~: pour la pâtisserie, il a le ~ he's a dab hand *Br* OU a champ *Am* at baking cakes; elle a le ~ pour tailler dans le tissu sans patron she's got the knack of cutting material without a pattern; ah, tu as le ~ pour mettre la pagaille! you really have a gift OU a knack for creating havoc, don't you!; prendre le ~: une fois que tu auras pris le ~, ça ira tout seul! you'll find it's very easy once you get used to it OU once you've got the knack! -**5.** MÉTÉO: ~ de roulis/tangage sudden roll/dip; il y a eu un petit ~ de roulis/tangage the boat started rolling/pitching a bit; ~ de chaleur heatwave; ~ de mer heavy swell; ~ de vent gust of wind. -**6.** [effet soudain] wave; j'ai un ~ de cafard I feel down all of a sudden; j'ai eu un ~ de fatigue suddenly, a wave of tiredness came over me; il a eu un ~ de folie et a acheté une Rolls he went mad and bought himself a Rolls-Royce ❑ avoir un ~ de chaleur to feel the beginnings of sunstroke; ~ de grisou firedamp explosion; ~ de soleil sunburn *(U)*. -**7.** *fam* [boisson] drink; j'ai le hoquet — bois un ~ I've got (the) hiccups — drink something OU have a drink; tu me sers un ~ (à boire)? could you pour me a drink?; tu boiras OU prendras bien un ~ avant de partir? you'll have a drink before you go OU one for the road, won't you?; boire un ~ de trop to have one too many; un ~ de rouge a glass of red wine; un ~ de gnôle a nip of brandy. -**8.** [lancer] throw; elle a renversé toutes les boîtes de conserve en un seul ~ she knocked down all the cans in one throw || [aux dés] throw (of the dice); on joue la tournée en trois ~s let's have three goes with the dice to see who'll pay for the round || [action] JEUX move; CARTES go; la partie se joue dans les premiers ~s the game is won or lost in the opening moves ❑ c'est un ~ pour rien [essai] it's a trial run; [échec] it's a failure.

C. ACTE OU SITUATION EXCEPTIONNELS -**1.** *fam* [mauvais tour] trick; il prépare un ~ he's up to something OU some trick; (faire) un mauvais OU sale ~ (à qqn) (to play) a dirty trick (on sb); c'est un ~ de: je parie que c'est un ~ de Julie! I bet Julie's behind this!; ~ en traître blow below the belt, stab in the back; monter un ~ contre qqn to set sb up, to frame sb; faire le ~ à qqn: il nous a encore fait le ~ he's pulled the same (old) trick on us again; faire le ~ de ... à qqn: il a essayé de me faire le ~ de la panne he tried to pull the old running-out-of-petrol trick on me; il m'a fait le ~ du charme et j'ai craqué he pulled the old seduction trick on me and I fell for it; on ne me refera pas le ~ de la vaisselle! I won't get conned into doing the dishes again!; ne me fais pas le ~ de ne pas venir! now don't stand me up, will you! ❑ ~ monté put-up job, frame-up; faire un ~ en douce: elle a fait un ~ en douce she's cooked up something behind everybody's back; il fait toujours ses ~s en douce everything he does is underhand. -**2.** *arg crime* [vol, escroquerie] job; ils sont sur un gros ~ avec le Balafré they're on to a big job OU number with Scarface; il était sur le ~ du supermarché he was in on the supermarket job. -**3.** *fam* [affaire]: je veux l'acheter mais on est plusieurs sur le ~ I want to buy it but there are several people interested; expliquer le ~ à qqn to explain the situation OU set-up to sb; être dans tous les ~s to have a finger in every pie; rattraper le ~ to sort things out; il a manqué OU raté son ~ he didn't pull it off; elle a réussi son ~ she pulled it off; tu as vu le ~ de la marée noire, ça a été vite étouffé! did you see that business about the oil spill, they hushed that one up quickly!; c'est un ~ à avoir un accident, ça! that's the sort of thing that causes accidents!; combien crois-tu que ça va coûter? — oh, c'est un ~ de 3 000 F how much do you think it will cost? — well, about 3,000 F || [personne - sexuellement] ▼: c'est un bon ~ he/she's a good lay. -**4.** [action remarquable, risquée] coup; faire un beau OU joli ~ to pull a (real) coup; elle a décroché le contrat, quel joli ~! she landed the contract, what a coup!; quand il s'agit d'un gros ~, elle met la main à la pâte when it's something really important, she lends a hand; c'est un ~ à faire OU tenter it's worth trying OU a try ❑ un ~ d'État [putsch] a coup (d'état); *fig* a coup, a palace revolution. -**5.** [circonstance marquante]: un ~ du sort OU du destin a blow dealt by fate; un ~ du ciel OU de la Providence a twist of fate; un ~ de chance OU de pot *fam* OU de bol *fam* a stroke of luck, a lucky break; t'as vraiment eu un ~ de chance OU pot *fam* OU bol! *fam* you were a lucky dog!, you certainly got a lucky break there!; marquer le ~ to mark the occasion.

D. FOIS time, go; du premier ~ first time, at the first attempt; j'ai eu mon permis au second ~ I passed my driving test at the second attempt; au prochain ~, tu vas y arriver you'll do it next time OU at your next go; essaie encore un ~ have another go; ce ~-ci, on s'en va this time, we're off; ce ~-là, je crois qu'elle a compris I think she got the message that time; pour un ~ *fam* just for (this) once; pour un ~, tu peux bien le laisser sortir en semaine! let him go out on a weekday, just for OU this once!; un bon ~ *fam*: c'est ça, pleure un bon ~ that's it, have a good cry; dites-le lui un bon ~, qu'on n'en parle plus! tell him once and for all, and let's not talk about it any more!; vous devriez vous expliquer un bon ~! you should have a serious conversation once and for all!; un grand ~ *fam*: souffle un grand ~! [en se mouchant, sur des bougies] blow!; respire un grand ~ take a deep breath.

◆ **à coups de** *loc prép*: démoli à ~s de marteau smashed to pieces with a hammer; ils se battaient à ~s d'oreillers they were having a pillow-fight; il ne discute qu'à ~s de statistiques the only thing he puts forward is statistics; la productivité a été augmentée à ~s de primes spéciales productivity was increased through OU by dint of special bonuses.

◆ **à coup sûr** *loc adv* undoubtedly, certainly, for sure; tu vas à ~ sûr rater ton train! one thing's (for) sure, you'll miss your train!; à ~ sûr, tu ne t'attendais pas à ça! you certainly never expected that!; elle ne s'engage qu'à ~ sûr she only commits herself when she's certain of the outcome.

◆ **à grands coups** *loc adv*: boire qqch à grands ~s to gulp sthg down; il frappait sur la porte à grands ~s he banged on the door.

◆ **à petits coups** *loc adv*: boire qqch à petits ~s to sip sthg; elle frappait sur la porte à petits ~s she knocked gently at the door.

◆ **après coup** *loc adv* afterwards, later on; son attitude, après ~, s'expliquait bien it was easy to explain her attitude afterwards OU in retrospect.

◆ **au coup par coup** *fam loc adv* bit by bit; négocier au ~ par ~ to have piecemeal negotiations; les avantages sociaux ont été obtenus au ~ par ~ the social welfare were won bit by bit.

◆ **coup sur coup** *loc adv* one after the other, in quick succession; **deux angines ~ sur ~** two attacks of tonsillitis in quick succession.

◆ **dans le coup** *fam* ◇ *loc adj*: **les gens dans le ~** hip OU trendy people; **être dans le ~**: **elle est dans le ~** [complice] she's in on it OU involved in it; [à la mode] she's hip OU with it; **moi, je ne suis pas dans le ~** [dans l'affaire] it's nothing to do with me, it doesn't involve me; **moi, je ne suis plus dans le ~** [dans l'affaire] count me out OU leave me out of it; **à quatre-vingts ans, il n'est plus dans le ~** [au courant] at eighty years of age he's a bit out of touch OU out of it; **pour le pop, je ne suis plus dans le ~** I've not kept up with OU I'm rather out of touch with the pop scene.

◇ *loc adv*: **mettre qqn dans le ~** to let sb in on the act; **c'est Ramon qui m'a mis dans le ~** Ramon got me involved in it OU in on it.

◆ **du coup** *loc adv* as a result; **alors, du ~, tu ne pars plus!** so that means, you're not going anymore!; **elle ne pouvait pas venir, du ~ j'ai reporté le dîner** as she couldn't come, I put the dinner off, she couldn't come so I put the dinner off.

◆ **d'un (seul) coup** *loc adv* in one (go); **avale-les d'un ~** swallow them down in one (go); **il a tout bu d'un ~** he drank the whole lot in one go; **elle a fait tomber toutes les boîtes de conserve d'un ~** she knocked all the cans down in one throw.

◆ **pour le coup** *loc adv*: **pour le ~, je ne savais plus quoi faire** at that point, I didn't know what to do next; **j'ai failli renverser aussi le lait, c'est pour le ~ qu'il aurait été en colère!** *fam* I nearly spilt the milk as well, he certainly would have been furious then!

◆ **sous le coup de** *loc prép*: **sous le ~ de la colère, on dit des choses qu'on regrette après** when you're in a temper, you say things which you regret later; **sous le ~ de l'excitation, il a trop promis** in the heat of the moment, he made promises he couldn't keep; **il est encore sous le ~ de l'émotion** he still hasn't got over the shock; **tomber sous le ~ de qqch** to come within the scope of sthg; **tomber sous le ~ de la loi** to be punishable by law; **si vous ne payez pas, vous tombez sous le ~ d'une expulsion** if you don't pay, you become liable to eviction.

◆ **sur le coup** *loc adv* **-1.** [immédiatement] instantly; **il est mort sur le ~** he died instantly. **-2.** [à ce moment-là] straightaway, there and then; **je n'ai pas compris sur le ~** I didn't understand immediately OU straightaway; **sur le ~, j'ai accepté, mais je le regrette aujourd'hui** I accepted straightaway, but now I regret it.

◆ **sur le coup de** *loc prép*: **sur le ~ de 6 h/de midi** roundabout 6 o'clock/midday.

◆ **coup de tête** *nm* **-1.** [dans une bagarre] head butt; **donner un ~ de tête à qqn** to head-butt sb. **-2.** SPORT header. **-3.** *fig* (sudden) impulse; **sur un ~ de tête** on (a sudden) impulse.

coupable [kupabl] ◇ *adj* **-1.** [fautif] guilty; **se sentir ~** to feel guilty; **prendre un air ~** to look sheepish OU guilty. **-2.** [responsable] guilty, culpable; JUR guilty. **-3.** *litt* [amour, rêve, pensée] sinful, reprehensible; [action] culpable.

◇ *nmf* **-1.** [élément responsable] culprit; **le vrai ~, c'est l'amour** the real culprit is love. **-2.** JUR guilty party.

coupage [kupaʒ] *nm* [mélange] blending; [avec de l'eau] diluting, dilution, watering down.

coupailler [3] [kupaje] *vt péj* to hack away at.

coupant, e [kupɑ̃, ɑ̃t] *adj* **-1.** [tranchant - ciseaux] sharp; **herbe ~e** grass you can cut yourself on. **-2.** [caustique - ton, remarque] cutting, biting.

◆ **coupant** *nm* cutting edge.

coup-de-poing [kudpwɛ̃] (*pl* **coups-de-poing**) ◇ *nm*: **~ américain** knuckle-duster.

◇ *adj* [argument, chanson] hard-hitting; [politique] tough and uncompromising.

coupe [kup] *nf* **-1.** [action] cutting (out); [coiffure]: **~ (de cheveux)** cut, haircut; **faire refaire sa ~** to have one's hair restyled ❑ **~ au carré** (square) bob. **-2.** COUT [forme] cut; [action] cutting; [tissu] length; **un ensemble à la ~ impeccable** an impeccably-cut suit. **-3.** [dessin] section; **~ longitudinale** longitudinal section. **-4.** [au microscope] section. **-5.** JEUX [séparation] cut, cutting. **-6.** [sciage] cutting (down); [étendue] felling area; [entaille] section; **~ sombre** *pr* thinning out; *fig* drastic cut; **faire des ~s sombres dans un budget** to drastically cut a budget; **~ réglée** periodic felling; **mettre en ~ réglée** *pr* to fell on a regular basis; *fig* to bleed OU to drain systematically. **-7.** LING & LITTÉRAT break, caesura; **~ syllabique** syllable break. **-8.** [verre, contenu - à boire] glass; [- à entremets] dish; **~ de glace/fruits** [dessert] ice cream/fruit *(presented in a dish)* ❑ **~ à glace** sundae dish; **la ~ est pleine** the cup is full.

◆ **à la coupe** *loc adj*: **fromage/jambon à la ~** cheese cut/ham sliced at the request of the customer.

◆ **sous la coupe de** *loc prép* **-1.** [soumis à]: **être sous la ~ de qqn** to be under sb's thumb; **tomber sous la ~ de qqn** to fall into sb's clutches. **-2.** JEUX: **jouer sous la ~ de qqn** to lead (after sb has cut).

coupé [kupe] *nm* AUT & DANSE coupé.

coupe-choux *fam* [kupʃu] *nm inv* **-1.** [sabre] sabre. **-2.** *hum* (cut-throat) razor.

coupe-cigares [kupsigar] *nm inv* cigar cutter.

coupe-circuit [kupsirkɥi] (*pl inv* OU **coupe-circuits**) *nm* cutout.

coupe-coupe [kupkup] *nm inv* machete.

coupée [kupe] *nf* gangway.

coupe-faim [kupfɛ̃] *nm inv* **-1.** [gén] snack. **-2.** MÉD appetite suppressant.

coupe-feu [kupfø] *nm inv* **-1.** [espace] firebreak, fire line. **-2.** [construction] fireguard.

coupe-file [kupfil] (*pl* **coupe-files**) *nm* pass.

coupe-gorge [kupgɔrʒ] *nm inv* [quartier] dangerous area, area where you take your life in your hands; [bâtiment] death trap.

coupe-jarret [kupʒarɛ] (*pl* **coupe-jarrets**) *nm litt* cutthroat.

coupe-légumes [kuplegym] *nm inv* vegetable cutter, vegetable slicer.

coupelle [kupɛl] *nf* **-1.** [petite coupe] (small) dish. **-2.** CHIM cupel.

coupe-ongles [kupɔ̃gl] *nm inv* (pair of) nail clippers.

coupe-papier [kuppapje] (*pl inv* OU **coupe-papiers**) *nm* paper knife.

couper [3] [kupe] ◇ *vt* **-1.** [entailler] to cut; [gravement] to slash; **aïe, je me suis coupé!** ouch, I cut myself!; **il s'est coupé le doigt avec la lame** the blade cut his finger; **coupé à la jambe** with a cut on his leg; **le vent lui coupant le visage** *fig* the wind stinging her face ❑ **~ le souffle** OU **la respiration à qqn** to take sb's breath away; **beau à ~ le souffle** breathtakingly beautiful; **à ~ au couteau**: **le brouillard était à ~ au couteau** the fog was so thick you couldn't see your hand in front of your face OU you could have cut it with a knife; **un accent à ~ au couteau** an accent you could cut with a knife; **~ bras et jambes à qqn** [surprise] to amaze sb; **ça lui a coupé les jambes** [de fatigue] that's really tired him out. **-2.** [membre] to cut off *(sép)*; [tête] to cut off, to chop (off); **il a fallu lui ~ un doigt** he had to have a finger off OU amputated; **~ la tête** OU **le cou à un canard** to chop a duck's head off. **-3.** [mettre en morceaux - ficelle] to cut; [- gâteau] to cut up *(sép)*; [- saucisson] to cut up, to slice (up); [- bois] to chop (up); **elle est obligée de lui ~ sa viande** she has to cut up his meat (for him); **~ en tranches** to cut up, to cut into slices, to slice ❑ **elle se ferait ~ en morceaux plutôt que de...** she'd rather die than...; **~ la poire en deux** to meet (the other person) half-way, to come to a compromise; **~ les ponts avec qqn** to break all ties OU to break off relations with sb; **~ les cheveux en quatre** to split hairs *loc*. **-4.** [tailler - fleurs] to cut; [- bordure] to cut off *(sép)*; [- arbre] to cut OU to chop down *(sép)*, to fell; **~ les cheveux à qqn** to cut OU to trim sb's hair; **~ qqn de qqch** to cut sb off from sthg; **je me sens coupé de tout** I feel cut off from everything OU totally isolated ❑ **~ le mal à la racine** to strike at the root of the evil; **~ l'herbe sous le pied à qqn** to cut the ground OU to pull the carpet from under sb's feet. **-5.** COUT [robe] to cut out *(sép)*; [tissu] to cut. **-6.** [écourter - film, texte] to cut; [ôter - remarque, séquence] to cut (out), to edit out *(sép)*; **garde l'introduction mais coupe les citations latines** keep the introduction but edit OU cut OU take out the Latin quotations. **-7.** [arrêter - crédit] to cut; **~ l'eau** [par accident] to cut off the water; [volontairement] to turn OU to switch off the water; **son père va lui ~ les vivres** his father will stop supporting him OU will cut off his means of subsistence. **-8.** [faire cesser - fièvre] to bring down *(sép)*; [- appétit] to spoil, to ruin; [- relations diplomatiques, conversation] to break off; **~ la parole à qqn** to cut sb short; **ne coupe pas la parole comme ça!** don't cut in like that!; **la joie lui coupait la parole** joy rendered him speechless; **~ qqn** *fam* to interrupt sb; **vous me coupez tout le temps!** you're always cutting in (when I'm speaking) OU interrupting (me)! ❑ **~ la chique** *fam* OU **le sifflet** *fam* **à qqn** to shut sb up; **~ ses effets à qqn** to spoil sb's show, to take the wind out of sb's sails. **-9.** CIN: **coupez!** cut! **-10.** TÉLÉC to cut off *(sép)*. **-11.** [barrer - route] to cut off *(sép)*; [- retraite] to block off *(sép)*, to cut off; **l'arbre nous coupait la route** the tree blocked our path. **-12.** [diviser - surface] to cut; [- ligne] to cut, to intersect; [- voie] to cross, to cut across; **la rue coupe la ville en deux** the road cuts the town in two OU bisects the town; **où le chemin de fer coupe la route** where the railway line cuts across OU crosses the road; **une famille coupée en deux** *fig* a family split down the middle. **-13.** [diluer - lait] to add water to, to thin OU to water down *(sép)*; **~ du vin** [à l'eau] to water wine down; [avec d'autres vins] to blend wine. **-14.** JEUX [partager] to cut; [jouer l'atout] to trump. **-15.** SPORT [balle] to slice.

◇ *vi* **-1.** [être tranchant] to cut, to be sharp; **attention, ça coupe!** careful, it's sharp! **-2.** [prendre un raccourci]: **~ à travers champs** to cut across fields OU country; **~ par une petite route** to cut through by a minor road; **coupons par le moulin** let's take a short-cut via the mill; **~ au plus court** to take the quickest way. **-3.** [interrompre] to cut in; **faux, coupa-t-elle** not true, she cut in.

◆ **couper à** *v + prép*: **~ court à qqch** [mettre fin à] to cut sthg short, to curtail sthg; **~ à qqch** to get out of sthg; **tu ne couperas pas à la vaisselle!** you won't get out of doing the dishes!; **y ~**: **on n'y a pas coupé, à son sermon!** sure enough we got a lecture from him!

◆ **se couper** ◇ *vp (emploi réfléchi)* to cut o.s.; **se ~ les ongles** to cut OU to trim one's nails; **se ~ le** OU **au front** to cut one's forehead; **se ~ les veines** to slit OU to slash one's wrists ❑ **se ~ en quatre pour qqn** [une fois] to bend over backwards to help sb; [continuellement] to devote o.s. utterly to sb.

◇ *vpi* **-1.** [lignes, routes] to cut across one another, to intersect. **-2.** *fam* [se contredire] to contradict o.s

couper-coller [kupekɔle] *vt & vi* cut-and-paste.

couperet [kuprɛ] *nm* **-1.** [d'une guillotine] blade, knife. **-2.** [à viande] cleaver, chopper.

couperose [kuproz] *nf* red blotches (on the face), rosacea *spéc*.

couperosé, e [kuproze] *adj* blotchy and red, affected by rosacea *spéc*.

coupeur, euse [kupœr, øz] *nm, f* **-1.** COUT cutter. **-2.** *loc*: **un ~ de cheveux en quatre** a nitpicker.

coupe-vent [kupvɑ̃] *nm inv* **-1.** VÊT windcheater *Br*, Windbreaker® *Am*. **-2.** TRANSP V-shaped deflector.

couplage [kuplaʒ] *nm* ÉLECTR & MÉCAN coupling.

couple [kupl] ◇ *nm* -**1.** [de gens] couple; [d'animaux] pair. -**2.** MÉCAN & PHYS couple; ~ **moteur** torque. -**3.** MATH pair. -**4.** NAUT frame; **interdiction de se mettre à** ~ no double-mooring.
◇ *nf* -**1.** CHASSE [chiens] couple; [colliers] leash. -**2.** *litt* & *vieilli*: **une** ~ **de** a couple of.

couplé [kuple] *nm* [au tiercé] double.

coupler [3] [kuple] *vt* -**1.** [mettre deux à deux] to couple together, to pair up OU off *(sép)*. -**2.** ÉLECTR & MÉCAN to couple. -**3.** CHASSE to leash together.

couplet [kuplɛ] *nm* -**1.** [strophe] verse; [chanson] song. -**2.** *péj* [discours] tirade; **il y allait de son** ~ **sur la jeunesse d'aujourd'hui** he gave his little set piece on the young people of today.

coupleur [kuplœr] *nm* -**1.** ÉLECTR, RAIL & TRANSP coupler. -**2.** INF coupler; ~ **synchrone** synchronous coupler.

coupole [kupɔl] *nf* -**1.** ARCHIT dome; **petite** ~ cupola; **la Coupole** [Académie] the Académie française; [restaurant] *restaurant in Paris famous as a former meeting place for artists*; **entrer sous la Coupole** to be made a member of the Académie française. -**2.** ARM cupola.

coupon [kupɔ̃] *nm* -**1.** TEXT remnant. -**2.** [de papier] coupon. -**3.** FIN [droit attaché à un titre] coupon. -**4.** TRANSP: ~ **annuel/mensuel** yearly/monthly pass || *Belg* rail OU train ticket.

coupon-réponse [kupɔ̃repɔ̃s] (*pl* **coupons-réponse**) *nm* reply coupon.

coupure [kupyr] *nf* -**1.** [blessure] cut; **la** ~ **est profonde** it's a deep cut, it's quite a gash ❑ **il connaît la** ~ *arg crime* he knows just the trick. -**2.** [trêve, repos] break; **une bonne** ~ **dans la semaine** a good break during the week. -**3.** ÉLECTR power cut, blackout; **il y a une** ~ **de gaz/d'eau** the gas/the water has been cut off. -**4.** [suppression - dans un texte] deletion. -**5.** [article]: ~ **de journal/presse** newspaper/press cutting. -**6.** FIN note, bill *Am*; **grosses** ~**s** large denominations.

couque [kuk] *nf Belg* cake.

cour [kur] *nf* -**1.** [d'immeuble] courtyard; [de ferme] yard, farmyard; **avec vue sur (la)** ~ looking onto the inside of the building OU onto the courtyard ❑ ~ **d'honneur** main courtyard; ~ **de récréation** SCOL playground; **des choses qui se disent dans la** ~ **de récréation** things which are said in the playground OU at playtime; ~ **des Miracles** HIST *area in Paris where vagrants had the right of sanctuary*; **c'était la** ~ **des Miracles dans la salle d'attente** *fig* the waiting room was utter bedlam; **n'en jetez plus, la** ~ **est pleine** *fam* please, no more! -**2.** [d'un roi] court; *fig* [admirateurs] following, inner circle (of admirers); **c'est la** ~ **du roi Pétaud** it's chaotic; **être bien en** ~ to be in favour; **être mal en** ~ to be out of favour. -**3.** JUR [magistrats] court; **Messieurs, la Cour!** all rise!, be upstanding in court! *Br* || [tribunal]: ~ **d'appel** Court of Appeal, appellate court *Am*; ~ **d'assises** ≃ Crown Court *Br*, ≃ Circuit court *Am*; **Cour de cassation** final Court of Appeal; **Cour européenne des droits de l'homme** European Court of Human Rights; **Haute** ~ High Court *(for impeachment of president or ministers)*. -**4.** ADMIN: **Cour des comptes** *the French audit office*, ≃ controller and auditor general *Br*, ≃ General Accounting Office *Am*. -**5.** *Belg* toilets. -**6.** *loc*: **faire la** ~ **à qqn** to court sb, to woo sb.

LA COUR DES COMPTES:
This state body supervises the financial affairs of public bodies and local authorities, and monitors the way public funds are used.

---

courage [kuraʒ] *nm* -**1.** [bravoure] courage, bravery; **avec** ~ courageously, bravely; **le** ~ **me manqua** my courage failed me; **avoir le** ~ **de ses opinions** to have the courage of one's convictions ❑ **prendre son** ~ **à deux mains** to muster all one's courage. -**2.** [énergie] will, spirit; **travailler avec** ~ to work with a will; **tu pars travailler? bon** ~! you're off to work? hope it goes well!; ~, **la journée est bientôt finie** keep it up, the day's nearly over; **un whisky pour te donner du** ~ a whisky to buck you up; **prendre** ~ to take heart; **perdre** ~ to lose heart, to become discouraged; **elle n'a pas le** ~ **d'aller travailler** she doesn't feel up to going to work.

courageusement [kuraʒøzmɑ̃] *adv* -**1.** [se battre, parler] courageously, bravely. -**2.** [travailler] with a will.

courageux, euse [kuraʒø, øz] *adj* courageous, brave; ~ **mais pas téméraire** brave but not reckless OU foolhardy.

couramment [kuramɑ̃] *adv* -**1.** [bien] fluently; **elle parle le danois** ~ she speaks Danish fluently OU fluent Danish. -**2.** [souvent] commonly; **objet employé** ~ object in general use; **l'expression s'emploie** ~ the expression is in common usage; **ça se dit** ~ it's a common OU an everyday expression; **cela m'arrive** ~ it happens to me frequently; **cela se fait** ~ it's common practice.

courant [1] [kurɑ̃] *nm* -**1.** ÉLECTR: ~ **(électrique)** (electric) current; **branché sur le** ~ plugged into the mains; **couper le** ~ to cut the power off; **mettre le** ~ to switch the power on; **rétablir le** ~ to put the power back on; **prendre le** ~ *fam* to get a shock OU an electric shock ❑ ~ **alternatif/continu** alternating/direct current; **le** ~ **passe** [entre des amis] they're on the same wavelength; **c'est un bon conférencier/acteur, le** ~ **passe** he's a good lecturer/actor, he comes across well. -**2.** [dans l'eau] current, stream; **il y a trop de** ~ the current is too strong ❑ **suivre le** ~ *pr* to go with the current; *fig* to follow the crowd, to go with the tide; **nager contre** OU **remonter le** ~ *pr* to swim against the current; *fig* to go against the tide. -**3.** [dans l'air] current; ~ **(atmosphérique)** airstream, current; ~ **d'air** draught; **il y a des** ~**s d'air** it's draughty; **se déguiser** OU **se transformer en** ~ **d'air** *hum* to vanish into thin air. -**4.** [tendance] current, trend; **le** ~ **classique** the classical movement; **les** ~**s de l'opinion** currents OU trends in public opinion; **un** ~ **d'optimisme** a wave of optimism. -**5.** [masse mouvante] movement, shift; **les** ~**s de population** shifts of population; **les** ~**s commerciaux sont perturbés** commercial progress is disturbed. -**6.** [ce qui est quotidien]: **le** ~ everyday life.
◆ **au courant** ◇ *loc adj* [informé]: **personne/journal bien au** ~ well-informed person/paper; **il est parti mais les gens au** ~ **n'ont rien dit** he left but those who knew about it OU who were in the know kept quiet.
◇ *loc adv*: **se tenir au** ~ to keep abreast of things OU o.s. informed; **mettre qqn au** ~ to let sb know, to fill sb in; **pour vous mettre au** ~ so that you know, in order to fill you in; **tenir qqn au** ~ to keep sb posted OU informed.
◆ **au courant de** *loc prép* -**1.** [informé de]: **au** ~ **des nouvelles méthodes** well up on new methods; **tu es au** ~ **de la panne?** do you know about the breakdown? -**2.** *litt* [au fil de]: **écrire qqch au** ~ **de la plume** [rapidement] to dash sthg off; [sans effort] to pen sthg with ease; **des mots qui viennent au** ~ **de la plume** words that flow from the pen.
◆ **dans le courant de** *loc prép* in OU during the course of.

courant[2], **e** [kurɑ̃, ɑ̃t] *adj* -**1.** [quotidien - vie, dépenses] everyday; [- travail] everyday, routine; **en anglais** ~ in everyday OU conversational English. -**2.** [commun - problème, maladie] common; [- incident] everyday. -**3.** [normal - modèle, pointure] standard. -**4.** [actuel] current; **le mois** ~ the current month; **votre lettre du 17** ~ your letter of the 17th instant *Br* OU the 17th of this month.
◆ **courante** *nf* -**1.** *fam* [diarrhée]: **la** ~**e** the runs. -**2.** DANSE courante.

courbatu, e [kurbaty] *adj* aching (and stiff).

courbature [kurbatyr] *nf* ache; **plein de** ~**s** aching (and stiff) all over.

courbaturé, e [kurbatyre] *adj* aching (and stiff).

courbe [kurb] ◇ *adj* curving, rounded, curved.
◇ *nf* -**1.** GÉOM curve, curved OU rounded line. -**2.** [sur un graphique] curve; **la** ~ **d'apprentissage** the learning curve; **tracer la** ~ **de** to plot the curve of, to graph. -**3.** GÉOG: ~ **de niveau** contour line.

courbement [kurbəmɑ̃] *nm* curving.

courber [3] [kurbe] ◇ *vt* -**1.** [plier] to bend; **arbre courbé par le poids des fruits** tree bending under OU with the weight of the fruit. -**2.** [personne]: ~ **la tête** to bow OU to bend one's head; ~ **le front sur qqch** to bend over sthg; **marcher le dos courbé** to walk with a stoop ❑ ~ **l'échine devant qqn** to give in OU to submit to sb; **courbant l'échine devant les difficultés** giving OU caving in when faced with difficulties.
◇ *vi litt*: ~ **sous le poids** to be weighed down by a burden.
◆ **se courber** *vpi* -**1.** [ployer - arbre, barre] to bend. -**2.** [personne - gén] to bend down; [- de vieillesse] to stoop; [- pour saluer] to bow (down); [- par soumission]: **se** ~ **devant qqch** to bow before sthg, to submit to sthg.

courbette [kurbɛt] *nf* -**1.** [salut] low bow; **faire des** ~**s à qqn** *péj* to kowtow to sb, to bow and scrape to sb. -**2.** [d'un cheval] curvet.

courbure [kurbyr] *nf* curved line OU shape, curvature.

courette [kurɛt] *nf* [d'un immeuble] small yard OU courtyard, close; [d'une ferme] small yard OU farmyard.

coureur, euse [kurœr, øz] ◇ *adj* -**1.** [cheval] racing. -**2.** *fam* [séducteur]: **il est très** ~ he's a womanizer OU philanderer; **elle est très coureuse** she's a real maneater.
◇ *nm, f* -**1.** SPORT runner; [sauteur de haies] hurdler; ~ **de fond/demi-fond** long-distance/middle-distance runner; ~ **cycliste** (racing) cyclist; ~ **automobile** racing driver; ~ **motocycliste** motorcycle OU motorbike driver. -**2.** *fam* [séducteur] womanizer (*f* maneater); ~ **de dot** dowry-hunter; ~ **de jupons** womanizer, philanderer. -**3.** [amateur]: **un** ~ **de fêtes/musées** inveterate party-goer/museum-goer. -**4.** *Can*: ~ **des bois** fur trader.
◆ **coureurs** *nmpl vieilli* & ZOOL running birds.

courge [kurʒ] *nf* -**1.** CULIN (vegetable) marrow *Br*, squash *Am*; [plante, fruit] gourd, squash. -**2.** *fam* [imbécile] idiot, dope, twit.

courgette [kurʒɛt] *nf* courgette *Br*, zucchini *Am*.

courir [45] [kurir] ◇ *vi* -**1.** [gén] to run; [sportif, lévrier] to run, to race; **entrer/sortir/traverser en courant** to run in/out/across; **monter/descendre l'escalier en courant** to run up/down the stairs; **partir en courant** to run off; **il arriva vers moi en courant** he ran up to me; **j'ai couru à perdre haleine** OU **à fond de train** *fam* OU **à toutes jambes** I ran as fast as my legs could carry me; **il partit en courant à toutes jambes** he raced off; ~ **ventre à terre** to run flat out; ~ **tête baissée (vers)** to rush headlong (towards); ~ **après qqn** to run after sb ❑ ~ **comme un lièvre** to run like a hare; ~ **comme le vent** to run like the wind. -**2.** [se déplacer - nuée] to race along OU by; [- eau] to rush, to run; **ses doigts couraient sur les touches** his fingers ran up and down the keyboard; **laisser** ~ **sa plume** to let one's pen run freely. -**3.** [se précipiter] to rush, to run; **toujours en train de** ~ **chez le médecin** always running to the doctor; **j'y cours** I'll rush over; **et tes confitures? — j'y cours!** what about the jam you're making? — I'm just going to see to it now!; **la pièce qui fait** ~ **tout Paris** the play all Paris is flocking to see; **un mot écrit en courant** a rushed note, a note that's been dashed off; **j'ai couru partout pour les cadeaux** I rushed everywhere for presents; **j'ai couru toute la journée** I've been in a rush OU I've been run off my feet all day. -**4.** [se propager - rumeur, idée]: **un bruit qui court** a rumour that's going round;

faire ~ un potin to spread a piece of gossip; le bruit court que... rumour has it that... -5. [temps] to run; l'année qui court the current year; la location court jusqu'au 25 it's rented until the 25th; par les temps qui courent nowadays. -6. [s'étendre]: ~ le long de [rivière, voie ferrée] to run OU to stretch along; ses notes couraient en marge du texte his notes ran in the margin (next to the text). -7. FIN [intérêt] to accrue; laisser ~ des intérêts to allow interest to accrue. -8. *loc*: tu peux (toujours) ~! *fam* no way!; l'épouser? il peut toujours ~! *fam* marry her? he doesn't have a hope in hell!; laisser ~ *fam* [abandonner] to forget, to drop; ~ sur le système▽ OU le haricot▽ à qqn [l'énerver] to get up sb's nose *Br* OU on sb's nerves; il commence à me ~! he's beginning to get up my nose *Br* OU to tick me off *Am*! -9. NAUT to sail.

◇ *vt* -1. SPORT [course] to compete in, to run. -2. [sillonner - ville, mers] to roam, to rove; chemins courant la campagne *litt* paths darting through the countryside ❑ ~ les rues to be run-of-the-mill OU nothing unusual; cela court les rues [idée, style] it's run-of-the-mill; quelqu'un comme ça, ça ne court pas les rues people like that are hard to come by. -3. [fréquenter] to go round; elle court les musées she's an inveterate museum-goer; ~ les fêtes to go to all the parties; ~ les filles to chase girls, to be a womanizer ❑ ~ le jupon OU le cotillon to flirt with women; ~ la gueuse *fam* OU le guilledou *fam* OU la prétentaine *fam hum* to go wenching. -4. [rechercher - honneurs, poste] to seek; acteur courant le cachet actor desperate for work || [encourir]: ~ un risque to run a risk || [tenter]: ~ sa chance to try one's chance. -5. CHASSE to hunt; il ne faut pas ~ deux lièvres à la fois *prov* if you run after two hares you will catch neither *prov*.

◆ **courir à** *v + prép* [faillite, désastre] to head for; elle court à sa perte she's on the road to ruin.

◆ **courir après** *v + prép* [rechercher]: ~ après qqn *fam* to bug sb; ~ après un poste to be after a job; ~ après la célébrité to strive for recognition; il court toujours après le temps he's always short of time; elle ne court pas après l'argent she's not after money; il peut toujours ~ après son argent! he'll never see his money again!

◆ **courir sur** *v + prép* [approcher de]: ~ sur ses 60 ans to be approaching 60.

courlis [kurli], **courlieu, x** [kurljø] *nm* curlew.

couronne [kurɔn] *nf* -1. [coiffure - d'un souverain] crown; [- d'un pair] coronet; ~ de fleurs d'oranger crown OU circlet of orange blossom; ~ de lauriers crown of laurels, laurel wreath; ~ d'épines crown of thorns; ~ royale royal crown ❑ ~ mortuaire (funeral) wreath; porter la ~ *pr* & *fig* to wear the crown. -2. HIST & POL: la Couronne d'Angleterre/de Belgique the English/Belgian Crown; prétendre à la ~ to lay claim to the throne; il aspire à la Couronne de France he wants to become King of France; les joyaux de la Couronne the Crown jewels. -3. [cercle] crown, circle; une ~ de nuages entourait la montagne the mountain was surrounded by a ring of clouds. -4. [périphérie]: la petite ~ *the suburbs adjacent to Paris*. -5. DANSE crown. -6. [pain] ring OU ring-shaped loaf. -7. [prothèse dentaire] crown. -8. AUT: ~ dentée crown wheel. -9. ARCHIT & ASTRON corona. -10. [monnaie] crown. -11. [d'un arbre] crown.

◆ **en couronne** *loc adj* -1. [en rond]: fleurs en ~ wreath of flowers; nattes en ~ plaits (worn) in a crown. -2. CULIN in a ring.

couronné, e [kurɔne] *adj* crowned.

couronnement [kurɔnmɑ̃] *nm* -1. [cérémonie] coronation, crowning. -2. [réussite] crowning achievement. -3. [récompense]: cette année a vu le ~ de ses efforts this year her efforts were finally rewarded.

couronner [3] [kurɔne] *vt* -1. [roi] to crown; elle fut couronnée reine/impératrice she was crowned queen/empress || ANTIQ & HIST [orateur, soldat] to crown with a laurel wreath. -2. [récompenser - poète, chercheur] to award a prize to; [- œuvre, roman] to award a prize for. -3. [conclure - carrière, recherches, vie] to crown; sa nomination vient ~ sa carrière her nomination is the crowning achievement of her career; et pour ~ le tout *fam* and to crown it all, and on top of all that. -4. [dent] to crown.

◆ **se couronner** *vpt*: se couronner les genoux to graze one's knees.

courre [kur] → **chasse**.

courrier [kurje] *nm* -1. [correspondance - reçue] mail, letters, post *Br*; [- à envoyer] letters (to be sent); j'ai beaucoup de ~ en retard I've got a lot of letters to write; il y a du ~ pour moi aujourd'hui? are there any letters for me OU have I got any mail OU is there any post *Br* for me today?; elle reçoit beaucoup de ~ she receives large quantities of mail; le ~ est-il arrivé? has the postman *Br* OU mailman *Am* been yet?; avec la grève, il y a du retard dans le ~ with the strike, there are delays in mail deliveries; faites partir ça avec le premier ~ send this first post today *Br*, send this by the first mail *Am*. -2. [lettre]: un ~ a letter. -3. ADMIN & POL [messager] courier. -4. [chronique] column; ~ du cœur agony column, problem page; ~ des lecteurs letters (to the editor). -5. INF: ~ électronique e-mail. -6. TRANSP mail; HIST [homme] messenger.

courriériste [kurjerist] *nmf* columnist; ~ du cœur agony aunt.

courroie [kurwa] *nf* -1. [gén] belt strap. -2. TECH belt; ~ de transmission driving belt; ~ de ventilateur AUT fan belt.

courroucer [16] [kuruse] *vt sout* to anger, to infuriate.

◆ **se courroucer** *vpi sout* to become incensed OU infuriated.

courroux [kuru] *nm sout* anger, ire *litt*, wrath *litt*; les flots en ~ *litt* the raging sea.

cours [kur] *nm* **A.** ÉCOULEMENT, SUCCESSION -1. GÉOG [débit] flow; [parcours] course; avoir un ~ lent to be slow-flowing; avoir un ~ rapide to be fast-flowing; dévier le ~ d'une rivière to divert the course of a river ❑ ~ d'eau [ruisseau] stream; [rivière] river. -2. [déroulement - des années, des saisons, de pensées] course; [- d'événements] course, run; [- de négociations, d'une maladie, de travaux] course, progress; donner OU laisser (libre) ~ à [joie, indignation] to give vent to; [imagination] to give free rein to; donner libre ~ à son chagrin to express one's grief freely; reprendre son ~: la vie reprend son ~ life goes on; l'Histoire reprend son ~ history must take its course; en suivant/remontant le ~ du temps going forward/back in time. -3. ASTRON course. -4. [dans des noms de rue] *avenue*. -5. CONSTR: ~ d'assise course OU layer *(of bricks etc)*.

B. DANS LE DOMAINE FINANCIER -1. [de devises] rate; ~ des devises OU du change foreign exchange rate OU rate of exchange ❑ ~ forcé forced currency; avoir ~ [monnaie] to be legal tender OU legal currency; [pratique] to be common; avoir ~ légal to be legal tender OU a legal currency; ne plus avoir ~ [monnaie] to be out of circulation, to be no longer legal tender OU a legal currency; [pratique, théorie] to be obsolete; [expression, terme] to be obsolete OU no longer in use. -2. [d'actions] price, trading rate; au ~ du marché at the market OU trading price; au ~ du jour at today's rate; ~ limite limit price; premier ~, ~ d'ouverture opening price; dernier ~, ~ de clôture closing price; le ~ d'ouverture/de clôture de ces actions était de 20 F these shares opened/closed at 20 F.

C. DANS LE DOMAINE SCOLAIRE ET UNIVERSITAIRE -1. [classe] SCOL class, lesson; UNIV class, lecture; [ensemble des leçons] course; aller en ~ to go to one's class; être en ~ to be in class; sécher les ~ *fam* to play truant; suivre des ~ to attend a course; suivre un ~ OU des ~ d'espagnol to go to OU to attend a Spanish class; prendre des ~ to take lessons OU a course; elle prend des ~ au Conservatoire she attends the Conservatoire; j'ai ~ tout à l'heure [élève, professeur] I have a class later; j'ai ~ tous les jours [élève, professeur] I have classes every day; faire ~: c'est moi qui vous ferai ~ cette année I'll be teaching you this year; les professeurs ne font pas ~ cet après-midi there are no lessons this afternoon; qui nous fera ~ pendant votre absence? who's going to take our class while you're away?; tu ne vas pas me faire un ~ sur la politesse? are you going to give me a lecture on how to be polite? ❑ ~ par correspondance correspondence course; UNIV ≃ Open University course *Br*; ~ magistral lecture; donner/prendre des ~ particuliers to give/to have private tuition; je prends des ~ particuliers de français I get OU have private tuition in French; ~ de perfectionnement proficiency course; ~ du soir evening class. -2. [manuel] course, coursebook, textbook. -3. [degré - dans l'enseignement primaire]: ~ préparatoire ≃ first-year infants class *Br*, ≃ nursery school *Am*; ~ élémentaire ≃ second-year infants class *Br*, ≃ first grade *Am*; ~ moyen ≃ third-year infants class *Br*, ≃ second grade *Am*. -4. [établissement] school.

◆ **au cours de** *loc prép* during, in OU during the course of; au ~ du débat in the course of OU during the debate; au ~ des siècles over the centuries; au ~ de notre dernier entretien when we last spoke; ça se décidera au ~ des prochaines semaines it'll be decided in the weeks to come.

◆ **en cours** *loc adj* [actuel]: l'année/le tarif en ~ the current year/price; affaire/travail en ~ business/work in hand; examen en ~ examination in progress; être en ~ [débat, réunion, travaux] to be under way, to be in progress; une enquête est en ~ investigations are taking place.

◆ **en cours de** *loc prép* in the process of; en ~ de construction under construction, in the process of being built; en ~ de réparation in the process of being repaired, undergoing repairs; en ~ d'investigation being investigated, under investigation; c'est en ~ d'étude it's being examined; il nous a laissés en ~ de partie he left us in the middle of the game; en ~ de route on the way.

course [kurs] *nf* -1. SPORT [compétition] race; épuisé par sa ~ exhausted from his running; il a dû arrêter en pleine ~ he had to stop in the middle of the race; faire la ~ to race; on fait la ~ jusqu'à la cabane! race you OU last (one) to the hut!; faire la ~ avec qqn to race (with) sb; les enfants, on ne fait pas la ~! children, no running!; c'est toujours la ~ au bureau *fig* we're always run off our feet at the office ❑ ~ attelée/à handicap harness/handicap race; ~ de fond OU d'endurance long-distance race; ~ de OU en chars chariot race; ~ automobile motor OU car race; ~ de chevaux (horse) race; ~ cycliste cycle race; ~ de demi-fond middle-distance race; ~ d'obstacles ÉQUIT steeplechase; ~ d'orientation orienteering; ~ à pied race; ~ de relais relay race; ~ en sac sack race; ~ de taureaux bullfight; ~ (de vaches) landaises, ~ de vachettes *bullfight with young cows*; ~ de vitesse sprint *Br*, dash *Am*; ~ contre la montre *pr* race against the clock, time-trial; *fig* race against time; être dans la ~ *fam* to be hip OU with it *vieilli*; rester dans la ~ to stay in OU to be still in the race; l'entreprise essaie de rester dans la ~ the company's trying to keep up with the competitors. -2. [activité]: la ~ [à pied] running; [en voiture, à cheval] racing; je fais de la ~ à pied tous les jours I run every day; la ~ à: la ~ aux armements the arms race; la ~ au pouvoir/à la présidence the race for power/the presidency. -3. [randonnée]: faire une ~ en montagne to go for a trek in the mountains. -4. [d'un taxi - voyage] journey; [- prix] fare; payer (le prix de) la ~ to pay the fare. -5. [commission] errand; j'ai une ~ à faire I've got to buy something OU to get something from the shops || [d'un coursier, d'un messager] errand. -**6.** [trajectoire - d'un astre, d'un pendule] course, trajectory; [- d'un missile] flight; [- d'un piston] stroke. -**7.** *Helv* [trajet] trip *(by train or boat)*; [excursion] excursion.

◆ **courses** *nfpl* -**1.** [commissions]: **faire les/des ~s** to do the/some shopping; **il est parti faire quelques ~s** he went out to do a bit of shopping; **la liste des ~s** the shopping list. -**2.** [de chevaux] races; **jouer aux ~s** to bet on the races OU on the horses; **il a gagné 15 000 francs aux ~s** he won 15,000 francs on the races.

course-croisière [kurskrwazjɛr] (*pl* courses-croisières) *nf* boat race.

course-poursuite [kurspursɥit] (*pl* courses-poursuites) *nf* -**1.** SPORT track race. -**2.** [entre policiers et voleurs] car chase.

courser *fam* [3] [kurse] *vt* to chase, to run after *(insép)*, to go for *(insép)*.

coursier, ère [kursje, ɛr] *nm, f* errand boy (*f* girl); [à moto] dispatch rider.

◆ **coursier** *nm* -**1.** [transporteur]: **envoyer qqch par ~** to send sthg by courier ❑ **~ international** courier company. -**2.** *litt* [cheval] steed.

coursive [kursiv] *nf* -**1.** NAUT gangway. -**2.** CONSTR (raised) passageway.

court, e [kur, kurt] *adj* **A.** DANS L'ESPACE -**1.** [en longueur - cheveux, ongles] short; **il a les jambes ~es** he's got short legs; **~ sur pattes** *fam* [chien] short-legged; [personne] short; **à manches ~es** short-sleeved, with short sleeves; **la jupe est trop ~e de trois centimètres** the skirt is three centimetres too short; **la ligne droite est le plus ~ chemin d'un point à un autre** a straight line is the shortest distance between two points; **quel est le plus ~ chemin de Sens à Troyes?** what's the shortest way OU distance OU route between Sens and Troyes?; **il y a un chemin plus ~** there's a shorter OU quicker way; **je l'ai suivi sur une ~e distance** I followed him a short OU little way. -**2.** ANAT [os, muscle] short. -**3.** RAD [onde] short. -**4.** NAUT: **vague** OU **mer ~e** choppy sea.

B. DANS LE TEMPS -**1.** [bref, concis - discours, lettre, séjour, durée etc] short, brief; **son histoire était ~e mais bonne** *fam* his story was short but sweet; **les jours sont de plus en plus ~s** the days are getting shorter (and shorter) OU are drawing in; **les années semblent bien ~es!** the years seem to fly by OU to pass so quickly!; **pendant un ~ instant** for a brief OU fleeting moment; **mon séjour a été plus ~ que prévu** my stay was shorter than planned ❑ **cycle ~** *course of studies leading to qualifications exclusive of university entrance*; **il fera un cycle ~** he won't be doing a course leading on to university. -**2.** [proche]: **à ~ terme** short-term; **dette/emprunt à ~ terme** short-term debt/loan; **j'ai des projets à ~ terme** I have some plans in OU for the short term.

C. FAIBLE, INSUFFISANT -**1.** [faible - avance, avantage] small; [- majorité] small, slender; **après sa ~e victoire sur son compatriote** after a narrow victory over his fellow countryman; **Zanoa a mené la course sur une ~e distance** Zanoa led the race by a short distance; **au virage, il avait une ~e avance sur le peloton** in the bend, he was leading the bunch by a short distance ❑ **gagner d'une ~e tête** *pr & fig* to win by a short head. -**2.** [restreint]: **avoir la respiration ~e** OU **le souffle ~** to be short of breath OU wind. -**3.** *fam* [insuffisant - connaissances] slender, slim; [- quantité, mesure] meagre, skimpy; **nos revenus sont un peu ~s pour envisager un emprunt** we don't really earn enough to consider taking out a loan; **10 sur 20, c'est un peu ~** 10 out of 20, it's a bit borderline; **deux bouteilles pour six, c'est un peu ~** two bottles for six people, that's a bit on the mean *Br* OU stingy side; **10 000 F pour refaire le toit, l'estimation me semble ~e** 10,000 F to redo the roof, the estimate seems on the low side to me; **tu n'as que trois mètres de tissu? c'est un peu ~** you've only got three metres of material? that's a bit skimpy; **l'avion décolle dans 30 minutes — c'est trop ~ pour l'avoir** the plane takes off in 30 minutes — we won't make it in time; **plutôt ~ comme excuse!** (it's) a bit of a pathetic excuse!; **sa rubrique est amusante mais les idées sont ~es** his column is entertaining but short on ideas; **à ~es vues** [personne] limited (in one's understanding); [explication] limited ❑ **avoir la vue ~e** *pr & fig* to be short-sighted; **avoir la mémoire ~e** to have a short memory.

◆ **court** ⇔ *adv* -**1.** [en dimension]: **je me suis fait couper les cheveux ~** I had my hair cut short; **des cheveux coupés** OU **taillés très ~** [gén] hair cut very short; **se coiffer ~** to keep one's hair short; **elle s'habille ~** she wears her skirts short; **cet été, on s'habillera ~** this summer, short dresses and skirts will be in fashion OU hemlines will be high. -**2.** [en durée]: **pour faire ~** *fam* to cut a long story short. -**3.** [brusquement]: **s'arrêter ~** to stop short; **tourner ~** [discussion, projet] to come to an abrupt end.

⇔ *nm* -**1.** [terrain]: **~ (de tennis)** tennis court; **sur le ~** on (the) court; **~ en bitume** hard court; **~ en gazon** grass court; **~ en terre battue** clay court. -**2.** COUT & VÊT: **le ~** short fashions OU hemlines OU styles. -**3.** *loc*: **aller au plus ~** to take the quickest course of action; **allons au plus ~, qui a pris l'argent?** let's not beat about the bush, who took the money?; **prendre par le** OU **au plus ~** [chemin, procédure] to take a short cut.

◆ **à court** *fam loc adv* short on cash, hard-up, a bit short.

◆ **à court de** *loc prép*: **être à ~ d'idées/de vivres** to have run out of ideas/food; **nous étions presque à ~ d'eau** we were low on OU running short of water; **être à ~ d'argent** to be short of money; **à ~ de personnel** short-staffed; **elle n'est jamais à ~ d'arguments** she's never at a loss for an argument.

◆ **de court** *loc adv*: **prendre qqn de ~** [ne pas lui laisser de délai de réflexion] to give sb (very) short notice; [le surprendre] to catch sb unawares OU napping.

◆ **tout court** *loc adv*: **Maximilien de la Fontanière, Maxime tout ~ pour les amis** Maximilien de la Fontanière, or just Maxime to his friends; **appelez-moi Jeanne, tout ~** just call me Jeanne; **cela indigne les chrétiens démocrates et même les chrétiens tout ~** this is shocking to Christian Democrats and even to Christians full stop *Br* OU period *Am*.

courtage [kurtaʒ] *nm* brokerage; **vente par ~** selling on commission; **ces articles sont vendus par ~** these items are sold on commission.

courtaud, e [kurto, od] ⇔ *adj* -**1.** [personne] short-legged, squat, dumpy. -**2.** VÉTÉR docked and crop-eared.

⇔ *nm, f* -**1.** [personne] short-legged OU squat OU dumpy person. -**2.** [chien] docked and crop-eared dog; [cheval] docked and crop-eared horse.

court-bouillon [kurbujɔ̃] (*pl* courts-bouillons) *nm* court-bouillon; **faire cuire au** OU **dans un ~** to cook in a court-bouillon.

court-circuit [kursirkɥi] (*pl* courts-circuits) *nm* ÉLECTR short circuit; **faire ~** to short-circuit.

court-circuiter [3] [kursirkɥite] *vt* -**1.** ÉLECTR to short, to short-circuit. -**2.** *fam* [assemblée, personnel] to bypass; [procédure] to bypass, to short-circuit; **court-circuite-le avant qu'il ne signe** grab him before he signs.

court-courrier [kurkurje] (*pl* court-courriers) *nm* short-haul plane.

courtepointe [kurtəpwɛ̃t] *nf* duvet, counterpane.

courtier, ère [kurtje, ɛr] *nm, f* -**1.** BOURSE broker. -**2.** COMM: **~ en assurances/vins** insurance/wine broker; **~ maritime** ship OU shipping broker.

courtilière [kurtiljɛr] *nf* mole cricket.

courtine [kurtin] *nf* curtain.

courtisan [kurtizɑ̃] *nm* -**1.** HIST courtier. -**2.** *sout* [flatteur] flatterer, sycophant.

courtisane [kurtizan] *nf litt* courtesan.

courtisanerie [kurtizanri] *nf litt* flattery, sycophancy *litt*.

courtiser [3] [kurtize] *vt* -**1.** [femme] to court, to woo, to pay court to. -**2.** [pays, puissants] to woo; **~ le pouvoir/la gloire** to woo power/fame; **il le courtisait servilement** he fawned on him obsequiously.

court-jus *fam* [kurʒy] (*pl* courts-jus) *nm* short ELEC.

court(-)métrage [kurmetraʒ] (*pl* courts métrages OU courts-métrages) *nm* short film, short.

courtois, e [kurtwa, az] *adj* -**1.** [poli - personne, manières] civil, courteous; **un homme ~** a courteous man; **d'un ton ~** civilly, courteously; **être ~ envers qqn** to be courteous OU civil towards sb. -**2.** HIST & LITTÉRAT [amour] courtly; [roman, littérature] about courtly love.

courtoisement [kurtwazmɑ̃] *adv* courteously.

courtoisie [kurtwazi] *nf* courteousness; **avec ~** courteously.

court-vêtu, e [kurvety] (*mpl* court-vêtus, *fpl* court-vêtues) *adj*: **des femmes ~es** women in short skirts.

couru, e [kury] *adj* -**1.** [populaire] fashionable, popular; [spectacle] popular; **les bars les plus ~s** the most fashionable bars. -**2.** *fam* [certain]: **c'est ~ (d'avance)!** it's a (dead) cert! *Br*, it's a sure thing! *Am*; **c'était ~!** it was bound to happen!, it was a foregone conclusion!

couscous [kuskus] *nm* couscous.

couscoussier [kuskusje] *nm* couscous steamer.

cousette [kuzɛt] *nf* -**1.** [étui] sewing kit. -**2.** *fam* [couturière] dressmaker's apprentice.

couseuse [kuzøz] *nf* -**1.** [couturière] sewer. -**2.** IMPR stitcher. -**3.** [machine à coudre] industrial sewing-machine.

cousin, e [kuzɛ̃, in] *nm, f* cousin; **~ germain** first OU full cousin; **petit ~, ~ au second degré** second cousin; **~ éloigné** OU **à la mode de Bretagne** *hum* distant relation.

◆ **cousin** *nm* ENTOM (big) mosquito.

cousinage [kuzinaʒ] *nm vieilli* -**1.** [parenté] cousinhood. -**2.** [cousins]: **son ~** his kinsfolk OU kinfolk *Am*.

cousiner [3] [kuzine] *vi*: **~ (avec qqn)** to be on friendly terms (with sb).

coussin [kusɛ̃] *nm* -**1.** [de siège, de meuble] cushion; **un ~ de feuilles/mousse** a cushion of leaves/moss || *Belg* [oreiller] pillow. -**2.** TECH: **~ d'air** air cushion.

coussinet [kusinɛ] *nm* -**1.** [petit coussin] small cushion. -**2.** ZOOL cushion. -**3.** MÉCAN bearing; **~ de bielle** big end bearing || RAIL chair. -**4.** ARCHIT coussinet, cushion.

coût [ku] *nm* -**1.** [prix] cost, price; **~ d'achat/de remplacement** purchase/replacement cost; **~ de production** production cost; **~ de la vie** cost of living; **~ du capital** capital cost; **~ du crédit** credit charges OU cost; **~ salarial** cost of an employee for his employer. -**2.** *fig*: **le ~ social de la privatisation** the social cost of privatization; **le ~ de ses imprudences** the cost OU consequences of his foolishness.

coûtant [kutɑ̃] *adj m* cost *(modif)*.

couteau, x [kuto] *nm* -**1.** [à main] knife; [d'une machine, d'un mixer] blade; **il a ouvert le paquet avec un ~** he cut the parcel open (with a knife); **il joue facilement du** OU **manie facilement le ~** he's quick with the knife; **comme si on lui enfonçait un ~ dans le cœur** as if he'd been stabbed in the heart ❑ **~ à beurre/pain** butter/bread knife; **~ de cuisine/de table** kitchen/table knife; **~ économe** OU **éplucheur** OU **à éplucher** potato peeler; **~ pliant** OU **de poche** pocket knife; **~ de chasse** hunting knife; **~ à cran d'arrêt** flick-knife; **~ à désosser** boning knife; **~ électrique** electric carving knife; **~ à filets de sole** filleting knife; **~ à**

viande carving knife; **coup de ~** stab (with a knife); **donner un coup de ~ à qqn** to stab sb (with a knife); **prendre** *fam* OU **recevoir un coup de ~** to be knifed, to get stabbed; **ils l'ont tué à coups de ~** they stabbed OU knifed him to death; **enfoncer le ~ dans la plaie** to dig the knife in; **remuer** OU **retourner le ~ dans la plaie** to twist the knife in the wound; **avoir le ~ sous la gorge** to have a gun pointed at one's head; **jouer les seconds ~x (dans une affaire)** to play a secondary role in a business, to play second fiddle. -**2.** [d'une balance] knife edge. -**3.** BX-ARTS palette knife; **peinture au ~** knife painting. -**4.** ZOOL razor shell *Br* OU clam *Am*.
◆ **à couteaux tirés** *loc adv*: être à ~x tirés avec qqn to be at daggers drawn with sb.

couteau-scie [kutosi] (*pl* **couteaux-scies**) *nm* serrated-edge knife.

coutelas [kutla] *nm* -**1.** [de cuisine] large kitchen knife. -**2.** ARM cutlass.

coutelier, ère [kutəlje, ɛr] *nm, f* cutler, cutlery specialist.

coutellerie [kutɛlri] *nf* -**1.** [ustensiles] cutlery. -**2.** [lieu de fabrication] cutlery works. -**3.** [lieu de vente] kitchen-ware shop *Br* OU store *Am* (specializing in cutlery). -**4.** [industrie] cutlery industry.

coûter [3] [kute] ◇ *vt* -**1.** [exiger - efforts] to cost; **ça ne coûte rien d'être aimable!** it doesn't cost anything to be kind!; **ça te coûterait beaucoup d'être poli/de me répondre?** would it be asking too much for you to be polite/to answer me?; **cette démarche lui a beaucoup coûté** it was a very difficult OU painful step for him to take; **ça ne m'a pas beaucoup coûté de ne pas y aller** it was no great hardship for me not to go; **tu peux bien l'aider, pour ce que ça te coûte!** it wouldn't be any trouble for you to help her! -**2.** [provoquer - larmes] to cost, to cause; **les nuits blanches que son roman lui a coûtées** the sleepless nights her novel cost her. -**3.** [entraîner la perte de - carrière, membre, vote] to cost; **ça a failli lui ~ la vie** it nearly cost him his life; **un accident qui a coûté la vie à dix personnes** a accident which claimed the lives of ten people.
◇ *vi* COMM to cost; **combien ça coûte?** *fam* how much is it?, how much does it cost?; **cela m'a coûté 200 francs** it cost me 200 francs; **je veux cette maison, ça coûtera ce que ça coûtera** I want that house no matter how much it costs || (*en usage abs*) *fam* **une voiture, ça coûte!** a car is an expensive thing! ❑ **~ une fortune** OU **les yeux de la tête** OU **la peau des fesses** *fam* to cost a fortune OU the earth OU an arm and a leg; **~ cher** [produit, service] to be expensive, to cost a lot of money; **ça va lui ~ cher!** *fig* she's going to pay for this!; **cela ne coûte pas cher** it's cheap OU inexpensive.
◆ **coûte que coûte** *loc adv* at all costs, whatever the cost, no matter what.

coûteux, euse [kutø, øz] *adj* -**1.** [onéreux] expensive, costly; **peu ~** cheap; **c'est d'un entretien ~** it's expensive to maintain; **une guerre coûteuse en vies humaines** a war costing many human lives OU with a high cost in human lives. -**2.** [lourd de conséquences]: **des préjugés ~ pour l'avenir de l'homme** prejudices for which future generations will have to pay the price.

coutil [kuti] *nm* drill.

coutume [kutym] *nf* -**1.** [tradition] custom; **c'est une ~ bretonne** it's a Breton custom; **je t'embrasse, c'est la ~** I'll give you a kiss, it's the custom; **comme c'est la ~ en Alsace** as is the custom OU is customary in Alsace; **d'après** OU **selon la ~** as custom dictates; **selon une ~ ancienne** according to an age-old tradition. -**2.** [habitude, manie] habit, custom; **selon** OU **comme c'était ma ~** as was my habit OU wont *litt*; **avoir (pour) ~ de faire** to be in the habit of OU accustomed to doing; **elle n'a pas ~ de partir sans prévenir** she doesn't usually leave without warning; **comme de ~** as usual; **il pleuvait, comme de ~** as usual, it was raining; **elle a allumé elle-même toutes les bougies, comme de ~** she lit all the candles herself, as was her custom; **moins que de ~** less than usual, not as much as usual; **plus que de ~** more than usual. -**3.** JUR customary.

coutumier, ère [kutymje, ɛr] *adj* -**1.** [habituel] customary, usual. -**2.** [habitué à]: **~ de: il ne m'a pas rendu toute ma monnaie — il est ~ du fait!** he short-changed me — that wouldn't be the first time OU that's one of his usual tricks!; **j'ai oublié et pourtant je ne suis pas ~ du fait** I forgot, and yet it's not something I usually do; **boire est une chose dont elle n'est pas coutumière** she doesn't usually drink.
◆ **coutumier** *nm* customary.

couture [kutyr] *nf* -**1.** [action de coudre, passe-temps, produit]: **la ~** sewing; **j'ai de la ~ à faire** I've got some sewing to do; **elle fait de la ~ dans le jardin** she's sewing in the garden; **ne touche pas à ma ~** leave my sewing alone || [confection]: **la ~ (artisanale)** dressmaking; **la haute ~** (haute) couture, fashion design. -**2.** [suite de points] seam; **faire une ~ à qqch** to seam sthg; **~ apparente** OU **sellier** top stitching, overstitching; **~ plate** OU **rabattue** flat seam; **~ anglaise** French seam. -**3.** *litt* [cicatrice] scar; [points de suture] stitches. -**4.** [d'un moulage, d'une sculpture] seam.
◆ **à coutures** *loc adj* [bas, collant] seamed, with seams.
◆ **sans coutures** *loc adj* [bas, collant] seamless.
◆ **sous toutes les coutures** *loc adv* from every angle, very closely, under a microscope *fig*.

couturé, e [kutyre] *adj* scarred; **tout ~ de cicatrices/rides** criss-crossed with scars/wrinkles.

couturier, ère [kutyrje, ɛr] *nm, f* [fabricant - de complets] tailor; [- de chemises] shirtmaker; [- de robes] dressmaker; **j'ai besoin d'une couturière pour mes ravaudages** I need somebody to do some sewing (and mending) for me.
◆ **couturier** *nm* -**1.** [de haute couture]: **(grand) ~** fashion designer. -**2.** ANAT: **grand ~** sartorius *spéc* OU tailor's muscle.
◆ **couturière** *nf* THÉÂT *rehearsal preceding the final dress rehearsal, enabling last-minute alterations to costumes.*

couvain [kuvɛ̃] *nm* nest of insect eggs.

couvaison [kuvɛzɔ̃] *nf* -**1.** [période] incubation. -**2.** [action] brooding.

couvée [kuve] *nf* -**1.** [œufs] clutch. -**2.** [oisillons] brood, clutch; **la nouvelle ~ de jeunes cinéastes** the new generation OU breed of young filmmakers ❑ **il n'est pas né de la dernière ~** he wasn't born yesterday. -**3.** *fam* [famille]: **sa ~** her brood.

couvent [kuvɑ̃] *nm* -**1.** [de religieuses] convent; [de religieux] monastery; **entrer au ~** to enter a convent OU nunnery *vieilli*. -**2.** [pensionnat] convent school.

couventine [kuvɑ̃tin] *nf* [religieuse] conventual; [pensionnaire] convent schoolgirl.

couver [3] [kuve] ◇ *vt* -**1.** [pour faire éclore - suj: oiseau] to sit on (*insép*); [- suj: incubateur] to hatch, to incubate; **quand la mouette couve** when the seagull sits on its eggs OU broods OU is broody ❑ **~ des yeux** OU **du regard** [personne aimée] to look lovingly at; [friandise, bijou] to look longingly at. -**2.** *péj* [protéger - enfant] to overprotect, to cocoon. -**3.** MÉD to be coming down with; **je crois que je couve quelque chose** I can feel something coming on. -**4.** *litt* [préparer - vengeance, revanche] to plot.
◇ *vi* -**1.** [feu] to smoulder. -**2.** [être sous-jacent - rébellion] to be brewing (up); [- sentiment] to smoulder; **la haine qui couvait en elle** the hatred that was smouldering inside her; **la révolte couvait chez les paysans** a peasant revolt was brewing (up); **~ sous la cendre** to be brewing (up), to bubble under the surface.

couvercle [kuvɛrkl] *nm* -**1.** [qui se pose, s'enfonce] lid, cover; [qui se visse] top, screw-top, cap. -**2.** AUT [de piston] cover.

couvert[1] [kuvɛr] *nm* -**1.** [cuiller, fourchette, couteau] knife, fork and spoon; **des ~s en argent** silver cutlery || [avec assiette et verre] place setting; **mettre le ~** to lay OU to set the table; **j'ai mis trois ~s** I've laid three places OU the table for three; **mets deux ~s de plus** lay OU set two extra places; **elle a son ~ chez Triot** she has her meals OU she's a regular at Triot's; **tu auras toujours ton ~ chez moi** there'll always be a place for you at my table. -**2.** [prix d'une place au restaurant] cover charge.

couvert[2], **e** [kuvɛr, ɛrt] *adj* -**1.** [abrité - allée, halle, marché] covered; [- piscine] indoor (*avant n*). -**2.** [vêtu - chaudement] warmly-dressed, (well) wrapped-up OU muffled-up; [- décemment] covered (up); **j'aime avoir les jambes ~es** I like my legs to be covered up; **rester ~** [garder son chapeau] to keep one's hat on. -**3.** MÉTÉO [temps] dull, overcast; [ciel] overcast, clouded-over; **attendez-vous à un après-midi ~** expect a cloudy afternoon.
◆ **couvert** *nm litt* leafy canopy.
◆ **à couvert** *loc adv*: **être à ~** [de projectiles] to be under cover; [de critiques, de soupçons] to be safe; **se mettre à ~** [de projectiles] to get under OU to take cover; [de critiques, de soupçons] to cover OU to safeguard o.s.
◆ **à couvert de** *loc prép* protected against; **ici, nous serons à ~ de la pluie** here, we'll be sheltered from the rain.
◆ **sous couvert de** *loc prép* in the guise of; **sous ~ de sollicitude, elle me suit partout** she follows me around, pretending to be helpful.
◆ **sous le couvert de** *loc prép* -**1.** [sous l'apparence de] in the guise of. -**2.** [sous la responsabilité de]: **sous le ~ de son chef/frère** hiding behind his boss/brother. -**3.** *litt* [à l'abri de]: **sous le ~ d'un bois** in the shelter of a wood.

couverture [kuvɛrtyr] *nf* -**1.** [morceau de tissu] blanket; **sous les ~s** under the blankets OU covers; **~ chauffante** electric blanket; **~ de survie** space OU survival blanket; **amener** OU **tirer la ~ à soi** [après un succès] to take all the credit; [dans une transaction] to get the best of the deal. -**2.** CONSTR [activité] roofing; [ouvrage] (type of) roof. -**3.** PRESSE [activité] coverage; **assurer la ~ d'un événement** to give coverage of OU to cover an event || [page] cover, front page; **mettre un sujet en ~** to put a story on the front page, to make a story front-page news. -**4.** [d'un livre] cover. -**5.** [d'un besoin] covering, catering for; **la ~ des besoins en viande est insuffisante** meat needs are not sufficiently catered for ❑ **~ sociale** Social Security cover; **avoir une ~ sociale** to belong to a benefit scheme. -**6.** [prétexte] disguise, façade; **le financier/la société qui leur servait de ~** the financier/company they used as a front. -**7.** MIL cover.
◆ **de couverture** *loc adj* MIL & PRESSE cover (*modif*).

couveuse [kuvøz] *nf* -**1.** [poule] brooder, sitter. -**2.** [machine]: **~ (artificielle)** incubator.

couvoir [kuvwar] *nm* [local] hatchery.

couvrant, e [kuvrɑ̃, ɑ̃t] *adj* [peinture, vernis] that covers well.
◆ **couvrante**▽ *nf* blanket.

couvre-chef [kuvrəʃɛf] (*pl* **couvre-chefs**) *nm hum* hat, headgear.

couvre-feu [kuvrəfø] (*pl* **couvre-feux**) *nm* curfew.

couvre-joint [kuvrəʒwɛ̃] (*pl* **couvre-joints**) *nm* CONSTR bead, batten.

couvre-lit [kuvrəli] (*pl* **couvre-lits**) *nm* bedspread, counterpane.

couvre-livre [kuvrəlivr] (*pl* **couvre-livres**) *nm* dust jacket.

couvre-pied(s) [kuvrəpje] (*pl* **couvre-pieds**) *nm* quilt.

couvreur [kuvrœr] *nm* roofer.

couvrir [34] [kuvrir] ◇ *vt* -**1.** [d'une protection, d'une couche - meuble] to cover; [- livre, cahier] to cover, to put a dust cover on; [d'un couvercle - poêle] to cover, to put a lid on; **~ le feu** to bank up the fire; **~ de** [surface]: **~ un mur de peinture** to paint a wall; **il avait couvert le mur de graffiti/posters** he'd covered the wall with graffiti/posters; **~ avec** OU **de** [protéger] to cover with; **couvrez les fraisiers avec de la**

paille cover OU protect your strawberry plants with straw; toit couvert de chaume thatched roof; ~ qqn de [lui donner en abondance]: ~ qqn de cadeaux/ d'injures/de louanges/de reproches to shower sb with gifts/ insults/ praise/reproaches; ~ qqn de caresses/baisers to stroke/to kiss sb all over; ~ qqn de honte to make sb feel ashamed; ~ qqn d'or to shower sb with gifts. -2. [vêtir] to wrap OU to cover OU to muffle up *(sép)*; couvre bien ta gorge! make sure your throat is covered up! || [envelopper] to cover; une mantille lui couvrait la tête her head was covered with a mantilla, a mantilla covered her head; la jupe couvre tout juste le genou the skirt barely covers the knee. -3. [dissimuler - erreur] to cover up *(sép)*; [protéger] to cover up for; ils le couvrent [pour une erreur] they're covering up for him; il avance l'argent, mais en cas de difficulté, c'est moi qui le couvre he puts up the money but if there's a problem, I step in. -4. [étouffer] to drown (out), to cover; les basses couvrent trop les ténors the basses drown out the tenors. -5. [assurer - dégâts, frais, personne, risque] to cover, to insure; l'assurance me couvre contre l'incendie the insurance policy covers me against fire. -6. [inclure] to cover, to include; le prix couvre la livraison et l'entretien the price covers OU includes delivery and maintenance. -7. [compenser] to cover; les recettes ne couvrent plus les dépenses income no longer covers expenses; nous couvrons nos frais maintenant we're paying our way now. -8. MIL [retraite, soldat] to cover, to give cover; on te couvre we've got you covered; ~ ses arrières to cover one's rear. -9. [parcourir] to cover; elle a couvert les 15 km en 52 minutes she covered OU ran the 15 km in 52 minutes. -10. [englober - dans l'espace] to cover; [- dans le temps] to span; leur propriété couvre 10 hectares their estate covers OU occupies 10 hectares; le réseau couvre toute la région the network covers the whole area; ses recherches couvrent près de 30 ans his research spans nearly 30 years. -11. [avoir pour rayon d'action - suj: émetteur, représentant] to cover. -12. PRESSE to cover, to give coverage to; ~ entièrement un procès to give full coverage to a trial. -13. FIN [emprunt] to underwrite; [enchère] to bid higher than, to outbid. -14. VÉTÉR to cover. -15. JEUX [carte] to cover.

◇ *vi*: peinture qui couvre bien paint that covers well.

◆ **se couvrir** ◇ *vp (emploi réfléchi)* -1. [se vêtir] to dress warmly, to wrap up (well). -2. [mettre un chapeau] to put on one's hat. -3. SPORT to cover o.s. -4. [se garantir] to cover o.s.

◇ *vpi* [ciel] to become overcast, to cloud over; le temps se couvre it's OU the sky is clouding over.

◆ **se couvrir de** *vp + prép*: se ~ de fleurs/ bourgeons/feuilles to come into bloom/bud/ leaf; le champ s'est couvert de coquelicots poppies have come up all over the field; se ~ de boutons to come out OU to become covered in spots; la place s'est couverte de monde the square became crowded OU swamped with people; se ~ de ridicule to make o.s. look ridiculous; se ~ de honte/gloire to cover o.s. with shame/glory.

covalence [kɔvalɑ̃s] *nf* covalency.

covariance [kɔvarjɑ̃s] *nf* covariance.

covendeur, euse [kɔvɑ̃dœr, øz] *nm, f* co-seller.

cover-girl [kɔvœrgœrl] *(pl* cover-girls) *nf* cover girl.

cow-boy [kɔbɔj] *(pl* cow-boys) *nm* cowboy; jouer aux ~s et aux Indiens to play (at) cowboys and Indians.

coxal, e, aux [kɔksal, o] *adj* coxal.

coxalgie [kɔksalʒi] *nf* coxalgia.

coxarthrose [kɔksartroz] *nf* arthritis of the hip.

coyote [kɔjɔt] *nm* coyote.

CP *(abr de* cours préparatoire) *nm first year of primary school.*

CPAM *(abr de* caisse primaire d'assurances maladie) *nf national health insurance office.*

cps *(abr écrite de* caractères par seconde) cps.

cpt *abr écrite de* comptant.

CQFD *(abr de* ce qu'il fallait démontrer) QED; et cela prouve que tu tiens vraiment à elle, ~! *fam* and this proves that you're really fond of her, there you are!

CR *nm abr de* compte-rendu.

crabe [krab] *nm* -1. CULIN & ZOOL crab; ~ enragé OU vert green crab; ~ nageur swimming crab. -2. *fam péj* [personne] rat, foul creature.

◆ **en crabe** *loc adv*: marcher/se déplacer en ~ to walk/to move sideways; voler en ~ AÉRON to drift.

crabot [krabo] *nm* direct-drive dog clutch.

crac [krak] *onomat* -1. [bois, os] crack, snap; [biscuit] snap; [tissu] rip. -2. *fam loc*: ~ boum, et ~ hey presto.

crachat [kraʃa] *nm* -1. [salive] spit; des ~s spit, spittle. -2. *fam* [médaille] medal, gong *Br*.

craché, e *fam* [kraʃe] *adj*: tout ~: c'est sa mère tout ~! she's the spitting image of her mum!; ça, c'est du Maud tout ~! that's just like Maud!, that's Maud all over!

crachement [kraʃmɑ̃] *nm* -1. [fait de cracher] spitting; [crachat] mucus, sputum *spéc*; avoir des ~s de sang to spit blood. -2. [projection - de flammes, vapeur] burst, shower; [- de scories, d'étincelles] shower. -3. [bruit - d'un haut-parleur] crackle, crackling.

cracher [3] [kraʃe] ◇ *vi* -1. [personne] to spit; ~ par terre to spit on the floor ❑ ~ sur qqn *pr & fig* to spit at sb; ~ à la figure de qqn *pr & fig* to spit in sb's face; c'est comme si on crachait en l'air! *fam* it's like whistling in the wind!; il ne faut pas ~ dans la soupe don't bite the hand that feeds you; ~ sur qqch *fam*: il ne crache pas sur le champagne he doesn't turn his nose up at champagne; je ne cracherais pas sur 2 000 francs! I wouldn't turn my nose up at OU say no to 2,000 francs!; l'autorité a du bon, ne crache pas dessus! there are things to be said for authority, don't knock it!; ~ au bassinet to cough up. -2. [chat, marmotte] to spit, to hiss. -3. [fuir - stylo] to splutter; [- robinet] to splutter, to splash. -4. [nasiller - haut-parleur, radio] to crackle.

◇ *vt* -1. [rejeter - sang] to spit; [- aliment] to spit out *(sép)*; ~ ses poumons *fam* to cough up one's lungs. -2. [projeter - suj: volcan, canon] to belch (forth OU out); [- suj: fusil] to shoot a burst of, to spit; [- suj: robinet] to spit OU to splutter out *(sép)*; ~ des flammes OU du feu [dragon] to breathe fire; il est fort ton calvados, je vais ~ des flammes! *fam hum* your Calvados is pretty strong, I'll be breathing fire! -3. [énoncer - insultes] to spit out *(sép)*, to hiss; «racaille!», cracha-t-elle en sortant "scum!", she hissed on her way out. -4. *fam* [donner - argent] to cough up *(sép)*, to fork out *(sép)*; grand-père ne les crache pas facilement! grandpa's a real old skinflint! || *(en usage abs)*: si tu veux la marchandise, il faut ~ if you want the stuff, you've got to cough up.

cracheur, euse [kraʃœr, øz] ◇ *adj* ZOOL spitting *(avant n)*.

◇ *nm, f* spitter; ~ (de feu) fire-eater.

crachin [kraʃɛ̃] *nm* (fine) drizzle.

crachiner [3] [kraʃine] *v impers*: il crachine it's drizzling.

crachoir [kraʃwar] *nm* spittoon; tenir le ~ *fam* to go on and on, to monopolize the conversation; tenir le ~ à qqn: je n'ai pas envie de lui tenir le ~! I don't feel like listening to her rambling on for hours!

crachotement [kraʃɔtmɑ̃] *nm* [d'une radio, d'un téléphone] crackle, crackling; [d'un robinet, d'une personne] splutter, spluttering.

crachoter [3] [kraʃɔte] *vi* [personne] to splutter, to sputter; [radio, téléphone] to crackle; [robinet] to splutter.

crachouiller *fam* [kraʃuje] = **crachoter**.

crack [krak] *nm* -1. ÉQUIT crack. -2. *fam* [personne - gén] wizard; [- en sport] ace; c'est un ~ en ski he's an ace skier; c'est un ~ en latin he's brilliant at Latin.

cracker [krakœr] *nm* cracker CULIN.

cracking [krakiŋ] *nm* cracking PETR.

cracra *fam* [krakra], **cradingue**▽ [kradɛ̃g], **crado** *fam* [krado] *adj inv* [personne, objet] filthy; [restaurant] grotty *Br*, lousy *Am*.

craie [krɛ] *nf* chalk, limestone; une ~ a stick of chalk; dessiner qqch à la ~ to chalk sthg out; écrire qqch à la ~ to chalk sthg, to write sthg with chalk; il y avait des croix à la ~ sur leurs portes crosses had been chalked on their doors.

craignos▽ [krɛɲos] *adj inv*: c'est ~! [louche] it's dodgy *Br* OU not kosher!; [ennuyeux] it's the pits!

crailler [3] [kraje] *vi* to caw.

craindre [80] [krɛ̃dr] *vt* -1. [redouter - personne] to fear, to be frightened OU afraid of; [- événement] to fear, to be afraid OU scared of; ~ Dieu to go in fear of OU to fear God; je ne crains personne! nobody can frighten me!, I'm not afraid of anyone!; sa grosse voix le faisait ~ de tous ses élèves his booming voice made all his pupils afraid of him; qui ne craint pas la mort? who isn't afraid of death OU dying?; je ne crains pas les piqûres I'm not afraid OU scared of injections; ~ le pire to fear the worst; ne crains rien have no fear, never fear, don't be afraid; il n'y a rien à ~ there's no cause for alarm, there's nothing to fear; il y a tout à ~ d'une intervention militaire one can expect the worst from a military intervention; ~ de prendre l'avion to be afraid of flying. -2. [tenir pour probable] to fear; alors, je suis renvoyé? — je le crains so, I'm fired? — I'm afraid so; elle pourrait nous dénoncer — c'est à ~ she might give us away — unfortunately, (I think) it's likely; elle craignait toujours d'être en retard she was always afraid of being late; je crains de l'avoir blessée I'm afraid I've hurt her; si je ne craignais pas de vous choquer if I wasn't afraid of shocking you; craignant de la réveiller, il a retiré ses chaussures he took off his shoes, for fear of waking her up; je crains qu'il (n') ait oublié I'm afraid that OU I fear he might have forgotten; on craint un peu partout que... there are widespread fears that...; je crains fort qu'il (ne) soit déjà trop tard I fear OU I'm very much afraid it's already too late; je crains que oui/ non I fear OU I'm afraid so/not. -3. [être sensible à]: ça craint le froid [plante] it's sensitive to cold, it doesn't like the cold; c'est un bois qui craint les chocs it's a fairly fragile kind of wood; 'craint l'humidité' 'keep OU store in a dry place'; c'est une étoffe qui ne craint rien it's a material that'll stand up to anything. -4. ▽ *loc*: ça craint [c'est louche] it's dodgy *Br* OU not kosher; [c'est ennuyeux] it's the pits.

◆ **craindre pour** *v + prép*: ~ pour qqn/qqch to fear for sb/sthg; je crains pour sa santé I fear for her health; ~ pour sa vie to fear for OU to go in fear of one's life.

crainte [krɛ̃t] *nf* [anxiété] fear; la ~ de l'échec fear of failure OU failing; il vivait dans la ~ d'être reconnu he lived OU went in fear of being recognized; n'aie aucune ~ OU sois sans ~, tout se passera bien don't worry OU never fear, everything will be all right; éveiller OU susciter les ~s de qqn to alarm sb.

◆ **de crainte de** *loc prép (suivi de l'inf)* for fear of; de ~ de la blesser for fear of hurting her.

◆ **de crainte que** *loc conj (suivi du subj)* for fear of, fearing that; de ~ qu'on (ne) l'accuse for fear of being accused, fearing that she might be accused; il faut agir vite, de ~ que la situation (n')empire we must act quickly, lest OU in case the situation should get worse.

craintif, ive [krɛ̃tif, iv] ◇ *adj* -1. [facilement effarouché - personne] timid, shy; [- animal]

timid. -**2.** [qui reflète la peur - regard, geste] timorous, fearful.
◇ *nm, f* -**1.** [timide] timid OU shy person. -**2.** [timoré] faint-hearted OU timorous person.
craintivement [krɛ̃tivmɑ̃] *adv* -**1.** [timidement] timidly, shyly. -**2.** [avec peur] timorously, fearfully.
cramé, e *fam* [krame] *adj* [rôti] burnt, charred; [tissu] burnt, scorched; **la tarte est complètement ~e** the tart is burnt to a cinder.
◆ **cramé** *fam nm*: **ça sent le ~** there's a smell of burning; **ne mange pas le ~** don't eat the burnt bits.
cramer *fam* [3] [krame] ◇ *vi* [immeuble] to be on fire; [rôti, tissu] to burn; [circuit électrique, prise] to burn out; **tous ses cheveux ont cramé** his hair was completely burnt; **il y a quelque chose qui crame dans la cuisine** there's something burning in the kitchen.
◇ *vt* [rôti] to burn (to a cinder), to let burn; [vêtement] to burn, to scorch.
cramine *fam* [kramin] *nf Helv* (intense) cold.
cramique [kramik] *nm Belg brioche with raisins.*
cramoisi, e [kramwazi] *adj* [velours] crimson; [visage] flushed, crimson; **il est devenu ~** [de honte, de timidité] he flushed crimson OU blushed; [de colère] his face turned crimson ❑ **rouge ~** crimson red.
◆ **cramoisi** *nm* crimson.
crampe [krɑ̃p] *nf* -**1.** MÉD cramp; **j'ai une ~ au pied/à la cuisse** I have a cramp in my foot/thigh; **~ d'estomac** [gén] stomach cramp; [de faim] hunger pang; **la ~ de l'écrivain** writer's cramp. -**2.** [pièce de serrage] cramp.
crampon [krɑ̃pɔ̃] *nm* -**1.** [de chaussures - de sport] stud; [- de montagne] crampon; [de fer à cheval] calk. -**2.** BOT [de plante grimpante] tendril; [d'algue] sucker. -**3.** [crochet - pour saisir et retenir] cramp. -**4.** *fam péj* [personne]: **c'est un/une ~** he/she sticks like a leech; **j'espère qu'elle viendra sans son ~ de mari!** I hope she won't bring along her husband, he's so clingy! || *(comme adj)*: **un enfant un peu ~** a clinging child; **laisse-moi, que tu es ~!** give me some space, will you!
cramponner [3] [krɑ̃pɔne] *vt* -**1.** ▽ [importuner] to pester; **tu me cramponnes avec tes questions!** stop pestering me with your questions! -**2.** *fam* [s'accrocher à] to cling to; **ne cramponne pas tout le temps ton père!** just leave your father alone will you!, give your father a break! -**3.** TECH [pièces] to cramp together.
◆ **se cramponner** *vpi* -**1.** [s'agripper] to hold on, to hang on; **cramponne-toi bien, on démarre!** hold on tight, here we go!; **se ~ à** [branche, barre] to cling (on) OU to hold on to; [personne] to cling (on) to. -**2.** *fam* [s'acharner - malade] to cling OU to hang on; [- étudiant] to stick with it; **il est distancé mais il se cramponne** he's outdistanced but he's clinging on; **se ~ à la vie/à un espoir** to cling to life/hope.
cran [krɑ̃] *nm* -**1.** [entaille - d'une étagère, d'une crémaillère] notch; [trou - d'une ceinture] hole, notch; **il resserra/desserra sa ceinture d'un ~** he tightened/loosened his belt one notch; **baisser/monter d'un ~** [dans une hiérarchie] to come down/to move up a peg; [sa voix] to fall/to rise slightly. -**2.** COUT [sur un ourlet] notch; [point de repère] nick. -**3.** [mèche ondulée] wave. -**4.** ARM catch; **~ de sûreté** safety catch; **~ d'arrêt** *fam* [couteau] flick-knife. -**5.** *fam* [courage]: **allons, un peu de ~!** [sois courageux] come on, be brave!; [ne te laisse pas aller] come on, pull yourself together!; **avoir du ~** to have guts.
◆ **à cran** *fam loc adj* uptight, edgy, on edge; **avoir les nerfs à ~** to be edgy OU uptight.
crâne [kran] ◇ *nm* -**1.** ANAT skull, cranium *spéc.* -**2.** *fam* [tête]: **avoir mal au ~** to have a headache; **mets-toi bien ça dans le ~!** get that into your head!; **tu as le ~ dur!** [têtu] you're so pigheaded!; [lent à comprendre] you're so thickskulled! ❑ **alors, ~ d'œuf!** hey, baldy! -**3.** *arg crime*: **faire un ~** [policier] to make an arrest, to get a result.
◇ *adj* -**1.** *litt* [courageux] bold, gallant; **très ~, il entra dans la pièce** he swaggered into the room. -**2.** [bien portant]: **il n'est pas encore bien ~** he hasn't quite recovered yet.
crânement [kranmɑ̃] *adv litt* [fièrement] gallantly.
crâner *fam* [3] [krane] *vi* to show off, to swank *Br*; **elle ne crânait plus devant le prof!** she wasn't so sure of herself OU so brave when the teacher came in!
crânerie [kranri] *nf litt* -**1.** [bravoure] gallantry. -**2.** [vanité] conceit.
crâneur, euse *fam* [kranœr, øz] *péj* ◇ *adj*: **être ~** to be a bit of a show-off.
◇ *nm, f* show-off, hotshot *Am*; **faire le ~** to show off, to swank *Br*.
crânien, enne [kranjɛ̃, ɛn] *adj* cranial.
cranté, e [krɑ̃te] *adj* [ourlet] notched; [lame de ciseaux] serrated; [cheveux] wavy.
cranter [3] [krɑ̃te] *vt* [ourlet] to notch; [roue] to put notches on; [cheveux] to wave.
crapahuter [3] [krapayte] *vi arg mil* to plough along.
crapaud [krapo] *nm* -**1.** ZOOL toad; **~ accoucheur** midwife toad; **~ de mer** angler-fish. -**2.** MINÉR flaw. -**3.** MUS baby grand piano. -**4.** [fauteuil] squat armchair.
crapaudine [krapɔdin] *nf* -**1.** [de gouttière] strainer; [de baignoire] pop-up waste hole. -**2.** CONSTR gudgeon.
◆ **à la crapaudine** *loc adj* CULIN spatchcock *(modif)*.
crapette [krapɛt] *nf* card game *(played by 2 people)*.
crapule [krapyl] ◇ *nf* -**1.** [individu] crook, villain; **petite ~!** you little rat! -**2.** *litt* [pègre]: **la ~** the riff-raff.
◇ *adj* roguish; **une expression/un air ~** a roguish phrase/look.
crapuleux, euse [krapylø, øz] *adj* -**1.** [malhonnête] crooked, villainous. -**2.** *litt* [débauché] dissolute.
craquage [krakaʒ] = **cracking**.
craque *fam* [krak] *nf* fib, whopper; **et me raconte pas de ~s!** and no lies!
craquée *fam* [krake] *nf Helv*: **une ~ de** a load of.
craquelage [kraklaʒ] *nm* -**1.** [effet]: **le ~ d'un vernis** the cracks in a varnish. -**2.** [fabrication, art] crackled china manufacture.
craquelé, e [krakle] *adj* -**1.** [fissuré] cracked; **j'ai la peau des mains toute ~e** my hands are badly chapped. -**2.** [décoré de craquelures] crackled.
◆ **craquelé** *nm*: **le ~** [procédé] crackling; [verre] crackleware.
craquèlement [krakɛlmɑ̃] *nm* (network of) cracks, cracking.
craqueler [24] [krakle] *vt* [fendiller] to crack; [poterie] to crackle.
◆ **se craqueler** *vpi* [peinture, peau] to crack; [poterie] to crackle.
craquelin [kraklɛ̃] *nm Belg brioche with crystallised sugar.*
craquelure [kraklyr] *nf* -**1.** [accidentelle] crack; **les ~s du tableau** BX-ARTS the craquelure on OU cracks in the painting. -**2.** [artificielle] crackle.
craquement [krakmɑ̃] *nm* [de bois qui casse] snap, crack; [d'un plancher] creak; [d'herbes sèches] crackle; [de chaussures] squeak, creak.
craquer [3] [krake] ◇ *vi* -**1.** [plancher] to creak; [bois qui casse] to snap, to crack; [cuir, soulier] to squeak, to creak; [herbes sèches] to crackle; **faire ~ ses doigts** to crack one's knuckles; **faire ~ une allumette** to strike a match; **les branches du chêne craquaient dans la bourrasque** the oak branches were creaking in the gale. -**2.** [se fendre - couture, tissu] to split; [- sac] to split open; [- fil, lacets] to break, to snap off; [- banquise] to crack, to split (up); [- collant] to rip; **le pull a craqué aux emmanchures** the sweater came apart round the armholes. -**3.** *fam* [perdre le contrôle de soi] to break down, to crack up; **ses nerfs ont craqué** she had a nervous breakdown, she cracked up; **il était vraiment trop mignon, il m'a fait ~** *fig* he was too cute, I just went wild over him; **j'ai craqué pour une petite peluche rose** I fell in love with a little pink cuddly toy. -**4.** *fam* [s'effondrer - commerce, institution, projet] to founder, to be falling apart, to be on the verge of collapse.
◇ *vt* -**1.** [couture] to split, to tear. -**2.** [allumette] to strike. -**3.** *fam* [dépenser] to blow; **elle a craqué tout son argent au jeu** she blew all her money at the gambling tables. -**4.** PÉTR to crack.
craquètement [krakɛtmɑ̃] = **craquettement**.
craqueter [27] [krakte] *vi* -**1.** [brindille, sachet en plastique] to crackle. -**2.** [cigogne, grue] to screech; [cigale] to chirp.
craquettement [krakɛtmɑ̃] *nm* -**1.** [de brindilles] crackling. -**2.** ZOOL clattering, chirping.
crash [kraʃ] *nm* -**1.** [accident] crashing (to the ground). -**2.** [atterrissage forcé] crash landing; **faire un ~** to crash-land.
crasher [3] [kraʃe]
◆ **se crasher** *fam vpi* -**1.** AÉRON [s'écraser] to crash; [atterrir] to crash-land. -**2.** [conducteur, véhicule] to crash; **il s'est crashé contre un arbre** he smashed OU crashed into a tree.
craspec▽ [kraspɛk] *adj* filthy.
crasse [kras] ◇ *nf* -**1.** [saleté] filth; **couvert de ~** filthy, covered in filth; **il vit dans la ~** he lives in squalor. -**2.** *fam* [mauvais tour] dirty OU nasty trick; **faire une ~ à qqn** to play a dirty OU nasty trick on sb. -**3.** TECH: **la ~, les ~s** [scories] scum, dross, slag; [résidus] scale. -**4.** MÉD: **~ sénile** senile keratosis || VÉTÉR: **~ des porcelets** keratosis of pigs.
◇ *adj fam* [ignorance, stupidité] crass; **d'une ignorance ~** abysmally ignorant, pig-ignorant.
crasseux, euse [krasø, øz] *adj* [mains, vêtements] filthy, grimy, grubby; [maison] filthy, squalid; [personne] filthy; **une cuisinière toute crasseuse** a stove caked with dirt.
◆ **crasseux**▽ *nm* comb.
crassier [krasje] *nm* slag heap.
cratère [kratɛr] *nm* ANTIQ & GÉOG crater.
cratériforme [krateriform] *adj* crater-shaped.
cravache [kravaʃ] *nf* (riding) switch, riding crop, horsewhip.
◆ **à la cravache** *loc adv* ruthlessly, with an iron hand.
cravacher [3] [kravaʃe] ◇ *vt* [cheval] to use the whip on; [personne] to horsewhip.
◇ *vi fam* -**1.** [en voiture] to belt along, to go at full tilt OU speed. -**2.** [travailler dur] to slog *Br* OU to plug *Am* away.
cravate [kravat] *nf* -**1.** VÊT tie, necktie *Am*; **en costume et ~** wearing a suit and a tie ❑ **s'en envoyer OU s'en jeter un derrière la ~** *fam* to knock back a drink. -**2.** *loc*: **~ de chanvre** *fam* hangman's noose.
cravater [3] [kravate] *vt* -**1.** VÊT [homme] to put a tie on. -**2.** [attraper par le cou] to grab by the neck; SPORT to get in a headlock, to put a headlock on. -**3.** ▽ [arrêter]: **se faire ~** to get nabbed. -**4.** ▽ [voler] to pinch, to swipe; **je me suis fait ~ mes papiers** someone's pinched OU swiped my papers.
◆ **se cravater** *vp (emploi réfléchi)* to put on a tie.
crawl [krol] *nm* crawl; **faire du OU nager le ~** to do OU to swim the crawl.
crawlé [krole] *adj* → **dos**.
crawler [3] [krole] *vi* to do OU to swim the crawl.
crawleur, euse [krolœr, øz] *nm, f* crawl specialist *(swimmer)*.
crayeux, euse [krɛjø, øz] *adj* -**1.** GÉOL chalky. -**2.** [qui ressemble à la craie - teint] chalk-like; [- fromage] (hard and) chalky; **il avait un visage ~** he had a chalk-like complexion.
crayon [krɛjɔ̃] *nm* -**1.** [pour écrire, dessiner] pencil; **~ gras OU à mine grasse** soft lead pencil; **~ à OU de papier** lead pencil; **~ sec OU à mine sèche** dry lead pencil; **~ de couleur** coloured pencil, crayon; **~ à dessin** drawing pencil; **~ à lèvres** [rouge à lèvres] lipstick; [pour contours] lip pencil; **~ noir** [à papier] (lead) pencil; **~ pour les yeux** [à cils] eye OU eyeliner pencil; [à

sourcils] eyebrow pencil; **coup de ~** [rature] pencil stroke; [d'un artiste] drawing style; **avoir un bon coup de ~** to be good at drawing. -**2.** BX-ARTS [œuvre] pencil drawing, crayon-sketch; **~ lithographique** litho cray, grease pencil *Am*. -**3.** *litt* [ébauche]: **le premier ~ de son projet** the first rough outline OU draft of her project. -**4.** NUCL: **~ (combustible)** fuel rod OU pin. -**5.** OPT: **~ optique** OU **lumineux** electronic OU light pen; **~ hémostatique** styptic pencil. -**6.** PHARM: **~ (médicamenteux)** pencil; **~ au nitrate d'argent** silver-nitrate OU caustic pencil.

◆ **crayons** *fam nmpl* [cheveux]: **se faire tailler les ~s** to get a haircut.

◆ **au crayon** ◇ *loc adj* [ajout, trait] pencilled. ◇ *loc adv* [dessiner, écrire] in pencil; **écris-le au ~ dans ton cahier** pencil it in your notebook; **dessine-le au ~ sur mon plâtre** write it in pencil on my plaster cast; **dessiner qqch au ~ de couleur** to crayon sthg; **faire ses yeux au ~** to outline one's eyes with eye pencil.

crayon-feutre [krɛjɔ̃føtr] (*pl* **crayons-feutres**) *nm* felt-tip (pen).

crayon-lecteur [krɛjɔ̃lɛktœr] (*pl* **crayons-lecteurs**) *nm* electronic OU light pen.

crayonnage [krɛjɔnaʒ] *nm* -**1.** [gribouillis] scribble. -**2.** [esquisse] pencil sketch OU drawing.

crayonner [3] [krɛjɔne] *vt* -**1.** [dessiner rapidement] to sketch (in pencil); **il crayonna son visage sur la nappe** he made a quick pencil sketch of her face on the tablecloth. -**2.** [gribouiller - feuille, mur] to scribble on *(insép)*; **~ sur un bloc-notes** to doodle on a notepad. -**3.** [écrire - au crayon] to pencil; [- rapidement] to jot down *(sép)*.

crayonneur [krɛjɔnœr] *nm* sketch artist, cartoonist.

CRDP (*abr de* **centre régional de documentation pédagogique**) *nm* *local centre for educational resources.*

créance [kreɑ̃s] *nf* -**1.** FIN & JUR [dette] claim, debt; [titre] letter of credit; **~ exigible** debt due; **~ hypothécaire** debt secured by a mortgage; **~ irrécouvrable** bad debt. -**2.** *litt* [foi] credence; **donner ~ à qqch** [ajouter foi à] to give OU to attach credence to; [rendre vraisemblable] to lend credibility to.

créancier, ère [kreɑ̃sje, ɛr] *nm, f* creditor.

créateur, trice [kreatœr, tris] ◇ *adj* [esprit, pouvoir, divinité] creative; **imagination créatrice** creativity.

◇ *nm, f* [de mode, d'un produit, d'une pièce de théâtre] designer.

◆ **Créateur** *nm* RELIG: **le Créateur** the Creator, our Maker.

créatif, ive [kreatif, iv] ◇ *adj* [esprit] creative, imaginative, inventive; **une atmosphère créative** a creative atmosphere.

◇ *nm, f* [gén] creative person; [de publicité] designer.

créatine [kreatin] *nf* creatin, creatine.

créatinine [kreatinin] *nf* creatinine.

création [kreasjɔ̃] *nf* -**1.** [œuvre originale - bijou, parfum, vêtement] creation; COMM & INDUST new product; **nos nouvelles ~s** our new range. -**2.** THÉÂT [d'un rôle] creation; [d'une pièce] first production of, creation; **il y aura de nombreuses ~s au festival** a lot of new plays will be performed at the festival. -**3.** [fait de créer - une mode, un style] creation; [- un vêtement] designing, creating; [- une entreprise] setting up; [- une association] founding, creating; [- des emplois] creating, creation; **il y a eu 3 000 ~s d'emplois en mai** 3,000 new jobs were created in May; **il s'agit d'une ~ de poste** it's a newly created post. -**4.** BIBLE: **la ~** the Creation.

créativité [kreativite] *nf* -**1.** [qualité] creativity, creativeness, creative spirit. -**2.** LING creativity.

créature [kreatyr] *nf* -**1.** [personne ou bête créée] creature; **les ~s de Dieu** God's creatures. -**2.** [femme]: **~ de rêve** gorgeous creature ‖ *péj* creature. -**3.** [personne soumise] slave, tool; **tous sont des ~s du ministre** they're all tools of the Minister.

crécelle [kresɛl] *nf* rattle; **jouer de la ~** to play the rattle.

◆ **de crécelle** *loc adj*: **bruit de ~** grating sound; **une voix de ~** a grating OU rasping voice.

crécerelle [krɛsrɛl] *nf* kestrel.

crèche [krɛʃ] *nf* -**1.** [établissement préscolaire] day nursery *esp Br*, child-care center *Am*; [dans un centre sportif, magasin] crèche *Br*, day-care center *Am*; **notre université est pourvue d'une ~** there are crèche *Br* OU day-care *Am* facilities in our university. -**2.** [de la Nativité]: **~ (de Noël)** (Christ Child's) crib ‖ *litt* [mangeoire] manger, crib. -**3.** ▽ [chambre, maison] pad.

crécher▽ [18] [kreʃe] *vi* -**1.** [habiter] to live. -**2.** [loger temporairement] to doss down *Br*, to crash; **il faut qu'on trouve un endroit où ~** we need to find somewhere to doss down *Br* OU to crash; **je peux ~ chez toi ce soir?** can I crash at your place tonight?

crédence [kredɑ̃s] *nf* -**1.** [desserte d'église] credence (table), credenza. -**2.** [buffet] credenza.

crédibiliser [1] [kredibilize] *vt* to give credibility to.

crédibilité [kredibilite] *nf* credibility; **il n'a presque plus de ~ auprès des gens** his credibility (rating) is very low; **perdre sa ~** to lose one's credibility.

crédible [kredibl] *adj* credible, believable; **son histoire n'est pas ~** his story is unconvincing OU is hardly credible.

CRÉDIF, Crédif [kredif] (*abr de* **Centre de recherche et d'étude pour la diffusion du français**) *npr m* *official body promoting use of the French language.*

crédirentier, ère [kredirɑ̃tje, ɛr] *adj* *recipient of an allowance.*

crédit [kredi] *nm* -**1.** BANQUE [actif] credit; [en comptabilité] credit, credit side; **porter 100 francs au ~ de qqn** to credit sb OU sb's account with 100 francs, to credit 100 francs to sb OU sb's account; **j'ai 2 890 francs à mon ~** I am 2,890 francs in credit. -**2.** COMM [paiement différé, délai] credit; [somme allouée] credit; **~ sur six mois** six months' credit; **faire ~ à qqn** to give sb credit, to give credit to sb; **il n'a pas voulu me faire ~ pour la table** he wouldn't let me have the table on credit; **'la maison ne fait** OU **nous ne faisons pas ~'** 'no credit'; **accorder/obtenir un ~** to grant/to obtain credit; **j'ai pris un ~ sur 25 ans pour la maison** I've got a 25 year mortgage on the house; **la banque pratique des ~s** [sur un compte courant] the bank grants overdrafts; [prêts] the bank grants loans ❑ **~ à court/long terme** long-term/short-term credit; **~ gratuit/illimité** free/unlimited credit; **~ fournisseur** OU **inter-entreprises** supplier credit; **~ acheteur** export customer credit; **~ bancaire** bank credit; **~ en blanc** blank credit, loan without security, unsecured loan; **~ à la consommation** consumer credit; **~ croisé** BOURSE swap agreement; **~ documentaire** documentary credit; **~ à l'exportation** export credit; **~ d'impôt** tax rebate OU credit *(for bondholders)*; **~ personnalisé** individual OU personal credit arrangement OU facility; **~ public** public loan; **~ relais, ~-relais** bridging loan. -**3.** *sout* [confiance, estime] credibility, esteem; **jouir d'un grand ~ auprès de qqn** to be high in sb's esteem; **connaître un grand ~** [idée, théorie] to be widely accepted OU held; **il n'a plus aucun ~** he's lost all credibility; **elle comptait sur son ~ pour faire accepter l'idée** she was relying on her influence to get her idea accepted; **donner du ~ aux propos de qqn** to give credence to what sb says; **trouver ~ auprès de qqn** [personne] to win sb's confidence; [histoire] to find credence with OU to be believed by sb.

◆ **crédits** *nmpl* [fonds] funds; **l'enseignement a besoin de plus de ~s** education needs more funding; **on s'attend à une réduction des ~s pour les bibliothèques** a reduction in funding for libraries is to be expected; **accorder des ~s** to grant OU to allocate funds ‖ [autorisation de dépenses]: **~s budgétaires** supplies; **voter des ~s** to vote supplies.

◆ **à crédit** ◇ *loc adj*: **vente à ~** sale on credit. ◇ *loc adv* -**1.** COMM: **acheter à ~** to buy on credit; **vendre qqch à ~** to sell sthg on credit. -**2.** UNIV *Can* credit.

◆ **à mon crédit, à son crédit** *etc loc adv* to my/her *etc* credit; **c'est à mettre** OU **porter à son ~** one must credit him with it.

◆ **de crédit** *loc adj* [agence, établissement] credit *(modif)*.

crédit-bail [kredibaj] (*pl* **crédits-bails**) *nm* leasing.

créditer [3] [kredite] *vt* -**1.** BANQUE [somme] to credit to sb's account, to credit sb's account with. -**2.** SPORT to credit with; **on a crédité le coureur de 10 secondes** the runner has been credited with 10 seconds. -**3.** *fig*: **être crédité de** to be given credit OU to get the praise for; **c'est lui qui en sera crédité** he'll get (all) the credit for it.

créditeur, trice [kreditœr, tris] ◇ *adj* [solde] credit *(modif)*; **avoir un compte ~** to have an account in credit.

◇ *nm, f* customer in credit, credit-worthy customer.

credo [kredo] *nm inv* -**1.** [principe] credo, creed; **~ politique** political creed OU credo; **c'est mon ~** it's the thing I most fervently believe in. -**2.** RELIG: **le Credo** the (Apostles') Creed.

crédule [kredyl] *adj* gullible, credulous; **que tu es ~!** you'll believe anything!

crédulité [kredylite] *nf* gullibility, credulity.

créer [15] [kree] *vt* -**1.** [inventer, concevoir - personnage, style] to create; [- machine] to invent; [- vêtement] to create, to design; [- mot] to invent, to coin; **c'est lui qui a créé la formule** he coined the phrase OU expression; **écharpe/bague créée par Mélodie** scarf/ring created by Mélodie. -**2.** THÉÂT [rôle] to create, to play for the first time; [pièce] to produce for the first (time). -**3.** [occasionner, engendrer - emploi, différences, difficultés] to create; [- poste] to create, to establish; [- atmosphère] to create, to bring about *(insép)*; [- tension] to give rise to; [- précédent] to set; **~ des ennuis** OU **difficultés à qqn** to create problems for OU to cause trouble to sb; **il ne nous a créé que des ennuis** he's given us nothing but trouble; **cela crée des jalousies** it causes jealousy; **elle a créé la surprise en remportant le match** she caused a sensation by winning the match. -**4.** [fonder - association, mouvement] to create, to found; [- entreprise] to set up *(sép)*; [- État] to establish, to create.

◆ **se créer** ◇ *vp* *(emploi passif)* [être établi] to be set up OU created; **des associations se créent un peu partout** societies are being founded OU set up almost everywhere.

◇ *vpt*: **se ~ une image** to create an image for o.s.; **il s'est créé un monde à lui** he's created a world of his own; **se ~ une excuse** to invent an excuse for o.s.; **se ~ une clientèle** to build up a clientele.

crémage [kremaʒ] *nm* -**1.** [du lait] creaming. -**2.** TEXT tinting, dying.

crémaillère [kremajɛr] *nf* -**1.** [de cheminée] trammel (hook). -**2.** AUT & MÉCAN rack. -**3.** RAIL rack.

◆ **à crémaillère** *loc adj*: **engrenage/direction à ~** rack (and pinion) gearing/steering; **chemin de fer à ~** rack railway.

crémant [kremɑ̃] ◇ *adj m* slightly sparkling. ◇ *nm* Crémant wine.

crémation [kremasjɔ̃] *nf* cremation.

crématoire [krematwar] ◇ *adj* crematory. ◇ *nm* cremator *Br*, cinerator *Am*.

crématorium [krematɔrjɔm] *nm* crematorium *Br*, crematory *Am*.

crème [krɛm] ◇ *nf* -**1.** CULIN [préparation] cream; [entremets] cream (dessert); [peau du lait] skin; **~ au chocolat/citron** chocolate/lemon cream ❑ **~ anglaise** custard; **~ au beurre** butter cream; **~ brûlée** crème brûlée; **~ (au)**

caramel crème caramel; ~ Chantilly sweetened chilled whipped cream; ~ épaisse double *Br* OU heavy *Am* cream; ~ fouettée whipped cream; ~ fraîche dairy OU fresh cream; ~ glacée ice-cream; ~ du lait top of the milk; ~ liquide single cream; ~ pâtissière confectioner's custard; ~ renversée custard cream *Br*, cup custard *Am*; la ~ de *fam*: c'est la ~ des maris he's the perfect husband; ses grands-parents, c'est la ~ des gens his grandparents are wonderful people. -2. [potage]: ~ de brocoli cream of broccoli soup; ~ de poireaux cream of leek soup. -3. [boisson]: ~ de cassis crème de cassis; ~ de cacao/menthe crème de cacao/menthe. -4. [cosmétique] cream; ~ (de soins) pour les mains/le visage hand/face cream; ~ antirides anti-wrinkle cream; ~ de beauté beauty OU skin cream; ~ décolorante bleaching cream; ~ dépilatoire hair removing cream; ~ hydratante moisturizing cream, moisturizer; ~ médicinale treatment cream; ~ à raser shaving cream.

◇ *adj inv* off-white, cream, cream-coloured.

◇ *nm* -1. [couleur] cream (colour). -2. *fam* [café] white coffee *Br*, coffee with milk OU cream; un grand/petit ~ a large/small cup of white coffee.

◆ **à la crème** *loc adj* [gâteau] cream *(modif)*; framboises à la ~ raspberries and cream; veau à la ~ veal with cream sauce.

crémerie [krɛmri] *nf* -1. [boutique] *shop selling cheese and other dairy products.* -2. *vieilli* [café, restaurant] café.

crémeux, euse [kremø, øz] *adj* -1. [onctueux] creamy, unctuous, smooth. -2. [gras - fromage] soft.

crémier, ère [kremje, ɛr] *nm, f* dairyman (*f* dairywoman).

crémone [kremɔn] *nf* espagnolette.

créneau, x [kreno] *nm* -1. ARCHIT [creux] crenel (embrasure), crenelle; [bloc de pierre] crenellation; les ~x the crenellations OU battlements; à ~x crenellated ❑ monter au ~ *fam* to step into the breach. -2. [meurtrière] slit, loophole; ~ de visée aiming slit. -3. AUT [espace] gap, (parking) space; faire un ~ to reverse into a (parking) space *Br*, to parallel park *Am*. -4. RAD & TV [temps d'antenne] slot; ~ horaire/publicitaire time/advertizing slot; l'émission occupera le ~ 20-22 h the programme will be slotted in between 8 p.m. and 10 p.m. || [dans un emploi du temps] slot, gap. -5. ÉCON gap (in the market), opening; trouver un bon ~ to find a good opening (in the market).

crénelage [krɛnlaʒ] *nm* -1. [fait d'entailler] milling *(U)*. -2. [entailles] milled edge.

crénelé, e [krɛnle] *adj* -1. ARCHIT crenelated, crenellated. -2. BOT crenate, scalloped. -3. MÉTALL notched; [pièce de monnaie] milled.

créneler [24] [krɛnle] *vt* -1. ARCHIT to crenellate. -2. MÉTALL to notch; [pièce de monnaie] to mill.

crénelure [krɛnlyr] *nf* -1. ARCHIT crenellation. -2. MÉTALL notch.

crénom *fam* [krenɔ̃] *interj vieilli*: ~ (de nom OU de Dieu)! [d'impatience] for God's OU Pete's sake!; [de colère] damn it!; [de surprise] blimey! *Br*, holy cow! *Am*.

créole [kreɔl] *adj* creole.

◆ **Créole** *nmf* Creole.

◆ **créole** *nm* LING creole.

créosote [kreɔzɔt] *nf* creosote.

créosoter [3] [kreɔzɔte] *vt* to creosote.

crêpage [krɛpaʒ] *nm* -1. [fait d'apprêter - un tissu] crimping; [- un papier] cockling OU crinkling (up). -2. [des cheveux] backcombing; ~ de chignon [coups] fight OU set-to *(between women)*; attention au ~ de chignon! be careful the women don't come to blows!

crêpe[1] [krɛp] *nm* -1. TEXT crepe, crêpe; ~ de Chine crepe de Chine; ~ de deuil OU noir black mourning crepe; porter un ~ [brassard] to wear a black armband; [au revers de la veste] to wear a black ribbon; [sur le chapeau] to wear a black hatband. -2. [caoutchouc] crepe rubber.

◆ **de crêpe** *loc adj* -1. [funéraire] mourning; voile de ~ mourning veil. -2. [chaussures, semelle] rubber *(modif)*.

crêpe[2] [krɛp] *nf* CULIN pancake; ~ au beurre/sucre pancake with butter/sugar; ~ au jambon et aux champignons pancake filled with ham and mushrooms ❑ ~ dentelle *light very thin pancake*; ~ Suzette crêpe suzette.

crêpelé, e [krɛple] *adj* [ondulé] frizzy; [à l'africaine] afro.

crêpelure [krɛplyr] *nf* [ondulations] frizziness; [à l'africaine] Afro hairstyle.

crêper [4] [krepe] *vt* -1. [cheveux] to backcomb. -2. TEXT to crimp, to crisp. -3. [papier] to cockle OU to crinkle (up).

◆ **se crêper** *vpt*: se ~ les cheveux to backcomb one's hair ❑ se ~ le chignon *fam* to have a go at each other OU a bust-up.

crêperie [krɛpri] *nf* [restaurant] pancake restaurant, creperie; [stand] pancake stall.

crépi, e [krepi] *adj* roughcast *(modif)*.

◆ **crépi** *nm* roughcast.

crêpier, ère [krepje, ɛr] *nm, f* [d'un restaurant] pancake restaurant owner; [d'un stand] pancake maker OU seller.

◆ **crêpière** *nf* [poêle] pancake pan; [plaque] griddle.

crépine [krepin] *nf* -1. ZOOL & CULIN caul. -2. TECH strainer.

crépinette [krepinɛt] *nf* CULIN flat sausage *(in a caul)*.

crépir [32] [krepir] *vt* to roughcast.

crépissage [krepisaʒ] *nm* roughcasting.

crépitation [krepitasjɔ̃] *nf* MÉD: ~ osseuse crepitation, crepitus; ~ pulmonaire lung crepitation.

◆ **crépitations** *nfpl* [d'un feu, de coups de feu] crackle, crackling.

crépitement [krepitmɑ̃] *nm* [d'un feu] crackle, crackling; [d'une fusillade] rattle; [d'une friture] splutter; [de la pluie] pitter-patter; les ~s de la grêle sur les feuilles the pattering of hail on the leaves.

crépiter [3] [krepite] *vi* -1. [feu, coups de feu] to crackle; [pluie] to patter; [friture] to splutter. -2. MÉD to crepitate.

crépon [krepɔ̃] *nm* -1. [papier] crepe paper. -2. TEXT crepon, seersucker.

CREPS, Creps [krɛps] (*abr de* centre régional d'éducation physique et sportive) *nm regional sports centre.*

crépu, e [krepy] *adj* [cheveux] frizzy; il est ~ he's got frizzy hair.

crépusculaire [krepyskylɛr] *adj* -1. *litt* [lueur, moment] twilight *(modif)*; une beauté ~ *fig* a fading beauty. -2. ZOOL crepuscular.

crépuscule [krepyskyl] *nm* -1. [fin du jour] twilight, dusk. -2. ASTRON [lumière - du soir] twilight; [- du matin] dawn light. -3. MUS: 'le Crépuscule des dieux' *Wagner* 'Götterdämmerung', 'Twilight of the Gods'.

◆ **au crépuscule de** *loc prép litt*: au ~ de sa vie/du siècle in the twilight of his life/the closing years of the century.

crescendo [kreʃɛndo, kreʃẽdo] ◇ *nm* -1. MUS crescendo; faire un ~ to go crescendo; ça se joue en ~ it must be played crescendo. -2. [montée] escalation; pour enrayer le ~ de la violence to stop the rising tide OU the escalation of violence.

◇ *adv* crescendo; aller ~ [notes] to go crescendo; [bruits, voix] to grow louder and louder; [violence] to rise, to escalate; [mécontentement] to reach a climax.

cresson [kresɔ̃] *nm* BOT & CULIN cress; ~ (d'eau OU de fontaine) water cress; ~ de jardin OU de terre garden cress, (American) land cress; ~ des prés cardamine, lady's smock.

cressonnette [kresɔnɛt] *nf* cardamine, lady's smock.

cressonnière [kresɔnjɛr] *nf* (water) cress bed.

crésus [krezys] *nm* Croesus, rich man.

Crésus [krezys] *npr* Croesus.

Crésyl® [krezil] *nm* disinfectant *(containing cresol)*.

crêt [krɛt] *nm* hogsback.

crétacé, e [kretase] *adj* Cretaceous.

◆ **crétacé** *nm* Cretaceous (period).

Crète [krɛt] *npr f*: (la) ~ Crete.

crête [krɛt] *nf* -1. ORNITH [d'oiseau] crest; [de volaille] comb. -2. MIL [d'un casque] crest. -3. [haut - d'une montagne, d'un toit] crest, ridge; [- d'un mur] crest, top; [- d'une vague] crest; ~ de plage OU prélittorale GÉOG watershed. -4. ANAT: ~ du tibia OU iliaque edge OU crest of the shin. -5. SC peak.

crêté, e [krete] *adj litt* [oiseau, casque] crested.

crête-de-coq [krɛtdəkɔk] (*pl* crêtes-de-coq) *nf* -1. BOT cockscomb. -2. MÉD venereal papilloma.

crétin, e [kretɛ̃, in] ◇ *adj* moronic.

◇ *nm, f* -1. [imbécile] moron, cretin. -2. MÉD & *vieilli* cretin.

crétinerie [kretinri] *nf* -1. [comportement] stupidity, idiocy, moronic behaviour. -2. [acte] idiotic thing (to do); [propos] idiotic thing (to say).

crétinisant, e [kretinizɑ̃, ɑ̃t] *adj* [abêtissant] mind-numbing, mind-numbingly stupid.

crétiniser [3] [kretinize] *vt* [public] to turn into morons; [personne] to turn into a moron.

crétinisme [kretinism] *nm* -1. [caractère] stupidity, idiocy. -2. MÉD & *vieilli* cretinism.

crétois, e [kretwa, az] *adj* Cretan.

◆ **Crétois, e** *nm, f* Cretan.

cretonne [krətɔn] *nf* cretonne.

creusement [krøzmɑ̃] *nm* [d'un trou] digging; [d'un canal] digging, cutting; [d'un puits] digging, sinking.

creuser [3] [krøze] *vt* -1. [excaver - puits, mine] to dig, to sink; [- canal] to dig, to cut; [- tranchée] to dig, to excavate; [- sillon] to plough; [- passage souterrain, tunnel] to make, to bore, to dig; ~ un trou [à la pelle] to dig a hole (with a shovel); [en grattant] to scratch a hole; ~ un terrier to burrow; la taupe creuse un chemin sous terre moles make tunnels underground; ils ont creusé une piscine dans leur jardin they've made OU built a swimming pool in their garden; les marches ont été creusées à même la roche the steps have been carved out of the rock; la carrière a été creusée à ciel ouvert it's an opencast quarry; la rivière a creusé son lit the river has hollowed out its bed; ~ sa propre tombe *fig* to dig one's own grave; ça a creusé un abîme OU fossé entre eux this has opened up a gulf between them; ~ l'écart entre soi et le reste du peloton/de ses concurrents to widen the gap between o.s. and the rest of the bunch/and one's competitors; ~ sa tombe avec ses dents to eat o.s. into an early grave. -2. [faire un trou dans - gén] to hollow (out); [- avec une cuillère] to scoop (out); ~ la terre to dig (a hole in) the earth. -3. [ployer]: ~ les reins OU le dos to arch one's back; ~ la taille to exaggerate one's waist. -4. [marquer - traits du visage]: joues creusées par la souffrance cheeks sunken with pain; le visage creusé par la fatigue his face hollow with fatigue; des rides lui creusaient le front her brow was furrowed with wrinkles. -5. *fam* [ouvrir l'appétit de] to make hungry; la marche m'a creusé the walk gave me an appetite OU whetted my appetite OU made me feel hungry || *(en usage abs)*: les émotions, ça creuse! *hum* excitement gives you an appetite! -6. [approfondir - idée] to look OU to go into *(insép)*; [- problème, question] to look OU to delve into *(insép)*; tu n'as pas assez creusé l'aspect sociologique du problème you didn't go into enough detail about the sociological aspect of the problem || *(en usage abs)*: il paraît intelligent, mais il vaut mieux ne pas ~ (trop loin) he seems intelligent, but it might be better not to go into it too deeply. -7. COUT [décolleté] to make deeper OU lower; [emmanchure] to make bigger.

◆ **se creuser** ◇ *vp (emploi réfléchi)*: tu ne t'es pas beaucoup creusé pour écrire ce texte! you didn't overtax yourself when you wrote this text! ❑ se ~ la tête ou la cervelle *fam* to rack one's brains.

◇ *vpi* -**1.** [yeux, visage] to grow hollow; [joues] to grow gaunt ou hollow; [fossettes, rides] to appear; **la mer commence à se ~** the sea's starting to swell. -**2.** [augmenter - écart] to grow bigger; **le fossé entre eux se creuse** the gap between them is widening.

creuset [krøzɛ] *nm* -**1.** PHARM & TECH crucible, melting pot; [d'un haut-fourneau] crucible, hearth. -**2.** [rassemblement] melting pot, mixture; **~ de cultures** a melting pot of cultures.

creux, euse [krø, krøz] *adj* -**1.** [évidé - dent, tronc] hollow; *fig*: **j'ai le ventre ~** my stomach feels hollow, I feel hungry; **je ne peux pas travailler quand j'ai le ventre** ou **l'estomac ~** I can't work on an empty stomach. -**2.** [concave - joues] hollow, gaunt; [- visage] gaunt; [- yeux] sunken, hollow; **aux joues creuses** hollow-cheeked; **aux yeux ~** hollow-eyed; **une assiette creuse** a soup dish; **un chemin ~** a sunken lane. -**3.** [qui résonne - voix] cavernous, hollow; [- son] hollow. -**4.** *péj* [inconsistant - discours, phrases] empty, meaningless; [- promesses] hollow, empty; [- argumentation] weak. -**5.** [sans activité]: **périodes creuses** [au travail] slack periods; [dans une tarification] off-peak periods; **pendant la saison creuse** [pour le commerce] during the slack season; [pour les vacanciers] during the off-peak season; **heures creuses**: **la communication/le trajet aux heures creuses ne vous coûtera que 15 F** the phone call/journey will cost you only 15 F off-peak. -**6.** COUT [pli] inverted.

◆ **creux** ◇ *nm* -**1.** [trou - dans un roc] hole, cavity; [- d'une dent, d'un tronc] hollow (part), hole, cavity; **la route est pleine de ~ et de bosses** the road is bumpy ou is full of potholes; **avoir un ~ (à l'estomac)** *fam* to feel peckish *Br* ou a bit hungry. -**2.** [concavité - d'une main, d'une épaule] hollow; [- de l'estomac] pit; **il a bu dans le ~ de ma main** it drank out of my hand; **j'ai mal dans le ~ du dos** ou **des reins** I've a pain in the small of my back; **le ~ de l'aisselle** the armpit. -**3.** [dépression - d'une courbe, d'une vague] trough; **il y avait des ~ de dix mètres** [sur la mer] there were waves ten metres high. -**4.** [inactivité] slack period; **il y a un ~ des ventes en janvier** business slows down ou slackens off in January; **j'ai un ~ dans mon emploi du temps entre deux et quatre** I've got a gap in my timetable between two and four. -**5.** BX-ARTS mould. -**6.** NAUT [d'une voile] belly.
◇ *adv*: **sonner ~** to give ou to have a hollow sound.

◆ **au creux de** *loc prép*: **au ~ de ses bras** (nestled) in his arms ❑ **au ~ de la vague** *pr* in the trough of the wave; **être au ~ de la vague** *fig* [entreprise, personne] to be going through a bad patch.

crevaison [krəvɛzɔ̃] *nf* puncture *Br*, flat *Am*; **avoir une ~** to have a puncture ou a flat tyre *Br*, to have a flat *Am*.

crevant, e *fam* [krəvɑ̃, ɑ̃t] *adj* -**1.** [pénible - travail] exhausting, backbreaking; [- enfant] exhausting. -**2.** [drôle - personne] killing, priceless; [- histoire, spectacle] killing, side-splitting; **elle est ~e, sa gamine** her kid's a scream ou riot.

crevard, e▽ [krəvar, ard] *nm, f* [personne famélique] half-starved wretch.

crevasse [krəvas] *nf* -**1.** GÉOG [dans le sol] crevice, fissure, split; [sur un roc] crack, crevice, fissure; [d'un glacier] crevasse. -**2.** [sur les lèvres, les mains] crack, split; **mes doigts sont couverts de ~s** my fingers are badly chapped.

crevassé, e [krəvase] *adj* -**1.** [sol] cracked, fissured. -**2.** [peau] chapped.

crevasser [3] [krəvase] *vt* -**1.** [sol] to cause cracks ou fissures in. -**2.** [peau] to chap.

◆ **se crevasser** *vpi* -**1.** [sol] to become cracked. -**2.** [peau] to become chapped.

crevé, e [krəve] *adj* -**1.** [pneu] flat, punctured; [tympan] pierced; [ballon] burst; **les yeux ~s** with gouged-out eyes; **j'ai un pneu ~** I've got a puncture *Br* ou flat *Am*. -**2.** [mort - animal] dead. -**3.** [fatigué] shattered *Br*, bushed *Am*.

◆ **crevé** *nm* COUT slash.

◆ **à crevés** *loc adj* [chaussure, manche] slashed.

crève *fam* [krɛv] *nf* [rhume] bad cold; **j'ai la ~** I've got a bad cold; **attraper** ou **choper la ~** to catch cold; **tu vas attraper la ~** you'll catch your death (of cold).

crève-cœur [krɛvkœr] *nm inv*: **c'est un ~ de les voir** it's a heartbreaking ou heart-rending sight to see them; **c'est un ~ d'entendre cela** it's heartbreaking ou heart-rending to hear this.

crève-la-faim *fam* [krɛvlafɛ̃] *nm inv* half-starved wretch.

crever [19] [krəve] ◇ *vt* -**1.** [faire éclater - abcès] to burst (open); [- bulle, ballon, sac] to burst; [- pneu] to puncture, to burst; [- tympan] to puncture, to pierce; **un cri vint ~ le silence** a cry pierced ou rent the silence; **le toit de la grange crevé par la grêle** the barn roof torn open by the hail storm; **~ un œil à qqn** [agression] to gouge ou to put out sb's eye; [accident] to blind sb in one eye; **cela crève le cœur** it's heartbreaking ou heart-rending; **tu me crèves le cœur!** you're breaking my heart!; **la viande rouge? il s'en ferait ~ la panse!** *fam* he could stuff himself with red meat until he burst! ❑ **ça crève les yeux** *fam* [c'est évident] it's as plain as the nose on your face, it sticks out a mile; [c'est visible] it's staring you in the face, it's plain for all to see; **~ la peau**▽ ou **paillasse**▽ **à qqn** to do sb in; **~ le plafond** [prix] to go through the roof; **~ l'écran** [acteur] to have great presence (on the screen). -**2.** *fam* [fatiguer] to wear out; **ce boulot/gosse me crève** this job/kid is wearing me out; **c'est ce rhume qui m'a crevé** that cold did me in; **ça vous crève, les transports en commun!** using public transport wears you out!; **~ sa monture** to ride one's horse to death; **~ ses bœufs** to work one's oxen to death. -**3.** *loc*: **~ la faim** *fam* [par pauvreté] to be starving; **~ la dalle**▽ [avoir faim] to be starving ou famished.
◇ *vi* -**1.** [éclater - pneu] to puncture; [- ballon, bulle, nuage] to burst; [- abcès] to burst; **on a crevé sur la rocade** *fam* we had a puncture *Br* ou a flat *Am* on the bypass; **faire ~ du riz** CULIN to burst rice. -**2.** ▽ [mourir] to snuff it *Br*, to kick the bucket; **qu'il crève!** to hell with him!; **aide-moi — tu peux toujours ~ (la gueule ouverte)!** help me — go to hell!; **ils me laisseraient ~ comme un chien** they'd just let me die like a dog; **on monte jusqu'au sommet — tu veux me faire ~!** let's go up to the top — do you want to kill me? -**3.** [mourir - animal, végétal] to die (off); **faire ~ qqch** to kill sthg (off); **les moutons crevaient tous** the sheep were all dying.

◆ **crever de** *fam v + prép* -**1.** [éprouver]: **~ de faim** [par pauvreté] to be starving; [être en appétit] to be starving ou famished; **~ de soif** to be parched; **je crève (de chaud)!** I'm baking ou boiling!; **on crève de froid ici** it's freezing cold ou you could freeze to death here; **faire ~ qqn de faim** to starve sb to death; **~ d'ennui** to be bored to death; **c'est à ~ de rire** it's a hoot ou scream ou riot; **~ de peur/d'inquiétude** to be scared/worried to death. -**2.** [être plein de]: **~ de jalousie** to be eaten up with jealousy; **~ d'orgueil** to be puffed up ou bloated with pride; **~ de suffisance** to be puffed up ou bloated with self-importance; **je crève d'impatience de le voir** I can't wait to see him; **~ d'envie de faire qqch** to be dying to do sthg; **je ne veux pas de gâteau — mais si, tu en crèves d'envie** I don't want any cake — oh yes you do, you're dying for some.

◆ **se crever** *fam vp (emploi réfléchi)*: **se ~ au boulot** ou **à la tâche** to work o.s. to death; **je ne me suis pas crevé à l'usine pendant 40 ans pour que mon fils en fasse autant!** I didn't slave away ou slog my guts out *Br* in a factory for 40 years just so my son could do the same! ❑ **se ~ le cul**▼ to slog away *Br*, to bust one's ass *Am*.

crevette [krəvɛt] *nf*: **~ d'eau douce** (freshwater) shrimp; **~ grise** shrimp; **~ nordique** deep-water ou northern prawn; **~ rose** (common) prawn.

crevettier [krəvɛtje] *nm* -**1.** [filet] shrimping net. -**2.** [bateau] shrimper, shrimp boat.

crevoter *fam* [3] [krəvɔte] *vi Helv* to vegetate.

CRF *npr f abr de* **Croix-Rouge française**.

cri [kri] *nm* -**1.** [éclat de voix - gén] cry; [- puissant] shout, yell; [- perçant] shriek, scream; **un petit ~ aigu** a squeak; **un ~ perçant** a shriek; **un ~ rauque** a squawk; **les ~s des rues** street cries; **des ~s lui parvenaient du jardin** he could hear somebody shouting in ou cries coming from the garden; **qu'est-ce que c'est que tous ces ~s?** what is all this shouting ou noise about?; **~ de douleur** cry ou scream of pain; **~ de joie** cry ou shout of joy; **~ d'indignation** cry ou scream of indignation; **~ d'horreur** shriek ou scream of horror; **jeter** ou **pousser un ~** to cry out; **pousser un ~ de joie/douleur** to cry out with joy/in pain ❑ **pousser des ~s** *pr* to cry out, to shout; *fig* to make loud protests; **jeter** ou **pousser des hauts ~s** to raise the roof, to raise a hue and cry, to kick up a fuss; **pousser des ~s d'orfraie** ou **de paon** [hurler] to screech like a thing possessed; [protester] to raise the roof. -**2.** ZOOL [d'un oiseau] call; [d'un petit oiseau] chirp; [d'une chouette, d'un paon, d'un singe] screech; [d'une mouette] cry; [d'un dindon] gobble; [d'un perroquet] squawk; [d'un canard] quack; [d'une oie] honk; [d'une souris] squeak; [d'un porc] squeal; **quel est le ~ de la chouette?** what noise does the owl make?; **'le Cri'** *Munch* 'The Scream'. -**3.** [parole] cry; **~ d'amour** cry of love; **~ d'avertissement** warning cry; **~ de détresse** cry of distress; **jeter** ou **lancer un ~ d'alarme** to warn against the danger; **défiler au ~ de «des sous, des sous!»** to march chanting "more money now!" ❑ **~ du cœur** cri de coeur, cry from the heart.

◆ **à grands cris** *loc adv*: **appeler qqn à grands ~s** to shout for sb; **demander** ou **réclamer qqch à grands ~s** to cry out ou to clamour for sthg.

◆ **dernier cri** ◇ *loc adj* [voiture, vidéo] state-of-the-art; **il s'est acheté des chaussettes dernier ~** he bought the latest thing in socks.
◇ *nm inv*: **c'est le dernier ~** [vêtement] it's the (very) latest vogue ou fashion ou thing; [machine, vidéo] it's state-of-the-art.

criaillement [kriajmɑ̃] *nm* ORNITH [d'une oie] honk; [d'un paon] screech; [d'un faisan] cry; **les ~s des volatiles le réveillaient dès l'aube** the noise of birds would wake him up at dawn.

◆ **criaillements** *nmpl* [bruit de dispute] screeching, shrieking.

criailler [3] [kriaje] *vi* -**1.** *fam* [crier sans cesse] to screech, to shriek; **~ après qqn** to shriek at sb. -**2.** ORNITH [faisan] to cry; [oie] to honk; [paon] to squawk, to screech.

criailleries [kriajri] *nfpl* [de dispute] screeching, shrieking.

criailleur, euse *fam* [kriajœr, øz] *adj* screeching, shrieking.

criant, e [krijɑ̃, ɑ̃t] *adj* [erreur] glaring; [mauvaise foi, mensonge] blatant, glaring, rank *adj*; [parti pris] blatant; [différence, vérité] obvious, striking; [injustice] flagrant, blatant, rank; [preuve] striking, glaring.

criard, e [krijar, ard] *adj* -**1.** [bruyant - enfant] squalling; [- oiseau] screeching; [- voix] shrill, piercing; **un enfant ~** a noisy child. -**2.** [vif - couleur] loud, garish; [- tenue] garish, gaudy. -**3.** [urgent - dettes] pressing.

crib [krib] *nm* AGR crib.

criblage [kriblaʒ] *nm* -**1.** [tamisage - de sable, de grains] riddling, sifting; [- de charbon] riddling, screening, sifting; [- d'un minerai] screening, jigging. -**2.** [calibrage - de fruits, d'huîtres] grading.

crible [kribl] *nm* [pour des graines, du sable] riddle, sift; [pour un charbon, un minerai] screen; **passer au ~** [charbon] to riddle, to screen, to sift; [grains, sable] to riddle, to sift; [fruits, œufs] to grade; [région] to go over with a fine-tooth comb, to comb; [preuves] to sift OU to examine closely; [document] to examine closely, to go over with a fine-tooth comb; [candidat] to screen (for a job).

cribler [3] [krible] *vt* -**1.** [tamiser - sable, grains] to riddle, to sift; [- minerai] to screen, to jig; [- charbon] to riddle, to screen. -**2.** [calibrer - fruits, œufs] to grade. -**3.** ~ de [trouer de]: ~ **qqch de trous** to riddle sthg with holes; ~ **qqn de balles** to riddle sb with bullets; ~ **qqch de flèches** to shoot sthg full of arrows; **la façade est criblée d'impacts de balles** the facade is riddled with bullet holes. -**4.** ~ de [assaillir de]: ~ **qqn de coups** to rain blows on sb; ~ **qqn de questions** to bombard sb with questions, to fire questions at sb; ~ **qqn de reproches** to heap reproaches on sb. -**5. être criblé de** [accablé de] to be covered in; **être criblé de dettes** to be crippled with debt, to be up to one's eyes in debt.

cribleur [kriblœr] *nm* [personne] screener, sifter; [machine] sifter, sifting machine.

cric[1] [krik] *onomat* [bruit de déchirement] rip, crack; ~ **(crac)!** [tour de clé] click!

cric[2] [krik] *nm* AUT (car) jack; **mettre une voiture sur** OU **élever une voiture avec un** ~ to jack a car up ❑ ~ **hydraulique/à vis** hydraulic/screw jack.

cricket [krikɛt] *nm* SPORT cricket; **jouer au** ~ to play cricket.

cricri [krikri] *nm* -**1.** *fam* [grillon] cricket. -**2.** [cri du grillon] chirp, chirp-chirp.

criée [krije] *nf* fish market *(where auctions take place)*.

◆ **à la criée** ◇ *loc adj*: **une vente à la** ~ an auction.

◇ *loc adv* by auction; **vendre du thon à la** ~ to auction off tuna.

crier [10] [krije] ◇ *vi* -**1.** [émettre un son - gén] to cry (out); [- d'une voix forte] to shout, to yell; [- d'une voix perçante] to scream, to screech, to shriek; **il n'a même pas crié quand on lui a fait la piqûre** he didn't even cry out when he got the injection; **ne crie pas, je ne suis pas sourd!** there's no need to shout OU yell, I'm not deaf!; **ne fais pas** ~ **ta mère!** don't get your mother angry!; **ça crie, ta radio, baisse-la donc!** *fam* your radio's blaring, turn it down!; ~ **de douleur** to scream with OU to cry out in pain; ~ **de joie** to shout for joy; ~ **de plaisir** to cry out with pleasure ❑ ~ **comme un sourd** *fam* to shout one's head off; ~ **comme un damné** *fam* OU **putois** *fam* OU **veau** *fam* [fort] to shout OU to yell at the top of one's voice; [avec des sons aigus] to squeal like a stuck pig; [protester] to scream blue murder; ~ **à**: ~ **à l'injustice** to call it an injustice; ~ **au génocide** to call it a genocide, to brandish the word genocide; ~ **au miracle** to hail it as a miracle; ~ **au scandale** to call it a scandal, to cry shame; ~ **à l'assassin** to cry blue murder; ~ **au loup** to cry wolf; ~ **au voleur** to cry (stop) thief; ~ **à l'aide** OU **au secours** to shout for help. -**2.** ZOOL [oiseau] to call; [souris] to squeak; [porc] to squeal; [chouette, singe] to call, to screech; [perroquet] to squawk; [paon] to screech; [oie] to honk. -**3.** [freins, pneu] to squeak, to screech; [cuir, craie] to squeak; [charnière] to creak.

◇ *vt* -**1.** [dire d'une voix forte - avertissement] to shout OU to cry (out); [- insultes, ordres] to bawl OU to yell out *(sép)*; **il criait « arrêtez-le, arrêtez-le »** "stop him, stop him", he shouted; **elle nous cria de partir** she shouted at us to go; **quelqu'un criait «au feu!»** someone was shouting "fire!" ❑ **sans** ~ **gare** [arriver] without warning; [partir] without so much as a by-your-leave. -**2.** [faire savoir]: ~ **son innocence** to proclaim OU to protest one's innocence; ~ **son dégoût/horreur** to proclaim one's disgust/indignation; ~ **casse-cou** to point out the danger; ~ **famine** to complain of hunger; ~ **misère** [se plaindre] to complain of hardship; **ses oripeaux criaient misère** his rags betokened his impoverished state; ~ **victoire** to crow (over one's victory); ~ **contre** to complain OU to shout about *(insép)*; **ils crient contre la TVA** they're shouting about VAT ❑ ~ **qqch sur les toits** [le rendre public] to shout OU to proclaim sthg from the rooftops; [s'en vanter] to let everyone know about sthg; **ne va pas le** ~ **sur les toits!** there's no need to publicize it! -**3.** [demander]: ~ **vengeance** to call for revenge ❑ ~ **grâce** *pr* to beg for mercy; *fig* to cry for mercy; ~ **haro sur qqn** to call shame on sb; ~ **haro sur le baudet** to raise a hue and cry.

◆ **crier après** *fam v + prép* -**1.** [s'adresser à] to shout OU to yell at. -**2.** [réprimander] to scold.

crieur, euse [krijœr, øz] *nm, f* -**1.** [vendeur de journaux] newspaper seller OU vendor. -**2.** [dans une criée] auctioneer. -**3.** HIST: ~ **(public)** town crier.

crime [krim] *nm* -**1.** JUR [infraction pénale] crime, (criminal) offence; **commettre un** ~ to commit a crime ❑ **un** ~ **contre l'État** (high) treason OU a crime against the state; ~ **contre l'humanité** crime against humanity; ~ **contre la paix** crime against peace; ~ **de guerre** war crime; ~ **de lèse-majesté** *pr* act OU crime of lèse-majesté; **il n'a pas salué le patron,** ~ **de lèse-majesté!** *fig & hum* he didn't say hello to the boss, what a heinous crime!; ~ **politique** political offence. -**2.** [meurtre] murder; **c'est le** ~ **parfait** it's the perfect crime; **l'heure du** ~ the time of the murder; **le motif du** ~ the motive for the murder; **commettre un** ~ to commit a murder ❑ ~ **crapuleux** heinous crime; ~ **(à motif) sexuel** sex crime OU murder; ~ **passionnel** crime passionnel, crime of passion; **l'arme du** ~ the murder weapon. -**3.** [acte immoral, forfait] crime, act; **c'est un** ~ **de démolir ces églises** it's a crime OU it's criminal to knock down these churches; **son seul** ~ **est d'avoir dit tout haut ce que chacun pensait** his only crime OU fault was to say aloud what everybody was thinking; **ce n'est pas un** ~**!** it's not a crime!; **faire à qqn un** ~ **de qqch** *litt* to reproach sb with sthg ❑ ~ **contre nature** act OU crime against nature; **'Crime et châtiment'** *Dostoïevski* 'Crime and Punishment'. -**4.** [criminalité]: **le** ~ crime; **la lutte contre le** ~ the fight against crime ❑ **le** ~ **ne paie pas** *prov* crime doesn't pay.

Crimée [krime] *npr f*: **(la)** ~ (the) Crimea.

criminalisation [kriminalizasjɔ̃] *nf* criminalization.

criminaliser [3] [kriminalize] *vt* to criminalize.

◆ **se criminaliser** *vpi* to become criminalized.

criminaliste [kriminalist] *nmf* specialist in criminal law.

criminalistique [kriminalistik] *nf* crime-detection techniques.

criminalité [kriminalite] *nf* -**1.** SOCIOL crime; **lutter contre la** ~ to fight crime; **la grande/petite** ~ serious/petty crime. -**2.** *sout* [caractère criminel] criminality, criminal nature.

criminel, elle [kriminɛl] ◇ *adj* -**1.** [répréhensible - action, motif] criminal; **acte** ~ criminal offence, crime; **une organisation** ~**le** a criminal organization, a crime syndicate. -**2.** [relatif aux crimes - droit, enquête] criminal; [- brigade] crime *(modif)*. -**3.** [condamnable - acte] criminal, reprehensible; **c'est** ~ **de...** it's criminal to..., it's a crime to...; **avoir des pensées** ~**les** to think wicked thoughts.

◇ *nm, f* [gén] criminal; [meurtrier] murderer; ~ **de guerre** war criminal.

◆ **criminel** *nm* JUR [juridiction criminelle]: **le** ~ criminal law; **avocat au** ~ criminal lawyer; **poursuivre qqn au** ~ to institute criminal proceedings against sb.

criminellement [kriminɛlmɑ̃] *adv* -**1.** [répréhensiblement] criminally. -**2.** JUR: **poursuivre qqn** ~ to institute criminal proceedings against sb.

criminogène [kriminɔʒɛn] *adj*: **des attitudes** ~**s** attitudes liable to encourage crime.

criminologie [kriminɔlɔʒi] *nf* criminology.

criminologiste [kriminɔlɔʒist], **criminologue** [kriminɔlɔg] *nmf* criminologist.

crin [krɛ̃] *nm* -**1.** [de cheval] hair. -**2.** [rembourrage] horse hair. -**3.** BOT: ~ **végétal** vegetable (horse) hair.

◆ **à tout crin, à tous crins** *loc adj* [réactionnaire, révolutionnaire] out-and-out, diehard; **les conservateurs à tout** ~ the diehard OU dyed-in-the-wool conservatives.

◆ **de crin, en crin** *loc adj* horsehair *(modif)*.

crincrin *fam* [krɛ̃krɛ̃] *nm* (squeaky) fiddle; **il a joué un air sur son** ~ he scraped out a tune on his fiddle.

crinière [krinjɛr] *nf* -**1.** ZOOL mane. -**2.** *fam* [chevelure] mane, mop *péj* OU *hum*. -**3.** [d'un casque] plume.

crinoline [krinɔlin] *nf* -**1.** TEXT crinoline. -**2.** VÊT crinoline petticoat.

◆ **à crinoline** *loc adj* [robe] crinoline *(modif)*.

crique [krik] *nf* -**1.** GÉOG creek, inlet, (small) rocky beach. -**2.** MÉTALL tear, split.

criquet [krikɛ] *nm* locust; ~ **pèlerin** OU **migrateur** migratory locust.

crise [kriz] *nf* -**1.** [période, situation difficile] crisis; **traverser une** ~ to go through a crisis OU a critical time; **la** ~ **de la quarantaine** the midlife crisis; ~ **de confiance** crisis of confidence; ~ **de conscience** crisis of conscience; ~ **d'identité** identity crisis. -**2.** ÉCON & POL crisis; ~ **du logement/papier** housing/paper shortage; ~ **boursière** [grave] crisis OU panic on the Stock Exchange; [passagère] blip on the Stock Exchange; ~ **économique** economic crisis OU slump; ~ **politique** political crisis; **la** ~ **de 1929** the 1929 slump. -**3.** [accès] outburst, fit; ~ **de colère** fit of rage; ~ **de rage** angry outburst; ~ **de larmes** fit of crying; ~ **de désespoir** fit of despair; ~ **de jalousie** fit of jealousy; **quelle** OU **la** ~ **(de rire)!** *fam* what a scream OU hoot OU riot!; **être pris d'une** ~ **de rire** to laugh uproariously ‖ [de colère] (fit of) rage; **piquer une** ~ *fam* to throw OU to have a fit; **pas besoin de nous faire une** ~ **pour ça!** *fam* no need to kick up such a fuss! ‖ [besoin urgent]: **pris d'une** ~ **de rangement** feeling an urge to tidy things up. -**4.** MÉD: ~ **d'appendicite/d'arthrose** attack of appendicitis/arthritis; ~ **épileptique** OU **d'épilepsie** epileptic fit; ~ **d'apoplexie** apoplectic fit ❑ **une** ~ **cardiaque** a heart attack; ~ **de foie** queasy feeling; **tu vas attraper une** ~ **de foie à manger tous ces chocolats** *fam* you'll make yourself sick if you eat all these chocolates; ~ **de nerfs** fit of hysterics, attack of nerves; **elle a fait une** ~ **de nerfs** she went into hysterics.

◆ **en crise** *loc adj*: **être en** ~ to undergo a crisis.

crispant, e [krispɑ̃, ɑ̃t] *adj* [attente] nerveracking; [lenteur, stupidité, personne] exasperating, irritating, infuriating; **un bruit** ~ a noise which sets your teeth on edge, a grating noise; **arrête de me dire comment jouer, c'est** ~ **à la fin!** stop telling me how to play, it's getting on my nerves!; **ce que tu peux être** ~**e!** you are so infuriating!

crispation [krispasjɔ̃] *nf* -**1.** [tension - du visage] tension; [- des membres] contraction. -**2.** [tic] twitch; **le médicament peut provoquer des** ~**s au niveau des mains** the drug can cause the hands to twitch. -**3.** [anxiété] nervous tension. -**4.** [du cuir] shrivelling; [du papier] cockling.

crispé, e [krispe] *adj* -**1.** [contracté - sourire, rire] strained, tense; [- personne, visage, doigts] tense. -**2.** *fam* [irrité] irritated, exasperated.

crisper [3] [krispe] *vt* -**1.** [traits du visage] to contort, to tense; [poings] to clench; **ne crispez pas vos doigts sur le volant** don't grip the wheel too tightly; **le visage crispé par la souffrance** his face contorted OU tense with pain. -**2.** *fam* [irriter]: ~ **qqn** to get on sb's nerves; **ce bruit me crispe** this noise grates on my nerves. -**3.** [rider - cuir] to shrivel up *(sép)*; [papier] to cockle up *(sép)*.

◆ **se crisper** *vpi* -**1.** [se contracter - visage] to tense (up); [- doigts] to contract; [- sourire] to become strained OU tense; [- poings] to clench; **ses mains se crispèrent sur les barreaux** his hands tightened on the bars; **je me crispe dès que je suis sur des skis** I get all tensed up as soon as I put on skis; **les rapports entre les deux parties se sont crispés** *fig* tension has mounted between the two parties. -**2.** *fam* [s'irriter] to get annoyed.

criss [kris] = **kriss**.

crissement [krismɑ̃] *nm* [de pneus, de freins] squealing, screeching; [du cuir] squeaking; [de neige, de gravillons] crunching; [d'étoffe] rustling; [d'un bâton de craie] grating.

crisser [3] [krise] *vi* [pneus, freins] to squeal, to screech; [cuir] to squeak; [neige, gravillons] to crunch; [étoffe, papier] to rustle; [scie] to grate; **la craie crissait sur le tableau** the chalk grated on the blackboard.

cristal, aux [kristal, o] *nm* -**1.** MINÉR: **un ~, du ~** crystal ❑ **~ de roche** rock crystal. -**2.** PHYS: **cristaux de neige, cristaux de givre** ice-crystals; **cristaux de sel** salt crystals; **cristaux de sucre** sugar granules OU crystals; **cristaux de soude** washing soda ❑ **cristaux liquides** liquid crystals. -**3.** [objet] piece of crystalware OU of fine glassware; **des cristaux** crystalware, fine glassware ‖ [d'un lustre] crystal droplets.

◆ **de cristal** *loc adj* -**1.** [vase] crystal *(modif).* -**2.** [pur - eau] crystal-like, crystalline; [- voix] crystal-clear, crystalline.

cristallerie [kristalri] *nf* -**1.** [fabrication] crystal-making. -**2.** [usine] (crystal) glassworks. -**3.** [objets]: **de la ~** crystalware, fine glassware.

cristallin, e [kristalɛ̃, in] *adj* -**1.** *litt* [voix] crystal-clear, crystalline; [eau] crystalline. -**2.** MINÉR [massif, rocher] crystalline.

◆ **cristallin** *nm* ANAT crystalline lens.

cristallinien, enne [kristalinjɛ̃, ɛn] *adj* crystalline lens *(modif).*

cristallisable [kristalizabl] *adj* crystallizable.

cristallisation [kristalizasjɔ̃] *nf* crystallization, crystallizing.

cristallisé, e [kristalize] *adj* crystallized.

cristalliser [3] [kristalize] *vt* to crystallize.

◆ **se cristalliser** *vpi* to crystallize.

cristallochimie [kristalɔʃimi] *nf* crystalochemistry.

cristallochimique [kristalɔʃimik] *adj* crystalochemical.

cristallographie [kristalɔgrafi] *nf* crystallography.

cristallographique [kristalɔgrafik] *adj* crystallographical.

cristalloïde [kristalɔid] *adj* & *nm* crystalloid.

cristallomancie [kristalɔmɑ̃si] *nf* crystal-glazing.

cristallophyllien, enne [kristalɔfiljɛ̃, ɛn] *adj* crystalliferous.

cristaux [kristo] *pl* → **cristal**.

criste-marine [kristmarin] (*pl* cristes-marines) *nf* samphire.

critère [kritɛr] *nm* -**1.** [principe] criterion; **~ moral/religieux** moral/religious criterion; **nos produits doivent remplir certains ~s** our products must meet certain standards OU comply with certain criteria; **~s de sélection** selection criteria; **nous n'avons pas les mêmes ~s de sélection** we don't select according to the same criteria. -**2.** [référence] reference (point), standard; **les résultats de l'année précédente nous servent de ~** we use the results of the previous year as a reference point OU a benchmark.

critérium [kriterjɔm] *nm* SPORT [en cyclisme] rally; [en natation] gala; **le grand ~, le ~ des deux ans** ÉQUIT maiden race for two-year-olds.

criticailler *fam* [3] [kritikaje] *vt péj* [personne] to niggle at *(insép),* to criticize; [ouvrage, idée] to niggle about *(insép).*

critiquable [kritikabl] *adj* which lends itself to criticism; **une décision peu ~** an uncontentious decision.

critique [kritik] ◇ *adj* -**1.** [qui condamne - article, personne] critical; *péj* [- personne] faultfinding; **se montrer très ~ envers** OU **à l'égard de** to be very critical towards; **elle est très ~** she's always finding fault, she's hypercritical; **voir qqch d'un œil (très) ~** to have (great) reservations about sthg. -**2.** [plein de discernement - analyse, œuvre, personne] critical; **je souhaite que tu portes un regard ~ sur mon texte** I'd like you to have a critical look at my text; **avoir l'esprit** OU **le sens ~** to have good judgement, to be discerning; **il n'a aucun esprit** OU **sens ~** he lacks discernment. -**3.** [crucial - étape, période] critical, crucial, [- opération, seuil] critical; **à un moment ~** at a critical moment. -**4.** [inquiétant - état de santé, situation] critical; **atteindre un stade ~** to reach a critical stage. -**5.** SC critical; **chemin ~** critical path.

◇ *nmf* [commentateur] critic, reviewer; **~ d'art** art critic; **~ de cinéma** film critic OU reviewer; **~ de théâtre** drama critic; **~ littéraire** book reviewer, literary critic; **~ musical** music critic.

◇ *nf* -**1.** PRESSE review; UNIV critique, appreciation; **~ cinématographique** film review; **~ littéraire** literary OU book review; **~ musicale/théâtrale** music/drama review; **je ne lis jamais les ~s** I never read reviews OU what the critics write. -**2.** [activité]: **la ~** criticism; **la ~ théâtrale** drama criticism; **la ~ gastronomique** food writing; **la ~ littéraire** literary criticism; **il s'est spécialisé dans la ~ littéraire** he specialized in literary criticism; **faire la ~ de** PRESSE to review; UNIV to write an appreciation OU a critique of ❑ **'Critique de la raison pratique/pure'** *Kant* 'Critique of Practical/Pure Reason'. -**3.** [personnes]: **la ~** the critics; **très bien/mal accueilli par la ~** acclaimed/panned by the critics; **l'approbation/le mépris de la ~** critical acclaim/scorn. -**4.** [blâme] criticism; **adresser** OU **faire une ~ à un auteur** to level criticism at an author. -**5.** [fait de critiquer]: **la ~** criticism, criticizing ❑ **la ~ est aisée** OU **facile (mais l'art est difficile)** criticism is easy but art is difficult.

critiquer [3] [kritike] *vt* -**1.** [blâmer - initiative, mesure, personne] to criticize, to be critical of; **tu es toujours à me ~!** you find fault with everything I do!; **il s'est déjà fait ~ pour sa négligence** he has already been criticized for his negligence. -**2.** [analyser] to critique, to criticize.

critiqueur, euse *fam* [kritikœr, øz] *nm, f péj* faultfinder; **les ~s** those who carp OU who find fault.

croassement [krɔasmɑ̃] *nm* caw, cawing.

croasser [3] [krɔase] *vi* to caw.

croate [krɔat] *adj* Croat, Croatian.

◆ **Croate** *nmf* Croat, Croatian.

◆ **croate** *nm* LING Croat, Croatian.

Croatie [krɔasi] *npr f*: **(la) ~** Croatia.

croc [kro] *nm* -**1.** ZOOL [de chien] tooth, fang; [d'ours, de loup] fang; **montrer les ~s** [animal] to bare its teeth OU fangs; **la Prusse montrait les ~s** *fig* Prussia was showing its teeth. -**2.** *fam* [dent] (long) tooth; **avoir les ~s: j'ai les ~s** I could eat a horse. -**3.** [crochet - de boucher] butcher's OU meat hook; [- de marinier] hook, boathook; **moustache en ~s** handlebar moustache.

croc-en-jambe [krɔkɑ̃ʒɑ̃b] (*pl* crocs-en-jambe) *nm*: **faire un ~ à qqn** *pr* & *fig* to trip sb up.

croche [krɔʃ] *nf* MUS quaver *Br*, eighth note *Am*; **double ~** semiquaver *Br*, sixteenth note *Am*; **triple ~** demisemiquaver *Br*, thirty-second note *Am*; **quadruple ~** hemidemisemiquaver *Br*, sixty-fourth note *Am*.

croche-patte *fam* [krɔʃpat] (*pl* croche-pattes), **croche-pied** [krɔʃpje] (*pl* croche-pieds) = **croc-en-jambe**.

crocher [3] [krɔʃe] *vt* NAUT to hook.

crochet [krɔʃɛ] *nm* -**1.** [attache, instrument] hook; [pour volets] catch; **~ d'arrêt** pawl, catch; **~ d'attelage** coupling hook; **~ à bottes** boot-hook; **~ de boucher** OU **boucherie** meat-hook, butcher's hook; **~ à boutons** button-hook. -**2.** [de serrurier] picklock, lock pick. -**3.** COUT [instrument] crochet hook; [technique] crochet; [ouvrage] crochetwork; **faire du ~** to crochet. -**4.** SPORT hook; **il l'a envoyé à terre d'un ~ à la tête** he knocked him down with a hook to the head; **~ du droit/gauche** right/left hook. -**5.** [détour] detour, roundabout way; **faire un ~** to make a detour, to go a roundabout way. -**6.** [virage brusque - d'une voie] sudden OU sharp turn; [- d'une voiture] sudden swerve; **faire un ~** [rue] to bend sharply; [conducteur] to swerve suddenly. -**7.** [concours]: **~ radiophonique** talent contest. -**8.** IMPR square bracket; **entre ~s** in square brackets. -**9.** ZOOL [d'un serpent] fang; [d'un chamois] horn; ENTOM hook.

◆ **au crochet** ◇ *loc adj* [nappe, châle] crocheted.

◇ *loc adv*: **faire un vêtement au ~** to crochet a garment; **terminer un vêtement au ~** to finish a garment with a crocheted trim.

crochetage [krɔʃtaʒ] *nm* [d'une serrure] picking.

crocheter [28] [krɔʃte] *vt* [serrure] to pick; [porte] to pick the lock on.

crocheteur [krɔʃtœr] *nm* picklock.

crochu, e [krɔʃy] *adj* [nez] hooked, hook *(modif)*; [doigts, mains] claw-like.

croco *fam* [krɔko] *nm* crocodile, crocodile-skin.

◆ **en croco** *fam loc adj* crocodile *(modif).*

crocodile [krɔkɔdil] *nm* -**1.** ZOOL crocodile. -**2.** [peau] crocodile, crocodile skin. -**3.** RAIL alarm contact.

◆ **en crocodile** *loc adj* crocodile *(modif).*

crocodilien [krɔkɔdiljɛ̃] *nm* crocodilian; **les ~s** the Crocodilia.

crocus [krɔkys] *nm* crocus.

croire [107] [krwar] ◇ *vt* -**1.** [fait, histoire, personne] to believe; **tu crois son histoire?** do you believe what he says?; **je te crois sur parole** I'll take your word for it; **crois-moi, il faut y aller** believe me, you must go; **je te crois!** *iron* I believe you!; **je ne peux pas ~ pareille méchanceté de toi** I can't believe (that) you could be so nasty; **je n'en crois pas un mot** I don't believe a word of it; **je te prie de ~ qu'il va entendre parler de nous!** believe me, we haven't finished with him!; **tu ne me feras pas ~ que...** I refuse to believe that...; **en ~** [se fier à]: **croyez-en ceux qui ont l'expérience** take it from those who know; **si j'en crois cette lettre** if I go by what this letter says; **si vous m'en croyez** if you ask me OU want my opinion; **je n'en crois pas mes yeux/oreilles** I can't believe my eyes/ears ❑ **~ dur comme fer que** *fam* to be firmly convinced that; **aller ~: ne va pas ~ ça!** don't you believe it!; **ne va pas ~ qu'il a toujours raison** don't think he's always right. -**2.** [penser] to believe, to think; **je croyais pouvoir venir plus tôt** I thought OU assumed I could come earlier; **à la voir on croirait voir sa sœur** to look at her, you'd think she was her sister; **on croit rêver!** it's unbelievable!; **tu ne crois pas si bien dire** you don't know how right you are; **on l'a crue enceinte** she was believed OU thought to be pregnant; **je veux ~ qu'il finira pas accepter la vérité** I want to believe he'll accept the truth in the end; **elle en sait plus long que tu ne crois** she knows more than you think; **je ne suis pas celle que vous croyez** I'm not that kind of person; **il est à** OU **il faut ~ que tout lui réussit** seemingly, everything comes right for him; **il faut ~ que tu avais tort** it looks like you were wrong; **je crois que oui** I believe OU think so; **il croit que non** he doesn't think so, he thinks not; **on croirait qu'il dort** he looks as if he's asleep.

◇ *vi* -**1.** [sans analyser] to believe; **on leur apprend à réfléchir et non à ~** they're taught to think and not simply to believe what they're told. -**2.** RELIG to believe; **il croit** he's a believer; **je ne crois plus** I've lost my faith; **~ à** to believe in; **~ à la vie éternelle** to believe in eternal life; **il ne croit ni à Dieu ni au diable** he's a complete heathen; **~ en Dieu** to believe in God.

◆ **croire à** *v + prép* -**1.** [avoir confiance en] to believe in; **~ à la paix** to believe in peace; **il faut ~ à l'avenir** one must have faith in the future. -**2.** [accepter comme réel] to believe in; **~ aux fantômes** to believe in ghosts; **tu crois encore au Père Noël** you're so naive. -**3.** [dans la correspondance]: **je vous prie de ~ à mes sentiments les meilleurs** yours sincerely; **croyez à mon amitié toute dévouée** yours ever.

◆ **croire en** *v + prép* [avoir confiance en] to believe in; **j'ai vraiment cru en lui** I really believed in him.

◆ **se croire** ◇ *vpt* [penser avoir]: **se ~ qqch**: **il se croit tous les droits** he thinks he can get away with anything; **il se croit du génie** he thinks he's a genius.

◇ *vpi* **-1.** [se juger]: **il se croit beau/intelligent** he thinks he's handsome/intelligent; **tu te crois malin?** think you're clever, do you?; **elle se croit quelqu'un** she thinks she's something special; **où te crois-tu?** where do you think you are? **-2.** *fam loc*: **se ~ sorti de la cuisse de Jupiter** to think one is God's gift (to mankind); **s'y ~**: **il s'y croit!** he really thinks a lot of himself!; **et ton nom en grosses lettres sur l'affiche, mais tu t'y crois déjà!** and your name in huge letters on the poster, you're letting your imagination run away with you!

◆ **à en croire** *loc prép*: **à en ~ qqn/qqch** if sb/sthg is to be believed.

◆ **à n'y pas croire, à ne pas y croire** *loc adv*: **c'est à n'y pas ~!** you just wouldn't believe OU credit it!

◆ **faut croire** *fam*, **il faut croire** *loc interj* (it) looks like it, it would seem so.

croisade [krwazad] *nf* **-1.** HIST crusade; **les ~s** the (Holy) Crusades. **-2.** *fig* [campagne] campaign, crusade; **partir en ~ contre l'injustice** to go on a crusade OU to mount a campaign against injustice.

croisé, e [krwaze] *adj* **-1.** [en croix]: **avoir les bras ~s/jambes ~es** to have one's arms folded/legs crossed; **assis les jambes ~es** sitting cross-legged. **-2.** LITTÉRAT [rimes] alternate. **-3.** [hybride - animal, plante] crossbred. **-4.** VÊT [veste, veston] double-breasted.

◆ **croisé** *nm* **-1.** TEXT twill. **-2.** HIST crusader.

◆ **croisée** *nf* **-1.** [intersection] crossing; **être à la ~e des chemins** to be at the parting of the ways. **-2.** ARCHIT: **~e d'ogives** intersecting ribs; **~e de** OU **du transept** transept crossing. **-3.** [fenêtre] casement.

croisement [krwazmɑ̃] *nm* **-1.** [intersection] crossroads, junction; **au ~ de la rue et de l'avenue** at the intersection of the street and the avenue. **-2.** [hybridation] crossbreeding, crossing, interbreeding; **faire des ~s (de races)** to crossbreed OU to interbreed (animals); **c'est un ~ entre un épagneul et un setter** it's a cross between a spaniel and a setter, it's a spaniel-setter crossbreed. **-3.** [rencontre]: **le ~ de deux voitures/navires** two cars/boats passing each other.

croiser [3] [krwaze] ◇ *vt* **-1.** [mettre en croix - baguettes, fils] to cross; **~ les jambes** to cross one's legs; **~ les bras** to cross OU to fold one's arms ❑ **~ le fer** OU **l'épée avec qqn** *pr & fig* to cross swords with sb. **-2.** [traverser] to cross, to intersect, to meet; **là où la route croise la voie ferrée** where the road and the railway cross, at the junction of the road and the railway ❑ **~ la route** OU **le chemin de qqn** *fig* to come across sb; **il a croisé ma route il y a longtemps** our paths crossed a long time ago. **-3.** [rencontrer] to pass, to meet; **je l'ai croisé dans la rue** I passed him on the street; **je l'ai croisée en sortant de chez toi** I met her as I was leaving your place; **ses yeux ont croisé les miens** her eyes met mine. **-4.** [hybrider] to cross, to crossbreed, to interbreed.

◇ *vi* **-1.** VÊT to cross over. **-2.** NAUT to cruise.

◆ **se croiser** ◇ *vp* *(emploi réciproque)* **-1.** [se rencontrer] to come across OU to meet OU to pass each other; **nous nous sommes croisés chez ton frère** we saw each other briefly OU met (each other) at your brother's; **leurs regards se sont croisés** their eyes met. **-2.** [aller en sens opposé - trains] to pass (each other); [- lettres] to cross; **nos chemins se sont croisés, nos routes se sont croisées** our paths met.

◇ *vpt* [mettre en croix]: **se ~ les bras** *pr* to fold one's arms; *fig* [être oisif] to twiddle one's thumbs.

◇ *vpi* HIST to go off to the Crusades.

Croisette [krwazɛt] *npr f*: **(le boulevard de) la ~** *famous boulevard running along the seafront in Cannes.*

croiseur [krwazœr] *nm* MIL cruiser.

croisière [krwazjɛr] *nf* cruise; **faire une ~ aux Bahamas** to go on a cruise to the Bahamas; **nous étions en ~ en juin** we went on a cruise in June.

croisiériste [krwazjerist] *nmf* tourist on a cruise.

croisillon [krwazijɔ̃] *nm* [d'une fenêtre] cross bar.

croissance [krwasɑ̃s] *nf* **-1.** PHYSIOL growth; **elle est en pleine ~** she's growing fast. **-2.** [développement - d'une plante] growth; [- d'un pays] development, growth; [- d'une entreprise] growth, expansion; **~ démographique** population growth; **la ~ zéro** zero growth; **notre entreprise est en pleine ~** our company is growing OU expanding.

croissant[1] [krwasɑ̃] *nm* **-1.** CULIN croissant; **~ au beurre** croissant made with butter; **~ ordinaire** croissant made without butter; **~ au fromage** cheese-filled croissant. **-2.** [forme incurvée] crescent; **des boucles d'oreilles en ~** crescent-shaped earrings. **-3.** ASTRON crescent; **~ de lune** crescent of moon. **-4.** HIST & GÉOG: **le Croissant fertile** the Fertile Crescent.

croissant[2], **e** [krwasɑ̃, ɑ̃t] *adj* [qui augmente] growing, increasing; **tension ~e dans le sud du pays** increasing tension in the south of the country.

croissanterie [krwasɑ̃tri] *nf* croissant shop *Br* OU store *Am*.

Croissant-Rouge [krwasɑ̃ruʒ] *npr m*: **le ~** the Red Crescent.

croître [93] [krwatr] *vi* **-1.** PHYSIOL to grow; **quelques fleurs croissent sur la berge** there are a few flowers growing on the bank. **-2.** [augmenter - rivière] to swell; [- lune] to wax; **les jours ne cessent de ~** the days are growing longer; **elle sentait ~ en elle une violente colère** she could feel a violent rage growing within her; **ça ne fait que ~ et embellir** it's getting better and better; *iron* it's getting worse and worse; **~ en**: **~ en beauté et en sagesse** to grow wiser and more beautiful; **aller croissant** to be on the increase; **le bruit allait croissant** the noise kept growing ❑ **croissez et multipliez** *allusion Bible* be fruitful and multiply.

croix [krwa] *nf* **-1.** [gibet] cross; **mettre qqn sur la ~** to crucify sb; **il est mort sur la ~** he died on the cross ❑ **la (Sainte) Croix** RELIG the (Holy) Cross; **porter sa ~** to have one's cross to bear. **-2.** [objet cruciforme] cross; **une petite ~ autour du cou** a small cross round his neck; **les (deux) poutres font une ~** the beams form a cross ❑ **c'est la ~ et la bannière pour le faire manger** it's an uphill struggle to get him to eat; **~ de bois, ~ de fer, si je mens, je vais en enfer** *fam* cross my heart (and hope to die). **-3.** [emblème] cross; **~ de Malte/St André** Maltese/St Andrew's cross; **~ latine/grecque** Latin/Greek cross; **~ en tau** OU **de St-Antoine** tau OU St Anthony's cross; **~ ansée** ansate cross; **~ gammée** swastika; **la ~ de Lorraine** the cross of Lorraine *(cross with two horizontal bars, the symbol of the Gaullist movement)*. **-4.** [récompense] cross, medal; [de la Légion d'honneur] Cross of the Legion of Honour; **la ~ de guerre** the Military Cross. **-5.** [signe écrit] cross; **signer d'une ~** to sign with a cross; **marquer qqch d'une ~** to put a cross on sthg; **mettre une ~ dans une case** to put a cross in a box ❑ **c'est un jour à marquer d'une ~ blanche** it's a red-letter day; **faire** OU **mettre une croix sur qqch** to forget OU to kiss goodbye to sthg; **les vacances, j'ai mis une ~ dessus** I've decided I might as well forget about going on holiday; **tu peux faire une ~ là-dessus** you might as well kiss it goodbye OU forget it. **-6.** PRESSE: **la Croix** (l'Événement) *Catholic daily newspaper.* **-7.** COUT: **point de ~** cross-stitch. **-8.** ASTRON: **Croix du Sud** Southern Cross.

◆ **en croix** ◇ *loc adj*: **les skis en ~** with skis crossed.

◇ *loc adv*: **placer** OU **mettre deux choses en ~** to lay two things crosswise.

Croix-Rouge [krwaruʒ] *npr f*: **la ~** the Red Cross; **la ~ française** the French Red Cross.

crolle *fam* [krɔl] *nf Belg* curl.

crollé *fam* [krɔle] *adj Belg* curly.

croquant, e [krɔkɑ̃, ɑ̃t] *adj* crisp, crunchy.

◆ **croquant** *fam nm*: **le ~** the crunchy part.

croque-au-sel [krɔkosɛl]

◆ **à la croque-au-sel** *loc adv* (raw) with salt; **manger des artichauts à la ~** to eat raw artichokes dipped in salt.

croque-madame [krɔkmadam] *nm inv toasted cheese and ham sandwich with a fried egg on top.*

croquembouche [krɔkɑ̃buʃ] *nm tiered cake made up of choux profiteroles.*

croque-mitaine [krɔkmitɛn] (*pl* **croque-mitaines**) *nm* bogeyman.

croque-monsieur [krɔkməsjø] *nm inv toasted cheese and ham sandwich.*

croque-mort *fam* [krɔkmɔr] (*pl* **croque-morts**) *nm* undertaker's assistant; **il a vraiment une allure de ~** he has a really funereal look about him.

croquenot▽ [krɔkno] *nm* clodhopper, beetle-crusher.

croquer [3] [krɔke] ◇ *vt* **-1.** [broyer entre ses dents - pomme, radis, sucre d'orge] to crunch. **-2.** *fam* [dépenser - héritage] to squander; **elle va ~ ta fortune** she'll squander all your money. **-3.** [esquisser] to sketch; [décrire] to outline; **il est (joli** OU **mignon) à ~** *fam* he looks good enough to eat.

◇ *vi* to be crisp OU crunchy; **des radis qui croquent (sous la dent)** crunchy radishes.

◆ **croquer dans** *v + prép* to bite OU to crunch into.

croquet [krɔkɛ] *nm* **-1.** JEUX croquet. **-2.** CULIN almond biscuit *Br* OU cookie *Am*.

croquette [krɔkɛt] *nf* CULIN croquette.

◆ **croquettes** *nfpl* [pour animal] dry food.

croqueur, euse [krɔkœr, øz] ◇ *adj* crisp, crunchy.

◇ *nm, f* devourer; **croqueuse de diamants** *fam* gold digger.

croquignolet, ette *fam* [krɔkinjɔlɛ,ɛt] *adj* sweet, cute.

croquis [krɔki] *nm* sketch; **faire un ~ de qqch** to sketch sthg; **elle est partie faire des ~ dans la vieille ville** she went to do some sketches in the old town ❑ **~ coté** dimensional sketch.

crosne [kron] *nm* Japanese artichoke.

cross-country [krɔskuntri] (*pl* **cross-countrys** OU **cross-countries**) *nm* , **cross** [krɔs] *nm inv* [à pied] cross-country running; [à cheval] cross-country riding; **faire du ~** [à pied] to go cross-country running; [à cheval] to go cross-country riding.

crosse [krɔs] *nf* **-1.** RELIG crosier, crozier. **-2.** SPORT [canne - de hockey] stick; [- de golf] club; [- du jeu de crosse] crosse. **-3.** *Can* [jeu] lacrosse. **-4.** [extrémité courbe - d'une canne] crook; [- d'un violon] scroll. **-5.** ARM [d'un revolver] grip, butt; [d'un fusil] butt; **ils l'ont tué à coups de ~** they beat him to death with their rifle butts ❑ **lever** OU **mettre la ~ en l'air** [se révolter] to refuse to fight; [se rendre] to surrender. **-6.** [d'un canon] trail. **-7.** BOT [d'une fougère] crosier. **-8.** ANAT [de l'aorte] arch.

crossing-over [krɔsiŋɔvœr] *nm inv* crossing-over BIOL.

crotale [krɔtal] *nm* rattlesnake.

croton [krɔtɔ̃] *nm* croton.

crotte [krɔt] *nf* **-1.** [d'un animal] dropping; [d'un bébé] poo *(U)*; **ton chien pourrait aller faire sa ~ ailleurs!** *fam* your dog could do its business somewhere else! ❑ **~ (de bique)!** *fam* sugar! **-2.** *fam péj* [chose ou personne méprisée]: **c'est de la ~ (de bique)** it's a load of rubbish *Br* OU garbage *Am*; **il se prend pas pour de la ~!** he really fancies himself! *Br*, he thinks he's God's gift!; **c'est pas de la ~!▽** it's none of your (cheap) rubbish *Br* OU trash *Am*! -**3.** CULIN: **~ au chocolat** chocolate. -**4.** [morve]: **~ de nez** *fam* bogey. -**5.** *fam* [par affection]: **ma petite ~!** *fam* you little sweetie you!

crotté, e [krɔte] *adj* muddy, mucky; **~ comme un barbet** covered in mud.

crotter [3] [krɔte] ◇ *vt* [chaussures, voiture] to dirty, to muddy.
◇ *vi fam* [chien] to do its business.

crottin [krɔtɛ̃] *nm* -**1.** [de cheval] dung, manure. -**2.** CULIN *small round goat's milk cheese.*

croulant, e [krulɑ̃, ɑ̃t] ◇ *adj* crumbling, tumbledown; **une vieille maison ~e** a tumbledown old house.
◇ *nm, f fam péj* old fogey.

crouler [3] [krule] *vi* -**1.** [tomber - édifice] to collapse, to crumble, to topple; **le mur menace de ~** the wall is about to collapse; **~ sous: l'étagère croule sous le poids des livres** the shelf is sagging under the weight of the books; **arbre croulant sous les fruits** tree laden with fruit; **un baudet qui croulait sous son chargement** a donkey weighed down with its load; **~ sous le poids des ans/soucis** *fig* to be weighed down by age/worry; **la salle croula sous les applaudissements** *fig* the auditorium thundered with applause. -**2.** [se désintégrer - empire, société] to be on the verge of collapse, to be crumbling; **le krach boursier a fait ~ certaines entreprises** some firms collapsed OU went under as a result of the Stock Market crash.

croup [krup] *nm* croup; **faux ~** false croup.

croupe [krup] *nf* -**1.** ZOOL croup, rump; **prendre qqn en ~** to have sb ride pillion; **monter en ~** to ride pillion. -**2.** *fam* ANAT behind. -**3.** [sommet - d'une colline] hilltop; [- d'une montagne] mountain top.

croupetons [kruptɔ̃]
◆ **à croupetons** *loc adv*: **être à ~** to crouch, to squat; **se mettre à ~** to squat down, to crouch (down).

croupi, e [krupi] *adj* [eau] stagnant, foul.

croupier [krupje] *nm* JEUX croupier.

croupière [krupjɛr] *nf* crupper.

croupion [krupjɔ̃] *nm* -**1.** ORNITH rump. -**2.** CULIN parson's *Br* OU pope's *Am* nose. -**3.** *fam* [fesses] bum *Br*, butt *Am*. -**4.** *(comme adj; avec ou sans trait d'union)*: **parti ~** POL rump of a party; **Parlement Croupion** HIST Rump Parliament.

croupir [32] [krupir] *vi* -**1.** [eau] to stagnate, to grow foul. -**2.** *fig* [s'encroûter, moisir]: **~ dans un cachot** to rot in jail; **je ne vais pas ~ ici toute ma vie** I'm not going to rot here all my life; **~ dans l'ignorance** to wallow in one's ignorance.

croupissant, e [krupisɑ̃, ɑ̃t] *adj* [eau, mare] putrid, foul.

croupissement [krupismɑ̃] *nm litt*: **le ~ des eaux** the fouling of the waters.

CROUS, Crous [krus] (*abr de* **Centre régional des œuvres universitaires et scolaires**) *npr m student representative body dealing with accommodation, catering etc.*

crousille [kruzij] *nf Helv* piggybank.

croustade [krustad] *nf* croustade.

croustillant, e [krustijɑ̃, ɑ̃t] *adj* -**1.** CULIN [biscuit, gratin] crisp, crunchy; [baguette, pain] crusty. -**2.** [osé] saucy.

croustiller [3] [krustije] *vi* [biscuit, gratin] to be crisp OU crunchy; [baguette, pain] to be crusty.

croûte [krut] *nf* -**1.** [partie - du pain] crust; [- du fromage] rind; **une ~ de pain** a crust; **il ne reste que quelques ~s** *péj* there's only a few (old) crusts left || [préparation] pastry shell; **~ de vol-au-vent** vol-au-vent case. -**2.** ▽ [nourriture] grub; **t'as préparé la ~?** is the food ready?; **apporter sa ~** to bring one's own grub. -**3.** [dépôt] layer; **~ de rouille/saleté** layer of rust/dirt. -**4.** GÉOL: **la ~ terrestre** the earth's crust. -**5.** MÉD scab; **~s de lait** cradle cap. -**6.** *fam péj* [tableau] (bad) painting. -**7.** [de cuir] hide. -**8.** *péj* [personne]: **quelle ~!** *fam* what a stick-in-the-mud!

croûter▽ [3] [krute] *vi* to have a bite (to eat); **tout le monde a besoin de ~** everybody has to eat.

croûteux, euse [krutø, øz] *adj* scabby.

croûton [krutɔ̃] *nm* -**1.** CULIN [frit] crouton; [quignon] (crusty) end, crust. -**2.** *fam péj* [personne]: **vieux ~** fossil.

crown [kraun] *nm* crown glass.

croyable [krwajabl] *adj* believable, credible; **c'est à peine ~** it's hardly credible; **son histoire n'est pas ~** his story is incredible OU unbelievable.

croyance [krwajɑ̃s] *nf* -**1.** [pensée] belief; **les ~s populaires** popular beliefs, conventional wisdom. -**2.** [fait de croire] faith; **la ~ en Dieu** faith OU belief in God; **la ~ à** OU **en la démocratie** belief in democracy. -**3.** [religion] faith, religion.

croyant, e [krwajɑ̃, ɑ̃t] ◇ *adj*: **il est/n'est pas ~** he's a believer/non-believer, he believes/he doesn't believe in God.
◇ *nm, f* believer.

CRS (*abr de* **compagnie républicaine de sécurité**) *nm* [policier] state security policeman; **les ~ ont chargé les manifestants** the security police charged the demonstrators; **les ~ responsables de la surveillance des plages** the security police responsible for keeping watch over the beaches.

cru, e[1] [kry] *adj* -**1.** [non cuit - denrée] raw, uncooked; [- céramique] unfired; [non pasteurisé]: **beurre/lait ~** unpasteurized butter/milk. -**2.** [sans préparation - soie] raw; [- minerai] crude; [- bois] untreated. -**3.** [aveuglant - couleur] crude, harsh, glaring; [- éclairage] harsh, blinding, glaring. -**4.** [net] blunt, uncompromising; **c'est la vérité toute ~e** it's the pure, unadorned truth. -**5.** [osé] coarse, crude. -**6.** *Belg* [temps] damp and cold.
◆ **cru** ◇ *nm* -**1.** CULIN: **le ~ et le cuit** the raw and the cooked. -**2.** ŒNOL [terroir] vineyard; [vin] vintage, wine; **les grands ~s de Bourgogne** the great wines of Burgundy.
◇ *adv* -**1.** [sans cuire]: **manger qqch ~** to eat sthg raw ❑ **avaler** OU **manger qqn tout ~** to make mincemeat out of OU to wipe the floor with sb; **je ne vais pas t'avaler tout ~!** I'm not going to eat you! -**2.** [brutalement]: **parler ~** to speak bluntly; **je vous le dis tout ~** I'm telling you it as it is.
◆ **à cru** *loc adv* -**1.** ÉQUIT bareback. -**2.** ARCHIT without foundations.
◆ **de mon cru, de son cru** *etc loc adj*: **une histoire de son ~** a story of his own invention.
◆ **du cru** *loc adj*: **un vin du ~** a local wine; **les gens du ~** the locals.

cruauté [kryote] *nf* -**1.** [dureté] cruelty. -**2.** [acte] cruel act, act of cruelty. -**3.** *litt* [rudesse] harshness, (extreme) severity, cruelty *litt*; **la ~ de l'hiver** the severity of the winter.

cruche [kryʃ] ◇ *nf* -**1.** [récipient] pitcher, jug. -**2.** [contenu] jugful. -**3.** *fam péj* [personne] nitwit, dumbbell.
◇ *adj fam péj* dumb, stupid; **ce que tu peux être ~!** you're so dumb!, you ninny!

cruchon [kryʃɔ̃] *nm* -**1.** [récipient] small jug. -**2.** [contenu] small jugful.

crucial, e, aux [krysjal, o] *adj* crucial, vital.

crucifère [krysifɛr] ◇ *adj* cruciferous.
◇ *nf* crucifer; **les ~s** the Cruciferea.

crucifié, e [krysifje] ◇ *adj* crucified.
◇ *nm, f* -**1.** [victime] crucified person. -**2.** RELIG: **le Crucifié** Jesus Christ.

crucifiement [krysifimɑ̃] *nm* = **crucifixion**.

crucifier [9] [krysifje] *vt* -**1.** [mettre en croix]: **~ qqn** to crucify sb. -**2.** *litt* [humilier] to crucify.

crucifix [krysifi] *nm* crucifix.

crucifixion [krysifiksjɔ̃] *nf* crucifixion.

cruciforme [krysifɔrm] *adj* cruciform, shaped like a cross.

cruciverbiste [krysivɛrbist] *nmf* crossword (puzzle) enthusiast.

crudité [krydite] *nf* -**1.** [d'une couleur, de la lumière] harshness. -**2.** [brutalité - d'une réponse] bluntness. -**3.** [vulgarité] coarseness, crudeness.
◆ **crudités** *nfpl* CULIN raw vegetables; [sur un menu] mixed salads, assorted raw vegetables.

crue[2] [kry] *nf* -**1.** [élévation de niveau] rise in the water level; **la rivière en ~ a inondé la ville** the river burst its banks and flooded the town. -**2.** [inondation]: **la ~ des rivières au printemps** the swelling of the rivers in the spring; **en période de ~** when there are floods.

cruel, elle [kryɛl] ◇ *adj* -**1.** [méchant - personne] cruel; [dur - propos] cruel, harsh. -**2.** [pénible - destin] cruel, harsh, bitter; [- dilemme, choix] cruel, painful; [- perte] cruel; **être dans un ~ embarras** to be in a painfully difficult situation; **être dans une ~le incertitude** to be horribly uncertain.
◇ *nm, f litt* cruel man (*f* woman).

cruellement [kryɛlmɑ̃] *adv* -**1.** [méchamment] cruelly; **traiter qqn ~** to be cruel to sb. -**2.** [péniblement] sorely; **j'ai ~ ressenti son absence** I missed him sorely; **faire ~ défaut** to be sorely lacking.

cruiser [kruzœr] *nm* cruiser.

crûment [krymɑ̃] *adv* -**1.** [brutalement] bluntly; **laissez-moi vous dire ~ ce que j'en pense** let me tell you quite frankly what I think about it; **pour parler ~** to put it bluntly. -**2.** [grossièrement] coarsely; **s'exprimer ~ devant les enfants** to use coarse language in front of the children.

crural, e, aux [kryral, o] *adj* [de la cuisse] crural; **arcade ~e** inguinal ligament; **nerf ~** femoral nerve.

crustacé, e [krystase] *adj* crustaceous.
◆ **crustacé** *nm* -**1.** ZOOL crustacean; **les ~s** the Crustacea, the Crustaceans. -**2.** CULIN: **des ~s** seafood.

cryochirurgie [krijɔʃiryrʒi] *nf* cryosurgery.

cryogénie [krijɔʒeni] *nf* cryogenics *(sg)*.

cryptage [kriptaʒ] *nm* -**1.** [d'un message] coding. -**2.** [d'une émission de télévision] coding, scrambling TV.

crypte [kript] *nf* ARCHIT & ANAT crypt.

crypté, e [kripte] *adj* -**1.** [message] coded. -**2.** [émission de télévision] coded, scrambled.

cryptocommuniste [kriptɔkɔmynist] *adj* & *nmf* cryptocommunist.

cryptogame [kriptɔgam] ◇ *adj* cryptogamic, cryptogamous.
◇ *nmf* cryptogam.

cryptogamie [kriptɔgami] *nf* cryptogamy.

cryptogamique [kriptɔgamik] *adj* cryptogamic, cryptogamous.

cryptogénétique [kriptɔʒenetik] *adj* cryptogenetic.

cryptogramme [kriptɔgram] *nm* cryptogram.

cryptographie [kriptɔgrafi] *nf* cryptography.

cryptographique [kriptɔgrafik] *adj* cryptographic.

cryptomeria [kriptɔmerja] *nm* cryptomeria.

cs (*abr écrite de* **cuillère à soupe**) tbs, tbsp.

CSA (*abr de* **Conseil supérieur de l'audiovisuel**) *npr m French broadcasting supervisory body.*

CSCE (*abr de* **Conférence sur la sécurité et la coopération en Europe**) *npr f* CSCE.

CSEN (*abr de* **Confédération des syndicats de l'éducation nationale**) *npr f confederation of teachers' unions.*

CSG (*abr de* **contribution sociale généralisée**) *nf income-related tax contribution.*

CSP *nf abr de* **catégorie socio-professionnelle.**

Cte *abr écrite de* **comte.**

Ctesse *abr écrite de* **comtesse.**

CUB [kyb] (*abr de* **Communauté urbaine de Bordeaux**) *nf syndicate of local authorities in the Bordeaux area.*

Cuba [kyba] *npr* Cuba; **à ~** in Cuba.

cubage [kybaʒ] *nm* -**1.** [évaluation] cubage, cubic content. -**2.** [volume] cubic volume, cubature, cubage.

cubain, e [kybɛ̃, ɛn] *adj* Cuban.
◆ **Cubain, e** *nm, f* Cuban.

cube [kyb] ◇ *adj* cubic; **mètre/centimètre ~** cubic metre/centimetre.
◇ *nm* -**1.** GÉOM & MATH cube; **quel est le ~ de 4?** what's 4 cubed OU the cube of 4? -**2.** [objet cubique] cube; **couper de la viande en ~s** to cut meat into cubes; **la bâtisse ressemble à un gros ~ de béton** the building's like a big concrete cube OU box. -**3.** JEUX (building) block. -**4.** *fam* [cylindrée]: **un gros ~** [moto] a big bike.

cuber [3] [kybe] ◇ *vt* to determine the cubic volume of.
◇ *vi* -**1.** [contenir]: **le réservoir cube 100 litres** the tank has a cubic capacity of 100 litres. -**2.** *fam* [être cher]: **tout ça finit par ~** it all adds up.

cubilot [kybilo] *nm* cupola furnace.

cubique [kybik] ◇ *adj* -**1.** [en forme de cube] cube-shaped, cube-like, cubic. -**2.** MATH & MINÉR cubic.
◇ *nf* MATH cubic.

cubisme [kybism] *nm* Cubism.

cubiste [kybist] ◇ *adj* Cubist, Cubistic.
◇ *nmf* Cubist.

Cubitainer® [kybitenɛr] *nm* plastic container *(for liquids)*.

cubital, e, aux [kybital, o] *adj* ulnar.

cubitus [kybitys] *nm* ulna.

cuboïde [kybɔid] *adj* cuboid.

cucul *fam* [kyky] *adj inv*: **~ (la praline)** silly, goofy.

cucurbitacée [kykyrbitase] *nf* cucurbit; **les ~s** the Cucurbitaceae.

cueillage [kœjaʒ] *nm* gathering.

cueillette [kœjɛt] *nf* -**1.** [ramassage - de fruits] gathering, picking; [- de fleurs] picking. -**2.** [récolte] crop, harvest; **as-tu fait bonne ~?** did you get a good crop OU collect a lot? -**3.** SOCIOL gathering; **une tribu qui vit de la ~** a tribe of gatherers.

cueilleur, euse [kœjœr, øz] *nm, f* [de fruits] picker, gatherer; [de fleurs] picker.

cueillir [41] [kœjir] *vt* -**1.** [récolter - fruits] to gather, to pick; [- fleurs] to pick, to pluck. -**2.** [trouver] to pick up *(sép)*, to collect; **il est venu me ~ chez moi** he came to pick me up at my place; **où es-tu allé ~ pareille idée?** where on earth did you get that idea? -**3.** *fam* [surprendre] to catch, to grab; **si tu veux sa permission, cueille-la à son arrivée** if you want to get her permission, (make sure you) catch her as she comes in ❑ **être cueilli à froid** to be caught off guard. -**4.** *fam* [arrêter] to nab, to collar. -**5.** [saisir au passage] to snatch, to grab; **~ un baiser** to snatch a kiss; **la serveuse cueillit un menu au passage** the waitress grabbed a menu as she walked past.

Cuenca [kwɛnka] *npr* Cuenca.

cui-cui [kɥikɥi] *nm inv* tweet-tweet; **faire ~** to tweet, to go tweet-tweet.

cuillère, cuiller [kɥijɛr] *nf* -**1.** [instrument] spoon; **~ à café** OU **à moka** teaspoon; **~ à dessert** dessert spoon; **~ à soupe** tablespoon; **petite ~** teaspoon; **en deux** OU **trois coups de ~ à pot** *fam* in a jiffy, in no time at all; **la ~ de bois** SPORT the wooden spoon. -**2.** [contenu] spoonful; **~ à café** teaspoonful; **~ à soupe** tablespoonful. -**3.** PÊCHE spoon, spoonbait. -**4.** ARM [d'une grenade] safety catch. -**5.** ▽ [main] mitt, paw.
◆ **à la cuillère** ◇ *loc adj*: **pêche à la ~** spinning, trolling.
◇ *loc adv* -**1.** [en mangeant]: **nourrir** OU **faire manger qqn à la ~** to spoon-feed sb; **mange ton yaourt à la ~** eat your yoghurt with a spoon; **mange le reste de ta sauce à la ~** spoon up the rest of your gravy. -**2.** PÊCHE: **pêcher la truite à la ~** to spin OU to troll for trout.

cuillerée [kɥijere] *nf* spoonful; **une ~ à soupe de** a tablespoonful of; **une ~ à café de** a teaspoonful of; **et une ~ pour maman!** a spoonful for Mummy!

cuir [kɥir] *nm* -**1.** [peau - traitée] leather; [- brute] hide; **le ~** VÊT leather clothes; COMM & INDUST leather goods; **un ~** *fam* a leather jacket ❑ **~ brut** OU **cru** OU **vert** rawhide; **~ bouilli** cuir-bouilli; **~ de Russie** Russia leather. -**2.** [peau humaine] skin; **~ chevelu** scalp; **entre ~ et chair** under the skin; **tomber sur** OU **tanner le ~ à qqn** *fam* to tan sb's hide, to give sb a belting. -**3.** [lanière]: **~ à rasoir** strop. -**4.** *fam* [faute de liaison] incorrect liaison *(introducing an unwanted consonant between two words)*.
◆ **de cuir, en cuir** *loc adj* leather *(modif)*.

cuirasse [kɥiras] *nf* -**1.** HIST [armure] breastplate, cuirass, corselet. -**2.** MIL [d'un char] armour. -**3.** [carapace] cuirass.

cuirassé, e [kɥirase] *adj* [char, navire] armoured, armour-plated.
◆ **cuirassé** *nm* battleship; **'le Cuirassé Potemkine'** *Eisenstein* 'The Battleship Potemkin'.

cuirasser [3] [kɥirase] *vt* -**1.** MIL to armour, to armour-plate. -**2.** [endurcir] to harden; **son enfance difficile l'a cuirassé contre tout** his difficult childhood has made him very thick-skinned.
◆ **se cuirasser** *vpi* -**1.** HIST to put on a breastplate. -**2.** [s'endurcir] to harden o.s.

cuirassier [kɥirasje] *nm* HIST cuirassier.

cuire [98] [kɥir] ◇ *vt* -**1.** CULIN [viande, légumes] to cook; [pain] to bake; **pain cuit au feu de bois** bread baked in a wood-fired oven. -**2.** [brûler - peau] to burn; **la canicule a cuit les prés** the fields are parched as a result of the heatwave.
◇ *vi* -**1.** CULIN [aliment] to cook; **~ à feu doux** OU **petit feu** to simmer; **~ à gros bouillons** to boil hard; **il faut le temps que ça cuise!** give it time to cook!; **poulet prêt à ~** oven-ready chicken; **faire ~ qqch** to cook sthg; **j'ai trop fait ~ les légumes** I've overcooked the vegetables; **tu n'as pas fait assez ~ la viande** you've undercooked the meat ❑ **laisser qqn ~ dans son jus** *fam* to let sb stew in his/her own juice; **va te faire ~ un œuf!** *fam* get lost!; **je l'ai envoyé se faire ~ un œuf** *fam* I sent him packing. -**2.** *fam* [souffrir de la chaleur]: **je cuis!** I'm roasting!; **on cuit dans cette voiture!** it's boiling hot in this car! -**3.** [brûler] to burn, to sting; **les yeux me cuisent** my eyes are burning OU stinging. -**4.** *sout*: **il vous en cuira** you'll regret it; **il pourrait t'en ~** you might regret it.
◆ **à cuire** *loc adj*: **chocolat à ~** cooking chocolate; **pommes à ~** cooking apples.

cuisant, e [kɥizɑ̃, ɑ̃t] *adj* -**1.** [douleur, sensation] burning, stinging; **il ressentit une douleur ~e à la jambe** he felt a burning pain in his leg. -**2.** [affront, injure] stinging, bitter.

cuisine [kɥizin] *nf* -**1.** [lieu] kitchen; **~ roulante** field kitchen. -**2.** [art] cooking, cookery *Br*; **faire la ~** to cook; **elle fait très bien la ~** she's an excellent cook; **sais-tu faire la ~?** can you cook?; **j'aime faire la ~** I enjoy cooking; **la ~ au beurre/à l'huile** cooking with butter/oil; **~ bourgeoise** good plain home cooking. -**3.** [ensemble de mets] cuisine, food, dishes; **~ fine et soignée** carefully prepared dishes OU food; **apprécier la ~ chinoise** to enjoy Chinese food ❑ **~ allégée, ~ minceur** cuisine minceur, lean cuisine; **la nouvelle ~** nouvelle cuisine. -**4.** [cuisiniers]: **la ~** [dans un château] the kitchen staff; [à la cantine] the catering OU kitchen staff. -**5.** [meubles] kitchen (furniture); **~ intégrée** fitted kitchen; **~ en kit** do-it-yourself kitchen units. -**6.** *fam péj* [complications] complicated OU messy business; [malversations] wheeler-dealing; **la ~ électorale/parlementaire** electoral/parliamentary wheeler-dealing; **se livrer à toute une ~ sur les statistiques** to massage the statistics.
◆ **cuisines** *nfpl* [au restaurant] kitchen; NAUT galley.
◆ **de cuisine** *loc adj* -**1.** [table, couteau] kitchen *(modif)*. -**2.** [culinaire]: **livre de ~** cookbook, cookery book *Br*; **recette de ~** recipe.

cuisiné, e [kɥizine] *adj*: **plat ~** ready-cooked dish.

cuisiner [3] [kɥizine] ◇ *vt* -**1.** [plat, dîner] to cook; **spécialités cuisinées au vin rouge** specialities cooked in red wine; **qu'est-ce que tu nous as cuisiné pour ce soir?** what have you cooked for us tonight? -**2.** *fam* [interroger - accusé, suspect] to grill. -**3.** *fam* [préparer - promotion, élection] to prepare carefully.
◇ *vi* to cook; **j'aime ~** I like cooking.

cuisinette [kɥizinɛt] *nf* kitchenette.

cuisinier, ère [kɥizinje, ɛr] *nm, f* cook.
◆ **cuisinière** *nf* stove, cooker *Br*; **cuisinière électrique** electric cooker; **cuisinière à gaz** gas cooker OU stove.

cuissage [kɥisaʒ] *nm* → **droit**.

cuissard [kɥisar] *nm* -**1.** [d'un cycliste] cycling shorts. -**2.** [d'une armure] cuisse, cuish.

cuissardes [kɥisard] *nfpl* -**1.** [de femme] thigh boots. -**2.** [de pêcheur] waders.

cuisse [kɥis] *nf* -**1.** ANAT thigh; **avoir la ~ légère** *fam* OU **hospitalière** *fam hum* to be free with one's favours, to put it about. -**2.** ZOOL leg. -**3.** CULIN leg; **~s de grenouille** frogs' legs; **~ de poulet** chicken leg.

cuisseau, x [kɥiso] *nm* [de veau] haunch.

cuissettes [kɥisɛt] *nfpl Helv* (sports) shorts.

cuisson [kɥisɔ̃] *nf* -**1.** CULIN [fait de cuire - le pain, les gâteaux] baking; [- un rôti] roasting, cooking; **temps de ~** cooking time ‖ [manière de cuire] cooking technique; **quelle ~?** [viande] how would you like your meat cooked? -**2.** [brûlure] burning, smarting.

cuissot [kɥiso] *nm* -**1.** [de gibier] haunch. -**2.** [d'une armure] cuisse, cuish.

cuistance▽ [kɥistɑ̃s] *nf* grub; **faire la ~** to make the grub.

cuistot *fam* [kɥisto] *nm* cook, chef.

cuistre [kɥistr] *nm sout* -**1.** [pédant] pedant, prig. -**2.** [rustre] lout, boor.

cuistrerie [kɥistrəri] *nf* pedantry, priggishness.

cuit, e [kɥi, kɥit] *adj* -**1.** [aliment] cooked; **viande bien ~e** well-done meat; **viande ~e à point** medium rare meat ❑ **jambon ~** cooked ham; **attendre que ça tombe tout ~ (dans le bec)** to wait for things to fall into one's lap. -**2.** [brûlé - peau] burnt, sunburnt; [- jardin, champ] parched. -**3.** *fam* [usé] worn down, threadbare; **elles sont ~es, mes bottes!** my boots have had it!; **mon embrayage est ~** my clutch has had it. -**4.** *fam* [perdu]: **je suis ~!** I'm done for!, I've had it!; **notre sortie de dimanche, c'est ~!** we can kiss our Sunday excursion goodbye! -**5.** ▽ [ivre] loaded, plastered.
◆ **cuit** *nm* -**1.** CULIN: **le ~** the cooked. -**2.** *loc*: **du tout ~**: **c'est du tout ~** it's as good as done (already); **ça n'a pas été du tout ~** it was no walkover.
◆ **cuite** *nf* -**1.** ▽ [beuverie]: **(se) prendre une ~e** to get plastered; **il tenait une de ces ~es!** *fam* he'd had a skinful! -**2.** [de céramiques] firing.

cuiter [3] [kɥite]
◆ **se cuiter**▽ *vpi* to get plastered; **il s'est cuité** he had a skinful.

cuivrage [kɥivraʒ] *nm* copperplating.

cuivre [kɥivr] *nm* -**1.** MÉTALL copper; **mine/bracelet de ~** copper mine/bracelet ❑ **~ jaune** brass; **~ rouge** copper. -**2.** BX-ARTS [planche] copperplate.
◆ **cuivres** *nmpl* -**1.** [casseroles] copper (pots and) pans. -**2.** MUS brass instruments.

cuivré, e [kɥivre] *adj* -**1.** BX-ARTS copperplated. -**2.** [rouge] copper-coloured; **avoir le teint ~** OU **la peau ~e** [par le soleil] to be tanned; [naturellement] to be swarthy; **des cheveux ~s** auburn hair. -**3.** [son, voix] resonant.

cuivrer [3] [kɥivre] *vt* -**1.** MÉTALL to copperplate, to coat OU to sheathe with copper. -**2.** [donner une teinte rougeâtre] to bronze, to tan.

cuivreux, euse [kɥivrø, øz] *adj* cupreous.

cuivrique [kɥivrik] *adj* cupric.

cul [ky] *nm* -**1.** ▼ [fesses] arse *Br*, ass *Am*; **un coup de pied au ~** a kick up the pants OU backside; **il l'a fait avancer à grands coups de pied au ~** he propelled him along with kicks up the backside ❑ **faire la bouche en ~ de poule** to purse one's lips, to pout; **avoir du ~** to be a jammy *Br* OU lucky bastard; **avoir le ~ bordé de nouilles** to be a jammy *Br* OU lucky bastard; **avoir** OU **être le ~ entre deux chaises** to have a foot in each camp; j'ai une ambulance au ~ I've got an ambulance right on my tail; on va lui foutre les flics au ~ let's get the cops on his tail; cause OU parle à mon ~, ma tête est malade I don't give a shit (about what you're saying); comme ~ et chemise as thick as thieves; ~ nu: être OU aller (le) ~ nu to go around bare-arsed; ~ par-dessus tête arse over tit *Br*, head over heels; tu l'as dans le ~ you're screwed; c'est toi qui l'auras dans le ~ you'll be the one that gets screwed; se le foutre OU mettre au ~: tu peux te le foutre OU mettre au ~! go (and) fuck yourself!, up yours!; le ~ par terre: j'en suis tombé OU ça m'a mis le ~ par terre I was flabbergasted OU stunned; et mon ~, c'est du poulet? sod off!; mon ~! my arse!; montrer son ~ to show everything one's got; montrer OU tourner son ~ to show a clean pair of heels; plein le ~: en avoir plein le ~ to be totally pissed off; plein le ~, de leurs conneries! I've had it up to here with their stupid tricks!; pousser qqn au ~ to be on sb's back; être sur le ~: je suis sur le ~! [fatigué] I'm knackered! *Br*, I'm bushed! *Am*; [surpris] I can't believe it!; tirer au ~ to do sod all *Br*, to goldbrick *Am*; tomber sur le ~ to fall on one's arse; (en) tomber OU rester sur le ~ to be flabbergasted. -2. ▼ [sexe] sex; il ne pense qu'au ~ he's got sex on the brain, he's a sex-maniac; leurs histoires de ~ ne m'intéressent pas what they do in the sack is of no interest to me. -3. [fond d'une bouteille] bottom; un ~ de bouteille the bottom of a bottle ❑ faire ~ sec *fam* to down a drink in one; ~ sec! *fam* bottoms up! -4. [dans des expressions à valeur de n] : gros ~ *fam* [camion] juggernant *Br*, big truck *Am*; faux ~ VÊT bustle; [hypocrite] ▽ hypocrite; ~ béni ▽ religious bigot.

culasse [kylas] *nf* -1. ARM breech. -2. MÉCAN cylinder head.

cul-blanc [kyblɑ̃] (*pl* culs-blancs) *nm* wheatear.

culbutage [kylbytaʒ] *nm* knocking over, tumbling.

culbute [kylbyt] *nf* -1. [pirouette] somersault; faire des ~s to do somersaults. -2. [chute] fall, tumble; il a fait la ~ dans l'escalier he fell head over heels down the stairs. -3. *fam* COMM & FIN collapse; faire la ~ [faire faillite] to go bankrupt, to collapse; [revendre] to double one's investment.

culbuter [3] [kylbyte] ◇ *vi* [à la renverse] to tumble, to fall (over backwards); [en avant] to fall OU to tumble (headfirst).
◇ *vt* -1. [faire tomber - personne] to knock over (*sép*). -2. [venir à bout de - régime] to topple, to overthrow. -3. MIL: ~ l'ennemi to overwhelm the enemy. -4. ▽ [femme] to lay.

culbuteur [kylbytœr] *nm* -1. [jouet] tumbler. -2. MIN tippler, tipper. -3. AUT rocker arm.

cul-de-basse-fosse [kydbasfos] (*pl* culs-de-basse-fosse) *nm* dungeon.

cul-de-jatte [kydʒat] (*pl* culs-de-jatte) *nmf* legless person.

cul-de-lampe [kydlɑ̃p] (*pl* culs-de-lampe) *nm* -1. IMPR tailpiece. -2. ARCHIT [dans une église] cul-de-lampe, pendant; [dans une maison] bracket, corbel.

cul-de-poule [kydpul]
◆ **en cul-de-poule** *fam loc adj*: une bouche en ~ a pouting little mouth.

cul-de-sac [kydsak] (*pl* culs-de-sac) *nm* -1. [rue] dead end, cul-de-sac. -2. [situation] blind alley, no-win situation. -3. ANAT cul-de-sac.

culée [kyle] *nf* abutment pier.

culer [3] [kyle] *vi* NAUT to drop astern.

culinaire [kylinɛr] *adj* culinary; l'art ~ the art of cooking; mes talents ~s my culinary skills; les délices ~s de la Bourgogne the gastronomic delights of Burgundy.

culminant, e [kylminɑ̃, ɑ̃t] *adj*: point ~ ASTRON zenith; GÉOG peak, summit, highest point; *fig* acme, apex; quel est le point ~ des Alpes? what is the highest point of the Alps?; les investissements sont à leur point ~ investment has reached a peak.

culmination [kylminasjɔ̃] *nf* culmination ASTRON.

culminer [3] [kylmine] *vi* -1. GÉOG: les plus hauts sommets culminent à plus de 8 000 mètres the highest peaks are more than 8,000 meters high; l'Everest culmine à 8 848 mètres Everest is 8,848 meters at its highest point. -2. [être à son maximum] to reach its peak, to peak; la fréquentation culmine en juillet-août the number of visitors peaks in July-August. -3. ASTRON to culminate.

culot [kylo] *nm* -1. *fam* [aplomb] cheek *Br*, nerve; tu as un sacré ~! you've got a nerve OU a cheek!; il ne manque pas de ~ he's a cool customer; tu parles d'un ~! talk about nerve! -2. [partie inférieure - d'une lampe] base, bottom; [- d'une cartouche] base, cap; [- d'une ampoule] base. -3. MÉTALL [résidu] residue, cinder, slag. -4. [d'une pipe] dottle.
◆ **au culot** *fam loc adv*: faire qqch au ~ to bluff one's way through sthg; il faut y aller au ~ you've got to bluff your way through it.

culottage [kylɔtaʒ] *nm* -1. [d'une pipe] seasoning. -2. [dépôt] sooty layer.

culotte [kylɔt] *nf* -1. [sous-vêtement - de femme] (pair of) knickers *Br* OU panties *Am*; [- d'enfant] (pair of) knickers *Br* OU pants; faire dans sa ~ *fam* to dirty one's pants; [avoir peur] to be scared stiff; on a ri à en faire *fam* OU pisser ▽ dans nos ~s we wet OU pissed ourselves laughing. -2. [pantalon] trousers *Br*, pants *Am*; HIST breeches; ~s courtes shorts; tu étais encore en ~ courte OU ~s courtes *fig* you were still in short pants; des peintres/explorateurs en ~ courte OU ~s courtes young painters/explorers; pour nos gastronomes en ~ courte OU ~s courtes for our young gourmets; je m'en moque OU m'en fiche comme de ma première ~ *fam* I don't give a damn; porter la ~ to wear the trousers *Br* OU pants *Am*; ~ de cheval VÊT riding breeches, jodhpurs; MÉD cellulite *(on the tops of the thighs)*; (vieille) ~ de peau Colonel Blimp *Br*, (old) military type. -3. [du bœuf, du veau] rump. -4. ▽ JEUX & SPORT: prendre OU ramasser une ~ to get trounced. -5. VÊT: une jupe-~ culottes.

culotté, e *fam* [kylɔte] *adj* [effronté] cheeky *Br*, sassy *Am*; il est drôlement ~ en affaires! he's a businessman who takes risks!

culotter [3] [kylɔte] *vt* -1. [vêtir] to put trousers *Br* OU pants *Am* on. -2. [pipe] to season; [théière] to blacken; culotté par covered in; culotté par la suie sooty, covered in soot; culotté par l'âge blackened with age.

culottier, ère [kylɔtje, ɛr] *nm, f* tailor *(who specializes in making trousers)*.

culpabilisant, e [kylpabilizɑ̃, ɑ̃t] *adj* guilt-provoking.

culpabilisation [kylpabilizasjɔ̃] *nf*: la ~ des victimes making the victims feel guilty, putting the burden of guilt on the victims.

culpabiliser [3] [kylpabilize] ◇ *vt*: ~ qqn to make sb feel guilty.
◇ *vi* to feel guilty, to blame o.s.
◆ **se culpabiliser** *vp (emploi réfléchi)* to feel guilty, to blame o.s.

culpabilité [kylpabilite] *nf* -1. PSYCH guilt, guilty feeling; je ressens un certain sentiment de ~ à son égard I feel rather guilty about her. -2. JUR guilt.

culte [kylt] *nm* -1. RELIG [religion] religion, faith; [cérémonie] service; [dans le protestantisme] : aller au ~ to go to church; assister au ~ to attend church; célébrer le ~ to worship. -2. [adoration] cult, worship; le ~ de la personnalité personality cult; elle a le ~ du passé she worships the past; vouer un ~ à qqn to worship sb; il voue à son maître un véritable ~ he worships his master. -3. *(comme adj)* cult; film ~ cult film *Br* OU movie *Am*.

cul-terreux *fam* [kytɛrø] (*pl* culs-terreux) *nm péj* country bumpkin, redneck *Am*.

cultivable [kyltivabl] *adj* [région, terre] arable, farmable.

cultivar [kyltivar] *nm* cultivar.

cultivateur, trice [kyltivatœr, tris] *nm, f* farmer.
◆ **cultivateur** *nm* [machine] cultivator.

cultivé, e [kyltive] *adj* -1. AGR cultivated; passer dans les terres ~es to walk across ploughed fields. -2. [éduqué] cultured, well-educated; les gens ~s educated people.

cultiver [3] [kyltive] *vt* -1. AGR [champ, terres] to cultivate, to farm; [plantes] to grow. -2. [conserver obstinément - accent] to cultivate; elle cultive le paradoxe she cultivates a paradoxical way of thinking. -3. [entretenir - relations, savoir] to keep up; cultive ton russe keep up your Russian; ~ sa mémoire to work on one's memory; cultivez l'ambassadeur make sure you're in with the Ambassador. -4. [protéger] to protect, to safeguard; elle cultive son indépendance she protects her independence.
◆ **se cultiver** ◇ *vpi* to educate o.s.; elle s'est cultivée par elle-même she's self-taught.
◇ *vpt*: se ~ l'esprit to cultivate the mind.

cultuel, elle [kyltɥɛl] *adj* [association, liberté] religious.

cultural, e, aux [kyltyral, o] *adj* [activité, méthode] farming.

culturalisme [kyltyralism] *nm* cultural anthropology.

culture [kyltyr] *nf* -1. [production - de blé, de maïs] farming; [- d'arbres, de fleurs] growing; ~ intensive/extensive intensive/extensive farming; faire de la ~ commerciale OU de rapport to specialize in cash crops; ~ associée companion crop; ~ maraîchère market gardening *Br*, truck farming *Am*. -2. [terrains] fields OU lands (under cultivation); ne passe pas à travers les ~s don't walk across fields with crops; l'étendue des ~s renseigne sur la richesse d'un pays the size of the fields under cultivation indicates the wealth of a country; de grande/moyenne ~ [pays, région] with a high percentage of large/middle-sized farms. -3. [espèce] crop; introduire une nouvelle ~ to introduce a new crop. -4. [connaissance] : la ~ culture; parfaire sa ~ to improve one's mind ❑ ~ générale general knowledge; avoir une bonne ~ générale [candidat] to be well up on general knowledge; [étudiant] to have had a broadly-based education; et maintenant, une question de ~ générale and now, a general knowledge question; ~ de masse mass culture. -5. [civilisation] culture, civilization. -6. BIOL culture; faire une ~ de cellules to grow cells ❑ ~ de tissus tissue culture; ~ microbienne microbe culture. -7. *vieilli* & SPORT: ~ physique SCOL physical education, PE; elle fait de la ~ physique tous les matins she does exercises every morning.
◆ **de culture** *loc adj* AGR farming *(modif)*.
◆ **en culture** *loc adv* under cultivation; combien avez-vous d'hectares en ~? how many hectares do you farm OU do you have under cultivation?

culturel, elle [kyltyrɛl] *adj* cultural.

culturellement [kyltyrɛlmɑ̃] *adv* culturally.

culturisme [kyltyrism] *nm* bodybuilding.

culturiste [kyltyrist] *nmf* bodybuilder.

culturologie [kyltyrɔlɔʒi] *nf* cultural anthropology.

cumin [kymɛ̃] *nm* -1. [plante] cumin. -2. [condiment] caraway.

cumul [kymyl] *nm* -1. [de plusieurs activités] multiple responsibilities OU functions; [de plusieurs salaires] concurrent drawing; faire du ~ *fam* [directeur] to wear several hats; [artisan] to moonlight. -2. JUR plurality, combination; ~ d'actions plurality of actions; ~ d'infractions combination of offences; ~ des peines cumulative sentence. -3. POL: le ~ des fonctions plurality of offices, pluralism.

cumulable [kymylabl] *adj*: fonctions ~s posts which may be held concurrently; retraites ~s retirement pensions which may be drawn concurrently.

cumulard, e *fam* [kymylar, ard] *nm, f péj* -1. POL politician with several mandates. -2. [directeur]

person making money as the head of several companies. -**3.** [employé] holder of several jobs.
cumulatif, ive [kymylatif, iv] *adj* cumulative.
cumulativement [kymylativmɑ̃] *adv* cumulatively.
cumuler [3] [kymyle] *vt* -**1.** [réunir - fonctions] to hold concurrently; [- retraites, salaires] to draw concurrently. -**2.** [accumuler] to pile up *(sép)*; **il cumule les erreurs depuis son arrivée** he's done nothing but make mistakes since he arrived. -**3.** JUR to accrue; **intérêts cumulés** accrued interest.
cumulet [kymylɛ] *nm Belg* somersault.
cumulo-nimbus [kymylɔnɛ̃bys] *nm inv* cumulonimbus.
cumulus [kymylys] *nm* -**1.** MÉTÉO cumulus. -**2.** [citerne] hot water tank.
cunéiforme [kyneifɔrm] *adj* & *nm* cuneiform.
cuniculiculture [kynikylikyltyr], **cuniculture** [kynikyltyr] *nf* rabbit breeding.
cunnilingus [kynilɛ̃gys], **cunnilinctus** [kynilɛ̃ktys] *nm* cunnilingus.
cupide [kypid] *adj litt* grasping, greedy; **il regardait l'argent d'un air ~** he was looking greedily at the money; **il est vraiment ~** he's a money grabber.
cupidement [kypidmɑ̃] *adv litt* greedily.
cupidité [kypidite] *nf litt* greed.
cupidon [kypidɔ̃] *nm* MYTH [ange] cupid.
Cupidon [kypidɔ̃] *npr* MYTH [ange] Cupid.
cuprifère [kyprifɛr] *adj* cupriferous.
cuprique [kyprik] *adj* cupric, cupreous, coppery.
cupro-alliage [kyprɔaljaʒ] *(pl* **cupro-alliages)** *nm* copper-base alloy.
cupro-aluminium [kyprɔalyminjɔm] *(pl* **cupro-aluminiums)** *nm* cupro-aluminium, aluminium bronze.
cuproammoniaque [kyprɔamɔnjak] *nf* cuprammonium.
cupronickel [kyprɔnikɛl] *nm* cupronickel.
cuproplomb [kyprɔplɔ̃] *nm* copperlead.
cupule [kypyl] *nf* cupule.
curabilité [kyrabilite] *nf* curableness, curability.
curable [kyrabl] *adj* curable, which can be cured.
curaçao [kyraso] *nm* curaçao, curaçoa.
curage [kyraʒ] *nm* [d'un égout] sewage purification; [d'un fossé] ditch cleaning.
curare [kyrar] *nm* curare, curari.
curarisant, e [kyrarizɑ̃, ɑ̃t] *adj* curarizing.
◆ **curarisant** *nm* curarizing substance.
curarisation [kyrarizasjɔ̃] *nf* curarization.
curatelle [kyratɛl] *nf* guardianship, trusteeship JUR.
curateur, trice [kyratœr, tris] *nm, f* guardian, trustee JUR.
curatif, ive [kyratif, iv] *adj* healing.
curcuma [kyrkyma] *nm* curcuma.
cure [kyr] *nf* -**1.** MÉD [technique, période] treatment; **~ d'amaigrissement** slimming *Br* OU weight-loss *Am* course; **~ de repos** rest cure; **~ de sommeil** sleep therapy; **~ thermale** treatment at a spa. -**2.** PSYCH: **la ~** the talking cure. -**3.** *fam* [excès] : **une ~ de: faire une ~ de romans policiers** to go through a phase of reading nothing but whodunits. -**4.** *loc*: **il n'a ~ de...** *litt* he cares nothing about... -**5.** RELIG [fonction] cure; [paroisse] parish; [presbytère] vicarage.
curé [kyre] *nm* (Catholic) priest; **aller à l'école chez les ~s** to be educated by priests; **elle est toujours fourrée chez les ~s** *fam* she's very churchy.
cure-dent(s) [kyrdɑ̃] *(pl* **cure-dents)** *nm* toothpick.
curée [kyre] *nf* -**1.** CHASSE quarry; **il a provoqué les médias, et ça a été la ~** *fig* he provoked the media and they were soon baying for his blood ❑ **~ chaude/froide** hot/cold quarry. -**2.** [ruée] (mad) scramble, rush; **à son départ ça a été la ~ pour prendre sa place** people walked all over each other to get his job after he left.
cure-ongle(s) [kyrɔ̃gl] *(pl* **cure-ongles)** *nm* nail cleaner.
cure-oreille [kyrɔrɛj] *(pl* **cure-oreilles)** *nm* ear pick.
cure-pipe(s) [kyrpip] *(pl* **cure-pipes)** *nm* pipe cleaner.
curer [3] [kyre] *vt* to scrape clean.
◆ **se curer** *vpt*: **se ~ les ongles** to clean one's nails; **se ~ les dents** to pick one's teeth (clean); **se ~ les oreilles** to clean (out) one's ears.
curetage [kyrtaʒ] *nm* -**1.** MÉD curettage. -**2.** CONSTR renovation *(of a historical part of a town)*.
cureter [27] [kyrte] *vt* to curette.
cureton *fam* [kyrtɔ̃] *nm péj* priest.
curette [kyrɛt] *nf* curette, curet.
Curiace [kyrjas] *npr*: **les ~s** the Curiatii.
curial, e, aux [kyrjal, o] *adj* curial; **maison ~e** presbytery.
curie [kyri] *nf* -**1.** ANTIQ curia. -**2.** RELIG curia, Curia. -**3.** PHYS [unité] curie.
curiethérapie [kyriterapi] *nf* radiotherapy.
curieusement [kyrjøzmɑ̃] *adv* -**1.** [avec curiosité - regarder] curiously. -**2.** [étrangement - s'habiller] oddly, strangely; *(en tête de phrase)*: **~, il n'a rien voulu dire** strangely OU funnily enough, he wouldn't say anything; **~, les valises avaient disparu** oddly enough, the suitcases had disappeared.
curieux, euse [kyrjø, øz] ◇ *adj* -**1.** [indiscret] curious, inquisitive. -**2.** [étrange] curious, odd, strange; **c'est un ~ personnage** he's a strange character; **il m'a répondu d'une manière curieuse** he gave me a strange answer. -**3.** [avide de savoir] inquiring, inquisitive; **avoir un esprit ~** to have an inquiring mind; **~ de: il est ~ d'entomologie** he has a keen interest in entomology; **soyez ~ de tout** let your interests be wide-ranging.
◇ *nm, f* -**1.** [badaud] bystander, onlooker; **autour d'un accident, il y a toujours des ~** *péj* people always gather round when there's been an accident. -**2.** [indiscret] inquisitive person.
◆ **curieux** *nm* -**1.** [ce qui est étrange] : **c'est là le plus ~ de l'affaire** that's what's so strange. -**2.** *arg crime* examining magistrate, beak *Br*.
◆ **en curieux** *loc adv*: **je suis venu en ~** I just came to have a look.
curiosité [kyrjozite] *nf* -**1.** [indiscrétion] inquisitiveness, curiosity; **puni de sa ~** punished for being overinquisitive; **mû par une ~ malsaine** out of morbid curiosity ❑ **la ~ est un vilain défaut** *prov* curiosity killed the cat *prov*. -**2.** [intérêt] curiosity; **il faut éveiller la ~ des enfants** it's a good thing to arouse children's curiosity; **vous avez de drôles de ~s!** you're interested in some very strange things! -**3.** [caractéristique] oddity, idiosyncrasy; **c'est une des ~s de son caractère** it's one of the odd things about him. -**4.** [objet] curio, curiosity, oddity; **boutique** OU **magasin de ~s** bric-à-brac OU curiosity *vieilli* shop.
◆ **curiosités** *nfpl*: **les ~s de Nemours** interesting and unusual things to see in Nemours.
◆ **par (pure) curiosité** *loc adv* out of (sheer) curiosity, just for curiosity's sake.
curiste [kyrist] *nmf person taking the waters at a spa*; **les ~s viennent ici pour...** people come to this spa in order to...
curling [kœrliŋ] *nm* curling SPORT.
curriculum vitae [kyrikylɔmvite] *nm inv* curriculum vitae, CV, résumé *Am*.
curry [kyri] = **cari**.
curseur [kyrsœr] *nm* cursor.
cursif, ive [kyrsif, iv] *adj* [écriture] cursive; [lecture, style] cursory.
◆ **cursive** *nf* cursive.
cursus [kyrsys] *nm* degree course; **~ universitaire** degree course.
curviligne [kyrviliɲ] *adj* curvilinear, curvilineal.
CUS [kys] *(abr de* **Communauté urbaine de Strasbourg)** *nf syndicate of local authorities in the Strasbourg area.*
cuscute [kyskyt] *nf* dodder; **~ du lin** flax dodder.
custode [kystɔd] *nf* AUT rear side panel.
cutané, e [kytane] *adj* cutaneous *spéc*, skin *(modif)*.
cuti *fam* [kyti] *nf (abr de* **cuti-réaction)** → **virer**.
cuticule [kytikyl] *nf* ANAT, BOT & ZOOL cuticle.
cuti-réaction [kytireaksjɔ̃] *(pl* **cuti-réactions)** *nf* skin test *(for detecting TB or allergies)*.
cutter [kœtœr, kytɛr] *nm* Stanley® knife.
cuvage [kyvaʒ] *nm* , **cuvaison** [kyvɛzɔ̃] *nf* ŒNOL fermentation in vats.
cuve [kyv] *nf* -**1.** [réservoir] tank, cistern. -**2.** [pour le blanchissage, la teinture] vat. -**3.** ŒNOL vat, tank; **~ close** pressure tank.
cuvée [kyve] *nf* -**1.** [contenu] tankful, vatful. -**2.** ŒNOL vintage; **la ~ 1987 sera excellente** the 1987 vintage will be excellent; **la dernière ~ de Polytechnique** *fam fig* the latest batch of graduates from the École Polytechnique.
cuvelage [kyvlaʒ] *nm* tubbing.
cuveler [24] [kyvle] *vt* to tub.
cuver [3] [kyve] ◇ *vi* [vin] to ferment.
◇ *vt*: **~ son vin** to sleep off the booze || *(en usage abs)*: **laisse-le ~ en paix** leave him to sleep it off.
cuvette [kyvɛt] *nf* -**1.** [récipient - gén] basin, bowl, washbowl; [- des WC] pan; [- d'un lavabo] basin. -**2.** GÉOG basin.
cuvier [kyvje] *nm* fermenting room OU cellar.
CV ◇ *nm (abr de* **curriculum vitae)** CV, résumé *Am*; **ça fera bien dans ton ~** it'll look good on your CV.
◇ *(abr écrite de* **cheval)** [puissance fiscale] *classification for scaling of car tax.*
CVS *(abr de* **corrigées des variations saisonnières)** *adj seasonally adjusted.*
cx *nm inv* [coefficient de pénétration dans l'air] *drag coefficient.*
cyanhydrique [sjanidrik] *adj* hydrocyanic.
cyanogène [sjanɔʒɛn] *nm* cyanogen.
cyanose [sjanoz] *nf* cyanosis.
cyanoser [3] [sjanoze] *vt* to cyanize.
cyanuration [sjanyrasjɔ̃] *nf* cyanidation, cyanization.
cyanure [sjanyr] *nm* cyanide.
cyanurer [3] [sjanyre] *vt* to cyanide, to cyanize.
Cybèle [sibɛl] *npr* Cybele.
cybernéticien, enne [sibɛrnetisjɛ̃, ɛn]
◇ *adj* cybernetic.
◇ *nm, f* cyberneticist.
cybernétique [sibɛrnetik] *nf* cybernetics *(sg)*.
cyclable [siklabl] *adj* cycle *(modif)*.
Cyclades [siklad] *npr fpl*: **les ~** the Cyclades.
cycladique [sikladik] *adj* Cycladic.
cyclamate [siklamat] *nm* cyclamate.
cyclamen [siklamɛn] *nm* cyclamen.
cyclane [siklan] *nm* cycloalkane, cycloparaffin.
cycle [sikl] *nm* -**1.** [série] cycle; **le ~ des saisons** the cycle of the seasons ❑ **~ lunaire/solaire** ASTRON lunar/solar cycle. -**2.** [évolution] cycle; **le ~ d'un produit** the cycle of a product *(from manufacture to consumption)* ❑ **~ économique** ÉCON economic cycle. -**3.** SCOL & UNIV cycle; **il suit un ~ court/long** ≃ he'll leave school at sixteen/go on to higher education ❑ **premier ~** SCOL lower secondary school years *Br*, junior high school *Am*; UNIV first and second years *Br*, freshman and sophomore years *Am*; **second ~** SCOL upper school *Br*, high school *Am*; UNIV last two years of a degree course; **troisième ~** postgraduate studies; **être en troisième ~** to be a postgraduate student. -**4.** LITTÉRAT cycle; **le ~ d'Arthur** the Arthurian cycle. -**5.** [véhicule] cycle; **le ~** INDUST the bicycle industry. -**6.** PHYSIOL: **~ œstral** œstrous cycle.
cyclique [siklik] *adj* cyclic, cyclical.
cyclisation [siklizasjɔ̃] *nf* cyclization.
cycliser [3] [siklize] *vt* to cyclize.

cyclisme [siklism] *nm* cycling; faire du ~ tous les dimanches to go cycling every Sunday ❑ ~ **sur piste** track cycle racing; ~ **sur route** road cycle racing.
cycliste [siklist] ◇ *adj*: **coureur** ~ racing cyclist, cycler *Am*; **course** ~ cycle race.
◇ *nmf* cyclist, cycler *Am*.
◇ *nm* [short] (pair of) cycling shorts.
cyclo-cross [siklɔkrɔs] *nm inv* cyclo-cross.
cycloïdal, e, aux [siklɔidal, o] *adj* cycloidal GEOM.
cycloïde [siklɔid] *nf* cycloid GEOM.
cyclomoteur [siklɔmɔtœr] *nm* small motorcycle, scooter.
cyclomotoriste [siklɔmɔtɔrist] *nmf* scooter rider.
cyclonal, e, aux [siklɔnal, o] *adj* cyclonic, cyclonical, cyclonal.
cyclone [siklon] *nm* [dépression] cyclone; [typhon] cyclone, hurricane.
cyclonique [siklɔnik] *adj* cyclonic.
cyclope [siklɔp] *nm* -**1.** MYTH: Cyclope Cyclops. -**2.** ZOOL cyclops.
cyclopéen, enne [siklɔpeɛ̃, ɛn] *adj* -**1.** ARCHÉOL Pelasgian, Pelasgic. -**2.** *litt* [gigantesque] Cyclopean, titanic, colossal.
cyclo-pousse [siklɔpus] *nm inv* ≃ (pedal-powered) rickshaw.
cyclopropane [siklɔprɔpan] *nm* cyclopropane.
cyclosporine [siklɔspɔrin] *nf* cyclosporin-A.
cyclothymie [siklɔtimi] *nf* cyclothymia.
cyclothymique [siklɔtimik] *adj* & *nmf* cyclothymic, cyclothymiac.
cyclotourisme [siklɔturism] *nm* cycle touring; **faire du** ~ to go on a cycling holiday *Br* OU vacation *Am*.
cyclotron [siklɔtrɔ̃] *nm* cyclotron.
cygne [siɲ] *nm* -**1.** ORNITH swan; ~ **mâle** cob; **jeune** ~ cygnet. -**2.** ASTRON: **le Cygne** Cygnus, the Swan.
cylindrage [silɛ̃draʒ] *nm* -**1.** TRAV PUBL rolling. -**2.** TEXT mangling.
cylindre [silɛ̃dr] *nm* -**1.** AUT & GÉOM cylinder; **un moteur à quatre/six** ~**s** a four/six-cylinder engine ❑ **une six** ~**s** a six-cylinder car. -**2.** MÉCAN roller.
cylindrée [silɛ̃dre] *nf* cubic capacity, capacity displacement *Am*; **une petite** ~ a small OU small-engined car.
cylindrer [3] [silɛ̃dre] *vt* -**1.** TRAV PUBL to roll. -**2.** TEXT to mangle.
cylindrique [silɛ̃drik] *adj* cylindric, cylindrical.
cylindroïde [silɛ̃drɔid] *adj* cylindroid.
cymaise [simɛz] = **cimaise**.
cymbalaire [sɛ̃balɛr] *nf* ivy-leaved toadflax.
cymbale [sɛ̃bal] *nf* cymbal; **coup de** ~**s** crash of cymbals.
cymbalier, ère [sɛ̃balje, ɛr] *nm, f*, **cymbaliste** [sɛ̃balist] *nmf* cymbalist.
cymbalum [sɛ̃balɔm] *nm* cymbalo, dulcimer.
cynégétique [sineʒetik] ◇ *adj* hunting *(modif)*.
◇ *nf* hunting.
cynique [sinik] ◇ *adj* cynical.
◇ *nmf* -**1.** [gén] cynic. -**2.** PHILOS Cynic.
cyniquement [sinikmɑ̃] *adv* cynically.
cynisme [sinism] *nm* -**1.** [attitude] cynicism. -**2.** PHILOS Cynicism.
cynocéphale [sinɔsefal] *nm* dog-faced baboon.
cynodrome [sinɔdrom] *nm* greyhound track.
cypho-scoliose [sifoskɔljoz] (*pl* **cypho-scolioses**) *nf* kyphoscoliosis.
cyphose [sifoz] *nf* kyphosis.
cyprès [siprɛ] *nm* cypress.
cyprin [siprɛ̃] *nm* crucian carp.
cypriote [siprijɔt] *adj* [paysan, village] Cypriot, Cypriote; [paysage] Cypriot, Cyprus *(modif)*.
◆ **Cypriote** *nmf* Cypriot, Cypriote.
cyrillique [sirilik] *adj* Cyrillic.
Cyrus [sirys] *npr* Cyrus.
cystectomie [sistɛktɔmi] *nf* cystectomy.
cystéine [sistein] *nf* cysteine.
cystine [sistin] *nf* cystine.
cystique [sistik] *adj* cystic.
cystite [sistit] *nf* cystitis.
cystographie [sistɔgrafi] *nf* cystography.
cystoscopie [sistɔskɔpi] *nf* cystoscopy.
Cythère [sitɛr] *npr* Cythera.
cytise [sitiz] *nm* laburnum.
cytobiologie [sitɔbjɔlɔʒi] *nf* cytobiology.
cytodiagnostic [sitɔdjagnɔstik] *nm* cytodiagnosis.
cytogénéticien, enne [sitɔʒenetisjɛ̃, ɛn] *nm, f* cytogeneticist.
cytogénétique [sitɔʒenetik] *nf* cytogenetics *(sg)*.
cytologie [sitɔlɔʒi] *nf* cytology.
cytologique [sitɔlɔʒik] *adj* cytologic, cytological.
cytologiste [sitɔlɔʒist] *nmf* cytologist.
cytolyse [sitɔliz] *nf* cytolysis.
cytolytique [sitɔlitik] *adj* cytolytic.
cytoplasme [sitɔplasm] *nm* cytoplasm.
cytoplasmique [sitɔplasmik] *adj* cytoplasmic.
czar [tsar] = **tsar**.

D

d, D [de] *nm* d, D.
d *abr écrite de* **déci.**
d' [d] → **de.**
D *abr écrite de* **dépression.**
da (*abr écrite de* **déca-**) da.
DA (*abr écrite de* **dinar algérien**) DA.
d'abord [dabɔr] → **abord.**
d'ac *fam* [dak] *loc adv* OK; **on y va, ~?** we're going, OK?
Dacca [daka] *npr f* [jusqu'en 1982] Dacca; [depuis 1982] Dhaka.
d'accord [dakɔr] → **accord.**
Dacron® [dakrɔ̃] *nm* Terylene® *Br*, Dacron® *Am*.
dactyle [daktil] *nm* -**1.** LITTÉRAT dactyl, dactylic. -**2.** BOT cocksfoot.
dactylique [daktilik] *adj* dactylic.
dactylo [daktilo] *nmf* typist.
dactylographe [daktilɔgraf] *nmf* typist.
dactylographie [daktilɔgrafi] *nf* typing, typewriting; **prendre des cours de ~** to learn how to type.
dactylographier [9] [daktilɔgrafje] *vt* to type (up).
dactylographique [daktilɔgrafik] *adj* typing.
dactyloscopie [daktilɔskɔpi] *nf* fingerprinting, fingerprint identification.
dada [dada] ◇ *adj* Dadaist, Dadaistic.
◇ *nm* -**1.** BX-ARTS & LITTÉRAT Dada, Dadaism. -**2.** *fam* [cheval] gee-gee *Br*, horsie. -**3.** *fam* [passe-temps] hobby; [idée] hobbyhorse; **le voilà reparti sur** OU **il a enfourché son ~** he's on his hobbyhorse again; **c'est son nouveau ~** it's his latest obsession.
dadais [dadɛ] *nm* oaf; **grand ~** clumsy oaf.
dadaïsme [dadaism] *nm* Dada, Dadaism.
dadaïste [dadaist] ◇ *adj* Dadaist, Dadaistic.
◇ *nmf* Dadaist.
dague [dag] *nf* -**1.** ARM dagger. -**2.** ZOOL [du cerf, du daim] spike.
daguerréotype [dagereɔtip] *nm* [procédé, image] daguerreotype.
daguerréotypie [dagereɔtipi] *nf* daguerreotypy.
daguet [dagɛ] *nm* young stag *(less than 2 years old)*.
dahlia [dalja] *nm* dahlia.
Dahomey [daɔmɛ] *npr m*: **le ~** Dahomey; **au ~** in Dahomey.
dahu [day] *nm* imaginary animal *(used to tease children)*.
daigner [4] [deɲe] *vt*: **~ faire qqch** to deign to do sthg.
daim [dɛ̃] *nm* -**1.** ZOOL (fallow) deer; **~ mâle** buck. -**2.** [cuir suédé] buckskin, doeskin.
◆ **de daim, en daim** *loc adj* suede *(modif)*.
daine [dɛn] *nf* doe.
dais [dɛ] *nm* canopy.
Dakar [dakar] *npr* Dakar.
dakin [dakɛ̃] *nm* Dakin's solution.
Dakota [dakɔta] *npr m*: **le ~** Dakota; **le ~ du Nord/Sud** North/South Dakota.
dal (*abr écrite de* **décalitre**) dal.
dalaï-lama [dalailama] (*pl* **dalaï-lamas**) *nm* Dalai Lama.
Dalila [dalila] *npr* Delilah.
dallage [dalaʒ] *nm* -**1.** [processus] paving. -**2.** [surface] pavement.
dalle [dal] *nf* -**1.** [plaque] flagstone; **~ de marbre/pierre** marble/stone slab; **recouvrir une allée de ~s** to surface a driveway with stone slabs ❑ **~ funéraire** tombstone. -**2.** CONSTR slab; **~ de béton** concrete slab; **~ de recouvrement** cover slab; **~ pleine** reinforced concrete slab. -**3.** *fam* [faim]: **avoir** OU **crever la ~** to be starving OU famished; **je crève la ~** I could eat a horse. -**4.** *fam loc*: **avoir la ~ en pente** to be a boozer.
◆ **que dalle** *fam loc adv* damn all *Br*, zilch *Am*; **on n'y voit que ~** you can't see a damn thing; **il a fichu que ~** he didn't do a damn thing.
daller [3] [dale] *vt* to pave.
dalleur [dalœr] *nm* paviour.
Dalloz [daloz] *npr*: **les ~** *series of law reference books*.
dalmate [dalmat] *adj* Dalmatian.
◆ **Dalmate** *nmf* Dalmatian.
Dalmatie [dalmasi] *npr f*: **(la) ~** Dalmatia.
dalmatien, enne [dalmasjɛ̃, ɛn] *nm, f* Dalmatian ZOOL.
dalot [dalo] *nm* -**1.** NAUT scupper. -**2.** CONSTR culvert.
daltonien, enne [daltɔnjɛ̃, ɛn] ◇ *adj* daltonic *spéc*, colour-blind.
◇ *nm, f* colour-blind person.
daltonisme [daltɔnism] *nm* daltonism *spéc*, colour blindness.
dam¹ (*abr écrite de* **décamètre**) dam.
dam² [dam] *nm*: **au grand ~ de qqn** *litt* [à son préjudice] to the detriment of sb; [à son mécontentement] to the great displeasure of sb.
damage [damaʒ] *nm* [de la terre] packing (down), ramming down; [de la neige] packing down; [d'une piste] grooming.
daman [damɑ̃] *nm* hyrax, dassie.
damas [dama(s)] *nm* -**1.** TEXT damask. -**2.** BOT damson. -**3.** MÉTALL damask steel.
Damas [damas] *npr* Damascus; **le chemin de ~** the road to Damascus.
damasquinage [damaskinaʒ] *nm* damascening.
damasquiner [3] [damaskine] *vt* to damascene.
damassé, e [damase] *adj* damask *(modif)*.
◆ **damassé** *nm* damask.
damasser [3] [damase] *vt* to damask.
dame [dam] ◇ *nf* -**1.** [femme] lady; **nous parlions avec ces ~s** we were talking to these ladies; **ah, ma bonne** OU **pauvre ~** *fam*, **les temps ont bien changé!** ah, my dear, times have changed!; **qu'est-ce que je vous sers, ma petite ~?** *fam* what would you like, love *Br* OU miss? ❑ **~ de charité** Lady Bountiful; **~ de compagnie** lady's companion; **la Dame de fer** the Iron Lady; **~ patronnesse** patroness; **~ pipi** *fam* lavatory attendant. -**2.** *fam* [épouse]: **votre ~** your missus OU old lady. -**3.** [titre] lady; **une grande ~** a (noble) lady ❑ **~ d'honneur** lady-in-waiting; **la première ~ de France** France's First Lady; **faire** OU **jouer les grandes ~s** *péj* to put on airs; **sa ~, la ~ de ses pensées** his ladylove. -**4.** JEUX [aux dames] king; **aller à la** OU **mener un pion à ~** to crown || [aux cartes et aux échecs] queen; **la ~ de cœur** the queen of hearts. -**5.** NAUT: **~ de nage** rowlock *Br*, oarlock *Am*. -**6.** CONSTR [mur]: **~ de remblai** dam. -**7.** [outil de pavage] beetle, rammer.
◇ *interj dial* OU *vieilli* of course, well; **~ oui!** yes, indeed!
◆ **dames** *nfpl*: **(jeu de) ~s** draughts *Br*, checkers *Am*.
◆ **de dames, pour dames** *loc adj* [bicyclette, revolver] ladies'; **une bicyclette de ~s** a ladies' bicycle.
dame-d'onze-heures [damdɔ̃zœr] (*pl* **dames-d'onze-heures**) *nf* star-of-Bethlehem, starflower.
dame-jeanne [damʒan] (*pl* **dames-jeannes**) *nf* demijohn.
damer [3] [dame] *vt* -**1.** [tasser - terre] to ram down *(sép)*, to pack down *(sép)*; [- neige] to pack down; [- piste] to groom. -**2.** JEUX [pion] to crown; **~ le pion à qqn** *fig* to outwit sb.
damier [damje] *nm* JEUX draughtboard *Br*, checkerboard *Am*; **un tissu à** OU **en ~** checked material.
damnable [danabl] *adj litt* RELIG damnable.
damnation [danasjɔ̃] *nf* -**1.** RELIG damnation; **'la Damnation de Faust'** *Berlioz* 'The Damnation of Faust'. -**2.** *arch* [juron]: **~!** damnation!
damné, e [dane] ◇ *adj* -**1.** *fam péj* [maudit] cursed, damn, damned. -**2.** RELIG damned.
◇ *nm, f* RELIG damned person OU soul; **les ~s** the damned; **comme un ~** like a thing possessed.
damner [3] [dane] *vt* RELIG to damn; **faire ~ qqn** *fam fig* to drive sb round the bend.
◆ **se damner** *vp (emploi réfléchi)* to damn o.s.; **je me damnerais pour un chocolat** I'd give anything for a chocolate.
Damoclès [damɔklɛs] *npr* Damocles; **l'épée de ~** the sword of Damocles.

damoiseau, x [damwazo] *nm* -**1.** HIST [gentilhomme] (young) squire. -**2.** *hum* [jeune empressé] (dashing) young blade.

damoiselle [damwazɛl] *nf* HIST -**1.** [fille noble] damsel *(title given to an unmarried noblewoman)*. -**2.** [femme de damoiseau] (young) squire's wife.

dan [dan] *nm* dan; **premier/deuxième ~** first/second dan.

danaïde [danaid] *nf* monarch butterfly.

Danaïdes [danaid] *npr fpl*: **les ~** Danaides.

dancing [dɑ̃siŋ] *nm* dance hall.

dandinement [dɑ̃dinmɑ̃] *nm* [d'un canard, d'une personne] waddling; **son ~ a fait rire tout le monde** everybody was laughing at the way he waddled about.

dandiner [3] [dɑ̃dine]

◆ **se dandiner** *vpi* [canard, personne] to waddle; **il est entré/sorti en se dandinant** he waddled in/out.

dandinette [dɑ̃dinɛt] *nf* -**1.** [technique] dapping. -**2.** [appât] dap.

dandy [dɑ̃di] *nm* dandy.

dandysme [dɑ̃dism] *nm* dandyism.

Danemark [danmark] *npr m*: **le ~** Denmark; **au ~** in Denmark.

danger [dɑ̃ʒe] *nm* danger; **attention, il y a du ~** look out, it's dangerous; **les ~s de la route** the hazards of the road; **en grand ~ de** in great danger of; **en ~ de mort** in danger of one's life; **il y a un ~ d'inondation** there is a danger of flooding; **pas de ~** *fam*: **il n'y a pas de ~ qu'il dise oui** it's not likely he'll say yes; **moi, t'accompagner? pas de ~!** you mean I'd have to go with you? no way! ❑ **~ public** *fam* public menace.

◆ **en danger** *loc adj*: **être en ~** [personne] to be in danger; [paix, honneur] to be jeopardized; **la patrie est en ~** the nation is under threat; **ses jours sont en ~** there are fears for his life; **ses jours ne sont plus en ~** his condition is now stable; **mettre qqn en ~** to put sb's life at risk; **mettre un projet en ~** to jeopardize a project.

◆ **sans danger** *loc adj* [médicament] safe; **c'est sans ~, ouvre-le** it's safe, open it.

dangereusement [dɑ̃ʒrøzmɑ̃] *adv* dangerously, perilously.

dangereux, euse [dɑ̃ʒrø, øz] *adj* -**1.** [risqué] dangerous, perilous, hazardous; **zone dangereuse** danger area OU zone; **'baignade/escalade dangereuse'** danger, no swimming/no climbing. -**2.** [nuisible] dangerous, harmful; **les couleuvres ne sont pas dangereuses** grass snakes are harmless.

dangerosité [dɑ̃ʒrozite] *nf litt* dangerousness.

danois, e [danwa, az] *adj* Danish.

◆ **Danois, e** *nm, f* Dane.

◆ **danois** *nm* -**1.** LING Danish. -**2.** ZOOL (Great) Dane.

dans [dɑ̃] *prép* -**1.** [dans le temps - gén] in; [- insistant sur la durée] during; [- dans le futur] in; [- indiquant un délai] within; **~ l'Antiquité** in Antiquity; **~ son enfance** in OU during her childhood, when she was a child; **c'était à la mode ~ les années 50** it was fashionable in OU during the 50's; **~ un déménagement, on casse toujours quelque chose** when you move house, things always get broken; **les gaz qui se dégagent ~ une réaction chimique** gases given off in a chemical reaction; **je n'ai qu'un jour de libre ~ la semaine** I only have one day off during the week; **l'avion atterrit ~ 25 minutes** the plane lands in 25 minutes OU minutes' time; **~ dix ans, on ne parlera plus de son livre** in ten years OU years' time, his book will be forgotten; **~ quelques minutes, la suite de notre programme** normal service will be resumed as soon as possible; **vous serez livré ~ la semaine** you'll get the delivery within the week OU some time this week; **à consommer ~ les cinq jours** eat within five days of purchase. -**2.** [dans l'espace] in; [avec des limites] within; [avec mouvement] into; **ils ont cherché partout ~ la maison** they looked through the whole house, they looked everywhere in the house; **~ la rue** in the street; **~ le métro** [wagon] on the underground; [couloirs] in the underground; **~ le train/l'avion** on the train/the plane; **monte ~ la voiture** get in OU into the car; **partout ~ le monde** all over the world, the world over; **~ le quartier** in the neighbourhood; **habiter ~ Paris** to live in (central) Paris; **~ l'espace** in space; **je suis bien ~ ces chaussures** I feel comfortable in these shoes, these shoes are comfortable; **avoir mal ~ le dos** to have backache; **ils se sont couchés ~ l'herbe** they lay down in OU on the grass; **elle avait des reflets d'or ~ les cheveux** she had golden highlights in her hair; **j'aime être ~ tes bras** I love being in your arms; **prenant sa tête ~ ses mains** holding his head in his hands; **~ ces murs** within these walls; **le triangle est inscrit ~ le cercle** the triangle is circumscribed within the circle; **~ un rayon de 15 km** within a 15 km radius; **restez ~ les limites du parc** stay within the boundaries of the estate; **entrer ~ une pièce** to go into a room; **passez ~ la salle d'attente** go into the waiting room; **plonger ~ une piscine** to dive into a swimming-pool; **prendre qqn ~ ses bras** to take sb in one's arms; **~ la brume/pénombre** in the mist/dark; **je ne pouvais pas l'entendre ~ ce vacarme** I couldn't hear him in all that noise; **elle a une profonde tristesse ~ le regard** there is a great deal of sadness in her eyes; **~ Descartes** in (the works of) Descartes; **~ son dernier film** in his last film; **c'est ~ le journal** it's in the paper. -**3.** [à partir de - prendre, boire, manger] out of, from; **j'ai pris l'argent ~ le tiroir** I took the money out of OU from the drawer; **boire ~ un verre** to drink out of OU from a glass; **la phrase a été prise ~ mon discours** the quote was lifted from my speech. -**4.** [à travers] through; **passe le doigt ~ l'anneau** put your finger through the ring; **ils progressaient lentement ~ la neige** they were making slow progress through the snow; **un murmure a couru ~ la foule** a murmur ran through the crowd. -**5.** [indiquant l'appartenance à un groupe]: **~ l'enseignement** in OU within the teaching profession; **il est ~ le commerce** he's in business; **quelqu'un ~ l'assistance** someone in the audience; **être ~ la CEE** to be in OU a member of the EEC; **il est ~ mon équipe** he's on OU in my team; **~ nos rangs** within our ranks; **nous sommes ~ le même club** we're in OU we belong to the same club; **ministre de la Santé ~ le dernier gouvernement** Minister of Health in the last government. -**6.** [indiquant la manière, l'état]: **~ son sommeil** in his sleep; **mettre qqn ~ l'embarras** to put sb in an awkward situation; **mourir ~ la misère** to die in poverty; **je ne suis pas ~ le secret** I haven't been let in on OU I'm not in on the secret; **~ sa hâte, elle a perdu un soulier** in her haste, she lost a shoe; **~ l'effervescence des préparatifs** in the excitement of the preparations; **il la voyait ~ son délire** in his delirium he thought he could see her; **je l'ai fait ~ ce but** I did it with this aim in mind; **~ le but de** in order to, with the aim of; **~ l'espoir de** in the hope of; **je l'aime bien ~ ce rôle** I like him in this role; **une maison bâtie ~ le style Régence** a house built in Regency style; **un contrat rédigé ~ les formes légales** a contract drawn out OU up in legal terms; **prendre un mot ~ son sens littéral** to take a word in its literal sens OU literally; **c'est quelqu'un ~ ton genre** it's somebody like you. -**7.** [indiquant une approximation]: **~ les** around; **ça coûtera ~ les 200 francs** it'll cost around 200 francs; **il était ~ les cinq heures du soir** it was around five pm; **il doit avoir ~ les 50 ans** he must be about 50.

dansable [dɑ̃sabl] *adj* danceable.

dansant, e [dɑ̃sɑ̃, ɑ̃t] *adj* -**1.** [qui danse] dancing. -**2.** [qui invite à danser]: **un rythme ~** a rhythm which makes you want to (get up and) dance. -**3.** [où l'on danse]: **soirée ~e** party *(where one dances)*; **thé ~** tea dance.

danse [dɑ̃s] *nf* -**1.** [activité] dance; **il aime la ~** he likes dancing ❑ **~ classique** ballet OU classical dancing; **~ folklorique** folk dancing; **~ sur glace** ice-dancing; **~ paysanne** country dancing; **~ de salon** ballroom dancing; **~ du ventre** belly dancing; **école de ~** [classique] ballet school; [moderne] dance school; **entrer dans la ~** *pr* to join in the dance; *fig* to join in; **conduire** OU **mener la ~** *fig* to play a leading role, to call the tune. -**2.** [suite de pas - dans un ballet, au bal] dance; **jouer une ~** to play a dance (tune); **la ~ des reflets sur le lac** reflections dancing on the surface of the lake; **la ~ des hirondelles dans les airs** swallows swooping back and forth in the sky. -**3.** [agitation]: **c'est la ~ des valeurs ce mois-ci à la Bourse** share values are fluctuating this month on the Stock Exchange. -**4.** MÉD: **~ de Saint-Guy** St Vitus' dance; **tu as la ~ de Saint-Guy, ou quoi?** *fam* can't you stop fidgeting? -**5.** ▽ [correction] hiding, thrashing, belting; **flanquer une ~ à qqn** to beat the living daylights out of sb. -**6.** BX-ARTS: **~ macabre** dance of death, danse macabre.

danser [3] [dɑ̃se] ◇ *vi* -**1.** DANSE to dance; **vous dansez?** would you like to dance?; **on danse?** shall we (have a) dance?; **~ sur une corde raide** to walk a tightrope; **faire ~ qqn** [suj: cavalier] to (have a) dance with sb; [suj: musicien] to play dance tunes for sb ❑ **~ devant le buffet** *fam*: **chez nous, on dansait devant le buffet** at home, the cupboard was always bare. -**2.** [bouger - reflet, bouchon] to move, to bob up and down; [- mots, lignes] to swim; **tout dansait devant ses yeux** everything was swimming before his eyes.

◇ *vt* to dance; **~ une valse/un tango** to (dance a) waltz/tango; **~ « Casse-Noisette »** to dance OU to perform "the Nutcracker Suite".

◆ **se danser** *vp (emploi passif)*: **ballet qui se danse en costumes modernes** ballet performed in contemporary dress; **le twist ne se danse plus** nobody dances the twist any more.

danseur, euse [dɑ̃sœr, øz] *nm, f* -**1.** [gén] dancer; [de ballet] ballet dancer; **~ de claquettes** tap-dancer; **~ de corde** tightrope walker; **~ étoile** principal dancer; **danseuse étoile** prima ballerina. -**2.** [cavalier]: **mon ~** my partner.

◆ **danseur** *nm*: **~ mondain** (male) escort.

◆ **danseuse** *adj f* flexible, yielding.

◆ **en danseuse** *loc adv*: **monter la colline en danseuse** to cycle up the hill standing on the pedals.

Dante [dɑ̃t] *npr* Dante.

dantesque [dɑ̃tɛsk] *adj litt* Dantean, Dantesque.

Danube [danyb] *npr m*: **le ~** the (River) Danube.

danubien, enne [danybjɛ̃, ɛn] *adj* Danubian.

DAO (*abr de* **dessin assisté par ordinateur**) *nm* CAD.

daphné [dafne] *nm* daphne.

daphnie [dafni] *nf* daphnia.

dard [dar] *nm* -**1.** ENTOM [d'une abeille, d'une guêpe] sting. -**2.** ARM & HIST javelin.

Dardanelles [dardanɛl] *npr fpl*: **les ~** the Dardanelles.

darder [3] [darde] *vt* -**1.** [lancer] to shoot; **le soleil du matin dardait ses rayons sur la plage** shafts of morning sunlight fell on the beach; **~ un regard furieux sur qqn** to shoot an angry look at sb. -**2.** [dresser] to point; **rose qui darde ses épines** rose pointing its thorns.

dare-dare *fam* [dardar] *loc adv* double-quick, on the double; **va chercher la boîte, et ~!** go and get the box, and get a move on!

Dar es-Salaam [darɛssalam] *npr* Dar es-Salaam.

Darios [darjos], **Darius** [darjys] *npr* Darius.

darne [darn] *nf* fish steak, thick slice of fish *(cut across the body)*.

darse [dars] *nf* [en Méditerranée] harbour basin.

dartois [dartwa] *nm* CULIN dartois pastry.

dartre [dartr] *nf* dartre; avoir des ~s to have dry patches on one's skin.

dartreux, euse [dartrø, øz] *adj* scabby, dartrous *spéc.*

dartrose [dartroz] *nf* dartrose.

darwinien, enne [darwinjɛ̃, ɛn] *adj* Darwinian.

darwiniste [darwinist] ◇ *adj* Darwinist, Darwinistic.
◇ *nmf* Darwinist.

DAT (*abr de* **digital audio tape**) *nm* DAT.

datable [databl] *adj* datable, dateable; **ces rochers sont facilement/difficilement ~s** these rocks are easy to date/are not easily dated.

datage [dataʒ] *nm*: **le ~ de qqch** assigning a date to OU dating sthg.

DATAR, Datar [datar] (*abr de* **Délégation à l'aménagement du territoire et à l'action régionale**) *npr f regional land development agency.*

datation [datasjɔ̃] *nf* dating; **il y a eu une erreur de ~ du fossile** the fossil was incorrectly dated.

datcha [datʃa] *nf* dacha.

date [dat] *nf* -**1.** [moment précis] date; **je ne peux pas lire la ~** I can't read the date; **une lettre sans ~** an undated letter; **nous avons fixé la ~ de la conférence au 13 juin** we have decided to hold the conference on June 13th; **se retrouver chaque année à ~ fixe** to meet on the same day every year; **prenons ~** let's decide on a date ❑ **~ limite** [pour un projet] deadline; **~ limite de vente** COMM sell-by date; **~ de naissance** date of birth; **~ de péremption** expiry date. -**2.** [période] date; **à la ~ dont tu me parles, j'étais encore aux États-Unis** at the time you're telling me about, I was still in the United States; **les grandes ~s de notre histoire** the most important dates in our history ❑ **faire ~**: **c'est une réalisation qui fera ~ (dans l'histoire)** it's an achievement which will stand out (in history). -**3.** BANQUE: **~ de valeur** value date.
◆ **de... date** *loc adj*: **un allié de longue** OU **vieille ~** a long-standing ally; **c'est une amitié de fraîche ~** they haven't been friends for very long.
◆ **en date** *loc adv*: **quelle est sa dernière voiture en ~?** what is his latest car (to date)?
◆ **en date du** *loc prép*: **lettre en ~ du 28 juin** letter dated June 28th.

dater [3] [date] ◇ *vt* -**1.** [inscrire la date] to date, to put a date on; **carte datée de mardi** postcard dated Tuesday. -**2.** [déterminer l'âge de - fossile, manuscrit, édifice] to date.
◇ *vi* -**1.** [compter] to stand out, to be a milestone; **cet événement datera dans sa vie** this event will stand out in his life. -**2.** [être désuet - tenue] to look dated OU old-fashioned; [- expression] to sound old-fashioned; [- film] to show its age, to have aged, to be dated.
◆ **dater de** *v + prép* to date from, to go back to; **un livre qui date du XVIIe siècle** a book dating back to the 17th century; **de quand date votre dernière visite?** when was your last visit?; **notre amitié ne date pas d'hier** we go OU our friendship goes back a long way; **voilà une idée qui ne date pas d'hier** this idea's been around for quite some time.
◆ **à dater de** *loc prép*: **à ~ du 1er mars, vous ne faites plus partie du service** as of OU effective from March 1st, you are no longer on the staff.

dateur [datœr] ◇ *adj m*: **timbre ~** date stamp.
◇ *nm* date stamp; **~ automatique de billet** ticket dating machine.

datif, ive [datif, iv] *adj* JUR: **tuteur ~** guardian appointed by a court; **tutelle dative** trusteeship OU guardianship ordered by a court.
◆ **datif** *nm* LING dative.

dation [dasjɔ̃] *nf* giving, conferring.

datte [dat] *nf* date; **il n'en fiche** *fam* OU **fout**▽ **pas une ~** he doesn't do a damn thing.

dattier [datje] *nm* date palm.

daube [dob] *nf* -**1.** CULIN stew; **bœuf en ~** stewed beef. -**2.** *fam Helv* [idiot] twit.

dauber [3] [dobe] *litt* ◇ *vt* to jeer OU to scoff at.
◇ *vi* to jeer, to scoff.

dauphin [dofɛ̃] *nm* -**1.** ZOOL dolphin. -**2.** [tuyau] shoe. -**3.** HIST: **le ~** the dauphin. -**4.** [successeur] heir apparent, successor; **qui est votre ~?** who's in line for your job?

dauphine [dofin] *nf* HIST: **la ~** the dauphine.

Dauphiné [dofine] *npr m*: **le ~** the Dauphiné (region).

dauphinois, e [dofinwa, az] *adj* from the Dauphiné; **gratin ~** gratin dauphinois *(sliced potatoes baked with cream).*
◆ **Dauphinois, e** *nm, f inhabitant of or person from the Dauphiné.*

daurade [dɔrad] *nf* sea bream.

davantage [davɑ̃taʒ] *adv* -**1.** [plus] more; **donne m'en ~** give me some more; **tu devrais lire ~** you should read more; **je ne t'en dirai pas ~** I won't tell you any more; **le droit l'intéresse ~ que l'économie** law interests him more than economics; **je ne lui ferai pas ~ de reproches** I won't reproach him any more; **je voudrais ~ de cerises** I'd like (some) more cherries; **il a eu ~ de chance que les autres** he was luckier than the others. -**2.** [de plus en plus]: **chaque jour qui passe nous rapproche ~** each day that goes by brings us closer together; **je t'aime chaque jour ~** I love you more and more every day. -**3.** [plus longtemps]: **je n'attendrai pas ~** I won't wait any longer.

David [david] *npr* BIBLE David.

davier [davje] *nm* forceps.

Davis [devis] *npr*: **coupe ~** Davis Cup.

Dawha [dɔa] *npr*: **(al-) ~** Doha.

dB (*abr écrite de* **décibel**) dB.

DB *nf abr de* **division blindée**.

DCA (*abr de* **défense contre les aéronefs**) *nf* AA *(anti-aircraft).*

DCT (*abr de* **diphtérie, coqueluche, tétanos**) *nm vaccine against diphtheria, tetanus and whooping cough.*

DDA (*abr de* **Direction départementale de l'agriculture**) *npr f local offices of the Ministry of Agriculture.*

DDASS, Ddass [das] (*abr de* **Direction départementale d'action sanitaire et sociale**) *npr f department of health and social security*; **un enfant de la ~** a state orphan.

DDD (*abr de* **digital digital digital**) DDD.

DDE (*abr de* **Direction départementale de l'équipement**) *npr f local offices of the Ministry of the Environment.*

DDT (*abr de* **dichloro-diphényl-trichloréthane**) *nm* DDT.

DDTAB (*abr de* **diphtérie, tétanos, typhoïde, paratyphoïde A**) *nm vaccine against diphtheria, tetanus, typhoid and paratyphoid.*

de [də] (*devant voyelle ou h muet* **d'** [d], *contraction de 'de' avec 'le'* **du** [dy], *contraction de 'de' avec 'les'* **des** [de]) ◇ *prép* **A.** INDIQUANT L'ORIGINE, LE POINT DE DÉPART -**1.** [indiquant la provenance] from; **il n'est pas d'ici** he's not from (around) here; **la voiture venait de la gauche** the car was coming from the left; **une boule s'est décrochée du sapin** a bauble fell off the Christmas tree; **vue de l'intérieur** seen from (the) inside; **il a sorti un lapin de son chapeau** he produced OU pulled a rabbit out of his hat; **sortir de table** to leave the table; **c'est un cadeau de mon oncle** it's a present from my uncle. -**2.** [à partir de]: **de quelques fleurs des champs, elle a fait un bouquet** she made a posy out of OU from a few wild flowers; **faire un drame de rien** to make a fuss over nothing. -**3.** [indiquant l'auteur] by; **un roman de Mishima** a novel by Mishima; **«Amarcord» de Fellini** 'Amarcord' by Fellini, Fellini's 'Amarcord'. -**4.** [particule]: **Madame de Sévigné** Madame de Sévigné; **épouser un/une de quelque chose** *fam* to marry a man/woman with an aristocratic sounding name.

B. DANS LE TEMPS -**1.** [à partir de] from; **notre amitié date de cette époque** our friendship dates from that period; **de ce jour** from that day. -**2.** [indiquant le moment]: **de jour** during the OU by day; **de nuit** during the OU by night; **travailler de nuit/de jour** to work nights/days; **se lever de bonne heure** to get up early; **il n'a pas travaillé de l'année** he hasn't worked all year; **je ne le vois pas de la semaine** I don't see him at all during the week; **le train de 9 h 30** the 9.30 train ‖ [depuis]: **de longtemps, on n'avait vu cela** such a thing hadn't been seen for a long time.

C. INDIQUANT LA CAUSE: **rougir de plaisir** to blush with pleasure; **mourir de peur/de faim** to die of fright/of hunger; **trembler de froid** to shiver with cold; **pleurer de joie** to cry for joy; **souffrir de rhumatismes** to suffer from rheumatism; **se tordre de douleur/de rire** to be doubled up in pain/with laughter.

D. INDIQUANT LE MOYEN, L'INSTRUMENT: **faire signe de la main** to wave; **d'un coup de fouet** with a crack of the whip; **il voit mal de l'œil gauche** he can't see properly with his left eye; **se nourrir de fruits** to eat fruit; **poussez la porte du pied** push the door (open) with your foot.

E. INDIQUANT LA MANIÈRE: **manger de bon appétit** to eat heartily; **de toutes ses forces** with all one's strength; **d'un air coupable** looking guilty, with a guilty look on his/her *etc* face; **d'une démarche vigoureuse** with a purposeful stride.

F. AVEC DES NOMBRES, DES MESURES -**1.** [emploi distributif]: **100 francs de l'heure** 100 francs per OU an hour; **50 francs du kilomètre** 50 francs per OU a kilometre. -**2.** [introduisant une mesure]: **un appartement de 60 m^2** a 60 m^2 flat; **un homme d'1 m 80** a man who is 1 m 80 tall; **une femme de 30 ans** a 30-year-old woman; **un moteur de 15 chevaux** a 15 h.p. engine; **un cadeau de 3 000 francs** a gift worth 3,000 francs; **une équipe de 15 personnes** a team of 15. -**3.** [indiquant une différence dans le temps, l'espace, la quantité]: **distant de cinq kilomètres** five kilometres away; **ma montre retarde de 10 mn** my watch is 10 minutes slow; **ce colis est trop lourd de 100 grammes** this parcel is 100 grammes too heavy.

G. INDIQUANT L'APPARTENANCE: **la maison de mes parents/Marie** my parents'/Marie's house; **le frère de Pierre** Pierre's brother; **la porte du salon** the living room door; **les clefs de la voiture** the car keys; **les pays de la CEE** the countries in the EEC, the EEC countries; **pour les membres du club** for members of the club OU club members; **pour les joueurs du club** for the players belonging to the club; **les élèves de sa classe** the pupils in his class.

H. MARQUANT LA DÉTERMINATION -**1.** [indiquant la matière, la qualité, le genre etc]: **un buffet de chêne** an oak dresser; **un bonhomme de neige** a snowman; **une robe de mariée** a wedding dress; **une équipe de spécialistes** a team of specialists; **une réaction d'horreur** a horrified reaction; **une pause de publicité** a commercial break; **un livre d'un grand intérêt** a book of great interest; **des vêtements d'un goût contestable** clothes of questionable taste; **elle est d'un snob!** she is so snobbish!, she's such a snob! -**2.** [indiquant le contenu, le contenant]: **l'eau de la citerne** the water in the tank; **un verre d'eau** a glass of water; **un pot de fleurs** [récipient] a flower pot; [fleurs] a pot of flowers; **une bouteille de whisky** a bottle of whisky; [récipient] a whisky bottle. -**3.** [dans un ensemble]: **la plupart de ses amis** most of his friends; **le plus jeune de la classe** the youngest pupil in the class; **le plus jeune des deux** the younger of the two. -**4.** [avec une valeur emphatique]: **l'as des as** the champ; **le fin du fin** the very latest thing.

I. SERVANT DE LIEN SYNTAXIQUE -**1.** [après un verbe]: **parler de qqch** to speak about OU of sthg; **douter de qqch** to doubt OU to have doubts about sthg; **se séparer de qqn** to leave sb; **cessez de m'importuner** stop bothering me; **se libérer du passé** to free o.s. from the past; **se souvenir de qqch** to remember sthg; **instruire qqn de ses intentions** to notify sb of one's plans; **traiter qqn de menteur** to call sb a liar; **ce champ est entouré d'une palissade** this field is surrounded by a fence; **il a été tué d'une balle** he was killed by a bullet OU shot dead. -**2.** [après un substantif]: **l'amour de qqch** the love of sthg; **l'acquisition du langage** language acquisition; **troubles de l'audition** hearing problems; **sur présentation de votre carte** on presentation of your card; **la volonté de vaincre** the will to win. -**3.** [après un adjectif]: **sûr de soi** sure of o.s.; **fier de son succès** proud of one's success; **il est facile de critiquer** it's easy to criticize. -**4.** [après un pronom]: **rien de nouveau** nothing new; **personne d'absent?** nobody missing?; **qui d'autre l'aurait fait?** who else would have done it?; **quoi de plus beau que la mer?** what is more beautiful than the sea?; **y a-t-il quelqu'un de blessé?** is anybody hurt? -**5.** [devant un adj, pp ou adv]: **c'est une heure de perdue** that's an hour lost; **encore un verre de cassé!** another glass broken!, another broken glass!; **j'ai quelques heures de libres** I have a few hours free; **restez une semaine de plus** stay (for) one more OU an extra week. -**6.** [introduisant un n en apposition]: **la ville de Paris** the city of Paris; **le mois de janvier** the month of January; **au mois de janvier** in January; **cet imbécile de Pierre** that idiot Pierre. -**7.** [indiquant le sujet d'un ouvrage]: **De l'art d'être mère** The Art of Being a Mother. -**8.** *litt* [introduisant un infinitif]: **de lire me fatigue** reading tires me; **et tous de rire** they all burst into laughter.

◇ *article partitif* -**1.** [dans une affirmation]: **j'ai acheté de la viande** I bought (some) meat; **il me faudra du courage** I'll need (some) courage; **respirer de l'air frais** to breathe fresh air; **c'est de la provocation/de l'entêtement!** it's sheer provocation/pig-headedness!; **j'ai bu de ce vin** I drank some of that wine; **écouter de la musique** to listen to music; **manger de la viande** to eat meat; **je ne porte que du coton** I only (ever) wear cotton, I wear nothing but cotton; **je préfère ne boire que de l'eau** I prefer to drink only water OU nothing but water; **lire du Proust** to read something by Proust OU some Proust; **chanter du Fauré** to sing some Fauré OU a piece by Fauré ‖ [dans une interrogation]: **prends-tu du sucre dans ton café?** do you take sugar in your coffee? ‖ [dans une négation]: **il n'y a pas de place** there's no room, there isn't any room; **ils ne vendent pas de viande** they don't sell meat; **n'as-tu pas de lavande dans ton jardin?** haven't you got any lavender in your garden? -**2.** [exprimant une comparaison]: **il y a du prophète chez lui** he's a bit like a prophet □ **ça c'est du Julien tout craché** OU **du pur Julien** that's Julien all over, that's typical of Julien.

◇ *article défini* [dans une affirmation]: **il a de bonnes idées** he has OU he's got (some) good ideas; **cela pose de grands problèmes** this poses (some) serious problems ‖ [dans une négation]: **je n'ai pas de bouteilles à la cave** I have no OU I haven't got any bottles in the cellar; **nous ne faisons pas de projets pour cet été** we are not making any plans for this summer.

◆ **de... à** *loc corrél* -**1.** [dans l'espace] from... to; **de Paris à Marseille** from Paris to Marseilles; **du Nord au Midi** from (the) North to (the) South. -**2.** [dans le temps] from... to; **du 15 au 20 mars** from the 15th to the 20th of March; **de Noël à Pâques** from Christmas to Easter; **ouvert du lundi au vendredi** open Monday through Friday *Am*, open (from) Monday to Friday; **d'un instant à l'autre** [progressivement] from one minute to the next; [bientôt] any minute OU time now; **d'ici à demain** by tomorrow. -**3.** [dans une énumération] from... to; **on y trouve tout, des chaussettes aux fours à micro-ondes** they've got everything, from socks to microwave ovens. -**4.** [dans une évaluation]: **ça vaut de 500 à 600 francs** it's worth between 500 and 600 francs; **il y a de 4 000 à 5 000 emplois en jeu** there are between 4,000 and 5,000 jobs at stake.

◆ **de... en** *loc corrél* -**1.** [dans l'espace] from... to; **aller de ville en ville** to go from town to town. -**2.** [dans le temps]: **de jour en jour** from day to day; **l'espoir s'amenuisait d'heure en heure** hope dwindled as the hours went by; **le nombre d'étudiants augmente d'année en année** the number of students is getting bigger by the year OU every year OU from one year to the next. -**3.** [dans une évolution]: **aller de mal en pis** to go from bad to worse; **de déduction en déduction, il avait trouvé le coupable** he'd deduced who the culprit was; **aller de déception en déception** to go from one disappointment to the next; **un musée où vous irez de surprise en surprise** a museum where many surprises await you.

DE *adj abr de* **diplômé d'État**.

dé [de] *nm* -**1.** JEUX die; **des ~s** dice; **jouer aux ~s** to play dice; **jeter les ~s** to cast the dice □ **coup de ~** OU **~s** throw of the dice; **jouer qqch sur un coup de ~s** to gamble sthg away; **les ~s (en) sont jetés** the die is cast. -**2.** CULIN cube; **couper du lard en ~s** to dice bacon. -**3.** COUT: **~ (à coudre)** thimble; **je prendrai un ~ à coudre de cognac** I'll have a tiny glass of cognac.

DEA (*abr de* **diplôme d'études approfondies**) *nm postgraduate diploma*.

dead-heat [dɛdit] (*pl* **dead-heats**) *nm* dead heat.

dealer [dilœr] *nm* [de drogue] dealer; **des petits ~s** pushers.

déambulateur [deɑ̃bylatœr] *nm* walking frame, zimmer.

déambulation [deɑ̃bylasjɔ̃] *nf litt* strolling, ambling (along).

déambulatoire [deɑ̃bylatwar] *nm* ambulatory.

déambuler [3] [deɑ̃byle] *vi* to stroll, to amble (along).

deb *fam* [dɛb] *nf* deb, debutante.

débâcher [3] [debaʃe] *vt* [camion, toit] to take the canvas sheet OU the tarpaulin off.

débâcle [debakl] *nf* -**1.** [d'une rivière] breaking up (of ice); **nous sommes arrivés au moment de la ~** we arrived when the ice was starting to break up. -**2.** MIL rout. -**3.** [faillite - d'une institution, d'un système] collapse; **après la ~ des actions Unilor** after the Unilor share collapse.

débâillonner [3] [debajɔne] *vt*: **~ qqn** to remove sb's gag; **~ la presse** to end press censorship.

déballage [debalaʒ] *nm* -**1.** [des bagages] unpacking; **le ~ de nos affaires nous a pris plusieurs heures** it took us several hours to unpack our things. -**2.** [éventaire] display; **acheter des tissus au ~ du marché Saint-Pierre** to buy material on display at the Marché St Pierre. -**3.** *fam* [aveu] outpouring; **un ~ de sentiments** an outpouring of feeling.

déballastage [debalastaʒ] *nm* ballast dumping.

déballer [3] [debale] *vt* -**1.** [bagages] to unpack; **aide-moi à ~ les livres** help me (to) unpack the books. -**2.** [exposer - produits] to display; (*en usage abs*): **il déballe le dimanche aux Puces** he has a stall on Sundays at the flea market. -**3.** *fam* [sentiments] to unload; **il est venu me ~ ses histoires** he came and unloaded his problems onto me.

déballonner [3] [debalɔne]

◆ **se déballonner** *fam vpi* to chicken out.

débandade [debɑ̃dad] *nf* -**1.** [déroute] rout. -**2.** [panique] panic, rush; **la ~ est générale** everybody's panicking.

◆ **à la débandade** *loc adv*: **les enfants sortent de l'école à la ~** children are piling out of school.

débander [3] [debɑ̃de] ◇ *vt* -**1.** MÉD [plaie] to remove OU to take the bandages off; **~ les yeux d'un prisonnier** to remove the blindfold from a prisoner's eyes. -**2.** TECH [arc] to unbend; [ressort] to slacken, to loosen.

◇ *vi* -**1.** ▼ to lose one's hard-on. -**2.** *fam loc*: **sans ~** without letting up.

◆ **se débander** *vpi* -**1.** [s'éparpiller] to scatter, to disperse. -**2.** TECH [ressort] to recoil.

débaptiser [3] [debatize] *vt* [place, rue] to change the name of, to give another name to.

débarbouillage [debarbujaʒ] *nm* washing.

débarbouiller [3] [debarbuje] *vt* [enfant, visage] to wash.

◆ **se débarbouiller** *fam vp (emploi réfléchi)* to wash one's face; **débarbouille-toi avant de venir dîner** wash your face before dinner.

débarbouillette [debarbujɛt] *nf Can* face flannel *Br*, washcloth *Am*.

débarcadère [debarkadɛr] *nm* [de passagers] landing stage; [de marchandises] wharf.

débardage [debardaʒ] *nm* [de marchandises] unloading; [de bois] unlading.

débarder [3] [debarde] *vt* to unload.

débardeur [debardœr] *nm* -**1.** [ouvrier] docker *Br*, longshoreman *Am*. -**2.** VÊT [tricot] tank top; [tee-shirt] sleeveless T-shirt.

débarqué, e [debarke] ◇ *adj* [passager] disembarked.

◇ *nm, f* disembarked passenger.

débarquement [debarkəmɑ̃] *nm* -**1.** [déchargement - de marchandises] unloading; [- de passagers] landing; **le ~ des marchandises prendra plusieurs jours** it will take several days to unload the goods. -**2.** HIST: **le (jour du) ~** D-day, the Normandy landings.

◆ **de débarquement** *loc adj* [quai] arrival (*modif*); [navire, troupe, fiche] landing (*modif*).

débarquer [3] [debarke] ◇ *vt* -**1.** [décharger - marchandises] to unload; [- voyageurs] to land. -**2.** *fam* [limoger] to fire, to sack *Br*, to can *Am*; **il s'est fait ~** he got the sack *Br* OU boot.

◇ *vi* -**1.** NAUT to disembark, to land; MIL to land. -**2.** [descendre]: **~ de** [train] to get off, to alight from. -**3.** *fam* [arriver] to turn OU to show up; **il a débarqué chez moi à minuit** he turned up at my place at midnight. -**4.** *fam* [être ignorant]: **tu débarques ou quoi?** where have you been?; **mets-moi au courant, je débarque** give me an update, I haven't a clue what's going on.

débarras [debara] *nm* -**1.** [dépôt] storage room. -**2.** *fam loc*: **bon ~!** good riddance!

débarrasser [3] [debarase] *vt* -**1.** [nettoyer - table] to clear; [enlever - assiette] to clear (away); **ne débarrasse pas les verres** leave the glasses on the table □ **~ le plancher** *fam* to clear OU to buzz off; **je serai ravi quand ils auront débarrassé le plancher** I'll be delighted to see the back of them. -**2.** [désencombrer]: **~ qqn/qqch de**: **je vais te ~ de ta valise** I'll take your case; **il m'a demandé de le ~ de sa vieille table** he asked me to take his old table off his hands; **~ la ville de ses voyous** to rid the city of its hooligans, to flush the hooligans out of the city; **l'arrivée du livreur m'a débarrassé de cette bavarde** the arrival of the deliveryman gave me the opportunity to get rid of that chatterbox; **~ la cave de vieilles bouteilles** to clear old bottles out of the cellar; **je fais le nettoyage maintenant pour en être débarrassé (plus tard)** I'll do the cleaning now to get it out of the way; **~ qqn de ses mauvaises habitudes** to rid sb of his bad habits.

◆ **se débarrasser de** *vp + prép* -**1.** [se défaire de] to get rid of; **je me suis débarrassé de mes vieux livres** I got rid of my old books; **une mycose dont je n'arrive pas à me ~** a fungal infection I can't get rid of. -**2.** [éloigner - importun] to get rid of; [- serviteur] to get rid of, to dismiss. -**3.** [veste, gants] to take off, to remove; [sac à main, éventail] to put down; (*en usage abs*): **débarrasse-toi, tu vas avoir trop chaud** take your coat OU jacket off, you'll be too hot.

débat [deba] *nm* -**1.** [controverse] debate, discussion; **trancher un ~** to conclude a discussion; **~ avec l'auteur** discussion with the author.

-2. [conflit intérieur] inner turmoil; ~ de conscience moral dilemma.
◆ **débats** *nmpl* POL & JUR proceedings.
débâtir [32] [debatir] *vt* COUT to unpick the basting from.
débatteur [debatœr] *nm* debater.
débattre [83] [debatr] *vt* [discuter - thème, question] to discuss, to thrash out *(sép)*; **ils ont longtemps débattu le prix** they haggled at length over the price.
◆ **débattre de, débattre sur** *v + prép* to debate, to discuss; **il faudra ~ de ces problèmes** these problems will have to be discussed.
◆ **se débattre** *vpi* -1. [s'agiter - victime] to struggle; [- poisson] to thrash about; **se ~ contre un voleur** to struggle with a thief. -2. [lutter]: **se ~ dans les problèmes financiers** to struggle against financial difficulties; **se ~ contre l'angoisse** to wrestle OU to grapple with anxiety.
◆ **à débattre** *loc adj*: **'prix à ~'** open to offers, negotiable; **'3 000 F à ~'** '3,000 F or nearest offer'; **conditions à ~** conditions to be negotiated.
débattue [debaty] *nf Helv*: **j'ai la ~** my fingers are numb with cold.
débauchage [deboʃaʒ] *nm* -1. [renvoi] laying off, making redundant *Br*. -2. [détournement]: **le ~ des meilleurs cerveaux** luring away the best brains.
débauche [deboʃ] *nf* -1. [dévergondage] debauchery; **inciter qqn à la ~** to debauch sb. -2. [profusion]: **une ~ de: une ~ de mets rares** an abundance of rare delicacies; **une ~ d'imagination** unbridled imagination; **une ~ de couleurs** a riot of colours.
◆ **de débauche** *loc adj* [passé, vie] dissolute.
débauché, e [deboʃe] ◇ *adj* [personne] debauched; [vie] dissolute.
◇ *nm, f* debauched person, libertine.
débaucher [3] [deboʃe] *vt* -1. [licencier] to lay off; *(en usage abs)*: **on débauche dans le textile** there are lay-offs in the textile industry. -2. [corrompre] to debauch. -3. *fam* [détourner] to lure OU to tempt away *(sép)*; **se laisser ~ pour partir deux jours à la mer** to let o.s. be tempted away for two days at the seaside. -4. [inciter - à la grève] to incite to strike; [- à quitter un emploi] to lure OU to tempt away *(sép)*, to poach; **~ les meilleurs cerveaux** to lure away OU to poach the best brains.
débecqueter▽ [28] [debɛkte] = **débecter**.
débecter▽ [4], **débéqueter**▽ [28] [debɛkte] *vt* to sicken; **ça me débecte** it makes me sick OU want to puke; **la compromission me débecte** I can't stomach compromises; **t'es pas débecté!** you're a brave man, I wouldn't touch that with a bargepole *Br* OU a ten-foot pole *Am*!
débile [debil] ◇ *adj* -1. *fam* [inepte - livre, film, décision] stupid, daft *Br*, dumb *Am*; [- personne, raisonnement] stupid, moronic; **il est complètement ~** he's a complete idiot; **c'est ~, comment peux-tu dire ça?** how can you talk such nonsense? -2. *vieilli* [faible - corps] frail, weak, feeble; [- intelligence] deficient.
◇ *nmf* -1. *fam* [idiot] moron, cretin, idiot. -2. PSYCH: **~ léger/moyen/profond** mildly/moderately/severely retarded person; **~ mental** retarded person.
débilisation [debilizasjɔ̃] *nf* (increasing) mental retardation.
débilitant, e [debilitɑ̃, ɑ̃t] *adj* -1. [affaiblissant] debilitating, enervating. -2. [démoralisant] demoralizing, discouraging. -3. *fam* [abrutissant] mindnumbing; **complètement ~, ce boulot!** that job's about as interesting as shelling peas!
débilité [debilite] *nf* -1. *fam* [caractère stupide] stupidity, silliness, inanity. -2. PSYCH: **~ (mentale)** (mental) retardation. -3. [faiblesse] debility.
débiliter [3] [debilite] *vt sout* -1. [affaiblir] to debilitate, to enervate, to weaken. -2. [déprimer] to drag down *(sép)*, to dishearten, to demoralize.
débine▽ [debin] *nf* poverty; **être dans la ~** to be hard up OU broke.
débiner *fam* [3] [debine] *vt* to run down *(sép)*.
◆ **se débiner** *fam vpi* -1. [s'enfuir] to clear out, to make o.s. scarce; **te débine pas, j'ai à te parler** stick around, I want to talk to you. -2. [s'écrouler] to come OU to fall apart; **un vieux fauteuil qui se débine de partout** an old armchair falling apart at the seams.
débineur, euse *fam* [debinœr, øz] *nm, f* backbiter.
débirentier, ère [debirɑ̃tje, ɛr] *nm, f* payer of an allowance.
débit [debi] *nm* -1. [quantité - d'eau, de passagers] flow; [- de vapeur] capacity; [- de gaz] output; [- de marchandises, de clients] turnover; GÉOG flow. -2. [élocution] (speed of) delivery; **il a un sacré ~** *fam* he talks nineteen to the dozen. -3. INF & TÉLÉC rate; **~ binaire** bit rate; **~ de traitement** data throughput OU speed. -4. ÉLECTR output; **~ de courant** power output, delivery rate; **~ capacitif** charging capacity. -5. COMM: **~ de boissons** bar; **~ de tabac** tobacconist *Br*, tobacco store *Am*. -6. MÉD output, rate; **~ cardiaque** cardiac output; **~ sanguin** circulation rate. -7. FIN debit; [sur un relevé] debit side. -8. COMM bill; **je n'ai pas encore fait le ~ (à la caisse)** I haven't rung it up yet.
◆ **au débit de** *loc prép*: **inscrire une somme au ~ d'un compte** to charge an amount of money to sb's account; **porter une somme au ~ d'un compte** to debit an account; **5 200 francs à votre ~** 5,200 francs on the debit side (of your account).
débitable [debitabl] *adj* -1. [bois] good OU ready for cutting up. -2. ÉCON: **compte ~** account one may draw money from, account with open access.
débitage [debitaʒ] *nm* cutting up; **~ de bois** conversion of timber.
débitant, e [debitɑ̃, ɑ̃t] *nm, f*: **~ de boissons** publican *Br*, bar owner *Am*; **~ de tabac** tobacconist *Br*, tobacco dealer *Am*.
débiter [3] [debite] *vt* -1. [couper - matériau, tissu, bœuf] to cut up *(sép)*; [- bois] to cut OU to saw up *(sép)*; **~ du jambon en tranches** to slice ham. -2. COMM to retail, to sell (retail); **~ du vin** to retail wine, to be in the wine retail trade. -3. INDUST [machine, usine] to turn out *(sép)*, to produce; **je ne veux pas ~ du roman de gare** *fam* I don't want to churn out trashy novels *péj* || *(en usage abs)*: **pas de temps à perdre, il faut que ça débite!** *fam* no time to lose, we must churn the stuff out! *péj*. -4. [déverser - pompe] to discharge, to yield; [- fleuve] to have a flow rate of. -5. [laisser passer]: **~ 100 clients à l'heure** to have a turnover of 100 customers per hour. -6. *péj* [dire - texte] to reel off *(sép)*; [- sermon] to deliver; [- banalité] to spout, to mouth; **~ des mensonges** to come out with a lot of lies; **~ ses leçons par cœur** to recite one's homework parrot-fashion. -7. FIN to debit.
débiteur, trice [debitœr, tris] ◇ *adj* [colonne, compte, solde] debit *(modif)*; [personne, société] debtor *(modif)*.
◇ *nm, f* -1. FIN debtor. -2. *sout* [obligé]: **être ~ de qqn** to be indebted to sb OU in sb's debt.
débitmètre [debimɛtr] *nm* flow meter.
déblai [deblɛ] *nm* [dégagement] digging OU cutting (out).
◆ **déblais** *nmpl* [gravats] debris *(sg)*, excavated material, rubble; [terre] (dug OU excavated) earth.
◆ **en déblai** *loc adj* sunken; **route en ~** sunken road.
déblaiement [deblɛmɑ̃] *nm* -1. [dégagement - d'un terrain, d'une ruine] clearing (out); **le ~ de la forêt après l'accident aérien** clearing the forest of wreckage after the plane crash. -2. MIN removing the overburden, stripping.
déblatérer [18] [deblatere]
◆ **déblatérer contre** *v + prép péj* to rant (and rave) about, to sound off about.
déblayage [deblɛjaʒ] = **déblaiement**.
déblayer [11] [debleje] *vt* -1. [dégager - lieu, neige, terre] to clear (out); **~ la neige autour de la maison** to clear the snow from around the house; **~ un chantier des gravats** to clear rubble from a building site. -2. TRAV PUBL to cut, to excavate, to dig. -3. *fig* [travail] to do the groundwork OU spadework on; **~ le terrain** [se débarrasser des détails] to do the groundwork; **allez, déblaie le terrain!** *fam* [va-t'en] go on, clear OU shove off!
déblocage [deblɔkaʒ] *nm* -1. MÉCAN [d'un écrou, d'un dispositif] unblocking, releasing; [de freins] unjamming. -2. [réouverture - d'un tuyau] clearing, freeing, unblocking; [- d'une route] clearing. -3. ÉCON [des salaires, des prix] unfreezing; BANQUE [d'un compte] freeing. -4. MIN haulage.
débloquer [3] [deblɔke] ◇ *vt* -1. MÉCAN [écrou, dispositif] to release, to unblock, to free; [freins] to unjam, to release. -2. [rouvrir - rue] to clear (of obstructions); **~ les discussions** *fig* to get the negotiations back on course; **~ la situation** [après un conflit] to break the stalemate; [la sortir de l'enlisement] to get things moving again. -3. ÉCON [prix, salaires] to unfreeze; BANQUE [compte, crédit] to free, to unfreeze; COMM [stock] to release. -4. *fam* [décontracter]: **ça m'a débloqué** it got rid of some of my inhibitions.
◇ *vi fam* -1. [en parlant] to talk rubbish *Br* OU nonsense. -2. [être déraisonnable] to be nuts OU cracked; **tu débloques!** you're out of your mind!
débobiner [3] [debɔbine] *vt* to unwind, to unreel, to uncoil.
déboires [debwar] *nmpl* disappointments, setbacks, (trials and) tribulations; **s'épargner** OU **s'éviter des ~** to spare o.s. a lot of trouble.
déboisement [debwazmɑ̃] *nm* deforestation, clearing (of trees).
déboiser [3] [debwaze] *vt* -1. [couper les arbres de] to deforest, to clear of trees; **~ un terrain** to clear trees from a piece of land. -2. MIN to draw the timbers of, to clear.
déboîtement [debwatmɑ̃] *nm* [luxation - de l'épaule, de la hanche] dislocation; [- de la rotule] slipping.
déboîter [3] [debwate] ◇ *vt* -1. [démonter - tuyau] to disconnect; [- objet] to unfasten, to release, to uncouple; [- porte, fenêtre] to take off its hinges. -2. MÉD to dislocate, to put out *(sép)*.
◇ *vi* [véhicule]: **~ (d'une file)** to change lanes; **~ d'une place** to pull out of a parking space.
débonder [3] [debɔ̃de] *vt* to unplug.
◆ **se débonder** *vpi* -1. [tonneau] to overflow. -2. [personne] to pour out one's troubles, to open up.
débonnaire [debɔnɛr] *adj* [air] kindly, debonair; [personne] good-natured, easy-going, debonair.
débonnairement [debɔnɛrmɑ̃] *adv litt* debonairly *litt*, good-naturedly.
débordant, e [debɔrdɑ̃, ɑ̃t] *adj* [extrême - affection] overflowing; [- activité] tireless; [- imagination] wild, unbridled, boundless; **d'un enthousiasme ~** bubbling with enthusiasm; **ressentir une joie ~e** to be bursting with joy; **être ~ de** to be full of; **~ d'éloges/d'énergie** full of praise/of energy; **~ de santé/de vie** bursting with health/with vitality; **il est ~ de tendresse envers elle** he is full of tenderness for her.
débordé, e [deborde] *adj* -1. [peu disponible] (very) busy. -2. [surmené] overworked.
débordement [debɔrdəmɑ̃] *nm* -1. [écoulement - d'une rivière] overflowing; [- d'un liquide] running over, overflowing. -2. [profusion - de paroles] rush, torrent; [- d'injures] outburst, volley; [- de joie] outburst, explosion; **des ~s d'émotion** emotional outbursts. -3. [manœuvre] outflanking; **il y a eu ~ des syndicats par la base** the rank and file have gone further than the union intended. -4. INF overflow.

◆ **débordements** *nmpl* [agitation] wild OU uncontrolled OU extreme behaviour; *litt* [débauche] excesses.

déborder [3] [debɔrde] ◇ *vi* -**1.** [rivière] to overflow; [bouillon, lait] to boil over; **le fleuve a débordé de son lit** the river has burst its banks; **l'eau a débordé du lavabo** the sink has overflowed; **son chagrin/sa joie débordait** she could no longer contain her grief/her delight; ~ **de** to overflow OU to be bursting with; ~ **de joie** to be bursting with joy. -**2.** [récipient] to overflow, to run over; [tiroir, sac] to be crammed, to spill over; **la casserole est pleine à** ~ the saucepan's full to the brim OU to overflowing; **laisser** ~ **la baignoire** to let the bath overflow; ~ **de**: **train qui déborde de voyageurs** train chock-full of OU crammed with passengers; **sac qui déborde de vêtements** bag overflowing with clothes. -**3.** [faire saillie] to stick OU to jut out, to project; **la pile de gravats débordait sur l'allée** the heap of rubble had spilled out into the lane; ~ **en coloriant un dessin** to go over the edges while colouring in a picture. -**4.** NAUT to shove off.

◇ *vt* -**1.** [dépasser] to stick OU to jut out from; **la pierre déborde le mur d'un centimètre** the stone juts out one centimetre from the wall. -**2.** [s'écarter de]: **vous débordez le sujet** you've gone beyond the scope of the topic || *(en usage abs)*: **nous débordons un peu, il est midi et deux minutes** we're going slightly over time, it's two minutes past twelve. -**3.** [submerger - troupe, parti, équipe] to outflank; **le syndicat est débordé par la base** the rank and file are going further than the union intended; **être débordé**: **être débordé de travail** to be up to one's eyes in OU snowed under with work; **être débordé par les événements** to let things get on top of one; **je suis débordé par toutes ces nouvelles modes** I can't keep up with all these new fashions. -**4.** [tirer]: ~ **les draps** to untuck the sheets.

◆ **se déborder** *vpi*: **se** ~ **en dormant** to come untucked OU to throw off one's covers in one's sleep.

débosseler [24] [debɔsle] *vt* [gén] to straighten out *(sép)*; [en martelant] to beat OU to hammer out *(sép)*; [en tirant] to pull back into shape; [en poussant] to push back into shape.

débotté [debɔte]

◆ **au débotté** *loc adv litt*: **prendre qqn au** ~ to pounce on sb, to take sb unawares; **répondre au** ~ to answer off the cuff.

débotter[1] [debɔte] = **débotté**.

débotter[2] [3] [debɔte] *vt* to remove the boots of.

◆ **se débotter** *vp (emploi réfléchi)* to take one's boots off.

débouché [debuʃe] *nm* -**1.** [possibilité d'emploi] career prospect. -**2.** [perspective de vente] outlet, avenue for products; [marché] market. -**3.** [issue] end; **avoir un** ~ **sur la mer** to have an outlet to the sea.

◆ **au débouché de** *loc prép* at the end of; **au** ~ **du défilé dans la vallée** where the pass opens out into the valley.

déboucher [3] [debuʃe] ◇ *vt* -**1.** [ouvrir - bouteille de bière, tube] to uncap, to take the top off, to open; [- bouteille de vin] to uncork, to open; [- flacon] to unstop, to remove the stopper from; **on débouche une bouteille pour fêter ça!** let's crack open a bottle to celebrate! -**2.** [débloquer - pipe, trou, gicleur] to clear, to clean out *(sép)*; [- lavabo] to unblock, to unstop, to clear; [- tuyau, conduit] to clear, to unclog; [- nez] to unblock; [- oreille] to clean out *(sép)*.

◇ *vi* -**1.** [aboutir]: ~ **de** to emerge from, to come out of; ~ **sur** to open into, to lead to; **la rue débouche sur l'avenue** the street leads to the avenue. -**2.** *fig*: ~ **sur** to lead to; **des études qui ne débouchent sur rien** a course that doesn't lead anywhere; ~ **sur des résultats** to have positive results.

◆ **se déboucher** *vpt*: **se** ~ **le nez** to clear one's nose.

déboucheur [debuʃœr] *nm* -**1.** [produit] drain clearing liquid. -**2.** [dispositif]: ~ **à ventouse** plunger, plumber's friend *Am*; ~ **flexible** flexible cable *(for clearing pipes)*.

déboucler [3] [debukle] *vt* -**1.** [détacher - ceinture] to unbuckle, to undo, to unfasten. -**2.** [cheveux]: **la pluie avait débouclé ses cheveux** the rain had straightened his curly hair.

déboulé [debule] *nm* -**1.** DANSE déboulé. -**2.** SPORT burst of speed. -**3.** CHASSE breaking of cover.

◆ **au déboulé** *loc adv*: **tirer un animal au** ~ to shoot an animal as it breaks cover.

débouler [3] [debule] ◇ *vi* -**1.** [surgir] to emerge suddenly; **l'enfant a déboulé de derrière une voiture** the child shot out OU emerged suddenly from behind a parked car; **elle a déboulé du coin de la rue comme une folle** she came round the corner like a bat out of hell; **ils ont déboulé dans le couloir** they charged OU hurtled into the passage. -**2.** CHASSE to start, to bolt. -**3.** [tomber] to tumble down.

◇ *vt*: ~ **les escaliers** [en courant] to race OU to hurtle down the stairs; [après être tombé] to tumble down the stairs.

déboulonnage [debulɔnaʒ], **déboulonnement** [debulɔnmɑ̃] *nm* unbolting, removal of bolts.

déboulonner [3] [debulɔne] *vt* -**1.** TECH to unbolt, to remove the bolts (from); ~ **une statue** to take down a statue. -**2.** *fam* [évincer] to oust; **se faire** ~ to get fired, to get the sack *Br* OU the boot.

débourbage [deburbaʒ] *nm* [lavage] washing, clearing (from mud).

débourber [3] [deburbe] *vt* -**1.** [nettoyer - minerai, charbon] to wash, to clean, to clear (from mud); [- rivière] to dredge. -**2.** [sortir de la boue] to pull OU to drag OU to haul out of the mud.

débourbeur [deburbœr] *nm* clearing OU washing drum, trommel washer.

débourrage [deburaʒ] *nm* -**1.** [vidage] clearing. -**2.** TEXT fluffing, shredding.

débourrement [deburmɑ̃] *nm* bud burst.

débourrer [3] [debure] *vt* -**1.** [trou] to clear. -**2.** [cheval] to break in *(sép)*. -**3.** TEXT to fettle, to strip.

débours [debur] *nm* expenditures, outlay.

déboursement [debursəmɑ̃] *nm* disbursement.

débourser [3] [deburse] *vt* to spend, to lay out *(sép)*; **je ne débourserai pas un centime** I won't pay a penny; **sans rien** ~ without spending OU paying a penny.

déboussoler [3] [debusɔle] *vt* to confuse, to disorientate, to bewilder; **il est déboussolé depuis le départ de sa mère** his mother's departure has unsettled him.

debout [dəbu] ◇ *adv* -**1.** [en parlant des personnes - en station verticale] standing up; **manger** ~ to eat standing up; ~**!** get OU stand up!; **il était** ~ **sur la table** he was standing on the table; **ils l'ont mis** ~ they helped him to his feet OU helped him up; **se mettre** ~ to stand (up), to rise; **je préfère rester** ~ I'd rather stand; **je suis resté** ~ **toute la journée** I was on my feet all day; **ne restez pas** ~ (please) sit down; **tenez-le** ~ keep him upright OU in a standing position; **ça glisse, on ne peut pas rester** ~ it's so slippery it's difficult to stop falling over; **depuis l'opération elle a du mal à se tenir** ~ she's been very unsteady on her feet since the operation; **bébé se tient** ~ baby can stand up; **on peut se tenir** ~ **dans sa camionnette** his van is big enough to stand up in; **il ne tient plus** ~ [fatigué] he's dead on his feet; [ivre] he's legless. -**2.** [en parlant d'animaux]: **le girafeau est déjà** ~ the baby giraffe has already found its feet OU is already up on its legs; **le vieux chien s'est mis** ~ the old dog got up OU to its feet. -**3.** [en parlant d'objets] upright, vertical; **mettre un livre** ~ **contre la lampe** to stand a book against the lamp; **mettre une chaise** ~ to stand a chair up; **du bois** ~ **et sur pied** standing timber; **mettre un cercueil** ~ to upend a coffin, to stand a coffin on end || *fig*: **mettre un projet** ~ to set up a project; **tenir** ~ to hold up, to stand up to examination; **le raisonnement ne tient pas** ~ the argument doesn't hold water OU hold up; **votre idée tient** ~ your idea really makes sense. -**4.** [éveillé] up; ~**!** get up!; ~ **là-dedans!** get up, you lot!; **être** ~ **à 5 h** to be up at 5 o'clock; **il n'est pas encore** ~ he's not up OU out of bed yet; **je reste** ~ **très tard** I stay up very late; **rester** ~ **toute la nuit à jouer aux cartes** to sit OU to stay up all night playing cards. -**5.** [en bon état] standing; **les murs sont encore** ~ the walls are still standing; **la maison de mon enfance est encore** ~ the house where I lived as a child is still there; **la république ne restera pas longtemps** ~ the republic won't hold out for long. -**6.** [guéri] up on one's feet (again), up and about; [sorti de chez soi, de l'hôpital] out and about. -**7.** *litt* [dignement] uprightly, honourably; **mourir (tout)** ~ to die with one's boots on.

◇ *adj*: **place** ~ standing room.

débouté, e [debute] *nm, f* severed plaintiff.

◆ **débouté** *nm* nonsuit.

déboutement [debutmɑ̃] *nm* nonsuiting, dismissal.

débouter [3] [debute] *vt* to nonsuit, to dismiss; **être débouté de sa plainte** to be nonsuited, to have one's suit dismissed.

déboutonnage [debutɔnaʒ] *nm* unbuttoning.

déboutonner [3] [debutɔne] *vt* to unbutton.

◆ **se déboutonner** *vp (emploi réfléchi)* -**1.** [ouvrir ses vêtements] to unbutton (o.s.). -**2.** *fam* [parler franchement] to open up.

débraillé, e [debraje] *adj* [allure, vêtements, personne] slovenly, sloppy, scruffy; [manières] slovenly; [conversation] unrestrained.

◆ **débraillé** *nm* slovenliness; **être en** ~ to be scruffy; **traîner en** ~ *fam* to slop around.

débranchement [debrɑ̃ʃmɑ̃] *nm* -**1.** [déconnexion - d'un tuyau] disconnecting; [- d'un appareil électrique] unplugging. -**2.** RAIL splitting up; ~ **en palier** flat shunting, shunting on level-tracks.

débrancher [3] [debrɑ̃ʃe] *vt* -**1.** [déconnecter - tuyau] to disconnect; [- appareil électrique] to unplug. -**2.** RAIL [train] to split up.

débrayage [debrɛjaʒ] *nm* -**1.** AUT disengaging of the clutch. -**2.** [grève] stoppage, walkout.

débrayer [11] [debreje] ◇ *vt* -**1.** AUT to declutch *Br*, to disengage the clutch of. -**2.** [machine] to throw out of gear, to put out of operation.

◇ *vi* -**1.** AUT to declutch *Br*, to disengage the clutch; **débrayez!** put the clutch in! -**2.** [faire grève] to stop work, to come out OU to go on strike.

débridé, e [debride] *adj* unbridled, unrestrained, unfettered.

débridement [debridmɑ̃] *nm* -**1.** *litt* [déchaînement] unbridling, unleashing. -**2.** MÉD [d'une blessure] excising; [d'un abcès] lancing.

débrider [3] [debride] *vt* -**1.** [cheval] to unbridle. -**2.** MÉD [plaie] to unbind. -**3.** *loc*: **sans** ~ nonstop, without stopping, at a stretch.

débris [debri] *nm* -**1.** *(gén pl)* [fragment - de verre] piece, splinter, shard; [- de vaisselle] (broken) piece OU fragment; [- de roche] crumb, debris *(sg)*; [- de métal] scrap; [- de végétal] piece OU crumb of vegetable matter, debris *(sg)*. -**2.** *(gén pl)* [nourriture] scraps, crumbs; *litt* [restes - d'une fortune, d'un royaume] last shreds, remnants; [détritus] litter, rubbish *Br*. -**3.** ▽ [vieillard]: **(vieux)** ~ old codger.

débrouillage [debrujaʒ] *nm* -**1.** [de fils] disentangling, untangling, unravelling. -**2.** [d'une énigme] puzzling out, unravelling, untangling.

débrouillard, e [debrujar, ard] ◇ *adj* resourceful.

◇ *nm, f* resourceful person.

débrouillardise [debrujardiz] *nf* resourcefulness.

débrouille *fam* [debruj] *nf*: s'en sortir par la ~ to improvise one's way out of trouble; l'art de la ~ the art of making do (with what's at hand).
débrouillement [debrujmɑ̃] = **débrouillage**.
débrouiller [3] [debruje] *vt* -**1.** [démêler - fils] to unravel, to untangle, to disentangle; [- énigme] to puzzle out *(sép)*, to untangle, to unravel; ~ **les affaires de qqn** to sort out sb's business affairs. -**2.** *fam* [enseigner les bases à] to teach the basics to; ~ **qqn en gestion** to give sb a grounding in management.
◆ **se débrouiller** *vpi* -**1.** [faire face aux difficultés] to manage; **débrouille-toi** you'll have to manage by yourself; **comment vas-tu te** ~ **maintenant qu'elle est partie?** how will you cope now that she's gone?; **elle se débrouille très bien dans Berlin** she really knows her way around Berlin; **tu parles espagnol?** — **je me débrouille** do you speak Spanish? — I get by; **se** ~ **en anglais** to have a working knowledge of English; **j'ai dû me** ~ **avec le peu que j'avais** I had to make do OU manage with what little I had; **je me suis débrouillé pour avoir des places** I managed to wangle some seats; **se** ~ **pour se faire inviter par qqn** to wangle an invitation out of sb ❑ **donne cette casserole, tu te débrouilles comme un pied** *fam* give me that pan, you're all thumbs. -**2.** [subsister financièrement] to make ends meet, to manage; **j'étais seule dans la vie, j'ai dû me** ~ I was on my own, I had to fend for myself; **on se débrouille** we get by OU manage.
débroussaillage [debrusajaʒ], **débroussaillement** [debrusajmɑ̃] *nm* -**1.** [nettoyage] clearing; **le** ~ **d'un sous-bois** clearing of the undergrowth. -**2.** [étude]: **le** ~ **d'un problème** the groundwork OU spadework OU preliminary work on a problem.
débroussailler [3] [debrusaje] *vt* -**1.** [terrain] to clear (of brambles). -**2.** *fig* [travail, problème] to do the groundwork OU spadework on.
débucher¹, **débuché** [debyʃe] *nm* CHASSE breaking from cover.
débucher² [3] [debyʃe] ◇ *vt* to start, to drive from cover.
◇ *vi* to break from cover.
débudgétisation [debydʒetizasjɔ̃] *nf* removing from the budget, debudgeting.
débudgétiser [3] [debydʒetize] *vt* to remove from the budget, to debudget.
débureaucratiser [3] [debyrokratize] *vt* to make less bureaucratic.
débusquement [debyskəmɑ̃] *nm* dislodgement.
débusquer [3] [debyske] *vt* -**1.** CHASSE to start, to flush. -**2.** [découvrir] to hunt out *(sép)*; **le logiciel débusque la moindre faute d'orthographe** the software can track down the slightest spelling mistake.
début [deby] *nm* -**1.** [commencement] beginning, start; **le** ~ **de la semaine** the beginning OU start of the week; **le** ~ **de notre amitié** the beginning OU start of our friendship; **le** ~ **d'une maladie** the beginning OU onset of an illness; **le** ~ **d'un livre** the beginning OU opening of a book; **salaire de** ~ starting salary; **un** ~: **ce n'est pas mal pour un** ~ it's quite good for a first try OU attempt; **ce n'est qu'un** ~ that's just the start OU beginning; **il y a un** ~ **à tout** you have to start sometime; **un** ~ **de: ressentir un** ~ **de fatigue** to start feeling tired; **un** ~ **de grippe** the first signs of flu. -**2.** [dans l'expression des dates]: ~ **mars** at the beginning of OU in early March.
◆ **débuts** *nmpl* [dans une carrière] start; [dans le spectacle] debut; **il a eu des** ~**s difficiles** it wasn't easy for him at the start; **mes** ~**s dans le journalisme** my first steps OU early days as a journalist; **en être à ses** ~**s** [projet] to be in its early stages; [personne] to have just started (out) ‖ [en société] debut; **faire ses** ~**s** to make one's debut ‖ [première période] beginnings; **les** ~**s de l'aviation** the beginnings of aviation; **le rock à ses** ~**s** early rock music.
◆ **au début** *loc adv* at first, to begin with; **au** ~ **il voulait un vélo, maintenant il veut une voiture** he started out wanting a bike, now he wants a car.
◆ **au début de** *loc prép*: **au** ~ **du printemps/de l'année** at the beginning of spring/of the year; **j'en suis encore au** ~ **du livre** I've only just started the book; **aider qqn au** ~ **d'un travail/d'une carrière** to start sb (off) in a job/in a career.
◆ **au tout début, tout au début** *loc adv* at the very beginning, right at the beginning.
◆ **dès le début** *loc adv* from the outset OU very start OU very beginning.
◆ **du début à la fin** *loc adv* [d'un livre, d'une histoire] from beginning to end; [d'une course, d'un événement] from start to finish.
débutant, e [debytɑ̃, ɑ̃t] ◇ *adj* [dans un apprentissage] novice *(modif)*; [dans une carrière] young; **un professeur** ~ a young teacher.
◇ *nm, f* [dans un apprentissage] beginner, novice; [dans une carrière] beginner; **espagnol pour les** ~**s** beginner's Spanish ❑ **grand** ~ absolute beginner; **se faire avoir comme un** ~ *fam* to be taken in like a real greenhorn.
◆ **débutante** *nf* debutante.
débuter [3] [debyte] ◇ *vi* -**1.** [commencer] to start, to begin; ~ **par** to start (off) with; **l'histoire débute par un mariage** the story begins with a wedding. -**2.** [être inexpérimenté] to be a beginner, to begin; **elle débute dans le métier** she's new to the job. -**3.** [commencer à travailler] to start (out), to begin; **il a débuté comme serveur dans un restaurant** he started out as a waiter in a restaurant. -**4.** [au spectacle] to make one's debut; **il a débuté dans le rôle de Faust** he made his debut OU first appearance as Faust. -**5.** [en société]: ~ **(dans le monde)** to make one's debut, to come out.
◇ *vt fam*: **c'est nous qui débutons le concert** we're on first, we're opening the show.
deçà [dəsa] *adv*: ~ **(et) delà** *litt* hither and thither.
◆ **en deçà** *loc adv* on this side; **ne franchissez pas la rivière, restez en** ~ don't cross the river, stay on this side.
◆ **en deçà de** *loc prép* -**1.** [de ce côté-ci de] (on) this side of; **en** ~ **de la frontière** on this side of the border; **en** ~ **des Alpes** this side of the Alps. -**2.** *fig*: **en** ~ **d'un certain seuil** below a certain level; **rester en** ~ **de la vérité** to be short of the truth; **ce travail est en** ~ **de ses possibilités** this job doesn't exploit his potential to the full.
déca *fam* [deka] *nm* decaffeinated coffee, decaf.
déca- [deka] *préf* deca-.
décabosser [3] [dekabɔse] *vt* [gén] to straighten out *(sép)*; [en martelant] to beat OU to hammer out *(sép)*; [en tirant] to pull back into shape; [en poussant] to push back into shape.
décachetage [dekaʃtaʒ] *nm* opening, unsealing.
décacheter [27] [dekaʃte] *vt* [ouvrir - en déchirant] to open, to tear open; [- en rompant le cachet] to unseal, to break open.
décade [dekad] *nf* -**1.** [série de dix] decade. -**2.** [dix jours] period of ten days. -**3.** [dix ans] decade.
décadenasser [3] [dekadnase] *vt* to remove the padlock from, to take the padlock off.
décadence [dekadɑ̃s] *nf* decadence, decline, decay; **la** ~ **romaine** Roman decadence; **la** ~ **de l'Empire romain** the decline OU fall of the Roman Empire.
◆ **en décadence** ◇ *loc adj* declining, decaying, decadent.
◇ *loc adv*: **tomber** OU **entrer en** ~ to become decadent, to start to decline.
décadent, e [dekadɑ̃, ɑ̃t] ◇ *adj* -**1.** [en déclin] decadent, declining, decaying. -**2.** BX-ARTS & LITTÉRAT decadent.
◇ *nm, f* decadent.
◆ **décadents** *nmpl*: **les** ~**s** the Decadents.
décadrage [dekadraʒ] *nm* -**1.** CIN off-centring. -**2.** INF off-registration.
décadrer [3] [dekadre] *vt* -**1.** MIN to draw the timbers of, to remove the timbering of. -**2.** [décentrer]: **être décadré** INF [perforation] to be off-punch; CIN to be off-cent.
décaèdre [dekaɛdr] ◇ *adj* decahedral.
◇ *nm* decahedron.
décaféiné, e [dekafeine] *adj* decaffeinated.
◆ **décaféiné** *nm* decaffeinated coffee.
décagonal, e, aux [dekagɔnal, o] *adj* decagonal.
décagone [dekagɔn] *nm* decagon.
décaissement [dekɛsmɑ̃] *nm* -**1.** FIN payment, disbursement *spéc.* -**2.** [déballage] unpacking. -**3.** BOT planting out.
décaisser [4] [dekese] *vt* -**1.** FIN to pay, to disburse *spéc.* -**2.** [déballer] to unpack, to take out of its container. -**3.** BOT to plant out *(sép)*.
décalage [dekalaʒ] *nm* -**1.** [dans l'espace] space, interval, gap. -**2.** [dans le temps] interval, time-lag, lag; ~ **horaire** time difference; **souffrir du** ~ **horaire** to have jet lag. -**3.** [manque de concordance] discrepancy, gap; ~ **entre la théorie et la pratique** discrepancy between theory and practice. -**4.** AUDIO shift, displacement; ~ **de fréquence** frequency shift; ~ **de l'image** image displacement; ~ **son-image** pull-up sound advance, sound to image stagger. -**5.** ASTRON: ~ **spectral** spectral shift. -**6.** INF shift; **introduire qqch par** ~ to shift sthg in ❑ ~ **arithmétique/logique/de la virgule** arithmetic/logical/point shift.
◆ **en décalage** *loc adj* -**1.** [dans le temps]: **nous sommes en** ~ **par rapport à Bangkok** there's a time difference between here and Bangkok. -**2.** [sans harmonie]: **être en** ~ **avec qqn** to have a different mentality from sb; **on est en complet** ~ we're on completely different wavelengths.
décalaminage [dekalaminaʒ] *nm* -**1.** [d'un moteur] decarbonization, decoking, decarburization. -**2.** MÉTALL descaling.
décalaminer [3] [dekalamine] *vt* -**1.** [moteur] to decarbonize, to decoke, to decarburize. -**2.** MÉTALL to descale.
décalcification [dekalsifikasjɔ̃] *nf* decalcification, decalcifying.
décalcifier [9] [dekalsifje] *vt* to decalcify.
◆ **se décalcifier** *vpi* to become decalcified.
décalcomanie [dekalkɔmani] *nf* -**1.** [image] transfer, decal, decalcomania *spéc*; **faire des** ~**s** to do transfers. -**2.** [procédé] transfer process, decal, decalcomania *spéc.*
décaler [3] [dekale] *vt* -**1.** [dans l'espace] to pull OU to shift (out of line); ~ **qqch vers l'avant/l'arrière/la gauche** to shift sthg forward/back/to the left; **les sièges sont décalés** the seats are staggered; **cette façade est légèrement décalée par rapport aux autres** this house is slightly out of line with the others. -**2.** [dans le temps - horaire] to shift; **l'horaire a été décalé d'une heure** [avancé] the schedule was brought forward an hour; [reculé] the schedule was brought OU moved one hour back. -**3.** [désorienter]: **être décalé par rapport à la réalité** to be out of phase with reality. -**4.** [ôter les cales de] to unwedge.
◆ **se décaler** *vpi* to move (out of line); **décalez-vous à droite** move OU step to the right; **décalez-vous d'un rang en avant/arrière** move forward/back a row.
décalitre [dekalitr] *nm* decalitre.
décalogue [dekalɔg] *nm* Decalogue.
décalotter [3] [dekalɔte] *vt*: ~ **le pénis** to pull back the foreskin.
décalquage [dekalkaʒ] *nm* tracing, transferring.
décalque [dekalk] *nm* tracing.
décalquer [3] [dekalke] *vt* to trace, to transfer.
Décaméron [dekamerɔ̃] *npr*: 'Décaméron' *Boccace* 'The Decameron'.
décamètre [dekamɛtr] *nm* decametre.
décamper [3] [dekɑ̃pe] *vi* to make o.s. scarce, to buzz off; **décampe!** clear out!, beat it!; **faire** ~ **qqn** to chase OU to drive sb out.

décan [dekɑ̃] *nm* decan.
décaniller *fam* [3] [dekanije] *vi* to clear out OU off, to scram; **il n'y a pas moyen de les faire ~** there's no budging them.
décantage [dekɑ̃taʒ] *nm*, **décantation** [dekɑ̃tasjɔ̃] *nf* [d'un liquide] settling, clarification; [de l'argile] washing; [des eaux usées] clarification; [du vin] decantation, settling.
décanter [3] [dekɑ̃te] *vt* -**1.** [purifier - liquide] to allow to settle, to clarify; [- argile] to wash; [- produit chimique] to decant. -**2.** [éclaircir] to clarify; **~ ses idées** to think things over.
◆ **se décanter** *vpi* -**1.** [liquide] to settle. -**2.** [situation] to settle down; **il faut laisser les choses se ~** one must allow things to sort themselves out OU to settle down.
décanteur [dekɑ̃tœr] *nm* -**1.** CHIM decantation OU decanting glass. -**2.** PÉTR settler. -**3.** [pour les eaux usées] tank; **~ primaire** detritus pit.
décapage [dekapaʒ] *nm* [nettoyage - en grattant] scraping, scouring; [- par un produit chimique] stripping, pickling; [- par la chaleur] burning off; [- par projection de sable] sandblasting.
décapant, e [dekapɑ̃, ɑ̃t] *adj* -**1.** [nettoyant]: **agent** OU **produit ~** stripper. -**2.** [incisif - remarque] caustic, vitriolic; [- roman, article] corrosive; **elle avait un humour ~** she had a caustic sense of humour.
◆ **décapant** *nm* stripper CONSTR.
décaper [3] [dekape] *vt* -**1.** [nettoyer - gén] to clean off *(sép)*; [- en grattant] to scrape clean; [- avec un produit chimique] to strip; [- à la chaleur] to burn off *(sép)*; **~ la peinture d'une porte** to strip the paint off a door; **~ une façade** to sandblast the outside of a building; **~ un parquet** to sand (down) floorboards. -**2.** *fam* [râcler] to burn through *(insép)*, to scour *péj*; **ça décape la gorge** it burns your throat. -**3.** GÉOL to clear of surface soil.
décapeuse [dekapøz] *nf* scraper.
décapitation [dekapitasjɔ̃] *nf* beheading, decapitation.
décapiter [3] [dekapite] *vt* -**1.** [personne]: **~ qqn** [le supplicier] to behead sb, to cut sb's head off, to decapitate sb; [accidentellement] to cut sb's head off, to decapitate sb. -**2.** [arbre, fleur] to top, to cut the top off. -**3.** [entreprise, gouvernement] to decapitate, to deprive of leaders.
décapode [dekapɔd] *nm* decapod; **les ~s** the Decapoda.
décapotable [dekapɔtabl] ◇ *adj* convertible; **sa voiture est ~** her car has a folding top, she drives a convertible.
◇ *nf* convertible.
décapoter [3] [dekapɔte] *vt* -**1.** [replier le toit de] to fold back the roof of *Br*, to lower the top of *Am*. -**2.** [enlever le toit de] to remove the roof *Br* OU top *Am* of.
décapsulage [dekapsylaʒ] *nm* opening.
décapsulation [dekapsylasjɔ̃] *nf* MÉD decortication, decapsulation.
décapsuler [3] [dekapsyle] *vt* to uncap, to take the top off.
décapsuleur [dekapsylœr] *nm* bottle-opener.
décapuchonner [3] [dekapyʃɔne] *vt* to take the cap off.
décarbonater [3] [dekarbɔnate] *vt* to decarbonate.
décarboxylation [dekarbɔksilasjɔ̃] *nf* decarboxylation.
décarburation [dekarbyrasjɔ̃] *nf* decarburization.
décarburer [3] [dekarbyre] *vt* to decarburize.
décarcasser [3] [dekarkase]
◆ **se décarcasser** *fam vpi* to go through a lot of hassle, to sweat (blood).
décarreler [24] [dekarle] *vt* [sol] to take tiles up from; [mur] to strip tiles off.
décartellisation [dekartelizasjɔ̃] *nf* decartelization.
décasyllabe [dekasilab], **décasyllabique** [dekasilabik] *adj* decasyllabic.
◆ **décasyllabe** *nm* decasyllable.
décathlon [dekatlɔ̃] *nm* decathlon.
décathlonien [dekatlɔnjɛ̃] *nm* decathlete.
décati, e *fam* [dekati] *adj* [personne] decrepit; [corps] decrepit, wasted; **un vieux tout ~** an old man gone all to seed OU pot.
décatir [32] [dekatir] *vt* to hot-press, to decatize *Br*, to decate *Am*.
◆ **se décatir** *fam vpi* to become decrepit.
décatissage [dekatisaʒ] *nm* hot-pressing, decatizing *Br*, decating *Am*.
décavé, e *fam* [dekave] ◇ *adj* [qui a perdu au jeu] cleaned out; [ruiné] flat broke, stony-broke *Br*.
◇ *nm, f* ruined gambler.
decca [deka] *nm* Decca®.
Deccan [dekɑ̃] *npr* Deccan.
décéder [18] [desede] *vi sout* to die, to pass away *euph*; **il est décédé dans la nuit** he passed away during the night; **il est décédé depuis longtemps** he died a long time ago; **personne décédée** deceased person; **s'il vient à ~** in the event of his death.
décelable [deslabl] *adj* -**1.** [par analyse] detectable. -**2.** [par observation] discernible, detectable, perceivable.
déceler [25] [desle] *vt* -**1.** [repérer - erreur] to detect, to spot, to discover; **~ une fuite** to detect OU to find OU to trace a leak; **~ un don pour la musique chez qqn** to detect OU to notice an aptitude for music in sb; **je n'ai rien décelé d'anormal** I've found nothing wrong || [percevoir] to detect, to discern, to perceive. -**2.** [révéler] to reveal, to betray, to give away *(sép)*; **sa voix décelait son émotion** his voice betrayed his emotion.
décélération [deselerasjɔ̃] *nf* deceleration, slowing down.
décélérer [18] [deselere] *vi* to decelerate, to slow down.
décembre [desɑ̃br] *nm* December.
décemment [desamɑ̃] *adv* -**1.** [correctement] decently, properly; **se tenir ~** to behave properly. -**2.** [suffisamment] properly; **j'espère que tu te nourris ~** I hope you're feeding yourself properly. -**3.** [raisonnablement] decently; **on ne peut pas ~ lui raconter ça** we can't very well OU we can hardly tell him that.
décence [desɑ̃s] *nf* decency; **avoir la ~ de** to have the (common) decency to.
décennal, e, aux [desenal, o] *adj* decennial.
décennat [desena] *nm* decade *(of leadership)*.
décennie [deseni] *nf* decade, decenium, decennary.
décent, e [desɑ̃, ɑ̃t] *adj* -**1.** [convenable] decent, **être en tenue ~e** to be properly dressed; **il serait plus ~ de donner l'argent à une œuvre** it would be more fitting OU proper to give the money to a charity. -**2.** [acceptable] decent, reasonable; **avoir un salaire ~** to earn a decent OU an adequate wage; **faire qqch d'une manière ~e** to do sthg reasonably well; **un prix ~** a reasonable OU fair price; **un repas ~** a decent meal.
décentrage [desɑ̃traʒ] *nm* off-centring.
décentralisateur, trice [desɑ̃tralizatœr, tris] ◇ *adj* decentralization *(modif)*, decentralist.
◇ *nm, f* decentralist, supporter of decentralization.
décentralisation [desɑ̃tralizasjɔ̃] *nf* decentralization, decentralizing.
décentraliser [3] [desɑ̃tralize] *vt* to decentralize.
décentrement [desɑ̃trəmɑ̃] *nm* PHOT: **~ vertical/horizontal** vertical/horizontal movement of the lens.
décentrer [3] [desɑ̃tre] *vt* to bring out of centre; **être décentré** to be off-centre.
déception [desɛpsjɔ̃] *nf* disappointment; **la grande ~ de sa vie** the great disappointment of his life; **quelle ~!** what a disappointment!
décercler [3] [desɛrkle] *vt* to unhoop.
décérébration [deserebrasjɔ̃] *nf* decerebration, pithing.
décérébrer [18] [deserebre] *vt* to decerebrate, to pith.
décerner [3] [desɛrne] *vt* -**1.** [prix, médaille] to award; [titre, distinction] to confer on. -**2.** JUR to issue.
décervelage [desɛrvəlaʒ] *nm* braining.
décerveler [24] [desɛrvəle] *vt* to brain.
décès [desɛ] *nm* JUR OU *sout* death.
décevant, e [desəvɑ̃, ɑ̃t] *adj* disappointing.
décevoir [52] [desəvwar] *vt* to disappoint; **elle attendait beaucoup mais elle a été très déçue** she was expecting a lot but she was very disappointed; **elle l'a beaucoup déçu** he was quite disappointed with her; **tu me déçois** I'm disappointed in you; **il ne va pas être déçu!** *iron* he's going to get a shock!; **je croyais rencontrer l'homme idéal, je n'ai pas été déçue!** *iron* I thought I was meeting the ideal man, what a letdown!
déchaîné, e [deʃene] *adj* [mer, vent] raging, wild; [passions] unbridled, raging; [personne] wild; [public] raving, delirious; [opinion publique] outraged; [foule] riotous, uncontrollable; **tu es ~, ce soir!** *fam* you're on top form tonight!
déchaînement [deʃɛnmɑ̃] *nm* [des éléments, de la tempête] raging, fury; [de colère, de rage] outburst; **rien ne justifie un tel ~** this outburst is totally unjustified.
déchaîner [4] [deʃene] *vt* -**1.** [déclencher - violence, colère] to unleash, to arouse; [- enthousiasme] to arouse; [- rires] to trigger off *(sép)*; **~ l'hilarité générale** to set off a storm of laughter; **~ les passions: Greta Garbo a déchaîné les passions** Greta Garbo inspired many great passions; **son article a déchaîné les passions** his article caused an outcry OU aroused strong passions. -**2.** [mettre en colère]: **c'est ce que j'ai dit qui l'a déchaîné** it was what I said that sent him wild; **il est déchaîné contre vous** he's ranting and raving against you.
◆ **se déchaîner** *vpi* -**1.** [tempête, vent] to rage. -**2.** [hilarité, applaudissements] to break OU to burst out; [instincts] to be unleashed; **se ~ contre** to rave at OU against; **la presse s'est déchaînée contre le gouvernement** the press railed at the government; **elle s'est déchaînée contre son frère** she lashed out OU let fly at her brother; **sa colère s'est déchaînée contre nous** he unleashed his anger on us.
déchanter [3] [deʃɑ̃te] *vi* to be disillusioned, to become disenchanted; **il croyait avoir trouvé l'amour mais il a déchanté** he thought he'd found love but the scales fell from his eyes.
décharge [deʃarʒ] *nf* -**1.** ARM [tir] shot; **il y a eu trois ~s** there were three shots; **prendre** OU **recevoir une ~ en pleine poitrine** to get shot in the chest. -**2.** ÉLECTR discharge; **~ électrique** electric OU field discharge; **prendre une ~** *fam* to get a shock. -**3.** [écrit, quittance] discharge paper, chit; **je veux qu'on me signe une ~** I want a signed piece of paper saying I'm not responsible. -**4.** [dépotoir] dump, rubbish tip *Br*, garbage dump *Am*; **'~ interdite'** 'no dumping'. -**5.** IMPR set-off sheet, offset sheet. -**6.** PHYSIOL rush; **~ d'adrénaline** rush of adrenaline.
◆ **à la décharge de** *loc prép*: **à sa ~, il faut dire que...** in his defence, it has to be said that...
◆ **de décharge** *loc adj* -**1.** GÉOG: **courant de ~** discharge OU discharging current. -**2.** CONSTR [arc] relieving.
déchargement [deʃarʒəmɑ̃] *nm* -**1.** [d'une arme, d'un véhicule] unloading. -**2.** ÉLECTRON dump.
décharger [17] [deʃarʒe] ◇ *vt* -**1.** [débarrasser de sa charge - véhicule, animal] to unload; [- personne] to unburden; **je vais te ~** [à un voyageur] let me take your luggage; [au retour des magasins] let me take your parcels for you. -**2.** [enlever - marchandises] to unload, to take off *(sép)*; [- passagers] to set down *(sép)*; **~ des bananes d'un navire** to unload bananas from OU to take bananas off a ship; **~ le sable d'un camion** to

dump the sand from a truck; **le train déchargeait ses passagers** the train was setting down its passengers. -**3.** [soulager] to relieve, to unburden; **~ sa conscience** to relieve OU to unburden one's conscience; **~ son cœur** *litt* to unburden one's heart; **~ qqn de** to relieve sb of; **~ qqn de la comptabilité** to take the accounting off sb's hands, to relieve sb of the accounting; **être déchargé de ses fonctions** to be discharged OU dismissed. -**4.** [disculper] to clear, to exonerate. -**5.** CONSTR to relieve, to discharge. -**6.** ARM [tirer avec] to fire, to discharge; **~ son arme sur qqn** to fire one's gun at sb || [ôter la charge de] to unload. -**7.** ÉLECTR to discharge. -**8.** ÉLECTRON to dump. -**9.** [laisser libre cours à] to vent, to give vent to; **~ sa bile** to vent one's spleen; **~ sa colère** to give vent to one's anger; **~ sa mauvaise humeur sur qqn** to vent one's temper on sb.

◇ *vi* -**1.** [déteindre - étoffe] to run. -**2.** ▼ [éjaculer] to come.

◆ **se décharger** *vpi* -**1.** ÉLECTR [batterie] to run down, to go flat; [accumulateur] to run down, to lose its charge. -**2.** [se débarrasser]: **se ~ (de qqch) sur: je vais essayer de me ~ de cette corvée sur quelqu'un** I'll try to hand over the chore to somebody else; **tu te décharges toujours sur les autres** you're always shifting responsibility onto other people.

déchargeur [deʃarʒœr] *nm* -**1.** [appareil] unloader. -**2.** *vieilli* [personne - dans un port] stevedore, docker *Br*, longshoreman *Am*; [- aux halles] labourer.

décharné, e [deʃarne] *adj* -**1.** [maigre - personne] emaciated, gaunt, wasted; [- visage] emaciated, gaunt, haggard; [- main] bony. -**2.** [aride - paysage, vallée] bare, bald.

déchaumage [deʃomaʒ] *nm* stubble ploughing.

déchaumer [3] [deʃome] *vt* to plough up the stubble of.

déchaussage [deʃosaʒ] *nm* baring of the roots *(by frost)*.

déchaussé, e [deʃose] *adj* -**1.** [sans chaussures - pied] bare, shoeless, unshod; [- personne] barefoot. -**2.** [branlant - dent] loose; [- mur] laid bare. -**3.** [moine, nonne] discalced.

déchaussement [deʃosmɑ̃] *nm* [d'une dent] loosening, agomphiasis *spéc*; [d'un mur] laying bare.

déchausser [3] [deʃose] *vt* -**1.** [personne]: **~ qqn** to take off sb's shoes || [retirer]: **~ ses skis** to take off one's skis || *(en usage abs)* to lose one's skis. -**2.** HORT to bare the roots of. -**3.** CONSTR [mur] to lay bare.

◆ **se déchausser** ◇ *vp (emploi réfléchi)* [personne] to take off one's shoes.

◇ *vpi* [dent] to get loose, avoir **les dents qui se déchaussent** to have receding gums.

dèche▽ [dɛʃ] *nf* dire poverty; **je ne peux pas l'acheter, c'est la ~!** I can't afford it, I'm skint *Br* OU broke!; **être dans la ~** to be skint *Br* OU broke.

déchéance [deʃeɑ̃s] *nf* -**1.** [avilissement] (moral) degradation; **tomber dans la ~** to go into (moral) decline. -**2.** [déclin social] lowering of social standing. -**3.** RELIG fall. -**4.** JUR loss, forfeit; **~ de l'autorité parentale** loss of parental authority. -**5.** POL [d'un monarque] deposition, deposing; [d'un président] removal *(after impeachment)*.

déchet [deʃɛ] *nm* -**1.** [portion inutilisable]: **dans les pommes qu'on m'a vendues il y avait du ~** some of the apples I bought were unusable; **dans un ananas il y a beaucoup de ~** there's a lot of waste in a pineapple. -**2.** *péj* [personne] (miserable) wretch. -**3.** COMM: **~ de route** losses in transit.

◆ **déchets** *nmpl* -**1.** [résidus] waste; **des ~s de tissu** off-cuts; **des ~s de viande** meat scraps; **des ~s de nourriture** food scraps; **~s radioactifs/toxiques** radioactive/toxic waste. -**2.** PHYSIOL waste matter.

déchetterie [deʃɛtri] *nf* waste collection centre *(for sorting and recycling)*.

déchiffonner [3] [deʃifɔne] *vt* to uncrumple, to smooth out *(sép)*, to smooth the creases out of.

déchiffrable [deʃifrabl] *adj* decipherable; **écriture ~** legible handwriting.

déchiffrage [deʃifraʒ] *nm* sight-reading.

déchiffrement [deʃifrəmɑ̃] *nm* deciphering.

déchiffrer [3] [deʃifre] *vt* -**1.** [comprendre - inscription, manuscrit] to decipher; [- langage codé] to decipher, to decode; **je déchiffre à peine son écriture** I can barely make out her handwriting. -**2.** [lire] to spell out *(sép)*; *(en usage abs)*: **apprendre à ~** to start spelling out words. -**3.** MUS to sight-read. -**4.** [élucider - énigme] to puzzle out *(sép)*, to make sense of.

déchiffreur, euse [deʃifrœr, øz] *nm, f* decipherer.

déchiquetage [deʃiktaʒ] *nm* shredding, tearing.

déchiqueté, e [deʃikte] *adj* -**1.** [irrégulier - feuille] jagged; [- montagne] jagged, ragged. -**2.** [tailladé] torn to bits, hacked about.

déchiqueter [27] [deʃikte] *vt* [papier, tissu] to rip (to shreds), to tear (to bits); **le chien a déchiqueté la couverture** the dog chewed the blanket to pieces OU bits; **la bombe les a déchiquetés** the bomb blew them to pieces.

déchiqueture [deʃiktyr] *nf* -**1.** [partie déchiquetée] shred. -**2.** [entaille] tear, rip. -**3.** [bord irrégulier] jagged edge.

déchirant, e [deʃirɑ̃, ɑ̃t] *adj* [spectacle] heartbreaking, heartrending; [cri] agonizing, harrowing; [séparation] unbearably painful.

déchirement [deʃirmɑ̃] *nm* -**1.** [arrachement] tearing, ripping, rending. -**2.** [souffrance] wrench; **le ~ des adieux** the wrench of separation. -**3.** [désunion] rift; **un pays en proie à des ~s politiques** a country torn apart by internal strife.

déchirer [3] [deʃire] *vt* -**1.** [lacérer] to tear, to rip; **attention, tu vas ~ ton collant** mind not to rip your tights. -**2.** [mettre en deux morceaux] to tear; **~ une page en deux** to tear a page into two || [mettre en morceaux] to tear up OU to pieces; **il s'est fait ~ par la critique** *fig* he was torn apart OU torn to shreds by the critics. -**3.** [arracher] to tear off *(sép)*; **~ un ticket d'un carnet** to tear a ticket out from a book ❏ **~ le voile** to unmask the truth. -**4.** [ouvrir]: **~ une enveloppe** to tear OU to rip open an envelope. -**5.** [blesser] to tear (the skin OU flesh of), to gash; **le barbelé m'avait déchiré la jambe** I'd gashed my leg on the barbed wire; **un bruit qui déchire les tympans** an earpiercing OU earsplitting noise; **une douleur qui déchire la poitrine** a stabbing pain in the chest; **~ qqn** OU **le cœur de qqn** *litt* to break sb's heart, to make sb's heart bleed; **être déchiré par la douleur** to be racked with pain. -**6.** *litt* [interrompre - nuit, silence] to rend, to pierce; **un cri déchira la nuit** a scream pierced the night; **un éclair déchira le ciel** a flash of lightning rent the sky. -**7.** [diviser] to tear apart; **la guerre déchire le pays** the war is tearing the country apart; **des familles déchirées par la guerre** war-torn families; **je suis déchiré entre eux deux** I'm torn between the two of them.

◆ **se déchirer** ◇ *vp (emploi réciproque)* [se faire souffrir] to tear each other apart.

◇ *vp (emploi passif)* to tear; **ce tissu se déchire facilement** this material tears easily.

◇ *vpi* [vêtement, tissu, papier] to tear, to rip; [membrane] to break; **mon gant s'est déchiré** my glove got torn; **les brumes matinales se déchirent au premier soleil** *litt* the morning mists dissolve as the sun comes out.

◇ *vpt* MÉD: **se ~ un muscle/tendon/ligament** to tear a muscle/tendon/ligament.

déchirure [deʃiryr] *nf* -**1.** [accroc] tear, rip, split. -**2.** *litt* [souffrance] wrench. -**3.** MÉD tear; **~ musculaire** pulled muscle. -**4.** [trouée] crack, opening.

déchlorurer [3] [deklɔryre] *vt* to dechloridize.

déchoir [71] [deʃwar] ◇ *vi* -**1.** *(aux être)*: **il est déchu de son rang** he has lost OU forfeited his social standing. -**2.** *litt (aux avoir)* [s'abaisser] to demean o.s.; **il croira ~ en acceptant cela** he'll think he's demeaning himself if he agrees to this; **ce ne serait pas ~ que de...** it wouldn't be demeaning to... || [diminuer - fortune, prestige] to wane.

◇ *vt* [priver]: **~ qqn d'un droit** to deprive sb of a right.

déchristianisation [dekristjanizasjɔ̃] *nf* dechristianization, dechristianizing.

déchristianiser [3] [dekristjanize] *vt* to dechristianize.

déchu, e [deʃy] *adj* [prince, roi] deposed, dethroned; [président] deposed; [ange, humanité] fallen.

déci [desi] *nm Helv decilitre of wine.*

décibel [desibɛl] *nm* decibel.

décidabilité [desidabilite] *nf* decidability.

décidable [desidabl] *adj* decidable.

décidé, e [deside] *adj* -**1.** [résolu] resolute, determined, decided; **elle est entrée d'un pas ~** she strode resolutely into the room. -**2.** [réglé] settled.

décidément [desidemɑ̃] *adv* definitely, clearly; **~, ça ne marchera jamais** obviously it'll never work out; **~, c'est une manie** you're really making a habit of it, aren't you?; **~ tu exagères!** honestly, you are the limit!; **j'ai encore cassé un verre — ~!** I've broken another glass — it's not your day, is it!

décider [3] [deside] *vt* -**1.** [choisir] to decide (on); **ils ont décidé la guerre** they've decided to go to war; **~ de faire** to decide OU to resolve to do; **~ d'accepter/de ne pas accepter la proposition** to decide in favour of/against the proposal; **~ de se rendre plutôt que de mourir** to decide to surrender rather than die; **~ que: il a décidé que nous irions demain** he's decided that we'll go tomorrow; **il a décidé qu'il ne prendrait pas l'avion** he's decided not to OU that he won't fly; **~ combien/quoi/comment/si** to decide how much/what/how/whether; **~ quelle maison acheter** to decide which house to buy; **c'est décidé** it's settled; **c'est décidé, je reste** I'm staying, that's settled || *(en usage abs)*: **c'est toi qui décides** it's your decision, it's up to you; **c'est le temps qui décidera** it will depend on the weather; **en cas de guerre, c'est la force de frappe qui décidera** if there's a war, the outcome will be decided solely by firepower. -**2.** [entraîner]: **~ qqn à** to convince OU to persuade sb to; **ce n'est pas cela qui m'a décidé à partir** that's not what convinced OU persuaded me to go; **décide-la à rester** persuade her to stay; **la pluie m'a décidé à ne pas sortir** I decided to stay in because of the rain. -**3.** *sout* [régler - ordre du jour] to decide, to set; [- point de droit] to resolve, to give a ruling on, to decide on; **~ en faveur de qqn** to give a ruling in favour of sb.

◆ **décider de** *v + prép* -**1.** [influencer] to determine; **leur intervention a décidé de la victoire** their intervention brought about the victory; **le résultat de l'enquête décidera de la poursuite de ce projet** the results of the survey will determine whether (or not) we carry on with the project. -**2.** [choisir - lieu, date] to choose, to determine, to decide on. -**3.** [juger]: **ta mère en a décidé ainsi!** your mother's decision is final!; **le sort en décida autrement** fate decreed otherwise.

◆ **se décider** ◇ *vp (emploi passif)* to be decided (on); **les choses se sont décidées très vite** things were decided very quickly; **la couleur des tissus se décide au printemps** fabric shades are decided on OU decisions are made about fabric shades in the spring.

◇ *vpi* [faire son choix] to make up one's mind; **décide-toi** make up your mind; **je n'arrive pas à me ~** I'm in two minds; **se ~ pour** to decide on; **elle s'est décidée pour un chat siamois** she decided on a Siamese cat; **se ~ à: je me suis décidé à l'acheter** I decided OU resolved to buy it; **elle s'est décidée à déménager** she's made up her mind to move out; **je ne me décide pas à le jeter** I can't bring myself to throw it out;

la voiture s'est enfin décidée à démarrer the car finally decided to start || *(tournure impersonnelle)*: **il se décide à faire beau** it looks like the weather's trying to improve.

décideur [desidœr] *nm* decision-maker.

décigramme [desigram] *nm* decigramme, decigram.

décilage [desilaʒ] *nm* division into deciles.

décile [desil] *nm* decile.

décilitre [desilitr] *nm* decilitre.

décimal, e, aux [desimal, o] *adj* decimal; **fraction ~e** decimal, decimal fraction.

◆ **décimale** *nf* decimal place; **nombre à trois ~s** number given to three decimal places.

décimalisation [desimalizasjɔ̃] *nf* decimalization.

décimaliser [3] [desimalize] *vt* to decimalize.

décimation [desimasjɔ̃] *nf* decimation, decimating.

décime [desim] *nm* -**1.** ADMIN 10% increase *(in tax)*. -**2.** HIST [dix centimes] tenth part of a franc, ten centimes.

décimer [3] [desime] *vt* to decimate.

décimètre [desimɛtr] *nm* decimetre.

décimétrique [desimɛtrik] *adj* decimetric.

décintrage [desɛ̃traʒ], **décintrement** [desɛ̃trəmɑ̃] *nm* -**1.** CONSTR striking down of the centre, taking down of the centre. -**2.** COUT letting out.

décintrer [3] [desɛ̃tre] *vt* -**1.** CONSTR to strike down OU to take down the center. -**2.** COUT to let out *(sép)*.

décisif, ive [desizif, iv] *adj* [déterminant - influence, intervention] decisive; [- preuve] conclusive; [- élément, facteur, coup] decisive, deciding; **il n'y a encore rien de ~** there's nothing conclusive OU definite yet; **il a eu un argument ~** what he said clinched the argument; **ça, c'est la question décisive!** that's the decider!; **à un moment ~ de ma vie** at a decisive moment OU at a watershed in my life.

décision [desizjɔ̃] *nf* -**1.** [résolution] decision; **arriver à une ~** to come to OU to reach a decision; **prendre une ~** to make a decision; **je n'ai pas pris de ~ là-dessus** I haven't made up my mind about it; **qui a pris cette ~?** whose decision was it?; **la ~ t'appartient** the decision is yours, it's for you to decide; **soumettre qqch à la ~ d'un comité** to ask a committee to make a decision on sthg. -**2.** JUR: **~ judiciaire** court ruling; **par ~ judiciaire** by order of the court. -**3.** [fermeté] decision; **agir avec ~** to be resolute; **avoir de la ~** to be decisive; **manquer de ~** to be hesitant OU irresolute; **montrer de la ~** to show resolution OU decisiveness. -**4.** INF decision.

◆ **de décision** *loc adj* [organe, centre] decision-making.

décisionnaire [desizjɔnɛr] *nmf* decision-maker.

décisionnel, elle [desizjɔnɛl] *adj* decision-making *(modif)*.

décisoire [desizwar] *adj*: **serment ~** decisive oath.

déclamateur, trice [deklamatœr, tris] *péj* ◇ *adj* bombastic.
◇ *nm, f* declaimer.

déclamation [deklamasjɔ̃] *nf* -**1.** [art de réciter] declamation. -**2.** [emphase] declamation, ranting.

déclamatoire [deklamatwar] *adj* -**1.** [art] declamatory. -**2.** *péj* [style] declamatory, bombastic.

déclamer [3] [deklame] *vt* to declaim.

déclarant, e [deklarɑ̃, ɑ̃t] ◇ *adj* declaratory.
◇ *nm, f* declarant.

déclaratif, ive [deklaratif, iv] *adj* -**1.** JUR declaratory. -**2.** GRAMM declarative.

déclaration [deklarasjɔ̃] *nf* -**1.** [communication] declaration, statement; **faire une ~ à la presse** to issue a declaration OU statement to the press; **je ne ferai aucune ~!** no comment!; **je ne peux pas faire de ~** I can't comment. -**2.** [témoignage] declaration, statement; **faire une ~ aux gendarmes** to make a statement to the police; **selon les ~s du témoin** according to the witness's statement. -**3.** ADMIN declaration; **faire une ~ à la douane** to declare something at customs; **faire une ~ à son assurance** to file a claim with one's insurance company; **~ de perte**: **faire une ~ de perte de passeport à la police** to report the loss of one's passport to the police ❑ **~ d'impôts** tax return; **remplir sa ~ d'impôts** to fill in one's tax return; **~ de naissance** birth registration; **~ sous serment** statement under oath. -**4.** [aveu] declaration; **faire une ~ d'amour** OU **sa ~ (à qqn)** to declare one's love (to sb). -**5.** [proclamation] declaration, proclamation; **~ de guerre/d'indépendance** declaration of war/of independence; **la Déclaration des droits de l'homme et du citoyen** the Declaration of Human Rights *(of 1791)*; **~ de principe** declaration of principle. -**6.** INF declaration.

LA DÉCLARATION DES IMPÔTS:
People in France are required to declare their taxable earnings at the beginning of the year. Thrice-yearly tax payments ("tiers provisionnels") are based on one third of the previous year's total, the final payment being adjusted according to the actual tax owed. It is also possible to pay tax on a monthly basis. This is known as "mensualisation".

LA DÉCLARATION DES DROITS DE L'HOMME ET DU CITOYEN:
Adopted by the National Assembly on 4 August 1789, the Declaration proclaims the inalienable natural right of all men to freedom, condemns the privileged class of the Ancien Régime and declares all citizens equal before the law. In 1793, the preface to the Constitution of year 1 added the right to education, work and freedom of assembly to the text of 1789.

---

déclaratoire [deklaratwar] *adj* declaratory.

déclaré, e [deklare] *adj* declared; **mon ennemi ~** my declared OU sworn enemy; **une animosité ~e** a declared animosity; **un fasciste ~** a professed OU self-confessed fascist; **un opposant ~** an avowed opponent.

déclarer [3] [deklare] *vt* -**1.** [proclamer] to declare, to announce, to assert; **le gouvernement a déclaré que...** the government announced OU declared that...; **~ une séance ouverte** to declare a meeting open ❑ **~ forfait** SPORT to withdraw; *fig* to throw in the towel; **~ la guerre à** *pr* & *fig* to declare war on. -**2.** *(avec un adj ou une loc adj)* [juger]: **~ qqn coupable** to find sb guilty; **on l'a déclaré incapable de gérer sa fortune** he was pronounced incapable of managing his estate. -**3.** [affirmer] to profess, to claim; **elle déclare agir pour le bien de tous** she professes to work for the good of everyone; **il déclare être innocent** he claims to be innocent OU protests his innocence; **il déclare être resté chez lui** he claims he stayed at home. -**4.** [révéler] to state, to declare; **il n'a pas déclaré ses intentions** he didn't state his intentions; **~ son amour** OU **sa flamme à qqn** *litt* to declare one's love to sb. -**5.** [dire officiellement] to declare; **~ ses revenus/employés** to declare one's income/employees; **~ un enfant à la mairie** to register the birth of a child; **~ un vol** to report a theft; **rien à ~** nothing to declare; **si vous avez quelque chose à ~ à la douane** if you have anything to declare at the customs.

◆ **se déclarer** *vpi* -**1.** [se manifester - incendie, épidémie] to break out; [- fièvre, maladie] to set in. -**2.** [se prononcer] to take a stand; **se ~ sur une question/un point** to take a stand on a question/a point; **elle ne veut pas se ~ sur cette question** she refuses to state her opinion on the matter; **se ~ pour/contre l'avortement** to come out in favour of/against abortion; **se ~ pour/contre la monarchie** to declare for/against the monarchy. -**3.** *(avec un adj ou une loc adj)* [se dire] to say; **il s'est déclaré coupable** he said he was guilty; **il s'est déclaré ravi** he said how pleased he was. -**4.** *litt* [dire son amour] to declare one's love.

déclassé, e [deklase] ◇ *adj* -**1.** SOCIOL déclassé. -**2.** [hôtel, joueur] downgraded.
◇ *nm, f*: **c'est un ~** he has lost his social status OU come down in the world.

déclassement [deklasmɑ̃] *nm* -**1.** [dans la société] fall OU drop in social standing; [dans une hiérarchie] downgrading, loss of status. -**2.** [dévalorisation] depreciation. -**3.** [mise en désordre] putting out of order. -**4.** RAIL change to a lower class. -**5.** NAUT decommissioning.

déclasser [3] [deklase] *vt* -**1.** [déranger] to put out of order. -**2.** [rétrograder] to downgrade. -**3.** [déprécier] to demean; **ce travail le déclassait** he was lowering OU demeaning himself in that job. -**4.** [changer de catégorie - hôtel] to downgrade; RAIL to change to a lower class. -**5.** NAUT to decommission.

◆ **se déclasser** *vpi* -**1.** SOCIOL to move one step down the social scale. -**2.** [dans un train] to change to a lower-class compartment; [dans un navire] to change to lower-class accommodation.

déclenchement [deklɑ̃ʃmɑ̃] *nm* -**1.** [début - d'un événement] starting point, start, trigger; [- d'une attaque] launching. -**2.** ÉLECTRON triggering. -**3.** MÉCAN release.

déclencher [3] [deklɑ̃ʃe] *vt* -**1.** [provoquer - attaque] to launch; [- révolte, conflit] to trigger (off), to bring about *(sép)*; [- grève, émeute, rires] to trigger OU to spark off *(sép)*. -**2.** TECH [mettre en marche - mécanisme, minuterie] to trigger, to activate; [- sonnerie, alarme] to set off *(sép)*. -**3.** INF to trigger.

◆ **se déclencher** *vpi* -**1.** [commencer - douleur, incendie] to start. -**2.** [se mettre en marche - sirène, sonnerie, bombe] to go off; [- mécanisme] to be triggered off OU released.

déclencheur [deklɑ̃ʃœr] *nm* -**1.** ÉLECTR release, circuit breaker. -**2.** PHOT shutter release; **~ automatique** time release, self-timer. -**3.** TECH release, tripping device.

déclic [deklik] *nm* -**1.** [mécanisme] trigger, releasing mechanism. -**2.** [bruit] click; **se fermer avec un ~** to click shut; **s'enclencher avec un ~** to click into place. -**3.** [prise de conscience]: **il s'est produit un ~ et elle a trouvé la solution** things suddenly fell into place OU clicked and she found the answer; **pour moi, la lecture de ce livre a été le ~** things finally fell into place for me when I read this book; **pour moi, cette aventure a été le ~** what happened made me come to my senses.

déclin [deklɛ̃] *nm* -**1.** [diminution] decline, waning; **le ~ de la popularité d'un acteur** the decline of an actor's popularity; **le ~ de l'influence de Rome** the waning influence of Rome; **le soleil à son ~** the setting sun. -**2.** *litt* [fin] close; **le ~ du jour** nightfall, dusk; **le ~ de la vie** the twilight years.

◆ **en déclin** *loc adj* on the decline; **les adhésions sont en ~** membership is declining OU falling off OU on the decline; **un hebdomadaire en ~** a weekly paper with falling readership figures.

◆ **sur le déclin** *loc adj* [prestige, puissance] declining, on the wane; [malade] declining; **votre pauvre mère est sur le ~** your poor mother is getting worse; **un acteur sur le ~** an actor who's seen better days.

déclinable [deklinabl] *adj* declinable; **une gamme d'ordinateurs ~ en plusieurs configurations** a range of computers enabling several different configurations.

déclinaison [deklinɛzɔ̃] *nf* -**1.** GRAMM declension. -**2.** ASTRON & PHYS declination; **~ magnétique** magnetic declination OU variation.

déclinant, e [deklinɑ̃, ɑ̃t] *adj* [force] declining, deteriorating; [influence, grandeur] declining, waning, fading; [société] declining, decaying.

déclinatoire [deklinatwar] *nm* -**1.** [boussole] surveyor's compass. -**2.** JUR declinatory; **élever un ~** to except the jurisdiction of the court.

décliner [3] [dekline] ◇ *vt* -**1.** GRAMM to decline; **l'amour est décliné dans toutes les chansons** *fig* love is an ever-recurrent theme in songs. -**2.** [énoncer - identité] to give, to state. -**3.** [refuser - responsabilité, invitation] to decline, to refuse; [- offre] to decline, to refuse, to reject; ~ **toute responsabilité** to refuse all responsibilities.
◇ *vi* [soleil] to set; [vieillard, jour] to decline; [malade] to decline, to fade; [santé, vue] to deteriorate; [prestige] to wane, to decline.

décliqueter [27] [deklikte] *vt* to release, to disengage.

déclive [dekliv] ◇ *adj* declivitous *spéc*, downward sloping.
◇ *nf*: en ~ sloping.

déclivité [deklivite] *nf* -**1.** [descente] downward slope, declivity *spéc*, incline. -**2.** [inclinaison - d'une route, d'un chemin de fer] gradient.

décloisonnement [deklwazɔnmɑ̃] *nm* decompartmentalization, decompartmentalizing.

décloisonner [3] [deklwazɔne] *vt* to decompartmentalize.

déclouer [3] [deklue] *vt* [planche] to remove OU to pull the nails out of; [couvercle] to prise *Br* OU to pry *Am* open *(sép)*.
◆ **se déclouer** *vpi* to fall OU to come apart.

décochage [dekɔʃaʒ] *nm* MÉTALL shaking out.

décocher [3] [dekɔʃe] *vt* -**1.** [lancer - flèche] to shoot, to fire; [- coup] to throw; **il m'a décoché un coup de pied** he kicked me; **le cheval lui a décoché une ruade** the horse lashed out OU kicked at him. -**2.** [émettre - regard, sourire] to dart, to flash, to shoot; [- plaisanterie, méchanceté] to fire, to shoot.

décoction [dekɔksjɔ̃] *nf* decoction.

décodage [dekɔdaʒ] *nm* -**1.** [d'un texte] decoding, deciphering. -**2.** INF & TV decoding, unscrambling.

décoder [3] [dekɔde] *vt* -**1.** [texte] to decode. -**2.** INF & TV to decode, to unscramble.

décodeur [dekɔdœr] ◇ *adj m* decoding.
◇ *nm* decoder.

décoffrage [dekɔfraʒ] *nm* striking of formwork, dismantling of shuttering *Br*.

décoffrer [3] [dekɔfre] *vt* to strike the formwork of, to dismantle the shuttering of *Br*.

décoiffer [3] [dekwafe] *vt* -**1.** [déranger la coiffure de]: ~ **qqn** to mess up sb's hair; **elle est toute décoiffée** her hair's in a mess. -**2.** [ôter le chapeau de]: ~ **qqn** to remove sb's hat. -**3.** *fam loc*: **ça décoiffe** it takes your breath away.
◆ **se décoiffer** *vp (emploi réfléchi)* -**1.** [déranger sa coiffure] to mess up OU *Am* to muss up one's hair. -**2.** [ôter son chapeau] to remove one's hat.

décoincement [dekwɛ̃smɑ̃], **décoinçage** [dekwɛ̃saʒ] *nm* [déblocage - d'un objet] unjamming, freeing, loosening; [- d'une vertèbre, d'une articulation] loosening up.

décoincer [16] [dekwɛ̃se] *vt* [débloquer - objet] to unjam, to free; [- vertèbre, articulation] to loosen up *(sép)*.
◆ **se décoincer** *vpi* -**1.** [objet] to unjam, to work loose. -**2.** *fam* [personne] to relax, to let one's hair down.

décolérer [18] [dekɔlere] *vi*: **ne pas** ~: **il n'a pas décoléré de la journée** he's been furious OU fuming all day; **elle ne décolère jamais** she's permanently in a temper.

décollage [dekɔlaʒ] *nm* -**1.** AÉRON takeoff; ASTRONAUT lift-off, blast-off; **au** ~ AÉRON at OU on takeoff; ASTRONAUT on takeoff OU lift-off. -**2.** [d'une enveloppe, d'un papier] unsticking. -**3.** ÉCON & SOCIOL takeoff.

décollation [dekɔlasjɔ̃] *nf arch* decollation.

décollé, e [dekɔle] *adj*: **avoir les oreilles** ~**es** to have ears that stick out.

décollement [dekɔlmɑ̃] *nm* -**1.** [d'un papier] unsticking. -**2.** MÉD: ~ **de la rétine** detachment OU separation of the retina; ~ **épiphysaire** epiphysial fracture.

décoller [3] [dekɔle] ◇ *vi* -**1.** AÉRON to take off; ASTRONAUT to take OU to lift OU to blast off. -**2.** [quitter le sol - skieur, motocycliste] to take off. -**3.** *fam* [partir] to leave; **elle ne décolle pas de la bibliothèque** she never moves from OU leaves the library. -**4.** [progresser - exportation, pays] to take off; **au troisième trimestre, il a fini par** ~ his work finally took off in the third term. -**5.** [s'échapper] to escape; ~ **du réel** OU **de la réalité** to be in another world. -**6.** *fam* [être distancé - sportif, élève] to fall OU to drop behind; ~ **du reste de la classe** to drop behind the rest of the class.
◇ *vt* -**1.** [détacher - papier] to unstick, to unglue, to peel off *(sép)*; ~ **à la vapeur** to steam off; ~ **dans l'eau** to soak off; ~ **une enveloppe** [en tirant] to open an envelope; [à la vapeur] to steam open an envelope. -**2.** *fam* [faire partir] to tear OU to prise away *(sép)*; **on ne peut pas le** ~ **de la télévision** there's no prising him away from the TV. -**3.** *fam* [quitter]: **il ne nous a pas décollés de la journée** he followed us about all day long. -**4.** LOISIRS [au billard] to nudge away from the cushion.
◆ **se décoller** ◇ *vp (emploi passif)* to come off; **ça se décolle simplement en tirant dessus** just pull it and it comes off.
◇ *vpi* -**1.** [se détacher] to come OU to peel off; **du papier peint qui se décolle** peeling wallpaper. -**2.** MÉD to become detached.

décolletage [dekɔltaʒ] *nm* -**1.** VÊT cutting out of the neck; [décolleté] low-cut neckline, décolletage. -**2.** AGR topping. -**3.** TECH slicing, skiving.

décolleté, e [dekɔlte] *adj* -**1.** VÊT low-cut, low-necked, décolleté; **robe** ~**e dans le dos** dress cut low in the back. -**2.** [femme] décolleté, wearing a low-cut dress.
◆ **décolleté** *nm* -**1.** VÊT low neckline; **un** ~ **plongeant** a plunging neckline. -**2.** [d'une femme] cleavage.

décolleter [27] [dekɔlte] *vt* -**1.** [robe] to give a low neckline to; [personne] to reveal the neck and shoulders of. -**2.** AGR to top. -**3.** TECH to cut off *(sép)*.

décolleteur, euse [dekɔltœr, øz] *nm, f* lathe operator.
◆ **décolleteuse** *nf* -**1.** AGR (beet) topper. -**2.** TECH automatic lathe, autolathe.

décolonisation [dekɔlɔnizasjɔ̃] *nf* decolonization, decolonizing.

décoloniser [3] [dekɔlɔnize] *vt* to decolonize.

décolorant, e [dekɔlɔrɑ̃, ɑ̃t] *adj* -**1.** [gén] decolorant, decolouring. -**2.** [pour cheveux] decolorizing *(avant n)*, decolorant, bleaching *(avant n)*.
◆ **décolorant** *nm* -**1.** [gén] decolorant. -**2.** [pour cheveux] decolorizing agent, bleaching agent.

décoloration [dekɔlɔrasjɔ̃] *nf* -**1.** [atténuation de la couleur] fading, discolouration. -**2.** [disparition de la couleur] bleaching, discolouring; ~ **d'une plante** bleaching of a plant. -**3.** [des cheveux] bleach treatment; **faire une** ~ to bleach someone's hair.

décoloré, e [dekɔlɔre] *adj* -**1.** [fané] faded. -**2.** [blondi] bleached; **une femme** ~**e** a peroxide OU bleached blonde. -**3.** [livide - visage, joue] ashen, pale.

décolorer [3] [dekɔlɔre] *vt* -**1.** [affaiblir la couleur de] to fade. -**2.** [éclaircir] to discolour; ~ **des cheveux** to bleach hair; **cheveux décolorés par le soleil** hair lightened OU bleached by the sun.
◆ **se décolorer** ◇ *vp (emploi réfléchi)* [personne] to bleach one's hair.
◇ *vpi* -**1.** [tissu, papier] to fade, to lose its colour. -**2.** [liquide] to lose its colour.

décombres [dekɔ̃br] *nmpl* -**1.** [d'un bâtiment] debris *(sg)*, rubble, wreckage. -**2.** *litt* [d'une civilisation] ruins.

décommander [3] [dekɔmɑ̃de] *vt* [commande] to cancel; [invitation, rendez-vous] to cancel, to call off *(sép)*; [invité] to put off *(sép)*.
◆ **se décommander** *vpi* to cancel (one's appointment).

décompensation [dekɔ̃pɑ̃sasjɔ̃] *nf* decompensation.

décompensé, e [dekɔ̃pɑ̃se] *adj* decompensated.

décomplexer [4] [dekɔ̃plɛkse] *vt* to encourage, to reassure; **ça m'a décomplexé** it made me feel more confident OU less inadequate.

décomposable [dekɔ̃pozabl] *adj* -**1.** [corps chimique, matière] decomposable. -**2.** [texte, idée] analysable, that can be broken down. -**3.** MATH [équation] that can be factorized; [polynôme] that can be broken up. -**4.** PHYS resoluble.

décomposer [3] [dekɔ̃poze] *vt* -**1.** CHIM to decompose, to break down *(sép)*. -**2.** PHYS [force] to resolve; [lumière] to disperse. -**3.** MATH to factorize; ~ **en facteurs premiers** to resolve into prime factors. -**4.** [analyser - texte, raisonnement] to break down *(sép)*, to analyse; [- mouvement, processus] to decompose, to break up *(sép)*; [- exercice, mélodie] to go through (step by step) *(insép)*; ~ **un pas de danse** to go through a dance step || GRAMM [phrase] to parse. -**5.** [pourrir - terre, feuilles] to decompose, to rot. -**6.** [altérer]: **l'horreur qui décomposait ses traits** the horror reflected in his contorted features; **un visage décomposé par la peur** a face distorted with fear; **être décomposé** to look stricken.
◆ **se décomposer** ◇ *vp (emploi passif)*: **se** ~ **en** to break down into; **le texte se décompose en trois parties** the text can be broken down OU divided into three parts || GRAMM [phrase] to be parsed; MATH to be factorized.
◇ *vpi* -**1.** [pourrir] to decompose, to decay, to rot. -**2.** [s'altérer - visage] to become distorted; **soudain son visage s'est décomposé** his face suddenly fell.

décomposeur [dekɔ̃pozœr] *nm* decomposer.

décomposition [dekɔ̃pozisjɔ̃] *nf* -**1.** CHIM decomposition, breaking down. -**2.** PHYS [de la lumière] dispersion; [d'une force] resolution. -**3.** MATH factorization; ~ **en facteurs premiers** prime factorization; ~ **en éléments simples** expansion into partial fractions. -**4.** [analyse] analysis, breaking down; **faire la** ~ **d'un planning/d'une tâche** to break down a schedule/a task || GRAMM parsing; **faire la** ~ **d'une phrase** to parse a sentence. -**5.** INF breakdown. -**6.** [pourrissement - de la matière organique] decomposition, decay, rot; [- de la société] decline, decay, decadence; **en (état de)** ~ [cadavre] decomposing, decaying, rotting; [société] declining, decaying. -**7.** [altération - des traits] contortion.

décompresser [4] [dekɔ̃prese] *vi* -**1.** BIOL to undergo decompression. -**2.** *fam* [se détendre] to relax, to unwind.

décompresseur [dekɔ̃presœr] *nm* -**1.** PHYS decompression device. -**2.** AUT & MÉCAN decompressor.

décompression [dekɔ̃presjɔ̃] *nf* -**1.** MÉD & TECH decompression. -**2.** *fam* [détente] unwinding, relaxing. -**3.** AUT & MÉCAN decompression.

décomprimer [3] [dekɔ̃prime] *vt* to decompress.

décompte [dekɔ̃t] *nm* -**1.** [calcul] working out, reckoning, calculation; **faire le** ~ **des intérêts** to work out OU to calculate the interest; **faire le** ~ **des voix** to count the votes; **faire le** ~ **des points** to add OU to reckon up the score. -**2.** [déduction] deduction; **je vous fais le** ~ **des deux fromages** I'll take the two cheeses off (your bill).

décompter [3] [dekɔ̃te] ◇ *vt* -**1.** [déduire] to deduct. -**2.** [dénombrer] to count.
◇ *vi* to strike the wrong time.

déconcentration [dekɔ̃sɑ̃trasjɔ̃] *nf* -**1.** ADMIN devolution. -**2.** ÉCON [décentralisation] decentralization, dispersion. -**3.** [dilution] dilution. -**4.** [manque d'attention] lack of concentration.

déconcentrer [3] [dekɔ̃sɑ̃tre] *vt* -**1.** [transférer - pouvoir] to devolve. -**2.** [distraire]: ~ **qqn** to distract sb's attention; **le bruit l'a déconcentré** the noise distracted his attention. -**3.** CHIM [diluer]: ~ **une solution** to dilute a solution.
◆ **se déconcentrer** *vpi* to lose (one's) concentration.

déconcertant, e [dekɔ̃sɛrtɑ̃, ɑ̃t] *adj* disconcerting, off-putting.

déconcerter [3] [dekɔ̃sɛrte] *vt* to disconcert.
déconditionnement [dekɔ̃disjɔnmɑ̃] *nm* deconditioning.
déconditionner [3] [dekɔ̃disjɔne] *vt* to decondition.
déconfit, e [dekɔ̃fi, it] *adj* crestfallen.
déconfiture [dekɔ̃fityr] *nf* -1. [échec] collapse, defeat, rout; **tomber en ~** *litt* OU *hum* to collapse. -2. JUR insolvency.
décongélation [dekɔ̃ʒelasjɔ̃] *nf* defrosting, thawing.
décongeler [25] [dekɔ̃ʒle] *vt* to defrost, to thaw.
décongestionner [3] [dekɔ̃ʒɛstjɔne] *vt* -1. [dégager - route] to relieve congestion in, to ease the traffic load in. -2. MÉD to decongest, to relieve congestion in OU the congestion of.
déconnecter [4] [dekɔnɛkte] *vt* -1. [débrancher - tuyau, fil électrique] to disconnect. -2. *fam fig* to disconnect, to cut off *(sép)*; **il est totalement déconnecté de la réalité** he's totally cut off from reality.
déconner▽ [3] [dekɔne] *vi* -1. [dire des bêtises] to talk rubbish *Br*, to bullshit; **arrête de ~** don't talk rubbish OU nonsense. -2. [s'amuser] to horse OU to fool around. -3. [faire des bêtises] to mess around; **déconne pas!** stop messing about! -4. [mal fonctionner] to be on the blink.
déconneur, euse▽ [dekɔnœr, øz] *nm, f* clown.
déconnexion [dekɔnɛksjɔ̃] *nf* disconnection.
déconseiller [4] [dekɔ̃seje] *vt* to advise against; **c'est déconseillé** it's not (to be) recommended, it's to be avoided; **'baignade déconseillée'** 'bathing not recommended'.
déconsidération [dekɔ̃siderasjɔ̃] *nf litt* discredit.
déconsidérer [18] [dekɔ̃sidere] *vt* to discredit; **ces révélations l'ont déconsidéré** these revelations have cast a slur on OU have discredited him; **il est complètement déconsidéré** he is utterly discredited, he has lost all credibility.
◆ **se déconsidérer** *vp (emploi réfléchi)* to bring discredit upon o.s., to lose one's credibility.
déconsigner [3] [dekɔ̃siɲe] *vt* -1. [bagage] to collect from the left-luggage office *Br* OU checkroom *Am*. -2. [bouteille, emballage] to return the deposit on. -3. MIL to release from confinement to barracks.
déconstruction [dekɔ̃stryksjɔ̃] *nf* LITTÉRAT & PHILOS deconstruction.
déconstruire [98] [dekɔ̃strɥir] *vt* LITTÉRAT & PHILOS to deconstruct.
décontamination [dekɔ̃taminasjɔ̃] *nf* decontamination; **~ d'un site nucléaire** decontaminating a nuclear site.
décontaminer [3] [dekɔ̃tamine] *vt* to decontaminate.
décontenancer [16] [dekɔ̃tnɑ̃se] *vt* to disconcert, to discountenance.
◆ **se décontenancer** *vpi* to lose one's composure.
décontractant, e [dekɔ̃traktɑ̃, ɑ̃t] *adj* relaxing.
décontracté, e [dekɔ̃trakte] *adj* -1. [détendu - muscle, corps] relaxed; [- caractère] easy-going, relaxed; [- attitude] relaxed, composed, unworried; [- style, vêtements] casual. -2. *péj* [désinvolte] casual, off-hand.
décontracter [3] [dekɔ̃trakte] *vt* [muscle] to relax, to unclench; **elle sait ~ les nouveaux venus** she knows how to put newcomers at ease.
◆ **se décontracter** *vpi* to relax.
décontraction [dekɔ̃traksjɔ̃] *nf* -1. [relâchement, détente] relaxation, relaxing. -2. [aisance] coolness, collectedness.
déconventionner [3] [dekɔ̃vɑ̃sjɔne] *vt* to allow to opt out *(of the National Health system)*.
déconvenue [dekɔ̃vny] *nf* disappointment.
décor [dekɔr] *nm* -1. [décoration - d'un lieu] interior decoration, decor; [- d'un objet] pattern, design. -2. [environs] setting; **la maison était située dans un ~ magnifique** the house stood in magnificent scenery OU surroundings. -3. CIN, THÉÂT & TV set, scenery, setting; **~ de cinéma** film *Br* OU movie *Am* set; **~ de théâtre** stage set; **tourné en ~s naturels** shot on location; **le ~ est planté, le roman peut commencer** *fig* the scene is set, the novel can start‖ [toile peinte] backdrop, backcloth. -4. [apparence] façade, pretence; **tout ceci n'est qu'un ~** this is all a façade.
◆ **dans le(s) décor(s)** *fam loc adv*: **aller** OU **entrer** OU **valser dans le ~** [voiture, automobiliste] to go off the road; **envoyer dans le ~** [voiture, automobiliste] to force off the road; **d'un coup de poing, elle l'a envoyé dans le ~** she sent him flying against the wall with a punch.
décorateur, trice [dekɔratœr, tris] *nm, f* -1. [d'appartement] interior decorator OU designer. -2. THÉÂT [concepteur] set designer OU decorator; [peintre] set painter.
décoratif, ive [dekɔratif, iv] *adj* decorative, ornamental.
décoration [dekɔrasjɔ̃] *nf* -1. [ornement] decoration *(C)*. -2. [technique] decoration, decorating. -3. [médaille] medal, decoration.
décorder [3] [dekɔrde] *vt* -1. [détortiller] to untwist, to unravel. -2. [enlever la corde de] to untie, to take the string off.
◆ **se décorder** *vpi* to unrope.
décoré, e [dekɔre] ◇ *adj* [qui a reçu une distinction] decorated; [qui porte un insigne] wearing one's medals.
◇ *nm, f person who has been awarded a decoration.*
décorer [3] [dekɔre] *vt* -1. [orner - intérieur, vase, assiette] to decorate; [- table, arbre] to decorate, to adorn; **une table décorée de fleurs** a table adorned with flowers; **une tente décorée de drapeaux** a marquee decked out with flags. -2. [personne] to decorate; **être décoré de la Légion d'honneur** to be awarded the Legion of Honour; **il mérite d'être décoré** he deserves a medal.
décorner [3] [dekɔrne] *vt* -1. [animal] to dehorn. -2. [page] to smooth out *(sép)*; [livre, cahier] to straighten the dog-ears of.
décorticage [dekɔrtikaʒ] *nm* -1. [d'une crevette] peeling, shelling; [du grain] hulling, husking; [d'une noix] shelling. -2. [analyse] dissection, thorough analysis.
décortication [dekɔrtikasjɔ̃] *nf* -1. HORT decortication, barbing. -2. MÉD decortication.
décortiquer [3] [dekɔrtike] *vt* -1. [éplucher - crevette] to peel, to shell; [- grain] to hull, to husk; [- noix, amande] to shell; **riz non décortiqué** rice in the husk. -2. HORT [arbre] to decorticate, to bark. -3. [analyser] to dissect, to analyse; **apprendre à ~ un texte** to learn to take a text to pieces OU to dissect a text. -4. MÉD to decorticate.
décorum [dekɔrɔm] *nm* -1. [bienséance] decorum, propriety. -2. [protocole] etiquette, ceremonial.
décote [dekɔt] *nf* -1. [réduction d'impôt] tax relief. -2. BOURSE below par rating.
découcher [3] [dekuʃe] *vi* to stay out all night; **elle a découché** she stayed out all night, she didn't sleep at home last night.
découdre [86] [dekudr] ◇ *vt* [vêtement, couture] to undo, to unpick; [point] to take out *(sép)*; [bouton] to take OU to cut off *(sép)*; **mon bouton est décousu** my button has come off.
◇ *vi*: **en ~** to fight; **vouloir en ~** to be spoiling for a fight; **en ~ avec qqn** to cross swords with sb.
◆ **se découdre** *vpi* [vêtement] to come unstitched; [bouton] to come off.
découler [3] [dekule]
◆ **découler de** *v + prép* to follow from; **...et tous les avantages qui en découlent** ...and all the ensuing benefits ‖ *(tournure impersonnelle)*: **il découle de cette idée que...** it follows from this idea that...; **il n'en découle pas forcément que vous ayez raison** it doesn't necessarily follow that you are right.
découpage [dekupaʒ] *nm* -1. [partage - d'un tissu, d'un gâteau] cutting (up); [- d'une volaille, d'une viande] carving; [- en tranches] slicing (up). -2. [image - à découper] figure *(for cutting out)*; [- découpée] cut-out (picture); **faire des ~s dans un illustré** to cut things out of a comic. -3. CIN shooting script. -4. INF: **~ du temps** time slicing. -5. POL: **~ électoral** division into electoral districts, apportionment *Am*; **refaire le ~ électoral** to review constituency boundaries *Br*, to redistrict *Am*. -6. TECH blanking, cutting.
découpe [dekup] *nf* -1. COUT piece of appliqué work. -2. [de la viande] (type of) cut. -3. [tronçonnage] cutting (up); **faire la ~** to cut to length.
découpé, e [dekupe] *adj* -1. [irrégulier - côte] indented, ragged; [- montagne] rugged, craggy, jagged; [- feuille d'arbre] incised, serrate. -2. [en morceaux] cut.
découper [3] [dekupe] *vt* -1. [détacher - image] to cut out *(sép)*; **~ des articles dans le journal** to take cuttings out of the newspaper. -2. [partager - gâteau, papier, tissu] to cut up *(sép)*; [- viande, volaille] to carve; **il a découpé le gâteau en parts égales** he cut the cake into equal parts; **couteau à ~** carving knife. -3. [disséquer - texte, film] to dissect; [- phrase] to parse. -4. [échancrer] : **le temps a découpé la côte** over the years, the coast has become deeply indented.
◆ **se découper** *vp (emploi passif)*: **ce poulet se découpe tout seul** this chicken practically carves itself.
◆ **se découper sur** *vp + prép* to be outlined against.
découpeur, euse [dekupœr, øz] *nm, f* press operator.
◆ **découpeuse** *nf* cutting machine.
découplage [dekuplaʒ] *nm* -1. ÉLECTRON decoupling. -2. ÉLECTR uncoupling.
découplé, e [dekuple] *adj*: **bien ~** well-built, strapping.
découpler [3] [dekuple] *vt* -1. CHASSE & ÉLECTR to uncouple. -2. ÉLECTRON to decouple.
découpoir [dekupwar] *nm* punch, cutting press.
découpure [dekupyr] *nf* -1. [découpe] workmanship. -2. [bord - d'une dentelle, d'une guirlande] edge; [- d'une côte] indentations.
◆ **découpures** *nfpl* [de papier] clippings, shavings, shreds; [de tissu] cuttings, off-cuts.
décourageant, e [dekuraʒɑ̃, ɑ̃t] *adj* -1. [nouvelle, situation] discouraging, disheartening, depressing. -2. [personne] hopeless.
découragement [dekuraʒmɑ̃] *nm* discouragement, despondency, despondence; **le ~ m'a envahi** I felt utterly discouraged OU dispirited.
décourager [17] [dekuraʒe] *vt* -1. [abattre] to discourage, to dishearten; **~ qqn de faire qqch** to discourage sb from doing sthg; **avoir l'air découragé** to look discouraged OU dispirited; **ne te laisse pas ~** don't be discouraged. -2. [refuser - familiarité] to discourage.
◆ **se décourager** *vpi* to get discouraged, to lose heart; **ne te décourage pas** don't give up.
découronnement [dekurɔnmɑ̃] *nm* dethronement, deposal.
découronner [3] [dekurɔne] *vt* -1. [roi] to dethrone, to depose. -2. *litt* [ôter le sommet de] to cut the top off.
décours [dekur] *nm* -1. ASTRON wane. -2. MÉD regression.
décousu, e [dekuzy] *adj* -1. COUT [défait - vêtement] undone, unstitched; [- ourlet] undone. -2. [incohérent - discours] incoherent, disjointed; [- conversation] desultory, disjointed; [- style] disjointed, rambling; [- idées] disjointed, disconnected, random.
découvert, e[1] [dekuvɛr, ɛrt] *adj* [terrain, allée, voiture] open; [tête, partie du corps] bare, uncovered.
◆ **découvert** *nm* -1. COMPTA deficit. -2. BANQUE overdraft; **avoir un ~ de...** to be overdrawn by... -3. BOURSE short (account).

◆ **à découvert** ◇ *loc adj* -**1.** FIN [sans garantie] uncovered, unsecured. -**2.** BOURSE without cover; **être à ~** to be caught short ❑ **vente à ~** short sale. -**3.** BANQUE overdrawn; **être à ~** to be overdrawn, to have an overdraft.
◇ *loc adv* -**1.** [sans dissimuler] openly; **agir à ~** to act openly. -**2.** [sans protection] without cover; **cuire à ~** to cook without a lid; **sortir à ~** to break cover; **la marée laisse ces rochers à ~** the tide leaves these rocks exposed.

découverte² [dekuvɛrt] *nf* -**1.** [détection] discovery, discovering; **faire la ~ d'un gisement de pétrole** to strike oil; **faire la ~ d'un vieux livre au grenier** to unearth an old book in the attic‖ [chose détectée] discovery, find; **faire une ~ macabre** to make a macabre discovery. -**2.** [prise de conscience] discovery, discovering; **la ~ du monde extérieur par le petit enfant** a small child's discovery of the world. -**3.** [personne de talent] discovery, find; **ce jeune auteur est la ~ de l'année** this young writer is the year's big discovery. -**4.** THÉÂT & TV backcloth. -**5.** MIN cutting.
◆ **à la découverte de** *loc prép* -**1.** [en explorant] on a tour of; **allez à la ~ du Londres de Sherlock Holmes** discover London in the footsteps of Sherlock Holmes; **ils sont partis à la ~ de la forêt amazonienne** they went exploring in the Amazon rain forest. -**2.** [à la recherche de] in search of; **aller à la ~ d'un trésor** to go in search of a treasure.

découverture [dekuvɛrtyr] *nf* unroofing, stripping (of the roof).

découvreur, euse [dekuvrœr, øz] *nm, f* discoverer.

découvrir [34] [dekuvrir] *vt* -**1.** [dénicher] to discover, to find; **~ qqch au fond d'un coffre** to find sthg in the bottom of a trunk; **~ des armes dans une cache** to unearth a cache of weapons; **on a découvert l'arme du crime** the murder weapon has been found; **~ du pétrole/de l'or** to strike oil/gold; **j'ai découvert les lettres par accident** I came across the letters by accident; **~ l'Amérique** to discover America. -**2.** [solution - en réfléchissant] to discover, to work out *(sép)*; [- subitement] to hit on OU upon *(insép)*; **soudain j'ai découvert la signification de son silence** suddenly I discovered why he had been keeping silent. -**3.** [détecter] to discover, to detect; **~ qqch à qqn: on lui a découvert une tumeur** they found he had a tumour. -**4.** [surprendre - voleur, intrus] to discover; [- secret, complot] to discover, to uncover; **et si l'on vous découvrait?** what if you were found out?; **on a découvert un passager clandestin** a stowaway has been found; **j'ai découvert que c'était faux** I found out (that) it wasn't true ❑ **~ le pot aux roses** to discover the truth; **en la voyant dissimuler les lettres, j'ai découvert le pot aux roses** when I saw her hide the letters, I found out what had been going on. -**5.** [faire connaître] to uncover, to disclose, to reveal; **~ ses projets** to reveal OU to disclose one's plans; **~ son jeu** to show one's hand. -**6.** [apercevoir] to see; **du balcon on découvre la mer** from the balcony one has a view of the sea; **le rideau levé, on découvrit une scène obscure** the raised curtain revealed a darkened stage; **~ un ami dans la foule** to catch sight of OU to spot a friend in a crowd; **~ des phoques sur les rochers** to sight OU to spot seals on a rock. -**7.** [ôter ce qui couvre - fauteuil] to uncover; [- statue] to uncover, to unveil; [- casserole] to uncover, to take the lid off; **ils ont découvert le tombeau des rois** they have uncovered the tomb of the kings; **il fait chaud dans la chambre, va ~ le bébé** it's hot in the bedroom, take the covers off the baby. -**8.** [exposer - flanc, frontière] to expose. -**9.** [mettre à nu - épaule, cuisse] to uncover, to bare, to expose; [- mur, pierre] to uncover, to expose; **la jupette lui découvrait largement les jambes** her skirt showed rather a lot of her legs; **un décolleté qui découvre un peu trop la gorge** a neckline showing OU exposing a bit too much cleavage.
◆ **se découvrir** ◇ *vp (emploi réfléchi)* -**1.** [se déshabiller] to dress less warmly, to take a layer OU some layers off; [au lit] to throw off one's bedclothes. -**2.** [ôter son chapeau] to take off one's hat. -**3.** [se connaître] to (come to) understand o.s.; **on se découvre avec l'âge** one comes to know o.s. with age. -**4.** [s'exposer] to expose o.s. to attack; **un boxeur ne doit pas se ~** a boxer mustn't lower his guard.
◇ *vp (emploi passif)* to emerge, to be discovered; **des scandales, il s'en découvre tous les jours** scandals come to light OU are discovered every day.
◇ *vp (emploi réciproque)* to discover each other.
◇ *vpt*: **se ~ qqch** [se trouver qqch]: **je me suis découvert une grosseur à l'aine** I discovered I had a lump in my groin; **elle s'est découvert des amis partout** she discovered she had friends everywhere; **il s'est découvert un don pour la cuisine** he found he had a gift for cooking.
◇ *vpi*: **ça se découvre** it's clearing up; **les cimes se découvrent** the mist is lifting off the mountain tops.
◆ **se découvrir à** *vp + prép litt* [se confier] to confide in, to open up to; **il ne se découvre à personne** he doesn't confide in anyone.

décrassage [dekrasaʒ] *nm* -**1.** AUT & INDUST scrubbing, cleaning out, cleanup; **faire le ~ du carburateur** to clean out OU to decoke the carburettor; **faire le ~ d'une tête de lecture** to clean a tape head. -**2.** [du corps] scrubbing; [de l'esprit] training, sharpening up.

décrasser [3] [dekrase] *vt* -**1.** [laver - peigne, tête de lecture] to clean; [- poêle, casserole] to scour, to clean out *(sép)*; [- linge] to scrub; [- enfant] to scrub (down), to clean up *(sép)*. -**2.** *fam* [dégrossir] to give a basic grounding, to teach the basics. -**3.** AUT & INDUST to clean out *(sép)*, to decoke. -**4.** *fam* [remettre en forme] to get back into shape, to tone up; **un peu d'exercice vous décrassera** some exercise will get you back into shape again.
◆ **se décrasser** *vp (emploi réfléchi)* to clean up, to give o.s. a good scrub; **décrasse-toi les mains** give your hands a scrub.

décrédibiliser [3] [dekredibilize] *vt* to discredit, to deprive of credibility, to take away the credibility of.

décrêpage [dekrɛpaʒ] *nm* straightening OU combing (out).

décrêper [4] [dekrepe] *vt* to straighten (out).

décrépir [32] [dekrepir] *vt* to strip the roughcast off.
◆ **se décrépir** *vpi*: **la façade se décrépit** the roughcast is coming off the front of the house.

décrépissage [dekrepisaʒ] *nm* stripping of roughcast.

décrépit, e [dekrepi, it] *adj* decrepit.

décrépitude [dekrepityd] *nf* -**1.** [décadence] decay; **tomber en ~** [civilisation] to decline, to decay; [institution] to become obsolete. -**2.** [mauvais état] decrepitude, decrepit state.

décret [dekrɛ] *nm* -**1.** JUR decree, edict; **promulguer un ~** to issue a decree ❑ **~ d'application** *presidential decree affecting the application of a law.* -**2.** RELIG decree.
◆ **décrets** *nmpl litt*: **les ~s du destin/de la Providence** what fate/Providence has decreed; **les ~s de la mode** the dictates of fashion.
◆ **par décret** *loc adv*: **gouverner par ~** to govern OU to rule by decree.

décréter [18] [dekrete] *vt* -**1.** [ordonner - nomination, mobilisation] to order; [- mesure] to decree, to enact. -**2.** [décider]: **~ que** to decree that; **le patron a décrété qu'on ne changerait rien** the boss decreed OU ordained that nothing would change; **elle a décrété qu'elle n'irait pas se coucher** she said categorically that she wasn't going to bed; **elle a décrété qu'elle n'aimait pas les glaces** she claims not to like ice-cream; **quand il a décrété quelque chose, il ne change pas d'avis** when he's made up his mind about something, he doesn't change it.

décrier [10] [dekrije] *vt* [collègues, entourage] to disparage; [livre, œuvre, théorie] to criticize, to censure, to decry.

décriminaliser [3] [dekriminalize] *vt* to decriminalize.

décrire [99] [dekrir] *vt* -**1.** [représenter] to describe, to portray; **elle a très bien décrit son amie** she portrayed OU described her friend very accurately; **l'histoire décrit une passion** the story depicts OU describes a passion; **son exposé décrit bien la situation** his account gives a good picture of the situation. -**2.** [former - cercle, ellipse] to describe, to draw; [- trajectoire] to follow, to describe; **~ des cercles dans le ciel** to fly in circles; **~ des cercles dans l'eau** [nageur] to swim in circles; [bateau] to go in circles; [ride] to make circles; **~ des méandres** to follow a winding course, to meander (along); **la route décrit une courbe** the road curves OU bends.

décrispation [dekrispasjɔ̃] *nf* thaw, thawing; **la ~ entre les deux pays** the easing of tension between the two countries.

décrisper [3] [dekrispe] *vt* -**1.** [muscle] to relax, to untense. -**2.** [relations] to thaw; [ambiance] to ease; **pour ~ la situation** to ease the situation.
◆ **se décrisper** *vpi* to relax, to unwind.

décrochage [dekrɔʃaʒ] *nm* -**1.** [enlèvement - d'un rideau, d'un tableau] unhooking, taking down; [- d'un wagon] uncoupling. -**2.** ÉLECTR pulling out of synchronism. -**3.** MIL disengagement. -**4.** AÉRON stall. -**5.** ASTRONAUT leaving orbit. -**6.** RAD break in transmission. -**7.** *fam* [désengagement]: **le ~ par rapport à la réalité** being out of touch with reality.

décrochement [dekrɔʃmɑ̃] *nm* -**1.** [fait de se décrocher] slipping. -**2.** ARCHIT [retrait] recess; **faire un ~** [bâtiment] to form an angle; [mur] to form OU to have a recess. -**3.** GÉOL thrust fault. -**4.** MÉD: **~ de la mâchoire** dislocation of the jaw.

décrocher [3] [dekrɔʃe] ◇ *vt* -**1.** [dépendre] to unhook, to take down *(sép)*; **~ un peignoir** to take a bathrobe off the hook OU peg; **il a décroché ses gants de boxe** *fig* he went back to boxing OU into the ring again ❑ **~ la lune** to do the impossible; **ne me demande pas de (te) ~ la lune** don't ask me to do the impossible; **~ la timbale** *fam* OU **le coquetier** *fam* OU **le cocotier** *fam* OU **le pompon** *fam* to hit the jackpot. -**2.** [enlever - chaîne, laisse] to take off *(sép)*; [- wagon] to uncouple; **~ le fermoir d'un collier** to undo (the clasp of) a necklace. -**3.** TÉLÉC: **~ le téléphone** [le couper] to take the phone off the hook; [pour répondre] to pick up the phone; **elle a décroché au bout de dix sonneries** she picked up the receiver OU telephone after ten rings; **tu décroches?** could you answer OU get it? -**4.** *fam* [obtenir] to land, to get; **~ une grosse commande** to land a big order; **elle a décroché le boulot du siècle** she got OU landed herself a plum job. -**5.** FIN: **~ le dollar de l'or** to take the dollar off the gold standard.
◇ *vi* -**1.** *fam* [abandonner] to opt out; **les étudiants qui décrochent** students who drop out. -**2.** *fam* [se déconcentrer] to switch off; **j'ai complètement décroché** [cessé de comprendre] I was completely lost; [cessé d'écouter] I stopped paying any attention, I switched off completely. -**3.** [être distancé] to drop OU to fall behind; **j'ai décroché du reste du groupe** I fell behind OU I couldn't keep up with the rest of the group. -**4.** *fam* [se désintoxiquer] to kick the habit; **~ de l'héroïne** to come off OU to kick heroin. -**5.** AÉRON to stall. -**6.** FIN: **le franc a décroché du Mark** the franc has lost against the German mark.
◆ **se décrocher** ◇ *vpi*: **le tableau s'est décroché** the painting came unhooked.
◇ *vpt*: **il s'est décroché la mâchoire** he dislocated his jaw.

décrocheur, euse [dekrɔʃœr, øz] *nm, f Can* (high school) dropout.

décrochez-moi-ça *fam* [dekrɔʃemwasa] *nm inv vieilli* secondhand clothes shop *Br* OU store *Am*.

décroisement [dekrwazmɑ̃] *nm* [de fibres] uncrossing.

décroiser [3] [dekrwaze] *vt*: ~ **les jambes/les bras** to uncross one's legs/one's arms.

décroissance [dekrwasɑ̃s] *nf* -**1.** [diminution] decrease, fall, decline; **une ~ rapide de la natalité** a sharp decline in the birth rate. -**2.** NUCL: ~ **radioactive** radioactive decay.

décroissant, e [dekrwasɑ̃, ɑ̃t] *adj* -**1.** MATH decreasing. -**2.** LING falling. -**3.** ASTRON waning, decreasing, decrescent.

décroissement [dekrwasmɑ̃] *nm litt* decrease, decline.

décroître [94] [dekrwatr] *vi* -**1.** [diminuer - nombre, intensité, force] to decrease, to diminish; [- eaux] to subside, to go down; [- fièvre] to abate, to subside, to decrease; [- bruit] to die down, to lessen, to decrease; [- son] to fade, to die down; [- vent] to let up, to die down; [- intérêt, productivité] to decline, to drop off; [- vitesse] to slacken off, to drop; [- taux d'écoute] to drop; [- lumière] to grow fainter, to grow dimmer, to fade; [- influence] to decline, to wane; **le nombre des divorces a décru** the number of divorces has decreased; **les jours décroissent** the days are drawing in OU getting shorter; **il voyait leurs silhouettes ~ à l'horizon** he could see their silhouettes getting smaller and smaller on the horizon; **aller en décroissant** to be on the decrease; **le son va en décroissant** the sound is gradually fading. -**2.** ASTRON to wane.

décrottage [dekrɔtaʒ] *nm* scrubbing.

décrotter [3] [dekrɔte] *vt* -**1.** [nettoyer] to scrape the mud off. -**2.** *fam* [dégrossir] to refine, to take the rough edges off; **elle n'arrivera jamais à le ~** she'll never get him to change.

décrottoir [dekrɔtwar] *nm* [pour chaussures] (boot) scraper.

décrue [dekry] *nf* decrease OU dropping of the water level; **attendre la ~** [lors d'une inondation] to wait for the flood to subside; [lors d'une crue] to wait for the water level to go down OU to drop OU to fall.

décryptage [dekriptaʒ], **décryptement** [dekriptəmɑ̃] *nm* -**1.** [décodage] deciphering, decipherment, decoding. -**2.** [éclaircissement] elucidation, working out.

décrypter [3] [dekripte] *vt* -**1.** [décoder - message, texte ancien] to decode, to decipher. -**2.** [éclaircir] to elucidate, to work out *(sép)*.

déçu, e [desy] *adj* -**1.** [personne] disappointed. -**2.** [amour] disappointed, thwarted; [espoir] disappointed.

décubitus [dekybitys] *nm* decubitus.

décuivrer [3] [dekɥivre] *vt* to remove copper plating from.

de cujus [dekyʒys] *nm*: **le ~** [qui a fait un testament] the testator; [sans testament] the deceased.

déculasser [3] [dekylase] *vt* to debreech.

déculottée▽ [dekylɔte] *nf* thrashing, clobbering, hammering; **prendre une ~** to get thrashed OU clobbered OU hammered.

déculotter [3] [dekylɔte] *vt*: ~ **qqn** [lui enlever sa culotte] to take sb's pants *Br* OU underpants *Am* off; [lui enlever son pantalon] to take sb's trousers *Br* OU pants *Am* off.

◆ **se déculotter** ◇ *vp (emploi réfléchi)* [enlever - sa culotte] to take one's pants *Br* OU underpants *Am* down; [- son pantalon] to drop one's trousers *Br* OU pants *Am*.

◇ *vpi* -**1.** *fam* [se montrer lâche] to lose one's nerve OU bottle *Br*. -**2.** ▽ [avouer] to squeal.

déculpabilisation [dekylpabilizasjɔ̃] *nf*: **la ~ de la sexualité** removing the guilt attached to sexuality.

déculpabiliser [3] [dekylpabilize] *vt*: ~ **qqn** to stop sb feeling guilty; **je suis déculpabilisée** I no longer feel guilty.

◆ **se déculpabiliser** *vp (emploi réfléchi)* to get rid of one's guilt.

déculturation [dekyltyrasjɔ̃] *nf* loss of cultural identity.

décuple [dekypl] *nm*: **le ~ de trois** ten times three; **le ~ de ton salaire** ten times your salary.

◆ **au décuple** *loc adv* tenfold.

décuplement [dekypləmɑ̃] *nm* -**1.** [d'une somme, d'un chiffre] tenfold increase. -**2.** [augmentation]: **ceci permettra le ~ de nos chances de succès** this will greatly increase our chances of success.

décupler [3] [dekyple] *vt* -**1.** [rendre dix fois plus grand] to increase tenfold. -**2.** [augmenter] to increase greatly; **la rage décuple les forces** rage greatly increases one's strength.

décuvage [dekyvaʒ] *nm*, **décuvaison** [dekyvɛzɔ̃] *nf* racking.

décuver [3] [dekyve] *vt* to rack.

dédaignable [dedɛɲabl] *adj*: **ce n'est pas ~** it's not to be scoffed at.

dédaigner [4] [dedeɲe] *vt* -**1.** [mépriser - personne] to look down on *(sép)*, to despise, to scorn; [- compliment, richesse] to despise, to disdain. -**2.** [refuser - honneurs, argent] to despise, to disdain, to spurn; **une augmentation, ce n'est pas à ~** a rise is not to be sniffed at; **ne dédaignant pas la bonne chère** not being averse to good food. -**3.** [ignorer - injure, difficulté] to ignore, to disregard.

◆ **dédaigner de** *v + prép litt*: **elle a dédaigné de parler** she didn't deign to speak; **il n'a pas dédaigné de goûter à ma cuisine** he was not averse to tasting my cooking; **dédaignant de visiter le château** not deigning to visit the castle.

dédaigneusement [dedɛɲøzmɑ̃] *adv* contemptuously, disdainfully.

dédaigneux, euse [dedɛɲø, øz] ◇ *adj* -**1.** [méprisant - sourire, moue, remarque] contemptuous, disdainful. -**2.** *sout*: ~ **de** [indifférent à] disdainful OU contemptuous of; **je n'ai jamais été ~ de l'argent** I've never been one to spurn OU to despise money.

◇ *nm, f* disdainful OU scornful OU contemptuous person; **les ~** those who scoff.

dédain [dedɛ̃] *nm* scorn, contempt, disdain.

◆ **de dédain** *loc adj* disdainful, scornful, contemptuous.

dédale [dedal] *nm* maze; **un vrai ~, ces greniers!** these attics are like a rabbit warren!; **dans le ~ des rues** in the maze of streets; **dans le ~ des lois** in the maze of the law.

Dédale [dedal] *npr* Daedalus.

dedans [dədɑ̃] ◇ *adv* [reprenant 'dans' + substantif] inside, in it/them *etc*; [par opposition à 'dehors'] inside, indoors; [à partir de - prendre, boire, manger] out of, from; **tu m'attendras dehors ou ~?** will you wait for me outside or inside OU indoors?; **rentrons, il fait meilleur ~** let's go in, it's warmer inside; **de ~, on ne voit rien** you can't see anything from inside; **une cabane, allons nous cacher ~** there's a hut, let's go and hide inside OU in it; **prends les draps dans l'armoire, ils sont sûrement ~** take the sheets from the cupboard, I'm sure they're in there; **donne-moi mon sac, la lettre est ~** give me my bag, the letter is inside OU in it; **il y a de l'anis ~** there's aniseed in it; **quand j'achète des chaussures, je veux me sentir bien ~** when I buy shoes, I want to feel comfortable in them; **quelle belle eau, cela donne envie de plonger ~** what lovely water, it makes you feel like diving into it OU in; **le tiroir était ouvert, j'ai pris l'argent ~** the drawer was open, I took the money out of OU from it; **ce verre est sale, ne bois pas ~** this glass is dirty, don't drink out of OU from it; **il faut élargir l'ourlet et passer l'élastique ~** you must widen the hem and run the elastic band through it; **on n'apprécie pas le luxe quand on vit ~** you don't appreciate luxury when you've got it ❑ **ne me parle pas de comptes, je suis en plein ~** *fam* don't talk to me about the accounts, I'm right in the middle of them OU up to my eyeballs in them; **tu veux du mystère? on est en plein ~** you want mystery? we're surrounded by it; **rentrer ~** *fam*: **je lui suis rentré ~** [en voiture] I drove straight OU right into him; [à pied] I walked straight OU bumped into him; [je l'ai battu] I let him have it; **mettre** OU **ficher qqn ~** *fam* [le tromper] to confuse OU to muddle sb; [en prison] to put sb inside; **je me suis fichu ~** *fam* I got it wrong; **tomber en plein ~** to fall right into it; **le piège, il est tombé en plein ~** he fell right into the trap.

◇ *nm* inside.

◆ **en dedans** *loc adv*: **c'est creux en ~** it's hollow inside; **marcher les pieds en ~** to be pigeon-toed.

◆ **en dedans de** *loc prép*: **en ~ d'elle-même, elle regrette son geste** deep down OU inwardly, she regrets what she did.

dédicace [dedikas] *nf* -**1.** [formule manuscrite - d'un ami] (signed) dedication; [- d'une personnalité] autograph, (signed) dedication. -**2.** [formule imprimée] dedication. -**3.** RAD dedication. -**4.** RELIG [consécration] dedication, consecration; [fête] *celebration of the consecration of a place of worship.*

dédicacer [16] [dedikase] *vt* -**1.** [ouvrage, photo]: ~ **un livre à qqn** to autograph OU to sign a book for sb; **la valeur des livres dédicacés** the value of books signed by the author. -**2.** RAD to dedicate.

dédicatoire [dedikatwar] *adj* dedicatory, dedicative; **formule** OU **inscription ~** dedication.

dédié, e [dedje] *adj* INF dedicated; **ordinateur ~** dedicated computer.

dédier [9] [dedje] *vt* -**1.** [livre, symphonie] to dedicate. -**2.** *litt* [vouer]: **dédiant toutes ses pensées à son art** dedicating OU devoting all her thoughts to her art; **sans jamais lui ~ une pensée** with never (so much as) a thought for her.

dédifférenciation [dediferɑ̃sjasjɔ̃] *nf* -**1.** [dans un processus] dedifferentiation. -**2.** BIOL dedifferentiation.

dédifférencier [9] [dediferɑ̃sje]

◆ **se dédifférencier** *vpi* to undergo dedifferentiation.

dédire [103] [dedir]

◆ **se dédire** *vpi* -**1.** [se rétracter - délibérément] to recant, to retract. -**2.** [manquer - à sa promesse] to go back on OU to fail to keep one's word; [- à son engagement] to fail to honour one's commitment; **se ~ de** [promesse] to go back on, to fail to keep; [engagement] to fail to honour.

dédit [dedi] *nm* -**1.** *sout* [rétractation] retraction; [désengagement] failure to keep one's word; **un engagement qui ne tolère aucun ~** a binding commitment, a commitment which must be honoured. -**2.** JUR [modalité] default; [somme] forfeit, penalty.

dédite [dedit] *nf Helv* = **dédit**.

dédommagement [dedɔmaʒmɑ̃] *nm* compensation; **demander** OU **réclamer un ~** to claim compensation; **voilà un piètre ~ de mes efforts** it's hardly compensation for all the effort I put in.

◆ **en dédommagement** *loc adv* as compensation; **quand il est en retard il offre des fleurs, en ~** when he's late he gives flowers by way of apology.

◆ **en dédommagement de** *loc prép* as a OU in compensation for, to make up for; **tenez, en ~ de votre dérangement** please take this for your trouble.

dédommager [17] [dedɔmaʒe] *vt* -**1.** [pour une perte] to compensate, to give compensation to; **les paysans n'ont pas été dédommagés** the peasants have received no compensation; ~ **qqn d'une perte** to compensate sb for a loss, to make good sb's loss; **fais-toi ~ pour la perte de la récolte** claim compensation for loss of the crop. -**2.** [pour un désagrément] to compensate; **cela te dédommagera d'avoir attendu** this'll make up for your having had to wait; **le succès l'a dédommagé de tous ses efforts** success compensated OU made up for all his effort.

dédorer [3] [dedɔre] *vt* to remove the gilt from; **cadre dédoré** tarnished frame; **aristocratie dédorée** *fig* faded aristocracy.

dédouanage [dedwanaʒ], **dédouanement** [dedwanmɑ̃] *nm* [action] clearing through customs; [résultat] customs clearance.

dédouaner [3] [dedwane] *vt* -**1.** ADMIN [marchandise] to clear through customs. -**2.** [personne] to clear (the name of).
◆ **se dédouaner** *vp (emploi réfléchi)* to make up for one's past misdeeds; **ne crois pas te ~ en me signant des chèques** don't think you can get round me by signing cheques.

dédoublage [dedublaʒ] *nm* diluting.

dédoublement [dedubləmɑ̃] *nm* -**1.** [d'un groupe, d'une image] splitting OU dividing in two. -**2.** PSYCH: **~ de la personnalité** dual personality; **souffrir d'un ~ de la personnalité** to suffer from a split OU dual personality. -**3.** TRANSP putting on an extra train.

dédoubler [3] [deduble] *vt* -**1.** [diviser - groupe] to split OU to divide in two; [- brin de laine] to separate into strands. -**2.** TRANSP: **~ un train** to put on OU to run an extra train. -**3.** COUT to remove the lining of. -**4.** JOAILL to split lengthwise.
◆ **se dédoubler** *vpi* -**1.** PSYCH: **sa personnalité se dédouble, il se dédouble** he suffers from a split OU dual personality; **je cuisine, viens ici, je ne peux pas me ~!** *hum* I'm cooking, come here, I can't be everywhere at once! -**2.** [se diviser - convoi, image] to be split OU divided in two; [- ongle] to split.

dédramatiser [3] [dedramatize] *vt* [situation] to make less dramatic.

déductibilité [dedyktibilite] *nf* -**1.** [d'une hypothèse] deducibility. -**2.** MATH deductibility.

déductible [dedyktibl] *adj* deductible; **frais ~s des revenus** expenditure deductible against tax.

déductif, ive [dedyktif, iv] *adj* deductive.

déduction [dedyksjɔ̃] *nf* -**1.** [d'une somme] deduction; **~ faite de** after deduction of, after deducting. -**2.** [conclusion] conclusion, inference; **tirer des ~s de** to derive conclusions from. -**3.** [enchaînement d'idées] deduction; **faire une ~** to go through a process of deduction; **avoir une grande puissance de ~** to have great powers of deduction.
◆ **par déduction** *loc adv* by deduction, through a process of deduction.

déduire [98] [dedɥir] *vt* -**1.** [frais, paiement] to deduct, to take off *(sép)*. -**2.** [conclure] to deduce, to infer.

déesse [deɛs] *nf* -**1.** MYTH & RELIG goddess; **la ~ aux cent bouches OU voix** *litt* Fame. -**2.** [femme] stunningly beautiful woman.
◆ **de déesse** *loc adj* [allure, port] majestic.

DEFA, Defa [defa] *(abr de* **diplôme d'État relatif aux fonctions d'animation***) nm diploma for senior youth leaders.*

de facto [defakto] *loc adv* de facto.

défaillance [defajɑ̃s] *nf* -**1.** [évanouissement] blackout; [malaise] feeling of faintness; **avoir une ~** [s'évanouir] to faint, to have a blackout; [être proche de l'évanouissement] to feel faint; **des ~s dues à la chaleur** weak spells caused by the heat. -**2.** [faiblesse] weakness; **avouer dans un moment de ~** to confess in a moment of weakness. -**3.** [lacune] lapse, slip; **une ~ de mémoire** a memory lapse; **une seule ~ et vous êtes renvoyé** one single mistake and you're fired; **j'ai eu une ~ à l'oral** I didn't do myself justice at the oral; **les ~s du syndicat** the union's failings; **les ~s du rapport** the weak spots in the report. -**4.** [mauvais fonctionnement] failure, fault; **en cas de ~ du système** in case of a failure in the system; **le moteur a régulièrement des ~s** the engine is always breaking down. -**5.** MÉD: **~ cardiaque/rénale** heart/kidney failure. -**6.** JUR default.
◆ **sans défaillance** *loc adj* [mémoire] faultless; [attention, vigilance] unflinching.

défaillant, e [defajɑ̃, ɑ̃t] *adj* -**1.** [près de s'évanouir]: **des spectateurs ~s** spectators about to faint OU on the verge of fainting. -**2.** [faible - santé] declining, failing; [- cœur, poumon] weak, failing; [- force, mémoire] failing; [- détermination] weakening, faltering; [- voix] faltering. -**3.** [qui ne remplit pas son rôle - appareil] malfunctioning; **une télévision ~e** a malfunctioning TV set; **dû à l'organisation ~e du concert** due to the poor organisation of the concert. -**4.** JUR defaulting; **témoin ~ au tribunal** witness who fails to appear in court.

défaillir [47] [defajir] *vi litt* -**1.** *aussi hum* [être près de s'évanouir] to be about to faint OU on the verge of fainting; **en entendant ce nom, il défaillit** on hearing this name he nearly fainted OU swooned *litt*. -**2.** [s'amollir]: **~ de** to swoon OU to go weak at the knees with; **~ de plaisir** to swoon with pleasure. -**3.** [forces, mémoire] to fail; [détermination] to weaken, to falter, to flinch.

défaire [109] [defɛr] *vt* -**1.** [détacher - nœud] to untie, to unfasten; [- fermeture] to undo, to unfasten; [- cravate] to undo, to untie; **~ les lacets d'une botte** to unlace a boot; **~ ses cheveux** to let one's hair down *literal*; **avec les cheveux défaits** [pas encore arrangés] with her hair undone, with tousled hair; [que l'on a dérangés] with her hair messed up. -**2.** [découdre - ourlet] to undo, to unpick; **~ le bâti d'un ourlet** to unpick a hem. -**3.** [démonter - décor de théâtre] to take down *(sép)*, to dismantle; [- maquette] to take apart *(sép)*, to disassemble; [- tente] to take down *(sép)*. -**4.** [déballer - paquet] to open, to unwrap; **~ ses valises** to unpack. -**5.** [mettre en désordre]: **~ le lit** [pour changer les draps] to strip the bed; [en jouant] to rumple the bedclothes; **le lit défait** [pas encore fait] the unmade bed; **le lit n'a pas été défait** the bed hasn't been slept in. -**6.** [détruire]: **faire et ~ des gouvernements** to make and break governments. -**7.** *litt* [délivrer]: **~ qqn de** to rid sb of; **défaites-nous de ces sots!** deliver OU save us from these fools! -**8.** *litt* [armée] to defeat.
◆ **se défaire** *vpi* -**1.** [se détacher - nœud] to come loose OU undone; [- coiffure, paquet] to come undone; [- tricot] to fray, to come undone, to unravel. -**2.** [être détruit - gouvernement, amitié] to break; [- destinée] to come apart. -**3.** [se décomposer]: **son visage se défit** [de chagrin] he looked distraught; [de déception] his face fell.
◆ **se défaire de** *vp + prép sout* [employé, dettes, meuble] to get rid of, to rid o.s. of; [idée] to put out of one's mind; **une habitude dont j'ai eu du mal à me ~** a habit I found it hard to break; **il ne veut pas se ~ de son vieux chien** he won't get rid of his old dog.

défait, e[1] [defɛ, ɛt] *adj* -**1.** [accablé]: **être ~** to be broken. -**2.** [décomposé]: **il se tenait là, le visage ~** he stood there, looking distraught.

défaite[2] [defɛt] *nf* MIL, POL & SPORT defeat.

défaitisme [defetism] *nm* -**1.** MIL defeatism. -**2.** [pessimisme] defeatism, negative attitude.

défaitiste [defetist] ◇ *adj* defeatist.
◇ *nmf* -**1.** MIL defeatist. -**2.** [pessimiste] defeatist.

défalcation [defalkasjɔ̃] *nf* deduction; **~ faite des frais** after deduction of expenses.

défalquer [3] [defalke] *vt* to deduct.

défatigant, e [defatigɑ̃, ɑ̃t] *adj* relaxing, soothing.
◆ **défatigant** *nm* muscle relaxant.

défatiguer [3] [defatige] *vt* to refresh, to relax.

défaufiler [3] [defofile] *vt* to remove the tacking from.

défausser [3] [defose] *vt* to straighten out *(sép)* again.
◆ **se défausser** *vpi* to discard an unwanted card.

défaut [defo] *nm* -**1.** [imperfection - d'un visage, de la peau] blemish, imperfection; [- d'un tissu, d'un appareil] defect, flaw; [- d'un diamant, d'une porcelaine] flaw; [- d'un projet] drawback, snag; **il y a un ~ de fonctionnement** it doesn't work OU work properly; **le ~ de OU avec** *fam* **ton attitude, c'est que...** the trouble with your attitude is that...; **ce roman/jardin a le grand ~ de manquer de couleur** the big problem with this novel/garden is (that) it lacks colour ▢ **~ d'élocution OU de prononciation** speech defect OU impediment; **~ de fabrication** manufacturing defect; **il y a comme un ~!** *fam hum* there's something wrong somewhere!; **une télévision sans son, il y a comme un ~!** *fam* a television with no sound, there's something funny going on there! -**2.** [tache morale] fault, failing. -**3.** [manque]: **~ de** lack OU want of; **~ de mémoire** memory lapse; **~ d'attention** lapse in concentration; **~ de sagesse** lack OU want of wisdom; **faire ~** to be lacking; **l'argent faisant ~** [il y a peu d'argent] money being short; [il n'y a pas d'argent] there being no money; **ses forces lui ont fait ~** his strength failed him; **le temps me fait ~** I don't have the time; **l'imagination est loin de lui faire ~** he is far from lacking (in) imagination; **notre fournisseur nous a fait ~** our supplier let us down. -**4.** [bord, lisière]: **au ~ des côtes** under the ribcage ▢ **le ~ de la cuirasse OU de l'armure** the chink in one's OU the armour. -**5.** JUR default; **faire ~** to default ▢ **~ de paiement** default in payment, non-payment. -**6.** PHYS: **~ de masse** mass defect. -**7.** INF default setting.
◆ **à défaut** *loc adv* if not, failing that; **des roses ou, à ~, des tulipes** roses or, failing that, tulips.
◆ **à défaut de** *loc prép* for lack OU for want of; **un voyage reposant à ~ d'être intéressant** a restful if not interesting trip.
◆ **en défaut** *loc adv* -**1.** [en faute]: **être en ~** to be at fault; **son pouvoir de réflexion est en ~** his ability to think is at fault; **prendre qqn en ~** to catch sb out, to fault sb; **on ne le prend pas en ~** you can't fault him. -**2.** CHASSE: **mettre les chiens en ~** to set the hounds on the wrong scent.
◆ **par défaut** *loc adv* -**1.** [sans agir] by default; **avoir un poste par ~** to get a job by default. -**2.** MATH: **calculé par ~** (worked out) to the nearest decimal point. -**3.** JUR by default. -**4.** INF by default.
◆ **sans défaut** *loc adj* flawless.

défaveur [defavœr] *nf* discredit, disfavour; **c'est tombé en ~** it's gone out of favour OU fashion; **cela a tourné à ma ~** it worked against me in the end.

défavorable [defavɔrabl] *adj* unfavourable; **voir qqch d'un œil ~** to view sthg unfavourably; **en cas d'avis ~ du jury** should the jury return an unfavourable verdict.

défavorablement [defavɔrabləmɑ̃] *adv* unfavourably.

défavoriser [3] [defavɔrize] *vt* [dans un partage] to treat unfairly; [dans un examen, une compétition] to put at a disadvantage; **classes défavorisées** underprivileged social classes.

défécation [defekasjɔ̃] *nf* -**1.** PHYSIOL defecation. -**2.** CHIM defecation, purification.

défectif, ive [defɛktif, iv] *adj* defective GRAMM.

défection [defɛksjɔ̃] *nf* -**1.** [fait de quitter] abandonment, abandoning; **après la ~ de son père** after his father walked out. -**2.** [désistement - d'un allié, d'un partisan] withdrawal of support, defection; [- d'un touriste, d'un client] cancellation; **cet été, nous avons eu beaucoup de ~s** many tourists stayed away this summer; **faire ~** [allié] to withdraw support; [invité] to fail to appear.

défectueusement [defɛktɥøzmɑ̃] *adv* in a faulty manner.

défectueux, euse [defɛktɥø, øz] *adj* [appareil, produit] faulty, defective, substandard; [loi] defective.

défectuosité [defɛktɥozite] *nf* -**1.** [mauvaise qualité] substandard quality, defectiveness. -**2.** [malfaçon] imperfection, defect, fault.

défendable [defɑ̃dabl] *adj* -**1.** MIL defensible. -**2.** [justifiable - position] defensible; [- comportement] justifiable; [- idée] tenable, defensible;

des théories qui ne sont pas ~s indefensible theories.

défendeur, eresse [defɑ̃dœr, drɛs] *nm, f* defendant.

défendre [73] [defɑ̃dr] *vt* -**1.** [interdire] to forbid; **~ l'accès au jardin** to forbid access to the garden; **~ à qqn de faire qqch** to forbid sb to do sthg; **je te défends d'approcher/de parler** I forbid you to come nearer/to speak; **~ qqch à qqn: elle lui défend les bonbons** she doesn't allow him to eat sweets; **l'alcool lui est défendu** he's not allowed to drink alcohol; **être défendu** to be forbidden; **c'est défendu** it's not allowed, it's forbidden. -**2.** MIL [pays, population] to defend; [forteresse] to defend, to hold; **ville mal défendue** badly defended town; **~ chèrement sa vie** to fight for dear life. -**3.** [donner son appui à - ami] to defend, to protect, to stand up for; [- idée] to defend, to champion, to support; **~ son honneur** to defend one's honour; **~ ses couleurs/son titre** to defend OU to fight for one's colours/title; **~ une cause** to defend OU to champion a cause; **~ l'intérêt national** to defend OU to safeguard the national interest; **je défends mon point de vue** I'm defending OU standing up for my point of view. -**4.** [préserver]: **~ qqn contre** OU **de qqch** to protect sb from OU against sthg. -**5.** JUR to defend.

◆ **se défendre** ◇ *vp (emploi réfléchi)* -**1.** [en luttant - physiquement] to defend o.s.; [- verbalement] to stand up for OU to defend o.s.; **se ~ jusqu'au bout** to fight to the last. -**2.** [se protéger]: **se ~ de** OU **contre** to protect o.s. from OU against.

◇ *vp (emploi passif)* [être plausible] to make sense; **cela se défend** that makes sense; **il dit que c'est trop long et cela se défend** he says it's too long and he has a point OU it's a fair point.

◇ *vpi* -**1.** *fam* [être compétent] to get by; **elle n'est pas la meilleure mais elle se défend** she's not the best but she gets by; **il se défend bien en maths** he's quite good at maths; **il ne se défend pas trop bien avec les femmes** he doesn't have much success with women; **pour 50 ans elle ne se défend pas mal!** she's not bad for 50!

◆ **se défendre de** *vp + prép* -**1.** [s'interdire de]: **se défendant de penser du mal d'elle** refusing to think ill of her ‖ [s'empêcher de] to refrain from. -**2.** [nier]: **se ~ de toute compromission** to deny being compromised; **se défendant d'avoir dit cela** denying having said that; **il se défend de vouloir la quitter** he won't admit that he wants to leave her.

défends [defɑ̃] = **défens**.

défenestration [defənɛstrasjɔ̃] *nf* defenestration.

défenestrer [3] [defənɛstre] *vt* to defenestrate, to throw out of the window.

◆ **se défenestrer** *vp (emploi réfléchi)* to jump out of the window.

défens [defɑ̃]

◆ **en défens** *loc adj to which access is forbidden to grazing animals.*

défense [defɑ̃s] *nf* -**1.** [interdiction] prohibition; **malgré la ~ de sa mère** despite his mother having forbidden it; **mais ~ expresse d'en parler!** but you're strictly forbidden to talk about it!; **'~ d'entrer'** 'no admittance OU entry'; **'danger, ~ d'entrer'** 'danger, keep out'; **'~ d'afficher'** 'stick no bills'; **'~ de fumer'** 'no smoking'; **'~ de déposer des ordures'** 'no dumping'. -**2.** [protection] defence; **la ~ de la langue française** the defence of the French language; **pour la ~ des institutions** in order to defend OU to safeguard the institutions ‖ [moyen de protection] defence; **ne pas avoir de ~** to be unable to defend o.s.; **sans ~ contre le désespoir** defenceless in the face of despair. -**3.** [dans un débat] defence; **prendre la ~ de qqn/qqch** to stand up for OU to defend sb/sthg. -**4.** MIL defence; **la Défense nationale** national defence; **un problème concernant la Défense nationale** a problem of national defence; **~ opérationnelle du territoire** home defence; **~ passive** civil defence; **un secret Défense** a military secret. -**5.** PHYSIOL defence; **les ~s de l'organisme** the body's defences ‖ PSYCH defence; **impossible de discuter, il est toujours en position de ~** there's no talking to him, he's always on the defensive. -**6.** JUR defence; **présenter la ~** to put the case for the defence. -**7.** SPORT: **la ~** [action, joueurs] the defence; **jouer la ~** to play a defensive game. -**8.** ZOOL tusk. -**9.** NAUT fender.

◆ **défenses** *nfpl* MIL defences.

◆ **de défense** *loc adj* -**1.** MIL: **ligne de ~** line of defence. -**2.** PSYCH defence *(modif)*.

◆ **pour ma défense, pour sa défense** *etc loc adv* in my/his *etc* defence; **je dirai pour ma ~ que...** I will say in my (own) defence that...

◆ **sans défense** *loc adj* -**1.** [animal, bébé] defenceless, helpless. -**2.** MIL undefended.

◆ **Défense** *npr f*: **la Défense** *ultra-modern business district west of Paris.*

défenseur [defɑ̃sœr] *nm* -**1.** [partisan - de la foi] defender; **les ~s de ces idées** advocates OU supporters of these ideas; **~ de l'art pour l'art** advocate of art for art's sake; **jouer les ~s de la veuve et de l'orphelin** OU **des faibles et des opprimés** *hum* to play at protecting the weak and the oppressed. -**2.** JUR counsel for the defence *Br*, defense attorney *Am*; **l'accusé et son ~** the accused and his counsel. -**3.** SPORT defender.

défensif, ive [defɑ̃sif, iv] *adj* [armes, mesures] defensive.

◆ **défensive** *nf*: **la défensive** the defensive; **être** OU **se tenir sur la défensive** to be (on the) defensive; **ne sois pas toujours sur la défensive** don't be so defensive.

défensivement [defɑ̃sivmɑ̃] *adv* defensively.

déféquer [18] [defeke] ◇ *vi* to defecate.

◇ *vt* to defecate, to purify.

déférence [deferɑ̃s] *nf* respect, deference.

déférent, e [deferɑ̃, ɑ̃t] *adj* -**1.** [employé, attitude, discours] deferential, respectful. -**2.** ANAT: **canal ~** vas deferens.

◆ **déférent** *nm* ANAT vas deferens.

déférer [18] [defere] *vt* [affaire] to refer to a court; [accusé] to bring before a court; **~ qqn à la justice** to hand sb over to the law; **~ un officier en conseil de guerre** to bring an officer before a court-martial.

◆ **déférer à** *v + prép* to defer to.

déferlant, e [defɛrlɑ̃, ɑ̃t] *adj* [vague] breaking.

◆ **déferlante** *nf* -**1.** GÉOG breaker. -**2.** [invasion] tidal wave; **la grande ~e du tourisme estival** the tidal wave of summer tourists.

déferlement [defɛrləmɑ̃] *nm* -**1.** GÉOG breaking. -**2.** [invasion]: **~ de** [soudain] flood of; [continu] stream of; **comment arrêter le ~ du vandalisme?** how can the advancing tide of hooliganism be stopped? -**3.** [accès]: **un ~ d'émotion** a surge OU wave of emotion; **un ~ de colère dans le parti** a wave of anger sweeping the party.

déferler [3] [defɛrle] ◇ *vi* -**1.** [vague] to break; **une vague de violence/racisme déferla sur le pays** *fig* a wave of violence/racism spread through the country. -**2.** [se répandre] to rush into; **déferlant dans le parc** streaming into the park; **ils déferlaient dans la rue** they flooded into the streets; **la famille déferlait chez elle** her whole family turned up at her door. -**3.** [fuser - émotion, applaudissements] to erupt.

◇ *vt* to unfurl, to stream NAUT.

déferrage [defɛraʒ] *nm* [d'un cheval] unshoeing.

déferrement [defɛrmɑ̃] *nm* [d'un cheval] unshoeing; [d'un coffre] removing iron plates from.

déferrer [4] [defere] *vt* [cheval] to unshoe; [coffre] to remove iron plates from.

défervescence [defɛrvesɑ̃s] *nf* abatement of fever, defervescence.

défeuillaison [defœjɛzɔ̃] *nf* defoliation, falling of leaves; **à la ~** when the leaves fall, when the trees lose their leaves.

défeuiller [5] [defœje] *vt litt* to strip of leaves; **paysage défeuillé** leafless scenery.

◆ **se défeuiller** *vpi litt* to shed its leaves, to defoliate.

défi [defi] *nm* -**1.** [appel provocateur] challenge; **jeter** OU **lancer un ~ à qqn** to throw down the gauntlet to sb, to challenge sb; **relever un ~** to take up the gauntlet OU a challenge ‖ [attitude provocatrice] defiance; **refuser par ~** to refuse out of defiance. -**2.** [remise en question]: **un ~ à** a challenge to; **c'est un ~ à ma position de chef de famille** it's a challenge to my position as head of the family; **c'est un ~ au bon sens** it defies common sense.

◆ **au défi** *loc adv*: **mettre qqn au ~ (de faire)** to challenge sb (to do); **je mets quiconque au ~ de comprendre leur formulaire** I challenge anybody to understand their form.

◆ **de défi** *loc adj* [attitude, air] defiant.

défiance [defjɑ̃s] *nf* -**1.** [méfiance] mistrust, distrust; **enfant sans ~** unsuspecting child; **parler sans ~** to speak unsuspectingly. -**2.** [désapprobation]: **vote de ~** vote of no confidence.

défiant, e [defjɑ̃, ɑ̃t] *adj* [enfant, air] mistrustful, distrustful.

défibrage [defibraʒ] *nm* -**1.** [de canne à sucre] grinding. -**2.** [du bois] pulping.

défibrer [3] [defibre] *vt* -**1.** [canne à sucre] to grind. -**2.** [bois] to pulp.

défibrillateur [defibrijatœr] *nm* defibrillator.

défibrillation [defibrijasjɔ̃] *nf* defibrillation.

déficeler [24] [defisle] *vt* [paquet] to untie, to take the string off; [rôti] to remove the string from, to take the string off.

déficience [defisjɑ̃s] *nf* -**1.** MÉD deficiency. -**2.** PSYCH: **~ mentale** mental retardation.

déficient, e [defisjɑ̃, ɑ̃t] *adj* -**1.** MÉD deficient. -**2.** [insuffisant - théorie] weak, feeble.

déficit [defisit] *nm* -**1.** ÉCON & FIN deficit; **société en ~** company in deficit ❑ **~ budgétaire** budget deficit; **~ commercial** trade deficit OU gap. -**2.** MÉD: **~ immunitaire** immunodeficiency; **~ intellectuel** PSYCH mental retardation. -**3.** [manque] gap, lack.

déficitaire [defisitɛr] *adj* -**1.** ÉCON & FIN in deficit; **être ~** to be in deficit. -**2.** [insuffisant - production, récolte] poor.

défier [9] [defje] *vt* -**1.** [dans un duel, un jeu] to challenge; **~ qqn du regard** to give sb a challenging look; **je te défie de trouver moins cher** I defy you to find a better price. -**2.** [affronter - danger] to defy, to brave; **défiant les lois de l'équilibre** defying the laws of gravity; **prix/qualité défiant toute concurrence** absolutely unbeatable prices/quality.

◆ **se défier de** *vp + prép litt* to mistrust, to distrust; **elle se défie d'elle-même** she doesn't trust herself.

défigurer [3] [defigyre] *vt* -**1.** [enlaidir, mutiler] to disfigure; **l'accident/la maladie l'a défiguré** the accident/illness has disfigured him; **défiguré par les larmes/la colère** his face disfigured by tears/distorted with anger. -**2.** [ville, environnement] to blight, to ruin; **la tour défigure la place** the tower block ruins the square. -**3.** [caricaturer - vérité, faits] to distort; **défigurant les intentions de l'auteur** distorting the author's intentions.

défilé [defile] *nm* -**1.** [procession - pour une fête] procession; [- de militaires] march, parade; [- de manifestants] march; **un ~ de mode** a fashion show. -**2.** [multitude - d'invités, de pensées] stream, procession; [- de souvenirs] string, procession. -**3.** GÉOG defile, narrow pass.

défilement [defilmɑ̃] *nm* -**1.** [d'un film, d'une bande] unwinding; [d'un texte sur écran] scrolling. -**2.** MIL defilade.

défiler [3] [defile] ◇ *vi* -**1.** [marcher en file] to file (along); [pour être vu] to march, to parade; [pour manifester] to march; **les élèves défilent devant la statue** the pupils file past the statue; **~ dans la rue** to march through the streets; **les mannequins défilaient** the models were parading up and down the catwalk. -**2.** [être nombreux]: **les journalistes ont défilé au ministère toute la journée** the journalists were in and out of the ministry all day; **ses amis ont défilé à son chevet** his friends came to his bedside one after the other; **les petites amies défilent** he has one girlfriend after another. -**3.** [se dérouler - bande magnétique] to unwind; [- texte informatique] to scroll; [- souvenirs, publicité] to stream past; **les pâturages défilaient sans fin** the fields rolled past endlessly; [rapidement] the fields flashed by; **toute ma vie a défilé dans ma tête** my whole life flashed before my eyes.

◇ *vt* -**1.** [perles] to unthread; [collier] to unstring. -**2.** MIL to put under cover, to defilade. -**3.** TEXT to shred.

◆ **se défiler** *fam vpi* -**1.** [fuir] to slip away. -**2.** [esquiver une responsabilité]: **n'essaie pas de te ~** don't try to get out of it; **il s'est défilé** he got OU wriggled out of it.

défini, e [defini] *adj* -**1.** [qui a une définition] defined; [précis] precise; **une utilisation bien ~e** a well-defined usage. -**2.** GRAMM: **article ~** definite article; **passé ~** preterite.

◆ **défini** *nm*: **le ~** that which is defined.

définir [32] [definir] *vt* -**1.** [donner la définition de] to define; **~ un dauphin comme un mammifère** to define a dolphin as a mammal. -**2.** [décrire - sensation] to define, to describe; [- personne] to describe, to portray. -**3.** [circonscrire - objectif, politique, condition] to define; **notre mode de travail reste à ~** our method of working has still to be defined; **je définirais mon rôle comme étant celui d'un négociateur** I'd define OU describe my role as that of a negotiator.

définissable [definisabl] *adj* definable.

définitif, ive [definitif, iv] *adj* -**1.** [irrévocable - décision] final; [- acceptation] definitive; **leur séparation est définitive** they're splitting up for good; **c'est non et c'est ~!** it's no and that's that! -**2.** [qui fait autorité - œuvre] definitive; [- argument] conclusive; **il a écrit un article ~ sur le matérialisme** he's written the definitive article on materialism.

◆ **définitif** *nm*: **le ~** that which is definitive; **à ce stade de ma vie, je veux du ~** at my time of life I want something more definite.

◆ **en définitive** *loc adv* finally, when all's said and done, in the final analysis; **elle n'est pas malheureuse, en définitive** when all is said and done, she's not unhappy.

définition [definisjɔ̃] *nf* -**1.** [d'une idée, d'un mot] definition. -**2.** LOGIQUE definition. -**3.** [de mots croisés] clue. -**4.** PHOT & TÉLÉC definition.

◆ **par définition** *loc adv* by definition; **pour elle les hommes sont égoïstes, par ~** as far as she is concerned men are, by definition, selfish.

définitionnel, elle [definisjɔnɛl] *adj* [relatif à une définition] definitional; [qui est une définition] definitional.

définitivement [definitivmɑ̃] *adv* for good.

défiscaliser [3] [defiskalize] *vt* to exempt from tax.

déflagrant, e [deflagrɑ̃, ɑ̃t] *adj* deflagrating.

déflagration [deflagrasjɔ̃] *nf* -**1.** [explosion] explosion; [combustion] deflagration. -**2.** [conflit] clash; **une ~ mondiale** a worldwide conflict.

déflagrer [3] [deflagre] *vi* to deflagrate.

déflation [deflasjɔ̃] *nf* FIN & GÉOL deflation.

déflationniste [deflasjɔnist] ◇ *adj* [principe] deflationist; [mesure] deflationary.

◇ *nmf* deflationist.

déflecteur [deflɛktœr] *nm* -**1.** AUT quarter light *Br*, vent *Am*. -**2.** NAUT & PHYS deflector.

défleurir [32] [deflœrir] *litt* ◇ *vt* [rose] to deadhead, to take the heads off, to top; [arbre] to remove the blossom from; [paysage] to remove the flowers from.

◇ *vi* [arbre] to shed its blossom; [paysage] to lose its flowers.

déflexion [deflɛksjɔ̃] *nf* -**1.** PHYSIOL deflection; [en obstétrique] disengagement, extension. -**2.** PHYS deflection. -**3.** AÉRON [vers le haut] upwash; [vers le bas] downwash.

défloraison [deflɔrɛzɔ̃] *nf litt* falling of blossoms.

défloration [deflɔrasjɔ̃] *nf* defloration.

déflorer [3] [deflɔre] *vt* -**1.** [fille] to deflower. -**2.** *litt* [sujet] to corrupt, to spoil.

défluent [deflyɑ̃] *nm* distributary.

défoliant [defɔljɑ̃] *nm* defoliant.

défoliation [defɔljasjɔ̃] *nf* defoliation.

défolier [9] [defɔlje] *vt* to defoliate.

défonçage [defɔ̃saʒ] *nm* -**1.** [destruction - d'une porte] breaking down; [- d'un mur] smashing down; [- d'un tonneau, d'une caisse] smashing open. -**2.** AGR deep ploughing *Br* OU plowing *Am*.

défonce▽ [defɔ̃s] *nf* high *(n)*; **son seul plaisir, c'est la ~** his only pleasure in life is getting high; **~ aux solvants** glue-sniffing; **~ à l'acide** dropping acid; **~ aux amphétamines** taking speed, speeding.

défoncé, e [defɔ̃se] *adj* -**1.** [cabossé - lit, sofa] battered; [- chemin] rutted. -**2.** ▽ [drogué] stoned, high; **des mecs ~s** guys on drugs; **ils étaient complètement ~s** they were stoned out of their minds.

défoncement [defɔ̃smɑ̃] = **défonçage**.

défoncer [16] [defɔ̃se] *vt* -**1.** [démolir - porte] to smash in *(sép)*, to knock down *(sép)*; [- mur] to smash OU to knock down *(sép)*, to demolish; [- lit] to break OU to smash (up); [- chaussée] to break up *(sép)*; [- caisse, tonneau] to smash OU to stave in *(sép)*; **le choc lui a défoncé trois côtes** the impact cracked three of her ribs; **les chars ont défoncé la route** the tanks have broken up the road surface; **il a eu le crâne défoncé** he smashed his skull. -**2.** ▽ [suj: drogue]: **~ qqn** to get sb high; **moi, c'est le café qui me défonce** *hum* I get my kicks from coffee. -**3.** AGR to deep-plough.

◆ **se défoncer** *vpi* -**1.** *fam* [se démener - au travail] to work flat out; [- en se distrayant] to have a wild time; **je me suis défoncé pour finir le manuscrit** I bust a gut to get the manuscript finished; **il s'est défoncé sur scène hier soir** he gave it all he had on stage last night. -**2.** ▽ [se droguer] to get high; **elle se défonce tous les soirs** she gets stoned out of her mind every night; **il se défonce à l'héroïne** he's on heroin; **je me défonce au café** *hum* I'm on coffee.

défonceuse [defɔ̃søz] *nf* -**1.** AGR breaker plough. -**2.** TRAV PUBL ripper, rooter.

déforcer [16] [defɔrse] *vt Belg* to weaken, to make weaker.

déforestation [defɔrɛstasjɔ̃] *nf* deforestation; **faire de la ~** to deforest.

déformant, e [defɔrmɑ̃, ɑ̃t] *adj* distorting.

déformation [defɔrmasjɔ̃] *nf* -**1.** [changement de forme - gén] putting out of shape; [- par torsion] bending out of shape; [- en frappant] knocking out of shape; [- par la chaleur] warping. -**2.** [travestissement - d'une pensée, de la réalité] distortion, misrepresentation; [- d'une image] distortion, warping ❑ **~ professionnelle**: **elle pose toujours des questions, c'est une ~ professionnelle** she's always asking questions because she's used to doing it in her job; **ne fais pas attention, c'est de la ~ professionnelle!** *hum* don't worry, it's just my job!

déformer [3] [defɔrme] *vt* -**1.** [changer la forme de - planche] to warp; [- barre] to bend (out of shape); [- pare-chocs] to knock out of shape, to buckle; [- chaussure, pantalon] to put out of shape, to ruin the shape of; **chapeau déformé** hat that's gone out of OU lost its shape. -**2.** [transformer - corps] to deform; [- visage, voix] to distort; **les mains déformées par le rhumatisme** hands twisted by rheumatism; **traits déformés par la haine** features contorted with hatred. -**3.** [changer le comportement de]: **le journalisme vous déforme** being a journalist affects everything you do; **l'enseignement l'a déformé** he's taken on all the mannerisms of the typical teacher. -**4.** [fausser - réalité, pensée] to distort, to misrepresent; [- image] to distort; [- goût] to warp; [- paroles] to misquote; **vous déformez la réalité/vérité** you're twisting the facts/truth.

◆ **se déformer** *vpi* [vêtement] to become shapeless, to go out of OU to lose its shape; [planche] to become warped; [barre] to become bent; **le pull ne s'est pas déformé** the sweater kept its shape OU didn't go out of shape.

défoulement [defulmɑ̃] *nm* release; **danser est un bon ~** dancing is a good way of unwinding; **crier par ~** to shout to release one's pent-up emotions.

défouler [3] [defule]

◆ **se défouler** *vpi* to release one's pent-up emotions, to unwind; **dansez pour vous ~** dance away your frustrations.

défourner [3] [defurne] *vt* [pain] to take out (of the oven); [poterie] to take out (of the kiln).

défraîchir [32] [defreʃir] *vt* [rideau] to give a worn look to; [couleur] to fade; **vendre des articles défraîchis** to sell shopsoiled articles; **les fleurs sont défraîchies** the flowers are past their best; **des idées un peu défraîchies** *fig* rather stale ideas.

◆ **se défraîchir** *vpi* [rideau, couleur] to fade; [pantalon] to become worn.

défrayer [11] [defreje] *vt* -**1.** [indemniser]: **~ qqn** to meet sb's expenses for. -**2.** *loc*: **~ la chronique** to be the talk of the town *loc*, to be widely talked about; **~ la conversation** to be the main topic of conversation.

défrichage [defriʃaʒ] *nm* -**1.** [d'un terrain] clearing. -**2.** [approche]: **le ~ d'un texte du programme** a first look at a book on the syllabus.

défriche [defriʃ] *nf* clearing, clear patch.

défrichement [defriʃmɑ̃] = **défrichage**.

défricher [3] [defriʃe] *vt* -**1.** [nettoyer - terrain] to clear; **~ le terrain avant de négocier** *fig* to clear the way for negotiations. -**2.** [préparer - texte] to have a first look at; [- enquête] to do the spadework for; **mon assistant a défriché votre dossier** my assistant did some preliminary work on your file.

défricheur, euse [defriʃœr, øz] *nm, f*: **les premiers ~s** the people OU settlers who first cleared the land.

défriper [3] [defripe] *vt* to smooth out *(sép)*, to take the creases out of.

défriser [3] [defrize] *vt* -**1.** [cheveux, moustache] to straighten out *(sép)*, to take the curl OU curls out of. -**2.** *fam* [contrarier] to bug; **c'est ce qui la défrise** that's what's bugging her OU getting to her.

défroisser [3] [defrwase] *vt* to smooth out *(sép)*, to take the creases out of.

◆ **se défroisser** *vpi* to lose its creases.

défroncer [16] [defrɔ̃se] *vt* -**1.** COUT to take the gathers from. -**2.** [détendre]: **~ les sourcils** to stop frowning.

défroque [defrɔk] *nf* -**1.** [vêtement] (old) rags; **on lui passait les ~s de son frère** he used to get his brother's cast-offs. -**2.** [d'un religieux] effects.

défroqué, e [defrɔke] ◇ *adj* defrocked, unfrocked.

◇ *nm, f* [prêtre] defrocked priest; [moine] defrocked monk.

défroquer [3] [defrɔke] *vi* to be defrocked OU unfrocked.

défruiter [3] [defrɥite] *vt* [huile d'olive] to remove the fruity flavour from.

défunt, e [defœ̃, œ̃t] *litt* ◇ *adj* -**1.** [décédé - parent, mari] late; **son ~ cousin** her late cousin. -**2.** [terminé - royauté] defunct; [- espoir, amour] lost, extinguished.

◇ *nm, f* deceased person; **le ~** the deceased; **prière pour les ~s** prayer for the dead.

dégagé, e [degaʒe] *adj* -**1.** [ouvert - vue] open; **une allée ~e** a treeless drive. -**2.** [mis à nu] cleared; [épaules] bare; **les tempes ~es** with one's hair brushed back. -**3.** [désinvolte - air, ton] casual; **dit-elle d'un petit air ~** she said casually OU trying to look casual. -**4.** MÉTÉO clear, cloudless.

◆ **dégagé** *nm* DANSE dégagé.

dégagement [degaʒmɑ̃] *nm* -**1.** [émanation - d'odeur] emanation; [- de chaleur] release, emission, emanation; **un ~ de gaz** [accidentel] a gas leak; [volontaire] a release of gas. -**2.** [espace - dans une maison] passage, hall; [- dans une ville] open space; [- dans un bois] clearing; **un ~ d'un mètre entre le pont et le véhicule** one metre headroom between the bridge and the vehicle. -**3.** [déblaiement] opening out, digging out; **le ~ du temple par les archéologues** excavation of the temple by the archaeologists. -**4.** MIL & POL disengagement. -**5.** [au mont-de-piété] redeeming *(from pawn)*. -**6.** SPORT [d'un ballon] clearance. -**7.** ESCRIME disengagement. -**8.** MÉD crowning.

dégager [17] [degaʒe] *vt* -**1.** [sortir] to free; **il a essayé de ~ sa main de la mienne** he tried to pull his hand away OU to free his hand from mine; **~ à grand mal une pierre du mur** to free OU to prise a stone from a wall with great difficulty; **~ qqn d'une voiture en flammes** to free sb from OU to pull sb clear of a burning car; **ils l'ont dégagée au chalumeau** they cut her out with a blowtorch; **~ un prisonnier de ses chaînes** to unshackle OU to unfetter a prisoner. -**2.** [enlever - arbres tombés, ordures] to remove, to clear; **~ les branches de la route** to clear the branches off the road, to clear the road of branches. -**3.** [désencombrer - couloir, table, salle] to clear (out); [- sinus] to clear, to unblock; [- poitrine, gorge] to clear; [- ouverture, chemin] to open; **une coupe qui dégage la nuque** a hairstyle cut very short at the back; **la robe dégage les épaules** the dress leaves the shoulders bare; **dégagez la piste!** *fam fig* (get) out of the way! -**4.** FIN [crédit] to release. -**5.** [annuler]: **~ sa parole** to go back on one's word; **~ sa responsabilité** to deny responsibility; **~ qqn de sa promesse** to release OU to free sb from their promise; **~ qqn de ses dettes** to cancel sb's debt; **il est dégagé de ses obligations militaires** he has completed his military service. -**6.** [émettre -odeur] to give off *(inség)*, to emit; [- gaz] to release, to emit. -**7.** [manifester - quiétude] to radiate; **la bibliothèque dégageait une impression de sérénité** the library had an atmosphere of great calm. -**8.** [extraire - règle, principe] to draw; [- vérité] to draw, to bring out *(sép)*, to extract; **~ la beauté d'un poème** to bring out the beauty of OU in a poem. -**9.** [du mont-de-piété] to redeem *(from pawn)*. -**10.** ESCRIME to disengage. -**11.** SPORT [ballon] to clear; *(en usage abs)*: **~ en touche** to put the ball into touch. -**12.** DANSE to perform a dégagé. -**13.** *fam (en usage abs)* [partir]: **dégage!** clear off!, get lost!

◆ **se dégager** ◇ *vp (emploi passif)* [conclusion] to be drawn; [vérité] to emerge, to come out; **il se dégage du rapport que les torts sont partagés** it appears from the report that both sides are to blame.

◇ *vp (emploi réfléchi)* -**1.** [s'extraire]: **se ~ d'un piège** to free o.s. from a trap; **se ~ d'une étreinte** to extricate o.s. from an embrace; **le chien s'est dégagé de sa laisse** the dog's slipped its lead; **se ~ du peloton** to leave the bunch behind. -**2.** [se libérer - d'un engagement]: **j'étais invité mais je vais me ~** I was invited but I'll get out of it; **il s'est dégagé en prétextant une indisposition** he cried off on the grounds of being unwell; **se ~ d'une affaire/d'une association** to drop out of a deal/an association; **se ~ d'une obligation** to free o.s. from an obligation; **se ~ de sa promesse** to break one's word.

◇ *vpi* -**1.** [se déplacer] to move OU to step aside, to step back, to move out of the way; **elle s'est dégagée pour me laisser passer** she moved to one side OU out of the way to let me get through. -**2.** [se vider - route] to clear; [- ciel] to clear; [- sinus] to become unblocked, to clear. -**3.** [émaner - odeur, gaz, fumée] to emanate, to be given off; [se manifester - quiétude] to emanate, to radiate; **la tendresse qui se dégage de sa lettre** the love which permeates her letter.

dégaine *fam* [degɛn] *nf* [démarche] (peculiar) gait; [aspect ridicule] (gawky) look; **tu parles d'une ~!** just look at that!

dégainer [4] [degene] *vt* -**1.** ARM [épée] to unsheathe, to draw; [revolver] to draw; *(en usage abs)*: **avant que le gangster ait pu ~** before the gangster could draw his gun. -**2.** TECH to unsheathe.

déganter [3] [degɑ̃te]

◆ **se déganter** *vp (emploi réfléchi)* to take off OU to remove one's glove OU gloves.

dégarnir [32] [degarnir] *vt* -**1.** [ôter les objets de - salon] to empty; [- collection] to deplete; **le placard est bien dégarni!** the cupboard's practically empty OU bare!; **j'ai complètement dégarni le mur** I've taken everything off the wall; **les devantures sont dégarnies de leurs mannequins** the dummies have been removed from the window displays; **l'autel est dégarni de ses bougies** the altar has been stripped of its candles. -**2.** [ôter l'argent de - portefeuille] to empty, to deplete; [- compte en banque] to drain, to draw heavily on. -**3.** [ôter les cheveux de - crâne] to cause to go bald; **un peu dégarni par les années** balding slightly with age. -**4.** [ôter les feuilles de] to strip of its leaves; **l'hiver a dégarni les arbres** winter has stripped the trees of their leaves; **la rose, dégarnie de ses piquants** the rose, bereft *litt* OU stripped of its thorns; **le parc, dégarni de ses cyprès** the park, stripped of its cypresses.

◆ **se dégarnir** *vpi* -**1.** [se vider - boîte, collection, rayonnage] to become depleted; [- groupe] to become depleted, to thin out. -**2.** [devenir chauve] to go bald, to start losing one's hair; **il commence à se ~ sur le dessus (du crâne)** he's going thin on top; **son front se dégarnit** his hairline is receding; **son crâne se dégarnit** he's losing hair OU thinning on top. -**3.** [arbre] to lose its leaves; [forêt] to become depleted OU thinner.

dégasolinage [degazɔlinaʒ] *nm*: **~ (d'un gaz)** recovery of crude oil (from a gas).

dégasoliner [3] [degazɔline] *vt* [gaz] to recover crude oil from.

dégât [dega] *nm* damage; **il y a du ~ OU des ~s** there's some damage; **il n'y a pas de ~s?** *fam* [après un accident] no harm done?; **il est fragile, si elle le quitte il y aura du ~** *fam* he's vulnerable, it'll really hurt him if she leaves him; **faire des ~s** to cause damage; **les chenilles ont fait des ~s/de gros ~s dans le verger** the caterpillars have caused some damage/wreaked havoc in the orchard ❑ **~s des eaux** water damage; **assuré contre les ~s des eaux** insured against water damage; **~s matériels** structural damage.

dégauchir [32] [degoʃir] *vt* -**1.** [redresser] to straighten out *(sép)*. -**2.** MENUIS to plane.

dégauchissage [degoʃisaʒ] *nm* -**1.** [redressement] straightening. -**2.** MENUIS planing.

dégazage [degazaʒ] *nm* -**1.** MÉTALL (gas) extraction. -**2.** [d'un pétrolier, d'une mine de charbon] degassing.

dégazer [3] [degaze] ◇ *vt* MÉTALL to extract gas from.

◇ *vi* [pétrolier] to degas.

dégazolinage [degazɔlinaʒ] = **dégasolinage**.

dégazoliner [degazɔline] = **dégasoliner**.

dégazonner [3] [degazɔne] *vt* to unturf, to take the turf up from.

dégel [deʒɛl] *nm* -**1.** GÉOG thaw; **au ~** when the thaw comes. -**2.** [après un conflit] thaw; **une période de ~** POL a period of detente.

dégelée *fam* [deʒle] *nf* thrashing.

dégeler [25] [deʒle] ◇ *vt* -**1.** [décongeler] to defrost. -**2.** [réchauffer - sol, étang] to thaw (out); [- tuyau] to unfreeze. -**3.** *fam* [mettre à l'aise] to thaw (out), to relax; **je n'arrive pas à ~ mon collègue** I can't get my colleague to loosen up; **elle sait ~ un auditoire** she knows how to warm up an audience. -**4.** [améliorer - relations diplomatiques] to thaw. -**5.** FIN [crédits] to unfreeze.

◇ *vi* -**1.** [se réchauffer - banquise, étang] to thaw. -**2.** [décongeler] to defrost.

◆ **se dégeler** *vpi* -**1.** [se décongeler] to defrost. -**2.** [se réchauffer - sol, étang] to thaw (out). -**3.** *fam* [être moins timide] to thaw (out), to relax; **dégèle-toi un peu!** come on, relax OU let your hair down! -**4.** [s'améliorer - relations] to improve; **les relations entre les deux pays se dégèlent** there is a thaw in relations between the two countries.

dégénératif, ive [deʒeneratif, iv] *adj* degenerative.

dégénéré, e [deʒenere] *adj & nm, f* degenerate.

dégénérer [18] [deʒenere] *vi* -**1.** [perdre ses qualités - race, plante] to degenerate; **ses gags ont beaucoup dégénéré** his jokes have really gone downhill. -**2.** [s'aggraver] to worsen, to deteriorate; **une discussion amicale qui risque de ~** a friendly discussion which could get out of hand ‖ MÉD [tumeur] to become malignant; **l'infection a dégénéré** the infection became severe. -**3.** [se changer]: **~ en** to degenerate into; **sa bronchite a dégénéré en pneumonie** his bronchitis developed into pneumonia.

dégénérescence [deʒeneresɑ̃s] *nf* -**1.** BIOL degeneration. -**2.** *litt* [déclin] degeneration, becoming degenerate; **~ morale** degeneration of moral standards.

dégermer [3] [deʒɛrme] *vt* to remove the germ from, to degerm.

dégingandé, e [deʒɛ̃gɑ̃de] *adj* gangling, lanky.

dégivrage [deʒivraʒ] *nm* [d'un congélateur] defrosting; [d'une surface, d'un avion] de-icing; **le ~ des vitres d'une voiture** de-icing the windows of a car.

dégivrer [3] [deʒivre] *vt* [congélateur] to defrost; [surface] to de-ice; **~ les vitres d'une voiture** to de-ice the windows of a car.

dégivreur [deʒivrœr] *nm* -**1.** [d'un réfrigérateur] defroster. -**2.** AÉRON de-icer.

déglaçage [deglasaʒ] *nm* -**1.** CULIN deglazing. -**2.** [d'un bassin] melting of the ice, thawing. -**3.** [du papier] removal of gloss.

déglacement [deglasmɑ̃] *nm* melting of the ice, thawing.

déglacer [16] [deglase] *vt* -**1.** CULIN [poêle] to deglaze; **déglacez au vin blanc** deglaze the pan with white wine. -**2.** [papier] to remove the gloss from. -**3.** [étang] to remove the ice from, to melt the ice on.

déglaciation [deglasjasjɔ̃] *nf* retreating of glaciers, deglaciation.

déglinguer *fam* [3] [deglɛ̃ge] *vt* -**1.** [mécanisme] to break, to bust; **un vélo tout déglingué** a bike which is coming apart OU falling to pieces. -**2.** [santé] to wreck; **la fugue de son fils l'a déglingué** his son running away from home just broke him.

◆ **se déglinguer** *fam vpi* -**1.** [ne plus fonctionner] to be bust; [mal fonctionner] to go on the blink; [se détacher] to come OU to work loose. -**2.** [santé] to get worse; [poumons, reins] to go to pieces; **je me déglingue** *hum* I'm falling to pieces.

déglutir [32] [deglytir] *vi* to swallow, to gulp.

déglutition [deglytisjɔ̃] *nf* -**1.** [de salive] swallowing, deglutition *spéc*. -**2.** [d'aliments] swallowing, deglutition *spéc*.

dégobiller *fam* [3] [degɔbije] *vt* to throw up *(sép)*.

dégoiser *fam* [3] [degwaze] *péj* ◇ *vt* to spout, to come out with; **qu'est-ce que tu dégoises?** what are you (going) on about?

◇ *vi* to blather.

dégommage [degɔmaʒ] *nm* -**1.** [d'un timbre] removing the gum from. -**2.** *fam* [renvoi] sacking *Br*, firing; [destitution] unseating.

dégommer [3] [degɔme] *vt* -**1.** [timbre] to remove the gum off OU from. -**2.** *fam* [renvoyer] to sack *Br*, to can *Am*, to fire; [destituer] to unseat.

dégonflage [degɔ̃flaʒ] *nm* -**1.** [d'un ballon, d'une bouée, d'un pneu] letting air out of; **ajuster la pression par ~** to adjust the pressure by letting air out. -**2.** *fam* [lâcheté] chickening OU bottling *Br* out; **c'est du ~ de ta part!** you're chickening out!

dégonflé, e [degɔ̃fle] ◇ *adj* -**1.** [ballon] deflated; [pneu] flat. -**2.** *fam* [lâche] chicken *(modif)*.
◇ *nm, f fam* chicken.

dégonflement [degɔ̃fləmɑ̃] *nm* -**1.** [d'un pneu, d'une bouée, d'un ballon] deflation; **pour compenser le ~ du pneu** in order to compensate for the amount of air that's been let out of the tyre. -**2.** MÉD: **~ d'un doigt/pied** reduction of the swelling in a finger/foot.

dégonfler [3] [degɔ̃fle] *vt* -**1.** [ballon, bouée, pneu] to deflate, to let air out of. -**2.** MÉD [jambes, doigt] to bring down OU to reduce the swelling in. -**3.** [démystifier - prétention, mythe] to deflate, to debunk.
◆ **se dégonfler** *vpi* -**1.** [ballon] to go down, to deflate. -**2.** MÉD [jambes, doigt] to become less swollen; **ma cheville se dégonfle** the swelling in my ankle's going down. -**3.** *fam* [perdre courage] to chicken OU to bottle *Br* out.

dégorgement [degɔrʒəmɑ̃] *nm* -**1.** [fait de déverser] disgorging. -**2.** [décharge - d'égout] discharging, overflow. -**3.** ŒNOL *removing of the sediment from a champagne bottle.*

dégorgeoir [degɔrʒwar] *nm* -**1.** [d'un tuyau] overflow pipe OU duct. -**2.** [à huîtres] disgorger. -**3.** [d'un forgeron] fuller, creaser. -**4.** PÊCHE disgorger.

dégorger [17] [degɔrʒe] ◇ *vt* -**1.** [déverser] to disgorge. -**2.** [débloquer - conduit] to unblock. -**3.** PÊCHE to disgorge. -**4.** TEXT to clean, to cleanse. -**5.** ŒNOL to remove the sediment from *(a bottle)*. -**6.** [vomir] to vomit.
◇ *vi* -**1.** TEXT to bleed. -**2.** CULIN [ris de veau, cervelle] to soak *(in cold water)*; [concombre] to drain *(having been sprinkled with salt)*; **faire ~** [ris de veau, cervelle] to (leave to) soak; [concombre] to drain of water *(by sprinkling with salt)*; [escargot] to clean *(by salting and starvation)*.

dégoter *fam* [3], **dégotter** *fam* [3] [degɔte] *vt* [objet rare] to unearth; [idée originale] to hit on *(insép)*; **où tu l'as dégoté, ce type?** where on earth did you find this guy?

dégoulinade [degulinad] *nf* [coulée] trickle, drip.

dégoulinant, e [degulinɑ̃, ɑ̃t] *adj* dripping; **les mains toutes ~es** with dripping wet hands; **être ~** [après la pluie] to be dripping wet.

dégoulinement [degulinmɑ̃] *nm* [en traînées] trickling; [goutte à goutte] dripping.

dégouliner [3] [deguline] *vi* [peinture, sauce] to drip; [larmes, sang] to trickle down; **son maquillage dégoulinait** her make-up was running; **tu as fait ~ de la peinture sur le panneau** you've let paint drip on the panel.

dégoupiller [3] [degupije] *vt* ARM to take the pin out of.

dégourdi, e *fam* [degurdi] ◇ *adj*: **être ~** to be smart OU on the ball; **il n'est pas très ~** he's a bit slow on the uptake.
◇ *nm, f*: **c'est un petit ~!** there are no flies on him!

dégourdir [32] [degurdir] *vt* -**1.** [ranimer] to bring the circulation back to. -**2.** [réchauffer - liquide] to warm up *(sép)*. -**3.** *fam* [rendre moins timide]: **~ qqn** to teach sb a thing or two, to wise sb up.
◆ **se dégourdir** ◇ *vpt* [remuer]: **se ~ les jambes** to stretch one's legs; **se ~ les doigts avant de jouer du piano** to warm up before playing the piano.
◇ *vpi fam* [devenir moins timide] to learn a thing or two, to wise up.

dégourdissement [degurdismɑ̃] *nm* [d'un membre - ankylosé] bringing circulation back; [- gelé] warming up.

dégoût [degu] *nm* -**1.** [aversion] disgust, distaste. -**2.** [lassitude] weariness; **par ~ de la vie** through world-weariness. -**3.** *litt* [répugnance]: **avoir du ~ pour qqch** to have an aversion to sthg.

dégoûtant, e [degutɑ̃, ɑ̃t] ◇ *adj* [sale] disgusting, disgustingly dirty; [salace - film, remarque] disgusting, dirty; **c'est ~!** [injuste] it's disgusting OU awful!
◇ *nm, f* -**1.** [personne sale]: **petit ~!** you little pig! -**2.** [vicieux]: **vieux ~!** you dirty old man! -**3.** *fam* [personne injuste]: **quelle ~e!** that wretched woman!; **quel ~!** the swine!

dégoûtation *fam* [degutasjɔ̃] *nf*: **quelle ~!** [chose] how disgusting!; [situation] what a disgusting state of affairs!

dégoûté, e [degute] ◇ *adj* -**1.** [écœuré] repulsed, disgusted; **prendre des airs ~s** to put on a look of disgust, to wrinkle one's nose; **elle m'a regardé d'un air ~** she gave me a look of utter disgust; **il n'est pas ~!** *hum* he's not very fussy! -**2.** [indigné] outraged, revolted, disgusted.
◇ *nm, f*: **faire le ~** to be fussy, to make a fuss; **ne fais pas trop la ~e, tu n'as pas d'autres propositions** you've had no other offers, so don't turn your nose up at it.

dégoûter [3] [degute] *vt* -**1.** [écœurer] to disgust, to repel, to be repugnant to; **le baiser la dégoûta** she found the kiss repulsive. -**2.** [indigner] to disgust, to outrage, to be (morally) repugnant to; **les égoïstes le dégoûtent** selfish people disgust him; **tu me dégoûtes avec ton cynisme!** you're so cynical you make me sick! -**3.** [lasser] to put off; **il gagne toujours, c'est à vous ~!** he always wins, it's enough to make you sick!; **la vie le dégoûtait** he was weary of life OU sick of living; **~ qqn de qqch** to put sb off sthg; **cela m'a dégoûté de la viande** that put me off meat; **c'est à vous ~ d'être serviable** it's enough to put you (right) off being helpful.
◆ **se dégoûter** *vp (emploi réfléchi)*: **je me dégoûte!** I disgust myself!
◆ **se dégoûter de** *vp + prép*: **se ~ de qqn/qqch** to get sick of sb/sthg; **tu vas te ~ des gâteaux** you're going to put yourself right off cakes.

dégouttant, e [degutɑ̃, ɑ̃t] *adj* dripping; **toute ~e de pluie** dripping wet; **les mains ~es de sang** hands dripping with blood.

dégoutter [3] [degute] *vi* to drip; **son front dégoutte de sueur** his forehead is dripping with sweat, sweat is dripping off his forehead.

dégradant, e [degradɑ̃, ɑ̃t] *adj* degrading.

dégradation [degradasjɔ̃] *nf* -**1.** [destruction - d'un objet] wear and tear; **les objets subissent la ~ du temps** objects suffer wear and tear with time; **la ~ de la façade du château** the erosion of the castle facade. -**2.** [détérioration - de rapports, d'une situation] deterioration, worsening. -**3.** [avilissement] degradation; **~ morale** moral degradation. -**4.** CHIM degradation. -**5.** PHYS: **~ de l'énergie** dissipation of energy. -**6.** INF: **~ de données** corruption of data. -**7.** [d'une couleur] toning down, gradation; [de la lumière] gradation. -**8.** [d'un officier] ≃ dishonourable discharge; **~ civique** loss of civil rights.

dégradé [degrade] *nm* -**1.** [technique] shading off; [résultat] gradation; **un ~ de verts** greens shading off into each other. -**2.** [d'une coiffure] layered style.
◆ **en dégradé** *loc adj*: **tons en ~** colours shading off (into one another).

dégrader [3] [degrade] *vt* -**1.** [abîmer] to damage. -**2.** [envenimer - rapports humains] to damage, to cause to deteriorate. -**3.** [avilir] to degrade. -**4.** [couleurs] to shade (into one another); [lumières] to reduce gradually. -**5.** [cheveux] to layer. -**6.** MIL: **~ un officier** to strip an officer of his rank.
◆ **se dégrader** *vpi* [meuble, bâtiment] to deteriorate; [relation] to deteriorate; [santé] to decline; [langage] to deteriorate, to become debased; **le temps se dégrade** the weather's getting worse.

dégrafer [3] [degrafe] *vt* [papiers] to unstaple; [col, robe] to undo, to unfasten; [ceinture] to undo; [bracelet] to unclasp, to unhook; **tu veux que je te dégrafe?** *fam* shall I undo your dress?
◆ **se dégrafer** ◇ *vp (emploi passif)* [robe] to undo.
◇ *vp (emploi réfléchi)* [ôter sa robe] to undo OU to unfasten one's dress; [ôter son corset] to undo OU to unfasten one's corset.
◇ *vpi* [jupe] to come undone; [papiers] to come unstapled; [collier] to come unhooked.

dégraissage [degrɛsaʒ] *nm* -**1.** [nettoyage] removal of grease marks. -**2.** *fam* [diminution du personnel] shedding staff. -**3.** *fam* [élimination du surplus] trimming; **faire du ~ sur un manuscrit** to trim a manuscript down. -**4.** CULIN [d'un bouillon] skimming off the fat; [d'une viande] trimming off the fat.

dégraissant, e [degrɛsɑ̃, ɑ̃t] *adj* [détachant] grease-removing.
◆ **dégraissant** *nm* [détachant] grease remover.

dégraisser [4] [degrese] *vt* -**1.** [ôter les taches de] to remove grease marks from. -**2.** *fam* [entreprise] to make cutbacks in; [personnel] to cut back *(sép)*, to shed; *(en usage abs)*: **il va falloir ~** there will have to be cutbacks in staff. -**3.** *fam* [dissertation, manuscrit] to pare down *(sép)*, to trim down *(sép)*. -**4.** CULIN [sauce] to skim the fat off; [viande] to cut OU to trim the fat off.

degré [dəgre] *nm* -**1.** [échelon - d'une hiérarchie] degree, grade; **d'accord, il faut sévir, mais il y a des ~s** of course, you should be strict but there are degrees of strictness; **à un ~ avancé de** at an advanced stage of; **cancéreux au dernier ~** in the last stages of cancer ❑ **le premier/second ~** SCOL primary/secondary education; **second ~**: **une remarque à prendre au second ~** a remark not to be taken at face value. -**2.** [point] degree; **un tel ~ de dévouement** such a degree of devotion; **compréhensif jusqu'à un certain ~** understanding up to a point OU to a degree; **intelligent au plus haut ~** of the highest intelligence; **courageux au plus haut ~** most courageous. -**3.** [unité] degree; **du gin à 47,5 ~s** 83° proof gin, 47,5 degree gin *(on the Gay-Lussac scale)* ❑ **~ alcoolique** OU **d'alcool** alcohol content; **~ Baumé/Celsius/Fahrenheit** degree Baumé/Celsius/Fahrenheit. -**4.** ASTRON, GÉOM & MATH degree; **équation du premier/second ~** equation of the first/second degree. -**5.** GRAMM degree. -**6.** MUS degree; **~ conjoint** conjoint OU conjunct degree; **~ disjoint** disjunct degree. -**7.** [de parenté] degree; **cousin au premier ~** first cousin. -**8.** *(surtout au pl)* [d'un escalier] step; [d'une échelle] rung.
◆ **par degrés** *loc adv* by OU in degrees, gradually.

dégréer [15] [degree] *vt* to unrig.

dégressif, ive [degresif, iv] *adj* [tarif] on a sliding scale; [impôt] on a sliding scale according to income.

dégressivité [degresivite] *nf* degression.

dégrèvement [degrɛvmɑ̃] *nm* FIN: **~ fiscal** [d'une entreprise] tax relief; [d'un produit] reduction of tax OU duty.

dégrever [19] [degrəve] *vt* -**1.** FIN [contribuable, entreprise] to grant tax relief to; [produit] to reduce the tax OU duty on. -**2.** JUR to lift a mortgage.

dégriffé, e [degrife] *adj* reduced *(and with the designer label removed)*; **robe ~e** *designer dress with the label removed sold at a reduced price.*
◆ **degriffé** *nm* reduced (and unlabelled) designer item.

dégringolade [degrɛ̃gɔlad] *nf* -**1.** [chute] tumbling (down). -**2.** [baisse - des prix] slump; [- d'une réputation] plunge; **l'industrie est en pleine ~** the industry is in the middle of a slump; **il était si admiré, quelle ~!** he was such an object of admiration, what a comedown!; **~ des cours en Bourse** collapse of OU slump on the Stock Exchange.

dégringoler [3] [degrɛ̃gɔle] ◇ *vi* -**1.** [chuter] to tumble down; [bruyamment] to crash down. -**2.** [baisser - prix] to slump, to tumble; [- réputation] to plunge. -**3.** [pleuvoir]: **ça dégringole!** it's tipping it down!

◇ *vt*: ~ **l'escalier** [courir] to run OU to race down the stairs; [tomber] to tumble down the stairs.

dégrippant [degripɑ̃] *nm* penetrating grease.

dégripper [3] [degripe] *vt* to release *(parts which are stuck)*.

dégrisement [degrizmɑ̃] *nm* [désillusion] sobering up, coming back down to earth; [après l'ivresse] sobering up.

dégriser [3] [degrize] *vt* [désillusionner] to bring back down to earth, to sober up *(sép)*; [après l'ivresse] to sober up *(sép)*; **le lendemain, dégrisé, il réfléchit** the next day, having sobered up, he started to think.

◆ **se dégriser** *vpi* to sober up.

dégrossir [32] [degrosir] *vt* -**1.** [apprenti, débutant] to polish, to smooth the rough edges of; **des jeunes gens mal dégrossis** uncouth young men; **son séjour la dégrossira un peu** her stay will smooth off some of her rough edges. -**2.** [théorie, question] to do the groundwork on; [texte du programme] to have a first look at. -**3.** [bloc de pierre, de bois] to rough-hew.

dégrossissage [degrosisaʒ], **dégrossissement** [degrosismɑ̃] *nm* -**1.** [d'une personne] polishing, smoothing the rough edges of. -**2.** [d'une théorie, d'une question] sorting out, doing the spadework on; **faire le ~ d'un projet** to do a first rough sketch for a project. -**3.** [d'un bloc de pierre, de bois] rough-hewing.

dégrouiller [3] [degruje]

◆ **se dégrouiller**▽ *vpi* to get a move on, to hurry up; **dégrouillez-vous!** hurry up!, get a move on!

dégroupement [degrupmɑ̃] *nm* [d'une classe] dividing OU splitting (up); [d'objets] splitting (up).

dégrouper [3] [degrupe] *vt* [classe] to divide OU to split (up); [objets] to split (up).

déguenillé, e [degənije] ◇ *adj* ragged, tattered; **tout ~** in rags, in tatters.

◇ *nm, f* ragamuffin.

déguerpir [32] [degɛrpir] *vi* to run away, to decamp; **faire ~ un intrus** to drive away an intruder.

dégueu▽ [degø] *adj inv* yucky; **c'est pas ~!** it's pretty good!; **trois millions, pas ~!** three million, that's a (pretty) tidy sum!

dégueulasse▽ [degœlas] ◇ *adj* -**1.** [sale] disgusting, filthy, yucky. -**2.** [injuste] disgusting, lousy. -**3.** [vicieux] disgusting, filthy. -**4.** [sans valeur] lousy, crappy; **c'est pas ~ comme cadeau** it's a pretty nice present, it's not a bad present.

◇ *nmf* -**1.** [personne sale] filthy pig. -**2.** [débauché]: **un gros ~** a filthy lecher. -**3.** [personne immorale]: **tu t'es conduit comme un (vrai) ~** you behaved like a real swine; **c'est une ~** she's a bitch.

dégueulasser▽ [3] [degœlase] *vt* to louse *Am* OU to muck *Br* up *(sép)*.

dégueulasserie▽ [degœlasri] *nf* -**1.** [crasse] filth; [chose sale] filthy thing. -**2.** [injustice]: **c'est de la ~!** it's rotten OU disgusting!; **ils l'ont exécuté, une ~ de plus!** they've executed him, yet another atrocity!

dégueuler▽ [5] [degœle] ◇ *vi* to throw up, to puke.

◇ *vt* to throw up *(sép)*, to puke up *(sép)*.

dégueulis▽ [degœli] *nm* puke.

déguiller [3] [degije] *Helv* ◇ *vt* [arbre] to fell.

◇ *vi* to tumble.

déguisé, e [degize] *adj* -**1.** [pour une fête] in fancy dress; [pour duper] in disguise, disguised. -**2.** *péj* [mal habillé] ridiculously dressed. -**3.** [changé - voix] disguised. -**4.** [caché - intention] disguised, masked, veiled; [- agressivité] veiled.

déguisement [degizmɑ̃] *nm* -**1.** [pour une fête] fancy dress, costume; [pour duper] disguise. -**2.** [d'une voix] disguising.

déguiser [3] [degize] *vt* -**1.** [pour une fête] to dress up *(sép)*; **déguisé en: déguisé en pirate** dressed (up) as a pirate, wearing a pirate costume || [pour duper] to disguise. -**2.** [mal habiller] to dress ridiculously; **ne lui mets pas tous ces rubans, tu la déguises** don't put all those ribbons on her, you'll make her look ridiculous. -**3.** [changer - voix] to disguise. -**4.** [cacher - intention, vérité] to disguise, to mask, to veil; **elle ne put ~ sa honte** she could not conceal her shame.

◆ **se déguiser** *vp (emploi réfléchi)* [pour une fête] to dress up; [pour duper] to put on a disguise, to disguise o.s.; **se ~ en courant d'air** *fam* to vanish, to do a disappearing act.

dégurgiter [3] [degyrʒite] *vt* -**1.** [aliment] to bring (back) up *(sép)*. -**2.** [leçon] to regurgitate, to repeat parrot fashion.

dégustateur, trice [degystatœr, tris] *nm, f* taster.

dégustation [degystasjɔ̃] *nf* -**1.** [par un convive] tasting *(U)*; [par un dégustateur] tasting, sampling. -**2.** [dans une cave] (free) tasting. -**3.** [à un étalage, dans un restaurant] tasting *(C)*; '**~ de fruits de mer à toute heure**' 'seafood served all day'.

déguster [3] [degyste] ◇ *vt* -**1.** [manger, boire - suj: convive] to taste; [- suj: dégustateur professionnel] to taste, to sample; **venez ~ nos spécialités** come and taste OU try our specialities. -**2.** [écouter, lire, regarder] to savour.

◇ *vi fam* [recevoir des coups] to get a bashing; [être mal traité] to have a rough time; [souffrir] to be in agony, to go through hell; **ils dégustent, les parents d'adolescents!** parents of teenagers go through hell!; **attends qu'il rentre, tu vas ~!** just wait till he gets home, you'll really catch it!

déhaler [3] [deale] *vt* NAUT to haul out.

◆ **se déhaler** *vpi* NAUT to haul itself out.

déhanché, e [deɑ̃ʃe] *adj* -**1.** [balancé] swaying. -**2.** [boîteux] limping.

déhanchement [deɑ̃ʃmɑ̃] *nm* -**1.** [démarche - séduisante] swaying walk; [- claudicante] limp, lop-sided walk. -**2.** [posture] *standing with one's weight on one leg.*

déhancher [3] [deɑ̃ʃe]

◆ **se déhancher** *vpi* -**1.** [en marchant] to sway (one's hips). -**2.** [sans bouger] to stand with one's weight on one leg.

déharnacher [3] [dearnaʃe] *vt* to unharness.

déhiscent, e [deisɑ̃, ɑ̃t] *adj* dehiscent.

dehors[1] [dəɔr] ◇ *nm* -**1.** [surface extérieure d'une boîte, d'un bâtiment] outside. -**2.** [plein air] outside; **odeur venue du ~** smell coming from outside; **les bruits du ~** the noises from outside. -**3.** [étranger]: **menace venue du ~** threat from abroad. -**4.** SPORT [en patinage] outside edge; **faire un ~** to go on one's outside edge.

◇ *nmpl* [apparences] appearances; **sous des ~ égoïstes** beneath a selfish exterior.

dehors[2] [dəɔr] *adv* [à l'extérieur] outside; [en plein air] outside, outdoors, out of doors; [hors de chez soi] out; **manger ~** to eat outside; **dormir ~** to sleep outdoors OU in the open; **il est bronzé parce qu'il passe son temps ~** he's brown because he spends all his time outside OU outdoors OU out of doors; **on ne voit rien de ~** you can't see anything from the outside; **passe par ~ pour aller dans la cuisine** go round the outside to get to the kitchen; **elle est toujours ~** she's always out (and about); **j'étais ~ toute la matinée** I was out all morning; **mettre qqch ~** to put sthg out; **mettre qqn ~** *fam* to kick sb out; [renvoyer] to sack sb; **si tu recommences je te fous ~**▽ do it again and you're out (on your ear); **ils ont mis 500 ouvriers ~** they sacked 500 workers.

◆ **en dehors** *loc adv* -**1.** [à l'extérieur] outside. -**2.** [vers l'extérieur]: **avoir** OU **marcher les pieds en ~** to walk with one's feet turned out.

◆ **en dehors de** *loc prép* -**1.** [excepté] apart from; **en ~ de toi** apart from you; **en ~ de ce que j'ai vu** apart from what I have seen. -**2.** [à l'écart de]: **une petite auberge en ~ des grands axes** a small inn off the beaten track; **il se tient toujours en ~ des discussions** he always keeps out of discussions; **reste en ~ de leur dispute** don't get involved in OU stay out of their quarrel. -**3.** [au-delà de] outside (of), beyond; **c'est en ~ de ses capacités** it's beyond his capabilities.

déhouiller [3] [deuje] *vt* to extract coal from.

déhoussable [deusabl] *adj* with loose OU removable covers, with a loose OU removable cover.

déicide [deisid] ◇ *adj* deicidal.

◇ *nmf* deicide.

◇ *nm* deicide.

déictique [deiktik] *adj* & *nm* deictic.

déification [deifikasjɔ̃] *nf* deification.

déifier [9] [deifje] *vt* to deify, to turn into a god.

déisme [deism] *nm* deism.

déiste [deist] ◇ *adj* deistic, deistical.

◇ *nmf* deist.

déité [deite] *nf* deity, god.

déjà [deʒa] *adv* -**1.** [dès maintenant, dès lors] already; **~ là!** here already!; **j'ai fini — ~!** I've finished — already!; **cela fait trois ans ~** it's been three years already; **est-ce qu'il est ~ parti?** has he already left?; **il doit être ~ loin** he must be far away by now; **il savait ~ lire à l'âge de 4 ans** he already knew how to read at the age of 4; **enfant, il aimait ~ les fleurs** even as a child he liked flowers; **quand nous rentrerons, il fera ~ nuit** when we get back it will already be dark; **on serait ~ riche!** we would be rich by now! -**2.** [précédemment]: **je vous l'ai ~ dit** I've told you already; **tu lui en as ~ parlé?** have you already spoken to him about it?; **tu l'as ~ vu sur scène?** have you ever seen him on stage?; **il l'a ~ vue quelque part** he's seen her somewhere before. -**3.** [emploi expressif]: **il est d'accord sur le principe, c'est ~ beaucoup** he's agreed on the principle, that's something; **~ qu'il est en mauvaise santé** he's in poor health as it is; **elle est ~ assez riche** she's rich enough as it is; **ce n'est ~ pas si mal** you could do worse; **c'est ~ quelque chose** it's better than nothing; **donne 10 francs, ce sera ~ ça** give 10 francs, that'll be a start; **on a perdu une valise, mais ni l'argent ni les passeports, c'est ~ ça!** we lost a case, but not our money or passports, which is something at least!; **il faut ~ qu'il ait son examen** he needs to pass his exam first, first of all, let him pass his exam; **mange ~ ta soupe** eat your soup first OU for a start. -**4.** *fam* [pour réitérer une question] again; **tu as payé combien ~?** how much did you pay again?; **elle s'appelle comment ~?** what did you say her name was?, what's she called again?; **le sucre est où, ~?** where is the sugar again?

déjanter [3] [deʒɑ̃te] *vt* -**1.** [pneu] to remove from its rim, to take the rim off. -**2.** ▽ *(au pp)*: **complètement déjanté, le mec** that guy's off his trolley.

déjauger [17] [deʒoʒe] *vi* [navire, hydravion] to hydroplane.

déjà-vu [deʒavy] *nm inv* -**1.** [banalité] commonplace; **c'est du ~ comme idée** that idea's a bit banal. -**2.** [sensation]: **(sensation** OU **impression de) ~** (feeling of) déjà vu.

déjection [deʒɛksjɔ̃] *nf* -**1.** PHYSIOL [action] evacuation. -**2.** GÉOL [d'un volcan]: **~s** ejecta.

◆ **déjections** *nfpl* PHYSIOL faeces, dejecta *spéc.*

déjeté, e [deʒte] *adj* -**1.** *fam* [diminué physiquement] worn, worn-down; **elle n'est pas ~e!** *hum* she's pretty well preserved! -**2.** [dévié - mur, corps] lop-sided, crooked; [- colonne vertébrale] twisted. -**3.** *fam Belg* [en désordre] messy; [déformé] deformed.

déjeter [27] [deʒte] *vt* to cause to become lop-sided.

déjeuner[1] [5] [deʒœne] *vi* -**1.** [repas de la mi-journée] to (have) lunch; **invite-le à ~** invite him for OU to lunch; **~ d'une salade** to have a salad for lunch. -**2.** *Belg* & *Helv* [repas du matin] to have breakfast.

déjeuner[2] [deʒœne] *nm* -**1.** [repas de la mi-journée] lunch, luncheon; **prendre son ~** to have lunch; **un ~ d'affaires** a business lunch. -**2.** *Belg & Helv* [repas du matin] breakfast. -**3.** [tasse et soucoupe] (large) breakfast cup and saucer. -**4.** *loc*: **~ de soleil** short-lived feeling, flash in the pan.

déjouer [6] [deʒwe] *vt* [vigilance] to evade, to elude; [complot, machination] to thwart, to foil; [plan] to thwart, to frustrate; [feinte] to outsmart.

déjuger [17] [deʒyʒe]
◆ **se déjuger** *vpi sout* [changer d'avis] to go back on OU to reverse one's decision.

de jure [deʒyre] *loc adv* de jure.

delà [dəla] *adv* → **deçà**.

délabré, e [delabre] *adj* -**1.** [en ruine - maison, mur] dilapidated, crumbling. -**2.** [qui n'est plus florissant - santé, réputation] ruined; **une vieille toute ~e** an old wreck of a woman.

délabrement [delabrəmɑ̃] *nm* -**1.** [d'un bâtiment] disrepair, ruin, dilapidation. -**2.** [d'un esprit, d'un corps] deterioration; **les patients étaient dans un état de ~ total** the patients were in a state of total neglect. -**3.** [d'une réputation] ruin; [d'une fortune] depletion.

délabrer [3] [delabre] *vt* -**1.** [bâtiment, meuble] to ruin. -**2.** [santé] to ruin; [organe] to damage. -**3.** [réputation] to ruin.
◆ **se délabrer** *vpi* [bâtiment] to go to ruins; [meuble] to become rickety, to fall apart; [entreprise] to collapse.

délacer [16] [delase] *vt* [soulier, botte] to undo (the laces of); [corset] to unlace.
◆ **se délacer** ◇ *vp (emploi réfléchi)* [ôter ses souliers] to undo OU to unlace one's shoes; [ôter ses bottes] to undo OU to unlace one's boots; [ôter son corset] to unlace one's corset; [ôter sa robe] to unlace one's dress.
◇ *vpi* [soulier] to become undone; [corset] to become unlaced.

délai [delɛ] *nm* -**1.** [répit] extension (of time); **demande un ~ pour trouver l'argent** ask for more time to find the money; **donner** OU **accorder un ~ (supplémentaire) à qqn** to grant sb an extension. -**2.** [temps fixé] time limit; **tu donnes des ~s trop longs aux sous-traitants** you give the sub-contractors too much delivery time ❑ **~ de livraison** delivery time; **~ de paiement** repayment period. -**3.** [période d'attente] waiting period; **il faut un ~ de trois jours avant que votre compte soit crédité** the cheque will be credited to your account after a period of three working days. -**4.** JUR: **~ de carence** *period during which benefit is not paid*; **~ de congé** (period covered by a) dismissal notice; **~ de grâce** period of grace; **un ~ de grâce de 10 jours** 10 days' grace.
◆ **dans les délais** *loc adv* within the (prescribed OU allotted) time limit, on time.
◆ **dans les meilleurs délais, dans les plus brefs délais** *loc adv* in the shortest possible time, as soon as possible; **j'y serai dans les plus brefs ~s** I'll be there very shortly.
◆ **dans un délai de** *loc prép* within (a period of); **livrable dans un ~ de 30 jours** allow 30 days for delivery.
◆ **sans délai** *loc adv* without delay OU delaying, immediately, forthwith.

délai-congé [delɛkɔ̃ʒe] (*pl* **délais-congés**) *nm* JUR term OU period of notice.

délainage [delɛnaʒ] *nm* fellmongering, fellmongery.

délainer [4] [delene] *vt* to remove wool from.

délaissé, e [delese] *adj* [époux] deserted; [ami] forsaken, neglected; [parc] neglected.

délaissement [delɛsmɑ̃] *nm* -**1.** *sout* [abandon - par un époux] desertion; [- par un ami] neglecting. -**2.** *sout* [désengagement - d'une activité] neglecting, dropping. -**3.** JUR [d'un bien] relinquishment; [d'un droit] relinquishment, renunciation.

délaisser [4] [delese] *vt* -**1.** [quitter - époux] to desert; [- ami] to neglect. -**2.** [ne plus exercer - temporairement] to neglect; [- définitivement] to give up *(sép)*. -**3.** JUR to relinquish.

délassant, e [delasɑ̃, ɑ̃t] *adj* [bain, lotion] relaxing, refreshing, soothing; [film] relaxing.

délassement [delasmɑ̃] *nm* -**1.** [passe-temps] way of relaxing. -**2.** [état] relaxation, rest.

délasser [3] [delase] *vt* [physiquement] to relax, to refresh, to soothe; [mentalement] to relax, to soothe.
◆ **se délasser** *vpi* to relax.

délateur, trice [delatœr, tris] *nm, f sout & péj* informer *péj*.

délation [delasjɔ̃] *nf sout* denouncing, informing; **mais ce serait de la ~!** but that would be tantamount to denunciation!

délavage [delavaʒ] *nm* -**1.** [d'un tissu] fading; [d'une aquarelle] toning down. -**2.** [de terres] soaking, waterlogging.

délavé, e [delave] *adj* [tissu] faded; [aquarelle] toned down; [terres] waterlogged.

Delaware [dəlawar] *npr m*: **le ~** Delaware.

délayage [delɛjaʒ] *nm* -**1.** [mélange - de farine, de poudre] mixing. -**2.** *fig & péj* [d'un exposé] toning down; [d'une idée] watering down; **faire du ~** to waffle *Br*, to spout off *Am*; **elle fait du ~ en attendant la liaison avec Moscou** she's filling in time while she waits for the Moscow link-up.

délayer [11] [deleje] *vt* -**1.** [diluer - poudre] to mix. -**2.** [une idée, un discours] to pad OU to spin out *(sép)*. -**3.** *péj* [affadir - exposé] to thin OU to water down *(sép)*.

Delco® [dɛlko] *nm* distributor AUT.

délectable [delɛktabl] *adj litt* delectable, delightful.

délectation [delɛktasjɔ̃] *nf litt* delight, delectation *litt*.

délecter [4] [delɛkte]
◆ **se délecter** *vpi litt*: **se ~ à qqch/à faire qqch** to take great delight in sthg/in doing sthg; **je me délecte à la regarder** I find her delightful to watch.

délégataire [delegatɛr] *nmf* delegatee.

délégateur, trice [delegatœr, tris] *nm, f* delegator.

délégation [delegasjɔ̃] *nf* -**1.** [groupe envoyé] delegation; **envoyé en ~** sent as a delegation. -**2.** [commission] commission. -**3.** [fait de mandater] delegation; **agir par ~ pour qqn** to act on the authority of OU as a proxy for sb ❑ **~ judiciaire** *delegation of powers to the commissaire de police by the Public Prosecutor's Department*; **~ de pouvoirs** delegation of powers; **~ de vote** proxy voting. -**4.** [dans des noms d'organismes] delegation. -**5.** RELIG: **~ apostolique** apostolic delegation.

délégué, e [delege] *nm, f* delegate; **~ apostolique** apostolic delegate; **~ de classe** *pupil elected to represent his class*, ≃ class rep; **~ des parents** parents' representative; **~ du personnel** staff representative; **~ syndical** union representative, shop steward.

déléguer [18] [delege] *vt* -**1.** [envoyer - groupe, personne] to delegate; **j'ai délégué mon oncle pour voter à ma place** I have asked my uncle to cast my vote. -**2.** [transmettre - pouvoir] to delegate; *(en usage abs)*: **il faut savoir ~** you must learn to delegate.

délestage [delɛstaʒ] *nm* -**1.** AÉRON & NAUT unballasting. -**2.** TRANSP relief; **itinéraire de ~** relief route; **opération de ~** scheme for relieving congestion. -**3.** ÉLECTR selective power cut.

délester [3] [delɛste] *vt* -**1.** *fam* [voler]: **~ qqn de** *hum* to relieve sb of. -**2.** [décharger]: **~ qqn d'une valise/d'une obligation** to relieve sb of a suitcase/of an obligation. -**3.** AÉRON & NAUT to unballast. -**4.** TRANSP to relieve traffic congestion on. -**5.** ÉLECTR [secteur] to cut off power from, to black out *(sép)*.
◆ **se délester de** *vp + prép* to get rid of.

délétère [deletɛr] *adj* -**1.** [gaz] noxious, deleterious. -**2.** *sout* [doctrine, pouvoir] deleterious, obnoxious.

délétion [delesjɔ̃] *nf* deletion BIOL.

Delhi [deli] *npr* Delhi.

délibérant, e [deliberɑ̃, ɑ̃t] *adj* [assemblée] deliberative.

délibératif, ive [deliberatif, iv] *adj* [fonction] deliberative.

délibération [deliberasjɔ̃] *nf* -**1.** [discussion] deliberation; **le projet sera mis en ~** the project will be debated; **après ~ du jury** after due deliberation by the jury. -**2.** [réflexion] deliberation, thinking; **après (mûre) ~** after careful consideration.
◆ **délibérations** *nfpl* [décisions] resolutions, decisions.

délibératoire [deliberatwar] *adj* deliberative.

délibéré, e [delibere] *adj* -**1.** [intentionné] deliberate, wilful. -**2.** [décidé] resolute, determined, thought-out.
◆ **délibéré** *nm* deliberation of the court; **mettre en ~** to adjourn for further deliberation.

délibérément [deliberemɑ̃] *adv* -**1.** [intentionnellement] deliberately, intentionally, wilfully. -**2.** [après réflexion] after thinking it over (long and hard), after due consideration.

délibérer [18] [delibere] *vi* -**1.** [discuter] to deliberate; **le jury ayant délibéré** after due deliberation by the jury; **~ de** to deliberate. -**2.** *litt* [réfléchir] to ponder, to deliberate.

délicat, e [delika, at] ◇ *adj* -**1.** [fragile - tissu] delicate; [- peau] sensitive; [- santé] delicate, frail; [- intestin, estomac] sensitive, delicate; [- enfant, plante] fragile. -**2.** [sensible - palais] discerning. -**3.** [subtil - forme, aquarelle, nuance, travail] delicate, fine; [- doigts, traits] delicate, dainty; [- mets, saveur] refined; [- odeur] delicate; **poser un vase d'un geste ~** to put down a vase delicately OU gently; **le ~ doigté du pianiste** the pianist's delicate OU light touch. -**4.** [difficile - situation] delicate, awkward, tricky; [- opération chirurgicale, problème] difficult, tricky; **c'est ~, je n'aurais pas voulu que cela se sache** it's tricky, I'd have preferred it to have remained a secret. -**5.** [courtois] thoughtful, considerate; **c'est un geste ~ que de téléphoner avant d'y aller** it's a considerate gesture to phone before going; **peu ~ avec ses parents** not very considerate towards his parents. -**6.** [difficile à contenter] fussy, particular; **être ~ sur un point d'honneur** to be particular about a point of honour; **être ~ sur la nourriture** to be fussy about one's food. -**7.** [scrupuleux - conscience, procédé] scrupulous; **elle est peu ~e en affaires** she's rather unscrupulous when it comes to business.
◇ *nm, f*: **faire le ~** [devant un mets] to be fussy; [devant le sang, la malhonnêteté] to be squeamish; **ne fais pas le ~, tu en as entendu bien d'autres!** don't act so shocked, you've heard worse than that in your life!; **quel petit ~!** what a sensitive soul!

délicatement [delikatmɑ̃] *adv* -**1.** [sans brusquerie - poser, toucher] delicately, gently; [- travailler, orner] delicately, daintily. -**2.** [agréablement et subtilement - peindre, écrire] delicately, finely; [- parfumer] delicately, subtly. -**3.** [avec tact] delicately, tactfully.

délicatesse [delikatɛs] *nf* -**1.** [subtilité - d'une saveur, d'un coloris] delicacy, subtlety; [- d'une dentelle, d'un geste, d'un visage] delicacy, fineness, daintiness; [- d'un travail artisanal] delicacy; [- d'une mélodie] subtlety; **avoir une grande ~ de goût** to have very refined tastes. -**2.** [fragilité - d'un tissu] delicate texture, fragility. -**3.** [honnêteté] scrupulousness, punctiliousness; **agir en affaires avec une grande ~** to be scrupulously honest in business. -**4.** [tact] delicacy, tact, tactfulness; **il n'en a rien dit, par ~** he kept quiet out of tact, he tactfully said nothing; **quelle ~!** how tactful! -**5.** [difficulté - d'une situation, d'une opération] delicacy, sensitiveness, trickiness.
◆ **délicatesses** *nfpl litt* [gestes aimables] kind attentions; **elle a eu des ~s à notre égard** she showed consideration towards us.

délice [delis] *nm* -**1.** [source de plaisir] delight; **c'est un ~** [mets, odeur] it's delicious; [d'être au soleil, de nager, de lire] it's sheer delight. -**2.** [ravissement] delight, (great) pleasure; **ses paroles**

la remplissaient de ~ his words filled her with delight.
◆ **délices** *nfpl* -**1.** [plaisirs] delights, pleasures; **les ~s de la campagne** the delights of the countryside; **faire les ~s de qqn** to delight sb, to give sb great pleasure; **faire ses ~s de qqch** to take delight in sthg, to enjoy sthg greatly. -**2.** CULIN: **~s de brebis** animelles *Br*, fry *Am*.
◆ **avec délices** *loc adv* with great pleasure, with delight.

délicieusement [delisjøzmɑ̃] *adv* -**1.** [agréablement] deliciously, delightfully, exquisitely; **elle était ~ parfumée** her perfume was delightful OU divine. -**2.** *(en intensif)*: **son repas était ~ bon** his meal was absolutely delicious; **~ bien**: **elle était ~ bien dans ses bras** she was wonderfully happy in his arms; **il peint ~ bien** he paints delightfully well.

délicieux, euse [delisjø, øz] *adj* -**1.** [qui procure du plaisir - repas, parfum, sensation] delicious; [- lieu, promenade, chapeau] delicious, lovely, delightful. -**2.** [qui charme - femme, geste] lovely, delightful; **votre sœur est délicieuse!** your sister's a delight (to be with)!

délictuel, elle [deliktɥɛl], **délictueux, euse** [deliktɥø, øz] *adj sout* criminal.

délié, e [delje] *adj* -**1.** [sans épaisseur - écriture] fine; [- cou] slender; **avoir la silhouette ~e** to be slender. -**2.** [agile - esprit] sharp; [- doigt] nimble, agile; **avoir la langue ~e** to be chatty.
◆ **délié** *nm* upstroke.

délier [9] [delje] *vt* -**1.** [dénouer - ruban] to untie; [- gerbe, bouquet] to undo; **déliez-lui les mains** untie his hands. -**2.** [rendre agile]: **un exercice pour ~ les jambes/les doigts** an exercise to loosen the leg muscles/the fingers; **pour lui ~ la langue** to make him talk; **le vin délie la langue** wine loosens the tongue. -**3.** [délivrer]: **~ qqn de** [promesse, engagement] to free OU to release sb from. -**4.** RELIG to absolve.
◆ **se délier** *vpt* [s'exercer]: **se ~ les jambes/les doigts** to relax one's leg muscles/one's fingers.
◆ **se délier de** *vp + prép* to release o.s. from; **se ~ d'une obligation** to free o.s. from an obligation.

délimitation [delimitasjɔ̃] *nf* -**1.** [fait de circonscrire - un terrain] demarcation, delimitation; [- un sujet, un rôle] defining, delineating, delimitation. -**2.** [limites] delimitation.

délimiter [3] [delimite] *vt* [espace, frontière] to demarcate, to delimit, to circumscribe; [sujet] to define, to delimit.

délinquance [delɛ̃kɑ̃s] *nf*: **la ~** criminality ❑ **la ~ juvénile** juvenile delinquency; **la petite ~** petty crime.

délinquant, e [delɛ̃kɑ̃, ɑ̃t] ◇ *adj* delinquent.
◇ *nm, f* offender; **~ primaire** first offender.

déliquescence [delikesɑ̃s] *nf* -**1.** CHIM deliquescence. -**2.** [déclin] gradual decay, creeping rot.
◆ **en déliquescence** ◇ *loc adj* declining, decaying.
◇ *loc adv*: **tomber en ~** to be on the decline, to fall into decline.

déliquescent, e [delikesɑ̃, ɑ̃t] *adj* -**1.** CHIM deliquescent. -**2.** [déclinant] declining, decaying, decrepit.

délirant, e [delirɑ̃, ɑ̃t] *adj* -**1.** [malade] delirious; **fièvre ~e** delirious fever. -**2.** *fam* [insensé - accueil, foule] frenzied, tumultuous; [- imagination] frenzied, wild; [- luxe, prix] unbelievable, incredible; **c'est ~ de travailler dans de telles conditions** working in such conditions is sheer madness OU lunacy.

délire [delir] *nm* -**1.** MÉD delirium, delirious state; **avoir le ~** to be delirious OU raving ❑ **~ de grandeur** PSYCH delusions of grandeur; **~ de persécution** persecution mania. -**2.** [incohérences]: **un ~ d'ivrogne** a drunkard's ravings. -**3.** *fam loc*: **c'est le OU du ~**: **partout où il se produit, c'est le OU du ~** wherever he performs, audiences go wild OU crazy; **sa nouvelle collection, c'est du ~ total** his new collection is out of this world; **demander aux gens de payer 50 % en plus, c'est du ~!** asking people to pay 50% over the odds is stark staring madness!; **ce n'est plus de la mise en scène, c'est du ~!** it's no longer stage production, it's sheer madness!
◆ **en délire** *loc adj* delirious, ecstatic; **des supporters en ~** delirious OU frenzied supporters.

délirer [3] [delire] *vi* [malade] to be delirious, to rave; **tu délires!** *fig* you're out of your mind!

delirium tremens [delirjɔmtremɛ̃s] *nm inv* delirium tremens; **avoir une crise de ~** to have an attack of delirium tremens.

délit [deli] *nm* -**1.** JUR [infraction] (nonindictable) offence *Br*, misdemeanor *Am*; **~ d'adultère** adultery; **~ civil** tort; **~ de fuite** failure to report an accident; **être incarcéré pour ~ d'opinion** to be put in prison because of one's beliefs; **~ de presse** violation of the press laws. -**2.** BOURSE: **~ d'initié** insider trading OU dealing.

déliter [3] [delite] *vt* MIN to split.
◆ **se déliter** *vpi* -**1.** GÉOL to exfoliate. -**2.** *litt* [se désagréger] to crumble.

délitescence [delitesɑ̃s] *nf* -**1.** MÉD delitescence. -**2.** CHIM efflorescence.

délitescent, e [delitesɑ̃, ɑ̃t] *adj* efflorescent.

délivrance [delivrɑ̃s] *nf* -**1.** *litt* [libération - d'une ville] liberation, deliverance; [- d'un captif] release. -**2.** [soulagement] relief; **attendre la ~** *euph* to await death as a release from pain. -**3.** [d'un visa, d'un certificat] issue; **~ d'un brevet** issue of a patent. -**4.** MÉD expulsion OU birth of the afterbirth.

délivrer [3] [delivre] *vt* -**1.** [libérer - prisonnier] to release, to (set) free; **~ le peuple** to set the people free. -**2.** [soulager] to relieve; **se sentir délivré** to feel relieved; **ainsi délivré de ses incertitudes, il décida de...** thus freed from doubt, he decided to...; **rien ne pouvait la ~ de la jalousie** *litt* nothing could release her from jealousy. -**3.** [visa, titre] to deliver, to issue; [ordonnance, autorisation] to give, to issue. -**4.** [faire parvenir - paquet, courrier] to deliver; [- signal] to put out *(sép)*.

déloger [17] [delɔʒe] ◇ *vt* -**1.** [congédier - locataire] to throw OU to turn out *(sép)*, to oust; **après trois ans, comment ~ les locataires?** after three years, how do you get the tenants out? -**2.** [débusquer - lapin] to start.
◇ *vi* -**1.** [décamper] to move out (hurriedly); **allez, déloge!** *fam* [pousse-toi] come on, move (out of the way)!; **il finira bien par ~** he'll clear off eventually; **faire ~ qqn** to throw sb out, to get sb to move. -**2.** *Belg* [découcher] to sleep out; **il a délogé hier** he didn't come home last night.

Délos [delos] *npr* Delos; **à ~** on Delos.

déloyal, e, aux [delwajal, o] *adj* -**1.** [infidèle - ami] disloyal, unfaithful, untrue *litt*. -**2.** [malhonnête - concurrence] unfair; [- méthode] dishonest, underhand; [- coup] foul, below-the-belt.

déloyalement [delwajalmɑ̃] *adv* disloyally, unfairly, in an underhand manner.

déloyauté [delwajote] *nf* -**1.** [caractère perfide] disloyalty, treacherousness. -**2.** [action] disloyal act, betrayal; **commettre une ~ envers qqn** to play sb false, to be disloyal to sb; **les petites ~s finissent par tuer l'amour** petty betrayals eventually spell the death of love.

Delphes [dɛlf] *npr* Delphi.

delphinium [dɛlfinjɔm] *nm* delphinium.

delphinologie [dɛlfinɔlɔʒi] *nf* (scientific) study of dolphins.

delta [dɛlta] ◇ *nm inv* [lettre] delta; **en ~** delta-shaped.
◇ *nm* GÉOG: **~ (littoral)** delta; **le ~ du Nil** the Nile Delta.

deltaïque [dɛltaik] *adj* deltaic, delta *(modif)*.

deltaplane [dɛltaplan] *nm* -**1.** [véhicule] hang-glider. -**2.** [activité] hang-gliding; **faire du ~** to go hang-gliding.

deltoïde [dɛltɔid] *adj* & *nm* ANAT deltoid.

déluge [delyʒ] *nm* -**1.** [averse] downpour, deluge. -**2.** BIBLE: **le Déluge** the Flood ❑ **ça remonte au ~** *fam* it's ancient history; **ne remonte pas au ~!** *fam* [en racontant une histoire] give us the short version!; **après moi le ~!** *allusion Madame de Pompadour* what happens when I'm gone is none of my concern! -**3.** [abondance - de paroles, de larmes, de plaintes] flood, deluge; [- de coups] shower; **je reçois un ~ de publicités par la poste** I'm inundated with junk mail; **le standard est submergé par un ~ d'appels** the switchboard is deluged with calls.

déluré, e [delyre] ◇ *adj* -**1.** [malin - enfant, air] quick, sharp, resourceful. -**2.** *péj* [effronté - fille] forward, brazen.
◇ *nm, f*: **un petit ~** a smart kid; **une petite ~e** a brazen little thing.

délurer [3] [delyre] *vt* -**1.** *litt* [éveiller] to awaken to the world around. -**2.** [dévergonder]: **~ qqn** to open sb's eyes.
◆ **se délurer** *vpi* -**1.** [devenir éveillé] to wake up *fig*, to become aware. -**2.** [se dévergonder] to become too forward; **vers 14 ans, ils se délurent** when they're about 14 they start learning the ways of the world.

délustrage [delystraʒ] *nm* taking the lustre OU gloss off TEX.

délustrer [3] [delystre] *vt* to take the lustre OU gloss off TEX.

démagnétisation [demaɲetizasjɔ̃] *nf* -**1.** [d'une bande, d'une carte] demagnetization. -**2.** NAUT degaussing.

démagnétiser [3] [demaɲetize] *vt* -**1.** [carte] to demagnetize. -**2.** NAUT to degauss.
◆ **se démagnétiser** *vpi* to become demagnetized.

démagogie [demagɔʒi] *nf* demagogy, demagoguery.

démagogique [demagɔʒik] *adj* demagogic, demagogical.

démagogue [demagɔg] ◇ *adj* demagogic, rabble-rousing; **ils sont très ~s** they're real rabble-rousers.
◇ *nmf* demagogue.

démaillage [demajaʒ] *nm* -**1.** [d'un tricot] undoing, unravelling. -**2.** NAUT unlinking.

démailler [3] [demaje] *vt* -**1.** [défaire - tricot] to undo, to unravel; [- chaîne] to unlink. -**2.** PÊCHE to take out of the net.
◆ **se démailler** *vpi* [tricot] to unravel, to fray, to come undone.

démailloter [3] [demajɔte] *vt* [bébé] to take the nappy *Br* OU diaper *Am* off, to change; [doigt blessé] to take the bandage off; [momie] to unwrap.

demain [dəmɛ̃] *adv* -**1.** [lendemain] tomorrow; **~ matin/après-midi** tomorrow morning/afternoon; **~ soir** tomorrow evening OU night; **à partir de ~** as from tomorrow, from tomorrow on, starting tomorrow; **pendant la journée de ~** tomorrow; **les journaux de ~** tomorrow's papers; **c'est ~ le grand jour** tomorrow's the big day; **~ en huit** a week tomorrow, tomorrow week *Br*; **~ en quinze** two weeks tomorrow; **avance, on ne va pas rester là jusqu'à ~!** *fam*, **avance, sinon on y sera encore ~!** *fam fig* come on, let's not stay here all night! ❑ **~ il fera jour** tomorrow is another day; **~ on rase OU rasera gratis** *hum* tomorrow never comes *loc*; **ce n'est pas ~ la veille** it's not going to happen overnight OU in a hurry; **ce n'est pas ~ la veille que le système changera** the system's not going to change overnight; **ce n'est pas pour ~**: **l'égalité des salaires n'est pas pour ~** equal pay isn't just around the corner; **il ne faut pas remettre à ~ ce que l'on peut faire le jour même** *prov* never put off till tomorrow what you can do today *prov*. -**2.** [à l'avenir] in the future; **et si ~ ils nous déclaraient la guerre?** what if in the future OU at some future point they were to declare war on us?
◆ **à demain** *loc interj*: **salut, à ~!** bye, see you tomorrow!

◆ **de demain** *loc adj* [futur]: les architectes/écoles de ~ the architects/schools of tomorrow.

démanché, e [demɑ̃ʃe] *adj* [outil] handleless, with no handle.

◆ **démanché** *nm* shift MUS.

démanchement [demɑ̃ʃmɑ̃] *nm* -**1.** [d'un membre] dislocation. -**2.** [d'un outil] removal of the handle.

démancher [3] [demɑ̃ʃe] *vt* [couteau, marteau] to remove the handle of; [lame] to work out of its handle.

◆ **se démancher** *vpi* -**1.** [balai] to lose its handle, to work loose in the handle. -**2.** *fam* [se démener]: se ~ pour obtenir qqch to move heaven and earth OU to bust a gut to get sthg.

demande [dəmɑ̃d] *nf* -**1.** [requête] request; ~ d'argent request for money; adresser toute ~ de renseignements à... send all inquiries to...; accéder à/refuser une ~ to grant/to turn down a request ❑ ~ en mariage (marriage) proposal; faire sa ~ (en mariage) (auprès de qqn) to propose (to sb); ~ de rançon ransom demand. -**2.** ADMIN & COMM application; faire une ~ de bourse/visa to apply for a scholarship/visa; ~ d'indemnité claim for compensation; remplir une ~ to fill in an application (form) ❑ ~ d'emploi job application; '~s d'emploi' 'situations wanted'. -**3.** ÉCON demand; ~ excédentaire excess demand; la ~ des consommateurs consumer demand; la ~ croissante de magnétoscopes the increasing demand for video-recorders; il y a une forte ~ de traducteurs translators are in great demand, translators are very much sought after. -**4.** JUR: ~ en justice petition; ~ en renvoi request for transfer of a case (to another court). -**5.** [expression d'un besoin] need; la ~ doit venir du patient lui-même the patient must express a need; donne-lui de la tendresse, car il y a une ~ de sa part be loving to him, he's in need of it.

◆ **à la demande** *loc adj & adv* on demand.

◆ **à la demande générale** *loc adv* by popular request.

demandé, e [dəmɑ̃de] *adj* sought-after, in demand; le modèle B est très ~ model B is in great demand, demand for model B is high.

demander [3] [dəmɑ̃de] *vt* -**1.** [solliciter - rendez-vous, conseil, addition] to ask for *(insép)*, to request; ~ un congé to ask for leave; le cuisinier a demandé son samedi the cook has asked to have Saturday off; qu'as-tu demandé pour Noël? what did you ask for for Christmas?; ~ l'aumône OU la charité to ask for charity, to beg for alms; je ne demande pas la charité *fig* I'm not asking for any favours; ~ une faveur OU un service à qqn to ask sb a favour; ~ le divorce to petition OU to file for divorce; ~ la main de qqn to ask for sb's hand (in marriage); ~ qqn en mariage to propose to sb; ~ grâce to ask OU to beg for mercy; ~ pardon to apologize; je te demande pardon I'm sorry; il m'a demandé pardon de sa conduite he apologized to me for his behaviour; je vous demande pardon, mais c'est ma place I beg your pardon, but this is my seat; je vous demande pardon? (I beg your) pardon?; ~ qqch à qqn: ~ un délai à son éditeur to ask one's publisher for more time; ~ audience à qqn to request an audience with sb; je ne t'ai jamais demandé quoi que ce soit I never asked you for anything; ~ à qqn de faire: il m'a demandé de lui prêter ma voiture he asked me to lend him my car; ne me demande pas de m'en réjouir don't ask OU expect me to be pleased about it || *(en usage abs)*: il suffisait de ~ you only had to OU all you had to do was ask. -**2.** [exiger - indemnité, dommages] to claim, to demand; [- rançon] to demand, to ask for; nous demandons de meilleures conditions de travail we want OU we're asking for better working conditions; ~ l'impossible to ask for the impossible; ~ justice to demand justice OU fair treatment; ~ qqch à qqn to ask sthg of sb; je ne peux pas faire ce que vous me demandez I can't do what you're asking of me; que demande un citoyen à l'État? what does a citizen ask of the State?; il ne demandait pas beaucoup à la vie he didn't ask much of life; en ~: il ne faut pas trop m'en ~/lui en ~ you mustn't ask too much of me/him; il en demande 500 F he wants OU he's asking 500 F for it; ~ que: tout ce que je demande, c'est qu'on me laisse seul all I want OU ask is to be left alone ❑ qui ne demande rien n'a rien if you don't ask, you don't get; ~ la lune to ask for the moon; je ne demande que ça OU pas mieux! I'm OU I'll be only too pleased!; elle ne demande pas mieux que de t'héberger she'll be only too pleased to put you up; tu es riche et célèbre, que demande le peuple? *fam* you're rich and famous, what more do you want? -**3.** [réclamer la présence de - gén] to want; [- médecin] to send for *(insép)*, to call (for); [- prêtre] to ask for *(insép)*; on te demande au téléphone/aux urgences you're wanted on the telephone/in casualty; il y a une demoiselle qui vous demande there's a young lady wanting to see you || [au téléphone]: qui demandez-vous? who would you like to speak to?; demandez-moi le siège à Paris/M. Blanc get me the head office in Paris/Mr Blanc. -**4.** [chercher à savoir] to ask; ~ qqch à qqn: ~ l'heure à qqn to ask sb the time; ~ son chemin à qqn to ask sb for directions; je lui ai demandé la raison de son départ I asked her why she (had) left; il y a des choses qu'il vaut mieux ne pas ~ some things are better left unasked, there are some things one had better not ask; ~ des nouvelles de qqn to ask after sb; j'ai demandé de tes nouvelles à Marie I asked for news of you from Marie, I asked Marie about you; demande-lui comment il s'appelle et d'où il vient ask him what his name is and where he comes from; je lui demanderai s'il peut t'aider I'll ask him whether he can help you || *(en usage abs)*: demandez à votre agent de voyages ask your travel agent; on ne t'a rien demandé (à toi)! nobody asked YOU!, nobody asked for YOUR opinion! ❑ je ne te demande pas l'heure qu'il est *fam*, est-ce que je t'ai demandé si ta grand-mère fait du vélo?▽ mind your own business!, who asked your opinion?; à quoi servent les flics, je vous le demande *fam* OU je vous demande un peu! *fam* what are the police for, I ask you?; il avait tout peint en noir, je te demande un peu! *fam* he'd painted everything black, can you believe it! -**5.** [faire venir - ambulance] to send for *(sép)*, to call (for); ~ un taxi to call a cab. -**6.** [chercher à recruter - vendeur, ingénieur] to want, to require; 'on demande un livreur' 'delivery boy wanted OU required'; on demande beaucoup de secrétaires there's a great demand for secretaries, secretaries are in great demand. -**7.** [nécessiter] to need, to require, to call for *(insép)*; cela demande une patience que je n'ai pas this requires OU needs the kind of patience I don't have; cela demande une explication this calls for an explanation; ça demande réflexion it needs thinking about, it needs some thought; cette plante demande un arrosage quotidien this plant needs to be watered every day; une manipulation qui demande une grande précision an experiment that calls for the utmost precision; ce livre a demandé beaucoup de recherches the writing of this book required much research.

◆ **demander à** *v + prép* to ask to; je n'ai pas demandé à naître I never asked to be born; il demande à voir le chef de rayon he wants to see the department supervisor; je demande à voir! *fam* I'll believe this when I see it! ❑ je ne demande qu'à vous embaucher/aider I'm more than willing to hire/help you; ce pauvre petit ne demande qu'à vivre this poor little mite's only asking for a chance to live.

◆ **demander après** *fam v + prép*: il demande après toi [il te réclame] he's asking for you; ils ont demandé après toi [pour avoir de tes nouvelles] they asked how you were OU after you.

◆ **se demander** ◇ *vp (emploi passif)*: cela ne se demande pas! need you ask! *iron.*

◇ *vpi* to wonder, to ask o.s.; je me demande où j'ai bien pu le mettre I wonder where I can have possibly put it; on est en droit de se ~ pourquoi/comment/si... one may rightfully ask o.s. why/how/whether...

◆ **sans demander son compte, sans demander son reste** *loc adv* [partir] without further ado, without so much as a by-your-leave *hum*; il s'est enfui sans ~ son reste he ran off without so much as a by-your-leave *hum.*

demandeur[1], **eresse** [dəmɑ̃dœr, drɛs] *nm, f* plaintiff, complainant; ~ en appel appellant.

demandeur[2], **euse** [dəmɑ̃dœr, øz] ◇ *nm, f* -**1.** TÉLÉC caller; ~, parlez you're through, caller. -**2.** ADMIN: ~ d'emploi job seeker; je suis ~ d'emploi I'm looking for a job; mesures pour les ~s d'emploi measures for those seeking work OU employment.

◇ *adj*: les Français sont très ~s de ce produit there is an enormous demand for this product in France.

démangeaison [demɑ̃ʒɛzɔ̃] *nf* -**1.** [irritation] itch; j'ai des ~s partout I'm itching all over; donner des ~s à qqn to make sb itch; où ressentez-vous cette ~? where does it OU do you itch? -**2.** *fam* [envie] itch; j'ai des ~s de le frapper I'm itching to hit him.

démanger [17] [demɑ̃ʒe] *vt* to itch, to be itching; ce pull me démange that pullover makes me itch; la langue le OU lui démangeait *fam fig* he was itching OU dying to say something; ça la OU lui démangeait de dire la vérité she was itching OU dying to tell the truth.

démantèlement [demɑ̃tɛlmɑ̃] *nm* -**1.** [démolition] demolition, pulling OU taking to pieces. -**2.** [éclatement] breaking up, dismantling.

démanteler [25] [demɑ̃tle] *vt* -**1.** [démolir - rempart] to demolish, to tear down *(sép)*. -**2.** [désorganiser - réseau, secte] to break up *(sép)*; [- entreprise, service] to dismantle.

démantibuler [3] [demɑ̃tibyle] *vt* to demolish, to take to bits OU pieces.

◆ **se démantibuler** *fam vpi* [se rompre] to fall apart, to come to pieces.

démaquillage [demakijaʒ] *nm* make-up removal; le ~ dure deux heures it takes two hours to remove OU to take off the make-up; gel/lotion pour le ~ des yeux eye-make-up removing gel/lotion.

démaquillant, e [demakijɑ̃, ɑ̃t] *adj*: crème/lotion ~e cleansing cream/lotion.

◆ **démaquillant** *nm* cleanser, make-up remover; ~ pour les yeux eye-make-up remover.

démaquiller [3] [demakije] *vt* to remove the make-up from.

◆ **se démaquiller** *vp (emploi réfléchi)* to remove OU to take off one's make-up; se ~ les yeux to remove one's eye-make-up.

démarcatif, ive [demarkatif, iv] *adj* demarcating.

démarcation [demarkasjɔ̃] *nf* -**1.** [limite] demarcation, dividing line. -**2.** [fait de démarquer] boundary-defining, demarcating.

démarchage [demarʃaʒ] *nm* COMM door-to-door selling; faire du ~ à domicile to do door-to-door selling; '~ interdit' 'no hawkers' ❑ ~ électoral POL canvassing.

démarche [demarʃ] *nf* -**1.** [allure] gait, walk; avoir une ~ gracieuse to have a graceful gait, to walk gracefully. -**2.** [initiative] step, move; faire toutes les ~s nécessaires to take all the necessary steps; faire une ~ auprès de la direction to approach the management; ~s administratives/juridiques administrative/legal procedures. -**3.** [approche] approach; ~ intellectuelle/philosophique intellectual/philosophical approach; trois ~s différentes à partir d'un même sujet three different ways of approaching OU tackling the same subject.

démarcher [3] [demarʃe] *vt* [client, entreprise] to visit.

démarcheur, euse [demarʃœr, øz] *nm, f* COMM door-to-door salesman (*f* saleswoman).

démarquage [demarkaʒ] *nm* -**1.** COMM markdown, marking down. -**2.** [fait d'ôter la marque]: **le ~ des vêtements** [après un changement de propriétaire] removing (the) labels from clothes; [pour les vendre moins cher] removing the designer labels from clothes. -**3.** [plagiat] copying, plagiarizing; **la pièce n'est qu'un habile ~** the play is nothing but a clever copy. -**4.** SPORT: **le ~ d'un joueur** escaping from a marker.

démarque [demark] *nf* -**1.** COMM marking down, markdown; **~ inconnue** pilfering, shrinkage. -**2.** SPORT freeing.

démarquer [3] [demarke] ◇ *vt* -**1.** [enlever la marque de]: **~ des vêtements** to remove the designer labels from clothes. -**2.** COMM to mark down (*sép*). -**3.** SPORT to free. -**4.** [plagier] to copy, to plagiarize.
◇ *vi* [cheval] to lose mark of mouth.
◆ **se démarquer** *vp* (*emploi réfléchi*) SPORT to shake off one's marker.
◆ **se démarquer de** *vp* + *prép* to distinguish o.s. OU to be different from.

démarrage [demaraʒ] *nm* -**1.** AUT & MÉCAN [mouvement] moving off; **~ en trombe** shooting off ‖ [mise en marche] starting; **le ~ de la voiture** starting the car; **~ en côte** hill-start. -**2.** [commencement] start; **le ~ d'une campagne publicitaire** the start of an advertising campaign. -**3.** SPORT kick. -**4.** NAUT casting off, unmooring.

démarrer [3] [demare] ◇ *vt* to start; **on a démarré cette affaire avec très peu d'argent** we started this business with very little money.
◇ *vi* -**1.** AUT & MÉCAN [se mettre à fonctionner] to start (up); [s'éloigner] to move off; **~ au quart de tour** to start first time. -**2.** [débuter] to start; **le feuilleton démarre le 18 mars** the series starts on March 18th. -**3.** [dans une progression - économie] to take off, to get off the ground; **les ventes ont bien démarré** sales have got off to a good start; **l'association a mis du temps à ~** the association got off to a slow start. -**4.** SPORT [coureur] to kick. -**5.** NAUT to cast off, to unmoor. -**6.** *fam* [s'en aller] to shift *Br*, to budge; **je ne démarrerai pas d'ici tant que tu ne m'auras pas dit la vérité** I'm not moving OU budging from here until you've told me the truth.

démarreur [demarœr] *nm* starter; **~ automatique** self-starter.

démasquer [3] [demaske] *vt* -**1.** [ôter le masque de] to unmask. -**2.** [confondre - traître, menteur] to unmask, to expose. -**3.** [dévoiler - hypocrisie] to unmask, to reveal. -**4.** *loc*: **~ ses batteries** *pr* to unmask one's guns; *fig* to show one's hand.
◆ **se démasquer** *vp* (*emploi réfléchi*) -**1.** [ôter son masque] to take off one's mask, to unmask o.s. -**2.** *fig* to throw off OU to drop one's mask.

démastiquer [3] [demastike] *vt* to remove the putty from.

dématage [demataʒ] *nm* dismasting.

démâter [3] [demate] ◇ *vt* to dismast.
◇ *vi* to lose its mast OU masts, to be dismasted.

dématérialisation [dematerjalizasjɔ̃] *nf* annihilation NUCL.

démazouter [3] [demazute] *vt* to remove fuel oil from.

démêlage [demɛlaʒ] *nm* [des cheveux] disentangling, untangling.

démêlant, e [demɛlɑ̃, ɑ̃t] *adj* [baume] conditioning.
◆ **démêlant** *nm* hair conditioner.

démêlé [demele] *nm* [querelle, dispute] quarrel; **~s** problems, trouble; **avoir des ~s avec qqn** to have a bit of trouble OU a few problems with sb; **elle a eu des ~s avec l'administration** she's had some trouble OU problems with the authorities.

démêlement [demɛlmɑ̃] = **démêlage**.

démêler [4] [demele] *vt* -**1.** [cheveux] to untangle, to disentangle, to comb out (*sép*); [nœud, filet] to disentangle, to untangle. -**2.** [éclaircir - mystère, affaire] to clear up (*sép*), to disentangle, to see through (*insép*); **~ les intentions de qqn** to fathom (out) sb's intentions; **~ la vérité du mensonge** OU **le vrai du faux** to disentangle truth from falsehood, to sift out the truth from the lies. -**3.** *litt*: **avoir quelque chose à ~ avec qqn** to have a bone to pick with sb.
◆ **se démêler** *vp* (*emploi passif*) [cheveux] to comb out, to be disentangled; **ses cheveux se démêlent tout seuls** his hair combs out beautifully.
◆ **se démêler de** *vp* + *prép vieilli* to extricate o.s. from; **se ~ de ses affaires de famille** to extricate o.s. from one's family problems.

démêloir [demɛlwar] *nm* large-toothed comb.

démembrement [demɑ̃brəmɑ̃] *nm* -**1.** [partage] dismemberment, breaking up, carving up. -**2.** JUR: **~ de la propriété** division of inherited property (*between heirs*).

démembrer [3] [demɑ̃bre] *vt* -**1.** [dépecer - carcasse] to dismember. -**2.** [désorganiser - association] to carve OU to split up (*sép*), to dismantle.

déménagement [demenaʒmɑ̃] *nm* -**1.** [changement de domicile] move; **c'est mon quatrième ~** it's my fourth move, it's the fourth time I've moved (house *Br*); **on les a aidés à faire leur ~** we helped them move house *Br* OU to move □ **camion de ~** removal *Br* OU moving *Am* van; **entreprise de ~** removal company OU firm *Br*, mover *Am*; **prime de ~** relocation allowance OU expenses. -**2.** [déplacement des meubles]: **le ~ du salon est fini** we've finished moving the furniture out of the living room. -**3.** [mobilier] furniture; **le ~ est arrivé** the furniture has arrived.

déménager [17] [demenaʒe] ◇ *vt* [salon] to move the furniture out of, to empty of its furniture; [piano, meubles] to move, to remove *Br*; **j'ai tout déménagé dans ma chambre** I moved everything into my bedroom.
◇ *vi* -**1.** [changer de maison] to move (house *Br*); **~ d'une maison** to move out of a house □ **~ à la cloche de bois** *fam* to do a moonlight flit *Br*, to fly the coop. -**2.** [changer de lieu] to move. -**3.** *fam* [partir] to clear off; **il est dans mon bureau? je vais le faire ~ vite fait!** in my office, is he? I'll have him out of there in no time! -**4.** ▽ [déraisonner] to be off one's nut OU rocker. -**5.** ▽ [faire de l'effet]: **t'as vu la blonde? elle déménage!** did you see that blonde? she's a knockout!; **un rock'n roll qui déménage** a mind-blowing rock'n roll number.

déménageur [demenaʒœr] *nm* -**1.** [ouvrier] removal man *Br*, (furniture) mover *Am*; [entrepreneur] furniture remover *Br*, mover *Am*. -**2.** *fam* [homme] great hulk (of a man); **ses gardes du corps, c'est des vrais ~s** his bodyguards are built like barn doors.

déménageuse [demenaʒøz] *nf Helv* removal van.

démence [demɑ̃s] *nf* -**1.** [gén] insanity, madness. -**2.** MÉD dementia; **~ précoce** dementia praecox; **~ présénile** presenile dementia. -**3.** *fam* [conduite déraisonnable]: **c'est de la ~!** it's madness!

démener [19] [demne]
◆ **se démener** *vpi* -**1.** [s'agiter] to thrash about, to struggle; **se ~ comme un beau diable** to thrash about, to struggle violently. -**2.** [faire des efforts]: **se ~ pour** to exert o.s. OU to go out of one's way (in order) to; **il faut se ~ pour trouver un emploi** you have to put yourself out if you want to find a job; **je me suis démenée pour le retrouver** I went to great lengths to find him.

dément, e [demɑ̃, ɑ̃t] ◇ *adj* -**1.** [gén] mad, insane. -**2.** MÉD demented. -**3.** *fam* [remarquable] fantastic, terrific, ace. -**4.** *fam péj* [inacceptable] incredible, unbelievable; **c'est ~, tout ce qu'on lui demande de faire!** the amount she's being asked to do is sheer lunacy!
◇ *nm, f* MÉD dementia sufferer, demented person.

démenti [demɑ̃ti] *nm* denial; **publier un ~** to print a denial; **opposer un ~ formel à une rumeur** to deny a rumour categorically; **le témoignage reste sans ~** the testimony remains uncontradicted.

démentiel, elle [demɑ̃sjɛl] *adj* -**1.** PSYCH insane. -**2.** MÉD dementia (*modif*). -**3.** [excessif, extravagant] insane *fig*.

démentir [37] [demɑ̃tir] *vt* -**1.** [contredire - témoin] to contradict. -**2.** [nier - nouvelle, rumeur] to deny, to refute; **les autorités démentent avoir envoyé des troupes** the authorities deny having sent troops; **son regard démentait ses paroles** the look in his eyes belied his words.
◆ **se démentir** *vpi*: **son amitié pour moi ne s'est jamais démentie** his friendship has been unfailing; **des méthodes dont l'efficacité ne s'est jamais démentie** methods that have proved consistently efficient.

démerdard, e▽ [demɛrdar, ard] ◇ *adj*: **toi qui es ~, trouve-nous des places pour demain soir** you always seem to be able to wangle this kind of thing, find us some seats for tomorrow night; **il est ~, il s'en sortira** he's always got some trick up his sleeve, he'll make it; **il n'est pas ~ pour deux sous** he hasn't got a clue.
◇ *nm, f*: **c'est un sacré ~** [il est ingénieux] he's a shrewd customer OU a clever bugger *Br*; [il sait se tirer d'un mauvais pas] he can always wriggle his way out of a tricky situation.

démerder [3] [demɛrde]
◆ **se démerder**▽ *vpi* to get by, to manage; **il se démerde pas mal pour un débutant** he's not bad for a beginner; **t'inquiète pas, je me démerderai** don't worry, I'll manage somehow; **tu devras te ~ sans moi** you'll have to get along without me; **et moi, comment je vais me ~?** and how the hell am I supposed to cope?

démérite [demerit] *nm litt* fault, flaw, demerit *litt*; **il n'y a aucun ~ à avoir agi ainsi** there's nothing wrong in having acted this way.

démériter [3] [demerite] *vi sout* [s'abaisser]: **~ aux yeux de qqn** to come down in sb's esteem; **il n'a jamais démérité** he has never proved unworthy of the trust placed in him; **il n'a démérité en rien** he has incurred no blame, he has in no way demeaned himself.

démesure [deməzyr] *nf* [d'un personnage] excessiveness, immoderation; [d'une passion, d'une idée] outrageousness; **donner dans la ~** to (tend to) be excessive; **la ~ absurde de ses projets** the absurdity of his grandiose projects.

démesuré, e [deməzyre] *adj* -**1.** [énorme - empire] vast, enormous; **d'une longueur ~e** interminable. -**2.** [exagéré - orgueil] immoderate, inordinate; [- appétit] huge, gross; **cette affaire a pris une importance ~e** this affair has been blown up out of all proportion.

démesurément [deməzyremɑ̃] *adv* excessively, immoderately, inordinately; **la plante avait poussé ~** the plant had grown inordinately tall; **des yeux ~ ouverts** eyes as round as saucers.

Déméter [demetɛr] *npr* Demeter.

Démétrios [demetrijos] *npr* Demetrius.

démettre [84] [demɛtr] *vt* -**1.** MÉD [os, bras] to dislocate, to put out of joint. -**2.** [destituer] to dismiss; **~ qqn de ses fonctions** to dismiss sb from his duties.
◆ **se démettre** ◇ *vpt*: **se ~ le poignet** to dislocate one's wrist, to put one's wrist out of joint.
◇ *vpi* to resign, to hand in one's resignation; **se ~ de son poste** [directeur] to resign one's post OU from one's job; [député, président] to resign from office.

démeubler [5] [demøble] *vt* to remove the furniture from; **la pièce est un peu démeublée** the room looks rather bare.

demeurant [dəmœrɑ̃]
◆ **au demeurant** *loc adv* [du reste] for all that, notwithstanding; **photographe de talent et très joli garçon au ~** a talented photographer and very good-looking with it.
demeure [dəmœr] *nf* -**1.** [maison] residence. -**2.** *sout* [domicile] dwelling-place, abode. -**3.** JUR delay; **mettre qqn en ~ de payer** to give sb notice to pay; **mettre qqn en ~ de témoigner/de s'exécuter** to order sb to testify/to comply.
◆ **à demeure** *loc adv*: **il s'est installé chez elle à ~** he moved in with her permanently OU for good.
demeuré, e [dəmœre] ◇ *adj* half-witted, backward.
◇ *nm, f* half-wit.
demeurer [5] [dəmœre] *vi* -**1.** [rester - dans tel état] *(aux être)* to remain; **~ silencieux/inconnu** to remain silent/unknown; **en ~ là: l'affaire en est demeurée là** the matter rested there; **il vaut mieux en ~ là pour aujourd'hui** we'd better leave it at that for today. -**2.** [subsister] *(aux être)* to remain, to be left; **peu de traces demeurent** there are few traces left; **~ à qqn** [rester sa propriété] to be left to sb; **cette épée nous est demeurée de notre père** this sword was left to us by our father. -**3.** *sout* [habiter] *(aux avoir)* to live, to stay; **où demeuriez-vous alors?** where were you living then?; **il demeure toujours à la même adresse** he's still living at the same address.
demi, e [dəmi] ◇ *adj inv (devant le n, avec trait d'union)* -**1.** [moitié de] half; **une ~-pomme** half an apple; **plusieurs ~-pommes** several halves of apple; **une ~-livre de pommes** a half-pound of OU half a pound of apples. -**2.** [incomplet]: **cela n'a été qu'un ~-succès** it wasn't a complete OU it was only a partial success.
◇ *nm, f* [moitié] half; **j'achète un pain? — non, un ~** shall I buy a loaf? — no, just (a) half.
◆ **demi** *nm* -**1.** [bière]: **~ (de bière)** ≃ half *Br*, ≃ half-pint *Br*; **prends deux ~s** get two half-pints OU two halves. -**2.** SPORT: **~ droite** FTBL right half OU halfback; **~ de mêlée** RUGBY scrum half; **~ d'ouverture** RUGBY fly OU stand-off half. -**3.** *Helv* [vin] *half a litre of wine.*
◆ **demie** *nf*: **la ~e** half past; **à la ~e de chaque heure** every hour on the half hour, at half past every hour; **on va attendre la ~e** we'll wait till half past; **à la ~e de 4 h** at half past 4; **je te rappelle à la ~e** I'll call you back at half past.
◆ **à demi** *loc adv* -**1.** *(avec un adj)*: **à ~ mort** half-dead; **être à ~ convaincu** to be half-convinced; **bûche à ~ consumée** half-burnt log. -**2.** *(avec un v)*: **ouvrir la porte à ~** to half-open the door; **faire les choses à ~** to do things by halves.
◆ **et demi, et demie** *loc adj* -**1.** [dans une mesure] and a half; **quinze mètres et ~** fifteen and a half metres; **ça dure deux heures et ~e** it lasts two and a half hours; **boire une bouteille et ~e** to drink a bottle and a half. -**2.** [en annonçant l'heure]: **à trois heures et ~e** at three thirty, at half past three.
demiard [demjar] *nm Can* [vin] *quarter of a pint of wine.*
demi-botte [dəmibɔt] (*pl* **demi-bottes**) *nf* ankle-boot.
demi-bouteille [dəmibutɛj] (*pl* **demi-bouteilles**) *nf* half-bottle, half-a-bottle *(approximately 37 cl).*
demi-brigade [dəmibrigad] (*pl* **demi-brigades**) *nf* [bataillons] *group of two or three battalions led by a colonel.*
demi-canton [dəmikɑ̃tɔ̃] (*pl* **demi-cantons**) *nm Helv state of the Swiss confederation which is one half of a divided canton.*
demi-cercle [dəmisɛrkl] (*pl* **demi-cercles**) *nm* half-circle, semicircle.
◆ **en demi-cercle** *loc adv* in a semicircle.
demi-circulaire [dəmisirkylɛr] (*pl* **demi-circulaires**) *adj* [canal] semicircular.
demi-colonne [dəmikɔlɔn] (*pl* **demi-colonnes**) *nf* demi-column, semi-column.
demi-deuil [dəmidœj] (*pl* **demi-deuils**) *nm* VÊT half-mourning.
◆ **à la demi-deuil** *loc adj* CULIN *coated in a white sauce and garnished with truffles.*
demi-dieu [dəmidjø] (*pl* **demi-dieux**) *nm* demigod.
demi-douzaine [dəmiduzɛn] (*pl* **demi-douzaines**) *nf* -**1.** [six] half-dozen, half-a-dozen; **deux ~s** two half-dozens; **une ~ de tomates** a half-dozen OU half-a-dozen tomatoes. -**2.** *fam* [plusieurs]: **une ~ de gens attendaient** half-a-dozen people were waiting.
demi-droite [dəmidrwat] (*pl* **demi-droites**) *nf* half-line, half-ray.
demi-figure [dəmifigyr] (*pl* **demi-figures**) *nf* half-length (portrait).
demi-fin, e [dəmifɛ̃, in] (*mpl* **demi-fins**, *fpl* **demi-fines**) *adj* COMM: **petits pois ~s** garden peas; **haricots ~s** green beans.
demi-finale [dəmifinal] (*pl* **demi-finales**) *nf* semifinal; **les ~s femmes/hommes** the women's/men's semifinals.
demi-finaliste [dəmifinalist] (*pl* **demi-finalistes**) *nmf* semifinalist.
demi-fond [dəmifɔ̃] *nm inv* -**1.** [activité] middle-distance running; **faire du ~** to do middle-distance running. -**2.** [course] middle-distance race.
demi-frère [dəmifrɛr] (*pl* **demi-frères**) *nm* half-brother.
demi-gros [dəmigro] *nm inv* wholesale *(dealing in retail quantities).*
demi-heure [dəmijœr] (*pl* **demi-heures**) *nf* half-hour; **une ~** half an hour; **il y en a un toutes les ~s** there's one every half-hour; **laisser mijoter une ~** allow to simmer for half an hour.
demi-jour [dəmiʒur] (*pl* **demi-jours**) *nm* [clarté] half-light; [crépuscule] twilight, dusk.
demi-journée [dəmiʒurne] (*pl* **demi-journées**) *nf* half-day, half-a-day; **une ~ de travail** half-a-day's work, a half-day's work; **travailler trois ~s par semaine** to work three half-days a week; **je lui dois sa ~** I owe her half-a-day's pay OU for half-a-day's work.
démilitarisation [demilitarizasjɔ̃] *nf* demilitarization.
démilitariser [3] [demilitarize] *vt* to demilitarize.
demi-litre [dəmilitr] (*pl* **demi-litres**) *nm* half-litre, half-a-litre; **un ~ de lait, s'il vous plaît** half-a-litre of milk please.
demi-longueur [dəmilɔ̃gœr] (*pl* **demi-longueurs**) *nf* half-length, half-a-length; **une ~ d'avance** a half-length's lead; **gagner d'une ~** to win by half-a-length.
demi-lune [dəmilyn] (*pl* **demi-lunes**) *nf* -**1.** [ouvrage fortifié] demi-lune, half-moon. -**2.** [place urbaine] crescent.
◆ **en demi-lune** *loc adj* half-moon *(modif)*, half-moon-shaped.
demi-mal [dəmimal] (*pl* **demi-maux** [-mo]) *nm*: **il n'y a que ~** there's no great harm done.
demi-mesure [dəmiməzyr] (*pl* **demi-mesures**) *nf* -**1.** [compromis] half measure; **elle ne connaît pas les ~s** OU **ne fait pas de** *fam* **~s** she doesn't do things by halves. -**2.** COUT semifinished tailoring. -**3.** [moitié d'une mesure] half measure.
demi-mondaine [dəmimɔ̃dɛn] (*pl* **demi-mondaines**) *nf arch* demimondaine.
demi-mot [dəmimo]
◆ **à demi-mot** *loc adv*: **il comprend à ~** he doesn't need to have things spelled out for him; **on se comprend à ~** we understand each other without having to say anything.
déminage [deminaʒ] *nm* [sur la terre] mine clearance; [en mer] mine sweeping.
déminer [3] [demine] *vt* to clear of mines.
déminéralisation [demineralizasjɔ̃] *nf* -**1.** [de l'eau] demineralization. -**2.** PHYSIOL mineral deficiency.
déminéraliser [3] [demineralize] *vt* -**1.** [eau] to demineralize. -**2.** PHYSIOL to deprive of minerals.
◆ **se déminéraliser** *vpi* [malade] to become deficient in essential minerals.
démineur [deminœr] ◇ *adj m* bomb-disposal *(modif).*
◇ *nm* bomb-disposal expert, member of a bomb-disposal unit.
demi-pause [dəmipoz] (*pl* **demi-pauses**) *nf* minim *Br*, half-note rest *Am*.
demi-pension [dəmipɑ̃sjɔ̃] (*pl* **demi-pensions**) *nf* [à l'hôtel] half-board; **être en ~** SCOL to have school lunches OU dinners.
demi-pensionnaire [dəmipɑ̃sjɔnɛr] (*pl* **demi-pensionnaires**) *nmf* pupil who has school dinners.
demi-pièce [dəmipjɛs] (*pl* **demi-pièces**) *nf* (110 litre) wine keg.
demi-place [dəmiplas] (*pl* **demi-places**) *nf* -**1.** [au spectacle] half-price ticket OU seat. -**2.** TRANSP half-fare.
demi-portion [dəmipɔrsjɔ̃] (*pl* **demi-portions**) *nf* -**1.** [moitié de portion] half-helping. -**2.** *fam péj* OU *hum* [personne] half-pint, pip-squeak.
demi-queue [dəmikø] (*pl* **demi-queues**) *adj* & *nm*: **un (piano) ~** a baby grand (piano).
demi-relief [dəmirəljɛf] (*pl* **demi-reliefs**) *nm* mezzo-relievo.
demi-saison [dəmisɛzɔ̃] (*pl* **demi-saisons**) *nf* [printemps] spring; [automne] autumn, fall *Am*; **un temps de ~** the sort of mild weather you get in spring or autumn.
demi-sel [dəmisɛl] *nm inv* -**1.** [beurre] slightly salted butter. -**2.** [fromage] Demi-sel *(slightly salted cream cheese).* -**3.** *arg crime* [souteneur] small-time pimp; [voyou] small-time gangster.
demi-siècle [dəmisjɛkl] (*pl* **demi-siècles**) *nm* half-century.
demi-sœur [dəmisœr] (*pl* **demi-sœurs**) *nf* half-sister.
demi-solde [dəmisɔld] (*pl* **demi-soldes**) *nf* half-pay MIL.
demi-sommeil [dəmisɔmɛj] (*pl* **demi-sommeils**) *nm* half-sleep, doze, drowsiness; **dans mon ~, j'ai entendu...** while I was half asleep, I heard...
◆ **en demi-sommeil** *loc adj* half-asleep; **entreprise/marché en ~** sluggish business/market.
demi-soupir [dəmisupir] (*pl* **demi-soupirs**) *nm* quaver *Br* OU eighth note *Am* rest.
démission [demisjɔ̃] *nf* -**1.** [départ] resignation; **donner sa ~** to hand in OU to tender one's resignation, to resign. -**2.** [irresponsabilité] abdication of responsibility; **la ~ face au terrorisme** the abdication of responsibility in the face of terrorism; **à cause de la ~ des parents** because of the refusal of parents to shoulder their responsibilities.
démissionnaire [demisjɔnɛr] ◇ *adj* resigning, outgoing.
◇ *nmf* person resigning; **les ~s** those who have resigned.
démissionner [3] [demisjɔne] ◇ *vi* -**1.** [quitter son emploi] to resign, to hand in one's resignation OU notice; **~ de: ~ de son poste de directeur** to resign (one's position) as manager. -**2.** [être irresponsable] to fail to shoulder one's responsibilities; **~ devant qqn** to give in to sb; **~ devant qqch** to give in when faced with sthg; **c'est trop difficile, je démissionne** *fam* it's too hard, I give up.
◇ *vt fam* [renvoyer]: **~ qqn** to talk sb into resigning; **ils l'ont démissionné?** did he resign or was he fired?
demi-tarif [dəmitarif] (*pl* **demi-tarifs**) *nm* [billet] half-price ticket; [carte] half-price card; [abonnement] half-price subscription; **abonnement à ~** half-price subscription; **voyager à ~** to travel at half-fare; **'enfants ~'** 'children half price'.
demi-teinte [dəmitɛ̃t] (*pl* **demi-teintes**) *nf* halftone.
◆ **en demi-teinte** *loc adj* -**1.** PHOT halftone. -**2.** [subtil] subtle, delicate; **sa musique/personnalité en ~** her subtle music/personality.

demi-ton [dəmitɔ̃] (*pl* **demi-tons**) *nm* semitone *Br*, half step *Am*; ~ **diatonique/chromatique** diatonic/chromatic semitone *Br* OU half step *Am*.

demi-tour [dəmitur] (*pl* **demi-tours**) *nm* -**1.** [pivotement] about-face, about-turn; **faire un** ~ [gén & MIL] to about-face, to about-turn; ~, **droite!** MIL (right) about face! -**2.** AUT U-turn; **faire un** ~ to do OU to pull a U-turn; **faire** ~ [piéton] to retrace one's steps; [conducteur] to turn back.

démiurge [demjyrʒ] *nm* demiurge, creator.

demi-vérité [dəmiverite] (*pl* **demi-vérités**) *nf* half-truth.

demi-vie [dəmivi] (*pl* **demi-vies**) *nf* BIOL & PHYS half-life.

demi-volée [dəmivɔle] (*pl* **demi-volées**) *nf* half-volley.

démobilisable [demɔbilizabl] *adj* eligible for demobilization.

démobilisateur, trice [demɔbilizatœr, tris] *adj* [démotivant] demobilizing; **vous avez mené une campagne démobilisatrice** your would-be supporters got bored with your campaign.

démobilisation [demɔbilizasjɔ̃] *nf* -**1.** MIL demobilization; **à la** ~ when demobilization time came. -**2.** [démotivation] growing apathy; **on constate une** ~ **de l'opinion publique sur ces questions** public opinion has become apathetic about OU has turned away from these issues.

démobiliser [3] [demɔbilize] *vt* -**1.** MIL to demobilize. -**2.** [démotiver] to cause to lose interest, to demotivate.

démocrate [demɔkrat] ◇ *adj* -**1.** [gén] democratic. -**2.** [dans des noms de partis] Democratic. ◇ *nmf* -**1.** [gén] democrat. -**2.** [aux États-Unis] Democrat.

démocrate-chrétien, enne [demɔkratkretjɛ̃, ɛn] (*mpl* **démocrates-chrétiens**, *fpl* **démocrates-chrétiennes**) *adj* & *nm, f* Christian Democrat.

démocratie [demɔkrasi] *nf* -**1.** [système] democracy; ~ **directe/représentative** direct/representative democracy; ~ **populaire** people's democracy. -**2.** [pays] democracy, democratic country; **vivre en** ~ to live in a democracy; **on est en** ~, **non?** *fam* this is a free country, as far as I know!

démocratique [demɔkratik] *adj* -**1.** POL democratic. -**2.** [respectueux des désirs de tous] democratic; **tu as pris une décision pas très** ~ your decision was biased; **notre groupe est très** ~ in our group, everyone gets a chance to have their say.

démocratiquement [demɔkratikmɑ̃] *adv* democratically.

démocratisation [demɔkratizasjɔ̃] *nf* -**1.** POL democratization, making more democratic. -**2.** [mise à la portée de tous]: **la** ~ **du ski** putting skiing holidays within everyone's reach.

démocratiser [3] [demɔkratize] *vt* -**1.** POL to democratize, to make more democratic. -**2.** [rendre accessible] to bring within everyone's reach; ~ **les voyages à l'étranger** to put foreign travel within everyone's reach.

◆ **se démocratiser** *vpi* -**1.** POL to become more democratic. -**2.** [être accessible] to become available to anyone.

Démocrite [demɔkrit] *npr* Democritus.

démodé, e [demɔde] *adj* [style, technique] old-fashioned, outdated, out-of-date; [parents] old-fashioned.

démoder [3] [demɔde]

◆ **se démoder** *vpi* to go out of fashion OU vogue, to become old-fashioned; **le long ne se démode pas** long skirts will never go out of fashion.

démodulateur [demɔdylatœr] *nm* demodulator.

démodulation [demɔdylasjɔ̃] *nf* demodulation.

démoduler [3] [demɔdyle] *vt* to demodulate.

démographe [demɔgraf] *nmf* demographer, demographist.

démographie [demɔgrafi] *nf* demography.

démographique [demɔgrafik] *adj* demographic, population *(modif)*; **poussée/explosion** ~ population increase/explosion.

demoiselle [dəmwazɛl] *nf* -**1.** [jeune femme] young lady; ~ **d'honneur** bridesmaid; ~ **de compagnie** lady's companion; **'les Demoiselles d'Avignon'** *Picasso* 'Les Demoiselles d'Avignon'. -**2.** *vieilli* [célibataire] maiden lady; **j'ai une tante qui est encore** ~ I have an aunt who is still unmarried. -**3.** *dial* [fille]: **votre** ~ your daughter. -**4.** ZOOL dragonfly. -**5.** GÉOL: ~ **(coiffée)** chimney-rock. -**6.** [outil] rammer.

démolir [32] [demɔlir] *vt* -**1.** [détruire - immeuble, mur] to demolish, to pull OU to tear down *(sép)*; [- jouet, voiture] to wreck, to smash up *(sép)*. -**2.** [anéantir - argument, théorie] to demolish; [- projet] to ruin, to play havoc with; [- réputation, autorité] to shatter, to destroy; **l'alcool lui a démoli la santé** alcohol ruined OU wrecked his health. -**3.** *fam* [anéantir - auteur, roman] to pan; **la presse peut** ~ **un homme politique** the press can break a politician. -**4.** *fam* [battre] to thrash, to beat up *(sép)*; ~ **le portrait à qqn** to beat OU to smash sb's face in. -**5.** *fam* [épuiser] to do in *(sép)*; **le déménagement m'a démoli** the move has left me shattered *Br* OU bushed *Am*; **la mort de son père l'a démolie** she was shattered by her father's death.

◆ **se démolir** *vpt*: **se** ~ **la santé** to ruin one's health; **se** ~ **la santé à faire qqch** *fam* to break one's back OU to bust a gut doing sthg; **te démolis pas la santé à les chercher** don't wear yourself out looking for them.

démolissage [demɔlisaʒ] *nm* [critique] panning.

démolisseur [demɔlisœr] *nm* -**1.** [ouvrier] demolition worker, wrecker *Am*. -**2.** [entrepreneur] demolition contractor. -**3.** [détracteur] destructive critic.

démolition [demɔlisjɔ̃] *nf* demolition, pulling OU tearing down.

◆ **de démolition** *loc adj*: **chantier/entreprise de** ~ demolition site/contractors; **une campagne de** ~ **systématique** *fig* a systematic campaign of destruction.

◆ **en démolition** *loc adj* being demolished, under demolition.

démon [demɔ̃] *nm* -**1.** RELIG: **le** ~ the Devil; **être possédé du** ~ to be possessed by the devil ❑ **comme un** ~ like a thing possessed. -**2.** MYTH daemon, daimon; **son** ~ **intérieur** *fig* [mauvais] the evil OU demon within (him); [bon] the good spirit within (him). -**3.** [tentation] demon; **le** ~ **de la curiosité/du jeu** the demon of curiosity/gambling ❑ **le de midi** the mid-life crisis. -**4.** [enfant turbulent]: **(petit)** ~ (little) devil OU demon.

démonétisation [demɔnetizasjɔ̃] *nf* -**1.** FIN demonetization, demonetarization. -**2.** [discrédit] discrediting, bringing into disrepute.

démonétiser [3] [demɔnetize] *vt* -**1.** FIN to demonetize, to demonetarize. -**2.** [discréditer] to discredit, to bring into disrepute.

démoniaque [demɔnjak] ◇ *adj* [ruse, rire] demonic, diabolical, fiendish.
◇ *nmf* person possessed by the devil.

démonisme [demɔnism] *nm* demonism, belief in demons.

démonologie [demɔnɔlɔʒi] *nf* demonology.

démonstrateur, trice [demɔ̃stratœr, tris] *nm, f* COMM demonstrator, salesperson *(in charge of demonstrations)*.

démonstratif, ive [demɔ̃stratif, iv] *adj* -**1.** [expressif] demonstrative, expressive, effusive; **peu** ~ reserved, undemonstrative. -**2.** [convaincant] demonstrative, conclusive. -**3.** GRAMM demonstrative.

◆ **démonstratif** *nm* [pronom] demonstrative pronoun; [adjectif] demonstrative adjective.

démonstration [demɔ̃strasjɔ̃] *nf* -**1.** LOGIQUE & MATH [preuve] demonstration, proof; [ensemble de formules] demonstration; **la** ~ **est (maintenant) faite** OU **n'est plus à faire** *fig* it has been proved beyond all doubt ❑ ~ **par l'absurde** reductio ad absurdum. -**2.** COMM demonstration; **faire la** ~ **d'un aspirateur** to demonstrate a vacuum cleaner. -**3.** [prestation] display, demonstration; **faire une** ~ **de karaté** to give a karate demonstration; **faire une** ~ **aérienne** to put on an air display. -**4.** [fait de manifester] demonstration, show; **faire une** ~ **de force** to display one's strength; **faire la** ~ **de son talent** to show one's talent; **voici la** ~ **de sa duplicité** this shows his duplicity.

◆ **démonstrations** *nfpl* [effusions] (great) show of feeling, gushing; [crises] outbursts; ~**s de tendresse/joie/colère** show of tenderness/joy/anger; **faire de grandes** ~**s d'amitié à qqn** to put on a great show of friendship for sb; **toutes ces** ~**s ne te mèneront nulle part** these outbursts will get you nowhere.

démonstrativement [demɔ̃strativmɑ̃] *adv* demonstratively, conclusively.

démontable [demɔ̃tabl] *adj* which can be dismantled OU taken to pieces.

démontage [demɔ̃taʒ] *nm* dismantling, taking to pieces; **pour faciliter le** ~ to make it easier to dismantle.

démonté, e [demɔ̃te] *adj* [mer] raging, stormy; **par une mer** ~**e** in heavy seas.

démonte-pneu [demɔ̃tpnø] (*pl* **démonte-pneus**) *nm* tyre lever *Br*, tire iron *Am*.

démonter [3] [demɔ̃te] *vt* -**1.** [désassembler - bibliothèque, machine] to dismantle, to take down *(sép)*; [- moteur] to strip down *(sép)*, to dismantle; [- fusil, pendule] to dismantle, to take to pieces, to take apart *(sép)*; [- manche de vêtement, pièce rapportée] to take off *(sép)*. -**2.** [détacher - pneu, store, persienne] to remove, to take off *(sép)*; [- rideau] to take down *(sép)*. -**3.** [décontenancer] to take aback *(sép)*; **ma question l'a démontée** she was taken aback OU flummoxed by my question; **ne te laisse pas** ~ **par son ironie** don't be flustered by his ironic remarks. -**4.** ÉQUIT to unseat, to unhorse.

◆ **se démonter** ◇ *vp (emploi passif)* to be taken to pieces, to be dismantled; **ça se démonte facilement** it can be easily dismantled.
◇ *vpi* [se troubler] to lose countenance, to get flustered.

démontrabilité [demɔ̃trabilite] *nf* demonstrability.

démontrable [demɔ̃trabl] *adj* demonstrable, provable; **c'est facilement** ~ it's easy to prove.

démontrer [3] [demɔ̃tre] *vt* -**1.** MATH to prove; **démontrez que c'est une bijection** prove OU demonstrate that it's a bijection ❑ **qqch par A plus B** to prove sthg conclusively; **je ne peux pas te le** ~ **par A plus B** I can't quote you chapter and verse. -**2.** [montrer par raisonnement] to prove, to demonstrate; ~ **son erreur à qqn** to prove to sb that he/she's wrong, to prove sb wrong. -**3.** [révéler] to show, to reveal, to indicate; **un geste qui démontre notre bonne volonté** a gesture that shows OU demonstrates our goodwill.

démoralisant, e [demɔralizɑ̃, ɑ̃t] *adj* [remarque, nouvelle] demoralizing, disheartening, depressing; **elle est** ~**e!** she's depressing!

démoralisateur, trice [demɔralizatœr, tris] *adj* demoralizing.

démoralisation [demɔralizasjɔ̃] *nf* demoralization; **ne nous laissons pas gagner par la** ~**!** let's not become disheartened OU demoralized!

démoraliser [3] [demɔralize] *vt* to demoralize, to dishearten; **il ne faut pas te laisser** ~ you mustn't let it get you down.

◆ **se démoraliser** *vpi* to become demoralized, to lose heart.

démordre [76] [demɔrdr]

◆ **démordre de** *vp + prép*: **ne pas** ~ **de** to stick to, to stand by; **il ne démord pas de son idée** he won't budge from his position; **rien ne m'en fera** ~ I'll stick to my guns come what may;

elle veut y aller seule et elle n'en démord pas she wants to go there alone and she won't have it any other way.

Démosthène [demɔstɛn] *npr* Demosthenes.

démotique [demɔtik] *adj* **-1.** [écriture] demotic. **-2.** [grec] modern.

démotivant, e [demɔtivɑ̃, ɑ̃t] *adj* demotivating, dishearting, dispiriting; **c'est plutôt ~!** it's not exactly encouraging!

démotivation [demɔtivasjɔ̃] *nf* demotivation, loss of motivation.

démotiver [3] [demɔtive] *vt* to demotivate, to discourage; **les salaires les ont démotivés** the low salary levels have discouraged them.

démoulage [demulaʒ] *nm* [d'une statuette] removal from the mould; [d'un gâteau] turning out.

démouler [3] [demule] *vt* [statuette] to remove from the mould; [gâteau] to turn out *(sép)*; [tarte] to remove from its tin.

démoustication [demustikasjɔ̃] *nf* clearing of mosquitoes.

démoustiquer [3] [demustike] *vt* to rid of mosquitoes.

démultiplicateur [demyltiplikatœr] *nm* reduction system.

démultiplication [demyltiplikasjɔ̃] *nf*: **(rapport de) ~** reduction ratio.

démultiplier [10] [demyltiplije] *vt* **-1.** MÉCAN to reduce, to gear down *(sép)*. **-2.** *fam* [multiplier] to increase; **~ les pouvoirs de décision** to reinforce the executive through increased powers.

démuni, e [demyni] *adj* **-1.** [pauvre] destitute. **-2.** [sans défense] powerless, resourceless.

démunir [32] [demynir] *vt* to deprive; **~ qqn de qqch** to deprive OU to divest sb of sthg.

◆ **se démunir de** *vp + prép* to part with, to give up.

démuseler [24] [demyzle] *vt* [animal] to unmuzzle, to remove the muzzle from; **~ la presse** to lift restrictions on the freedom of the press.

démystifiant, e [demistifjɑ̃, ɑ̃t] *adj* **-1.** [qui détrompe] eye-opening. **-2.** [qui rend moins mystérieux] demystifying.

démystificateur, trice [demistifikatœr, tris]

◇ *adj* **-1.** [qui détrompe] eye-opening. **-2.** [qui rend moins mystérieux] demystifying.

◇ *nm, f* demystifier.

démystification [demistifikasjɔ̃] *nf* **-1.** [d'une dupe] opening the eyes of. **-2.** [d'un mystère, d'un phénomène] demystification.

démystifier [9] [demistifje] *vt* **-1.** [détromper] to open the eyes of. **-2.** [rendre moins mystérieux] to explain, to demystify.

démythification [demitifikasjɔ̃] *nf* demythologization, making less mythical OU into less of a myth.

démythifier [9] [demitifje] *vt* to demythologize, to make less mythical OU into less of a myth.

dénantir [32] [denɑ̃tir] *vt* JUR to deprive of securities.

dénasaliser [3] [denazalise] *vt* to denasalize.

dénatalité [denatalite] *nf* fall OU drop in the birth rate.

dénationalisation [denasjɔnalizasjɔ̃] *nf* denationalization, denationalizing.

dénationaliser [3] [denasjɔnalize] *vt* to denationalize.

dénaturaliser [3] [denatyralize] *vt* to denaturalize.

dénaturant, e [denatyrɑ̃, ɑ̃t] *adj* adulterating.

◆ **dénaturant** *nm* denaturant.

dénaturation [denatyrasjɔ̃] *nf* denaturation.

dénaturé, e [denatyre] *adj* **-1.** [alcool] denatured. **-2.** [pervers - goût] unnatural, perverted; **quelle mère ~e je fais!** what a bad mother I am!

dénaturer [3] [denatyre] *vt* **-1.** [modifier - alcool] to adulterate, to denature; [- saveur] to alter, to adulterate. **-2.** [fausser - propos, faits, intention] to distort, to misrepresent, to twist; **vous dénaturez mes propos!** you're twisting my words OU putting words into my mouth!; **c'est ~ nos efforts!** it's making a mockery of our efforts!

dénazification [denazifikasjɔ̃] *nf* denazification.

dénazifier [9] [denazifje] *vt* to denazify.

dendrite [dɑ̃drit] *nf* ANAT & GÉOL dendrite.

dendritique [dɑ̃dritik] *adj* dendritic, dendritical.

dénébuler [3] [denebyle], **dénébuliser** [3] [denebylize] *vt* to clear of fog, to dispel the fog over.

dénégation [denegasjɔ̃] *nf* **-1.** [contestation] denial; **convaincu de son innocence par des ~s énergiques** persuaded of his innocence by his energetic denials. **-2.** PSYCH denial.

◆ **de dénégation** *loc adj* [geste, attitude] denying, of denial; **en signe de ~** as a sign of disagreement.

déneigement [denɛʒmɑ̃] *nm* snow clearing; **le ~ des cols** clearing the cols of snow.

déneiger [23] [deneʒe] *vt* to clear of snow, to clear the snow from.

dengue [dɑ̃g] *nf* dengue, breakbone fever.

déni [deni] *nm* **-1.** JUR denial; **~ de justice** denial of justice. **-2.** PSYCH: **~ de réalité** denial.

déniaiser [4] [denjeze] *vt* **-1.** [dépuceler] to take away sb's innocence; **j'ai été déniaisé à 15 ans** I lost my innocence when I was fifteen. **-2.** [rendre moins naïf] to open the eyes of.

◆ **se déniaiser** *vpi* [devenir moins naïf] to learn the ways of the world.

dénicher [3] [deniʃe] ◇ *vt* **-1.** *fam* [trouver - collier, trésor] to dig out *(sép)*, to unearth; [- informations] to dig up OU out *(sép)*; [- chanteur, cabaret] to discover, to spot; **~ de jeunes acteurs** to scout for young actors; **j'ai déniché un chouette petit restaurant** I've found a great little restaurant; **elle a l'art de ~ des antiquités intéressantes** she has a talent for hunting out interesting antiques. **-2.** [oiseau] to remove from the nest.

◇ *vi* [oiseau] to leave the nest, to fly away.

dénicheur, euse [deniʃœr, øz] *nm, f* **-1.** [d'oiseaux] bird's nester. **-2.** [découvreur]: **~ de talents** talent scout OU spotter; **~ de bibelots rares** curio-hunter.

dénicotiniser [3] [denikɔtinize] *vt* to denicotinize.

dénicotiniseur [denikɔtinizœr] *nm* cigarette filter.

denier [dənje] *nm* **-1.** HIST [monnaie - romaine] denarius; [- française] denier; **je l'ai payé de mes ~s** I paid for it out of my own pocket; **j'en suis de mes ~s** I had to pay with my own money ❑ **le ~ du culte** contribution to parish costs; **le ~ de Saint-Pierre** *annual diocesan gift made to the Pope (since 1849)*; **les ~s publics** OU **de l'État** public money. **-2.** TEXT denier; **bas de 20 ~s** 20-denier stockings.

dénier [9] [denje] *vt* **-1.** [rejeter - responsabilité] to deny, to disclaim. **-2.** [refuser] to deny, to refuse; **~ qqch à qqn** to deny OU to refuse sb sthg.

dénigrement [denigrəmɑ̃] *nm* denigration, disparagement; **le mot ne s'emploie que par ~** the word is only used disparagingly.

◆ **de dénigrement** *loc adj*: **esprit/paroles de ~** disparaging spirit/remarks; **campagne de ~** smear campaign.

dénigrer [3] [denigre] *vt* to disparage, to denigrate, to run down *(sép)*.

dénigreur, euse [denigrœr, øz] *nm, f* disparager; **les ~s** those who are always finding fault.

denim [dənim] *nm* denim.

dénitrification [denitrifikasjɔ̃] *nf* denitrification.

dénitrifier [9] [denitrifje] *vt* to denitrify.

dénivelé *nm*, **dénivelée** *nf* [denivle] difference in level OU height.

déniveler [24] [denivle] *vt* to make uneven.

dénivellation [denivɛlasjɔ̃] *nf*, **dénivellement** [denivɛlmɑ̃] *nm* **-1.** [action] making uneven, putting out of level. **-2.** [pente] slope; **les ~s de la route** the dips in the road.

dénombrable [denɔ̃brabl] *adj* countable; **non ~** uncountable.

dénombrement [denɔ̃brəmɑ̃] *nm* counting (out), count; **le ~ des animaux** counting the animals; **faire un ~ de la population** to do a population count.

dénombrer [3] [denɔ̃bre] *vt* to count (out); **on dénombre 130 morts à ce jour** at the latest count there were 130 dead; **~ les habitants d'une ville** to count the population of a town.

dénominateur [denɔminatœr] *nm* MATH denominator; **~ commun** common denominator; **plus grand ~ commun** highest common denominator; **avoir comme** OU **en ~ commun** to have as a common denominator; **avoir un ~ commun** [personnes] to have something in common, to share (some) common ground.

dénominatif [denɔminatif] *nm* GRAMM denominative.

dénomination [denɔminasjɔ̃] *nf* **-1.** [fait de nommer] naming, denomination. **-2.** [nom] designation, denomination, name.

dénommé, e [denɔme] *adj*: **le ~ Joubert** the man called Joubert; **une ~e Madame Barda** a certain OU one Mrs Barda.

dénommer [3] [denɔme] *vt* **-1.** [donner un nom à] to name, to call. **-2.** JUR to name.

dénoncer [16] [denɔ̃se] *vt* **-1.** [complice, fraudeur] to denounce, to inform on *(insép)*; [camarade de classe] to tell on *(insép)*; **~ qqn aux autorités** to denounce sb OU to give sb away to the authorities. **-2.** [condamner - dangers, abus] to denounce, to condemn; **tous les jours, nous dénonçons ces atrocités** every day we condemn these atrocities. **-3.** [annuler - armistice, traité] to renege on *(insép)*; [- contrat] to terminate. **-4.** *sout* [dénoter] to indicate, to betray; **son silence dénonçait sa culpabilité** his silence betrayed his guilt.

◆ **se dénoncer** *vp (emploi réfléchi)* to give o.s. up.

dénonciateur, trice [denɔ̃sjatœr, tris]

◇ *adj* denunciatory; **lettre dénonciatrice** letter of denunciation.

◇ *nm, f* informer.

dénonciation [denɔ̃sjasjɔ̃] *nf* **-1.** [accusation] denunciation; **arrêté sur la ~ de son frère** arrested on the strength of his brother's denunciation ❑ **~ calomnieuse** false accusation. **-2.** [révélation - d'une injustice] exposure, denouncing, castigating. **-3.** [rupture - d'un traité] denunciation, reneging on; [- d'un contrat] termination.

dénotation [denɔtasjɔ̃] *nf* LING & PHILOS denotation; **cela fait partie de la ~ du terme** it's part of the core meaning OU the denotation of the word.

dénoter [3] [denɔte] *vt* **-1.** LING & PHILOS to denote. **-2.** [être signe de] to denote, to indicate.

dénouement [denumɑ̃] *nm* [d'un film, d'une histoire, d'une pièce] dénouement; [d'une crise, d'une affaire] outcome, conclusion; **un heureux ~** a happy ending, a favourable outcome.

dénouer [6] [denwe] *vt* **-1.** [défaire - ficelle, lacet] to undo, to untie, to unknot; [- cheveux] to let down *(sép)*, to loosen. **-2.** [résoudre - intrigue] to unravel, to untangle.

◆ **se dénouer** ◇ *vpi* **-1.** [cheveux] to come loose OU undone; [lacet] to come undone OU untied. **-2.** [crise] to end, to be resolved.

◇ *vpt* [cheveux] to let down *(sép)*.

dénoyautage [denwajotaʒ] *nm* stoning *Br*, pitting *Am*.

dénoyauter [3] [denwajote] *vt* to stone *Br*, to pit *Am*.

dénoyauteur [denwajotœr] *nm* stoner *Br*, pitter *Am*.

dénoyer [13] [denwaje] *vt* MIN to unwater.

denrée [dɑ̃re] *nf* commodity; **~s coloniales** exotic produce; **~s de première nécessité** staple foods, staples ❑ **~s alimentaires** foodstuffs; **~s périssables** perishable goods, perishables; ~ rare: c'est une ~ rare que la générosité generosity is hard to come by.

dense [dɑ̃s] *adj* -**1.** [épais - brouillard, végétation] thick, dense. -**2.** [serré - foule] thick, tightly packed; [- circulation] heavy; **population peu ~** sparse population. -**3.** [concis - style] compact, condensed. -**4.** PHYS dense. -**5.** MATH dense.

densément [dɑ̃semɑ̃] *adv* [cultivé] thickly, densely; [peuplé] densely; [écrit] tightly, tautly.

densification [dɑ̃sifikasjɔ̃] *nf* [du brouillard, de la foule] thickening; **la ~ de la population sur le littoral** the increasing concentration of population along the coast.

densifier [9] [dɑ̃sifje] *vt* to make denser, to increase the density of.

densimètre [dɑ̃simɛtr] *nm* densimeter.

densimétrie [dɑ̃simetri] *nf* densimetry.

densimétrique [dɑ̃simetrik] *adj* densimetric.

densité [dɑ̃site] *nf* -**1.** PHYS density; **~ de charge/courant** ÉLECTR charge/current density. -**2.** [abondance - du brouillard, de la foule] denseness, thickness; **selon la ~ de la circulation** depending on how heavy the traffic is ❑ **~ de population** population density; **pays à faible/forte ~ de population** sparsely/densely populated country. -**3.** MATH: **~ de probabilité** probability density. -**4.** PHOT density. -**5.** INF: **~ d'enregistrement** packing OU recording OU data density.

dent [dɑ̃] *nf* -**1.** ANAT tooth; **faire** OU **percer ses ~s** to cut one's teeth, to teethe; **faire une ~** to cut a (new) tooth ❑ **~s du bas/haut** lower/upper teeth; **~s de devant/du fond** front/back teeth; **~ barrée** impacted tooth; **~ de lait** baby OU milk *Br* tooth; **~ permanente** permanent OU second tooth; **~ à pivot** post; **~ de sagesse** wisdom tooth; **coup de ~** *pr* bite; *fig* scathing attack; **d'un grand coup de ~** with one snap of the jaws; **à petits coups de ~** in little nibbles; **fausses ~s** false teeth; **mal** OU **rage de ~s** toothache; **avoir la ~** *fam* to be ravenous OU starving; **avoir** OU **garder une ~ contre qqn** *fam* to have a grudge against sb, to bear sb a grudge; **avoir la ~ dure pour qqn** to be scathing about OU very hard on sb; **avoir les ~s longues** to fix one's sights high; **être sur les ~s** *fam* [occupé] to be hectically busy; [anxieux] to live on one's nerves; **la police est sur les ~s** the police are on red alert; **il n'y a pas de quoi remplir une ~ creuse** *fam* this wouldn't keep a sparrow alive; **montrer les ~s** *pr* & *fig* to bare one's teeth; **se faire les ~s** to cut one's teeth; **l'escalade du mont Blanc, c'était juste pour se faire les ~s** climbing Mont Blanc was just for starters; **le jeune ténor s'est fait les ~s sur «la Bohème»** the young tenor cut his teeth on "La Bohème"; **se mettre qqch sous la ~** to find sthg to eat; **on n'avait rien à se mettre sous la ~** we didn't have a thing to eat; **tout ce qui lui tombe sous la ~** anything he can get his teeth into; **'les Dents de la mer'** *Spielberg* 'Jaws'. -**2.** [de roue, d'engrenage] cog; [de courroie] tooth. -**3.** [pointe - d'une scie, d'un peigne] tooth; [- d'une fourchette, d'une herse] tooth, prong; **à deux ~s** two-pronged; **à trois ~s** three-pronged. -**4.** BOT serration. -**5.** GÉOG jap. -**6.** ÉLECTRON: **~s de scie** sawtooth waveform.

◆ **à belles dents** *loc adv*: **déchirer qqch à belles ~s** to tear into sthg; **mordre dans** OU **croquer** OU **manger qqch à belles ~s** *pr* to eat one's way through sthg; **mordre dans** OU **croquer la vie à belles ~s** *fig* to live (one's) life to the full.

◆ **en dents de scie** *loc adj* [couteau] serrated; **évolution en ~s de scie** uneven development; **elle a eu une scolarité en ~s de scie** her education was a very uneven business.

◆ **entre ses dents** *loc adv*: **parler entre ses ~s** to mutter; **répondre entre ses ~s** to mutter an answer.

◆ **toutes dents dehors** *loc adv* with a beaming smile, flashing all one's teeth; *péj* with a mouthful of teeth.

dentaire [dɑ̃tɛr] ◇ *adj* [hygiène] oral, dental; [cabinet, études, école] dental.

◇ *nf* -**1.** *fam* ENS dental school; **faire ~** to study dentistry. -**2.** BOT toothwort.

dental, e, aux [dɑ̃tal, o] *adj* PHON dental.

◆ **dentale** ◇ *nf* dental (consonant).

◇ *nm* ZOOL dentalium.

dent-de-lion [dɑ̃dəljɔ̃] (*pl* **dents-de-lion**) *nf* dandelion.

denté, e [dɑ̃te] *adj* [courroie] toothed; [feuille] serrate, dentate.

◆ **denté** *nm* ZOOL dentex.

dentelé, e [dɑ̃tle] *adj* [contour] jagged, indented; [feuille] dentate, serrate.

denteler [24] [dɑ̃tle] *vt* to indent the edge of, to give a jagged outline to; **machine/ciseaux à ~** pinking machine/shears.

dentelle [dɑ̃tɛl] ◇ *nf* -**1.** [tissu] lace, lacework; **faire de la ~** to do lacework; **des gants de** OU **en ~** lace gloves ❑ **~ à l'aiguille** OU **au point** lace, needlepoint; **~ de Chantilly** Chantilly lace; **~ au fuseau** pillow lace; **~ de papier** lacy paper; **il ne fait pas dans la ~** *fam* he doesn't go in for subtleties. -**2.** [morceau de tissu] piece of lacework.

◇ *adj inv* -**1.** VÊT: **bas ~** lace stocking. -**2.** CULIN: **crêpes ~** paper-thin pancakes.

◆ **de dentelle, en dentelle** *loc adj* lace (*modif*).

dentellier, ère [dɑ̃təlje, ɛr] *nm, f* lacemaker, laceworker.

dentelure [dɑ̃tlyr] *nf* -**1.** [découpe] serration, jagged edge. -**2.** ARCHIT denticulation. -**3.** [d'un timbre] perforations.

denticule [dɑ̃tikyl] *nm* ZOOL denticle.

◆ **denticules** *nmpl* ARCHIT row of dentils.

denticulé, e [dɑ̃tikyle] *adj* ARCHIT & BOT denticulate.

dentier [dɑ̃tje] *nm* denture, dentures, dental plate.

dentifrice [dɑ̃tifris] ◇ *adj*: **eau ~** mouthwash; **pâte ~** toothpaste; **poudre ~** tooth powder.

◇ *nm* toothpaste.

dentine [dɑ̃tin] *nf* dentin, dentine.

dentiste [dɑ̃tist] *nmf* dentist.

dentisterie [dɑ̃tistəri] *nf* dentistry.

dentition [dɑ̃tisjɔ̃] *nf* -**1.** [dents] teeth, dentition *spéc*; **avoir une bonne ~** to have good teeth ❑ **~ adulte** OU **définitive** adult teeth, secondary dentition *spéc*; **~ lactéale** OU **de lait** baby teeth, primary dentition *spéc*. -**2.** [poussée] tooth growth.

denture [dɑ̃tyr] *nf* -**1.** ANAT & ZOOL set of teeth, dentition *spéc*. -**2.** TECH teeth, cogs.

dénucléarisation [denyklearizasjɔ̃] *nf* denuclearization.

dénucléariser [3] [denyklearize] *vt* [région] to denuclearize.

dénudation [denydasjɔ̃] *nf* -**1.** MÉD stripping. -**2.** *litt* baring, laying bare.

dénudé, e [denyde] *adj* [dos, corps] bare, unclothed; [crâne] bald; [terrain] bare, bald; [fil électrique] bare.

dénuder [3] [denyde] *vt* [dos, épaules] to leave bare; [sol, câble, os, veine] to strip.

◆ **se dénuder** *vpi* -**1.** [se déshabiller] to strip (off). -**2.** [se dégarnir - crâne] to be balding; [- arbre] to become bare; **attention, le fil se dénude!** be careful, the wire is coming through!

dénué, e [denɥe] *adj*: **~ de** lacking in, devoid of; **~ d'intérêt** utterly uninteresting, devoid of interest; **~ de bon sens** devoid of common sense; **~ d'humanité** inhuman, devoid of human feeling; **~ d'ambiguïté** unambiguous; **~ de sincérité/d'humour** lacking in sincerity/humour; **être ~ de tout** to be destitute.

dénuement [denymɑ̃] *nm* destitution; **être dans le ~ le plus complet** to be utterly destitute.

dénutri, e [denytri] ◇ *adj* malnourished.

◇ *nm, f* person suffering from malnutrition.

dénutrition [denytrisjɔ̃] *nf* malnutrition.

déodorant [deɔdɔrɑ̃] ◇ *adj m* deodorant (*modif*).

◇ *nm* deodorant.

déontologie [deɔ̃tɔlɔʒi] *nf* professional code of ethics, deontology; **la ~ médicale** the medical code of ethics.

déontologique [deɔ̃tɔlɔʒik] *adj* ethical, deontological.

dép. -**1.** *abr écrite de* **départ**. -**2.** *abr écrite de* **département**.

dépaillage [depajaʒ] *nm* removal of the straw seating.

dépailler [3] [depaje] *vt* to remove the straw seating from.

dépannage [depanaʒ] *nm* -**1.** [réparation] fixing, repairing, repair job; **SOS ~s** emergency breakdown service; **faire un ~** to fix a breakdown. -**2.** *fam* [aide] helping out; **merci pour le ~** thanks for helping (me) out.

◆ **de dépannage** *loc adj*: **voiture de ~** breakdown lorry *Br*, tow truck *Am*; **service de ~** breakdown service.

◆ **en dépannage** *fam loc adv*: **prête-moi 100 francs en ~** lend me 100 francs just to tide me over; **j'ai pris une intérimaire en ~** I hired a temp to help us out.

dépanner [3] [depane] *vt* -**1.** [réparer - voiture, mécanisme] to repair, to fix; **~ qqn sur le bord de la route** *fam* to help sb who's broken down on the side of the road ‖ (*en usage abs*): **nous dépannons 24 heures sur 24** we have a 24-hour breakdown service. -**2.** *fam* [aider] to help out (*sép*), to tide over (*sép*); **elle m'a dépanné en me prêtant sa machine** she helped me out by lending me her typewriter; **est-ce que 100 francs pourraient te ~?** would 100 francs help you out OU tide you over?

dépanneur, euse [depanœr, øz] *nm, f* [d'appareils] repairman (*f* repairwoman); [de véhicules] breakdown mechanic.

◆ **dépanneur** *nm Can* ≃ corner shop *Br*, ≃ convenience store *Am*.

◆ **dépanneuse** *nf* breakdown lorry *Br*, tow truck *Am*.

dépaquetage [depaktaʒ] *nm* unpacking, unwrapping.

déparaffinage [deparafinaʒ] *nm* paraffin extraction.

dépareillé, e [depareje] *adj* -**1.** [mal assorti - serviettes, chaussettes] odd; **mes draps sont tous ~s** none of my sheets match; **articles ~s** oddments. -**2.** [incomplet - service, collection] incomplete. -**3.** [isolé]: **un volume ~ d'une collection** a single volume (that used to be part of) a collection.

dépareiller [4] [depareje] *vt* -**1.** [désassortir]: **~ des draps** to put unmatched OU non matching sheets together. -**2.** [ôter des éléments à] to leave gaps in.

déparer [3] [depare] *vt* [paysage] to disfigure, to spoil, to be a blight on; [visage] to disfigure; **les fenêtres déparent la façade** the windows detract from the beauty of OU spoil the façade; **un compact qui ne dépare pas ma collection** a compact disc well worthy of my collection; **le petit chapeau ne dépare pas du tout l'ensemble** the little hat goes very nicely with the rest.

déparier [deparje] = **désapparier**.

départ [depar] *nm* -**1.** TRANSP departure; **le ~ du train est à 7 h** the train leaves at 7 a.m.; **le ~ est dans une heure** we're leaving in an hour; **'~s grandes lignes'** 'main-line departures'; **'~s banlieue'** 'suburban OU local departures' ❑ **hall des ~s** RAIL (departure) concourse; AÉRON & NAUT departure lounge. -**2.** [fait de quitter un lieu] going; **on en a parlé après son ~** we discussed it after he went ❑ **les grands ~s** *the mass exodus of people from Paris and other major cities at the beginning of the holiday period, especially in August*; **le grand ~** *pr* the big move; *fig* the passage into the great beyond. -**3.** [d'une course] start; **donner le ~ d'une course** to start a race, to give the signal to start a race; **douze chevaux ont pris le ~ (de la course)** there were twelve starters; **prendre un nouveau ~ dans la vie** *fig* to make a fresh start in life, to turn over a new leaf ❑ ~ arrêté/lancé/décalé standing/ flying/staggered start; faux ~ false start; **prendre un bon/mauvais** ~ *pr* & *fig* to get off to a good/bad start. -**4.** [après démission ou renvoi] departure; **au** ~ **du directeur** when the manager left OU quit (the firm); **ils exigent le** ~ **du président** they are demanding the chairman's resignation; ~ **volontaire** voluntary severance. -**5.** [origine] start, beginning; **au** ~ at first, to begin with; **au** ~, **je ne voulais pas qu'il le sache** at first OU to begin with, I didn't want him to know. -**6.** COMM: **prix** ~ **usine** factory price, ex works price *Br*. -**7.** *sout* [distinction] distinction, separation, differenciation; **faire le** ~ **entre** to draw a distinction between, to distinguish between; **une thèse où le** ~ **n'a pas été bien fait entre causes et conséquences** a thesis which makes no attempt to distinguish OU to differentiate between causes and effects.

◆ **au départ de** *loc prép*: **visites au** ~ **des Tuileries** tours departing from the Tuileries; **au** ~ **du Caire, tout allait encore bien entre eux** when they left Cairo, everything was still fine between them.

◆ **de départ** *loc adj* -**1.** [gare, quai, heure] departure *(modif)*; **date de** ~ [en avion] flight date; [en bateau] sailing date. -**2.** [initial]: **point de** ~ starting point; **revenir à son point de** ~ to get back to the beginning; **l'idée de** ~ the initial OU original idea; **prix de** ~ [dans une enchère] upset OU asking price; **salaire de** ~ initial OU starting salary.

◆ **sur le départ** *loc adv* on the point of departure, ready to depart OU to go.

départager [17] [departaʒe] *vt* -**1.** [séparer - exaequo] to decide between; ~ **l'un de l'autre** to decide between one and the other. -**2.** ADMIN & POL to settle the voting, to give the casting vote.

département [departəmɑ̃] *nm* -**1.** [du territoire français] département, department; **les** ~**s d'outre-mer** French overseas departments. -**2.** [service] department, service, division; **le** ~ **du contentieux** the legal department. -**3.** [ministère] department, ministry; ~ **ministériel** ministry; **le Département d'État** the State Department, the Department of State. -**4.** *Helv administrative authority in a Swiss canton.*

départemental, e, aux [departəmɑ̃tal, o] *adj* -**1.** [des départements français] of the département, departmental. -**2.** [dans une entreprise, une organisation] departmental, sectional. -**3.** [ministériel] ministerial.

◆ **départementale** *nf* [route] secondary road, ≃ B-road *Br*.

départementalisation [departəmɑ̃talizasjɔ̃] *nf* ADMIN conferring the statute of département on.

départementaliser [3] [departəmɑ̃talize] *vt* -**1.** [territoire d'outre-mer] to confer the statute of département on, to make into a département. -**2.** [budget, responsabilité] to devolve to the départements.

départir [32] [departir] *vt litt* to assign, to apportion; ~ **une tâche à qqn** to assign OU to apportion a task to sb.

◆ **se départir de** *vp + prép*: **se** ~ **de** to depart from, to abandon, to lose; **sans se** ~ **de sa bonne humeur** without losing his good humour; **elle ne se départit pas de son calme** she remained unruffled; **il s'est départi de ses sarcasmes habituels** he abandoned his usual sarcasm.

départiteur [departitœr] *nm* JUR: **(juge)** ~ arbitrator.

dépassant [depasɑ̃] *nm* COUT piece of edging.

dépassé, e [depase] *adj* [mentalité, technique] outdated, old-fashioned; **c'est** ~ **tout ça!** all that's old hat!; **tu es** ~, **mon pauvre!** you're behind the times, my friend!

dépassement [depasmɑ̃] *nm* -**1.** AUT passing, overtaking *Br*. -**2.** [excès] exceeding, excess; ~ **de coûts** cost overrun; ~ **d'horaire de 15 minutes** overrun of 15 minutes ❑ ~ **de budget** FIN overspending. -**3.** [surpassement]: ~ **(de soi-même)** surpassing o.s., transcending one's own capabilities. -**4.** ADMIN *charging, by a medical practitioner, of more than the standard fee recognised by the social services.*

dépasser [3] [depase] ◇ *vt* -**1.** [doubler - voiture] to pass, to overtake *Br*; [- coureur] to outrun, to outdistance. -**2.** [aller au-delà de - hôtel, panneau] to pass, to go OU to get past; [- piste d'atterrissage] to overshoot; **attention de ne pas** ~ **le tournant!** be careful you don't miss the turn-off!; ~ **son temps de parole** to talk longer than was agreed. -**3.** [être plus grand que] to stand OU to be taller than; **notre immeuble dépasse les autres** our building stands higher OU is taller than the others; **elle me dépasse d'une tête** she's a head taller than me. -**4.** [déborder sur] to go over OU beyond; **ne dépasse pas la ligne tracée par la maîtresse** don't go over the line drawn by the teacher; **votre renommée dépasse les frontières** your fame has spread abroad. -**5.** [suivi d'une quantité, d'un chiffre] to exceed, to go beyond; **'ne pas** ~ **la dose prescrite'** 'do not exceed the prescribed dose'; **montants dépassant 500 francs** amounts in excess of OU exceeding 500 francs; **les socialistes nous dépassent en nombre** the socialists outnumber us, we're outnumbered by the socialists; **l'exposé ne doit pas** ~ **20 minutes** the talk must not last longer than OU exceed 20 minutes; ~ **le budget de 15 millions** to go 15 million over budget; **l'addition dépasse rarement 200 francs** the bill' s seldom more than OU seldom goes over 200 francs; **je n'ai pas dépassé 60 km/h** I did not exceed OU I stayed below 60 km/h; **elle a dépassé la trentaine** she's turned thirty, she's over thirty; **ça dépasse mes moyens** it's beyond my means, it's more than I can afford. -**6.** [surpasser - adversaire] to surpass, to do better than, to be ahead of; **elle veut** ~ **sa sœur aînée** she wants to do better than her elder sister; ~ **l'attente de qqn** to surpass OU to exceed sb's expectations; **cela dépasse tout ce que j'avais pu espérer** this is beyond all my hopes OU my wildest dreams; ~ **qqn/qqch en:** ~ **qqn/qqch en drôlerie/ stupidité** to be funnier/more stupid than sb/ sthg; **ça dépasse tout ce que j'ai vu en vulgarité** for sheer vulgarity, it beats everything I've ever seen; **elle nous dépassait tous en musique** she was a far better musician than any of us. -**7.** [outrepasser - ordres, droits] to go beyond, to overstep; **cela dépasse l'entendement** it is beyond comprehension; **la tâche dépasse mes forces** the task is beyond me; **les mots ont dépassé ma pensée** I got carried away and said something I didn't mean ❑ ~ **les bornes** OU **les limites** OU **la mesure** OU **la dose** *fam* to go too far, to overstep the mark; **cette fois, ça dépasse les bornes** OU **la mesure** OU **la dose** *fam* this time it's gone too far. -**8.** [dérouter]: **être dépassé par les événements** to be overtaken OU swamped by events; **une telle ignorance me dépasse** such ignorance defeats me; **les échecs, ça me dépasse!** chess is (quite) beyond me! -**9.** [surmonter]: **avoir dépassé un stade/une phase** to have gone beyond a stage/a phase.

◇ *vi* -**1.** AUT to pass, to overtake *Br*; **'interdiction de** ~**'** 'no overtaking' *Br*, no passing *Am*. -**2.** [étagère, balcon, corniche] to jut out, to protrude; **notre perron dépasse par rapport aux autres** our front steps stick out further than the others. -**3.** [chemisier, doublure] to be hanging out OU untucked; **ton jupon dépasse!** your slip's showing!; ~ **de** to be sticking out OU protruding from (under); **pas une mèche ne dépassait de son chignon** her chignon was impeccable OU hadn't a hair out of place; **un revolver dépassait de son sac** a gun was sticking out of her bag; **la doublure dépasse de** OU **sous la robe** the lining shows below the dress.

◆ **se dépasser** ◇ *vp (emploi réciproque)* to pass one another; **les voitures cherchent toutes à se** ~ the cars are all jostling for position.

◇ *vpi* [se surpasser] to surpass OU to excel o.s.

dépassionner [3] [depasjɔne] *vt* [débat] to take the heat out of, to calm OU to cool down.

dépatouiller [3] [depatuje]

◆ **se dépatouiller** *fam vpi* to manage to get by; **se** ~ **d'une situation** to get out of OU to wriggle one's way out of a situation; **qu'il se** OU **s'en dépatouille tout seul!** he can get out of this one by himself!

dépavage [depavaʒ] *nm*: **le** ~ **des rues** removing the cobblestones from the streets.

dépaver [3] [depave] *vt* to remove the cobblestones from.

dépaysant, e [depeizɑ̃, ɑ̃t] *adj*: **un voyage** ~ a trip that gives you a complete change of scene.

dépaysement [depeizmɑ̃] *nm* -**1.** [changement de cadre] change of scene OU scenery; **un petit** ~ **ne te ferait pas de mal** you could do with a change of scene; **à Moscou, on a une extraordinaire impression de** ~ when you're in Moscow everything feels totally unfamiliar. -**2.** [malaise] feeling of unfamiliarity; **les enfants n'aiment pas le** ~ children don't like changes in environment.

dépayser [3] [depeize] *vt* -**1.** [changer de cadre] to give a change of scenery OU surroundings to; **laissez-vous** ~ **à seulement une heure de Paris** treat yourself to a change of scene OU scenery just an hour away from Paris. -**2.** [désorienter] to disorientate; **se sentir dépaysé** to feel like a stranger OU like a fish out of water; **on fait tout pour que le touriste ne soit pas dépaysé** we do everything possible to make the tourist feel at home.

dépeçage [depəsaʒ], **dépècement** [depɛsmɑ̃] *nm* -**1.** [d'un animal de boucherie] cutting OU carving up. -**2.** [d'un pays] dismembering, carving up.

dépecer [29] [depəse] *vt* -**1.** [démembrer - proie] to tear limb from limb; [- volaille] to cut up *(sép)*. -**2.** [détruire - empire] to dismember, to carve up *(sép)*.

dépêche [depɛʃ] *nf* -**1.** ADMIN dispatch; ~ **diplomatique** diplomatic dispatch. -**2.** TÉLÉC: ~ **(télégraphique)** telegram, wire; **envoyer une** ~ **à qqn** to wire OU to telegraph sb. -**3.** [nouvelle] news item *(sent through an agency)*; **une** ~ **nous arrive à l'instant** a news item OU some news has just reached us.

dépêcher [4] [depeʃe] *vt sout* [enquêteur] to send, to dispatch.

◆ **se dépêcher** *vpi* to hurry (up); **pas besoin de se** ~ (there's) no need to hurry; **mais dépêche-toi donc!** come on, hurry up!; **se** ~ **de faire qqch** to hurry OU to hasten to do sthg; **dépêche-toi de finir cette lettre** hurry up and finish that letter; **on s'est dépêchés de rentrer** we hurried home, we went back home in a hurry.

dépeigner [4] [depeɲe] *vt*: ~ **qqn** to mess up OU to muss OU to ruffle sb's hair; **elle est toujours dépeignée** her hair's always untidy OU dishevelled.

dépeindre [81] [depɛ̃dr] *vt* to depict, to portray.

dépenaillé, e [depənaje] *adj* [vêtement, rideau] scruffy, ragged, tattered; **un mendiant tout** ~ a beggar in rags.

dépénalisation [depenalizasjɔ̃] *nf*: **la** ~ **d'un acte** decriminalizing an act.

dépénaliser [3] [depenalize] *vt* to decriminalize.

dépendance [depɑ̃dɑ̃s] *nf* -**1.** [subordination] dependence; **être dans** OU **sous la** ~ **de qqn** to be subordinate to sb; **vivre dans la** ~ to be dependent, to lead a dependent life; **nous devrions diminuer notre** ~ **économique/ énergétique par rapport au nucléaire** we should reduce our dependence on the nuclear industry for our economic/energy needs || [d'un drogué] dependence. -**2.** [annexe] outhouse, outbuilding. -**3.** [territoire] dependency. -**4.** LING dependence.

dépendant, e [depɑ̃dɑ̃, ɑ̃t] *adj* -**1.** [subordonné] dependent; **être** ~ **de qqn/qqch** to be dependent on sb/sthg. -**2.** [drogué] dependent.

dépendeur [depɑ̃dœr] *nm loc*: un (grand) ~ d'andouilles *fam* a lazy good-for-nothing.

dépendre [73] [depɑ̃dr] *vt* [décrocher - tableau, tapisserie] to take down *(sép)*.

◆ **dépendre de** *v + prép* -**1.** [être soumis à] to be answerable to; **il dépend du chef de service** he's answerable OU responsible to the departmental head; **nous dépendons du Ministère** we're answerable to the Ministry. -**2.** [faire partie de - domaine, territoire] to be a dependency of, to belong to; **le parc dépend du château** the park is part of the castle property. -**3.** [devoir ses ressources à] to depend on OU upon, to be dependent on; ~ **(financièrement) de qqn** to be financially dependent on OU upon sb; **je ne dépends que de moi-même** [professionnellement] I'm my own boss; [affectivement, financièrement] I can stand on my own two feet; ~ **d'un pays pour le pétrole** to be dependent on a country for one's oil supply. -**4.** [varier selon] to depend on; **ça dépend de la couleur que tu veux** it depends on what shade you want; **tu viendras? — ça dépend!** OU **ça va ~!** will you come? — it (all) depends!; **notre avenir en dépend** our future depends OU rests on it; **notre mariage dépend de sa décision** our marriage depends OU hangs on his decision; **ça ne dépend pas que de moi** it's not entirely up to me || *(tournure impersonnelle)*: **il dépend de toi que ce projet aboutisse** whether this project succeeds depends on OU is up to you; **il dépend de toi de rester ou de partir** it's up to you whether you stay or not.

dépens [depɑ̃] *nmpl* JUR costs.

◆ **aux dépens de** *loc prép* at the expense of; **rire aux ~ de qqn** to laugh at sb's expense; **s'amuser aux ~ de sa santé** to have a good time at the expense of one's health; **je l'ai appris à mes ~** I learnt it to my cost.

dépense [depɑ̃s] *nf* -**1.** [frais] expense, expenditure; **occasionner de grosses ~s** to mean a lot of expense OU a big outlay; **je ne peux pas me permettre cette ~** I can't afford to lay out OU to spend so much money; **faire des ~s** to spend (money) ❑ **~s de consommation** consumer spending; **~s d'entretien** maintenance (costs); **~s d'exploitation** working OU operating costs; **~s d'infrastructure** social overhead capital; **~s d'investissement** OU **d'équipement** capital spending OU expenditure; **~s du ménage** household expenses; **~s publiques** public OU government spending; **~s sociales** spending on social services; **~s et recettes** ÉCON & FIN expenditure and income. -**2.** [fait de dépenser] spending; **pousser qqn à la ~** to push OU to encourage sb to spend (money); **faire la ~ de qqch** to lay out OU to spend money on sthg; **regarder à la ~** to watch what one spends, to watch every penny; **ne regardez pas à la ~** spare no expense. -**3.** [consommation] consumption; **~ de temps** expenditure of time; **~ de temps inutile** waste of time ❑ **~ de carburant** fuel consumption.

dépenser [3] [depɑ̃se] *vt* -**1.** [argent] to spend; **à quoi dépenses-tu ton argent?** what do you spend your money on?; **~ son salaire en cadeaux** to spend one's salary on gifts || *(en usage abs)*: **~ sans compter** to spend (money) lavishly OU without counting the cost. -**2.** [consommer - mazout] to use. -**3.** [employer - temps] to spend; [- énergie] to expend.

◆ **se dépenser** *vpi* -**1.** [se défouler] to let off steam; **ainsi, tu te dépenseras physiquement** that way, you'll get some exercise; **elle a besoin de se ~** she needs an outlet for her (pent-up) energy. -**2.** [se démener] to expend a lot of energy, to work hard; **tu t'es beaucoup dépensé pour cette soirée** you've worked hard for (the success of) this party; **se ~ en efforts inutiles** to waste one's energies in useless efforts; **se ~ sans compter pour qqch** to put all one's energies into sthg, to give sthg one's all.

dépensier, ère [depɑ̃sje, ɛr] ◇ *adj* extravagant; **j'ai toujours été ~** I've always been a big spender, money has always slipped through my fingers.

◇ *nm, f* spendthrift; **un grand ~** a big spender.

déperdition [depɛrdisjɔ̃] *nf* -**1.** [de chaleur, de matière] loss. -**2.** *litt* [de volonté, d'enthousiasme] fading, waning.

dépérir [32] [deperir] *vi* [malade] to fade OU to waste away; [de tristesse] to pine away; [plante] to wilt, to wither; [industrie] to decline.

dépérissement [deperismɑ̃] *nm* -**1.** [affaiblissement] fading OU wasting OU pining away; [déclin] decline. -**2.** JUR: ~ **de preuves** loss of validity of evidence.

dépersonnalisation [depɛrsɔnalizasjɔ̃] *nf* [gén & PSYCH] depersonalization.

dépersonnaliser [3] [depɛrsɔnalize] *vt* [gén & PSYCH] to depersonalize.

◆ **se dépersonnaliser** *vpi* [individu] to become depersonalized, to lose one's personality; [lieu, œuvre] to become anonymous.

dépêtrer [4] [depetre] *vt*: ~ **qqn/qqch de** to extricate OU to free sb/sthg from; ~ **qqn d'une situation** to extricate sb from OU to get sb out of a situation.

◆ **se dépêtrer de** *vp + prép* -**1.** [de filets, de pièges] to free o.s. from; **le bouvreuil n'arrivait pas à se ~ du filet** the bullfinch couldn't free itself from OU find its way out of the net. -**2.** [d'un gêneur] to put off *(sép)*; [d'une situation]: **il nous a dit tant de mensonges qu'il ne peut plus s'en ~** he's told us so many lies that he can no longer extricate himself from them; **j'ai tant de dettes que je ne peux plus m'en ~** I have so many debts I don't even know how to start paying them off.

dépeuplement [depœpləmɑ̃] *nm* -**1.** SOCIOL depopulation. -**2.** [désertion]: le ~ **de la forêt** [déboisement] clearing OU thinning (out) the forest; [absence d'animaux] the disappearance of animal life from the forest; le ~ **des rivières** [volontaire] destocking the rivers; [par la pollution] the destruction of the fish stocks of the rivers.

dépeupler [5] [depœple] *vt* -**1.** SOCIOL to depopulate. -**2.** [volontairement - étang] to empty (of fish), to destock; [- forêt] to clear (of trees), to thin out the trees of; ~ **l'étang/la forêt** [involontairement] to kill off the fish stocks in the pond/trees in the forest.

◆ **se dépeupler** *vpi* -**1.** SOCIOL to become depopulated. -**2.** [rivière] to lose its stock; [forêt] to thin out.

déphasage [defazaʒ] *nm* -**1.** ÉLECTR phase difference. -**2.** PSYCH loss of contact with reality, feeling of disconnectedness.

déphasé, e [defaze] *adj* -**1.** ÉLECTR out-of-phase. -**2.** [désorienté] out of touch; **être ~ par rapport à la réalité** to be out of touch with reality; **il est complètement ~** he lives in a different world.

déphaser [3] [defaze] *vt* -**1.** ÉLECTR to cause a phase difference in. -**2.** [désorienter]: **son séjour prolongé à l'hôpital l'a déphasé** his long stay in hospital made him lose touch with reality.

déphaseur [defazœr] *nm* phase splitter.

déphosphoration [defɔsfɔrasjɔ̃] *nf* dephosphoration.

déphosphorer [3] [defɔsfɔre] *vt* to dephosphorate.

dépiauter *fam* [3] [depjote] *vt* -**1.** [lapin] to skin, to take the skin off; [fruit] to peel. -**2.** [analyser]: ~ **un texte** to dissect a text.

dépigmentation [depigmɑ̃tasjɔ̃] *nf* depigmentation, loss of pigmentation.

dépilation [depilasjɔ̃] *nf* -**1.** MÉD hair loss. -**2.** [épilation] hair removal, removal of (unwanted) hair.

dépilatoire [depilatwar] ◇ *adj* depilatory.
◇ *nm* depilatory OU hair-removing cream.

dépiler [3] [depile] *vt* -**1.** MÉD to cause hair loss to. -**2.** [cuirs, peaux] to grain. -**3.** MIN to remove pit-props from.

dépiquer [3] [depike] *vt* -**1.** [repiquer] to transplant. -**2.** [égrener - blé] to thresh; [- riz] to hull. -**3.** COUT to unstitch, to unpick.

dépistage [depistaʒ] *nm* -**1.** MÉD screening; **le ~ du cancer** screening for cancer. -**2.** [recherche] detection, unearthing; **l'auteur se livre à un travail de ~ sur des documents historiques** the author has done some detective work on historical documents. -**3.** CHASSE tracking down.

dépister [3] [depiste] *vt* -**1.** [criminel] to track down *(sép)*; [source, ruse] to detect, to unearth. -**2.** MÉD to screen for; **des techniques pour ~ le cancer** cancer screening techniques. -**3.** CHASSE [lièvre] to track down *(sép)*; [chien] to put off the scent. -**4.** [perdre - poursuivant] to throw off *(sép)*.

dépit [depi] *nm* pique; **faire qqch par ~** to do sthg in a fit of pique OU out of spite; **ressentir du ~ contre qqn** to be annoyed with sb; **j'en ai conçu un peu de ~** I was a little piqued OU vexed at it; **j'en aurais pleuré de ~** I was so upset I could have cried ❑ **~ amoureux** heartache, unrequited love; **faire qqch par ~ amoureux** to do sthg out of unrequited love; **se marier par ~ amoureux** to marry on the rebound.

◆ **en dépit de** *loc prép* despite, in spite of; **faire qqch en ~ du bon sens** to do sthg with no regard for common sense.

dépité, e [depite] *adj* (greatly) vexed, piqued.

dépiter [3] [depite] *vt* to pique, to vex; **son refus m'a profondément dépité** I was greatly vexed OU piqued at his refusal.

déplacé, e [deplase] *adj* -**1.** [malvenu - démarche, remarque, rire] inappropriate; **sa présence était ~e** his presence was uncalled-for. -**2.** [de mauvais goût - plaisanterie] indelicate, shocking. -**3.** SOCIOL displaced.

déplacement [deplasmɑ̃] *nm* -**1.** [mouvement] moving, shifting; **le ~ de l'aiguille sur le cadran** the movement of the hands around the clock face; **le ~ à gauche de l'électorat** the swing to the left by the electorate ❑ **~ d'air** displacement of air. -**2.** [sortie] moving about; [voyage] (business) trip; **Josie me remplace pendant mes ~s** Josie steps in for me when I'm away on business; **le docteur m'a interdit tout ~** the doctor said I mustn't go out at all; **merci d'avoir fait le ~** thanks for coming all this way; **joli panorama, ça vaut le ~!** *fam* what a lovely view, it's definitely worth going out of your way to see it!; **la soirée ne valait pas le ~** the party wasn't worth going to. -**3.** [mutation - d'un employé] transfer; **~ d'office** transfer. -**4.** NAUT displacement; **navire de 15 000 tonnes de ~** ship with a 15,000-ton displacement. -**5.** MÉD: **~ d'organe** organ displacement; **~ de vertèbre** slipped disc. -**6.** PSYCH displacement. -**7.** CHIM displacement.

◆ **de déplacement** *loc adj* -**1.** TRANSP: **moyen de ~** means OU mode of transport. -**2.** PSYCH displacement *(modif)*.

◆ **en déplacement** *loc adv* away; **Bordeaux est en ~ à Marseille** SPORT Bordeaux are playing away against Marseilles; **la directrice est en ~** the manager's away (on business); **envoyer qqn en ~** to send sb away on a business trip.

déplacer [16] [deplase] *vt* -**1.** [vase, meuble, pion] to move, to shift; **déplace-le vers la droite** move OU shift it to the right ❑ **~ de l'air** *fam hum* [en parlant] to talk big OU a lot of hot air; **la délégation déplaçait beaucoup d'air** the delegation looked as though it was taking itself very seriously indeed. -**2.** [élève, passager] to move; [population] to displace. -**3.** [infléchir]: **~ la discussion** to shift the emphasis of the discussion; **ne déplacez pas le problème** don't change the question. -**4.** MÉD [os] to displace, to put out of joint; [vertèbre] to slip. -**5.** [muter - fonctionnaire] to transfer; **~ qqn par mesure disciplinaire** to transfer sb for disciplinary reasons. -**6.** [faire venir - médecin, dépanneur] to send for; **ils ont déplacé l'ambulance pour cela?** did they really get the ambulance out for that?; **son concert a déplacé des foules**

crowds flocked to his concert; **on avait déplacé des sommités** experts had been summoned. -**7.** [dans le temps - festival, rendez-vous] to change, to shift, to move; **~ une date** [l'avancer] to move a date forward; [la reculer] to put back a date. -**8.** NAUT to have a displacement of. -**9.** MIL: **~ le tir** to shift fire. -**10.** POL: **~ des voix (en faveur de)** to shift votes (towards).

◆ **se déplacer** ◇ *vpi* -**1.** [masse d'air, nuages] to move, to be displaced; [aiguille d'horloge] to move. -**2.** [marcher] to move about OU around, to get about OU around; **se ~ à l'aide de béquilles** to get about on crutches; **ne pas se ~ pendant le spectacle** do not move around during the show; **avec notre messagerie, faites vos courses sans vous ~** do your shopping from home with our Teletext service; **cela ne vaut pas/vaut le coup de se ~** *fam* it's not worth/it's worth the trip. -**3.** [voyager] to travel, to get about; **je me déplace beaucoup pour mon travail** I travel a lot in my job, my job involves a lot of travelling.

◇ *vpt*: **se ~ une vertèbre** to slip a disc.

déplafonnement [deplafɔnmɑ̃] *nm*: **~ des cotisations** removal of the upper limit for contributions.

déplafonner [3] [deplafɔne] *vt* to raise the ceiling, to remove the upper limit for.

déplaire [110] [deplɛr]

◆ **déplaire à** *v + prép* -**1.** [rebuter] to put off *(sép)*; **son attitude m'a (souverainement) déplu** his attitude put me off (completely), I didn't like his attitude (at all); **je lui déplais tant que ça?** does he dislike me as much as that?; **un café? voilà qui ne me déplairait pas** OU **ne serait pas pour me ~** a coffee? I wouldn't say no!; **il m'a parlé franchement, ce qui n'a pas été pour me ~** he was frank with me, which I liked; **il ne lui déplairait pas de vivre à la campagne** he wouldn't object to living in the country. -**2.** [contrarier] to annoy, to offend; **ce que je vais dire risque de vous ~** I'm afraid you may not like what I'm going to say; **ne vous (en) déplaise** *litt* OU *hum* whether you like it or not; **n'en déplaise à Votre Majesté** may it please your Majesty; **n'en déplaise aux libéraux** whatever the liberals may say.

◆ **se déplaire** ◇ *vp (emploi réciproque)* [ne pas se plaire l'un à l'autre] to dislike each other OU one another.

◇ *vpi* [être mal à l'aise] to be unhappy OU dissatisfied; **ils se sont déplu chez leur tante** they disliked staying with their aunt, they were unhappy at their aunt's; **je ne me suis pas déplu ici** I quite enjoyed OU liked it here.

déplaisant, e [deplɛzɑ̃, ɑ̃t] *adj* -**1.** [désagréable] unpleasant, nasty; **une ~e odeur de gaz** an unpleasant smell of gas. -**2.** [désobligeant] unpleasant, offensive; **une remarque ~e** an offensive OU unpleasant remark; **cette surveillance est assez ~e** being watched like this is rather unpleasant. -**3.** [discourtois - personne] hostile, rude; **inutile d'être aussi ~ au téléphone** there's no need to be so rude OU abrupt on the phone; **toute la famille est ~e** the whole family's pretty unpleasant.

déplaisir [deplezir] *nm* -**1.** *litt* [tristesse] unhappiness. -**2.** [mécontentement] displeasure, disapproval; **elle me verrait sans ~ me fiancer avec Arnaud** she'd be quite pleased if I got engaged to Arnaud; **je fais les corvées ménagères sans ~** I don't mind doing the housework; **ils constatèrent sa présence avec un vif ~** they were most displeased to see him.

◆ **à mon grand déplaisir, à son grand déplaisir** *etc loc adv* much to my/his *etc* chagrin; **on ne lui a pas permis de donner son avis, à son grand ~** he was most put out that he wasn't allowed to give his opinion, to his chagrin he was not asked for his opinion.

déplantage [deplɑ̃taʒ] *nm*, **déplantation** [deplɑ̃tasjɔ̃] *nf*: **le ~ des arbustes** taking up OU removing OU uprooting the shrubs; **le ~ de la forêt** clearing the forest.

déplanter [3] [deplɑ̃te] *vt* [arbuste] to uproot, to take up *(sép)*; [jardin] to clear (of plants), to remove the plants from; [piquet] to dig out *(sép)*, to remove.

déplantoir [deplɑ̃twar] *nm* hand-fork.

déplâtrage [deplatraʒ] *nm* -**1.** CONSTR removal of the plaster; **le ~ d'un mur** stripping the plaster off a wall. -**2.** MÉD removal of the plaster cast.

déplâtrer [3] [deplatre] *vt* -**1.** CONSTR to strip of plaster, to remove the plaster from. -**2.** MÉD to take out of a plaster cast; **se faire ~: il va se faire ~ demain** his plaster cast's coming off tomorrow.

déplétion [deplesjɔ̃] *nf* CHIM & PHYSIOL depletion.

dépliage [deplijaʒ] *nm* unfolding, spreading out.

dépliant, e [deplijɑ̃, ɑ̃t] *adj* extendable, extensible.

◆ **dépliant** *nm* -**1.** [brochure] brochure, leaflet; **~ publicitaire** advertising leaflet; **~ touristique** travel brochure. -**2.** IMPR foldout.

déplier [10] [deplije] *vt* -**1.** [journal, lettre] to open out OU up *(sép)*, to unfold; **~ la pièce de tissu** to spread the cloth out; **dépliant ses dentelles devant les clientes** spreading his pieces of lace before the customers || [bras, jambes] to stretch; **~ bras et jambes avant de se lever** to stretch one's arms and legs before getting up; **les rangées étaient si serrées que je ne pouvais ~ mes jambes** the rows of seats were so close (together) that I couldn't stretch my legs. -**2.** [mètre pliant] to stretch (out); [canapé] to open up, to extend.

◆ **se déplier** *vp (emploi passif)* -**1.** [s'ouvrir] to unfold, to open out; **les cartes routières ne se déplient pas facilement** roadmaps aren't very easy to unfold. -**2.** [s'étirer - mètre pliant] to stretch (out). -**3.** [être escamotable] to open out; **un canapé qui se déplie** a foldaway sofa-bed.

déplissage [deplisaʒ] *nm* -**1.** [d'un tissu plissé] unpleating. -**2.** [défroissage] smoothing out.

déplisser [3] [deplise] *vt* -**1.** [enlever les plis de] to unpleat; **~ une jupe** to take the pleats out of a skirt. -**2.** [défriper] to smooth out *(sép)*; **~ une écharpe au fer** to iron the creases out of a scarf.

déploiement [deplwamɑ̃] *nm* -**1.** [des ailes d'un oiseau] spreading out, unfolding; NAUT unfurling. -**2.** MIL deployment; **un grand ~** OU **tout un ~ de police** a large deployment of police ❑ **~ en éventail** fan-shaped deployment; **~ en tirailleurs** deployment in extended order. -**3.** [manifestation]: **~ de** show OU demonstration OU display of; **un brillant ~ d'érudition** a brilliant display OU show of erudition; **un grand ~ de force** a great show of strength; **un ~ d'affection** a display of affection; *péj* a gush of affection.

déplombage [deplɔ̃baʒ] *nm* -**1.** [d'une dent] removing the filling from. -**2.** [ouverture] removal of the seal OU seals; **la douane a procédé au ~ des wagons** the customs officials proceeded to remove the seals from the trucks.

déplomber [3] [deplɔ̃be] *vt* -**1.** [dent] to remove the filling from. -**2.** [ouvrir] to take the seals off, to remove the seals from. -**3.** INF to break through the protection of, to hack into *(insép)*.

déplorable [deplɔrabl] *adj* -**1.** [regrettable] deplorable, regrettable, lamentable. -**2.** [mauvais - résultat] appalling; [- plaisanterie] awful, terrible, appalling; **elle s'habille avec un goût ~** she dresses with appallingly bad taste.

déplorablement [deplɔrabləmɑ̃] *adv* deplorably, lamentably.

déploration [deplɔrasjɔ̃] *nf* -**1.** MUS lament. -**2.** BX-ARTS: Déploration du Christ Pietà.

déplorer [3] [deplɔre] *vt* -**1.** *sout* [regretter] to object to, to regret, to deplore; **~ le mauvais caractère de qqn** to object to sb's bad temper; **je déplore que vous n'ayez pas compris** I find it regrettable that you didn't understand; **on déplore que l'auteur n'ait pas eu plus souvent recours à l'autocensure** it is to be regretted that the author did not exercise self-censorship more often. -**2.** [constater]: **nous n'avons eu que peu de dégâts à ~** fortunately, we suffered only slight damage; **on ne déplore que deux blessés légers** fortunately, only two people were slightly injured; **on déplore la mort d'une petite fille dans l'accident** sadly, a little girl was killed in the accident. -**3.** *litt* [pleurer sur] to lament OU to mourn for; **~ le départ de qqn** to mourn sb's departure; **~ la mort d'un ami** to grieve over the death of a friend.

déployer [13] [deplwaje] *vt* -**1.** [déplier] to spread out *(sép)*, to unfold, to unroll; **~ les voiles** NAUT to unfurl OU to extend the sails. -**2.** [faire montre de] to display, to exhibit, to show off *(sép)*; **~ un luxe impressionnant** to indulge in a great display of luxury; **elle a déployé toute son éloquence** she showed off her powers of oratory; **il m'a fallu ~ des trésors de persuasion auprès d'elle** I had to work very hard at persuading her. -**3.** MIL to deploy.

◆ **se déployer** *vpi* -**1.** NAUT to unfurl. -**2.** [foule] to extend, to stretch out. -**3.** MIL to be deployed.

déplumé, e [deplyme] *adj* -**1.** [sans plumes] featherless; **des tourterelles ~es** turtledoves that have lost their feathers. -**2.** *fam* [chauve] bald, balding; **nounours tout ~** balding teddy-bear.

déplumer [3] [deplyme]

◆ **se déplumer** *vpi* -**1.** [perdre ses plumes] to lose OU to drop its feathers; **un vieux chapeau qui se déplume** an old hat that's losing its feathers. -**2.** *fam* [devenir chauve] : **il** OU **son crâne se déplume** he's going bald OU thinning on top.

dépoétiser [3] [depɔetize] *vt* to depoetize, to deprive of its poetic character.

dépointer [3] [depwɛ̃te] *vt* -**1.** ARM to move OU to point away from the target. -**2.** TV to point away from its best reception position.

◆ **se dépointer** *vpi* -**1.** ARM to move away from the OU off target. -**2.** TV to move away from its best reception position.

dépoitraillé, e *fam* [depwatraje] *adj péj* bare-chested; **tout ~** with his shirt open almost down to his navel.

dépolarisant, e [depɔlarizɑ̃, ɑ̃t] *adj* depolarizing.

◆ **dépolarisant** *nm* depolarizer.

dépolarisation [depɔlarizasjɔ̃] *nf* depolarization.

dépolariser [3] [depɔlarize] *vt* to depolarize.

dépoli, e [depɔli] *adj* frosted, ground.

◆ **dépoli** *nm* -**1.** [verre] ground glass. -**2.** PHOT focusing screen.

dépolir [32] [depɔlir] *vt* to grind.

◆ **se dépolir** *vpi* to lose its shine, to become tarnished.

dépolissage [depɔlisaʒ] *nm* [du verre] grinding.

dépolitisation [depɔlitizasjɔ̃] *nf* [d'une personne, d'un thème] depoliticization.

dépolitiser [3] [depɔlitize] *vt* to depoliticize; **faut-il ~ le sport?** should politics be kept out of sport?

dépolluer [7] [depɔlɥe] *vt* to cleanse, to clean up *(sép)*; **~ les plages** to clean up the beaches.

dépollution [depɔlysjɔ̃] *nf* cleaning up, decontamination; **~ de l'eau** water purification.

dépolymérisation [depɔlimerizasjɔ̃] *nf* depolymerization.

déponent, e [depɔnɑ̃, ɑ̃t] *adj* deponent.

◆ **déponent** *nm* deponent verb.

dépopulation [depɔpylasjɔ̃] *nf* depopulation.

déport [depɔr] *nm* -**1.** TÉLÉC radar data, transmission. -**2.** BOURSE & FIN backwardation.

déportation [depɔrtasjɔ̃] *nf* -**1.** HIST [exil] transportation, deportation. -**2.** [en camp] deportation, internment; **pendant mes années de ~** during my years in a concentration camp.

déporté, e [depɔrte] *nm, f* -**1.** [prisonnier] deportee, internee. -**2.** HIST convict.

déportement [depɔrtəmɑ̃] *nm* [embardée] swerve, swerving.
◆ **déportements** *nmpl litt* misbehaviour, misconduct.

déporter [3] [depɔrte] *vt* -**1.** [exiler] to deport, to send to a concentration camp. -**2.** [déplacer]: **la voiture a été déportée par le vent/choc** the car was blown/knocked off (its) course.
◆ **se déporter** *vpi* [doucement] to move aside; [brusquement] to swerve; **se ~ vers la droite/gauche** to veer (off) to the right/left.

déposant, e [depozɑ̃, ɑ̃t] *nm, f* -**1.** BANQUE depositor. -**2.** JUR deponent, witness. -**3.** [d'un brevet, d'une marque] applicant.

dépose [depoz] *nf* taking out OU down; **~ gratuite de vos anciens appareils** your old appliances removed free of charge.

déposer [3] [depoze] ◇ *vt* -**1.** [poser] to lay OU to put down *(sép)*; **~ un bébé dans un landau** to lay a baby down in a pram; **~ un bébé dans une poussette** to put OU to sit a baby in a push-chair. -**2.** [gerbe] to lay; [objet livré] to leave, to drop off *(sép)*; **~ sa valise à la consigne** to put one's suitcase in the left luggage lockers; **~ sa valise chez qqn** to leave one's suitcase with sb; **quelqu'un a déposé une lettre pour vous** somebody left a letter for you; **~ les armes** *pr* to hand in one's weapons; *fig* to lay down one's arms, to give up the fight. -**3.** [faire descendre de véhicule] to drop (off); **je te dépose?** can I drop you somewhere?, can I give you a lift somewhere? || [décharger] to unload, to set down *(sép)*; **le car a déposé le matériel près de la plage** the coach unloaded the equipment near the beach. -**4.** [argent, valeurs] to deposit; **~ de l'argent en banque** to deposit money with a bank; **~ des titres en garde** to deposit securities in safe custody. -**5.** ADMIN: **~ son bilan** to file for bankruptcy, to go into (voluntary) liquidation; **~ un brevet** to file a patent application, to apply for a patent; **~ sa candidature** to apply; **~ une plainte** to register a complaint; **~ un projet de loi** to introduce OU to table a bill. -**6.** [destituer - roi] to depose. -**7.** *litt* [donner]: **~ un baiser sur le front de qqn** to kiss sb's forehead gently. -**8.** [démonter - radiateur, étagère] to remove, to take out OU down *(sép)*.
◇ *vi* -**1.** JUR to give evidence, to testify. -**2.** CHIM to form a deposit, to scale. -**3.** ŒNOL to settle, to form a sediment.
◆ **se déposer** *vpi* to settle.

dépositaire [depozitɛr] *nmf* -**1.** JUR depositary, trustee; **être le ~ d'une lettre** to hold a letter in trust, **il n'est que le** [illegible] **de la fortune de son frère** he is merely the trustee of his brother's fortune. -**2.** COMM agent; **~ exclusif** sole agent; **~ d'une marque** agent for a brand; **~ de journaux** newsagent. -**3.** *litt* [confident] repository; **faire de qqn le ~ d'un secret** to entrust sb with a secret.

déposition [depozisjɔ̃] *nf* -**1.** [témoignage] deposition, evidence, statement; **faire une ~** to testify; **recevoir une ~** to hear a witness. -**2.** [destitution - d'un roi] deposition. -**3.** BX-ARTS: **Déposition (de Croix)** Deposition.

déposséder [18] [depɔsede] *vt* to dispossess; **sa famille a été dépossédée** his family was stripped of all its possessions; **~ qqn de** to deprive sb of.

dépossession [depɔsesjɔ̃] *nf* deprivation, dispossessing.

dépôt [depo] *nm* -**1.** [remise - d'un rapport] handing in, submission; [- d'un paquet, d'un télégramme] handing in; **'courrier, dernier ~ à 18 h'** last mail collection at 6 p.m. -**2.** ADMIN [inscription] application, filing; [enregistrement] filing, registration; **~ d'une liste électorale** presentation of a list of candidates ❑ **~ de bilan** bankruptcy; **réclamer le ~ de bilan** to ask for the auditors to be brought in; **~ de brevet** patent registration; **~ légal** legal copyrighting; **~ d'une marque** registration of a trademark; **~ d'une plainte** lodging of a complaint; **~ d'un projet de loi** introduction OU tabling of a Bill. -**3.** FIN [démarche] depositing; [somme] deposit; **~ à terme/vue** open-access/restricted-access deposit ❑ **banque de ~** bank of deposit; **compte de ~** deposit account. -**4.** GÉOL deposit; **~ alluvial/de cendres/de carbone** alluvial/ash/carbon deposit; **~ glaciaire** glacial drift. -**5.** [couche] layer; [sédiment] deposit, sediment; **~ calcaire** OU **de tartre** layer of scale OU fur; **~ marin** silt; **~ de poussière** layer of dust. -**6.** ŒNOL sediment. -**7.** MÉTALL depositing, deposition; **~ de cuivre** copperfoiling; **~ électrolytique** electrodeposition; **~ métallique** sputtering. -**8.** [entrepôt] store, warehouse; **~ des machines** engine house ❑ **~ de charbon** coal depot; **~ de matériel** storage yard; **~ mortuaire** mortuary; **~ d'ordures** rubbish dump OU tip *Br*, garbage dump *Am*. -**9.** MIL depot; **~ de munition** ammunition dump; **~ de vivres** supply dump, commissary *Am*. -**10.** TRANSP depot, station *Am*. -**11.** [boutique] retail outlet; **~ de pain** place where bread is sold; **l'épicier fait ~ de pain** the grocer sells bread. -**12.** [prison] (police) cells *(in Paris)*; **au ~** in the cells; **écroué au ~** committed to the cells.
◆ **en dépôt** *loc adv* FIN in trust, in safe custody; **confier qqch en ~ à qqn** to entrust sb with sthg; **avoir en ~** to have on bond; **mettre en ~** to bond.

dépotage [depɔtaʒ] *nm* -**1.** HORT transplanting. -**2.** CHIM decanting. -**3.** [vidage] discharging, dumping.

dépotement [depɔtmɑ̃] *nm* = **dépotage**.

dépoter [3] [depɔte] *vt* -**1.** HORT to plant out *(sép)*, to transplant. -**2.** [transvaser] to decant. -**3.** [vider] to discharge, to empty.

dépotoir [depɔtwar] *nm* -**1.** [décharge] dump; [usine] disposal plant, sewage works. -**2.** *péj* [lieu sale] pigsty; **ta chambre est un vrai ~** your bedroom's a complete pigsty; **empêcher la Manche de devenir un ~** to prevent the Channel becoming an open sewer. -**3.** *fam* [débarras] dumping ground; **l'enseignement technique ne doit pas devenir un ~** vocational schools must not be used as dumping grounds.

dépôt-vente [depovɑ̃t] (*pl* **dépôts-ventes**) *nm* second-hand shop; **mettre qqch en ~** to put sthg on sale or return.

dépouille [depuj] *nf* -**1.** [cadavre]: **~ (mortelle)** (mortal) remains; **les ~s des victimes ont été rapatriées hier** bodies were repatriated yesterday. -**2.** [peau - d'un mammifère] hide, skin; [- d'un reptile] slough. -**3.** MÉCAN clearance. -**4.** MÉTALL draft, draw.
◆ **dépouilles** *nfpl* [trophée] booty, plunder, spoils; [héritage] personal effects.

dépouillé, e [depuje] *adj* -**1.** [sans peau] skinned; [sans feuilles] leafless; **des arbres ~s** bare trees. -**2.** [sans ornement] plain, simple, uncluttered; **un style ~** a concise OU terse style. -**3.** [dénué]: **~ de** lacking in, short on. -**4.** ŒNOL colourless.

dépouillement [depujmɑ̃] *nm* -**1.** [analyse] breakdown, collection and analysis; **~ des données** data reduction; **~ d'un scrutin** tally OU counting of the votes. -**2.** [ouverture]: **~ du courrier** opening of the mail. -**3.** [simplicité - d'un décor] bareness, soberness. -**4.** [concision] conciseness, terseness. -**5.** [dénuement] dispossession, destitution.

dépouiller [3] [depuje] *vt* -**1.** [lapin] to skin. -**2.** [câble] to strip; **la bise a dépouillé les arbres** the north wind has stripped the trees bare OU of their leaves. -**3.** *sout* [quitter] to cast aside *(sép)*, to strip off *(sép)*; **~ ses vêtements** to throw OU to strip off one's clothes; **les reptiles dépouillent leur peau** ZOOL reptiles slough off OU shed their skin. -**4.** [voler] to deprive, to dispossess, to despoil *litt*; **~ qqn de** to deprive sb of; **ils m'ont dépouillé de tout ce que j'avais sur moi** they stripped me of OU took everything I had on me. -**5.** [lire - journal, courrier, inventaire] to go through *(insép)*; [analyser - questionnaire, réponses] to analyse, to study, to scrutinize; [- données] to process; **~ le scrutin** POL to count the votes.
◆ **se dépouiller** *vpi* -**1.** [arbre, végétation] to lose; **les arbres se dépouillent peu à peu** the trees are gradually losing OU shedding their leaves. -**2.** ZOOL to slough off its skin.
◆ **se dépouiller de** *vp + prép* -**1.** [se défaire de]: **se ~ de ses vêtements** to strip off; **se ~ de tous ses biens** to give away all one's property. -**2.** *litt* [se départir de] to cast off *(sép)*; **il ne s'est pas dépouillé un seul instant de son arrogance** he didn't depart from his arrogant attitude for a single moment.

dépourvu, e [depurvy] *adj* -**1.** [misérable] destitute, penniless. -**2.** [manquant]: **~ de** short on, devoid of, lacking in; **c'est ~ de tout intérêt** it is of OU holds no interest at all; **chambre ~e de confort** room lacking in comfort; **totalement ~ de scrupules** totally unscrupulous; **sa remarque n'était pas entièrement ~e de bon sens** his remark was not entirely devoid of common sense; **un décor monotone ~ d'arbres** a drab treeless landscape.
◆ **au dépourvu** *loc adv*: **prendre qqn au ~** to catch sb off guard OU unawares; **ils ont été pris au ~ par cette information** the news caught them unawares.

dépoussiérage [depusjeraʒ] *nm* dust removal, dusting.

dépoussiérant, e [depusjerɑ̃, ɑ̃t] *adj* dust-removing; **filtre ~** dust filter.
◆ **dépoussiérant** *nm* dust remover.

dépoussiérer [18] [depusjere] *vt* -**1.** [nettoyer] to dust (off). -**2.** [rajeunir] to rejuvenate, to give a new lease of life to.

dépoussiéreur [depusjerœr] *nm*: **~ électrostatique** electrostatic dust precipitator.

dépravation [depravasjɔ̃] *nf* depravity, perversion, perverseness.

dépravé, e [deprave] ◇ *adj* immoral, depraved, perverted.
◇ *nm, f* degenerate, pervert.

dépraver [3] [deprave] *vt* -**1.** [corrompre] to deprave, to corrupt, to pervert. -**2.** *litt* [altérer - goût, jugement] to corrupt, to spoil.
◆ **se dépraver** *vpi* to become depraved OU perverted.

dépréciateur, trice [depresjatœr, tris]
◇ *adj* disparaging, deprecatory, depreciative.
◇ *nm, f* depreciator, disparager.

dépréciatif, ive [depresjatif, iv] *adj* derogatory, disparaging.

dépréciation [depresjasjɔ̃] *nf* depreciation, drop OU fall in value; **la ~ des propriétés foncières** the drop in property values.

déprécier [9] [depresje] *vt* -**1.** FIN to depreciate, to cause to drop in value. -**2.** [dénigrer] to run down *(sép)*, to belittle, to disparage.
◆ **se déprécier** ◇ *vp (emploi réfléchi)* [se déconsidérer] to belittle OU to disparage o.s., to run o.s. down.
◇ *vpi* FIN to depreciate.

déprédateur, trice [depredatœr, tris] ◇ *adj* depredatory, plundering.
◇ *nm, f* [pilleur] depredator, plunderer; [escroc] swindler, embezzler.

déprédation [depredasjɔ̃] *nf* -**1.** [dégâts] (wilful) damage; **commettre des ~s sur qqch** to cause wilful damage to sthg. -**2.** [détournement]: **~ de biens** misappropriation of property; **~ des finances publiques** embezzlement of public funds.

déprendre [79] [deprɑ̃dr]
◆ **se déprendre de** *vp + prép litt* to give up; **il lui a été difficile de se ~ de sa façon de vivre** he found it difficult to give up his old way of life; **se ~ de qqn** to fall out of love with sb.

dépressif, ive [depresif, iv] *adj* [personne] depressive, easily depressed; [caractère] depressive; **avoir des tendances dépressives** to be depressive.

dépression [depresjɔ̃] *nf* -**1.** MÉD & PSYCH depression, depressiveness; **~ nerveuse** nervous breakdown; **tu ne vas pas nous faire une ~?** you're not going to get depressed, are you?; **avoir** OU **faire** *fam* **une ~ (nerveuse)** to go into a depression, to have a nervous breakdown. -**2.** GÉOG depression. -**3.** [absence de pression] vacuum; [différence de pression] suction. -**4.** MÉTÉO cyclone, barometric depression, low. -**5.** ÉCON depression, slump.

dépressionnaire [depresjɔnɛr] *adj* -**1.** ÉCON slump *(modif)*; **le marché a des tendances ~s** the market's sliding towards a slump. -**2.** MÉTÉO low pressure *(modif)*.

dépressurisation [depresyrizasjɔ̃] *nf* depressurization.

dépressuriser [3] [depresyrize] *vt* to depressurize.

déprimant, e [deprimɑ̃, ɑ̃t] *adj* [démoralisant] depressing, disheartening, demoralizing.
◆ **déprimant** *nm* MIN wetting agent.

déprime *fam* [deprim] *nf*: **faire une ~** to have a (nervous) breakdown; **il est en pleine ~** he's having a (nervous) breakdown.

déprimé, e [deprime] *adj* -**1.** [abattu] dejected, depressed; **je suis plutôt ~ aujourd'hui** I feel rather down today. -**2.** [aplati] depressed, flattened.

déprimer [3] [deprime] ◇ *vt* -**1.** [abattre] to depress, to demoralize. -**2.** [enfoncer] to push in *(sép)*, to press down *(sép)*; **le choc a déprimé l'aile avant** the front wing was dented in the crash.
◇ *vi fam* to be depressed.

déprogrammation [deprɔgramasjɔ̃] *nf* RAD & TV withdrawal OU removal of a programme (from a schedule).

déprogrammer [3] [deprɔgrame] *vt* -**1.** RAD & TV to withdraw OU to remove from the schedule. -**2.** [déconditionner] to debrief.

DEPS (*abr de* **dernier entré premier sorti**) LIFO.

dépucelage [depyslaʒ] *nm* [d'une fille] defloration, deflowering; [d'un garçon] loss of virginity.

dépuceler [24] [depysle] *vt* to deflower; **se faire ~ par une femme plus âgée** to lose one's virginity to an older woman.

depuis [dəpɥi] ◇ *prép* -**1.** [à partir d'une date ou d'un moment précis] since; **il est là ~ hier** he has been here since yesterday; **~ le 10 mars** since March 10th; **~ le début** from the very beginning, right from the beginning; **je ne l'ai/l'avais pas vu ~ son mariage** I haven't/hadn't seen him since his marriage; **ils ne se sont jamais reparlé ~ leur dispute** they haven't spoken to each other again since their argument; **~ son accident, il boite** he walks with a limp since his accident; **il nous suit ~ Tours** he's been following us since (we left) Tours; **je ne fais du golf que ~ cette année** I only started to play golf this year. -**2.** [exprimant une durée] for; **~ 10 ans** for 10 years; **il est parti ~ plus d'un mois** he's been gone now for over a month; **je ne l'avais pas vu ~ un an quand je l'ai rencontré** I hadn't seen him for a year when I met him; **il n'est pas en forme ~ quelques jours** he hasn't been on form for the last few days; **~ longtemps** for a long time; **~ quelque temps** of late; **il ne joue plus ~ quelque temps** he hasn't been playing of late OU lately, he hasn't played for some time; **~ peu** recently, not long ago; **la piscine n'est ouverte que ~ peu** the pool opened only recently; **~ toujours** always; **les hommes font la guerre ~ toujours** men have always waged war; **nous répétons la pièce ~ trois mois** we've been rehearsing the play for three months; **~ combien de temps le connais-tu?** how long have you known him for? ❑ **~ le temps: et tu ne sais toujours pas t'en servir ~ le temps!** and you still don't know how to use it after all this time!; **il me l'a rendu hier — ~ le temps!** he gave it back to me yesterday — it took him long enough OU and not before time! -**3.** [dans l'espace, un ordre, une hiérarchie] from; **il lui a fait signe ~ sa fenêtre** he waved to him from his window; **~ le sommet, le village paraissait si petit** from the top of the hill, the village seemed so small; **des matelas ~ 300 francs** mattresses from 300 francs (upwards); **toutes les tailles ~ le deux ans** all sizes from two years upwards.
◇ *adv*: **je ne l'ai rencontré qu'une fois, je ne l'ai jamais revu ~** I only met him once and I've not seen him again since (then); **trois lettres en janvier et rien ~** three letters in January and nothing since (then).
◆ **depuis... jusqu'à** *loc corrél* -**1.** [dans le temps] from... to; **~ le début jusqu'à la fin** from the beginning to the end; **~ 12 h jusqu'à 20 h** from 12 to OU till 8 p.m. -**2.** [dans l'espace, un ordre, une hiérarchie] from... to; **remonter un fleuve ~ son embouchure jusqu'à sa source** to follow a river from its mouth to its source; **~ le premier jusqu'au dernier** from the first to the last; **ils vendent de tout, ~ les parapluies jusqu'aux sandwiches** they sell everything, from umbrellas to sandwiches.
◆ **depuis le temps que** *loc conj*: **~ le temps que tu me le promets...** you've been promising me that for such a long time...; **~ le temps que tu le connais, tu pourrais lui demander** considering how long you've known him you could easily ask him; **~ le temps que tu voulais y aller!** you've been wanting to go there for ages now!
◆ **depuis lors** *loc adv sout* since then; **il n'est pas retourné au village ~ lors** he hasn't been back to the village since then; **~ lors, plus rien** since then, nothing more.
◆ **depuis quand** *loc adv* -**1.** [pour interroger sur la durée] how long; **~ quand m'attends-tu?** how long have you been waiting for me?; **~ quand travaillait-il pour vous?** how long had he been working for you? -**2.** [exprimant l'indignation, l'ironie] since when; **~ quand est-ce que tu me donnes des ordres?** since when do you give me orders?; **j'ai arrêté de fumer — ah oui, ~ quand?** I've stopped smoking — since when?
◆ **depuis que** *loc conj* since; **je ne l'ai pas revu ~ qu'il s'est marié** I haven't seen him since he got married; **je veux être danseuse ~ que j'ai cinq ans** I've wanted to be a dancer (ever) since I was five; **~ que j'ai arrêté de fumer, je me sens mieux** I feel better since I stopped smoking.

dépuratif, ive [depyratif, iv] *adj* cleansing, depurative.
◆ **dépuratif** *nm* depurative.

dépurer [3] [depyre] *vt* -**1.** MÉD to clear, to depurate. -**2.** CHIM to purify.

députation [depytasjɔ̃] *nf* -**1.** [envoi] deputation, mandating. -**2.** [groupe] delegation, deputation. -**3.** POL office of Deputy, membership of the Assemblée Nationale; **se présenter à la ~** to stand for the position of Deputy.

député [depyte] *nm* -**1.** [représentant] delegate, representative. -**2.** POL [en France] deputy; [en Grande-Bretagne] member of Parliament; [aux États-Unis] Congressman (*f* Congresswoman); **~-maire** *deputy who is also a mayor*; **femme ~** [en Grande-Bretagne] woman MP; [aux États-Unis] Congresswoman.

députer [3] [depyte] *vt sout* to send, to delegate; **~ qqn auprès d'un ministre** to send sb (as delegate) OU to delegate sb to speak to the Minister.

déqualification [dekalifikasjɔ̃] *nf* deskilling.

déqualifier [9] [dekalifje] *vt* to deskill.

der [dɛr] *nm* OU *nf inv loc*: **la ~ des ~** the war to end all wars.

déracinable [derasinabl] *adj* eradicable, easy to suppress OU to uproot.

déraciné, e [derasine] ◇ *adj* BOT & *fig* uprooted; **ils se sentent ~s** they feel cut off from their roots.
◇ *nm, f* person without roots; **les ~s** people without roots.

déracinement [derasinmɑ̃] *nm* -**1.** BOT uprooting. -**2.** [extirpation] eradication, suppression; **le ~ des préjugés** eradicating prejudice. -**3.** [exil] uprooting (from one's environment); **ce fut pour eux un ~ complet** it was a complete change of environment for them.

déraciner [3] [derasine] *vt* -**1.** BOT to uproot; **~ qqn** *fig* to uproot sb, to deprive sb of his roots. -**2.** [détruire - vice, racisme] to root out *(sép)*; **ces habitudes sont difficiles à ~** these habits die hard.

déraillement [derajmɑ̃] *nm* -**1.** RAIL derailment; **il y a eu un ~ à Foissy** a train came off the track OU was derailed at Foissy. -**2.** [d'un disque] groove jumping.

dérailler [3] [deraje] *vi* -**1.** RAIL to go off OU to leave the rails; **faire ~ un wagon** to derail a truck. -**2.** *fam* [fonctionner mal] to be on the blink; **elle déraille, cette radio!** this radio's on the blink!; **faire ~ les négociations** to derail the talks. -**3.** *fam* [déraisonner] to go off the rails; [se tromper] to talk through one's hat; **tu dérailles complètement!** you're talking utter nonsense!

dérailleur [derajœr] *nm* derailleur.

déraison [derɛzɔ̃] *nf litt* foolishness, folly.

déraisonnable [derɛzɔnabl] *adj* foolish, senseless; **une attente/attitude ~** irrational expectation/behaviour; **il serait ~ de partir si tard** it wouldn't be wise to leave so late.

déraisonnablement [derɛzɔnabləmɑ̃] *adv* foolishly, senselessly, unwisely.

déraisonner [3] [derɛzɔne] *vi* -**1.** [dire des sottises] to talk nonsense. -**2.** [divaguer] to rave.

dérangé, e [derɑ̃ʒe] *adj* -**1.** *fam* [bizarre] crazy, nuts, screwy *Am*; **t'es pas un peu ~?** have you gone out of your mind? -**2.** [malade] upset; **il a l'estomac** OU **il est ~** he's got an upset stomach. -**3.** [en désordre - coiffure] dishevelled, messed-up; [- tenue] untidy; **en rentrant j'ai trouvé le salon/tiroir ~** when I got home I found the living room/drawer in a mess.

dérangeant, e [derɑ̃ʒɑ̃, ɑ̃t] *adj* -**1.** [qui fait réfléchir] thought-provoking. -**2.** [qui crée un malaise] distressing, upsetting, worrying.

dérangement [derɑ̃ʒmɑ̃] *nm* -**1.** [panne] failure, fault. -**2.** [désordre] disarrangement, disorder. -**3.** [gêne] trouble, inconvenience; **je peux le recevoir sans grand ~** it won't be any trouble for me to put him up. -**4.** MÉD disturbance, upset; **~ de l'esprit** insanity, mental derangement ❑ **~ gastrique** OU **intestinal** OU **de l'intestin** stomach upset. -**5.** [déplacement] trip; **cela m'épargnera le ~** it'll save me having to go; **cela ne vaut pas/vaut le ~** it isn't/it's worth a detour.
◆ **en dérangement** *loc adj* out of order, faulty; **'en ~'** 'out of order'; **le circuit est en ~** there's a fault in the circuit.

déranger [17] [derɑ̃ʒe] ◇ *vt* -**1.** [mettre en désordre] to mix OU to muddle up *(sép)*, to make a mess of; **ne dérange pas mes papiers!** don't get my papers mixed up OU in a muddle!; **rien n'a été dérangé** nothing was touched; **~ la coiffure de qqn** to mess up sb's hair. -**2.** [gêner] to bother, to disturb; **'ne pas ~'** 'do not disturb'; **si cela ne vous dérange pas** if you don't mind; **est-ce que cela vous dérange si...?** do you mind if...?; **ça ne te dérange pas de poster ma lettre?** would you mind posting my letter for me?; **et alors, ça te dérange?** *fam* so, what's it to you?; **ça te dérangerait d'être poli?** *fam* would it be too much trouble for you to be polite? -**3.** [interrompre] to interrupt, to intrude upon; **allô, Marie, je te dérange?** hullo Marie, is this a good time to talk?; **désolé de vous ~** sorry to disturb you. -**4.** [perturber] to interfere with, to upset, to unsettle; **cela dérange mes projets** it interferes with my plans; **~ l'esprit de qqn** to disturb the balance of sb's mind. -**5.** [estomac] to upset.
◇ *vi*: **ses livres dérangent** his books are a challenge to the reader.
◆ **se déranger** *vpi* -**1.** [venir] to come; [sortir] to go out; **il a refusé de se ~** he wouldn't come

(out); **je refuse de me ~** I refuse to go; **s'est-elle dérangée pour la réunion?** did she put in an appearance at the meeting?; **le téléphone évite de se ~** the telephone saves one from having to make unnecessary journeys; **grâce à l'ordinateur, faites vos courses sans vous ~** thanks to the computer, you can shop without leaving home; **se ~ pour rien** to have a wasted journey. -**2.** [se pousser] to move (aside); **ne te dérange pas, je passe très bien** stay where you are, I can get through. -**3.** [cesser son activité] : **ne vous dérangez pas, ne te dérange pas** (please) don't put yourself out; **ne vous dérangez pas, je reviendrai** please don't go to any trouble, I'll come back later.

dérapage [derapaʒ] *nm* -**1.** SPORT [en ski] sideslipping; **faire du ~** to sideslip ‖ [en moto] skidding. -**2.** AÉRON & AUT skid; **~ contrôlé** controlled skid. -**3.** [dérive] (uncontrolled) drifting; **le ~ des prix** the uncontrolled increase in prices; **le ~ de l'économie** the downward spiral of the economy. -**4.** [erreur] mistake, slip-up.

déraper [3] [derape] *vi* -**1.** [gén] to skid. -**2.** [au ski] to sideslip. -**3.** AÉRON to skid sideways. -**4.** [aller mal] to go wrong. -**5.** [faire erreur] to slip up. -**6.** *péj* [devenir mauvais] to drift (uncontrollably); **dommage que son article dérape à deux pages de la fin** it's a pity her article starts to go off at a tangent two pages before the end.

dératé, e [derate] *nm, f*: **courir comme un ~** to run like lightning.

dératisation [deratizasjɔ̃] *nf* rodent control.

dératiser [3] [deratize] *vt* to clear of rats OU rodents.

derby [dɛrbi] (*pl* **derbys** OU **derbies**) *nm* -**1.** ÉQUIT derby; **le ~ d'Epsom** the Derby. -**2.** [match] local derby. -**3.** [chaussure] derby shoe.

déréalisation [derealizasjɔ̃] *nf* loss of the sense of reality.

déréaliser [3] [derealize] *vt* to remove the sense of reality from.

derechef [dərəʃɛf] *adv hum* once again, one more time.

déréglage [dereglaʒ] *nm* [gén] malfunction; RAD & TV detuning.

dérèglement [derɛgləmɑ̃] *nm* [dérangement] disturbance, trouble; **~ des saisons** upsetting of the seasons.

◆ **dérèglements** *nmpl* [écarts] dissoluteness, debauchery.

déréglementation [deregləmɑ̃tasjɔ̃] *nf* deregulation.

déréglementer [3] [deregləmɑ̃te] *vt* to deregulate.

dérégler [18] [deregle] *vt* -**1.** MÉCAN [mécanisme] to disturb, to put out *(sép)*; [carburateur] to put OU to throw out of tuning; **le compteur est déréglé** the meter's not working properly; **l'orage a déréglé la pendule électrique** the storm has sent the electric clock haywire. -**2.** [perturber] to unsettle, to upset; **~ son sommeil** to disturb one's sleep pattern; **~ son appétit** to upset one's appetite.

◆ **se dérégler** *vpi* MÉCAN to go wrong, to start malfunctioning; **le carburateur s'est déréglé** the carburettor's out, the idling needs adjusting; **ma fixation s'est déréglée** my binding's come loose.

dérégulation [deregylasjɔ̃] *nf* deregulation.

déréguler [3] [deregyle] *vt* to deregulate.

déréliction [dereliksjɔ̃] *nf* RELIG dereliction *(of man by God)*.

déresponsabiliser [3] [derɛspɔ̃sabilize] *vt*: **~ qqn** [le priver de responsabilité] to deprive sb of responsibility; [dans une entreprise] to give sb a less responsible job.

dérider [3] [deride] *vt* -**1.** [détendre] to cheer up *(sép)*; **je n'ai pas réussi à le ~** I couldn't get a smile out of him; **ça l'a déridé** it brought a smile to his lips, that cheered him up a bit. -**2.** [déplisser] to unwrinkle.

◆ **se dérider** *vpi* to brighten, to cheer up.

dérision [derizjɔ̃] *nf* -**1.** [moquerie] derision, mockery; **tourner qqn/qqch en ~** to scoff at sb/sthg; **ne tourne pas sa tentative en ~** don't mock his effort. -**2.** [ironie] irony; **du barreau à la prison, quelle ~!** he was at the Bar and he's now behind bars, what bitter irony!

dérisoire [derizwar] *adj* -**1.** [risible] derisory, ridiculous, laughable. -**2.** [piètre - salaire, prix] derisory, ridiculous. -**3.** [sans effet] inadequate, trifling, pathetic.

dérisoirement [derizwarmɑ̃] *adv* ridiculously, preposterously.

dérivable [derivabl] *adj* derivable MATH.

dérivatif, ive [derivatif, iv] *adj* derivating LING.

◆ **dérivatif** *nm* distraction, escape, outlet; **le travail sert de ~ à son chagrin** work is an outlet for his grief.

dérivation [derivasjɔ̃] *nf* -**1.** [d'un cours d'eau] diversion. -**2.** ÉLECTR shunt, branch circuit. -**3.** CHIM, LING & MATH derivation. -**4.** NAUT drift. -**5.** MÉD diversion.

◆ **de dérivation** *loc adj* -**1.** [détourné] : **canal de ~** headrace; **conduite de ~** by-pass. -**2.** ÉLECTR dividing.

dérive [deriv] *nf* -**1.** [dérapage] drifting, drift; **la ~ de l'économie** the downward spiral of the economy; **sa ~ vers l'alcoolisme** his drifting OU slipping into alcoholism; **aller à la ~** *pr* to drift, to go adrift; *fig* to go downhill. -**2.** NAUT [déplacement] drift, drifting off course; [quille] centreboard, keel; **partir à la ~** to drift. -**3.** AÉRON [trajectoire] drift, drifting off course; [empennage] fin, stabilizer; **~ d'empennage** tailfin; **~ de queue** vertical fin; **~ ventrale** lower vertical fin. -**4.** [d'un cerf-volant] keel. -**5.** ARM deflection. -**6.** GÉOG : **~ des continents** continental drift; **~ des vents d'ouest** west wind drift; **~ latérale** leeway.

◆ **en pleine dérive** *loc adj* on the decline; **ayant eu son heure de gloire, le chanteur est en pleine ~** after a successful spell, the singer's popularity is fading fast.

dérivé, e [derive] *adj* -**1.** LING & MATH derived. -**2.** ÉLECTR diverted, shunt; **circuit ~** branch circuit.

◆ **dérivé** *nm* -**1.** CHIM derivative. -**2.** LING derivation. -**3.** [sous-produit] by-product.

◆ **dérivée** *nf* MATH derivative.

dériver [3] [derive] ◇ *vi* NAUT to drift, to be adrift.

◇ *vt* -**1.** [détourner - rivière] to divert (the course of). -**2.** ÉLECTR to shunt. -**3.** CHIM & MATH to derive.

◆ **dériver de** *v + prép* -**1.** [être issu de] to derive OU to come from. -**2.** CHIM to be produced from. -**3.** LING to stem OU to derive from; **mots français qui dérivent du latin** French words derived from Latin.

dériveur [derivœr] *nm* -**1.** [voile] storm-spanker. -**2.** [bateau] sailing boat *(with a centre-board)*.

dermatite [dɛrmatit] = **dermite**.

dermato *fam* [dɛrmato] *nmf* dermatologist, skin-specialist.

dermatologie [dɛrmatɔlɔʒi] *nf* dermatology.

dermatologiste [dɛrmatɔlɔʒist], **dermatologue** [dɛrmatɔlɔg] *nmf* dermatologist, skin-specialist.

dermatose [dɛrmatoz] *nf* dermatosis, skin disease; **~ professionnelle** industrial dermatosis.

derme [dɛrm] *nm* derm, (true) skin.

dermique [dɛrmik] *adj* dermic, dermal.

dermite [dɛrmit] *nf* dermitis, dermatitis.

dermographisme [dɛrmɔgrafism] *nm* dermatography.

dernier, ère [dɛrnje, *devant nm commençant par voyelle ou h muet* dɛrnjer, dɛrnjɛr] ◇ *adj*
A. DANS LE TEMPS -**1.** *(avant le n)* [qui vient après tous les autres - avion, bus, personne] last; [- détail, préparatif] final; **la dernière femme à être condamnée à mort** the last woman to be sentenced to death; **le ~ enchérisseur** the highest bidder; **un ~ mot/point!** one final word/point!; **le ~ jour des soldes** the last day of the sales; **le ~ lundi d'avril** the last Monday in April; **il vient de terminer ses ~s examens** [en fin de cycle d'études] he's just taken his final exams OU finals; **un Warhol dernière période** a late Warhol; **les dernières années de sa vie** the last years of his life; **jusqu'à son ~ jour** to his dying day, until the day he died; **ce furent ses dernières paroles** these were his dying OU last words; **ses dernières pensées sont allées vers sa fille** her last thoughts were for her daughter; **ses dernières volontés** his last wishes ❑ **~ arrivant** OU **arrivé** OU **venu** latecomer; **les ~s arrivés s'assoient au fond, s'il vous plaît!** latecomers, please sit at the back!; **je résume pour les ~s venus** OU **arrivés** OU **arrivants** I'll sum up for those of you who've just got here; **sa dernière demeure** her final resting place; **la dernière édition** the late edition; **la dernière séance** the last OU late performance; **le ~ sommeil** eternal rest; **avoir le ~ mot: il faut toujours qu'il ait le ~ mot** he always has to have the last word; **rendre les ~s devoirs** OU **honneurs** OU **un ~ hommage à qqn** to pay a final tribute OU one's last respects to sb. -**2.** *(avant le n)* [arrêté, ultime] final; **c'est mon ~ prix** [vendeur] it's the lowest I'll go; [acheteur] that's my final offer; **c'est le ~ avertissement!** it's your last OU final warning!; **Napoléon fut le ~ conquérant** Napoleon was the last conqueror; **dans un ~ sursaut de rage** in a final burst of rage; **en dernière analyse** in the final OU last analysis, when all's said and done. -**3.** [précédent] last, previous; **la nuit dernière** last night; **lundi ~** last Monday; **l'été ~** last summer; **mon ~ emploi** my last OU previous job; **la dernière fois, la fois dernière** last time; **où ont eu lieu les ~s jeux Olympiques?** where did the previous OU last Olympic Games take place?; **ces dix dernières années** these last ten years. -**4.** *(avant le n)* [le plus récent] last, latest; **achète-moi la dernière biographie de Proust** get me the latest biography of Proust; **à la dernière minute, à la dernière seconde, au ~ moment**: **une décision prise à la dernière seconde** a last-minute decision; **je ferai mes valises au ~ moment** I'll pack at the last minute OU possible moment; **une nouvelle de dernière minute** a late newsflash; **on nous apprend/ils apprirent en dernière minute que...** we've just heard this minute/at the last minute they heard that...; **ces ~s temps** lately, of late; **les ~s temps de** the last stages OU days of, the end of; **pendant les ~s temps de son mandat** towards the end of his mandate; **tu connais la dernière nouvelle?** have you heard the latest?; **aux dernières nouvelles, le mariage aurait été annulé** according to the latest news, the wedding's been cancelled; **aux dernières nouvelles, elle était en Alaska** she was last heard of in Alaska; **de dernière heure** [changement] last-minute; **une information de dernière heure** a late newsflash ❑ **il n'est pas né** OU **tombé de la dernière pluie** OU **averse** he wasn't born yesterday.

B. DANS L'ESPACE -**1.** [du bas - étagère] bottom; **les chaussettes sont dans le ~ tiroir** the socks are in the bottom drawer. -**2.** [du haut] top; **au ~ étage** on the top floor. -**3.** [du bout] last; **un siège au ~ rang** a seat in the back (row); **sur la photo, c'est la dernière personne à droite** in the picture, he's the last person on the right.

C. DANS UN CLASSEMENT, UNE HIÉRARCHIE -**1.** [dans une série] last; **la dernière lettre de l'alphabet** the last letter of the alphabet; **suite à la dernière page** continued on the back page; **quelqu'un vient d'acheter le ~ billet** someone's just bought the last ticket. -**2.** [le plus mauvais] last, bottom; **en dernière position** in last position, last; **en dernière position du championnat** (at the) bottom of the league (table); **le ~ élève de la classe** the pupil at the bottom of the class; **je suis ~ à l'examen** I came last OU bottom *Br* in the exam; **arriver bon ~** to come in last. -**3.** [le meilleur] top, highest; **le ~ échelon** the highest level.

D. EN INTENSIF -**1.** *(avant le n)* [extrême, sens positif]: **de la dernière importance** of paramount OU of the utmost importance; **du ~ chic** extremely smart; **se battre avec la dernière énergie** to fight with the utmost vigour; **nos fauteuils sont du ~ confort** our armchairs are the ultimate in comfort; **atteindre le ~ degré de la perfection** to attain the summit of perfection. -**2.** *(avant le n)* [extrême, sens négatif]: **être du ~ égoïsme** to be extraordinarily selfish; **un acte de la dernière lâcheté** the most cowardly of acts; **traiter qqn avec le ~ mépris** to treat sb with the greatest contempt; **c'est de la dernière effronterie/impolitesse** it's extremely cheeky/rude; **du ~ mauvais goût** in appalling bad taste; **le ~ degré du désespoir** the depths of despair; **c'est la dernière chose à faire** it's the last thing one should do; **il est la dernière personne à qui je voudrais faire du tort** he's the last person I'd want to harm!; **un couteau électrique! c'est bien le ~ appareil que j'achèterais!** an electric knife! I can't imagine I'd ever want one of them!; **c'est le ~ métier qu'on puisse imaginer** it's the lowest job you could imagine; **se livrer aux ~s excès** to indulge in the most abominable excesses ❑ **faire subir les ~s outrages à une femme** *euph* to violate a woman.

◇ *nm,f* -**1.** [dans le temps] last OU final one; **je suis partie la dernière** I left last, I was the last one to leave; **je suis arrivé dans les ~s** I was among the last OU final ones to arrive; **le ~ à l'avoir vue en vie** the last person to see her alive ❑ **'le Dernier des Mohicans'** *Cooper* 'the Last of the Mohicans' || [dans une famille] youngest; **le ~** the youngest OU last (boy); **la dernière** the youngest OU last (girl); **ses deux ~s** his two youngest (children); **le petit ~** the youngest son; **la petite dernière** the youngest daughter. -**2.** [dans l'espace - celui du haut] top one; [- celui du bas] last OU bottom one; [- celui du bout] last one; **son dossier est le ~ de la pile** her file is at the bottom of the pile; **où es-tu sur la photo? — je suis le ~ sur la gauche** where are you in the picture? — I'm the last one on the left. -**3.** [dans une hiérarchie - le pire]: **j'étais toujours le ~ en classe** I was always (at the) bottom of the class; **tu arrives le ~ avec 34 points** you come last with 34 points; **elle est la dernière à qui je le dirais** she's the last person I'd tell; **le ~ des ~s** *fam* the lowest of the low; **même le ~ des imbéciles aurait compris** *fam* even the stupidest idiot would have got the message; **le ~ des lâches n'aurait pas fait ça** even the worst coward wouldn't have done that; **tu es le ~ des menteurs!** you're the most terrible liar!; **je serais vraiment le ~ des idiots!** I'd be a complete fool!; **c'est le ~ des maris** he's a terrible husband || [dans une série] last one; **allez, on en prend un ~!** [verre] let's have a last one (for the road)!; **ils les ont tués jusqu'au ~** every single one of them was killed. -**4.** [dans une narration]: **ce ~, cette dernière** [de deux] the latter; [de plusieurs] this last, the last-mentioned; **il attendait la réponse de Luc, mais ce ~ se taisait** he was waiting for Luc's answer but the latter kept quiet; **Myriam, Annie et Joëlle étaient parties et on avait retrouvé la voiture de cette dernière sur une plage** Myriam, Annie and Joëlle had gone away and Joëlle's car had been found on a beach.

◆ **dernier** *nm* -**1.** [étage] top floor. -**2.** [dans une charade]: **mon ~ est/a...** my last is/has...

◆ **dernière** *nf* -**1.** THÉÂT last performance. -**2.** *fam* [nouvelle]: **tu connais la dernière?** have you heard the latest?; **je te raconte la dernière de Fred** let me tell you about Fred's latest.

◆ **au dernier degré, au dernier point** *loc adv* extremely, to the highest OU last degree; **j'étais excédé au ~ point** I was utterly furious; **méticuleux au ~ point** meticulous to the last degree; **c'est un alcoolique au ~ degré** he's a complete alcoholic; **drogué au ~ degré** drugged to the eyeballs.

◆ **au dernier degré de** *loc prép* in the utmost; **au ~ degré de la misère** in the utmost poverty; **au ~ degré du désespoir** in the depths of despair.

◆ **de dernier ordre** *loc adj* third-rate.

◆ **dernier délai** *loc adv* at the latest.

◆ **en dernier** *loc adv* last; **entrer en ~** to go in last, to be the last one to go in; **son nom a été mentionné en ~** his name was mentioned last OU was the last one to be mentioned; **en ~, je mangerais bien une glace** I wouldn't mind an ice cream to finish; **ajoute le sel en ~** add the salt last OU at the end.

◆ **en dernier lieu** *loc adv* finally, lastly.

◆ **en dernier recours, en dernier ressort** *loc adv* as a last resort.

dernièrement [dɛrnjɛrmɑ̃] *adv* lately, not long ago, (quite) recently.

dernier-né, dernière-née [dɛrnjene, dɛrnjɛrne] (*mpl* **derniers-nés**, *fpl* **dernières-nées**) *nm, f* -**1.** [benjamin] last-born (child). -**2.** COMM: **le ~ de notre gamme d'ordinateurs** the latest addition to OU creation in our range of computers.

dérobade [derɔbad] *nf* -**1.** *sout* [fuite] avoidance, evasion; **il a pris mon silence pour une ~** when I said nothing, he thought I was trying to avoid answering. -**2.** ÉQUIT jib, refusal.

dérobé, e [derɔbe] *adj sout* -**1.** [caché] hidden, concealed, secret; **couloir/escalier ~** secret corridor/staircase. -**2.** [volé] stolen, purloined *litt*.

◆ **à la dérobée** *loc adv* secretly, on the sly, furtively; **regarder qqn à la ~e** to steal a glance at sb; **il la surveillait à la ~e** he was watching her furtively; **ils sont sortis à la ~e** they stole out of the room.

dérober [3] [derɔbe] *vt sout* -**1.** [voler] to steal; **~ qqch à qqn** to steal sthg from sb; **on lui a dérobé son argent** he has been robbed of his money; **~ un baiser (à qqn)** *litt* to steal a kiss (from sb). -**2.** [cacher]: **~ qqch à la vue** to hide OU to conceal sthg from view.

◆ **se dérober** *vpi* -**1.** [éluder la difficulté] to shy away from OU to avoid a difficulty; **dans son article elle se dérobe** in her article she fudges the issue. -**2.** ÉQUIT to jib, to refuse; **se ~ devant l'obstacle** to refuse at the jump. -**3.** [s'effondrer] to collapse, to give way; **ses genoux se dérobaient sous lui** his legs gave way under him; **le sol s'est dérobé brusquement** the ground suddenly caved in.

◆ **se dérober à** *vp + prép* to avoid, to evade; **se ~ aux regards** to conceal o.s., to hide; **se ~ à ses obligations** to evade OU to shirk one's responsibilities.

dérochage [derɔʃaʒ] *nm* [décapage] pickling TECH.

dérochement [derɔʃmɑ̃] *nm* removal of rocks CIV ENG.

dérocher [3] [derɔʃe] ◇ *vt* -**1.** CHIM to pickle, to strip. -**2.** TRAV PUBL to clear of rocks.

◇ *vi* [alpiniste] to fall (from a rock face).

dérogation [derɔgasjɔ̃] *nf* (special) dispensation OU exemption; **consentir une ~** to grant an exemption; **~ aux usages** departure from custom; **par ~ à la réglementation** notwithstanding the rules; **sauf ~ explicite** unless otherwise specified.

dérogatoire [derɔgatwar] *adj* derogatory JUR.

déroger [17] [derɔʒe] *vi sout* to demean o.s.; **en se mêlant à nous, il croirait ~** he thinks it's beneath him to associate with people like us.

◆ **déroger à** *v + prép* -**1.** [manquer à] to depart from; **~ à la loi/ses principes** to depart from the law/one's principles; **sans ~ à ses habitudes** without departing from one's usual practices. -**2.** HIST: **~ à son rang** to lose caste *(after working at a demeaning occupation)*.

dérouillée▽ [deruje] *nf* belting, thrashing; **je vais lui mettre une ~!** I'll give him what for!

dérouiller [3] [deruje] ◇ *vt* -**1.** [enlever la rouille sur] to remove the rust from. -**2.** [assouplir - doigts, esprit] to loosen up *(sép)*; [- jambes] to stretch.

◇ *vi fam* -**1.** [être battu] to get it; **tu vas ~!** you're for it OU going to get it! -**2.** [souffrir] to be in agony; **qu'est-ce que j'ai dérouillé avec mon entorse!** when I sprained my ankle, it was sheer hell!

◆ **se dérouiller** *vpt*: **se ~ les doigts** to loosen up one's fingers; **se ~ les jambes** to stretch one's legs; **se ~ l'esprit** to exercise one's mind.

déroulage [derulaʒ] *nm* -**1.** [déroulement] unrolling, unwinding. -**2.** MENUIS [procédé] veneering-cutting; [industrie] veneer-making.

déroulement [derulmɑ̃] *nm* -**1.** [débobinage] unreeling, unwinding. -**2.** [cours - d'une cérémonie, d'un discours] course; **le ~ des événements** the course OU sequence of events.

dérouler [3] [derule] *vt* -**1.** [débobiner - câble] to unroll, to unwind, to uncoil; [- tapis, rouleau] to unroll; **~ le tapis rouge pour qqn** *fig* to roll out the red-carpet for sb. -**2.** MENUIS to cut OU to plane veneer from.

◆ **se dérouler** *vpi* -**1.** [se déployer - câble, bande] to unwind, to uncoil, to unroll; **le fleuve/la vallée/le paysage se déroule sous nos yeux** the river/the valley/the landscape unfolds before our eyes. -**2.** [avoir lieu] to take place, to be going on; **les spectacles qui se déroulent en ce moment** the shows currently running; **les deux opérations se déroulent en même temps** the two operations are concurrent; **les épreuves se sont déroulées conformément au règlement** the exams were conducted in accordance with the rules. -**3.** [progresser] to develop, to progress; **sa carrière se déroule exactement comme prévu** her career's going OU progressing according to plan.

dérouleur [derulœr] *nm* -**1.** [de papier, de bande] tape winder; **~ de bande magnétique** tape unit, magnetic tape drive; **~ de film magnétique** magnetic film handler. -**2.** [de cuisine] kitchen roll dispenser.

dérouleuse [deruløz] *nf* -**1.** [à bois] unwinding machine. -**2.** ÉLECTR cable-drum.

déroutage [derutaʒ] *nm* rerouting.

déroutant, e [derutɑ̃, ɑ̃t] *adj* perplexing, disconcerting, puzzling.

déroute [derut] *nf* -**1.** MIL retreat, rout; **être en pleine ~** to be in full flight; **mettre qqn en ~** to disconcert sb; **l'armée a été aisément mise en ~** the army was easily routed; **le loup a mis le troupeau en ~** the wolf scattered the flock. -**2.** [débâcle] ruin; **l'entreprise est en pleine ~** the firm's collapsing.

déroutement [derutmɑ̃] = **déroutage**.

dérouter [3] [derute] *vt* -**1.** [changer l'itinéraire de] to reroute. -**2.** [étonner] to disconcert, to perplex; **la question l'a dérouté** the question threw him off balance. -**3.** CHASSE to throw off the track.

derrick [derik] *nm* derrick.

derrière [dɛrjɛr] ◇ *prép* -**1.** [en arrière de] behind; **ça s'est passé ~ chez moi** it happened behind my house; **~ la colline, il y a une forêt** on the other side of the hill OU beyond the hill there is a forest; **il y a un chien ~ la grille** there's a dog (on) the other side of the gate; **reste au coin, les mains ~ la tête** remain standing in the corner with your hands behind your head; **regarde ~ toi!** look behind you! || *fig*: **il a l'impression que ses plus belles années sont ~ lui** he feels his best years are behind him; **avec une telle expérience ~ elle, elle n'aura pas de mal à retrouver un emploi** with that kind of experience behind her she'll have no trouble finding a job; **être ~ qqn** [le soutenir] to support sb; **il sait que le public est ~ lui** he knows that the public supports him OU is behind him; **ne sois pas toujours ~ moi!** [à me surveiller] stop watching everything I do all the time! ❑ **je sais bien ce qu'elle dit ~ mon dos** I'm quite aware of what she says behind my back; **il faut toujours être ~ lui OU ~ son dos** he has to be watched all the time; **avoir une idée ~ la tête** to have a fixed idea; **lui, quand il a une idée ~ la tête!** when he's got an idea in his head there's no stopping him! -**2.** [à la suite de] behind; **un motard roulait ~ le convoi** a policeman was riding behind the convoy; **passe ~ moi, tu sentiras moins le vent** get behind me, you won't feel the wind so much; **l'un ~ l'autre** one behind the other; **le Kenyan est en première place, avec loin ~ lui le Jamaïcain** the Kenyan is in first place with the Jamaican a long way behind; **il a rapidement laissé ses camarades loin ~ lui** he soon left his classmates far behind; **leur équipe est passée ~ nous au classement** their team has dropped behind us in the league; **les Italiens sont ~ nous en matière d'électronique** as far as electronics is concerned, the Italians are lagging behind us. -**3.** [sous] beneath, under; **~ son indifférence apparente** beneath his apparent indifference; **qu'y a-t-il ~ tout ça?** what's the key to all this?, what's behind all this?, what's all this really about?

◇ *adv* -**1.** [en arrière] behind, the other side; **tu vois le bureau de poste? la bibliothèque est juste ~** do you see the post office? the library's just behind it; **regarde ~ avant de tourner** look behind before you turn off; **passe ~, tu verras mieux** come through, you'll get a better view; **restez ~ et suivez notre voiture** stay behind and follow our car. -**2.** [du côté arrière] at the back; **ça se boutonne ~** it buttons up at the back; **tes cheveux sont trop longs ~** your hair's too long at the back ‖ [sur la face arrière] on the back; **écris le nom de l'expéditeur ~** write the sender's name on the back. -**3.** [dans le fond] at the rear OU back; **le jardin est ~** the garden is at the rear OU back (of the house); **mettez les plus grands de la classe ~** put the tallest pupils at the rear OU back; **installe-toi ~** [dans une voiture] sit in the back; **hé, taisez-vous ~!** hey, be quiet there in the back! -**4.** *fig* behind; **elle est loin ~** she's a long way behind.

◇ *nm* -**1.** [d'un objet, d'un espace] back. -**2.** *fam* [fesses] bottom, posterior *hum*; **pousse ton ~!** shift your backside!; **avoir le ~ à l'air** to be bare-bottomed ❑ **coup de pied au ~** kick up the backside OU *Am* in the pants; **être** OU **rester** OU **tomber le ~ par terre** to be stunned OU flabbergasted; **avoir qqn au ~** to have sb on one's tail. -**3.** ZOOL rump; **le chien assis sur son ~** the dog sitting on its haunches.

◆ **de derrière** ◇ *loc adj* [dent, jardin, roue, siège] back *(modif)*; **la porte de ~** the back door; **voici une vue de ~** here's a rear view.

◇ *loc prép* -**1.** [par l'arrière de] from behind; **il est arrivé de ~ la maison** he arrived from behind the house. -**2.** *loc*: **de ~ les fagots** very special; **une bouteille de ~ les fagots** a very special wine.

derviche [dɛrviʃ] *nm* dervish; **~ tourneur** whirling dervish.

des [de] ◇ *art indéf* → **un**.

◇ *prép* → **de**.

dès [dɛ] *prép* -**1.** [dans le temps] from; **~ son arrivée, j'ai compris que quelque chose n'allait pas** from the moment OU as soon as he arrived, I realised that there was something wrong; **~ son retour, il faudra y penser** as soon as he comes back, we'll have to think about it; **~ le début** from the beginning; **~ la première fois** right from the start; **~ les premiers jours d'avril** from early April onwards; **prêt ~ 8 h** ready by 8 o'clock; **~ le quinzième siècle** as far back as the fifteenth century; **~ Noël** from Christmas onwards; **je vais le faire ~ aujourd'hui** I'm going to do it this very day; **~ maintenant** from now on; **vous pouvez réserver vos places ~ maintenant** booking is now open; **pouvez-vous commencer ~ maintenant?** can you start straight away?; **il y pensait ~ avant sa retraite** he was thinking of it even before he retired. -**2.** [dans un ordre, un rang, une hiérarchie]: **~ le troisième échelon, on paye plus d'impôts** when you get to grade three OU from grade three upwards you pay more taxes; **~ la sixième, on apprend l'anglais** English is studied from the first year onwards; **~ la seconde année** from the second year onwards; **~ sa nomination** as soon as he was appointed; **~ l'entrée en vigueur de la loi** as soon as the law comes into force; **~ le deuxième verre, il ne savait plus ce qu'il disait** after his second glass he started talking nonsense. -**3.** [dans l'espace]: **~ le seuil** on reaching the doorstep; **~ la frontière** on reaching the border; **~ la sortie du village commence la forêt** the woods lie just beyond the village.

◆ **dès lors** *loc adv* -**1.** [à partir de là] from then on, since (then); **il a quitté la ville; ~ lors, on n'a plus entendu parler de lui** he left the town and he's never been heard of since. -**2.** [en conséquence] consequently, therefore; **tu es d'accord avec lui: ~ lors, je n'ai plus rien à dire** you agree with him: in which case OU consequently I have nothing more to say.

◆ **dès lors que** *loc conj* -**1.** [étant donné que] as, since; [du moment où] from the moment (that); **~ lors qu'il a renoncé à ce poste, il ne peut prétendre à une augmentation** given that OU since OU as he refused that job, he can't expect a rise; **~ lors qu'il a été déclaré coupable, rien ne saurait le sauver** from the moment he was found guilty, nothing could possibly save him. -**2.** [dès que] as soon as; **~ lors que la loi entre en vigueur, il faut s'y conformer** as soon as the law comes into force, it must be respected.

◆ **dès que** *loc conj* -**1.** [aussitôt que] as soon as; **~ que possible** as soon as possible; **~ que tu pourras, téléphone-moi** ring me up as soon as you can; **nous partirons ~ que tout le monde sera prêt** we'll go once OU (just) as soon as everybody's ready. -**2.** [chaque fois que] whenever; **~ qu'il peut, il part en vacances** whenever he can, he goes off on holiday.

désabonner [3] [dezabɔne] *vt* to cancel the subscription of.

◆ **se désabonner** *vp (emploi réfléchi)* to stop subscribing, to cancel OU to withdraw OU to discontinue one's subscription; **se ~ à une revue** to stop taking a magazine.

désabusé, e [dezabyze] *adj* -**1.** [déçu] disillusioned, disenchanted. -**2.** [amer] embittered.

désabuser [3] [dezabyze] *vt* to disabuse; **je la croyais honnête mais l'enquête m'a désabusé** I thought she was honest but the inquiry opened my eyes.

désaccord [dezakɔr] *nm* -**1.** [litige] conflict, disagreement, dissension; **s'il y a ~** if there's any disagreement. -**2.** [contraste] discrepancy, disharmony *litt.* -**3.** MUS disharmony.

◆ **en désaccord** *loc adj*: **les parties en ~** the dissenting parties; **ils sont en ~ en ce qui concerne l'éducation de leurs enfants** they disagree about their children's education.

◆ **en désaccord avec** *loc prép* -**1.** [en conflit avec] conflicting OU clashing OU in conflict with. -**2.** [sans cohérence avec]: **sa conduite est en ~ avec ses principes** his behaviour is not consistent with his principles.

désaccorder [3] [dezakɔrde] *vt* MUS to detune; **le piano est désaccordé** the piano's out of tune.

◆ **se désaccorder** *vpi* MUS to go out of tune.

désaccoupler [3] [dezakuple] *vt* to uncouple.

désaccoutumance [dezakutymɑ̃s] *nf* -**1.** [perte d'une habitude] loss of a habit. -**2.** MÉD & PSYCH end of a dependency; **la ~ du tabac** breaking tobacco dependency.

désaccoutumer [3] [dezakutyme] *vt* -**1.** [déshabituer] to disaccustom, to cause to lose a habit. -**2.** MÉD & PSYCH: **~ qqn** to end sb's dependency.

◆ **se désaccoutumer de** *vp + prép* -**1.** [se déshabituer]: **se ~ de faire** to get out of the habit of doing. -**2.** MÉD & PSYCH to lose one's dependency on; **se ~ du tabac** to kick the tobacco habit.

désacralisation [desakralizasjɔ̃] *nf* deconsecration.

désacraliser [3] [desakralize] *vt* to remove the sacred character from; *fig* to demythologize.

désactiver [3] [dezaktive] *vt* -**1.** CHIM to deactivate, to make ineffective. -**2.** NUCL to decontaminate.

désadaptation [dezadaptasjɔ̃] *nf* loss of adaptability.

désadapté, e [dezadapte] ◇ *adj*: **un malade ~** a patient who's lost the ability to adapt OU to adjust (to normal life).

◇ *nm, f* misfit; **les ~s** those who can't adapt OU adjust (to normal life) any more.

désaffectation [dezafɛktasjɔ̃] *nf* -**1.** MIL transfer. -**2.** [d'une église] deconsecration, secularization, secularizing; [d'une gare] closing down, putting out of use OU commission.

désaffecté, e [dezafɛkte] *adj* [église] deconsecrated, secularized; [gare, entrepôt] disused.

désaffecter [4] [dezafɛkte] *vt* [église] to deconsecrate, to secularize; [entrepôt] to close down, to put out of use OU commission; **il a désaffecté son garage pour en faire un atelier** he turned his garage into a workshop.

désaffection [dezafɛksjɔ̃] *nf* disaffection, loss of interest; **manifester une certaine ~ pour qqch** to lose interest in OU to turn one's back on sthg; **expliquer la ~ du public à l'égard de la religion** to explain why people turn their backs on religion.

désagréable [dezagreabl] *adj* -**1.** [déplaisant] disagreeable, displeasing, unpleasant; **souvenirs ~s** unpleasant memories; **~ à voir** unsightly; **une odeur ~** a nasty smell; **ce n'est pas ~** it's rather pleasant OU nice; **ce petit vent n'est pas ~** this gentle breeze is (very) welcome. -**2.** [peu sociable] bad-tempered, rude, unkind; **elle est ~ avec tout le monde** she's rude to everybody.

désagréablement [dezagreabləmɑ̃] *adv* unpleasantly, offensively; **un bruit qui résonne ~ aux oreilles** a noise that grates on the ears.

désagrégation [dezagregasjɔ̃] *nf* -**1.** [d'un tissu, d'un béton] disintegration. -**2.** GÉOL weathering. -**3.** [d'une équipe] break-up, breaking OU splitting up, disbanding.

désagréger [22] [dezagreʒe] *vt* -**1.** [effriter] to break up *(sép)*, to cause to disintegrate OU to crumble. -**2.** [désunir - équipe] to break up *(sép)*, to disband.

◆ **se désagréger** *vpi* -**1.** [s'effriter] to powder; GÉOL to be weathered. -**2.** [groupe, équipe] to break up, to disband; **le club s'est désagrégé** the club disbanded.

désagrément [dezagremɑ̃] *nm* annoyance, inconvenience; **causer des ~s à qqn** to cause trouble for sb, to inconvenience sb; **les voyages impliquent parfois quelques ~s** travelling sometimes involves inconvenience.

désaimantation [dezɛmɑ̃tasjɔ̃] *nf* demagnetization, demagnetizing.

désaimanter [3] [dezɛmɑ̃te] *vt* to demagnetize.

désaliénation [dezaljenasjɔ̃] *nf* release from alienation.

désaliéner [18] [dezaljene] *vt* to free from alienation.

désalpe [dezalp] *nf Helv* transhumance *(from the high pastures)*.

désalper [3] [dezalpe] *vi Helv* to come down from the high pastures.

désaltérant, e [dezalterɑ̃, ɑ̃t] *adj* refreshing, thirst-quenching.

désaltérer [18] [dezaltere] *vt* to refresh, to quench the thirst of.

◆ **se désaltérer** *vpi* to quench OU to slake one's thirst.

désambiguïser [3] [dezɑ̃bigɥize] *vt* to disambiguate.

désamidonner [3] [dezamidɔne] *vt* to remove the starch from.

désamorçage [dezamɔrsaʒ] *nm* -**1.** ARM [d'une bombe] defusing; [d'une arme] unpriming. -**2.** ÉLECTR running down, de-energization. -**3.** MÉCAN air-binding.

désamorcer [16] [dezamɔrse] *vt* -**1.** ARM [grenade] to defuse; [arme] to unprime. -**2.** ÉLECTR to run down *(sép)*, to de-energize. -**3.** MÉCAN: **~ une pompe** to draw off the water from a pump. -**4.** [contrecarrer] to defuse, to forestall, to inhibit; **des mesures d'urgence pour ~ la grève** emergency measures to defuse the strike.

désapparier [9] [dezaparje] *vt* -**1.** [gants, chaussettes] to split (up). -**2.** [bœufs] to uncouple.

désappointé, e [dezapwɛ̃te] *adj sout* disappointed, frustrated.

désappointement [dezapwɛ̃tmɑ̃] *nm litt* disappointment, dissatisfaction.

désappointer [3] [dezapwɛ̃te] *vt sout* to disappoint.

désapprendre [79] [dezaprɑ̃dr] *vt* to forget, to unlearn; **il a désappris l'italien** he can't speak Italian any more; **je crois bien avoir désappris le piano** I'm afraid I can no longer play the piano; **l'enfant avait désappris à sourire** the child no longer knew how to smile; ~ **de faire qqch** *litt* to lose the habit of doing sthg.

désapprobateur, trice [dezaprɔbatœr, tris] *adj* censorious, disapproving; **d'un air** ~ with a look of disapproval.

désapprobation [dezaprɔbasjɔ̃] *nf* disapproval; **exprimer ouvertement sa** ~ to disagree openly.

désapprouver [3] [dezapruve] *vt* -**1.** [condamner] to disapprove (of); **un mariage civil? sachez que je désapprouve!** a registry office *Br* OU civil *Am* wedding? let me say that I thoroughly disapprove OU I do not approve! -**2.** [s'opposer à] to be opposed OU to object to, to find unacceptable; **la commission désapprouvera cette solution** this solution will be unacceptable to the committee; **nous désapprouvons le concept de discrimination** we strongly oppose the notion of discrimination.

désapprovisionner [3] [dezaprɔvizjɔne] *vt* -**1.** [magasin, placard] to drain of stocks, to empty of supplies. -**2.** BANQUE: ~ **son compte** to remove funds from OU to empty one's account. -**3.** ARM to unload, to empty.

désarçonner [3] [dezarsɔne] *vt* -**1.** ÉQUIT to unseat; **il a été désarçonné plusieurs fois** he was unhorsed several times. -**2.** [étonner] to disconcert, to baffle, to put out *(sép)*; **son intervention a désarçonné l'orateur** his remark threw the speaker off balance.

désargenté, e *fam* [dezarʒɑ̃te] *adj* penniless; **une famille** ~**e** a family fallen on hard times; **je suis plutôt** ~ **ces jours-ci** I'm a bit short (of money) at the moment.

désargenter [3] [dezarʒɑ̃te] *vt* -**1.** MIN to desilver. -**2.** [bijou, couvert] to wear off the silver plate of. -**3.** *fam* [priver d'argent] to deprive of cash.

◆ **se désargenter** *vpi* to wear bare of silver; **les couteaux se sont désargentés** the knives have lost their silver plating.

désarmant, e [dezarmɑ̃, ɑ̃t] *adj* -**1.** [touchant] disarming; **un sourire** ~ a disarming smile; **elle est** ~**e de gentillesse** she is disarmingly sweet. -**2.** [confondant] amazing, breathtaking; **une telle ignorance est** ~**e** such ignorance is breathtaking.

désarmé, e [dezarme] *adj* -**1.** ARM uncocked. -**2.** NAUT laid up. -**3.** [surpris] dumbfounded.

désarmement [dezarməmɑ̃] *nm* -**1.** MIL & POL disarmament. -**2.** ARM uncocking. -**3.** NAUT laying-up, release.

désarmer [3] [dezarme] ◇ *vt* -**1.** MIL & POL to disarm. -**2.** ARM to uncock. -**3.** [attendrir] to disarm; **être désarmé par la bonne volonté de qqn** to find sb's willingness disarming; **ce genre de remarque vous désarme** this kind of remark takes the wind out of your sails. -**4.** [priver de moyens]: **être désarmé devant la vie/les mauvaises influences** to be ill-equipped to cope with life/to deal with bad influences. -**5.** NAUT to lay up *(sép)*, to put out of commission.

◇ *vi* -**1.** MIL to disarm. -**2.** *loc*: **il ne désarme pas** he won't give in, he keeps battling on; **sa haine ne désarme pas** her hatred is unrelenting; **les journaux ne désarmeront pas** the press stories will go on and on.

désarrimage [dezarimaʒ] *nm* -**1.** NAUT shifting OU slipping *(of cargo)*. -**2.** [sur un véhicule]: **à cause du** ~ **de la cargaison** [accidentel] because the load came off; [volontaire] because the load was unstrapped OU unfastened.

désarrimer [3] [dezarime] *vt* -**1.** NAUT to cause (the cargo) to move about. -**2.** [sur un véhicule] to unrope.

◆ **se désarrimer** *vpi* -**1.** NAUT to come loose. -**2.** [sur un véhicule] to come off OU loose.

désarroi [dezarwa] *nm* dismay, (utter) confusion; **être dans le** ~ **le plus profond** to be utterly dismayed, to be in utter confusion.

désarticulation [dezartikylasjɔ̃] *nf* -**1.** [torsion] disarticulation, dislocation, disjointing. -**2.** ÉCON disarticulation.

désarticulé, e [dezartikyle] *adj* dislocated, out of joint.

désarticuler [3] [dezartikyle] *vt* to disjoint, to dislocate.

◆ **se désarticuler** ◇ *vpi* [se contorsionner] to twist OU to contort o.s.

◇ *vpt* [par accident]: **se** ~ **un doigt/le genou** to put a finger/one's knee out of joint.

désassembler [3] [dezasɑ̃ble] *vt* to dismantle, to take apart *(sép)*, to take to pieces, to disassemble.

désassimilation [dezasimilasjɔ̃] *nf* dissimilation, catabolism.

désassimiler [3] [dezasimile] *vt* to catabolize.

désassorti, e [dezasɔrti] *adj* -**1.** [mal accordé] ill-matched; **ils sont parfaitement** ~**s** they're completely ill-matched. -**2.** [dépareillé] odd; **je ne trouve que des gants** ~**s** I can only find odd gloves; **le service à thé est** ~ the tea set is incomplete.

désassortiment [dezasɔrtimɑ̃] *nm* -**1.** [d'un magasin] running down the stock of. -**2.** [d'un service] putting together odds and ends of; [de gants, de chaussettes] splitting up.

désastre [dezastr] *nm* -**1.** [calamité] calamity, catastrophe, disaster; **ils ne purent que constater l'ampleur du** ~ they could only record the extent of the damage. -**2.** [échec] disaster, failure; **le gâteau d'anniversaire fut un** ~ the birthday cake was a complete failure; **sa coiffure est un vrai** ~**!** her hair's a disaster!

désastreusement [dezastrøzmɑ̃] *adv* disastrously, catastrophically.

désastreux, euse [dezastrø, øz] *adj* -**1.** [catastrophique] calamitous, disastrous, catastrophic; **des conditions de vie désastreuses** wretched living conditions. -**2.** [exécrable] disastrous, awful, terrible; **des résultats** ~ **en physique** appalling results in physics; **cela a eu un effet** ~ **sur la suite de sa carrière** it had a disastrous effect on his later career; **le spectacle/pique-nique a été** ~ the show/picnic was a complete flop.

désatellisation [desatelizasjɔ̃] *nf* [d'un pays] emerging out of satellite status.

desatelliser [3] [desatelize] *vt* [pays] to free from dependence, to release from satellite status.

désavantage [dezavɑ̃taʒ] *nm* -**1.** [inconvénient] disadvantage, drawback; **avoir tous les** ~**s de qqch** to get the worst OU brunt of sthg. -**2.** [infériorité] disadvantage, handicap.

◆ **au désavantage de** *loc prép*: **c'est à ton** ~ it's not to your advantage; **se montrer à son** ~ to show o.s. in an unfavourable light; **tourner au** ~ **de qqn** to go against sb, to turn out to be a handicap for sb.

désavantager [17] [dezavɑ̃taʒe] *vt* [défavoriser] to (put at a) disadvantage, to penalize; ~ **un concurrent** to put a competitor at a disadvantage; **l'animal est désavantagé par son poids** the animal is handicapped by its weight; **il est désavantagé par son jeune âge** he is handicapped by his youth, his youth is against him; **elle est désavantagée simplement parce qu'elle est une femme** she's at a disadvantage simply because she is a woman.

désavantageusement [dezavɑ̃taʒøzmɑ̃] *adv* disadvantageously.

désavantageux, euse [dezavɑ̃taʒø, øz] *adj* detrimental, disadvantageous; **vendre à des conditions moins désavantageuses** to sell at a better price; **c'est** ~ **pour les petites entreprises** this works against the interests of small businesses.

désaveu, x [dezavø] *nm* -**1.** [reniement] disavowal, retraction; **contraindre qqn au** ~ to force sb to retract. -**2.** [condamnation] repudiation; **il n'a pas supporté ce** ~ **public** he couldn't stand the idea of being condemned in public. -**3.** JUR: ~ **de paternité** repudiation of paternity. -**4.** PSYCH denial.

désavouer [6] [dezavwe] *vt* -**1.** [renier - propos] to disavow, to repudiate; ~ **une dette** to repudiate a debt; ~ **sa promesse** to go back on one's word, to break one's promise. -**2.** [refuser de reconnaître - représentant, candidat] to challenge the authority OU legitimacy of; **elle avait un si bon accent qu'un autochtone ne l'aurait pas désavouée** her accent was so good that a native would not have been ashamed of it. -**3.** JUR to disclaim, to repudiate.

◆ **se désavouer** *vpi* to retract.

désaxé, e [dezakse] ◇ *adj* -**1.** MÉCAN out of alignment; **cylindre** ~ offset cylinder; **rotor** ~ unbalanced rotor; **roue** ~**e** dished wheel. -**2.** [dérangé] mentally deranged, unbalanced, unhinged.

◇ *nm, f* (dangerous) lunatic, psychopath.

désaxer [3] [dezakse] *vt* -**1.** MÉCAN to offset, to throw out of alignment. -**2.** [perturber] to unhinge; **ils ont été désaxés par la guerre** the war unhinged them OU left them psychologically disturbed.

Descartes [dekart] *npr* Descartes.

descellement [desɛlmɑ̃] *nm*: **à cause du** ~ **des dalles** [accidentel] because the flagstones have worked loose; [volontaire] because the flagstones have been loosened.

desceller [4] [desele] *vt* -**1.** [ouvrir] to unseal, to take the seal off. -**2.** [détacher] to loosen; **les briques sont descellées** the bricks have worked loose OU are loose.

◆ **se desceller** *vpi* to work loose.

descendance [desɑ̃dɑ̃s] *nf* -**1.** JUR descent, lineage. -**2.** [progéniture] descendants.

descendant, e [desɑ̃dɑ̃, ɑ̃t] ◇ *adj* down *(avant n)*, downward, descending; **escalator** ~ down escalator; **mouvement** ~ downward movement.

◇ *nm, f* -**1.** [dans une famille] descendant. -**2.** [partisan] follower; **un** ~ **des pointillistes** a latter-day pointillist.

◆ **descendant** *nm* ASTROL descendant.

descendeur, euse [desɑ̃dœr, øz] *nm, f* [skieur] downhill skier, downhiller; ~ **en rappel** [alpiniste] abseiler.

◆ **descendeur** *nm* descender.

descendre [73] [desɑ̃dr] ◇ *vi* *(aux être)* **A.** -**1.** [personne, mécanisme, avion - vu d'en haut] to go down; [- vu d'en bas] to come down; [oiseau] to fly OU to swoop down; ~ **à la cave** to go down to the cellar; **j'ai rencontré la concierge en descendant** I met the caretaker on my way down; **aide-moi à** ~ help me down; **ils descendront par la face nord** they'll climb down OU make their descent via the North face; **je descends toujours par l'escalier** I always go down by the stairs OU take the stairs down; **dès qu'ils ont 15 ans, ils descendent dans la mine** as soon as they're 15 they go down the mine; **les plongeurs descendent jusqu'à 60 mètres** the divers go down to depths of 60 metres; **quand les saumons descendent vers la mer** when the salmon go OU swim downriver to the sea; **notre équipe est descendue à la huitième place** our team moved down OU dropped to eighth place; **le premier coureur à** ~ **au-dessous de dix secondes au 100 mètres** the first runner to break ten seconds for the 100 metres; **l'ascenseur ne descend pas plus bas** the lift doesn't go down any further; **la pièce de monnaie ne voulait pas** ~ **(dans la fente)** the coin wouldn't go down (the slot); **le store ne veut pas** ~ the blind won't come down; **le Yo-Yo monte et descend** the yo-yo's going up and down; **son chapeau lui descendait jusqu'aux yeux** his hat came down over his eyes;

mes chaussettes descendent my socks are coming down OU slipping down; faire ~ : fais ~ la malade help the patient down; ils ont fait ~ les passagers sur les rails they made the passengers get down onto the tracks; qu'il soit prêt ou non, fais-le ~ get him to come down, whether he's ready or not; cette défaite fait ~ notre équipe à la septième place this defeat means that our team will move down OU drop to seventh place; je vais faire ~ l'ascenseur I'll call the lift; c'est ce mécanisme qui fait ~ la plate-forme this mechanism brings the platform down OU lowers the platform; ~ de [échafaudage, échelle] to come OU to climb down from, to get down from; [arbre] to climb OU to come down out of; descends de la balançoire! get off the swing!; les marins descendent de la mâture the seamen climb down the rigging; descends de cette échelle! get down from that ladder!; descends de là, tu vas tomber get down from there or you'll fall ❑ ~ dans la rue to take to the streets; ~ au tombeau to go to one's grave. -**2.** [air froid, brouillard] to come down; [soleil] to go down; la nuit OU le soir descend night is closing in OU falling; on sent la fraîcheur du soir ~ you can feel the cool of the evening coming down. -**3.** [se rendre - dans un lieu d'altitude inférieure, dans le Sud, à la campagne] to go down; je descends au marché I'm going to the market; ~ en ville to go into town, to go downtown *Am*; je suis descendu à Bordeaux en voiture I drove down to Bordeaux; ils sont descendus en auto-stop they hitched down; les voiliers descendront le long de la côte atlantique the yachts will sail south along the Atlantic coast; les réfugiés continuent à ~ vers le sud the refugees are still travelling south; samedi, je descends chez mes parents I'll go down to my parents' on Saturday. -**4.** [poser pied à terre - d'un véhicule] to get off, to alight; 'ne pas ~ avant l'arrêt complet du train' please do not attempt to alight until the train has come to a complete standstill; ~ à terre to go ashore; ~ de bateau to get off a boat, to land; ~ de voiture to get out of a car; il descendait de l'avion he was getting off OU out of the plane; ~ de cheval to get off a horse, to dismount; ~ de vélo to get off one's bike; descends vite! [d'une voiture, d'un train] get OU jump out, quick!; à quelle station descendez-vous? where do you get off?; aider une vieille dame à ~ to help an old lady off. -**5.** [faire irruption]: la police est descendue chez elle/dans son bar the police raided her place/her bar. -**6.** [se loger] to stay; ~ dans un hôtel to put up at OU to stay at a hotel; nous descendons toujours à l'Hôtel de la Gare we always stay at the Hôtel de la Gare. -**7.** *fam* [repas, boisson] to go OU to slip down; ton petit vin rouge descend bien your red wine goes down very easily; les saucisses ne descendent pas the sausages won't go down; bois un café pour faire ~ tout ça have a coffee to wash it all down ❑ ça descend: avec lui, ça descend! [il boit] he certainly knows how to knock it back!; [il mange] he certainly knows how to tuck it away! -**8.** DANSE & THÉÂT to go downstage.

B. -**1.** ~ à OU jusqu'à [cheveux, vêtement] to come down to; [puits] to go down to; des robes qui descendent jusqu'au genou/jusqu'aux chevilles knee-length/ankle-length dresses; la jupe doit ~ jusqu'au-dessous du genou the skirt must cover the knee; cet automne, les robes descendront jusqu'au genou this autumn, hemlines are coming down to the knee; le puits descend jusqu'à 150 mètres the well is 150 metres deep OU goes down to 150 metres. -**2.** [suivre une pente - rivière] to flow down; [- route] to go down OU downwards; [- toit] to slope down; le sentier descendait parmi les oliviers the path threaded its way down through the olive grove; un chemin qui descend a downward path, a path that slopes down; le jardin descend en pente douce jusqu'à la plage the garden slopes gently down to the beach; ~ en pente raide [route, terrain, toit] to drop sharply; la route descend brusquement the road suddenly dips.

C. -**1.** [baisser - marée, mer] to go out *(insép)*, to ebb; [- prix] to go down, to fall; les eaux sont enfin descendues the floods have subsided at last; le mercure descend dans le baromètre the mercury's dropping in the barometer; la température est descendue au-dessous de zéro the temperature has dropped OU fallen below zero; les températures ne descendent jamais au-dessous de 10° temperatures never go below 10°; le thermomètre descend *fam* the weather's OU it's getting colder; ses notes n'arrêtent pas de ~ depuis mars his marks have been getting worse since March; les taux d'intérêt sont descendus brusquement interest rates fell sharply OU dropped suddenly; le pain est descendu à 2 F bread's gone down to 2 F; faire ~ [cours, fièvre, notes] to bring down *(sép)*; [inflation, prix] to bring OU to push down *(sép)*; j'ai essayé de lui faire ~ son prix I tried to get him to lower his price. -**2.** [s'abaisser moralement] to stoop; je ne descendrai jamais jusqu'à la supplier I'll never stoop to begging her; ~ dans l'estime de qqn to go down in sb's estimation. -**3.** MUS to go OU to drop down; ~ d'une octave to go down OU to drop an octave; les altos descendent très bas dans la deuxième mesure the altos go down very low in the second bar.

◇ *vt (aux avoir)* -**1.** [parcourir - escalier, montagne] to go down *(insép)*; ~ une pente to go down a hill; elle a descendu toute la pente sur le dos she went OU slid all the way down the slope on her back; ~ le courant [détritus, arbre] to float downstream; ~ un fleuve [en nageant] to swim downstream; [en bateau] to sail down a river; [en canoë] to canoe down a river, to go down a river in a canoe; ils ont descendu le Mississippi en radeau they went down the Mississippi on a raft; il a descendu tout le terrain balle au pied FTBL he ran the length of the field with the ball. -**2.** [placer plus bas - tableau] to lower; [- store] to pull down *(sép)*, to lower; il faudrait ~ le cadre de deux centimètres the frame should be taken down two centimetres. -**3.** [porter vers le bas - colis] to take down *(sép)*, to bring down *(sép)*, to get down *(sép)*; aide-moi à ~ la valise du filet help me take OU lift OU get the suitcase (down) from the rack; descendez les chaises en bas de la pelouse carry the chairs down to the bottom of the lawn; tu pourrais me ~ une veste, s'il te plaît? could you bring me down a jacket please?; d'abord, il faut ~ l'équipement dans le puits first, the equipment has to be lowered into the shaft; ils ont descendu le sauveteur au bout d'une corde they lowered the rescuer on the end of a rope. -**4.** [amener en voiture] to take OU to drive down *(sép)*; je te descendrai jusqu'à la pharmacie I'll drive you OU I'll give you a lift down to the pharmacy. -**5.** *fam* [abattre - gangster] to gun OU to shoot down *(sép)*; [- avion] to bring OU to shoot down *(sép)*; se faire ~ to get shot; tu aurais pu te faire ~! you could have got shot! -**6.** *fam* [boire - bouteille] to down, to knock back *(sép)*; il a descendu quelques bières he knocked back a few beers. -**7.** MUS: ~ la gamme to go down the scale.

◆ **descendre de** *v + prép* [être issu de] to be descended from; l'homme descend du singe man is descended from the apes; le prince descendait des Habsbourg the prince was descended from the Habsburgs.

descente [desɑ̃t] *nf* -**1.** [pente] slope, hill; ~ rapide drop, steep slope; '~ dangereuse' 'steep gradient'; courir/déraper dans la ~ to run/to skid down; on ira vite, il n'y a que des ~s we'll do it in no time, it's all downhill. -**2.** [progression] going down; [chute] drop, fall. -**3.** [sortie d'un véhicule] getting off, alighting; 'station en courbe, attention à la ~' RAIL 'mind the gap'; à sa ~ d'avion as he disembarked OU got off the aircraft; à sa ~ du bateau as he landed OU disembarked. -**4.** NAUT companionway; échelle de ~ companion ladder; écoutille de ~ hatchway. -**5.** MIN: ~ de mine descending shaft. -**6.** SKI downhill race; ALPINISME: ~ en rappel abseiling. -**7.** AÉRON descent; ~ en piqué dive; ~ en spirale spinning dive, spiral descent; ~ en vol plané glide, gliding fall. -**8.** MÉD: ~ d'organe OU d'organes prolapse. -**9.** CONSTR: ~ d'antenne downlead; ~ de gouttière rainwater pipe, downpipe; ~ de paratonnerre down inductor; puits de ~ snow chute. -**10.** [contrôle] inspection; [attaque] raid; ~ sur les lieux inspection (on site); faire une ~ ADMIN to carry out a (surprise) inspection; MIL to mount a raid; *fam* to make an unexpected visit; les oiseaux ont fait une ~ sur le cerisier *fam* the birds have raided the cherrytree; quand tes sœurs font une ~, on ne retrouve plus les choses à leur place! *fam* when your sisters come to visit OU descend on us, they turn everything upside down! ❑ ~ de police police raid. -**11.** BX-ARTS: ~ de Croix deposition. -**12.** *fam loc*: avoir une bonne ~ [boire beaucoup] to be able to take one's drink; [manger beaucoup] to be a big eater.

◆ **descente de lit** *nf* -**1.** [tapis] bedside rug. -**2.** *fam péj* toadie.

déscolarisation [deskɔlarizasjɔ̃] *nf* taking out of the school system.

déscolariser [3] [deskɔlarize] *vt* to take out of the school system.

descripteur, trice [dɛskriptœr, tris] *nm, f* describer.

◆ **descripteur** *nm* INF descriptor.

descriptible [dɛskriptibl] *adj* describable; sa joie n'était pas ~ his joy was beyond description OU words.

descriptif, ive [dɛskriptif, iv] *adj* -**1.** [présentation, texte] descriptive; devis ~ specification. -**2.** BX-ARTS, LING & LITTÉRAT descriptive. -**3.** GÉOM solid.

◆ **descriptif** *nm* [d'un appartement] description; [de travaux] specification.

description [dɛskripsjɔ̃] *nf* -**1.** [fait de décrire] description, depiction; faire la ~ de qqch to describe OU to depict sthg. -**2.** BX-ARTS & LITTÉRAT description, descriptive passage. -**3.** LING descriptive analysis OU study.

déséchouer [6] [dezeʃwe] *vt* to set afloat, to float off *(sép)*.

◆ **se déséchouer** *vpi* to get afloat.

déségrégation [desegregasjɔ̃] *nf* desegregation.

désembourber [3] [dezɑ̃burbe] *vt* to pull OU to get out of the mud.

désembourgeoiser [3] [dezɑ̃burʒwaze] *vt* to free from bourgeois habits.

◆ **se désembourgeoiser** *vpi* to lose one's bourgeois mentality.

désembouteiller [4] [dezɑ̃buteje] *vt* -**1.** AUT to unblock; ~ les grandes villes to ease the traffic in the big cities. -**2.** TÉLÉC: ~ le standard to remove the overload from OU to unjam the exchange.

désembrouiller [3] [dezɑ̃bruje] *vt* to disentangle, to unmesh, to make less complicated.

désembuage [dezɑ̃bɥaʒ] *nm* demisting.

désembuer [7] [dezɑ̃bɥe] *vt* to demist.

désemparé, e [dezɑ̃pare] *adj* -**1.** [perdu]: être tout ~ to be at a loss; sans argent dans cette ville étrangère, il était complètement ~ in that foreign town with no money, he had no idea what to do. -**2.** AÉRON & NAUT out of control.

désemparer [3] [dezɑ̃pare] *vi*: sans ~ without a pause OU break; lire des heures sans ~ to read for hours on end.

désemplir [32] [dezɑ̃plir] *vi*: leur maison ne désemplit pas their house is always full.

désencadrer [3] [dezɑ̃kadre] *vt* -**1.** [ôter du cadre] to take out of its frame. -**2.** ÉCON: ~ le crédit to ease credit restrictions OU controls.

désenchaîner [4] [dezɑ̃ʃene] *vt* to unchain, to take out of OU to free from chains.

désenchanté, e [dezɑ̃ʃɑ̃te] ◇ *adj* disenchanted, disillusioned.

◇ *nm, f* disenchanted OU disaffected person; les ~s du socialisme those who have become disenchanted with socialism.

désenchantement [dezɑ̃ʃɑ̃tmɑ̃] *nm* disillusionment, disenchantment, disillusion.

désenchanter [3] [dezɑ̃ʃɑ̃te] *vt* -**1.** *litt* [désensorceler] to release OU to free from a spell. -**2.** [décevoir] to disillusion, to disappoint.

désenclavement [dezɑ̃klavmɑ̃] *nm* opening to outside influences.

désenclaver [3] [dezɑ̃klave] *vt* to open to the outside world.

désencombrement [dezɑ̃kɔ̃brəmɑ̃] *nm* clearing, unblocking.

désencombrer [3] [dezɑ̃kɔ̃bre] *vt* [couloir] to clear, to unblock.

désencrasser [3] [dezɑ̃krase] *vt* [ustensile, four] to clean out; [moteur] to decarbonize, to decoke.

désendettement [dezɑ̃dɛtmɑ̃] *nm* clearing of debts, debt-clearing.

désendetter [4] [dezɑ̃dete] *vt*: ~ qqn to free sb of OU to release sb from debt.

◆ **se désendetter** *vp (emploi réfléchi)* to get out of debt, to clear one's debts.

désenfiler [3] [dezɑ̃file]

◆ **se désenfiler** *vpi* to come unthreaded.

désenflammer [3] [dezɑ̃flame] *vt* to reduce the inflammation in.

◆ **se désenflammer** *vpi* to become less inflamed.

désenfler [3] [dezɑ̃fle] ◇ *vt* to bring down *(sép)* OU to reduce the swelling of.

◇ *vi* to become less swollen; **ma cheville désenfle** the swelling in my ankle's going down.

désenfumer [3] [dezɑ̃fyme] *vt* to clear of smoke.

désengagement [dezɑ̃gaʒmɑ̃] *nm* disengagement, backing out.

désengager [17] [dezɑ̃gaʒe] *vt* to free OU to release from (a) commitment.

◆ **se désengager** *vp (emploi réfléchi)* -**1.** [se dépolitiser] to give up one's political commitment. -**2.** [se décommander] to back out of a commitment.

désengorger [17] [dezɑ̃gɔrʒe] *vt* [tuyau, rue] to unblock, to clear; ~ **le marché** ÉCON to reduce the overload on the market.

désengrener [19] [dezɑ̃grəne] *vt* to disengage, to ungear.

◆ **se désengrener** *vpi* to become disengaged.

désenivrer [3] [dezɑ̃nivre] *vt* to sober up *(sép)*.

◆ **se désenivrer** *vpi* to sober up.

désennuyer [14] [dezɑ̃nɥije] *vt sout* to dispel the boredom of.

◆ **se désennuyer** *vpi sout* to dispel one's boredom.

désenrayer [11] [dezɑ̃reje] *vt* to unjam.

◆ **se désenrayer** *vpi* to come unstuck.

désensablement [dezɑ̃sabləmɑ̃] *nm* dredging (of sand).

désensabler [3] [dezɑ̃sable] *vt* -**1.** [extraire] to get out of OU to extract from the sand. -**2.** [nettoyer] to free OU to clear of sand.

◆ **se désensabler** *vpi* [chenal] to become clear of sand.

désensibilisation [desɑ̃sibilizasjɔ̃] *nf* MÉD & PHOT desensitizing, desensitization.

désensibiliser [3] [desɑ̃sibilize] *vt* -**1.** MÉD & PHOT to desensitize. -**2.** [désintéresser]: ~ **qqn de qqch** to make sb less interested in sthg.

désensorceler [24] [dezɑ̃sɔrsəle] *vt* to free OU to release from a spell.

désentortiller [3] [dezɑ̃tɔrtije] *vt* -**1.** [détordre] to untwist. -**2.** [démêler] to disentangle, to sort out *(sép)*.

désentraver [3] [dezɑ̃trave] *vt* to unchain.

désenvaser [3] [dezɑ̃vaze] *vt* -**1.** [extraire] to get out of OU to extract from the mud. -**2.** [nettoyer] to clear (of mud).

désenvelopper [3] [dezɑ̃vlɔpe] *vt* to unwrap, to remove the wrappings from.

désenvenimer [3] [dezɑ̃vnime] *vt* -**1.** MÉD to cleanse of venom, to take the venom out of. -**2.** [apaiser - querelle, discussion] to take the sting out of; ..., **dit-elle pour ~ le débat** ...she said, pouring oil on troubled waters.

désépaissir [32] [dezepesir] *vt* to thin (down), to dilute.

déséquilibre [dezekilibr] *nm* -**1.** [inégalité] imbalance; **il y a un ~ dans les programmes de la chaîne** the channel's schedule is unbalanced ‖ ÉCON disequilibrium, imbalance; **~ de la balance commerciale** unfavourable trade balance. -**2.** [perte d'équilibre] loss of balance. -**3.** PSYCH: **~ mental** OU **psychique** derangement. -**4.** PHYSIOL imbalance.

◆ **en déséquilibre** *loc adj* [mal posé] off balance; [branlant] unsteady, wobbly.

déséquilibré, e [dezekilibre] ◇ *adj* [personne, esprit] unbalanced, deranged.

◇ *nm, f* maladjusted person.

déséquilibrer [3] [dezekilibre] *vt* -**1.** [faire perdre l'équilibre à] to throw off balance; [faire tomber] to tip over; **le vent l'a déséquilibré** the wind blew him off balance. -**2.** [déstabiliser - système, économie] to throw off balance, to destabilize. -**3.** [faire déraisonner]: ~ **qqn** to disturb the balance of sb's mind.

désert, e [dezɛr, ɛrt] *adj* [abandonné] deserted, empty; [inhabité] desolate, uninhabited; **l'endroit était ~** the place was deserted, there was nobody around.

◆ **désert** *nm* -**1.** GÉOG desert. -**2.** [lieu inhabité] desert, wilderness, wasteland; **c'est le ~ ici!** it's deserted here!; **un ~ de béton** a concrete desert ❑ **il crie** OU **parle** OU **prêche dans le ~** his words fall on deaf ears. -**3.** *litt* [monotonie] vacuity; **le ~ de ma vie** my vacuous OU empty life.

DÉSERTS:
le désert de Gobi the Gobi Desert;
le désert du Kalahari the Kalahari Desert;
le désert de Libye the Libyan Desert;
le désert du Namib the Namib Desert;
le désert de Nubie the Nubian Desert;
le désert du Sahara the Sahara Desert.

---

déserter [3] [dezɛrte] ◇ *vi* MIL to desert.

◇ *vt* -**1.** [quitter sans permission] to desert; **pour avoir déserté son poste** for having deserted his post. -**2.** [abandonner - parti, cause] to abandon, to give up on *(insép)*. -**3.** [suj: touristes, clients] to desert. -**4.** *litt* [amant, ami] to abandon, to forsake *litt*.

déserteur [dezɛrtœr] *nm* deserter.

désertification [dezɛrtifikasjɔ̃] *nf* GÉOG desertification.

désertifier [9] [dezɛrtifje]

◆ **se désertifier** *vpi* to turn into a desert.

désertion [dezɛrsjɔ̃] *nf* -**1.** MIL desertion. -**2.** [fait de quitter]: **la ~ des campagnes** the rural exodus. -**3.** [d'une cause, d'un parti] deserting, abandoning.

désertique [dezɛrtik] *adj* [du désert] desert *(modif)*; [sans végétation] infertile.

désescalade [dezɛskalad] *nf* de-escalation.

désespérance [dezɛsperɑ̃s] *nf litt* despair.

désespérant, e [dezɛsperɑ̃, ɑ̃t] *adj* -**1.** [navrant] hopeless; **d'une paresse ~e** hopelessly lazy; **il ne sait toujours pas compter, c'est ~!** he still can't count, it's hopeless!; **toujours pas de lettre, c'est ~!** still no letter, it's enough to drive you to despair! -**2.** [très mauvais] appalling, dreadful; **le temps est ~!** the weather's dreadful OU appalling!; **ses menus sont ~s!** his menus are dreadful! -**3.** [douloureux] appalling, distressing, terrible; **le spectacle ~ des enfants qui ont faim** the heartbreaking sight of starving children.

désespéré, e [dezɛspere] ◇ *adj* -**1.** [au désespoir] desperate, despairing. -**2.** [extrême - tentative] desperate, reckless; [- mesure] desperate. -**3.** [sans espoir] hopeless; **c'est un cas ~** [incorrigible] it's a hopeless case; [gravement malade] the patient is critical; **être dans un état ~** [malade] to be in a critical condition. -**4.** [très déçu] deeply OU horribly disappointed.

◇ *nm, f* -**1.** [personne sans espoir] desperate person. -**2.** [suicidé] suicide.

désespérément [dezɛsperemɑ̃] *adv* -**1.** [avec désespoir] desperately; **on entendait appeler ~ à l'aide** desperate cries for help could be heard. -**2.** [extrêmement] hopelessly, desperately; **ce train est ~ lent** this train is desperately slow; **je suis ~ seul** I'm desperately OU horribly lonely.

désespérer [18] [dezɛspere] ◇ *vi* to despair, to give up hope; **il ne faut jamais ~!** never say die! *hum*, you should never give up hope!

◇ *vt* -**1.** [exaspérer] to drive to despair; **tu me désespères!** what am I going to do with you? -**2.** [décourager] to drive OU to reduce to despair; **elle en a désespéré plus d'un** she'd driven more than one (suitor) to despair.

◆ **désespérer de** *v + prép*: **~ de qqch** to have lost faith in sthg; **je désespère de ses capacités** I no longer believe he's capable of anything; **~ de faire qqch** to despair of doing sthg; **ils désespéraient d'atteindre la côte** they despaired of reaching the shore; **je ne désespère pas d'obtenir le poste** I still think I may get OU I haven't yet given up on the idea of getting the job.

◆ **se désespérer** *vpi* to (be in) despair.

désespoir [dezɛspwar] *nm* despair; **faire le ~ de qqn** to drive OU to reduce sb to despair; **à mon grand ~, il n'a pu venir** to my despair, he was unable to come; **avec ~** despairingly, in despair; **cette sauce est mon ~** I despair of ever being able to make this sauce.

◆ **au désespoir** ◇ *loc adj*: **être au ~** [être désespéré] to be desperate, to have lost all hope; [être désolé] to be desperately OU deeply sorry; **je suis au ~ de ne pouvoir vous répondre** I'm deeply OU desperately sorry that I am unable to answer you.

◇ *loc adv*: **mettre qqn au ~** to drive OU to reduce sb to despair; **tu me mets au ~** I despair of you.

◆ **en désespoir de cause** *loc adv* in desperation, as a last resort; **en ~ de cause, elle essaya sa propre clef** as a last resort she tried her own key.

désétatiser [3] [dezetatize] *vt* to remove from state control.

désexciter [3] [dezeksite] *vt* to de-energize ÉLEC.

déshabillage [dezabijaʒ] *nm* -**1.** [d'une personne] undressing; **une cabine pour le** OU **de ~** a cubicle (for undressing). -**2.** [dégarnissage - d'une pièce] emptying (of ornaments); [- d'un fauteuil] stripping of upholstery.

déshabillé [dezabije] *nm* négligé.

déshabiller [3] [dezabije] *vt* -**1.** [dévêtir]: **~ qqn** to undress sb, to take sb's clothes off; **~ qqn du regard** to undress sb with one's eyes ❑ **c'est ~ saint Pierre pour habiller saint Paul** it's robbing Peter to pay Paul. -**2.** [vider - pièce] to empty (of ornaments); [dégarnir - fauteuil] to strip the upholstery from.

◆ **se déshabiller** *vp (emploi réfléchi)* -**1.** [se dénuder] to strip (off), to take one's clothes off. -**2.** [ôter un vêtement]: **déshabille-toi** take off your coat.

déshabituer [7] [dezabitɥe] *vt*: **~ qqn du tabac** to make sb give up (using) tobacco; **~ qqn de faire qqch** to break sb of the habit of doing sthg.

◆ **se déshabituer de** *vp + prép*: **il s'est déshabitué de l'alcool** he got out of the habit of drinking.

désherbage [dezɛrbaʒ] *nm* weeding.

désherbant, e [dezɛrbɑ̃, ɑ̃t] *adj* weed-killing *(avant n)*.

◆ **désherbant** *nm* weed-killer.

désherber [3] [dezɛrbe] *vt* to weed.

déshérence [dezerɑ̃s] *nf* escheat.

◆ **en déshérence** ◇ *loc adj* [succession] escheated.
◇ *loc adv*: **tomber en ~** to escheat.

déshérité, e [dezerite] ◇ *adj* -**1.** [pauvre] underprivileged, deprived. -**2.** [région] poor *(lacking natural advantages)*. -**3.** [privé d'héritage] disinherited.
◇ *nm, f* deprived person; **les ~s** the destitute.

déshéritement [dezeritmɑ̃] *nm* disinheritance.

déshériter [3] [dezerite] *vt* -**1.** [priver d'héritage] to cut out of one's will, to disinherit; **si tu continues, je te déshérite!** *hum* carry on like this and I'll cut you off without a penny! -**2.** [défavoriser]: **il se croit déshérité** he feels hard done by.

déshonnête [dezɔnɛt] *adj litt* immodest, improper, indecent.

déshonneur [dezɔnœr] *nm* -**1.** [perte de l'honneur] disgrace, dishonour *Br*, dishonor *Am*; **vivre dans le ~** to live in dishonour. -**2.** [honte] disgrace; **il n'y a aucun ~ à travailler de ses mains** there's no disgrace in working with one's hands; **c'est le ~ de sa famille** he's a disgrace to his family.

déshonorant, e [dezɔnɔrɑ̃, ɑ̃t] *adj* -**1.** [qui prive de l'honneur] dishonourable, disgraceful. -**2.** [humiliant] degrading, humiliating, shameful; **cela n'a rien de ~** there's nothing shameful about it.

déshonorer [3] [dezɔnɔre] *vt* -**1.** [nuire à l'honneur de] to dishonour, to bring shame upon, to bring into disrepute; **cette attitude déshonore la profession tout entière** such behaviour brings the whole profession into disrepute; **il a déshonoré le nom de ses ancêtres** he has dishonoured the family name. -**2.** *litt* [abuser de] to disrespect; **~ une jeune fille** to take away a girl's virtue. -**3.** *litt* [lieu, monument] to spoil OU to ruin the look of.
◆ **se déshonorer** *vp (emploi réfléchi)* to bring disgrace upon o.s.

déshuiler [3] [dezɥile] *vt* to de-oil.

déshuileur [dezɥilœr] *nm* oil-separator.

déshumanisation [dezymanizasjɔ̃] *nf* dehumanization.

déshumanisé, e [dezymanize] *adj* -**1.** [lieu] impersonal; [personne, ton] coldhearted, unsympathetic. -**2.** [fabrication, travail] automated.

déshumaniser [3] [dezymanize] *vt* to dehumanize.
◆ **se déshumaniser** *vpi* to become dehumanized.

déshumidificateur [dezymidifikatœr] *nm* dehumidifier.

déshumidification [dezymidifikasjɔ̃] *nf* dehumidification.

déshumidifier [9] [dezymidifje] *vt* to dehumidify.

déshydratant, e [dezidratɑ̃, ɑ̃t] *adj* demoisturizing.
◆ **déshydratant** *nm* desiccant.

déshydratation [dezidratasjɔ̃] *nf* -**1.** PHYSIOL dehydration; **évitez la ~** avoid dehydration OU becoming dehydrated; **être dans un état de ~** to be dehydrated ‖ [de la peau] loss of moisture, dehydration. -**2.** TECH dehydration, dewatering; **~ des boues** sludge dewatering. -**3.** CHIM dehydration.

déshydraté, e [dezidrate] *adj* -**1.** PHYSIOL dehydrated. -**2.** [aliment] desiccated, dehydrated.

déshydrater [3] [dezidrate] *vt* -**1.** PHYSIOL to dehydrate; [peau] to dehydrate, to dry (out). -**2.** TECH to dehydrate, to dewater. -**3.** [aliment] to dehydrate, to desiccate. -**4.** CHIM to dehydrate.
◆ **se déshydrater** *vpi* [personne] to become dehydrated; [peau] to lose moisture, to become dehydrated.

déshydrogénation [dezidrɔʒenasjɔ̃] *nf* dehydrogenation, dehydrogenization.

déshydrogéner [18] [dezidrɔʒene] *vt* to dehydrogenate, to dehydrogenize.

désidérabilité [deziderabilite] *nf* ÉCON desireability, use-value.

desiderata [dezidérata] *nmpl sout* requirements, wishes; **les ~ du personnel** the wishes of the staff; **le menu est-il conforme à tes ~?** *hum* does the menu meet with your requirements?

design [dizajn] *nm* [création] design; **~ industriel** industrial design ‖ *(comme adj inv)* designer *(modif)*; **mobilier ~** designer furniture.

désignation [deziɲasjɔ̃] *nf* -**1.** JUR: **~ du défendeur/requérant** name of the defendant/plaintiff. -**2.** [nomination] appointment, nomination; **~ de nouveaux membres d'une commission** appointment of new members of a committee.

désigné, e [deziɲe] *adj*: **tout ~**: **c'est le porte-parole tout ~ des élèves** he's the ideal spokesperson for the students; **être tout ~ pour faire qqch** to be the right person to do sthg; **elle est toute ~e pour succéder à son oncle** she's the most suitable choice as her uncle's successor.

designer [dizajnœr] *nm* designer.

désigner [3] [deziɲe] *vt* -**1.** [montrer] to indicate, to point at OU to *(sép)*, to show; **~ qqn du doigt** to point at sb. -**2.** [choisir] to choose, to single out *(sép)*; **~ qqn comme héritier** to name sb as one's heir. -**3.** [nommer - expert, président] to appoint; [- représentant] to nominate; **~ qqn pour un poste** to appoint sb to a post; **le président de séance a été désigné à la majorité des voix** the chairperson was elected by a majority of votes. -**4.** [s'appliquer à] to designate, to refer to; **le mot «félin» désigne de nombreux animaux** the word "feline" refers to many animals. -**5.** ADMIN [répertorier] to list, to set out *(sép)*; **les conditions désignées à l'annexe ii** specifications set out in Annex ii. -**6.** [exposer]: **~ qqn à**: **un geste qui vous désignera à sa fureur** a gesture which will surely unleash his fury on you.
◆ **se désigner** *vpi* [se proposer] to volunteer; **se ~ pour une mission** to volunteer for a mission.
◆ **se désigner à** *vp + prép*: **se ~ à l'attention générale** to draw attention to o.s.

désillusion [dezilyzjɔ̃] *nf* disappointment, disillusionment, disillusion; **connaître des ~s** to be disillusioned OU disenchanted.

désillusionnement [dezilyzjɔnmɑ̃] *nm* becoming disillusioned.

désillusionner [3] [dezilyzjɔne] *vt* to disillusion, to undeceive; **être désillusionné** to be disenchanted OU disillusioned.

désincarcération [dezɛ̃karserasjɔ̃] *nf*: **sa ~ a pris une heure** it took an hour to free him.

désincarnation [dezɛ̃karnasjɔ̃] *nf* disembodiment.

désincarné, e [dezɛ̃karne] *adj* -**1.** [sans corps] disembodied. -**2.** [irréel] insubstantial, unreal.

désincrustant, e [dezɛ̃krystɑ̃, ɑ̃t] *adj* -**1.** [pour la peau] cleansing. -**2.** [détartrant] descaling.
◆ **désincrustant** *nm* -**1.** [pour la peau] cleanser. -**2.** [détartrant] scale solvent.

désincrustation [dezɛ̃krystasjɔ̃] *nf* -**1.** [de la peau] cleansing. -**2.** [détartrage] descaling.

désincruster [3] [dezɛ̃kryste] *vt* -**1.** [peau] to cleanse. -**2.** [détartrer] to scale off *(sép)*.

désindexer [4] [dezɛ̃dɛkse] *vt* to stop indexation of; **ces pensions ont été désindexées** these retirement schemes are no longer index-linked.

désindustrialisation [dezɛ̃dystrijalizasjɔ̃] *nf* deindustrialization.

désinence [dezinɑ̃s] *nf* -**1.** GRAMM inflection, ending. -**2.** BOT terminal growing.

désinfectant, e [dezɛ̃fɛktɑ̃, ɑ̃t] *adj* disinfecting *(avant n)*.
◆ **désinfectant** *nm* disinfectant.

désinfecter [4] [dezɛ̃fɛkte] *vt* to disinfect.

désinfection [dezɛ̃fɛksjɔ̃] *nf* disinfection, disinfecting.

désinflation [dezɛ̃flasjɔ̃] *nf* deflation, disinflation.

désinflationniste [dezɛ̃flasjɔnist] *adj* deflationary, deflationist.

désinformation [dezɛ̃fɔrmasjɔ̃] *nf* disinformation.

désinformer [3] [dezɛ̃fɔrme] *vt* to disinform.

désinsectisation [dezɛ̃sɛktizasjɔ̃] *nf* insect control.

désinsectiser [3] [dezɛ̃sɛktize] *vt* to rid of insects.

désinsertion [dezɛ̃sɛrsjɔ̃] *nf*: **~ sociale** dropping out.

désintégration [dezɛ̃tegrasjɔ̃] *nf* -**1.** [d'un matériau, d'un groupe] disintegration, breaking-up, splitting. -**2.** NUCL disintegration; **~ radioactive** radioactive decay.

désintégrer [18] [dezɛ̃tegre] *vt* -**1.** [matériau] to crumble, to disintegrate; [groupe, famille] to break up *(sép)*, to split (up) *(sép)*. -**2.** NUCL to disintegrate.
◆ **se désintégrer** *vpi* -**1.** [exploser] to disintegrate. -**2.** [groupe, famille, théorie] to disintegrate, to collapse. -**3.** *hum* [disparaître] to vanish into thin air.

désintéressé, e [dezɛ̃terese] *adj* -**1.** [impartial] disinterested, objective, unprejudiced. -**2.** [généreux] selfless, unselfish; **ses conseils sont parfaitement ~s** his advice is completely disinterested.

désintéressement [dezɛ̃terɛsmɑ̃] *nm* -**1.** [impartialité] disinterestedness, impartiality, absence of bias. -**2.** [générosité] selflessness. -**3.** [désintérêt]: **~ pour** lack of interest in, indifference to. -**4.** FIN buying out.

désintéresser [4] [dezɛ̃terese] *vt* [créancier] to pay off *(sép)*; [actionnaire] to buy out *(sép)*.
◆ **se désintéresser de** *vp + prép*: **se ~ de qqch** to be uninterested OU to lose interest in sthg.

désintérêt [dezɛ̃terɛ] *nm* indifference, lack of interest; **manifester du ~ pour** to show indifference to OU no interest in.

désintoxication [dezɛ̃tɔksikasjɔ̃] *nf* -**1.** MÉD detoxification. -**2.** [contre-propagande] counteracting.

désintoxiquer [3] [dezɛ̃tɔksike] *vt* -**1.** MÉD to detoxify. -**2.** [informer] to counteract.

désinvestir [32] [dezɛ̃vɛstir] ◇ *vt* -**1.** ÉCON to disinvest in. -**2.** MIL: **~ une ville** to raise the blockade of a town.
◇ *vi* to become less involved.

désinvestissement [dezɛ̃vɛstismɑ̃] *nm* -**1.** ÉCON disinvestment. -**2.** PSYCH withdrawal of involvement.

désinvolte [dezɛ̃vɔlt] *adj* -**1.** [sans embarras] casual, nonchalant. -**2.** *péj* [trop libre] offhand.

désinvolture [dezɛ̃vɔltyr] *nf péj* off-handedness; **avec ~** offhandedly; **elle le traite avec ~** she's rather offhand with him.

désir [dezir] *nm* -**1.** [aspiration] want, wish, desire; **il a le ~ de plaire** he wishes to please; **ses ~s ont été satisfaits** his wishes have been met; **j'ai toujours eu le ~ d'écrire** I've always wanted OU had a desire to write; **prendre ses ~s pour des réalités** to indulge in wishful thinking; **tu ne crois pas que tu prends tes ~s pour des réalités?** don't you think that's wishful thinking? ‖ [souhait exprimé] wish; **selon le ~ de qqn** following sb's wishes; **il sera fait selon votre ~** it shall be done as you wish; **à l'encontre des ~s de qqn** against sb's wishes. -**2.** [motivation] desire, drive; **~ d'enfant** PSYCH wish to reproduce. -**3.** [appétit sexuel] desire; **rempli de ~** [personne] consumed with desire; [œil] lustful.

désirable [dezirabl] *adj* -**1.** [souhaitable] desirable; **il a toutes les qualités ~s** he has all the qualities one could wish for; **peu ~** undesirable. -**2.** [séduisant] desirable, (sexually) exciting.

désirer [3] [dezire] *vt* -**1.** [aspirer à - paix, bonheur] to wish for; **~ ardemment** to crave OU to long for; **je ne désire pas leur perte** I do not wish to ruin them; **je n'ai plus rien à ~** I have nothing left to wish for; **il a tout ce qu'il peut ~** he has everything he could wish for ‖ *(en usage abs)*: **tu ne peux ~ mieux** you couldn't wish for anything better || *(suivi d'un inf)*: **elle a toujours désiré posséder un piano** she's always wanted to own a piano; **je désirerais savoir si...** I would like to know if...; **~ vivement rencontrer qqn** to be eager to meet sb; **laisser à ~** to leave something to be desired, to fail to come up to expectations; **laisser beaucoup à ~** to leave a lot to be desired ❑ **se faire ~**: **ton père se fait ~!** where could your father have got to?; **cette bière se fait ~!** how long's that beer going to take? -**2.** [avoir comme intention]: **~ faire** to want OU to wish to do; **désirez-vous ouvrir un compte?** do you want OU wish to open an account?; **je désire faire une déposition** I would like to make a statement; **les enfants désirent rester avec leur père** the children would prefer to stay with their father; **il ne désirait pas vous faire de la peine** he didn't mean to hurt you. -**3.** [dans un achat, une prestation de service]: **vous désirez?** can I help you?; **quelle couleur désirez-vous?** which colour would you like?; **où désirez-vous aller?** where would you like to go? -**4.** [vouloir]: **je désire que tu restes** I want OU wish you to stay. -**5.** [sexuellement] to desire, to lust after, to covet BIBLE.

désireux, euse [dezirø, øz] *adj*: **~ de faire** inclined OU willing to do; **très ~ de faire** eager to do; **assez peu ~ de le suivre** reluctant to follow him; **il était apparemment peu ~ de poursuivre la discussion** apparently, he was not willing to continue the discussion.

désistement [dezistəmɑ̃] *nm* -**1.** POL withdrawal, standing down. -**2.** JUR [d'une poursuite] withdrawal; [d'une demande] waiver.

désister [3] [deziste]
◆ **se désister** *vpi* -**1.** POL to stand down, to withdraw. -**2.** JUR: **se ~ d'une poursuite** to withdraw a suit; **se ~ d'une demande** to waive a claim.

désobéir [32] [dezɔbeir] ◇ *vi* -**1.** [être désobéissant] to be disobedient. -**2.** [enfreindre un ordre] to disobey; **~ à** to disobey, to fail to obey; **~ aux ordres/à ses parents** to disobey orders/one's parents; **tu m'as désobéi!** you disobeyed me!, you didn't do as you were told!; **~ aux lois** to break the law; **~ à un code** to disregard a code.
◇ *vt (au passif uniquement)*: **elle n'accepte pas d'être désobéie** she will not stand for disobedience.

désobéissance [dezɔbeisɑ̃s] *nf* -**1.** [manque de discipline] disobedience, rebelliousness. -**2.** [action] act of disobedience.

désobéissant, e [dezɔbeisɑ̃, ɑ̃t] *adj* [enfant] disobedient, rebellious; [chien] disobedient.

désobligeamment [dezɔbliʒamɑ̃] *adv* disagreeably, unpleasantly.

désobligeant, e [dezɔbliʒɑ̃, ɑ̃t] *adj* -**1.** [inamical] disagreeable, unkind. -**2.** [blessant] invidious.

désobliger [17] [dezɔbliʒe] *vt* to offend, to hurt, to upset; **vous le désobligeriez en ne venant pas à son dîner** you'd offend him by not coming to his dinner party; **sans vouloir vous ~** no offence (meant).

désobstruction [dezɔpstryksjɔ̃] *nf* removal OU clearing of obstructions.

désobstruer [3] [dezɔpstrye] *vt* -**1.** [tuyau] to clear. -**2.** MÉD to remove an obstruction from.

désodé, e [desɔde] *adj* sodium-free, salt-free.

désodorisant, e [dezɔdɔrizɑ̃, ɑ̃t] *adj* deodorizing *(avant n)*.
◆ **désodorisant** *nm* deodorizer, air-freshener.

désodoriser [3] [dezɔdɔrize] *vt* to deodorize.

désœuvré, e [dezœvre] *adj*: **être ~** to have nothing to do; **~, il errait dans le parc** having nothing (better) to do, he would roam about the park.

désœuvrement [dezœvrəmɑ̃] *nm* idleness; **par ~** for want of an occupation; **par ~, l'enfant a mis les livres en pièces** the boy tore up the books because he had nothing better to do.

désolant, e [dezɔlɑ̃, ɑ̃t] *adj* -**1.** [triste – spectacle] wretched, pitiful, awful. -**2.** [contrariant] annoying, irritating; **je lui ai donné toutes les chances et il n'en a rien fait, c'est ~!** I gave him every chance and he didn't do anything, it's so annoying!

désolation [dezɔlasjɔ̃] *nf* -**1.** [chagrin] desolation, grief; **être plongé dans la ~** to be disconsolate; **après son départ, ce fut la ~** when she'd gone, gloom descended. -**2.** [cause de chagrin]: **cet enfant est ma ~** I despair of this child. -**3.** *litt* [d'un lieu, d'un paysage] desolation, desolateness, bleakness.

désolé, e [dezɔle] *adj* -**1.** [contrit] apologetic, contrite; **à sa mine ~e, j'ai compris qu'il l'avait cassé** when I saw him looking so apologetic, I gathered he'd broken it || [en s'excusant] sorry; **je suis vraiment ~** I am awfully OU really sorry; **~ de vous déranger** sorry to disturb you; **il est ~ de ne pas vous avoir vu** he's sorry he missed you; **~, j'étais là avant vous!** *iron* excuse me OU sorry, (but) I was here before you!; **ah, je suis ~, ces deux notions ne sont pas identiques** excuse me OU I'm sorry, but these two concepts are not the same. -**2.** *litt* [triste] disconsolate, sorrowful. -**3.** *litt* [aride] desolate, bleak.

désoler [3] [dezɔle] *vt* -**1.** [attrister] to distress, to sadden; **la faillite de la maison le désole, après tant d'efforts** he's distressed about the company's bankruptcy, after all that effort. -**2.** [irriter]: **tu me désoles!** I just don't know what to do with you!
◆ **se désoler** *vpi* to be sorry; **ne te désole pas pour une petite tache** there's no need to be sorry about a little stain; **se ~ de** to be disconsolate OU in despair about OU over; **le chœur se désole de la mort du roi Laïos** the chorus shows its sorrow at the death of King Laïos; **ses parents se désolent de la voir si malheureuse** it grieves her parents to see her so unhappy.

désolidariser [3] [desɔlidarize]
◆ **se désolidariser de** *vp + prép* to dissociate o.s. from.

désopilant, e [dezɔpilɑ̃, ɑ̃t] *adj* hilarious, hysterically funny.

désordonné, e [dezɔrdɔne] *adj* -**1.** [désorganisé – dossier, esprit] confused, untidy. -**2.** [personne] disorderly. -**3.** [lieu] untidy, messy. -**4.** [irrégulier] helter-skelter *(modif)*; **courir de façon ~e** to run helter-skelter OU pell-mell; **le chien faisait des bonds ~s** the dog was leaping about all over the place. -**5.** *litt* [immoral] disorderly, disordered.

désordre [dezɔrdr] ◇ *nm* -**1.** [fouillis] mess; **quel ~ là-dedans!** what a mess OU it's chaos in there!; **mettre le ~ dans une pièce** to mess up a room. -**2.** [manque d'organisation] muddle, confusion, disarray; **~ des idées** confused ideas. -**3.** [agitation] disorder, disturbance; **semer le ~** to cause a disturbance, to wreak havoc; **lorsque le chat sauta, ce fut un beau ~ parmi les poules** when the cat jumped, the hens went into a panic ❑ **~ sur la voie publique** JUR disorderly conduct. -**4.** *litt* [immoralité] disorderliness; **vivre dans le ~** to live in disorder. -**5.** JEUX: **gagner le tiercé dans le ~** to win a place bet in the wrong order.
◇ *adj* messy, untidy; **que tu es ~!** you're so untidy!
◆ **désordres** *nmpl* -**1.** [émeutes] riots; **des ~s ont éclaté** riots have OU rioting has broken out. -**2.** *litt* [débauche] dissolute OU disorderly behaviour; **se livrer à des ~s** to lead a disorderly life.
◆ **en désordre** ◇ *loc adj* [lieu] messy, unkempt, untidy; [cheveux] unkempt, dishevelled; **une chambre en ~** an untidy room; **mon bureau était tout en ~** my desk was in a terrible mess.
◇ *loc adv*: **mettre en ~** to mess OU to muddle up; **il a mis mes dossiers en ~** he got my files all muddled up.

désorganisateur, trice [dezɔrganizatœr, tris]
◇ *adj* disorganizing, disruptive.
◇ *nm, f* disorganizer.

désorganisation [dezɔrganizasjɔ̃] *nf* disorganization, disruption.

désorganiser [3] [dezɔrganize] *vt* [service] to disorganize, to disrupt; [fiches] to disrupt the order of.

désorientation [dezɔrjɑ̃tasjɔ̃] *nf* -**1.** [perplexité] disorientation, confusion. -**2.** PSYCH: **~ spatiale/temporelle** spatial/temporal disorientation.

désorienté, e [dezɔrjɑ̃te] *adj* -**1.** [perplexe] confused, disoriented. -**2.** [égaré] lost.

désorienter [3] [dezɔrjɑ̃te] *vt* -**1.** [faire s'égarer] to cause to become disoriented, to disorientate. -**2.** [déconcerter] to confuse, to throw into confusion OU disarray, to disorientate. -**3.** MIL & OPT to disorientate.

désormais [dezɔrmɛ] *adv* [à partir de maintenant] from now on, henceforth; [dans le passé] from that moment on, from then on, from that time (on); **je ferai attention ~** I'll pay attention from now on; **nous étions amis ~** from then on we were friends.

désossement [dezɔsmɑ̃] *nm* boning.

désosser [3] [dezɔse] *vt* -**1.** [viande] to bone. -**2.** *fam* [étudier] to go over with a fine tooth comb. -**3.** *fam* [démonter] to take to bits.
◆ **se désosser** *vpi* [se désarticuler] to contort o.s.

désoxydant [dezɔksidɑ̃] *nm* deoxidizer.

désoxydation [dezɔksidasjɔ̃] *nf* deoxidation, deactivation.

désoxyder [3] [dezɔkside] *vt* to deoxidize, to deactivate; **acier désoxydé** killed steel.

désoxyribonucléique [dezɔksiribɔnykleik] *adj* BIOL: **acide ~** deoxyribonucleic acid.

desperado [dɛsperado] *nm* desperado.

despote [dɛspɔt] *nm* -**1.** POL despot, tyrant. -**2.** [personne autoritaire] tyrant, bully.

despotique [dɛspɔtik] *adj* -**1.** POL despotic, tyrannical, dictatorial. -**2.** [autoritaire] despotic, domineering, bullying.

despotiquement [dɛspɔtikmɑ̃] *adv* POL & *fig* despotically, tyrannically, dictatorially.

despotisme [dɛspɔtism] *nm* -**1.** POL despotism; **~ éclairé** HIST enlightened despotism. -**2.** [autorité] tyranny, bullying.

desquamation [dɛskwamasjɔ̃] *nf* -**1.** [de la peau] desquamation *spéc*, flaking; [des écailles] scaling off. -**2.** GÉOL: **~ en écailles** exfoliation.

desquamer [3] [dɛskwame] *vi* [peau] to flake, to desquamate *spéc*; [écailles] to scale off.
◆ **se desquamer** *vpi* [peau] to flake (off), to desquamate *spec*; [écailles] to scale off.

desquelles [dekɛl] *fpl* → **lequel**.

desquels [dekɛl] *mpl* → **lequel**.

DESS (*abr de* **diplôme d'études supérieures spécialisées**) *nm* *postgraduate diploma*.

dessablage [desablaʒ], **dessablement** [desabləmɑ̃] *nm* -**1.** [filtrage] sand-trapping. -**2.** TECH removal of sand.

dessabler [3] [desable] *vt* [allée] to remove sand from; [eau, chenal] to remove silt from.

dessaisir [32] [desezir] *vt* JUR: **~ qqn de** to deny sb jurisdiction over.
◆ **se dessaisir de** *vp + prép* -**1.** [se départir de]: **se ~ de qqch** to part with OU to relinquish sthg. -**2.** JUR: **se ~ d'une affaire** to decline (to exercise) jurisdiction over a case.

dessaisissement [desezismɑ̃] *nm* relinquishment.

dessalage [desalaʒ], **dessalement** [desalmɑ̃] *nm* -**1.** CHIM desalination. -**2.** CULIN removal of salt.

dessaler [3] [desale] ◇ *vt* -**1.** [ôter le sel de] to desalinate, to remove the salt from; **~ du poisson** to freshen fish. -**2.** *fam* [dégourdir] to wise up *(sép)*, to educate in the ways of the world.
◇ *vi* NAUT to overturn.

◆ **se dessaler** *fam vpi* to get wise, to wise up; il s'est drôlement dessalé depuis qu'il travaille! he's learnt a thing or two since he started working!

dessangler [3] [desɑ̃gle] *vt* [cheval] to ungirth.

dessaouler [desule] = **dessoûler**.

Desse *abr écrite de* duchesse.

desséchant, e [deseʃɑ̃, ɑ̃t] *adj* -1. [asséchant] drying, withering; un vent ~ a searing wind. -2. [activité, études] soul-destroying. -3. CHIM desiccating.

desséché, e [deseʃe] *adj* -1. [pétale, feuille] withered, dried; [cheveux, peau] dry; [gorge] parched. -2. [décharné] emaciated, wasted. -3. [cœur, personne] hardened.

dessèchement [desɛʃmɑ̃] *nm* -1. [perte d'humidité] drying up. -2. [procédé] desiccation, drying (out). -3. [stérilité - du cœur] hardening; [- d'un élan créateur] drying up.

dessécher [18] [deseʃe] *vt* -1. [peau, cheveux] to dry out *(sép)*; [pétale, feuille] to wither; trop de soleil dessèche la peau too much sun dries the skin; la bouche desséchée par la peur mouth dry ou parched with fear. -2. [amaigrir] to emaciate, to waste; son corps desséché par la maladie his body wasted by illness. -3. [endurcir]: ~ le cœur de qqn to harden sb's heart; un vieux solitaire desséché a hardened old recluse.

◆ **se dessécher** *vpi* -1. [peau, cheveux] to go dry. -2. [cœur] to harden.

dessein [desɛ̃] *nm litt* intention, goal, purpose; son ~ est de prendre ma place his intention is to ou he has determined to take my place; j'ai formé ou j'ai le ~ de faire I intend ou it is my intention to do.

◆ **à dessein** *loc adv* deliberately, purposely.

◆ **dans le dessein de** *loc prép* in order ou with a view to.

desseller [4] [desele] *vt* to unsaddle.

desserrage [deseraʒ], **desserrement** [desɛrmɑ̃] *nm* -1. [processus] loosening, slackening. -2. [résultat] looseness.

desserrer [4] [desere] *vt* -1. [vis, cravate, ceinture] to loosen. -2. [relâcher] to relax; ~ son étreinte to let go of ou to relax one's hold; quand j'ai desserré les bras, elle s'est laissée choir à terre when I relaxed my embrace, she let herself fall to the ground || [dents] to unclench; il n'a pas desserré les dents ou lèvres *fig* he didn't utter a word, he never opened his mouth. -3. [frein] to release.

◆ **se desserrer** *vpi* -1. [se dévisser] to come loose. -2. [se relâcher - étreinte] to relax.

dessert [desɛr] *nm* dessert, pudding *Br*, sweet *Br*; veux-tu un ~? will you have some dessert?; au ~ at the end of the meal ❑ assiette à ~ dessert plate; cuillère à ~ dessertspoon.

desserte [desɛrt] *nf* -1. [meuble] sideboard; [table roulante] tea-trolley *Br*, tea wagon *Am*. -2. TRANSP service; ~ aérienne air service; l'hiver, la ~ est supprimée the service doesn't run in winter; la ~ du village est très mal assurée the village is poorly served by public transport.

dessertir [32] [desɛrtir] *vt* to unset.

◆ **se dessertir** *vpi* to come unset.

dessertissage [desɛrtisaʒ] *nm* unsetting.

desservir [38] [desɛrvir] *vt* -1. [débarrasser] to clear (away), to remove; *(en usage abs)*: puis-je ~? may I clear the table? -2. [désavantager] to be detrimental ou harmful to, to go against; son intervention m'a desservi he did me a disservice by intervening. -3. TRANSP to serve; le village est mal desservi public transport to the village is poor; l'hôpital est desservi cinq fois par jour there is a bus (service) to the hospital five times a day; ce train dessert les stations suivantes this train stops at the following stations. -4. RELIG [paroisse] to serve. -5. [donner accès à] to lead to; une allée dessert la maison a drive leads up to the house; un couloir dessert les chambres a corridor leads off to the bedrooms.

dessiccateur [desikatœr] *nm* desiccator.

dessiccation [desikasjɔ̃] *nf* [gén] desiccation, drying; [du bois] drying.

dessiller [3] [desije] *vt litt*: ~ les yeux de ou à qqn to cause the scales to fall from ou to open sb's eyes.

◆ **se dessiller** *vpi litt*: mes yeux se dessillent the scales have fallen from my eyes.

dessin [desɛ̃] *nm* -1. [croquis] drawing; les ~s de Michel-Ange Michelangelo's drawings; des ~s d'enfants children's drawings ❑ ~ humoristique ou de presse cartoon *(in a newspaper)*; ~ animé cartoon; ~ à main levée free hand drawing; ~ à la plume pen and ink drawing; ~ au trait outline drawing; tu veux peut-être aussi que je te fasse un ~? *fam* do you want me to spell it out for you?; pas besoin d'un ou de faire un ~, elle a compris! you don't have to spell it out for her, she's got the message! -2. [art]: le ~ drawing; apprendre le ~ to learn (how) to draw. -3. [technique]: la vigueur de son ~ the firmness of her drawing technique. -4. TECH: ~ industriel draughtsmanship, industrial design; ~ coté dimensioned drawing; ~ assisté par ordinateur computer-aided design. -5. [forme, ligne] line, outline; pour donner à vos sourcils un ~ parfait to give your eyebrows the perfect shape. -6. [ornement] design, pattern; un tissu à ~s géométriques a fabric with geometric patterns.

◆ **à dessin** *loc adj*: planche/table à ~ drawing board/table.

◆ **de dessin** *loc adj*: cours/école de ~ art class/school.

dessinateur, trice [desinatœr, tris] *nm, f* -1. [technicien]: ~ (industriel) draughtsman. -2. [concepteur] designer. -3. BX-ARTS: il est meilleur ~ que peintre he draws better than he paints; ~ d'études design draughtsman; ~ humoristique cartoonist.

dessinateur-cartographe [desinatœrkartɔgraf] *(pl* dessinateurs-cartographes) *nm* cartographer.

dessiné, e [desine] *adj*: bien ~ well-formed, well-defined.

dessiner [3] [desine] *vt* -1. BX-ARTS to draw; ~ qqch sur le vif to draw sthg from life || *(en usage abs)*: il dessine bien he's good at drawing; ~ à la plume/au crayon/au fusain to draw in pen and ink/in pencil/in charcoal. -2. [former] to delineate; menton/visage bien dessiné firmly delineated chin/face; bouche finement dessinée finely drawn ou chiselled mouth. -3. TECH [meuble, robe, bâtiment] to design; [paysage, jardin] to landscape. -4. [souligner] to show up the shape of.

◆ **se dessiner** *vpi* -1. *litt* [se profiler] to stand out; les douces collines du Perche se dessinent au lointain the gentle slopes of the Perche hills stand out in the far distance. -2. [apparaître] to emerge; une solution commence à se ~ a solution is emerging; certaines tendances se dessinent certain tendencies are beginning to emerge.

dessoler [3] [desɔle] *vt* AGR: ~ un champ to change the rotation of crops in a field.

dessouder [3] [desude] *vt* -1. TECH to unsolder. -2. *arg crime* [tuer] to do in *(sép)*, to waste.

◆ **se dessouder** *vpi* to become unsoldered.

dessoudure [desudyr] *nf* unsoldering.

dessoûler [3] [desule] ◇ *vt* to sober up *(sép)*; tu es dessoûlé maintenant? are you sober now? ◇ *vi* to sober up; il ne dessoûle pas de la journée he's drunk all day.

dessous [dəsu] ◇ *adv* underneath; les prix sont marqués ~ the prices are marked underneath; mets-toi ~ get under it; il porte une chemise, et rien ~ he's wearing a shirt, with nothing underneath.

◇ *nm* [d'un meuble, d'un objet] bottom; [d'une feuille] underneath; le ~ de l'assiette est sale the bottom of the plate is dirty; les gens du ~ the people downstairs, the downstairs neighbours ❑ les ~ de la politique/de la finance the hidden agenda in politics/in finance; le ~ des cartes ou du jeu the hidden agenda; avoir le ~ to come off worst, to get the worst of it; être dans le trente-sixième ~ to be down in the dumps.

◇ *nmpl* [sous-vêtements] underwear; des ~ coquins sexy underwear.

◆ **de dessous** *loc prép* from under, from underneath; enlève ça de ~ la table pick that up from under ou underneath the table.

◆ **en dessous** *loc adv* underneath; la feuille est verte en ~ the leaf is green underneath; les gens qui habitent en ~ the people downstairs, the people in the flat *Br* ou apartment *Am* below ❑ agir en ~ to act in an underhand way; rire en ~ to laugh up one's sleeve; regarder qqn par en ~ to steal a glance at sb.

◆ **en dessous de** *loc prép* below; en ~ de zéro below zero; vous êtes très en ~ de la vérité you're very far from the truth.

dessous-de-bouteille [dəsudbutɛj] *nm inv* coaster *(for a bottle)*.

dessous-de-bras [dəsudbra] *nm inv* dress shield.

dessous-de-plat [dəsudpla] *nm inv* table mat *(to protect the table from hot dishes)*, hot pad *Am*.

dessous-de-table [dəsudtabl] *nm inv péj* bribe.

dessuinter [3] [desɥɛ̃te] *vt* to scour TEX.

dessus [dəsy] ◇ *adv* [placer, monter] on top; [marcher] on it; [passer, sauter] over it; écrivez l'adresse ~ write the address on top; c'est écrit ~ it's written on it; monte ~, tu verras mieux get on top (of it), you'll get a better view; assieds-toi ~ sit on it; ils lui ont tiré/tapé ~ they shot at him/hit him ❑ ne compte pas trop ~ don't count on it too much; je suis ~ depuis un moment [affaire, travail] I've been (working) on it for a while; [appartement] I've been looking into it for a while.

◇ *nm* -1. [d'un objet, de la tête, du pied] top; [de la main] back; prends la nappe du ~, elle est repassée take the tablecloth on the top, it's been ironed ❑ avoir/prendre le ~ to have/to get the upper hand; après 15 minutes de jeu, l'équipe marseillaise a nettement pris le ~ sur ses adversaires after 15 minutes of play the Marseilles team gained a definite advantage over their opponents; reprendre le ~ [gagner] to get back on top (of the situation), to regain the upper hand; elle a bien repris le ~ [après une maladie] she was soon back on her feet again; [après une dépression] she got over it quite well; le ~ du panier the cream, the elite. -2. [étage supérieur]: les voisins du ~ the people upstairs, the upstairs neighbours; l'appartement du ~ the flat above.

◆ **de dessus** *loc prép*: enlève ça de ~ la table! take it off the table!

◆ **en dessus** *loc adv* on top.

dessus-de-lit [dəsydli] *nm inv* bedspread.

dessus-de-porte [dəsydpɔrt] *nm inv* BX-ARTS overdoor.

déstabilisateur, trice [destabilizatœr, tris], **déstabilisant, e** [destabilizɑ̃, ɑ̃t] *adj* [conflit, politique] destabilizing.

déstabilisation [destabilizasjɔ̃] *nf* destabilization.

déstabiliser [3] [destabilize] *vt* [pays, régime] to destabilize.

déstalinisation [destalinizasjɔ̃] *nf* destalinization.

déstaliniser [3] [destalinize] *vt* to destalinize.

destin [dɛstɛ̃] *nm* -1. [sort] fate, destiny; le ~ a voulu que... fate has decreed that...; un coup du ~ a blow from fate. -2. [vie personnelle] life, destiny, fate; il a eu un ~ tragique his destiny was tragic; maître de son ~ master of his (own) fate. -3. [évolution] destiny, fate; son roman a connu un ~ imprévu her novel had an unexpected fate; leur union devait avoir un ~ malheureux their marriage was fated (to be unhappy).

destinataire [dɛstinatɛr] *nmf* -1. [d'une lettre] addressee; [de produits] consignee. -2. LING listener.

destination [dɛstinasjɔ̃] *nf* -**1.** [lieu] destination. -**2.** [emploi] purpose, use; **quelle ~ lui donneras-tu?** what do you plan to use it for?; **détourné de sa ~ primitive** diverted from its original purpose; **la ~ de ce projet est de faire...** the project is intended OU meant to do...

◆ **à destination** *loc adv*: **arriver à ~** to get to one's destination.

◆ **à destination de** *loc prép*: **avion/vol à ~ de Nice** plane/flight to Nice; **les voyageurs à ~ de Paris** passengers for Paris; **le train de 15 h 30 à ~ de Bordeaux** the three thirty train to Bordeaux.

destinée [dɛstine] *nf* -**1.** [sort]: **la ~** fate; **la ~ de qqn/qqch** the fate in store for sb/sthg. -**2.** [vie] destiny; **il tient ma ~ entre ses mains** he holds my destiny in his hands.

◆ **destinées** *nfpl sout*: **les dieux qui président à** OU **veillent sur nos ~s** the gods who decide our fate (on earth); **hautes ~s: appelé** OU **promis à de hautes ~s** destined for great things; **de hautes ~s l'attendaient** she was destined to achieve great things.

destiner [3] [dɛstine] *vt* -**1.** [adresser]: **~ qqch à qqn** to intend sthg for sb; **cette remarque ne t'est pas destinée** this remark isn't meant OU intended for you; **voici le courrier qui lui est destiné** here is his mail OU the mail for him; **festival destiné aux enfants** children's festival. -**2.** [promettre]: **~ qqn à** to destine sb for; **rien ne/tout me destinait au violon** nothing/everything led me to become a violonist; **nous étions destinés l'un à l'autre** we were meant for each other; **on la destine à quelque gros industriel** her family wants to marry her off to some rich industrialist; **il était destiné à mourir jeune** he was fated to die young; **il était destiné à régner** he was destined to reign; **son idée était destinée à l'échec dès le départ** his idea was bound to fail OU doomed (to failure) from the very start. -**3.** [affecter]: **~ qqch à** to set sthg aside for; **~ des fonds à** to allocate funds to, to set aside OU to earmark funds for; **somme destinée à l'achat d'un microscope** sum set aside to buy a microscope.

◆ **se destiner à** *vp + prép*: **se ~ au journalisme/couvent** to want to become a journalist/enter a convent.

destituable [dɛstitɥabl] *adj* [fonctionnaire] dismissible; [roi] deposable; **il n'est pas ~** [fonctionnaire] he cannot be dismissed (from his post); [officier] he cannot be stripped of his rank.

destituer [7] [dɛstitɥe] *vt* [fonctionnaire] to relieve from duties, to dismiss; [roi] to depose; [officier] to demote.

destitution [dɛstitysjɔ̃] *nf* [d'un fonctionnaire] dismissal; [d'un roi] deposition, deposal; [d'un officier] demotion.

déstocker [3] [destɔke] *vt* to take out of stock.

destrier [dɛstrije] *nm arch* charger, steed.

destroyer [dɛstrwaje, dɛstrɔjœr] *nm* destroyer MIL.

destructeur, trice [dɛstryktœr, tris] ◇ *adj* destructive.

◇ *nm, f* destroyer.

destructible [dɛstryktibl] *adj* destructible; **facilement ~** easy to destroy; **difficilement ~** virtually indestructible.

destructif, ive [dɛstryktif, iv] *adj* [action, croyance] destructive.

destruction [dɛstryksjɔ̃] *nf* -**1.** [fait d'anéantir] destroying, destruction; **la ~ des récoltes** the destruction of the crops; **après la ~ de la ville par le feu/les bombardements** after the town had been gutted by fire/destroyed by bombing. -**2.** [dégâts] damage; **les ~s causées par la tornade** the damage caused by the tornado.

déstructuration [destryktyrasjɔ̃] *nf* destructuring.

déstructurer [3] [destryktyre] *vt* to remove the structure from.

◆ **se déstructurer** *vpi* to lose (its) structure, to become destructured.

désuet, ète [dezɥɛ, ɛt] *adj* [mot, vêtement] outdated, old-fashioned, out-of-date; [technique] outmoded, obsolete; **une chambre au charme ~** a room with old-fashioned charm.

désuétude [dezɥetyd] *nf* obsolescence; **tomber en ~** [mot] to fall into disuse, to become obsolete; [technique, pratique] to become obsolete.

désulfiter [3] [desylfite] *vt* [moût, vin] to desulphurize.

désulfuration [desylfyrasjɔ̃] *nf* desulphurization.

désulfurer [3] [desylfyre] *vt* to desulphurize.

désuni, e [dezyni] *adj* -**1.** [brouillé - famille, ménage] disunited, divided. -**2.** ÉQUIT off his stride.

désunir [32] [dezynir] *vt* -**1.** [brouiller - famille] to split, to divide; **ils sont désunis** they don't get on with each other any more. -**2.** [disjoindre]: **~ les éléments d'un ensemble** to separate the elements of a set (from each other), to split up a set.

◆ **se désunir** *vpi* [athlète] to lose one's stride.

désurchauffe [desyrʃof] *nf* desuperheating.

désurchauffer [3] [desyrʃofe] *vt* to desuperheat.

désynchroniser [3] [desɛ̃krɔnize] *vt* to put out of synchronization; **être désynchronisé** [film] to be out of synch.

désyndicalisation [desɛ̃dikalizasjɔ̃] *nf* declining level of unionization.

détachable [detaʃabl] *adj* [feuillet, capuchon] removable, detachable; **facilement ~** easily detachable.

détachage [detaʃaʒ] *nm* [nettoyage] cleaning, drycleaning.

détachant, e [detaʃɑ̃, ɑ̃t] *adj* [produit] stain removing.

◆ **détachant** *nm* stain remover.

détaché, e [detaʃe] *adj* -**1.** [ruban] untied. -**2.** [air, mine] detached, casual, offhand. -**3.** ADMIN: **fonctionnaire ~** civil servant on secondment *Br* OU on a temporary assignment *Am*. -**4.** MUS detached.

détachement [detaʃmɑ̃] *nm* -**1.** [désintéressement] detachment; **prendre un air de ~** to look detached OU casual; **montrer du ~ vis-à-vis de notre monde** to be indifferent to worldly things. -**2.** [troupe] detachment; **~ précurseur** advance party. -**3.** ADMIN secondment *Br*, temporary assignment *Am*.

◆ **en détachement** *loc adv* on secondment *Br*, on a temporary assignment *Am*.

◆ **en détachement auprès de** *loc prép* seconded to *Br*, on a temporary assignment with *Am*.

détacher [3] [detaʃe] *vt* -**1.** [libérer] to untie; **~ un animal** to untie an animal; **~ ses cheveux** to untie one's hair, to let one's hair down; **~ les mains d'un prisonnier** to untie a prisoner's hands; **~ une guirlande** to take down a garland; **~ une caravane** to unhitch OU to unhook a caravan; **la barque a été détachée par des voyous** the boat was detached from its moorings by vandals. -**2.** [séparer]: **~ une photo d'une lettre** [enlever le trombone] to unclip a picture from a letter; [enlever l'agrafe] to unstaple a picture from a letter; **~ une recette d'un magazine/un timbre d'un carnet** to tear a recipe out of a magazine/a stamp out of a book || *(en usage abs)*: **~ suivant le pointillé** tear (off) along the dotted line. -**3.** [défaire - ceinture] to unfasten; [- col] to unfasten, to loosen. -**4.** [détourner]: **~ ses yeux** OU **son regard de qqn** to take one's eyes off sb; **~ son attention d'une lecture** to stop paying attention to one's reading || [affectivement]: **~ qqn de** to take sb away from; **être détaché de** to be detached from OU indifferent to; **il est détaché des biens de ce monde** he has turned his back on all worldly goods. -**5.** ADMIN to send on secondment *Br* OU on temporary assignment *Am*; **je vais être détaché auprès du ministre** I will be sent on secondment to the Ministry; **il faut ~ quelqu'un de votre département pour m'aider** you must second *Br* OU assign somebody from your department to help me; **il est détaché à Paris** he's on secondment *Br* OU temporary assignment *Am* in Paris. -**6.** [faire ressortir] to separate (out); **détachez bien chaque mot/note** make sure every word/note stands out (clearly). -**7.** [vêtement] to clean; **j'ai donné ton costume à ~** I took your suit to the cleaner's.

◆ **se détacher** ◇ *vp (emploi réfléchi)* -**1.** [se libérer] to untie OU to free o.s.; **puis je me suis détachée de ma famille/de l'art figuratif** later, I grew away from my family/from figurative art. -**2.** [se décrocher] to unhook o.s.; **elle s'est détachée de la cordée** she detached herself from the climbing party.

◇ *vpi* -**1.** SPORT [se séparer - du peloton] to break away. -**2.** [se profiler] to stand out; **le mont Blanc se détache à l'horizon** Mont Blanc stands out against the horizon.

◆ **à détacher** *loc adj*: **fiche/recette à ~** tear-off card/recipe.

détail [detaj] *nm* -**1.** [exposé précis] breakdown, detailed account, itemization; **faire le ~: faire le ~ de qqch** to break sthg down, to itemize sthg; **faites-moi le ~ de ce qui s'est passé** tell me in detail what happened; **il n'a pas fait le ~!** *fam* he was a bit heavy-handed!; **tout le monde au poste, on ne fait pas le ~!** *fam* everyone down to the station, you're all under arrest! -**2.** [élément - d'un récit, d'une information] detail, particular; **les ~s croustillants de l'histoire** the juicy bits of the story; **je te passe les ~s** I won't bore you with the detail OU details; **c'est parfait jusque dans les moindres ~s** it's perfect down to the smallest detail; **soigner les ~s** to pay attention to detail; **pour plus de ~s, écrivez à...** for further details, write to... || [point sans importance] detail, minor point; **je trouve l'article longuet mais ce n'est qu'un ~** I think the article's a bit long, but that's a mere detail; **c'est un ~ de l'Histoire** it is a mere footnote of history; **ne nous arrêtons pas à ces ~s** let's not worry about these minor details. -**3.** BX-ARTS detail; **Clemenceau, ~ d'un portrait par Manet** Clemenceau, a detail from a portrait by Manet. -**4.** COMM retail. -**5.** [petite partie - d'un meuble, d'un édifice] detail; **vendu plus cher à cause du ~ Art nouveau** sold for a higher price because of the Art nouveau detail.

◆ **au détail** ◇ *loc adj* [vente] retail *(modif)*.

◇ *loc adv* COMM: **vendre qqch au ~** to sell sthg retail, to retail sthg; **vous vendez les œufs au ~?** do you sell eggs separately?

◆ **de détail** *loc adj* -**1.** [concernant un élément]: **faire quelques remarques de ~** to make a few comments about a detail. -**2.** [mineur] trifling, insignificant. -**3.** COMM retail *(modif)*.

◆ **en détail** *loc adv* in detail; **raconter une histoire en ~** to tell a story in detail.

détaillant, e [detajɑ̃, ɑ̃t] *nm, f* retailer.

détaillé, e [detaje] *adj* detailed.

détailler [3] [detaje] *vt* -**1.** COMM to sell retail; **nous détaillons cet ensemble pull, jupe et pantalon** we sell the sweater, skirt and trousers separately; **nous ne le détaillons pas** [service à vaisselle] we don't sell it separately; [fromage, gâteau] we only sell it whole. -**2.** [dévisager] to scrutinize, to examine; **~ qqn de la tête aux pieds** to look sb over from head to foot, to look sb up and down; **~ qqn effrontément** to stare insolently at sb. -**3.** [énumérer - faits, facture] to itemize, to detail.

détaler [3] [detale] *vi* [animal] to bolt; [personne] to decamp, to cut and run *Am*; **les gamins ont détalé comme des lapins** the kids scattered like rabbits; **s'il a détalé!** you couldn't see him for dust!

détartrage [detartraʒ] *nm* [des dents] scaling; [d'une bouilloire] descaling; **se faire faire un ~ (des dents)** to have one's teeth cleaned.

détartrant, e [detartrɑ̃, ɑ̃t] *adj* [produit, substance] descaling.

◆ **détartrant** *nm* descaling agent.

détartrer [3] [detartre] *vt* [dents] to scale; [bouilloire] to descale.

détaxation [detaksasjɔ̃] *nf*: la ~ des magnétoscopes [réduction] the reduction of duty OU tax on videorecorders; [suppression] the lifting of duty OU tax off videorecorders.

détaxe [detaks] *nf* -**1.** [levée]: la ~ des tabacs [réduction] the reduction of duty OU tax on tobacco; [suppression] the lifting of tax OU duty on tobacco. -**2.** [remboursement]: **cela m'a fait 500 francs de ~** the reduction of duty charges saved me 500 francs.

détaxer [3] [detakse] *vt*: ~ **l'alcool** [en diminuant la taxe] to reduce the duty OU tax on alcohol; [en supprimant la taxe] to lift the duty OU tax on alcohol.

détectable [detɛktabl] *adj* detectable; **le signal est à peine ~** the signal is almost undetectable.

détecter [4] [detɛkte] *vt* to detect, to spot.

détecteur [detɛktœr] *nm* detector; ~ **de faux billets** forged banknote detector; ~ **de fumée** smoke detector, smoke alarm; ~ **de grisou** firedamp detector; ~ **d'incendie** fire detector; ~ **de mines** mine detector; ~ **de particules** particle detector.

détection [detɛksjɔ̃] *nf* [gén] detection, detecting, spotting.

détective [detɛktiv] *nm* detective; **jouer les ~s** to play detective ❑ ~ **privé** private detective OU investigator.

déteindre [81] [detɛ̃dr] ◇ *vi* -**1.** [se décolorer] to run; ~ **au lavage** to run in the wash; **lave-le à l'eau froide, sinon le noir va ~ sur le rouge** wash it in cold water, otherwise the black colour will run into the red. -**2.** *fam* [humeur, influence] to rub off; **on dirait que la mauvaise humeur, ça déteint!** bad temper is catching, it seems!; ~ **sur** to rub off on, to influence; **sa gentillesse a déteint sur tout le monde** her kindness has rubbed off on everybody.
◇ *vt* [linge] to discolour *Br*, to discolor *Am*; [tenture, tapisserie] to fade.

dételage [detlaʒ] *nm* [d'un cheval] unharnessing, unhitching; [d'un bœuf] unyoking; [d'une voiture] unhitching; [d'un train] uncoupling.

dételer [24] [detle] ◇ *vt* -**1.** [cheval] to unharness, to unhitch; [bœuf] to unyoke; ~ **les chevaux de la carriole** to unhitch the horses from the cart. -**2.** [caravane, voiture] to unhitch; [wagon] to uncouple.
◇ *vi* *fam* [s'arrêter] to ease off; **on dételle!** time for a break!, let's call it a day!
◆ **sans dételer** *fam loc adv* without a break, non-stop.

détendeur [detãdœr] *nm* pressure reducing valve.

détendre [73] [detãdr] *vt* -**1.** [relâcher - corde] to ease, to loosen, to slacken; [- ressort] to release. -**2.** [décontracter] to relax; **la musique me détend** music relaxes me; ~ **l'atmosphère avec des plaisanteries** to relax the atmosphere with a few jokes. -**3.** [gaz] to depressurize.
◆ **se détendre** *vpi* -**1.** [corde, courroie] to ease, to slacken. -**2.** [se décontracter] to relax; **détends-toi!** relax!; **les enfants ont besoin de se ~ après un si long voyage en voiture** the children need to unwind after such a long car journey. -**3.** [s'améliorer - ambiance] to become less tense, to relax.

détendu, e [detãdy] *adj* -**1.** [calme] relaxed. -**2.** [corde, courroie] slack.

détenir [40] [detnir] *vt* -**1.** [posséder - record] to hold, to be the holder of; [- document, bijou de famille] to hold, to have (in one's possession); [- secret] to hold. -**2.** JUR [emprisonner] to detain; ~ **qqn préventivement** to hold sb on remand.

détente [detãt] *nf* -**1.** [relaxation] relaxation; **j'ai besoin de ~** I need to relax; **une heure de ~ après une journée d'école** an hour's relaxation OU break after a day at school; **quelques moments de ~** a few moments' relaxation. -**2.** POL: **la ~** détente. -**3.** [d'une horloge] catch; [d'un ressort] release mechanism. -**4.** ARM trigger. -**5.** SPORT spring; **avoir de la ~, avoir une belle ~** to have a powerful spring. -**6.** [d'un gaz] expansion.

détenteur, trice [detãtœr, tris] *nm, f* holder; **être le ~ d'un record** to hold a record.

détention [detãsjɔ̃] *nf* -**1.** [emprisonnement] detention; **être maintenu en ~** to be detained ❑ ~ **criminelle** imprisonment; **en ~ préventive** OU **provisoire** in detention awaiting trial, on remand; **mettre qqn en ~ préventive** to remand sb in custody. -**2.** [possession] possession; **arrêté pour ~ d'armes** arrested for illegal possession of arms.

détenu, e [detny] ◇ *adj* [accusé, prisonnier] imprisoned.
◇ *nm, f* prisoner; **les ~s manifestent** the prison inmates are demonstrating.

détergent, e [detɛrʒã, ãt] *adj* [poudre, produit] detergent *(modif)*.
◆ **détergent** *nm* [gén] detergent; [en poudre] washing powder; [liquide] liquid detergent.

déterger [17] [detɛrʒe] *vt* to clean.

détérioration [deterjɔrasjɔ̃] *nf* deterioration, worsening, degradation.

détériorer [3] [deterjɔre] *vt* to cause to deteriorate, to damage, to harm.
◆ **se détériorer** *vpi* [temps, climat social] to deteriorate, to worsen.

déterminable [detɛrminabl] *adj* determinable; **c'est facilement/difficilement ~** it's easy/difficult to determine.

déterminant, e [detɛrminã, ãt] *adj* deciding, determining; **le prix a été l'élément ~** the price was the deciding factor.
◆ **déterminant** *nm* -**1.** MATH determinant. -**2.** LING determiner.

déterminatif, ive [detɛrminatif, iv] *adj* determining.
◆ **déterminatif** *nm* LING determining adjective, determiner.

détermination [detɛrminasjɔ̃] *nf* -**1.** [ténacité] determination, resoluteness. -**2.** [résolution] determination, decision. -**3.** [de causes, de termes] determining, establishing; **la ~ des causes de l'accident sera difficile** it will be difficult to determine the cause of the accident. -**4.** LING & PHILOS determination. -**5.** BIOL determination, determining; ~ **des sexes** sex determination; ~ **du groupe sanguin** blood typing.

déterminé, e [detɛrmine] *adj* -**1.** [défini] determined, defined, circumscribed; **non encore ~** to be specified (later); **il n'a pas d'opinion ~e à ce sujet** he hasn't really made up his mind about this matter; **dans un but bien ~** for a definite reason; **à un prix bien ~** at a set price. -**2.** [décidé] determined, resolute; **avoir l'air ~** to look determined. -**3.** LING & PHILOS determined.
◆ **déterminé** *nm* LING determinatum, determinandum.

déterminer [3] [detɛrmine] *vt* -**1.** [définir] to ascertain, to determine; ~ **les causes d'un accident/les mobiles d'un crime** to determine the cause of an accident/the motives for a crime. -**2.** [inciter] to incite, to encourage; ~ **qqn à faire qqch** to encourage sb to do sthg; **est-ce lui qui vous a déterminé à agir ainsi?** did you act in this way because of him? -**3.** [causer] to determine; **qu'est-ce qui détermine l'achat?** what determines whether somebody will buy or not? -**4.** LING & PHILOS to determine. -**5.** BIOL [sexe] to determine; [groupe sanguin] to type.
◆ **se déterminer** *vpi* to decide, to make a decision, to make up one's mind; **se ~ à** to make up one's mind to.

déterminisme [detɛrminism] *nm* determinism.

déterministe [detɛrminist] ◇ *adj* determinist, deterministic.
◇ *nmf* determinist.

déterrage [detɛraʒ] *nm* -**1.** [exhumation] digging up, unearthing. -**2.** AGR lifting *(a of ploughshare)*. -**3.** CHASSE unearthing; ~ **du blaireau** badger-baiting.

déterré, e [detere] *nm, f*: **avoir l'air d'un ~** OU **une mine de ~** OU **une tête de ~** to look deathly pale.

déterrement [detɛrmã] *nm* [exhumation] digging up, disinterment.

déterrer [4] [detere] *vt* -**1.** [os, trésor] to dig up *(sép)*, to unearth. -**2.** [exhumer - cadavre] to dig up *(sép)*, to disinter. -**3.** [dénicher - secret, texte] to dig out *(sép)*, to unearth.

détersif, ive [detɛrsif, iv] = **détergent**.

détersion [detɛrsjɔ̃] *nf* cleansing.

détestable [detɛstabl] *adj* dreadful, detestable, foul.

détestablement [detɛstabləmã] *adv* appallingly, dreadfully.

détester [3] [detɛste] *vt* -**1.** [personne] to hate, to detest, to loathe; **il me déteste cordialement** he passionately dislikes me. -**2.** [viande, jazz, politique etc] to hate, to detest, to loathe; **il déteste devoir se lever tôt** he hates having to get up early; **je déteste qu'on me mente** I hate OU I can't stand being lied to; **je ne déteste pas une soirée tranquille à la maison** I'm quite partial to a quiet evening at home; **il ne déteste pas les sucreries** he's rather fond of sweets; **je ne détesterais pas dîner au restaurant ce soir** I wouldn't mind eating out tonight.

déthéiné, e [deteine] *adj* decaffeinated.

détonant, e [detɔnã, ãt] *adj* detonating.

détonateur [detɔnatœr] *nm* -**1.** ARM detonator. -**2.** *fig* [déclencheur] detonator, trigger; **servir de ~ à qqch** to trigger off sthg.

détonation [detɔnasjɔ̃] *nf* -**1.** [coup de feu - gén] shot; [- d'un canon] boom, roar. -**2.** AUT backfiring.

détoner [3] [detɔne] *vi* to detonate.

détonner [3] [detɔne] *vi* -**1.** MUS to be out of tune OU off key. -**2.** [contraster - couleurs, styles] to clash; [- personne]: **j'ai peur de ~ parmi ces gens-là** I'm afraid of being out of place among these people.

détordre [76] [detɔrdr] *vt* [câble, corde, linge] to untwist.

détortiller [3] [detɔrtije] *vt* [câble, corde, linge] to untwist; ~ **un bonbon** to unwrap a sweet.

détour [detur] *nm* -**1.** [tournant] bend, curve, turn; [méandre] wind, meander; **la route fait de nombreux ~s jusqu'au bout/jusqu'en bas/jusqu'en haut de la vallée** the road winds all the way through/down/up the valley; **faire un brusque ~** to make a sharp turn. -**2.** [crochet] detour, diversion; **faire un ~ par un village** to make a detour through a village; **elle nous a fait faire un ~ pour venir ici** she brought us a roundabout way; **faisons un petit ~ par la psychanalyse** *fig* let's go off at a tangent for a minute and talk about psychoanalysis ❑ **valoir le ~** [restaurant, paysage] to be worth the detour; **sa cousine vaut le ~!** *fam* it's well worth it if only to meet his cousin! -**3.** [faux-fuyant] roundabout way; **un discours plein de ~s** a roundabout OU circumlocutory way of speaking.
◆ **au détour de** *loc prép* -**1.** [en cheminant le long de]: **au ~ de la route/du chemin/du fleuve** as you follow the road/path/river. -**2.** [en consultant, en écoutant]: **au ~ de votre livre/œuvre, on devine vos préoccupations** leafing through your book/glancing through your work, one gets an idea of your main concerns; **j'ai appris cela au ~ de la conversation** I learnt it in the course of the conversation.
◆ **sans détour** *loc adv* [parler, répondre] straightforwardly, without beating about the bush.

détourné, e [deturne] *adj* -**1.** [route, voie] roundabout *(avant n)*, circuitous. -**2.** [façon, moyen] indirect, roundabout, circuitous; **aboutir à une conclusion par des moyens ~s** to reach a conclusion in a roundabout way; **apprendre qqch de façon ~e** to learn sthg indirectly; **agir de façon ~e** to behave deviously.

détournement [deturnəmɑ̃] *nm* -**1.** [dérivation - d'une rivière] diverting, diversion. -**2.** AÉRON: ~ **d'avion** hijacking; **faire un ~ d'avion** to hijack a plane. -**3.** FIN misappropriation; ~ **d'actif** embezzlement; ~ **de fonds** embezzlement. -**4.** JUR: ~ **de mineur** corruption of a minor; ~ **de pouvoir** abuse of power.

détourner [3] [deturne] *vt* -**1.** TRANSP [circulation] to redirect, to divert, to reroute; [fleuve] to divert; **il a fallu ~ le convoi par le village** the convoy had to be re-routed through the village. -**2.** [avion, autocar] to hijack. -**3.** [éloigner - coup] to parry; [- arme] to turn aside OU away *(sép)*; ~ **les yeux** OU **le regard** to avert one's eyes, to look away; ~ **la tête** to turn one's head away; ~ **les soupçons** to divert suspicions (away from o.s.); ~ **les soupçons sur qqn** to divert suspicions toward sb. -**4.** [déformer - paroles, texte] to distort, to twist; **il sait comment ~ le sens du contrat à son profit** he knows how to make the wording of the contract work to his advantage. -**5.** [détacher] to take away *(sép)*; ~ **l'attention de qqn** to divert sb; **'il est interdit de ~ l'attention du chauffeur'** 'do not distract the driver'; ~ **qqn de son devoir** to make sb turn away from his/her duty; ~ **qqn du droit chemin** to lead sb astray. -**6.** [extorquer] to misappropriate; ~ **des fonds** to embezzle OU to misappropriate funds. -**7.** JUR [mineur] to corrupt.

◆ **se détourner** *vpi* [tourner la tête] to turn (one's head), to look away.

◆ **se détourner de** *vp + prép* to turn away from; **se ~ de Dieu** to turn away from God; **ne te détourne pas de moi** don't turn away from me; **se ~ de ses études** to turn away from one's studies; **en grandissant, je me suis détourné de la natation** I got tired of swimming as I grew older.

détoxication [detɔksikasjɔ̃] *nf* detoxication, detoxification.

détoxiquer [3] [detɔksike] *vt* to detoxicate, to detoxify.

détracteur, trice [detraktœr, tris] ◇ *adj* disparaging, detractory.
◇ *nm, f* disparager, detractor; **tous ses ~s** all his critics OU those who have attacked him.

détraqué, e [detrake] ◇ *adj* -**1.** [mal ajusté] badly adjusted. -**2.** [cassé] broken down. -**3.** *fam* [dérangé]: **on a un temps ~** the weather's gone haywire; **j'ai une santé ~e** my health is poor; **elle a les nerfs complètement ~s** she's a nervous wreck. -**4.** *fam* [désaxé] crazy, psychotic; **il est complètement ~** he's totally cracked.
◇ *nm, f fam* maniac, psychopath; ~ **sexuel** sex maniac.

détraquement [detrakmɑ̃] *nm*: **depuis le ~ de ma montre** [elle fonctionne mal] since my watch started going wrong; [elle est cassée] since my watch stopped working.

détraquer [3] [detrake] *vt* -**1.** [appareil]: ~ **qqch** [faire mal fonctionner] to make sthg go wrong; [empêcher de fonctionner] to put sthg out of order OU action. -**2.** *fam* [déranger]: **toutes ces études lui ont détraqué le cerveau** *hum* all that studying has addled his brain.

◆ **se détraquer** ◇ *vpi* [mal fonctionner] to go wrong; [cesser de fonctionner] to break down.
◇ *vpt fam*: **se ~ le foie/le système** to ruin one's liver/health.

détrempe [detrɑ̃p] *nf* -**1.** MÉTALL softening, annealing. -**2.** [produit - à base de lait, d'eau] distemper; [- à base d'œuf] tempera; [œuvre] distemper painting; **peindre un tableau à la** OU **en ~** to distemper a painting.

détremper [3] [detrɑ̃pe] *vt* -**1.** MÉTALL to soften, to anneal. -**2.** [cuir] to soak, to soften. -**3.** [mouiller - chiffon, papier] to soak (through); [- chaux] to slake; [- mortier] to mix with water. -**4.** BX-ARTS to distemper.

détresse [detrɛs] *nf* -**1.** [désespoir] distress, anxiety; **pousser un cri de ~** to cry out in distress. -**2.** [pauvreté] distress; **les familles dans la ~** families in dire need OU straits; **tomber dans une grande ~** to fall on hard times, to encounter hardship. -**3.** AÉRON & NAUT: **signal de ~** distress signal.

◆ **en détresse** *loc adj*: **navire/avion en ~** boat/plane in distress.

détricoter [3] [detrikɔte] *vt* to unknit, to unravel.

détriment [detrimɑ̃] *nm litt* detriment.

◆ **au détriment de** *loc prép* to the detriment of, at the cost of.

détritique [detritik] *adj* [sol, terrain] detrital.

détritivore [detritivɔr] *adj* [insecte] detritivorous *spéc*, waste-eating.

détritus [detrity(s)] *nm* piece of rubbish *Br* OU garbage *Am*; **des ~** refuse.

Detroit [detrwa] *npr* Detroit.

détroit [detrwa] *nm* -**1.** GÉOG strait; **les Détroits** the Dardanelles and the Bosphorus. -**2.** ANAT strait; ~ **inférieur/supérieur du bassin** pelvic outlet/inlet.

DÉTROITS:
Le détroit de Béring the Bering Strait;
le détroit de Cook the Cook Strait;
le détroit des Dardanelles the Dardanelles;
le détroit de Gibraltar the Strait of Gibraltar;
le détroit d'Hormuz OU **d'Ormuz** the Strait of Hormuz OU Ormuz;
le détroit de Magellan the Strait of Magellan;
le détroit de Malacca the Strait of Malacca.

---

détromper [3] [detrɔ̃pe] *vt* to disabuse; ~ **qqn** to put OU to set sb right.

◆ **se détromper** *vpi*: **détrompez-vous!** don't be so sure!; **si tu crois qu'il va venir, détrompe-toi!** if you think he's coming, you'd better think again!

détrôner [3] [detrone] *vt* -**1.** [roi] to dethrone, to depose. -**2.** [supplanter] to oust, to push into second position; **les compacts vont-ils ~ les cassettes?** will cassettes be ousted by CDs?

détrousser [3] [detruse] *vt litt* to rob.

détrousseur [detrusœr] *nm*: ~ **de grands chemins** *litt* highwayman.

détruire [98] [detrɥir] *vt* -**1.** [démolir, casser] to destroy; **le village a été détruit** the village was destroyed OU razed to the ground; **les deux véhicules sont détruits** both cars are write-offs; **détruisez cette lettre** destroy this letter; **l'enfant construit un château, puis le détruit** the child builds a castle, then demolishes it; **ma vie est détruite** my life is in ruins. -**2.** [éliminer - population, parasites] to destroy, to wipe out *(sép)*; [tuer - ennemi] to kill; [- animal malade, chien errant] to destroy. -**3.** [porter préjudice à - santé, carrière] to ruin, to destroy, to wreck; **tu as détruit la confiance que j'avais en toi** you have destroyed the trust I had in you; **tous ses espoirs ont été détruits en un instant** all her hopes were shattered in an instant; **ils cherchent à ~ la paix** they want to destroy peace.

◆ **se détruire** *vp (emploi réfléchi) vieilli* to do away with o.s.

dette [dɛt] *nf* -**1.** [d'argent] debt; **avoir une ~** to have run up a debt; **avoir des ~s** to be in debt; **avoir de plus en plus de ~s** to get deeper and deeper into debt; **avoir des ~s vis-à-vis de qqn** to be in debt to sb; **être couvert** OU **criblé** OU **perdu de ~s** to be up to one's eyes *Br* OU ears *Am* in debt; **faire des ~s** to get OU to run into debt; **je n'ai plus de ~s** I've cleared my debts ❑ ~ **consolidée** ÉCON & FIN consolidated debt; ~ **de l'État**, ~ **publique** national debt; ~ **extérieure** external OU foreign debt; ~ **flottante** floating debt; ~ **d'honneur** debt of honour; ~ **de jeu** gambling debt; ~ **passive** liability, debt; **qui paie ses ~s s'enrichit** *prov* he who pays his debts will prosper. -**2.** [obligation morale] debt; **régler sa ~ envers la société** to pay one's debt to society; **avoir une ~ de reconnaissance envers qqn** to be in sb's debt, to owe sb a debt of gratitude.

détumescence [detymesɑ̃s] *nf* detumescence.

DEUG [dœg] (*abr de* **diplôme d'études universitaires générales**) *nm university diploma taken after 2 years.*

DEUG, DEUST:
In French universities, students take the "DEUG" or the "DEUST" after two years of courses. They may then take further courses leading to the "licence" (the equivalent of a bachelor's degree).

---

deuil [dœj] *nm* -**1.** [chagrin] grief, mourning; **faire son ~ de** *fam*: **j'en ai fait mon ~** I've resigned myself to not having it; **ta nouvelle voiture, tu peux en faire ton ~** you might as well kiss your new car goodbye. -**2.** [décès] bereavement; **il y a eu un ~ dans la famille** there was a bereavement OU death in the family. -**3.** [tenue conventionnelle] mourning; **porter/prendre le ~ (de qqn)** to be in/to go into mourning (for sb). -**4.** [période] mourning; **son ~ n'aura pas duré longtemps** he didn't mourn for very long; **il l'a rencontrée pendant son ~** he met her when he was still in mourning. -**5.** [convoi] funeral procession; **conduire** OU **mener le ~** to be the chief mourner.

◆ **de deuil** *loc adj* [vêtement] mourning *(modif)*; **brassard de ~** black armband.

◆ **en deuil** *loc adj*: **une femme en ~** a woman in mourning; **la Bretagne est en ~** *fig* the whole of Britanny is in mourning.

◆ **en deuil de** *loc prép*: **être en ~ de qqn** to mourn for sb.

deus ex machina [deysɛksmakina] *nm inv* deus ex machina.

deusio *fam* [døzjo] *adv* secondly, second.

DEUST [dœst] (*abr de* **diplôme d'études universitaires scientifiques et techniques**) *nm university diploma taken after 2 years of science courses.*

deutérium [døterjɔm] *nm* deuterium.

deutéron [døterɔ̃] = **deuton**.

Deutéronome [døterɔnɔm] *npr m* Deuteronomy.

deuton [døtɔ̃] *nm* deuteron.

deux [dø] ◇ *adj num* -**1.** *(card)* two; **eux/nous ~** both of them/us; **des ~ côtés** on both sides; ~ **fois plus de livres** twice as many books; ~ **fois moins de livres** half as many books; **j'ai ~ mots à te dire** I want a word with you; **il n'y a pas ~ solutions** there's no choice in the matter; ~ **ou trois** a couple of, a few, one or two; **écris-moi ~ ou trois lignes de temps en temps** drop me a line from time to time; **une personne à ~ visages** a two-faced individual; ~ **avis valent mieux qu'un** two heads are better than one ❑ **à ~ pas** close by, not far away; **à ~ pas de** close by, not far away from; **à ~ doigts de** close to, within an inch of; **à ~ doigts de mourir** OU **de la mort** within an inch of death OU dying; **j'ai été à ~ doigts de le renvoyer** I came very close to OU I was within inches of firing him; **entre ~ âges** middle-aged; **pris entre ~ feux** MIL exposed to crossfire; *fig* caught in the crossfire; **nager entre ~ eaux** to sit on the fence; **je l'ai vu entre ~ portes** I only saw him briefly; **ils sont comme les ~ doigts de la main** they're as thick as thieves OU very close; **de ~ choses l'une** there's a choice; **de ~ choses l'une, on va chez Georges ou on reste ici!** what's it to be, go to George's or stay here?; ~ **sous de...**: **il n'a pas ~ sous de jugeote** he hasn't got a scrap of common sense; **en ~ coups de cuiller à pot**, **en ~ temps trois mouvements** *fam* in no time at all, in a jiffy; **de mes ~**▼ sodding *Br*, frigging, fucking; **t'as vu ce chauffard de mes ~?** did you see that stupid sod driving that car?; **il n'y a pas ~ poids (et) ~ mesures** the same standards have got to apply to everyone; ~ **précautions valent mieux qu'une** *prov* better safe than sorry; **de ~ maux, il faut choisir le moindre** one must choose the lesser of two evils. -**2.** *(ord)* two, second; **à la page ~** on page two, on the second page; **au chapitre ~** in chapter two, in the second chapter; **le ~ novembre** on November (the) second, on the second of November; Henri II Henry the Second.

⋄ *nm* -**1.** [gén] two; **venez, tous les ~** come along, both of you ❑ **à nous ~!** right, let's get on with it!; **clair** OU **évident comme ~ et ~ font quatre** as clear as day; **lui et le dessin, ça fait ~!** *fam* he can't draw to save his life!; **elle et la propreté, ça fait ~!** *fam* she doesn't know the meaning of the word "clean"!; **les ~ font la paire** they're two of a kind; **en moins de ~** in no time at all, in the twinkling of an eye. -**2.** JEUX: **le ~ de trèfle** the two of clubs.

◆ **à deux** *loc adv* [vivre] as a couple; [travailler] in pairs.

◆ **deux à deux, deux par deux** *loc adv* two by two, in twos OU pairs; **les enfants, mettez-vous ~ par ~** children, get into twos OU pairs.

deuxième [døzjɛm] ⋄ *adj ord* second; **'le Deuxième Sexe'** *Simone de Beauvoir* 'The Second Sex'.

⋄ *nmf* second; **elle est la ~ sur la liste** she's second on the list.

deuxièmement [døzjɛmmɑ̃] *adv* secondly, in second place.

deux-mâts [døma] *nm inv* two-master.

deux-pièces [døpjɛs] *nm inv* -**1.** [maillot de bain] two-piece. -**2.** [costume] two-piece. -**3.** [appartement] two-room flat *Br* OU apartment *Am*.

deux-points [døpwɛ̃] *nm inv* colon PRINT.

deux-ponts [døpɔ̃] *nm inv* double-decker AERON.

deux-roues [døru] *nm inv* two-wheeled vehicle.

deux-temps [døtɑ̃] *nm inv* two-stroke.

deuzio *fam* [døzjo] = **deusio**.

dévaler [3] [devale] ⋄ *vt* [en courant] to run OU to race OU to hurtle down; [en roulant] to tumble down.

⋄ *vi* -**1.** [personne] to hurry OU to hurtle down; [torrent] to gush down; [lapin] to sprint down. -**2.** [s'abaisser - terrain] to fall OU to slope away. -**3.** [rouler] to tumble OU to bump down; **le chariot a dévalé tout seul** the trolley ran off on its own.

dévaliser [3] [devalize] *vt* -**1.** [voler - banque, diligence] to rob. -**2.** *fam* [vider] to raid; **ils ont dévalisé le garde-manger** they raided the larder; **tous les marchands de glaces ont été dévalisés** all the ice-cream vendors have sold out.

dévaloir [devalwar] *nm Helv* -**1.** [à la montagne] *path through a mountain forest for transporting logs.* -**2.** [vide-ordures] rubbish *Br* OU garbage *Am* chute.

dévalorisant, e [devalɔrizɑ̃, ɑ̃t] *adj* -**1.** FIN depreciating. -**2.** [humiliant] humbling, humiliating.

dévalorisation [devalɔrizasjɔ̃] *nf* -**1.** FIN depreciation. -**2.** [perte de prestige] devaluing, loss of prestige; **la ~ d'une profession/d'un diplôme** the loss of prestige of a profession/of a qualification.

dévaloriser [3] [devalɔrize] *vt* -**1.** [discréditer - personne, talent] to depreciate, to devalue. -**2.** COMM to cause a drop in the commercial value of. -**3.** FIN to devalue.

◆ **se dévaloriser** ⋄ *vp (emploi réfléchi)* [se discréditer] to lose credibility; **se ~ aux yeux de qqn** to lose credibility with sb.

⋄ *vpi* FIN to become devalued.

dévaluation [devalɥasjɔ̃] *nf* devaluation, devaluing.

dévaluer [7] [devalɥe] *vt* -**1.** FIN to devalue. -**2.** [déprécier] to devalue; **il l'a fait pour te ~ à tes propres yeux** he did it to make you feel cheap.

◆ **se dévaluer** *vpi* to drop in value.

devancement [dəvɑ̃smɑ̃] *nm*: **~ d'appel** enlistment before call-up.

devancer [16] [dəvɑ̃se] *vt* -**1.** [dans l'espace - coureur, peloton] to get ahead of, to outdistance; **je la devançais de quelques mètres** I was a few metres ahead of her; **sur ce marché, nous ne sommes plus devancés que par les Japonais** *fig* now only the Japanese are ahead of us in this market. -**2.** [dans le temps] to arrive ahead of; **je t'ai bien devancé, je suis arrivé hier** I got here well ahead of you, I arrived yesterday; **~ son siècle** OU **époque** to be ahead of one's time; **~ l'appel** MIL to enlist before call-up; *fig* to jump the gun. -**3.** [agir avant - personne]: **tu m'as devancé, c'est ce que je voulais lui offrir/lui dire** you beat me to it, that's just what I wanted to give her/to say to her. -**4.** FIN: **~ la date d'un paiement** to make a payment before it falls due.

devancier, ère [dəvɑ̃sje, ɛr] *nm, f* -**1.** [précurseur] precursor, forerunner. -**2.** [qui précède] predecessor.

devant [dəvɑ̃] ⋄ *prép* -**1.** [en face de] in front of; [avec mouvement] past; **il s'est garé ~ la maison** he parked in front of the house; **ça s'est passé juste ~ chez moi** it happened just in front of my house; **il a déposé le paquet ~ la porte** he left the parcel outside the door; **tricoter ~ la télévision** to knit in front of the TV OU while watching TV; **toujours ~ la télé!** always glued to the TV! *péj*; **il faut mettre un zéro ~ le code** you have to put a zero in front of OU before the code; **elle est passée ~ moi sans me voir** she walked right past (me) without seeing me; **la voiture est passée/un lièvre a détalé ~ moi** the car drove/a hare bolted past me. -**2.** [en avant de] in front of; [en prenant de l'avance] ahead of; **il marchait ~ nous** he was walking in front of us; **nous passerons ~ lui pour lui montrer le chemin** we'll go ahead of him to show him the way; **passe ~ moi, tu verras mieux** go in front of me, you'll get a better view; **l'ère de la communication est ~ nous** the age of communication lies ahead of OU before us; **ils sont ~ nous en matière d'électronique** their electronics industry's ahead of ours; **leur équipe est passée ~ nous au classement** their team is now ahead of us in the league ❑ **~ soi: aller droit ~ soi** to go straight on OU ahead; *fig* to carry on regardless; **j'ai une heure ~ moi** I have an hour to spare; **elle avait une belle carrière ~ elle** she had a promising career ahead of her; **avoir quelques économies ~ soi** to have some savings put by. -**3.** [en présence de]: **pleurer ~ tout le monde** [devant les gens présents] to cry in front of everyone; [en public] to cry in public; **il vaudrait mieux ne pas en parler ~ lui** it would be better not to mention it in front of him; **~ témoins** in front of OU in the presence of witnesses; **ils comparaîtront ~ le tribunal demain** they will appear in court tomorrow; **porter une affaire ~ la justice** to bring a case before the courts OU to court; **je jure ~ Dieu...** I swear to God... -**4.** [face à] in the face of, faced with; [étant donné] given; **nos troupes ont reculé ~ leur puissance de feu** our troops withdrew in the face of their (superior) fire power; **~ l'hostilité croissante de l'opinion, ils ont renoncé** faced with mounting public opposition, they gave up; **son attitude ~ le malheur** his attitude in the face of *litt* OU to disaster; **~ des preuves accablantes** in the face of overwhelming evidence; **~ son hésitation...** as he was OU seeing that he was reluctant..., given his reluctance...; **~ la gravité de cette affaire** given the serious nature of this matter; **égaux ~ la loi** equal before the law.

⋄ *adv* -**1.** [à l'avant]: **mettez les plus petits de la classe ~** put the shortest pupils at the OU in front; **installe-toi ~** sit in the front (of the car); **ça se boutonne ~** it buttons up at the front; **tes cheveux sont trop longs ~** your hair's too long at the front; **écris le nom du destinataire ~** write the addressee's name on the front; **faites passer la pétition ~** pass the petition forward ❑ **~ derrière** back to front, the wrong way round; **tu as mis ton pull ~ derrière** you've put your jumper on back to front OU the wrong way round. -**2.** [en face]: **tu es juste ~** it's right in front of you; **tu peux te garer juste ~** you can park (right) in front; **je suis passé ~ sans faire attention** I went past without paying attention. -**3.** [en tête]: **elle est loin ~** she's a long way ahead; **passe ~, tu verras mieux** come OU go through you'll get a better view; **marche ~** walk in front; **pars ~, je te rattraperai** go ahead I'll catch you up.

⋄ *nm* [gén] front; NAUT bow, bows, fore; **avec cuisine sur le ~ (de l'immeuble)** with a kitchen at the front (of the building); **la figure B indique le ~** figure B shows the front; **la jupe est plus longue sur le ~** the skirt is longer at the front; **sur le ~ de la scène** *fig* in the lime light ❑ **prendre les ~s** to make the first move, to be the first to act.

◆ **de devant** ⋄ *loc adj* [dent, porte] front.

⋄ *loc prép*: **va-t-en de ~ la fenêtre** move away from the window; **va-t-en de ~ la télé** don't stand in front of the TV.

devanture [dəvɑ̃tyr] *nf* -**1.** [vitrine] shopwindow *Br*, storewindow *Am*. -**2.** [étalage] (window) display. -**3.** [façade] frontage, shopfront *Br*, storefront *Am*.

◆ **en devanture** *loc adv* in the window; **nous l'avons en ~** it's in the window.

dévastateur, trice [devastatœr, tris] ⋄ *adj* devastating.

⋄ *nm, f* wrecker.

dévastation [devastasjɔ̃] *nf* devastation, havoc.

dévaster [3] [devaste] *vt* -**1.** [lieu, pays, ville] to devastate, to lay waste; **les récoltes ont été dévastées** the crops were destroyed; **des villages dévastés** destroyed villages. -**2.** *litt* [cœur] to devastate, to desolate; **l'âme dévastée par ces morts successives** devastated by this succession of bereavements; **la souffrance a dévasté son visage** her looks have been ruined OU devastated by suffering.

déveine [devɛn] *nf* bad luck; **avec ma ~ habituelle** with my (usual) luck.

développable [devlɔpabl] *adj* MATH developable.

développante [devlɔpɑ̃t] *nf* MATH involute.

développé [devlɔpe] *nm* -**1.** DANSE developpé. -**2.** SPORT press.

développée [devlɔpe] *nf* MATH evolute.

développement [devlɔpmɑ̃] *nm* -**1.** [fait de grandir] development; **le ~ normal de l'enfant/du chêne** a child's/an oak's normal development ‖ [fait de progresser] development, growth; **pour aider au ~ du sens des responsabilités chez les jeunes** in order to foster a sense of responsibility in the young. -**2.** ÉCON: **le ~** development; **une région en plein ~** a fast-developing area. -**3.** [exposé] exposition; **faire un ~ sur le sujet de** to develop the theme of; **entrer dans des ~s superflus** to go into unnecessary detail ‖ MUS development (section). -**4.** [perfectionnement] developing; **nous leur avons confié le ~ du prototype** we asked them to develop the prototype for us; **payé 10 000 F pour le ~ du scénario** paid 10,000 F for script development. -**5.** PHOT [traitement complet] processing, developing; **une heure pour le ~ des photos** one hour to process the pictures ‖ [étape du traitement] developing; **faire ressortir des contrastes au ~** to bring out contrasts during developing ❑ **appareil photo à ~ instantané** instant camera. -**6.** MÉCAN gear; **bicyclette avec un ~ de six mètres** bicycle with a six metre gear. -**7.** MATH development. -**8.** [déploiement - d'une banderole] unrolling.

◆ **développements** *nmpl* [prolongements] developments; **nous attendons les ~s de l'affaire** we await further developments; **à la lumière des récents ~s** in the light of recent developments.

développer [3] [devlɔpe] *vt* -**1.** [faire croître - faculté] to develop; [- usine, secteur] to develop, to expand; [- pays, économie] to develop; **pour ~ les muscles** for muscle development; **un jeu qui développe l'intelligence** a game which develops the player's intelligence. -**2.** [exposer - argument, plan] to develop, to enlarge on. -**3.** [symptôme, complexe] to develop. -**4.** PHOT [traiter] to process; [révéler] to develop; **faire ~ une pellicule** to have a film processed. -**5.** MATH to develop. -**6.** MÉCAN: **une bicyclette qui développe cinq mètres** a bicycle with a five metre gear. -**7.** [déballer - coupon] to unfold, to open out *(sép)*; [- paquet] to unwrap; [- banderole] to unroll.

◆ **se développer** *vpi* -**1.** [croître - enfant, plante] to develop, to grow; [- usine, secteur] to develop, to expand; [- pays, économie] to develop, to become developed; **les usines Viaut cherchent à se ~** Viaut wish to expand; **une région qui se développe** a developing area; **ça se développe beaucoup dans la région** *fam* the region is developing quickly; **il s'est beaucoup développé sur le plan physique** he has grown quite a lot; **il n'est pas très développé pour son âge** he's undersize for his age. -**2.** [apparaître - membrane, moisissure] to form, to develop. -**3.** [se déployer - armée] to be deployed; [- cortège] to spread out; [- argument] to develop, to unfold; [- récit] to develop, to progress, to unfold. -**4.** [se diversifier - technique, science] to improve, to develop. -**5.** [s'aggraver - maladie] to develop.

devenir[1] [dəvnir] *nm litt* -**1.** [évolution] evolution. -**2.** [avenir] future; **quel est le ~ de l'homme?** what is the future of mankind?

◆ **en devenir** *loc adj litt* [société, œuvre] evolving, changing; **en perpétuel ~** constantly changing, ever-changing.

devenir[2] [40] [dəvnir] *vi* -**1.** [acquérir telle qualité] to become; **~ professeur** to become a teacher; **~ la femme de qqn** to become sb's wife; **elle est devenue une femme** she's a woman now; **~ réalité** to become a reality; **~ vieux** to get OU to grow old; **~ rouge/bleu** to go red/blue; **l'animal peut ~ dangereux lorsqu'il est menacé** the animal can be dangerous when threatened ❑ **~ chèvre** *fam* [s'énerver] to blow one's top; **à (vous faire) ~ dingue** *fam*, **à (vous faire) ~ fou, à (vous faire) ~ chèvre** *fam* enough to drive you round the bend OU to make you scream. -**2.** [avoir tel sort] : **que sont devenus tes amis de jeunesse?** what happened to the friends of your youth?; **que sont devenues tes belles intentions?** what has become of your good intentions?; **et moi, qu'est-ce que je vais ~?** what's to become of me?; **et moi, qu'est-ce que je deviens dans tout ça?** and where do I fit into all this?; **je ne sais pas ce que je deviendrais sans toi** I don't know what I'd do without you; **qu'est-ce que tu es devenu, il y a une heure qu'on t'attend!** where have you been OU what have you been doing, we've been waiting for you for an hour! -**3.** *fam* [pour demander des nouvelles] : **que devenez-vous?** how are you getting on?; **et lui, qu'est-ce qu'il devient?** what about him?, what's he up to these days? -**4.** *(tournure impersonnelle)*: **il devient difficile de...** it's getting difficult to...; **il devient inutile de...** it's now pointless to...

dévergondage [devɛrgɔ̃daʒ] *nm* licentiousness, licentious OU immoral behaviour.

dévergondé, e [devɛrgɔ̃de] ◇ *adj* licentious, shameless.

◇ *nm, f* shameless person; **quel ~!** he's a wild one!

dévergonder [3] [devɛrgɔ̃de] *vt* to corrupt, to pervert, to lead into a life of licentiousness; **j'ai décidé de te ~, tu ne vas pas travailler aujourd'hui** *hum* I've decided to lead you astray, you're staying off work today.

◆ **se dévergonder** *vpi* to adopt a dissolute life style, to lead a life of licentiousness.

dévernir [32] [devɛrnir] *vt* to strip the enamel off.

déverrouillage [devɛrujaʒ] *nm* -**1.** ARM & INF unlocking. -**2.** [d'une porte] unbolting.

déverrouiller [3] [devɛruje] *vt* -**1.** ARM & INF to unlock. -**2.** [porte] to unbolt.

dévers [devɛr] *nm* -**1.** TRAV PUBL banking. -**2.** RAIL bank, banking, camber.

déversement [devɛrsəmɑ̃] *nm* -**1.** [écoulement] flowing. -**2.** [déchargement - d'eaux usées] pouring, discharging; [- de passagers] offloading, discharging; [- d'ordures] dumping, tipping *Br*.

déverser [3] [devɛrse] *vt* -**1.** [répandre - liquide] to pour, to discharge; **le canal déverse ses eaux dans un bassin** the canal discharges its water into a pool. -**2.** [décharger] to discharge; **les paysans ont déversé des tonnes de fruits sur la chaussée** the farmers dumped tons of fruit on the road. -**3.** [exprimer - chagrin, rage, plainte] to vent, to let OU to pour out; **~ des flots de larmes** to be in floods of tears; **~ des flots d'injures** to come out with a stream of abuse.

◆ **se déverser** *vpi* -**1.** [couler] to flow; **se ~ dans la mer** to flow into the sea. -**2.** [tomber] : **le chargement s'est déversé sur la route** the load tipped over OU spilled onto the road.

déversoir [devɛrswar] *nm* [d'un barrage] spillway, wasteweir *Br*.

dévêtir [44] [devetir] *vt* to undress; **dévêts-le** take his clothes off, undress him.

◆ **se dévêtir** *vp (emploi réfléchi)* to undress o.s., to get undressed, to take one's clothes off.

déviance [devjɑ̃s] *nf* deviance, deviancy.

déviant, e [devjɑ̃, ɑ̃t] *adj & nm, f* deviant.

déviateur [devjatœr] *nm* -**1.** ÉLECTRON deflector. -**2.** AÉRON: **~ de jet** thrust spoiler.

déviation [devjasjɔ̃] *nf* -**1.** TRANSP detour, diversion *Br*; '**~ à 500 mètres**' 'diversion in 500 metres'. -**2.** [écart] swerving, deviating; **il ne se permet aucune ~ par rapport à la ligne du parti** he will not deviate from OU be deflected away from the party line. -**3.** MÉD: **~ de la colonne vertébrale** curvature of the spine. -**4.** ÉLECTRON deflection. -**5.** NAUT [d'un compas] deviation. -**6.** ARM & MIN deviation.

déviationnisme [devjasjɔnism] *nm* deviationism.

déviationniste [devjasjɔnist] *adj & nmf* deviationist.

dévidage [devidaʒ] *nm* -**1.** [de la soie] unwinding, uncoiling. -**2.** [mise en écheveau] reeling, spooling.

dévider [3] [devide] *vt* -**1.** TEXT to wind up, to reel, to spool (up). -**2.** [dérouler - bobine] to unwind; [- câble, corde] to uncoil; **~ son rosaire** to say the rosary ❑ **~ son chapelet** *pr* to tell one's beads; **~ son chapelet à qqn** *fam fig* to give sb the whole saga.

dévidoir [devidwar] *nm* -**1.** TEXT reel, spool. -**2.** [de tuyau d'incendie] reel.

dévier [9] [devje] ◇ *vi* -**1.** [s'écarter] to swerve, to veer; **le bus a brusquement dévié sur la droite/gauche** the bus suddenly veered off to the right/left; **planeur dévié par le vent** glider blown off course OU deflected by the wind; **~ de** to move away, to swerve from; **nous n'irons pas, cela nous ferait ~ de notre chemin** we won't go, it would mean making a detour. -**2.** [dans un débat, un projet] to diverge, to deviate; **faire ~ la conversation** to change the subject; **l'association ne doit pas ~ par rapport à son but premier** the association must not be diverted from its original purpose OU must pursue its original goal unswervingly; **~ de** to move away from, to stray off. -**3.** [se pervertir] : **la conversation dévie (sur un sujet scabreux)** the conversation is becoming a bit risqué.

◇ *vt* -**1.** [repousser - balle, projectile] to deflect, to turn away OU aside *(sép)*; [- coup] to parry. -**2.** PHYS to refract. -**3.** [distraire - attention] to divert. -**4.** [détourner - circulation] to divert, to redirect, to reroute; **les appels sont déviés vers le standard** calls are diverted OU rerouted to the switchboard.

devin, devineresse [dəvɛ̃, dəvinrɛs] *nm, f* soothsayer; **il n'est pas ~!** he's not a mind-reader!; **pas besoin d'être ~ pour comprendre** you don't need to be a genius to understand.

devinable [dəvinabl] *adj* -**1.** [énigme] solvable; [secret] guessable. -**2.** [prévisible - avenir] foreseeable.

deviner [3] [dəvine] *vt* -**1.** [imaginer] to guess, to work out *(sép)*, to figure (out) *(sép)*; **devine qui est là** guess who's here; **je n'ai fait que ~** it was sheer guesswork; **à toi de ~ la suite** I'll leave it to you to figure out what happened next. -**2.** [découvrir - énigme, mystère] : **il a tout de suite deviné ses intentions** he saw through her right away; **il devine toujours ce que je pense** he reads me like a book; **tu ne devineras jamais ce qui m'est arrivé** you'll never guess what happened to me; **je n'arrive pas à ~ où il veut en venir** I can't work out what he's driving at; **~ que**: **j'ai deviné qu'il y avait quelque chose de bizarre** I guessed there was something strange. -**3.** [prédire - avenir] to foresee, to foretell. -**4.** [apercevoir] : **sous sa tunique on pouvait ~ un corps superbe** the contours of her superb body could be made out under her tunic. -**5.** *litt* [percer à jour] : **~ qqn** to see through sb.

◆ **se deviner** *vp (emploi passif)* -**1.** [être aperçu] to be made out; **sa tête se devine derrière le rideau** you can just make out her head behind the curtain; **le parc se devine derrière les hauts murs** the estate can just be made out behind the high walls. -**2.** [transparaître] to show (through); **sa détresse se devine derrière son extérieur enjoué** her distress can be seen through her apparent jollity; **son attachement se devine à de petits détails** his love shows through in the little things he does.

devinette [dəvinɛt] *nf* riddle; **poser une ~ (à qqn)** to ask (sb) a riddle; **jouer aux ~s** *pr* to play (at) riddles *fig*, to speak in riddles.

déviriliser [3] [devirilize] *vt* [homme] to unman.

devis [dəvi] *nm*: **~ (estimatif)** estimate, quotation; **faire** OU **établir un ~** to draw up an estimate; **il a fait un ~ de 40 000 F** he quoted 40,000 F (in his estimate); **faire faire des travaux sur ~** to have work done on the basis of an estimate.

dévisager [17] [devizaʒe] *vt*: **~ qqn** to stare (persistently) at sb; **on ne dévisage pas les gens** it's rude to stare.

devise [dəviz] *nf* -**1.** HÉRALD device. -**2.** [maxime] motto; **laisser faire les autres, c'est sa ~!** let the others do the work, that's his motto!; **la ~ de notre maison** our company motto. -**3.** FIN currency; **acheter des ~s** to buy foreign currency ❑ **~ forte/faible** hard/soft currency; **~ flottante** floating currency.

deviser [3] [dəvize] ◇ *vi litt* to converse *litt*, to talk.

◇ *vt Helv*: **~ qqn** to give sb an estimate.

dévissage [devisaʒ] *nm* unscrewing.

dévisser [3] [devise] ◇ *vt* -**1.** [desserrer - écrou, vis] to loosen; [détacher] to undo, to unscrew, to screw off *(sép)*; **dévissez le bouchon** unscrew the top off the bottle. -**2.** [tordre - bras, cou] to twist.

◇ *vi* [en montagne] to fall OU to come off.

◆ **se dévisser** ◇ *vp (emploi passif)* [se détacher] to unscrew, to undo; **le bouchon se dévisse facilement** the top twists off the bottle easily.

◇ *vpt*: **se ~ le cou/la tête** to screw one's neck/one's head round.

de visu [devizy] *loc adv*: **je l'ai constaté ~** I saw it for myself OU with my own eyes.

dévitaliser [3] [devitalize] *vt* to remove the nerve from, to devitalize *spéc*.

dévitrifier [9] [devitrifje] *vt* to devitrify.

dévoilement [devwalmɑ̃] *nm* -**1.** [d'une statue, d'un visage] unveiling. -**2.** [d'un secret, d'intentions] disclosing, revealing.

dévoiler [3] [devwale] *vt* -**1.** [dénuder - visage, épaule, statue] to unveil, to uncover; **~ ses charmes** *euph* to reveal all. -**2.** [exprimer - intention, sentiment] to disclose, to reveal, to unveil; **il a dévoilé ses pensées les plus secrètes** he laid bare his innermost thoughts ❑ **~ ses batteries** to unmask one's guns *fig*.

◆ **se dévoiler** ◇ *vp (emploi réfléchi)* [ôter son voile] to unveil one's face OU o.s.

◇ *vpi* [se manifester] to be disclosed OU revealed, to show up, to come to light; **son hypocrisie se dévoile peu à peu** his hypocrisy is gradually coming to light.

devoir[1] [dəvwar] *nm* -**1.** SCOL assignment, exercise; **~ de chimie** chemistry assignment OU exercise; **~ de français** (French) essay; **faire**

ses ~s to do one's homework ❑ ~ sur table (written) class test; ~s de vacances holiday *Br* OU vacation *Am* homework. -**2.** [impératifs moraux] duty; le ~ m'appelle duty calls; je ne l'ai prévenu que par ~ I warned him only because I thought it was my duty. -**3.** [tâche à accomplir] duty, obligation; les ~s d'une mère a mother's duties; faire OU accomplir OU remplir son ~ to carry out OU to do one's duty; merci — je n'ai fait que mon ~ thank you — I only did my duty; avoir le ~ de to have the duty to; vous avez le ~ de le signaler it's your duty to OU you must report it; se faire un ~ de qqch to make it one's duty to do sthg; se mettre en ~ de faire qqch to set about (doing) sthg; je me suis mis en ~ de l'éclairer I set about enlightening him ❑ ~ conjugal conjugal duties.

◆ **devoirs** *nmpl*: rendre les derniers ~s à qqn to pay sb a final homage OU tribute; rendre ses ~s à qqn to pay one's respects to sb.

◆ **de devoir** *loc adj*: homme/femme de ~ man/woman with a (strong) sense of duty.

◆ **du devoir de** *loc prép*: il est du ~ de tout citoyen de voter it is the duty of every citizen to vote; j'ai cru de mon ~ de l'aider I felt dutybound to help him; je l'ai rendu, comme il était de mon ~ I gave it back, as it was my duty to do OU as was my duty.

devoir[2] [53] [dəvwar] ◇ *v aux* -**1.** [exprime l'obligation]: il doit he has to, he needs to, he must; je dois partir à midi I must go at 12; dois-je être plus clair? do I need OU have to be more explicit?; je dois admettre que... I must admit that...; si vous deviez donner une définition du bonheur, quelle serait-elle? if you had to give a definition of happiness, what would it be?; il ne doit pas he must not, he musn't; on ne doit pas fumer smoking is forbidden OU is not allowed; tu ne dois pas le punir you musn't punish him. -**2.** [dans des conseils, des suggestions]: il devrait he ought to, he should; tu ne devrais pas boire you shouldn't drink. -**3.** [indique une prévision, une intention]: il doit m'en donner demain he's due to OU he should give me some tomorrow; c'est une pièce que l'on doit voir depuis un an! it's a play we've supposedly been going to see OU we've been planning to see for a year! || [dans le passé]: il devait venir mais je ne l'ai pas vu he was supposed to come OU to have come but I didn't see him. -**4.** [exprime une probabilité]: il/cela doit he/it must, he's/it's got to; il doit savoir he's bound to OU he must know; mais si, tu dois connaître son frère, un petit gros but you must know OU I'm sure you know her brother, a short fat man; il doit être fatigué he must be tired, he's probably tired; tu dois t'ennuyer tout seul! you must get bored on your own!, don't you get bored on your own?; si, les confitures doivent être sur l'étagère yes, the pots of jam must be OU have got to be on the shelf; il n'y a qu'une explication, elle a dû garder les clefs there's only one explanation, she must have kept the keys; il ne devait pas beaucoup l'aimer pour écrire cela he can't have really loved her to write this; il doit y avoir OU cela doit faire un an que je ne l'ai pas vu it must be a year since I (last) saw him; une offre qui devrait les intéresser an offer which should interest them. -**5.** [exprime l'inévitable]: nous devons tous mourir un jour we all have to die one day; il devait mourir à 20 ans he was to die when he was twenty; la maison où elle devait écrire «Claudine» the house where she was to write "Claudine" || [exprime une norme]: un bon chanteur doit savoir chanter en direct a good singer should be able to sing live; le four ne devrait pas faire ce bruit the oven isn't supposed to OU shouldn't make that noise. -**6.** *sout*: dût-il faire should he have *litt* OU even if he had to do; je l'aiderai, dussé-je aller en prison/y passer ma vie I'll help him, even if it means going to prison/devoting my life to it.

◇ *vt* -**1.** [avoir comme dette] to owe; ~ qqch à qqn to owe sb sthg, to owe sthg to sb; tu me dois 150 francs you owe me 150 francs; ~ de l'argent to owe money, to have debts; je te dois l'essence I owe you for the petrol; j'ai perdu, je te dois le repas I lost, I'll buy the meal for you; combien vous dois-je? how much do I owe you?; je ne demande que ce qui m'est dû I'm only asking for my due; ainsi, je ne te dois plus rien that way, I've cleared my debt with you OU I don't owe you anything now. -**2.** [être moralement obligé de fournir]: ~ qqch à qqn to owe sb sthg; je te dois des excuses/une explication I owe you an apology/explanation; je vous dois cet aveu I've got this to confess to you, I owe you this confession; je te dois bien ça that's the least I can do for you; traiter qqn avec le respect qu'on lui doit to treat sb with due respect; selon les honneurs dus à sa fonction with such pomp as befits her office. -**3.** [être redevable de]: ~ qqch à qqn to owe sthg to sb; je lui dois tout/beaucoup I owe him everything/a lot; je vous dois la vie I owe you my life; c'est à Guimard que l'on doit cette découverte we have Guimard to thank OU we're indebted to Guimard for this discovery; on lui doit un remarquable «Christ en croix» he's the creator of a remarkable "Christ on the Cross"; c'est à lui que je dois d'avoir trouvé du travail it's thanks to him that I found a job; le son doit sa qualité à des enceintes très performantes the good quality of the sound is due to excellent speakers; sa victoire ne doit rien au hasard her victory has nothing to do with luck.

◆ **se devoir** *vp (emploi réciproque)* [avoir comme obligation mutuelle]: les époux se doivent fidélité spouses OU husbands and wives must be faithful to each other.

◆ **se devoir à** *vp + prép*: il se doit aux siens he must spend time with his family; tu te dois à ta musique you must dedicate yourself to your music; je me dois à mon public I must attend to my fans.

◆ **se devoir de** *vp + prép* to have it as one's duty to; tu es grand, tu te dois de donner l'exemple you're a big boy now, it's your duty to show a good example.

dévolu, e [devɔly] *adj* -**1.** JUR: ~ à devolving on OU upon. -**2.** [destiné]: argent ~ à cet usage money allocated to that purpose.

◆ **dévolu** *nm loc*: jeter son ~ sur [chapeau, maison] to go for, to choose; elle a jeté son ~ sur lui she's set her cap at him.

dévolution [devɔlysjɔ̃] *nf* devolution.

dévonien, enne [devɔnjɛ̃, ɛn] *adj* Devonian.

◆ **dévonien** *nm*: le ~ the Devonian.

dévorant, e [devɔrɑ̃, ɑ̃t] *adj* -**1.** [faim] gnawing; [soif] burning. -**2.** [amour, passion] consuming, all-consuming, burning, powerful; éprouver une jalousie ~e to be consumed OU devoured by jealousy. -**3.** *litt* [feu] all-consuming.

dévorer [3] [devɔre] *vt* -**1.** [manger - suj: animal, personne] to devour; ~ son repas à belles dents to bolt one's meal down; il dévore! he eats like a horse!; les sauterelles dévorent les récoltes the locusts eat away at the crops; dévoré par les moustiques eaten alive OU bitten to death by mosquitoes; une voiture qui dévore les kilomètres a car which eats up the miles; ~ qqn de *fig*: ~ qqn des yeux OU du regard to stare hungrily at sb; ~ un enfant de baisers to smother a child with kisses. -**2.** [lire] to devour, to read avidly; j'ai dévoré tout Tolstoï I read my way avidly through (the whole of) Tolstoy; depuis le scandale, il dévore les journaux since the scandal he reads the papers avidly. -**3.** [consommer] to use (up); dans mon métier, je dévore du papier/de la pellicule in my job I use (up) huge quantities of paper/of film. -**4.** [anéantir] to consume, to swallow up; salaire en grande partie dévoré par les impôts salary swallowed up to a large extent by tax; ne te laisse pas ~ par ton travail don't let your work monopolize your time. -**5.** [tenailler] to devour; l'ambition le dévore he's eaten OU devoured by ambition; être dévoré par la faim to be ravenously hungry; être dévoré par l'envie to be eaten up with envy; elle n'est pas dévorée par les scrupules she isn't hampered by scruples.

dévoreur, euse *fam* [devɔrœr, øz] *nm, f*: ~ de: c'est une dévoreuse de romans à l'eau de rose she's an avid reader of sentimental novels.

dévot, e [devo, ɔt] ◇ *adj* devout.

◇ *nm, f* -**1.** [qui croit] staunch believer. -**2.** *péj* [bigot] sanctimonious individual; faux ~ *péj* pharisee.

dévotement [devɔtmɑ̃] *adv* devoutly, religiously.

dévotion [devosjɔ̃] *nf* -**1.** RELIG devoutness, religiousness, piety; fausse ~ *péj* false piety; ~ à la Sainte Vierge devotion to the Blessed Virgin. -**2.** *litt* [attachement] devotion; il voue une véritable ~ à sa mère he worships his mother; être à la ~ de qqn to be devoted to sb.

◆ **dévotions** *nfpl* [prières] devotions; faire ses ~s to perform one's devotions.

dévoué, e [devwe] *adj* -**1.** [fidèle] devoted, faithful; être ~ à ses amis to be devoted to one's friends; nous vous remercions de votre appui ~ we thank you for your staunch support. -**2.** *sout* [dans des formules de politesse]: votre ~ serviteur your humble servant; je vous prie de croire à mes sentiments les plus ~s Yours sincerely OU truly *Am*.

dévouement [devumɑ̃] *nm* -**1.** [abnégation] dedication, devotedness, devotion; soigner qqn avec ~ to look after sb devotedly; avoir l'esprit de ~ to be self-sacrificing. -**2.** [loyauté] devotion; son ~ à la cause his devotion to the cause.

dévouer [6] [devwe] *vt litt*: ~ qqch à to dedicate OU to devote sthg to; ~ sa vie à ses parents/à l'aide aux pays du tiers-monde to dedicate one's life to one's parents/to assisting Third World countries.

◆ **se dévouer** *fam vpi* [proposer ses services]: allez, dévoue-toi pour une fois! come on, make a sacrifice for once!; qui va se ~ pour faire le ménage? who's going to volunteer to clean up?; finir la tarte? bon, je me dévoue! *hum* you want me to finish up the tart? oh well, if I must!

◆ **se dévouer à** *vp + prép* [se consacrer à] to dedicate o.s. to.

dévoyé, e [devwaje] ◇ *adj* perverted, corrupted.

◇ *nm, f* corrupt individual.

dévoyer [13] [devwaje] *vt litt* to lead astray.

◆ **se dévoyer** *vpi* to go astray.

dextérité [dɛksterite] *nf* dexterity, deftness; avec ~ dexterously, deftly.

dextralité [dɛkstralite] *nf* dextrality.

dextrose [dɛkstroz] *nm* dextrose.

dfc (*abr écrite de* désire faire connaissance) *wishes to meet.*

dg (*abr écrite de* décigramme) dg.

DG (*abr de* directeur général) *nm* GM, CEO *Am*.

DGE (*abr de* dotation globale d'équipement) *nf state contribution to local government capital budget.*

DGF (*abr de* dotation globale de fonctionnement) *nf state contribution to local government revenue budget.*

DGI (*abr de* Direction générale des impôts) *npr f central tax office.*

DGSE (*abr de* Direction générale de la sécurité extérieure) *npr f French intelligence and espionage service,* ≃ MI6 *Br*, ≃ CIA *Am*.

DH (*abr écrite de* dirham) DH.

DI *nf abr de* division d'infanterie.

dia [dja] *interj signal to a horse to turn left.*

diabète [djabɛt] *nm* diabetes; ~ sucré diabetes mellitus.

diabétique [djabetik] *adj & nmf* diabetic.

diabétologie [djabetɔlɔʒi] *nf* diabetes research; un spécialiste en ~ a diabetes specialist.

diabétologue [djabetɔlɔg] *nmf* diabetes specialist.

diable [djabl] ◇ *nm* -**1.** RELIG devil; le ~ the Devil ❑ **avoir le ~ au corps**: **ce gamin a le ~ au corps** *fam* this child's a real handful; **comme un (beau) ~** [courir, sauter] like the (very) devil, like a thing possessed; [hurler] like a stuck pig; **comme un ~ dans un bénitier** like a cat on a hot tin roof; **comme s'il avait le ~ à ses trousses** [courir, partir] like greased lightning, as if his life depended on it; **faire le ~ à quatre** [faire du bruit] to make a din; [se démener] to raise hell and high water; **tirer le ~ par la queue** to live from hand to mouth; **c'est le ~ qui bat sa femme et marie sa fille** *prov* it's rainy and sunny at the same time. -**2.** [enfant] (little) devil; [homme]: **un bon ~** a good sort; **un grand ~** a great tall fellow; **un mauvais ~** a bad sort; **un pauvre ~** a wretched man, a poor wretch. -**3.** [chariot] trolley. -**4.** [jouet] jack-in-the-box. -**5.** [casserole] earthenware (cooking) pot. -**6.** ZOOL: **~ (de Tasmanie)** Tasmanian devil.
◇ *adj* -**1.** [espiègle]: **que tu es ~!** stop being such a little devil! -**2.** CULIN [sauce] devilled.
◇ *adv*: **qui/que/comment ~?** who/what/how the devil?, who/what/how on earth?; **pourquoi ~ est-il allé si loin?** why the devil OU on earth did he go so far?
◇ *interj* heck, my goodness, goodness me; **~, voilà une histoire bien compliquée!** goodness me, what a complicated story!
◆ **à la diable** *loc adv* -**1.** [vite et mal]: **un repas préparé à la ~** a meal thrown together quickly; **elle est sortie coiffée à la ~** she went out, after hastily running a comb through her hair. -**2.** CULIN: **œuf à la ~** devilled eggs.
◆ **au diable** *loc interj* to hell with; **au ~ les soucis!** to hell with worry!; **au ~ les convenances!** to hell with propriety!
◆ **au diable, à tous les diables, aux cinq cents diables** *loc adv*: **aller au ~** to go to hell; **envoyé au ~** sent packing; **envoie-les au ~** tell them they can go to blazes.
◆ **au diable vauvert, au diable vert** *loc adv* miles away.
◆ **ce serait (bien) le diable si** *loc conj* I'd be very surprised if, it would be surprising if.
◆ **ce n'est pas/ce ne serait pas le diable si** *loc conj* it's not the/it wouldn't be the end of the world if.
◆ **c'est (bien) le diable si, du diable si** *loc conj* (I'll be OU I'm) damned if.
◆ **diable de** *loc adj*: **ce ~ de rhumatisme** this damned rheumatism; **son ~ de frère** her damned brother.
◆ **du diable, de tous les diables** *loc adj*: **faire un boucan de tous les ~s** *fam* to kick up a hell of a racket; **il a eu un mal de tous les ~s pour finir à temps** he had a devil of a job to finish in time.
◆ **en diable** *loc adv sout* devilishly; **difficile en ~** devilishy OU fiendishly difficult; **jolie en ~** pretty as a picture; **retors en ~** sly as a fox.
◆ **le diable soit de** *loc prép arch* the devil take; **le ~ soit de ces gens-là/tes principes** the devil take these people/your principles.
◆ **(que) le diable m'emporte si, (que) le diable l'emporte si** *etc loc conj* the devil take me/him *etc* if.
◆ **le diable t'emporte, le diable l'emporte** *etc loc interj arch* the devil take you/him *etc*; **ils sont venus me réclamer de l'argent, le ~ les emporte!** they came to ask me for money, damn them!

diablement *fam* [djabləmɑ̃] *adv vieilli* damned; **c'est ~ bon!** it's damn OU damned good!; **cette pièce est ~ longue!** this play's interminable!; **il était ~ intéressé** he was awfully keen.

diablerie [djabləri] *nf* -**1.** [farce] piece of mischief, trick; **avec leurs petits cousins, ce ne sont que ~s** they get up to all sorts of mischief with their little cousins. -**2.** [sortilège] piece of devilry. -**3.** BX-ARTS & THÉÂT *scene featuring devils.*

diablesse [djablɛs] *nf* -**1.** RELIG she-devil. -**2.** [femme méchante] witch. -**3.** [fillette]: **petite ~!** you little devil!

diablotin [djablɔtɛ̃] *nm* -**1.** MYTH small OU little devil. -**2.** [enfant] imp. -**3.** [pétard] cracker.

diabolique [djabɔlik] *adj* diabolic, diabolical, devilish; **il a agi de façon ~** he acted diabolically.

diaboliquement [djabɔlikmɑ̃] *adv* diabolically, devilishly.

diabolo [djabɔlo] *nm* -**1.** [jouet] diabolo. -**2.** CULIN: **~ menthe** *lemon soda with mint syrup.*

diacétylmorphine [diasetilmɔrfin] *nf* diacetylmorphine.

diachronie [djakrɔni] *nf* diachrony.

diachronique [djakrɔnik] *adj* diachronic.

diacide [diasid] *nm* diacid.

diaclase [djaklaz] *nf* diaclase, joint GEOL.

diaconal, e, aux [djakɔnal, o] *adj* diaconal.

diaconat [djakɔna] *nm* diaconate.

diaconesse [djakɔnɛs] *nf* deaconess.

diacre [djakr] *nm* deacon.

diacritique [djakritik] *adj* & *nm* diacritic.

diadème [djadɛm] *nm* diadem.

diagenèse [djaʒənɛz] *nf* diagenesis.

diagnostic [djagnɔstik] *nm* diagnosis; **~ prénatal** antenatal diagnosis.

diagnostique [djagnɔstik] *adj* diagnostic.

diagnostiquer [3] [djagnɔstike] *vt* to diagnose; **on lui a diagnostiqué un diabète** he's been diagnosed as suffering from diabetes.

diagonal, e, aux [djagɔnal, o] *adj* diagonal.
◆ **diagonale** *nf* diagonal (line).
◆ **en diagonale** *loc adv* -**1.** [en biais] diagonally. -**2.** *fam* [vite]: **lire OU parcourir un livre en ~e** to skim through a book.

diagonalement [djagɔnalmɑ̃] *adv* diagonally.

diagramme [djagram] *nm* -**1.** [graphique] graph. -**2.** [croquis] diagram.

diagraphie [djagrafi] *nf* PÉTR logging.

dialcool [dialkɔl] *nm* dihydric alcohol.

dialectal, e, aux [djalɛktal, o] *adj* dialectal.

dialecte [djalɛkt] *nm* dialect.

dialecticien, enne [djalɛktisjɛ̃, ɛn] *nm, f* dialectician.

dialectique [djalɛktik] ◇ *adj* dialectic, dialectical.
◇ *nf* dialectic, dialectics *(aussi sg).*

dialectiquement [djalɛktikmɑ̃] *adv* dialectically.

dialectologie [djalɛktɔlɔʒi] *nf* dialectology.

dialectologue [djalɛktɔlɔg] *nmf* dialectologist.

dialogue [djalɔg] *nm* -**1.** [discussion] dialogue *Br*, dialog *Am*; **le ~ Est-Ouest** dialogue between East and West; **ils ont eu un véritable ~ de sourds** they were not on the same wavelength at all. -**2.** CIN & THÉÂT dialogue; **écrire les ~s d'un film** to write the dialogue for a film; **le ~ est de Flore Thiais** dialogue by Flore Thiais ❑ **les ~s de Platon** PHILOS Plato's dialogues. -**3.** INF: **~ homme-machine** interactive use (of a computer).

dialoguer [3] [djalɔge] ◇ *vi* -**1.** [converser] to converse. -**2.** [négocier] to have OU to hold talks; **les syndicats vont de nouveau ~ avec le ministre** the unions are to resume talks OU their dialogue with the minister. -**3.** INF: **~ avec un ordinateur** to interact with a computer.
◇ *vt* [film, scénario] to write the dialogue for.

dialoguiste [djalɔgist] *nmf* dialogue writer.

dialyse [djaliz] *nf* dialysis; **se faire faire une ~** to undergo dialysis.

dialysé, e [djalize] *nm, f* dialysis patient.

dialyser [3] [djalize] *vt* to dialyse.

dialyseur [djalizœr] *nm* dialyser.

diamagnétique [djamaɲetik] *adj* diamagnetic.

diamagnétisme [djamaɲetism] *nm* diamagnetism.

diamant [djamɑ̃] *nm* diamond.

diamantaire [djamɑ̃tɛr] *nmf* -**1.** [vendeur] diamond merchant. -**2.** [tailleur] diamond cutter.

diamantifère [djamɑ̃tifɛr] *adj* diamantiferous.

diamétral, e, aux [djametral, o] *adj* diametral, diametric, diametrical.

diamétralement [diametralmɑ̃] *adv* diametrically; **~ opposé** diametrically opposed.

diamètre [djametr] *nm* diameter; **le fût fait 30 cm de ~** the barrel is 30 cm across OU in diameter; **couper le cercle dans son ~** cut the circle across.

Diane [djan] *npr* MYTH Diana; **'~ chasseresse'** *Houdon* 'Diana the Huntress'.

diantre [djɑ̃tr] *arch* ◇ *interj* ye gods *aussi hum.*
◇ *adv*: **qui ~ dit cela?** who the deuce OU the devil said that?; **que ~?** what the devil?

diapason [djapazɔ̃] *nm* [instrument] tuning fork; [registre] range, diapason.
◆ **au diapason** *loc adv* in tune; **il n'est plus au ~** he's out of touch; **se mettre au ~** to fall OU to step into line.
◆ **au diapason de** *loc prép* in tune with; **au ~ de ses enfants** in tune with one's children; **se mettre au ~ de** to fall in line with.

diaphane [djafan] *adj* diaphanous.

diaphonie [djafɔni] *nf* diaphony.

diaphragmatique [djafragmatik] *adj* [artère, veine] diaphragmatic.

diaphragme [djafragm] *nm* -**1.** ANAT & TECH diaphragm. -**2.** MÉD diaphragm *spéc*, (Dutch) cap. -**3.** PHOT stop, diaphragm.

diaphragmer [3] [djafragme] *vt* & *vi* PHOT to stop down; **diaphragmez à 11** stop down to 11, use stop number 11.

diapo *fam* [djapo] *nf* slide PHOT.

diapositive [djapozitiv] *nf* slide PHOT.

diapré, e [djapre] *adj litt* mottled.

diaprer [3] [djapre] *vt litt* to mottle.

diaprure [djapryr] *nf litt* shimmering OU iridescent colours; **la ~ de ses ailes** the rainbow colours of its wings.

diarrhée [djare] *nf* diarrhoea *Br*, diarrhea *Am*; **avoir la ~** to have diarrhoea.

diarrhéique [djareik] *adj* diarrhoeal, diarrhoeic.

diarthrose [djartroz] *nf* diarthrosis.

diaspora [djaspɔra] *nf* diaspora; **la ~ arménienne** the Armenian diaspora, Armenian communities throughout the world; **la Diaspora** the Diaspora.

diastase [djastaz] *nf* diastase.

diastole [djastɔl] *nf* diastole.

diatomée [djatɔme] *nf* diatom.

diatonique [djatɔnik] *adj* diatonic.

diatoniquement [djatɔnikmɑ̃] *adv* diatonically.

diatonisme [djatɔnism] *nm* diatonicism.

diatribe [djatrib] *nf* diatribe, (vicious) attack.

diazépam [djazepam] *nm* diazepam.

dicastère [dikastɛr] *nm Helv administrative division in the Swiss local government system.*

dicétone [disetɔn] *nf* diketone.

dichotomie [dikɔtɔmi] *nf* dichotomy.

dichotomique [dikɔtɔmik] *adj* dichotomous.

dico *fam* [diko] *nm* dictionary.

dicotylédone [dikɔtiledɔn] ◇ *adj* dicotyledonous.
◇ *nf* dicotyledon; **les ~s** Dicotyledonae.

Dictaphone® [diktafɔn] *nm* Dictaphone®.

dictateur [diktatœr] *nm* dictator; **'le Dictateur'** *Chaplin* 'The Great Dictator'.

dictatorial, e, aux [diktatɔrjal, o] *adj* dictatorial.

dictature [diktatyr] *nf* dictatorship; **la ~ du prolétariat** the dictatorship of the proletariat; **la ~ de la mode** the edicts of fashion.

dictée [dikte] *nf* -**1.** [à des élèves] dictation; **~ musicale** musical dictation. -**2.** [à une secrétaire, un assistant] dictating; **écrire sous la ~ (de)**: **j'ai écrit sous sa ~ une lettre à son père** she dictated a letter for her father to me; **la ~ de son courrier lui a pris plus d'une heure** it took him over an hour to dictate his letters.

dicter [3] [dikte] *vt* -**1.** SCOL to read out as dictation. -**2.** [courrier, lettre, résumé] to dictate. -**3.** [imposer - choix] to dictate, to impose, to force; [- condition] to dictate; **on lui a dicté ses réponses** his replies had been dictated to him.

diction [diksjɔ̃] *nf* diction; **avoir une ~ parfaite** to speak with total clarity.

◆ **de diction** *loc adj* speech *(modif)*.

dictionnaire [diksjɔnɛr] *nm* **-1.** [livre] dictionary; **~ bilingue** bilingual dictionary; **~ de la musique/des beaux-arts** dictionary of music/of art; **~ encyclopédique/de langue** encyclopedic/language dictionary; **traduire un livre à coup de ~** *fam* to translate a book with a dictionary in one hand. **-2.** INF dictionary.

dicton [diktɔ̃] *nm* dictum, (popular) saying; **comme dit le ~** as they say, as the saying goes.

didacticiel [didaktisjɛl] *nm* piece of educational software, teachware *Am*.

didactique [didaktik] ◇ *adj* **-1.** [de l'enseignement] didactic. **-2.** [instructif] didactic, educational. **-3.** PSYCH: **analyse ~** training analysis.

◇ *nf* didactics *(sg)*.

didactiquement [didaktikmɑ̃] *adv* didactically.

didactisme [didaktism] *nm* didacticism.

didactyle [didaktil] *adj* didactyl, didactylous.

Didon [didɔ̃] *npr* Dido; **'~ et Énée'** *Purcell* 'Dido and Aeneas'.

dièdre [djɛdr] *nm* dihedron.

dieffenbachia [difɛnbakja] *nm* diffenbachia.

diélectrique [djelɛktrik] *adj* & *nm* dielectric.

Diên Biên Phu [djɛnbjɛnfu] *npr* Dien Bien Phu.

diencéphale [diɑ̃sefal] *nm* diencephalon.

diencéphalique [diɑ̃sefalik] *adj* diencephalic.

diérèse [djerɛz] *nf* LING & LITTÉRAT diaeresis, dieresis.

diergol [djɛrgɔl] *nm* diergol.

dièse [djɛz] *nm* sharp; **la ~** A sharp.

diesel [djezɛl] *nm* **-1.** [moteur] diesel engine OU motor. **-2.** [véhicule] diesel. **-3.** [combustible] diesel (oil).

diesel-électrique [djezɛlelɛktrik] (*pl* **diesels-électriques**) *adj* & *nm* diesel-electric.

diète [djɛt] *nf* **-1.** [régime] diet. **-2.** [absence de nourriture] fasting *(for health reasons)*. **-3.** HIST diet.

◆ **à la diète** *loc adv* **-1.** [au régime] on a diet. **-2.** [sans nourriture]: **mettre qqn à la ~** to prescribe a fast for sb.

diététicien, enne [djetetisjɛ̃, ɛn] *nm, f* dietician, dietitian, nutrition specialist.

diététique [djetetik] ◇ *adj* [aliment] health *(modif)*; [boutique] health food *(modif)*.

◇ *nf* nutrition science, dietetics *(sg)* *spéc*; **conseils de ~** nutritional advice.

dieu, x [djø] *nm* **-1.** [divinité] god; **le ~ de la Guerre/l'Amour** the god of war/love; **une vie sans dieu** a godless life; **il y a un ~ pour les ivrognes!** there must be a god who looks after drunks! ☐ **comme un ~** divinely, like a god; **jurer ses grands ~x** to swear to God. **-2.** [héros] god, idol; **les ~x du stade** the gods OU idols of sport. **-3.** [objet de vénération] god; **l'argent/l'art est son ~** money/art is his god, he idolizes money/art; **le ~ dollar** the (great) god dollar, the almighty dollar.

◆ **Dieu** *npr* **-1.** [gén] God; **le Dieu vivant** the living God; **Dieu le père** God the father; **il se prend pour Dieu le père** *péj* he thinks he's God (Himself); **vivre en Dieu** to live with God ☐ **le bon Dieu** the good Lord; **c'est le bon Dieu qui t'a puni** you got your just deserts (for being bad); **recevoir le bon Dieu** to receive the Holy Sacrament; **apporter le bon Dieu à un malade** to bring the Holy Sacrament to a sick person; **tous les jours** OU **chaque jour que (le bon) Dieu fait** every blessed day; **il va bien te rembourser, il n'y a pas de bon Dieu!** he'll give you your money back, surely to God OU goodness!; **on lui donnerait le bon Dieu sans confession** he looks as if butter wouldn't melt in his mouth; **comme le bon Dieu l'a fait** in his birthday suit; **il vaut mieux s'adresser à Dieu qu'à ses saints** it's better to talk to the organ-grinder than the monkey; **comme Dieu en France** *vieilli* [vivre] exceedingly well, comfortably; **si Dieu me prête vie** if I'm still alive (by then). **-2.** [dans des exclamations]: **Dieu me damne** OU **maudisse (si...)!** *litt* may God strike me dead (if...)!; **Dieu m'est témoin** *litt* as God is my witness; **Dieu me pardonne!** *litt* (may) God forgive me!; **Dieu nous protège** god OU Lord protect us; **Dieu veuille que tout se passe bien!** *litt* God willing, all will be well; **Dieu vous bénisse/entende!** *litt* may God bless/hear you!; **Dieu vous garde** *litt* God be with you; **c'est pas** OU **c'est-y Dieu possible!** *fam* it just can't be (true)!; **Dieu sait** God OU (the) Lord knows; **Dieu sait combien il l'a aimée!** God knows he loved her!; **Dieu sait si je l'ai aidé!** God knows I helped him!; **Dieu sait où je l'ai mis!** God only knows where I put it!; **elle l'aime vraiment? – Dieu seul le sait!** does she really love him? – God (only) knows!; **à Dieu va** OU **vat!** *litt* it's in God's hands!, in God's hands be it!; **à Dieu ne plaise!** *litt* God forbid!; **bon Dieu!** *fam* for God's sake!, for Pete's sake!; **bon Dieu de...** *fam* blasted..., blessed...; **ce bon Dieu de cabot a encore réveillé le gosse!** that blasted dog's woken up the kid again!; **bon Dieu de bon Dieu!** for crying out loud!; **Dieu ait son âme!** *litt* God rest his soul!; **Dieu le veuille!** *litt* God willing!; **Dieu merci!** thank God OU the Lord!; **grand Dieu!** good God OU Lord!; **grands dieux!** good heavens OU gracious!; **mon Dieu!** my God!, my goodness!, good Lord!; **mon Dieu** [dans des prières] Lord, God; **mon Dieu, aidez-moi!** help me, Lord!; **vingt dieux!** *hum* struth!

◆ **des dieux** *loc adj* [festin] sumptuous, princely; [plaisir] divine, exquisite.

diffamant, e [difamɑ̃, ɑ̃t] *adj* [texte] defamatory, libellous; [geste, parole] slanderous; **des propos ~s** slander.

diffamateur, trice [difamatœr, tris] ◇ *adj* [texte] defamatory, libellous; [geste, parole] slanderous.

◇ *nm, f* slanderer, defamer *litt*.

diffamation [difamasjɔ̃] *nf* **-1.** [accusation - gén] defamation; [- par un texte] libelling; [- par des discours] slandering. **-2.** [texte] libel; [geste, parole] slander.

◆ **de diffamation** *loc adj* [campagne] smear *(modif)*.

◆ **en diffamation** *loc adj*: **procès en ~** libel suit; **intenter un procès en ~ à qqn** [pour un texte injurieux] to bring an action for libel against sb; [pour des paroles injurieuses] to bring an action for slander against sb.

diffamatoire [difamatwar] *adj* [texte] defamatory, libellous; [geste, parole] slanderous; **parler/agir de façon ~** to speak/to act slanderously.

diffamer [3] [difame] *vt* [par écrit] to defame, to libel; [oralement] to slander.

différé, e [difere] *adj* **-1.** [paiement, rendez-vous, réponse] deferred, postponed. **-2.** RAD & TV prerecorded.

◆ **en différé** *loc adj* RAD & TV prerecorded.

différemment [diferamɑ̃] *adv* differently; **il agit ~ des autres** he's not acting like the others.

différence [diferɑ̃s] *nf* **-1.** [distinction] difference, dissimilarity; **il y a une ~ entre A et B** there's a difference between A and B, A and B are different, A is different from B; **faire la ~** [créer une disparité] to create the difference; [percevoir une disparité] to make the distinction, to notice OU to tell the difference; **les électeurs indécis feront la ~** the don't-knows will tip the balance; **je ne fais aucune ~ entre eux deux** I make no distinction between the two of them; **faire une ~** to make a difference, to be very different; **intéressé ou désintéressé?** **cela fait une ~!** uninterested or disinterested? it's not the same thing at all OU there's quite a difference between the two!; **refuser l'invitation et être carrément désagréable, ça fait une sacrée ~!** *fam* there's a big difference between refusing the invitation and being positively rude about it; **il s'est excusé – cela ne fait aucune ~** he apologized – it doesn't make any OU it makes no difference; **faire des ~s entre ses enfants** to treat one's children differently from each other; **toute la ~ est là** it makes all the difference. **-2.** [écart] difference; **~ d'âge** age difference OU gap; **~ de caractère** difference in characters; **~ de taille** difference in size; **il y a une grande ~ de température entre le jour et la nuit** there's a big difference between night-time and day-time temperatures; **il y a deux ans de ~ entre eux** there are two years between them. **-3.** [particularité - culturelle, sexuelle]: **revendiquer sa ~** to be proud to be different. **-4.** MATH [d'une soustraction] result; [ensemble] difference. **-5.** PHILOS difference.

◆ **à la différence de** *loc prép* unlike.

◆ **à cette différence (près) que, à la différence que** *loc conj* except that; **j'ai accepté son offre à cette ~ près que, cette fois, je sais ce qui m'attend** I accepted his offer but this time I know what to expect.

différenciateur, trice [diferɑ̃sjatœr, tris] *adj* differentiating.

différenciation [diferɑ̃sjasjɔ̃] *nf* **-1.** [distinction] differentiation. **-2.** BIOL: **~ des sexes** sex determination.

différencier [9] [diferɑ̃sje] *vt* **-1.** [distinguer] to distinguish, to differentiate; **~ A et B** to differentiate between A and B; **rien ne les différencie** it's impossible to tell them apart; **ce qui nous différencie des animaux** that which sets us apart from animals. **-2.** BIOL to differentiate.

◆ **se différencier** *vpi* **-1.** [se distinguer] to be different, to differ; **ils se différencient (l'un de l'autre) par leur manière de parler** they're different from one another by the way they speak; **pour se ~ de sa sœur, elle s'est habillée en vert** she wore green to look different from her sister. **-2.** BIOL to differentiate.

différend [diferɑ̃] *nm* disagreement, dispute; **avoir un ~ avec qqn** to be in dispute with sb.

différent, e [diferɑ̃, ɑ̃t] ◇ *adj* **-1.** [distinct] different, distinct; **~ de** unlike, different from, distinct from; **très ~e de sa sœur** very unlike her sister; **ils sont très ~s** they're very unlike each other OU different; **il n'est pas désagréable, il est timide, c'est ~** he isn't unpleasant, he's shy, there's a difference. **-2.** [original] different; **un week-end un peu ~** a weekend with a difference; **nous avons voulu faire un film ~** we wanted to make a different kind of film.

◇ *adj indéf (devant le n, tjrs pl)* different, various; **~es personnes ont protesté** various people complained; **elle a écrit sous ~s noms** she wrote under various names; **elle est venue à ~es reprises** she came on several different occasions; **les ~s sujets que nous avons débattus** the various subjects we discussed.

différentiateur [diferɑ̃sjatœr] *nm* differentiator.

différentiel, elle [diferɑ̃sjɛl] *adj* differential.

◆ **différentiel** *nm* **-1.** [pourcentage] differential. **-2.** AUT differential (gear).

◆ **différentielle** *nf* MATH differential.

différentier [9] [diferɑ̃sje] *vt* MATH to differentiate.

différer [18] [difere] ◇ *vt* [repousser - rendez-vous, réponse, réunion] to defer, to postpone; **~ le paiement d'une dette** to put off OU to delay paying a debt.

◇ *vi* **-1.** [se différencier] to differ, to vary; **les coutumes diffèrent d'un endroit à un autre** customs vary from one place to another; **les traitements diffèrent du tout au tout** treatments vary quite drastically. **-2.** [s'opposer - dans un débat] to differ, to be at variance; **~ de qqn sur un sujet** to differ from OU to be at variance with sb on a subject.

difficile [difisil] ◇ *adj* **-1.** [peu facile à parcourir - route, montée] difficult, hard, tough; **la noire est la piste la plus ~** the toughest OU most difficult ski run is the black one. **-2.** [peu facile à réaliser]

difficult, hard; **la tâche a été ~** it was a difficult task; **ce sera un livre ~ à vendre** this book will be hard to sell; **rien n'est plus ~ à faire** there's nothing more difficult to do; **ce n'est pas ~, si tu recommences, je te quitte!** it's very simple, if you do it again, I'm leaving you! **-3.** [douloureux] difficult, hard, tough; **traverser une période ~ après un deuil** to go through a bad OU tough time after a bereavement; **il m'est ~ de lui parler de son père** it's difficult OU hard for me to talk to him about his father. **-4.** [personne - d'un tempérament pénible] difficult, demanding; [- pointilleux] particular, awkward, fussy; **un enfant ~** a demanding child; **~ à vivre** difficult to live with; **son mari est ~ à vivre** her husband makes her life very difficult; **être ~** (**sur la nourriture**) to be fussy about one's food; **elle est très ~ sur le choix de ses amis** she's very particular about her friends; **il est si ~ à satisfaire!** he's so hard to please! **-5.** [embarrassant - moralement] difficult, tricky; [- financièrement] difficult, tough; **la génétique pose des questions ~s** genetics raises difficult OU tricky questions; **connaître des années/moments ~s** [financièrement] to go through years/a time of penury. **-6.** [impénétrable - œuvre, auteur] difficult, abstruse.
◇ *nmf fam* fusspot, fussbudget; **ne fais pas le ~!** don't be so awkward OU fussy!
◇ *nm*: **le ~ dans cette affaire est de plaire à tous** the difficult part of this business is how to please everyone.

difficilement [difisilmɑ̃] *adv* with difficulty; **il s'endort ~** he has a hard time getting to sleep; **je peux ~ accepter** I find it difficult OU it's difficult for me to accept.

difficulté [difikylte] *nf* **-1.** [caractère ardu] difficulty; **nous ne nous cachons pas la ~ de l'entreprise** we're aware of the difficulty of the task; **exercices d'une ~ croissante** increasingly difficult exercises; **chercher la ~** to look for problems || [gêne] difficulty; **avoir de la ~ à faire qqch** to find it difficult to do sthg; **avoir de la ~ à marcher** to have difficulty walking, to walk with difficulty. **-2.** [problème] problem, difficulty; **il abandonne dès qu'il rencontre une ~** he gives up as soon as he comes up against a problem; **avoir des ~s en algèbre** to have difficulty OU difficulties in algebra; **faire des ~s** to raise difficulties, to make a fuss; **il a fait toutes sortes de ~s** he put up all sorts of arguments (against it); **je ne ferai pas de ~s** I won't stand in the way; **avoir des ~s avec qqn** to have difficulties OU problems with sb || [ennui - financier]: **avoir des ~s financières** to be in financial difficulties OU straits. **-3.** [point difficile] difficulty; **les ~s du français** the difficulties of the French language; **les ~s de ce requiem** the difficult passages in this requiem. **-4.** [impénétrabilité - d'une œuvre, d'un auteur] difficult OU abstruse nature.
◆ **en difficulté** *loc adj* [nageur] in difficulties; [navire, avion] in distress; **un enfant en ~** [à l'école] a child with learning difficulties; [à la maison] a child with behavioural problems; **un couple en ~** [affective] a couple with problems; [financière] a couple with money problems; **mettre qqn en ~** to put sb in a difficult OU an awkward situation; **la crise a mis plusieurs banques en ~** the crisis put several banks in a difficult position.
◆ **sans difficulté** *loc adv* easily, with no difficulty.

difficultueux, euse [difikyltyø, øz] *adj litt* difficult.

diffluence [diflyɑ̃s] *nf* fork *(of a river).*

difforme [difɔrm] *adj* deformed, misshapen.

difformité [difɔrmite] *nf* deformity, misshapenness.

diffracter [3] [difrakte] *vt* to diffract.

diffraction [difraksjɔ̃] *nf* diffraction.

diffus, e [dify, yz] *adj* [gén & BOT] diffuse.

diffusément [difyzemɑ̃] *adv* diffusely.

diffuser [3] [difyze] *vt* **-1.** [répandre - chaleur, lumière] to spread, to disseminate; **la lumière diffusée par une petite lampe de chevet** the (soft) light coming from a small bedside lamp. **-2.** TV to broadcast; **émission diffusée en direct/différé** live/prerecorded broadcast || AUDIO & RAD to broadcast; **de l'accordéon diffusé par haut-parleur** accordion music broadcast over a loud-speaker. **-3.** [propager - nouvelle, rumeur] to spread. **-4.** [distribuer - tracts] to hand out *(sép)*, to distribute; **des affiches antitabac ont été diffusées dans les cabinets médicaux** anti-smoking posters have been distributed OU circulated to doctors' surgeries || [dans l'édition] to distribute, to sell.
◆ **se diffuser** *vpi* [information, racontar] to spread.

diffuseur [difyzœr] *nm* **-1.** COMM distributing agent, distribute. **-2.** ACOUST, ÉLECTR & MÉCAN diffuser. **-3.** [de parfum] *decorative object containing scent used as an air freshener.* **-4.** [conduit] diffuser.

diffusion [difyzjɔ̃] *nf* **-1.** ACOUST diffusion, diffusivity. **-2.** PHYS [d'une particule] diffusion. **-3.** OPT diffusion. **-4.** MÉD spreading. **-5.** AUDIO, RAD & TV broadcasting. **-6.** [propagation - du savoir, d'une théorie] spreading. **-7.** [distribution - de tracts] distribution, distributing; [- de livres] distribution, selling. **-8.** [exemplaires vendus] number of copies sold, circulation.
◆ **en deuxième diffusion, en seconde diffusion** *loc adj* TV repeated, repeat *(modif).*

digastrique [digastrik] *adj* digastric.

digérer [18] [diʒere] *vt* **-1.** PHYSIOL to digest; **je ne digère pas le lait** milk doesn't agree with me, I can't digest milk. **-2.** [assimiler - connaissances, lecture] to digest, to assimilate; **des notions de psychologie mal digérées** half-understood ideas on psychology. **-3.** *fam* [supporter] to stomach, to take; **je n'ai pas digéré le coup qu'il m'a fait** I'm not about to forgive him for what he did to me; **les enfants ne digèrent jamais le divorce des parents** children never really accept their parents' divorce.

digest [diʒɛst, daidʒɛst] *nm* digest.

digeste [diʒɛst] *adj*: **un aliment ~** an easily digested foodstuff.

digestible [diʒɛstibl] *adj* digestible.

digestif, ive [diʒɛstif, iv] *adj* digestive.
◆ **digestif** *nm* [alcool] digestif.

digestion [diʒɛstjɔ̃] *nf* digestion; **avoir une ~ lente** to digest one's food slowly; **ne te baigne pas pendant la ~** don't go swimming right after a meal.

digit [diʒit] *nm* digit.

digital, e[1], **aux** [diʒital, o] *adj* **-1.** ANAT digital. **-2.** [numérique] digital.

digitale[2] [diʒital] *nf* digitalis.

digitaline [diʒitalin] *nf* digitalin.

digitaliser [3] [diʒitalize] *vt* to digitalize, to digitize.

digité, e [diʒite] *adj* digitate, digitated.

digitigrade [diʒitigrad] *adj & nm* digitigrade.

digitoplastie [diʒitɔplasti] *nf* finger graft.

digne [diɲ] *adj* **-1.** [noble] dignified; **d'un air très ~** in a dignified manner; **rester ~ dans la douleur** to carry one's grief with dignity. **-2. ~ de** [qui mérite] worthy OU deserving of; **un détail ~ de votre attention** a detail worthy of your attention; **elle est ~ du premier prix** she deserves first prize; **~ de ce nom** worthy of the name; **~ de confiance** trustworthy; **~ de foi** credible; **~ d'être mentionné** worth mentioning; **une pièce ~ d'être vue** a play worth seeing. **-3. ~ de** [en conformité avec] worthy of; **ce n'est pas ~ de toi** it's unworthy of you; **il me faut une tenue ~ de cette occasion** I need an outfit worthy of this occasion; **il est le ~ fils de son père** *aussi hum* like father like son *prov.*

dignement [diɲmɑ̃] *adv* **-1.** [noblement] with dignity, in a dignified manner; **il s'en est allé ~** he left with dignity. **-2.** *litt* [justement]: **~ récompensé** justly rewarded.

dignitaire [diɲitɛr] *nm* dignitary.

dignité [diɲite] *nf* **-1.** [noblesse] dignity; [maintien] poise; **manquer de ~** to lack dignity, to be undignified. **-2.** [respect] dignity; **une atteinte à la ~ de l'homme** an affront to human dignity. **-3.** [fonction] dignity. **-4.** [honneur] honour.

digraphie [digrafi] *nf* double-entry bookkeeping.

digression [digresjɔ̃] *nf* digression; **tomber** OU **se perdre dans des ~s** to digress (endlessly).

digue [dig] *nf* **-1.** [mur] dyke, seawall; [talus] embankment. **-2.** *fig* [protection] safety valve, barrier.

diktat [diktat] *nm* diktat.

dilapidateur, trice [dilapidatœr, tris]
◇ *adj* spendthrift, wasteful.
◇ *nm, f* squanderer, spendthrift.

dilapidation [dilapidasjɔ̃] *nf* wasting, frittering away, squandering.

dilapider [3] [dilapide] *vt* to waste, to fritter away *(sép)*, to squander.

dilatabilité [dilatabilite] *nf* dilatability.

dilatable [dilatabl] *adj* dilatable.

dilatant, e [dilatɑ̃, ɑ̃t] *adj* dilative.

dilatateur, trice [dilatatœr, tris] *adj* dilatator *(modif)*, dilator *(modif).*
◆ **dilatateur** *nm* dilatator, dilator.

dilatation [dilatasjɔ̃] *nf* **-1.** PHYS expansion. **-2.** [des narines, des pupilles] dilation; [de l'estomac] distension; [du col de l'utérus] dilation, opening. **-3.** *litt* [du cœur, de l'âme] filling.

dilater [3] [dilate] *vt* **-1.** PHYS to cause to expand. **-2.** [remplir d'air - tuyau, pneu] to inflate, to blow up *(sép)*. **-3.** [élargir - narine, pupille, veine] to dilate; [- col de l'utérus] to dilate, to open; [- poitrine] to expand, to swell; **~ le cœur à qqn** to fill sb's heart with joy; **~ la rate à qqn** *fam* to have sb in stitches.
◆ **se dilater** ◇ *vpi* **-1.** PHYS to expand. **-2.** [être gonflé - tuyau, pneu] to blow up, to inflate. **-3.** [être élargi - narine, pupille, veine] to dilate; [- col de l'utérus] to dilate, to open; [- poitrine] to expand, to swell.
◇ *vpt*: **se ~ les poumons** to fill one's lungs ❑ **se ~ la rate** *fam* to die laughing.

dilatoire [dilatwar] *adj* delaying, dilatory, procrastinating; **user de moyens ~s** to play for time; **donner une réponse ~** to answer evasively *(so as to play for time).*

dilatomètre [dilatɔmɛtr] *nm* dilatometer.

dilection [dilɛksjɔ̃] *nf litt* (tender) love.

dilemme [dilɛm] *nm* dilemma; **être devant un ~** to face a dilemma; **être aux prises avec un ~** to be (caught) on the horns of a dilemma.

dilettante [diletɑ̃t] ◇ *nmf* dilettante, dabbler.
◇ *adj* dilettantish, amateurish.
◆ **en dilettante** *loc adv*: **il fait de la peinture en ~** he dabbles in painting.

dilettantisme [diletɑ̃tism] *nm* **-1.** [attitude dilettante] dilettantism. **-2.** [amateurisme] amateurishness.

diligemment [diliʒamɑ̃] *adv litt* **-1.** [soigneusement] scrupulously, conscientiously. **-2.** [rapidement] promptly, speedily, hastily.

diligence [diliʒɑ̃s] *nf* **-1.** [véhicule] stagecoach. **-2.** *litt* haste, dispatch *litt*; **avec ~** hastily, promptly, with dispatch *litt*; **faire ~** to make haste.
◆ **à la diligence de** *loc prép* JUR at the request OU behest of.

diligent, e [diliʒɑ̃, ɑ̃t] *adj litt* **-1.** [actif] prompt, speedy, active. **-2.** [assidu - soins] constant, assiduous; [- élève] diligent; [- employé] conscientious, scrupulous.

diligenter [3] [diliʒɑ̃te] *vt litt* & ADMIN to hasten, to expedite.

diluant [dilyɑ̃] *nm* diluent.

diluer [7] [dilye] *vt* **-1.** [allonger - d'eau] to dilute, to water down *(sép)*; [- d'un liquide] to dilute. **-2.** [délayer] to thin down *(sép)*. **-3.** *péj* [discours, exposé] to pad OU to stretch out *(sép)*; [idée, argument] to dilute.

dilution [dilysjɔ̃] *nf* **-1.** [mélange de liquides] dilution, diluting; [ajout d'eau] dilution, watering down. -**2.** [désépaississement] thinning down. -**3.** [dissolution - d'un comprimé] dissolving. -**4.** *péj* [d'un discours] padding OU stretching out.

diluvien, enne [dilyvjɛ̃, ɛn] *adj* -**1.** BIBLE diluvial, diluvian. -**2.** [pluie] torrential.

dimanche [dimɑ̃ʃ] *nm* Sunday; le ~ **de Pâques** Easter Sunday; le ~ **des Rameaux** Palm Sunday; '**Un ~ après-midi à la Grande Jatte**' *Seurat* 'Sunday Afternoon on the Island of La Grande Jatte'.

◆ **du dimanche** *loc adj* -**1.** [journal] Sunday *(modif)*. -**2.** *fam péj* [amateur] *(modif)*: **chauffeur du ~** Sunday driver.

dîme [dim] *nf* tithe; **payer une ~** to (pay a) tithe ❑ **prélever une ~ (sur qqch)** *pr* to levy a tithe (on sthg); *fig* to take one's cut (of sthg).

dimension [dimɑ̃sjɔ̃] *nf* -**1.** [mesure] dimension, measurement; **prendre les ~s de qqch** to measure sthg (up); **prendre les ~s d'un événement** to get the measure of an event. -**2.** [taille] size, dimension; **une pièce de petite ~** a small-size OU small-sized room. -**3.** [importance] dimension; **cela donne une nouvelle ~ au problème** this gives a new dimension to the problem; **une erreur de cette ~** an error of this magnitude; **lorsque l'information prend les ~s d'une tragédie** when news assumes tragic proportions. -**4.** MATH & PHYS dimension.

◆ **à deux dimensions** *loc adj* two-dimensional.

◆ **à la dimension de** *loc prép* corresponding OU proportionate to; **un salaire à la ~ du travail requis** wages proportionate to OU commensurate with the work involved.

◆ **à trois dimensions** *loc adj* three-dimensional.

dimensionnel, elle [dimɑ̃sjɔnɛl] *adj* dimensional.

dimensionner [3] [dimɑ̃sjɔne] *vt* to lay out *(sép)*; **un appartement bien dimensionné** a well laid-out apartment.

diminué, e [diminɥe] *adj* -**1.** [affaibli]: **les personnes ~es** [physiquement] people who are no longer physically healthy; [mentalement] people with diminished mental faculties. -**2.** MUS diminished. -**3.** ARCHIT tapering. -**4.** [rang de tricot] decreased.

diminuer [7] [diminɥe] ◇ *vt* -**1.** [réduire - prix, impôts, frais, ration] to reduce, to cut; [- longueur] to shorten; [- taille, effectifs, volume, vitesse, consommation] to reduce; ~ **le chauffage** [pour qu'il fasse moins chaud] to turn down the heating; [pour économiser l'énergie] to cut down on the heating ‖ [atténuer - douleurs, souffrance] to alleviate, to lessen. -**2.** [affaiblir - personne]: **la maladie l'a beaucoup diminué** his illness has affected him very badly; **sortir diminué d'une attaque** to suffer from the aftereffects of an attack. -**3.** [humilier - personne] to belittle, to cut down to size; **elle sort diminuée de cette affaire** her reputation has been badly damaged by this business ‖ [déprécier - qualité]: **cela ne diminue en rien votre mérite** this doesn't detract from OU lessen your merit at all. -**4.** [en tricot] to decrease. -**5.** MUS to diminish. -**6.** *fam* [employé] to cut the pay of.

◇ *vi* -**1.** [pression] to fall, to drop; [volume] to decrease; [prix] to fall, to come down; [chômage, accidents, criminalité] to decrease, to be on the decrease OU wane; **le beurre a diminué** *fam* the price of butter's gone down. -**2.** [s'affaiblir - forces] to ebb away, to wane, to lessen; [- peur] to lessen; [- intérêt, attention] to drop, to lessen, to dwindle; **son appétit a diminué** he's lost some of his appetite. -**3.** [raccourcir]: **les jours diminuent** the days are getting shorter OU drawing in.

diminutif, ive [diminytif, iv] *adj* LING diminutive.

◆ **diminutif** *nm* -**1.** [nom] diminutive; **Greg est le ~ de Gregory** Greg is short for Gregory. -**2.** LING diminutive.

diminution [diminysjɔ̃] *nf* -**1.** [réduction - de prix, d'impôts, des frais, des rations] reduction, cutting; [- de longueur] shortening; [- de taille] reduction, shortening; [- de volume] decrease, decreasing; [- de pression] fall; [- de vitesse, de consommation, des effectifs] reduction; [- du chômage, de la violence] drop, decrease. -**2.** [affaiblissement - d'une douleur] alleviation; [- des forces] waning, lessening; [- de l'intérêt, de l'attention] drop, lessening; [- de l'appétit] decrease. -**3.** MUS diminution. -**4.** ARCHIT taper. -**5.** [en tricot] decrease; **faire une ~** to decrease.

dimorphe [dimɔrf] *adj* dimorphic, dimorphous.

dimorphisme [dimɔrfism] *nm* dimorphism.

DIN *(abr écrite de* **dinar**) Din.

DIN, Din [din] *abr* DIN.

dinanderie [dinɑ̃dri] *nf* -**1.** [technique] sheet metal craft. -**2.** [objet] artefact made from sheet metal.

dinandier [dinɑ̃dje] *nm* sheet metalware.

dînatoire [dinatwar] *adj*: **buffet ~** buffet-dinner; **goûter ~** early supper, (high) tea *Br.*

dinde [dɛ̃d] *nf* -**1.** ORNITH turkey (hen). -**2.** CULIN turkey. -**3.** [sotte]: **quelle petite ~!** what a stupid little goose!

dindon [dɛ̃dɔ̃] *nm* -**1.** ORNITH turkey (cock). -**2.** [sot] fool; **être le ~ de la farce** [dupe] to be taken for a ride; [victime de railleries] to end up a laughing stock.

dindonneau, x [dɛ̃dɔno] *nm* poult, young turkey.

dîner[1] [dine] *nm* -**1.** [repas du soir] dinner. -**2.** *Belg* & *Helv* [déjeuner] lunch.

dîner[2] [3] [dine] *vi* -**1.** [faire le repas du soir] to dine, to have dinner; **dînons au restaurant** let's eat out, let's go out for dinner; **avoir des amis à ~** to have friends to dinner OU round for dinner; ~ **de** to have for dinner, to dine off *(insép)*. -**2.** *Belg* & *Helv* [déjeuner] to have lunch.

dîner-spectacle [dinespɛktakl] *(pl* **dîners-spectacles**) *nm* cabaret dinner; **aller au ~** to dine at a cabaret.

dînette [dinɛt] *nf* -**1.** [jouet] toy OU doll's tea set, dining set; **jouer à la ~** to play (at) tea-parties. -**2.** *fam* [repas] light OU quick meal.

dîneur, euse [dinœr, øz] *nm, f* diner.

ding [diŋ] *onomat* ding; ~ **dong!** ding-dong!

dinghy [diŋgi] *(pl* **dinghys** OU **dinghies**) *nm* dinghy.

dingo [dɛ̃go] ◇ *adj fam* nuts, cracked; **il est complètement ~** he's completely nuts, he's got a screw loose.

◇ *nmf fam* nutcase, loony, wack *Am.*

◇ *nm* [chien] dingo.

dingue *fam* [dɛ̃g] ◇ *adj* -**1.** [fou] nuts, crazy, screwy *Am*; **elle est vraiment ~ de rouler aussi vite** she's got to be nuts to drive so fast; **il a signé, faut être ~!** he signed, how crazy can you get! -**2.** [incroyable] crazy, mad; **leurs prix sont ~s** [élevés, bas] their prices are crazy; **c'est ~ ce qu'il peut faire chaud ici** it's hot as hell here.

◇ *nmf* nutcase, nutter, screwball *Am*; **il conduit comme un vrai ~** he drives like a complete maniac; **c'est une maison de ~s!** this place is a real loony bin!; **c'est un ~ de motos** he's a motorbike freak.

dinguer *fam* [3] [dɛ̃ge] *vi vieilli*: **les assiettes dinguaient dans la cuisine!** plates were flying all over the kitchen!; **il m'a attrapé, j'ai dingué** he grabbed me and I went flying.

dinosaure [dinozɔr], **dinosaurien** [dinɔzɔrjɛ̃] *nm* dinosaur.

diocésain, e [djɔsezɛ̃, ɛn] *adj* & *nm, f* diocesan.

diocèse [djɔsɛz] *nm* diocese.

diode [djɔd] *nf* diode.

Diogène [djɔʒɛn] *npr* Diogenes.

dionysiaque [djɔnizjak] *adj* Dionysiac, Dionysian.

Dionysos [djɔnizos] *npr* Dionysus, Dionysos.

dioptre [djɔptr] *nm* dioptre *(surface).*

dioptrie [djɔptri] *nf* dioptre *(unit).*

dioptrique [djɔptrik] ◇ *adj* dioptric.

◇ *nf* dioptrics *(sg).*

diorama [djɔrama] *nm* diorama.

dioxine [diɔksin] *nf* dioxin.

dioxyde [diɔksid] *nm* dioxide.

diphasé, e [difaze] *adj* diphase, diphasic, two-phase *(avant n).*

diphénol [difenɔl] *nm* diphenol.

diphényle [difenil] *nm* diphenyl, biphenyl.

diphtérie [difteri] *nf* diphtheria.

diphtérique [difterik] ◇ *adj* diphtherial, diphtheric, diphtheritic.

◇ *nmf* diphtheria sufferer.

diphtongaison [diftɔ̃gɛzɔ̃] *nf* diphthongization.

diphtongue [diftɔ̃g] *nf* diphthong.

diphtonguer [3] [diftɔ̃ge] *vt* to diphthongize, to make into a diphthong.

diplodocus [diplɔdɔkys] *nm* -**1.** ZOOL diplodocus. -**2.** *fam fig* fossil, dodo.

diplomate [diplɔmat] ◇ *adj* diplomatic.

◇ *nmf* POL & *fig* diplomat.

◇ *nm* CULIN diplomat pudding.

diplomatie [diplɔmasi] *nf* -**1.** POL [relations, représentation] diplomacy; **la ~** [carrière] the diplomatic career; [corps] the diplomatic corps OU service. -**2.** [tact] diplomacy, tact; **avec ~** diplomatically, tactfully.

diplomatique [diplɔmatik] ◇ *adj* -**1.** POL diplomatic. -**2.** [adroit] diplomatic, tactful, courteous; **faire un mensonge ~** to tell a white lie; **avoir une maladie ~** to pretend to be indisposed.

◇ *nf* diplomatics *(sg).*

diplomatiquement [diplɔmatikmɑ̃] *adv* -**1.** POL diplomatically. -**2.** [adroitement] diplomatically, courteously, tactfully.

diplôme [diplom] *nm* -**1.** [titre] diploma, qualification; **un ~ d'ingénieur** an engineering diploma; **elle a des ~s** she's highly qualified ❑ ~ **d'études approfondies** → **DEA**; ~ **d'études supérieures spécialisées** → **DESS**; ~ **d'études universitaires générales** → **DEUG**; ~ **universitaire de technologie** → **DUT**; ~ **d'études universitaires scientifiques et techniques** → **DEUST**; ~ **universitaire d'études littéraires** → **DUEL**; ~ **universitaire d'études scientifiques** → **DUES**. -**2.** [examen] exam; **il a raté son ~ de programmeur** he failed his computer programming exam. -**3.** HIST diploma.

diplômé, e [diplome] ◇ *adj* qualified.

◇ *nm, f* holder of a qualification; **embaucher des ~s** to take on people with qualifications.

dipolaire [dipɔlɛr] *adj* dipolar, dipole.

dipôle [dipol] *nm* dipole.

dipsomanie [dipsɔmani] *nf* dipsomania.

diptère [diptɛr] ◇ *adj* -**1.** ARCHIT dipteral. -**2.** ZOOL dipteran, dipterous.

◇ *nm* dipteran, dipteron; **les ~s** the Diptera.

diptyque [diptik] *nm* -**1.** BX-ARTS diptych. -**2.** [œuvre] *literary or artistic work in two parts.*

dire[1] [dir] *nm* JUR [mémoire] statement; [d'un créancier, d'un poursuivant] claim.

◆ **dires** *nmpl* statement; **confirmer les ~s de qqn** to confirm what sb says; **d'après** OU **selon les ~s de son père** according to his father OU to what his father said; **selon les ~s de son professeur, il était bon élève** according to his teacher, he was good at school.

◆ **au dire de** *loc prép*: **au ~ de son professeur** according to his teacher OU to what his teacher says; **au ~ de la mère, il a fallu trois hommes pour le tenir** according to the mother, it took three men to restrain him.

dire[2] [102] [dir] *vt* **A.** ARTICULER, PRONONCER -**1.** [énoncer] to say; **dis «ah»!** say "ah"!; **dites «je le jure»** say "I swear by Almighty God"; **quel nom dis-tu? Castagnel?** what name did you say OU what's the name again? Castagnel?; **il n'arrive pas à ~ ce mot** he cannot pronounce that word; **une poupée qui dit «oui»** a doll which says "yes"; **«je t'attendais» dit-elle** "I was waiting for you", she said; **vous avez dit**

«démocratie»? "democracy", did you say?; **je te dis zut!** *fam* get lost!; **je te dis merde!** ▽ [pour porter bonheur] break a leg!; [pour insulter] get lost!; **comment dit-on «pain» en breton?** how do you say "bread" in Breton?, what's the Breton for "bread"?; **je ne dirais pas qu'il est distant, je dirais plutôt effarouché** I wouldn't say he's haughty, rather that he's been frightened off; **je n'ai pas dit «oublier», j'ai dit «pardonner»** I said "forgive", not "forget"; **une honte, que dis-je, une infamie!, une honte, pour ne pas ~ une infamie** a shame, not to say an infamy!; **qui dit... dit...: en ce temps-là, qui disait vol disait galère** in those days, theft meant the gallows; **qui dit fatigue dit inattention et qui dit inattention dit accident** when you're tired you're less vigilant and therefore more likely to have an accident; **si (l') on peut ~: tu as fini? — si on peut ~** have you finished? – in a way OU so to speak; **disons-le, disons le mot** let's not mince words; **c'est, disons le mot, une trahison** it's a betrayal, let's not mince words; **je me sens humilié, disons-le** I must admit OU confess I feel humiliated, to be honest OU frank (about it), I feel humiliated; **~ non** to say no, to refuse; **~ non au nucléaire** to say no to nuclear energy; **tu veux un gin? — je ne dis pas non** would you like a gin? – I wouldn't say no; **si on lui proposait le poste, il ne dirait pas non** if he was offered the job, he wouldn't say no OU wouldn't refuse; **~ oui** [gén] to say yes; [à une proposition] to accept; [au mariage] to say I do; **l'impôt sur les grandes fortunes, moi je dis oui!** I'm all in favour of a supertax on the rich!; **~ bonjour de la main** to wave (hello); **~ oui de la tête** to nod; **~ non de la tête** to shake one's head ❑ **il faut le ~ vite** *fam*: **obéissant? il faut le ~ vite** obedient? I'm not so sure about that; **c'est vite dit** *fam*: **malhonnêteté, c'est vite dit** dishonesty, that's a bit hasty; **déménager, c'est vite dit!** move? that's easier said than done; **c'est celui qui (le) dit qui (l') est** OU **qui y est** *fam*: **menteur! — c'est celui qui dit qui l'est!** liar! – you're the liar! -**2.** [réciter - prière, table de multiplication] to say; [- texte] to say, to recite, to read; [- rôle] to speak; **~ la/une messe** to say mass/a mass; **~ son chapelet** to say the rosary, to tell one's beads; **~ des vers** to recite verse, to give a recitation || *(en usage abs)*: **nul n'a oublié à quel point elle disait juste** nobody can forget how accurate her rendering was.

B. EXPRIMER -**1.** [oralement] to say, to tell; **que dis-tu là?** what did you say?, what was that you said?; **tu ne sais pas ce que tu dis** you don't know what you're talking about; **en physique, je ne comprends pas ce que dit le professeur** I can't understand what the physics teacher says OU is talking about; **elle dit tout ce qui lui passe par la tête** she says anything that comes into her head; **dis quelque chose!** say something!; **c'est juste pour ~ quelque chose** it was just for the sake of saying something; **j'ai l'habitude de ~ ce que je pense** I always speak my mind OU say what I think; **bon, bon, je n'ai rien dit!** OK, sorry I spoke!; **pourquoi ne m'as-tu rien dit de tout cela?** why didn't you speak to me OU tell me about any of this?; **dis-moi où il est** tell me where he is; **ne me dis pas que c'est brûlé!** don't tell me it's burnt!; **il me dit comme ça, «t'as pas le droit»** *fam* he goes to me "you can't do that"; **je suis un raté? tu sais ce qu'il te dit, le raté?** *fam* so I'm a loser, am I? well, do you want to hear what this loser's got to say to you?; **je te l'ai dit une fois, je ne te le redirai pas** OU **je ne te le dirai pas deux fois** I've told you before and I won't tell you again; **combien de fois faut-il que je te le dise?** how many times do I have to tell you?; **faire ~: impossible de lui faire ~ l'âge de sa sœur** he won't say OU give his sister's age; **ne me fais pas ~ ce que je n'ai pas dit!** don't put words into my mouth!; **laisser ~: laisser qqn ~ qqch** to let sb say sthg; **laissez-moi ~ ceci** let me say this; **laissez-la ~!** let her speak!; **pouvoir ~: je peux ~ que tu m'as fait peur!** you certainly frightened me!; **tu as de la chance, tu peux le ~!** you can definitely count yourself lucky!; **j'ai failli faire tout rater! — ça, tu peux le ~!** I nearly messed everything up – you can say that again! || *(en usage abs)*: **c'est idiot — dis toujours** it's silly – say it anyway; **j'ai une surprise — dis vite!** I have a surprise – let's hear it OU do tell!; **comment ~** OU **dirais-je?** how shall I put it OU say? ❑ **ce disant** with these words, so saying; **ce qui est dit est dit** there's no going back on what's been said (before); **c'est (te/vous) ~ si: c'est (te) ~ s'il est riche!** that gives you an idea how wealthy he is!; **c'est ~ si je l'aimais!** so you see how much I loved her!; **c'est tout ~: il ne m'a même pas répondu, c'est tout ~** he never even answered me, that says it all; **pour tout ~** in fact, to be honest; **je ne te/vous le fais pas ~** how right you are, I couldn't have put it better myself; **je ne te le fais pas ~!** you said it!, my sentiments exactly!; **de l'escroquerie, je ne vous le fais pas ~!** a swindle, you said it! OU as you so rightly say!; **il va sans ~ que...** needless to say (that)...; **ça va sans ~** it goes without saying; **ça va sans ~ mais ça va encore mieux en le disant** *fam* it doesn't hurt to overstate it; **ce n'est pas pour ~** *fam*: **ce n'est pas pour ~, mais à sa place j'aurais réussi** though I say it myself, if I'd been him I'd have succeeded; **ce n'est pas pour ~ mais c'est bruyant** I don't mean to complain but it's noisy; **ce n'est pas pour ~ mais elle se débrouille bien** she's doing well, you've got to give her that, give her her due, she's doing well; **ce que j'avais pas dit là** *fam*: **alors j'ai parlé de racisme, ce que j'avais pas dit là!** then I mentioned racism and that really set the cat among the pigeons!; **ce que j'en dis: il en est incapable, enfin (moi), ce que j'en dis...** he's not capable of it, at least that's what I'd say...; **je ne dis pas** *fam* maybe; **je ne dis pas, mais...** that's as maybe but...; **je ne te/vous dis que ça** *fam*: **il a un petit manoir, je ne te dis que ça!** he owns a lovely little country house, what (more) can I say!; **voici une confiture maison, je ne te dis que ça** here's some homemade jam that's out of this world; **je te dis pas** *fam*: **il y avait un monde, je te dis pas!** you wouldn't have believed the crowds; **je te dis pas la pagaille qu'il y avait!** you should've seen the chaos! -**2.** [symboliquement] to express, to tell of; **je voudrais ~ mon espoir** I'd like to express my hope; **un journal où elle dit son dégoût de la vie** a diary in which she tells of her disgust for life; **comment ~ mon amour?** how can I express my love?; **toute cette haine que je n'avais jamais dite** all my unexpressed hatred; **une lettre où il me disait sa surprise** a letter telling me how surprised he was; **un sculpteur qui n'a plus rien/qui a encore beaucoup à ~** a sculptor who has nothing left to say/who still has a lot left to say; **vouloir ~** [signifier] to mean; **un haussement d'épaules dans ce cas-là, ça dit bien ce que ça veut ~** in a situation like that, a shrug (of the shoulders) speaks volumes ❑ **est-ce à ~ que...?** *sout* does this mean that...?; **qu'est-ce à ~?** *arch*: **vous partez, madame, qu'est-ce à ~?** Madam, what mean you by leaving? -**3.** [écrire] to say; **dans sa lettre, elle dit que...** in her letter she says that... -**4.** [annoncer - nom, prix] to give; **cela t'a coûté combien? — dis un prix!** how much did it cost you? – have a guess!; **dites un** OU **votre prix, je l'achète** name your price; **faire ~: le général vous fait ~ qu'il vous attend** the general has sent me to tell you he's waiting for you; **on m'a fait ~ qu'elle était sortie** I was told she'd gone out; **faire ~ à qqn de venir** to send for sb; **je lui ai fait ~ qu'on se passerait de lui** I let him know that we'd manage without him. -**5.** [prédire] to foretell, to tell; **tu verras ce que je te dis!** you just wait and see if I'm right!; **qui aurait dit que je l'épouserais?** who would have said that I'd marry him?; **je te l'avais bien dit** I told you so; **tu vas le regretter, moi je** *fam* OU **c'est moi qui** *fam* **te le dis!** you'll be sorry for this, let me tell you OU mark my words! -**6.** [ordonner] to tell; **il m'a dit d'arrêter** he told me to stop, he told me I must stop, he ordered me to stop ❑ **on ne me le dira pas** OU **je ne me le ferai pas ~ deux fois** I don't need to be told twice; **il ne se l'est pas fait ~ deux fois** he didn't have to be told twice || [conseiller] to tell; **tu me dis d'oublier, mais...** you tell me I must forget, but... -**7.** [objecter] to say, to object; **sa mère ne lui dit jamais rien** her mother never tells her off; **toi, on ne peut jamais rien te ~!** you can't take the slightest criticism!; **quand on lui a fait le vaccin, il n'a rien dit** when they gave him the injection he never said a word; **mais, me direz-vous, il n'est pas majeur** but, you will object OU I hear you say, he's not of age; **avoir** OU **trouver qqch à ~: as-tu quelque chose à ~ sur la façon dont j'élève nos enfants?** have you got any objections to OU anything to say about the way I bring up our children?; **j'aurais des choses à ~ sur l'organisation du service** I have a few things to say OU some comments to make about the organization of the department; **c'est tout ce que tu as trouvé à ~?** is that the best you could come up with?; **n'avoir rien à ~: Pierre n'est pas d'accord — il n'a rien à ~** Pierre doesn't agree – he's in no position to make any objections; **ne rien trouver à ~: il n'a rien trouvé à ~ sur la qualité** he had no criticisms to make about the quality; **elle est maligne, il n'y a pas à** OU **on ne peut pas ~** *fam* **(le contraire)** she's shrewd, there's no denying it OU and no mistake. -**8.** [affirmer] to say, to state; **le diriez-vous à la barre des témoins?** would you swear to it?; **si c'est vous qui le dites, si vous le dites, du moment que vous le dites** if you say so; **puisque je vous le dis!** I'm telling you!, you can take it from me!; **~ que** to say OU to state that; **elle dit que ce n'est pas vrai** she says it's not true; **moi je dis que c'est la seule solution** I say it's the only solution; **c'est le bon train? — je te dis que oui!** is it the right train? – yes it is! OU I'm telling you it is!; **il va neiger — la météo a dit que non** it looks like it's going to snow – the weather forecast said it wouldn't; **je n'ai jamais dit que j'étais spécialiste!** I never claimed to be OU said I was an expert!; **tu étais content, ne me dis pas le contraire!** you were pleased, don't deny it OU don't tell me you weren't!; **on dit que: on dit qu'il a un autre fils** rumour has it that OU it's rumoured that OU it's said that he has another son; **dit-on: loin des yeux, loin du cœur, dit-on** out of sight, out of mind, so the saying goes OU so they say; **laisser ~ que: je ne les laisserai pas ~ que mon fils est un fainéant** I won't allow them to OU let them say that my son's an idler; **je me suis laissé ~ que...** I hear OU I heard that...; **on le disait lâche** he was said OU alleged OU reputed to be a coward; **qui (me) dit que tu n'es pas un espion?** how can I tell OU who's to say (that) you're not a spy? ❑ **on dit ça** *fam*: **je m'en moque — on dit ça** I don't care – that's what you say OU that's what they all say; **ça ne coûtera pas grand-chose — que tu dis!** *fam* it won't cost much – that's what you think OU say!; **elle trouvera bien une place — qu'elle dit** *fam* she'll find a job, no problem – that's what she thinks!; **on dira ce qu'on voudra, mais l'amour ça passe avant tout** whatever people say, love comes before everything else. -**9.** [prétendre] to claim, to allege; **elle disait ne pas savoir qui le lui avait donné** she claimed OU alleged that she didn't know who'd given it to her || [dans des jeux d'enfants]: **on dirait qu'on serait des rois** *fam* let's pretend we're kings. -**10.** [admettre] to say, to admit; **tu ne m'aimes plus, dis-le** you don't love me any more, say OU admit it; **devoir ~: je dois ~ qu'elle est jolie** I must say OU admit she's pretty; **il a beaucoup travaillé, on doit le ~** it's got to be said that he's worked hard; **il faut ~ que: il faut bien ~ qu'il n'est plus tout jeune** he's not young any more, let's face it; **il faut ~ qu'elle a des excuses** (to) give her her due, there are mitigating circumstances; **disons que...** let's say (that)... -**11.** [décider]: **il est dit que...** fate has decreed that...; **il ne sera pas dit que...** let it not be said that...; **rien n'est dit** [décidé] nothing's been decided yet; [prévisible] nothing's for certain (yet); **tout est dit** [il n'y a plus à discuter] the matter is closed; [l'avenir est arrêté] the die is cast; **tout n'est pas encore dit** nothing's final yet; **aussitôt dit, aussitôt fait** no sooner said than done || *(en usage abs)*: **j'ai dit!** *hum* I have spoken!

C. PENSER, CROIRE -**1.** [penser] to say, to think; **que disent les médecins?** what do the doctors say?; **~ de: que dis-tu de ma perruque?** what do you think of OU how do you like my wig?; **que ~ de ce geste?** what is one to make of this gesture?; **et comme dessert? — que dirais-tu d'une mousse au chocolat?** and to follow? — what would you say to OU how about a chocolate mousse?; **~ que...** to think that...; **~ qu'elle était si jolie étant petite!** to think that she was so pretty as a child! -**2.** [croire]: **on dirait** [introduit une comparaison, une impression]: **si livide qu'on eût dit un fantôme** *sout* so pale he looked like a ghost; **quand il parle, on dirait son père** he sounds just like his father; **on dirait du thé** [au goût] it tastes like tea; [à l'odeur] it smells like tea; [d'apparence] it looks like tea; **on dirait de la laine** [au toucher] it feels like wool; **on dirait que je te fais peur** you behave as if OU as though you were scared of me || [exprime une probabilité]: **on dirait sa fille, au premier rang** it looks like her daughter there in the front row; **on dirait qu'ils vont passer avec 3 % de marge** it looks like they'll get through with a 3% lead.

D. INDIQUER, DONNER DES SIGNES DE -**1.** [indiquer - suj: instrument] to say; [- suj: attitude, regard] to say, to show, to betray; **que dit le baromètre?** what does the barometer say?; **l'horloge de l'école disait 5 h** it was five o'clock according to the OU by the school clock; **ses yeux disaient sa détresse** you could see OU read the distress in his eyes; **un geste qui disait sa peur** a gesture that betrayed his fear; **sa réponse te dira tout sur elle** her answer will tell you all you need to know about her; **à la voir, quelque chose me dit qu'elle va nous laisser en plan** *fam* something about her tells me that she'll leave us in the lurch; **mon intuition me dit qu'il reviendra** I have a hunch (that) he'll be back; **que dit ton épaule?** *fam* how's your shoulder doing?; **ça dit quoi, ce rosbif?** *fam* how's that joint of beef doing? -**2.** [stipuler par écrit] to say; **que dit la Bible/le dictionnaire à ce sujet?** what does the Bible/dictionary say about this?; **écoute ce que dit mon horoscope** listen to what my horoscope says; **la loi ne dit rien sur la vente de ces produits** the law says nothing about the sale of these products. -**3.** [faire penser à]: **~ quelque chose: son visage me dit quelque chose** I've seen her face before, her face seems familiar; **ce nom vous dit-il quelque chose?** have you come across OU heard the name before?; **Lambert, cela ne vous dit rien?** Lambert, does that mean anything to you?; **cela ne me dit rien de bon** OU **qui vaille** I'm not sure I like (the look of) it. -**4.** [tenter]: **ta proposition me dit de plus en plus** your suggestion's growing on me; **tu viens? — ça ne me dit rien** are you coming? — I'm not in the mood OU I don't feel like it; **la viande ne me dit rien du tout en ce moment** I'm off meat at the moment; **j'ai tellement attendu pour l'avoir que maintenant il ne me dit plus grand-chose** I waited so long to get it that now I've lost interest; **ça te dirait d'aller à Bali?** (how) would you like a trip to Bali?; **ça te dirait d'aller jouer au tennis?** are you in the mood for a game of tennis?

E. JEUX *(en usage abs)*: **à vous de ~!** your call!

◆ **se dire** ◇ *vp (emploi réciproque)* [échanger - secrets, paroles] to tell each other OU one another; **nous n'avons plus rien à nous ~** we've got nothing left to say to each other; **ils se disaient des injures/des mots doux** they were exchanging insults/sweet nothings; **nous nous disions tout** we had no secrets from each other; **qu'on se le dise** *arch* let this be known; **je n'emmène personne au cirque si ce bruit continue, qu'on se le dise!** *hum* I'm not taking anyone to the circus if this noise doesn't stop, believe you me!

◇ *vp (emploi passif)* -**1.** [être formulé]: **comment se dit «bonsoir» en japonais?** how do you say "goodnight" in Japanese?, what's the Japanese for "goodnight"?; **il est vraiment hideux — peut-être, mais ça ne se dit pas** he's really hideous — maybe, but it's not the sort of thing you say; **cela ne se dit pas à table/devant les enfants** such things shouldn't be said at the table/in front of the children; **se dit de** [pour définir un terme] (is) said of, (is) used for, describes; **se dit d'une personne affaiblie par la maladie** said of a person weakened by ill-health. -**2.** [être en usage] to be in use, to be accepted usage; **cela se dit encore par ici** it's still in use OU they still say it around here; **cela ne se dit plus guère** it's not really accepted usage now OU used anymore.

◇ *vpt* [penser] to think (to o.s.), to say to o.s.; **maintenant, je me dis que j'aurais dû accepter** now I think I should have accepted; **il est malin, que je me dis** *fam* he's cunning, I thought to myself; **je me suis dit comme ça que je risquais rien d'essayer** *fam* I thought OU said to myself there was no harm in giving it a go; **dis-toi bien que tu n'auras rien!** you can be sure you won't get a thing!; **dis-toi bien que je ne serai pas toujours là pour t'aider** you must realize that OU get it into your head that I won't always be here to help you.

◇ *vpi* [estimer être] to say; **il se dit flatté de l'intérêt que je lui porte** he says he's OU he claims to be flattered by my interest in him || [se présenter comme] to say, to claim; **elle se dit mannequin** she claims to be OU she says she's a model; **ils se disent attachés à la démocratie** they claim to OU (that) they care about democracy.

◆ **dis (donc), dites (donc), dis-moi, dites-moi** *loc interj* [à propos]: **dites donc, pour demain, on y va en voiture?** by the way, are we driving there tomorrow? || [pour réprimander]: **dites donc** OU **dites-moi Martin, vous n'étiez pas là à 9 h!** by the way Martin, you weren't here at 9, were you?; **dis donc** OU **dis-moi, faut pas se gêner!** *fam* hey, do you mind?; **tu te fiches de moi, dis!** *fam* you're pulling my leg, aren't you?; **tu me le sers, dis** OU **dis-moi, ce café?** *fam* am I getting that coffee or not?; **merde!**▽ **— dis donc, sois poli!** shit! — hey, (mind your) language! || [pour interpeller]: **dis donc, t'as pas une gomme?** *fam* hey, have you got a rubber? || [pour supplier]: **je peux y aller, dis?** can I go, please?; **vous lui parlerez de moi, dites?** you will talk to her about me, won't you? || [exprime l'admiration, l'accord, la compassion]: **c'est beau — eh dis, j'y ai mis le prix!** that's beautiful — so it should be, I paid enough for it!; **tu es bien habillé ce soir dis donc!** my word, aren't you smart tonight!; **il y a eu 60 morts — ben dites donc!** *fam* 60 people were killed — good God!; **ah dis donc, la belle moto!** wow, get a load of that bike!

◆ **disons** *loc adv indép* -**1.** [environ] (let's) say; **il nous faut, disons, deux secrétaires** we need, (let's) say, two secretaries. -**2.** [pour se dérober] let's say; **j'ai, disons, de bonnes raisons de ne pas te croire** let's say I've got good reasons not to believe you; **il a, disons, la cinquantaine bien sonnée** let's say he's on the wrong side of fifty.

direct, e [dirɛkt] *adj* -**1.** [sans détour - voie, route, chemin] direct, straight. -**2.** TRANSP direct, without a change; **c'est ~ en métro jusqu'à Pigalle** the metro goes direct to Pigalle; **un vol ~ Paris-New York** a direct OU nonstop flight from Paris to New York. -**3.** [franc - question] direct; [- langage] straightforward; **il a été très ~ avec moi** he was very frank OU straightforward with me. -**4.** [sans intermédiaire - cause, conséquence] immediate; [- supérieur, descendant] direct; **un rapport ~ entre deux événements** a direct connection between two events; **mettez-vous en relation ~e avec Bradel** get in touch with Bradel himself. -**5.** ASTRON, GRAMM & MÉCAN direct. -**6.** LOGIQUE positive. -**7.** RAIL: **c'est un train ~ jusqu'à Genève** the train is nonstop to Geneva. -**8.** MIL: **tir ~** direct fire. -**9.** JUR: **impôts ~s** income tax. -**10.** MATH direct.

◆ **direct** *nm* -**1.** SPORT straight punch; **un ~ du gauche** a straight left. -**2.** RAIL through OU nonstop train. -**3.** TV live; **un chanteur qui préfère le ~ au playback** a singer who prefers performing live to lipsynching.

◆ **directe** *nf* [ascension] direct route.

◆ **en direct** *loc adj* live.

directement [dirɛktəmɑ̃] *adv* -**1.** [tout droit] straight; **rentre ~ à la maison** go straight home; **va ~ au lit** go straight to bed; **la route mène ~ à Deauville** the road goes straight to Deauville. -**2.** [franchement]: **entrer ~ dans le sujet** to broach a subject immediately; **allez ~ au fait** come straight to the point. -**3.** [inévitablement] straight, inevitably; **cela vous mènera ~ à la faillite** this will lead you inevitably to bankruptcy. -**4.** [sans intermédiaire] direct; **adresse-toi ~ au patron** go straight to the boss; **vendre ~ au public** to sell direct to the public; **j'achète le lait ~ à la ferme** I buy the milk direct from the farm; **il descend ~ des du Mail** he's a direct descendant of the du Mail family. -**5.** [personnellement]: **adressez-moi ~ votre courrier** address your correspondence directly to me; **cela ne vous concerne pas ~** this doesn't affect you personally OU directly; **je me sens ~ visé** *fam* I feel singled out OU personally targeted.

directeur, trice [dirɛktœr, tris] ◇ *adj* -**1.** [principal - force] controlling, driving; [- principe] guiding; [- idée, ligne] main, guiding. -**2.** AUT [roue] front *(modif)*.

◇ *nm, f* -**1.** [dans une grande entreprise] manager, director; [dans une petite entreprise] manager (*f* manageress); **~ financier/régional/du personnel** financial/regional/personnel manager; **~ général** general manager, chief executive officer *Am*. -**2.** ADMIN & POL director; **~ de prison** prison governor *Br* OU warden *Am*; **~ de cabinet** ≃ principal private secretary *Br*, ≃ chief of staff *Am*. -**3.** SCOL: **~ d'école** headmaster *Br*, principal *Am*; **directrice d'école** headmistress *Br*, (lady) principal *Am*. -**4.** UNIV [d'un département] head of department, chairperson, chairman (*f* chairwoman); **~ de thèse** (thesis) supervisor. -**5.** CIN, THÉÂT & TV director; **~ artistique** artistic director; **~ de la photo** director of photography; **~ de scène** stage director; **~ du son** sound director.

◆ **directeur** *nm* -**1.** HIST Director. -**2.** RELIG: **~ spirituel** OU **de conscience** spiritual director.

◆ **directrice** *nf* MATH directrix.

directif, ive [dirɛktif, iv] *adj* directive.

◆ **directive** *nf* ADMIN, MIL & POL directive.

◆ **directives** *nfpl* orders, instructions.

direction [dirɛksjɔ̃] *nf* -**1.** [fonction de chef - d'une entreprise] management, managing; [- d'un orchestre] conducting, direction *Am*; [- d'un journal] editorship; [- d'une équipe sportive] captaining; **prendre la ~ de** [société, usine] to take over the running OU management of; [journal] to take over the editorship of; **se voir confier la ~ d'une société/d'un journal/d'un lycée** to be appointed manager of a firm/chief editor of a newspaper/head of a school; **orchestre (placé) sous la ~ de** orchestra conducted by. -**2.** [organisation - de travaux] supervision; [- d'un débat] chairing, conducting; [- de la circulation, des opérations] directing. -**3.** [maîtrise, cadres]: **la ~** the management; **la ~ refuse toute discussion avec les syndicats** (the) management refuses to talk to the unions. -**4.** [bureau] manager's office. -**5.** [sens] direction, way; **dans la même ~** the same way, in the same direction; **dans la ~ opposée** in the opposite direction; **engagé dans une mauvaise ~** heading the wrong way; **vous allez dans quelle ~?** which way are you going?, where are you heading for?; **prenez la ~ Nation**

TRANSP take the Nation line; 'toutes ~s' 'all traffic'; partir dans toutes les ~s [coureurs, ballons] to scatter; [pétards] to go off in all directions; [conversation] to wander; la discussion a pris une tout autre ~ the discussion took a different turn OU shifted to another subject. -6. CIN, THÉÂT & TV: ~ (d'acteurs) directing, direction. -7. AUT & MÉCAN steering; la ~ du vélo est faussée the bicycle's handlebars are out of true ❑ ~ assistée power steering.

◆ **de direction** *loc adj* [équipe] managerial.

◆ **en direction de** *loc prép* in the direction of, towards; **embouteillages en ~ de Paris** hold-ups for Paris-bound traffic; **les trains/avions/vols en ~ de Marseille** trains/planes/flights to Marseilles; **jeter un regard en ~ de qqn** to cast a glance at OU towards sb.

directionnel, elle [dirɛksjɔnɛl] *adj* directional.

directive [dirɛktiv] *f* → **directif**.

directivisme [dirɛktivism] *nm péj* authoritarianism.

directivité [dirɛktivite] *nf* -1. [d'une politique] authoritative nature. -2. ÉLECTRON directivity.

directo *fam* [dirɛkto] *adv* straight, right; **ça va ~ à la poubelle** it's going straight in the bin.

directoire [dirɛktwar] *nm* ADMIN & COMM directorate *(sg ou pl)*, board of directors.

◆ **Directoire** *npr m*: **le Directoire** the (French) Directory; **meuble Directoire** piece of Directoire furniture; **style Directoire** Directoire style.

directorat [dirɛktɔra] *nm* -1. ADMIN, SCOL & THÉÂT directorate, directorship. -2. COMM managership.

directorial, e, aux [dirɛktɔrjal, o] *adj* -1. [fonction, pouvoir] managerial, executive, directorial; **le bureau ~** the executive suite OU manager's office. -2. *Helv*: **régime ~** *(in Switzerland) political system in which government is carried out by a seven member body elected by Parliament.* -3. HIST Directory *(modif)*, of the Directory.

dirigeable [diriʒabl] ◇ *adj* dirigible.

◇ *nm* airship, dirigible.

dirigeant, e [diriʒɑ̃, ɑ̃t] ◇ *adj* ruling.

◇ *nm, f* POL [d'un parti] leader; [d'un pays] ruler, leader.

◆ **dirigeants** *nmpl* COMM: **~s sociaux** managerial staff.

diriger [17] [diriʒe] *vt* -1. [être à la tête de - usine, entreprise] to run, to manage; [- personnel, équipe] to manage; [- service, département] to be in charge of, to be head of; [- école] to be head of; [- orchestre] to conduct, to direct *Am*; [- journal] to edit; **une firme bien dirigée** a well-managed OU well-run firm; **mal ~ une société** to mismanage a company ‖ *(en usage abs)*: **savoir ~** to be a (good) manager. -2. [superviser - travaux] to supervise, to manage, to oversee; [- débat] to conduct; [- thèse, recherches] to supervise, to oversee; [- circulation] to direct; [- opérations] to direct, to oversee; **ceux qui veulent ~ les consciences** those who would influence other people's moral choices. -3. CIN, THÉÂT & TV to direct. -4. [piloter - voiture] to steer; [- bateau] to navigate, to steer; [- avion] to fly, to pilot; [- cheval] to drive; [guider - aveugle] to guide; [- dans une démarche] to direct, to steer; **~ qqn vers la sortie** to direct sb to the exit; **on vous a mal dirigé** you were misdirected; **~ les troupes vers le front** to move the troops up to the front; **un véhicule difficile à ~ sur route verglacée** a vehicle which is hard to handle on an icy road; **~ un étranger dans le dédale administratif** to guide OU to help a foreigner through the red tape; **elle a été mal dirigée dans son choix de carrière** she had poor career guidance; **~ qqn sur** OU **vers**: **~ un élève vers un cursus littéraire** to guide OU to steer a student towards an arts course; **la compassion n'a jamais dirigé ses actes** *fig* his behaviour was never guided OU ruled by compassion. -5. [acheminer - marchandises] to send; **~ des colis sur** OU **vers la Belgique** to send parcels to Belgium; **je fais ~ mes appels sur mon autre numéro** I have my calls redirected OU rerouted to my other number. -6. [orienter] to direct; **~ son regard vers qqn** to look in the direction of sb; **tous les yeux étaient dirigés sur elle** everyone was staring at her; **~ sa pensée vers qqch** to concentrate on OU to direct one's thoughts towards sthg; **~ la conversation sur un autre sujet** to steer the conversation on to OU to switch the conversation to a new subject; **~ ses espoirs vers qqn** to pin one's hopes on OU to vest one's hopes in sb ❑ **~ ses pas vers** *pr & fig* to head for. -7. [adresser hostilement] to level, to direct; **~ des accusations contre qqn** to level accusations at sb; **leurs moqueries étaient dirigées contre lui** he was the butt of their jokes. -8. [braquer]: **~ un télescope sur qqch** to train OU to point a telescope on OU at sthg; **une antenne dirigée vers la tour Eiffel** an aerial trained on the Eiffel tower; **lorsque la flèche est dirigée vers la droite** when the arrow points to the right ‖ ARM [tir] to aim; **~ un canon vers** OU **sur une cible** to aim OU to level OU to point a cannon at a target; **~ une arme sur qqn** to aim a weapon at OU to train a weapon on sb.

◆ **se diriger** *vpi* -1. [aller]: **se ~ sur** OU **vers** to head OU to make for; **se ~ vers la sortie** to make one's way to the exit; **arrêté alors qu'il se dirigeait vers la frontière** arrested while heading OU making for the border; **les voitures se dirigent vers la ligne d'arrivée** the cars are heading for the finish; **les pourparlers se dirigent vers un compromis** the discussions are moving towards a compromise; **nous nous dirigeons vers le conflit armé** we're headed for armed conflict. -2. [trouver son chemin] to find one's way; **l'avion a réussi à se ~ dans la tempête** the plane found its way through the storm; **un animal qui sait se ~ dans le noir** an animal which can find its way in the dark; **savoir se ~ dans une ville** to be able to find one's way round a city; **on apprend aux élèves à se ~ dans leurs études** pupils are taught to take charge of their own studies.

dirigisme [diriʒism] *nm* state control, state intervention.

dirigiste [diriʒist] ◇ *adj* interventionist.

◇ *nmf* partisan of state control.

dirlo [dirlo] *nmf arg scol* head, principal.

discal, e, aux [diskal, o] *adj* discal.

discarthrose [diskartroz] *nf* intervertebral disc arthrosis.

discernable [disɛrnabl] *adj* discernible, discernable, perceptible.

discernement [disɛrnəmɑ̃] *nm* -1. [intelligence] (good) judgement, discernment; **il a agi avec ~** he showed (good) judgement in what he did. -2. *sout* [discrimination] distinguishing, discrimination, discriminating; **le ~ entre ce qui est convenable et ce qui ne l'est pas** distinguishing between what is correct and what is not.

discerner [3] [disɛrne] *vt* -1. [voir] to discern, to distinguish, to make out *(insép)*; **on discernait à peine les contours** you could just make out the outline. -2. [deviner] to discern, to perceive, to detect; **j'ai cru ~ une certaine colère dans sa voix** I thought I could detect a hint of anger in his voice; **~ les motivations de qqn** to see through sb. -3. [différencier]: **~ qqch de qqch**: **~ le bien du mal** to distinguish (between) right and wrong, to tell right from wrong.

disciple [disipl] *nm* -1. RELIG & SCOL disciple. -2. [partisan] follower, disciple.

disciplinable [disiplinabl] *adj* disciplinable, liable to be disciplined.

disciplinaire [disiplinɛr] *adj* disciplinary.

disciplinairement [disiplinɛrmɑ̃] *adv* through the code of discipline.

discipline [disiplin] *nf* -1. [règlement] discipline. -2. [obéissance] discipline; **avoir de la ~** to be disciplined; **qui fait régner la ~ à la maison?** who keeps the children in order at home?; **faire grève par ~ syndicale** to join an official strike ❑ **~ alimentaire** observance of one's diet; **~ de vote** voting discipline. -3. SCOL & UNIV [matière] subject, discipline. -4. HIST discipline, whip, scourge.

discipliné, e [disipline] *adj* -1. [personne] obedient, disciplined. -2. [cheveux] neat (and tidy), well-groomed.

discipliner [3] [disipline] *vt* -1. [faire obéir - élèves, classe] to discipline, to (bring under) control. -2. [maîtriser - instincts] to control, to master; [- pensée] to discipline, to train. -3. [endiguer - rivière] to control. -4. [coiffer - cheveux] to groom.

◆ **se discipliner** *vp* *(emploi réfléchi)* to discipline o.s.

disc-jockey [diskʒɔkɛ] *(pl* **disc-jockeys***)* *nmf* disc jockey.

disco [disko] ◇ *adj* disco; **musique ~** disco (music).

◇ *nm* [musique] disco (music); [danse, chanson] disco number.

◇ *nf fam vieilli* [discothèque] disco.

discobole [diskɔbɔl] *nm* ANTIQ discobolus, discobolos; **'le Discobole'** *Myron* 'Discobolus', 'The Discus Thrower'.

discographie [diskɔgrafi] *nf* discography; **avoir une importante ~** to have made many recordings, to have recorded many pieces.

discoïde [diskɔid] *adj* discoid, discoidal.

discontinu, e [diskɔ̃tiny] *adj* -1. [ligne] broken; [effort] discontinuous, intermittent; **le bruit est ~** the noise occurs on and off. -2. LING & MATH discontinuous.

◆ **discontinu** *nm*: **le ~** that which is discontinuous.

◆ **discontinue** *nf* [consonne] stop (consonant).

discontinuer [7] [diskɔ̃tinɥe] *vt & vi litt* to stop, to cease.

◆ **sans discontinuer** *loc adv* nonstop, continuously, with no let-up; **bébé pleure pendant des heures sans ~** baby cries for hours on end.

discontinuité [diskɔ̃tinɥite] *nf* [gén & MATH] discontinuity.

disconvenir [40] [diskɔ̃vnir]

◆ **disconvenir de** *v + prép sout*: **je ne disconviens pas de son utilité** I don't deny its being useful OU its usefulness; **vous avez raison, je n'en disconviens pas** I don't deny that you're right.

discopathie [diskɔpati] *nf* lesion of an intervertebral disc.

discophile [diskɔfil] *nmf* record-collector, discophile *spéc*.

discordance [diskɔrdɑ̃s] *nf* -1. MUS discord, discordance, disharmony. -2. [disharmonie - de couleurs, de sentiments] lack of harmony, clash; [- entre des personnes, idées] clash, conflict, disagreement. -3. [écart] contradiction, inconsistency; **il existe certaines ~s entre les deux récits** the two stories contain several inconsistencies. -4. GÉOL discordance, discordancy, unconformability. -5. PSYCH dissociation.

discordant, e [diskɔrdɑ̃, ɑ̃t] *adj* -1. MUS discordant; [criard] harsh, grating. -2. [opposé - styles, couleurs, avis, diagnostics] clashing; **ils ont présenté des témoignages ~s** their testimonies were at variance with each other. -3. GÉOL discordant, unconformable.

discorde [diskɔrd] *nf* discord, dissension, dissention.

discothèque [diskɔtɛk] *nf* -1. [collection] record collection. -2. [meuble] record case OU holder. -3. [établissement de prêt] record OU music library. -4. [boîte de nuit] disco, night club.

discount [disk(a)unt] ◇ *nm* -1. [rabais] discount; **un ~ de 20 %** (a) 20% discount, 20% off. -2. [technique] discount selling.

◇ *adj inv* discount *(modif)*; **des épiceries/prix ~** discount groceries/prices.

discounter[1] [3] [disk(a)unte] *vt & vi* to sell at a discount.

discounter[2] [disk(a)untœr] *nm* discount dealer.

discoureur, euse [diskurœr, øz] *nm, f péj* speechifier; **dans cette famille, ce sont de**

grands ~s in that family, they love listening to the sound of their own voices.

discourir [45] [diskurir] *vi* -1. *litt* [bavarder] to talk. -2. *péj* [disserter] to speechify; ~ à perte de vue sur l'avenir to talk endlessly about the future.

discours [diskur] *nm* -1. [allocution] speech, address; faire un ~ to make a speech ❑ ~ de bienvenue welcoming speech OU address; ~ d'inauguration inaugural lecture OU speech; ~ du trône POL inaugural speech *(of a sovereign before a Parliamentary session)*, King's Speech, Queen's Speech; le ~ sur l'État de l'Union the State of the Union Speech; 'Discours de la méthode' *Descartes* 'Discourse on Method'. -2. *péj* [bavardage] chatter; se perdre en longs ~ to talk OU to chatter endlessly; tous ces (beaux) ~ ne servent à rien all this fine talk doesn't get us anywhere; rien de concret, que des ~! nothing concrete, just (a lot of) words! -3. LING [langage réalisé] speech; [unité supérieure à la phrase] discourse; ~ direct GRAMM direct speech; ~ indirect GRAMM reported OU indirect speech. -4. LOGIQUE discourse. -5. [expression d'une opinion] discourse; le ~ des jeunes the sorts of things young people say; tenir un ~ de droite to talk like a right-winger.

discourtois, e [diskurtwa, az] *adj* discourteous, impolite.

discourtoisement [diskurtwazmɑ̃] *adv* discourteously, impolitely.

discourtoisie [diskurtwazi] *nf* discourtesy.

discrédit [diskredi] *nm* discredit, disrepute; le ~ attaché à cette entreprise this firm's discredited reputation; jeter le ~ sur qqn/qqch to discredit sb/sthg; tomber dans le ~ to fall into disrepute.

discréditer [3] [diskredite] *vt* to discredit, to bring into disrepute.

◆ **se discréditer** ◇ *vp (emploi réfléchi)* [personne] to bring discredit upon o.s.; se ~ auprès du public to lose one's credibility with the public.

◇ *vpi* [idée, pratique] to become discredited.

discret, ète [diskrɛ, ɛt] *adj* -1. [réservé - personne, attitude] reserved, discreet. -2. [délicat - personne] tactful, discreet, diplomatic. -3. [qui garde le secret] discreet; sois sans inquiétude, je serai ~ don't worry, I'll be discreet. -4. [effacé - personne, manières] unobtrusive, unassuming. -5. [dissimulé]: sous emballage ~ in a plain wrapper; envoi ~, sous pli ~ under plain cover. -6. [neutre - toilette, style] plain, sober, understated; [- couleur] subtle; [- lumière] subdued, soft; [- parfum] subtle; [- maquillage] light, subtle. -7. [isolé - lieu] quiet, secluded; ils ont choisi une auberge discrète they chose an inn where they could have some privacy. -8. MATH discrete.

discrètement [diskrɛtmɑ̃] *adv* -1. [sans être remarqué] quietly, discreetly, unobtrusively; entrer/sortir ~ to slip in/out (unobtrusively); j'aimerais lui parler ~ I'd like to have a quiet word with him. -2. [se maquiller, se parfumer] discreetly, lightly, subtly; [s'habiller] discreetly, quietly, soberly.

discrétion [diskresjɔ̃] *nf* -1. [réserve] discretion, tact, tactfulness; manquer de ~ to be tactless. -2. [modestie] unobtrusiveness, self-effacement. -3. [sobriété - d'un maquillage] lightness, subtlety; [- d'une toilette] soberness; s'habiller avec ~ to dress soberly OU quietly. -4. [silence] discretion; comptez sur ma ~ you can count on my discretion.

◆ **à discrétion** *loc adv*: avoir du café à ~ to have unlimited coffee OU as much coffee as you want; vous pouvez manger à ~ you can eat as much as you like.

◆ **à la discrétion de** *loc prép* at the discretion of; pourboire à la ~ du client gratuities at the discretion of the customer.

discrétionnaire [diskresjɔnɛr] *adj* discretionary.

discriminant, e [diskriminɑ̃, ɑ̃t] *adj* distinguishing, discriminating.

◆ **discriminant** *nm* discriminant.

discrimination [diskriminasjɔ̃] *nf* -1. [ségrégation]: ~ raciale racial discrimination. -2. *litt* [distinction] discrimination, distinction; opérer la ~ entre deux choses to distinguish between two things.

discriminatoire [diskriminatwar] *adj* discriminatory.

discriminer [3] [diskrimine] *vt* to distinguish.

disculper [3] [diskylpe] *vt*: ~ qqn de qqch to exonerate sb from sthg.

◆ **se disculper** *vp (emploi réfléchi)*: pour se ~ il invoqua l'ignorance to vindicate OU to exonerate himself, he pleaded ignorance; se ~ de qqch to exonerate o.s. from sthg.

discursif, ive [diskyrsif, iv] *adj* -1. [raisonné] discursive. -2. LING discourse *(modif)*.

discussion [diskysjɔ̃] *nf* -1. [négociation] talk, discussion; avec lui la ~ est impossible he's incapable of compromise || [querelle] quarrel, argument; pas de ~! no arguing!, don't argue! -2. [débat] debate, discussion; ils sont en pleine ~ they're in the middle of a debate; la question de l'avortement prête OU donne matière OU est sujet à ~ the issue of abortion lends itself to debate. -3. [conversation] discussion, conversation; dans la ~, il m'a dit que... during our conversation, he told me that...

discutable [diskytabl] *adj* [fait, théorie, décision] debatable, questionable; [sincérité, authenticité] questionable, doubtful; [goût] dubious.

discutailler *fam* [3] [diskytaje] *vi péj* to quibble.

discutailleur, euse *fam* [diskytajœr, øz] *adj péj*: il est très ~ he's a real quibbler.

discuté, e [diskyte] *adj* -1. [débattu] debated, discussed; très ~ hotly debated. -2. [contesté - nomination] controversial, disputed; une œuvre à l'authenticité ~e a work of art whose authenticity is the subject of controversy OU is disputed.

discuter [3] [diskyte] ◇ *vt* -1. [débattre - projet de loi] to debate, to discuss; [- sujet, question] to discuss, to argue, to consider; ~ le bout de gras *fam* OU le coup *fam* to chew the fat. -2. [contester - ordres] to question, to dispute; [- véracité] to debate, to question; [- prix] to haggle over; un penalty qu'on discute encore a penalty which they're still arguing about || *(en usage abs)*: cesse de ~, avance! don't argue OU no arguing, move on!; inutile de ~, je ne céderai pas it's no use arguing, I'm not going to give in.

◇ *vi* -1. [parler] to talk, to have a discussion; ~ de to talk about *(insép)*, to discuss; nous en avons longuement discuté we've had a long discussion about it; ~ de choses et d'autres to talk about this and that. -2. [négocier] to negotiate.

◆ **se discuter** *vp (emploi passif)* -1. [être débattu] to be debated; le projet de loi se discute actuellement à l'Assemblée the bill is being debated OU is under discussion in the Assembly. -2. [être discutable]: ça se discute that's debatable.

disert, e [dizɛr, ɛrt] *adj litt* articulate, eloquent, fluent.

disertement [dizɛrtəmɑ̃] *adv litt* articulately, eloquently, fluently.

disette [dizɛt] *nf* -1. [pénurie - gén] shortage, dearth; [- de nourriture] scarcity of food, food shortage. -2. *litt* [manque]: ~ d'argent want OU lack of money.

diseur, euse [dizœr, øz] *nm, f*: ~ de bonne aventure fortune-teller; ~ de bons mots wit; fin ~ fine talker; les grands ~s ne sont pas les grands faiseurs *prov* those who talk most aren't necessarily those who get things done.

disgrâce [disgras] *nf* -1. *sout* [défaveur] disgrace, disfavour; la ~ d'un homme politique a politician's disgrace; tomber en ~ to fall into disfavour, to fall from grace. -2. *litt* [manque de grâce] inelegance, awkwardness.

disgracié, e [disgrasje] *adj* -1. [laid] ungraceful, ugly. -2. [en disgrâce] disgraced.

disgracier [9] [disgrasje] *vt litt* to disgrace.

disgracieux, euse [disgrasjø, øz] *adj* -1. [laid - visage] ugly, unattractive; [- geste] awkward, ungainly; [- comportement] uncouth; [- personne] unattractive, unappealing; [- objet] unsightly. -2. *litt* [discourtois] ungracious, discourteous.

disjoindre [82] [disʒwɛ̃dr] *vt* -1. [planches] to break up *(sép)*; ~ les pierres d'un mur to break up a stone wall. -2. [causes, problèmes] to separate, to consider separately; vous devriez ~ ce sujet des autres you should deal with this matter separately.

◆ **se disjoindre** *vpi* to come apart.

disjoint, e [disʒwɛ̃, ɛ̃t] *adj* -1. MATH disjoint. -2. MUS disjunct.

disjoncter [3] [disʒɔ̃kte] *vi* to short-circuit.

disjoncteur [disʒɔ̃ktœr] *nm* circuit breaker, cutout (switch).

disjonctif, ive [disʒɔ̃ktif, iv] *adj* disjunctive.

◆ **disjonctif** *nm* disjunctive.

disjonction [disʒɔ̃ksjɔ̃] *nf* BIOL disjunction.

dislocation [dislɔkasjɔ̃] *nf* -1. [d'une caisse] breaking up; [d'un empire] dismantling; [d'un parti] breaking up, disintegration; [d'une manifestation] breaking up, dispersal. -2. MÉD & PHYS dislocation. -3. [contorsion] contorsion. -4. GÉOL fault.

disloquer [3] [dislɔke] *vt* -1. [caisse] to take to pieces, to break up *(sép)*; [poupée] to pull apart *(sép)*; un corps tout disloqué a mangled body. -2. [faire éclater - empire] to dismantle; [- parti] to break up *(sép)*. -3. MÉD to dislocate.

◆ **se disloquer** *vpi* -1. [meuble] to come OU to fall apart, to fall to pieces. -2. [éclater - fédération] to disintegrate, to break up *(sép)*; [- empire] to break up. -3. [se disperser - manifestation] to disperse, to break up. -4. MÉD to be dislocated. -5. [se contorsionner] to contort o.s.

disparaître [91] [disparɛtr] *vi* -1. [se dissiper - peur, joie] to evaporate, to fade, to disappear; [- douleur, problème, odeur] to disappear; [- bruit] to stop, to subside; [- brouillard] to clear, to vanish; faire ~ qqch [gén] to remove sthg; [supprimer] to get rid of sthg. -2. [devenir invisible - soleil, lune] to disappear; [- côte, bateau] to vanish, to disappear; les rues ont disparu sous la neige the roads have disappeared under the snow; le soleil disparut à l'horizon the sun disappeared below the horizon; elle a disparu dans la foule she vanished into the crowd; disparais de ma vue! get out of my sight! -3. [être inexplicablement absent] to disappear, to vanish; le temps que j'arrive, la clef/ma sœur avait disparu by the time I got there, the key/my sister had disappeared; son mari a disparu (sans laisser d'adresse) her husband has absconded; faire ~ qqn/qqch to conceal sb/sthg ❑ ~ de la circulation OU dans la nature *fam* to vanish into thin air. -4. [ne plus exister - espèce, race] to die out, to become extinct; [- langue, coutume] to die out, to disappear; [mourir] to pass away, to die; faire ~ qqn *euph* to eliminate sb, to have sb removed; ~ en mer to be lost at sea.

disparate [disparat] ◇ *adj* -1. [hétérogène - objets, éléments] disparate, dissimilar. -2. [mal accordé - mobilier] ill-assorted, non-matching; [- couple] ill-assorted, ill-matched; deux chaises ~s two chairs that don't match.

◇ *nm* OU *nf litt*: le ~ the ill-assorted character OU nature.

disparité [disparite] *nf* disparity; une ~ entre deux éléments a disparity between two elements; ~ de [revenus, prix] disparity in.

disparition [disparisjɔ̃] *nf* -1. [du brouillard] lifting, clearing; [du soleil] sinking, setting; [- d'une côte, d'un bateau] vanishing; [de la peur, du bruit] fading away; [du doute] disappearance; frotter jusqu'à ~ des taches rub until the stains disappear; jusqu'à ~ de la douleur until the pain disappears OU stops. -2. [absence - d'une personne, d'un porte-monnaie] disappearance; depuis la ~ du bébé since the baby went missing OU disappeared. -3. [extinction - d'une espèce] extinction; [- d'une langue, d'une culture] dying out, disappearance. -**4.** [mort] death, disappearance; **après sa ~** after his death.

disparu, e [dispary] ◇ *adj* -**1.** [mort] dead; **porté ~** [soldat] missing (in action); [marin] lost at sea; [passager, victime] missing believed dead. -**2.** [langue] dead; [coutume, culture] vanished, dead; [ère, époque] bygone.
◇ *nm, f* -**1.** [défunt] dead person; **les ~s** the dead; **les ~s en mer** [marins] men lost at sea. -**2.** [personne introuvable] missing person.

dispatcher [3] [dispatʃe] *vt* to dispatch, to send around *(sép)*.

dispatching [dispatʃiŋ] *nm* [du courrier] dispatching.

dispendieux, euse [dispɑ̃djø, øz] *adj litt* expensive, costly.

dispensable [dispɑ̃sabl] *adj* JUR liable to be exempted.

dispensaire [dispɑ̃sɛr] *nm* clinic.

dispensateur, trice [dispɑ̃satœr, tris] *nm, f* dispenser.

dispense [dispɑ̃s] *nf* -**1.** [exemption] exemption; **~ d'oral/du service militaire** exemption from an oral exam/from military service. -**2.** [certificat] exemption certificate. -**3.** [autorisation spéciale]: **~ d'âge** *special permission for people under or over the age limit.* -**4.** JUR: **~ de peine** dismissal of charges. -**5.** RELIG dispensation.

dispenser [3] [dispɑ̃se] *vt* -**1.** [exempter]: **~ qqn de qqch** to exempt sb from sthg; **il est dispensé de service militaire** he is exempt OU exempted from military service; **se faire ~ de gymnastique** to be excused (from) gym; **~ qqn de faire** to exempt sb from doing; **cela ne te dispense pas de payer** this doesn't exempt you from paying; **je vous dispense de me rendre un rapport cette fois** I'll excuse you from writing me a report this time; **je te dispense de tes sarcasmes** spare me your sarcasm. -**2.** RELIG: **~ qqn de qqch** to release sb from sthg. -**3.** [donner - charité] to dispense, to administer; [- parole] to utter; **~ des soins aux malades** to provide patients with medical care.
◆ **se dispenser de** *vp + prép* [obligation] to get out of; **je me dispenserais bien de cette corvée!** I could do without this chore!; **peut-on se ~ de venir à la répétition?** is it possible to skip the rehearsal?

dispersant, e [dispɛrsɑ̃, ɑ̃t] *adj* dispersive.
◆ **dispersant** *nm* dispersant.

dispersé, e [dispɛrse] *adj* -**1.** [famille, peuple] scattered; [habitations] scattered, spread out. -**2.** *fig*: **élève trop ~** [sur bulletin de notes] should pay more attention in class; **dans mon ancien poste j'étais trop ~** in my old job, I had too many different things to do. -**3.** PHYS disperse *(modif)*.

disperser [3] [dispɛrse] *vt* -**1.** [répandre - cendres, graines] to scatter. -**2.** [brume, brouillard] to disperse, to lift. -**3.** [efforts] to dissipate; [attention] to divide. -**4.** [foule, manifestants] to disperse, to break up *(sép)*, to scatter; [collection] to break up, to scatter. -**5.** [troupes] to spread out *(sép)*.
◆ **se disperser** *vpi* -**1.** [brume, brouillard] to lift, to disperse. -**2.** [manifestation, foule] to disperse, to break up. -**3.** [dans son travail] to tackle too many things at once; **la production s'est (trop) dispersée** the firm has overdiversified.

dispersif, ive [dispɛrsif, iv] *adj* dispersive.

dispersion [dispɛrsjɔ̃] *nf* -**1.** [de cendres, de débris] scattering. -**2.** [de la brume] dispersal, lifting. -**3.** [de troupes, de policiers] spreading out. -**4.** [d'une foule, de manifestants] dispersal. -**5.** [des forces, de l'énergie] waste; [de l'attention] dividing of attention; **une trop grande ~ de la production** overdiversification in manufacturing. -**6.** CHIM & PHYS dispersion. -**7.** ÉLECTR: **~ magnétique** magnetic leak OU leakage. -**8.** ARM: **~ du tir** dispersion. -**9.** [en statistiques] dispersion.

disponibilité [dispɔnibilite] *nf* -**1.** [d'une fourniture, d'un service] availability; **j'aimerais réserver, quelles sont les ~s en juin?** I'd like to book, what's availability like in June? -**2.** [liberté] availability *(for an occupation)*; **pour élever des enfants, il faut avoir une grande ~** to bring up children you need to have a lot of time to devote to them ❑ **~ d'esprit** open-mindedness, receptiveness; **avoir une grande ~ d'esprit** to be very open-minded. -**3.** ADMIN: **mise en ~** (extended) leave. -**4.** JUR [de bien] (owner's) free disposal of property.
◆ **disponibilités** *nfpl* available funds, liquid assets.
◆ **en disponibilité** *loc adv*: **professeur en ~** teacher on (extended) leave; **se mettre en ~** to take (extended) leave.

disponible [dispɔnibl] ◇ *adj* -**1.** [utilisable - article, service] available. -**2.** [libre - personnel, employé] free, available. -**3.** [ouvert - personne] receptive, open-minded; **mon père a toujours été quelqu'un de ~** my father has always been ready to listen. -**4.** ADMIN on (extended) leave.
◇ *nmf* ADMIN civil servant on (extended) leave of absence.
◇ *nm* COMM stock items.

dispos, e [dispo, oz] *adj* in good form OU shape.

disposant, e [dispozɑ̃, ɑ̃t] *nm, f* benefactor (*f* benefactress).

disposé, e [dispoze] *adj* -**1.** [arrangé]: **bien/mal ~** well-/poorly-laid out. -**2.** [personne]: **bien/mal ~** in a good/bad mood.

disposer [3] [dispoze] ◇ *vt* -**1.** [arranger - verres, assiettes] to lay, to set; [- fleurs] to arrange; [- meubles] to place, to arrange; **~ des convives autour d'une table** to seat guests at a table; **~ des sentinelles autour du camp** to position sentries around the camp; **j'ai disposé la chambre autrement** I've changed the layout of the bedroom. -**2.** [inciter]: **~ qqn à** to incline sb to OU towards; **l'isolement me disposait à l'écriture** being on my own induced me to write; **l'heure ne dispose pas aux confidences** this is not a suitable time for sharing secrets. -**3.** [préparer]: **~ qqn à** to prepare sb for; **ses études ne le disposent pas à la recherche** his course of studies does not prepare him for research OU to do research; **être disposé à faire qqch** to feel disposed OU to be willing to do sthg; **bien/mal ~ qqn à l'égard de** to put sb in a receptive/unreceptive frame of mind towards; **j'étais en retard, ce qui l'a tout de suite mal disposé à mon égard** I was late, which put him off me straightaway.
◇ *vi* [partir]: **vous pouvez ~** you may leave OU go.
◆ **disposer de** *v + prép* -**1.** [avoir] to have (at one's disposal OU available); **nous disposons de trente hommes pour cette mission** we have thirty men (available OU at our disposal) for this mission; **je ne dispose que de très peu d'argent liquide** I don't have much cash (available). -**2.** [utiliser] to use; **puis-je ~ de votre téléphone?** may I use your phone?; **disposez de moi comme il vous plaira** I am at your service; **croyez-vous pouvoir ~ de moi?** do you think you can just use me? -**3.** JUR: **~ de ses biens** to dispose of one's property.
◆ **se disposer à** *vp + prép* to prepare to; **je me disposais à partir** I was preparing to leave.

dispositif [dispozitif] *nm* -**1.** [appareil, mécanisme] machine, device; **~ d'alarme/de sûreté** alarm/safety device. -**2.** [mesures] plan, measure; **un important ~ policier sera mis en place** there will be a large police presence. -**3.** MIL plan. -**4.** CIN, THÉÂT & TV: **~ scénique** set. -**5.** JUR [jugement] sentence; [acte, traité] purview.

disposition [dispozisjɔ̃] *nf* -**1.** [arrangement - de couverts] layout; [- de fleurs, de livres, de meubles] arrangement; **la ~ du terrain** the lie of the land; **la ~ des pièces dans notre maison** the layout of the rooms in our house; **la ~ de la vitrine** the window display. -**2.** [fait d'arranger - des couverts] laying out, setting; [- des meubles] laying out, arranging; [- des fleurs] arranging. -**3.** [tendance - d'une personne] tendency; **avoir une ~ à la négligence/à grossir** to have a tendency to carelessness/to put on weight. -**4.** [aptitude] aptitude, ability, talent; **avoir une ~ pour** to have a talent for. -**5.** JUR clause, stipulation; **les ~s testamentaires de...** the last will and testament of... ‖ [jouissance] disposal; **avoir la ~ de ses biens** to be free to dispose of one's property. -**6.** ADMIN: **mise à la ~** secondment *Br*, temporary transfer *Am*.
◆ **dispositions** *nfpl* -**1.** [humeur] mood; **être dans de bonnes/mauvaises ~s** to be in a good/bad mood; **attends qu'il soit dans** OU **revenu à de meilleures ~s** wait until he's in a better mood; **être dans de bonnes ~s pour faire qqch** to be in the right mood to do OU for doing sthg; **être dans de bonnes/mauvaises ~s à l'égard de qqn** to be well-disposed/ill-disposed towards sb. -**2.** [mesures] measures; **prendre des ~s** [précautions, arrangements] to make arrangements, to take steps; [préparatifs] to make preparations.
◆ **à la disposition de** *loc prép* at the disposal of; **mettre** OU **tenir qqch à la ~ de qqn** to place sthg at sb's disposal, to make sthg available to sb; **se tenir à la ~ de** to make o.s. available for; **je suis à votre ~** I am at your service; **je suis** OU **me tiens à votre entière ~ pour tout renseignement complémentaire** should you require further information, please feel free to contact me.

disproportion [disprɔpɔrsjɔ̃] *nf* disproportion; **~ de salaire entre deux personnes** discrepancy between two people's salaries.

disproportionné, e [disprɔpɔrsjɔne] *adj* -**1.** [inégal] disproportionate; **~ à** out of (all) proportion to; **un prix ~ avec** OU **à la qualité** a price out of (all) proportion to the quality; **tu utilises des moyens ~s au but recherché** you're using a sledgehammer to crack a nut. -**2.** [démesuré] huge; **avoir des jambes ~es** to have abnormally long legs.

dispute [dispyt] *nf* quarrel, argument.

disputer [3] [dispyte] *vt* -**1.** [participer à - match, tournoi] to play; [- combat] to fight; **~ le terrain** MIL to dispute every inch of ground; *fig* to fight tooth and nail. -**2.** [tenter de prendre]: **~ qqch à qqn** to fight with sb over sthg; **~ la première place à qqn** to contend OU to vie with sb for first place. -**3.** *fam* [réprimander] to scold, to tell off *(sép)*; **tu vas te faire ~!** you're in for it! -**4.** *litt* [contester] to deny; **je ne vous dispute pas le succès de votre opération** I don't deny the success of your operation. -**5.** *loc*: **le ~ en... à qqn** *litt*: **nul ne le lui disputait en courage** nobody could rival his courage.
◆ **disputer de** *v + prép litt* to debate, to discuss.
◆ **se disputer** ◇ *vp* *(emploi passif)* [avoir lieu] to take place; **le tournoi se disputera demain** the tournament will take place OU will be played tomorrow.
◇ *vp* *(emploi réciproque)* [se quereller] to quarrel, to argue, to fight; **arrêtez de vous ~!** stop fighting OU arguing!
◇ *vpt*: **se ~ qqch** to fight over sthg; **deux amis qui se disputent un poste/une femme** two friends fighting over a job/a woman.
◆ **se disputer avec** *vp + prép* to have an argument OU a row with; **je me suis disputé avec Anne pour une question d'argent** I had an argument OU a row with Anne about money.

disquaire [diskɛr] *nmf* -**1.** [commerçant] record dealer; **tu trouveras ça chez un ~** you'll find this in a record shop. -**2.** [vendeur] record salesman (*f* saleswoman).

disqualification [diskalifikasjɔ̃] *nf* disqualification; **risquer la ~** to risk being disqualified.

disqualifier [9] [diskalifje] *vt* -**1.** SPORT to disqualify. -**2.** [discréditer] to discredit, to bring discredit on.
◆ **se disqualifier** *vp* *(emploi réfléchi)* to lose credibility.

disque [disk] *nm* -**1.** [cercle plat] disc; **~ de stationnement** parking disc. -**2.** ANAT, ASTRON

& MATH disc; le ~ de la lune the disc of the moon. -3. SPORT discus. -4. AUT: ~ d'embrayage clutch plate. -5. AUDIO record, disc; ~ compact compact disc; ~ vidéo videodisc. -6. INF disk; ~ analyseur/dur/magnétique scanner/hard/magnetic disk; ~ optique compact CD-Rom; ~ optique numérique digital optical disk; ~ souple, mini ~ floppy disk.

disquette [diskɛt] *nf* floppy disk, diskette.

disruptif, ive [disryptif, iv] *adj* disruptive ELEC.

disruption [disrypsjɔ̃] *nf* disruption ELEC.

dissection [disɛksjɔ̃] *nf* -1. MÉD dissection. -2. [analyse] (close OU minute) analysis, dissection; une ~ du texte permet de voir que... close analysis of the text allows one to see that...

dissemblable [disɑ̃blabl] *adj* different, dissimilar.

dissémination [diseminasjɔ̃] *nf* [de graines] scattering; [de troupes] scattering, spreading, dispersion; [de maisons, des habitants] scattering.

disséminer [3] [disemine] *vt* [graines] to scatter; quelques maisons disséminées a few scattered houses; sa famille est disséminée dans le monde her family is scattered all over the world.

◆ **se disséminer** *vpi* [graines] to scatter; [personnes] to spread (out).

dissension [disɑ̃sjɔ̃] *nf* disagreement, difference of opinion; il y a des ~s opinions differ.

dissentiment [disɑ̃timɑ̃] *nm litt* disagreement.

disséquer [18] [diseke] *vt* -1. MÉD to dissect. -2. [analyser] to dissect, to carry out a close OU minute analysis of.

dissertation [disɛrtasjɔ̃] *nf* -1. SCOL & UNIV essay. -2. *péj* [discours] (long and boring) speech; je t'en prie, pas de ~! please spare us the speechmaking!

disserter [3] [disɛrte] *vi* -1. ~ sur SCOL & UNIV to write an essay on. -2. *fig* & *péj* to hold forth on OU about.

dissidence [disidɑ̃s] *nf* -1. [rébellion] dissidence; un mouvement de ~ a rebel movement. -2. [dissidents] dissidents, rebels. -3. [scission] scission.

dissident, e [disidɑ̃, ɑ̃t] ◇ *adj* -1. [rebelle] dissident *(avant n)*, rebel *(avant n)*; un groupe ~ a splinter OU breakaway group. -2. RELIG dissenting.

◇ *nm, f* -1. [rebelle] dissident, rebel. -2. RELIG dissenter, nonconformist.

dissimilitude [disimilityd] *nf* dissimilarity.

dissimulateur, trice [disimylatœr, tris] ◇ *adj* dissembling.

◇ *nm, f* dissembler.

dissimulation [disimylasjɔ̃] *nf* -1. [fait de cacher] concealment. -2. [hypocrisie] deceit, dissimulation, hypocrisy; [sournoiserie] dissembling, secretiveness. -3. JUR: ~ d'actif (unlawful) concealment of assets.

dissimulé, e [disimyle] *adj* -1. [invisible - haine, jalousie] concealed. -2. *péj* [fourbe] deceitful, hypocritical.

dissimuler [3] [disimyle] *vt* -1. [cacher à la vue] to hide (from sight); des arbres dissimulaient la maison the house was hidden by trees. -2. [ne pas révéler - identité] to conceal; [- sentiments, difficultés] to hide, to conceal, to cover up *(sép)*; [- fait] to conceal, to disguise; n'essaie pas de me ~ les faits don't try to conceal the facts from me; ~ le fait que... to hide the fact that...; je ne vous dissimulerai pas que... I won't hide from you (the fact) that... -3. JUR [revenus, bénéfices] to conceal.

◆ **se dissimuler** ◇ *vp (emploi réfléchi)* [se cacher] to hide OU to conceal o.s.; se ~ derrière un rideau to hide (o.s.) behind a curtain.

◇ *vpt*: se ~ qqch to hide sthg from o.s.; ne nous dissimulons pas la difficulté de l'entreprise let us not delude ourselves as to the difficulties involved in the venture.

dissipateur, trice [disipatœr, tris] *litt* ◇ *adj* wasteful, spendthrift.

◇ *nm, f* squanderer, spendthrift.

dissipation [disipasjɔ̃] *nf* -1. [de nuages] dispersal, clearing; [du brouillard] lifting; [de craintes] dispelling. -2. [dilapidation - d'un héritage] wasting, squandering. -3. *litt* [débauche] dissipation. -4. [indiscipline] lack of discipline, misbehaviour.

dissipé, e [disipe] *adj* -1. [indiscipliné - classe] unruly, rowdy, undisciplined; élève ~ [sur bulletin de notes] this pupil doesn't pay enough attention in class. -2. [débauché] dissolute.

dissiper [3] [disipe] *vt* -1. [nuages, brouillard, fumée] to disperse; [malentendu] to clear up *(sép)*; [crainte, inquiétude] to dispel. -2. [dilapider - héritage, patrimoine] to dissipate, to squander. -3. [distraire] to distract, to divert.

◆ **se dissiper** *vpi* -1. [orage] to blow over; [nuages] to clear away, to disperse; [brouillard] to lift, to clear; [fumée] to disperse. -2. [craintes] to disappear, to vanish; [migraine, douleurs] to go, to disappear. -3. [s'agiter - enfant] to misbehave, to be undisciplined OU unruly; se dissipe en classe [sur bulletin de notes] pays little attention in class.

dissociabilité [disɔsjabilite] *nf* -1. [de questions, de chapitres] separableness, separability. -2. PHYS dissociability.

dissociable [disɔsjabl] *adj* -1. [questions, chapitres] separable. -2. PHYS dissociable.

dissociation [disɔsjasjɔ̃] *nf* -1. [de questions, de chapitres, d'une famille] separation. -2. PHYS dissociation.

dissocier [9] [disɔsje] *vt* -1. [questions, chapitres] to separate; [famille] to break up *(sép)*; ~ ses désirs de ses besoins to separate (out) one's desires and one's needs. -2. CHIM to dissociate.

dissolu, e [disɔly] *adj litt* dissolute.

dissolution [disɔlysjɔ̃] *nf* -1. [du sucre, du sel, d'un comprimé] dissolving; remuer jusqu'à ~ du sucre stir until the sugar has dissolved. -2. [d'une société] dissolution; [d'un groupe] splitting, breaking up. -3. JUR [d'un mariage, d'une association] dissolution; POL [d'un parlement] dissolution. -4. [pour pneus] rubber solution. -5. *litt* [débauche] dissoluteness, debauchery.

dissolvant, e [disɔlvɑ̃, ɑ̃t] *adj* -1. [substance] solvent, dissolvent. -2. *litt* [climat] enervating.

◆ **dissolvant** *nm* -1. [détachant] solvent. -2. [de vernis à ongles] nail polish remover.

dissonance [disɔnɑ̃s] *nf* -1. [cacophonie] dissonance, discord. -2. *litt* [de couleurs, d'idées] discord *litt*, clash, mismatch. -3. PSYCH: ~ cognitive cognitive dissonance. -4. MUS dissonance.

dissonant, e [disɔnɑ̃, ɑ̃t] *adj* -1. [sons, cris] dissonant, discordant, jarring; *litt* [couleurs] discordant *litt*, clashing. -2. MUS discordant.

dissoner [3] [disɔne] *vi litt* to be discordant *litt*, to clash.

dissoudre [87] [disudr] *vt* -1. [diluer - sel, sucre, comprimé] to dissolve; faites ~ le comprimé dissolve the tablet. -2. [désunir - assemblée, mariage] to dissolve; [- parti] to break up *(sép)*, to dissolve; [- association] to dissolve, to break up *(sép)*, to bring to an end.

◆ **se dissoudre** *vpi* -1. [sel, sucre, comprimé] to dissolve. -2. [groupement] to break up, to come to an end.

dissuader [3] [disɥade] *vt*: ~ qqn de (faire) qqch to dissuade sb from (doing) sthg; je l'ai dissuadé d'acheter une voiture I dissuaded him from OU talked him out of buying a car.

dissuasif, ive [disɥazif, iv] *adj* -1. [qui décourage] dissuasive, discouraging, off-putting *Br*. -2. MIL deterrent.

dissuasion [disɥazjɔ̃] *nf* dissuasion.

◆ **de dissuasion** *loc adj* [puissance] dissuasive.

dissyllabe [disilab], **dissyllabique** [disilabik] *adj* disyllabic.

◆ **dissyllabe** *nm* disyllable.

dissymétrie [disimetri] *nf* dissymmetry.

dissymétrique [disimetrik] *adj* dissymmetrical.

distance [distɑ̃s] *nf* -1. [intervalle - dans l'espace] distance; la ~ est grande entre Moscou et Londres Moscow is a long way from London; la ~ entre Pau et Tarbes OU de Pau à Tarbes the distance between Pau and Tarbes OU from Pau to Tarbes; on les entend à une ~ de 100 mètres you can hear them (from) 100 metres away OU at a distance of 100 metres; nous habitons à une grande ~ de la ville we live far (away) from the city; il a mis une ~ respectueuse entre lui et le fisc *hum* he made sure he stayed well out of reach of the taxman ❑ garder ses ~s to stay aloof, to remain distant; prendre ses ~s SPORT to space out; MIL to spread out in OU to form open order; prendre ses ~s envers OU à l'égard de qqn to hold o.s. aloof OU to keep one's distance from sb. -2. [parcours] distance; la jument est excellente sur cette ~ the mare is particularly suited to that distance ❑ tenir la ~ *pr* & *fig* to go the distance, to stay the course. -3. [intervalle - dans le temps]: ils sont nés à deux mois de ~ they were born within two months of each other; il l'a revue à deux mois de ~ he saw her again two months later. -4. [écart, différence] gap, gulf, great difference; mettre de la ~ entre soi et ses anciens amis to distance o.s. from one's old friends; la ~ qui existe entre la théorie et la pratique the gulf between theory and practice. -5. GÉOM distance. -6. OPT: ~ focale focal length.

◆ **à distance** *loc adv* -1. [dans l'espace] at a distance, from a distance, from afar; allumer la télévision à ~ to turn on the TV by remote control; tenir qqn à ~ to keep sb at a distance OU at arm's length; se tenir à ~ (de) to keep one's distance (from). -2. [dans le temps] at a distance in time.

◆ **de distance en distance** *loc adv* at intervals, in places.

distancer [16] [distɑ̃se] *vt* -1. SPORT to outdistance. -2. [surclasser] to outdistance, to outstrip; se faire ~ économiquement to lag behind economically.

distanciation [distɑ̃sjasjɔ̃] *nf* -1. [gén] detachment. -2. THÉÂT: l'effet de ~ the alienation effect.

distancier [9] [distɑ̃sje]

◆ **se distancier de** *vp* + *prép*: se ~ de qqch/qqn to distance o.s. from sthg/sb.

distant, e [distɑ̃, ɑ̃t] *adj* -1. [dans l'espace] far away, distant; être ~ de qqch to be far OU some distance from sthg; les deux écoles sont ~es de 5 kilomètres the (two) schools are 5 kilometres away from each other. -2. [dans le temps] distant; à une époque assez ~e a long time ago, in the distant past. -3. [personne] aloof, distant; [air, sourire] remote, distant; [rapports] distant, cool.

distendre [73] [distɑ̃dr] *vt* -1. [étirer - ressort] to stretch, to overstretch; [- peau] to stretch, to distend *spéc*; [- muscle] to strain. -2. [rendre moins intime - liens] to loosen.

◆ **se distendre** *vpi* -1. [s'étirer - peau, ventre] to stretch, to become distended *spéc*. -2. [devenir moins intime - liens] to loosen.

distension [distɑ̃sjɔ̃] *nf* [étirage - de l'intestin, de l'estomac] distension; [- d'un muscle] straining; [- d'un ressort] slackening (off).

distillat [distila] *nm* distillate.

distillateur [distilatœr] *nm* distiller.

distillation [distilasjɔ̃] *nf* distillation.

distiller [3] [distile] *vt* -1. [alcool, pétrole, eau] to distil. -2. *litt* [suc, venin] to secrete. -3. *litt* [ennui, tristesse] to exude.

distillerie [distilri] *nf* -1. [usine, atelier] distillery. -2. [activité] distilling.

distinct, e [distɛ̃, ɛ̃kt] *adj* -1. [clair, net] distinct, clear. -2. [différent] distinct, different; ~ de la précédente different from the previous one.

distinctement [distɛ̃ktəmɑ̃] *adv* distinctly, clearly.

distinctif, ive [distɛ̃ktif, iv] *adj* -1. [qui sépare] distinctive, distinguishing. -2. LING distinctive.

distinction [distɛ̃ksjɔ̃] *nf* -1. [différence] distinction; faire une ~ entre deux choses to make OU to draw a distinction between two things.

-**2.** [élégance, raffinement] refinement, distinction.
◆ **distinctions** *nfpl* [honneurs] honour.
◆ **sans distinction** *loc adv* indiscriminately, without exception; **il a renvoyé tout le monde sans ~** he fired everybody without exception.
◆ **sans distinction de** *loc prép* irrespective of.
distingué, e [distɛ̃ge] *adj* -**1.** [élégant - personne] distinguished; [- manières, air] refined, elegant, distinguished; **ça ne fait pas très ~** it's not very elegant. -**2.** [brillant, éminent] distinguished, eminent. -**3.** [dans une lettre]: **veuillez croire en l'assurance de mes sentiments ~s** yours faithfully OU sincerely.
distinguer [3] [distɛ̃ge] *vt* -**1.** [voir] to distinguish, to make out *(sép)*; **on distingue à peine leur contour** you can hardly distinguish their outline ‖ *(en usage abs)*: **on distingue mal dans le noir** it's hard to see in the dark. -**2.** [entendre] to hear, to distinguish, to make out *(sép)*; **je ne distingue pas les aigus** I can't make out OU hear high notes. -**3.** [percevoir]: **je commence à ~ ses mobiles** I'm beginning to understand his motives; **j'ai cru ~ une certaine colère dans sa voix** I thought I detected a note of anger in his voice. -**4.** [différencier] to distinguish; **~ le vrai du faux** to distinguish truth from falsehood; **~ des jumeaux** to tell twins apart; **il est facile à ~ de son jumeau** he's easy to tell from his twin brother; **je n'arrive pas à les ~** I can't tell which is which, I can't tell them apart; **je n'arrive pas à ~ ces deux arbres** I can't tell the difference between these two trees; **comment ~ le diamant du zircon?** how can you tell the difference between diamond and zircon?; **la parole distingue l'homme de l'animal** speech distinguishes man from other animals; **sa voix la distingue des autres choristes** her voice distinguishes her OU marks her out from the other choristers. -**5.** [honorer] to single out (for reward), to honour.
◆ **se distinguer** ◇ *vp (emploi passif)* -**1.** [être vu] to be seen OU distinguished. -**2.** [différer]: **se ~ par: ces vins se distinguent par leur robe** you can tell these wines are different because of their colour.
◇ *vpi* [se faire remarquer] to distinguish o.s.; **son fils s'est distingué en musique** his son has distinguished himself OU done particularly well in music; **tu t'es particulièrement distinguée pour le repas de Noël** your Christmas dinner was particularly good.
◇ *vpi* [devenir célèbre] to become famous; **elle devait se ~ sur la scène de l'opéra** she was to become a famous opera singer.
◆ **se distinguer de** *vp + prép* -**1.** [différer de]: **le safran se distingue du curcuma par l'odeur** you can tell the difference between saffron and turmeric by their smell. -**2.** [être supérieur à]: **il se distingue de tous les autres poètes** he stands out from all other poets.
distinguo [distɛ̃go] *nm* distinction.
distique [distik] *nm* distich.
distomatose [distɔmatoz] *nf* distomiasis.
distordre [76] [distɔrdr] *vt* to twist.
distorsion [distɔrsjɔ̃] *nf* -**1.** [déformation] distortion. -**2.** [déséquilibre] imbalance.
distraction [distraksjɔ̃] *nf* -**1.** [caractère étourdi] absent-mindedness; **par ~** inadvertently ‖ [acte étourdi] lapse in concentration; **excusez ma ~** forgive me, I wasn't concentrating. -**2.** [détente]: **il lui faut de la ~** he needs to have his mind taken off things ‖ [activité] source of entertainment; **ma principale ~ est la musique** my main source of entertainment is music; **il n'y a pas assez de ~s le soir** there's not enough to do at night.
distraire [112] [distrɛr] *vt* -**1.** [déranger] to distract; **il cherche à ~ ses camarades** he's trying to distract his classmates; **tu te laisses trop facilement ~** you're too easily distracted. -**2.** [amuser] to entertain, to divert. -**3.** [détourner]: **~ qqn de: ~ un ami de ses soucis** to take a friend's mind off his worries.
◆ **se distraire** *vpi* -**1.** [s'amuser] to have fun, to enjoy o.s. -**2.** [se détendre] to relax, to take a break.
◆ **se distraire de** *vp + prép*: **elle ne parvient pas à se ~ de son malheur** she can't take her mind off her grief.
distrait, e [distrɛ, ɛt] ◇ *adj* absent-minded; **avoir l'air ~** to look preoccupied; **d'un air ~** abstractedly, absent-mindedly.
◇ *nm, f* absent-minded person; **j'ai oublié ma montre, quel ~!** I forgot my watch, how absent-minded of me!
distraitement [distrɛtmɑ̃] *adv* absent-mindedly, abstractedly.
distrayant, e [distrɛjɑ̃, ɑ̃t] *adj* amusing, entertaining.
distribuable [distribɥabl] *adj* distributable; **secours ~ en nature** aid available only in kind.
distribué, e [distribɥe] *adj* -**1.** [appartement]: **bien/mal ~** well-laid/poorly-laid out. -**2.** [données, information] distributed.
distribuer [7] [distribɥe] *vt* -**1.** [donner - feuilles, cadeaux, bonbons] to distribute, to give OU to hand out *(sép)*; [- cartes] to deal; [- courrier] to deliver; [- vivres] to dispense, to share out *(sép)*, to distribute; [- argent] to apportion, to distribute, to share out *(sép)*; **mon père n'hésitait pas à ~ les coups** *fam* my father had no misgivings about handing out punishment; **machine à ~ les billets/boissons** ticket/drinks machine. -**2.** [attribuer - rôles] to allocate, to assign; [- tâches, travail] to allot, to assign. -**3.** [répartir] to distribute, to divide (out); **~ les joueurs sur le terrain** to position the players on the field; **la richesse est mal distribuée à travers le monde** wealth is unevenly distributed throughout the world. -**4.** [approvisionner] to supply; **un réseau qui distribue le courant** a network that supplies OU provides power; **l'eau est distribuée dans tous les villages** water is supplied OU carried to all the villages. -**5.** CIN & THÉÂT [rôle] to cast; CIN [film] to distribute. -**6.** COMM & IMPR to distribute.
distributaire [distribytɛr] ◇ *adj* distributional.
◇ *nmf* recipient *(in a distribution)*.
distributeur, trice [distribytœr, tris] *nm, f* distributor, dispenser.
◆ **distributeur** *nm* -**1.** [non payant] dispenser; **~ de savon/gobelets/billets** soap/cup/cash dispenser ‖ [payant]: **~ (automatique)** vending OU slot machine; **~ de cigarettes/de timbres** cigarette/stamp machine. -**2.** AUT & ÉLECTR distributor. -**3.** AGR: **~ d'engrais** muck-spreader.
distributif, ive [distribytif, iv] *adj* distributive.
distribution [distribysjɔ̃] *nf* -**1.** [remise - de vêtements, de cadeaux] distribution, giving OU handing out; [- de cartes] dealing; [- de secours] dispensing, distributing; [- de tâches, du travail] allotment, assignment; [- du courrier] delivery; **assurer la ~ du courrier** to deliver the mail ❑ **la ~ des prix** prize-giving day SCH. -**2.** [répartition dans l'espace - de pièces] layout; [- de joueurs] positioning. -**3.** [approvisionnement] supply; **~ d'eau/de gaz** water/gas supply. -**4.** BOT & SOCIOL [classement] distribution. -**5.** CIN & THÉÂT [des rôles] cast; **une brillante ~** an all-star cast; **c'est elle qui s'occupe de la ~** she's the one in charge of casting; **~ par ordre d'entrée en scène** characters in order of appearance ‖ CIN [des films] distribution. -**6.** COMM distribution; **la grande ~** large volume distribution. -**7.** ÉCON, JUR & MATH distribution. -**8.** AUT timing. -**9.** LING (distributional) context.
distributionnel, elle [distribysjɔnɛl] *adj* distributional.
district [distrikt] *nm* -**1.** [région] district, region. -**2.** [d'une ville] district. -**3.** *Helv administrative subdivision of a canton.*
dit, e [di, dit] *adj* -**1.** [surnommé] (also) known as; **Louis XIV, ~ le Roi-Soleil** Louis XIV, (also) known as the Sun King; **Jeanne Dollé, ~e la Chatte** Jeanne Dollé, alias the Cat. -**2.** [fixé] appointed, indicated; **à l'heure ~e** at the appointed time, at the time indicated; **le jour ~** on the agreed OU appointed day.
◆ **dit** *nm* PSYCH: **le ~ et le non-~** the spoken and the unspoken.
dithyrambe [ditirɑ̃b] *nm* -**1.** ANTIQ dithyramb. -**2.** [panégyrique] panegyric, eulogy.
dithyrambique [ditirɑ̃bik] *adj* eulogistic, laudatory; **un article ~ sur son exposition** an article praising her exhibition to the skies.
dito [dito] *adv* ditto.
diurèse [djyrɛz] *nf* diuresis.
diurétique [djyretik] *adj* & *nm* diuretic.
diurne [djyrn] *adj* diurnal.
diva [diva] *nf* diva, (female) opera singer.
divagations [divagasjɔ̃] *nfpl* ramblings, meanderings.
divaguer [3] [divage] *vi* -**1.** [malade] to ramble, to be delirious; **la soif le fait ~** he's delirious with thirst. -**2.** *fam péj* [déraisonner] to be off one's head.
divalent, e [divalɑ̃, ɑ̃t] *adj* divalent.
divan [divɑ̃] *nm* -**1.** [meuble] divan, couch. -**2.** HIST: **le ~** the divan. -**3.** LITTÉRAT divan.
divergence [divɛrʒɑ̃s] *nf* -**1.** [différence]: **~ (d'idées OU de vues)** difference of opinion. -**2.** OPT & PHYS divergence.
divergent, e [divɛrʒɑ̃, ɑ̃t] *adj* -**1.** [opinions, interprétations, intérêts] divergent, differing. -**2.** OPT & PHYS divergent.
diverger [17] [divɛrʒe] *vi* -**1.** [intérêts, opinions] to differ, to diverge; **~ de** to diverge OU to depart from. -**2.** OPT & PHYS to diverge; **~ de** to diverge from.
divers, e [divɛr, ɛrs] *adj* -**1.** [variés - éléments, musiques, activités] diverse, varied; **nous avons abordé les sujets les plus ~** we talked about a wide range of topics; **les candidats viennent des horizons les plus ~** the candidates come from a wide variety of backgrounds; **pour ~es raisons** for a variety of reasons; **classique, jazz, ~** [chez un disquaire] classical, jazz, miscellaneous; **d'un côté de la cassette c'est du Brahms, de l'autre ~ morceaux** on one side of the tape, it's Brahms, on the other side, a mixture of music; **articles ~** COMM miscellaneous items. -**2.** [dissemblables - formes, goûts, motifs] different, various. -**3.** *(avant le n)* [plusieurs] various, several; **en ~es occasions** on several OU various occasions; **une personnalité aux ~ aspects** a multi-faceted personality; **à usages ~** multipurpose *(avant n)*. -**4.** *sout* [multiple - sujet] complex; [- paysage] varied, changing; **l'homme est ~** man is a multi-faceted being.
diversement [divɛrsəmɑ̃] *adv* -**1.** [différemment] in different ways. -**2.** [de façon variée] in diverse OU various ways.
diversification [divɛrsifikasjɔ̃] *nf* diversification; **une trop grande ~** overdiversification.
diversifier [9] [divɛrsifje] *vt* -**1.** [production, tâches] to diversify. -**2.** [varier] to make more varied; **dans sa deuxième période, l'artiste diversifie sa palette** in his second period, the artist uses a greater variety of colours.
◆ **se diversifier** *vpi* [entreprise, économie, centres d'intérêt] to diversify.
diversion [divɛrsjɔ̃] *nf* -**1.** *sout* [dérivatif] diversion, distraction; **faire ~** to create a distraction; **pour faire ~ à l'ennui** to alleviate boredom; **faire ~ à la douleur de qqn** to take sb's mind off his/her suffering. -**2.** MIL diversion.
diversité [divɛrsite] *nf* [variété] diversity, variety; **un paysage étonnant dans sa ~** an amazingly varied landscape ‖ [pluralité - de formes, d'opinions, de goûts] diversity.
diverticule [divɛrtikyl] *nm* diverticulum.
diverticulose [divɛrtikyloz] *nf* diverticulitis.
divertir [32] [divɛrtir] *vt* -**1.** [amuser - suj: clown, spectacle, lecture] to entertain, to amuse; **le jeu divertit en instruisant** the game is entertaining as well as educational. -**2.** JUR to divert, to

misappropriate. -**3.** *litt* [éloigner]: ~ qqn **de** to turn sb away OU to distract sb from.

◆ **se divertir** *vpi* -**1.** [se distraire] to amuse OU to entertain o.s.; **que faire pour se ~ ici?** what do you do for entertainment around here? -**2.** [s'amuser] to enjoy o.s., to have fun; **nous nous sommes beaucoup divertis à «Cyrano»** we enjoyed "Cyrano" very much.

◆ **se divertir de** *vp + prép*: **se ~ de qqn** to make fun of sb; **elle semblait se ~ de mon embarras** she seemed to find my confusion amusing.

divertissant, e [divɛrtisɑ̃, ɑ̃t] *adj* amusing, entertaining.

divertissement [divɛrtismɑ̃] *nm* -**1.** [jeu, passe-temps] distraction; [spectacle] entertainment. -**2.** [amusement] entertaining, distraction; **pour le ~ de la Cour** to amuse OU to entertain the Court. -**3.** MUS [intermède] divertissement; [divertimento] divertimento; DANSE divertissement. -**4.** JUR [de fonds] misappropriation.

dividende [dividɑ̃d] *nm* FIN & MATH dividend; **toucher** OU **recevoir un ~** to receive OU to get a dividend; **sans ~** ex-dividend.

divin, e [divɛ̃, in] *adj* -**1.** RELIG divine; **le ~ Auguste** ANTIQ the Divine Augustus; **le ~ enfant** the Holy Child; **le ~ Sauveur** the Holy OU Heavenly Saviour; **'la Divine Comédie'** *Dante* 'The Divine Comedy'. -**2.** [parfait - beauté, corps, repas, voix] divine, heavenly, exquisite; **des fraises au champagne, c'est ~** strawberries with champagne are simply divine.

divinateur, trice [divinatœr, tris] ◇ *adj* divining, clairvoyant; **puissance divinatrice** power of divination; **science divinatrice** divination.

◇ *nm, f* diviner.

divination [divinasjɔ̃] *nf* divination, divining.

divinatoire [divinatwar] *adj* divinatory.

divinement [divinmɑ̃] *adv* divinely, exquisitely.

divinisation [divinizasjɔ̃] *nf* deification, deifying.

diviniser [3] [divinize] *vt* to deify.

divinité [divinite] *nf* -**1.** [dieu] deity, divinity. -**2.** [qualité] divinity, divine nature.

divisé, e [divize] *adj* -**1.** [en désaccord - opinion, juges, parti] divided; **être ~ sur** to be divided on (the question of). -**2.** [fragmenté] divided.

diviser [3] [divize] *vt* -**1.** [fragmenter - territoire] to divide up *(sép)*, to partition; [- somme, travail] to divide up *(sép)*; [- cellule, molécule] to divide, to split. -**2.** MATH to divide; **~ 9 par 3** to divide 9 by 3; **9 divisé par 3 égale 3** 9 divided by 3 makes 3; **les bénéfices ont été divisés en 8** the profits were divided into 8 parts; **la classe est divisée en 3 groupes** the class is divided up into 3 groups; **~ un domaine entre des héritiers** to divide up an estate between heirs. -**3.** [opposer] to divide, to set against each other; **les dissensions qui nous divisent** the disagreements that divide us; **l'association est divisée en deux sur le problème de l'intégration** the association is split down the middle on the problem of integration ❑ **c'est ~ pour (mieux) régner** it's (a case of) divide and rule.

◆ **se diviser** ◇ *vp (emploi passif)* MATH to be divisible.

◇ *vpi* -**1.** [cellule] to divide OU to split (up); [branche, voie] to divide, to fork; **se ~ en** to be divided into; **le texte se divise en cinq parties** the text is divided into five parts. -**2.** [opposition, parti] to split.

diviseur [divizœr] *nm* MATH divisor; **plus grand commun ~** highest common factor.

divisibilité [divizibilite] *nf* divisibility.

divisible [divizibl] *adj* divisible; **8 n'est pas ~ par 3** 8 cannot be divided by 3.

division [divizjɔ̃] *nf* -**1.** MATH division; **faire une ~** to do a division ❑ **~ à un chiffre** simple division; **~ à plusieurs chiffres** long division. -**2.** [fragmentation - d'un territoire] splitting, division, partition; **la ~ du travail** ÉCON the division of labour; **~ cellulaire** BIOL cell division ‖ PHYS splitting. -**3.** [désaccord] division, rift; **le problème de la défense nationale crée des ~s au sein du parti** the party is divided over the defence issue. -**4.** FTBL division; **la première ~ du championnat** the first league division; **un club de première/deuxième/troisième ~** a first/second/third division club; **~ d'honneur** ≃ fourth division; **en deuxième ~, X bat Y** in league division two, X beat Y ‖ BASE-BALL league; **première/deuxième ~** major/minor league. -**5.** MIL & NAUT division; **~ blindée** armoured division. -**6.** ADMIN division. -**7.** [graduation] gradation.

divisionnaire [divizjɔnɛr] ◇ *adj* -**1.** FIN: **monnaie ~** fractional currency. -**2.** ADMIN [service] divisional.

◇ *nm* -**1.** MIL major general. -**2.** [commissaire] ≃ chief superintendent *Br*, ≃ police chief *Am*.

divorce [divɔrs] *nm* -**1.** JUR divorce; **demander le ~** to ask OU to petition for a divorce; **obtenir le ~ d'avec qqn** to get a divorce from sb ❑ **~ par consentement mutuel** divorce by mutual consent, no-fault divorce *Am*. -**2.** *sout* [divergence] gulf.

divorcé, e [divɔrse] ◇ *adj* divorced.

◇ *nm, f* divorcee.

divorcer [16] [divɔrse] *vi* JUR to get a divorce, to get divorced; **elle a déjà divorcé une fois** she has already been divorced (once) before; **~ d'avec qqn** to get divorced from OU to divorce sb.

divulgateur, trice [divylgatœr, tris] *nm, f* divulger.

divulgation [divylgasjɔ̃] *nf* divulgation, disclosure.

divulguer [3] [divylge] *vt* to divulge, to disclose, to reveal.

dix [dis, *devant consonne* di, *devant voyelle ou h muet* diz] ◇ *adj num card* ten; **il ne sait rien faire de ses ~ doigts** he can't do anything with his hands ❑ **les ~ commandements** BIBLE the Ten Commandments; **'les Dix Commandements'** *C.B. De Mille* 'The Ten Commandments'.

◇ *nm* ten.

dix-huit [dizɥit] *adj num & nm inv* eighteen.

dix-huitième [dizɥitjɛm] *adj ord & nmf* eighteenth.

dixie(land) [diksi(lɑ̃d)] *nm* dixie, trad jazz.

dixième [dizjɛm] *adj ord & nmf* tenth.

dixièmement [dizjɛmmɑ̃] *adv* in tenth place.

dix-neuf [diznœf] *adj num & nm inv* nineteen.

dix-neuvième [diznœvjɛm] *adj ord & nmf* nineteenth.

dix-sept [disɛt] *adj num & nm inv* seventeen.

dix-septième [disɛtjɛm] *adj ord & nmf* seventeenth.

dizain [dizɛ̃] *nm* ten-line poem.

dizaine [dizɛn] *nf* -**1.** [dix] ten. -**2.** [environ dix] about OU around ten, ten or so; **une ~ de bagues** around OU about ten rings.

DJ [didʒi, didʒe] *(abr de* **disc-jockey***)* DJ.

Djakarta [dʒakarta] *npr* Djakarta, Jakarta.

djebel [dʒebɛl] *nm* [en Afrique du Nord] jebel mountain.

Djedda [dʒɛda] *npr* Jedda, Jidda.

djellaba [dʒɛlaba] *nf* djellaba.

Djerba [dʒɛrba] *npr* Djerba.

Djibouti [dʒibuti] *npr* -**1.** [État] Djibouti; **à ~** in Djibouti. -**2.** [ville] Djibouti City.

djiboutien, enne [dʒibusjɛ̃, ɛn] *adj* Djiboutian.

◆ **Djiboutien, enne** *nm, f* Djiboutian.

djihad [dʒiad] *nm* jihad.

djinn [dʒin] *nm* jinn.

dm *(abr écrite de* **décimètre***)* dm.

DM *(abr écrite de* **Deutsche Mark***)* DM.

Dniepr [dnjɛpr] *npr m*: **le ~** the (River) Dnieper.

do[1] *(abr écrite de* **dito***)* do.

do[2] [do] *nm inv* C; [chanté] doh.

doberman [dɔbɛrman] *nm* Doberman (pinscher).

doc *fam* [dɔk] *(abr de* **documentation***)* *nf* literature, brochures; **pouvez-vous me donner de la ~ sur cet ordinateur?** could you give me some literature about this computer?

doc. *(abr écrite de* **document***)* doc.

DOC [dɔk] *nm abr de* **disque optique compact.**

docile [dɔsil] *adj* [animal] docile, tractable; [enfant, nature] docile, obedient; [cheveux] manageable.

docilement [dɔsilmɑ̃] *adv* docilely, obediently.

docilité [dɔsilite] *nf* [d'un animal, d'une personne] docility; **avec ~** docilely.

dock [dɔk] *nm* -**1.** [bassin] dock; **~ de carénage/flottant** dry/floating dock. -**2.** [bâtiments, chantier]: **les ~s** the docks, the dockyard; **entrer aux ~s** [bateau] to dock ❑ **les ~s de Londres** London's Docklands. -**3.** [entrepôt] warehouse.

docker [dɔkɛr] *nm* docker.

docte [dɔkt] *adj litt* learned, erudite.

doctement [dɔktəmɑ̃] *adv* knowledgeably.

docteur [dɔktœr] *nm* -**1.** [médecin]: **le ~ Jacqueline R.** Dr Jacqueline R.; **faites venir le ~** send for the doctor; **dites-moi, ~** tell me, Doctor ❑ **~ en médecine** doctor (of medicine); **'Docteur Jekyll et M. Hyde'** *Stevenson* 'Dr. Jekyll and Mr. Hyde'; **'le Docteur Jivago'** *Pasternak* 'Doctor Zhivago'. -**2.** UNIV Doctor; **quand je serai ~** when I get my doctorate ❑ **~ en histoire/physique** Ph. D in history/physics; **Vuibert, ~ ès lettres** Vuibert, Ph. D. -**3.** RELIG: **~ de l'Église** Doctor of the Church.

doctoral, e, aux [dɔktɔral, o] *adj* -**1.** [pédant] pedantic. -**2.** UNIV doctoral.

doctoralement [dɔktɔralmɑ̃] *adv* pedantically.

doctorat [dɔktɔra] *nm* doctorate; **~ en droit/chimie** PhD in law/chemistry; **~ d'État** doctorate *(leading to high-level research)*; **~ de troisième cycle** doctorate *(awarded by a specific university)*, PhD.

doctoresse [dɔktɔrɛs] *nf vieilli* (woman) doctor.

doctrinaire [dɔktrinɛr] ◇ *adj* doctrinaire, dogmatic.

◇ *nmf* doctrinaire.

doctrinal, e, aux [dɔktrinal, o] *adj* doctrinal.

doctrine [dɔktrin] *nf* doctrine.

document [dɔkymɑ̃] *nm* -**1.** INF file. -**2.** [d'un service de documentation] document. -**3.** [de travail] document, paper; **des ~s sont tombés de sa valise** documents OU papers fell out of her case. -**4.** [témoignage] document; **~ sonore** piece of sound archive. -**5.** JUR document, paper; **~s de transport** transport documents.

documentaire [dɔkymɑ̃tɛr] ◇ *adj* -**1.** [qui témoigne - livre, preuve] documentary. -**2.** [de documentation] document *(modif)*.

◇ *nm* CIN & TV documentary.

documentaliste [dɔkymɑ̃talist] *nmf* -**1.** [gén] archivist. -**2.** SCOL (school) librarian.

documentariste [dɔkymɑ̃tarist] *nmf* documentary maker.

documentation [dɔkymɑ̃tasjɔ̃] *nf* -**1.** [publicités] literature; [instructions] instructions, specifications; **voulez-vous recevoir notre ~?** would you like us to send you our brochure?; **se référer à la ~** please refer to the instructions. -**2.** [informations] (written) evidence; **réunir une ~ sur qqch** to gather evidence on sthg. -**3.** [technique] documentation (technique). -**4.** [service]: **la ~** the research department.

documenté, e [dɔkymɑ̃te] *adj*: **bien** OU **très ~** [reportage, thèse] well-documented; [personne] well-informed.

documenter [3] [dɔkymɑ̃te] *vt* [thèse] to document; [avocat] to supply OU to provide with documents, to document.

◆ **se documenter** *vpi* to inform o.s.; **se ~ sur** to gather information OU material about; **mais tu sais tout! — je me suis documenté!** how come you know everything? — I've done my homework!

dodécaèdre [dɔdekaɛdr] *nm* dodecahedron.

dodécagone [dɔdekagɔn] *nm* dodecagon.

Dodécanèse [dɔdekanɛz] *npr m*: le ~ the Dodecanese.
dodécaphonique [dɔdekafɔnik] *adj* dodecaphonic.
dodécaphonisme [dɔdekafɔnism] *nm* dodecaphonism.
dodécaphoniste [dɔdekafɔnist] *nmf* dodecaphonist.
dodécasyllabe [dɔdekasilab] *nm* dodecasyllable.
dodeliner [3] [dɔdəline]
◆ **dodeliner de** *v + prép*: ~ **de la tête** to nod gently.
dodo [dodo] *nm* -**1.** *langage enfantin* [sommeil] sleep, beddy-byes; **faire ~** to go beddy-byes OU bybyes. -**2.** *langage enfantin* [lit] bed; **va au ~** (time to) go to beddy-byes. -**3.** ORNITH dodo.
dodu, e [dɔdy] *adj* [oie] plump; [personne, visage] plump, fleshy, chubby; [bébé] chubby.
doge [dɔʒ] *nm* doge.
dogmatique [dɔgmatik] ◇ *adj* dogmatic.
◇ *nmf* dogmatic person.
◇ *nf* dogmatics *(sg)*.
dogmatiquement [dɔgmatikmɑ̃] *adv* dogmatically.
dogmatiser [3] [dɔgmatize] *vi* to pontificate, to dogmatize.
dogmatisme [dɔgmatism] *nm* dogmatism.
dogme [dɔgm] *nm* dogma; **le libéralisme, c'est bien, mais n'en faisons pas un ~** liberalism is a good thing but let's not stick to it too rigidly.
dogue [dɔg] *nm* mastiff; ~ **allemand/anglais** German/English mastiff.
Doha [dɔa] = **Dawha**.
doigt [dwa] *nm* -**1.** ANAT finger, digit *spéc*; **aux ~s fins** slender-fingered; **aux ~s boudinés** podgy-fingered; **faire courir ses ~s sur un clavier** to run one's fingers up and down a keyboard; **le ~ sur la bouche** with one's finger on one's lips; **lever le ~** to put one's hand up; **manger avec ses ~s** to eat with one's fingers; **mettre ses ~s dans** OU **se mettre les ~s dans le nez** to pick one's nose; **mettre son ~ dans l'œil de qqn** to poke sb in the eye ❑ **le ~ de Dieu** the hand of God; ~ **de pied** toe; **les ~s de pied en éventail** *fam* OU **en bouquet de violettes** *fam* with one's feet up; ~**s de fée: couturière aux ~s de fée** very talented seamstress; **les ~s de fée qui ont réalisé cette figurine** the delicate fingers which created this figurine; **les ~s de fée qui ont pansé ma blessure** the gentle hands which dressed my wound; **petit ~** little finger; **ils sont comme les (deux) ~s de la main** [amis] they're like brothers, they're as thick as thieves; [de connivence] they're in it together, they're hand in glove; **glisser** OU **filer entre les ~s de qqn** to slip through sb's fingers; **mettre le ~ dans l'engrenage** to get involved; **une fois le ~ dans l'engrenage, comment refuser?** once you've got involved, how can you say no?; **se fourrer** *fam* OU **se foutre**▽ OU **se mettre** *fam* **le ~ dans l'œil (jusqu'au coude)** to be barking up the wrong tree; **les ~s dans le nez** *fam*: **tu pourrais le faire? — les ~s dans le nez!** could you do it? - standing on my head!; **gagner les ~s dans le nez** to win hands down; **mettre le ~ sur, toucher du ~** to identify precisely; **tu as mis le ~ dessus!** that's precisely it!, you've put your finger on it!; **là, nous touchons du ~ le problème principal** now we're getting to the crux of the problem; **faire toucher qqch du ~ à qqn** to get sb to see sthg; **c'est mon petit ~ qui me l'a dit** a little bird told me; **il ne bougera** OU **lèvera pas le petit ~ pour faire...** he won't lift a finger to do...; **le petit ~ sur la couture du pantalon** standing to attention. -**2.** [mesure] little bit; **raccourcir une jupe de deux ~s** to take a skirt up a little bit; **servez-m'en un ~** just pour me out a drop.
◆ **au doigt** *loc adj* [peinture]: **peinture au ~** finger-painting.
◆ **au doigt et à l'œil** *loc adv*: **mener** OU **faire marcher qqn au ~ et à l'œil** to have sb toe the line, to rule sb with a rod of iron; **il lui obéit au ~ et à l'œil** she rules him with a rod of iron.
◆ **à un doigt de, à deux doigts de** *loc prép* within an inch OU a hair's breadth of.
doigté [dwate] *nm* -**1.** MUS [annotation, position] fingering; [technique] fingering technique. -**2.** [adresse] dexterity; **pour ouvrir un coffre-fort il faut beaucoup de ~** to open a safe you need a very fine touch. -**3.** [tact] tact, diplomacy; **ne pas avoir de/avoir du ~** to be tactless/tactful.
doigter [3] [dwate] *vt* MUS to finger.
doigtier [dwatje] *nm* fingerstall.
doit [dwa] *nm* FIN debit; ~ **et avoir** debit and credit.
dojo [dɔʒo] *nm* dojo.
dol [dɔl] *nm* JUR fraud.
Dolby® [dɔlbi] *nm* Dolby®; **en ~ stéréo** in Dolby stereo.
doléances [dɔleɑ̃s] *nfpl* complaints, grievances.
dolent, e [dɔlɑ̃, ɑ̃t] *adj* -**1.** *litt* [plaintif - personne] doleful, mournful; [- voix] plaintive, mournful. -**2.** *péj* [sans énergie - personne] sluggish, lethargic. -**3.** *litt* [douloureux - corps] painful, sore.
dolichocéphale [dɔlikɔsefal] *adj* dolicephalous, dolicephalic.
doline [dɔlin] *nf* doline, dolina.
dollar [dɔlar] *nm* -**1.** [en Amérique du Nord] dollar. -**2.** CEE: ~ **vert** green dollar.
dolman [dɔlmɑ̃] *nm* VÊT dolman.
dolmen [dɔlmɛn] *nm* dolmen.
dolomite [dɔlɔmit] *nf* dolomite.
Dolomites [dɔlɔmit] *npr fpl*: **les ~** the Dolomites.
dolomitique [dɔlɔmitik] *adj* dolomitic.
dom [dɔm] *nm* -**1.** RELIG Dom. -**2.** [au Portugal] Dom.
DOM [dɔm] (*abr de* **département d'outre-mer**) *nm French overseas département.*
domaine [dɔmɛn] *nm* -**1.** [propriété] estate, (piece of) property; **entretenir les arbres du ~** to look after the trees on the estate; **vous êtes ici sur mon ~** you're on my land OU property; **mis en bouteille au ~** [dans le Bordelais] chateau-bottled ❑ **le ~ royal** ≃ Crown lands OU property; HIST [en France] the property of the Kings of France; ~ **skiable** area developed for skiing *(within a commune or across several communes)*; ~ **vinicole** domaine. -**2.** [lieu préféré] domain; **étant enfant, le grenier était mon ~** when I was a child, the attic was my domain OU kingdom. -**3.** JUR: **le ~** State property ❑ ~ **privé** private ownership; ~ **public** public ownership (of rights); **être dans le ~ public** to be out of copyright; **tomber dans le ~ public** to come into the public domain. -**4.** [secteur d'activité] field, domain, area; **le ~ musical/scientifique** the musical/scientific field; **dans le ~ de la prévention, il y a encore beaucoup à faire** as far as preventive action is concerned, there's still a lot to do; **dans tous les ~s** in every field OU domain; **dans tous les ~s de la recherche** in all research areas ‖ [compétence, spécialité] field; **c'est du ~ du service commercial** that's for the marketing department to deal with; **l'art oriental, c'est son ~** she's a specialist in oriental art; **l'électricité, c'est mon ~** I know quite a bit about electricity. -**5.** [d'un dictionnaire] field; [indication] field label. -**6.** MATH domain.
◆ **Domaines** *nmpl* ADMIN: **cet étang appartient aux Domaines** this pond is State property.
domanial, e, aux [dɔmanjal, o] *adj* -**1.** [de l'État] national, state *(modif)*. -**2.** [privé] belonging to a private estate.
dôme [dom] *nm* -**1.** [cathédrale] (Italian) cathedral. -**2.** ARCHIT dome, cupola *spéc*. -**3.** *litt* [voûte] vault, canopy. -**4.** GÉOL dome.
domestication [dɔmɛstikasjɔ̃] *nf* [d'un animal, d'une plante] domestication; [d'une énergie] harnessing.
domesticité [dɔmɛstisite] *nf*: **la ~** [dans une maison] the (domestic OU household) staff; **avoir une nombreuse ~** to have a large staff OU many servants.
domestique [dɔmɛstik] ◇ *adj* -**1.** [familial - problème, vie] family *(modif)*; [- lieu] household *(modif)*. -**2.** [du ménage - affaires, devoirs, tâches] household *(modif)*, domestic; **les travaux ~s** household work, domestic chores; **personnel ~** domestic staff, (domestic) servants. -**3.** ÉCON [économie, marché] domestic, home *(modif)*. -**4.** [animal] domesticated; **les animaux ~s** pets.
◇ *nmf* domestic, servant; **les ~s** domestic staff, (domestic) servants, domestics; **je ne suis pas ta ~!** I'm not your servant!
domestiquer [3] [dɔmɛstike] *vt* [animal] to domesticate; [plante] to turn into a cultivated variety; [énergie] to harness.
domicile [dɔmisil] *nm* -**1.** [lieu de résidence] home, place of residence, domicile; [adresse] (home) address; **le chéquier sera renvoyé à votre ~** the chequebook will be sent to your home address; **nos représentants se rendent à votre ~** our representatives make house calls; **être sans ~** [sans foyer] to be homeless; **sans ~ fixe** of no fixed abode OU address ❑ ~ **fiscal/légal** address for tax/legal purposes; ~ **conjugal** marital home; ~ **permanent** permanent place of residence. -**2.** [d'une entreprise] registered address.
◆ **à domicile** ◇ *loc adj*: **soins à ~** domiciliary care, home treatment.
◇ *loc adv* [chez soi] at home; **travailler à ~** to work from home ‖ [chez les autres]: **nous livrons à ~** we deliver to your home.
domiciliaire [dɔmisiljɛr] *adj* [visite] home *(modif)*, domiciliary.
domiciliataire [dɔmisiljatɛr] *nmf* paying agent BANK.
domiciliation [dɔmisiljasjɔ̃] *nf*: ~ **(bancaire)** payment *(by banker's order)*.
domicilier [9] [dɔmisilje] *vt* -**1.** ADMIN to domicile; **être fiscalement domicilié dans un pays** to be liable to pay tax in a country; **se faire ~ chez son père** to use one's father's address for official purposes; **domicilié à Tokyo/en Suède** domiciled in Tokyo/in Sweden; **je me suis domicilié à Nice** my official place of residence is Nice. -**2.** BANQUE & COMM to make payable *(by banker's order)*.
dominance [dominɑ̃s] *nf* -**1.** BIOL & PHYSIOL dominance, dominant nature. -**2.** ZOOL dominant behaviour.
dominant, e [dominɑ̃, ɑ̃t] *adj* -**1.** [principal - facteur, thème, trait de caractère] dominant, main; [- espèce] dominant; [- couleur] dominant, main, predominant; [- intérêt] main, chief; **l'idéologie ~e dans le pays** the prevailing ideology in the country. -**2.** BIOL [caractère, gene] dominant. -**3.** MÉTÉO [vent] dominant, prevailing.
◆ **dominante** *nf* -**1.** [aspect prépondérant] dominant OU chief OU main characteristic. -**2.** [teinte] predominant colour; **la ~e bleue des vitraux** the dominant blue colour of the stained glass windows; **une tapisserie à ~e jaune recouvrait les murs** the walls were covered with predominantly yellow paper. -**3.** MUS dominant; **cinquième/septième de ~e** dominant fifth/seventh. -**4.** UNIV main subject *Br*, major *Am*; **cursus à ~e linguistique** course with linguistics as the main subject; **suivre une licence à ~e sociologique** to take a degree specialising in sociology, to major in sociology *Am*.
dominateur, trice [dɔminatœr, tris] ◇ *adj* -**1.** [puissant - esprit, force, nation] dominating; [- passion] ruling. -**2.** [autoritaire - personne] domineering, overbearing; [- ton] imperious. -**3.** ZOOL dominant.
◇ *nm, f* -**1.** POL ruler. -**2.** [personne autoritaire] tyrant, despot.
domination [dɔminasjɔ̃] *nf* -**1.** [politique, militaire] domination, dominion, rule; **maintenir une île sous sa ~** to hold dominion over an island; **territoires sous ~ allemande** territories under German domination OU rule. -**2.** [prépon-

dérance - d'un facteur] preponderance, domination. -**3.** [ascendant personnel, influence] domination, influence; **il exerçait sur eux une étrange ~** he had a strange hold over them; **subir la ~ de qqn** to be dominated by sb. -**4.** [contrôle - de sentiments] control; **~ de soi-même** self-control.

dominer [3] [dɔmine] *vt* -**1.** POL [nation, peuple] to dominate, to rule. -**2.** [contrôler - marché] to control, to dominate; **ils ont dominé le match** they had the best of OU they controlled the match. -**3.** [influencer - personne] to dominate; **c'est elle qui domine le couple** she's got the upper hand in their relationship; **elle domine complètement son patron** she's got her boss under her thumb. -**4.** [surclasser] to dominate, to outclass; **il s'est fait ~ pendant les premiers rounds** his opponent had the upper hand during the early rounds; **ils se sont fait ~ en mêlée** they were weaker in the scrums; **elle domine toutes les autres danseuses** she outclasses the other dancers. -**5.** [colère] to control; [complexe, dégoût, échec, timidité] to overcome; [passion] to master, to control; [matière, question] to master; **elle domine son sujet** she has mastered her subject; **~ la situation** to keep the situation under control. -**6.** [prédominer dans - œuvre, style, débat] to predominate in, to dominate; **le thème qui domine la campagne électorale** the main theme in OU the theme which dominates the electoral campaign || *(en usage abs)* [couleur, intérêt] to predominate, to be predominant; [caractéristique] to dominate, to be dominant; [idéologie, opinion] to prevail; **les femmes dominent dans l'enseignement** women outnumber men in teaching. -**7.** [surplomber] to overlook, to dominate; **de la tour, on domine tout le village** from the tower, you overlook the whole valley ❑ **~ qqn de la tête et des épaules** *pr* to be taller than sb by a head; *fig* to tower above sb, to be head and shoulders above sb.

◆ **se dominer** *vp (emploi réfléchi)* to control o.s.; **fou de rage, il ne se dominait plus** he was so angry, he could no longer control himself; **ne pas savoir se ~** to have no self-control.

dominicain, e[1] [dɔminikɛ̃, ɛn] *adj & nm, f* RELIG Dominican.

dominicain, e[2] [dɔminikɛ̃, ɛn] *adj* [de Saint-Domingue] Dominican.

◆ **Dominicain, e** *nm, f* Dominican.

dominical, e, aux [dɔminikal, o] *adj* Sunday *(modif)*, dominical.

dominion [dɔminjɔ̃] *nm* dominion.

Dominique [dɔminik] ◇ *npr*: **saint ~** Saint Dominic.

◇ *npr f*: **la ~** Dominica; **à la ~** in Dominica.

domino [dɔmino] *nm* -**1.** JEUX & VÊT domino; **jouer aux ~s** to play dominoes. -**2.** ÉLECTR connecting block.

Domitien [dɔmisjɛ̃] *npr* Domitian.

Dom Juan [dɔ̃ʒɥɑ̃] *npr* Don Juan.

dommage [dɔmaʒ] *nm* -**1.** JUR [préjudice] harm, injury; **causer un ~ à qqn** to cause OU to do sb harm ❑ **~ corporel** physical injury; **~s de guerre** war damage; **~s et intérêts, ~s-intérêts** damages. -**2.** *(gén pl)* [dégât matériel]: **~ matériel, ~s matériels** (material) damage; **le ~ n'était pas bien grand** there wasn't much harm done; **causer des ~s à** to cause damage to; **en cas de ~s sur le véhicule** in case of damage to the vehicle. -**3.** [expression d'un regret]: **(c'est) ~!** what a shame OU pity!; **c'est bien ~** it's a great shame OU pity; **c'est vraiment ~ de devoir abattre ce chêne** it's a real shame to have to cut down this oak; **ça ne m'intéresse pas! — ~!** I'm not interested! – pity!; **je ne peux pas venir — ~ pour toi!** I can't come – too bad (for you)!; **le plus ~, c'est que** *fam*... the worst of it is that...

dommageable [dɔmaʒabl] *adj* detrimental, damaging; **~ à** detrimental to, damaging to.

domotique [dɔmɔtik] *nf* home automation.

domptable [dɔ̃tabl] *adj* tameable; **facilement/difficilement ~** easy/difficult to tame.

domptage [dɔ̃taʒ] *nm* taming.

dompter [3] [dɔ̃te] *vt* -**1.** [animal] to tame. -**2.** *litt* [révoltés] to quash; [peuple] to subjugate. -**3.** [énergie, vent, torrent] to master; [rébellion] to break, to put down *(sép)*.

dompteur, euse [dɔ̃tœr, øz] *nm, f* tamer, liontamer.

DOM-TOM [dɔmtɔm] *(abr de* **départements et territoires d'outre-mer)** *npr mpl French overseas départements and territories.*

don [dɔ̃] *nm* -**1.** [aptitude naturelle] talent, gift; **~s artistiques** artistic gifts OU talents; **c'est un ~ chez elle** it's a talent OU a gift she has; **avoir le ~ de voyance** to be clairvoyant; **il a le ~ de guérir les brûlures** he has the gift of healing burns; **elle a le ~ de trouver des vêtements pas chers** she has a flair for finding cheap clothes; **mes initiatives ont le ~ de la contrarier** I seem to have a knack for upsetting her; **tu as le ~ d'envenimer les situations!** you have a knack for stirring up trouble!; **elle a un ~ pour la danse** she has a talent for dancing, she's a gifted dancer. -**2.** [cadeau] gift, donation; **faire ~ de qqch** to give sthg as a present OU gift; **la collection dont elle m'a fait ~** the collection she gave me as a present; **ceux qui ont fait ~ de leur vie pour leur pays** those who have laid down OU sacrificed their lives for their country ❑ **le ~ de soi** OU **de sa personne** self-denial, self-sacrifice; **~ en argent** cash donation; **~ en nature** donation in kind. -**3.** JUR donation; **faire ~ d'un bien à qqn** to donate a piece of property to sb. -**4.** MÉD donation, donating; **faire ~ de son rein** to donate one's kidney ❑ **encourager les ~s d'organes** to promote organ donation. -**5.** [en Espagne] Don.

Don [dɔ̃] *npr m*: **le ~** the (River) Don.

DON [dɔn] *nm abr de* **disque optique numérique.**

donataire [dɔnatɛr] *nmf* donee, recipient.

donateur, trice [dɔnatœr, tris] *nm, f* donor.

donation [dɔnasjɔ̃] *nf* [gén] donation, disposition; [d'argent] donation; **faire une ~ à un musée** to make a donation to a museum ❑ **~ entre vifs** donation inter vivos.

donc [dɔ̃k] *conj* -**1.** [par conséquent] so, therefore; **je n'en sais rien, inutile ~ de me le demander** I don't know anything about it, so there's no use asking me; **elle est tombée malade et elle a ~ annulé son voyage** she fell ill, so she cancelled her trip; **nous devrions ~ aboutir à un accord** we should therefore reach an agreement; **il faudra ~ envisager une autre solution** we should therefore think of another solution. -**2.** [indiquant une transition] so; **nous disions ~ que...** so, we were saying that...; **~, vous n'avez rien entendu?** so, you didn't hear anything? -**3.** [indiquant la surprise]: **c'était ~ toi!** so it was you!; **c'est ~ pour ça!** so that's why!; **voilà ~ pourquoi il n'est pas venu!** so that's why he didn't come then! -**4.** [renforçant une interrogation, une assertion, une injonction]: **mais qu'y a-t-il ~?** what's the matter, then?; **mais pourquoi ris-tu ~?** what are you laughing at OU about?; **que voulez-vous ~?** what do you want, then?; **fermez ~ la porte!** shut the door, will you!; **viens ~ avec nous!** come on!, come with us!; **allons ~, vous vous trompez** come on (now), you're mistaken; **allons ~, je ne te crois pas!** come off it, I don't believe you!; **comment ~ est-ce possible?** how can that be possible?; **eh ben dis ~!** well, really!; **essaie ~!** go on, try!; **essaie ~ pour voir!** *iron* just (you) try it!, go on then!; **tiens ~!** well, well, well!; **ben, voyons ~!** [évidemment] naturally!, what else!; [ne vous gênez pas] don't mind me!; **dites ~, pour qui vous vous prenez?** look here, who do you think you are?; **dis ~, à propos, tu l'as vue hier soir?** oh, by the way, did you see her yesterday evening?; **tais-toi ~!** just shut up, will you?; **range ~ tes affaires!** why don't you put your things away?

dondon *fam* [dɔ̃dɔ̃] *nf péj*: **une grosse ~** a big fat lump.

donjon [dɔ̃ʒɔ̃] *nm* keep, donjon.

don Juan [dɔ̃ʒɥɑ̃] *(pl* **dons Juans)** *nm* -**1.** [séducteur] Don Juan, lady's man. -**2.** MUS & LITTÉRAT: **'Don Juan'** *Mozart* 'Don Giovanni'; **'Don Juan'** *Byron* 'Don Juan'; *Pouchkine* 'The Stone Guest'.

donjuanesque [dɔ̃ʒɥanɛsk] *adj* [attitude, manières] of a Don Juan.

donne [dɔn] *nf* CARTES deal; **à moi la ~** it's my (turn to) deal; **il y a eu fausse** OU **mauvaise ~** there was a misdeal.

donné, e [dɔne] *adj* -**1.** [heure, lieu] fixed, given; **sur un parcours ~** on a given OU certain route; **à une distance ~e** at a certain distance; **il doit improviser sur un thème ~** he must improvise on a given theme. -**2.** [particulier, spécifique]: **sur ce point ~** on this particular point; **à cet instant ~** at this (very) moment; **à un moment ~** at one point (in time). -**3.** [bon marché]: **c'est ~!** it's dirt cheap!; **c'est pas ~!** it's hardly what you'd call cheap!

◆ **donné** *nm* PHILOS given.

◆ **donnée** *nf* -**1.** INF, MATH & SC piece of data, datum; **~es** data; **fichier/saisie/transmission de ~es** data file/capture/transmission; **en ~es corrigées des variations saisonnières** ÉCON with adjustments for seasonal variations, seasonally adjusted. -**2.** [information] piece of information; **~es** facts, information; **je ne connais pas toutes les ~es du problème** I don't have all the information about this question.

donner [3] [dɔne] ◇ *vt* **A.** CÉDER, ACCORDER -**1.** [offrir] to give; [se débarrasser de] to give away *(sép)*; [distribuer] to give out *(sép)*; **~ qqch à qqn** to give sthg to sb, to give sb sthg; **~ sa vie/son sang pour la patrie** to give (up) one's life/to shed blood for one's country; **~ qqch à qqn pour son anniversaire** to give sb sthg (as a present) for his/her birthday; **~ qqch en cadeau à qqn** to make sb a present of sthg; **~ qqch en souvenir à qqn** to give OU to leave sb sthg as a souvenir; **il est joli, ce tableau! — je te le donne** what a lovely picture! – please have it; **à ce prix-là, ma petite dame, je vous le donne!** at that price, dear, I'm giving it away!; **c'était donné, l'examen, cette année!** *fam* the exam was a piece of cake this year!; **dis donc, on te l'a donné, ton permis de conduire!** *hum* how on earth did you pass your driving test!; **~ sa place à qqn dans le train** to give up one's seat to sb on the train; **~ des timbres contre des disques** to swap stamps for records; **~ à boire à un enfant** to give a child a drink OU something to drink; **~ à manger aux enfants/chevaux** to feed the children/horses || *(en usage abs)* to give; **tu as donné à la quête?** did you give anything to the collection?; **~ aux pauvres** to give to the poor; **~ de son temps** to give up one's time; **~ de sa personne** to give of oneself ❑ **j'ai déjà donné!** *fam* I've been there OU through that already! -**2.** JUR [léguer] to leave; [faire don public de - argent, œuvre d'art, organe] to donate, to give; **~ une collection à la ville** to donate a collection to the town. -**3.** [accorder - subvention] to give, to hand out *(sép)*; [- faveur, interview, liberté] to give, to grant; [- prix, récompense] to give, to award; **~ sa fille en mariage à qqn** to marry one's daughter to sb; **~ la permission à qqn de faire qqch** to allow sb to do sthg, to give sb permission to do sthg; **~ rendez-vous à qqn** ADMIN to make an appointment with sb; [ami, amant] to make a date with sb; **~ à qqn l'occasion de faire qqch** to give sb the opportunity to do sthg OU of doing sthg; **~ son soutien à qqn** to give one's support to sb, to support sb; **~ son accord à qqn** to give sb one's consent || *(tournure impersonnelle)*: **il m'a été donné de voir l'original** I was privileged to see the original; **il n'est pas donné à tout le monde de...** not everybody is fortunate enough to... -**4.** [laisser] to give, to leave; **ça me donne cinq jours pour le finir** that gives OU leaves me five days to finish it; **il m'a donné trois heures/jusqu'en janvier pour le faire** he gave me three hours/until January to do it. -**5.** [confier] to give, to hand, to pass;

donne-moi ta lettre, je vais la poster let me have OU give me your letter, I'll post it; **~ une tâche à qqn** to entrust sb with a job; **~ son manteau au teinturier** to take one's coat to the dry cleaner's; **elle m'a donné sa valise à porter** she gave me her suitcase to carry; **~ qqch à faire** [à un professionnel] to have sthg done; **~ ses enfants à garder** to have one's children looked after; **~ son manteau à nettoyer** to have one's coat cleaned. -**6.** [remettre - gén] to give; [- devoir] to give, to hand in *(sép)*; **donne la balle, Rex, donne!** come on Rex, let go (of the ball)!; **donnez vos papiers** hand over your papers. -**7.** [vendre - suj: commerçant] to give; **donnez-moi un beau rôti** I'd like a nice joint; **des pêches, combien je vous en donne?** *fam* how many peaches would you like? -**8.** [payer] to give; **je lui donne 100 F de l'heure** I give OU pay her 100 F an hour; **et la table, combien m'en donnez-vous?** how much OU what will you give me for the table?; **combien t'en a-t-on donné?** how much did you get for it?; **je vous en donne 150 F** I'll give you 150 F for it; **je donnerais cher pour le savoir** I'd give a lot to know that; **je donnerais n'importe quoi pour le retrouver** I'd give anything to find it again. -**9.** [administrer - médicament, sacrement] to give, to administer; [- bain] to give; **~ 15 ans de prison à qqn** to give sb a 15-year prison sentence; **~ une punition à qqn** to punish sb; **'ne pas ~ aux enfants de moins de trois ans'** 'not suitable for OU not to be given to children under three'. -**10.** [appliquer - coup, baiser] to give; **~ une claque à qqn** to give sb a clout round the ear; **~ une fessée à qqn** to smack sb's bottom, to spank sb; **~ un coup à qqn** to hit sb; **~ un coup de pied/poing à qqn** to kick/to punch sb; **~ un coup de rabot/râteau/pinceau à qqch** to go over sthg with a plane/rake/paintbrush. -**11.** [passer, transmettre] to give, to pass on *(sép)*; **donnez-moi le sel** pass OU hand me the salt; **~ son rhume à qqn** to give sb one's cold, to pass one's cold on to sb; **son père lui a donné le goût du théâtre** she got her liking for the theatre from her father. -**12.** [organiser - dîner, bal] to give, to throw; **l'association donnera un goûter** the association will give a tea-party. -**13.** *loc:* **je vous le donne en cent** OU **mille** *fam* you'll never guess in a month of Sundays OU in a million years.

B. CONFÉRER -**1.** [assigner] to give; **~ un nom à qqn** to give sb a name, to name sb; **~ un titre à qqn** to confer a title on sb; **je donne peu d'importance à ces choses** I attach little importance to these things; **on donne au verbe la valeur d'un substantif** the verb is given noun status. -**2.** [attribuer]: **on ne lui donnerait pas son âge** he doesn't look his age; **on lui donne facilement son âge** he looks his age; **quel âge me donnez-vous?** how old would you say I am? -**3.** [prédire] to give; **je ne lui donne pas trois mois** [à vivre] I give her less than three months to live; [avant d'échouer] I'll give it three months at the most.

C. GÉNÉRER -**1.** [suj: champ] to yield; [suj: arbre fruitier] to give, to produce; **la graine donne une nouvelle plante** the seed produces a new plant; **le vieux noyer donne encore des kilos de noix** the old walnut tree still gives OU produces masses of nuts; **les sources d'énergie qui donnent de l'électricité** the energy sources which produce electricity. -**2.** [susciter, provoquer - courage, énergie, espoir] to give; [- migraine] to give, to cause; [- sensation] to give, to create; [- impression] to give, to produce; **~ des forces à qqn** to give sb strength; **cela m'a donné une belle frayeur** it gave me a real fright; **~ du souci à qqn** to worry sb; **les enfants donnent du travail** children are a lot of work; **la promenade m'a donné de l'appétit** the walk has given me an appetite; **~ des boutons à qqn** to make sb come out in spots; **faire la vaisselle me donne des boutons** *fig* I'm allergic to washing-up; **la maladie peut ~ des complications** the illness may have complications; **ça donne la diarrhée** it gives you OU causes diarrhoea; **le poisson, ça donne de la mémoire** fish is good for your memory; **les tilleuls donnent de l'ombre** the lime trees give shade; **~ chaud/froid/faim/soif à qqn** to make sb hot/cold/hungry/thirsty; **~ mal au cœur à qqn** to make sb (feel) sick OU nauseous. -**3.** [conférer - prestige] to confer, to give; [- aspect, charme] to give, to lend; **le procédé donne au tissu l'aspect du velours** this process gives the material a velvety look; **le grand air t'a donné des couleurs** the fresh air has brought colour to your cheeks; **ton maquillage te donne bonne mine** your make-up makes you look well; **~ de l'ampleur à une veste** to let a jacket out; **pour ~ meilleur goût à la sauce** to improve the taste of the sauce; **pour ~ de la vitalité à vos cheveux** to give bounce to your hair; **pour ~ plus de mystère à l'histoire** to make the story more mysterious. -**4.** [aboutir à - résultats] to give, to yield; [- effet] to result in; **en ajoutant les impôts, cela donne la somme suivante** when you add (in OU on) the tax, it comes to the following amount; **j'espère que vos efforts donneront des résultats** I hope your efforts will give OU yield results; **le deuxième tour a donné la majorité aux écologistes** the second ballot resulted in a majority for the green party; **la combinaison de l'acide et du gaz donne un polymère** a polymer is obtained from combining the acid with the gas ❑ **~ quelque chose/ne rien ~/ne pas ~ grand-chose**: **et ta candidature, ça donne quelque chose?** have you had anything about your application?; **les recherches n'ont rien donné** the search was fruitless; **la robe ne donne pas grand-chose comme cela, attends que j'y mette de la dentelle** the dress doesn't look much like that, wait till I put some lace on it; **qu'est-ce que ça donne?: j'ai ajouté du vin à la sauce — qu'est-ce que ça donne?** I've added some wine to the sauce — what is it like now?; **et la fac, qu'est-ce que ça donne?** how's college going?; **et ton épaule, qu'est-ce que ça donne?** how's your shoulder doing?

D. EXPRIMER, COMMUNIQUER -**1.** [présenter, fournir - garantie, preuve, précision] to give, to provide; [- explication] to give; [- argument] to put forward *(sép)*; [- ordre, consigne] to give; **~ un conseil à qqn** to give sb a piece of advice, to advise sb; **~ une réponse** to give OU to provide an answer; **~ son avis** to give one's opinion; **ceux qui ont donné la combinaison gagnante...** those who gave the winning numbers...; **~ ses sources** to quote one's sources; **~ une certaine image de son pays** to show one's country in a particular light; **~ à entendre** OU **comprendre que** to let it be understood that; **ces faits nous ont été donnés comme vrais** we were led to believe that these facts were true; **~ qqch pour certain** to give sthg as a certainty; **on le donnait pour riche** he was said OU thought to be rich; **dans le village, on la donnait pour une sorcière** in the village, she was rumoured to be a witch. -**2.** [dire] to give; **~ son nom** to give one's name; **donnez la date de la bataille de Crécy** give the date of the battle of Crécy; **qui peut me ~ la racine carrée de 196** who can give OU tell me the square root of 196?, who can tell me what the square root of 196 is?; **~ des nouvelles à qqn** to give sb news; **~ des nouvelles de qqn** to give news of sb; **donnez-moi de ses nouvelles** tell me how he is ❑ **je te le donne pour ce que ça vaut** *fam* that's what I was told, anyway. -**3.** [indiquer - suj: instrument] to give, to indicate, to show; **l'altimètre donne l'altitude** an altimeter gives OU shows the altitude. -**4.** *fam* [dénoncer] to give away *(sép)*, to rat on, to shop *Br*. -**5.** [rendre public - causerie, cours] to give; [- œuvre, spectacle] to put on; **l'année où j'ai donné «Giselle»** [dit par le metteur en scène] the year I put on "Giselle"; [dit par le danseur] the year I performed "Giselle"; **elle donnera au printemps une édition critique de Proust** she has a critical edition of Proust coming out in the spring; **qu'est-ce qu'on donne au Rex?** what's on at the Rex?; **ce soir, on donne «Médée» sur la deuxième chaîne** "Medea" is on channel two tonight.

◇ *vi* -**1.** [produire - arbre] to bear fruit, to yield; [- potager, verger, terre] to yield; **le cerisier ne donnera pas avant deux ans** the cherry tree won't bear OU have any fruit for a couple of years; **la vigne a bien/mal donné cette année** the vineyard had a good/bad yield this year; **dis donc, elle donne, ta chaîne hi-fi!** *fam* that's a mean sound system you've got there! ❑ **~ à plein** [radio] to be on full blast, to be blaring (out); [campagne de publicité, soirée] to be in full swing; **le soleil donne à plein** the sun is beating down. -**2.** CARTES to deal; **à toi de ~** your deal. -**3.** [attaquer] to charge; **la police va ~** the police are about to charge; **faire ~ la garde/troupe** to send in the guards/troops.

◆ **donner dans** *v + prép* -**1.** [tomber dans]: **~ dans une embuscade** to be ambushed; **sans ~ dans le mélodrame** without becoming too melodramatic; **votre essai donne trop souvent dans le lyrisme** your essay lapses too frequently into lyricism; **on peut s'en réjouir, mais ne donnons pas dans l'excès d'optimisme** we may feel pleased about it, but let's not be over-optimistic ❑ **~ dans le piège** OU **panneau** to fall into the trap. -**2.** [se cogner contre]: **l'enfant est allé ~ dans la fenêtre** the child crashed into the window. -**3.** [déboucher sur] to give out onto; **la porte donnait dans un couloir** the door opened OU gave out onto a corridor; **l'escalier donne dans une petite cour** the staircase gives out onto OU leads to OU leads into a small courtyard.

◆ **donner de** *v + prép* -**1.** [cogner avec]: **~ du coude/de la tête contre une porte** to bump one's elbow/one's head against a door. -**2.** [utiliser]: **~ du cor** to sound the horn; **~ de l'éperon à son cheval** to spur one's horse; **~ de la voix** to raise one's voice ❑ **~ de la tête** [animal] to shake its head; **ne plus savoir où ~ de la tête** *fig* to be run off one's feet. -**3.** NAUT: **~ de la bande** to list. -**4.** *loc:* **elle lui donne du «monsieur»** she calls him "Sir".

◆ **donner sur** *v + prép* -**1.** [se cogner contre]: **la barque alla ~ sur le rocher** the boat crashed into the rock; **~ sur les écueils** to strike the rocks. -**2.** [être orienté vers]: **la chambre donne sur le jardin/la mer** the room overlooks the garden/the sea; **chambre donnant sur la mer** room with a sea view.

◆ **se donner** ◇ *vp (emploi passif)* [film, pièce] to be on; **sa pièce se donne à l'Odéon** his play is being staged OU is on at the Odéon.

◇ *vpi* -**1.** [employer son énergie]: **monte sur scène et donne-toi à fond** get on the stage and give it all you've got; **se ~ à**: **se ~ à une cause** to devote o.s. OU one's life to a cause; **elle s'est donnée à fond** OU **complètement dans son entreprise** she put all her effort into her business. -**2.** *sout* [sexuellement]: **se ~ à** to give o.s. to.

◇ *vpt* -**1.** [donner à soi-même]: **se ~ un coup de marteau sur les doigts** to hit one's fingers with a hammer; **se ~ les moyens de faire qqch** to give o.s. the means to do sthg; **se ~ du bon temps** [gén] to have fun; *euph* to give o.s. a good time || [s'accorder] to give OU to allow o.s.; **je me suis donné six mois pour finir ma thèse** I've given OU allowed myself six months to finish my thesis; **donne-toi un peu de repos** allow yourself to rest for a while. -**2.** [échanger] to give one another OU each other; **se ~ un baiser** to give each other a kiss, to kiss; **se ~ des coups** to exchange blows; **ils se sont donné leurs impressions** they swapped views. -**3.** [se doter de] to give o.s.; **se ~ un chef** to give o.s. a leader; **la capitale vient de se ~ un second opéra** the capital has been given a second opera house. -**4.** [prétendre avoir]: **il se donne trente ans** he claims to be thirty. -**5.** *loc:* **s'en ~ à cœur joie, s'en ~**: **les enfants s'en sont donné au square** the children had the time of their lives in the park; avec les crêpes, ils s'en sont donné à cœur joie they really tucked into their pancakes.

◆ **se donner pour** *vp + prép* to pass o.s. off as, to claim to be; **elle se donne pour l'amie du ministre** she claims to be the minister's friend.

◆ **donnant, donnant** *loc adv* that's fair, fair's fair; **je te prête mon costume si tu me passes ta voiture, c'est donnant donnant** I'll lend you my suit if you lend me your car, you can't say fairer than that; **d'accord, mais c'est donnant, donnant** OK, but I want something in return.

donneur, euse [dɔnœr, øz] *nm, f* -**1.** *fam* [délateur] squealer, informer. -**2.** JEUX dealer. -**3.** MÉD donor; ~ **de sang** blood donor; ~ **universel** universal blood donor.

◆ **donneur** *nm* -**1.** ÉCON & FIN: ~ **d'aval** backer, referee; ~ **d'ordres** principal. -**2.** CHIM donor. -**3.** MÉD: ~ **de sperme** sperm donor.

don Quichotte [dɔ̃kiʃɔt] (*pl* dons Quichottes) *nm* -**1.** [redresseur de torts]: **se poser en** ~ to adopt a quixotic stance. -**2.** LITTÉRAT: **'Don Quichotte de la Manche'** *Cervantès* 'Don Quixote'.

donquichottisme [dɔ̃kiʃɔtism] *nm* quixotic attitudes.

dont [dɔ̃] *pron rel* -**1.** [exprimant le complément du nom - personne] whose; [- chose] whose, of which; **le club ~ je suis membre** the club to which I belong OU of which I'm a member, the club I belong to; **un projet ~ vous pouvez voir les grandes lignes** a plan whose general outline you can see, a plan, the general outline of which you can see; **un buffet ~ le bois est vermoulu** a sideboard with woodworm; **cette femme, ~ le charme les avait captivés** this woman whose charm had captivated them; **l'hôtel ~ nous avons apprécié la tranquillité** the hotel whose quietness we appreciated, the hotel of which we appreciated the quietness. -**2.** [exprimant la partie d'un tout - personnes] of whom; [- choses] of which; **il y a 95 candidats, ~ 33 Canadiens** there are 95 candidates, of whom 33 OU 33 of whom are Canadians; **des livres ~ la plupart ne valent rien** books, most of which are worthless; **deux personnes ont téléphoné, ~ ton frère** two people phoned, including your brother; **les invités étaient arrivés, ~ nos amis marseillais** the guests had arrived, amongst whom where OU including our friends from Marseilles ❑ ~ **acte** JUR duly noted OU acknowledged. -**3.** [exprimant le complément de l'adjectif]: **le service ~ vous êtes responsable** the service for which you are responsible; **c'est la seule photo ~ je suis fier** it's the only photograph I'm proud of OU of which I'm proud. -**4.** [exprimant l'objet indirect]: **celui ~ je vous ai parlé** the one I spoke to you about; **ce ~ nous avons discuté** what we talked about; **explique-moi ce ~ il s'agit** tell me what it is about; **une corvée ~ je me passerais bien** a chore (which) I could well do without; **il n'y a rien là ~ on puisse se féliciter** there's nothing to be pleased about; **une affaire ~ il s'occupe** a matter which he is dealing with; **les vacances ~ tu rêves** the holidays which you dream of OU about. -**5.** [exprimant le complément du verbe - indiquant la provenance, l'agent, la manière etc]: **le mal ~ il souffre** the illness which he suffers from; **une personne ~ on ne sait rien** a person nobody knows anything about; **cette femme ~ je sais qu'elle n'a pas d'enfants** that woman who I know doesn't have any children; **la famille ~ je viens** the family (which) I come from; **le nectar ~ les abeilles tirent le miel** the nectar from which bees make honey, the nectar which bees make honey from; **les amis ~ il est entouré** the friends he is surrounded by; **les cadeaux ~ il a été comblé** the many presents (which) he received; **la façon ~ elle s'y prend** the way (in which) she goes about it; **la manière ~ il joue** the way (in which) he plays, his way of playing.

donzelle *fam* [dɔ̃zɛl] *nf hum* OU *péj* young lady OU thing.

dopage [dɔpaʒ] *nm* drug use *(in sport)*.

dopamine [dɔpamin] *nf* dopamin.

dopant, e [dɔpɑ̃, ɑ̃t] *adj* stimulant *(modif)*.

◆ **dopant** *nm* drug *(used as stimulant in competitions)*.

dope▽ [dɔp] *nf* dope.

doper [3] [dɔpe] *vt* -**1.** [droguer] to dope *(in a competition)*; ~ **l'économie** to stimulate the economy artificially. -**2.** CHIM to dope.

◆ **se doper** *vp (emploi réfléchi)* to take drugs *(in a competition)*.

doping [dɔpiŋ] = **dopage**.

Doppler [dɔplɛr] *npr*: **effet ~** Doppler effect.

dorade [dɔrad] = **daurade**.

Dordogne [dɔrdɔɲ] *npr f*: **la ~** [région] (the) Dordogne (region); [rivière] the Dordogne (River).

doré, e [dɔre] *adj* -**1.** [bouton, robinetterie] gilt, gilded; ~ **à la feuille** gilded with gold leaf; ~ **sur tranche** [livre] gilt-edged, with gilded edges. -**2.** [chevelure, lumière] golden; [peau] golden brown; **ses cheveux d'un blond ~** his golden hair ‖ [gâteau, viande] browned, golden brown. -**3.** [idéal - jours, rêves] golden. -**4.** [riche]: **la jeunesse ~e** the jeunesse dorée, gilded youth. -**5.** [dans des noms d'animaux] golden.

◆ **doré** *nm* -**1.** [dorure] gilt. -**2.** *Can* ZOOL yellow OU wall-eyed pike.

◆ **dorée** *nf* ZOOL John Dory, dory.

dorénavant [dɔrenavɑ̃] *adv* [à partir de maintenant] from now on, henceforth, henceforward; [dans le passé] from then on; **~, j'essaierai d'être moins distrait** from now on I'll try to be less absent-minded; **il décida que ~ elle serait son assistante** he decided that from then on she would be his assistant.

dorer [3] [dɔre] ◇ *vt* -**1.** [avec de l'or - couverts] to gild; ~ **un cadre à la feuille** to gild a frame with gold leaf; **faire ~ qqch** to have sthg gilded ❑ ~ **la pilule à qqn** *fam* to sugar the pill for sb. -**2.** [brunir - peau] to give a golden colour to, to tan; [- blés, poires] to turn gold; [- paysage] to shed a golden light on; **le couchant dorait les roseaux** the setting sun tipped the reeds with gold. -**3.** CULIN: ~ **une pâte à l'œuf/au lait** to glaze pastry with egg yolk/with milk.

◇ *vi* CULIN to turn golden; **faire ~ la viande** brown the meat; **faites ~ les oignons** cook OU fry the onions until golden; **faites ~ la tarte** bake the pie until golden; **faites ~ les pommes de terre au four** put the potatoes in the oven to brown.

◆ **se dorer** *vp (emploi réfléchi)* [touriste] to sunbathe; **se ~ les jambes au soleil** to get one's legs nice and brown in the sun ❑ **se ~ la pilule** *fam* [bronzer] to lie in the sun getting o.s. cooked to a turn *hum*; [ne rien faire] to do sweet FA *Br* OU zilch *Am*.

doreur, euse [dɔrœr, øz] *nm, f* gilder.

dorien, enne [dɔrjɛ̃, ɛn] *adj* -**1.** HIST & MUS Dorian. -**2.** LING Doric.

◆ **Dorien, enne** *nm, f* Dorian.

◆ **dorien** *nm* LING Doric.

dorique [dɔrik] ◇ *adj* [ordre] Doric; **une colonne d'ordre ~** a Doric column.

◇ *nm*: **le ~** the Doric order.

dorloter [3] [dɔrlɔte] *vt* to pamper, to cosset.

dormance [dɔrmɑ̃s] *nf* dormancy.

dormant, e [dɔrmɑ̃, ɑ̃t] *adj* -**1.** [eau] still. -**2.** *litt* [passion, sensualité] dormant. -**3.** BIOL dormant, latent. -**4.** CONSTR [bâti, chassis] fixed.

◆ **dormant** *nm* -**1.** CONSTR [bâti] fixed frame, casing *(C)*; [vitre] fixed. -**2.** NAUT standing end.

dormeur, euse [dɔrmœr, øz] ◇ *adj* [poupée, poupon] sleeping.

◇ *nm, f* sleeper; **c'est un grand** OU **gros ~** he likes his sleep.

◆ **dormeur** *nm* [crabe] (common OU edible) crab.

◆ **dormeuse** *nf* [boucle d'oreille] stud earring.

dormir [36] [dɔrmir] *vi* -**1.** PHYSIOL to sleep; [à un moment précis] to be asleep, to be sleeping; **tu as bien dormi?** did you sleep well?; **dors bien!** sleep tight!; **j'ai dormi tout l'après-midi** I was asleep OU I slept all afternoon; **il dort tard le dimanche** he sleeps in on Sundays; **on dort mal dans ce lit** you can't get a good night's sleep in this bed; **tu as pu ~ dans le train?** did you manage to get some sleep on the train?; **parler en dormant** to talk in one's sleep; **je n'ai pas dormi de la nuit** I didn't sleep a wink all night; **la situation m'inquiète, je n'en dors pas** OU **plus (la nuit)** the situation worries me, I'm losing sleep over it; **le thé m'empêche de ~** tea keeps me awake; **ma jambe m'empêche de ~** my leg keeps me awake, I can't sleep because of my leg; **ce n'est pas cette histoire de pots-de-vin qui va m'empêcher de ~!** I don't intend to lose any sleep over that corruption business!; **avoir envie de ~** to be OU to feel sleepy; **~ d'un sommeil léger** [habituellement] to be a light sleeper; [à tel moment] to be dozing; **~ d'un sommeil profond** OU **lourd** OU **de plomb** [habituellement] to be a heavy sleeper; [à tel moment] to be fast asleep, to be sound asleep, to be in a deep sleep ❑ **~ à poings fermés** to be fast asleep, to be sleeping like a baby; **~ comme un ange** [bébé] to be sound asleep; [adulte] to sleep like a baby; **~ comme une bûche** OU **un loir** OU **une marmotte** OU **une souche** OU **un sabot** to sleep like a log; **il est là-haut, et dort comme une marmotte** he's upstairs, sound asleep OU dead to the world; **~ debout: tu dors debout** you can't (even) keep awake, you're dead on your feet; **histoire à ~ debout** cock and bull story, tall story; **elle a raconté au juge une histoire à ~ debout** she told the judge a pack of lies; **~ du sommeil du juste** to sleep the sleep of the just; **~ sur ses deux oreilles: tu peux dormir sur tes deux oreilles** there's no reason for you to worry, you may sleep soundly in your bed at night; **ne ~ que d'un œil: je ne dors que d'un œil** [je dors mal] I can hardly sleep, I hardly get a wink of sleep; [je reste vigilant] I sleep with one eye open; **qui dort dîne** *prov* he who sleeps forgets his hunger. -**2.** [être sans activité - secteur] to be dormant OU asleep; [- volcan] to be dormant; [- économies personnelles] to lie idle; [- économie nationale] to be stagnant; **ils ont laissé ~ le projet** they left the project on the back burner. -**3.** [être inattentif]: **dépêche-toi, tu dors!** come on, wake up!; **ce n'est pas le moment de ~!** now's the time for action!

dormitif, ive [dɔrmitif, iv] *adj* -**1.** *arch* [qui fait dormir] sleep-inducing, soporific. -**2.** *hum* [ennuyeux] soporific.

dorsal, e, aux [dɔrsal, o] *adj* -**1.** ANAT & ZOOL dorsal, back *(modif)*; **la face ~e de la main** the back of the hand. -**2.** PHON dorsal.

◆ **dorsal** *nm* ANAT: **grand ~, long ~** latissimus dorsi.

◆ **dorsale** *nf* -**1.** PHON dorsal consonant. -**2.** ZOOL dorsal fin. -**3.** GÉOL [élévation] ridge; [montagne] mountain range. -**4.** MÉTÉO: **~ barométrique** ridge of high pressure.

dorsalgie [dɔrsalʒi] *nf* backpain.

dortoir [dɔrtwar] *nm* dormitory; **les ~s de la caserne** the sleeping quarters of the barracks ❑ **cité** OU **ville ~** dormitory town.

dorure [dɔryr] *nf* -**1.** [or] gilt; **bureau couvert de ~s** desk covered in gilding. -**2.** [processus] gilding; **~ à la feuille/à la poudre** gold leaf/powder gilding; **~ sur tranches** [reliure] edge-gilding.

doryphore [dɔrifɔr] *nm* Colorado OU potato beetle.

dos [do] *nm* -**1.** ANAT back; **le bas de son ~** the small of her back; **avoir le ~ rond** to be hunched up OU round-shouldered; **avoir le ~ voûté** to have a stoop; **j'ai mal au ~** my back hurts, I've got (a) backache; **j'avais le soleil dans le ~** the sun was behind me OU on my back; **quand vous aurez l'église dans le ~, tournez à droite** when the church is OU with the church behind you, turn right; **être sur le ~** to be (lying) on one's back, to be supine OU *hum*; **mets-toi sur le ~** lie on your back; **tourner le ~ à qqn** [assis] to sit with one's back to sb; [debout] to stand with one's back to sb; [l'éviter] to turn one's back on sb; **je ne l'ai vu que de ~** I only saw him from behind OU the back; **j'étais ~ à la fenêtre** I had my back to the window; **où est la gare? – vous lui tournez le ~** where is the station? – it's in the opposite direction (to the one you're going); **dès que j'ai le ~ tourné, il fait des bêtises** as soon as my back is turned, he gets into mischief ❑ **avoir bon ~: comme d'habitude, j'ai bon ~!** as usual, I get the blame!; **il a bon ~, le mauvais temps!** (why not) blame the bad weather! *iron*; **avoir le ~ large: j'ai le ~ large mais il ne faut pas exagérer!** I can take a lot OU I may be resilient, but there are limits!; **avoir qqch sur le ~** *fam*: **ce gosse n'a rien sur le ~!** that kid's not dressed warmly enough!; **elle a pas mal de dettes sur le ~** she's up to her ears OU eyes in debt; **c'est moi qui ai tous les préparatifs sur le ~** I've been saddled with all the preparations; **il est toujours derrière mon ~** he's always breathing down my neck; **faire qqch dans** OU **derrière le ~ de qqn** to do sthg behind sb's back; **être tombé sur le ~ et se casser le nez** *fam* to be damned unlucky, to have rotten luck; **être sur le ~ de** *fam*: **tu es toujours sur le ~ de ce gosse, laisse-le un peu!** you're always nagging that kid, leave him alone!; **vous aurez les syndicats sur le ~** the unions will be breathing down your necks; **faire le gros ~** [chat] to arch its back; *fig* to lie low; **faire qqch sur le ~ de: ils ont bâti leur empire sur le ~ des indigènes** they built their empire at the expense of the natives; **l'avoir dans le ~** *fam*: **il l'a dans le ~!** he's been had OU done!; **fais gaffe, tu va l'avoir dans le ~!** watch out or you'll get done!; **mettre qqch sur le ~ de qqn** *fam* [crime, erreur] to pin sthg on sb; **ils lui ont tout mis sur le ~** they blamed OU pinned everything on him; **c'est les flics qui m'ont mis ça sur le ~!** I was set up by the cops!; **je n'ai rien/pas grand-chose à me mettre sur le ~** I have got nothing/virtually nothing to wear; **il s'est mis toute la responsabilité sur le ~** he shouldered the responsibility for the whole business; **tirer dans le ~ de qqn** to shoot OU to stab sb in the back *fig*; **tomber sur le ~ de qqn** *fam*: **si le fisc lui tombe sur le ~, ça va lui coûter cher!** if the taxman gets hold of OU catches him, it'll cost him!; **avoir le ~ au mur** to have one's back to the wall. **-2.** [d'une fourchette, d'un habit] back; [d'un couteau] blunt edge; [d'un livre] spine; **corsage décolleté dans le ~** low-backed blouse ❑ **il n'y est pas allé avec le ~ de la cuillère!** *fam* [dans une action] he didn't go in for half-measures!; [dans une discussion] he didn't mince words! **-3.** SPORT: **~ crawlé** back crawl; **tu vas jusqu'à la bouée en ~ crawlé?** are you going to back-crawl to the buoy?

◆ **à dos** ◇ *loc adj* → **sac**.

◇ *loc adv*: **je ne veux pas l'avoir** OU **me le mettre à ~** I don't want him to turn against me OU to get his back up; **il les avait tous à ~** they were all after him.

◆ **à dos de** *loc prép* on the back of; **aller à ~ d'âne/d'éléphant** to ride (on) a donkey/an elephant; **le matériel est transporté à ~ de lamas/d'hommes** the equipment is carried by llamas/men.

◆ **au dos** *loc adv* [d'une feuille] on the other side OU the back, overleaf.

◆ **au dos de** *loc prép* [d'une feuille] on the back of; **signer au ~ d'un chèque** to endorse a cheque.

◆ **dos à dos** *loc adv* with their backs to one another; **mettez-vous ~ à ~** *pr* stand back to back OU with your backs to one another; **mettre** OU **renvoyer deux personnes ~ à ~** *fig* to refuse to get involved in an argument between two people.

DOS, Dos [dɔs] (*abr de* Disc Operating System) *nm* DOS.

dosable [dozabl] *adj* which can be measured (out).

dosage [dozaʒ] *nm* **-1.** [détermination] measurement of OU measuring a quantity; **faire un ~** to determine a quantity; **les ~s d'albumine montrent que...** the measured quantities of albumin show that... **-2.** [dose précise de médicaments] (prescribed) dose. **-3.** [mélange]: **le ~ de ce cocktail est...** the (correct) proportions for this cocktail are... **-4.** [équilibre] balance; **il y a dans ses meubles un savant ~ d'esthétisme et de fonctionnel** his furniture successfully combines aestheticism and functionalism. **-5.** ŒNOL sweetening OU dosing (of Champagne).

dos-d'âne [dodan] *nm inv* sleeping policeman *Br*, speed bump *Am*; **pont en ~** humpback bridge.

dose [doz] *nf* **-1.** PHARM dose; MÉD dose, dosage; **une forte ~ de ce médicament peut être mortelle** in large doses, this drug can be fatal; **prendre une forte ~** OU **une ~ massive de sédatifs** to take an overdose of sedatives; **'respecter les ~s prescrites'** 'do not exceed the prescribed dose'. **-2.** COMM [quantité prédéterminée - gén] dose, measure; [- en sachet] sachet; **mesurez trois ~s de lait en poudre** take three measures of powdered milk; **une ~ de désherbant pour 10 ~s d'eau** one part weedkiller to 10 parts water; **réduisez la ~ de lessive si votre eau n'est pas calcaire** reduce the amount of washing powder if the water in your area is soft. **-3.** [quantité - d'un aliment, d'un composant] amount, quantity; **je ne connais pas les ~s pour la vinaigrette** I don't know the right proportions OU quantities to use when making vinaigrette; **~ de: ses documentaires ont tous une petite ~ d'humour** there's a touch of humour in all his documentaries; **il a une ~ de paresse peu commune** he's uncommonly lazy; **avec une petite ~ de bon sens/volonté** with a modicum of common sense/willpower; **il faut une sacrée ~ de bêtise/naïveté pour le croire** you have to be pretty stupid/naive to believe him; **j'ai eu ma ~ de problèmes!** *fam* I've had my (fair) share of problems!; **du moment qu'il a sa ~ journalière de télévision, il est content** as long as he gets his daily dose of television, he's happy. **-4.** *loc*: **avoir sa ~** *fam*: **il a sa ~** *fam* [lassé, ivre] he's had a bellyful OU as much as he can stand; **en avoir sa ~** *fam*: **sa mère, j'en ai eu ma ~!** I've seen quite enough of his mother!, **les scènes de ménage, j'en ai ma ~!** *fam* I've had it up to here with marital rows!; **il tient sa** OU **en a une bonne ~** *fam* he's as thick as two short planks *Br*, he's as dumb as they come *Am*; **ce type, la ~ qu'il se trimballe!**▽ that guy's an absolute moron! **-5.** NUCL: **~ absorbée** dose, dosage.

◆ **à faible dose** *loc adv* in small doses OU quantities.

◆ **à forte dose** *loc adv* in large quantities OU amounts.

◆ **à haute dose** *loc adv* in large doses OU quantities; **travailler à haute ~** *fam* to work like a dog; **irradié à haute ~** having received a large level of radiation.

◆ **à petite dose, à petites doses** *loc adv* in small doses OU quantities; **j'aime bien le sport/ma sœur, mais à petites ~s** I like sport/my sister, but (only) in small doses.

doser [3] [doze] *vt* **-1.** [médicament] to measure a dose of; [composant, ingrédient] to measure out (*sép*). **-2.** [équilibrer - cocktail, vinaigrette] to use the correct proportions for; **comment doses-tu ton anisette?** what proportions do you use for your anisette?; **sa collection de printemps dose admirablement fantaisie et rigueur** his spring collection is a wonderful combination of fantasy and severity. **-3.** [utiliser avec mesure]: **~ ses forces** OU **son effort** to pace o.s; **il faut savoir ~ ses critiques** you have to know how far you can go in your criticism. **-4.** MÉD [albumine] to determine the quantity of.

doseur [dozœr] *nm* measure; (*comme adj*): **bouchon/gobelet ~** measuring cap/cup.

dosimètre [dozimɛtr] *nm* dosimeter.

dossard [dosar] *nm* SPORT number (*worn by a competitor*); **portant le ~ numéro 3** wearing number 3.

dossier [dosje] *nm* **-1.** [d'une chaise, d'un canapé] back. **-2.** [documents] file, dossier; **avoir un ~ sur qqn** to keep a file on sb, to keep sb on file; **constituer** OU **établir un ~ sur un suspect** to build up a file on a suspect; **constituer** OU **établir un ~ sur les mammifères** to put together a file on mammals; **les élèves doivent faire un ~ sur un sujet de leur choix** the pupils must do a project on the subject of their choice; **il connaît** OU **possède son ~** he knows what he's talking about ‖ JUR [d'un prévenu] record; [d'une affaire] case file, dossier; ADMIN [d'un cas social] case file; **ouvrir/fermer un ~** to open/to close a case file ❑ **~ d'inscription** UNIV registration forms; **~ médical** medical file OU records; **~ scolaire** SCOL school record *Br*, student file *Am*. **-3.** PRESSE, RAD & TV: **numéro spécial avec un ~ sur le Brésil** special issue with an extended report on Brazil ❑ **~ de presse** survey, (special) report. **-4.** [chemise cartonnée] folder, file.

Dostoïevski [dɔstɔjɛfski] *npr* Dostoevski, Dostoievsky.

dot [dɔt] *nf* [d'une mariée] dowry; [d'une religieuse] (spiritual) dowry.

◆ **en dot** *loc adv* as dowry; **apporter qqch en ~** to bring sthg as one's dowry, to bring a dowry of sthg; **il lui avait laissé une ferme en ~** he'd left her a farmhouse as part of her dowry.

dotal, e, aux [dɔtal, o] *adj* dotal.

dotation [dɔtasjɔ̃] *nf* **-1.** [fonds versés - à un particulier, une collectivité] endowment; [- à un service public] grant, funds. **-2.** [revenus - du président] (personal) allowance, emolument; [- d'un souverain] civil list. **-3.** [attribution - de matériel] equipment; **la somme est réservée pour la ~ du service en ordinateurs** the sum has been earmarked for providing OU equipping the department with computers ❑ **~ en personnel** *Can* allocation of posts (*in the public service*).

doter [3] [dɔte] *vt* **-1.** [équiper]: **~ qqch de** to provide OU to equip sthg with; **machine dotée de mémoire** machine equipped with a memory. **-2.** [gratifier]: **la nature l'a dotée d'une beauté/d'une volonté exceptionnelle** nature has endowed her with exceptional beauty/with an exceptionally strong will; **pays doté d'une puissante industrie** country with a strong industrial base; **quand on est doté d'une bonne santé** when you enjoy good health. **-3.** [donner une dot à] to give a dowry to; **ses filles sont richement dotées** his daughters have large dowries. **-4.** [financer - particulier, collectivité] to endow; [- service public] to fund.

◆ **se doter de** *vp + prép* to acquire.

douaire [dwɛr] *nm* dower.

douairière [dwɛrjɛr] *nf* **-1.** [veuve] dowager (lady). **-2.** *péj* [femme] rich old woman.

Douala [dwala] *npr* Douala.

douane [dwan] *nf* **-1.** [à la frontière]: **poste de ~** customs; **passer à la ~** to go through customs; **il a été arrêté à la ~** he was stopped by customs officers OU when going through customs. **-2.** [administration]: **la ~, les ~s, le service des ~s** [gén] the Customs (service); [en Grande-Bretagne] Customs and Excise (department); **entreposer qqch en ~** to put sthg in OU into bond; **inspecteur des ~s** customs officer; **zone sous ~** area subject to customs authority. **-3.** [taxe]: **(droits de) ~** customs duty OU dues; **exempté de ~** duty-free, non-dutiable; **s'acquitter des droits de ~** to clear customs.

douanier, ère [dwanje, ɛr] ◇ *adj* [tarif, visite] customs (*modif*).

◇ *nm, f* customs officer.

douar [dwar] *nm* douar.

doublage [dublaʒ] *nm* **-1.** CIN [d'un film] dubbing; [d'un acteur]: **il n'y a pas de ~ pour les cascades** there's no stand-in for the stunts. **-2.** [habillage d'un coffre] lining. **-3.** COUT lining.

double [dubl] ◇ *adj* **-1.** [deux fois plus grand - mesure, production] double; **les profits seront ~s cette année** profits will be double OU will have doubled this year; un ~ whisky a double whisky ❑ chambre/lit ~ double room/bed; disquette ~ densité/~ face double-density/double-sided disk; ~ menton double chin. -2. [à deux éléments identiques] double; contrat en ~ exemplaire contract in duplicate ❑ ~ deux/cinq JEUX double two/five; ~ allumage dual ignition; en ~ aveugle double-blind; ~ commande dual controls; à ~ commande AUT dual-control; faire un ~ débrayage to double-declutch *Br*, to double-clutch *Am*; ~ faute TENNIS double fault; faire une ~ faute to serve a double fault, to double-fault; en ~ file: stationner en ~ file to double-park; je suis en ~ file I'm double-parked; à ~ fond [mallette] double-bottomed, false-bottomed; ~ liaison double bond; ~ nœud double knot; ~ page double page spread; ~ vitrage double glazing; faire poser un ~ vitrage à une fenêtre to double-glaze a window; faire ~ emploi to be redundant; faire ~ emploi avec qqch to replicate sthg. -3. [à éléments différents - avantage, objectif] double, twofold; [- fonction, personnalité, tarification] dual; le préjudice est ~ the damage is of two kinds OU is twofold; avoir la ~ nationalité to have dual nationality; mener une ~ vie to lead a double life ❑ à ~ emploi OU usage dual-purpose *(avant n)*; ~ jeu *fig* double-dealing; jouer OU mener (un) ~ jeu to play a double game; coup ~: faire coup ~ CHASSE to kill two animals with one shot; *fig* to kill two birds with one stone. -4. BOT: lilas ~ double lilac.

◇ *nm* -1. [en quantité]: six est le ~ de trois six is twice three OU two times three; coûter le ~ de to cost twice as much as; j'ai payé le ~ I paid double that price OU twice as much; je croyais que ça coûtait 300 F – c'est plus du ~ I thought it was 300 F – it's more than twice that OU double that price; les huîtres à 100 F, ça les met au ~ par rapport à l'an dernier! *fam* oysters at 100 F, they've doubled (in price) since last year! -2. [exemplaire - d'un document] copy; [- d'un timbre de collection] duplicate, double; tu as un ~ de la clé? have you got a spare OU duplicate key?; je garde des ~s de toute ma correspondance I keep copies of all the letters I send. -3. [sosie] double, doppelgänger. -4. SPORT: jouer un ~ to play (a) doubles (match); c'est un bon joueur de ~ he's a good doubles player ❑ ~ messieurs/dames/mixte men's/women's/mixed doubles.

◇ *adv* [compter] twice as much, double; [voir] double.

◆ **à double sens** ◇ *loc adj*: un mot à ~ sens a double-entendre; une phrase à ~ sens a double-entendre.

◇ *loc adv*: on peut prendre la remarque à ~ sens you can interpret OU take that remark two ways.

◆ **à double tranchant** *loc adj* [couteau, action] double-edged, two-edged; attention, c'est un argument à ~ tranchant beware, that argument could backfire on you.

◆ **à double tour** *loc adv*: fermer à ~ tour to double lock; enfermer qqn à ~ tour [en prison] to lock sb up (and throw away the key); [dans sa chambre] to lock sb up (and make sure they can't get away).

◆ **en double** *loc adv*: les draps sont pliés en ~ the sheets are folded double OU doubled over; mettre en ~ [obj: corde] to double over *(sép)*; [obj: couverture] to double over, to fold double; j'ai une photo en ~ I've got two of the same photograph; jouer en ~ SPORT to play (a) doubles (match).

doublé, e [duble] *adj* -1. COUT lined; non ~ unlined. -2. CIN dubbed.

◆ **doublé** *nm* -1. CHASSE right and left; faire un ~ to shoot a right and left. -2. [succès] double; vainqueur du 100 et du 200 m, c'est un beau ~ he's won both the 100 and 200 m races, that's a nice double. -3. MUS turn. -4. JOAILL rolled gold.

double-crème [dubləkrɛm] *(pl* doubles-crèmes) *nm* ≃ cream cheese.

double-croche [dubləkrɔʃ] *(pl* doubles-croches) *nf* semi-quaver *Br*, sixteenth note *Am*.

double-décimètre [dublədesimɛtr] *(pl* doubles-décimètres) *nm* ruler.

doublement¹ [dubləmɑ̃] *nm* -1. [augmentation - d'un prix, d'une production] doubling *(U)*, twofold increase; ils demandent le ~ de leur prime they want their bonus to be doubled. -2. AUT overtaking *Br*, passing. -3. [d'une couverture, d'un papier, d'un tissu] doubling, folding; [d'un fil] doubling. -4. [d'une consonne] doubling.

doublement² [dubləmɑ̃] *adv* doubly; c'est ~ ironique there's a double irony there; je suis ~ déçu/surpris I'm doubly disappointed/surprised.

doubler [3] [duble] ◇ *vt* -1. [dépasser - coureur, véhicule] to overtake *Br*, to pass; je me suis fait ~ par un cycliste I was overtaken by a cyclist. -2. [porter au double - bénéfices, personnel, quantité] to double; ~ l'allure OU le pas to quicken one's pace ❑ ~ la mise JEUX to double the stake; *fig* to raise the stakes. -3. [garnir d'une doublure - coffret, jupe, tenture] to line; ~ un manteau de velours to line a coat with velvet. -4. CIN [voix] to dub; [acteur] to stand in for, to double; il se fait ~ pour les cascades he's got a stand-in for his stunts. -5. [mettre en double - corde, fil] to double; [- couverture] to fold (in half), to double (over); les enfants, doublez les rangs children, walk in twos; ~ la route de Ligny à Verseil to build a road parallel to the Ligny-Verseil road. -6. *fam* [trahir]: ~ qqn [le voler] to pull a fast one on sb *(and get something that was rightly his)*; [le devancer] to pip sb at the post *Br*, to beat sb out *Am*. -7. CHASSE: ~ ses voies to double back. -8. MUS [parties] to split; là, Verdi a doublé les altos at that point, Verdi split the alto (into two semi-choruses). -9. NAUT [cap] to double, to round; ~ le cap de la trentaine *fig* to turn thirty; l'inflation a doublé le cap des 5% inflation has broken the 5% barrier. -10. *Belg* SCOL to take again *(sép)*; il a doublé sa troisième he had to do his fourth year again.

◇ *vi* -1. [bénéfices, poids, quantité] to double, to increase twofold. -2. TENNIS to double bounce.

◆ **se doubler de** *vp + prép* to be coupled with; une mauvaise foi qui se double d'agressivité bad faith coupled with aggressiveness.

double-rideau [dublərido] *(pl* doubles-rideaux) *nm* double curtains.

doublet [dublɛ] *nm* -1. JOAILL, LING & PHYS doublet. -2. OPT doublet (lens).

doubleur, euse [dublœr, øz] *nm, f Belg pupil repeating a year*: c'est un ~ he's been put back a year.

doublon [dublɔ̃] *nm* -1. [pièce] doubloon. -2. IMPR doublet.

doublonner [3] [dublɔne]

◆ **doublonner avec** *v + prép* to duplicate.

doublure [dublyr] *nf* -1. [garniture] lining *(C)*. -2. CIN stand-in; THÉÂT understudy. -3. MÉTALL flaw, defect, scaling.

douce-amère [dusamɛr] *(pl* douces-amères) *nf* woody nightshade, bittersweet.

douceâtre [dusatr] *adj* [odeur, goût, saveur] sweetish; [sourire, ton, voix] sugary.

doucement [dusmɑ̃] *adv* -1. [avec délicatesse, sans brusquerie - caresser, poser, prendre] gently; [- manier] gently, with care; [- démarrer] smoothly; ~! gently!, careful!; ~ avec les verres! careful OU go gently with the glasses!; ~ avec le champagne/poivre! (go) easy on the champagne/pepper!; il m'a poussé, et pas ~ encore! *fam* he gave me a real push!; vas-y ~, il est encore petit go easy on OU with him, he's only a child. -2. [lentement - marcher, progresser, rouler] slowly. -3. [graduellement - augmenter, s'élever] gently, gradually; le champ descend ~ jusqu'à une rivière the field slopes gently down to a river. -4. [sans bruit - chantonner] softly; parle plus ~, il dort lower your voice OU keep your voice down, he's sleeping; mets la radio, mais ~ put the radio on, but quietly. -5. *fam* [discrètement]: ça me fait ~ rigoler, son projet de créer une entreprise his idea of setting up a company is a bit of a joke. -6. [pour calmer, contrôler]: ~, ~, vous n'allez pas vous battre, tout de même! calm down, you don't want a fight, do you?; ~, je n'ai jamais dit ça! hold on, I never said that! ❑ ~ les basses! *fam* hey, hold on! -7. *fam* [moyennement] so-so; comment va ton commerce? – ~ what about your business? – so-so OU it's just about keeping afloat.

doucereux, euse [dusrø, øz] *adj* [goût, liqueur] sweetish; *péj* sickly sweet; [voix, ton, paroles] sugary, honeyed; [manières, personne] suave, smooth.

doucette [dusɛt] *nf* corn salad, lamb's lettuce.

doucettement *fam* [dusɛtmɑ̃] *adv* [marcher, progresser] slowly; ton grand-oncle va bien? – tout ~ how is your great-uncle? – a bit frail but he's fine.

douceur [dusœr] *nf* -1. [toucher - d'une étoffe, d'une brosse] softness; [- des cheveux, de la peau] softness, smoothness; vos mains conserveront ainsi toute leur ~ your hands will remain smooth OU soft ‖ [goût - d'un vin] sweetness; [- d'un fromage] mildness. -2. [délicatesse - de caresses, de mouvements, de manières] gentleness; [- d'une voix] softness; manipuler qqch avec ~ to handle sthg gently; parler avec ~ to speak softly; prendre qqn par la ~ to use the soft approach with sb; la ~ de vivre the gentle pleasures of life. -3. [bonté - d'une personne] sweetness, gentleness; [- d'un regard, d'un sourire] gentleness. -4. [d'un relief] softness; la ~ de ses traits his soft features. -5. TECH [d'une eau] softness. -6. MÉTÉO mildness; surpris par la ~ du soir surprised by the mildness of the evening. -7. [friandise] sweet.

◆ **douceurs** *nfpl* -1. [agréments] pleasures; les ~s de la vie the pleasures of life, the pleasant things in life. -2. [propos agréables] sweet words; les deux conducteurs échangeaient des ~s au feu rouge *iron* the two drivers were swapping insults while waiting for the lights to change.

◆ **en douceur** ◇ *loc adj* [décollage, démarrage] smooth.

◇ *loc adv* [sans brusquerie - gén] gently; [- démarrer, s'arrêter] smoothly; réveille-moi en ~ la prochaine fois next time, wake me up gently.

douche [duʃ] *nf* -1. [jet d'eau] shower; prendre une ~ to have OU to take a shower; il est sous la ~ he's in the shower ❑ ~ écossaise *pr* hot and cold shower *(taken successively)*; ce mélangeur ne marche pas, c'est la ~ écossaise! that mixer tap's not working, you get scalded one minute and frozen the next!; son refus m'a fait l'effet d'une ~ écossaise his refusal came as a real shock. -2. [bac, cabine] shower unit; les ~s the showers ❑ (pomme de) ~ shower head. -3. *fam* [averse]: recevoir OU prendre une bonne ~ to get drenched OU soaked. -4. *fam* [choc, surprise] shock; [déception] let-down, anticlimax; ça m'a fait l'effet d'une ~ (froide) it came as a shock to me; lui qui croyait être nommé directeur, quelle ~! he thought he was going to be appointed manager, what a let-down for him! -5. *fam* [reproches] telling-off, dressing-down.

doucher [3] [duʃe] *vt* -1. [laver] to shower, to give a shower to; je me suis fait ~ *fam* [par la pluie] I got drenched OU soaked. -2. *fam* [décevoir] to let down. -3. *fam* [réprimander]: ~ qqn to tell sb off, to give sb a good telling-off.

◆ **se doucher** *vp (emploi réfléchi)* to have OU to take a shower.

doudoune [dudun] *nf* (thick) quilted jacket OU anorak.

doué, e [dwe] *adj* -1. [acteur, musicien] gifted, talented; être ~ en dessin to have a gift for OU to be good at drawing; il est ~ dans tous les sports he's an all-round sportsman; être ~ pour tout to be an all-rounder; tu es vraiment ~ pour envenimer les situations! you've got a real knack for stirring things up!; **je n'arrive pas à brancher le tuyau — tu n'es pas ~!** *fam* I can't connect the hose — you're hopeless! -**2.** [doté]: ~ **de** [obj: intelligence, raison] endowed with; [obj: mémoire] gifted OU blessed OU endowed with.

douer [6] [dwe] *vt*: ~ **qqn de** to endow sb with; **la nature l'a doué de...** nature has endowed OU blessed him with...

douille [duj] *nf* -**1.** [de cuisine] piping nozzle. -**2.** ARM (cartridge) case. -**3.** [d'une ampoule] (lamp) socket. -**4.** [de cylindre] casing.

douiller▽ [3] [duje] *vi* to cough up, to fork out; **la nourriture est super, mais ça douille** the food is great but it costs a packet OU an arm and a leg!

douillet, ette [dujɛ, ɛt] *adj* -**1.** [très sensible à la douleur] oversensitive; [qui a peur de la douleur] afraid of getting hurt; **que tu es ~!** *péj* don't be so soft! -**2.** [confortable - vêtement, lit] (nice and) cosy, snug.

◆ **douillette** *nf* -**1.** [robe de chambre] quilted dressing gown. -**2.** [de prêtre] quilted overcoat.

douillettement [dujɛtmɑ̃] *adv* cosily, snugly; **vous êtes ~ installé ici!** you're nice and cosy here!

douleur [dulœr] *nf* -**1.** [physique] pain; **je ne supporte pas la ~** I can't stand pain; **vous ne sentirez aucune ~** you won't feel any pain; **une ~ fulgurante/sourde** a searing/dull pain; **~s abdominales** stomachache; **~s rhumatismales** rheumatic pains; **j'ai une ~ à la cuisse** my thigh hurts, my thigh's sore, I've got a pain in my thigh; **quand mes vieilles ~s se réveillent** when my old pains OU aches and pains return. -**2.** [psychologique] grief, sorrow, pain; **à notre grande ~, il s'est éteint hier** to our great sorrow, he passed on yesterday; **j'ai eu la grande ~ de perdre ma femme il y a deux ans** I suffered the grief of losing my wife two years ago; **nous avons la ~ de vous faire part du décès de...** it's with great OU deep sorrow (and regret) that we have to announce the death of...; **nous avons eu la ~ d'apprendre que...** it was with great sorrow that we learned that... ❑ **les grandes ~s sont muettes** great sorrow is often silent.

douloureusement [dulurøzmɑ̃] *adv* -**1.** [physiquement] painfully. -**2.** [moralement] painfully, grievously; **la disparition de sa sœur l'a ~ frappée** her sister's death was a great grief for her; **~ touché par le départ de sa femme** wounded OU very hurt by his wife's leaving him.

douloureux, euse [dulurø, øz] *adj* -**1.** [brûlure, coup, coupure] painful; [articulation, membre] painful, sore; **mes jambes sont très douloureuses le soir** my legs are very sore OU hurt a lot at night. -**2.** [humiliation, souvenirs] painful; [circonstances, sujet, période] painful, distressing; [nouvelle] grievous, painful, distressing; [poème, regard] sorrowful.

◆ **douloureuse** *fam nf hum* [au restaurant] bill, check *Am*; [facture] bill; **on va bientôt recevoir la douloureuse** we'll soon get the bad news.

doum [dum] *nm* doum palm, doom palm.

doute [dut] *nm* -**1.** [soupçon] doubt; **avoir des ~s sur** OU **quant à** OU **au sujet de qqch** to have (one's) doubts OU misgivings about sthg; **je n'en ai pas le moindre ~** I haven't the slightest doubt about it; **il n'y a aucun ~ (possible), c'est lui** it's him, (there's) no doubt about it; **sa responsabilité ne fait pratiquement aucun ~** there's little doubt (about the fact) that she's responsible; **d'après les indices, il n'y a aucun ~ que c'est lui le coupable** the evidence leaves no doubt about him being the culprit; **de gros ~s pèsent sur lui/son innocence** heavy suspicion hangs over him/his innocence; **il y a des ~s quant à l'identité du peintre** there is some doubt as to the identity of the painter; **sa victoire ne faisait aucun ~** there was no doubt about her being the winner, her victory was certain; **il aura l'oscar, ça ne fait aucun ~** he'll get the Oscar, there's no doubt about that. -**2.** [perplexité, incertitude] doubt, uncertainty; PHILOS doubt; **il ne connaît pas le ~** he never has any doubts; **le ~ persiste sur ses motifs** there's still some doubt about his motives; **jeter le ~ sur** to cast OU to throw doubt on; **tu as semé** OU **mis le ~ dans mon esprit** you've made me doubtful.

◆ **dans le doute** *loc adv*: **être dans le ~** to be doubtful OU uncertain; **je suis toujours dans le ~ quant à sa sincérité** I'm still in doubt OU doubtful OU uncertain about his honesty; **laisser qqn dans le ~** [suj: personne, circonstances] to leave sb in a state of uncertainty ❑ **dans le ~ abstiens-toi** when in doubt do nothing.

◆ **en doute** *loc adv*: **mettre en ~** [suj: personne] to question, to challenge; [suj: circonstances, témoignage] to cast doubt on; **mettez-vous ma parole en ~?** do you doubt my word?

◆ **sans doute** *loc adv* -**1.** [probablement] most probably, no doubt; **sans ~ vous êtes-vous déjà rencontrés** you've probably met before; **comme elle te l'a sans ~ appris** as she has no doubt told you; **sans ~ aurait-il préféré cela** no doubt he would have preferred that. -**2.** [assurément]: **sans aucun** OU **nul ~** without (a) doubt, undoubtedly, indubitably. -**3.** [certes]: **tu me l'avais promis — sans ~, mais...** you'd promised me — that's true OU I know, but...

douter [3] [dute]

◆ **douter de** *v + prép* -**1.** [ne pas croire à - succès, victoire] to be doubtful of; [- fait, éventualité] to doubt; **~ de l'existence/la véracité de qqch** to doubt the existence/truth of sthg; **je n'ai jamais douté de ton talent** I never doubted your talent; **on peut ~ de la sécurité du système** the safety of the system is open to doubt; **tu viendras? — j'en doute fort** will you come? — I very much doubt it; **elle ne doute de rien** she has no doubt about anything; **je doute que le projet voie le jour** I have (my) doubts about the future of the project, I doubt whether the project will ever be realised || *(en usage abs)*: **j'étais prête à me marier, mais maintenant je doute** I was going to get married, but now I've got doubts. -**2.** [traiter avec défiance]: **~ de l'amour de qqn** to have doubts about sb's love; **~ d'un ami** to have doubts about a friend; **~ de la parole de qqn** to doubt sb's word; **comment peux-tu encore ~ de moi/ma bonne volonté?** how can you still have doubts about me/my good will?; **~ de soi** [habituellement] to have doubts about OU to lack confidence in o.s.; [à un moment] to have doubts about o.s.; **tu doutes trop de toi** you don't have enough confidence in yourself. -**3.** RELIG to have doubts about.

◆ **se douter de** *vp + prép*: **se ~ de** [s'attendre à] to know, to suspect; **j'aurais dû m'en ~** I should have known; **je me doutais un peu de sa réaction** I half expected him to react the way he did, his reaction didn't surprise me; **je me doutais un peu de son état d'esprit** I'd suspected OU guessed the state of mind he was in; **comme tu t'en doutes sûrement** as you've probably guessed; **il a eu très peur — je m'en doute** he got quite a fright — I can (well) imagine that; **il faudra que tu viennes me chercher — je m'en doute!** [irritation] you'll have to come and fetch me — well, yes, I expected that!; **j'ai raté le train — vu l'heure, on s'en serait douté!** I missed my train — given the time, that's pretty obvious!; **se ~ de qqch** [soupçonner qqch] to suspect sthg; **son mari ne s'est douté de rien pendant des années** her husband suspected nothing for years; **se ~ que: je ne me serais jamais douté que c'était possible** I'd never have thought it (was) possible; **je lui ai proposé de travailler pour moi, tout en me doutant bien qu'il refuserait** I suggested he work for me, but I knew he wouldn't accept; **j'étais loin de me ~ que...** little did I know that...; **tu te doutes bien que je te l'aurais dit si je l'avais su!** you know very well that I would have told you if I'd known!

douteux, euse [dutø, øz] *adj* -**1.** [non certain, non assuré - authenticité, fait] doubtful, uncertain, questionable; [- avenir, issue, origine etc] doubtful, uncertain; [- signature] doubtful; **il est ~ que...** it's doubtful whether...; **il n'est pas ~ que...** there's no doubt that... -**2.** *péj* [inspirant la méfiance - individu] dubious-looking; [- comportement, manœuvres, passé etc] dubious, questionable; **le portrait/sa plaisanterie était d'un goût ~** the portrait/her joke was in dubious taste. -**3.** [sale, dangereux] dubious; **du linge ~** clothes that are none too clean; **jetez toujours une viande douteuse** always throw away any meat you're not sure of; **l'installation électrique est douteuse** the wiring's none too safe.

douve [duv] *nf* -**1.** ÉQUIT waterjump. -**2.** HIST moat. -**3.** [d'un fût] stave. -**4.** ZOOL fluke; **~ du foie** liver fluke.

Douvres [duvr] *npr* Dover.

doux, douce [du, dus] ◇ *adj* -**1.** [au toucher - cheveux, peau] soft, smooth; [- brosse à dents] soft; **le ~ contact de la soie** the soft touch of silk. -**2.** [au goût - vin] sweet; [- fromage] mild. -**3.** [détergent, savon, shampooing] mild; [énergie, technique] alternative; [drogue] soft; **médecines douces** alternative medicine. -**4.** [sans brusquerie - geste, caresse, personne] gentle; [- pression] soft, gentle; [- balancement, pente] gentle; [- accélération] smooth; [- véhicule] smooth-running; **il a eu une mort douce** he died peacefully. -**5.** [bon, gentil - personne, sourire, tempérament etc] gentle; **~ comme un agneau** meek as a lamb. -**6.** [modéré - châtiment] mild; [- reproche] mild, gentle; [- éclairage, teinte] soft, subdued; [- chaleur, campagne, forme] gentle. -**7.** MÉTÉO [air, climat] mild; [chaleur, vent] gentle. -**8.** [harmonieux - intonation, mélodie, voix] soft, sweet, gentle; **quel ~ prénom!** what a sweet-sounding name! -**9.** [plaisant - rêves, souvenir] sweet, pleasant; [- paix, succès] sweet; **ton amour m'était alors si ~** *litt* how sweet it was, being loved by you then; **que ces mots sont ~ à entendre!** how sweet it is to hear these words! -**10.** PHON soft.

◇ *nm, f* [par affection]: **ma douce** my sweet.

◆ **doux** *adv* -**1.** [tiède]: **il fait ~** it's mild out. -**2.** *loc*: **tout ~!** [sans brusquerie] gently (now)!; [pour calmer] calm down!, easy now!; **vas-y tout ~ avec elle** be careful with her.

◆ **douce** *nf vieilli*: **sa douce** [sa fiancée] his beloved.

◆ **en douce** *fam loc adv* [dire, donner, partir etc] on the quiet, sneakily.

doux-amer, douce-amère [duzamɛr, dusamɛr] (*mpl* **doux-amers**, *fpl* **douces-amères**) *adj* bittersweet.

douzain [duzɛ̃] *nm* LITTÉRAT twelve-line poem.

douzaine [duzɛn] *nf* -**1.** [douze] dozen. -**2.** [environ douze]: **une ~ de** a dozen, around twelve; **une ~ d'escargots** a dozen snails; **une ~ de pages** about OU roughly twelve pages.

◆ **à la douzaine** *loc adv* [acheter, vendre] by the dozen; **il y en a à la ~** they are two a penny *Br*, they're a dime a dozen *Am*; **des chanteurs comme lui, il y en a à la ~!** *fam* singers like him are two a penny!, you'll find dozens of singers like him!

douze [duz] *adj num* & *nm inv* twelve.

douzième [duzjɛm] *adj ord* & *nmf* twelfth.

Dow Jones [dodʒɔns] *nm*: **(indice) ~** Dow Jones (index).

doyen, enne [dwajɛ̃, ɛn] *nm, f* -**1.** [d'un club, d'une communauté] most senior member; [d'un pays] eldest OU oldest citizen; [d'une profession] doyen (*f* doyenne). -**2.** UNIV dean.

◆ **doyen** *nm* RELIG dean.

doyenné [dwajene] *nm* -**1.** [district, demeure] deanery. -**2.** [fonction] deanship.

DP *nm abr de* **délégué du personnel.**

DPLG (*abr de* **diplômé par le gouvernement**) *adj certificate for architects, engineers etc.*

DQ (*abr écrite de* **dernier quartier de lune**) *last quarter.*

dr (*abr écrite de* **droite**) R, r.

Dr (*abr écrite de* **Docteur**) Dr.

DR (*abr écrite de* **drachme**) Dr.

dracena, **dracæna** [drasena] *nm* dracaena.
drache [draʃ] *nf Belg* shower.
dracher [3] [draʃe] *vi Belg* to pour with rain.
drachme [drakm] *nf* drachma.
draconien, enne [drakɔnjɛ̃, ɛn] *adj* [mesure] drastic, draconian, stringent; [règlement] harsh, draconian; [régime] strict.
dragage [dragaʒ] *nm* [pour prélèvement] dragging, dredging; [pour nettoyage] dredging; **~ de mines** minesweeping.
dragée [draʒe] *nf* **-1.** [confiserie] sugared almond; PHARM (sugar-coated) pill; **tenir la ~ haute à qqn** [dans une discussion, un match] to hold out on sb. **-2.** [balle] lead shot. **-3.** AGR dredge.

DRAGÉE:
A paper cone filled with sugared almonds ("un cornet de dragées") is a traditional gift at christenings in France.

dragéifié, e [draʒeifje] *adj* sugared, sugar-coated.
dragon [dragɔ̃] *nm* **-1.** MYTH dragon. **-2.** [gardien] dragon; **~ de vertu** *hum* paragon of virtue. **-3.** *vieilli* [mégère] dragon. **-4.** ARM & HIST dragoon. **-5.** ZOOL: **~ de Komodo** Komodo dragon.
dragonnade [dragɔnad] *nf* dragonnade *(raid on Protestants under Louis XIV)*.
dragonne [dragɔn] *nf* [d'un bâton de ski, d'une cravache] wrist-strap, wrist-loop; [d'une épée] swordknot.
dragster [dragstɛr] *nm* dragster.
drague [drag] *nf* **-1.** TRAV PUBL dredge; **~ flottante** OU **hydrographique** dredger; **~ à godets** bucket dredger. **-2.** PÊCHE dragnet. **-3.** *fam* [flirt]: **pour la ~, il est doué!** he's always on the pull *Br* OU on the make *Am*!
draguer [3] [drage] ◇ *vt* **-1.** [nettoyer - fleuve, canal, port] to dredge. **-2.** [retirer - mine] to sweep; [- ancre] to drag (anchor). **-3.** *fam* [fille, garçon] to chat up *(sép) Br*, to sweet-talk *Am*, to try to pick up *(sép)*; [en voiture] to cruise; **je me suis fait ~ par le serveur** the waiter chatted me up *Br* OU was giving me a line *Am*; **elle n'arrête pas de ~ les mecs** she's always chasing after the boys.
◇ *vi* to be on the pull *Br* OU on the make *Am*; **~ en voiture** to cruise.
dragueur, euse *fam* [dragœr, øz] *nm, f*: **c'est un ~** he's always on the pull *Br* OU on the make *Am*; **sa sœur est une sacrée dragueuse** her sister's always chasing after boys.
◆ **dragueur** *nm* **-1.** [navire] dredger; **~ de mines** minesweeper. **-2.** [matelot] dredgerman. **-3.** PÊCHE dragnet fisherman.
draille [draj] *nf* [en Provence] wide path *(for cattle on the move)*.
drain [drɛ̃] *nm* ÉLECTRON, MÉD & TRAV PUBL drain.
drainage [drɛnaʒ] *nm* **-1.** [d'une plaie, d'un sol] drainage. **-2.** [de capital, de ressources] tapping.
draine [drɛn] *nf* mistlethrush.
drainer [4] [drene] *vt* **-1.** [assécher] to drain. **-2.** [rassembler - capital, ressources] to tap. **-3.** [canaliser - foule] to channel; **~ la circulation vers une voie de dégagement** to channel the traffic towards a relief road. **-4.** GÉOG: **la Seine draine les eaux de toute cette région** the waterways throughout the area flow towards OU drain into the Seine.
draisienne [drɛzjɛn] *nf* dandy horse.
draisine [drɛzin] *nf* RAIL track motorcar *Br*, gangcar *Am*, handcar *Am*.
drakkar [drakar] *nm* NAUT & HIST drakkar.
Dralon® [dralɔ̃] *nm* Dralon®.
dramatique [dramatik] ◇ *adj* **-1.** THÉÂT [musique, œuvre] dramatic. **-2.** [grave - conséquences, issue, période, situation] horrendous, appalling; **elle ne comprend rien aux équations, c'est ~!** she hasn't got a clue about equations, it's pretty appalling!; **j'ai raté mon permis de conduire – ce n'est pas ~!** I've failed my driving test – it's not the end of the world! **-3.** [tragique - dénouement, événement] dramatic; **il s'agrippait à la corniche, ce fut un moment ~** he was hanging off the ledge, it was a moment of intense drama.
◇ *nf* TV television play OU drama; RAD radio play OU drama.
dramatiquement [dramatikmɑ̃] *adv* [tragiquement] tragically; **encore un bal du samedi soir qui se termine ~** yet another Saturday night dance with a tragic ending.
dramatisation [dramatizasjɔ̃] *nf* dramatization.
dramatiser [3] [dramatize] *vt* **-1.** [exagérer - histoire] to dramatize; **ne dramatise pas!** don't make a drama out of it! **-2.** THÉÂT [œuvre] to dramatize, to turn into a play.
dramaturge [dramatyrʒ] *nm* playwright, dramatist.
dramaturgie [dramatyrʒi] *nf* **-1.** [art] dramatic art, drama. **-2.** [traité] treatise on dramatic art.
drame [dram] *nm* **-1.** THÉÂT [œuvre] drama; [genre] drama; **~ bourgeois** bourgeois drama. **-2.** RAD & TV drama, play. **-3.** [événement] drama; **il l'a renversé, mais ce n'est pas un ~** he spilt it but it's not the end of the world; **faire un ~ de qqch** to make a drama out of sthg; **j'étais en retard, il en a fait tout un ~** I was late, he made such a fuss about it; **le ~, c'est que je n'ai pas assez d'argent pour me l'offrir** the sad thing is that I can't afford it; **il m'a surprise avec mon amant, le ~!** he caught me with my lover, it was just awful!; **tourner** OU **virer au ~: l'excursion a tourné** OU **viré au ~** the trip ended tragically; **~ de la jalousie hier à Lyon** jealousy caused a tragedy yesterday in Lyons.
drap [dra] *nm* **-1.** [pour lit]: **~ (de lit)** (bed) sheet; **des ~s** sheets, bedlinen; **~ de dessus/dessous** top/bottom sheet; **dans de beaux** OU **vilains ~s: se retrouver** OU **se trouver dans de beaux ~s** to find o.s. up the creek (without a paddle); **nous voilà dans de beaux** OU **vilains ~s!** we're in a fine mess!; **tu me laisses** OU **mets dans de beaux ~s!** you've landed me in a fine mess! **-2.** [serviette]: **~ de bain** bath-towel; **~ de plage** beach towel. **-3.** *Belg* towel; **~ de maison** table cloth. **-4.** TEXT woollen cloth; **~ fin** broadcloth; **gros ~** coarse woollen cloth.
drapé [drape] *nm* [plis, tombé]: **la jupe a un beau ~** the skirt hangs beautifully.
drapeau, x [drapo] *nm* **-1.** [pièce d'étoffe] flag; MIL flag, colours; **saluer le ~** to salute the colours ❑ **le ~ blanc** the white flag, the flag of truce; **le ~ britannique** the British flag, the Union Jack; **le ~ rouge** the red flag; **le ~ tricolore** the French flag, the tricolour (flag); **combattre/se ranger sous le ~ de qqn** to fight under/to rally round sb's flag; **mettre son ~ dans sa poche** *fig* to hide one's political opinions. **-2.** [patrie]: **pour le ~** OU **l'honneur du ~** *aussi hum* ≃ for King and country *Br*, ≃ for the red, white and blue *Am*. **-3.** AÉRON: **mettre en ~** [hélice] to feather. **-4.** INF (flag) marker. **-5.** GOLF pin.
◆ **sous les drapeaux** *loc adv*: **être sous les ~x** [au service militaire] to be doing one's military service; [en service actif] to serve in one's country's armed forces.
drapement [drapmɑ̃] *nm* draping.
draper [3] [drape] *vt* **-1.** [couvrir - meuble] to drape, to cover with a sheet. **-2.** [arranger - châle, rideaux] to drape.
◆ **se draper** *vp (emploi réfléchi)*: **se ~ dans un châle** to drape OU to wrap o.s. in a shawl; **se ~ dans sa dignité** to stand on one's dignity; **se ~ dans sa vertu** to cloak o.s. in virtue.
draperie [drapri] *nf* **-1.** [tissu disposé en grands plis] drapery, hanging. **-2.** [industrie] cloth trade; [fabrique] cloth manufacture. **-3.** BX-ARTS drapery.
drap-housse [draus] *(pl* **draps-housses***)* *nm* fitted sheet.
drapier, ère [drapje, ɛr] ◇ *adj*: **marchand ~** draper *Br*, clothier *Am*; **ouvrier ~** cloth worker.
◇ *nm, f* [fabricant] cloth manufacturer; [vendeur] draper *Br*, clothier *Am*.
drastique [drastik] *adj* **-1.** [mesure] harsh, drastic; [règlement] strict. **-2.** PHARM drastic.
drave [drav] *nf Can* drive *(of floating logs)*.
dravidien, enne [dravidjɛ̃, ɛn] *adj* Dravidian.
◆ **dravidien** *nm* Dravidian.
drawback [drobak] *nm* drawback COMM.
Dresde [drɛzd] *npr* Dresden.
dressage [drɛsaʒ] *nm* [d'un fauve] taming *(U)*; [d'un cheval sauvage] breaking in *(U)*; [d'un chien de cirque, de garde] training *(U)*; [d'un cheval de parade] dressage.
dressé, e [drese] *adj* **-1.** [oreille, queue] (standing) erect. **-2.** [chien] trained.
dresser [4] [drese] *vt* **-1.** [ériger - mât, pilier] to put up *(sép)*, to raise, to erect; [- statue] to put up *(sép)*, to erect; [- tente, auvent] to pitch, to put up *(sép)*; **~ une échelle contre un mur** to put up OU to set up a ladder against a wall. **-2.** [construire - barricade, échafaudage] to put up *(sép)*, to erect; [- muret] to erect, to build; **~ des obstacles devant qqn** to put obstacles in sb's way, to raise difficulties for sb. **-3.** [installer - autel] to set up *(sép)*; **~ un camp** to set up camp; **~ le couvert** OU **la table** to lay OU to set the table; **~ un buffet** to set out a buffet ❑ **~ ses batteries** to lay one's plans. **-4.** [lever - bâton] to raise, to lift; [- menton] to stick out; [- tête] to raise, to lift; **~ les oreilles** [suj: chien] to prick up OU to cock its ears; **~ l'oreille** [suj: personne] to prick up one's ears; **le chat dresse la queue** the cat sticks up its tail. **-5.** [dompter - fauve] to tame; [- cheval sauvage] to break in *(sép)*; [- cheval de cirque, chien de garde] to train; **~ un chien à attaquer** to train a dog to attack. **-6.** *fam* [mater - soldat] to drill, to lick into shape; **ce gamin aurait besoin d'être dressé!** *fam* that kid needs to be taught his place!; **je vais le ~, moi!** I'll make him toe the line! **-7.** [établir - liste, inventaire] to draw up *(sép)*, to make out *(sép)*; [- bilan] to draw up, to prepare; **~ le bilan d'une situation** to take stock of a situation; **~ (une) contravention** to give a ticket *(for a driving offence)*. **-8.** [opposer]: **~ qqn contre qqn/qqch** to set sb against sb/sthg. **-9.** MENUIS to dress.
◆ **se dresser** *vpi* **-1.** [se mettre debout] to stand up, to rise; **se ~ sur la pointe des pieds** to stand on tiptoe; **l'ours se dressa sur ses pattes de derrière** the bear rose OU reared OU stood up on its hind legs; **se ~ sur son séant** to sit up straight. **-2.** [oreille de chien] to prick up; **à ce nom, ses oreilles se sont dressées** [chien] when he heard that name, he pricked up his ears ❑ **un film à faire se ~ les cheveux sur la tête** OU **à vous faire ~ les cheveux sur la tête** a hair-raising film; **c'est à vous faire ~ les cheveux sur la tête!** it makes your hair stand on end! **-3.** [être vertical - montagne, tour] to stand, to rise; [dominer] to tower; **avec son clocher se dressant fièrement** with its belltower standing proudly; **un paravent se dresse entre le salon et la chambre** a screen stands between the lounge and the bedroom. **-4.** [surgir - obstacles] to rise, to stand; [- objet]: **on vit soudain se ~ les miradors** the watchtowers loomed up suddenly.
◆ **se dresser contre** *vp + prép* to rise up OU to rebel against.
dresseur, euse [drɛsœr, øz] *nm, f* [de fauves] tamer; [de chiens de cirque, de garde] trainer; [de chevaux sauvages] horsebreaker.
dressing [drɛsiŋ] *nm* dressing room *(near a bedroom)*.
dressoir [drɛswar] *nm* sideboard.
drève [drɛv] *nf Belg* tree-lined avenue.
Dreyfus [drɛfys] *npr*: **l'Affaire ~** the Dreyfus Affair.

L'AFFAIRE DREYFUS:
Captain Alfred Dreyfus was wrongly convicted of passing military secrets to the Germans in 1894. His innocence was gradually established, notably by Zola's letter "J'accuse" published in "l'Aurore". The affair, exacerbated by the fact that Dreyfus was Jewish, crystallized the opposition between left- and right-wing, dividing the nation between "dreyfusards", calling for justice and favouring reformist and socialist trends, and the antisemitic "anti-dreyfusards".

dreyfusard, e [drɛfyzar, ard] *nm, f* Dreyfus supporter.

DRH ◇ *nf* (*abr de* direction des ressources humaines) *personnel department*.
◇ *nm* (*abr de* directeur des ressources humaines) *personnel manager*.

dribble [dribl] *nm* dribble SPORT; faire un ~ to dribble.

dribbler [3] [drible] *vi* to dribble SPORT.

drill [dril] *nm* ZOOL drill.

drille [drij] *nm* → **joyeux**.

dring [driŋ] *interj* ding, ding-a-ling.

dringuelle *fam* [drɛ̃gɛl] *nf Belg* tip.

drink *fam* [driŋk] *nm* drink.

drisse [dris] *nf* halyard.

drive [drajv] *nm* INF & SPORT drive.

driver[1] [drajvœr] *nm* ÉQUIT & GOLF driver.

driver[2] [3] [drajve] *vt* SPORT to drive.

drogue [drɔg] *nf* -**1.** [narcotique] drug *(C)*; **le jeu était devenu une ~ pour lui** gambling had become a drug for him; **le travail est ma ~** I'm a workaholic; **la télévision est une ~ pour eux** they're television addicts ❑ **~ douce/dure** soft/hard drug. -**2.** [usage]: **la ~** drug-taking, drugs; **la ~ est un fléau** drugs are a scourge of society. -**3.** CHIM & PHARM drug *(C)*.

drogué, e [drɔge] *nm, f* drug addict; **c'est une ~e du café** *fam* she's addicted to coffee; **les ~s du travail** *fam* workaholics.

droguer [3] [drɔge] *vt* -**1.** [toxicomane] to drug. -**2.** PHARM to dose with drugs; **une clinique où l'on drogue les aliénés** a clinic where the mentally ill are kept quiet with (massive doses of) drugs. -**3.** [boisson] to drug, to lace with a drug; [repas] to put a drug in.
◆ **se droguer** *vpi* to take drugs, to be on drugs; **je ne me drogue pas** I don't take drugs.

droguerie [drɔgri] *nf* -**1.** [boutique] ironmonger's *Br*, hardware store *Am*. -**2.** [activité] hardware trade.

droguiste [drɔgist] *nmf* ironmonger *Br*, keeper of a hardware store *Am*.

droit[1] [drwa] *nm* **1.** JUR: **le ~** [lois, discipline] law; **faire son ~** to study law; **étudiant en ~** law student; **en ~, ça s'appelle «contrefaçon»** the legal term for that is "infringement"; **avoir le ~ pour soi** to have right OU the law on one's side ❑ **~ civil/commercial/constitutionnel** civil/company/constitutional law; **~ privé/public** private/public law; **~ commun** OU **coutumier** common law; **~ écrit** statute law; **~ international** international law; **~ pénal** criminal law; **capacité en ~** ≃ law degree; **point de ~** point of law. -**2.** [prérogative particulière] right; **connaître/défendre ses ~s** to know/to defend one's rights; **nos ~s en tant que consommateurs** our rights as consumers; **avoir des ~s sur qqch** to have rights to sthg; **tu n'as aucun ~ sur moi/cette maison** you have no power over me/no right to this house; **avoir ~ de vie et de mort sur qqn** to have the power of life and death over sb ❑ **~ d'aînesse** primogeniture; **~ d'asile** right of asylum; **~ d'association** right of (free) association; **~ à la couronne** entitlement to the crown; **~ de cuissage** HIST droit de seigneur; **dans cette entreprise, le ~ de cuissage est monnaie courante** sexual harassment is very common in this company; **~ divin** divine right; **~ de grâce** right of reprieve; **~ de grève** right to strike; **~ de passage** right of way *Br* OU easement *Am*; **le ~ des peuples à disposer d'eux-mêmes** the right of peoples to self-determination; **~ de préemption** pre-emptive right; **~ d'usage** right of user; **~ de visite** right of access; **~ de voirie** *tax paid by businesses who wish to place displays, signs etc on the public highway*; **le ~ de vote** the franchise, the right to vote; **les ~s de l'homme** human rights; **avoir ~ de cité** [idéologie] to be established, to have currency; **ce gosse a tous les ~s dans la maison** *fam* that kid lords it over the whole household; **ils se croient tous les ~s, ces gens-là!** these people think they can do what they like! -**3.** [autorisation sociale ou morale] right; **j'ai ouvert ton courrier – de quel ~?** I opened your mail – who gave you permission?; **de quel ~ l'a-t-il lue?** what gave him the right to read it?, what right had he to read it?; **donner ~ à: le billet donne ~ à une consommation gratuite** the ticket entitles you to one free drink; **son rang lui donne ~ à des privilèges particuliers** his rank entitles him to certain privileges; **donner le ~ à qqn de faire qqch** to give sb the right to OU to entitle sb to do sthg; **être en ~ de faire** to be entitled OU to have the right to do; **je suis en ~ d'obtenir des explications** I'm entitled to an explanation; **faire ~ à une demande** to accede to a demand, to grant a request; **reprendre ses ~s** [idée, habitude, nature] to reassert itself; **après Noël, la politique reprend ses ~s** after the Christmas break, politics returns to centre stage; **avoir ~ à** [explications] to have a right to; [bourse, indemnité] to be entitled to, to be eligible for; [reconnaissance, respect] to deserve; **je n'ai pas ~ à une retraite** I'm not entitled to a pension; **et moi, je n'y ai pas ~, au gâteau?** *fam* don't I get any cake then?; **on a encore eu ~ à ses souvenirs de guerre!** we were regaled with his war memories as usual!; **on va avoir ~ à une bonne saucée!** *fam* we'll get well and truly soaked!; **avoir ~ de regard sur** [comptabilité, dossier] to have the right to examine OU to inspect; [activités] to have the right to control; **avoir le ~ de faire** [gén] to be allowed OU to have the right to do; [officiellement] to have the right OU to be entitled to do; **tu n'as pas le ~ de parler ainsi!** you've no right to talk like that!; **tu as le ~ de te taire** *hum* you can shut up; **j'ai bien le ~ de me reposer!** I'm entitled to some rest, aren't I? ❑ **le ~ à la différence** the right to be different; **~ de réponse** right of reply. -**4.** [impôt, taxe] duty, tax; **payer des ~s sur les alcools** to pay duty on alcohol; **exempt de ~s** duty-free; **soumis à des ~s** dutiable ❑ **~ de timbre** stamp duty; **~s de douane** customs duties; **~s de succession** death duties. -**5.** [frais] fee; **~ d'entrée** entrance fee; **~s d'inscription** registration fee OU fees. -**6.** *loc*: **à bon ~** quite rightly, with good reason; **à qui de ~** to whom it may concern; **dans mon/son (bon) ~** within my/his rights; **il est tout à fait dans son bon ~ d'exiger...** he's well within his rights to demand...; **de (plein) ~** by rights, as a right; **c'est de plein ~ qu'il l'a repris** he took it back by right, he had every right to take it back; **membre de plein ~** ex officio member.
◆ **droits** *nmpl*: **~s (d'auteur)** [prérogative] rights, copyright; [somme] royalties; **avoir les ~s exclusifs pour** to have (the) sole rights for; **tous ~s (de reproduction) réservés** copyright OU all rights reserved; **tous ~s réservés pour le Canada** all rights reserved for Canada; **~s de traduction** translation copyright.

droit[2], **e**[1] [drwa, drwat] *adj* -**1.** [rectiligne - allée, bâton, nez] straight; **après le village, la route redevient ~e** after the village, the road straightens out again; **ta raie n'est pas ~e** your parting isn't straight OU is crooked ❑ **le ~ chemin** the straight and narrow (path); **rentrer dans le ~ chemin** to mend one's ways; **rester dans le ~ chemin** to keep to the straight and narrow (path). -**2.** [vertical, non penché - mur] upright, straight, plumb *spéc*; [- dossier, poteau] upright, straight; **restez le dos bien ~** keep your back straight; **être** OU **se tenir ~** [assis] to sit up straight; [debout] to stand up straight ❑ **piano ~** upright piano; **~ comme un cierge** OU **un i** OU **un piquet** (as) stiff as a poker OU a ramrod OU a post. -**3.** [d'aplomb] straight; **tiens le plat ~** hold the dish straight OU level OU flat; **mettre ~** [casquette, cadre] to set straight, to put straight, to straighten. -**4.** [loyal - personne] upright, honest. -**5.** [sensé - raisonnement] sound, sane. -**6.** VÊT: **manteau/veston ~** single-breasted coat/jacket; **col ~** stand-up collar; **jupe ~e** straight skirt. -**7.** ANAT: **muscle ~** musculus rectus.
◆ **droit** *adv* [écrire] in a straight line; [couper, rouler] straight (*adv*); **après le carrefour, c'est toujours tout ~** after the crossroads, keep going straight on OU ahead; **il s'est dirigé ~ vers moi** he walked straight towards me ❑ **aller ~ à: j'irai ~ au but** I'll come straight to the point, I won't beat about the bush; **il est allé ~ à l'essentiel** OU **au fait** he went straight to the point; **aller ~ à la catastrophe/l'échec** to be heading straight for disaster/a failure; **aller ~ à la ruine** to be on the road to ruin; **ça m'est allé ~ au cœur** I was deeply touched by it.
◆ **droite** *nf* GÉOM straight line.

droit[3], **e**[2] [drwa, drwat] *adj* [ailier, jambe, œil] right; **le côté ~** the right-hand side.
◆ **droit** *nm* right; **crochet du ~** right hook; **direct du ~** straight right.
◆ **droite** *nf* -**1.** [côté droit]: **la ~e** the right (side), the right-hand side; **à la ~e de Dieu** OU **du Père** on God's right hand; **tenir sa ~e** AUT to keep to the right; **de ~e et de gauche** from all quarters OU sides. -**2.** POL: **la ~e** the right wing.
◆ **à droite** *loc adv* -**1.** [du côté droit]: **conduire à ~e** to drive on the right-hand side; **tourne à ~e** turn right; **le poster est trop à ~e** the poster's too far to the right; **à ~e et à gauche** *fig* here and there, hither and thither *litt* OU *hum*, all over the place. -**2.** MIL: **à ~e, ~e!** right wheel!; **à ~e, alignement!** right, dress! -**3.** POL: **être à ~e** to be right-wing OU on the right; **être très à ~e** to be very right-wing OU on the far right.
◆ **à droite de** *loc prép* to OU on the right of.
◆ **de droite** *loc adj* -**1.** [du côté droit]: **la porte de ~e** the door on the right, the right-hand door. -**2.** POL: **les gens de ~e** rightwingers, people on the right; **l'électorat de ~e** right-wing electorate; **être de ~e** to be right-wing.

droitement [drwatmɑ̃] *adv* uprightly, honestly.

droit-fil [drwafil] (*pl* **droits-fils**) *nm* straight grain.
◆ **dans le droit-fil de** *loc prép* in line OU keeping with; **sa déclaration était dans le ~ de sa campagne** his statement was in keeping OU in line with the drift of his campaign.

droitier, ère [drwatje, ɛr] ◇ *adj* right-handed.
◇ *nm, f* right-handed person, right-hander.

droitisme [drwatism] *nm* rightism, right-wingness.

droiture [drwatyr] *nf* [d'une personne] uprightness, honesty; [d'intentions, de motifs] uprightness.

drolatique [drɔlatik] *adj* funny.

drôle [drol] ◇ *adj* -**1.** [amusant - personne, film, situation etc] comical, funny, amusing; **sa sœur est très ~** her sister's very funny OU good fun; **tu te crois ~!** you think you're funny!; **le plus ~ c'est que...** the funny thing is that...; **très ~!** *iron* very funny OU droll OU amusing!; **ça n'a rien de ~** it's not funny; **ce n'est pas ~!** [pas amusant] it's not funny!, I don't find that funny OU amusing!; [pénible] it's no joke!; **ce n'est pas toujours ~ au bureau!** life at the office isn't always a barrel of laughs!; **la grand-mère n'est pas toujours ~!** *fam* grandma isn't always easy!; **tu aurais dû le laisser faire – tu es ~, il se serait fait mal!** *fam* you should have let him – are you kidding? he'd have hurt himself! -**2.** [étrange] strange, funny, peculiar; **c'est ~, il était ici il y a un instant** that's strange OU funny

OU peculiar, he was here a minute ago; **(tout/toute) ~** *fam*: **ça me fait (tout) ~ de revenir ici** it feels really strange to be back; **se sentir (tout) ~** to feel (really) weird; **je me suis sentie (toute) ~** I came over all funny; **~ de**: **en voilà une ~ d'idée!** what a strange OU funny OU weird idea!; **il a une ~ de façon d'exprimer sa gratitude!** he's got a funny way of showing gratitude!; **ça fait un ~ de bruit** it makes a strange OU funny noise; **~s de mœurs!** strange OU peculiar customs!; **~s de gens!** what peculiar OU strange people!; **tu en fais une ~ de tête!** you look as if something's wrong!; **avoir un ~ d'air** to look strange OU funny ❑ **la ~ de guerre** HIST the phoney war. -**3.** [en intensif]: **~ de** *fam*: **il a de ~s de problèmes en ce moment** he's got awful problems at the moment; **il faut un ~ de courage pour faire ça!** you need a hell of a lot of courage to do that!; **j'ai eu une ~ de grippe!** I had a bad case of flu; **ça a de ~s d'avantages!** it's got terrific OU fantastic advantages!

◇ *nm* -**1.** *litt* [voyou] rascal, rogue; [enfant déluré] little rascal OU rogue. -**2.** *arch & dial* [enfant] child.

◆ **drôles** *fam nfpl* [histoires]: **il en a entendu/raconté de ~s!** he heard/told some very weird stories!

drôlement [drolmɑ̃] *adv* -**1.** *fam* [vraiment]: **~ ennuyeux** awfully OU terribly boring; **ça sent ~ bon** it smells really great; **il fait ~ chaud ici!** it's awfully hot in here!; **j'ai ~ eu peur** I had quite a fright; **je m'étais ~ trompée sur son compte** I was really mistaken about him; **tu l'as ~ abîmée, la voiture** you didn't do that car an awful lot of good; **je me suis ~ fait mal** I really hurt myself. -**2.** [bizarrement - regarder, parler] in a strange OU funny OU peculiar way. -**3.** [de façon amusante] amusingly, comically.

drôlerie [drolri] *nf* -**1.** [d'une personne, d'un spectacle, d'une remarque] drollness, funniness, comicalness. -**2.** [acte] funny OU amusing OU comical thing (to do); [remarque] funny OU amusing OU comical thing (to say).

drôlesse [drolɛs] *nf vieilli* -**1.** [femme] (brazen) hussy. -**2.** *fam* [fillette] little minx.

dromadaire [drɔmadɛr] *nm* dromedary.

drome [drom] *nm* spar.

drop [drɔp], **drop-goal** [drɔpgol] (*pl* drop-goals) *nm* drop goal.

drosophile [drozɔfil] *nf* drosophila.

drosser [3] [drɔse] *vt* to drive NAUT.

Drouot [druo] *npr* → **hôtel**.

dru, e [dry] *adj* [cheveux, végétation] dense, thick; [pluie] heavy.

◆ **dru** *adv* [croître, pousser] densely, thickly; [pleuvoir] heavily; **les mauvaises herbes ont poussé ~** there has been a thick growth of weeds; **la pluie tombe ~** it's raining heavily; **les coups pleuvaient ~** *fig* blows rained down (on all sides).

drugstore [drœgstɔr] *nm* small shopping centre *Br* OU mall *Am*.

druide [drɥid] *nm* druid.

druidique [drɥidik] *adj* druidic, druidical.

druidisme [drɥidism] *nm* druidism.

drupe [dryp] *nf* drupe.

druze [dryz] *adj* Druzean, Druzian.

◆ **Druze** *nmf* Druze; **les Druzes** the Druze.

dry [draj] ◇ *adj inv* [apéritif, champagne] dry.

◇ *nm inv* dry Martini.

dryade [drijad] *nf* -**1.** MYTH dryad. -**2.** BOT dryas, mountain avens.

DST (*abr de* **Direction de la surveillance du territoire**) *npr f* *internal state security department*, ≃ MI5 *Br*, ≃ CIA *Am*.

DT (*abr de* **diphtérie, tétanos**) *nm* *vaccine against diphtheria and tetanus.*

D.T.COQ. [detekɔk] (*abr de* **diphtérie, tétanos, coqueluche**) *nm* *vaccine against diphtheria, tetanus and whooping cough.*

DTU (*abr écrite de* **dinar tunisien**) D.

du [dy] → **de**.

dû, due [dy] *adj* [à payer] owed; **quelle est la somme due?** what's the sum owed OU due?

◆ **dû** *nm* due; **je ne fais que lui réclamer mon ~** I'm only asking for what he owes me.

◆ **en bonne et due forme** *loc adv* JUR in due form.

◆ **jusqu'à due concurrence de** *loc prép* up to (a limit of); **jusqu'à due concurrence de 2 000 francs** up to 2,000 francs.

dual, e, aux [dɥal, o] *adj* dual.

dualisme [dɥalism] *nm* dualism.

dualiste [dɥalist] ◇ *adj* dualistic.

◇ *nmf* dualist.

dualité [dɥalite] *nf* duality.

Dubayy [dybaj] *npr* Dubai.

dubitatif, ive [dybitatif, iv] *adj* dubious, sceptical.

dubitativement [dybitativmɑ̃] *adv* sceptically.

Dublin [dyblɛ̃] *npr* Dublin.

dublinois, e [dyblinwa, az] *adj* from Dublin.

◆ **Dublinois, e** *nm, f* Dubliner.

duc [dyk] *nm* -**1.** [titre] duke. -**2.** ZOOL horned owl.

ducal, e, aux [dykal, o] *adj* ducal; **un titre ~** a duke's title.

ducasse [dykas] *nf dial* fair *(in Northern France).*

ducat [dyka] *nm* ducat.

duché [dyʃe] *nm* duchy, dukedom.

duchesse [dyʃɛs] *nf* -**1.** [titre] duchess; **faire la ~** *péj* to play the fine lady. -**2.** [poire] duchess pear. -**3.** [meuble] duchesse.

ductile [dyktil] *adj* ductile.

ductilité [dyktilite] *nf* ductility.

Duduche [dydyʃ] *npr*: **le grand ~** *cartoon character created by Cabu representing an awkward adolescent.*

duègne [dɥɛɲ] *nf* duenna.

duel [dɥɛl] *nm* -**1.** [entre deux personnes] duel; **se battre en ~ avec un rival** to fight a duel OU to duel with a rival ❑ **pistolet de ~** duelling pistol. -**2.** [conflit - entre États, organisations] battle; **un ~ entre la droite et la gauche** a battle between right and left ❑ **~ d'artillerie** artillery battle. -**3.** [compétition]: **~ oratoire** verbal battle. -**4.** LING dual.

DUEL, Duel [dɥɛl] (*abr de* **diplôme universitaire d'études littéraires**) *nm* *former university diploma taken after 2 years of arts courses.*

duelliste [dɥelist] *nmf* duellist.

DUES, Dues [dɥɛs] (*abr de* **diplôme universitaire d'études scientifiques**) *nm* *former university diploma taken after 2 years of science courses.*

duettiste [dɥetist] *nmf* duettist.

duffle-coat (*pl* duffle-coats), **duffel-coat** (*pl* duffel-coats) [dœfœlkot] *nm* duffel coat.

dugong [dygɔ̃(g)] *nm* dugong.

dulcinée [dylsine] *nf hum* ladylove, dulcinea *litt.*

Dulcinée [dylsine] *npr* Dulcinea.

dum-dum [dumdum] *adj inv* → **balle**.

dûment [dymɑ̃] *adv* duly; **~ chapitré** told off in no uncertain terms.

dumping [dœmpiŋ] *nm* dumping ECON; **faire du ~** to dump (goods).

dundee [dœndi] *nm* ketch.

dune [dyn] *nf* dune.

dunette [dynɛt] *nf* poop.

Dunkerque [dœ̃kɛrk] *npr* Dunkirk.

duo [dyo] *nm* -**1.** MUS [chanté] duet; [instrumental] duet, duo; **chanter en ~** to sing a duet. -**2.** [dialogue] exchange. -**3.** MÉTALL two-high rolling mill.

duodécimal, e, aux [dyɔdesimal, o] *adj* duodecimal.

duodénal, e, aux [dyɔdenal, o] *adj* duodenal.

duodénite [dyɔdenit] *nf* duodenitis.

duodénum [dyɔdenɔm] *nm* duodenum.

dupe [dyp] ◇ *nf* dupe; **prendre qqn pour ~** to dupe sb, to take sb for a ride; **jeu de ~s** fool's game.

◇ *adj*: **elle a été ~ de ses promesses** she was fooled by his promises; **elle ment, mais je ne suis pas ~** she's lying but it doesn't fool me.

duper [3] [dype] *vt litt* to dupe, to fool.

◆ **se duper** *vp (emploi réfléchi)* to fool o.s.

duperie [dypri] *nf* dupery.

dupeur, euse [dypœr, øz] *nm, f litt* duper.

duplex [dyplɛks] *nm* -**1.** [appartement] maisonnette *Br*, duplex *Am*. -**2.** TÉLÉC duplex; **(émission en) ~** linkup.

duplexage [dyplɛksaʒ] *nm* setting up a linkup.

duplexer [4] [dyplɛkse] *vt* to set up a linkup.

duplicata [dyplikata] *nm* duplicate.

duplicateur [dyplikatœr] *nm* duplicator; **~ à alcool** spirit duplicator.

duplication [dyplikasjɔ̃] *nf* -**1.** [fait de copier] duplication, duplicating *(U)*. -**2.** AUDIO linking up. -**3.** BIOL doubling.

duplicité [dyplisite] *nf* duplicity, falseness, hypocrisy.

dupliquer [3] [dyplike] *vt* [document] to duplicate.

duquel [dykɛl] → **lequel**.

dur, e [dyr] ◇ *adj* -**1.** [ferme - viande] tough; [- muscle] firm, hard; [- lit, mine de crayon] hard; **bois ~** hardwood ❑ **~ comme du bois** OU **le marbre** OU **le roc** rock-hard. -**2.** [difficile] hard, difficult; **la route est ~e à monter** it's a hard road to climb; **c'est plutôt ~ à digérer, ton histoire!** *fam* your story's rather hard to take!; **il est parfois ~ d'accepter la vérité** accepting the truth can be hard OU difficult; **le plus ~ dans l'histoire, c'est de comprendre ce qui s'est passé** the hardest part of the whole business is understanding what really happened. -**3.** [pénible à supporter - climat] harsh; **les conditions de vie sont de plus en plus ~es** life gets harder and harder; **nous avons eu de ~s moments** we've been through some hard times; **le plus ~ est passé maintenant** the worst is over now; **les temps sont ~s** these are hard times ❑ **il a été à ~e école** he learnt the hard way; **plus ~e sera la chute** *allusion Bible* (the higher they come) the harder they fall; **~ ~** *fam*: **pas de congé?/plus de café? ~ ~!** *fam* no time off?/no coffee left? that's a blow! -**4.** [cruel]: **il m'est ~ de t'entendre parler ainsi** it's hard for me to hear you talk like this; **dis donc, tu es ~e!** don't be so nasty!; **ne sois pas ~ avec lui** don't be nasty to OU tough on him. -**5.** [rude, froid] harsh; **d'une voix ~e** in a harsh voice; **des couleurs ~es** harsh colours; **des yeux d'un bleu très ~** steely blue eyes. -**6.** [endurci] tough; **elle est ~e, elle n'a pas crié pendant l'accouchement** she's tough, she didn't cry out during labour; **~ à**: **il est ~ à la douleur** he's tough, he can bear a lot of (physical) pain; **il est ~ au travail** OU **à l'ouvrage** he's a hard worker ❑ **il est ~ à cuire** *fam* he's a hard nut to crack; **~ à la détente** *fam* tight-fisted; **être ~ d'oreille** OU **de la feuille** *fam* to be hard of hearing. -**7.** [intransigeant] hard; **avoir le cœur ~** to have a heart of stone, to be hardhearted; **la droite/gauche ~e** the hard right/left; **la partie ~e** OU **le noyau ~ du mouvement** the hard core of the movement. -**8.** PHON hard. -**9.** PHYS hard. -**10.** MÉTALL: **fer ~** chilled iron.

◇ *nm, f fam* -**1.** [personne sans faiblesse] toughie, tough nut *Br* OU cookie *Am*; **un ~ en affaires** a hard-nosed businessman ❑ **c'est un ~ à cuire** he's a hard nut to crack. -**2.** [voyou] tough guy, toughie; **un ~ de ~** a real tough nut *Br* OU tough guy. -**3.** POL hard-liner, hawk; **les ~s du parti** the hard core in the party.

◆ **dur** ◇ *nm* -**1.** [ce qui est solide]. -**2.** ▽ [train] train.

◇ *adv* -**1.** [avec force] hard; **il a tapé** OU **frappé ~** he hit hard; **il travaille ~ sur son nouveau projet** he's working hard OU he's hard at work on his new project ❑ **croire** OU **penser ~ comme fer que** to be firm in the belief that; **il croit ~ comme fer qu'elle va revenir** he believes doggedly OU he's adamant that she'll come back. -**2.** [avec intensité]: **le soleil tape ~ aujourd'hui** the sun is beating down today.

◆ **dures** *fam nfpl* [histoires, moments]: **il lui en a fait voir de ~es** he gave her a hard time; **il nous en a dit de ~es** he told us some really nasty things.

◆ **à la dure** *loc adv*: **élever ses enfants à la ~e** to bring up one's children the hard way; **ils ont toujours vécu à la ~e** they always had a tough life.

◆ **en dur** *loc adj*: **construction/maison en ~** building/house built with non-temporary materials.

◆ **sur la dure** *loc adv*: **coucher sur la ~e** to sleep on the ground.

durabilité [dyrabilite] *nf* [qualité] durableness, durability.

durable [dyrabl] *adj* -**1.** [permanent] enduring, lasting, long-lasting; **faire œuvre ~** to create a work of lasting significance. -**2.** ÉCON: **biens ~s** durable goods, durables.

durablement [dyrabləmɑ̃] *adv* durably, enduringly, for a long time; **le beau temps devrait persister ~ dans notre pays** fine weather should persist over the country.

dural, e, aux [dyral, o] *adj* dural, durematral.

Duralumin® [dyralymɛ̃] *nm* Duralumin®.

durant [dyrɑ̃] *prép* -**1.** *(avant le n)* [au cours de] during, in the course of; **il est né ~ la nuit** he was born during OU in the middle of the night; **'fermé ~ les travaux'** 'closed for alterations'. -**2.** *(après le n)* [insistant sur la durée] for; **il peut parler des heures ~** he can speak for hours (on end); **toute sa vie ~** his whole life through, throughout his whole life.

duratif, ive [dyratif, iv] *adj* LING durative.

◆ **duratif** *nm* LING durative.

durcir [32] [dyrsir] ◇ *vt* -**1.** [rendre plus dur] to harden, to make firmer; *fig* to harden, to toughen; **la colère durcissait son regard** his eyes were set in anger. -**2.** [limiter]: **~ les conditions du crédit au consommateur** to make it harder for consumers to obtain credit. ◇ *vi* [sol, plâtre] to harden, to go hard.

◆ **se durcir** *vpi* [personne] to harden o.s.; [cœur] to become hard.

durcissement [dyrsismɑ̃] *nm* -**1.** [raffermissement - du sol, du plâtre] hardening. -**2.** [renforcement]: **le ~ de l'opposition** the tougher stance taken by the opposition. -**3.** MIL stiffening (of enemy resistance).

durcisseur [dyrsisœr] *nm* hardener; **~ pour ongles** nail hardener.

durée [dyre] *nf* -**1.** [période] duration, length; **pendant la ~ de** during, for the duration of; **vente promotionnelle pour une ~ limitée** special sale for a limited period; **la ~ hebdomadaire du travail est de 39 heures** the statutory working week is 39 hours ❑ **disque longue ~** long playing record; **~ de conservation** ≃ sell-by date. -**2.** [persistance] lasting quality. -**3.** MUS, PHON & LITTÉRAT length. -**4.** PSYCH perceived (passage of) time; **vivre un traumatisme dans la ~** to experience a trauma through time.

◆ **de courte durée** *loc adj* short-lived.

◆ **de longue durée** *loc adj* [chômeur, chômage] long-term.

durement [dyrmɑ̃] *adv* -**1.** [violemment - frapper] hard; **je suis tombé ~** I had a hard fall, I fell really hard. -**2.** [avec sévérité] harshly, severely; **elle a élevé ses enfants ~** she brought up her children strictly. -**3.** [douloureusement]: **~ éprouvé par la mort de** deeply distressed by the death of; **son absence est ~ ressentie** she's sorely missed. -**4.** [méchamment - répondre] harshly.

dure-mère [dyrmɛr] (*pl* **dures-mères**) *nf* dura mater.

durer [3] [dyre] *vi* -**1.** [événement, tremblement de terre] to last, to go OU to carry on; **la situation n'a que trop duré** the situation has gone on far too long; **ça ne peut plus ~!** it can't go on like this!; **il pleure quand sa mère le quitte mais cela ne dure pas** he cries when his mother leaves him but it doesn't last OU he doesn't carry on for long; **ça durera ce que ça durera!** *fam* it might last and then it might not! -**2.** [rester, persister] to last; **ce soleil ne va pas ~** this sunshine won't last long; **faire ~**: **faire ~ les provisions** to stretch supplies, to make supplies last; **faire ~ le plaisir** to spin things out. -**3.** [moteur, appareil] to last; [œuvre] to last, to endure; **mon manteau m'a duré 10 ans** *fam* my coat lasted me 10 years, I got 10 years' wear out of my coat. -**4.** [peser]: **le temps me dure** time is lying heavy (on my hands) OU hangs heavily on me. -**5.** [vivre] to last; **il ne durera plus longtemps** he won't last OU live much longer.

Dürer [dyrɛr] *npr*: **Albrecht** OU **Albert ~** Albrecht Dürer.

dureté [dyrte] *nf* -**1.** [du sol, du plâtre] hardness, firmness. -**2.** [du climat, de conditions] harshness. -**3.** [d'un maître, d'une règle] severity, harshness; [d'une grève] bitterness, harshness; **traiter qqn avec ~** to be harsh to OU tough on sb. -**4.** [d'une teinte, d'une voix, d'une lumière] harshness. -**5.** CHIM [de l'eau] hardness. -**6.** PHYS hardness.

durillon [dyrijɔ̃] *nm* callus.

Durit® [dyrit] *nf* flexible pipe; **~ de radiateur** radiator hose.

Düsseldorf [dysɛldɔrf] *npr* Düsseldorf.

DUT (*abr de* **diplôme universitaire de technologie**) *nm diploma taken after two years at an institute of technology.*

duvet [dyvɛ] *nm* -**1.** [poils] down, downy hairs. -**2.** [plumes] down; **un oreiller en ~** a down pillow. -**3.** [sac de couchage] sleeping bag; [couette] duvet, quilt. -**4.** *Belg* & *Helv* eiderdown.

duveter [27] [dyvte]

◆ **se duveter** *vpi* to go OU to become downy, to get covered in down.

duveteux, euse [dyvtø, øz] *adj* downy.

dyade [djad] *nf* dyad, diad.

dyadique [djadik] *adj* dyadic.

dyarchie [djarʃi] *nf* dyarchy, diarchy.

dyke [dik] *nm* dyke GEOL.

dynamique [dinamik] ◇ *adj* -**1.** [énergique] dynamic, energetic. -**2.** [non statique] dynamic. ◇ *nf* -**1.** MUS & SC dynamics *(sg)*. -**2.** [mouvement] dynamics *(sg)*, dynamic; **la ~ révolutionnaire** the revolutionary dynamic. -**3.** PSYCH: **~ de groupe** group dynamics.

dynamiquement [dinamikmɑ̃] *adv* dynamically.

dynamisation [dinamizasjɔ̃] *nf* [excitation]: **responsable de la ~ de l'équipe** responsible for injecting enthusiasm into the team.

dynamiser [3] [dinamize] *vt* [équipe] to dynamize, to inject enthusiasm into.

dynamisme [dinamism] *nm* -**1.** [entrain] energy, enthusiasm. -**2.** PHILOS dynamism.

dynamitage [dinamitaʒ] *nm* blowing up OU blasting (with dynamite).

dynamite [dinamit] *nf* dynamite; **c'est de la ~!** *fam fig* it's dynamite!

dynamiter [3] [dinamite] *vt* -**1.** [détruire à l'explosif] to blow up OU to blast (with dynamite). -**2.** [abolir - préjugé] to do away with, to sweep away.

dynamiteur, euse [dinamitœr, øz] *nm, f* -**1.** [à l'explosif] dynamiter, dynamite expert. -**2.** [démystificateur] destroyer of received ideas.

dynamo [dinamo] *nf* dynamo, generator.

dynamoélectrique [dinamɔelɛktrik] *adj* dynamoelectric, dynamoelectrical.

dynamogène [dinamɔʒɛn], **dynamogénique** [dinamɔʒenik] *adj* dynamogenic.

dynamomètre [dinamɔmɛtr] *nm* dynamometer.

dynamométrique [dinamɔmetrik] *adj* dynamometric, dynamometrical.

dynaste [dinast] *nm* -**1.** ANTIQ dynast. -**2.** ENTOM dynastes.

dynastie [dinasti] *nf* -**1.** [de rois] dynasty. -**2.** [famille]: **la ~ des Bach/Bruegel** the line of famous Bachs/Bruegels.

dynastique [dinastik] *adj* dynastic, dynastical.

dyne [din] *nf* dyne.

dyscalculie [diskalkyli] *nf* acalculia.

dysenterie [disɑ̃tri] *nf* dysentery.

dysentérique [disɑ̃terik] ◇ *adj* dysenteric. ◇ *nmf* dysentery sufferer.

dysfonctionnement [disfɔ̃ksjɔnmɑ̃] *nm* malfunction, malfunctioning.

dysgraphie [disgrafi] *nf* dysgraphia.

dysharmonie [dizarmɔni] *nf* dysharmony, discord.

dyslalie [dislali] *nf* dyslalia.

dyslexie [dislɛksi] *nf* dyslexia.

dyslexique [dislɛksik] *adj* & *nmf* dyslexic.

dysménorrhée [dismenɔre] *nf* dysmenorrhoea *Br*, dysmenorrhea *Am*.

dysmorphie [dismɔrfi], **dysmorphose** [dismɔrfoz] *nf* dysmorphia, deformity.

dysorthographie [disɔrtɔgrafi] *nf* difficulty in spelling.

dyspepsie [dispɛpsi] *nf* dyspepsia.

dyspepsique [dispɛpsik], **dyspeptique** [dispɛptik] *adj* & *nmf* dyspeptic.

dysphagie [disfaʒi] *nf* dysphagia.

dysphonie [disfɔni] *nf* dysphonia.

dyspnée [dispne] *nf* dyspnoea.

dyssocial, e, aux [disɔsjal, o] *adj* anti-social.

dystrophie [dystrɔfi] *nf* dystrophy.

dytique [ditik] *nm* dytiscid; **les ~s** the Dytiscidae.

E

e, E [ø] *nm* -**1.** [lettre] e, E; **e ouvert/fermé** open/close e; **e muet** silent e; **e dans l'o** e and o joined together. -**2.** MATH & PHYS e.

E (*abr écrite de* **est**) E.

EAO (*abr de* **enseignement assisté par ordinateur**) *nm* CAL.

eau, x [o] *nf* -**1.** [liquide incolore] water; **les fougères ont besoin d'~** ferns need water; **se mettre à l'~** [pour se baigner] to go in the water (for a swim); **des légumes/melons pleins d'~** watery vegetables/melons; **prendre l'~** [chaussure, tente] to leak, to be leaky, to be leaking; **dans l'~ de votre bain** in your bathwater; **dans l'~ savonneuse** in soapy water ❑ **~ déminéralisée/distillée** demineralized/distilled water; **~ calcaire** OU **dure** hard water; **~ bénite** holy water; **~ courante** running water; **avoir l'~ courante** to have running water; **~ douce** fresh water; **d'~ douce** freshwater, river *(modif)*; **~ de jouvence** waters of youth; **~ de mer** seawater; **~ de pluie** rainwater; **~ de vaisselle** dish OU washing-up water; **~ vive** (fresh) running water; **jeu d'~** OU **d'~x** fountains; **comme l'~ et le feu** as different as chalk and cheese *Br* OU as night and day *Am*; **ça doit valoir 15 000 F, enfin, c'est dans ces ~x-là!** *fam* it costs around 15,000 F more or less; **cela amène de l'~ à son moulin** it's (all) grist to his mill; **tu apportes de l'~ à mon moulin** you're adding weight to my argument; **il est passé/il passera beaucoup d'~ sous les ponts** a lot of water has gone/will flow under the bridge; **il y a de l'~ dans le gaz** *fam* there's trouble brewing; **porter de l'~ à la rivière** to bring OU to carry coals to Newcastle; **il ne trouverait pas d'~ à la rivière** OU **au lac** OU **à la mer** he can't find anything even if it's staring him in the face; **se jeter** OU **se lancer à l'~** *fig* to take the plunge; **tomber à l'~** to fall through; **j'en ai l'~ à la bouche** my mouth is watering; **ça me fait venir** OU **ça me met l'~ à la bouche** it makes my mouth water. -**2.** [boisson] water; **se mettre à l'~** to go on the wagon ❑ **~ plate** still water; **~ gazeuse** soda OU fizzy water; **~ minérale** mineral water; **~ du robinet** tap water; **~ de Seltz** soda water; **~ de source** spring water; **point d'~** [pour les animaux] watering hole; [dans un village] standpipe; **mettre de l'~ dans son vin** to climb down, to back off. -**3.** CULIN water; **~ de cuisson** cooking water; **conservez l'~ des légumes** keep the water in which the vegetables have cooked; **~ de fleur d'oranger** orange flower water; **~ sucrée** sugar water; **finir** OU **partir** OU **tourner** OU **s'en aller en ~ de boudin** *fam* to peter OU to fizzle out. -**4.** [parfum & PHARM]: **~ de Cologne** (eau de) Cologne; **~ dentifrice** mouthwash; **~ de parfum** perfume; **~ de rose** rose water; **~ de toilette** toilet water. -**5.** CHIM: **~ écarlate** stain-remover; **~ de Javel** bleach, Clorox® *Am*; **nettoyer une tache à l'~ de Javel** to bleach a stain out; **~ lourde** heavy water; **~ oxygénée** hydrogen peroxide. -**6.** [limpidité – d'un diamant] water; **de la plus belle ~** *pr & fig* of the first water; **dans l'~ claire de ses yeux** OU **de son regard** *litt* in her limpid eyes, in the pools of her eyes. -**7.** NAUT: **faire de l'~** [s'approvisionner] to take on water; **faire ~** [avoir une fuite] to take on water; **faire ~ de toutes parts** *fig* to go under.

◆ **eaux** *nfpl* -**1.** [masse] water; **les ~x se retirent** [mer] the tide's going out; [inondation] the (flood) water's subsiding ❑ **~x grasses** ÉCOL swill; [pour les porcs] slops; **~x ménagères** waste water; **~x usées** sewage; **hautes/basses ~x** GÉOG high/low water; **grandes ~x**: **les grandes ~x de Versailles** the fountains of Versailles; **on a eu droit aux grandes ~x (de Versailles)** *fam fig* she turned on the waterworks. -**2.** NAUT [zone] waters; **~x internationales/territoriales** international/territorial waters; **~x côtières** inshore waters; **dans les ~x de** in the wake of. -**3.** [d'une accouchée] waters. -**4.** [thermes]: **les ~x de Brouckke sont bonnes pour le foie** the waters at Brouckke are good for liver ailments; **prendre les ~x** to take the waters, to stay at a spa *(for one's health)*. -**5.** ADMIN: **les Eaux et Forêts** ≃ the Forestry Commission.

◆ **à grande eau** *loc adv*: **laver à grande ~** [au jet] to hose down; [dans un évier, une bassine] to wash in a lot of water; **rincer à grande ~** to rinse (out) thoroughly OU in a lot of water.

◆ **à l'eau** ◇ *loc adj* -**1.** CULIN boiled. -**2.** [perdu]: **mon week-end est à l'~** bang goes my weekend.

◇ *loc adv* CULIN: **cuire à l'~** [légumes] to boil; [fruits] to poach.

◆ **à l'eau de rose** *loc adj* sentimental; **des histoires à l'~ de rose** sentimental stories.

◆ **de la même eau** *loc adj péj* of the same ilk.

◆ **en eau** *loc adj* sweating profusely; **ils étaient en ~** the sweat was pouring off them.

◆ **en eau profonde** *loc adv* NAUT in deep (sea) waters.

eau-forte [ofɔrt] (*pl* **eaux-fortes**) *nf* -**1.** CHIM aqua fortis. -**2.** BX-ARTS etching.

eaux-vannes [ovan] *nfpl* effluent.

ébahir [32] [ebair] *vt* to astound, to dumbfound, to stun; **prendre un air ébahi** to look flabbergasted OU stunned.

◆ **s'ébahir de** *vp* + *prép* to marvel OU to wonder at.

ébahissement [ebaismɑ̃] *nm* amazement, astonishment.

ébarber [3] [ebarbe] *vt* -**1.** MÉTALL to burr, to edge, to trim. -**2.** [feuilles de papier] to trim. -**3.** AGR to clip, to trim. -**4.** CULIN [poisson] to trim.

ébats [eba] *nmpl* frolics, frolicking; **~ amoureux** lovemaking.

ébattre [83] [ebatr]

◆ **s'ébattre** *vpi* to frolic.

ébaubi, e [ebobi] *adj hum* dumbfounded, flabbergasted, stunned.

ébauchage [ebɔʃaʒ] *nm* -**1.** [façonnement] drafting, outlining. -**2.** MÉTALL roughing out.

ébauche [eboʃ] *nf* -**1.** [première forme – d'un dessin] rough sketch; [– d'un plan] outline; **projet à l'état d'~** project in its early stages; **çà et là, des ~s de barricades se dressaient** there were makeshift barricades here and there. -**2.** [fait de préparer – un dessin] roughing OU sketching out; [– un plan] outlining; **l'~ de son scénario est beaucoup plus précise maintenant** he has outlined his script more precisely now. -**3.** [début]: **l'~ de**: **l'~ d'un sourire** the beginning of a OU an incipient smile; **il eut l'~ d'un geste vers elle puis se ravisa** he started moving towards her then stopped; **une ~ de réconciliation** the first steps towards reconciliation.

ébaucher [3] [ebɔʃe] *vt* -**1.** [esquisser – dessin, portrait] to rough OU to sketch out; [– plan] to outline; **c'est un portrait qu'il vient juste d'~** it's a portrait he's just begun working on; **des formes vagues à peine ébauchées** a few indistinct shapes. -**2.** [commencer] to begin, to start; **~ des négociations/une réconciliation** to start the process of negotiation/reconciliation; **elle ébaucha un vague sourire/geste** she made as if to smile/to move; **~ un salut** [de la tête] to nod vaguely; [de la main] to wave vaguely. -**3.** JOAILL to begin to cut. -**4.** CONSTR & INDUST to rough-hew.

◆ **s'ébaucher** *vpi* to (take) form, to start up; **la relation qui s'ébauche entre eux** their fledgling relationship.

ébaucheur [ebɔʃœr] *nm* rougher.

ébauchoir [ebɔʃwar] *nm* -**1.** MÉTALL roughing chisel. -**2.** [de charron, de potier] chisel; MENUIS cutting chisel.

ébénacée [ebenase] *nf* member of the Ebenaceae.

ébène [ebɛn] *nf* ebony; **une table en ~** an ebony table; **noir d'~** ebony black.

ébénier [ebenje] *nm* ebony (tree); **faux ~** laburnum.

ébéniste [ebenist] *nm* cabinetmaker.

ébénisterie [ebenistəri] *nf* -**1.** [métier] cabinetmaking. -**2.** [placage] veneer; **une table en ~** a veneered table.

éberlué, e [ebɛrlɥe] *adj* dumbfounded, flabbergasted, stunned.

éblouir [32] [ebluir] *vt* -**1.** [aveugler] to dazzle; **les phares de la voiture m'ont ébloui** I was dazzled by the (glare of the) car's headlights. -**2.** [impressionner] to dazzle, to stun; **elle l'a**

ébloui dès leur première rencontre she dazzled him right from their first meeting; sa fortune ne nous éblouit pas we're not (much) impressed by her wealth.

éblouissant, e [ebluisɑ̃, ɑ̃t] *adj* -1. [aveuglant - couleur, lumière] dazzling. -2. [impressionnant - femme, performance] dazzling, stunning; ~ de: un violoniste ~ de talent a stunningly talented violonist; mise en scène ~e d'ingéniosité stunningly ingenious staging.

éblouissement [ebluismɑ̃] *nm* -1. [fait d'être aveuglé] being dazzled. -2. [vertige] dizziness; j'ai été pris d'~s I felt dizzy OU faint; avoir un ~ to have a dizzy spell; il a eu un ~ et s'est écroulé he fell in a faint. -3. [enchantement] dazzlement, bedazzlement.

ébonite [ebɔnit] *nf* ebonite, vulcanite.

éborgnement [ebɔrɲəmɑ̃] *nm* blinding (in one eye).

éborgner [3] [ebɔrɲe] *vt* to blind in one eye; attention, tu vas m'~! hey, watch my eyes!
◆ **s'éborgner** *vp (emploi réfléchi)* to put one's eye out.

éboueur [ebwœr] *nm* dustman *Br*, garbage collector *Am*.

ébouillantage [ebujɑ̃taʒ] *nm* scalding.

ébouillanter [3] [ebujɑ̃te] *vt* to scald.
◆ **s'ébouillanter** *vp (emploi réfléchi)* to scald o.s.; s'~ la main/le pied to scald one's hand/foot.

éboulement [ebulmɑ̃] *nm* -1. [chute] crumbling, subsiding, collapsing; un ~ de terrain a landslide. -2. [éboulis - de terre] mass of fallen earth; [- de rochers] mass of fallen rocks, rock slide; [- en montagne] scree.

ébouler [3] [ebule] *vt* to break OU to bring down *(sép)*; la mer a éboulé les digues the sea has broken down the dykes; un vieux mur éboulé a crumbling old wall.
◆ **s'ébouler** *vpi* [petit à petit] to crumble, to subside; [brutalement] to collapse, to cave in; le terrain s'est éboulé there has been a landslide.

éboulis [ebuli] *nm* [de terre] mass of fallen earth; [de rochers] mass of fallen rocks, rock slide; [en montagne] scree.

ébourgeonnement [eburʒɔnmɑ̃], **ébourgeonnage** [eburʒɔnaʒ] *nm* disbudding.

ébourgeonner [3] [eburʒɔne] *vt* to disbud.

ébouriffage [eburifaʒ] *nm* ruffling, tousling.

ébouriffant, e [eburifɑ̃, ɑ̃t] *adj* breathtaking, staggering, stunning.

ébouriffé, e [eburife] *adj* tousled, dishevelled; je suis tout ~ my hair is all dishevelled.

ébouriffer [3] [eburife] *vt* -1. [décoiffer] to ruffle, to tousle. -2. *fam* [ébahir] to amaze, to dumbfound, to stun.

ébouter [3] [ebute] *vt* to take the end off.

ébranchage [ebrɑ̃ʃaʒ], **ébranchement** [ebrɑ̃ʃmɑ̃] *nm* lopping.

ébrancher [3] [ebrɑ̃ʃe] *vt* to lop the branches off.

ébranlement [ebrɑ̃lmɑ̃] *nm* -1. [départ - d'un cortège] moving OU setting off. -2. [tremblement - d'une vitre] tremor, shaking; l'~ de l'immeuble causé par l'explosion the vibrations of the building caused by the explosion; causer l'~ du cabinet *fig* to shake the Cabinet. -3. [choc] shock.

ébranler [3] [ebrɑ̃le] *vt* -1. [faire trembler] to shake, to rattle. -2. [affaiblir] to shake, to weaken; le scandale a ébranlé le gouvernement the government was shaken by the scandal; ~ la résolution de qqn to shake sb's resolve; ~ la confiance de qqn to shake OU to undermine sb's confidence; ~ la foi de qqn to shake sb's faith; ~ les nerfs de qqn to make sb very nervous. -3. [atteindre moralement] to shake; ta gentillesse a fini par l'~ your kindness finally touched him; très ébranlé par la mort de shattered by the death of.
◆ **s'ébranler** *vpi* [cortège, train] to move OU to set off, to pull away.

ébrasement [ebrazmɑ̃] *nm* [d'une embrasure, d'un portail] splaying.

ébraser [3] [ebraze] *vt* to splay.

ébrasure [ebrazyr] *nf* = **ébrasement**.

ébrèchement [ebrɛʃmɑ̃] *nm* -1. [d'une assiette] chipping; [d'un couteau] nicking, notching. -2. [d'une fortune] depleting.

ébrécher [18] [ebreʃe] *vt* -1. [assiette, vase] to chip; [couteau, lame] to nick, to notch; une assiette ébréchée a chipped plate. -2. [fortune, héritage] to make a hole in, to deplete.

ébréchure [ebreʃyr] *nf* [sur un plat] chip; [sur une lame] nick, notch.

ébriété [ebrijete] *nf sout* intoxication; être en état d'~ to be under the influence (of drink).

ébrouement [ebrumɑ̃] *nm* snort, snorting *(U) (of an animal)*.

ébrouer [3] [ebrue]
◆ **s'ébrouer** *vpi* -1. [cheval] to snort. -2. [personne] to shake o.s.

ébruitement [ebrɥitmɑ̃] *nm* disclosing, spreading.

ébruiter [3] [ebrɥite] *vt* to disclose, to spread.
◆ **s'ébruiter** *vpi* to spread.

ébulliomètre [ebyljɔmɛtr] *nm* ebullioscope.

ébulliométrie [ebyljɔmetri] *nf* ebullioscopy.

ébullioscope [ebyljɔskɔp] = **ébulliomètre**.

ébullioscopie [ebyljɔskɔpi] = **ébulliométrie**.

ébullition [ebylisjɔ̃] *nf* boiling; pendant l'~ while the liquid is boiling ☐ point d'~ boiling point.
◆ **à ébullition** *loc adv*: porter de l'eau/du lait à ~ to bring water/milk to the boil; arriver à ~ to come to the boil.
◆ **en ébullition** *loc adj* in turmoil; il a le cerveau en ~ *fam* he's bubbling over with excitement; tout le pays est en ~ depuis qu'ils l'ont arrêté the whole country has been in turmoil since they arrested him.

éburné, e [ebyrne], **éburnéen, enne** [ebyrneɛ̃, ɛn] *adj* -1. [de l'ivoire] ivory *(modif)*. -2. MÉD eburnean, eburneous; substance ~e dentine.

écaillage [ekajaʒ] *nm* -1. [du poisson] scaling; [des huîtres] opening. -2. [d'une peinture] flaking OU peeling OU scaling off; [d'un vernis] chipping off.

écaille [ekaj] *nf* -1. ZOOL [de poisson, de serpent] scale; [matière] tortoiseshell; les ~s lui tombèrent des yeux the scales fell from his eyes. -2. [fragment - gén] chip; [- de peinture] flake. -3. ENTOM tortoiseshell. -4. BOT scale. -5. CONSTR scalloped moulding.
◆ **en écaille** *loc adj* tortoiseshell *(modif)*.

écaillé, e [ekaje] *adj* [plâtre, vernis] chipped, flaking off; [peinture] peeling.

écailler[1] [3] [ekaje] *vt* -1. CULIN [poisson] to scale; [huître] to open. -2. [plâtre, vernis] to cause to flake off OU to chip.
◆ **s'écailler** *vpi* [vernis, plâtre] to flake off; [peinture] to peel off.

écailler[2], **ère** [ekaje, ɛr] *nm, f* oyster seller.

écailleux, euse [ekajø, øz] *adj* -1. [poisson] scaly. -2. [ardoise, schiste] flaky.

écaillure [ekajyr] *nf* [d'un mur] chipped patch.

écale [ekal] *nf* husk.

écaler [3] [ekale] *vt* [noisette, noix] to husk.

écarlate [ekarlat] *adj* scarlet.

écarquiller [3] [ekarkije] *vt*: ~ les yeux to open one's eyes wide, to stare (wide-eyed); les yeux écarquillés par la peur eyes wide with fear.

écart [ekar] *nm* -1. [variation] difference, discrepancy; ~ de poids/température difference in weight/temperature ☐ ~ technologique technology gap; ~ type standard deviation. -2. [intervalle] gap, distance; un ~ de huit ans les sépare, il y a huit ans d'~ entre eux there's an eight-year gap between them; réduire OU resserrer l'~ entre to close OU to narrow the gap between. -3. [déviation] swerving; ~ par rapport à la norme deviation from the norm; faire un ~ [cheval] to shy; [voiture] to swerve; il a fait un ~ pour éviter d'être aspergé de boue he jumped aside to avoid being splashed with mud; j'ai fait un petit ~ aujourd'hui: j'ai mangé deux gâteaux I gave my diet a break today: I ate two cakes. -4. [excès]: ~s de langage strong language; ~s de jeunesse youthful indiscretions. -5. [hameau] hamlet. -6. JEUX discard. -7. DANSE & SPORT: faire le grand ~ to do the splits. -8. [différence - en comptabilité] margin; [- en statistiques] deviation.
◆ **à l'écart** *loc adv* -1. [de côté] aside; je mets mes sentiments personnels à l'~ dans cette histoire in this business, I'm setting my personal feelings aside; mettre un collaborateur à l'~ to put a colleague on the sidelines; tenir qqn à l'~ to keep sb out of things; rester OU se tenir à l'~ [dans une réunion, dans la société] to remain an outsider, to stay in the background. -2. [loin des habitations]: vivre à l'~ to live in a remote spot.
◆ **à l'écart de** *loc prép*: nous sommes un peu à l'~ du village we live a little way away from the village; il essaie de la tenir à l'~ de tous ses problèmes he's trying to keep her away from all his problems; se tenir à l'~ de la vie politique/du monde to keep out of politics/the world.

écarté, e [ekarte] *adj* -1. [isolé] isolated, remote. -2. [loin l'un de l'autre]: avoir les jambes ~es to have one's legs wide apart; garder les bras ~s to keep one's arms outspread; avoir les dents ~es to be gap-toothed; avoir les yeux ~s to have widely-spaced eyes.
◆ **écarté** *nm* JEUX écarté.

écartèlement [ekartɛlmɑ̃] *nm* [torture] quartering, tearing apart.

écarteler [25] [ekartəle] *vt* -1. [torturer] to quarter, to tear apart *(sép)*. -2. [partager] to tear apart *(sép)*; écartelé entre le devoir et l'amour torn between duty and love.

écartement [ekartəmɑ̃] *nm* -1. RAIL: ~ (des rails OU de voie) gauge. -2. AUT: ~ des essieux wheelbase; ~ des roues tracking. -3. [fait d'ouvrir] spreading (open), opening. -4. [évincement - d'un directeur] dismissing, removing.

écarter [3] [ekarte] *vt* -1. [disjoindre] to move apart *(sép)*, to separate; ~ deux arbres plantés trop près l'un de l'autre to move two trees apart because they're too close to one another; ~ les pinces d'un crabe to prize open a crab's pincers; ~ les rideaux [le matin] to open the curtains; [pour observer] to move the curtain aside; ~ la foule [pour laisser passer une vedette] to push the crowd away; ~ la foule pour passer to push one's way through the crowd ‖ [en parlant de parties du corps]: ~ les bras to open OU to spread one's arms; ~ les jambes/doigts/orteils to spread one's legs/fingers/toes. -2. [éloigner] to move away OU aside *(sép)*, to pull away OU aside *(sép)*; écarte les enfants au cas où ils se brûleraient pull the children away in case they burn themselves; écarte plus la table du mur move the table further away from the wall. -3. [détourner] to divert; cette route vous écarte un peu that road takes you a little bit out of your way. -4. [refuser] to dismiss, to set aside *(sép)*, to rule out *(sép)*; j'ai écarté ta solution I ruled out your solution; il écarte systématiquement toute idée de compromis he refuses to countenance any suggestion of compromise. -5. [tenir à distance]: ~ qqn de [succession, conseil d'administration] to keep sb out of; ~ qqn du pouvoir [aspirant] to cut sb off from the road to power; [homme d'État] to manoeuvre sb out of power; être écarté du processus de décision to be kept away from the decision-making. -6. JEUX to discard.
◆ **s'écarter** *vpi* to move away OU out of the way, to step OU to draw aside; écarte-toi! move OU get out of the way!; s'~ de sa trajectoire [fusée] to deviate from its trajectory; [pilote] to deviate from one's course; s'~ du droit chemin to go off the straight and narrow (path); s'~ du sujet to stray OU to wander from the subject; ils se sont beaucoup écartés de l'idée initiale they've strayed a long way away from the initial idea.

écarteur [ekartœr] *nm* retractor.

ecchymose [ekimoz] *nf* bruise, ecchymosis *spéc.*

ecclésial, e, aux [eklezjal, o] *adj* ecclesial; **biens ecclésiaux** church property.

Ecclésiaste [eklezjast] *nm*: (le livre de) l'~ Ecclesiastes.

ecclésiastique [eklezjastik] ◇ *adj* [devoir] ecclesiastic, ecclesiastical; [habitude] priestly, priestlike.
◇ *nm* priest, ecclesiastic.

ecclésiologie [eklezjɔlɔʒi] *nf* ecclesiology.

écervelé, e [esɛrvəle] ◇ *adj* scatterbrained.
◇ *nm, f* scatterbrain.

ECG (*abr de* **électrocardiogramme**) *nm* ECG.

échafaud [eʃafo] *nm* scaffold; **cela l'a mené à l'~** this brought him to the scaffold OU led to his execution.

échafaudage [eʃafodaʒ] *nm* -**1.** CONSTR scaffolding; **matériel d'~** scaffolding. -**2.** [pile] heap, pile, stack; **un ~ de livres** a pile OU stack of books. -**3.** [élaboration - de systèmes] elaboration, construction.

échafauder [3] [eʃafode] ◇ *vt* -**1.** [entasser] to stack OU to heap OU to pile (up). -**2.** [construire - systèmes, théories] to build up, to construct; **~ des projets** to make plans.
◇ *vi* CONSTR to put up scaffolding, to scaffold.

échalas [eʃala] *nm* -**1.** [perche] pole, stake; **être droit** OU **raide comme un ~** to be as stiff as a poker OU ramrod. -**2.** *fam* [personne] beanpole; **c'est un grand ~** he's a real beanpole.

échalasser [3] [eʃalase] *vt* [haricot, vigne] to stake (up).

échalier [eʃalje] *nm* -**1.** [clôture] gate. -**2.** [échelle] stile.

échalote [eʃalɔt] *nf* shallot.

échancré, e [eʃɑ̃kre] *adj* -**1.** VÊT low-necked; **une robe très ~e sur le devant** a dress with a plunging neckline. -**2.** BOT serrated. -**3.** GÉOG [côte, littoral] indented, jagged.

échancrer [3] [eʃɑ̃kre] *vt* -**1.** COUT to cut a low neckline in. -**2.** [entailler] to indent.

échancrure [eʃɑ̃kryr] *nf* -**1.** VÊT low neckline; **faire une ~ en pointe** OU **en V dans le dos** to cut a V neckline in the back. -**2.** BOT serration. -**3.** GÉOG indentation.

échange [eʃɑ̃ʒ] *nm* -**1.** [troc] swap, exchange; **faire un ~** to swap, to do a swap; **ils ont fait l'~ de leurs bicyclettes** they swapped bicycles; **on fait l'~?** do you want to swap?, do you want to do a swap?; **~ de prisonniers** exchange of prisoners ❑ **~ standard** replacement *(of a spare part)*. -**2.** ÉCON trade; **le volume des ~s entre deux pays** the volume of trade between two countries ❑ **~s internationaux** international trade. -**3.** [aller et retour] exchange; **avoir un ~ de vues** to exchange opinions; **un long ~ de correspondance** a long exchange of letters; **~s culturels** cultural exchanges; **il y a eu un bref ~ d'insultes/de coups entre les deux hommes** there was a brief exchange of insults/blows between the two men; **on a entendu des ~s de coups de feu** exchanges of gunfire were heard ❑ **c'est un ~ de bons procédés** one good turn deserves another. -**4.** [visite]: **~ (linguistique)** (language) exchange. -**5.** JEUX: **faire (un) ~** [aux échecs] to exchange pieces. -**6.** SPORT: **~ de balles** [avant un match] knocking up; [pendant le match] rally; **quel bel ~!** what a beautiful rally! -**7.** BIOL: **~s gazeux** gaseous interchange. -**8.** JUR exchange.
◆ **en échange** *loc adv* in exchange, in return.
◆ **en échange de** *loc prép* in exchange OU return for.

échangeable [eʃɑ̃ʒabl] *adj* exchangeable; **nos articles sont ~s sur présentation d'un ticket de caisse** articles may be exchanged on production of a receipt.

échanger [17] [eʃɑ̃ʒe] *vt* -**1.** [troquer] to exchange, to swap; **~ un stylo contre** OU **pour un briquet** to exchange OU to swap a pen for a lighter. -**2.** [se donner mutuellement] to exchange; **ils ont échangé des lettres** there was an exchange of letters between them; **~ un regard/sourire** to exchange glances/smiles; **~ des coups avec qqn** to exchange blows with sb; **~ quelques mots avec qqn** to exchange a few words with sb. -**3.** SPORT: **~ des balles** [avant le match] to knock up.
◆ **s'échanger** ◇ *vp (emploi passif)* [être troqué] to be swapped; BOURSE to trade; **le dollar s'échange aujourd'hui à 5,12 francs** today the dollar is trading at 5.12 francs.
◇ *vp (emploi réciproque)*: **s'~ des disques** to swap records with each other.

échangeur [eʃɑ̃ʒœr] *nm* -**1.** TRANSP [carrefour] interchange; [donnant accès à l'autoroute] feeder; **un ~ à niveaux multiples** a multiple interchange. -**2.** PHYS: **~ (de chaleur)** heat exchanger. -**3.** CHIM: **~ d'ions** ion exchanger.

échangisme [eʃɑ̃ʒism] *nm* [pratique sexuelle] partner swapping.

échangiste [eʃɑ̃ʒist] *nmf* -**1.** JUR exchanger. -**2.** [de partenaire sexuel] swinger.

échanson [eʃɑ̃sɔ̃] *nm* HIST cupbearer; *hum* wine waiter.

échantillon [eʃɑ̃tijɔ̃] *nm* -**1.** COMM & SC sample, specimen; **~ publicitaire** free sample. -**2.** [cas typique] example, sample; **voici un ~ de son savoir-faire** here is an example of his knowhow; **un ~ de la poésie française du XVIe siècle** a fine example of 16th-century French poetry. -**3.** [de population] cross-section.

échantillonnage [eʃɑ̃tijɔnaʒ] *nm* -**1.** [action] sampling, selecting. -**2.** [de parfum] selection; [de papier peint, de moquette] sample book. -**3.** NAUT scantling. -**4.** INF & TÉLÉC sampling.

échantillonner [3] [eʃɑ̃tijɔne] *vt* -**1.** COMM & SC to sample. -**2.** [population] to take a cross-section of.

échappatoire [eʃapatwar] *nf* loophole, way out; **ne cherche pas d'~, réponds-moi!** don't hedge, answer me!; **je n'ai pas d'~ possible** I can't get out of it.

échappé, e [eʃape] *nm, f* competitor who has broken away; **les ~s du peloton** runners breaking away from the rest of the field.
◆ **échappée** *nf* -**1.** SPORT breakaway. -**2.** [espace ouvert à la vue] vista, view; **une ~e sur l'océan** an ocean view. -**3.** [dans un escalier] headroom. -**4.** [passage] space, gap; **l'~e d'un garage** garage entrance. -**5.** [instant]: **une brève ~e de soleil** a brief sunny spell.
◆ **par échappées** *loc adv* every now and then, in fits and starts.

échappement [eʃapmɑ̃] *nm* -**1.** [de gaz] exhaust; **~ libre** cutout. -**2.** [d'horloge] escapement. -**3.** [d'un escalier] headroom.

échapper [3] [eʃape] ◇ *vi loc*: **l'~ belle** to have a narrow escape; **ouf, on l'a échappé belle!** phew, that was close!
◇ *vi* -**1.** [s'enfuir]: **faire ~** [animal] to let out; [détenu] to help to escape; **laisser ~** to let loose; **il a laissé ~ le chien** he let the dog loose. -**2.** [être prononcé]: **pas un mot n'échappa de ses lèvres** OU **sa bouche** he didn't utter a single word; **laisser ~** to let slip. -**3.** [glisser] to slip; **le vase lui a échappé des mains** the vase slipped out of her hands. -**4.** [passer]: **laisser ~**: **j'ai pu laisser ~ quelques fautes** I may have overlooked a few mistakes; **laisser ~ une occasion** to miss an opportunity.
◆ **échapper à** *v + prép* -**1.** [se soustraire à] to avoid, to evade; **~ de justesse à une amende** to narrowly avoid being fined OU having to pay a fine; **~ à ses obligations** to evade one's duties; **il va être difficile d'~ à ses calembours** it will be difficult to get away from his puns. -**2.** [éviter] to escape from, to get away from; **il n'a pas pu ~ à ses ennemis** he couldn't escape from his enemies; **elle sent que sa fille lui échappe** she can feel (that) her daughter's drifting away from her. -**3.** [être dispensé de]: **~ à l'impôt** [officiellement] to be exempt from taxation; [en trichant] to evade income tax. -**4.** [être oublié par]: **rien ne lui échappe** she doesn't miss a thing; **rien n'échappe à son regard** she sees everything; **ce détail m'a échappé** that detail escaped me; **son nom m'échappe** his name escapes me OU has slipped my mind; **je me souviens de l'air mais les paroles m'échappent** I remember the tune but I forget the lyrics || *(tournure impersonnelle)*: **il ne m'a pas échappé qu'il avait l'air ravi** it was obvious to me that he looked delighted; **il ne vous aura pas échappé que...** it will not have escaped your attention that... -**5.** [être enlevé à]: **la victoire lui a échappé** victory eluded him; **la fortune de leur tante leur a échappé** they couldn't get their hands on their aunt's money. -**6.** [être prononcé par]: **si des paroles désagréables m'ont échappé, je te prie de m'excuser** if I let slip an unpleasant remark, I apologize; **la phrase lui aura échappé** the remark must have slipped out.
◆ **s'échapper** *vpi* -**1.** [s'enfuir] to escape, to get away; **s'~ d'un camp** to escape from a camp; **le chat s'est échappé** the cat ran away OU escaped. -**2.** [se rendre disponible] to get away; **quand les enfants étaient petits, nous ne pouvions pas nous ~ facilement** when the children were small it was difficult for us to get away; **je ne pourrai pas m'~ avant midi** I won't be able to get away before noon. -**3.** [jaillir] to escape, to leak; **s'~ de**: **la lave s'échappe du volcan** lava is coming out of the volcano; **des mèches s'échappaient de son foulard** wisps of hair poked out from underneath her scarf. -**4.** [disparaître] to disappear, to vanish; **sa dernière chance s'est échappée** his last chance slipped away OU disappeared. -**5.** SPORT [coureur] to break OU to draw away.

écharde [eʃard] *nf* splinter.

écharner [3] [eʃarne] *vt* to flesh.

écharpe [eʃarp] *nf* -**1.** VÊT scarf; [d'un député, d'un maire] sash; **l'~ tricolore** *sash worn by French mayors at civic functions.* -**2.** [pansement] sling.
◆ **en écharpe** *loc adv* -**1.** MÉD: **avoir le bras en ~** to have one's arm in a sling. -**2.** *loc*: **prendre en ~** to hit broadside on; **la voiture s'est fait prendre en ~ par un camion** a truck hit the car broadside on.

écharper [3] [eʃarpe] *vt* to tear to pieces.

échasse [eʃas] *nf* -**1.** [bâton] stilt; **marcher** *fam* OU **être monté** *fam* **sur des ~s** to have long legs. -**2.** ZOOL stilt.

échassier [eʃasje] *nm* wader, wading bird.

échaudage [eʃodaʒ] *nm* -**1.** [brûlure] scalding. -**2.** AGR shrivelling, withering.

échauder [3] [eʃode] *vt* -**1.** [ébouillanter - volaille] to scald; [- vaisselle] to run boiling water over; [- théière] to warm. -**2.** [décevoir]: **l'expérience de l'année dernière m'a échaudé** my experience last year taught me a lesson; **il a déjà été échaudé une fois** he's had his fingers burned once already.

échauffant, e [eʃofɑ̃, ɑ̃t] *adj vieilli* overstimulating.

échauffement [eʃofmɑ̃] *nm* -**1.** [réchauffement - du sol, d'une planète] warming (up). -**2.** SPORT [assouplissement] warming-up; [exercices, période] warm-up. -**3.** [excitation] over-excitement. -**4.** MÉCAN overheating. -**5.** AGR fermenting.

échauffer [3] [eʃofe] *vt* -**1.** [chauffer] to heat (up), to warm up *(sép)*. -**2.** [exciter] to heat, to fire, to stimulate; **les esprits sont échauffés** feelings are running high ❑ **il m'échauffe la bile** OU **les oreilles** *fam* he really gets my goat OU on my nerves. -**3.** MÉCAN to overheat; [fermenter] to cause fermentation. -**4.** SPORT to warm up *(sép)*.
◆ **s'échauffer** *vpi* -**1.** SPORT to warm up. -**2.** [s'exciter] to become heated; **laisser son imagination s'~** to let one's imagination run wild OU riot; **il s'échauffe pour un rien** he blows OU flares up at the slightest provocation.

échauffourée [eʃofure] *nf* clash, skirmish.

échauguette [eʃogɛt] *nf* HIST watchtower.

échéance [eʃeɑ̃s] *nf* -**1.** [date - de paiement] date of payment; [- de maturité] date of maturity; [- de péremption] expiry date; **venir à ~** to fall due; **payable à quinze jours d'~** payable at two weeks' date. -**2.** [somme d'argent] financial

commitment. -**3.** [moment] term; **nous sommes à trois mois de l'~ électorale** there are three months to go before the date set for the election; **un mois avant l'~ de l'examen** one month before the exam (is due to take place).
◆ **à brève échéance, à courte échéance** ◇ *loc adj* short-term. ◇ *loc adv* in the short run.
◆ **à longue échéance** ◇ *loc adj* long-term. ◇ *loc adv* in the long run.

échéancier [eʃeɑ̃sje] *nm* -**1.** [livre] bill book, tickler *Am.* -**2.** [délais] schedule of repayments.

échéant, e [eʃeɑ̃, ɑ̃t] *adj* → **cas.**

échec [eʃɛk] *nm* -**1.** [revers] failure; **après l'~ de la conférence au sommet** after the failure of the summit conference; **la réunion s'est soldée par un ~** nothing came out of the meeting; **faire ~ à** to foil, to prevent; **faire ~ à un coup d'État** to foil OU to defeat a coup ❑ **l'~ scolaire** underperforming at school. -**2.** [défaite] defeat; **son ~ au championnat** his defeat in the championship. -**3.** JEUX: **~ (au roi)!** check!; **~ et mat!** checkmate!; **faire ~** to check; **faire ~ et mat** to checkmate.
◆ **échecs** *nmpl* chess *(U)*; **jouer aux ~s** to play chess.
◆ **en échec** *loc adv*: **mettre/tenir qqn en ~** to put/to hold sb in check; **il a tenu toutes les polices d'Europe en ~** he thwarted the entire European police network.

échelle [eʃɛl] *nf* -**1.** [outil] ladder; **monter dans l'~ sociale** *fig* to climb the social ladder ❑ **~ coulissante** extension ladder; **~ de corde** rope ladder; **~ d'incendie** fire escape; **~ de meunier** straight wooden staircase; **faire la courte ~ à qqn** *pr* to give sb a leg up; *fig* to give sb a leg up, to help sb better his/her prospects; **monter à l'~** to be unable to take a joke; **il n'y a plus qu'à tirer l'~** *fam* we might as well just give up; **après lui, il n'y a plus qu'à tirer l'~** he leaves all the rest standing. -**2.** [mesure] scale; **une carte à l'~ 1/10 000** a map on a scale of 1/10,000; **réduire l'~ d'un dessin** to scale a drawing down. -**3.** GÉOL scale; **sur l'~ de Richter** on the Richter scale. -**4.** [dimension] scale; **des évènements à l'~ mondiale** great world events; **des villes à l'~ humaine** cities (built) on a human scale. -**5.** JUR & ADMIN scale; **~ des valeurs** scale of values; **~ (mobile) des salaires** (sliding) salary scale. -**6.** MUS: **~ diatonique/chromatique** diatonic/chromatic scale. -**7.** BX-ARTS: **~ des couleurs** range of colours. -**8.** VÊT run, ladder *Br*; **faire une ~ à son bas** to ladder one's stocking. -**9.** NAUT: **~ de coupée** accommodation ladder. -**10.** HIST: **les Échelles du Levant** the Ports of the Levant. -**11.** *Helv* side *(of a farm trailer)*.
◆ **à grande échelle** ◇ *loc adj* -**1.** [dessin] large-scale. -**2.** [projet] ambitious. ◇ *loc adv* on a big scale.
◆ **à l'échelle** *loc adv*: **la façade n'est pas à l'~** the façade isn't (drawn) to scale; **dessiner une carte à l'~** to scale a map.
◆ **à l'échelle de** *loc prép* at the level OU on a scale of; **à l'~ de la région/planète** on a regional/world scale.

échelon [eʃlɔ̃] *nm* -**1.** [barreau] rung. -**2.** ADMIN grade; **grimper d'un ~** to go up one step OU grade; **changer d'~** to change grade. -**3.** [niveau] level; **à l'~ local** at local level. -**4.** MIL echelon.
◆ **à l'échelon de** *loc prép* at the level of; **à l'~ du ministère** at Ministry level.

échelonnement [eʃlɔnmɑ̃] *nm* -**1.** [dans l'espace] spreading out, placing at regular intervals. -**2.** [dans le temps - d'un paiement] spreading (out); [- de congés] staggering. -**3.** [graduation - de difficultés] grading.

échelonner [3] [eʃlɔne] *vt* -**1.** [dans l'espace - arbres, poteaux] to space out *(sép)*, to place at regular intervals. -**2.** [dans le temps - livraisons, remboursements, publication] to spread (out), to stagger, to schedule at regular intervals; **paiements échelonnés** payments in instalments, staggered payments. -**3.** [graduer - difficultés, problèmes] to grade, to place on a sliding scale. -**4.** MIL to echelon.
◆ **s'échelonner sur** *vp + prép* [suj: projet, travaux] to be spread out over.

écheniller [3] [eʃnije] *vt* to clear of caterpillars, to pick caterpillars off.

écheveau, x [eʃvo] *nm* -**1.** TEXT hank, skein. -**2.** [labyrinthe de rues] maze. -**3.** [embrouillamini] tangle; **démêler l'~ d'une intrigue** to untangle a plot.

échevelé, e [eʃəvle] *adj* -**1.** [ébouriffé] dishevelled, tousled. -**2.** [effréné] frantic, wild, unbridled; **une danse ~e** a wild dance.

écheveler [24] [eʃəvle] *vt litt* to tousle the hair of.

échevin [eʃvɛ̃] *nm* -**1.** HIST deputy mayor of a town. -**2.** *Belg* deputy burgmaster OU burgomaster.

échevinat [eʃəvina] *nm Belg office of the 'échevin'.*

échidné [ekidne] *nm* spiny anteater, echidna *spéc.*

échine [eʃin] *nf* -**1.** ANAT & ZOOL backbone, spine; **courber** OU **plier l'~ devant qqn** to submit to sb; **avoir l'~ souple** to be obsequious OU subservient. -**2.** CULIN chine. -**3.** ARCHIT echinus.

échiner [3] [eʃine]
◆ **s'échiner à** *vp + prép*: **s'~ à faire qqch** to wear o.s. out doing sthg.

échinocactus [ekinɔkaktys] *nm* hedgehog cactus, echinocactus *spéc.*

échinocoque [ekinɔkɔk] *nm* echinococcus.

échinoderme [ekinɔdɛrm] *nm* echinoderm; **les ~s** Echinodermata.

échiquéen, enne [eʃikeɛ̃, ɛn] *adj* chess *(modif).*

échiquier [eʃikje] *nm* -**1.** JEUX chessboard; **le rôle que nous jouons sur l'~ européen/mondial** *fig* the part we play on the European/world scene. -**2.** POL: **L'Échiquier** the (British) Exchequer.
◆ **en échiquier** *loc adv*: **des arbres plantés en ~** trees planted out in a chessboard pattern.

écho [eko] *nm* -**1.** ACOUST echo; **il y a de l'~** there is an echo; **se faire l'~ d'une information** to spread a piece of news; **aucun journal ne s'en est fait l'~** the story was not picked up by any newspaper; **~ multiple** reverberations; **~ simple** echo; **~s parasites** clutter. -**2.** [bruit, propos répétés] rumour; **j'en ai eu des ~s** I heard something about it. -**3.** [accueil favorable]: **sa proposition n'a pas trouvé d'~** his offer wasn't taken into consideration. -**4.** [image] echo; **un ~ des préoccupations de l'époque** one of the (major) preoccupations of the age. -**5.** TV ghosting; **à cause des arbres, nous avons de l'~** we get ghosting because of the trees. -**6.** [rubrique de journal] gossip column.
◆ **à tous les échos** *loc adv* in all directions.

échocardiogramme [ekokardjɔgram] *nm* echocardiogram.

échoencéphalogramme [ekoɑ̃sefalɔgram] *nm* echoencephalogram.

échographie [ekografi] *nf* (ultrasound) scan; **se faire faire une ~** to have a scan OU an ultrasound scan.

échographier [9] [ekografje] *vt* to scan *(with an ultrasound scan)*.

échoir [70] [eʃwar] *vi* FIN to fall due; **intérêts à ~** outstanding interest.
◆ **échoir à** *v + prép sout*: **~ à qqn** to fall to sb; **le sort qui lui est échu n'est guère enviable** one can hardly envy his lot ‖ *(tournure impersonnelle)*: **c'est à moi qu'il échoit d'annoncer la mauvaise nouvelle** it falls to me to announce the bad news.

écholocation [ekolɔkasjɔ̃] *nf* echolocation.

échoppe [eʃɔp] *nf* -**1.** [outil] burin. -**2.** *vieilli* shop *Br*, store *Am.*

échotier, ère [ekɔtje, ɛr] *nm, f* [journaliste] gossip columnist.

échotomographie [ekotɔmɔgrafi] *nf* (ultrasound) scan.

échouage [eʃwaʒ], **échouement** [eʃumɑ̃] *nm* [d'un navire] grounding, running aground.

échouer [6] [eʃwe] ◇ *vi* -**1.** [rater - projet, tentative] to fail, to fall through; **ils ont échoué dans leur tentative de coup d'État** their attempted coup failed; **~ à un examen** to fail an exam. -**2.** *fam* [finir] to end OU to wind up; **un tableau de valeur échoué dans un grenier** a valuable painting that has ended up in an attic; **ils ont échoué dans un bar vers minuit** they ended OU wound up in a bar around midnight. -**3.** NAUT to ground, to run aground; **bateau échoué** boat aground; **quelques caisses échouées sur la plage** a few boxes washed up OU stranded on the beach.
◇ *vt* NAUT [accidentellement] to ground, to run aground; [volontairement] to beach.
◆ **s'échouer** *vpi* NAUT to run aground.

échu, e [eʃy] *adj*: **payer un loyer à terme ~** to pay at the end of the rental term.

écimage [esimaʒ] *nm* pollarding.

écimer [3] [esime] *vt* to pollard.

éclaboussement [eklabusmɑ̃] *nm* splashing, spattering.

éclabousser [3] [eklabuse] *vt* -**1.** [asperger] to splash, to spatter; **éclaboussé de: éclaboussé de boue** mud-spattered; **les cheveux éclaboussés de peinture** hair spotted with paint. -**2.** [nuire à la réputation de]: **~ qqn** to malign sb, to besmirch sb's reputation; **le scandale a éclaboussé certains de ses collègues** some of his colleagues were implicated in the scandal. -**3.** *litt* [impressionner]: **~ qqn de son luxe/sa richesse** to flaunt one's luxurious lifestyle/one's wealth in sb's face.

éclaboussure [eklabusyr] *nf* -**1.** [tache - de boue, de peinture] splash, spatter; **des ~s de sang** bloodstains. -**2.** [retombée] smear, smirch; **atteint par les ~s d'un scandale financier** implicated in a financial scandal.

éclair [eklɛr] *nm* -**1.** MÉTÉO flash of lightning; **~s** lightning; **~s en zigzag** forked lightning; **ses yeux jetaient** OU **lançaient des ~s** *fig* her eyes were flashing; **un ~ de colère passa dans ses yeux** anger flashed OU blazed in his eyes ❑ **comme un ~**: **entrer/sortir/traverser comme un ~** to dart in/out/across; **le peloton est passé comme un ~** the pack of cyclists flashed past; **prompt** OU **rapide** OU **vif comme l'~** (as) quick as a flash; **avec la rapidité** OU **vitesse de l'~** (as) quick as a flash. -**2.** [lueur - d'un coup de feu, d'un flash] flash; **la lame jetait des ~s dans la pénombre** the blade flashed OU glinted in the shadows. -**3.** [bref instant]: **un ~ de** a flash OU spark of; **dans un ~ de lucidité** in a flash of lucidity; **un ~ de génie** a flash of inspiration. -**4.** CULIN éclair; **~ au chocolat** chocolate éclair. -**5.** *(comme adj)* lightning *(modif)*; **visite ~** lightning OU flying visit ❑ **guerre ~** blitzkrieg.
◆ **en un éclair** *loc adv* in a flash OU a trice OU an instant; **tout lui est revenu à la mémoire en un ~** everything came back to her in a flash.

éclairage [eklɛraʒ] *nm* -**1.** [illumination artificielle] lighting; **à l'époque, l'~ était assuré par des torches** in those days people used torches for lighting ❑ **~ indirect** indirect OU concealed lighting. -**2.** [intensité de lumière] light; **l'~ est faible au premier étage** the first floor is badly lit. -**3.** [installation]: **l'~, les ~s** the lighting; **les ~s sont de Y. Dumais** lighting effects by Y. Dumais; **~ aux projecteurs** floodlighting. -**4.** BX-ARTS use of light; PHOT light. -**5.** [aspect] light, perspective; **sans cet ~ historique** without this historical perspective; **vu sous cet ~** seen in this light; **apporter à qqch un ~ nouveau** to look at sthg in a new way, to bring a new light to sthg. -**6.** MIL scouting expedition.

éclairagisme [eklɛraʒism] *nm* lighting engineering.

éclairagiste [eklɛraʒist] *nmf* -**1.** CIN, THÉÂT & TV lighting engineer. -**2.** COMM dealer in lights and lamps.

éclairant, e [eklɛrɑ̃, ɑ̃t] *adj* -**1.** [lumineux] lighting; **une fusée ~e** a flare. -**2.** [édifiant - commentaire, conclusion] enlightening.

éclaircie [eklɛrsi] *nf* -1. MÉTÉO sunny spell, bright interval. -2. [amélioration] improvement. -3. [de forêt] clearing.

éclaircir [32] [eklɛrsir] *vt* -1. [rendre moins sombre] to make lighter; **ce papier éclaircit la pièce** this wallpaper brightens up the room OU makes the room feel lighter; **~ ses cheveux** to make one's hair (look) lighter; [par mèches] to put highlights in one's hair. -2. [rendre plus audible]: **des pastilles pour ~ la voix** OU **gorge** lozenges to clear the throat. -3. CULIN [sauce, soupe] to thin (down), to dilute. -4. [forêt] to thin (out). -5. [élucider - affaire, mystère] to clear up; [- situation] to clarify.

◆ **s'éclaircir** ◇ *vpi* -1. MÉTÉO to clear (up), to brighten up; **le ciel s'est éclairci** the sky's cleared OU brightened up; **ça s'éclaircit** *fam* it's brightening up. -2. [pâlir - cheveux] to go lighter OU paler OU blonder. -3. [se raréfier] to thin (out); **ses cheveux s'éclaircissent** his hair's getting thinner, he's going bald. -4. [être clarifié - mystère] to be solved; [- situation] to become clearer.

◇ *vpt*: **s'~ la voix** OU **gorge** to clear one's throat.

éclaircissage [eklɛrsisaʒ] *nm* -1. [des cheveux] highlighting, lightening. -2. [de forêt] thinning.

éclaircissant, e [eklɛrsisɑ̃, ɑ̃t] *adj* [lotion, shampooing] lightening, highlighting.

éclaircissement [eklɛrsismɑ̃] *nm* -1. [d'une peinture] lightening. -2. [explication] explanation; **demander des ~s** to ask for further information OU an explanation; **je voudrais des ~s sur ce point** I would like some further clarification on this point.

éclaire [eklɛr] *nf* -1. BOT greater celandine. -2. NAUT hatchway.

éclairé, e [eklere] *adj* -1. [lumineux]: **une pièce bien/mal ~e** a well-/badly-lit room. -2. [intelligent] enlightened.

éclairement [eklɛrmɑ̃] *nm* -1. *litt* lighting, shining. -2. PHYS illumination.

éclairer [4] [eklere] ◇ *vt* -1. [chemin, lieu] to light (up); **les phares éclairent la route** the road is lit by beacons; **une bougie éclairait la pièce** the room was lit by a candle; **~ une cuisine au néon** to use fluorescent lighting in a kitchen; **~ un stade avec des projecteurs** to floodlight a stadium; **marchez derrière moi, je vais vous ~** walk behind me, I'll light the way for you. -2. [égayer] to brighten OU to light up *(sép)*, to illuminate; **ses derniers instants ont été éclairés par la présence de ses enfants** his last moments were brightened up by the presence of his children; **le visage éclairé par un sourire** his face lit up by a smile; **un foulard rose éclairait sa robe sombre** a pink scarf brightened up her dark dress. -3. [rendre compréhensible] to clarify, to throw light on; **ces notes éclairent la pensée de l'auteur** these notes throw some light on the author's ideas. -4. [informer] to enlighten; **j'ai besoin qu'on m'éclaire sur ce point** I need sb to explain this point to me OU to enlighten me on this point ❑ **~ la lanterne de qqn** to put sb in the picture. -5. MIL to scout out.

◇ *vi*: **la lampe n'éclaire plus** the lamp's gone out; **cette ampoule éclaire bien/mal** this bulb throws out a lot of/doesn't throw out much light.

◆ **s'éclairer** ◇ *vp (emploi réfléchi)*: **s'~ au gaz** to have gaslight; **s'~ à l'électricité** to have electric lighting; **s'~ à la bougie** to use candlelight; **tiens, prends ma lampe électrique pour t'~** here, take my flashlight to light your way.

◇ *vpi* -1. [s'allumer] to be lit; **les fenêtres s'éclairent une à une** the windows light up one by one. -2. [visage, regard] to brighten OU to light up. -3. [se résoudre] to get clearer; **enfin, tout s'éclaire!** it's all clear (to me) now!

éclaireur, euse [eklɛrœr, øz] *nm, f* [scout] boy scout (*f* girl scout); **les Éclaireurs de France** the (French) Scout Association.

◆ **éclaireur** *nm* MIL scout.

◆ **en éclaireur** *loc adv*: **envoyer qqn en ~** to send sb scouting; **partir en ~** to go (off) and scout around; **parti en ~ chercher un restaurant** scouting around for a restaurant.

éclampsie [eklɑ̃psi] *nf* eclampsia.

éclat [ekla] *nm* -1. [fragment - de verre, de métal] splinter, shard; [- de bois] splinter, sliver; **des ~s d'obus** shrapnel. -2. [bruit] burst; **~ de rire** burst OU roar of laughter; **un ~ de voix** loud voices/a raised voice could be heard. -3. [scandale] scandal; **faire un ~ en public** to cause a public scandal OU embarrassment. -4. [de la lumière, du jour] brightness; [du soleil, de projecteur] glare; **l'~ d'un diamant** the sparkle of a diamond; **le soleil d'hiver brillait d'un ~ très doux** the winter sun shone with a pale light. -5. [du regard, d'un sourire, d'une couleur] brightness; [du teint] radiance, bloom; **elle a perdu tout son ~** she has lost all her bloom OU sparkle. -6. [splendeur] glamour, glitter; **l'~ d'un festival** the glamour OU glitter of a festival; **donner de l'~ à** to make glamorous. -7. ASTRON: **~ absolu/apparent** true/apparent luminosity.

◆ **action d'éclat** *nf* feat.

◆ **coup d'éclat** *nm* feat; **faire un coup d'~** to pull off a coup.

éclatant, e [eklatɑ̃, ɑ̃t] *adj* -1. [soleil, couleur] dazzling, brilliant; [miroir, surface] sparkling; [dents] gleaming; **draps d'une blancheur ~e** OU **~s de blancheur** dazzling white sheets; **écharpe d'un rouge ~** bright red scarf; **un sourire ~** a dazzling smile. -2. [excellent - santé, teint] radiant, glowing; **~ de**: **~e de beauté** radiantly beautiful. -3. [spectaculaire - revanche] spectacular; [- triomphe, victoire] resounding; **ce fut une victoire ~e** it was a resounding victory. -4. [bruyant] loud, resounding; **on entendait son rire ~** his booming OU hearty laugh could be heard.

éclaté [eklate] *nm* split diagram.

éclatement [eklatmɑ̃] *nm* -1. [déflagration - d'une bombe] explosion; [- d'un pneu, d'un fruit] bursting. -2. [rupture - d'un parti] breakup.

éclater [3] [eklate] *vi* -1. [exploser] to explode, to blow up, to burst; **le plat a éclaté lorsque je l'ai plongé dans l'eau bouillante** the dish shattered when I plunged it into the boiling water; **j'ai l'impression que ma tête/mon cœur/ma poitrine va ~** I feel as if my head/heart/chest is going to burst; **mon pneu a éclaté** my tyre burst. -2. [se fractionner] to split, to break up; **notre département a éclaté en plusieurs services** our department was broken up into several subdivisions. -3. [retentir]: **l'orage a enfin éclaté** the thunderstorm finally broke; **un coup de tonnerre a soudain éclaté** there was a sudden thunderclap; **des applaudissements éclatèrent** there was a burst of applause; **des coups de feu ont éclaté** shots were fired; **~ de**: **~ de rire** to burst out laughing; **~ en**: **~ en larmes/sanglots** to burst into tears/sobs; **~ en reproches** to let out a stream of reproaches. -4. [se déclencher - guerre, scandale] to break out. -5. [apparaître] to stand out; **son talent éclate à chaque page** her talent stands out on each page. -6. [de colère] to explode; **j'ai cru qu'il allait ~** I thought he was going to explode; **« mais enfin! », éclata-t-il** "for goodness sake!", he burst out OU exploded. -7. [être célèbre] to be an instant success.

◆ **s'éclater** *fam vpi* to have a ball OU a whale of a time; **il s'éclate en faisant de la photo** he gets his kicks from photography; **on s'est éclatés hier soir au Palace** we had a fabulous time last night at the Palace.

éclateur [eklatœr] *nm* discharger.

éclectique [eklɛktik] ◇ *adj* [distraction, goût, opinion] eclectic, varied.

◇ *nmf* eclectic, person with eclectic tastes.

éclectisme [eklɛktism] *nm* eclecticism.

éclipse [eklips] *nf* -1. ASTRON eclipse; **~ de Soleil/Lune** solar/lunar eclipse; **~ annulaire/totale/partielle** annular/total/partial eclipse. -2. [éloignement] eclipse, decline; **revenir sur scène après une ~ de plusieurs années** to return to the stage after an absence of several years. -3. MÉD blackout.

◆ **à éclipses** *loc adj*: **phare/feu à ~s** intermittent beacon/light; **une carrière à ~s** *fig* a career progressing in fits and starts.

éclipser [3] [eklipse] *vt* -1. ASTRON to eclipse. -2. [surclasser] to eclipse, to overshadow, to outshine; **éclipsé sur le marché des ordinateurs par...** overshadowed OU outclassed on the computer market by...

◆ **s'éclipser** *fam vpi* to slip away OU out, to sneak off.

écliptique [ekliptik] *nm* ASTRON ecliptic.

éclisse [eklis] *nf* -1. MÉD splint. -2. RAIL fishplate. -3. MUS rib. -4. [claie à fromages] cheese tray.

éclopé, e [eklɔpe] ◇ *adj* lame, limping.

◇ *nm, f* person with a limp; **les ~s avaient du mal à suivre le convoi** the walking wounded had difficulty keeping up with the convoy; **les ~s de l'amour** *hum* the victims of love.

éclore [113] [eklɔr] *vi (aux être ou avoir)* -1. [œuf, poussin] to hatch (out); **les œufs ont éclos ce matin** the eggs hatched out this morning || *litt* [fleur] to open out; **des roses fraîches écloses** newly-opened roses. -2. *litt* [apparaître - jour, amour] to dawn; [- doute] to be born.

éclosion [eklozjɔ̃] *nf* -1. [d'un œuf] hatching; **jusqu'à leur ~** until they hatch || *litt* [d'une fleur] opening (out). -2. *litt* [d'un amour] dawning.

éclusage [eklyzaʒ] *nm* [d'un bateau, d'une péniche] locking, sluicing.

écluse [eklyz] *nf* lock; **une porte d'~** a lock OU sluice gate ❑ **lâcher** OU **ouvrir les ~s** to turn on the waterworks.

éclusée [eklyze] *nf* lockage water.

écluser [3] [eklyze] ◇ *vt* -1. NAUT [canal, voie d'eau] to lock; [bateau, péniche] to lock, to sluice. -2. ▽ [boire] to down, to knock back; **il avait déjà éclusé trois cognacs** *fam* he'd already downed three brandies.

◇ *vi* ▽ to booze, to knock back the booze; **qu'est-ce qu'il écluse!** he can certainly knock it back!

éclusier, ère [eklyzje, ɛr] *nm, f* lockkeeper.

écobuage [ekɔbɥaʒ] *nm* burn-beating.

écœurant, e [ekœrɑ̃, ɑ̃t] *adj* -1. [nauséeux] nauseating, cloying, sickly; **la seule vue de ce gâteau est ~e** just looking at that cake OU the mere sight of that cake makes me feel sick. -2. [indigne] disgusting; **j'ai trouvé son comportement ~** his behaviour sickened me, I found his behaviour disgusting. -3. *fam* [démoralisant] sickening, disheartening; **elle réussit tout, c'est ~** she's good at everything, it's sickening OU it makes you sick.

écœurement [ekœrmɑ̃] *nm* -1. [nausée] nausea; **manger des chocolats jusqu'à ~** to make o.s. sick eating chocolates. -2. [aversion] disgust, aversion, distaste. -3. *fam* [découragement] discouragement; **quand les résultats ont été annoncés, ça a été l'~ général** everybody was pretty disheartened when they heard the results.

écœurer [5] [ekœre] *vt* -1. [donner la nausée] to sicken; **la vue de ce gâteau m'écœure** looking at that cake makes me feel sick. -2. [inspirer le mépris à] to disgust, to sicken; **sa mauvaise foi m'écœure** I'm disgusted by his bad faith. -3. *fam* [décourager] to dishearten, to discourage.

écolage [ekɔlaʒ] *nm Helv* school fees.

école [ekɔl] *nf* -1. [établissement] school; **aller à l'~** [tous les matins] to go to school; [à six ans] to start school, to reach school age; **tu peux retourner à l'~!** didn't they teach you that at school?; **une ~ de courage** a school for courage ❑ **~ libre** OU **privée** private school; **~ communale** local primary school; **~ maternelle, petite ~** *fam* nursery school; **~ primaire, grande ~** *fam* primary school; **~ publique** state school *Br*, public school *Am*; **maître d'~** schoolmaster; **maîtresse d'~** schoolmistress; **bateau-~** training ship; **voiture-~** driving-school car; **faire l'~ buisson-**

nière to play truant; renvoyer qqn à l'~ to send sb back to school. -2. [cours] school; l'~ recommencera le 9 septembre school will reopen on September 9th; l'~ est obligatoire jusqu'à 16 ans school is compulsory up to the age of 16; pas de chewing-gum pendant l'~ chewing-gum must not be consumed during school hours. -3. [système]: l'~ laïque secular education; l'~ obligatoire compulsory schooling. -4. [collège supérieur]: grande ~ *competitive-entry higher education establishment*; École (centrale) des arts et manufactures, École centrale *prestigious engineering school*; École (nationale) des chartes *grande école for archivists and librarians*; École nationale d'administration → ENA; École nationale de la magistrature *grande école for the judiciary*; École normale d'instituteurs *former primary school teachers' training college*; École normale supérieure *prestigious training college for teachers and researchers*. -5. [lieu spécialisé] school; ~ de l'air flying school; ~ de conduite driving school; ~ de danse ballet school; ~ navale naval college; ~ de ski skiing school; ~ de voile sailing school. -6. [pédagogie]: l'~ active the active method of teaching. -7. [disciples] school; l'~ de Pythagore the Pythagorean school; l'~ française du Louvre the French collections at the Louvre ❑ faire ~ to attract a following; il a fait ~ he attracted a following; une hypothèse qui fera ~ a hypothesis bound to gain wide currency. -8. ÉQUIT: basse ~ basse école; haute ~ haute école.

◆ **à bonne école** *loc adv*: être à bonne ~ to learn a lot; avec lui, j'ai été à bonne ~ he taught me a lot.

◆ **à dure école, à rude école** *loc adv*: être à rude ~ to learn the hard way.

◆ **de la vieille école** *loc adj*: il est de la vieille ~ he's one of the old school OU guard.

L'ÉCOLE LAÏQUE:
The separation of Church and State, which reflects the Republican ideal and became law in 1905, is an important aspect of French culture. Since that date State education has been independent of the Church, and explicitly excludes religious instruction and religious ceremony.

écolier, ère [ekɔlje, ɛr] *nm, f* -1. SCOL [garçon] schoolboy; [fille] schoolgirl. -2. [novice] beginner.

écolo *fam* [ekɔlo] ◇ *adj* green.
◇ *nmf*: les ~s the Greens.

écologie [ekɔlɔʒi] *nf* ecology.

écologique [ekɔlɔʒik] *adj* [gén] ecological; [politique, parti] green.

écologiquement [ekɔlɔʒikmã] *adv* ecologically.

écologisme [ekɔlɔʒism] *nm* ecology.

écologiste [ekɔlɔʒist] *nmf* -1. [expert] ecologist, environmentalist. -2. [partisan] ecologist, green.

écomusée [ekɔmyze] *nm* natural conservation area.

éconduire [98] [ekɔ̃dɥir] *vt* [importun, vendeur] to dismiss, to get rid of; [soupirant] to jilt, to reject.

économat [ekɔnɔma] *nm* -1. [service - dans un collège, un hôpital] bursarship; [- dans un club] stewardship. -2. [bureau - dans un collège, un hôpital] bursar's office; [- dans un club] steward's office. -3. [coopérative] staff co-op.

économe [ekɔnɔm] ◇ *adj* -1. [avec l'argent] thrifty; être ~ to be careful with money. -2. [parcimonieux]: ~ de economical OU sparing with; être ~ de ses paroles/gestes to be sparing with one's words/gestures; être ~ de son temps to give of one's time sparingly; être ~ de ses moyens to use the means at one's disposal sparingly.
◇ *nmf* [d'une institution, d'un hôpital] bursar; [d'un club, d'un collège] steward.
◇ *nm* [couteau] (vegetable) peeler.

économètre [ekɔnɔmɛtr] *nmf*, **économétricien, enne** [ekɔnɔmetrisjɛ̃, ɛn] *nm, f* econometrist, econometrician.

économétrie [ekɔnɔmetri] *nf* econometrics (*sg*).

économétrique [ekɔnɔmetrik] *adj* econometric.

économie [ekɔnɔmi] *nf* -1. [système] economy; ~ libérale/socialiste liberal/socialist economy; ~ dirigée planned economy; ~ mixte mixed economy; ~ parallèle OU souterraine black-market economy. -2. [discipline] economics; ~ (politique) economics; ~ d'entreprise business economics. -3. [épargne] economy, thrift; par ~, je prendrai le train I'll go by train to save money; une ~ de: nous avons fait une ~ de dix francs par livre we saved ten francs on each book; nous avons réalisé une ~ de cinq francs par pièce produite we made a saving of OU we saved five francs on each item produced; faire des ~s d'énergie to conserve OU to save energy; les ~s d'énergie energy conservation; ce sera une ~ de temps/d'argent it'll save time/money; avec une grande ~ de moyens with very limited means; faire l'~ de to save; je ferai l'~ d'un voyage it'll save me a trip ❑ une ~ OU des ~s de bouts de chandelles *péj* cheeseparing. -4. [structure]: nous n'approuvons pas l'~ générale du projet we do not approve of the structure of the project.

◆ **économies** *nfpl* savings; faire des ~s to save money; elle a quelques ~s she has some savings ❑ ~s d'échelle economies of scale; il n'y a pas de petites ~s *prov* take care of the pennies and the pounds will take care of themselves *prov*.

économique [ekɔnɔmik] ◇ *adj* -1. ÉCON economic; sanctions ~s economic sanctions ❑ géographie ~ economic geography. -2. [peu coûteux] economical, cheap, inexpensive.
◇ *nm*: l'~ the economic situation.

économiquement [ekɔnɔmikmã] *adv* -1. [frugalement] frugally. -2. ÉCON economically, from an economic point of view; les ~ faibles the lower income groups.

économiser [3] [ekɔnɔmize] ◇ *vt* -1. [épargner] to economize, to save. -2. [ménager - force] to save; [- ressources] to husband. -3. [limiter la consommation de] to save, to conserve.
◇ *vi* to save money; je n'arrive pas à ~ I just can't manage to save any money; ~ sur l'habillement to cut down on buying clothes, to spend less on clothes.

économiseur [ekɔnɔmizœr] *nm* economizer.

économisme [ekɔnɔmism] *nm* economism.

économiste [ekɔnɔmist] *nmf* economist.

écope [ekɔp] *nf* scoop.

écoper [3] [ekɔpe] ◇ *vt* [barque, bateau] to scoop (out).
◇ *vi fam* [recevoir une sanction, une réprimande] to take the rap; c'est lui qui a écopé he was the one who took the rap.

◆ **écoper de** *fam v + prép* to cop *Br*, to get; il a écopé de cinq ans de prison he got five years inside.

écoproduit [ekɔprɔdɥi] *nm* green product.

écorce [ekɔrs] *nf* -1. [d'un arbre] bark; [d'un fruit] peel. -2. GÉOG: l'~ terrestre the earth's crust. -3. [extérieur] exterior, outward appearance.

écorcer [16] [ekɔrse] *vt* [arbre] to bark; [fruit] to peel; [riz] to husk.

écorché, e [ekɔrʃe] *nm, f*: c'est un ~ vif he's hypersensitive; c'est une ~e vive she's hypersensitive; une sensibilité d'~ vif hypersensitivity.

◆ **écorché** *nm* -1. BX-ARTS écorché. -2. [dessin] cutaway.

écorchement [ekɔrʃəmã] *nm* [d'un animal] skinning.

écorcher [3] [ekɔrʃe] *vt* -1. [animal] to skin. -2. [torturer] to flay; ~ vif to flay alive; il pousse des hurlements OU il crie comme si on l'écorchait vif he's squealing like a stuck pig. -3. [blesser] to scratch, to graze; elle a eu les mains écorchées par les épines her hands were scratched by the thorns; ça t'écorcherait la bouche de dire merci/demander pardon? *fam* it wouldn't actually hurt to say thank you/sorry, would it?; ~ les oreilles à qqn to grate on sb's ears; la musique lui écorchait les oreilles the music grated on his ears; ce langage lui écorchait les oreilles he found these words offensive. -4. [mal prononcer - mot] to mispronounce; il écorche toujours mon nom he always mispronounces my name. -5. *fam* [escroquer] to fleece, to swindle.

◆ **s'écorcher** *vp* (*emploi réfléchi*) to scrape OU to scratch o.s.; je me suis écorché le pied I scraped OU scratched my foot.

écorcheur [ekɔrʃœr] *nm* -1. [d'animaux] flayer, skinner. -2. *fam* [escroc] swindler, crook.

écorchure [ekɔrʃyr] *nf* scratch, graze; se faire des ~s aux jambes to scratch one's legs.

écorner [3] [ekɔrne] *vt* -1. [endommager - cadre, meuble] to chip a corner off; [- livre, page] to fold down the corner of, to dog-ear; un livre tout écorné a dog-eared book. -2. [fortune, héritage] to make a dent in.

écornifleur, euse [ekɔrniflœr, øz] *nm, f vieilli* scrounger.

écornure [ekɔrnyr] *nf* [fragment] chip; la table est pleine d'~s the table is chipped all over.

écossais, e [ekɔsɛ, ɛz] *adj* -1. GÉOG [coutume, lande] Scottish; whisky ~ Scotch (whisky). -2. TEXT tartan.

◆ **Écossais, e** *nm, f* Scot, Scotsman (*f* Scotswoman); les Écossais Scottish people, the Scots.

◆ **écossais** *nm* -1. LING Scots Gaelic. -2. TEXT tartan.

Écosse [ekɔs] *npr f*: (l')~ Scotland.

écosser [3] [ekɔse] *vt* [petits pois] to shell, to pod; [fèves] to shell.

écosystème [ekɔsistɛm] *nm* ecosystem.

écot [eko] *nm* share; payer chacun son ~ to pay one's share.

écotype [ekɔtip] *nm* ecotype.

écoulement [ekulmã] *nm* -1. [déversement] flowing out, outflow; système d'~ des eaux drainage system. -2. MÉD discharge. -3. [mouvement - de la foule] dispersal. -4. [passage]: l'~ du temps the passing of time. -5. [vente] selling, distributing.

écouler [3] [ekule] *vt* -1. [vendre] to sell; ~ entièrement son stock to clear one's stock. -2. [se débarrasser de - fausse monnaie, bijoux volés] to dispose OU to get rid of.

◆ **s'écouler** *vpi* -1. [se déverser - liquide] to flow (out), [- foule] to pour out; l'eau s'écoule peu à peu the water trickles out; laisser s'~ l'eau du bain to let the water out (of the bath). -2. [passer - année, temps] to go by, to pass (by).

écoumène [ekumɛn] *nm* GÉOG ecumene.

écourter [3] [ekurte] *vt* -1. [rendre plus court] to shorten, to cut short; nous avons dû ~ notre visite we had to cut our visit short. -2. VÉTÉR to dock.

écoute [ekut] *nf* -1. RAD listening; ~ permanente monitoring; heure OU période de grande ~ RAD peak listening time; TV peak viewing time, prime time; aux heures de grande ~ RAD & TV in prime time; émission programmée à une heure de grande ~ prime-time programme. -2. [détection] listening (in); ~ clandestine wiretapping; ~ sous-marine sonar; ~s (téléphoniques) phone tapping; mettre OU placer qqn sur ~s to tap sb's phone; être sur ~s: elle est sur ~s her phone's been tapped; poste d'~ listening post; table d'~ wiretapping set. -3. [attention] ability to listen; avoir une bonne ~ to be good at listening OU a good listener. -4. NAUT sheet; point d'~ clew.

◆ **à l'écoute de** *loc prép* -1. RAD: restez à l'~ de nos programmes de nuit stay tuned to our late night programmes. -2. [attentif à]: être à l'~ de l'actualité to be well up on current affairs.

◆ **aux écoutes** *loc adv*: **être aux ~s** to be tuned in to what's going on.

écouter [3] [ekute] *vt* -**1.** [entendre - chanson, discours, émission] to listen to *(insép)*; **c'est un des jeux les plus écoutés en France** it's one of the most popular radio games in France; **~ la messe** to hear Mass || *(en usage abs)*: **n'~ que d'une oreille**: **je n'écoutais que d'une oreille** I was only half listening; **~ de toutes ses oreilles** to be all ears; **~ aux portes** to eavesdrop. -**2.** [porter attention] to listen to; **écoutez-moi avant de vous décider** listen to what I have to say before you make up your mind || *(en usage abs)*: **il sait ~** he's a good listener; **il n'a même pas voulu ~** he wouldn't even listen. -**3.** [obéir à] to listen to; **il faut ~ ses parents** you must do as your parents tell you; **tu vas finir par m'~, oui?** WILL you do as I say?; **n'écoutant que sa colère/sa douleur/son cœur** guided by his anger/pain/heart alone; **~ la voix de la sagesse** to listen to the voice of reason. -**4.** [à l'impératif, à valeur d'insistance]: **écoutez, nous n'allons pas nous disputer!** listen OU look, let's not quarrel!; **écoute, ça suffit maintenant!** listen OU look here, that's enough now!; **écoute, c'est simple, il suffit de lui demander** listen, it's very simple, all we have to do is ask her.

◆ **s'écouter** ◇ *vp (emploi passif)*: **c'est le genre de musique qui s'écoute dans le recueillement** this is the kind of music one should listen to with reverence.

◇ *vp (emploi réfléchi)*: **il s'écoute trop** he's a bit of a hypochondriac; **si je m'écoutais, je le mettrais dehors** if I had any sense, I'd throw him out ❑ **s'~ parler** to love the sound of one's own voice.

écouteur [ekutœr] *nm* -**1.** TÉLÉC earpiece; **prendre l'~** to listen in on the earpiece. -**2.** AUDIO earphone.

écoutille [ekutij] *nf* hatch, hatchway.

écouvillon [ekuvijɔ̃] *nm* -**1.** ARM & MÉD swab. -**2.** [goupillon] bottlebrush.

écrabouillage *fam* [ekrabujaʒ], **écrabouillement** *fam* [ekrabujmɑ̃] *nm* crushing, squashing.

écrabouiller *fam* [3] [ekrabuje] *vt* to crush, to squash; **tu m'as écrabouillé le pied!** you've crushed my foot!; **il a été complètement écrabouillé** he was crushed to death.

écran [ekrɑ̃] *nm* -**1.** [d'une console, d'un ordinateur] screen; **~ cathodique** cathode screen; **~ à cristaux liquides** liquid crystal display; **~ plat** flat-faced screen; **~ de visualisation** visual display screen, VDU, monitor. -**2.** CIN cinema screen; **à l'~** OU **sur les ~s, cette semaine** what's on this week (at the cinema OU movies *Am*); **porter un roman à l'~** to adapt a novel for the screen; **vedettes de l'~** movie stars, stars of the big screen ❑ **le grand ~** the big screen. -**3.** TV: **le petit ~** television; **les programmes du petit ~ pour ce soir** what's on television tonight; **vedette du petit ~** TV star. -**4.** [protection] screen, shield; **se faire un ~ contre le soleil avec un journal** to use a newspaper to keep off the sun; **~ de fumée** *pr & fig* smoke screen; **faire ~ à**: **la maladresse de son style fait ~ à sa pensée** the clumsiness of his style prevents us from understanding his thoughts ❑ **~ anti-bruit** noise-reduction screen; **~ pare-fumée** smoke deflector; **~ de protection** shield; **~ solaire** sun screen; **crème ~ total** total protection sun cream OU block. -**5.** BX-ARTS silk-screen. -**6.** RAD & TV: **~ (publicitaire)** advertising slot.

écrasant, e [ekrazɑ̃, ɑ̃t] *adj* -**1.** [insupportable] crushing, overwhelming; [chaleur] unbearable; [responsabilité] weighty, burdensome. -**2.** [charge de travail, proportion] overwhelming; **une majorité ~e en faveur de** an overwhelming majority in favour of.

écrasé, e [ekraze] *adj*: **au nez ~** pug-nosed.

écrasement [ekrazmɑ̃] *nm* -**1.** [de fruits, de graines] squashing, crushing, pulping; [de pommes de terre] mashing. -**2.** [anéantissement - d'une révolte] crushing.

écraser [3] [ekraze] ◇ *vt* -**1.** [appuyer sur] to crush; **~ l'accélérateur** OU **le champignon** *fam* to step on it, to step on the gas *Am*; **~ le frein** to slam on the brake; **~ les prix** to slash prices. -**2.** [fruit, pomme de terre] to mash; **~ un moustique** to swat a mosquito; **~ une cigarette** to stub a cigarette out. -**3.** [piéton, chat] to run over; **il s'est fait ~** he was run over. -**4.** [faire mal à] to crush, to squash; **tu m'écrases les pieds** you're treading on my feet. -**5.** [accabler] to crush; **~ de**: **~ un pays d'impôts** to overburden a country with taxes; **être écrasé de fatigue** to be overcome by fatigue. -**6.** [rendre plus petit] to dwarf; **le monument écrase les immeubles alentour** the monument dwarfs the surrounding buildings. -**7.** [anéantir] to crush; **se faire ~ par l'équipe adverse** to get crushed by the opposing team. -**8.** [dominer] to outdo; **essayer d'~ qqn** to try and beat sb at his own game; **il écrase tout le monde de son luxe** he flaunts his luxurious lifestyle everywhere.

◇ *vi* ▽ -**1.** [se taire]: **écrase, tu veux bien!** shut up, will you! -**2.** *loc*: **en ~** to sleep like a log.

◆ **s'écraser** ◇ *vp (emploi passif)* to be crushed; **les tomates s'écrasent facilement** tomatoes are easy to crush.

◇ *vpi* -**1.** [fruit, légume] to get crushed OU mashed OU squashed; **les fraises se sont écrasées dans mon sac** the strawberries got squashed inside my bag. -**2.** [tomber - aviateur, avion] to crash; [- alpiniste] to crash to the ground; **l'avion s'est écrasé au sol** the plane crashed; **s'~ contre un mur** to crash against a wall. -**3.** *fam* [se presser] to be OU to get crushed; **les gens s'écrasent pour entrer** there's a great crush to get in. -**4.** ▽ [se taire] to shut up, to pipe down; **il vaut mieux s'~** better keep quiet OU mum; **toi, tu t'écrases!** just shut up, will you!

écraseur, euse *fam* [ekrazœr, øz] *nm, f* road hog.

écrémage [ekremaʒ] *nm* -**1.** CULIN skimming, creaming. -**2.** MÉTALL & PÉTR skimming.

écrémer [18] [ekreme] *vt* -**1.** CULIN to skim. -**2.** MÉTALL & PÉTR to skim. -**3.** [sélectionner] to cream off *(sép)*; **~ une collection** to cream off the best pieces from a collection.

écrémeuse [ekremøz] *nf* [mécanique] skimmer; [centrifugeuse] cream separator.

écrêtement [ekrɛtmɑ̃] *nm* [nivelage] levelling; **l'~ des salaires** the levelling out of salaries.

écrevisse [ekrəvis] *nf* crayfish, crawfish *Am*; **avancer** OU **marcher comme une ~** to take one step forward and two steps back.

écrier [10] [ekrije]

◆ **s'écrier** *vpi* to cry OU to shout (out), to exclaim; **«j'arrive», s'écria-t-elle** "I'm coming", she cried.

écrin [ekrɛ̃] *nm* [gén] box, case; [à bijoux] casket.

écrire [99] [ekrir] *vt* -**1.** [tracer - caractère, mot] to write; **~ un t à la place d'un d** to write a t instead of a d || *(en usage abs)*: **mon crayon écrit mal** my pen doesn't write properly; **tu écris mal** [illisiblement] your handwriting is bad; **~ dans la poussière avec un bâton** to draw letters in the dust with a stick ❑ **~ comme un chat** to scrawl. -**2.** [rédiger - lettre, livre] to write; [- chèque, ordonnance] to write (out); **~ une lettre à la machine/sur un traitement de texte** to type a letter on a typewriter/a word processor; **je veux que cela soit écrit dans le contrat** I want it written into the agreement; **c'est écrit noir sur blanc** OU **en toutes lettres** *fig* it's written (down) in black and white || *(en usage abs)*: **~ pour demander des renseignements** to write in OU off for information; **elle écrit bien/mal** [du point de vue du style] she's a good/bad writer; **c'était écrit** it was bound to happen; **il était écrit qu'ils se retrouveraient** they were bound OU fated to find each other again ❑ **ce qui est écrit est écrit** *allusion Bible* what is written is written. -**3.** [noter] to write down; **~ ses dépenses dans la marge** to write down one's expenses in the margin; **écris ce qu'il te dicte** write down what he dictates to you || *(en usage abs)*: **~ sous la dictée** to take a dictation; **elle a écrit sous ma dictée** she took down what I dictated. -**4.** [épeler] to spell; **tu écris ça comment?** how do you spell it?; **tu as mal écrit le mot «apéritif»** you spelled the word "apéritif" wrong.

◆ **s'écrire** ◇ *vp (emploi passif)* [s'épeler] to be spelled; **ça s'écrit comment?** how do you spell it?

◇ *vp (emploi réciproque)* [échanger des lettres] to write to each other.

écrit, e [ekri, it] *adj* written; **des feuilles ~es** sheets with writing on; **épreuves ~es d'un examen** written part of an examination.

◆ **écrit** *nm* -**1.** [ce qui est sur le papier]: **les paroles s'envolent, les ~s restent** the spoken word goes, but the written word remains. -**2.** [document] document. -**3.** [œuvre] written work; **ses ~s le prouvent** the proof of it is in her written works. -**4.** ENS [examen] written examination OU papers; [partie] written part (of the examination).

◆ **par écrit** *loc adv* in writing; **confirmez-le nous par ~** confirm it to us in writing, give us written confirmation; **mettre qqch par ~** to put sthg down in writing.

écriteau, x [ekrito] *nm* board, notice, sign.

écritoire [ekritwar] *nf* -**1.** [coffret] writing case. -**2.** [en Afrique] writing implement.

écriture [ekrityr] *nf* -**1.** [calligraphie] writing; **faire une page d'~** [gén] to do a one-page handwriting exercise; [punition] to do lines || [tracé] handwriting, writing; **avoir une ~ élégante** to have elegant handwriting, to write (in) an elegant hand. -**2.** [système] writing; **~ chiffrée** coded writing; **~ idéographique** ideographic writing. -**3.** [type de caractère] script; **~ droite/en italique** upright/italic script. -**4.** [style] writing; **un roman d'une ~ recherchée** a novel written in a mannered style || [création] writing; **il a trouvé son salut dans l'~** he found his salvation in writing. -**5.** FIN entry; **passer une ~** to make an entry. -**6.** JUR written document. -**7.** RELIG: **l'~ sainte, les Écritures** the Scriptures.

◆ **écritures** *nfpl* COMM accounts, entries; **tenir les ~s** to do the bookkeeping ❑ **jeu d'~s** dummy entry; **par un jeu d'~s** by some creative accounting.

écrivailler [3] [ekrivaje] *vi péj* to scribble.

écrivailleur, euse [ekrivajœr, øz] *nm, f péj* [gén] scribbler; [journaliste] hack.

écrivaillon [ekrivajɔ̃] *nm péj* [gén] scribbler; [journaliste] hack.

écrivain [ekrivɛ̃] *nm* writer; **elle est ~** she's a writer ❑ **~ public** public letter writer.

écrivassier, ère [ekrivasje, ɛr] *nm, f péj* scribbler.

écrou [ekru] *nm* -**1.** MÉCAN nut; **~ à ailettes** wing nut. -**2.** JUR committal.

écrouelles [ekruɛl] *nfpl arch* scrofula, king's evil.

écrouer [3] [ekrue] *vt* to imprison, to jail.

écrouir [32] [ekruir] *vt* to cold hammer, to work harden.

écroulement [ekrulmɑ̃] *nm* [d'un édifice, d'une théorie] collapse.

écrouler [3] [ekrule]

◆ **s'écrouler** *vpi* -**1.** [tomber - mur] to fall (down), to collapse; [- plafond, voûte] to cave in. -**2.** [être anéanti - empire, monnaie] to collapse; **tous ses espoirs se sont écroulés** all her hopes vanished. -**3.** [défaillir - personne] to collapse; **le témoin s'est écroulé devant le juge** the witness broke down in front of the judge; **j'ai cru que j'allais m'~ quand on me l'a annoncé** I thought I was going to pass out when they told me; **s'~ de sommeil/fatigue** to be overcome by sleep/weariness. -**4.** *fam loc*: **être écroulé (de rire)**: **j'étais écroulé en l'écoutant** I nearly died laughing just listening to him; **ils étaient écroulés** they were killing themselves laughing.

écroûter [3] [ekrute] *vt* AGR to fallow.

écru, e [ekry] *adj* -**1.** TEXT raw. -**2.** [couleur] ecru.
ecthyma [ɛktima] *nm* ecthyma.
ectoblaste [ɛktɔblast] *nm* ectoblast, ectoderm.
ectoblastique [ɛktɔblastik] *adj* ectoblastic, ectodermal, ectodermic.
ectoderme [ɛktɔdɛrm] = **ectoblaste**.
ectodermique [ɛktɔdɛrmik] = **ectoblastique**.
ectoparasite [ɛktɔparazit] ◇ *adj* ectoparasitic.
◇ *nm* ectoparasite.
ectopie [ɛktɔpi] *nf* ectopia, ectopy.
ectoplasme [ɛktɔplasm] *nm* -**1.** [du corps du médium] ectoplasm. -**2.** *fam péj* lightweight. -**3.** BIOL ectoplasm.
écu [eky] *nm* -**1.** HIST shield. -**2.** [ancienne monnaie] crown.
ÉCU, écu [eky] (*abr de* European Currency Unit) *nm* ECU, ecu.
écubier [ekybje] *nm* hawsehole.
écueil [ekœj] *nm* -**1.** NAUT reef. -**2.** *litt* [difficulté] pitfall, danger, hazard.
écuelle [ekɥɛl] *nf* bowl; **une ~ de soupe** a bowful of soup.
éculé, e [ekyle] *adj* -**1.** [botte, chaussure] down at heel, worn down at the heel. -**2.** [plaisanterie] hackneyed, well-worn.
écumage [ekymaʒ] *nm* -**1.** CULIN skimming. -**2.** [pillage - gén] scouring; [- d'une région] plundering.
écumant, e [ekymɑ̃, ɑ̃t] *adj litt* foamy, frothy; **~ de rage** spitting with rage, foaming at the mouth (with rage).
écume [ekym] *nf* -**1.** [de la bière] foam, froth; [de la mer] foam, spume; **ôter l'~ des confitures** to remove the scum from jam; **ôter l'~ du bouillon** to skim broth. -**2.** MINÉR: **~ de mer** meerschaum. -**3.** *litt* [de la société] scum, dross. -**4.** MÉTALL dross.
écumer [3] [ekyme] ◇ *vi* [cheval] to lather; **~ (de rage** OU **colère)** to be foaming at the mouth (with rage), to foam with anger.
◇ *vt* -**1.** CULIN [confiture] to remove the scum from; [bouillon] to skim. -**2.** MÉTALL to scum. -**3.** [piller] to plunder; *fig* to go through; **~ les mers** to scour the seas; **j'ai écumé tout le quartier pour trouver une boulangerie** I scoured the whole area to find a bakery; **en écumant les bibliothèques on devrait trouver cet ouvrage** if we go through the libraries systematically we should find this work.
écumeur [ekymœr] *nm* -**1.** HIST: **~ des mers** pirate. -**2.** [escroc] plunderer.
écumeux, euse [ekymø, øz] *adj litt* foamy, frothy, spumy *litt*.
écumoire [ekymwar] *nf* skimmer, skimming laddle.
écureuil [ekyrœj] *nm* squirrel; **l'Écureuil** *nickname for the Caisse d'épargne (whose logo is a squirrel)*.
écurie [ekyri] *nf* -**1.** [local à chevaux, mulets, ânes] stable; **mettre à l'~** to stable ❑ **les ~s d'Augias** the Augean stables; **sentir l'~** to be in the home straight. -**2.** *fam* [endroit sale] pigsty. -**3.** [chevaux] stable; **portant la casaque de l'~ Sarmantes** riding in the colours of the Sarmantes stable || SPORT stable, team. -**4.** [dans une maison d'édition] (writing) team. -**5.** *Helv dial* cowshed.
écusson [ekysɔ̃] *nm* -**1.** [écu] badge. -**2.** HIST escutcheon, coat of arms. -**3.** HORT bud. -**4.** [des insectes] scutellum.
écussonner [3] [ekysɔne] *vt* -**1.** HORT to bud. -**2.** COUT to sew a badge onto.
écuyer, ère [ekɥije, ɛr] *nm, f* -**1.** [acrobate de cirque] circus rider. -**2.** [cavalier] rider.
◆ **écuyer** *nm* -**1.** HIST [d'un chevalier] squire; [d'un souverain] (royal) equerry. -**2.** [professeur d'équitation] riding teacher.
eczéma [ɛgzema] *nm* eczema.
eczémateux, euse [ɛgzematø, øz] *adj* eczema (*modif*), eczematous *spéc*.
éd. (*abr écrite de* **édition**) ed., edit.
édam [edam] *nm* Edam (cheese).
edelweiss [edɛlvɛs] *nm* edelweiss.
éden [edɛn] *nm* -**1.** BIBLE: **l'Éden** (the Garden of) Eden. -**2.** *litt*: **un ~** an earthly paradise.
édénique [edenik] *adj* Edenic.
édenté, e [edɑ̃te] *adj* [vieillard, peigne, sourire] toothless.
◆ **édenté** *nm* ZOOL edentate; **les ~s** the Edentata.
édenter [3] [edɑ̃te] *vt* to break the teeth of.
EDF (*abr de* Électricité de France) *npr French national electricity company*.
édicter [3] [edikte] *vt* [loi] to decree, to enact.
édicule [edikyl] *nm* -**1.** [petit édifice] small edifice. -**2.** [toilettes] public lavatory; [abri] shelter.
édifiant, e [edifjɑ̃, ɑ̃t] *adj* -**1.** [lecture] instructive, improving, edifying. -**2.** *hum* [révélateur] edifying, instructive.
édification [edifikasjɔ̃] *nf* -**1.** [construction] erection, construction. -**2.** [instruction] edification, enlightenment; **pour l'~ des masses** for the edification of the masses.
édifice [edifis] *nm* -**1.** CONSTR edifice, building; **~ public** public building. -**2.** [structure] structure, edifice, system; **l'~ des lois** the legal system, the structure of the law. -**3.** [assemblage] heap, mound, pile; **l'~ de sa chevelure** her elaborately piled-up hairstyle.
édifier [9] [edifje] *vt* -**1.** [construire - temple] to build, to construct, to erect. -**2.** [rassembler - fortune] to build up *(sép)*, to accumulate; [- théorie] to construct, to develop. -**3.** [instruire] to edify, to enlighten; **vous voilà édifiés sur ses intentions** now you know what his (true) intentions are.
édile [edil] *nm* -**1.** ANTIQ aedile, edile. -**2.** *aussi hum* [magistrat municipal] town councillor, local worthy OU dignitary (on the town council).
Édimbourg [edɛ̃bur] *npr* Edinburgh.
édit [edi] *nm* edict, decree; **l'~ de Nantes** the Edict of Nantes.
édit. *abr écrite de* **éditeur**.
éditer [3] [edite] *vt* -**1.** COMM [roman, poésie] to publish; [disque] to produce, to release; [meuble, robe] to produce, to present. -**2.** INF to print out, to edit.
éditeur, trice [editœr, tris] ◇ *adj* publishing; **société éditrice** publishing company.
◇ *nm, f* publisher, editor; **~ de disques** record producer.
◆ **éditeur** *nm* INF: **~ de textes** text editor.
édition [edisjɔ̃] *nf* -**1.** [activité, profession] publishing; **le monde de l'~** the publishing world; **travailler dans l'~** to be in publishing OU in the publishing business. -**2.** [livre] edition; **une ~ critique de «Hamlet»** a critical edition of "Hamlet" ❑ **~ augmentée** enlarged edition; **~ originale** first edition; **~ de poche** paperback edition, pocket book *Am*; **«Nana» dans l'~ de poche** the paperback edition OU version of "Nana"; **~ revue et corrigée** revised edition. -**3.** [disque - classique] edition, release; [- de rock] release. -**4.** [de journaux] edition; **l'~ du matin/soir** the morning/evening edition ❑ **~ spéciale** [de journal] special edition; [de revue] special issue; **tu me l'as déjà dit, c'est la deuxième** OU **troisième ~!** *fam hum* that's the second OU third time you've told me that! -**5.** TV: **~ du journal télévisé** (television) news bulletin; **dans la dernière ~ de notre journal** in our late news bulletin ❑ **~ spéciale en direct de Budapest** special report live from Budapest. -**6.** INF editing; **~ électronique** electronic publishing.
édito *fam* [edito] *nm* editorial.
éditorial, e, aux [editɔrjal, o] *adj* editorial.
◆ **éditorial** *nm* [de journal] editorial, leader *Br*.
éditorialiste [editɔrjalist] *nmf* leader *Br* OU editorial writer.
Édouard [edwar] *npr* [roi] Edward; **~ le Confesseur** Edward the Confessor.
édredon [edrədɔ̃] *nm* eiderdown, quilt.
éducable [edykabl] *adj* teachable.
éducateur, trice [edykatœr, tris] ◇ *adj* educational, educative.
◇ *nm, f* teacher, youth leader; **~ spécialisé** teacher for special needs.
éducatif, ive [edykatif, iv] *adj* educational; **le système ~** the education system.
éducation [edykasjɔ̃] *nf* -**1.** [instruction] education; **il n'a aucune ~ musicale** [technique] he has no musical training; [connaissances générales] he has no musical education; **avoir reçu une bonne ~** to be well-educated; **je veux qu'elle reçoive une bonne ~** I want her to receive a good education; **~ du consommateur** consumer education ❑ **l'Éducation nationale** the (French) Education Department; **~ permanente** continuing education; **~ physique (et sportive)** physical education, PE; **~ professionnelle** professional training; **~ sexuelle** sex education; **~ spécialisée** special education; **~ surveillée** approved *Br* OU reform *Am* schooling. -**2.** [d'un enfant] upbringing; [bonnes manières] good manners; **avoir de l'~** to be well-bred OU well-mannered; **manquer d'~** to be ill-bred OU ill-mannered; **il faut lui refaire toute son ~, à ce garçon** this boy needs to be taught good manners; **tu ne sais pas jouer au bridge, c'est toute une ~ à refaire!** *hum* you can't play bridge, where on earth were you brought up?
éducationnel, elle [edykasjɔnɛl] *adj* educational.
édulcorant, e [edylkɔrɑ̃, ɑ̃t] *adj* sweetening.
◆ **édulcorant** *nm* sweetener, sweetening agent; **~ de synthèse** artificial sweetener.
édulcoration [edylkɔrasjɔ̃] *nf* -**1.** [sucrage] sweetening. -**2.** *litt* [modération] softening, weakening, watering down.
édulcorer [3] [edylkɔre] *vt* -**1.** [sucrer] to sweeten. -**2.** *litt* [modérer - propos, compte rendu] to soften, to water down *(sép)*; [- texte] to bowdlerize.
éduquer [3] [edyke] *vt* -**1.** [instruire - élève, masses] to teach, to educate. -**2.** [exercer - réflexe, volonté] to train; **~ le goût de qqn** to shape OU to influence sb's taste; **~ l'œil/l'oreille de qqn** to train sb's eye/ear. -**3.** [élever - enfant] to bring up *(sép)*, to raise; **être bien éduqué** to be well brought up OU well-bred OU well-mannered; **être mal éduqué** to be badly brought up OU ill-bred OU ill-mannered.
EEG (*abr de* **électroencéphalogramme**) *nm* EEG.
éfaufiler [3] [efofile] *vt* to unravel.
effaçable [efasabl] *adj* erasable.
effacé, e [efase] *adj* -**1.** [couleur] faded, discoloured. -**2.** [personne] self-effacing, retiring. -**3.** [épaules] sloping; [poitrine] flat.
effacement [efasmɑ̃] *nm* -**1.** [annulation - d'une faute] erasing; [oubli - d'un cauchemar, d'un souvenir] erasing, blotting out, obliteration. -**2.** [modestie]: **~ de soi** self-effacement. -**3.** LING deletion. -**4.** AUDIO erasing, wiping out.
effacer [16] [efase] *vt* -**1.** [ôter - tache, graffiti] to erase, to remove, to clean off *(sép)*; [- mot] to rub out *Br (sép)*, to erase *Am*; [nettoyer - ardoise] to clean, to wipe; **effacez avec un chiffon humide** wipe off with a damp cloth. -**2.** [cassette, disquette] to erase, to wipe off *(sép)*; **~ une page d'un écran** INF to clear a screen of a page, to wipe a page off a screen. -**3.** [occulter - rêve, image] to erase; [- bêtise] to erase, to obliterate; **on efface tout et on recommence** [on se pardonne] let bygones be bygones, let's wipe the slate clean; [on recommence] let's go back to square one, let's start afresh. -**4.** [éclipser - adversaire] to eclipse, to outshine.
◆ **s'effacer** ◇ *vp (emploi passif)*: **le crayon à papier s'efface très facilement** pencil rubs out easily OU is easily erased.
◇ *vpi* -**1.** [encre, lettres] to fade, to wear away; [couleur] to fade. -**2.** [s'écarter] to move OU to step aside; **s'~ pour laisser passer qqn** to step out of sb's way; **s'~ pour laisser entrer qqn** to step aside (in order) to let sb in. -**3.** [disparaître - souvenir, impression] to fade, to be erased. -**4.** [s'éclipser]: **s'~ au profit de son fils** to step aside and let one's son take over.

effaceur [efasœr] *nm*: ~ (d'encre) ink rubber *Br* OU eraser *Am*.

effarant, e [efarɑ̃, ɑ̃t] *adj* [cynisme, luxe] outrageous, unbelievable; [étourderie, maigreur] unbelievable, stunning.

effaré, e [efare] *adj* -**1.** [effrayé] alarmed. -**2.** [troublé] bewildered, bemused; **elle le regarda d'un air** ~ she looked at him with a bewildered air.

effarement [efarmɑ̃] *nm* -**1.** [peur] alarm. -**2.** [trouble] bewilderment, bemusement.

effarer [3] [efare] *vt* -**1.** [effrayer] to alarm. -**2.** [troubler] to bewilder, to bemuse.

effarouchement [efaruʃmɑ̃] *nm* frightening off OU away, scaring off OU away.

effaroucher [3] [efaruʃe] *vt* [intimider] to frighten away OU off, to scare away OU off; **il s'approcha doucement pour ne pas** ~ **les poissons** he approached quietly so as not to frighten the fish.

◆ **s'effaroucher** *vpi* [prendre peur] to take fright; **s'**~ **de** to shy at, to take fright at.

effecteur [efɛktœr] *nm* effector.

effectif, ive [efɛktif, iv] *adj* -**1.** [réel - travail, gain, participation] real, actual, effective; **l'armistice est devenu** ~ **ce matin** the armistice became effective OU took effect this morning || FIN effective. -**2.** [méthode, raisonnement] effective.

◆ **effectif** *nm* [d'un lycée] size, (total) number of pupils; [d'une armée] strength; [d'un parti] size, strength; **réduction de l'**~ **des classes** reduction in the number of pupils per class; **nos** ~**s sont au complet** we are at full strength; **le parti a augmenté ses** ~**s de 10 %** the party has increased its membership by 10%.

◆ **effectifs** *nmpl* MIL numbers, strength.

effectivement [efɛktivmɑ̃] *adv* -**1.** [efficacement] effectively, efficiently. -**2.** [véritablement] actually, really; **cela s'est** ~ **produit** that actually OU really happened; **c'est** ~ **le cas** this is actually the case. -**3.** [en effet] actually; **je suis** ~ **sorti dans l'après-midi** I DID actually go out in the afternoon; **j'ai dit cela,** ~ I did indeed say so; **on pourrait** ~ **penser que...** one may actually OU indeed think that...

effectivité [efɛktivite] *nf* -**1.** [efficacité] effectiveness, efficiency, efficaciousness. -**2.** [d'une méthode, d'un raisonnement] effectiveness.

effectuer [7] [efektɥe] *vt* [expérience, essai] to carry out *(sép)*, to perform; [trajet, traversée] to make, to complete; [saut, pirouette] to make, to execute; [service militaire] to do; [retouche, enquête, opération] to carry out *(sép)*.

◆ **s'effectuer** *vpi* [avoir lieu] to take place; **les inscriptions s'effectueront à 15 h** registration will take place OU will be at 3 p.m.

efféminé, e [efemine] *adj* effeminate.

◆ **efféminé** *nm* [garçon] effeminate boy; [homme] effeminate man.

efféminer [3] [efemine] *vt litt* to make effeminate.

efférent, e [eferɑ̃, ɑ̃t] *adj* efferent.

effervescence [efɛrvesɑ̃s] *nf* -**1.** CHIM effervescence. -**2.** [agitation] agitation, turmoil.

◆ **en effervescence** *loc adj* bubbling OU buzzing with excitement.

effervescent, e [efɛrvesɑ̃, ɑ̃t] *adj* -**1.** CHIM effervescent. -**2.** [excité] agitated.

effet [efɛ] *nm* -**1.** [résultat] effect, result, outcome; **c'est un** ~ **de la pesanteur** it's a result of gravity; **c'est bien l'**~ **du hasard si...** it's really quite by chance that...; **avoir un** ~: **cela n'a pas eu l'**~ **escompté** it didn't have the desired OU intended effect; **avoir pour** ~ **de**: **ton insistance n'aura pour** ~ **que de l'agacer** the only thing you'll achieve OU do by insisting is (to) annoy him; **faire un** ~: **le whisky lui fait toujours cet** ~ whisky always has OU produces this effect on him; **attends que le médicament fasse son** ~ wait for the medicine to take effect; **tes somnifères ne m'ont fait aucun** ~ your sleeping pills didn't work on me OU didn't have any effect on me; **être sans** ~: **le produit est sans** ~ **sur les taches de fruit** the product does not work on fruit stains; **rester** OU **demeurer sans** ~ to have no effect, to be ineffective; **notre pétition est restée** OU **demeurée sans** ~ our petition had no effect OU was ineffective; **mettre à** ~ to bring into effect, to put into operation; **prendre** ~: **prendre** ~ **à partir de** to take effect OU to come into operation as of ❑ ~ **placebo** placebo effect; ~ **en retour** blacklash; ~ **secondaire** MÉD side-effect; **relation de cause à** ~ cause and effect relationship. -**2.** [impression] impression; **faire beaucoup d'**~/**peu d'**~ to be impressive/unimpressive; **la nouvelle fit peu d'**~ **sur les employés** the staff were not very impressed by the news, the news didn't make much of an impression on the staff; **faire bon/mauvais/meilleur** ~: **son discours a fait (très) bon/mauvais** ~ **sur l'auditoire** the audience was (most) favourably impressed/extremely unimpressed by his speech; **une jupe fera meilleur** ~ **qu'un pantalon** a skirt will make a better impression than a pair of trousers; **faire l'**~ **de**: **il me fait l'**~ **d'un jeune homme sérieux** he strikes me as (being) a reliable young man; **elle me fait l'**~ **d'un personnage de bande dessinée** she reminds me of a cartoon character; **faire un** ~: **je t'assure que ça fera un** ~ **bœuf** *fam* I bet you it will make a terrific impression; **faire** OU **produire son petit** ~ *fam* to cause a bit of a stir OU a minor sensation; **c'est tout l'**~ **que ça te fait?** *fam* you don't seem to be too impressed; **quel** ~ **cela t'a-t-il fait de le revoir?** how did seeing him again affect you?; **ça m'a fait un sale** ~ it gave me a nasty turn. -**3.** [procédé] effect; ~ **de contraste/d'optique** contrasting/visual effect; ~ **(de) domino** domino effect; ~ **de style** stylistic effect; ~ **de perspective** 3-D OU 3-dimensional effect; **rechercher l'**~ to strive for effect; **manquer** OU **rater son** ~ [magicien] to spoil one's effect; [plaisanterie] to fall flat, to misfire; **créer un** ~ **de surprise** to create a surprise effect; **ça m'a coupé tous mes** ~**s** it stole my thunder; **faire des** ~**s de voix** to make dramatic use of one's voice; **un avocat qui fait des** ~**s de manches** a barrister who makes dramatic gestures ❑ ~ **de lumière** THÉÂT lighting effect; ~**s spéciaux** CIN special effects. -**4.** FIN & COMM: ~ **escomptable/négociable** discountable/negotiable bill; ~**s à payer/recevoir** notes payable/receivable; ~ **de commerce** bill of exchange; ~ **à courte échéance** short OU short-dated bill; ~ **à longue échéance** long OU long-dated bill; ~ **au porteur** bill payable to bearer; ~ **à vue** sight bill, demand bill OU draft; ~**s publics** government securities. -**5.** SC effect; ~ **Doppler/Compton/Joule** Doppler/Compton/Joule-Thompson effect; ~ **de serre** greenhouse effect. -**6.** SPORT spin; **donner de l'**~ **à une balle** to put a spin on a ball.

◆ **effets** *nmpl* [affaires] things; [vêtements] clothes; ~**s personnels** personal effects OU belongings.

◆ **à cet effet** *loc adv* to that effect OU end OU purpose.

◆ **en effet** *loc adv* -**1.** [effectivement]: **en** ~, **tu avais raison** you were right after all; **oui, je m'en souviens en** ~ yes, I do remember; **c'est ce que je me suis en** ~ **demandé** that's just what I wondered; **c'est en** ~ **la meilleure solution** it's actually OU in fact the best solution; **on peut en** ~ **interpréter l'événement de cette façon** it is indeed possible to interpret what happened in that way. -**2.** [introduisant une explication]: **je ne pense pas qu'il vienne; en** ~ **il est extrêmement pris ces derniers temps** I don't think he'll come, he's really very busy these days; **il n'a pas pu venir; en** ~, **il était malade** he was unable to come since he was ill. -**3.** [dans une réponse]: **drôle d'idée! — en** ~**!** what a funny idea! — indeed OU isn't it!; **y avez-vous songé? — en** ~**!** have you thought about it? — yes OU indeed I have!

◆ **sous l'effet de** *loc prép*: **être sous l'**~ **d'un calmant/de l'alcool** to be under the effect of a tranquillizer/the influence of alcohol; **j'ai dit des choses regrettables sous l'**~ **de la colère** anger made me say things which I later regretted.

effeuillage [efœjaʒ] *nm* -**1.** HORT thinning out of leaves. -**2.** *fam* [déshabillage] strip-tease.

effeuillaison [efœjɛzɔ̃] *nf*, **effeuillement** [efœjmɑ̃] *nm* shedding of leaves.

effeuiller [5] [efœje] *vt* [arbre] to thin out (the leaves of); [fleurs] to pull the petals off ❑ ~ **la marguerite** [fille] to play "he loves me, he loves me not"; [garçon] to play "she loves me, she loves me not".

◆ **s'effeuiller** *vpi* [arbre] to shed OU to lose its leaves; [fleur] to shed OU to lose its petals.

effeuilleuse *fam* [efœjøz] *nf* -**1.** [strip-teaseuse] stripper. -**2.** *Helv* [ouvrière] *woman employed to strip vines of unwanted shoots.*

efficace [efikas] *adj* -**1.** [utile - politique, intervention] effective, efficient, efficacious. -**2.** [actif - employé] efficient; [- médicament] effective, efficacious. -**3.** ÉLECTR: **watt** ~ true watt.

efficacement [efikasmɑ̃] *adv* effectively, efficiently, efficaciously.

efficacité [efikasite] *nf* effectiveness, efficiency, efficaciousness.

efficience [efisjɑ̃s] *nf sout* efficiency.

efficient, e [efisjɑ̃, ɑ̃t] *adj sout* efficient.

effigie [efiʒi] *nf* effigy.

◆ **à l'effigie de** *loc prép* bearing the effigy of, in the image of.

◆ **en effigie** *loc adv* in effigy.

effilage [efilaʒ] *nm* -**1.** TEXT fraying. -**2.** [des haricots] stringing. -**3.** [des cheveux] feathering.

effilé, e [efile] *adj* -**1.** [mince - doigt] slender, tapering; [- main] slender; [- oreille, queue] tapering ❑ **amandes** ~**es** CULIN split almonds. -**2.** [effiloché] frayed.

◆ **effilé** *nm* COUT fringe.

effilement [efilmɑ̃] *nm litt* fraying.

effiler [3] [efile] *vt* -**1.** [tissu] to fray, to unravel. -**2.** [allonger - ligne, forme] to streamline; ~ **sa moustache** to trim one's moustache into a point. -**3.** [cheveux] to feather. -**4.** [haricots] to string.

◆ **s'effiler** *vpi* -**1.** [s'effilocher] to fray, to unravel. -**2.** [s'allonger] to taper (off).

effilochage [efilɔʃaʒ] *nm* fraying.

effilocher [3] [efilɔʃe] *vt* to fray, to unravel.

◆ **s'effilocher** *vpi* to fray, to unravel.

effilocheuse [efilɔʃøz] *nf* fraying machine.

effilochure [efilɔʃyr], **effilure** [efilyr] *nf* loose thread.

efflanqué, e [eflɑ̃ke] *adj* [animal] raw-boned; [homme] lanky, tall and skinny.

effleurage [eflœraʒ] *nm* -**1.** [du cuir] buffing (of leather). -**2.** [massage] gentle massage.

effleurement [eflœrmɑ̃] *nm* -**1.** [contact] light touch. -**2.** [caresse] light touch, gentle stroke OU caress.

effleurer [5] [eflœre] *vt* -**1.** [frôler - cime, eau] to skim, to graze; [- peau, bras] to touch lightly, to brush (against); **il m'a effleuré en passant** he brushed past me; **la balle n'a fait qu'**~ **sa joue** the bullet only grazed his cheek; **ses doigts effleuraient le clavier** his fingers ran lightly over the keyboard. -**2.** [aborder - sujet] to touch on OU upon *(insép)*; **ça ne m'a même pas effleuré** it didn't even occur to me OU cross my mind. -**3.** [cuir] to buff.

effloraison [eflɔrɛzɔ̃] *nf* early flowering OU blooming.

efflorescence [eflɔresɑ̃s] *nf* -**1.** BOT & CHIM efflorescence. -**2.** *litt* blooming, flowering.

efflorescent, e [eflɔresɑ̃, ɑ̃t] *adj* BOT & CHIM efflorescent.

effluent, e [eflyɑ̃, ɑ̃t] *adj* effluent.

◆ **effluent** *nm* -**1.** [eaux - de ruissellement] drainage water; [- usées] (untreated) effluent. -**2.** ÉCOL: ~ **radioactif** radioactive waste.

effluve [eflyv] *nm* -**1.** [odeur]: ~**s** [bonnes odeurs] fragrance, exhalations; [mauvaises odeurs] effluvia, miasma. -**2.** PHYS: ~ **électrique** discharge.

effondrement [efɔ̃drəmɑ̃] *nm* -**1.** [chute - d'un toit, d'un pont] collapse, collapsing, falling down; [- d'une voûte, d'un plafond] falling OU caving in. -**2.** [anéantissement - des prix, du dollar] collapse, slump; [- d'un empire] collapse. -**3.** [abattement] dejection; **être dans un état d'~ complet** to be in a state of utter dejection.

effondrer [3] [efɔ̃dre] *vt* -**1.** AGR to subsoil. -**2.** *fig*: **être effondré**: **après la mort de sa femme, il était effondré** he was prostrate with grief after his wife's death.

◆ **s'effondrer** *vpi* -**1.** [tomber - mur] to fall (down), to collapse; [- plafond, voûte] to collapse, to fall OU to cave in. -**2.** [être anéanti - monnaie] to collapse, to plummet, to slump; [- empire] to collapse, to crumble, to fall apart; [- rêve, projet] to collapse, to fall through; [- raisonnement] to collapse. -**3.** [défaillir] to collapse, to slump; **s'~ dans un fauteuil** to slump OU to sink into an armchair.

efforcer [16] [efɔrse]

◆ **s'efforcer** *vpi*: **s'~ de**: **s'~ de faire qqch** to endeavour to do sthg; **s'~ de maigrir** to try hard OU to do one's best to lose weight; **s'~ de sourire** to force o.s. to smile; **s'~ à**: **s'~ à l'amabilité** to try one's best to be polite; **s'~ à la clarté** to try to be as clear as possible.

effort [efɔr] *nm* -**1.** [dépense d'énergie] effort; **~ physique/intellectuel** physical/intellectual effort; **avec ~** with an effort; **sans ~** effortlessly; **encore un (petit) ~!** one more try!; **fournir un gros ~** to make a great deal of effort; **il a fourni un gros ~ au dernier trimestre** he worked very hard OU he put in a great deal of work in the last term; **tu aurais pu faire l'~ d'écrire/de comprendre** you could (at least) have tried to write/to understand; **faire un ~** to make an effort; **chacun doit faire un petit ~** everybody must do their share; **faire un ~ sur soi-même pour rester poli** to force o.s. to remain polite; **faire un ~ d'imagination** to try to use one's imagination; **faire un (gros) ~ de mémoire** to try hard to remember; **faire un ~ d'adaptation/de concentration** to try hard to adapt/to concentrate; **faire tous ses ~s pour obtenir qqch** to do one's utmost OU all one can to obtain sthg; **demander un ~ trop important à son organisme** to over-strain o.s. physically. -**2.** MÉCAN & TECH stress, strain; **~ de cisaillement/torsion** shearing/torsional stress; **~ de rupture** breaking strain; **~ de traction** traction.

effraction [efraksjɔ̃] *nf* JUR breaking and entering, housebreaking; **entrer par ~ dans une maison** to break into a house ❑ **vol avec ~** breaking and entering.

effraie [efrɛ] *nf*: **(chouette) ~** barn-owl.

effranger [17] [efrɑ̃ʒe] *vt* to fray into a fringe.

◆ **s'effranger** *vpi* to fray; **la veste s'effrange aux bords** the coat is fraying at the edges.

effrayant, e [efrɛjɑ̃, ɑ̃t] *adj* -**1.** [qui fait peur] frightening, fearsome. -**2.** [extrême - chaleur, charge de travail] frightful, appalling; **c'est ~ l'appétit qu'il a!** *fam* he eats like a horse!

effrayer [11] [efreje] *vt* -**1.** [faire peur à] to frighten, to scare. -**2.** [décourager] to put OU to frighten off *(sép)*; **l'énormité de la tâche ne m'effrayait pas** the magnitude of the task didn't put me off; **sa petite phrase a effrayé les électeurs** his well-publicized remark frightened off the voters.

◆ **s'effrayer** *vpi* -**1.** [avoir peur] to become frightened, to take fright; **s'~ de qqch** to be frightened of sthg. -**2.** [s'alarmer] to become alarmed.

effréné, e [efrene] *adj* [poursuite, recherche] wild, frantic; [orgueil, curiosité, luxe] unbridled, unrestrained; **mener un train de vie ~** to lead a frantic OU hectic lifestyle.

effritement [efritmɑ̃] *nm* -**1.** [dégradation] crumbling away. -**2.** [affaiblissement] disintegration, erosion.

effriter [3] [efrite] *vt* to cause to crumble.

◆ **s'effriter** *vpi* -**1.** [se fragmenter - roche, bas-relief] to crumble away, to be eroded. -**2.** [diminuer - majorité, popularité] to crumble, to be eroded; [- valeurs, cours] to decline (in value).

effroi [efrwa] *nm* terror, dread; **inspirer de l'~ à qqn** to fill sb with terror; **regard plein d'~** frightened look; **un spectacle qui inspire l'~** an awe-inspiring sight.

effronté, e [efrɔ̃te] ◇ *adj* [enfant, manières, réponse] impudent, cheeky *Br*; [menteur, mensonge] shameless, barefaced, brazen.

◇ *nm, f* -**1.** [enfant] impudent OU cheeky child; **petite ~e!** you cheeky *Br* OU sassy *Am* little girl! -**2.** [adulte] impudent fellow (*f* brazen hussy).

effrontément [efrɔ̃temɑ̃] *adv* impudently, cheekily *Br*; **mentir ~** to lie shamelessly OU barefacedly OU brazenly.

effronterie [efrɔ̃tri] *nf* [d'un enfant, d'une attitude] insolence, impudence, cheek *Br*; [d'un mensonge] shamelessness, brazenness; **il a eu l'~ de me répondre** he had the nerve to OU he was impudent enough to answer me back.

effroyable [efrwajabl] *adj* -**1.** [épouvantable] frightening, appalling, horrifying. -**2.** [extrême - maigreur, misère] dreadful, frightful.

effroyablement [efrwajabləmɑ̃] *adv* awfully, terribly; **s'ennuyer ~** to be bored to death; **c'est ~ compliqué** it's awfully OU terribly complicated.

effusion [efyzjɔ̃] *nf* effusion, outpouring, outburst; **~ de sang** bloodshed; **sans ~ de sang** without any bloodshed; **~s de joie/tendresse** demonstrations of joy/affection; **remercier qqn avec ~** to thank sb effusively.

égaiement [egɛmɑ̃] *nm* cheering up, enlivenment, brightening up.

égailler [3] [egaje]

◆ **s'égailler** *vpi* to disperse, to scatter.

égal, e, aux [egal, o] ◇ *adj* -**1.** [identique] equal; **partager une tarte en parts ~es** to slice up a tart into equal parts; **deux mannequins de taille ~e** two models of the same height; **à travail ~ salaire ~** equal pay for equal work; **à prix ~, tu peux trouver mieux** for the same price, you can find something better; **des exercices d'~e difficulté** equally difficult exercises, exercises of equal difficulty; **à ~e distance de A et de B** equidistant from A and B, an equal distance from A and B; **la partie est ~e entre les deux joueurs** the players are evenly matched ❑ **toutes choses ~es d'ailleurs** all (other) things being equal; **faire jeu ~** *pr* to have an equal score, to be evenly matched (in the game); *fig* to be neck and neck; **~ à lui-même/soi-même**: **être** OU **rester ~ à soi-même** to remain true to form, to be still one's old self; **~ à lui-même, il n'a pas dit un mot** typically, he didn't say a word. -**2.** MATH: **3 est ~ à 2 plus 1** 3 is equal to 2 plus 1; **c'est ~** *sout* all the same; **c'est ~, tu aurais pu téléphoner** all the same, you could have phoned. -**3.** [régulier - terrain] even, level; [- souffle, pouls] even, regular; [- pas] even, regular, steady; [- climat] equable, unchanging; **être de caractère ~** OU **d'humeur ~e** to be even-tempered. -**4.** *loc*: **ça m'est (complètement) ~** [ça m'est indifférent] I don't care either way; [ça ne m'intéresse pas] I don't care at all, I couldn't care less; **tout lui est ~** he doesn't feel strongly about anything; **tout lui est ~ depuis qu'elle l'a quitté** he doesn't care about anything since she left him; **en train ou en avion, ça m'est ~** I don't care whether we go by train or plane.

◇ *nm, f* [personne] equal; **nos égaux** our equals; **la femme est l'~e de l'homme** woman is equal to man; **il n'a pas son ~ pour animer une fête** he's second to none when it comes to livening up a party; **son arrogance n'a d'~e que sa sottise** *sout* his arrogance is only equalled by his foolishness.

◆ **à l'égal de** *loc prép litt*: **je l'aimais à l'~ d'un fils** I loved him like a son.

◆ **d'égal à égal** *loc adv* [s'entretenir] on equal terms; [traiter] as an equal.

◆ **sans égal** *loc adj* matchless, unequalled, unrivalled.

égalable [egalabl] *adj*: **un exploit difficilement ~** a feat difficult to match.

également [egalmɑ̃] *adv* -**1.** [autant] equally; **je crains ~ le froid et la chaleur** I dislike the cold as much as the heat. -**2.** [aussi] also, too, as well; **je l'ai vu ~** I saw him as well OU too; **elle m'a ~ dit que...** she also told me that ...

égaler [3] [egale] *vt* -**1.** [avoir la même valeur que] to equal, to match; **~ le record mondial** to equal the world record; **la renommée de la fille égale celle de la mère** the daughter's renown equals OU matches that of her mother. -**2.** MATH: **3 fois 2 égale 6** 3 times 2 equals 6; **si X égale Y** let X equal Y. -**3.** *arch* [comparer] to rank; **~ Milton à Shakespeare** to rank Milton with Shakespeare. -**4.** [niveler] to level (out), to make flat.

égalisateur, trice [egalizatœr, tris] *adj* equalizing, levelling.

égalisation [egalizasjɔ̃] *nf* -**1.** [nivellement - des salaires, d'un terrain] levelling. -**2.** SPORT: **le but de l'~** the equalizer *Br*, the tying goal *Am*; **5 minutes après l'~** 5 minutes after the equalizer had been scored.

égaliser [3] [egalize] ◇ *vt* [sentier] to level (out); [frange] to trim; [conditions, chances] to make equal, to balance (out).

◇ *vi* SPORT to equalize *Br*, to tie.

◆ **s'égaliser** *vpi* to become more equal, to balance out.

égalitaire [egalitɛr] *adj* egalitarian.

égalitarisme [egalitarism] *nm* egalitarianism.

égalité [egalite] *nf* -**1.** ÉCON & SOCIOL equality; **~ des salaires/droits** equal pay/rights; **politique/principe d'~ des chances** equal opportunities policy/principle; **l'~ des citoyens devant la loi** the equality of citizens before the law. -**2.** MATH equality; **(signe d') ~** equal OU equals sign. -**3.** GÉOM: **~ de deux triangles** isomorphism of two triangles. -**4.** TENNIS deuce; FTBL draw, tie. -**5.** [uniformité - du pouls] regularity; [- du sol] evenness, levelness; [- du tempérament] evenness; **être d'une grande ~ d'humeur** to be very even-tempered.

◆ **à égalité** *loc adv* TENNIS at deuce; [dans des jeux d'équipe] in a draw OU tie; **ils ont fini le match à ~** they tied.

◆ **à égalité avec** *loc prép* drawing OU tying with; **ils sont à ~ avec Riom** they're lying equal with Riom.

égard [egar] *nm* [point de vue]: **à bien des ~s** in many respects; **à cet/aucun ~** in this/no respect.

◆ **égards** *nmpl* [marque de respect] consideration; **être plein d'~s** OU **avoir beaucoup d'~s pour qqn** to show great consideration for OU to be very considerate towards sb; **manquer d'~s envers qqn** to show a lack of consideration for OU to be inconsiderate towards sb.

◆ **à l'égard de** *loc prép* -**1.** [envers] towards; **être dur/tendre à l'~ de qqn** to be hard on/gentle with sb; **ils ont fait une exception à mon ~** they made an exception for me OU in my case. -**2.** [à l'encontre de] against; **prendre des sanctions à l'~ de qqn** to impose sanctions against OU to apply sanctions to sb. -**3.** [quant à] with regard to; **elle émet des résistances à l'~ de ce projet** she's putting up some resistance with regard to the project.

◆ **à tous égards** *loc adv* in all respects OU every respect.

◆ **eu égard à** *loc prép sout* in view of, considering.

◆ **par égard pour** *loc prép* out of consideration OU respect for.

◆ **sans égard pour** *loc prép* with no respect OU consideration for, without regard for.

égaré, e [egare] *adj* -**1.** [perdu - dossier, touriste] lost; [- chat] lost, stray. -**2.** [affolé - esprit] distraught; [- regard] wild, distraught; **avoir l'air ~** to look distraught; **avoir le regard ~** to be wild-eyed.

égarement [egarmɑ̃] *nm* -**1.** [folie] distraction, distractedness; **dans son ~, il a oublié de...** he was so distraught he forgot to...; **dans un**

moment d'~ in a moment of panic OU confusion. -2. [perte] loss.
◆ **égarements** *nmpl litt*: **les ~s de la passion** the follies of passion; **revenir de ses ~s** to see the error of one's ways.
égarer [3] [egare] *vt* -1. [perdre - bagage, stylo] to lose, to mislay. -2. [tromper - opinion, lecteur] to mislead, to deceive; [- jeunesse] to lead astray; **un électorat égaré par des promesses fallacieuses** voters misled by fraudulent promises. -3. *litt* [affoler] to make distraught, to drive to distraction; **la douleur vous égare** you're distraught with pain; **il était égaré par la colère** anger made him lose his head.
◆ **s'égarer** *vpi* -1. [se perdre - promeneur] to lose one's way, to get lost; [- dossier, clef] to get lost OU mislaid; **s'~ dans des considérations secondaires** to get bogged down in minor considerations; **s'~ hors du droit chemin** to go off the straight and narrow. -2. [sortir du sujet] to wander; **à partir de là, le débat/l'auteur s'égare** from then on, the discussion/author wanders off the point; **ne nous égarons pas!** let's not wander off the point!, let's stick to the subject! -3. *litt* [s'oublier] to lose one's self-control, to forget o.s.; **quelle grossièreté, vous vous égarez!** how coarse, you're forgetting yourself!
égayer [11] [egeje] *vt* [convives] to cheer up *(sép)*; [chambre, robe, vie] to brighten up *(sép)*; [ambiance, récit] to brighten up *(sép)*, to liven up *(sép)*, to enliven.
◆ **s'égayer** *vpi sout*: **s'~ aux dépens de qqn** to have fun at sb's expense.
Égée [eʒe] *npr* → **mer**.
égéen, enne [eʒeɛ̃, ɛn] *adj* ANTIQ Aegean.
égérie [eʒeri] *nf* -1. [inspiratrice] muse; **elle est l'~ du groupe** she inspires the members of the group. -2. ANTIQ: **Égérie** Egeria.
égide [eʒid] *nf* MYTH aegis.
◆ **sous l'égide de** *loc prép sout* under the aegis of; **prendre qqn sous son ~** to take sb under one's wing.
Égine [eʒin] *npr* Aegina.
églantier [eglɑ̃tje] *nm* wild OU dog rose (bush); **~ odorant** sweetbriar.
églantine [eglɑ̃tin] *nf* wild OU dog rose.
églefin [egləfɛ̃] *nm* haddock.
église [egliz] *nf* [édifice] church; **aller à l'~** [pratiquer] to go to church, to be a churchgoer; **se marier à l'~** to be married in church, to have a church wedding; **on ne la voit pas souvent à l'~** she doesn't often come to OU attend church.
Église [egliz] *nf* -1. [de Jésus-Christ]: **l'~** the Church. -2. [communauté]: **l'~ catholique/protestante** the Catholic/Protestant Church; **l'~ anglicane** the Church of England, the Anglican Church; **l'~ orthodoxe** the Orthodox Church; **l'~ réformée** the Reformed Church. -3. [catholicisme]: **l'~** the Roman Catholic Church, the Church of Rome. -4. [prêtres]: **l'~** the Church. -5. [fidèles]: **l'~** church members ❑ **l'~ militante/triomphante** the Church militant/triumphant.
◆ **d'Église** *loc adj*: **homme d'~** clergyman; **gens d'~** priests, clergymen.
églogue [eglɔg] *nf* eclogue.
ego [ego] *nm* ego.
égocentrique [egɔsɑ̃trik] ◇ *adj* egocentric, self-centred.
◇ *nmf* egocentric OU self-centred person.
égocentrisme [egɔsɑ̃trism] *nm* egocentricity, self-centredness.
égoïne [egɔin] *nf*: **(scie) ~** handsaw.
égoïsme [egɔism] *nm* selfishness.
égoïste [egɔist] ◇ *adj* selfish.
◇ *nmf* selfish man (*f* woman).
égoïstement [egɔistəmɑ̃] *adv* selfishly.
égorgement [egɔrʒəmɑ̃] *nm* cutting OU slitting the throat.
égorger [17] [egɔrʒe] *vt* to cut OU to slit the throat of.
égorgeur [egɔrʒœr] *nm* cutthroat.
égosiller [3] [egɔzije]
◆ **s'égosiller** *vpi* -1. [crier] to shout o.s. hoarse. -2. [chanter fort] to sing at the top of one's voice.
égotisme [egɔtism] *nm* egotism.
égotiste [egɔtist] ◇ *adj* egotistic, egotistical.
◇ *nmf* egotist.
égout [egu] *nm* sewer; **les ~s** the sewers ❑ **~ collecteur** main sewer.
égoutier [egutje] *nm* sewer worker.
égouttage [egutaʒ], **égouttement** [egutmɑ̃] *nm* [du linge] leaving to drip-dry; [de légumes, de la vaisselle] draining; **~ des légumes dans une passoire** straining vegetables in a sieve.
égoutter [3] [egute] ◇ *vt* [linge] to leave to drip; [vaisselle] to drain; **~ des légumes dans une passoire** to strain vegetables in a sieve.
◇ *vi* [vaisselle] to drain; [linge] to drip; **mettre les verres à ~** to put the glasses to drain OU to drip; **faire ~ les haricots** to strain the beans.
◆ **s'égoutter** *vpi* [linge] to drip; [légumes, vaisselle] to drain.
égouttoir [egutwar] *nm* -1. [passoire] strainer, colander. -2. [pour la vaisselle] draining rack OU board, drainer.
égoutture [egutyr] *nf* drop, dribble; **les ~s du linge** the water dripping off the washing.
égrainage [egrenaʒ] = **égrenage**.
égrainer [4] [egrene] = **égrener**.
égrapper [3] [egrape] *vt* to stem.
égratigner [3] [egratiɲe] *vt* -1. [jambe, carrosserie] to scratch, to scrape; [peau] to graze. -2. *fam* [critiquer] to have a dig OU a go at; **ils l'ont bien égratigné dans l'«Écho»** they had a good go at him in the "Écho".
◆ **s'égratigner** *vp (emploi réfléchi)*: **s'~ le genou** to scrape OU to scratch OU to skin one's knee.
égratignure [egratiɲyr] *nf* -1. [écorchure] scratch, scrape, graze; **il s'en est sorti sans une ~** he escaped without a scratch. -2. [rayure] scratch; **faire une ~ à un panneau peint** to scratch a painted panel; **une fine ~ le long de l'aile avant** a thin scratch along the front wing.
égrenage [egrənaʒ] *nm* -1. [des fruits] stripping. -2. AGR [du maïs] shelling; [des graines fourragères] threshing.
égrener [19] [egrəne] *vt* -1. [blé] to shell; [pois] to shell, to pod; [coton] to gin; [ôter de sa tige - fruits] to take off the stalk; **des groseilles égrenées** redcurrants off the stalk. -2. [faire défiler]: **~ son chapelet** to tell one's beads, to say one's rosary; **pendule qui égrène les heures** clock marking out the hours; **~ un chapelet d'injures** to let out a stream of abuse.
◆ **s'égrener** *vpi* -1. [grains de raisin] to drop off the bunch; [grains de blé] to drop off the stalk. -2. [se disperser - famille, foule] to scatter OU to disperse slowly, to trickle away. -3. *litt* [heures] to tick by; [notes] to be heard one by one.
égreneuse [egrənøz] *nf* AGR [de blé] threshing machine; [de coton] gin.
égrillard, e [egrijar, ard] *adj* [histoire] bawdy, ribald; [personne] ribald.
égriser [3] [egrize] *vt* to grind MINER.
égruger [17] [egryʒe] *vt* to pound, to grind.
égueulé, e [egœle] *adj* cracked OU broken (at the neck).
Égypte [eʒipt] *npr f*: **(l') ~** Egypt; **(la) Basse-~** Lower Egypt; **(la) Haute-~** Upper Egypt.
égyptien, enne [eʒipsjɛ̃, ɛn] *adj* Egyptian.
◆ **Égyptien, enne** *nm, f* Egyptian.
◆ **égyptien** *nm* LING Egyptian.
égyptologie [eʒiptɔlɔʒi] *nf* Egyptology.
égyptologue [eʒiptɔlɔg] *nmf* Egyptologist.
eh [e] *interj* hey; **~ vous, là-bas!** hey you, over there!
◆ **eh bien** *loc adv* -1. [au début d'une histoire] well, right. -2. [en interpellant] hey; **~ bien, que faites-vous là-bas?** hey, what are you up to, over there? -3. [pour exprimer la surprise] well, well; **~ bien, te voilà riche maintenant** well, well, you're a rich man now.
◆ **eh eh** *loc interj*: **~, ~! j'en connais un qui a fait une bêtise** who's done something silly then, eh?
◆ **eh là** *loc interj* hey; **~ là! attention!** hey, watch out!
◆ **eh non** *loc adv* well no; **~ non, je ne le lui ai jamais dit de son vivant** well no, I never told him when he was alive; **~ non, justement ce jour-là je ne peux pas** no, that's the one day I can't do it.
◆ **eh oui** *loc adv* well (, actually,) yes; **c'est fini? — ~ oui!** is it over? – I'm afraid so!
◆ **eh quoi** *loc adv interr* well, so what; **~ quoi, on n'a plus le droit de se reposer?** so can't we even have a rest any more?
éhonté, e [eɔ̃te] *adj* [menteur, tricheur] barefaced, brazen, shameless; [mensonge, hypocrisie] brazen, shameless.
eider [ɛdɛr] *nm* eider (duck).
eidétique [ɛjdetik] *adj* eidetic.
Eiffel [efɛl] *npr*: **la tour ~** the Eiffel Tower.

LA TOUR EIFFEL:
Paris's most famous landmark, constructed of steel on the Champ de Mars by Gustave Eiffel for the 1889 Exhibition. 320m high, it was for half a century the tallest man-made structure in the world. It has now also acquired a use as a television transmitter.

einsteinium [ɛnstɛnjɔm] *nm* einsteinium.
Eire [ɛr] *npr f*: **(l') ~** Eire.
éjaculation [eʒakylasjɔ̃] *nf* ejaculation; **~ précoce** premature ejaculation.
éjaculer [3] [eʒakyle] *vt & vi* to ejaculate.
éjectable [eʒɛktabl] *adj* → **siège**.
éjecter [4] [eʒɛkte] *vt* -1. ARM to eject. -2. AÉRON & AUT to eject. -3. *fam* [renvoyer] to kick OU to chuck OU to boot out; **se faire ~ d'une boîte de nuit** to get kicked OU chucked OU booted out of a night club.
éjecteur [eʒɛktœr] *nm* -1. ARM & MÉCAN ejector. -2. INDUST [d'un réservoir] outlet works.
éjection [eʒɛksjɔ̃] *nf* -1. AÉRON, ARM & AUT ejection. -2. *fam* [expulsion] kicking OU chucking OU booting out.
éjointer [3] [eʒwɛ̃te] *vt* to clip the wing of.
élaboration [elabɔrasjɔ̃] *nf* -1. [d'une théorie, d'une idée] working out; **l'~ d'un projet de loi** drawing up a bill. -2. PHYSIOL elaboration. -3. METALL working-off. -4. PSYCH: **~ psychique** working out repressed emotions.
élaboré, e [elabɔre] *adj* -1. [complexe - dessin] elaborate, intricate, ornate; [perfectionné - système] elaborate, sophisticated; [détaillé - carte, schéma] elaborate, detailed. -2. BOT [sève] elaborated.
élaborer [3] [elabɔre] *vt* -1. [préparer - plan, système] to develop, to design, to work out *(sép)*. -2. PHYSIOL to elaborate.
◆ **s'élaborer** *vpi* [système, théorie] to develop.
elæis [eleis] *nm* oil palm.
élagage [elagaʒ] *nm* pruning.
élaguer [3] [elage] *vt* -1. HORT to prune. -2. [rendre concis - texte, film] to prune, to cut down *(sép)*. -3. [ôter - phrase, scène] to edit out *(sép)*, to cut.
élagueur [elagœr] *nm* tree-trimmer.
élan [elɑ̃] *nm* -1. SPORT run-up, impetus; **prendre son ~** to take a run-up; **saut avec/sans ~** running/standing jump. -2. [énergie] momentum; **prendre de l'~** to gather speed OU momentum; **prendre de l'~ avant de doubler un véhicule** to get up speed before overtaking a vehicle ❑ **être emporté par son propre ~** *pr & fig* to be carried along by one's own momentum; **emporté par son ~, il a tout raconté à sa mère** he got carried away and told his mother everything. -3. [impulsion] impulse, impetus; **donner de l'~ à une campagne** to give an impetus to OU to provide an impetus for a campaign. -4. [effusion] outburst, surge, rush; **~s de tendresse** surges OU rushes of affection; **~ de l'imagination** flight of fancy; **avoir des ~s d'énergie** to have sudden fits OU surges OU

bursts of activity; ~ de générosité generous impulse; avoir des ~s to have a surge of feeling; contenir les ~s du cœur to check the impulses of one's heart; l'~ créateur creative drive; l'~ patriotique/nationaliste patriotic/nationalistic fervour; avec ~ eagerly, keenly, enthusiastically. -5. PHILOS: l'~ vital the life force. -6. ZOOL elk, moose *Am*.

élancé, e [elɑ̃se] *adj* slim, slender; à la taille ~e slim-waisted; à la silhouette ~e willowy.

élancement [elɑ̃smɑ̃] *nm* sharp OU shooting OU stabbing pain; avoir des ~s dans la cuisse to have a shooting OU sharp pain in the thigh; j'ai un ~ au côté I've got a sharp OU shooting pain in my side.

élancer [16] [elɑ̃se] *vi*: mon bras m'élance I've got a shooting pain in my arm.

◆ **s'élancer** *vpi* -1. [courir] to rush OU to dash forward; s'~ à la poursuite de qqn to dash after sb; s'~ au secours de qqn to rush to sb's aid, to rush to help sb; s'~ dans la rue to dash OU to rush into the street; s'~ vers qqn to dash OU to rush towards sb. -2. SPORT to take a run-up. -3. [se dresser - tour, flèche] to soar upwards.

élargir [32] [elarʒir] ◇ *vt* -1. [rendre moins étroit - veste] to let out *(sép)*; [- chaussure] to stretch, to widen; [- route] to widen; le miroir élargit la pièce the mirror makes the room look wider. -2. [débat] to broaden, to enlarge, to widen; ~ le cercle de ses relations to broaden OU to widen the circle of one's acquaintances; ~ son horizon to broaden OU to widen one's outlook. -3. [renforcer]: le gouvernement cherche à ~ sa majorité the government is seeking to increase its majority. -4. JUR [libérer - détenu] to free, to release.

◇ *vi fam* to get broader, to get bigger *(across the shoulders)*.

◆ **s'élargir** *vpi* -1. [être moins étroit - sentier, rivière] to widen, to get wider, to broaden (out); [- sourire] to widen. -2. [se relâcher - vêtement] to stretch; le col de l'utérus s'élargit the neck of the womb opens OU stretches. -3. [horizon, débat] to broaden out, to widen; le cercle de mes amis s'est élargi my circle of friends has broadened OU grown wider.

élargissement [elarʒismɑ̃] *nm* -1. [agrandissement - d'une route] widening. -2. [extension - d'un débat] broadening, widening. -3. *sout* [libération] freeing, release.

élasticimétrie [elastisimetri] *nf* elastometry.

élasticité [elastisite] *nf* -1. [extensibilité] stretchiness, stretch, elasticity; la ceinture a perdu toute son ~ there's no stretch left in the waistband. -2. ANAT elasticity. -3. [souplesse - d'un geste] suppleness, [- d'un pas] springiness. -4. *fam péj* [laxisme - d'une conscience, d'un règlement] accommodating nature. -5. [variabilité] flexibility; l'~ de l'offre/de la demande the elasticity of supply/of demand.

élastique [elastik] ◇ *adj* -1. [ceinture, cuir, tissu] stretchy, elastic; [badine] supple. -2. [agile - démarche] springy, buoyant; elle a un corps ~ she's got a supple body. -3. *fam péj* [peu rigoureux - conscience, règlement] accommodating, elastic. -4. [variable - horaire] flexible; [- demande, offre] elastic. -5. ANAT [tissu] elastic.

◇ *nm* -1. [bracelet] elastic band. -2. [ruban]: de l'~ elastic.

Élastiss® [elastis] *nm elasticated material.*

élastomère [elastɔmɛr] *nm* elastomer.

Elbe [ɛlb] ◇ *npr f* [fleuve]: l'~ the (River) Elbe.

◇ *npr* [île]: l'île d'~ Elba.

elbot [ɛlbo] *nm Belg* halibut.

eldorado [ɛldɔrado] *nm* Eldorado.

Eldorado [ɛldɔrado] *npr m*: l'~ Eldorado.

électeur, trice [elɛktœr, tris] *nm, f* -1. POL voter; les ~s the voters, the electorate; les maires et leurs ~s the mayors and those who elected them ❑ Grands ~s *body electing members of the (French) Senate.* -2. HIST Elector; le Grand Électeur the Great Elector.

électif, ive [elɛktif, iv] *adj* -1. POL elective. -2. [douleur, traitement] specific.

élection [elɛksjɔ̃] *nf* -1. [procédure] election, polls; les ~s ont lieu aujourd'hui today is election OU polling day; procéder à une ~ to hold an election; les résultats de l'~ the results of the election OU polling; jour des ~s election OU polling day; se présenter aux ~s to stand *Br* OU to run *Am* as a candidate ❑ ~s législatives/municipales general/local elections; ~ partielle by-election; ~ présidentielle presidential election. -2. [nomination] election; son ~ à la présidence her election as president OU to the presidency. -3. *litt* [choix] choice. -4. JUR: ~ de domicile choice of domicile.

◆ **d'élection** *loc adj* [choisi - patrie, famille] of (one's own) choice OU choosing, chosen.

électivité [elɛktivite] *nf* electivity.

électoral, e, aux [elɛktɔral, o] *adj* [liste] electoral; [succès] electoral, election *(modif)*; [campagne] election *(modif)*; en période ~e at election time; nous avons le soutien ~ des syndicats we can rely on the union vote.

électoralisme [elɛktɔralism] *nm péj* electioneering.

électoraliste [elɛktɔralist] *adj péj* [promesse, programme] vote-catching.

électorat [elɛktɔra] *nm* -1. [électeurs] electorate; l'importance de l'~ féminin/noir the importance of the women's/the black vote ❑ ~ flottant floating voters. -2. HIST electorate.

Électre [elɛktr] *npr* Electra.

électricien, enne [elɛktrisjɛ̃, ɛn] *nm, f* -1. [artisan] electrician. -2. [commerçant] electrical goods dealer.

électricité [elɛktrisite] *nf* -1. INDUST, SC & TECH electricity; ~ statique static (electricity). -2. [installation domestique] wiring; faire installer l'~ dans une maison to have a house wired; refaire l'~ dans une maison to rewire a house; nous n'avons pas l'~ dans notre maison de campagne there's no electricity in our country cottage; allumer l'~ [au compteur] to switch on (at) the mains. -3. [consommation] electricity (bill); payer son ~ to pay one's electricity bill; combien dépenses-tu d'~ ? how much is your electricity bill? -4. *fam* [tension] tension, electricity; il y a de l'~ dans l'air! there's a storm brewing!

électrification [elɛktrifikasjɔ̃] *nf* -1. [d'une ligne de chemin de fer] electrification, electrifying. -2. [d'une région]: l'~ des campagnes reculées bringing electricity to remote villages.

électrifier [9] [elɛktrifje] *vt* -1. [ligne de chemin de fer] to electrify. -2. [région] to bring electricity to.

électrique [elɛktrik] *adj* -1. TECH [moteur, radiateur, guitare] electric; [appareil, équipement] electric, electrical; [système, énergie] electrical; atmosphère ~ *fig* highly-charged atmosphere ❑ chaise ~ electric chair. -2. [par l'électricité statique] static; elle a les cheveux ~s *fam* her hair is full of static. -3. [couleur]: bleu ~ electric-blue.

électriquement [elɛktrikmɑ̃] *adv* electrically; commandé ~ working off electricity.

électrisable [elɛktrizabl] *adj* electrifiable, chargeable.

électrisant, e [elɛktrizɑ̃, ɑ̃t] *adj* -1. TECH electrifying. -2. [exaltant] electrifying, exciting.

électrisation [elɛktrizasjɔ̃] *nf* electrifying, charging.

électriser [3] [elɛktrize] *vt* -1. TECH to electrify, to charge. -2. *fam* [stimuler] to electrify, to rouse; de voir cela, ça les a électrisés this sight electrified them.

électroacoustique [elɛktrɔakustik] ◇ *adj* electroacoustic, electroacoustical.

◇ *nf* electroacoustics *(sg)*.

électroaffinité [elɛktrɔafinite] *nf* electron affinity.

électroaimant [elɛktrɔɛmɑ̃] *nm* electromagnet.

électrocapillarité [elɛktrɔkapilarite] *nf* electrocapillarity.

électrocardiogramme [elɛktrɔkardjɔgram] *nm* electrocardiogram.

électrocardiographe [elɛktrɔkardjɔgraf] *nm* electrocardiograph.

électrocardiographie [elɛktrɔkardjɔgrafi] *nf* electrocardiography.

électrocautère [elɛktrɔkɔtɛr] *nm* electrocautery, galvanocautery.

électrochimie [elɛktrɔʃimi] *nf* electrochemistry.

électrochimique [elɛktrɔʃimik] *adj* electrochemical.

électrochoc [elɛktrɔʃɔk] *nm* electric shock *(for therapeutic purposes)*; (traitement par) ~s electroconvulsive OU electroshock therapy; faire des ~s à qqn to give sb electroconvulsive therapy.

électrocinétique [elɛktrɔsinetik] *nf* electrokinetics *(sg)*.

électrocoagulation [elɛktrɔkɔagylasjɔ̃] *nf* electrocoagulation.

électrocopie [elɛktrɔkɔpi] *nf* xerography.

électrocuter [3] [elɛktrɔkyte] *vt* to electrocute.

◆ **s'électrocuter** *vp (emploi réfléchi)* to electrocute o.s., to be electrocuted; attention, on peut s'~ careful, you could get a fatal (electric) shock; il a failli s'~ he got a very bad electric shock.

électrocution [elɛktrɔkysjɔ̃] *nf* electrocution; vous risquez l'~ you're at risk OU in danger of being electrocuted.

électrode [elɛktrɔd] *nf* electrode.

électrodéposition [elɛktrɔdepozisjɔ̃] *nf* electrodeposition.

électrodiagnostic [elɛktrɔdjagnɔstik] *nm* electrodiagnosis.

électrodialyse [elɛktrɔdjaliz] *nf* electrodialysis.

électrodynamique [elɛktrɔdinamik] ◇ *adj* electrodynamic.

◇ *nf* electrodynamics *(sg)*.

électrodynamomètre [elɛktrɔdinamɔmɛtr] *nm* electrodynamometer.

électroencéphalogramme [elɛktrɔɑ̃sefalɔgram] *nm* electroencephalogram.

électroencéphalographie [elɛktrɔɑ̃sefalɔgrafi] *nf* electroencephalography.

électroformage [elɛktrɔfɔrmaʒ] *nm* electroforming.

électrogène [elɛktrɔʒɛn] *adj* -1. ZOOL electric. -2. ÉLECTR electricity-generating.

électroluminescence [elɛktrɔlyminesɑ̃s] *nf* electroluminescence.

électroluminescent, e [elɛktrɔlyminesɑ̃, ɑ̃t] *adj* electroluminescent.

électrolysable [elɛktrɔlizabl] *adj* susceptible to electrolysis.

électrolyse [elɛktrɔliz] *nf* electrolysis.

électrolyser [3] [elɛktrɔlize] *vt* to electrolyse.

électrolyseur [elɛktrɔlizœr] *nm* electrolyser.

électrolyte [elɛktrɔlit] *nm* electrolyte.

électrolytique [elɛktrɔlitik] *adj* electrolytic.

électromagnétique [elɛktrɔmaɲetik] *adj* electromagnetic.

électromagnétisme [elɛktrɔmaɲetism] *nm* electromagnetism.

électromécanicien, enne [elɛktrɔmekanisjɛ̃, ɛn] *nm, f* electromechanical engineer.

électromécanique [elɛktrɔmekanik]

◇ *adj* electromechanical.

◇ *nf* electromechanical engineering.

électroménager [elɛktrɔmenaʒe]

◇ *adj* (domestic OU household) electrical.

◇ *nm*: l'~ [appareils] domestic OU household electrical appliances; [activité] the domestic OU household electrical appliance industry; le petit ~ small household appliances.

électroménagiste [elɛktrɔmenaʒist] *nmf* dealer in household OU domestic electrical appliances.

électrométallurgie [elɛktrɔmetalyrʒi] *nf* electrometallurgy.

électromètre [elɛktrɔmɛtr] *nm* electrometer.

électrométrie [elɛktrɔmetri] *nf* electrometry.

électromoteur, trice [elɛktrɔmɔtœr, tris] *adj* electromotive.

◆ **électromoteur** *nm* electric motor.

électromyogramme [elɛktrɔmjɔgram] *nm* electromyogram.

électromyographie [elɛktrɔmjɔgrafi] *nf* electromyography.

électron [elɛktrɔ̃] *nm* electron; **~ libre/lié** free/bound electron; **~ négatif** negatron; **~ positif** positron; **canon à ~s** electron tube.

électronégatif, ive [elɛktrɔnegatif, iv] *adj* electronegative.

électronicien, enne [elɛktrɔnisjɛ̃, ɛn] *nm, f* electronics engineer.

électronique [elɛktrɔnik] ◇ *adj* -**1.** INDUST & TECH [équipement] electronic; [microscope] electron *(modif)*; [industrie] electronics *(modif)*. -**2.** [de l'électron] electron *(modif)*. -**3.** MUS electronic.
◇ *nf* electronics *(sg)*; **l'~ grand public** the consumer electronics industry.

électroniquement [elɛktrɔnikmɑ̃] *adv* electronically.

électronucléaire [elɛktrɔnyklеɛr] ◇ *adj* [centrale] nuclear.
◇ *nm* nuclear energy production.

électronvolt [elɛktrɔ̃vɔlt] *nm* electronvolt.

électro-osmose [elɛktroɔsmoz] *nf* electro-osmosis, electroendosmosis.

électrophone [elɛktrɔfɔn] *nm* record player.

électrophorèse [elɛktrɔfɔrɛz] *nf* electrophoresis.

électrophysiologie [elɛktrɔfizjɔlɔʒi] *nf* electrophysiology.

électroponcture [elɛktrɔpɔ̃ktyr] *nf* electropuncture.

électroportatif, ive [elɛktrɔpɔrtatif, iv] *adj*: **matériel ~** portable electrical equipment.

électropositif, ive [elɛktrɔpozitif, iv] *adj* electropositive.

électroradiologie [elɛktrɔradjɔlɔʒi] *nf* electroradiology.

électroradiologiste [elɛktrɔradjɔlɔʒist] *nmf* electroradiologist.

électroscope [elɛktrɔskɔp] *nm* electroscope.

électrostatique [elɛktrɔstatik] ◇ *adj* electrostatic.
◇ *nf* electrostatics *(sg)*.

électrotechnicien, enne [elɛktrɔtɛknisjɛ̃, ɛn] *nm, f* electrotechnician.

électrotechnique [elɛktrɔtɛknik] *nf* electrotechnics *(sg)*.

électrothérapie [elɛktrɔterapi] *nf* electrotherapy.

électrothermie [elɛktrɔtɛrmi] *nf* electrothermics *(sg)*.

électrovalence [elɛktrɔvalɑ̃s] *nf* electrovalency.

électrovalve [elɛktrɔvalv] *nf* electromagnetic valve.

électrovanne [elɛktrɔvan] *nf* electromagnetic sluice gate.

élégamment [elegamɑ̃] *adv* [s'habiller] elegantly, smartly; [écrire, parler] stylishly, elegantly.

élégance [elegɑ̃s] *nf* -**1.** [chic] elegance, smartness; **s'habiller avec ~** to dress elegantly OU smartly. -**2.** [délicatesse - d'un geste, d'un procédé] elegance; **savoir perdre avec ~** to be a good OU graceful loser. -**3.** [harmonie] grace, elegance, harmoniousness; **d'une grande ~ dans les proportions** very harmoniously proportioned. -**4.** [d'un style littéraire] elegance; [tournure] elegant OU well-turned phrase; **style plein d'~s** *péj* over-ornate style.

élégant, e [elegɑ̃, ɑ̃t] ◇ *adj* -**1.** [chic - personne, mobilier] elegant, smart, stylish; **se faire ~** to smarten o.s. up. -**2.** [courtois - procédé, excuse] handsome, graceful. -**3.** [harmonieux - architecture, proportions] elegant, harmonious, graceful; [- démonstration] elegant, neat; **une façon ~e de résoudre un problème mathématique** a neat solution to a mathematical problem.
◇ *nm, f* [homme] dandy; [femme] elegant OU smart woman; **vouloir faire l'~** to try to look fashionable.

élégiaque [eleʒjak] *adj* -**1.** LITTÉRAT elegiac. -**2.** *litt* [mélancolique] melancholy *(adj)*.

élégie [eleʒi] *nf* -**1.** ANTIQ elegy. -**2.** [poème, œuvre] elegy, lament.

élément [elemɑ̃] *nm* -**1.** [partie - d'un parfum, d'une œuvre] component, ingredient, constituent. -**2.** [donnée] element, factor, fact; **le seul ~ à prendre en considération** the only factor to be considered; **~s d'information** facts, information; **il n'y a aucun ~ nouveau** there are no new developments; **j'apporte un ~ nouveau au dossier** I have new material to add to the file. -**3.** [personne] element; **des ~s étrangers infiltrés dans le mouvement** foreign elements infiltrated into the movement; **~s indésirables** undesirables; **les ~s les plus conservateurs du parti** the party's most conservative elements; **c'est un des meilleurs ~s de mon service** he's one of the best people in my department; **de bons ~s dans ma classe** some good students in OU members of my class. -**4.** CHIM element; **l'~ oxygène** the element oxygen; **~ radioactif** radioactive element. -**5.** ÉLECTR [de pile, d'accumulateur] cell; **batterie de cinq ~s** five-cell battery ‖ [de bouilloire, de radiateur] element. -**6.** [de mobilier]: **~ (de cuisine)** kitchen unit; **acheter une cuisine par ~s** to buy kitchen units; **~s de rangement** storage units. -**7.** [milieu] element; **l'~ liquide** water; **les quatre ~s** the four elements; **lutter contre les ~s (naturels)** to struggle against the elements ❑ **être dans son ~** to be in one's element; **je ne me sens pas dans mon ~ ici** I don't feel at home OU I feel like a fish out of water here. -**8.** MIL unit; **~s blindés/motorisés** armoured/motorized units; **~ de tir** MIL piece of firing OU range data.
◆ **éléments** *nmpl* [notions] elements, basic principles; **j'en suis resté aux premiers ~s de latin** I've never had more than an elementary knowledge of Latin ‖ [comme titre]: « **Éléments de géométrie** » "Elementary Geometry".

élémentaire [elemɑ̃tɛr] *adj* -**1.** [facile - exercice] elementary; **c'est ~!** it's elementary! -**2.** [fondamental - notion, principe] basic, elementary; **la plus ~ politesse aurait dû l'empêcher de partir** basic good manners OU common courtesy should have prevented him from leaving. -**3.** NUCL elementary. -**4.** CHIM elemental. -**5.** SCOL primary.

Éléonore [eleɔnɔr] *npr*: **~ d'Aquitaine** Eleanor of Aquitaine.

éléphant [elefɑ̃] *nm* -**1.** [pachyderme] elephant; **il a une démarche d'~** *hum péj* he walks like an elephant; **~ femelle** cow elephant ❑ **~ d'Asie/d'Afrique** Indian/African elephant; **comme un ~ dans un magasin de porcelaine** like a bull in a china shop. -**2.** [phoque]: **~ de mer** sea elephant, elephant seal.

éléphanteau, x [elefɑ̃to] *nm* baby OU young elephant.

éléphantesque [elefɑ̃tɛsk] *adj* gigantic, mammoth *(modif)*.

éléphantiasique [elefɑ̃tjazik] *adj* elephantiasic.

éléphantiasis [elefɑ̃tjazis] *nm* elephantiasis.

éléphantin, e [elefɑ̃tɛ̃, in] *adj litt* elephantine.

élevage [ɛlvaʒ] *nm* -**1.** [activité] animal husbandry, breeding OU rearing *(of animals)*; **faire de l'~** to breed animals; **~ de poulets** OU **volaille** [intensif] battery-farming of chickens; [extensif] rearing free-range chickens, free-range chicken-farming; **~ des abeilles** beekeeping; **~ en batterie** battery farming; **~ des bovins** cattle-rearing; **~ des chevaux** horse-breeding; **~ des huîtres** oyster-farming; **~ des lapins** rabbit-breeding; **~ des moutons** sheep-farming. -**2.** [entreprise] farm; **un ~ de vers à soie/de visons** a silkworm/mink farm.
◆ **d'élevage** *loc adj* -**1.** [poulet] battery-reared. -**2.** [région]: **pays d'~** [bovin] cattle-rearing country; [ovin] sheep-farming country.

élévateur, trice [elevatœr, tris] *adj* -**1.** ANAT elevator *(modif)*; **muscle ~** elevator. -**2.** TECH [appareil, matériel] lifting.
◆ **élévateur** *nm* -**1.** ANAT elevator. -**2.** [en manutention] elevator, hoist.

élévation [elevasjɔ̃] *nf* -**1.** [augmentation] rise; **~ du niveau de vie** rise in the standard of living; **~ des températures** rise in temperatures. -**2.** MATH: **~ d'un nombre au carré** squaring of a number; **~ d'un nombre à une puissance** raising a number to a power. -**3.** ARCHIT [construction] erection, putting up; [plan] elevation. -**4.** [promotion] raising; **l'~ à la dignité de...** being elevated to the rank of... -**5.** [noblesse - de style, des sentiments] elevation, nobility; **~ d'âme** OU **d'esprit** high-mindedness. -**6.** ARM elevation; **donner à un canon 30° d'~** to fire a gun at an elevation of 30°. -**7.** RELIG: **l'Élévation (de l'hostie)** [moment, geste] the Elevation *(of the Host)*.

élévatoire [elevatwar] *adj* lifting, hoisting, elevator *(modif)*.

élève [elɛv] *nmf* -**1.** SCOL [enfant] pupil; [adolescent] student; **~ pilote** trainee pilot; **~ professeur** student OU trainee teacher. -**2.** [disciple] disciple, pupil. -**3.** MIL cadet; **~ officier** officer cadet *(in the Merchant Navy)*; **~ officier de réserve** military cadet. -**4.** AGR young stock animal. -**5.** HORT seedling.

élevé, e [elve] *adj* -**1.** [fort - prix, niveau de vie] high; **le nombre ~ des victimes/guérisons** the high number of victims/of patients cured; **taux peu ~** low rate. -**2.** [étage] high; [arbre] tall, *litt* lofty; **les branches les plus ~es** the highest OU top branches; **de la position ~e où j'étais, je voyais trois comtés** from my lofty observation point I could see three counties. -**3.** [important - position] high, high-ranking; [- rang, condition] high, elevated. -**4.** *litt* [noble - inspiration, style] elevated, noble, lofty; **un sens ~ du devoir** a strong sense of duty; **avoir une âme ~e** to be high-minded. -**5.** [éduqué]: **bien ~** well-mannered, well-bred, well brought-up; **mal ~** bad-mannered, ill-mannered, rude; **c'est très mal ~ de répondre** it's very rude OU it's bad manners to answer back ‖ [grandi]: **avec des enfants ~s, je dispose de plus de liberté** now that my children are grown-up, I have more freedom.

élever [19] [elve] *vt* -**1.** [éduquer - enfant] to bring up *(sép)*, to raise; **nous avons été élevés ensemble** we were brought up OU raised together; **j'ai été élevé dans le catholicisme** I was brought up a Catholic; **~ qqn dans du coton** to overprotect sb, to mollycoddle sb. -**2.** [nourrir - bétail] to breed, to raise; [- moutons, chiens] to breed; [- abeilles] to keep. -**3.** [hisser - fardeau] to raise, to lift (up) *(sép)*. -**4.** [ériger - statue, chapiteau] to erect, to raise, to put up *(sép)*. -**5.** [augmenter - prix, niveau, volume] to raise; **~ la voix** OU **le ton** to raise one's voice. -**6.** [manifester - objection, protestation] to raise; [- critique] to make. -**7.** [promouvoir] to elevate, to raise; **~ qqn au grade d'officier** to promote OU to raise sb to (the rank of) officer. -**8.** [ennoblir] to elevate, to uplift; **une lecture qui élève l'esprit** an elevating OU uplifting read ❑ **~ le débat** to raise the tone of the debate. -**9.** GÉOM: **~ une perpendiculaire** to raise a perpendicular ‖ MATH: **~ un nombre au carré/cube** to square/to cube a number; **~ un nombre à la puissance 3** to raise a number to the power of 3.
◆ **s'élever** *vpi* -**1.** [augmenter - taux, niveau] to rise, to go up; **la température s'est élevée de 10 degrés** the temperature has risen by OU has gone up 10 degrees. -**2.** [se manifester]: **on entend s'~ des voix** you can hear voices being raised; **s'~ contre** [protester contre] to protest against; [s'opposer à] to oppose. -**3.** [monter - oiseau] to soar, to fly OU to go up, to ascend; [- cerf-volant] to go up, to soar. -**4.** [être dressé - falaise, tour] to rise; [- mur, barricades] to stand;

là où s'élève maintenant l'école where the school now stands. -**5.** *fig* [moralement, socialement] to rise; **s'~ au-dessus de** [jalousies, passions, préjugés] to rise above; **s'~ au-dessus de sa condition** to rise above one's condition; **s'~ dans l'échelle sociale** to work one's way up OU to climb the social ladder; **s'~ à la force du poignet** to work one's way up unaided; **votre âme s'élèvera par des prières constantes** your soul will be elevated by constant prayer.

◆ **s'élever à** *vp + prép* [facture, bénéfices, pertes] to total, to add up to, to amount to; **le bilan s'élève à 10 morts et 12 blessés** the number of casualties is 10 dead and 12 injured.

éleveur, euse [elvœr, øz] *nm, f* stockbreeder; **~ de bétail** cattle breeder OU farmer, cattle rancher *Am*; **~ de chiens** dog breeder; **~ de moutons/volaille** sheep/chicken farmer.

◆ **éleveuse** *nf*: **~ à poussins** brooder.

elfe [ɛlf] *nm* elf, spirit of the air.

élider [3] [elide] *vt* to elide *spéc*, to drop.

◆ **s'élider** *vp (emploi passif)* to elide *spéc*, to be dropped, to disappear.

Élie [eli] *npr* BIBLE Elijah.

éligibilité [eliʒibilite] *nf* POL eligibility.

éligible [eliʒibl] *adj* POL eligible.

élimer [3] [elime] *vt* to wear thin; **pantalon élimé aux genoux** trousers worn OU threadbare at the knees.

◆ **s'élimer** *vpi* to wear thin, to become threadbare.

éliminateur, trice [eliminatœr, tris] *adj* -**1.** [qui exclut] eliminative, eliminatory, eradicating. -**2.** PHYSIOL eliminative.

élimination [eliminasjɔ̃] *nf* -**1.** PHYSIOL eliminating, voiding, expelling. -**2.** [exclusion] elimination, eliminating, excluding; **procéder par ~** to work sthg out by a process of elimination.

éliminatoire [eliminatwar] ◇ *adj* [note, épreuve] eliminatory; [condition, vote] disqualifying.

◇ *nf (souvent pl)* SPORT preliminary heat.

éliminer [3] [elimine] *vt* -**1.** PHYSIOL [déchets, urine] to void, to expel; [se débarrasser de] to remove, to get rid of; **~ les kilos en trop** to get rid of excess weight; **pour ~ le tartre** to remove tartar || *(en usage abs)*: **il faut boire pour ~** you have to drink to clean out your system. -**2.** SPORT to eliminate, to knock out *(sép)*. -**3.** [rejeter - hypothèse, possibilité] to eliminate, to dismiss, to rule out *(sép)*; **~ qqch de** to exclude sthg from; **~ un nom d'une liste** to strike OU to cross a name off a list; **~ qqn d'un comité** to throw sb off a committee. -**4.** [tuer] to eliminate, to liquidate. -**5.** MATH to eliminate.

élingue [elɛ̃g] *nf* sling *(of a crane)*.

élinguer [3] [elɛ̃ge] *vt* to raise with a sling.

élire [106] [elir] *vt* -**1.** POL to elect; **être élu à une assemblée** to be elected to an assembly; **~ un nouveau président** to elect OU to vote in a new president; **ils l'ont élu membre de leur comité** they co-opted him onto their committee. -**2.** *litt* [choisir] to elect *litt*, to choose; **~ qqn pour confident** to choose sb as one's confidant. -**3.** *loc*: **~ domicile à** to take up residence OU to make one's home in.

Élisabeth [elizabɛt] *npr*: **la reine ~** Queen Elizabeth; **sainte ~** Saint Elizabeth.

élisabéthain, e [elizabetɛ̃, ɛn] *adj* Elizabethan.

élision [elizjɔ̃] *nf* elision; **il y a ~ du «e»** the "e" elides.

élitaire [elitɛr] *adj* elite *(modif)*.

élite [elit] *nf* -**1.** [groupe] elite; **une ~** an elite; **l'~ de** the elite OU cream of; **l'~ de la haute couture** top fashion designers. -**2.** *Helv* military obligation.

◆ **d'élite** *loc adj* elite *(modif)*, top *(avant n)*.

élitisme [elitism] *nm* elitism.

élitiste [elitist] *adj & nmf* elitist.

élixir [eliksir] *nm* -**1.** MYTH & PHARM elixir; **~ d'amour/de longue vie** elixir of love/life; **~ parégorique** paregoric (elixir). -**2.** *arch* [quintessence] quintessence, substance.

elle [ɛl] (*fpl* **elles**) *pron pers (3e pers)* -**1.** [sujet d'un verbe - personne] she; [- animal, chose] it; [- animal de compagnie] she; **~s** they; **Sophie est arrivée, ~ déjeune avec nous** Sophie has just arrived, she's eating with us; **viendra-t-~?** will she come? ❑ **~ est bien bonne!** *fam* that's a good one!; *iron* that's a bit much! -**2.** [emphatic - dans une interrogation]: **ta mère est-~ rentrée?** has your mother come back?; **Sophie a-t-~ appelé?** has Sophie called? -**3.** [emphatique - avec 'qui' et 'que']: **c'est ~ qui me l'a dit** she's the one who told me, it was she who told me; **ce sont ~s qui ont voulu partir** they were the ones who wanted to leave, it was they who wanted to leave; **c'est ~ que je ne supporte pas** she's the one I can't stand, it's her I can't stand. -**4.** [complément - personne] her; [- animal, chose] it; [- animal de compagnie] her; **dites-le-lui à ~** tell it to her, tell her it; **il n'aime qu'~** he loves only her; **nous sommes contents d'~** we are pleased with her.

ELLE:

Lorsque le pronom «elle» désigne une chose, il se traduit généralement par «it» en anglais. Cependant, lorsqu'il y a personnification de l'objet ou de la réalité désignés (par exemple, pour une voiture ou une nation) «elle» peut se traduire par «she».

---

ellébore [elebɔr] = **hellébore**.

elle-même [ɛlmɛm] *pron pers* [désignant - une personne] herself; [- une chose] itself; **elles-mêmes** themselves.

elles [ɛl] *fpl* → **elle**.

ellipse [elips] *nf* -**1.** MATH ellipse. -**2.** LING ellipsis; **parler par ~s** [allusivement] to hint at things, to express o.s. elliptically.

ellipsoïdal, e, aux [elipsɔidal, o] *adj* ellipsoidal.

ellipsoïde [elipsɔid] *nm* ellipsoid.

elliptique [eliptik] *adj* -**1.** MATH elliptic, elliptical. -**2.** LING elliptical.

elliptiquement [eliptikmɑ̃] *adv* elliptically.

élocution [elɔkysjɔ̃] *nf* [débit] delivery; [diction] diction, elocution; **avoir une ~ claire** to have clear diction.

élodée [elɔde] *nf* BOT water thyme, elodea *spéc*.

éloge [elɔʒ] *nm* -**1.** [compliment] praise; **couvrir qqn d'~s** to shower sb with praise; **décerner un très bel ~ à qqn** to give sb an accolade; **digne d'~s** praise-worthy; **faire l'~ de** to speak highly of OU in praise of; **faire son propre ~** to sing one's own praises, to blow one's own trumpet *Br* OU horn *Am*. -**2.** *litt* [panégyrique] eulogy; **faire l'~ d'un écrivain** to eulogize a writer ❑ **~ funèbre** funeral oration; **prononcer l'~ funèbre de qqn** to deliver a funeral oration in praise of sb.

◆ **à l'éloge de** *loc prép* (much) to the credit of; **elle a refusé, c'est tout à son ~** she said no, (much) to her credit.

élogieusement [elɔʒjøzmɑ̃] *adv* highly, favourably; **il a décrit ~ leur demeure** he was full of praise for their house.

élogieux, euse [elɔʒjø, øz] *adj* laudatory, complimentary, eulogistic; **il a été très ~ sur ton compte** he spoke very highly OU most favourably of you; **parler en termes ~ de** to speak very highly of, to be full of praise for.

éloigné, e [elwaɲe] *adj* -**1.** [loin de tout - province, village] distant, remote, faraway. -**2.** [distant]: **les deux villes sont ~es de 50 kilomètres** the two towns are 50 kilometres apart; **maintenant que tout danger est ~** now that there is no further risk, now that the danger is past; **~ de** [à telle distance de]: **ce n'est pas très ~ de l'aéroport** it's not very far (away) from the airport; **rien ne me tiendra ~ de toi** nothing will keep me away from you; **se tenir ~ du feu** to keep away from the fire; **se tenir ~ de la politique** to keep away from OU to steer clear of politics; **rien n'est plus ~ de mes pensées** nothing could be OU nothing is further from my thoughts; **je n'étais pas ~ de croire que l'affaire réussirait** *sout* I almost believed that the deal would come off. -**3.** [dans le temps] distant, remote, far-off; **tout cela me semble si ~ maintenant** all this seems so distant OU far away now; **dans un passé/avenir pas si ~ que ça** in the not-too-distant past/future. -**4.** [par la parenté] distant; **nous sommes parents ~s** we're distantly related; **nous sommes cousins ~s** we're distant cousins OU cousins several times removed. -**5.** [différent]: **~ de** far removed OU very different from; **c'est assez ~ de ce que j'ai fait jusqu'à maintenant** it's quite different from what I've been doing up to now.

éloignement [elwaɲmɑ̃] *nm* -**1.** [distance dans l'espace] distance, remoteness; **l'~ fait paraître la maison minuscule** distance makes the house look tiny; **l'~ du village ne facilite pas l'organisation des secours** the remoteness of the village makes rescue work more difficult. -**2.** [retrait]: **l'~ de la vie politique m'a fait réfléchir** being away from politics made me do some thinking. -**3.** [mise à distance] taking away, removing, removal; **le tribunal a ordonné l'~ de mes enfants** the court has ordered that my children be taken away from me.

éloigner [3] [elwaɲe] *vt* -**1.** [mettre loin] to move OU to take away *(sép)*; **~ sa chaise de la table** to move one's chair away from the table; **ils disent avoir éloigné l'enfant pour son propre bien** they say they took the child away for his own good; **les verres concaves éloignent les objets** concave mirrors make objects look distant; **ça nous éloignerait du sujet** that would take us away from the point. -**2.** [séparer]: **~ qqn de** to take sb away from; **mon travail m'a éloigné de ma famille** my work's kept me away from my family; **elle a tout fait pour l'~ de moi** she tried everything to take him away from me; **~ qqn du pouvoir** to keep sb out of power; **il a éloigné tous ses amis par son snobisme** his snobbish ways have alienated all his friends. -**3.** [repousser - insectes, mauvaises odeurs] to keep off *(sép)*, to keep at bay. -**4.** [dissiper - idée, souvenir] to banish, to dismiss; [- danger] to ward off *(sép)*; **~ les soupçons de qqn** to avert suspicion from sb. -**5.** [reporter - échéance] to postpone, to put off *(sép)*.

◆ **s'éloigner** *vpi* -**1.** [partir - tempête, nuages] to pass, to go away; [- véhicule] to move away; [- personne] to go away; **les bruits de pas s'éloignèrent** the footsteps grew fainter; **s'~ à la hâte/à coups de rame** to hurry/to row away; **ne vous éloignez pas trop, les enfants** don't go too far (away), children; **éloignez-vous du bord de la falaise** move away OU get back from the edge of the cliff; **éloignez-vous de cette ville quelque temps** leave this town for a while; **s'~ du sujet** to wander away from OU off the point. -**2.** [s'estomper - souvenir, rêve] to grow more distant OU remote; [- crainte] to go away; [- danger] to pass. -**3.** [s'isoler] to move OU to grow away; **s'~ du monde des affaires** to move away from OU to abandon one's involvement with the world of business; **s'~ de la réalité** to lose touch with reality. -**4.** [affectivement]: **il la sentait qui s'éloignait de lui** he could feel that she was growing away from him OU becoming more and more distant; **il s'est lentement éloigné de nous** he slowly drifted OU grew away from us. -**5.** [dans le temps]: **plus on s'éloigne de cette période...** the more distant that period becomes...

élongation [elɔ̃gasjɔ̃] *nf* -**1.** MÉD [d'un muscle] strained OU pulled muscle; [d'un ligament] pulled ligament; **se faire une ~** [d'un muscle] to strain OU to pull a muscle; [d'un ligament] to pull a ligament; **je souffre d'une ~ à la jambe** [muscle] I've strained OU pulled a muscle in my leg. -**2.** PHYS displacement. -**3.** ASTRON elongation.

éloquemment [elɔkamɑ̃] *adv* -**1.** [en parlant bien] eloquently. -**2.** [avec expressivité] eloquently, expressively. -**3.** [avec persuasion] eloquently, persuasively.

éloquence [elɔkɑ̃s] *nf* -**1.** [art de parler] eloquence, fine oratory. -**2.** [expressivité] eloquence, expressiveness. -**3.** [persuasion] persuasiveness, eloquence.

éloquent, e [elɔkɑ̃, ɑ̃t] *adj* -**1.** [parlant bien] eloquent; **il est très ~** he's a fine speaker. -**2.** [convaincant - paroles] eloquent, persuasive; [- chiffres, réaction] eloquent; **un discours ~** an eloquent speech. -**3.** [expressif] eloquent, expressive; **le geste était très ~** the gesture said it all; **ces images sont ~es** these pictures speak volumes OU for themselves.

Eltsine [ɛltsin] *npr*: **Boris ~** Boris Yeltsin.

élu, e [ely] ◇ *adj* -**1.** RELIG chosen. -**2.** POL elected.
◇ *nm, f* -**1.** POL [député] elected representative; [conseiller] elected representative, councillor ☐ **les ~s locaux** local councillors. -**2.** *hum* [bien-aimé]: **qui est l'heureux ~?** who's the lucky man?; **l'~ de mon/ton cœur** my/your beloved. -**3.** RELIG: **les ~s** the chosen ones, the elect.

élucidation [elysidasjɔ̃] *nf* elucidation, clarification.

élucider [3] [elyside] *vt* [mystère] to elucidate, to explain, to clear up *(sép)*; [problème, texte] to elucidate, to clarify.

élucubrations [elykybrasjɔ̃] *nf pl péj* ravings, rantings.

éluder [3] [elyde] *vt* to elude, to evade.

éluvial, e, aux [elyvjal, o] *adj* eluvial.

éluvion [elyvjɔ̃] *nf* eluvium.

Élysée [elize] *npr m* -**1.** MYTH Elysium. -**2.** POL: (**le palais de**) **l'~** the Élysée Palace.

L'ÉLYSÉE:
This eighteenth-century palace near the Champs-Élysées in Paris is the official residence of the French President. The name is often used to refer to the presidency itself.

élyséen, enne [elizeɛ̃, ɛn] *adj* -**1.** MYTH Elysian. -**2.** POL from the Élysée Palace, presidential.

élytre [elitr] *nm* elytron, elytrum.

émaciation [emasjasjɔ̃] *nf* emaciation; **l'~ de leur corps** the emaciation OU the wasted state of their bodies.

émacié, e [emasje] *adj* emaciated, wasted.

émacier [9] [emasje] *vt* to emaciate.
◆ **s'émacier** *vpi* to become emaciated OU wasted.

émail [emaj] (*pl sens 1 & 2* **émaux** [emo], *pl sens 3* **émails**) *nm* -**1.** [matière] enamel. -**2.** [objet] piece of enamelware OU enamelwork. -**3.** ANAT enamel.
◆ **émaux** *nmpl* coloured enamels; **faire des émaux** to do enamel work.
◆ **d'émail, en émail** *loc adj* enamel *(modif)*, enamelled.

émaillage [emajaʒ] *nm* [en décoration] enamelling.

émailler [3] [emaje] *vt* -**1.** [en décoration] to enamel. -**2.** [parsemer] to dot, to scatter, to speckle; **les coquelicots émaillent le pré, le pré est émaillé de coquelicots** the field is scattered OU dotted OU speckled with poppies; **~ un discours de citations** to pepper OU to sprinkle a speech with quotations; **une lettre émaillée de fautes** a letter riddled with mistakes; **un ciel émaillé d'étoiles** a star-studded sky.

émailleur, euse [emajœr, øz] *nm, f* enamel worker.

émanation [emanasjɔ̃] *nf* [expression] expression; **l'~ de la volonté populaire** the expression of the people's will; **ce journal est une ~ du pouvoir** this paper is a mouthpiece for the government.
◆ **émanations** *nfpl* [vapeurs] smells, emanations; **des ~s de gaz** a smell of gas; **~s pestilentielles** miasmas, foul emanations; **~s volcaniques** volatiles; **~s toxiques** toxic fumes.

émancipateur, trice [emɑ̃sipatœr, tris] ◇ *adj* emancipatory, liberating.
◇ *nm, f* emancipator, liberator.

émancipation [emɑ̃sipasjɔ̃] *nf* -**1.** [libération - gén] emancipation; [- de la femme] emancipation, liberation. -**2.** JUR emancipation.

émancipé, e [emɑ̃sipe] ◇ *adj* [peuple] emancipated; [femme] emancipated, liberated.
◇ *nm, f* [sans préjugés] free spirit.

émanciper [3] [emɑ̃sipe] *vt* -**1.** [libérer - gén] to emancipate; [- femmes] to emancipate, to liberate; **~ qqn de** to liberate OU to free sb from. -**2.** JUR to emancipate.
◆ **s'émanciper** *vpi* -**1.** [se libérer - gén] to become emancipated; [- femme] to become emancipated OU liberated; **s'~ de** to become free from; **sa peinture s'est émancipée de tout académisme** her painting has freed itself from any hint of academicism. -**2.** *péj* [devenir trop libre] to become rather free in one's ways.

émaner [3] [emane]
◆ **émaner de** *v + prép* [suj: odeur, lumière] to emanate OU to come from; [suj: demande, mandat] to come from, to be issued by; [suj: autorité, pouvoir] to issue from; **le doux parfum qui émane du chèvrefeuille** the sweet fragrance coming OU emanating from the honeysuckle; **il émanait d'elle un charme mélancolique** she had an aura of melancholy charm.

émargement [emarʒəmɑ̃] *nm* -**1.** [fait de signer] signing; **~ d'un contrat** initialling a contract. -**2.** [signature] signature.

émarger [17] [emarʒe] *vt* -**1.** [signer] to sign; [annoter] to annotate. -**2.** [réduire la marge de] to trim.
◆ **émarger à** *v + prép*: **~ au budget de l'État** to be paid out of state funds.

émasculation [emaskylasjɔ̃] *nf* -**1.** [castration] emasculation, emasculating. -**2.** *litt* [affaiblissement - gén] emasculation *litt*, weakening; [- d'une œuvre] bowdlerization; **l'~ d'une politique** taking all the teeth out of a policy.

émasculer [3] [emaskyle] *vt* -**1.** [castrer] to emasculate. -**2.** *litt* [affaiblir - politique, directive] to weaken; [- œuvre] to bowdlerize.

emballage [ɑ̃balaʒ] *nm* -**1.** [gén] packaging; [papier] wrapper; [matière] wrapping OU packing materials; **~ consigné/perdu** returnable/non-returnable packing; **glaces en ~ consigné** ice-cream sold in returnable containers. -**2.** [processus] packing OU wrapping (up). -**3.** *fam* SPORT final sprint.
◆ **d'emballage** *loc adj* [papier] packing, wrapping; **toile d'~** canvas wrapper.

emballant, e *fam* [ɑ̃balɑ̃, ɑ̃t] *adj* inspiring, thrilling, exciting; **une proposition ~e** an attractive OU exciting proposition; **pas très ~** not very exciting.

emballement [ɑ̃balmɑ̃] *nm* -**1.** [d'un cheval] bolting; [d'un moteur] racing; **l'~ des cours à la Bourse** the Stock-Exchange boom. -**2.** [enthousiasme] sudden passion, flight OU burst of enthusiasm; **son ~ soudain pour le jazz** her sudden craze for jazz. -**3.** [emportement] burst OU fit of anger; **il a des ~s** he gets worked up very easily.

emballer [3] [ɑ̃bale] *vt* -**1.** [empaqueter - marchandises] to pack (up); [- cadeau] to wrap (up). -**2.** [moteur] to race. -**3.** *fam* [enthousiasmer - projet, livre] to grab, to thrill (to bits); **ça n'a pas l'air de l'~** he doesn't seem to think much of the idea. -**4.** ▽ [arrêter - truand] to pull OU to run in *(sép)*, to nick *Br*, to bust *Am*. -**5.** ▽ [séduire] to chat up, to pull *Br*.
◆ **s'emballer** *vpi* -**1.** [cheval] to bolt; [moteur] to race; [cours, taux] to take off. -**2.** *fam* [s'enthousiasmer] to get carried away; **ne t'emballe pas trop vite!** don't get carried away!; **s'~ pour qqch** to get excited about sthg. -**3.** [s'emporter] to flare OU to blow up.

emballeur, euse [ɑ̃balœr, øz] *nm, f* packer.

embarbouiller *fam* [3] [ɑ̃barbuje] *vt* to confuse, to muddle, to befuddle.
◆ **s'embarbouiller** *fam vpi* to get mixed OU muddled up.

embarcadère [ɑ̃barkadɛr] *nm* landing stage, pier.

embarcation [ɑ̃barkasjɔ̃] *nf* (small) boat OU craft.

embardée [ɑ̃barde] *nf* [d'une voiture] swerve, lurch; [d'un bateau] yaw, lurch; **faire une ~** [voiture] to swerve, to lurch; [bateau] to yaw, to lurch.

embargo [ɑ̃bargo] *nm* -**1.** NAUT embargo; **mettre l'~ sur un navire** to lay OU to put an embargo on a ship, to embargo a ship. -**2.** ÉCON embargo; **mettre un ~ sur** to enforce an embargo on, to embargo; **lever l'~ sur les ventes d'armes** to lift OU to raise the embargo on arms sales.

embarquement [ɑ̃barkəmɑ̃] *nm* -**1.** [de marchandises] loading. -**2.** [des passagers - d'un navire] embarkation, boarding; [- d'un avion] boarding; **~ immédiat porte 16** now boarding at gate 16.

embarquer [3] [ɑ̃barke] ◇ *vt* -**1.** TRANSP [matériel, troupeau] to load; [passagers] to embark, to take on board. -**2.** NAUT: **~ de l'eau** to take in OU to ship water. -**3.** *fam* [emporter - voiture, chien] to cart off OU away *(sép)*; **m'embarque pas mon blouson!** don't walk OU waltz off with my jacket! -**4.** *fam* [voler] to pinch, to filch, to nick *Br*; **les voleurs avaient tout embarqué dans le salon** the burglars had walked off with everything there was in the living room. -**5.** *fam* [arrêter - gang, manifestant] to pull in; **se faire ~ par les flics** to get pulled in by the police. -**6.** *fam* [entraîner] to lug OU to take off *(sép)*; **ils m'ont embarqué au match** they lugged OU dragged me off to the match; **c'est un chemin non carrossable, où nous embarques-tu?** it's a non-metalled road, where are you taking us (off) to? -**7.** *fam* [commencer]: **la réunion est bien/mal embarquée** the meeting's got off to a flying/lousy start.
◇ *vi* -**1.** [aller à bord] to board, to go aboard OU on board. -**2.** [partir en bateau] to embark; **nous embarquons demain pour Rio** we're embarking OU sailing for Rio tomorrow. -**3.** NAUT: **l'eau embarquait dans les cales** the holds were taking in OU shipping water.
◆ **s'embarquer** *vpi* [aller à bord] to embark, to go on board, to board; **s'~ pour une croisière** to embark on a cruise.
◆ **s'embarquer dans** *vp + prép* [entreprendre] to embark on OU upon, to begin, to undertake; **s'~ dans une aventure financière** to embark on OU to launch o.s. into a business venture; **dans quelle histoire me suis-je embarqué!** what sort of a mess have I got myself into!; **je ne savais pas dans quoi je m'embarquais en acceptant** I didn't know what I was walking into OU getting mixed up in when I said yes.

embarras [ɑ̃bara] *nm* -**1.** [malaise] embarrassment, confusion; **à mon grand ~, il m'a embrassé** to my great embarrassment, he kissed me. -**2.** [souci]: **l'~, les ~** trouble; **tout l'~ que tu me causes** all the trouble you give me; **susciter des ~ à qqn** to cause sb a lot of trouble OU bother; **avoir des ~ financiers** OU **d'argent** to be in financial difficulties, to have money problems; **être dans l'~** [dans la pauvreté] to be short of money. -**3.** [cause de souci] nuisance, cause of annoyance; **être un ~ pour qqn** to be a nuisance to sb. -**4.** [position délicate] predicament, awkward position OU situation; **être dans l'~** [mal à l'aise] to be in a predicament OU in an awkward position; [face à un dilemme] to be in OU caught on the horns of a dilemma; **mettre dans l'~: ma question l'a mis dans l'~** my question put him on the spot; **tirer qqn d'~: tirer un ami d'~** to help a friend out of a predicament; **pour le tirer d'~, je suis allé sonner à la porte** to rescue him from an awkward situation OU to get him out of his predicament, I went and rang the bell ☐ **l'~ du choix** an embarrassment of riches; **on les a en dix teintes, vous avez** OU **vous n'avez que l'~ du choix** they come in ten different shades, you're spoilt for choice; **on n'a pas l'~ du choix, il faut accepter** we don't have much of a choice, we have to accept. -**5.** *péj* [simagrées]: **faire des ~** to make a fuss. -**6.** MÉD: **~ gastrique** upset stomach, stomach upset. -**7.** *vieilli*: **les ~ de la circulation** traffic congestion; **les ~ de Paris** street congestion in Paris.

embarrassant, e [ɑ̃barasɑ̃, ɑ̃t] *adj* -**1.** [gênant - silence, situation] embarrassing, awkward.

-**2.** [difficile - problème, question] awkward, thorny, tricky. -**3.** [encombrant - colis, vêtement] cumbersome.

embarrassé, e [ɑ̃barase] *adj* -**1.** [gêné - personne] embarrassed; [- sourire, regard] embarrassed, uneasy; **avoir l'air ~** to look embarrassed OU awkward. -**2.** [confus - explication] confused, muddled. -**3.** [encombré]: **avoir les mains ~es** to have one's hands full. -**4.** [pauvre] short (of money); **je me trouve plutôt ~ en ce moment** I'm a bit short (of money) at the moment. -**5.** MÉD: **avoir l'estomac ~** to have an upset stomach.

embarrasser [3] [ɑ̃barase] *vt* -**1.** [mettre mal à l'aise] to embarrass; **ça m'embarrasse de lui demander son âge** I'm embarrassed to ask her how old she is; **elle n'a dit cela que pour m'~** she only said that to embarrass me OU to make me feel ill at ease. -**2.** [rendre perplexe]: **ce qui m'embarrasse le plus c'est l'organisation du budget** what I find most awkward is how to organize the budget; **être embarrassé pour trouver le mot juste** to be at a loss for the right word; **je serais bien embarrassé de dire qui a raison** I'd be hard put OU at a loss to decide who was right. -**3.** [obstruer] to clutter up *(sép)*, to obstruct; **des colis embarrassaient le couloir** packages were cluttering up OU obstructing the corridor. -**4.** [entraver] to hamper, to hinder; **laisse-moi porter cette valise, elle t'embarrasse** let me carry that suitcase for you, it's weighing you down; **si je t'embarrasse, dis-le moi** please tell me if I'm in your way. -**5.** MÉD: **~ l'estomac** to cause a stomach upset.

◆ **s'embarrasser dans** *vp + prép*: **s'~ dans sa traîne** to trip over one's train; **s'~ dans ses mensonges/explications** to get tangled up in one's lies/explanations.

◆ **s'embarrasser de** *vp + prép* -**1.** [s'encombrer de] to burden o.s. with; **s'~ d'un parapluie/enfant** to burden o.s. with an umbrella/a child. -**2.** [s'inquiéter de] to trouble o.s. with; **pour réussir dans ce métier, il ne faut pas s'~ de scrupules** you mustn't trouble OU burden yourself with scruples if you want to succeed in this job; **sans s'~ de présentations** without bothering with the (usual) introductions.

embase [ɑ̃baz] *nf* MENUIS base.

embastiller [3] [ɑ̃bastije] *vt hum* to imprison, to incarcerate.

embauchage [ɑ̃boʃaʒ] *nm* hiring.

embauche [ɑ̃boʃ] *nf* hiring; **il n'y a pas d'~ (chez eux)** they're not hiring anyone, there are no vacancies; **quelle est la situation de l'~?** are companies taking on OU hiring staff?

embaucher [3] [ɑ̃boʃe] *vt* to take on *(sép)*, to hire.

embauchoir [ɑ̃boʃwar] *nm* shoetree.

embaumement [ɑ̃bommɑ̃] *nm* embalming.

embaumer [3] [ɑ̃bome] ◇ *vt* -**1.** [parfumer - air] to make fragrant; **la lavande embaumait la salle** the scent of lavender filled the room. -**2.** [sentir - parfum] to be fragrant with the scent of; [- odeur de cuisine] to be fragrant with the aroma of. -**3.** [momifier] to embalm.

◇ *vi* [femme] to be fragrant; [mets] to fill the air with a pleasant smell OU a delicious aroma; [fleur, plante] to fill the air with a lovely fragrance OU a delicate scent.

embaumeur, euse [ɑ̃bomœr, øz] *nm, f* embalmer.

embellie [ɑ̃beli] *nf* -**1.** MÉTÉO [de soleil] bright interval; [du vent] lull. -**2.** [amélioration]: **une ~ dans sa vie** a happier period in her life; **une ~ dans leurs rapports** an improvement in their relationship.

embellir [32] [ɑ̃belir] ◇ *vt* -**1.** [enjoliver - rue] to make prettier; [- pièce] to decorate, to adorn; **~ une femme** to make a woman prettier OU more beautiful; **la maturité l'a embellie** she's grown more beautiful with age. -**2.** [exagérer - histoire] to embellish, to embroider on *(insép)*, to add frills to; **~ la réalité** to make things seem more attractive than they really are.

◇ *vi* to grow prettier OU more beautiful.

embellissement [ɑ̃belismɑ̃] *nm* -**1.** [fait d'améliorer] embellishment, embellishing. -**2.** [apport - à un décor] embellishment; [- à une histoire] embellishment, frill; **il y a beaucoup d'~s dans son récit** there's a lot of poetic licence in his story.

emberlificoter *fam* [3] [ɑ̃bɛrlifikɔte] *vt* -**1.** [tromper - personne] to soft-soap, to sweet-talk. -**2.** [compliquer] to muddle up *(sép)*; **quelle histoire emberlificotée!** what a muddle OU mix-up of a story! -**3.** [empêtrer] to tangle up *(sép)*.

◆ **s'emberlificoter** *vpt*: **s'~ les pieds dans** to get (one's feet) tangled up in.

◆ **s'emberlificoter dans** *fam vp + prép* -**1.** [tissu, câbles] to get tangled up in. -**2.** [récit, calcul] to get muddled OU mixed up with.

emberlificoteur, euse *fam* [ɑ̃bɛrlifikɔtœr, øz] ◇ *adj* soft-soaping, sweet-talking.

◇ *nm, f* sweet-talker.

embêtant, e *fam* [ɑ̃bɛtɑ̃, ɑ̃t] *adj* -**1.** [lassant - travail] tiresome, boring. -**2.** [importun - enfant] annoying; **tu es ~ avec tes questions** you're a nuisance with all these questions. -**3.** [gênant] tricky, awkward; **c'est ~ d'inviter son ex-femme?** would it be awkward to invite his ex-wife OU if we invited his ex-wife?

embêtement *fam* [ɑ̃bɛtmɑ̃] *nm* problem, hassle; **~s** trouble; **avoir des ~s: va les voir au commissariat, sinon tu peux avoir des ~s** go and see them at the police station or you could get into trouble; **en ce moment, je n'ai que des ~s** it's just one damn thing after another at the moment.

embêter *fam* [4] [ɑ̃bɛte] *vt* -**1.** [importuner] to annoy, to bother; **n'embête pas ce pauvre animal** stop tormenting OU annoying that poor creature; **je leur renverrai le papier, rien que pour les ~!** I'll send them back the form, just to annoy them! -**2.** [lasser] to bore. -**3.** [mettre mal à l'aise] to bother, to annoy; **cela m'embête d'avoir oublié** it annoys OU bothers me that I forgot.

◆ **s'embêter** *fam vpi* -**1.** [s'ennuyer] to be bored; **s'~ à mourir** to be bored to death OU tears; **s'~ ferme** OU **à cent sous de l'heure** to be bored stiff OU to tears. -**2.** *loc*: **il s'embête pas!** [il est sans scrupules] he's got a nerve!; [il est riche] he does pretty well for himself!

◆ **s'embêter à** *vp + prép*: **je ne vais pas m'~ à les éplucher** I'm not going to bother peeling them; **et moi qui me suis embêtée à le refaire!** to think I went to (all) the trouble of doing it again!

emblavage [ɑ̃blavaʒ] *nm* sowing with cereal crop.

emblaver [3] [ɑ̃blave] *vt* to sow (with cereal crop).

emblavure [ɑ̃blavyr] *nf* field sown with cereal crop.

emblée [ɑ̃ble]

◆ **d'emblée** *loc adv* straightaway, right away, from the outset.

emblématique [ɑ̃blematik] *adj* emblematic.

emblème [ɑ̃blɛm] *nm* -**1.** [blason] emblem. -**2.** [insigne] emblem, symbol; **les ~s de la profession** the insignia of the trade.

embobeliner *fam* [3] [ɑ̃bɔbline], **embobiner** *fam* [3] [ɑ̃bɔbine] *vt* -**1.** [tromper] to take in *(sép)*, to hoodwink. -**2.** [manipuler] to get round *(insép)*; **il sait t'~** he knows how to twist you round his little finger OU to get round you; **je l'ai embobiné** I've got him where I want him; **tu ne m'embobineras pas avec toutes ces belles paroles** you won't sweet-talk me into it.

emboîtable [ɑ̃bwatabl] *adj*: **cubes/tuyaux ~s** cubes/pipes fitting into each other; **des tables ~s** a nest of tables.

emboîtage [ɑ̃bwataʒ] *nm* -**1.** [rangement en boîte] packing (into boxes). -**2.** [étui] case, casing.

emboîtement [ɑ̃bwatmɑ̃] *nm*: **l'~ de deux tuyaux/os** the interlocking of two pipes/bones; **à l'~ des deux pièces** at the join between the two parts, where the two parts fit into each other.

emboîter [3] [ɑ̃bwate] *vt* -**1.** [ajuster - tuyaux] to fit together; [- poupées russes] to fit into each other. -**2.** *loc*: **~ le pas à qqn** *pr* to follow close behind sb; *fig* to follow sb, to follow sb's lead.

◆ **s'emboîter** *vpi* to fit together OU into each other; **des tables/poupées qui s'emboîtent les unes dans les autres** a nest of tables/dolls.

emboîture [ɑ̃bwatyr] *nf* fit, joint.

embolie [ɑ̃bɔli] *nf* embolism.

embonpoint [ɑ̃bɔ̃pwɛ̃] *nm* stoutness, portliness; **prendre de l'~** to flesh out, to become stout, to put on weight.

embouche [ɑ̃buʃ] *nf* -**1.** [engraissement] fattening up. -**2.** [pré] grazing.

embouché, e [ɑ̃buʃe] *adj*: **mal ~** *fam* [grossier] foulmouthed.

emboucher [3] [ɑ̃buʃe] *vt* -**1.** MUS to put to one's mouth; **~ la trompette** to trumpet. -**2.** ÉQUIT: **~ un cheval** to put the bit in a horse's mouth.

embouchure [ɑ̃buʃyr] *nf* -**1.** GÉOG mouth. -**2.** MUS mouthpiece, embouchure. -**3.** ÉQUIT mouthpiece.

embourber [3] [ɑ̃burbe] *vt* [enliser] to stick.

◆ **s'embourber** *vpi* [dans la boue] to get bogged down OU stuck in the mud; **s'~ dans ses mensonges/contradictions** to get bogged down in one's lies/contradictions.

embourgeoisement [ɑ̃burʒwazmɑ̃] *nm* [d'un groupe] becoming (more) bourgeois; **l'~ des vieux quartiers rénovés** the gentrification of renovated inner city areas.

embourgeoiser [3] [ɑ̃burʒwaze]

◆ **s'embourgeoiser** *vpi* -**1.** POL to become (more) bourgeois. -**2.** *péj* [gén] to become fonder and fonder of one's creature comforts; [jeune couple] to settle down to a comfortable married life.

embout [ɑ̃bu] *nm* -**1.** [d'un parapluie] tip, ferrule. -**2.** [bout - d'un tuyau] nozzle; [- d'une seringue] adapter.

embouteillage [ɑ̃butɛjaʒ] *nm* -**1.** AUT traffic jam; [à un carrefour] gridlock *Am*; **il y a de gros ~s** traffic is (jammed) solid; **un monstrueux ~ au carrefour** a huge snarl-up at the crossroads. -**2.** *fam* TÉLÉC logjam (of calls); **il y a un ~ sur la ligne** the line is jammed with calls.

embouteiller [4] [ɑ̃buteje] *vt* -**1.** [mettre en bouteilles] to bottle. -**2.** AUT to jam (up) *(sép)*; **les routes sont embouteillées** the roads are congested OU jammed; **~ un carrefour** to gridlock a junction *Am*.

emboutir [32] [ɑ̃butir] *vt* -**1.** [heurter] to crash into *(insép)*; **je me suis fait ~ par un bus** I was hit by a bus; **l'aile est toute emboutie** the wing's all dented. -**2.** MÉTALL to stamp.

emboutissage [ɑ̃butisaʒ] *nm* stamping.

emboutisseur, euse [ɑ̃butisœr, øz] *nm, f* stamper.

◆ **emboutisseuse** *nf* stamper, stamping machine.

embranchement [ɑ̃brɑ̃ʃmɑ̃] *nm* -**1.** [carrefour - routier] fork; [- ferroviaire] junction. -**2.** [voie annexe - routière] side road; [- ferroviaire] branch line. -**3.** [d'égout] junction. -**4.** [dans un arbre]: **un nid dans l'~** a nest built where the trunk branches out. -**5.** ZOOL & BOT phylum.

embrancher [3] [ɑ̃brɑ̃ʃe]

◆ **s'embrancher** *vpi*: **s'~ (sur)** to join (up with).

embrasement [ɑ̃brazmɑ̃] *nm litt* -**1.** [incendie] blaze. -**2.** [rougeoiement]: **l'~ du couchant** the blaze of the setting sun. -**3.** [exaltation - de l'âme] kindling; [- de l'imagination] firing.

embraser [3] [ɑ̃braze] *vt litt.* -**1.** [incendier] to set ablaze OU on fire, to set fire to; **la soif qui lui embrasait la gorge** *fig* the thirst burning his throat. -**2.** [illuminer] to set ablaze OU aglow; **le soleil levant embrasait le ciel** the rising sun set the sky aglow. -**3.** [rendre brûlant] to make burning hot; **le soleil de midi embrasait la route** the road was burning hot under the midday sun. -**4.** [exalter - imagination] to fire;

[- âme] to kindle, to set aflame; ces projets d'aventure l'embrasaient this talk of adventure fired his imagination.

◆ **s'embraser** *vpi litt.* -**1.** [prendre feu] to catch fire, to blaze OU to flare up. -**2.** [s'illuminer] to be set ablaze. -**3.** [devenir brûlant] to become burning hot. -**4.** [s'exalter - âme, imagination] to be set on fire, to be kindled; [- opprimés] to rise up; les esprits s'embrasaient [par enthousiasme] imaginations were fired; [par colère] passions were running high.

embrassade [ɑ̃brasad] *nf*: une ~ a hug and a kiss; des ~s hugging and kissing, hugs and kisses.

embrasse [ɑ̃bras] *nf* tieback.

embrassée [ɑ̃brase] *adj f* → **rime**.

embrassements [ɑ̃brasmɑ̃] *nmpl* hugging and kissing, hugs and kisses.

embrasser [3] [ɑ̃brase] *vt* -**1.** [donner un baiser à] to kiss; l'embrassant sur le front kissing her (on the) forehead; ~ qqn sur la bouche to kiss sb on the lips; embrasse Mamie, on s'en va! kiss Granny good-bye!; elle l'embrassait avant qu'il ne s'endorme she used to kiss him goodnight; vous embrasserez vos parents pour moi (kind) regards to your parents; embrasse Lucie pour moi! give Lucie a big kiss OU hug for me! -**2.** *litt* [serrer dans ses bras] to embrace, to hug; qui trop embrasse, mal étreint *prov* he who grasps at too much loses all. -**3.** [adopter - idée, foi] to embrace, to take up *(sép)*; [- carrière] to take up. -**4.** [saisir]: ~ du regard to behold *litt*; ~ d'un seul coup d'œil to take in at a single glance. -**5.** [comprendre] to grasp; ~ les données complexes d'un problème to grasp the complex elements of a problem. -**6.** [englober] to encompass, to embrace.

◆ **s'embrasser** *vp (emploi réciproque)* to kiss (one another).

embrasure [ɑ̃brazyr] *nf* -**1.** [de porte] doorframe; [de fenêtre] window-frame; se tenir dans l'~ d'une porte/fenêtre to be framed in a doorway/window. -**2.** ARCHIT embrasure.

embrayage [ɑ̃brɛjaʒ] *nm* -**1.** [mécanisme] clutch. -**2.** [pédale] clutch (pedal). -**3.** [fait d'embrayer] putting in the clutch; voiture à ~ automatique automatic car.

embrayer [11] [ɑ̃breje] ◇ *vt* AUT to put in the clutch of.

◇ *vi* -**1.** AUT to put in OU to engage the clutch; embraye! clutch in! -**2.** *fam* [commencer] to get cracking, to go into action; ~ sur to get straight into.

embrigadement [ɑ̃brigadmɑ̃] *nm* -**1.** MIL [dans une brigade] brigading; [enrôlement forcé] being dragooned into the army OU pressed into service. -**2.** *péj* [adhésion forcée] press-ganging.

embrigader [3] [ɑ̃brigade] *vt* -**1.** MIL [dans une brigade] to brigade; [de force] to dragoon into the army, to press into service. -**2.** *péj* [faire adhérer] to press-gang; je ne veux pas être embrigadé dans leur mouvement I won't let myself be press-ganged into joining their movement.

embringuer *fam* [3] [ɑ̃brɛ̃ge] *vt*: ~ qqn dans to drag sb into.

embrocation [ɑ̃brɔkasjɔ̃] *nf* embrocation.

embrochement [ɑ̃brɔʃmɑ̃] *nm* CULIN putting on a spit.

embrocher [3] [ɑ̃brɔʃe] *vt* -**1.** CULIN to spit, to spit-roast. -**2.** *fam* [transpercer]: ~ qqn avec qqch to run sthg through sb.

embrouillage [ɑ̃brujaʒ] = **embrouillement**.

embrouillamini [ɑ̃brujamini] *nm* (hopeless) muddle OU mix-up.

embrouille *fam* [ɑ̃bruj] *nf*: des ~s shenanigans, funny business.

embrouillé, e [ɑ̃bruje] *adj* -**1.** [fils, câbles] tangled up, entangled, snarled up. -**2.** [situation] muddled, confusing.

embrouillement [ɑ̃brujmɑ̃] *nm*: tous ces incidents ont contribué à l'~ de la situation all these incidents helped confuse the situation.

embrouiller [ɑ̃bruje] *vt* -**1.** [emmêler] to tangle up; j'ai embrouillé les fils I got the wires tangled up || *fig*: ~ qqn to muddle sb, to confuse sb. -**2.** [compliquer] to complicate; ~ la situation OU les choses to confuse matters.

◆ **s'embrouiller** *vpi* to get muddled (up), to get confused.

embroussaillé, e [ɑ̃brusaje] *adj* [jardin] overgrown; [cheveux] bushy; [barbe] bushy, shaggy.

embruiné, e [ɑ̃brɥine] *adj* covered in (a fine) drizzle.

embrumer [3] [ɑ̃bryme] *vt* -**1.** MÉTÉO to cover in mist; la ligne embrumée des cimes the misty mountain tops. -**2.** *litt* to cloud; le sommeil lui embrumait encore les yeux his eyes were still heavy OU blurred with sleep; intelligence embrumée par la boisson mind clouded with drink.

◆ **s'embrumer** *vpi* -**1.** MÉTÉO to mist over. -**2.** [esprit, intelligence] to become clouded.

embruns [ɑ̃brœ̃] *nm pl*: les ~ the sea spray OU spume.

embryogenèse [ɑ̃brijɔʒənɛz] *nf* embryogenesis.

embryogénie [ɑ̃brijɔʒeni] *nf* embryogeny.

embryogénique [ɑ̃brijɔʒenik] *adj* embryogenic.

embryologie [ɑ̃brijɔlɔʒi] *nf* embryology.

embryologique [ɑ̃brijɔlɔʒik] *adj* embryologic, embryological.

embryologiste [ɑ̃brijɔlɔʒist] *nmf* embryologist.

embryon [ɑ̃brijɔ̃] *nm* -**1.** BIOL & BOT embryo. -**2.** *fig* [commencement] embryo, beginning; un ~ de projet an embryonic project.

embryonnaire [ɑ̃brijɔnɛr] *adj* -**1.** BIOL & BOT embryonic. -**2.** *fig* [non développé] embryonic, incipient; idée encore à l'état ~ idea still at the embryonic stage.

embryopathie [ɑ̃brijɔpati] *nf* embryopathy.

embryoscopie [ɑ̃brijɔskɔpi] *nf* embryoscopy.

embûche [ɑ̃byʃ] *nf* -**1.** [difficulté] pitfall, hazard. -**2.** [piège] trap; examen semé d'~s exam paper full of trick questions.

embuer [7] [ɑ̃bɥe] *vt* to mist (up OU over); des lunettes embuées misted-up spectacles; les yeux embués de larmes eyes misty with tears.

embuscade [ɑ̃byskad] *nf* ambush; se tenir en ~ to lie in ambush ❑ tomber dans une ~ *pr* & *fig* to be caught in an ambush; tendre une ~ à qqn *pr* & *fig* to set up an ambush for sb.

embusqué, e [ɑ̃byske] *nm, f* MIL & *péj*: les ~s de l'arrière the troops that keep behind the lines.

embusquer [3] [ɑ̃byske]

◆ **s'embusquer** *vpi* -**1.** [pour attaquer] to lie in ambush. -**2.** *péj* [pendant la guerre] to avoid active service.

émécher [18] [emeʃe] *vt* to make tipsy; être (légèrement) éméché to be tipsy.

émeraude [emrod] ◇ *nf* emerald.

◇ *adj inv* emerald *(modif)*, emerald-green.

émergé, e [emɛrʒe] *adj*: les terres ~es the land above water level; la partie ~e de l'iceberg the visible part of the iceberg.

émergement [emɛrʒəmɑ̃] *nm* emergence.

émergence [emɛrʒɑ̃s] *nf* -**1.** [apparition - d'une idée] (sudden) appearance OU emergence. -**2.** GÉOG [d'une source] source. -**3.** OPT: point d'~ point of emergence.

émergent, e [emɛrʒɑ̃, ɑ̃t] *adj* -**1.** *sout* [idée] emerging, developing. -**2.** OPT emergent.

émerger [17] [emɛrʒe] *vi* -**1.** *fam* [d'une occupation, du sommeil] to emerge; ~ de to emerge from, to come out of. -**2.** [soleil] to rise, to come up. -**3.** [dépasser]: ~ de [eau] to float (up) to the top of, to emerge from; une bonne copie/un bon élève qui émerge du lot a paper/pupil standing out from the rest.

émeri [ɛmri] *nm* emery; papier OU toile ~ emery paper OU board.

éméritat [emerita] *nm Belg* emeritus professorship.

émérite [emerit] *adj* -**1.** [éminent] (highly experienced and) skilled, expert *(avant n)*. -**2.** *Belg*: professeur ~ emeritus professor.

émersion [emɛrsjɔ̃] *nf* -**1.** [apparition] emersion, surfacing. -**2.** ASTRON emersion.

émerveillement [emɛrvɛjmɑ̃] *nm* -**1.** [émotion] wonder, wonderment *litt*; il découvrait la mer avec ~ he discovered the sea with wonder. -**2.** [chose merveilleuse] wonder; le jardin ce matin, c'est un ~ the garden is a wonder to behold this morning.

émerveiller [4] [emɛrveje] *vt* to fill with wonder OU wonderment *litt*; elle fixait la poupée d'un regard émerveillé she gazed at the doll in wonder.

◆ **s'émerveiller** *vpi* to be filled with wonder, to marvel; il s'émerveillait d'un rien he marvelled at the smallest thing.

émétique [emetik] *adj* & *nm* emetic.

émetteur, trice [emetœr, tris] ◇ *adj* -**1.** RAD transmitting. -**2.** FIN issuing.

◇ *nm, f* -**1.** FIN drawer. -**2.** LING speaker.

◆ **émetteur** *nm* RAD [appareil] transmitter; [élément] emitter.

émetteur-récepteur [emetœrresɛptœr] (*pl* émetteurs-récepteurs) *nm* transmitter-receiver, transceiver.

émettre [84] [emɛtr] ◇ *vt* -**1.** [produire - rayon, son, onde, signal] to emit, to give out *(sép)*; [- odeur] to give off *(sép)*, to produce. -**2.** [exprimer - hypothèse, opinion] to venture, to put forward, to volunteer; [- doute, réserve] to express. -**3.** FIN [billet] to issue; [emprunt] to float. -**4.** RAD & TV to broadcast, to transmit.

◇ *vi*: ~ sur grandes ondes to broadcast on long wave.

émeu [emø] *nm* emu.

émeute [emøt] *nf* riot; il y a eu des ~s there has been rioting; tourner à l'~ to turn into a riot.

émeutier, ère [emøtje, ɛr] *nm, f* rioter.

émiettement [emjɛtmɑ̃] *nm* -**1.** [d'un gâteau] crumbling (away), being reduced to crumbs. -**2.** [dispersion - des efforts] frittering away, dissipating; [- du pouvoir] fragmentation.

émietter [4] [emjete] *vt* -**1.** [mettre en miettes - gâteau] to crumble, to break up *(sép)* (into crumbs). -**2.** [morceler - propriété] to break up *(sép)*. -**3.** *litt* [gaspiller - efforts] to fritter away *(sép)*, to disperse, to dissipate.

émigrant, e [emigrɑ̃, ɑ̃t] *nm, f* emigrant.

émigration [emigrasjɔ̃] *nf* emigration, emigrating *(U)*.

émigré, e [emigre] ◇ *adj* migrant.

◇ *nm, f* emigrant; HIST emigré.

émigrer [3] [emigre] *vi* -**1.** [s'expatrier] to emigrate. -**2.** ZOOL to migrate.

Émilie-Romagne [emilirɔmaɲ] *npr f*: (l') ~ Emilia-Romagna.

émincé [emɛ̃se] *nm* émincé; ~ de veau émincé of veal, veal cut into slivers *(and served in a sauce)*.

émincer [16] [emɛ̃se] *vt* CULIN to slice thinly, to cut into thin strips.

éminemment [eminamɑ̃] *adv* eminently.

éminence [eminɑ̃s] *nf* -**1.** GÉOG hill, hillock, knoll. -**2.** ANAT protuberance. -**3.** *loc*: ~ grise éminence grise; c'est l'~ grise du patron he's the power behind the boss.

Éminence [eminɑ̃s] *nf* -**1.** [titre]: son ~ le cardinal Giobba his Eminence Cardinal Giobba. -**2.** [cardinal] cardinal, Eminence.

éminent, e [eminɑ̃, ɑ̃t] *adj* eminent, prominent, noted; mon ~ collègue *sout* my learned colleague.

émir [emir] *nm* emir, amir.

émirat [emira] *nm* emirate; les Émirats arabes unis the United Arab Emirates.

émissaire [emisɛr] *nm* [envoyé] emissary, envoy.

émission [emisjɔ̃] *nf* -**1.** PHYS [de son, de lumière, de signaux] emission; ~ de particules particle emission. -**2.** RAD & TV [transmission de sons, d'images] transmission, broadcasting; [programme] programme; ~ **en direct/en différé** live/recorded broadcast; l'~ **de nos programmes sera interrompue à 22 heures** transmission of our programmes will be interrupted at 10 pm. -**3.** FIN [de monnaie, d'emprunt] issuing. -**4.** [de sons articulés]: ~ **de voix** utterance. -**5.** PHYSIOL emission.

emmagasinage [ãmagazinaʒ] *nm* COMM [dans une arrière-boutique] storage; [dans un entrepôt] warehousing.

emmagasiner [3] [ãmagazine] *vt* -**1.** COMM [marchandises - dans une arrière-boutique] to store; [- dans un entrepôt] to warehouse. -**2.** [accumuler - connaissances] to store up *(sép)*, to accumulate; [- provisions] to stock up on, to stockpile; ~ **la chaleur** to keep in the heat.

emmaillotement [ãmajɔtmã] *nm* [d'un bébé] swaddling; [d'un membre] wrapping up.

emmailloter [3] [ãmajɔte] *vt* [bébé] to swaddle; [membre] to wrap up *(sép)*.

emmanché, e▼ [ãmãʃe] *nm, f* jerk, dickhead.

emmanchement [ãmãʃmã] *nm*: l'~ **d'un outil** fitting a handle on a tool.

emmancher [3] [ãmãʃe] *vt* [ajuster - tête de râteau, lame] to fit into a handle.

◆ **s'emmancher** *fam vpi* [commencer]: s'~ **bien/mal** to be off to a good/bad start; **l'affaire était mal emmanchée** the business got off to a bad start.

emmanchure [ãmãʃyr] *nf* armhole.

Emmaüs [emays] *npr* Emmaüs; ~ **International** *charity organization to help the poor and homeless.*

EMMAÜS INTERNATIONAL:
Founded by l'abbé Pierre, this organization is partly financed by the work of the "chiffonniers", who collect and sell secondhand goods.

---

emmêlement [ãmɛlmã] *nm* tangle, snarl *péj*.

emmêler [4] [ãmele] *vt* -**1.** [mêler - cheveux, fils, brins de laine] to entangle, to tangle (up), to get into a tangle; **complètement emmêlé** all tangled up. -**2.** [rendre confus, confondre] to mix up *(sép)*; **j'emmêle les dates** I'm getting the dates confused; **des explications emmêlées** confused OU muddled explanations; **une situation emmêlée** a complicated situation.

◆ **s'emmêler** ◇ *vpi* -**1.** [être mêlé] to be tangled OU knotted OU snarled up. -**2.** [être confus - faits, dates] to get mixed up.

◇ *vpt*: s'~ **les pieds dans** to get one's feet caught in; s'~ **les pieds** *fam* OU **pédales** *fam* OU **pinceaux** *fam* OU **crayons** *fam* **dans qqch** *fig* to get sthg all muddled up.

emménagement [ãmenaʒmã] *nm* moving in.

emménager [17] [ãmenaʒe] *vi* to move in.

emmener [19] [ãmne] *vt* -**1.** [inviter à aller] to take along *(sép)*; **je t'emmène en montagne** I'll take you (with me) to the mountains; ~ **qqn dîner** to take sb out to dinner. -**2.** [forcer à aller] to take away *(sép)*. -**3.** [accompagner]: ~ **qqn à la gare** to take sb to the station; [en voiture] to give sb a lift to OU to drop sb off at the station. -**4.** *fam* [emporter] to take (away); **emmène la fourchette à la cuisine** take the fork into the kitchen. -**5.** SPORT [sprint, peloton] to lead.

emment(h)al [emɛ̃tal] *nm* Emmenthal, Emmental.

emmerdant, e▽ [ãmɛrdã, ãt] *adj* -**1.** [importun]: **il est** ~ he's a pain (in the neck); **il est pas** ~ he's not too much of a pain. -**2.** [gênant] bloody *Br* OU damn awkward; **c'est** ~ **d'avoir à laisser la porte ouverte** having to leave the door open is a real pain OU a bloody nuisance. -**3.** [ennuyeux] bloody *Br* OU godawful *Am* boring; **je ne l'ai pas lu jusqu'au bout, c'était trop** ~ I didn't read it to the end, it was too bloody boring (by half).

emmerde▽ [ãmɛrd] *nf* hassle; **avoir des** ~**s**: **en ce moment j'ai que des** ~**s** it's just one frigging hassle after another at the moment; **faire des** ~**s à qqn** to make trouble OU to cause hassle for sb.

emmerdement▽ [ãmɛrdəmã] *nm* hassle; **en ce moment j'ai que des** ~**s** it's just one frigging hassle after another at the moment; **être dans les** ~**s jusqu'au cou** to be up the creek.

emmerder▽ [3] [ãmɛrde] *vt* -**1.** [gêner] to bug; **elle va m'**~ **longtemps?** when is she going to stop hassling me?; **m'emmerde pas** stop bugging me; **plus j'y pense, plus ça m'emmerde** the more I think about it, the more it bugs me; **d'y aller, ça m'emmerde!** it's a bloody *Br* OU goddam *Am* nuisance having to go! -**2.** *(comme exclam)*: **je t'emmerde!** sod *Br* OU screw *Am* you!; **je l'emmerde!** screw him! *Am*, he can sod off! *Br*.

◆ **s'emmerder**▽ *vpi* -**1.** [s'ennuyer] to be bored stiff OU rigid; **on s'emmerde (à cent sous de l'heure) ici!** it's so bloody boring here! -**2.** *loc*: **il s'emmerde pas!** [il est sans scrupules] he's got a (bloody) nerve!; [il est riche] he does pretty well for himself!

◆ **s'emmerder à**▽ *vp + prép*: s'~ **à faire** to be bothered doing; **je vais pas m'**~ **à les éplucher** I can't be bothered OU fagged *Br* to peel them; **et moi qui me suis emmerdé à tout recopier!** to think I went to the trouble of copying the whole bloody thing out!

emmerdeur, euse▽ [ãmɛrdœr, øz] *nm, f* bloody *Br* OU damn pain.

emmétrope [ãmetrɔp] ◇ *adj* emmetropic.

◇ *nmf* emmetrope.

emmieller *fam* [4] [ãmjele] *vt euph* to bother, to bug; **ça l'emmielle** he finds it a bit of a pain.

emmitoufler [3] [ãmitufle] *vt* to wrap up (well) *(sép)*.

◆ **s'emmitoufler** *vp (emploi réfléchi)* to wrap up well; s'~ **dans une cape** to wrap o.s. up in a cape.

emmurer [3] [ãmyre] *vt* -**1.** [enfermer] to wall up OU in *(sép)*. -**2.** *fig & litt* [isoler] to immure.

◆ **s'emmurer dans** *vp + prép litt*: s'~ **dans le silence** to retreat into silence.

émoi [emwa] *nm litt* [émotion] agitation; [tumulte] commotion; **elle était tout en** ~ she was all in a fluster; **la population est en** ~ there's great agitation among the population.

émollient, e [emɔljã, ãt] *adj* emollient.

◆ **émollient** *nm* emollient.

émoluments [emɔlymã] *nmpl* [d'un employé] salary, wages; [d'un notaire] fees.

émonctoire [emɔ̃ktwar] *nm* emunctory.

émondage [emɔ̃daʒ] *nm* [d'arbuste, de buisson] pruning; [d'arbre] trimming (the top of).

émonder [3] [emɔ̃de] *vt* [arbuste, buisson] to prune; [arbre] to trim (the top of).

émondeur, euse [emɔ̃dœr, øz] *nm* pruner.

émondoir [emɔ̃dwar] *nm* pruning hook.

émotif, ive [emɔtif, iv] ◇ *adj* [personne] emotional, sentimental; [trouble, choc] psychological.

◇ *nm, f*: **c'est un grand** ~ he's very emotional.

émotion [emosjɔ̃] *nf* -**1.** [sensation] feeling; **une** ~ **indicible** indescribable feelings, a feeling that can't be put into words; ~**s fortes** strong feelings; **quelle** ~ **de l'avoir revu!** seeing him again was quite a shock! -**2.** [affectivité] emotion, emotionality; **l'**~ **n'est pas bonne conseillère** do not be guided by emotion OU your emotions; **se laisser gagner par l'**~ to become emotional. -**3.** [qualité - d'une œuvre] emotion; **l'**~ **qui se dégage de ces lignes/cet oratorio** the emotion emanating from these lines/this oratorio.

◆ **émotions** *fam nfpl*: **des** ~**s** a (nasty) fright; **j'ai eu des** ~**s** I got a fright; **donner des** ~**s à qqn** to give sb a (nasty) turn OU a fright.

◆ **avec émotion** *loc adv* emotionally; **ils se sont quittés avec** ~ they had an emotional parting.

◆ **sans émotion** *loc adv* without emotion.

émotionnable [emosjɔnabl] *adj* emotional.

émotionnant, e *fam* [emosjɔnã, ãt] *adj* impressive.

émotionnel, elle [emosjɔnɛl] *adj* [état, trouble] psychological.

émotionner *fam* [3] [emosjɔne] *vt* [émouvoir] to upset, to shake up *(sép)*.

◆ **s'émotionner** *fam vpi* [s'émouvoir] to react emotionally to; **il s'émotionne pour un rien** he gets worked up about the slightest little thing.

émotivité [emɔtivite] *nf* emotionalism.

émotter [3] [emɔte] *vt* [champ] to break up into clods (of earth).

émoulu, e [emuly] *adj* → **frais**.

émousser [3] [emuse] *vt* -**1.** [rasoir, épée] to blunt, to take the edge off. -**2.** [affaiblir - appétit, goût, peine] to dull, to take the edge off; [- curiosité] to temper.

◆ **s'émousser** *vpi* -**1.** [couteau] to become blunt, to lose its edge. -**2.** [faiblir - appétit, peine] to dull; [- curiosité] to become tempered.

émoustillant, e [emustijã, ãt] *adj* -**1.** [qui rend joyeux] exhilarating. -**2.** [sexuellement] titillating.

émoustiller [3] [emustije] *vt* -**1.** [animer] to excite, to exhilarate; **le champagne les avait tous émoustillés** they'd all got merry on champagne. -**2.** [sexuellement] to turn on *(sép)*.

émouvant, e [emuvã, ãt] *adj* moving, touching; **de façon** ~**e** movingly; **un moment** ~ an emotional moment.

émouvoir [55] [emuvwar] *vt* -**1.** [attendrir] to touch, to move; **ému jusqu'aux larmes** moved to tears. -**2.** [perturber] to disturb, to unsettle; **il est parti, cela ne semble pas t'**~ he's left, but you don't seem to be bothered (by it); **nullement ému par ces accusations** quite undisturbed OU unperturbed by these accusations; **se laisser** ~ to let o.s. be affected. -**3.** [sexuellement] to arouse, to excite.

◆ **s'émouvoir** *vpi* -**1.** [s'attendrir] to be touched OU moved; s'~ **à la vue de** to be affected by the sight of. -**2.** [être perturbé] to be disturbed OU perturbed. -**3.** [sexuellement] to be aroused OU excited.

◆ **s'émouvoir de** *vp + prép* to pay attention to; **le gouvernement s'en est ému** it came to the notice OU attention of the government.

empaillage [ãpajaʒ] *nm* -**1.** [d'un animal] stuffing. -**2.** [d'une chaise] bottoming (with straw). -**3.** HORT covering with straw.

empaillé, e *fam* [ãpaje] *nm, f péj* fat lump.

empailler [3] [ãpaje] *vt* -**1.** [animal] to stuff. -**2.** [chaise] to bottom with straw. -**3.** HORT to cover with straw.

empailleur, euse [ãpajœr, øz] *nm, f* -**1.** [d'animaux] taxidermist. -**2.** [de chaises] chair caner.

empalement [ãpalmã] *nm* impalement.

empaler [3] [ãpale] *vt* -**1.** [supplicier] to impale. -**2.** [embrocher] to put on a spit.

◆ **s'empaler** *vpi*: s'~ **sur une fourche/un pieu** to impale o.s. on a pitchfork/stake.

empan [ãpã] *nm* (hand) span.

empanacher [3] [ãpanaʃe] *vt* to plume, to deck out *(sép)* OU to decorate with plumes; **casque empanaché** plumed helmet.

empannage [ãpanaʒ] *nm* wearing NAUT.

empanner [3] [ãpane] *vt* to wear NAUT.

empaquetage [ãpaktaʒ] *nm* -**1.** COMM [action] packing, packaging; [emballage] packaging. -**2.** [confection d'un paquet-cadeau] wrapping up; [enveloppe] wrapping.

empaqueter [27] [ãpakte] *vt* -**1.** COMM to pack, to package. -**2.** [envelopper] to wrap up *(sép)*.

emparer [3] [ãpare]

◆ **s'emparer de** *vp + prép* -**1.** [avec la main - gén] to grab (hold of), to grasp, to seize; [- vivement] to snatch. -**2.** [prendre de force - territoire] to take over *(sép)*, to seize; [- véhicule] to commandeer; **la grande industrie s'est emparée des médias** big business has taken over the media; s'~ **de la conversation** to monopolize the conversation. -**3.** [tirer parti de - prétexte, idée] to seize (hold of). -**4.** [envahir]: **la colère s'est emparée d'elle** anger swept over her; **l'émotion s'est emparée d'elle** she was seized by a strong emotion; **le doute s'est emparé de moi** OU **mon esprit** I became a prey to OU my mind was seized with doubt.

empâté, e [ɑ̃pate] *adj* [langue, voix] slurred.

empâtement [ɑ̃patmɑ̃] *nm* -**1.** [obésité] fattening out; [épaississement - des traits] coarsening; [- de la taille] thickening. -**2.** BX-ARTS impasto.

empâter [3] [ɑ̃pate] *vt* -**1.** [bouffir] to make podgier; **l'âge ne l'a pas empâtée** she hasn't put on any weight with age; **les grossesses successives lui ont empâté la taille** she's grown fatter round the waist with each pregnancy. -**2.** [rendre pâteux]: **le vin lui a empâté la langue/voix** his speech/voice has become slurred from drinking wine. -**3.** BX-ARTS impaste.

◆ **s'empâter** *vpi* to put on weight; **sa taille/figure s'est empâtée** he's grown fatter round the waist/fatter in the face.

empathie [ɑ̃pati] *nf sout* empathy.

empattement [ɑ̃patmɑ̃] *nm* -**1.** CONSTR [de planches] tenoning; [d'un mur] footing; [d'une grue] base plate. -**2.** [d'un arbre, d'une branche] (wide) base. -**3.** AUT wheelbase. -**4.** IMPR serif.

empaumer *fam* [3] [ɑ̃pome] *vt* to con.

empêché, e [ɑ̃peʃe] *adj*: **il a été ~** [par un problème] he hit a snag; [il n'est pas venu] he couldn't make it; [il a été retenu] he was held up.

empêchement [ɑ̃pɛʃmɑ̃] *nm* -**1.** [obstacle] snag, hitch, holdup; **voir un ~ à qqch** to find a reason to prevent sthg from going ahead; **si tu as un ~, téléphone** [si tu as un problème] if you hit a snag, phone; [si tu ne viens pas] if you can't make it, phone; [si tu es retenu] if you're held up, phone. -**2.** JUR: **~ à mariage** impediment to a marriage.

empêcher [4] [ɑ̃peʃe] ◇ *vt* -**1.** [ne pas laisser]: **~ qqn de faire qqch** to prevent sb (from) OU to keep sb from OU to stop sb (from) doing sthg; **il m'a empêché de partir** he prevented me from leaving; **pousse-toi, tu m'empêches de voir!** move over, I can't see!; **un dispositif qui empêche l'eau de déborder** a device to stop the water overflowing; **~ que qqn/qqch (ne) fasse** to stop sb/sthg from doing, to prevent sb/sthg from doing ❑ **le café m'empêche de dormir** *pr* coffee keeps me awake; **ce n'est pas ça qui va l'~ de dormir!** *fig* he's not going to lose any sleep over that! -**2.** [pour renforcer une suggestion] to stop, to prevent; **cela ne t'empêche pas** OU **rien ne t'empêche de l'acheter à crédit** you could always buy it in instalments; **qu'est-ce qui nous empêche de le faire?** what's to prevent us (from) doing it?; **qu'est-ce qui vous empêche d'écrire à ses parents?** why don't you write to his parents? -**3.** [prévenir - mariage, famine] to prevent, to stop; **pour ~ l'hémorragie** to prevent a haemorrhage; **~ l'extension d'un conflit** to stop a conflict spreading; **cela n'empêche pas les sentiments!** you've got to have some feeling OU heart! ❑ **ça n'empêche pas** *fam* OU **rien** *fam*! it makes no difference! -**4.** [retenir]: **être empêché de faire**: **empêché de venir, il n'a pas pu voter** he couldn't vote, as he was (unavoidably) detained.

◇ *v impers*: **il n'empêche que** nevertheless; **il n'empêche qu'elle ne l'a jamais compris** the fact remains that she's never understood him; **il n'empêche que tu es encore en retard** maybe, but you're late again all the same.

◆ **s'empêcher de** *vp + prép*: **s'~ de faire** to refrain from OU to stop o.s. doing; **je ne peux pas m'~ de penser qu'il a raison** I can't help thinking he's right; **il n'a pas pu s'~ de le dire** he just had to say it; **elle ne peut pas s'~ de se ronger les ongles** she can't stop (herself) biting her nails.

◆ **n'empêche** *fam loc adv* all the same, though; **il a été assez gentil, n'empêche!** he was kind though!; **n'empêche, tu aurais pu (me) prévenir!** all the same OU even so, you could have let me know!

◆ **n'empêche que** *loc conj*: **on ne m'a pas écouté, n'empêche que j'avais raison** they didn't listen to me, even though I was right!

empêcheur, euse [ɑ̃pɛʃœr, øz] *nm, f*: **un ~ de danser** OU **tourner en rond** *fam* a spoilsport.

Empédocle [ɑ̃pedɔkl] *npr* Empedocles.

empeigne [ɑ̃pɛɲ] *nf* upper *(of a shoe)*.

empennage [ɑ̃pɛnaʒ] *nm* -**1.** AÉRON empennage. -**2.** ARM [d'un obus, d'une bombe] tail fins; [d'une arbalète] feathers.

empenne [ɑ̃pɛn] *nf* [d'une flèche, d'une arbalète] feathers.

empenné, e [ɑ̃pene] *adj* feathered.

empereur [ɑ̃prœr] *nm* emperor; **l'Empereur** HIST Napoleon (Bonaparte OU the first).

emperler [3] [ɑ̃pɛrle] *vt* -**1.** *litt* [couvrir]: **la sueur emperlait son front** his forehead glistened with beads of sweat; **pétales emperlés de rosée** petals covered with pearls of dew. -**2.** COUT to bead.

empesage [ɑ̃pəzaʒ] *nm* starching.

empesé, e [ɑ̃pəze] *adj* -**1.** [tissu] starched. -**2.** [discours, style] starchy.

empeser [19] [ɑ̃pəze] *vt* to starch.

empester [3] [ɑ̃pɛste] ◇ *vt* [pièce] to stink out *(sép) Br*, to make stink; [parfum] to stink of.

◇ *vi* to stink.

empêtré, e [ɑ̃petre] *adj* [air] awkward, self-conscious.

empêtrer [4] [ɑ̃petre] *vt* -**1.** [entortiller - personne] to trap, to entangle; [- jambes, chevilles] to trap, to catch; **empêtrée dans sa grosse veste** hampered by her bulky jacket; **empêtré dans ses couvertures** all tangled up in his blankets. -**2.** [embarrasser] to bog down *(sép)*; **être empêtré dans ses explications** to be bogged down OU muddled up in one's explanations; **être empêtré dans ses mensonges** to be caught in the web of OU trapped in one's own lies.

◆ **s'empêtrer** *vpi* -**1.** [s'entortiller] to become tangled up OU entangled; **elle s'est empêtrée dans la corde** she got tangled up in the rope. -**2.** [s'enferrer]: **s'~ dans** [dispute, explications] to get bogged down OU tied up in.

emphase [ɑ̃faz] *nf* -**1.** *péj* [grandiloquence] pomposity, bombast; **un discours plein d'~** a pompous speech; **avec ~** pompously, bombastically. -**2.** LING emphasis.

emphatique [ɑ̃fatik] *adj* -**1.** *péj* [grandiloquent] pompous, bombastic. -**2.** LING emphatic.

emphatiquement [ɑ̃fatikmɑ̃] *adv* pompously, bombastically.

emphysémateux, euse [ɑ̃fizematø, øz] ◇ *adj* emphysematous.

◇ *nm, f* person suffering from emphysema.

emphysème [ɑ̃fizɛm] *nm* emphysema.

emphytéose [ɑ̃fiteoz] *nf* right to a long lease.

emphytéotique [ɑ̃fiteɔtik] *adj*: **bail ~** long lease.

empiècement [ɑ̃pjɛsmɑ̃] *nm* yoke TEX.

empierrement [ɑ̃pjɛrmɑ̃] *nm* -**1.** [couche de pierres] gravel, road metal *Br*; [action]: **procéder à l'~ d'une route** to metal *Br* OU to gravel *Am* a road. -**2.** [pour le drainage] lining with stones.

empierrer [4] [ɑ̃pjere] *vt* -**1.** [route] to gravel, to metal *Br*. -**2.** [pour le drainage] to line with stones.

empiétement [ɑ̃pjetmɑ̃] *nm* encroachment, encroaching *(U)*.

empiéter [18] [ɑ̃pjete]

◆ **empiéter sur** *v + prép* -**1.** [chevaucher] to encroach on OU upon *(insép)*, to overlap with *(insép)*. -**2.** [envahir] to encroach on OU upon *(insép)*, to cut OU to eat into *(insép)*; **mon travail empiète de plus en plus sur mes loisirs** my work encroaches more and more upon my leisure time. -**3.** [usurper - liberté, pouvoir] to encroach on OU upon *(insép)*, to eat away at *(insép)*; **empiétant peu à peu sur nos privilèges** gradually eating away at our privileges.

empiffrer [3] [ɑ̃pifre]

◆ **s'empiffrer** *fam vpi* to stuff o.s.; **s'~ de gâteaux** to stuff o.s. with cakes.

empilable [ɑ̃pilabl] *adj* stackable.

empilage [ɑ̃pilaʒ] *nm* [de boîtes] piling OU stacking up; [de chaises] stacking up.

empilement [ɑ̃pilmɑ̃] *nm* [ordonné] stack; [désordonné] heap, pile, mound.

empiler [3] [ɑ̃pile] *vt* -**1.** [mettre en tas] to pile OU to heap up *(sép)*; [ranger en hauteur] to stack (up). -**2.** [thésauriser] to amass (large quantities of). -**3.** *fam* [tromper] to con, to rook.

◆ **s'empiler** ◇ *vp* *(emploi passif)* to be stacked up.

◇ *vpi* [s'entasser] to pile up; **s'~ dans** [entrer nombreux dans] to pile OU to pack into.

empileur, euse [ɑ̃pilœr, øz] *nm, f* -**1.** ▽ [escroc] trickster, conman, crook. -**2.** [ouvrier] stacker.

empire [ɑ̃pir] *nm* -**1.** [régime, territoire] empire; **pas pour un ~!** not for the world OU all the tea in China!; **l'~ d'Occident** the Western Empire; **l'~ d'Orient** [romain] the Eastern (Roman) Empire; [byzantin] the Byzantine Empire; **l'~ du Soleil Levant** the Land of the Rising Sun. -**2.** MYTH & RELIG: **l'~ céleste** the kingdom of heaven; **l'~ des ténèbres** hell. -**3.** [groupe d'états] empire. -**4.** COMM & INDUST empire. -**5.** *litt* [domination]: **l'~ des mers** the control of the seas. -**6.** *sout* [influence] influence; **avoir de l'~ sur qqn** to have a hold on OU over sb; **prendre de l'~ sur qqn** to gain influence over sb.

◆ **sous l'empire de** *loc prép sout* -**1.** [poussé par]: **sous l'~ de l'alcool** under the influence of alcohol; **sous l'~ de la jalousie** in the grip of jealousy; **sous l'~ du désir** possessed OU consumed by desire. -**2.** [soumis à]: **sous l'~ d'un mari brutal** under the sway of a brutal husband.

Empire [ɑ̃pir] *npr m*: **l'~, le premier ~** the (Napoleonic) Empire; **sous l'~** during the Napoleonic era; **noblesse d'~** nobility created by Napoleon (Bonaparte); **le Second ~** the Second Empire ‖ *(comme adj inv)*: **meubles ~** Empire furniture, furniture in the French Empire style.

empirer [3] [ɑ̃pire] ◇ *vi* [santé] to become worse, to worsen, to deteriorate; [mauvais caractère] to become worse.

◇ *vt* [maladie] to make worse, to cause to deteriorate.

empirique [ɑ̃pirik] *adj* -**1.** PHILOS & SC empirical. -**2.** *péj* [non rigoureux] empirical, purely practical.

empiriquement [ɑ̃pirikmɑ̃] *adv* -**1.** PHILOS & SC empirically. -**2.** *péj* [sans rigueur] empirically, without a basis in theory.

empirisme [ɑ̃pirism] *nm* -**1.** PHILOS & SC empiricism. -**2.** *péj* [pragmatisme] empiricism, charlatanry.

empiriste [ɑ̃pirist] *adj & nmf* empiricist.

emplacement [ɑ̃plasmɑ̃] *nm* -**1.** [pour véhicule] parking space. -**2.** [position - d'un édifice, d'un monument] site, location; [- d'une démarcation] position, place.

emplâtre [ɑ̃platr] *nm* -**1.** PHARM plaster. -**2.** *fam* [aliment]: **un véritable ~, leur purée!** their mashed potatoes go down like a lead weight! -**3.** *fam* [personne] clot *Br*, dort *Am*.

emplette [ɑ̃plɛt] *nf* -**1.** [fait d'acheter]: **faire ses/des ~s** to do one's/some shopping; **faire l'~ de** to purchase. -**2.** [objet acheté] purchase.

emplir [32] [ɑ̃plir] *vt litt* [récipient] to fill (up) *(sép)*; [esprit, salle] to fill.

◆ **s'emplir** *vpi litt* to fill up; **s'~ de** to fill up with.

emploi [ɑ̃plwa] *nm* -**1.** [travail] job; **il est sans ~** he is unemployed OU out of a job. -**2.** [fait d'employer] employing; **l'~ de spécialistes coûte cher** employing experts is expensive. -**3.** ÉCON: **l'~** employment; **la situation de l'~** the job OU employment situation. -**4.** [au spectacle] part; **limitée à des ~s de soubrette** restricted to playing chambermaids; **son ~, c'est les ingénues** she's typecast as an ingénue, she (always) plays ingénue parts; **danser/jouer à contre-~** to be miscast; **cet ~ de mari comblé te va mal** *fig* you're not playing the happy husband very convincingly ❑ **avoir le physique** OU **la tête de l'~** to look the part. -**5.** [utilisation] use; **il n'en a pas l'~** he has no use for it; **d'un ~ facile** easy to use; **faire mauvais ~ de son argent** to misuse one's money. -**6.** SCOL: ~ **du temps** [de l'année] timetable; [d'une journée, des vacances] timetable, schedule; **un ~ du temps chargé** a busy timetable OU schedule; **quel est mon ~ du temps aujourd'hui?** what's my schedule for today? -**7.** [cas d'utilisation - d'un objet] use; [- d'une expression] use, usage; **les divers ~s d'un verbe** the different uses of a verb. -**8.** [en comptabilité] entry.

employable [ɑ̃plwajabl] *adj* [personne] employable; [objet] usable.

employé, e [ɑ̃plwaje] *nm, f* employee; **généreux avec leurs ~s** generous with their staff OU their employees ❑ **~ de banque** bank clerk; **~ de bureau** office worker; **j'attends un ~ du gaz** I'm expecting someone from the gas board *Br* OU company *Am*; **~ de maison** servant; **~s de maison** domestic staff; **~ des postes** postal worker.

employer [13] [ɑ̃plwaje] *vt* -**1.** [professionnellement] to employ; **nous employons 200 personnes** we employ 200 people, we have 200 people on our staff, we employ a staff of 200; **la ganterie emploie 300 personnes dans la région** the glove trade provides jobs for OU employs 300 local people; **~ qqn à faire qqch** [l'assigner à une tâche] to use sb to do sthg. -**2.** [manier - instrument, machine] to use. -**3.** [mettre en œuvre - méthode, ruse] to employ, to use; **~ la force** to use force; **~ beaucoup d'énergie à faire qqch** to expend a lot of energy doing sthg; **~ son énergie à faire** to devote OU to apply one's energy to doing; **de l'argent bien employé** money well spent, money put to good use; **des fonds mal employés** misused funds; **tu vas y ~ toutes tes réserves** you will use up all your reserves doing it. -**4.** [expression] to use; **mal ~ un mot** to misuse a word, to use a word incorrectly. -**5.** [temps, journée] to spend; **bien ~ son temps** to make good use of one's time; **mal ~ son temps** to misuse one's time, to use one's time badly, to waste one's time. -**6.** COMPTA to enter.

◆ **s'employer** ◇ *vp (emploi passif)* -**1.** [mot] to be used; **ce verbe ne s'emploie plus** that verb is no longer in common usage. -**2.** [outil, machine] to be used.

◇ *vpi vieilli* [s'activer]: **s'~ pour** OU **en faveur de** to exert o.s. on behalf of.

◆ **s'employer à** *vp + prép* [se consacrer à] to devote OU to apply o.s. to; **je m'y emploie** I'm working on it.

employeur, euse [ɑ̃plwajœr, øz] *nm, f* employer.

emplumer [3] [ɑ̃plyme] *vt* to decorate with feathers.

empocher [3] [ɑ̃pɔʃe] *vt* -**1.** [mettre dans sa poche] to pocket. -**2.** [s'approprier] to snap up *(sép)*.

empoignade [ɑ̃pwaɲad] *nf* -**1.** [coups] brawl, set-to. -**2.** [querelle] row, set-to.

empoigne [ɑ̃pwaɲ] *nf* → **foire**.

empoigner [3] [ɑ̃pwaɲe] *vt* -**1.** [avec les mains] to grab, to grasp. -**2.** [émouvoir] to grip.

◆ **s'empoigner** *vp (emploi réciproque)* to set to; **ils se sont tous empoignés** there was a general mêlée OU free-for-all.

empois [ɑ̃pwa] *nm* starch.

empoisonnant, e *fam* [ɑ̃pwazɔnɑ̃, ɑ̃t] *adj* -**1.** [exaspérant] annoying; **ce que tu peux être ~!** you can be so annoying OU you're such a pain sometimes! -**2.** [ennuyeux] tedious, boring.

empoisonnement [ɑ̃pwazɔnmɑ̃] *nm* PHYSIOL poisoning; **~ par le plomb** lead poisoning.

empoisonner [3] [ɑ̃pwazɔne] *vt* -**1.** [tuer] to poison. -**2.** ÉCOL to contaminate, to poison. -**3.** [mettre du poison sur - flèche] to poison. -**4.** [dégrader - rapports] to poison, to taint, to blight; [- esprit] to poison; **~ l'existence à qqn** to make sb's life a misery. -**5.** [importuner] to bother; **tu m'empoisonnes avec tes questions!** you're driving me up the wall with your questions!

◆ **s'empoisonner** *vpi* -**1.** PHYSIOL to get food poisoning. -**2.** *fam* [s'ennuyer] to be bored stiff.

◆ **s'empoisonner à** *vp + prép* [se donner du mal pour]: **je ne vais pas m'~ à coller toutes ces enveloppes!** I can't be bothered to seal all those envelopes!; **on va s'~ à peindre deux couches?** is it worth (going to the trouble of) painting two coats?

empoisonneur, euse [ɑ̃pwazɔnœr, øz] *nm, f* -**1.** *fam* [importun - qui lasse] nuisance, bore; [- qui gêne] nuisance, pain (in the neck). -**2.** [assassin] poisoner.

empoissonnement [ɑ̃pwasɔnmɑ̃] *nm* -**1.** [action] stocking with fish. -**2.** [état] stock of fish.

empoissonner [3] [ɑ̃pwasɔne] *vt* to stock with fish.

emport [ɑ̃pɔr] *nm* AÉRON: **capacité d'~** maximum payload.

emporté, e [ɑ̃pɔrte] ◇ *adj* [coléreux - homme] quick-tempered; [- ton] angry.

◇ *nm, f* quick-tempered person.

emportement [ɑ̃pɔrtəmɑ̃] *nm* -**1.** [colère] anger *(U)*; [accès de colère] fit of anger. -**2.** *litt* [passion] transport; **aimer qqn avec ~** to love sb passionately.

emporte-pièce [ɑ̃pɔrtəpjɛs] *nm inv* punch TECH.

◆ **à l'emporte-pièce** *loc adj*: **avoir des formules/jugements à l'~** to have a bold turn of phrase/very clear views.

emporter [3] [ɑ̃pɔrte] *vt* -**1.** [prendre avec soi] to take; **n'oubliez pas d'~ vos pilules** don't forget to take your tablets (with you); **en randonnée, je n'emporte que le strict minimum** I only ever carry the lightest possible load on a hike; **je n'emporterai que ta promesse** *fig* I will bring away OU take with me nothing but your promise ❑ **~ un secret dans la** OU **sa tombe** to take OU to carry a secret to the grave; **il ne l'emportera pas au paradis!** he's not getting away with that! -**2.** [transporter - stylo, parapluie, chaton] to take; [- bureau, piano, blessé] to carry (off OU away); **emporte tout ça au grenier/à la cave** take these things (up) to the attic/(down) to the cellar; **~ un malade sur un brancard** to carry off a sick person on a stretcher; **l'avion qui nous emporte vers le soleil** the plane taking OU carrying us off to sunny climes. -**3.** [retirer - livre, stylo] to take (away), to remove; [- malle, piano] to carry away *(sép)*, to remove; **qui a emporté la clef?** who removed the key?; **la mer emporte le varech** the wrack is carried OU swept away by the sea; **feuilles emportées par le vent** leaves carried OU swept along by the wind ❑ **'Autant en emporte le vent'** *Mitchell* 'Gone With the Wind'. -**4.** [voler] to take, to go off with; **ils ont tout emporté!** they took everything! -**5.** [endommager] to tear apart; **l'ouragan a emporté les toits des maisons** the hurricane blew the roofs off the houses; **une grenade lui a emporté l'épaule** a bullet blew his shoulder off OU tore his shoulder apart; **cette sauce emporte la bouche** this sauce takes the roof of your mouth off. -**6.** [émouvoir - suj: amour, haine] to carry (along) *(sép)*; [- suj: élan] to carry away *(sép)*; **il s'est laissé ~ par son imagination** he let his imagination run away with him. -**7.** [tuer - suj: maladie]: **il a été emporté par un cancer** he died of cancer. -**8.** [gagner - victoire] to win, to carry off *(sép)*; **~ la décision** to win OU to carry the day; **~ l'adhésion de qqn** to win sb's support ❑ **~ tous les suffrages** POL to get all the votes; *fig* to win general approval; **~ le morceau** *fam* to have the upper hand; **l'~** [argument] to win OU to carry the day; [attitude, méthode] to prevail; **la raison a fini par l'~** reason finally triumphed OU prevailed; **le plus fort l'emportera** [boxeurs] the stronger man will win; [concurrents] the best competitor will come out on top OU carry the day; **l'~ en: Cendrillon l'emportait en beauté (sur les autres)** Cinderella was far more beautiful (than the others); **l'~ sur** to win OU to prevail over. -**9.** MIL [place] to take.

◆ **s'emporter** *vpi* -**1.** [personne] to lose one's temper, to flare up. -**2.** [cheval] to bolt.

◆ **à emporter** *loc adj* to take away *Br*, to go *Am*; **nous faisons des plats à ~** we have a takeaway *Br* OU takeout *Am* service.

empotage [ɑ̃pɔtaʒ] *nm* potting HORT.

empoté, e *fam* [ɑ̃pɔte] ◇ *adj* clumsy, awkward.

◇ *nm, f* clumsy oaf.

empotement [ɑ̃pɔtmɑ̃] = **empotage**.

empoter [3] [ɑ̃pɔte] *vt* to pot HORT.

empourprer [3] [ɑ̃purpre] *vt litt* -**1.** [horizon] to (tinge with) crimson. -**2.** [de honte, de plaisir] to make flush (bright crimson).

◆ **s'empourprer** *vpi litt* -**1.** [horizon] to turn crimson. -**2.** [joues, personne] to flush (bright crimson).

empoussiérer [18] [ɑ̃pusjere] *vt* to cover with dust, to make dusty.

empreindre [81] [ɑ̃prɛ̃dr] *vt litt* [pensée] to mark, to stamp; [cœur, comportement] to mark; **empreint de: empreint d'un amour véritable** marked by true love; **ses manières sont empreintes de bonté** her ways are full of kindness; **d'un ton empreint de gravité** in a grave tone of voice; **empreint de danger** fraught with danger.

empreinte [ɑ̃prɛ̃t] *nf* -**1.** [du pas humain] footprint; [du gibier] track; **~s (digitales)** fingerprints; **les ~s du cambrioleur** the burglar's fingerprints. -**2.** [d'un sceau] imprint; [sur une médaille] stamp; **(frappé) à l'~ du roi** stamped with the king's head. -**3.** [d'une serrure] impression; **prendre l'~ de** to take the impression of. -**4.** [influence] mark, stamp. -**5.** PSYCH imprint. -**6.** [d'une dent] impression. -**7.** GÉOL imprint. -**8.** BIOL: **~ génétique** genetic fingerprint.

empressé, e [ɑ̃prese] ◇ *adj* [fiancé] thoughtful, attentive; [serveuse, garde-malade] attentive.

◇ *nm, f*: **faire l'~ auprès de qqn** to be attentive towards sb.

empressement [ɑ̃prɛsmɑ̃] *nm* -**1.** [zèle] assiduousness, attentiveness; **montrer de l'~** to be eager to please. -**2.** [hâte] enthusiasm, eagerness, keenness; **il est allé les chercher avec ~/sans (aucun) ~** he went off to get them enthusiastically/(very) reluctantly.

empresser [4] [ɑ̃prese]

◆ **s'empresser** *vpi*: **s'~ autour** OU **auprès de qqn** [s'activer] to bustle around sb; [être très attentif] to surround sb with attentions, to attend to sb's needs; **les hommes s'empressent autour d'elle** she always has men hovering around her.

◆ **s'empresser de** *vp + prép*: **s'~ de faire qqch** to hasten to do sthg; **il s'est empressé de mettre l'argent dans sa poche** he hastily put the money in his pocket.

emprise [ɑ̃priz] *nf* -**1.** [intellectuelle, morale] hold; **l'~ du désir** the ascendancy of desire; **sous l'~ de la peur** under the influence of fear; **être sous l'~ de qqn** to be under sb's thumb. -**2.** ADMIN & JUR expropriation.

emprisonnement [ɑ̃prizɔnmɑ̃] *nm* imprisonment; **condamné à 5 ans d'~** sentenced to 5 years in prison, given a 5-year sentence ❑ **~ à perpétuité** life imprisonment.

emprisonner [3] [ɑ̃prizɔne] *vt* -**1.** [incarcérer - malfaiteur] to imprison, to put in jail, to put in prison. -**2.** [immobiliser] to trap; **le cou emprisonné dans une minerve** his neck tightly held in OU constricted by a surgical collar. -**3.** [psychologiquement]: **~ dans: ~ qqn dans une morale** to put sb in a moral straitjacket; **emprisonné dans des habitudes dont il ne peut pas se défaire** trapped in habits he is unable to break.

emprunt [ɑ̃prœ̃] *nm* -**1.** FIN [procédé] borrowing; [argent] loan; **faire un ~** to borrow money, to take out a loan; **faire un ~ de 10 000 francs** to raise a loan of OU to borrow 10,000 francs; **~ à 11 %** loan at 11%; **il faudra recourir à un ~** we'll have to borrow ❑ **~ d'État/public** national/public loan. -**2.** [d'un vélo, d'un outil] borrowing. -**3.** LING [processus] borrowing; [mot] loan (word). -**4.** [fait d'imiter] borrowing; [élément imité] borrowing.

◆ **d'emprunt** *loc adj* [nom] assumed.

emprunté, e [ãprœ̃te] *adj* -**1.** [peu naturel - façon] awkward; [- personne] awkward, self-conscious. -**2.** *litt* [factice - gloire] usurped; [- sentiments] feigned; **un air de bonté ~** a feigned air of goodness.

emprunter [3] [ãprœ̃te] *vt* -**1.** FIN to borrow. -**2.** [outil, robe] to borrow. -**3.** [nom] to assume. -**4.** [imiter - élément de style] to borrow, to take; **des coiffures empruntées aux punks** hairstyles borrowed from punk; **pour ~ le style des publicitaires, nous dirons...** borrowing from advertizing style, one might say... -**5.** [route] to take; [circuit] to follow; **vous êtes priés d'~ le souterrain** you are requested to use the underpass. -**6.** LING to borrow; **mot emprunté** loan (word); **mot emprunté à l'anglais** word borrowed OU loan from English.

emprunteur, euse [ãprœ̃tœr, øz] *nm, f* borrower.

empuantir [32] [ãpɥãtir] *vt* [salle] to stink out *(sép) Br*, to make stink; [air] to fill with a foul smell.

empuantissement [ãpɥãtismã] *nm* [d'une salle] filling with a foul smell; [de l'air] infecting with a foul smell.

EMT (*abr de* **éducation manuelle et technique**) *nf practical sciences.*

ému, e [emy] *adj* [de gratitude, de joie, par une musique, par la pitié] moved; [de tristesse] affected; [d'inquiétude] agitated; [d'amour] excited; **~ jusqu'aux larmes** moved to tears; **parler d'une voix ~e** to speak with (a voice full of) emotion; **lis-le d'une façon plus ~e** read it with more feeling; **trop ~ pour parler** too overcome by emotion to be able to speak; **je garde d'elle un souvenir ~** I have fond memories of her.

émulateur [emylatœr] *nm* emulator.

émulation [emylasjɔ̃] *nf* -**1.** [compétition] emulation. -**2.** INF emulation.

émule [emyl] *nmf* emulator; **le dictateur et ses ~s** the dictator and his followers.

émulseur [emylsœr] *nm* [appareil] emulsifier.

émulsif, ive [emylsif, iv] *adj* emulsive.

◆ **émulsif** *nm* emulsifier.

émulsifiable [emylsifjabl] *adj* emulsifiable.

émulsifiant, e [emylsifiã, ãt] = **émulsif**.

émulsion [emylsjɔ̃] *nf* CHIM, CULIN & PHOT emulsion.

émulsionnant, e [emylsjɔnã, ãt] = **émulsif**.

émulsionner [3] [emylsjɔne] *vt* -**1.** [produit] to emulsify. -**2.** PHOT to coat with emulsion.

en [ã] ◇ *prép* **A.** DANS LE TEMPS [indiquant - le moment] in; [- la durée] in, during; **en 1992** in 1992; **en été** in summer; **en avril** in April; **en soirée** in the evening; **je l'ai fait en 10 minutes** I did it in 10 minutes; **en deux heures c'était fini** within two hours it was over; **en 40 ans de carrière...** in my 40 years in the job...; **il a plu une fois en trois mois** it rained once in three months; **je n'ai pas le temps en semaine** I have no time OU I don't have the time during the week.

B. DANS L'ESPACE [indiquant - la situation] in; [- la direction] to; **habiter en montagne/en Turquie** to live in the mountains/in Turkey; **habiter en Arles/en Avignon** to live in Arles/in Avignon; **se promener en forêt/en ville** to walk in the forest/around the town; **faire une croisière en Méditerranée** to go on a cruise around the Mediterranean; **aller en Espagne** to go to Spain; **partir en mer** to go to sea; **partir en forêt** to go off into the forest || *fig*: **en moi-même, j'avais toujours cet espoir** deep down OU in my heart of hearts, I still had that hope; **trouver en soi la force de faire qqch** to find in o.s. the strength to do sthg; **en mon âme et conscience...** in all honesty...; **ce que j'apprécie en lui** what I like about him.

C. INDIQUANT LE DOMAINE: **bon en latin/physique** good at Latin/physics; **j'ai eu 18 sur 20 en chimie** I got 18 out of 20 in chemistry; **je ne m'y connais pas en peinture** I don't know much about painting; **il fait de la recherche en agronomie** he's doing research in agronomy; **en cela** OU **ce en quoi il n'a pas tort** and I have to say he's right OU not wrong there; **elle est intraitable en affaires** she's very tough in business matters OU when it comes to business; **malheureux en amour** unlucky in love; **je suis fidèle en amitié** I'm a faithful friend; **expert en la matière** an expert on OU in the subject || *Belg*: **je n'en peux rien** I can't help it.

D. INDIQUANT LA COMPOSITION: **chaise en bois/fer** wooden/iron chair; **table en marbre** marble table; **jupe en velours/coton** velvet/cotton skirt; **c'est en quoi?** *fam* what's it made of?

E. INDIQUANT LA MANIÈRE, LE MOYEN -**1.** [marquant l'état, la forme, la manière]: **être en colère/en rage** to be angry/in a rage; **être en forme** to be on (good) form; **être en sueur** to be covered in OU with sweat; **être en transe** to be in a trance; **le pays est en guerre** the country is at war; **les arbres sont en fleurs** the trees are in blossom; **se conduire en gentleman** to behave like a gentleman; **mourir en héros** to die like a hero; **en véritable ami, il m'a prévenu** good friend that he is OU being a true friend, he warned me; **en gage de ma bonne foi** as a token of my goodwill; **je suis venu en ami** I came as a friend; **je l'ai eu en cadeau** I was given it as a present; **il m'a envoyé ces fleurs en remerciement** he sent me these flowers to say thank you; **peint en bleu** painted blue; **je la préfère en vert** I prefer it in green; **un policier en uniforme** a policeman in uniform; **on ne te voit pas souvent en robe** you don't wear dresses very often, it's not often we see you in a dress; **il était en pyjama** he was in his pyjamas, he had his pyjamas on; **couper qqch en deux** to cut sthg in two OU in half; **on nous a répartis en deux groupes** we were divided into two groups; **ils étaient disposés en cercle** they were in a circle; **en (forme de) losange** diamond-shaped; **il est en réunion** he's in a meeting; **j'ai passé Noël en famille** I spent Christmas with my family; **discuter qqch en comité** to discuss sthg as a committee; **faire qqch en cachette/en vitesse/en douceur** to do sthg secretly/quickly/smoothly; **faire une photo en noir et blanc** to take a black and white picture OU photo; **une video en super huit** a video in super eight, a super eight video; **c'est vendu en sachets** it's sold in sachets; **du sucre en morceaux** sugar cubes; **du lait en poudre** powdered milk; **un château en ruines** a ruined castle; **une rue en pente** a street on a slope OU a hill. -**2.** [introduisant une mesure] in; **je veux le résultat en dollars** I want the result in dollars; **je vous ai donné l'équivalent de 550 francs en livres** I've given you the equivalent of 550 francs in pounds; **un tissu en 140 de large** 140 cm wide material; **auriez-vous la même robe en 38?** do you have the same dress in a 38?; **la chanson est en sol** the song's in (the key of) G. -**3.** [indiquant une transformation] into; **convertir des marks en yens** to convert marks into yen; **l'eau se change en glace** water turns into ice; **se déguiser en fille** to dress up as a girl; **la citrouille se transforma en carrosse** the pumpkin turned into a coach; **son chagrin s'est mué en amertume** his grief turned into bitterness. -**4.** [marquant le moyen]: **j'y vais en bateau** I'm going by boat; **ils ont fait le tour de l'île en voilier** they sailed round the island (in a yacht); **elle est venue en taxi** she came in a OU by taxi; **en voiture/train** by car/train; **avoir peur en avion** to be scared of flying; **ils ont descendu le fleuve en canoë** they canoed down the river; **payer en liquide** to pay cash.

F. AVEC LE GÉRONDIF -**1.** [indiquant la simultanéité]: **il est tombé en courant** he fell while running; **il chantait tout en dansant** he was singing and dancing at the same time; **nous en parlerons en prenant un café** we'll talk about it over a cup of coffee; **en buvant et en mangeant, on a passé un bon moment** we had a good time, eating and drinking; **c'est en le voyant que j'ai compris** when I saw him I understood; **rien qu'en le voyant, elle se met en colère** she gets angry just seeing him, the mere sight of him makes her angry; **tout en marchant, elles tentaient de trouver une réponse** while walking OU as they walked, they tried to find an answer. -**2.** [indiquant la concession, l'opposition]: **tout en se plaignant, il a fini par faire ce qu'on lui demandait** although he complained about it OU for all his complaining, in the end he did what was asked of him; **en étant plus conciliant, il ne changeait toujours pas d'avis** whilst OU although he was more conciliatory, he still wouldn't change his mind. -**3.** [indiquant la cause, le moyen, la manière]: **en ne voulant jamais la croire, tu l'as blessée** you hurt her by never believing her; **il marche en boitant** he walks with a limp; **il est parti en courant** he ran off; **retapez en changeant toutes les majuscules** type it out again and change all the capitals; **faites pénétrer la pommade en massant doucement** rub the cream in gently; **en s'entraînant tous les jours on fait des progrès** you can make progress by training every day; **ce n'est pas en criant que l'on résoudra le problème** shouting won't solve the problem; **vous y arriverez en persévérant** through perseverance you will succeed. -**4.** [introduisant une condition, une supposition] if; **en travaillant avec plus de méthode, tu réussirais** if you worked more methodically, you would succeed; **en prenant un cas concret, on voit que...** if we take a concrete example, we can see that...; **en supposant que...** supposing that...; **bon, en admettant que vous ayiez raison...** OK, supposing you're right...

G. INTRODUISANT LE COMPLÉMENT DU VERBE in; **croire en Dieu** to believe in God; **croire en qqn/qqch** to believe in sb/sthg; **espérer en qqch** to put one's hope in sthg.

◇ *pron* **A.** COMPLÉMENT DU VERBE -**1.** [indiquant le lieu]: **il faudra que tu ailles à la poste — j'en viens** you'll have to go to the post office — I've just got back from OU just been there; **il partit à la guerre et n'en revint pas** he went off to war and never came back; **il est toujours là-bas, il n'en a pas bougé** he's still there, he hasn't moved. -**2.** [indiquant la cause, l'agent]: **on en meurt** you can die of OU from it; **je n'en dors plus** it's keeping me awake at nights; **il en a beaucoup souffert** he has suffered a lot because of it; **elle était tellement fatiguée qu'elle en pleurait** she was so tired (that) she was crying; **j'en suis étonné** that surprises me; **mes enfants la connaissent et elle en est très aimée** my children know her and love her very much OU and she's very much loved by them. -**3.** [complément d'objet]: **voilà des fraises/du lait, donne-lui-en** here are some strawberries/here's some milk, give him some; **passe-moi du sucre — il n'en reste plus** give me some sugar — there's none left; **si tu n'aimes pas la viande/les olives, n'en mange pas** if you don't like meat/olives, don't eat any; **et du vin, tu n'en bois jamais?** what about wine? don't you ever drink any?; **tous les invités ne sont pas arrivés, il en manque deux** all the guests haven't arrived yet, two are missing; **j'ai ces deux cassettes — je voudrais en écouter une** I've got these two tapes — I'd like to listen to one of them; **j'en ai vu plusieurs/certains** I saw several/some of them; **tu en as acheté beaucoup** you've bought a lot (of it/of them); **on en a trop entendu** [des mensonges] we've heard too many of them; [d'un secret] we've heard too much of it; **tu n'en as pas dit assez** you haven't said enough. -**4.** [avec une valeur emphatique]: **elle en a, de l'argent!** she's got plenty of money, she has!; **tu en as de la chance!** you really are lucky, you are!; **j'en ai chanté des chansons!** I've sung lots of songs, I have! -**5.** [complément d'objet indirect] about it; **parlez-m'en** tell me about it; **nous en reparlerons plus tard** we'll talk about it again later; **ne vous en souciez plus** don't worry about it any more; **j'en aviserai le**

directeur I'll inform the manager about it. -**6.** [comme attribut]: **les volontaires? — j'en suis!** any volunteers? — me!; **c'en est** that's what it is.
B. COMPLÉMENT DU NOM OU DU PRONOM: **j'en garde un bon souvenir** I have good memories of it; **j'aime beaucoup cette chanson — tu en connais les paroles?** I like this song a lot — do you know the lyrics OU words?; **écoute ces voix et admires-en la beauté** listen to these voices and admire their beauty; **vous pouvez lui faire confiance, je m'en porte garant** you can trust him, take it from me OU take my word for it.
C. COMPLÉMENT DE L'ADJECTIF: **sa maison en est pleine** his house is full of it/them; **j'en suis très satisfait** I'm very satisfied with it/them; **tu en es sûr?** are you sure (of that)?; **elle en est convaincue** she's convinced of it; **elle n'en est pas fière** she's not proud of it.
D. DANS DES LOCUTIONS VERBALES: **il en va de même pour lui** the same goes for him; **s'en prendre à qqn** to blame OU to attack sb; **s'en tenir à** to limit o.s. to, to content o.s. with; **si l'on en croit les journaux** if we are to believe the newspapers, if the newspapers are to be believed; **il n'en croit pas ses oreilles/yeux** he can't believe his ears/eyes.

ENA, Ena [ena] (*abr de* École nationale d'administration) *npr f prestigious grande école training future government officials.*

enamourer [3] [ɑ̃namure]
◆ **s'enamourer de** *vp + prép litt* to become enamoured with.

énarchie [enarʃi] *nf old-boy network of graduates of the ENA.*

énarque [enark] *nmf student or former student of the École Nationale d'Administration.*

en-avant [ɑ̃navɑ̃] *nm inv* forward pass.

en-but [ɑ̃byt] *nm inv* in-goal.

encablure [ɑ̃kablyr] *nf* cable, 195 metres; *fig*: **à une ~ de** a stone's throw away from; **à deux ~s de** not very far from.

encadré [ɑ̃kadre] *nm* box PRINT.

encadrement [ɑ̃kadrəmɑ̃] *nm* -**1.** [mise sous cadre] framing; [cadre] frame. -**2.** [embrasure - d'une porte] door frame; [- d'une fenêtre] window frame; **apparaissant dans l'~ de la porte** appearing (framed) in the doorway. -**3.** [responsabilité - de formation] training; [- de surveillance] supervision; [- d'organisation] backing; [personnel]: **l'~** [pour former] the training staff; [pour surveiller] the supervisory staff. -**4.** ÉCON: **~ des prix** price controls; **~ des crédits** credit control.

encadrer [3] [ɑ̃kadre] *vt* -**1.** [dans un cadre] to (put into a) frame; **son frère, alors, il est à ~!** his brother's really priceless! -**2.** [border] to frame, to surround; **un dessin encadré de bleu** a drawing with a blue border; **le visage encadré de lourds bandeaux** her face framed with heavy coils of hair. -**3.** [flanquer] to flank; **deux potiches encadraient la cheminée** two large vases stood on either side of OU flanked the fireplace. -**4.** [surveiller, organiser] to lead, to organize, to supervise; **les guides qui encadrent l'expédition** the guides leading the expedition; **les scouts sont bien encadrés** the scout pack has reponsible leaders. -**5.** *fam* [percuter] to smash OU to slam into *(insép)*. -**6.** *fam* [supporter - personne] to stand; **je ne peux pas l'~** I can't stand (the sight of) him.

encadreur, euse [ɑ̃kadrœr, øz] *nm, f* picture framer.

encager [17] [ɑ̃kaʒe] *vt* to cage, to put in a cage.

encagoulé, e [ɑ̃kagule] *adj* hooded, wearing a hood OU balaclava.

encaissable [ɑ̃kɛsabl] *adj* cashable.

encaissage [ɑ̃kɛsaʒ] *nm* boxing, packing.

encaisse [ɑ̃kɛs] *nf* cash in hand, cash balance; **~ métallique** gold and silver reserves.

encaissé, e [ɑ̃kese] *adj* [vallée] deep, steep-sided.

encaissement [ɑ̃kɛsmɑ̃] *nm* -**1.** [d'une vallée] steep-sidedness. -**2.** FIN [d'argent] cashing in, receipt; [d'un chèque] cashing. -**3.** [de marchandises] boxing, packing. -**4.** HORT tubbing, planting in tubs.

encaisser [4] [ɑ̃kese] *vt* -**1.** FIN [argent] to receive; [chèque] to cash. -**2.** *fam* [subir - gifle, injure, échec] to take; **~ un coup** SPORT to take a blow; **il n'a pas encaissé que tu lui mentes** he just can't stomach the fact that you lied to him ‖ *(en usage abs)*: **ne dis rien, encaisse!** take it, don't say anything!; **il faut pouvoir ~** you have to be able to take a few hard knocks. -**3.** *fam* [tolérer]: **je ne peux pas l'~** I can't stand him. -**4.** [empaqueter] to box, to pack in boxes. -**5.** [planter - arbuste] to plant (out) in a box OU tub.

encaisseur, euse [ɑ̃kɛsœr, øz] *nm, f* debt collector.

encalminé, e [ɑ̃kalmine] *adj* becalmed NAUT.

encan [ɑ̃kɑ̃] *nm*: **vente à l'~** auction; **mettre qqch à l'~** *fig & litt* to sell sthg to the highest bidder.

encanaillement [ɑ̃kanajmɑ̃] *nm* [d'une personne] mixing with the riff-raff; [du langage, d'un comportement] increasing coarseness.

encanailler [3] [ɑ̃kanaje]
◆ **s'encanailler** *vpi* -**1.** [par snobisme] to mix with the riff-raff, to slum it *hum*; **la mode s'encanaille** the "canaille" look is in. -**2.** [se dégrader] to go to the dogs.

encapuchonner [3] [ɑ̃kapyʃɔne] *vt* -**1.** [personne, tête] to put a hood on; **la tête encapuchonnée** hooded; **enfants encapuchonnés** children with their hoods on. -**2.** [stylo] to put the cap on.

encart [ɑ̃kar] *nm* insert, inset; **~ publicitaire** advertising insert.

encarter [3] [ɑ̃karte] *vt* -**1.** IMPR to insert, to inset. -**2.** [fixer sur un carton] to card. -**3.** TEXT to card.

en-cas, encas [ɑ̃ka] *nm inv* snack, something to eat; **j'ai un petit ~ dans mon sac** I have (a little) something to eat in my bag.

encaserner [3] [ɑ̃kazɛrne] *vt* to barrack.

encastrable [ɑ̃kastrabl] *adj* built-in.

encastrement [ɑ̃kastrəmɑ̃] *nm* -**1.** [d'un placard - action] building in, recessing; [placard, étagères] built-in fitting. -**2.** [d'un interrupteur - action] flushing in; [interrupteur] flush fitting.

encastrer [3] [ɑ̃kastre] *vt* -**1.** [placard] to build in *(sép)*, to slot in *(sép)*; [interrupteur] to recess, to fit flush; [coffre-fort] to recess; **four encastré** built-in oven. -**2.** [dans un boîtier, un mécanisme] to fit.

encaustiquage [ɑ̃kostikaʒ] *nm* polishing, waxing.

encaustique [ɑ̃kostik] *nf* polish, wax.

encaustiquer [3] [ɑ̃kostike] *vt* to polish, to wax.

encaver [3] [ɑ̃kave] *vt* to cellar.

enceindre [81] [ɑ̃sɛ̃dr] *vt litt*: **~ la ville de murs** to encircle OU to surround the city with walls.

enceinte [ɑ̃sɛ̃t] ◇ *adj f* [femme] pregnant; **~ de son premier enfant** expecting her first child; **~ de trois mois** three months pregnant; **elle est ~ de ses œuvres** she's pregnant by him.
◇ *nf* -**1.** [mur]: **(mur d') ~** surrounding wall. -**2.** [ceinture] enclosure, fence; **protégé par une ~ de fossés** closed in by a circular moat. -**3.** ACOUST speaker.
◆ **dans l'enceinte de** *loc prép* within (the boundary of); **dans l'~ du parc** within OU inside the park; **dans l'~ du tribunal** within the courtroom.

encens [ɑ̃sɑ̃] *nm* -**1.** [résine] incense. -**2.** *fig & litt* sycophancy, flattery.

encensement [ɑ̃sɑ̃smɑ̃] *nm* -**1.** [d'un écrivain] praising to the skies. -**2.** RELIG incensing.

encenser [3] [ɑ̃sɑ̃se] *vt* -**1.** RELIG to incense. -**2.** [louer - mérites] to praise to the skies; [- écrivain] to praise to the skies, to shower praise upon.

encensoir [ɑ̃sɑ̃swar] *nm* -**1.** RELIG censer. -**2.** *loc*: **un coup d'~** *fam* a piece of sycophancy; **savoir manier l'~** *fam* to be a skilful flatterer.

encépagement [ɑ̃sepaʒmɑ̃] *nm* stock of vines *(in a vineyard)*.

encéphale [ɑ̃sefal] *nm* encephalon.

encéphalique [ɑ̃sefalik] *adj* encephalic.

encéphalite [ɑ̃sefalit] *nf* encephalitis.

encéphalogramme [ɑ̃sefalɔgram] *nm* encephalogram.

encéphalographie [ɑ̃sefalɔgrafi] *nf* encephalography.

encéphalopathie [ɑ̃sefalɔpati] *nf* encephalopathy.

encerclement [ɑ̃sɛrkləmɑ̃] *nm* -**1.** [fait d'être entouré] being hemmed in OU surrounded. -**2.** [fait d'entourer] surrounding.

encercler [3] [ɑ̃sɛrkle] *vt* -**1.** [marquer] to ring, to draw a ring round, to encircle; **encerclé d'un trait rouge** with a red ring round it. -**2.** [entourer] to surround, to encircle, to form a circle around; **les voies rapides qui encerclent notre cité** the expressways encircling OU the ring of expressways around our city. -**3.** [cerner] to surround, to encircle, to hem in *(sép)*; **village encerclé par des soldats** village surrounded by troops.

enchaîné [ɑ̃ʃene] *nm* fade CIN & TV.

enchaînement [ɑ̃ʃɛnmɑ̃] *nm* -**1.** [série] sequence, series *(sg)*; **raconte-moi l'~ des événements** tell me what the sequence of events was; **un ~ de circonstances favorables** a series of favourable circumstances. -**2.** [lien] (logical) link; **faire un ~** [dans un raisonnement] to link up two ideas; [dans un exposé] to link up two items. -**3.** [structure] structure, logical sequence; **les idées sont bonnes mais l'~ n'est pas assez apparent** the ideas are good but it's not apparent how they follow on from each other *Br* OU how they are connected. -**4.** DANSE enchaînement, linked-up steps. -**5.** SPORT linked-up movements; **un bel ~ à la poutre** a fluid sequence of movements on the beam; **faire un ~** to do movements in sequence, to link up movements. -**6.** MUS: **~ des accords** chord progression.

enchaîner [4] [ɑ̃ʃene] ◇ *vt* -**1.** [lier - personne] to put in chains, to chain; **~ à** to chain (up) to; **chien enchaîné à un arbre** dog chained up to a tree. -**2.** [attacher ensemble - prisonniers] to chain (up) together *(sép)*; [- maillons] to link (up) *(sép)*. -**3.** [asservir - média] to trammel, to shackle; [- personne] to enslave; [- libertés] to put in chains OU shackles. -**4.** [relier - idées, mots] to link (up), to link OU to string together; **vos arguments ne sont pas bien enchaînés** your arguments aren't presented in logical sequence OU don't follow on from each other *Br*. -**5.** [dans une conversation]: **«c'est faux», enchaîna-t-elle** "it's not true", she went on. -**6.** DANSE to link; SPORT [mouvements] to run together OU into each other, to link up (together); **la séquence est bien/mal enchaînée** the sequence flows naturally/feels jerky.
◇ *vi* -**1.** [continuer logiquement] to move OU to follow on; **enchaîne avec les diapositives** follow on with the slides; **~ sur: elle a enchaîné sur les élections** she went on to talk about the election. -**2.** RAD & TV to link up two items of news; **le duplex n'est pas prêt? tant pis, enchaînons** isn't the linkup ready? never mind, let's go on to the next item. -**3.** CIN to fade; **~ sur une scène** to fade into a scene.
◆ **s'enchaîner** *vpi* [idées] to follow on (from one another) *Br*, to be connected; [images, épisodes] to form a (logical) sequence; [événements] to be linked together; **tes paragraphes s'enchaînent mal** your paragraphs don't hang together well OU are a bit disjointed.

enchanté, e [ɑ̃ʃɑ̃te] *adj* -**1.** [magique] enchanted. -**2.** [ravi] delighted, pleased; **~!** pleased to meet you!; **je suis (vraiment) ~ de vous rencontrer**

I am (really) delighted OU (very) pleased to meet you.

enchantement [ɑ̃ʃɑ̃tmɑ̃] *nm* -**1.** [en magie] (magic) spell, enchantment; **comme par ~** as if by magic. -**2.** [merveille] delight, enchantment; **la soirée fut un véritable ~** the evening was absolutely delightful OU enchanting.

enchanter [3] [ɑ̃ʃɑ̃te] *vt* -**1.** [faire plaisir à] to enchant, to charm, to delight; **elle nous a enchantés par son humour** we were charmed OU delighted by her sense of humour; **cela ne l'enchante pas (beaucoup)** OU **guère** he's none too pleased OU happy (at having to do it); **cela ne m'enchante pas (beaucoup) de devoir y aller en voiture** I can't say I'm happy OU thrilled at having to drive there. -**2.** [dans des formules de politesse]: **je serais enchanté de...** I'd be delighted OU very pleased to...; **mon fils sera enchanté de vous raccompagner** my son will be delighted to OU will gladly see you home; **enchanté (de faire votre connaissance)!** pleased to meet you! -**3.** [par la magie] to bewitch, to cast a spell on.

enchanteur, eresse [ɑ̃ʃɑ̃tœr, trɛs] *adj* enchanting, bewitching, magical.
◆ **enchanteur** *nm* -**1.** [magicien] enchanter, sorcerer. -**2.** [séducteur] charmer.
◆ **enchanteresse** *nf* -**1.** [magicienne] enchantress, witch. -**2.** [séductrice] charmer, enchantress.

enchâssement [ɑ̃ʃasmɑ̃] *nm* JOAILL setting.

enchâsser [3] [ɑ̃ʃase] *vt* -**1.** JOAILL to set. -**2.** [insérer - mot] to highlight.

enchausser [3] [ɑ̃ʃose] *vt* to earth (up).

enchemiser [3] [ɑ̃ʃmize] *vt* -**1.** ARM to jacket. -**2.** [tuyau] to lag.

enchère [ɑ̃ʃɛr] *nf* -**1.** [vente] auction; **vendre aux ~s** to sell by auction; **mettre aux ~s** to put up for auction. -**2.** [offre d'achat] bid; **faire une ~** to bid, to make a bid; **faire monter les ~s** *pr* to raise the bidding; *fig* to raise the stakes. -**3.** JEUX bid.

enchérir [32] [ɑ̃ʃerir] *vi litt* [devenir cher] to become dearer OU more expensive, to go up in price.
◆ **enchérir sur** *v + prép* -**1.** [dans une enchère]: **~ sur une offre** to make a higher bid; **~ sur une somme** to go over and above an amount; **~ sur qqn** to bid higher than sb. -**2.** *litt* [aller au-delà de] to go (over and) beyond; **~ sur son devoir** to go beyond what one is required to do, to overstep the boundaries of one's duty.

enchérissement [ɑ̃ʃerismɑ̃] *nm litt*: **l'~ de** the rise in the price of.

enchérisseur, euse [ɑ̃ʃerisœr, øz] *nm, f* bidder.

enchevaucher [3] [ɑ̃ʃəvoʃe] *vt* to overlap CONSTR.

enchevêtrement [ɑ̃ʃəvɛtrəmɑ̃] *nm* -**1.** [objets emmêlés] tangle, tangled mass; **un ~ de branches** tangled branches, a tangle of branches; **dans un ~ de draps et de couvertures** in a tangle of sheets and blankets. -**2.** [confusion] tangle, tangled state, confusion.

enchevêtrer [4] [ɑ̃ʃəvɛtre] *vt* -**1.** [mêler - fils, branchages] to tangle (up), to entangle. -**2.** [embrouiller - histoire] to confuse, to muddle; **une intrigue enchevêtrée** a complicated OU muddled plot.
◆ **s'enchevêtrer** *vpi* -**1.** [être emmêlé - fils] to become entangled, to get into a tangle; [- branchages] to become entangled. -**2.** [être confus - idées, événements] to become confused OU muddled.

enchifrené, e [ɑ̃ʃifrəne] *adj vieilli* [nez] blocked; **une voix ~e** a voice thick with catarrh.

enclave [ɑ̃klav] *nf* -**1.** [lieu] enclave; **une ~ de maisons isolées parmi les lotissements** an enclave of detached houses surrounded by housing developments. -**2.** [groupe, unité] enclave; **notre petite ~ culturelle perpétue les traditions de notre pays d'origine** within our little group of expatriates, we uphold our native country's traditions. -**3.** GÉOL inclusion, xenolith.

enclavement [ɑ̃klavmɑ̃] *nm* [d'une nation] setting up as an enclave; [d'un jardin] enclosing, hemming in.

enclaver [3] [ɑ̃klave] *vt* -**1.** [entourer - terrain] to enclose, to hem in *(sép)*. -**2.** [insérer]: **~ entre** to insert between. -**3.** [placer l'un dans l'autre] to fit into each other, to interlock.

enclenchement [ɑ̃klɑ̃ʃmɑ̃] *nm* -**1.** [action] engaging; [résultat] engagement; **avant l'~ du loquet** before the catch engages. -**2.** [dispositif] interlock.

enclencher [3] [ɑ̃klɑ̃ʃe] *vt* -**1.** MÉCAN to engage. -**2.** [commencer - procédure] to set in motion, to get under way, to set off *(sép)*.
◆ **s'enclencher** *vpi* -**1.** MÉCAN to engage. -**2.** [commencer - démarche, procédure] to get under way, to get started.

enclin, e [ɑ̃klɛ̃, in] *adj*: **~ à qqch/à faire qqch** inclined to sthg/to do sthg.

encliquetage [ɑ̃kliktaʒ] *nm* ratchet mechanism.

encliqueter [27] [ɑ̃klikte] *vt* to ratchet.

enclore [113] [ɑ̃klɔr] *vt* to enclose; **enclos de**: **enclos d'une haie** hedged in; **enclos d'un mur** walled in.

enclos [ɑ̃klo] *nm* -**1.** [terrain] enclosed plot of land; [à moutons] pen, fold; [à chevaux] paddock. -**2.** [muret] wall. -**3.** [grillage] (wire) fence.

enclouer [3] [ɑ̃klue] *vt* -**1.** [cheval] to prick *(a horse when shoeing)*. -**2.** MÉD to pin together *(sép)*.

enclume [ɑ̃klym] *nf* -**1.** [du forgeron] anvil; [du couvreur] (slater's) iron; [du cordonnier] last; **entre l'~ et le marteau** between the devil and the deep blue sea *loc*. -**2.** ANAT anvil.

encoche [ɑ̃kɔʃ] *nf* -**1.** [entaille] notch. -**2.** [d'une flèche] nock. -**3.** [d'un livre] thumb index; **avec ~s** thumb-indexed, with thumb index.

encocher [3] [ɑ̃kɔʃe] *vt* -**1.** [entailler] to notch. -**2.** [flèche] to nock.

encodage [ɑ̃kɔdaʒ] *nm* encoding.

encoder [3] [ɑ̃kɔde] *vt* to encode.

encodeur, euse [ɑ̃kɔdœr, øz] *nm, f* encoder.

encoignure [ɑ̃kwaɲyr, ɑ̃kɔɲyr] *nf* -**1.** [angle] corner. -**2.** [table] corner table; [placard] corner cupboard; [siège] corner chair.

encollage [ɑ̃kɔlaʒ] *nm* pasting, sizing.

encoller [3] [ɑ̃kɔle] *vt* to paste, to size.

encolleuse [ɑ̃kɔløz] *nf* sizing machine.

encolure [ɑ̃kɔlyr] *nf* -**1.** ANAT, VÊT & ZOOL neck. -**2.** ÉQUIT neck; **à une ~ du vainqueur** a neck behind the winner.

encombrant, e [ɑ̃kɔ̃brɑ̃, ɑ̃t] *adj* -**1.** [volumineux] bulky, cumbersome. -**2.** [dont on ne sait que faire]: **une plante/statue ~e** a plant/statue that gets in the way. -**3.** [importun] inhibiting, awkward; **le jeune couple trouvait la petite sœur ~e** the young couple felt the little sister was in the way.

encombre [ɑ̃kɔ̃br]
◆ **sans encombre** *loc adv* safely, without mishap; **tu es rentré sans ~?** did you get home safely?; **s'ils parviennent à revenir sans ~** if nothing untoward happens to them on their way back.

encombré, e [ɑ̃kɔ̃bre] *adj* -**1.** [route]: **l'autoroute est très ~e** traffic on the motorway is very heavy, there is very heavy traffic on the motorway. -**2.** [plein d'objets]: **avoir les mains ~es** to have one's hands full; **un salon ~** a cluttered living room. -**3.** [bronches] congested.

encombrement [ɑ̃kɔ̃brəmɑ̃] *nm* -**1.** [embouteillage] traffic jam. -**2.** [fait d'obstruer] jamming, blocking; **par suite de l'~ des lignes téléphoniques/de l'espace aérien** because the telephone lines are overloaded/the air space is overcrowded. -**3.** [entassement] clutter, cluttered state. -**4.** [dimension] size; **meuble de faible ~** small OU compact piece of furniture. -**5.** MÉD: **~ des voies respiratoires** congestion of the respiratory system.

encombrer [3] [ɑ̃kɔ̃bre] *vt* -**1.** [remplir] to clutter (up), to fill OU to clog up *(sép)*; **~ qqch de** to clutter sthg (up) with; **j'ai la mémoire encombrée de dates** my memory's cluttered up with OU chock-full of dates. -**2.** [obstruer - couloir] to block (up); [- route] to block OU to clog up *(sép)*; [- circulation] to hold up *(sép)*; **une ville très encombrée** a congested city, a city choked with traffic. -**3.** [saturer]: **les logiciels encombrent le marché** there's a surplus OU glut of software packages on the market; **une profession encombrée** an overcrowded profession. -**4.** [charger - d'un objet lourd] to load (down), to encumber; **~ qqn de** to load sb down with. -**5.** [suj: objet gênant]: **tiens, je te donne ce vase, il m'encombre** here, have this vase, I don't know what to do with it; **que faire de ces sacs qui nous encombrent?** what shall we do with these bags that are in the way? -**6.** [gêner] to burden, to encumber; **son enfant l'encombre** her child's a burden to her; **encombré de**: **encombré d'une famille nombreuse** encumbered OU burdened with a large family; **je ne veux pas vous ~ quand je serai vieux** I don't want to be a burden to you when I'm old. -**7.** TÉLÉC to overload, to jam.
◆ **s'encombrer** ◇ *vpi* [avoir trop de bagages, de vêtements] to be loaded OU weighed down; **laisse ta valise là si tu ne veux pas t'~** leave your case there if you don't want to be weighed down; **s'~ de** *fig* to be overburdened with; **je ne m'encombre pas de biens matériels** I don't allow myself to become encumbered with material possessions; **il ne s'encombre pas de scrupules** he's not exactly overburdened with scruples; **ne nous encombrons pas de diplomatie** let's not be overly diplomatic.
◇ *vpt*: **s'~ l'esprit de** to fill one's mind OU to cram one's head with; **s'~ la mémoire de** to fill OU to load one's memory with.

encontre [ɑ̃kɔ̃tr]
◆ **à l'encontre** *loc adv sout* in opposition; **je n'ai rien à dire à l'~** I have no objections.
◆ **à l'encontre de** *loc prép sout*: **aller à l'~ de** to go against, to run counter to; **cette décision va à l'~ du but recherché** this decision is self-defeating OU counterproductive; **ceci va à l'~ de toutes nos espérances** this goes against all our hopes.

encorbellement [ɑ̃kɔrbɛlmɑ̃] *nm* corbelled construction; **balcon en ~** corbelled balcony.

encorder [3] [ɑ̃kɔrde] *vt* to rope up *(sép)*.
◆ **s'encorder** *vpi* to rope up (together).

encore [ɑ̃kɔr] *adv* -**1.** [toujours] still; **il travaillait ~ à minuit** he was still working at midnight; **la banque sera ~ ouverte à 19 h** the bank will still be open at 7 p.m.; **tu es ~ là?** so you're still here?, are you still here?; **j'ai ~ faim** I'm still hungry; **ils en sont ~ à taper tout à la machine** they're still using typewriters. -**2.** [pas plus tard que] only; **ce matin ~, il était d'accord** only this morning he was in agreement; **hier ~, je lui ai parlé** only yesterday I spoke to him. -**3.** [dans des phrases négatives]: **pas ~** not yet; **je n'ai pas ~ fini** I haven't finished yet; **~ rien** still nothing, nothing yet; **je n'ai ~ rien écrit** I haven't written anything (down) yet, I still haven't written anything (down); **vous n'avez ~ rien vu!** you haven't seen anything yet!; **je n'avais ~ jamais vu ça!** I'd never seen anything like it before! -**4.** [de nouveau]: **il est ~ venu la voir** he came to see her again; **tu manges ~!** you're not eating again, are you!; **~ toi!** (not) you again!; **je me suis coupé — ~!** I've cut myself — not again!; **~ une fois, c'est non!** the answer's still no!; **si tu fais ça ~ une fois...** if you do that again OU one more time OU once more...; **~ de la glace?** some more OU a little more ice-cream?; **je te sers ~ un verre?** will you have another drink?; **~ une panne!** not another breakdown!; **qui ~?** who else?; **quoi ~?** [dans une énumération] what else?; [ton irrité] *fam* now what?; **qu'est-ce qu'il y a ~?** what is it this time?; **et puis quoi ~?** [dans une énumération] what else?; *iron* will that be all?; [marquant l'incrédulité] whatever next?; **elle est bien élevée, charmante, mais ~?** she's well brought-up and charming, and (apart from that)?; **~ un qui ne sait pas ce qu'il veut!** another one who doesn't know what he wants!

-**5.** [davantage] : **il va grandir ~** he's still got a bit more growing to do; **réduisez-le ~** reduce it even more; **il faudra ~ travailler cette scène** that scene still needs more work on it || [devant un comparatif] : **il est ~ plus gentil que je n'imaginais** he is even nicer than I'd imagined (he'd be); **ses affaires vont ~ mieux que l'an dernier** his business is even more successful than it was last year, his business is going even better than it did last year; **elle travaille ~ plus qu'avant** she works even harder than before; **~ autant** as much again; **~ pire** even OU still worse. -**6.** [introduisant une restriction] : **il ne suffit pas d'être beau, il faut ~** OU **~ faut-il être intelligent** it's not enough to be good-looking, you need to be intelligent too; **c'est bien beau d'avoir des projets, ~ faut-il les réaliser** it's all very well having plans, but the important thing is to put them into practice; **si ~ il** OU **~ s'il était franc, on lui pardonnerait** if only OU if at least he was honest you could forgive him; **si ~ tu conduisais, on pourrait se relayer au volant** if only you could drive, we could take turns at the wheel ❑ **je t'en donne 100 francs, et ~ !** I'll give you 100 francs for it, if that!; **et ~, on ne sait pas tout!** and even then we don't know the half of it!; **~ heureux!** thank goodness for that!; **~ une chance qu'il n'ait pas été là!** thank goodness OU it's lucky he wasn't there!

◆ **encore que** *loc conj*: **j'aimerais y aller, ~ qu'il soit tard** I'd like to go even though it's late; **~ que nous pourrions le faire nous-mêmes!** although, we could do it ourselves!; **on a assez d'argent, ~ que, avec l'assurance à payer...** we've enough money, although with the insurance still to be paid...

encorner [3] [ɑ̃kɔrne] *vt* to gore.

encornet [ɑ̃kɔrnɛ] *nm* squid.

encoubler [3] [ɑ̃kuble]

◆ **s'encoubler** *vpi Helv* to trip over.

encourageant, e [ɑ̃kuraʒɑ̃, ɑ̃t] *adj* [paroles] encouraging; [succès, résultat] encouraging, promising.

encouragement [ɑ̃kuraʒmɑ̃] *nm* encouragement, support.

encourager [17] [ɑ̃kuraʒe] *vt* -**1.** [inciter] to encourage; **~ qqn du geste** to wave to sb in encouragement; **~ qqn de la voix** to cheer sb (on); **~ qqn à faire** to encourage sb to do. -**2.** [favoriser] to stimulate; **un prix fondé pour ~ l'initiative** an award set up to stimulate OU to foster the spirit of enterprise.

◆ **s'encourager** ◇ *vp (emploi réfléchi)* to spur o.s. on.

◇ *vp (emploi réciproque)* to cheer each other on.

encourir [45] [ɑ̃kurir] *vt* [dédain, reproche, critique] to incur, to bring upon o.s.

encrage [ɑ̃kraʒ] *nm* inking.

encrassement [ɑ̃krasmɑ̃] *nm* [d'un filtre] clogging (up); [d'un tuyau] clogging (up), fouling (up); [d'une arme] fouling (up).

encrasser [3] [ɑ̃krase] *vt* -**1.** [obstruer - filtre] to clog up *(sép)*; [- tuyau] to clog OU to foul up *(sép)*; [- arme] to foul up *(sép)*. -**2.** [salir] to dirty, to muck up *(sép)*.

◆ **s'encrasser** *vpi* -**1.** [s'obstruer - filtre] to become clogged (up); [- tuyau] to become clogged (up), to become fouled up; [- arme] to become fouled up. -**2.** [se salir] to become dirty.

encre [ɑ̃kr] *nf* -**1.** [pour écrire] ink; **écrire à l'~** to write in ink ❑ **~ de Chine** Indian ink; **~ sympathique** invisible ink. -**2.** [style] : **écrire de sa plus belle ~** to write in one's best style. -**3.** ZOOL ink; **calmars à l'~** squid in its ink.

encrer [3] [ɑ̃kre] *vt* to ink.

encreur [ɑ̃krœr] *adj m* inking.

encrier [ɑ̃krije] *nm* [pot] inkpot; [accessoire de bureau] inkstand; [récipient encastré] inkwell.

encroûté, e *fam* [ɑ̃krute] ◇ *adj*: **être ~** [dans ses préjugés] to be a fuddy-duddy OU stick-in-the-mud; [dans sa routine] to be stuck in a rut.

◇ *nm, f* -**1.** [personne ayant des préjugés] : **un vieil ~** an old fuddy-duddy OU stick-in-the-mud. -**2.** [personne routinière] : **mener une vie d'~** to be in a rut.

encroûtement [ɑ̃krutmɑ̃] *nm* -**1.** *fam* [d'une personne] rut, mundane routine; **comment le sortir de son ~?** how can you get him out of his rut? -**2.** [d'une paroi] becoming encrusted, encrusting. -**3.** [d'une plaie] scabbing.

encroûter [3] [ɑ̃krute] *vt* -**1.** [couvrir - de terre, de sang] to encrust; [- de calcaire] to fur up *(sép)*. -**2.** [rendre routinier] to get stuck in a rut; **je suis complètement encroûté** I'm stuck in a routine OU rut. -**3.** *fam* [abêtir] to turn into a vegetable.

◆ **s'encroûter** *vpi* -**1.** [s'encrasser - vêtement] to become encrusted; [- bouilloire] to scale OU to fur up. -**2.** *fam* [devenir routinier] to be in a rut; **s'~ dans: il s'encroûte dans ses habitudes** he's got into a rut; **il s'encroûte dans son métier** he's really in a rut in that job.

enculé, e▼ [ɑ̃kyle] *nm, f* bastard, arsehole *Br*, asshole *Am*; **quelle bande d'~s!** what a load of wankers *Br* OU shits *Am*!; **tous des ~s!** they're all bastards!

enculer▼ [3] [ɑ̃kyle] *vt* to bugger, to fuck; **je t'encule!, va te faire ~!** fuck off! ❑ **~ les mouches** to nit-pick.

encuvage [ɑ̃kyvaʒ] *nm* vatting.

encuver [3] [ɑ̃kyve] *vt* to vat.

encyclique [ɑ̃siklik] *adj & nf* encyclical.

encyclopédie [ɑ̃siklɔpedi] *nf* encyclopedia.

encyclopédique [ɑ̃siklɔpedik] *adj* -**1.** [d'une encyclopédie] encyclopedic. -**2.** [érudit] : **un esprit/une mémoire ~** a mind/memory that retains every detail || [connaissances] exhaustive, extensive, encyclopedic.

encyclopédisme [ɑ̃siklɔpedism] *nm* quest for all-round knowledge.

encyclopédiste [ɑ̃siklɔpedist] *nmf* -**1.** [auteur] encyclopedist. -**2.** HIST: **les ~s** OU **Encyclopédistes** Diderot's Encyclopedists, the authors of the Encyclopédie.

endéans [ɑ̃deɑ̃] *prép Belg* within.

en-dehors [ɑ̃dəɔr] *nm* turning out *(U)*.

endémicité [ɑ̃demisite] *nf* endemicity, endemic nature.

endémie [ɑ̃demi] *nf* endemic disease.

endémique [ɑ̃demik] *adj* [gén & MÉD] endemic; **~ en Malaisie/dans notre société** endemic to Malaysia/our society.

endettement [ɑ̃dɛtmɑ̃] *nm* indebtedness; **~ extérieur** foreign debt.

endetter [4] [ɑ̃dete] *vt* -**1.** FIN to get into debt; **il est lourdement endetté** he's heavily in debt. -**2.** *fig*: **être endetté envers qqn** to be indebted to sb.

◆ **s'endetter** *vpi* to get into debt; **ne vous endettez pas davantage** don't get any further into debt; **je me suis endetté de 100 000 francs** I got 100,000 francs in debt.

endeuiller [5] [ɑ̃dœje] *vt* -**1.** [famille, personne] to plunge into mourning. -**2.** [réception, course] to cast a tragic shadow over. -**3.** *litt* [tableau, paysage] to give a dismal aspect to.

endiablé, e [ɑ̃djable] *adj* -**1.** [danse, musique, poursuite] wild, frenzied; **se lancer dans une ronde ~e** to begin to dance wildly OU frenziedly in a circle. -**2.** [enfant] boisterous, turbulent, unruly.

endiguement [ɑ̃digmɑ̃] *nm* -**1.** [d'un cours d'eau] dyking (up). -**2.** [d'émotions, d'un développement] holding back; [du chômage, de dettes] checking, curbing.

endiguer [3] [ɑ̃dige] *vt* -**1.** [cours d'eau] to dyke (up). -**2.** [émotion, développement] to hold back *(sép)*, to check; [chômage, excès] to curb.

endimanché, e [ɑ̃dimɑ̃ʃe] *adj* in one's Sunday best.

endive [ɑ̃div] *nf* chicory, French endive.

endoblaste [ɑ̃dɔblast] *nm* endoblast.

endoblastique [ɑ̃dɔblastik] *adj* endoblastic.

endocarde [ɑ̃dɔkard] *nm* endocardium.

endocardite [ɑ̃dɔkardit] *nf* endocarditis.

endocarpe [ɑ̃dɔkarp] *nm* endocarp.

endocrine [ɑ̃dɔkrin] *adj* endocrine.

endocrinien, enne [ɑ̃dɔkrinjɛ̃, ɛn] *adj* endocrinal, endocrinous.

endocrinologie [ɑ̃dɔkrinɔlɔʒi] *nf* endocrinology.

endocrinologue [ɑ̃dɔkrinɔlɔg], **endocrinologiste** [ɑ̃dɔkrinɔlɔʒist] *nmf* endocrinologist.

endoctrinement [ɑ̃dɔktrinmɑ̃] *nm* indoctrination.

endoctriner [3] [ɑ̃dɔktrine] *vt* to indoctrinate.

endoderme [ɑ̃dɔdɛrm] = **endoblaste**.

endogame [ɑ̃dɔgam] ◇ *adj* endogamous.

◇ *nmf* endogamous man (*f* woman).

endogamie [ɑ̃dɔgami] *nf* endogamy.

endogène [ɑ̃dɔʒɛn] *adj* BIOL & GÉOL endogenous.

endolorir [32] [ɑ̃dɔlɔrir] *vt* to make painful; **le corps tout endolori** aching all over; **mon pied était endolori** my foot hurt OU was aching; **épaule endolorie** painful OU aching shoulder.

endolorissement [ɑ̃dɔlɔrismɑ̃] *nm* -**1.** [action] hurting. -**2.** [douleur] ache, aching.

endomètre [ɑ̃dɔmɛtr] *nm* endometrium.

endométriose [ɑ̃dɔmetrioz] *nf* endometriosis.

endométrite [ɑ̃dɔmetrit] *nf* endometritis.

endommagement [ɑ̃dɔmaʒmɑ̃] *nm* damaging.

endommager [17] [ɑ̃dɔmaʒe] *vt* [bâtiment] to damage; [environnement, récolte] to damage, to harm.

endomorphisme [ɑ̃dɔmɔrfism] *nm* endomorphism.

endoparasite [ɑ̃dɔparazit] ◇ *adj* endoparasitic.

◇ *nm* endoparasite.

endoplasme [ɑ̃dɔplasm] *nm* endoplasm.

endoréique [ɑ̃dɔreik] *adj* endorheic.

endoréisme [ɑ̃dɔreism] *nm* endorheic.

endormant, e [ɑ̃dɔrmɑ̃, ɑ̃t] *adj* -**1.** [professeur, film] boring. -**2.** [massage, tisane] sleep-inducing.

endormeur, euse [ɑ̃dɔrmœr, øz] *nm, f litt* beguiler, enticer; **les ~s** those who lull you into a sense of false security.

endormi, e [ɑ̃dɔrmi] ◇ *adj* -**1.** [sommeillant] sleeping; **il est ~** he's asleep OU sleeping; **à moitié ~** half asleep. -**2.** [apathique] sluggish, lethargic. -**3.** [calme - ville] sleepy, drowsy. -**4.** [faible - désir] dormant; [- vigilance] lulled. -**5.** [ankylosé] : **une jambe ~e** a leg which has gone to sleep.

◇ *nm, f* [personne apathique] do-nothing, ne'erdo-well.

endormir [36] [ɑ̃dɔrmir] *vt* -**1.** [d'un sommeil naturel] to put OU to send to sleep; [avec douceur] to lull to sleep. -**2.** [anesthésier] to put to sleep. -**3.** [ennuyer] to send to sleep, to bore. -**4.** [tromper - électeurs, public] to lull into a false sense of security. -**5.** [affaiblir - douleur] to deaden; [- scrupules] to allay; **~ la vigilance de qqn** to get sb to drop his guard.

◆ **s'endormir** *vpi* -**1.** [d'un sommeil naturel] to drop off OU to go to sleep, to fall asleep. -**2.** [sous anesthésie] to go to sleep. -**3.** [mourir] to pass away OU on. -**4.** [se relâcher] to let up, to slacken off; **ne nous endormons pas, on joue dans deux jours!** this is no time to slacken off, we're playing in two days time! ❑ **s'~ sur ses lauriers** to rest on one's laurels. -**5.** [devenir calme - maisonnée, pays] to grow calm. -**6.** [s'affaiblir - douleur] to subside, to die down; [- scrupules] to be allayed; [- vigilance] to slacken.

endormissement [ɑ̃dɔrmismɑ̃] *nm*: **au moment de l'~** when falling asleep; **qui aide à l'~** sleep-inducing.

endorphine [ɑ̃dɔrfin] *nf* endorphin.

endos [ɑ̃do] = **endossement**.

endoscope [ɑ̃dɔskɔp] *nm* endoscope.

endoscopie [ɑ̃dɔskɔpi] *nf* endoscopy.

endoscopique [ɑ̃dɔskɔpik] *adj* endoscopic.

endosmose [ɑ̃dɔsmoz] *nf* endosmosis.

endosperme [ɑ̃dɔspɛrm] *nm* endosperm.

endossable [ɑ̃dɔsabl] *adj* endorsable.

endossataire [ɑ̃dosatɛr] *nmf* endorsee.

endossement [ɑ̃dosmɑ̃] *nm* BANQUE & FIN endorsement.

endosser [3] [ɑ̃dose] *vt* -**1.** [revêtir] to put OU to slip on *(sép)*, to don. -**2.** [assumer] to assume; ~ **la responsabilité de qqch** to shoulder OU to assume the responsibility for sthg; ~ **les conséquences d'une erreur** to accept OU to assume the consequences of a mistake; **faire ~ à qqn les conséquences d'un acte** to make sb assume the responsibility for the consequences of an action. -**3.** BANQUE & FIN to endorse. -**4.** [livre] to back.

endosseur [ɑ̃dosœr] *nm* endorser.

endothélial, e, aux [ɑ̃dɔteljal, o] *adj* endothelial.

endothélium [ɑ̃dɔteljɔm] *nm* endothelium.

endothermique [ɑ̃dɔtɛrmik] *adj* endothermic, endothermal.

endotoxine [ɑ̃dɔtɔksin] *nf* endotoxin.

endroit [ɑ̃drwa] *nm* -**1.** [emplacement] place; **à l'~ de sa chute** where he fell; **à quel ~ tu l'as mis?** where OU whereabouts did you put it?; **ce n'est pas au bon ~** it's not in the right place; **il est assis au même ~ depuis une heure** he's been sitting in the same place OU spot for the last hour; **j'ai besoin d'un ~ pour ranger mes affaires** I need a place OU space to store my things; **l'~ de la réunion** the place for OU the venue of the meeting; **si tu ne peux pas le mettre à cet ~, mets-le ailleurs** if you can't put it there, put it somewhere else. -**2.** [localité] place, spot; **il y a de belles églises à cet ~** there are some beautiful churches in this area; **un ~ tranquille** a quiet place OU spot; **l'~** the locality, the area; **les gens de l'~ sont très accueillants** the local people OU locals are very friendly. -**3.** [partie - du corps, d'un objet] place; [- d'une œuvre, d'une histoire] place, point; **cela fait mal à quel ~?** where does it hurt?; **en plusieurs ~s** in several places; **c'est l'~ le plus drôle du livre** it's the funniest part OU passage in the book; **on va reprendre au même ~** we'll start again at the same point; **tout le monde pleure au même ~** everybody cries at the same point ❑ **toucher qqn à un ~ sensible** *pr* to touch a sore spot; *fig* to touch a nerve. -**4.** [d'un vêtement] right side. -**5.** *euph*: **petit ~** smallest room in the house; **aller au petit ~** to go and spend a penny *Br*, to go powder one's nose *Am*. -**6.** GÉOG south-facing slope.

◆ **à l'endroit** *loc adv* -**1.** [le bon côté en haut] right side up. -**2.** [le bon côté à l'extérieur] right side out. -**3.** [le bon côté devant] right side round; **remettre son pull à l'~** to put one's pullover on again the right way round. -**4.** TRICOT [dans les explications]: **deux mailles à l'~** two plain, knit two; **un rang à l'~** knit one row.

◆ **à l'endroit de** *loc prép litt* [personne] towards; [événement, objet] regarding, with regard to, in regard to.

◆ **par endroits** *loc adv* in places, here and there; **il y a de l'herbe par ~s** there's some grass here and there OU in places.

enduire [98] [ɑ̃dɥir] *vt* -**1.** [recouvrir] to coat OU to spread OU to cover with *(sép)*; ~ **de**: ~ **de beurre le fond d'un plat** to smear the bottom of a dish with butter; ~ **qqch de colle** to apply glue to sthg; **il enduisait ses jambes de crème solaire** he was smoothing OU rubbing suntan oil on his legs; **enduit d'une substance collante** smeared OU coated with sticky matter. -**2.** CONSTR: ~ **un mur** to plaster a wall over, to face a wall *(with finishing plaster)*.

enduit [ɑ̃dɥi] *nm* -**1.** [revêtement] coat, coating, facing; ~ **au ciment** cement facing. -**2.** [plâtre] plaster; ~ **de lissage/de rebouchage** finishing/sealing plaster. -**3.** MÉD coating *(on the tongue, the stomach)*.

endurable [ɑ̃dyrabl] *adj* endurable, bearable.

endurance [ɑ̃dyrɑ̃s] *nf* -**1.** [d'une personne] endurance, stamina. -**2.** [d'une matière, d'une machine] endurance, resilience; ~ **à la flexion** bending endurance, stress fatigue limit. -**3.** SPORT endurance.

endurant, e [ɑ̃dyrɑ̃, ɑ̃t] *adj* resistant, tough.

endurci, e [ɑ̃dyrsi] *adj* -**1.** [invétéré] hardened, inveterate; **célibataire ~** confirmed bachelor. -**2.** [insensible - âme, caractère] hardened; **des cœurs ~s** hard-hearted people.

endurcir [32] [ɑ̃dyrsir] *vt* -**1.** [rendre résistant - corps, personne] to harden, to toughen; **être endurci à** to be hardened to, to be inured to. -**2.** [rendre insensible] to harden.

◆ **s'endurcir** *vpi* -**1.** [devenir résistant] to harden o.s., to become tougher; **je me suis endurci avec l'âge** age has made me tougher OU has toughened me; **s'~ à** to become hardened OU inured to. -**2.** [devenir insensible] to harden one's heart.

endurcissement [ɑ̃dyrsismɑ̃] *nm* -**1.** [endurance] hardening, toughening. -**2.** [insensibilité]: **son ~ au fil des années** his increasing hard-heartedness over the years; **l'~ du cœur** the hardening of the heart.

endurer [3] [ɑ̃dyre] *vt* to endure, to bear, to stand; **comment peut-il ~ qu'on lui parle ainsi?** how can he tolerate being spoken to in that way?; **il a dû ~ beaucoup d'épreuves** he had to put up with OU to suffer a lot of trials and tribulations; **je n'endure plus vos critiques** *vieilli* I can't put up with OU endure OU tolerate you criticizing me anymore.

enduro [ɑ̃dyro] *nm* cross-country motorcycle race.

Énée [ene] *npr* Aeneas.

Énéide [eneid] *nf*: 'l'~' *Virgile* 'The Aeneid'.

énéolithique [eneɔlitik] ◇ *adj* Aeneolithic. ◇ *nm* Aeneolithic (period).

énergétique [enɛrʒetik] ◇ *adj* -**1.** ÉCOL & ÉCON energy *(modif)*. -**2.** [alimentation] energy-giving, energizing; [besoins, apport] energy *(modif)*. ◇ *nf* energetics *(sg)*.

énergie [enɛrʒi] *nf* -**1.** [dynamisme] energy, stamina, drive; **parler avec ~** to speak vigorously; **se mettre au travail avec ~** to start work energetically; **avoir de l'~** to have a lot of energy; **donner de l'~ à qqn** to invigorate OU to energize sb; **être sans** OU **manquer d'~** to lack energy, to be listless; **mettre toute son ~ à** to devote OU to apply all one's energies to. -**2.** [force] energy, vigour, strength; **il faudrait dépenser trop d'~** it would be too much of an effort ❑ **avec l'~ du désespoir** with the strength born of desperation. -**3.** SC & TECH energy, power; ~ **électrique/solaire** electrical/solar energy; ~ **potentielle/cinétique** potential/kinetic energy; ~ **éolienne** wind power; ~ **nucléaire** nuclear power OU energy; **les ~s nouvelles** new sources of energy. -**4.** PSYCH: ~ **psychique** psychic energy.

◆ **énergies** *nfpl*: **rassembler les ~s d'un pays** to mobilize the people of a country; **nous aurons besoin de toutes les ~s pour le déménagement** we'll need all the help we can get for the move.

énergique [enɛrʒik] *adj* -**1.** [fort - mouvement, intervention] energetic, vigorous; [- mesure] energetic, drastic, extreme; [- paroles] emphatic; [- traitement] strong, powerful. -**2.** [dynamique - personne, caractère] energetic, forceful, active; [- visage] determined-looking.

énergiquement [enɛrʒikmɑ̃] *adv* [bouger, agir] energetically, vigorously; [parler, critiquer, refuser] energetically, emphatically.

énergisant, e [enɛrʒizɑ̃, ɑ̃t] *adj* energizing, energy-giving.

◆ **énergisant** *nm* energizer.

énergumène [enɛrgymɛn] *nmf* energumen *litt*, wild-eyed fanatic OU zealot.

énervant, e [enɛrvɑ̃, ɑ̃t] *adj* irritating, annoying, trying.

énervation [enɛrvasjɔ̃] *nf* -**1.** MÉD denervation. -**2.** *vieilli* [affaiblissement] enervation.

énervé, e [enɛrve] *adj* -**1.** [irrité] irritated, annoyed. -**2.** [tendu] edgy; **il est souvent ~** he's often edgy OU on edge. -**3.** [agité] agitated, restless.

énervement [enɛrvəmɑ̃] *nm* -**1.** [agacement] irritation, annoyance; **notre départ s'est fait dans l'~ général** everyone was getting irritated with everyone else when we left. -**2.** [tension] edginess. -**3.** [agitation] restlessness.

énerver [3] [enɛrve] *vt* -**1.** [irriter] to annoy, to irritate; **ça m'énerve quand il dit des idioties** it gets on my nerves when he says stupid things; **son attitude m'énerve** I find his behaviour annoying OU irritating; **cette musique m'énerve** this music is getting on my nerves. -**2.** [agiter] to make restless, to excite, to overexcite; **n'énerve pas le petit avant son coucher** don't excite the little one before he goes to bed.

◆ **s'énerver** *vpi* -**1.** [être irrité] to get worked up OU annoyed OU irritated. -**2.** [être excité] to get worked up OU excited OU overexcited; **il ne faut pas laisser les enfants s'~ avant de se coucher** the children mustn't get worked up OU excited before going to bed.

enfaîter [4] [ɑ̃fete] *vt* to top with ridge tiles.

enfance [ɑ̃fɑ̃s] *nf* -**1.** [période de la vie - gén] childhood; [- d'un garçon] boyhood; [- d'une fille] girlhood; **dès sa plus tendre ~** from a very tender age; **dès sa première ~** in his infancy; **dès son ~** from an early age; **retomber en ~** to regress; **il retombe en ~** he's in his second childhood ❑ **la petite ~** infancy, babyhood, early childhood. -**2.** [enfants] children; **l'~ délinquante/malheureuse** delinquant/unhappy children. -**3.** [commencement] infancy, start, early stage; **c'est l'~ de l'art** it's child's play.

◆ **d'enfance** *loc adj* childhood *(modif)*.

enfant [ɑ̃fɑ̃] ◇ *adj* -**1.** [jeune]: **il était encore ~ quand il comprit, tout ~ encore, il comprit** he was still a child when he understood. -**2.** [naïf] childlike; **je suis resté très ~** I'm still a child at heart.

◇ *nmf* -**1.** [jeune - gén] child; [- garçon] little boy; [- fille] little girl; **décédé sans ~s** JUR having died without issue; **un ~ à naître** an unborn child OU baby; **faire l'~** to act like a child; **ne fais pas l'~!** act your age!, don't be such a baby!, grow up!; **il n'y a plus d'~s!** children are so precocious these days!; **prendre qqn pour un ~** to treat sb like a child ❑ ~ **bleu** blue baby; ~ **de chœur** *pr* choirboy, altarboy; **comme un ~ de chœur** *fig* like an angel OU a cherub; **ce n'est pas un ~ de chœur** he's no angel; ~ **gâté** spoilt child; **l'~ Jésus** Baby Jesus; ~ **prodige** child prodigy; ~ **terrible** enfant terrible; ~ **trouvé** foundling; **bonne d'~s** *vieilli* nanny; **grand ~** overgrown child; **ce sont de grands ~s** they're very naive; **c'est un jeu d'~** it's child's play; **petit ~** infant, little child, small child; **laissez venir à moi les petits ~s** BIBLE suffer the little children to come unto me; **dormir comme un ~** to sleep like a baby; **comme l'~ qui vient de naître** (as) innocent as a new-born babe. -**2.** [descendant] child; **faire un ~** to have a child; **faire un ~ à une femme** to have a child with a woman; **avoir de jeunes ~s/de grands ~s** to have a young family/grown-up children; **ils n'ont pas d'~s** they're childless; **un couple sans ~s** a childless couple; **être en mal d'~** to be longing for a child; **un ~ de la crise/des années 80** a child of the depression/of the 80s; **la chorale, c'est son ~** the choir is his brainchild, he was the one who set up the choir ❑ ~ **de l'amour** love child; ~ **de la balle**: **je suis un ~ de la balle** [théâtre] I was born into the theatre; [cirque] I was born under the big top; ~ **de Marie** RELIG child of Mary; **ce n'est pas une ~ de Marie** *fig* she's no saint; ~ **du pays** [homme] son of the soil; [femme] daughter of the soil; **l'~ prodigue** the prodigal son; ~ **unique** only child. -**3.** [en appellatif] child; **mon ~** my child; **belle ~** dear girl OU child; **alors, les ~s, encore un peu de champagne?** *fam* a bit more champagne, boys and girls OU folks?;

bon, les ~s, on y va? *fam* come on you lot, let's go! || [comme insulte]: ~ de▼: ~ de putain OU de salaud son of a bitch.

◆ **bon enfant** *loc adj inv* good-natured; **tenez, je suis bon ~, je ne vous fais pas payer les intérêts** look, I'll be good to you, I won't charge you any interest; **d'un ton bon ~** good-naturedly.

◆ **d'enfant** *loc adj* -**1.** [des enfants - dessin, imagination] child's. -**2.** [puéril] childlike, childish *péj*, babyish *péj*.

enfantement [ɑ̃fɑ̃tmɑ̃] *nm litt* -**1.** [création] birth, bringing forth. -**2.** [accouchement] childbirth.

enfanter [3] [ɑ̃fɑ̃te] *vt litt* -**1.** [produire] to give birth to, to create, to bring forth *(sép) litt*; **les héros que notre pays a enfantés** the heroes that our country has brought forth. -**2.** [suj: mère] to give birth to; **tu enfanteras dans la douleur** BIBLE in sorrow thou shalt bring forth children.

enfantillage [ɑ̃fɑ̃tijaʒ] *nm* -**1.** [action, parole] piece of childishness; **arrête ces ~s!** don't be so childish!, do grow up! -**2.** [chose sans importance] trifle, trifling matter.

enfantin, e [ɑ̃fɑ̃tɛ̃, in] *adj* -**1.** [de l'enfance] childlike; **voix ~e** child's OU childlike voice || [adulte] childlike; **avoir un sourire ~** [homme] to have a boyish smile; [femme] to have a girlish smile. -**2.** [simple] easy; **c'est ~** there's nothing to it, it's child's play. -**3.** [puéril] childish, infantile, puerile.

enfariné, e [ɑ̃farine] *adj* covered with white powder; **la gueule ~e, le bec ~** like a fool.

enfariner [3] [ɑ̃farine] *vt* to cover with flour.

enfer [ɑ̃fɛr] *nm* -**1.** RELIG hell; **~ et damnation!** *hum* (hell and) damnation!, heck!; **l'~ est pavé de bonnes intentions** *prov* the road to hell is paved with good intentions *loc*. -**2.** [lieu, situation désagréable] hell; **sa vie est un véritable ~** his life is absolute hell; **l'~ de la guerre** the inferno of war. -**3.** [d'une bibliothèque] *section where books forbidden to the public are stored.*

◆ **enfers** *nmpl* MYTH: **les ~s** the underworld; **descendre aux ~s** to go down into the underworld.

◆ **d'enfer** *loc adj* [vie] hellish; [bruit] deafening; [feu] blazing, raging; **jouer un jeu d'~** to play high stakes.

enfermement [ɑ̃fɛrməmɑ̃] *nm* -**1.** [action d'enfermer] shutting OU locking up. -**2.** [fait d'être enfermé] seclusion.

enfermer [3] [ɑ̃fɛrme] *vt* -**1.** [mettre dans un lieu clos - personne, animal] to shut up OU in *(sép)*; **la nuit, on enferme le chien** at night we shut the dog up OU in; **~ un enfant dans un placard** to lock a child in a closet. -**2.** [emprisonner - criminel] to lock up OU away *(sép)*, to put under lock and key; [- fou] to lock up; **~ qqn dans une cellule** to shut sb up in a cell; **ce type-là, il faudrait l'~!** *fam* [dangereux] that guy ought to be locked up!; [fou] that guy needs his head examined! -**3.** [ranger] to put OU to shut away *(sép)*; [en verrouillant] to lock up OU away *(sép)*. -**4.** [confiner] to confine, to coop up *(sép)*; **enfermé dans une petite pièce toute la journée** cooped up in a small room all day; **je me sens enfermé** I feel cooped up; **ne restez pas enfermés, voilà le soleil!** don't stay indoors, the sun's come out!; **~ qqn dans: ~ qqn dans un dilemme** to put sb in a dilemma; **~ qqn dans un rôle** *pr* & *fig* to typecast sb; **être enfermé dans ses contradictions** to remain trapped OU bound by one's own contradictions. -**5.** [entourer] to enclose; **les murailles enferment la ville** the walls enclose the town. -**6.** [contenir - allusion, menace] to contain; **un triangle enfermé dans un cercle** a triangle circumscribed by OU in a circle. -**7.** [maintenir] to confine, to restrict; **~ la poésie dans des règles strictes** to confine poetry within strict rules. -**8.** SPORT to hem in *(sép)*.

◆ **s'enfermer** *vp (emploi réfléchi)* -**1.** [se cloîtrer - dans un couvent] to shut o.s. up OU away. -**2.** [verrouiller sa porte] to shut o.s. up OU in, to lock o.s. in; **s'~ dehors** to lock OU to shut o.s. out. -**3.** [s'isoler] to shut o.s. away; **elle s'enferme à la bibliothèque toute la journée** she spends all day in the library; **s'~ dans le silence** to retreat into silence; **s'~ dans ses contradictions** to become caught up in one's own contradictions; **s'~ dans un rôle** to stick to a role.

enferrer [4] [ɑ̃fere] *vt* [avec une lame] to run through *(sép)*, to transfix.

◆ **s'enferrer** *vpi* -**1.** [s'enfoncer] to make matters worse; **s'~ dans ses explications** to get tangled OU muddled up in one's explanations; **s'~ dans ses mensonges** to be caught OU trapped in the mesh of one's lies; **tais-toi, tu t'enferres** don't say any more, you're only making matters worse for yourself. -**2.** [s'embrocher] to spike OU to spear o.s. -**3.** PÊCHE [poisson] to hook itself.

enfiévrer [18] [ɑ̃fjevre] *vt* to fire, to stir up *(sép)*; **~ les esprits** to stir people up; **~ l'imagination** to fire the imagination; **une atmosphère enfiévrée** a feverish atmosphere.

◆ **s'enfiévrer** *vpi* to get excited; **s'~ pour une idée nouvelle** to get very excited over a new idea.

enfilade [ɑ̃filad] *nf* -**1.** [rangée] row, line; **une ~ de peupliers** a row of poplars. -**2.** MIL enfilade.

◆ **en enfilade** ◇ *loc adj*: **des pièces en ~** a suite of adjoining rooms; **le salon et la salle à manger sont en ~** the living room opens into OU adjoins the dining room; **la chambre et la salle de bains sont en ~** the bedroom has an en suite bathroom; **maisons en ~** [toutes mitoyennes] a row of terraced houses *Br* OU townhouses *Am*, a terrace *Br*; [mitoyennes deux à deux] a row of semi-detached houses; [isolées] a row of houses.

◇ *loc adv*: **prendre en ~** MIL to enfilade; **prendre les rues en ~** to follow along in a straight line from one street to the next.

enfilage [ɑ̃filaʒ] *nm* threading.

enfiler [3] [ɑ̃file] *vt* -**1.** [faire passer]: **~ un élastique dans un ourlet** to thread a piece of elastic through a hem. -**2.** [disposer - sur un fil] to thread OU to string (on) *(sép)*; [- sur une tige] to slip on *(sép)*; **~ une aiguille** to thread a needle; **~ des bagues sur un doigt** to slip rings onto a finger; **~ des tomates sur une brochette** to put tomatoes onto a skewer, to skewer tomatoes ❑ **~ des perles** *fam* to waste one's time with trifles. -**3.** [mettre - vêtement] to pull OU to slip on *(sép)*, to slip into *(sép)*; **~ ses gants** to put OU to pull one's gloves on; **~ son collant** to slip on one's tights. -**4.** [suivre] to take, to use; **~ un long couloir** [à pied] to walk down a long passage; [à bicyclette] to ride down a long passage; **la voiture a enfilé la rue jusqu'au carrefour** the car drove up the street to the crossroads. -**5.** *fam* [débiter] to string (together), to spout; **elle n'a fait qu'~ des banalités** she did nothing but spout one cliché after another. -**6.** ▼ [sexuellement] to screw.

◆ **s'enfiler** ◇ *vpi*: **s'~ dans** to go into; **s'~ sous un porche** to disappear into a doorway.

◇ *vpt fam* -**1.** [avaler - boisson] to knock back, to put away; [- nourriture] to guzzle, to gobble up *(sép)*, to put away *(sép)*. -**2.** [faire - corvée] to get through *(insép)*.

enfin [ɑ̃fɛ̃] *adv* -**1.** [finalement] at last; **les voilà! — ah, ~!** here they are! — ah, at last!; **vous voilà ~!** here OU there you are at last!; **il est ~ prêt!** he's ready at last!; **~! depuis le temps!** and not before!, and about time too!; **~ seuls!** alone at last!; **un accord a été ~ conclu** an agreement has at last been reached. -**2.** [en dernier lieu] finally; **~, j'aimerais vous remercier de votre hospitalité** finally, I would like to thank you for your hospitality; **je vais en Suisse, en Allemagne et ~ en Grèce** I'll go to Switzerland, Germany and finally to Greece. -**3.** [bref] in short, in brief, in a word; **il est brutal, instable, ~ c'est un homme dangereux** he's violent, unstable, in short OU in a word (he's) a dangerous man. -**4.** [cependant] still, however, after all; **ce sera difficile, ~, on peut essayer** it'll be difficult, still we can try; **elle est triste, mais ~ elle s'en remettra** she's sad, but still, she'll get over it; **oui mais ~, c'est peut-être vrai** after all it might well be true. -**5.** [avec une valeur restrictive] well, at least; **elle est jolie, ~, à mon avis** she's pretty, (or) at least I think she is; **c'est très joli, ~ ce n'est pas mal** it's very pretty, well OU at least, it's not bad; **il était malade, ~ c'est ce qu'il dit** he was sick, at least that's what he says. -**6.** [emploi expressif]: **~! c'est la vie!** oh well, such is life!; **ce n'est pas la même chose, ~!** oh come on, it's not the same thing at all!; **~, qu'est-ce qui t'a pris?** what on earth possessed you?; **~, reprends-toi!** come on, pull yourself together!; **~ qu'est-ce qu'il y a?** what on earth is the matter?; **c'est son droit, ~!** it's his right, after all!; **tu ne peux pas faire ça, ~!** you can't DO that!

enflammé, e [ɑ̃flame] *adj* -**1.** [en flammes - allumette, torche] lighted, burning; [- bûche] burning. -**2.** *litt* [rouge] burning, fiery; **elle est entrée, le visage tout ~** she came in, her face burning. -**3.** [passionné - discours, déclaration] impassioned, fiery; [- nature] fiery, hot-blooded. -**4.** MÉD inflamed.

enflammer [3] [ɑ̃flame] *vt* -**1.** [mettre le feu à - bois] to light, to kindle, to ignite; [- branchages] to ignite; [- allumette] to light, to strike; [- papier] to ignite, to set on fire, to set alight. -**2.** *litt* [rougir] to flush; **la fièvre enflammait ses joues** his cheeks were burning OU flushed with fever. -**3.** [exalter - imagination, passion] to kindle, to fire; [- foule] to inflame. -**4.** MÉD to inflame.

◆ **s'enflammer** *vpi* -**1.** [prendre feu - forêt] to go up in flames, to catch fire, to ignite; [- bois] to burst into flame, to light. -**2.** *litt* [rougir - visage, ciel] to flush; **le ciel s'enflammait au soleil levant** the rising sun set the sky ablaze; **son visage s'enflamma de colère** his face was flushed with anger. -**3.** [s'intensifier - passion] to flare up. -**4.** [s'enthousiasmer] to be fired with enthusiasm.

enflé, e [ɑ̃fle] ◇ *adj* swollen.

◇ *nm, f* ▽ fathead, jerk.

enfler [3] [ɑ̃fle] ◇ *vt* -**1.** [gonfler - forme] to cause to swell, to make swell; [- voix] to make louder, to raise. -**2.** [majorer - calcul, budget] to inflate. -**3.** *litt* [exagérer - difficulté, prestige] to overestimate.

◇ *vi* [augmenter de volume - cheville] to swell (up); [- voix] to boom (out).

◆ **s'enfler** *vpi* [voix] to boom (out); [voile] to billow OU to swell OU to fill out.

enflure [ɑ̃flyr] *nf* -**1.** [partie gonflée] swelling. -**2.** [emphase] bombast, turgidity, pompousness; **il donne dans l'~** he tends to be pompous. -**3.** ▽ [personne détestable] jerk.

enfoiré, e▽ [ɑ̃fware] *nm, f* bastard.

enfoncé, e [ɑ̃fɔ̃se] *adj* [yeux] sunken, deep-set.

enfoncement [ɑ̃fɔ̃smɑ̃] *nm* -**1.** [destruction - d'un mur] breaking down; [- d'une porte] breaking down, bashing in. -**2.** [fait de faire pénétrer] driving in. -**3.** [profondeur] (penetration) depth. -**4.** [cavité] depression, hollow. -**5.** MÉD fracture; **~ de la boîte crânienne** skull fracture; **~ du thorax** flail chest. -**6.** NAUT difference of draught *Br* OU draft *Am*.

enfoncer [16] [ɑ̃fɔ̃se] ◇ *vt* -**1.** [faire pénétrer - piquet, aiguille] to push in *(sép)*; [- vis] to drive OU to screw in *(sép)*; [- clou] to drive OU to hammer in *(sép)*; [- épingle, punaise] to push OU to stick in *(sép)*; [- couteau] to stick OU to thrust in *(sép)*; **il a enfoncé le pieu d'un seul coup** he drove OU stuck the stake home in one; **elle lui a enfoncé un revolver dans le dos** she thrust OU jabbed a gun into his back ❑ **il faut ~ le clou** it's important to ram the point home. -**2.** [faire descendre] to push OU to ram (on); **il enfonça son chapeau jusqu'aux oreilles** he rammed his hat onto his head. -**3.** [briser - côte, carrosserie] to stave in *(sép)*, to crush; [- porte] to break down *(sép)*, to bash in *(sép)*, to force open *(sép)*; [- barrière, mur] to smash, to break down *(sép)*; **la voiture a enfoncé la barrière** the car crashed through the fence ❑ ~ une porte ouverte OU des portes ouvertes [prouver l'évidence] to labour *Br* OU labor *Am* the point. -**4.** [vaincre - armée, troupe] to rout, to crush; ~ un front to break through a frontline; ~ un adversaire *fam* to crush an opponent. -**5.** [condamner]: ~ qqn: son témoignage n'a fait que l'~ he just dug himself into a deeper hole with that statement. ◇ *vi* to sink; ~ dans la neige to sink into the snow.

◆ **s'enfoncer** ◇ *vpi* -**1.** [dans l'eau, la boue, la terre] to sink (in); le navire s'enfonçait lentement the boat was slowly going down OU sinking; ils s'enfoncèrent dans la neige jusqu'aux genoux they sank knee-deep into the snow; s'~ dans un marécage to sink OU to be sucked into a bog; s'~ jusqu'aux genoux to sink up to one's knees; les vis s'enfoncent facilement dans le bois screws go OU bore easily through wood. -**2.** [se lover]: s'~ dans to sink into; s'~ dans un fauteuil to sink into an armchair; s'~ sous une couette to burrow OU to snuggle under a quilt || *péj*: s'~ dans son chagrin to bury o.s. in one's grief. -**3.** [s'engager]: s'~ dans to penetrate OU to go into; le chemin s'enfonce dans la forêt the path runs into the forest; plus on s'enfonce dans la forêt plus le silence est profond the further you walk into the forest the quieter it becomes; ils s'enfoncèrent dans la nuit they disappeared into the night. -**4.** [s'affaisser - plancher, terrain] to give way, to cave in. -**5.** [aggraver son cas] to get into deep OU deeper waters, to make matters worse; plus tu t'excuses, plus tu t'enfonces you're only making matters worse (for yourself) by apologizing so much.

◇ *vpt*: s'~ une épine dans le doigt to get a thorn (stuck) in one's finger; s'~ une idée dans la tête to get an idea into one's head; je ne reviendrai pas, enfonce-toi bien ça dans la tête! and I won't be back, just get that into your thick head!

enfonceur, euse [ɑ̃fɔ̃sœr, øz] *nm, f*: c'est un ~ de portes ouvertes *fam* he's a great one for stating the obvious.

enfouir [32] [ɑ̃fwir] *vt* -**1.** [mettre sous terre - os, trésor] to bury. -**2.** [blottir] to nestle; elle a enfoui sa tête dans l'oreiller she buried her head in the pillow. -**3.** [cacher] to stuff, to bury; la lettre était enfouie sous une pile de dossiers the letter was buried under a pile of files.

◆ **s'enfouir** *vpi* -**1.** [s'enterrer] to bury o.s.; s'~ dans le sable to bury o.s. in the sand. -**2.** [se blottir] to burrow; s'~ dans un terrier/sous les couvertures to burrow in a hole/under the blankets.

enfouissement [ɑ̃fwismɑ̃] *nm* burying.

enfourchement [ɑ̃furʃəmɑ̃] *nm* forked mortise and tenon joint.

enfourcher [3] [ɑ̃furʃe] *vt* [bicyclette, cheval] to mount, to get on *(insép)*; [chaise] to straddle; ~ son cheval de bataille OU son dada to get on one's hobbyhorse.

enfournage [ɑ̃furnaʒ], **enfournement** [ɑ̃furnəmɑ̃] *nm* -**1.** TECH [de la céramique] setting. -**2.** [mise dans un four] putting into the oven.

enfourner [3] [ɑ̃furne] *vt* -**1.** [mettre dans un four] to put into an oven; ~ des briques to feed a kiln (with bricks). -**2.** *fam* [entasser] to shove OU to cram OU to push (in); ~ du linge dans une machine à laver to cram laundry into a washing machine. -**3.** *fam* [manger] to put away *(sép)*, to wolf down *(sép)*; elle a enfourné une pizza entière she put away a whole pizza.

◆ **s'enfourner** *fam vpt*: s'~ qqch [le manger] to wolf sthg down; s'~ qqch dans la bouche to cram OU to stuff sthg into one's mouth; il se l'est enfourné dans le bec he shoved it into his mouth.

◆ **s'enfourner dans** *vp + prép* [entrer dans] to rush OU to pile into; l'équipe s'enfourna dans le car the team piled into the bus.

enfreindre [81] [ɑ̃frɛ̃dr] *vt* to infringe; ~ la loi to break OU to infringe the law; ~ le règlement to fail to comply with OU to break the rules.

enfuir [35] [ɑ̃fɥir]

◆ **s'enfuir** *vpi* to run away, to flee; ils se sont enfuis avec l'argent they ran away OU they ran off OU they made off with the money; s'~ avec qqn [pour échapper à des sanctions] to run away OU off with sb; [pour se marier] to elope with sb; s'~ de prison to break out of OU to escape from jail; s'~ de chez soi to run away from home; s'~ d'un pays to flee a country; il s'est enfui en Suisse he fled to Switzerland.

enfumage [ɑ̃fymaʒ] *nm* [d'un animal, d'un insecte] smoking out.

enfumé, e [ɑ̃fyme] *adj* [pièce] smoky, smoke-filled; [paroi] sooty.

enfumer [3] [ɑ̃fyme] *vt* -**1.** [abeille, renard] to smoke out *(sép)*. -**2.** [pièce] to fill with smoke; [paroi] to soot up *(insép)*.

enfutailler [3] [ɑ̃fytaje], **enfûter** [3] [ɑ̃fyte] *vt* to barrel, to cask.

engagé, e [ɑ̃gaʒe] ◇ *adj* -**1.** [politisé - artiste, littérature] political, politically committed, engagé. -**2.** ARCHIT engaged. -**3.** [inscrit]: les concurrents ~s dans la course the competitors who are signed up to take part in the race. ◇ *nm, f* MIL volunteer.

engageant, e [ɑ̃gaʒɑ̃, ɑ̃t] *adj* [manières, sourire] engaging, winning; [regard] inviting; [perspective] attractive, inviting; un restaurant bien peu ~ a less than inviting restaurant.

engagement [ɑ̃gaʒmɑ̃] *nm* -**1.** [promesse] commitment, undertaking, engagement; contracter un ~ to enter into a commitment; faire honneur à/manquer à ses ~s to honour/to fail to honour one's commitments; passer un ~ avec qqn to come to an agreement with sb; prendre l'~ de to undertake OU to agree to; respecter ses ~s envers qqn to fulfil *Br* OU to fulfill *Am* one's commitments OU obligations towards sb; sans ~ de date date subject to change; sans ~ de votre part with no obligation on your part; [dans une publicité] no obligation to buy. -**2.** [dette] (financial) commitment, liability; faire face à ses ~s to meet one's commitments. -**3.** [embauche] appointment, hiring; ~ à l'essai appointment for a trial period || CIN & THÉÂT job; acteur sans ~ out of work actor. -**4.** [début] beginning, start; l'~ des négociations the start OU opening of the negotiations; l'~ des travaux the start OU beginning of the work. -**5.** MIL [combat] engagement, action, clash; [mise en action]: ~ d'une troupe committing troops to action || [recrutement] enlistment. -**6.** [prise de parti] commitment; c'est de cette époque que date son ~ he started getting involved politically from that point on, his political commitment dates from that time. -**7.** [mise en gage] pawning. -**8.** MÉD engagement; l'~ de la tête engagement of the head. -**9.** SPORT [participation] entry; son ~ dans le tournoi his entry into OU entering the competition || FTBL kickoff.

engager [17] [ɑ̃gaʒe] *vt* -**1.** [insérer - clef, disquette] to insert, to put OU to slot in *(sép)*; ~ une vitesse to put a car into gear || [faire pénétrer]: ~ une péniche dans une écluse to move a barge into a lock. -**2.** [lier] to bind, to commit; voilà ce que je pense, mais ça n'engage que moi that's how I see it, but it's my own view; ce sont des conclusions qui n'engagent que vous/l'auteur these are your own/the author's ownconclusions; ~ qqn à qqch: cela ne t'engage à rien it doesn't commit you to anything. -**3.** [mettre en jeu - énergie, ressources] to invest, to commit; [- fonds] to put in *(sép)*; ~ sa parole to give one's word (of honour *Br* OU honor *Am*); ~ sa responsabilité to accept responsibility. -**4.** [inciter]: ~ qqn à: je vous engage à la prudence/modération I advise you to be prudent/moderate; ~ qqn à faire qqch to advise sb to do sthg. -**5.** [commencer] to open, to start, to begin; ~ la conversation avec qqn to engage sb in conversation, to strike up a conversation with sb; ~ le débat to start the discussion; les négociations ont été engagées mardi the talks got under way on Tuesday; l'affaire est mal engagée the whole thing is off to a bad start; ~ le match FTBL to kick off; RUGBY to begin. -**6.** [embaucher] to take on *(sép)*, to hire. -**7.** MIL [envoyer] to commit to military action; [recruter] to enlist. -**8.** [mettre en gage] to pawn.

◆ **s'engager** *vpi* -**1.** [commencer - négociations, procédure, tournoi] to start, to begin; une conversation s'est engagée entre les voyageurs the passengers struck up a conversation. -**2.** [prendre position] to take a stand; elles n'ont pas peur de s'~ they're not afraid of taking a stand; s'~ contre la peine de mort to campaign against OU to take a stand against the death penalty. -**3.** MIL to enlist; s'~ avant l'appel to volunteer before conscription. -**4.** [auprès d'un employeur] to hire o.s. out; s'~ comme jeune fille au pair to get a job as an au pair.

◆ **s'engager à** *vp + prép*: s'~ à faire qqch [promettre] to commit o.s. to doing sthg, to undertake to do sthg.

◆ **s'engager dans** *vp + prép* -**1.** [avancer dans - suj: véhicule, piéton] to go OU to move into; la voiture s'est engagée dans une rue étroite the car drove OU turned into a narrow street; s'~ dans un carrefour to pull OU to draw out into a crossroads. -**2.** [entreprendre] to enter into, to begin; s'~ dans des pourparlers difficiles to embark on OU to begin difficult negotiations; le pays s'est engagé dans la lutte armée the country has committed itself to OU has entered into armed struggle. -**3.** SPORT: s'~ dans une course/compétition to enter a race/an event.

engainant, e [ɑ̃gɛnɑ̃, ɑ̃t] *adj* sheathing.

engainer [4] [ɑ̃gene] *vt* to sheathe.

engazonnement [ɑ̃gazɔnmɑ̃] *nm* [par plaques] turfing; [par semis] grassing.

engazonner [3] [ɑ̃gazɔne] *vt* [par plaques] to turf; [par semis] to grass.

engeance [ɑ̃ʒɑ̃s] *nf péj* scum, trash *Am*; ils feraient n'importe quoi pour se procurer de l'argent, quelle (sale) ~! they'd do anything for money, what scum!

engelure [ɑ̃ʒlyr] *nf* chilblain.

engendrement [ɑ̃ʒɑ̃drəmɑ̃] *nm* begetting BIBLE, fathering.

engendrer [3] [ɑ̃ʒɑ̃dre] *vt* -**1.** [procréer] to beget BIBLE, to father; les fils qu'il a engendrés the sons he fathered; les fils qu'elle a engendrés the sons she bore; les fils qu'ils ont engendrés the sons they brought into the world. -**2.** [provoquer - sentiment, situation] to generate, to create, to breed *péj*; il n'engendre pas la mélancolie *hum* he's great fun. -**3.** LING & MATH to generate.

engerber [3] [ɑ̃ʒɛrbe] *vt* AGR to sheaf.

engin [ɑ̃ʒɛ̃] *nm* -**1.** [appareil] machine, appliance; ~ agricole piece of farm machinery; ~s de levage lifting gears; ~ de levage électrique electric hoist; ~ de manutention conveyor, handling equipment; ~ de nivelage planer *Br*, leveler *Am*. -**2.** MIL weaponry. -**3.** *fam* [chose] contraption, thingamabob, thingamajig. -**4.** ▽ [pénis] tool.

engineering [ɛnʒiniriŋ] *nm*: l'~ engineering.

englober [3] [ɑ̃glɔbe] *vt* -**1.** [réunir] to encompass; son livre englobe tout ce qui est connu sur le sujet her book encompasses OU covers the whole range of knowledge on the subject. -**2.** [inclure] to include; ~ un texte dans un recueil to include a piece in an anthology.

engloutir [32] [ɑ̃glutir] *vt* -**1.** [faire disparaître] to swallow up *(sép)*, to engulf; une île engloutie par la mer an island swallowed up by the sea. -**2.** [manger] to gobble up *(sép)*, to gulp OU to wolf down *(sép)*; il engloutit des quantités incroyables de chocolat he puts away an incredible amount of chocolate; ils ont englouti le gâteau en un rien de temps they demolished the cake in no time. -**3.** [dépenser] to squander; les travaux ont englouti tout l'argent qui me restait the work swallowed up all the money I had left; il a englouti son capital dans son agence he sank all his capital into his agency; ils ont englouti des sommes énormes dans la maison they sank vast amounts of money into the house.

◆ **s'engloutir** *vpi* [vaisseau] to be swallowed up OU engulfed, to sink.

engloutissement [ɑ̃glutismɑ̃] *nm* -**1.** [d'un navire, d'une ville] swallowing up, engulfment. -**2.** [d'une fortune] squandering.

engluement [ɑ̃glymɑ̃], **engluage** [ɑ̃glyaʒ] *nm* liming, birdliming.

engluer [3] [ɑ̃glye] *vt* -**1.** CHASSE [oiseau, branche] to lime, to birdlime. -**2.** [rendre collant] to make sticky; **des doigts englués de colle** fingers sticky with glue.

◆ **s'engluer** *vpi* -**1.** [se couvrir de glu] to become gluey. -**2.** *fig*: **s'~ dans qqch** to get bogged down in sthg; **s'~ dans une vie médiocre** to become bogged down in a life of mediocrity.

engober [3] [ɑ̃gɔbe] *vt* to coat with slip.

engoncer [16] [ɑ̃gɔ̃se] *vt* to cramp, to restrict; **être engoncé dans ses vêtements** to be restricted by one's clothes; **tu as l'air (d'être) engoncé dans ce manteau** that coat looks too tight for you.

engorgement [ɑ̃gɔrʒəmɑ̃] *nm* [d'un tuyau] flooding; [d'un sol] saturation; **l'~ des grandes villes** congestion in the big cities; **l'~ du marché automobile** saturation in the car industry, the glut of cars on the market ❑ **~ mammaire** engorgement.

engorger [17] [ɑ̃gɔrʒe] *vt* [canalisation] to flood; [route] to congest, to jam; [organe] to engorge; [sol] to saturate; [marché] to saturate, to glut.

engouement [ɑ̃gumɑ̃] *nm* -**1.** [pour une activité, un type d'objet] keen interest; **un ~ pour le jazz** a keen interest in jazz; **d'où te vient cet ~ soudain pour la politique?** how come you're so smitten with politics all of a sudden? -**2.** [élan amoureux] infatuation; **avoir un ~ pour** to be infatuated with.

engouer [6] [ɑ̃gwe]

◆ **s'engouer de, s'engouer pour** *vp + prép* [activité, objet] to have a craze OU a sudden passion for; [personne] to become infatuated with.

engouffrement [ɑ̃gufrəmɑ̃] *nm* -**1.** [consommation - de nourriture] wolfing, cramming; [- d'argent] sinking, squandering. -**2.** [entrée - du vent] rushing OU sweeping OU blowing in; [- de la foule] rushing in; [- de la mer] surging OU rushing in.

engouffrer [3] [ɑ̃gufre] *vt* -**1.** [avaler] to wolf OU to shovel (down), to cram (in). -**2.** [entasser] to cram OU to stuff (in). -**3.** [dépenser] to swallow up *(sép)*; **ils ont engouffré des sommes énormes dans la maison** they sank vast amounts of money into the house.

◆ **s'engouffrer** *vpi* [foule] to rush, to crush; [personne] to rush, to dive; [mer] to surge, to rush; [vent] to blow, to sweep, to rush; **s'~ dans un taxi** [seul] to dive into a taxi; [à plusieurs] to pile into a taxi.

engoulevent [ɑ̃gulvɑ̃] *nm* nightjar; **~ d'Amérique** nighthawk, bullbat.

engourdi, e [ɑ̃gurdi] *adj* -**1.** [doigt, membre] numb, numbed; **j'ai les doigts ~s** my fingers have gone numb; **à force d'être resté dans cette position, j'ai la jambe ~e** I have been sitting like this so long that my leg has gone to sleep. -**2.** [esprit, imagination] slow, lethargic.

engourdir [32] [ɑ̃gurdir] *vt* -**1.** [insensibiliser - doigt, membre] to numb, to make numb; [- sens] to deaden; **être engourdi par le froid** to be numb with cold; **la chaleur a engourdi les élèves** the heat made the pupils drowsy OU sluggish; **mes gencives étaient engourdies par la piqûre** my gums had gone numb with the anaesthetic. -**2.** [ralentir - esprit, faculté] to blunt, to dull; **la fatigue lui engourdissait l'esprit** he was so tired he couldn't think straight.

◆ **s'engourdir** *vpi* to go numb; **mes doigts commençaient à s'~** my fingers were starting to go numb.

engourdissant, e [ɑ̃gurdisɑ̃, ɑ̃t] *adj* [froid] numbing; [chaleur] oppressive.

engourdissement [ɑ̃gurdismɑ̃] *nm* -**1.** [insensibilité physique] numbness. -**2.** [affaiblissement - des facultés] blunting, blurring. -**3.** [torpeur] drowsiness, sleepiness.

engrais [ɑ̃grɛ] *nm* fertilizer; **~ chimique** artificial fertilizer; **~s verts** OU **végétaux** green OU vegetable manure; **mettre une bête à l'~** to fatten (up) an animal.

engraissement [ɑ̃grɛsmɑ̃], **engraissage** [ɑ̃grɛsaʒ] *nm* fattening (up).

engraisser [4] [ɑ̃grese] ◇ *vt* AGR [bétail] to fatten up *(sép)*; **~ une oie** to fatten a goose ‖ [terre] to feed.

◇ *vi* to grow fat OU fatter, to put on weight; **ta fille a besoin d'~ un peu** *hum* your daughter needs fattening up OU feeding up a bit.

◆ **s'engraisser** *vpi* to get fat; **il s'engraisse sur le dos de ses employés** *fig* he lines his pockets by underpaying his employees.

engraisseur, euse [ɑ̃grɛsœr, øz] *nm, f* fat stockman (*f* stockwoman).

engrangement [ɑ̃grɑ̃ʒmɑ̃] *nm* -**1.** AGR gathering in, storing. -**2.** [de documents] storing, collecting.

engranger [17] [ɑ̃grɑ̃ʒe] *vt* -**1.** AGR to gather, to get in *(sép)*. -**2.** [documents] to store (up), to collect.

engraver [3] [ɑ̃grave] *vt* -**1.** *litt* [ensabler] to ground, to run aground. -**2.** [couvrir de graviers] to gravel (over). -**3.** CONSTR to notch *(a piece of roofing lead)*.

engrenage [ɑ̃grənaʒ] *nm* -**1.** MÉCAN gear; **les ~s d'une machine** the wheelwork OU train of gears OU gearing of a machine ❑ **~ à chevrons** herringbone OU double-helical gear; **~ conique** bevel gear pair. -**2.** *fig* trap; **être pris dans l'~** to be caught in a trap; **être pris dans l'~ du jeu** to be trapped in the vicious circle of gambling.

engrènement [ɑ̃grɛnmɑ̃] *nm* meshing.

engrener [19] [ɑ̃grəne] ◇ *vt* -**1.** MÉCAN to gear, to mesh. -**2.** AGR to feed with grain, to fill with grain.

◇ *vi* to gear, to mesh.

◆ **s'engrener** *vpi* to gear, to mesh, to be in mesh.

engrosser▽ [3] [ɑ̃grose] *vt* to knock up *(sép)*.

engueulade▽ [ɑ̃gœlad] *nf* -**1.** [réprimande] rollicking *Br*, bawling out *Am*; **lettre d'~** angry letter; **recevoir une ~** to get a rollicking *Br* OU bawled out *Am*. -**2.** [querelle] slanging match *Br*, run-in *Am*; **avoir une ~ avec quelqu'un** to have a slanging match *Br* OU a run-in *Am* with sb.

engueuler▽ [5] [ɑ̃gœle] *vt*: **~ qqn** to give sb a rollicking *Br*, to bawl sb out *Am*; **ce n'est pas la peine de m'~** there's no need to have a go at me; **je vais l'~** I'm going to give him what for; **se faire ~** to get a rollicking *Br*, to get chewed out *Am*.

◆ **s'engueuler**▽ ◇ *vp (emploi réciproque)*: **on ne va tout de même pas s'~ pour ça** we're not going to fight over this, are we?

◇ *vpi*: **s'~ avec quelqu'un** to have a row with sb.

enguirlander [3] [ɑ̃girlɑ̃de] *vt* -**1.** [décorer] to garland, to deck with garlands. -**2.** *fam* [réprimander] to tick off *(sép) Br*, to chew out *(sép) Am*; **se faire ~** to get a ticking-off *Br* OU a chewing-out *Am*.

enhardir [32] [ɑ̃ardir] *vt* to embolden, to make bolder, to encourage.

◆ **s'enhardir** *vpi*: **l'enfant s'enhardit et entra dans la pièce** the child plucked up courage and went into the room; **je me suis enhardi à lui demander son nom** I plucked up the courage to ask him his name.

enharmonie [ɑ̃narmɔni] *nf* enharmony.

enharmonique [ɑ̃narmɔnik] *adj* enharmonic.

enharnacher [3] [ɑ̃arnaʃe] *vt* ÉQUIT to harness.

enherber [3] [ɑ̃nɛrbe] *vt* to grass (over).

ENI [eni] *npr f abr de* **École normale d'instituteurs.**

énième [enjɛm] *adj* umpteenth, nth; **pour la ~ fois** for the umpteenth time.

énigmatique [enigmatik] *adj* enigmatic, mysterious, puzzling.

énigmatiquement [enigmatikmɑ̃] *adv* enigmatically.

énigme [enigm] *nf* -**1.** [mystère] riddle, enigma, puzzle; **les enquêteurs tentent de résoudre l'~ de sa disparition** the police are trying to solve the riddle of his disappearance. -**2.** [devinette] riddle; **le Sphinx parle par ~s** the Sphinx talks in riddles.

enivrant, e [ɑ̃nivrɑ̃, ɑ̃t] *adj* -**1.** [qui rend ivre] intoxicating. -**2.** [exaltant] heady, exhilarating; **ce furent des moments ~s** those were heady days.

enivrement [ɑ̃nivrəmɑ̃] *nm* elation, exhilaration.

enivrer [3] [ɑ̃nivre] *vt* -**1.** [soûler - suj: vin] to make drunk, to intoxicate. -**2.** [exalter] to intoxicate, to exhilarate, to elate; **le succès l'enivrait** he was intoxicated by his success.

enjambée [ɑ̃ʒɑ̃be] *nf* step; **grande ~** stride; **avancer à grandes ~s dans la rue** to stride along the street; **faire de grandes ~s** to take long steps OU strides; **il a franchi le ruisseau en une ~** he crossed the stream in one stride.

enjambement [ɑ̃ʒɑ̃bmɑ̃] *nm* -**1.** LITTÉRAT enjambment. -**2.** BIOL crossing-over.

enjamber [3] [ɑ̃ʒɑ̃be] *vt* [muret, rebord] to step over *(insép)*; [fossé] to stride across OU over *(insép)*; [tronc d'arbre] to stride OU to step over *(insép)*; **le pont enjambe le Gard** the bridge spans the river Gard.

enjeu [ɑ̃ʒø] *nm* JEUX stake, stakes; **c'est un ~ important** the stakes are high; **l'~ d'une guerre** the stakes of war.

enjoindre [82] [ɑ̃ʒwɛ̃dr] *vt litt*: **~ à qqn de faire qqch** to enjoin sb to do sthg.

enjôlement [ɑ̃ʒolmɑ̃] *nm* wheedling, cajoling.

enjôler [3] [ɑ̃ʒole] *vt* to cajole, to wheedle; **il a réussi à m'~** he managed to cajole me (into accepting).

enjôleur, euse [ɑ̃ʒolœr, øz] ◇ *adj* cajoling, wheedling; **un sourire ~** a wheedling smile.

◇ *nm, f* cajoler, wheedler.

enjolivement [ɑ̃ʒɔlivmɑ̃] *nm* embellishment, embellishing.

enjoliver [3] [ɑ̃ʒɔlive] *vt* -**1.** [décorer - vêtement] to embellish, to adorn; **enjolivé de** adorned with. -**2.** [travestir - histoire, récit, vérité] to embellish, to embroider; **~ les faits** to embroider the facts.

enjoliveur [ɑ̃ʒɔlivœr] *nm* hubcap.

enjolivure [ɑ̃ʒɔlivyr] *nf* embellishment, ornament.

enjoué, e [ɑ̃ʒwe] *adj* [personne, caractère] cheerful, jolly, genial; [remarque, ton] playful, cheerful, jolly.

enjouement [ɑ̃ʒumɑ̃] *nm* cheerfulness, playfulness, geniality.

enjuguer [3] [ɑ̃ʒyge] *vt* to yoke.

enkysté, e [ɑ̃kiste] *adj* encysted.

enkystement [ɑ̃kistəmɑ̃] *nm* encystment, encystation.

enkyster [3] [ɑ̃kiste]

◆ **s'enkyster** *vpi* to encyst, to turn into a cyst.

enlacement [ɑ̃lasmɑ̃] *nm* -**1.** [entrecroisement] intertwining, interlacing, entwinement. -**2.** [embrassement] (lovers') embrace.

enlacer [16] [ɑ̃lase] *vt* -**1.** [ceindre - tronc] to wind OU to twist round *(insép)*. -**2.** [agripper - avec un bras, une tentacule] to clasp; **~ qqn** to embrace sb (tenderly); **elle l'enlaça** she put her arms around him; **ils étaient tendrement enlacés** they were locked in a tender embrace; **~ le cou de qqn** to put one's arms round sb's neck. -**3.** [mêler] to interweave, to intertwine, to interlace; **~ des brins de laine** to weave OU to braid yarns of wool; **initiales enlacées** interwoven initials; **les doigts enlacés** fingers entwined.

◆ **s'enlacer** *vp (emploi réciproque)* [amoureux] to embrace, to hug; [lutteurs] to be locked together.

enlaidir [32] [ɑ̃ledir] ⟡ *vt* to make ugly; ~ le paysage to be a blot on the landscape OU an eyesore; **une cicatrice lui enlaidissait le visage** a scar on his face spoilt his looks.
⟡ *vi* to become ugly; **il a enlaidi avec l'âge** he's lost his (good) looks OU become ugly with age.
◆ **s'enlaidir** *vpi* to make o.s. (look) ugly.

enlaidissement [ɑ̃ledismɑ̃] *nm*: **les nouvelles constructions ont contribué à l'~ du quartier** the area has been disfigured partly by the new buildings.

enlevé, e [ɑ̃lve] *adj* [style, rythme] lively, spirited; **ses dialogues sont ~s** he writes quickfire dialogues; **une caricature ~e** a rapidly drawn caricature.

enlèvement [ɑ̃lɛvmɑ̃] *nm* **-1.** [rapt] abduction, kidnapping; **l'~ des Sabines** the rape of the Sabine women. **-2.** [fait d'ôter] removal, taking away; **l'~ d'une tache/d'un organe** the removal of a stain/of an organ. **-3.** [ramassage]: **l'~ des ordures a lieu le mardi** rubbish is collected on Tuesdays.

enlever [19] [ɑ̃lve] *vt* **-1.** [ôter - couvercle, housse, vêtement] to remove, to take off *(sép)*; [- étagère] to remove, to take down *(sép)*; **enlève ton manteau, mets-toi à l'aise** take your coat off and make yourself comfortable; ~ **les pépins** to take the pips out; **ne mets pas ta voiture là, elle va être enlevée** don't park your car here, it'll get towed away OU removed; **ils ont enlevé le reste des meubles ce matin** they took away OU collected what was left of the furniture this morning ❑ **enlevez, c'est pesé!** that's it! **-2.** [arracher] to remove, to pull out; ~ **les mauvaises herbes** to pull out the weeds; ~ **les pissenlits d'une plate-bande** to weed the dandelions out of a flower bed; **se faire ~ une dent** to have a tooth pulled out OU extracted; ~ **un clou avec des tenailles** to prise *Br* OU to pry *Am* a nail out with a pair of pliers. **-3.** [faire disparaître] to remove; ~ **une tache** [gén] to remove a stain; [en lavant] to wash out a stain; [en frottant] to rub out a stain; [à l'eau de Javel] to bleach out a stain; ~ **les plis d'une chemise** to take the creases out of a shirt; ~ **qqch au burin** to chip OU to chisel sthg off; ~ **un passage d'un texte** to remove a passage from OU to cut a passage out of a text. **-4.** [soustraire]: ~ **qqch à qqn** to take sthg away from sb, to deprive sb of sthg; **ça lui a enlevé le goût des mathématiques** it put him off mathematics; **ça m'enlève mes scrupules** it dispels OU allays my misgivings; **j'ai peur qu'on ne m'enlève la garde de mon enfant** I'm afraid they'll take my child away from me; **ne m'enlevez pas tous mes espoirs** don't deprive OU rob me of all hope. **-5.** [obtenir - récompense] to carry off *(sép)*, to win; **il a enlevé la victoire** he ran away with the victory; ~ **un marché** to get OU to secure a deal. **-6.** [soulever] to lift; ~ **10 kilos sans effort** to lift 10 kilos easily; **le ballon les a enlevés haut dans les airs** the balloon took OU lifted them high up into the air. **-7.** *litt* [faire mourir] to carry off *(sép)*; **c'est un cancer qui nous l'a enlevé** cancer took him from us. **-8.** MIL to carry, to seize. **-9.** [exécuter vite - sonate, chanson] to dash off *(sép)*. **-10.** [kidnapper] to abduct, to kidnap, to snatch; **il a été enlevé à son domicile** he was snatched from his home; **il l'a enlevée pour l'épouser** he ran off with her to get married.
◆ **s'enlever** ⟡ *vp* *(emploi passif)* **-1.** [s'ôter - vêtement, étiquette] to come off; [- écharde] to come out; **le costume s'enlève par le haut** you slip the costume off over your head; **le costume s'enlève par le bas** you step out of the costume; **ça s'enlève en arrachant/décollant** it tears/ peels off; **comment ça s'enlève?** how do you take it off? **-2.** [s'effacer - tache] to come out OU off; **le vernis ne s'enlève pas** the varnish won't come off.
⟡ *vpt*: **s'~ une écharde du doigt** to pull a splinter out of one's finger; **s'~ une épine du pied** *fig* to get rid of a niggling problem.

enliasser [3] [ɑ̃ljase] *vt* to bundle (up), to tie into a bundle.

enlisement [ɑ̃lizmɑ̃] *nm* **-1.** [enfoncement] sinking. **-2.** [stagnation] stagnation; **le manque de coopération a entraîné l'~ des pourparlers** due to a lack of cooperation, the talks have reached a stalemate.

enliser [3] [ɑ̃lize] *vt*: ~ **un bateau dans la vase** to get a boat stuck in the mud; ~ **ses roues** to get one's wheels stuck.
◆ **s'enliser** *vpi* **-1.** [s'embourber] to get bogged down OU stuck, to sink; **s'~ dans des sables mouvants** to sink OU to get sucked (down) into quicksand. **-2.** *fig* to get bogged down; **s'~ dans la routine** to get OU to be bogged down in routine.

enluminer [3] [ɑ̃lymine] *vt* to illuminate.

enlumineur, euse [ɑ̃lyminœr, øz] *nm, f* illuminator.

enluminure [ɑ̃lyminyr] *nf* illumination.

ENM *npr f abr de* École nationale de la magistrature.

enneigé, e [ɑ̃neʒe] *adj* [champ, paysage] snow-covered; [pic] snow-capped.

enneigement [ɑ̃nɛʒmɑ̃] *nm* snow cover; **l'~ annuel** yearly OU annual snowfall; **il y a un bon ~ cette année** there's a lot of snow this year; **bulletin d'~** snow report.

enneiger [23] [ɑ̃neʒe] *vt* to cover with OU in snow; **la campagne est enneigée** the country-side's covered in snow; **les routes sont enneigées** the roads are snowed up.

ennemi, e [ɛnmi] ⟡ *adj* **-1.** MIL enemy *(modif)*, hostile. **-2.** [inamical] hostile, unfriendly; [adverse]: **familles/nations ~es** feuding families/ nations. **-3.** ~ **de** [opposé à]: **être ~ du changement** to be opposed OU averse to change.
⟡ *nm, f* **-1.** MIL enemy, foe *litt*; **passer à l'~** to go over to the enemy. **-2.** [individu hostile] enemy; **on ne lui connaissait aucun ~** she had no known enemy; **se faire des ~s** to make enemies; **se faire un ~ de qqn** to make an enemy of sb ❑ ~ **mortel** mortal enemy; ~ **public (numéro un)** public enemy (number one). **-3.** [antagoniste]: **l'~ de: le bien est l'~ du mal** good is the enemy of evil.

ennoblir [32] [ɑ̃nɔblir] *vt* [personne] to ennoble; [caractère, esprit] to ennoble, to elevate; [physique] to lend dignity to.

ennoblissement [ɑ̃nɔblismɑ̃] *nm* **-1.** [élévation] ennoblement, ennobling. **-2.** TEXT finishing, processing.

ennuager [17] [ɑ̃nɥaʒe] *vt litt* to cloud; **ciel ennuagé** cloudy sky.

ennui [ɑ̃nɥi] *nm* **-1.** [problème] problem, difficulty; **des ~s** trouble, troubles, problems; **attirer des ~s à qqn** to get sb into trouble; **avoir des ~s: avoir de gros ~s** to be in bad trouble; **tu vas avoir des ~s** you're going to get into trouble; **avoir des ~s avec la police** to be in trouble with the police; **des ~s de: avoir des ~s d'argent** to have money problems; **avoir des ~s de voiture** to have problems with one's car; **avoir des ~s de moteur** to have engine trouble; **avoir des ~s de santé** to have health problems; **faire des ~s à qqn** to get sb into trouble; **l'~: c'est ça l'~!** that's the hitch OU trouble!; **l'~ c'est que...** the trouble is that...; **l'~, c'est qu'il ne peut pas venir** the problem OU trouble is he can't come ❑ **un ~ ne vient jamais seul** *prov* it never rains but it pours *prov*. **-2.** [lassitude] boredom; **à mourir d'~** deadly boring; **c'était à mourir d'~** it was dreadfully OU deadly boring. **-3.** *litt* [mélancolie] ennui.

ennuyer [14] [ɑ̃nɥije] *vt* **-1.** [contrarier] to worry, to bother; **ce contretemps m'ennuie beaucoup** this complication worries me a great deal; **avoir l'air ennuyé** to look bothered OU worried; **ça m'ennuie de les laisser seuls** I am loath to OU I don't like to leave them alone; **ça m'ennuie de te le dire mais...** I'm sorry to have to say this to you but...; **cela m'ennuierait d'être en retard** I'd hate to be late. **-2.** [déranger] to inconvenience, to bother, to annoy; **je ne voudrais pas vous ~ mais...** I don't OU wouldn't like to bother you but...; **sa sœur l'ennuie tout le temps** his sister keeps bothering him; **tu l'ennuies avec tes questions** you're annoying him with your questions. **-3.** [lasser] to bore; **les jeux de cartes m'ennuient** I find card games boring.
◆ **s'ennuyer** *vpi* [être lassé] to be bored; **elle s'ennuie toute seule** she gets bored on her own; **avec lui on ne s'ennuie pas!** *hum* he's great fun!; **au moins on ne s'ennuie pas ici!** *hum* at least you can't say it's boring here! ❑ **s'~ comme un rat mort** *fam* to be bored to death.
◆ **s'ennuyer de** *vp + prép*: **s'~ de qqn/qqch** to miss sb/sthg.

ennuyeux, euse [ɑ̃nɥijø, øz] *adj* **-1.** [lassant - travail, conférencier, collègue] boring, dull; ~ **à mourir** OU **à périr** OU **comme la pluie** (as) dull as ditchwater *Br* OU dishwater *Am*, deadly boring. **-2.** [fâcheux] annoying, tiresome; **c'est ~ qu'il ne puisse pas venir** [regrettable] it's a pity (that) he can't come; [contrariant] it's annoying OU a nuisance that he can't come.

énoncé [enɔ̃se] *nm* **-1.** [libellé - d'un sujet de débat] terms; [- d'une question d'examen, d'un problème d'arithmétique] wording. **-2.** [lecture] reading, declaration; **à l'~ des faits** when the facts were stated; **écouter l'~ du jugement** to listen to the verdict being read out. **-3.** LING utterance.

énoncer [16] [enɔ̃se] *vt* [formuler] to formulate, to enunciate, to express; **cela peut être énoncé plus simplement** it can be formulated OU expressed OU put in simpler terms.

énonciatif, ive [enɔ̃sjatif, iv] *adj* enunciative.

énonciation [enɔ̃sjasjɔ̃] *nf* **-1.** [exposition] statement, stating. **-2.** LING enunciation.

enorgueillir [32] [ɑ̃nɔrgœjir] *vt litt* to make proud.
◆ **s'enorgueillir de** *vp + prép* to be proud of; **il s'enorgueillit du succès de son livre** he is proud of the success of his book.

énorme [enɔrm] *adj* **-1.** [gros] enormous, huge. **-2.** [important] huge, enormous, vast; **une somme ~** a huge OU vast amount of money; **ça fait une différence ~** that makes all the difference; **100 francs, ce n'est pas ~** 100 francs isn't such a huge amount; **elle n'a pas dit non, c'est déjà ~!** she didn't say no, that's a great step forward! **-3.** [exagéré] outrageous; **un mensonge ~** an outrageous lie; **il a inventé une histoire ~ pour expliquer son absence** he made up a (totally) outrageous story to account for his absence.

énormément [enɔrmemɑ̃] *adv* enormously, hugely; **le spectacle m'a ~ plu** I liked the show very much indeed; **s'amuser ~** to enjoy o.s. immensely OU tremendously; ~ **de** [argent, bruit] an enormous OU a huge OU a tremendous amount of; **il y avait ~ de monde dans le train** the train was extremely crowded; **ils ont mis ~ de temps à comprendre** it took them ages to understand.

énormité [enɔrmite] *nf* **-1.** [ampleur - d'une difficulté] enormity; [- d'une tâche, d'une somme, d'une population] enormity, size. **-2.** [extravagance] outrageousness, enormity; **l'~ de son crime** the enormity of his crime. **-3.** [propos] piece of utter OU outrageous nonsense; **vous dites des ~s** what you're saying is totally outrageous.

enquérir [39] [ɑ̃kerir]
◆ **s'enquérir de** *vp + prép sout* to inquire about OU after; **s'~ de la santé de qqn** to inquire OU to ask after sb's health.

enquête [ɑ̃kɛt] *nf* **-1.** [investigation] investigation, inquiry; **faire** OU **mener sa petite ~** to make discreet inquiries; **il a fait l'objet d'une ~** he was the subject of an investigation; **elle est chargée de l'~** she's in charge of the investigation; **mener une ~ sur un meurtre** to investigate a murder; **ouvrir/conduire une ~** to open/to conduct an investigation ❑ ~ **judiciaire (suite à un décès)** inquest; ~ **d'utilité publique** public inquiry. **-2.** [étude] survey, investigation; **faire une ~** to conduct a survey;

notre ~ a porté sur l'alcoolisme the topic of our survey was alcoholism. **-3.** PRESSE (investigative) report, exposé.

enquêté, e [ɑ̃kete] *nm, f* interviewee.

enquêter [4] [ɑ̃kete] *vi* to investigate; **c'est elle qui enquête** she's in charge of the investigation; **~ sur un meurtre** to inquire into OU to investigate a murder.

enquêteur, euse OU **trice** [ɑ̃kɛtœr, øz, tris] *nm, f* **-1.** [de police] officer in charge of investigations, investigator. **-2.** [de sondage] pollster. **-3.** [sociologue] researcher.

enquiquinant, e *fam* [ɑ̃kikinɑ̃, ɑ̃t] *adj* irritating; **des voisins ~s** awkward neighbours; **elle est ~e à toujours se plaindre** the way she complains all the time is a real pain.

enquiquinement *fam* [ɑ̃kikinmɑ̃] *nm*: **des ~s** hassle; **je n'ai eu que des ~s avec cette voiture** I've had nothing but hassle with this car.

enquiquiner *fam* [3] [ɑ̃kikine] *vt* **-1.** [ennuyer] to bore (stiff). **-2.** [irriter] to bug; **il m'enquiquine** he bugs me; **je les enquiquine!** to hell with them!

◆ **s'enquiquiner** *fam vpi* [s'ennuyer] to be bored (stiff).

◆ **s'enquiquiner à** *fam vp + prép*: **je ne vais pas m'~ à tout recopier** I can't be fagged *Br* OU bothered to copy it out again.

enquiquineur, euse *fam* [ɑ̃kikinœr, øz] *nm, f* pain, drag, nuisance.

enracinement [ɑ̃rasinmɑ̃] *nm* **-1.** BOT rooting. **-2.** *fig* [d'une opinion, d'une coutume] deep-rootedness.

enraciner [3] [ɑ̃rasine] *vt* **-1.** BOT to root. **-2.** [fixer - dans un lieu, une culture] to root; **se sentir profondément enraciné dans une culture** to feel deeply rooted in a culture. **-3.** [fixer dans l'esprit] to fix, to implant; **bien enraciné** [idée] firmly implanted OU entrenched; [habitude] deeply ingrained; [croyance] deep-seated, deep-rooted.

◆ **s'enraciner** *vpi* **-1.** BOT to root, to take root. **-2.** [se fixer] to take root, to become firmly fixed; **s'~ profondément dans une culture/l'esprit** to become deeply rooted in a culture/the mind.

enragé, e [ɑ̃raʒe] ◇ *adj* **-1.** MÉD rabid. **-2.** [furieux] enraged, livid.

◇ *nm, f* **-1.** HIST [pendant la Révolution française] enragé; [en 1968] militant student. **-2.** [passionné]: **un ~ de**: **un ~ de football/ski/musique** a football/skiing/music fanatic.

enrageant, e *fam* [ɑ̃raʒɑ̃, ɑ̃t] *adj* maddening, infuriating.

enrager [17] [ɑ̃raʒe] *vi* [être en colère] to be furious OU infuriated; **j'enrage de m'être laissé prendre** I'm enraged OU furious at having been caught; **faire ~ qqn** [l'irriter] to annoy sb; [le taquiner] to tease sb mercilessly.

enraiement [ɑ̃rɛmɑ̃], **enrayement** [ɑ̃rɛjmɑ̃] *nm* stopping, checking; **l'~ d'une épidémie** checking the progress of an epidemic.

enrayage [ɑ̃rɛjaʒ] *nm* **-1.** ARM jamming. **-2.** MÉCAN blocking.

enrayer [11] [ɑ̃reje] *vt* **-1.** ARM to jam. **-2.** MÉCAN to block. **-3.** [empêcher la progression de - processus] to check, to stop, to call a halt to; **~ la crise** to halt the economic recession; **~ l'inflation** to check OU to control OU to curb inflation; **l'épidémie est enrayée** the epidemic has been halted.

◆ **s'enrayer** *vpi* to jam.

enrégimenter [3] [ɑ̃reʒimɑ̃te] *vt* to press-gang; **je déteste être enrégimenté!** I hate being regimented!; **~ qqn dans qqch** to press-gang sb into sthg.

enregistrable [ɑ̃rəʒistrabl] *adj* **-1.** ADMIN & JUR receivable. **-2.** AUDIO recordable.

enregistrement [ɑ̃rəʒistrəmɑ̃] *nm* **-1.** JUR [fait de déclarer] registration, registering; [entrée] entry. **-2.** COMM [fait d'inscrire] booking; [entrée] booking, entry. **-3.** TRANSP [à l'aéroport] check-in; [à la gare] registration; **procéder à l'~ de ses bagages** [à l'aéroport] to check one's luggage in; [à la gare] to register one's luggage. **-4.** AUDIO recording; **~ magnétique** tape recording; **~ audio/vidéo/sur cassette** audio/video/cassette recording. **-5.** INF [informations] record; [duplication] recording; [consignation] logging. **-6.** [diagramme] trace.

◆ **d'enregistrement** *loc adj* **-1.** COMM registration *(modif)*. **-2.** INF [clef, tête, structure] format *(modif)*; [densité, support] recording *(modif)*; [unité] logging *(modif)*.

enregistrer [3] [ɑ̃rəʒistre] *vt* **-1.** [inscrire - opération, transaction, acte] to enter, to record; [- déclaration] to register, to file; [- note, mention] to log; [- commande] to book (in); **~ un jugement** to enrol *Br* OU to enroll *Am* OU to enter a judgement. **-2.** [constater] to record, to note; **l'entreprise a enregistré un bénéfice de...** the company showed a profit of...; **on enregistre une baisse du dollar** the dollar has fallen in value. **-3.** AUDIO [dupliquer - cassette audio, disque] to record, to tape; [- cassette vidéo] to record, to video, to video-tape; **musique enregistrée** taped OU recorded music ‖ [pour commercialiser - disque, émission, dialogue] to record; *(en usage abs)*: **ils sont en train d'~** they're doing OU making a recording. **-4.** [afficher] to register, to record, to show; **l'appareil n'a rien enregistré** nothing registered on the apparatus, the apparatus did not register anything. **-5.** [retenir] to take in *(sép)*; **d'accord, c'est enregistré** all right, I've got that; **je n'ai rien enregistré de ce que j'ai lu** I haven't taken in any of what I read ‖ *(en usage abs)*: **je lui ai dit mais il n'a pas enregistré** I told him but it didn't register OU he didn't take it in; **je ne dis rien mais j'enregistre** I don't say anything but I take it all in. **-6.** TRANSP [à l'aéroport] to check in *(sép)*; [à la gare] to register.

enregistreur, euse [ɑ̃rəʒistrœr, øz] *adj* recording *(modif)*.

◆ **enregistreur** *nm* recorder, recording device.

enrhumer [3] [ɑ̃ryme] *vt* to give a cold to; **être enrhumé** to have a cold.

◆ **s'enrhumer** *vpi* to catch cold, to get a cold.

enrichi, e [ɑ̃riʃi] *adj* **-1.** *péj* [personne] nouveau riche. **-2.** [amélioré] enriched.

enrichir [32] [ɑ̃riʃir] *vt* **-1.** [rendre riche] to enrich, to make rich OU richer. **-2.** [améliorer - savon, minerai, culture] to enrich; [- esprit] to enrich, to improve; **cette expérience m'a enrichi** I'm all the richer for that experience.

◆ **s'enrichir** ◇ *vpi* **-1.** [devenir riche] to grow rich OU richer, to become rich OU richer. **-2.** [se développer - collection] to increase, to develop; [- esprit] to be enriched, to grow.

◇ *vpt*: **s'~ l'esprit** to improve one's mind.

enrichissant, e [ɑ̃riʃisɑ̃, ɑ̃t] *adj* [rencontre] enriching; [travail] rewarding; [lecture] enriching, improving.

enrichissement [ɑ̃riʃismɑ̃] *nm* **-1.** [thésaurisation] becoming rich OU richer. **-2.** [amélioration - d'un minerai, d'un sol, de l'esprit] improvement, improving. **-3.** NUCL enrichment.

enrobage [ɑ̃rɔbaʒ] *nm* [d'un aliment] coating.

enrobé, e [ɑ̃rɔbe] *adj* [personne] plump, chubby.

◆ **enrobé** *nm* [revêtement] surfacing.

◆ **enrobés** *nmpl* coated materials; **~s à froid/chaud** cold/hot mix.

enrobement [ɑ̃rɔbmɑ̃] = **enrobage**.

enrober [3] [ɑ̃rɔbe] *vt* **-1.** [enduire] to coat; **~ qqch de** to coat sthg with; **~ de chocolat** to coat with chocolate. **-2.** [adoucir] to wrap OU to dress up *(sép)*; **il a enrobé son reproche de mots affectueux** he wrapped his criticism in kind words.

enrochement [ɑ̃rɔʃmɑ̃] *nm* riprap.

enrôlé [ɑ̃role] *nm* enlisted private.

enrôlement [ɑ̃rolmɑ̃] *nm* **-1.** MIL enlistment. **-2.** ADMIN & JUR enrolment.

enrôler [3] [ɑ̃role] *vt* **-1.** MIL to enrol *Br*, to enroll *Am*, to enlist. **-2.** *fig*: **~ qqn dans** to recruit sb into; **~ qqn dans un parti/groupe** to recruit sb into a party/group. **-3.** ADMIN & JUR to enrol *Br*, to enroll *Am*, to record.

◆ **s'enrôler** *vpi* to enrol *Br*, to enroll *Am*, to enlist, to sign up.

enrouement [ɑ̃rumɑ̃] *nm* hoarseness.

enrouer [6] [ɑ̃rwe] *vt* to make hoarse; **d'une voix enrouée** hoarsely.

◆ **s'enrouer** *vpi* [de froid] to get hoarse; [en forçant sa voix] to make o.s. hoarse; **je me suis enroué à force de crier/chanter** I shouted/sang myself hoarse.

enroulable [ɑ̃rulabl] *adj* windable.

enroulement [ɑ̃rulmɑ̃] *nm* **-1.** [mise en rouleau] rolling up, winding on; **pour assurer l'~ correct du papier** to ensure that the paper winds on properly. **-2.** [volute] whorl, scroll. **-3.** ÉLECTR [bobinage] winding; [bobine] coil.

enrouler [3] [ɑ̃rule] *vt* **-1.** [mettre en rouleau - corde] to wind, to coil (up); [- ressort] to coil; [- papier, tapis] to roll up *(sép)*; **lierre enroulé autour d'un arbre** ivy twined OU wound round a tree. **-2.** [envelopper]: **~ dans** to roll OU to wrap in; **~ un corps dans un drap** to wrap a body in a sheet.

◆ **s'enrouler** ◇ *vp (emploi réfléchi)*: **s'~ dans une couverture** to wrap o.s. up in a blanket.

◇ *vpi* [corde, fil] to be wound OU to wind (up); [serpent] to coil (itself); **le papier s'enroule autour de ce cylindre** the paper winds round this cylinder.

enrouleur, euse [ɑ̃rulœr, øz] *adj* winding, coiling.

◆ **enrouleur** *nm* **-1.** [tambour] drum, reel. **-2.** [galet] idle pulley, idler, roller; **~ de ceinture automatique** automatic seat belt winder, inertia reel.

◆ **à enrouleur** *loc adj* self-winding.

enrubanner [3] [ɑ̃rybane] *vt* to decorate OU to adorn with ribbons.

ENS *npr f abr de* **École normale supérieure.**

ensablement [ɑ̃sabləmɑ̃] *nm* [d'un bateau] running aground; [d'un tuyau] choking (up) with sand; [d'une route] sanding over; [d'un port] silting up; **des travaux vont être faits pour éviter l'~ des véhicules à cet endroit** they're going to alter the road to stop vehicles getting stuck in the sand at this point.

ensabler [3] [ɑ̃sable] *vt* **-1.** [couvrir de sable]: **être ensablé** [port, estuaire] to be silted up; [route, piste] to be covered in sand (drifts). **-2.** [enliser]: **une voiture ensablée** a car stuck in the sand.

◆ **s'ensabler** *vpi* **-1.** [chenal] to silt up. **-2.** [véhicule] to get stuck in the sand. **-3.** [poisson] to bury itself in the sand.

ensachage [ɑ̃saʃaʒ] *nm* bagging (up), sacking, packaging.

ensacher [3] [ɑ̃saʃe] *vt* to bag, to sack.

ENSAD, Ensad [ɛnsad] *(abr de* **École nationale supérieure des arts décoratifs)** *npr f grande école for applied arts.*

ENSAM, Ensam [ɛnsam] *(abr de* **École nationale supérieure des arts et métiers)** *npr f grande école for engineering.*

ensanglanter [3] [ɑ̃sɑ̃glɑ̃te] *vt* **-1.** [tacher] to bloody; **un mouchoir ensanglanté** a blood-stained handkerchief; **il entra, le visage ensanglanté** he came in with his face covered in blood. **-2.** [lieu, époque] to bathe in blood; **les crimes qui ont ensanglanté la ville** the crimes which have bathed the town in blood.

enseignant, e [ɑ̃sɛɲɑ̃, ɑ̃t] ◇ *adj* → **corps**.

◇ *nm, f* teacher.

enseigne [ɑ̃sɛɲ] ◇ *nm* **-1.** MIL: **~ de vaisseau 1re classe** sub-lieutenant *Br*, lieutenant junior grade *Am*; **~ de vaisseau 2e classe** midshipman *Br*, ensign *Am*. **-2.** HIST [porte-drapeau] ensign.

◇ *nf* **-1.** [panneau] sign; **~ lumineuse** OU **au néon** neon sign. **-2.** *litt* [étendard] ensign.

◆ **à telle enseigne que, à telles enseignes que** *loc conj* so much so that.

enseignement [ɑ̃sɛɲmɑ̃] *nm* **-1.** [instruction] education; **~ assisté par ordinateur** computer-assisted learning; **~ par correspondance** correspondence courses. **-2.** [méthodes d'instruction] teaching (methods); **son ~ prend en compte la vie familiale de l'enfant** his teaching methods take the child's family background into account; l'~ **des langues est excellent dans mon collège** languages are taught very well at my school. -**3.** [système scolaire]: ~ **primaire/supérieur** primary/higher education; ~ **privé** private education; ~ **professionnel** vocational education; ~ **programmé** programmed instruction; ~ **public** state education OU schools; l'~ **du second degré** secondary education; ~ **technique** technical education. -**4.** [profession]: l'~ teaching, the teaching profession; **entrer dans l'**~ to go into teaching; **travailler dans l'**~ to work in education OU the teaching profession. -**5.** [leçon] lesson, teaching; **tirer un** ~ **de qqch** to learn (a lesson) from sthg; **quel** ~ **en avez-vous tiré?** what did you learn from it?; **les** ~**s d'un maître** the teachings of a master.

enseigner [4] [ɑ̃seɲe] *vt* to teach; ~ **qqch à qqn** to teach sb sthg OU sthg to sb || *(en usage abs)*: **elle enseigne depuis trois ans** she's been teaching for three years.

ensellement [ɑ̃sɛlmɑ̃] *nm* saddle.

ensellure [ɑ̃selyr] *nf* hollow-back, lordosis *spéc.*

ensemble[1] [ɑ̃sɑ̃bl] *nm* -**1.** [collection - d'objets] set, collection; [- d'idées] set, series; [- de données, d'informations, de textes] set, body, collection; **la table et la chaise forment un** ~ the table and chair are part of the same set; **un** ~ **de conditions** a set of conditions. -**2.** [totalité] whole; **la question dans son** ~ the question as a whole; **il faudrait réunir ses écrits en un** ~ **cohérent** we should collect his writings together in a coherent whole; **l'**~ **de: l'**~ **des joueurs** all the players; **l'**~ **des réponses montre que...** the answers taken as a whole show that...; **il s'est adressé à l'**~ **des employés** he spoke to all the staff OU the whole staff. -**3.** [simultanéité] unity; **évoluer avec** ~ to move simultaneously OU in unison; **manquer d'**~ to lack unity; **ils ont protesté dans un** ~ **parfait** they protested unanimously. -**4.** [groupe] group; ~ **de chanteurs** group of singers ❑ ~ **instrumental** (instrumental) ensemble; ~ **vocal** vocal group. -**5.** VÊT suit, outfit; ~ **de plage** beach outfit; ~ **pantalon** trouser suit. -**6.** MATH set; ~ **vide** empty set.

◆ **dans l'ensemble** *loc adv* on the whole, by and large, in the main; **dans l'**~ **tout va bien** on the whole OU by and large OU in the main everything's fine; **dans l'**~ **les prix montent** on the whole OU overall, prices are rising.

◆ **d'ensemble** *loc adj* -**1.** [général] overall, general; **mesures d'**~ comprehensive OU global measures; **vue d'**~ overall OU general view -**2.** MUS: **faire de la musique d'**~ to play in an ensemble.

◆ **grand ensemble** *nm* housing project.

ensemble[2] [ɑ̃sɑ̃bl] *adv* -**1.** [l'un avec l'autre] together; **ils y sont allés** ~ they went together; **ne vous séparez pas, restez bien** ~ don't separate, stay together; **elles en sont convenues** ~ they agreed (between themselves); **nous en avons parlé** ~ we spoke OU we had a talk about it; **aller bien** ~ [vêtements, couleurs] to go well together; [personnes] to be well matched; **ils vont mal** ~ [vêtements] they don't match; [couple] they're ill-matched; **être bien/mal** ~ to be on good/bad terms; **ils sont** ~ **depuis plusieurs mois** they've been together for several months. -**2.** [en même temps] at once, at the same time; **ne parlez pas tous** ~ don't speak all at once; **ils sont arrivés tous les deux** ~ they both arrived at the same time.

ensemblier [ɑ̃sɑ̃blije] *nm* -**1.** [décorateur] interior designer. -**2.** CIN & TV props assistant.

ensembliste [ɑ̃sɑ̃blist] *adj* set *(modif)* MATH.

ensemencement [ɑ̃səmɑ̃smɑ̃] *nm* -**1.** AGR seeding, sowing. -**2.** PÊCHE stocking. -**3.** BIOL seeding.

ensemencer [16] [ɑ̃səmɑ̃se] *vt* -**1.** AGR to sow, to seed; **champ ensemencé de tournesols** field seeded OU sown with sunflowers. -**2.** PÊCHE to stock. -**3.** BIOL to culture.

enserrer [4] [ɑ̃sere] *vt* -**1.** [agripper] to clutch, to grasp, to grip. -**2.** [être autour de - suj: col, bijou] to fit tightly around; **un bracelet lui enserrait le bras** she wore a tightly-fitting bracelet around her arm; **des fortifications enserrent la vieille ville** fortified walls form a tight circle around the old town.

ENSET, Enset [ɛnsɛt] *(abr de* **École nationale supérieure de l'enseignement technique)** *npr f grande école training science and technology teachers.*

ensevelir [32] [ɑ̃səvlir] *vt* -**1.** *litt* [dans un linceul] to shroud, to enshroud *litt*; [dans la tombe] to entomb. -**2.** [enfouir] to bury; **l'éruption a enseveli plusieurs villages** the eruption buried several villages; **elle a enseveli l'image de cette tragédie au plus profond de sa mémoire** *fig* she buried the image of the tragedy deep in her memory.

◆ **s'ensevelir dans** *vp + prép pr & fig* to bury o.s. in.

ensevelissement [ɑ̃səvlismɑ̃] *nm* -**1.** *litt* [mise - dans un linceul] enshrouding; [- au tombeau] entombment. -**2.** [disparition - d'une ruine, d'un souvenir] burying.

ensilage [ɑ̃silaʒ] *nm* -**1.** [méthode] ensilage, silaging. -**2.** [produit] silage.

ensiler [3] [ɑ̃sile] *vt* to ensile, to silage.

ensileuse [ɑ̃siløz] *nf* silo filler.

en-soi [ɑ̃swa] *nm inv*: l'~ the thing in itself.

ensoleillé, e [ɑ̃sɔleje] *adj* sunny, sunlit; **très** ~ sundrenched.

ensoleillement [ɑ̃sɔlɛjmɑ̃] *nm* (amount of) sunshine, insolation *spéc*; **la pièce n'a pas un bon** ~ the room doesn't get much sun OU sunlight; **l'**~ **annuel** the number of days of sunshine per year.

ensoleiller [4] [ɑ̃sɔleje] *vt* -**1.** [donner du soleil à] to bathe in OU to fill with sunlight. -**2.** *fig* to brighten (up); **cet enfant ensoleillait leur existence** that child was like a ray of sunshine in their lives.

ensommeillé, e [ɑ̃sɔmeje] *adj* sleepy, drowsy, dozy; **les yeux tout** ~**s** eyes heavy with sleep.

ensorcelant, e [ɑ̃sɔrsəlɑ̃, ɑ̃t] *adj* bewitching, entrancing, spellbinding.

ensorceler [24] [ɑ̃sɔrsəle] *vt* to bewitch, to cast a spell over; **elle m'a ensorcelé** I fell under her spell.

ensorceleur, euse [ɑ̃sɔrsəlœr, øz] ◇ *adj* bewitching, entrancing, spellbinding.

◇ *nm, f* -**1.** [sorcier] enchanter (*f* enchantress), sorcerer (*f* sorceress). -**2.** [charmeur] charmer.

ensorcellement [ɑ̃sɔrsɛlmɑ̃] *nm* bewitchment, enchantment; **elle ne pouvait résister à l'**~ **de ce pays étrange** she fell irresistibly under the spell of that strange country.

ensuite [ɑ̃sɥit] *adv* -**1.** [dans le temps - puis] then, next; [- plus tard] later, after, afterwards; **qu'est-ce que vous prendrez** ~? what will you have to follow?; **et** ~, **que s'est-il passé?** and what happened next?, and then what happened?; **ils ne sont arrivés qu'**~ they didn't arrive until later; **ils se sont disputés,** ~ **de quoi on ne l'a jamais revu** they fell out, after which we didn't see him again. -**2.** [dans l'espace] then, further on; **la porte d'entrée donnait sur le salon et** ~ **venait la chambre** the front door opened into the living room and then came the bedroom.

ensuivre [89] [ɑ̃sɥivr]

◆ **s'ensuivre** *vpi* -**1.** [en résulter] to follow, to ensue; **sa maladie et toutes les conséquences qui s'en sont suivies** his illness and all the ensuing consequences || *(tournure impersonnelle)*: **il s'ensuit que** it follows that; **il ne s'ensuit pas forcément que tu as raison** it doesn't necessarily follow that you are right. -**2.** *litt* [venir après] to follow (on); **les jours qui s'ensuivirent furent calmes** the following OU subsequent days were quiet. -**3.** *loc*: **et tout ce qui s'ensuit** and so on (and so forth).

entablement [ɑ̃tabləmɑ̃] *nm* ARCHIT entablature.

entacher [3] [ɑ̃taʃe] *vt* -**1.** [souiller] to sully, to soil; **ce scandale a entaché son honneur** the scandal has sullied his reputation. -**2.** [marquer] to mar; **une attitude entachée d'hypocrisie** an attitude marred by hypocrisy. -**3.** JUR: **entaché de nullité** null.

entaillage [ɑ̃tajaʒ] *nm* notching.

entaille [ɑ̃taj] *nf* -**1.** [encoche] notch, nick. -**2.** [blessure] gash, slash, cut; **petite** ~ nick; **se faire une** ~ **au front** to gash one's forehead.

entailler [3] [ɑ̃taje] *vt* -**1.** [fendre] to notch, to nick; ~ **un rondin à coups de hache** to make notches in a log with an axe. -**2.** [blesser] to gash, to slash, to cut; **la lame lui a entaillé l'arcade sourcilière** the blade slashed his face above the eye.

entame [ɑ̃tam] *nf* -**1.** [morceau - de viande] first slice OU cut; [- de pain] crust. -**2.** JEUX opening.

entamer [3] [ɑ̃tame] *vt* -**1.** [jambon, fromage] to start; [bouteille, conserve] to open. -**2.** [durée, repas] to start, to begin; [négociation] to launch, to start, to initiate; [poursuites] to institute, to initiate; **nous avons entamé une longue procédure** we have started OU launched a long procedure. -**3.** [réduire - fortune, économies] to make a dent OU hole in; [- résistance] to lower, to deal a blow to; [- ligne ennemie] to break through. -**4.** [ébranler] to shake; **rien ne peut** ~ **sa confiance en lui** nothing can shake OU undermine his self-confidence. -**5.** [user] to damage; **l'acide entame le fer** acid eats into OU corrodes metal; **le coin a été entamé** the corner was damaged OU chipped. -**6.** [écorcher - peau] to graze. -**7.** JEUX to open.

entartrage [ɑ̃tartraʒ] *nm* -**1.** [d'une chaudière, d'un tuyau] scaling, furring (up) *Br.* -**2.** [d'une dent - processus] scaling; [- état] scale, tartar deposit.

entartrer [3] [ɑ̃tartre] *vt* -**1.** [chaudière, tuyau] to scale, to fur (up) *Br.* -**2.** [dent] to cover with tartar OU scale.

◆ **s'entartrer** *vpi* -**1.** [chaudière, tuyau] to scale, to fur up *Br.* -**2.** [dent] to become covered in tartar OU scale.

entassement [ɑ̃tasmɑ̃] *nm* -**1.** [amas] heap, pile, stack; [mise en tas] heaping OU piling up, stacking. -**2.** [fait de s'agglutiner] crowding; **l'**~ **des voyageurs dans le wagon** the crowding of passengers into the carriage.

entasser [3] [ɑ̃tase] *vt* -**1.** [mettre en tas] to heap OU to pile OU to stack (up); ~ **de la terre** to heap up OU to bank up earth. -**2.** [accumuler - vieilleries, journaux] to pile OU to heap (up); **elle entasse toutes ses affaires dans cette pièce** she piles up OU stores all her stuff in this room. -**3.** [thésauriser - fortune, argent] to pile up *(sép)*, to heap up *(sép)*. -**4.** [serrer] to cram OU to pack (in); **ils vivent entassés à quatre dans une seule pièce** the four of them live in one cramped room.

◆ **s'entasser** *vpi* [neige, terre] to heap OU to pile up, to bank; [vieilleries, journaux] to heap OU to pile up; [personnes] to crowd (in OU together), to pile in.

ente [ɑ̃t] *nf* [greffon] scion; [greffe] graft.

entendement [ɑ̃tɑ̃dmɑ̃] *nm* comprehension, understanding; **cela dépasse l'**~ it's beyond all comprehension OU understanding.

entendeur [ɑ̃tɑ̃dœr] *nm*: **à bon** ~ **salut** *prov* a word to the wise is enough *prov.*

entendre [73] [ɑ̃tɑ̃dr] *vt* -**1.** [percevoir par l'ouïe] to hear; **parlez plus fort, on n'entend rien** speak up, we can't hear a word (you're saying); **silence, je ne veux pas vous** ~! quiet, I don't want to hear a sound from you!; **tu entends ce que je te dis?** do you hear me?; **elle a dû m'**~ **le lui dire** she must have overheard me telling him; **tu entends ce que tu dis?** do you know what you're saying?; **j'entends pleurer à côté** I can hear someone crying next door; ~ **dire** to hear; **j'ai entendu dire qu'il était parti** I heard that he had left; **c'est la première fois que j'entends (dire) ça** that's the first I've heard of it; **je ne connais l'Islande que par ce que j'en ai entendu dire** I only know Iceland through what I've heard other people say about it; **on**

entend dire beaucoup de choses sur son compte one hears many things about him; ~ parler de to hear about OU of; il ne veut pas ~ parler d'informatique he won't hear of computers; j'ai entendu parler de leur maison I've heard about their house; je ne sais pas où il est, on n'entend plus parler de lui depuis un moment I don't know where he is, he's not been heard of for quite a while; je ne veux plus ~ parler de lui I don't want to hear him mentioned again; on entend beaucoup parler de lui ces temps-ci à la radio we hear a lot about him on the radio at the moment; on n'entend parler que de lui/de sa pièce he's/his play's the talk of the town; vous n'avez pas fini d'en ~ parler! you haven't heard the last of this! || *(en usage abs)*: est-ce qu'il entend? can he hear properly?; j'entends mal de l'oreille droite my hearing's bad in the right ear ❑ on entendrait/on aurait entendu voler une mouche you could hear/could have heard a pin drop; j'aurai tout entendu! whatever next?; j'en ai entendu de belles *fam* OU de bonnes *fam* OU des vertes et des pas mûres *fam* sur son compte I've heard a thing or two about him; ce qu'il faut ~!, ce qu'il faut pas ~! *fam* the things some people come out with!, the things you hear!; il vaut mieux ~ ça que d'être sourd! *fam* what a load of rubbish *Br* OU hogwash *Am*! -**2.** [écouter] to hear, to listen to; aller ~ un concert to go to a concert; essayer de se faire ~ to try to make o.s. heard; il ne veut rien ~ he won't listen ❑ à l'~, à les ~: à les ~ tout serait de ma faute to hear them talk OU according to them it's all my fault; ~ raison to see sense; faire ~ raison à qqn to make sb listen to reason, to bring sb to his/her senses; il va m'~! I'll give him hell!; si elle me pose encore un lapin, elle va m'~! if she stands me up once more, I'll give her a piece of my mind! -**3.** [accepter - demande] to agree to *(insép)*; [- vœu] to grant; nos prières ont été entendues our prayers were answered. -**4.** RELIG: ~ la messe to attend OU to hear mass; ~ une confession to hear OU to take a confession. -**5.** JUR [témoin] to hear, to interview. -**6.** *sout* [comprendre] to understand; entend-il la plaisanterie? can he take a joke?; c'est comme ça que j'entends la vie! this is the life!; comment entendez-vous cette remarque? how do you interpret this remark?; il doit être bien entendu que... it must be properly understood that...; donner qqch à ~ OU laisser ~ qqch à qqn: elle m'a laissé OU donné à ~ que... she gave me to understand that...; ~ qqch à [être versé dans]: y entendez-vous quelque chose? do you know anything about it? || *(en usage abs)*: j'entends bien I (do) understand, certes, j'entends, mais... certainly, I do understand, but... ❑ n'y ~ rien OU goutte *vieilli*: je n'y entends rien en politique I don't understand a thing about politics; il ne l'entend pas de cette oreille he won't have any of it. -**7.** [apprendre] to hear; qu'est-ce que j'entends, tu n'as pas été sage? what's this OU what did I hear, you didn't behave yourself? -**8.** [vouloir dire] to mean; qu'entendez-vous par là? what do you mean by that?; un étranger, j'entends quelqu'un qui ne m'était pas connu a stranger, I mean someone I didn't know ❑ y ~ finesse OU malice *vieilli*: sans y ~ malice without meaning any harm (by it); elle n'y entendait pas malice she never meant OU intended any harm by it. -**9.** [vouloir] to want, to intend; fais comme tu l'entends do as you wish OU please; j'entends qu'on m'obéisse I intend to OU I mean to OU I will be obeyed; je n'entends pas être exploité I have no intention of being OU I won't be exploited; il entend bien partir demain he's determined to go tomorrow.

◆ **s'entendre** ◇ *vp (emploi passif)* -**1.** [être perçu] to be heard; cela s'entend de loin you can hear it OU it can be heard from far off || [être utilisé - mot, expression] to be heard; cela s'entend encore dans la région you can still hear it said OU used around here. -**2.** [être compris] to be understood; ces chiffres s'entendent hors taxes these figures do not include tax; (cela) s'entend [c'est évident] obviously, it's obvious, that much is clear; après l'hiver, (cela) s'entend when the winter is over, of course OU it goes without saying.

◇ *vp (emploi réciproque)* -**1.** [pouvoir s'écouter] to hear each other OU one another. -**2.** [s'accorder] to agree; s'~ sur un prix to agree on a price; entendons-nous bien let's get this straight. -**3.** [sympathiser] to get on; ils ne s'entendent pas they don't get on ❑ s'~ comme chien et chat to fight like cat and dog; s'~ comme larrons en foire to be as thick as thieves.

◇ *vp (emploi réfléchi)* -**1.** [percevoir sa voix] to hear o.s.; on ne s'entend plus tellement il y a de bruit there's so much noise, you can't hear yourself think; tu ne t'entends pas! you should hear yourself (talking)!, if (only) you could hear yourself! -**2.** *loc*: quand je dis qu'il est grand, je m'entends, il est plus grand que moi when I say he's tall I really mean he's taller than myself.

◇ *vpi*: s'y ~ [s'y connaître]: il s'y entend en mécanique he's good at OU he knows (a lot) about mechanics; s'y ~ pour to know how to; s'y ~ pour réparer un vélo to know how to fix a bicycle; elle s'y entend pour tout embrouiller! she's a great one for getting into a mess!

◆ **s'entendre avec** *vp + prép* -**1.** [s'accorder avec] to reach an agreement with; parvenir à s'~ avec qqn sur qqch to come to an understanding OU to reach an agreement with sb about sthg. -**2.** [sympathiser avec] to get on with.

entendu, e [ɑ̃tɑ̃dy] *adj* -**1.** [complice - air, sourire] knowing; hocher la tête d'un air ~ to nod knowingly. -**2.** [convenu] agreed; (c'est) ~, je viendrai all right OU very well, I'll come.

enténébrer [18] [ɑ̃tenebre] *vt litt* to darken, to fill with darkness.

entente [ɑ̃tɑ̃t] *nf* -**1.** [harmonie] harmony; entre eux c'est l'~ parfaite they're in complete harmony (with each other); il y a une bonne ~ entre eux they're on good terms (with each other); vivre en bonne ~ to live in harmony. -**2.** POL agreement, understanding; arriver à une ~ sur to come to an understanding OU agreement over || ÉCON agreement, accord; ~ entre producteurs agreement between producers ❑ ~ industrielle cartel, combine. -**3.** HIST: l'Entente cordiale the Entente Cordiale.

◆ **à double entente** *loc adj* ambiguous; une expression à double ~ a double entendre; c'est à double ~ it's ambiguous OU a double entendre.

enter [3] [ɑ̃te] *vt* -**1.** CONSTR to scarf. -**2.** HORT to graft.

entéralgie [ɑ̃teralʒi] *nf* enteralgia.

entérinement [ɑ̃terinmɑ̃] *nm* -**1.** JUR ratification. -**2.** [acceptation - d'un usage] confirmation, ratification, adoption; [- d'un état de fait] acceptance, approval.

entériner [3] [ɑ̃terine] *vt* -**1.** JUR to ratify, to confirm. -**2.** [approuver - usage] to adopt; [- état de fait, situation] to go along with, to assent to.

entérique [ɑ̃terik] *adj* enteric.

entérite [ɑ̃terit] *nf* enteritis.

entérobactérie [ɑ̃terɔbakteri] *nf* enterobacterium.

entérocolite [ɑ̃terɔkɔlit] *nf* enterocolitis.

entérocoque [ɑ̃terɔkɔk] *nm* enterococcus.

entérokinase [ɑ̃terɔkinaz] *nf* enterokinase.

entérovaccin [ɑ̃terɔvaksɛ̃] *nm* enterovaccine.

enterrement [ɑ̃tɛrmɑ̃] *nm* -**1.** [funérailles] funeral; cette soirée, c'était un ~ de première classe it was like watching paint dry, that party. -**2.** [ensevelissement] burial. -**3.** [cortège] funeral procession. -**4.** [abandon - d'une idée, d'une dispute] burying; [- d'un projet] shelving, laying aside.

◆ **d'enterrement** *loc adj* [mine, tête] gloomy, glum; faire une tête d'~ to wear a gloomy OU long expression; ne prends pas cette mine d'~! cheer up, it may never happen!

enterrer [4] [ɑ̃tere] *vt* -**1.** [ensevelir] to bury; être enterré vivant to be buried alive. -**2.** [inhumer] to bury, to inter; vous nous enterrerez tous you'll outlive us all ❑ ~ sa vie de garçon to celebrate one's last night as a bachelor, to hold a stag party. -**3.** [oublier - scandale] to bury, to hush (up); [- souvenir, passé, querelle] to bury, to forget (about); [- projet] to shelve, to lay aside.

◆ **s'enterrer** *vp (emploi réfléchi) pr* to bury o.s.; *fig* to hide o.s. away; aller s'~ en province to hide o.s. away in the country.

entêtant, e [ɑ̃tɛtɑ̃, ɑ̃t] *adj* heady.

en-tête [ɑ̃tɛt] *nm* -**1.** [sur du papier à lettre] letterhead, heading. -**2.** IMPR head, heading. -**3.** INF header.

◆ **à en-tête** *loc adj* [papier, bristol] headed; papier à ~ de la compagnie company notepaper.

◆ **en en-tête de** *loc prép* at the head OU top of; mettez l'adresse en ~ de la lettre put the address at the top of the letter; je veux le logo en ~ de la feuille I want the sheet headed with the logo.

entêté, e [ɑ̃tete] ◇ *adj* obstinate, stubborn.

◇ *nm, f* stubborn OU obstinate person.

entêtement [ɑ̃tɛtmɑ̃] *nm* stubbornness, obstinacy.

entêter [4] [ɑ̃tete] *vt* to make dizzy; ce parfum m'entête I find this perfume quite intoxicating.

◆ **s'entêter** *vpi*: s'~ à faire to persist in doing; s'~ à écrire à qqn to persist in writing to sb; elle s'entête à vouloir/à ne pas vouloir venir she's set her mind on/against coming; s'~ dans: s'~ dans l'erreur to persist in one's error.

enthousiasmant, e [ɑ̃tuzjasmɑ̃, ɑ̃t] *adj* exciting, thrilling.

enthousiasme [ɑ̃tuzjasm] *nm* enthusiasm, keenness; être plein d'~, déborder d'~ to be full of OU to be bubbling with enthusiasm; avec ~ enthusiastically; parler de qqch avec ~ to enthuse over sthg.

enthousiasmer [3] [ɑ̃tuzjasme] *vt* to fill with enthusiasm; cela n'avait pas l'air de l'~ he didn't seem very enthusiastic (about it).

◆ **s'enthousiasmer** *vpi*: il s'enthousiasme facilement he's easily carried away; s'~ pour qqn/qqch to be enthusiastic about sb/sthg.

enthousiaste [ɑ̃tuzjast] ◇ *adj* enthusiastic, keen.

◇ *nmf* enthusiast; c'est un grand ~! he's very keen!

entiché, e [ɑ̃tiʃe] *adj*: être ~ de to be wild about.

entichement [ɑ̃tiʃmɑ̃] *nm litt* -**1.** [amour] infatuation; son ~ pour lui n'a pas duré bien longtemps her infatuation with him did not last very long. -**2.** [enthousiasme] passion; leur ~ pour la Turquie their passion for Turkey.

enticher [3] [ɑ̃tiʃe]

◆ **s'enticher de** *vp + prép*: s'~ de qqn [s'amouracher de qqn] to become infatuated with sb; s'~ de qqch [s'enthousiasmer pour qqch] to become very keen on sthg; il s'est entiché de littérature espagnole he's become very keen on Spanish literature.

entier, ère [ɑ̃tje, ɛr] *adj* -**1.** [complet] whole, entire; une semaine entière a whole OU an entire week; pendant des journées/des heures entières for days/hours on end; manger un camembert ~ to eat a whole camembert; dans le monde ~ in the whole world, throughout the world; trois chapitres ~s lui sont consacrés three whole chapters are devoted to him; payer place entière to pay the full price; tout ~, tout entière: je le voulais tout ~ pour moi I wanted him all to myself; tout ~ à, tout entière à: être tout ~ à son travail to be completely wrapped up OU engrossed in one's work. -**2.** *(avant le n)* [en intensif] absolute, complete; il a mon entière confiance I have complete confidence in him; donner entière satisfaction à qqn to give sb complete satisfaction. -**3.** *(après le v)* [intact] intact; la difficulté reste entière the problem remains unresolved.

-**4.** [absolu - personne]: c'est **quelqu'un de très ~** she is someone of great integrity. -**5.** CULIN [lait] full-cream *Br*, whole. -**6.** MATH: **nombre ~** integer, whole number. -**7.** VÉTÉR entire.

◆ **entier** *nm* MATH [nombre] integer, whole number.

◆ **dans son entier** *loc adv* as a whole; **l'industrie automobile dans son ~** the car industry as a whole.

◆ **en entier** *loc adv*: **manger un gâteau en ~** to eat a whole OU an entire cake; **je l'ai lu en ~** I read all of it, I read the whole of it, I read it right through.

entièrement [ãtjɛrmã] *adv* entirely, completely; **le bureau a été ~ refait** the office has been completely refitted; **la maison avait été construite ~ en pierre de taille** the house had been made entirely of freestone; **je l'ai ~ lu** I read all of it, I read the whole of it, I read it (all) through; **tu as ~ raison** you're quite OU absolutely right; **tu n'as pas ~ tort** there's some truth in what you say; **ce n'est pas ~ faux** it's not completely OU entirely wrong, there's some truth in it.

entièreté [ãtjɛrte] *nf* entirety.

entité [ãtite] *nf* -**1.** [abstraction] entity. -**2.** MÉD: **~ morbide** morbid entity.

entoilage [ãtwalaʒ] *nm* -**1.** [technique] mounting on OU covering with canvas. -**2.** [toile] canvas cover.

entoiler [3] [ãtwale] *vt* -**1.** [renforcer] to mount on canvas. -**2.** [recouvrir] to cover with canvas.

entôlage▽ [ãtolaʒ] *nm* fleecing *(of a prostitute's client)*.

entôler▽ [3] [ãtole] *vt* to fleece.

entomologie [ãtɔmɔlɔʒi] *nf* entomology.

entomologique [ãtɔmɔlɔʒik] *adj* entomologic, entomological.

entomologiste [ãtɔmɔlɔʒist] *nmf* entomologist.

entomophage [ãtɔmɔfaʒ] *adj* entomophagous.

entomophile [ãtɔmɔfil] *adj* entomophilous.

entomostracé [ãtɔmɔstrase] *nm* entomostracan.

entonner [3] [ãtɔne] *vt* -**1.** [hymne, air] to strike up *(insép)*, to start singing; **~ les louanges de qqn** to start singing sb's praises. -**2.** [du vin] to put in a barrel, to barrel.

entonnoir [ãtɔnwar] *nm* -**1.** [ustensile] funnel. -**2.** GÉOG sinkhole, swallow hole. -**3.** [trou d'obus] shell-hole, crater. -**4.** *fam loc hum*: **avoir un bon ~** to have hollow legs.

entorse [ãtɔrs] *nf* -**1.** [foulure] sprain; **se faire une ~ au poignet** to sprain one's wrist. -**2.** [exception] infringement (of); **faire une ~ au règlement** to bend the rules; **ce serait une ~ à mes principes** that would mean compromising my principles; **faire une ~ à son régime** to break one's diet.

entortillement [ãtɔrtijmã], **entortillage** [ãtɔrtijaʒ] *nm* twisting, winding.

entortiller [3] [ãtɔrtije] *vt* -**1.** [enrouler - ruban, mouchoir] to twist, to wrap; **~ de la ficelle autour d'un bâton** to twist OU to wrap a piece of string round a stick; **~ une mèche de cheveux autour de son doigt** to wind OU to twist a strand of hair round one's finger. -**2.** [compliquer]: **être entortillé** to be convoluted. -**3.** *fam* [tromper] to hoodwink, to con; **il essaie de t'~** he's trying to con you.

◆ **s'entortiller** *vpi* -**1.** [s'enrouler - lierre] to twist, to wind. -**2.** [être empêtré] to get caught OU tangled up; **s'~ dans ses explications** to get tangled up in one's explanations.

entourage [ãturaʒ] *nm* [gén] circle; [d'un roi, d'un président] entourage; **~ familial** family circle; **on dit dans l'~ du Président que...** sources close to the President say that...; **il s'entend bien avec son ~** he gets on well with the people around him.

entouré, e [ãture] *adj* -**1.** [populaire]: **une actrice très ~e** an actress who is very popular OU who is the centre of attraction. -**2.** [par des amis]: **heureusement, elle est très ~e** fortunately, she has a lot of friends around her.

entourer [3] [ãture] *vt* -**1.** [encercler - terrain, mets] to surround; **un châle entourait ses épaules** a shawl was wrapped around her shoulders; **~ qqch/qqn de: ~ un champ de barbelés** to surround a field with barbed wire, to put barbed wire around a field; **~ un mot de OU en rouge** to circle a word in red; **~ qqn de ses bras** to put OU to wrap one's arms around sb. -**2.** [environner]: **le monde qui nous entoure** the world around us OU that surrounds us. -**3.** [graviter autour de - suj: foule, conseillers] to surround, to be around. -**4.** [soutenir - malade, veuve] to rally round *(insép)*; **~ qqn de: ~ un ami de son affection** to surround a friend with affection.

◆ **s'entourer de** *vp + prép* -**1.** [placer autour de soi] to surround o.s. with, to be surrounded by; **s'~ d'objets d'art/d'excellents musiciens** to surround o.s. with works of art/with excellent musicians || *(en usage abs)*: **savoir s'~** to know all the right people. -**2.** [vivre au sein de]: **s'~ de mystère** to shroud o.s. in mystery; **s'~ de beaucoup de précautions** to take elaborate precautions.

entourloupe *fam* [ãturlup], **entourloupette** *fam* [ãturlupɛt] *nf* nasty OU dirty trick; **faire une ~ à qqn** to play a dirty trick on sb.

entournure [ãturnyr] *nf* armhole.

entracte [ãtrakt] *nm* -**1.** CIN & THÉÂT interval *Br*, intermission *Am*; **à OU pendant l'~** in the interval *Br*, during the intermission *Am*; **un ~ de 15 minutes** a 15 minute interval *Br* OU intermission *Am*. -**2.** [spectacle] interlude, entr'acte. -**3.** [pause] break, interlude.

entraide [ãtrɛd] *nf* mutual aid; **comité d'~** ADMIN support committee.

entraider [4] [ãtrede]

◆ **s'entraider** *vp (emploi réciproque)* to help one another OU each other.

entrailles [ãtraj] *nfpl* -**1.** ANAT & ZOOL entrails, guts; **être pris aux ~** [être ému] to be stirred to the depths of one's soul. -**2.** *litt* [ventre] womb. -**3.** [profondeur - de la terre] depths, bowels; [- d'un piano, d'un navire] innards.

entr'aimer [4] [ãtreme]

◆ **s'entr'aimer** *vp (emploi réciproque) litt* to love one another OU each other.

entrain [ãtrɛ̃] *nm* -**1.** [fougue] spirit; **avoir beaucoup d'~, être plein d'~** to be full of life OU energy; **retrouver son ~** to cheer OU to brighten up again; **il faut y mettre un peu plus d'~** you need to put a little more spirit into it. -**2.** [animation] liveliness; **musique pleine d'~** lively music; **la fête manquait d'~** the party wasn't very lively.

◆ **avec entrain** *loc adv* with gusto, enthusiastically.

◆ **sans entrain** *loc adv* half-heartedly, unenthusiastically.

entraînable [ãtrɛnabl] *adj*: **facilement ~** easily influenced.

entraînant, e [ãtrɛnã, ãt] *adj* [chanson] catchy, swinging; [rythme] swinging, lively; [style, éloquence] rousing, stirring.

entraînement [ãtrɛnmã] *nm* -**1.** [d'un sportif] training, coaching; [d'un cheval] training; **séance d'~** training session; **manquer d'~** to be out of training; **des centaines d'heures d'~** hundreds of hours of training; **se blesser à l'~** to hurt o.s. while training OU during a training session. -**2.** [habitude] practice; **il ne faut pas de technique spéciale, juste un peu d'~** there's no need for any special skills, just some practice. -**3.** MÉCAN drive; **~ à chaîne/par courroie** chain/belt drive.

◆ **d'entraînement** *loc adj* -**1.** ÉQUIT & SPORT [séance, matériel] training *(modif)*; **camp d'~ militaire** military training camp. -**2.** MÉCAN drive *(modif)*.

entraîner [4] [ãtrene] *vt* -**1.** [emporter] to carry OU to sweep along *(sép)*; *fig* to carry away *(sép)*; **le torrent entraînait tout sur son passage** the torrent swept everything along with it; **entraînés par la foule** swept along by the crowd; **se laisser ~ par la musique** to let o.s. be carried away by the music; **cette discussion nous entraînerait trop loin** that discussion would carry OU take us too far || [tirer - wagons] to pull, to haul; [actionner - bielle] to drive; **poulie entraînée par une courroie** belt-driven pulley. -**2.** [conduire] to drag (along); **il m'a entraîné au fond de la salle** he dragged me (off) to the back of the room; **un étranger peut vous ~ dans les bois** a stranger might entice you into the woods; **c'est lui qui m'a entraîné dans cette affaire** he's the one who dragged me into this mess; **se laisser ~ dans une polémique** to let o.s. be dragged into a controversy; **il a entraîné son associé dans sa faillite** he dragged his partner down with him when he went bankrupt; **ce sont les grands qui les entraînent à faire des bêtises** it's the older children who encourage them to be naughty ❑ **~ qqn dans sa chute** *pr* to pull OU to drag sb down in one's fall; *fig* to pull sb down with one. -**3.** [occasionner] to bring about *(sép)*, to lead to *(insép)*, to involve; **cela risque d'~ de gros frais** this is likely to involve heavy expenditure; **sa victoire entraînerait la fin de la démocratie** his victory would lead to OU mean the end of democracy. -**4.** ÉQUIT & SPORT [équipe, boxeur] to train, to coach; [cheval] to train; **~ qqn à la natation** to coach sb in swimming.

◆ **s'entraîner** *vpi* SPORT to train; **je m'entraîne tous les matins** I train every morning; **s'~ pour les OU en vue des Jeux Olympiques** to be in training OU to train for the Olympic Games; **s'~ au saut à la perche** to be in training OU to train for the pole vault; **s'~ à faire qqch** [gén] to teach o.s. to do sthg; SPORT to train o.s. to do sthg.

entraîneur, euse [ãtrɛnœr, øz] *nm, f* [d'un cheval] trainer; [d'un sportif] trainer, coach; **~ d'hommes** *fig* leader of men.

◆ **entraîneuse** *nf* hostess *(in a bar)*.

entrant, e [ãtrã, ãt] ◇ *adj* incoming.

◇ *nm, f* -**1.** SPORT substitute. -**2.** [celui qui entre]: **les ~s et les sortants** those who go in and those who come out.

entr'apercevoir [52] [ãtrapɛrsəvwar] *vt* to catch a (fleeting) glimpse of.

entrave [ãtrav] *nf* -**1.** [obstacle] hindrance, obstacle; **~ à la circulation** hindrance to traffic; **cette mesure est une ~ au libre-échange** this measure is an obstacle OU a hindrance to free trade. -**2.** [chaîne - d'esclave] chain, fetter, shackle; [- de cheval] shackle, fetter; **mettre des ~s à un cheval** to fetter a horse.

◆ **sans entraves** *loc adj* unfettered.

entravé, e [ãtrave] *adj* -**1.** VÊT hobble *(modif)*. -**2.** PHON checked.

entraver [3] [ãtrave] *vt* -**1.** [gêner - circulation] to hold up *(sép)*. -**2.** [contrecarrer - initiative, projet] to hinder, to hamper, to get in the way of; **~ une négociation** to hamper negotiations. -**3.** [attacher - esclave] to put in chains; [- cheval] to fetter, to shackle. -**4.** *arg crime*: **j'y entrave rien OU que dalle OU que couic** I don't get this at all.

entre [ãtr] *prép* -**1.** [dans l'espace] between; [dans] in; [à travers] through, between; **la distance ~ la Terre et la Lune** the distance between the Earth and the Moon; **~ de hautes murailles** between high walls; **Lyon est à la cinquième place, ~ Marseille et Bordeaux** Lyon is in fifth place, between Marseille and Bordeaux; **tenir un enfant ~ ses bras** to hold a child in one's arms; **tenir qqch ~ ses mains** to hold sthg in one's hands; **une phrase ~ crochets** a sentence in square brackets; **ce sont deux moitiés de génoise avec du chocolat ~** it's two halves of sponge cake with chocolate in between; **il passa la main ~ les barreaux** he put his hand through the bars; **le soleil passait ~ les interstices des persiennes** the sun was filtering through the slats of the shutters; **l'aiguille glissa ~ ses doigts** the needle slipped through his fingers. -**2.** [dans le temps] between; **~ 1830 et 1914** between 1830 and 1914; **il y**

a 15 ans de différence ~ les deux frères there is a 15 year difference between the two brothers; j'ai réussi à le voir ~ deux réunions I managed to see him between two meetings; ~ le travail et le transport, je n'ai plus de temps à moi between work and travel, I haven't any time left. -3. [indiquant un état intermédiaire]: une couleur ~ le jaune et le vert a colour between yellow and green; elle était ~ le rire et les larmes she didn't know whether to laugh or cry; pris ~ le désir de le frapper et celui de l'embrasser wanting both to hit him and kiss him; le cidre est doux ou sec? — ~ les deux is the cider sweet or dry? — it's between the two OU in between; c'était bien? — ~ les deux *fam* was it good? — so-so. -4. [exprimant une approximation] between; il y a ~ 10 et 12 km it's between 10 and 12 kms; les températures oscilleront ~ 10 et 15° temperatures will range from 10 to 15°; ils ont invité ~ 15 et 20 personnes they've invited 15 to 20 people. -5. [parmi] among; choisir une solution ~ plusieurs autres to choose one solution among OU from several others; partagez le gâteau ~ les enfants share the cake between the children; certains d'~ eux some of them OU among them; ceux d'~ vous qui désireraient venir those among you OU of you who'd like to come; lequel est le plus âgé d'~ vous? who is the oldest amongst you?; d'~ toutes ses sonates, c'est celle que je préfère of all his sonatas, that's the one I like most; tu as le choix ~ trois réponses you've got a choice of three answers; choisir ~ plusieurs candidats to choose among OU between several candidates; je me souvenais de ce jour ~ tous I remembered that day above all others; je le reconnaîtrais ~ tous [personne] I'd know him anywhere; [objet] I couldn't fail to recognize it; brave ~ les braves bravest of the brave. -6. [dans un groupe]: passer une soirée ~ amis to spend an evening among friends; parle, nous sommes ~ amis you can talk, we're among friends OU we're all friends here; on se réunit ~ anciens combattants we've got together a gathering of veterans; nous ferons une petite fête, juste ~ nous [à deux] we'll have a small party, just the two of us; [à plusieurs] we'll have a party, just among ourselves; ils ont tendance à rester ~ eux they tend to keep themselves to themselves; ~ nous, il n'a pas tort [à deux] between you and me, he's right; [à plusieurs] between us, he's right; ~ vous et moi between you and me. -7. [indiquant une relation]: le combat ~ les deux adversaires a été sanglant the fight between the two enemies was bloody; les clans se battent ~ eux the clans fight (against) each other, there are fights between the clans; qu'y a-t-il ~ vous? what is there between you?; il n'y a plus rien ~ nous there's nothing between us any more; l'amitié ~ ces deux hommes the friendship between these two men; la différence ~ toi et moi the difference between you and me; il y a une analogie ~ ces deux situations there's an analogy between these situations.

◆ **entre autres** *loc adv*: sa fille, ~ autres, n'est pas venue his daughter, for one OU among others, didn't come; sont exposés, ~ autres, des objets rares, des œuvres de jeunesse du peintre, etc. the exhibition includes, among other things, rare objects, examples of the artist's early work etc.

entrebâillement [ɑ̃trəbajmɑ̃] *nm*: dans/par l'~ de la porte in/through the half-open door.

entrebâiller [3] [ɑ̃trəbaje] *vt* [porte, fenêtre] to half-open; laisse la porte entrebâillée leave the door half-open OU ajar.

entrebâilleur [ɑ̃trəbajœr] *nm* door chain.

entrechat [ɑ̃trəʃa] *nm* -1. DANSE entrechat. -2. *hum* [bond] leap, spring; faire des ~s to leap about.

entrechoquement [ɑ̃trəʃɔkmɑ̃] *nm* [de verres] clinking; [de cymbales] clashing; [des dents] chattering.

entrechoquer [3] [ɑ̃trəʃɔke] *vt* to knock OU to bang together.

◆ **s'entrechoquer** *vp* *(emploi réciproque)* -1. [se heurter - verres] to clink (together); [- épées] to clash (together); [- dents] to chatter. -2. [affluer - images, mots] to jostle together.

entrecolonnement [ɑ̃trəkɔlɔnmɑ̃] *nm* intercolumnation.

entrecôte [ɑ̃trəkot] *nf* entrecôte (steak); ~ minute minute steak.

entrecoupé, e [ɑ̃trəkupe] *adj* [voix] broken.

entrecouper [3] [ɑ̃trəkupe] *vt* -1. [interrompre]: la conversation a été entrecoupée de sonneries de téléphone the phone kept interrupting the conversation; une voix entrecoupée de sanglots a voice broken by sobs. -2. [émailler]: ~ qqch de to intersperse OU to pepper sthg with.

◆ **s'entrecouper** *vp* *(emploi réciproque)* to intersect.

entrecroisement [ɑ̃trəkrwazmɑ̃] *nm* intertwining, intersecting.

entrecroiser [3] [ɑ̃trəkrwaze] *vt* to intertwine.

◆ **s'entrecroiser** *vp* *(emploi réciproque)* to intersect.

entrecuisse [ɑ̃trəkɥis] *nm* ANAT crotch, crutch *Br*.

entre-déchirer [3] [ɑ̃trədeʃire]

◆ **s'entre-déchirer** *vp* *(emploi réciproque) pr & fig* to tear one another to pieces.

entre-deux [ɑ̃trədø] *nm inv* -1. [dans l'espace] space between, interspace. -2. [dans le temps] intervening period, period in between. -3. SPORT jump ball. -4. COUT: ~ de dentelle lace insert. -5. [meuble] console table *(placed between two windows)*.

entre-deux-guerres [ɑ̃trədøgɛr] *nm inv* OU *nf inv*: l'~ the interwar period; la mode de l'~ fashion of the interwar period.

entre-deux-mers [ɑ̃trədømɛr] *nm inv* [vin] Entre-Deux-Mers.

Entre-deux-Mers [ɑ̃trədømɛr] *npr m* GÉOG: l'~ the Entre-Deux-Mers area.

entre-dévorer [3] [ɑ̃trədevɔre]

◆ **s'entre-dévorer** *vp* *(emploi réciproque) pr* to devour one another; *fig* to tear one another to pieces.

entrée [ɑ̃tre] *nf* -1. [arrivée] entrance, entry; l'~ au port du navire the ship's entry into the port; à l'~ en Italie when crossing into Italy; à son ~, tout le monde s'est levé everybody stood up as she walked in OU entered; faire une ~ discrète to enter discreetly; faire son ~ dans une pièce to make one's entrance into a room; faire son ~ dans le monde *vieilli* [demoiselle] to come out (as a débutante); ~ en: ~ en action coming into play; dès son ~ en fonction, il devra... as soon as he takes up office, he will have to...; l'~ en guerre de la France France's entry into OU France's joining the war; ~ en matière [d'un livre] introduction; ~ en scène entrance; au moment de mon ~ en scène as I made my entrance OU as I walked onto the stage; l'~ en vigueur d'une loi the promulgation of a law. -2. [adhésion] entry, admission; l'~ de l'Espagne dans le Marché commun Spain's entry into the Common Market; au moment de l'~ à l'université when students start university; son ~ dans les ordres his being ordained OU taking holy orders. -3. [accès] entry, admission; se voir refuser l'~ d'une discothèque to be refused admission OU entry to a nightclub; l'~ est gratuite pour les enfants there is no admission charge for children; 'entrée' 'way in'; '~ libre' [dans un magasin] 'no obligation to buy'; [dans un musée] 'free admission'; '~ interdite' [dans un local] 'no entry', 'keep out'; [pour empêcher le passage] 'no way in', 'no access'; [dans un bois] 'no trespassing'; '~ interdite à tout véhicule' 'pedestrians only'; '~ réservée au personnel' 'staff only'; avoir ses ~s: avoir ses ~s auprès de qqn to have (privileged) access to sb; avoir ses ~s dans un club to be a welcome visitor to a club. -4. [voie d'accès - à un immeuble] entrance (door); [- à un tunnel, une grotte] entry, entrance, mouth; ~ des artistes stage door; ~ principale main entrance; ~ de service service OU tradesmen's entrance. -5. [vestibule - dans un lieu public] entrance (hall), lobby; [- dans une maison] hall, hallway. -6. LOISIRS [billet] ticket; je te paie ton ~ I'll pay for you OU buy your ticket || [spectateur] spectator; [visiteur] visitor; nombre d'~s par salle number of tickets sold per auditorium; le film a fait deux millions d'~s two million people have seen the film; on n'a fait que 300 ~s we sold only 300 tickets. -7. CULIN first course, starter; je prendrai une salade en ~ I'll have a salad to start with || [dans un repas de gala] entrée. -8. INF: ~ des données [gén] inputting of data, data input; [par saisie] keying in OU keyboarding of data. -9. [inscription] entry; faire une ~ dans un registre/dictionnaire to enter an item into a register/dictionary. -10. [réplique] cue; ne rate pas ton ~ don't miss your cue. -11. TECH: ~ d'air air inlet. -12. MUS entry.

◆ **entrées** *nfpl* COMPTA receipts, takings.

◆ **à l'entrée de** *loc prép* -1. [dans l'espace] at the entrance OU on the threshold of; à l'~ de la grotte at the entrance OU mouth of the cave. -2. *litt* [dans le temps] at the beginning of; à l'~ du printemps at the beginning of spring; à l'~ de la vie at the dawn of life.

◆ **d'entrée, d'entrée de jeu** *loc adv* from the outset, right from the beginning.

entrefaites [ɑ̃trəfɛt] *nfpl*: sur ces ~ at that moment OU juncture.

entrefenêtre [ɑ̃trəfənɛtr] *nm* [pan de mur] pier *(between two windows)*.

entrefer [ɑ̃trəfɛr] *nm* air gap ELEC.

entrefilet [ɑ̃trəfilɛ] *nm* short piece, paragraph *(in a newspaper)*; l'affaire a eu droit à un ~ there was a paragraph OU there were a few lines in the newspaper about it.

entregent [ɑ̃trəʒɑ̃] *nm*: avoir de l'~ to know how to handle people.

entr'égorger [17] [ɑ̃tregɔrʒe]

◆ **s'entr'égorger** *vp* *(emploi réciproque)* to cut one another's throats.

entrejambe [ɑ̃trəʒɑ̃b] *nm* crotch.

entrelacement [ɑ̃trəlasmɑ̃] *nm* intertwining, interlacing.

entrelacer [16] [ɑ̃trəlase] *vt* to intertwine, to interlace; initiales entrelacées intertwined initials.

◆ **s'entrelacer** *vp* *(emploi réciproque)* to intertwine, to interlace.

entrelacs [ɑ̃trəla] *nm* interlacing.

entrelardé, e [ɑ̃trəlarde] *adj* [rôti] larded; [tranche de poitrine] streaky.

entrelarder [3] [ɑ̃trəlarde] *vt* -1. CULIN to lard. -2. [entrecouper]: ~ qqch de to intersperse OU to interlard sthg with.

entremêlement [ɑ̃trəmɛlmɑ̃] *nm* intermingling *(U)*, entanglement.

entremêler [4] [ɑ̃trəmele] *vt* -1. [mêler - rubans, fleurs] to intermingle, to mix together *(sép)*. -2. [entrecouper]: ~ qqch de: paroles entremêlées de sanglots words broken with sobs.

◆ **s'entremêler** *vp* *(emploi réciproque)* [fils, cheveux] to become entangled; [idées, intrigues] to become intermingled.

entremets [ɑ̃trəmɛ] *nm* entremets.

entremetteur, euse [ɑ̃trəmɛtœr, øz] *nm, f* -1. *vieilli* [intermédiaire] mediator, go-between. -2. *péj* [dans des affaires galantes] procurer (*f* procuress).

entremettre [84] [ɑ̃trəmɛtr]

◆ **s'entremettre** *vpi* [à bon escient] to intervene; s'~ dans une querelle to intervene in a quarrel; s'~ entre deux délégations to act as mediator OU to mediate between two delegations || [à mauvais escient] to interfere.

entremise [ɑ̃trəmiz] *nf* intervention, intervening *(U)*; offrir son ~ to offer to act as mediator.

◆ **par l'entremise de** *loc prép* through.

entrepont [ɑ̃trəpɔ̃] *nm* steerage; voyager dans l'~ to travel steerage OU in steerage class.

entreposage [ɑ̃trəpozaʒ] *nm* storing *(U)*, storage.

entreposer [3] [ɑ̃trəpoze] *vt* -**1.** [mettre en entrepôt] to store, to put in a warehouse, to warehouse; **marchandises entreposées** warehoused goods. -**2.** [déposer] to leave; **~ des livres chez un ami** to leave some books with a friend.

entreposeur [ɑ̃trəpozœr] *nm* warehouse owner.

entrepositaire [ɑ̃trəpozitɛr] *nmf* owner of bonded goods.

entrepôt [ɑ̃trəpo] *nm* warehouse; **marchandises en ~** warehoused goods, goods in storage ❑ **~ de douane** bonded warehouse; **ville d'~** entrepôt, free port.

entreprenant, e [ɑ̃trəprənɑ̃, ɑ̃t] *adj* -**1.** [dynamique] enterprising. -**2.** [hardi] forward.

entreprendre [79] [ɑ̃trəprɑ̃dr] *vt* -**1.** [commencer - lecture, étude] to begin, to start (on); [- croisière, carrière] to set out on OU upon *(insép)*; [- projet, démarche] to undertake, to set about *(insép)*; **~ la rédaction d'une thèse** to begin OU to start writing a thesis; **~ des études de droit** to begin studying law, to undertake law studies. -**2.** [séduire - femme] to make (amorous) advances towards. -**3.** [interpeller - passant] to buttonhole; **~ qqn sur un sujet** to tackle sb about OU over a matter.

entrepreneur, euse [ɑ̃trəprənœr, øz] *nm, f* -**1.** CONSTR: **~ de bâtiment** OU **construction** (building) contractor, builder. -**2.** [chef d'entreprise] entrepreneur; **petit ~** small businessman; **~ de transports** haulier *Br*, hauler *Am*; **~ de pompes funèbres** funeral director, undertaker.

entreprise [ɑ̃trəpriz] *nf* -**1.** [société] firm, concern, business; **monter une ~** to set up a business ❑ **~ commerciale/industrielle** business/industrial concern; **~ agricole** farm; **~ familiale** family business OU firm; **~ de pompes funèbres** funeral director's, undertaker's; **~ de transports** transport company; **~ de travaux publics** civil engineering firm; **~ d'utilité publique** public utility company; **junior ~** *company set up by students to gain experience of business*; **petite/moyenne/grosse ~** small/medium-sized/large firm. -**2.** [monde des affaires]: **l'~** business, the business world. -**3.** [régime économique] enterprise *(U)*; **l'~ publique/privée** public/private enterprise. -**4.** [initiative] undertaking, initiative.

◆ **entreprises** *nfpl hum* [avances] (amorous) advances.

◆ **d'entreprise** *loc adj* [matériel, véhicule] company *(modif)*.

entrer [ɑ̃tre] ◇ *vi (aux être)* **A.** PÉNÉTRER -**1.** [personne - gén] to enter; [- vu de l'intérieur] to come in; [- vu de l'extérieur] to go in; [- à pied] to walk in; [- à cheval, à bicyclette] to ride in; [véhicule] to drive in; **toc, toc! — entrez!** knock, knock! — come in!; **entrez, entrez!** do come in!, come on in!; **la cuisine est à droite en entrant** the kitchen is on the right as you come OU go in; **empêche-les d'~** keep them out, don't let them in; **entrez sans frapper** go (straight) in; **il m'invita à ~** he invited me in; **il me fit signe d'~** he beckoned me in; **les visiteurs sont contrôlés en entrant et en sortant** visitors are checked on the way in and out; **les voleurs sont entrés par la porte de derrière** the burglars got in by the back door; **je suis simplement entré en passant** I just popped in; **il n'a fait qu'~ et sortir** he just popped in for a moment; **~ en gare** to pull in (to the station); **~ au port** to come into OU to enter harbour; **~ dans** [gén] to enter, to come into, to go into; [à pied] to walk into; [obj: forêt] to penetrate; **~ dans l'eau** to get into the water; **elle entra lentement dans son bain** she slowly lowered herself into the bath; **y a-t-il un autre moyen d'~ dans cette pièce?** is there another way into this room?; **comment entre-t-on dans ce parc?** where's the way into this park?; **le premier coureur à ~ dans le stade** the first runner to enter the stadium; **qui vous a permis d'~ chez moi?** who allowed you (to come) in?; **et voici les joueurs qui entrent sur le terrain/court** here are the players coming onto the field/court; **faire ~ qqn: faites-la ~** [en lui montrant le chemin] show her in; [en l'appelant] call her in; **ils nous ont fait ~ dans une cellule** they got us into a cell; **laisser ~** [obj: personne] to let sb in; **il ne les laisse jamais ~ dans la chambre noire** he never lets OU allows them into the black room || [vent, eau]: **le vent entrait par rafales** the wind was blowing in in gusts; **un rayon de soleil entra dans la chambre** a ray of sunlight entered the room; **par où entre l'eau?** how does the water penetrate OU get in?; **laisser ~: ce genre de fenêtre laisse ~ plus de lumière** this kind of window lets more light in. -**2.** [adhérer]: **~ dans** [obj: club, association, parti] to join, to become a member of; [obj: entreprise] to join; **~ dans la CEE** to enter OU to join OU to become a member of the EEC; **~ à l'université** to go to university; **elle entre à la maternelle/en troisième année** she's going to nursery school/moving up into the third year; **~ dans le monde du travail** to start work; **~ dans la magistrature** to become a magistrate, to enter the magistracy; **~ au barreau** to become a lawyer; **quand elle est entrée au ministère de l'Agriculture** when she was appointed to the Ministry of Agriculture; **~ dans une famille** [par mariage] to marry into a family; **~ au service de qqn** to enter sb's service; **faire ~ qqn dans** [en l'aidant] to get sb into; [en le contraignant] to make sb join; **il a fait ~ sa fille comme attachée de presse** he got a job for his daughter as a press attaché || [se mêler]: **~ dans** to enter into; **je ne veux pas ~ dans vos histoires** I don't want to have anything to do with OU to be involved in your little schemes || [se lancer]: **sans ~ dans les détails** without going into details; **elle est entrée dans des explications sans fin** she launched into endless explanations. -**3.** [être inclus]: **c'est entré dans les mœurs** it's become accepted; **~ dans l'usage** [terme] to come into common use, to become part of everyday language; **elle est entrée dans la légende de son vivant** she became a living legend; **la TVA n'entre pas dans le prix** VAT isn't included in the price. -**4.** [s'enfoncer, pénétrer]: **les éperons entraient dans son poitrail** the spurs were digging into its breast; **l'écharde est entrée profondément dans sa cuisse** the splinter has gone deep into his thigh; **la balle/flèche est entrée dans son bras** the bullet/arrow lodged itself in her arm; **faire ~: faites ~ la pommade en massant** rub the cream in; **faire ~ qqch de force dans** to force sthg into; **faire ~ un clou dans une planche** [avec un marteau] to hammer a nail into a plank; **il s'évertuait à faire ~ le bouchon dans le goulot** he was striving to get the cork into OU to force the cork down the bottleneck; **faire ~ une sonde dans l'estomac** to get a sound in the stomach. -**5.** ÉCON [devises, produits] to enter; **faire ~ des marchandises** [gén] to get goods in; [en fraude] to smuggle goods in; **pour faire ~ plus de devises étrangères** to attract more foreign currencies. -**6.** [tenir, trouver sa place]: **~ dans** to get in, to go in, to fit in; **tout n'entrera pas dans la valise** we won't get everything in the suitcase, everything won't fit in the suitcase; **ils ont réussi à ~ à quinze dans une 2 CV** they managed to get fifteen people in a 2 CV; **mais son pied n'entrait pas dans le soulier de verre** but the glass slipper didn't fit her; **ton morceau de puzzle n'entre pas là** your piece doesn't fit in here OU doesn't belong here; **la clé est trop grosse pour ~ dans la serrure** the key is too big to get in the keyhole; **faire ~: faire ~ des vêtements dans une valise** [en poussant] to press clothes in OU down in a suitcase; **je peux faire ~ un autre sac sous le siège** [gén] I can fit another bag under the seat; [en serrant] I can squeeze another bag under the seat. -**7.** *fam* [connaissances, explication] to sink in; **la chimie n'entre pas du tout** I just can't get the hang of chemistry; **l'informatique, ça entre tout seul avec elle** learning about computers is very easy with her as a teacher; **faire ~: faire ~ qqch dans la tête de qqn** to put sthg into sb's head; [à force de répéter] to drum OU to hammer sthg into sb's head; **elle lui fait ~ de telles idées dans la tête!** she puts such wild ideas into his head!; **les professeurs leur en font ~ dans la tête!** the teachers fill their heads with all sorts of ideas!; **comment veux-tu que je fasse ~ toutes ces statistiques dans ma tête?** how do you expect me to get all these statistics into my head?; **tu ne lui feras jamais ~ dans la tête que c'est impossible** you'll never get it into his head OU convince him that it's impossible. -**8.** RELIG: **~ en religion** to enter the religious life; **~ au couvent** to enter a convent; **~ dans les ordres** to take orders. -**9.** THÉÂT: **la Reine entre** enter the Queen; **les sorcières entrent** enter the witches.

B. DÉBUTER -**1.** [dans une période]: **~ dans** to enter; **nous entrons dans une ère de changement** we're entering a time of change; **la phase de restructuration dans laquelle l'entreprise vient d'~** the restructuring phase which the company has just entered; **elle entre dans sa 97e année** she's entering her 97th year; **quand on entre dans l'âge adulte** when one becomes an adult. -**2.** [dans une action]: **~ en: ~ en pourparlers** to start OU to enter negotiations; **~ en correspondance avec qqn** to enter a OU to start a correspondence with sb; **~ en conversation avec qqn** to strike up a conversation with sb; **~ en concurrence** to enter into competition; **~ en ébullition** to reach boiling point, to begin to boil; **~ en guerre** to go to war.

◇ *vt (aux avoir)* -**1.** [produits - gén] to take in *(sép)*, to bring in *(sép)*, to import; [- en fraude] to smuggle in *(sép)*. -**2.** [enfoncer] to dig; **elle lui entrait les ongles dans le bras** [volontairement] she was digging her nails into his arm; [involontairement] her nails were digging into his arm. -**3.** [passer]: **entre la tête par ce trou-là** get your head through that hole. -**4.** INF to enter.

◆ **entrer dans** *v + prép* -**1.** [heurter - pilier, mur] to crash into; [- voiture] to collide with; **tu as vu ta portière? on t'est entré dedans!** have you seen your car door? someone's banged into you! -**2.** [être un élément constituant de]: **~ dans la composition de** to go into; **l'eau entre pour moitié dans cette boisson** water makes up 50% of this drink. -**3.** [relever de - rubrique] to fall into, to come into; [- responsabilités] to be part of; **l'achat de votre compagnie n'est jamais entré dans mes plans** buying your company has never been part of my plans; **cela n'entre pas dans mes attributions** this is not within my responsibilities; **nos réformes entrent dans le cadre d'un grand projet social** our reforms are part of a large social scheme; **j'espère ne pas ~ dans cette catégorie de personnes** I hope I don't belong to that category of people.

entre-rail [ɑ̃trəraj] *(pl* **entre-rails**) *nm*: **l'~** the space between the rails.

entresol [ɑ̃trəsɔl] *nm* mezzanine, entresol; **à l'~** on the mezzanine, at mezzanine level.

entresolé, e [ɑ̃trəsɔle] *adj*: **étage ~** mezzanine.

entre-temps [ɑ̃trətɑ̃] ◇ *adv* meanwhile, in the meantime.

◇ *nm inv arch*: **dans l'~** in the meantime.

entretenir [40] [ɑ̃trətnir] *vt* -**1.** [tenir en bon état - locaux, château] to maintain, to look after *(insép)*, to see to the upkeep of; [- argenterie, lainage] to look after *(insép)*; [- matériel, voiture, route] to maintain; [- santé, beauté] to look after *(insép)*, to maintain; **~ sa forme** OU **condition physique** to keep o.s. fit OU in shape. -**2.** [tenir dans le même état - feu] to keep going OU burning; [- querelle, rancune] to foster, to feed; [- enthousiasme] to foster, to keep alive *(sép)*; [- espoirs, illusions] to cherish, to entertain; [- fraîcheur, humidité] to maintain; **~ une correspondance passionnée avec qqn** to keep up OU to carry on a passionate correspondence with sb. -**3.** [encourager]: **~ qqn dans: c'est ce**

qui m'a entretenu dans l'erreur that is what kept me from seeing the mistake; ~ qqn dans l'idée que to keep sb believing that. -4. [payer les dépenses de - enfants] to support; [- maîtresse] to keep, to support; [- troupes] to keep, to maintain; entretenu à ne rien faire paid to do nothing; se faire ~ par qqn to be kept by sb. -5. ~ qqn de [lui parler de] to converse with OU to speak to sb about; ~ qqn d'un projet to speak to sb about a project.

◆ **s'entretenir** ◇ *vp (emploi réciproque)* to have a discussion, to talk; ils se sont longuement entretenus de... they had a lengthy discussion about...

◇ *vp (emploi passif)*: le synthétique s'entretient facilement man-made fabrics are easy to look after.

◆ **s'entretenir avec** *vp + prép* to converse with, to speak to; s'~ avec qqn au téléphone to speak to sb on the phone; s'~ de qqch avec qqn to have a discussion with sb about sthg.

entretenu, e [ɑ̃trətny] *adj* -1. [personne] kept. -2. [lieu]: maison bien ~e [où le ménage est fait] well-kept house; [en bon état] house in good repair; maison mal ~e [sale et mal rangée] badly kept house; [en mauvais état] house in bad repair; jardin bien/mal ~ well-kept/neglected garden.

entretien [ɑ̃trətjɛ̃] *nm* -1. [maintenance] maintenance, upkeep. -2. [discussion - entre employeur et candidat] interview; [colloque] discussion; solliciter/accorder un ~ to request/to grant an interview ❑ ~ d'embauche job interview. -3. RAD & TV [questions] interview.

entretoise [ɑ̃trətwaz] *nf* crosspiece, brace.

entretoiser [3] [ɑ̃trətwaze] *vt* to brace.

entre-tuer [7] [ɑ̃trətɥe]

◆ **s'entre-tuer** *vp (emploi réciproque)* to kill one another.

entrevoie [ɑ̃trəvwa] *nf*: l'~ the space between the tracks.

entrevoir [62] [ɑ̃trəvwar] *vt* -1. [apercevoir] to catch sight OU a glimpse of; je n'ai fait que l'~ I only caught a glimpse of him OU saw him briefly. -2. [pressentir - solution, vie meilleure] to glimpse; [- difficultés, issue] to foresee, to anticipate.

entrevue [ɑ̃trəvy] *nf* [réunion] meeting; [tête-à-tête] interview; après son ~ avec le pape after his meeting OU audience with the Pope.

entrisme [ɑ̃trism] *nm* entryism, entrism.

entropie [ɑ̃trɔpi] *nf* entropy.

entrouvert, e [ɑ̃truvɛr, ɛrt] *adj* [porte] half-open, ajar; dormir la bouche ~e to sleep with one's mouth slightly open.

entrouvrir [34] [ɑ̃truvrir] *vt* to half-open.

◆ **s'entrouvrir** *vpi* [porte] to half-open; [rideau] to draw back *(sép)* (slightly); [lèvres] to part.

entuber▽ [3] [ɑ̃tybe] *vt* to con, to rip off *(sép)*; se faire ~ to be conned, to get ripped off.

enturbanné, e [ɑ̃tyrbane] *adj* turbaned.

énucléation [enykleasjɔ̃] *nf* -1. [d'un œil] enucleation. -2. [d'un noyau de fruit] stoning, pitting.

énucléer [15] [enyklee] *vt* -1. [œil] to enucleate. -2. [noyau] to stone, to pit.

énumératif, ive [enymeratif, iv] *adj* enumerative.

énumération [enymerasjɔ̃] *nf* -1. [énonciation] enumeration, enumerating. -2. [liste] list, catalogue.

énumérer [18] [enymere] *vt* to enumerate, to itemize, to list.

énuquer [3] [enyke]

◆ **s'énuquer** *vpi Helv* to break one's neck.

énurésie [enyrezi] *nf* enuresis *spéc*, bedwetting.

énurétique [enyretik] ◇ *adj* enuretic *spéc*, bedwetting *(modif)*.

◇ *nmf* enuresis sufferer *spéc*, bedwetter.

env. *abr écrite de* environ.

envahir [32] [ɑ̃vair] *vt* -1. [occuper - pays, palais] to invade, to overrun. -2. [se répandre dans] to overrun; les touristes envahissent les plages the beaches are overrun with tourists; grenier envahi par les souris attic overrun with mice; plate-bande envahie par les mauvaises herbes border overrun with weeds; jardin envahi par la végétation overgrown garden; cette mode ne va pas tarder à ~ la France it won't be long before this fashion sweeps France. -3. [déranger]: se laisser ~ par les tâches quotidiennes to let o.s. be swamped by daily duties. -4. [suj: sensation, crainte] to sweep over *(insép)*, to seize; le doute l'a envahi he was seized with doubt.

envahissant, e [ɑ̃vaisɑ̃, ɑ̃t] *adj* -1. [qui s'étend - végétation] overgrown; [- ambition, passion] invasive. -2. [importun - voisin, ami] interfering, intrusive; je commence à trouver ta famille un peu ~e I'm beginning to find your family a bit too intrusive.

envahissement [ɑ̃vaismɑ̃] *nm* invasion.

envahisseur [ɑ̃vaisœr] *nm* invader.

envasement [ɑ̃vazmɑ̃] *nm* silting up.

envaser [3] [ɑ̃vaze] *vt* to silt up *(sép)*.

◆ **s'envaser** *vpi* [canal] to silt up; [barque] to get stuck in the mud.

enveloppant, e [ɑ̃vlɔpɑ̃, ɑ̃t] *adj* [voix, paroles] enticing, seductive.

enveloppe [ɑ̃vlɔp] *nf* -1. [pour lettre] envelope; prière de joindre une ~ affranchie please enclose stamped addressed envelope OU s.a.e. *Br* ❑ ~ autoadhésive self-sealing envelope; ~ à fenêtre window envelope; ~ gommée stick-down envelope; ~ de réexpédition *special envelope used for forwarding several items at once*; ~ rembourrée padded envelope, Jiffy bag®. -2. BOT [membrane] covering membrane; [cosse] husk. -3. [revêtement - d'un pneu] cover, casing; [- d'un tuyau] lagging *(U)*, jacket. -4. FIN [don] sum of money, gratuity; [don illégal] bribe; [crédits] budget; l'~ (budgétaire) du ministère de la Culture the Arts budget; nous disposons d'une ~ de 10 000 francs pour la maintenance we have a budget of OU we've been allocated 10,000 francs for maintenance. -5. [aspect] exterior, outward appearance. -6. *litt* [corps]: ~ mortelle OU charnelle earthly OU mortal frame. -7. GÉOM envelope. -8. JUR: ~ Soleau *envelope for depositing designs etc at the patent office.*

◆ **sous enveloppe** *loc adv*: mettre/envoyer sous ~ to put/to send in an envelope; envoyer un magazine sous ~ [pour le dissimuler] to send a magazine under plain cover.

enveloppement [ɑ̃vlɔpmɑ̃] *nm* -1. [emballage] wrapping, packing *(U)*. -2. MIL encirclement, surrounding. -3. MÉD packing.

envelopper [3] [ɑ̃vlɔpe] *vt* -1. [empaqueter] to wrap (up); ~ des fruits dans un journal to wrap up fruit in a newspaper; le papier qui enveloppait les réglisses the paper in which the liquorice was wrapped ❑ je vous l'enveloppe? *hum* is that a deal? -2. [emmailloter] to wrap (up); ~ un enfant dans une couverture to wrap a child in a blanket OU a blanket around a child. -3. [entourer]: ~ qqn de sa sollicitude to lavish one's attention on sb. -4. [voiler - suj: brume, obscurité] to shroud, to envelop. -5. [englober]: ~ du regard: ~ le paysage du regard to take in the landscape; ~ qqn du regard to gaze at sb. -6. MIL to encircle, to surround.

◆ **s'envelopper dans** *vp + prép* [vêtement] to wrap o.s. in.

envenimation [ɑ̃vnimasjɔ̃] *nf* poisoning *(from a snake or insect bite)*.

envenimement [ɑ̃vnimmɑ̃] *nm* worsening.

envenimer [3] [ɑ̃vnime] *vt* -1. MÉD to poison, to infect. -2. [aggraver - conflit] to inflame, to fan the flames of; [- rapports] to poison, to spoil; tu n'as fait qu'~ les choses you've only made things OU matters worse.

◆ **s'envenimer** *vpi* -1. MÉD to fester, to become septic. -2. [empirer - relation] to grow more bitter OU acrimonious; [- situation] to get worse, to worsen.

enverguer [3] [ɑ̃vɛrge] *vt* to bend *(sail)*.

envergure [ɑ̃vɛrgyr] *nf* -1. [d'un oiseau, d'un avion] wingspan, wingspread. -2. NAUT breadth. -3. [importance - d'une manifestation, d'une œuvre] scale, scope; de grande ~ large-scale; son entreprise a pris de l'~ her company has expanded. -4. [d'un savant, d'un président] calibre; il manque d'~ he doesn't have a strong personality.

envers [ɑ̃vɛr] ◇ *prép* [à l'égard de] towards, to; elle est loyale ~ ses amis she's loyal to her friends; être cruel ~ qqn to be cruel to OU towards sb; ma dette ~ vous my indebtedness to you; son attitude ~ moi his attitude towards me; traître ~ sa patrie traitor to one's country ❑ ~ et contre tout OU tous in the face of OU despite all opposition; on a maintenu notre décision, ~ et contre tout we kept to our decision, despite all opposition OU everything.

◇ *nm* -1. [autre côté]: l'~ [d'un papier] the other side, the back; [d'une feuille d'arbre] the underside; [d'une médaille, d'un tissu] the reverse side; [d'une peau] the inside. -2. [mauvais côté] wrong side; l'~ du décor OU tableau the other side of the coin. -3. GÉOG cold northern slope *(of valley)*.

◆ **à l'envers** *loc adv* -1. [dans le mauvais sens]: mettre à l'~ [chapeau] to put on the wrong way round, to put on back to front; [chaussettes] to put on inside out; [portrait] to hang upside down OU the wrong way up. -2. [mal, anormalement]: tout va OU marche à l'~ everything is upside down OU topsy-turvy; tu as tout compris à l'~ you misunderstood the whole thing; il a l'esprit OU la tête à l'~ his mind is in a whirl, he doesn't know whether he's coming or going. -3. [dans l'ordre inverse] backwards, in reverse; faire les mouvements à l'~ to do the movements backwards.

envi [ɑ̃vi]

◆ **à l'envi** *loc adv litt*: ils se sont déchaînés contre moi à l'~ they vied with one another in venting their rage on me; trois sketches féroces à l'~ three sketches, each more corrosive than the last.

enviable [ɑ̃vjabl] *adj* enviable; peu ~ unenviable.

envie [ɑ̃vi] *nf* -1. [souhait, désir] desire; mourir OU crever *fam* d'~ de faire qqch to be dying to do sthg; contenter OU passer son ~ to satisfy one's desire; l'~ de qqch/de faire qqch the desire for sthg/to do sthg; avoir ~ de: j'avais (très) ~ de ce disque I wanted that record (very much); avoir ~ de rire/pleurer to feel like laughing/crying; avoir ~ de vomir to feel sick; je n'ai pas ~ de passer ma vie à ça I don't want to spend the rest of my life doing that; j'ai presque ~ de ne pas y aller I have half a mind not to go; il avait moyennement ~ de la revoir he didn't really feel like seeing her again; je le ferai quand j'en aurai ~ I'll do it when I feel like it; donner à qqn ~ de faire: ça m'a donné ~ de les revoir it made me want to see OU feel like seeing them again; avoir ~ que: elle n'a pas ~ que tu restes she doesn't want you to stay; faire ~ à qqn: la robe beige me fait vraiment ~ I'm really tempted by the beige dress; un voyage au Brésil, ça ne te fait pas ~? aren't you tempted by a trip to Brazil?; l'~ lui prend de OU il lui prend l'~ de faire... he feels like OU fancies doing...; ôter OU faire passer à qqn l'~ de faire: voilà qui lui ôtera l'~ de revenir this'll make sure he's not tempted to come back ❑ ~ de femme enceinte (pregnant woman's) craving. -2. [désir sexuel] desire; j'ai ~ de toi I want you. -3. [besoin] urge; être pris d'une ~ (pressante OU naturelle) to feel the call of nature, to be taken short *Br*; ça l'a pris comme une ~ de pisser▽ he felt a sudden urge for it OU to do it. -4. [jalousie] envy; faire ~ à qqn: sa réussite me fait ~ I envy her success, her success makes me jealous; tant de luxe, ça (vous) fait ~ such luxury makes one OU you envious ❑ ~ du pénis PSYCH penis envy. -5. ANAT [tache] birthmark; [peau] hangnail; des ~s hangnails.

envier [9] [ɑ̃vje] *vt*: ~ qqch à qqn to envy sb (for) sthg; on lui envie sa fortune people envy (him) his wealth; crois-tu avoir quelque chose à lui ~? do you feel he's got something you haven't?; **vous n'avez rien à lui ~** you have no reason to be envious of her; **~ qqn d'avoir fait qqch** to envy sb for having done sthg.

envieusement [ɑ̃vjøzmɑ̃] *adv* enviously.

envieux, euse [ɑ̃vjø, øz] ◇ *adj* envious; **être ~ de** to be envious of, to envy.
◇ *nm, f* envious person; **faire des ~** to arouse OU to excite envy.

environ [ɑ̃virɔ̃] *adv* about, around; **il y a ~ six mois** about six months ago; **il était ~ midi** it was around OU about 12; **c'est à ~ deux heures de vol** it's about two hours away by plane OU a two-hour flight; **ça vaut ~ 1 000 francs** it costs around OU about 1,000 francs; **il habite à ~ 100 m** OU **à 100 m ~** he lives about 100 m from here.

environnant, e [ɑ̃virɔnɑ̃, ɑ̃t] *adj* surrounding; **la campagne ~e** the surrounding countryside, the country round about.

environnement [ɑ̃virɔnmɑ̃] *nm* -**1.** [lieux avoisinants] environment, surroundings, surrounding area; **l'~ immédiat de l'école est agréable** the school's immediate surroundings are pleasant. -**2.** [milieu] background; **l'~ culturel/familial** the cultural/family background. -**3.** ÉCOL: **l'~** the environment; **un produit qui respecte l'~** an environment-friendly product.
◆ **de l'environnement** *loc adj* [pollution, politique] environmental.

environnemental, e, aux [ɑ̃virɔnmɑ̃tal, o] *adj* environmental.

environnementaliste [ɑ̃virɔnmɑ̃talist] *nmf* environmentalist.

environner [3] [ɑ̃virɔne] *vt* to surround, to encircle; **être environné de** to be surrounded with.
◆ **s'environner de** *vp + prép* to surround o.s. with; **s'~ d'artistes** to surround o.s. with artists.

environs [ɑ̃virɔ̃] *nmpl* surroundings, surrounding area; **les ~ sont assez pittoresques** the surroundings are OU the surrounding area is quite picturesque; **les ~ de Paris** the area around Paris.
◆ **aux environs de** *loc prép* -**1.** [dans l'espace] near, close to; **aux ~ de Nantes** in the vicinity of OU near Nantes. -**2.** [dans le temps] around, round about; **aux ~ de Noël** around OU round about Christmas time, at Christmas or thereabouts; **aux ~ de midi** around noon, at noon or thereabouts; **aux ~ de 20 h** around 8 p.m.
◆ **dans les environs** *loc adv* in the local OU surrounding area.
◆ **dans les environs de** *loc prép* in the vicinity of, near; **elle habite dans les ~ d'Amiens** she lives near Amiens.

envisageable [ɑ̃vizaʒabl] *adj* conceivable; **oui, c'est ~** yes, it's conceivable; **ce n'est guère ~ à l'heure actuelle** it hardly seems possible at the present time, it's barely conceivable at present.

envisager [17] [ɑ̃vizaʒe] *vt* -**1.** [examiner] to consider; **~ tous les aspects d'un problème** to consider all the aspects of a problem. -**2.** [prévoir] to envisage, to contemplate, to consider; **~ des licenciements/réparations** to consider lay-offs/repairs; **~ de faire qqch** to consider OU to contemplate doing sthg; **j'envisage d'aller vivre là-bas** I'm contemplating going OU I'm thinking of going to live there.

envoi [ɑ̃vwa] *nm* -**1.** [fait d'expédier] sending; **faire un ~** [colis] to send a parcel; [lettre] to send a letter; **~ contre remboursement** cash on delivery; **contre ~ de** on receipt of. -**2.** [fait de faire déplacer] sending in, dispatching, dispatch; **décider l'~ des troupes** to decide to send in (the) troops; **l'~ d'un émissaire n'a pas réglé le problème** sending an emissary did not solve the problem. -**3.** [colis] parcel, consignment; [lettre] letter; **~ franco de port** postage-paid consignment; **~ recommandé** [colis] registered parcel; [lettre] registered letter; **~ recommandé avec accusé de réception** [colis] recorded delivery parcel *Br*, registered package with return receipt *Am*; [lettre] recorded delivery letter *Br*, registered letter with return receipt *Am*; **~ groupé** joint consignment; **un ~ en nombre** a (mass) mailing. -**4.** SPORT: **coup d'~** kick-off; **donner le coup d'~ d'un match** [arbitre] to give the sign for the match to start; [joueur] to kick off; **donner le coup d'~ d'une campagne** *fig* to get a campaign off the ground. -**5.** LITTÉRAT envoi. -**6.** JUR: **~ en possession** writ of possession.

envol [ɑ̃vɔl] *nm* -**1.** [d'un oiseau] taking flight; **l'aigle prit son ~** the eagle took flight. -**2.** AÉRON taking off *(U)*, takeoff.

envolée [ɑ̃vɔle] *nf* -**1.** [élan] flight; **~ de l'imagination** flight of fancy; **~ lyrique** flight of lyricism; **il s'est lancé dans une grande ~ lyrique** *hum* he waxed lyrical. -**2.** [augmentation] sudden rise; **l'~ du mark** the sudden rise of the mark.

envoler [3] [ɑ̃vɔle]
◆ **s'envoler** *vpi* -**1.** [oiseau] to fly off OU away. -**2.** AÉRON [avion] to take off; **je m'envole pour Tokyo demain** I'm flying (off) to Tokyo tomorrow. -**3.** [passer - temps] to fly. -**4.** [augmenter - cours, dollar] to soar. -**5.** [être emporté - écharpe] to blow off OU away; **le vent a fait s'~ tous les papiers** the wind sent all the documents flying (everywhere). -**6.** [disparaître - voleur, stylo] to disappear, to vanish (into thin air); **il n'a pourtant pas pu s'~, ce livre!** the book can't just have vanished into thin air!

envoûtant, e [ɑ̃vutɑ̃, ɑ̃t] *adj* spellbinding, bewitching, entrancing.

envoûtement [ɑ̃vutmɑ̃] *nm* bewitchment, spell.

envoûter [3] [ɑ̃vute] *vt* to bewitch, to cast a spell on; **être envoûté par une voix/femme** to be under the spell of a voice/woman.

envoûteur, euse [ɑ̃vutœr, øz] *nm, f* sorcerer (*f* sorceress).

envoyé, e [ɑ̃vwaje] *nm, f* [gén] messenger; POL envoy; PRESSE correspondent; **de notre ~ spécial à Londres** from our special correspondent in London.

envoyer [30] [ɑ̃vwaje] *vt* -**1.** [expédier - gén] to send (off); [- message radio] to send out *(sép)*; [- marchandises] to send, to dispatch; [- invitation] to send (out); [- vœux, condoléances] to send; [- CV, candidature] to send (in); [- argent, mandat] to send, to remit; **~ qqch par bateau** to ship sthg, to send sthg by ship; **Fred t'envoie ses amitiés** Fred sends you his regards; **~ un (petit) mot à qqn** to drop sb a line ❑, **~ des fleurs à qqn** *pr* to send sb flowers; *fig* to give sb a pat on the back. -**2.** [faire se déplacer] to send; **~ un homme dans** OU **sur la Lune** to send a man to the moon; **~ un enfant à l'école** to send a child (off) to school; **on les envoie à la mer/chez leur tante tous les étés** we send them (off) to the seaside/to their aunt's every summer; **on m'a envoyé aux nouvelles** I've been sent to find out whether there's any news; **~ un criminel en prison** to send a criminal to jail; **~ qqn dans l'autre monde** *euph* to send sb to meet his maker; **~ des soldats à la mort** to send soldiers to their deaths; **~ ses malades à un confrère** to send OU to refer one's patients to a colleague ‖ *(suivi d'un inf)*: **~ chercher qqn** to have sb picked up; **je l'ai envoyé la chercher à la gare** I sent him to the station to pick her up OU to fetch her; **~ chercher un médecin** to send for a doctor ❑ **~ dire: elle ne le lui a pas envoyé dire** she told him straight OU to his face; **~ promener** OU **balader** OU **paître** OU **bouler qqn** *fam*, **~ qqn au diable** *fam*, **~ qqn sur les roses** *fam* to send sb packing; **j'avais envie de tout ~ promener** *fam* OU **valser** *fam* I felt like chucking the whole thing in; **j'ai envoyé promener la famille/ma thèse** I sent my family packing/packed in my thesis; **~ dinguer qqn** *fam* [le repousser] to send sb sprawling; [l'éconduire] to send sb packing. -**3.** [projeter]: **~ un adversaire à terre** OU **au tapis** to knock an opponent down OU to the ground; **~ qqn dans le décor** *fam* to send sb flying; **~ une voiture dans le décor** *fam* to send a car skidding off the road. -**4.** [lancer - projectile] to throw, to fling; [- ballon] to throw; [- balle de tennis] to send; **~ la balle hors du court** to send the ball out of court; **envoie-moi ma chemise** throw me my shirt; **~ sa fumée dans les yeux de qqn** to blow smoke into sb's eyes; **~ des baisers à qqn** to blow sb kisses. -**5.** [donner - coup]: **~ des gifles** OU *fam* **baffes à qqn** to slap sb (in the face); **~ des coups de pied/poing à qqn** to kick/to punch sb ❑ **il le lui a envoyé dans les dents** *fam* OU **gencives** *fam* he really let him have it. -**6.** [hisser - pavillon] to hoist.
◆ **s'envoyer** ◇ *vp* *(emploi réciproque)* to send one another; **s'~ des lettres** to write to one another ❑ **s'~ des fleurs** *fam* to pat each other on the back.
◇ *vpt* -**1.** *fam* [subir - corvée] to get saddled with. -**2.** *fam* [consommer - bière, bouteille] to knock back *(sép)*, to down; [- gâteau] to wolf down; [sexuellement] ▽: **s'~ qqn** to get off with sb. -**3.** [se donner]: **je m'enverrais des gifles** OU **baffes!** *fam* I could kick myself! ❑ **s'~ des fleurs** *fam* to pat o.s. on the back.
◇ *vpi* ▽ *loc*: **s'~ en l'air** to have it off.

envoyeur, euse [ɑ̃vwajœr, øz] *nm, f* sender.

enzymatique [ɑ̃zimatik] *adj* enzymatic.

enzyme [ɑ̃zim] *nf* OU *nm* enzyme.

enzymologie [ɑ̃zimɔlɔʒi] *nf* enzymology.

enzymopathie [ɑ̃zimɔpati] *nf* enzyme deficiency.

éocène [eɔsɛn] ◇ *adj* eocene.
◇ *nm* Eocene (period).

Éole [eɔl] *npr* Aeolus.

éolien, enne [eɔljɛ̃, ɛn] *adj* aeolian *spéc*, wind *(modif)*.
◆ **éolienne** *nf* windmill, wind pump.

Éoliennes [eɔljɛn] *npr fpl*: **les (îles) ~** the Aeolian OU Lipari Islands.

éolithe [eɔlit] *nm* eolith.

EOR *nm abr de* **élève officier de réserve.**

éosine [eɔzin] *nf* eosin, eosine.

éosinophile [eɔzinɔfil] ◇ *adj* eosinophilic, eosinophilous.
◇ *nm* eosinophil, eosinophile.

éosinophilie [eɔzinɔfili] *nf* eosinophilia.

épagneul [epaɲœl] *nm* spaniel; **~ breton** Breton spaniel.

épais, aisse [epɛ, ɛs] *adj* -**1.** [haut - livre, strate, tranche] thick; [- couche de neige] thick, deep; **une planche épaisse de 10 centimètres** a board 10 centimetres thick; **avoir la langue épaisse** *fig* to have a coated tongue. -**2.** [charnu - lèvres, cheville, taille] thick; [- corps] thickset, stocky; **il n'est pas (bien) ~** *fam* he's thin (as a rake). -**3.** [dense - fumée, sauce, foule] thick; [- sourcil] thick, bushy. -**4.** [profond - silence, sommeil] deep; [- nuit] pitch-black. -**5.** *péj* [non affiné - esprit, intelligence] dull, coarse.
◆ **épais** ◇ *nm*: **au plus ~ de la foule** in the thick of the crowd; **au plus ~ de la forêt** deep in the heart of the forest.
◇ *adv* [tartiner, semer] thick, thickly; **il n'y en avait pas ~, de la viande** *fam* there wasn't much meat; **il n'y en avait pas ~, du bonhomme!** *fam* the man was as thin as a rake!

épaisseur [epɛsœr] *nf* -**1.** [d'un mur, d'un tissu, d'une strate] thickness; **un mur de 30 centimètres d'~** a wall 30 centimetres thick; **quelle en est l'~?** how thick is it? -**2.** [couche] layer, thickness; **plusieurs ~s de vêtements** several layers of clothes; **plier un papier en quatre/cinq ~s** to fold a piece of paper in four/five. -**3.** [densité - du brouillard, d'une soupe, d'un feuillage] thickness. -**4.** [intensité - du silence, du sommeil] depth; [- de la nuit] darkness, depth. -**5.** [substance] depth; **les personnages manquent d'~** the characters lack depth.

épaissir [32] [epesir] ◇ *vt* -**1.** [sauce, enduit] to thicken (up). -**2.** [grossir] to thicken; **le manque d'exercice lui a épaissi la taille** the lack of exercise had thickened his waistline; **les traits épaissis par l'alcool** his features bloated with alcohol.
◇ *vi* -**1.** [fumée, peinture, mayonnaise] to thicken, to get thicker. -**2.** [grossir - taille] to get thicker

ou bigger; [- traits du visage] to get coarser, to coarsen; **il a beaucoup épaissi** he's put on a lot of weight.

◆ **s'épaissir** *vpi* -**1.** [fumée, crème] to thicken, to get thicker. -**2.** [augmenter - couche de neige] to get thicker ou deeper; [- pile de feuilles] to get bigger. -**3.** [grossir - traits] to get coarse ou coarser; [- taille] to get thicker ou bigger; [- personne] to grow stout ou stouter. -**4.** *fig* [mystère, ténèbres] to deepen; **le mystère s'épaissit** [dans un fait divers] the mystery deepens; [dans un roman] the plot thickens.

épaississant, e [epesisɑ̃, ɑ̃t] *adj* thickening *(avant n).*

◆ **épaississant** *nm* thickening agent.

épaississement [epesismɑ̃] *nm* thickening.

épamprer [3] [epɑ̃pre] *vt* to thin out the leaves of.

épanchement [epɑ̃ʃmɑ̃] *nm* -**1.** [confidences] outpouring. -**2.** MÉD extravasation; ~ **de synovie** housemaid's knee.

épancher [3] [epɑ̃ʃe] *vt* [tendresse, craintes] to pour out *(sép)*; [colère] to vent, to give vent to; ~ **sa bile sur qqn** to vent one's spleen on sb; ~ **son cœur** to open one's heart, to pour out one's feelings.

◆ **s'épancher** *vpi* -**1.** [se confier]: s'~ **auprès d'un ami** to open one's heart to ou to pour out one's feelings to a friend. -**2.** *litt* [couler] to pour out.

épandage [epɑ̃daʒ] *nm* manure spreading, manuring.

épandeur [epɑ̃dœr] *nm* manure spreader.

épandeuse [epɑ̃døz] *nf* gravel spreader.

épandre [74] [epɑ̃dr] *vt* to spread.

épanoui, e [epanwi] *adj* [rose, jeunesse] blooming; [sourire] beaming, radiant; **son corps** ~ her body in its prime; **le tableau représente une maternité** ~**e** the painting depicts the fulfilment of motherhood.

épanouir [32] [epanwir] *vt* -**1.** *litt* [fleur] to open (up). -**2.** [détendre - visage] to light up *(sép)*.

◆ **s'épanouir** *vpi* -**1.** [fleur] to bloom, to open. -**2.** [visage] to light up. -**3.** [personne] to blossom; **une atmosphère où les enfants s'épanouissent** an atmosphere where children can develop.

épanouissant, e [epanwisɑ̃, ɑ̃t] *adj* fulfilling.

épanouissement [epanwismɑ̃] *nm* -**1.** [d'une plante] blooming, opening up. -**2.** [d'un visage] lighting up; [d'un enfant, d'une personnalité] fulfilment, self-fulfilment; **elle a trouvé son** ~ **dans le mariage** she's found fulfilment in marriage, she's blossomed since she got married; **une civilisation en plein** ~ a civilization in full bloom.

épar [epar] *nm* [d'une porte] cross-bar; [d'un véhicule] shaft-bar; NAUT spar.

épargnant, e [eparɲɑ̃, ɑ̃t] *nm, f* saver, investor; **petits** ~**s** small investors.

épargne [eparɲ] *nf* -**1.** [économies]: **l'**~ savings. -**2.** [fait d'économiser] saving; **encourager l'**~ to encourage saving.

épargne-logement [eparɲlɔʒmɑ̃] *(pl* **épargnes-logements)** *nf*: **plan d'**~ home savings plan; **prêt** ~ home loan.

épargner [3] [eparɲe] ◇ *vt* -**1.** [économiser - argent, essence, forces] to save; **épargnez l'eau!** save ou don't waste water!; **tu n'as pas épargné la chantilly!** *hum* you didn't skimp on the whipped cream!; **n'**~ **ni sa peine ni son temps** to spare neither time nor trouble. -**2.** [éviter]: ~ **qqch à qqn** to spare sb sthg; **tu m'as épargné un déplacement inutile** you spared ou saved me a wasted journey; **je vous épargnerai les détails** I'll spare you the details; ~ **à qqn la honte/vue de qqch** to spare sb the shame/sight of sthg; **épargne-moi tes commentaires!** spare me your comments! -**3.** [ménager - vieillard, adversaire] to spare; **personne ne sera épargné** nobody ou no life will be spared; **l'incendie a épargné l'église** the church was spared by the fire.

◇ *vi* to save (money), to put money aside; ~ **sur qqch** *péj*: ~ **sur les loisirs** to save on leisure activities.

◆ **s'épargner** *vpt*: s'~ qqch to save o.s. sthg.

éparpillement [eparpijmɑ̃] *nm* -**1.** [de papiers, de graines] scattering, dispersal. -**2.** [de la pensée, des efforts] dissipation.

éparpiller [3] [eparpije] *vt* -**1.** [disperser - lettres, graines] to scatter; [- troupes, famille] to disperse; **éparpillés un peu partout dans le monde** scattered about the world. -**2.** [dissiper - attention, forces] to dissipate.

◆ **s'éparpiller** *vpi* -**1.** [se disperser - foule, élèves] to scatter, to disperse. -**2.** [disperser son énergie] to dissipate one's energies.

épars, e [epar, ars] *adj* scattered.

épatant, e *fam* [epatɑ̃, ɑ̃t] *adj vieilli* [temps, idée] splendid; **c'est un type** ~! he's a splendid fellow!

épate *fam* [epat] *nf péj* showing off; **faire de l'**~ to show off.

épaté, e [epate] *adj* -**1.** *fam* [étonné] amazed. -**2.** [aplati - nez, forme] flat, snub.

épatement [epatmɑ̃] *nm* -**1.** *fam* [étonnement] amazement. -**2.** [du nez] flatness.

épater *fam* [3] [epate] *vt* -**1.** [étonner] to amaze; **ça t'épate, hein?** how about that then? -**2.** *péj* [impressionner] to impress; **pour** ~ **la galerie** in order to cause a sensation; **pour** ~ **le bourgeois** in order to shock *(middle class values)*.

◆ **s'épater** *vpi* [s'élargir] to spread out.

épaulard [epolar] *nm* killer whale.

épaule [epol] *nf* -**1.** ANAT shoulder; **être large d'**~**s** to be broad-shouldered ❑ **avoir les** ~**s tombantes** ou *fam* **en accent circonflexe** to be round-shouldered; **avoir la tête sur les** ~**s** to be level-headed; **donner un coup d'**~ **à qqn** to give sb a helping hand. -**2.** CULIN shoulder; ~ **d'agneau** shoulder of lamb.

épaulé-jeté [epoleʒəte] *(pl* **épaulés-jetés)** *nm* clean-and-jerk.

épaulement [epolmɑ̃] *nm* -**1.** CONSTR retaining wall. -**2.** MENUIS shouldering. -**3.** GÉOG escarpment.

épauler [3] [epole] *vt* -**1.** [fusil] to raise (to the shoulder). -**2.** [aider] to support, to back up *(sép)*; **il a besoin de se sentir épaulé** he needs to feel that people are supporting him ou are behind him. -**3.** VÊT to put shoulder pads into; **veste très épaulée** jacket with big shoulder pads.

◆ **s'épauler** *vp (emploi réciproque)* to help ou to support one another.

épaulette [epolɛt] *nf* -**1.** MIL epaulette. -**2.** VÊT shoulder pad. -**3.** [bretelle] shoulder strap.

épave [epav] *nf* -**1.** [débris] piece of flotsam (and jetsam). -**2.** [véhicule, bateau] wreck. -**3.** JUR [objet perdu] unclaimed object. -**4.** [personne] (human) wreck.

épée [epe] *nf* -**1.** ARM sword; **l'**~ **de Damoclès** the sword of Damocles; **c'est un coup d'**~ **dans l'eau** it's a waste of time; **mettre l'**~ **dans les reins de qqn** to chivy sb. -**2.** [escrimeur] swordsman *(f* swordswoman).

épeire [epɛr] *nf* garden spider, epeira *spéc.*

épéiste [epeist] *nmf* swordsman *(f* swordswoman).

épeler [24] [eple] *vt* [un nom] to spell (out).

◆ **s'épeler** *vp (emploi passif)*: **comment ça s'épelle?** how do you spell it?, how is it spelt?

épellation [epelasjɔ̃] *nf* spelling out.

épépiner [3] [epepine] *vt* to seed, to de-seed.

éperdu, e [epɛrdy] *adj* -**1.** [fou - regard, cri] wild, distraught; **la quête** ~**e de la vérité** the frantic quest for truth; **une fuite** ~**e** a headlong flight; ~ **de** overcome with; ~ **de bonheur** overcome with happiness; ~ **de joie** overcome with joy, overjoyed; ~ **de douleur** frantic ou distraught with grief. -**2.** [intense - gratitude] boundless; [- besoin] violent, intense.

éperdument [epɛrdymɑ̃] *adv* -**1.** [à la folie] madly, passionately; **aimer qqn** ~ to love sb madly, to be madly in love with sb. -**2.** [en intensif]: **je m'en moque** ou **fiche** *fam* ~ I couldn't care less ou give a damn.

éperlan [epɛrlɑ̃] *nm* smelt.

éperon [eprɔ̃] *nm* -**1.** ÉQUIT & TRAV PUBL spur. -**2.** BOT & GÉOG spur; ~ **rocheux** rocky spur. -**3.** NAUT cutwater.

éperonner [3] [eprɔne] *vt* -**1.** ÉQUIT to spur (on). -**2.** [munir d'éperons] to put spurs on. -**3.** [stimuler] to spur on *(sép)*; **éperonné par la volonté de réussir** spurred on by the will to succeed. -**4.** NAUT to ram.

épervier [epɛrvje] *nm* -**1.** ORNITH sparrowhawk. -**2.** PÊCHE cast ou casting net.

épervière [epɛrvjɛr] *nf* hawkweed.

éphèbe [efɛb] *nm* ANTIQ ephebe; **(jeune)** ~ *fig* & *hum* Adonis.

éphédrine [efedrin] *nf* ephedrin, ephedrine.

éphémère [efemɛr] ◇ *adj* [gloire, sentiment] short-lived, ephemeral, transient; [mode] short-lived; [regret] passing.

◇ *nm* ZOOL mayfly, dayfly, ephemera *spéc.*

éphéméride [efemerid] *nf* [calendrier] tear-off calendar.

◆ **éphémérides** *nfpl* ASTRON ephemeris.

Éphèse [efɛz] *npr* Ephesus.

Éphésien, enne [efezjɛ̃, ɛn] *nm, f* Ephesian.

épi [epi] *nm* -**1.** [de fleur] spike; [de céréale] ear. -**2.** [de cheveux] spike, bristle; **il a un** ~ his hair sticks out (at the back). -**3.** TRAV PUBL breakwater.

◆ **en épi** *loc adv*: **voitures stationnées en** ~ cars parked at an angle to the kerb.

épice [epis] *nf* spice.

épicé, e [epise] *adj* -**1.** CULIN highly spiced, hot, spicy. -**2.** [grivois - histoire] spicy.

épicéa [episea] *nm* spruce.

épicène [episɛn] *adj* epicene.

épicentre [episɑ̃tr] *nm* epicentre.

épicer [16] [epise] *vt* -**1.** CULIN to spice. -**2.** [corser - récit] to add spice to.

épicerie [episri] *nf* -**1.** [magasin] grocery shop *Br* ou store *Am*; **à l'**~ **du coin** at the local grocer's; ~ **fine** delicatessen. -**2.** [profession] grocery trade. -**3.** [aliments] provisions, groceries.

épicier, ère [episje, ɛr] *nm, f* grocer.

épicondyle [epikɔ̃dil] *nm* epicondyl.

épicondylite [epikɔ̃dilit] *nf* tennis elbow.

épicontinental, e, aux [epikɔ̃tinɑ̃tal, o] *adj* epicontinental.

épicrânien, enne [epikranjɛ̃, ɛn] *adj* epicranial.

Épicure [epikyr] *npr* Epicurus.

épicurien, enne [epikyrjɛ̃, ɛn] ◇ *adj* -**1.** PHILOS Epicurean. -**2.** [hédoniste] epicurean.

◇ *nm, f* -**1.** PHILOS Epicurean. -**2.** [bon vivant] epicure, bon viveur.

épicurisme [epikyrism] *nm* -**1.** PHILOS Epicureanism. -**2.** [hédonisme] hedonism, epicureanism.

épicycloïdal, e, aux [episiklɔidal, o] *adj* epicycloidal.

épicycloïde [episiklɔid] *nf* epicycloid.

Épidaure [epidɔr] *npr* Epidaurus.

épidémie [epidemi] *nf* epidemic; ~ **de typhus** epidemic of typhus, typhus epidemic; **c'est devenu une véritable** ~ *pr* & *fig* it has reached epidemic proportions.

épidémiologie [epidemjɔlɔʒi] *nf* epidemiology.

épidémiologique [epidemjɔlɔʒik] *adj* epidemiological.

épidémique [epidemik] *adj* epidemic.

épiderme [epidɛrm] *nm* skin, epidermis *spéc*; **avoir l'**~ **sensible** *pr* to have a sensitive ou a delicate skin; *fig* to be thin-skinned ou touchy.

épidermique [epidɛrmik] *adj* -**1.** ANAT epidermic *spéc*, epidermal *spéc*, skin *(modif)*; [blessure] surface *(modif)*; [greffe] skin *(modif)*. -**2.** [immédiat - sentiment, réaction] instant; **je ne peux pas le sentir, c'est** ~ I don't know why, I just can't stand him.

épidermomycose [epidɛrmɔmikoz] *nf* epidermomycosis.

épididyme [epididim] *nm* epididymis.

épididymite [epididimit] *nf* epididymitis.

épidote [epidɔt] *nf* epidote.

épidural, e, aux [epidyral, o] *adj* epidural.

épier [9] [epje] *vt* -**1.** [espionner] to spy on *(insép)*. -**2.** [guetter - réaction, mouvement] to watch closely; [- bruit] to listen out for; [- occasion] to be on the look-out, to watch for *(insép)*.

épierrage [epjɛraʒ], **épierrement** [epjɛrmɑ̃] *nm*: l'**~ d'un champ** removing stones from a field.

épierrer [4] [epjere] *vt* to clear of stones, to pick the stones out of.

épieu, x [epjø] *nm* MIL pike; CHASSE hunting spear.

épieur, euse [epjœr, øz] *nm, f* spy.

épigastre [epigastr] *nm* epigastrium.

épigastrique [epigastrik] *adj* epigastric.

épigenèse [epiʒənɛz] *nf* epigenesis BIOL.

épigénie [epiʒeni] *nf* epigenesis MINER.

épiglotte [epiglɔt] *nf* epiglottis.

épigone [epigɔn] *nm litt* epigone.

épigrammatique [epigramatik] *adj* epigrammatic.

épigramme [epigram] ◇ *nf* [poème] epigram; [mot] witticism.
◇ *nm* CULIN: **~s d'agneau** épigramme of lamb *(fried or grilled in bread-crumbs)*.

épigraphe [epigraf] *nf* epigraph.

épigraphie [epigrafi] *nf* epigraphy.

épigraphique [epigrafik] *adj* epigraphic, epigraphical.

épigraphiste [epigrafist] *nmf* epigraphist, epigrapher.

épigyne [epiʒin] ◇ *adj* epigynous.
◇ *nf* epigyny.

épilation [epilasjɔ̃] *nf* hair removal; **l'~ des jambes** removal of hair from the legs; **l'~ du visage** removal of facial hair; **l'~ des sourcils** plucking the eyebrows.

épilatoire [epilatwar] *adj* depilatory, hair-removing *(avant n)*.

épilepsie [epilɛpsi] *nf* epilepsy.

épileptiforme [epilɛptifɔrm] *adj* epileptiform.

épileptique [epilɛptik] *adj* & *nmf* epileptic.

épileptoïde [epilɛptɔid] *adj* & *nmf* epileptoid.

épiler [3] [epile] *vt* [aisselles, jambes] to remove unwanted hair from; [sourcils] to pluck.
◆ **s'épiler** *vp* *(emploi réfléchi)* to remove unwanted hair; **s'~ les jambes à la cire** to wax one's legs.

épillet [epijɛ] *nm* BOT spikelet, spicule.

épilobe [epilɔb] *nm* willowherb.

épilogue [epilɔg] *nm* -**1.** LITTÉRAT & THÉÂT epilogue. -**2.** [issue] conclusion, dénouement.

épiloguer [3] [epilɔge] *vi*: **maintenant que c'est fait, on ne va pas ~!** now that it's done, there's no point going on about it!; **~ sur qqch** to hold forth about OU to go over (and over) sthg.

Épinal [epinal] *npr* Epinal.

épinard [epinar] *nm* spinach; **~s en branches** spinach leaves.

épine [epin] *nf* -**1.** [de fleur] thorn, prickle; [de hérisson] spine, prickle; **tirer** OU **ôter une ~ du pied à qqn** to get sb out of a spot; **tu m'a tiré une belle ~ du pied!** you've saved my life! -**2.** [buisson] thorn bush; **~ blanche** hawthorne; **~ noire** blackthorne. -**3.** ANAT: **~ dorsale** backbone.

épinette [epinɛt] *nf* -**1.** MUS spinet. -**2.** *Can* [épicéa] spruce; **bière d'~** spruce beer.

épineurien, enne [epinørjɛ̃, ɛn] *adj* chordate.
◆ **épineurien** *nm* member of the Chordata.

épineux, euse [epinø, øz] ◇ *adj* -**1.** BOT thorny, prickly. -**2.** [délicat - problème, contexte] thorny, tricky.
◇ *nm* thorn bush.

épine-vinette [epinvinɛt] *(pl* **épines-vinettes**) *nf* barberry.

épinglage [epɛ̃glaʒ] *nm* pinning (up).

épingle [epɛ̃gl] *nf* COUT pin; **~ anglaise** OU **à nourrice** OU **de sûreté** safety pin; **~ à chapeau** hatpin; **~ à cheveux** hairpin; **virage en ~ à cheveux** hairpin bend; **~ à linge** clothes peg *Br* OU pin *Am*; **monter qqch en ~** to highlight sthg; **tirer** OU **retirer son ~ du jeu** to pull out.

épinglé, e [epɛ̃gle] *adj* terry *(modif)*.
◆ **épinglé** *nm* terry.

épingler [3] [epɛ̃gle] *vt* -**1.** [attacher - badge, papier] to pin (on); **~ une robe** [pour l'assembler] to pin a dress together; [pour l'ajuster] to pin a dress up. -**2.** *fam* [arrêter] to nab; **se faire ~** to get nabbed.

épinière [epinjɛr] *adj f* → **moelle**.

épinoche [epinɔʃ] *nf* stickleback.

épipaléolithique [epipaleɔlitik] *adj* post-paleolithic.

épipélagique [epipelaʒik] *adj* epipelagic.

épiphanie [epifani] *nf* -**1.** [fête]: **l'Épiphanie** Twelfth Night, the Epiphany. -**2.** [du Christ]: **l'~** Epiphany.

épiphénomène [epifenɔmɛn] *nm* epiphenomenon.

épiphyse [epifiz] *nf* [os] epiphysis; [glande] epiphysis (cerebri), pineal gland.

épiphyte [epifit] ◇ *adj* epiphytic, epiphytical.
◇ *nm* epiphyte.

épique [epik] *adj* -**1.** LITTÉRAT epic. -**2.** [extraordinaire - discussion, scène] epic; **pour retrouver sa trace, ça a été ~!** finding out where he was was quite a saga!

Épire [epir] *npr* Epirus.

épiscopal, e, aux [episkɔpal, o] *adj* episcopal.

épiscopalien, enne [episkɔpaljɛ̃, ɛn] *adj* & *nm, f* episcopalian.

épiscopalisme [episkɔpalism] *nm* episcopalism, episcopalianism.

épiscopat [episkɔpa] *nm* episcopate, episcopacy.

épiscope [episkɔp] *nm* -**1.** OPT episcope *Br*, opaque projector *Am*. -**2.** MIL periscope *(of a tank)*.

épisiotomie [epizjɔtɔmi] *nf* episiotomy.

épisode [epizɔd] *nm* -**1.** [partie] episode, instalment; **feuilleton en six ~s** six-part serial. -**2.** [circonstance] episode; **un ~ heureux de ma vie** a happy episode in my life.
◆ **à épisodes** *loc adj* serialized; **sa vie est un roman à ~s** *fig* her life is a real saga.

épisodique [epizɔdik] *adj* -**1.** [ponctuel] occasional. -**2.** [secondaire] minor, secondary.

épisodiquement [epizɔdikmɑ̃] *adv* occasionally.

épisser [3] [epise] *vt* ÉLECTR & NAUT to splice.

épissoir [episwar] *nm* , **épissoire** [episwar] *nf* splicing fid.

épissure [episyr] *nf* splice NAUT.

épistasie [epistazi] *nf* epistasis.

épistaxis [epistaksis] *nf* nosebleed, epistaxis *spéc.*

épistémologie [epistemɔlɔʒi] *nf* epistemology.

épistémologique [epistemɔlɔʒik] *adj* epistemological.

épistémologiste [epistemɔlɔʒist], **épistémologue** [epistemɔlɔg] *nmf* epistemologist.

épistolaire [epistɔlɛr] *adj* [roman] epistolary; [style] letter-writing *(modif)*; **une liaison ~** an affair conducted through letters.

épistolier, ère [epistɔlje, ɛr] *nm, f litt* letter writer.

épitaphe [epitaf] *nf* epitaph.

épitaxie [epitaksi] *nf* epitaxy, epitaxis.

épithélial, e, aux [epiteljal, o] *adj* epithelial.

épithélium [epiteljɔm] *nm* epithelium.

épithète [epitɛt] ◇ *adj* attributive.
◇ *nf* -**1.** GRAMM attribute. -**2.** [qualificatif] epithet; **quelques ~s malsonnantes** *hum* a few choice adjectives *hum*.

épitoge [epitɔʒ] *nf* -**1.** [écharpe] sash. -**2.** ANTIQ cloak *(worn over the toga)*.

épître [epitr] *nf* -**1.** RELIG epistle; **l'Épître aux Corinthiens** the Epistle to the Corinthians; **Épîtres des Apôtres** Epistles. -**2.** LITTÉRAT epistle. -**3.** ANTIQ epistle; **quand j'ai reçu son ~** *hum* when I received his missive.

épizootie [epizɔɔti] *nf* epizootic disease.

épizootique [epizɔɔtik] *adj* epizootic.

éploré, e [eplɔre] *adj* [parent, veuve] tearful, weeping; [voix] tearful; **elle leva vers moi un visage ~** she looked up at me, her face bathed in tears.

épluchage [eplyʃaʒ] *nm* -**1.** [de légumes] peeling. -**2.** [examen] dissection, critical examination.

éplucher [3] [eplyʃe] *vt* -**1.** [peler - pomme] to peel; [- poireau] to clean; **~ une laitue** to pick the best leaves out of a lettuce. -**2.** [analyser - texte] to dissect, to go over *(insép)* with a fine-tooth comb; [- liste, statistiques] to go through *(insép)*.

épluchette [eplyʃɛt] *nf* *Can* corn-husking party.

éplucheur, euse [eplyʃœr, øz] *nm, f* peeler.
◆ **éplucheur** *nm* [couteau] potato OU vegetable peeler.
◆ **éplucheuse** *nf* automatic potato OU vegetable peeler.

épluchure [eplyʃyr] *nf* piece of peeling; **~s de pommes** apple peelings.

épointage [epwɛ̃taʒ], **épointement** [epwɛ̃tmɑ̃] *nm* blunting.

épointer [3] [epwɛ̃te] *vt* [outil, crayon] to blunt.

éponge [epɔ̃ʒ] *nf* -**1.** ZOOL sponge. -**2.** [pour nettoyer] sponge; **~ métallique** scouring pad, scourer; **effacer une tache d'un coup d'~** to sponge a stain out OU away; **jeter l'~** to throw in the sponge; **passer l'~ sur qqch** to forget all about sthg; **je passe l'~ pour cette fois** this time, I'll overlook it; **boire comme une ~, avoir une ~ dans le gosier** OU **l'estomac** to drink like a fish. -**3.** BOT: **~ végétale** loofah, vegetable sponge. -**4.** *fam* [poumon] lung.

épongeage [epɔ̃ʒaʒ] *nm* mopping, sponging.

éponger [17] [epɔ̃ʒe] *vt* -**1.** [absorber - encre, vin] to soak OU to sponge (up); **~ ses dettes** *fig* to pay off one's debts. -**2.** [nettoyer - table] to wipe, to sponge (down); [- visage] to sponge, to wipe.
◆ **s'éponger** *vpt*: **s'~ le front** to mop one's brow.

éponyme [epɔnim] *adj* eponymous.

épopée [epɔpe] *nf* [poème] epic (poem); [récit] epic (tale).

époque [epɔk] *nf* -**1.** [moment, date] time; **il y a un an à pareille ~** this time last year; **les savants de l'~** the scientists of the time OU day; **ça n'existait pas à l'~** it didn't exist at the time OU in those days; **à cette ~-là** at that time, in those days; **à l'~ où j'étais étudiant** when I was a student; **les jeunes de notre ~** the young people of today; **être de** OU **vivre avec son ~** to move with the times; **quelle ~!** what times we live in!; **on vit une drôle d'~** we live in strange times. -**2.** [période historique] age, era, epoch; **l'~ victorienne** the Victorian era OU age; **la Belle Époque** the Belle Epoque. -**3.** [style] period; **la Haute ~** [Moyen Âge] the Middle Ages; [XVIe siècle] the High Renaissance. -**4.** GÉOL period. -**5.** ASTRON epoch.
◆ **d'époque** *loc adj* period *(modif)*; **la pendule est d'~** it's a period clock.

épouillage [epujaʒ] *nm* delousing.

épouiller [3] [epuje] *vt* to delouse.

époumoner [3] [epumɔne]
◆ **s'époumoner** *vpi* to shout o.s. hoarse; **j'avais beau m'~, il n'entendait pas** even though I was yelling at the top of my voice, he still didn't hear me.

épousailles [epuzaj] *nfpl arch* nuptials.

épouse [epuz] *nf* wife, spouse; **voulez-vous prendre Maud Jolas pour ~?** do you take Maud Jolas to be your lawful wedded wife?

épousée [epuze] *nf arch* OU *dial* bride.

épouser [3] [epuze] *vt* -**1.** [se marier avec] to marry; **veux-tu m'~?** will you marry me?; **~ une grosse dot** OU **fortune** to marry money OU into a rich family. -**2.** [adopter - idées] to espouse, to embrace; [- cause] to take up *(sép)*. -**3.** [suivre]: **une robe qui épouse la forme du corps** a figure-hugging OU close-fitting dress.

◆ **s'épouser** *vp (emploi réciproque)* to marry, to get married.

époussetage [epustaʒ] *nm* dusting (off).

épousseter [27] [epuste] *vt* -**1.** [nettoyer] to dust. -**2.** [enlever - poussière] to dust OU to flick off *(sép)*.

époustouflant, e *fam* [epustuflɑ̃, ɑ̃t] *adj* stunning, astounding, staggering.

époustoufler *fam* [3] [epustufle] *vt* to stun, to astound, to flabbergast.

épouvantable [epuvɑ̃tabl] *adj* -**1.** [très désagréable] awful, horrible, terrible; **il fait un temps ~** the weather's abominable; **elle a un caractère ~** she has a foul temper. -**2.** [effrayant] frightening, dreadful.

épouvantablement [epuvɑ̃tabləmɑ̃] *adv* -**1.** [en intensif] frightfully, terribly, dreadfully. -**2.** [de façon effrayante] frighteningly, dreadfully.

épouvantail [epuvɑ̃taj] *nm* -**1.** [pour oiseaux] scarecrow. -**2.** [menace] bogey, bogeyman; **agiter l'~ de la drogue** to use the threat of drugs as a bogey. -**3.** *péj* [personne - laide] fright; [- mal habillée] mess, sight; **elle a l'air d'un ~ habillée comme ça** she looks a real sight dressed like that.

épouvante [epuvɑ̃t] *nf* terror, dread; **être glacé d'~** to be terror-struck OU terror-stricken.

◆ **d'épouvante** *loc adj* [film, roman] horror *(modif)*.

épouvanter [3] [epuvɑ̃te] *vt* to terrify, to fill with terror OU dread.

époux [epu] *nm* husband, spouse; **voulez-vous prendre Paul Hilbert pour ~?** do you take Paul Hilbert to be your lawful wedded husband?; **les ~ Bertier** Mr and Mrs Bertier; **les futurs ~** the engaged couple; **les jeunes ~** the newly-weds.

époxyde [epɔksid] *nm* epoxide.

époxydique [epɔksidik] *adj* epoxy.

éprendre [79] [eprɑ̃dr]

◆ **s'éprendre de** *vp + prép litt*: **s'~ de qqn** to fall for sb, to become enamoured of sb *litt*.

épreuve [eprœv] *nf* -**1.** [test] test; **l'~ du temps** the test of time ❑ **~ de force** trial of strength. -**2.** [obstacle] ordeal, trial; **vie remplie d'~s** life of hardship || *litt* [adversité]: **l'~** adversity, hardship; **rester digne dans l'~** to retain one's dignity in the face of adversity. -**3.** SCOL & UNIV [examen] test, examination; **~ écrite** paper, written test; **~ orale** oral (test) || [copie] paper, script; **corriger des ~s** to mark exam papers. -**4.** SPORT event; **~s d'athlétisme** track events ❑ **~ éliminatoire** heat; **~ d'endurance** endurance trial; **~ contre la montre** time trial. -**5.** IMPR proof; **corriger** OU **revoir les ~s d'un livre** to proofread a book ❑ **dernière/première ~** final/galley proof. -**6.** PHOT print; **~s de tournage** CIN rushes. -**7.** HIST ordeal; **~s judiciaires** trial by ordeal; **l'~ du feu** ordeal by fire.

◆ **à l'épreuve** *loc adv*: **mettre qqn à l'~** to put sb to the test.

◆ **à l'épreuve de** *loc prép* proof against; **à l'~ des balles** bulletproof; **à l'~ du feu** fireproof.

◆ **à rude épreuve** *loc adv*: **mettre qqch à rude ~** to put sthg to the test; **mettre les nerfs de qqn à rude ~** to put sb's nerves to the test.

◆ **à toute épreuve** *loc adj* [mécanisme] foolproof; [patience, bonne humeur] unfailing.

épris, e [epri, iz] *adj litt*: **j'étais très ~e à l'époque** I was very much in love at the time; **être ~ de qqn** to be in love with sb; **ils sont très ~ (l'un de l'autre)** they're very much in love (with one another); **être ~ de liberté** to be in love with freedom.

éprouvant, e [epruvɑ̃, ɑ̃t] *adj* trying, testing; **un climat ~** a difficult climate.

éprouvé, e [epruve] *adj* [méthode, matériel] well-tested, tried and tested, proven; [compétence, courage] proven; [spécialiste] proven, experienced.

éprouver [3] [epruve] *vt* -**1.** [ressentir - douleur, haine] to feel, to experience; **je n'éprouve plus rien pour lui** I don't feel anything for him anymore; **~ une grande honte/déception** to feel deeply ashamed/disappointed; **~ le besoin de** to feel the need to. -**2.** [tester - procédé] to try OU to test (out); [- courage, personne] to test; **~ la résistance d'un matériau** to test (out) the resilience of a material; **~ la patience de qqn** to try sb's patience, to put sb's patience to the test; **ils nous ont dit cela pour nous ~** they told us that to test us. -**3.** [subir - pertes] to suffer, to sustain. -**4.** [faire souffrir] to try, to test; **son divorce l'a beaucoup éprouvée** her divorce was a very trying experience for her; **une région durement éprouvée par la crise** an area that has been hard-hit by the recession; **le gel a durement** OU **fortement éprouvé les récoltes** the crops have suffered greatly OU have sustained severe damage from the frost.

éprouvette [epruvɛt] *nf* test tube.

EPS (*abr de* **éducation physique et sportive**) *nf* PE.

epsilon [ɛpsilɔn] *nm* epsilon.

épucer [16] [epyse] *vt* to rid of fleas.

épuisable [epɥizabl] *adj* exhaustible.

épuisant, e [epɥizɑ̃, ɑ̃t] *adj* exhausting.

épuisé, e [epɥize] *adj* -**1.** [fatigué] exhausted, worn-out, tired-out. -**2.** COMM [article] sold-out; [livre] out of print; [stock] exhausted.

épuisement [epɥizmɑ̃] *nm* -**1.** [fatigue] exhaustion; **mourir d'~** to die of exhaustion; **être dans un état d'~ total** to be completely OU utterly exhausted, to be in a state of complete OU utter exhaustion. -**2.** COMM & INDUST exhaustion; **exploiter une mine jusqu'à ~** to exhaust a mine; **jusqu'à ~ des stocks** while stocks last; **jusqu'à ~ des provisions** until supplies run out.

épuiser [3] [epɥize] *vt* -**1.** [fatiguer] to exhaust, to wear OU to tire out *(sép)*; **tu m'épuises avec tes questions** you're wearing me out with your questions. -**2.** [exploiter - puits] to work dry *(sép)*; [- gisement, veine] to exhaust, to work out *(sép)*; [- sol, sujet] to exhaust. -**3.** [consommer - vivres, ressources] to exhaust, to use up *(sép)*; [- stocks] to exhaust.

◆ **s'épuiser** *vpi* -**1.** [être très réduit - provisions, munitions] to run out, to give out; [- source] to dry up; [- filon] to be worked out. -**2.** [se fatiguer - athlète] to wear o.s. out, to exhaust o.s.; [- corps] to wear itself out, to run out of steam; **s'~ à faire qqch** [s'évertuer à faire qqch] to wear o.s. out doing sthg; **je me suis épuisé à le lui faire comprendre** I wore myself out trying to make him understand.

épuisette [epɥizɛt] *nf* -**1.** [filet] landing net. -**2.** [pelle] bailer.

épulpeur [epylpœr] *nm* pulp extractor.

épurateur [epyratœr] *nm* filter, purifier; **~ d'air** air filter; **~ d'eau** water filter.

épuration [epyrasjɔ̃] *nf* -**1.** [de l'eau] purification, filtering. -**2.** [du style] refinement, refining. -**3.** POL purge.

épuratoire [epyratwar] *adj* purifying TECH.

épure [epyr] *nf* -**1.** [dessin fini] working drawing. -**2.** [projections] blueprint.

épurer [3] [epyre] *vt* -**1.** [liquide] to filter; [pétrole] to refine. -**2.** [style, langue] to refine, to make purer. -**3.** POL [administration] to purge.

épurge [epyrʒ] *nf* euphorbia.

équarrir [32] [ekarir] *vt* -**1.** [bois, pierre] to square (off). -**2.** [animal] to cut up *(sép)*.

équarrissage [ekarisaʒ] *nm* -**1.** [du bois, de la pierre] squaring (off). -**2.** [d'un animal] cutting up.

équarrisseur [ekarisœr] *nm* -**1.** [de bois, de pierre] squarer. -**2.** [aux abattoirs] butcher *(at a slaughterhouse)*.

équateur [ekwatœr] *nm* equator; **sous l'~** at the equator.

Équateur [ekwatœr] *npr m*: **(la république de) l'~** (the Republic of) Ecuador.

équation [ekwasjɔ̃] *nf* -**1.** MATH equation; **~ du premier/second degré** simple/quadratic equation. -**2.** ASTRON: **~ du temps** equation of time. -**3.** CHIM: **~ chimique** chemical equation. -**4.** PSYCH: **~ personnelle** personal equation.

équato-guinéen, enne [ekwatɔgineɛ̃, ɛn] *adj* from Equatorial Guinea.

◆ **Équato-Guinéen, enne** *nm, f* Equatorial Guinean.

équatorial, e, aux [ekwatɔrjal, o] *adj* -**1.** ASTRON & GÉOG equatorial. -**2.** BIOL: **plaque ~e** equatorial plate.

◆ **équatorial** *nm* equatorial *(telescope)*.

équatorien, enne [ekwatɔrjɛ̃, ɛn] *adj* Ecuadoran, Ecuadorian.

◆ **Équatorien, enne** *nm, f* Ecuadoran, Ecuadorian.

équerre [ekɛr] *nf*: **~ à dessin** set square; **~ d'arpenteur** optical square; **~ en T, double ~** T-square; **fausse ~** bevel square.

◆ **en équerre** *loc adj* T-shaped.

équestre [ekɛstr] *adj* [statue, peinture] equestrian; [exercice, centre] horseriding *(modif)*; **le sport ~** (horse) riding.

équeutage [ekøtaʒ] *nm* removing the stalk.

équeuter [3] [ekøte] *vt* [fruit] to pull the stalk off, to remove the stalk from.

équiangle [ekɥiɑ̃gl] *adj* equiangular.

équidé [ekide] *nm* member of the horse family OU of the Equidae.

équidistance [ekɥidistɑ̃s] *nf* equidistance.

◆ **à équidistance de** *loc prép*: **à ~ de Moscou et de Prague** half-way between Moscow and Prague.

équidistant, e [ekɥidistɑ̃, ɑ̃t] *adj* equidistant.

équilatéral, e, aux [ekɥilateral, o] *adj* equilateral; **ça m'est ~!** *fam hum* I really couldn't care less!

équilibrage [ekilibraʒ] *nm* balancing, counterbalancing; **faire faire l'~ des roues** AUT to have the wheels balanced.

équilibrant, e [ekilibrɑ̃, ɑ̃t] *adj* balancing *(modif)*.

équilibration [ekilibrasjɔ̃] *nf* balancing, counterbalancing, equilibration *spéc*.

équilibre [ekilibr] *nm* -**1.** [stabilité du corps] balance; **avoir (le sens) de l'~** to have a good sense of balance; **garder/perdre l'~** to keep/to lose one's balance; **faire perdre l'~ à qqn** to throw sb off balance *literal*. -**2.** [rapport de force] balance; **établir un ~ entre** to strike a balance between; **rétablir l'~** to restore the balance; **l'~ des forces** OU **du pouvoir** the balance of power; **l'~ de la terreur** the balance of terror; **l'~ naturel** the balance of nature. -**3.** ÉCON & FIN: **~ budgétaire** balance in the budget; **~ économique** economic equilibrium. -**4.** PSYCH: **manquer d'~** to be (mentally OU emotionally) unbalanced ❑ **~ mental** (mental) equilibrium. -**5.** CHIM & PHYS equilibrium; **~ indifférent/stable** PHYS unstable/stable equilibrium.

◆ **en équilibre** ◇ *loc adj* [plateau, pile de livres] stable.

◇ *loc adv*: **marcher en ~ sur un fil** to balance on a tightrope; **le clown tenait un verre en ~ sur son nez** the clown was balancing a glass on his nose.

équilibré, e [ekilibre] *adj* -**1.** PSYCH balanced, stable. -**2.** [sans disparité - budget] balanced; [- alimentation, emploi du temps] balanced, well-balanced; **mal ~** unbalanced, unstable.

équilibrer [3] [ekilibre] *vt* -**1.** [contrebalancer - poids, forces] to counterbalance; **faire ~ ses roues** to have the wheels balanced. -**2.** [rendre stable - balance, budget] to balance; **~ son régime** to follow a balanced diet.

◆ **s'équilibrer** *vp (emploi réciproque)* to counterbalance each other OU one another, to even out.

équilibreur [ekilibrœr] *nm* stabilizer.

équilibriste [ekilibrist] *nmf* [acrobate] acrobat; [funambule] tightrope walker.

équille [ekij] *nf* sand eel.

équimoléculaire [ekɥimɔlekylɛr] *adj* equimolecular.

équin, ine [ekɛ̃, in] *adj* equine.

équinoxe [ekinɔks] *nm* equinox; ~ **de printemps/d'automne** spring/autumn equinox.

équinoxial, e, aux [ekinɔksjal, o] *adj* equinoctial.

équipage [ekipaʒ] *nm* -**1.** AÉRON & NAUT crew; **membres de l'~** members of the crew, crew members; **homme d'~** crew member. -**2.** *arch* [escorte - d'un prince] retinue, suite; **aller en** OU **mener grand ~** *hum* to live in grand style. -**3.** MIL [matériel] equipment.

équipe [ekip] *nf* -**1.** [groupe - de chercheurs, de secouristes] team; **travailler en ~** to work as a team; **ils forment une ~ très soudée** they're a very close-knit team; **vous deux, vous allez faire ~?** would you two like to work together?; **faire ~ avec qqn** to team up with sb. -**2.** INDUST: ~ **de jour/nuit** day/night shift; **travailler en** OU **par ~s** [à l'usine] to work in shifts; [sur un chantier] to work in gangs. -**3.** SPORT [gén] team; [sur un bateau] crew; **jouer en** OU **par ~s** to play in teams; **l'~ de France de rugby/hockey** the French rugby/hockey team; ~ **d'amateurs/de professionnels** amateur/professional team; **l'Équipe** PRESSE *daily sports newspaper.* -**4.** [bande] crew, gang; **on formait une joyeuse ~** we were a happy lot.
◆ **d'équipe** *loc adj* -**1.** [collectif]: **esprit d'~** team OU group spirit; **travail d'~** teamwork. -**2.** SPORT [sport, jeu] team *(modif).*

équipée [ekipe] *nf* -**1.** [aventure] escapade; **une folle ~** a mad escapade. -**2.** *hum* [promenade] jaunt.

équipement [ekipmɑ̃] *nm* -**1.** [matériel - léger] equipment, supplies; [- lourd] equipment; **renouveler l'~ d'une usine** to refit a factory ❑ ~ **de bureau** office supplies; ~ **électrique** electrical supplies; ~**s spéciaux** AUT [pneus] snow tyres; [chaînes] chains. -**2.** [panoplie] kit, gear; **un ~ de ski** a set of skiing equipment OU gear; **un ~ de pêche en rivière** fishing tackle OU gear. -**3.** [infrastructure]: ~**s collectifs** public amenities; ~**s publics** public facilities; ~**s sportifs/scolaires** sports/educational facilities; **l'~ routier/ferroviaire du pays** the country's road/rail infrastructure; **(le service de) l'Équipement** *local government department responsible for road maintenance and issuing building permits.* -**4.** [fait de pourvoir]: **procéder à l'~ d'un régiment** to equip a regiment; **procéder à l'~ d'un terrain de jeu** to equip a playing field. -**5.** AÉRON: ~ **embarqué** OU **de bord** on-board equipment.
◆ **d'équipement** *loc adj* ÉCON: **biens d'~** capital goods.

équipementier [ekipmɑ̃tje] *nm* manufacturer of components.

équiper [3] [ekipe] *vt* -**1.** [pourvoir de matériel - armée, élève, skieur] to kit out *(sép)*, to fit out; [- navire] to fit out *(sép)*, to commission; [- salle] to equip, to fit out *(sép)*; [- usine] to equip; **cuisine tout** OU **entièrement équipée** fully-equipped kitchen; **être bien équipé pour une expédition** to be all set up OU kitted out for an expedition; ~ **qqch de: ~ une maison d'un système d'alarme** to install a burglar alarm in a house. -**2.** [pourvoir d'une infrastructure]: ~ **une ville d'un réseau d'égouts** to equip a town with a sewage system; ~ **industriellement une région** to bring industry to a region.
◆ **s'équiper** *vp (emploi réfléchi)* to equip o.s., to kit o.s. out *Br*; **un micro-ondes? eh bien, on s'équipe!** a microwave? we are getting organized, aren't we!; **sa société s'est équipée en** OU **d'ordinateurs** his company has equipped itself with computers.

équipier, ère [ekipje, ɛr] *nm, f* team member; **son ~** his team mate OU fellow team member.

équipotent [ekɥipɔtɑ̃] *adj m* equipotent.

équipotentiel, elle [ekɥipɔtɑ̃sjɛl] *adj* equipotential.

équiprobable [ekɥiprɔbabl] *adj* equiprobable.

équitable [ekitabl] *adj* [verdict, répartition] fair, equitable; [juge] fair, fair-minded, even-handed.

équitablement [ekitabləmɑ̃] *adv* fairly, equitably.

équitation [ekitasjɔ̃] *nf* horse-riding, riding; **faire de l'~** to go horse-riding; **je n'ai jamais fait d'~** I've never been horse-riding, I've never ridden a horse.
◆ **d'équitation** *loc adj* [école, professeur, exercice] riding *(modif).*

équité [ekite] *nf* equity, fairness, fair-mindedness.
◆ **en toute équité** *loc adv* very equitably OU fairly.

équivalence [ekivalɑ̃s] *nf* -**1.** [gén, LOGIQUE & MATH] equivalence. -**2.** UNIV: **faire une demande d'~, demander une ~** to request an equivalent rating of one's qualifications; **quels sont les diplômes étrangers admis en ~?** which foreign diplomas are recognized?

équivalent, e [ekivalɑ̃, ɑ̃t] *adj* [gén & MATH] equivalent; **le prix de vente est ~ au prix de revient** the selling price is equivalent to the cost price.
◆ **équivalent** *nm* [élément comparable] equivalent; **l'~ de 300 dollars en francs** the equivalent of 300 dollars in francs; **il n'y a pas d'~ anglais de ce mot** there is no English equivalent for this word ❑ ~ **gramme** CHIM gram equivalent, equivalent weight; ~ **mécanique de la chaleur** PHYS mechanical equivalent of heat.

équivaloir [60] [ekivalwar]
◆ **équivaloir à** *v + prép* [être égal à] to be equal OU equivalent to; [revenir à] to amount to; **le prix de cette voiture équivaut à un an de salaire** this car costs the equivalent of a year's salary; **ça équivaut à s'avouer vaincu** it amounts to admitting defeat.
◆ **s'équivaloir** *vp (emploi réciproque)* to be equiv-alent.

équivoque [ekivɔk] ◇ *adj* -**1.** [ambigu - terme, réponse] equivocal, ambiguous; [- compliment] double-edged, back-handed. -**2.** [suspect - fréquentation, comportement] questionable, dubious; [- personnage] shady.
◇ *nf* -**1.** [caractère ambigu] ambiguity *(U)*; **déclaration sans ~** unambiguous OU unequivocal statement; **un maître de l'~** a master of equivocation. -**2.** [malentendu] misunderstanding *(C)*; **afin d'éviter toute ~** in order to avoid any possibility of misunderstanding; **cela pourrait prêter à ~** this could be misinterpreted OU misconstrued. -**3.** [doute] doubt; **pour lever** OU **dissiper l'~ sur mes intentions** so as to leave no doubt as to my intentions.

érable [erabl] *nm* maple; ~ **à sucre** sugar maple.

éradication [eradikasjɔ̃] *nf* eradication, rooting OU stamping out.

éradiquer [3] [eradike] *vt* to eradicate, to root OU to stamp out *(sép).*

éraflement [erafləmɑ̃] *nm* scratching.

érafler [3] [erafle] *vt* -**1.** [écorcher - peau, genou] to scrape, to scratch, to graze. -**2.** [rayer - peinture, carrosserie] to scrape, to scratch.
◆ **s'érafler** *vpt*: **s'~ les mains** to graze one's hands.

éraflure [eraflyr] *nf* scratch, scrape; **se faire une ~ au coude** to scrape OU to graze one's elbow.

éraillé, e [eraje] *adj* -**1.** [rauque] rasping, hoarse; **avoir la voix ~e** to be hoarse. -**2.** [rayé - surface] scratched. -**3.** [injecté]: **avoir l'œil ~** to have bloodshot eyes.

éraillement [erajmɑ̃] *nm* hoarseness.

érailler [3] [eraje] *vt* -**1.** [surface] to scratch. -**2.** [voix] to make hoarse.
◆ **s'érailler** *vpt*: **s'~ la voix** to make o.s. hoarse.

éraillure [erajyr] *nf* scratch.

Érasme [erasm] *npr* Erasmus.

ère [ɛr] *nf* -**1.** [époque] era; **une nouvelle ~ commence** it's the beginning of a new era, a new era has begun; **270 ans avant notre ~** 270 BC; **en l'an 500 de notre ~** in the year 500 AD, in the year of our Lord 500 ❑ **l'~ chrétienne** the Christian era. -**2.** GÉOL era.

érecteur, trice [erɛktœr, tris] *adj* erector.

érectile [erɛktil] *adj* erectile.

érectilité [erɛktilite] *nf* erectility.

érection [erɛksjɔ̃] *nf* -**1.** PHYSIOL erection; **avoir une ~** to have an erection. -**2.** *litt* [édification] erection, raising *(U).*

éreintage [erɛ̃taʒ] *nm* [critique] slating *Br*, panning.

éreintant, e [erɛ̃tɑ̃, ɑ̃t] *adj* gruelling, back-breaking.

éreintement [erɛ̃tmɑ̃] *nm sout* -**1.** [d'un auteur] slating *Br*, panning. -**2.** [fatigue] exhaustion.

éreinter [3] [erɛ̃te] *vt* -**1.** [épuiser] to exhaust, to wear out *(sép)*; **être éreinté** to be worn out. -**2.** [critiquer - pièce, acteur] to slate *Br*, to pan.
◆ **s'éreinter** *vpi* to wear o.s. out; **s'~ à faire qqch** to wear o.s. out doing sthg.

éreinteur, euse [erɛ̃tœr, øz] *nm, f* [critique] detractor.

érémitique [eremitik] *adj* eremitic, eremitical.

érésipèle [erezipɛl] = **érysipèle**.

erg [ɛrg] *nm* GÉOG & PHYS erg.

ergastoplasme [ɛrgastɔplasm] *nm* ergastoplasm, endoplasmic reticulum.

ergatif [ɛrgatif] *nm* ergative.

ergographe [ɛrgɔgraf] *nm* ergograph.

ergonomie [ɛrgɔnɔmi] *nf* ergonomics *(sg).*

ergonomique [ɛrgɔnɔmik] *adj* ergonomic.

ergonomiste [ɛrgɔnɔmist] *nmf* ergonomist.

ergostérol [ɛrgɔsterɔl] *nm* ergosterol.

ergot [ɛrgo] *nm* -**1.** [de coq] spur; [de chien] dewclaw; **monter** OU **se dresser sur ses ~s** to get on one's high horse. -**2.** BOT ergot. -**3.** TECH lug.

ergotage [ɛrgɔtaʒ] *nm* quibbling.

ergotamine [ɛrgɔtamin] *nf* ergotamine.

ergoté, e [ɛrgɔte] *adj* [oiseau] spurred.

ergoter [3] [ɛrgɔte] *vi* to quibble; ~ **sur des détails** to quibble about details.

ergoterie [ɛrgɔtri] *nf* = **ergotage**.

ergoteur, euse [ɛrgɔtœr, øz] *nm, f* quibbler.

ergothérapeute [ɛrgɔterapøt] *nmf* occupational therapist.

ergothérapie [ɛrgɔterapi] *nf* occupational therapy.

ergotisme [ɛrgɔtism] *nm* ergotism, Saint Anthony's fire.

éricacée [erikase] *nf* ericaceous plant *spéc*, heather *(C)*; **les ~s** the heathers OU Ericaceae *spéc.*

Érié [erje] *npr* → **lac**.

ériger [17] [eriʒe] *vt* -**1.** [édifier - statue, temple] to erect, to raise. -**2.** [instituer - comité, tribunal] to set up *(sép)*, to establish. -**3.** ~ **qqch/qqn en** [le transformer en]: **le cynisme érigé en art** cynicism raised to the status of fine art.
◆ **s'ériger** *vpi*: **s'~ en moraliste/censeur** to set o.s. up as a moralist/a censor.

Erik [erik] *npr*: ~ **le Rouge** Eric the Red.

Érin [erin] *npr f litt* Erin.

ermitage [ɛrmitaʒ] *nm* -**1.** [d'un ermite] hermitage. -**2.** [retraite] retreat.

ermite [ɛrmit] *nm* -**1.** RELIG hermit. -**2.** [reclus] hermit, recluse; **vivre comme un ~** OU **en ~** to live like OU as a hermit, to lead the life of a recluse.

éroder [3] [erɔde] *vt* to erode.

érogène [erɔʒɛn] *adj* erogenous, erogenic.

éros [eros] *nm*: **l'~** Eros PSYCH.

Éros [eros] *npr* Eros.

érosif, ive [erozif, iv] *adj* erosive.

érosion [erozjɔ̃] *nm* -**1.** GÉOG & MÉD erosion. -**2.** [dégradation] erosion; ~ **monétaire** erosion of the value of money.

érotique [erɔtik] *adj* erotic.

érotiquement [erɔtikmɑ̃] *adv* erotically.

érotisation [erɔtizasjɔ̃] *nf* eroticization, eroticizing.

érotiser [3] [erɔtize] *vt* to eroticize.

érotisme [erɔtism] *nm* eroticism.

érotogène [erɔtɔʒɛn] = **érogène**.

érotologie [erɔtɔlɔʒi] *nf* erotology.
érotologique [erɔtɔlɔʒik] *adj* erotological.
érotomane [erɔtɔman] *nmf* erotomaniac.
érotomaniaque [erɔtɔmanjak] *adj* erotomaniac.
érotomanie [erɔtɔmani] *nf* erotomania.
erpétologie [ɛrpetɔlɔʒi] *nf* herpetology.
erpétologique [ɛrpetɔlɔʒik] *adj* herpetologic, herpetological.
erpétologiste [ɛrpetɔlɔʒist] *nmf* herpetologist.
errance [ɛrɑ̃s] *nf litt* wandering, roaming.
errant, e [ɛrɑ̃, ɑ̃t] *adj* wandering, roaming; **mener une vie ~e** to lead the life of a wanderer.
errata [erata] ◇ *pl* → **erratum**.
◇ *nm inv* [liste] list of errata.
erratique [eratik] *adj* -**1.** GÉOL & MÉD erratic. -**2.** *sout* [variation] erratic.
erratum [eratɔm] (*pl* errata [-ta]) *nm* erratum.
erre [ɛr] *nf* NAUT headway.
◆ **erres** *nfpl* CHASSE [traces] trail.
◆ **sur son erre** *loc adv sout*: **aller sur son ~** to coast (along), to freewheel.
errements [ɛrmɑ̃] *nmpl litt* erring ways *litt*, bad habits.
errer [4] [ɛre] *vi* -**1.** [marcher] to roam, to wander; **~ comme une âme en peine** to wander about like a lost soul. -**2.** [imagination] to wander, to stray; [regard] to wander, to rove. -**3.** *litt* [se tromper] to err.
erreur [ɛrœr] *nf* -**1.** [faute] mistake, error; **il doit y avoir une ~** there must be a OU some mistake; **il y a ~ sur la personne** you've got the wrong person, it's a case of mistaken identity; **c'est lui, pas d'~!** that's him all right!; **ce serait une ~ (que) de penser cela** it would be wrong OU a mistake to believe this; **être dans l'~** to be wrong OU mistaken; **faire OU commettre une ~** to make a mistake OU an error; **faire ~** to be wrong OU mistaken ❑ **~ de calcul** miscalculation; **~ de frappe** typing mistake OU error; **~ de plume** slip of the pen; **~ typographique** OU **d'impression** misprint, printer's error; **~ de traduction** mistake in translation, mistranslation; **l'~ est humaine** to err is human. -**2.** [errement] error; **des ~s de jeunesse** youthful indiscretions; **racheter ses ~s passées** to mend one's ways; **retomber dans les mêmes ~s** to lapse back into the same old bad habits. -**3.** JUR: **~ judiciaire** miscarriage of justice.
◆ **par erreur** *loc adv* by mistake.
◆ **sauf erreur** *loc adv*: **je crois, sauf ~, qu'il est venu hier** I believe, if I'm not mistaken, that he came yesterday; **sauf ~ de ma part, ce lundi-là est férié** unless I'm (very much) mistaken, that Monday is a public holiday.
◆ **sauf erreur ou omission** *loc adv* COMM & JUR errors and omissions excepted.
erroné, e [ɛrɔne] *adj* erroneous, mistaken.
ers [ɛr] *nm* vetch.
ersatz [ɛrzats] *nm* ersatz, substitute; **un ~ de café** ersatz coffee; **un ~ d'aventure/d'amour** a substitute for adventure/for love.
erse [ɛrs] ◇ *adj* Erse.
◇ *nf* NAUT grommet.
éructation [eryktasjɔ̃] *nf sout* eructation.
éructer [3] [erykte] ◇ *vi* to eruct, to belch.
◇ *vt sout*: **~ des injures** to belch (forth) insults.
érudit, e [erydi, it] ◇ *adj* erudite, learned, scholarly.
◇ *nm, f* scholar, erudite OU learned person.
érudition [erydisjɔ̃] *nf* erudition, scholarship.
éruptif, ive [eryptif, iv] *adj* GÉOL & MÉD eruptive.
éruption [erypsjɔ̃] *nf* -**1.** ASTRON & GÉOL eruption; **entrer en ~** to erupt; **volcan en ~** erupting volcano. -**2.** MÉD outbreak; **~ cutanée** rash; **~ de boutons** outbreak of spots. -**3.** *fig* outbreak; **~ de colère** fit of anger, angry outburst.

érysipèle [erizipɛl] *nm* erysipelas, Saint Anthony's fire.
érythémateux, euse [eritematø, øz] *adj* erythematous.
érythème [eritɛm] *nm* erythema.
érythrasma [eritrasma] *nm* erythrism.
Érythrée [eritre] *npr f*: **(l') ~** Eritrea.
érythréen, enne [eritreɛ̃, ɛn] *adj* Eritrean.
◆ **Érythréen, enne** *nm, f* Eritrean.
érythrine [eritrin] *nf* -**1.** CHIM erythrin, erythric acid. -**2.** BOT Erythrina.
érythroblaste [eritrɔblast] *nm* erythroblast.
érythroblastose [eritrɔblastoz] *nf* erythroblastosis.
érythrocytaire [eritrɔsitɛr] *adj* erythrocytic.
érythrocyte [eritrɔsit] *nm* red blood cell, erythrocyte *spéc*.
érythromycine [eritrɔmisin] *nf* erythromycin.
E/S (*abr écrite de* **entrée/sortie**) I/O.
ès [ɛs] *prép*: **licencié ~ lettres** ≃ Bachelor of Arts, ≃ BA; **licencié ~ sciences** ≃ Bachelor of Sciences, ≃ BSc; **docteur ~ lettres** ≃ Doctor of Philosophy, ≃ PhD.
Ésaü [ezay] *npr* Esau.
esbigner [3] [ɛzbiɲe]
◆ **s'esbigner** *fam vpi vieilli* [s'enfuir] to skedaddle, to make OU to clear off.
esbroufe *fam* [ɛzbruf] *nf* bluff; **faire de l'~** to bluff.
◆ **à l'esbroufe** *fam* ◇ *loc adj*: **vol à l'~** pocket-picking.
◇ *loc adv*: **il l'a fait à l'~** he bluffed his way through it.
esbroufer *fam* [3] [ɛzbrufe] *vt* to bluff.
esbroufeur, euse *fam* [ɛzbrufœr, øz] *nm, f* smooth talker, bluffer.
escabeau, x [ɛskabo] *nm* -**1.** [tabouret] stool. -**2.** [échelle] stepladder.
escabelle [ɛskabɛl] *nf Belg* stepladder.
escadre [ɛskadr] *nf* -**1.** NAUT squadron. -**2.** AÉRON wing.
escadrille [ɛskadrij] *nf* -**1.** NAUT squadron. -**2.** AÉRON flight, squadron; **~ de chasse** fighter squadron.
escadron [ɛskadrɔ̃] *nm* -**1.** [dans la cavalerie] squadron; [dans l'armée blindée] squadron; [dans la gendarmerie] company; **~ de chars** armoured squadron; **~ de la mort** POL death squad. -**2.** *fam hum* [groupe] bunch, gang.
escalade [ɛskalad] *nf* -**1.** SPORT [activité] rock climbing *(U)*; **faire de l'~** to go rock climbing || [ascension] climb; **~ artificielle** artificial climb. -**2.** [d'un mur, d'une grille] climbing *(U)*, scaling *(U)*; **nous avons dû faire de l'~ pour arriver jusqu'à la maison** we had to scramble up to the house || JUR illegal entry. -**3.** [aggravation] escalation; **l'~ de la violence** the escalation of violence; **l'~ des prix** the soaring of prices.
escalader [3] [ɛskalade] *vt* [grille, portail] to climb, to scale, to clamber up *(insép)*; [montagne] to climb; [muret] to scramble up *(insép)*.
Escalator® [ɛskalatɔr] *nm* escalator, moving staircase.
escale [ɛskal] *nf* -**1.** [lieu] NAUT port of call; AÉRON stop. -**2.** [halte] NAUT call; AÉRON stop, stopover; **faire ~ à** [navire] to call at, to put in at; [avion] to stop over at; **l'avion a fait une ~ forcée à Rio** the plane was forced to stop over at Rio; **visiter une ville pendant l'~** [d'un navire] to visit a town while the ship is in port; [d'un avion] to visit a town during a stopover ❑ **~ technique** refuelling stop.
◆ **sans escale** *loc adj* nonstop, direct.
escalier [ɛskalje] *nm* staircase, (flight of) stairs; **les ~s** the staircase OU stairs; **en bas des ~s** downstairs; **en haut des ~s** upstairs; **être dans l'~** OU **les ~s** to be on the stairs ❑ **~ mécanique** OU **roulant** escalator; **~ en colimaçon** OU **en vrille** spiral staircase; **~ dérobé** hidden staircase; **~ d'honneur** main staircase; **~ de secours** fire escape; **~ de service** backstairs, service stairs; **~ à vis** spiral staircase.
◆ **escaliers** *nmpl Belg* [marches] steps.

escalope [ɛskalɔp] *nf* escalope; **~ de veau/de poulet** veal/chicken escalope ❑ **~ milanaise** Milanese escalope; **~ panée** breaded escalope.
escamotable [ɛskamɔtabl] *adj* [train d'atterrissage] retractable; [lit, table] collapsible, fold-away.
escamotage [ɛskamɔtaʒ] *nm* -**1.** [disparition] conjuring OU spiriting away *(U)*. -**2.** [vol] filching *(U)*. -**3.** [action d'éluder] dodging *(U)*, evading *(U)*, skipping *(U)*.
escamoter [3] [ɛskamɔte] *vt* -**1.** [faire disparaître - mouchoir, carte] to conjure OU to spirit away *(sép)*; [- placard, lit] to fold away *(sép)*. -**2.** [voler] to filch. -**3.** [éluder - difficultés] to evade, to skirt round *(insép)*; [- mot, note] to skip. -**4.** AÉRON to retract.
escampette [ɛskɑ̃pɛt] *nf* → **poudre**.
escapade [ɛskapad] *nf* -**1.** [fugue]: **faire une ~** to run off OU away. -**2.** [séjour] jaunt; **une ~ de deux jours à Deauville** a two-day visit OU jaunt to Deauville.
escarbille [ɛskarbij] *nf* piece of soot.
escarboucle [ɛskarbukl] *nf* carbuncle.
escarcelle [ɛskarsɛl] *nf arch* moneybag; **300 francs vont tomber OU rentrer dans mon ~** *hum* I'm about to have a little windfall of 300 francs.
escargot [ɛskargo] *nm* snail; **avancer comme un ~** OU **à une allure d'~** to go at a snail's pace.
escargotière [ɛskargɔtjɛr] *nf* -**1.** [parc] snailery, snail farm. -**2.** [plat] snail dish.
escarmouche [ɛskarmuʃ] *nf* skirmish.
escarpe [ɛskarp] *nf* [talus] escarp.
escarpé, e [ɛskarpe] *adj* steep.
escarpement [ɛskarpəmɑ̃] *nm* -**1.** [pente] steep slope. -**2.** GÉOL: **~ de faille** fault scarp.
escarpin [ɛskarpɛ̃] *nm* court shoe.
escarpolette [ɛskarpɔlɛt] *nf arch* [balançoire] swing.
escarre [ɛskar] *nf* scab.
escarrifier [9] [ɛskarifje]
◆ **s'escarrifier** *vpi* to form a scab.
Escaut [ɛsko] *npr m*: **l'~** the (River) Scheldt.
eschatologie [ɛskatɔlɔʒi] *nf* eschatology.
eschatologique [ɛskatɔlɔʒik] *adj* eschatological.
esche [ɛʃ] = **aiche**.
Eschyle [eʃil] *npr* Aeschylus.
escient [esjɑ̃] *nm*: **à bon ~** advisedly, judiciously; **à mauvais ~** injudiciously, unwisely.
esclaffer [3] [ɛsklafe]
◆ **s'esclaffer** *vpi* to burst out laughing, to guffaw.
esclandre [ɛsklɑdr] *nm* scene, scandal; **faire un ~** to make a scene.
esclavage [ɛsklavaʒ] *nm* -**1.** SOCIOL slavery; **réduire qqn en ~** to reduce sb to slavery, to make a slave out of sb. -**2.** [contrainte] slavery, bondage *litt*; **des triplés, quel ~!** triplets, what a life! -**3.** [dépendance]: **vivre dans l'~** de to be a slave to; **subir l'~ de la drogue** to be a slave to drugs.
esclavagisme [ɛsklavaʒism] *nm* -**1.** SOCIOL slavery. -**2.** ENTOM helotism.
esclavagiste [ɛsklavaʒist] *nmf* supporter of slavery.
esclave [ɛsklav] ◇ *adj* -**1.** SOCIOL: **des Noirs ~s** black slaves. -**2.** *fig*: **~ de** [assujetti à]: **ne sois pas ~ de ses moindres désirs** don't give in to her every whim; **être ~ de l'alcool/du tabac** to be a slave to drink/to tobacco; **je refuse d'être ~ du ménage/de la cuisine!** I won't be a slave to housework/a kitchen slave!
◇ *nm* -**1.** SOCIOL slave. -**2.** *fig* slave; **elle en a fait son ~** she has made him (into) her slave, she has enslaved him; **l'~ de** a slave to, the slave of; **les ~s de la mode** fashion victims; **être l'~ de ses passions** to be a slave to one's passions.
escogriffe [ɛskɔgrif] *nm*: **un grand ~** a beanpole.
escomptable [ɛskɔ̃tabl] *adj* discountable.

escompte [ɛskɔ̃t] *nm* -**1.** BANQUE: faire un ~ à 2 % to allow a discount of 2%. -**2.** COMM discount.

escompter [3] [ɛskɔ̃te] *vt* -**1.** [espérer]: ~ **qqch** to rely OU to count OU to bank on sthg; ~ **une embauche définitive** to rely on (getting) a permanent job; **c'est mieux que ce que j'escomptais** it's better than what I expected. -**2.** BANQUE to discount.

escompteur [ɛskɔ̃tœr] *nm* discounter.

escopette [ɛskɔpɛt] *nf* blunderbuss.

escorte [ɛskɔrt] *nf* -**1.** AÉRON, MIL & NAUT escort. -**2.** [personne, groupe] escort; **servir d'~ à qqn** to escort sb; **il arriva avec toute son ~ de photographes** he arrived escorted by a whole bunch of photographers.

◆ **d'escorte** *loc adj* [escadron, avion] escort *(modif)*.

◆ **sous bonne escorte** *loc adv*: **être sous bonne ~** to be in safe hands; **reconduit sous bonne ~ jusqu'à la prison** brought back to prison under heavy escort.

escorter [3] [ɛskɔrte] *vt* -**1.** [ami, président, célébrité] to escort; [femme] to escort, to be the escort of; **escortée de ses admirateurs** surrounded by her admirers. -**2.** AÉRON, MIL & NAUT to escort.

escorteur [ɛskɔrtœr] *nm* escort ship.

escouade [ɛskwad] *nf* -**1.** MIL squad. -**2.** [équipe - de balayeurs, de contrôleurs] squad, gang.

escourgeon [ɛskurʒɔ̃] *nm* winter barley.

escrime [ɛskrim] *nf* fencing *(U)*; **faire de l'~** to fence.

escrimer [3] [ɛskrime]

◆ **s'escrimer** *vpi*: **s'~ à faire qqch** to strive to do sthg; **il s'escrimait à faire démarrer la voiture** he was struggling to get the car started; **s'~ sur qqch** *fig* to plug away at sthg; **ne t'escrime pas sur cet exercice** don't rack your brains over this exercise.

escrimeur, euse [ɛskrimœr, øz] *nm, f* fencer.

escroc [ɛskro] *nm* swindler, crook.

escroquer [3] [ɛskrɔke] *vt* -**1.** [voler - victime, client] to swindle, to cheat; [- argent, milliard] to swindle; ~ **de l'argent à qqn** to swindle money out of sb, to swindle sb out of (his/her) money. -**2.** [extorquer]: ~ **une signature à qqn** to worm a signature out of sb.

escroquerie [ɛskrɔkri] *nf* -**1.** [pratique malhonnête] swindle; **100 F le kilo, c'est de l'~!** 100 F a kilo, it's daylight *Br* OU highway *Am* robbery! -**2.** JUR fraud.

escudo [ɛskudo] *nm* escudo.

ésérine [ezerin] *nf* eserine, physostigmine.

esgourde *fam* [ɛsgurd] *nf* earhole.

eskimo [ɛskimo] = **esquimau**.

Ésope [ezɔp] *npr* Aesop.

ésotérique [ezɔterik] *adj* esoteric.

ésotérisme [ezɔterism] *nm* esotericism.

espace[1] [ɛspas] *nm* -**1.** [gén & ASTRON]: **l'~** space; **voyager dans l'~** to travel through space; **acquérir les notions de l'~ et du temps** to acquire notions of space and time ‖ LITTÉRAT (outer) space. -**2.** [place, volume] space, room; **as-tu assez d'~?** do you have enough space OU room?; **manquer d'~** to be cramped; **la plante verte prend trop d'~** the potted plant takes up too much space OU room; ~ **vital** living space. -**3.** [distance - physique] space, gap; [- temporelle] gap, interval, space; **il y a un petit ~ entre la cuisinière et le placard** there's a small gap between the stove and the unit; **laissez un ~ d'un mètre entre les deux arbres** leave (a gap of) one metre between the two trees. -**4.** [surface] space, stretch; ~ **désertique** desert area ❑ ~ **publicitaire** advertising space; **un ~ vert** a park; **des ~s verts** parkland. -**5.** GÉOM & MATH space; ~ **euclidien** Euclidean space. -**6.** PSYCH space; ~ **auditif** range of hearing; ~ **visuel** field of vision. -**7.** AÉRON: ~ **aérien** airspace; **dans l'~ aérien allemand** in German airspace.

◆ **dans l'espace de, en l'espace de** *loc prép* [dans le temps] within (the space of); **malade cinq fois en l'~ d'un mois** sick five times within (the space of) a month.

espace[2] [ɛspas] *nf* IMPR space.

espacement [ɛspasmɑ̃] *nm* -**1.** [dans le temps] spreading OU spacing out; **l'~ des paiements** staggering of payments. -**2.** [distance] space; **l'~ entre les tables** the space between the tables. -**3.** IMPR [entre deux lettres] space; [interligne] space (between the lines), spacing.

espacer [16] [ɛspase] *vt* -**1.** [séparer - lignes, mots, arbustes] to space out *(sép)*. -**2.** [dans le temps] to space out; **vous devriez ~ vos rencontres** you should meet less often OU less frequently; **j'ai espacé mes visites** my visits became less frequent.

◆ **s'espacer** *vpi* -**1.** [dans le temps - visites] to become less frequent. -**2.** [s'écarter - gymnastes]: **espacez-vous** move further away from each other; **les caractères s'espacent sur l'écran et remplissent le cadre** the characters spread out to fill the frame.

espace-temps [ɛspastɑ̃] (*pl* **espaces-temps**) *nm* space-time (continuum).

espadon [ɛspadɔ̃] *nm* swordfish.

espadrille [ɛspadrij] *nf* espadrille.

Espagne [ɛspaɲ] *npr f*: **(l')** ~ Spain; **la guerre d'~** the Spanish Civil War.

espagnol, e [ɛspaɲɔl] *adj* Spanish.

◆ **Espagnol, e** *nm, f* Spaniard; **les Espagnols** the Spanish.

◆ **espagnol** *nm* LING Spanish.

espagnolette [ɛspaɲɔlɛt] *nf* window catch; **fermer une fenêtre à l'~** to leave a window on the latch OU ajar.

espalier [ɛspalje] *nm* -**1.** HORT espalier. -**2.** SPORT gym ladder.

espar [ɛspar] *nm* MIL & NAUT spar.

esparcette [ɛsparsɛt] *nf* sainfoin.

espèce [ɛspɛs] *nf* -**1.** SC species *(sg)*; **l'~ humaine** the human race, mankind; **des ~s animales/végétales** animal/plant species; ~ **en voie de disparition** endangered species. -**2.** [sorte] sort, kind; **différentes ~s d'arbres** different sorts OU kinds OU species of trees; **il y a plusieurs ~s de café** there are various sorts of coffee; **rangez ensemble les livres de même ~** put books of the same kind together; **ça n'a aucune ~ d'importance!** that is of absolutely no importance!; **une ~/l'~ de** *aussi péj*: **c'était une ~ de ferme** it was a sort of farm OU a farm of sorts; **l'~ de malfrat barbu qui nous conduisait** the shady-looking fellow with a beard who was driving ‖ *(comme exclam)*: ~ **de** *fam péj*: ~ **d'idiot!** you idiot!; ~ **de snob!** what a snob you are! -**3.** JUR particular OU specific case.

◆ **espèces** *nfpl* -**1.** FIN cash; **payer en ~s** to pay cash ❑ ~**s sonnantes et trébuchantes** hard cash. -**2.** RELIG species.

◆ **de... espèce** *loc adj péj*: **de ton ~** like you, of your kind; **de son ~** like him, of his kind; **des escrocs de ton/son ~** crooks like you/him; **des gens de leur ~** their sort *péj*, the likes of them *péj*; **les gens de cette ~** that sort, people of that ilk.

◆ **de la pire espèce** *loc adj* terrible; **c'est un menteur de la pire ~** he's the worst kind of liar, he's a terrible liar.

◆ **en l'espèce** *loc adv* in this particular case; **j'avais de bons rapports avec mes employés mais en l'~ l'affaire a fini au tribunal** I always had good relations with my employees but in this instance, the matter finished up in court.

◆ **sous les espèces de** *loc prép litt* [sous la forme de] in the form of.

espérance [ɛsperɑ̃s] *nf* -**1.** [espoir] hope, expectation. -**2.** [cause d'espoir] hope; **vous êtes mon unique ~** you're my only hope. -**3.** SOCIOL: ~ **de vie** life expectancy. -**4.** MATH: ~ **mathématique** (mathematical) expected value. -**5.** RELIG hope.

◆ **espérances** *nfpl* -**1.** [perspectives] prospects; **avoir de magnifiques ~s** to have wonderful prospects; **donner des ~s** to be promising ‖ [aspirations] hopes; **fonder ses ~s sur qqn** to pin one's hopes on sb. -**2.** *euph* [espoir d'hériter] expectations, prospects of inheritance; **j'ai des ~s du côté maternel** I have great expectations on my mother's side.

◆ **contre toute espérance** *loc adv* contrary to (all) OU against all expectations.

espérantiste [ɛsperɑ̃tist] *adj & nmf* Esperantist.

espéranto [ɛsperɑ̃to] *nm* Esperanto.

espérer [18] [ɛspere] ◇ *vt* -**1.** [souhaiter] to hope; ~ **le succès** to hope for success, to hope to succeed; **j'espère que vous viendrez** I hope (that) you will come; **j'espère vous revoir bientôt** I hope to see you soon; **j'espère arriver à la convaincre** I hope (that) I will be able to sway her ‖ *(en usage abs)*: **j'espère (bien)!** I (do OU certainly) hope so! -**2.** [escompter] to expect; **n'espère pas qu'elle te rembourse** don't expect her to pay you back; **j'en espère de grandes choses** I expect great things to come of it; **je n'en espérais pas tant de lui** I didn't expect that much of him. -**3.** [attendre] to expect, to wait for *(insép)*; **on ne vous espérait plus!** we'd given up on you!

◇ *vi* to hope; ~ **en** *sout* to have faith in; ~ **en Dieu** to have faith OU to trust in God; **il faut ~ en des temps meilleurs** we must live in hope of better times.

esperluette [ɛspɛrlɥɛt] *nf* ampersand.

espiègle [ɛspjɛgl] ◇ *adj* [personne] impish, mischievous; [regard, réponse] mischievous.

◇ *nmf* (little) rascal, imp.

espièglerie [ɛspjɛgləri] *nf* -**1.** [caractère] impishness, mischievousness. -**2.** [farce] prank, trick, piece of mischief.

espion, onne [ɛspjɔ̃, ɔn] *nm, f* spy.

◆ **espion** *nm (comme adj; avec ou sans trait d'union)* spy *(modif)*; **avion ~** spy plane; **micro ~** bug; **satellite ~** spy satellite.

espionnage [ɛspjɔnaʒ] *nm* -**1.** [action] spying. -**2.** [activité] espionage; ~ **industriel** industrial espionage.

◆ **d'espionnage** *loc adj* [film, roman] spy *(modif)*.

espionner [3] [ɛspjɔne] *vt* to spy on *(insép)*; *(en usage abs)*: **elle est là, qui espionne** there she is, snooping (around).

espionnite [ɛspjɔnit] *nf* spymania.

esplanade [ɛsplanad] *nf* esplanade.

espoir [ɛspwar] *nm* -**1.** [espérance] hope; **être plein d'~** to be very hopeful; **j'ai l'~ de le voir revenir** I'm hopeful that he'll return; **j'ai l'~ d'une récompense** I'm hoping for a reward; **nous avons encore bon ~** we remain confident; **j'ai bon ~ qu'il va gagner** OU **de le voir gagner** I'm confident that he'll win; **il n'y a plus d'~** [il va mourir] there's no hope left; [nous avons perdu] we've had it. -**2.** [cause d'espérance] hope; **tu es mon dernier ~** you're my last hope; **c'est un des ~s du tennis français** he's one of France's most promising young tennis players.

◆ **dans l'espoir de** ◇ *loc prép* in the hope of; **dans l'~ d'un succès immédiat** hoping for immediate success.

◇ *loc conj* in the hope of; **dans l'~ de vous voir bientôt** hoping to see you soon.

◆ **sans espoir** *loc adj* hopeless.

esprit [ɛspri] *nm* -**1.** [manière de penser] mind; **emmener des enfants à l'étranger pour leur ouvrir l'~** to take children abroad in order to broaden their minds; **avoir l'~ clair** to be clear-thinking; **avoir l'~ critique** to have a critical mind; **avoir l'~ étroit/large** to be narrow-minded/broad-minded; **avoir l'~ lent/vif** to be slow-witted/quick-witted; **avoir l'~ mal tourné** *fam* to have a dirty mind; **avoir un ~ positif** to have a positive outlook; ~ **de:** ~ **d'analyse** analytical mind; **avoir l'~ d'analyse** to be analytical; **avoir l'~ d'aventure** to have a spirit of adventure; **avoir l'~ d'à-propos** to be quick off the mark; **avoir l'~ de contradiction** to be contrary OU argumentative; ~ de suite consistency; sans ~ de suite inconsistently; avoir l'~ de synthèse to pull ideas together well ❑ état d'~ state of mind; finesse d'~ shrewdness; avoir l'~ de l'escalier to be slow off the mark. -2. [facultés, cerveau] mind, head; as-tu perdu l'~? are you out of your mind?, have you completely lost your head?; maintenant que j'ai fini le rapport, j'ai l'~ libre now I've finished the report, I can relax; où avais-je l'~? what was I thinking of?; j'ai l'~ ailleurs I'm not concentrating; il n'a pas l'~ à ce qu'il fait his mind is elsewhere OU is not on what he's doing; dites-moi ce que vous avez à l'~ tell me what you have in mind; ça m'a traversé l'~ it occurred to me, it crossed my mind; une idée me vient à l'~ I've just thought of something. -3. [idée] sense; il a eu le bon ~ de ne pas téléphoner he had the sense not to call. -4. [mentalité] spirit; l'~ dans lequel cela a été fait the spirit in which it was done; l'~ du XVIIIe siècle the spirit of the 18th century; j'ai horreur des déguisements mais il faut entrer dans l'~ de la fête I hate dressing up, but you have to get into the party spirit; avoir l'~ sportif to be fond of sport ❑ ~ de chapelle OU clan OU clocher OU parti parochial attitude; avoir l'~ de clocher to be parochial; ~ de compétition/d'équipe competitive/team spirit; (avoir l') ~ de corps (to have) esprit de corps; avoir l'~ d'entreprise to be enterprising; avoir l'~ de famille to be family-minded; ~ de révolte rebelliousness; ~ de sacrifice spirit of sacrifice; mauvais ~ [attitude] unhelpfulness; [personne] troublemaker; faire preuve de mauvais ~ [perturber] to stir up trouble; [critiquer] to make nasty remarks; 'De l'~ des lois' *Montesquieu* 'The Spirit of Laws'. -5. [humeur]: avoir l'~ à: je n'ai pas l'~ à rire I'm not in the mood for laughing; ce matin-là, elle n'avait pas l'~ à faire les comptes that morning she was in no mood for doing any accounts. -6. [idée]: dans son ~ nous devrions voter according to him we should vote; dans mon ~, la chambre était peinte en bleu in my mind's eye, I saw the bedroom painted in blue; dans mon ~, les enfants partaient avant nous what I had in mind was for the children to go before us. -7. [personne] mind; c'est un ~ tatillon he's far too fussy ❑ un des ~s marquants de ce siècle one of the great minds OU leading lights of this century; un ~ fort a freethinker; un bel ~ a wit; les grands ~s se rencontrent *hum* great minds think alike. -8. [humour] wit; faire de l'~ *péj* to try to be witty OU funny; une remarque pleine d'~ a witty remark, a witticism; une femme pleine d'~ a witty woman; avoir de l'~ to be witty ❑ avoir de l'~ comme quatre OU jusqu'au bout des ongles to be very intelligent; l'~ court les rues wits are two a penny *Br* OU a dime a dozen *Am*. -9. RELIG spirit; l'~ est fort mais la chair est faible *allusion Bible* the spirit is willing but the flesh is weak; rendre l'~ *litt* to give up the ghost || [ange]: Esprit Spirit; Esprits célestes Celestial OU Heavenly Spirits; Esprit malin, Esprit des ténèbres Evil Spirit, Evil One; Esprit Saint Holy Spirit OU Ghost. -10. [fantôme] ghost, spirit; croire aux ~s to believe in ghosts OU spirits; ~, es-tu là? is there anybody there? ❑ ~ frappeur poltergeist. -11. LING breathing; ~ doux/rude smooth/rough breathing. -12. CHIM [partie volatile] spirit; ~ de bois, ~-de-bois wood spirit, methanol; ~ de sel, ~-de-sel spirits of salt; ~ de vin, ~-de-vin spirits of wine, ethanol.

◆ **esprits** *nmpl* senses; avoir les ~s chamboulés *fam* to be nearly out of one's mind; reprendre ses ~s to get a grip on o.s.; reprends tes ~s! get a grip on yourself!

◆ **dans un esprit de** *loc prép*: dans un ~ de conciliation in an attempt at conciliation; dans un ~ de justice in a spirit of justice, in an effort to be fair.

esquarre [ɛskar] = **escarre**.

esquif [ɛskif] *nm litt* skiff.

esquille [ɛskij] *nf* [de bois] splinter; [d'os] bone splinter.

esquimau, aude, x [ɛskimo, od] *adj* Eskimo.

◆ **Esquimau, aude, x** *nm, f* Eskimo; les Esquimaux the Eskimos.

◆ **esquimau** *nm* LING Eskimo.

Esquimau® [ɛskimo] *nm* choc-ice on a stick *Br*, Eskimo *Am*.

esquimautage [ɛskimotaʒ] *nm* Eskimo roll.

esquintant, e *fam* [ɛskɛ̃tɑ̃, ɑ̃t] *adj* killing, backbreaking.

esquinter *fam* [3] [ɛskɛ̃te] *vt* -1. [endommager - chose] to bust, to damage; [- voiture] to smash up, to total *Am* & *Can*; [- santé] to ruin; la moto est complètement esquintée the bike is a wreck; tout l'avant est esquinté the front is totally smashed up; n'esquinte pas cette lampe! don't break that lamp! -2. [épuiser - personne] to exhaust, to knock out *(sép)*; toutes ces courses m'ont esquinté all this shopping has knocked me out OU done me in. -3. [dénigrer - livre, film] to pan, to slam, to slate *Br*.

◆ **s'esquinter** *fam vp (emploi réfléchi)* -1. [s'épuiser] to kill o.s.; ne t'esquinte pas au travail don't work yourself to death OU into the ground. -2. [s'abîmer]: s'~ la santé to ruin one's health; tu vas t'~ les yeux avec cet écran you'll strain your eyes with that screen; elle s'est esquinté le dos she's done her back in.

esquisse [ɛskis] *nf* -1. BX-ARTS sketch. -2. [aperçu - d'un projet, d'un discours, d'un roman] draft, outline. -3. [ébauche - d'un sourire] hint, shadow, ghost; [- d'un geste] hint; sans l'~ d'un regret with no regrets at all, without the slightest regret.

esquisser [3] [ɛskise] *vt* -1. BX-ARTS to sketch. -2. [projet, histoire] to outline, to draft. -3. [geste, mouvement] to give a hint of; il esquissa un geste d'approbation he gave a slight nod of approval; ~ un sourire to give a faint OU slight smile.

◆ **s'esquisser** *vpi* [sourire] to appear, to flicker; [solution, progrès] to appear.

esquive [ɛskiv] *nf* dodge, side step.

esquiver [3] [ɛskive] *vt* -1. [éviter - coup] to dodge. -2. [se soustraire à - question] to evade, to avoid, to skirt; [- difficulté] to skirt, to avoid, to side step; [- démarche, obligation] to shirk, to evade.

◆ **s'esquiver** *vpi* to slip OU to sneak out (unnoticed).

essai [esɛ] *nm* -1. [vérification - d'un produit, d'un appareil] test, testing, trial; [- d'une voiture] test, testing, test-driving. -2. [tentative] attempt, try; au deuxième ~ at the second try; nous avons fait plusieurs ~s we had several tries, we made several attempts; après notre ~ de vie commune after our attempt at living together; des ~s de lancement trial launches ❑ coup d'~ first attempt OU try. -3. [expérimentation]: faire l'~ de qqch to try sthg (out). -4. LITTÉRAT essay; 'Essais' *Montaigne* 'Essays'. -5. MIN assaying. -6. RUBGY try.

◆ **à l'essai** *loc adv* -1. [à l'épreuve]: mettre qqn/qqch à l'~ to put sb/sthg to the test. -2. COMM & JUR: engager OU prendre qqn à l'~ to appoint sb for a trial period; prendre qqch à l'~ to take sthg on approval.

◆ **d'essai** *loc adj* -1. AÉRON: pilote d'~ test pilot. -2. [période] trial *(modif)*.

essaim [esɛ̃] *nm* -1. ENTOM swarm. -2. [foule]: un ~ de [supporters, admirateurs] a throng OU swarm of; [adolescentes] a bevy OU gaggle *péj* of.

essaimage [esɛmaʒ] *nm* -1. ENTOM swarming. -2. *litt* [d'un peuple] dispersion; [d'une firme] expansion.

essaimer [4] [eseme] *vi* -1. ENTOM to swarm. -2. *litt* [se disperser - groupe] to spread, to disperse; [- firme] to expand.

essarter [3] [esarte] *vt* to grub, to clear.

essayage [esɛjaʒ] *nm* COUT & VÊT [séance] fitting; [action] trying on.

◆ **d'essayage** *loc adj* [cabine, salon] fitting *(modif)*.

essayer [11] [eseje] *vt* -1. [tenter]: ~ de faire to try to do, to try and do; n'essaie pas de patiner sur l'étang don't try to OU and skate on the pond; as-tu essayé d'arrêter de fumer? have you tried to stop smoking?; ~ que *fam*: j'essaierai que la soirée soit réussie I'll do my best to make the party a success || *(en usage abs)*: essaie un peu! *fam* just you try! -2. [utiliser pour la première fois] to try (out) *(sép)*; ~ un (nouveau) restaurant to try a new restaurant; ~ une (nouvelle) marque de lessive to try (out) a new brand of washing powder. -3. [mettre - vêtement, chaussures] to try on. -4. [expérimenter] to try, to test; ~ un nouveau médicament to test a new drug; ~ un vaccin sur des animaux to test a vaccine on animals; ~ une voiture [pilote, client] to test-drive a car ❑ l'~ c'est l'adopter *publicity slogan indicating that a product is sure to please (sometimes used ironically)*. -5. MIN to assay.

◆ **s'essayer à** *vp + prép*: s'~ à (faire) qqch to try one's hand at (doing) sthg.

essayeur, euse [esɛjœr, øz] *nm, f* -1. COUT fitter. -2. MIN assayer.

essayiste [esejist] *nmf* essayist, essay writer.

esse [ɛs] *nf* -1. [crochet] (s-shaped) hook; [cheville] linchpin. -2. [de violon] (s-shaped) sound hole.

ESSEC, Essec [esɛk] (*abr de* École supérieure des sciences économiques et commerciales) *npr f grande école for management and business studies.*

essence [esɑ̃s] *nf* -1. PÉTR petrol *Br*, gas *Am*, gasoline *Am*; ~ ordinaire two-star petrol *Br*, regular gas *Am*; ~ sans plomb unleaded petrol *Br* OU gasoline *Am*. -2. [solvant] spirit, spirits; ~ de térébenthine spirit OU spirits of turpentine, turps. -3. CULIN essence; ~ de café coffee essence. -4. PHARM [cosmétique] (essential) oil, essence; ~ de rose rose oil, essence of roses. -5. CHIM quintessence. -6. BOT species; le parc contient de nombreuses ~s différentes the park contains many different species of trees. -7. PHILOS essence. -8. *sout* [contenu fondamental] essence, gist.

◆ **par essence** *loc adv sout* essentially, in essence.

essénien, enne [esenjɛ̃, ɛn] ◇ *adj* Essenian, Essenic.

◇ *nm, f* Essene.

essentiel, elle [esɑ̃sjɛl] *adj* -1. [indispensable] essential; ~ à: ~ à la vie essential to life; condition ~le à la réussite du projet condition which is essential for the success of the project. -2. [principal] main, essential; le point ~ du débat the main point of the debate. -3. PHILOS essential. -4. PHARM idiopathic.

◆ **essentiel** *nm* -1. [l'indispensable]: l'~ the basic essentials. -2. [le plus important]: l'~ c'est que tu comprennes the most important OU the main thing is that you should understand; l'~ de l'article se résume en trois mots the bulk of the article can be summed up in three words. -3. [la plus grande partie]: l'~ de la conversation most of the conversation; elle passe l'~ de son temps au téléphone she spends most of her time on the phone.

essentiellement [esɑ̃sjɛlmɑ̃] *adv* -1. [par nature] in essence, essentially. -2. [principalement] mainly, essentially.

esseulé, e [esœle] *adj litt* -1. [délaissé] forsaken. -2. [seul] forlorn, lonely.

essieu, x [esjø] *nm* axle, axletree.

essor [esɔr] *nm* [d'un oiseau] flight; [d'une entreprise, d'une industrie] rise, development; la sidérurgie connaît un nouvel ~ the steel industry has taken on a new lease of life; prendre son ~ [oiseau] to soar; [adolescent] to fend for o.s., to become self-sufficient; [économie, entreprise] to grow.

essorage [esɔraʒ] *nm* [à la machine] spinning; [à l'essoreuse à rouleaux] mangling; [à la main] wringing; 'pas d'~' 'do not spin'; au premier ~, ajoutez l'assouplissant at first cycle OU spin-dry, add fabric softener; l'~ **de la salade** (spin-) drying lettuce.

essorer [3] [esɔre] *vt* -**1.** [sécher]: ~ **le linge** [à la machine] to spin-dry the laundry; [à l'essoreuse à rouleaux] to put the laundry through the mangle; [à la main] to wring the laundry; ~ **la salade** to (spin-)dry the lettuce. -**2.** [terrain] to drain, to dry.

essoreuse [esɔrøz] *nf* -**1.** [pour le linge]: ~ **(à tambour)** spin-drier; ~ **(à rouleaux)** mangle. -**2.** [pour la salade] salad drier. -**3.** [pour le sucre] centrifugal separator.

essoucher [3] [esuʃe] *vt* to stub, to grub out *(sép).*

essoufflement [esufləmɑ̃] *nm* breathlessness.

essouffler [3] [esufle] *vt* to make breathless; **être essoufflé** to be breathless OU out of breath; **ce sont les marches qui m'ont essoufflé** climbing the steps has left me breathless.

◆ **s'essouffler** *vpi* -**1.** PHYSIOL to get breathless. -**2.** [s'affaiblir - moteur] to get weak; [- production, économie] to lose momentum; [- inspiration, écrivain] to dry up.

essuie [esɥi] *nm Belg* [essuie-mains] hand towel; [torchon] cloth, tea towel; [serviette de bain] bath towel.

essuie-glace [esɥiglas] (*pl* **essuie-glaces**) *nm* windscreen *Br* OU windshield *Am* wiper; ~ **arrière** back wiper.

essuie-mains [esɥimɛ̃] *nm inv* hand towel.

essuie-meubles [esɥimœbl] *nm inv* duster.

essuie-pieds [esɥipje] *nm inv* doormat.

essuie-verres [esɥivɛr] *nm inv* glass cloth, tea towel.

essuyage [esɥijaʒ] *nm* -**1.** [séchage - de la vaisselle] wiping, drying up; [- des mains, du sol, d'une surface] wiping, drying. -**2.** [nettoyage - d'un meuble] dusting (down); [- d'un tableau noir] wiping, cleaning; [- d'une planche farinée, d'un mur plâtreux] wiping (down).

essuyer [14] [esɥije] *vt* -**1.** [sécher - vaisselle] to wipe, to dry (up); [- sueur] to wipe, to mop up *(sép)*, to wipe (off); [- main] to dry, to wipe dry; [- surface] to wipe (down); [- sol] to wipe, to dry; **essuie tes mains** wipe your hands; ~ **une larme** to wipe away a tear; ~ **les larmes de qqn** to dry sb's tears ❑ ~ **les plâtres** *fam* to have to endure initial problems; **les premiers acheteurs de cette voiture ont essuyé les plâtres** the first purchasers of this car had to put up with a few teething troubles. -**2.** [nettoyer - surface poussiéreuse] to dust (down); [- tableau noir] to wipe (clean), to clean; **tes mains sont pleines de farine, essuie-les** wipe your hands, they're covered in flour; **essuie tes pieds sur le paillasson** wipe your feet on the doormat. -**3.** [subir - reproches] to endure; [- refus] to meet with *(insép)*; [- défaite, échec, pertes] to suffer; [- tempête] to weather, to bear up against; ~ **un coup de feu** to be shot at; ~ **le feu de l'ennemi** to come under enemy fire.

◆ **s'essuyer** *vp (emploi réfléchi)* [se sécher] to dry o.s.; **s'**~ **les mains** to dry OU to wipe one's hands.

est [ɛst] ◇ *nm inv* -**1.** [point cardinal] east; ~ **nord-**~ east-north-east; ~ **sud-**~ east-south-east; **nous allons vers l'**~ we're heading eastward OU eastwards; **une terrasse exposée à l'**~ an east-facing OU east terrace; **le soleil se lève à l'**~ the sun rises in the east; **la bise souffle de l'**~ it's a harsh eastern wind. -**2.** [partie d'un pays, d'un continent] east, eastern area OU regions; **l'**~ **de l'Italie** Eastern Italy, the east of Italy; **Est: l'Est** HIST & POL Eastern Europe, Eastern European countries; [en France] the East (of France); **l'Europe de l'Est** Eastern Europe; **l'Allemagne de l'Est** East Germany; **les pays de l'Est** the Eastern Bloc; **les départements de l'Est** the departments in the east of France.

◇ *adj inv* [façade] east *(modif)*, east-facing; [secteur, banlieue] east *(modif)*, eastern; **la côte** ~ **des États-Unis** the East coast OU Eastern seaboard of the United States.

◆ **à l'est de** *loc prép* (to the) east of.

establishment [establiʃmɛnt] *nm*: **l'**~ [en GB] the Establishment; [gén] the dominant OU influential group OU body.

estafette [estafɛt] *nf* MIL courier.

estafilade [estafilad] *nf* slash, gash.

est-allemand, e [ɛstalmɑ̃, ɑ̃d] *adj* East German.

estaminet [ɛstaminɛ] *nm* estaminet *litt*, seedy café OU bar.

estampage [ɛstɑ̃paʒ] *nm* -**1.** TECH [façonnage] stamping; [empreinte] stamp. -**2.** *fam* [escroquerie] swindle, con.

estampe [ɛstɑ̃p] *nf* -**1.** [image] engraving, print; **viens chez moi, je te montrerai mes** ~**s japonaises** *hum* come up and see my etchings. -**2.** [outil] stamp.

estamper [3] [ɛstɑ̃pe] *vt* -**1.** TECH [façonner, marquer] to stamp. -**2.** *fam* [escroquer] to swindle, to con; ~ **qqn de 100 francs** to con sb out of 100 francs.

estampeur [ɛstɑ̃pœr] *nm* -**1.** TECH stamper. -**2.** *fam* [escroc] swindler, con-man.

estampillage [ɛstɑ̃pijaʒ] *nm* [d'un document] stamping; [d'une marchandise] marking.

estampille [ɛstɑ̃pij] *nf* [sur un document] stamp; [sur une marchandise] mark, trademark; **dans cette famille, ils sont tous marqués de la même** ~ *fam* they're all tarred with the same brush in that family.

estampiller [3] [ɛstɑ̃pije] *vt* [document] to stamp; [marchandise] to mark.

est-ce que [ɛskə] *(devant voyelle ou h muet* **est-ce qu'** [ɛsk]) *adv interr* -**1.** *(suivi d'un verbe plein)* [au présent]: ~ **je/tu/nous/vous...?** do I/you/we/you...?; **est-ce qu'il/qu'elle...?** does he/she...?; ~ **vous aimez le thé?** do you like tea? || [au passé]: ~ **vous avez acheté la maison?** did you buy the house?; ~ **vous dormiez bien?** did you (use to) sleep well? || [au futur]: ~ **tu iras?** will you go? -**2.** *(suivi d'un auxiliaire)* [au présent]: ~ **je suis...?** am I...?; ~ **tu as une enveloppe?** do you have OU have you got an envelope?; ~ **je dois...?** must I...?; ~ **tu peux...?** can you...? || [au passé]: ~ **tu y étais?** were you there?; **est-ce qu'il devait signer?** should he have signed? || [au futur]: ~ **tu seras là?** will you be there? || [au futur proche]: ~ **tu vas lui téléphoner?** are you going to OU will you phone her? -**3.** [avec un autre adverbe interrogatif]: **quand est-ce qu'il arrive?** when does he arrive?; **qui** ~ **tu as vu?** who did you see?; **pourquoi** ~ **tu ris?** why are you laughing?

este [ɛst] = **estonien** *nm.*

ester[1] [ɛste] *vi* JUR [seulement à l'inf]: ~ **en justice** to go to court.

ester[2] [ɛstɛr] *nm* CHIM ester.

estérase [ɛsteraz] *nf* esterase.

estérification [ɛsterifikasjɔ̃] *nf* esterification.

estérifier [9] [ɛsterifje] *vt* to esterify.

Esther [ɛstɛr] *npr* BIBLE Esther.

esthète [ɛstɛt] *nmf* aesthete; **cela ne plaira sûrement pas aux** ~**s** *péj* this will offend some people's aesthetic sense.

esthéticien, enne [ɛstetisjɛ̃, ɛn] *nm, f* -**1.** [en institut de beauté] beautician. -**2.** BX-ARTS & PHILOS aesthetician.

esthétique [ɛstetik] ◇ *adj* -**1.** BX-ARTS & PHILOS aesthetic. -**2.** [joli] beautiful, lovely; **ce chantier devant la maison n'est pas très** ~ this building site in front of the house is not exactly beautiful.

◇ *nf* -**1.** BX-ARTS & PHILOS [science] aesthetics *(sg)*; [code] aesthetic. -**2.** [harmonie] beauty, harmony; **j'ai mis la lampe dans le coin uniquement pour l'**~ I put the lamp in the corner just for the effect. -**3.** INDUST: ~ **industrielle** industrial design.

esthétiquement [ɛstetikmɑ̃] *adv* -**1.** BX-ARTS & PHILOS aesthetically. -**2.** [harmonieusement] harmoniously, beautifully. -**3.** *(en adv indép)* [du point de vue de la beauté] aesthetically, from an aesthetic point of view; ~, **ce n'est pas réussi** aesthetically, it's a failure.

esthétisant, e [ɛstetizɑ̃, ɑ̃t] *adj péj* mannered.

esthétisme [ɛstetism] *nm* aestheticism.

estimable [ɛstimabl] *adj* -**1.** [digne de respect - personne] respectable. -**2.** [assez bon - ouvrage, film] decent.

estimatif, ive [ɛstimatif, iv] *adj* estimated.

estimation [ɛstimasjɔ̃] *nf* -**1.** [évaluation - d'un vase] appraisal, valuation; [- de dégâts] estimation, assessment; [- d'une distance] gaging, gauging. -**2.** [montant] estimate, estimation; **d'après mon** ~ according to my estimate OU estimation; **nous sommes loin de l'**~ **de l'expert** we're not even close to the figure produced by the expert. -**3.** [prévision] projection; **le score réalisé par le candidat sortant dépasse toutes les** ~**s** the outgoing candidate's score surpasses all the pollsters' projections.

estime [ɛstim] *nf* esteem, respect; **avoir de l'**~ **pour qqn/qqch** to have a great deal of respect for sb/sthg, to hold sb/sthg in high esteem; **j'ai beaucoup d'**~ **pour lui/pour son travail** I have a great deal of respect for him/for his work; **baisser/monter dans l'**~ **de qqn** to go down/up in sb's esteem; **il force l'**~ **par son intégrité** one cannot but respect his integrity; **tenir qqn en grande** OU **haute** ~ to hold sb in high esteem.

◆ **à l'estime** *loc adv* -**1.** NAUT by dead reckoning. -**2.** [approximativement] roughly; **j'ai tracé les plans à l'**~ I drew the plans blind; **faire un budget à l'**~ to work out a budget roughly.

estimé, e [ɛstime] *adj* -**1.** *sout* [respecté]: **notre** ~ **collègue** our esteemed colleague. -**2.** NAUT: **point** ~ estimated position.

estimer [3] [ɛstime] *vt* -**1.** [expertiser - valeur, dégâts] to appraise, to evaluate, to assess; **les dégâts ont été estimés à mille francs** the damage was estimated at a thousand francs; **faire** ~ **un tableau** to have a painting valued. -**2.** [évaluer approximativement - quantité] to estimate; [- distance] to gage, to gauge; **on estime le taux d'abstention à 34 %** the abstention rate has been estimated at 34%; **pouvez-vous** ~ **le nombre des victimes?** would you hazard a guess as to the number of casualties? -**3.** [apprécier - ami, écrivain, collègue] to regard with esteem, to esteem, to think highly of; **je l'estime trop pour mettre sa parole en doute** I esteem him too highly OU I have too much regard for him to doubt his word; ~ **qqn à sa juste valeur** to judge sb correctly; **une pneumologue très estimée** a highly regarded lung specialist. -**4.** [juger] to think, to consider, to believe; **j'estime qu'il a eu tort** I think OU believe (that) he was wrong; **si tu estimes que tu peux le faire** if you believe you can do it; **j'estime avoir mon mot à dire** I think I have the right to offer an opinion; **elle estime que l'argent n'a pas d'importance** she considers that money is of no importance.

◆ **s'estimer** *vpi (suivi d'un adj)*: **s'**~ **heureux** to count o.s. lucky; **s'**~ **satisfait de/que** to be happy with/that.

estivage [ɛstivaʒ] *nm* mountain summering.

estival, e, aux [ɛstival, o] *adj* summer *(modif).*

estivant, e [ɛstivɑ̃, ɑ̃t] *nm, f* summer tourist, holidaymaker *Br*, vacationer *Am*.

estivation [ɛstivasjɔ̃] *nf* aestivation.

estoc [ɛstɔk] *nm* rapier; **coup d'**~ thrust; **frapper d'**~ **et de taille** to cut and thrust.

estocade [ɛstɔkad] *nf* -**1.** *loc litt*: **donner** OU **porter l'**~ **à qqn** to deal the death-blow to sb. -**2.** [lors d'une corrida] final sword thrust; **donner** OU **porter l'**~ **à un taureau** to dispatch a bull with the "estoque de puntilla".

estomac [ɛstɔma] *nm* -**1.** ANAT stomach; **j'ai mal à l'**~ I have a stomach ache; **il a pris de l'**~ *fam* he's developed a paunch OU potbelly; **avoir l'**~ **bien accroché** *fam* to have a strong stomach ❑ **ça m'est resté sur l'**~ *fam pr* it weighed on my stomach; *fig* it stuck in my craw; **avoir l'**~ **dans les talons** *fam* to be famished OU ravenous; **avoir un** ~ **d'autruche** *fam* to have a castiron stomach. -**2.** *fam* [hardiesse]: **avoir de l'**~ to have a cheek *Br* OU a nerve; **manquer d'**~ to lack guts.

◆ **à l'estomac** *fam loc adv*: **ils y sont allés à l'~** they bluffed their way through it; **quand on veut se faire accepter dans cette entreprise, il faut le faire à l'~** you need a lot of nerve if you want to get on in this company; **avoir qqn à l'~** to intimidate sb.

estomaquer *fam* [3] [ɛstɔmake] *vt* to stagger, to flabbergast.

estompage [ɛstɔ̃paʒ] *nm* stumping, shading off.

estompe [ɛstɔ̃p] *nf* -**1.** [outil] stump, tortillon. -**2.** [dessin] stump drawing.

estompement [ɛstɔ̃pmɑ̃] *nm* fading.

estomper [3] [ɛstɔ̃pe] *vt* -**1.** BX-ARTS to stump, to shade off *(sép)*. -**2.** [camoufler - ride] to smoothe over *(sép)*; [- silhouette] to dim, to blur; **les contours estompés des immeubles** the dim outline of buildings. -**3.** [atténuer - souvenir, sentiment] to dim, to blur.

◆ **s'estomper** *vpi* -**1.** [disparaître - contours] to become blurred. -**2.** [s'affaiblir - souvenir] to fade away; [- douleur, rancune] to diminish, to die down.

Estonie [ɛstɔni] *npr f*: (l') ~ Estonia.

estonien, enne [ɛstɔnjɛ̃, ɛn] *adj* Estonian.

◆ **Estonien, enne** *nm, f* Estonian.

◆ **estonien** *nm* LING Estonian.

estoquer [3] [ɛstɔke] *vt* [taureau] to dispatch *(with the "estoque de puntilla")*.

estourbir *fam* [32] [ɛsturbir] *vt vieilli* -**1.** [assommer] to knock out *(sép)*, to lay out *(sép)*. -**2.** [tuer] to do in.

estrade [ɛstrad] *nf* [plancher] platform, rostrum, dais.

estragon [ɛstragɔ̃] *nm* tarragon.

estrapade [ɛstrapad] *nf* strappado.

estropié, e [ɛstrɔpje] ◇ *adj* crippled, maimed; **il en restera ~** he'll be left a cripple.

◇ *nm, f* cripple, disabled OU maimed person.

estropier [ɛstrɔpje] *vt* -**1.** *pr* to cripple, to maim. -**2.** *fig* [en prononçant] to mispronounce; [à l'écrit] to misspell; [texte] to mutilate; **~ une citation** to misquote a text.

estuaire [ɛstɥɛr] *nm* estuary.

esturgeon [ɛstyrʒɔ̃] *nm* sturgeon.

et [e] *conj* -**1.** [reliant des termes, des propositions] and; **il est beau et intelligent** he is handsome and intelligent; **noir et blanc** black and white; **le père et le fils** the father and the son; **une belle et brillante jeune fille** a beautiful, clever girl; **ils jouent au tennis et au hand-ball** they play tennis and handball; **une robe courte et sans manches** a short sleeveless dress; **gentiment et avec le sourire** nicely and with a smile; **toi et moi, nous savons ce qu'il faut faire** you and I know what should be done; **2 et 2 font 4** two and two make four, two plus two makes four; **il y a mensonge et mensonge** there are lies, and then there are lies; **quand on a vingt ans et toute sa santé** when one is twenty and in excellent health; **peux-tu aller chercher le pain, et passer chez le photographe?** can you go and buy the bread and drop in at the photo shop?; **quand il pleut et qu'on s'ennuie** when it rains and you're feeling bored; **un livre ancien et qui n'est plus en librairie** an old book which is out of print; **il connaît l'anglais, et très bien** he speaks English, and very well at that. -**2.** [exprimant une relation de simultanéité, de succession ou de conséquence]: **il s'est levé et il a quitté la pièce** he got up and left the room; **tu viens de commencer et tu es déjà fatigué?** you've only just started and you're tired already?; **j'ai bien aimé ce film, et toi?** I really liked the film, how OU what about you?; **ils ont donné un million et ils estiment que cela suffit!** they gave a million and they think that's enough!; **il travaille et ne réussit pas** he works but he's not successful. -**3.** [reliant des propositions comparatives]: **plus ça va, et plus la situation s'aggrave** as time goes on, the situation just gets worse; **moins je le vois et mieux je me porte!** the less I see him the better I feel!; **moins il travaille et moins il a envie de travailler** the less he works the less he feels like working. -**4.** [avec une valeur emphatique]: **et d'un, je n'ai pas faim, et de deux, je n'aime pas ça** for one thing I'm not hungry and for another I don't like it; **j'ai dû supporter et les enfants et les parents!** I had to put up with both the parents and the children OU with the parents AND the children!; **je l'ai dit et répété** I've said it over and over again, I've said it more than once; **c'est fini et bien fini!** that's the end of that!; **et moi alors?** (and) what about me?; **et les dix francs que je t'ai prêtés?** and (what about) the ten francs I lent you?; **et si on lui disait tout?** what if we told him everything?; **et les bagages?** what about the luggage?; **et pourquoi pas?** (and) why not?; **je n'ai pas envie d'y aller — et pourquoi?** I don't want to go — and why not?; **et pourtant...** and yet OU still...; **et voilà!** there you are!, there you go!; **et moi je vous dis que je n'irai pas** and I'm telling you that I won't go!; **et vous osez me proposer cela!** and you dare (to) suggest that!; **et voilà comment l'argent s'en va!** that's how money disappears!; **et tout à coup il se mit à courir** and suddenly he started running; **et c'est ainsi que se termine mon histoire...** and that is how my story ends...; **et on a ri!** how we laughed! || *litt*: **et le garçon de se sauver** at this the boy ran off; **et chacun d'exprimer sa satisfaction** whereupon each expressed his satisfaction. -**5.** [dans les nombres composés, les horaires, les poids et les mesures]: **vingt et un** twenty one; **vingt et unième** twenty-first; **deux heures et demie** half past two; **cinq heures et quart** five fifteen, a quarter past five; **deux kilos et demi** two and a half kilos.

ét. (*abr écrite de* étage) fl.

ETA (*abr de* Euskadi Ta Askatasuna) *npr f* ETA.

étable [etabl] *nf* cowshed.

établi [etabli] *nm* workbench.

établir [32] [etablir] *vt* -**1.** [duplex, liaison téléphonique] to set up *(sép)*, to establish. -**2.** [implanter - usine, locaux, quartier général] to establish, to set OU to put up *(sép)*; [- filiale] to establish; **~ son domicile à Paris** to take up residence in Paris. -**3.** *vieilli* [pourvoir d'une situation] to set up *(sép)* (in business); **j'attendrai d'avoir établi mes enfants** I'll wait until my children are settled in life; **il a établi son fils comme notaire** he set up his son as a solicitor; **elle est établie comme pharmacienne** she's set up as a chemist || [marier] to marry off *(sép)*. -**4.** [instaurer - règlement] to introduce, to promulgate; [- usage] to pass; [- pouvoir] to install, to implement; [- ordre, relation] to establish; **contester les coutumes établies** to challenge convention; **une fois le silence établi** once calm has been established; **~ un précédent** to set a precedent; **~ des liens d'amitié** to establish friendly relations. -**5.** [bâtir - réputation] to establish; [- empire] to build; **avoir une réputation bien établie** to have a well established reputation; **~ sa réputation sur des succès** to base one's reputation upon (one's) success. -**6.** [prouver]: **~ l'innocence de qqn** to establish sb's innocence, to vindicate sb; **~ l'identité de qqn** to establish sb's identity; **~ la vérité** to establish the truth; **nous cherchons à ~ qu'à 18 h, notre client était chez lui avec son épouse** we are trying to establish that at 6 p.m. our client was at home with his wife. -**7.** [dresser - organigramme] to set out *(sép)*; [- liste] to draw up *(sép)*; [- devis] to provide; [- chèque] to make out; [- programme, prix] to fix; **~ le prix d'un article** to price an item. -**8.** SPORT: **~ un record** to set a record.

◆ **s'établir** *vpi* -**1.** [vivre]: **ils ont préféré s'~ en banlieue** they chose to live in the suburbs. -**2.** [professionnellement] to set (o.s.) up (in business); **elle n'a pas assez d'argent pour s'~** she doesn't have enough funds to start out on her own; **s'~ à son compte** to set (o.s.) up in business, to become self-employed. -**3.** [être instauré]: **enfin, le silence s'établit** silence was finally restored; **une relation stable s'est établie entre nous** a stable relationship has developed between the two of us.

établissement [etablismɑ̃] *nm* **A.** -**1.** [institution] establishment, institution; **~ hospitalier** hospital; **~ pénitentiaire** prison, penitentiary *Am*; **~ religieux** [monastère] monastery; [couvent] convent; [collège] religious OU denominational school; [séminaire] seminary; **~ scolaire** school. -**2.** COMM firm; **les ~s Leroy** Leroy and Co; **les ~s Fourat et fils** Fourat and Sons □ **~ classé** *potentially dangerous industrial premises (having to conform to strict safety regulations)*; **~ financier** financial institution; **~ d'utilité publique** public utility. -**3.** ADMIN: **~ public** state-owned enterprise.

B. -**1.** [construction - d'un barrage, d'une usine] building, construction. -**2.** [instauration - d'un empire] setting up, establishing; [- d'un régime, d'une république] installing; [- d'un usage] establishing. -**3.** [préparation - d'un devis] drawing up, preparation; [- d'une liste] drawing up; [- d'un organigramme] laying out, drawing up. -**4.** [installation]: **l'~ des Français en Afrique** the settlement of the French in Africa. -**5.** *vieilli* [dans une profession] setting up; **son ~ dans la profession médicale** her setting up in medical practice; **l'~ de ses enfants dans le commerce** [il les a établis] his setting up his children in business; [ils se sont établis] his children setting (themselves) up in business || [par le mariage]: **l'~ de sa fille** his marrying off his daughter. -**6.** [preuve - de la vérité] establishment; **rien n'est possible sans l'~ de son identité** nothing can be done if his identity cannot be established.

étage [etaʒ] *nm* -**1.** [dans une maison] floor, storey *Br*, story *Am*; [dans un parking] level; **au troisième ~** [maison] on the third floor *Br*, on the fourth floor *Am*; [aéroport] on level three; **habiter au premier/dernier ~** to live on the first/top floor; **elle est dans les ~s** she's upstairs somewhere; **un immeuble de cinq ~s** a five-storey building. -**2.** GÉOL stage, layer. -**3.** AÉRON & TECH stage; **~ de pression** pressure stage. -**4.** MIN level. -**5.** [division - d'une pièce montée] tier; [- d'un buffet, d'une bibliothèque] shelf; **dans le placard, sur l'~ du haut** in the cupboard on the top shelf.

◆ **étages** *nmpl* -**1.** [escaliers]: **grimper/monter les ~s** to climb/to go upstairs; **monter les ~s à pied/en courant** to walk/to run up the stairs; **monter les ~s quatre à quatre** to take the stairs four at a time. -**2.** BOT: **~s de végétation** levels of vegetation.

◆ **à l'étage** *loc adv* upstairs, on the floor OU storey above.

◆ **de bas étage** *loc adj* -**1.** *vieilli* [humble] humble, low-class. -**2.** *péj* [vulgaire - cabaret] sleazy; [- plaisanterie] cheap.

étagement [etaʒmɑ̃] *nm* [de collines, de vignobles] terracing.

étager [17] [etaʒe] *vt* to stack, to set out OU to range in tiers.

◆ **s'étager** *vpi*: **les maisons s'étageaient le long de la pente** the houses rose up the slope in tiers.

étagère [etaʒɛr] *nf* [planche] shelf; [meuble] (set of) shelves; **~ encastrée** built-in shelves OU shelving.

étai [etɛ] *nm* -**1.** NAUT stay. -**2.** [poutre] stay, prop, strut.

étaiement [etɛmɑ̃] = **étayage**.

étain [etɛ̃] *nm* -**1.** [métal blanc] tin. -**2.** [vaisselle] piece of pewter ware; **des ~s** pewter (pieces).

◆ **en étain** *loc adj* pewter *(modif)*.

étal, als [etal] *nm* -**1.** [au marché] (market) stall. -**2.** [de boucher] block.

étalage [etalaʒ] *nm* -**1.** [vitrine] (display) window; [objets mis en vitrine] (window) display; **un bel ~ de poisson le vendredi** a nice display of fish on Friday; **faire un ~** to dress a window. -**2.** *péj* [démonstration]: **~ de: un tel ~ de luxe suscite des jalousies** such a display OU show of wealth causes jealousy; **faire ~ de: faire ~ de ses succès** to show off one's success;

faire ~ de son argent to flaunt one's wealth. -**3.** TEXT roving (of flax).
◆ **étalages** *nmpl* MÉTALL bosh.

étalager [17] [etalaʒe] *vt* to display, to do a window display of.

étalagiste [etalaʒist] *nmf* window dresser.

étale [etal] ◇ *adj* -**1.** [mer, fleuve] slack; [navire] becalmed; [vent] steady. -**2.** [paisible - circulation] slack.
◇ *nm* slack (water).

étalement [etalmɑ̃] *nm* -**1.** [déploiement - de papiers, d'objets] spreading (out); [- de marchandises] displaying. -**2.** [répartition - des vacances, des horaires, des paiements] staggering, spreading out. -**3.** [mise à plat] spreading out.

étaler [3] [etale] *vt* -**1.** [exposer - marchandise] to display, to lay out *(sép)*. -**2.** [exhiber - richesse, luxe] to flaunt, to show off *(sép)*; ~ **ses projets** to boast of one's plans; ~ **ses malheurs** to parade one's misfortunes; ~ **ses connaissances** to show off one's knowledge; ~ **sa vie privée** to parade one's private life. -**3.** [disposer à plat - tapis, tissu] to spread (out); [- plan, carte, journal] to open OU to spread (out); [- pâte à tarte] to roll out *(sép)*; ~ **ses cartes** OU **son jeu** to show one's hand. -**4.** [appliquer en couche - beurre, miel] to spread; [- pommade, fond de teint] to rub OU to smooth on; [- enduit] to apply; **une peinture facile à** ~ paint which is easy to apply. -**5.** [répartir - dates, paiements, rendez-vous] to spread out *(sép)*; ~ **les vacances des Français** to stagger holiday periods in France. -**6.** *arg scol*: **se faire** ~ **(à un examen)** to flunk an exam. -**7.** NAUT [orage] to weather out.
◆ **s'étaler** ◇ *vp (emploi passif)* [s'appliquer] to spread; **une peinture qui s'étale facilement** a paint which goes on easily.
◇ *vpi* -**1.** [s'étendre - ville, plaine] to stretch OU to spread out. -**2.** [être exhibé]: **sa richesse s'étale au grand jour** his wealth is plain for all to see; **son nom s'étale à la une de tous les journaux** his name is in OU is splashed over all the papers. -**3.** *fam* [s'affaler]: **s'**~ **dans un fauteuil/sur un canapé** to sprawl in an armchair/on a sofa. -**4.** *fam* [tomber] to fall (down), to take a tumble. -**5.** *fam péj* [prendre trop de place] to spread o.s. out; **si tu t'étalais moins, j'aurais la place de m'asseoir** if you didn't take up so much room, I might be able to sit down.
◆ **s'étaler sur** *vp + prép* to be spread over; **les vacances s'étalent sur trois mois** the holiday is spread over three months; **mon crédit s'étale sur cinq ans** my credit extends over five years; **ses rendez-vous s'étalent sur toute la semaine** he has appointments the whole week.

étalon [etalɔ̃] *nm* -**1.** ZOOL [cheval] stallion; [âne, taureau] stud. -**2.** [référence] standard; ~**-or** gold standard; ~ **de change or** gold exchange standard; ~ **monétaire** monetary OU standard unit.

étalonnage [etalɔnaʒ], **étalonnement** [etalɔnmɑ̃] *nm* TECH [graduation] calibration, calibrating; [verification] standardization, standardizing.

étalonner [3] [etalɔne] *vt* -**1.** TECH [graduer] to calibrate; [vérifier] to standardize. -**2.** SC [test] to table, to grade.

étamage [etamaʒ] *nm* -**1.** MÉTALL tinning, tin-plating. -**2.** [d'une glace] silvering.

étambot [etɑ̃bo] *nm* stern post.

étamer [3] [etame] *vt* -**1.** MÉTALL to tin, to tin-plate. -**2.** [glace] to silver.

étameur [etamœr] *nm* -**1.** MÉTALL tinsmith. -**2.** [en miroiterie] silverer.

étamine [etamin] *nf* -**1.** BOT stamen. -**2.** [pour vêtement] etamine, etamin; [pour tamiser] muslin; **passer qqch à** OU **par l'**~ *vieilli* to examine sthg very closely.

étampage [etɑ̃paʒ] *nm* swaging.

étampe [etɑ̃p] *nf* -**1.** MÉTALL swage. -**2.** [pour fer à cheval] punch.

étamper [3] [etɑ̃pe] *vt* -**1.** MÉTALL to swage. -**2.** [fer à cheval] to punch.

étanche [etɑ̃ʃ] *adj* [chaussure, montre] waterproof; [réservoir] watertight; [surface] water-resistant, water-repellent; ~ **à l'air** airtight.

étanchéité [etɑ̃ʃeite] *nf* [d'une montre, de chaussures] waterproofness; [d'un réservoir] watertightness; [d'un revêtement] water-resistance; ~ **à l'air** airtightness.

étanchement [etɑ̃ʃmɑ̃] *nm litt* [du sang] stemming, stanching, staunching; [de la soif] quenching, slaking; [des larmes] stanching, staunching; [d'une voie d'eau] stopping up.

étancher [3] [etɑ̃ʃe] *vt* -**1.** [rendre étanche] to make waterproof. -**2.** [arrêter - sang] to stanch, to staunch, to stem; [- voie d'eau] to stop up *(sép)*; ~ **sa soif** to quench OU to slake one's thirst.

étançon [etɑ̃sɔ̃] *nm* CONSTR stanchion, strut, post.

étançonner [3] [etɑ̃sɔne] *vt* to stanchion, to strut, to prop up *(sép)*.

étang [etɑ̃] *nm* pond.

étant [etɑ̃] *nm* PHILOS being.

étant donné [etɑ̃dɔne] *loc prép* given, considering; ~ **les circonstances** given OU in view of the circumstances.
◆ **étant donné que** *loc conj* since, given the fact that; ~ **qu'il pleuvait...** since OU as it was raining..

étape [etap] *nf* -**1.** [arrêt] stop, stopover; **arriver à l'**~ to reach the stopover point; **faire** ~ **en chemin** to make a stop, to stop en route; **nous avons fait** ~ **à Lille** we stopped off OU over at Lille. -**2.** [distance] stage; **voyager par (petites)** ~**s** to travel in (easy) stages; **un voyage en deux** ~**s** a trip in two stages. -**3.** SPORT stage; **dans la prochaine** ~ **du Tour de France** in the next stage of the Tour de France. -**4.** [phase] phase, stage, step; **les différentes** ~**s de la vie** the different stages OU phases of life; **une réforme en plusieurs** ~**s** a reform in several stages.

étarquer [3] [etarke] *vt* NAUT to hoist home *(sép)*.

état [eta] *nm* **A.** MANIÈRE D'ÊTRE PHYSIQUE -**1.** [d'une personne - condition physique] state, condition; [- apparence] state; **le malade est dans un** ~ **grave** the patient's condition is serious; **son** ~ **empire/s'améliore** her condition is worsening/improving; **tu t'es mis dans un drôle d'**~**!** look at the state of you!; **quand elle le vit dans cet** ~ **pitoyable** when she saw him in such a pitiful state; **te voilà dans un triste** ~**!** you're in a sorry OU sad state!; **être dans un** ~ **second** [drogué] to be high; [en transe] to be in a trance; **en** ~ **de**: **être en** ~ **d'ivresse** OU **d'ébriété** to be under the influence (of alcohol), to be inebriated; **être en** ~ **de faire qqch** to be fit to do sthg; **être hors d'**~ **de, ne pas être en** ~ **de** to be in no condition to OU totally unfit to; **tu n'es pas en** ~ **de conduire** you're in no condition to drive OU not in a fit state to drive; **mettre qqn hors d'**~ **de nuire** [préventivement] to make sb harmless; [après coup] to neutralize sb ❑ ~ **général** general state of health; ~ **de santé** (state of) health, condition; ~ **de veille** waking state; **être dans un** ~ **intéressant** *fam hum* & *vieilli* to be in the family way. -**2.** [d'un appartement, d'une route, d'une machine, d'un colis] condition, state; **être en bon/mauvais** ~ [meuble, route, véhicule] to be in good/poor condition; [bâtiment] to be in a good/bad state of repair; [colis, marchandises] to be undamaged/damaged; **le mauvais** ~ **des pneus a pu causer l'accident** the bad condition of the tyres might be the cause of accident; **vendu à l'**~ **neuf** [dans petites annonces] as new; **fauteuil en excellent** ~ armchair in excellent condition; **voici l'**~ **du ciel pour demain** here is the weather forecast for tomorrow; **réduit à l'**~ **de** *(suivi d'un n)*: **réduit à l'**~ **de cendres/poussière** reduced to ashes/a powder; **en** ~ **de** *(suivi d'un n ou inf)*: **en** ~ **de marche** in working order; **quand tu seras de nouveau en** ~ **de marche** *fam hum* when you're back on your feet again OU back in circulation; **en** ~ **de rouler** AUT roadworthy; **en** ~ **de naviguer** NAUT seaworthy; **en** ~ **de voler** AÉRON airworthy; **être hors d'**~ **(de fonctionner)** to be out of order; **laisser une pièce en l'**~ to leave a room as it is; **remettre en** ~ [appartement] to renovate, to refurbish; [véhicule] to repair; [pièce de moteur] to recondition; **maintenir qqch en** ~ [bâtiment, bateau, voiture] to keep sthg in good repair. -**3.** [situation particulière - d'un développement, d'une technique] state; **dans l'**~ **actuel des choses** as things stand at the moment, in the present state of affairs; **dans l'**~ **actuel de nos connaissances/de la science** in the present state of our knowledge/science; **l'**~ **de mes finances** my financial situation; **quand il est encore à l'**~ **larvaire** OU **de larve** when it's still a larva OU in a larval state; **le chat était retourné à l'**~ **sauvage** the cat had gone back to the wild state; **(en)** ~ **d'alerte/d'urgence** (in a) state of alarm/emergency; **être en** ~ **d'arrestation** to be under arrest; **à l'**~ **latent** latent ❑ **je me suis renseigné sur l'**~ **d'avancement des travaux** I enquired about the progress of the work; ~ **de choses** state of things; ~ **de fait** (established) fact; ~ **de guerre** state of war; **être en** ~ **de siège** to be under siege. -**4.** CHIM & PHYS: ~ **gazeux/liquide/solide** gaseous/liquid/solid state; ~ **amorphe/cristallin** amorphous/crystalline state; ~ **ionisé/neutre** ionized/neutral state ❑ **à l'**~ **brut** [pétrole] crude, unrefined, raw; **c'est de la bêtise à l'**~ **brut** it's plain stupidity; **à l'**~ **pur** [gemme, métal] pure; **c'est du racisme à l'**~ **pur** it's nothing more than racism.
B. MANIÈRE D'ÊTRE MORALE, PSYCHOLOGIQUE state; **être dans un** ~ **de grande excitation** to be in a state of great excitement OU very excited; **parfois, il tombait dans un** ~ **de grand abattement** sometimes, he would fall into a state of utter dejection; **elle n'est pas dans son** ~ **normal** she's not her normal OU usual self; **qu'as-tu dit pour la mettre dans cet** ~**?** what did you say to put her in such a state?; **ne te mets pas dans cet** ~**!** [à une personne inquiète, déprimée] don't worry!; [à une personne énervée] don't get so worked up!; **être en** ~ **de choc** [personne, pays] to be in a state of shock ❑ ~ **d'âme** mood; **avoir des** ~**s d'âme** to suffer from angst *hum*; **elle ne me fait pas part de ses** ~**s d'âme!** she doesn't confide in me!; **Monsieur a ses** ~**s d'âme!** *iron* he's always worrying about the meaning of life!; ~ **de conscience** state of consciousness; ~ **d'esprit** state OU frame of mind; ~ **limite** borderline state; **être dans tous ses** ~**s** [d'anxiété] to be beside o.s. with anxiety; [de colère] to be beside o.s. (with anger); **son fils n'est pas rentré de l'école, elle est dans tous ses** ~**s** her son hasn't returned from school, she's in a terrible state; **se mettre dans tous ses** ~**s** [en colère] to go off the deep end, to go spare.
C. CONDITION SOCIALE -**1.** [profession] trade, profession; [statut social] social position, standing, station; **l'**~ **militaire** the military profession; **il avait choisi l'**~ **ecclésiastique** he had chosen to become a clergyman; **il avait étudié pour sortir de son** ~ he'd studied to climb the social ladder ❑ **il est cordonnier de son** ~ he's a shoemaker by trade. -**2.** ADMIN: **(bureau de l')** ~ **civil** registry office. -**3.** HIST: **le tiers** ~ the third estate; **les États généraux** the States OU Estates General; **les** ~**s provinciaux** provincial assembly of the three orders. -**4.** LING: **verbe d'**~ stative verb.
D. DOCUMENT COMPTABLE OU LÉGAL -**1.** [compte rendu] account, statement; [inventaire] inventory; **l'**~ **des dépenses/des recettes** statement of expenses/takings; ~ **appréciatif** evaluation, estimation; ~ **comparatif/descriptif** comparative/descriptive account; **figurer sur les** ~**s d'une entreprise** to be on a company's payroll; ~ **de frais** bill of costs; ~ **liquidatif** winding-up inventory; ~**s de service** MIL service record ; [professionnellement] professional record ❑ ~ **des lieux** inventory (of fixtures); **dresser** OU **faire un** ~ **des lieux** *pr* to

draw up an inventory of fixtures; *fig* to take stock of the situation. -**2.** *loc*: **faire ~ de** [sondage, témoignages, thèse] to put forward *(sép)*; [document] to refer to; [fait] to mention; [soucis] to mention; **les premières estimations font ~ de plusieurs centaines de victimes** according to the initial estimates, several hundred people have been killed; **s'il y a eu un témoin, le rapport de police devrait en faire ~** if there was a witness, the police report should mention OU state this.

LES ÉTATS GÉNÉRAUX:
A consultative assembly of representatives of the three estates: clergy, nobility and third estate, or commoners. First convened in 1320 by Philippe le Bel, it had a turbulent relationship with the monarchy, which often tried to exploit it. It met for the last time in May 1789 in the "Jeu de Paume" in Versailles, where the Third Estate vowed not to disperse until they had established a constitution.

État [eta] *nm* -**1.** POL [nation] state; **~ de droit/fédéral** legitimate/federal state; **l'~ français** the French state OU nation; **l'~ d'Israël** (the state of) Israel; **l'~ de Washington** the State of Washington; **les ~s membres** the member states; **les ~s pontificaux** the Papal States ❑ **l'~-patron** the State as an employer; **l'~-providence** the Welfare state; **un ~ dans l'~** a state within a state; **l'~, c'est moi** *famous phrase attributed to Louis XIV proclaiming the absolute nature of the monarchy.* -**2.** ADMIN & ÉCON state; **géré par l'~** state-run, publicly run; **entreprise d'~** state-owned OU public *Br* company; **monopole d'~** state monopoly.

étatique [etatik] *adj* under state control, state-controlled.

étatisation [etatizasjɔ̃] *nf* -**1.** [nationalisation] nationalization. -**2.** [dirigisme] state control.

étatiser [3] [etatize] *vt* to bring under state control; **une firme étatisée** a state-owned company.

étatisme [etatism] *nm* state control.

étatiste [etatist] ◇ *adj* state-control *(modif)*.
◇ *nmf* supporter of state control.

état-major [etamaʒɔr] (*pl* **états-majors**) *nm* -**1.** MIL [officiers] general staff; [locaux] headquarters. -**2.** [direction - d'une entreprise] management; [- d'un parti politique] leadership; **le président et son ~** the president and his advisers.

états-unien, enne [etazynjɛ̃, ɛn] *adj* (North) American.
◆ **États-Unien, enne** *nm, f* (North) American.

États-Unis [etazyni] *npr mpl*: **les ~ (d'Amérique)** the United States (of America); **aux ~** in the United States.

étau, x [eto] *nm* vice; **être pris** OU **enserré (comme) dans un ~** *fig* to be caught in a vice; **l'~ se resserre** *fig* the noose is tightening; **avoir le cœur dans un ~** *fig* to feel a pang of anguish.

étau-limeur [etolimœr] (*pl* **étaux-limeurs**) *nm* shaper.

étayage [etɛjaʒ], **étayement** [etɛjmɑ̃] *nm* -**1.** [d'un mur] propping-up, shoring-up. -**2.** [d'un raisonnement] support, supporting, shoring-up.

étayer [11] [eteje] *vt* -**1.** [mur] to prop OU to shore up. -**2.** [raisonnement] to support, to back OU to shore up.
◆ **s'étayer sur** *vp + prép* [s'appuyer sur] to be based on.

etc. (*abr écrite de* et cetera) etc.

et cetera, et cætera [ɛtsetera] *loc adv* et cetera, and so on (and so forth).

été [ete] *nm* summer; **l'~ est ma saison préférée** summer OU summertime is my favourite season ❑ **l'~ indien** Indian summer; **l'~ de la Saint-Martin** Saint Martin's summer.
◆ **d'été** *loc adj*: **robe d'~** summer dress; **nuit d'~** summer's night; **l'heure d'~** daylight-saving time.

éteignoir [etɛɲwar] *nm* -**1.** [instrument] extinguisher. -**2.** *fam* [rabat-joie] wet blanket, spoilsport, killjoy.

éteindre [81] [etɛ̃dr] *vt* -**1.** [arrêter la combustion de - cigarette, incendie] to put out *(sép)*, to extinguish; [- bougie] to put OU to blow out *(sép)*; [- gaz, chauffage] to turn off *(sép)*. -**2.** ÉLECTR [phare, lampe] to turn OU to switch off *(sép)*; [radio, télévision] to turn off; **va ~ (dans) la chambre** *fam* switch off the light in the bedroom; **c'était éteint chez les voisins** the neighbours' lights were out. -**3.** [physiquement] to make darker; **cette ombre à paupières lui éteint le regard** that eye shadow makes her eyes look really dull ‖ [moralement]: **depuis son hospitalisation, elle est complètement éteinte** since she went into hospital she's been prostrate. -**4.** [annuler - dette, rente] to wipe out *(sép)*. -**5.** *litt* [soif] to quench, to slake *litt*; [désirs, sentiments] to kill.
◆ **s'éteindre** *vpi* -**1.** [cesser de brûler - feu, gaz, chauffage] to go out; [- bougie] to blow out; [- cigarette] to burn out; [- volcan] to die down. -**2.** ÉLECTR [lampe] to go out; [radio, télévision] to go off. -**3.** *litt* [se dissiper - ardeur, amour] to fade away; [- colère] to abate, to cool down. -**4.** *euph* [mourir - personne] to pass away. -**5.** [race] to die out, to become extinct.

éteint, e [etɛ̃, ɛ̃t] *adj* -**1.** [sans éclat - regard] dull, lacklustre; [- voix] lifeless; [- visage, esprit] dull; [- couleur] faded. -**2.** [chaux] slaked.

étendage [etɑ̃daʒ] *nm* -**1.** [action] hanging up OU out. -**2.** [corde] clothes line.

étendard [etɑ̃dar] *nm* -**1.** MIL standard; **lever l'~ de la révolte** *fig* to raise the standard of revolt. -**2.** BOT standard, vexillum *spéc*.

étendoir [etɑ̃dwar] *nm* -**1.** [corde] clothes line. -**2.** [lieu] drying shed.

étendre [73] [etɑ̃dr] *vt* -**1.** [beurre, miel] to spread; [pommade, fond de teint] to rub OU to smooth on. -**2.** [déplier - tapis, tissu] to unroll; [- plan, carte, journal] to open OU to spread (out); [- pâte à tarte] to roll out *(sép)*; **~ ses bras/jambes** to stretch (out) one's arms/legs. -**3.** [faire sécher]: **~ du linge** [dehors] to put the washing out to dry, to hang out the washing; [à l'intérieur] to hang up the washing. -**4.** [allonger - personne] to stretch out *(sép)*; **~ un blessé sur une civière** to place an injured person on a stretcher; **il m'a fait ~ sur le sol** he made me lie down on the ground. -**5.** [élargir - pouvoir] to extend; [- recherches] to broaden, to extend; [- cercle d'amis] to widen; **~ la signification d'un mot** to extend the meaning of a word; **~ son vocabulaire** to increase OU to extend one's vocabulary; **~ qqch à**: **~ une grève au secteur privé** to extend a strike to the private sector; **j'étendrais cette définition à toutes les espèces animales** I'd extend this definition to all species of animal. -**6.** [diluer - peinture] to dilute, to thin down *(sép)*; [- sauce] to thin out OU down *(sép)*, to water down *(sép)*; [- vin] to water down *(sép)*. -**7.** *fam* [vaincre] to thrash; **il a déjà étendu deux champions régionaux** he's already knocked out two regional champions; **se faire ~** [à un match de boxe] to get knocked OU laid out; [aux élections] to be trounced; [à un examen] to be failed.
◆ **s'étendre** *vpi* -**1.** [dans l'espace] to stretch; **la zone pluvieuse s'étendra du nord au sud** the rainy zone will stretch from North to South; **les banlieues s'étendaient à l'infini** the suburbs stretched out endlessly; **s'~ à**: **mes connaissances ne s'étendent pas jusque-là** my knowledge doesn't stretch that far; **son ambition s'étendait aux plus hautes sphères de la politique** his ambition extended to the highest echelons of politics; **une loi qui s'étend à toutes les circonscriptions** a law that covers all districts. -**2.** [dans le temps]: **la période qui s'étend du XVIIe au XIXe siècle** the period stretching from the 17th to the 19th century; **les vacances s'étendent sur trois mois** the vacation stretches over three months. -**3.** [se développer - épidémie, grève] to spread; [- cercle d'amis] to widen; [- pouvoir] to widen, to increase, to expand; [- culture, vocabulaire] to increase, to broaden. -**4.** [s'allonger - malade] to stretch out, to lie down.
◆ **s'étendre sur** *vp + prép* to enlarge on; **je ne m'étendrai pas davantage sur ce sujet** I won't discuss this subject at any greater length; **elle ne s'est pas étendue sur ses projets d'avenir** she didn't enlarge on her future plans.

étendu, e [etɑ̃dy] *adj* -**1.** [vaste - territoire] big, wide, spread-out; [- banlieue] sprawling; **un panorama ~** a vast panorama. -**2.** [considérable - pouvoir, connaissances] extensive, wide-ranging; **sa culture très ~e lui permettait de briller** his vast culture allowed him to shine. -**3.** [étiré]: **les bras ~s** with outstretched arms; **les jambes ~es** with legs stretched out. -**4.** [dilué - vin, sauce] watered-down; [- peinture, couleur] thinned-down.
◆ **étendue** *nf* -**1.** [surface] area, stretch; **la forêt occupe une grande ~e dans cette région** the forest covers a huge area in this region; **une ~e désertique/d'eau** a stretch of desert/water. -**2.** [dimension] area; **un domaine d'une grande ~e** a large estate; **quelle est l'~ de ce terrain?** how large is this piece of land? -**3.** [durée]: **l'~e d'un discours** the length of a speech. -**4.** [ampleur] extent; **pour évaluer** OU **mesurer l'~e du désastre** to assess the extent of the disaster; **ses propos révèlent l'~e de sa culture/de son ignorance** his remarks show the extent of his knowledge/his ignorance. -**5.** MUS range. -**6.** PHILOS extension.
◆ **sur toute l'étendue de** *loc prép* [dans l'espace, dans le temps] throughout; **sur toute l'~e du pays** throughout the country; **sur toute l'~e de sa vie** throughout his life.

éternel, elle [etɛrnɛl] *adj* -**1.** PHILOS & RELIG eternal. -**2.** [sans fin] eternal, endless; **je lui voue une reconnaissance ~le** I'll be for ever OU eternally grateful to him; **cette situation ne sera pas ~le** this situation won't last for ever; **je ne serai pas ~** I won't live forever; **dans la nuit ~le** *fig & litt* in the endless night. -**3.** *(avant le n)* [invariable]: **c'est un ~ mécontent** he's perpetually discontented, he's never happy; **leurs ~les discussions politiques** their endless OU interminable political discussions; **son ~ cigare à la bouche** his inevitable cigar; **avec son ~le petite robe noire** with her inevitable little black dress ❑ **l'~ féminin** womankind.

Éternel [etɛrnɛl] *npr m*: **l'~** the Eternal ❑ **grand voyageur/amant devant l'~** *fam* inveterate traveller/lover.

éternellement [etɛrnɛlmɑ̃] *adv* eternally; **je l'aimerai ~** I will always love him, I'll love him forever; **je ne l'attendrai pas ~** I'm not going to wait for him for ever; **avec les cheveux ~ ébouriffés** with his perpetually tousled hair.

éterniser [3] [etɛrnize] *vt* -**1.** *péj* [prolonger - discussion, crise] to drag OU to draw out *(sép)*. -**2.** *litt* [perpétuer - nom, mémoire] to perpetuate.
◆ **s'éterniser** *vpi péj* -**1.** [durer - crise, discussion] to drag on. -**2.** *fam* [s'attarder]: **il est dix heures, ces gens s'éternisent!** it's ten o'clock, these people have outstayed their welcome!; **on ne va pas s'~ ici** we're not going to stay here for ever; **j'espère qu'elle ne va pas s'~ chez moi** I hope she's not going to hang around here too long.

éternité [etɛrnite] *nf* -**1.** PHILOS & RELIG eternity. -**2.** [longue durée] eternity; **il y avait une ~ que je ne l'avais vu** I hadn't seen him for ages OU an eternity; **l'attente chez le médecin m'a paru une ~** it seemed (like) an eternity before the doctor saw me; **la construction du stade va durer une ~** it will take forever to build the stadium.
◆ **de toute éternité** *loc adv litt* from time immemorial.

éternuement [etɛrnymɑ̃] *nm* sneeze; **être pris d'~s** to have a fit of sneezing.

éternuer [7] [etɛrnɥe] *vi* to sneeze.

étêtage [etɛtaʒ], **étêtement** [etɛtmɑ̃] *nm* pollarding.

étêter [4] [etete] *vt* [arbre] to pollard; [poisson] to cut off the head of; [clou, épingle] to knock the head off.
éteule [etœl] *nf* stubble.
éthane [etan] *nm* ethane.
éthanol [etanɔl] *nm* ethanol.
éther [etɛr] *nm* CHIM OU *litt* ether.
éthéré, e [etere] *adj* CHIM OU *litt* ethereal.
éthéromane [eterɔman] ◇ *adj* addicted to ether.
◇ *nmf* ether addict.
éthéromanie [eterɔmani] *nf* addiction to ether.
Éthiopie [etjɔpi] *npr f*: (l') ~ Ethiopia.
éthiopien, enne [etjɔpjɛ̃, ɛn] *adj* Ethiopian.
◆ **Éthiopien, enne** *nm, f* Ethiopian.
◆ **éthiopien** *nm* LING Ethiopic.
éthique [etik] ◇ *adj* ethic, ethical.
◇ *nf* -**1.** PHILOS ethics *(sg)*. -**2.** [code moral] ethic.
ethmoïdal, e, aux [ɛtmɔidal, o] *adj* ethmoid, ethmoidal.
ethmoïde [ɛtmɔid] ◇ *adj m* ethmoid.
◇ *nm* ethmoid (bone).
ethnarque [ɛtnark] *nm* ethnarch.
ethnie [ɛtni] *nf* ethnic group.
ethnique [ɛtnik] *adj* ethnic, ethnical.
ethnobiologie [ɛtnɔbjɔlɔʒi] *nf* ethnobiology.
ethnocentrique [ɛtnɔsɑ̃trik] *adj* ethnocentric.
ethnocentrisme [ɛtnɔsɑ̃trism] *nm* ethnocentrism.
ethnocide [ɛtnɔsid] *nm* ethnocide.
ethnographe [ɛtnɔgraf] *nmf* ethnographer.
ethnographie [ɛtnɔgrafi] *nf* ethnography.
ethnographique [ɛtnɔgrafik] *adj* ethnographic, ethnographical.
ethnolinguistique [ɛtnɔlɛ̃gɥistik] ◇ *adj* ethnolinguistic.
◇ *nf* ethnolinguistics *(sg)*.
ethnologie [ɛtnɔlɔʒi] *nf* ethnology.
ethnologique [ɛtnɔlɔʒik] *adj* ethnologic, ethnological.
ethnologue [ɛtnɔlɔg] *nmf* ethnologist.
ethnomusicologie [ɛtnɔmyzikɔlɔʒi] *nf* ethnomusicology.
ethnopsychiatrie [ɛtnɔpsikjatri] *nf* ethnopsychiatry.
éthologie [etɔlɔʒi] *nf* ethology.
ethos [etɔs] *nm* ethos.
éthyle [etil] *nm* ethyl.
éthylène [etilɛn] *nm* ethylene.
éthylénique [etilenik] *adj* ethylenic.
éthylique [etilik] ◇ *adj* ethyl *(modif)*, ethylic.
◇ *nmf* alcoholic.
éthylisme [etilism] *nm* alcoholism.
étiage [etjaʒ] *nm* -**1.** [niveau] low water level OU mark. -**2.** [abaissement] low water.
Étienne [etjɛn] *npr*: **saint** ~ Saint Stephen.
étier [etje] *nm* canal *(linking salt marshes with the sea, in W. France)*.
étincelage [etɛ̃slaʒ] *nm* -**1.** TECH spark erosion. -**2.** MÉD fulguration, surgical diathermy.
étincelant, e [etɛ̃slɑ̃, ɑ̃t] *adj* -**1.** [brillant - diamant, étoile] sparkling, gleaming, twinkling; [- soleil] brightly shining; [bien lavé - vaisselle] shining, sparkling, gleaming; **la mer** ~**e** the sparkling sea; **sapin de Noël** ~ Christmas tree sparkling OU gleaming with lights; ~ **de propreté** gleaming. -**2.** [vif - regard, œil] twinkling; **les yeux** ~**s de colère/de haine** eyes glinting with rage/with hate. -**3.** [plein de brio - conversation, esprit, style] brilliant, sparkling.
étinceler [24] [etɛ̃sle] *vi* -**1.** [diamant, étoile] to sparkle, to gleam, to twinkle; [soleil] to shine brightly; [vaisselle] to shine, to sparkle, to gleam; **la mer étincelait** the sea was sparkling; **le sapin de Noël étincelait** the Christmas tree was glittering with lights; ~ **de propreté** to be gleaming; ~ **de blancheur** to be gleaming white. -**2.** [regard, œil] to sparkle, to glitter; **ses yeux étincelaient de colère/jalousie/passion** her eyes glittered with anger/jealousy/passion; **ses yeux étincelaient de bonheur/fierté** her eyes were sparkling with happiness/pride. -**3.** [avoir du brio - conversation, style] to sparkle, to be brilliant.
étincelle [etɛ̃sɛl] *nf* -**1.** [parcelle incandescente] spark; ~ **électrique** electric spark ❑ **faire des** ~**s** *pr* to throw off sparks; *fig* to cause a huge sensation, to be a big success; **on ne peut pas dire qu'il ait fait des** ~**s pendant son mandat** *hum* he didn't exactly set the world on fire during his term of office; **c'est l'**~ **qui a mis le feu aux poudres** it was this which sparked everything off. -**2.** [lueur] spark, sparkle; **jeter des** ~**s** to sparkle; **le casque poli jetait des** ~**s** the highly polished helmet sparkled; **son regard jette des** ~**s** [de joie] his eyes shine with joy; [de colère] his eyes flash with rage. -**3.** [bref élan]: ~ **d'intelligence** spark of intelligence; **l'**~ **du génie** the spark of genius.
étincellement [etɛ̃sɛlmɑ̃] *nm* [d'un diamant, d'une lame] sparkle, glitter; [de la mer] glitter.
étiolement [etjɔlmɑ̃] *nm* -**1.** AGR & BOT bleaching, blanching, etiolation *spéc*. -**2.** [affaiblissement - d'une personne] decline, weakening; [- d'un esprit] weakening.
étioler [3] [etjɔle] *vt* -**1.** AGR & BOT to bleach, to blanch, to etiolate *spéc*. -**2.** [personne] to make weak OU pale OU sickly.
◆ **s'étioler** *vpi* -**1.** AGR & BOT to blanch, to wither. -**2.** [s'affaiblir - personne] to decline, to fade away, to become weak; [- esprit] to become lacklustre OU dull.
étiologie [etjɔlɔʒi] *nf* aetiology.
étiologique [etjɔlɔʒik] *adj* aetiologic, aetiological.
étique [etik] *adj litt* skinny, emaciated, scrawny.
étiquetage [etiktaʒ] *nm* [d'une marchandise] labelling; [d'un colis] ticketing, labelling.
étiqueter [27] [etikte] *vt* -**1.** [marchandise] to mark, to label; [colis] to ticket, to label. -**2.** *péj* [cataloguer] to label; **j'ai été étiqueté comme écologiste** I was labelled as a green.
étiqueteur, euse [etiktœr, øz] *nm, f* labeller.
◆ **étiqueteuse** *nf* labelling machine.
étiquette [etikɛt] *nf* -**1.** [marque - portant le prix] ticket; ~ **autocollante** sticky label, sticker. -**2.** [appartenance] label; **mettre une** ~ **à qqn** to label sb; **on a collé cette** ~ **socialiste à notre journal** our paper has been labelled as socialist. -**3.** INF label. -**4.** [protocole]: **l'**~ etiquette ❑ ~ **de Cour** court etiquette.
étirable [etirabl] *adj* stretchable.
étirage [etiraʒ] *nm* -**1.** [du verre, du métal, du fil] drawing. -**2.** [du tissu, des peaux] stretching.
étirement [etirmɑ̃] *nm* [des membres, du corps] stretching.
étirer [3] [etire] *vt* -**1.** [allonger - membres, cou] to stretch; [- peloton, convoi] to stretch out *(sép)*. -**2.** [verre, métal] to draw (out). -**3.** TEXT to stretch.
◆ **s'étirer** *vpi* -**1.** [personne, animal] to stretch (out). -**2.** [s'éterniser - journée, récit] to draw out.
Etna [ɛtna] *npr m*: **l'**~ (Mount) Etna.
étoffe [etɔf] *nf* -**1.** TEXT material, fabric; **acheter de l'**~ to buy material; **des** ~**s somptueuses** rich fabrics. -**2.** [calibre - d'un professionnel, d'un artiste] calibre; **il est d'une autre/de la même** ~ he's in a different/the same league; **manquer d'**~ to lack calibre; **avoir l'**~ **de** to have the makings of; **il a l'**~ **d'un héros** he has the makings of a hero, he's the stuff heroes are made of; **avoir l'**~ **d'un chef** to be leadership material. -**3.** TECH base-metal alloy.
◆ **étoffes** *nfpl* IMPR mark-up *(on materials)*.
étoffé, e [etɔfe] *adj* [roman, récit] full of substance, well-rounded; [voix] deep, sonorous.
étoffer [3] [etɔfe] *vt* -**1.** [faire grossir] to put weight on; **son séjour à la campagne l'a étoffé** his spell in the country has made him fill out a bit. -**2.** [développer - roman, personnage] to flesh OU to fill out *(sép)*, to give substance to.
◆ **s'étoffer** *vpi* to fill out, to put on weight.
étoile [etwal] *nf* -**1.** ASTRON star; **contempler** OU **observer les** ~**s** to stargaze; **ciel parsemé** OU **semé d'**~**s** starry sky, sky studded with stars; **une nuit sans** ~**s** a starless night ❑ ~ **géante/naine** giant/dwarf star; ~ **du matin/soir** morning/evening star; ~ **du berger** morning star; ~ **double** double star; ~ **filante** shooting star; ~ **à neutrons** neutron star; ~ **Polaire** pole star; ~ **variable** variable star; **carrefour en** ~ multi-lane junction; **voir les** ~**s en plein midi** to see stars. -**2.** [symbole, insigne] star; **hôtel trois/quatre** ~**s** three-star/four-star hotel; **congélateur à trois** ~**s** three-star freezer; **général à quatre** ~**s** four-star general ❑ **l'**~ **jaune/rouge** the yellow/red star; **l'Étoile de David** the Star of David. -**3.** [destin] stars, fate; **c'est sa bonne** ~ it's his lucky star; **son** ~ **blanchit** OU **pâlit** her fortunes are waning, her star is fading. -**4.** *vieilli* [célébrité] star; **une** ~ **du cinéma** a movie star; **c'est une** ~ **montante** she's a rising star; **elle est l'**~ **du spectacle** she's the star of the show. -**5.** DANSE prima ballerina. -**6.** IMPR star, asterisk. -**7.** [médaille de niveau de ski] badge (of achievement); **première/deuxième/troisième** ~ beginners/intermediate/advanced badge of proficiency *(at skiing)*; **aujourd'hui l'école de ski fait passer les** ~**s** the ski school is putting its pupils through the proficiency tests today. -**8.** ZOOL: ~ **de mer** starfish. -**9.** MATH asterisk. -**10.** [à Paris]: **(place de) l'Étoile** place de l'Etoile *(in Paris)*.
◆ **à la belle étoile** *loc adv* [coucher, dormir] (out) in the open, outside.
étoilé, e [etwale] *adj* [ciel] starry, star-studded; [nuit] starry.
étoilement [etwalmɑ̃] *nm* star-shaped crack.
étoiler [3] [etwale] *vt* -**1.** *litt* [parsemer - d'étoiles] to spangle with stars; ~ **qqch de**: **les vitres étoilées de givre** the window panes glittering with frost. -**2.** [fêler - vitre] to craze, to crack.
◆ **s'étoiler** *vpi* -**1.** *litt* [ciel] to become starry. -**2.** [vitre] to crack.
étole [etɔl] *nf* COUT & RELIG stole.
étonnamment [etɔnamɑ̃] *adv* amazingly, astonishingly.
étonnant, e [etɔnɑ̃, ɑ̃t] *adj* -**1.** [remarquable - personne, acteur, mémoire] remarkable, astonishing; [- roman] great, fantastic; [- voyage] fabulous. -**2.** [surprenant] surprising, amazing; **c'est** ~ **de sa part** it's quite amazing, coming from him; **rien d'**~ **à ce qu'il ait divorcé** no wonder he got divorced; **ça n'a rien d'**~ it's no wonder.
étonnement [etɔnmɑ̃] *nm* surprise, astonishment, amazement; **je fus frappé d'**~ **en apprenant la nouvelle** I was astonished when I heard the news; **à mon grand** ~ to my great surprise.
étonner [3] [etɔne] *vt* to amaze, to surprise; **je suis étonné de ses progrès** I'm amazed at the progress he's made; **elle m'étonne par son courage** I'm astonished at her courage; **cet enfant m'étonne de plus en plus** this child never ceases to amaze me; **ce que je vais vous dire va probablement vous** ~ what I have to say may come as a surprise; **ça m'étonne qu'elle ne t'ait pas appelé** I'm surprised she didn't call you; **plus rien ne m'étonnera** nothing will surprise me anymore; **il avait l'air étonné** he looked astonished OU amazed; **cela m'étonnerait** I'd be surprised.
◆ **s'étonner** *vpi* to be surprised; **ne t'étonne pas si elle te quitte** don't be surprised if she leaves you; **je ne m'étonne plus de rien** nothing surprises me anymore; **je m'étonne qu'il ne soit pas venu** I'm surprised he didn't show up.
étouffant, e [etufɑ̃, ɑ̃t] *adj* -**1.** [oppressant - lieu, climat, ambiance] stifling. -**2.** [indigeste - mets] stodgy, heavy.
étouffe-chrétien *fam* [etufkretjɛ̃] *nm inv* heavy OU stodgy food; *(comme adj)* heavy, stodgy; **c'est un peu** ~, **sa quiche** his quiche is a bit stodgy.

étouffée [etufe]
◆ **à l'étouffée** ◇ *loc adj* steamed *(in a tightly shut pot).*
◇ *loc adv*: cuire qqch à l'~ to steam sthg *(in a tightly shut steamer).*

étouffement [etufmɑ̃] *nm* -1. [asphyxie] suffocation. -2. [respiration difficile] breathlessness; avoir une sensation d'~ to have a feeling of breathlessness OU suffocation ‖ [crise] fit of breathlessness; il a été pris d'~s pendant la nuit he had a fit of breathlessness in the night. -3. [répression - d'une révolte] quelling; [- d'une rumeur] stifling; [camouflage - d'un scandale] hushing-up, covering-up.

étouffer [3] [etufe] ◇ *vt* -1. [asphyxier - personne, animal] : le bébé a été étouffé [accident] the baby suffocated to death; [meurtre] the baby was smothered; mourir étouffé to die of suffocation, to choke to death; ne l'embrasse pas si fort, tu l'étouffes! *hum* don't hug him so hard, you'll smother him! -2. [oppresser - suj: famille, entourage] to smother; [- suj: ambiance] to stifle; le milieu familial l'étouffait she found the family circle stifling. -3. [émouvoir fortement] : la colère/l'émotion l'étouffe he's choking with anger/emotion; ce n'est pas la politesse qui l'étouffe *fam hum* politeness isn't exactly his strong point; ce n'est pas la conscience qui l'étouffe *fam hum* he's not what you'd call tormented by pangs of conscience; ça t'étoufferait de dire bonjour/de ranger ta chambre? would it kill you to say hello/to tidy your room? -4. [arrêter, atténuer - feu] to put out *(sép)*, to smother; [- bruit] to muffle, to deaden; [- cris, pleurs, sentiment, rire] to stifle, to hold back *(sép)*; [- voix] to lower; [- révolte, rumeur] to quash; [- scandale] to hush OU to cover up *(sép)*.
◇ *vi* -1. [s'asphyxier] to suffocate, to choke; j'ai failli ~ en avalant de travers I almost choked on my food; ~ de: ~ de colère/jalousie to choke with anger/jealousy; ~ d'indignation to splutter with indignation. -2. [avoir chaud] to suffocate, to be gasping for air. -3. [être oppressé] to feel stifled; j'étouffe dans ce milieu this atmosphere stifles me.
◆ **s'étouffer** *vpi* to choke; une sardine et une demi-tomate, on ne risque pas de s'~! *hum* a sardine and half a tomato! there's no fear of us choking on that!

étouffoir [etufwar] *nm* -1. [pour la braise] charcoal extinguisher. -2. MUS damper. -3. *fam* [lieu] oven; c'est un ~ ici! it's like an oven in here!

étoupe [etup] *nf* [lin, chanvre] tow.

étourderie [eturdəri] *nf* -1. [faute] careless mistake. -2. [caractère] carelessness.
◆ **par étourderie** *loc adv* carelessly, without thinking.

étourdi, e [eturdi] ◇ *adj* [personne] careless; [acte, réponse] thoughtless.
◇ *nm, f* scatterbrain.
◆ **à l'étourdie** *loc adv* thoughtlessly, foolishly.

étourdiment [eturdimɑ̃] *adv* thoughtlessly, carelessly, foolishly.

étourdir [32] [eturdir] *vt* -1. [assommer] to stun, to daze; le coup l'avait un peu étourdi he was slightly dazed by the blow. -2. [griser - suj: vertige, sensation, alcool] to make dizzy OU light-headed; [- suj: odeur] to overpower; le succès l'étourdissait success had gone to his head; cette perspective l'étourdissait he was exhilarated at the prospect. -3. [abasourdir - suj: bruit] to deafen; ces enfants m'étourdissent! these children are making me dizzy (with their noise)! -4. *litt* [calmer - douleur, chagrin] to numb, to deaden.
◆ **s'étourdir** *vpi*: s'~ dans le plaisir to live a life of pleasure; s'~ de paroles to get drunk on words.

étourdissant, e [eturdisɑ̃, ɑ̃t] *adj* -1. [bruyant] deafening, ear-splitting. -2. [extraordinaire - beauté, créativité, activité] stunning; il a fait une prestation ~e dans «Othello» he was stunning in "Othello"; ~ de: il est ~ de beauté he's stunningly handsome; être ~ d'esprit to be very glib. -3. *litt* [grisant - adulation, passion] exciting, exhilarating.

étourdissement [eturdismɑ̃] *nm* -1. [vertige] fit of giddiness OU dizziness, dizzy spell; MÉD fainting fit, blackout; j'ai eu un léger ~ dû à la chaleur I felt slightly dizzy on account of the heat. -2. *litt* [griserie] exhilaration.

étourneau, x [eturno] *nm* -1. ORNITH starling. -2. *fam* [étourdi] birdbrain.

étrange [etrɑ̃ʒ] *adj* [personne] strange, odd; [chose, fait] strange, funny, odd; quelle ~ coïncidence! what a strange coincidence!; chose ~, elle a dit oui strangely enough, she said yes.

étrangement [etrɑ̃ʒmɑ̃] *adv* oddly, strangely; il est ~ silencieux he's strangely silent; elle était ~ habillée she was oddly dressed.

étranger, ère [etrɑ̃ʒe, ɛr] ◇ *adj* -1. [visiteur, langue] foreign; [politique] foreign. -2. [extérieur à un groupe] outside *(adj)*; le piquet de grève était renforcé par des éléments ~s the picket (line) had been reinforced by outside elements; ~ à: je suis ~ à leur communauté I'm not a member of OU I don't belong to their community; des personnes étrangères au service non-members of staff. -3. [non familier - voix, visage, région, sentiment] unknown, unfamiliar; parmi les odeurs de la maison, il discernait un parfum ~ he could discern OU make out an unfamiliar perfume amongst the house's usual smells. -4. ~ à [sans rapport avec]: je suis complètement ~ à cette affaire I'm in no way involved in OU I have nothing to do with this business; développement ~ au sujet irrelevant development; des considérations étrangères à notre discussion points irrelevant OU extraneous to our discussion. -5. *sout*: ~ à [qui n'a pas le concept de] closed OU impervious to; il est ~ à la pitié he's completely lacking in compassion; mon intention est étrangère à ces considérations mercantiles these commercial considerations have nothing to do with my purpose.
◇ *nm, f* -1. [habitant d'un autre pays] foreigner, alien ADMIN; 'l'Étranger' *Camus* 'The Stranger'. -2. [inconnu] stranger; je suis devenu un ~ pour elle I'm like a stranger to her now. -3. *Afr* [visiteur] guest *(staying at one's house for a few days).*
◆ **étranger** *nm*: l'~ foreign countries.
◆ **à l'étranger** *loc adv* abroad.

étrangeté [etrɑ̃ʒte] *nf* -1. [singularité - d'un discours, d'un comportement] strangeness, oddness. -2. *litt* [remarque] funny OU strange OU odd thing; [incident] strange OU odd fact.

étranglé, e [etrɑ̃gle] *adj* -1. [rauque - voix, son] tight, strained. -2. [resserré - rue, passage] narrow.

étranglement [etrɑ̃gləmɑ̃] *nm* -1. [strangulation] strangling, strangulation. -2. [étouffement, resserrement] tightening, constriction; j'ai compris à l'~ de sa voix que... the tightness in his voice told me that... -3. [passage étroit] bottleneck; il y a un ~ dans la rue the street forms a bottleneck; grâce à l'~ du tuyau owing to the narrower section of the pipe. -4. *litt* [restriction - des libertés] stifling. -5. MÉD strangulation; ~ herniaire strangulated hernia.

étrangler [3] [etrɑ̃gle] *vt* -1. [tuer - intentionnellement] to strangle; [- par accident] to strangle, to choke; c'est sa longue écharpe qui l'a étranglée she was choked to death OU strangled by her long scarf. -2. [serrer] to choke, to strangle, to constrict; ce col roulé m'étrangle this turtleneck is choking me OU is too tight around my neck; avoir la taille étranglée to wear clothes that are too tight around the waist; avoir la taille étranglée par une grosse ceinture to have a wide belt pulled in tight around the waist. -3. [faire balbutier - suj: colère, peur] to choke. -4. [ruiner] to decimate, to squeeze out of existence; les supermarchés ont étranglé le petit commerce supermarkets have decimated small businesses. -5. *litt* [restreindre - libertés] to stifle.
◆ **s'étrangler** *vpi* -1. [personne] to choke; s'~ avec un os to choke on a bone; s'~ de: s'~ de rire to choke with laughter; s'~ d'indignation to be speechless with indignation. -2. [voix] to choke. -3. [chemin, rue, vallée] to form a bottleneck, to narrow (down).

étrangleur, euse [etrɑ̃glœr, øz] *nm, f* strangler.

étrave [etrav] *nf* stem.

être[1] [2] [ɛtr] ◇ *vi* **A.** EXPRIME L'EXISTENCE, LA RÉALITÉ -1. [exister] to be, to exist; l'homme n'est pas sans le regard des autres man only exists through others' eyes; ne nie pas ce qui est don't deny the facts; parlons de ce qui est et non de ce qui a été let's talk of what is OU of the present and not of what used to be OU the past; si Dieu est if God exists; si cela est if (it is) so; mon fils n'est plus *litt* my son is no more *litt* OU has died OU passed away; la nounou la plus patiente qui soit the most patient nanny that ever was OU in the world; le plus petit ordinateur qui soit the tiniest computer ever ❑ ~ ou ne pas ~ to be or not to be; on ne peut pas ~ et avoir été you only live once. -2. MATHS: soit une droite AB let AB be a straight line.
B. RELIE L'ATTRIBUT, LE COMPLÉMENT AU SUJET -1. [suivi d'un attribut] to be; le boa est un serpent the boa is a snake; elle est professeur she's a teacher; le sac est trop lourd the bag is too heavy; ~ malade/déprimé to be ill/depressed; on est bien assis dans ce fauteuil this armchair is comfortable; je ne te le prêterai pas! — comment tu es! *fam* I won't lend it to you! — you see what you're like!; je suis comme je suis I am what I am; comment es-tu? how do you feel?; Bruno/ce rôle est tout pour moi Bruno/this part means everything to me; elle n'est plus rien pour lui she no longer matters to him; le pain n'est plus ce qu'il était bread isn't as good as it used to be; elle n'est plus ce qu'elle était she's not what she used to be; qui suis-je? who am I?; qui était-ce? who was it?; qui est-il exactement? who is he, exactly? -2. [suivi d'une préposition]: ~ à [se trouver à]: ~ à l'hôpital to be in hospital; je suis à la gare I'm at the station; où sommes-nous? where are we?; cela fait longtemps que je ne suis plus à Paris I left Paris a long time ago; le propriétaire? il est au troisième étage the owner? he lives on the third floor; j'y suis, j'y reste here I am and here I stay; je n'y suis pour personne [à la maison] I'm not at home for anyone; [au bureau] I won't see anybody; la Sardaigne est au sud de la Corse Sardinia is (situated) south of Corsica; laisse la plante où elle est leave the plant where it is; ta chemise est au lavage your shirt is in the wash; tout le monde est à la page 15/au chapitre 9? is everybody at page 15/chapter 9?; nous ne sommes qu'au début du tournoi the tournament has just started; ~ à [appartenir à]: ce livre est à moi the book's mine; ~ à [être occupé à]: il est tout à son travail he's busy with his work; ~ à [être en train de]: il est toujours à me questionner he's always asking me questions; ~ contre to be against; ~ de [provenir de] to be from, to come from; je suis de la Martinique I come from OU was born in Martinique; ~ de [dater de]: l'église est du XVIe the church is from OU dates back to the 16th century; la lettre est du 12 the letter's dated the 12th; les œufs sont d'hier the eggs were laid yesterday; ~ de [appartenir à] to belong to, to be a member of; êtes-vous du club? do you belong to the club?, are you a member of the club?; Bruno est de sa famille Bruno is a member of her family OU is a relative of hers; le lys est de la famille des liliacées the lily belongs to the family Liliaceae; ~ de [participer à]: je suis de mariage le mois prochain I've got (to go to) a wedding next month; qui est de corvée de vaisselle? who's on washing-up duty?; ~ de [se joindre à]:

acceptez-vous d'~ (un) des nôtres? would you care to join us?; **je regrette de ne pouvoir ~ des vôtres** I'm sorry I can't be with you; **les dossiers qui sont en attente** the pending files; **~ en** [lieu]: **~ en prison/en France** to be in prison/in France; **~ en** [matériau]: **la table est en chêne** the table is made of oak; **~ en** [pour exprimer l'état]: **~ en bonne santé** to be in good health; **~ en forme** to be fit; **~ sans: vous n'êtes pas sans savoir que...** I'm sure you're aware that...; **en ~ à: les joueurs en sont à deux sets partout** the players are two sets all; **j'en suis à la deuxième manche du pull** I'm doing OU knitting the second sleeve of the jumper; **le projet n'en est qu'au début** the project has only just started; **Christian, où en sommes-nous dans le match?** Christian, what's the situation in the match?; **où en es-tu avec Michel?** how is it going with Michel?; **où en es-tu dans le livre?** how far have you got into the book?; **j'en suis au moment où il découvre le trésor** I've got to the part OU the bit where he discovers the treasure; **où en étais-je?** [après une interruption dans une conversation] where was I?; **où en sont les travaux?** how's the work coming along?; **en ~ à faire qqch: j'en suis à me demander si...** I'm beginning to wonder if...; **tu en es encore à lui chercher des excuses! – oh non, je n'en suis plus là!** you're still trying to find excuses for him! – oh no, I'm past that!; **ne plus savoir où l'on en est: je ne sais plus du tout où j'en suis dans tous ces calculs** I don't know where I am any more with all these calculations; **j'ai besoin de faire le point sur ma vie, je ne sais plus où j'en suis** I've got to take stock of my life, I've completely lost track of everything; **y ~** [être prêt]: **tout le monde y est?** is everyone ready?; **vas-y, j'y suis** go on, I'm ready; **y ~** [comprendre]: **tu te souviens bien de Marie, une petite brune! – ah, oui, j'y suis maintenant!** but you must remember Marie, a brunette! – oh yes, I'm with you now!; **je n'y suis pas du tout!** I'm lost!; **alors ce serait lui le coupable? – vous n'y êtes pas du tout!** so you mean HE's the culprit? – you're not even warm! □ **~ dans une position intéressante** to be pregnant; **il est des nôtres!** he's one of us; **en ~** *fam*, **~ de ceux-là** *fam* [être homosexuel] to be one of them. -**3.** [dans l'expression du temps] to be; **nous sommes le 8/jeudi** today is the 8th/Thursday; **quel jour sommes-nous?** what day is it today?; **on est déjà au mois de mars** we are in March already; **on était en avril** it was April; **on n'est qu'en février** it's only February; **imaginez, nous sommes en 1804** imagine it's (the year) 1804; **le mariage est en août** the wedding is in August.

C. SUBSTITUT DE ALLER, PARTIR to go; **tu y as déjà été?** have you already been there?; **elle s'en fut lui porter la lettre** *litt* she went to take him the letter.

◇ *v impers* -**1.** [exister]: **il est** [il y a] *(suivi d'un sg)* there is; *(suivi d'un pl)* there are; **il est une île où...** there's an island where...; **il est des romanciers qui...** there are novelists who..., some novelists...; **il est des parfums si entêtants que...** some perfumes are so heady that...; **il était une fois un prince...** once (upon a time) there was a prince...; **s'il en est: un escroc s'il en est** a crook if ever there was one. -**2.** [pour exprimer l'heure]: **il est 5 h** it's 5 o'clock; **quelle heure est-il?** what time is it? -**3.** *loc sout*: **il en est ainsi** that's how it is; **il en est ainsi de toutes les démocraties** that's how it is in all democracies; **on a dit que vous vouliez démissionner – il n'en est rien** it was rumoured you wanted to resign – that's not true; **il n'est que de: il n'est que de lire les journaux pour s'en rendre compte** you only have to read the newspapers to be aware of it; **toujours est-il que** anyway.

◇ *v auxiliaire* -**1.** [sert à former les temps composés]: **je suis/j'étais descendu** I came/had come down; **dès qu'elle est apparue** as soon as she appeared; **serais-tu resté?** would you have stayed?; **tu te serais noyé si je n'avais pas été là!** you would have drowned if I hadn't been there!; **la tour s'est écroulée** the tower collapsed. -**2.** [sert à former le passif]: **des arbres ont été déterrés par la tempête** trees were uprooted during the storm. -**3.** [sert à exprimer une obligation]: **ce dossier est à préparer pour lundi** the file must be ready for Monday; **cela est à prouver** we have no proof of that yet.

◆ **cela étant** *loc adv* [dans ces circonstances] things being what they are; [cela dit] having said that.

être[2] [ɛtr] *nm* -**1.** BIOL & PHILOS being; **l'~** PHILOS being; **des ~s venus d'ailleurs** beings OU creatures from outer space; **un rêve peuplé d'~s étranges** a dream full of strange creatures □ **~ humain** human being; **~ de raison** rational being; **~ vivant** living thing; **'l'Être et le néant'** *Sartre* 'Being and Nothingness'. -**2.** RELIG: **l'Être éternel** OU **infini** OU **suprême** the Supreme Being; **le Grand Être** the Great I *Am*. -**3.** [personne] person; **c'est un ~ exceptionnel/cruel** he's an exceptional/cruel person; **il était tout ému de tenir ce petit ~ dans ses bras** he was very moved holding the little thing in his arms □ **un ~ cher** a loved one. -**4.** [cœur, âme] being, heart, soul; **tout son ~ rejetait de telles pratiques** all his being rejected such practices; **je le crois de tout mon ~** I believe it with all my heart; **au fond de son ~** deep down in his heart; **il a été bouleversé jusqu'au fond de son ~** he was profoundly moved.

étreindre [81] [etrɛ̃dr] *vt* -**1.** [serrer entre ses bras - ami, amant, adversaire] to hug, to clasp *litt*, to embrace. -**2.** *sout* [oppresser - suj: émotion, colère, peur] to seize, to grip.

◆ **s'étreindre** *vp (emploi réciproque)* [amis, amants] to hug (each other), to embrace each other; [lutteurs] to grip each other, to have each other in a tight grip.

étreinte [etrɛ̃t] *nf* -**1.** [embrassement] hug, embrace. -**2.** [d'un boa] constriction; [d'un lutteur] grip; **les troupes ennemies resserrent leur ~ autour de la ville** the ennemy troops are tightening their grip OU stranglehold on the city. -**3.** *litt* [oppression] grip, grasp.

étrenne [etrɛn] *nf loc litt*: **avoir l'~ de qqch** to have the first use of sthg.

◆ **étrennes** *nfpl* [cadeau] New Year's Day present; **qu'est-ce que tu veux pour tes ~s?** what would you like as a present for New Year's Day? || [pourboire] New Year's tip *(given to postmen, dustmen, delivery men etc in the weeks running up to the New Year)*, ≃ Christmas box *Br*, ≃ Christmas bonus *Am*.

étrenner [4] [etrene] ◇ *vt* [machine] to use for the first time; [robe, chaussures] to wear for the first time.

◇ *vi* [souffrir]: **c'est toi qui vas ~!** YOU're going to get OU catch it!

étrésillonner [3] [etrezijɔne] *vt* to brace, to strut, to prop.

étrier [etrije] *nm* -**1.** ÉQUIT stirrup; **coup de l'~** stirrup cup, one for the road; **tenir l'~ à qqn** *pr* to help sb mount; *fig* to give sb a leg up. -**2.** ANAT stirrup, stirrup-bone. -**3.** [d'escalade] étrier *Br*, stirrup *Am*. -**4.** CONSTR stirrup.

étrille [etrij] *nf* -**1.** [peigne] currycomb. -**2.** ZOOL swimming crab.

étriller [3] [etrije] *vt* -**1.** [cheval] to curry, to currycomb. -**2.** *fam* [vaincre] to crush, to trounce. -**3.** *fam* [critiquer] to pan, to slate *Br*. -**4.** *fam* [escroquer] to swindle, to con. -**5.** *vieilli* [frapper] to trounce, to thrash.

étripage [etripaʒ] *nm* -**1.** [d'un poisson] gutting; [d'une volaille, d'un gibier] drawing, cleaning. -**2.** *fam* [tuerie] slaughter.

étriper [3] [etripe] *vt* -**1.** [poisson] to gut; [volaille, gibier] to draw, to clean out *(sép)*. -**2.** *fam* [tuer]: **je vais l'~, celui-là!** I'm going to kill him OU to make mincemeat of him OU to have his guts for garters!

◆ **s'étriper** *fam vp (emploi réciproque)* to tear each other to pieces; **ils allaient s'~** they were at each other's throats.

étriqué, e [etrike] *adj* -**1.** [trop petit - vêtement] skimpy. -**2.** [mesquin - vie, habitudes, caractère] mean, petty; **un point de vue très ~** a very narrow outlook.

étrivière [etrivjɛr] *nf* stirrup leather.

étroit, e [etrwa, at] *adj* -**1.** [rue, bande, sentier] narrow; [vêtement] tight. -**2.** [mesquin - esprit] narrow; [- idées] limited; **être ~ d'esprit** to be narrow-minded; **avoir des vues ~es** to be limited in one's vision. -**3.** [proche - liens, rapport, complicité, collaboration] close. -**4.** [strict - surveillance] close, strict, tight; [- acception, interprétation] narrow, strict; **un mot dans son sens le plus ~** the strictest sense of a word.

◆ **à l'étroit** *loc adv*: **ils vivent** OU **sont logés à l'~** they haven't much living space.

étroitement [etrwatmɑ̃] *adv* -**1.** [strictement - respecter] strictly; [- surveiller] closely, strictly. -**2.** [intimement - relier] closely; **être ~ unis** to be closely allied, to have close links. -**3.** [à l'étroit]: **être ~ logé** to live in cramped conditions.

étroitesse [etrwatɛs] *nf* -**1.** [d'une route, d'un couloir] narrowness. -**2.** [mesquinerie]: **~ d'esprit** OU **de vues** narrow-mindedness.

étron [etrɔ̃] *nm* piece of excrement.

Étrurie [etryri] *npr f*: **(l') ~** Etruria.

étrusque [etrysk] *adj* Etruscan, Etrurian.

◆ **Étrusque** *nmf* Etruscan, Etrurian.

◆ **étrusque** *nm* LING Etruscan, Etrurian.

étude [etyd] *nf* -**1.** [apprentissage] study; **l'~ des langues** the study of languages; **elle n'aime pas l'~** she doesn't like consideration OU studying. -**2.** [analyse, essai] study, paper; **une ~ sur les mollusques** a study of OU paper on molluscs □ **~ de texte** SCOL textual analysis. -**3.** [travail préparatoire] study; **ce projet est à l'~** this project is under study OU being studied □ **~ de faisabilité** feasability study; **~ d'impact** impact study; **~ de marché** market research. -**4.** SCOL [salle] study OU prep *Br* room; **elle reste à l'~ le soir** she stays on to study in the evenings || [période] study-time; **pendant l'~** during study-time. -**5.** JUR [charge] practice; [locaux] office. -**6.** MUS study, étude. -**7.** BX-ARTS study.

◆ **études** *nfpl* SCOL & UNIV studies; **faire des ~s** to study; **elle fait des ~s d'histoire** she studies history; **arrêter ses ~s** [par choix] to give up studying; [par rébellion] to drop out; **il a fait ses ~s à Bordeaux** he studied in Bordeaux; **payer ses ~s** to pay for one's education.

étudiant, e [etydjɑ̃, ɑ̃t] ◇ *adj* student *(modif)*.

◇ *nm, f* [avant la licence] undergraduate, student; [après la licence] postgraduate, student; **en droit/médecine** law/medical student; **~ de première année** first year (student).

étudié, e [etydje] *adj* -**1.** [bien fait - plan, dessin] specially OU carefully designed; [- discours] carefully composed; [- tenue] carefully selected. -**2.** COMM [prix] rockbottom. -**3.** [affecté - gestes] studied; **avoir un comportement ~** to have a studied manner.

étudier [9] [etydje] ◇ *vt* -**1.** [apprendre - matière] to learn, to study; [- leçon] to learn; [- piano] to learn (to play), to study; [- auteur, période] to study; **~ l'histoire** SCOL to study history; UNIV to study OU to read *Br* history || [observer - insecte] to study. -**2.** [examiner - contrat] to study, to examine; [- proposition] to consider, to examine; [- liste, inventaire] to go through *(insép)*, to check over *(insép)*; **nous étudierons votre suggestion** we'll consider your suggestion; **il faut ~ toutes les éventualités** we have to look at OU to examine all possible angles; **~ le terrain** to survey the land. -**3.** [observer - passant, adversaire] to watch, to observe. -**4.** [concevoir - méthode] to devise; [- modèle, maquette] to design; **être très étudié** to be specially designed; **c'est étudié pour** *fam* that's what it's for.

◇ *vi* -**1.** [faire ses études] to study, to be a student. -**2.** [travailler] to study.

◆ **s'étudier** ◇ *vp (emploi réfléchi)* -**1.** [se regarder soi-même] to gaze at OU to study o.s. -**2.** *péj* [s'observer avec complaisance] to admire o.s.
◇ *vp (emploi réciproque)* [se regarder l'un l'autre] to observe each other.
◇ *vpi* [se donner une attitude] to behave affectedly.

étui [etɥi] *nm* -**1.** [boîte - à lunettes, à cigares, de violon] case; ~ **de revolver** holster. -**2.** ARM: ~ **de cartouche** cartridge case.

étuvage [etyvaʒ] *nm* -**1.** CULIN steaming. -**2.** [séchage] drying, heating. -**3.** TECH baking, stoving.

étuve [etyv] *nf* -**1.** [sauna] steamroom; **quelle** ~ OU **c'est une vraie** ~ **ici!** it's steaming hot in here! ❑ ~ **sèche** dry heat bath. -**2.** TECH [pour stériliser] sterilizer, autoclave; [pour sécher] drier.

étuvée [etyve] = **étouffée**.

étuver [3] [etyve] *vt* -**1.** CULIN to steam. -**2.** [sécher] to dry, to heat. -**3.** TECH to bake, to stove.

étymologie [etimɔlɔʒi] *nf* -**1.** [discipline] etymology, etymological research. -**2.** [origine] etymology, origin; **l'~ d'un terme** the etymology OU origin of a term.

étymologique [etimɔlɔʒik] *adj* etymological.

étymologiquement [etimɔlɔʒikmɑ̃] *adv* etymologically.

étymologiste [etimɔlɔʒist] *nmf* etymologist.

E-U, E-U A *(abr de* **États-Unis (d'Amérique)**) *npr mpl* US, USA.

Eubée [øbe] *npr f*: (l') ~ Euboea.

eucalyptol [økaliptɔl] *nm* eucalyptol, eucalyptole, cineole.

eucalyptus [økaliptys] *nm* eucalyptus.

eucaryote [økarjɔt] ◇ *adj* eucaryotic, eukaryotic.
◇ *nm* eucaryote, eukaryote.

eucharistie [økaristi] *nf*: l'~ the Eucharist, Holy Communion.

eucharistique [økaristik] *adj* Eucharistic.

Euclide [øklid] *npr* Euclid.

euclidien, enne [øklidjɛ̃, ɛn] *adj* Euclidean, Euclidian; **la géométrie ~ne** Euclidian geometry; **non** ~ non-Euclidean.

eudémis [ødemis] *nm* eudemis moth.

eudiomètre [ødjɔmɛtr] *nm* eudiometer.

eudiométrie [ødjɔmetri] *nf* eudiometry.

eudiométrique [ødjɔmetrik] *adj* eudiometric, eudiometrical.

eugénique [øʒenik] ◇ *adj* eugenic.
◇ *nf* = **eugénisme**.

eugénisme [øʒenism] *nm* eugenics *(sg)*.

eugéniste [øʒenist] *nmf* eugenicist, eugenist.

euh [ø] *interj* er.

Euménides [ømenid] *npr*: 'les ~' *Eschyle* 'The Eumenides'.

eunuque [ønyk] *nm* eunuch.

euphémique [øfemik] *adj* euphemistic.

euphémisme [øfemism] *nm* euphemism; **je dis «mauvais» mais c'est un** ~ I say "bad" but it's an understatement.
◆ **par euphémisme** *loc adv* euphemistically.

euphonie [øfɔni] *nf* euphony.

euphonique [øfɔnik] *adj* -**1.** [harmonieux] euphonic, euphonious, harmonious. -**2.** GRAMM: **un «t» ~** a euphonic "t".

euphoniquement [øfɔnikmɑ̃] *adv* euphonically, harmoniously.

euphorbe [øfɔrb] *nf* spurge, euphorbia *spéc.*

euphorbiacée [øfɔrbjase] *nf* member of the Euphorbiaceae.

euphorie [øfɔri] *nf* euphoria.

euphorique [øfɔrik] *adj* euphoric.

euphorisant, e [øfɔrizɑ̃, ɑ̃t] *adj* -**1.** [médicament, drogue] euphoriant. -**2.** [atmosphère, succès] heady.
◆ **euphorisant** *nm* [médicament] anti-depressant; [drogue] euphoriant.

euphoriser [3] [øfɔrize] *vt* to make euphoric.

Euphrate [øfrat] *npr m*: l'~ the (River) Euphrates.

eurafricain, e [ørafrikɛ̃, ɛn] *adj* Afro-European.

eurasiatique [ørazjatik] *adj* Eurasian.

Eurasie [ørazi] *npr f*: (l') ~ Eurasia.

eurasien, enne [ørazjɛ̃, ɛn] *adj* Eurasian.
◆ **Eurasien, enne** *nm, f* Eurasian.

eurêka [øreka] *interj* eureka.

Euripide [øripid] *npr* Euripides.

eurocentrisme [ørɔsɑ̃trism] *nm* Eurocentrism.

eurocommunisme [ørɔkɔmynism] *nm* Eurocommunism.

eurocrate [ørɔkrat] *nmf* Eurocrat.

eurodevise [ørɔdəviz] *nf* Eurocurrency.

eurodollar [ørɔdɔlar] *nm* Eurodollar.

eurofranc [ørɔfrɑ̃] *nm* Eurofranc.

euromarché [ørɔmarʃe] *nm* Euromarket.

euromissile [ørɔmisil] *nm* Euromissile.

euromonnaie [ørɔmɔnɛ] = **eurodevise**.

euro-obligation [ørɔbligasjɔ̃] *(pl* **euro-obligations**) *nf* Eurobond.

Europe [ørɔp] *npr f* -**1.** GÉOG: (l') ~ Europe; (l') ~ **centrale** Central Europe; (l') ~ **continentale** mainland Europe; (l') ~ **de l'Est** East OU Eastern Europe; (l') ~ **du Nord** Northern Europe; (l') ~ **du Sud** Southern Europe; **l'~ verte** European (community) agriculture; **ils ont parlé de l'~ verte** they discussed agriculture in the EC; **l'~ des douze** the Twelve, the twelve member states (of the EC). -**2.** RAD: ~ 1 *radio station broadcasting popular entertainment and general interest programmes*; ~ 2 *radio station broadcasting mainly music.*

européanisation [ørɔpeanizasjɔ̃] *nf* Europeanization, Europeanizing *(U)*.

européaniser [3] [ørɔpeanize] *vt* to Europeanize, to make European.

européen, enne [ørɔpeɛ̃, ɛn] *adj* European.
◆ **Européen, enne** *nm, f* European.

Eurovision [ørɔvizjɔ̃] *nf* Eurovision.

Eurydice [øridis] *npr* Eurydice.

eurytherme [øritɛrm] *adj* eurythermal, eurythermic, eurythermous.

eurythermie [øritɛrmi] *nf* eurythermy.

eurythmie [øritmi] *nf* -**1.** [harmonie] eurhythmy, eurythmy. -**2.** MÉD eurhythmia.

eurythmique [øritmik] *adj* eurhythmic, eurhythmical.

Eustache [østaʃ] *npr* Eustace.

eustatisme [østatism] *nm* eustasy.

euthanasie [øtanazi] *nf* euthanasia.

euthanasique [øtanazik] *adj* euthanasic, euthanasia *(modif)*.

eux [ø] *pron pers* -**1.** [sujet] they; ~ **l'ignorent encore** they still don't know about it; **si ~ refusent, nous n'y pouvons rien** if they refuse, there's nothing we can do; **ils le savent bien,** ~ they know it all right; **nous sommes invités,** ~ **pas** OU **non** we are invited but they aren't OU but not them; **ce sont ~ les responsables** they are the ones OU it is they who are responsible; ~ **seuls connaissent la réponse** only they know the answer; ~**, voter? cela m'étonnerait** them? vote? I doubt it very much!; **nous sommes plus satisfaits qu'~** we're happier than they are. -**2.** [après une prép] them; **nous irons sans ~** we'll go without them; **ne t'occupe pas d'~** don't pay any attention to them; **avec ~, on ne sait jamais** you never know with them; **comment me débarrasser d'~?** how can I get rid of them? ‖ *(lorsque l'obj représente les mêmes personnes que le suj)* themselves; **ils ne pensent qu'à ~** they only think of themselves. -**3.** [suivi d'un nombre]: ~ **deux** both OU the two of them; ~ **quatre/cinq** the four/five of them.

eux-mêmes [ømɛm] *pron pers* themselves.

eV *(abr écrite de* **électron-volt**) eV.

EV *(abr écrite de* **en ville**) *sign used on mail to be delivered within the same town.*

évacuateur, trice [evakɥatœr, tris] *adj* evacuative, evacuation *(modif)*.
◆ **évacuateur** *nm*: ~ **(des eaux)** sluice.

évacuation [evakɥasjɔ̃] *nf* -**1.** PHYSIOL [de toxines] elimination, eliminating *(U)*; [du pus] draining off. -**2.** [écoulement] draining; **depuis les gelées, l'~ de l'eau ne se fait plus** since the frost came, the water no longer drains away; **une conduite assure l'~ des eaux usées** the waste water drains out through a pipe. -**3.** [d'une ville, d'un lieu] evacuation. -**4.** [sauvetage] evacuation, evacuating; **organiser l'~ des habitants** to evacuate the local people; ~ **des troupes par voie aérienne** air-lifting of the troops.

évacué, e [evakɥe] ◇ *adj*: **personne ~e** evacuee.
◇ *nm, f* evacuee.

évacuer [7] [evakɥe] *vt* -**1.** PHYSIOL [toxine] to eliminate; [excrément] to evacuate; [pus] to drain off *(sép)*. -**2.** [faire s'écouler] to drain; **les eaux usées sont évacuées par cette canalisation** the waste water drains out through this channel. -**3.** MIL [terrain] to move off *(insép)*; [position] to retreat from *(insép)*; [place forte] to leave. -**4.** [gare, navire, hôpital] to leave, to evacuate; **évacuez la salle!** please leave the room!; **faire ~ un bâtiment** to evacuate OU to clear a building. -**5.** [faire sortir]: ~ **qqn de** to evacuate sb from; **il faut ~ les enfants du premier étage** the children must be evacuated from the first floor.

évadé, e [evade] ◇ *adj* escaped.
◇ *nm, f* escaped prisoner, escapee; **un ~ de l'asile/de Fresnes** an escapee from the mental hospital/from Fresnes prison.

évader [3] [evade]
◆ **s'évader** *vpi* -**1.** [s'enfuir]: **s'~ de** to escape from, to break out of. -**2.** [pour oublier ses soucis] to escape, to get away from it all; **aller s'~ à la campagne** to get out of town for a break; **j'ai besoin de m'~** I need to get away from it all.

évagination [evaʒinasjɔ̃] *nf* evagination.

évaluable [evalɥabl] *adj* appraisable, assessable; **difficilement ~** [dégâts, montant] hard to appraise OU to evaluate; [foule] hard to estimate.

évaluation [evalɥasjɔ̃] *nf* -**1.** [estimation] assessment, evaluation, valuation; **faire l'~ d'un tableau** to estimate the value of OU to evaluate a painting. -**2.** [quantité évaluée] estimation.

évaluer [7] [evalɥe] *vt* -**1.** [estimer - bijou, tableau] to appraise, to assess, to evaluate; **faire ~ un meuble** to have a piece of furniture valued; **la propriété a été évaluée à trois millions** the estate has been valued at OU the value of the estate has been put at three million. -**2.** [mesurer - dégâts, volume, débit] to estimate; ~ **qqch à** to estimate OU to evaluate sthg at; **à combien évalue-t-on le nombre des victimes?** what is the estimated number of victims?; **on évalue les dégâts à 10 000 francs** the damage has been estimated at 10,000 francs. -**3.** [estimer approximativement - distance] to gauge; ~ **la fortune de qqn** to guess at (the size of) sb's wealth. -**4.** [juger - qualité] to weigh up *(sép)*, to gauge, to assess; **bien ~ la difficulté d'un projet** to make a realistic assessment of the difficulty of a project; **mal ~ les risques** to miscalculate the risks; **as-tu évalué les risques?** have you weighed up the risks?

évanescence [evanesɑ̃s] *nf litt* evanescence.

évanescent, e [evanesɑ̃, ɑ̃t] *adj litt* evanescent.

évangélique [evɑ̃ʒelik] *adj* -**1.** [de l'Évangile] evangelic, evangelical. -**2.** [protestant] Evangelical.

évangéliquement [evɑ̃ʒelikmɑ̃] *adv* evangelically.

évangélisateur, trice [evɑ̃ʒelizatœr, tris] ◇ *adj* evangelistic.
◇ *nm, f* evangelist.

évangélisation [evɑ̃ʒelizasjɔ̃] *nf* evangelization, evangelizing.

évangéliser [3] [evɑ̃ʒelize] *vt* to evangelize.

évangélisme [evɑ̃ʒelism] *nm* evangelism.

évangéliste [evɑ̃ʒelist] *nm* Evangelist.

évangile [evɑ̃ʒil] *nm* -**1.** RELIG: **l'Évangile** the Gospel; **les Évangiles** the Gospels; **l'Évangile**

selon saint... the Gospel according to Saint... -**2.** [credo] gospel.

évanouir [32] [evanwir]

◆ **s'évanouir** *vpi* -**1.** MÉD to faint, to pass out. -**2.** [disparaître - personne] to vanish (into thin air); [- craintes, illusions] to vanish, to disappear, to evaporate *litt*; **s'~ dans la nature** to fade into the background.

évanouissement [evanwismɑ̃] *nm* -**1.** [syncope] fainting *(U)*, blackout; **avoir un ~** to (go into a) faint. -**2.** [disparition] disappearance, disappearing, vanishing. -**3.** TÉLÉC fading.

évaporateur [evapɔratœr] *nm* evaporator.

évaporation [evapɔrasjɔ̃] *nf* evaporation.

évaporé, e [evapɔre] ◇ *adj* scatterbrained, birdbrained.

◇ *nm, f* birdbrain, dimwit.

évaporer [3] [evapɔre] *vt* to evaporate.

◆ **s'évaporer** *vpi* -**1.** [liquide] to evaporate. -**2.** [colère, crainte] to vanish, to disappear, to evaporate *litt*. -**3.** *fam* [disparaître] to vanish (into thin air); **ces lunettes n'ont pas pu s'~!** these glasses can't just have vanished (into thin air)!; **je me suis retourné et hop, il s'était évaporé!** I turned round and he'd gone, just like that!

évaporite [evapɔrit] *nf* evaporite.

évapotranspiration [evapɔtrɑ̃spirasjɔ̃] *nf* evapotranspiration.

évasé, e [evaze] *adj* [robe] flared; [ouverture, tuyau] splayed; [récipient] with a bell-shaped rim; **le verre a une jolie forme ~e** the glass has a nice curved shape; **la jupe a une jolie forme ~e** the skirt flares out nicely.

évasement [evazmɑ̃] *nm* [d'une ouverture, d'un tuyau] splay; [d'un entonnoir] widening-out.

évaser [3] [evaze] *vt* [jupe] to flare; [ouverture, tuyau] to splay.

◆ **s'évaser** *vpi* [chenal] to open out, to broaden; [forme, vêtement] to flare; [tuyau] to splay.

évasif, ive [evazif, iv] *adj* evasive, noncommittal.

évasion [evazjɔ̃] *nf* -**1.** [d'un prisonnier] escape; **tenter une ~** to try to escape. -**2.** [distraction]: **l'~** escapism; **j'ai besoin d'~** I need to get away from it all. -**3.** FIN & JUR: **~ fiscale** tax evasion. -**4.** ÉCON: **~ de capitaux** flight of capital.

◆ **d'évasion** *loc adj* escapist; **cinéma d'~** escapist films.

évasivement [evazivmɑ̃] *adv* evasively; **«qui sait», répondit-il ~** "who knows", was his vague reply OU he replied evasively.

Ève [ɛv] *npr* BIBLE Eve; **je ne le connais ni d'~ ni d'Adam** I don't know him from Adam.

◆ **en costume d'Ève, en tenue d'Ève** *loc adj* naked, in her birthday suit, in the altogether.

évêché [eveʃe] *nm* -**1.** [territoire] bishopric, diocese. -**2.** [demeure] bishop's palace OU house. -**3.** [ville] cathedral town.

évection [evɛksjɔ̃] *nf* evection.

éveil [evɛj] *nm* -**1.** *sout* [fin du repos] awakening *(C)*. -**2.** [déclenchement]: **l'~ de** the awakening OU early development OU first stirrings of; **l'~ des sens/de la sexualité** the awakening of the senses/of sexuality; **l'~ du sentiment artistique** the first stirrings OU glimmerings of a sense of aesthetics; **l'~ du sentiment national** the awakening OU dawning OU first stirrings of national feeling; **contrôler l'~ de la sensibilité motrice chez le nourrisson** to test the onset OU early development of motor sensitivity in infants; **l'~ de qqn à qqch** sb's awakening to sthg; **l'auteur raconte l'~ à l'amour d'une toute jeune fille** the author recounts the dawning of love in a young girl's heart. -**3.** ENS: **activité** OU **matière d'~** early-learning *(U)*. -**4.** [alerte]: **donner l'~** to raise the alarm; **donner l'~ à qqn** to arouse sb's suspicions, to put sb on his guard; **il s'est introduit dans la salle des coffres sans donner l'~** he entered the strongroom without arousing anybody's suspicions.

◆ **en éveil** *loc adv* -**1.** [sur ses gardes]: **être en ~** to be on the alert. -**2.** [actif]: **maintenant que ses soupçons sont en ~** now that his suspicions have been aroused; **à quatre ans, leur curiosité est en ~** by the time they're four, their curiosity is fully roused.

éveillé, e [eveje] *adj* -**1.** [vif - enfant, esprit] alert, bright, sharp; [- intelligence] sharp. -**2.** [en état de veille] awake; **tenir qqn ~** to keep sb awake; **se tenir ~** to stay awake.

éveiller [4] [eveje] *vt* -**1.** *litt* [tirer du sommeil] to awaken, to waken, to arouse. -**2.** [susciter - désir, jalousie, passion] to kindle, to arouse; [- amour] to arouse; [- méfiance] to arouse; [- curiosité, soupçons] to arouse, to awaken; [- espoir] to awaken; **~ l'attention** to attract attention; **~ l'intérêt de qqn** to attract sb's interest. -**3.** [stimuler - intelligence] to stimulate, to awaken.

◆ **s'éveiller** *vpi* -**1.** [ne plus dormir - personne] to awaken, to wake up, to waken. -**2.** *litt* [s'animer - campagne, village] to come to life, to wake up. -**3.** [se révéler - intelligence, talent] to reveal itself, to come to light. -**4.** [naître - curiosité, jalousie, méfiance] to be aroused; [- amour] to dawn, to stir.

◆ **s'éveiller à** *vp + prép*: **s'~ à un sentiment** [le ressentir] to wake up to OU to awaken to a feeling; **s'~ à l'amour** to awaken to love.

éveinage [evenaʒ] *nm* MÉD stripping *(U)*; **se faire faire un ~** to have one's veins stripped.

événement, évènement [evɛnmɑ̃] *nm* -**1.** [fait] event, occurrence, happening *(C)*; **plus tard, les ~s lui ont donné raison** what happened later OU the later events proved him right; **vacances pleines d'~s** eventful holidays; **débordé** OU **dépassé par les ~s** overtaken by events. -**2.** POL: **les ~s de: les ~s d'Algérie** the Algerian war of Independence; **les ~s de mai 68** the events of May 68. -**3.** [fait important] event; **quand le cirque venait au village, c'était un (grand) ~** when the circus came to our village, it was quite an event OU a big occasion; **leur rencontre est un ~ historique** their meeting is a historic event; **l'~ cinématographique/littéraire de cette année** the screen/literary event of this year; **~ sportif** sporting event; **faire** OU **créer l'~** to be news OU a major event; **sa nomination a créé l'~** her nomination was a major event; **sa démission fait l'~ dans tous les quotidiens** his resignation is making headlines in all the daily newspapers; **nous vous rappelons l'~ de la journée** here's the main news of the day again.

événementiel, elle, évènementiel, elle [evɛnmɑ̃sjɛl] *adj* purely descriptive.

évent [evɑ̃] *nm* -**1.** ZOOL blowhole, spiracle *spéc*. -**2.** TECH vent hole.

éventail [evɑ̃taj] *nm* -**1.** [accessoire] fan. -**2.** [gamme] range, spectrum; **l'~ de son répertoire** the range OU scope of his repertory; **~ des salaires** salary range OU spread; **l'~ politique** the political spectrum. -**3.** COMM range.

◆ **en éventail** *loc adj* [queue] spread-out.

éventaire [evɑ̃tɛr] *nm* -**1.** [étalage] stall. -**2.** [plateau] (street vendor's) tray.

éventé, e [evɑ̃te] *adj* -**1.** [altéré - bière, limonade] flat, stale; [- parfum, vin] musty, stale. -**2.** [connu - complot] discovered.

éventer [3] [evɑ̃te] *vt* -**1.** [avec un éventail, un magazine] to fan. -**2.** [grain] to aerate; [mine] to ventilate. -**3.** [révéler - secret] to disclose, to give away *(sép)*. -**4.** CHASSE to scent, to get the scent of.

◆ **s'éventer** ◇ *vp (emploi réfléchi)* [personne] to fan o.s.; **s'~ avec un magazine** to fan o.s. with a magazine.

◇ *vp (emploi passif)* [être divulgué - plan d'attaque, secret] to get out, to become public knowledge.

◇ *vpi* [s'altérer - parfum, vin] to go musty OU stale; [- limonade, eau gazeuse] to go flat OU stale.

éventration [evɑ̃trasjɔ̃] *nf* ventral rupture.

éventrer [3] [evɑ̃tre] *vt* -**1.** [éviscérer - avec un couteau] to disembowel; [- suj: animal à cornes] to gore; **il est mort éventré** he was gored to death. -**2.** [canapé, outre, oreiller, sac] to rip (open); [boîte en carton] to tear open; [coffret] to break open. -**3.** [champ] to rip open *(sép)*, to rip holes in; **l'immeuble a été éventré par une bombe** a bomb ripped the building apart.

◆ **s'éventrer** ◇ *vp (emploi réfléchi)* to disembowel o.s.

◇ *vpi* [se fendre - oreiller, sac] to burst open; **la barque s'est éventrée sur un récif** the boat hit a reef, ripping a hole in its hull.

éventreur [evɑ̃trœr] *nm* ripper; **Jack l'Éventreur** Jack the Ripper.

éventualité [evɑ̃tɥalite] *nf* -**1.** [possibilité] possibility, contingency; **l'~ de sa mort ne m'avait pas effleuré** the possibility of his dying hadn't occurred to me. -**2.** [circonstance] eventuality, possibility, contingency; **pour parer** OU **être prêt à toute ~** to be ready for anything that might crop up; **il faut envisager toutes les ~s** we must consider all the possibilities; **on pourrait donc me renvoyer — c'est une ~** so I could be fired — that's possible OU that may happen; **dans cette ~** in such an OU in this event.

◆ **dans l'éventualité de** *loc prép* in the event of; **dans l'~ d'une guerre** should a war break out, in the event of a war.

éventuel, elle [evɑ̃tɥɛl] *adj* [potentiel - client] potential, prospective; [- bénéfice] eventual, potential; [- issue, refus, remplaçant etc] possible; **à titre ~** as a possibility.

éventuellement [evɑ̃tɥɛlmɑ̃] *adv*: **tu me le prêterais? — ~** would you lend it to me? — maybe OU if need be; **les entreprises qui pourraient ~ nous racheter** the companies which might OU could buy us out.

évêque [evɛk] *nm* bishop; **~ suffragant** suffragan (bishop); **~ métropolitain** archbishop.

Everest [evrɛst] *npr m*: **l'~, le mont ~** Mount Everest.

Everglades [evœrglad] *npr mpl*: **les ~** the Everglades.

évertuer [7] [evɛrtɥe]

◆ **s'évertuer à** *vp + prép*: **s'~ à faire qqch** to strive OU to endeavour to do sthg; **je ne m'évertuerai pas à te convaincre** I won't waste energy trying to convince you.

éviction [eviksjɔ̃] *nf* -**1.** JUR eviction. -**2.** [expulsion]: **~ d'un poste** removal from a position ❑ **~ scolaire** expulsion, suspension.

évidage [evidaʒ] *nm* hollowing out.

évidement [evidmɑ̃] *nm* -**1.** [d'un fruit, d'un bloc de pierre, d'un tronc] hollowing OU scooping out *(U)*. -**2.** MÉD scraping out.

évidemment [evidamɑ̃] *adv* -**1.** [bien entendu] of course; [manifestement] obviously; **tu me crois? — ~!** do you believe me? — of course (I do)! -**2.** [marque la colère, l'irritation] needless to say, predictably enough; **~, elle n'a rien préparé!** needless to say she hasn't prepared a thing!; **j'ai oublié mes clés — ~!** [ton irrité] I've forgotten my keys — you would!

évidence [evidɑ̃s] *nf* -**1.** [caractère certain] obviousness; **l'~ d'un axiome** the obviousness of an axiom. -**2.** [fait manifeste] obvious fact; **c'est une ~** it's obvious; **il n'a dit que des ~s** *péj* he just stated the obvious. -**3.** [ce qui est indubitable]: **l'~** the obvious; **accepter** OU **se rendre à l'~** to accept OU to recognize the obvious; **c'est l'~ même!** it's quite obvious OU evident!; **refuser** OU **nier l'~** to refuse to accept the obvious.

◆ **en évidence** *loc adv* [chose, personne] in evidence; **ses décorations bien en ~ sur le buffet** his medals lying conspicuously OU there for all to see on the sideboard; **mettre en ~** [exposer] to display; [détail, talent] to bring out; **les chercheurs ont mis en ~ l'influence du virus** the researchers showed clearly the influence of the virus; **se mettre en ~** [se faire remarquer] to make o.s. conspicuous.

◆ **à l'évidence, de toute évidence** *loc adv* evidently, obviously.

évident, e [evidɑ̃, ɑ̃t] *adj* -**1.** [manifeste - manque, plaisir] obvious, evident; [- choix, raison] obvious, evident, self-evident; **son mépris n'est que trop ~** his contempt is only too obvious;

l'issue du match semblait ~e it seemed fairly certain what the result of the match would be; c'est ~! of course!, obviously!, that's obvious!; il est ~ que... it's obvious OU evident that... -2. *fam* [facile]: pas ~ not (that) easy; ce n'est pas une décision ~e à prendre it's not such an easy decision to make.

évider [3] [evide] *vt* [bloc de pierre, courgette, pomme] to hollow OU to scoop out *(sép)*.

évier [evje] *nm* (kitchen) sink; ~ à un bac sink; ~ à deux bacs double sink.

évincement [evɛ̃smɑ̃] *nm* -1. [d'un concurrent, d'un rival] ousting; elle a obtenu leur ~ du comité she managed to have them ousted from OU thrown off the committee. -2. JUR eviction.

évincer [16] [evɛ̃se] *vt* -1. [concurrent, rival] to oust, to supplant; ~ qqn d'un emploi to oust sb from a job; être évincé d'un comité to be thrown off a committee. -2. JUR to evict.

éviscération [eviserasjɔ̃] *nf* evisceration, eviscerating *(U)*.

éviscérer [18] [evisere] *vt* to eviscerate.

évitable [evitabl] *adj* [obstacle] avoidable; [accident] preventable.

évitage [evitaʒ] *nm* NAUT swinging.

évitement [evitmɑ̃] *nm* -1. RAIL shunting. -2. *Belg* TRANSP diversion.

◆ **d'évitement** *loc adj* -1. RAIL: voie d'~ siding. -2. PSYCH [réaction] avoidance *(modif)*.

éviter [3] [evite] ◇ *vt* -1. [ne pas subir - coup] to avoid; [- danger] to avoid, to steer clear of; [- corvée] to avoid, to shun; on ne pourra ~ la guerre we're unavoidably heading for war; la catastrophe a été évitée de justesse a catastrophe was averted by a hair's breadth; ~ que: pour ~ que la mayonnaise (ne) tourne to prevent the mayonnaise from OU to stop the mayonnaise curdling. -2. [ne pas heurter - ballon] to avoid, to dodge, to stay out of the way of; [- obstacle] to avoid, to miss; je n'ai pas pu vous ~ I couldn't avoid you; en essayant d'~ le chien trying to avoid OU to miss the dog. -3. [regard, personne] to avoid, to shun; ~ le regard de qqn OU qqn du regard to avoid sb's eyes; depuis notre querelle, il m'évite since we quarrelled he's been avoiding me. -4. [lieu, situation] to avoid; en passant par là, on évite le carrefour that way, you miss OU avoid the junction; j'évite les restaurants, ils sont trop enfumés I avoid going into restaurants, they're too smoky; elle évite la foule she shies away from crowds. -5. [maladresse, impair] to avoid; j'évite les coups de téléphone après minuit I avoid phoning after midnight; évitez le franglais try not to use franglais; ~ de faire qqch to try not to do sthg; évite de laisser tes disques par terre try not to leave your records on the floor; j'évite de me baisser I avoid bending OU I try not to bend down. -6. [aliment] to avoid; évitez les féculents avoid starchy foods; maintenant j'évite les œufs nowadays, I eat no eggs, I've cut eggs out now. -7. [épargner]: ~ qqch à qqn to spare sb sthg; évitons-lui tout souci let's keep him from worrying (about anything) OU spare him any worries; je ne peux pas lui ~ les déceptions I can't prevent her from experiencing disappointment; cela lui évitera d'avoir à sortir that'll save him having to go out.

◇ *vi* NAUT: ~ sur l'ancre to swing at anchor.

◆ **s'éviter** ◇ *vp* *(emploi réciproque)* to avoid each other OU one another, to stay out of each other's way.

◇ *vpt*: s'~ qqch to save OU to spare o.s. sthg; nous nous éviterons le détour en téléphonant d'abord we'll save ourselves the detour by phoning first; s'~ des tracas to spare OU to save o.s. trouble.

évocateur, trice [evɔkatœr, tris] *adj* evocative, suggestive.

évocation [evɔkasjɔ̃] *nf* -1. [rappel - du passé, d'une personne, d'un paysage etc] evocation, recalling, conjuring up; la simple ~ de cette scène la faisait pleurer just recalling this scene made her weep; je commencerai par une brève ~ du passé de notre collège I shall start with a brief recapitulation of the history of our college. -2. JUR evocation; droit d'~ right of evocation.

évolué, e [evɔlɥe] *adj* -1. [civilisé - peuple, société] advanced, sophisticated. -2. [progressiste - parents] broadminded; [- idées] progressive. -3. [méthode, technologie] advanced, sophisticated.

évoluer [7] [evɔlɥe] *vi* -1. [changer - maladie] to develop; [- mœurs, circonstances] to change, to develop; la position du syndicat a évolué depuis hier the union's position has changed since yesterday; les chiffres n'ont pas évolué the figures haven't changed; une maladie qui évolue lentement/rapidement an illness which develops slowly/rapidly. -2. [progresser - pays] to develop; [- civilisation, technique] to develop, to advance; [- personne] to mature. -3. [patineur, joueur] to move about; [danseur] to perform; [cerf-volant] to fly around; [poisson] to swim (about); elle évolue sur la glace avec une telle grâce she skates so gracefully; ils évoluent sur scène en patins à roulettes they move around the stage on roller-skates; les cercles dans lesquels elle a évolué *fig* the circles in which she moved. -4. MIL & NAUT to manoeuvre. -5. BIOL to evolve.

évolutif, ive [evɔlytif, iv] *adj* -1. [poste] with career prospects; une situation évolutive a situation which keeps developing, a fluid situation. -2. MÉD: maladie évolutive progressive illness.

évolution [evɔlysjɔ̃] *nf* -1. [changement - de mœurs] change; [- d'une institution, de la mode] evolution; [- d'idées, d'événements] development. -2. [progrès - d'un pays] development; [- d'une technique] development, advancement, evolution. -3. MÉD [d'une maladie] development, progression; [d'une tumeur] growth. -4. BIOL evolution. -5. *(souvent pl)* SPORT linked-up dance movements; les ~s [d'un joueur, d'un patineur] movements; ~s aquatiques water ballet.

◆ **à évolution lente** *loc adj* slow OU slowly developing.

◆ **à évolution rapide** *loc adj* rapidly developing.

évolutionnisme [evɔlysjɔnism] *nm* evolutionism, evolutionary theory.

évolutionniste [evɔlysjɔnist] *adj* & *nmf* evolutionist.

évoquer [3] [evɔke] *vt* -1. [remémorer - image, journée] to conjure up *(sép)*, to evoke; [- souvenirs] to call up *(sép)*, to recall, to evoke; ~ qqch à qqn to remind sb of sthg; le nom ne lui évoquait rien the name didn't ring any bells with OU meant nothing to him. -2. [recréer - pays, atmosphère] to call to mind, to conjure up *(sép)*, to evoke; la chanson évoque la vie des bateliers du siècle dernier the song conjures up the life of a bargee in the last century. -3. [rappeler par ressemblance] to be reminiscent of; un goût qui évoque un peu le romarin a taste slightly reminiscent of rosemary; elle m'évoque un peu ma tante she reminds me of my aunt a little. -4. [aborder - affaire, question] to allude to *(insép)*, to mention. -5. [appeler - démon, fantôme] to call up *(sép)*. -6. JUR *to transfer (a case) from an inferior to a superior court.*

ex- [ɛks] *préf* ex-; mon ~mari my ex-husband OU former husband; l'~champion du monde the ex-world OU former world champion.

ex abrupto [ɛksabrypto] *loc adv* abruptly, without warning.

exacerbation [egzasɛrbasjɔ̃] *nf* [d'une douleur] exacerbation, aggravation; [d'une tension] heightening.

exacerbé, e [ɛgzasɛrbe] *adj* exaggerated; il est d'une susceptibilité ~e he's extremely touchy.

exacerber [3] [ɛgzasɛrbe] *vt sout* [douleur, tension] to exacerbate, to aggravate, to sharpen; [colère, curiosité, désir] to exacerbate, to heighten; [mépris, remords] to deepen; des mesures qui vont ~ la concurrence measures which will sharpen OU heighten competition.

◆ **s'exacerber** *vpi* to worsen; sa jalousie s'exacerbait à cette vue seeing this, she became even more jealous.

exact, e [ɛgzakt] *adj* -1. [conforme à la réalité - description, information] exact, accurate; [- copie, réplique] exact, true; c'est ~, je t'avais promis de t'y emmener quite right OU true OU correct, I'd promised I'd take you there; ses prédictions se sont révélées ~es his forecasts proved true OU correct; il est ~ que nous n'avions pas prévu son départ true (enough), we hadn't anticipated (that) he'd leave. -2. [précis - mesure, poids, quantité] exact, precise; [- expression, mot] exact, right; le lieu ~ où cela s'est passé the precise OU exact place where it happened; as-tu l'heure ~e? have you got the right OU correct time?; au moment ~ où at the exact OU precise OU very moment when; pour être ~, disons que... to be accurate, let's say that... ‖ MATH right, correct, accurate; l'addition n'est pas ~e the figures don't add up (properly) OU aren't right. -3. [fonctionnant avec précision - balance, montre] accurate. -4. [ponctuel] punctual, on time; être très ~ to be always on time OU very punctual; elle n'est jamais ~e à ses rendez-vous she's never on time for her appointments.

exactement [ɛgzaktəmɑ̃] *adv* -1. [précisément] exactly, precisely; c'est ~ ici qu'on a retrouvé le corps it's the exact place where the body was found; je ne sais pas ~ où ça se trouve I don't exactly know where it is; ce n'est pas ~ ce que je cherchais it's not exactly OU quite what I was looking for; mais c'est ~ le contraire! but it's exactly OU precisely the opposite!; il est très ~ 2 h 13 it is 2:13 precisely. -2. [tout à fait]: ~! exactly!, precisely!

exacteur [ɛgzaktœr] *nm* exactor, extortionist.

exaction [ɛgzaksjɔ̃] *nf* exaction, extortion.

◆ **exactions** *nfpl sout* violent acts, acts of violence; se livrer à OU commettre des ~s to perpetrate OU to commit acts of violence.

exactitude [ɛgzaktityd] *nf* -1. [conformité à la réalité] exactness, accuracy; l'~ historique historical accuracy. -2. [expression précise - d'une mesure] exactness, precision; [- d'une localisation] exactness; je me souviens avec ~ des mots de sa lettre I can remember the precise OU exact words she used in her letter. -3. [d'un instrument de mesure] accuracy. -4. [justesse - d'une traduction, d'une réponse] exactness, correctness. -5. [ponctualité] punctuality; être d'une parfaite ~ to be always perfectly on time ❑ l'~ est la politesse des rois *prov* punctuality is the politeness of kings. -6. *sout* [minutie] punctiliousness, meticulousness; faire son travail avec ~ to be punctilious in one's work.

ex aequo [ɛgzeko] ◇ *loc adj* placed equal; on trouve Lille et Nantes ~ à la troisième place Lille and Nantes come joint third; être ~ (avec) to tie OU to be placed equal (with); elle est première ~ avec la joueuse suédoise she's placed equal first with the Swedish player; premiers ~, Maubert et Vuillet [à un concours] the joint winners are Maubert and Vuillet; SCOL top marks *Br* OU highest grades *Am* have been awarded to Maubert and to Vuillet.

◇ *nmf inv*: il y a deux ~ pour la troisième place there's a tie for third place; séparer OU départager les ~ to break the tie.

exagération [ɛgzaʒerasjɔ̃] *nf* -1. [amplification] exaggeration, overstating *(U)*; tomber dans l'~ to exaggerate things; en l'écoutant, il faut faire la part de l'~ you must take what he says with a pinch of salt. -2. [écrit, parole] exaggeration, overstatement. -3. [outrance - d'un accent, d'une attitude] exaggeration.

◆ **avec exagération** *loc adv* exaggeratedly, excessively.

◆ **sans exagération** *loc adv*: tout le village a été détruit, sans ~ the whole village was destroyed, literally OU and that's no exaggeration.

exagéré, e [ɛgzaʒere] *adj* -1. [excessif - dépense, prix] excessive; [- éloge, critique] exaggerated, overblown; [- optimisme, prudence] excessive, exaggerated; [- hâte, mécontentement] undue; [- ambition, confiance en soi] excessive, overweening; **500 F par personne, c'est un peu ~!** 500 F per person, that's a bit much!; **il n'est pas ~ de parler de menace** it wouldn't be an overstatement to call it a threat. -**2.** [outré - accent, attitude] exaggerated, overdone; **en boitant de façon ~e** limping exaggeratedly.

exagérément [ɛgzaʒeremɑ̃] *adv* excessively, exaggeratedly; **~ timide** over-shy; **~ méticuleux** over-punctilious.

exagérer [18] [ɛgzaʒere] ◇ *vt* -**1.** [amplifier - importance, dangers, difficultés] to exaggerate, to overemphasize, to overstate; [- mérites, pouvoir] to exaggerate, to overrate, to overstate; **tu exagères mon influence** you're crediting me with more influence than I have; **n'exagérons rien** let's not get carried away || *(en usage abs)*: **sans ~** without any exaggeration; **sans ~, elle mesurait bien deux mètres** I'm not kidding, she was at least two metres tall. -**2.** [outrer - accent, attitude] to overdo, to exaggerate; **~ son chagrin** to put on a great show of grief; **~ les précautions** to be overcautious.
◇ *vi*: **ça fait deux heures que j'attends, il ne faut pas ~!** I've been waiting for two hours, that's a bit much!; **ça fait ton troisième gâteau, (là) t'exagères!** *fam* that's your third pastry, aren't you overdoing it a bit?; **j'étais là avant vous, faut pas ~!** *fam* I was there before you, you've got a nerve!
◆ **s'exagérer** *vpt*: **s'~ qqch** to make too much of sthg; **s'~ les mérites de qqn** to exaggerate sb's merits.

exaltant, e [ɛgzaltɑ̃, ɑ̃t] *adj* [expérience, perspective] exciting; [harangue] elating, stirring; **sa prestation n'est pas très ~e!** his performance isn't particularly exciting!

exaltation [ɛgzaltasjɔ̃] *nf* -**1.** [excitation] (intense) excitement; [joie] elation; **dans un état d'~** [excité] excited, overexcited; [euphorique] elated. -**2.** [célébration - d'un talent, d'une vertu, du travail] extolling, exalting, glorification. -**3.** PSYCH [d'un malade mental] overexcitement. -**4.** RELIG: **Exaltation de la Sainte Croix** Exaltation of the Cross.

exalté, e [ɛgzalte] ◇ *adj* -**1.** [intense - désir, passion] inflamed. -**2.** [excité - pèlerin, spectateur] excited; [- esprit] excited, inflamed; [- imagination] wild.
◇ *nm, f péj* fanatic, hothead *péj*.

exalter [3] [ɛgzalte] *vt* -**1.** [intensifier - désir] to excite, to kindle; [- enthousiasme] to fire, to excite; [- imagination] to fire, to stimulate, to stir up *(sép)*. -**2.** [exciter - foule, partisan] to excite; **exalté par l'idée de** carried away by the idea of. -**3.** *litt* [faire l'éloge de - beauté, bienfaits, talent] to glorify, to extol, to exalt *litt*. -**4.** *litt* [élever] to exalt, to ennoble.
◆ **s'exalter** *vpi* to become excited.

examen [ɛgzamɛ̃] *nm* -**1.** SCOL & UNIV examination, exam; **il n'a pas donné le meilleur de lui-même à l'~** he underperformed in the exam; **passer un ~** [série d'épreuves] to take an exam; [écrit] to sit *Br* OU to write *Am* a paper; [oral] to take a viva *Br* OU an oral (exam) ❑ **~ blanc** mock exam *Br*, practice test *Am*; **~ écrit** written exam; **~ d'entrée** entrance exam; **~ de fin d'études** final examination; **~ oral** viva *Br*, oral (exam); **~ partiel** mid-term exam; **~ de passage** end-of-year OU sessional exam *Br*, final exam *Am (for admission to the year above)*. -**2.** MÉD [auscultation] (medical) examination; [analyse] test; **~s complémentaires** further tests; **~ neurologique/sérologique** neurological/serological test; **~ radiologique** X-rays; **se faire faire un ~/des ~s** to have a test/some tests done; **faire faire des ~s à un patient** to send OU to refer a patient for (further) tests; **je vais chercher mes ~s demain** I'll go and pick up my test results tomorrow ❑ **~ de laboratoire** test *(of blood, urine etc)*. -**3.** [inspection] inspection, examination; **après ~ du corps de la victime** having examined the body of the victim; **je viens faire l'~ de l'installation électrique** I've come to inspect the wiring. -**4.** [de documents, d'un dossier, d'un projet de loi] examination; [d'une requête] examination, consideration; [d'un texte] study; [d'une comptabilité] checking inspection; **son argumentation ne résiste pas à l'~** his arguments don't stand up to examination OU under scrutiny ❑ **~ de conscience** examination of (one's) conscience; **faire son ~ de conscience** [réfléchir] to do some soul-searching, to search one's conscience.
◆ **à l'examen** *loc adv* under consideration; **mettre une question à l'~** to put a topic on the table for discussion.

examinateur, trice [ɛgzaminatœr, tris] *nm, f* examiner; **les ~s** [jury] the examining panel; [réunion] the board of examiners.

examiner [3] [ɛgzamine] *vt* -**1.** [réfléchir sur - dossier, documents] to examine, to go through *(insép)*; [- circonstances] to examine; [- requête] to examine, to consider; [- affaire] to investigate, to examine, to go into *(insép)*. -**2.** [regarder de près - personne, meuble, signature etc] to examine; [- emplacement, site] to examine, to inspect; **~ l'horizon** to scan the horizon; **~ minutieusement une écriture** to scrutinize OU to inspect a piece of handwriting ❑ **~ qqch à la loupe** *pr* to look at sthg through a magnifying glass; *fig* to have a very close look at, to scrutinize. -**3.** MÉD [lésion, malade] to examine; **tu devrais te faire ~** you should go and see a doctor; **se faire ~ les yeux** to have one's eyes tested. -**4.** SCOL & UNIV [candidat] to examine.
◆ **s'examiner** ◇ *vp (emploi réfléchi)*: **s'~ dans un miroir** to examine o.s. OU to look (closely) at o.s. in the mirror.
◇ *vp (emploi réciproque)* to scrutinize one another OU each other; **ils s'examinaient avec méfiance** they were eyeing each other up.

ex ante [ɛksɑ̃te] *loc adj* ex ante.

exanthématique [ɛgzɑ̃tematik] *adj* exanthematous, exanthematic.

exanthème [ɛgzɑ̃tɛm] *nm* exanthema, exanthem; **~s** exanthemata, exanthemas, exanthems.

exarchat [ɛgzarka] *nm* exarchate.

exarque [ɛgzark] *nm* exarch.

exaspérant, e [ɛgzasperɑ̃, ɑ̃t] *adj* exasperating, infuriating.

exaspération [ɛgzasperasjɔ̃] *nf* -**1.** [colère] extreme annoyance, exasperation. -**2.** [intensification - d'un désir] exacerbation; [- d'une émotion] heightening; [- d'une douleur] aggravation, worsening.

exaspérer [18] [ɛgzaspere] *vt* -**1.** [irriter] to infuriate, to exasperate; **être exaspéré contre qqn** to be exasperated with sb. -**2.** *sout* [intensifier - dépit, désir] to exacerbate; [- douleur, tension] to aggravate.
◆ **s'exaspérer** *vpi* [désir, passion] to become exacerbated; [douleur] to worsen.

exaucement [ɛgzosmɑ̃] *nm* fulfilment, granting.

exaucer [16] [ɛgzose] *vt* -**1.** [désir, vœu] to grant, to fulfil; [prière] to answer, to grant. -**2.** [personne] to grant the wish of; **Dieu m'avait exaucé** God had answered OU heard my prayer.

ex cathedra [ɛkskatedra] *loc adv* -**1.** RELIG ex cathedra. -**2.** [doctement] solemnly, with authority.

excavateur, trice [ɛkskavatœr, tris] *nm, f* excavator, digger.

excavation [ɛkskavasjɔ̃] *nf* -**1.** [trou - artificiel] excavation, hole; [- naturel] hollow, cave; **~ minière** mine. -**2.** [creusement] excavation, excavating, hollowing out.

excaver [3] [ɛkskave] *vt* to excavate.

excédant, e [ɛksedɑ̃, ɑ̃t] *adj* exasperating, infuriating.

excédé, e [ɛksede] *adj* infuriated, exasperated.

excédent [ɛksedɑ̃] *nm* -**1.** [surplus] surplus, excess; **~ de main-d'œuvre** labour surplus; **il y a un ~ de personnel dans le service** the department is overstaffed; **~ de bagages** excess luggage OU baggage; **vous avez un ~ de bagages** your luggage is overweight. -**2.** ÉCON & FIN: **~ brut d'exploitation** gross operating profit; **~ de la balance commerciale** balance of trade surplus; **~s pétroliers** excess oil production.
◆ **en excédent** *loc adv* surplus *(modif)*, excess.

excédentaire [ɛksedɑ̃tɛr] *adj* [budget, balance commerciale, personnel] surplus *(modif)*; [poids] excess; **on a stocké la récolte ~** the surplus crop was stored away; **cette année, la récolte est ~** this year, the crop exceeds requirements.

excéder [18] [ɛksede] *vt* -**1.** [dépasser - poids, prix] to exceed, to be over, to be in excess of; [- durée] to exceed, to last more than; [- limite] to go beyond *(insép)*; **les recettes excèdent les dépenses** income is in excess of expenditure. -**2.** [outrepasser - pouvoirs, responsabilités] to exceed, to go beyond *(insép)*, to overstep; [- forces, ressources] to overtax. -**3.** [exaspérer] to exasperate, to infuriate. -**4.** *litt* [épuiser]: **excédé de: excédé de fatigue** exhausted, overtired; **excédé de travail** overworked.

excellemment [ɛkselamɑ̃] *adv sout* excellently.

excellence [ɛkselɑ̃s] *nf* -**1.** [qualité - d'une prestation, d'un produit] excellence. -**2.** [titre]: **Excellence** Excellency; **Son/Votre Excellence** His/Your Excellency.
◆ **par excellence** *loc adv* par excellence, archetypal; **c'est le macho par ~** he's the archetypal male chauvinist, he's the male chauvinist par excellence.

excellent, e [ɛkselɑ̃, ɑ̃t] *adj* -**1.** [très bon - artiste, directeur, nourriture] excellent, first-rate; [- article, devoir, note] excellent; [- santé] excellent, perfect; **c'est une ~e idée!** that's an excellent OU a splendid idea!; **il est ~ en Méphisto** he's excellent as Mephisto. -**2.** *litt* [d'une grande bonté]: **c'est un ~ homme** he's a very good man.

exceller [4] [ɛksele] *vi* to excel, to shine; **pose-lui des questions en botanique, c'est là qu'il excelle** ask him questions on botany, that's where he shines; **~ dans** to excel in OU at; **elle excelle dans la pâtisserie** she excels at baking, she's an excellent pastry cook; **~ en: je n'excelle pas en latin** Latin isn't my strong point; **~ à faire** to be particularly good at doing; **il excelle à préparer le poisson** he's an expert at (preparing) fish dishes.

excentré, e [ɛksɑ̃tre] *adj* -**1.** MÉCAN thrown off centre, set over. -**2.** [quartier, stade] outlying; **c'est très ~** it's quite a long way out.

excentrer [3] [ɛksɑ̃tre] *vt* -**1.** MÉCAN to throw off centre *(sép)*, to set over *(sép)*. -**2.** [bâtiment, stade] to build far from the town centre.

excentricité [ɛksɑ̃trisite] *nf* -**1.** [attitude, acte] eccentricity; **qu'est-ce que c'est encore que ces ~s?** what's all this eccentric behaviour? -**2.** ASTRON & MATH eccentricity. -**3.** [d'un quartier] remoteness (from the town centre).

excentrique [ɛksɑ̃trik] ◇ *adj* -**1.** [bizarre] eccentric. -**2.** MATH eccentric. -**3.** [quartier, habitation] outlying.
◇ *nmf* [personne] eccentric.
◇ *nm* MÉCAN eccentric.

excentriquement [ɛksɑ̃trikmɑ̃] *adv* eccentrically.

excepté[1] [ɛksɛpte] *prép* except, apart from; **tous les enfants ont eu les oreillons, ~ le plus petit** all the children had the mumps, except OU apart from the youngest; **il accepte tout, ~ d'avoir à me rendre des comptes** he accepts everything, except having to be accountable to me; **il y va souvent, ~ quand il n'a pas le temps** he often goes (there) except when he doesn't have the time; **je viens avec toi, ~ si ça te dérange** I'll come with you, so long as you don't mind.
◆ **excepté que** *loc conj* except for OU apart from the fact that; **tout s'est bien passé, ~ qu'on a attendu trois heures** everything went

well except for OU apart from the fact that we had to wait three hours.

excepté², **e** [ɛksɛpte] *adj (après le n)* except, apart from; elle ~e except her, apart from her; vous deux ~s you two aside, except OU apart from you two; eux ~s, personne n'en a entendu parler no one heard about it apart from OU except them.

excepter [4] [ɛksɛpte] *vt* to except; si l'on excepte Marie, toutes sont volontaires with the exception of OU except Marie they have all volunteered; toute son œuvre, sans ~ ses essais all her work, including OU without excluding her essays.

exception [ɛksɛpsjɔ̃] -**1.** [chose, être ou événement hors norme] exception; la neige est une ~ par ici it rarely snows around here; cette règle admet des ~s there are (some) exceptions to this rule; ils sont tous très paresseux, à une ~/quelques ~s près all of them with one exception/a few exceptions are very lazy; il n'accorde jamais d'interviews, c'était une ~ he never (normally) gives interviews, that was an exception; faire ~ [être unique] to be an exception; être l'~ to be the OU an exception; son cas est une OU fait ~ her case is an exception OU is exceptional; les collisions entre avions restent l'~ plane collisions are still very rare ❑ l'~ confirme la règle the exception proves the rule. -**2.** [dérogation] exception; faire une ~ pour qqn/qqch to make an exception for sb/sthg; faire une ~ à to make an exception to; nous ferons une ~ à la règle we'll bend the rules; ce soir, je fais une petite ~ à mon régime I'll break my diet just for tonight; faire ~ de [exclure] to make an exception of, to except; si l'on fait ~ des enfants the children excepted, if you except the children. -**3.** JUR plea; ~ péremptoire peremptory plea; ~ d'illégalité/d'incompétence plea of illegality/incompetence; opposer une ~ to put in a demurrer OU plea.

◆ **à l'exception de**, **exception faite de** *loc prép* except, with the exception of.

◆ **d'exception** *loc adj* -**1.** POL [mesure] exceptional; [loi] emergency *(modif)*. -**2.** [remarquable] remarkable, exceptional; c'est un être d'~ [homme] he's an exceptional man; [femme] she's an exceptional woman.

◆ **sans (aucune) exception** *loc adv* without (any) exception; sortez tous, sans ~! out, every (single) one of you!

exceptionnel, **elle** [ɛksɛpsjɔnɛl] *adj* -**1.** [très rare - faveur, chance, circonstances] exceptional; [- accident, complication] exceptional, rare; [- mesure] exceptional, special; [unique - concert] special, one-off *Br*. -**2.** [remarquable - intelligence, œuvre] exceptional; ma mère était un être ~ my mother was a remarkable OU an exceptional woman. -**3.** POL [assemblée, conseil, mesures] special, emergency *(modif)*.

◆ **exceptionnel** *nm*: l'~ the exceptional.

exceptionnellement [ɛksɛpsjɔnɛlmɑ̃] *adv* -**1.** [beau, doué] exceptionally, extremely. -**2.** [contrairement à l'habitude] exceptionally; notre magasin sera ouvert lundi ~ next week only, our shop will be open on Monday; ~, le square est fermé ce soir for one night only, the park is closed this evening.

excès [ɛksɛ] ◇ *nm* -**1.** [surabondance]: ~ de surplus OU excess of; ~ de poids/calories excess weight/calories; un ~ de potassium/sucre dans le sang an excess of potassium/sugar in the blood; les plantes souffrent d'un ~ de chaleur/froid plants can be damaged by excessive heat/cold; ~ de prudence/rigueur/sévérité excessive care/rigour/harshness; ~ de zèle overzealousness; faire de l'~ de zèle to go beyond the call of duty; pas d'~ de zèle! there's no need to be overzealous! -**2.** TRANSP: ~ de vitesse speeding; faire un ~ de vitesse to exceed OU to break the speed limit. -**3.** [abus]: ~ de langage immoderate language; se livrer à OU commettre des ~ de langage to use strong language; ~ de pouvoir JUR abuse of power, action ultra vires *spéc*. -**4.** [manque de mesure]: tomber dans l'~ to be extreme; sois plus lyrique mais sans tomber dans l'~ be more lyrical but don't overdo it; tomber dans l'~ inverse to go to the opposite extreme ❑ l'~ en tout est un défaut *prov* moderation in all things *prov*.

◇ *nmpl*: ~ (de table) overindulgence; faire des ~ to eat and drink too much, to overindulge|| [violences] excesses; [débauche] excesses.

◆ **à l'excès** *loc adv* to excess, excessively; critiquer à l'~ to be excessive in one's criticism; boire à l'~ to drink to excess.

◆ **avec excès** *loc adv* to excess, excessively, immoderately.

◆ **sans excès** *loc adv* with moderation, moderately.

excessif, **ive** [ɛksesif, iv] *adj* -**1.** [chaleur, sévérité, prix] excessive; [colère] undue; [enthousiasme, optimisme] undue, excessive; 500 F, ce n'est pas ~ 500 F is quite a reasonable amount to pay. -**2.** [personne] extreme; c'est quelqu'un de très ~ he's given to extremes of behaviour; elle est excessive dans ses critiques she overdoes her criticism. -**3.** [intense]: il fait un froid ~ it's hideously cold; sans excessive gentillesse without being especially pleasant.

excessivement [ɛksesivmɑ̃] *adv* -**1.** [trop - raffiné] excessively; [- cher] excessively, inordinately. -**2.** [tour critiqué] [extrêmement]: cela lui déplaît ~ he dislikes it intensely; il fait ~ froid it's hideously cold.

excipient [ɛksipjɑ̃] *nm* excipient.

exciser [3] [ɛksize] *vt* to excise.

excision [ɛksizjɔ̃] *nf* excision.

excitabilité [ɛksitabilite] *nf* excitability.

excitable [ɛksitabl] *adj* -**1.** [facilement irrité]: il est très ~ he gets worked up quickly OU annoyed easily. -**2.** BIOL excitable.

excitant, **e** [ɛksitɑ̃, ɑ̃t] *adj* -**1.** [stimulant - boisson] stimulating. -**2.** [aguichant - femme, homme, tenue] arousing. -**3.** [passionnant - aventure, projet, vie] exciting, thrilling; [- film, roman] exciting; le match devient un peu plus ~ the match is warming up; ce n'est pas très ~! it's not very exciting!

◆ **excitant** *nm* stimulant, excitant.

excitation [ɛksitasjɔ̃] *nf* -**1.** [exaltation] excitement; en proie à une grande ~ very excited, in a state of great excitement; dans l'~ du moment in the heat of the moment. -**2.** [stimulation - d'un sens] excitation; [- sexuelle] sexual arousal OU excitement. -**3.** PHYSIOL excitation, stimulation. -**4.** ÉLECTR & PHYS excitation.

excité, **e** [ɛksite] ◇ *adj* -**1.** [enthousiasmé] excited, thrilled; ~ à l'idée de la revoir excited at OU thrilled by the idea of seeing her again; ils sont sortis du bal complètement ~s they left the dance in a state of tremendous excitement. -**2.** [stimulé - sens, curiosité, imagination] aroused, inflamed, stirred-up. -**3.** [agité - enfant, chien] excited, restless; [- candidat] tense, excited; les animaux sont ~s, ils pressentent l'orage the animals are restless, they can feel the storm coming. -**4.** [sexuellement - organe, personne] excited, aroused.

◇ *nm, f péj* hothead; les ~s du volant dangerous drivers.

exciter [3] [ɛksite] *vt* -**1.** [exalter] to excite, to exhilarate; la vitesse l'excite speed exhilarates her; les malheurs des autres, ça l'excite! *fam* other people's misfortunes turn him on!; n'excite pas les enfants avant le coucher don't get the children excited before bed. -**2.** [rendre agité - drogue, café] to make excited, to overstimulate, to stimulate; éviter les aliments susceptibles d'~ le malade avoid foods which may excite the patient. -**3.** [pousser]: ~ à: ~ qqn à la révolte to urge sb to rebel, to incite sb to rebellion; ~ un chien à l'attaque to egg a dog on to attack; ~ contre: ~ une foule contre un voleur to whip up a crowd against a thief; leur père les excite contre leur mère their father gets them worked up against their mother. -**4.** [attiser - admiration, envie] to provoke; [- curiosité, intérêt, soupçons] to arouse, to stir up *(sép)*; [- amour, jalousie] to arouse, to inflame, to kindle; ~ le rire to cause mirth. -**5.** [intensifier - appétit] to whet; [- rage] to whip up *(sép)*; [- désir] to increase, to sharpen; [- douleur] to intensify. -**6.** [sexuellement] to excite, to arouse. -**7.** *fam* [intéresser] to excite, to thrill, to get worked up; cette perspective ne m'excite pas vraiment! I can't say I'm thrilled OU wild about the idea! -**8.** *fam* [mettre en colère] to annoy, to bug; tu commences à m'~! you're beginning to bug me! -**9.** BIOL to stimulate. -**10.** ÉLECTR to excite.

◆ **s'exciter** *vpi* -**1.** *fam* [se mettre en colère] to get worked up; t'excite pas! don't get worked up!, keep your shirt on! -**2.** *fam* [s'acharner]: s'~ sur: ne t'excite pas sur la fermeture Éclair! go easy on the zipper! -**3.** [s'exalter] to get carried away OU excited OU overexcited; ne t'excite pas trop, ce n'est qu'un petit rôle don't get carried away, it's only a small part.

exclamatif, **ive** [ɛksklamatif, iv] *adj* exclamatory; à valeur exclamative used as an exclamation; proposition exclamative exclamation.

exclamation [ɛksklamasjɔ̃] *nf* -**1.** [cri] exclamation, cry; des ~s de joie/surprise cries of joy/surprise; pousser une ~ de joie/surprise to cry out with joy/in surprise. -**2.** LING exclamation.

exclamer [3] [ɛksklame]

◆ **s'exclamer** *vpi* to exclaim, to cry out; toi! s'était-il exclamé you! he had cried out OU exclaimed; il n'y a pas de quoi s'~, leur décision est connue depuis plusieurs jours there's nothing to be surprised about, their decision has been known for several days; s'~ sur: s'~ sur la beauté de qqch to cry out in admiration over the beauty of sthg; tous s'exclamaient sur le nouveau-né they were all admiring the new-born baby.

exclu, **e** [ɛkskly] ◇ *adj* -**1.** [non compris] excluded, left out; main-d'œuvre ~e, la facture s'élève à 453 F the bill amounts to 453 F, labour excluded; du 15 au 30 ~ from the 15th to the 30th exclusive; jusqu'à la ligne 22 ~e up to line 21 inclusive, up to but excluding line 22. -**2.** [rejeté - hypothèse, solution] ruled out, dismissed, rejected; l'hypothèse d'un meurtre n'est pas ~e murder hasn't been ruled out; une victoire de la gauche n'est pas ~e a victory of the left is not to be ruled out; il est ~ que je m'y rende my going there is totally out of the question; il n'est pas ~ qu'on les retrouve it's not impossible that they might be found. -**3.** [renvoyé - définitivement] expelled; [- provisoirement] suspended.

◇ *nm, f*: le grand ~ du palmarès à Cannes the big loser in the Cannes festival.

exclure [96] [ɛksklyr] *vt* -**1.** [expulser - membre, élève] to expel; [- étudiant] to send down *Br (sép)*, to expel; elle a été exclue du comité she was expelled from OU thrown off the committee; elle s'est fait ~ de l'école pour 3 jours she's been suspended from school for 3 days. -**2.** [écarter]: ~ qqn d'une carrière to exclude sb from OU to bar sb's access to a career; ~ qqn d'un club/d'une épreuve sportive to debar sb from (joining) a club/(taking part in) a sporting occasion; ils l'excluaient de leurs jeux they used to exclude him from OU would not allow him to take part in their games; les enfants sont exclus de la bibliothèque the library is out of bounds to the children. -**3.** [mettre à part] to exclude, to leave aside OU out *(sép)*; ~ une facture de sa note de frais to leave out OU to exclude a bill from one's expenses; si l'on exclut le mois de mars March excluded; si l'on exclut de petits incidents techniques, tout s'est très bien passé apart from a few minor technical hitches, everything went very well. -**4.** [être incompatible avec] to exclude, to preclude; la chimiothérapie n'exclut pas d'autres formes de traitement chemotherapy doesn't preclude other forms of treatment; l'un n'exclut pas l'autre they're not mutually exclusive; ~ que: sa nomination exclut qu'elle vienne vous voir en octobre her appointment will prevent her coming to see you in October. -**5.** [rejeter - hypothèse] to exclude, to rule out *(sép)*, to reject; ~ **l'hypothèse d'un suicide** to rule out suicide; **la possibilité de subvention est à** ~ the possibility of obtaining subsidies is to be ruled out.

◆ **s'exclure** ◇ *vp (emploi réciproque)* [activités, solutions, traitements] to exclude OU to preclude one another, to be incompatible OU mutually exclusive.

◇ *vp (emploi réfléchi)* [s'exposer au rejet] to cut o.s. off; **l'enfant brutal s'exclut par son comportement** bullies cut themselves off from the other children because of the way they behave.

exclusif, ive [ɛksklyzif, iv] *adj* -**1.** [droit, modèle, privilège] exclusive; [droits de reproduction, usage] exclusive, sole; [dépositaire, concessionnaire] sole; **avoir la jouissance exclusive de** to be the sole user OU possessor of; **en vente exclusive en pharmacie** sold exclusively in pharmacies; **propriété exclusive de l'auteur** exclusive property of the author. -**2.** ~ **de** [incompatible avec] exclusive of, incompatible with; **les services proposés ne sont pas** ~**s l'un de l'autre** the services offered are not mutually exclusive. -**3.** [absolu - amour, relation] exclusive; **les jumeaux ont une relation exclusive** the twins relate to nobody outside each other; **avoir un goût** ~ **pour** to like only; **dans le but** ~ **de** with the sole aim of. -**4.** [intolérant] blinkered. -**5.** [dossier, image, reportage] exclusive. -**6.** LING & MATH disjunctive; **le «ou»** ~ **de l'expression «ouvert ou fermé»** the disjunctive "or" in the phrase "open or shut".

◆ **exclusive** *nf sout* [exclusion] debarment; **frapper qqn/un pays d'**~ to debar sb/a country; **jeter** OU **prononcer l'**~ **contre qqn** to debar sb; **être l'objet d'une** ~ to be debarred.

exclusion [ɛksklyzjɔ̃] *nf* -**1.** [renvoi] expulsion; **demander l'**~ **de qqn** [permanente] to ask for sb to be expelled; [temporaire] to ask for sb to be suspended; **son** ~ **du club** his expulsion from the club; **son** ~ **du comité** his expulsion OU exclusion from the committee; **son** ~ **des fonctions de trésorière** her being debarred from continuing as treasurer ❑ ~ **temporaire** suspension; **pendant son** ~ [temporaire] while he was suspended. -**2.** [mise à l'écart] exclusion, denial of access; **l'**~ **des femmes de la scène politique** the exclusion of women from the world of politics. -**3.** MATH exclusion.

◆ **à l'exclusion de** *loc prép* except, apart from, with the exception of; **tous les jours à l'**~ **de jeudi** every day apart from Thursday OU Thursday excluded.

exclusive [ɛksklyziv] *f* → **exclusif**.

exclusivement [ɛksklyzivmɑ̃] *adv* -**1.** [uniquement] exclusively, solely; **prix réduit le lundi** ~ reduced price on Mondays only; **il joue** ~ **de la harpe** he only plays the harp. -**2.** [non inclus]: **du 1er au 10** ~ from the 1st to the 10th exclusive. -**3.** [aimer] exclusively, in an exclusive way.

exclusivisme [ɛksklyzivism] *nm* exclusive character, exclusiveness.

exclusivité [ɛksklyzivite] *nf* -**1.** COMM [droit] exclusive rights; **avoir l'**~ **de** to have the exclusive rights for; **avoir l'**~ **d'une interview** to have the exclusive coverage of an interview; **l'agence a l'**~ **des photos** the agency has exclusive rights to the pictures. -**2.** [objet unique]: **ce modèle est une** ~ this is an exclusive design || [article] exclusive (article); [interview] exclusive interview. -**3.** CIN film *Br* OU movie *Am* on general release. -**4.** [privilège exclusif]: **il n'a pas l'**~ **du talent** he doesn't have a monopoly on OU he's not the only one with talent.

◆ **en exclusivité** *loc adv* -**1.** COMM exclusively; **chemises Verpé en** ~ **chez Flakk** Flakk, sole authorized distributor for Verpé shirts. -**2.** [reportage, article] exclusively; **en** ~ **sur notre chaîne** exclusively on our channel; **ses lettres ont été publiées en** ~ **par le magazine «Aujourd'hui»** his letters were published as an exclusive by "Aujourd'hui" magazine. -**3.** CIN: **en première** ~ on general release.

excommunication [ɛkskɔmynikasjɔ̃] *nf* excommunication.

excommunié, e [ɛkskɔmynje] ◇ *adj* excommunicated.

◇ *nm, f* excommunicated person, excommunicate.

excommunier [9] [ɛkskɔmynje] *vt* to excommunicate.

excoriation [ɛkskɔrjasjɔ̃] *nf sout* excoriation, scratch.

excorier [9] [ɛkskɔrje] *vt sout* to excoriate, to scratch.

excrément [ɛkskremɑ̃] *nm* excrement; ~**s** excrement, faeces.

excrémentiel, elle [ɛkskremɑ̃sjɛl] *adj* excremental.

excréter [18] [ɛkskrete] *vt* to excrete.

excréteur, trice [ɛkskretœr, tris] *adj* excretory.

excrétion [ɛkskresjɔ̃] *nf* PHYSIOL excretion.

◆ **excrétions** *nfpl* [substance] excreta.

excrétoire [ɛkskretwar] *adj* excretory.

excroissance [ɛkskrwasɑ̃s] *nf* -**1.** MÉD growth, excrescence *spéc.* -**2.** *fig* excrescence *péj.*

excursion [ɛkskyrsjɔ̃] *nf* -**1.** [voyage - en car] excursion, trip; [- à pied] ramble, hike; [- à bicyclette] ride, tour; [- en voiture] drive; **faire une** ~ [avec un véhicule] to go on an excursion; [à pied] to go on OU for a hike; **une** ~ **dans le pays des vins** a tour of the vineyards; **faire une** ~ [d'un jour] to go on a day-trip; ~**s de deux jours au pays de Galles** two-day tours OU trips to Wales. -**2.** [sortie] outing, trip; **l'**~ **annuelle de l'école** the annual school outing OU trip.

excursionner [3] [ɛkskyrsjɔne] *vi* [faire une excursion] to go on OU for an excursion; [faire des excursions] to go touring.

excursionniste [ɛkskyrsjɔnist] *nmf* -**1.** [touriste en car, bateau] holiday-maker *Br*, vacationer *Am*; [d'un jour] day-tripper. -**2.** [randonneur] hiker, rambler.

excusable [ɛkskyzabl] *adj* excusable, forgivable; **tu n'es pas** ~ you have no excuse; **allons, c'est** ~! come on, it's understandable!

excuse [ɛkskyz] *nf* -**1.** [motif allégué] excuse, pretext; **j'étais fatigué — ce n'est pas une** ~! I was tired — it's no excuse!; **il a toujours une bonne** ~ **pour ne pas téléphoner** he always has a good excuse for not phoning; **tu n'as aucune** ~ you have no excuse; **sa conduite est sans** ~ her behaviour is inexcusable, there's no excuse for her behaviour; **donner pour** ~ **le manque d'argent** to use lack of money as an excuse; **trouver des** ~**s à qqn** to find excuses for OU to excuse sb; **je ne trouve pas d'**~ **à votre retard** I can see no valid reason for your being late ❑ **la belle** ~! *iron* what an OU that's some excuse!; **faites** ~! *hum* [regrets] I do apologize!; [objection] excuse me! -**2.** JUR: ~ **atténuante** extenuating excuse; ~ **absolutoire** excuse involving acquittal; ~ **légale** legal excuse.

◆ **excuses** *nfpl* [regrets] apology; **j'exige des** ~**s publiques** I want a public apology; **faire** OU **présenter ses** ~**s à qqn** to offer one's apologies OU to apologize to sb; **il vous fait ses plus plates** ~**s** he apologizes to you most humbly; **tu me dois des** ~**s** you owe me an apology.

excuser [3] [ɛkskyze] *vt* -**1.** [pardonner - conduite] to excuse, to forgive; [- personne] to forgive; **excusez mon indiscrétion mais...** excuse my OU forgive me for being indiscreet but...; **excuse-moi d'appeler si tard** forgive me OU I do apologize for phoning so late; **excusez-moi** [regret] forgive me, I'm sorry, I do apologize; [interpellation, objection, après un hoquet] excuse me; **excusez-moi mais je suis pressé** excuse me OU I'm sorry but I'm in a hurry; **je vous prie de** OU **veuillez m'**~ I (do) beg your pardon, I do apologize; **tu es tout excusé** you are forgiven, please don't apologize || *(en usage abs)*: **excusez du peu!** *iron* is that all? -**2.** [justifier - attitude, personne] to excuse, to find excuses OU an excuse for; **tu l'excuses toujours!** you're always finding excuses for him!; **sa grossièreté ne peut être excusée** his rudeness is inexcusable, there is no excuse for his rudeness. -**3.** [accepter l'absence de] to excuse; **se faire** ~ to ask to be excused. -**4.** [présenter les excuses de]: **excuse-moi auprès de lui** apologize to him for me.

◆ **s'excuser** *vpi* -**1.** [demander pardon] to apologize; **ne vous excusez pas** (please) don't apologize; **tu pourrais t'**~! it wouldn't hurt you to say sorry!; **s'**~ **auprès de qqn** to apologize to sb; **je m'excuse de mon retard/de vous interrompre** sorry for being late/for interrupting you ❑ **qui s'excuse, s'accuse** *prov* he who apologises admits his guilt. -**2.** [ton indigné]: **je m'excuse (mais...)!** excuse me OU I'm sorry (but...)!; **je m'excuse mais je n'ai jamais dit ça!** excuse me but I never said that!

exécrable [ɛgzekrabl] *adj* -**1.** [mauvais - dîner, goût, spectacle] abysmal, awful, foul; [- temps] awful, rotten, wretched; [- travail] abysmal; **il est d'une humeur** ~ **aujourd'hui** he's in a foul OU filthy mood today; **avoir un caractère** ~ to be foul-tempered; **elle est** ~ **avec moi** she's horrible to me. -**2.** *sout* [odieux - crime] heinous.

exécrablement [ɛgzekrabləmɑ̃] *adv* abominably, abysmally.

exécration [ɛgzekrasjɔ̃] *nf sout* [dégoût, horreur] execration; **avoir qqch en** ~ to loathe OU to abhor sthg.

exécrer [18] [ɛgzekre] *vt sout* to loathe, to abhor.

exécutable [ɛgzekytabl] *adj* possible, feasible; **ce n'est pas** ~ **en trois jours** it can't possibly be done in three days.

exécutant, e [ɛgzekytɑ̃, ɑ̃t] *nm, f* -**1.** [musicien] performer. -**2.** *péj* [subalterne] subordinate, underling *péj*; **je ne suis qu'un simple** ~ I only carry out orders; **il a commandité l'assassinat, mais ce n'est pas lui l'**~ he ordered the murder but did not carry it out.

exécuter [3] [ɛgzekyte] *vt* -**1.** [mouvement, cabriole] to do, to execute; ~ **une manœuvre compliquée** [en voiture] to go through OU to execute a complicated manoeuvre. -**2.** [confectionner - maquette, statue] to make; [- tableau] to paint. -**3.** [interpréter - symphonie] to perform, to play; [- chorégraphie] to perform, to dance. -**4.** [mener à bien - consigne, ordre, mission] to carry out *(sép)*, to execute; [- projet] to carry out; ~ **un projet jusqu'au bout** to see a project through to the end. -**5.** [commande] to carry out *(sép)*. -**6.** [tuer - condamné] to execute, to put to death; [- victime] to execute, to kill. -**7.** *fam* [vaincre - joueur] to slaughter, to trounce; **elle s'est fait** ~ **en 2 sets 6-1/6-0** she was disposed of in straight sets 6-1/6-0. -**8.** *fam* [critiquer] to slate *Br*, to pan. -**9.** JUR [testament] to execute; [contrat] to fulfil the terms of; [arrêt, jugement, traité] to enforce; [débiteur] to distrain upon *(insép)*. -**10.** INF to run.

◆ **s'exécuter** *vpi* to comply, to do what one is told; **je lui demandai de sortir, il s'exécuta de mauvaise grâce** I asked him to go out, he did so OU complied reluctantly.

exécuteur, trice [ɛgzekytœr, tris] *nm, f* JUR [d'un jugement] enforcer; [mandataire]: ~ **testamentaire** [homme] executor; [femme] executor, executrix.

◆ **exécuteur** *nm*: ~ **des hautes œuvres** HIST executioner; *hum* axeman.

exécutif, ive [ɛgzekytif, iv] *adj* executive; **le pouvoir** ~ the executive (branch).

◆ **exécutif** *nm*: **l'**~ the executive.

exécution [ɛgzekysjɔ̃] *nf* -**1.** [d'une maquette] execution, making; [d'un tableau] execution, painting *(U)*. -**2.** [d'une symphonie, d'une chorégraphie] performance, performing. -**3.** [d'une menace, d'une décision] carrying out; [d'un projet] execution; **mettre qqch à** ~ to carry sthg out ❑ ~! MIL at the double!; **va ranger ta chambre,** ~! *hum* go and tidy up your bedroom, NOW OU on the double! -**4.** [d'une commande] carrying out. -**5.** [d'un condamné]: ~ **(capitale)** execution. -**6.** JUR [d'un jugement, d'un traité] enforcement; [d'un contrat] fulfilment; BOURSE distraint, distress.

exécutoire [ɛgzekytwar] ◇ *adj* [jugement] enforceable; **formule ~** executory formula; **mesure ~** binding measure; **titre ~** writ of execution.

◇ *nm* writ of execution.

exégèse [ɛgzeʒɛz] *nf* exegesis; **faire l'~ de** to write a critical interpretation of.

exégète [ɛgzeʒɛt] *nmf* exegete.

exégétique [ɛgzeʒetik] *adj* exegetical.

exemplaire[1] [ɛgzɑ̃plɛr] *adj* -**1.** [qui donne l'exemple - conduite] exemplary, perfect; [- personne] exemplary, model; **d'une correction ~** perfectly correct, with exemplary courtesy. -**2.** [qui sert d'exemple - punition] exemplary.

exemplaire[2] [ɛgzɑ̃plɛr] *nm* -**1.** [d'un document] copy; **en deux ~s** in duplicate; **en trois ~s** in triplicate; **le contrat est fait en quatre ~s** there are four copies of the contract; **le livre a été tiré à 10 000 ~s** 10,000 copies of the book were published; **le journal tire à 150 000 ~s** the newspaper has a circulation of 150,000. -**2.** [d'un coquillage, d'une plante] specimen, example.

exemplairement [ɛgzɑ̃plɛrmɑ̃] *adv* exemplarily.

exemplarité [ɛgzɑ̃plarite] *nf* exemplariness, exemplarity.

exemple [ɛgzɑ̃pl] *nm* -**1.** [d'architecture] example; [d'un défaut, d'une qualité] example; [d'une situation] example, instance; **donner qqch en** OU **comme ~** to give sthg as an example; **citer qqch en ~** to quote sthg as an example; **un bel ~ de poterie égyptienne** a fine example of Egyptian pottery; **c'est un bel ~ de coopération** that's a fine example OU instance of cooperation. -**2.** [modèle] example, model; **elle est l'~ de la parfaite secrétaire** she's a model secretary; **il est l'~ type du yuppie** he's a typical yuppie; **donner l'~** to give OU to set the example; **faire un ~** to make an example; **prendre ~ sur qqn** to take sb as a model OU an example; **servir d'~** [personne] to be taken as an example; **que cela vous serve d'~** let this be a warning to you; **suivre l'~ de qqn** to follow sb's example, to take one's cue from sb; **la France a dit non et d'autres pays ont suivi son ~** France said no and other countries followed suit; **ne suivez pas le mauvais ~ de vos prédécesseurs** don't follow the bad example set by your predecessors. -**3.** [de grammaire, de dictionnaire] (illustrative) example; **donnez-moi des ~s à l'impératif** give me examples in the imperative.

◆ **à l'exemple de** *loc prép*: **à l'~ de son maître** following his master's example; **il couchait par terre, à l'~ de ses soldats** he slept on the bare earth, just like his soldiers.

◆ **par exemple** *loc adv* -**1.** [comme illustration] for example OU instance. -**2.** [marque la surprise]: **(ça) par ~, c'est Pierre!** Pierre! well I never!; **ça par ~, le verre a disparu!** well, well, well, the glass has disappeared!

◆ **pour l'exemple** *loc adv*: **fusillé pour l'~** shot as an example (to others).

◆ **sans exemple** *loc adj* unprecedented.

exemplification [ɛgzɑ̃plifikasjɔ̃] *nf* exemplification, exemplifying.

exemplifier [9] [ɛgzɑ̃plifje] *vt* to exemplify.

exempt, e [ɛgzɑ̃, ɑ̃t] *adj* -**1.** [dispensé]: **~ de** [d'une obligation] exempt from; **~ d'impôts** non taxable, exempt from tax; **produits ~s de taxes** duty-free OU non dutiable goods; **~ de port** carriage free. -**2.** [dépourvu]: **~ d'erreur** faultless; **son attitude n'était pas ~e d'un certain mépris** her attitude wasn't without contempt.

exempté, e [ɛgzɑ̃te] *adj*: **~ du service militaire** exempt from military service; **~ de corvée** exempt from duty.

◆ **exempté** *nm* man exempt from military service.

exempter [3] [ɛgzɑ̃te] *vt*: **~ qqn de qqch: ~ un jeune homme du service militaire** to exempt a young man from military service; **~ qqn d'impôts** to exempt sb from taxes; **~ qqn d'une obligation** to exempt sb from an obligation.

exemption [ɛgzɑ̃psjɔ̃] *nf* -**1.** [dispense] exemption; **bénéficier de l'~ d'une taxe** to be exempt from a tax. -**2.** MIL exemption from military service.

exercé, e [ɛgzɛrse] *adj* [oreille, œil] trained, keen; [personne] trained, experienced.

exercer [16] [ɛgzɛrse] *vt* -**1.** [pratiquer - talent] to exercise; [- fonction] to fulfil, to exercise; [- art] to practise; **quel métier exercez-vous?** what's your job?; **~ le métier de dentiste/forgeron** to work as a dentist/blacksmith; **~ la médecine** to practise medicine ‖ *(en usage abs)* [dentiste, homme de loi, médecin] to be in practice, to practise; **elle n'exerce plus** she doesn't practise anymore. -**2.** [faire usage de - autorité] to exercise, to exert; [- droit, privilège] to exercise; **~ une action sur** to act on; **~ un attrait sur qqn** to be attractive to OU to attract sb; **~ un contrôle sur** to control; **~ une influence sur** to exercise OU to exert an influence on; **~ une pression sur qqch** to press sthg, to exert pressure on sthg; **~ une pression sur qqn** to put pressure on OU to pressurize sb; **~ des sanctions contre** to carry out sanctions against; **~ sa verve contre qqn** *sout* to make sb the object of one's wit. -**3.** [entraîner - oreille, esprit, mémoire] to exercise, to train; **~ qqn à faire qqch** to train sb to do sthg; **~ un chien à attaquer** to train a dog to attack. -**4.** *litt* [mettre à l'épreuve - patience] to try (sorely).

◆ **s'exercer** *vpi* -**1.** [s'entraîner] to practise; **s'~ au piano** to practise (playing) the piano; **s'~ à faire des grimaces** to practise pulling faces. -**2.** [s'appliquer]: **s'~ sur** [force, pression] to be brought to bear on, to be exerted on; **l'attrait qui s'exerçait sur moi** the attraction I was feeling.

exercice [ɛgzɛrsis] *nm* -**1.** [mouvement physique]: **~s d'assouplissement/d'échauffement** stretching/warm-up exercises; **~s respiratoires** (deep) breathing exercises; **c'est un excellent ~ pour les pectoraux** it's an excellent exercise for the pectoral muscles; **faire des ~s** to exercise; **faire des ~s pour les abdominaux** to do exercises for OU to exercise one's stomach muscles. -**2.** [sport]: **~ (physique)** (physical) exercise; **l'~** exercise, exercising; **faire de l'~** to take exercise, to exercise; **tu devrais faire plus d'~** you should exercise more OU take more exercise; **je manque d'~** I don't take enough exercise. -**3.** SCOL exercise; **faire un ~** to do an exercise; **~ de chimie/physique** chemistry/physics exercise; **~s de grammaire/phonétique** grammar/phonetics exercises; **faire faire des ~s de grammaire/prononciation à qqn** to give sb exercises in grammar/pronunciation ❑ **~ de style** LITTÉRAT stylistic composition; **sa dernière collection est un ~ de style** *fig* his latest collection is an exercise in style. -**4.** MIL drill, exercise; **~ à la cible** target practice; **~s de tir** shooting drill OU practice; **faire l'~** to drill. -**5.** [usage]: **l'~ d'un droit** exercising a right; **l'~ du pouvoir** exercising power; **l'~ de responsabilités** carrying out responsibilities; **l'~ d'un métier** plying a trade; **condamné pour ~ illégal de la médecine** condemned for illegal practice of medicine; **dans l'~ de ses fonctions** in the execution of her duties. -**6.** FIN year; **les impôts pour l'~ 1993** taxes for the 1993 fiscal OU tax year ❑ **~ budgétaire** budgetary year.

◆ **à l'exercice** *loc adv* MIL on parade.

◆ **en exercice** *loc adj* [député, juge] sitting; [membre de comité] serving; [avocat, médecin] practising; **être en ~** [diplomate, magistrat] to be in OU to hold office.

exerciseur [ɛgzɛrsizœr] *nm* [gén] exercise machine OU bench; [pour la poitrine] chest expander.

exérèse [ɛgzerɛz] *nf* ablation.

exergue [ɛgzɛrg] *nm* -**1.** [dans un livre] inscription; **mettre qqch en ~: mettre une citation en ~ à un** OU **d'un texte** to head a text with quotation, to write a quotation as an epigraph to a text; **mettre un argument en ~** *fig* to underline OU to stress an argument. -**2.** [sur une médaille - espace] exergue; [- inscription] epigraph.

exfoliant, e [ɛksfɔljɑ̃, ɑ̃t] *adj* exfoliative.

◆ **exfoliant** *nm* exfoliant.

exfoliation [ɛksfɔljasjɔ̃] *nf* exfoliation, exfoliating *(U)*.

exfolier [9] [ɛksfɔlje] *vt* to exfoliate.

exhalaison [ɛgzalɛzɔ̃] *nf* [odeur - agréable] fragrance; [- désagréable] unpleasant odour; **les ~s fétides des égouts** the fetid fumes from the sewers.

exhalation [ɛgzalasjɔ̃] *nf* exhalation.

exhaler [3] [ɛgzale] *vt* -**1.** [dégager - parfum] to exhale; [- gaz, effluves, vapeur] to exhale, to give off *(sép)*; **les fromages qui séchaient exhalaient leur odeur sure** the drying cheeses gave off their sour smell. -**2.** [émettre - soupir] to breathe; [- gémissement] to utter, to give forth *(insép) litt.* -**3.** *litt* [être empreint de]: **la maison exhalait la mélancolie/le bonheur** the house exuded melancholy/radiated happiness. -**4.** [en respirant] to exhale.

exhaussement [ɛgzosmɑ̃] *nm* raising (up).

exhausser [3] [ɛgzose] *vt* [bâtiment, mur] to raise; **le bâtiment a été exhaussé de deux étages** two floors were added to the building.

exhaustif, ive [ɛgzostif, iv] *adj* exhaustive.

exhaustivement [ɛgzostivmɑ̃] *adv* exhaustively.

exhaustivité [ɛgzostivite] *nf* exhaustiveness.

exhiber [3] [ɛgzibe] *vt* -**1.** [afficher - décorations, muscles] to display, to show off *(insép)*; [- richesses] to display, to make a (great) show of; **~ sa science** to show off one's knowledge. -**2.** [au cirque, à la foire] to show, to exhibit. -**3.** [document officiel] to produce, to show, to present.

◆ **s'exhiber** *vpi* to parade (around).

exhibition [ɛgzibisjɔ̃] *nf* -**1.** [comportement] piece of provocative behaviour; **après cette ~ ridicule, tu n'as plus qu'à t'excuser!** apologize after making such an absurd exhibition of yourself! -**2.** *péj* [étalage] display; **une ~ de pectoraux sur la plage** a display of muscular chests on the beach. -**3.** [dans un concours] showing; **~ de chiens de race** pedigree dog show; **~ de bétail** cattle show ‖ [comme attraction] exhibiting; **~ d'animaux de cirque** exhibiting circus animals. -**4.** SPORT exhibition. -**5.** [présentation - de documents] presentation.

exhibitionnisme [ɛgzibisjɔnism] *nm* exhibitionism.

exhibitionniste [ɛgzibisjɔnist] *nmf* exhibitionist.

exhortation [ɛgzɔrtasjɔ̃] *nf* exhortation; **la foule, excitée par ses ~s** the crowd, excited by his exhortations; **~ à** call for; **je n'écoutais pas leurs ~s à la modération** I was deaf to their calls for moderation.

exhorter [3] [ɛgzɔrte] *vt* to urge; **~ qqn à la patience** to urge OU to exhort sb to be patient; **~ qqn à la prudence** to urge OU to exhort sb to be careful; **~ qqn à faire qqch** to exhort OU to urge sb to do sthg.

◆ **s'exhorter à** *vp + prép*: **s'~ à qqch: elle s'exhortait à la patience** she was exhorting herself to be patient; **s'~ à faire qqch** to exhort o.s. to do sthg.

exhumation [ɛgzymasjɔ̃] *nf* -**1.** [d'un cadavre] exhumation; [d'objets enfouis] excavation, digging out. -**2.** *fig* [de sentiments] unearthing; [de vieux documents] digging out OU up.

exhumer [3] [ɛgzyme] *vt* -**1.** [déterrer - cadavre] to exhume; [- objets enfouis] to excavate, to dig out *(sép)*. -**2.** [sentiments] to unearth; [vieux documents] to dig out OU up *(sép)*, to rescue from oblivion.

exigeant, e [ɛgziʒɑ̃, ɑ̃t] *adj* -**1.** [pointilleux - maître, professeur] demanding, exacting; [- malade] demanding; [- client] demanding, particular, hard to please; **je suis très ~ quant à la qualité** I'm very particular about quality; **tu es trop ~e avec tes amis** you ask OU expect too much from your friends. -**2.** [revendicateur]: **ne sois pas trop ~, c'est ton premier emploi** don't be too demanding OU don't expect too much, it's your first job. -**3.** [ardu - métier] demanding, exacting.

exigence [ɛgziʒɑ̃s] *nf* -**1.** [demande - d'un client] requirement; [- d'un ravisseur] demand. -**2.** [nécessité] demand; **répondre aux ~s de qualité/sécurité** to meet quality/safety requirements; **les ~s de ma profession** the demands OU requirements of my profession; **les ~s de la morale/du savoir-vivre** the demands of morality/of mannerliness. -**3.** [caractère exigeant - d'un client] particularity; [- d'un professeur, d'un parent] strictness, exactingness; **devant l'~ de son client** faced with such a demanding customer.

◆ **exigences** *nfpl* [salaire] expected salary; **quelles sont vos ~s?** what salary do you expect?; **en donnant vos nom, adresse et ~s** stating your name, address and expected salary.

exiger [17] [ɛgziʒe] *vt* -**1.** [compensation, dû] to demand, to claim. -**2.** [excuse] to require, to demand, to insist on *(insép)*; **~ la plus grande honnêteté de la part de qqn** to insist on scrupulous honesty from sb, to expect sb to be scrupulously honest; **~ beaucoup/trop de qqn** to expect a lot/too much from sb. -**3.** [déclarer obligatoire] to require; **la connaissance du russe n'est pas exigée** knowledge of Russian is not a requirement; **le port du casque est exigé** hard hats must be worn; **aucun visa n'est exigé** no visa is needed. -**4.** [nécessiter] to require, to need; **un métier qui exige beaucoup de précision** a job requiring great accuracy; **un bateau exige beaucoup d'entretien** a boat needs OU requires a lot of maintenance; **le poste exige beaucoup de déplacements** the post involves a lot of travelling; **nous interviendrons si la situation l'exige** we'll intervene if it becomes necessary.

exigibilité [ɛgziʒibilite] *nf* payability.

exigible [ɛgziʒibl] *adj* [impôt] due (for payment), payable; **cet impôt est ~ en septembre** payment of this tax falls due in September.

exigu, ë [ɛgzigy] *adj* [appartement, pièce] very small, tiny; [couloir] very narrow; **c'est un peu ~ pour ma famille** it's a bit cramped OU small for my family.

exiguïté [ɛgzigɥite] *nf* [d'une pièce] smallness; [d'un couloir] narrowness.

exil [ɛgzil] *nm* exile; **pendant son ~ londonien** while he was living in exile in London.

◆ **en exil** ◇ *loc adj* exiled.
◇ *loc adv* in exile; **vivre en ~** to live in exile; **envoyer qqn en ~** to exile sb; **je me sens en ~ loin de ma Bretagne natale** I feel like an exile away from my native Brittany.

exilé, e [ɛgzile] ◇ *adj* exiled.
◇ *nm, f* exile.

exiler [3] [ɛgzile] *vt* to exile.

◆ **s'exiler** *vpi* -**1.** [quitter son pays] to go into self-imposed exile. -**2.** [s'isoler] to cut o.s. off.

existant, e [ɛgzistɑ̃, ɑ̃t] *adj* [modèle, loi, tarif] existing, current, currently in existence.

existence [ɛgzistɑ̃s] *nf* -**1.** [vie d'un être] life, existence; **j'aurai travaillé toute mon ~** I'll have worked all my life OU days; **que d'~s misérables!** so many wretched lives!|| [mode de vie] lifestyle; **j'en ai assez de cette ~** I've had enough of this (kind of) life; **il faut bien s'amuser dans l'~** you have to have some fun in life. -**2.** [durée - d'une constitution, d'une civilisation] lifespan, lifetime. -**3.** [réalité - d'un complot] existence; [- d'une substance] presence, existence. -**4.** [présence - d'une personne] presence; **manifester** OU **signaler son ~** to make one's presence known.

existentialisme [ɛgzistɑ̃sjalism] *nm* existentialism.

existentialiste [ɛgzistɑ̃sjalist] *adj* & *nmf* existentialist.

existentiel, elle [ɛgzistɑ̃sjɛl] *adj* existential.

exister [3] [ɛgziste] *vi* -**1.** [être réel] to exist, to be real; **le père Noël n'existe pas!** Father Christmas doesn't exist!; **ce personnage a bien existé, il vivait au XVIIe siècle** this character is real OU did exist, he lived in the 17th century; **le savon, ça existe!** *fam* there is such a thing as soap, you know!; **si Robert/le dentifrice n'existait pas, il faudrait l'inventer!** *hum* the world couldn't do without Robert/toothpaste!; **l'amour existe, je l'ai rencontré** love really does exist! -**2.** [subsister] to exist, to be extant; **l'hôtel existe toujours/n'existe plus** the hotel is still there/isn't there anymore; **les vieilles pratiques religieuses qui existent toujours au village** the old religious practices still extant OU which still exist in the village; **la galanterie, ça n'existe plus** (the age of) chivalry is dead. -**3.** [être important] to matter; **seul son métier existe pour lui** his job's the only thing that matters to him; **il n'y a pas que l'argent qui existe!** money isn't everything (in life)! -**4.** [vivre - personne] to be here; **tant que j'existerai** as long as I live; **fais comme si je n'existais pas** pretend I'm not here. -**5.** *(tournure impers)*: **il existe** *(suivi d'un sg)* there is, there's; *(suivi d'un pl)* there are; **il n'existe aucune directive à ce sujet** there are no guidelines for that; **il existe des appareils à dénoyauter les fruits** there are machines for taking stones out of fruit.

exit [ɛgzit] *vi*: **~ le Duc** exit the Duke.

ex-libris [ɛkslibris] *nm inv* ex-libris.

exobiologie [ɛgzɔbjɔlɔʒi] *nf* exobiology.

exocet [ɛgzɔsɛt] *nm* ZOOL flying fish.

exocrine [ɛgzɔkrin] *adj* exocrine.

exode [ɛgzɔd] *nm* -**1.** [départ] exodus; **l'~ des Parisiens en août** the annual exodus of Parisians from the capital in August; **l'~** HIST *the flight southward and westward of French civilians before the occupying German army in 1940*; **l'~ des cerveaux** the brain drain; **l'~ des capitaux** the flight of capital; **l'~ rural** the drift away from the land. -**2.** BIBLE: **l'Exode** the Exodus; **(le livre de) l'Exode** (the book of) Exodus.

exogame [ɛgzɔgam] ◇ *adj* exogamous, exogamic.
◇ *nmf* exogamous subject.

exogamique [ɛgzɔgamik] *adj* exogamous, exogamic.

exogène [ɛgzɔʒɛn] *adj* exogenous.

exonération [ɛgzɔnerasjɔ̃] *nf* exemption, exempting *(U)*; **~ fiscale** OU **d'impôt** tax exemption.

exonérer [18] [ɛgzɔnere] *vt* -**1.** ADMIN & FIN [contribuable, revenus] to exempt; **~ qqn d'impôts** to exempt sb from income tax; **~ des marchandises de taxes** to exempt goods from duty; **marchandises exonérées** non dutiable freight; **intérêt 12 % exonéré d'impôts** 12% interest rate, non taxable OU free of tax. -**2.** *sout* [dégager]: **~ qqn de** [obligation] to free sb from; [responsabilité] to exonerate OU to free sb from.

exophtalmique [ɛgzɔftalmik] *adj* exophthalmic.

exorbitant, e [ɛgzɔrbitɑ̃, ɑ̃t] *adj* -**1.** [trop cher - loyer] exorbitant, extortionate. -**2.** [démesurée - requête] outrageous; [- prétention] absurd.

exorbité, e [ɛgzɔrbite] *adj* bulging, protruding; **les yeux ~s** with bulging eyes, with his eyes out on stalks *hum.*

exorcisation [ɛgzɔrsizasjɔ̃] *nf* exorcizing.

exorciser [3] [ɛgzɔrsize] *vt* to exorcize.

exorcisme [ɛgzɔrsism] *nm* exorcism.

exorciste [ɛgzɔrsist] *nm* exorcist.

exorde [ɛgzɔrd] *nm* exordium.

exoréique [ɛgzɔreik] *adj* exoreic, exorheic.

exoréisme [ɛgzɔreism] *nm* exoreism, exorheism.

exosphère [ɛgzɔsfɛr] *nf* exosphere.

exotérique [ɛgzɔterik] *adj* exoteric.

exothermique [ɛgzɔtɛrmik] *adj* exothermic, exothermal.

exotique [ɛgzɔtik] *adj* [produit, fruit, pays] exotic.

exotisme [ɛgzɔtism] *nm* exoticism.

exotoxine [ɛgzɔtɔksin] *nf* exotoxin.

expansé, e [ɛkspɑ̃se] *adj* [polystyrène] expanded.

expansibilité [ɛkspɑ̃sibilite] *nf* expansibility.

expansible [ɛkspɑ̃sibl] *adj* expansible, liable to expand.

expansif, ive [ɛkspɑ̃sif, iv] *adj* -**1.** [communicatif - caractère, personne] expansive, exuberant, effusive; **il n'est pas très ~** he's never very forthcoming. -**2.** PHYS expansive.

expansion [ɛkspɑ̃sjɔ̃] *nf* -**1.** ÉCON: **~ (économique)** (economic) growth; **l'Expansion** PRESSE *weekly business magazine.* -**2.** [augmentation - d'un territoire, de l'univers] expansion, expanding *(U)*. -**3.** [propagation - d'une idéologie, d'une influence] spread. -**4.** CHIM & PHYS expansion, expanding *(U)*. -**5.** *litt* [épanchement] expansiveness, effusiveness; **avoir un besoin d'~** to need to open out (to others).

◆ **en expansion** *loc adj* ÉCON expanding, booming.

expansionnisme [ɛkspɑ̃sjɔnism] *nm* expansionism.

expansionniste [ɛkspɑ̃sjɔnist] *adj* & *nmf* expansionist.

expansivité [ɛkspɑ̃sivite] *nf* expansiveness.

expatriation [ɛkspatrijasjɔ̃] *nf* expatriation.

expatrié, e [ɛkspatrije] *adj* & *nm, f* expatriate.

expatrier [10] [ɛkspatrije] *vt* to expatriate.

◆ **s'expatrier** *vpi* to become an expatriate, to leave one's country (of origin).

expectative [ɛkspɛktativ] *nf* [attente - incertaine] state of uncertainty; [- prudente] cautious wait; [- pleine d'espoir] expectancy, expectation.

◆ **dans l'expectative** *loc adv*: **être dans l'~** [espérer] to be in a state of expectation; [être incertain] to be in a state of uncertainty.

expectorant [ɛkspɛktɔrɑ̃] *nm* expectorant.

expectoration [ɛkspɛktɔrasjɔ̃] *nf* expectoration.

expectorer [3] [ɛkspɛktɔre] *vi* & *vt* to expectorate.

expédient, e [ɛkspedjɑ̃, ɑ̃t] *adj sout* expedient.

◆ **expédient** *nm* -**1.** [moyen] expedient; **se tirer d'une difficulté par un ~** to find an expedient for getting out of a difficulty. -**2.** *loc*: **user** OU **vivre d'~s** to live by one's wits.

expédier [9] [ɛkspedje] *vt* -**1.** [envoyer - colis, lettre] to send, to dispatch; **~ par avion** to send by air mail; **~ par bateau** [lettre, paquet] to send surface mail; [marchandises] to send by sea, to ship; **~ par coursier** to send by courier; **~ par la poste** to send through the post *Br* OU mail; **~ par le train** to send by train OU rail. -**2.** [personne] to send off *(sép)*; **les colporteurs qui sonnent ici sont vite expédiés!** any hawkers ringing my bell soon get sent on their way!; **je vais l'~ en colonie de vacances** I'm going to send her off to a summer camp; **~ qqn dans l'autre monde** *fam* OU **au cimetière** *fam* to send sb off to meet their maker. -**3.** [bâcler, finir sans soin - dissertation, lettre] to dash off *(sép)*; [- corvée, travail] to make short work of, to dispatch; **elle a expédié le match en deux sets** she wrapped up the match in two sets. -**4.** [avaler vite - repas] to dispatch, to swallow; [- verre de vin] to knock back *(sép)*. -**5.** *loc*: **~ les affaires courantes** [employé] to deal with day-to-day matters (only); [président] to be a caretaker president. -**6.** JUR to draw up *(sép)*.

expéditeur, trice [ɛkspeditœr, tris] ◇ *adj* [bureau, gare, société] dispatching, forwarding.
◇ *nm, f* sender, forwarder.

expéditif, ive [ɛkspeditif, iv] *adj* -**1.** [efficace et rapide - procédé] expeditious, quick; [- personne] expeditious, prompt; **elle est plutôt**

expéditive! she certainly wastes no time! -**2.** *péj* [trop rapide - procès, justice] hasty.

expédition [ɛkspedisjɔ̃] *nf* -**1.** [voyage] expedition; ~ **en Antarctique** expedition to the Antarctic; **partir en** ~ to go on an expedition; **pour traverser la capitale, quelle** ~! *fam* it's quite an expedition to get across the capital!; **à chaque fois que l'on part en pique-nique, c'est une véritable** ~ every time we go on a picnic, it's a real expedition || [équipe] (members of the) expedition. -**2.** MIL expedition. -**3.** [raid]: ~ **punitive** punitive raid OU expedition. -**4.** [envoi] sending, dispatch, dispatching; ~ **par bateau** [de marchandises] shipping. -**5.** [cargaison]: **une** ~ **de bananes** a consignment of bananas. -**6.** JUR (exemplified) copy.

expéditionnaire [ɛkspedisjɔnɛr] ◇ *adj* MIL expeditionary.
◇ *nmf* COMM forwarding agent.

expéditivement [ɛkspeditivmɑ̃] *adv* -**1.** [rapidement] expeditiously. -**2.** [à la hâte] hastily.

expérience [ɛksperjɑ̃s] *nf* -**1.** [pratique, connaissance] experience; **sa grande** ~ **des hommes** his long experience of men; **avoir de l'**~ **(en)** to have experience OU to be experienced (in); **il avait peu d'**~ **en amour** he wasn't an experienced lover; **plusieurs années d'**~ **en gestion seraient souhaitables** several years' experience in management OU management experience would be desirable. -**2.** [apprentissage, essai] experience; **ses** ~**s amoureuses** her love affairs; **ses premières** ~**s amoureuses** his first amorous experiences; **j'ai eu plusieurs** ~**s malheureuses avec ce mixer** I've had several bad experiences with this blender; **racontenous tes** ~**s praguoises** tell us about your experiences in Prague; **tenter une** ~ **de vie commune** to try living together; **faire l'**~ **de la haine** to experience hatred; **je ne voudrais pas refaire l'**~ **d'une opération** I wouldn't like to go through an operation again. -**3.** [test] experiment; ~ **de chimie** chemistry experiment; **faire des** ~**s (sur des rats)** to carry out experiments OU to experiment (on rats).
◆ **par expérience** *loc adv* from experience.
◆ **sans expérience** *loc adj* inexperienced; **un petit jeune sans** ~ an inexperienced youngster, a youngster still wet behind the ears.

expérimental, e, aux [ɛksperimɑ̃tal, o] *adj* -**1.** [avion] trial *(modif)*, experimental. -**2.** [méthode, sciences] experimental.

expérimentalement [ɛksperimɑ̃talmɑ̃] *adv* experimentally.

expérimentateur, trice [ɛksperimɑ̃tatœr, tris] *nm, f* experimenter.

expérimentation [ɛksperimɑ̃tasjɔ̃] *nf* experimentation.

expérimenté, e [ɛksperimɑ̃te] *adj* experienced, practised.

expérimenter [3] [ɛksperimɑ̃te] *vt* [vaccin] to try out *(sép)*, to test.

expert, e [ɛkspɛr, ɛrt] *adj* -**1.** [agile] expert; **d'une main** ~**e** with an expert hand; **d'une oreille** ~**e** with a trained ear; **pour un œil** ~ to the trained OU expert eye. -**2.** [savant] highly knowledgeable; **être** ~ **en la matière** to be a specialist in the subject; **être** ~ **en littérature chinoise** to be an expert on OU a specialist in Chinese literature.
◆ **expert** *nm* -**1.** [chargé d'expertise] expert, specialist; [en bâtiments] surveyor; [en assurances] valuer; ~ **judiciaire** legal expert; ~ **maritime** surveyor || *(comme adj; avec ou sans trait d'union)*: **chimiste** ~ expert in chemistry; **médecin** ~ medical expert. -**2.** [connaisseur] expert, connoisseur; ~ **de** OU **en** expert on, specialist in.

expert-comptable [ɛkspɛrkɔ̃tabl] (*pl* **experts-comptables**) *nm* ≃ chartered accountant *Br*, ≃ certified public accountant *Am*.

expertement [ɛkspɛrtəmɑ̃] *adv* expertly.

expertise [ɛkspɛrtiz] *nf* -**1.** [examen - d'un meuble, d'une voiture] (expert) appraisal OU evaluation OU valuation; **faire faire une** ~ [pour assurer un bien] to have a valuation done; ~ **judiciaire** JUR court-ordered appraisal; ~ **médicale et psychiatrique** JUR expert opinion *(by a doctor)*. -**2.** [document] expert's OU valuer's report.

expertiser [3] [ɛkspɛrtize] *vt* [véhicule] to value; [dommages, meuble, tableau] to appraise, to assess, to value; **faire** ~ **une voiture** [gén] to have a car valued; [après un accident] to have the damage on a car looked at *(for insurance purposes)*.

expiable [ɛkspjabl] *adj* expiable.

expiation [ɛkspjasjɔ̃] *nf*: ~ **de** expiation of, atonement for.

expiatoire [ɛkspjatwar] *adj* expiatory.

expier [9] [ɛkspje] *vt* [crime, péché] to expiate, to atone for *(insép)*; *sout* [erreur, faute] to pay OU to atone for *(insép)*.

expirant, e [ɛkspirɑ̃, ɑ̃t] *adj* [personne, entreprise] dying, expiring, moribund; [voix] faint.

expirateur [ɛkspiratœr] *adj m* expiratory.

expiration [ɛkspirasjɔ̃] *nf* -**1.** [d'air] breathing out; **fléchissez au moment de l'**~ flex your knees when you breathe out. -**2.** [fin] expiration, expiry.
◆ **à expiration** *loc adv*: **arriver** OU **venir à** ~ le 30 août to expire by August 30th.
◆ **à l'expiration de** *loc prép*: **à l'**~ **du bail** when the lease expires; **à l'**~ **du délai** at the end of the stated period.
◆ **d'expiration** *loc adj* [date] expiry.

expirer [3] [ɛkspire] ◇ *vi* -**1.** *sout* [mourir] to expire, to breathe one's last. -**2.** *litt* [s'évanouir - lueur, son] to expire, to die away. -**3.** *(aux avoir ou être)* [cesser d'être valide - abonnement, bail, délai] to expire, to end; [- carte de crédit] to expire.
◇ *vt* [air] to breathe out *(sép)*; **expirez!** breathe out!

explétif, ive [ɛkspletif, iv] *adj* expletive, expletory; **le «ne»** ~ "ne" used as an expletive.
◆ **explétif** *nm* expletive.

explicable [ɛksplikabl] *adj* explainable, explicable; **c'est un phénomène difficilement** ~ it's a phenomenon which is difficult to explain OU which is not easily explained.

explicatif, ive [ɛksplikatif, iv] *adj* -**1.** [brochure, lettre] explanatory; **notice** OU **note explicative** [sur un emballage] instructions OU directions for use; [dans un dossier] explanatory note. -**2.** GRAMM: **proposition relative explicative** non-restrictive relative clause.

explication [ɛksplikasjɔ̃] *nf* -**1.** [éclaircissement - d'un fait, d'une situation] explanation; **demander des** ~**s à qqn** to ask sb for some explanations; **il a quitté sa femme sans** ~ he walked out on his wife without any explanations; **ça se passe d'**~ it's self-explanatory. -**2.** [motif - d'une attitude, d'un retard] explanation; **donner l'**~ **de qqch** to give the reason for sthg, to explain sthg. -**3.** SCOL & UNIV [d'une œuvre] commentary, analysis; ~ **de texte** critical analysis, appreciation of a text. -**4.** [discussion] discussion; [querelle] argument; **avoir une** ~ **avec qqn sur qqch** [discussion] to talk things over with sb; [querelle] to have an argument with sb.
◆ **explications** *nfpl* [mode d'emploi] instructions OU directions (for use).

explicitation [ɛksplisitasjɔ̃] *nf* -**1.** [d'intentions] making explicit OU plain. -**2.** [d'un texte] clarifying, clarification.

explicite [ɛksplisit] *adj* explicit; **en termes** ~**s** in explicit terms, plainly; **suis-je assez** ~? do I make myself plain (enough)?

explicitement [ɛksplisitmɑ̃] *adv* explicitly.

expliciter [3] [ɛksplisite] *vt* -**1.** [intentions] to make explicit OU plain. -**2.** [phrase] to clarify, to explain.

expliquer [3] [ɛksplike] *vt* -**1.** [faire comprendre - événement, réaction, fonctionnement etc] to explain; ~ **qqch à qqn** to explain sthg to sb; **cela ne se fait pas, je te l'ai expliqué mille fois!** I've explained it to OU told you time and again, it just isn't done! -**2.** [justifier - attitude, retard] to explain (away), to account for *(insép)*. -**3.** SCOL & UNIV [texte] to analyse, to make a critical analysis of, to comment on *(insép)*.
◆ **s'expliquer** ◇ *vp (emploi passif)* [être intelligible] to be explained; **tout s'explique!** that explains it!
◇ *vpi* [s'exprimer] to explain o.s., to make o.s. clear; **explique-toi mieux** make yourself clearer; **elle s'explique bien/mal** she expresses herself well/badly; **s'**~ **clairement** to explain o.s. clearly; **s'**~ **sur** [éclaircir]: **s'**~ **sur ses intentions** to make plain OU to explain one's intentions; **pouvez-vous vous** ~ **sur cette omission?** can you explain why this was omitted?
◇ *vp (emploi réciproque)*: **sors, on va s'**~! *fam* we'll talk this over outside!
◇ *vpt* [comprendre] to understand; **je n'arrive pas à m'**~ **son silence** I can't understand why he remains silent.
◆ **s'expliquer avec** *vp + prép* -**1.** [avoir une discussion avec] to talk things over with. -**2.** [se disputer avec]: **un jour, je vais m'**~ **avec elle!** one day I'll have it out with her!

exploit [ɛksplwa] *nm* -**1.** [action d'éclat] feat, exploit; ~ **sportif** remarkable sporting achievement; ~ **technique** technical feat OU exploit; **ses** ~**s amoureux** his amorous exploits; **il ne s'est pas vanté de ses** ~**s!** he didn't have much to be proud of!; **cela relève de l'**~ **d'avoir réussi à la convaincre!** it's no mean achievement to have convinced her! -**2.** JUR: ~ **(d'huissier)** writ.

exploitable [ɛksplwatabl] *adj* [idée, mine, terre etc] exploitable, workable; [énergie] exploitable.

exploitant, e [ɛksplwatɑ̃, ɑ̃t] *nm, f* [d'une carrière, d'un cinéma] owner; ~ **(agricole)** farmer; **petit** ~ smallholder *Br*, small farmer; ~ **forestier** forestry agent.

exploitation [ɛksplwatasjɔ̃] *nf* -**1.** [entreprise]: ~ **à ciel ouvert** open-cast mine; ~ **agricole** farm (estate); **petite** ~ **agricole** smallholding *Br*, small farm; ~ **familiale** family holding; ~ **forestière** forestry site; ~ **minière** mine; ~ **vinicole** [vignes] vineyard; [société] wine-producing establishment. -**2.** [d'un réseau ferroviaire] operating; [d'un cinéma] running; [d'une carrière, d'une forêt, d'une mine, d'un sol] exploitation, working; **l'**~ **forestière** forestry, lumbering; **mettre en** ~ [carrière, mine, terres] to exploit, to work. -**3.** [utilisation - d'une idée, d'un talent] exploitation, exploiting *(U)*, utilizing *(U)*; **elle a confié à une agence de publicité l'**~ **de son idée** she let an advertising agency make use of her idea. -**4.** [fait d'abuser de] exploitation, exploiting, taking (unfair) advantage of; **leur** ~ **de la misère d'autrui** their exploitation of other people's wretchedness || [de la main-d'œuvre] exploitation; **l'**~ **de l'homme par l'homme** man's exploitation of man; **30 francs de l'heure, c'est de l'**~! 30 francs per hour, that's sheer exploitation!
◆ **d'exploitation** *loc adj* FIN & INF operating.

exploité, e [ɛksplwate] *adj* -**1.** [ferme, carrière, sous-sol] exploited. -**2.** [main-d'œuvre] exploited.

exploiter [3] [ɛksplwate] *vt* -**1.** [mettre en valeur - forêt, mine, terre etc] to exploit, to work; [faire fonctionner - cinéma] to run; [- tunnel, réseau ferroviaire] to run, to operate. -**2.** [tirer avantage de - talent] to exploit, to make use of; [- thème] to exploit; [- situation] to exploit, to make capital out of, to take advantage of. -**3.** *péj* [abuser de] to exploit, to take (unfair) advantage of; ~ **la naïveté de qqn** to take advantage of sb's naivety; ~ **la serviabilité de qqn** to exploit OU to take advantage of sb's helpfulness || [main-d'œuvre] to exploit.

exploiteur, euse [ɛksplwatœr, øz] *nm, f* exploiter.

explorateur, trice [ɛksplɔratœr, tris] *nm, f* explorer.

exploration [ɛksplɔrasjɔ̃] *nf* -**1.** GÉOG & MÉD exploration. -**2.** [analyse] exploration, examination.

exploratoire [ɛksplɔratwar] *adj* exploratory, tentative.

explorer [3] [ɛksplɔre] *vt* -**1.** [voyager dans - contrée, île] to explore. -**2.** MÉD [voie respiratoire, tube digestif] to explore. -**3.** [examiner - possibilité] to explore, to examine.

exploser [3] [ɛksploze] *vi* -**1.** [détoner - grenade, mine, maison] to explode, to blow up; [- dynamite, gaz] to explode; **faire ~ une bombe** to set off OU to explode OU to detonate a bomb. -**2.** [augmenter - population] to explode; [- prix] to shoot up, to soar. -**3.** [se manifester soudain - mécontentement, joie] to explode; [- rage] to explode, to burst out; [- rires] to burst out; [- talent] to burst onto the scene; **~ en**: **~ en insultes** to burst out into abuse; **la salle explosa en applaudissements** the audience burst into thunderous applause. -**4.** *fam* [s'emporter] to flare up, to lose one's temper OU cool; **si tu continues, j'explose!** stop it or I'll lose my temper!

explosif, ive [ɛksplozif, iv] *adj* -**1.** [mélange, puissance] explosive; [obus] high-explosive. -**2.** [dangereux - situation, sujet] explosive, highly sensitive; [- atmosphère] explosive, charged. -**3.** [fougueux - tempérament] fiery, explosive. -**4.** LING explosive.

◆ **explosif** *nm* ARM explosive.

◆ **explosive** *nf* LING explosive (consonant).

explosion [ɛksplozjɔ̃] *nf* -**1.** [détonation - d'une bombe, d'une chaudière, d'une mine] explosion, blowing up; [- d'un gaz] explosion; **faire ~** [bombe] to go off, to explode; [obus] to explode. -**2.** [manifestation]: **~ d'enthousiasme/d'indignation** burst of enthusiasm/indignation; **~ de joie** outburst OU explosion of joy; **ce fut une ~ de rire dans le public** the audience burst out into peals of laughter. -**3.** [accroissement]: **~ démographique** population boom OU explosion; **l'~ démographique après la guerre** the post-war baby boom.

exponentiel, elle [ɛkspɔnɑ̃sjɛl] *adj* exponential.

exportable [ɛkspɔrtabl] *adj* exportable, which can be exported.

exportateur, trice [ɛkspɔrtatœr, tris] ◇ *adj* exporting; **être ~ de** to be an exporter of, to export; **les pays ~s de pétrole/céréales** oil/grain exporting countries.

◇ *nm, f* exporter.

exportation [ɛkspɔrtasjɔ̃] *nf* -**1.** [sortie] export, exportation; **réservé à l'~** for export only. -**2.** [marchandises] exports.

◆ **d'exportation** *loc adj* export *(modif)*.

exporter [3] [ɛkspɔrte] *vt* -**1.** COMM & ÉCON to export. -**2.** [répandre à l'étranger - idées, culture] to export, to spread abroad.

exposant, e [ɛkspozɑ̃, ɑ̃t] *nm, f* -**1.** [dans une galerie, une foire] exhibitor. -**2.** JUR petitioner.

◆ **exposant** *nm* MATH exponent.

exposé, e [ɛkspoze] *adj* -**1.** [orienté]: **ce balcon est bien/mal ~** the balcony gets a lot of sun/doesn't get much sun. -**2.** [non abrité] exposed, wind-swept; **champ très ~** very exposed field. -**3.** [montré] on show; **objet ~** [dans une galerie, une foire] item on show OU exhibit; **les articles ~s en vitrine** the items on display in the window; **une des voitures ~es** one of the cars on show. -**4.** [par les médias] exposed, overexposed; **le ministre est toujours très ~** the Minister is always in the public eye OU gets a lot of media coverage.

◆ **exposé** *nm* -**1.** [compte rendu] account, exposition; **faire un ~ sur** to give an account of. -**2.** SCOL & UNIV [écrit] (written) paper; [oral] talk, lecture; **faire un ~ sur** [oral] to give a talk OU to read a paper on; [écrit] to write a paper on. -**3.** JUR: **~ des motifs** exposition of motives.

exposer [3] [ɛkspoze] *vt* -**1.** [dans un magasin] to display, to put on display, to set out *(sép)*; [dans une galerie, dans une foire] to exhibit, to show; **nous exposerons à la foire du livre** we'll be among the exhibitors at the Book Fair. -**2.** [orienter]: **~ un jardin au sud** to expose a garden to the south, to give a garden a southern aspect; **chambre exposée au nord** room facing north, north-facing room. -**3.** [soumettre]: **~ qqch à**: **~ son corps au soleil** to expose o.s. to the sun; **~ qqch à l'air** to expose sthg to the air; **~ qqch aux radiations** to expose OU to subject sthg to radiation; **~ qqn à** [critiques, ridicule] to expose sb to. -**4.** [mettre en danger - honneur, vie] to endanger, to put at risk. -**5.** [faire connaître - arguments, motifs] to expound, to put forward *(sép)*; [- intentions] to set forth OU out *(sép)*, to explain; [- revendications] to set forth, to put forward, to make known; **elle nous a exposé en détail ses projets** she explained to us in detail what her plans were. -**6.** LITTÉRAT & MUS to set out *(sép)*; [thème] to introduce; **dialogue destiné à ~ l'action** expository dialogue. -**7.** PHOT to expose.

◆ **s'exposer** *vp (emploi réfléchi)* -**1.** [se compromettre] to leave o.s. exposed; **il s'expose trop dans cette affaire** he's leaving himself far too exposed in this business; **s'~ à des poursuites judiciaires** to lay o.s. open to OU to run the risk of prosecution; **s'~ à des représailles** to expose o.s. to retaliation. -**2.** [se placer]: **s'~ au soleil** to stay out in the sun.

exposition [ɛkspozisjɔ̃] *nf* -**1.** [d'œuvres d'art] show, exhibition; [de produits manufacturés] exhibition, exposition; **~ de peinture/photos** painting/photo exhibition; **l'~ en vitrine a fané les tissus** being displayed in the window has caused the fabric to fade ❑ **~ de blanc** COMM special linen week OU event; **~ florale** flower show; **l'~ universelle** the World Fair. -**2.** [d'un corps] lying in state. -**3.** [d'arguments, de motifs] exposition, expounding *(U)*; [d'une situation, d'une théorie] exposition. -**4.** LITTÉRAT & MUS exposition. -**5.** [soumission]: **~ à qqch** [au danger, à une radiation, à un risque] exposure to sthg; **éviter l'~ au soleil** do not stay in the sun. -**6.** [orientation] orientation, aspect; **~ au sud** orientation to the south; **l'appartement a une double ~ nord-sud** the flat has north-facing and south-facing windows. -**7.** PHOT exposure.

◆ **d'exposition** *loc adj* expository, introductory.

exposition-vente [ɛkspozisjɔ̃vɑ̃t] (*pl* **expositions-ventes**) *nf* exhibition (of items for sale).

ex post [ɛkspɔst] *loc adj* ex post facto.

exprès[1] [ɛksprɛ] *adv* -**1.** [délibérément] on purpose, intentionally, deliberately; **c'est ~ que j'ai employé ce mot** I used this word on purpose OU intentionally OU deliberately; **faire ~**: **tu l'as vexé — je ne l'ai pas fait ~** you've offended him — I didn't mean to OU it wasn't intentional; **elle fait ~ de me contredire** she makes a point of contradicting me, she deliberately contradicts me; **il y a du papier à l'intérieur — c'est fait ~** there's some paper inside — it's meant to be like that. -**2.** [spécialement] especially, specially; **tu n'aurais pas dû venir ~** you shouldn't have come specially.

exprès[2], **expresse** [ɛksprɛs] *adj* -**1.** [avertissement, autorisation, ordre] express, explicit; [recommandation] express, strict; **défense expresse de fumer** smoking strictly prohibited. -**2.** [lettre, paquet] express *Br*, special delivery *Am* *(modif)*.

◆ **en exprès, par exprès** *loc adv*: envoyer qqch en ~ to send sthg by express post *Br* OU special delivery *Am*.

express [ɛksprɛs] ◇ *adj inv* -**1.** TRANSP: **train ~** express OU fast train. -**2.** [café] espresso.

◇ *nm* -**1.** RAIL express OU fast train. -**2.** [café] espresso (coffee). -**3.** PRESSE: **l'Express** *weekly news magazine.*

expressément [ɛksprɛsemɑ̃] *adv* -**1.** [catégoriquement - défendre, ordonner] expressly, categorically; [- conseiller, prévenir] expressly. -**2.** [spécialement] specially, specifically; **je l'ai fait ~ pour toi** I did it specially for you.

expressif, ive [ɛkspresif, iv] *adj* -**1.** [suggestif - style] expressive, vivid; [- regard, visage] expressive, meaningful; [- ton] expressive; **sa mimique était expressive** the expression on her face said it all. -**2.** LING expressive.

expression [ɛksprɛsjɔ̃] *nf* -**1.** [mot, tournure] expression, phrase, turn of phrase; **avoir une ~ malheureuse** to use an unfortunate turn of phrase; **passez-moi l'~** (if you'll) pardon the expression ‖ [dans la correspondance]: **veuillez croire à l'~ de ma considération distinguée** yours faithfully *Br* OU truly *Am* ❑ **~ familière** colloquial expression, colloquialism; **~ figée** set phrase OU expression, fixed expression; **~ toute faite** [figée] set phrase OU expression; [cliché] hackneyed phrase, cliché. -**2.** [fait de s'exprimer] expression, expressing *(U)*, voicing *(U)*; **nous condamnons l'~ d'opinions racistes** we condemn the voicing of racist opinions; **lutter pour l'~ de ses revendications** to fight for the right to make one's demands heard. -**3.** [pratique de la langue]: **auteurs d'~ allemande** authors writing in German ❑ **~ écrite/orale** written/oral expression. -**4.** [extériorisation - d'un besoin, d'un sentiment] expression, self-expression; **trouver son ~ dans** to find (its) expression in ❑ **~ corporelle** self-expression through movement. -**5.** [vivacité] expression; **mets plus d'~ dans le dernier vers** put in more expression OU feeling when you read the last line; **geste/regard plein d'~** expressive gesture/look. -**6.** [du visage] expression, look; **ton ~** the look on your face. -**7.** INF & MATH expression.

◆ **sans expression** *loc adj* expressionless, poker-faced.

expressionnisme [ɛksprɛsjɔnism] *nm* expressionism.

expressionniste [ɛksprɛsjɔnist] *adj* & *nmf* expressionist.

expressivement [ɛkspresivmɑ̃] *adv* expressively.

expressivité [ɛkspresivite] *nf* expressivity, expressiveness; **avec beaucoup d'~** very expressively.

exprimable [ɛksprimabl] *adj* expressible; **ma joie est difficilement ~** my joy is difficult to express.

exprimer [3] [ɛksprime] *vt* -**1.** [dire - sentiment] to express; [- idée, revendication] to express, to voice; **par là, elle exprime son désespoir** in this way she expresses OU voices her despair; **comment vous ~ toute mon admiration?** how can I tell you how much I admire you?; **je tiens à vous ~ mon regret** I want to tell you how sorry I am; **mon émotion est difficile à ~** my emotion is difficult to put into words OU to express. -**2.** [manifester - mécontentement, surprise] to express, to show; **~ son amour par la musique** to express one's love through music. -**3.** [pour chiffrer une quantité, une somme] to state, to express; **~ une quantité en kilos** to state a quantity in kilos; **~ une somme en marks** to state a sum in marks. -**4.** [extraire - jus, pus] to express, to squeeze out *(sép)*.

◆ **s'exprimer** ◇ *vp (emploi passif)* [être dit - idée, sentiment] to be expressed, to express itself; [- opinion] to be heard.

◇ *vpi* -**1.** [dire sa pensée] to express o.s.; **laissez-le s'~** let him have his say OU express himself; **chacun doit s'~** all opinions must be heard; **je me suis exprimée sur ce sujet** I've expressed myself OU made my opinions known on the subject; **s'~ par signes** to use sign language. -**2.** [choisir ses mots] to express o.s.; **exprime-toi clairement** express yourself clearly, make yourself clear; **non, je me suis mal exprimé** no, I've put it badly; **si je peux m'~ ainsi** if I can put it that way. -**3.** [manifester sa personnalité] to express o.s.; **s'~ par la danse/musique** to express o.s. through dancing/music. -**4.** [se manifester - talent, sentiment] to express OU to show itself; **laisse ton cœur s'~** let your heart speak; **tant de mélancolie s'exprime dans son poème** her poem expresses so much melancholy.

expropriateur, trice [ɛksproprijatœr, tris] *adj* expropriating *(avant n)*.

expropriation [ɛksprɔprijasjɔ̃] *nf* -**1.** [d'une personne] expropriation. -**2.** [d'une propriété] compulsory purchase.

exproprié, e [ɛksprɔprije] *adj* expropriated.

exproprier [10] [ɛksprɔprije] *vt* -**1.** [personne] to expropriate. -**2.** [maison, terre] to expropriate, to place a compulsory purchase order on *Br*; **se faire ~** to be expropriated, to have a compulsory purchase order placed on one's property *Br*.

expulser [3] [ɛkspylse] *vt* -**1.** [renvoyer - locataire] to evict, to throw out *(sép)*; [- membre, participant] to expel; [- immigrant] to expel, to deport; [- joueur] to send off *(sép)*; **elle a été expulsée du terrain** she was sent off the field. -**2.** MÉD to evacuate, to expel.

expulsif, ive [ɛkspylsif, iv] *adj* expulsive.

expulsion [ɛkspylsjɔ̃] *nf* -**1.** [d'un locataire] eviction; [d'un membre de comité] expulsion; [d'un étudiant] sending down *Br*, expulsion *Am*; [d'un immigrant] expulsion, deportation; [d'un joueur] sending off; **décider l'~ d'un élève** [définitive] to decide to expel a pupil; [temporaire] to decide to suspend a pupil. -**2.** MÉD expulsion, evacuation.

expurgation [ɛkspyrgasjɔ̃] *nf* expurgation, bowdlerization.

expurger [17] [ɛkspyrʒe] *vt* to expurgate, to bowdlerize.

exquis, e [ɛkski, iz] *adj* -**1.** [saveur, vin, gentillesse etc] exquisite; [personne] delightful; **il faisait un temps ~** the weather was balmy. -**2.** MÉD [douleur] exquisite.

exsangue [ɛksɑ̃g] *adj* -**1.** *litt* [pâle - figure, lèvres] bloodless, livid. -**2.** [ayant perdu du sang - corps, victime] bloodless; **après la guerre, notre industrie était ~** *fig* this country's industry was bled white by the war.

exsanguino-transfusion [ɛksɑ̃ginotrɑ̃sfuzjɔ̃] (*pl* **exsanguino-transfusions**) *nf* blood transfusion.

exsudat [ɛksyda] *nm* exudate.

exsudation [ɛksydasjɔ̃] *nf* exudation.

extase [ɛkstaz] *nf* -**1.** [exaltation] ecstasy, rapture; **être** OU **rester en ~ devant** to be in raptures OU ecstasies over; **tomber en ~ devant qqch/qqn** to go into ecstasies at the sight of sthg/sb. -**2.** RELIG ecstasy.

extasié, e [ɛkstazje] *adj* enraptured, ecstatic.

extasier [9] [ɛkstazje]

◆ **s'extasier** *vpi*: **s'~ devant** to go into raptures OU ecstasies over.

extatique [ɛkstatik] *adj* -**1.** [de l'extase - vision, transport] ecstatic; **état ~** ecstasy, trance. -**2.** [émerveillé] enraptured.

extemporané, e [ɛkstɑ̃pɔrane] *adj* extemporaneous.

extenseur [ɛkstɑ̃sœr] ◇ *adj* ANAT extensor.
◇ *nm* -**1.** ANAT extensor. -**2.** [machine] chest expander.

extensibilité [ɛkstɑ̃sibilite] *nf* extensibility.

extensible [ɛkstɑ̃sibl] *adj* [organe] extensible; [matière] tensible, extensible; [tissu] stretch; [liste] extendable; **mon budget n'est pas ~** I can't stretch my budget any further, I can't make my budget go any further.

extensif, ive [ɛkstɑ̃sif, iv] *adj* -**1.** AGR extensive. -**2.** PHYS [paramètre, force] extensive.

extension [ɛkstɑ̃sjɔ̃] *nf* -**1.** [étirement - d'un élastique, d'un muscle] stretching; [- d'une matière] extension; MÉD traction, extension. -**2.** [agrandissement - d'un territoire] expansion, enlargement; [- d'une entreprise, d'un marché, d'un réseau] expansion, extension; [- de pouvoirs, d'un incendie, d'une infection] extension, spreading; [- de droits] extension; **prendre de l'~** [territoire] to get bigger, to expand; [secteur] to grow, to develop; [infection] to spread, to extend; [incendie] to spread. -**3.** [élargissement]: **donner une ~ à un décret/une mesure** to extend the scope of a decree/a measure. -**4.** [partie ajoutée - d'un bâtiment, d'un réseau] extension. -**5.** INF extension; **carte d'~** expansion board. -**6.** LING & MATH extension.

◆ **en extension** *loc adj* -**1.** [secteur] developing, expanding; [production] increasing. -**2.** [muscle, ressort] stretched.

◆ **par extension** *loc adv* -**1.** [par généralisation]: **le vocabulaire militaire sert, par ~, à décrire les manœuvres électorales** by extension, military terminology may be used to describe electoral manoeuvering. -**2.** LING & MATH: **définir par ~** to define by extension.

extenso → **in extenso**.

extensomètre [ɛkstɑ̃sɔmɛtr] *nm* extensometer.

exténuant, e [ɛkstenɥɑ̃, ɑ̃t] *adj* exhausting.

exténuation [ɛkstenɥasjɔ̃] *nf* exhaustion.

exténuer [7] [ɛkstenɥe] *vt* to exhaust, to tire OU to wear out *(sép)*.

◆ **s'exténuer** *vpi* to exhaust o.s., to tire OU to wear o.s. out; **s'~ à faire qqch** to exhaust o.s. doing sthg.

extérieur, e [ɛksterjœr] *adj* -**1.** [ascenseur, escalier] outside; [cour, poche, mur, orbite, bord] outer; [porte] external, outer; **les bruits ~s la gênent** outside noises OU noises from outside distract her; **avoir des activités ~es** [hors du foyer] to have interests outside the home; [hors du travail] to have interests outside of work. -**2.** [excentré - quartier] outlying, out-of-town *Am*. -**3.** [non subjectif - monde, réalité] external. -**4.** [étranger à la personne, la chose considérée - influence, aide] outside, external; **ce sont des considérations ~es** these are external considerations; **~ à** outside (of); **personnes ~es à l'entreprise** persons not belonging to the staff; **une personnalité ~e au cinéma** a personality outside the world of films; **développement ~ au sujet** irrelevant development. -**5.** [apparent] external, surface *(modif)*, outward; **l'aspect ~** [d'un édifice, d'un objet] the outward appearance; [d'une personne] the exterior. -**6.** *péj* [superficiel] superficial, surface *(modif)*, token *(modif)*; **avec une compassion tout ~e** with token OU skin-deep compassion. -**7.** ÉCON & POL [dette] foreign, external. -**8.** GÉOM exterior. -**9.** TÉLÉC outside.

◆ **extérieur** *nm* -**1.** l'~ [le plein air] the outside OU outdoors; **vernis pour l'~** varnish for exterior use. -**2.** l'~ [ce qui est étranger] the outside (world); **être tourné vers l'~** to be outgoing; **l'~** ÉCON & POL abroad. -**3.** [bord]: **l'~ de**: **l'~ de la chaussée** the outside (of the road). -**4.** [apparence] outward appearance, exterior; **il a un ~ jovial** he's jolly on the outside; **sous un ~ rébarbatif** under a forbidding exterior. -**5.** SPORT: **l'~** [d'une piste, d'un circuit] the outside. -**6.** CIN location shot; **~s tournés à Rueil** shot on location in Rueil. -**7.** *Belg* FTBL winger.

◆ **à l'extérieur** *loc adv* -**1.** [en plein air] outside, outdoors; **manger à l'~** [en plein air] to eat outside OU outdoors; [hors de chez soi] to eat out. -**2.** [hors du système, du groupe] outside; **nous allons d'abord consulter à l'~** we shall first seek the opinion of outside consultants. -**3.** [en retrait] on the outside, on the periphery; **lorsqu'il y a conflit, elle reste toujours à l'~** she likes to stay out of a conflict. -**4.** SPORT [sur une piste] on the outside; [dans une autre ville] away; **jouer à l'~** to play away; **match joué à l'~** away match. -**5.** ÉCON & POL abroad. -**6.** TÉLÉC outside; **téléphoner à l'~** to make an outside call.

◆ **à l'extérieur de** *loc prép* outside of; **à l'~ du parc** outside of the park; **à l'~ de l'Afrique** outside Africa.

◆ **de l'extérieur** *loc adv* -**1.** [dans l'espace] from (the) outside; **vue de l'~, la maison paraît petite** seen from (the) outside, the house looks small. -**2.** [dans un système] from the outside; **considérer un problème de l'~** to look at a problem from the outside; **des gens venus de l'~** outsiders.

extérieurement [ɛksterjœrmɑ̃] *adv* -**1.** [au dehors] on the outside, externally. -**2.** [apparemment] outwardly.

extériorisation [ɛksterjɔrizasjɔ̃] *nf* -**1.** [de sentiments] expression, show, display. -**2.** PSYCH exteriorization, externalization.

extérioriser [3] [ɛksterjɔrize] *vt* -**1.** [montrer - sentiment] to express, to show; *(en usage abs)*: **il n'extériorise pas assez** he doesn't show his feelings enough. -**2.** PSYCH to exteriorize, to externalize.

◆ **s'extérioriser** ◇ *vp (emploi passif)* [joie, mécontentement] to be expressed, to show.
◇ *vpi* [personne] to show one's feelings.

extériorité [ɛksterjɔrite] *nf* exteriority.

exterminateur, trice [ɛkstɛrminatœr, tris]
◇ *adj* exterminating.
◇ *nm, f* exterminator.

extermination [ɛkstɛrminasjɔ̃] *nf* extermination.

exterminer [3] [ɛkstɛrmine] *vt* -**1.** [tuer - peuple, race] to exterminate. -**2.** *hum* [vaincre - adversaire] to annihilate.

externat [ɛkstɛrna] *nm* -**1.** SCOL [école] day school; [élèves] day pupils; [statut] non-residency; **pour mes enfants, je préfère l'~** I'd rather my children weren't boarders. -**2.** [en médecine] non-resident (medical) studentship; **pendant mon ~** while I was a non-resident student *Br* OU an extern *Am*; **faire son ~ à** to be a non-resident student OU an extern *Am* at.

externe [ɛkstɛrn] ◇ *adj* -**1.** [cause, facteur] external. -**2.** [orbite, bord] outer, external.
◇ *nmf* -**1.** SCOL day-pupil, non-boarder. -**2.** [en médecine] non-resident (medical) student *Br*, extern *Am*.

extérocepteur [ɛksterɔsɛptœr] *nm* exteroceptor.

extéroceptif, ive [ɛksterɔsɛptif, iv] *adj* exteroceptive.

extéroceptivité [ɛksterɔsɛptivite] *nf* exteroceptivity.

exterritorialité [ɛkstɛritɔrjalite] *nf* exterritoriality, extraterritoriality.

extincteur, trice [ɛkstɛ̃ktœr, tris] *adj* extinguishing *(avant n)*.

◆ **extincteur** *nm* (fire) extinguisher.

extinction [ɛkstɛ̃ksjɔ̃] *nf* -**1.** [arrêt - d'un incendie] extinction, extinguishment, putting out; **~ des feux** lights out. -**2.** [suppression - d'une dette] extinguishment; **espèce animale menacée** OU **en voie d'~** endangered animal species. -**3.** [affaiblissement]: **lutter jusqu'à l'~ de ses forces** to struggle until one has no strength left ❑ **~ de voix** MÉD loss of voice, aphonia *spéc*; **avoir une ~ de voix** to have lost one's voice. -**4.** CHIM [de chaux] slaking.

extirpable [ɛkstirpabl] *adj* -**1.** [extractible - tumeur] removable; [- plante] which can be rooted up OU pulled out. -**2.** [destructible - mal] eradicable.

extirpateur [ɛkstirpatœr] *nm* AGR harrow.

extirpation [ɛkstirpasjɔ̃] *nf* [extraction - d'une tumeur] removal, removing, extirpation *spéc*; [- d'une plante] rooting up, pulling out, uprooting.

extirper [3] [ɛkstirpe] *vt* -**1.** [ôter - tumeur] to remove, to extirpate *spéc*; [- épine, racine] to pull out *(sép)*; [- plante] to root up OU out *(sép)*, to uproot, to pull up *(sép)*; **~ qqn d'un fauteuil/piège** to drag sb out of an armchair/a trap; **~ qqn du lit** to drag OU to haul sb out of bed. -**2.** [détruire - préjugés, vice] to eradicate, to root out *(sép)*.

◆ **s'extirper** *vp (emploi réfléchi)*: **s'~ du lit** to drag OU to haul o.s. out of bed.

extorquer [3] [ɛkstɔrke] *vt* [fonds] to extort; **~ de l'argent à qqn** to extort money from sb; **~ des aveux à qqn** to wring a confession out of sb; **~ une signature à qqn** to force a signature out of sb.

extorqueur, euse [ɛkstɔrkœr, øz] *nm, f* extortioner.

extorsion [ɛkstɔrsjɔ̃] *nf* extortion; **~ de fonds** extortion of money.

extra [ɛkstra] ◇ *adj inv* -**1.** *fam* [exceptionnel - journée, personne, spectacle] great, terrific, super.

-2. COMM: beurre (de qualité) ~ best butter; poires (de qualité) ~ first class pears.
◇ *nm inv* -1. [gâterie] (special) treat; **faire** OU **s'offrir un ~** to give o.s. a treat, to treat o.s.; **et pour finir, des profiteroles – dis donc, tu as fait des ~!** and finally profiteroles – goodness, you've surpassed yourself! -2. [frais] extra cost OU expenditure, incidental expenditure; **avec les ~, la semaine nous est revenue à 2 500 F** if you include incidental expenditure OU with the extras, the week cost us 2,500 F. -3. [emploi ponctuel]: **faire des ~ comme ouvreuse** to earn extra money by working (occasionally) as an usherette. -4. [serveur] help.

extrabudgétaire [ɛkstrabydʒetɛr] *adj*: **des dépenses ~s** extrabudgetary costs, costs that have not been budgeted for.

extraconjugal, e, aux [ɛkstrakɔ̃ʒygal, o] *adj* extramarital.

extracteur [ɛkstraktœr] *nm* -1. ARM, CHIM & MÉD extractor. -2. [de miel] extractor, centrifuge. -3. [de fluides] extractor.

extractible [ɛkstraktibl] *adj* extractable.

extractif, ive [ɛkstraktif, iv] *adj* extractive.

extraction [ɛkstraksjɔ̃] *nf* -1. [origine] extraction, origin; **d'~ bourgeoise** from a bourgeois family. -2. MIN & PÉTR extraction; **l'~ de la pierre** quarrying (for stone); **l'~ du charbon** coal extraction OU mining. -3. [d'une dent, d'une épine] pulling out, extraction. -4. CHIM & MATH extraction, extracting.
◆ **de basse extraction** *loc adj* of low birth.
◆ **de haute extraction** *loc adj* highborn.

extrader [3] [ɛkstrade] *vt* to extradite.

extradition [ɛkstradisjɔ̃] *nf* extradition.

extrados [ɛkstrado] *nm* -1. ARCHIT extrados. -2. AÉRON upper surface *(of wing)*.

extra-dry [ɛkstradraj] *nm inv* extra-dry champagne.

extrafin, e [ɛkstrafɛ̃, in] *adj* [haricots, petits pois] extra fine; [chocolats] superfine; **de qualité ~e** extra fine.

extrafort, e [ɛkstrafɔr, ɔrt] *adj* [carton] strong, stiff; [colle] extra-strong; [moutarde] hot.
◆ **extrafort** *nm* bias-binding.

extragalactique [ɛkstragalaktik] *adj* extragalactic.

extraire [112] [ɛkstrɛr] *vt* -1. MIN & PÉTR [charbon] to extract, to mine; [pétrole] to extract; [pierre] to extract, to quarry. -2. [ôter – dent, écharde] to extract, to remove, to pull out *(sép)*; **~ qqch/qqn de**: **~ une balle d'une jambe** to extract OU to remove a bullet from a leg; **~ un ticket de sa poche** to take OU to dig a ticket out of one's pocket; **ils ont eu du mal à l'~ de sa voiture accidentée** they had great difficulty extricating him from the wreckage of his car. -3. CHIM, CULIN & PHARM to extract; [en pressant] to squeeze out *(sép)*; [en écrasant] to crush out *(sép)*; [en tordant] to wring out *(sép)*. -4. MATH to extract; **~ la racine carrée/cubique d'un nombre** to extract the square/cube root of a number. -5. [citer – passage, proverbe]: **~ de** to take OU to extract from; **c'est extrait de la Genèse** it's taken from Genesis.
◆ **s'extraire** *vp (emploi réfléchi)*: **s'~ de qqch** to climb OU to clamber out of sthg; **s'~ d'une voiture** [rescapé d'un accident] to extricate o.s. from (the wreckage of) a car; **s'~ d'un puits** to climb out of a well.

extrait [ɛkstrɛ] *nm* -1. [morceau choisi] extract; **un ~ de la conférence** an extract from the lecture; **un petit ~ de l'émission d'hier soir** a short sequence from last night's programme. -2. ADMIN: **~ (d'acte) de naissance** birth certificate; **~ de casier judiciaire** extract from police records. -3. CULIN & PHARM extract, essence; **~ de violette** extract OU essence of violets; **~ de viande** meat extract OU essence.

extrajudiciaire [ɛkstraʒydisjɛr] *adj* extrajudicial.

extralégal, e, aux [ɛkstralegal, o] *adj* extralegal.

extralucide [ɛkstralysid] *adj* & *nmf* clairvoyant.

extra-muros [ɛkstramyros] *loc adv* & *loc adj* outside the town, out of town.

extraordinaire [ɛkstraɔrdinɛr] *adj* -1. [inhabituel – histoire] extraordinary, amazing; [– cas, personnage, intelligence] extraordinary, exceptional; [– talent, courage] extraordinary, exceptional, rare; [– circonstances] extraordinary, special. -2. POL [mesures, impôt] special; [pouvoirs] special, emergency *(modif)*; **assemblée ~** special session, extraordinary meeting. -3. [remarquable – artiste, joueur, spectacle] remarkable, outstanding; [– temps] wonderful; **le repas n'avait rien d'~** OU **n'était pas ~** there was nothing special about the meal. -4. [étrange] extraordinary, strange; **qu'y-a-t-il d'~ à cela?** what's so strange OU special about that?; **tu es ~!** *fam* you're amazing!; *iron* you're the limit!
◆ **par extraordinaire** *loc adv*: **par ~, il était chez lui ce soir-là** he was at home that night, which was most unusual; **si par ~ il arrivait que...** if by some unlikely chance it happened that...; **quand par ~ il me rendait visite** on those rare occasions when he would visit me.

extraordinairement [ɛkstraɔrdinɛrmɑ̃] *adv* -1. [très] extraordinarily, extremely, exceptionally. -2. [bizarrement] extraordinarily, strangely, bizarrely.

extraparlementaire [ɛkstraparləmɑ̃tɛr] *adj* extraparliamentary.

extraplat, e [ɛkstrapla, at] *adj* extraflat, very slim, slimline; **une calculatrice ~e** a slimline calculator.

extrapolation [ɛkstrapɔlasjɔ̃] *nf* [SC & gén] extrapolation.

extrapoler [3] [ɛkstrapɔle] *vt* & *vi* [SC & gén] to extrapolate; **~ qqch d'un fait** to extrapolate sthg from a fact.

extrapyramidal, e, aux [ɛkstrapiramidal, o] *adj* extrapyramidal.

extrascolaire [ɛkstraskɔlɛr] *adj* out-of-school *(modif)*.

extrasensible [ɛkstrasɑ̃sibl] *adj* ultrasensitive.

extrasensoriel, elle [ɛkstrasɑ̃sɔrjɛl] *adj* extrasensory.

extrasystole [ɛkstrasistɔl] *nf* extrasystole.

extraterrestre [ɛkstratɛrɛstr] ◇ *adj* extraterrestrial.
◇ *nmf* extraterrestrial (being OU creature).

extra-utérin, e [ɛkstrayterɛ̃, in] *(mpl* **extra-utérins**, *fpl* **extra-utérines**) *adj* extra-uterine.

extravagance [ɛkstravagɑ̃s] *nf* -1. [outrance – d'une attitude, d'une personne, d'une réponse] extravagance; [– d'une demande, de dépenses] extravagance, unreasonableness; [– d'une tenue] extravagance, eccentricity. -2. [acte] extravagance; [parole] foolish thing (to say); **faire des ~s** to behave extravagantly, to do eccentric things; **dire des ~s** to talk wildly; **cette promesse était une ~** it was an extravagant promise to make.

extravagant, e [ɛkstravagɑ̃, ɑ̃t] *adj* -1. [déraisonnable – attitude, personne, tenue] extravagant, eccentric; [– idée] extravagant, wild, crazy; **raconter des histoires ~es** to tell wild stories, to make extravagant OU wild claims. -2. [excessif – demande, exigence, dépenses] extravagant, unreasonable.

extravaser [3] [ɛkstravaze]
◆ **s'extravaser** *vpi* to extravasate.

extraversion [ɛkstravɛrsjɔ̃] *nf* extraversion.

extraverti, e [ɛkstravɛrti] ◇ *adj* extroverted.
◇ *nm, f* extrovert.

extrémal, e, aux [ɛkstremal, o] *adj* extreme.

extrême [ɛkstrɛm] ◇ *adj* -1. [intense – confort, importance, soin etc] extreme, utmost; [froid] extreme, intense; **j'ai l'~ regret de vous annoncer que...** to my deepest OU very great regret, I have to tell you that...; **d'une complexité/maigreur ~** extremely complex/skinny. -2. [radical – idée] extreme; [– mesures] extreme, drastic; **être ~ dans ses idées** to hold extreme views. -3. [exceptionnel – cas, exemple, situation] extreme. -4. [le plus éloigné]: **la limite ~, l'~ limite** the furthest point; **la partie ~** the furthest part; **la date ~** the final date ❑ **l'~ droite/gauche** POL the extreme right/left.
◇ *nm* -1. [cas limite] extreme; **passer d'un ~ à l'autre** to go from one extreme to the other OU to another; **les ~s se rejoignent** extremes meet OU join up. -2. SC [terme] extreme.
◆ **à l'extrême** *loc adv* extremely, in the extreme; **il est méticuleux à l'~** he's conscientious in the extreme; **porter** OU **pousser les choses à l'~** to take OU to carry things to extremes.

extrêmement [ɛkstrɛmmɑ̃] *adv* extremely.

extrême-onction [ɛkstrɛmɔ̃ksjɔ̃] *(pl* **extrêmes-onctions**) *nf* extreme unction.

Extrême-Orient [ɛkstrɛmɔrjɑ̃] *npr m*: (l') ~ the Far East.

extrême-oriental, e, aux [ɛkstrɛmɔrjɑ̃tal, o] *adj* Far Eastern.

extremis → **in extremis**.

extrémisme [ɛkstremism] *nm* extremism.

extrémiste [ɛkstremist] *adj* & *nmf* extremist.

extrémité [ɛkstremite] *nf* -1. [d'un bâtiment, d'une table, d'une jetée] end; [d'un bâton] end, tip; [d'un doigt, de la langue] tip; [d'un champ] edge, end; [d'un territoire] (furthest) boundary; **aux ~s de l'univers** at the outermost limits OU on the edge of the universe. -2. ANAT & MATH extremity. -3. [acte radical] extreme act; **pousser qqn à des ~s** to drive sb to extremes. -4. *sout* [brutalité] act of violence; **en venir à des ~s** to resort to violence; **il s'est porté à des ~s regrettables** unfortunately he resorted to acts of violence. -5. *sout* [situation critique] plight, straits, extremity; **être à la dernière ~** to be on the point of death; **être réduit à la dernière ~** to be in dire straits OU in a dreadful plight.

extrinsèque [ɛkstrɛ̃sɛk] *adj* extrinsic; **valeur ~ d'une monnaie** face value of a currency.

extruder [3] [ɛkstryde] *vt* INDUST to extrude.

extrusif, ive [ɛkstryzif, iv] *adj* extrusive.

extrusion [ɛkstryzjɔ̃] *nf* -1. INDUST extrusion, extruding. -2. GÉOL extrusion.

exubérance [ɛgzyberɑ̃s] *nf* -1. [entrain] exuberance, joie de vivre; **avec ~** exuberantly. -2. *litt* [action] exuberant behaviour *(U)*. -3. [énergie, vigueur – d'une végétation, d'un style] luxuriance; [– d'une imagination] wildness, exuberance; [– de figures, de formes] abundance, luxuriance.

exubérant, e [ɛgzyberɑ̃, ɑ̃t] *adj* -1. [joyeux – attitude, personne] exuberant. -2. [vigoureux – végétation, style] luxuriant; [– imagination] wild, exuberant.

exulcération [ɛgzylserasjɔ̃] *nf* ulceration.

exultation [ɛgzyltasjɔ̃] *nf litt* exultation *litt*, rejoicing.

exulter [3] [ɛgzylte] *vi* to exult, to rejoice.

exutoire [ɛgzytwar] *nm* -1. [dérivatif]: **un ~ à** an outlet for. -2. [pour liquides] outlet.

ex vivo [ɛksvivo] *loc adv* & *loc adj* ex vivo.

ex-voto [ɛksvɔto] *nm inv* ex voto.

eye-liner [ajlajnœr] *(pl* **eye-liners**) *nm* eyeliner.

Ézéchiel [ezekjɛl] *npr* BIBLE Ezekiel.

F

f, F [ɛf] *nm* -**1.** [lettre] f, F. -**2.** [appartement]: **un F3** ≃ a two-bedroomed flat *Br* OU apartment *Am*; **un F4** ≃ a three-bedroomed flat *Br* OU apartment *Am*.

F -**1.** (*abr écrite de* **franc**) F; **500 F** 500 F, F 500, Ff 500. -**2.** (*abr écrite de* **fahrenheit/farad**) F.

fa [fa] *nm inv* F; **en ~ majeur/mineur** in F major/minor; **un ~ bémol/dièse** an F flat/sharp; **en ~ bémol/dièse** in F flat/sharp; **chantez-moi un ~** sing me an F ‖ [chanté] fa, fah; **chantez «ré, mi, ~»** sing "re, mi, fa OU fah".

FAB (*abr de* **franco à bord**) FOB, fob.

fable [fabl] *nf* -**1.** LITTÉRAT fable. -**2.** *péj* [invention] lie, invention; **c'est une ~!** it's a fairytale! -**3.** *loc*: **être la ~ du village** to be the laughing stock of the village. -**4.** *litt* [légende] legend, tale.

fabliau [fablijo] *nm* fabliau.

fablier [fablije] *nm* book OU collection of fables.

fabricant, e [fabrikɑ̃, ɑ̃t] *nm, f* manufacturer, maker; **~ de voitures** car manufacturer; **~ de chaussures** shoemaker; **je suis ~ de bougies** I make candles, I'm a candlemaker.

fabricateur, trice [fabrikatœr, tris] *nm, f*: **~ de fausse monnaie** counterfeiter; **~ de calomnies** slanderer; **~ de fausses nouvelles** scandalmonger.

fabrication [fabrikasjɔ̃] *nf* -**1.** INDUST manufacture, production; **~ assistée par ordinateur** computer-aided manufacturing; **~ en série** mass production. -**2.** [contrefaçon] counterfeiting, forging; **~ de fausse monnaie** counterfeiting; **~ de faux en écritures** forging of documents. -**3.** [production] workmanship; **~ soignée** quality workmanship; **de ~ maison** home-made; **c'est de ta ~?** did you make it yourself? -**4.** *péj*: **la ~ d'une vedette** the manufacturing of a star; **la ~ d'un président** the making of a president.

◆ **de fabrication** *loc adj* [coûts, procédés] manufacturing *(modif)*; [numéro] serial *(modif)*.

fabrique [fabrik] *nf* -**1.** INDUST factory, works, mill; **~ de papier** paper mill. -**2.** RELIG: **conseil de ~** (parochial) church council.

◆ **de fabrique** *loc adj* [prix, secret] manufacturer's, trade *(modif)*; [marque] trade *(modif)*.

fabriqué, e [fabrike] *adj* -**1.** ÉCON [produit] manufactured. -**2.** [sans spontanéité - sentiment, réaction]: **une jeune femme très ~e** a young woman totally lacking in spontaneity.

fabriquer [3] [fabrike] *vt* -**1.** INDUST to make, to produce, to manufacture; [gâteau, pull-over, guirlande] to make; **fabriqué en France** made in France. -**2.** *fam* [faire] to do, to cook up *(sép)*; **je me demande ce qu'il peut ~ toute la journée dans sa chambre** I wonder what he gets up to in his room all day (long); **qu'est-ce que tu fabriques, ces jours-ci?** what are you up to these days?; **ça alors, qu'est-ce que tu fabriques par ici?** what on earth are you doing here?; **qu'est-ce que tu as encore fabriqué avec mes clefs?** *péj* now what have you gone and done with my keys?; **qu'est-ce qu'il fabrique, ce bus?** what's that bus up to? -**3.** *péj* [histoire] to concoct; [personnalité] to build up *(sép)*; **~ qqch de toutes pièces** to make sthg up, to fabricate sthg; **une histoire fabriquée de toutes pièces** a made-up story; **ils ont fabriqué (de toutes pièces) l'histoire du contrat soviétique** the Soviet contract story was a complete fabrication.

fabulateur, trice [fabylatœr, tris] ◇ *adj* PSYCH confabulatory.

◇ *nm, f* fantasist.

fabulation [fabylasjɔ̃] *nf* fabrication.

fabuler [3] [fabyle] *vi* -**1.** PSYCH to fabricate. -**2.** *péj* [mentir] to tell tales; **des ours? — je crois qu'il fabule un peu** bears? — I think he's making it up.

fabuleusement [fabyløzmɑ̃] *adv* fabulously, fantastically.

fabuleux, euse [fabylø, øz] *adj* -**1.** [légendaire] fabulous, legendary; **des animaux ~** fabulous beasts. -**2.** [hors du commun] incredible, fabulous; **un destin ~** an incredible fate. -**3.** [élevé - prix, somme] tremendous, astronomical; **pour un prix ~** for an astronomical price; **elle gagne des sommes fabuleuses** she earns a tremendous amount of money.

fabuliste [fabylist] *nmf* fabulist, writer of fables.

fac *fam* [fak] *nf*: **en ~, à la ~** at university OU college.

FAC (*abr de* **franc d'avarie commune**) *adj* FGA, fga.

façade [fasad] *nf* -**1.** ARCHIT: **la ~ du château** the front of the palace ❑ **~ latérale** side (aspect); **~ principale** façade, (main) frontage. -**2.** [paroi] front wall OU panel. -**3.** [apparence] outward appearance, façade; **ce n'est qu'une ~** it's all show OU a façade ‖ *péj* [faux-semblant] cover, pretence. -**4.** ▽ [visage] mug, face; **se refaire la ~** to touch up one's make-up. -**5.** GÉOG: **la ~ atlantique** the Atlantic coast.

◆ **de façade** *loc adj* ostentatious, showy; **un optimisme de ~** apparent optimism; **une générosité de ~** a show of magnanimity.

face [fas] *nf* -**1.** [visage] face; **recevoir une balle en pleine ~** to be hit by a bullet in the face; **les muscles de la ~** facial muscles; **des lésions de la ~** lesions on the face; **~ contre terre** face down; **tomber ~ contre terre** to fall flat on one's face ❑ **~ de carême**: **arborer** OU **avoir une ~ de carême** to have a long face; **il est arrivé avec une ~ de carême** he turned up wearing a long face OU looking very down in the mouth; **~ de crabe**▽ OU **d'œuf**▽ OU **de rat**▽ face-ache *Br*, dog *Am*; **~ de lune** round face; **perdre/sauver la ~** to lose/to save face; **se voiler la ~** *litt* to avert one's gaze. -**2.** [aspect] side; **la ~ des choses** the face of things; **changer la ~ de** to alter the face of; **examiner un problème sous toutes ses ~s** to consider every aspect of a problem. -**3.** [côté - d'une médaille] obverse; [- d'une monnaie] head, headside; [- d'un disque] side; **la ~ B d'un disque** the B-side OU flipside of a record; **la ~ cachée de la lune** the dark side of the moon; **la ~ cachée d'un problème** *fig* the hidden side OU aspect of a problem. -**4.** GÉOM & MÉCAN face, side; **~ de guidage** guiding face; **~ portante** bearing face. -**5.** INF: **disquette double ~** double-sided disk. -**6.** COUT: **double ~** double-faced; **tissu double ~** double-faced fabric. -**7.** *loc*: **faire ~** to face up to things, to cope; **après l'accident, il lui a fallu faire ~** after the accident, he just had to cope; **faire ~ à** *pr* to stand opposite to, to face; *fig* to face up to; **faire ~ à la mer** to face the sea; **les fenêtres font au sud** the windows face south; **faire ~ à ses obligations** to meet one's obligations; **faire ~ à un danger** to face up to a danger; **faire ~ à une dépense** to meet an expense; **faire ~ aux critiques** to face one's critics.

◆ **à la face de** *loc prép* -**1.** [devant]: **à la ~ de son frère** to his brother's face. -**2.** [publiquement]: **à la ~ du monde** OU **de tous** openly, publicly; **crier sa joie/son désespoir à la ~ du monde** to shout out one's joy/despair to the world at large; **à la ~ de Dieu** before God.

◆ **de face** *loc adj* face, facing; **photo/portrait de ~** BX-ARTS & PHOT full-face photograph/portrait; **vue de ~** ARCHIT front view OU elevation; **clouage de ~** MÉCAN face nailing; **loge de ~** THÉÂT box facing the stage; **place de ~** TRANSP seat facing the engine.

◆ **d'en face** *loc adj*: **ceux d'en ~** [adversaires] the opposition; [voisins] the people opposite OU (from) across the street; **le garçon d'en ~** the boy across the way.

◆ **en face** *loc adv* [de front]: **avoir le soleil en ~** to have the sun (shining) in one's face; **regarder qqn en ~** to look sb in the face; **regarder la mort en ~** to face up to death; **regarder les choses en ~** to face facts; **je lui ai dit la vérité en ~** I told him the truth to his face.

◆ **en face de** *loc prép* in front of; **juste en ~ de moi** right in front of me; **sa maison est en ~ de l'église** his house is opposite OU faces the church; **mettre qqn en ~ des réalités** to force sb to face reality; **en ~ l'un de l'autre, l'un en ~ de l'autre** face to face; **se mettre en ~ de qqn** *fig* to stand in sb's way.

◆ **face à** *loc prép* in front of; **~ au public** in front of the audience; **~ à l'ennemi/aux médias** faced with the enemy/media.

◆ **face à face** *loc adv* face to face; **nous étions enfin ~ à ~** at last we had come face to face; **parler à qqn ~ à ~** to speak to sb face to face OU in person; **mettre qqn ~ à ~ avec** to bring sb face to face with; **que feras-tu quand tu seras ~ à ~ avec lui?** what will you do when you're faced with OU face to face with him?

face-à-face [fasafas] *nm inv* [conversation] (face-to-face) meeting; [conflit] (one-to-one) confrontation; **~ télévisé** television debate *(between two politicians)*.

face-à-main [fasamɛ̃] (*pl* **faces-à-main**) *nm* lorgnette.

facétie [fasesi] *nf* [plaisanterie] facetious remark, joke; [trait d'esprit] witticism; **épargne-nous tes ~s!** spare us your jokes!; **se livrer à des ~s** to fool around.

facétieusement [fasesjøzmɑ̃] *adv* facetiously, humorously.

facétieux, euse [fasesjø, øz] ◇ *adj* facetious, humorous.

◇ *nm, f* joker, prankster.

facette [fasɛt] *nf* -**1.** ENTOM & JOAILL facet. -**2.** [aspect] facet, aspect, side; **sa personnalité présente d'autres ~s** there are other sides to his personality.

◆ **à facettes** *loc adj* -**1.** GÉOL & JOAILL multifaceted. -**2.** [personnalité, talent] multifaceted, many-sided.

facetter [4] [fasete] *vt* JOAILL to facet.

fâché, e [faʃe] *adj* -**1.** [irrité] angry, cross. -**2.** [brouillé]: **ils sont ~s** they're not on speaking terms. -**3.** *fig & hum*: **être ~ avec qqch** [sans goût pour]: **je suis ~ avec les langues/les chiffres** languages/figures are not my line; **il est ~ avec le savon** he's allergic to soap.

fâcher [3] [faʃe] *vt* [contrarier] to annoy, to vex; **acceptez, le contraire les fâcherait** do come, they'd be offended OU they'd resent it if you didn't; **ce retard me fâche infiniment** I am extremely annoyed at this delay; **je suis fâché de l'avoir manqué** I'm really sorry I missed him ‖ *(au nég)*: **n'être pas fâché de**: **je ne serais pas fâché d'avoir une réponse** I wouldn't mind getting an answer; **ils n'étaient pas fâchés de se retrouver chez eux** they were rather pleased to be home again.

◆ **se fâcher** *vpi* -**1.** [se brouiller] to fall out OU to quarrel (with one another); **tes parents se sont fâchés?** did your parents quarrel?; **se ~ avec qqn** to quarrel OU to fall out with sb. -**2.** [se mettre en colère] to get cross OU angry, to lose one's temper; **tes parents se sont fâchés?** did your parents get angry?; **se ~ tout rouge** *fam* to blow one's top; **se ~ contre qqn** to get angry with sb.

fâcherie [faʃri] *nf* tiff; **entre eux, ce sont des ~s continuelles** they're always quarrelling (with each other OU one another).

fâcheusement [faʃøzmɑ̃] *adv* unfortunately, unpleasantly; **~ influencé** negatively affected; **il a été ~ impressionné** he was not at all impressed.

fâcheux, euse [faʃø, øz] ◇ *adj* regrettable, unfortunate; **une fâcheuse habitude** an unfortunate habit; **une formulation fâcheuse** an unfortunate OU a regrettable choice of words; **c'est ~!** it's rather a pity!; **il est ~ qu'il soit parti si tôt** it's a pity (that) he left so early; **qui a eu la fâcheuse idée de laisser cette porte ouverte?** whose stupid idea was it to leave that door open?

◇ *nm, f litt* bore.

facho *fam* [faʃo] *adj & nmf péj* fascist.

facial, e, aux [fasjal, o] *adj* facial.

faciès [fasjɛs] *nm* -**1.** [traits] facial aspect, features; **le ~ caractéristique de Cro-Magnon** Cro-Magnon man's typical features. -**2.** *péj* [visage] face; **un ~ grimaçant derrière le carreau** a grimacing face behind the windowpane. -**3.** BOT & GÉOL facies.

facile [fasil] ◇ *adj* -**1.** [aisé] easy; **essaie, c'est ~ comme tout!** try, it's very easy!; **rien de plus ~** nothing easier; **il ne m'est pas ~ d'expliquer la situation** it's not easy for me to explain the situation; **~ à faire** easy to do, easily done; **~ à comprendre** easily understood, easy to understand; **~ à lire** (easily) readable, easy to read; **~ à retenir** easy to remember, (easily) memorable; **c'est ~ à dire (mais moins ~ à faire), c'est plus ~ à dire qu'à faire** easier said than done; **~ d'accès** easy to reach, easily reached, readily accessible; **la gare n'est pas ~ d'accès** the station isn't easy to get to ❑ **~ comme bonjour** easy as pie. -**2.** [spontané, naturel] easy, ready; **elle a la parole/plume ~** speaking/writing comes easily to her; **avoir la larme ~** to be easily moved to tears ‖ *péj* facile; **avoir l'ironie ~** to be unnecessarily sarcastic; **avoir l'argent ~** to be very casual about money. -**3.** [souple - caractère] easy, easy-going; **être ~ (à vivre)** to be easy-going; **tu n'as pas choisi quelqu'un de ~ (à vivre)** you haven't exactly picked someone easy to live with. -**4.** *péj* [libertin]: **une femme ~** OU **de mœurs ~s** a woman of easy virtue.

◇ *adv fam*: **je te fais ça en deux heures ~** I can have it done for you in two hours, no problem; **d'ici à la maison, il reste trente kilomètres ~** from here to the house, there's still a good thirty kilometres.

facilement [fasilmɑ̃] *adv* -**1.** [sans difficulté] easily, readily; **vous trouverez ~, c'est à deux pas** you'll find it easily, it's not very far; **pas ~ accessible** not readily accessible; **elle est ~ déroutée par la critique** she's easily thrown off balance by criticism. -**2.** [au moins] at least; **il fait ~ trois fautes par page** he makes at least three mistakes in a page; **je gagnerais ~ le double** I could easily earn twice as much.

facilitation [fasilitasjɔ̃] *nf* facilitation, facilitating.

facilité [fasilite] *nf* -**1.** [simplicité] easiness, ease; **selon le degré de ~ des exercices** depending on how easy the exercises are; **d'une grande ~ de lecture** very readable; **céder à** OU **se laisser aller à** OU **choisir la ~** *péj* to take the easy way out OU the easy option. -**2.** [possibilité] facility; **avoir toute ~ pour faire qqch** to have every opportunity of doing sthg. -**3.** [aptitude] gift, talent; **~ de parole** fluency; **avoir beaucoup de ~ pour** to have a gift for; **avec ~** easily, with ease; **avec une grande ~** with the greatest of ease; **il n'a pas la ~ de son frère** things don't come as easily to him as they do to his brother.

◆ **facilités** *nfpl* -**1.** [capacités] abilities; **avoir des ~s** to have ability OU aptitude; **votre enfant a des ~s** your child shows some aptitude. -**2.** FIN facilities; **~s de caisse** overdraft facilities; **~s de paiement** easy terms.

faciliter [3] [fasilite] *vt* to ease, to help along *(sép)*, to make easy; **~ les choses entre eux** to make things easier OU smoother between them; **tu ne me facilites pas le travail!** you're not making things easy for me!; **le vent ne leur facilite pas la tâche** the wind doesn't make it any easier for them; **sa connaissance de la langue a facilité son insertion** his grasp of the language helped him to settle in (more easily); **une influence qui a facilité ma carrière** an influence which helped my career along.

façon [fasɔ̃] *nf* -**1.** [manière] manner, way; **la phrase peut se comprendre de plusieurs ~s** the sentence can be interpreted in several ways; **je n'aime pas la ~ dont il me parle** I don't like the way he talks OU his way of talking to me; **elle a raison, mais ce qui me dérange, c'est la ~ dont elle le dit** she's right but what bothers me is the way OU manner in which she says it; **d'une ~ désordonnée** in a disorderly fashion; **d'une ~ générale** generally speaking; **de ~ agréable** pleasantly; **de ~ définitive** definitively, finally; **de ~ systématique** systematically ❑ **~ de parler** OU **dire** way of putting things, manner of speaking; **généreux, ~ de parler, il ne m'a jamais donné un centime!** *fam* generous, that's a funny way of putting it, he never gave me a penny!; **je vais lui dire ma ~ de penser, moi!** I'll give him a piece of my mind!; **~ de voir** angle, approach; **ils n'ont pas les mêmes ~s de voir** they have different points of view. -**2.** [moyen] way; **pour obtenir une audience de lui, il n'y a qu'une seule ~ de s'y prendre** there's only one way of getting OU to get an audience with him. -**3.** [fabrication] making, fashioning; [facture] craftsmanship, workmanship; [main-d'œuvre] labour. -**4.** COUT & VÊT cut. -**5.** *(suivi d'un n)* [qui rappelle]: **une nappe ~ grand-mère** a tablecloth like Grandma used to have; **dessin ~ Dürer** a drawing reminiscent of Dürer ‖ [imitant]: **~ marbre/bois** imitation marble/wood; **un châle ~ cachemire** a paisley-patterned shawl.

◆ **façons** *nfpl* [manières] manners, behaviour; **en voilà des ~s!** manners!, what a way to behave!; **avoir des ~s engageantes** to be charming; **elle a des ~s de petite vieille** she sometimes behaves like a little old woman; **faire des ~s** [se faire prier] to make a fuss; [se pavaner] to put on airs.

◆ **à façon** *loc adj* [artisan] jobbing; [travail] contract *(modif)*; **centre de traitement** OU **travail à ~** INF data processing OU computer OU service bureau.

◆ **à la façon de** *loc prép* like, in the manner of; **à la ~ des vieilles gens** like old people; **peindre à la ~ des cubistes** to paint in the manner OU style of the Cubists; **elle portait le paquet sur la tête, un peu à la ~ d'une Africaine** she was carrying the parcel on top of her head, much like an African woman would.

◆ **à ma façon, à sa façon** *etc* ◇ *loc adj*: **une recette à ma/ta ~** a recipe of mine/yours; **un tour à sa ~** one of his tricks; **une invitation à leur ~** their style of invitation.

◇ *loc adv*: **je le ferai à ma ~** I'll do it my way; **chante-le à ta ~** sing it your way OU any way you like.

◆ **de bonne façon** *loc adj* COUT well-made, (beautifully) tailored.

◆ **de cette façon** *loc adv* -**1.** [comme cela] (in) this way, thus, in this manner; **ouvre la boîte de cette ~** open the box this way. -**2.** [par conséquent] that way; **nous irons demain, de cette ~ ils ne seront pas déçus** we'll go tomorrow, that way they won't be disappointed.

◆ **de façon à, de façon à ce que, de façon que** *loc conj* so that, so as to, in order to; **de ~ à pouvoir fermer la porte** so as to be able to shut the door; **j'ai fermé la fenêtre de ~ à éviter les courants d'air** I shut the window in order to prevent drafts; **il s'est levé de bonne heure de ~ à ce que tout soit prêt** he got up early so that everything would be ready in time; **je lui ai donné un siège, de ~ à ce qu'elle puisse attendre sans fatigue** I gave her a seat so that she could wait without getting tired.

◆ **de la belle façon** *loc adv iron*: **il s'est fait recevoir de la belle ~!** he got the sort of reception he deserves!

◆ **de la même façon** *loc adv* the same (way), identically, in like manner.

◆ **de la même façon que** *loc conj* like, as, the same (way) as.

◆ **de ma façon, de sa façon** *etc loc adj*: **une recette de ma/ta ~** a recipe of mine/yours; **un tour de sa ~** one of his tricks.

◆ **de quelle façon** *loc interr* how; **je l'empêcherai de le faire — et de quelle ~?** I'll stop him doing it — how?; **demande-lui de quelle ~ il compte payer** ask him how he wishes to pay.

◆ **de telle façon** *loc adv* so; **pourquoi criez-vous de telle ~?** why are you shouting like that?

◆ **de telle façon que** *loc prép* so that, in such a way that; **écrivez de telle ~ que le lecteur comprenne** write in such a way that the reader understands.

◆ **de toute façon, de toutes les façons** *loc adv* anyway, in any case.

◆ **d'une certaine façon** *loc adv* in a way, in a manner of speaking, so to speak; **sa mère était d'une certaine ~ sa sœur** his mother was something of a sister to him.

◆ **sans façon(s)** ◇ *loc adj* [style] simple, unadorned; [cuisine] plain; **nous sommes des gens sans ~ ou ~s!** we're simple folk!
◇ *loc adv* -**1.** [familièrement]: **elle m'a pris le bras sans ~ ou ~s** she took my arm quite naturally; **il agit sans ~ ou ~s avec ses parents** *péj* he's rather off-handed ou he behaves off-handedly with his parents. -**2.** [non merci] no thank you; **encore du fromage? – sans ~ ou ~s!** more cheese? – no thank you!
◆ **sans plus de façons** *loc adv* without further ado.

faconde [fakɔ̃d] *nf litt & péj* fluency, flow of words; **être doué d'une belle ~** to be a smooth talker.

façonnage [fasɔnaʒ] *nm* -**1.** [mise en forme] shaping, working. -**2.** IMPR forwarding.

façonné [fasɔne] *nm* TEXT figured fabric.

façonnement [fasɔnmɑ̃] = **façonnage**.

façonner [3] [fasɔne] *vt* -**1.** [modeler – argile] to shape, to fashion; [– métal] to shape, to work; **~ l'argile** to fashion clay. -**2.** *fig* to mould, to shape; **ces épreuves ont façonné son caractère** these ordeals have shaped her character. -**3.** [fabriquer] to manufacture, to produce, to make; **façonné à la main** handmade.

façonnier, ère [fasɔnje, ɛr] ◇ *adj* jobbing.
◇ *nm, f* jobbing worker.

fac-similé [faksimile] (*pl* **fac-similés**) *nm* -**1.** [reproduction] facsimile. -**2.** TÉLÉC [technique] facsimile; [document] facsimile, fax.

factage [faktaʒ] *nm* -**1.** [transport] parcels cartage, carriage and delivery. -**2.** [frais] transport costs. -**3.** [distribution] (postal) delivery.

facteur¹ [faktœr] *nm* -**1.** MATH & SC coefficient, factor; **~ aléatoire** random factor; **~ de sécurité** coefficient of safety, safety factor; **~ premier** prime factor. -**2.** MÉD: **~ Rhésus** rhesus ou Rh factor; **~ Rhésus négatif/positif** rhesus negative/positive. -**3.** [élément] element, factor; **~ d'identification** recognition factor; **~ humain** personal element; **le ~ temps** the time factor; **la courtoisie peut être un ~ de réussite** courtesy may be one of the ways to success. -**4.** [manutentionnaire] (transport) agent; **~ en douane** customs agent. -**5.** MUS instrument maker; **~ de pianos** piano maker; **~ d'orgues** organ builder.

facteur², **trice** [faktœr, tris] *nm, f* ADMIN postman *Br* (*f* postwoman), mailman *Am* (*f* mailwoman); **est-ce que le ~ est passé?** has the postman been yet?

factice [faktis] *adj* -**1.** [imité – diamant] artificial, false; [– marchandise de présentation] dummy *(modif)*. -**2.** [inauthentique] artificial, simulated, false; **une joie ~** simulated happiness.

facticement [faktismɑ̃] *adv* artificially, factitiously.

facticité [faktisite] *nf* -**1.** [inauthenticité] artificiality, factitiousness. -**2.** PHILOS being a fact.

factieux, euse [faksjø, øz] ◇ *adj* seditious.
◇ *nm, f* rebel.

faction [faksjɔ̃] *nf* -**1.** [groupe] faction. -**2.** MIL sentry ou guard duty; **être en ou de ~** to be on sentry ou guard duty; **mettre une sentinelle de ~ devant la porte** to post a sentry in front of the door; **je suis resté en ~ plusieurs heures devant sa porte** I waited outside his door for hours. -**3.** [dans une entreprise] (8-hour) shift.

factionnaire [faksjɔnɛr] ◇ *nm* MIL sentry, guard.
◇ *nmf* [ouvrier] shift worker.

factitif, ive [faktitif, iv] *adj* factitive, causative.

factitif [faktitif] *nm* causative verb.

factoriel, elle [faktɔrjɛl] *adj* factorial, factor *(modif)*.
◆ **factorielle** *nf* MATH factorial.

factoring [faktɔriŋ] *nm* factoring.

factorisation [faktɔrizasjɔ̃] *nf* factorization, factorizing.

factotum [faktɔtɔm] *nm* factotum, handyman; **je ne suis pas ton ~!** I'm not your servant!

factrice [faktris] *f* → **facteur**.

factuel, elle [faktɥɛl] *adj* [gén & PHILOS] factual.

facturation [faktyrasjɔ̃] *nf* -**1.** [action] invoicing, billing; **la ~ interviendra le 10 du mois** you will be invoiced on the 10th of each month ❑ **~ détaillée** itemized bill; **~ séparée** INF unbundling. -**2.** [service] invoice department.

facture [faktyr] *nf* -**1.** COMM invoice, bill; **établir une ~** to make out an invoice ❑ **~ détaillée** itemized invoice; **~ pro forma ou provisoire** pro forma invoice; **fausse ~** faked ou forged invoice; **payer ou régler une ~** to pay a bill; **payer la ~** *fig* to pay the price; **l'affaire des fausses ~s** *scandal involving the fraudulent financing of electoral campaigns using falsified receipts*. -**2.** MUS [de piano] making; [d'orgues] building. -**3.** [technique] craftsmanship, workmanship.
◆ **de bonne facture** *loc adj* [meuble, piano] well-made, beautifully crafted; [tableau] skillfully executed.

facturer [3] [faktyre] *vt* [article, service]: **~ qqch à qqn** to bill ou to invoice sb for sthg; **ils ne m'ont pas facturé la livraison** they didn't charge me anything me for delivery; **~ séparément le matériel et le logiciel** INF to unbundle.

facturette [faktyrɛt] *nf* (credit card sales) receipt, record of charge form.

facturier, ère [faktyrje, ɛr] *nm, f* invoice clerk.
◆ **facturier** *nm* sales book.
◆ **facturière** *nf* invoicing machine.

facultatif, ive [fakyltatif, iv] *adj* -**1.** [au choix] optional; **vous paierez obligatoirement le voyage mais l'assurance est facultative** you will have to pay for the trip but insurance is optional ❑ **épreuve facultative** optional subject. -**2.** [sur demande]: **arrêt ~** request stop.

facultativement [fakyltativmɑ̃] *adv* optionally, as an option.

faculté [fakylte] *nf* -**1.** [capacité] ability, capability; **~ d'adaptation** adaptability, ability to adapt; **la ~ de comprendre les enfants** the ability to understand children. -**2.** [fonction] ability; **les humains possèdent la ~ d'abstraire** mankind is capable of abstract thought. -**3.** *sout* [droit] freedom, right; **avec ~ d'achat ou de vente** with the option of purchase or sale; **avoir la ~ de** to have the right to ou the option of; **vous avez la ~ de refuser le contrat** you have the right to refuse to sign the contract; **il a la ~ de rester s'il le désire** he may ou he's free to stay if he wishes to || [autorité] power; **le jury a la ~ d'attribuer les mentions** the examiners are entitled to confer distinctions. -**4.** NAUT: **assurances sur corps et ~s** hull and cargo insurance. -**5.** JUR: **~s contributives** ability to pay. -**6.** UNIV [avant 1968] faculty; **la ~ des sciences** the science faculty || [depuis 1969] university, college; **on s'est connu à la ou en ~** [étudiants] we met at university ou when we were students. -**7.** *hum* [médecins]: **la Faculté m'interdit/lui recommande de faire du sport** my doctors forbid me/his doctors encourage him to engage in sports.
◆ **de faculté** *loc adj* [cours, professeur] university *(modif)*; **des souvenirs de ~** memories of one's university ou student days.
◆ **facultés** *nfpl* [esprit] faculties, powers; **avoir toutes ses ~s** to be of sound mind ou in full possession of one's faculties; **il n'a pas toutes ses ~s** he's not in possession of all his faculties, he's not all there; **merci de faire confiance à mes ~s!** thank you for thinking I'm clever enough to do it!

fada *fam* [fada] *dial* ◇ *adj* cracked, nuts.
◇ *nmf* [fou]: **les ~s de la moto** motorbikes freaks.

fadaise [fadɛz] *nf* piece of nonsense; **~s** drivel, nonsense, rubbish.

fadasse [fadas] *adj péj* -**1.** [sans goût] insipid, tasteless, bland. -**2.** [sans éclat] dull; **des couleurs ~s** washed-out colours; **c'est une fille assez ~** she's rather dull.

fade [fad] *adj* -**1.** [sans saveur] insipid, tasteless, bland. -**2.** [banal] dull, pointless, vapid; **le compliment est plutôt ~** the compliment is rather flat.

fadeur [fadœr] *nf* -**1.** [insipidité] blandness, lack of flavour. -**2.** [banalité] blandness, vapidity.

fading [fadiŋ] *nm* fade RADIO.

fado [fado] *nm* fado.

faena [faena] *nf* faena.

fagot [fago] *nm* -**1.** [branches] bundle (of wood); **sentir le ~** [personne] to be a suspected heretic; [opinion] to smack of heresy. -**2.** [en Afrique] firewood.

fagotage [fagɔtaʒ] *nm* -**1.** *fam péj* [habillement] ridiculous getup. -**2.** [du bois] bundling (up).

fagoté, e *fam* [fagɔte] *adj péj*: **mal ~** badly dressed; **comme te voilà ~e!** what a sight you are!, look at the state of you! ❑ **~ comme l'as de pique** badly dressed.

fagoter [3] [fagɔte] *vt* -**1.** [bois, branches] to bind together, to tie up *(sép)* in bundles. -**2.** *fam péj* [habiller]: **sa mère le fagote n'importe comment** his mother dresses him like nothing on earth.
◆ **se fagoter** *fam vp (emploi réfléchi) péj*: **t'as vu comme elle se fagote!** have you seen some of the things she wears!

fagotin [fagɔtɛ̃] *nm* small bundle (of firewood).

Fahrenheit [farɛnajt] *npr*: **degré/échelle ~** Fahrenheit degree/scale.

faiblard, e *fam* [fɛblar] *adj* -**1.** [vieillard, convalescent] weak, frail. -**2.** [excuse] feeble, lame; [argument] feeble. -**3.** [lumière] weak.

faible [fɛbl] ◇ *adj* -**1.** [malade, vieillard] weak, frail; **se sentir ~** to feel weak || [fonction organique]: **avoir la vue ~** to have weak ou poor eyesight; **avoir le cœur/la poitrine ~** to have a weak heart/chest; **avoir les reins ~s** to have kidney trouble; **être de ~ constitution** to have a weak constitution. -**2.** [étai, construction] weak, flimsy, fragile; **la carlingue était trop ~** the cabin was too flimsy. -**3.** [esprit] weak, deficient; **il n'a que de ~s moyens intellectuels** his intellectual capacities are rather weak. -**4.** [médiocre – étudiant, résultat] weak, poor, mediocre; **une dissertation plutôt ~** a rather weak ou poor essay; **elle est ~ en travaux manuels** she's not very good at handicrafts. -**5.** [trop tempéré – style, argument, réforme] weak; [– jugement] mild; [– prétexte] feeble, flimsy; **le mot est ~!** that's an understatement! -**6.** [complaisant] weak, lax; [sans volonté] weak, spineless; **il est ~ avec ses enfants** he's lax ou too lenient with his children. -**7.** [impuissant – nation, candidat] weak. -**8.** COMM & ÉCON [demande] slack; [marge] low; [monnaie] weak; **de ~s revenus** a low income; **de ~s ressources** scant ou thin resources. -**9.** [léger] faint, light, slight; **une ~ lumière** a dim ou faint light; **un ~ bruit** a faint sound; **une ~ odeur de moisi** a faint ou slight musty smell; **brise/vent ~** light breeze/wind. -**10.** [peu important] low, small; **une ~ quantité de sucre** a small quantity of sugar; **à ~ débit** low-rate; **aller à ~ vitesse** to proceed at low speed; **appareil de ~ consommation** low-consumption appliance; **de ~ encombrement** compact; **à ~ teneur en minerai** of low mineral content, low-grade; **à ~ teneur en alcool** low in alcohol; **une ~ différence entre deux ouvrages** a slight difference between two books; **avoir de ~s chances de succès** to have slight ou slender chances of succeeding; **donner une ~ idée de ses capacités** to give a faint idea of one's abilities. -**11.** LING weak, unstressed.
◇ *nmf* weak-willed person; **c'est un ~** he's weak-willed; **~ d'esprit** simpleton.
◇ *nm* -**1.** [préférence]: **avoir un ~ pour qqch** to be partial to sthg; **avoir un ~ pour qqn** to have a soft spot for sb. -**2.** *litt* [point sensible] weak spot; **prendre qqn par son ~** to find sb's Achilles heel.

faiblement [fɛbləmɑ̃] *adv* -**1.** [sans force] feebly, weakly; **il protestait assez ~** he was protesting rather feebly. -**2.** [légèrement] faintly; **la cloche résonnait ~ dans le lointain** the bell was ringing faintly in the distance.

faiblesse [fɛblɛs] *nf* -**1.** [manque de vigueur physique] weakness, frailty; **ressentir une grande ~** to feel very weak; **la ~ de sa constitution** his weak constitution. -**2.** [d'une construction] weakness, flimsiness, fragility; [d'une économie, d'un système] weakness, fragility, vulnerability; [d'une voix, d'un son] dimness, faintness; [de la vue, de la poitrine] weakness. -**3.** [médiocrité - d'un élève] weakness; [- d'une œuvre, d'un argument] feebleness, weakness; **sa ~ à l'oral** his weakness OU poor performance in the orals ❑ **~ d'esprit** feeblemindedness. -**4.** [insignifiance - d'une différence, d'un écart] insignificance; **fermer une école à cause de la ~ des effectifs** to close a school because of insufficient numbers. -**5.** *litt* [lâcheté] weakness, spinelessness; **un homme d'une grande ~** a weak man; **être d'une grande ~ envers qqn** [être trop indulgent] to be overlenient with sb; **être d'une ~ coupable envers qqn** to be inexcusably soft with sb; **avoir la ~ de croire/dire** to be foolish enough to believe/to say; **avoir un moment de ~** to have a moment of weakness; **un moment de ~ et voilà une carrière politique gâchée** an entire political career ruined in a moment of weakness; **pour lui, l'amour filial est une ~** he considers that loving one's parents is a weakness. -**6.** [défaut] failing, flaw, shortcoming; **c'est là la grande ~ du scénario** this is the script's major flaw. -**7.** [préférence] weakness, partiality; **avoir une ~ pour** to have a weakness for, to be partial to. -**8.** *litt* [évanouissement] fainting fit, dizzy spell; **avoir une** OU **être pris de ~** to feel faint.

faiblir [32] [feblir] *vi* -**1.** [perdre de sa force] to get weaker; **son pouls faiblit** her pulse is getting weaker OU fainter; **ses forces faiblissaient** he was getting weaker; **chez elle, c'est la mémoire qui faiblit** her memory is failing; **chez elle, c'est la tête qui faiblit** she's going weak in the head; **le moteur/la batterie faiblit** the engine/the battery is failing. -**2.** [diminuer - vent, orage, bourrasque] to drop; [- lumière] to dwindle; [- enthousiasme, colère] to wane, to dwindle; **le jour faiblit** it's getting dark; **l'intérêt du public faiblit** public interest is waning; **le succès de la pièce ne faiblit pas** the play is still a great success. -**3.** [cesser d'être efficace - athlète, élève] to get weaker; **son style n'a pas faibli** her style is as vigorous as ever; **j'ai faibli en langues à la fin de l'année** my marks in modern languages got weaker towards the end of the year. -**4.** [plier - paroi, tige] to show signs of weakening; **les premiers rangs de policiers faiblissaient sous l'assaut** the front ranks of police were weakening under the assault. -**5.** *litt* [défaillir] to have a fainting fit.

faiblissant, e [fɛblisɑ̃, ɑ̃t] *adj* -**1.** [vieillard, malade] weakening. -**2.** [lumière, vent] failing. -**3.** [économie, pouvoir d'achat] slackening.

faïence [fajɑ̃s] *nf* faience, (glazed) earthenware; **~ de Delft** Delft, delftware; **~ fine** china.

faïencé, e [fajɑ̃se] *adj* [objet] made to resemble pottery; [tableau] crackled.

faïencerie [fajɑ̃sri] *nf* -**1.** [usine] pottery works. -**2.** [articles] (glazed) earthenware.

faïencier, ère [fajɑ̃sje, ɛr] *nm, f* potter, maker of (glazed) earthenware.

faignant, e [fɛɲɑ̃, ɑ̃t] = **feignant**.

faille [faj] *nf* -**1.** GÉOL fault. -**2.** [faiblesse] flaw, weakness; [incohérence] inconsistency, flaw; **il y a une ~ dans votre démonstration** your demonstration is flawed. -**3.** TEXT faille.

◆ **sans faille** *loc adj* [logique] faultless, flawless; [fidélité, dévouement] unfailing, unwavering.

failli, e [faji] *adj & nm, f* bankrupt.

faillibilité [fajibilite] *nf* fallibility.

faillible [fajibl] *adj* fallible.

faillir [46] [fajir] *vi* -**1.** [être sur le point de]: **j'ai failli rater la marche** I nearly missed the step; **pendant un moment, j'ai failli y croire** I almost believed it for a moment; **tu l'as attrapé? — non, mais j'ai failli!** *fam* did you catch it? — not quite! ❑ **j'ai failli attendre** *hum* so you decided to come, did you? -**2.** *litt* to fail in one's duty; **elle a failli** *euph* she fell.

◆ **faillir à** *v + prép sout*: **~ à une promesse** to fail to keep a promise; **~ à son devoir** to fail in one's duty; **~ à un engagement** to fail to honour a commitment.

◆ **sans faillir** *loc adv* unfailingly.

faillite [fajit] *nf* -**1.** COMM bankruptcy, insolvency; **faire ~** to go bankrupt. -**2.** [échec] failure; **la ~ de ses espoirs** the end OU collapse of his hopes; **le spectacle a connu une ~ complète** the show was a total failure; **les faits récents montrent la ~ de cette politique** recent events demonstrate the failure of this policy; **le projet a fait ~** the project flopped OU was a failure.

◆ **en faillite** ◇ *loc adj* bankrupt, insolvent; **être en ~** to be bankrupt.

◇ *loc adv*: **se mettre en ~** to file a petition for bankruptcy.

faim [fɛ̃] *nf* -**1.** [appétit] hunger; **avoir ~** to be hungry; **j'ai une de ces ~s, je meurs de ~, je crève** *fam* **de ~** I'm famished OU starving; **merci, je n'ai plus ~** I've had enough, thank you; **ça me donne ~** it makes me hungry; **il fait ~** *fam* I'm hungry; **j'ai une petite ~** I feel a bit peckish; **manger à sa ~** to eat one's fill; **mangez à votre ~** eat as much as you like ❑ **avoir une ~ de loup** to be ravenous; **j'ai une faim de loup** OU **à dévorer les montagnes** I could eat a horse; **rester sur sa ~** *pr* to be still hungry; *fig* to be left hanging; **tromper sa ~** to stave off hunger; **la ~ fait sortir le loup** OU **chasse le loup (hors) du bois** *prov* hunger drives the wolf out of the wood, necessity knows no law. -**2.** [famine]: **la ~** hunger, famine; **souffrir de la ~** to be starving OU a victim of starvation; **mourir de ~** to starve to death, to die of starvation. -**3.** [envie]: **~ de: sa ~ de tendresse** his yearning for tenderness; **avoir ~ de paix** to hunger OU to yearn for peace.

faine [fɛn] *nf* beechnut.

fainéant, e [feneɑ̃, ɑ̃t] ◇ *adj* idle, lazy.

◇ *nm, f* idler, layabout; **quel ~!** what a layabout!

fainéanter [3] [feneɑ̃te] *vi* to idle about OU around; **il passe des heures à ~** he spends hours twiddling his thumbs OU doing nothing.

fainéantise [feneɑ̃tiz] *nf* idleness, laziness.

faire [109] [fɛr] ◇ *vt* **A.** FABRIQUER, RÉALISER -**1.** [confectionner, fabriquer - objet, vêtement] to make; [- construction] to build; [- tableau] to paint; [- film] to make; [- repas] to make, to prepare; [- gâteau, pain] to make, to bake; [- vin] to make; [- bière] to brew; [concevoir - thèse, dissertation] to do; **il m'a fait une poupée avec de la paille** he's made me a doll with OU out of straw; **qu'as-tu fait (à manger) pour ce soir?** what have you prepared for dinner?; **je vais ~ du café** I'm going to make some coffee; **c'est elle qui fait ses propres chansons** she writes her own songs; **~ une loi** to make a law; **~ un portrait** [le peindre] to paint a portrait; [le dessiner] to draw a portrait; **il a fait un portrait fidèle de la situation** he gave a very accurate description of the situation; **il sait tout ~** he can turn his hand to anything; **grand-mère est super — oui, on n'en fait plus des comme ça!** *fam* grandma's great — yes, they broke the mould when they made her!; **ce pays fait d'excellents athlètes** this country produces excellent athletes; **les deux ou trois créateurs qui font la mode parisienne** the handful of designers who are Parisian fashion. -**2.** [produire, vendre]: **~ de l'élevage de bétail** to breed cattle; **~ du blé/de la vigne** to grow wheat/grapes; **~ une marque/un produit** to stock a make/an article; **je vous fais les deux à 350 F** *fam* you can have both for 350 F, I'll take 350 F for both. -**3.** [obtenir, gagner - bénéfices] to make; **~ de l'argent** to earn OU to make money. -**4.** [mettre au monde]: **~ un enfant** to have a child; **il veut que je lui fasse un enfant** he wants me to have his child; **il lui a fait deux enfants** he had two children with her; **la chatte a fait des petits** the cat has had kittens. -**5.** PHYSIOL: **~ ses besoins** *euph* to do one's business ‖ *(en usage abs)*: **tu as fait ce matin?** did you go to the toilet this morning?; **il a fait dans sa culotte** *fam* he messed his pants; **j'ai failli ~ dans mon froc**[▽] *fig* I nearly crapped OU shit myself.

B. ACCOMPLIR, EXÉCUTER -**1.** [effectuer - mouvement, signe] to make; **~ un saut périlleux/la roue** to do a somersault/a cartwheel; **fais-moi un bisou** *fam*/**un sourire** give me a kiss/a smile; **~ des grimaces** to make OU pull faces ❑ **~ la grimace** to make a face; **~ la tête** OU **la gueule** *fam* to sulk. -**2.** [accomplir - choix, erreur, réforme, proposition] to make; [- inventaire] to do; [- discours] to deliver, to make, to give; [- conférence] to give; [- exercice] to do; [- recherches] to do, to carry out *(sép)*; [- enquête] to carry out *(sép)*; **~ ses études** to study; **il a fait ses études à la Sorbonne** he studied at the Sorbonne; **tu as fait tes maths?** have you done your maths homework?; **~ son devoir** to do one's duty; **~ une blague à qqn** to play a joke on sb; **~ des plaisanteries** to play tricks; **~ la cuisine** to do the cooking, to cook; **~ le ménage** to do the housework; **~ son lit** to make one's bed ❑ **la ~ à qqn** *fam*: **on ne me la fait pas, à moi!** [plaisanterie] I won't be taken in!; **on me l'a déjà faite, celle-là** I know that one already; **les voyages organisés, on me l'a déjà faite une fois et on ne me la fera plus!** one package tour was quite enough for me, thank you very much!; **le** OU **la ~ à l'esbroufe** OU **à l'épate** OU **au bluff** *fam* to bluff one's way through. -**3.** [étudier] to study, to do; **il veut ~ du droit** he wants to do law; **~ sa médecine** *fam* to do OU to study medicine; **je n'ai jamais fait de musique** I've never studied music; **nous faisons Richard III cette année** we're doing OU studying Richard III this year ‖ [suivre les cours de]: **elle voulait ~ l'ENA** she wanted to go to the ENA. -**4.** [pratiquer]: **~ de la poterie** to do pottery; **~ de la flûte/du violon** to play the flute/the violin; **~ de la danse** [cours] to go to dance classes; **il voulait ~ de la danse** he wanted to be a dancer; **~ du théâtre: il a fait un peu de théâtre** he's done some acting; **je veux ~ du théâtre** I want to be an actor OU to go on the stage; **~ de l'équitation/de la natation/de la voile** to go horseriding/swimming/sailing; **~ du basket/du tennis** to play basketball/tennis. -**5.** [écrire - lettre] to write; [- contrat, testament] to write, to make; **fais mieux tes t** write your t's better. -**6.** [dire] to say, **il fit oui/non de la tête** he nodded/he shook his head; **«non», fit-elle** "no", she said; **la vache fait «meuh!»** the cow goes "moo!"; **que fait le hibou?** what does the owl say? -**7.** [nettoyer - chambre, vitres] to clean, to do; **merci d'avoir fait mes chaussures** thank you for polishing OU cleaning my shoes ‖ [tapisser, aménager - pièce, maison] to do, to decorate. -**8.** [action non précisée] to do; **que fais-tu dans la vie?** what do you do (for a living)?; **qu'est-ce qu'il t'a fait, ton frère?** what has your brother done to you?; **je ne t'ai jamais rien fait!** I've never done you any harm!; **que pouvais-je ~ d'autre?** what else could I do?; **il a fort à ~** he's got lots to do; **tu es libre dimanche? — oui, je ne fais rien de spécial** are you free on Sunday? — yes, I'm not doing anything special; **tu fais quelque chose pour ton anniversaire?** are you doing anything for your birthday?; **elle ne veut jamais rien ~ sans lui** she never wants to do anything without him; **je fais ce que je peux!** I do what I can!; **ne ~ que: elle ne fait que se plaindre** she does nothing but complain; **il ne fait que me harceler** he won't stop pestering me; **ils n'ont fait que chuchoter pendant tout le film** they kept whispering right through the film ❑ **avoir qqch à ~ avec: je ne veux rien avoir à ~ avec eux!** I don't want anything to do with them; **~ qqch de qqn/qqch: qu'ai-je fait de mes clefs?** what have I done with OU where did I put my keys?; **que fais-tu de mes sentiments dans tout ça?** what about my feelings?; **que vais-je ~ de toi?** what am I going to do with you?; **elle fait ce qu'elle veut de lui** she can twist him round her little finger; **rien à ~: donne-le moi! — non, rien à ~!** give it to me! — nothing doing OU no way!; **rien à ~, le téléphone ne marche plus!** we're stuck, the phone doesn't work!; **tu lui as parlé? — oui, mais rien à ~, il ne cédera pas** did you talk to him? — yes, but it's no use, he won't give in; **je vais vous raccompagner — n'en faites rien!** I'll take you back — there's really no need!; **~ avec** *fam* to make do; **je n'ai que ce stylo — il faudra ~ avec!** I've only got this pen — I'll have to make do with that!; **j'apprécie peu sa façon de travailler mais il faut bien ~ avec!** I don't like the way he works but I suppose I'll just have to put up with it!; **~ sans** *fam* to (make) do without; **j'ai oublié le livre chez moi — il faudra ~ sans!** I've left the book at home — we'll just have to make do without it!; **autant que ~ se peut** if possible, as far as possible; **n'avoir que ~ de: je n'ai que ~ de tes conseils** I don't need your advice; **mais bien sûr, tu n'as que ~ de ma carrière!** but of course, my career matters very little to you OU you don't care about my career!; **pour ce ~** for that; **ce faisant** in so doing.

C. AVEC IDÉE DE DÉPLACEMENT - **1.** [se déplacer à la vitesse de]: **en marchant vite, tu peux faire 10 km à l'heure** if you walk fast, you can do OU cover 10 km in an hour; **le train peut ~ jusqu'à 400 km/h** the train can do 400 km/h; **vous faisiez du 120 km/h** [en voiture] you were driving at OU doing 120 km/h. - **2.** [couvrir - distance]: **le Concorde fait Paris-New York en moins de cinq heures** Concorde goes OU flies from Paris to New York in less than five hours; **il y a des cars qui font Londres-Glasgow** there's a coach service between London and Glasgow; **sur tous les trains qui font Lyon-Marseille** on all the trains which run between Lyon and Marseille. - **3.** [visiter] to go to, to visit; **nous n'avons jamais fait le sud de l'Italie** we've never been to the south of Italy ‖ [inspecter, passer au crible]: **j'ai fait tous mes tiroirs, impossible de retrouver la photo** I searched through all my drawers, but I couldn't find the picture; **je n'ai pas envie de ~ tous les dossiers!** I don't feel like searching OU going through all the files!; **j'ai fait tous les étages avant de vous trouver** I looked on every floor before I found you; **j'ai fait tous les hôtels de la ville** [j'y suis allé] I did OU went to OU tried every hotel in town; [j'ai téléphoné] I called OU did OU tried every hotel in town; **~ les antiquaires** to go round the antique shops; **il fait les bars avant de rentrer chez lui** he goes to pubs before going home.

D. AVEC IDÉE DE TRANSFORMATION - **1.** [nommer]: **elle l'a fait baron** she gave him the title of Baron, she made him a baron; **elle l'a fait chevalier** she knighted him. - **2.** [transformer en]: **~ qqch de qqn/qqch** [le transformer]: **des rats, la fée fit des laquais** the fairy changed the rats into footmen; **ce film en a fait un sex-symbol** this film turned her into a sex symbol; **ce feuilleton en a fait une vedette** this series made him a star; **et ta robe bleue? — j'en ai fait une jupe** what about your blue dress? — I made it into a skirt; **garde les restes, j'en ferai une soupe** keep the leftovers, I'll make a soup with them; **ils ont fait trois appartements de leur grande maison** they converted OU made their big house into three flats; **la prison en a fait un criminel** prison turned him into a criminal OU made a criminal out of him; **c'était mon idée, mais il l'a faite sienne** it was my idea, but he took it from me OU he made it his own; **quand je te ferai mienne** *vieilli* OU *hum* when I make you mine ‖ [présenter comme]: **c'était un tyran et votre livre en fait un héros!** he was a tyrant, and your book shows OU presents him as a hero! - **3.** [devenir]: **«cheval» fait «chevaux» au pluriel** the plural of "cheval" is "chevaux".
- **4.** [servir de]: **une fois plié, le billard fait table** the billiard table, when folded, can be used OU can serve as a normal table; **un canapé qui fait lit** a convertible settee; **une carotte fera le nez du bonhomme de neige** you can make the snowman's nose with a carrot; **cette peau fera un beau tapis** this animal skin will make a nice rug; **le gymnase fait aussi salle des fêtes** the gymnasium is also used as a community hall; **c'est un hôtel qui fait restaurant** it's a hotel with a restaurant. - **5.** [remplir un rôle, une fonction]: **il fera un bon mari** he'll make OU be a good husband; **il fait le Père Noël dans les rues** he goes around the streets disguised as Father Christmas ‖ CIN & THÉÂT to play the part of, to be; **qui fait le comte?** who plays the Count?; **il ferait un parfait Othello** he'd make OU be a perfect Othello ‖ [imiter - personne] to imitate, to take off, to impersonate; [- automate, animal] to imitate; **il fait très bien le hibou** he imitates the owl very well, his imitation of the owl is very good; **ne fais pas l'idiot** don't be stupid; **ne fais pas l'innocent** don't play the innocent, don't come the innocent with me *Br*; **elle a fait l'étonnée** she pretended to be surprised OU feigned surprise; **il essayait de ~ son intéressant** he was showing off.

E. INDIQUE UN RÉSULTAT - **1.** [provoquer]: **~ de la poussière** to raise dust; **ce charbon fait beaucoup de fumée** this coal makes a lot of smoke; **ça va ~ une marque/une auréole** it will leave a mark/a ring; **l'accident a fait cinq morts** the accident left five dead OU claimed five lives; **cela fait tout son charme** that's where his charm lies; **ce qui fait l'intérêt de son livre** what makes his book interesting; **~ de la peine à qqn** to upset sb; **~ peur à qqn** to frighten sb; **~ du tort à qqn: ces propos risquent de vous ~ du tort** what you've said may well get you into trouble; **~ le malheur de qqn: il fera votre malheur** he'll make life very difficult for you; **~ le désespoir de qqn** to make sb despair; **~ quelque chose à qqn** [l'émouvoir] to move sb, to affect sb; **ce n'était qu'un animal, mais ça m'a fait quelque chose quand il est mort** it was only an animal but it did something to me OU affected me when it died; **ça m'a quand même fait quelque chose de le voir si triste** it did have an effect on me when I saw that he was so sad; **la vue du sang ne me fait rien** I don't mind the sight of blood, the sight of blood doesn't bother me; **~ que: la gravitation, force qui fait que les objets s'attirent** gravitation, the force which causes objects to be attracted towards each other; **ce qui fait que je suis arrivé en retard** which meant I was late ‖ [pour exprimer un souhait]: **faites qu'il ne lui arrive rien!** please don't let anything happen to him! - **2.** [importer]: **qu'est-ce que cela peut ~?** what does it matter?, so what?; **qu'est-ce que cela peut te ~?** what's it to (do with) you?; **cela ne fait rien** it doesn't matter, never mind; **tu ne veux pas venir? ça ne fait rien!** [tant pis pour toi] you don't want to come? suit yourself!

F. INDIQUE UNE QUALITÉ, UNE FORME, UNE MESURE - **1.** [former]: **la route fait un coude** the road bends; **le circuit fait un huit** the circuit is (in the shape of) a figure of eight; **le tas fait une pyramide** the heap looks like a pyramid. - **2.** [coûter] to be, to cost; **ça fait combien?** how much is it?; **ça fait trop cher** it's too expensive; **ça vous fait 160 francs en tout** that'll be 160 francs altogether. - **3.** [valoir, égaler] to be, to make; **2 et 2 font 4** 2 and 2 are 4; **ça fait 23 en tout** that makes 23 altogether; **on a 150 francs, ça ne fait pas assez** we've got 150 francs, that's not enough. - **4.** [mesurer]: **le bateau fait 12 m de long/3 m de large** the boat is 12 m long/3 m wide; **la chambre fait 8 m^2** the room is 8 m^2; **il doit bien ~ 1 m 90** he must be 1 m 90 tall ‖ VÊT: **je fais du 38** I take size 38; **elle fait du 37** [en chaussures] she takes a size 37 (shoe) ‖ [peser]: **je fais 56 kg** I weigh OU am 56 kg; **cela (vous) fait une bonne livre** it's a bit over the pound. - **5.** [indique la durée, le temps]: **ça fait deux jours qu'il n'a pas mangé** he hasn't eaten for two days; **elle a téléphoné, cela fait bien une heure** she phoned at least an hour ago; **on s'est rencontrés ça fait trois mois** *fam* we met three months ago, it's been three months since we met; **cela faisait 10 ans que je n'avais pas joué** I hadn't played for 10 years ‖ [durer - suj: vêtement, objet] *fam* to last; **ton cartable te fera encore bien cette année** your schoolbag will last OU do you this year; **cette robe m'a fait trois ans** this dress has lasted me three years; **une paire de chaussures ne me fait pas plus de six mois** I wear out a pair of shoes in six months; **le ragoût m'a bien fait trois repas** I got three meals out of that stew; **il n'a pas fait deux mois dans cette entreprise** he didn't stay in the company more than two months.

G. VERBE ATTRIBUTIF - **1.** [paraître]: **la broche fait bien** OU **joli** OU **jolie sur ta robe** the brooch looks nice on your dress; **elle parle avec un léger accent, il paraît que ça fait bien!** she talks with a slight accent, it's supposed to be smart!; **j'ai un bleu sur la joue maintenant, ah ça fait bien!** *iron* I've got a bruise on my cheek now, that's lovely!; **ça fait bizarre** it looks strange; **il me faudrait un nom qui fasse artiste** I would need a name which sounds good for an artist; **je ne vais pas lui réclamer 50 francs, ça ferait mesquin** I'm not going to ask her for 50 francs, it'd be OU look petty; **ça fait comment sur les montagnes russes?** *fam* what does it feel like OU what is it like on a roller coaster?; **ça fait comment de voir son nom sur une affiche?** what's it like to see your name on a poster?; **~ son âge** to look one's age; **elle ne fait pas son âge** she doesn't look her age. - **2.** *fam* [devenir, embrasser la carrière de] to be; **je veux ~ pompier** I want to be a fireman.

H. VERBE DE SUBSTITUTION: **range ta chambre — je l'ai déjà fait** go and tidy up your room — I've already done it; **vous le lui expliquerez mieux que je ne saurais le ~** you'll explain it to her better than I could; **tu lui écriras? — oui, je le ferai** will you write to him? — yes I will; **puis-je prendre cette chaise? — (mais) faites donc!** may I take this chair? — please do OU by all means!

◇ *vi* [agir] to do; **fais comme chez toi** [à l'arrivée de qqn] make yourself at home; **je peux prendre une douche? — bien sûr, fais comme chez toi** can I have a shower? — of course OU by all means; **fais comme chez toi, surtout!** *iron* you've got a nerve!, don't mind me! *iron*; **faites comme vous voulez** do as you please; **fais comme tu veux!** [ton irrité] suit yourself!; **je le lui ai rendu — tu as bien fait!** I gave it back to him — you did the right thing OU you did right!; **pourquoi l'as-tu acheté? — je croyais bien ~!** why did you buy it? — I thought it was a good idea!; **n'ai-je pas bien fait de lui répondre?** wasn't I right to answer him back?; **j'ai bien fait de me méfier** I was right to be suspicious; **tu ferais bien d'y réfléchir** you'd do well to OU you should OU you'd better think about it!; **pour bien ~, il faudrait réserver aujourd'hui** the best thing would be to book today, ideally we should book today; **ça commence à bien ~!** enough is enough!; **ça commence à bien ~, tes reproches!** *fam* I've had quite enough of your criticism!

◇ *v impers* - **1.** MÉTÉO: **il fait chaud/froid** it's hot/cold; **il faisait nuit** it was dark; **il fait (du) soleil** the sun is shining; **il fait bon au soleil** it's nice and warm in the sun; **il ne faisait pas bon avoir un nom à particule à cette époque** it wasn't a good thing to have an aristocratic-sounding name then. - **2.** *loc*: **c'en est fait de** *sout* OU *hum*: **c'en est fait de vous** you've had it, you're done for; **c'est bien fait: c'est bien fait pour toi, il ne fallait pas mentir** it serves you right, you shouldn't have lied.

◇ *v aux* - **1.** [provoquer une réaction]: **tu l'as fait rougir** you made her blush; **il peut ~ bouger ses oreilles** he can make his ears move, he can move his ears; **le soleil a fait jaunir le papier** the sun has made the paper turn yellow; **les oignons, ça fait pleurer** onions make you cry;

ne la fais pas pleurer! don't make her cry!; **ça me fait dormir** it puts OU sends me to sleep. -**2.** [forcer à] to make, to have; **fais-moi penser à le lui demander** remind me to ask him; **faites-le attendre** let him wait; [en lui demandant] ask him to wait; **faites-le asseoir** ask him to take a seat; **il faut le ~ boire beaucoup** you should give him plenty to drink; **n'essaie pas de me ~ croire que...** don't try to make OU to have me believe that...; **il lui a fait avouer la vérité** he made her confess the truth; **ne me fais pas dire ce que je n'ai pas dit** don't put words into my mouth; **il me faisait ~ ses dissertations** he had me write his essays for him. -**3.** [commander de]: **~ ~ qqch par qqn** to have sb do OU make sthg, to have sthg done OU made by sb; **j'ai fait laver/vérifier ma voiture** I had my car washed/checked; **elle fait repasser son linge** she has her ironing done for her; **il fait ~ ses costumes sur mesure** he has his suits tailormade.

◆ **faire dans** *fam v + prép*: **il ne fait pas dans le détail** he doesn't bother about details; **son entreprise fait maintenant dans les produits de luxe** her company now produces luxury items; **certains cinéastes n'hésitent pas à ~ dans le sordide** some film makers don't hesitate to show sordid scenes.

◆ **se faire** ◇ *vp (emploi réfléchi)* -**1.** [réussir]: **elle s'est faite seule** she's a self-made woman. -**2.** [se forcer à]: **se ~ pleurer/vomir** to make o.s. cry/vomit.

◇ *vp (emploi réciproque)*: **se ~ la guerre** to wage war on each other.

◇ *vp (emploi passif)* -**1.** [être à la mode] to be fashionable, to be in fashion; **les salopettes se font beaucoup/ne se font plus** dungarees are very fashionable/are out of fashion; **je ne sais pas ce qui se fait en ce moment** I don't know what the fashions are at the moment. -**2.** [être socialement convenable]: **ça ne se fait pas de demander son âge à une femme** it's rude to ask a woman her age; **ça ne se fait pas!** it's not done!, you (just) don't do that!; **tu peux dire merci, ça se fait!** you're allowed to say thank you, you know! -**3.** [être réalisé]: **sans argent le film ne se fera pas** without money the film will never be made; **le projet ne se fera pas sans elle** there won't be a project without her; **finalement ça ne se fera pas** as it turns out, it's not going to happen; **les choses se font petit à petit** things evolve gradually; **la capitale où la mode se fait** the fashion capital; **je dois signer un nouveau contrat, mais je ne sais pas quand cela va se ~** I'm going to sign a new contract, but I don't know when that will be; **tu pourrais me prêter 1 500 F? — ça pourrait se ~** could you lend me 1,500 F? — that should be possible || *(tournure impersonnelle)*: **comment se fait-il que...?** how come OU how is it that...?; **il pourrait se ~ que...** it might OU may be that..., it's possible that...; **c'est ce qui se fait de mieux en papiers peints lavables** it's the best washable wallpaper available.

◇ *vpi* -**1.** [se former]: **les couples se font et se défont** people get together and separate. -**2.** *(suivi d'un inf)*: **se ~ opérer** to have an operation; **se ~ tuer** to get killed; **se ~ photographier** [par qqn] to get OU have one's picture taken; [dans un Photomaton] to have some pictures (of o.s.) done; **se ~ couper les cheveux** to have one's hair cut; **il se fait ~ ses vêtements chez un couturier** he gets his clothes tailormade. -**3.** [devenir] to become; **elle se fit toute douce** she became very gentle; **sa voix se fit plus grave** his voice became deeper; **les mesures de sécurité se sont faites plus rigoureuses** security measures have been tightened up OU have become more stringent; **il s'est fait le porte-parole de toute une génération** he became the mouthpiece for a whole generation; **Dieu s'est fait homme** God took human form; **s'il arrive à l'heure, je veux bien me ~ nonne!** *fam* if he arrives on time, I'll eat my hat! || *(tournure impersonnelle)*: **il se fait tard** it's getting late. -**4.** [s'améliorer - fromage] to ripen; [- vin] to mature; **mes chaussures me serrent — elles vont se ~** my shoes feel tight — they'll stretch.

◇ *vpt* -**1.** [fabriquer]: **se ~ un gâteau** to make OU to bake a cake (for o.s.); **elle se fait ses vêtements** she makes her own clothes. -**2.** [effectuer sur soi]: **il se fait ses piqûres seul** he gives himself his own injections; **je me suis fait une natte** I've plaited my hair || [se maquiller]: **se ~ les ongles** to do one's nails; **se ~ les yeux** to make up one's eyes. -**3.** *fam* [gagner]: **elle se fait 30 000 F par mois** she earns 30,000 F per month, she gets 30,000 F every month; **il ne se fait pas grand-chose** he doesn't earn OU get much. -**4.** *fam* [s'accorder]: **on se fait un film/un petit café?** what about going to see a film/going for a coffee?; **on s'est fait les trois musées dans la journée** we did the three museums in one day; **quand est-ce qu'on se le fait, ce match?** when are we going to have this game? -**5.** *fam* [supporter]: **il faut se la ~!** she's a real pain! -**6.** *arg crime* [tuer] to kill, to bump off; [agresser] to beat up; **se ~ une banque** [la voler] to rob a bank. -**7.** ▼[posséder sexuellement] to screw, to lay.

◆ **se faire à** *vp + prép* to get used to; **elle ne t'aime plus, il faudra que tu t'y fasses** she doesn't love you anymore, you'll have to get that into your head OU get used to it; **il s'appelle Odilon — je ne m'y ferai jamais!** his name is Odilon — I'll never get used to it!

◆ **s'en faire** *vpi* to worry; **si je lui en parle, elle va s'en ~** if I tell her about it she'll worry; **je ne m'en fais pas pour lui** I'm not worried about him; **ne t'en fais pas pour le dîner, je m'en occupe** don't (you) worry about the dinner, I'll see to it; **dans la vie faut pas s'en ~** *fam* you should take life easy || *hum*: **elle s'en souviendra, ne t'en fais pas!** she'll remember, don't you worry!; **encore au lit? tu ne t'en fais pas!** still in bed? you're taking it easy, aren't you?; **il roule en Jaguar maintenant — il ne s'en fait pas!** he drives around in a Jaguar now — some people have all the luck!; **tu as ouvert mon courrier? faut pas t'en ~!** *fam* you've opened my mail? you've got some nerve OU don't mind me!

faire-part [fɛrpar] *nm inv* announcement; **~ de décès** death notice; **~ de mariage** wedding announcement.

faire-valoir [fɛrvalwar] *nm inv* -**1.** THÉÂT stooge, straight man; **c'est lui le ~ de Robert** he acts as straight man to Robert. -**2.** AGR farming; **exploitation** OU **terres en ~ direct** owner farm.

fair-play [fɛrplɛ] ◇ *nm inv* fair play, fair-mindedness.

◇ *adj inv* fair-minded; **il est ~** [joueur] he plays fair; *fig* he has a sense of fair play.

faisabilité [fəzabilite] *nf* feasibility.

faisable [fəzabl] *adj* [réalisable] feasible; [possible] possible, practicable; **c'est ~** it can be done; **ce n'est pas ~ par un enfant** no child could do it; **tu peux être là à 14 h? — c'est ~** can you come at 2 o'clock? — I should think so.

faisan [fəzɑ̃] *nm* -**1.** ZOOL (cock) pheasant. -**2.** *fam péj* crook, con-man.

faisandage [fezɑ̃daʒ] *nm* hanging (of meat).

faisandé, e [fəzɑ̃de] *adj* -**1.** CULIN gamy, high. -**2.** [goût, littérature] decadent.

faisandeau [fəzɑ̃do] *nm* young pheasant.

faisander [3] [fəzɑ̃de] *vt* CULIN to hang.

◆ **se faisander** *vpi* -**1.** CULIN to get high. -**2.** [pourrir] to rot.

faisanderie [fəzɑ̃dri] *nf* pheasant farm.

faisane [fəzan] *adj f & nf*: **(poule) ~** (hen) pheasant.

faisceau, x [fɛso] *nm* -**1.** [rayon] beam, ray; **~ cathodique** cathode ray; **~ électronique** electron beam; **~ hertzien** radio beam; **~ lumineux** light beam; **~ radar** radar beam. -**2.** [gerbe] cluster, bundle; **~ aimanté** bunch of magnets; **~ de fils** wiring harness; **~ de ressorts** cluster springs; **~ de preuves** *fig* accumulation of evidence. -**3.** MIL [pyramides d'armes] stack of arms; **former/rompre les ~x** to stack/to unstack arms. -**4.** ANAT & BOT fascicle. -**5.** RAIL: **~ de voies** group of sidings. -**6.** ANTIQ & HIST fasces; **les ~x consulaires** OU **des licteurs** the fasces of the consuls OU lictors.

faiseur, euse [fəzœr, øz] *nm, f* -**1.** [artisan] maker; **le bon ~** a first-class tailor; **ses costumes sortent de chez le bon ~** his suits are always smart and well-cut. -**2.** *péj*: **faiseuse d'anges** back-street abortionist; **~ d'embarras** fusspot; **~ de miracles** miracle worker; **~ de tours** magician; **~ de vers** poetaster. -**3.** *péj* [escroc] swindler, dishonest businessman; [hâbleur] show-off, braggart.

faisselle [fɛsɛl] *nf* -**1.** [récipient] cheese basket. -**2.** [fromage] fromage frais *(packaged in its own draining basket)*.

fait[1] [fɛ] *nm* -**1.** [action] act, deed; **le ~ de qqn**: **l'erreur est de son ~** it was his mistake ❑ **le ~ du prince** JUR restraint of princes; POL government action; **~ d'armes** feat of arms; **~s de guerre** acts of war; **les ~s et gestes de qqn** everything sb says and does, sb's every move; **il épiait tous mes ~s et gestes** he was watching my every move; **hauts ~s** heroic deeds; **prendre qqn sur le ~** to catch sb red-handed; **prendre ~ et cause pour qqn** to side with sb. -**2.** [événement] event, fact, occurrence; **~ notoire** fact of common knowledge; **~ nouveau** new development; **les ~s lui ont donné raison** she was proved right by events; **au moment des ~s** at the time; **racontez-nous les ~s** tell us what happened; **les ~s qui lui sont reprochés** the charge laid against him; **niez-vous les ~s?** do you deny the charge?; **de ce ~** thereby; **le contrat, de ce ~, est résilié** the contract is thereby terminated; **il est pénalisé par le seul ~ de son divorce** the very fact that he's divorced puts him at a disadvantage; **par le seul ~ que** (solely) because of, due (solely) to the fact that ❑ **~ (juridique)** JUR fact; **~ concluant** JUR conclusive evidence; **~s constitutifs de délit** JUR factors that constitute an offence; **~ exprès**: **c'est (comme) un** OU **on dirait un ~ exprès** it's almost as if it was deliberate; **comme (par) un ~ exprès, il n'avait pas de monnaie** funnily enough, he had no change. -**3.** [réalité] fact; **c'est un ~** it's a (matter of) fact; **le ~ est là** it's a fact; **le ~ est que nous étions en retard** the fact is we were late ❑ **~ accompli** fait accompli; **placer** OU **mettre qqn devant le ~ accompli** to present sb with a fait accompli; **~ acquis**: **considérer qqch comme un ~ acquis** to take sthg for granted; **c'est loin d'être** OU **ce n'est pas un ~ acquis** it's not a foregone conclusion; **état de ~** (inescapable) fact; **le ~ est!** *fam* that's right!, you've said it!; **je n'ai pas eu le temps de le faire, le ~ est!** I have to admit that I didn't have enough time to do it! -**4.** [sujet, question] point; **aller (droit) au ~** to go straight to the point; **en venir au ~** to come OU to get to the point; **venons-en au ~** let's come to the point. -**5.** *loc*: **dire son ~ à qqn** to give sb a piece of one's mind; **je vais lui dire son ~, à ce goujat!** I'm going to give this lout a piece of my mind!

◆ **au fait** *loc adv* by the way, incidentally; **au ~, je t'ai remboursé?** incidentally OU by the way, did I pay you back?; **au ~, on pourrait y aller à pied?** by the way, couldn't we walk there?

◆ **au fait de** *loc prép* well aware of, fully informed about; **être au ~ de** to know about, to be informed about; **je ne suis pas très au ~ de ce problème** I don't know much about this problem; **il est très au ~ de ces questions** he's very well informed about such matters; **mettre qqn au ~ de la situation** to inform sb about the situation.

◆ **de fait** *loc adj* -**1.** JUR actual, de facto. -**2.** [en affirmation]: **il est de ~ que** it is true OU a fact that; **il est de ~ que je n'y avais pas pensé** it is true OU a fact that it hadn't occurred to me.

◆ **de fait, en fait** *loc adv* in fact, actually, as a matter of fact; **en ~, il n'est pas mon père** actually OU in fact he isn't my father; **de ~, je** n'ai jamais compris ce qu'il voulait actually OU to be honest, I never understood what he wanted.

◆ **du fait de** *loc prép* because of, due to, on account of.

◆ **du fait que** *loc conj* because (of the fact that).

◆ **en fait de** *loc prép* -**1.** [en guise de] by way of; **en ~ de nourriture, il n'y a qu'une boîte de sardines** there's only a can of sardines by way of food. -**2.** [au lieu de] instead of; **en ~ de chien, c'était un loup** it wasn't a dog at all, it was a wolf.

fait[2], **e** [fɛ, fɛt] *adj* -**1.** [formé]: **elle a la jambe bien ~e** she's got shapely OU nice legs; **une femme fort bien ~e** a very good-looking woman ❑ **~ au tour** shapely, well-turned; **une taille ~e au tour** a well-turned waist, a shapely figure. -**2.** [mûr] mature, ripe; **un fromage ~** a fully ripened cheese; **trop ~** overripe. -**3.** [maquillé] made-up; **elle a les yeux ~s** she's wearing eye make-up. -**4.** [prêt]: **tout ~** [vêtement] ready-made, ready-to-wear; [tournure] set, ready-made; **robes toutes ~es** ready-to-wear OU *Br* off-the-peg dresses; **une expression toute ~e** a set phrase, a cliché; **une excuse toute ~e** a ready-made excuse.

faîtage [fɛtaʒ] *nm* [poutre] ridgeboard, ridgepiece; [couverture] ridge tiling.

fait divers (*pl* faits divers), **fait-divers** (*pl* faits-divers) [fɛdivɛr] *nm* -**1.** [événement] news story, news item. -**2.** [rubrique] (news) in brief; [page] news in brief; **ne fréquente pas ces types-là si tu ne veux pas te retrouver dans les faits divers** *fam* don't mix with those types if you don't want to end up as a crime statistic.

faîte [fɛt] *nm* -**1.** GÉOG crest, top. -**2.** [sommet] top, summit; **le ~ des arbres était couvert de neige** the tops of the trees were covered with snow. -**3.** CONSTR ridgepiece. -**4.** [summum] climax, acme; **le ~ de la gloire** the height of glory; **atteindre le ~ de sa carrière** to reach the climax of one's career.

faîteau [fɛto] *nm* ridge tile.

faîtier, ère [fetje] *adj Helv* central.

faîtière [fɛtjɛr] ◇ *adj f*: **lucarne ~** dormer window; **tuile ~** crest tile, ridge-tile.
◇ *nf* crest tile, ridge-tile.

faitout [fɛtu] *nm*, **fait-tout** [fɛtu] *nm inv* stewpot, cooking pot.

faix [fɛ] *nm litt* burden, load; **le ~ des ans** the weight of (advancing) years; **ployer sous le ~** to bend beneath the load.

fakir [fakir] *nm* -**1.** RELIG fakir. -**2.** [magicien] conjurer.

fakirisme [fakirism] *nm* practice of a fakir.

falaise [falɛz] *nf* cliff; **~ d'éboulement** secondary cliff; **~ littorale** OU **vive** sea cliff; **~ morte** ancient cliff.

falbalas [falbala] *nmpl péj* frills (and furbelows); **une architecture sans ~** an unadorned style.

◆ **à falbalas** *loc adj* [robe, rideau] flouncy, frilly.

falconidé [falkɔnide] *nm* member of the falcon family OU Falconidae.

Falkland [folklɑ̃d] *npr fpl*: **les (îles) ~** the Falkland Islands; **aux îles ~** in the Falkland Islands.

fallacieusement [falasjøzmɑ̃] *adv* deceptively, misleadingly.

fallacieux, euse [falasjø, øz] *adj* -**1.** [trompeur] deceptive, misleading, fallacious; **promesses fallacieuses** false OU deceptive promises; **l'espoir ~ de les rencontrer** the illusory hope of meeting them; **sous un prétexte ~** on some pretext. -**2.** [spécieux] insincere, specious; **des arguments ~** specious arguments.

falloir [69] [falwar] *v impers* **A.** EXPRIME LE BESOIN -**1.** [gén]: **pour ce tricot, il faut des aiguilles n° 6** to knit this jumper, you need number 6 needles; **il faut deux heures pour y aller** it takes two hours to get there; **faut-il vraiment tout ce matériel?** is all this equipment really necessary?; **il est inspecteur des impôts — il en faut!** *hum* he's a tax inspector — someone has to do it!; **j'aime les bonnes choses — oui, mais point trop n'en faut!** *hum* I like good things — OK, but you shouldn't overindulge!; **on a besoin d'un gros marteau — j'ai ce qu'il faut dans la voiture** we need a big hammer — I've got one in the car; **je bois deux litres d'eau par jour — c'est ce qu'il faut** I drink two litres of water a day — that's good; **ajoutez de la moutarde, juste ce qu'il faut** add some mustard, not too much; **je crois que nous avons trouvé l'homme qu'il nous faut** [pour un poste] I think we've found the right person for the job; **c'est un homme très tendre qu'il me faut** I need a man who is very loving; **ce n'est pas la femme qu'il te faut** she's not the right woman for you; **pour cette recette, il vous faut...** for this recipe, you need...; **c'est tout ce qu'il vous fallait?** [dans une boutique] anything else?; **il me faudrait deux filets de cabillaud, s'il vous plaît** I'd like two cod fillets, please; **j'ai plus d'argent qu'il ne m'en faut** I've got more money than I need; **j'ai plus de temps qu'il ne m'en faut** I've got time on my hands; **il ne lui en faut pas beaucoup pour se mettre en colère** it doesn't take a lot OU much to make her angry; **il te faudrait une voiture** you need a car ❑ **je voudrais que tu tapes la lettre en trois exemplaires — et puis qu'est-ce qu'il te faut encore?** *fam* I'd like you to type three copies of the letter — is that all?; **il t'a fait ses excuses, qu'est-ce qu'il te faut de plus?** *fam* he apologized, what more do you want?; **il n'est pas très beau — qu'est-ce qu'il te faut!** *fam* he's not really good-looking — you're hard to please!; **ce n'est pas très cher — qu'est-ce qu'il te faut!** *fam* it's not very expensive — well, what do you call expensive then?; **je suis satisfait de lui — il t'en faut peu!** *fam* I'm satisfied with him — you're not hard to please! -**2.** *(suivi d'une complétive au subj)*: **il faudrait que nous nous réunissions plus souvent** we should have more regular meetings.

B. EXPRIME L'OBLIGATION, LA NÉCESSITÉ -**1.** [gén]: **je ne veux pas me faire opérer — il le faut pourtant** I don't want to have an operation — you have no choice; **je lui ai dit — le fallait-il vraiment?** I told him — was it really necessary OU did you really have to?; **il ne fallait pas** *fam* [en recevant un cadeau] you shouldn't have; **s'il le faut: nous irons jusque devant les tribunaux s'il le faut!** we'll take the matter to the courts if we must OU if necessary! ❑ **elle a ce qu'il faut où il faut** *fam* she's got what it takes; **du champagne, du saumon! — il faut ce qu'il faut!** *fam* champagne and salmon! — well, you might as well do things in style! -**2.** *(suivi de l'inf)*: **il faut m'excuser** please forgive me, you must forgive me; **il était furieux — il faut le comprendre** he was furious — that's understandable; **j'ai besoin d'aide — d'accord, que faut-il faire?** I need help — all right, what do you want me to do?; **je ne crois pas qu'il faille t'inquiéter** I don't think you should worry; **je n'ai pas envie — il faut pourtant le faire** I don't feel like it — still, it has to be done; **c'est un film qu'il faut voir (absolument)** this film's a must; **il faut bien se souvenir/se dire que...** it has to be remembered/said that...; **s'il fallait faire attention à tout ce que l'on dit!** if one had to mind one's Ps and Qs all the time!; **il ne fallait pas commencer!** you shouldn't have started!; **j'ai faim — il fallait le dire!** I'm hungry — why didn't you say so?; **qui faut-il croire?** who is to be believed?; **il me fallait lui mentir** *sout* I had to lie to him. -**3.** *(suivi d'une complétive au subj)*: **il a fallu que je m'absente** I had to go out for a while; **il a bien fallu que je lui dise!** I had to tell him, didn't I? -**4.** *(au conditionnel, sens affaibli)*: **il aurait fallu prévenir la police** the police should have been called; **attention, il ne faudrait pas que tu te trompes!** careful, you'd better not make any mistakes!; **ne dis rien, il ne faudrait pas que ça se sache** don't breathe a word, nobody should know about it; **il ne faudrait pas me prendre pour une idiote!** do you think I'm stupid?; **il faudrait pourtant que je m'achète une nouvelle voiture** I ought to buy a new car, really. -**5.** [en intensif]: **il faut le voir pour le croire!** *fam* it has to be seen to be believed!; **c'était dangereux, il fallait y aller** *fam* [ton admiratif] it was dangerous, it took courage to do it; **il faut le faire** *fam*: **il faut le faire!** [en regardant un acrobate, un magicien] that's amazing!; **ce qu'il a fait, il fallait le faire!** what he did was quite something!; **trois accidents en une semaine, il faut le faire!** three accidents in a week, that must be a record!; **ne pas fermer sa voiture, faut le faire!** it takes a fool OU you've got to be completely stupid to leave your car unlocked!; **ça représente un cheval — il fallait le deviner!** it's supposed to be a horse — I'd never have known!; **il fallait l'entendre!** you should have heard him!; **il fallait le voir jouer Hamlet!** you should have seen him playing Hamlet!

C. EXPRIME UNE FATALITÉ: **il a fallu que le téléphone sonne juste à ce moment-là!** the phone had to ring just then!; **je lui avais défendu, mais non, il a fallu qu'elle le fasse** I'd told her not to, but she would have to do it.

D. POUR JUSTIFIER, EXPLIQUER: **il faut que tu aies fait mal à Rex pour qu'il t'ait mordu!** you must have hurt Rex to make him bite you!; **il fallait que le vase soit** OU **fût** *sout* **très fragile pour se casser aussi facilement** the vase must have been very fragile to break that easily.

◆ **s'en falloir** *v impers*: **il s'en faut de: il s'en faut de beaucoup qu'il n'ait fini!** he's far from having finished!; **elle n'est pas de ton envergure, il s'en faut de beaucoup!** she's not in your league, far from it!; **peu s'en est fallu que je ne manque le train!** I very nearly OU almost missed the train!; **il s'en est fallu de rien** OU **d'un cheveu** *fam* OU **d'un doigt** *fam* **qu'il ne fût décapité** he came within inches of having his head chopped off ❑ **tant s'en faut** far from it, not by a long way; **il n'est pas paresseux, tant s'en faut** he's far from being lazy.

Fallope [falɔp] *npr* → **trompe**.

falot[1] [falo] *nm* lantern.

falot[2], **e** [falo, ɔt] *adj* colourless, bland, vapid; **c'est un personnage assez ~** he's rather insipid.

falsifiabilité [falsifjabilite] *nf* falsifiability.

falsifiable [falsifjabl] *adj* -**1.** [signature, document] falsifiable, forgeable. -**2.** PHILOS which can be falsified.

falsificateur, trice [falsifikatœr, tris] *nm, f* falsifier, forger.

falsification [falsifikasjɔ̃] *nf* falsification, faking, forgery; **~ des registres** tampering with registers.

falsifier [9] [falsifje] *vt* [vin, lait] to adulterate; [document, signature] to forge, to falsify; **les comptes ont été falsifiés** the accounts have been falsified; **il a falsifié les résultats** he tampered with OU falsified the results.

falzar▽ [falzar] *nm* trousers *Br*, pants *Am*.

famé, e [fame] *adj péj*: **mal ~** ill-famed; **lieu mal ~** place of ill-repute.

famélique [famelik] *adj*: **un chat ~** a scrawny cat; **un prisonnier ~** a half-starved prisoner.

fameusement [famøzmɑ̃] *adv* very, really; **il est ~ rusé!** he's really crafty!; **on s'est ~ bien amusé** we had a really good time.

fameux, euse [famø, øz] *adj* -**1.** [célèbre] famous, renowned, well-known; **~ entre tous** widely recognized. -**2.** *fam* [bon] excellent, brilliant; **ce fut une fameuse journée** it has been a memorable day; **~, ton gâteau** your cake is delicious; **c'est ~** [repas, mets] it's excellent; **j'ai bien une photo, mais elle n'est pas fameuse** I have got a photograph, but it's not that good; **l'image est bonne, mais la bande-son n'est pas fameuse** the picture is OK, but the soundtrack isn't brilliant. -**3.** [en intensif]: **c'est un ~ mystère** it's quite a mystery; **un ~ exemple de courage** an outstanding example of courage. -**4.** [dont on parle] famous; **et où as-tu acheté ce ~ bouquin?** where did you buy the book you were talking about? -**5.** *iron* so-called; **c'est ça, ton ~ trésor?** is THAT your famous treasure?; **montre-moi ce ~ chef-d'œuvre** show me this so-called masterpiece.

familial, e, aux [familjal, o] *adj* -**1.** [de famille] domestic, family *(modif)*; **vie/réunion ~e** family life/meeting; **une atmosphère ~e** a friendly atmosphere; **querelles ~es** domestic quarrels; **cet élève a des problèmes familiaux** this pupil has problems at home; **maladie ~e** hereditary disease OU condition ❑ **la cuisine ~e** home cooking; **quotient/revenu ~** family quotient/income. -**2.** COMM family-sized, economy *(modif)*; **emballage ~** economy-size OU family pack.

◆ **familiale** *nf* estate (car) *Br*, station wagon *Am*.

familiarisation [familjarizasjɔ̃] *nf* familiarization.

familiariser [3] [familjarize] *vt*: **~ qqn avec** to make sb familiar OU to familiarize sb with, to get sb used to.

◆ **se familiariser avec** *vp + prep* to familiarize o.s. with; **se ~ avec** to get used to, to become familiar with; **se ~ avec les lieux** to get one's bearings; **se ~ avec une technique/langue** to master a technique/language.

familiarité [familjarite] *nf* -**1.** [désinvolture] familiarity, casualness; **je ne tolérerai aucune ~ dans mes rapports avec les étudiants** I will not tolerate any familiarity in my relations with the students. -**2.** [connaissance]: **~ avec** familiarity with, knowledge of; **avoir une grande ~ avec Proust** to have a close OU an intimate knowledge of Proust; **sa ~ avec les oiseaux d'Europe du Nord** her knowledge of the birds of Northern Europe; **~ de**: **acquérir une certaine ~ de l'anglais** to gain a certain knowledge of English.

◆ **familiarités** *nfpl* liberties, undue familiarity; **s'autoriser** OU **prendre des ~s avec qqn** to take liberties OU to be overfamiliar with sb.

familier, ère [familje, ɛr] *adj* -**1.** [connu] familiar; **un visage ~** a familiar face; **~ à**: **le problème m'est ~** I am familiar with the problem; **la maison lui était familière** he remembered the house quite clearly; **ce spectacle/bruit lui était ~** it looked/sounded familiar to him. -**2.** [habituel] usual; **une tâche familière** a routine task; **c'est l'une de ses attitudes familières** it's one of her favourite poses; **il est préférable de les voir dans leur décor ~** you should see them in their usual surroundings; **~ à**: **ce genre de travail leur est ~** they are used to this kind of work. -**3.** [apprivoisé] domestic, tame. -**4.** *péj* [cavalier] overfamiliar; **je n'aime pas leurs attitudes familières/les gens trop ~s** I don't like their offhand ways/people who are overfamiliar. -**5.** LING colloquial, informal.

◆ **familier** *nm* -**1.** [ami] familiar, friend; **elle se déplace en tournée avec tous ses ~s** she tours with her regular entourage. -**2.** [client] habitué, regular; **les ~s de ce café** this café's regulars.

familièrement [familjɛrmɑ̃] *adv* -**1.** [amicalement] familiarly, informally, casually. -**2.** [couramment] colloquially, in conversation; **la saxifrage, ~ appelée mignonnette** saxifrage, commonly named London pride.

familistère [familistɛr] *nm* -**1.** [coopérative] coop, cooperative. -**2.** HIST Fourierist cooperative.

famille [famij] *nf* -**1.** [foyer] family, household; **la ~ Laverne** the Laverne family, the Lavernes; **~ étendue/restreinte** extended/nuclear family; **revenu par ~** income per household; **rentrer dans sa ~** to go back home ❑ **~ monoparentale** single-parent family; **~ nombreuse, grande ~** *Helv* large family. -**2.** [enfants] family, children; **comment va la petite ~?** *fam* how are the children?; **avec toute sa petite ~** with all her brood around her. -**3.** [tous les parents] family, relatives; **une grande ~ de France** one of the noblest families in France; **il n'est pas de ma ~** he's no relation of mine; **ils sont de la même ~** they're related; **prévenir la ~** to inform sb's relatives; JUR to inform the next of kin; **c'est une ~ de danseurs** they're all dancers in their family, they're a family of dancers; **je souhaite que mes bijoux ne sortent pas de la ~** I'd like my jewels to stay in the family; **c'est ça, donne-lui ton rhume pour que ça ne sorte pas de la ~!** *hum* that's right, give him your cold, let's keep things in the family! -**4.** BOT, LING & ZOOL family, group; **~ de langues** group of languages; **~ de mots/plantes** family of words/plants ‖ CHIM & PHYS chain, family; **~ de l'uranium** uranium series ‖ MATH & MUS family; **la ~ des instruments à vent** winds, the wind family. -**5.** [idéologie] obedience, persuasion; **de la même ~ politique** of the same political persuasion; **des gens appartenant à la même ~ spirituelle que nous** our brothers in spirit.

◆ **de bonne famille** *loc adj* well-bred, from a good family.

◆ **de famille** ◇ *loc adj* [cercle, médecin] family *(modif)*; **les biens de ~** the family estate ❑ **chef** OU **soutien de ~** head of the family, (main) breadwinner.

◇ *loc adv*: **c'est** OU **cela tient de ~** it runs in the family, it's in the blood.

◆ **des familles** *fam loc adj* cosy, nice (little); **une petite soirée des ~s** a cosy little party; **je vais nous faire un petit gigot des ~s** I'm going to cook a nice little leg of lamb for us.

◆ **en famille** *loc adv* -**1.** [en groupe]: **passer Noël en ~** to spend Christmas with one's family OU at home. -**2.** [en confiance]: **se sentir en ~** to feel at home; **ma petite Sylvie, vous serez (comme) en ~ ici!** my dear Sylvie, please consider yourself at home here!

famine [famin] *nf* famine, starvation; **ils souffrent de la ~** they're victims of the famine, they're starving.

fan [fan] *nmf* fan; **c'est un ~ de jazz** he is a jazz fan; **je me considère comme une ~ de Victor Hugo!** I rank myself among Hugo's fervent admirers!; **un ~ des films noirs** [amateur] a film noir fan.

fana *fam* [fana] ◇ *adj* enthusiastic, crazy; **il est ~ de sport** he is crazy about sport.

◇ *nmf* fan; **c'est une ~ de cinéma** she loves the cinema.

fanage [fanaʒ] *nm* haymaking.

fanal, aux [fanal, o] *nm* lantern, lamp; **~ de locomotive** headlight; **~ de bord** NAUT ship's lantern, sidelight.

fanatique [fanatik] ◇ *adj* -**1.** RELIG & *péj* fanatical, bigoted, zealous. -**2.** [passionné] enthusiastic; **il est ~ des jeux vidéo** he's mad about video games; **je ne suis pas ~ de la bière** I'm not (that) keen on beer.

◇ *nmf* -**1.** RELIG & *péj* zealot. -**2.** [partisan] fan, fanatic.

fanatiquement [fanatikmɑ̃] *adv* fanatically, zealously.

fanatisation [fanatizasjɔ̃] *nf* fanaticization.

fanatiser [3] [fanatize] *vt* to fanaticize, to make fanatical; **être fanatisé** to become fanatical; **suivi par une foule fanatisée** followed by a frenzied crowd.

fanatisme [fanatism] *nm* fanaticism.

fan-club [fanklœb] (*pl* **fans-clubs**) *nm hum* admirers, supporters, fan club *fig*.

fandango [fɑ̃dɑ̃go] *nm* fandango.

fane [fan] *nf* -**1.** [de légumes] top; **~ de carotte/radis** carrot/radish tops. -**2.** [feuille morte] (dead OU fallen) leaf.

faner [3] [fane] ◇ *vi* -**1.** AGR to make hay; **ils sont en train de ~** they're at the haymaking. -**2.** [se flétrir] to wither.

◇ *vt* -**1.** AGR to ted, to toss. -**2.** [décolorer] to fade; **fané par le soleil** faded by the sun, sun-bleached; **des couleurs fanées** faded OU washed-out colours.

◆ **se faner** *vpi* -**1.** BOT to fade, to wither. -**2.** [perdre son éclat] to wane, to fade; **sa beauté s'est fanée** her beauty has lost its bloom OU faded.

faneur, euse [fanœr, øz] *nm, f* haymaker, tedder.

◆ **faneuse** *nf* tedder, tedding-machine.

fanfare [fɑ̃far] *nf* [air] fanfare; [orchestre - civil] brass band; [- militaire] military band.

◆ **en fanfare** *loc adv* noisily; **annoncer la nouvelle en ~** to trumpet the news; **réveiller qqn en ~** to wake sb up noisily OU brutally.

fanfaron, onne [fɑ̃farɔ̃, ɔn] ◇ *adj* boastful, swaggering; **d'un air ~** boastfully.

◇ *nm, f* boaster, braggart, swaggerer; **faire le ~** to crow; **ah, tu ne fais plus le ~, maintenant?** ah, so you're not so pleased with yourself now?

fanfaronnade [fɑ̃farɔnad] *nf* -**1.** [acte] bravado *(U)*; **par ~** out of (sheer) bravado. -**2.** [remarque] boast.

fanfaronner [3] [fɑ̃farɔne] *vi* to boast, to brag, to swagger.

fanfreluche [fɑ̃frəlyʃ] *nf*: **des ~s** frills (and furbelows).

fange [fɑ̃ʒ] *nf litt* mire; **vivre dans la ~** to live a life of degradation; **sortir de la ~** to climb out of the gutter.

fangeux, euse [fɑ̃ʒø, øz] *adj litt* -**1.** [boueux] miry. -**2.** [abject] murky.

fanion [fanjɔ̃] *nm* flag, pennant.

fanon [fanɔ̃] *nm* -**1.** [d'une baleine] whalebone plate. -**2.** [bajoue - d'un bœuf] dew-lap; [- d'une dinde] lappet, wattle. -**3.** [d'un cheval] fetlock. -**4.** RELIG lappet (of a mitre).

fantaisie [fɑ̃tezi] *nf* -**1.** [originalité] imagination; **avoir beaucoup de ~** to have a lively imagination; **donner libre cours à sa ~** to give free rein to one's imagination; **manquer de ~** to lack imagination ‖ *péj* fantasy; **vous interprétez le règlement avec beaucoup de ~** you have a rather imaginative interpretation of the rules. -**2.** [lubie] whim; **je ne sais quelle ~ lui a pris** I don't know what came over him; **et s'il lui prend la ~ de partir?** what if he should take it into his head to leave?; **satisfaire une ~** to give in to a whim; **se passer une ~** to indulge a caprice; **s'offrir une ~** to give o.s. a treat, to treat o.s.; **je m'offre une petite ~, un week-end à Amsterdam** I'm giving myself a little treat, a weekend in Amsterdam; **cette (petite) ~ va vous coûter cher** *péj* you'll regret this little piece of self-indulgence. -**3.** [bibelot] fancy; **un magasin de ~s** a novelty shop. -**4.** BX-ARTS & LITTÉRAT (piece of) fantasy; MUS fantasy, fantasia; [créativité] fancy, imagination, imaginative power; **le récit relève de la plus haute ~** the story is highly imaginative. -**5.** *(comme adj inv)* [simulé] imitation; **kirsch ~** imitation kirsch, **bijou ~** piece of costume jewellery ‖ [peu classique] fancy; **des boutons ~** fancy buttons.

◆ **de fantaisie** *loc adj* -**1.** [à bon marché - bijou, article] fancy *(modif)*. -**2.** [imaginaire - œuvre, récit] fantasy *(modif)*, imaginative. -**3.** [non officiel]: **il portait un uniforme de ~** he was wearing a customized uniform.

◆ **à la fantaisie de, selon la fantaisie de** *loc prép*: **n'en faire qu'à sa ~** to do exactly as one pleases.

fantaisiste [fɑ̃tezist] ◇ *adj* -**1.** [farfelu] eccentric, unconventional. -**2.** [inventé] fanciful; **un récit des plus ~s** a most fanciful OU whimsical account; **c'est une explication/étymologie ~** that explanation/etymology is pure invention.

◇ *nmf* -**1.** THÉÂT variety artist, sketcher. -**2.** *péj* [dilettante] joker, clown; **méfie-toi, c'est un ~** be careful, he's totally unreliable.

fantasia [fɑ̃tazja] *nf* fantasia.

fantasmagorie [fɑ̃tasmagɔri] *nf* -**1.** [féerie] phantasmagoria. -**2.** [effets de style] gothic effects.

fantasmagorique [fɑ̃tasmagɔrik] *adj* magical, phantasmagorical *lit*.

fantasmatique [fɑ̃tasmatik] *adj* fantasy *(modif)*.

fantasme [fɑ̃tasm] *nm* fantasy.

fantasmer [3] [fɑ̃tasme] *vi* to fantasize; **il fantasme beaucoup sur...** he fantasizes a lot OU he has a lot of fantasies about...

fantasque [fɑ̃task] *adj* -**1.** [capricieux] capricious, whimsical. -**2.** *litt* [bizarre] odd, weird.

fantassin [fɑ̃tasɛ̃] *nm* foot soldier, infantry man.

fantastique [fɑ̃tastik] ◇ *adj* -**1.** [fabuleux - animal, personnage] fantastical, fabulous, fantasy *(modif)*. -**2.** BX-ARTS, CIN, LITTÉRAT & MUS: **roman ~** gothic novel; **cinéma ~** science-fiction OU fantasy films. -**3.** *fam* [formidable] great, brilliant; **j'ai gagné, n'est-ce pas ~?** I won, isn't it great OU marvellous?; **c'est un type ~!** he's a great guy! -**4.** [étonnant] extraordinary, unbelievable; **le ~ essor des technologies** the extraordinary progress of technology; **une somme ~** a fantastic amount of money; **déployer un luxe ~** to make a display of fantastic luxury; **il a un courage ~** he's incredibly courageous.
◇ *nm*: **le ~** [l'étrange] the fantastic, the supernatural; [genre] the gothic (genre).

fantastiquement [fɑ̃tastikmɑ̃] *adv* fantastically, terrifically, amazingly.

fantoche [fɑ̃tɔʃ] *nm péj* puppet; *(comme adj)*: **un gouvernement/souverain ~** a puppet government/king; **une armée ~** a non-existent army.

fantomatique [fɑ̃tɔmatik] *adj* phantom *(modif)*, ghostly.

fantôme [fɑ̃tom] *nm* -**1.** [revenant] ghost, phantom, spirit; **apparaître/disparaître comme un ~** to appear/to disappear as if by magic. -**2.** *litt* [apparence] ghostly image OU shape, ghost; **un ~ de** *péj*: **un ~ de chef** a make-believe leader, a leader in name only; **un ~ de parti politique** a phantom political party. -**3.** *(comme adj)*: **cabinet ~** shadow cabinet; **société ~** bogus company; **des étudiants ~s** non-existent students; **où est ce rapport ~?** where is this supposed report?

FAO ◇ *nf* (*abr de* **fabrication assistée par ordinateur**) CAM.
◇ *npr f* (*abr de* **Food and Agricultural Organisation**) FAO.

faon [fɑ̃] *nm* fawn.

FAP (*abr de* **franc d'avarie particulière**) *adj* FPA, fpa.

faquin [fakɛ̃] *nm arch* knave.

far [far] *nm*: **~ (breton)** *Breton custard tart with prunes.*

farad [farad] *nm* farad.

Faraday [faradɛ] *npr* → **cage**.

faramineux, euse *fam* [faraminø, øz] *adj* [somme, fortune] huge, tremendous; **il a un aplomb ~** he's got an awful nerve; **c'est ~ ce qu'elle a pu dépenser!** the amount of money she spent was incredible!

farandole [farɑ̃dɔl] *nf* -**1.** DANSE farandole. -**2.** [au restaurant]: **et pour finir, la ~ des fromages/desserts** finally, choose from our cheese tray/dessert trolley.

faraud, e [faro, od] ◇ *adj* boastful; **te voilà bien ~e avec ta robe neuve!** you look very pleased with yourself in your new dress!; **il n'était pas si ~ pendant l'orage** he wasn't so cocky during the storm.
◇ *nm, f*: **faire le ~** to show off.

farce[1] [fars] ◇ *nf* -**1.** [tour] practical joke, prank, trick; **faire une ~ à qqn** to play a trick on sb; **quelqu'un t'a fait une ~** somebody has been pulling your leg; **la situation tournait à la ~** things were becoming farcical; **une mauvaise ~** a joke gone wrong; **la vie n'est qu'une ~** life is nothing but a farce. -**2.** LITTÉRAT & THÉÂT farce.
◇ *adj vieilli* comical; **c'était assez ~!** it was hilarious!
◆ **farces et attrapes** *nfpl* assorted tricks.

farce[2] [fars] *nf* CULIN forcemeat, stuffing.

farceur, euse [farsœr, øz] ◇ *adj* facetious; **il a l'œil ~** he has a waggish look; **ils sont ~s** they like playing tricks.
◇ *nm, f* practical joker, prankster; **petit ~!** you rascal!

farci, e [farsi] *adj* CULIN stuffed.

farcir [32] [farsir] *vt* -**1.** CULIN to stuff. -**2.** *fam* [remplir]: **~ qqch avec** OU **de** to fill sthg choc-a-block with, to cram sthg with; **cesse de lui ~ le crâne avec ces sottises!** stop cramming his head full of this nonsense!; **avoir la tête farcie (de qqch)**: **elle avait la tête farcie de superstitions** her head was crammed full of superstitious beliefs.
◆ **se farcir** *vpt*: **se ~ qqn** [le subir] *fam* to have to put up with OU to have to take sb; [sexuellement] ▾to have it off with *Br* OU to screw sb; **se ~ qqch** *fam* [le subir] to have to put up with OU to have to take sthg; [le boire] to knock sthg back, to down sthg; [le manger] to stuff o.s. with sthg; **faut se le ~!** it's a drag OU pain!; **son beau-frère/bouquin, faut se le ~!** his brother-in-law/book is a real pain!

fard [far] *nm* -**1.** [produit] colour *(for make-up)*; **un ~ à joues** [crème] a cream blusher; [poudre] a powder blusher; **un ~ à paupières** an eyeshadow. -**2.** *vieilli* [maquillage]: **le ~** [gén] make-up; THÉÂT greasepaint.
◆ **sans fard** ◇ *loc adj* straightforward, frank.
◇ *loc adv* straightforwardly, frankly.

fardage [fardaʒ] *nm* COMM camouflage.

farde [fard] *nf Belg* -**1.** [cahier] exercise book. -**2.** [chemise] folder. -**3.** [cartouche] carton *(of cigarettes)*.

fardeau [fardo] *nm* -**1.** [poids] burden, load. -**2.** [contrainte] burden, millstone; **elle souffrait d'être un ~ pour sa famille** she loathed being a burden to her family ❑ **le ~ fiscal** FIN the tax burden.

farder [3] [farde] *vt* -**1.** [maquiller] to make up *(sép)*. -**2.** [cacher] to conceal, to mask; **~ la réalité/ses sentiments** to disguise the truth/one's feelings. -**3.** COMM to camouflage.
◆ **se farder** *vp (emploi réfléchi)* to make up one's face, to put one's make-up on.

farfadet [farfadɛ] *nm* imp, elf, goblin.

farfelu, e *fam* [farfəly] ◇ *adj* crazy, strange, cranky.
◇ *nm, f* oddball, weirdo, crackpot.

farfouiller *fam* [3] [farfuje] ◇ *vi* to grope about; **elle farfouille dans sa valise/sous le lit** she's groping about in her suitcase/under the bed; **ils ont farfouillé dans tous les tiroirs** they've been rummaging about in all the drawers.
◇ *vt* [chercher]: **qu'est-ce que tu farfouilles?** what are you after?

faribole *fam* [faribɔl] *nf* piece of nonsense; **d'où sors-tu ces ~s?** where did you get such a load of rot?; **et autres ~s** and all that nonsense; **~s!** nonsense!

farine [farin] *nf* -**1.** CULIN flour; **~ d'avoine** oatmeal; **~ de froment/seigle** wheat/rye flour; **~ de maïs** cornflour; **~ de poisson** fish meal. -**2.** [poudre] powder; **~ de forage** bore dust; **~ de moutarde** mustard powder.
◆ **de la même farine** *loc adj* of the same kind; **ce sont tous gens de la même ~** *litt* they're all alike.

fariner [3] [farine] *vt* to flour, to sprinkle flour over; **farinez le moule** dredge the tin with flour, flour the tin all over.

farineux, euse [farinø, øz] *adj* -**1.** [fariné] floury, flour-covered. -**2.** [pâteux - poire] mealy; **pommes de terre farineuses** floury OU mealy potatoes. -**3.** [féculent] farinaceous *spéc*, starchy. -**4.** [au goût de farine] chalky, floury.
◆ **farineux** *nm* starchy food; **évitez les ~ pendant quelque temps** avoid starch for a while.

farlouche [farluʃ] *nf Can mixture of raisins and molasses used in tarts.*

Farnésine [farnezin] *npr f*: **la ~** the Villa Farnesina.

farniente [farnjɛnte, farnjɑ̃t] *nm* idleness, laziness; **amateur de ~** idler.

farouche [faruʃ] *adj* -**1.** [inflexible] fierce, unflinching; **animé d'une volonté ~** moved by a fierce determination; **elle a une méfiance ~ à l'égard des religions** she is fiercely suspicious of all religion. -**2.** [sauvage] wild; **un animal peu ~** a tame animal ‖ [timide] shy, coy; **l'enfant est encore un peu ~** the child is still a bit shy; **c'est une femme** OU **une fille peu ~** *euph & hum* she is no model of virtue. -**3.** [brutal] cruel, savage; **un combat ~** a savage fight.

farouchement [faruʃmɑ̃] *adv* -**1.** [ardemment] definitely, unquestionably; **je suis ~ contre!** I am definitely against it!; **il est toujours ~ décidé à ne pas bouger** he's still adamant he won't move. -**2.** [violemment] fiercely, savagely; **se débattre ~** to kick and struggle.

fart [far(t)] *nm* skiing wax.

fartage [fartaʒ] *nm* waxing *(of skis)*.

farter [3] [farte] *vt* to wax *(skis)*.

fascicule [fasikyl] *nm* -**1.** [partie d'un ouvrage] instalment, part, section; **publié par ~s** published in parts. -**2.** [livret] booklet, manual; **le calendrier figure dans un ~ séparé** the timetable is given in a separate booklet ❑ **~ de mobilisation** mobilization instructions.

fasciculé, e [fasikyle] *adj* BIOL & BOT fasciculate.

fascinant, e [fasinɑ̃, ɑ̃t] *adj* captivating, fascinating.

fascinateur, trice [fasinatœr, tris] ◇ *adj* fascinating.
◇ *nm, f* captivator.

fascination [fasinasjɔ̃] *nf* fascination; **exercer une ~ sur** to be fascinating to.

fascine [fasin] *nf* bundle (of wood), faggot.

fasciner [3] [fasine] *vt* -**1.** [charmer] to captivate, to fascinate; **le spectacle les fascine** they're captivated by the show; **j'étais fasciné par l'adresse des marins dans les haubans** I was fascinated by the agility of the sailors up in the rigging; **elle est fascinée par ce garçon** she has been bewitched by that boy, she is under that boy's spell. -**2.** TRAV PUBL to fascine, to corduroy *Am*.

fascisant, e [faʃizɑ̃, ɑ̃t] *adj* fascist, fascistic, pro-fascist.

fascisation [faʃizasjɔ̃] *nf*: **présider à la ~ d'un régime** to steer a government towards fascism; **observer la ~ d'une politique** to note the increasingly fascistic OU fascist tendencies of a policy.

fasciser [3] [faʃize] *vt*: **~ un État** to take a state towards fascism; **~ un régime/une politique** to make a regime/policy increasingly fascistic.

fascisme [faʃism] *nm* -**1.** [autoritarisme] fascism. -**2.** HIST Fascism.

fasciste [faʃist] *adj & nmf* -**1.** [gén] fascist. -**2.** HIST Fascist.

faste [fast] ◇ *adj* -**1.** [favorable - année] good; [- jour] good, lucky; **les années ~s, nous gagnions bien notre vie** in a good year, we made a lot of money. -**2.** ANTIQ: **jour ~** lawful day.
◇ *nm* [luxe] sumptuousness, splendour; **avec ~** sumptuously, with pomp (and circumstance), munificently; **sans ~** simply, quietly, plainly.
◆ **fastes** *nmpl* -**1.** *litt* pomp; **les ~s de l'État** the pomp and circumstance of great state occasions. -**2.** ANTIQ annals.

fast-food [fastfud] *nm* fast-food restaurant.

fastidieusement [fastidjøzmɑ̃] *adv* boringly, dully, tediously.

fastidieux, euse [fastidjø, øz] *adj* boring, dull, tedious.

fastueusement [fastɥøzmɑ̃] *adv* sumptuously, with pomp (and circumstance), munificently.

fastueux, euse [fastɥø, øz] *adj* magnificent, munificent, sumptuous.

fat [fa(t)] *litt* ◇ *adj m* bumptious, conceited, self-satisfied; **prendre un air ~** to look smug.
◇ *nm* smug person.

fatal, e, als [fatal] *adj* -**1.** [fixé par le sort] fateful; **l'instant ~** the fatal moment. -**2.** [désastreux] disastrous, terrible; **vous n'avez pas bien lu le sujet de dissertation et cela vous a été ~** you misread the essay title and it proved disastrous for you. -**3.** [mortel - collision, blessure] fatal, mortal; **coup ~** deathblow; **porter un coup ~ à** [frappe] to deliver a deadly OU mortal blow to; *fig* to administer the coup de grâce to. -**4.** [inévitable] inevitable; **c'était ~** it was bound to happen, it was inevitable; **il est revenu, c'était ~** he came back, as was bound to happen.

fatalement [fatalmɑ̃] *adv* inevitably; **il devait ~ perdre** he was bound to lose.

fatalisme [fatalism] *nm* fatalism.

fataliste [fatalist] ◇ *adj* fatalist, fatalistic; **il est ~** he's resigned to his fate.
◇ *nmf* fatalist.

fatalité [fatalite] *nf* -**1.** [sort] destiny, fate; **poursuivi par la ~** pursued by fate; **c'est la ~** it's bad luck; **la ~ s'acharne contre eux** they're dogged by misfortune. -**2.** [circonstance fâcheuse] mischance; **je le vois chaque fois que je veux être seul, c'est une ~!** there must be a curse on me! every time I want to be alone, I see him!

fatidique [fatidik] *adj* -**1.** [marqué par le destin - date, jour] fated, fateful. -**2.** [important] crucial, momentous; **il est arrivé au moment ~** he arrived at the crucial moment; **c'est l'instant ~!** it's now or never!

fatigabilité [fatigabilite] *nf* fatigability.

fatigable [fatigabl] *adj*: **facilement ~** easily tired; **difficilement ~** untiring.

fatigant, e [fatigɑ̃, ɑ̃t] *adj* -**1.** [épuisant] tiring, wearing; **c'est très ~** it's exhausting; **la lumière vive est ~e pour les yeux** bright light is a strain on the eyes. -**2.** [agaçant] tiresome, tedious, annoying; **c'est ~, ce bourdonnement incessant** that endless buzzing is very annoying; **ce que tu peux être ~!** you're a real nuisance!; **il est ~ avec ses questions** he's tiresome with his questions.

fatigue [fatig] *nf* -**1.** [lassitude] tiredness, weariness; **tomber de ~** to be fit to drop; **je tombe** OU **je suis mort de ~** I'm dead on my feet; **va le coucher, il tombe de ~** put him to bed, he's fit to drop. -**2.** [tension] strain; **se remettre de la ~** OU **des ~s de l'examen** to recover from the stress of the exam ❑ **~ musculaire** stiffness; **~ nerveuse** nervous exhaustion; **~ oculaire** eyestrain. -**3.** TECH: **~ de l'acier** metal fatigue.

fatigué, e [fatige] *adj* -**1.** [las] tired, weary; **je suis si ~!** I am exhausted OU so tired!; **~ de rester debout/d'attendre** tired of standing/waiting. -**2.** [usé] overworked, worn; **un vieux manteau ~** a shabby old coat; **un livre ~** a well-thumbed book.

fatiguer [3] [fatige] ◇ *vt* -**1.** [épuiser] to tire OU to wear out *(sép)*; **les transports en commun me fatiguent beaucoup** using public transport wears me out; **je suis fatigué** I'm tired; **je suis très fatigué** I'm exhausted; **je suis trop fatigué pour pouvoir m'endormir** I'm too tired to go to sleep; **si ça ne te fatigue pas trop** *hum* if you don't mind. -**2.** [lasser] to annoy; **tu me fatigues avec tes critiques!** your constant criticism is getting on my nerves!; **ils nous fatiguent, à la fin, avec leurs publicités!** they're really getting on our nerves with their ads!; **tes mensonges continuels me fatiguent** you're wearing me out with your constant lying. -**3.** [user - machine, moteur] to put a strain on. -**4.** *dial* [remuer]: **~ la salade** to toss the (green) salad.
◇ *vi* -**1.** [peiner] to grow tired, to flag; **dépêche-toi, je fatigue!** hurry up, I'm getting tired! -**2.** MÉCAN [faiblir] to become weakened; [forcer] to bear a heavy strain. -**3.** NAUT to ride hard.
◆ **se fatiguer** ◇ *vpi* -**1.** [s'épuiser] to get tired, to tire o.s. out; **essaie de ne pas trop te ~** try not to get overtired; **les personnes âgées se fatiguent vite** old people tire OU get tired very easily; **se ~ à**: **elle se fatigue à tout faire à la maison** she tires herself out doing all the housework. -**2.** [faire un effort] to push o.s.; **ils ne se sont pas fatigués** they didn't exactly kill themselves. -**3.** [faire des efforts inutiles]: **ne te fatigue pas** don't waste your time; **c'était bien la peine que je me fatigue!** I could have saved my breath!; **ne te fatigue pas, je sais tout** don't bother OU don't waste your breath, I already know everything; **se ~ à faire qqch** [s'y appliquer] to wear o.s. out doing sthg; **je me fatigue à le lui répéter** I wear myself out telling her.
◇ *vpt*: **se ~ la vue** OU **les yeux** to put a strain on OU to strain one's eyes.
◆ **se fatiguer de** *vp + prép*: **se ~ de qqn/qqch** [s'en lasser] to get tired of sb/sthg; **elle se fatiguera vite de lui** she'll soon get tired of him.

fatma [fatma] *nf péj* North African woman.

fatras [fatra] *nm péj* -**1.** [tas] clutter, jumble; **tout un ~ de vieux papiers** a clutter of old papers. -**2.** [mélange] hotchpotch *Br*, hodgepodge *Am*; **un ~ de connaissances** a confused mass of knowledge.

fatuité [fatɥite] *nf* complacency, conceit, smugness.

fatum [fatɔm] *nm litt* destiny, fate.

faubourg [fobur] *nm* suburb; **~ industriel** industrial suburb; **~ résidentiel** residential suburb; **les ~s de la ville** the outskirts of the city; **dans les ~s de Vienne** in the suburbs of Vienna.

faubourien, enne [foburjɛ̃, ɛn] *adj* suburban; **accent ~** working-class accent.

fauchage [foʃaʒ] *nm* cutting, reaping.

fauchaison [foʃɛzɔ̃] *nf* -**1.** [moisson] cutting, reaping. -**2.** [moment] reaping time.

fauche [foʃ] *nf* -**1.** *fam* [vol] thieving, (petty) theft; [dans un magasin] shoplifting. -**2.** AGR & *vieilli* reaping. -**3.** *fam* [ruine]: **la ~** being flat broke.

fauché, e [foʃe] ◇ *adj* -**1.** *fam* [sans argent] broke, skint *Br*, cleaned out; **~ comme les blés** flat broke, stony broke *Br*. -**2.** AGR cut, reaped.
◇ *nm, f fam* penniless individual; **ce sont tous des ~s** they haven't got a penny between them.

faucher [3] [foʃe] *vt* -**1.** AGR to reap; **~ l'herbe sous le pied** OU **les pieds de qqn** to pull the carpet from under sb's feet. -**2.** [renverser] to knock OU to mow down *(sép)*; **les cyclistes ont été fauchés par un camion** the cyclists were knocked down by a lorry, a lorry ploughed into the cyclists. -**3.** [tuer]: **tous ces jeunes artistes fauchés à la fleur de l'âge** all these young artists struck down in the prime of life. -**4.** *fam* [voler] to pinch, to swipe; **qui a fauché le sel?** who's got the salt?

faucheur, euse [foʃœr, øz] *nm, f* mower, reaper.
◆ **faucheur = faucheux.**
◆ **faucheuse** *nf* -**1.** AGR mechanical reaper. -**2.** *litt*: **la Faucheuse** the (grim) Reaper.

faucheux [foʃø] *nm* harvest spider, daddy-long-legs.

Fauchon [foʃɔ̃] *npr luxury food shop in Paris.*

faucille [fosij] *nf* sickle, reaping hook; **la ~ et le marteau** the hammer and sickle.

faucon [fokɔ̃] *nm* -**1.** ORNITH falcon, hawk; **'le Faucon maltais'** *Hammett* 'The Maltese Falcon'. -**2.** POL hawk.

fauconneau [fokɔno] *nm* young hawk.

fauconnerie [fokɔnri] *nf* -**1.** [activité] hawking. -**2.** [abri] hawk-house.

fauconnier, ère [fokɔnje, ɛr] *nm, f* falconer.

faufil [fofil] *nm* basting OU tacking thread.

faufilage [fofilaʒ] *nm* basting, tacking.

faufiler [3] [fofile] *vt* COUT to baste, to tack.
◆ **se faufiler** *vpi* to slip through, to edge; **se ~ dans la foule** to weave through the crowd; **se ~ entre les voitures** to weave one's way through the traffic; **le chat s'est faufilé hors du jardin** the cat slipped out of the garden; **les enfants essayaient de se ~ au premier rang** the children were trying to sneak up to the front.

faune [fon] ◇ *nf* -**1.** ZOOL fauna, animal life. -**2.** *péj* [groupe] mob, bunch, crowd; **la ~ prétentieuse des beaux quartiers** the snobbish residents of the fashionable districts; **avec leurs blousons de cuir, quelle ~!** all in their leather jackets, what a bunch!
◇ *nm* MYTH faun.

faunesque [fonesk] *adj* faunlike.

faunique [fonik] *adj* faunal.

faussaire [fosɛr] *nmf* faker, forger, falsifier.

fausse [fos] *f* → **faux.**

fausse-couche [foskuʃ] *nf* miscarriage; **faire une ~** to have a miscarriage, to miscarry.

faussement [fosmɑ̃] *adv* -**1.** [à tort] wrongfully. -**2.** [en apparence] falsely, spuriously; **d'un air ~ ingénu** with a falsely innocent look, with feigned innocence; **une voix ~ inquiète** a voice simulating anxiety; **avoir un air ~ contrit** to pretend to look sorry, to assume a contrite look.

fausser [3] [fose] *vt* -**1.** [déformer - clef, lame] to bend, to put out of true; [détériorer - serrure] to damage. -**2.** [changer] to distort; **~ le sens d'une phrase** to distort the meaning of a sentence; **~ un résultat** to distort a result; **faire une présentation qui fausse la réalité** to present a distorted vision of reality; **~ les comptes** to falsify the accounts. -**3.** [diminuer la justesse de - esprit, raisonnement] to distort, to twist. -**4.** *loc*: **~ compagnie à qqn** to give sb the slip.
◆ **se fausser** *vpi* [voix d'orateur] to become strained; [voix de chanteur] to lose pitch.

fausset [fosɛ] *nm* -**1.** MUS: **(voix de) ~** falsetto (voice). -**2.** [de bois] spigot.

fausseté [foste] *nf* -**1.** [inexactitude] falseness, falsity; **dénoncer la ~ d'une assertion** to expose the fallacy of an argument. -**2.** [duplicité] duplicity, treachery; **un comportement empreint de ~** deceitful behaviour.

faute [fot] *nf* -**1.** [erreur] error, mistake; **faire une ~** to make a mistake; **j'ai fait une ~ dans ton nom** I misspelt your name; **cet exercice est rempli de ~s** this exercise is full of mistakes ❑ **~ de conduite** driving error; **~ de copiste** clerical error; **~ de frappe** [sur machine] typing error; INF keystroking error; **commettre une ~ de goût** to show a lack of taste; **~ de grammaire** grammatical error; **~ d'impression** misprint; **~ d'inattention** careless mistake; **~ d'orthographe** spelling mistake; **~ de prononciation** pronunciation mistake. -**2.** [manquement] misdeed, transgression; **~ envers la religion/la morale** transgression against religion/morality; **commettre une ~** to go wrong; **il n'a commis aucune ~** he did nothing wrong; **il a expié ses ~s** he paid dearly for his sins; **pour racheter les ~s de l'humanité** to redeem mankind ❑ **~ avouée est à moitié pardonnée** *prov* a fault confessed is half redressed *prov*. -**3.** [responsabilité] fault; **c'est (de) ma/ta ~** it's my/your fault; **c'est bien sa ~ s'il est toujours en retard** it's his own fault that he's always late; **tout ça, c'est ta ~!** it's your fault, the whole thing!; **c'est la ~ de ton frère** OU **à** *fam* **ton frère** it's your brother's fault; **à qui la ~?, la ~ à qui?** *fam* [question] who's to blame?, whose fault is it?; [accusation] you're the one to blame; **la ~ lui en incombe** the fault lies with him; **imputer la ~ à qqn** to lay the blame at sb's door; **aucune ~ ne peut lui être imputée** no blame attaches to him, he deserves no blame; **la ~ en revient à l'inflation** it's because of inflation ❑ **c'est la ~ à pas de chance** *fam* it's just bad luck; **c'est la ~ à Voltaire** *allusion Victor Hugo* it must be somebody else's fault. -**4.** ADMIN & JUR offence, wrongful act; **responsabilité des ~s et négligences du personnel** liability for the faults and defaults of the staff; **fait ou ~ de l'assuré** act or fault of the insured ❑ **~ par abstention** affirmative negligence; **~ commise dans l'exercice de fonctions officielles** instance of official misconduct; **~ délictuelle** technical offence; **~ disciplinaire** breach of discipline; **~ grave** serious offence, high misdemeanour; **~ intentionnelle** deliberate transgression of duty; ~ légère minor offence; ~ professionnelle professional misconduct. -**5.** *vieilli* [défaut]: faire ~ à qqn to break one's promise to sb ❑ ne pas se faire ~ de: ne pas se faire ~ de dire/faire qqch to make no bones about saying/doing sthg; ils ne se sont pas fait ~ de nous prévenir they did warn us several times; je ne me suis pas fait ~ de lui rappeler sa promesse I insisted on his keeping his promise. -**6.** SPORT fault; ~ de pied foot fault.

◆ **en faute** *loc adv*: être en ~ to be at fault; prendre qqn en ~ to catch sb in the act; se sentir en ~ to feel that one is at fault.

◆ **faute de** *loc prép* for want of; ~ d'un plat plus grand, j'ai posé la tarte sur une assiette I put the pie on a plate because I had no bigger dish; ~ de mieux for want of anything better; ~ de quoi otherwise; vous devez remplir personnellement l'imprimé, ~ de quoi la demande ne sera pas valable you must fill in the form yourself or else the application will be null and void; ~ de pouvoir aller au théâtre, il a regardé la télévision since he couldn't go to the theatre he watched television (instead) ❑ ~ de grives, on mange des merles *prov* half a loaf is better than no bread *prov*, beggars can't be choosers *prov*.

◆ **par la faute de** *loc prép* because of, owing to; j'ai perdu du temps par la ~ de cet imbécile I wasted time because of that idiot.

◆ **sans faute** ◇ *loc adj* faultless, offenceless; un parcours sans ~ a perfect race.

◇ *loc adv* without fail; à demain sans ~ see you tomorrow without fail; écris-moi sans ~ do write to me; je le ferai sans ~ I'll do it without fail; tu me donneras la clef sans ~ be sure and give me the key.

fauter [3] [fote] *vi* -**1.** *fam euph* & *hum* to sin, to go astray; ~ avec qqn to be led astray by sb. -**2.** *Afr* [en orthographe] to make a spelling mistake; [en français] to make a mistake in French.

fauteuil [fotœj] *nm* -**1.** [meuble] armchair, chair, seat; ~ à bascule rocking-chair; ~ club club chair; ~ de jardin deck-chair; ~ roulant wheelchair; arriver OU gagner dans un ~ *fam* to win hands down. -**2.** THÉÂT: ~ de balcon dress-circle seat; ~ d'orchestre seat in the stalls *Br* OU the orchestra *Am*. -**3.** [présidence]: occuper le ~ to be in the chair.

fauteur, trice [fotœr, tris] *nm, f*: ~ de guerre warmonger; ~ de troubles trouble-maker.

fautif, ive [fotif, iv] ◇ *adj* -**1.** [défectueux - liste] incorrect; [- citation] inaccurate. -**2.** [coupable] offending, responsible; se sentir ~ to feel guilty.

◇ *nm, f* offender; qui est le ~? who's to blame?, who's the culprit?

fautivement [fotivmɑ̃] *adv* erroneously, by mistake.

fauve [fov] ◇ *adj* -**1.** [couleur] fawn-coloured, tawny. -**2.** [âpre - odeur] musky.

◇ *nm* -**1.** ZOOL big cat; j'ai envoyé les ~s jouer dans le jardin *fig* & *hum* I sent the monsters out to play in the garden; les grands ~s the big cats; sentir le ~ *fam* to stink (of sweat); ça sent le ~ dans cette pièce this room stinks of sweat. -**2.** [couleur] fawn. -**3.** BX-ARTS Fauve, Fauvist.

fauverie [fovri] *nf* animal house *(where big cats are housed)*.

fauvette [fovɛt] *nf* warbler.

fauvisme [fovism] *nm* Fauvism.

faux[1] [fo] *nf* AGR scythe; couper de l'herbe à la ~ to scythe through grass.

faux[2], **fausse** [fo, fos] *adj* **A.** CONTRAIRE À LA VÉRITÉ, À L'EXACTITUDE -**1.** [mensonger - réponse] wrong; [- affirmation] untrue; [- excuse, prétexte] false; [- nouvelle, promesse, témoignage] false; condamné pour ~ serment sentenced for perjury; elle m'a donné un ~ nom et une fausse adresse she gave me a false name and address ❑ ~ ami false friend; ~ bruit false rumour; de ~ bruits courent sur son compte there are false rumours about her; faire une fausse sortie to make a false exit. -**2.** [inexact - raisonnement] false, faulty; [- calcul] wrong; [- balance] faulty ❑ faire fausse route *pr* to go the wrong way; *fig* to be on the wrong track; t'as tout ~ *fam* you're completely wrong. -**3.** [non vérifié - argument] false; [- impression] mistaken, wrong, false; [- espoir] false; tu te fais une fausse idée de lui you've got the wrong idea about him; tu m'as fait une fausse joie you got me all excited for nothing; c'est un ~ problème OU débat this is not the issue ❑ fausse alerte *pr* & *fig* false alarm. -**4.** [manqué]: fausse couche miscarriage; faire une fausse couche to have a miscarriage; ~ départ SPORT & *fig* false start; faire un ~ mouvement to pull something; faire un ~ pas *pr* to trip, to stumble; [faire une erreur] to make a false move; [faire une maladresse] to commit OU to make a faux pas. -**5.** MUS [piano, voix] out of tune; fausse note *pr* wrong note; la cérémonie s'est déroulée sans une fausse note the ceremony went (off) without a hitch.

B. CONTRAIRE AUX APPARENCES -**1.** [artificiel - dent, nez, barbe, poche] false; [- bijou, cuir, fourrure, marbre] imitation; [- plafond, poutre] false; du ~ Boulle imitation Boulle furniture. -**2.** [falsifié - monnaie] false, counterfeit, forged; [- carte à jouer] trick; [- papiers, facture] forged, false; [- testament] spurious; une fausse pièce (de monnaie) a forged OU fake coin; fabriquer de la fausse monnaie to counterfeit money; c'est un ~ Renoir it's a fake Renoir; un trafic de ~ tableaux a traffic of forged OU fake paintings. -**3.** [feint - candeur, émotion] feigned; fausse modestie: pas de fausse modestie! don't try to be modest!; fausse pudeur false modesty. -**4.** [pseudo -policier] bogus; [- intellectuel] pseudo. -**5.** [hypocrite - caractère, personne] false, deceitful; [- regard] deceitful, treacherous; ~ frère false friend; ~ jeton *fam*: il est ~ jeton, c'est un ~ jeton he's two-faced; ~ cul▽: il est ~ cul, c'est un ~ cul he's a two-faced bastard.

◆ **faux** ◇ *adv* -**1.** MUS [jouer, chanter] out of tune, off-key; sonner ~ [excuse] to have a hollow OU false ring; il riait d'un rire qui sonnait ~ he had a hollow laugh; ça sonne ~ it doesn't ring true. -**2.** *loc*: porter à ~ [cloison] to be out of plumb OU true; [objet] to be precariously balanced; [argument, raisonnement] to be unfounded.

◇ *nm* -**1.** JUR [objet, activité] forgery; c'est un ~ [document, tableau] it's a fake OU a forgery ❑ inculper qqn pour ~ et usage de ~ to prosecute sb for forgery and use of forgeries; s'inscrire en ~ contre qqch *fig* to dispute the validity of sthg. -**2.** [imitation]: c'est du cuir? - non, c'est du ~ is it leather? - no, it's imitation. -**3.** LOGIQUE & PHILOS: le ~ falsehood.

faux-bord [fobɔr] (*pl* faux-bords) *nm* lopside.

faux-bourdon [foburdɔ̃] (*pl* faux-bourdons) *nm* MUS faux-bourdon.

faux-filet [fofilɛ] (*pl* faux-filets) *nm* sirloin.

faux-fuyant [fofɥijɑ̃] (*pl* faux-fuyants) *nm* excuse, subterfuge; répondre par des ~s to give evasive answers.

faux-monnayeur [fomɔnɛjœr] (*pl* faux-monnayeurs) *nm* forger, counterfeiter.

faux-pont [fopɔ̃] (*pl* faux-ponts) *nm* orlop deck.

faux-semblant [fosɑ̃blɑ̃] (*pl* faux-semblants) *nm*: ne vous laissez pas abuser par des ~s don't let yourself be taken in by pretence.

faux-sens [fosɑ̃s] *nm inv* mistranslation.

favela [favɛla] *nf* favela, (Brazilian) shantytown.

faveur [favœr] *nf* -**1.** [plaisir]: faire une ~ à qqn to do sb a favour; faites-moi une ~ do me a favour; faites-moi la ~ de l'inviter do me a favour and invite him; elle ne lui fit même pas la ~ d'un sourire she didn't even favour him with a smile; nous ferez-vous la ~ de votre visite? will you honour us with a visit?; faites-moi la ~ de m'écouter quand je parle would you mind listening when I speak? -**2.** [bienveillance] favour; par ~ spéciale by special favour; il a la ~ du président he's in the president's good books; elle a eu la ~ de la presse/du public she found favour with the press/with the public. -**3.** [ruban] ribbon, favour.

◆ **faveurs** *nfpl sout* [marques d'intérêt] favours; accorder/refuser ses ~s à qqn *euph* to give/to refuse sb one's favours; elle lui a accordé ses ~s she obliged him with her favours.

◆ **à la faveur de** *loc prép* owing to, with the help of; à la ~ de la nuit under cover of darkness.

◆ **de faveur** *loc adj* preferential; billet de ~ complimentary ticket; jours de ~ days of grace; prix de ~ preferential price.

◆ **en faveur** *loc adv*: être/ne pas être en ~ to be in/out of favour; être en ~ auprès de qqn to be in favour with sb; cette mode a été remise en ~ this fashion has come back into vogue.

◆ **en faveur de** *loc prép* -**1.** [à cause de] on account of. -**2.** [au profit de] to the benefit of, in favour of; en ma/votre ~ in my/your favour; il a abdiqué en ~ de son cousin he abdicated in favour of his cousin.

favorable [favɔrabl] *adj* -**1.** [propice] favourable, right; arriver au moment ~ to arrive at the right moment; saisir le moment ~ to take the opportunity; si le temps est ~ if the weather is favourable. -**2.** [bien disposé] favourable; se montrer sous un jour ~ to show o.s. in a favourable light; préjugé ~ bias; prêter à qqn une oreille ~ to listen favourably to sb; regarder le projet d'un œil ~ to be favourable to the project; ~ à in favour of, favourable to; je suis plutôt ~ à son départ I'm rather in favour of his going; je suis ~ à cette décision/à vos idées I approve of this decision/of your ideas.

favorablement [favɔrabləmɑ̃] *adv* favourably; répondre ~ to say yes; il a répondu ~ à mon invitation he accepted my invitation; si les choses tournent ~ if things turn out all right.

favori, ite [favɔri, it] ◇ *adj* [mélodie, dessert] favourite; [idée, projet] favourite, pet *(modif)*.

◇ *nm, f* -**1.** SPORT favourite. -**2.** [parmi les enfants] favourite; c'est elle la ~te [dans la famille] she's their darling; [en classe] she's the teacher's pet.

◆ **favori** *nm* HIST (king's OU royal) favourite.

◆ **favorite** *nf* HIST: la ~te the King's mistress.

◆ **favoris** *nmpl* sideboards, sideburns.

favorisé, e [favɔrize] *adj* fortunate; les pays les plus ~s the most favoured nations.

favoriser [3] [favɔrize] *vt* -**1.** [traiter avantageusement] to favour, to give preferential treatment to. -**2.** [être avantageux pour] to favour, to be to the advantage of; le partage favorisait traditionnellement l'aîné traditionally, the distribution of property was to the eldest son's advantage. -**3.** [faciliter] to further, to promote; ~ les intérêts de la société to further the interests of the firm; ~ le développement de l'éducation/de l'économie to promote educational/economic development.

favoritisme [favɔritism] *nm* favouritism.

fax [faks] (*abr de* Téléfax) *nm* -**1.** [machine] fax (machine). -**2.** [message] fax; par ~ by fax.

faxer [3] [fakse] *vt* to fax.

fayard [fajar] *nm Helv* beech.

fayot *fam* [fajo] *nm* -**1.** [haricot] bean. -**2.** *péj* [personne servile] toady, creep.

fayoter *fam* [3] [fajɔte] *vi* to lick sb's boots.

FB (*abr écrite de* franc belge) BF.

FBI [ɛfbiaj] (*abr de* Federal Bureau of Investigation) *npr m* FBI.

FC (*abr de* Football Club) *nm* FC.

FCFA (*abr écrite de* franc CFA) *currency used in former French colonies in Africa.*

FCFP (*abr écrite de* franc CFP) *currency used in former French colonies in the Pacific.*

féal, e, aux [feal, o] *adj litt* faithful, trusty.

fébrifuge [febrifyʒ] *adj* & *nm* antifebrile, antipyretic, febrifuge.

fébrile [febril] *adj* -**1.** MÉD febrile; un patient ~ a patient who's running a fever. -**2.** [agité] feverish, restless; **des préparatifs ~s** feverish preparations; **déployer une activité ~** to be in a fervent activity.

fébrilement [febrilmɑ̃] *adv* -**1.** [avec inquiétude] feverishly. -**2.** [avec hâte] hastily.

fébrilité [febrilite] *nf* febrility *spéc,* feverish state, feverishness.

fécal, e, aux [fekal, o] *adj* faecal.

fèces [fɛs] *nfpl* faeces.

fécond, e [fekɔ̃, ɔ̃d] *adj* -**1.** BIOL fecund, fertile. -**2.** [prolifique] prolific. -**3.** [aux productions nombreuses - écrivain, inventeur] prolific, productive; [- imagination] lively, powerful; **ils avaient inventé l'alphabet et l'idée fut ~e** *litt* they had invented the alphabet and the idea proved to be a fertile one; **puisse votre labeur être ~** *litt* may your labour bear much fruit; **~ en: terre ~e en fruits de toute sorte** *litt* land rich in every kind of fruit; **une journée ~e en événements** an eventful day; **un feuilleton ~ en rebondissements** a serial full of unexpected developments.

fécondabilité [fekɔ̃dabilite] *nf* fertility.

fécondable [fekɔ̃dabl] *adj* fertilizable.

fécondant, e [fekɔ̃dɑ̃, ɑ̃t] *adj* fertilizing.

fécondateur, trice [fekɔ̃datœr, tris] *adj litt* fertilizing.

◆ **fécondateur** *nm litt* fertilizer.

fécondation [fekɔ̃dasjɔ̃] *nf* -**1.** BIOL [des mammifères] fertilization, impregnation; [des ovipares] fertilization; **~ artificielle/in vitro** artificial/in vitro fertilization. -**2.** BOT fertilization, fertilizing.

féconder [3] [fekɔ̃de] *vt* -**1.** BIOL to fertilize; **la femelle est fécondée par le mâle** the male impregnates the female. -**2.** *litt* [terre, champ] to make fertile. -**3.** *litt*: **~ l'esprit/l'imagination/l'intelligence de qqn** to enrich sb's mind/imagination/intelligence.

fécondité [fekɔ̃dite] *nf* -**1.** BIOL fecundity. -**2.** *litt* [d'une terre, d'un jardin] fruitfulness. -**3.** *litt* [d'un esprit, d'un créateur] fertility.

fécule [fekyl] *nf* starch; **~ (de maïs)** cornflour *Br,* cornstarch *Am;* **~ de pomme de terre** potato flour.

féculent, e [fekylɑ̃, ɑ̃t] *adj* [aliment] starchy.

◆ **féculent** *nm* starchy food, starch; **évitez les ~s** avoid starch OU starchy foods.

fed(d)ayin [fedajin] *nm* fedayee; **les ~s** the Fedayeen.

fédéral, e, aux [federal, o] *adj* -**1.** POL federal. -**2.** *Helv* federal *(relative to the Swiss Confederation).*

◆ **fédéraux** *nmpl* HIST Federalist troops.

fédéraliser [3] [federalize] *vt* to federalize, to turn into a federation.

fédéralisme [federalism] *nm* -**1.** POL federalism. -**2.** *Helv political tendency defending the independence of the Swiss cantons from federal authority.*

fédéraliste [federalist] ◇ *adj* federalist, federalistic.

◇ *nmf* federalist, federal.

fédérateur, trice [federatœr, tris] ◇ *adj* federative, federating.

◇ *nm, f* unifier.

fédératif, ive [federatif, iv] *adj* federative.

fédération [federasjɔ̃] *nf* -**1.** POL [gén] federation; [au Canada] confederation; **la Fédération de Russie** the Federation of Russia. -**2.** [groupe] federation; **~ syndicale** trade union.

fédéraux [federo] *nmpl* → **fédéral.**

fédéré, e [federe] *adj* federated.

◆ **fédéré** *nm* HIST federate.

fédérer [18] [federe] *vt* to federate, to form into a federation.

fée [fe] *nf* fairy; **sa bonne ~** his good fairy, his fairy godmother; **la ~ Carabosse** the wicked fairy; **c'est une ~ du logis** she's a wonderful housewife.

feed-back [fidbak] *nm inv* -**1.** [d'un système d'information] feedback. -**2.** PHYSIOL feedback.

feeder [fidœr] *nm* feeder (pipe).

féerie [fe(e)ri] *nf* -**1.** THÉÂT spectacular. -**2.** [merveille] enchantment; **elle n'oubliera jamais la ~ de cette nuit** she'll never forget the enchantment of that night; **le feu d'artifice était une ~ de lumières** the firework display was pure enchantment; **une ~ de couleurs** a riot of colour.

féerique [fe(e)rik] *adj* -**1.** MYTH fairy *(modif),* magic, magical. -**2.** [beau - vue, spectacle] enchanting, magical.

feignant, e *fam* [fɛɲɑ̃, ɑ̃t] ◇ *adj* lazy, idle.

◇ *nm, f* loafer.

feindre [81] [fɛ̃dr] ◇ *vt* to feign; **~ la joie** to feign joy; **sa colère n'était pas feinte** her anger wasn't feigned.

◇ *vi* [dissimuler] to dissemble *litt,* to pretend; **~ de: elle feint de s'intéresser à cette histoire** she pretends she's interested in this story.

feinte [fɛ̃t] *nf* -**1.** [ruse] ruse. -**2.** *litt* [dissimulation] dissembling *(U),* dissimulation, pretence; **sans ~** frankly, without pretence. -**3.** SPORT [à la boxe et à l'escrime] feint; [au football, au rugby etc] dummy *Br,* fake *Am;* **il a trompé l'arrière par une ~** he sold the fullback a dummy *Br,* he faked out the fullback *Am.* -**4.** MIL feint, sham attack.

feinter [3] [fɛ̃te] ◇ *vt* -**1.** SPORT: **~ l'adversaire** [à la boxe et à l'escrime] to feint at the opponent; **~ la passe** [au football et au rugby] to sell a dummy *Br,* to fake a pass *Am* ‖ *(en usage abs)* to feint. -**2.** *fam* [duper] to fool, to take in *(sép);* **il t'a bien feinté!** he really took you in!, he tricked you good and proper!; **feinté!** foiled again!

◇ *vi* to dummy *Br,* to fake *Am.*

feldspath [fɛldspat] *nm* feldspar.

feldspathique [fɛldspatik] *adj* feldspathic.

feldspathoïde [fɛldspatɔid] *nm* feldspathoid.

fêlé, e [fele] ◇ *adj* -**1.** [voix, son] hoarse, cracked. -**2.** *fam* [fou] cracked; **il est complètement ~!, il a le cerveau ~!** he's cracked OU nuts!

◇ *nm, f fam* nut, loony; **tous des ~s!** they're all bonkers OU cracked!

fêler [4] [fele] *vt pr* to crack; **une amitié que rien ne fêla jamais** *fig & litt* an undying friendship.

◆ **se fêler** *vpi* [tasse] to crack.

félicitations [felisitasjɔ̃] *nfpl* congratulation, congratulations; **(toutes mes) ~!** congratulations!; **adresser** OU **faire ses ~ à qqn** to congratulate sb; **recevoir les ~ de qqn pour qqch** to be congratulated by sb on sthg; **avec les ~ du jury** UNIV with the examining board's utmost praise, summa cum laude.

félicité [felisite] *nf litt* bliss, felicity.

féliciter [3] [felisite] *vt* to congratulate; **~ qqn de qqch** to congratulate sb on sthg; **je l'ai félicité d'avoir réussi son examen** I congratulated him on having passed his exam; **~ des jeunes mariés** to congratulate newly-weds; **permettez-moi de vous ~!** congratulations!; **je ne vous félicite pas!** you'll get no thanks from me!

◆ **se féliciter de** *vp + prép* -**1.** [se réjouir de]: **se ~ de qqch** to be glad OU pleased about sthg; **tous se félicitaient de sa réussite** they were all pleased about his success OU (that) he succeeded. -**2.** [se louer de]: **je me félicite d'être resté calme** I'm pleased to say I remained calm.

félidé [felide] *nm* feline; **les ~s** the Felidae.

félin, e [felɛ̃, in] *adj* -**1.** ZOOL feline. -**2.** [regard, démarche] feline, catlike.

◆ **félin** *nm* cat; **les ~s** the cat family.

félinité [felinite] *nf litt* felinity, cat-like quality.

fellaga, fellagha [felaga] *nm* fellagha *(name given by the French to Algerians fighting for independence).*

fellah [fela] *nm* fellah.

fellation [felasjɔ̃] *nf* fellatio, fellation.

félon, onne [felɔ̃, ɔn] *adj* -**1.** *litt* [perfide] disloyal, treacherous, felonious *litt.* -**2.** HIST rebellious.

◆ **félon** *nm* -**1.** *litt* [traître] traitor. -**2.** HIST felon.

félonie [felɔni] *nf* -**1.** *litt* [traîtrise] disloyalty, treachery, act of betrayal. -**2.** HIST felony.

felouque [fəluk] *nf* felucca.

fêlure [felyr] *nf* -**1.** [d'un objet] crack; **la surface de la jarre était couverte de mille petites ~s** the surface of the jar was covered with a fine network of cracks; **il y a une ~ dans leur amitié** cracks are beginning to show in their friendship. -**2.** [de la voix] crack. -**3.** MÉD fracture.

femelle [fəmɛl] ◇ *adj* -**1.** ZOOL female. -**2.** ORNITH hen. -**3.** BOT & ÉLECTR female; **une prise ~** a socket.

◇ *nf* -**1.** ▽ *péj* [femme] female. -**2.** ZOOL female.

féminin, e [feminɛ̃, in] *adj* -**1.** BIOL: **la morphologie ~e** the female body. -**2.** [composé de femmes]: **des craintes parmi la population ~e** fears among the female population; **notre main-d'œuvre ~e** our female workers; **l'équipe ~e** the women's team. -**3.** [considéré comme typique de la femme]: **un métier ~** a woman's job; **elle est très ~e** she's very feminine; **il avait une voix ~e** he had a feminine OU an effeminate *péj* voice. -**4.** [qui a rapport à la femme]: **mode ~e** women's fashions; **revendications ~es** women's claims; **le tennis ~** women's tennis. -**5.** GRAMM & LITTÉRAT [nom, rime] feminine.

◆ **féminin** *nm* -**1.** GRAMM feminine (gender). -**2.** → **éternel.**

féminisant, e [feminizɑ̃, ɑ̃t] *adj* feminizing BIOL.

féminisation [feminizasjɔ̃] *nf* -**1.** BIOL feminization, feminizing *(U).* -**2.** SOCIOL: **la ~ d'une profession/d'un milieu** increased female participation in a profession/in a group; **depuis la ~ de la profession** since women have entered the profession.

féminiser [3] [feminize] *vt* -**1.** BIOL to feminize. -**2.** GRAMM [mot] to put into the feminine gender. -**3.** [homme] to make effeminate. -**4.** SOCIOL: **il faut ~ ces professions** more women must be encouraged to enter those professions.

◆ **se féminiser** *vpi* -**1.** BIOL to feminize. -**2.** [homme] to become effeminate. -**3.** SOCIOL: **notre profession se féminise** more and more women are entering our profession; **le métier de médecin/détective se féminise** there are more and more women doctors/detectives.

féminisme [feminism] *nm* -**1.** [mouvement] feminism. -**2.** BIOL feminization.

féministe [feminist] *adj & nmf* feminist.

féminité [feminite] *nf* femininity.

femme [fam] *nf* -**1.** [personne] woman; **~ ingénieur/soldat** woman engineer/soldier; **une ~ à poigne/de parole** a tough/reliable woman; **~ au foyer** OU **d'intérieur** housewife; **~ de ménage, ~ à journée** OU **d'ouvrage** *Belg* cleaning lady, daily (woman) *Br,* maid *Am;* **~ d'affaires** businesswoman; **~ de chambre** maid, chambermaid; **~ de charge** housekeeper; **~ écrivain** woman writer; **~ de lettres** woman of letters; **~ du monde** socialite; **~ de petite vertu** woman of easy virtue; **~ policier** policewoman, WPC *Br;* **une ~ enfant** a childlike woman; **~ fatale** femme fatale; **une ~ fleur** a fragile flower of a woman. -**2.** [adulte]: **c'est une ~ maintenant** she's a woman now. -**3.** [ensemble de personnes]: **la ~, les ~s** woman, women; **la libération/les droits de la ~** women's liberation/rights. -**4.** [épouse] wife; **prendre qqn pour ~** to take sb as one's wife; **prendre ~** *sout* to take a wife. -**5.** *(comme adj)* [féminine]: **être très ~** to be very feminine; **je me sens très ~** I feel very much a woman OU very womanly; **à treize ans elle fait déjà très ~** at thirteen she already looks very much a woman; **elle devient ~** she's growing up, she's becoming a woman.

femmelette [famlɛt] *nf* -**1.** *péj* [homme] weakling; **pas de ~s chez nous!** we don't want any sissies around here! -**2.** [femme] weak OU frail woman.

femme-objet [famɔbʒɛ] (*pl* femmes-objets) *nf* woman seen or treated as an object.

fémoral, e, aux [femɔral, o] *adj* femoral *spéc*, thigh *(modif)*.

fémur [femyr] *nm* thigh bone, femur *spéc*.

FEN [fɛn] (*abr de* **Fédération de l'Éducation nationale**) *npr f* teachers' trade union, ≃ NUT *Br*.

fenaison [fənɛzɔ̃] *nf* [récolte] haymaking; [époque] haymaking time.

fendage [fɑ̃daʒ] *nm* [du bois] chopping; [de l'ardoise] splitting.

fendant[1] [fɑ̃dɑ̃] *nm* -**1.** ESCRIME sword thrust. -**2.** [raisin] Fendant grape. -**3.** [vin] Fendant (wine).

fendant[2]**, e** *fam* [fɑ̃dɑ̃, ɑ̃t] *adj* hilarious, killing.

fendeur [fɑ̃dœr] *nm* worker specializing in splitting slates or wood.

fendillement [fɑ̃dijmɑ̃] *nm* [d'un miroir, d'un mur, d'un tableau] cracking; [du bois] splitting, springing; [du verre, de l'émail, du vernis, de la porcelaine] crazing, crackling.

fendiller [3] [fɑ̃dije] *vt* [miroir, mur, tableau] to crack; [bois] to split; [émail, verre, vernis, poterie] to craze, to crackle; **avoir les lèvres fendillées** to have chapped lips.

◆ **se fendiller** *vpi* [miroir, mur, tableau] to crack; [bois] to spring; [verre, poterie, émail, vernis] to craze, to crackle.

fendoir [fɑ̃dwar] *nm* chopper, cleaver.

fendre [73] [fɑ̃dr] *vt* -**1.** [couper - bois, roche] to split, to cleave; [- lèvre] to cut OU to split (open); ~ **une bûche en deux** to split OU to chop a log down the middle; ~ **le crâne à qqn** to split sb's skull (open); **ça vous fend** OU **c'est à vous** ~ **le cœur** it breaks your heart, it's heartbreaking, it's heartrending. -**2.** [fissurer - terre, sol, mur] to crack. -**3.** COUT [veste, jupe, robe] to make a slit in. -**4.** [traverser - foule] to push OU to force one's way through; ~ **les flots/l'air/le vent** *litt* OU *hum* to cleave through the seas/the air/the breeze.

◆ **se fendre** ◇ *vpi* -**1.** [s'ouvrir - bois] to split; [- terre, sol, mur] to crack. -**2.** *fam* [se ruiner]: **tu ne t'es pas trop fendu!** this really didn't ruin OU break you, did it!; **se** ~ **de**: **se** ~ **de 100 francs** to fork out OU to shell out 100 francs; **il s'est fendu d'une bouteille de vin** he forked out OU shelled out for a bottle of wine. -**3.** ESCRIME to lunge.
◇ *vpt*: **se** ~ **qqch**: **elle s'est fendu la lèvre** she cut her lip (open); **se** ~ **le crâne** to crack one's skull (open); **se** ~ **la gueule**▽ OU **pêche** *fam* OU **pipe** *fam* OU **poire** *fam* [rire] to split one's sides; [s'amuser] to have a ball.

fendu, e [fɑ̃dy] *adj* [robe, jupe] slit; [yeux] almond-shaped; **une bouche** ~**e jusqu'aux oreilles** a broad grin OU smile.

fenestrage [fənɛstraʒ] *nm* fenestration.

fenestron [fənɛstrɔ̃] *nm* tail rotor.

fenêtrage [fənɛtraʒ] = **fenestrage**.

fenêtre [fənɛtr] *nf* -**1.** CONSTR window; **ouvrir/fermer la** ~ to open/to close the window; **regarder par la** ~ to look out of the window; **sauter par la** ~ to jump out of the window; **ouvrir une** ~ **sur** *fig* to open a window on ❑ ~ **à battants** casement window; ~ **à coulisse** OU **à guillotine** sash window; ~ **mansardée** dormer window; ~ **en saillie** bay window; **fausse** ~ blind window; **une place côté couloir ou côté** ~**?** an aisle or a window seat? -**2.** ANAT fenestra; ~ **ovale/ronde** fenestra ovalis/rotunda. -**3.** INF window; ~ **de lecture-écriture** read-write slot. -**4.** [espace blanc] space, blank. -**5.** [d'une enveloppe] window. -**6.** GÉOL inlier. -**7.** ASTRON: ~ **atmosphérique** weather window. -**8.** ASTRONAUT: ~ **de lancement** launch window.

fenian, e [fenjɑ̃, an] *adj* & *nm, f* Fenian.

fennec [fenɛk] *nm* fennec.

fenouil [fənuj] *nm* fennel; ~ **doux** OU **de Florence** Florentine fennel.

fente [fɑ̃t] *nf* -**1.** [fissure - dans du bois] cleft, split; [- dans un sol, un mur] crack, fissure; [- dans une roche] cleft. -**2.** [ouverture - d'une jupe, des volets] slit; [- dans une boîte, sur une vis] slot; [- dans une veste] vent; [- pour passer les bras] armhole. -**3.** ESCRIME lunge.

féodal, e, aux [feɔdal, o] *adj* feudal.

◆ **féodal** *nm* [propriétaire] landlord; [seigneur] feudal lord.

féodalement [feɔdalmɑ̃] *adv* according to feudal law.

féodalisme [feɔdalism] *nm* feudalism.

féodalité [feɔdalite] *nf* -**1.** [système] feudal system. -**2.** *péj* [puissance] feudal power.

fer [fɛr] *nm* -**1.** CHIM iron *(U)*. -**2.** MÉTALL iron *(U)*; ~ **doux** soft iron; ~ **forgé** wrought iron. -**3.** [dans les aliments] iron *(U)*. -**4.** [barre] (iron) bar; ~ **en T/U** T/U girder. -**5.** [lame] blade; ~ **de lance** *pr* & *fig* spearhead; **tourner** OU **retourner le** ~ **dans la plaie** to twist the knife in the wound. -**6.** [instrument]: ~ **à dorer** gilding iron; ~ **à friser** curling tongs *Br* OU iron *Am*; ~ **à gaufrer** goffering iron; ~ **à repasser** iron; ~ **à souder** soldering iron; ~ **à vapeur** steam iron; ~ **électrique** (electric) iron; **coup de** ~: **passer un coup de** ~ **sur un pantalon** to give a pair of trousers a quick iron; **un petit coup de** ~ **et je suis prêt** I'll just run the iron over my things and I'll be ready; ~ **rouge** brand. -**7.** [protection]: ~ **à cheval** horseshoe ‖ [de chaussure] metal tip. -**8.** [de golf] iron *(C)*. -**9.** RAIL: **le** ~ rail, the railway system, the railways; **acheminer/transporter par** ~ to take/to carry by rail. -**10.** *litt* [épée] blade.

◆ **fers** *nmpl* [chaînes] irons, shackles; **mettre qqn aux** ~**s** to put sb in irons.

◆ **de fer** *loc adj* [moral, santé] cast-iron *(modif)*; [discipline, volonté] iron *(modif)*.

◆ **en fer à cheval** *loc adj* [escalier, table] horseshoe-shaped, horseshoe *(modif)*.

◆ **par le fer et par le feu** *loc adv* by fire and sword.

fer-blanc [fɛrblɑ̃] (*pl* fers-blancs) *nm* tin, tinplate.

◆ **en fer-blanc** *loc adj* tin *(modif)*; **boîte en** ~ can, tincan.

ferblanterie [fɛrblɑ̃tri] *nf* -**1.** [manufacture] tinplate making. -**2.** [objets] tinware. -**3.** *péj* [décorations] medals; **ils ont sorti toute leur** ~ they had all their medals on display.

ferblantier [fɛrblɑ̃tje] *nm* tinsmith.

feria [ferja] *nf* fair *(yearly, in Spain and Southern France)*.

férié, e [ferje] *adj*: **c'est un jour** ~ it's a (public) holiday; **on ne travaille pas les jours** ~**s** we don't work on holidays; **demain, c'est** ~ tomorrow's a (public) holiday.

férir [ferir] *vt (tjrs inf) loc litt.* **sans coup** ~ without any problem OU difficulty; **conquérir une région sans coup** ~ to conquer a region without bloodshed.

ferler [3] [fɛrle] *vt* to furl.

fermage [fɛrmaʒ] *nm* -**1.** [location] tenant farming. -**2.** [redevance] farm rent.

ferme[1] [fɛrm] *nf* -**1.** [maison] farmhouse; [exploitation] farm. -**2.** JUR: **prendre** ~ to rent, to farm; **donner à** ~ to let ❑ **bail à** ~ farm lease. -**3.** ARCHIT truss. -**4.** THÉÂT set piece.

ferme[2] [fɛrm] ◇ *adj* -**1.** [dur - sol] solid, firm; [- corps, chair, fruit, muscle] firm; **une viande un peu trop** ~ slightly tough meat. -**2.** [stable]: **être** ~ **sur ses jambes** to stand steady on one's legs OU firm on one's feet. -**3.** [décidé - ton, pas] firm, steady;..., **dit-elle d'une voix** ~..., she said firmly. -**4.** [inébranlable - volonté, décision] firm; **des prix** ~**s et définitifs** firm OU definite prices; **un engagement** ~ a firm commitment; **nous n'avons pas encore eu de réponse** ~ we haven't had a definite answer yet; **il est resté** ~ **sur le prix** he refused to bring the price down. -**5.** ÉCON steady, firm; **le dollar est resté** ~ the dollar stayed firm. -**6.** COMM [achat, vente] firm.
◇ *adv* -**1.** [solidement]: **tenir** ~ [clou] to hold; [personne, troupe] to stand firm, to hold on. -**2.** [beaucoup - travailler, boire] hard; **il boit** ~ he's a heavy OU a hard drinker. -**3.** [avec passion - discuter] with passion, passionately. -**4.** COMM: **acheter/vendre** ~ to buy/to sell firm.

fermé, e [fɛrme] *adj* -**1.** [obstrué] closed, blocked; **'col** ~**'** 'pass closed to traffic'. -**2.** [dont le battant ou le couvercle est clos] closed, shut; **une porte** ~**e** closed door; **j'ai laissé la porte à demi** ~**e** I left the door ajar OU half-open; **une boîte** ~**e** a box which is shut, a closed box ‖ [verrouillé] locked; **un local toujours** ~ a room that's always locked; **un radiateur** ~ a radiator that's been left off; ~ **à clé** locked; ~ **à double tour** double-locked. -**3.** [dont les éléments sont rapprochés] shut, closed up; **dormir la bouche** ~**e** to sleep with one's mouth shut; **les yeux** ~**s** *pr* & *fig* with one's eyes shut. -**4.** [à l'accès interdit - magasin, bureau, restaurant] closed; **vous restez** ~ **pendant Noël?** will you be staying closed over Christmas?; ~ **le lundi** closed on Mondays, closing day Monday ‖ CHASSE & PÊCHE closed. -**5.** [méfiant - visage] closed, inscrutable, impenetrable; [- regard] impenetrable; **une personnalité** ~**e** a secretive OU uncommunicative personality. -**6.** [exclusif - milieu, ambiance] exclusive, select. -**7.** PHON [syllabe, voyelle] closed. -**8.** SPORT [jeu] tight. -**9.** INF & MATH closed.

fermement [fɛrməmɑ̃] *adv* -**1.** [avec force] firmly, solidly, steadily. -**2.** [résolument] firmly, strongly.

ferment [fɛrmɑ̃] *nm* -**1.** CHIM ferment, leaven; ~**s lactiques** bacilli used in making yoghurt. -**2.** *litt* [facteur]: **un** ~ **de**: **leur présence est un** ~ **de haine** their presence stirs up hatred.

fermentable [fɛrmɑ̃tabl] = **fermentescible**.

fermentatif, ive [fɛrmɑ̃tatif, iv] *adj* fermentative.

fermentation [fɛrmɑ̃tasjɔ̃] *nf* -**1.** CHIM fermentation, fermenting. -**2.** *litt* [agitation] fermentation, commotion, unrest.

◆ **en fermentation** *loc adj* [raisin] fermenting.

fermenté, e [fɛrmɑ̃te] *adj* fermented.

fermenter [3] [fɛrmɑ̃te] *vi* -**1.** CHIM to ferment. -**2.** *litt* [sentiment] to be stirred; [esprit] to be in a ferment.

fermentescible [fɛrmɑ̃tesibl] *adj* fermentable, fermentescible.

fermer [3] [fɛrme] ◇ *vt* -**1.** [yeux] to shut, to close; [poing, doigts] to close; [enveloppe] to seal, to shut, to close; [carte routière, éventail] to fold, to close; [col, jupe] to fasten, to do up *(sép)*; [sac, valise, bocal, livre] to shut, to close; **fermez vos cahiers** close your exercise books; **ferme très fort les yeux** screw your eyes up tight ❑ ~ **les yeux sur qqch** to turn a blind eye to sthg; **je n'ai pas fermé l'œil de la nuit** I didn't get a wink (of sleep) all night; ~ **la bouche** *fam* OU **la gueule**▽ OU **le bec** *fam* **à qqn** to shut sb up; ~ **sa bouche** *fam* OU **sa gueule**▽ OU **son bec** *fam* to shut up, to shut one's trap; **la** ~: **je le savais mais je l'ai fermée**▽ I knew it but I didn't let on; **la ferme!**▽ shut up!, shut your face! -**2.** [porte] to close, to shut; ~ **les rideaux** to draw the curtains (together), to pull the curtains shut; ~ **une porte à clef** to lock a door; ~ **une porte à double tour** to double-lock a door; **il a fermé la porte d'un coup de pied** he kicked the door shut; **il a fermé la porte d'un coup d'épaule** [doucement] he nudged the door shut with his shoulder; [durement] he banged the door shut with his shoulder; ~ **ses portes** [boutique, musée] to shut, to close ‖ *(en usage abs)*: **on ferme!** closing now!; **ferme le tiroir** shut the drawer ❑ ~ **la porte au nez de qqn** *pr* to slam the door in sb's face; *fig* to shut one's door to sb. -**3.** *fam* [éteindre - électricité, lumière, compteur] to turn OU to switch off *(sép)*; [- robinet] to turn off; ~ **l'eau dans une maison** *fam* to turn the water off (at the mains) in a house; **ferme la télé** *fam* switch the TV off. -**4.** [rendre inaccessible - rue, voie] to block, to bar, to obstruct. -**5.** [interdire - frontière, port]: ~ **l'entrée d'un port** to close a harbour; ~ **son pays aux réfugiés politiques** to close one's borders to political refugees; **cette filière vous fermerait**

toutes les carrières scientifiques this course would prevent you from following any scientific career. -**6.** [faire cesser l'activité de] : ~ **un restaurant/théâtre** [pour un congé] to close a restaurant/theatre; [définitivement] to close a restaurant/theatre (down); **ne fermez pas notre école!** don't close our school (down)! ❑ ~ **boutique** [pour un congé] to shut up shop; [pour cause de faillite] to stop OU to cease trading; *fig* to give up. -**7.** [rendre insensible] : ~ **qqch à**: ~ **son âme à qqch** to harden one's heart to sthg; ~ **son cœur à qqn** to harden one's heart to sb; ~ **son esprit à qqch** to close one's mind to sthg; ~ **qqn à qqch**: **c'est elle qui m'a fermée aux études** she's the one who turned OU put me off studying. -**8.** [être à la fin de] : ~ **la marche** to be at the back of the procession; ~ **le bal** to be the last to leave the ball. -**9.** [délimiter] : **les montagnes qui ferment l'horizon/la vue** the mountains which shut off the horizon/block the view. -**10.** BANQUE & FIN [compte, portefeuille d'actions] to close. -**11.** SPORT : ~ **le jeu** to tighten up play. -**12.** [en écrivant] : **fermez les guillemets** *pr* unquote; *fig* (quote) unquote; **fermez la parenthèse** close brackets.

◇ *vi* -**1.** [se verrouiller - couvercle, fenêtre, porte] to close; **le portail ferme mal** the gate is difficult to close OU won't close properly; **le radiateur ferme mal** the radiator won't turn off properly. -**2.** [cesser son activité temporairement] to close, to shut; **le musée/parc va** ~ the museum/park will soon close; **la banque ferme le samedi** the bank closes Saturdays OU is closed on Saturday; **la chasse au faisan fermera la semaine prochaine** the pheasant season will close next week ‖ [cesser son activité pour toujours] to close down; **les usines ferment** factories are closing down.

◆ **se fermer** ◇ *vp (emploi passif)* [être attaché - col, robe, veste] to fasten, to do up.

◇ *vpi* -**1.** [être verrouillé - porte, fenêtre] to close; **les frontières se fermaient devant lui** *fig* countries were closing their borders to him; **se** ~ **à** [être inaccessible à] : **les sociétés occidentales se ferment à l'immigration** Western societies are closing their doors to immigrants; **son cœur s'est fermé à la pitié** he has become impervious to pity. -**2.** [se serrer, se plier - bras, fleur, huître, main] to close (up); [- aile] to fold; [- bouche, œil, paupière, livre, rideau] to close; [- blessure] to close (up), to heal; **mes yeux se ferment** I can't keep my eyes open. -**3.** [être impénétrable] : **on ne peut pas lui parler, elle se ferme aussitôt** there's no talking to her, she just switches off OU freezes up.

fermeté [fɛrməte] *nf* -**1.** [solidité - d'un objet] solidness, firmness; [- d'un corps] firmness. -**2.** [assurance - d'un geste] assurance, steadiness; [- d'une voix] firmness. -**3.** [autorité] firmness; **faire preuve de** ~ **à l'égard de qqn** to be firm with sb; **avec** ~ firmly, resolutely, steadfastly; **sans** ~ irresolutely, waveringly; **le gouvernement agit sans** ~ **aucune** the government is acting without any determination whatsoever. -**4.** BOURSE steadiness.

fermette [fɛrmɛt] *nf* -**1.** [habitation] small farm OU farmhouse. -**2.** CONSTR small truss.

fermeture [fɛrmətyr] *nf* -**1.** [obstruction] : **après la** ~ **du puits/tunnel** once the well/tunnel is blocked off; **la** ~ **du coffre se fera devant témoins** the safe will be locked OU sealed in the presence of witnesses. -**2.** [rabattement] closing; **la** ~ **des grilles avait lieu à midi** the gates were closed at noon; **'ne pas gêner la** ~ **des portes'** 'please do not obstruct the doors'. -**3.** COMM [arrêt des transactions] : **les plus belles affaires se font à la** ~ the best bargains are struck just before closing time OU the shop closes; **au moment de la** ~ [du bureau] at the end of the day's work; [de la banque, du magasin, du café] at closing time; **à la** ~ BOURSE at the close of trading ‖ ADMIN & FIN closing; **pour faciliter la** ~ **d'un compte courant** to make it easier to close a current account ❑ **jour de** ~ [hebdomadaire] closing day; [férié] public holiday. -**4.** [fin - d'une session, d'un festival] close, closing; CHASSE & PÊCHE closing; **demain, on fait la** ~ **ensemble** *fam* we're going out on the last (official) day of shooting tomorrow. -**5.** VÊT : ~ **Éclair**® OU **à glissière** zip (fastener) *Br*, zipper.

fermi [fɛrmi] *nm* fermi.

fermier, ère [fɛrmje, ɛr] *adj* -**1.** ÉCON [compagnie, société] farm *(modif)*. -**2.** COMM : **poulet/œuf** ~ free-range chicken/egg; **lait/beurre** ~ dairy milk/butter.

◆ **fermier** *nm* -**1.** AGR [locataire] tenant farmer; [propriétaire] farmer; [agriculteur] farmer. -**2.** HIST : ~ **général** farmer general.

◆ **fermière** *nf* -**1.** [épouse] farmer's wife. -**2.** [cultivatrice] woman farmer.

fermium [fɛrmjɔm] *nm* fermium.

fermoir [fɛrmwar] *nm* [de collier, de sac] clasp, fastener.

féroce [ferɔs] *adj* -**1.** [brutal - tyran, soldat] cruel, bloodthirsty. -**2.** [acerbe - humour, examinateur] cruel, harsh, ferocious; **dans une critique** ~ **qui vient de paraître** in a ferocious OU savage review just out. -**3.** [qui tue - animal, bête] ferocious. -**4.** [extrême - appétit] voracious.

férocement [ferɔsmɑ̃] *adv* -**1.** [brutalement] cruelly. -**2.** [avec dureté] harshly, ferociously.

férocité [ferɔsite] *nf* -**1.** [brutalité] cruelty, bloodlust. -**2.** [intransigeance] harshness, ferociousness. -**3.** [d'une bête] ferocity.

Féroé [ferɔe] *npr fpl* : **les** ~ the Faeroes; **aux** ~ in the Faeroes.

ferrade [fɛrad] *nf* branding *(of cattle)*.

ferrage [fɛraʒ] *nm* -**1.** [d'une roue] rimming; [d'une canne] tipping with metal. -**2.** [d'un cheval, d'un bœuf] shoeing. -**3.** PÊCHE striking.

ferraillage [fɛrajaʒ] *nm* -**1.** [action] framing with iron. -**2.** [armatures] iron framework.

ferraille [fɛraj] *nf* -**1.** [débris] : **de la** ~ scrap (iron); **un bruit de** ~ a clanking noise. -**2.** [rebut] : **la** ~ : **mettre une machine à la** ~ to sell a machine for scrap; **bon pour la** OU **à mettre à la** ~ ready for the scrapheap, good for scrap. -**3.** *fam* [monnaie] small change.

ferrailler [3] [fɛraje] *vi* -**1.** ESCRIME to clash swords. -**2.** *fig* to clash, to cross swords; **le gouvernement a ferraillé avec les syndicats** the government clashed with the unions. -**3.** CONSTR [béton] to reinforce.

ferrailleur [fɛrajœr] *nm* -**1.** CONSTR ≃ building worker *(in charge of iron frameworks)*. -**2.** [commerçant] scrap merchant. -**3.** *arch* [duelliste] swashbuckler.

Ferrare [fɛrar] *npr* Ferrara.

ferré, e [fɛre] *adj* -**1.** [muni de fers - cheval] shod; [- chaussure] hobnailed; [- roue] rimmed; [- lacets] tagged. -**2.** *fam loc* : **être** ~ **sur qqch** to be a genius at sthg; **être** ~ **en qqch** to be well up on sthg; **elle est** ~**e en chimie** she's a genius at chemistry.

ferrement [fɛrmɑ̃] *nm* CONSTR iron framework.

ferrer [4] [fɛre] *vt* -**1.** [garnir - roue] to rim; [- canne] to tip with metal. -**2.** [cheval, bœuf] to shoe. -**3.** PÊCHE to strike.

ferreux, euse [fɛrø] *adj* ferrous.

ferricyanure [fɛrisjanyr] *nm* ferricyanide.

ferrimagnétisme [fɛrimaɲetism] *nm* ferrimagnetism.

ferrique [fɛrik] *adj* ferric.

ferrite [fɛrit] ◇ *nm* CHIM ferrite.

◇ *nf* MÉTALL ferrite.

ferroalliage [fɛrɔaljaʒ] *nm* iron alloy.

ferrochrome [fɛrɔkrom] *nm* ferrochromium, ferrochrome.

ferrocyanure [fɛrɔsjanyr] *nm* ferrocyanide.

ferroélectricité [fɛrɔelɛktrisite] *nf* ferroelectricity.

ferroélectrique [fɛrɔelɛktrik] *adj* ferroelectric.

ferromagnétique [fɛrɔmaɲetik] *adj* ferromagnetic.

ferromagnétisme [fɛrɔmaɲetism] *nm* ferromagnetism.

ferromanganèse [fɛrɔmɑ̃ganɛz] *nm* ferromanganese.

ferromolybdène [fɛrɔmɔlibdɛn] *nm* ferromolybdenum.

ferronickel [fɛrɔnikɛl] *nm* ferronickel.

ferronnerie [fɛrɔnri] *nf* -**1.** [art] : ~ **(d'art)** wrought-iron craft. -**2.** [ouvrage] : **une belle** ~ **du XVIIIe siècle** a fine piece of 18th-century wrought ironwork OU wrought-iron work; **des** ~**s, de la** ~ wrought ironwork, wrought-iron work. -**3.** [atelier] ironworks *(sg ou pl)*.

◆ **de ferronnerie, en ferronnerie** *loc adj* wrought-iron *(modif)*.

ferronnier [fɛrɔnje] *nm* : ~ **(d'art)** wrought-iron craftsman.

ferroviaire [fɛrɔvjɛr] *adj* [trafic, tunnel, réseau] rail *(modif)*, railway *Br (modif)*, railroad *Am (modif)*.

ferrugineux, euse [fɛryʒinø, øz] *adj* ferruginous, ferruginous.

ferrure [fɛryr] *nf* -**1.** [garniture] metal hinge. -**2.** [fait de ferrer] shoeing *(U)*. -**3.** [fers] horseshoes.

ferry [fɛri] *(pl* **ferries)** *nm* [pour voitures] car-ferry, ferry; [pour voitures ou trains] ferry, ferry-boat.

ferry-boat [fɛribot] *(pl* **ferry-boats)** *nm* ferry-boat.

fertile [fɛrtil] *adj* -**1.** AGR & GÉOG fertile, rich; ~ **en** : **région** ~ **en agrumes** area rich in citrus fruit; **pays** ~ **en olives** olive-rich country. -**2.** *fig* : ~ **en** rich in; **une année** ~ **en événements** a very eventful year. -**3.** BIOL [femelle, femme, couple] fertile. -**4.** NUCL fertile.

fertilisable [fɛrtilizabl] *adj* AGR fertilizable.

fertilisant, e [fɛrtilizɑ̃, ɑ̃t] *adj* AGR fertilizing.

◆ **fertilisant** *nm* fertilizer.

fertilisation [fɛrtilizasjɔ̃] *nf* AGR & BIOL fertilization, fertilizing.

fertiliser [3] [fɛrtilize] *vt* AGR to fertilize.

fertilité [fɛrtilite] *nf* -**1.** AGR fertility, fruitfulness. -**2.** BIOL [d'un couple, d'une femme] fertility. -**3.** [d'un esprit, d'un cerveau] fertility; **connu pour la** ~ **de son imagination** famous for his fertile imagination.

féru, e [fery] *adj* : **être** ~ **de qqch** to be keen on OU highly interested in sthg.

férule [feryl] *nf* -**1.** *loc* : **être sous la** ~ **de qqn** to be under sb's strict authority. -**2.** [fouet] ferule, ferula. -**3.** BOT ferula.

fervent, e [fɛrvɑ̃, ɑ̃t] ◇ *adj* fervent, ardent.

◇ *nm, f* devotee, enthusiast, addict; **les** ~**s du rugby** rugby enthusiasts OU fans; **c'est une** ~**e de romans policiers** she's a detective story addict.

ferveur [fɛrvœr] *nf* fervour, ardour, enthusiasm; **avec** ~ with enthusiasm, fervently.

Fès [fɛz] *npr* Fez.

fesse [fɛs] *nf* -**1.** ANAT buttock, cheek; **les** ~**s** the buttocks; **un singe assis sur ses** ~**s** a monkey sitting on its behind; **montrer ses** ~**s à tout le monde** to be bare-bottomed; **poser ses** ~**s quelque part** *fam* to sit down somewhere; **pose tes** ~**s!** sit yourself down! -**2.** **la** ~ ▽ [le sexe] sex; [la pornographie] pornography, the porn industry; **raconter des histoires de** ~**s** *fam* to tell dirty jokes. -**3.** HIST NAUT tuck.

◆ **aux fesses** *fam loc adv* : **avoir qqn aux** ~**s** to have sb on one's back; **s'il refuse, je lui mets la police aux** ~**s!** if he refuses, I'll have the law on him!

fessée [fese] *nf* spanking; **avoir une** ~ to get spanked; **donner une** ~ **à qqn** to spank sb.

fesse-mathieu [fɛsmatjø] *(pl* **fesse-mathieux)** *nm arch* skinflint, miser.

fesser [4] [fese] *vt* to spank.

fessier, ère [fesje, ɛr] *adj* buttocks *(modif)*, gluteal *spéc*.

◆ **fessier** *nm* -**1.** ANAT buttocks, gluteus *spéc*. -**2.** *fam* [postérieur] behind, bottom, bum *Br*.

fessu, e *fam* [fesy] *adj* with big buttocks, big-bottomed.

festif, ive [fɛstif, iv] *adj sout* festive.

festin [fɛstɛ̃] *nm* feast, banquet.

festival, als [fɛstival] *nm* festival; **un ~ de jazz** a jazz festival; **un ~ de** *fig* a brilliant display of; **on a eu droit à un ~ de calembours** we were treated to pun after pun.

festivalier, ère [fɛstivalje, ɛr] ◇ *adj* festival *(modif)*.
◇ *nm, f* festival-goer.

festivité [fɛstivite] *nf* festivity; **les ~s du carnaval** the carnival festivities.

festoiement [fɛstwamɑ̃] *nm* feasting.

feston [fɛstɔ̃] *nm* -**1.** [guirlande & ARCHIT] festoon. -**2.** COUT scallop; **point de ~** blanket stitch.

festonner [3] [fɛstɔne] *vt* -**1.** ARCHIT to festoon. -**2.** *litt* [orner] to adorn, to embellish. -**3.** COUT: **~ un col** to trim a collar with fancy edging.

festoyer [3] [fɛstwaje] *vi* to feast.

fêtard, e [fɛtar, ard] *nm, f* roisterer, reveller, party-goer.

fête [fɛt] *nf* -**1.** [célébration - civile] holiday; [- religieuse] feast; **demain c'est ~** tomorrow we have a day off ❑ **la ~ de l'Assomption** (the feast of) the Assumption; **~ légale** public holiday; **la ~ des Mères** Mother's Day, Mothering Sunday *Br*; **~ mobile** movable feast; **la ~ des Morts** All Souls' Day; **la ~ nationale** [gén] national holiday; [en France] Bastille Day; [aux États-Unis] Independence Day; **la ~ de Noël** (the celebration of) Christmas; **la ~ des Pères** Father's Day; **la ~ des Rois** Twelfth Night, Epiphany; **la ~ du Travail** May Day. -**2.** [d'un saint] saint's day, name day; **j'ai oublié de lui souhaiter sa ~** I forgot to wish her a happy saint's day ❑ **faire sa ~ à qqn** *fam* to give sb a good hiding; **on va lui faire sa ~!** we're going to teach him a lesson he won't forget!; **ça va être ta ~!** you'll cop it *Br* OU catch hell *Am*! -**3.** [réunion - d'amis] party; **on donne** OU **organise une petite ~ pour son anniversaire** we're giving a party for his birthday, we're giving him a birthday party; **le film est une vraie ~ pour l'esprit/les sens** the film is really uplifting/a real treat for the senses ❑ **une ~ de famille** a family celebration OU gathering; **être de la ~** to be one of the party; **elle n'est jamais de la ~** she's always excluded from happy occasions; **être à la ~: il n'a jamais été à pareille ~** *fig* he's never had such a good time; **que la ~ commence!** let the festivities begin! -**4.** [foire] fair; [kermesse] fête, fete; [festival] festival, show; **c'est la ~ au village** [forains de passage] there's a fair in the village; [organisée par le village] the village fete is on; **(et) la ~ continue!** the fun's not over yet!; **aujourd'hui c'est la ~!** let's have fun today!; **ce n'est pas tous les jours (la) ~!** it's not everyday you have an excuse for a party! ❑ **la ~ de la bière** the beer festival; **~ foraine** [attractions] funfair *Br*, carnival *Am*; **la ~ de l'Humanité** OU **de l'Huma** *fam annual festival organized by the Communist daily newspaper 'l'Humanité'*; **la ~ de la Musique** *annual music festival organized in the streets of large towns*; **~ à Neu-Neu** *large funfair held in the Bois de Boulogne every summer*; **~ patronale** *town or village festival marking the patron saint's name*; **faire la ~** to have a party OU (some) fun OU a good time. -**5.** *loc*: **faire ~ à qqn** to greet sb warmly; **mon chien m'a fait ~ quand je suis revenu** my dog was all over me when I got back; **se faire une ~ de** to look forward eagerly to; **tu ne viens pas? elle qui s'en faisait une telle ~!** so you're not coming? she was so looking forward to it!

◆ **fêtes** *nfpl* [gén] holidays; [de Noël et du jour de l'an] the Christmas and New Year celebrations; **les ~s juives/catholiques** the Jewish/Catholic holidays ❑ **~s galantes** BX-ARTS fêtes galantes.

◆ **de fête** *loc adj* [air, habits] festive; **donnez un air de ~ à votre table** give your table a festive appearance.

◆ **en fête** *loc adj*: **la ville/les rues en ~** the festive town/streets; **regardez la nature en ~!** look! what a feast of nature!

FÊTE:
The French traditionally wish "bonne fête" to the person who has the same name as the saint commemorated on a particular day.

Fête-Dieu [fɛtdjø] (*pl* Fêtes-Dieu) *nf*: **la ~** Corpus Christi.

fêter [4] [fete] *vt* -**1.** [célébrer - anniversaire, événement] to celebrate; **une promotion? il faut ~ ça!** a promotion? that's worth celebrating! -**2.** [accueillir - personne] to fête, to fete; **~ l'équipe pour sa victoire** to have a party OU a celebration for the team's victory.

fétiche [fetiʃ] *nm* -**1.** [objet de culte] fetish, fetich. -**2.** [porte-bonheur] mascot; *(comme adj)* lucky; **mon numéro ~** my lucky number. -**3.** PSYCH fetish.

féticheur [fetiʃœr] *nm* [prêtre] animist priest.

fétichisme [fetiʃism] *nm* -**1.** [culte] fetishism, fetichism. -**2.** PSYCH fetishism. -**3.** [admiration] worship, cult; **le ~ des sondages électoraux** the obsession with pre-election polls.

fétichiste [fetiʃist] ◇ *adj* -**1.** RELIG & PSYCH fetishistic. -**2.** [admiratif] worshipping.
◇ *nmf* RELIG & PSYCH fetishist, fetichist.

fétide [fetid] *adj* fetid.

fétidité [fetidite] *nf* fetidness.

fétu [fety] *nm*: **~ (de paille)** (wisp of) straw; **comme un ~** like a feather.

feu[1], **x** [fø] ◇ *nm* -**1.** [combustion] fire; **faire du** OU **un ~** to make a fire; **allumer un ~** [gén] to light a fire; [dehors] to light a bonfire OU fire; **faire un bon ~** to get a good fire going; **assis autour du ~** sitting round the fire OU by the fireside; **~ de bois** (wood) fire; **~ de braises** (glowing) embers; **~ de cheminée** chimney fire; **mettre le ~ à une maison** to set a house on fire; **il y a le ~!** fire!; **il y a le ~ aux rideaux!** the curtains are on fire! ❑ **~ de camp** campfire; **~ d'enfer** roaring fire; **~ de joie** bonfire; **~ de paille** flash in the pan; **les ~x de la Saint-Jean** *bonfires lit to celebrate Midsummer's Day*; **le ~, l'épreuve du ~** HIST ordeal by fire; **prendre ~** *pr* to catch fire; **le canapé a pris ~** the sofa caught fire; **prendre ~** *fig* to get carried away, to get all worked up; **avoir le ~ sacré** to burn with enthusiasm; **il n'y a pas le ~ (au lac)!** *hum* what's the big hurry?, where's the fire?; **faire ~ de tout bois** to use all the means at one's disposal; **faire long ~** to hang fire; **elle n'a pas fait long ~ dans l'entreprise** she didn't last long in the company; **jouer avec le ~** to play with fire; **jeter** OU **lancer ~ et flammes** to be raging OU fuming; **il n'y a vu que du ~** he never saw a thing, he was completely taken in; **il se jetterait dans le ~ pour lui/eux** he'd do anything for him/them; **avoir le ~ au derrière** *fam* OU **aux fesses** *fam* OU **au cul**▼ [être pressé] to be in a tearing hurry; [sexuellement] to be horny. -**2.** [brûleur] ring, burner; **cuisinière à trois/quatre ~x** three-burner/four-burner stove; **à ~ doux** [plaque] on a gentle OU slow heat; [four] in a slow oven OU heat; **mijoter** OU **faire cuire à petit ~** to cook slowly; **tuer** OU **faire mourir qqn à petit ~** *fig* to kill sb slowly; **à grand ~** OU **~ vif** on a fierce heat; **avoir qqch sur le ~** to be (in the middle of) cooking sthg; **j'ai laissé le lait sur le ~!** I've left the milk on!; **un plat/ramequin qui va sur le ~** a fireproof dish/ramekin. -**3.** *fam* [briquet]: **du ~** a light; **il n'a jamais de ~** he's never got a light. -**4.** [en pyrotechnie]: **~ d'artifice** [spectacle] fireworks display; **son récital, un vrai ~ d'artifice!** *fig* his recital was a virtuoso performance!; **des ~x d'artifice** fireworks; **~ de Bengale** Bengal light. -**5.** MIL [tir] fire, shooting; [combats] action; **ouvrir le ~ (sur)** to open fire (on), to start firing (at); **cesser le ~** to cease fire; **faire ~** to fire, to shoot; **~!** fire!; **avoir vu le ~** to have seen action; **aller au ~** to go into battle OU action ❑ **un ~ croisé, des ~x croisés** *pr* a crossfire; **pris dans le ~ croisé de leurs questions** *fig* caught in the crossfire of their questions; **~ nourri** *pr* continuous OU constant stream; **un ~ nourri de plaisanteries** *fig* a constant stream of jokes; **~ roulant** *pr* constant barrage; **un ~ roulant de commentaires** *fig* a running commentary; **mettre le ~ aux poudres** *pr* to spark off an explosion; *fig* to spark things off; **c'est ce qui a mis le ~ aux poudres** *fig* that's what sparked things off. -**6.** TRANSP [signal]: **~ (tricolore** OU **de signalisation)** traffic lights; **~ rouge/orange/vert** red/amber/green light; **à droite au troisième ~ (rouge)** right at the third set of (traffic) lights; **donner le ~ vert à qqn/qqch** *fig* to give sb/sthg the green light. -**7.** AÉRON, AUT & NAUT light; **~ arrière** taillight; **~ de position** sidelight; **~ de recul** reversing light; **~ de stationnement** parking light; **~ stop** brake light; **~x de croisement** headlights; **~x de détresse** warning lights; **~x de navigation** sailing lights; **~x de route** headlights on full beam. -**8.** CIN & THÉÂT: **les ~x de la rampe** the footlights; **être sous le ~ des projecteurs** *pr* to be in front of the spotlights; *fig* to be in the limelight; **il est sous les ~x de l'actualité** he's very much in the news at the moment. -**9.** *litt* [ardeur] fire, passion, ardour. -**10.** *litt* [éclat, lumière] fire, light; **le ~ de son regard** her fiery eyes; **les ~x de la ville** the city lights; **jeter des ~x** to sparkle, to glitter; **le ~ d'un diamant** the blaze OU fire of a diamond ❑ **faire ~ des quatre fers** OU **pieds** to be full of zest. -**11.** [sensation de brûlure] burn; **le ~ me monta au visage** I went OU turned red, my face OU I flushed; **le ~ du rasoir** razor burn. -**12.** *arch* [maison] house, homestead; **un hameau de dix ~x** a hamlet with ten houses OU homes in it. -**13.** *fam* [pistolet] gun, rod *Am*.
◇ *adj inv* flame *(modif)*, tan, flame-coloured; **rouge ~** flame red; **un yorkshire noir et ~** a black and tan yorkshire (terrier).

◆ **à feu et à sang** *loc adv*: **mettre un pays à ~ et à sang** to ransack and pillage a country.

◆ **au feu** *loc interj*: **au ~!** fire!

◆ **avec feu** *loc adv* passionately.

◆ **dans le feu de** *loc prép* in the heat of; **dans le ~ de l'action** in the heat of the moment.

◆ **en feu** *loc adj* -**1.** [incendié] blazing, burning; **une maison en ~** a house on fire, a burning house. -**2.** [brûlant]: **j'ai la bouche/gorge en ~** my mouth/throat is burning; **il entra, les joues en ~** he came in, cheeks ablaze.

◆ **sans feu ni lieu** *loc adv litt*: **être sans ~ ni lieu** to have nowhere to lay one's head.

◆ **tout feu tout flamme** *loc adj* burning with enthusiasm.

◆ **feu follet** *nm* will-o'-the-wisp.

◆ **coup de feu** *nm* -**1.** [tir]: **tirer un coup de ~** to fire a shot, to shoot; **on a entendu des coups de ~** we heard shots being fired OU gunfire. -**2.** *fig*: **c'est le coup de ~** there's a sudden rush on.

feu[2], **e** [fø] *adj sout (inv avant l'article ou le possessif)* late; **~ la reine** the late Queen; **ma ~e tante, ~ ma tante** my late aunt.

feuil [fœj] *nm* (thin) film.

feuillage [fœjaʒ] *nm* -**1.** [sur l'arbre] foliage *spéc*, leaves; **là-haut dans le ~** [d'un arbre] up there amongst the leaves; [de la forêt] up in the canopy. -**2.** [coupé] foliage *spéc*, greenery.

feuillaison [fœjɛzɔ̃] *nf* -**1.** [phénomène] foliation. -**2.** [époque] foliation period; **au moment de la ~** when trees foliate.

feuillant [fœjɑ̃] *nm* Feuillant monk; **les Feuillants** HIST *political club consisting of constitutional monarchists which held its meetings in the former Feuillants monastery in Paris from 1791 to 1792.*

feuillante [fœjɑ̃t] = **feuillantine 2.**

feuillantine [fœjɑ̃tin] *nf* -**1.** CULIN feuillantine pastry, puff pastry cake. -**2.** RELIG Feuillant nun.

feuillard [fœjar] *nm* -**1.** [pour tonneau] hoop wood. -**2.** [pour emballage] strap.

feuille [fœj] *nf* -**1.** BOT leaf; **~ d'acanthe** acanthus; **~ morte** dead OU fallen leaf; **descendre** OU **tomber en ~ morte** to make a falling-leaf roll. -**2.** [morceau de papier] sheet; **les ~s d'un cahier** the sheets OU leaves OU pages of a notebook ❑ **une ~ de papier** a sheet (of paper), a piece of paper; ~ volante (loose) sheet of paper. -**3.** PRESSE: ~ **locale** local paper; ~ **à sensations** gossip sheet. -**4.** [imprimé] form, slip; ~ **de maladie** OU **de soins** *claim form for reimbursement of medical expenses*; ~ **de route** OU **de déplacement** MIL travel warrant; ~ **d'émargement** pay sheet; ~ **d'impôts** tax form, tax return *Am*; ~ **de paie** payslip; ~ **de présence** attendance sheet; ~ **de température** MÉD temperature chart. -**5.** [plaque] leaf, sheet; ~ **de métal/d'or** metal/gold leaf. -**6.** INF sheet; ~ **document/maîtresse/programme** data/ master data/program sheet.

◆ **à feuilles caduques** *loc adj* [arbre, arbuste] deciduous.

◆ **à feuilles persistantes** *loc adj* [arbre, arbuste] evergreen.

◆ **feuille de chêne** *nf* [laitue] leaf.

◆ **feuille de chou** *nf* -**1.** PRESSE rag. -**2.** *loc*: **oreilles en** ~ **de chou** *fam* cauliflower ears.

◆ **feuille de vigne** *nf* -**1.** BOT vineleaf. -**2.** BX-ARTS fig-leaf. -**3.** CULIN: ~**s de vigne farcies** dolmades, stuffed vine leaves.

feuillée [fœje] *nf litt* [abri] foliage bower.

◆ **feuillées** *nfpl* MIL latrine.

feuille-morte [fœjmɔrt] *adj inv* russet, yellowish-brown.

feuilleret [fœjrɛ] *nm* rabbet plane.

feuillet [fœjɛ] *nm* -**1.** [d'un formulaire] page, leaf. -**2.** BIOL layer; ~**s embryonnaires** germ layers. -**3.** ZOOL third stomach of ruminants. -**4.** MENUIS thin sheet of wood.

feuilletage [fœjtaʒ] *nm* -**1.** CULIN [action]: **le** ~ **de la pâte** rolling and folding pastry *(to produce puff pastry)* || [pâte] puff pastry. -**2.** GÉOL foliation.

feuilleté, e [fœjte] *adj* -**1.** CULIN puff *(modif)*. -**2.** GÉOL foliated. -**3.** TECH laminated.

◆ **feuilleté** *nm* -**1.** [dessert] puff pastry. -**2.** [hors-d'œuvre] vol-au-vent; ~ **aux asperges** asparagus in puff pastry.

feuilleter [27] [fœjte] *vt* -**1.** [album, magazine] to leaf OU to flip OU to flick through *(insép)*, to skim (through). -**2.** CULIN: ~ **de la pâte** to work the dough (into puff pastry) by rolling and folding it.

feuilleton [fœjtɔ̃] *nm* -**1.** PRESSE series *(sg)*, serial. -**2.** TV: ~ **(télévisé)** [sur plusieurs semaines] TV serial, mini-series; [sur plusieurs années] soap (opera). -**3.** LITTÉRAT feuilleton. -**4.** *fig* saga.

feuilletonesque [fœjtɔnɛsk] *adj* serial-like, soap-like, soap-opera-like; **ses aventures** ~**s avec le fisc** his saga with the tax people.

feuilletoniste [fœjtɔnist] *nmf* feuilletonist, serial writer.

feuillu, e [fœjy] *adj* leafy.

◆ **feuillu** *nm* lobed-leaved tree.

feuillure [fœjyr] *nf* rabbet, rebate.

feulement [følmɑ̃] *nm* growl.

feuler [3] [føle] *vi* to growl.

feutrage [føtraʒ] *nm* felting; **lavez à l'eau froide pour empêcher le** ~ wash in cold water to prevent felting.

feutre [føtr] *nm* -**1.** TEXT [étoffe] felt. -**2.** [chapeau] felt hat, ≃ fedora. -**3.** [stylo]: ~, stylo-~ felt-tip (pen); **couvert de traces de** ~ covered in felt-tip.

feutré, e [føtre] *adj* -**1.** [pull, vêtement] felted. -**2.** [garni de feutre - bourrelet] felt *(modif)*. -**3.** [silencieux - salon, atmosphère] quiet; [- voix] muffled; **marcher à pas** ~**s** to pad along (silently).

feutrer [3] [føtre] ◇ *vt* -**1.** TEXT to felt. -**2.** [garnir - selle] to pad OU to line (with felt).

◇ *vi* to felt, to become felted OU matted.

◆ **se feutrer** *vpi* to felt, to become felted OU matted.

feutrine [føtrin] *nf* felt.

fève [fɛv] *nf* -**1.** BOT bean; ~ **de Calabar** Calabar bean; ~ **tonka** tonka bean. -**2.** [des Rois] *lucky charm or token made of porcelain and hidden in a "galette des Rois"*.

février [fevrije] *nm* February.

fez [fɛz] *nm* fez.

FFA *(abr de* **Forces françaises en Allemagne)** *npr fpl French forces in Germany.*

FFI *(abr de* **Forces françaises de l'intérieur)** *npr fpl French Resistance forces during World War II.*

FFL *(abr de* **Forces françaises libres)** *npr fpl free French Army during World War II.*

FFR *(abr de* **Fédération française de rugby)** *npr f French rugby federation.*

fg *abr écrite de* **faubourg.**

FGA *(abr de* **fonds de garantie automobile)** *nm fund financed through insurance premiums to compensate victims of uninsured losses.*

FGDS *(abr de* **Fédération de la gauche démocrate et socialiste)** *npr f former French socialist party.*

FGEN *(abr de* **Fédération générale de l'Éducation nationale)** *npr f teachers' trade union.*

fi [fi] *interj* -**1.** *hum*: ~! pooh! -**2.** *loc*: **faire** ~ **de** [mépriser] to turn one's nose up at, to spurn; [ignorer] to ignore.

fiabilité [fjabilite] *nf* [crédibilité] reliability.

fiable [fjabl] *adj* [crédible] reliable.

FIAC [fjak] *(abr de* **Foire internationale d'art contemporain)** *npr f annual international contemporary art fair in Paris.*

fiacre [fjakr] *nm* fiacre, (horse-drawn) carriage.

fiançailles [fijɑ̃saj] *nfpl* -**1.** [promesse] engagement; **à quand tes** ~? when are you getting engaged? -**2.** [cérémonie] engagement party. -**3.** [durée] engagement (period).

fiancé, e [fijɑ̃se] *nm, f* fiancé *(f* fiancée); **les** ~**s** the betrothed *litt* OU *hum*, the engaged couple.

fiancer [16] [fijɑ̃se] *vt* to betroth; **il fiance sa fille** his daughter is getting engaged; **elle est fiancée à Paul** she's engaged to Paul, she and Paul are engaged.

◆ **se fiancer** *vpi* to get engaged; **ils se fiancent en mars** they are getting engaged in March.

fiasco [fjasko] *nm* -**1.** [entreprise, tentative] fiasco, flop; [film, ouvrage] flop; **faire** ~ to flop, to be a (total) failure. -**2.** [échec sexuel] failure to perform.

fiasque [fjask] *nf* (Italian) wine flask.

Fibranne® [fibran] *nf* staple, bonded fibre.

fibre [fibr] *nf* -**1.** [du bois] fibre, woodfibre; **dans le sens de la** ~ going with the grain (of the wood). -**2.** OPT & TECH fibre; ~ **de verre** fibreglass; ~ **optique** fibre optics *(sg)*. -**3.** TEXT: **une** ~ **textile** a fibre; **les** ~**s naturelles/ synthétiques** naturally-occurring/man-made fibres. -**4.** [dans un muscle] muscle fibre. -**5.** [sentiment] feeling; **avoir la** ~ **commerçante** to be a born shopkeeper; **avoir la** ~ **paternelle** to have strong paternal feelings; **faire jouer** OU **vibrer la** ~ **patriotique de qqn** to play upon sb's patriotic feelings.

fibreux, euse [fibrø, øz] *adj* -**1.** [dur - viande] stringy, tough. -**2.** [à fibres - tissu, muscle] fibrous.

fibrillaire [fibrijɛr] *adj* fibrillar.

fibrillation [fibrijasjɔ̃] *nf* fibrillation, fibrillating *(U)*.

fibrille [fibrij] *nf* [fibre - courte] short fibre; [- fine] thin fibre.

fibrillé [fibrije] *nm* material resulting from fibrillation.

fibrine [fibrin] *nf* fibrin.

fibrineux, euse [fibrinø, øz] *adj* fibrinous.

fibrinogène [fibrinɔʒɛn] *nm* fibrinogen.

fibrinolyse [fibrinɔliz] *nf* fibrinolysis.

fibroblaste [fibrɔblast] *nm* fibroblast.

Fibrociment® [fibrɔsimɑ̃] *nm* fibrocement.

fibroïne [fibrɔin] *nf* fibroin.

fibromateux, euse [fibrɔmatø, øz] *adj* fibromatous.

fibromatose [fibrɔmatoz] *nf* fibromatosis.

fibrome [fibrom] *nm* -**1.** [tumeur] fibroma. -**2.** [dans l'utérus] fibroid.

fibromyome [fibrɔmjom] *nm* fibromyoma.

fibroscope [fibrɔskɔp] *nm* fibrescope.

fibroscopie [fibrɔskɔpi] *nf* fibrescopy.

fibrose [fibroz] *nf* fibrosis.

ficaire [fikɛr] *nf* figwort, lesser celandine.

ficelage [fislaʒ] *nm* tying up.

ficelé, e [fisle] *adj*: **bien** ~ [histoire, scénario] tight, seamless.

ficeler [24] [fisle] *vt* to tie up *(sép)*; **elle est toujours ficelée comme un saucisson** *fig* she's always bulging OU busting out of her clothes.

ficelle [fisɛl] *nf* -**1.** [corde] piece of string; **de la** ~ string ❑ **la** ~ **est un peu grosse** *fig* it sticks out like a sore thumb; **connaître toutes les** ~**s du métier** to know the ropes; **ça, c'est une des** ~**s du métier** that's one of the tricks of the trade; **tirer les** ~**s** to pull the strings. -**2.** [pain] *very thin baguette.* -**3.** *arg mil* officer's stripe. -**4.** *vieilli (comme adj)* [malin] cunning.

ficellerie [fisɛlri] *nf* string manufacture.

fichage [fiʃaʒ] *nm* [mise sur fichier] filing, recording.

fiche[1] *fam* [3] [fiʃ] *vt* -**1.** = **ficher** *(pp* **fichu**). -**2.** *loc*: **il n'en a rien à** ~ he couldn't care less; **on n'en a rien à** ~, **de leurs états d'âme!** we couldn't care less about their scruples!; **pour ce que j'en ai à** ~! a fat lot I care!; **va te** OU **allez vous faire** ~! get lost!

◆ **se fiche** *fam* = **se ficher.**

◆ **se fiche de** *fam* = **se ficher de.**

fiche[2] [fiʃ] *nf* -**1.** [carton] piece of (stiff) card, (index) card; ~ **cuisine** recipe card; **mettre qqch sur** ~ to index OU *Br* to card-index sthg. -**2.** [papier] sheet, slip; ~ **de paie** pay slip; ~ **signalétique** identification slip OU sheet. -**3.** [formulaire] form; **mettre qqn en** OU **sur** ~ to open a file on sb; **lui, on l'a sur** ~ we've got a file on him, we've got him on file ❑ **remplir une** ~ **d'hôtel** to register (with a hotel), to fill in a (hotel) registration card. -**4.** JEUX counter. -**5.** INF: ~ **suiveuse** route card. -**6.** CONSTR hinge; ~ **de porte** door hinge. -**7.** ÉLECTR plug; ~ **téléphonique** phone OU jack plug; ~ **multiple** multiple adaptor OU adapter.

ficher[1] [3] [fiʃe] *vt* -**1.** [enfoncer] to drive OU to stick (in); ~ **un pieu en terre** to drive a stake into the ground; **un couteau fiché entre les omoplates** a knife stuck right between the shoulderblades. -**2.** [information] to file, to put on file; [suspect] to put on file; **il est fiché** the police have got a file on him.

ficher[2] *fam* [3] [fiʃe] *vt (pp* **fichu**) -**1.** [mettre]: **fiche-le à la porte!** throw OU kick him out!; **son patron l'a fichu à la porte** his boss fired him OU threw him out OU sacked *Br* him; **fiche ça dans le placard** throw OU stick it in the closet; **ils l'ont fichu en prison** they threw him in jail; **fiche-moi ça dehors!** get rid of this!; **je lui ai fichu mon poing dans la figure** I punched him in the face; **qui a fichu ce rapport ici?** who put this report here?; ~ **à plat: ce temps me fiche à plat** this weather really wipes me out; **son départ nous a tous fichus à plat** his departure took the wind out of our sails; ~ **dedans: c'est cette phrase qui m'a fichu dedans** it was that phrase that got me into trouble OU hot water; **ils ont essayé de nous** ~ **dedans** they tried to land us right in it; ~ **en l'air: tu l'as fichue en l'air, sa lettre?** did you throw away his letter?; **ce contretemps fiche tout en l'air** this last-minute hitch really messes everything up; ~ **en rogne: arrête, tu vas le** ~ **en rogne!** stop it, you're going to make him lose his temper!; **c'est le genre de remarque qui me fiche en rogne** that's the kind of remark that drives me mad; ~ **par terre: fais attention sur ce vélo, tu vas te** ~ **par terre!** mind how you go on that bike or you'll fall off; **si c'est fermé mardi, ça fiche tout par terre!** if it's closed on Tuesday, everything's ruined! -**2.** [faire] to do; **qu'est-ce que tu fiches ici?** what on earth OU the heck are you doing here?; **je n'ai rien fichu aujourd'hui** I haven't done a thing today; **bon sang, qu'est-ce qu'il fiche?** [où est-il] for God's sake, where on earth is he?; [que fait-il] what the heck is he doing? -**3.** [donner]: ~ **qqch à qqn: ça me fiche le cafard** it makes me feel down OU depressed; **ça m'a fichu la chair de poule/la trouille** it gave me the creeps/the willies; **fiche-moi la paix!** leave me alone!; **je t'en**

ficherai, moi, du champagne! champagne? I'll give you champagne! ❑ je te fiche mon billet que... I'll bet my bottom dollar that... -4. *loc*: ~ le camp: fichez(-moi) le camp! scram!, push off!, beat it!, get out of here!; ils ont fichu le camp they scarpered *Br*, they beat it *Am*.

◆ **se ficher** *fam vpi* [se mettre]: de désespoir, elle s'est fichue à la Seine in despair, she jumped into the Seine; ils se sont fichus dans un fossé [en voiture] they drove into a ditch; [pour passer inaperçus] they jumped into a ditch; se ~ en l'air to do o.s. in; se ~ en colère to lose one's rag *Br*, to see red; se ~ dedans to land o.s. right in it.

◆ **se ficher de** *fam vp + prép* -1. [railler]: elle n'arrête pas de se ~ de lui she keeps making fun of him, she's forever pulling his leg; tu te fiches de moi ou quoi? are you kidding me?; 300 F pour ça? il se fiche de toi! 300 F for this? he's trying to swindle you OU he really takes you for a sucker!; ils se fichent du monde dans ce restaurant! [c'est cher] this restaurant is an absolute rip-off!; [le service est mauvais] they treat the customers like dirt in this restaurant!; eh bien, tu ne t'es pas fichu de nous! well, you've really done things in style! -2. [être indifférent à]: je me fiche de ce que disent les gens I don't care what OU I don't give a damn about what people say; ils n'ont pas aimé notre spectacle — qu'est-ce qu'on s'en fiche! they didn't like our show — so what! OU who cares! ❑ je m'en fiche comme de ma première chemise OU comme de l'an quarante OU complètement I don't give a damn (about it), I couldn't care less.

fichier [fiʃje] *nm* -1. [fiches] (card index) file, catalogue; le ~ de nos clients our file of customers; pour enrichir mon ~ to make my collection of files more complete. -2. [meuble] filing cabinet; [boîte] file. -3. INF file; ~ de détail/travail detail/scratch file; ~ principal main OU master file; ~ séquentiel sequential file.

fichtre *fam* [fiʃtr] *interj vieilli*: ~! (my) gosh!, my (my)!

fichtrement *fam* [fiʃtrəmɑ̃] *adv vieilli* darn; tout cela est ~ assommant this is just too darn boring; je n'en sais ~ rien! how the heck should I know!

fichu[1] [fiʃy] *nm* (large) scarf.

fichu[2], **e** *fam* [fiʃy] *adj* -1. [perdu]: il est ~ [malade, ruiné] he's had it; ta voiture est ~e your car's a write-off; pour samedi soir, c'est ~ Saturday evening's up the spout *Br* OU down the drain *Am*; si tu renverses de l'eau sur le daim, c'est ~ if you spill water on suede, it ruins it. -2. *(avant le n)* [mauvais] lousy, rotten; quel ~ temps! what lousy weather!, je suis dans un ~ état ce matin I feel lousy this morning. -3. *(avant le n)* [important]: ça fait une ~e différence that makes a heck of a difference; j'ai un ~ mal de dents I've got one hell of a nasty toothache. -4. [capable]: ~ de: il n'est même pas ~ de prendre un message correctement he can't even take a message properly; elle est ~e de partir! she's quite capable of leaving! -5. bien ~: il est bien ~ he's got a nice body; ce système est très bien ~ it's a very clever device; mal ~: il est mal ~ [de corps] he hasn't got a very nice body; leur manuel est mal ~ their handbook is lousy; je suis mal ~ aujourd'hui [malade] I feel lousy today.

fictif, ive [fiktif, iv] *adj* -1. [imaginaire] imaginary, fictitious. -2. [faux - promesse] false. -3. FIN fictitious.

fiction [fiksjɔ̃] *nf* -1. [domaine de l'imaginaire]: la ~ fiction; un tel concept relève de la ~ a concept like this is sheer fiction; elle vit dans la ~ *péj* she's living in a dream world; un livre de politique-~ a political novel. -2. [histoire] story, (piece of) fiction. -3. JUR fiction *(C)*; ~ légale OU de droit legal fiction.

fictivement [fiktivmɑ̃] *adv* in (one's) imagination; transposons-nous ~ au XVIIIe siècle let's imagine we're in the 18th century.

ficus [fikys] *nm* ficus; ~ elastica rubber plant.

fidèle [fidɛl] ◇ *adj* -1. [constant - ami] faithful, loyal, true; [- employé, animal] loyal, faithful; [- conjoint] faithful; [- client] regular, loyal; ~ à: elle a été ~ à sa parole OU promesse she kept her word; il est ~ à la promesse qu'il nous a faite he has kept faith with us, he has kept his promise to us; être ~ à une idée to stand by OU to be true to an idea; être ~ à un médecin/commerçant to be a regular patient/customer of; être ~ à une marque/un produit to stick with a particular brand/product; ~ à elle-même true to herself ❑ être ~ au poste to be reliable; elle est toujours ~ au poste you can always rely OU depend on her. -2. [conforme - copie, description] true, exact; [- traduction] faithful, close; [- historien, narrateur] faithful; [- mémoire] reliable, correct; [- balance] reliable, accurate; ~ à: livre ~ à la réalité book which is true to life.

◇ *nmf* -1. RELIG believer; les ~s [croyants] the believers; [pratiquants] the faithful; [assemblée] the congregation. -2. [adepte] devotee, follower; [client] regular, loyal; je suis un ~ de votre émission I never miss one of your shows.

fidèlement [fidɛlmɑ̃] *adv* -1. [régulièrement] regularly; père venait ~ nous voir father visited us regularly. -2. [loyalement] faithfully, loyally; suivre qqn ~ to follow sb faithfully. -3. [conformément] exactly, faithfully; copier ~ un document to reproduce a document exactly OU faithfully.

◆ **fidèlement vôtre** *loc adv* yours (ever).

fidélisation [fidelizasjɔ̃] *nf*: ~ des clients OU d'une clientèle maintaining of a regular clientele *(by a marketing policy)*.

fidéliser [3] [fidelize] *vt*: ~ ses clients OU sa clientèle to keep one's clientele *(by a marketing policy)*; ~ un public to maintain a regular audience *(by a commercial policy)*.

fidélité [fidelite] *nf* -1. [loyauté - d'un ami, d'un employé, d'un animal] faithfulness, loyalty; [- d'un conjoint] faithfulness, fidelity; [- d'un client] loyalty; sa ~ à sa parole OU promesse his faithfulness, his keeping faith. -2. [exactitude - d'un récit, d'une description] accuracy, faithfulness; [- de la mémoire] reliability; [- d'un instrument] accuracy, reliability.

Fidji [fidʒi] *npr fpl*: les (îles) ~ Fiji, the Fiji Islands.

fidjien, enne [fidʒjɛ̃, ɛn] *adj* Fijian.

◆ **Fidjien, enne** *nm, f* Fijian.

fiduciaire [fidysjɛr] *adj* fiduciary.

fief [fjɛf] *nm* -1. HIST fief. -2. [domaine réservé] fief, kingdom; n'entre pas dans la cuisine, c'est son ~! don't go into the kitchen, it's her kingdom OU preserve! ❑ un ~ électoral a politician's fief.

fieffé, e [fjefe] *adj* -1. HIST enfeoffed. -2. *fam péj* [extrême] complete, utter; un ~ menteur/voleur an arrant liar/thief; un ~ paresseux a real old lazybones.

fiel [fjɛl] *nm* -1. [bile] gall, bile. -2. *litt* [amertume] rancour, bitterness, gall; [méchanceté] venom; des propos pleins de ~ venomous words; un sourire plein de ~ a twisted smile.

fielleux, euse [fjɛlø, øz] *adj litt* venomous, spiteful.

fiente [fjɑ̃t] *nf*: de la ~ droppings.

fienter [3] [fjɑ̃te] *vi* to leave droppings.

fier[1] [9] [fje]

◆ **se fier à** *vp + prép* -1. [avoir confiance en] to trust (in); fiez-vous à moi, je le trouverai leave it to me OU trust me, I'll find him; je ne me fie pas à ce qu'il dit I don't believe a word he says; se ~ aux apparences to go by OU on appearances; ne vous y fiez pas! careful! -2. [compter sur] to rely on; ne te fie pas trop à ton assistant don't rely too much on your assistant; se ~ à sa mémoire to rely on one's memory.

fier[2], **fière** [fjɛr] ◇ *adj* -1. [satisfait] proud; il n'y a pas de quoi être ~ it's nothing to be proud of; l'enfant était tout ~ the child was really proud; ~ de: j'étais ~ d'avoir gagné I was proud (that) I won; je n'étais pas ~ de moi I wasn't pleased with OU proud of myself. -2. [noble] noble, proud; une âme fière *litt* a noble mind; ils sont trop ~s pour accepter de l'argent they're too proud to take money. -3. [arrogant - personnage] proud, arrogant, haughty; [- regard] haughty, supercilious; il est trop ~ pour nous serrer la main he's too proud to shake hands with us; quand il a fallu sauter, il n'était plus tellement ~ when it came to jumping, he didn't seem so sure of himself; avoir fière allure to cut (quite) a dash ❑ elle n'est pas fière pour deux sous *fam* she isn't at all stuck-up; être ~ comme Artaban OU comme un coq to be as proud as a peacock, to be puffed up with pride. -4. *fam (avant le n)* [extrême]: tu as un ~ culot! you've got some nerve!; c'est un ~ imbécile! what an idiot!

◇ *nm, f* proud person; faire le ~ to put on airs and graces; ne joue pas le ~ avec moi! it's no use putting on your airs and graces with me!

fier-à-bras [fjɛrabra] *(pl inv* OU **fiers-à-bras**) *nm* braggart.

fièrement [fjɛrmɑ̃] *adv* proudly.

fiérot, e *fam* [fjero, ɔt] ◇ *adj* proud; il était tout ~ he was as proud as a peacock.

◇ *nm, f*: faire le ~ to show off.

fierté [fjɛrte] *nf* -1. [dignité] pride; par ~, je ne lui ai pas parlé my pride wouldn't let me talk to him; ravaler sa ~ to swallow one's pride; elle n'a pas beaucoup de ~ she hasn't much self-respect; il a trop de ~ pour demander de l'aide he's too proud to ask for help; tu ne le lui as pas réclamé? — on a sa ~! *fam* didn't you ask him to give it back? — I do have some pride! -2. [arrogance] arrogance, haughtiness, superciliousness. -3. [satisfaction] (source of) pride; tirer ~ OU une grande ~ de to take (a) pride in, to pride o.s. on.

◆ **avec fierté** *loc adv* proudly.

fiesta *fam* [fjɛsta] *nf* (wild) party, rave-up *Br*, blowout *Am*; faire la ~ to live it up.

fièvre [fjɛvr] *nf* -1. MÉD fever, temperature; avoir de la ~ to have a temperature OU a fever; avoir beaucoup de ~ to have a high temperature OU a fever; il a 40 de ~ his temperature is up to 40°C; pour faire baisser la ~ (in order) to get the temperature down ❑ ~ tierce/quarte tertian/quartan fever; ~ aphteuse foot and mouth disease; une ~ de cheval a raging fever; ~ jaune yellow fever; ~ de Malte Malta fever; ~ typhoïde typhoid fever. -2. *sout* [agitation] excitement; elle parlait avec ~ she spoke excitedly; préparer un examen avec ~ to prepare for an exam feverishly; la ~ des présidentielles the excitement of the presidential elections, dans la ~ du moment in the heat of the moment. -3. [désir]: la ~ de: avoir la ~ de l'or to have a passion for gold.

fiévreusement [fjevrøzmɑ̃] *adv* MÉD & *fig* feverishly.

fiévreux, euse [fjevrø, øz] *adj* MÉD & *fig* feverish, febrile.

FIFA [fifa] *(abr de* Fédération internationale de football association) *npr f* FIFA.

fifille *fam* [fifij] *nf* little girl.

fifre [fifr] *nm* -1. [flûte] fife. -2. [joueur] fife player.

fifrelin *fam* [fifrəlɛ̃] *nm loc*: ça ne vaut pas un ~ it isn't worth a bean OU a dime *Am*.

fifty-fifty *fam* [fiftififti] *loc adv* fifty-fifty, half and half; partageons ~ let's go halves.

fig. *abr écrite de* figure.

figaro *fam* [figaro] *nm arch* [coiffeur] barber.

Figaro [figaro] ◇ *npr* Figaro.

◇ *npr m*: le ~ PRESSE *French daily newspaper*.

LE FIGARO:
"Le Figaro" is a quality broadsheet newspaper. Its political affinities are with the Right, and it has a predominantly conservative readership.

figé, e [fiʒe] *adj* -1. [sourire] set; debout devant la fenêtre dans une attitude ~e standing motionless in front of the window. -**2.** LING: **expression ~e** set phrase, idiomа.

figement [fiʒmɑ̃] *nm* [de l'huile] congealing; [du sang] coagulation, clotting.

figer [17] [fiʒe] ◇ *vt* -**1.** [coaguler - huile] to congeal; [- sang] to coagulate, to clot; **ça m'a figé le sang dans les veines** it made my blood run cold; **des cris à vous ~ le sang** bloodcurdling screams. -**2.** [immobiliser - personne] : **la vue du tigre me figea sur place** I froze when I saw the tiger; **sa réponse m'a figé** his answer struck me dumb.

◇ *vi* [huile] to congeal; [sang] to coagulate, to clot.

◆ **se figer** *vpi* -**1.** [être coagulé - huile] to congeal; [- sang] to coagulate, to clot. -**2.** [s'immobiliser - attitude, sourire] to stiffen; [- personne] to freeze; **elle se figea sous l'effet de la terreur** she was rooted to the spot with fear; **se ~ au garde-à-vous** to stand to attention.

fignolage [fiɲɔlaʒ] *nm* perfecting, touching up, polishing (up).

fignoler [3] [fiɲɔle] *vt* to perfect, to polish OU to touch up *(sép)*; **un travail fignolé** a polished piece of work.

fignoleur, euse [fiɲɔlœr, øz] ◇ *adj* meticulous, finicky *péj*.

◇ *nm, f* meticulous OU finicky *péj* worker.

figue [fig] *nf* fig; **~ caque kaki**, (Japanese) persimmon; **~ de Barbarie** prickly pear; **~ des Hottentots** Hottentot OU sour fig.

figuier [figje] *nm* fig tree; **~ banian** banyan; **~ de Barbarie** prickly pear, opuntia *spéc*.

figurant, e [figyrɑ̃, ɑ̃t] *nm, f* CIN extra; THÉÂT extra, walk-on actor; DANSE figurant; **être réduit au rôle de ~ OU à jouer les ~s** [dans une réunion] to be a mere onlooker; [auprès d'une personne importante] to be a stooge.

figuratif, ive [figyratif, iv] *adj* [art] figurative, representational; [artiste] representational; [plan] figurative.

◆ **figuratif** *nm* representational artist.

figuration [figyrasjɔ̃] *nf* -**1.** [figurants] : **la ~** CIN extras; THÉÂT extras, walk-on actors; DANSE figurants. -**2.** [métier] : **la ~** CIN being an OU working as an extra; THÉÂT doing a walk-on part; DANSE being a OU dancing as a figurant; **faire de la ~** CIN to work as an extra; THÉÂT to do walk-on parts; DANSE to dance as a figurant. -**3.** [fait de représenter] representation, figuration.

figure [figyr] *nf* -**1.** [visage] face; [mine] face, features; **faire triste OU piètre ~** to cut a sad figure, to be a sad OU sorry sight; **faire bonne ~** to look contented; **faire ~ de: il faisait ~ de riche** he was looked on OU thought of as a rich man; **parmi tous ces imbéciles, il fait ~ de génie!** all those idiots make him look like a genius!; **prendre ~** to take shape □ **ne plus avoir ~ humaine** to be totally unrecognizable OU disfigured; **le canapé n'avait plus ~ humaine** *hum* the sofa was totally worn out. -**2.** [personnage] figure; **une grande ~ de la politique** a great political figure; **c'est une ~!** he's quite a character! -**3.** NAUT & *fig*: **~ de proue** figurehead. -**4.** [illustration] figure, illustration; [schéma, diagramme] diagram, figure; **~ géométrique** geometrical figure. -**5.** JEUX picture card. -**6.** DANSE, MUS & SPORT figure; **~s libres** freestyle; **~s imposées** compulsory figures. -**7.** LING: **~ de mot** *vieilli* figure of speech; **~ de style** stylistic device.

figuré, e [figyre] *adj* LING [langage, sens] figurative.

◆ **au figuré** *loc adv* figuratively.

figurer [3] [figyre] ◇ *vt* -**1.** [représenter] to represent, to show, to depict; **sur la carte, les villages sont figurés par des points** villages are represented by dots on the map. -**2.** [symboliser] to symbolize; **la balance et le glaive figurent la justice** scales and the sword symbolize OU are the symbols of justice.

◇ *vi* -**1.** [apparaître] to appear; **votre nom ne figure pas sur la liste** your name doesn't appear OU isn't on the list; **~ au nombre des élus** to be among the successful candidates; **son cheval figure à l'arrivée** his horse is one of the winners of the race. -**2.** CIN to be an extra; THÉÂT to do a walk-on part.

◆ **se figurer** *vpt* -**1.** [imaginer] to imagine; **figurez-vous une sorte de grande pièce** imagine OU picture a huge room. -**2.** [croire] to believe; **il se figure qu'il va gagner de l'argent** he believes OU thinks he's going to make money; **figure-toi qu'il n'a même pas appelé!** he didn't even call, can you believe it!; **eh bien figure-toi que moi non plus, je n'ai pas le temps!** what you don't seem to realize is that I haven't got time either!

figurine [figyrin] *nf* figurine, statuette.

Fiji [fidʒi] = **Fidji**.

fil [fil] *nm* -**1.** TEXT [brin - de coton, de soie] piece of thread, strand; [- de laine] yarn *(U)*; [- pour coudre] thread, cotton; **cachemire trois/quatre ~s** three-ply/four-ply cashmere □ **~ à bâtir/à coudre** basting/sewing thread; **~ dentaire** dental floss; **~ d'Écosse** lisle; **~ de Nylon®** nylon thread; **de ~ en aiguille** one thing leading to another; **donner du ~ à retordre à qqn** to cause sb (no end of) trouble. -**2.** [lin] linen; **draps de ~** linen sheets. -**3.** [filament - de haricot] string; **haricots pleins de/sans ~s** stringy/stringless beans. -**4.** [corde - à linge] line; [- d'équilibriste] tightrope, high wire; [- pour marionnette] string; **~ d'Ariane** MYTH Ariadne's thread; **~ conducteur OU d'Ariane** [dans une enquête] (vital) lead; [dans une histoire] main theme; **débrouiller OU démêler les ~s d'une intrigue** to unravel the threads OU strands of a plot; **sa vie ne tient qu'à un ~** his life hangs by a thread; **un ~ de la Vierge** a gossamer thread; **des ~s de la Vierge** gossamer (threads); **avoir un ~ à la patte** to be tied down, to have one's hands tied. -**5.** [câble] wire; **~ de cuivre/d'acier** copper/steel wire □ **~ télégraphique/téléphonique** telegraph/telephone wire; **~ de terre** earth *Br* OU ground *Am* wire; **~ à couper le beurre** cheesewire; **~ électrique** wire; **~ de fer** wire; **~ de fer barbelé** barbed wire; **clôture en ~ de fer** [gén] wire fence; [barbelé] barbed wire fence; **c'est un ~ de fer, ce type!** that guy's as thin as a rake!; **~ à plomb** plumbline; **~ à souder** soldering wire. -**6.** *fam* [téléphone] : **un coup de ~** a (telephone) call; **donner OU passer un coup de ~ à qqn** to ring *Br* OU to call OU to phone sb up; **au bout du ~** on the phone, on the line; **à l'autre bout du ~** on the other end of the line. -**7.** [tranchant] edge; **donner le ~ à une lame** to sharpen a blade □ **passer qqn au ~ de l'épée** to put sb to the sword; **être sur le ~ du rasoir** to be on a knife edge. -**8.** [sens - du bois, de la viande] grain; **dans le sens contraire au ~, contre le ~** against the grain. -**9.** [cours - de l'eau] current, stream; [- de la pensée, d'une discussion] thread; **perdre/reprendre le ~ d'une histoire** to lose/to pick up the thread of a story; **le ~ des évènements** the chain of events.

◆ **au fil de** *loc prép* -**1.** [le long de] : **aller au ~ de l'eau** to go with the current OU stream. -**2.** [au fur et à mesure de] : **au ~ du temps** as time goes by; **au ~ des heures/semaines** as the hours/weeks go by, with the passing hours/weeks; **au ~ de la discussion je m'aperçus que...** as the discussion progressed I realized that...

◆ **sans fil** *loc adj* [télégraphie, téléphonie] wireless *(modif)*; [rasoir, téléphone] cordless.

fil-à-fil [filafil] *nm inv* pepper-and-salt cloth.

filage [filaʒ] *nm* -**1.** TEXT spinning. -**2.** MÉTALL drawing. -**3.** THÉÂT run-through.

filaire[1] [filɛr] *adj* telegraphic.

filaire[2] [filɛr] *nf* filaria.

filament [filamɑ̃] *nm* -**1.** [fibre] filament. -**2.** TEXT thread. -**3.** ÉLECTR filament.

filamenteux, euse [filamɑ̃tø, øz] *adj* filamentous, filamentary.

filandière [filɑ̃djɛr] *nf arch* spinner.

filandre [filɑ̃dr] *nf* -**1.** [fil de la Vierge] gossamer. -**2.** [dans un aliment] (tough) fibre.

filandreux, euse [filɑ̃drø, øz] *adj* -**1.** [fibreux - viande] stringy. -**2.** *péj* [confus - style, discours] long-winded.

filant, e [filɑ̃, ɑ̃t] *adj* -**1.** [qui file - liquide] free-running; **étoile ~e** shooting star. -**2.** MÉD [pouls] (very) weak.

filasse [filas] ◇ *nf* tow.

◇ *adj inv*: **cheveux (blonds) ~** *péj* dirty blond hair.

filateur [filatœr] *nm* spinning factory owner.

filature [filatyr] *nf* -**1.** TEXT [opérations] spinning; [usine] (spinning) mill. -**2.** [surveillance] shadowing, tailing; **prendre qqn en ~** to shadow OU to tail sb.

fildeferiste [fildəferist] *nmf* high wire acrobat.

file [fil] *nf* -**1.** [suite - de véhicules] line, row; [- de personnes] line; **se mettre en ~** to queue up *Br*, to line up, to stand in line; **prendre la ~** to join the line; **marcher en OU à ~** to walk in line □ **~ d'attente** queue *Br*, line *Am*; **en ~ indienne** in single file. -**2.** TRANSP lane; **la ~ de droite** the right-hand lane; **sur deux ~s** in two lanes. -**3.** MIL file of soldiers.

◆ **à la file** *loc adv* in a row, one after another OU the other; **il a bu trois verres à la ~** he drank three glasses in a row OU one after another.

◆ **de file** *loc adv Helv* [à la file] in a row, one after the other OU another.

filé [file] *nm* thread TEX.

filer [3] [file] ◇ *vt* -**1.** TECH & TEXT to spin; **~ un mauvais coton** *fam* [être malade] to be in bad shape; [se préparer des ennuis] to be heading for trouble. -**2.** ENTOM to spin. -**3.** [dérouler - câble, amarre] to pay out *(sép)*, to release; **ils filent des jours heureux** they live very happily. -**4.** [développer - image, métaphore] to draw OU to spin out *(sép)*; [tenir - note, son] to draw out *(sép)*. -**5.** JEUX [carte] to palm off *(sép)*; **~ les cartes** [au poker] to show one's hand. -**6.** [suivre - suj: détective] to tail, to shadow. -**7.** [déchirer - collant, bas] to ladder *Br*, to run. -**8.** *fam* [donner] : **file-moi dix francs** give us ten francs; **il m'a filé un coup de poing** he landed *Br* OU beaned *Am* me one; **~ un coup de pied** to kick; **on m'a filé le sale boulot** they landed *Br* OU stuck *Am* me with the rotten job; **je te file ma robe, je ne la mets jamais** you can have my dress, I never wear it; **attends, je te file du papier** wait, I'll let you have some paper; **elle m'a filé la grippe** she's given me the flu; **~ une gifle à qqn** to smack OU to slap sb in the face; **file-moi un coup de main** give us a hand. -**9.** *loc*: **~ le parfait amour** *fam* to live a great romance.

◇ *vi* -**1.** [liquide] to run, to flow; [fromage] to run. -**2.** [flamme, lampe] to smoke. -**3.** [se dérouler - câble] to run out. -**4.** NAUT: **~ (à) 20 nœuds** to sail OU to proceed at 20 knots. -**5.** [se déchirer - collants, bas] to ladder *Br*, to run; [- maille] to run. -**6.** [passer vite - coureur, véhicule] to dash; [- nuage] to fly (past); [- temps] to fly; **il a filé dehors** he dashed out; **il a filé dans sa chambre** [gén] he dashed OU flew into his bedroom; [après une réprimande] he stormed off to his room; **elle a filé à travers le jardin** she dashed OU flew across the garden; **il faut que je file si je veux avoir mon train** I must dash if I don't want to miss my train; **bon, je file!** right, I'm off!; **sa victime lui a filé entre les doigts** his victim slipped through his hands; **l'argent lui file entre les doigts** money just slips through his fingers; **les journées filent à une vitesse!** the days are just flying by! -**7.** *fam* [disparaître - cambrioleur] to scram, to scarper *Br*, to skedaddle *Am*; **quand je suis entré dans la boutique ils avaient filé!** when I went into the shop I found that they'd taken off!; **je t'ai assez vu, file!** I've had enough of you, scram! OU clear off! □ **~ à l'anglaise** to sneak off, to take French leave. -**8.** *fam* [argent] to go, to disappear, to vanish; **il a eu trois millions à la mort de son père mais tout a filé!** he inherited three million when his father died but now it's all gone! -**9.** *loc*: **~ doux** to behave, to be as good as gold; **avec sa tante, elle file doux!** she's as good as gold with her aunt!; avec moi tu as intérêt à ~ doux! just watch your step with me, that's all!

filet [filɛ] *nm* -**1.** ANAT fibre; ~ **nerveux** nerve fibre; ~ **de la langue** frenum linguae. -**2.** ARCHIT fillet. -**3.** TECH thread. -**4.** IMPR narrow OU thin line. -**5.** [petite quantité]: **un ~ de**: **un ~ d'eau** a trickle of water; **un ~ de bave** a dribble of saliva; **un ~ de sang** a trickle of blood; **un ~ d'air** a (light) stream of air; **un ~ de lumière** a (thin) shaft of light; **un ~ de citron/vinaigre** a dash of lemon/vinegar; **un (petit) ~ de voix** a thin (reedy) voice. -**6.** CULIN [de viande, de poisson] fillet; **un morceau dans le ~** [de bœuf] ≃ a sirloin OU porterhouse steak; **faire des ~s de sole** to fillet a sole ❑ ~ **mignon** filet mignon. -**7.** [ouvrage à mailles] net; ~ **à cheveux/à papillons** hair/butterfly net; ~ **(à bagages)** (luggage) rack; ~ **à provisions** string shopping bag; ~ **(de pêche)** (fishing) net; **attirer qqn dans ses ~s** *fig* to entrap OU to ensnare sb; **tendre un ~** [pour la chasse] to set a snare; *fig* to lay a trap; **coup de ~** [poissons] draught, haul; [suspects] haul. -**8.** SPORT [au football, au hockey, au tennis] net; [d'acrobate] safety net; **envoyer la balle dans le ~** to hit the ball into the net; **envoyer le palet au fond du ~** to slam the puck into the back of the net, to net the puck ❑ **monter au ~** *fig* to come to the net, to stick one's neck out; **travailler sans ~** *pr* & *fig* to perform without a safety net.

filetage [filtaʒ] *nm* TECH -**1.** [action] threading. -**2.** [filets] (screw) thread.

fileté [filte] *nm* cotton fabric.

fileter [28] [filte] *vt* -**1.** TECH to thread. -**2.** CULIN to fillet.

fileur, euse [filœr, øz] *nm, f* spinner.

filial, e, aux [filjal, o] *adj* filial.

◆ **filiale** *nf* subsidiary (company).

filialement [filjalmɑ̃] *adv* filially.

filialisation [filjalizasjɔ̃] *nf* division into subsidiary companies.

filialiser [3] [filjalize] *vt* to divide into subsidiary companies.

filiation [filjasjɔ̃] *nf* -**1.** [entre individus] line of descent, filiation; JUR filiation. -**2.** [entre des mots, des idées] relationship.

filière [filjɛr] *nf* -**1.** [procédures] procedures, channels; **passer par la ~ administrative** to go through administrative channels; **il est passé par la ~ pour devenir directeur** he worked his way up to become manager. -**2.** [réseau - de trafiquants, de criminels] network, connection; **ils ont démantelé la ~ française** they smashed the French connection; **remonter une ~** to trace a network back to its ringleaders. -**3.** SCOL & UNIV: **la ~ technique/scientifique** technical/scientific subjects; **nous avons suivi la même ~ jusqu'à 16 ans** we did the same subjects (as each other) until the age of 16. -**4.** MÉTALL: ~ **(à machine)** [pour étirage] draw, drawing plate; [pour tréfilage, filage] die. -**5.** ENTOM spinneret. -**6.** TEXT spinneret. -**7.** NAUT guardrail. -**8.** INDUST industry; **la ~ bois/électronique** the wood/electronics industry. -**9.** NUCL: **la ~ nucléaire** the nuclear option.

filiforme [filifɔrm] *adj* -**1.** [maigre] lanky, spindly. -**2.** MÉD [pouls] thready.

filigrane [filigran] *nm* -**1.** [d'un papier] watermark. -**2.** JOAILL filigree.

◆ **en filigrane** *loc adv* between the lines; **lire en ~** to read between the lines; **le problème du racisme apparaissait en ~ dans la discussion** the problem of racism was implicit in the discussion.

filigraner [3] [filigrane] *vt* -**1.** [papier] to watermark; **du papier filigrané** watermarked paper. -**2.** JOAILL to filigree.

filin [filɛ̃] *nm* rope.

fille [fij] *nf* -**1.** [enfant] girl; **c'est une belle/gentille ~** she's a good-looking/nice girl; **tu es une grande ~ maintenant** you're a big girl now; **c'est encore une petite ~** she's still a little girl. -**2.** [jeune fille] girl; **c'est une ~ que j'ai connue il y a 20 ans** I met that woman 20 years ago; **une ~ de la campagne** a country girl; **rester ~** *vieilli* to remain single OU unmarried ❑ ~**-mère** unmarried mother. -**3.** [descendante] daughter; **les ~s Richard ont toutes fait des études de droit** all the Richard girls OU daughters studied law; **la paresse est la ~ de l'oisiveté** *fig* laziness is the daughter of idleness ❑ **une ~ de bonne famille** a respectable girl; **tu es bien la ~ de ton père!** you're just like your father! -**4.** [en appellatif]: **ma ~** (my) girl; **ça, ma ~, je t'avais prévenue!** don't say I didn't warn you, (my) girl! -**5.** *vieilli* [employée]: ~ **d'auberge** serving girl; ~ **de cuisine** kitchen maid; ~ **de ferme** farm girl; ~ **de salle** [dans les hôpitaux] ward orderly. -**6.** *vieilli* [prostituée] whore; **aller chez les ~s** to go to a brothel, to go whoring ❑ ~ **publique** OU **de joie** OU **des rues** OU **perdue** *litt* prostitute; ~ **à soldats** soldiers' whore. -**7.** HIST: ~ **d'honneur** maid of honour. -**8.** RELIG: **les ~s du Carmel** the Carmelite nuns.

fillette [fijɛt] *nf* -**1.** [enfant] little girl. -**2.** [bouteille] small bottle *(for wine)*.

filleul, e [fijœl] *nm, f* godchild, godson (*f* goddaughter); ~ **de guerre** MIL *soldier taken care of by a woman during a war.*

film [film] *nm* -**1.** CIN [pellicule] film; [œuvre] film *Br*, movie *Am*; **tourner un ~** to shoot a film; **les ~s d'aventures/d'épouvante** adventure/horror films; **je n'aime pas les ~s doublés** I don't like a film to be dubbed ❑ ~ **muet/parlant** silent/talking film; ~ **en noir et blanc/en couleur** black and white/colour film; ~ **d'auteur** film d'auteur; ~ **documentaire** documentary film; ~ **catastrophe** disaster film *Br* OU movie *Am*; ~**X X** OU adults-only film. -**2.** PHOT film. -**3.** [couche] film; **un ~ d'huile** a film of oil. -**4.** [déroulement] sequence; **le ~ des événements** the sequence of events; **quand elle retraçait le ~ de sa vie** when she looked back on her life.

filmer [3] [filme] *vt* [scène, événement] to film, to shoot; [personnage] to film.

filmique [filmik] *adj* cinematic.

filmographie [filmɔgrafi] *nf* filmography.

filmologie [filmɔlɔʒi] *nf* film *Br* OU cinema studies.

filmothèque [filmɔtɛk] *nf* microfilm collection.

filocher *fam* [3] [filɔʃe] ◇ *vt* [suivre]: ~ **qqn** to tail sb.

◇ *vi* [aller vite] to scarper *Br*, to skedaddle *Am*.

filoguidé, e [filɔgide] *adj* wire-guided.

filon [filɔ̃] *nm* -**1.** GÉOL seam, vein; **ils ont déjà exploité ce ~** *fig* they have already exploited that goldmine. -**2.** *fam loc*: **trouver le ~**: **il a trouvé le ~ pour gagner de l'argent** [moyen] he found an easy way to make money; **trouver le ~** [situation lucrative] to strike it rich, to find the right connection *Am*; **j'ai enfin trouvé le ~** I've found a cushy number at last, I'm on the gravy train at last *Am*; **voilà un bon ~!** that's a soft OU an easy option!; **c'est un bon ~** it's a gold mine OU a money-spinner.

filonien, enne [filɔnjɛ̃, ɛn] *adj* -**1.** MIN seam *(modif)*. -**2.** GÉOL veined.

filou [filu] *nm* -**1.** [voleur] crook, rogue. -**2.** [ton affectueux] rascal, scamp; **oh le ~, il a caché mon livre!** the little rascal's hidden my book!

filoutage *fam* [filutaʒ] *nm* swindling.

filouter *fam* [3] [filute] *vt* -**1.** [dérober] to pinch, to swipe. -**2.** [escroquer] to cheat, to swindle.

filouterie [filutri] *nf* JUR fraud, swindle.

fils [fis] *nm* -**1.** [enfant] son, boy; **viens là, mon ~** come here my son OU boy; **tous les ~ Charley ont mal tourné** *fam* all the Charley boys OU sons went off the straight and narrow; **le ~ de la maison** the son of the house ❑ **un ~ à papa** *fam* a daddy's boy; **il est bien le ~ de son père!** he's just like his father!; **un ~ de famille** a wealthy young man; ~ **spirituel** spiritual son; **'le Fils ingrat'** *Greuze* 'The Prodigal Son'. -**2.** COMM: **Brunet & Fils** Brunet & Son OU Sons; **je voudrais parler à M. Picard ~** I'd like to talk to Mr Picard junior. -**3.** *litt* [descendant] descendant; [natif] son; **'la patrie reconnaissante à ses ~ sacrifiés'** lest we forget; **un ~ du terroir** a son of the land. -**4.** RELIG: **le Fils de l'homme** OU **de Dieu** the Son of man OU of God; **mon ~** my son. -**5.** *loc*: **être ~ de ses œuvres** to be a self-made man.

filtrage [filtraʒ] *nm* [d'un liquide] filtering; [de l'information, de personnes] screening.

filtrant, e [filtrɑ̃, ɑ̃t] *adj* [matériau, dispositif] filtering *(avant n)*; [crème, huile solaire] sunscreen *(modif)*; [verre] filter *(modif)*.

filtrat [filtra] *nm* filtrate.

filtration [filtrasjɔ̃] *nf* filtration, filtering.

filtre [filtr] *nm* filter; ~ **à café/huile** coffee/oil filter; ~ **solaire** sunscreen; ~ **à air** air filter.

filtre-presse [filtrəprɛs] (*pl* **filtres-presses**) *nm* filter press.

filtrer [3] [filtre] ◇ *vt* -**1.** [liquide, air, lumière] to filter. -**2.** [visiteurs, informations] to screen.

◇ *vi* -**1.** [liquide] to seep OU to filter through; [lumière, bruit] to filter through. -**2.** [nouvelles] to filter through.

fin[1] [fɛ̃] *nf* -**1.** [terme - d'une période, d'un mandat] end; [- d'une journée, d'un match] end, close; [- d'une course] end, finish; [- d'un film, d'un roman] end, ending *(C)*; **la ~ de l'année/de sa vie/d'un concert** the end of the year/his life/a concert; **jusqu'à la ~ des temps** OU **des siècles** until the end of time; **par une ~ d'après-midi de juin** late on a June afternoon; ~ **mai/1997** (at the) end of May/1997; **se battre/rester jusqu'à la ~** to fight/to stay to the very end; **mener qqch à bonne ~** to pull OU to carry sthg off (successfully); **mettre ~ à qqch** to put an end to sthg; **mettre ~ à ses jours** to put an end to one's life, to take one's own life; **prendre ~** to come to an end; **tirer** OU **toucher à sa ~** to come to an end, to draw to a close ❑ ~ **de citation** end of quotation; ~ **de semaine** *Can* weekend; **faire une ~** to settle down, to get married; **on n'en voit pas la ~** there doesn't seem to be any end to it; **tout ce travail, je n'en vois pas la ~!** I have so much work, there doesn't seem to be any end to it!; **ça y est, j'en vois la ~!** at last, I can see the light at the end of the tunnel!; **avoir** OU **connaître des ~s de mois difficiles** to find it hard to make ends meet (at the end of the month). -**2.** [disparition] end; **la ~ de la civilisation inca** the end OU death of Inca civilization; **la ~ du monde** the end of the world; **ce n'est quand même pas la ~ du monde!** it's not the end of the world, is it! ❑ **c'est la ~ de tout** OU **des haricots!** *fam hum* our goose is cooked! -**3.** [mort] death, end; **avoir une ~ tragique/lente** to die a tragic/slow death; **avoir une belle ~** to have a fine end; **la ~ approche** the end is near. -**4.** [objectif] end, purpose; **à cette ~** to this end, for this purpose, with that aim in mind; **à seule ~ de** with the sole aim of, (simply) for the sake of, purely in order to; **arriver** OU **parvenir à ses ~s** to achieve one's aim; **à des ~s politiques/religieuses** to political/religious ends ❑ ~ **en soi** end in itself; **la ~ justifie les moyens** *prov*, **qui veut la ~ veut les moyens** *prov* the end justifies the means *prov*. -**5.** JUR: ~ **de non-recevoir** demurrer; **opposer une ~ de non-recevoir à qqn** *fig* to turn down sb's request bluntly. -**6.** COMM: ~ **courant** at the end of the current month; ~**s de série** oddments.

◆ **à la fin** *loc adv* -**1.** [finalement] in the end, eventually. -**2.** *fam* [ton irrité]: **mais à la ~, où sont ces clefs?** where on earth have those keys got to?; **tu es énervant à la ~!** you're beginning to get on my nerves!

◆ **à la fin de** *loc prép* at the end OU close of.

◆ **à toutes fins utiles** *loc adv* -**1.** [pour information]: **je vous signale à toutes ~s utiles que...** for your information, let me point out that... -**2.** [le cas échéant] just in case; **dans la** boîte à gants j'avais mis à toutes ~s utiles une carte de France I had put a map of France in the glove compartment just in case.

◆ **en fin de** *loc prép*: en ~ **de soirée/match** towards the end of the evening/match; **être en ~ de liste** to be OU to come at the end of the list; **être en ~ de course** [athlète, président] to be at the end of the road *fig*; **être en ~ de droit** to come to the end of one's entitlement *(to an allowance)* ❑ **en ~ de compte** in the end, when all is said and done.

◆ **fin de race** *loc adj* degenerate.

◆ **fin de siècle** *loc adj* decadent, fin de siècle.

◆ **sans fin** ◇ *loc adj* -**1.** [interminable] endless, interminable, never-ending. -**2.** TECH endless.

◇ *loc adv* endlessly, interminably.

fin[2], **e**[1] [fɛ̃, fin] *adj* -**1.** [mince - sable, pinceau] fine; [- cheveu, fil] fine, thin; [- écriture] fine, small; [- doigt, jambe, taille, main] slim, slender; [peu épais - papier, tranche] thin; [- collant, bas] sheer; **pluie fine** drizzle; **sel ~** table salt; **haricots verts ~s** high quality green beans. -**2.** [aiguisé - pointe] sharp. -**3.** [de qualité - aliments, produit] high-quality, top-quality; [- mets, repas] delicate, exquisite, refined; [- dentelle, lingerie] delicate, fine; [- or, pierre, vin] fine; **fines herbes** herbs. -**4.** [subtil - observation, description] witty, clever; [- personne] sharp, acute; [- esprit] sharp, keen, shrewd; [- plaisanterie] witty; **ce n'était pas très ~ de ta part** it wasn't very smart OU clever of you; **elle n'est pas très fine** she's not very bright; **c'est ~!** *fam iron* very clever!; **ne joue pas au plus ~ avec moi** don't try to outwit OU to outsmart me ❑ **c'est une fine mouche** he's a sharp customer. -**5.** [sensible - ouïe, vue] sharp, keen, acute; [- odorat] discriminating, sensitive. -**6.** *(avant le n)* [extrême]: **dans le** OU **au ~ fond du placard** at the very back of the closet; **au ~ fond de la campagne** in the depths of the countryside, in the middle of nowhere *péj*; **le ~ mot de l'histoire c'est que...** the best of it is that... -**7.** *(avant le n)* [excellent]: **~ connaisseur** (great) connoisseur; **un ~ connaisseur en vins** an expert on OU a (great) connoisseur of wines; **un ~ tireur** a crack shot ❑ **la fine équipe!** what a team!; **une ~e gueule** *fam*, **un ~ gourmet** a gourmet; **un ~ limier** super-sleuth.

◆ **fin** *adv* -**1.** [finement - moulu] fine, finely; [- taillé] sharp, sharply; **c'est écrit trop ~** it's written too small. -**2.** [tout à fait]: **être ~ prêt** to be ready; **nous sommes ~ prêts** we're all set, we're ready; **être ~ saoul** *sout* to be blind drunk.

final, **e**, **als** OU **aux** [final, o] *adj* -**1.** [qui termine] final, end *(modif)*. -**2.** LING & PHILOS final.

◆ **final**, **finale** *nm* DANSE & MUS finale.

◆ **finale** *nf* -**1.** LING [syllabe] final syllable; [voyelle] final vowel. -**2.** SPORT final.

finalement [finalmɑ̃] *adv* -**1.** [à la fin] finally, eventually, in the end. -**2.** [tout compte fait] after all, when all is said and done.

finaliser [3] [finalize] *vt* to finalize.

finalisme [finalism] *nm* finalism.

finaliste [finalist] ◇ *adj* -**1.** SPORT: **l'équipe ~** the team of finalists ‖ JEUX: **candidat ~** finalist. -**2.** PHILOS finalistic.

◇ *nmf* JEUX, PHILOS & SPORT finalist.

finalité [finalite] *nf* -**1.** [but] aim, purpose, end. -**2.** PHILOS finality.

finance [finɑ̃s] *nf* [profession]: **la ~** (the world of) finance; **entrer dans la ~** to enter the world of finance ❑ **la haute ~** high finance.

◆ **finances** *nfpl* -**1.** POL: **les Finances** ≃ the Exchequer *Br*, ≃ the Treasury Department *Am* ❑ **~s publiques** public finance. -**2.** *fam* [budget personnel]: **ça dépendra de mes ~s** it will depend on whether I can afford it or not; **mes ~s sont à zéro** my finances have hit rock-bottom.

financement [finɑ̃smɑ̃] *nm* financing *(U)*, finance.

financer [16] [finɑ̃se] *vt* [journal, projet] to finance, to back (financially), to put up the finance for; *(en usage abs)*: **une fois de plus, ce sont ses parents qui vont ~** *fam* once again, his parents will fork out.

financier, **ère** [finɑ̃sje, ɛr] *adj* -**1.** [crise, politique] financial; **problèmes ~s** [d'un État] financial problems; [d'une personne] money problems. -**2.** CULIN sauce financière, financière sauce *(made with sweetbreads, mushrooms etc)*.

◆ **financier** *nm* CULIN financier.

◆ **financière** *nf* CULIN: **à la financière** à la financière, with financière sauce.

financièrement [finɑ̃sjɛrmɑ̃] *adv* financially.

finasser *fam* [3] [finase] *vi* to scheme.

finasserie *fam* [finasri] *nf* scheming.

finaud, **e** [fino, od] ◇ *adj* cunning, shrewd, wily.

◇ *nm, f*: **c'est un (petit) ~** he's a crafty OU sly one.

fine[2] [fin] ◇ *f* → **fin**.

◇ *nf* -**1.** [eau-de-vie] ≃ brandy; **~ champagne** *variety of Cognac.* -**2.** [huître]: **~s de claire** *specially fattened greenish oysters.*

finement [finmɑ̃] *adv* -**1.** [de façon fine - hacher, dessiner] finely. -**2.** [subtilement] subtly, with finesse.

fines [fin] *nfpl* fines MIN.

finesse [finɛs] *nf* -**1.** [délicatesse - d'un mets, d'un vin] delicacy; [- d'une étoffe] delicacy, fineness; **un portrait d'une grande ~ d'exécution** a very delicately painted portrait; **la ~ du trait dans les dessins de Dürer** the delicate lines of OU the finesse of Dürer's drawings; **jouer Chopin avec beaucoup de ~** to give a sensitive interpretation of Chopin. -**2.** [perspicacité] flair, finesse, shrewdness. -**3.** [subtilité] subtlety *(U)*; **une remarque pleine de ~** a very subtle remark; **~ d'esprit** intellectual refinement; **~ de goût** refined taste. -**4.** [acuité] sharpness, keenness; **la ~ avec laquelle il distingue les demi-tons** his good ear for the semi-tones. -**5.** [minceur - de la taille] slenderness, slimness; [- des cheveux, d'une poudre] fineness; [- du papier, d'un fil] thinness; **la ~ de ses traits** the fineness of her features; **des draps d'une grande ~** sheets of the finest cloth. -**6.** AÉRON aerodynamic efficiency. -**7.** NAUT sharpness.

◆ **finesses** *nfpl* [subtilités] subtleties, niceties; **les ~s du français** the subtleties of the French language; **les ~s de la diplomatie** diplomatic niceties.

finette [finɛt] *nf* brushed cotton.

fini, **e** [fini] *adj* -**1.** [perdu] finished; **c'est un homme ~** he's finished; **en tant que banquier, je suis ~** my banking career is finished. -**2.** *péj* [en intensif] complete, utter; **un imbécile ~** a complete OU an utter fool. -**3.** MATH & PHILOS finite. -**4.** [accompli, terminé] finished, accomplished.

◆ **fini** *nm* -**1.** [perfection] finish. -**2.** PHILOS: **le ~** that which is finite.

finir [32] [finir] ◇ *vt* -**1.** [achever - tâche, ouvrage] to finish (off); [- guerre, liaison] to end; [- études] to complete; [- période, séjour] to finish, to complete; **il a fini ses jours à Cannes** he ended his days in Cannes; **~ la soirée au poste** to wind up in a police cell (at the end of a night out); **finissez la vaisselle d'abord** first finish the dishes, get the dishes finished first; **mon travail est fini maintenant** my work's done now; **finis ta phrase** finish what you were saying; **~ de faire** to finish; **finis de faire tes devoirs** finish your homework ‖ *(en usage abs)*: **laisse-moi seulement ~** just let me finish; **je n'ai pas fini!** I haven't finished (what I have to say)! ❑ **c'en est fini de** *sout*: **c'en est bien fini de mes rêves!** that's the end of all my dreams; **en ~**: **finissons-en** let's get it over with; **elle a voulu en ~** [se suicider] she tried to end it all; **il faut en ~, cette situation ne peut plus durer** we must do something to put an end to this state of affairs; **en ~ avec**: **il veut en ~ avec la vie** he's had enough of life; **nous devons en ~ avec la crise économique** we must end the slump; **j'en aurai bientôt fini avec lui** I'll be done with him soon. -**2.** [consommer la dernière partie de] to use up (all of), to finish (off); **qui a fini l'eau de Cologne?** who's used up all OU finished off the Cologne?; **finis ton assiette** *fam* eat up OU finish off what's on your plate; **il a fini le gâteau/la bouteille** he finished off the cake/the bottle; **je finissais toujours les vêtements de mes aînés** I was always dressed in my elder brothers' hand-me-downs. -**3.** *fam (en usage abs)* [en réprimande]: **tu n'as pas bientôt fini!** will you stop it!; **tu as fini, oui, ou c'est une claque!** stop it now or you'll get a smack!; **c'est fini, ce boucan?** stop that racket, will you!

◇ *vi* -**1.** [arriver à son terme] to finish, to end; **la route finit au pont** the road stops at the bridge; **la réunion a fini dans les hurlements** the meeting ended in uproar; **le bal a fini sur une farandole** the ball ended with a farandole; **la leçon finit à quatre heures** the lesson finishes at four; **l'école finit en juin** school ends in June; **quand finit ton stage?** when's the end of your placement?; **son bail finit à Pâques** her lease expires OU lapses at Easter; **je finirai sur ce vers de Villon** let me end with this line from Villon; **pour ~** in the end, finally; **elle a marchandé mais pour ~ elle n'a pas acheté le tapis** she haggled over the price of the carpet but in the end she didn't buy it; **~ par** *(suivi d'un inf)*: **il a fini par renoncer/réussir** he finally gave up/succeeded; **ça finit par coûter cher** it costs a lot of money in the end; **ça a fini par des embrassades** it ended in a lot of hugging and kissing ❑ **fini de** *fam*: **et maintenant, fini de se croiser les bras!** and now let's see some action!; **en janvier, fini de rigoler, tu te remets au travail** come January there'll be no more messing around, you're going to have to get down to some work; **n'en pas ~**, **n'en plus ~**: **cette journée/son discours n'en finit pas** there's no end to this day/his speech; **si on tient compte des exceptions, on ne va plus en ~!** we'll never see the end of this if we take exceptions into account!; **un grand adolescent qui n'en finit pas** *hum* a big kid; **à n'en plus ~** endless, never-ending, interminable; **des plaintes à n'en plus ~** endless OU never-ending complaints; **~ en queue de poisson** *fam* to fizzle out. -**2.** [avoir telle issue]: **elle a fini juge** she ended up a judge; **il a mal fini** [délinquant] he came to a bad end; **un roman qui finit bien/mal** a novel with a happy/sad ending; **comment tout cela va-t-il ~?** where OU how will it all end? ❑ **tout est bien qui finit bien** *prov* all's well that ends well *prov.* -**3.** [mourir] to die; **~ à l'hôpital** to end one's days OU to die in hospital; **~ sous un autobus** to end up under a bus.

finish [finiʃ] *nm inv* SPORT finish; **jouer un match/une partie au ~** (to play a) match/game to the finish; **je l'ai eu au ~** *fam fig* I got him in the end.

finissage [finisaʒ] *nm* finishing.

finissant, **e** [finisɑ̃, ɑ̃t] *adj litt* [qui finit] finishing; **au jour ~** at dusk.

finisseur, **euse** [finisœr, øz] *nm, f* [gén & SPORT] finisher; **on peut lui faire confiance pour le marathon, c'est un ~!** we can count on him in the marathon, he's a finisher!

◆ **finisseur** *nm* TRAV PUBL finisher.

finissure [finisyr] *nf* casing-in.

Finistère [finistɛr] *npr m*: **le ~** Finistère.

finition [finisjɔ̃] *nf* -**1.** [détail]: **la ~ de l'anorak est très bien faite** the anorak's nicely finished; **les ~s** the finishing touches. -**2.** [perfectionnement] finishing off *(U)*; **les travaux de ~ prendront plusieurs jours** it will take several days to finish off the work.

finitude [finityd] *nf* finiteness.

finlandais, **e** [fɛ̃lɑ̃dɛ, ɛz] *adj* Finnish.

◆ **Finlandais**, **e** *nm, f* Finn.

◆ **finlandais** *nm* LING Finnish.

Finlande [fɛ̃lɑ̃d] *npr f*: **(la) ~** Finland.

finlandisation [fɛ̃lɑ̃dizasjɔ̃] *nf* Finlandization.

finnois, **e** [finwa, az] *adj* Finnish.

◆ **Finnois**, **e** *nm, f* Finn.

◆ **finnois** *nm* LING Finnish.

finno-ougrien, enne [finougrijɛ̃, ɛn] (*mpl* finno-ougriens, *fpl* finno-ougriennes) *adj* Finno-Ugric, Finno-Ugrian.
◆ **finno-ougrien** *nm* LING Finno-Ugric, Finno-Ugrian.

FINUL, Finul [finyl] (*abr de* Forces intérimaires des Nations unies au Liban) *npr f* UNIFIL.

fiole [fjɔl] *nf* -1. [bouteille] phial. -2. ▽ [tête] mug.

fion [fjɔ̃] *nm* -1. ▽ *loc*: donner le coup de ~ à to put the finishing touch to. -2. *Helv* [mot] witticism.

fioritures [fjɔrityr] *nfpl* -1. [décorations] embellishments. -2. MUS fioritura.
◆ **sans fioritures** *loc adj* plain, unadorned.

fioul [fjul] *nm* fuel (oil).

FIP [fip] (*abr de* France Inter Paris) *npr French national radio station broadcasting light music and traffic information.*

firmament [firmamɑ̃] *nm litt* firmament *litt*, heavens.

firme [firm] *nf* firm, company.

FIS [fis] (*abr de* Front islamique de salut) *npr m*: le ~ the FIS, the Islamic Salvation Front.

fisc [fisk] *nm* ≃ Inland *Br* OU Internal *Am* Revenue; des problèmes avec le ~ problems with the taxman.

fiscal, e, aux [fiskal, o] *adj* fiscal, tax *(modif)*; dans un but ~ for the purpose of revenue ❑ pression OU charge ~e tax burden; l'administration ~e the tax authorities; année ~e tax year, fiscal year *Am*; conseiller ~ tax adviser; fraude ~e tax evasion.

fiscalement [fiskalmɑ̃] *adv* fiscally, from the point of view of taxation; dans quel pays êtes-vous ~ domicilié? in which country do you pay tax?

fiscalisation [fiskalizasjɔ̃] *nf* taxing, taxation.

fiscaliser [3] [fiskalize] *vt* to tax.

fiscaliste [fiskalist] *nmf* tax expert.

fiscalité [fiskalite] *nf* [système, législation] tax system.

fish-eye [fiʃaj] (*pl* fish-eyes) *nm* fish-eye lens.

fissible [fisibl], **fissile** [fisil] *adj* MINÉR & NUCL fissile.

fission [fisjɔ̃] *nf* fission.

fissionner [3] [fisjɔne] *vt* to split.

fissuration [fisyrasjɔ̃] *nf* fissuring *spéc*, cracking.

fissure [fisyr] *nf* -1. [fente] crack, fissure *spéc*. -2. MÉD fissure. -3. *fig* [défaut] fissure, crack, chink; il y a des ~s dans son raisonnement her argument doesn't hold water.

fissurer [3] [fisyre] *vt* [mur, paroi] to crack, to fissure *spéc*.

fiston *fam* [fistɔ̃] *nm* son.

fistulaire [fistylɛr] *adj* fistular, fistulate.

fistule [fistyl] *nf* fistula.

fistuleux, euse [fistylø, øz] *adj* fistulous.

FIV [fiv] (*abr de* fécondation in vitro) *nf* IVF.

FIVETE, fivete [fivɛt] (*abr de* fécondation in vitro et transfert d'embryon) *nf* GIFT; une ~ a test-tube baby.

fixage [fiksaʒ] *nm* fixing PHOT.

fixateur, trice [fiksatœr, tris] *adj* fixative.
◆ **fixateur** *nm* -1. PHOT fixer. -2. [pour les cheveux] setting lotion. -3. BIOL fixative. -4. BX-ARTS fixative.

fixatif, ive [fiksatif, iv] *adj* fixative.
◆ **fixatif** *nm* fixative.

fixation [fiksasjɔ̃] *nf* -1. [accrochage] fixing, fastening; quel est le système de ~ des étagères? how are the shelves fixed to the wall? -2. [établissement - d'un prix] setting; [- d'un rendez-vous] making, fixing; être chargé de la ~ de l'impôt to be responsible for setting tax levels. -3. CHIM & BIOL fixation. -4. BX-ARTS & PHOT fixing. -5. PSYCH fixation, obsession; la ~ au père/à la mère father/mother fixation; faire une ~ sur qqch to be obsessed with OU by sthg; il fait une ~ sur les examens he's obsessed by exams. -6. [de ski] binding.

fixe [fiks] ◇ *adj* -1. [invariable - repère] fixed; prendre un médicament à heure ~ to take (a) medicine at a set time ❑ virgule ~ INF fixed point. -2. MIL: (à vos rangs,) ~! attention! -3. [immobile - œil, regard] fixed, staring. -4. [durable - emploi] permanent, steady. -5. ÉCON, FIN & JUR [droit] fixed duty *(modif)*; [prix] set; [revenu, salaire] fixed; assignation à jour ~ fixed summons.
◇ *nm* (fixed OU regular) salary.
◆ **au beau fixe** *loc adj* -1. MÉTÉO continuously sunny. -2. [optimiste]: humeur/moral au beau ~ permanently sunny mood/optimistic outlook.

fixement [fiksəmɑ̃] *adv* fixedly; elle le regarde ~ she's staring at him.

fixer [3] [fikse] *vt* -1. [accrocher - gén] to fix; [- par des épingles, des punaises] to pin (on); [- avec de l'adhésif] to tape (on); [- avec un fermoir, un nœud] to fasten; ~ un tableau au mur to put up a painting on a wall; ~ un badge sur un vêtement [avec une épingle] to pin a badge on (to) a garment; [en le cousant] to sew a badge on (to) a garment. -2. [en regardant] to stare; ~ les yeux OU son regard sur qqn/qqch to stare at sb/sthg; tout le monde avait les yeux fixés sur elle everybody was staring at her; il la fixe droit dans les yeux he's staring straight into her eyes. -3. [concentrer]: ~ son attention/esprit sur qqch to fix one's attention/mind on sthg; ~ son choix sur qqch to decide OU to settle on sthg; il a enfin fixé son choix sur une montre he finally decided on a watch. -4. [définir - date, lieu] to fix, to set, to decide on *(insép)*; ~ le prix des matières premières to fix a price for OU the price of raw materials; ~ le prix d'une réparation to cost a repair job; ~ un rendez-vous à qqn to arrange a meeting with sb; vous fixerez votre heure you decide on the time that suits you (best). -5. [informer]: ~ qqn to set sb straight; la voilà enfin fixée sur ton compte she's finally been set straight about you; te voilà fixé! now you know! -6. [établir]: ~ son domicile à Paris to take up (permanent) residence OU to settle (down) in Paris. -7. [stabiliser] to fix; ~ la langue/l'orthographe to standardize the language/the spelling. -8. BX-ARTS, CHIM & PHOT to fix.
◆ **se fixer** ◇ *vp* *(emploi passif)* [s'accrocher] to be fixed OU fastened; ça se fixe facilement sur le ski it fastens easily onto the ski; ça se fixe avec une courroie you attach it with a strap, you strap it on.
◇ *vpi* -1. [s'installer] to settle; elle s'est fixée en Irlande she settled (permanently) in Ireland. -2. [se stabiliser] to settle down; il s'est fixé après son mariage he settled down after he got married. -3. *arg drogue* to shoot up.
◇ *vpt*: il s'est fixé un but dans la vie, réussir he has (set himself) one aim in life, to succeed; fixons-nous trois tâches let's set ourselves three tasks.
◆ **se fixer sur** *vp + prép* [en faire le choix] to decide on; il s'est fixé sur une cravate bleue he decided on a blue tie.

fixing [fiksiŋ] *nm* BOURSE fixing *(of the price of gold)*.

fixisme [fiksism] *nm* creationism.

fixiste [fiksist] ◇ *adj* creationistic.
◇ *nmf* creationist.

fixité [fiksite] *nf* [d'une disposition] fixity, unchangeableness; [du regard] fixedness, steadiness.

fjeld [fjɛld] *nm* fjeld.

fjord [fjɔrd] *nm* fjord.

fl. (*abr écrite de* fleuve) R.

FL (*abr écrite de* florin) Fl, F, G.

flac [flak] *interj* splash.

flaccidité [flaksidite] *nf* flaccidity, flaccidness.

flache [flaʃ] *nf* -1. [creux] pothole. -2. [flaque] puddle. -3. [sur un arbre] blaze.

flacon [flakɔ̃] *nm* [de parfum, de solvant] (small) bottle; [de spiritueux] flask.

flaconnage [flakɔnaʒ] *nm* -1. [fabrication] bottle making. -2. [flacons] set of flasks, (small) bottles.

fla-fla *fam* [flafla] (*pl* fla-flas) *nm vieilli*: faire des ~s to make a huge fuss.
◆ **sans fla-flas** *fam loc adv* simply, without fuss.

flagada *fam* [flagada] *adj inv* pooped, washed-out.

flagellaire [flaʒɛlɛr] *adj* flagellar.

flagellant [flaʒɛlɑ̃] *nm* flagellant.

flagellateur, trice [flaʒɛlatœr, tris] *nm, f* scourger.

flagellation [flaʒɛlasjɔ̃] *nf* flagellation.

flagelle [flaʒɛl] *nm* flagellum.

flagellé, e [flaʒɛle] *adj* flagellate, flagellated.
◆ **flagellé** *nm* flagellate.

flageller [4] [flaʒɛle] *vt* -1. [battre] to whip. -2. *litt* [dénoncer] to flagellate.

flageolant, e [flaʒɔlɑ̃, ɑ̃t] *adj* [jambe] shaking, trembling, wobbly.

flageoler [3] [flaʒɔle] *vi* [jambes] to shake, to tremble, to wobble; ~ sur ses jambes to sway to and fro.

flageolet [flaʒɔlɛ] *nm* -1. BOT (flageolet) bean. -2. MUS flageolet.

flagorner [3] [flagɔrne] *vt litt* to fawn on *(insép)*.

flagornerie [flagɔrnəri] *nf litt* fawning, flattering, toadying.

flagorneur, euse [flagɔrnœr, øz] *nm, f litt* flatterer, toady.

flagrant, e [flagrɑ̃, ɑ̃t] *adj* -1. [évident] blatant, obvious, flagrant; avec une mauvaise volonté ~e with obvious reluctance; elle ne voulait pas le voir, c'était ~ she didn't want to see him, that much was obvious. -2. JUR: ~ délit flagrante delicto.
◆ **en flagrant délit** *loc adv* -1. JUR in flagrante delicto. -2. [sur le fait] in the act, red-handed; je t'ai pris en ~ délit I caught you red-handed OU in the act.
◆ **en flagrant délit de** *loc prép*: pris en ~ délit de mensonge caught lying; surpris en ~ délit de chapardage caught stealing.

flair [flɛr] *nm* -1. [odorat] scent. -2. [perspicacité] flair; il a du ~ he has flair.

flairer [4] [flɛre] *vt* -1. [humer - suj: chien] to scent, to sniff at *(insép)*; [- suj: personne] to smell; le chien flairait sa pâtée/le gibier the dog sniffed (at) its food/scented the game. -2. [deviner] to sense; ~ un danger to have a sense of impending danger; il a flairé qu'il y avait une astuce he could see there was a trick ❑ ~ le vent to see which way OU how the wind blows.

flamand, e [flamɑ̃, ɑ̃d] *adj* Flemish.
◆ **Flamand, e** *nm, f* Fleming; les Flamands the Flemish.
◆ **flamand** *nm* LING Flemish.

flamant [flamɑ̃] *nm* flamingo; ~ rose (pink) flamingo.

flambage [flɑ̃baʒ] *nm* -1. CULIN [d'une omelette] flambéing; [d'un poulet] singeing. -2. TEXT singeing. -3. MÉCAN buckling.

flambant, e [flɑ̃bɑ̃, ɑ̃t] *adj* -1. *litt* [bois, fagot] burning, blazing; MIN [houille] bituminous. -2. *loc*: ~ neuf brand new.
◆ **flambant** *nm* MIN bituminous coal.

flambard *fam*, **flambart** *fam* [flɑ̃bar] *nm vieilli* braggart.

flambeau, x [flɑ̃bo] *nm* -1. [torche] torch; [chandelier] candlestick; *fig* torch; nous sommes rentrés à la lumière des ~x we came back by torchlight; marche OU retraite aux ~x torchlit procession; passer OU transmettre le ~ to pass on the torch; se passer OU se transmettre le ~ (de génération en génération) to pass the tradition down (from generation to generation). -2. *litt* [lumière]: le ~ de: le ~ du rationalisme/de la foi the light of rationalism/faith.

flambée [flɑ̃be] *nf* -1. [feu] blaze, fire; faire une petite ~ to light a small fire; faire une bonne ~ to get a roaring fire going. -2. *fig* [poussée]: ~ de: une ~ de colère an outburst of anger;

une ~ de violence an outbreak OU a sudden wave of violence; la ~ des prix the leap in prices.

flambement [flɑ̃bmɑ̃] *nm* buckling MECH.

flamber [3] [flɑ̃be] ◇ *vt* -**1.** CULIN [lapin, volaille] to singe; [omelette] to flambé; **des crêpes flambées** flambéed pancakes. -**2.** *fam* [dilapider] to blow, to throw away *(sép)*; **il a de l'argent à ~** he has money to burn. -**3. être flambé** *fam* to have gambled all one's money away.
◇ *vi* -**1.** [se consumer] to burn (brightly). -**2.** [briller] to flash. -**3.** *fam* [jouer] to gamble (for big stakes). -**4.** MÉCAN to buckle.

flamberge [flɑ̃bɛrʒ] *nf* flamberge, flamberg; **mettre ~ au vent** *litt* OU *hum* to step into the breach.

flambeur, euse [flɑ̃bœr, øz] *nm, f* big-time gambler.

flamboiement [flɑ̃bwamɑ̃] *nm* [d'un incendie] blaze; [du regard] flashing.

flamboyant, e [flɑ̃bwajɑ̃, ɑ̃t] *adj* -**1.** [brillant - foyer] blazing, flaming; [- regard] flashing. -**2.** ARCHIT flamboyant *spéc*; **le gothique ~** high Gothic style.
◆ **flamboyant** *nm* BOT flamboyant.

flamboyer [13] [flɑ̃bwaje] *vi* -**1.** [être en flammes] to blaze OU to flare (up); **dans l'âtre qui flamboie** in the blazing hearth. -**2.** [briller - œil, regard] to flash.

flamenco, ca [flamɛnko, ka] *adj* flamenco.
◆ **flamenco** *nm* flamenco.

flamiche [flamiʃ] *nf* leek pie OU quiche.

flamingant, e [flamɛ̃gɑ̃, ɑ̃t] ◇ *adj* Flemish-speaking.
◇ *nm, f* -**1.** LING Flemish speaker. -**2.** POL Flemish nationalist.

flamme [flam] *nf* -**1.** [feu] flame; **faire une ~** to flare OU to blaze up; **cracher** OU **jeter** OU **lancer des ~s** [dragon] to breathe fire; [canon] to flare ❑ **la ~ du tombeau du Soldat inconnu** the Eternal Flame. -**2.** *litt* [éclat] fire; **dans la ~ de son regard** in her fiery eyes; **la ~ de son intelligence** the brilliance of her intellect. -**3.** [ferveur] fire; **discours plein de ~** impassioned speech. -**4.** *arch* OU *litt* [amour] ardour. -**5.** [fanion - d'un navire de guerre] pennent, pennon; [- de la cavalerie] pennon. -**6.** [sur une lettre] slogan. -**7.** ÉLECTR: **(ampoule) ~** candle bulb.
◆ **flammes** *nfpl*: **les ~s** fire; **périr dans les ~s** to burn to death, to be burnt alive ❑ **les ~s éternelles** OU **de l'enfer** *fig* hell fire.
◆ **à la flamme de** *loc prép* by the light of; **lire une inscription à la ~ d'un briquet** to read an inscription by the light of a cigarette lighter.
◆ **avec flamme** *loc adv* passionately.
◆ **en flammes** ◇ *loc adj* burning, blazing; **un château en ~s** a blazing castle.
◇ *loc adv*: **l'avion est tombé en ~s** the plane went down in flames; **descendre un auteur/une pièce en ~s** *fam* to pan an author/a play.

flammé, e [flame] *adj* [céramique] flambé.

flammèche [flamɛʃ] *nf* (flying) spark.

flammerole [flamrɔl] *nf* will-o'-the-wisp.

flan [flɑ̃] *nm* -**1.** CULIN (baked) egg custard; **~ à la vanille** vanilla OU vanilla-flavoured custard. -**2.** IMPR flong. -**3.** MÉTALL flan. -**4.** *fam loc*: **c'est du ~!** it's a load of bunkum OU bunk!; **des arguments à la ~** waffle *Br*, hooey *Am*; **en rester comme deux ronds de ~** to be flabbergasted.

flanc [flɑ̃] *nm* -**1.** ANAT [entre les côtes et le bassin] flank; [côté du corps] side. -**2.** ZOOL flank, side. -**3.** [côté - d'un navire] side; [- d'une colline] side, slope. -**4.** MIL flank. -**5.** *litt* [ventre maternel] womb. -**6.** HÉRALD flank. -**7.** *loc*: **tirer au ~** to be bone-idle.
◆ **à flanc de** *loc prép*: **à ~ de coteau** on the hillside.
◆ **sur le flanc** *loc adv* -**1.** ANAT on one's side; **il s'est retourné et s'est mis sur le ~** he rolled over on to his side. -**2.** *loc*: **être sur le ~** [épuisé] to be exhausted; [malade] to be laid up; **mettre qqn sur le ~** to exhaust sb; **ça m'a mis sur le ~** it really took it out of me.

flancher [3] [flɑ̃ʃe] *vi* -**1.** [faiblir] to give out, to fail; **j'ai la mémoire qui flanche** my memory's giving out on OU failing me; **son cœur a flanché** his heart gave out on him. -**2.** [manquer de courage] to waver; **ce n'est vraiment pas le moment de ~** this is really no time for weakness.

flanchet [flɑ̃ʃɛ] *nm* flank.

Flandre [flɑ̃dr] *npr f*: **(la) ~, (les) ~s** Flanders; **(la) ~-Occidentale** Western Flanders; **(la) ~-Orientale** Eastern Flanders; **en ~** OU **~s** in Flanders.

flandricisme [flɑ̃drisism] *nm* loan word from Flemish.

flandrin [flɑ̃drɛ̃] *nm arch*: **un grand ~** a lanky fellow.

flanelle [flanɛl] *nf* flannel TEX.

flâner [3] [flane] *vi* -**1.** [se promener] to stroll OU to amble (along). -**2.** *péj* [perdre son temps] to hang about, to lounge around, to idle; **on n'a pas le temps de ~ avant les examens** there's no time for hanging about before the exams.

flânerie [flanri] *nf* stroll, wander.

flâneur, euse [flanœr, øz] *nm, f* stroller.

flanquement [flɑ̃kmɑ̃] *nm* MIL flanking.

flanquer [3] [flɑ̃ke] *vt* -**1.** *fam* [lancer] to fling, to throw, to chuck; **ne me flanque pas ton gant dans la figure!** don't chuck OU throw your glove in my face!; **elle m'a flanqué son parapluie dans les mollets** she jabbed me in the shins with her umbrella; **~ qqn dehors** OU **à la porte** [l'expulser] to kick sb out; [le licencier] to sack *Br* OU to can sb ❑ **~ qqch en l'air** [le mettre au rebut] to chuck sthg out, to bin sthg; [en abandonner le projet] to chuck sthg in; **~ qqch par terre**: **il a flanqué les bouquins par terre** [volontairement] he chucked the books on the floor; [par maladresse] he knocked the books onto the floor; **j'ai tellement voulu réussir et toi tu vas tout ~ par terre** *fig* I wanted to succeed so badly and now you're going to mess it all up (for me); **ça m'a flanqué le moral par terre** it really got me down. -**2.** *fam* [donner]: **~ un P-V à qqn** to give sb a ticket; **~ une gifle à qqn** to smack OU to slap sb; **~ un coup de poing à qqn** to punch sb; **~ un coup de pied à qqn** to kick sb; **~ la trouille** OU **frousse à qqn** to scare the pants off sb; **ça m'a flanqué le cafard** it really got me down. -**3.** [être à côté de] to flank; **deux bougeoirs flanquaient le miroir** a candle-holder stood on either side of the mirror. -**4.** *fam péj* [accompagner]: **être flanqué de**: **elle est arrivée, flanquée de ses deux frères** she came in with her two brothers at her side OU flanked by her two brothers. -**5.** MIL to flank.
◆ **se flanquer** *fam* ◇ *vpi*: **se ~ par terre** to take a tumble.
◇ *vpt*: **ils se sont flanqué des coups** they had a scrap; **je me suis flanqué une bonne indigestion** I gave myself a right dose of indigestion ❑ **se ~ la figure** OU **gueule**▽ **par terre** to fall flat on one's face.

flapi, e *fam* [flapi] *adj* washed-out, worn-out.

flaque [flak] *nf* puddle; **une large ~ d'huile** a pool of oil.

flash [flaʃ] (*pl* **flashs** OU **flashes**) *nm* -**1.** PHOT [éclair] flash; [ampoule] flash bulb; **prendre une photo au ~** to take a picture using a flash ❑ **avoir un ~** *fam* to have a brainwave. -**2.** RAD & TV [d'information] newsflash. -**3.** CIN & TV [plan] flash. -**4.** ▽ [d'un drogué] flash.

flash-back [flaʃbak] *nm inv* flashback; **elle utilise beaucoup les ~ dans ses romans** there are a lot of flashbacks in her novels.

flasher [3] [flaʃe] *vi* [clignoter] to flash (on and off).
◆ **flasher sur** *fam v + prép* to go crazy over; **elle a vraiment flashé sur cette robe** she just went crazy over this dress.

flasque[1] [flask] *adj* -**1.** [muscle, peau] flaccid, flabby. -**2.** [veule] spineless; **c'est un être ~** he has no backbone.

flasque[2] [flask] *nm* -**1.** MÉCAN [d'une machine] flange, end-plate. -**2.** ARM cheek *(of gun carriage)*.

flasque[3] [flask] *nf* [pour whisky] (hip) flask; [à mercure] flask.

flat [flat] *nm Belg* (small) flat.

flatter [3] [flate] *vt* -**1.** [encenser] to flatter; **n'essaie pas de me ~!** flattery will get you nowhere!; **tu me flattes, je ne pense pas avoir si bien réussi** you flatter me, I don't think I did that well; **~ bassement qqn** to fawn upon sb. -**2.** [embellir] to be flattering to; **ce portrait la flatte plutôt** this portrait of her is rather flattering. -**3.** [toucher] to touch, to flatter; **il sera flatté de** OU **par tes remarques** he will be very touched by what you said; **j'ai été flatté qu'on me confie cette responsabilité** I was very touched OU flattered to be charged with this responsibility. -**4.** *litt* [encourager] to encourage; **~ les caprices de qqn** to pander to sb's whims; **~ la vanité de qqn** to indulge sb's vanity. -**5.** [caresser - cheval, chien] to stroke. -**6.** [être agréable à - vue, odorat etc] to delight, to be pleasing to; **un vin qui flatte le palais** a (wonderfully) smooth wine.
◆ **se flatter** *vpi*: **sans vouloir me ~, je crois que j'ai raison** though I say it myself, I think I'm right; **elle se flatte de savoir recevoir** she prides herself on knowing how to entertain OU on her skills as a hostess; **je me flatte que personne d'autre n'y ait pensé** I pride myself on being the only person to have thought of it, I take pride in the fact that nobody else thought of it.

flatterie [flatri] *nf* -**1.** [adulation] flattery. -**2.** [propos] flattering remark.

flatteur, euse [flatœr, øz] ◇ *adj* flattering; **sans vouloir être ~ à ton égard, c'est vraiment du beau travail** without wishing to flatter you, you did a really nice job.
◇ *nm, f* flatterer.

flatteusement [flatøzmɑ̃] *adv* flatteringly.

flatulence [flatylɑ̃s] *nf* flatulence.

flatulent, e [flatylɑ̃, ɑ̃t] *adj* flatulent.

flatuosité [flatɥozite] *nf* flatus.

Flavius [flavjys] *npr*: **~ Josèphe** Flavius Josephus.

FLB (*abr de* **Front de libération de la Bretagne**) *npr m Breton liberation front.*

FLE, fle [flə] (*abr de* **français langue étrangère**) *nm French as a foreign language.*

fléau, x [fleo] *nm* -**1.** [désastre] curse, plague; **Attila, le ~ de Dieu** HIST Attila the Hun, the scourge of God. -**2.** *fam* [cause de désagréments] pain; **sa fille est un véritable ~** his daughter is a pain OU pest; **ces baladeurs, quel ~!** personal stereos are a real pain! -**3.** [d'une balance] beam. -**4.** AGR flail. -**5.** ARM: **~ d'armes** flail.

fléchage [fleʃaʒ] *nm* marking (with arrows); **le ~ de l'itinéraire bis n'est pas terminé** the alternative route hasn't been completely marked out (with arrows) yet.

flèche [flɛʃ] *nf* -**1.** ARM [projectile] arrow; **partir comme une ~** to shoot off; **faire ~ de tout bois** to use all available means ‖ [d'un canon] trail. -**2.** [en balistique]: **~ d'une trajectoire** highest point of a trajectory. -**3.** [signe] arrow; **suivez la ~** follow the arrow. -**4.** ARCHIT [d'un arc] broach; [d'un clocher] spire. -**5.** [d'une balance] pointer. -**6.** MÉCAN [d'une grue] boom. -**7.** SPORT [au ski] *giant slalom proficiency test.* -**8.** AÉRON sweep-back; **avion à ~ variable** sweep-wing aircraft. -**9.** BOT: **~ d'eau** arrowhead. -**10.** GÉOG: **~ littorale** spit. -**11.** [timon] shaft. -**12.** *litt* [raillerie] broadside, jibe; **ses ~s ne m'atteignent pas** I pay no heed to his jibes ❑ **la ~ du Parthe** the Parthian OU parting shot.
◆ **en flèche** ◇ *loc adj* rising; **des cinéastes en ~** rising film-makers, film-makers on the way up.
◇ *loc adv* -**1.** [spectaculairement]: **monter en ~**

pr to go straight up (like an arrow), to shoot up; *fig* to shoot up; **les tarifs montent en ~** prices are rocketing; **au début de sa carrière il est monté en ~** he shot up at the beginning of his career; **partir en ~** *pr* to go off like an arrow, to shoot off; *fig* to shoot off. **-2.** [attelage]: **bœufs/chevaux attelés en ~** oxen/horses harnessed in tandem.

fléché, e [fleʃe] *adj* [itinéraire, parcours, route] sign-posted; **suivez la déviation ~e** follow the detour signs.

flécher [18] [fleʃe] *vt* [itinéraire, parcours] to mark with arrows, to sign-post.

fléchette [fleʃɛt] *nf* dart.

fléchi, e [fleʃi] *adj* LING inflected.

fléchir [32] [fleʃir] ◇ *vt* **-1.** [ployer] to bend, to flex; **fléchissez l'avant-bras** flex your forearm; **~ le genou devant qqn** to bow the knee to sb. **-2.** [apitoyer - juge, tribunal] to move, to pity; **se laisser ~** to relent.
◇ *vi* **-1.** [se ployer] to bend; **elle sentait ses genoux ~ sous elle** she could feel her knees giving way. **-2.** [baisser] to fall; **le dollar a de nouveau fléchi** the dollar has fallen again; **le chômage fléchit** unemployment is falling. **-3.** [céder] to weaken; **nous ne fléchirons pas devant la menace** we will not give in to threats; **leur père ne fléchissait jamais** their father was utterly inflexible.

fléchissement [fleʃismɑ̃] *nm* **-1.** [flexion - d'une partie du corps] flexing, bending. **-2.** [affaiblissement - des genoux] sagging; [- de la nuque] drooping. **-3.** [diminution - de la volonté] failing; **~ de la production/natalité** fall in production/in the birthrate.

fléchisseur [fleʃisœr] ◇ *adj m*: **muscle ~** flexor.
◇ *nm* flexor.

flegmatique [flɛgmatik] ◇ *adj* phlegmatic.
◇ *nmf* phlegmatic person.

flegmatiquement [flɛgmatikmɑ̃] *adv* phlegmatically.

flegme [flɛgm] *nm* phlegm, composure; **perdre son ~** to lose one's composure.
◆ **avec flegme** *loc adv* coolly, phlegmatically.

flegmon [flɛgmɔ̃] = **phlegmon**.

flemmard, e *fam* [flɛmar, ard] ◇ *adj* idle, lazy, workshy.
◇ *nm, f* idler, loafer.

flemmarder *fam* [3] [flɛmarde] *vi* to loaf about.

flemmardise *fam* [flɛmardiz] *nf* idleness, laziness.

flemme *fam* [flɛm] *nf* idleness, laziness; **j'ai vraiment la ~ d'y aller** I just can't be bothered to go; **je me sens comme une grosse ~ ce matin** I feel like loafing around this morning ❑ **tirer sa ~** to be bone-idle; **il tire une de ces ~s aujourd'hui!** he's been loafing around all day!

flétan [fletɑ̃] *nm* halibut.

flétrir [32] [fletrir] *vt* **-1.** BOT to wither, to wilt. **-2.** *litt* [ôter l'éclat de - couleur] to fade; [- teint] to wither; **les soucis ont flétri sa beauté** her good looks have been worn away by worry. **-3.** *litt* [avilir - ambition, espoir] to sully, to corrupt, to debase; **la vie a flétri en eux tout ce qu'il y avait d'innocence** life has robbed them of their innocence. **-4.** *litt* [condamner] to condemn, to denounce; **~ l'injustice** to denounce injustice.
◆ **se flétrir** *vpi* **-1.** BOT to wither, to wilt. **-2.** *litt* [perdre son éclat - peau] to wither; [- couleur, beauté] to fade.

flétrissure [fletrisyr] *nf* **-1.** BOT wilting. **-2.** *litt* [altération - du teint, de la peau] withering *(U)*. **-3.** *litt* [déshonneur] stain; **l'ignoble ~ dont vous l'avez marquée** the foul stain you placed upon her honour.

fleur [flœr] *nf* **-1.** BOT flower; [d'un arbre] blossom; **les ~s du cerisier** the cherry blossom; **le langage des ~s** the language of flowers; **une robe à ~s** a flowery dress, a dress with a flower motif ❑ **~ de lotus** lotus blossom; **~ d'oranger** [fleur] orange flower; [essence] orange flower water; **~ de la Passion** passion flower; **fraîche comme une ~** as fresh as a daisy; **jolie comme une ~** as pretty as a picture; **dites-le avec des ~s** *allusion slogan publicitaire* say it with flowers; **'les Fleurs du mal'** *Baudelaire* 'The Flowers of Evil'. **-2.** *fig*: **la ~ de** [le meilleur de]: **la ~ de l'âge** the prime of life; **~ de farine** fine wheat flour; **la ~ de la jeunesse** the full bloom of youth; **la fine ~ de** [l'élite de]: **c'est la fine ~ de l'école** he's the pride of his school; **la fine ~ de la canaille** a prize swine. **-3.** BIOL: **~ de vin/vinaigre** flower of wine/vinegar. **-4.** HÉRALD: **~ de lis** OU **lys** fleur-de-lys. **-5.** CHIM & *vieilli*: **~ d'arsenic** flowers of arsenic; **~ de soufre** flowers of sulphur. **-6.** *vieilli* [virginité] virginity; **perdre sa ~** to lose one's virtue. **-7.** *loc*: **faire une ~ à qqn** *fam* to do sb an unexpected favour OU a favour; **comme une ~**: **arriver comme une ~** to turn up out of the blue; **faire qqch comme une ~** to do sthg almost without trying; **c'est passé comme une ~** it was as easy as pie.
◆ **fleurs** *nfpl* **-1.** LITTÉRAT: **~s de rhétorique** flowers of rhetoric, rhetorical flourishes; **sans ~s de rhétorique** in plain language. **-2.** [louanges]: **couvrir qqn de ~s** to praise sb highly; **s'envoyer** OU **se jeter des ~s** *fam* [mutuellement] to sing one another's praises, to pat one another on the back; [à soi-même] to pat o.s. on the back.
◆ **à fleur de** *loc prép* on the surface of; **à ~ d'eau** just above the surface (of the water); **des yeux à ~ de tête** prominent eyes; **avoir les nerfs à ~ de peau** to be on edge; **une sensibilité à ~ de peau** hypersensitivity.
◆ **en fleur(s)** *loc adj* [rose, pivoine] in flower OU bloom, blooming; [arbre, arbuste] blossoming, in blossom.
◆ **fleur bleue** *loc adj* sentimental; **roman ~ bleue** sentimental novel; **il adore tout ce qui est ~ bleue** he loves anything sentimental.

fleurdelisé, e [flœrdəlize] *adj* decorated with fleurs-de-lis.

fleurer [5] [flœre] *vt litt* to smell of; **la chambre fleure le bois de pin** the bedroom smells of pinewood; **son histoire fleure le scandale** *fig* his story smacks of scandal; **~ bon** to smell sweetly of.

fleuret [flœrɛ] *nm* foil FENCING.

fleurette [flœrɛt] *nf* small flower, floweret, floret.

fleurettiste [flœrɛtist] *nmf* foilsman *(f* foilswoman*)*.

fleuri, e [flœri] *adj* **-1.** [arbre, arbuste] in bloom OU blossom; **un balcon ~** a balcony decorated with flowers ❑ **'Rouen, ville ~e'** Rouen, town in bloom. **-2.** [orné de fleurs] flowered, flowery; **une nappe ~e** a flowery tablecloth. **-3.** *litt* [teint] florid. **-4.** [conversation, style] flowery, overornate.

fleurir [32] [flœrir] ◇ *vi* **-1.** BOT [rose, pivoine] to flower, to bloom; [arbre, arbuste] to flower, to blossom; **les arbres ont entièrement fleuri** the trees are in full bloom; **des visages butés où fleurissait un rare sourire** *fig* & *litt* stubborn faces across which a smile would occasionally spread. **-2.** [apparaître] to burgeon; **les antennes paraboliques qui fleurissent sur tous les toits** the satellite dishes mushrooming OU burgeoning all over every roof. **-3.** [se développer] to flourish, to thrive.
◇ *vt* to decorate with flowers; **les villageois ont fleuri leurs maisons** the villagers have decorated their houses with flowers; **~ une table** to decorate a table with flowers; **~ la tombe de qqn** to put flowers on sb's grave; **~ qqn** to pin a flower on sb's lapel.

fleuriste [flœrist] *nmf* **-1.** [vendeur] florist; **~ artificiel** artificial flower dealer. **-2.** [cultivateur] flower grower.

fleuron [flœrɔ̃] *nm* **-1.** [ornement - de reliure] flower, fleuron; [- en pierre] finial; **le (plus beau) ~ de...** *fig* the jewel of...; **cette bouteille est le plus beau ~ de ma cave** this is the finest bottle in my cellar; **on a volé le ~ de sa collection d'émeraudes** the finest emerald in his collection has been stolen. **-2.** BOT floret.

Fleury-Mérogis [flœrimerɔʒis] *npr town near Paris with a famous prison.*

fleuve [flœv] *nm* **-1.** [rivière] river *(flowing into the sea)*; **~ international** river going across national borders ❑ **~ côtier** coastal river; **le ~ Jaune** the Yellow River; **le ~ Zaïre** the (River) Zaïre. **-2.** [écoulement]: **un ~ de**: **un ~ de boue** a river of mud, a mudslide; **un ~ de larmes** a flood of tears. **-3.** *(comme adj; avec ou sans trait d'union)*: **une lettre ~** a very long letter.

flexibiliser [1] [flɛksibilize] *vt* to make flexible.

flexibilité [flɛksibilite] *nf* **-1.** [d'un matériau] pliability. **-2.** PSYCH flexible OU adaptable nature. **-3.** [adaptabilité - d'un arrangement, d'un horaire] flexibility, adaptability; [- d'un dispositif] versatility.

flexible [flɛksibl] ◇ *adj* **-1.** [pliable] pliable, flexible. **-2.** PSYCH flexible, adaptable, amenable to change. **-3.** [variable - arrangement] flexible; [- dispositif] versatile; **avoir des horaires ~s** to have a flexible schedule.
◇ *nm* **-1.** [tuyau] flexible tube. **-2.** MÉCAN flexible shaft.

flexion [flɛksjɔ̃] *nf* **-1.** [d'un arc, d'un ressort] bending *(U)*, flexion. **-2.** [des membres] flexing *(U)*; **~, extension!** bend, stretch! **-3.** LING inflection ❑ **~ nominale** noun inflection.

flexionnel, elle [flɛksjɔnɛl] *adj* [langue, langage] inflected.

flexographie [flɛksɔgrafi] *nf* flexography.

flexure [flɛksyr] *nf* flexure, fold; **~ continentale** shelf edge.

flibuste [flibyst] *nf*: **la ~** [piraterie] freebooting; [pirates] freebooters.

flibustier [flibystje] *nm* freebooter, buccaneer.

flic *fam* [flik] *nm* cop.

flicaille▽ [flikaj] *nf péj*: **la ~** the pigs OU cops.

flic flac [flikflak] *interj* splash splash, splish splosh.

flingue▽ [flɛ̃g] *nm* piece, gat *Am*.

flinguer▽ [3] [flɛ̃ge] *vt* to blow away *(sép)*, to waste.
◆ **se flinguer**▽ *vp* *(emploi réfléchi)* to blow one's brains out; **c'est à se ~!, il y a de quoi se ~!** it's enough to drive you round the bend!

flint [flint], **flint-glass** [flintglas] *(pl* flint-glasses*)* *nm* flint glass.

flippant, e▽ [flipɑ̃, ɑ̃t] *adj* depressing; **c'était ~!** it was a real downer!

flipper¹ [flipœr] *nm* pinball machine.

flipper²▽ [3] [flipe] *vi* **-1.** [être déprimé] to feel down; **lui raconte pas tes malheurs, tu vas le faire ~** don't go telling him your troubles, it'll only get him down. **-2.** [paniquer] to flip. **-3.** [drogué] to have a bad trip.

flirt [flœrt] *nm* **-1.** [relation] (little) fling; **ce n'est qu'un petit ~ entre eux** they are just having a fling; **elle aime le ~** she's a flirt, she loves flirting. **-2.** [ami] boyfriend; [amie] girlfriend; **un de ses anciens ~s** an old flame.

flirter [3] [flœrte] *vi* [badiner] to flirt; **elle aime ~** she's a flirt, she loves flirting ❑ **~ avec qqn** *pr* to have a little fling with sb; **~ avec qqn/qqch** *fig* to flirt with sb/sthg; **j'ai flirté avec les socialistes** I flirted with socialism.

flirteur, euse [flœrtœr, øz] ◇ *adj* flirting.
◇ *nm, f* flirt.

FLN *(abr de* **Front de libération nationale***)* *npr m national liberation front in Algeria.*

FLNC *(abr de* **Front de libération nationale corse***)* *npr m Corsican liberation front.*

FLNKS *(abr de* **Front de libération nationale kanak et socialiste***)* *npr m Kanak independence movement in New Caledonia.*

floc [flɔk] *interj* splash.

flocage [flɔkaʒ] *nm* flocking TEX.

floche [flɔʃ] ◇ *adj* flossy; **fil/soie ~** floss thread/silk.
◇ *nf Belg* [gland] tassel.

flocon [flɔkɔ̃] *nm* [parcelle - de laine, de coton] flock; [- de neige] snowflake, flake; **~s d'avoine** oatmeal; **~s de maïs** cornflakes.

floconner [3] [flɔkɔne] *vi* to go fluffy.

floconneux, euse [flɔkɔnø, øz] *adj* [étoffe, neige, nuage] fluffy.

floculation [flɔkylasjɔ̃] *nf* flocculation, flocculating.

floculer [3] [flɔkyle] *vi* to flocculate.

flonflon [flɔ̃flɔ̃] *nm* oompah; **on entendait les ~s du bal** music could be heard coming from the dance.

flop *fam* [flɔp] *nm* flop; **faire un ~** to be a flop.

flopée *fam* [flɔpe] *nf*: **une ~ de** a whole bunch of.

floraison [flɔrɛzɔ̃] *nf* -**1.** BOT [éclosion] blooming, blossoming, flowering; [saison] flowering time; **quand les arbres sont en pleine ~** when the trees are in full bloom. -**2.** [apparition - d'artistes, d'œuvres]: **une ~ de** a boom in; **il y a actuellement une ~ de publicités pour des banques** at present there is something of a rash of advertisements for banks.

floral, e, aux [flɔral, o] *adj* [décor] floral; [exposition] flower *(modif)*.

floralies [flɔrali] *nfpl* flower show.

flore [flɔr] *nf* -**1.** [végétation] flora. -**2.** [ouvrage] flora. -**3.** MÉD: **~ intestinale** intestinal flora.

floréal [flɔreal] *nm* *8th month in the French Revolutionary calendar (from April 21 to May 20).*

Florence [flɔrɑ̃s] *npr* Florence.

florentin, e [flɔrɑ̃tɛ̃, in] *adj* Florentine.

◆ **Florentin, e** *nm, f* Florentine.

◆ **florentine** *nf* CULIN: **à la ~e** Florentine *(cooked with spinach).*

florès [flɔrɛs]

◆ **faire florès** *loc verbale litt* to enjoy great success, to be a huge success; **elle a fait ~ dans les années vingt** she was a roaring success in OU the toast of the twenties.

floricole [flɔrikɔl] *adj* flower-dwelling.

floriculture [flɔrikyltyr] *nf* floriculture *spéc*, flower-growing.

Floride [flɔrid] *npr f*: **(la) ~** Florida.

floridée [flɔride] *nf* red alga, member of the Florideae *spéc*; **les ~s** the Florideae, the red algae.

florifère [flɔrifɛr] *adj* floriferous *spéc*, flowering.

florilège [flɔrilɛʒ] *nm* anthology.

florin [flɔrɛ̃] *nm* florin.

florissant, e [flɔrisɑ̃, ɑ̃t] *adj* [affaire, plante] thriving, flourishing; [santé] blooming.

flot [flo] *nm* -**1.** [masse] flood, stream; **un ~ de boue** a stream of mud; **des ~s de larmes** floods of tears; **un ~ de gens** a stream of people; **un ~ de paroles** a flood of words; **un ~ de cheveux blonds** *litt* flowing blond hair ❑ **faire couler des ~s d'encre** to cause much ink to flow; **déverser des ~s de bile** to pour out one's gall. -**2.** [marée]: **le ~** the incoming OU rising tide.

◆ **flots** *nmpl litt*: **les ~s** the waves.

◆ **à flot** *loc adv* -**1.** NAUT: **mettre un navire à ~** to launch a ship; **remettre un bateau à ~** to refloat a boat. -**2.** [sorti des difficultés]: **je suis à ~ maintenant** I'm out of the woods now.

◆ **à flots** *loc adv* in floods OU torrents; **la pluie ruisselle à ~s sur les toits** the rain is running down the rooftops in torrents; **la lumière du soleil entre à ~s dans la chambre** sunlight is flooding OU streaming into the bedroom.

flottabilité [flɔtabilite] *nf* buoyancy.

flottable [flɔtabl] *adj* [bois] buoyant; [fleuve] floatable.

flottage [flɔtaʒ] *nm* [du bois, du verre] floating.

flottaison [flɔtɛzɔ̃] *nf* -**1.** [sur l'eau] buoyancy. -**2.** FIN floating.

flottant, e [flɔtɑ̃, ɑ̃t] *adj* -**1.** [sur l'eau - épave, mine] floating. -**2.** [ondoyant - chevelure] flowing; [- drapeau] billowing; **elle préfère les robes un peu ~es** she prefers loose-fitting dresses. -**3.** [hésitant - caractère, pensée] irresolute; **le raisonnement est un peu ~ dans le dernier chapitre** the line of argument loses its way slightly in the final chapter. -**4.** [variable] fluctuating, variable; **les effectifs sont ~s** the numbers fluctuate OU go up and down. -**5.** FIN floating. -**6.** ANAT [côte, rein] floating.

◆ **flottant** *nm* VÊT pair of baggy shorts.

flottation [flɔtasjɔ̃] *nf* flotation.

flotte [flɔt] *nf* -**1.** AÉRON & NAUT fleet. -**2.** *fam* [pluie] rain; [eau] water; **on a eu de la ~ pendant un mois** it poured for a month; **des fraises pleines de ~** watery strawberries.

flottement [flɔtmɑ̃] *nm* -**1.** [incertitude] indecisiveness, wavering *(U)*; **on note un certain ~ dans ses réponses** his answers seem hesitant OU indecisive. -**2.** [imprécision] looseness, imprecision; **il y a du ~ dans la boîte de vitesses** the gears are a bit loose. -**3.** [ondoiement] flapping, fluttering. -**4.** [fluctuation - d'une monnaie] floating; [- de chiffres] fluctuation; **il y a du ~ dans les effectifs** numbers fluctuate OU go up and down. -**5.** MIL swaying.

flotter [3] [flɔte] ◇ *vi* -**1.** [surnager] to float; **réussir à faire ~ un modèle réduit de bateau** to keep a model boat afloat, to get a model boat to float. -**2.** [être en suspension] to hang; **une bonne odeur de soupe flottait dans la cuisine** the kitchen was filled with a delicious smell of soup; **~ dans l'air** [idée, rumeur] to be going around. -**3.** [ondoyer - banderole] to flap, to flutter; **ses cheveux flottent au vent/sur ses épaules** her hair is streaming in the wind/hangs loose over her shoulders. -**4.** [être trop large] to flap (around); **un short qui flottait autour de ses cuisses** a pair of shorts flapping around his thighs ‖ [être au large]: **elle flotte dans sa robe** she's lost in that dress, her dress is too big for her. -**5.** *litt* [errer] to wander, to roam; **laissez ~ votre imagination** let your imagination roam, give free rein to your imagination; **un vague sourire flottait sur ses lèvres** a faint smile crossed her lips. -**6.** FIN [monnaie] to float.

◇ *vt* [bois] to float.

◇ *v impers fam* [pleuvoir] to rain; **il a flotté toute la nuit** it bucketed down *Br* OU it poured all night long.

flotteur [flɔtœr] *nm* ball, float.

flottille [flɔtij] *nf* -**1.** NAUT flotilla. -**2.** AÉRON squadron.

flou, e [flu] *adj* -**1.** [imprécis - souvenir] blurred, hazy; [- renseignements] vague. -**2.** CIN & PHOT out of focus. -**3.** [souple - vêtement] ample, flowing, loose-fitting; [- coiffure] soft.

◆ **flou** ◇ *nm* -**1.** CIN & PHOT blurredness, fuzziness; **~ artistique** *pr* soft-focus effect; **il a préféré donner** *fam* OU **rester dans le ~ artistique** *fig* he chose to remain very vague about it. -**2.** [imprécision] vagueness.

◇ *adv*: **je vois ~** I can't focus properly.

flouer [3] [flue] *vt* to rook, to con; **il s'est fait ~** he was conned.

flouse▽, **flouze**▽ [fluz] *nm* dosh *Br*, dough *Am*.

FLQ (*abr écrite de* **franco long du quai**) FAQ.

fluage [flyaʒ] *nm* creep, drift METALL.

fluctuant, e [flyktyɑ̃, ɑ̃t] *adj* fluctuating.

fluctuation [flyktyasjɔ̃] *nf* fluctuation.

fluctuer [3] [flyktye] *vi* to fluctuate.

fluent, e [flyɑ̃, ɑ̃t] *adj* -**1.** MÉD bleeding. -**2.** *litt* [mouvant] flowing.

fluet, ette [flyɛ, ɛt] *adj* [personne] slender, slim; [voix] reedy.

fluide [flyid] ◇ *adj* -**1.** CHIM fluid. -**2.** [qui coule facilement] fluid, smooth; **la circulation est ~** *fig* there are no hold-ups (in the traffic); **en un style ~** in a flowing style; **en une langue ~** fluently. -**3.** [fluctuant - situation] fluctuating, changeable; [- pensée] elusive. -**4.** [flou - forme, blouse, robe] flowing.

◇ *nm* -**1.** CHIM fluid. -**2.** [d'un médium] aura; **il a du ~** he has occult powers.

fluidifiant, e [flyidifjɑ̃, ɑ̃t] *adj* expectorant.

◆ **fluidifiant** *nm* expectorant.

fluidifier [9] [flyidifje] *vt* to fluidize.

fluidique [flyidik] ◇ *adj* fluidic.

◇ *nf* fluidics *(sg)*.

fluidité [flyidite] *nf* -**1.** [qualité - d'une crème, d'une sauce] smoothness, fluidity; **grâce à la ~ de la circulation** because there were no hold-ups in the traffic. -**2.** [flou - d'une forme, d'un vêtement] fluid OU flowing contours. -**3.** ÉCON flexibility.

fluographie [flyɔgrafi] *nf* fluorography.

fluor [flyɔr] *nm* fluorine.

fluoré, e [flyɔre] *adj* fluoridated.

fluorescéine [flyɔresein] *nf* fluorescein, fluoresceine.

fluorescence [flyɔresɑ̃s] *nf* fluorescence.

fluorescent, e [flyɔresɑ̃, ɑ̃t] *adj* fluorescent.

fluorhydrique [flyɔridrik] *adj* [acide] hydrofluoric.

fluorine [flyɔrin] *nf* fluor, fluorspar, fluorite *Am*.

fluorure [flyɔryr] *nm* fluoride.

fluotournage [flyɔturnaʒ] *nm* rotary extrusion.

flush [flœʃ, flɔʃ] (*pl* **flushes**) *nm* JEUX flush; **~ royal** royal flush.

flûte [flyt] ◇ *nf* -**1.** [instrument] flute; **~ à bec** recorder; **~ de Pan** panpipe; **~ traversière** flute; **petite ~** piccolo; **'la Flûte enchantée'** *Mozart* 'The Magic Flute'. -**2.** [verre] flute (glass). -**3.** [pain] *thin loaf of French bread.* -**4.** *Helv long-necked bottle.*

◇ *interj fam* drat, bother; **oh, et puis ~, je me ferai mouiller!** to hell with it, I'll just have to get wet!

◆ **flûtes** *fam nfpl* [jambes] pegs *Br*, gams *Am*; **jouer** OU **se tirer des ~s** to show a clean pair of OU to take to one's heels.

flûté, e [flyte] *adj* [rire, voix] reedy.

flûtiau, x [flytjo] *nm* tin OU penny whistle.

flûtiste [flytist] *nmf* flautist.

fluvial, e, aux [flyvjal, o] *adj* [érosion] fluvial; [navigation] river *(modif)*.

fluviatile [flyvjatil] *adj* fluviatile.

fluvio-glaciaire [flyvjɔglasjɛr] (*pl* **fluvio-glaciaires**) *adj* fluvioglacial.

fluviographe [flyvjɔgraf], **fluviomètre** [flyvjɔmɛtr] *nm* fluviograph, fluviometer.

fluviométrique [flyvjɔmetrik] *adj* [mesure] fluviometric.

flux [fly] *nm* -**1.** [marée] incoming tide; **le ~ et le reflux** the ebb and flow; **le ~ et le reflux de la foule** the ebbing and flowing of the crowd. -**2.** [écoulement - d'un liquide] flow; [- du sang menstruel] menstrual flow; **un ~ menstruel abondant/léger** a heavy/light flow. -**3.** [abondance]: **un ~ de**: **noyé dans un ~ de paroles** carried away by a stream of words; **devant ce ~ de recommandations** faced with this string of recommendations. -**4.** PHYS flux; **~ de courant** current flow; **~ électrique** electric flux; **~ lumineux** luminous flux; **~ magnétique** magnetic flux. -**5.** COMM: **distribution à ~ tendus** just-in-time distribution. -**6.** MÉTALL flux.

fluxion [flyksjɔ̃] *nf* MÉD inflammation; **~ dentaire** gumboil, parulis *spéc*; **~ de poitrine** *vieilli* pneumonia.

fluxmètre [flymɛtr] *nm* fluxmeter.

FM (*abr de* **frequency modulation**) *nf* FM.

Fme *abr écrite de* **femme**.

FMI (*abr de* **Fonds monétaire international**) *npr m* IMF.

FN *npr m abr de* **Front national**.

FNAC, Fnac [fnak] (*abr de* **Fédération nationale des achats des cadres**) *npr f chain of large stores selling hifi, books etc.*

FNEF, Fnef [fnɛf] (*abr de* **Fédération nationale des étudiants de France**) *npr f students' union*, ≃ NUS *Br*.

FNSEA (*abr de* **Fédération nationale des syndicats d'exploitants agricoles**) *npr f farmers' union*, ≃ NFU *Br*.

FO (*abr de* **Force ouvrière**) *npr f moderate workers' union (formed out of the split with Communist CGT in 1948).*

FOB [fɔb] (*abr de* **free on board**) *adj inv* [transaction, vente] fob.

foc [fɔk] *nm* jib; grand ~ main OU outer jib; petit ~ inner jib.

focal, e, aux [fɔkal, o] *adj* -1. [central]: point ~ d'un raisonnement main OU central point in an argument. -2. MATH, OPT & PHOT focal.

◆ **focale** *nf* OPT & PHOT focal distance OU length.

focalisation [fɔkalizasjɔ̃] *nf* -1. OPT & PHYS focalization, focussing. -2. [concentration] focussing.

focaliser [3] [fɔkalize] *vt* -1. OPT & PHYS to focus. -2. [concentrer] to focus.

◆ **se focaliser sur** *vp + prép* to be focussed OU to focus on.

fœhn [føn] *nm* -1. [vent] foehn, föhn. -2. *Helv* hairdryer.

foëne [fwɛn] *nf* fishgig.

fœtal, e, aux [fetal, o] *adj* foetal, fetal.

fœtoscopie [fetɔskɔpi] *nf* foetoscopy.

fœtus [fetys] *nm* foetus.

fofolle *fam* [fɔfɔl] *f* → **foufou**.

föhn [føn] = **fœhn**.

foi [fwa] *nf* -1. RELIG faith; acte/article/profession de ~ act/article/profession of faith; avoir la ~ to have faith; il faut avoir la ~ pour travailler avec elle *hum* you have to be really dedicated to work with her ❑ avoir la ~ du charbonnier RELIG to have a naive belief in God; *fig* to be naively trusting; n'avoir ni OU être sans ~ ni loi to fear neither God nor man; il n'y a que la ~ qui sauve! *hum* faith is a wonderful thing! -2. bonne ~ [honnêteté]: être de bonne ~ to be sincere; les gens de bonne ~ honest people, decent folk; il a agi en toute bonne ~ he acted in good faith; mauvaise ~: être de mauvaise ~ to be insincere; écoutez-le, il est de mauvaise ~! listen to him, he himself doesn't believe what he's saying! -3. [confiance] faith, trust; ajouter OU accorder ~ à des rumeurs to give credence to rumours; ~ dans, ~ en: il faut toujours garder ~ en soi-même you must always trust (in) yourself; avoir ~ en OU dans qqn to have faith in OU to trust (in) sb; elle a une ~ aveugle en lui she trusts him blindly. -4. *litt* [parole] pledged word; elle n'a pas respecté la ~ conjugale she has broken her marital vows; ~ de: ~ d'honnête homme! on my word of honour!; la robe sera prête demain, ~ de couturière! *hum* I give you my word as a seamstress that the dress will be ready tomorrow! -5. [preuve]: faire ~ to be valid; il n'y a qu'une pièce officielle qui fasse ~ only an official paper is valid; les coupons doivent être envoyés avant le 1er septembre, le cachet de la poste faisant ~ the coupons must be postmarked no later than September 1st; les bandes magnétiques ne font pas ~ au tribunal tape recordings are not admissible evidence in court.

◆ **en foi de quoi** *loc pron* -1. JUR in witness whereof. -2. *sout* [en conséquence de quoi]: il avait dit qu'il viendrait, en ~ de quoi j'ai préparé un petit discours he had said he would come, on the strength of which I have prepared a little speech.

◆ **ma foi** *loc interj*: ma ~! well!; viendrez-vous? – ma ~ oui! will you come? – why, certainly!; c'est ma ~ possible, qui sait? it might be possible, who knows?

◆ **sous la foi de** *loc prép*: sous la ~ du serment on OU under oath.

◆ **sur la foi de** *loc prép*: sur la ~ de ses déclarations/de sa réputation on the strength of his statement/of his reputation.

foie [fwa] *nm* -1. ANAT liver. -2. CULIN liver; ~ de broutard calf's liver *(from an animal that has started grazing)*; ~ de génisse cow's liver; ~ gras foie gras; ~ de veau calf's liver *(from a milk-fed animal)*; ~ de volaille chicken liver.

◆ **foies**▽ *nmpl*: avoir les ~s to be scared stiff; il m'a foutu les ~s he scared the pants off me.

foin [fwɛ̃] *nm* -1. AGR hay; rentrer le ~ to bring in the hay; c'est la saison des ~s it's haymaking season; faire les ~s to make hay ❑ avoir du ~ dans ses bottes to have a fair bit tucked away; chercher une aiguille OU une épingle dans une botte OU une meule de ~ to look for a needle in a haystack. -2. [d'un artichaut] choke. -3. *loc*: faire du ~ *fam* [être bruyant] to make a din; [faire un scandale] to kick up a fuss.

◆ **foin de** *loc interj litt*: ~ de l'argent et de la gloire! the Devil take money and glory!

foire [fwar] *nf* -1. [marché] fair; ~ aux bestiaux cattle fair OU market; la ~ à la ferraille et au jambon *annual secondhand goods fair in the suburbs of Paris*. -2. [exposition] trade fair. -3. [fête foraine] funfair; la ~ du Trône *large annual funfair on the outskirts of Paris*. -4. *fam* [désordre] mess; c'est une vraie ~ dans cette maison! this house is a real dump!; qu'est-ce que c'est que cette ~, voulez-vous bien faire vos devoirs! will you stop messing about and get down to your homework!; faire la ~ to live it up. -5. *loc*: ~ d'empoigne free-for-all; c'était une vraie ~ d'empoigne dans les vestiaires there was an absolute free-for-all in the cloakroom; avoir la ~▼ *vieilli* to have the runs.

foire-exposition [fwarɛkspozisjɔ̃] (*pl* foires-expositions) *nf* trade fair.

foirer [3] [fware] *vi* -1. *fam* [rater] to fall through; tu as encore tout fait ~ you blew it again. -2. ARM to fail. -3. [vis] to slip.

foireux, euse [fwarø, øz] *adj* -1. *fam péj* [mal fait]: cette bagnole foireuse this wreck of a car; leur espèce de festival ~ their washout of a festival. -2. *fam* [poltron] yellow-bellied, chicken; quel mec ~! what a chicken! -3. ▼ [diarrhéique] shitty.

fois [fwa] *nf* -1. [exprime la fréquence]: une ~ once; deux ~ twice; trois ~ three times, thrice *litt*; payez en six ~ pay in six instalments; ça a raté tellement de ~ que je n'essaie même plus it went wrong so many times I don't even try any more; une autre ~, il avait oublié ses gants another time he'd left his gloves behind; une autre ~ peut-être [pour refuser une invitation] some other OU another time maybe; que de ~ te l'ai-je dit! how many times have I told you!; neuf ~ sur dix, quatre-vingt-dix-neuf ~ sur cent nine times out of ten, ninety-nine times out of a hundred; par deux ~ *litt* twice; par trois ~ *litt* three times, thrice *litt*; pour la énième ~ for the umpteenth time; pour une ~ for once; allez, viens en boîte, pour une ~! come to a club for once!; une (bonne) ~ pour toutes once and for all; cette ~ this time; cette ~, je gagnerai this time, I'll win; cette ~ je vais me mettre en colère! I'm really going to get cross this time!; ça ira pour cette ~, mais ne recommencez pas it's alright this once, but don't do it again; (à) chaque ~ que, toutes les ~ que every OU each time; chaque ~ que j'essaie, je rate every time I try, I fail ❑ cent francs une ~, deux ~, trois ~, adjugé, vendu! a hundred francs, going, going, gone!; une ~ n'est pas coutume just the once won't hurt; il était une ~ un roi once upon a time there was a king. -2. [dans les comparaisons] time; c'est trois ~ plus grand it's three times as big; il y a dix ~ moins de spectateurs que l'année dernière there are ten times fewer spectators than last year ❑ deux OU trois ~ rien virtually nothing, hardly anything. -3. *(comme distributif)*: deux ~ par mois twice a month; une ~ par semaine once a week; trois ~ par an, trois ~ l'an three times a year. -4. MATH times; 15 ~ 34 15 times 34. -5. *loc*: une ~ *(suivi d'un pp)*: une ~ nettoyé, il sera comme neuf once OU after it's been cleaned, it'll be as good as new; tu n'as qu'à venir une ~ ton travail terminé just come as soon as your work is finished; nous aurons plus de temps une ~ installés we'll have more time when we've settled in; une ~ que: une ~ que tu auras compris, tout sera plus facile once you've understood, you'll find everything's easier; des ~ *fam* [parfois] sometimes; des ~, elle est plutôt bizarre she's a bit strange sometimes; non mais des ~! honestly!; dis donc des ~, tu trouves pas que tu exagères? hey, don't you think you're pushing your luck?; des ~ que *fam* (just) in case; je préfère l'appeler, des ~ qu'elle aurait oublié I'd rather call her in case she's forgotten.

◆ **à la fois** *loc adv* together, at a time, at the same time; versez la farine et le sucre à la ~ add the flour and (the) sugar at the same time; pas tous à la ~! one at a time!, not all at once!

◆ **(tout) à la fois** *loc adv* both; il rit et pleure (tout) à la ~ he's laughing and crying at (one and) the same time; elle est (tout) à la ~ auteur et traductrice she's both an author and a translator.

◆ **une fois** *loc adv Belg* indeed.

foison [fwazɔ̃]

◆ **à foison** *loc adv litt* galore, plenty; il y a de quoi boire à ~ there's drinks galore.

foisonnant, e [fwazɔnɑ̃, ɑ̃t] *adj* abundant.

foisonnement [fwazɔnmɑ̃] *nm* -1. [de la végétation, d'idées, d'opinions] abundance, proliferation. -2. CHIM & TECH expansion.

foisonner [3] [fwazɔne] *vi* -1. [abonder] to abound; une œuvre où les idées foisonnent a work rich in ideas; ~ de OU en qqch to abound in sthg, to be full of sthg; notre littérature foisonne en jeunes auteurs de talent our literature abounds in OU is full of talented young authors. -2. CHIM & TECH to expand.

fol [fɔl] → **fou**.

folâtre [fɔlatr] *adj* [enjoué] frisky, frolicsome; être d'humeur ~ to be in a playful mood.

folâtrer [3] [fɔlatre] *vi* to frolic, to fool around.

folâtrerie [fɔlatrəri] *nf litt* frolicking.

foliacé, e [fɔljase] *adj* foliaceous, foliate.

foliaire [fɔljɛr] *adj* foliar.

foliation [fɔljasjɔ̃] *nf* BOT & GÉOL foliation.

folichon, onne *fam* [fɔliʃɔ̃, ɔn] *adj*: un après-midi pas bien ~ a pretty dull afternoon; on ne peut pas dire que ses amis soient très ~s his friends weren't exactly a bundle of laughs OU a laugh a minute; elle n'est pas du genre ~ she's a bit straightlaced.

folie [fɔli] *nf* -1. MÉD [démence] madness; un accès OU une crise de ~ a fit of madness. -2. [déraison] madness, lunacy; c'est pure ~ it's utter madness OU sheer folly; elle a la ~ du ski she's mad about skiing; elle a la ~ du jeu she's got the gambling bug ❑ c'est de la ~ douce que de vouloir la raisonner it's sheer lunacy to try to reason with her; sortir par ce temps, c'est de la ~ furieuse! it's (sheer) madness to go out in weather like this!; avoir la ~ des grandeurs to suffer from OU to have delusions of grandeur. -3. [acte déraisonnable] crazy thing to do, folly *litt*; ce sont des ~s de jeunesse those are just the crazy things you get up to when you're young; j'ai fait une ~ en achetant ce manteau I was crazy OU mad to buy that coat; faire des ~s [dépenser] to be extravagant. -4. HIST [maison] folly.

◆ **à la folie** *loc adv* passionately, to distraction; aimer qqn à la ~ to be madly in love with sb, to love sb to distraction.

folié, e [fɔlje] *adj* foliate.

folio [fɔljo] *nm* folio.

foliole [fɔljɔl] *nf* BOT leaflet.

foliot [fɔljo] *nm* foliot.

folioter [3] [fɔljɔte] *vt* to folio, to foliate.

folique [fɔlik] *adj m*: acide ~ folic acid.

folk [fɔlk] ◇ *adj* folk *(modif)*.

◇ *nm* folk music.

folklo *fam* [fɔlklo] *adj inv* weird; c'est un type plutôt ~ he's a bit of a weirdo.

folklore [fɔlklɔr] *nm* -1. DANSE & MUS: le ~ folklore. -2. *fam péj*: c'est du ~ it's a load of nonsense.

folklorique [fɔlklɔrik] *adj* -1. DANSE & MUS folk *(modif)*. -2. *fam* [insolite, ridicule] bizarre, weird; tu l'aurais vu avec tous ses sacs en plastique, c'était ~! you should have seen him with all those plastic bags, it was just too much!

folksong [fɔlksɔ̃g] *nm* folk (music).

folle [fɔl] ◇ *f* → **fou**.

◇ *nf* PÊCHE wide-mesh fishing net.

follement [fɔlmɑ̃] *adv* -1. [excessivement] madly; il l'aime ~ he's madly in love with her;

s'amuser ~ to have a great time; le prix en est ~ élevé the price is ridiculously high; ce n'est pas ~ gai it's not that much fun. -2. [déraisonnablement] madly, wildly.
follicule [fɔlikyl] *nm* ANAT & BOT follicle.
folliculine [fɔlikylin] *nf* folliculin.
folliculite [fɔlikylit] *nf* folliculitis.
fomentation [fɔmɑ̃tasjɔ̃] *nf litt* fomenting.
fomenter [3] [fɔmɑ̃te] *vt litt* to foment *litt*, to cause.
fonçage [fɔ̃saʒ] *nm* MIN boring, sinking.
foncé, e [fɔ̃se] *adj* dark, deep.
foncer [16] [fɔ̃se] ◇ *vi* -1. [s'élancer] to charge; ~ contre OU sur son adversaire to rush at one's adversary; ~ droit devant soi to go straight ahead; ~ tête baissée to rush OU to charge headlong ❑ ~ dans le tas *fam* to charge in, to pile in. -2. *fam* [se déplacer très vite] to speed along; les coureurs foncent vers la victoire the runners are sprinting on to victory. -3. *fam* [se hâter]: nous avons tous foncé pour boucler le journal we all rushed to finish the newspaper in time; il a toujours su ~ *fig* he has always been the dynamic type ❑ ~ dans le brouillard to forge ahead (without worrying about the consequences). -4. [s'assombrir - cheveu] to go darker.
◇ *vt* -1. [teinte] to make darker, to darken. -2. [mettre un fond à] to (fit with a) bottom. -3. CULIN [au lard] to line with bacon fat; [avec de la pâte] to line with pastry. -4. MIN to bore, to sink.
fonceur, euse *fam* [fɔ̃sœr, øz] ◇ *adj* dynamic. ◇ *nm, f* dynamic type.
foncier, ère [fɔ̃sje, ɛr] *adj* -1. ADMIN & FIN [impôt, politique, problème] land *(modif)*; biens ~s (real) property, real estate; droit ~ ground law; propriétaire ~ landowner; propriété foncière land ownership, ownership of land. -2. [fondamental] fundamental, basic.
◆ **foncier** *nm* land OU property tax.
foncièrement [fɔ̃sjɛrmɑ̃] *adv* -1. [fondamentalement] fundamentally, basically; l'argument est ~ vicieux the argument is basically flawed. -2. [totalement] deeply, profoundly; il est ~ ignorant he's profoundly ignorant.
fonction [fɔ̃ksjɔ̃] *nf* -1. [emploi] office; entrer en ~ OU ~s to take up one's post; faire ~ de to act as; ce couteau fera ~ de tournevis this knife will do instead of a screwdriver; il a pour ~ d'écrire les discours du président his job is to write the president's speeches; il occupe de hautes ~s he has important responsibilities; est-ce que cela entre dans tes ~s? is this part of your duties?; remplir ses ~s to carry out one's job OU functions; elle remplit les ~s d'interprète she acts as interpreter; se démettre de ses ~s to resign one's post OU from one's duties; démettre qqn de ses ~s to dismiss sb (from his duties); prendre ses ~s to take up one's post. -2. [rôle] function; ~s de nutrition nutritive functions; c'est la première ~ de l'estomac it's the main function of the stomach; la pièce a pour ~ de maintenir l'équilibre de la balance the part serves to keep the scales balanced ❑ la ~ crée l'organe *allusion Lamarck* necessity is the mother of invention. -3. être ~ de [dépendre de]: sa venue est ~ de son travail whether he comes or not depends on his work. -4. CHIM, LING & MATH function; en ~ inverse de in inverse ratio to.
◆ **de fonction** *loc adj*: appartement OU logement de ~ tied accommodation *Br*, accommodation that goes with the job; voiture de ~ company car.
◆ **en fonction de** *loc prép* according to; payé en ~ de sa contribution au projet paid according to one's contribution to the project.
◆ **fonction publique** *nf*: la ~ publique the civil OU public service.
fonctionnaire [fɔ̃ksjɔnɛr] *nmf* civil servant; ~ municipal local government official; haut ~ senior civil servant; petit ~ minor official; avoir une mentalité de petit ~ *péj* to have a petty bureaucratic mentality.
fonctionnaliser [3] [fɔ̃ksjɔnalize] *vt* [ameublement, cuisine] to make more functional.
fonctionnalisme [fɔ̃ksjɔnalism] *nm* functionalism.
fonctionnaliste [fɔ̃ksjɔnalist] ◇ *adj* functionalist, functionalistic.
◇ *nmf* functionalist.
fonctionnalité [fɔ̃ksjɔnalite] *nf* functionality.
fonctionnarisation [fɔ̃ksjɔnarizasjɔ̃] *nf* -1. [d'un employé] moving an employee into the public OU civil service. -2. [d'une profession] making a profession part of the public OU civil service.
fonctionnariser [3] [fɔ̃ksjɔnarize] *vt* to make part of the civil service.
fonctionnarisme [fɔ̃ksjɔnarism] *nm péj* officialdom, bureaucracy.
fonctionnel, elle [fɔ̃ksjɔnɛl] *adj* -1. MATH, MÉD & PSYCH functional. -2. [adapté] practical, functional; des meubles ~s functional furniture. -3. LING: linguistique ~le functional linguistics; mot ~ function word.
fonctionnellement [fɔ̃ksjɔnɛlmɑ̃] *adv* functionally.
fonctionnement [fɔ̃ksjɔnmɑ̃] *nm* functioning, working; pour assurer le bon ~ de votre machine à laver to keep your washing machine in good working order; ça vient d'un mauvais ~ de la prise it's due to a fault in the plug.
fonctionner [3] [fɔ̃ksjɔne] *vi* [mécanisme, engin] to function, to work; [métro, véhicule] to run; le moteur fonctionne mal/bien the engine isn't/is working properly; mon cœur fonctionne encore bien! my heart is still going strong!; faire ~ une machine to operate a machine; ça fonctionne avec des pièces de 10 francs it works with 10 franc coins, you need 10 franc coins to work it; ce sont les freins qui n'ont pas fonctionné it was the brakes that failed.
fond [fɔ̃] *nm* -1. [partie la plus profonde] bottom; [extrémité] bottom, far end; sans ~ bottomless; le ~ d'un puits the bottom of a well; regarde bien dans le ~ du placard take a good look at the back of the cupboard; le ~ de sa gorge est un peu rouge the back of her throat is a bit red; s'exiler au fin ~ du désert to hide o.s. away in the middle of the desert; il y a cinq mètres de ~ [de profondeur] the water is five metres deep OU in depth; aller par le ~ to sink; envoyer par le ~ to send to the bottom, to sink; couler par 100 m de ~ to sink to a depth of 100 m ❑ ~ de culotte OU de pantalon seat (of one's pants); le ~ de l'œil MÉD the back of the eye; faire un examen du ~ de l'œil MÉD to have an ophtalmoscopy; les grands ~s marins the depths of the ocean; à ~ de cale at rock bottom; gratter OU vider OU racler les ~s de tiroir *fam fig* to scrape around *(for money, food etc.)*. -2. *fig* depths; atteindre le ~ de la misère to reach the depths of misery; toucher le ~ (du désespoir) to reach the depths of despair; il connaît le ~ de mon cœur/âme he knows what's in my heart/soul; je vous remercie du ~ du cœur I thank you from the bottom of my heart; il faut aller jusqu'au ~ de ce mystère we must get to the bottom of this mystery. -3. [cœur, substance] heart, core, nub; voilà le ~ du problème here is the core OU the root of the problem; puis-je te dire le ~ de ma pensée? can I tell you what I really think?; le ~ et la forme LITTÉRAT substance and form; sur le ~: sur le ~, vous avez raison you're basically right; juger sur le ~ JUR to decide on the substance. -4. [tempérament]: il a un bon ~ he's basically a good OU kind person; elle n'a pas vraiment un mauvais ~ she's not really a bad person. -5. [arrière-plan] background; le ~ de la toile est jaune the background is yellow; des fleurs sur ~ blanc flowers on a white background; sur un ~ de violons with violins in the background ❑ il y a un ~ de vérité dans ce que vous dites there's some truth in what you're saying; ~ sonore background music; mettre du Bach en ~ sonore to play Bach as background music; le ~ de l'air est frais there's a chill OU nip in the air. -6. [reste] drop; il reste un ~ de café there's a drop of coffee left; boire OU vider le ~ d'une coupe de champagne to empty one's champagne glass ❑ boire OU vider les ~s de bouteilles to drink up the dregs; le ~ du panier the leftovers. -7. CULIN: ~ de sauce/soupe basis for a sauce/soup; ~ d'artichaut artichoke heart; ~ de tarte pastry case. -8. VÊT: ~ de robe slip. -9. MIN: travailler au ~ to work at the coal face; descendre au ~ de la mine to go down the pit ❑ les mineurs de ~ the men in the pits. -10. *loc*: faire ~ sur *sout* to put one's trust in.
◆ **à fond** *loc adv* in depth; respirer à ~ to breathe deeply; faire le ménage à ~ dans la maison *fam* to clean the house thoroughly, to spring-clean; se donner à ~ to give one's all; se donner à ~ dans OU à qqch to throw o.s. completely into sthg; s'engager à ~ dans une aventure *fam* to get deeply involved in an adventure; pour apprendre OU connaître une langue à ~ *fam* in order to acquire OU to have a thorough knowledge of a language.
◆ **à fond de train** *loc adv* (at) full tilt.
◆ **à fond la caisse** *fam loc adv* (at) full tilt.
◆ **à fond les manettes** *fam* = **à fond la caisse**.
◆ **au fond** *loc adv* basically; au ~, c'est mieux comme ça it's better that way, really; au ~, on pourrait y aller en janvier in fact, we could go in January.
◆ **au fond de** *loc prép*: c'est au ~ du couloir/de la salle it's at the (far) end of the corridor/of the hall; au ~ de la rivière at the bottom of the river; regarder qqn au ~ des yeux to look deeply into sb's eyes.
◆ **dans le fond** = **au fond**.
◆ **de fond** *loc adj* -1. SPORT [épreuve, coureur, course] long-distance *(avant n)*; ski de ~ cross-country skiing. -2. [analyse, remarque, texte] basic, fundamental; article de ~ PRESSE leading article.
◆ **de fond en comble** *loc adv* [nettoyer, fouiller] from top to bottom; revoir un texte de ~ en comble *fig* to revise a text thoroughly.
◆ **fond de teint** *nm* (make-up) foundation.
fondamental, e, aux [fɔ̃damɑ̃tal, o] *adj* -1. SC fundamental, basic; les lois ~es fundamental OU organic laws; la recherche ~e basic OU fundamental research. -2. [de base] elementary, basic; ce sont des choses ~es que vous devriez connaître these are fundamental OU basic things you should know. -3. [important] fundamental, essential, crucial; il est ~ que nous réparions notre erreur it's crucial OU fundamental that we should correct our mistake. -4. PHYS [niveau] fundamental. -5. MUS fundamental.
◆ **fondamentale** *nf* MUS fundamental.
fondamentalement [fɔ̃damɑ̃talmɑ̃] *adv* fundamentally; c'est ~ la même chose it's basically the same thing; ~ opposés radically opposed.
fondamentalisme [fɔ̃damɑ̃talism] *nm* (religious) fundamentalism.
fondamentaliste [fɔ̃damɑ̃talist] ◇ *adj* fundamentalist, fundamentalistic.
◇ *nmf* fundamentalist.
fondant, e [fɔ̃dɑ̃, ɑ̃t] *adj* -1. [glace, neige] melting, thawing. -2. [aliment]: une poire ~e a pear that melts in the mouth; un rôti ~ a tender roast; un bonbon/chocolat ~ a sweet/chocolate that melts in the mouth.
◆ **fondant** *nm* -1. CULIN [bonbon, gâteau] fondant. -2. MÉTALL flux.
fondateur, trice [fɔ̃datœr, tris] *nm, f* -1. [gén] founder. -2. JUR incorporator.
fondation [fɔ̃dasjɔ̃] *nf* -1. [création - d'une ville, d'une société] foundation; [- d'une bourse, d'un prix] establishment, creation. -2. [institution] foundation.
◆ **fondations** *nfpl* CONSTR foundations.

fondé, e [fɔ̃de] *adj* -**1.** [argument, peur] justified; **mes craintes ne sont que trop ~es** my fears are only too justified; **un reproche non ~** an unjustified reproach; **mal ~** ill-founded. -**2. être ~ à** [avoir des raisons de]: **je serais ~ à croire qu'il y a eu malversation** I would be justified in thinking OU I would have grounds for believing that embezzlement has taken place.

◆ **fondé de pouvoir** *nm* proxy.

fondement [fɔ̃dmɑ̃] *nm* -**1.** [base] foundation; **jeter les ~s d'une nouvelle politique** to lay the foundations of a new policy. -**2.** *fam hum* derrière *hum*, behind, backside. -**3.** PHILOS fundament.

◆ **sans fondement** *loc adj* [crainte, rumeur] groundless, unfounded.

fonder [3] [fɔ̃de] *vt* -**1.** [construire - empire, parti] to found; **~ un foyer** OU **une famille** *sout* to start a family. -**2.** COMM to found, to set up; **'maison fondée en 1930'** 'Established 1930'. -**3.** [appuyer]: **~ qqch sur** to base OU to found OU to pin sthg on; **elle fondait tous ses espoirs sur son fils** she pinned all her hopes on her son. -**4.** [légitimer - réclamation, plainte] to justify.

◆ **se fonder sur** *vp + prép* -**1.** [se prévaloir de] to base o.s. on; **sur quoi te fondes-tu pour affirmer pareille chose?** what grounds do you have for such a claim? -**2.** [remarque, théorie] to be based on.

fonderie [fɔ̃dri] *nf* -**1.** [procédé] casting, founding. -**2.** [usine] smelting works. -**3.** [atelier] foundry.

fondeur, euse [fɔ̃dœr, øz] *nm, f* -**1.** SPORT langläufer, cross-country skier. -**2.** [de bronze] caster; [de l'or, de l'argent] smelter.

◆ **fondeuse** *nf* [machine] smelter.

fondre [75] [fɔ̃dr] ◇ *vt* -**1.** [rendre liquide] to melt; **~ de l'or/de l'argent** to smelt gold/silver; **~ des pièces** to melt coins down. -**2.** [fabriquer - statue, canon, cloche] to cast, to found. -**3.** [dissoudre] to dissolve. -**4.** [combiner - couleurs] to blend, to merge; [- sociétés] to combine, to merge; **~ deux livres en un seul** to combine two books in one OU in a single volume.

◇ *vi* -**1.** [se liquéfier] to melt; **la glace fond au-dessus de 0° C** ice thaws at 0° C ❑ **~ comme cire** OU **neige au soleil** to vanish into thin air. -**2.** [se dissoudre] to dissolve; **faire ~ du sucre** to dissolve sugar; **~ dans la bouche** to melt in the mouth. -**3.** [s'affaiblir - animosité, rage] to melt away, to disappear; **il sent son cœur ~ quand il voit ses enfants** he can feel his heart melting when he sees his children; **le général a vu sa division ~ en quelques heures** the general saw his entire division vanish in a few hours ❑ **~ en larmes** to dissolve into tears. -**4.** *fam* [maigrir] to get thin; **il fond à vue d'œil** the weight's dropping off him; **j'ai fondu de trois kilos** I've lost three kilos.

◆ **fondre sur** *v + prép* to sweep OU to swoop down on.

◆ **se fondre** *vpi* -**1.** [se liquéfier] to melt. -**2.** [se mêler] to merge, to mix; **les couleurs se fondent à l'arrière-plan du tableau** the colours merge into the background of the painting; **se ~ dans la nuit/le brouillard** to disappear into the night/mist; **se ~ dans la masse** to melt OU to disappear into the crowd.

fondrière [fɔ̃drijɛr] *nf* -**1.** [sur une route] pothole. -**2.** [marécage] bog, quagmire.

fonds [fɔ̃] ◇ *nm* -**1.** [propriété] business; **un ~ de commerce** a business; **un ~ de boulangerie** a bakery business. -**2.** FIN fund; **~ commun de placement** unit trust, mutual fund *Am*; **~ d'amortissement** sinking fund; **~ de réserve** reserve fund; **~ de roulement** working capital; **Fonds monétaire international** International Monetary Fund. -**3.** [ressources] collection; **notre bibliothèque a un ~ très riche d'ouvrages du XVIIIᵉ siècle** our library has a very rich collection of 18th-century books.

◇ *nmpl* -**1.** FIN funds; **des ~ ont été détournés** funds were embezzled; **être en ~** to be in funds; **rentrer dans ses ~** to recoup one's costs; **mes ~ sont au plus bas** *hum* funds are low; **prêter de l'argent à ~ perdu** to loan money without security ❑ **~ de prévoyance** contingency reserve; **les ~ publics** public funds; **les ~ propres** ÉCON shareholders' OU stockholders' equity; **~ secrets** secret funds; **collecte de ~** financial appeal, fundraising *(U)*; **organiser un dîner pour une collecte de ~** to organize a fund-raising dinner; **la mise de ~ initiale a été de 10 millions de livres** the venture capital OU seed money was 10 million pounds. -**2.** [argent] money; **je n'ai pas les ~ sur moi** I don't have the ready cash with OU on me.

fondu, e [fɔ̃dy] *adj* -**1.** [liquéfié] melted; MÉTALL molten; **de la neige ~e** slush ❑ **fromage ~** cheese spread. -**2.** [ramolli] melted. -**3.** BX-ARTS [teinte] blending.

◆ **fondu** *nm* -**1.** CIN dissolve; **les personnages apparaissent/disparaissent en ~** the characters fade in/out; **~ enchaîné** fade-in fade-out; **~ en ouverture** fade-in; **~ en fermeture** fade-out. -**2.** BX-ARTS blend.

◆ **fondue** *nf* CULIN: **~e bourguignonne** meat fondue; **~e de légumes** vegetable fondue; **~e savoyarde** (Swiss) cheese fondue.

fongibilité [fɔ̃ʒibilite] *nf* fungibility.

fongible [fɔ̃ʒibl] *adj* fungible.

fongicide [fɔ̃ʒisid] ◇ *adj* fungicidal.

◇ *nm* fungicide.

fongiforme [fɔ̃ʒifɔrm] *adj* fungiform.

fongique [fɔ̃ʒik] *adj* fungal, fungous.

fongosité [fɔ̃gozite] *nf* MÉD fungoid growth.

fongueux, euse [fɔ̃gø, øz] *adj* fungous.

fontaine [fɔ̃tɛn] *nf* -**1.** [édifice] fountain; **~ Wallace** *dark green ornate drinking fountain (typical of Paris)*. -**2.** [source] spring; **la Fontaine de Jouvence** the Fountain of Youth; **il ne faut pas dire: ~ je ne boirai pas de ton eau** *prov* never say never *prov*.

fontainebleau [fɔ̃tɛnblo] *nm* CULIN *soft cheese whipped with cream.*

fontainier [fɔ̃tenje] *nm* water engineer.

fontanelle [fɔ̃tanɛl] *nf* fontanelle.

fonte [fɔ̃t] *nf* -**1.** MÉTALL cast iron. -**2.** [fusion - gén] melting; [- du métal] smelting; [- des neiges] thawing; **à la ~ des neiges/glaces** when the snow/ice thaws. -**3.** IMPR fount, font *Am*. -**4.** AGR & HORT: **~ des semis** damping off seedlings.

fontis [fɔ̃ti] *nm* subsidence.

fonts [fɔ̃] *nmpl*: **~ (baptismaux)** (baptismal) font.

foot *fam* [fut] *nm* football *Br*, soccer *Am*; **jouer au ~** to play football.

football [futbol] *nm* football *Br*, soccer *Am*; **jouer au ~** to play football; **~ américain** American football, football *Am*.

footballeur, euse [futbolœr, øz] *nm, f* footballer *Br*, soccer player *Am*.

footing [futiŋ] *nm*: **le ~** jogging; **faire un ~** to go jogging, to go for a jog.

for [fɔr] *nm*: **en** OU **dans son ~ intérieur** in one's heart of hearts; **en mon ~ intérieur** deep down OU inside, in my heart of hearts.

FOR (*abr écrite de* forint) F, Ft.

forage [fɔraʒ] *nm* [d'un puits de pétrole] boring, drilling; [d'un puits, d'une mine] sinking.

forain, e [fɔrɛ̃, ɛn] ◇ *adj* [boutique] fairground *(modif)*; **marchand ~** stallholder.

◇ *nm, f* stallholder.

forban [fɔrbɑ̃] *nm* -**1.** [pirate] freebooter. -**2.** *péj* [escroc] crook.

forçage [fɔrsaʒ] *nm* forcing ARCHIT & HORT.

forçat [fɔrsa] *nm* HIST [sur une galère] galley slave; [dans un bagne] convict; **travailler comme un ~** to work like a slave; **mener une vie de ~** to have a hard life.

force [fɔrs] ◇ *nf* -**1.** [puissance - d'une tempête, d'un coup] strength, force; [- d'un sentiment] strength; [- d'une idée, d'un argument] strength, power; **dans toute la ~ du mot** OU **terme** in the strongest sense of the word OU term; **un vent (de) ~ 7** MÉTÉO a force 7 wind ❑ **~ exécutoire** JUR enforceability; **avoir ~ exécutoire** to be enforceable; **les ~s du mal** the forces of evil; **avoir ~ de loi** to have the force of law. -**2.** [vigueur physique] strength; **avoir beaucoup de ~** to be very strong; **être d'une ~ herculéenne** to be as strong as an ox; **avoir la ~ de** to have the strength to; **il sent sa ~ l'abandonner avec l'âge** he feels himself growing weaker with age; **sans ~** bereft of strength; **sentir ses ~s décliner** to feel one's strength ebbing; **reprendre des ~s** to regain one's strength; **c'est au-dessus de mes ~s** it's beyond me; **de toutes mes/ses ~s** with all my/his strength; **j'ai poussé la porte de toutes mes ~s** I pushed the door with all my might; **je le veux de toutes mes ~s** I want it with all my heart ❑ **être une ~ de la nature** to be a mighty force; **être dans la ~ de l'âge** to be in the prime of life; **les ~s vives de la nation** the nation's resources. -**3.** [puissance morale] strength; **ce qui fait sa ~, c'est sa conviction politique** his political commitment is his strength ❑ **~ d'âme** spiritual strength; **~ de caractère** strength of character. -**4.** [niveau]: **c'est un orateur de première ~** he's a first-class speaker; **elles sont de la même ~ en sciences** they're well-matched in science; **je ne suis pas de ~ à lui faire concurrence** I'm no match for him. -**5.** ADMIN & MIL: **la ~ nucléaire stratégique** OU **de frappe** OU **la ~ de dissuasion de la France** France's nuclear strike capacity; **la ~ publique, les ~s de l'ordre** the police; **les ~s armées** the (armed) forces; **~ d'intervention** task force; **les ~s navales/aériennes** the naval/air forces. -**6.** [suprématie] strength, might; **occuper une position de ~** to be in a position of strength; **~ est restée à la loi** the law prevailed. -**7.** [contrainte] force; **vaincre par la ~** to win by (using) force; **avoir recours à la ~** to resort to force; **nous ne céderons pas à la ~** we will not yield to force ❑ **il y a (cas de) ~ majeure** there are circumstances beyond one's control; **un coup de ~** POL & ÉCON a takeover by force; **la ~ prime le droit** might is right. -**8.** JUR: **~ majeure** force majeure; **c'est un cas de ~ majeure** it's completely unavoidable. -**9.** PHYS force; **~ centrifuge/centripète** centrifugal/centripetal force; **~ électromotrice** electromotive force; **~ d'inertie** force of inertia. -**10.** IMPR: **~ de corps** body size. -**11.** NAUT: **faire ~ de rames** to ply the oars; **faire ~ de voiles** to cram on sail. -**12.** *loc*: **~ est de** *sout*: **~ est de constater que...** there is no choice but to accept that...; **~ me fut d'accepter sa décision** I had no choice but to accept his decision; **par la ~ des choses/de l'habitude** by force of circumstance/of habit.

◇ *adv litt* OU *hum* many; **nous avons mangé ~ gigots** we ate a great many legs of lamb; **je le lui ai expliqué avec ~ exemples** I explained it to him by giving numerous examples.

◆ **à force** *fam loc adv*: **tu vas le casser, à ~!** you'll break it if you go on like that!; **à ~, je suis fatigué** I'm getting tired.

◆ **à force de** *loc prép* by dint of; **à ~ de parler** by dint of talking; **à ~ d'explications** by dint of explanation; **à ~ de volonté** by sheer will power.

◆ **à la force de** *loc prép* by the strength of; **grimper à la ~ des bras** to climb by the strength of one's arms; **s'élever à la ~ du poignet** *fig* to go up in the world by the sweat of one's brow.

◆ **à toute force** *loc adv* at all costs.

◆ **de force** *loc adv* by force; **il est entré de ~** he forced his way in; **on les a fait sortir de ~** they were made to leave.

◆ **en force** *loc adv* -**1.** [en nombre] in force, in large numbers; **ils sont arrivés en ~** they arrived in force OU in great numbers. -**2.** SPORT [sans souplesse]: **faire qqch en ~** to do sthg by brute force.

◆ **par force** *loc adv*: **par ~ nous nous sommes résignés à son départ** we were forced to accept OU we had to resign ourselves to his departure.

forcé, e [fɔrse] *adj* -**1.** [obligé] forced; **consentement/mariage ~** forced consent/marriage ❑ **atterrissage ~** emergency OU forced landing; **liquidation ~e** compulsory liquidation; **contraint et ~** under duress. -**2.** [inévitable] inevitable; **ça n'a pas marché, c'est ~, il était mal préparé** it didn't work out, which isn't surprising, because he wasn't properly prepared. -**3.** [sans spontanéité] strained; **rire ~** forced laugh; **comparaison ~e** artificial comparison.

forcement [fɔrsəmɑ̃] *nm* forcing.

forcément [fɔrsemɑ̃] *adv* inevitably, necessarily; **ça devait ~ arriver** it was bound to happen; **pas ~** not necessarily; **elle est restée très mince — ~, elle ne mange rien!** she has remained very slim — hardly surprising, she never eats a thing!

forcené, e [fɔrsəne] ◇ *adj* -**1.** [passionné] fanatical, frenzied; **c'est un admirateur ~ de Mozart** he's an ardent fan of Mozart. -**2.** [violent] frenzied; **frapper des coups ~s à la porte** to knock frenziedly at the door; **une haine ~e** a fanatical hatred.
◇ *nm, f* -**1.** [fou] maniac. -**2.** [passionné]: **un ~ de** a fanatic of; **un ~ du karaté** a karate fanatic OU maniac.

forceps [fɔrsɛps] *nm* forceps.

forcer [16] [fɔrse] ◇ *vt* -**1.** [obliger] to compel, to force; **~ qqn à faire qqch: l'ennemi a forcé l'avion à atterrir** the enemy forced the plane down; **il l'a forcée à quitter la société** he forced her out of the firm; **être forcé de faire qqch** to be forced to do sthg; **je suis forcée de rester au lit** I have (no choice but) to stay in bed; **écoute, personne ne te force!** listen, nobody's forcing you! ❑ **~ la main à qqn** to force sb's hand; **on lui a forcé la main** he was made to do it, his hand was forced. -**2.** [ouvrir de force - tiroir, valise] to force (open); [- serrure, mécanisme] to force; **~ un coffre-fort** to force a safe open; **~ la porte de qqn** *fig* to barge OU to force one's way into sb's house; **~ le passage** to push (one's way) through. -**3.** [outrepasser]: **~ la dose** PHARM to prescribe too large a dose; *fig* to go too far; **~ la note** to overdo it. -**4.** *arch* [violer - personne] to violate. -**5.** [susciter]: **son courage a forcé l'admiration/le respect de tous** his courage commanded everybody's admiration/respect. -**6.** [influencer - destin, événements] to influence. -**7.** [presser]: **~ le pas** to force the pace; **~ son cheval** ÉQUIT to overtax OU to override one's horse. -**8.** AGR & HORT to force. -**9.** [pousser trop loin]: **~ sa voix** to strain one's voice; **~ sa nature** to go against one's true nature; **il n'a pas besoin de ~ sa nature pour jouer les pères autoritaires** playing the heavy father comes naturally to him; **~ le sens d'un texte** to distort the meaning of a text. -**10.** CHASSE to run down.
◇ *vi* to force, to strain; **ne force pas, tu vas casser le mécanisme** don't force the mechanism, you'll break it; **pliez la jambe sans ~** bend your leg very gently OU without straining.
◆ **forcer sur** *v + prép* to overdo; **ne forcez pas sur les abdominaux** don't do too many stomach exercises; **il force sur les somnifères** *fam* he overdoes the sleeping pills ❑ **~ sur la bouteille** *fam* to drink too much; **il avait un peu forcé sur la bouteille** *hum* he'd had one over the eight *Br hum* OU one too many.
◆ **se forcer** *vp (emploi réfléchi)* [gén] to make an effort; [en mangeant] to force o.s.; **se ~ à lire/travailler** to force o.s. to read/to work.

forcing [fɔrsiŋ] *nm* SPORT pressure; **faire le ~** *pr* to put the pressure on; **faire du ~** *fam fig* to use fair means and foul.

forcir [32] [fɔrsir] *vi* to get bigger.

forclore [fɔrklɔr] *vt* JUR to debar.

forclos, e [fɔrklo, oz] *adj* JUR foreclosed, debarred.

forclusion [fɔrklyzjɔ̃] *nf* JUR debarment, foreclosure.

forer [3] [fɔre] *vt* [puits de pétrole] to bore, to drill; [puits, mine] to sink.

foresterie [fɔrɛstəri] *nf* forestry.

forestier, ère [fɔrɛstje, ɛr] ◇ *adj* [chemin, Code] forest *(modif)*.
◇ *nm, f* forester.

foret [fɔrɛ] *nm* drill.

forêt [fɔrɛ] *nf* -**1.** [arbres] forest; **~ vierge** virgin forest. -**2.** [multitude]: **une ~ de** a forest of.

forêt-galerie [fɔrɛgalri] (*pl* **forêts-galeries**) *nf* gallery forest.

Forêt-Noire [fɔrɛnwar] *npr f*: **la ~** the Black Forest.

foreur [fɔrœr] ◇ *adj m* [ingénieur, ouvrier] drilling *(modif)*.
◇ *nm* TECH driller.

foreuse [fɔrøz] *nf* drill.

forfaire [109] [fɔrfɛr]
◆ **forfaire à** *v + prép litt* to be false to.

forfait [fɔrfɛ] *nm* -**1.** [abonnement - de transport, à l'opéra] season ticket; [- au ski] pass, ski-pass; **~ train plus hôtel** package deal including train ticket and hotel reservation. -**2.** FIN: **être au ~** to be taxed on estimated income. -**3.** COMM: **payer qqn au ~** to pay sb a flat rate; **travailler au ~** to work for a flat rate. -**4.** SPORT [somme] withdrawal; **gagner par ~** to win by default. -**5.** *litt* [crime] infamy *litt*, (heinous) crime.

forfaitaire [fɔrfɛtɛr] *adj* inclusive; **montant ~** lump sum; **prix ~s** inclusive prices; **voyage à prix ~** package tour.

forfaiture [fɔrfetyr] *nf* -**1.** JUR abuse of authority. -**2.** HIST forfeiture.

forfanterie [fɔrfɑ̃tri] *nf litt* boastfulness.

forficule [fɔrfikyl] *nf* earwig; **les ~s** the Forficula.

forge [fɔrʒ] *nf* -**1.** [atelier] forge, smithy. -**2.** [fourneau] forge.

forgeable [fɔrʒabl] *adj* forgeable TECH.

forgeage [fɔrʒaʒ] *nm* forging TECH.

forger [17] [fɔrʒe] *vt* -**1.** TECH to forge; **~ à chaud** to hot-forge ❑ **~ les chaînes de qqn** *fig & litt* to forge bonds for sb; **c'est en forgeant qu'on devient forgeron** *prov* practice makes perfect *prov*. -**2.** [inventer - alibi] to make up *(sép)*; [- phrase] to coin; **une histoire forgée de toutes pièces** a fabricated story. -**3.** [fabriquer - document, preuve] to forge. -**4.** [aguerrir - personnalité, caractère] to form, to forge.
◆ **se forger** *vpt*: **se ~ une réputation** to earn o.s. a reputation; **se ~ un idéal** to build up an ideal for o.s.; **se ~ le caractère** to build up one's character.

forgeron [fɔrʒərɔ̃] *nm* blacksmith.

forgeur [fɔrʒœr] *nm litt* [de mots, de phrases] coiner; [de documents] forger.

formage [fɔrmaʒ] *nm* -**1.** MÉTALL forming. -**2.** [de plastique] moulding.

formaldéhyde [fɔrmaldeid] *nm* formaldehyde.

formalisation [fɔrmalizasjɔ̃] *nf* formalization.

formaliser [3] [fɔrmalize] *vt* [idée, théorie] to formalize.
◆ **se formaliser de** *vp + prép* to take offence at.

formalisme [fɔrmalism] *nm* -**1.** [attitude] respect for etiquette; **faire preuve de ~** to be a stickler for etiquette. -**2.** BX-ARTS & LITTÉRAT formalism. -**3.** PHILOS formalism.

formaliste [fɔrmalist] ◇ *adj* -**1.** [guindé] strict about etiquette. -**2.** BX-ARTS, LITTÉRAT & PHILOS formalistic.
◇ *nmf* -**1.** [personne guindée] stickler for etiquette. -**2.** BX-ARTS, LITTÉRAT & PHILOS formalist.

formalité [fɔrmalite] *nf* -**1.** ADMIN formality; **~s administratives/douanières** administrative/customs formalities. -**2.** [acte sans importance]: **notre enquête n'est qu'une simple** OU **pure ~** we're just making routine enquiries; **cet examen n'est qu'une ~** this medical test is a mere formality. -**3.** [cérémonial] formality.

formant [fɔrmɑ̃] *nm* formant.

format [fɔrma] *nm* -**1.** [dimension] size; **photo petit ~** small (format) print. -**2.** IMPR format; **livre en ~ de poche** paperback (book); **papier ~ A4/A3** A4/A3 paper. -**3.** INF format.

formatage [fɔrmataʒ] *nm* formatting.

formater [3] [fɔrmate] *vt* to format COMPUT.

formateur, trice [fɔrmatœr, tris] *adj* [rôle, influence] formative; **ce stage a été très ~** this training course was very instructive.

formation [fɔrmasjɔ̃] *nf* -**1.** [naissance] development, formation, forming; **la ~ d'un volcan/des dunes** the forming of a volcano/of (sand) dunes. -**2.** [groupe] group; **~ musicale** [classique] orchestra; [moderne] band; **~ politique** political group; **~ syndicale** (trade) union. -**3.** ENS [apprentissage] training *(U)*; **il faut que nous leur donnions une ~** we must train them ‖ [connaissances] cultural background; **elle a une bonne ~ littéraire/scientifique** she has a good literary/scientific background; **il n'a aucune ~ musicale** he has no musical training; **architecte de ~, elle est devenue cinéaste** having trained as an architect, she turned to making films ❑ **~ continue** OU **permanente** *day release or night school education for employees provided by companies*; **~ accélérée** intensive training; **~ professionnelle** vocational training; **~ professionnelle pour adultes** adult education. -**4.** MIL [détachement, disposition] formation. -**5.** DANSE & SPORT formation. -**6.** PHYSIOL puberty; **au moment de la ~** when puberty occurs. -**7.** GÉOL formation. -**8.** LING: **la ~ du vocabulaire** vocabulary formation; **la ~ du féminin** the formation of the feminine.

forme [fɔrm] *nf* -**1.** [configuration] form, shape; **donner une ~ courbe à un vase** to give a curved shape to a vase; **un dessin de ~ géométrique** a geometrical pattern; **la Terre a la ~ d'une sphère** the Earth is spherical; **ne plus avoir ~ humaine** to be unrecognizable; **mettre en ~: mettez vos idées en ~** give your ideas some shape; **mettre un écrit en ~** to structure a piece of writing; **prendre la ~ de** to take (on) the form of, to assume the shape of; **prendre ~** to take shape, to shape up. -**2.** [état] form; **se présenter sous ~ gazeuse** to come in gaseous form OU in the form of a gas; **c'est le même sentiment sous plusieurs ~s** it's the same feeling expressed in several different ways; **nous voulons combattre la misère sous toutes ses ~s** we want to fight poverty in all its forms. -**3.** [silhouette] figure, shape; **une vague ~ apparut dans le brouillard** a vague figure appeared in the fog. -**4.** [type] form; **la ~ de gouvernement qui convient au pays** the form OU type of government (best) suited to the country; **la ~ monarchique/républicaine** the monarchical/republican form of government; **rechercher des ~s de vie différentes sur d'autres planètes** to look for different forms of life on other planets. -**5.** [style] form; **sacrifier à la ~** to put form above content; **une ~ plus concise serait préférable** a more concise form would be preferable. -**6.** MUS form; **~ sonate** sonata form. -**7.** LING form; **mettre un verbe à la ~ interrogative/négative** to put a verb into the interrogative/in the negative (form); **les ~s du futur** future tense forms. -**8.** JUR form; **respecter la ~ légale** to respect legal procedures. -**9.** *fam* [condition physique] form; **avoir** OU **tenir la ~** to be in great shape; **je n'ai** OU **ne tiens pas la ~** I'm in poor shape; **il tient la grande ~ en ce moment** he's in great form at the moment; **être en ~** to be on form; **être au mieux** OU **sommet de sa ~, être en pleine ~** to be on top form ❑ **ayez la ~, pas les ~s** *allusion slogan publicitaire* be fit not fat. -**10.** [moule - pour chapeau] crown; [- pour chaussure] last; [- pour fromage] mould. -**11.** PSYCH: **théorie de la ~** gestalt theory. -**12.** IMPR forme. -**13.** VÉTÉR ringbone. -**14.** MATH quantic.
◆ **formes** *nfpl* -**1.** [physique]: **avoir des ~s** to have a shapely figure; **avoir des ~s généreuses** to be curvaceous OU generously built. -**2.** [convention]: **les ~s** the conventions OU proprieties ❑ **y mettre les ~s** to be tactful; **elle n'a pas su y mettre les ~s** she wasn't very tactful about it; **elle a toujours respecté les ~s** she has always respected convention.

◆ **dans les formes** *loc adv* following the proper form.
◆ **de pure forme** *loc adj* [considération, protestation] purely formal.
◆ **en bonne (et due) forme** ◇ *loc adj* [contrat] bona fide.
◇ *loc adv* [établir un document] in due form, according to the proper form.
◆ **en forme de** *loc prép* [ressemblant à]: **en ~ de poisson** shaped like a fish, fish-shaped; **en ~ de croix** in the shape of a cross.
◆ **pour la forme** *loc adv* for the sake of form, as a matter of form.
◆ **sans forme** *loc adj* shapeless.
◆ **sans autre forme de procès** *loc adv* without further ado.
◆ **sous forme de, sous la forme de** *loc prép* in the form of, as; **un médicament qui existe sous ~ de comprimés** a drug available in tablet form.

formé, e [fɔrme] *adj* PHYSIOL fully-formed, fully-developed.

formel, elle [fɔrmɛl] *adj* -**1.** [net - ordre, refus] definite; [- identification, preuve] positive; **je suis ~, il ne viendra pas** I'm positive he won't come; **le médecin a été ~, pas de laitages!** no milk products, the doctor was quite clear about that! -**2.** [de la forme] formal; **la beauté ~le d'une nouvelle** the formal beauty of a short story. -**3.** [superficiel] formal; **leur protestation était purement ~le** their protest was purely formal OU for the sake of form. -**4.** PHILOS formal.

formellement [fɔrmɛlmɑ̃] *adv* -**1.** [nettement] categorically; **je vous le dis ~, je refuserai de signer** I'm telling you categorically that I'll refuse to sign. -**2.** [stylistiquement] formally. -**3.** PHILOS formally.

former [3] [fɔrme] *vt* -**1.** [donner un contour à - lettre] to shape, to form; [- phrase] to put together, to shape; **Dieu forma l'homme à son image** BIBLE God made man in his own image. -**2.** [créer - gouvernement, association] to form; **~ une unité de combat** to form a combat unit; **~ un train** to make up a train. -**3.** [se constituer en] to form; **ils ont formé un cortège/attroupement** they formed a procession/a mob. -**4.** [dessiner] to form; **le nuage forme un cœur** the cloud is shaped like a heart OU is heart-shaped; **tout cela forme un amas confus dans ma mémoire** all that's just a confused blur in my memory; **les collines alentour forment une vaste cuvette** the surrounding hills form a vast basin. -**5.** [constituer] to form; **nous ne formions qu'un seul être** we were as one; **ils forment un couple uni** they're a united couple; **ils forment un couple étrange** they make a strange couple. -**6.** [faire apparaître] to make, to form; **le froid forme du givre sur les vitres** the cold makes frost form on the windowpanes. -**7.** *sout* [créer, faire par la pensée]: **~ un projet** to think up a plan; **nous avons formé le dessein de nous marier** we are planning to marry; **~ des vœux pour le succès de qqn/qqch** to wish sb/sthg success; **tous les espoirs que nous formons pour eux** all the hopes we place in them. -**8.** LING to form; **formez le pluriel de «marteau-piqueur»** form OU give the plural of "marteau-piqueur"; **formez le conditionnel sur le futur** form the conditional tense using the future tense as a model. -**9.** HORT: **~ un poirier en fuseau** to train a pear tree into a cone-shape. -**10.** ENS & INDUST to train; **~ les jeunes en entreprise** to give young people industrial training; **~ qqn à qqch** to train sb in sthg; **~ son personnel à l'informatique** to train one's staff to use computers; **formé à la gestion** trained in management (techniques). -**11.** [développer] to develop; **un exercice qui forme l'oreille** an exercise which trains OU develops the ear; **~ le caractère de qqn** to develop OU to form sb's character; **~ l'esprit/le goût de qqn** to develop sb's mind/taste.
◆ **se former** ◇ *vpi* -**1.** [apparaître - croûte, pellicule, peau] to form; [- couche, dépôt] to form, to build up; **ces montagnes se sont formées à l'ère tertiaire** these mountains were formed during the Tertiary period. -**2. se ~ en** [se placer en] to form, to make; **se ~ en cortège** to form a procession; **se ~ en carré** to form a square. -**3.** [se perfectionner] to train o.s.; **elle s'est surtout formée au contact du public** she has learnt most of what she knows through dealing with the public; **se ~ sur le tas** to learn on the job OU as one goes along.
◇ *vpt*: **se ~ une opinion** to form an opinion.

Formica® [fɔrmika] *nm* Formica®.

formidable [fɔrmidabl] *adj* -**1.** [imposant] tremendous; *litt* formidable; **elle a une volonté ~, elle réussira!** she has tremendous willpower, she'll succeed! -**2.** *fam* [invraisemblable] incredible, unbelievable; **tu n'en as jamais entendu parler, c'est ~, ça!** it's incredible, you've never heard of it! -**3.** *fam* [admirable] great, wonderful; **c'est un type ~** he's a great guy.

formidablement [fɔrmidabləmɑ̃] *adv* tremendously; **tout était ~ bien** everything was just great; **elle sait ~ bien s'occuper des enfants** she's great OU marvellous with children.

formique [fɔrmik] *adj* formic.

formol [fɔrmɔl] *nm* formalin.

formoler [3] [fɔrmɔle] *vt* to use formalin on.

formosan, e [fɔrmɔzɑ̃, an] *adj* Formosan.
◆ **Formosan, e** *nm, f* Formosan.

Formose [fɔrmoz] *npr* Formosa; **à ~** in Formosa.

formulable [fɔrmylabl] *adj*: **la proposition n'est pas encore ~** the proposal can't yet be formulated; **~ en termes de droit** expressible in legal terms.

formulaire [fɔrmylɛr] *nm* form ADMIN.

formulation [fɔrmylasjɔ̃] *nf* formulation, wording; **la ~ de votre problème est incorrecte** you formulated your problem incorrectly, the way you formulated your problem is incorrect.

formule [fɔrmyl] *nf* -**1.** [tournure] expression, (turn of) phrase; **trouver la ~ qui convient** to find the right expression ❑ **elle a terminé sa lettre par une belle ~/une ~ toute faite** she ended her letter with a well-turned phrase/a ready-made phrase; **~ consacrée** accepted expression; **la ~ magique** the magic words; **~ de politesse** [dans une lettre] letter ending. -**2.** [imprimé] form. -**3.** CHIM & MATH formula; **la ~ pour convertir les degrés Fahrenheit en degrés Celsius** the formula for converting degrees Fahrenheit into degrees Celsius. -**4.** PHARM formula, composition. -**5.** [solution] formula, trick; **ils ont (trouvé) la ~ pour ne pas avoir d'ennuis** they've found a way of not having any problems. -**6.** [en langage publicitaire] way; **une ~ économique pour vos vacances** an economical way to spend your holidays; **nous vous proposons plusieurs ~s de crédit** we offer you several credit options; **une nouvelle ~ de spectacle/restaurant** a new kind of show/restaurant; **notre restaurant vous propose sa ~ à 90 F ou sa carte** our restaurant offers you a set menu at 90 F or an à la carte menu. -**7.** AUT formula; **courir en ~ 3** to compete in formula 3 races. -**8.** MÉD: **~ dentaire** dental formula.

formuler [3] [fɔrmyle] *vt* -**1.** [exprimer - doctrine, revendication] to formulate, to express; **elle m'a regardé sans oser ~ sa question** she looked at me without daring to ask her question. -**2.** [rédiger - théorème] to formulate; [- décret] to draw up *(sép)*.

fornicateur, trice [fɔrnikatœr, tris] *nm, f litt* OU *hum* fornicator.

fornication [fɔrnikasjɔ̃] *nf litt* OU *hum* fornication.

forniquer [3] [fɔrnike] *vi litt* OU *hum* to fornicate.

FORPRONU (*abr de* **Forces de protection des Nations unies**) *nf* UN-profor.

fors [fɔr] *prép arch* except, save *arch*; **tout est perdu, ~ l'honneur** *allusion François Ier* all is lost save honour.

forsythia [fɔrsisja] *nm* forsythia.

fort, e [fɔr, fɔrt] *adj* **A.** QUI A DE LA PUISSANCE, DE L'EFFET -**1.** [vigoureux - personne, bras] strong, sturdy; [- vent] strong, high; [- courant, jet] strong; [- secousse] hard; [- pluies] heavy; **mer ~e** MÉTÉO rough sea; **~ comme un Turc** OU **un bœuf** as strong as an ox. -**2.** [d'une grande résistance morale]: **une âme ~e** a steadfast soul; **rester ~ dans l'adversité** to remain strong OU to stand firm in the face of adversity. -**3.** [autoritaire, contraignant - régime] strong-arm *(avant n)*; **recourir à la manière ~e** to resort to strong-arm tactics; **il emploie la manière ~e avec ses enfants** he uses strong-arm methods with his children. -**4.** [puissant - syndicat, parti, économie] strong, powerful; [- monnaie] strong, hard; [- carton, loupe, tranquillisant] strong; **l'as est plus ~ que le roi** the ace is higher than the king; **colle (très) ~e** (super OU extra) strong glue; **tes lunettes sont trop ~es pour moi** your glasses are too strong for me; **c'est plus ~ que moi** I can't help it; **je l'ai frappé, c'était plus ~ que moi** I couldn't help hitting him; **~ de: ~ de son expérience** with a wealth of experience behind him; **~ de leur protection** reassured by their protection; **une équipe ~e de 40 hommes** a 40-strong team ❑ **l'homme ~ du parti** the strong man of the party. -**5.** [de grand impact - œuvre, film] powerful; [- argument] weighty, powerful, forcible; **le moment le plus ~ de la pièce** the most powerful moment in the play. -**6.** LING [formation, verbe] strong; [consonne] hard.
B. MARQUÉ -**1.** [épais, corpulent - jambes] big, thick; [- personne] stout, large; [- hanches] broad, large, wide; **avoir la taille ~e** to be big around the waist; **ils ont de jolis modèles pour les femmes ~es** they've got nice outsize designs. -**2.** [important quantitativement - dénivellation] steep, pronounced; [- accent] strong, pronounced, marked; [- fièvre, taux] high; [- hausse] large; [- somme] large, big; [- concentration] high; [- bruit] loud; [- différence] great, big; **il est prêt à payer le prix ~** he's willing to pay the full price; **au prix ~, le lave-linge vous coûterait 6 000 F** if you had to pay the full price, the washing machine would cost you 6,000 F; **baisse le son, c'est trop ~** turn the sound down, it's too loud. -**3.** [grand, intense - amour, haine] strong, intense; [- douleur] intense, great; [- influence] strong, big, great; [- propension] marked; **il recherche les sensations ~es** he's after big thrills; **avoir une ~e volonté** to be strong-willed, to have a strong will; **elle a une ~ personnalité** she's got a strong personality. -**4.** [au goût prononcé - café, thé, moutarde, tabac] strong; [- sauce] hot, spicy; **ces oignons sont très ~s** these onions are really strong || [odeur] strong. -**5.** *fam loc*: **c'est un peu ~ (de café)** that's a bit rich; **et c'est moi qui devrais payer? alors ça c'est trop ~!** and I should pay? that's a bit much!; **le plus ~, c'est qu'il avait raison!** the best of it is that he was right!
C. HABILE [compétent, doué - personne]: **son frère est magicien/acrobate, il est très ~** her brother's a magician/an acrobat, and a very good one; **le marketing, c'est là qu'il est ~/que sa société est ~e** marketing is his/his company's strong point; **trouver plus ~ que soi** to meet one's match; **pour faire des gaffes, tu es ~e!** when it comes to making blunders, you take some beating!; **pour donner des leçons, elle est très ~e!** she's very good at lecturing people!; **~ en** very good at; **~ en gymnastique/en langues** very good at gymnastics/at languages; **il est très ~ à la volée** he volleys very well ❑ **avoir affaire à ~e partie** to have a strong OU tough opponent; **encore plus ~, il va vous dire le numéro de votre passeport!** better still, he's going to tell you what your passport number is!
◆ **fort** ◇ *adv* -**1.** [avec vigueur - taper, tirer] hard; **pousse plus ~** push harder || [avec intensité]: **il pleut ~** *fam* it's raining hard OU pouring; **sentir ~** to smell; **mets le gaz plus/moins ~** turn the gas up/down; **le gaz est trop**

~ the gas is too high ❑ tu y vas un peu ~! you're going a bit far! -**2.** [bruyamment - parler] loudly, loud; **parle plus ~, on ne t'entend pas** speak up, we can't hear you; **parle moins ~** lower your voice; **ne chante pas si ~** don't sing so loud; **mets le son plus/moins ~** turn the sound up/down. -**3.** *sout* [très]: **~ désagréable** most disagreeable; **~ joli** very pretty; **c'est ~ bien dit!** well said!; **~ bien, partons à midi!** very well, let's leave at noon!; **j'en suis ~ aise!** *hum* I'm very pleased to hear it! -**4.** *loc*: **là, tu as fait très ~!** you've really excelled yourself!

◇ *nm* -**1.** [physiquement, moralement]: **les ~s et les faibles** the strong and the weak || [intellectuellement]: **un ~ en thème** a swot. -**2.** [spécialité] forte; **la cuisine, ce n'est pas ton ~!** cooking isn't your forte!; **la politesse n'est pas son ~!** politeness isn't his strongest point! -**3.** [forteresse] fort.

◆ **au (plus) fort de** *loc prép*: **au (plus) ~ de l'hiver** in the depths of winter; **au (plus) ~ de l'été** in the height of summer.

Fort-de-France [fɔrdəfrɑ̃s] *npr* Fort-de-France.

fortement [fɔrtəmɑ̃] *adv* -**1.** [avec force] hard; **appuyer ~ sur les deux bords pour les coller** press both ends tight to glue them together; **~ salé** heavily salted; **~ épicé** highly spiced. -**2.** [avec netteté] strongly; **des traits ~ marqués** strongly marked features. -**3.** [beaucoup] strongly; **il désire ~ vous rencontrer** he wishes very much to meet you; **être ~ tenté** to be sorely tempted; **être ~ intéressé par qqch** to be most interested in sthg.

forteresse [fɔrtərɛs] *nf* -**1.** [citadelle] fortress. -**2.** [prison] fortress. -**3.** AÉRON: **~ volante** flying fortress. -**4.** *fig* wall, barrier; **~ de préjugés** wall of prejudice.

fortiche *fam* [fɔrtiʃ] *adj*: **elle est ~ en anglais!** she's dead *Br* OU real *Am* good at English!

fortifiant, e [fɔrtifjɑ̃, ɑ̃t] *adj* -**1.** [nourriture] fortifying; [climat] bracing, invigorating. -**2.** *litt* [édifiant] uplifting.

◆ **fortifiant** *nm* tonic.

fortification [fɔrtifikasjɔ̃] *nf* -**1.** [mur] fortification, wall. -**2.** [action]: **la ~ d'une ville** the fortification of a town.

fortifier [9] [fɔrtifje] *vt* -**1.** [affermir - muscle, santé] to fortify, to strengthen; [- amitié, volonté] to strengthen; **~ qqn dans: il m'a fortifié dans ma décision** he strengthened me in my decision; **ainsi fortifié dans ses préjugés, il reprit la lecture du journal** with his prejudices thus confirmed, he went back to reading the paper. -**2.** [protéger] to fortify; **une ville fortifiée** a walled OU fortified town.

◆ **se fortifier** ◇ *vp (emploi passif)*: **la ville s'est fortifiée au XIIᵉ siècle** the town was fortified OU walls were built around the town in the 12th century.

◇ *vpi* [muscle] to firm up, to grow stronger; [amitié, amour] to grow stronger; **l'exercice aide le corps à se ~** exercise helps the body grow stronger.

fortin [fɔrtɛ̃] *nm* small fort.

fortiori → **a fortiori**.

fortran [fɔrtrɑ̃] *nm* Fortran, FORTRAN.

fortuit, e [fɔrtɥi, it] *adj* [événement] fortuitous; **faire une rencontre ~e** to meet somebody by chance.

fortuitement [fɔrtɥitmɑ̃] *adv* fortuitously, by chance.

fortune [fɔrtyn] *nf* -**1.** [biens] wealth, fortune; **une ~ personnelle** private wealth, a private fortune; **toute sa ~ est en biens immobiliers** her entire fortune is in property OU real estate; **ça lui a rapporté une (petite) ~** *fam* it brought him a nice little sum; **c'était une ~ à l'époque** it was a lot of money at the time; **voici 50 francs, c'est toute ma ~!** *hum* here's 50 francs, it's all my worldly wealth!; **avoir de la ~** to be wealthy; **faire ~** to make one's fortune. -**2.** *litt* [hasard] good fortune, luck; **il a eu la bonne** OU **l'heureuse ~ de la connaître** he was fortunate enough to know her; **il a eu la mauvaise ~ de tomber malade** he was unlucky enough OU he had the misfortune to fall ill ❑ **un homme en bonnes ~s** a Don Juan; **être en bonne ~** *litt* to be successful *(with women)*; **faire contre mauvaise ~ bon cœur** to make the best of a bad job; **la ~ sourit aux audacieux** fortune favours the bold *prov*; **la ~ vient en dormant** good luck comes when you least expect it. -**3.** *litt* [sort] fortune; **leurs livres ont connu des ~s très diverses** their books had varying success. -**4.** NAUT: **~ de mer** [biens] property at sea; [risques] perils of the sea; **voile de ~** crossjack.

◆ **à la fortune du pot** *loc adv*: **inviter qqn à la ~ du pot** to invite sb to take pot luck; **viens, ce sera à la ~ du pot!** come and take pot luck!

◆ **de fortune** *loc adj* [lit] makeshift; [installation, réparation] temporary.

◆ **sans fortune** *loc adj* with no hope of an inheritance.

fortuné, e [fɔrtyne] *adj* -**1.** [riche] rich, wealthy. -**2.** *litt* [heureux] fortunate, blessed *litt*.

forum [fɔrɔm] *nm* ANTIQ & ARCHIT forum; [débat] forum.

fosse [fos] *nf* -**1.** [cavité] pit; **~ à purin** OU **fumier** manure pit; **~ (d'aisances)** cesspool; **~ aux lions** lion's den; **descendre dans la ~ aux lions** *fig* to enter the lion's den; **~ aux ours** bear pit; **~ septique** septic tank. -**2.** AUT & SPORT pit. -**3.** MUS: **~ d'orchestre** orchestra pit. -**4.** [tombe] grave; **~ commune** common grave; **creuser sa ~ avec ses dents** to dig one's own grave by eating badly. -**5.** ANAT fossa; **~s nasales** nasal fossae. -**6.** GÉOL trench; **~ sous-marine** ocean trench. -**7.** MIN pit.

fossé [fose] *nm* -**1.** [tranchée] ditch; **finir** OU **se retrouver dans le ~** to end up in a ditch; **~ antichar** MIL antitank ditch. -**2.** *fig* gulf, gap; **le ~ qui nous sépare** the gulf which divides us. -**3.** GÉOL trough; **~ tectonique** OU **d'effondrement** graben.

fossette [fosɛt] *nf* dimple.

fossile [fosil] ◇ *adj pr* fossil *(modif)*; *fig* fossil-like, fossilized.

◇ *nm pr* & *fig* fossil.

fossilifère [fosilifɛr] *adj* fossiliferous.

fossilisation [fosilizasjɔ̃] *nf* fossilization.

fossiliser [3] [fosilize] *vt* to fossilize.

◆ **se fossiliser** *vpi* to become fossilized.

fossoyeur [foswajœr] *nm* gravedigger; **les ~s de la révolution** *fig* & *litt* the destroyers OU gravediggers of the revolution.

fou [fu] *(devant nm commençant par voyelle ou h muet* **fol** [fɔl], *f* **folle** [fɔl]) ◇ *adj* -**1.** [dément] insane, mad; **devenir ~** to go mad OU insane; **je ne suis pas ~ tout de même, je l'ai bien vu hier** I'm not crazy OU mad you know, I really did see him yesterday; **un regard un peu ~** a somewhat crazed look; **être ~ de bonheur/joie/douleur** to be beside o.s. with happiness/joy/grief; **être ~ d'inquiétude** to be mad with worry ❑ **être ~ furieux** OU **à lier** to be (stark) raving mad. -**2.** [déraisonnable] mad; **je ne suis pas assez ~ pour y aller tout seul** I'm not mad OU crazy enough to go by myself; **ton projet est complètement ~** your plan is completely crazy OU mad; **avoir de folles pensées** to have wild thoughts ❑ **pas folle, la guêpe!** *fam* he's/she's not stupid!; **souvent femme varie, (bien) fol qui s'y fie** woman is fickle, man beware! -**3.** [hors de soi] wild, mad; **rendre qqn ~** to drive OU to send sb mad; **il est encore en retard, ça me rend folle!** he's late again, it drives me wild OU mad! -**4.** [passionné]: **être ~ de qqn/qqch** to be mad OU wild about sb/sthg; **elle est folle de football** she's mad keen on *Br* OU crazy about football. -**5.** [intense] mad, wild; **nous avons passé une folle soirée** we had a wild evening; **entre eux, c'est l'amour ~** they're crazy about each other, they're madly in love. -**6.** [incontrôlé] wild; **se lancer dans une course folle** to embark on a headlong chase; **camion/train ~** runaway truck/train; **boussole folle** crazy compass needle ❑ **folle avoine** wild oats; **avoir des mèches folles** to have wild OU straggly hair; **~ rire** (uncontrollable) giggle OU giggles; **avoir** OU **être pris d'un ~ rire** to have a fit of the giggles. -**7.** *fam* [très important] tremendous; **il y avait un monde ~** there was a huge crowd; **un prix ~** an extortionate price; **ça dure un temps ~** it goes on for ages; **nous avons mis un temps ~ pour venir** it took us ages to get here; **gagner un argent ~** to make piles OU a lot of money. -**8.** [incroyable] incredible; **c'est une histoire complètement folle!** it's the most incredible story!; **c'est ~, ce qui lui est arrivé** what happened to him is incredible. -**9.** JUR: **folle enchère** irresponsible bid.

◇ *nm, f* -**1.** [dément] madman (*f* madwoman); **envoyer qqn chez les ~s** *vieilli* to have sb locked up OU put away; **vous n'avez pas vu le feu rouge, espèce de ~?** didn't you see the red light, you stupid fool?; **tais-toi, vieille folle!** shut up, you crazy old woman!; **comme un ~** *pr* dementedly; [intensément] like mad OU crazy. -**2.** [excité] lunatic, fool; **ce jeune ~ va nous entraîner dans une catastrophe** that young fool will ruin us; **faire le ~** to act the fool OU idiot. -**3.** [passionné]: **c'est un ~ de moto** he's mad on OU crazy about bikes.

◆ **fou** *nm* -**1.** JEUX bishop. -**2.** HIST: **~ (du roi)** (court) jester; **plus on est de ~s plus on rit** the more the merrier *loc*. -**3.** ORNITH: **~ (de Bassan)** gannet.

◆ **folle** *nf* -**1.** *fam* [homosexuel] queen; **grande folle** raving queen. -**2.** *loc litt*: **la folle du logis** vivid imagination.

fouace [fwas] = **fougasse**.

fouailler [3] [fwaje] *vt litt* to whip, to lash; **la pluie leur fouaillait le visage** the rain lashed at their faces.

foucade [fukad] *nf litt* whim, passing fancy.

foudre¹ [fudr] *nm* -**1.** [tonneau] tun. -**2.** MYTH thunderbolt.

◆ **foudre de guerre** *nm* -**1.** [guerrier] great warrior. -**2.** *fig*: **ce n'est pas un ~ de guerre** *hum* he wouldn't say boo to a goose.

foudre² [fudr] *nf* MÉTÉO lightning; **il est resté comme frappé par la ~** he looked as if he had been struck by lightning ❑ **prompt** OU **rapide comme la ~** like lightning, with the speed of lightning.

◆ **foudres** *nfpl litt* wrath, ire *litt*; **il a tout fait pour s'attirer les ~s du public** he did everything to bring down the public's wrath upon him OU to incur the public's wrath.

◆ **coup de foudre** *nm* -**1.** MÉTÉO flash of lightning. -**2.** *fig* love at first sight; **entre eux, ça a été le coup de ~** it was love at first sight between (the two of) them.

foudroiement [fudrwamɑ̃] *nm* -**1.** [fait de foudroyer] striking. -**2.** [fait d'être foudroyé] being struck.

foudroyage [fudrwajaʒ] *nm* MIN caving.

foudroyant, e [fudrwajɑ̃, ɑ̃t] *adj* -**1.** [soudain] violent; **une crise cardiaque ~e** a massive coronary; **une mort ~e** (an) instant death. -**2.** [extraordinaire] striking, lightning *(modif)*; **faire des progrès ~s** to make lightning progress; **la pièce a connu un succès ~** the play was a massive success; **à une vitesse ~e** with lightning speed. -**3.** [furieux - regard]: **jeter des regards ~s à qqn** to look daggers at sb.

foudroyer [13] [fudrwaje] *vt* -**1.** MÉTÉO to strike; **deux personnes ont été foudroyées hier pendant l'orage** two people were struck by lightning yesterday during the thunderstorm. -**2.** [tuer] to strike down *(sép)*; **la sentinelle a été foudroyée par une balle perdue** the sentry was struck by a stray bullet; **foudroyé par une crise cardiaque** struck down by a heart attack; **~ qqn du regard** OU **des yeux** *fig* to look daggers at sb. -**3.** [anéantir] to strike down *(sép)*; **la mort de ses parents l'a foudroyé** he was crushed by his parents' death.

fouëne [fwɛn] = **foëne**.

fouet [fwɛ] *nm* -**1.** [instrument] whip. -**2.** CULIN whisk. -**3.** ORNITH: **~ de l'aile** wing tip.

◆ **de plein fouet** ◇ *loc adv* head-on.

◇ *loc adj* full on, head-on; [tir, choc] head-on; [collision] head-on.

◆ **coup de fouet** *nm* whiplash; *fig* boost; **donner un coup de ~ à qqn** *pr* to lash OU to whip sb; *fig* to give sb a boost; **ces vitamines te donneront un coup de ~** *fig* these vitamins will give you a boost OU a lift.

fouettard [fwɛtar] *adj m* → **père**.

fouetté, e [fwete] *adj* [crème] whipped.

◆ **fouetté** *nm* DANSE fouetté.

fouettement [fwɛtmɑ̃] *nm* [de la pluie, de la grêle] lashing; [d'une voile] flapping.

fouette-queue [fwɛtkø] (*pl* fouette-queues) *nm* agamid.

fouetter [4] [fwete] ◇ *vt* -**1.** [frapper] to whip, to flog; **~ son cheval** to whip one's horse; **l'air glacé lui fouettait le sang** *fig* the icy air got his circulation going ❑ **fouette, cocher!** don't spare the horses!; **il n'y a pas de quoi ~ un chat** there's nothing to get excited about. -**2.** CULIN [crème] to whip; [blanc d'œuf] to beat, to whisk. -**3.** [cingler - suj: pluie] to lash.

◇ *vi* -**1.** ▽ [empester] to reek, to stink, to pong *Br*; **ça fouette par ici!** there's a hell of a pong *Br* OU a stink in here! -**2.** ▽ [avoir peur] to wet o.s.

foufou, fofolle *fam* [fufu, fɔfɔl] *adj* daft, nutty, loopy.

fougasse [fugas] *nf kind of cake made of sweet pastry and flavoured with candied fruit or spices.*

fougère [fuʒɛr] *nf* fern; **~ arborescente** tree fern.

fougue [fug] *nf* -**1.** [ardeur] passion, spirit, ardour; **un discours rempli** OU **plein de ~** a fiery speech; **il s'est lancé dans cette aventure avec la ~ de ses vingt ans** he threw himself into this adventure with all the ardour of his twenty years; **se battre avec ~** to fight with spirit, to put up a spirited fight; **répondre avec ~** to answer with brio. -**2.** NAUT topgallant (mast).

fougueusement [fugøzmɑ̃] *adv* ardently, with brio, with passion.

fougueux, euse [fugø, øz] *adj* [personne] ardent, fiery, impetuous; [cheval] spirited; [réponse, résistance] spirited, lively.

fouillage [fujaʒ] *nm* AGR burrowing.

fouille [fuj] *nf* -**1.** [d'un lieu] search; **passer à la ~** to be searched ❑ **~ corporelle** [rapide] frisking; [approfondie] body search. -**2.** AGR digging (up). -**3.** MIN exploration, search; **travail en ~** earth digging. -**4.** ▽ [poche] pocket.

◆ **fouilles** *nfpl* ARCHÉOL dig, excavations; **participer à des ~s** to take part in a dig.

fouillé, e [fuje] *adj* [enquête] thorough, wide-ranging; [étude] detailed; [détails] elaborate.

fouiller [3] [fuje] ◇ *vt* -**1.** [explorer - tiroir] to search (through); **nous avons fouillé toute la maison/région** we searched the entire house/area; **fouille un peu tes poches, tu vas sûrement le retrouver!** have a look in your pockets, you're sure to find it || [au cours d'une vérification] to search, to go through (*insép*); **la police a fouillé tous les bagages** the police went through all the luggage; **~ des voyageurs** [rapidement] to frisk travellers; [de façon approfondie] to search travellers. -**2.** [creuser - suj: cochon, taupe] to dig; **~ la terre** to root in OU to burrow in OU to dig the earth; **~ un site** ARCHÉOL to excavate a site. -**3.** [approfondir] to go deeply OU thoroughly; **il aurait fallu ~ la question** the question should have been researched more thoroughly.

◇ *vi* -**1.** [creuser] to dig; **c'est là qu'il vous faut ~** this is where you must dig. -**2.** [faire une recherche]: **~ dans qqch** [légitimement] to go through, to search; [par indiscrétion] to rifle through *péj*, to go through; **~ dans sa mémoire** to search one's memory; **~ dans son esprit** to rack one's brains; **~ dans le passé de qqn** to delve into sb's past.

◆ **se fouiller** *vp (emploi réfléchi)*: **se ~ les poches** to go through one's pockets ❑ **tu peux toujours te ~!** *fam* dream on!, nothing doing!; **une participation? il peut se ~!** let him have a share in the profits? he can whistle for it OU not likely!

fouilleur, euse [fujœr, øz] *nm, f* -**1.** ARCHÉOL excavator. -**2.** [policier] searcher.

fouillis [fuji] ◇ *nm* jumble; **quel ~ dans ta chambre!** what a dump your room is!; **un ~ de** a mass OU a jumble of; **le jardin n'est qu'un ~ de ronces** the garden's nothing but a mass of brambles; **se perdre dans un ~ de détails** to get bogged down in (a mass of) details.

◇ *adj* messy, untidy; **ce que tu peux être ~!** you're so messy!

◆ **en fouillis** *fam* ◇ *loc adj* in a mess; **une chambre en ~** a messy room; **des dossiers en ~** muddled-up files.

◇ *loc adv*: **laisser un lieu en ~** to leave a place in a mess.

fouinard, e *fam* [fwinar, ard] *adj* nosy, prying.

◆ **fouinard** *fam nm* busybody, nosy parker *Br*.

fouine [fwin] *nf* -**1.** ZOOL stone marten; **avoir un visage de ~** to be weasel-faced. -**2.** *fam* [fouineur] busybody, nosy parker *Br*; **avoir un air de ~** to look like a right nosy parker.

fouiner *fam* [3] [fwine] *vi* -**1.** [explorer] to go through; **~ au marché aux puces** to go hunting for bargains at the flea market. -**2.** *péj* [être indiscret] to nose about OU around; **il est toujours à ~ dans les affaires des autres** he keeps poking his nose into other people's business.

fouineur, euse *fam* [fwinœr, øz] ◇ *adj* nosy, prying.

◇ *nm, f* -**1.** [indiscret] busybody, nosy parker *Br*. -**2.** [chez les brocanteurs] bargain hunter.

fouir [32] [fwir] *vt* to burrow, to dig.

fouissage [fwisaʒ] *nm* burrowing, digging.

fouisseur, euse [fwisœr, øz] *adj* burrowing *(avant n)*, fossorial *spéc*.

◆ **fouisseur** *nm* burrower, fossorial animal *spéc*.

foulage [fulaʒ] *nm* -**1.** [du raisin] pressing, treading; [d'une peau] tanning; [d'un tissu] fulling. -**2.** IMPR impression.

foulant, e [fulɑ̃, ɑ̃t] *adj* -**1.** *fam* [fatigant] backbreaking, exhausting; **c'est pas ~!** it's not exactly backbreaking work! -**2.** → **pompe**.

foulard [fular] *nm* -**1.** VÊT scarf. -**2.** TEXT foulard.

foule [ful] *nf* -**1.** [gens] crowd, mob *péj*; **il y a ~** *fam* there are crowds OU masses of people; **il n'y a pas ~** *fam* there's hardly anyone around. -**2.** [masses populaires]: **la ~, les ~s** the masses; **un président qui plaît aux ~s** a popular president. -**3.** [grand nombre]: **une ~ de**: **une ~ de gens** a crowd of people; **une ~ d'amis** a host of friends; **j'ai une ~ d'histoires à te raconter** I've got lots of stories to tell you; **il m'a donné une ~ de détails** he gave me a whole mass of details.

◆ **en foule** *loc adv* [venir, se présenter] in huge numbers.

foulée [fule] *nf* stride; **avancer à longues ~s** to stride along.

◆ **dans la foulée** *fam loc adv*: **dans la ~, j'ai fait aussi le repassage** I did the ironing while I was at it.

◆ **dans la foulée de** *loc prép* SPORT: **rester dans la ~ de qqn** to stay close on sb's heels.

fouler [3] [fule] *vt* -**1.** [écraser - raisin] to press, to tread; [- céréale] to tread. -**2.** [marcher sur] to tread OU to walk on *(insép)*; **~ le sol natal** *litt* to tread the native soil ❑ **~ qqch aux pieds** *fig* to trample on sthg. -**3.** [cuir, peau] to tan. -**4.** TEXT to full.

◆ **se fouler** ◇ *vpi* *fam* [se fatiguer] to strain o.s.; **tu ne t'es pas beaucoup foulé** you didn't exactly strain OU overexert yourself, did you?

◇ *vpt*: **se ~ qqch** [se faire mal]: **se ~ la cheville** to sprain OU to twist one's ankle.

fouloir [fulwar] *nm* -**1.** [pour le raisin] wine press. -**2.** TEXT fulling mill. -**3.** [de tanneur] tanning drum.

foulon [fulɔ̃] *nm* -**1.** TEXT [machine]: **(moulin à) ~** fulling mill || [ouvrier] fuller. -**2.** [de tanneur] tanning drum.

foulque [fulk] *nf* ORNITH coot; **~ noire** rail.

foultitude *fam* [fultityd] *nf*: **une ~ de** loads OU masses of; **avoir une ~ de choses à faire** to have loads of things to do.

foulure [fulyr] *nf* sprain.

four [fur] *nm* -**1.** CULIN oven; **un plat allant au ~** an ovenproof dish ❑ **~ à micro-ondes** microwave oven; **~ à pain** baker's oven; **~ à pyrolyse** self-cleaning oven; **ouvrir la bouche comme un ~** to open one's mouth wide; **il fait chaud comme dans un ~** it's like an oven (in here); **il fait noir comme dans un ~** it's pitch dark; **avoir qqch au ~** *pr* to have sthg cooking (in the oven); *fig* to have sthg on the go *Br* OU in the pipeline; **on ne peut pas être à la fois au ~ et au moulin** you can't be in two places at the same time. -**2.** TECH furnace, kiln; **~ à chaux** lime kiln; **~ solaire** solar furnace. -**3.** HIST: **~ crématoire** (Hitler's) gas ovens. -**4.** *fam* [fiasco] flop; **sa pièce a été** OU **fait un ~** his play was a flop.

fourbe [furb] *litt* ◇ *adj* deceitful, treacherous.

◇ *nmf* cheat, treacherous OU false-hearted *litt* person.

fourberie [furbəri] *nf litt* -**1.** [duplicité] treacherousness. -**2.** [acte] treachery.

fourbi *fam* [furbi] *nm* -**1.** [ensemble hétéroclite] paraphernalia. -**2.** [truc] thingy.

fourbir [32] [furbir] *vt* -**1.** [nettoyer] to polish (up). -**2.** *litt* & *fig*: **~ ses armes** to prepare for war; **~ ses arguments** to line up one's arguments.

fourbissage [furbisaʒ] *nm* polishing (up).

fourbu, e [furby] *adj* -**1.** [personne] exhausted; **je suis ~** I'm tired out OU exhausted. -**2.** [cheval] foundered.

fourche [furʃ] *nf* -**1.** AGR fork; **~ à foin** pitchfork, hayfork. -**2.** [embranchement] fork; **quitte le chemin là où il fait une ~** leave the path where it forks. -**3.** [d'une bicyclette, d'un arbre] fork. -**4.** ENS *Belg* break, gap *(in one's timetable)*. -**5.** [de cheveux] split end. -**6.** ANTIQ: **les Fourches Caudines** the Caudine Forks; **passer sous les ~s caudines** *fig* to be humiliated. -**7.** HIST: **les ~s patibulaires** the gallows.

fourcher [3] [furʃe] *vi loc*: **sa langue a fourché** he made a slip (of the tongue); **excusez-moi, ma langue a fourché** sorry, it was a slip of the tongue.

fourchette [furʃɛt] *nf* -**1.** [pour manger] fork; **~ à escargots** snail fork; **~ à huîtres** oyster fork; **être une bonne ~** to be a hearty eater; **elle a un bon coup de ~** she's a hearty eater; **la ~ du père Adam** *hum* the fingers. -**2.** [écart] bracket; **une ~ comprise entre 1000 et 1500 francs** prices ranging from 1000 to 1500 francs; **maintenir nos produits dans une ~ de prix acceptable** to keep our products within an acceptable price range OU bracket. -**3.** ANAT: **~ sternale** jugular notch; **~ vulvaire** fourchette. -**4.** ZOOL [du cheval] frog; [de l'oiseau] wishbone, furcula *spéc*.

fourchu, e [furʃy] *adj* -**1.** [cheveux]: **avoir les cheveux ~s** to have split ends. -**2.** [tronc, route] forked. -**3.** [pied] cloven-hoofed; [sabot] cloven, cleft.

fourgon [furgɔ̃] *nm* -**1.** [voiture] van; **~ à bestiaux** cattle truck; **~ cellulaire** police van *Br*, patrol OU police wagon *Am*; **~ de déménagement** removal *Br* OU moving *Am* van; **~ funèbre** OU **funéraire** OU **mortuaire** hearse; **~ postal** mail van. -**2.** RAIL coach, waggon *Br*; **~ à bagages** luggage van *Br*, baggage car *Am*. -**3.** [tige de métal] poker.

fourgonner *fam* [3] [furgɔne] *vi* to poke OU to rummage about.

fourgonnette [furgɔnɛt] *nf* (small) van.

fourgue [furg] *nm arg crime* fence.

fourguer [3] [furge] *vt* -**1.** *arg crime* [vendre] to fence. -**2.** *fam péj* [donner]: **~ qqch à qqn** to palm off sthg on sb; **qui t'a fourgué ces vieilles nippes?** who palmed off those old clothes on you?

fouriérisme [furjerism] *nm* Fourierism.

fourme [furm] *nf* hard cheese *(made in Central France)*; ~ **d'Ambert** Fourme d'Ambert (blue) cheese.

fourmi [furmi] *nf* -**1.** ENTOM ant; ~ **rouge** red ant; ~ **blanche** termite. -**2.** [personne] busy bee; **ma tante a toujours été une (vraie)** ~ my aunt has always been a busy little bee. -**3.** *loc*: **avoir des** ~**s dans les jambes** to have pins and needles in one's legs. -**4.** *arg crime* [passeur] (small-time) pusher.
◆ **de fourmi** *loc adj* [travail] meticulous, painstaking.

fourmilier [furmilje] *nm* ZOOL anteater.

fourmilière [furmiljɛr] *nf* -**1.** ENTOM anthill, antheap. -**2.** [lieu animé] hive of activity; **l'aéroport s'est transformé en une véritable** ~ the airport was bustling with activity.

fourmilion, fourmi-lion [furmiljɔ̃] *(pl* fourmis-lions) *nm* antlion.

fourmillement [furmijmɑ̃] *nm* -**1.** [picotement] tingle; **j'ai des** ~**s dans les doigts** I've got pins and needles in my fingers. -**2.** [foisonnement - de promeneurs] swarming; [- d'idées] swarm.

fourmiller [3] [furmije] *vi* -**1.** [s'agiter] to swarm. -**2.** [être abondant] to abound; **un documentaire où fourmillent les révélations intéressantes** a documentary full of OU teeming with interesting revelations; ~ **de** [insectes, personnes] to swarm with; [fautes, idées] to be full of, to be packed with. -**3.** [picoter] to tingle; **j'ai les doigts qui fourmillent** I have pins and needles in my fingers.

fournaise [furnɛz] *nf* -**1.** *litt* [feu] blaze. -**2.** [lieu caniculaire]: **la ville est une** ~ **en été** the city's like an oven in the summer.

fourneau, x [furno] *nm* -**1.** [cuisinière] stove; **être aux** OU **derrière les** ~**x** to be cooking; **toujours à ses** ~**x!** always slaving over a hot stove! -**2.** MÉTALL furnace. -**3.** [d'une pipe] bowl. -**4.** [pour explosif] mine chamber.

fournée [furne] *nf* -**1.** [du boulanger] lot; **faire deux** ~**s de pain dans la matinée** to bake two batches of bread in the morning; **aujourd'hui nous n'avons fait qu'une** ~ today we only baked one batch. -**2.** *fam* [ensemble de personnes] lot; **le métro dégorge sa dernière** ~ the last lot of passengers leave the metro.

fourni, e [furni] *adj* -**1.** [touffu - cheveux] thick; [- barbe] heavy, thick; [- haie] luxuriant; **avoir des sourcils très** ~**s** to have bushy eyebrows. -**2.** [approvisionné]: **abondamment** OU **bien** ~ well supplied OU stocked.

fournier [furnje] *nm* ORNITH ovenbird.

fournil [furnil] *nm* bakehouse, bakery.

fourniment [furnimɑ̃] *nm* -**1.** MIL pack, equipment. -**2.** *fam* [attirail] gear, paraphernalia.

fournir [32] [furnir] *vt* -**1.** [ravitailler] to supply; **c'est eux qui me fournissent en pain** I buy (my) bread from them; **il n'y a plus de quoi** ~ **les troupes** there's nothing left to feed the army; ~ **qqn en** to supply sb with; ~ **une entreprise en matières premières** to supply a firm with raw materials || *(en usage abs)*: **je ne peux plus** ~**, moi!** *hum* I can't cope anymore! -**2.** [procurer] to provide; ~ **qqch à qqn** to provide sb with sthg; **c'est la France qui leur fournit des armes** it's France who is providing OU supplying them with weapons; ~ **du travail aux chômeurs** to provide the unemployed with work; **vous devez nous** ~ **un devis/une pièce d'identité** you must provide us with an estimate/some form of identification; ~ **un alibi à qqn** to provide sb with an alibi; **la brochure vous fournira tous les renseignements nécessaires** the brochure will give you all the necessary information; **fournissez-moi l'argent demain** let me have the money tomorrow. -**3.** [produire] to produce; **ces vignes fournissent un vin de qualité moyenne** this vineyard produces a wine of average quality; **les régions du sud fournissent les agrumes et les olives** the southern regions produce citrus fruits and olives. -**4.** [accomplir]: ~ **un effort** to make an effort. -**5.** JEUX: ~ **la couleur demandée** to follow suit; ~ **à trèfle** to follow suit in clubs.
◆ **fournir à** *v + prép*: ~ **aux besoins de qqn** to provide for sb's needs; ~ **à la dépense** to defray the cost; ~ **aux frais** to defray expenses.
◆ **se fournir** *vpi*: **se** ~ **chez qqn** [alimentation, produits courants] to shop at sb's establishment; [fournitures, stocks] to get one's supplies from sb.

fournisseur [furnisœr] *nm* [établissement, marchand] supplier; ~**s de l'armée** army contractors; **quel est votre** ~ **habituel?** who's your usual supplier?; **c'est le plus gros** ~ **de papier de tout le pays** he's the biggest supplier of paper in the whole country.

fourniture [furnityr] *nf* [action] supplying, providing.
◆ **fournitures** *nfpl* [objets] materials; ~**s scolaires** school stationery.

fourrage [furaʒ] *nm* -**1.** AGR fodder. -**2.** VÊT [acte] lining; [peau] lining fur.

fourrager[1] [17] [furaʒe] *vi* to rummage through *(insép)*.
◆ **fourrager dans** *v + prép* to rummage through *(insép)*.

fourrager[2]**, ère** [furaʒe, ɛr] *adj* fodder *(modif)*.
◆ **fourragère** *nf* -**1.** MIL [décoration] fourragère. -**2.** [champ] field *(in which a fodder crop is grown)*. -**3.** [charrette] cart *(for fodder)*.

fourre [fur] *nf Helv* [d'un oreiller] pillowcase; [pour un édredon] quilt cover; [d'un disque] sleeve; [d'un livre] jacket.

fourré[1] [fure] *nm* [bois] thicket.

fourré[2]**, e** [fure] *adj* -**1.** [doublé de fourrure] fur lined; **des chaussons** ~**s** lined slippers. -**2.** CULIN filled; **bonbons** ~**s à la fraise** sweets *Br* OU candy *Am* with strawberry-flavoured centres ❑ **chocolats** ~**s** chocolate creams.
◆ **coup fourré** *nm* -**1.** ESCRIME double hit. -**2.** *fig* low trick.

fourreau, x [furo] *nm* -**1.** [d'une arme] sheath; [d'un parapluie] cover; **remettre son épée au** ~ to sheathe one's sword. -**2.** VÊT sheath dress. -**3.** ÉLECTR sleeve.

fourrer [3] [fure] *vt* -**1.** [doubler de fourrure] to line with fur. -**2.** CULIN [fruit, gâteau] to fill; **des dates fourrées à la pâte d'amandes** marzipan-filled dates, dates stuffed with marzipan. -**3.** *fam* [mettre] to stick, to shove; ~ **qqch dans** to stuff sthg in OU into; **ne fourre pas tes affaires dans le sac, range-les** don't just shove your things into the bag, put them in neatly; ~ **ses mains dans ses poches** to stick one's hands into one's pockets; ~ **son doigt dans son nez** to stick one's finger up one's nose ❑ ~ **son nez dans qqch** *péj* to stick one's nose into sthg. -**4.** *fam* [laisser - papier, vêtement] to put, to leave; ~ **qqch quelque part** to stick OU to leave sthg somewhere; **où as-tu fourré ce dossier?** where have you put OU left that file?; **mon assistant fourre tout n'importe où** my assistant sticks things any old where. -**5.** *fam* [placer - personne, animal] to stick, to put; **on l'a fourré en prison** they stuck him in jail; **on m'a fourré aux archives** I've been stuck away OU dumped in the archives section ❑ **être toujours fourré dans** OU **chez**: **il est toujours fourré chez ses parents/à l'église** he's always at his parents'/in the church; **ce chat/gosse, toujours fourré dans mes jambes!** that child/cat is always under my feet!
◆ **se fourrer** *fam* ◇ *vpi* -**1.** [se mettre]: **se** ~ **au lit/sous les couvertures/dans son sac de couchage** to snuggle down in bed/under the blankets/into one's sleeping bag; **ne plus savoir où se** ~: **il ne savait plus où se** ~ he wished the earth would open up and swallow him. -**2.** [s'engager]: **se** ~ **dans une sale affaire** to get mixed up in a nasty business; **se** ~ **dans un (vrai) guêpier** to land o.s. in real trouble. ◇ *vpt*: **se** ~ **un doigt dans le nez** to stick one's finger up one's nose; **se** ~ **une idée dans la tête** to get an idea into one's head.

fourre-tout [furtu] *nm inv* -**1.** [pièce] junk room; [placard] junk cupboard. -**2.** [valise] holdall *Br*, carryall *Am*; [trousse] pencil case. -**3.** *fig* jumble, ragbag; **cette loi est un** ~ this law is a real mess.

fourreur [furœr] *nm* furrier.

fourrier [furje] *nm* -**1.** MIL & NAUT quartermaster. -**2.** *litt*: **être le** ~ **de** to be a harbinger of. -**3.** HIST MIL [responsable de la nourriture] quartermaster; [responsable du logement] billeting officer.

fourrière [furjɛr] *nf* [pour chiens, voitures] pound; **emmener une voiture en** OU **à la** ~ to impound a car.

fourrure [furyr] *nf* -**1.** VÊT fur; **un manteau/une veste de** ~ a fur coat/jacket. -**2.** [peau préparée] fur. -**3.** ZOOL fur, coat; **l'ours blanc a une épaisse** ~ the polar bear has thick fur OU a thick coat. -**4.** [commerce]: **la** ~ the fur trade. -**5.** TECH packing. -**6.** HÉRALD fur.

fourvoiement [furvwamɑ̃] *nm litt* going astray.

fourvoyer [13] [furvwaje] *vt litt* to lead astray, to mislead.
◆ **se fourvoyer** *vpi* to be in error, to make a mistake, to go astray; **tu te fourvoies si tu crois qu'il va y renoncer** you're making a mistake if you think he'll give it up.
◆ **se fourvoyer dans** *vp + prép* to get o.s. involved in; **je me suis encore fourvoyé dans une drôle d'histoire** I got myself involved in some funny business again.

foutaise▽ [futɛz] *nf* crap, bull *Am*; **tout ça, c'est de la** ~! that's just a load of rubbish *Br* OU crap!; **arrête de raconter des** ~**s!** stop talking crap OU *Am* bull!

foutoir▽ [futwar] *nm* dump, tip *Br*; **sa chambre est un vrai** ~ her room is a complete tip.

foutre[1]▽ [futr] *adv*: **je n'en sais** ~ **rien** I'm buggered *Br* OU the hell *Am* if I know; **personne n'en sait** ~ **rien** fuck knows.

foutre[2] [116] [futr] ◇ *vt* ▽ -**1.** [envoyer, mettre]: **fous-le dans la valise** bung it in the case; ~ **qqch par la fenêtre** to chuck sthg out of the window; ~ **qqn par terre** to throw sb to the ground; ~ **une pile de livres par terre** to knock a pile of books to the ground; ~ **un rêve/un projet par terre** *fig* to wreck a dream/a project; ~ **qqn à la porte** to throw OU to chuck sb out; ~ **qqch en l'air** to ruin sthg, to screw sthg up; ~ **sur la gueule à qqn** to bash OU to smash sb's face in. -**2.** [donner] to give; ~ **une claque à qqn** to hit sb, to give sb a thump; ~ **la trouille à qqn** to give sb the creeps; ~ **le cafard à qqn** to get sb down; ~ **la paix à qqn** to leave sb alone, to get out of sb's hair; ~ **une raclée à qqn** *pr* to thump sb; **il m'a foutu une raclée au tennis** he gave me a hiding at tennis. -**3.** [faire] to do; **il ne fout rien de la journée** he doesn't do a damn OU bloody *Br* thing all day; **qu'est-ce que tu fous là?** what the hell are you doing here!; **qu'est-ce que tu fous, on est pressés!** what the (bloody) hell are you doing, we're in a hurry! ❑ **qu'est-ce que ça peut** ~? what the hell difference does that make?; **qu'est-ce que ça peut te/lui** ~? what the hell does it matter to you/him?; **rien à** ~: **il en a rien à** ~ he couldn't give a damn OU a toss *Br* OU monkey's *Br*; **rien à** ~**, de leur bagnole!** who cares about their damn car? -**4.** *loc*: **aller se faire** ~▼: **va te faire** ~ sod *Br* OU fuck off; **ça la fout mal** it looks pretty bad; **en** ~ **un coup**: **il va falloir en** ~ **un coup si on veut avoir fini demain** we'll have to get a bloody *Br* move on if we want to be finished by tomorrow!; ~ **le camp**: **mon mec a foutu le camp** my man's buggered off (and left me) *Br* OU run out on me *Am*; **fous le camp de chez moi!** get the hell out of my house!; **y'a ta barrette qui fout le camp** your hair slide's *Br* OU barrette's *Am* falling out; **tout fout le camp!** this place is going to the dogs!; ~ **son billet à qqn que**: **je te fous mon billet qu'ils sont déjà partis** I'll bet you anything you like they've already left; **je t'en fous**: **rembourser? je t'en fous, il ne remboursera jamais!** you think he's going to pay you back? you'll be

lucky; je t'en foutrai: je t'en foutrai, moi, du caviar! caviar? I'll give you bloody caviar!
◇ *nm* ▼ come.
◆ **se foutre**▽ ◇ *vpi*: se ~ entre les pattes de qqn to fall into sb's clutches; il s'est foutu par terre he fell flat, he came a cropper *Br* ❑ se ~ dedans to blow it; il s'est encore foutu dedans he blew it yet again.
◇ *vpt*: il s'est foutu de la peinture sur son pantalon he spilt paint all over his trousers ❑ s'en ~ plein la lampe to make a pig of o.s.; s'en ~ plein les poches to line one's pockets.
◆ **se foutre de**▽ *vp + prép* -**1.** [se moquer de] to laugh at, to make fun of; tu te fous de moi ou quoi! as you taking the piss?; ils se foutent du monde! they really take people for idiots!; 260 francs pour une heure de spectacle, ils se foutent de nous! 260 francs for an hour-long show, what kind of morons do they take us for? -**2.** [être indifférent à] not to give a damn OU a toss *Br* about; je me fous de ce qu'il fera I don't give a damn OU toss *Br* about what he'll do; il se fout de l'argent he doesn't give a damn about money.

foutrement▽ [futrəmɑ̃] *adv* extremely, damn; c'est ~ bon it's damn good; elle sait ~ bien qu'il ne l'épousera jamais she knows damn well he'll never marry her.

foutu, e▽ [futy] *adj* -**1.** [abîmé] buggered *Br*, screwed-up *Am*; [gâché] ruined; une voiture ~e a write-off; encore un collant ~! another pair of tights ruined!; des vacances ~es à cause de la grève holidays ruined on account of the strike. -**2.** *(avant le n)* [considérable] bloody *Br*, damn; tu as eu une ~e chance you were damn lucky; il lui a fallu une ~e volonté pour rester he needed a hell of a lot of willpower to stay. -**3.** *(avant le n)* [détestable] bloody *Br*, god-awful; quel ~ caractère! what a nasty individual!; quel ~ temps! what bloody awful weather! -**4.** *loc*: bien ~: cette machine est bien ~e what a clever machine; elle est plutôt bien ~e, sa pièce his play is pretty good; une fille très bien ~e a girl with a great figure; mal ~: il est mal foutu [de corps] he's got an ugly body; [malade] he feels awful; ~ de [en mesure de]: pas ~ de planter un clou dans un mur! can't even be bothered to hammer a nail into a wall!; je ne suis pas ~ de le lire en entier I just can't be bothered to read the whole thing; il est ~ de réussir he just might succeed.

fox [fɔks] = **fox-terrier**.

fox-hound [fɔksawnd] (*pl* fox-hounds) *nm* foxhound.

fox-terrier [fɔksterje] (*pl* fox-terriers) *nm* fox terrier.

fox-trot [fɔkstrɔt] *nm inv* fox-trot.

foyer [fwaje] *nm* -**1.** [chez soi] home; rentrer dans OU regagner ses ~s [pays natal] to go back to one's own country; [domicile] to return home; renvoyer qqn dans ses ~s to send sb home ❑ ~ conjugal family home; être femme au ~ to be a housewife; être mère au ~ to be a housewife and mother; il est père au ~ he keeps house and looks after the children. -**2.** [résidence collective] hall; ~ pour le troisième âge retirement home ❑ ~ d'étudiants (students') hall of residence; ~ d'immigrés immigrant workers' hostel. -**3.** [lieu de réunion - gén] hall; [- pour le public d'un théâtre] foyer; ~ des artistes greenroom; ~ socio-éducatif ≃ community centre *Br* OU center *Am*. -**4.** [âtre] hearth. -**5.** [dans une machine] firebox. -**6.** [centre] seat, centre; le ~ d'agitation the centre of the disturbance; un ~ d'incendie a fire; le ~ de la rébellion the centre of the rebellion. -**7.** MÉD: ~ infectieux OU d'infection source of infection; ~ tuberculeux tubercle. -**8.** OPT & PHYS focus, focal point; des lunettes à double ~ bifocals; lentilles à ~ variable variable focus lenses. -**9.** GÉOM focus. -**10.** ADMIN: ~ fiscal household.

FP (*abr de* franchise postale) PP.

FPA *nf abr de* formation professionnelle pour adultes.

FPLP (*abr de* Front populaire de libération de la Palestine) *npr m* PFLP.

FR3 (*abr de* France Régions 3) *npr former French state-owned television channel (now France 3)*.

frac [frak] *nm* tailcoat; en ~ wearing tails.

fracas [fraka] *nm* -**1.** [bruit] crash, roar; le ~ des vagues contre la falaise the crashing of the waves against the cliff; le ~ de la circulation sur l'avenue the roar of the traffic on the avenue. -**2.** *loc*: avec pertes et ~ unceremoniously.
◆ **à grand fracas** *loc adv* -**1.** [bruyamment] with a great deal of crashing and banging. -**2.** [spectaculairement] with a lot of fuss.

fracassant, e [frakasɑ̃, ɑ̃t] *adj* -**1.** [assourdissant] deafening, thunderous; la porte s'ouvrit avec un bruit ~ the door opened with a deafening bang. -**2.** [qui fait de l'effet] sensational, staggering; faire une déclaration ~e to make a sensational statement.

fracassement [frakasmɑ̃] *nm* [d'une voiture] smashing.

fracasser [3] [frakase] *vt* to smash; ~ qqch en mille morceaux to smash sthg into pieces; ~ une porte [volontairement] to smash a door in, to break a door down.
◆ **se fracasser** ◇ *vpi* to smash; se ~ contre OU sur to smash into.
◇ *vpt*: il s'est fracassé le crâne en tombant he cracked his head when he fell.

fraction [fraksjɔ̃] *nf* -**1.** MATH fraction. -**2.** [partie] fraction, part; une large ~ de la population a large proportion of the population; une ~ de seconde a fraction of a second. -**3.** RELIG breaking of the bread. -**4.** *Helv parliamentary committee.*

fractionnaire [fraksjɔnɛr] *adj* MATH [exposant, notation] fractional.

fractionné, e [fraksjɔne] *adj* CHIM [mélange] fractionated.

fractionnel, elle [fraksjɔnɛl] *adj* divisive.

fractionnement [fraksjɔnmɑ̃] *nm* -**1.** CHIM fractionation. -**2.** [morcellement] splitting OU dividing up.

fractionner [3] [fraksjɔne] *vt* -**1.** [diviser] to divide, to split up *(sép)*; vous pouvez ~ le remboursement you may pay in instalments; la propriété a été fractionnée entre les héritiers the estate was divided up between the heirs. -**2.** CHIM to fractionate.
◆ **se fractionner** *vpi* to split (up).

fractionnisme [fraksjɔnism] *nm* factionalism.

fractionniste [fraksjɔnist] ◇ *adj* splitting, wrecking POL.
◇ *nmf* splitter, wrecker POL.

fracturation [fraktyrasjɔ̃] *nf* GÉOL fracturing.

fracture [fraktyr] *nf* -**1.** MÉD fracture; ~ du crâne fractured skull; il a eu une ~ du crâne his skull was fractured; ~ fermée closed OU simple fracture; ~ multiple compound fracture; ~ ouverte open fracture. -**2.** *vieilli* [effraction] breaking open *(U)*; y a-t-il eu ~ du coffre? was the safe broken open OU broken into? -**3.** GÉOL fracture.

fracturer [3] [fraktyre] *vt* -**1.** [briser] to break open *(sép)*; ~ un coffre-fort à l'explosif to blow a safe. -**2.** PÉTR to fracture.
◆ **se fracturer** *vpt*: je me suis fracturé le bras/poignet I fractured my arm/wrist.

fragile [fraʒil] *adj* -**1.** [peu solide] fragile; 'attention, ~' 'fragile', 'handle with care'; j'ai les cheveux ~s my hair is easily damaged; c'est une pendule très ~ it's a very delicate clock. -**2.** [chétif, faible] frail; un enfant ~ a frail child; un bébé de constitution ~ a baby with a frail constitution; il est de santé ~ his health is rather delicate; il a l'estomac très ~ he has a delicate stomach. -**3.** [mal équilibré] delicate; une adolescente ~ qui est souvent déprimée a delicate adolescent who is often depressed. -**4.** [précaire] fragile, frail; un bonheur ~ a frail happiness; l'équilibre entre les deux partis au pouvoir est ~ the balance between the two governing parties is unstable OU fragile.

fragilisation [fraʒilizasjɔ̃] *nf* -**1.** PSYCH weakening. -**2.** MÉTALL embrittling.

fragiliser [3] [fraʒilize] *vt* -**1.** PSYCH to weaken; la mort de son père l'a beaucoup fragilisé his father's death left him very weak. -**2.** MÉTALL to embrittle.

fragilité [fraʒilite] *nf* -**1.** [d'une horloge, d'une construction] fragility, weakness; l'effondrement de l'immeuble est dû à la ~ des fondations the building collapsed because of weak foundations. -**2.** [d'un organe, d'un malade] weakness. -**3.** [d'un sentiment, d'une conviction, d'une victoire] fragility, frailty.

fragment [fragmɑ̃] *nm* -**1.** [débris] chip, fragment, piece; des ~s de verre bits of shattered glass, shards of glass. -**2.** [morceau - d'une œuvre en partie perdue] fragment; [- d'un air, d'une conversation] snatch; il nous a lu quelques ~s de son dernier roman he read a few extracts of his last novel for us; seuls ont survécu des ~s de l'inscription only fragments of the inscription have survived; des ~s d'une symphonie de Malher provenaient d'une maison voisine one could hear from a neighbouring house snatches of a Malher symphony; ~ de vérité shred of truth.

fragmentaire [fragmɑ̃tɛr] *adj* fragmentary, sketchy, incomplete.

fragmentairement [fragmɑ̃tɛrmɑ̃] *adv* sketchily.

fragmentation [fragmɑ̃tasjɔ̃] *nf* [fractionnement] division, splitting up.

fragmenter [3] [fragmɑ̃te] *vt* to divide, to split (up); le film a été fragmenté en deux épisodes pour la télévision the film was divided OU split into two parts for television.
◆ **se fragmenter** *vpi* to fragment, to split.

fragrance [fragrɑ̃s] *nf litt* fragrance.

fragrant, e [fragrɑ̃, ɑ̃t] *adj litt* fragrant.

frai [frɛ] *nm* -**1.** [œufs] spawn. -**2.** [poissons] fry. -**3.** [période] spawning season.

fraîche [frɛʃ] *f* → **frais**.

fraîchement [frɛʃmɑ̃] *adv* -**1.** [nouvellement] freshly, newly; ~ repeint freshly OU newly painted. -**2.** [froidement] coolly; il nous a reçus plutôt ~ he greeted us rather coolly. -**3.** *loc*: ça va plutôt ~ aujourd'hui *fam* it's a bit chilly today.

fraîcheur [frɛʃœr] *nf* -**1.** [température] coolness; dans la ~ du petit jour in the cool of early dawn; la ~ de la maison est agréable en été the coolness of the house is pleasant in summer. -**2.** [bonne qualité] freshness; pour conserver la ~ de vos légumes to keep your vegetables fresh. -**3.** [intensité - des couleurs] freshness, brightness; les coloris des rideaux ont gardé toute leur ~ the curtains have retained their fresh OU crisp colours; la robe n'est plus de la première ~ *fam* the dress isn't exactly brand new. -**4.** [éclat] freshness; dans toute la ~ de ses vingt ans with all the freshness of his youth. -**5.** [indifférence] coolness; la ~ de son accueil nous a surpris his cool reception was a surprise to us.

fraîchir [32] [frɛʃir] *vi* -**1.** [se refroidir] to get cooler; les jours fraîchissent, il faut vous couvrir the weather is getting cooler, you'd better put on warm clothing. -**2.** NAUT [vent] to freshen, to get stronger.

frais[1] [frɛ] *nmpl* -**1.** [dépenses] expenditure, expense, costs; cela lui a occasionné des ~ it cost him a certain amount (of money); les ~ du ménage a family's everyday expenditure; faire des ~ to pay out a lot of money; faire des ~ de toilette to spend money on clothes; à ~ communs sharing the expense; à grands ~ with much expense, (very) expensively; à moindre ~ cheaper; à peu de ~ cheaply ❑ ~ de déplacement travelling expenses; ~ d'entretien maintenance costs; ~ de garde child-minding costs; ~ d'habillement clothing expenses; ~ de mission expenses *(for a business trip)*; ~ de représentation entertainment allowance; ~ d'exploitation operating costs; ~ professionnels professional expenses; tous ~

payés all expenses paid; **en être pour ses ~** to waste one's time; **faire les ~ de qqch** to pay the price for sthg; **faire les ~ de la conversation** to be the centre of the conversation; **rentrer dans** OU **faire ses ~** to break even, to recoup one's expenses; **il en a été pour ses ~** *pr* he didn't even break even; *fig* he was let down; **se mettre en ~** to spend money; **tu ne t'es pas mis en ~** you didn't exactly splash out *Br* OU put yourself out of pocket *Am*; **aux ~ de la princesse** *fam*: **hôtel cinq étoiles, restaurants de luxe, tout ça aux ~ de la princesse** *fam* five-star hotel, smart restaurants, all on expenses. -**2.** COMPTA outgoings; **~ financiers** interest charges; **~ généraux** overheads; **~ variables** variable costs; **faux ~** incidental costs. -**3.** JUR: **~ (de justice)** (legal) costs; **être condamné aux ~** to be ordered to pay costs. -**4.** ADMIN fees; **~ d'inscription** registration fees; **~ de scolarité** school fees.

frais², **fraîche** [frɛ, frɛʃ] ◇ *adj* -**1.** [un peu trop froid] cool, fresh; **l'air est ~ ce soir** it's chilly tonight. -**2.** [rafraîchissant] cooled, chilled; **des boissons fraîches** cold drinks. -**3.** [récent - œuf, huître] fresh; [- encre, peinture] wet; **œufs ~ de ce matin** eggs newly laid this morning; **il y avait des fleurs fraîches sur la table** there were freshly cut flowers on the table; **des huîtres pas fraîches** oysters which are no longer fresh; **j'ai reçu des nouvelles fraîches** I've got some recent news; **la blessure** OU **la plaie est encore fraîche** the wound is still fresh ❑ **de fraîche date** recent, new. -**4.** [agréable] fresh, sweet; **un ~ parfum de lavande** a sweet smell of lavender; **avoir la bouche** OU **l'haleine fraîche** to have sweet breath. -**5.** [reposé] fresh; **envoyer des troupes fraîches sur le front** to send fresh troops to the front; **je ne me sens pas trop ~ ce matin** *fam* I don't feel too good OU well this morning ❑ **être ~ comme un gardon** to be on top form; **~ et dispos** as fresh as a daisy. -**6.** [éclatant] fresh; **avoir une peau jeune et fraîche** to have a young and fresh looking skin ❑ **fraîche comme une rose** fit as a fiddle. -**7.** [indifférent - accueil, réception] cool. -**8.** *fam* [en mauvais état]: **être ~** to be in the soup; **me voilà ~!** I'm in a mess! -**9.** ÉCON: **argent ~** ready cash. -**10.** NAUT fresh.

◇ *adv* newly, freshly; **des fleurs ~** OU **fraîches coupées** freshly cut flowers.

◆ **frais** ◇ *adv* -**1.** [nouvellement] newly; **~ émoulu**: **~ émoulu de la faculté de droit** freshly graduated from law school. -**2.** [froid]: **il fait ~ dans la maison** it's chilly in the house; **boire ~** drink chilled; **servir ~** serve cold OU chilled.

◇ *nm* -**1.** [air frais]: **le ~** the fresh air; **si on allait prendre un peu le ~ à la campagne?** how about going to the countryside for a breath of (fresh) air?

◆ **fraîche** *nf* -**1.** [heure] cool (of evening); **attendre la fraîche pour sortir** to wait for it to cool down before going out; **à la fraîche** in the cool evening air. -**2.** *arg crime* cash.

◆ **au frais** *loc adv* -**1.** [dans un lieu froid] in a cool place. -**2.** *arg crime* [en prison] in the cooler; **mettre qqn au ~** to slam sb in the cooler.

◆ **de frais** *loc adv*: **habillé de ~** having put on fresh clothes; **rasé de ~** having recently had a shave.

fraisage [frɛzaʒ] *nm* -**1.** [usinage] milling. -**2.** [élargissement - d'un trou] reaming; [- pour vis] countersinking.

fraise [frɛz] ◇ *nf* -**1.** BOT strawberry; **~ des bois** wild strawberry; **aller aux ~s** to go (off) for a roll in the hay. -**2.** *fam* [visage] mug. -**3.** [pour couper] mill, cutter. -**4.** [pour faire - un trou] reamer; [- un trou de vis] countersink (bit). -**5.** DENT drill. -**6.** ORNITH wattle. -**7.** CULIN & ZOOL caul. -**8.** VÊT ruff.

◇ *adj inv* strawberry (pink), strawberry-coloured.

◆ **à la fraise** *loc adj* strawberry *(modif)*, strawberry-flavoured.

fraiser [4] [freze] *vt* -**1.** [usiner] to mill; [évaser - trou] to ream; [- trou de vis] to countersink. -**2.** CULIN to knead.

fraiseur, euse [frɛzœr, øz] *nm, f* milling machine operator.

◆ **fraiseuse** *nf* milling machine.

fraiseur-outilleur [frɛzœrutijœr] (*pl* **fraiseurs-outilleurs**) *nm* milling machine operator.

fraisier [frɛzje] *nm* -**1.** BOT strawberry plant. -**2.** CULIN strawberry cream cake.

fraisure [frɛzyr] *nf* countersink (hole).

framboise [frɑ̃bwaz] *nf* -**1.** BOT raspberry. -**2.** [alcool] raspberry liqueur.

framboiser [3] [frɑ̃bwaze] *vt* to flavour with raspberry liqueur.

framboisier [frɑ̃bwazje] *nm* -**1.** BOT raspberry cane. -**2.** [gâteau] raspberry cream cake.

franc¹ [frɑ̃] *nm* [monnaie] franc; **ancien/nouveau ~** old/new franc; **~ constant** in constant OU inflation-adjusted francs; **~ courant**: **exprimé en ~s courants** in real terms; **~ symbolique** nominal sum.

franc², **franche** [frɑ̃, frɑ̃ʃ] *adj* -**1.** [honnête - réponse] frank, straightforward, honest; **un rire ~** an open laugh; **sois ~ avec moi** be honest OU frank with me; **il a l'air ~** he looks like an honest person, he has an honest look (about him) ❑ **être ~ comme l'or** to be as honest as the day is long; **jouer ~ jeu** to play fair; **être ~ du collier** to be straightforward. -**2.** [pur] strong; **un rouge ~** a strong red; **un album aux couleurs franches** an album in strong colours. -**3.** *sout & péj (avant le n)* [parfait, extrême] utter; **un ~ scélérat, une franche canaille** a downright scoundrel; **l'ambiance n'était pas à la franche gaieté** the atmosphere wasn't exactly a happy one; **rencontrer une franche hostilité** to encounter outright hostility. -**4.** BOT: **~ de pied** ungrafted ❑ **arbre ~** cultivar; **terre franche** AGR loam. -**5.** JUR: **jour ~**: **le jugement est exécutable au bout de trois jours ~s** the decision of the court to be carried out within three clear days; **~ d'avarie** free from average. -**6.** COMM & FIN free; **boutique franche** duty-free shop; **port ~** free port; **ville franche** HIST free city; **zone franche** free zone.

◆ **franc** ◇ *adv*: **parlons ~** let's be frank; **je préfère te parler ~** I prefer to be frank with you.

◇ *adj m*: **~ de port (et d'emballage)** postage paid.

◆ **coup franc** *nm* free kick.

franc³, **franque** [frɑ̃, frɑ̃k] *adj* HIST Frankish.

◆ **Franc, Franque** *nm, f* Frank.

français, e [frɑ̃sɛ, ɛz] *adj* French.

◆ **Français, e** *nm, f* Frenchman (*f* Frenchwoman); **les Français** [la population] French people, the French; [les hommes] Frenchmen; **les Françaises** French women; **le Français n'aime pas...** the average Frenchman OU French person doesn't like...

◆ **français** *nm* LING French; **en bon ~** in proper French; **parler ~** to speak French.

◆ **à la française** ◇ *loc adj* [jardin, parquet] French, French-style.

◇ *loc adv* (in) the French way.

franc-bord [frɑ̃bɔr] (*pl* **francs-bords**) *nm* NAUT freeboard.

franc-comtois, e [frɑ̃kɔ̃twa, az] (*mpl* **francs-comtois**, *fpl* **franc-comtoises**) *adj* from Franche-Comté.

◆ **Franc-Comtois, e** *nm, f inhabitant of or person from Franche-Comté.*

France [frɑ̃s] ◇ *npr f*: **(la) ~** France; **vivre en ~** to live in France; **la ~ est sa patrie** France is his homeland; **la ~ profonde** grassroots France.

◇ *npr m* -**1.** [navire]: **le ~** the 'France' *(French luxury liner)*. -**2.** TV: **~ 2, ~ 3** *French state-owned television channels.*

◆ **vieille France** *loc adj inv*: **être** OU **faire (très) vieille ~** to be rather old-fashioned.

France-cul *fam* [frɑ̃sky] *abr de* **France-Culture**.

France-Culture [frɑ̃skyltyr] *npr radio station broadcasting mainly arts programmes.*

France-Dimanche [frɑ̃sdimɑ̃ʃ] *npr* PRESSE *popular Sunday newspaper.*

France-Infos [frɑ̃sɛ̃fo] *npr 24-hour radio news station.*

France-Inter [frɑ̃sɛ̃tɛr] *npr radio station broadcasting mainly current affairs programmes, interviews and debates.*

France-Musique [frɑ̃smyzik] *npr radio music station.*

France-Soir [frɑ̃sswar] *npr* PRESSE *daily newspaper with right-wing tendencies.*

Francfort [frɑ̃kfɔr] *npr*: **~ (sur-le-Main)** Frankfurt (am Main).

Franche-Comté [frɑ̃ʃkɔ̃te] *npr f*: **(la) ~** Franche-Comté.

franchement [frɑ̃ʃmɑ̃] *adv* -**1.** [sincèrement] frankly; **parlons ~** let's be frank; **à parler ~, je ne sais pas de quoi il s'agit** to be honest with you, I don't know what it's all about ‖ *(en adv indép)* to be honest, honestly; **~, je ne sais que faire** I honestly don't know what to do; **écoute, ~, tu crois vraiment qu'il le fera?** listen, do you honestly think he'll do it? -**2.** [sans équivoque] clearly, definitely; **il a pris ~ parti pour son Premier ministre** he came down unequivocally on the side of his Prime Minister. -**3.** [résolument] boldly; **appuie ~ sur le bouton** press firmly on the button; **ils y sont allés ~** [dans un projet] they got right down to it; [dans une conversation, une négociation] they didn't mince words. -**4.** [vraiment] really; **elle est devenue ~ jolie** she became really pretty; **il est ~ insupportable** he's downright unbearable.

franchir [32] [frɑ̃ʃir] *vt* -**1.** [passer par-dessus - barrière, mur] to get over *(insép)*; **il a franchi le fossé d'un bond** he jumped over the ditch ❑ **~ un obstacle** *fig* to get over an obstacle; **~ une difficulté** to overcome a difficulty; **~ le pas** to take the plunge. -**2.** [outrepasser - ligne, limite, date] to cross; **au moment de ~ le seuil, je m'arrêtai** I halted just as I was stepping across the threshold; **~ le mur du son** to break through the sound barrier; **il y a certaines limites à ne pas ~** there are certain limits which should not be overstepped ❑ **~ un cap** *fig* to reach a milestone OU turning point; **~ le cap de la trentaine/cinquantaine** to turn thirty/fifty. -**3.** [dans le temps] to last through; **sa renommée a franchi les siècles** his reputation has lasted OU come down intact through the centuries.

franchisage [frɑ̃ʃizaʒ] *nm* franchising.

franchise [frɑ̃ʃiz] *nf* -**1.** COMM & FIN [exploitation] franchise agreement; [exonération] exemption ❑ **~ de bagages** baggage allowance; **~ douanière** exemption from customs duties; **en ~ postale** official paid. -**2.** [d'une assurance] excess *Br*, deductible *Am*. -**3.** [honnêteté] frankness, straightforwardness; **avec ~** frankly, straightforwardly; **en toute ~** straight out.

franchisé [frɑ̃ʃize] *nm* franchisee.

franchiseur [frɑ̃ʃizœr] *nm* franchisor.

franchising [frɑ̃ʃajziŋ] = **franchisage**.

franchissable [frɑ̃ʃisabl] *adj*: **un mur difficilement ~** a wall which is difficult to climb.

franchissement [frɑ̃ʃismɑ̃] *nm* [d'une barrière, d'un mur] getting over; [d'une rivière] crossing; [d'un obstacle, d'une difficulté] getting over, overcoming.

francien [frɑ̃sjɛ̃] *nm dialect spoken in Northern France during the Middle Ages, which developed into the French language.*

francilien, enne [frɑ̃siljɛ̃, ɛn] *adj* from Île-de-France *(region around Paris)*.

◆ **Francilien, enne** *nm, f inhabitant of or person from Île-de-France.*

francique [frɑ̃sik] ◇ *adj* Frankish.

◇ *nm* LING Frankish.

francisation [frɑ̃sizasjɔ̃] *nf* -**1.** LING [d'un mot] gallicizing, gallicization. -**2.** NAUT registering as French.

franciscain, e [frɑ̃siskɛ̃, ɛn] *adj & nmf* Franciscan.

franciser [3] [frɑ̃size] *vt* -**1.** LING [mot, terme] to gallicize; ~ **un nom propre** to give a proper name a French spelling. -**2.** NAUT [navire] to register as French.

francisque [frɑ̃sisk] *nf* francisc, francesque; ~ **gallique** *double-headed battleaxe (symbol of the Vichy government).*

franciste [frɑ̃sist] *nmf* specialist in French language and literature.

francité [frɑ̃site] *nf* Frenchness.

franc-jeu [frɑ̃ʒø] (*pl* **francs-jeux**) *nm* fair play.

franc-maçon, onne [frɑ̃masɔ̃, ɔn] (*mpl* **francs-maçons,** *fpl* **franc-maçonnes**) *nm, f* Freemason.

franc-maçonnerie [frɑ̃masɔnri] (*pl* **franc-maçonneries**) *nf* [société secrète] : **la** ~ Freemasonry.

franco [frɑ̃ko] *adv* -**1.** [dans un envoi] postage paid. -**2.** *fam* [franchement] : **y aller** ~ to go straight OU right ahead.

franco- [frɑ̃ko] *préf* Franco-.

franco-canadien, enne [frɑ̃kokanadjɛ̃, ɛn] (*mpl* **franco-canadiens,** *fpl* **franco-canadiennes**) *adj* French Canadian.

◆ **franco-canadien** *nm* LING Canadian French.

François [frɑ̃swa] *npr* Francis; **saint** ~ **(d'Assise)** Saint Francis (of Assisi); ~ **1er** Francis I.

François-Joseph [frɑ̃swaʒozɛf] *npr* Francis Joseph, Franz Josef.

francophile [frɑ̃kɔfil] ◇ *adj* Francophil, Francophile.

◇ *nmf* Francophile.

francophilie [frɑ̃kɔfili] *nf* love of (all) things French.

francophobe [frɑ̃kɔfɔb] ◇ *adj* Francophobe.

◇ *nmf* Francophobe.

francophobie [frɑ̃kɔfɔbi] *nf* Francophobia, dislike of (all) things French.

francophone [frɑ̃kɔfɔn] ◇ *adj* Francophone, French-speaking.

◇ *nmf* Francophone, French speaker.

francophonie [frɑ̃kɔfɔni] *nf*: **la** ~ *French-speaking countries.*

FRANCOPHONIE:
This is a wide-ranging cultural and political concept involving the promotion of French-speaking communities around the world.

---

franc-parler [frɑ̃parle] (*pl* **francs-parlers**) *nm* outspokenness; **il a son** ~ he doesn't mince (his) words.

franc-tireur [frɑ̃tirœr] (*pl* **francs-tireurs**) *nm* -**1.** MIL franc-tireur, irregular (soldier). -**2.** [indépendant] maverick.

frange [frɑ̃ʒ] *nf* -**1.** [de cheveux] fringe, bangs *Am.* -**2.** [de tissu] fringe. -**3.** [minorité] fringe; **la** ~ **des indécis** the waverers. -**4.** [bordure] (fringed) edge. -**5.** OPT: ~**s d'interférence** interference fringes.

◆ **à franges** *loc adj* fringed.

frangeant [frɑ̃ʒɑ̃] *adj m* → **récif.**

franger [17] [frɑ̃ʒe] *vt* [vêtement, tissu] to (edge with a) fringe.

frangin *fam* [frɑ̃ʒɛ̃] *nm* brother, bro.

frangine *fam* [frɑ̃ʒin] *nf* -**1.** [sœur] sister, sis. -**2.** [femme] chick.

frangipane [frɑ̃ʒipan] *nf* -**1.** CULIN [crème, gâteau] frangipane. -**2.** [fruit] frangipani.

frangipanier [frɑ̃ʒipanje] *nm* frangipani (tree).

franglais [frɑ̃glɛ] *nm* Franglais.

franquette [frɑ̃kɛt] *nf*: **à la bonne** ~ *fam* simply, informally; **recevoir qqn à la bonne** ~ to have sb round for a simple meal (among friends).

franquisme [frɑ̃kism] *nm* Francoism.

franquiste [frɑ̃kist] ◇ *adj* pro-Franco.

◇ *nmf* Franco supporter.

fransquillon [frɑ̃skijɔ̃] *nm Belg* -**1.** *péj* [personne affectée] *Belgian who speaks French with an affected accent.* -**2.** [Flamand francophone] *French-speaking Flemish person.*

fransquillonner [3] [frɑ̃skijɔne] *vi Belg péj to speak French with an affected accent.*

frappant, e [frapɑ̃, ɑ̃t] *adj* [ressemblance, exemple] striking.

frappe [frap] *nf* -**1.** [d'une secrétaire, d'un pianiste] touch; **donner son texte à la** ~ to give one's text (in) to be typed ❑ **erreur** OU **faute de** ~ typing error. -**2.** [copie] typed copy, typescript; **lire la première** ~ to read the top copy. -**3.** [d'une monnaie] minting. -**4.** SPORT [d'un footballeur] kick; [d'un boxeur] punch. -**5.** ▽ [voyou] hooligan, hoodlum; **une petite** ~ a young hooligan.

frappé, e [frape] *adj* -**1.** [boisson] iced; **café** ~ iced coffee; **servir bien** ~ serve chilled. -**2.** TEXT embossed. -**3.** *fam* [fou] crazy; **il est un peu** ~ he's a bit touched. -**4.** [bien exprimé] : **parole bien** ~**e** well-chosen word.

frappement [frapmɑ̃] *nm* knock, knocking.

frapper [3] [frape] ◇ *vt* -**1.** [battre - adversaire] to hit, to strike; **je ne frappe jamais un enfant** I never hit OU smack a child; **ne me frappe pas!** don't hit me!; ~ **qqn à la tête** to aim for sb's head; **frappé à mort** fatally hit. -**2.** [donner] to hit, to strike; ~ **un grand coup** OU **un coup décisif** *fig* to strike a decisive blow; ~ **les trois coups** *to give three knocks to announce the start of a theatrical performance.* -**3.** [percuter] to hit; ~ **les touches d'un clavier** to strike the keys on a keyboard; ~ **la terre** OU **le sol du pied** to stamp (one's foot); **les grêlons frappaient durement la fenêtre** hailstones were lashing the windowpane; **être frappé d'une balle au front** to be hit OU struck by a bullet in the forehead; **être frappé par la foudre** to be struck by lightning. -**4.** [affecter] to strike OU to bring down, to hit; **le cancer a frappé le père et le fils** cancer struck down both father and son; **le deuil/mal qui nous frappe** the bereavement/pain we are suffering || *(en usage abs)*: **le voleur de parapluies a encore frappé!** *hum* the umbrella thief strikes again! -**5.** [s'appliquer à - suj: loi, sanction, taxe] to hit; **un châtiment qui frappe les coupables** a punishment which falls on the guilty. -**6.** [surprendre] to strike; **un style qui frappe l'œil/l'oreille** a striking visual/musical style; **ce qui me frappe chez lui, c'est sa désinvolture** what strikes me about him is his offhandedness || [impressionner] to upset, to shock; **j'ai été frappé de sa pâleur** I was shocked by his pallor; **être frappé de stupeur** to be stupefied OU struck dumb. -**7.** ~ **qqn/qqch de** [le soumettre à] : ~ **qqn d'anathème** to put an anathema on sb; ~ **qqn d'une interdiction de séjour** to ban sb; ~ **l'alcool d'un impôt spécial** to put a special tax on alcohol. -**8.** *litt* [entacher] : **frappé de**: **attitude frappée de pédanterie** attitude tinged with pedantry. -**9.** [vin] to chill; **faut-il ou non** ~ **le champagne?** should champagne be chilled or not? -**10.** BX-ARTS & TEXT to emboss. -**11.** MÉTALL to stamp; **frappé au coin de** *fig* which bears the mark OU hallmark of; **une remarque frappée au coin du bon sens** a common-sensical remark.
◇ *vi* -**1.** [pour entrer] to knock; ~ **à la porte/fenêtre** to knock on the door/window; **on a frappé** someone knocked at the door; ~ **à toutes les portes** *fig* to try every avenue; ~ **à la bonne/mauvaise porte** *fig* to go to the right/wrong place. -**2.** [pour exprimer un sentiment] : ~ **dans ses mains** to clap one's hands; ~ **du poing sur la table** to bang one's fist on the table; ~ **du pied** to stamp one's foot. -**3.** [cogner] to strike; **les branches frappent contre la vitre** the branches are tapping against the windowpane ❑ ~ **dur** OU **sec** to strike hard; ~ **fort** *pr* to hit hard; *fig* to hit hard, to act decisively; ~ **à la tête** to aim for the top.

◆ **se frapper** ◇ *vp (emploi réfléchi)* to hit o.s.; **se** ~ **la poitrine** to beat one's chest; **se** ~ **le front** to slap one's forehead.
◇ *vp (emploi réciproque)* to hit one another OU each other.
◇ *vpi fam* [s'inquiéter] to worry, to get (o.s.) worked up; **ne te frappe pas pour si peu!** don't get all worked up about such little things!

frappeur [frapœr] *adj m* → **esprit.**

fraser [3] [fraze] = **fraiser 2.**

frasil [frazil] *nm Can* frazil.

frasque [frask] *nf* escapade, prank; **des** ~**s de jeunesse** youthful indiscretions.

fraternel, elle [fratɛrnɛl] *adj* brotherly, fraternal; **amour** ~ brotherly love; **ils sont unis par des liens quasi** ~**s** they're almost as close as brothers.

fraternellement [fratɛrnɛlmɑ̃] *adv* brotherly, fraternally; **agir** ~ **envers qqn** to act in a brotherly way towards sb.

fraternisation [fratɛrnizasjɔ̃] *nf* fraternizing; **la** ~ **entre les peuples** fraternization between peoples.

fraterniser [3] [fratɛrnize] *vi* to fraternize.

fraternité [fratɛrnite] *nf* [lien] brotherhood, fraternity; ~ **d'armes** brotherhood of arms.

fratricide [fratrisid] ◇ *adj* [guerre, haine] fratricidal.
◇ *nmf* [meurtrier] fratricide.
◇ *nm* [meurtre] fratricide.

fratrie [fratri] *nf* brothers and sisters.

fraude [frod] *nf* -**1.** [tromperie] fraud; **la** ~ **aux examens** cheating at exams. -**2.** JUR: ~ **électorale** electoral fraud, vote OU ballot rigging; ~ **fiscale** tax evasion; ~ **sur les produits** fraudulent trading.

◆ **en fraude** *loc adv*: **entrer/sortir en** ~ to smuggle o.s. in/out; **passer qqch en** ~ to smuggle sthg in.

frauder [3] [frode] ◇ *vt* [état] to defraud; ~ **le fisc** to evade taxation.
◇ *vi* to cheat; ~ **à** OU **dans un examen** to cheat at an exam; ~ **sur le poids** to cheat on the weight, to give short measure.

fraudeur, euse [frodœr, øz] ◇ *adj* [attitude, tempérament] cheating.
◇ *nm, f* [envers le fisc] tax evader; [à la douane] smuggler; [à un examen] cheat; **les** ~**s seront poursuivis** those guilty of fraud will be prosecuted.

frauduleusement [frodyløzmɑ̃] *adv* fraudulently; **faire entrer/sortir qqch** ~ to smuggle sthg in/out.

frauduleux, euse [frodylø, øz] *adj* fraudulent.

fraxinelle [fraksinɛl] *nf* fraxinella.

frayer [11] [frɛje] ◇ *vt* [route, voie] to clear; ~ **un chemin en abattant les arbres** to clear a path by felling the trees; ~ **la voie à qqch/qqn** *fig* to pave the way for sthg/sb.
◇ *vi* ZOOL to spawn.

◆ **frayer avec** *v + prép* to associate with *(sép).*

◆ **se frayer** *vpt*: **se** ~ **un chemin** OU **un passage dans la foule** to force OU to push one's way through the crowd; **se** ~ **un chemin** OU **une route vers la gloire** *fig* to work one's way towards fame.

frayeur [frɛjœr] *nf* fright; **avoir des** ~**s nocturnes** to suffer from night terrors; **faire une** ~ **à qqn** to give sb a fright.

freak *fam* [frik] *nm* dropout.

fredaine [frədɛn] *nf* escapade, prank; **faire des** ~**s** to get into OU up to mischief.

Frédéric [frederik] *npr*: ~ **le Grand** Frederick the Great.

Frédéric-Guillaume [frederikgijom] *npr* Frederick William.

fredonnement [frədɔnmɑ̃] *nm* humming.

fredonner [3] [frədɔne] ◇ *vt* [air, chanson] to hum.
◇ *vi* to hum.

free jazz [fridʒaz] *nm* free jazz.

free-lance [frilɑ̃s] (*pl* **free-lances**) ◇ *adj inv* freelance.
◇ *nmf* freelance, freelancer.
◇ *nm* freelancing, freelance work.

freesia [frezja] *nm* freesia.

Freetown [fritawn] *npr* Freetown.

freezer [frizœr] *nm* freezer compartment.

frégate [fregat] *nf* -**1.** ORNITH frigate bird. -**2.** NAUT frigate.

frein [frɛ̃] *nm* -**1.** AUT brake; **actionner les** ~**s** to brake; **mettre le** ~ *fam* to pull on the handbrake ❑ ~ **à disque** disc brake; ~ **à main**

handbrake; ~ **moteur** engine brake; ~ **à tambour** drum brake; **coup de** ~: **donner un brusque coup de** ~ to brake sharply OU suddenly; **c'est un coup de ~ à l'économie** *fig* this will act as a brake on the economy; **mettre un** ~ à to block. -**2.** ANAT fraenum, frenum.
◆ **sans frein** *loc adj* unbridled.

freinage [frɛnaʒ] *nm* braking.

freiner [4] [frene] ◇ *vt* -**1.** [ralentir - véhicule] to slow down *(sép)*; [- évolution] to check. -**2.** [amoindrir - impatience] to curb; [- enthousiasme] to dampen.
◇ *vi* [conducteur, auto] to brake; **ta voiture freine bien/mal** your car brakes are good/bad.

frelatage [frəlataʒ] *nm* adulteration.

frelaté, e [frəlate] *adj* -**1.** [nourriture, vin] adulterated. -**2.** *fig* & *litt* artificial; **un mode de vie** ~ an artificial way of life.

frelater [3] [frəlate] *vt* [lait, vin] to adulterate.

frêle [frɛl] *adj* -**1.** [fragile - corps, santé] frail, fragile; [- voix] thin, reedy; **tout repose sur ses ~s épaules** everything rests on her frail shoulders. -**2.** [ténu - espoir] frail, flimsy.

frelon [frəlɔ̃] *nm* hornet.

freluquet [frəlykɛ] *nm* -**1.** *fam* [homme chétif] pipsqueak, (little) runt. -**2.** *litt* [prétentieux] (young) whippersnapper.

frémir [32] [fremir] *vi* -**1.** [trembler] to shiver, to shudder; **je frémis encore en y pensant** thinking about it still sends shivers down my spine; ~ **de colère** to quiver with anger; ~ **d'impatience** to tremble with impatience; ~ **de plaisir** to quiver with pleasure. -**2.** *litt* [vibrer - tige, herbe] to quiver, to tremble; [- surface d'un lac] to ripple. -**3.** [avant l'ébullition] to simmer.

frémissant, e [fremisɑ̃, ɑ̃t] *adj* -**1.** [avant l'ébullition] simmering. -**2.** *litt* [feuilles] quivering, rustling; [surface d'un lac] quivering. -**3.** [en émoi] quivering, trembling; **une sensibilité** ~**e** a trembling sensitivity.

frémissement [fremismɑ̃] *nm* -**1.** [d'indignation, de colère] quiver, shiver, shudder; **un ~ d'impatience la parcourut** a thrill of impatience ran through her. -**2.** *litt* [des feuilles] rustling; [de la surface d'un lac] rippling. -**3.** [avant l'ébullition] simmer, simmering.

french cancan [frɛnʃkɑ̃kɑ̃] (*pl* **french cancans**) *nm* (French) cancan.

frêne [frɛn] *nm* -**1.** [arbre] ash (tree). -**2.** [bois] ash.

frénésie [frenezi] *nf* frenzy; **une** ~ **de**: **être pris d'une** ~ **de voyages** to have a strong urge to travel, to have the travel bug; **avec** ~ frantically, frenetically, wildly.

frénétique [frenetik] *adj* [agitation, hurlement] frantic; [joie, passion] frenzied; **des applaudissements** ~s frenzied applause.

frénétiquement [frenetikmɑ̃] *adv* frantically, frenetically, wildly.

Fréon® [freɔ̃] *nm* Freon®.

fréquemment [frekamɑ̃] *adv* frequently, often.

fréquence [frekɑ̃s] *nf* -**1.** [périodicité] frequency; **quelle est la ~ des trains sur cette ligne?** how many trains a day run on this line? -**2.** MÉD: ~ **du pouls** fast pulse rate. -**3.** ACOUST frequency; **basse/moyenne/haute** ~ low/middle/high frequency ‖ TÉLÉC wave length, (wave) band, frequency. -**4.** [en statistique] frequency; ~ **cumulée** cumulative frequency.

fréquencemètre [frekɑ̃smɛtr] *nm* frequency meter.

fréquent, e [frekɑ̃, ɑ̃t] *adj* -**1.** [répété] frequent. -**2.** MÉD: **pouls** ~ fast pulse.

fréquentable [frekɑ̃tabl] *adj*: **sa famille n'est guère** ~ her family isn't exactly the kind you'd care to associate with; **c'est un endroit bien peu** ~ it's not the sort of place you'd like to be seen in.

fréquentatif, ive [frekɑ̃tatif, iv] *adj* LING frequentative.

fréquentation [frekɑ̃tasjɔ̃] *nf* -**1.** [d'un lieu] frequenting. -**2.** COMM attendance. -**3.** [relation] acquaintance; **quelles sont ses ~s?** who does he associate with?; **avoir de mauvaises ~s** to keep bad company; **ce garçon n'est pas une ~ pour toi** you shouldn't associate with this boy. -**4.** *litt* [lecture]: **la ~ des bons auteurs/de la littérature italienne** reading good books/Italian literature.

fréquenter [3] [frekɑ̃te] *vt* -**1.** [lieu] to frequent; **un endroit bien/mal fréquenté** a place with a good/bad reputation; **c'est un café très fréquenté par les jeunes** it's a café that's very popular with young people. -**2.** [personne] to see frequently, to associate with; **elle n'a jamais fréquenté sa belle-famille** she never sees her in-laws ‖ [courtiser]: **elle fréquente mon frère depuis un an** she's been going out with my brother for a year ‖ *(en usage abs)*: **il paraît qu'elle fréquente** *fam vieilli* there are rumours she's courting. -**3.** *litt* [lire]: ~ **les bons écrivains/la littérature italienne** to read good books/Italian literature.
◆ **se fréquenter** *vp (emploi réciproque)*: **ils se fréquentent depuis deux ans** they've been going out for two years; **ils se fréquentent assez peu** they don't see much of each other.

frère [frɛr] *nm* -**1.** [dans une famille] brother; **tu es un (vrai) ~ pour moi** you're like a brother to me ❑ ~ **aîné/cadet** older/younger brother; ~ **jumeau** twin brother; ~ **de lait** foster brother; **mon grand/petit** ~ [de deux] my older/younger brother; [de plusieurs] my oldest/youngest brother; **comme des ~s: se ressembler comme des ~s** to be like two peas (in a pod); **s'aimer comme des ~s** to love each other like brothers; **en ~s** as brothers; **partager en ~s** to share fairly; **ce sont des ~s ennemis** a friendly rivalry exists between them; **'les Frères Karamazov'** *Dostoïevski* 'The Brothers Karamazov'. -**2.** [compagnon] brother; **salut, vieux ~!** *fam* hello, old pal!; **j'ai un bougeoir qui a perdu son** ~ *fam hum* I've got one candle holder but I've lost its companion ❑ **faux** ~ false friend; ~**s d'armes** brothers in arms. -**3.** RELIG brother, friar; **aller à l'école chez les ~s** to go to a Catholic boys' school ❑ ~**s mineurs** Franciscans, Franciscan monks; ~**s pêcheurs** Dominican monks OU friars. -**4.** [au sein d'une communauté] brother. -**5.** *(comme adj)* [groupe, parti, pays] sister *(modif)*.

frérot *fam* [frero] *nm* kid brother, little brother; **alors, ~, ça va?** so how's it going, little brother OU bro?

Fresnes [frɛn] *npr town in the Paris suburbs with a well-known prison.*

fresque [frɛsk] *nf* -**1.** BX-ARTS fresco; **peindre à** ~ to paint in fresco. -**2.** [description] panorama, detailed picture.

fresquiste [frɛskist] *nmf* fresco painter.

fressure [fresyr] *nf* pluck.

fret [frɛ] *nm* -**1.** [chargement - d'un avion, d'un navire] cargo, freight; [- d'un camion] load; **donner à** ~ to freight; **prendre à** ~ to charter. -**2.** [prix - par air, mer] freight, freightage; [- par route] carriage.

fréter [18] [frete] *vt* [avion] to charter; [navire] to freight; [camionnette] to hire.

fréteur [fretœr] *nm* freighter.

frétillant, e [fretijɑ̃, ɑ̃t] *adj* [ver, poisson] wriggling; [queue] wagging; **tout ~ d'impatience** *fig* quivering with impatience.

frétillement [fretijmɑ̃] *nm* [de la queue] wagging; [de vers, de poissons] wriggling.

frétiller [3] [fretije] *vi* [ver, poisson] to wriggle; [queue] to wag; **il frétille d'impatience** *fig* he's quivering with impatience.

fretin [frətɛ̃] *nm* fry.

fretter [4] [frɛte] *vt* to hoop; **béton fretté** hooped concrete.

freudien, enne [frødjɛ̃, ɛn] *adj* & *nm, f* Freudian.

freudisme [frødism] *nm* Freudianism.

freudo-marxisme [frødomarksism] (*pl* **freudo-marxismes**) *nm* Freudian Marxism.

freux [frø] *nm* rook.

friabilité [frijabilite] *nf* [d'une roche] friableness, friability; [d'un biscuit] crumbliness.

friable [frijabl] *adj* [roche] crumbly, friable; [biscuit] crumbly.

friand, e [frijɑ̃, ɑ̃d] *adj*: ~ **de** fond of; **il est très ~ de chocolat** he's very fond of chocolate; **être ~ de compliments** to enjoy receiving compliments.
◆ **friand** *nm* -**1.** [salé] ≃ meat pie (in puff pastry). -**2.** [sucré] ≃ almond biscuit *Br* OU cookie *Am*.

friandise [frijɑ̃diz] *nf* sweetmeat, (sweet) delicacy, titbit; **aimer les ~s** to have a sweet tooth.

fribourg [fribur] *nm* Fribourg cheese.

Fribourg [fribur] *npr* Fribourg.

Fribourg-en-Brisgau [friburɑ̃brizgo] *npr* Freiburg.

fric *fam* [frik] *nm* cash, money; **gagner plein de** ~ to make loads of money; **il est bourré de** ~ he's loaded.

fricadelle [frikadɛl] *nf Belg* meatball.

fricandeau, x [frikɑ̃do] *nm* fricandeau.

fricandelle [frikɑ̃dɛl] *Belg* = **fricadelle**.

fricasse [frikas] *nf Helv* [grand froid] freeze.

fricassée [frikase] *nf* -**1.** [ragoût] fricassee; ~ **de museaux** *fam fig* & *hum* exchange of kisses; **au moment de partir, c'est la ~ de museaux!** just before leaving, everybody goes all kissy-kissy! -**2.** *Belg* ≃ eggs and bacon.

fricasser [3] [frikase] *vt* to fricasse.

fricatif, ive [frikatif, iv] *adj* fricative.

fric-frac▽ [frikfrak] *nm inv* burglary, break-in.

friche [friʃ] *nf* -**1.** AGR piece of fallow land, fallow. -**2.** INDUST: ~ **industrielle** industrial wasteland.
◆ **en friche** *loc adj* -**1.** AGR: **terre en** ~ plot of fallow land. -**2.** [inactif] unused; **avoir l'esprit en** ~ to have intellectual capacities which go unused; **avoir des dons en** ~ to have hidden talents.

frichti *fam* [friʃti] *nm* grub *Br*, chow *Am*.

fricot *fam* [friko] *nm* -**1.** [ragoût] ≃ stew. -**2.** [cuisine]: **faire le** ~ to cook.

fricotage *fam* [frikɔtaʒ] *nm péj* scheming.

fricoter *fam* [3] [frikɔte] *vt* -**1.** [cuisiner] to stew. -**2.** [manigancer] to cook up; **je me demande ce qu'il fricote** I wonder what he's up to OU what he's cooking up.
◆ **fricoter avec** *fam v + prép* -**1.** [sexuellement] to knock around with. -**2.** [être complice de] to cook something up with.

fricoteur, euse *fam* [frikɔtœr, øz] *nm, f* fiddler.

friction [friksjɔ̃] *nf* -**1.** [frottement] chafing. -**2.** [massage - gén] rub (down); [- du cuir chevelu] scalp massage. -**3.** [désaccord] friction; **il y a des ~s entre eux** they don't see eye to eye. -**4.** GÉOL & MÉCAN friction.

frictionnel, elle [friksjɔnɛl] *adj* MÉCAN frictional.

frictionner [3] [friksjɔne] *vt* to rub (down).
◆ **se frictionner** *vp (emploi réfléchi)* to rub o.s.; **frictionne-toi bien** give yourself a good rub down.

Frigidaire® [friʒidɛr] *nm* -**1.** [portant la marque] Frigidaire® (refrigerator). -**2.** *fam* [appareil quelconque] refrigerator, fridge; **mettre qqch au** ~ *fig* to put sthg on the back burner, to shelve sthg.

frigide [friʒid] *adj f* frigid.

frigidité [friʒidite] *nf* frigidity.

frigo *fam* [frigo] *nm* -**1.** [réfrigérateur] fridge. -**2.** [chambre froide] cold room.

frigorifié, e *fam* [frigɔrifje] *adj fig* frozen stiff.

frigorifier [9] [frigɔrifje] *vt* to refrigerate; **la promenade m'a complètement frigorifié** *fam fig* I'm frozen stiff after that walk.

frigorifique [frigɔrifik] ◇ *adj* refrigerated.
◇ *nm* -**1.** [établissement] cold store. -**2.** [appareil] refrigerator.

frigoriste [frigɔrist] *nmf* refrigerating engineer.

frileusement [friløzmɑ̃] *adv*: **s'envelopper ~ dans des couvertures** to wrap o.s. in blankets.

frileux, euse [frilø, øz] ◇ *adj* -**1.** [qui a froid] sensitive to cold. -**2.** [prudent] timid, unadventurous.
◇ *nm, f person who is sensitive to cold.*

frimaire [frimɛr] *nm 3rd month in the French Revolutionary calendar (from Nov 22 to Dec 21).*

frimas [frima] *nm litt* hoarfrost.

frime *fam* [frim] *nf* put-on; **c'est de la ~!** it's just a put-on!; **pour la ~** for show OU effect; **ses larmes, c'est pour la ~** he's crying crocodile tears.

frimer *fam* [3] [frime] *vi* to show off, to put on an act.

frimeur, euse *fam* [frimœr, øz] ◇ *adj* [attitude, ton] showy.
◇ *nm, f* show-off.

frimousse [frimus] *nf* (sweet) little face.

fringale *fam* [frɛ̃gal] *nf* -**1.** [faim] hunger; **j'ai une de ces ~s!** I'm starving! -**2.** [désir]: **une ~ de** a craving for.

fringant, e [frɛ̃gɑ̃, ɑ̃t] *adj* -**1.** [personne] dashing; **encore ~** (still) spry; **je ne me sens pas trop ~ aujourd'hui** I don't feel too good OU well today. -**2.** [cheval] frisky, spirited.

fringuer *fam* [3] [frɛ̃ge] *vt* to dress; **être bien/mal fringué** to be well/badly dressed; **elle est fringuée n'importe comment!** she's got no dress sense!
◆ **se fringuer** *fam vp (emploi réfléchi)* -**1.** [s'habiller] to dress o.s.; **fringue-toi, on y va!** get some clothes on (you), we're off! -**2.** [s'habiller bien] to do OU to get o.s. up.

fringues *fam* [frɛ̃g] *nfpl* gear, clobber *Br*, threads *Am*.

fripe [frip] *nf*: **la ~, les ~s** secondhand clothes.

friper [3] [fripe] *vt* -**1.** [chiffonner] to crumple OU to crease (up); **son pantalon était tout fripé aux genoux** his trousers were all creased around the knee. -**2.** [rider]: **avoir un visage tout fripé** to have crease-marks all over one's face.
◆ **se friper** *vpi* to crumple, to get crumpled.

friperie [fripri] *nf* -**1.** [boutique] secondhand clothes shop *Br* OU store *Am*. -**2.** [vêtements] secondhand clothes.

fripier, ère [fripje, ɛr] *nm, f* secondhand clothes dealer.

fripon, onne [fripɔ̃, ɔn] ◇ *adj* [enfant] mischievous, roguish; [sourire] roguish.
◇ *nm, f* rogue; **tu n'es qu'un petit ~!** you little rogue OU scamp!

fripouille [fripuj] *nf* -**1.** *péj* [scélérat] rascal, rogue. -**2.** [ton affectueux]: **(petite) ~!** you little rogue!

fripouillerie [fripujri] *nf* roguishness.

friqué, e *fam* [frike] *adj* loaded; **c'est un mec vachement ~** he's rolling in it.

friquet [frikɛ] *nm* tree sparrow.

frire [115] [frir] ◇ *vt* CULIN to fry; [en friteuse, dans un bain d'huile] to deep-fry; **poisson frit** fried fish □ **il est frit** *fam* he's had it, his goose is cooked.
◇ *vi* to fry; **faire ~ des poissons** to fry fish.

frisant, e [frizɑ̃, ɑ̃t] *adj* [lumière] oblique.

Frisbee® [frizbi] *nm* Frisbee®.

frise [friz] *nf* -**1.** ARCHIT & BX-ARTS frieze. -**2.** THÉÂT border.

Frise [friz] *npr f*: **(la) ~** Friesland.

frisé, e [frize] *adj* -**1.** [barbe, cheveux] curly; [personne] curly-haired; **être ~ comme un mouton** to have curly OU frizzy hair. -**2.** [chicorée] curly.
◆ **frisée** *nf* [chicorée] curly endive; **~ aux lardons** *curly endive salad with fried bacon pieces.*

friselis [frizli] *nm litt* [des feuilles] rustling; [de l'eau] quivering.

friser [3] [frize] ◇ *vt* -**1.** [barbe, cheveux] to curl; **se faire ~** to have one's hair curled. -**2.** [effleurer] to graze, to skim; **le ballon a frisé la vitre** the ball skimmed past the window. -**3.** [être proche de]: **elle doit ~ la quarantaine** she must be getting on for forty; **nous avons frisé la catastrophe** we came within an inch of disaster.
◇ *vi* to have curly hair; **~ naturellement** to have naturally curly hair.

frisette [frizɛt] *nf* -**1.** [de cheveux] small curl; **avoir des ~s** to have curly hair. -**2.** MENUIS narrow plank; **faire poser de la ~ sur un mur** to panel a wall.

frison, onne [frizɔ̃, ɔn] *adj* Friesian, Frisian.
◆ **Frison, onne** *nm, f* Frisian.
◆ **frison** *nm* LING Friesian, Frisian.
◆ **frisonne** *nf* [vache]: **~ne (pie-noire)** Friesian *Br*, Holstein *Am*.

frisottant, e [frizɔtɑ̃, ɑ̃t] *adj* [cheveux] frizzy.

frisotter [3] [frizɔte] ◇ *vt* to frizz.
◇ *vi* to be frizzy.

frisottis [frizɔti] = **frisette 2**.

frisquet, ette *fam* [friskɛ, ɛt] *adj* [temps, vent] chilly; **il fait plutôt ~ aujourd'hui** it's rather chilly OU there's a nip in the air today.

frisson [frisɔ̃] *nm* -**1.** [de froid, de fièvre] shiver; [de peur] shudder; **ton livre m'a donné des ~s** your book gave me the shivers; **être pris** OU **saisi de ~s** to get the shivers. -**2.** *litt* [bruissement - de l'eau] ripple; [- des feuilles] ripple.

frissonnant, e [frisɔnɑ̃, ɑ̃t] *adj* -**1.** [eau] simmering. -**2.** [personne] shivering; **être ~ de froid/fièvre** to shiver with cold/a high temperature.

frissonnement [frisɔnmɑ̃] *nm* -**1.** [de froid, de fièvre] shiver; [de peur] shudder; **un ~ lui parcourut le corps** a shiver ran through her body. -**2.** *litt* [de la surface d'un étang] ripple, rippling *(U)*; [des feuilles] rustling *(U)*.

frissonner [3] [frisɔne] *vi* -**1.** [de froid, de fièvre] to shiver; [de peur] to shudder; [de joie] to quiver; **elle frissonnait de bonheur** she was trembling with happiness. -**2.** *litt* [feuilles] to rustle; [surface d'un étang] to ripple.

frisure [frizyr] *nf* curls; **elle a une ~ légère** her hair is slightly curly.

frit, e[1] [fri, frit] *adj* fried.

frite[2] [frit] *nf* -**1.** CULIN chip *Br*, French fry *Am*; **des ~s** chips *Br*, French fries *Am*. -**2.** *loc*: **avoir la ~** *fam* to be on top form.

friterie [fritri] *nf* [restaurant] ≃ fast-food restaurant; [préfabriquée, ambulante] chip van *Br*, French fry vendor *Am*.

friteuse [fritøz] *nf* deep fryer, chip pan *Br*; **~ électrique** electric fryer.

fritillaire [fritilɛr] *nf* fritillary; **les ~s** the Fritillaria.

frittage [fritaʒ] *nm* -**1.** MÉTALL fritting. -**2.** [vitrification] fritting.

fritte [frit] *nf* frit.

fritter [3] [frite] *vt* to frit.

friture [frityr] *nf* -**1.** [aliments frits] fried food; [poissons] fried fish; **acheter de la ~** to buy (small) fish for frying. -**2.** CULIN [cuisson] frying; [matière grasse] deep fat. -**3.** ACOUST static; **il y a de la ~** we're getting some interference. -**4.** *Belg* [friterie] ≃ chip van *Br*, French fry vendor *Am*.

fritz▽ [frits] *nm vieilli & injurieux offensive term used with reference to Germans,* ≃ kraut.

frivole [frivɔl] *adj* [personne] frivolous, shallow; [sujet] frivolous.

frivolement [frivɔlmɑ̃] *adv* frivolously.

frivolité [frivɔlite] *nf* -**1.** [légèreté] frivolity, frivolousness; [manque de sérieux - d'un projet, d'une œuvre] triviality. -**2.** [vétille] trifle; **perdre son temps à des ~s** to waste time in frivolous pursuits OU frivolities.
◆ **frivolités** *nfpl vieilli* fancy goods, novelties.

froc [frɔk] *nm* -**1.** *fam* [pantalon] trousers, pants *Am*; **faire dans son ~**▼ to be scared shitless. -**2.** RELIG [habit] habit, frock; **jeter son ~ aux orties** to leave holy orders.

froebélien, enne [frøbeljɛ̃, ɛn] *nm, f Belg* primary school teacher.

froid, e [frwa, frwad] *adj* -**1.** [boisson, buffet, temps, moteur] cold; **un vent ~** a cold wind; **un jour d'hiver ~ et sec** a crisp winter day; **par un matin très ~** on a raw morning; **maintenant, les radiateurs sont ~s** now the radiators have gone cold. -**2.** [indifférent - personne] cold, insensitive, unfeeling; [- tempérament] cold; [- accueil] cold, chilly; [- réponse] cold, cool; [- attitude] cold, unfriendly; **ton/regard ~** hostile tone/stare; **devant ce spectacle, il est resté ~** he was unmoved by the sight; **ça me laisse ~** it leaves me cold; **style ~** bloodless OU cold style □ **colère ~e** cold fury; **~ comme le marbre** as cold as marble. -**3.** [triste] cold, bleak; **des murs ~s et nus** cold bare walls. -**4.** [couleur] cold, cool. -**5.** [ancien] cold, dead; **la piste est ~e** the scent is cold, the trail's gone dead.
◆ **froid** ◇ *nm* -**1.** [température]: **le ~** [climat] cold weather, the cold; [air] the cold (air); **par ce ~** in this cold; **les plantes qui supportent le ~** plants that can endure the cold; **conserver qqch au ~** to store sthg in a cold place □ **coup** OU **vague de ~** cold spell OU snap; **il fait un ~ de canard** OU **sibérien** it's freezing OU bitterly cold. -**2.** [sensation]: **avoir ~** to be OU to feel cold; **j'ai ~ aux mains** my hands are cold; **attraper** OU **prendre ~** to get OU to catch a cold; **je meurs de ~** *fam* I'm freezing (cold) □ **avoir ~ dans le dos** to feel one's blood run cold; **ça me donne ~ dans le dos** it makes my blood run cold, it sends shivers down my spine; **une histoire qui fait ~ dans le dos** a chilling OU creepy story; **il n'a pas ~ aux yeux** he's bold OU plucky. -**3.** [malaise]: **il y a un ~ entre eux** things have gone cool between them □ **jeter un ~** to cast a gloom over; **être en ~ avec qqn** to be on bad terms with sb.
◇ *adv*: **il fait ~ dehors** it's cold out; **en janvier, il fait ~** the weather's cold in January; **boire ~** [habituellement] to drink cold drinks; **remuez et buvez ~** stir and chill before drinking; **manger ~** [habituellement] to have one's food cold; **assaisonnez et mangez ~** season and leave to cool before eating.
◆ **à froid** ◇ *loc adj*: **opération à ~** interval operation.
◇ *loc adv* -**1.** [sans émotion] calmly, dispassionately; **je te dis cela à ~, mais j'ai pleuré quand je l'ai appris** I'm telling you this calmly but I cried when I first heard it. -**2.** [sans préparation]: **je ne peux pas répondre à ~** I can't answer off the top of my head OU improvise an answer; **prendre qqn à ~** to catch sb unawares OU off guard. -**3.** MÉTALL cold; **laminer à ~** to cold roll. -**4.** MÉD: **intervenir** OU **opérer à ~** to operate between attacks.

froidement [frwadmɑ̃] *adv* -**1.** [avec réserve] coldly, cooly. -**2.** [lucidement] dispassionately; **raisonner ~** to use cold logic. -**3.** [avec indifférence] cold-bloodedly; **abattre qqn ~** to shoot down sb in cold blood. -**4.** *loc*: **ça va ~!** *fam* I'm fine but a bit chilly!

froideur [frwadœr] *nf* -**1.** [indifférence méprisante] coldness, cold indifference. -**2.** [manque de sensualité] coldness. -**3.** *litt* [au toucher] feel; **son front avait la ~ du marbre** his forehead was cold as marble.
◆ **avec froideur** *loc adv* coldly, indifferently; **accueillir qqn avec ~** to give sb a chilly welcome.

froidure [frwadyr] *nf* -**1.** *litt* [temps] intense cold; [saison] cold season OU weather. -**2.** MÉD frostbite.

froissable [frwasabl] *adj* creasable; **robe trop ~** dress that creases (too) easily.

froissement [frwasmɑ̃] *nm* -**1.** [plis - d'un papier, d'une étoffe] crumpling, creasing. -**2.** [bruit] rustling, rustle. -**3.** *litt* [vexation] hurt feelings. -**4.** MÉD straining *(U)*.

froisser [3] [frwase] *vt* -**1.** [friper - tissu] to crease, to crumple; [- papier] to crumple, to crease; **une chemise froissée** a creased shirt. -**2.** [carrosserie] to dent. -**3.** [blesser - orgueil] to ruffle, to bruise; [- personne] to offend. -**4.** MÉD to strain.
◆ **se froisser** ◇ *vpi* -**1.** [vêtement] to crush, to crease. -**2.** [personne] to get hurt, to take offence, to be offended.
◇ *vpt*: **se ~ un muscle** to strain a muscle.

froissure [frwasyr] *nf* crease, rumple, wrinkle.

frôlement [frolmɑ̃] *nm* -**1.** [frottement] brush, light touch; **j'ai senti le ~ du chat contre ma jambe** I felt the cat brushing OU rubbing against my leg. -**2.** [bruit] rustle, swish, rustling sound.

frôler [3] [frole] *vt* -**1.** [effleurer] to brush, to touch lightly, to graze; **l'avion a frôlé les arbres** the plane skimmed OU grazed the treetops; **il m'a frôlé la joue du doigt** he stroked my cheek lightly; **la branche lui a frôlé les cheveux** the branch brushed against his hair. -**2.** [passer très près de] to come close to touching. -**3.** [échapper à] to come within a hair's breadth OU an ace of, to escape narrowly; **~ la mort** to come within a hair's breadth of death OU dying; **~ la catastrophe** to come within a hair's breadth of disaster.

◆ **se frôler** *vp (emploi réciproque)* to brush against OU to jostle each other; **les passants se frôlent** passers-by brush against OU jostle each other.

frôleur, euse [frolœr, øz] *adj* [geste] stroking.

◆ **frôleur** *nm* pervert *(who likes to rub up against women in crowds)*.

fromage [frɔmaʒ] *nm* -**1.** [laitage] cheese; **un ~** a cheese; **du ~** cheese; **prenez du ~** have some cheese; **plusieurs sortes de ~s** several kinds of cheese ❑ **~ de vache/brebis/chèvre** cow's/sheep's/goat's milk cheese; **~ blanc** fromage frais; **~ à pâte molle** soft cheese; **~ à tartiner** cheese spread; **en faire tout un ~** *fam* to kick up a (huge) fuss, to make a mountain out of a molehill. -**2.** *fam* [sinécure] cushy job OU number.

◆ **au fromage** *loc adj* [omelette, soufflé] cheese *(modif)*.

◆ **fromage de tête** *nm* brawn *Br*, headcheese *Am*.

fromageon [frɔmaʒɔ̃] *nm* goat's milk cheese *(from the South of France)*.

fromager, ère [frɔmaʒe, ɛr] ◇ *adj* cheese *(modif)*.

◇ *nm, f* -**1.** [commerçant] cheesemonger *Br*, cheese seller *Am*. -**2.** [fabricant] cheese maker, dairyman (*f* dairywoman).

◆ **fromager** *nm* -**1.** [récipient] cheese mould. -**2.** BOT kapok, silk-cotton tree, ceiba *spéc*.

fromagerie [frɔmaʒri] *nf* -**1.** [boutique] cheese shop *Br* OU store *Am*. -**2.** [fabrique] dairy.

froment [frɔmɑ̃] *nm* wheat.

frometon *fam* [frɔmtɔ̃] *nm* cheese.

fronce [frɔ̃s] *nf* [de tissu] gather; **faire des ~s à un tissu** to gather a piece of material.

◆ **à fronces** *loc adj* gathered.

froncement [frɔ̃smɑ̃] *nm*: **~ de sourcils** frown.

froncer [16] [frɔ̃se] *vt* -**1.** COUT to gather. -**2.** [rider]: **~ les sourcils** to knit one's brow, to frown; **~ le nez** to wrinkle one's nose.

frondaison [frɔ̃dɛzɔ̃] *nf* -**1.** [feuillage] foliage, leaves. -**2.** [époque] foliation.

fronde [frɔ̃d] *nf* -**1.** ARM sling. -**2.** [lance-pierres] catapult *Br*, slingshot *Am*. -**3.** *litt* [révolte] rebellion, revolt; **la Fronde** HIST the Fronde rebellion. -**4.** BOT frond.

LA FRONDE:
A civil war (1648-1653) during Louis XIV's minority, directed initially against his chief minister, Mazarin. The revolt of the "Parlement" and the erection of barricades in Paris was followed by the "Fronde des Princes", when a coalition under the Prince de Condé fought against royal troops under Turenne.

---

fronder [3] [frɔ̃de] *vt litt* to revolt against.

frondeur, euse [frɔ̃dœr, øz] ◇ *adj* insubordinate, rebellious.

◇ *nm, f* -**1.** HIST member of the Fronde, Frondeur. -**2.** [rebelle] rebel, troublemaker.

front [frɔ̃] *nm* -**1.** ANAT forehead, brow ❑ **baisser le ~** *pr* to lower one's head; **baisser** OU **courber le ~** *fig* to submit; **relever le ~** to regain confidence; **le ~ haut** proudly, with one's head held high; **avoir le ~ d'airain** *litt* to be cruel. -**2.** [d'une montagne] face; [d'un monument] frontage, façade; **~ de mer** seafront; **villa sur le ~ de mer** villa on the seafront OU facing the sea. -**3.** [audace]: **avoir le ~ de faire** to have the audacity OU impudence to do. -**4.** POL front; **le Front populaire** the Popular Front; **le Front national** the National Front; **~ uni** united front; **faire ~** to form a united front, to close ranks; **faire ~ devant l'adversaire** to present a united front to the enemy; **faire ~ commun contre qqn/qqch** to act jointly against sb/sthg. -**5.** MIL [zone] front; **des rumeurs couraient sur tout le ~** rumours were rife all along the front ‖ [ligne] frontline. -**6.** MIN [gén] face; [dans une houillère] coalface; **~ de taille** working face. -**7.** MÉTÉO front; **~ froid/chaud** cold/warm front.

◆ **au front** *loc adv* MIL at the front.

◆ **de front** *loc adv* -**1.** [directement] head-on; **aborder une difficulté de ~** to tackle a problem head-on; **il les a attaqués de ~ sur leurs activités boursières** he tackled them head-on about their Stock Exchange dealings. -**2.** [en vis-à-vis] head-on; **se heurter de ~** [véhicules] to collide head-on; [adversaires] to come into direct confrontation. -**3.** [côte à côte] abreast; **on ne peut pas passer de ~** you can't get through side by side; **nous marchions de ~** we were walking next to one another; **rouler à trois voitures de ~** to drive three (cars) abreast. -**4.** [en même temps] at the same time, at a time; **faire marcher deux affaires de ~** to run two businesses at once OU at a time.

LE FRONT POPULAIRE:
The coalition of socialists, radicals and communists who came to power in 1936 under Léon Blum. Within a remarkably short period it established the forty-hour week and holidays with pay for commerce and industry, and passed a range of laws relating to the rights of trade unions.

---

frontal, e, aux [frɔ̃tal, o] *adj* -**1.** ANAT & GÉOM frontal. -**2.** [conflit, attaque] head-on.

◆ **frontal** *nm* ANAT frontal bone.

frontalier, ère [frɔ̃talje, ɛr] ◇ *adj* border *(modif)*.

◇ *nm, f* cross-border commuter.

frontière [frɔ̃tjɛr] *nf* -**1.** POL border; **au-delà de la ~** over the border; **dans nos ~s** within our borders ❑ **poste/ville/zone ~** border post/town/zone. -**2.** [démarcation] boundary; **la ~ entre la veille et le sommeil** the borderline between sleeping and waking ❑ **~ naturelle/linguistique** natural/linguistic boundary. -**3.** [limite] frontier; **reculer les ~s de l'inconnu** to roll back the frontiers of the unknown; **son imagination n'a pas de ~** he has a boundless imagination. -**4.** MATH: **(point) ~** frontier.

frontignan [frɔ̃tiɲɑ̃] *nm* Frontignan (wine).

frontispice [frɔ̃tispis] *nm* [titre, illustration] frontispiece.

fronton [frɔ̃tɔ̃] *nm* -**1.** ARCHIT pediment. -**2.** SPORT [mur] fronton; [court] pelota court.

frottage [frɔtaʒ] *nm* [frottement] rubbing, scrubbing.

frottement [frɔtmɑ̃] *nm* -**1.** [friction] rubbing *(U)*, friction; **le ~ a fait un trou à ma chaussette** I've worn a hole in my sock. -**2.** [bruit] rubbing OU scraping noise. -**3.** MÉD friction murmur; **~ à deux temps** to and fro sound; **~ pleural** pleural rub.

◆ **frottements** *nmpl* [mésentente] dispute, disagreement; **il y a des ~s entre eux** there is some friction between them.

frotter [3] [frɔte] ◇ *vt* -**1.** [pour nettoyer] to rub, to scrub; **~ une tache avec une brosse** to scrub (off) a stain; **~ une tache avec du savon** to scrub a stain with soap; **~ une casserole** to scour a saucepan; **~ ses chaussures pour enlever la boue** to scrape the mud off one's shoes. -**2.** [pour enduire] to rub; **~ une table** to polish a table; **~ d'ail des croûtons** to rub croûtons with garlic ❑ **~ la manche à qqn** *fam Belg* to soft-soap sb. -**3.** [mettre en contact]: **~ deux pierres l'une contre l'autre** to rub OU to scrape two stones together; **~ une allumette** to strike a match; **~ un mur avec sa main** to rub one's hand against a wall. -**4.** [frictionner] to rub; **~ le dos de qqn** to give sb's back a rub, to rub sb's back.

◇ *vi* to scrape, to rub; **il y a quelque chose qui frotte sous la voiture** there's something under the car making a scraping noise; **le frein de mon vélo frotte** the brakes on my bike keep sticking.

◆ **se frotter** *vp (emploi réfléchi)* [se frictionner] to rub o.s. (down); **se ~ avec une serviette** to rub o.s. (down) OU to give o.s. a rub-down with a towel; **se ~ les yeux** to rub one's eyes ❑ **se ~ les mains** *pr* to rub one's hands (together); *fig* to rub one's hands.

◆ **se frotter à** *vp + prép* -**1.** [effleurer]: **se ~ à** OU **contre** to rub (up) against; **le chat se frotte contre ma jambe** the cat rubs (up) against my leg; **ne te frotte pas à lui quand il est en colère** *fig* steer clear of him when he's angry ❑ **s'y ~**: **ne vous y frottez pas, c'est trop dangereux** don't interfere OU meddle, it's too dangerous; **qui s'y frotte s'y pique** if you meddle you'll get your fingers burnt. -**2.** [se confronter à] to face; **elle a dû très vite se ~ au monde des affaires** she soon had to face the business world. -**3.** [fréquenter] to rub up against; **depuis le temps que je me frotte aux artistes, je les connais!** I've been around artists for long enough to know what they're like!

frotteur, euse [frɔtœr, øz] *adj* rubbing.

◆ **frotteur** *nm* -**1.** ÉLECTR brush spring, wiper; **~ de contact** contact finger. -**2.** RAIL carbon sliding, slip contact. -**3.** *fam* [frôleur] pervert *(who likes to rub up against women in crowds)*.

frottis [frɔti] *nm* -**1.** MÉD smear; **~ vaginal** cervical smear (test); **se faire faire un ~ (vaginal)** to have a smear test OU a cervical smear. -**2.** BX-ARTS scumbling.

frottoir [frɔtwar] *nm* rough strip *(on a box of matches)*.

froufrou, frou-frou [frufru] (*pl* **frous-frous**) *nm* [bruit] swish, rustle, froufrou.

◆ **froufrous, frous-frous** *nmpl* VÊT frills (and furbelows).

froufroutant, e [frufrutɑ̃, ɑ̃t] *adj* -**1.** [bruissant] rustling, swishing. -**2.** [à volants - robe, jupe] frilly, flouncy.

froufroutement [frufrutmɑ̃] *nm* rustle, swish.

froufrouter [3] [frufrute] *vi* to rustle, to swish.

froussard, e *fam* [frusar, ard] ◇ *adj* cowardly, chicken, yellow-bellied.

◇ *nm, f* coward, chicken, yellow-belly.

frousse *fam* [frus] *nf* fright; **avoir la ~** to be scared; **elle ne veut plus se présenter à l'examen, elle a la ~** she won't take the exam, she's got cold feet; **donner** OU **flanquer la ~ à qqn** to put the wind up *Br* OU to scare sb, to give sb the willies; **ça m'a donné** OU **flanqué la ~** it scared the pants off me.

fructidor [fryktidɔr] *nm 12th month in the French Revolutionary calendar (from Aug 18/19 to Sep 17/18)*.

fructifère [fryktifɛr] *adj* fruit-bearing, fructiferous *spéc*.

fructification [fryktifikasjɔ̃] *nf* -**1.** [processus] fructification. -**2.** [période] fruitage.

fructifier [9] [fryktifje] *vi* -**1.** AGR to be productive; BOT to bear fruit, to fructify. -**2.** ÉCON to yield a profit; **faire ~ son capital** to make one's capital yield a profit. -**3.** [produire des résultats] to bear fruit, to be productive OU fruitful; **une idée qui fructifie** an idea that bears fruit.

fructose [fryktoz] *nm* fructose, fruit sugar.

fructueusement [fryktɥøzmɑ̃] *adv* [avantageusement] fruitfully, productively, successfully.

fructueux, euse [fryktɥø, øz] *adj* -**1.** [fécond] fruitful, productive; **vos recherches ont-elles été fructueuses?** were your investigations fruitful OU successful?; **tout ce travail n'a pas été très ~** all this work yielded very few results. -**2.** [profitable] profitable; **une opération fructueuse** a profitable deal.

frugal, e, aux [frygal, o] *adj* -**1.** [simple] frugal; **un repas ~** a frugal OU plain meal. -**2.** [qui mange peu] frugal.

frugalement [frygalmɑ̃] *adv* frugally.

frugalité [frygalite] *nf* frugality.

frugivore [fryʒivɔr] ◇ *adj* fruit-eating, frugivorous *spéc.*
◇ *nmf* fruit-eater, frugivore *spéc.*

fruit [frɥi] *nm* -**1.** BOT: **un ~: après ton fromage, veux-tu un ~?** would you like some fruit OU a piece of fruit after your cheese?; **des ~s** fruit; **des arbres chargés de ~s** trees heavy with fruit; **il reste trois ~s** there are three pieces of fruit left; **manger des ~s** to eat fruit ❑ **~ défendu** forbidden fruit; **~ de la passion** passion fruit; **un ~ sec** *pr* a piece of dried fruit; *fig* a failure; **un ~ vert** *fig* an immature young girl; **~s confits** candied OU crystallized fruit; **~s déguisés** *prunes, dates etc, stuffed with almond paste*; **~s jumeaux** double fruits; **~s rafraîchis** (chilled) fruit salad; **c'est au ~ qu'on connaît l'arbre** *prov* the tree is known by its fruit. -**2.** CULIN: **~s de mer** seafood. -**3.** [résultat] fruit; **le ~ de son travail** the fruit OU result of his labours; **le ~ de leur amours** the fruit of their love; **le ~ de ses entrailles** *litt* the fruit of her womb; **cela a porté ses ~s** it bore fruit; **les ~s de la Terre** the fruits OU bounty of the Earth; **avec ~** *litt* fruitfully, profitably. -**4.** JUR: **~s civils** OU **naturels** emblements. -**5.** CONSTR batter; **avoir du ~** to batter.

fruité, e [frɥite] *adj* fruity; **ce vin est très ~** this wine is very fruity.

fruiterie [frɥitri] *nf* -**1.** [boutique] fruit store *Am*, fruiterer's (shop) *Br*. -**2.** [dépôt] storeroom (for fruit).

fruitier, ère [frɥitje, ɛr] ◇ *adj* fruit *(modif).*
◇ *nm, f* fruiterer, greengrocer *Br*, fruit seller *Am*.
◆ **fruitier** *nm* -**1.** [verger] orchard. -**2.** [arbre] fruit tree. -**3.** [local] storeroom (for fruit).
◆ **fruitière** *nf* cooperative cheese dairy.

frusques *fam* [frysk] *nfpl* togs, gear; **prends tes ~ et file!** take your things OU gear and get out!

fruste [fryst] *adj* -**1.** [grossier - personne] uncouth, rough. -**2.** [sans élégance - style] unpolished, crude, rough. -**3.** MÉD mild.

frustrant, e [frystrɑ̃, ɑ̃t] *adj* frustrating.

frustration [frystrasjɔ̃] *nf* frustration.

frustré, e [frystre] ◇ *adj* frustrated.
◇ *nm, f* frustrated person; **'les Frustrés'** *cartoon characters created by Claire Bretécher representing modern middle-class intellectuals.*

frustrer [3] [frystre] *vt* -**1.** [décevoir] to frustrate, to thwart; **être frustré dans ses espoirs** to be thwarted in one's hopes. -**2.** [priver]: **~ qqn de** to rob sb of; **ils ont été frustrés de la victoire** they were robbed of their victory. -**3.** PSYCH to frustrate; **il a été frustré par son échec** he was frustrated by his failure. -**4.** JUR: **~ qqn de...** to defraud sb of...

frutescent, e [frytɛsɑ̃, ɑ̃t] *adj* frutescent, fruticose.

FS (*abr de* franc suisse) SFr.

FSE *nm abr de* foyer socio-éducatif.

FTP (*abr de* Francs-tireurs et partisans) *nmpl Communist resistance during World War II.*

fuchsia [fyʃja] *nm* fuchsia.

fuchsine [fyksin] *nf* fuchsine, fuchsin, magenta.

fucus [fykys] *nm* wrack, fucus *spéc*; **~ vésiculeux** bladderwrack.

fuégien, enne [fɥeʒjɛ̃, ɛn] *adj* from Tierra del Fuego.
◆ **Fuégien, enne** *nm, f inhabitant of or person from Tierra del Fuego.*

fuel [fjul], **fuel-oil** [fjulɔjl] (*pl* **fuel-oils**) *nm* (fuel OU heating) oil; **~ domestique** domestic heating oil.

fugace [fygas] *adj* [beauté] transient, evanescent, ephemeral; [impression, souvenir, pensée] transient, fleeting.

fugacité [fygasite] *nf* transience, fleetingness.

fugitif, ive [fyʒitif, iv] ◇ *adj* -**1.** [en fuite] runaway, fugitive. -**2.** [fugace - vision, idée] fleeting, transient; [- bonheur] short-lived; [- souvenir] elusive.
◇ *nm, f* runaway, fugitive.

fugitivement [fyʒitivmɑ̃] *adv* fleetingly, briefly.

fugue [fyg] *nf* -**1.** MUS fugue. -**2.** [fuite]: **faire une ~** [de chez soi] to run away from home; [d'une pension] to run away from boarding school; [pour se marier] to elope.

fugué, e [fyge] *adj* fugato.

fuguer [1] [fyge] *vi* to run away, to do a bunk *Br*.

fugueur, euse [fygœr, øz] ◇ *adj*: **être ~** to keep running away; **c'était un enfant ~** as a child, he used to run away repeatedly.
◇ *nm, f* runaway.

Führer [fyrœr] *npr m*: **le ~** the Führer.

fuir [35] [fɥir] ◇ *vi* -**1.** [s'enfuir] to run away, to flee; **les animaux fuyaient à notre approche** the animals fled OU ran away as we came near; **faire ~ qqn** to frighten sb away, to put sb to flight; **~ à toutes jambes** to run for dear OU one's life; **~ devant le danger** to flee in the face of danger; **laid à faire ~** as ugly as sin. -**2.** [s'éloigner] to vanish, to recede; **des lignes qui fuient vers l'horizon** lines that converge towards the horizon; **le paysage fuyait par la vitre du train** the landscape flashed past the window of the train. -**3.** *litt* [passer] to fly, to slip away; **le temps fuit** time flies. -**4.** [se dérober] to run away; **~ devant ses responsabilités** to shirk OU to evade one's responsibilities. -**5.** [se répandre - eau] to leak; [- gaz] to leak, to escape; **~ à petites gouttes** to seep OU to ooze (through). -**6.** [perdre son contenu - tonneau, stylo] to leak, to be leaky; **un tuyau qui fuit** a leaky pipe.
◇ *vt* -**1.** [abandonner] to flee (from); **elle a fui le pays** she fled the country. -**2.** [éviter] to avoid, to shun; **il me fuit** he's avoiding me; **~ les gens** to avoid contact with other people; **~ le regard de qqn** to avoid looking sb in the eye; **on le fuit comme la peste** people avoid him like the plague; **~ le danger** to keep away from OU to avoid danger. -**3.** [se soustraire à, s'éloigner de] to shirk, to evade; **~ la tentation** to flee from OU to avoid temptation. -**4.** [résister à] to elude; **le sommeil le fuyait** he couldn't sleep, sleep would not come to him.

fuite [fɥit] *nf* -**1.** [départ] escape, flight; **prendre la ~** [prisonnier] to run away, to (make one's) escape; **le chauffard a pris la ~** it was a hit-and-run accident; **être en ~** to be on the run; **mettre qqn/un animal en ~** to put sb/an animal to flight ❑ **~ en avant: l'action du gouvernement est considérée par certains comme une ~ en avant** some people accuse the government of blindly refusing to come to terms with the problem; **la ~ des cerveaux** the brain drain. -**2.** FIN: **~ de capitaux** flight of capital (abroad); **~ devant l'impôt** tax evasion. -**3.** [écoulement - de liquide] leak, leakage; [- de gaz] leak; [- de courant] escape. -**4.** [fissure] puncture; **boucher une ~ dans une bouée** to stop a rubber ring leaking; **trouver la ~ dans une chambre à air** to find the leak in an inner tube. -**5.** [indiscrétion] leak. -**6.** BX-ARTS: **point de ~** vanishing point.

Fuji-Yama [fuʒijama] *npr m*: **le ~** the Fujiyama.

fulgurance [fylgyrɑ̃s] *nf litt* piercing OU blinding quality.

fulgurant, e [fylgyrɑ̃, ɑ̃t] *adj* -**1.** [rapide - réponse] lightning *(modif)*; [- idée] sudden; [- carrière] dazzling; **j'ai eu une idée ~e** an idea flashed OU shot through my mind. -**2.** [intense - douleur] shooting, fulgurating *spéc*; [- lumière] blinding, dazzling, fulgurant. -**3.** *litt* [éclatant - éclair] flashing; [- regard] blazing, flashing; [- beauté] dazzling.

fulguration [fylgyrasjɔ̃] *nf* -**1.** MÉTÉO heat lightning. -**2.** MÉD fulguration.

fulgurer [3] [fylgyre] *vi litt* to flash, to blaze.

fuligineux, euse [fyliʒinø, øz] *adj* -**1.** [qui produit de la suie] fuliginous *spéc*, sooty, smoky. -**2.** *fig* & *litt* fuliginous.

full [ful] *nm* full house GAMES.

fulminant, e [fylminɑ̃, ɑ̃t] *adj* -**1.** *litt* [menaçant - regard] furious, enraged, irate; [- lettre] venomous, vituperative. -**2.** CHIM fulminating.

fulminate [fylminat] *nm* fulminate.

fulmination [fylminasjɔ̃] *nf* -**1.** RELIG fulmination. -**2.** *litt* [colère] ire, wrath.

fulminer [3] [fylmine] ◇ *vi litt* to fulminate, to rail; **~ contre le gouvernement** to fulminate OU to rail against the government.
◇ *vt* -**1.** *litt* [proférer] to thunder, to roar, to utter; **~ des menaces à l'égard de qqn** to thunder OU to roar threats at sb. -**2.** RELIG to fulminate.

fulminique [fylminik] *adj* fulminic.

fumable [fymabl] *adj* smokable.

fumage [fymaʒ] *nm* -**1.** CULIN smoking, curing. -**2.** AGR manuring, dunging.

fumaison [fymɛzɔ̃] *nf* = **fumage 1.**

fumant, e [fymɑ̃, ɑ̃t] *adj* -**1.** [cheminée, feu] smoking, smoky; [cendres, décombres] smouldering. -**2.** [liquide, nourriture] steaming; **assis autour de la soupe ~e** sitting around a steaming bowl of soup. -**3.** [furieux] fuming; **être ~ de colère** to flare up with anger. -**4.** *fam* [remarquable] brilliant; **un coup ~** a masterstroke. -**5.** CHIM fuming.

fumasse *fam* [fymas] *adj* furious, mad *Am*; **elle était ~!** she was furious!

fumé, e[1] [fyme] *adj* smoked.
◆ **fumé** *nm* [aliment] smoked food; **évitez de consommer du ~** avoid smoked foods.

fume-cigare [fymsigar] *nm inv* cigar holder.

fume-cigarette [fymsigarɛt] *nm inv* cigarette holder.

fumée[2] [fyme] *nf* -**1.** [de combustion] smoke; **il n'y a pas de ~ sans feu** *prov* there's no smoke without fire. -**2.** [vapeur] steam.
◆ **fumées** *nfpl litt* stupor; **dans les ~s de l'ivresse** OU **du vin** in a drunken stupor.
◆ **en fumée** *loc adv*: **partir** OU **s'en aller en ~** to go up in smoke.
◆ **sans fumée** *loc adj* smokeless.

fumer [3] [fyme] ◇ *vt* -**1.** [tabac] to smoke; **~ la pipe** to smoke a pipe; **je vais en ~ une dehors** *fam* I'm going outside for a smoke ❑ **~ comme un pompier** OU **un sapeur** to smoke like a chimney. -**2.** CULIN to smoke. -**3.** AGR to manure, to dung, to fatten.
◇ *vi* -**1.** [feu, cheminée] to smoke, to give off smoke; [cendres, décombres] to smoke, to smoulder; **cheminée qui fume** smoky chimney. -**2.** [liquide, nourriture] to steam, to give off steam; **vois la bonne soupe qui fume** look at the lovely steaming bowl of soup; **on voyait ~ leurs flancs** you could see the steam coming OU rising off their flanks. -**3.** CHIM to fume, to give off fumes. -**4.** *fam* [être furieux] to fume, to be mad *Am*.

fumerie [fymri] *nf* opium den.

fumerolle [fymrɔl] *nf* fumarole.

fumet [fymɛ] *nm* -**1.** [odeur - d'un plat] (pleasant) smell, aroma; [- d'un vin] bouquet. -**2.** CULIN stock, fumet. -**3.** CHASSE scent.

fumeur, euse[1] [fymœr, øz] *nm, f* -**1.** [adepte du tabac] smoker; **les ~s** smokers, people who smoke ❑ **compartiment ~s** smoking compartment OU car *Am*. -**2.** INDUST curer.

fumeux, euse[2] [fymø, øz] *adj* -**1.** [confus] hazy; **idée fumeuse** vague OU nebulous idea; **il a l'esprit ~** his ideas are a bit woolly, he's woolly-minded. -**2.** [bougie, lampe] smoky.

fumier [fymje] *nm* -**1.** AGR manure. -**2.** ▽ bastard; **espèce de ~!** you bastard!

fumigateur [fymigatœr] *nm* -**1.** AGR fumigator. -**2.** MÉD inhaler.

fumigation [fymigasjɔ̃] *nf* -**1.** [pour un local] fumigation; **faire des ~s de désinfectant** to fumigate with disinfectant. -**2.** AGR & MÉD fumigation.

fumigène [fymiʒɛn] ◇ *adj* smoke *(modif).*
◇ *nm* smoke generator.

fumiste [fymist] ◇ *nm* -**1.** [installateur] heating specialist. -**2.** [ramoneur] chimney sweep.
◇ *adj* lackadaisical.
◇ *nmf péj* shirker.

fumisterie [fymistəri] *nf* -**1.** *fam péj* humbug, sham, farce; **une vaste** ~ an absolute farce. -**2.** [métier - d'installateur] boiler installation OU fitting; [- de ramoneur] chimney sweeping.

fumivore [fymivɔr] ◇ *adj* [appareil] smoke extracting; [combustion] smokeless.
◇ *nm* smoke extractor.

fumoir [fymwar] *nm* -**1.** [pour fumeurs] smoking room, smoke room *Br.* -**2.** [pour aliments] smokehouse.

fumure [fymyr] *nf* -**1.** [engrais] manure, fertilizer. -**2.** [fertilisation] manuring, fertilizing.

fun [fœn] = **funboard**.

funambule [fynɑ̃byl] *nmf* tightrope walker, funambulist.

funboard [fœnbɔrd] *nm* funboard.

Funchal [funʃal] *npr* Funchal.

funèbre [fynɛbr] *adj* -**1.** [relatif aux funérailles] funeral *(modif)*; **cérémonie** ~ funeral service; **chant** ~ dirge; **convoi/oraison/marche** ~ funeral procession/oration/march; **veillée** ~ deathwatch, wake. -**2.** [lugubre] gloomy, lugubrious, funereal.

funérailles [fyneraj] ◇ *nfpl* funeral.
◇ *interj fam dial:* ~! heavens!, blimey! *Br.*

funéraire [fynerɛr] *adj* funeral *(modif)*, funerary *spéc*; **urne/chambre** ~ funerary urn/chamber.

funérarium [fynerarjɔm] *nm* funeral parlour, funeral home *Am.*

funeste [fynɛst] *adj* -**1.** [désastreux] disastrous, catastrophic; **erreur** ~ fatal OU disastrous OU catastrophic error; **le jour** ~ **où je l'ai rencontré** that fateful OU ill-fated day when I met him; **l'ignorance est souvent** ~ ignorance is often dangerous OU harmful; **suites** ~**s** tragic OU disastrous OU dire consequences; **être** ~ **à qqn** to have terrible consequences for sb. -**2.** *litt* [triste] lugubrious; **un récit** ~ a sad tale. -**3.** *litt* [mortel] fatal, lethal.

funestement [fynɛstəmɑ̃] *adv litt* disastrously, catastrophically.

funiculaire [fynikylɛr] ◇ *adj* funicular.
◇ *nm* funicular (railway).

funk [fœnk] *nm*: **le** ~ funk.

funky [fœnki] *nm* jazz funk.

FUNU, Funu [fyny] *(abr de* **Force d'urgence des Nations unies)** *npr f* UNEF.

furanne [fyran] *nm* furan.

furax *fam* [fyraks] *adj inv* livid, hopping mad.

furet [fyrɛ] *nm* -**1.** ZOOL ferret; **aller à la chasse au** ~ to go ferreting. -**2.** *vieilli* [curieux] snoop. -**3.** JEUX pass the slipper.

furetage [fyrtaʒ] *nm* -**1.** [recherche] ferreting (around OU about), nosing (around OU about). -**2.** CHASSE ferreting.

fur et à mesure [fyreamzyr]
◆ **au fur et à mesure** *loc adv* gradually; **donnez-les moi au** ~ give them to me gradually OU as we go along; **il s'adaptera au** ~ he'll get used to it in time; **je préfère faire mon travail au** ~ **plutôt que de le laisser s'accumuler** I prefer to do my work as (and when) it comes rather than letting it pile up.
◆ **au fur et à mesure de** *loc prép* as; **au** ~ **de l'avance des travaux** as work proceeds; **au** ~ **des besoins** as needed; **je vous les enverrai au** ~ **de leur disponibilité** I'll send them to you as and when they are available.
◆ **au fur et à mesure que** *loc conj* as; **au** ~ **que le temps passe, l'angoisse augmente** as time goes by, anxiety grows; **l'eau s'écoule au** ~ **que je remplis l'évier** the water drains away as (soon as) I fill up the sink; **les oiseaux mangent les cerises au** ~ **qu'elles mûrissent** the birds eat the cherries as (soon as OU fast as) they get ripe.

fureter [28] [fyrte] *vi* -**1.** [fouiller] to ferret (around OU about), to snoop (around OU in sb's bag; **je suis allé** ~ **dans sa chambre** I had a snoop around his room; **les journalistes ont fureté dans mon passé** journalists pried into my past. -**2.** CHASSE to ferret.

fureteur, euse [fyrtœr, øz] ◇ *adj péj* prying.
◇ *nm, f* -**1.** *péj* [indiscret] snooper. -**2.** [fouilleur]: **elle a trouvé des merveilles au grenier/à la brocante, c'est une fureteuse** she found some real treasures in the attic/junk-shop, she loves poking around.

fureur [fyrœr] *nf* -**1.** [colère] rage, fury; **accès de** ~ fit of anger OU rage; ~ **noire** blind anger OU rage; **se mettre dans une** ~ **noire** to fly into a rage; **quand sa** ~ **s'est calmée** when his anger had died down. -**2.** [passion] passion; **la** ~ **du jeu** a mania OU passion for gambling; **la** ~ **de vivre** a lust for life ❑ **faire** ~ to be all the rage. -**3.** *litt* [violence] rage, fury, wrath *litt*; **la** ~ **des flots** the wrath of the sea.
◆ **avec fureur** *loc adv* -**1.** [colériquement] furiously. -**2.** [passionnément] passionately.
◆ **en fureur** ◇ *loc adj* furious, enraged.
◇ *loc adv*: **entrer en** ~ to fly into a rage OU fury; **mettre qqn en** ~ to send sb wild with rage, to enrage sb.

furibard, e *fam* [fyribar, ard] *adj* hopping mad, livid.

furibond, e [fyribɔ̃, ɔ̃d] *adj* furious; **être** ~ **contre qqn** to be furious with sb.

furie [fyri] *nf* -**1.** [colère] fury, rage. -**2.** [mégère] fury; **elle s'est jetée sur lui comme une** ~ she flew at him like a fury. -**3.** MYTH: **Furie** Fury.
◆ **avec furie** *loc adv* -**1.** [avec colère] furiously, angrily. -**2.** [ardemment] ardently, passionately, furiously; **elle écrivait avec** ~ she wrote furiously. -**3.** [violemment] furiously, wildly, savagely.
◆ **en furie** *loc adj* furious, enraged; **les éléments en** ~ *litt* the raging elements.

furieusement [fyrjøzmɑ̃] *adv* -**1.** [avec colère] furiously, angrily. -**2.** [violemment] furiously, wildly, savagely. -**3.** [extrêmement] hugely, tremendously, extremely; **avoir** ~ **envie de** to have a tremendous urge to.

furieux, euse [fyrjø, øz] ◇ *adj* -**1.** [enragé - personne] furious, (very) angry; [- geste, cri] furious; **cela me rend** ~ it makes me furious; **d'un air** ~ looking like thunder; **être** ~ **contre qqn** to be furious with sb; **je suis furieuse contre moi-même** I'm furious with myself; ~ **de: être** ~ **de son échec** to be enraged OU infuriated at one's failure; **il est** ~ **d'apprendre que tout a été fait sans lui** he's furious to hear that it's all been done without him; **il est** ~ **d'avoir attendu** he's furious at having been kept waiting. -**2.** *litt* [violent] raging, wild; **tempête furieuse** raging storm; **les flots** ~ the raging seas. -**3.** *litt* [passionné] furious; **haine furieuse** furious OU wild hatred. -**4.** [extrême] tremendous; **avoir une furieuse envie de dormir** to have an overwhelming desire to go to sleep.
◇ *nm, f* madman (*f* madwoman), maniac.

furoncle [fyrɔ̃kl] *nm* boil, furuncle *spéc.*

furonculeux, euse [fyrɔ̃kylø, øz] ◇ *adj* furuncular, furunculous.
◇ *nm, f* furunculosis sufferer.

furonculose [fyrɔ̃kyloz] *nf* furunculosis.

furtif, ive [fyrtif, iv] *adj* -**1.** [comportement] furtive; [geste, action] furtive, surreptitious, stealthy; [regard] furtive, sly; [sourire] quiet, secret; [larme] hidden. -**2.** MIL anti-radar.

furtivement [fyrtivmɑ̃] *adv* stealthily, surreptitiously, furtively.

fusain [fyzɛ̃] *nm* -**1.** BOT spindle (tree). -**2.** BX-ARTS [crayon] piece of charcoal; [dessin] charcoal.
◆ **au fusain** ◇ *loc adj* charcoal *(modif).*
◇ *loc adv* [dessiner, illustrer] in charcoal.

fusainiste [fyzɛnist] *nmf* charcoal artist OU sketcher.

fusant, e [fyzɑ̃, ɑ̃t] *adj* [qui ne détonne pas] fusing; **obus** ~ ARM time shell.
◆ **fusant** *nm* time shell.

fuseau, x [fyzo] *nm* -**1.** [bobine] spindle; **dentelle/ouvrage aux** ~**x** bobbin lace/needlework. -**2.** VÊT ski pants *(with elasticated instep).* -**3.** GÉOM lune. -**4.** [mollusque] spindle-shell. -**5.** BIOL spindle.
◆ **en fuseau** ◇ *loc adj* tapered, spindle-shaped.
◇ *loc adv*: **tailler qqch en** ~ to taper sthg.
◆ **fuseau horaire** *nm* time zone; **changer de** ~ **horaire** to go into a different time zone.

fusée [fyze] *nf* -**1.** ASTRONAUT rocket; ~ **à étages multiples** multiple-stage rocket; ~ **à trois étages** three-stage rocket; ~ **orbitale** orbital rocket; **partir comme une** ~ to be off like a shot, to shoot off. -**2.** [signal] rocket; ~ **de détresse** flare; ~ **éclairante** flare; ~ **de signalisation** signal (sky) rocket. -**3.** ARM rocket, missile; ~ **anti-engin** antimissile missile ‖ [détonateur] fuse. -**4.** MÉD sinus. -**5.** [de roue] stub axle. -**6.** [en horlogerie] fusee, fuzee. -**7.** HÉRALD fusil.

fusée-détonateur [fyzedetɔnatœr] (*pl* **fusées-détonateurs**) *nf* fuse.

fusée-sonde [fyzesɔ̃d] (*pl* **fusées-sondes**) *nf* probe, sounding rocket.

fuselage [fyzlaʒ] *nm* fuselage.

fuselé, e [fyzle] *adj* -**1.** [doigt] slender, tapered, tapering; [jambe] slender; [muscle] well-shaped; [colonne] tapered, tapering, spindle-shaped. -**2.** HÉRALD fusilly.

fuseler [24] [fyzle] *vt* -**1.** [former en fuseau] to taper. -**2.** AÉRON, AUT & NAUT to streamline.

fuser [3] [fyze] *vi* -**1.** [jaillir - vapeur] to gush OU to spurt (out); [- liquide] to jet OU to gush OU to spurt (out); [- lumière] to stream out; [- étincelle] to fly; **un projectile a fusé dans l'espace** a missile shot through the air. -**2.** [retentir - rire, voix] to burst out. -**3.** [bougie] to melt; [poudre] to burn slowly; [sels] to crackle.

fusette [fyzɛt] *nf* reel, spool.

fusibilité [fyzibilite] *nf* fusibility.

fusible [fyzibl] ◇ *adj* -**1.** [qui peut fondre] fusible, meltable. -**2.** [à point de fusion bas] fusible.
◇ *nm* fuse; **un** ~ **a grillé** a fuse blew; **où sont les** ~**s?** where is the fuse box? ❑ ~ **à cartouche** cartridge fuse.

fusiforme [fyzifɔrm] *adj* spindle-shaped, fusiform *spéc.*

fusil [fyzi] *nm* -**1.** ARM gun, rifle; ~ **automatique/semi-automatique** automatic/semiautomatic rifle; ~ **à canon scié** sawn-off shotgun; ~ **de chasse** shotgun; ~ **à deux coups** double-barrelled gun; ~ **à lunette** rifle with telescopic sight; ~ **à répétition** repeating rifle; ~ **sous-marin** speargun. -**2.** [tireur]: **un bon** ~ a good shot. -**3.** [affiloir] steel.
◆ **coup de fusil** *nm* -**1.** [acte] shot; [bruit] shot, gunshot; **donner un coup de** ~ **à qqn** to shoot sb (with a rifle); **on entendait des coups de** ~ you could hear shots being fired OU shooting; **un coup de** ~ **a déchiré le silence** the silence was shattered by the sound of a shot. -**2.** *fig*: **on y mange bien mais après, c'est le coup de** ~**!** it's a good restaurant, but the bill's a bit of a shock!

fusilier [fyzilje] *nm* rifleman, fusilier *Br*; ~ **marin** marine.

fusillade [fyzijad] *nf* -**1.** [bruit] shooting *(U)*, gunfire; **j'ai entendu une** ~ I heard a volley of shots. -**2.** [combat] gunfight, gun battle. -**3.** [exécution] shooting.

fusiller [3] [fyzije] *vt* -**1.** [exécuter] to shoot; ~ **qqn du regard** to look daggers OU to glare at sb. -**2.** *fam* [détruire] to destroy, to wreck; **il a loupé le virage et fusillé sa bagnole** he missed the turn and wrote his car off *Br* OU totaled his car *Am.* -**3.** *fam* [dépenser] to blow.

fusilleur [fyzijœr] *nm* executioner.

fusil-mitrailleur [fyzimitrajœr] (*pl* **fusils-mitrailleurs**) *nm* light machine gun.

fusiniste [fyzinist] = **fusainiste**.

fusion [fyzjɔ̃] *nf* -**1.** MÉTALL fusion, melting. -**2.** MIN smelting. -**3.** [dissolution - du sucre, de la glace] melting. -**4.** NUCL: ~ **(nucléaire)** fusion; ~ **du cœur** nuclear meltdown. -**5.** [union -

d'idées, de sentiments] fusion; [- de groupes] fusion, merging; [- de peuples, de cultures] fusion, merging. -**6.** ÉCON merger, merging. -**7.** INF merge, merging.

◆ **en fusion** ◇ *loc adj* molten.

◇ *loc adv*: **mettre deux éléments en ~** to fuse two elements (together).

fusionnement [fyzjɔnmɑ̃] *nm* -**1.** ÉCON amalgamation, merger. -**2.** [rassemblement - de groupes, de cultures] merging, fusion.

fusionner [3] [fyzjɔne] ◇ *vt* to merge.

◇ *vi* -**1.** ÉCON to amalgamate, to merge. -**2.** INF to merge.

fustigation [fystigasjɔ̃] *nf litt.* -**1.** [correction] thrashing, beating. -**2.** [critique - d'une personne] censure; [- d'un vice] castigation, censure.

fustiger [17] [fystiʒe] *vt litt.* -**1.** [battre] to thrash. -**2.** [critiquer - personne, attitude] to censure, to criticize harshly; [- vice] to castigate.

fût [fy] *nm* -**1.** [d'un arbre] bole. -**2.** [tonneau] cask. -**3.** [partie - d'une vis, d'un poteau] shaft; [- d'une colonne] shaft, body. -**4.** [d'un canon] stock. -**5.** [d'un tambour] barrel, body.

futaie [fytɛ] *nf* forest, (piece of) timberland *Am*; **haute** OU **vieille ~** established OU mature forest.

futaille [fytaj] *nf* cask, barrel.

futaine [fytɛn] *nf* fustian.

futal *fam* [fytal], **fute** *fam* [fyt] *nm* trousers, pants *Am*.

futé, e [fyte] ◇ *adj* sharp, smart, clever; **ça, c'est ~!** *aussi iron* that was clever!; **il n'est pas très ~** he's not very bright.

◇ *nm, f* sharp person; **c'est une ~e** she's very sharp OU shrewd; **hé, petit ~, comment tu l'enlèves maintenant?** hey, smarty-pants, now how are you going to get it off again?

futile [fytil] *adj* -**1.** [frivole - raison] frivolous, trifling; [- occupation, lecture, personne] frivolous. -**2.** [sans valeur - vie] pointless, futile; **il serait ~ d'essayer** it would be futile OU pointless to attempt it.

futilement [fytilmɑ̃] *adv* frivolously.

futilité [fytilite] *nf* frivolousness; **une ~** [acte] a frivolous thing to do; [propos] a frivolous thing to say.

futur, e [fytyr] ◇ *adj* -**1.** [à venir - difficulté, joie] future *(modif)*; **les ~s emplois** the jobs to come; **les générations ~es** future OU coming generations; **la vie ~e** RELIG the afterlife. -**2.** *(avant le n)*: **~e mère** mother-to-be; **mon ~ époux** my future husband; **mes ~s collègues** my future colleagues; **un ~ client** a prospective client; **un ~ mathématicien** a future OU budding mathematician.

◇ *nm, f hum* intended *hum*, husband-to-be (*f* wife-to-be).

◆ **futur** *nm* -**1.** [avenir]: **le ~** the future; **le ~ proche** the immediate future. -**2.** GRAMM future (tense); **~ antérieur** future perfect.

futurisme [fytyrism] *nm* futurism.

futuriste [fytyrist] ◇ *adj* -**1.** [d'anticipation] futuristic. -**2.** BX-ARTS & LITTÉRAT futurist.

◇ *nmf* futurist.

futurologie [fytyrɔlɔʒi] *nf* futurology.

futurologue [fytyrɔlɔg] *nmf* futurologist.

fuyant, e [fɥijɑ̃, ɑ̃t] *adj* -**1.** [insaisissable - caractère] elusive; [- regard] shifty, elusive; **avoir le regard ~** to have shifty eyes, to be shifty-eyed. -**2.** [menton, front] receding; **un homme au menton ~** a weak-chinned man. -**3.** BX-ARTS vanishing; **ligne ~e** converging line. -**4.** *litt* [fugitif] fleeting, transient.

◆ **fuyant** *nm* vanishing perspective.

fuyard, e [fɥijar, ard] *nm, f* runaway, fugitive.

◆ **fuyard** *nm* MIL retreating soldier.

FV (*abr écrite de* **fréquence vocale**) VF.

G

g, G [ʒe] *nm* -**1.** [lettre] g, G; **G majuscule** capital G; **g minuscule** small g; **ça commence par un g** it begins with g; **G comme Georges** G for George; **ça s'écrit avec deux g** it's spelt with a double g OU two g's. -**2.** (*abr écrite de* **gramme**) g. -**3.** (*abr écrite de* **gauss**) G. -**4.** (*abr écrite de* **giga**) G. -**5.** PHYS [accélération de l'appesanteur] g. -**6.** PSYCH: **facteur g** g factor.

g. (*abr écrite de* **gauche**) L, l.

G7 *npr m*: **le ~** G7 *(the seven most industrialised countries)*.

GAB [gab] (*abr de* **guichet automatique de banque**) *nm* ATM *Am*, ≃ Minibank *Br*.

gabardine [gabardin] *nf* -**1.** [tissu] gabardine, gaberdine. -**2.** [vêtement] gabardine (coat).

gabariage [gabarjaʒ] *nm* templating NAUT.

gabarit [gabari] *nm* -**1.** [dimension] size; **de ~ réglementaire** regulation size ❑ **'hors ~'** 'heavy vehicles'. -**2.** *fam* [carrure] size, build; **il a un ~ impressionnant** he is extremely well-built; **c'est plutôt un petit ~** [poids] he's a bit on the light side; [stature] he's a bit on the short side. -**3.** *fam fig* calibre; **elle a/n'a pas le ~** she is/isn't up to it; **ils sont bien du même ~** it's six of one and half a dozen of the other. -**4.** TECH [pour mesure] gauge; [maquette] template; **~ de chargement** RAIL loading gauge; **~ de mise en page** IMPR (filmsetting) grid.

gabegie [gabʒi] *nf*: **la ~ administrative** bureaucratic waste.

gabelle [gabɛl] *nf* HIST salt tax *(in France)*.

gabelou [gablu] *nm* -**1.** *péj* & *hum* customs officer. -**2.** HIST salt-tax collector *(in France)*.

gabier [gabje] *nm* -**1.** NAUT deckhand. -**2.** HIST topman.

gabion [gabjɔ̃] *nm* -**1.** TRAV PUBL gabion. -**2.** CHASSE hide *Br*, blind *Am*.

gâble, **gable** [gabl] *nm* (Gothic) gable.

Gabon [gabɔ̃] *npr m*: **le ~** Gabon; **au ~** in Gabon.

gabonais, **e** [gabɔnɛ, ɛz] *adj* Gabonese.
◆ **Gabonais**, **e** *nm, f* Gabonese; **les Gabonais** the Gabonese.

gâchage [gaʃaʒ] *nm* -**1.** CONSTR mixing. -**2.** [gaspillage] waste.

gâche [gaʃ] *nf* -**1.** [de maçon] trowel. -**2.** [de verrou] keeper, strike; [de crémone] (espagnolette) plate; **~ automatique** remote control lock.

gâcher [3] [gaʃe] *vt* -**1.** [gaspiller - argent, talent, temps] to waste; **c'est de la nourriture gâchée** it's a waste of food; **il n'est pas très bon photographe, il aime surtout ~ de la pellicule** he's not very good at taking photos, he's just snap-happy. -**2.** [abîmer] to spoil, to ruin; **il m'a gâché mon dessin!** *fam* he messed up OU spoiled my drawing!; **ne dis rien, tu risques de tout ~!** keep quiet or you might spoil OU ruin everything!; **ne va pas me ~ le plaisir** *fam* don't go spoiling OU ruining it for me; **~ le métier** to spoil it for the others *(by undercutting prices or working for lower wages)*. -**3.** CONSTR [plâtre, ciment] to mix.

gâchette [gaʃɛt] *nf* -**1.** [d'arme à feu] trigger; **appuyez sur la ~** pull the trigger; **avoir la ~ facile/rapide** to be trigger-happy/quick on the draw. -**2.** [tireur]: **la meilleure ~ de l'Ouest** the fastest gun in the West. -**3.** ÉLECTRON [de semi-conducteur] gate; [de tube] grid (electrode).

gâcheur, **euse** [gaʃœr, øz] ◇ *adj* wasteful.
◇ *nm, f* [gaspilleur] wasteful person, wastrel; [bâcleur] bungler, botcher.
◆ **gâcheur** *nm* CONSTR plasterer's mate *Br*, plasterer's helper *Am*.

gâchis [gaʃi] *nm* -**1.** [gaspillage] waste; **tout ce pain jeté, quel ~!** what a waste of all that bread!; **sa vie est un véritable ~** her life has been completely wasted. -**2.** [désordre] mess; **faire du ~** to make a mess; **~ politique** political muddle.

gadget [gadʒɛt] *nm* -**1.** [appareil] gadget; **une cuisine pleine de ~s** a kitchen full of gadgets. -**2.** [idée, projet] gimmick. -**3.** *(comme adj; avec ou sans trait d'union)*: **une mesure ~** a gimmicky measure; **une réforme ~** a token reform.

gadgétisation [gadʒetizasjɔ̃] *nf*: **la ~ croissante de la vie moderne** the increasing use of gadgetry in modern life.

gadgétisé, **e** [gadʒetize] *adj* gadgety

gadidé [gadide] *nm* gadid ZOOL.

gadin▽ [gadɛ̃] *nm*: **prendre** OU **ramasser un ~** to come a cropper *Br*, to fall flat on one's face.

gadoue [gadu] *nf* -**1.** *fam* [boue] mud, muck. -**2.** AGR treated sewage.

gadouille▽ [gaduj] *nf* sludge.

gaélique [gaelik] ◇ *adj* Gaelic.
◇ *nm* LING Gaelic; **~ d'Écosse** Scots Gaelic; **~ d'Irlande** Irish.

gaffe [gaf] *nf* -**1.** *fam* [bêtise - en paroles] gaffe; [- en actions] blunder, boob *Br*, goof *Am*; **tu as fait une ~ en le lui racontant** you put your foot in it OU you dropped a clanger *Br* OU you goofed *Am* when you told her that. -**2.** *fam loc*: **faire ~** [faire attention] to be careful; **fais ~, c'est chaud!** watch out OU careful, it's hot! -**3.** NAUT boat-hook, hook. -**4.** PÊCHE gaff.

gaffer [3] [gafe] ◇ *vi* -**1.** *fam* [en parlant] to drop a clanger *Br*, to make a gaffe; [en agissant] to put one's foot in it, to boob *Br*, to goof *Am*. -**2.** ▽ [surveiller]: **va ~ au coin de la rue** go and keep a look out at the corner of the street.
◇ *vt* -**1.** ▽ [regarder]: **gaffe un peu ça!** get a load of this!; **gaffez si les flics s'amènent pas** keep an eye open for the cops. -**2.** PÊCHE to gaff.
◆ **se gaffer** *fam vpi Helv* to watch out.

gaffeur, **euse** *fam* [gafœr, øz] *nm, f* blunderer; **son ~ de frère** his blundering idiot of a brother; **c'est une gaffeuse née** she's always putting her foot in it.

gag [gag] *nm* gag, joke; **du coup j'ai laissé mes clefs à l'intérieur, c'est le ~!** now I've gone and locked myself out, what a farce this is! ❑ **~ à répétition** CIN running gag.

gaga *fam* [gaga] ◇ *adj* senile, gaga; **il est complètement ~, le vieux** he's a senile old fool.
◇ *nmf*: **quel vieux ~!** what a doddering old fool!

Gagarine [gagarin] *npr*: **Iouri ~** Yuri Gagarin.

gage [gaʒ] *nm* -**1.** [caution] security, collateral *(U)*; [au mont-de-piété] pledge; **laisser qqch en ~** to leave sthg as security; **mettre qqch en ~** to pawn sthg. -**2.** *fig* [garantie] guarantee; **sa compétence sera le ~ d'une bonne gestion** his competence will guarantee OU secure good management. -**3.** [témoignage] proof, token; **en ~ de** as proof of; **en ~ de mon amour** as proof OU a pledge of my love; **en ~ de ma bonne volonté** as a token of my goodwill; **son premier film est le ~ d'un grand talent** his first film gives proof OU shows evidence of great talent. -**4.** JEUX forfeit.
◆ **gages** *nmpl vieilli* [salaire] wages, pay; **être aux ~s de qqn** to be in sb's employ (as a servant); **il est aux ~s de la mafia** he's on the mafia payroll OU in the pay of the mafia.

gagé, **e** [gaʒe] *adj* -**1.** [objet] pledged, pawned. -**2.** [emprunt] secured; **~ sur l'or** backed by gold.

gager [17] [gaʒe] *vt* -**1.** FIN [emprunt] to secure, to guarantee. -**2.** *litt* [parier] to wager; **gageons qu'il l'épousera** I wager he'll marry her.

gageur, **euse** [gaʒœr, øz] *nm, f* COMM & JUR pledger, pawner.

gageure [gaʒyr] *nf sout* challenge; **c'est une ~ de vouloir la raisonner** trying to reason with her is quite a challenge; **pour le gouvernement, c'est une ~** the government is attempting the impossible; **soutenir la ~** to take up the challenge.

gagiste [gaʒist] *nmf* JUR pledgee, pawnee.

gagman [gagman] (*pl* **gagmen** [-mɛn]) *nm* gag writer, gag-man.

gagnable [gaɲabl] *adj* winnable; **le match est encore ~** the match can still be won.

gagnant, **e** [gaɲɑ̃, ɑ̃t] ◇ *adj* [ticket, coupon] winning *(avant n)*; **il est donné ~** he is favourite OU has been tipped to win; **il fallait jouer Fleur de Lys ~** you should have backed Fleur de Lys to win; **partir ~** *fig*: **elle part ~e** all the odds are in her favour; **jouer ~** *fig* to hold all the trump cards.
◇ *nm, f* winner; **c'est toi le grand ~ de l'histoire** you've come out on top, you've got the best of the bargain.

gagne *fam* [gaɲ] *nf* SPORT winning edge; **jouer la ~** to play to win.

gagne-pain [gaɲpɛ̃] *nm inv* livelihood; **ces traductions sont son ~** these translations are his livelihood; **c'est mon seul ~** it's my only means of existence.

gagne-petit [gaɲpəti] *nmf inv* -**1.** [personne qui gagne peu]: **les ~** the lowpaid; **ce sont des ~** they work for a pittance. -**2.** *péj* [personne qui manque d'ambition] small-time operator, small-timer.

gagner [3] [gaɲe] ◇ *vt* -**1.** [partie, match, élection, prix] to win; **si elle gagne son procès** if she wins her (court) case; **ce n'est pas gagné d'avance** it's a bit early to start talking about success; **c'est gagné!** *iron* now you've got what you asked for! ❑ **~ le gros lot** *pr* & *fig* to win OU to hit the jackpot; **à tous les coups l'on** OU **on gagne!** everyone's a winner!; **c'est un pari gagné d'avance** it's in the bag. -**2.** [argent - comme rémunération] to earn, to make; [- comme récompense] to earn; [- dans une transaction] to make a profit of, to make; **combien gagne-t-elle par mois?** how much does she earn a month?; **~ gros** *fam* to earn OU to make big money; **il a gagné gros avec son dernier bouquin** *fam* he made a bomb *Br* OU a packet on his last book; **il ne gagne presque rien** he earns next to nothing; **elle a gagné 500 francs sur la vente du tableau** she made 500 francs on the sale of the painting; **~ une fortune à la loterie** to win a fortune on the lottery; **allez, prends, tu l'as bien gagné!** go on, take it, you've earned it! ❑ **~ des mille et des cents** to earn a fortune; **~ sa vie** OU **son pain** OU **son bifteck** *fam* OU **sa croûte** *fam* to earn a living OU one's daily bread; **~ qqch à la sueur de son front** to earn sthg with the sweat of one's brow; **eh bien, j'ai gagné ma journée!** *fam iron* I should have stayed in bed today! -**3.** [avantage] to gain; **il y a tout à ~ à faire cette démarche** there's everything to gain OU to be gained from making this move; **et si j'accepte, qu'est-ce que j'y gagne?** and if I accept, what do I get out of it?; **qu'est-ce que tu gagnes à tout changer?** what's the point of changing everything?; **il y a gagné un bras cassé/une réputation de menteur** all he got out of it was a broken arm/a reputation for being a liar ❑ **c'est toujours ça de gagné!** that's something, anyway! -**4.** [économiser] to save; **~ de la place** to save space; **en enlevant la porte on gagne 10 cm** if you take the door off you gain an extra 10 cm; **~ du temps** [en allant très vite] to save time; [en atermoyant] to play for time. -**5.** ÉCON to gain; **l'indice a gagné deux points** the index has gone up by OU has gained two points. -**6.** [conquérir - ami] to win; [- partisan] to win over *(sép)*; **~ l'amitié/l'appui de qqn** to win sb's friendship/support; **~ qqn à une cause** to win sb over (to a cause). -**7.** [suj: sentiment, sensation] to overcome; **je sentais la panique me ~** I could feel panic coming OU creeping over me ‖ [suj: épidémie, feu, nuages] to spread to; **le cancer gagne l'autre poumon** the cancer is spreading to the other lung; **s'ils se laissent ~ par le froid, ils sont perdus** if they allow the cold to take a grip of OU to get to them, they are finished; **j'ai fini par me laisser ~ par son enthousiasme** I ended up being infected by her enthusiasm ❑ **~ du terrain** *pr* & *fig* to gain ground. -**8.** [rejoindre] to reach, to get to; **nous gagnerons Paris/le refuge avant la nuit** we will reach Paris/the refuge before nightfall; **il gagna la sortie** he made his way to the exit; **le ferry gagna le port/le large** the ferry reached port/got out into the open sea.
◇ *vi* -**1.** [l'emporter] to win; **on a gagné (par) 3 buts à 2** we won (by) 3 goals to 2, we won 3-2; **~ aux courses** to win at the races; **~ aux échecs** to win at chess; **~ aux élections** to win the election; **~ aux points** to win on points; **tu as gagné, on fera ce que tu demandes** you win, we'll do as you say; **à ce petit jeu, ce n'est pas toi qui gagneras** you're not going to beat me at that little game ❑ **~ les doigts dans le nez** *fam* OU **dans un fauteuil** *fam* OU **haut la main** *fam* to win hands down. -**2.** [avancer - incendie, érosion] to gain ground; **~ sur** to gain on; **ses concurrents gagnent sur lui** his competitors are gaining on him; **la mer gagne sur la côte** the sea is eating away at the coastline; **~ en** to increase OU to gain in; **~ en longueur** to increase in length, to grow longer; **notre production gagne en qualité** the quality of our product is improving.
◆ **gagner à** *v + prép*: **elle gagne à être connue** once you get to know her a bit she grows on you; **vin qui gagne à vieillir** wine for laying down OU which improves with age; **ils gagneraient à ce que nul ne l'apprenne** it would be to their advantage if nobody found out ❑ **~ au change, y ~: accepte, tu y gagnes** OU **tu gagnes au change** say yes, it's to your advantage.
◆ **se gagner** ◇ *vp (emploi passif)*: **l'argent ne se gagne pas si facilement** it isn't so easy to make money.
◇ *vpt* to win, to earn; **se ~ l'estime de qqn** to win sb's esteem; **se ~ le respect de qqn** to earn sb's respect; **se ~ un adepte** to win over a follower.

gagneur, euse [gaɲœr, øz] *nm, f* winner, go-getter; **c'est un ~ né** he's a born winner.
◆ **gagneuse**▽ *nf* [prostituée] pro.

gai, e [gɛ] ◇ *adj* -**1.** [mine, décor, personnalité] cheerful, happy; [musique] cheerful, jolly; [couleur] bright, cheerful; **tu es bien ~ ce matin!** you're cheerful this morning!; **sa vie n'a pas toujours été très ~e** his life hasn't always been much fun OU a happy one; **pour rendre la maison un peu plus ~e** to cheer the house up a bit; **encore une panne! ça n'est vraiment pas ~!** another breakdown! that's (just) great!; **il pleut encore, c'est ~!** *iron* great, it's raining again! ❑ **~ comme un pinson** happy as a lark OU a sandboy *Br*. -**2.** [un peu ivre] merry, tipsy. -**3.** LITTÉRAT: **'le Gai Savoir'** *Nietzsche* 'The Gay Science'. -**4.** [homosexuel] = **gay**.
◇ *nm, f* = **gay**.

gaiement [gemɑ̃] *adv* -**1.** [avec joie] cheerfully, cheerily. -**2.** [avec enthousiasme] cheerfully, heartily; **allons-y ~!** let's get on with it!

gaieté [gete] *nf* -**1.** [bonne humeur] cheerfulness, gaiety; **elle a retrouvé sa ~** she's cheered up again; **tu n'es pas d'une ~ folle ce matin** you're not exactly a bundle of fun this morning; **un accès de ~** a burst of merriment. -**2.** [d'une couleur] brightness, gaiety.
◆ **gaietés** *nfpl iron*: **les ~s du métro aux heures de pointe** the delights of the underground in the rush hour.
◆ **de gaieté de cœur** *loc adv* willingly, gladly; **je ne l'ai pas fait de ~ de cœur!** it's not something I enjoyed doing!

gaillac [gajak] *nm* Gaillac *(wine from SW France)*.

gaillard, e [gajar, ard] ◇ *adj* -**1.** [grivois] bawdy, lewd. -**2.** [vigoureux] lusty; **il est encore ~** he is still sprightly OU lively.
◇ *nm, f* [personne forte]: **c'est un sacré ~!** [homme viril] he's a lusty OU red-blooded fellow!; [costaud] he's a great strapping lad!; **c'est une (rude) ~e** she's no shrinking violet; **c'est une grande ~e** she's a big strapping girl OU lass *Br*.
◆ **gaillard** *nm* -**1.** *fam* [avec menace]: **toi mon ~, tu n'as pas intérêt à bouger!** you'd better not move, mate *Br* OU buddy *Am*! ‖ [avec amitié]: **c'est un ~ qui promet** he's a promising lad *Br* OU boy. -**2.** NAUT: **~ d'avant** forecastle, fo'c'sle.
◆ **gaillarde** *nf* DANSE & MUS galliard.

gaillardement [gajardəmɑ̃] *adv* -**1.** [gaiement]: **elle accepte/supporte tout ça ~** she accepts/bears it all cheerfully. -**2.** [vaillamment] valiantly, gamely; **on se mit en marche ~** we set off boldly OU in good spirits; **elle va ~ sur ses 70 ans** she'll soon be a sprightly seventy.

gaillet [gajɛ] *nm* bedstraw BOT.

gaillette [gajɛt] *nf* (large) lump of coal.

gaîment [gemɑ̃] *arch* = **gaiement**.

gain [gɛ̃] *nm* -**1.** [succès] winning, gaining; **le ~ d'une bataille/d'un procès** the winning of a battle/of a court case ❑ **~ de cause: elle a eu** OU **obtenu ~ de cause** [dans un procès] she won the case; *fig* it was agreed that she was in the right. -**2.** [économie] saving; **un ~ de place/temps** a saving of space/time; **cela permet un (énorme) ~ de place/temps** it saves (a lot of) space/time. -**3.** [progrès] benefit; **un ~ de 30 sièges aux élections** a gain of 30 seats in the elections. -**4.** [bénéfice financier] profit, gain; **faire des ~s importants à la Bourse** to make a big profit on the stock exchange ‖ [rémunération] earnings; **~s illicites** illicit earnings; **l'amour du ~** the love of gain. -**5.** ÉLECTRON gain; **commande automatique de ~** automatic gain control.

gaine [gɛn] *nf* -**1.** [étui - de poignard] sheath; [- de parapluie] cover. -**2.** ANAT & BOT sheath. -**3.** ARM priming tube. -**4.** BX-ARTS [piédestal] plinth. -**5.** CONSTR [conduit vertical] shaft, duct; [de climatisation] duct; **~ d'aération** OU **de ventilation** ventilation shaft; **~ d'ascenseur** lift shaft *Br*, elevator shaft *Am*. -**6.** ÉLECTRON jacket. -**7.** NAUT tabling. -**8.** NUCL can. -**9.** VÊT girdle.

gaine-culotte [gɛnkylɔt] (*pl* **gaines-culottes**) *nf* pantie girdle.

gainer [4] [gene] *vt* [câble] to sheathe, to encase; [cylindre, tuyau] to lag; **le corps gainé de vinyle bleu** her body sheathed in blue vinyl; **flacon gainé de cuir** leather-cased flask.

gainier [genje] *nm* BOT Judas tree.

gaîté [gete] *arch* = **gaieté**.

Gaius [gajys] *npr* Gaius.

gal, als [gal] *nm* PHYS gal.

Gal (*abr écrite de* **Général**) Gen.

gala [gala] *nm* gala; **~ de charité** charity gala.
◆ **de gala** *loc adj* gala *(modif)*.

galactique [galaktik] *adj* galactic.

galactogène [galaktɔʒɛn] *adj* & *nm* galactagogue, galactogenetic.

galactose [galaktoz] *nm* galactose.

galamment [galamɑ̃] *adv* gallantly; **que c'est ~ dit!** there speaks a OU spoken like a true gentleman!

galandage [galɑ̃daʒ] *nm* brick-on-edge partition.

galant, e [galɑ̃, ɑ̃t] *adj* -**1.** [courtois] gallant, gentlemanly; **un homme ~** a gentleman; **sois ~, porte-lui son paquet** be a gentleman and carry her parcel for her; **un ~ homme** *sout* an honourable man, a gentleman. -**2.** *litt* [amoureux]: **un rendez-vous ~** a date, a rendezvous, a lover's tryst *vieilli*; **en ~e compagnie** in the company of the opposite sex ❑ **une femme ~e** a woman of easy virtue. -**3.** *Afr* [chic, à la mode] trendy.
◆ **galant** *nm vieilli* suitor, admirer.

galanterie [galɑ̃tri] *nf* -**1.** [courtoisie] courteousness, gallantry, chivalry; **la ~ se perd!** the age of chivalry is dead! -**2.** [compliment] gallant remark, gallantry.

galantine [galɑ̃tin] *nf* galantine.

Galapagos [galapagos] *npr fpl*: **les ~** the Galapagos.

galapiat *fam* [galapja] *nm vieilli* [polisson] rapscallion *arch*, rascal; [vaurien] good-for-nothing.

galaxie [galaksi] *nf* galaxy; **la Galaxie** the Galaxy.

galbe [galb] *nm* curve; **des jambes d'un ~ parfait** shapely legs.

galbé, e [galbe] *adj* -**1.** [commode, poterie] curved, with a curved outline; **les pieds ~s d'une commode** the curved legs of a chest of drawers. -**2.** [mollet - de femme] shapely; [- de sportif] muscular.

gale [gal] *nf* -**1.** MÉD scabies; **la ~ du ciment** bricklayer's itch; **embrasse-le, il n'a pas la ~!** *fam* give him a kiss, you won't catch anything!; **mauvais** OU **méchant comme la ~** wicked as sin. -**2.** *fam* [personne odieuse] rat, nasty piece of work *Br*. -**3.** VÉTÉR [du chien, du chat] mange; [du mouton] scab. -**4.** BOT scab.

galée [gale] *nf* galley PRINT.

galéjade [galeʒad] *nf dial* tall story.

galéjer [18] [galeʒe] *vi dial* to spin a yarn; **tu galèjes!** a likely story!

galène [galɛn] *nf* galena, galenite.

galère [galɛr] *nf* -**1.** [navire] galley; **condamné** OU **envoyé aux ~s** sent to the galleys. -**2.** *fam* [situation pénible] hassle; **c'est la ~ pour obtenir des places de théâtre** it's a real hassle getting theatre tickets; **vivre à Los Angeles sans voiture, c'est une vraie ~** life in Los Angeles without a car is a real hassle; **mais qu'allais-tu faire dans cette ~?** *allusion Molière* why on earth did you have to get mixed up in this?

galérer *fam* [18] [galere] *vi* [avoir du mal]: **on a galéré 2 heures dans la banlieue** we wasted two whole hours driving around the suburbs; **j'ai galéré toute la journée pour faire mes inscriptions** I've been running around (like mad) all day sorting out my enrolment; **elle a vachement galéré avant d'être connue** she had a hard time of it before she made it.

galerie [galri] *nf* -**1.** [local - d'expositions, de ventes] (art) gallery, private gallery; **~ d'art** OU **de peinture** OU **de tableaux** art gallery. -**2.** [salle d'apparat] hall, gallery; **la ~ des Glaces** the Hall of Mirrors. -**3.** [passage couvert] gallery; [arcade] arcade; **~ marchande** OU **commerciale** shopping arcade *Br*, shopping mall *Am*. -**4.** THÉÂT: **la ~** the gallery, the balcony ❑ **les deuxièmes ~s** [qui ne sont pas les plus hautes] the dress circle; [les plus hautes] the upper circle; **jouer pour la ~** to play to the gallery; **tout ce qu'il fait, c'est pour la ~** everything he does is to show off OU is calculated to impress; **amuser la ~** to play for laughs. -**5.** [souterrain - de taupe] tunnel; [- de termites] gallery. -**6.** MIN gallery, level. -**7.** AUT roof rack.

galérien [galerjɛ̃] *nm* galley slave; **travailler comme un ~** to work like a (galley) slave OU a horse OU a Trojan; **on mène une vie de ~ ici!** it's like working on a chain gang here!

galet [galɛ] *nm* -**1.** [caillou] pebble; **sur les ~s** on the shingle OU the pebble beach. -**2.** [roue] roller; MÉCAN roller; **~ de guidage** jockey wheel. -**3.** ARM: **~ porteur** track-supporting roller. -**4.** ARCHÉOL: **~ aménagé** pebble tool.

galetage [galtaʒ] *nm* rolling TECH.

galetas [galta] *nm* -**1.** *litt* [logement] hovel. -**2.** *Helv & dial* [grenier] attic, garret.

galeter [27] [galte] *vt* to roll TECH.

galette [galɛt] *nf* -**1.** [crêpe - épaisse] pancake, griddle cake; [- de froment, de sarrasin] pancake; [pain azyme] matzo bread; [biscuit] shortbread; **~ de maïs** corn bread *(U)*; **~ de pommes de terre** potato pancake ❑ **la ~ des Rois** *pastry traditionally eaten on Twelfth Night (in France)*. -**2.** ▽ [argent] dough *Am*, dosh *Br*; **ils se sont tirés avec la ~** they did a disappearing act with the dough; **elle a de la ~** she's rolling in it.

galeux, euse [galø, øz] ◇ *adj* -**1.** [qui a la gale] mangy. -**2.** [dégoûtant - façade, bâtisse] scruffy, dingy; [- quartier] squalid, seedy.
◇ *nm, f* (*gén au m*) *péj*: **on y trouve réunis tous les ~ de la terre** all the scum of the earth is there.

Galice [galis] *npr f*: **(la) ~** Galicia.

Galicie [galisi] *npr f*: **(la) ~** Galicia; **~ occidentale/orientale** Polish/Russian Galicia.

galicien, enne [galisjɛ̃, ɛn] *adj* [de Galice, de Galicie] Galician.
◆ **Galicien, enne** *nm, f* [de Galice, de Galicie] Galician.
◆ **galicien** *nm* LING [de Galice] Galician.

Galilée [galile] ◇ *npr f* GÉOG: **(la) ~** Galilee.
◇ *npr* HIST Galileo.

galiléen, enne [galileɛ̃, ɛn] *adj* GÉOG & SC Galilean.
◆ **Galiléen, enne** *nm, f* Galilean.
◆ **Galiléen** *nm*: **le Galiléen** the Galilean.

galimatias [galimatja] *nm* gibberish *(U)*, gobbledegook *(U)*, nonsense *(U)*.

galion [galjɔ̃] *nm* galleon.

galipette [galipɛt] *nf* forward roll, somersault; **les enfants dévalaient la colline en faisant des ~s** the children were tearing down the hill doing somersaults.

galipot [galipo] *nm* -**1.** [résine] galipot, white resin. -**2.** NAUT blacking.

galle [gal] *nf* BOT gall.

Galles [gal] *npr*: **le pays de ~** Wales; **au pays de ~** in Wales.

gallican, e [galikɑ̃, an] *adj* Gallican.
◆ **Gallican, e** *nm, f* Gallican.

gallicanisme [galikanism] *nm* Gallicanism.

gallicisme [galisism] *nm* LING [calque du français] gallicism; [emprunt au français] French idiom, gallicism.

gallinacé, e [galinase] *adj* ZOOL gallinaceous, gallinacean.
◆ **gallinacé** *nm* gallinacean; **les ~s** the chicken family, the Gallinaceae *spéc.*

gallique [galik] *adj*: **acide ~** gallic acid.

gallium [galjɔm] *nm* gallium.

gallois, e [galwa, az] *adj* Welsh.
◆ **Gallois, e** *nm, f* Welshman (*f* Welshwoman); **les Gallois** the Welsh.
◆ **gallois** *nm* LING Welsh.

gallon [galɔ̃] *nm* gallon; **un ~ aux 30 miles** 30 miles to the OU per gallon ❑ **le ~ américain** the US gallon; **le ~ impérial** the imperial OU British gallon.

gallo-romain, e [galɔrɔmɛ̃, ɛn] (*mpl* **gallo-romains**, *fpl* **gallo-romaines**) *adj* Gallo-Roman.
◆ **Gallo-Romain, e** *nm, f* Gallo-Roman.

galoche [galɔʃ] *nf* -**1.** [chaussure] wooden-soled shoe, clog *(with leather uppers)*. -**2.** NAUT snatch block.

galon [galɔ̃] *nm* -**1.** TEXT [ruban] braid *(U)*, trimming *(U)*; **un ~ doré** a piece of gold braid. -**2.** MIL [insigne] stripe; **il a mis du temps pour gagner ses ~s d'officier** it took him a long time to earn his stripes ❑ **prendre du ~** to take a step up the ladder, to get a promotion.

galonné [galɔne] *nm arg mil* officer, brass hat *Br*; **les ~s** the top brass.

galonner [3] [galɔne] *vt* to braid, to trim (with braid); **col galonné de velours** velvet-trimmed collar.

galop [galo] *nm* -**1.** ÉQUIT gallop; **prendre le ~** to break into a gallop ❑ **~ d'essai** *pr* warm-up gallop; *fig* dry run. -**2.** DANSE galop. -**3.** MÉD: **bruit de ~** gallop OU cantering rhythm.
◆ **au galop** *loc adv* at a gallop; **mettre sa monture au ~** to put one's horse into a gallop ❑ **il a descendu la colline au ~** he galloped down the hill; **va m'acheter le journal, et au ~!** go and buy me the newspaper, and be quick about it!; **au triple ~** *fig* at top speed.

galopade [galɔpad] *nf* -**1.** [course] (mad) rush; **on y est arrivé à l'heure, mais après quelle ~!** we got there on time, but it was a real scramble OU dash! -**2.** ÉQUIT lope.

galopant, e [galɔpɑ̃, ɑ̃t] *adj* [consommation, inflation] galloping; [urbanisation] uncontrolled, unplanned.

galoper [3] [galɔpe] *vi* -**1.** ÉQUIT to gallop. -**2.** [aller trop vite - idées, images] to race; [- enfants] to charge; **ne galopez pas dans les escaliers!** don't charge up and down the stairs!; **~ après qqn/qqch** *fam* to chase (around) after sb/sthg.

galopeur [galɔpœr] *nm* galloper ÉQUIT.

galopin *fam* [galɔpɛ̃] *nm* (street) urchin, scamp; **espèce de petit ~!** you little devil!, you little brat!

galoubet [galubɛ] *nm* MUS three-holed fipple flute.

galuchat [galyʃa] *nm* (shark) shagreen.

galure▽ [galyr], **galurin**▽ [galyrɛ̃] *nm* hat.

galvanique [galvanik] *adj* -**1.** MÉD galvanic; **courant ~** galvanic current. -**2.** MÉTALL electroplating *(modif)*.

galvanisation [galvanizasjɔ̃] *nf* -**1.** MÉD galvanization. -**2.** MÉTALL galvanization.

galvaniser [3] [galvanize] *vt* -**1.** MÉD to galvanize. -**2.** MÉTALL to electroplate, to galvanize, to zinc-plate. -**3.** [stimuler] to galvanize OU to spur into action; **~ les foules** to whip up OU to provoke the crowds; **ça l'a galvanisé** [après une catastrophe] it galvanized OU spurred him into action; [après une bonne nouvelle] it lifted his spirits.

galvanisme [galvanism] *nm* MÉD galvanism.

galvanomètre [galvanɔmɛtr] *nm* galvanometer.

galvanoplastie [galvanɔplasti] *nf* electroplating, electrodeposition.

galvanoplastique [galvanɔplastik] *adj* electroplating *(modif)*, galvanoplastic *spéc.*

galvaudé, e [galvode] *adj* [mot] hackneyed, commonplace, clichéd; [plaisanterie] corny.

galvauder [3] [galvode] *vt* -**1.** [réputation] to sully, to tarnish. -**2.** [don, qualité] to prostitute; **un vrai musicien ne galvaude pas son talent pour de l'argent** a true musician won't prostitute his talent for the sake of money. -**3.** [mot, sens] to debase; **le mot a été galvaudé** the word has become clichéd OU hackneyed through overuse.
◆ **se galvauder** *vpi* to demean OU to lower o.s.

gamay [gamɛ] *nm* [cépage] Gamay (grape); [vin] Gamay (wine).

gamba [gɑ̃ba, *pl* gɑ̃bas] *nf type of large Mediterranean prawn.*

gambade [gɑ̃bad] *nf* [cabriole] leap, gambol, caper; **à chaque sonnerie, le chien se mettait à faire des ~s** each time the bell rang, the dog would start jumping OU frisking about.

gambader [3] [gɑ̃bade] *vi* to gambol, to leap OU to caper about; **les enfants gambadaient de joie autour de l'arbre de Noël** the children were gleefully capering around the Christmas tree.

gambe [gɑ̃b] *nf* → **viole**.

gamberge▽ [gɑ̃bɛrʒ] *nf*: **il est en pleine ~** [il combine quelque chose] he's plotting something; [il rêvasse] he's daydreaming.

gamberger▽ [17] [gɑ̃bɛrʒe] ◇ *vi* [penser] to think; **j'ai gambergé** [j'ai réfléchi] I've been mulling things over; [je me suis inquiété] I've been brooding.
◇ *vt* [combiner]: **je me demande ce qu'il gamberge** I wonder what he's up to; **ne t'en fais pas, j'ai tout bien gambergé** don't worry, I've got it all figured out OU sewn up.

gambette [gɑ̃bɛt] *nf* -**1.** *fam* [jambe] leg, pin *Br*, gam *Am*; **jouer** OU **tricoter des ~s** to go off like a shot, to leg it. -**2.** ORNITH redshank.

Gambie [gɑ̃bi] *npr f* -**1.** [pays]: **(la) ~** the Gambia. -**2.** [fleuve]: **la ~, le fleuve ~** the Gambia (River).

gambien, enne [gɑ̃bjɛ̃, ɛn] *adj* Gambian.
◆ **Gambien, enne** *nm, f* Gambian.

gambiller *fam* [3] [gɑ̃bije] *vi vieilli* to jig about, to dance.

gambit [gɑ̃bit] *nm* JEUX gambit; **~ du roi/de la reine** king's/queen's gambit.

gamelle [gamɛl] *nf* -**1.** [récipient - d'un soldat] mess tin; [- d'un ouvrier] lunch box *Br* OU pail *Am*; **passe-moi ta ~** *fam* [assiette] give me your plate. -**2.** MIL & NAUT mess; **la ~ des officiers** the officer's mess. -**3.** *fam* CIN spot, spotlight. -**4.** ▽ *loc*: **ramasser** OU **prendre une ~** to fall flat on one's face, to come a cropper *Br*.

gamète [gamɛt] *nm* gamete.

gamétocyte [gametɔsit] *nm* gametocyte.

gamétogenèse [gametɔʒənɛz] *nf* gametogenesis.

gamin, e [gamɛ̃, in] ◇ *nm, f* kid.
◇ *adj* [puéril] childish; [espiègle] childlike, impish, playful.

gaminerie [gaminri] *nf* [acte] childish OU silly prank; [comportement] childishness, infantile behaviour; **ses ~s m'exaspéraient** his childish ways were driving me mad; **ce ne sont que des ~s** this is just childish, this is all very infantile.

gamma [gama] *nm* gamma.

gammaglobuline [gamaglɔbylin] *nf* gamma globulin.

gammagraphie [gamagrafi] *nf* gammaradiography.

gamme [gam] *nf* -**1.** MUS scale, gamut *spéc*; **~s chromatiques** chromatic scales; **faire ses ~s** *pr* to play one's scales; *fig* to go through the basics, to learn the ropes. -**2.** [série] range; **une nouvelle ~ de produits de beauté** a new range of beauty products; **une ~ de beiges, du plus clair au plus foncé** all shades of beige, from the lightest to the darkest; **le film joue sur toute la ~ des sentiments humains** the film runs the (whole) gamut of human feelings. -**3.** COMM: **bas/haut de ~: produits bas/haut de ~** down-market/up-market products; **un téléviseur haut de ~** an up-market OU a top-of-the-range TV.

gammée [game] *adj f*: **croix ~** swastika.

gamopétale [gamɔpetal] ◇ *adj* gamopetalous.
◇ *nf*: **les ~s** the Gamopetalae.

gamosépale [gamɔsepal] *adj* gamosepalous.

ganache [ganaʃ] *nf* -**1.** *péj*: **une (vieille) ~** an old codger. -**2.** [du cheval] lower jaw, cheek.

Gand [gɑ̃] *npr* Ghent.

gandin [gɑ̃dɛ̃] *nm sout* [dandy] dandy, fop.

gandoura [gɑ̃dura] *nf* gandoura.

gang [gɑ̃g] *nm* gang.

ganga [gɑ̃ga] *nm* sandgrouse.

Gange [gɑ̃ʒ] *npr m*: **le ~** the (River) Ganges.

gangétique [gɑ̃ʒetik] *adj* Gangetic.

ganglion [gɑ̃glijɔ̃] *nm* MÉD ganglion; **~ lymphatique** lymph ganglion OU node.

ganglionnaire [gɑ̃glijɔnɛr] *adj* ganglionic, ganglial; **neurone ~** ganglioneuron.

ganglioplégique [gɑ̃glijɔpleʒik] ◇ *adj* ganglioplegic.
◇ *nm* ganglion-blocking agent.

gangrène [gɑ̃grɛn] *nf* -**1.** MÉD gangrene; **~ sèche/humide/gazeuse** dry/moist/gas gangrene. -**2.** [corruption] scourge, canker; **la ~ du terrorisme** the scourge of terrorism.

gangrener [19] [gɑ̃grəne] *vt* -**1.** MÉD to cause to become gangrenous, to gangrene. -**2.** [corrompre] to corrupt, to rot.
◆ **se gangrener** *vpi* to become gangrenous; **la jambe risque de se ~** the leg may become gangrenous OU may get gangrene.

gangreneux, euse [gɑ̃grənø, øz] *adj* gangrenous.

gangster [gɑ̃gstɛr] *nm* -**1.** [bandit] gangster; **un film de ~s** a gangster film. -**2.** [escroc] cheat, swindler.

gangstérisme [gɑ̃gsterism] *nm* gangsterism.

gangue [gɑ̃g] *nf* -**1.** MIN [d'une pierre précieuse] gangue; [d'un minerai] deads. -**2.** [couche] coating; **recouvert d'une ~ de glace** coated with ice. -**3.** *fig*: **ils sont enfermés dans une ~ de préjugés** they are hidebound with prejudice.

ganse [gɑ̃s] *nf* COUT braid OU twine binding.

ganser [3] [gɑ̃se] *vt* [robe, tissu] to braid, to trim; [chapeau] to trim; **des canotiers gansés de velours** velvet trimmed boaters; **~ une couture** to pipe a seam.

gant [gɑ̃] *nm* [accessoire] glove; **~ de boxe/d'escrime** boxing/fencing glove; **~ de crin** massage glove; **~ de fauconnier** falconer's gauntlet; **~ de motard** motorcycle glove; **~ de toilette** flannel *Br*, washcloth *Am*, facecloth *Am*; **~s de ménage** rubber gloves, washing-up gloves *Br*; **ça te/lui va comme un ~** it fits you/him like a glove; **se donner les ~s de qqch** to claim credit for sthg; **mettre** OU **prendre des ~s avec qqn** to handle sb with kid gloves; **pour lui annoncer la nouvelle je te conseille de prendre des ~s** I'd advise you to break the news to him very gently; **jeter le ~ (à qqn)** to throw down the gauntlet (to sb); **relever** OU **ramasser le ~** to take up the gauntlet, to accept the challenge.

gantelet [gɑ̃tlɛ] *nm* -**1.** HIST & SPORT gauntlet. -**2.** INDUST gauntlet, hand leather.

ganter [3] [gɑ̃te] ◇ *vt* to glove; **ses mains étaient gantées de dentelle noire** her hands were gloved in black lace, she was wearing black lace gloves.
◇ *vi*: **vous gantez du combien?** what size gloves do you take?
◆ **se ganter** *vp (emploi réfléchi)* [mettre ses gants] to put on OU to slip on one's gloves.

ganterie [gɑ̃tri] *nf* -**1.** [industrie] glove-making industry; [fabrique] glove factory. -**2.** [boutique] glove shop *Br* OU store *Am*, glover's; [négoce]: **la ~** the glove trade.

gantier, ère [gɑ̃tje, ɛr] *nm, f* glover.

gantois, e [gɑ̃twa, az] *adj* from Ghent.
◆ **Gantois, e** *nm, f inhabitant of or person from Ghent.*

GAO (*abr de* **gestion assistée par ordinateur**) *nf* CAM, computer-aided management.

garage [garaʒ] *nm* -**1.** [de voitures] garage; [de bateaux] boathouse; [de vélos] shed; [d'avions] shed, hangar; [de bus] garage, depot; **la voiture est au ~** the car is in the garage. -**2.** [atelier] garage, car repair shop *Am*; **ma voiture est au ~** my car is at the garage. -**3.** RAIL siding.

garagiste [garaʒist] *nmf* [propriétaire] garage owner; [gérant] garage manager; [mécanicien] (garage) mechanic.

garance [garɑ̃s] ◇ *nf* -**1.** BOT madder. -**2.** [teinture] madder (dye).
◇ *adj inv* [rouge] ruby red; **les uniformes** OU **pantalons ~** French uniforms *(in use until the 14-18 war)*.

garant, e [garɑ̃, ɑ̃t] ◇ *adj* -**1.** JUR: **être ~ d'une dette** to stand guarantor OU surety for a debt. -**2.** [responsable]: **être/se porter ~ de** to vouch OU to answer for; **elle viendra, je m'en porte ~** she'll come, I can vouch for that; **les pays ~s d'un traité** countries acting as guarantors of a treaty; **désormais, vous serez ~e de ses faits et gestes** from now on, you'll be answerable OU responsible for his conduct.
◇ *nm, f* [personne]: **tu es la ~e de notre réussite** thanks to you, we are assured of success.
◆ **garant** *nm* -**1.** JUR [personne] guarantor; [somme, bien, document] surety, security; **être le ~ de qqn** to stand surety for sb. -**2.** [responsable] guarantor; **les membres du GATT sont les ~s de la liberté des échanges** the members of GATT are the guarantors of free trade. -**3.** [garantie] guarantee, warranty; **la réputation d'un commerçant est le meilleur ~ de son honnêteté** a tradesman's reputation is the best guarantee of his honesty. -**4.** NAUT (tackle) fall.

garanti [garɑ̃ti] *nm* guarantee JUR.

garantie [garɑ̃ti] *nf* -**1.** COMM [assurance] guarantee; **j'ai acheté une voiture d'occasion avec six mois de ~** I've bought a second-hand car with a six-month guarantee OU warranty ❑ **~ des vices** guarantee against hidden defects OU faults; **contrat de ~** guarantee; **rupture de ~** breach of warranty. -**2.** JUR [obligation] guarantee; **~ de paiement** guarantee of payment. -**3.** [gage] guarantee; **demander des ~s à qqn** to ask sb for guarantees; **il me faut des ~s sérieuses** I need some reliable guarantees; **c'est sans ~!** I'm not promising OU guaranteeing anything! -**4.** POL: **~ individuelle, ~s individuelles** guarantee of individual liberties.
◆ **sous garantie** *loc adj* under guarantee; **un appareil sous ~** an appliance under guarantee.

garantique [garɑ̃tik] *nf* [technique] computer security technology; [théorie] data protection.

garantir [32] [garɑ̃tir] *vt* -**1.** [veiller sur] to guarantee, to safeguard; **la Constitution garantit les libertés civiques** the Constitution guarantees OU safeguards civil liberties. -**2.** [assurer - appareil] to guarantee; **cet appareil est garanti deux ans** this appliance is guaranteed for two years OU has a two-year guarantee; **l'antiquaire me l'a garanti d'époque** the antique dealer assured me OU guaranteed me it's a period piece; **le pull est garanti 100 % coton** the sweater is guaranteed 100 % cotton. -**3.** [promettre] to guarantee, to assure; **suis mes conseils et je te garantis le succès** take my advice and I guarantee you'll succeed OU I guarantee you success; **il m'a garanti que ça serait livré demain, il m'a garanti la livraison pour demain** he assured me that it would be delivered tomorrow, he guaranteed delivery for tomorrow; **je ne te garantis pas le soleil** I can't guarantee OU promise you any sun; **je te garantis que tu le regretteras!** I can assure you you'll regret it! -**4.** [protéger]: **~ qqn de** to protect sb from. -**5.** JUR: **~ qqn contre** to cover sb against; **mon assurance me garantit contre l'incendie** my insurance covers me against fire, I'm covered against fire. -**6.** FIN [paiement] to guarantee; [emprunt] to guarantee, to back; [créance] to secure.

garbure [garbyr] *nf Béarnaise vegetable broth (with goose).*

garce▽ [gars] *nf* -**1.** *péj* bitch; **sale ~!** you rotten bitch!; **j'en ai marre de cette ~ de vie!** I'm fed up with this shitty life! -**2.** *vieilli* [prostituée] tart *Br*, whore *Am*.

garcette [garsɛt] *nf* NAUT gasket.

garçon [garsɔ̃] ◇ *nm* -**1.** [enfant] boy; **école de/vestiaire des ~s** boys' school/cloakroom; **nous avons un ~ et une fille** we've got a boy and a girl; **grand ~: un grand ~ comme toi, ça ne pleure pas** big boys like you don't cry; **petit ~: c'est un petit ~ à côté de son nouvel associé** he's (just) like a little boy beside his new partner ❑ **~ manqué** tomboy. -**2.** [homme] boy; **elle sort trop avec les ~s** she goes out too much with boys; **c'est un ~ qui connaît très bien l'entreprise** that chap knows the company very well ❑ **~ d'honneur** best man; **il est plutôt joli ~** he's quite good-looking; **c'est un bon ~** he's a good sort; **c'est un mauvais ~** he's a bad lot *Br*, he's bad news. -**3.** [célibataire]: **(vieux) ~** bachelor; **c'est vraiment un appartement de vieux ~** it's a real bachelor flat. -**4.** [employé]: **~ de bureau/courses** office/errand boy; **~ boucher** butcher's boy OU assistant; **~ coiffeur** junior *(in a hairdressing salon) Br*, hairdresser's assistant *Am*; **~ d'écurie** stable-boy; **~ de ferme** farm hand. -**5.** [serveur]: **~ (de café** OU **de salle)** waiter; **~, une bière, s'il vous plaît!** waiter, one beer please! -**6.** *fam* [en appellatif]: **attention, mon ~!** watch it, sonny!
◇ *adj m* -**1.** [célibataire] unmarried; **il est resté ~** he remained unmarried OU single OU a bachelor. -**2.** [qui a une apparence masculine] boyish; **ça fait très ~, cette coiffure** that haircut looks very boyish.

garçonne [garsɔn] *nf* HIST: **les ~s des années vingt** the flappers.
◆ **à la garçonne** *loc adv*: **coiffée à la ~** with an Eton crop; **habillée à la ~** dressed like a (twenties) flapper.

garçonnet [garsɔnɛ] *nm* -**1.** [petit garçon] (little) boy. -**2.** *(comme adj)*: **rayon ~** boys wear (department); **taille ~** boy's size.

garçonnier, ère [garsɔnje, ɛr] *adj* boyish; **des manières garçonnières** boyish ways.
◆ **garçonnière** *nf* bachelor pad.

garde[1] [gard] *nf* **A.** -**1.** [surveillance - d'un bien, d'un lieu]: **je te confie la ~ du manuscrit** I am entrusting you with the manuscript, I am leaving the manuscript in your safekeeping OU care; **assurer la ~ d'un immeuble** [police] to guard a building; [concierge] to look after a building, to be caretaker of a building; **ils dressent des chiens pour la ~** they train guard dogs; **faire bonne ~: on te prête la maison pour le week-end, mais fais bonne ~** we'll let you use our house for the weekend, but look after it carefully; **affecté à la ~ du palais présidentiel** on guard duty at the presidential palace; **monter la ~** to stand guard. -**2.** [protection - d'un enfant, d'un animal] care; **je confierai la ~ des enfants à ma tante** I will leave the children in the care of my aunt; **puis-je te confier la ~ de mon chien pendant deux jours?** would you take care of OU look after my dog for two days? -**3.** MÉD [service de surveillance]: **interne qui fait des ~s** locum *Br*, locum tenens *Br*, intern on duty *Am* ❑ **~ de nuit** night duty. -**4.** JUR custody; **la ~ des enfants fut confiée à la mère** the mother was given custody of the children, the children were left in the custody of their mother ❑ **~ à vue** police custody; **placé en ~ à vue** put into police custody; **droit de ~** (right of) custody.

B. SPORT guard ; **tenir la ~ haute** to keep one's guard up; **fermer/ouvrir sa ~** to close/to open one's guard; **baisser sa ~** to drop one's guard; **ne pas baisser sa ~ (devant qqn)** to remain on one's guard ❑ **n'avoir ~ de faire** *sout*: **je n'aurai ~ de vous contredire** I'll take good care not to contradict you; **prendre ~ : prends ~ !** watch out!; **prendre ~ à: prenez ~ à la marche** mind *Br* OU watch *Am* the step; **prendre ~ de: prenez ~ de ne rien oublier** make sure OU take care you don't leave anything behind; **prendre ~ (à ce) que** *sout*: **je prendrai ~ à ce qu'il ne parle pas** I shall ensure OU make sure he doesn't talk; **prends ~ qu'on ne te voie pas** make sure nobody sees you.
C. - **1.** [escorte, milice] guard; **~ (d'honneur)** guard of honour; **~ mobile** (State) security police; **la Garde républicaine** the Republican Guard *(on duty at French state occasions)*; **~ nationale** HIST national guard *(civil militia, 1789-1871)*; **la vieille ~** the old guard *(of a political party)*. - **2.** [soldats en faction] guard; **~ montante/descendante** relief/old guard.
D. - **1.** ARM [d'une arme blanche] hilt; **jusqu'à la ~** *fig* up to the hilt; **il s'est enferré dans ses mensonges jusqu'à la ~** he got completely tangled up in his own lies. - **2.** IMPR: **(feuille OU page de) ~** flyleaf.
◆ **gardes** *nfpl* guard *(civil militia, 1789-1871)*; **être/se tenir sur ses ~s** to be/to stay on one's guard.
◆ **de garde** *loc adj* - **1.** [affecté à la sécurité]: **chien de ~** watchdog, guard dog. - **2.** [qui se conserve]: **fromage de (bonne) ~** cheese that keeps well. - **3.** MÉD duty *(modif)*; **médecin de ~** duty doctor, doctor on duty; **elle est de ~ trois nuits par semaine** she's on duty three nights a week; **je suis de ~ demain soir** I'm on night duty tomorrow.
◆ **en garde** *loc adv* - **1.** MIL & SPORT: **en ~ !** on (your) guard!; **mettez-vous en ~** take your guard. - **2.** [sous surveillance]: **ils prennent des animaux en ~ l'été** they board pets during the summer. - **3.** *loc*: **mettre qqn en ~** to warn sb; **je l'avais mise en ~ contre les dangers du tabac** I had warned her against the dangers of smoking. - **4.** JUR in care *Br*, in custody *Am*; **le juge a placé les enfants en ~** the judge had the children put into care *Br*, the judge made the children wards of court.
◆ **sous bonne garde** *loc adv*: **le stade est sous bonne ~** the stadium is under (heavy) guard; **ton argent est sous bonne ~** your money is in safe hands.

garde[2] [gard] ◇ *nmf* [personne qui garde quelqu'un, quelque chose]: **la ~ des enfants est une jeune Allemande** the childminder *Br* OU babysitter is a young German girl ❑ **~ du corps** bodyguard; **~ de nuit** night watchman; **~ rouge** Red Guard.
◇ *nm* - **1.** [surveillant] warden; **~ champêtre** rural policeman; **~ forestier** forest warden *Br*, forest ranger *Am*; **~ maritime** coastguard; **~ mobile** member of the (State) security police; **~ républicain** Republican guardsman *(on duty at French state occasions)*; **~ des Sceaux** (French) Minister of Justice, ≃ Lord Chancellor *Br*, ≃ Attorney General *Am*. - **2.** [soldat - en faction] guard; [- en service d'honneur] guardsman.
◇ *nf* MÉD nurse.

Garde [gard] *npr* → **lac.**

garde-à-vous [gardavu] *nm inv*: **des soldats au ~** soldiers standing at OU to attention; **~, fixe!** attention!, 'shun!; **se mettre au ~** to stand to attention.

garde-barrière [gardəbarjɛr] *(pl* **gardes-barrière** OU **gardes-barrières)** *nmf* level-crossing keeper *Br*, grade-crossing keeper *Am*.

garde-bœuf [gardəbœf] *(pl inv* OU **garde-bœufs** [-bø]) *nm* cattle egret.

garde-boue [gardəbu] *nm inv* mudguard.

garde-cendre(s) [gardəsɑ̃dr] *(pl* **garde-cendres)** *nm* [devant un foyer] fender.

garde-chasse [gardəʃas] *(pl* **gardes-chasse** OU **gardes-chasses)** *nm* gamekeeper.

garde-chiourme [gardəʃjurm] *(pl* **gardes-chiourme** OU **gardes-chiourmes)** *nm* - **1.** HIST warder *(in charge of a gang of convicts)*. - **2.** *péj* [surveillant brutal] martinet, disciplinarian.

garde-corps [gardəkɔr] *nm inv* - **1.** [balustrade] railing, handrail; [parapet] parapet. - **2.** NAUT [le long d'une vergue] lifeline; [sur le pont] manrope.

garde-côtes [gardəkot] *(pl inv) nm* coastguard vessel.

garde-feu [gardəfø] *(pl inv* OU **garde-feux)** *nm* fireguard, fire screen.

garde-fou [gardəfu] *(pl* **garde-fous)** *nm* - **1.** [barrière] railing, guardrail; [talus] (raised) bank. - **2.** *fig* [défense]: **servir de ~ contre** to safeguard against.

garde-frontière(s) [gardəfrɔ̃tjɛr] *(pl* **gardes-frontières)** *nm* border guard.

garde-magasin [gardmagazɛ̃] *(pl* **gardes-magasin** OU **gardes-magasins)** *nm* warehouseman; MIL storekeeper, quartermaster.

garde-malade [gardəmalad] *(pl* **gardes-malade** OU **gardes-malades)** *nmf* nurse.

garde-manger [gardəmɑ̃ʒe] *nm inv* [placard] food OU meat safe; [réserve] pantry, larder.

garde-meuble(s) [gardəmœbl] *(pl* **garde-meubles)** *nm* furniture depository *Br* OU storehouse; **mettre qqch au ~** to put sthg in storage.

Gardénal® [gardenal] *nm* phenobarbitone *Br*, phenobarbital *Am*.

gardénia [gardenja] *nm* gardenia.

garden-party [gardɛnparti] *(pl* **garden-partys** OU **garden-parties)** *nf* garden party.

garde-pêche [gardəpɛʃ] ◇ *nm* *(pl* **gardes-pêche)** water bailiff *Br*, fish warden *Am*.
◇ *nm inv* [en mer] fisheries protection vessel; [sur rivière] bailiff's boat *Br*, fish warden's boat *Am*.

garder [3] [garde] *vt* **A.** - **1.** [protéger - personne, animal] to look after *(insép)*; **il a fallu trouver quelqu'un pour ~ le bébé** we had to find someone to look after the baby; **elle garde des enfants** she does some childminding *Br* OU baby-sitting; **les moutons sont gardés par des chiens** the sheep are guarded by dogs ❑ **on n'a pas gardé les cochons ensemble!** *fam* don't be so familiar! - **2.** [surveiller - personne, lieu] to guard; **le stade était gardé par des hommes en armes** the stadium was guarded by armed men; **un cyprès garde l'entrée du cimetière** a cypress stands guard at the entrance to the cemetery. - **3.** [veiller sur] to keep an eye on; **pourriez-vous ~ mes affaires un instant?** would you mind keeping an eye on my things for a minute?; **elle m'a demandé de ~ la boutique** she asked me to keep an eye on OU to mind the shop for her. - **4.** *litt* [prémunir]: **~ qqn de qqch** to protect OU to save sb from sthg; **cette sage parole m'a gardé de bien des erreurs** this sound advice has kept OU saved me from many a mistake. - **5.** JUR: **~ qqn à vue** to keep OU to hold sb in custody.
B. - **1.** [suj: malade]: **~ le lit** to be confined to bed, to be laid up; **elle garde la chambre** she is confined to her room OU staying in her room. - **2.** MIL: **~ les arrêts** to remain under arrest.
C. - **1.** [conserver - aliment] to keep; **on peut ~ ce gâteau plusieurs mois** you can keep this cake OU this cake will keep for several months; '**~ à l'abri de la chaleur et de la lumière**' 'store in a cool dark place'. - **2.** [ne pas se dessaisir de] to keep; **j'ai gardé toutes ses lettres** I kept all his letters; **garde-le, un jour il aura de la valeur** hold onto it, one day it will be valuable. - **3.** [conserver sur soi] to keep on *(sép)*; **puis-je ~ mon chapeau/manteau?** may I keep my hat/coat on? - **4.** [conserver en dépôt] to keep; **ma voisine garde mon courrier pendant mon absence** my neighbour keeps my mail for me when I'm away. - **5.** [réserver] to save, to keep; **je t'ai gardé du poulet** I've saved you some chicken, I've kept some chicken for you; **ne te fatigue pas trop, il faut ~ des forces pour ce soir** don't overtire yourself, save some of your energy for tonight; **garde-moi une place pour le cas où j'arriverais en retard** keep a seat for me in case I'm late; **attends que je termine mon histoire, j'ai gardé le meilleur pour la fin** wait for me to finish my story, I've kept the best bit until last ❑ **~ une poire pour la soif** to keep something for a rainy day; **~ qqch pour la bonne bouche** to save the best until last. - **6.** [retenir - ami] to keep; **tu es pressé, je ne te garderai pas longtemps** as you're in a hurry I won't keep you long; **va-t-elle ~ le bébé?** is she going to keep the baby?; **~ qqn à dîner** to have sb stay for dinner; **il a gardé sa secrétaire** he kept his secretary on; **il a gardé le même dentiste toute sa vie** he kept the same dentist all his life; **on les a gardés au commissariat** they were held at the police station. - **7.** [ne pas révéler] to keep; **~ un secret** to keep a secret; **~ le secret sur qqch** to keep sthg secret; **tu ferais bien de ~ ça pour toi** you'd better keep that to yourself. - **8.** [avoir à l'esprit]: **elle garde de son enfance une image heureuse** she has happy memories of her childhood; **je n'ai pas gardé de très bons souvenirs de cette époque** my memories of that time are not very happy ones; **~ qqch présent à l'esprit** to bear OU to keep sthg in mind. - **9.** [maintenir - attitude, sentiment] to keep; **~ l'anonymat** to remain anonymous; **~ son calme** to keep calm OU cool; **~ son sérieux** to keep a straight face; **~ le silence** to keep silent; **~ rancune à qqn de qqch** to bear OU to harbour a grudge against sb for sthg; **~ la tête froide** to keep one's head OU a cool head; **~ les yeux baissés** to keep one's eyes lowered. - **10.** *sout* [observer, respecter - règle, loi]: **~ le jeûne** to observe a fast; **~ ses distances** to keep one's distance. - **11.** [ne pas perdre - qualité]: **le mot garde encore toute sa valeur** the word still retains its full meaning.
◆ **se garder** ◇ *vp* *(emploi passif)* to keep; **les framboises ne se gardent pas (longtemps)** raspberries do not keep (long); **ça se garde une semaine au congélateur** it will keep for a week in the freezer; **des denrées qui se gardent six mois** foodstuffs with a shelf life of six months OU that will keep for six months.
◇ *vp* *(emploi réfléchi)*: **les enfants sont grands, ils se gardent tout seuls maintenant** the children are old enough to be left without a baby-sitter now.
◆ **se garder de** *vp + prép sout* - **1.** [éviter de]: **je me garderai bien de lui en parler** I'll be very careful not to talk to him about it; **garde-toi bien de le vexer** be very careful not to offend him. - **2.** [se méfier de]: **il faut se ~ des gens trop expansifs** one should beware of OU be wary of overeffusive people; **gardons-nous de nos tendances égoïstes** let us try to curb our selfish tendencies.

garderie [gardəri] *nf* - **1.** [de quartier] day nursery *Br*, day-care center *Am*; [liée à une entreprise] crèche *Br*, baby-sitting services *Am*. - **2.** [étendue de bois] (forest ranger's) beat.

garde-rivière [gardərivjɛr] *(pl* **gardes-rivière** OU **gardes-rivières)** *nm* riverkeeper, river patrolman, waterways board official *Br*.

garde-robe [gardərɔb] *(pl* **garde-robes)** *nf* - **1.** [vêtements] wardrobe; **~ d'hiver** winter wardrobe; **il serait temps que je renouvelle ma ~** it's high time I bought myself some new clothes. - **2.** [penderie] wardrobe.

gardeur, euse [gardœr, øz] *nm, f litt*: **~ d'oies** goose herd; **~ de vaches** cowherd.

garde-voie [gardəvwa] *(pl* **gardes-voie** OU **gardes-voies)** *nm* (railway line *Br* OU railroad track *Am*) patrolman.

gardian [gardjɑ̃] *nm* herdsman *(in the Camargue)*.

gardien, enne [gardjɛ̃, ɛn] *nm, f* - **1.** [surveillant]: **~ d'immeuble** caretaker *Br*, porter *Br*, janitor *Am*; **le ~ du domaine** the warden of the estate ❑ **~ de musée** museum attendant; **~ de nuit** night watchman; **~ de phare** lighthouse keeper; **~ de parking** car park *Br* OU parking lot

Am attendant; ~ **de prison** prison warder *Br* OU officer, prison guard *Am*; ~ **de square** park attendant. -**2.** *fig* [protecteur] guardian, custodian; **le ~ de nos libertés/de la tradition/du patrimoine** the guardian of our freedom/of tradition/of our heritage.
◆ **gardien** ◇ *nm*: ~ **de but** goalkeeper; ~ **de la paix** police officer.
◇ *adj m*: **ange ~** guardian angel.
◆ **gardienne** [gardjɛn] *nf*: ~**ne d'enfants** nursery help OU helper *Br*, day-care assistant *Am*.

gardiennage [gardjɛnaʒ] *nm* [surveillance de bâtiments]: **assurer le ~ d'un entrepôt** to be in charge of security in a warehouse; **société de ~** security firm; **assurer le ~ d'une résidence** to be the caretaker OU porter in a block of flats *Br*, to be the doorman OU janitor in an apartment block *Am*.

gardienne [gardjɛn] *f* → **gardien**.

gardon [gardɔ̃] *nm* ZOOL roach.

gare [gar] ◇ *nf* -**1.** RAIL [installations et voies] station; [hall] (station) concourse; [bâtiments] station building OU buildings; **de quelle ~ part le train pour Calais?** which station does the train to Calais leave from?; **le train de 14 h 30 à destination de Paris va entrer en ~ voie 10** the train now arriving at platform 10 is the two thirty to Paris ❑ ~ **frontière/maritime** border/harbour station; ~ **de passage/transbordement** through/transshipment station; ~ **de passagers/marchandises** passenger/goods station; ~ **de triage** marshalling yard *Br*, switchyard *Am*; **romans de ~** cheap OU trashy novels. -**2.** [garage à bateaux] (river) basin; [d'un canal] passing place. -**3.** TRANSP: ~ **routière** [de poids lourds] haulage depot; [de cars] bus station, coach station *Br*.
◇ *interj*: ~ **à toi!**, ~ **à tes fesses!** *fam* you just watch it!; ~ **à vous si vous rentrez après minuit** if you come home after midnight, there'll be trouble!, you'd better be in by midnight, or else!; ~ **à tes doigts avec ce couteau** watch your fingers with that knife; ~ **dessous!** look out OU watch out down below!

garenne [garɛn] ◇ *nf* [lieu boisé] (rabbit) warren.
◇ *nm* ZOOL wild rabbit.

garer [3] [gare] *vt* -**1.** [véhicule] to park; **j'ai garé la voiture pas trop loin d'ici** I've parked the car not too far from here; **bien/mal garé** parked legally/illegally; **garé en double file** double-parked. -**2.** TRANSP [canot] to dock, to berth; [avion léger - dans un hangar] to put away *(sép)*; [- sur la piste] to park. -**3.** RAIL to shunt, to move into a siding, to switch *Am*.
◆ **se garer** *vpi* -**1.** [en voiture] to park; **trouver à se ~** to find a parking place OU space. -**2.** [s'écarter]: **gare-toi!** get out of the way!
◆ **se garer de** *vp + prép* [éviter]: **se ~ d'un danger** to steer clear of a danger; **garez-vous de ces gens-là** give those people a wide berth, steer clear of those people.

gargantua [gargɑ̃tɥa] *nm*: **un (véritable) ~** a glutton.

Gargantua [gargɑ̃tɥa] *npr*: **'(Vie inestimable du grand) ~'** *Rabelais* 'Gargantua and Pantagruel'.

gargantuesque [gargɑ̃tɥɛsk] *adj* gargantuan.

gargariser [3] [gargarize]
◆ **se gargariser** *vpi* to gargle.
◆ **se gargariser de** *vp + prép* to delight in *(insép)*; **il se gargarise volontiers de mots à la mode/de noms célèbres** he delights in trotting out fashionable words/in dropping famous names.

gargarisme [gargarism] *nm* [rinçage] gargling; [produit] mouthwash; **faire des ~s** to gargle.

gargote [gargɔt] *nf péj* cheap restaurant.

gargotier, ère [gargɔtje, ɛr] *nm, f* -**1.** [propriétaire]: **demande au ~** ask the guy who runs this cheap joint. -**2.** *péj* [mauvais cuisinier] bad cook.

gargouille [garguj] *nf* -**1.** [de gouttière] waterspout. -**2.** ARCHIT gargoyle.

gargouillement [gargujmɑ̃] *nm* -**1.** [d'une fontaine] gurgling. -**2.** [de l'estomac] rumbling; **j'ai des ~s dans le ventre** my stomach is rumbling.

gargouiller [3] [garguje] *vi* -**1.** [liquide] to gurgle. -**2.** [estomac] to rumble.

gargouillis [garguji] = **gargouillement**.

gargoulette [gargulɛt] *nf* -**1.** [cruche] goglet. -**2.** ▽ *vieilli* [gosier] throat, gullet, craw.

gargousse [gargus] *nf* cartridge bag.

garnement [garnəmɑ̃] *nm* brat, rascal; **le vilain ~, il s'est encore enfui** that little rascal has run away again.

garni, e [garni] *adj* -**1.** CULIN [plat du jour, viande] with vegetables; **choucroute ~e** sauerkraut with meat. -**2.** *vieilli* [chambre, logement, hôtel] furnished.
◆ **garni** *nm vieilli* furnished rooms OU accommodation.

garnir [32] [garnir] *vt* -**1.** [décorer]: **ils ont garni la table de fleurs et de bougies** they decorated the table with flowers and candles; **il faudrait quelques bibelots pour ~ les étagères** the shelves would look much nicer with a few ornaments (on them); **l'arbre sera garni de cheveux d'anges** the tree will be hung OU decorated with Christmas floss; **revers garnis de vison** mink-trimmed lapels. -**2.** [remplir]: **nous vendons la corbeille garnie de fruits** the basket is sold (complete) with an assortment of fruit; **la trousse de toilette est vendue entièrement garnie** the sponge bag *Br* OU toilet case *Am* comes complete with toiletries; **il est bien garni, ton frigo!** your fridge is very well stocked! -**3.** [équiper]: **les semelles sont garnies de pointes d'acier** the soles are steel-tipped ‖ AUT & RAIL [aménager - intérieur d'un véhicule] to fit. -**4.** [de tissu - siège] to cover, to upholster; [- vêtement, coffret] to line; **elle a garni la robe d'une doublure en satin** she lined the dress with satin; **je vais ~ les tiroirs de papier de soie** I'll line the drawers with tissue paper. -**5.** CULIN [remplir] to fill; [pour accompagner]: **toutes nos viandes sont garnies de pommes sautées** all our meat dishes come with OU are served with sautéed potatoes. -**6.** [remplir du nécessaire] to fill (up); ~ **la chaudière pour la nuit** to stoke OU to fill (up) the boiler for the night.
◆ **se garnir** *vpi* -**1.** [se remplir] to fill up; **le théâtre se garnissait de personnalités connues** the theatre was filling up with celebrities. -**2.** [se couvrir]: **les murs du nouveau musée se garnissent peu à peu** the walls of the new museum are gradually becoming lined with exhibits.

garnison [garnizɔ̃] *nf* garrison; **le régiment est en ~ à Nancy** the regiment is garrisoned OU stationed in Nancy.
◆ **de garnison** *loc adj* garrison *(modif)*.

garnissage [garnisaʒ] *nm* -**1.** [d'un chapeau] trim. -**2.** AUT [intérieur d'un véhicule] (interior) trim. -**3.** MÉTALL: ~ **acide/basique** acid/basic lining. -**4.** TECH [d'une chaudière] lining *(U)*.

garniture [garnityr] *nf* -**1.** [ensemble] (matching) set; **une ~ de boutons** a set of buttons ❑ ~ **de foyer** OU **de feu** set of fire irons; **une ~ de bureau** a set of desk accessories; ~ **de cheminée** (set of) mantelpiece ornaments; **une ~ de lit** a matching set of sheets and pillowcases. -**2.** [ornementation]: **avec une ~ de dentelle** trimmed with lace; **la ~ d'une automobile** the interior trim OU the upholstery of a car. -**3.** [protection]: ~ **de frein/d'embrayage** brake/clutch lining; ~ **de porte** door liner. -**4.** CULIN [d'un feuilleté] filling; [accompagnement - décoratif] garnish; [- de légumes]: **que servez-vous comme ~ avec le poisson?** what does the fish come with?, what is the fish served with?; **c'est servi sans ~** it is served without vegetables OU on its own; **'tout changement de ~ entraîne un supplément'** 'extra charge for change of vegetables'.
◆ **garnitures** *nfpl* [d'une serrure] wards.

Garonne [garɔn] *npr f*: **la ~** the (river) Garonne.

garrigue [garig] *nf* scrubland, garigue; **ça sent bon la ~** it smells of Provence.

garrot [garo] *nm* -**1.** MÉD tourniquet; **mettre un ~** to apply a tourniquet. -**2.** [supplice] garrotte. -**3.** [de scie] toggle. -**4.** ZOOL withers.

garrotter [3] [garɔte] *vt* -**1.** [attacher] to tie up *(sép)*, to bind. -**2.** *fig* [priver de liberté] to stifle, to muzzle; **tous les partis d'opposition ont été garrottés** the opposition parties have all been stifled OU muzzled. -**3.** [supplicier] to garrotte.

gars *fam* [ga] *nm* -**1.** [garçon, fils] boy, lad *Br*; **qu'est-ce qui ne va pas, mon petit ~?** what's the matter, kid OU sonny? -**2.** [jeune homme] boy, lad *Br*, guy *Am*; **allons-y, les ~** let's go, boys; **c'est un ~ bizarre** he's a weird bloke *Br* OU guy *Am*; **salut, les ~!** hi, lads! *Br*, hi, guys! *Am*.

Gascogne [gaskɔɲ] *npr f*: **(la) ~** Gascony.

gascon, onne [gaskɔ̃, ɔn] *adj* Gascon.
◆ **Gascon, onne** *nm, f* Gascon; **une offre de Gascon** an empty promise.
◆ **gascon** *nm* LING Gascon (variety).

gasconnade [gaskɔnad] *nf litt* [vantardise]: **des ~s** bragging; **raconter des ~s** to brag.

gas-oil *(pl* gas-oils), **gasoil** [gazɔjl, gazwal] *nm* = **gazole**.

Gaspar(d) [gaspar] *npr* BIBLE Caspar.

gaspillage [gaspijaʒ] *nm* waste; **un ~ de temps et d'argent** a waste of time and money; **évitez le ~ de nourriture/d'électricité/d'essence** don't waste food/electricity/petrol.

gaspiller [3] [gaspije] *vt* to waste, to squander; **en une semaine ils gaspillèrent les économies d'une année** they threw away OU squandered a year's savings in one week; **je ne vais pas ~ ma salive à lui expliquer tout cela** I won't waste my breath telling him all that; **il a gaspillé son talent** he has squandered his talent.

gaspilleur, euse [gaspijœr, øz] ◇ *adj* wasteful; **il est incroyablement ~** he's unbelievably wasteful OU extravagant.
◇ *nm, f* squanderer, spendthrift.

gastéropode [gasterɔpɔd] = **gastropode**.

gastralgie [gastralʒi] *nf* stomach pains, gastralgia *spéc*.

gastralgique [gastralʒik] *adj* gastralgic.

gastrectomie [gastrɛktɔmi] *nf* gastrectomy.

gastrique [gastrik] *adj* gastric, stomach *(modif)*; **embarras/lésion ~** stomach trouble/lesion.

gastrite [gastrit] *nf* gastritis.

gastro-entérite [gastrɔɑ̃terit] *(pl* **gastro-entérites**) *nf* gastroenteritis *(U)*.

gastro-entérologie [gastrɔɑ̃terɔlɔʒi] *nf* gastroenterology.

gastrofibroscopie [gastrɔfibrɔskɔpi] *nf* gastric endoscopy.

gastro-intestinal, e, aux [gastrɔɛ̃tɛstinal, o] *adj* gastrointestinal.

gastronome [gastrɔnɔm] *nmf* gastronome, gourmet.

gastronomie [gastrɔnɔmi] *nf* gastronomy; **ça ne va pas être de la haute ~, je fais un poulet rôti** don't expect anything fancy, I'm only doing roast chicken.

gastronomique [gastrɔnɔmik] *adj* gastronomic, gastronomical; **buffet ~** gourmet buffet; **critique ~** food and wine critic.

gastropode [gastrɔpɔd] *nm* gastropod, gasteropod; **les ~s** the snail family, Gastropoda *spéc*.

gastroscope [gastrɔskɔp] *nm* gastroscope.

gastroscopie [gastrɔskɔpi] *nf* gastroscopy.

gastrotomie [gastrɔtɔmi] *nf* gastrotomy.

gâteau, x [gato] *nm* -**1.** CULIN [pâtisserie] cake; [biscuit] biscuit *Br*, cookie *Am*; **donne-moi une petite part/tranche de ~** give me a small piece/slice of cake ❑ ~ **de riz/de semoule** ≃ rice/semolina pudding; ~ **d'anniversaire** birthday cake; ~ **apéritif** savoury biscuit *Br*, cracker *Am (to eat with drinks)*; ~ **marbré** marble cake; ~ **aux noix** walnut cake; ~ **sec** (sweet) biscuit *Br* OU cookie *Am*; **ça n'est pas du**

— *fam* it isn't as easy as it looks; c'est du — *fam* it's a piece of cake OU a walkover *Am*. -**2.** *Helv* tart. -**3.** [masse pressée] cake; — **de miel** OU **de cire** honeycomb.

◆ **gâteau** *fam adj inv*: **c'est un papa** — he's a soft touch with his children; **j'ai eu un tonton** — I had an uncle who spoilt me rotten.

gâter [3] [gate] *vt* -**1.** [combler - ami, enfant] to spoil; **j'aime bien les — à Noël** I like to spoil them at Christmas; **j'ai été gâtée aujourd'hui, j'ai eu trois offres d'emploi** today was my lucky day, I had three job offers; **du champagne! vous nous avez gâtés!** champagne! you shouldn't have!; **tu n'es qu'une enfant gâtée!** a spoilt brat, that's what you are! -**2.** *loc*: **être gâté: quel beau temps, nous sommes vraiment gâtés** we're really lucky with the weather; **nous sommes gâtés avec cette pluie!** *iron* lovely weather for ducks!; **ne pas être gâté: tu as vu ce qu'il y a à la télévision ce soir, on n'est pas gâtés!** *fam* have you seen what's on TV tonight, great, isn't it? *iron*; **il n'est pas gâté par la nature** nature wasn't very kind to him. -**3.** [abîmer] to spoil; **l'humidité gâte les fruits** moisture makes fruit go bad OU spoils fruit; **la sauce a bouilli, ça l'a gâtée** the sauce boiled, that's what spoiled it; **la pluie a gâté la récolte** the rain has spoiled OU ruined the harvest; **elle a beaucoup de dents gâtées** she's got a lot of bad teeth. -**4.** [gâcher] to spoil; **il est beau et riche, ce qui ne gâte rien** he's good-looking and wealthy, which does him no harm.

◆ **se gâter** *vpi* -**1.** [pourrir - viande, poisson, lait] to go off *Br* OU bad; [- fruit] to go bad. -**2.** [se carier - dent] to decay, to go rotten. -**3.** [se détériorer - situation] to go wrong; **nos relations ont commencé à se —** our relationship is starting to go wrong OU sour; **voilà ses potes, attention ça va se —** *fam* here come his mates, things are going to get nasty; **regarde le ciel, le temps se gâte** look at the sky, it's starting to cloud over OU the weather's changing for the worse.

gâterie [gatri] *nf* -**1.** [cadeau] treat, present; **laisse-moi t'offrir une petite —** let me treat you to a little something, let me buy you a little treat. -**2.** [friandise] treat, titbit.

gâte-sauce [gatsos] (*pl inv* OU **gâte-sauces**) *nm* kitchen help.

gâteux, euse [gatø, øz] ◇ *adj* -**1.** [sénile] doddering, doddery; **un vieillard —** an old dodderer. -**2.** *fam* [stupide] gaga; **le bébé les rend tous —** they are all completely besotted by the baby, they all go gaga over the baby.
◇ *nm, f*: **un vieux —** *péj* a silly OU doddering old fool.

gâtifier *fam* [9] [gatifje] *vi* -**1.** [devenir gâteux] to go soft in the head. -**2.** [bêtifier]: **autour du bébé, tout le monde gâtifie** everyone goes gaga over the baby.

gâtion *fam* [gatjɔ̃] *nm Helv* spoilt brat.

gâtisme [gatism] *nm* MÉD senility; **il se répète, c'est du —!** *péj* he is repeating himself, he must be going senile!

GATT, Gatt [gat] (*abr de* **General Agreement on Tariffs and Trade**) *npr m* GATT.

gauche [goʃ] ◇ *adj* -**1.** [dans l'espace] left; **la partie — du tableau est endommagée** the left OU left-hand side of the painting is damaged; **il est ailier —** he plays on the left wing. -**2.** [maladroit - adolescent] awkward, gawky; [- démarche] ungainly; [- manières] awkward, gauche; [- geste, mouvement] awkward, clumsy; **ses excuses étaient encore plus —s que sa gaffe** his apologies were even clumsier OU more awkward than his blunder. -**3.** CONSTR warped. -**4.** MATH: **courbe —** skew curve.
◇ *nm* -**1.** SPORT [pied gauche]: **marquer un but du —** to score a goal with one's left (foot) || [poing gauche]: **il a un — imparable** he has an unstoppable left. -**2.** CONSTR warping.
◇ *nf* -**1.** [côté gauche]: **la —** the left OU left-hand side; **il confond sa droite et sa —** he mixes up (his) right and left; **la page de —** the left-hand page; **il y a deux ascenseurs, prenez celui de —** there are two lifts, take the one on your OU on the left; **l'église est à — de l'hôtel** the church is to the left of the hotel; **la deuxième rue sur votre —** the second street on your left; **l'arabe s'écrit de droite à —** Arabic is written from right to left. -**2.** POL left; **quand la — est arrivée au pouvoir** when the left came to power; **elle vote à —** she votes (for the) left; **à droite comme à —, on condamne les essais nucléaires** right and left both condemn nuclear testing.

◆ **à gauche** ◇ *loc interj* -**1.** MIL: **à —, —!** left (turn)! -**2.** NAUT: **à —!** left!; **à — toute!** hard to port!; **à — tout doucement!** left hand down and slow!
◇ *loc adv* -**1.** [sur le côté gauche] on the left; **tournez à —** turn left. -**2.** *fam loc*: **mettre de l'argent à —** to put OU to tuck some money away.

◆ **de gauche** *loc adj* left-wing; **idées/parti de —** left-wing ideas/party; **être de —** to be left-wing OU a left-winger.

◆ **jusqu'à la gauche** *fam loc adv*: **on s'est fait arnaquer jusqu'à la —** we got completely ripped off, they cheated us good and proper; **il est compromis jusqu'à la — dans cette affaire** he's involved right up to the hilt in this business.

gauchement [goʃmɑ̃] *adv* clumsily.

gaucher, ère [goʃe, ɛr] ◇ *adj* left-handed; **il n'est pas —!** he is (rather) good with his hands!
◇ *nm, f* [gén] left-hander; [boxeur] southpaw.

gaucherie [goʃri] *nf* -**1.** [attitude] clumsiness; **ils ont fait preuve d'une — inhabituelle dans cette affaire** they have handled this case with unusual clumsiness. -**2.** [acte, geste] awkwardness *(U)*; [expression] tactless OU insensitive statement; **des —s typiques d'un garçon de 15 ans** awkwardness typical of a 15-year-old boy; **bon exposé, malgré quelques —s** a good essay, despite some clumsy turns of phrase. -**3.** MÉD [prévalence manuelle] left-handedness.

gauchir [32] [goʃir] ◇ *vt* -**1.** CONSTR to warp, to buckle. -**2.** [altérer] to distort; **les préjugés gauchissent la réalité** prejudice distorts reality; **il accuse les journalistes d'avoir gauchi ses propos** he accuses the journalists of distorting OU misrepresenting his words.
◇ *vi* to warp.

◆ **se gauchir** *vpi* to warp.

gauchisant, e [goʃizɑ̃, ɑ̃t] POL ◇ *adj*: **être —** to have left-wing tendencies.
◇ *nm, f*: **c'est un —** he's on the left, he's got left-wing tendencies.

gauchisme [goʃism] *nm* POL [gén] leftism; [depuis 1968] New Leftism.

gauchissement [goʃismɑ̃] *nm* -**1.** CONSTR warping. -**2.** *fig* distortion, misrepresentation.

gauchiste [goʃist] POL ◇ *adj* [gén] left; [depuis 1968] (New) Leftist.
◇ *nmf* [gén] leftist; [depuis 1968] (New) Leftist.

gaucho[1] [goʃo] *nm* [gardien de troupeaux] gaucho.

gaucho[2] *fam* [goʃo] *adj inv* & *nmf péj* [de gauche] lefty, pinko.

gaudriole *fam* [godrijɔl] *nf* -**1.** [plaisanterie] bawdy joke. -**2.** [sexe]: **il ne pense qu'à la —** he's got a one-track mind.

gaufrage [gofraʒ] *nm* -**1.** [relief - sur du cuir, du métal] embossing; [- sur une étoffe] diapering. -**2.** [plissage d'un tissu] goffering. -**3.** IMPR goffering.

gaufre [gofr] *nf* -**1.** CULIN waffle. -**2.** [de cire] honeycomb.

gaufrer [3] [gofre] *vt* -**1.** [imprimer un relief sur - cuir, métal, papier] to emboss, to boss; [- étoffe] to diaper. -**2.** [plisser - tissu] to goffer; [- cheveux] to crimp; **elle s'est fait — les cheveux** she had her hair crimped.

gaufrerie [gofrəri] *nf Can* waffle.

gaufrette [gofrɛt] *nf* wafer.

gaufreur, euse [gofrœr, øz] *nm, f* -**1.** [de cuir, de métaux] embosser. -**2.** [de tissu] gofferer.

◆ **gaufreuse** *nf* embossing press.

gaufrier [gofrije] *nm* waffle iron.

gaufroir [gofrwar] *nm* goffer.

gaufrure [gofryr] *nf* goffering, embossed design.

gaulage [golaʒ] *nm* beating; **le — des noix** *beating walnuts down from trees.*

gaule [gol] *nf* -**1.** [perche] pole. -**2.** PÊCHE fishing rod.

Gaule [gol] *npr f*: **la —** Gaul.

gauler [3] [gole] *vt* -**1.** [arbre] to beat; [fruit] to beat down *(sép)* (from the tree). -**2.** ▽ *loc*: **se faire —** to get nicked *Br* OU busted *Am*.

gaullien, enne [goljɛ̃, ɛn] *adj* of de Gaulle, de Gaulle's; **l'éloquence —ne** de Gaulle's eloquence.

gaullisme [golism] *nm* Gaullism.

gaulliste [golist] *adj* & *nmf* Gaullist.

gaulois, e [golwa, az] *adj* -**1.** HIST Gallic, Gaulish. -**2.** [grivois] bawdy; **plaisanterie —e** bawdy joke; **l'humour —** bawdy humour.

◆ **Gaulois, e** *nm, f* Gaul.

◆ **gaulois** *nm* LING Gaulish.

◆ **gauloise** *nf* [cigarette] Gauloise.

gauloiserie [golwazri] *nf* -**1.** [plaisanterie] bawdy joke; [remarque] bawdy remark. -**2.** [attitude] bawdiness.

Gault et Millaut [goemijo] *nm*: **le —** *well-known French restaurant guide.*

gausser [3] [gose]

◆ **se gausser** *vpi litt* to mock; **gaussez-vous donc, braves gens!** well may you mock, good people!; **vous vous gaussez!** you jest!

gavage [gavaʒ] *nm* -**1.** AGR force-feeding, gavage; **le — des oies pour Noël** the fattening (up) of geese for Christmas. -**2.** MÉD tube-feeding.

gave [gav] *nm* (mountain) stream OU torrent *(in SW France).*

gaver [3] [gave] *vt* -**1.** AGR to force-feed. -**2.** [bourrer]: **on l'a gavé d'antibiotiques** he has been stuffed with antibiotics; **la télévision nous gave de publicités** we get an overdose of commercials on television.

◆ **se gaver de** *vp + prép* to fill OU to stuff o.s. up with; **ils se sont gavés de fraises** they stuffed themselves with strawberries; **cet été je me suis gavé de romans policiers** *fig* this summer I indulged myself with detective stories.

gavial, als [gavjal] *nm* gavial.

gavotte [gavɔt] *nf* DANSE & MUS gavotte.

gavroche [gavrɔʃ] ◇ *adj* [air, expression] mischievous, impish.
◇ *nm*: **un vrai petit —** a typical Parisian urchin.

gay [gɛ] *adj* & *nmf* gay; **il/elle est —** he's/she's gay.

gaz [gaz] ◇ *nm inv* -**1.** [pour le chauffage, l'éclairage] gas; **avoir le —** to have gas, to be on gas *Br*; **il n'y a pas le — ici** we don't have gas in this place; **employé du —** gasman ❑ **— de ville** town gas; **Gaz de France** *the French gas board.* -**2.** CHIM gas; **— asphyxiant/hilarant/lacrymogène** asphyxiant/laughing/tear gas; **— inerte/rare** inert/rare gas; **— carbonique** carbon dioxide; **— de combat** MIL poison gas; **— naturel** natural gas; **— parfait** ideal gas; **— propulseur** propellant; **— toxique** toxic gas. -**3.** MÉD [pour anesthésie] gas.
◇ *nmpl* -**1.** PHYSIOL: **avoir des —** to have wind *Br* OU gas *Am*. -**2.** [carburant]: **— brûlés** OU **d'échappement** exhaust fumes; **— d'admission** air-fuel mixture; **— de pétrole liquéfiés** liquid petroleum gas; **mettre les —** *fam* to put one's foot down *Br*, to step on the gas *Am*; **on roulait (à) pleins —** *fam* we were going flat out OU at full speed.

◆ **à gaz** *loc adj* gas *(modif)*; **réchaud à — (portable)** gas stove.

Gaza [gaza] *npr* Gaza; **la bande de —** the Gaza Strip.

gazage [gazaʒ] = **flambage 2.**

gaze [gaz] *nf* -**1.** TEXT gauze; **— métallique** wire gauze. -**2.** MÉD gauze; **— stérilisée** aseptic gauze.

gazé, e [gaze] ◇ *adj* gassed.
◇ *nm, f* (poison) gas victim.

gazéification [gazeifikasjɔ̃] *nf* -**1.** CHIM gasification. -**2.** MIN: ~ **souterraine** underground gasification; ~ **du charbon** (ex situ) coal distillation. -**3.** [de l'eau] aeration; [avec du gaz carbonique] carbonation.

gazéifier [9] [gazeifje] *vt* -**1.** CHIM to gasify. -**2.** [eau] to aerate; [avec du gaz carbonique] to carbonate.

gazelle [gazɛl] *nf* gazelle.

gazer [3] [gaze] ◇ *vt* -**1.** [asphyxier] to gas; **il a été gazé** [dans une chambre à gaz] he died in a gas chamber; [sur le champ de bataille] he was a victim of poison gas. -**2.** TEXT to singe.
◇ *vi fam* -**1.** [aller bien]: **alors, ça gaze? — ça gaze!** how's things? OU how's it going? – great!; **ça ne gaze pas du tout en ce moment** things aren't too great at the moment. -**2.** [foncer]: **allez, gaze!** step on it!, get a move on!

gazetier, ère [gaztje, ɛr] *nm, f* -**1.** *arch* gazette proprietor, gazetteer. -**2.** *péj* hack.

gazette [gazɛt] *nf* -**1.** *arch* [journal] gazette, newspaper; **la Gazette de Lausanne** PRESSE *Swiss daily newspaper.* -**2.** *fam vieilli* [bavard]: **son mari est une vraie ~!** her husband knows everybody's business OU all the latest gossip!

gazeux, euse [gazø, øz] *adj* -**1.** CHIM gaseous. -**2.** [boisson] fizzy, sparkling; [eau] sparkling, carbonated, fizzy; **eau gazeuse naturelle** naturally carbonated water. -**3.** MÉD gas *(modif).*

gazier, ère [gazje, ɛr] *adj* gas *(modif).*
◆ **gazier** *nm* -**1.** [employé du gaz] gasman. -**2.** ▽ [individu] guy, bloke *Br*, dude *Am.*

gazinière [gazinjɛr] *nf* gas stove, gas cooker *Br.*

gazoduc [gazɔdyk] *nm* gas pipeline.

gazogène [gazɔʒɛn] *nm* [appareil] gas generator; **gaz de ~** producer gas.

gazole [gazɔl] *nm* -**1.** [pour moteur Diesel] diesel (oil), derv *Br.* -**2.** [combustible]: ~ **de chauffe** (domestic) fuel oil.

gazoline [gazɔlin] *nf* gasoline, gasolene.

gazomètre [gazɔmɛtr] *nm* gasholder, gasometer.

gazométrie [gazɔmetri] *nf* gasometry.

gazon [gazɔ̃] *nm* -**1.** [herbe]: **du ~** turf; **une motte de ~** a piece of turf, a sod. -**2.** [pelouse] lawn.

gazonnant, e [gazɔnɑ̃, ɑ̃t] *adj* tufty, grassy.

gazonner [3] [gazɔne] *vt* to turf, to grass (over).

gazouillant, e [gazujɑ̃, ɑ̃t] *adj* -**1.** [oiseau] chirping, warbling. -**2.** [bébé] babbling, gurgling.

gazouillement [gazujmɑ̃] *nm* -**1.** [d'oiseau] chirping *(U)*, warbling *(U).* -**2.** [d'un bébé] babbling *(U)*, gurgling *(U).* -**3.** *litt* [de l'eau] babbling; **on n'entendait que le ~ d'une fontaine** all that could be heard was the gurgling OU babbling of a fountain.

gazouiller [3] [gazuje] *vi* -**1.** [oiseau] to chirp, to warble. -**2.** [bébé] to babble, to gurgle. -**3.** *litt* [ruisseau, eau] to babble, to murmur, to gurgle.

gazouilleur, euse [gazujœr, øz] *adj* -**1.** [oiseau] chirping, warbling. -**2.** [bébé] babbling, gurgling.

gazouillis [gazuji] = **gazouillement**.

GB, G-B (*abr écrite de* Grande-Bretagne) *npr f* GB.

gd *abr écrite de* grand.

Gdansk [gdɑ̃sk] *npr* Gdansk.

GDF *npr abr de* Gaz de France.

geai [ʒɛ] *nm* jay.

géant, e [ʒeɑ̃, ɑ̃t] ◇ *adj* -**1.** [énorme] giant; **une ville ~e** a gigantic town; **un écran ~** a giant screen; **une clameur ~e** an almighty clamour. -**2.** ASTRON giant.
◇ *nm, f* -**1.** [personne, chose de grande taille] giant; **le chêne, ~ de la forêt** *litt* the oak, giant of the forest ❑ **le projet avance à pas de ~** the project is coming on *Br* OU moving along *Am* in leaps and bounds. -**2.** *fig*: **les ~s de la littérature classique** the giants OU great names of classical literature; **le ~ du cyclisme français** the star of French cycling; **ils ont couronné un ~** they have given the award to one of the all-time greats; **c'est un des ~s de l'électronique** ÉCON it's one of the giants of the electronics industry. -**3.** MYTH giant.

gecko [ʒeko] *nm* gecko.

Geiger [ʒeʒɛr] *npr*: **compteur (de) ~** Geiger counter.

geignard, e *fam* [ʒɛɲar, ard] ◇ *adj* [personne] whining, whingeing *Br*, whiny *Am*; **et moi? dit-il d'une voix ~e** what about me? he whined.
◇ *nm, f* [enfant] crybaby; [adulte] moaner, whinger *Br*, bellyacher *Am.*

geignement [ʒɛɲəmɑ̃] *nm* moaning *(U)*, groaning *(U).*

geindre [81] [ʒɛ̃dr] *vi* -**1.** [gémir] to groan, to moan. -**2.** *fam* [pour des riens] to whine, to gripe. -**3.** *litt*: **entends-tu le vent qui geint dans les arbres?** can you hear the wind moaning in the trees?

geisha [geʃa] *nf* geisha (girl).

gel [ʒɛl] *nm* -**1.** MÉTÉO frost; **persistance du ~ sur toute la moitié ouest** it will stay frosty in the west. -**2.** [suspension]: **le ~ des opérations militaires** the suspension of military operations. -**3.** ÉCON freezing; **le ~ des salaires** the wage freeze; **ce n'est pas le ~ des prix qui nous aidera** freezing prices won't help us. -**4.** CHIM gel; ~ **coiffant** hair gel.

gélatine [ʒelatin] *nf* -**1.** CULIN gelatine; ~ **de poisson** isinglass, fish glue. -**2.** PHOT: **une plaque enduite de ~** a gelatine-coated plate. -**3.** [explosif]: ~ **explosive** blasting gelatine.

gélatiné, e [ʒelatine] *adj* PHOT: **papier ~** gelatine paper; **plaque ~e** gelatinized plate.

gélatineux, euse [ʒelatinø, øz] *adj* -**1.** [contenant de la gélatine] gelatinous; **substance gélatineuse** gelatinous substance; **solution gélatineuse** gelatine solution. -**2.** [flasque] gelatinous, jellylike, flaccid.

gélatino-bromure [ʒelatinɔbrɔmyr] (*pl* **gélatino-bromures**) *nm* gelatino-bromide; **papier au ~** PHOT bromide paper.

gélatino-chlorure [ʒelatinɔklɔryr] (*pl* **gélatino-chlorures**) *nm* gelatino-chloride.

gelé, e [ʒəle] *adj* -**1.** AGR & MÉTÉO [sol] frozen; [pousse, bourgeon] frostbitten, frozen; [arbre] frozen. -**2.** *fig* [glacé] frozen; **des draps ~s** ice-cold sheets; **être ~ jusqu'aux os** to be frozen to the bone, to be frozen stiff. -**3.** MÉD frostbitten; **il a eu les orteils ~s** his toes were frostbitten, he got frostbite in his toes. -**4.** ÉCON & FIN frozen. -**5.** [hostile] icy, stone-cold.
◆ **gelée** *nf* -**1.** MÉTÉO frost; ~ **blanche** white frost, hoarfrost. -**2.** CULIN jelly; ~ **de groseilles** redcurrant jelly OU preserve.
◆ **en gelée** *loc adj* in jelly; **volaille en ~** chicken in aspic OU jelly.
◆ **gelée royale** *nf* royal jelly.

geler [25] [ʒəle] ◇ *vt* -**1.** [transformer en glace - eau, sol] to freeze; **le froid a gelé la rivière** the cold has frozen the river (over). -**2.** [bloquer - tuyau, serrure] to freeze up *(sép).* -**3.** [détruire - plante, tissu organique] to freeze; **le froid a gelé les premières fleurs** the cold has frozen OU nipped the first flowers. -**4.** [transir - visage] to chill, to numb; [- membres] to freeze. -**5.** [paralyser - négociations] to halt; [- projet] to halt, to block; [- capitaux, salaires, prix] to freeze; **tous les crédits sont gelés jusqu'à nouvel ordre** all funding has been frozen until further notice. -**6.** *fig* [refroidir] to chill; **son intervention a gelé l'auditoire** his speech killed the audience's enthusiasm OU put a damper on the proceedings.
◇ *vi* -**1.** [eau, liquide] to freeze; [lac] to freeze over. -**2.** [tuyau, serrure] to freeze up. -**3.** [pousses, légumes] to freeze, to be nipped by the frost. -**4.** [personne] to freeze; **je gèle** I'm frozen (stiff); **ferme la porte, on gèle ici** shut the door, it's freezing in here.
◇ *v impers*: **il gèle** it's freezing; **il a gelé cette nuit** it was below freezing OU zero last night; **il a gelé blanc** there's been a frost ❑ **il gèle à pierre fendre** it is freezing hard.
◆ **se geler** ◇ *vpi* [personne]: **je me suis gelé là-bas** I got (absolutely) frozen down there.
◇ *vpt*: **on se les gèle**▽ it's damned cold, it's brass monkey weather *Br.*

gélif, ive [ʒelif, iv] *adj* -**1.** GÉOL susceptible to frost heave. -**2.** AGR [champ] susceptible to spring frosts; [sol] susceptible to frost heave; [arbre] frost-cleft.

gélifiant, e [ʒelifjɑ̃, ɑ̃t] *adj* gelling.
◆ **gélifiant** *nm* gellant.

gélification [ʒelifikasjɔ̃] *nf* BOT & CHIM gelation, gelling.

gélifier [9] [ʒelifje] *vt* -**1.** CHIM to gel. -**2.** CULIN to make into a jelly, to jellify.

gélinotte [ʒelinɔt], **gelinotte** [ʒəlinɔt] *nf* hazel grouse, hazel hen.

gélose [ʒeloz] *nf* agar.

gélule [ʒelyl] *nf* capsule PHARM.

gelure [ʒəlyr] *nf* frostbite *(U).*

Gémeaux [ʒemo] *npr mpl* -**1.** ASTRON Gemini. -**2.** ASTROL Gemini; **les ~** Gemini; **elle est ~** she's (a) Gemini.

gémellaire [ʒemelɛr] *adj* twin *(modif)*, gemellary *spéc*; **grossesse ~** twin pregnancy.

gémellipare [ʒemelipar] *adj* gemelliparous.

gémelliparité [ʒemeliparite] *nf* twin pregnancy.

gémellité [ʒemelite] *nf*: **le taux de ~ varie selon les pays** the number of twin births varies from country to country.

gémination [ʒeminasjɔ̃] *nf* LING & MÉD gemination.

géminé, e [ʒemine] *adj* -**1.** [double] twin *(modif)*, geminate *spéc*; **arcades ~es** ARCHIT twin OU dual arcades; **fenêtres ~es** paired OU gemel windows. -**2.** LING: **consonne ~e** geminate consonant.

géminer [3] [ʒemine] *vt* -**1.** [gén] to geminate, to twin. -**2.** LING to geminate.

gémir [32] [ʒemir] *vi* -**1.** [blessé, malade] to moan, to groan. -**2.** [vent] to moan, to wail; [parquet, gonds] to creak. -**3.** [se plaindre] to moan, to whine. -**4.** *litt* [souffrir]: ~ **dans les fers** to languish in irons.

gémissant, e [ʒemisɑ̃, ɑ̃t] *adj* [blessé, malade] moaning, groaning; *fig*: **les accents ~s d'un violon** the wailing strains of a violin; **les accents ~s de la bise** the moaning of the north wind.

gémissement [ʒemismɑ̃] *nm* -**1.** [gén] moan, groan; **pousser un ~** to (utter a) groan; **le ~ du vent** the moaning OU wailing of the wind. -**2.** [de la tourterelle] cooing *(U).*

gemmage [ʒɛmaʒ] *nm* tapping (of a pine-tree).

gemmail, aux [ʒɛmaj, o] *nm* ARCHIT nonleaded stained glass (window).

gemmation [ʒɛmasjɔ̃] *nf* gemmation.

gemme [ʒɛm] ◇ *nf* -**1.** [pierre précieuse] gem. -**2.** [résine] (pine) resin.
◇ *adj*: **sel ~** rock salt.

gemmer [4] [ʒeme] *vt* [arbre] to tap *(pine trees).*

gemmifère [ʒɛmifɛr] *adj* gemmate.

gemmologie [ʒɛmɔlɔʒi] *nf* gemology, gemmology.

gemmule [ʒemyl] *nf* gemmule.

gémonies [ʒemɔni] *nfpl* -**1.** ANTIQ the Gemonies. -**2.** *loc*: **traîner** OU **vouer qqn aux ~** to pillory sb; **traîner** OU **vouer qqch aux ~** to hold sthg up to public ridicule.

gênant, e [ʒenɑ̃, ɑ̃t] *adj* -**1.** [encombrant] in the way; **enlève ce fauteuil, il est ~** move that armchair, it's in the way. -**2.** [ennuyeux] annoying; **les bus sont en grève? c'est ~, ça** so the buses are on strike? what a nuisance OU how annoying; **c'est ~ qu'elle ne soit pas à la réunion** it's annoying OU it's a bit of a nuisance that she's not at the meeting; **ce n'est pas ~** it doesn't matter; **est-ce que c'est ~?** does it matter? -**3.** [embarrassant] awkward, embarrassing; **c'est ~ d'y aller sans avoir été invité** I feel a bit awkward OU uncomfortable about going there without an invitation.

gencive [ʒɑ̃siv] *nf* ANAT gum; **j'ai les ~s enflées** my gums are swollen; **prendre un coup-**

dans les ~s *fam* to get socked in the jaw, to get a kick in the teeth ❑ elle lui a envoyé OU flanqué dans les ~s le détail de ce qu'elle lui reprochait *fam* she told him to his face everything she didn't like about him.

gendarme [ʒɑ̃darm] *nm* -**1.** [policier] gendarme, policeman; jouer au ~ et au voleur OU aux ~s et aux voleurs to play cops and robbers. -**2.** *fam* [personne autoritaire]: faire le ~ to lay down the law; leur mère est un vrai ~ their mother's a real OU *Br* right battle-axe. -**3.** *fam* [hareng] smoked herring. -**4.** [saucisse] *dry, flat sausage.* -**5.** [pointe rocheuse] gendarme.

gendarmer [3] [ʒɑ̃darme]

◆ **se gendarmer** *vpi*: se ~ (contre) [protester] to kick up a fuss (about); [s'indigner] to get on one's high horse (about).

gendarmerie [ʒɑ̃darməri] *nf* -**1.** [corporation] gendarmerie, police force. -**2.** [bureaux] gendarmerie, police station; [caserne] police OU gendarmerie barracks.

gendre [ʒɑ̃dr] *nm* son-in-law.

gène [ʒɛn] *nm* gene.

gêne [ʒɛn] *nf* -**1.** [matérielle]: je resterais bien un jour de plus si ça ne vous cause aucune ~ I would like to stay for another day if it doesn't put you to any trouble OU if that's no bother; sa présence parmi nous est une ~ his being here with us is a bit awkward. -**2.** [morale] embarrassment; j'éprouvais une grande ~ à lui annoncer qu'il était renvoyé I felt deeply embarrassed having to tell him that he was dismissed; il a accepté l'argent avec une certaine ~ he was uncomfortable about taking the money; il a accepté l'argent sans la moindre ~ he took the money without the slightest qualm; un moment de ~ an awkward moment; il y a une certaine ~ dans leurs relations relations between them are rather strained ❑ où il y a de la ~, il n'y a pas de plaisir there's no need to stand on ceremony. -**3.** [difficulté physique] difficulty, discomfort; éprouver OU avoir de la ~ à faire qqch to find it difficult to do sthg. -**4.** [pauvreté]: être dans la ~ to be in need; sa mort nous a mis dans la ~ his death has left us in financial straits.

◆ **sans gêne** *loc adj* inconsiderate.

gêné, e [ʒene] *adj* -**1.** [personne, sourire] embarrassed; pourquoi prends-tu cet air ~ ? why are you looking so embarrassed?; il n'est pas ~, lui! *fam* he's got a nerve OU *Br* a cheek! -**2.** [serré] ill at ease, uncomfortable; il se sentait ~ dans son nouvel uniforme he felt uncomfortable in his new uniform ❑ être ~ aux entournures [mal à l'aise] to feel ill at ease OU self-conscious. -**3.** [financièrement]: les personnes momentanément ~es peuvent demander une avance people with temporary financial difficulties can ask for an advance.

généalogie [ʒenealɔʒi] *nf* -**1.** [ascendance] ancestry; faire OU dresser sa ~ to trace one's ancestry OU family tree. -**2.** [science] genealogy.

généalogique [ʒenealɔʒik] *adj* genealogical.

généalogiste [ʒenealɔʒist] *nmf* genealogist.

génépi [ʒenepi], **genépi** [ʒənepi] *nm* -**1.** BOT wormwood. -**2.** [liqueur] genipi *(absinthe liqueur).*

gêner [4] [ʒene] *vt* -**1.** [incommoder - suj: chose] to bother; j'ai une poussière dans l'œil qui me gêne there's a speck of dust in my eye that's bothering me; est-ce que la fumée vous gêne? does the smoke bother you?; la lanière de mes sandales me gêne quand je marche the straps on my sandals are uncomfortable when I walk; mes lunettes me gênent pour mettre mon casque my glasses get in the way when I put my helmet on; j'ai oublié mes lunettes, ça me gêne pour lire I've left my glasses behind and I'm finding it difficult to read. -**2.** [encombrer] to be in the way; c'est le placard qui gêne pour ouvrir la porte the door won't open because of the cupboard; enlève cette boîte de là, elle gêne (le passage) move that box, it's in the way; ne bougez pas, vous ne me gênez pas du tout don't move, you're not in my way at all. -**3.** [empêcher]: la neige gênait la visibilité visibility was hindered OU impaired by the snow; ce camion gêne la circulation that lorry is holding up the traffic; je suis gêné dans mon métier par mes lacunes en mathématiques the gaps in my knowledge of mathematics are a handicap OU a drawback in my line of business. -**4.** [importuner - suj: personne] to put out *(sép)*, to bother, to inconvenience; ça ne le gênerait pas que j'arrive après minuit? would it bother him OU put him out if I arrived after midnight?; ça vous gêne si j'ouvre la fenêtre? do you mind if I open the window?; ça ne me gêne pas de le lui dire I don't mind telling him (about it); oui pourquoi, ça te gêne? *fam* yes why, what's it to you OU got any objections? || *(en usage abs)*: ça ne gêne pas que tu viennes, il y a de la place it'll be no bother OU trouble at all if you come, there's enough room. -**5.** [intimider] to embarrass; j'étais horriblement gêné I was terribly embarrassed; les plaisanteries de son ami la gênaient her friend's jokes embarrassed her OU made her feel uncomfortable. -**6.** [mettre en difficulté financière]: en ce moment, cela me gênerait un peu de vous prêter cet argent I can't really afford to lend you the money at the moment.

◆ **se gêner** ◇ *vp (emploi réciproque)*: la chambre est trop petite, on se gêne les uns les autres the room is too small, we're in each other's way. ◇ *vpi* -**1.** *fam* je vais me ~, tiens! just watch me!; tu aurais tort de te ~! why should you worry OU care?; ne pas se ~: continuez votre repas, ne vous gênez pas pour moi go on with your meal, don't mind me; vous avez pris ma place, surtout ne vous gênez pas! *iron* go on, take my seat, don't mind me!; il y en a qui ne se gênent pas! some people have got a nerve! -**2.** *Helv* to be shy.

général, e, aux [ʒeneral, o] *adj* -**1.** [d'ensemble] general; les caractéristiques ~es du texte the general features of the text; la situation ~e the general OU overall situation; le phénomène est ~ the phenomenon is widespread, it's a general phenomenon; le sens ~ d'un mot the general OU broad meaning of a word; l'état ~ du malade est stationnaire the patient's overall condition remains unchanged. -**2.** [imprécis] general; il s'en est tenu à des remarques ~es he confined himself to generalities OU to some general remarks. -**3.** [collectif] general, common; le bien ~ the common good; à la demande ~e by popular request; à la surprise/l'indignation ~e to everybody's surprise/indignation. -**4.** [total] general; amnistie ~e general amnesty. -**5.** ADMIN & POL [assemblée, direction] general; il a été nommé directeur ~ he's been appointed managing director. -**6.** [discipline, science] general; linguistique ~e general linguistics.

◆ **général, aux** *nm* -**1.** MIL general; ~ en chef commander in chief; ~ d'armée general; ~ de brigade brigadier *Br*, brigadier general *Am*; ~ de corps d'armée lieutenant general; ~ de division major general; ~ de brigade aérienne air commodore *Br*, brigadier general *Am*; ~ de division aérienne air vice-marshal *Br*, major general *Am*; ~ de corps aérien air marshal *Br*, lieutenant general *Am*; ~ d'armée aérienne air chief marshal *Br*, general *Am*. -**2.** RELIG general. -**3.** *(tjs au sing)* general; aller du ~ au particulier to move from the general to the particular.

◆ **générale** *nf* -**1.** THÉÂT (final) dress rehearsal. -**2.** MIL alarm call; battre OU sonner la ~ to sound the alarm. -**3.** [épouse du général] general's wife.

◆ **en général** *loc adv* -**1.** [habituellement] generally; en ~ il me prévient quand il rentre tard he generally OU usually lets me know if he's going to be late (home). -**2.** [globalement]: on parlait de l'amour en ~ we were talking about love in general; tu parles en ~ ou (tu parles) de nous? are you talking generally OU in general terms or (are you talking) about us?; est-ce que vous êtes d'accord avec ses propos? — en ~, non do you agree with what he says? — generally speaking, no!

généralat [ʒenerala] *nm* RELIG generalship.

généralement [ʒeneralmɑ̃] *adv* -**1.** [habituellement] generally, usually; les magasins sont ~ fermés le dimanche (the) shops are generally closed on Sundays. -**2.** [globalement] generally; ~ parlant generally speaking; on croit ~ que... there is a widespread belief that..., it is widely believed that...

généralisable [ʒeneralizabl] *adj*: l'expérience/la théorie est intéressante, mais est-elle ~? it's an interesting experiment/theory, but can it be generalized OU applied more generally?

généralisateur, trice [ʒeneralizatœr, tris] *adj*: c'est un livre trop ~ the book generalizes too much OU indulges in too many generalizations.

généralisation [ʒeneralizasjɔ̃] *nf* -**1.** [propos, idée] generalization. -**2.** [extension] generalization; nous assistons à la ~ du conflit/de la maladie the conflict/the disease is spreading.

généralisé, e [ʒeneralize] *adj* [cancer] general; [conflit, crise] widespread, generalized.

généraliser [3] [ʒeneralize] *vt* -**1.** [répandre]: cette méthode/interdiction a été généralisée this method/ban now applies to everybody; cette mesure a été généralisée en 1969 this measure was extended across the board in 1969. -**2.** [globaliser] to generalize; tu n'as pas le droit de ~ you have no right to generalize; ne généralise pas ton cas personnel don't generalize from your own experience.

◆ **se généraliser** *vpi* [crise, famine] to become widespread; l'usage de la carte de crédit s'est généralisé credit cards are now in general use.

généralissime [ʒeneralisim] *nm* generalissimo.

généraliste [ʒeneralist] ◇ *adj* [chaîne de télévision] general-interest *(avant n).* ◇ *nmf* MÉD general practitioner, GP.

généralité [ʒeneralite] *nf* -**1.** [universalité] generality. -**2.** [majorité]: dans la ~ des cas in most cases.

◆ **généralités** *nfpl* [points généraux] general remarks; [banalités] generalities.

générateur, trice [ʒeneratœr, tris] *adj* -**1.** [créateur]: la nouvelle politique salariale sera génératrice d'emplois the new wages policy will create jobs OU generate employment; une industrie génératrice d'emplois a job-creating industry; un fanatisme ~ de violence a fanaticism that breeds violence. -**2.** MATH: ligne génératrice d'une surface line which generates a surface.

◆ **générateur** *nm* -**1.** ÉLECTR: ~ d'électricité electricity generator; ~ de vapeur steam generator. -**2.** NUCL: ~ isotopique radioisotopic (power) generator. -**3.** INF: ~ de programmes (program) generator; ~ automatique de programmes report program generator; ~ de système expert generic expert system tool; ~ de caractères character generator.

◆ **génératrice** *nf* -**1.** ÉLECTR generator. -**2.** MATH generatrix.

génératif, ive [ʒeneratif, iv] *adj* generative.

génération [ʒenerasjɔ̃] *nf* -**1.** BIOL generation; les organes de la ~ the reproductive organs ❑ ~ spontanée spontaneous generation. -**2.** [groupe d'âge] generation; les jeunes de ma ~ young people my age OU of my generation; la ~ montante the new generation; quatre ~s vivent sous le même toit four generations live under the same roof; la ~ perdue *fig* the lost generation || [durée] generation; entre le grand-père et le petit-fils il y a deux ~s there are two generations between the grandfather and the grandson; des immigrés de la seconde ~ second-generation immigrants; il y a environ trois ~s par siècle there are approximately three generations per century. -**3.** [d'une technique]: les lecteurs de disques compacts de la quatrième ~ fourth-generation compact disc

OU CD players. -**4.** INF generation; ~ **de langage/machine/système** language/computer/system generation.

génératrice [ʒeneratris] *f* → **générateur**.

générer [18] [ʒenere] *vt* to generate.

généreusement [ʒenerøzmɑ̃] *adv* -**1.** [avec libéralité] generously; ~ **rétribué** generously rewarded. -**2.** [avec noblesse] generously; **il a ~ offert de nous aider** he generously offered to help us. -**3.** [en grande quantité]: **se servir à manger ~** to help o.s. to a generous portion; **se verser ~ à boire** to pour o.s. a good measure.

généreux, euse [ʒenerø, øz] *adj* -**1.** [prodigue] generous; **il a été très ~** he gave very generously, he was very generous; **laisser un pourboire ~** to leave a generous OU handsome tip. -**2.** [noble - geste, tempérament] noble; **des sentiments ~** unselfish OU noble sentiments. -**3.** [fertile - terre] generous, fertile. -**4.** [abondant - portion] generous; [- repas] lavish. -**5.** [plantureux]: **aux formes généreuses** curvacious; **une femme à la poitrine généreuse** a woman with an ample bosom. -**6.** ŒNOL [riche - en alcool] high in alcohol; [- en saveur] full-bodied.

générique [ʒenerik] ◇ *adj* generic.
◇ *nm* -**1.** CIN & TV credits; **au ~ de notre émission ce soir** and tonight we have for you, and tonight's programme includes ❑ ~ **de début/fin** opening/final credits. -**2.** [indicatif musical] signature tune.

générosité [ʒenerɔzite] *nf* -**1.** [largesse] generosity. -**2.** [bonté] generosity, kindness; **je l'ai fait dans un élan de ~** I did it in a sudden fit of kindness; **tu fais ça par (pure) ~?** are you doing this out of the kindness of your heart? -**3.** [d'un vin] full body; [des formes] opulence.
◆ **générosités** *nfpl* [cadeaux] gifts, liberalities.

Gênes [ʒɛn] *npr* Genoa.

genèse [ʒənɛz] *nf* -**1.** [élaboration] genesis; **la ~ d'un livre** the genesis OU origin of a book; **faire la ~ de qqch** to trace the evolution of sthg. -**2.** BIBLE: **la Genèse** (the Book of) Genesis.

génésique [ʒenezik] *adj* generative.

genet [ʒənɛ] *nm* ZOOL jennet (horse).

genêt [ʒənɛ] *nm* BOT broom *(U)*.

généticien, enne [ʒenetisjɛ̃, ɛn] *nm, f* geneticist.

génétique [ʒenetik] ◇ *adj* genetic.
◇ *nf* genetics *(sg)*.

génétiquement [ʒenetikmɑ̃] *adv* genetically.

genette [ʒənɛt] *nf* genet, genette.

gêneur, euse [ʒɛnœr, øz] *nm, f*: **il ne cesse de m'appeler, quel ~!** he keeps phoning me, what a nuisance (he is)!

Genève [ʒənɛv] *npr* Geneva; **le lac de ~** Lake Geneva.

Geneviève [ʒənvjɛv] *npr*: **sainte ~** Saint Genevieve.

genevois, e [ʒənvwa, az] *adj* Genevan, Genevese.
◆ **Genevois, e** *nm, f* Genevan, Genevese; **les Genevois** the Genevans, the Genevese.

genévrier [ʒənevrije] *nm* juniper.

Gengis Khan [ʒɛ̃ʒiskɑ̃] *npr* Genghis Khan.

génial, e, aux [ʒenjal, o] *adj* -**1.** [qui a du génie] of genius; **Mozart était un compositeur ~** Mozart was a composer of genius. -**2.** [ingénieux] brilliant; **ce fut une invention ~e** it was a brilliant invention. -**3.** *fam* [sensationnel] brilliant, great, fantastic; **un film ~** a great OU brilliant OU fantastic film; **je n'ai pas trouvé cette exposition ~e** I didn't think much of that exhibition; **pas ~** not exactly brilliant; **tu as vu le film hier soir? pas ~, hein?** did you see the film last night? no great shakes OU not up to much, was it?; **tu as gagné aux courses? mais c'est ~!** you've won on the horses? that's great OU fantastic OU brilliant!; **elle est ~e, ta copine** your girlfriend is great OU fantastic; **j'ai fait un gâteau au chocolat — ~!** I've made a chocolate cake — brilliant OU great!

génialement [ʒenjalmɑ̃] *adv* with genius, masterfully, brilliantly.

génie [ʒeni] *nm* -**1.** [don] genius; **avoir du ~** to be a genius; **elle a le ~ des affaires** she has a genius for business; **tu as vraiment le ~ pour te mettre dans des situations impossibles!** you have a real gift for OU the knack of always getting into difficult situations! -**2.** [personne] genius; **c'est loin d'être un ~** he's no genius; **à 15 ans, c'était déjà un ~ de l'électronique** at 15 he was already an electronics wizard. -**3.** [essence] genius; **le ~ de la langue française** the genius OU spirit of the French language; **le ~ d'un peuple** the genius of a people ❑ **'Génie du christianisme'** *Chateaubriand* 'The Genius of Christianity'. -**4.** LITTÉRAT & MYTH [magicien] genie; [esprit] spirit; ~ **des airs** spirit of the air ❑ **être le bon/mauvais ~ de qqn** to be a good/bad influence on sb. -**5.** TECH: **le Génie** engineering; **les officiers du Génie** ≃ the Royal Engineers *Br*, ≃ the (Army) Corps of Engineers *Am* ❑ ~ **atomique/chimique/civil/génétique** nuclear/chemical/civil/genetic engineering; ~ **maritime/militaire** marine/military engineering; ~ **logiciel** systems engineering; ~ **rural** agricultural engineering.
◆ **de génie** *loc adj* of genius; **c'est un musicien/une actrice de ~** he's a musician/she's an actress of genius; **une idée de ~** a brilliant idea.

genièvre [ʒənjɛvr] *nm* -**1.** BOT [arbre] juniper; [fruit] juniper berry; **grain de ~** juniper berry. -**2.** [eau-de-vie] geneva.

génique [ʒenik] *adj* genic.

génisse [ʒenis] *nf* heifer.

génital, e, aux [ʒenital, o] *adj* ANAT & PSYCH genital; **organes génitaux** genitals, genitalia.

géniteur, trice [ʒenitœr, tris] *nm, f hum* progenitor.
◆ **géniteur** *nm* ZOOL sire.

génitif [ʒenitif] *nm* GRAMM genitive (case).

génito-urinaire [ʒenitɔyrinɛr] (*pl* génito-urinaires) *adj* genito-urinary.

génocide [ʒenɔsid] *nm* genocide.

génois, e [ʒenwa, az] *adj* Genoese, Genovese.
◆ **Génois, e** *nm, f* Genoese, Genovese; **les Génois** the Genoese, the Genovese.
◆ **génois** *nm* -**1.** LING Genoese OU Genovese (dialect). -**2.** NAUT Genoa (jib).
◆ **génoise** *nf* CULIN sponge cake; **une ~e fourrée aux abricots** an apricot sponge (cake).

génome [ʒenom] *nm* genome.

génotype [ʒenɔtip] *nm* genotype.

genou, x [ʒənu] *nm* -**1.** ANAT knee; **on était dans la neige jusqu'aux ~x** we were knee-deep OU up to our knees in snow; **cette année les jupes s'arrêtent au ~** knee-length skirts are the fashion this year; **mon jean est troué aux ~x** my jeans have got holes at OU in the knees; **mettre un ~ à terre** to go down on one knee; **assis sur les ~x de sa mère** sitting on his mother's lap OU knee; **plier** OU **fléchir** OU **ployer le ~ devant qqn** to bow down OU to kneel before sb ❑ **faire du ~ à qqn** to play footsie with sb; **être sur les ~x** to be exhausted; **être aux ~x de qqn** to be at sb's feet. -**2.** TECH [joint] ball-and-socket joint. -**3.** COUT knee pad.
◆ **à genoux** *loc adv* -**1.** [les genoux sur le sol]: **elle lavait le sol à ~x** she was cleaning the floor on her hands and knees; **mets-toi à ~x** get down on your knees, kneel down. -**2.** *fig*: **être à ~x devant qqn** [lui être soumis] to be on one's knees before sb; [être en adoration devant lui] to worship sb; **le public français est à ~x devant lui** French audiences worship him; **c'est à tomber** OU **se mettre à ~x tellement c'est beau** it's so beautiful it bowls you over; **je ne vais pas me mettre à ~x devant lui** [le supplier] I'm not going to go down on my knees to him; **je te le demande à (deux) ~x** I beg of you.

genouillé, e [ʒənuje] *adj* ANAT: **corps ~** geniculate body.

genouillère [ʒənujɛr] *nf* -**1.** [protection] knee pad. -**2.** [bandage] knee bandage OU support. -**3.** ARM knee piece, genouillère.

genre [ʒɑ̃r] *nm* -**1.** [sorte, espèce] kind, sort, type; **on y trouve des livres de tous les ~s** all sorts OU kinds OU types of books are found there; **quel ~ de femme est-elle?** what kind of woman is she?; **ce n'est pas le ~ à renoncer** she's not the sort to give up OU who gives up; **partir sans payer, ce n'est pas son ~** it's not like him to leave without paying; **dans le ~ vulgaire on ne fait pas mieux!** beat that for vulgarity!; **il a exigé qu'on lui rembourse le dessert, tu vois le ~!** he had the dessert deducted from the bill, you know the sort!; **un ~ de** [une sorte de] a kind OU sort of; **elle m'a répondu quelque chose du ~ «je ne suis pas ta bonne»** she answered something along the lines of "I'm not here to wait on you". -**2.** [comportement, manières] type, style; **le ~ intellectuel** the intellectual type; **c'est le ~ star** she's the film star type; ~ **de vie** lifestyle; **avoir un drôle de ~** to be an odd sort; **avoir bon/mauvais ~**: **leurs enfants ont vraiment bon ~** their children really know how to behave; **elle a mauvais ~** she's a bit vulgar; **il est romantique, tout à fait mon ~!** he's a romantic, just my type! ❑ **faire du ~, se donner un ~** to put on airs, to give o.s. airs. -**3.** BIOL genus; **le ~ humain** mankind, the human race. -**4.** BX-ARTS genre; **le grand ~** historical painting; **peinture de ~** genre painting. -**5.** GRAMM gender. -**6.** LITTÉRAT genre; **le ~ policier** the detective genre, detective stories; **le ~ romanesque** the novel.
◆ **dans son genre** *loc adv* [à sa façon] in his/her (own) way; **c'est un artiste dans son ~** he's an artist in his (own) way.
◆ **en son genre** *loc adv* [dans sa catégorie]: **elle est unique en son ~** she's in a class of her own.
◆ **en tout genre, en tous genres** *loc adv* of all kinds; **fournitures de bureau en tout ~** office equipment of all kinds; **travaux en tous ~s** all kinds of work undertaken.

gens[1] [ʒɛ̃s] (*pl* gentes [ʒɛ̃tɛs]) *nf* [groupe de familles] gens; **la ~ Cornelia** the gens Cornelia.

gens[2] [ʒɑ̃] *nmpl* OU *nfpl* -**1.** [personnes] *(adj au f si placé avant; adj au m si placé après)* people; **les vieilles ~** old people, old folk; **les gens sont de plus en plus pressés** people are in more and more of a hurry; **que diront les ~?** what will people say?; **beaucoup de ~** many people, a lot of people; **il y a des ~ qui demandent à vous voir** there are some people who want to see you; ~ **de la campagne** country folk OU people; **les ~ d'ici** people from around here, the locals; **les ~ du monde** society people; **des ~ simples** ordinary folk OU people; **les ~ de la ville** townspeople, townsfolk; **petites ~** people of limited means; **les bonnes ~ murmurent que...** people are saying OU whispering that... -**2.** [corporation]: **comme disent les ~ du métier** as the experts OU the professionals say ❑ **les ~ d'Église** clergymen, the clergy, the cloth; ~ **de lettres** men and women of letters; ~ **de maison** servants, domestic staff; ~ **de mer** seafarers; **les ~ de robe** *litt* the legal profession; ~ **du spectacle** stage OU showbusiness people; **les ~ du voyage** [artistes] travelling players OU performers; [gitans] travellers.

gent [ʒɑ̃] *nf hum* [espèce]: **la ~ ailée** *sout* our feathered friends; **la ~ masculine/féminine** the male/female sex.

gentamicine [ʒɑ̃tamisin] *nf* gentimicin.

gentiane [ʒɑ̃sjan] *nf* -**1.** [plante] gentian. -**2.** [liqueur] gentian bitters.

gentil, ille [ʒɑ̃ti, ij] *adj* -**1.** [serviable] kind; **ils sont ~s avec moi** they're kind OU nice to me; **sois ~, apporte-moi mes lunettes** do me a favour and get my glasses for me; **vous serez ~ de me prévenir de leur arrivée** be kind enough to let me know when they are arriving; **merci, c'est ~** thanks, that's very kind of you. -**2.** [aimable] nice, sweet; **je l'aime bien, il est ~** I like him, he's nice; **ils ont écrit sur moi des choses ~les** they wrote some very nice things about me; **elle a pris mon idée sans me le dire, ce n'est pas très ~** she stole my idea without telling me, that's not very nice (of her) ❑ **il est ~ comme un cœur** he's an absolute angel. -**3.** [joli] nice, pretty, cute; **un ~ petit minois** a cute little face; c'est ~ par ici it's nice OU pleasant around here. -**4.** [exprimant l'impatience] : **c'est bien ~ mais...** that's all very well but...; **c'est bien ~ tout ça mais si on parlait affaires?** that's all very well but what about getting down to business?; **tu es bien ~ mais quand est-ce que je vais récupérer mon argent?** that's all very well but when do I get my money back? -**5.** [obéissant] good; **il a été ~?** was he good?; **si tu es ~/~le** if you're a good boy/girl; **en voilà un ~ garçon!** there's a good boy! -**6.** *(avant n)* [considérable] : **une ~le somme** a tidy OU fair sum.

◆ **gentil** *nm* [non-juif] Gentile; **les ~s** the Gentiles.

gentilhomme [ʒɑ̃tijɔm] (*pl* **gentilshommes** [ʒɑ̃tizɔm]) *nm* -**1.** HIST nobleman, gentleman; ~ **de la garde** gentleman-at-arms; ~ **campagnard** (country) squire, country gentleman. -**2.** *litt* [gentleman] gentleman; **il se conduit toujours en ~** he always behaves like a gentleman.

gentilhommière [ʒɑ̃tijɔmjɛr] *nf* country seat, manor house.

gentillesse [ʒɑ̃tijɛs] *nf* -**1.** [d'une personne] kindness *(U)*; **j'étais touché par la ~ de leur accueil** I was moved by their kind welcome. -**2.** [dans des formules de politesse] : **ayez la ~ de me prévenir à l'avance** be so kind as to let me know beforehand. -**3.** [parole] kind word; **il lui chuchotait des ~s à l'oreille** he whispered kind words OU sweet nothings in her ear; **échanger des ~s** *iron* to exchange insults. -**4.** [acte] act of kindness; **elle est toujours prête à toutes les ~s** she's always ready to help people out.

gentillet, ette [ʒɑ̃tijɛ, ɛt] *adj* -**1.** [mignon] : **il est ~, leur appartement** they've got a lovely little flat *Br* OU apartment *Am*. -**2.** *péj* : **c'est un film ~, sans plus** it's a pleasant enough film, but that's about it.

gentiment [ʒɑ̃timɑ̃] *adv* -**1.** [aimablement] kindly; **ils nous ont ~ proposé de nous raccompagner** they kindly offered to drive us home; **les retardataires se sont fait ~ taper sur les doigts** the latecomers got a rap on the knuckles. -**2.** [sagement] : **on discutait ~ quand...** we were chatting away nicely OU quietly chatting away when... -**3.** *Helv* [sans précipitation] : **fais-le ~, tu as tout le temps** take your time, there's no hurry.

gentleman [dʒɛntləman] (*pl* **gentlemen** [-mɛn]) *nm* gentleman; **en parfait ~** like a true gentleman.

génuflexion [ʒenyflɛksjɔ̃] *nf* genuflection; **faire une ~** to genuflect.

géocentrique [ʒeɔsɑ̃trik] *adj* geocentric.

géochimie [ʒeɔʃimi] *nf* geochemistry.

géochimique [ʒeɔʃimik] *adj* geochemical.

géochimiste [ʒeɔʃimist] *nmf* geochemist.

géochronologie [ʒeɔkrɔnɔlɔʒi] *nf* geochronology.

géode [ʒeɔd] *nf* -**1.** GÉOL & MÉD geode. -**2.** [à Paris] : **la Géode** the Géode *(the spherical building housing a cinema at the Cité des Sciences in Paris)*.

géodésie [ʒeɔdezi] *nf* geodesy, geodetics *(sg)*.

géodésique [ʒeɔdezik] ◇ *adj* -**1.** MATH geodesic. -**2.** GÉOG geodetic.

◇ *nf* -**1.** MATH geodesic (line). -**2.** GÉOG geodesic (line).

géodynamique [ʒeɔdinamik] ◇ *adj* geodynamic.

◇ *nf* geodynamics *(sg)*.

géographe [ʒeɔgraf] *nmf* geographer.

géographie [ʒeɔgrafi] *nf* -**1.** [science] geography; ~ **humaine** human geography. -**2.** [livre] geography book.

géographique [ʒeɔgrafik] *adj* geographic, geographical.

géographiquement [ʒeɔgrafikmɑ̃] *adv* geographically.

géoïde [ʒeɔid] *nm* geoid.

geôle [ʒol] *nf litt* jail, gaol *Br*.

geôlier, ère [ʒolje, ɛr] *nm, f litt* jailer, gaoler *Br*; **les lois ne doivent pas être les geôlières de la liberté** *fig* the law must not fetter liberty.

géologie [ʒeɔlɔʒi] *nf* geology.

géologique [ʒeɔlɔʒik] *adj* geologic, geological.

géologue [ʒeɔlɔg] *nmf* geologist.

géomagnétique [ʒeɔmaɲetik] *adj* geomagnetic.

géomagnétisme [ʒeɔmaɲetism] *nm* geomagnetism.

géomancie [ʒeɔmɑ̃si] *nf* geomancy.

géométral, e, aux [ʒeɔmetral, o] *adj* flat, plane.

◆ **géométral, aux** *nm* flat projection.

géomètre [ʒeɔmɛtr] ◇ *nmf* -**1.** MATH geometer, geometrician. -**2.** [arpenteur] land surveyor.

◇ *nm* ENTOM [chenille] measuring worm, looper; [papillon] geometrid OU geometer moth.

géométrie [ʒeɔmetri] *nf* -**1.** MATH geometry; ~ **euclidienne/non euclidienne** Euclidean/non-Euclidean geometry; ~ **plane/dans l'espace** plane/solid geometry. -**2.** [livre] geometry book.

◆ **à géométrie variable** *loc adj* -**1.** [avion] swing-wing *(modif)*. -**2.** *fig* [susceptible d'évoluer] flexible, adaptable.

géométrique [ʒeɔmetrik] *adj* -**1.** MATH geometric, geometrical; **progression/suite ~** geometric progression/series; **figure ~** geometrical figure. -**2.** BX-ARTS geometric; **abstraction ~** geometrical abstraction; **ornementation ~** geometric decorative style.

géométriquement [ʒeɔmetrikmɑ̃] *adv* geometrically.

géomorphologie [ʒeɔmɔrfɔlɔʒi] *nf* geomorphology.

géomorphologique [ʒeɔmɔrfɔlɔʒik] *adj* geomorphological.

géophage [ʒeɔfaʒ] ◇ *adj* geophagous.

◇ *nmf* geophagist.

géophone [ʒeɔfɔn] *nm* geophone.

géophysicien, enne [ʒeɔfizisjɛ̃, ɛn] *nm, f* geophysicist.

géophysique [ʒeɔfizik] ◇ *adj* geophysical.

◇ *nf* geophysics *(sg)*.

géopolitique [ʒeɔpɔlitik] ◇ *adj* geopolitical.

◇ *nf* geopolitics *(sg)*.

Georges [ʒɔrʒ] *npr* : **saint ~** Saint George.

Géorgie [ʒeɔrʒi] *npr f* : **(la) ~** Georgia.

georgien, enne [ʒɔrʒjɛ̃, ɛn] *adj* ARCHIT Georgian.

géorgien, enne [ʒeɔrʒjɛ̃, ɛn] *adj* GÉOG Georgian.

◆ **Géorgien, enne** *nm, f* Georgian.

◆ **géorgien** *nm* LING Georgian.

géorgique [ʒeɔrʒik] *adj* LITTÉRAT georgic.

géostationnaire [ʒeɔstasjɔnɛr] *adj* : **satellite ~** geostationary satellite.

géostatistique [ʒeɔstatistik] *nf* geostatistics *(sg)*.

géostratégie [ʒeɔstrateʒi] *nf* geostrategy.

géosynchrone [ʒeɔsɛ̃kron] *adj* geosynchronous.

géosynclinal, aux [ʒeɔsɛ̃klinal, o] *nm* geosyncline.

géotechnique [ʒeɔtɛknik] ◇ *adj* geotechnical.

◇ *nf* geotechnics *(sg)*.

géotextile [ʒeɔtɛkstil] *nm* geotextile.

géothermie [ʒeɔtɛrmi] *nf* geothermal science, geothermics *(sg)*.

géothermique [ʒeɔtɛrmik] *adj* geothermic, geothermal.

géothermomètre [ʒeɔtɛrmɔmɛtr] *nm* geothermometer.

géotropisme [ʒeɔtrɔpism] *nm* BOT geotropism.

gérable [ʒerabl] *adj* manageable; **un problème/une situation difficilement ~** a problem/a situation which is difficult to deal with OU to manage.

gérance [ʒerɑ̃s] *nf* management; **assurer la ~ de** to be (the) manager of, to manage; **prendre/reprendre un fonds en ~** to take on/to take over the management of a business; **mettre un fonds en ~** to appoint a manager to a business; **durant sa ~** under his management, while he was manager ❑ ~ **libre tenant** management.

géraniacées [ʒeranjase] *nfpl* Geraniaceae.

géranium [ʒeranjɔm] *nm* geranium.

gérant, e [ʒerɑ̃, ɑ̃t] *nm, f* manager (*f* manageress); **elle est ~e d'hôtel** she's a hotel manageress; ~ **d'immeubles** managing agent *(for an apartment block)*; ~ **de société** managing director *(of a company)*; ~ **de magasin** store manager.

gerbe [ʒɛrb] *nf* -**1.** [de blé] sheaf; [de fleurs] wreath; **lier le blé en ~s** to sheave the corn, to bind the corn into sheaves. -**2.** [de feu d'artifice] spray, gerbe *spéc*. -**3.** [jaillissement - d'eau] spray; [- d'étincelles] shower; **une ~ de flammes** a blaze, a burst of flame; **la voiture faisait jaillir des ~s d'eau sur son passage** the car sent up a spray of water as it went by. -**4.** ASTRON & PHYS shower.

gerber [3] [ʒɛrbe] ◇ *vt* -**1.** [blé] to bind, to sheave, to bind into sheaves. -**2.** [fûts, paquets] to pile (up) *(sép)*, to stack (up) *(sép)*.

◇ *vi* -**1.** ▽ [vomir] to throw up, to puke; **ça me fait ~** it makes me want to throw up OU puke. -**2.** [feu d'artifice] to shower, to fan out.

gerbeur [ʒɛrbœr] *nm* stacker, stacking machine.

gerbier [ʒɛrbje] *nm* stack, rick.

gerboise [ʒɛrbwaz] *nf* jerboa.

gerce [ʒɛrs] *nf* -**1.** MÉTALL crack. -**2.** [dans le bois] crack, flaw.

gercer [16] [ʒɛrse] ◇ *vi* -**1.** [peau, mains, lèvres] to chap, to crack; **chaque hiver, j'ai les mains qui gercent** every winter I get chapped hands. -**2.** [bois, métal, enduit] to crack.

◇ *vt* to chap, to crack.

◆ **se gercer** *vpi* [peau, mains, lèvres] to chap, to get chapped, to crack; [terre] to crack.

gerçure [ʒɛrsyr] *nf* -**1.** [des mains, des lèvres] crack, chapping *(U)*; **j'ai des ~s aux mains/lèvres** I've got chapped hands/lips. -**2.** TECH [d'un métal, d'un enduit] hairline crack; [d'un diamant, du bois] flaw; [d'un tronc] shake.

géré, e [ʒere] *adj* -**1.** [affaire, entreprise] : **bien ~** well managed; **mal ~** poorly managed. -**2.** INF : ~ **par ordinateur** computer-assisted, computer-controlled; ~ **par le système** system-maintained.

gérer [18] [ʒere] *vt* -**1.** [budget, fortune] to administer, to manage; **elle a bien géré ses comptes** she managed her accounts well; **mal ~ qqch** to mismanage sthg; ~ **une tutelle** to administer the estate of a ward; **ils se contentent de ~ la crise** *fig* they're (quite) happy to sit out the crisis. -**2.** [entreprise, hôtel, magasin] to manage, to run; [stock, production] to control. -**3.** [ménage] to administer; [temps] to organize. -**4.** INF to manage; ~ **des données/un fichier** to manage data/a file.

gerfaut [ʒɛrfo] *nm* gerfalcon, gyrfalcon.

gériatre [ʒerjatr] *nmf* geriatrician, geriatrist.

gériatrie [ʒerjatri] *nf* geriatrics *(sg)*.

gériatrique [ʒerjatrik] *adj* geriatric.

germain, e [ʒɛrmɛ̃, ɛn] ◇ *adj* -**1.** [ayant un grand-parent commun] : **cousine ~e** first cousin. -**2.** [du même père et de la même mère] : **frère ~** full brother; **sœur ~e** full sister. -**3.** [d'Allemagne] Germanic, German.

◇ *nm, f* : **cousin issu de ~** second cousin.

◆ **Germain, e** *nm, f* German; **les Germains** the Germans.

Germanie [ʒɛrmani] *npr f* HIST : **(la) ~** Germania.

germanique [ʒɛrmanik] ◇ *adj* -**1.** HIST Germanic. -**2.** [allemand] Germanic; **à consonance ~** German-sounding.

◇ *nm* LING Germanic; HIST & LING Germanic, Proto-Germanic.

germanisant, e [ʒɛrmanizɑ̃, ɑ̃t] *nm, f* Germanist.

germanisation [ʒɛrmanizasjɔ̃] *nf* Germanization.

germaniser [3] [ʒɛrmanize] *vt* to Germanize.

germanisme [ʒɛrmanism] *nm* Germanism.

germaniste [ʒɛrmanist] *nmf* Germanist.

germanium [ʒɛrmanjɔm] *nm* germanium.

germanophile [ʒɛrmanɔfil] ◇ *adj* German-loving, Germanophile.
◇ *nmf* Germanophile.

germanophilie [ʒɛrmanɔfili] *nf* love of Germany, Germanophilia.

germanophobe [ʒɛrmanɔfɔb] ◇ *adj* German-hating, Germanophobic.
◇ *nmf* Germanophobe.

germanophobie [ʒɛrmanɔfɔbi] *nf* hatred towards Germany, Germanophobia.

germanophone [ʒɛrmanɔfɔn] ◇ *adj* German-speaking.
◇ *nmf* German speaker; **les ~s** German-speaking people OU peoples.

germe [ʒɛrm] *nm* -**1.** ANAT, BIOL & MÉD germ; **~ dentaire** tooth bud. -**2.** [pousse]: **~ de pomme de terre** potato sprout ❑ **~ de blé** wheat germ; **~s de soja** soya bean sprouts. -**3.** [origine]: **le ~ d'une idée** the germ of an idea; **les ~s de la révolution** the seeds of revolution.
◆ **en germe** *loc adv*: **la théorie était déjà présente en ~ dans leur premier manifeste** the theory was already there in embryonic form in their first manifesto.

germé, e [ʒɛrme] *adj* [pomme de terre] sprouting; [blé] germinated.

germer [3] [ʒɛrme] *vi* -**1.** AGR & HORT [graine] to germinate; [bulbe, tubercule] to shoot, to sprout; **faire ~ du blé** to germinate corn. -**2.** [idées] to germinate; **l'idée de révolte a mis du temps à ~** the idea of revolt took some time to germinate OU to develop; **le concept a d'abord germé dans l'esprit des urbanistes** the notion first took shape in the minds of town planners.

germicide [ʒɛrmisid] ◇ *adj* germicidal.
◇ *nm* germicide.

germinal, e, aux [ʒɛrminal, o] *adj* germinal; **cellule ~e** reproductive OU germ cell; **lignée ~e** germ line OU track.
◆ **germinal** *nm* Germinal *(7th month of the French Revolutionary calendar from March 22 to April 20)*.

germinatif, ive [ʒɛrminatif, iv] *adj* -**1.** [du germe] germinative. -**2.** [du germen - pouvoir] germinal; [- cellule, plasma] germ *(modif)*.

germination [ʒɛrminasjɔ̃] *nf* BIOL germination.

germoir [ʒɛrmwar] *nm* -**1.** [pot] seed tray. -**2.** [bâtiment] germination area.

germon [ʒɛrmɔ̃] *nm* albacore.

gérondif [ʒerɔ̃dif] *nm*: **«delenda» est un ~ latin** "delenda" is a Latin gerundive; **«en sortant» est un ~ français** "en sortant" is a French gerund.

Gérone [ʒerɔn] *npr* Gerona.

gérontocratie [ʒerɔ̃tɔkrasi] *nf* gerontocracy.

gérontologie [ʒerɔ̃tɔlɔʒi] *nf* gerontology.

gérontologue [ʒerɔ̃tɔlɔg] *nmf* gerontologist.

gérontophilie [ʒerɔ̃tɔfili] *nf* gerontophilia.

gésier [ʒezje] *nm* gizzard.

gésine [ʒezin] *nf litt & vieilli*: **en ~** in labour OU childbirth.

gésir [49] [ʒezir] *vi* -**1.** [être étendu] to lie, to be lying; **de nombreux blessés gisent encore parmi les décombres** many of the injured are still lying among the ruins; **elle gisait là, comme endormie** there she lay (dead), as if asleep. -**2.** [être épars] to lie; **ce qui restait de la statue gisait sur le sol** what was left of the statue was lying on the ground. -**3.** *litt* [résider]: **c'est là que gît la difficulté** therein lies the difficulty ❑ **c'est là que gît le lièvre** that's the crux of the matter, there's the rub.

gesse [ʒɛs] *nf* vetch; **~ odorante** sweet pea; **~ des prés** meadow vetchling.

gestation [ʒɛstasjɔ̃] *nf* -**1.** BIOL gestation; **la ~ n'est que de 21 jours** gestation takes only 21 days; **période de ~** gestation period. -**2.** *fig* [d'une œuvre] gestation (period).
◆ **en gestation** *loc adj* -**1.** BIOL [fœtus] gestating. -**2.** *fig*: **un roman en ~** a novel in preparation.

geste [ʒɛst] ◇ *nm* -**1.** [mouvement] movement; [signe] gesture; **ses ~s étaient d'une grande précision** his movements were very precise; **faire des ~s en parlant** to speak with one's hands; **à grand renfort de ~s, elle appela le maître d'hôtel** she waved the headwaiter over; **d'un ~, elle le pria de sortir** she motioned to him (that she wanted him) to go out; **avoir un ~ de surprise** to start, to look startled; **faire un ~ approbateur** to nod one's assent OU approval; **d'un ~ de la main, il refusa le whisky** he waved aside the glass of whisky; **congédier qqn d'un ~** to dismiss sb with a wave of the hand; **avoir un ~ malheureux** to make a clumsy gesture OU movement; **encourager qqn de la voix et du ~** to cheer sb on; **sans un ~** without moving; **pas un ~ ou je tire!** don't move or I'll shoot!; **faites** OU **ayez le ~ qui sauve** learn how to give first aid; **il épie mes moindres ~s** OU **tous mes ~s** he watches my every move. -**2.** [action] gesture; **un ~ politique/diplomatique** a political/diplomatic gesture; **faire un beau ~** to make a noble gesture; **allez, fais un ~!** come on, do something!; **vous n'avez qu'un ~ à faire** you only have to say the word; **il a eu un ~ touchant, il m'a apporté des fleurs** a rather touching thing he did was to bring me some flowers.
◇ *nf* LITTÉRAT gest, geste.

gesticulant, e [ʒɛstikylɑ̃, ɑ̃t] *adj* gesticulating.

gesticulation [ʒɛstikylasjɔ̃] *nf* gesticulation; **cesse tes ~s!** stop gesticulating, stop waving your arms about!

gesticuler [3] [ʒɛstikyle] *vi* to gesticulate, to wave one's arms about.

gestion [ʒɛstjɔ̃] *nf* -**1.** COMM & INDUST management; **chargé de la ~ de l'hôtel** in charge of running OU managing the hotel; **par une mauvaise ~** through bad management, through mismanagement; **techniques de ~** management techniques OU methods ❑ **~ administrative** office management; **~ d'affaires** (day-to-day) running of affairs OU business; **~ assistée par ordinateur** computer-aided management; **~ de la production** production management; **~ de stock** inventory OU stock control. -**2.** INF management; **système de ~ de base de données** database management system; **~ des projets/travaux** project/job scheduling; **~ de fichiers** file management; **~ intégrée** integrated management; **~ des performances** performance monitoring OU tuning.

gestionnaire [ʒɛstjɔnɛr] ◇ *adj* administrative, managing, management *(modif)*.
◇ *nmf* -**1.** ADMIN administrator. -**2.** COMM & INDUST manager, administrator.
◇ *nm* INF manager; **~ de base de données** database administrator; **~ de fichiers** file manager; **~ de tâches** task scheduler.

gestuel, elle [ʒɛstɥɛl] *adj* gestural; **langage ~** gestural language.
◆ **gestuelle** *nf* -**1.** [gén] non verbal communication. -**2.** DANSE & THÉÂT gesture.

Gethsémani [ʒɛtsemani] *npr* Gethsemane.

geyser [ʒezɛr] *nm* geyser.

Ghana [gana] *npr m*: **le ~** Ghana.

ghanéen, enne [ganeɛ̃, ɛn] *adj* Ghanaian, Ghanian.
◆ **Ghanéen, enne** *nm, f* Ghanaian, Ghanian.

ghetto [gɛto] *nm* ghetto.

GI [dʒiaj] *nm inv* GI.

gibbeux, euse [ʒibø, øz] *adj* -**1.** ASTRON OU *litt* gibbous. -**2.** [animal] humpbacked.

gibbon [ʒibɔ̃] *nm* gibbon.

gibbosité [ʒibozite] *nf* ANAT OU *litt* hump, gibbosity *spéc*.

gibecière [ʒibsjɛr] *nf* -**1.** CHASSE gamebag. -**2.** *vieilli* [d'un écolier] satchel.

gibelet [ʒiblɛ] *nm* auger.

gibelin, e [ʒiblɛ̃, in] *adj & nm, f* Ghibelline.

gibelotte [ʒiblɔt] *nf* rabbit stew *(made with white wine)*.
◆ **en gibelotte** *loc adj* stewed in white wine.

giberne [ʒibɛrn] *nf* cartridge pouch.

gibet [ʒibɛ] *nm* -**1.** [potence] gibbet, gallows. -**2.** RELIG: **le ~** the Rood.

gibier [ʒibje] *nm* -**1.** [animaux] game *(U)*; **gros/petit ~** big/small game; **~ d'eau** waterfowl; **~ à plumes** game birds OU fowl *(U)*; **~ à poil** game animals. -**2.** CULIN [viande] game; **il aime le ~ faisandé** he likes well-hung game; **pâté de ~** game pâté. -**3.** *fam* [personne] quarry, prey; **ces types-là, c'est du gros ~** these guys are in the big-time; **un ~ de potence** a gallows bird.

giboulée [ʒibule] *nf* shower; **~s de mars** April showers.

giboyeux, euse [ʒibwajø, øz] *adj* abounding OU rich in game, well stocked with game.

Gibraltar [ʒibraltar] *npr* Gibraltar; **à ~** in Gibraltar.

gibus [ʒibys] *nm* opera OU crush hat.

GIC ◇ *nm abr de* **grand invalide civil**.
◇ *npr m abr de* **Groupe interministériel de contrôle**.

giclée [ʒikle] *nf* -**1.** [de liquide] jet, spurt, squirt. -**2.** ▽ [coup de feu] burst (of machine-gun fire).

giclement [ʒikləmɑ̃] *nm* spurting *(U)*, squirting *(U)*.

gicler [3] [ʒikle] *vi* [liquide] to spurt, to squirt; **arrête de faire ~ de l'eau!** stop splashing OU squirting water!

gicleur [ʒiklœr] *nm* AUT (carburettor) jet; **~ de pompe** pump nozzle; **~ de ralenti** idling jet.

GIE *nm abr de* **groupement d'intérêt économique**.

gifle [ʒifl] *nf* -**1.** [coup] slap (in the face); **donner une ~ à qqn** to slap sb's face, to box sb's ears; **une fameuse ~** a real smack in the face. -**2.** [humiliation] (burning) insult, slap in the face.

gifler [3] [ʒifle] *vt* -**1.** [suj: personne]: **~ qqn** to slap sb's face OU sb in the face; **elle le gifla à toute volée** she caught him an almighty slap in the face. -**2.** [suj: pluie, vent] to lash; **la bourrasque lui giflait le visage** the storm was lashing his face. -**3.** [humilier] to humiliate; **ses paroles m'avaient giflé** his words had humiliated OU mortified me.

GIG (*abr de* **grand invalide de guerre**) *nm war invalid*.

gigantesque [ʒigɑ̃tɛsk] *adj* -**1.** [animal, plante, ville] gigantic, giant *(modif)*. -**2.** [projet] gigantic, giant *(modif)*; [erreur] huge, gigantic.

gigantisme [ʒigɑ̃tism] *nm* -**1.** ANAT, BOT & ZOOL gigantism, giantism. -**2.** *fig* gigantic size; **une ville atteinte de ~** a city that has grown to enormous proportions.

gigaoctet [ʒigaɔktɛ] *nm* INF gigabyte.

GIGN (*abr de* **Groupe d'intervention de la gendarmerie nationale**) *npr m special crack force of the gendarmerie*, ≃ SAS *Br*, ≃ SWAT *Am*.

gigogne [ʒigɔɲ] *adj*: **lits ~s** truckle bed.

gigolo *fam* [ʒigɔlo] *nm* gigolo.

gigondas [ʒigɔ̃das] *nm* Gigondas *(wine from SE France)*.

gigot [ʒigo] *nm* CULIN leg; **~ (d'agneau)** leg of lamb.

gigotement [ʒigɔtmɑ̃] *nm* wriggling *(U)*, fidgeting *(U)*.

gigoter [3] [ʒigɔte] *vi* [bébé] to wriggle (about); [enfant] to fidget.

gigue [ʒig] *nf* -**1.** DANSE gigue, jig; **danser la ~** *fig* to wriggle about, to jig up and down. -**2.** MUS gigue. -**3.** *fam* [jambe] leg. -**4.** *fam* [personne]: **une grande ~** a beanpole. -**5.** CULIN: **~ de chevreuil** haunch of venison.

gilet [ʒilɛ] *nm* -**1.** [vêtement - taillé] waistcoat *Br*, vest *Am*; [- tricoté] cardigan. -**2.** [sous-vêtement] vest *Br*, undershirt *Am*. -**3.** [protection]: **~ pareballes** bulletproof vest; **~ de sauvetage** life jacket.

giletier, ère [ʒiltje, ɛr] *nm, f* waistcoat maker *Br*, vest maker *Am*.
◆ **giletière** *nf* fob (chain).
gin [dʒin] *nm* gin.
gingembre [ʒɛ̃ʒɑ̃br] *nm* ginger.
gingival, e, aux [ʒɛ̃ʒival, o] *adj* gingival *spéc*, gum *(modif)*.
gingivite [ʒɛ̃ʒivit] *nf* gum disease, gingivitis *spéc*.
gin-rami [dʒinrami] (*pl* **gin-ramis**), **gin-rummy** [dʒinrœmi] (*pl* **gin-rummys**) *nm* gin rummy.
ginseng [ʒinsɑ̃g] *nm* ginseng.
gin-tonic [dʒintɔnik] (*pl* **gin-tonics**) *nm* gin and tonic.
giorno → **a giorno**.
girafe [ʒiraf] *nf* -**1.** ZOOL giraffe. -**2.** *fam* [personne] beanpole. -**3.** *fam* CIN, RADIO & TV boom.
girafeau, x [ʒirafo], **girafon** [ʒirafɔ̃] *nm* baby giraffe.
girandole [ʒirɑ̃dɔl] *nf* girandole.
girasol [ʒirasɔl] *nm* girasol, girasole.
giration [ʒirasjɔ̃] *nf* gyration.
giratoire [ʒiratwar] *adj* gyrating, gyratory.
giraviation [ʒiravjasjɔ̃] *nf* rotary-wing aviation.
giravion [ʒiravjɔ̃] *nm* gyroplane, rotorcraft.
girl [gœrl] *nf* chorus OU show girl.
girofle [ʒirɔfl] *nm* clove.
giroflée [ʒirɔfle] *nf* -**1.** BOT gillyflower. -**2.** *fam fig*: **une — à cinq feuilles** [une gifle] a stinging slap.
giroflier [ʒirɔflije] *nm* clove (tree).
girolle [ʒirɔl] *nf* chanterelle.
giron [ʒirɔ̃] *nm* -**1.** [d'une personne] lap; **dans le — de sa mère** in his mother's lap. -**2.** *litt* [communauté] bosom; **le — familial** the family fold; **accepté dans le — de l'Église** accepted into the fold OU the bosom of the Church. -**3.** [d'une marche] tread. -**4.** HÉRALD giron, gyron.
girond, e *fam* [ʒirɔ̃, ɔ̃d] *adj vieilli* plump, buxom, well-padded; **une femme plutôt —e** a buxom OU plump woman.
Gironde [ʒirɔ̃d] *npr f* -**1.** GÉOG: **la —** [département, fleuve] the Gironde; [estuaire] the Gironde estuary. -**2.** HIST: **la —** the Girondist party.
girondin, e [ʒirɔ̃dɛ̃, in] *adj* -**1.** GÉOG from the Gironde. -**2.** HIST Girondist.
◆ **Girondin, e** *nm, f* -**1.** GÉOG *inhabitant of or person from the Gironde.* -**2.** HIST Girondist. -**3.** SPORT: **les Girondins (de Bordeaux)** *the Bordeaux football team.*

LES GIRONDINS:
A party occupying the right wing of the Convention from 1791 to 1793 in opposition to the left-wing "Montagne". With a power base in the south of France they opposed the execution of the king and advocated a federalist structure for France. They were supplanted by the Montagnards and many of their leaders were executed during the Terror.

girouette [ʒirwɛt] *nf* -**1.** [sur un toit] weathercock, weather vane. -**2.** NAUT (mast) telltale. -**3.** *fam* [personne] weathercock; **c'est une vraie —!** he keeps changing his mind!, he's a real weathercock!
gisant, e [ʒizɑ̃, ɑ̃t] *adj litt* [corps] lifeless, motionless.
◆ **gisant** *nm* BX-ARTS recumbent figure OU statue.
gisement [ʒizmɑ̃] *nm* -**1.** GÉOL & MIN deposit; **— aurifère** OU **d'or** goldfield; **— crayeux** chalk deposit; **— houiller** [filon] coal deposit OU measures; [bassin] coalfield; **— de pétrole** OU **pétrolifère** oilfield. -**2.** AÉRON & NAUT bearing; **relever/tracer un —** to take/to plot a bearing.
gît [ʒi] → **gésir**.
gitan, e [ʒitɑ̃, an] *adj* Gypsy *(modif)*.
◆ **Gitan, e** *nm, f* Gypsy.
◆ **gitane** *nf* Gitane (cigarette).
gîte [ʒit] ◇ *nm* -**1.** [foyer] home; **retrouver son —** to get back home; **le — et le couvert** room and board ❑ **— d'étape** [pour randonneurs] halt; **— rural** gîte. -**2.** CHASSE [de gibier] lair; [de lièvre] form. -**3.** [viande] shin *Br* OU shank *Am* (of beef); **— à la noix** topside *Br*, round *Am*. -**4.** MIN bed, deposit.
◇ *nf* NAUT list; **donner de la —** to list.
gîte-gîte [ʒitʒit] (*pl* **gîtes-gîtes**) *nm* shin *Br* OU shank *Am* (of beef).
gîter [3] [ʒite] *vi* -**1.** *sout* [voyageur] to stay; **chez qui allons-nous — ce soir?** where are we going to stay tonight? -**2.** [lapin] to couch; [oiseau] to perch. -**3.** NAUT to list.
giton [ʒitɔ̃] *nm litt* catamite.
givrage [ʒivraʒ] *nm* -**1.** AÉRON icing; **à 9 000 mètres, on risque le —** at 9,000 metres icing may occur. -**2.** [sur un verre] frosting.
givrant, e [ʒivrɑ̃, ɑ̃t] *adj*: **brouillard —** freezing fog.
givre [ʒivr] *nm* -**1.** [glace] frost; **couvert de —** frosted over. -**2.** JOAILL white fleck.
givré, e [ʒivre] *adj* -**1.** [arbre] covered with frost; [serrure] iced up; **les ailes de l'avion étaient —es** the plane's wings were iced up. -**2.** [verre] frosted *(with sugar)*. -**3.** CULIN: **orange —e** orange sorbet *Br* OU sherbet *Am* *(served inside the fruit)*. -**4.** *fam* [fou] screwy, nuts; **il est complètement —!** he's completely nuts OU off his head!
givrer [3] [ʒivre] *vt* -**1.** [avec du sucre] to frost. -**2.** [couvrir de givre] to cover with frost.
◆ **se givrer** *vpi* [se couvrir de givre] to frost OU to ice up.
givrure [ʒivryr] *nf* white fleck *(in a gem)*.
Gizeh [giʒɛ] *npr* (El) Gîza.
glabelle [glabɛl] *nf* glabella.
glabre [glabr] *adj* -**1.** [imberbe] smooth-chinned; [rasé] clean-shaven; **le visage —** with a smooth face. -**2.** BOT glabrous, hairless.
glaçage [glasaʒ] *nm* -**1.** [d'un tissu, du cuir, du papier, de photos] glazing; INDUST [polissage] surfacing, burnishing. -**2.** CULIN [d'un gâteau] icing; [de bonbons] sugar coating; [de légumes, d'un poisson, d'une viande] glazing.
glaçant, e [glasɑ̃, ɑ̃t] *adj* [regard, attitude] cold, frosty.
glace [glas] *nf* -**1.** [eau gelée] ice; **— de fond** bottom ice; **rompre** OU **briser la —** to break the ice; **une fois la — rompue, elle s'est révélée charmante** once we'd broken the ice she turned out to be charming. -**2.** [crème glacée] ice cream, ice *Br*; [sucette] ice lolly *Br*, popsicle *Am*; [cône] ice cream (cone); **— à la vanille/à l'abricot** vanilla/apricot ice cream. -**3.** CULIN icing; **— royale** royal icing‖ [de viande] glaze. -**4.** [miroir] mirror; **une — sans tain** a two-way mirror. -**5.** [vitre d'un véhicule, d'une boutique] window. -**6.** TECH sheet of plate glass; **— flottée** float glass. -**7.** JOAILL (white) fleck OU flaw. -**8.** INDUST: **— sèche** OU **carbonique** dry ice.
◆ **glaces** *nfpl* [du pôle] ice fields; [sur un fleuve] ice sheets; [en mer] ice floes, drift ice; **le navire est pris dans les —s** the ship is icebound.
◆ **de glace** *loc adj* [accueil, visage, regard] icy, frosty; **être** OU **rester de —** to remain unmoved; **tu as un cœur de —** you've got a heart of stone.
glacé, e [glase] *adj* -**1.** [transformé en glace] frozen. -**2.** [lieu] freezing OU icy (cold); **les plages —es du nord** the icy cold beaches of the north. -**3.** [personne] frozen, freezing cold; **j'ai les pieds glacés** my feet are frozen. -**4.** [hostile] frosty, icy; **d'une politesse —e** with icy politeness. -**5.** CULIN [dessert, soufflé, café] iced; [petit four] glacé; [oignon, viande, poisson] glazed. -**6.** [brillant - photo] glossy; [- papier] glazed; [- cuir, soie] glazed, glacé.
◆ **glacé** *nm* glaze, gloss.
glacer [16] [glase] *vt* -**1.** [transformer en glace] to freeze. -**2.** [refroidir - bouteille] to chill. -**3.** [transir]: **le vent me glace** the wind is icy; **un froid qui vous glace jusqu'aux os** weather that chills you to the bone. -**4.** *fig* [pétrifier]: **son regard me glace** the look in his eye turns me cold; **ça m'a glacé le sang (dans les veines)** it made my blood run cold; **un hurlement à vous — le sang** a blood-curdling scream; **ce souvenir me glace encore le cœur** the memory still sends shivers down my spine. -**5.** CULIN [petit four, oignon, poisson etc] to glaze; [gâteau] to ice, to frost *Am*. -**6.** INDUST & TECH to glaze, to glacé.
◆ **se glacer** *vpi*: **leur sang se glaça dans leurs veines** their blood ran cold.
glacerie [glasri] *nf* -**1.** [fabrication] ice-cream making. -**2.** [commerce] ice-cream trade.
glaceuse [glasøz] *nf* glazing machine, print drier.
glaciaire [glasjɛr] ◇ *adj* glacial.
◇ *nm*: **le —** the Ice Age, the glacial period OU epoch.
glacial, e, als OU **aux** [glasjal, o] *adj* -**1.** [climat] icy, freezing; [vent] bitter, freezing; [pluie] freezing (cold). -**2.** [sourire] frosty; [abord, personne] cold; **elle est vraiment —e** she's really cold OU a real iceberg.
◆ **glacial** *adv*: **il fait —** it's freezing cold.
Glacial [glasjal] *adj vieilli*: **l'océan — Arctique/Antarctique** the (Arctic/Antarctic) polar sea.
glaciation [glasjasjɔ̃] *nf* glaciation; **pendant la —** during the Ice Age.
glacier [glasje] *nm* -**1.** GÉOL glacier; **— de vallée** valley OU Alpine glacier; **— continental** continental ice sheet. -**2.** [confiseur] ice cream man OU salesman.
glacière [glasjɛr] *nf* -**1.** [local] cold room. -**2.** [armoire] refrigerated cabinet; [récipient] cool box; **mon bureau est une —!** *fig* my office is like a fridge OU an icebox!
glaciologie [glasjɔlɔʒi] *nf* glaciology.
glacis [glasi] *nm* -**1.** HIST: **le — soviétique** the Soviet buffer zone. -**2.** CONSTR: **— d'écoulement** weathering. -**3.** BX-ARTS glaze, scumble. -**4.** MIL glacis. -**5.** GÉOG glacis; **— d'érosion** pediment.
glaçon [glasɔ̃] *nm* -**1.** GÉOG & MÉTÉO [sur un fleuve] block of ice, ice floe; [sur un étang] patch of ice; [en mer] ice floe; **j'ai le nez comme un —** *fam* my nose is like a block of ice OU is frozen. -**2.** [pour boisson] ice cube; **sucer un —** to suck an ice cube; **voulez-vous un —?** would you like some ice?; **servi avec des —s** served with ice OU on the rocks. -**3.** *fig*: **cette fille est un —** that girl's a real cold fish.
glaçure [glasyr] *nf* glaze; **— plombifère** lead glaze.
gladiateur [gladjatœr] *nm* gladiator.
glaïeul [glajœl] *nm* gladiolus; **des —s** gladioli.
glaire [glɛr] *nf* -**1.** PHYSIOL mucus; **— cervicale** cervical mucus. -**2.** [d'œuf] white. -**3.** [pour le cuir] glair.
glairer [4] [glɛre] *vt* to glair.
glaireux, euse [glɛrø, øz] *adj* glairy, glaireous.
glaise [glɛz] ◇ *nf* clay.
◇ *adj f*: **terre —** (potter's) clay.
glaiseux, euse [glɛzø, øz] *adj* clayey, clay *(modif)*.
glaisière [glɛzjɛr] *nf* clay pit.
glaive [glɛv] *nm* glaive *arch*, broadsword; **le — de la Justice** *litt* the sword of Justice.
glanage [glanaʒ] *nm*: **le —** gleaning, gathering.
gland [glɑ̃] *nm* -**1.** [du chêne] acorn. -**2.** COUT tassel; **orné de —s** tasselled. -**3.** ANAT glans. -**4.** ▽ [imbécile] prat *Br*, jerk *Am*.
glande [glɑ̃d] *nf* -**1.** ANAT gland; **—s endocrines/exocrines** endocrine/exocrine glands; **— lacrymale** tear gland; **— salivaire** salivary gland. -**2.** [ganglion] (neck) gland. -**3.** ▽ *loc*: **foutre les —s à qqn** to scare the hell out of sb.
glandée [glɑ̃de] *nf* acorn crop OU harvest; **mener les cochons à la —** to take the pigs to forage for acorns.
glander▽ [3] [glɑ̃de] *vi* -**1.** [ne rien faire] to loaf about; **il a glandé pendant toute l'année** he's done nothing but loaf about all year. -**2.** [attendre] to hang around; **ça fait trois heures que je glande** I've been hanging around for three hours. -**3.** *loc*: **j'en ai rien à —** I don't give a damn.
glandeur, euse▽ [glɑ̃dœr, øz] *nm, f* layabout.
glandouiller▽ [glɑ̃duje] = **glander**.

glandulaire [glɑ̃dylɛr], **glanduleux, euse** [glɑ̃dylø, øz] *adj* glandular.

glane [glan] *nf* -**1.** [ramassage]: la ~ gleaning; faire la ~ to glean. -**2.** [tresse]: ~ **d'oignons** string of onions.

glaner [3] [glane] *vt* -**1.** [ramasser - épis] to glean; [- bois] to gather; [- fruits] to gather, to pick up *(sép)*; ~ **du petit bois** to gather sticks. -**2.** *fig* [renseignements, détails] to glean, to gather; **il y a toujours quelque chose à ~ dans ses cours** there is always something to be got out of OU gleaned from his classes.

glaneur, euse [glanœr, øz] *nm, f* gleaner.

glanure [glanyr] *nf arch* gleanings.

glapir [32] [glapir] ◇ *vi* -**1.** [renard] to bark; [chiot] to yelp, to yap. -**2.** [personne] to yelp, to squeal.
◇ *vt* to shriek.

glapissement [glapismɑ̃] *nm* -**1.** [du chien] yelp; [du renard] bark. -**2.** [d'une personne]: **les enfants surexcités poussaient des ~s** the overexcited children were squealing.

glas [gla] *nm* knell; **on sonne le ~ pour notre cousine** the bell is tolling OU they are tolling the knell for our cousin; **cette nouvelle sonne le ~ de toutes ses espérances** *fig* this news sounds the death knell for all his hopes ❑ **'Pour qui sonne le ~'** *Hemingway* 'For Whom The Bell Tolls'.

glatir [32] [glatir] *vi* [aigle] to scream.

glaucome [glokom] *nm* glaucoma.

glauconie [glokɔni], **glauconite** [glokɔnit] *nf* glauconite, green earth.

glauque [glok] *adj* -**1.** *sout* [verdâtre] bluish-green, glaucous *litt*. -**2.** *fam* [lugubre] dreary.

glèbe [glɛb] *nf* -**1.** *litt* [sol cultivé] glebe *litt*, soil. -**2.** [domaine] feudal land, glebe *litt*.

glissade [glisad] *nf* -**1.** [jeu] sliding *(U)*; **pas de ~s sur la rampe** no sliding down the bannister. -**2.** DANSE glissade. -**3.** AÉRON: ~ **sur l'aile** sideslip. -**4.** [glissoire] slide.

glissage [glisaʒ] *nm*: **le ~ du bois** *sliding timber down a mountainside.*

glissant, e [glisɑ̃, ɑ̃t] *adj* -**1.** [sol] slippery; **être sur une pente ~e/sur un terrain ~** to be on a slippery slope/on slippery ground. -**2.** [coulissant] sliding. -**3.** MATH: **vecteur ~** sliding vector.

glisse [glis] *nf* [d'un ski] friction coefficient; **sports de ~** *generic term referring to sports such as skiing, surfing, windsurfing etc.*

glissement [glismɑ̃] *nm* -**1.** [déplacement] sliding *(U)*; **pour favoriser le ~ des skis/de la porte** to help the skis glide faster/the door slide more smoothly. -**2.** [évolution] shift; **il y a eu un ~ politique au centre** there's been a shift towards centrist politics. -**3.** LING: ~ **de sens** shift in meaning. -**4.** GÉOL: ~ **de terrain** landslide, landslip.

glisser [3] [glise] ◇ *vi* -**1.** [déraper - personne] to slip; [- voiture] to skid; **mon pied a glissé** my foot slipped; **attention, ça glisse par terre** watch out, it's slippery underfoot OU the ground's slippery. -**2.** AÉRON: ~ **sur l'aile** to sideslip. -**3.** [s'échapper accidentellement] to slip; **ça m'a glissé des mains** it slipped out of my hands. -**4.** [tomber] to slide; **il se laissa ~ à terre** he slid to the ground. -**5.** [avancer sans heurt - skieur, patineur] to glide along; [- péniche, ski] to glide. -**6.** [passer]: **son regard glissa de la fenêtre à mon fauteuil** his eyes drifted from the window to my chair; **glissons sur ce sujet!** let's say no more about it; **sur toi, tout glisse comme sur les plumes d'un canard** it's like water off a duck's back with you. -**7.** *fig* [s'orienter]: ~ **à** OU **vers** to shift to OU towards; **une partie de l'électorat a glissé à gauche** part of the electorate has shifted OU moved to the left; **le sens du mot a glissé vers autre chose** the meaning of the word has shifted towards something else; **il glisse vers le mélodrame** he is slipping into melodrama; **ce parti glisse vers le fascisme** this party is moving OU edging towards fascism. -**8.** DANSE to glissade.
◇ *vt* -**1.** [introduire] to slip; ~ **une lettre sous la porte** to slip a letter under the door ‖ [dire furtivement]: **j'ai glissé ton nom dans la conversation** I managed to slip OU to drop your name into the conversation. -**2.** [confier]: ~ **un petit mot/une lettre à qqn** to slip sb a note/a letter; ~ **qqch à l'oreille de qqn** to whisper sthg in sb's ear. -**3.** *loc*: ~ **un œil dans une pièce** to peep OU to peek into a room; **les enfants devraient dormir, glisse un œil** the children should be asleep, have a (quick) look OU just have a peep.
◆ **se glisser** *vpi* -**1.** [se faufiler]: **se ~ au premier rang** [rapidement] to slip into the front row; **se ~ jusqu'à sa place** [en se cachant] to slip into one's seat; **glisse-toi là** [sans prendre de place] squeeze (yourself) in there. -**2.** [erreur]: **des fautes ont pu se ~ dans l'article** some mistakes may have slipped OU crept into the article. -**3.** [sentiment]: **le doute s'est peu à peu glissé en lui** little by little doubt crept into his mind.

glisseur [glisœr] *nm* MATH sliding vector.

glissière [glisjɛr] *nf* -**1.** TECH slide, runner; **à ~** sliding; **porte à ~** sliding door. -**2.** TRAV PUBL: ~ **de sécurité** crash barrier.

glissoir [gliswar] *nm* timber chute.

glissoire [gliswar] *nf* slide *(on ice)*.

global, e, aux [glɔbal, o] *adj* overall, global; **as-tu une idée ~e du coût?** have you got a rough idea of the cost?; **une vue ~e** an overall view; **somme ~e** total sum ❑ **revenu ~** total income.

globalement [glɔbalmɑ̃] *adv* [dans l'ensemble] all in all, overall; **les résultats sont ~ positifs** all in all OU overall, the results are positive; ~, **l'entreprise se porte bien** all in all OU by and large, the company is doing well.

globaliser [3] [glɔbalize] *vt* [réunir]: **le syndicat a globalisé ses revendications** the union is putting forward its demands en bloc.

globalisme [glɔbalism] *nm* globalism.

globalité [glɔbalite] *nf* [ensemble]: **envisageons le processus dans sa ~** let's view the process as a whole; **si l'on envisage les problèmes dans leur ~** if we look at all the problems together.

globe [glɔb] *nm* -**1.** [sphère] globe; **le ~** [la Terre] the globe, the world; **sur toute la surface du ~** all over the globe; **une région déshéritée du ~** a poor part of the world ❑ ~ **céleste** celestial globe; **le ~ terrestre** the terrestrial globe. -**2.** [d'une lampe] (glass) globe. -**3.** [pour protéger] glass dome; **c'est une idée géniale, il faut la mettre sous ~!** *fig* that's a brilliant idea, we must make a note of it and keep it safe! -**4.** ANAT globe; ~ **oculaire** eye.

globe-trotter [glɔbtrɔtœr] (*pl* **globe-trotters**) *nm* globe trotter.

globine [glɔbin] *nf* globin.

globulaire [glɔbylɛr] *adj* -**1.** [sphérique] globular, globe-shaped. -**2.** BIOL & PHYSIOL corpuscular.

globule [glɔbyl] *nm* -**1.** BIOL & PHYSIOL corpuscle; ~ **blanc/rouge** white/red corpuscle; ~ **polaire** polar body. -**2.** PHARM (spherical) capsule.

globuleux, euse [glɔbylø, øz] *adj* -**1.** [forme] globular, globulous. -**2.** [œil] protruding, bulging.

globuline [glɔbylin] *nf* globulin.

gloire [glwar] *nf* -**1.** [renom] fame; **connaître la ~** to find fame; ~ **éphémère** short-lived fame; **au faîte** OU **sommet de sa ~** at the height OU pinnacle of his fame; **ne t'attends pas à être payé, on fait ça pour la ~** don't expect payment, we're doing it for love; **cette salle est la ~ du musée du Louvre** this gallery is the (crowning) glory of the Louvre museum. -**2.** [mérite] glory, credit; **toute la ~ vous en revient** the credit is all yours; **se faire ~ de** to boast about ❑ **c'est pas la ~** *fam* it's not exactly brilliant. -**3.** [éloge] praise; **écrit à la ~ de...** written in praise of...; **rendre ~ au courage de qqn** to praise sb's courage; ~ **à Dieu** praise be to OU glory to God. -**4.** [personne] celebrity. -**5.** BX-ARTS [auréole] aureole; [ciel décoré] glory. -**6.** RELIG glory; **la ~ éternelle** eternal glory; **le séjour de ~** the Kingdom of Glory.

gloria [glɔrja] *nm inv* Gloria.

gloriette [glɔrjɛt] *nf* [pavillon] gazebo.

glorieusement [glɔrjøzmɑ̃] *adv* gloriously.

glorieux, euse [glɔrjø, øz] *adj* -**1.** [remarquable] glorious; **il a eu une mort glorieuse** he died a glorious death; **un ~ général** a glorious OU triumphant general. -**2.** *litt* [fier]: ~ **de sa victoire** priding himself on his victory; **être ~ de sa naissance** to be proud of one's birth. -**3.** RELIG glorious. -**4.** *fam fig*: **ce n'est pas ~** it's not exactly brilliant.
◆ **Glorieuse** *nf* HIST **Les Trois Glorieuses** *the three-day Revolution in 1830 (27, 28 and 29 July).*

glorificateur, trice [glɔrifikatœr, tris] *sout*
◇ *adj* glorifying.
◇ *nm, f* glorifier.

glorification [glɔrifikasjɔ̃] *nf sout* glorification.

glorifier [9] [glɔrifje] *vt* [exploit, qualité, héros] to glorify, to praise; [Dieu] to glorify.
◆ **se glorifier de** *vp + prép*: **se ~ de qqch** to glory in sthg; **se ~ d'avoir fait qqch** to boast of having done sthg.

gloriole [glɔrjɔl] *nf* vainglory; **faire qqch par ~** to do sthg to show off OU for show.

glose [gloz] *nf* gloss.
◆ **gloses** *nfpl vieilli* [commérages] gossip *(U)*; **faire des ~s sur qqn** to gossip about sb.

gloser [3] [gloze] *vt* [annoter] to annotate, to gloss.
◆ **gloser sur** *v + prép* -**1.** [discourir sur]: ~ **sur qqch** to ramble on about sthg. -**2.** [jaser sur]: ~ **sur qqch/qqn** to gossip about sthg/sb.

glossaire [glɔsɛr] *nm* glossary, vocabulary.

glossolalie [glɔsɔlali] *nf* glossolalia.

glottal, e, aux [glɔtal, o] *adj* glottal.

glotte [glɔt] *nf* ANAT glottis; **coup de ~** LING glottal stop.

glottique [glɔtik] *adj* glottal, glottic.

glouglou [gluglu] *nm* -**1.** *fam* [d'une fontaine] gurgle, gurgling; [d'une bouteille] glug-glug; **faire ~** [fontaine] to gurgle; [bouteille] to go glug-glug. -**2.** [du dindon] gobbling.

glouglouter [3] [gluglute] *vi* -**1.** *fam* [fontaine] to gurgle; [bouteille] to go glug-glug. -**2.** [dindon] to gobble.

gloussement [glusmɑ̃] *nm* -**1.** [d'une personne] chuckle; ~**s** giggling. -**2.** [d'une poule] clucking.

glousser [3] [gluse] *vi* -**1.** [personne] to chuckle. -**2.** [poule] to cluck.

glouton, onne [glutɔ̃, ɔn] ◇ *adj* greedy, gluttonous; **que ce bébé est ~!** what a greedy baby!
◇ *nm, f* glutton.
◆ **glouton** *nm* ZOOL wolverine, glutton.

gloutonnement [glutɔnmɑ̃] *adv* greedily, gluttonously; **il dévora ~ son déjeuner** he devoured his lunch greedily.

gloutonnerie [glutɔnri] *nf* gluttony.

glu [gly] *nf* -**1.** [substance visqueuse] birdlime; **prendre des oiseaux à la ~** to lime birds. -**2.** *fam* [personne]: **c'est une vraie ~** she sticks to you like glue.

gluant, e [glyɑ̃, ɑ̃t] *adj* sticky, slimy; **riz ~** glutinous rice.

gluau [glyo] *nm* lime twig.

glucide [glysid] *nm* carbohydrate.

glucidique [glysidik] *adj* carbohydrate *(modif)*.

glucinium [glysinjɔm] *vieilli* = **béryllium**.

glucocorticoïde [glykɔkɔrtikɔid] *nm* glucocorticoid.

glucomètre [glykɔmɛtr] *nm* saccharimeter, saccharometer.

gluconique [glykɔnik] *adj*: **acide ~** gluconic acid.

glucose [glykoz] *nm* glucose.

glucoserie [glykozri] *nf* -**1.** [usine] glucose factory. -**2.** [industrie] glucose industry.

glucoside [glykozid] *nm* glucoside.

glutamate [glytamat] *nm* glutamate; ~ **de sodium** monosodium glutamate.

gluten [glytɛn] *nm* gluten; sans ~ gluten-free.

glutineux, euse [glytinø, øz] *adj* glutinous.

glycémie [glisemi] *nf* glycemia, glycaemia *Br.*

glycéride [gliserid] *nm* glyceride.

glycérie [gliseri] *nf* glyceria, sweet grass.

glycérine [gliserin] *nf* glycerin, glycerine.

glycériner [3] [gliserine] *vt* to treat with glycerine.

glycérique [gliserik] *adj* glyceric.

glycérophtalique [gliserɔftalik] *adj* glycerophtalic.

glycine [glisin] *nf* -**1.** BOT wisteria. -**2.** CHIM glycine, glycocoll.

glycocolle [glikɔkɔl] *nm* = **glycine 2.**

glycogène [glikɔʒɛn] *nm* glycogen.

glycogenèse [glikɔʒənɛz] *nf* glycogenesis.

glycogénique [glikɔʒenik] *adj* glycogenetic.

glycol [glikɔl] *nm* glycol.

glycolique [glikɔlik] *adj* glycolic.

glycolyse [glikɔliz] *nf* glycolysis.

glycoprotéine [glikɔprɔtein] *nf* glycoprotein.

glycorégulation [glikɔregylasjɔ̃] *nf* glycoregulation.

glycosurie [glikɔzyri] *nf* glycosuria.

glyptique [gliptik] *nf* glyptics *(sg).*

GMT *(abr de* Greenwich Mean Time) GMT.

gnangnan *fam* [ɲɑ̃ɲɑ̃] ◇ *adj inv péj* -**1.** [personne] dopey. -**2.** [œuvre, style]: j'ai vu le film, que c'était ~! I saw the film, it was so soppy!
◇ *nmf* wimp.

gnaule▽ [ɲol] = **gnole.**

gneiss [gnɛs] *nm* gneiss.

gniole▽ [ɲol] = **gnole.**

GNL *(abr de* **gaz naturel liquéfié)** *nm* LNG.

gnocchi [ɲɔki] *(pl inv* OU **gnocchis)** *nm* gnocchi.

gnognot(t)e *fam* [ɲɔɲɔt] *nf*: **c'est de la ~** [c'est facile] that's OU it's a cinch; [c'est sans valeur] that's OU it's rubbish *Br* OU garbage *Am*; **c'est pas de la ~** it's the real McCoy.

gnole▽, **gnôle**▽ [ɲol] *nf* hard stuff, hooch *Am.*

gnome [gnom] *nm* -**1.** [génie] gnome. -**2.** *sout* [nabot] dwarf, gnome.

gnomique [gnɔmik] *adj* gnomic.

gnomon [gnɔmɔ̃] *nm* gnomon.

gnomonique [gnɔmɔnik] *nf* gnomonics *(sg).*

gnon *fam* [ɲɔ̃] *nm* -**1.** [coup] thump; **elle lui a flanqué un sacré ~** she gave him a real thump. -**2.** [enflure] bruise.

gnose [gnoz] *nf* gnosis.

gnosticisme [gnɔstisism] *nm* Gnosticism.

gnostique [gnɔstik] *adj* & *nmf* Gnostic.

gnou [gnu] *nm* wildebeest, gnu.

gnouf [ɲuf] *nm arg crime*: **au ~** in the nick *Br* OU slammer *Am.*

go [go] *nm inv* go; **le jeu de ~** go.
◆ **tout de go** *fam loc adv* straight out; **ne le lui annonce pas tout de ~** don't tell him straight out; **il m'a appelé Luc tout de ~** he started calling me Luc straight away.

GO ◇ *nfpl (abr de* **grandes ondes)** LW.
◇ *nm (abr de* **gentil organisateur)** group leader *(at Club Méditerranée).*

goal [gol] *nm* [gardien] goal keeper.

goal-average [golavrɛdʒ] *(pl* **goal-averages)** *nm* goal difference.

gobelet [gɔblɛ] *nm* -**1.** [timbale] tumbler, beaker; **~ jetable** [en papier] paper cup; [en plastique] plastic cup. -**2.** JEUX shaker.

Gobelins [gɔblɛ̃] *npr mpl*: **la manufacture des ~** *the factory in Paris where Gobelin tapestry is made.*

gobe-mouches [gɔbmuʃ] *nm inv* -**1.** ORNITH flycatcher. -**2.** *fam* [naïf] *vieilli* gull.

gober [3] [gɔbe] *vt* -**1.** [avaler - huître] to swallow; [- œuf] to suck; [- insecte] to catch (and eat). -**2.** *fam* [croire] to swallow; **alors, elle a gobé ton histoire?** so, did she swallow OU buy it?; **ils ont tout gobé!** they swallowed it (all), hook, line and sinker! -**3.** *fam* [supporter]: **je n'ai jamais pu la ~!** I never could stand OU stick *Br* her! -**4.** *fam loc*: **ne reste pas là à ~ les mouches!** don't just stand there gawping!, don't just stand there like a lemon *Br* OU lump *Am*!
◆ **se gober** *fam vpi* to think a lot of o.s.; **qu'est-ce qu'il se gobe, celui-là!** he really thinks he's something special!

goberger *fam* [17] [gɔbɛrʒe]
◆ **se goberger** *vpi* -**1.** [festoyer] to have a ball, to whoop it up. -**2.** [se prélasser] to laze (about).

Gobi [gɔbi] *npr* → **désert.**

godailler [gɔdaje] = **goder.**

godasse *fam* [gɔdas] *nf* shoe.

godelureau, x *fam* [gɔdlyro] *nm vieilli* (young) Romeo, ladies' man.

godendart [godɑ̃dar] *nm Can* two-handed saw.

goder [3] [gɔde] *vi* COUT to pucker, to be puckered.

godet [gɔdɛ] *nm* -**1.** [petit récipient] jar; [verre] tumbler; **un ~ en étain** a pewter mug; **on va boire un ~?** *fam* let's have a drink OU jar *Br.* -**2.** [pour peinture] pot. -**3.** [d'une pipe] bowl. -**4.** [nacelle - d'une noria] scoop; [- d'une roue à eau, en manutention] bucket. -**5.** COUT [à ondulation] flare; [à découpe] gore; [défaut] pucker, ruck.

godiche *fam* [gɔdiʃ] ◇ *adj* [maladroit] oafish; [niais] silly, dumb *Am*; **ce qu'il peut être ~!** he's such an oaf!
◇ *nf* [maladroite] clumsy thing; [niaise] silly thing.

godichon, onne *fam* [gɔdiʃɔ̃, ɔn] = **godiche** *adj.*

godille [gɔdij] *nf* -**1.** [rame] (stern-mounted) scull; **avancer à la ~** to scull. -**2.** [à ski] wedeln.

godiller [3] [gɔdije] *vi* -**1.** NAUT to scull. -**2.** [au ski] to wedeln.

godillot [gɔdijo] *nm* -**1.** [chaussure] clodhopper. -**2.** *fam* [personne] party-liner, yes-man.

godiveau, x [gɔdivo] *nm* veal forcemeat *(U).*

goéland [gɔelɑ̃] *nm* sea gull; **~ argenté/cendré** herring/common gull; **~ marin** great black-backed gull.

goélette [gɔelɛt] *nf* schooner.

goémon [gɔemɔ̃] *nm* wrack.

goglu [gogly] *nm Can* bobolink.

gogo *fam* [gogo] *nm* sucker; **c'est pour les ~s, leur publicité** you'd have to be a real sucker to fall for their advert.
◆ **à gogo** *fam loc adv* galore; **il y avait des frites à ~** there were chips galore.

goguenard, e [gɔgnar, ard] *adj* mocking, jeering; **un œil ~** a mocking look.

goguenardise [gɔgnardiz] *nf sout* mocking, jeering; **regarder qqn avec ~** to eye sb mockingly.

goguenots *fam* [gɔgno], **gogues**▽ [gɔg] *nmpl* loo *Br*, john *Am.*

goguette [gɔgɛt]
◆ **en goguette** *loc adj*: **en ~** merry, a little tiddly.

goï [gɔj] = **goy.**

goïm [gɔim] *pl* → **goy.**

goinfre [gwɛ̃fr] *nmf* pig; **manger comme un ~** to eat like a pig.

goinfrer *fam* [3] [gwɛ̃fre]
◆ **se goinfrer** *vpi* to pig OU to stuff o.s.; **se ~ de qqch** to stuff o.s. with sthg.

goinfrerie [gwɛ̃frəri] *nf* piggyness; **arrête de manger, c'est de la ~** stop eating, you're just being a pig OU making a pig of yourself.

goitre [gwatr] *nm* goitre.

goitreux, euse [gwatrø, øz] ◇ *adj* goitrous.
◇ *nm, f person with a goitre.*

Golan [gɔlɑ̃] *npr m*: **le (plateau du) ~** the Golan Heights.

Goldberg [gɔldbɛrg] *npr*: **'les Variations ~'** *Bach* 'The Goldberg Variations'.

golden [gɔldɛn] *nf* Golden Delicious.

golf [gɔlf] *nm* -**1.** SPORT: **le ~** golf. -**2.** [terrain] (golf) links, golf course; **~ miniature** miniature golf, mini-golf.

golfe [gɔlf] *nm* gulf.

GOLFES:
le golfe d'Aden the Gulf of Aden;
le golfe du Bengale the Bay of Bengal;
le golfe de Botnie the Gulf of Bothnia;
le golfe de Californie the Gulf of California;
le golfe de Gascogne the Bay of Biscay;
le golfe du Mexique the Gulf of Mexico;
le golfe Persique the Persian Gulf;
le golfe de Thaïlande the Gulf of Siam.

Golfe [gɔlf] *npr m*: **le ~** the Gulf; **les États/la Guerre du ~** the Gulf States/War.

golfeur, euse [gɔlfœr, øz] *nm, f* golfer.

Golgotha [gɔlgɔta] *npr m*: **le ~** Golgotha.

Goliath [gɔljat] *npr* BIBLE Goliath.

Gomina® [gɔmina] *nf* brilliantine, ≃ Brylcreem®.

gominer [3] [gɔmine]
◆ **se gominer** *vp (emploi réfléchi)* to put Brylcreem® OU hair cream on.

gommage [gɔmaʒ] *nm* -**1.** [effacement] erasing. -**2.** [de la peau] exfoliation; **se faire faire un ~** to have one's skin deep-cleansed. -**3.** [encollage] gumming.

gomme [gɔm] *nf* -**1.** [pour effacer] rubber *Br*, eraser; **~ à encre** ink rubber OU eraser. -**2.** [substance] gum; **~ adragante** tragacanth; **~ arabique** gum arabic, gum acacia. -**3.** MÉD gumma. -**4.** [friandise] gum; **~ à mâcher** chewing-gum, bubble-gum. -**5.** *fam loc*: **à la ~** lousy; **des conseils à la ~** lousy advice; **son installation électrique à la ~** his lousy OU crummy wiring; **mettre (toute) la ~** [en voiture] to step on it; [au travail] to pull out all the stops.

gommé, e [gɔme] *adj* [papier] gummed.

gomme-gutte [gɔmgyt] *(pl* **gommes-guttes)** *nf* gamboge.

gomme-laque [gɔmlak] *(pl* **gommes-laques)** *nf* shellac.

gommer [3] [gɔme] *vt* -**1.** [avec une gomme] to rub out *Br (sép)*, to erase. -**2.** [faire disparaître] to chase away *(sép)*, to erase. -**3.** [estomper]: **~ les contours** to soften the outline; **le reportage a gommé les moments les plus pénibles** *fig* the report played down OU glossed over the toughest moments. -**4.** [encoller] to gum.

gomme-résine [gɔmrezin] *(pl* **gommes-résines)** *nf* gum resin.

gommette [gɔmɛt] *nf* (small) sticker.

gommeux, euse [gɔmø, øz] *adj* -**1.** BOT gum-yielding, gummiferous *spéc.* -**2.** MÉD gummatous.
◆ **gommeux** *nm vieilli* young fop.
◆ **gommeuse** *nf* gumming machine.

gommier [gɔmje] *nm* gum tree, gummiferous tree *spéc.*

Gomorrhe [gɔmɔr] *npr* → **Sodome.**

gon [gɔ̃] *nm* grade GEOM.

gonade [gɔnad] *nf* gonad.

gonadique [gɔnadik] *adj* gonadal.

gonadostimuline [gɔnadɔstimylin] = **gonadotrophine.**

gonadotrope [gɔnadɔtrɔp] *adj* gonadotropic, gonadotrophic.

gonadotrophine [gɔnadɔtrɔfin] *nf* gonadotropin, gonadotrophin.

Goncourt [gɔ̃kur] *npr*: **le prix ~** *prestigious annual literary prize awarded by the Académie Goncourt.*

gond [gɔ̃] *nm* hinge; **mettre une porte sur ses ~s** to hang a door ❑ **sortir de ses ~s** to blow one's top, to fly off the handle.

gondolage [gɔ̃dɔlaʒ] *nm* [du bois] warping; [d'une tôle] buckling; [du papier] cockling.

gondolant, e▽ [gɔ̃dɔlɑ̃, ɑ̃t] *adj vieilli* hysterical, side-splitting.

gondole [gɔ̃dɔl] *nf* COMM & NAUT gondola; **tête de ~** COMM gondola head.

gondolement [gɔ̃dɔlmɑ̃] = **gondolage.**

gondoler [3] [gɔ̃dɔle] ◇ *vi* [bois] to warp, to get warped; [tôle] to buckle.

◇ *vt* to wrinkle, to crinkle; **l'humidité a gondolé le papier** the damp has wrinkled OU crinkled the paper; **un disque gondolé** a warped record.

◆ **se gondoler** *vpi* -**1.** [se déformer - bois] to warp; [- papier] to wrinkle; [- tôle] to buckle. -**2.** ▽ [rire] to fall about (laughing); **ils se sont tous gondolés quand je leur ai dit** when I told them they all fell about (laughing) OU they were all in stitches.

gondolier, ère [gɔ̃dɔlje, ɛr] *nm, f* COMM merchandise assistant.

◆ **gondolier** *nm* [batelier] gondolier.

gonflable [gɔ̃flabl] *adj* [canot] inflatable; [ballon, poupée] blow-up.

gonflage [gɔ̃flaʒ] *nm* -**1.** [d'un pneu] inflating; [d'un ballon] blowing up; **vérifie le ~ des pneus** check the tyre pressure. -**2.** CIN enlargement.

gonflant, e [gɔ̃flɑ̃, ɑ̃t] *adj* -**1.** [bouffant - jupon] full; [- manche] puffed. -**2.** ▽ [irritant]: **c'est ~!** what a drag!

◆ **gonflant** *nm* [d'un tissu, d'une chevelure] volume.

gonfle [gɔ̃fl] *nf Helv* [congère] snowdrift.

gonflé, e [gɔ̃fle] *adj* -**1.** [enflé] swollen, puffed up; **enfants faméliques au ventre ~** starving children with distended OU swollen stomachs ❑ **~ comme une outre** full to bursting (point). -**2.** *fam loc*: **t'es ~!** [effronté] you've got a nerve OU some cheek!; [courageux] you've got guts!; **être ~ à bloc** [en pleine forme] to be full of beans; [plein d'ardeur] to be itching OU raring to go.

gonflement [gɔ̃fləmɑ̃] *nm* -**1.** [grosseur] swelling. -**2.** [augmentation - des prix] inflation; [- des statistiques] exaggeration; [- des impôts] excessive increase. -**3.** AUT blowing up, inflating.

gonfler [3] [gɔ̃fle] ◇ *vt* -**1.** [remplir d'un gaz - bouée, pneu] to inflate, to blow up *(sép)*; [- poumons] to fill; **avoir le cœur gonflé de peine/de chagrin/de joie** to be heartbroken/grief-stricken/overjoyed. -**2.** [faire grossir]: **gonfle tes muscles** flex your muscles; **un abcès lui gonflait la joue** his cheek was swollen with an abcess; **la brise gonflait sa jupe** her skirt was billowing in the breeze; **la fonte des neiges gonfle les torrents** the thaw swells the torrents OU makes the torrents swell; **les yeux gonflés de sommeil/de larmes** eyes swollen with sleep/with tears; **la bière fait ~ l'estomac** beer bloats the stomach. -**3.** [augmenter - prix, devis] to inflate, to push up *(sép)*; [- frais, statistiques] to exaggerate, to inflate; [- importance, impact] to exaggerate, to blow out of all proportion. -**4.** CIN to blow up *(sép)*, to enlarge. -**5.** ▽ [irriter] to get on sb's nerves OU *Br* wick; **il commence à me ~** he's starting to get on my nerves OU on my wick *Br*.

◇ *vi* -**1.** CULIN [pâte] to rise; [riz] to swell (up). -**2.** [enfler] to be puffed up OU bloated; **le bois a gonflé** the wood has warped.

◆ **se gonfler** ◇ *vp (emploi passif)*: **ce matelas se gonfle à l'aide d'une pompe** this air bed can be blown up with a pump.

◇ *vpi* -**1.** [voile] to swell; [éponge] to swell up. -**2.** [se remplir de gaz] to inflate. -**3.** *fig*: **son cœur se gonfle d'allégresse** her heart is bursting with joy.

gonflette *fam* [gɔ̃flɛt] *nf péj*: **faire de la ~** to pump iron.

gonfleur [gɔ̃flœr] *nm* (air) pump.

gong [gɔ̃g] *nm* -**1.** MUS gong. -**2.** SPORT bell.

goniomètre [gɔnjɔmɛtr] *nm* goniometer.

gonococcie [gɔnɔkɔksi] *nf* gonococcal infection.

gonocoque [gɔnɔkɔk] *nm* gonococcus; **des ~s** gonococci.

gonze ▽ [gɔ̃z] *nm* guy, bloke *Br*.

gonzesse ▽ [gɔ̃zɛs] *nf* -**1.** [femme] bird *Br*, chick *Am*. -**2.** [homme] sissy, pantywaist *Am*.

Gorbatchev [gɔrbatʃɛf] *npr*: **Mikhaïl ~** Mikhael Gorbachov.

gord [gɔr] *nm* kiddle, stake net.

gordien [gɔrdjɛ̃] *adj m*: **trancher le nœud ~** to cut the Gordian knot.

goret [gɔrɛ] *nm* -**1.** [porcelet] piglet. -**2.** *fam* [personne]: **petit ~!** you grubby little pig!

gorge [gɔrʒ] *nf* -**1.** [gosier] throat; **avoir mal à la ~** to have a sore throat; **j'ai la ~ sèche** my throat is dry OU parched ❑ **l'arête m'est restée en travers de la ~** *pr* the bone got stuck in my throat; **son refus m'est resté en travers de la ~** *fig* his refusal stuck in my throat; **avoir la ~ nouée** OU **serrée** to have a lump in one's throat; **l'odeur/la fumée vous prenait à la ~** the smell/smoke made you gag; **crier à pleine ~** OU **à ~ déployée** to shout at the top of one's voice; **rire à ~ déployée** to roar with laughter; **on lui enfoncera** OU **lui fera rentrer ses mots dans la ~** we'll make him eat his words; **prendre qqn à la ~** *pr* to grab OU to take sb by the throat; **pris à la ~, ils ont dû emprunter** *fig* they had a gun to their heads, so they had to borrow money; **tenir qqn à la ~** *pr* to hold sb by the throat; *fig* to have a stranglehold on sb; **faire rendre ~ à qqn** to force sb to pay OU to cough up; **faire des ~s chaudes de qqn/qqch** to have a good laugh about sb/sthg; **quand ils sauront, ils vont en faire des ~s chaudes** when they find out, they'll have a good laugh about it. -**2.** *litt* [seins] bosom. -**3.** GÉOG gorge. -**4.** ARCHIT groove, glyph, channel. -**5.** CONSTR [d'une cheminée] throat; [d'une fenêtre] groove. -**6.** MÉCAN [d'une poulie] groove, score; [d'une serrure] tumbler; **roue** OU **poulie à ~** sheave.

gorge-de-pigeon [gɔrʒdəpiʒɔ̃] *adj inv* dove-coloured.

gorgée [gɔrʒe] *nf* mouthful; **à petites ~s** in little sips; **à grandes ~s** in great gulps; **d'une seule ~** in one gulp.

gorger [17] [gɔrʒe] *vt*: **~ un enfant de sucreries** to stuff a child full of sweets; **des champs gorgés d'eau** waterlogged fields.

◆ **se gorger de** *vp + prép* -**1.** [se remplir de]: **au moment de la mousson, les rizières se gorgent d'eau** during the monsoon the rice paddies fill to overflowing with water. -**2.** [manger avec excès]: **se ~ de fruits** to gorge o.s. with fruit.

gorgone [gɔrgɔn] *nf* -**1.** *litt* [femme] gorgon, virago. -**2.** ZOOL gorgonian.

Gorgones [gɔrgɔn] *npr fpl*: **les ~** the Gorgons.

gorgonzola [gɔrgɔ̃zɔla] *nm* Gorgonzola (cheese).

gorille [gɔrij] *nm* -**1.** ZOOL gorilla. -**2.** *fam* [garde] bodyguard, gorilla.

Gorki [gɔrki] *npr*: **Maxime ~** Maxim Gorky.

gosette [gozɛt] *nf Belg fruit-filled pastry.*

gosier [gozje] *nm* [gorge] throat, gullet; **j'ai le ~ sec** *fam* I could do with a drink, I'm parched ❑ **ça m'est resté en travers du ~** *fam* it really stuck in my throat.

gospel [gɔspɛl] *nm* gospel (music).

gosse *fam* [gɔs] *nmf* -**1.** [enfant] kid; **sale ~!** you brat!; **c'est un/une brave ~** he's/she's a nice kid; **c'est une ~ de la rue** she grew up in the street; **~ de riches** rich kid. -**2.** [fils, fille] kid; **ses trois ~s** her three kids. -**3.** [jeune]: **il est beau ~** he's a good-looking chap; **belle ~** good-looking girl.

Göteborg [gøtəbɔrg] *npr* Gothenburg, Göteborg.

gothique [gɔtik] ◇ *adj* -**1.** BX-ARTS & HIST Gothic; **écriture ~** Gothic script. -**2.** LITTÉRAT Gothic. -**3.** AÉRON Gothic.

◇ *nm* -**1.** BX-ARTS: **le ~** the Gothic style. -**2.** LITTÉRAT: **le ~** Gothic.

◇ *nf* Gothic (type).

Goths [go] *npr mpl*: **les ~** the Goths.

gotique [gɔtik] *nm* LING Gothic.

gouache [gwaʃ] *nf* gouache; **peindre à la ~** to paint in OU with gouache; **quelques belles ~s** some beautiful gouaches.

gouaille [gwaj] *nf vieilli* cheeky humour; **elle répliqua avec une ~ bien parisienne** she replied with typical Parisian humour.

gouailler [3] [gwaje] *vi vieilli* to mock cheekily.

gouaillerie [gwajri] *nf vieilli* mocking OU cheeky remark.

gouailleur, euse [gwajœr, øz] *adj vieilli* mocking, cheeky.

gouape *fam* [gwap] *nf vieilli* hoodlum, hood.

gouda [guda] *nm* Gouda (cheese); **vieux ~** mature Gouda.

goudron [gudrɔ̃] *nm* tar; **~ bitumineux** bitumen; **~ de bois/houille** wood/coal tar.

◆ **goudrons** *nmpl* (cigarette) tar.

goudronnage [gudrɔnaʒ] *nm* tarring, surfacing.

goudronné, e [gudrɔne] *adj*: **papier ~** tar-lined paper; **route ~e** tarred road.

goudronner [3] [gudrɔne] *vt* -**1.** [route] to tar, to surface (with tar). -**2.** [bateau] to pay.

goudronneur [gudrɔnœr] *nm* [ouvrier] tar sprayer OU spreader.

goudronneux, euse [gudrɔnø, øz] *adj* tarry.

◆ **goudronneuse** *nf* [machine] tar tank OU spreader.

gouffre [gufr] *nm* GÉOL [dû à l'effondrement] trough fault (valley); [dû à un fleuve] swallow hole; [abîme] chasm, abyss, pit; **un ~ béant** a yawning OU gaping chasm; **cette affaire sera un ~ financier** this business will just swallow up money, we'll have to keep on pouring money into this business; **être au bord du ~** to be on the edge of the abyss; **tombé dans le ~ de l'oubli** *litt* fallen into the depths of oblivion.

gouge [guʒ] *nf* -**1.** [ciseau à bois] gouge; [pour évider] hollow chisel. -**2.** [de cordonnier] paring tool, parer.

gougère [guʒɛr] *nf* gougère *(choux pastry filled with Gruyère cheese).*

gougnafier *fam* [guɲafje] *nm vieilli* good-for-nothing; **faire qqch comme un ~** to make a pig's ear of sthg *Br*, to foul sthg up.

gouille [guj] *nf Helv* pond.

gouine ▽ [gwin] *nf péj* dyke.

goujat [guʒa] *nm sout* boor.

goujaterie [guʒatri] *nf sout* boorishness, uncouthness; **quelle ~!** how uncouth!

goujon [guʒɔ̃] *nm* -**1.** ZOOL gudgeon. -**2.** CONSTR [de bois] dowel; [de métal] gudgeon. -**3.** MÉCAN [de poulie] pin.

goujonner [3] [guʒɔne] *vt* -**1.** CONSTR [bois] to dowel; [métal] to bolt. -**2.** MÉCAN to bolt (with gudgeons).

goulache [gulaʃ] *nm* goulash.

goulafre [gulafr] *Belg* ◇ *adj* greedy.

◇ *nmf* greedy person.

goulag [gulag] *nm* Gulag.

goulasch [gulaʃ] = **goulache**.

goule [gul] *nf* ghoul.

goulée [gule] *nf* -**1.** [de liquide] gulp; **vider son verre à grandes ~s** to gulp down one's drink. -**2.** [d'air]: **prendre une ~ d'air** to take in a lungful of air.

goulet [gulɛ] *nm* -**1.** [rétrécissement] narrowing; **la rue fait un ~** the road narrows ❑ **~ d'étranglement** bottleneck. -**2.** GÉOL gully, (narrow) gorge. -**3.** [chenal] channel.

goulette [gulɛt] *nf* TRAV PUBL race, conduit.

gouleyant, e [gulejɑ̃, ɑ̃t] *adj* ŒNOL lively.

goulot [gulo] *nm* -**1.** [de bouteille] neck; **boire au goulot** to drink straight from the bottle. -**2.** *fig*: **~ d'étranglement** bottleneck.

goulotte [gulɔt] *nf* [conduit] conduit; [rigole] channel.

goulu, e [guly] ◇ *adj* greedy, gluttonous.

◇ *nm, f* glutton.

goulûment [gulymɑ̃] *adv* greedily; **manger ~** to eat greedily, to gobble (down) one's food.

goupil [gupi] *nm arch* fox.

goupille [gupij] *nf* (joining) pin, cotter (pin); **~ fendue** split pin.

goupiller [3] [gupije] *vt* -**1.** TECH to pin, to (fix with a) cotter. -**2.** *fam* [combiner] to set up *(sép)*; **ils avaient tout goupillé d'avance!** they had it all set up OU worked out!; **je voudrais bien savoir ce qu'elle est en train de ~** I'd really like to know what she's up to; **elle avait bien goupillé son coup** she'd set it up neatly OU planned it just right.

◆ **se goupiller** *fam vpi* [se dérouler] to turn out; **ça dépend comment les choses vont se ~** it depends how things turn OU work out; **ça s'est bien/mal goupillé** things turned out well/badly.

goupillon [gupijɔ̃] *nm* -**1.** [brosse] bottle-brush. -**2.** RELIG aspersorium.

gourance▽ [gurɑ̃s], **gourante**▽ [gurɑ̃t] *nf* boob *Br*, goof *Am*.

gourbi [gurbi] *nm* -**1.** *fam* [taudis] slum. -**2.** [en Afrique du Nord] gourbi, shack.

gourd, e[1] [gur, gurd] *adj* [engourdi] numb, stiff; **j'ai les doigts ~s** my fingers are numb OU stiff (with cold).

gourde[2] [gurd] ◇ *adj* dopey, thick.
◇ *nf* -**1.** [récipient - en peau] leather flask, wineskin; [- en métal ou plastique] bottle, flask. -**2.** [courge] gourd. -**3.** *fam* [personne] blockhead, twit; **c'est une vraie ~!** he's a real blockhead OU twit!

gourdin [gurdɛ̃] *nm* cudgel.

gourer [3] [gure]
◆ **se gourer** *fam vpi* [se tromper]: **je me suis gouré d'adresse** I made a slip-up with the address; **je me suis gouré dans les horaires** I got the times mixed up; **tu t'es complètement gouré!** you've got it completely round your neck!

gourgandine [gurgɑ̃din] *nf vieilli & péj* hussy.

gourmand, e [gurmɑ̃, ɑ̃d] ◇ *adj* -**1.** [personne] greedy; **~ de chocolat** fond of chocolate ‖ [gastronomique]: **notre page ~e** our food OU gastronomy page; **les petites recettes ~es de Julie** Julie's special OU tasty recipes. -**2.** [bouche] greedy; [lèvres] eager; [regard] greedy, eager. -**3.** [État, fisc] greedy. -**4.** HORT: **branche ~e** sucker.
◇ *nm, f* gourmand, person who loves his/her food; **c'est vrai, je suis une ~e** I must admit I am rather fond of my food.
◆ **gourmand** *nm* BOT sucker.

gourmander [3] [gurmɑ̃de] *vt sout* to rebuke, to castigate, to upbraid.

gourmandise [gurmɑ̃diz] *nf* -**1.** [caractère] greediness, greed. -**2.** [sucrerie] delicacy.

gourme [gurm] *nf* -**1.** [du cheval] strangles *(sg)*, equine distemper. -**2.** *fam loc*: **jeter sa ~** *vieilli* to sow one's wild oats.

gourmé, e [gurme] *adj litt* stiff, starched.

gourmet [gurmɛ] *nm* gourmet, epicure.

gourmette [gurmɛt] *nf* -**1.** JOAILL (chain) bracelet. -**2.** [pour cheval] curb (chain).

gourou [guru] *nm* -**1.** RELIG guru. -**2.** *fig* guru, mentor.

gousse [gus] *nf* [de haricot] pod, husk; [de petit pois] pod; [d'ail] clove; [de vanille] bean, pod.

gousset [gusɛ] *nm* -**1.** COUT [de gilet] waistcoat pocket; [de pantalon] fob pocket. -**2.** CONSTR [traverse] support; [plaque] gusset, plate.

goût [gu] *nm* -**1.** [sens] taste; **perdre le ~** to lose one's sense of taste. -**2.** [saveur] taste; **avoir un drôle de ~** to taste funny; **ça a un ~ très épicé** it tastes very hot; **ça a un ~ de miel/moutarde** it tastes of honey/mustard; **ce vin a un ~ de bouchon** this wine is corked; **ça n'a aucun ~** it's tasteless, it's got no taste; **avec ce rhume, je ne trouve aucun ~ à la nourriture** I can't taste my food (properly) because of this cold; **ajoutez du sucre selon votre ~** add sugar to taste ❑ **ça a un (petit) ~ de revenez-y** *fam* it's rather moreish; **je vais lui faire passer le ~ du pain** I'm going to do away with him, I'm going to bump him off; **je vais lui faire passer le ~ du mensonge** I'm going to put a stop to his lying once and for all. -**3.** [préférence] taste; **un ~ marqué** OU **particulier pour...** a great liking OU fondness for...; **avoir des ~s de luxe** to have expensive tastes; **prendre ~ à qqch** to develop a taste for sthg; **c'est (une) affaire** OU **question de ~** it's a matter of taste; **à chacun son ~**, **chacun son ~** each to his own ❑ **tous les ~s sont dans la nature** it takes all sorts (to make a world); **des ~s et des couleurs on ne discute pas** *prov* there's no accounting for taste. -**4.** [intérêt] taste, liking; **il faut leur donner le ~ des maths** we've got to give them a taste OU a liking for maths; **ne plus avoir ~ à qqch** to have lost one's taste for sthg; **faire qqch par ~** to do sthg out of OU by inclination; **je ne le fais pas par ~** I don't do it from choice. -**5.** [jugement esthétique] taste; **les gens de ~** people of taste; **elle a bon/mauvais ~** she has good/bad taste; **elle n'a aucun ~** she has no taste; **une décoration de bon ~** a tasteful decoration; **il serait de bon ~ de nous retirer** OU **que nous nous retirions** it would be proper to take our leave; **il a eu le (bon) ~ de se taire** he had the sense to remain silent; **cette plaisanterie est d'un ~ douteux** that joke is in poor OU doubtful taste; **une remarque de mauvais ~** a remark in poor OU bad taste. -**6.** [mode]: **c'était le ~ de l'époque** it was the style of the time; **c'est le ~ du jour** it is the current fashion; **être au ~ du jour** to be in line with current tastes; **remettre qqch au ~ du jour** to update sthg; **un opéra dans le ~ de Verdi** an opera in the style of Verdi; **dans ce ~-là: c'était une fourrure en renard, ou quelque chose dans ce ~-là** it was a fox fur, or something of the sort.
◆ **à mon goût, à son goût** *etc loc adv* to my/his *etc* liking; **le décor est tout à fait à mon ~** the decor is exactly to my liking; **à mon/son ~, on est trop lent** we're not going fast enough for my/his liking.

goûter[1] [3] [gute] ◇ *vt* -**1.** [aliment, boisson] to taste, to try; **voulez-vous ~ ma sauce?** would you like to taste OU try my sauce? -**2.** *sout* [apprécier] to savour, to enjoy; **goûtons ensemble le calme du soir** let's savour OU enjoy the peace of the evening together; **elle n'a pas goûté l'humour de leurs commentaires** she didn't appreciate their witticisms. -**3.** *Belg* [avoir un goût de] to taste; **ce fruit goûte le pourri** this fruit tastes rotten.
◇ *vi* -**1.** [prendre une collation] to have an afternoon snack, to have tea *Br*; **venez ~, les enfants!** come and have your snack, children!; **il goûte toujours d'une pomme et d'un verre de lait** he always has an apple and a glass of milk for his afternoon snack. -**2.** *Belg* [avoir bon goût] to taste nice.
◆ **goûter à** *v + prép* -**1.** [manger]: **tu ne dois pas ~ au gâteau avant le dessert** you mustn't take any cake before the dessert; **goûtez donc à ces biscuits** do try some of these biscuits. -**2.** [faire l'expérience de] to have a taste of; **maintenant qu'elle a goûté à la célébrité** now that she's tasted OU had a taste of fame.
◆ **goûter de** *v + prép* -**1.** [plat] to taste, to try; **puis-je ~ un peu de ce fromage?** may I taste OU try some of this cheese? -**2.** [faire l'expérience de] to have a taste of; **depuis qu'elle a goûté du piano, c'est une passionnée** since she's had a taste of piano playing, she's become an enthusiast.

goûter[2] [gute] *nm* [collation] *afternoon snack for children, typically consisting of bread, butter, chocolate, and a drink*; [fête] children's party; **invité à un ~ d'anniversaire** invited to a (children's) birthday party.

goûteur, euse[1] [gutœr, øz] *nm, f* taster.

goûteux, euse[2] [gutø, øz] *adj* tasty.

goutte [gut] *nf* -**1.** [d'eau, de lait, de sang] drop; [de sueur] drop, bead; [de pluie] drop (of rain), raindrop; **il est tombé une ~ (ou deux)** there was a drop (or two) of rain; **~ de rosée** dewdrop ❑ **avoir la ~ au nez** to have a runny nose; **c'est une ~ d'eau dans la mer** it's a drop in the ocean; **c'est la ~ d'eau qui fait déborder le vase** it's the straw that broke the camel's back. -**2.** [petite quantité]: **une ~ de** a (tiny) drop of; **une ~ de vin?** a drop of wine? -**3.** MÉD gout. -**4.** ARCHIT drop, gutta. -**5.** *fam* [eau-de-vie]: **la ~** the hard stuff.
◆ **gouttes** *nfpl* PHARM: **~s pour le nez/les oreilles/les yeux** nose/ear/eye drops.
◆ **goutte à goutte** *loc adv* drop by drop; **tomber ~ à ~** to drip; **ils laissent filtrer les informations ~ à ~** *fig* they are letting the news filter out bit by bit.
◆ **ne... goutte** *loc adv arch*: **je n'y comprends** OU **entends ~** I can't understand a thing; **je n'y vois ~** I can't see a thing.

goutte-à-goutte [gutagut] *nm inv* MÉD drip *Br*, IV *Am*; **ils lui ont mis un ~** they've put him on a drip.

Goutte d'Or [gutdɔr] *npr f*: **la ~** *old working-class district of Paris.*

gouttelette [gutlɛt] *nf* droplet.

goutter [3] [gute] *vi* to drip.

goutteux, euse [gutø, øz] ◇ *adj* gouty.
◇ *nm, f* gout-sufferer.

gouttière [gutjɛr] *nf* -**1.** CONSTR gutter; **~ verticale** drainpipe. -**2.** MÉD (plaster) cast.

gouvernable [guvɛrnabl] *adj* governable; **ce pays n'est pas ~** it's impossible to govern this country, this country is ungovernable.

gouvernail, s [guvɛrnaj] *nm* -**1.** NAUT rudder; **~ automatique/compensé** automatic/balanced rudder; **~ de profondeur** (submarine) hydroplane. -**2.** *fig*: **être au** OU **tenir le ~** to call the tune.

gouvernant, e [guvɛrnɑ̃, ɑ̃t] ◇ *adj* ruling; **les classes ~es** the ruling classes.
◇ *nm, f* man (*f* woman) in power; **il n'a pas une âme de ~** he was not born for government; **les ~s** the people in power, the Government.
◆ **gouvernante** *nf* -**1.** [préceptrice] governess. -**2.** [dame de compagnie] housekeeper.

gouverne [guvɛrn] *nf* -**1.** *sout* [instruction]: **pour ma/ta ~** for my/your information; **sache pour ta ~ que je ne mens pas** for your information, please remember that I don't lie. -**2.** NAUT steering; **aviron de ~** stern OU steering oar. -**3.** AÉRON control surface; **~ de profondeur** elevator; **~ de direction** (tail) rudder.

gouvernement [guvɛrnəmɑ̃] *nm* -**1.** [régime] government; **~ démocratique/monarchique** democratic/monarchic government; **sous le ~ socialiste** under the Socialist government; **~ fantoche** puppet government; **il est au ~ depuis 15 ans** he has been in government OU in power for 15 years. -**2.** [ensemble des ministres] Government; **le Premier ministre a formé son ~** the Prime Minister has formed his Government OU Cabinet; **le ~ a démissionné** the Government has resigned.

gouvernemental, e, aux [guvɛrnəmɑ̃tal, o] *adj* [parti] ruling, governing; [presse] pro-government; [politique, décision] government *(modif)*; **des dispositions ~es** measures taken by the government; **l'équipe ~e** the Government OU Cabinet *Br* OU Administration *Am*; **crise ~e** governmental crisis.

gouverner [3] [guvɛrne] ◇ *vt* -**1.** POL to rule, to govern; **le pays n'était plus gouverné** the country no longer had a government ‖ *(en usage abs)*: **~ c'est prévoir** *allusion Thiers* to govern is to foresee. -**2.** *litt* [maîtriser] to govern, to control; **~ ses passions** to control one's passions; **ne nous laissons pas ~ par la haine** let us not be governed OU ruled by hatred. -**3.** NAUT to steer. -**4.** GRAMM to govern. -**5.** *Helv* [soigner - bétail] to look after, to tend.
◇ *vi* NAUT to steer; **~ à la lame/à tribord** to steer by the sea/to starboard; **~ de l'arrière** to steer aft.
◆ **se gouverner** *vp (emploi réfléchi)* to govern o.s.; **le droit des peuples à se ~ eux-mêmes** the right of peoples to self-government.

gouvernés [guvɛrne] *nmpl*: **les ~** those who are governed.

gouverneur [guvɛrnœr] *nm* ADMIN & POL governor; **le Gouverneur de la Banque de France** the Governor of the Bank of France; **Gouverneur général** *Can* Governor general.

goy [gɔj] (*pl* goyim OU goïm [gɔjim]) ◇ *adj* goyish.
◇ *nmf* goy; **les goyim** goyim, goys.

goyave [gɔjav] *nf* guava.

goyavier [gɔjavje] *nm* guava (tree).

goyim [gɔjim] *pl* → **goy.**

GPL (*abr de* gaz de pétrole liquéfié) *nm* LPG.

GQG (*abr de* **grand quartier général**) *nm* GHQ.
gr *abr écrite de* **grade**.
GR *nm abr de* **(sentier de) grande randonnée**.
Graal [gral] *npr m*: **le ~** the (Holy) Grail.
grabat [graba] *nm sout* pallet, litter.
grabataire [grabatɛr] ◇ *adj* bedridden.
◇ *nmf* (bedridden) invalid; **les ~s** the bedridden.
grabuge *fam* [grabyʒ] *nm*: **il y avait du ~** there was a bit of a rumpus; **ça va faire du ~** that's going to cause havoc; **il y a eu du ~?** was there any trouble OU bother *Br*?
grâce [gras] ◇ *nf* -**1.** [beauté - d'un paysage] charm; [- d'une personne] grace; **plein de ~** graceful; **sans ~** graceless; **la vue n'est pas sans ~** the view is not without charm. -**2.** [volonté]: **de bonne ~** with good grace, willingly; **avoir la bonne ~ de dire/faire** to have the grace to say/to do; **de mauvaise ~** with bad grace; **vous auriez mauvaise ~ à** OU **de vous plaindre** it would be ungracious of you to complain. -**3.** [faveur] favour; **je te le demande comme une ~** I'm asking you this as a favour; **être en ~ auprès de qqn** to be in favour with sb; **rentrer en ~ auprès de qqn** to come back into sb's favour; **fais-moi la ~ de m'écouter** do me the favour of listening to me; **nous ferez-vous la ~ de signer votre dessin?** would you do us the honour of signing your drawing?; **trouver ~ aux yeux de qqn** to find favour with sb; **rien/personne ne trouve ~ à ses yeux** nothing/nobody finds favour in his eyes; **c'est (toute) la ~ que je vous souhaite** that is what I would wish for you. -**4.** [sursis - de peine] pardon; [- dans un délai] grace; **accorder sa ~ à qqn** to pardon sb; **crier** OU **demander ~** to beg for mercy; **faire ~ à qqn (de qqch)**: **je te fais ~ des centimes** I'll let you off the centimes; **je te fais ~ du récit complet** I'll spare you the full story; **une semaine/un mois de ~** one week's/month's grace ❑ **~ amnistiante** free pardon. -**5.** RELIG grace; **la ~ divine** divine grace; **avoir la ~** to be inspired; **par la ~ de Dieu** by the grace of God; **à la ~ de Dieu** [advienne que pourra] come what may; [n'importe comment] any old way; **être en état de ~** to be in a state of grace; **le président est en état de ~** *fig* the President can do no wrong || [reconnaissance]: **~ à Dieu!** thanks be to God!; **rendre ~** OU **~s à Dieu** to give thanks to God. -**6.** [titre]: **Sa Grâce** His/Her Grace; **Votre Grâce** Your Grace.
◇ *interj arch* mercy; **ah, ~!** have mercy!; **de ~!** for God's OU pity's sake!
◆ **grâces** *nfpl* -**1.** [faveurs]: **rechercher les bonnes ~s de qqn** to curry favour with sb, to seek sb's favour; **être/entrer dans les bonnes ~s de qqn** to be/to get in favour with sb || [manières]: **faire des ~s à qqn** to make up to sb; **faire des ~s** to put on airs (and graces). -**2.** RELIG: **dire les ~s** to give thanks (after eating).
◆ **grâce à** *loc prép* thanks to.
◆ **coup de grâce** *nm pr & fig* coup de grâce, deathblow.
Grâces [gras] *npr fpl*: **les trois ~** the three Graces.
graciable [grasjabl] *adj* pardonable.
gracier [9] [grasje] *vt* to reprieve.
gracieusement [grasjøzmɑ̃] *adv* -**1.** [joliment] gracefully. -**2.** [aimablement] graciously, kindly; **il m'a accueilli le plus ~ du monde** he greeted me very amiably. -**3.** [gratuitement] free (of charge), gratis.
gracieuseté [grasjøzte] *nf* -**1.** *sout* [parole aimable] pleasantry. -**2.** *vieilli* [cadeau] gratuity.
gracieux, euse [grasjø, øz] *adj* -**1.** [charmant] charming, graceful; **qu'il est ~ ce bébé!** what a charming baby! -**2.** [élégant] affable, amiable, gracious; **sa lettre était écrite sur le ton le plus ~** her letter was most amiable. -**3.** [gratuit] free (of charge).
gracile [grasil] *adj litt* slender.
gracilité [grasilite] *nf litt* slenderness, slimness.
Gracques [grak] *npr pl*: **les ~** the Gracchi.
gradation [gradasjɔ̃] *nf* -**1.** [progression]: **il y a une ~ dans nos exercices** we grade our exercises; **avec une ~ lente** gradually, by degrees ❑ **~ ascendante/descendante** gradual increase/decrease. -**2.** [étape] stage; **procédons par ~s** let's proceed step by step OU gradually.
grade [grad] *nm* -**1.** [rang] rank; **il a le ~ de capitaine** his rank is captain; **avancer** OU **monter en ~** to be promoted ❑ **en prendre pour son ~** *fam* to get it in the neck *esp Br*, to get hauled over the coals. -**2.** [niveau]: **~ universitaire** degree. -**3.** GÉOM (centesimal) grade. -**4.** CHIM grade.
gradé, e [grade] ◇ *adj*: **militaire ~** non-commissioned officer, NCO.
◇ *nm, f* non-commissioned officer, NCO; **tous les ~s** all ranks.
gradient [gradjɑ̃] *nm* -**1.** MÉTÉO gradient; **~ thermique** temperature gradient. -**2.** MATH: **~ d'une fonction** gradient of a function. -**3.** ÉLECTR: **~ de potentiel** voltage gradient.
gradin [gradɛ̃] *nm* -**1.** [dans un amphithéâtre] tier, (stepped) row of seats; [dans un stade]: **les ~s** the terraces. -**2.** GÉOG step, terrace; **à ~s** stepped. -**3.** AGR terrace; **à ~s** terraced; **les vergers s'élèvent en ~s** the orchards rise in terraces. -**4.** [d'un autel] gradin, gradine.
graduat [gradɥa] *nm Belg* [diplôme] technical diploma *(just below university level)*.
graduation [gradɥasjɔ̃] *nf* -**1.** [repère] mark; **verser le liquide jusqu'à la deuxième ~** pour the liquid up to the second mark. -**2.** [échelle de mesure] scale; **la ~ va jusqu'à 20** the scale goes up to 20. -**3.** [processus] graduating.
gradué, e [gradɥe] ◇ *adj* -**1.** [à graduations] graduated; **verre ~** [en chimie] graduated vessel; [dans la cuisine] measuring glass. -**2.** [progressif] graded; **exercices ~s** graded exercises.
◇ *nm, f Belg* graduate *(having passed the "graduat")*.
graduel, elle [gradɥɛl] *adj* gradual, progressive.
◆ **graduel** *nm* gradual.
graduellement [gradɥɛlmɑ̃] *adv* gradually.
graduer [7] [gradɥe] *vt* -**1.** [augmenter] to increase gradually; **il faut ~ la difficulté des tests** the tests should become gradually more difficult. -**2.** [diviser] to graduate.
graffiti [grafiti] (*pl inv* OU **graffitis**) *nm* -**1.** [inscription] graffiti; **un ~** a piece of graffiti; **des ~s** graffiti *(U)*. -**2.** ARCHÉOL graffito.
grafigner [grafiɲe] *vt Can* to scratch.
grailler [3] [graje] ◇ *vi* -**1.** [corneille] to caw. -**2.** [personne] to speak hoarsely OU throatily. -**3.** ▽ [manger] to eat; **venez ~!** grub's up! *esp Br*, come chow down! *Am*.
◇ *vt* ▽ to eat; **il n'y a plus rien à ~** there's no grub left.
graillon [grajɔ̃] *nm* -**1.** *fam* [friture]: **une odeur de ~** a smell of grease. -**2.** ▽ [crachat] gob (of spit).
graillonner [3] [grajɔne] *vi* -**1.** [sentir la friture] to smell of greasy food. -**2.** *fam* [cracher en toussant] to hawk (up), to gob *esp Br*.
grain [grɛ̃] *nm* -**1.** [de sel, de sable] grain, particle; [de riz] grain; [de poussière] speck; *fig*: **un ~ de cruauté** a touch of cruelty; **un ~ de lucidité** a grain OU flicker of understanding; **un ~ de folie** a touch of madness; **il n'a pas un ~ de bon sens** he hasn't got an ounce OU a grain of common sense ❑ **mettre son ~ de sel** *fam* to stick one's oar in; **elle a un ~** *fam* she's got a screw loose. -**2.** [céréales]: **le ~, les ~s** (cereal) grain ❑ **alcool** OU **eau-de-vie de ~** grain alcohol. -**3.** [d'un fruit, d'une plante]: **~ de café** [avant torréfaction] coffee berry; [après torréfaction] coffee bean; **~ de cassis/groseille** blackcurrant/redcurrant (berry); **~ de poivre** peppercorn; **~ de raisin** grape. -**4.** [perle] bead; **un collier à ~s d'ambre** an amber necklace. -**5.** [aspect - de la peau] grain, texture; [- du bois, du papier] grain; **à gros ~** coarse-grained; **à petit ~** close-grained, fine-grained; **aller/travailler dans le sens du ~** to go/to work with the grain. -**6.** MÉTÉO squall; **~ en ligne** line squall. -**7.** PHOT grain; **la photo a du ~** the photo is OU looks grainy.
◆ **en grains** *loc adj* [café, poivre] unground, whole; **moulu ou en ~s?** ground or not?, ground or whole?
◆ **grain de beauté** *nm* beauty spot, mole.
grainage [grɛnaʒ] = **grenage**.
graine [grɛn] *nf* -**1.** [semence] seed; **~ de lin** linseed; **~s (pour oiseaux)** birdseed *(U)*; **monter en ~** *pr* to go to seed; *fig* to shoot up; **il est monté en ~** he's all arms and legs; **c'est de la mauvaise ~, ce garçon-là!** that boy is bad news!; **son frère, c'est de la ~ de voyou!** his brother has the makings of a hooligan!; **en prendre de la ~** *fam*: **ton frère a réussi tous ses examens, prends-en de la ~** your brother has passed all his exams, take a leaf out of his book. -**2.** [du ver à soie] silkworm eggs, graine.
grainer [4] [grɛne] ◇ *vi* AGR to seed.
◇ *vt* -**1.** [réduire en grain] to granulate, to grain. -**2.** [rendre grenu] to grain.
graineterie [grɛntri] *nf* -**1.** [commerce] seed trade. -**2.** [magasin] seed merchant's.
grainetier, ère [grɛntje, ɛr] ◇ *adj*: **le commerce ~** the seed trade.
◇ *nm, f* [marchand - de graines] seed merchant; [- de grain] corn chandler.
graissage [grɛsaʒ] *nm* AUT & MÉCAN [avec de l'huile] oiling, lubrication; [avec de la graisse] greasing, lubrication; **faire faire un ~** to have one's car lubricated.
graisse [grɛs] *nf* -**1.** [corps gras] fat; **régime pauvre en ~s** low-fat diet; **évitez les ~s** cut down on fat; **prendre de la ~** *fam* to put on weight; **faire de la ~** *fam* to get fat; **il a de la ~ en trop!** he's too fat! ❑ **~ animale/végétale** animal/vegetable fat; **~ de baleine/phoque** whale/seal blubber; **~ à chaussures** dubbin, dubbing; **~ de porc** lard; **~ de rognon** suet; **il lui a raconté des boniments à la ~ d'oie!** *fam* he told her a load of tall stories! -**2.** MÉCAN grease. -**3.** ŒNOL ropiness. -**4.** IMPR thickness, boldness.
graisser [4] [grɛse] ◇ *vt* -**1.** [enduire - moteur] to lubricate; [- pièce, mécanisme] to grease, to oil; [- fusil] to grease; [- chaussures] to dub; [- moule] to grease; **une crème qui ne graisse pas les mains** a non-greasy cream ❑ **~ la patte à qqn** to oil sb's palm; **il a graissé la patte aux témoins** he bribed the witnesses. -**2.** [tacher] to grease, to soil with grease.
◇ *vi* -**1.** [devenir gras]: **ses cheveux graissent très vite** his hair gets greasy very quickly. -**2.** ŒNOL to become ropy.
◆ **se graisser** *vpt*: **se ~ les mains avec une crème** to rub cream into one's hands.
graisseur, euse[1] [grɛsœr, øz] *adj* greasing, lubricating.
◆ **graisseur** *nm* -**1.** [gén] lubricator, oiler. -**2.** AUT grease nipple.
graisseux, euse[2] [grɛsø, øz] *adj* -**1.** [cheveux, col] greasy. -**2.** [tumeur] fatty.
Gram [gram] *nm inv* SC Gram; **~ positif** Gram-positive; **~ négatif** Gram-negative.
graminée [gramine] *nf* grass; **les ~s** (the) grasses, the gramineae *spéc*.
grammage [gramaʒ] *nm* grammage.
grammaire [gramɛr] *nf* -**1.** [règles] grammar; **la ~** grammar; **faute de ~** grammatical mistake; **règle de ~** grammatical rule, rule of grammar ❑ **~ normative** normative grammar. -**2.** [livre]: **une ~, un livre de ~** a grammar (book). -**3.** *fig*: **la ~ du cinéma/dessin** the grammar of cinema/drawing.
grammairien, enne [gramɛrjɛ̃, ɛn] *nm, f* grammarian.
grammatical, e, aux [gramatikal, o] *adj* -**1.** [de grammaire] grammatical; **loi ~e** law of grammar; **exercice ~** grammar exercise ❑ **catégorie ~e** part of speech. -**2.** [correct] grammatical; **non ~** ungrammatical.
grammaticalement [gramatikalmɑ̃] *adv* grammatically.

grammaticalisation [gramatikalizasjɔ̃] *nf* grammaticalization.

grammaticaliser [3] [gramatikalize] *vt* to grammaticalize.

grammaticalité [gramatikalite] *nf* grammaticality, grammaticalness, grammatical correctness.

gramme [gram] *nm* gramme; **elle n'a pas un ~ de graisse** she hasn't got an ounce of fat (on her); **je n'ai pas pris un ~ pendant les fêtes!** I didn't put on an ounce over the Christmas holidays!; **pas un ~ de bon sens/de compassion** *fig* not an ounce of common sense/of compassion.

grand, e [grɑ̃, *devant nm commençant par voyelle ou h muet* grɑ̃t, grɑ̃d] ◇ *adj* **A.** ASPECT QUANTITATIF - **1.** [de taille élevée - adulte] tall; [- enfant] tall, big; **une ~e femme maigre** a tall thin woman; **il est maintenant aussi ~ que son frère** he's now as big as his brother. - **2.** [de grandes dimensions - objet, salle, ville] big, large; [- distance] long; **un ~ cercle** a big circle; **une ~e pendule** a big clock; **il te faudrait un ~ couteau** you'll need a big OU long knife; **~ A/B/C** capital A/B/C; **une ~e tour** a high OU tall tower; **la ~e pyramide de Kheops** the Great Pyramid of Cheops; **un ~ désert** a big desert; **dans toutes les ~es villes** in all the big OU major towns; **de ~es forêts** large areas of forest; **un ~ fleuve** a long OU big river; **c'est un instrument plus ~ que le violon** it's a bigger OU larger instrument than the violin; **l'univers est plus ~ qu'on ne peut l'imaginer** the universe is bigger than OU more vast than one can possibly imagine; **une statue plus ~e que nature** a large-scale statue; **de ~es jambes** long legs; **un ~ front** a prominent forehead; **avoir de ~s pieds** to have big OU large feet; **ses ~s yeux bleus** her big blue eyes; **ouvrir de ~s yeux** [être étonné] to open one's eyes wide (with astonishment); [être émerveillé] to open one's eyes wide (with wonder); **marcher à ~s pas** to walk with great OU long strides ❑ **leur jardin est ~ comme un mouchoir de poche** their garden is the size of a (pocket) handkerchief; **un miroir ~ comme la main** a mirror you could put in your pocket OU as big as your hand. - **3.** [d'un certain âge - être humain] big; **tu es un ~ garçon maintenant** you're a big boy now; **être assez ~ pour faire qqch** to be old OU big enough to do sthg; **tu es assez ~ pour comprendre** you're old enough to understand || [aîné - enfant] older; **sa ~e sœur** her big OU older sister || [au terme de sa croissance - personne] grown-up; [- animal] fully grown, adult; **quand je serai ~** when I'm grown-up OU big; **elle a de ~s enfants** she has grown-up children ❑ **les ~es personnes** the grown-ups. - **4.** [qui dure longtemps] long; **pendant un ~ moment** for quite some time; **une ~e explication** a long explanation; **une ~e période de beau temps** a long OU lengthy spell of good weather ❑ **les ~es vacances** the summer holidays. - **5.** [intense, considérable] great; **un ~ remue-ménage/vacarme** a great commotion/noise; **les risques sont ~s** there are considerable risks; **un ~ mouvement de protestation** a great OU big OU widespread protest movement; **de ~e diffusion** widely-distributed; **une ~e fortune** great wealth, a large fortune; **faire de ~s frais** to go to great expense; **il y avait une ~e affluence à la poste** there was a great OU an enormous crush at the post office; **rincer à ~e eau** to rinse thoroughly; **les ~s froids** intense cold; **pendant les ~es chaleurs** in high summer, in OU at the height of summer; **un ~ vent soufflait du nord** a strong wind was blowing from the north; **nous avons fait un ~ feu** we made a big fire; **un ~ incendie** a major OU great fire ❑ **ce sont des articles de ~e consommation** they are everyday consumer articles; **(à l'époque des) ~es marées** (at) spring tide; **au ~ jour** in broad daylight. - **6.** [pour qualifier une mesure] large, great; **la ~e majorité de** the great OU vast majority of; **son ~ âge explique cette erreur** this mistake can be put down to her being so old; **des arbres d'une ~e hauteur** very tall trees; **ils plongent à une ~e profondeur** they dive very deep OU to a great depth; **un ~ nombre de passagers** a large number of passengers. - **7.** [entier]: **une ~e cuillerée de sucre** a heaped spoonful of sugar; **elle m'a fait attendre une ~e heure/semaine** she made me wait a good hour/a good week. - **8.** BOT great, greater; **~e chélidoine** greater celandine; **~e marguerite** oxeye, moon daisy; **~ plantain** greater plantain. - **9.** GÉOG: **le Grand Canyon** the Grand Canyon; **le Grand Lac Salé** the Great Salt Lake; **la Grande Barrière** the Great Barrier Reef; **les Grands Lacs** the Great Lakes; **les Grandes Plaines** the Great Plains. - **10.** GÉOM: **~ axe** major axis; **~ cercle** great circle. - **11.** ZOOL: **les ~s animaux** (the) larger animals; **~s chiens** big dogs; **les ~s singes** the great apes.
B. ASPECT QUALITATIF - **1.** [important] great, major; **de ~s progrès** great progress OU strides; **les ~s thèmes de son œuvre** the major themes in his work; **les ~es puissances** the great powers; **les ~s problèmes de notre temps** the main OU major OU key issues of our time. - **2.** [acharné, invétéré] great, keen; **un ~ amateur de livres rares** a great OU keen collector of rare books; **c'est une ~e cruciverbiste** [assidue] she loves doing crosswords; [douée] she is very good at (doing) crosswords; **c'est un ~ travailleur** he's a hard worker, he's hard-working; **tu n'es qu'une ~e menteuse** you're just a big liar; **c'est une ~e timide** she's really shy; **ce sont de ~s amis** they're great OU very good friends; **un ~ buveur** a heavy drinker; **~s fumeurs** heavy smokers ❑ **les ~s blessés/brûlés/invalides** the seriously wounded/burned/disabled; **les ~s handicapés** the severely handicapped; **les ~s malades** the seriously ill. - **3.** [puissant, influent - banque] top; [- industriel] top, leading, major; [- propriétaire, famille] important; [- personnage] great; **le ~ monde** (high) society. - **4.** [dans une hiérarchie]: **les ~es classes** SCOL the senior OU upper forms *Br*, the upper grades *Am*; **les ~s dignitaires du régime** the leading OU important dignitaries of the regime ❑ **~ écuyer** Master of the (Royal) Horse; **~ prêtre** high priest; **le Grand rabbin (de France)** the Chief Rabbi (of France); **Grand veneur** Master of the Royal Hunt; **les ~s corps de l'État** the major public bodies. - **5.** [noble]: **de ~e naissance** of high OU noble birth; **en ~e tenue** in full dress; **avoir ~ air** OU **~e allure** to carry o.s. well, to be imposing. - **6.** [généreux]: **c'est un ~ cœur** his heart is in the right place; **il a un ~ cœur** he's big-hearted, he has a big heart; **une ~e âme** a noble soul. - **7.** [exagéré] big; **de ~s gestes** extravagant gestures; **de ~es promesses** big promises; **~s mots** high-sounding words, high-flown language; **~es phrases** high-flown phrases. - **8.** [fameux, reconnu] great; **un ~ homme** a great man; **un ~ journaliste** a great OU top journalist; **un des plus ~s spécialistes** one of the greatest OU top experts; **un ~ esprit/talent** a great mind/talent; **il a accompli de ~es choses** he has accomplished great things; **un disque des ~s airs de Verdi** a record of great Verdi arias; **une ~e œuvre d'art** a great work of art; **son dernier article est un ~ texte** his latest article is a brilliant piece of writing; **il ne descend que dans les ~s hôtels** he only stays in the best hotels OU the most luxurious hotels; **le ~ film de la soirée** tonight's big OU feature film; **le ~ jour** the big day; **les ~es dates de l'histoire de France** the great OU most significant dates in French history; **un ~ nom** a great name; **un ~ nom de la peinture contemporaine** one of today's great painters ❑ **du ~ art**: **la décoration de son appartement est très réussie, c'est du ~ art** his flat is very well decorated, it's a work of art; **les ~s crus de bordeaux** the great wines of Bordeaux; **la ~e musique** classical music; **les ~s couturiers** the top clothes designers. - **9.** HIST: **le Grand Siècle** the grand siècle, the seventeenth century *(in France)*; **la Grande Armée** the Grande Armée; **la Grande Guerre** the Great War; **la Grande Catherine** Catherine the Great; **le Grand Mogol** the Great Mogul; **le Grand Turc** the Grand Turk; **Alexandre/Pierre le Grand** Alexander/Peter the Great. - **10.** [omnipotent, suprême] great; **Dieu est ~** God is great ❑ **~ Dieu!**, **~s dieux!** [surprise, indignation] good God!; [crainte] by God!
C. EN INTENSIF: **avec une (très) ~e facilité** with (the greatest of) ease; **sans ~ enthousiasme/intérêt** without much enthusiasm/interest; **sa ~e fierté, c'est son jardin** he's very proud of OU he takes great pride in his garden; **quel ~ bonheur de t'avoir parmi nous!** how happy we all are to have you with us!; **c'était un ~ moment** it was a great moment; **il était dans un ~ état de fatigue** he was extremely tired; **un ~ merci à ta sœur** lots of thanks to OU a big thank you to your sister; **le ~ amour: c'est le ~ amour!** it's true love!; **Robert fut son ~ amour** Robert was the love of her life; **tu aurais ~ avantage à la prévenir** you'd be well advised to warn her; **cette cuisine a ~ besoin d'être nettoyée** this kitchen really needs OU is in dire need of a clean; **faire ~ bien: ça m'a fait le plus ~ bien** it did me a power of OU the world of good; **il en a pensé le plus ~ bien** he thought most highly of it; **~ bien lui fasse!** much good may it do her!; **faire ~ cas de** to set great store by; **toute la famille au ~ complet** the whole family, every single member of the family; **ils ont marié leur fille à ~s frais** they married off their daughter at great OU vast expense; **à sa ~e honte** to his great shame; **jamais, au ~ jamais je n'accepterai** never in a million years will I accept; **il n'y a pas ~ mal à demander des précisions** there's no harm in asking for further details; **il n'y a pas ~ mal** there's no great harm done; **il est parti de ~ matin** he left at the crack of dawn; **il n'y avait pas ~ monde à son concert** there weren't many people at his concert; **pour notre plus ~ plaisir** to our (great) delight; **prendre ~ soin de** to take great care of; **à sa ~e surprise** much to his surprise, to his great surprise; **il est ~ temps que tu le lises** it's high time you read it.

◇ *nm, f* - **1.** [enfant - d'un certain âge]: **l'école des ~s** primary school; **le dortoir des ~es** [au lycée] the senior girls dormitory || [en appellatif]: **merci mon ~!** thanks, son!; **allons, ma ~e, ne pleure pas!** come on now, love, don't cry! ❑ **comme un ~: je me débrouillerai tout seul, comme un ~/toute seule, comme une ~e** I'll manage on my own, like a big boy/a big girl. - **2.** [adulte - gén] grown-up, adult; **un jeu pour petits et ~s** a game for young and old (alike) || [en appellatif]: **alors, ma ~e, tu as pu te reposer un peu?** well dear, did you manage to get some rest? || [personne de grande taille]: **pour la photo, les ~s se mettront derrière** for the photo, tall people OU the taller people will stand at the back.

◆ **grand** ◇ *adv* - **1.** VÊT: **chausser ~: c'est un modèle qui chausse ~** this is a large-fitting shoe; **tailler ~: ça devrait vous aller, ça taille ~** it should fit you, it's cut large. - **2.** *loc*: **voir ~** [avoir de vastes projets] to think big; **ils ont vu trop ~** they bit off more than they could chew; **elle voit ~ pour son fils** she's got great hopes for her son; **deux rôtis! tu as vu ~!** two roasts! you don't do things by halves! - **3.** [largement]: **~ ouvert** wide-open; **elle dort la fenêtre ~** OU **~e ouverte** she sleeps with the window wide open OU open wide; **il avait maintenant les yeux ~** OU **~s ouverts** now he had his eyes wide open. - **4.** BX-ARTS: **représenter qqch plus ~ que nature** to enlarge sthg.

◇ *nm* - **1.** PHILOS: **l'infiniment ~** the infinitely large, the infinite. - **2.** [entrepreneur, industriel]: **un ~ de la mode** a leading light in the fashion business; **les ~s de l'automobile** the major OU leading car producers. - **3.** HIST: **Grand d'Espagne** (Spanish) grandee OU Grandee.

◆ **grands** *nmpl* ÉCON & POL: **les ~s** [les puissants] the rich (and powerful); **les ~s de ce**

monde the people in (positions of) power OU in high places; les deux Grands POL the two superpowers.
◆ **en grand** *loc adv* -**1.** [complètement] on a large scale; il faut aérer la maison en ~ the house needs a thorough OU good airing ❑ quand il a des invités, il fait les choses en ~ when he has guests, he really does things properly. -**2.** NAUT: gouverner en ~ to make a heading; navire en ~ sur un bord ship listing heavily to one side.
◆ **grande école** *nf competitive-entrance higher education establishment.*
◆ **grand ensemble** *nm* housing scheme *Br*, housing project *Am*.
◆ **grande surface** *nf* hypermarket.

GRANDE ÉCOLE:
The "grandes écoles" are relatively small non-university establishments awarding highly respected diplomas. Admission is usually only possible after two years of intensive preparatory studies and a competitive examination. Most have close links with industry. The "grandes écoles" include "l'École des hautes études commerciales" (management), "l'École polytechnique" (engineering) and "l'École normale supérieure" (the humanities). A diploma from a "grande école" is comparable in prestige to an Oxbridge degree in Britain.

grand-angle [grɑ̃tɑ̃gl] (*pl* grands-angles [grɑ̃zɑ̃gl]), **grand-angulaire** [grɑ̃tɑ̃gylɛr] (*pl* grands-angulaires [grɑ̃zɑ̃gylɛr]) *nm* wide-angle lens.
grand-chose [grɑ̃ʃoz] *pron indéf*: pas ~ not much; ce que je te demande, ce n'est pas ~ I'm not asking you for much; je n'y comprends pas ~ I don't understand much of it; plus ~ not much (left); il ne me reste plus ~ à dire there's not much more (left) to say; il n'y a plus ~ à manger there's not much left to eat.
grand-croix [grɑ̃krwa] (*pl* grands-croix)
◇ *nf inv* Grand Cross *(in various orders including the Légion d'honneur).*
◇ *nmf* holder OU Knight of the Grand Cross.
grand-duc [grɑ̃dyk] (*pl* grands-ducs) *nm* -**1.** [titre] grand duke. -**2.** [oiseau] eagle owl.
grand-ducal, e, aux [grɑ̃dykal, o] *adj* -**1.** [du grand duc] grand-ducal. -**2.** [du grand-duché] of the grand duchy.
grand-duché [grɑ̃dyʃe] (*pl* grands-duchés) *nm* grand duchy.
Grande-Bretagne [grɑ̃dbrətaɲ] *npr f*: (la) ~ (Great) Britain.
grande-duchesse [grɑ̃ddyʃɛs] (*pl* grandes-duchesses) *nf* grand duchess.
grandelet, ette *fam* [grɑ̃dlɛ, ɛt] *adj* quite tall.
grandement [grɑ̃dmɑ̃] *adv* -**1.** [largement] absolutely; si c'est là votre opinion, vous vous trompez ~! if that is what you believe, you are very much mistaken!; vous avez ~ raison/tort you are quite right/wrong; nous avons ~ le temps we have ample time. -**2.** [beaucoup] a great deal, greatly; il m'a ~ aidée he helped me a great deal, he's been a great help to me; être ~ reconnaissant à qqn de qqch to be truly grateful to sb for sthg. -**3.** [généreusement]: vous avez fait les choses ~! you've done things in great style!; ils ne seront pas ~ logés their accommodation will be nothing grand OU special.
grandesse [grɑ̃dɛs] *nf* grandeeship.
grandeur [grɑ̃dœr] *nf* -**1.** [taille] size; dimensions données en vraie ~ full-size measurement ❑ (en) ~ nature life-size. -**2.** [noblesse] greatness; la ~ de son sacrifice the greatness OU the beauty of his sacrifice; la ~ humaine the greatness of man; avec ~ nobly ❑ ~ d'âme magnanimity. -**3.** [splendeur] greatness, splendour; ~ et décadence de Byzance rise and fall of Byzantium; elle nous toisait du haut de sa ~ she looked down on us scornfully. -**4.** *arch* & RELIG: Votre Grandeur Your Grace. -**5.** ASTRON magnitude. -**6.** MATH & SC: chiffres de la même ~ figures of the same magnitude ❑ ~ de sortie output; ~s énergétiques energy consumption and supply.
grand-guignol [grɑ̃giɲɔl] *nm*: c'est du ~ it's all blood and thunder.
grand-guignolesque [grɑ̃giɲɔlɛsk] (*pl* grand-guignolesques) *adj* blood-and-thunder.
grandiloquence [grɑ̃dilɔkɑ̃s] *nf* grandiloquence, pomposity *péj.*
grandiloquent, e [grɑ̃dilɔkɑ̃, ɑ̃t] *adj* grandiloquent, pompous *péj.*
grandiose [grɑ̃djoz] *adj* grandiose.
grandir [32] [grɑ̃dir] ◇ *vi* -**1.** [devenir grand] to grow; ton fils a beaucoup grandi your son has grown a lot; cet enfant n'arrête pas de ~ that child is shooting up; sa fille a grandi de cinq centimètres her daughter is five centimetres taller (than when I last saw her); je te trouve grandie you've grown OU you look taller since I last saw you; un enfant qui aurait grandi trop vite a lanky child; un arbre qui aurait grandi trop vite a spindly tree. -**2.** [mûrir] to grow up; j'ai compris en grandissant I understood as I grew up OU older. -**3.** [s'intensifier - bruit] to increase, to grow louder; [- influence] to increase; une inquiétude qui grandit a growing OU an increasing feeling of unease. -**4.** [s'étendre - ville] to spread. -**5.** *fig*: ~ en force/sagesse/beauté to get stronger/wiser/more beautiful, to grow in strength/wisdom/beauty; il a grandi dans mon estime he has gone up in my esteem.
◇ *vt* -**1.** [faire paraître plus grand]: ces talons hauts la grandissent encore these high heel shoes make her (look) even taller. -**2.** [exagérer l'importance de] to exaggerate, to overstate. -**3.** [ennoblir]: notre profession sort grandie de cette longue lutte our profession emerges from this long struggle with greater prestige; ils n'en sortent pas vraiment grandis they don't come out of it terribly well, it hasn't done much for their reputation.
◆ **se grandir** ◇ *vp (emploi réfléchi)* [vouloir paraître - plus grand] to make o.s. (look) taller; [- plus important] to show o.s. in the best possible light.
◇ *vpi* [s'élever en dignité]: elle s'est grandie en ne révélant rien she has improved her reputation OU people's opinion of her by disclosing nothing.
grandissant, e [grɑ̃disɑ̃, ɑ̃t] *adj* [effectifs, douleur, renommée] growing, increasing; [vacarme] growing; [pénombre] deepening.
grandissement [grɑ̃dismɑ̃] *nm* OPT magnification.
grandissime [grɑ̃disim] *adj hum* extraordinary, marvellous.
grand-livre [grɑ̃livr] (*pl* grands-livres) *nm* ledger; le ~ (de la dette publique) the French National Debt.
grand-maman [grɑ̃mamɑ̃] (*pl* grand-mamans OU grands-mamans) *nf* granny, grandma.
grand-mère [grɑ̃mɛr] (*pl* grand-mères OU grands-mères) *nf* -**1.** [aïeule] grandmother. -**2.** *fam* [vieille femme] old woman *péj*, little old lady.
grand-messe [grɑ̃mɛs] (*pl* grand-messes OU grands-messes) *nf* -**1.** RELIG High Mass. -**2.** *fig*: la ~ du parti the party jamboree.
grand-oncle [grɑ̃tɔ̃kl] (*pl* grands-oncles [grɑ̃zɔ̃kl]) *nm* great-uncle.
grand-papa [grɑ̃papa] (*pl* grands-papas) *nm* grandpa, grandad; le commerce/tourisme de ~ *fam fig* old-fashioned ways of doing business/of holidaying.
grand-peine [grɑ̃pɛn]
◆ **à grand-peine** *loc adv* with great OU extreme difficulty.
grand-père [grɑ̃pɛr] (*pl* grands-pères) *nm* -**1.** [parent] grandfather. -**2.** *fam* [vieil homme] grandad *Br*, old-timer *Am*.
grand-route [grɑ̃rut] (*pl* grand-routes) *nf* main road.
grand-rue [grɑ̃ry] (*pl* grand-rues) *nf* high OU main street *Br*, mainstreet *Am*.
grands-parents [grɑ̃parɑ̃] *nmpl* grandparents.
grand-tante [grɑ̃tɑ̃t] (*pl* grand-tantes OU grands-tantes) *nf* great-aunt.
grand-voile [grɑ̃vwal] (*pl* grand-voiles OU grands-voiles) *nf* mainsail.
grange [grɑ̃ʒ] *nf* barn.
grangée [grɑ̃ʒe] *nf* barnful.
granit(e) [granit] *nm* GÉOL granite; de ~ [indestructible] granitelike, made of granite; [insensible] of stone.
granité, e [granite] *adj* granitelike.
◆ **granité** *nm* -**1.** [sorbet] granita. -**2.** TEXT pebble-weave fabric OU cloth.
granitique [granitik] *adj* granitic, granite *(modif).*
granivore [granivɔr] ◇ *adj* seed-eating, granivorous *spéc.*
◇ *nmf* seedeater, granivore *spéc.*
granny-smith [granismis] *nf inv* Granny Smith *(apple).*
granulaire [granylɛr] *adj* granular, granulous.
granulat [granyla] *nm* aggregate.
granulation [granylasjɔ̃] *nf* -**1.** [gén] graining, granulation. -**2.** MÉD granulation. -**3.** ASTRON: ~ solaire granulation of the sun, photospheric granulation. -**4.** PHOT grain, graininess.
granule [granyl] ◇ *nm* -**1.** [particule] (small) grain, granule; [pour animaux] pellet. -**2.** PHARM (small) tablet, pill.
◇ *nf* ASTRON granule.
granulé, e [granyle] *adj* [surface] granular; [présentation] granulated.
◆ **granulé** *nm* granule.
granuler [3] [granyle] *vt* to granulate.
granuleux, euse [granylø, øz] *adj* -**1.** [aspect] granular, grainy. -**2.** MÉD granular.
granulocyte [granylɔsit] *nm* granulocyte.
granulome [granylom] *nm* granuloma.
granulométrie [granylɔmetri] *nf* granulometry.
grape-fruit (*pl* grape-fruits), **grapefruit** [grɛpfrut] *nm* grapefruit.
graphe [graf] *nm* -**1.** MATH graph. -**2.** INF graph; ~ complet/non orienté complete/indirected graph.
graphème [grafɛm] *nm* grapheme.
graphie [grafi] *nf* written form.
graphique [grafik] ◇ *adj* -**1.** [relatif au dessin] graphic. -**2.** [relatif à l'écriture] written. -**3.** INF: informatique ~ computer graphics. -**4.** SC graphical.
◇ *nm* -**1.** MATH [courbe] graph; [tracé] diagram, chart; ~ à bandes bar chart; ~ circulaire pie chart. -**2.** [de température] chart.
◇ *nf* graphics *(sg).*
graphiquement [grafikmɑ̃] *adv* graphically.
graphisme [grafism] *nm* -**1.** [écriture] handwriting; un ~ exubérant elaborate handwriting. -**2.** [dessin]: un ~ vigoureux a vigorously executed drawing; le ~ de Dürer Dürer's draughtsmanship.
graphiste [grafist] *nmf* graphic artist.
graphite [grafit] *nm* graphite; lubrifiant au ~ graphite lubricant.
graphiter [3] [grafite] *vt* -**1.** [transformer] to graphitize. -**2.** [enduire] to lubricate with graphite.
graphiteux, euse [grafitø, øz], **graphitique** [grafitik] *adj* graphitic.
graphitisation [grafitizasjɔ̃] *nf* -**1.** CHIM grafitization. -**2.** MÉTALL graphitization (treatment).
graphologie [grafɔlɔʒi] *nf* graphology.
graphologique [grafɔlɔʒik] *adj* graphological.
graphologue [grafɔlɔg] *nmf* graphologist.
graphomètre [grafɔmɛtr] *nm* graphometer.
grappe [grap] *nf* [de fleurs, de fruit]: ~ de glycine wisteria flowerhead; ~ de raisins bunch of grapes; ~s humaines *fig* clusters of people.
◆ **en grappe(s)** *loc adv* [tomber - fleurs] in bunches.
grappiller [3] [grapije] ◇ *vi* -**1.** *litt* [après la vendange] *to gather grapes left after the harvest.* -**2.** [faire de petits profits] to be on the take OU the

fiddle *Br*; il est bien le seul à ne pas ~ he's the only one who's not on the take.
◇ *vt* -**1.** *litt* [cerises, prunes] to pick; [brindilles] to gather; [fleurs] to pick, to gather. -**2.** *fam* [argent] to fiddle *Br*, to chisel *Am*. -**3.** *fam* [temps] : **elle grappille tous les jours une demi-heure sur l'horaire** she sneaks off half an hour early every day. -**4.** *fam* [informations] to pick up *(sép)*; **on n'a pu ~ que quelques détails insignifiants** we could only pick up a few minor clues.

grappilleur, euse [grapijœr, øz] *nm, f* [profiteur] fiddler *Br*, chiseler *Am*.

grappillon [grapijɔ̃] *nm* small bunch OU cluster.

grappin [grapɛ̃] *nm* -**1.** NAUT [ancre] grapnel; [d'abordage] grappling iron. -**2.** [de levage] grab. -**3.** [pour grimper] grappler, climbing iron. -**4.** *fam loc*: **mettre le ~ sur qqn**: **une fois qu'il t'a mis le ~ dessus...** once he's got his hands on you...; **il m'a mis le ~ dessus à la sortie** he grabbed me on the way out; **attends que je lui mette le ~ dessus!** wait till I get my hands on him!

gras, grasse [gra, gras] *adj* **A.** -**1.** CULIN fatty; **ne mettez pas trop de matière grasse** do not add too much fat; **fromage ~** full-fat cheese; **bouillon ~** fatty stock; **évitez la cuisine grasse** avoid fatty foods. -**2.** [dodu] fat, plump; **un visage ~** a chubby face; **il est très ~** he's very fat; **elle est plutôt grasse** she's rather plump OU fat ❑ **être ~ comme une caille** OU **un chanoine** OU **un cochon** OU **un moine, être ~ à lard** to be as round as a barrel. -**3.** [huileux] greasy, oily; [taché] greasy. -**4.** [vulgaire] crude, coarse. -**5.** CHIM fatty; **série grasse** acyl group. -**6.** RELIG: **jours ~** meat days.
B. -**1.** [terre, boue] sticky, slimy. -**2.** [pavé] slippery. -**3.** [voix, rire] throaty. -**4.** *litt* [abondant - récompense] generous; [- pâturage] rich; **ce n'est pas ~** *fam* [peu de chose] that's not much; [profit médiocre] it's not a fortune; **l'herbe grasse était douce sous le pied** the thick grass was soft underfoot. -**5.** [épais, gén] thick; [- trait] bold; [- caractère] bold, bold-faced; **en ~** IMPR in bold (type). -**6.** MÉD [toux] phlegmy. -**7.** ŒNOL [vin] ropy. -**8.** *loc*: **faire la grasse matinée** to stay in bed (very) late, to have a long lie-in *Br*.
◆ **gras** ◇ *nm* -**1.** [d'une viande] fat; **le ~ de jambon** ham fat; **au ~** CULIN cooked with meat stock. -**2.** [du corps] fleshy part; **le ~ de la jambe** the calf. -**3.** [substance] grease; **j'ai les doigts pleins de ~** my fingers are covered in grease; **des taches de ~** greasy stains.
◇ *adv* -**1.** [dans l'alimentation] : **il mange trop ~** he eats too much fatty food. -**2.** RELIG: **faire ~** to eat meat. -**3.** [en grasseyant] : **parler ~** to speak coarsely OU gutturally. -**4.** *fam* [beaucoup] : **il n'y a pas ~ à manger** there's not much to eat.

gras-double [gradubl] *(pl* **gras-doubles***)* *nm* (ox) tripe CULIN.

grassement [grasmɑ̃] *adv* -**1.** *litt* [largement] handsomely; **~ payé** OU **rémunéré** generously OU handsomely paid; **il vit ~ de ses terres** he makes a handsome living from the land he owns. -**2.** [vulgairement] coarsely, crudely; **plaisanter ~** to make coarse OU crude jokes.

grasseyant, e [grasɛjɑ̃, ɑ̃t] *adj*: **avoir un parler/rire ~** to speak/to laugh from the back of one's throat.

grasseyement [grasɛjmɑ̃] *nm*: **le ~ des Parisiens** *the Parisian way of pronouncing Rs from the back of the throat*; LING the uvular Parisian R.

grasseyer [12] [grasɛje] ◇ *vi* to pronounce one's Rs from the back of the throat, to use Parisian Rs.
◇ *vt*: **un R grasseyé** LING a uvular R.

grassouillet, ette [grasujɛ, ɛt] *adj* podgy *Br*, pudgy *Am*.

gratifiant, e [gratifjɑ̃, ɑ̃t] *adj* gratifying, rewarding.

gratification [gratifikasjɔ̃] *nf* -**1.** [pourboire] tip; [prime] bonus; **~ de fin d'année** Christmas bonus. -**2.** [satisfaction] gratification.

gratifier [9] [gratifje] *vt* -**1.** [satisfaire] : **sa réussite a beaucoup gratifié ses parents** his success was very gratifying for his parents. -**2.** *iron*: **~ qqn de qqch**: **elle m'a gratifié d'un sourire** she favoured me with a smile; **je ne vois pas pourquoi tu devrais nous ~ de ta mauvaise humeur!** I can't see what we've done to deserve your bad temper!

gratin [gratɛ̃] *nm* -**1.** CULIN [plat - recouvert de fromage] gratin *(dish with a topping of toasted cheese)*; [- recouvert de chapelure] *dish with a crispy topping*; **~ dauphinois** *sliced potatoes baked with cream and browned on top* ‖ [croûte - de fromage] cheese topping; [- de chapelure] crispy topping. -**2.** *fam* [élite] : **le ~** the upper crust; **tout le ~ parisien** everybody who's anybody in Paris.

gratiné, e [gratine] *adj* -**1.** CULIN [doré] browned; [cuit au gratin] (cooked) au gratin. -**2.** *fam* [difficile] : **c'était un sujet d'examen ~!** it was a pretty tough exam question! ‖ [intense] : **elle va avoir droit à un savon ~!** she's in for a real telling-off!
◆ **gratinée** *nf* French onion soup.

gratiner [3] [gratine] ◇ *vt* [cuire en gratin] to cook au gratin; [dorer] to brown; **faire ~ avant de servir** brown under the grill before serving.
◇ *vi* to brown; **ça n'a pas tout à fait fini de ~** the top is not quite brown yet.

gratis *fam* [gratis] ◇ *adv* free (of charge); **il a fait la réparation ~** he repaired it for nothing.
◇ *adj* free; **un spectacle ~** a free show.

gratitude [gratityd] *nf* gratitude, gratefulness.

grattage [grataʒ] *nm* scraping; **au ~ on s'aperçoit que la couche de peinture était très mince** when you scrape off the paint you can see that it was put on very thinly.

gratte *fam* [grat] *nf* -**1.** [profit] : **faire de la ~** to make a bit on the side. -**2.** [guitare] guitar.

gratte-ciel [gratsjɛl] *nm inv* sky-scraper.

gratte-cul *fam* [gratky] *nm inv* rosehip.

gratte-dos [gratdo] *nm inv* back-scratcher.

grattement [gratmɑ̃] *nm* scratching; **elle entendit un léger ~ à la porte** she heard a gentle scratching at the door.

gratte-papier *fam* [gratpapje] *nm inv péj* pen-pusher.

gratte-pieds [gratpje] *nm inv* shoe scraper, metal doormat.

gratter [3] [grate] ◇ *vt* -**1.** [avec des griffes, des ongles, une plume] to scratch; [avec un sabot] to paw; **elle grattait doucement la tête de son chat** she was gently scratching OU tickling her cat's head. -**2.** [frotter - allumette] to strike; [- métal oxydé] to scrape, to rub; [- couche de saleté] to scrape OU to rub off *(sép)*; **~ une vieille peinture/du vieux papier peint** to scrape off old paint/old wallpaper; **~ un mur à la brosse métallique** to wire-brush a wall. -**3.** [effacer] to scratch out *(sép)*. -**4.** [irriter] : **une chemise/un pull-over qui gratte (la peau)** a shirt/sweater which makes one itch; **ça (me) gratte** *fam* it's itchy; **un gros rouge qui gratte la gorge** *fam* a rough red wine which catches in the throat. -**5.** *fam* [grappiller] to fiddle *Br*, to chisel *Am*. -**6.** *fam* [devancer] to overtake; **on s'est fait ~ par la concurrence** we were overtaken by our competitors. -**7.** *fam* [jouer de] : **~ du violon** to scrape away at the violin.
◇ *vi* -**1.** [plume] to scratch; **prête-moi une plume, la mienne gratte** lend me a pen, mine keeps scratching (the paper). -**2.** [faire du bruit] : **ces vieux disques grattent beaucoup** these old records are very scratchy OU crackly. -**3.** [tissu, laine, pull] to itch, to be itchy. -**4.** *fam* [travailler] to work, to do odd jobs; **il gratte quelques heures par semaine chez un avocat** he does a few hours a week at a solicitor's office.
◆ **se gratter** *vp (emploi réfléchi)* to scratch (o.s.), to have a scratch; **se ~ la tête/le bras** to scratch one's head/arm ❑ **tu peux toujours te ~!**▽ you'll be lucky!

gratteron [gratrɔ̃] *nm* goose grass.

gratteur [gratœr] *nm* TECH reclaiming scraper; **~ de sable** sand scraper.

grattoir [gratwar] *nm* -**1.** [de bureau] erasing-knife. -**2.** [de graveur] scraper. -**3.** [allumettes] striking surface. -**4.** ARCHÉOL grattoir.

gratuit, e [gratɥi, it] *adj* -**1.** [en cadeau] free; **'entrée ~e'** 'admission free'; **c'est ~** it's free, there's no charge. -**2.** [sans fondement] unwarranted; **tu fais là une supposition tout à fait ~e** your assumption is absolutely unwarranted. -**3.** [absurde - violence] gratuitous; [- cruauté] wanton, gratuitous; **acte ~** PHILOS motiveless act, acte gratuit. -**4.** [désintéressé] : **aide ~e** free help; **il est rare que les éloges soient ~s** praise is rarely disinterested.

gratuité [gratɥite] *nf* -**1.** [accès non payant] : **nous voulons la ~ de l'enseignement/des livres scolaires** we want free education/schoolbooks. -**2.** [absence de motif] gratuitousness; **la ~ d'un tel acte** the gratuitousness of such an act. -**3.** [désintéressement] disinterestedness; **la ~ de ses éloges** the disinterestedness OU the disinterested nature of his praise.

gratuitement [gratɥitmɑ̃] *adv* -**1.** [sans payer] free (of charge); **pour deux disques achetés, ils en donnent un ~** if you buy two records, they give you one free. -**2.** [sans motif] gratuitously, for no reason; **vous l'agressez ~, elle ne vous a rien fait!** you're attacking her for no reason, she hasn't done you any harm!; **ils ont tout saccagé ~** they destroyed everything just for the sake of it.

grau [gro] *nm dial* -**1.** [chenal] channel *(linking a lake or a river to the sea in Languedoc)*. -**2.** [estuaire] estuary *(in Languedoc)*.

gravatier [gravatje] *nm* rubble carter.

gravats [grava] *nmpl* -**1.** [décombres] rubble. -**2.** [de plâtre] (screening) oversize.

grave [grav] ◇ *adj* -**1.** *(après n)* [solennel] grave, solemn; **il la dévisageait, l'air ~** he stared at her gravely; **votre ami est toujours tellement ~!** your friend is always so solemn OU serious! -**2.** [sérieux - motif, problème] serious; [- opération] serious, major; [- faute] grave; **l'heure est ~** this is a critical moment; **une faute ~** a grave error; **ce n'est pas ~!** never mind!, it doesn't matter!; **c'est ~!** it's serious!; **elle a eu une ~ maladie** she's been seriously ill; **c'est ~, docteur?** is it serious, doctor? -**3.** ACOUST & MUS low, deep; **note ~** low OU deep note; **voix ~** low-pitched OU deep voice. -**4.** [accent] grave.
◇ *nm* MUS: **le ~** the low register; **les ~s et les aigus** low and high notes, the low and high registers.
◇ *nf* TRAV PUBL aggregate.
◆ **graves** ◇ *nm* [vin] Graves (wine).
◇ *nmpl* ACOUST bass.
◇ *nfpl* [terrain] gravel beach OU strand.

graveleux, euse [gravlø, øz] *adj* -**1.** [grivois] smutty. -**2.** GÉOG gravelly. -**3.** [fruit] gritty.

gravelle [gravɛl] *nf* MÉD & *arch* gravel.

gravement [gravmɑ̃] *adv* -**1.** [solennellement] gravely, solemnly. -**2.** [en intensif] : **~ handicapé** severely handicapped; **~ malade** seriously ill; **tu t'es ~ trompé** you've made a serious OU big mistake; **vous êtes ~ coupable de l'avoir laissé sortir seul** the burden of guilt lies with you for having let him go out alone.

graver [3] [grave] *vt* -**1.** [tracer - sur métal, sur pierre] to carve, to engrave; [- sur bois] to carve. -**2.** *fig*: **à jamais gravé (en lettres d'or) dans mon esprit/mon souvenir** indelibly printed on my mind/memory; **la souffrance était gravée sur son visage** suffering was written on his face. -**3.** BX-ARTS to engrave; **~ à l'eau-forte** to etch. -**4.** [disque] to cut; **le dernier album qu'ils ont gravé n'a pas marché** the last album they made wasn't a success.

graveur, euse [gravœr, øz] *nm, f* [personne] engraver, carver; **~ sur bois** wood engraver OU cutter; **~ à l'eau-forte** etcher.
◆ **graveur** *nm* [pour disques] cutter.

gravide [gravid] *adj* MÉD pregnant, gravid *spéc*; **truie ~** sow in pig.

gravidique [gravidik] *adj* gravidic.

gravidité [gravidite] *nf* MÉD gravidness, gravidity.

gravier [gravje] *nm* -**1.** GÉOL grit, gravel. -**2.** [petits cailloux] gravel; **couvrir une allée de ~** to gravel a path; **allée de ~** gravel path.

gravière [gravjɛr] *nf* gravel pit.

gravifique [gravifik] *adj* PHYS: **l'attraction ~** the force of gravity.

gravillon [gravijɔ̃] *nm* -**1.** [caillou] piece of gravel OU grit. -**2.** [revêtement] grit, fine gravel; '**~s**' 'loose chippings'.

gravillonnage [gravijɔnaʒ] *nm* gritting.

gravillonner [3] [gravijɔne] *vt* to grit.

gravimètre [gravimɛtr] *nm* gravimeter.

gravimétrie [gravimetri] *nf* gravimetry.

gravimétrique [gravimetrik] *adj* gravimetric, gravimetrical.

gravir [32] [gravir] *vt* -**1.** *sout* [grimper] to climb; **~ une montagne/un escalier** to climb up a mountain/a staircase; **~ les marches d'un pas lourd** to climb the steps with a heavy tread. -**2.** [dans une hiérarchie]: **il faut ~ (tous) les échelons** you must go up through the ranks; **quand elle aura gravi tous les échelons** once she's got to the top.

gravisphère [gravisfɛr] *nf* gravisphere.

gravissime [gravisim] *adj* very serious.

gravitation [gravitasjɔ̃] *nf* gravitation PHYS.

gravitationnel, elle [gravitasjɔnɛl] *adj* gravitational.

gravité [gravite] *nf* -**1.** [sérieux, dignité] seriousness, solemnity; **son visage exprimait une profonde ~** she looked very solemn OU serious; **l'enfant la dévisagea avec ~** the child stared at her solemnly. -**2.** [importance] seriousness, gravity; **tu ne perçois pas la ~ du problème** you don't realize the seriousness OU gravity of the problem. -**3.** [caractère alarmant] seriousness; [d'une blessure] severity; **un accident sans ~ s'est produit en gare d'Orléans** there was a minor accident at the station in Orléans; **une maladie sans ~** a minor ailment. -**4.** [pesanteur] gravity. -**5.** MUS lowness.

graviter [3] [gravite] *vi* -**1.** ASTRON: **~ autour de** to revolve OU to orbit around. -**2.** *sout* [évoluer]: **il a toujours gravité dans les sphères gouvernementales** he has always moved in government circles.

gravure [gravyr] *nf* -**1.** [tracé en creux]: **~ sur bois** [procédé] woodcutting; [objet] woodcut; **~ sur pierre** stone carving; **~ sur verre** glass engraving. -**2.** IMPR [processus] engraving, imprinting; **~ sur cuivre** [procédé] copperplating; [plaque] copperplate; **~ directe** hand cutting; **~ à l'eau-forte** etching || [image] engraving, etching; **une ~ de Dürer** an engraving by Dürer ❑ **~ de mode** fashion plate; **habillé** OU **vêtu comme une ~ de mode** dressed like a model in a fashion magazine. -**3.** [d'un disque] cutting; **~ directe** direct cut; **disque à ~ universelle** OU **compatible** stereo compatible record.

gray [grɛ] *nm* gray PHYS.

gré [gre] *nm* -**1.** [goût, convenance]: **prenez n'importe quelle chaise, à votre ~** sit down wherever you wish OU please; **la chambre est-elle à votre ~?** *sout* is the room to your liking?; **il est trop jeune à mon ~** he's too young for my liking. -**2.** [volonté, accord]: **elle a toujours agi à son ~** she has always done as she pleased; **je suis venue de mon plein** OU **propre ~** I came of my own free will; **il la suivit de bon ~** he followed her willingly OU of his own accord; **on l'a fait signer contre son ~** they made her sign against her will ❑ **bon ~ mal ~** **il faudra que tu m'écoutes** whether you like it or not you'll have to listen to me; **ramenez-le de ~ ou de force!** bring him back by fair means or foul! -**3.** *sout* [gratitude]: **savoir ~ à qqn de qqch** to be grateful to sb for sthg; **je vous saurais ~ de bien vouloir me faire parvenir...** I would be grateful if you would kindly send me...; **on vous saura mauvais ~ d'avoir dit la vérité** you'll get little reward OU people won't thank you for having spoken the truth.

◆ **au gré de** *loc prép*: **le bail est renouvelable au ~ du locataire** the lease is renewable at the tenant's request; **au ~ des flots** *sout* at the mercy of the waves; **se laisser aller au ~ du courant** to let o.s. drift along with the current; **ballotté au ~ des événements** tossed about OU buffeted by events.

◆ **de gré à gré** *loc adv* JUR by mutual agreement OU accord.

grèbe [grɛb] *nm* grebe; **~ huppé/à cou noir** great crested/black-necked grebe.

grec, grecque[1] [grɛk] *adj* Greek; **profil ~** Grecian profile.

◆ **Grec, Grecque** *nm, f* Greek.

◆ **grec** *nm* LING Greek; **le ~ ancien** ancient Greek; **le ~ moderne** modern OU demotic Greek.

◆ **à la grecque** *loc adj* [champignons, oignons] (cooked) à la grecque *(in olive oil and spices)*.

Grèce [grɛs] *npr f*: (la) **~** Greece; **la ~ antique** Ancient Greece.

gréciser [3] [gresize] *vt* [mot] to give a Greek turn to.

Greco [greko] *npr*: **le ~** El Greco; **un tableau du ~** a painting by El Greco.

gréco-latin, e [grekɔlatɛ̃, in] (*mpl* **gréco-latins**, *fpl* **gréco-latines**) *adj* Greco-Latin.

gréco-romain, e [grekɔrɔmɛ̃, ɛn] (*mpl* **gréco-romains**, *fpl* **gréco-romaines**) *adj* Greco-Roman.

grecque[2] [grɛk] ◇ *adj* → **grec**.

◇ *nf* -**1.** → **grec**. -**2.** ARCHIT (Greek) fret. -**3.** IMPR [scie] bookbinder's saw.

grecquer [4] [greke] *vt* to saw the back of *(a book)*.

gredin, e [grədɛ̃, in] *nm, f* rascal, rogue.

gredinerie [grədinri] *nf litt* -**1.** [caractère] roguishness. -**2.** [acte] roguish act.

gréement [gremɑ̃] *nm* [voilure] rigging, rig; [processus] rigging; **~ courant/dormant** running/standing rigging.

green [grin] *nm* GOLF green.

Greenwich [grinwitʃ] *npr* Greenwich; **le méridien de ~** the Greenwich Meridian.

gréer [15] [gree] *vt* [navire] to rig.

gréeur [greœr] *nm* rigger.

greffage [grɛfaʒ] *nm* HORT grafting.

greffe [grɛf] ◇ *nm* JUR clerk's office, clerk of the court's office; **~ du tribunal de commerce** commercial court.

◇ *nf* -**1.** HORT [processus] grafting; [pousse] graft; **~ en couronne/écusson/fente** crown/shield/cleft grafting. -**2.** MÉD [organe, moelle osseuse] transplant; [os, peau] graft.

greffé, e [grɛfe] *nm, f* transplant patient; **les ~s du cœur** heart-transplant patients

greffer [4] [grɛfe] *vt* -**1.** HORT to graft; **~ sur franc/sauvageon** to graft onto a hybrid/stock. -**2.** MÉD [os, peau] to graft; [organe, moelle osseuse] to transplant; **on lui a greffé une cornée** he had a cornea transplant, he was given a new cornea.

◆ **se greffer sur** *vp + prép*: **le problème de la santé vient se ~ sur celui du logement** the problem of the health service has now come on top of the housing problem; **puis d'autres problèmes sont venus se ~ là-dessus** then additional problems came along OU arose.

greffeur [grɛfœr] *nm* HORT grafter.

greffier [grɛfje] *nm* -**1.** JUR clerk (of the court), registrar. -**2.** *fam* [chat] puss, pussy.

greffoir [grɛfwar] *nm* grafting knife.

greffon [grɛfɔ̃] *nm* -**1.** HORT graft, scion *spéc*. -**2.** MÉD [tissu] graft; [organe] transplant.

grégaire [gregɛr] *adj* gregarious; **l'instinct ~** the herd instinct.

grégarisme [gregarism] *nm* gregariousness, herd instinct.

grège [grɛʒ] ◇ *adj* [soie] raw, unbleached, undyed.

◇ *adj inv* [couleur] dove-coloured.

◇ *nm* greyish-beige, beigey-grey.

grégeois [greʒwa] *adj m*: **feu ~** Greek fire.

Grégoire [gregwar] *npr*: **~ de Tours** Gregory of Tours; **~ le Grand** Gregory the Great.

grégorien, enne [gregɔrjɛ̃, ɛn] *adj* Gregorian.

◆ **grégorien** *nm* Gregorian chant.

grêle [grɛl] ◇ *adj* -**1.** [mince et long] spindly, thin. -**2.** [aigu - voix] reedy.

◇ *nf* -**1.** MÉTÉO hail; **la récolte a été détruite par la ~** the harvest was ruined by hail; **il est tombé de la ~ hier** it hailed yesterday; **une averse de ~** a hailstorm. -**2.** *fig*: **une ~ de coups** a shower of blows; **une ~ de flèches** a hail OU shower of arrows; **une ~ d'insultes** a volley of insults.

grêlé, e [grele] *adj* [peau, visage] pockmarked, pitted.

grêler [4] [grele] ◇ *v impers*: **il grêle** it's hailing.

◇ *vt*: **l'orage a grêlé les vignes** the vines suffered hail damage in the storm.

grêleux, euse [grelø, øz] *adj*: **le temps est souvent ~ en mars** it often hails in March.

grelin [grəlɛ̃] *nm* hawser.

grêlon [grɛlɔ̃] *nm* hailstone.

grelot [grəlo] *nm* -**1.** [clochette] (small sleigh OU jingle) bell. -**2.** *fam* [téléphone]: **passe-moi un coup de ~** give me a buzz OU a tinkle *Br*. -**3.** *loc*: **avoir les ~s**▽ to have the heebie-jeebies.

grelottant, e [grəlɔtɑ̃, ɑ̃t] *adj* -**1.** [tremblant] shivering; **~ de froid** shivering with cold; **tout ~** shivering all over. -**2.** [chevrotant] trembling. -**3.** *sout* [sonnant] jingling, tinkling.

grelottement [grəlɔtmɑ̃] *nm* -**1.** [tremblement] shivering. -**2.** *sout* [sonnerie] jingling.

grelotter [3] [grəlɔte] *vi* -**1.** [avoir froid]: **ferme la fenêtre, on grelotte** shut the window, it's freezing in here. -**2.** [trembler]: **~ de froid** to shiver OU to tremble with cold; **~ de peur** to shake with fear; **~ de fièvre** to shiver with fever. -**3.** *sout* [cloche] to jingle.

greluche▽ [grəlyʃ] *nf péj* bird *Br*, chick *Am*.

grenache [grənaʃ] *nm* -**1.** [cépage] grenache plant OU vine. -**2.** [vin] grenache (wine).

grenade [grənad] *nf* -**1.** ARM grenade; **~ d'exercice** training grenade; **~ fumigène/incendiaire/lacrymogène** smoke/incendiary/tear-gas grenade; **~ à fusil/main** rifle/hand grenade; **~ sous-marine** depth charge. -**2.** [écusson militaire] grenade ornament. -**3.** BOT pomegranate.

Grenade [grənad] ◇ *npr f* [île]: **la ~** Grenada; **à la ~** in Grenada.

◇ *npr* [ville d'Espagne] Granada.

grenadier [grənadje] *nm* -**1.** MIL grenadier. -**2.** BOT pomegranate tree.

grenadille [grənadij] *nf* granadilla.

grenadin[1] [grənadɛ̃] *nm* -**1.** CULIN grenadine (of veal). -**2.** BOT grenadin.

grenadin[2], **e** [grənadɛ̃, in] *adj* [de la Grenade] Grenadian.

◆ **Grenadin, e** *nm, f* Grenadian.

grenadine[2] [grənadin] *nf* [sirop] grenadine *(bright red fruit syrup used in making drinks)*; **une ~** [boisson] a (glass of) grenadine.

grenage [grənaʒ] *nm* -**1.** [d'une surface] graining. -**2.** [d'une substance] graining, granulation.

grenaillage [grənajaʒ] *nm* shotblasting, steel grit blasting.

grenaille [grənaj] *nf* -**1.** MÉTALL shot, steel grit; **en ~** grained, granulated. -**2.** [plomb de chasse] shot; **~ de plomb** lead shot.

grenailler [3] [grənaje] *vt* to granulate.

grenat [grəna] ◇ *nm* [pierre, couleur] garnet.

◇ *adj inv* garnet, garnet-coloured.

greneler [24] [grɛnle] *vt* to grain.

grenier [grənje] *nm* -**1.** [combles] attic; **~ aménagé** converted loft. -**2.** [à grain] loft; **~ à foin** hayloft; **le ~ à blé de la France** *fig* the granary of France.

Grenoble [grənɔbl] *npr* Grenoble.

grenoblois, e [grənɔblwa, az] *adj* from Grenoble.

◆ **Grenoblois, e** *nm, f inhabitant of or person from Grenoble.*

grenouillage *fam* [grənujaʒ] *nm* jiggery-pokery, skullduggery; **il y a du ~**

OU des ~s là-dessous there's some funny business going on there.

grenouille [grənuj] *nf* -**1.** ZOOL frog; ~ **verte/rousse** edible/common frog; ~ **de bénitier** *fam* Holy Joe. -**2.** *fam* [cagnotte] kitty, cash-box; **manger** OU **faire sauter la** ~ to make off with the kitty.

grenouiller *fam* [3] [grənuje] *vi* to plot, to scheme, to connive.

grenouillère [grənujɛr] *nf* -**1.** VÊT sleepsuit, sleeping-suit. -**2.** [lieu] frog pond.

grenouillette [grənujɛt] *nf* -**1.** MÉD ranula. -**2.** BOT water crowfoot.

grenu, e [grəny] *adj* -**1.** [surface] grainy, grained. -**2.** GÉOL granulose.

grès [grɛ] *nm* -**1.** GÉOL sandstone. -**2.** [vaisselle]: ~ **(cérame)** stoneware; **des assiettes en** ~ stoneware plates.

grésage [grezaʒ] *nm* polishing (with sandstone).

gréser [18] [greze] *vt* to polish (with sandstone).

gréseux, euse [grezø, øz] *adj* sandstone *(modif)*.

grésil [grezil] *nm* fine hail.

grésillement [grezijmɑ̃] *nm* -**1.** [de l'huile] sizzling; [du téléphone] crackling; **il y a des ~s sur la ligne** there's some interference on the line, the line's crackling. -**2.** [cri du grillon] chirping.

grésiller [3] [grezije] ◇ *v impers*: **il grésille** it's hailing.
◇ *vi* -**1.** [huile] to sizzle; [feu, téléphone] to crackle; **ça grésille** it's all crackly. -**2.** [grillon] to chirp.

grésoir [grezwar] *nm* (sandstone) smoother.

gressin [gresɛ̃] *nm* grissino; **des ~s** grissini.

GRETA, Greta [greta] *(abr de* **groupements d'établissements pour la formation continue)** *npr m state body organizing adult training programmes.*

greubons [grøbɔ̃] *nmpl Helv leftover fat from cooked meat, fried and used as an accompaniment to some Swiss dishes.*

grève [grɛv] *nf* -**1.** [cessation d'une activité] strike; **être en** ~, **faire** ~ to be on strike, to strike; **se mettre en** ~ to go on strike ❑ ~ **bouchon** disruptive strike; ~ **de la faim** hunger strike; ~ **générale** general strike; ~ **partielle** partial OU localized strike; ~ **perlée** go-slow strike *Br*, slowdown strike *Am*; ~ **sauvage** wildcat strike; ~ **de solidarité** sympathy strike; **ils font une** ~ **de solidarité** they've come out in sympathy; ~ **surprise** lightning strike; ~ **sur le tas** sit-down strike; ~ **tournante** staggered strike; ~ **du zèle** work-to-rule. -**2.** *litt* [plage] shore, strand *litt*; [rive] bank, strand *litt*.

grever [19] [grəve] *vt* -**1.** *sout* [économie] to put a strain on; **l'inflation a grevé le pouvoir d'achat** inflation has restricted OU put a squeeze on purchasing power; **les vacances ont grevé mon budget** the holidays have put a severe strain on my finances. -**2.** JUR: **sa propriété est grevée d'hypothèques** he's mortgaged up to the hilt.

Grévin [grevɛ̃] *npr*: **le musée** ~ *wax museum in Paris.*

Grévisse [grevis] *npr*: **le** ~ *reference book on the correct use of the French language.*

gréviste [grevist] ◇ *nmf* striker, striking worker; ~ **de la faim** hunger striker.
◇ *adj* striking; **les étudiants ~s** the striking students.

GRH *(abr de* **gestion des ressources humaines)** *nf personnel management.*

gribiche [gribiʃ] ◇ *adj*: **sauce** ~ *flavoured mayonnaise with chopped hard boiled egg and capers.*
◇ *nf Helv* [femme acariâtre] shrew.

gribouillage [gribujaʒ] *nm* -**1.** [dessin] doodle; **faire des ~s** to doodle. -**2.** [écriture illisible] scrawl, scribble.

gribouiller [3] [gribuje] ◇ *vt* to scribble.
◇ *vi* to doodle, to scribble.

gribouilleur, euse [gribujœr, øz] *nm, f* scribbler.

gribouillis [gribuji] = **gribouillage**.

grief [grijɛf] *nm litt* grievance; **mes ~s sont nombreux** I have numerous grievances; **faire** ~ **à qqn de qqch** to hold sthg against sb; **on lui a fait** ~ **d'avoir épousé un banquier** they resented her marrying a banker.

grièvement [grijɛvmɑ̃] *adv* severely; ~ **brûlé/touché** severely burnt/wounded; **quinze blessés dont trois** ~ fifteen wounded, three of them seriously.

griffe [grif] *nf* -**1.** ZOOL claw; **il fait ses ~s** it's sharpening its claws; **rentrer/sortir ses ~s** to draw in/to show one's claws ❑ **le voilà qui montre ses ~s** now he's showing his teeth; **tomber dans les ~s de qqn** to fall into sb's clutches; **il faut l'arracher des ~s de sa mère** he needs to be rescued from his mother's clutches; **donner un coup de** ~ **à qqn** *pr* to scratch OU to claw sb; **elle a reçu de nombreux coups de ~s** *fig* she was the victim of quite a bit of back-biting. -**2.** [d'un couturier] label, signature; **une grande** ~ a famous (designer) label ‖ [d'un auteur] stamp; **cet article porte la** ~ **de monsieur Dubois** this article is written in Mr Dubois's unmistakable style. -**3.** BOT [de l'asperge] crown; [du lierre] tendril. -**4.** JOAILL claw. -**5.** *Belg* scratch.

griffé, e [grife] *adj* [vêtement] designer *(modif)*.

griffer [3] [grife] *vt* -**1.** [suj: personne, animal] to scratch; **Marie m'a griffé** Marie scratched me. -**2.** [suj: couturier] to put one's label on.
◆ **se griffer** *vp (emploi réfléchi)* to scratch o.s.; **je me suis griffé au rosier** I scratched myself on the rosebush.

griffon [grifɔ̃] *nm* -**1.** MYTH griffin. -**2.** [chien] griffon. -**3.** ORNITH griffon (vulture).

griffonnage [grifɔnaʒ] *nm* -**1.** [écrit] scribbling. -**2.** [dessin] rough sketch.

griffonner [3] [grifɔne] ◇ *vt* -**1.** [noter - adresse] to scribble (down); [- plan] to sketch roughly, to do a quick sketch of. -**2.** [mal écrire] to scribble.
◇ *vi* to scribble; **les pages étaient toutes griffonnées au crayon noir** the pages were all scribbled over in black pencil.

griffonneur, euse [grifɔnœr, øz] *nm, f* -**1.** [écrivant mal] scribbler. -**2.** [dessinant mal] scrawler.

griffu, e [grify] *adj* clawed.

griffure [grifyr] *nf* [d'une personne, d'une ronce] scratch; [d'un animal] scratch, claw mark.

grigner [3] [griɲe] *vi* to crease, to wrinkle.

Grignon [griɲɔ̃] *npr* [Institut National Agronomique] *grande école for agricultural studies.*

grignotage [griɲɔtaʒ] *nm* wearing away, erosion; **le** ~ **des voix par l'opposition** the gradual loss of votes to the opposition; **le** ~ **de nos droits** the gradual whittling away of our rights.

grignotement [griɲɔtmɑ̃] *nm* nibbling, gnawing.

grignoter [3] [griɲɔte] ◇ *vt* -**1.** [ronger] to nibble (at OU on). -**2.** *fig* [amoindrir] to erode. -**3.** [acquérir] to acquire gradually; **ils ont réussi à** ~ **pas mal d'avantages** they gradually managed to win quite a few advantages; **la jument est en train de** ~ **du terrain sur ses adversaires** the mare is gaining on OU gradually catching up with the other horses.
◇ *vi* to nibble; **ne grignotez pas entre les repas** don't eat between meals.

grignoteuse [griɲɔtøz] *nf* nibbling machine.

grigou [grigu] *nm* skinflint; **quel vieux** ~! what an old skinflint OU Scrooge!

gri-gri *(pl* gris-gris), **grigri** [grigri] *nm* grigri.

gril [gril] *nm* CULIN grill, broiler *Am*; **faire cuire du poisson sur le** ~ to grill fish, to broil fish *Am*; **à cette heure-ci demain, je serai sur le** ~ *fam fig* this time tomorrow I'll be suffering.

grillade [grijad] *nf* grill, grilled meat; **achète des ~s** get some meat for grilling; **leurs ~s sont renommées** their grills have quite a reputation.

grillage [grijaʒ] *nm* -**1.** [matériau] wire netting OU mesh. -**2.** [clôture] wire fence OU fencing. -**3.** [d'une fenêtre] wire screen. -**4.** CULIN roasting. -**5.** TEXT singeing.

grillager [17] [grijaʒe] *vt* -**1.** [fenêtre] to put wire mesh OU netting on. -**2.** [terrain] to surround with a wire fence.

grille [grij] *nf* -**1.** [porte] (iron) gate; [barrière] railing; [d'une fenêtre] bars. -**2.** [d'un égout, d'un foyer] grate; [d'un parloir, d'un comptoir, d'un radiateur] grill, grille. -**3.** [programme] schedule; **voici notre nouvelle** ~ **pour l'été** here's our new summer schedule. -**4.** JEUX: **une** ~ **de mots croisés** a crossword grid OU puzzle; **la** ~ **du Loto** Loto card. -**5.** TRAV PUBL (frame) grate. -**6.** JUR & ÉCON: ~ **des salaires** payscale; ~ **indiciaire** [de la fonction publique] grading.

grillé, e [grije] *adj* -**1.** [amandes, noisettes] roasted; [viande] grilled; [pain] toasted; **du pain** ~ some toast; **une tartine** ~**e** a piece of toast. -**2.** *fam* [personne]: **il est** ~ his cover's blown.

grille-écran [grijekrɑ̃] *(pl* grilles-écrans) *nf* ÉLECTRON control electrode grid.

grille-pain [grijpɛ̃] *nm inv* toaster.

griller [3] [grije] ◇ *vt* -**1.** CULIN [pain] to toast; [cacahuète, café] to roast; [poisson, viande] to grill, to broil *Am*. -**2.** [cultures, végétation]: **grillé par la chaleur** scorched by the heat; **grillé par le froid** killed by the cold. -**3.** *fam* [ampoule, fusible] to blow; [moteur] to burn out. -**4.** TEXT to singe. -**5.** *fam* [dépasser]: **le bus a grillé mon arrêt** the bus went right past my stop; ~ **un feu rouge** to go through a red light; ~ **quelques étapes** to jump a few stages; ~ **qqn (à l'arrivée)** to pip sb at the post *Br*, to beat sb out *Am*. -**6.** *fam* [fumer]: ~ **une cigarette, en** ~ **une** to have a smoke. -**7.** *fam* [compromettre]: **il nous a grillés auprès du patron** he's really landed us in it with the boss. -**8.** [fermer d'une grille] to put bars on; **les fenêtres de la chapelle ont été grillées** they have put bars on the chapel windows.
◇ *vi* -**1.** CULIN: **faire** ~ **du pain** to toast some bread; **faire** ~ **du café** to roast coffee beans; **faire** ~ **de la viande** to grill meat, to broil meat *Am*. -**2.** *fam* [avoir trop chaud] to roast, to boil; **ouvre la fenêtre, on grille ici** open the window, it's boiling in here ‖ [brûler]: **la ferme a entièrement grillé** the farmhouse was burnt to the ground. -**3.** *fig*: ~ **de curiosité** to be consumed with curiosity; **je grille (d'envie** OU **d'impatience) de la rencontrer** I'm itching OU dying to meet her.
◆ **se griller** ◇ *vp (emploi réfléchi)* [se démasquer]: **il s'est grillé en disant cela** he gave himself away by saying that.
◇ *vpt*: **se** ~ **les orteils devant la cheminée** to toast one's feet in front of the fire; **on s'en grille une?** how about a (quick) smoke?

grilloir [grijwar] *nm* grill, broiler *Am*.

grillon [grijɔ̃] *nm* cricket.

grimaçant, e [grimasɑ̃, ɑ̃t] *adj* [sourire] painful; [bouche] twisted; [visage] contorted; [clown, gargouille] grimacing.

grimace [grimas] *nf* -**1.** [expression - amusante] funny face; [- douloureuse] grimace; **faire une** ~ [pour faire rire] to make a funny face; [de douleur] to wince; [de peur] to grimace; **une** ~ **de dégoût** a disgusted look; **faire la** ~ to make a face. -**2.** VÊT pucker; **faire une** ~ to pucker.
◆ **grimaces** *nfpl litt* [manières] airs.

grimacer [16] [grimase] ◇ *vi* -**1.** [de douleur] to grimace, to wince; [de dégoût] to make a face; **il grimaça en goûtant l'anchois** he screwed up his face when he tasted the anchovy. -**2.** [pour faire rire] to make a funny face. -**3.** VÊT [robe] to pucker.
◇ *vt*: **malgré la douleur, elle grimaça un sourire** she forced a smile in spite of the pain.

grimacier, ère [grimasje, ɛr] *adj* -**1.** [grotesque] grimacing. -**2.** *litt* [maniéré] affected.

grimage [grimaʒ] *nm* make-up *(of a clown)*.

grimer [3] [grime] *vt* to make up *(sép)*; **grimé en vieillard/chat** made up as an old man/a cat.
◆ **se grimer** *vp (emploi réfléchi)*: **se** ~ **en** to make o.s. up as.

grimoire [grimwar] *nm* -**1.** [livre de sorcellerie] book of magic spells. -**2.** *sout* [écrit illisible] illegible scrawl OU scribble.

grimpant, e [grɛ̃pɑ̃, ɑ̃t] *adj* [arbuste] climbing; [fraisier] creeping.

◆ **grimpant** *nm arg crime* trousers *Br*, pants *Am*.

grimpée [grɛ̃pe] *nf* [pente, montée] stiff OU steep climb.

grimper [3] [grɛ̃pe] ◇ *vi* -**1.** [personne, animal, plante] to climb; ~ **à une échelle/un mur** to climb up a ladder/wall; ~ **à un arbre** to climb (up) a tree; [en s'aidant des jambes] to shin up a tree; ~ **sur une table** to climb on (to) a table; **grimpe dans la voiture** get into the car; **grimpe dans ton lit/sur le tabouret** climb into bed/(up) on the stool; **le lierre grimpe le long du mur** the ivy climbs up the wall ❑ ~ **aux rideaux** *fam* to hit the roof. -**2.** [s'élever en pente raide] to climb; **la route grimpe beaucoup à cet endroit** the road climbs steeply here; **ça grimpe!** it's steep!; **ça grimpe à cet endroit-là** there's a steep climb at that point. -**3.** [température, inflation] to soar; **la température a grimpé à 35°** the temperature rocketed OU soared to 35°.

◇ *vt* [escalier, pente] to climb (up) *(insép)*; **il grimpe l'escalier difficilement** he has difficulty climbing the stairs.

◇ *nm* SPORT rope-climbing; **l'épreuve de ~ aura lieu le matin** the rope-climbing event will be held in the morning.

grimpereau, x [grɛ̃pro] *nm* tree-creeper.

grimpette *fam* [grɛ̃pɛt] *nf* steep OU stiff climb.

grimpeur, euse [grɛ̃pœr, øz] ◇ *adj* ORNITH scansorial.

◇ *nm, f* -**1.** SPORT climber. -**2.** ORNITH: **les ~s** scansorial birds.

grimpion *fam* [grɛ̃pjɔ̃] *nm Helv*: **quel ~ celui-là!** he's so arrogant!

grinçant, e [grɛ̃sɑ̃, ɑ̃t] *adj* -**1.** [porte, parquet] squeaking, creaking. -**2.** [voix, musique] grating. -**3.** [humour] sardonic.

grincement [grɛ̃smɑ̃] *nm* [bruit] grating, creaking; **dans un ~ de freins** with a squeal of brakes; **il y a eu des ~s de dents** *fig* there was much gnashing of teeth.

grincer [16] [grɛ̃se] *vi* -**1.** [bois] to creak; [frein] to squeal; [métal] to grate; [ressort] to squeak; **la girouette grinçait au vent** the weather vane was creaking in the wind. -**2.** [personne]: ~ **des dents** *pr* to gnash one's teeth; **le bruit de la craie sur le tableau me fait ~ des dents** *fig* the noise the chalk makes on the board sets my teeth on edge.

grinche [grɛ̃ʃ] *adj Helv* grumpy, grouchy.

grincheux, euse [grɛ̃ʃø, øz] ◇ *adj* grumpy, grouchy; **être d'une humeur grincheuse** to be grumpy OU in a grumpy mood.

◇ *nm, f* grumbler; **un vieux ~** an old grouch OU moaner.

gringalet [grɛ̃galɛ] *nm* [enfant] puny child, [adulte] puny man.

gringe [grɛ̃ʒ] = **grinche**.

gringue▽ [grɛ̃g] *nm*: **faire du ~ (à qqn)** to sweet-talk (sb), to chat (sb) up *Br*.

griot [grijo] *nm* griot *(in Africa, a travelling poet and musician)*.

griotte [grijɔt] *nf* -**1.** BOT morello (cherry). -**2.** [marbre] (griotte) marble.

griottier [grijɔtje] *nm* morello cherry tree.

grippage [gripaʒ] *nm* MÉCAN jamming, seizing (up); **pour éviter le ~ du piston** to stop the piston from seizing up OU jamming.

grippal, e, aux [gripal, o] *adj* flu *(modif)*, influenzal *spéc*.

grippe [grip] *nf* MÉD flu, influenza *spéc*; **avoir la ~** to have (the) flu; **ce n'est qu'une petite ~** it's just a touch of flu ❑ ~ **intestinale** gastric flu; **prendre qqn/qqch en ~** to take a (strong) dislike to sb/sthg.

grippé, e [gripe] *adj* -**1.** MÉD: **être ~** to have (the) flu; **elle est un peu ~e** she's got a touch of the flu. -**2.** MÉCAN seized (up), jammed.

gripper [3] [gripe] ◇ *vt* to block, to jam; **la grève a grippé les rouages de l'administration** the strike has blocked the workings of the administration.

◇ *vi* to jam, to seize up; **les rouages de l'État commencent à ~** *fig* the wheels of state are beginning to seize up.

◆ **se gripper** *vpi* to jam, to seize up.

grippe-sou *fam* [gripsu] (*pl inv* OU **grippe-sous**) ◇ *nm* skinflint; **un vieux ~** an old Scrooge.

◇ *adj inv* money-grabbing.

gris, e [gri, griz] *adj* -**1.** [couleur] grey, gray; ~ **acier/anthracite/ardoise/argent/fer/perle** steel/charcoal/slate/silver/iron/pearl grey; ~ **souris** mouse-colour; ~ **bleu/vert** bluish/greenish grey; **une robe ~ foncé** a dark grey dress; **avoir les cheveux ~** to be grey-haired; **il est déjà tout ~** he's grey-haired OU he's gone grey already. -**2.** MÉTÉO overcast; **ciel ~ sur tout le pays** skies will be grey OU overcast over the whole country; **nous sommes partis par un matin ~** we left on a dull (grey) morning. -**3.** [terne] dull, grey; **son existence a été plutôt ~e et monotone** her life was dull and dreary; **en apprenant la nouvelle, il a fait ~e mine** his face fell when he heard the news. -**4.** *fam* [ivre] tipsy. -**5.** ŒNOL: **vin ~** rosé (wine).

◆ **gris** ◇ *adv*: **il a fait ~ toute la journée** it's been grey OU dull all day.

◇ *nm* -**1.** [couleur] grey; **porter du ~** to wear grey. -**2.** [tabac] *French caporal tobacco in grey packet*, ≃ shag. -**3.** [cheval] grey (horse).

grisaille [grizaj] *nf* -**1.** [morosité] dullness, greyness. -**2.** MÉTÉO dull weather; **encore de la ~ pour aujourd'hui** today will again be dull (and overcast). -**3.** BX-ARTS grisaille; **une marine en ~** a seascape in shades of grey.

grisailler [3] [grizaje] ◇ *vt* to paint in grisaille.

◇ *vi* to turn OU to become grey.

grisant, e [grizɑ̃, ɑ̃t] *adj* -**1.** [enivrant] intoxicating, heady. -**2.** [excitant] exhilarating.

grisâtre [grizatr] *adj* -**1.** [couleur] greyish. -**2.** [monotone]: **une vie ~** a dull life.

grisbi [grizbi] *nm arg crime* dough, cash.

grise [griz] *f* → **gris**.

grisé [grize] *nm* grey tint.

griser [3] [grize] *vt* -**1.** [colorer] to tint. -**2.** [enivrer] to intoxicate. -**3.** [étourdir, exciter] to intoxicate, to fascinate; **grisé par son sourire** fascinated by her smile; **grisé par la vitesse** intoxicated by speed; **le luxe ambiant l'a grisé** the luxuriousness of the place went to his head.

◆ **se griser** *vpi* -**1.** [s'enivrer] to get drunk. -**2.** [s'exalter, s'étourdir]: **se ~ de** to get drunk on.

griserie [grizri] *nf* -**1.** [ivresse] intoxication. -**2.** [exaltation]: **se laisser porter par la ~ du succès** to let success go to one's head.

griset [grizɛ] *nm* ZOOL black sea bream.

grisette [grizɛt] *nf vieilli* grisette.

grisoller [3] [grizɔle] *vi* [alouette] to sing.

grison, onne [grizɔ̃, ɔn] *adj* from the Graubünden, of the Graubünden.

◆ **Grison, onne** *nm, f inhabitant of or person from the Graubünden.*

grisonnant, e [grizɔnɑ̃, ɑ̃t] *adj* greying; **elle est ~e, elle a les cheveux ~s** she's going grey; **avoir les tempes ~es** to be greying at the temples.

grisonnement [grizɔnmɑ̃] *nm* greying.

grisonner [3] [grizɔne] *vi* [barbe, cheveux] to be going grey; **elle grisonne** she's going grey.

Grisons [grizɔ̃] *npr mpl*: **les ~** the Graubünden; **viande des ~** thinly sliced dried beef, traditionally served with raclette.

grisou [grizu] *nm* firedamp; **coup de ~** firedamp explosion.

grisoumètre [grizumɛtr] *nm* firedamp indicator.

grisouteux, euse [grizutø, øz] *adj*: **une mine grisouteuse** a mine full of firedamp.

grive [griv] *nf* thrush.

grivelé, e [grivle] *adj* speckled.

griveler [24] [grivle] *vi to eat a meal or to stay at a hotel and deliberately leave without paying.*

grivèlerie [grivɛlri] *nf offence of leaving a restaurant or a hotel without having paid.*

griveton [grivtɔ̃] *nm arg mil* ≃ squaddy *Br*, ≃ GI *Am*.

grivois, e [grivwa, az] *adj* risqué, bawdy.

grivoiserie [grivwazri] *nf* -**1.** [caractère] bawdiness. -**2.** [histoire] bawdy story.

grizzli, grizzly [grizli] *nm* grizzly (bear).

grœnendael [grɔnɛndal] *nm* Groenendael (sheepdog).

Groenland [grɔɛnlɑ̃d] *npr m*: **le ~** Greenland; **au ~** in Greenland.

groenlandais, e [grɔɛnlɑ̃dɛ, ɛz] *adj* from Greenland, Greenland *(modif)*.

◆ **Groenlandais, e** *nm, f* Greenlander.

grog [grɔg] *nm* hot toddy; ~ **au rhum** rum toddy.

groggy [grɔgi] *adj inv* -**1.** [boxeur] groggy. -**2.** *fam* [abruti] stunned, dazed.

grognard [grɔɲar] *nm* HIST *soldier of Napoleon's Old Guard.*

grognasse▽ [grɔɲas] *nf* old bag, old bat.

grognasser *fam* [3] [grɔɲase] *vi* to grumble, to whinge *Br*.

grogne [grɔɲ] *nf* dissatisfaction, discontent.

grognement [grɔɲmɑ̃] *nm* -**1.** [d'une personne] grunt, growl; **pousser des ~s** to grunt, to growl; **on verra, dit-elle dans un ~** we'll see, she growled OU grunted. -**2.** [d'un cochon] grunt, grunting *(U)*; [d'un chien] growl, growling *(U)*.

grogner [3] [grɔɲe] ◇ *vi* -**1.** [personne] to grumble, to grouse; **ça ne sert à rien de ~ après** *fam* OU **contre ton patron** it's no use grumbling OU moaning about your boss. -**2.** [cochon] to grunt; [chien] to growl.

◇ *vt* [réponse, phrase] to grunt (out).

grognon, onne *fam* [grɔɲɔ̃, ɔn] *adj* grumpy, crotchety; **un air ~** a surly look; **ce matin, elle est ~ OU ~ne** she's grumpy this morning.

◆ **grognon** *fam nmf* grumbler, moaner; **c'est une vraie ~** she's such a moaner.

grognonner *fam* [grɔɲɔne] = **grognasser**.

groin [grwɛ̃] *nm* -**1.** [d'un porc] snout. -**2.** *fam* [visage laid] mug.

grol(l)e▽ [grɔl] *nf* shoe; **mets des ~s** put something on your feet.

grommeler [24] [grɔmle] ◇ *vi* -**1.** [personne] to grumble, to mumble. -**2.** [sanglier] to snort.

◇ *vt* to mutter.

grommellement [grɔmɛlmɑ̃] *nm* -**1.** [du sanglier] snorting. -**2.** [d'une personne] muttering; **quelques ~s indistincts** a few vague mutters OU mutterings.

grondant, e [grɔ̃dɑ̃, ɑ̃t] *adj* rumbling; **une foule ~e** a crowd muttering discontentedly.

grondement [grɔ̃dmɑ̃] *nm* -**1.** [du tonnerre, du métro] rumbling; **le ~ de la foule se fit de plus en plus fort** the angry murmur of the crowd grew louder and louder. -**2.** [d'un chien] growling.

gronder [3] [grɔ̃de] ◇ *vi* -**1.** [rivière, tonnerre, métro] to rumble. -**2.** [chien] to growl. -**3.** *fig & litt* to be brewing; **la révolte gronde** a revolt is brewing.

◇ *vt* [réprimander] to scold, to tell off *(insép)*.

gronderie [grɔ̃dri] *nf* scolding, telling-off.

grondeur, euse [grɔ̃dœr, øz] *adj* [personne, voix] scolding, grumbling; **d'un ton ~** in a tone of reproof.

grondin [grɔ̃dɛ̃] *nm* gurnard.

Groningue [grɔnɛ̃g] *npr* Groningen.

groom [grum] *nm* [employé d'hôtel] bellboy.

gros, grosse [gro, *devant nm commençant par voyelle ou h muet* groz, gros] ◇ *adj* -**1.** [grand] large, big; [épais, solide] big, thick; **une grosse boîte de haricots** a large OU big can of beans; **le paquet est/n'est pas (très) ~** the parcel is/isn't (very) big; **un ~ crayon** a (big) thick pencil; **prends-le par le ~ bout** pick it up by the thick OU thicker end; **de grosses chaussures** heavy shoes; **un ~ anorak** a thick OU heavy anorak; ~ **drap** coarse linen; **de grosses lèvres** thick lips; **une grosse limace** a big fat slug; ~ **trait de crayon** thick pencil mark; **une grosse tranche** a thick slice; **un bon ~ sandwich** *fam* a nice big sandwich. -**2.** [corpulent] big, fat; **un homme grand et ~** a tall fat man; **une grosse dame** a big OU fat lady; **de grosses jambes** fat OU stout legs. -**3.** [en intensif] : **un ~ appétit** a big OU hearty appetite; **par les grosses chaleurs** in the hot season; **un ~ bisou** *fam* a big kiss; **un ~ bruit** a loud OU big noise; **un ~ sanglot** a big OU heavy sob; **un ~ soupir** a big OU heavy sigh; **un ~ mangeur** a big OU hearty eater; **un ~ buveur** a heavy drinker; **un ~ bêta** *fam* a great ninny; **un ~ malin** *fam* a smart-aleck. -**4.** [abondant] heavy; **une grosse averse** a heavy shower; **de grosses pluies/chutes de neige** heavy rainfall/snowfall; **son usine a de ~ effectifs** his factory employs large numbers of people OU has a large workforce. -**5.** [important] big; **le ~ avantage des supermarchés** the big OU major advantage of supermarkets; **un ~ consommateur de pétrole** a major oil consumer; **de ~ dégâts** extensive OU widespread damage; **une grosse entreprise** a large OU big company; **une grosse erreur** a big OU serious mistake; **de ~ frais** heavy expenses; **avoir de ~ moyens** to have a large income OU considerable resources; **de ~ progrès** considerable progress, a lot of progress; **de ~ profits** big OU fat profits; **il y a de ~ travaux à faire dans cette maison** that house needs a lot (of work) done to it; **une grosse angine** a (very) sore throat; **un ~ rhume** a bad OU heavy cold; **un ~ choc psychologique** a serious psychological shock; **de ~ ennuis** serious trouble, lots of trouble; **grosse besogne** heavy work; **une grosse journée (de travail)** a hard day's work; **de grosses pertes** heavy losses ❑ **~ œuvre** structural work, carcass *spéc*; **jouer ~ jeu** *pr* & *fig* to play for high OU big stakes. -**6.** [prospère] big; **un ~ commerçant** a major retailer; **un ~ producteur d'Hollywood** a big Hollywood producer; **les ~ actionnaires** the major shareholders. -**7.** [rude] : **une grosse voix** a rough OU gruff voice; **un ~ rire** coarse laughter; **l'astuce/la supercherie était un peu grosse** the trick/the hoax was a bit obvious; **grosse blague** crude joke ‖ [exagéré] : **j'ai trouvé ça un peu ~!** I thought it was a bit much!; **un ~ drame** a big tragedy OU catastrophe; **ne lui dis pas, sinon ça va faire une grosse histoire** don't tell him or you'll never hear the end of it; **tout de suite, les grosses menaces!** *fam* so it's threats already, is it? -**8.** MÉTÉO : **par ~ temps/grosse mer** in heavy weather/seas; **~ vent** gale. -**9.** [rempli] : **~ de : un ciel ~ d'orage** stormy skies; **yeux ~ de larmes** eyes moist with tears; **un cœur ~ de tendresse** a heart full of tenderness; **un regard ~ de menaces** a threatening look; **un choix ~ de conséquences** a choice fraught with implications.

◇ *nm, f* fat person; **les ~** fat people; **un petit ~** a fat little man; **ça va, mon ~?** *fam* all right, son OU old boy?

◆ **gros** ◇ *nm* -**1.** [majorité] : **le ~ de** : **le ~ de la classe a du mal à suivre** most of the class has trouble keeping up; **le ~ des étudiants** most of the students; **le ~ du débat sera télévisé** the main part of the debate will be televised; **le ~ de l'hiver est passé** the worst of the winter is over; **le ~ du chargement** the bulk of the cargo. -**2.** COMM : **le ~** the wholesale business. -**3.** *fam* [riche] rich person; **les ~** the rich.

◇ *adv* : **couper ~** to cut in large slices; **écrire ~** to write big; **coûter/gagner ~** to cost/to win a lot (of money); **ça va vous coûter ~** *pr* & *fig* it'll cost you dear; **jouer ~** to play for high stakes; **jouer** OU **miser** OU **risquer ~** *fig* to take big risks; **elle donnerait ~ pour savoir** she'd give her right arm OU a lot to find out.

◆ **grosse** ◇ *nf* -**1.** JUR engrossment. -**2.** COMM gross.

◇ *adj f vieilli* [enceinte] pregnant.

◆ **de gros** *loc adj* COMM wholesale.

◆ **en gros** *loc adv* -**1.** [approximativement] roughly; **je sais en ~ de quoi il s'agit** I know roughly what it's about; **voilà, en ~, ce dont il s'agit** that's the long and the short of it. -**2.** [écrit] : **c'est imprimé en ~** it's printed in big letters. -**3.** COMM wholesale.

gros-bec [grobɛk] (*pl* **gros-becs**) *nm* hawfinch.

groseille [grozɛj] ◇ *nf* : **~ rouge** redcurrant; **sirop de ~** redcurrant syrup; **~ blanche** white currant; **~ à maquereau** gooseberry.

◇ *adj inv* light red.

groseillier [grozeje] *nm* currant bush; **~ rouge** redcurrant bush; **~ blanc** white currant bush; **~ à maquereau** gooseberry bush.

gros-grain [grogrɛ̃] (*pl* **gros-grains**) *nm* grosgrain.

Gros-Jean [groʒɑ̃] *nm inv* : **se retrouver** OU **être ~ comme devant** to feel deflated *(by failure)*.

gros-plant [groplɑ̃] (*pl* **gros-plants**) *nm* Grosplant (wine).

gros-porteur [grop ɔrtœr] (*pl* **gros-porteurs**) *nm* jumbo, jumbo jet.

grosse [gros] *f* → **gros**.

grossesse [grosɛs] *nf* pregnancy; **pendant ma ~** when I was pregnant ❑ **~ extra-utérine** ectopic pregnancy; **~ nerveuse** phantom pregnancy.

grosseur [grosœr] *nf* -**1.** [taille] size; **de la ~ d'une noix** the size of a walnut; **des grêlons de la ~ de mon poing** hailstones as big as OU the size of my fist. -**2.** *sout* [obésité] weight, fatness. -**3.** MÉD lump.

grossier, ère [grosje, ɛr] *adj* -**1.** [approximatif] rough, crude *péj*; **c'est du travail ~** it's shoddy work; **un dessin ~** a rough sketch; **je n'ai qu'une idée grossière de l'endroit où il se trouve** I've only got a rough idea (of) where he is. -**2.** [peu raffiné] coarse, rough; **de la toile grossière** coarse linen; **des traits ~s** coarse features. -**3.** [impoli] rude, crude; **il est vraiment ~** he's so rude OU impolite ‖ [vulgaire] vulgar, uncouth; **(quel) ~ personnage!** what a rude OU vulgar individual! -**4.** [simpliste] gross, stupid; **une erreur** OU **faute grossière** a gross OU stupid mistake; **les ficelles de l'intrigue sont vraiment grossières** the plot is really obvious.

grossièrement [grosjɛrmɑ̃] *adv* -**1.** [approximativement] roughly (speaking); **j'ai évalué ~ les frais** I made a rough estimate of the costs; **voilà, ~, comment je vois les choses** roughly (speaking), that's how I see things. -**2.** [sans délicatesse] roughly; **un visage ~ dessiné** a face that has been roughly sketched. -**3.** [injurieusement] rudely; **elle m'a parlé ~** she was rude to me; **insulter qqn ~** to be insultingly rude to sb. -**4.** [beaucoup] : **tu te méprends ~** you're grossly OU wildly mistaken.

grossièreté [grosjɛrte] *nf* -**1.** [impolitesse] coarseness, rudeness; **il est d'une incroyable ~** he is incredibly rude. -**2.** [manque de finesse - d'une personne] coarseness; [- d'une chose] crudeness, coarseness; **la ~ de ses traits** the coarseness of his features. -**3.** [gros mot] coarse remark; **je me suis retenu pour ne pas lui dire des ~s** I had to bite my tongue to avoid swearing at him ‖ [obscénité] rude joke; **il aime raconter des ~s** he likes telling rude jokes; **allons, pas de ~s!** come on now, keep it clean!

grossir [32] [grosir] ◇ *vi* -**1.** [prendre du poids] to put on weight, to get fatter; **elle a beaucoup grossi** she's put on a lot of weight; **j'ai grossi d'un kilo** I've put on a kilo. -**2.** [augmenter] to grow; **la foule grossissait sans cesse** the crowd was constantly getting bigger OU growing; **les bourgeons/ruisseaux grossissent** the buds/streams are swelling; **le bruit grossit** the noise is getting louder.

◇ *vt* -**1.** [faire paraître gros] : **ta robe te grossit** your dress makes you look fatter. -**2.** [augmenter] to raise, to swell; **des pluies diluviennes ont grossi la rivière** the river has been swollen by torrential rain; **~ le nombre/les rangs des manifestants** to increase the numbers/to swell the ranks of the demonstrators; **~ sa voix pour se faire entendre** to raise one's voice OU to speak up in order to make o.s. heard. -**3.** [exagérer] to exaggerate, to overexaggerate; **les journaux ont grossi les conséquences de la grève** the newspapers exaggerated OU magnified the consequences of the strike; **on a grossi l'affaire** the affair was blown up out of all proportion. -**4.** [à la loupe] to magnify, to enlarge.

grossissant, e [grosisɑ̃, ɑ̃t] *adj* -**1.** [verre] magnifying. -**2.** *litt* [qui s'accroît] growing, swelling.

grossissement [grosismɑ̃] *nm* -**1.** [d'une tumeur] swelling, growth. -**2.** [avec une loupe] magnifying. -**3.** [exagération] exaggeration.

grossiste [grosist] *nmf* wholesaler.

grosso modo [grosomodo] *loc adv* roughly, more or less; **laisse-moi t'expliquer l'histoire ~** let me give you a rough idea of the story.

grotesque [grɔtɛsk] ◇ *adj* -**1.** [burlesque] ridiculous. -**2.** [absurde] ridiculous, ludicrous; **ne sois pas ~!** don't be absurd OU ridiculous!

◇ *nm* -**1.** BX-ARTS & LITTÉRAT : **le ~** the grotesque. -**2.** [absurdité] ludicrousness, preposterousness; **son livre est d'un ~!** his book is ludicrous!

◆ **grotesques** *nfpl* BX-ARTS grotesques.

grotte [grɔt] *nf* -**1.** GÉOL cave; **'la Grotte de Fingal'** *Mendelssohn* 'Fingal's Cave'. -**2.** ARCHIT grotto.

grouillant, e [grujɑ̃, ɑ̃t] *adj* swarming, teeming; **les rues ~es de monde** the streets swarming OU teeming with people; **il y avait une foule ~e sur la place** the square was teeming with people.

grouillement [grujmɑ̃] *nm* : **un ~ d'insectes** a swarm of insects; **un ~ de vers** a wriggling mass of worms; **le ~ de la foule** the bustling OU milling OU seething crowd.

grouiller [3] [gruje] *vi* -**1.** [clients, touristes] to mill OU to swarm about; **la foule grouille sur les boulevards** the boulevards are bustling with people ‖ [asticots] : **les vers grouillent sur la viande** the meat is crawling with maggots. -**2.** **~ de** [être plein de] to be swarming OU crawling with; **les rues grouillent de monde** the streets are swarming with people; **la pomme grouillait de vers** the apple was crawling with worms; **ce texte grouille de termes techniques** *fig* this text is crammed with technical terms ‖ *(tournure impersonnelle)* : **ça grouille de vie dans tous les nids** all the nests are teeming with life; **il y grouille une foule de jeunes artistes** the place is swarming with young artists. -**3.** ▽ [se dépêcher] : **allez, grouillez, ça commence dans cinq minutes** come on, get cracking OU get a move on, it starts in five minutes.

◆ **se grouiller** *fam vpi* to get a move on; **grouille-toi, on est en retard** get a move on, we're late.

grouillot *fam* [grujo] *nm* errand boy.

groupage [grupaʒ] *nm* -**1.** COMM bulking; **le ~ des commandes** bulk ordering. -**2.** MÉD (blood) grouping.

groupe [grup] *nm* -**1.** [de gens, d'objets] group; **ils sont venus par ~s de quatre ou cinq** they came in groups of four or five OU in fours and fives ❑ **~ hospitalier/scolaire** hospital/school complex; **~ familial** family group; **~ parlementaire** parliamentary group; **~ de pression** pressure group; **~ de rock** rock band OU group; **~ de travail** working group OU party. -**2.** ÉCON group; **les grands ~s de l'édition** the big publishing groups ❑ **~ de presse** press consortium OU group. -**3.** BX-ARTS group. -**4.** ÉLECTR set; **~ électrogène** generator. -**5.** LING : **~ consonantique** consonant cluster; **~ de mots** word group; **~ du verbe** OU **verbal** verbal group; **~ du nom** OU **nominal** nominal group. -**6.** MATH group. -**7.** MÉD : **~ sanguin** blood group. -**8.** MIL group. -**9.** BOT & ZOOL [classification] group.

◆ **de groupe** *loc adj* group *(modif)*; **billet de ~** group ticket; **psychologie/psychothérapie de ~** group psychology/therapy.

◆ **en groupe** *loc adv* in a group.

groupé, e [grupe] *adj* -**1.** COMM : **achat ~** bulk purchase. -**2.** INF blocked. -**3.** SPORT : **saut ~** tuck.

groupement [grupmɑ̃] *nm* -**1.** [association] group; ~ **d'achat (commercial)** bulk-buying group; ~ **de défense des consommateurs** consumers' association; ~ **d'intérêt économique** intercompany management syndicate. -**2.** [rassemblement]: **on a procédé au** ~ **des commandes** all the orders have been grouped together.

grouper [3] [grupe] *vt* -**1.** [réunir - personnes] to group together *(sép)*; [- ressources] to pool; **groupons nos forces** let's pool our resources; **les dépendances groupées autour du corps de ferme** the outbuildings clustered around the main farm building. -**2.** [classer] to put OU to group together *(sép)*; **on peut** ~ **ces articles sous la même rubrique** we can put all these articles together under the same heading. -**3.** COMM [paquets] to bulk. -**4.** MÉD to determine the blood group of. -**5.** SPORT: **groupez les genoux sous le menton** bring your knees up to your chin.

◆ **se grouper** *vpi* -**1.** [dans un lieu] to gather; **la foule s'est groupée sous le balcon** the crowd gathered under the balcony. -**2.** [dans une association] to join together; **nous devons nous** ~ **pour mieux défendre nos droits** we must band OU join together to protect our rights; **se** ~ **autour d'un chef** to join forces under one leader.

groupie [grupi] *nmf* -**1.** [d'un chanteur] groupie. -**2.** [inconditionnel] avid follower, groupie.

groupuscule [grupyskyl] *nm* POL & *péj* small group; **les** ~**s gauchistes** tiny ultra-left (splinter) groups.

grouse [gruz] *nf* (red) grouse.

gruau [gryo] *nm* groats; **farine de** ~ fine wheat flour.

grue [gry] *nf* -**1.** TECH crane; ~ **automotrice** motor-driven crane; ~ **flottante** floating crane. -**2.** CIN & TV crane. -**3.** ORNITH crane. -**4.** ▽ *vieilli* [prostituée] tart *Br*, hooker *Am*. -**5.** *fam vieilli* [femme stupide] silly goose.

gruger [17] [gryʒe] *vt* -**1.** *litt* [tromper] to deceive, to swindle; **se faire** ~ to get swindled. -**2.** TECH to shape the edges of.

grume [grym] *nf* trunk, log; **bois en** ~ unhewn OU undressed wood.

grumeau, x [grymo] *nm* lump.

grumeler [24] [grymle]

◆ **se grumeler** *vpi* [sauce] to go lumpy.

grumeleux, euse [grymlø, øz] *adj* -**1.** [sauce] lumpy. -**2.** [peau] uneven; [surface] granular. -**3.** [fruit] gritty.

grumelure [grymlyr] *nf* MÉTALL pipe (fault).

gruppetto [grupɛto] (*pl* **gruppetti** [-ti]) *nm* gruppetto, turn.

grutier [grytje] *nm* crane driver OU operator.

gruyère [gryjɛr] *nm*: ~, **fromage de Gruyère** Gruyere (cheese).

Guadeloupe [gwadlup] *npr f*: **la** ~ Guadeloupe; **à la** OU **en** ~ in Guadeloupe.

guadeloupéen, enne [gwadlupeɛ̃, ɛn] *adj* Guadeloupean.

◆ **Guadeloupéen, enne** *nm, f* Guadeloupean.

Guangzhou [gwangʒu] *npr* Guangzhou.

guano [gwano] *nm* guano.

guarani [gwarani] *nm* LING Guarani.

Guatemala [gwatemala] *npr m*: **le** ~ Guatemala; **au** ~ in Guatemala.

guatémaltèque [gwatemaltɛk] *adj* Guatemalan.

◆ **Guatémaltèque** *nmf* Guatemalan.

Gud, GUD [gyd] (*abr de* **Groupe union défense**) *npr m extreme right-wing student group.*

gué [ge] ◇ *nm* [passage] ford; **passer un ruisseau à** ~ to ford a stream; **là, on peut passer à** ~ there's a ford there, we can cross there.

◇ *interj arch*: oh ~! hey nonny no!

guéable [geabl] *adj* fordable.

guéguerre *fam* [gegɛr] *nf* (little) war, squabble; **se faire la** ~ to squabble, to bicker; **la** ~ **entre les chefs de service** the squabbling OU bickering between the heads of department.

guelfe [gɛlf] ◇ *adj* Guelphic, Guelfic.

◇ *nm* Guelph, Guelf.

guenilles [gənij] *nfpl* rags (and tatters); **être vêtu de** ~ to wear old rags.

guenon [gənɔ̃] *nf* -**1.** ZOOL female OU she-monkey. -**2.** ▽ *péj* [femme] dog.

guépard [gepar] *nm* cheetah; **'le Guépard'** *Visconti* 'The Leopard'.

guêpe [gɛp] *nf* -**1.** ZOOL wasp. -**2.** *vieilli* [femme rusée]: **c'est une fine** ~ she's very sharp.

guêpier [gepje] *nm* -**1.** [nid de guêpes] wasp's nest. -**2.** [situation périlleuse] sticky situation; **il s'est fourré** OU **mis dans un beau** ~ he got himself into a sticky situation. -**3.** ORNITH bee eater.

guêpière [gepjɛr] *nf* basque.

guère [gɛr] *adv sout* -**1.** [employé avec 'ne']: **il n'est** ~ **aimable** he's not very nice; **je ne suis** ~ **contente de vous** I'm not terribly pleased with you; **je n'aime** ~ **cela** I don't much like that, I don't like that much; **elle n'y voit plus** ~ she can hardly see anymore; **il n'a** ~ **apprécié votre remarque** he didn't appreciate your remark much; **il n'est** ~ **plus aimable qu'elle** he's not much nicer than she is; **il n'y a** ~ **de monde** there's hardly anyone; **je n'ai** ~ **de temps libre** I don't have much OU I hardly have any free time; **ça ne durera** ~ **longtemps** it won't last very long; **le beau temps ne dura** ~ the fine weather lasted hardly any time at all OU didn't last very long; **il ne vient** ~ **nous voir** he hardly ever comes to see us; **il n'y a plus** ~ **de noyers dans la région** there are hardly OU scarcely any walnut trees left in this area; **il n'a** ~ **plus de vingt ans** he is barely OU scarcely twenty years old; **il ne nous reste** ~ **que deux heures à attendre** we have barely two hours left to wait; **je ne suis plus** ~ **qu'à une heure de Paris** I'm only an hour away from Paris; **il n'y a** ~ **que moi qui m'en soucie** I'm practically the only one who cares about it; **il ne se déplace plus** ~ **qu'avec une canne** he can hardly walk without a stick anymore. -**2.** [dans une réponse]: **aimez-vous l'art abstrait?** — ~ do you like abstract art? — not really; **comment allez-vous?** — ~ **mieux** how are you? — not much better OU hardly any better.

guéret [gerɛ] *nm* [non ensemencé] fallow land; [non labouré] balk; **dans les** ~**s** in the fallows.

guéridon [geridɔ̃] *nm* [table] occasional table.

guérilla [gerija] *nf* -**1.** [guerre] guerrilla warfare; ~ **urbaine** urban guerrilla warfare; **la** ~ **parlementaire de l'opposition** the guerrilla tactics employed by the opposition in parliament. -**2.** [soldats] group of guerrillas, guerrilla unit.

guérillero [gerijero] *nm* guerrilla.

guérir [32] [gerir] ◇ *vt* -**1.** MÉD [malade, maladie] to cure; [blessure] to heal; ~ **un malade de son cancer** to cure a patient of his cancer. -**2.** *fig*: **il saura** ~ **ta timidité** he'll know how to cure OU to help you get rid of your shyness; **je vais le** ~ **de cette manie** I'll cure him of that habit; **le temps seul guérit les grands chagrins** only time can heal deep grief.

◇ *vi* -**1.** MÉD [convalescent] to recover, to be cured; **elle est guérie de sa rougeole** she's cured of OU recovered from her measles; **ma mère est guérie** my mother's better OU recovered ‖ [blessure] to heal, to mend; **son épaule guérit lentement** his shoulder is healing OU mending slowly. -**2.** *fig*: **il est guéri de sa timidité** he is cured of OU he has got over his shyness; **l'amour, il en est guéri!** you won't catch him falling in love again!; **elle est guérie de l'amour** she's got over being in love.

◆ **se guérir** ◇ *vp (emploi réfléchi)* to cure o.s.; **il s'est guéri grâce à l'homéopathie** he cured himself thanks to homeopathy.

◇ *vpi* -**1.** [maladie]: **est-ce que ça se guérit facilement?** is it easy to cure? -**2.** [personne]: **il ne s'est jamais guéri de sa jalousie** he never got over his jealousy.

guérison [gerizɔ̃] *nf* -**1.** MÉD [d'un patient] recovery; [d'une blessure] healing; **il est maintenant en voie de** ~ he's now on the road to recovery. -**2.** *fig*: **la** ~ **sera lente après une telle déception** it'll take a long time to get over such a disappointment.

guérissable [gerisabl] *adj* -**1.** MÉD [patient, mal] curable. -**2.** *fig*: **son chagrin n'est pas** ~ there is no cure for his sorrow.

guérisseur, euse [gerisœr, øz] *nm, f* healer; *péj* quack (doctor).

guérite [gerit] *nf* -**1.** [sur un chantier] site office. -**2.** MIL sentry box.

Guernesey [gɛrnəzɛ] *npr* Guernsey; **à** ~ on Guernsey.

guernesiais, e [gɛrnəzjɛ, ɛz] *adj* from Guernsey, Guernsey *(modif)*.

◆ **Guernesiais, e** *nm, f inhabitant of or person from Guernsey.*

guerre [gɛr] *nf* -**1.** [conflit] war; **en temps de** ~ in wartime; **être en** ~ **(contre)** to be at war (with); **des pays en** ~ countries at war, warring countries; **entrer** OU **se mettre en** ~ **(contre)** to go to war (with); **déclarer la** ~ **(à)** to declare war (against OU on); **maintenant, entre Jeanne et moi c'est la** ~ Jeanne and I are at each others' throats all the time now ❑ ~ **atomique/nucléaire** atomic/nuclear war; **la** ~ **de Cent Ans** the Hundred Years War; ~ **civile** civil war; **la** ~ **de Corée** the Korean War; **la** ~ **de Crimée** the Crimean War; ~ **d'embuscade** guerrilla war; **la** ~ **des étoiles** Star Wars; **la guerre franco-allemande** the Franco-Prussian War; **la** ~ **froide** the cold war; ~ **des gangs** gang warfare; **la** ~ **du Kippour** the Yom Kippur War; ~ **mondiale** world war; ~ **des nerfs** war of nerves; ~ **à outrance** all-out war; ~ **ouverte** open war; ~ **de religion** war of religion; ~ **sainte** Holy War; **la** ~ **de Sécession** the American Civil War; **la** ~ **des sexes** the battle of the sexes; **la** ~ **des Six Jours** the Six-Day War; ~ **totale** total war; **la** ~ **de Troie** the Trojan War; ~ **d'usure** war of attrition; **la Grande Guerre, la Première Guerre (mondiale), la** ~ **de 14** the Great War, the First World War, World War I; **la Seconde Guerre mondiale, la** ~ **de 40** World War II, the Second World War; **faire la** ~ **(à)** *pr* to wage war (against); *fig* to battle (with); **il a fait la** ~ **en Europe** he was in the war in Europe; **je fais la** ~ **aux moustiques/fumeurs** I've declared war on mosquitoes/smokers; **elle lui fait la** ~ **pour qu'il mange plus lentement** she's always (nagging) on at him to eat more slowly; **mes chaussures/gants ont fait la** ~ *fam* my shoes/gloves have been in the wars; **partir en** ~ **(contre)** *pr* to go to war (against); *fig* to launch an attack (on); **à la** ~ **comme à la** ~ *fam* well, you just have to make the best of things; **c'est de bonne** ~ all's fair in love and war *prov*; **de** ~ **lasse je l'ai laissé sortir** in the end I let him go out just to have some peace (and quiet); **'la Guerre des étoiles'** *Lucas* 'Star Wars'; **'Guerre et Paix'** *Tolstoï* 'War and Peace'. -**2.** [technique] warfare; ~ **biologique/chimique** biological/chemical warfare; ~ **bactériologique** germ warfare; ~ **éclair** blitzkrieg; ~ **des ondes** radio propaganda warfare; ~ **psychologique** psychological warfare; ~ **de tranchées** trench warfare.

guerrier, ère [gɛrje, ɛr] *adj* [peuple] warlike; **un chant** ~ a battle song OU chant.

◆ **guerrier** *nm* warrior.

guerroyer [13] [gɛrwaje] *vi sout* to (wage) war.

guet [gɛ] *nm* watch; **faire le** ~ to be on watch OU on the lookout.

guet-apens [gɛtapɑ̃] (*pl* **guets-apens** [gɛtapɑ̃]) *nm* ambush, trap; **tendre un** ~ **à qqn** to set a trap OU an ambush for sb; **tomber dans un** ~ to fall into a trap, to be ambushed; **c'était un** ~ it was a trap.

guète [gɛt] = **guette**.

guêtre [gɛtr] *nf* -**1.** [bande de cuir] gaiter. -**2.** [en tricot] leggings.

guette [gɛt] *nf* HIST -**1.** [tourelle] watchtower. -**2.** [trompette] alarum (trumpet).

guetter [4] [gete] *vt* -**1.** [surveiller] to watch; **il guette chacun de ses mouvements** he studies her every move || *(en usage abs)*: **tu vas ~ pendant qu'on entre** you keep watch while we go in. -**2.** *fig* [menacer]: **la mort le guette** death is lying in wait for him; **l'embonpoint te guette** you need to watch your weight; **l'infarctus la guette** she's liable to have a heart attack; **les ennuis la guettent** there's trouble in store for her. -**3.** [attendre] to watch out for *(insép)*; **le chat guette la souris** the cat is watching for the mouse; **il guette le facteur** he is on the lookout for the postman; **~ l'occasion propice** to watch out for the right opportunity.

guetteur [getœr] *nm* -**1.** MIL lookout; HIST watch, watchman. -**2.** [gén] lookout.

gueulante▽ [gœlɑ̃t] *nf*: **pousser une ~** to raise the roof.

gueulard, e▽ [gœlar, ard] ◇ *adj* -**1.** [personne] loud, loudmouthed; [radio, chanson] noisy, bawling. -**2.** [couleur] loud.

◇ *nm, f* [adulte] loudmouth; [bébé] bawler.

◆ **gueulard** *nm* MÉTALL (blast furnace) throat OU shaft.

gueule [gœl] *nf* -**1.** ▽ [bouche] gob *Br*, yap *Am*; **un whisky/curry qui emporte la ~** a whisky/curry that takes the roof off your mouth; **s'en mettre plein la ~** to make a pig of o.s.; **se soûler la ~** to get pissed *Br* OU juiced *Am*; **pousser un coup de ~** to yell out; **une fine ~** a gourmet; **c'est une grande ~** OU **un fort en ~** he's a big mouth OU a loudmouth, he's always shooting his mouth off; **(ferme) ta ~!** shut your mouth OU trap!; **vos ~s!** shut up (you lot)! -**2.** ▽ [visage] mug, face; **quelle sale ~ (il a)!** [il est laid] what an ugly mug he's got!; [il est malade] he looks terrible!; **il va faire une sale ~ quand il saura la vérité** he's going to be mad OU livid when he finds out the truth; **bien fait pour ta sale ~!** (it) serves you damn well right!; **je te pète la ~!** I'll smash your face in!; **j'en ai pris plein la ~** I got a right mouthful; **t'aurais vu sa ~!** you should have seen his face!; **avoir** OU **faire une drôle de ~** to look funny OU weird; **elle a fait une de ces ~s en trouvant la porte fermée!** you should have seen her face when she saw the door was shut! ❑ **~ cassée** WW1 veteran *(with bad facial injuries)*; **~ noire** miner; **~ de raie** fish face; **il est entré dans la salle de réunion, la ~ enfarinée** [sans se douter de rien] he came into the meeting room like a lamb to the slaughter; **il est arrivé à 4 h, la ~ enfarinée** [comme si de rien n'était] he breezed in at 4 as if nothing was the matter; **faire la ~: il nous fait la ~ depuis notre arrivée** he's been in a huff OU in a bad mood with us ever since we arrived. -**3.** *fam* [apparence]: **cette pizza a une sale ~** that pizza looks disgusting. -**4.** ▽ [charme]: **elle n'est pas belle, mais elle a de la ~** she's not beautiful but she's got something about her; **il a de la ~, ce type** that guy's really got something; **leur maison a vraiment de la ~** their house really has got style. -**5.** [d'un animal] mouth; **se jeter dans la ~ du loup** to throw o.s. into the lion's mouth OU jaws. -**6.** [d'un canon] muzzle; [d'un four] mouth.

◆ **gueule de bois** *fam nf* hangover.

gueule-de-loup [gœldəlu] *(pl* **gueules-de-loup**) *nf* BOT snapdragon.

gueulement▽ [gœlmɑ̃] *nm* bawl, yell; **pousser des ~s** to yell, to bawl.

gueuler *fam* [3] [gœle] ◇ *vi* -**1.** [personne] to yell (one's head off), to shout; **arrête de ~, on va t'aider** stop shouting, we're going to help you; **quand il a su ça, il a gueulé** when he found out he blew his top OU he hit the roof; **faudrait ~!** we should kick up a fuss!; **~ sur qqn** to shout at sb ❑ **~ comme un putois** to shout one's head off. -**2.** [radio, haut-parleur] to blare out *(insép)*; **faire ~ sa radio** to turn the radio up full blast. -**3.** [chien] to howl.

◇ *vt* to bellow out *(sép)*, to bawl out *(sép)*.

gueules [gœl] *nm* HÉRALD gules.

gueuleton▽ [gœltɔ̃] *nm* [repas] nosh-up *Br*, blowout.

gueuletonner *fam* [3] [gœltɔne] *vi* to have a blowout, to have a nosh-up *Br*.

gueuse [gøz] ◇ *f* → **gueux**.

◇ *nf* [bière] = **gueuze**.

gueuserie [gøzri] *nf arch* OU *litt* -**1.** [état] beggary. -**2.** [action] foul deed.

gueux, gueuse [gø, gøz] *nm, f arch* OU *litt* beggar; **les ~** the wretched.

◆ **gueuse** *nf* -**1.** MÉTALL pig (mould). -**2.** *arch* OU *litt* harlot, painted lady. -**3.** HIST: **la Gueuse** *name given to the French Republic by Royalists during the Third Republic.*

gueuze [gøz] *nf* gueuze (beer).

gugusse *fam* [gygys] *nm* clown; **faire le ~** to fool around; **quel ~!** what a nitwit!

gui [gi] *nm* -**1.** BOT mistletoe. -**2.** NAUT boom.

guibolle▽ [gibɔl] *nf* pin *Br*, gam *Am*; **j'en ai plein les ~s** my legs have had it.

guiche [giʃ] *nf* [mèche de cheveux] kiss curl *Br*, spit curl *Am*.

guichet [giʃɛ] *nm* -**1.** [d'une banque] counter; [d'un théâtre] ticket office; [d'une poste] counter, window; **allez au ~ nº 2 pour les renseignements** go to window OU position nº 2 for information; **'~ fermé'** 'position closed' ❑ **~ automatique** cash dispenser; **jouer à ~s fermés** to play to packed houses. -**2.** [porte] hatch, wicket. -**3.** [judas] judas; [d'un confessionnal] shutter.

guichetier, ère [giʃtje, ɛr] *nm, f* counter clerk.

guidage [gidaʒ] *nm* guiding; **système de ~** guiding system; **~ de missile** missile guidance OU tracking.

guide [gid] ◇ *nmf* -**1.** SPORT: **~ (de haute montagne)** mountain guide. -**2.** [pour touristes] (tour) guide.

◇ *nm* -**1.** [personne] guide, leader. -**2.** [principe] guiding principle. -**3.** [livre] guidebook; **Guide Bleu**® *detailed tourist guide*; **Guide Vert**® Michelin guide. -**4.** TÉLÉC: **~ d'ondes** (wave) guide; **~ d'ondes optiques** fibre optics system. -**5.** *Belg* [indicateur de chemin de fer] railway timetable; [annuaire] telephone book.

◇ *nf* -**1.** [scout] girl guide *Br*, girl scout *Am*. -**2.** [reine] rein.

guide-âne [gidan] *(pl* **guide-ânes**) *nm vieilli* (basic) handbook.

guide-bande [gidbɑ̃d] *(pl* **guide-bandes**) *nm* tape guide.

guide-fil [gidfil] *nm inv* -**1.** TEXT thread guide. -**2.** [de planche à repasser] cord loop OU guide.

guide-lame [gidlam] *nm inv* -**1.** [d'une faucheuse] blade guide. -**2.** [d'une scie à ruban] fence.

guider [3] [gide] *vt* -**1.** [diriger] to guide; **le chien guide l'aveugle** the dog is guiding the blind man; **~ un avion par radar** to guide an aircraft by radar. -**2.** [conseiller] to guide; **guidée par son expérience** guided by her experience; **seul le profit le guide** he is guided only by profit; **nous sommes là pour vous ~ dans vos recherches** we're here to help you find what you're looking for; **j'ai besoin d'être guidé** I need some guidance.

◆ **se guider** *vpi*: **il s'est guidé sur le soleil** he used the sun as a guide; **il s'est guidé sur l'exemple de son maître** he modelled himself on his master.

guidon [gidɔ̃] *nm* -**1.** [d'un vélo] handlebars. -**2.** MIL & NAUT guidon. -**3.** ARM foresight.

guignard, e *fam* [giɲar, ard] *adj* [malchanceux] unlucky, jinxed.

guigne [giɲ] *nf* -**1.** BOT sweet cherry; **il se soucie de son avenir comme d'une ~** *fam* he doesn't care two hoots about his future. -**2.** *fam* [malchance] bad luck; **il porte la ~ à toute sa famille** he's the bane of his family; **avoir la ~** to be jinxed, to have rotten luck.

guigner [3] [giɲe] *vt* to sneak a look at; **il guigne l'argent de son oncle depuis des années** *fig* he has had his eye on his uncle's money for years.

guignier [giɲje] *nm* gean.

guignol [giɲɔl] *nm* -**1.** [pantin] (glove) puppet; [théâtre] puppet theatre; [spectacle] Punch and Judy show; **on va au ~** we're off to see Punch and Judy. -**2.** *fam fig*: **faire le ~** to clown around; **ce nouveau ministre est un ~** that new minister is a (real) clown.

◆ **Guignol** *npr* (Mister) Punch.

guilde [gild] *nf* guild.

guili-guili [giligili] *nm inv langage enfantin* tickle; **faire ~** to tickle.

guillaume [gijom] *nm* MENUIS rabbet plane.

Guillaume [gijom] *npr*: **~ le Conquérant** William the Conqueror; **~ d'Orange** William of Orange; **~ le Roux** William Rufus; **~ Tell** William Tell.

guilledou [gijdu] *nm*: **courir le ~** *vieilli* to go wenching.

guillemet [gijmɛ] *nm* quotation mark, inverted comma *Br*; **ouvrir/fermer les ~s** to open/to close (the) inverted commas; **entre ~s** in inverted commas *Br*, in quotation marks, in quotes; **tu connais son sens de la «justice», entre ~s** you know his so-called sense of justice.

guilleret, ette [gijrɛ, ɛt] *adj* jolly, cheerful; **d'un air ~** jauntily.

guillon [gijɔ̃] *nm Helv* spigot.

guillotine [gijɔtin] *nf* guillotine.

guillotiné, e [gijɔtine] ◇ *adj* guillotined.

◇ *nm, f* guillotined person.

guillotiner [3] [gijɔtine] *vt* to guillotine.

guimauve [gimov] *nf* -**1.** BOT & CULIN marshmallow. -**2.** *fam fig* & *péj*: **ses chansons, c'est de la ~** his songs are all soppy OU schmaltzy.

guimbarde [gɛ̃bard] *nf* -**1.** *fam* [voiture] (old) banger *Br*, jalopy *Am*. -**2.** MUS jew's-harp.

guimpe [gɛ̃p] *nf* -**1.** [chemisier] chemisette. -**2.** [d'une religieuse] wimple.

guincher *fam* [3] [gɛ̃ʃe] *vi vieilli* to dance.

guindage [gɛ̃daʒ] *nm* lifting, hoisting.

guindaille *fam* [gɛ̃daj] *nf Belg student party.*

guindant [gɛ̃dɑ̃] *nm* NAUT hoist.

guindé, e [gɛ̃de] *adj* [personne] stiff, starchy; [discours] stilted; **d'un air ~** starchily, stiffly; **prendre un ton ~** to speak in a stilted manner.

guinder [3] [gɛ̃de] *vt* -**1.** [personne]: **son costume le guinde** he looks very stiff and starchy in that suit. -**2.** TECH to hoist.

guinderesse [gɛ̃drɛs] *nf* mast OU top rope.

guinée [gine] *nf* [monnaie] guinea.

Guinée [gine] *npr f*: **(la) ~** Guinea; **(la) ~-Bissau** Guinea-Bissau; **(la) ~-Équatoriale** Equatorial Guinea.

guinéen, enne [gineɛ̃, ɛn] *adj* Guinean.

◆ **Guinéen, enne** *nm, f* Guinean.

guingois [gɛ̃gwa]

◆ **de guingois** *fam loc adv* [de travers]: **marcher de ~** to walk sideways; **aller de ~** to go haywire; **l'affiche est de ~** the poster is lopsided OU cockeyed.

guinguette [gɛ̃gɛt] *nf open-air café or restaurant with dance floor.*

guipage [gipaʒ] *nm* -**1.** TEXT covering. -**2.** ÉLECTR insulating, binding.

guiper [3] [gipe] *vt* -**1.** TEXT to cover *(with silk, cotton etc)*. -**2.** ÉLECTR to insulate with material.

guipure [gipyr] *nf* -**1.** TEXT guipure (lace). -**2.** *litt* [givre] tracery.

guirlande [girlɑ̃d] *nf* -**1.** [de fleurs] garland; **des ~s de chèvrefeuille** garlands of honeysuckle. -**2.** [de papier] paper garland; **~ de Noël** (length of) tinsel. -**3.** [de lumières]: **~ électrique** [de Noël] Christmas tree lights, fairy lights; [pour une fête] fairy lights. -**4.** *sout* [de personnes] string; **une ~ de danseurs** a string OU chain of dancers.

guise [giz]

◆ **à ma guise, à ta guise** *etc loc adv* as I/you *etc* please; **il n'en fait qu'à sa ~** he just does as he pleases OU likes.

◆ **en guise de** *loc prép* by way of; **en ~ de dîner, nous n'avons eu qu'un peu de soupe** by way of OU for dinner, we only had a little soup.

guitare [gitar] *nf* guitar; **avec Christophe Banti à la ~** with Christophe Banti on guitar ❑ **~**

basse/électrique bass/electric guitar; ~ hawaïenne/sèche Hawaiian/acoustic guitar.

guitariste [gitarist] *nmf* guitar player, guitarist.

guitoune *fam* [gitun] *nf* tent.

Guizèh [gizɛ] = **Gizeh**.

Gulf Stream [gœlfstrim] *npr m*: le ~ the Gulf Stream.

guppy [gypi] *nm* guppy.

guru [guru] = **gourou**.

gus(se) *fam* [gys] *nm* guy, bloke *Br*.

gustatif, ive [gystatif, iv] *adj* gustatory, gustative.

gustation [gystasjɔ̃] *nf* tasting, gustation *spéc*.

Gustave [gystav] *npr* [roi] Gustav; ~ **Adolphe** Gustavus Adolphus.

gutta-percha [gytapɛrka] (*pl* **guttas-perchas**) *nf* gutta-percha.

guttural, e, aux [gytyral, o] *adj* -**1.** [ton] guttural; [voix] guttural, throaty. -**2.** PHON guttural.
◆ **gutturale** *nf* PHON guttural.

Guyana [gɥijana] *npr f* OU *npr m*: (la OU le) ~ Guyana.

guyanais, e [gɥijanɛ, ɛz] *adj* -**1.** [région, département] Guianese, Guianian. -**2.** [république] Guyanan, Guyanese.
◆ **Guyanais, e** *nm, f* -**1.** [région, département] Guianese, Guianian; **les Guyanais** the Guianese, the Guianians. -**2.** [république] Guyanan, Guyanese; **les Guyanais** the Guyanans, the Guyanese.

Guyane [gɥijan] *npr f*: la ~, les ~s Guiana, the Guianas; (la) ~ **française** French Guiana; (la) ~ **hollandaise** Dutch Guiana.

Guyenne [gɥiɛn] *npr f*: la ~ Guyenne, Guienne.

guyot [gɥijo] ◇ *nm* GÉOL guyot.
◇ *nf* BOT guyot pear.

gym [ʒim] *nf* [à l'école] PE; [pour adultes] gym; **aller à la ~** to go to gym class; **faire de la ~** to do exercises.

gymkhana [ʒimkana] *nm* -**1.** SPORT rally; ~ **motocycliste** scramble *Br*, motorcycle rally. -**2.** *fam fig* obstacle course.

gymnase [ʒimnaz] *nm* -**1.** [salle] gym, gymnasium. -**2.** *Helv* [lycée] secondary school *Br*, high school *Am*.

gymnasial [ʒimnazjal] *adj Helv* secondary school *(modif) Br*, high school *(modif) Am*.

gymnaste [ʒimnast] *nmf* gymnast.

gymnastique [ʒimnastik] *nf* -**1.** SPORT physical education, gymnastics *(sg)*; **professeur de ~** gymnastics OU PE teacher; **faire de la ~** to do exercises ❑ ~ **corrective** remedial gymnastics; ~ **rythmique** eurhythmics *(sg)*; **au pas (de) ~** at a jog trot. -**2.** *fig* gymnastics *(sg)*; ~ **mentale** OU **intellectuelle** mental gymnastics; **ça a été toute une ~ pour obtenir des billets** getting tickets was a real hassle.

gymnique [ʒimnik] *adj* gymnastic.

gymnosperme [ʒimnɔspɛrm] *nf* gymnosperm.

gymnote [ʒimnɔt] *nm* electric eel, gymnotus *spéc*.

gynécée [ʒinese] *nm* gynaeceum.

gynéco *fam* [ʒineko] (*abr de* **gynécologue**) *nmf* gynecologist.

gynécologie [ʒinekɔlɔʒi] *nf* gynecology.

gynécologique [ʒinekɔlɔʒik] *adj* gynecological.

gynécologue [ʒinekɔlɔg] *nmf* gynecologist.

gypaète [ʒipaɛt] *nm* lammergeier, bearded vulture.

gypse [ʒips] *nm* gypsum.

gypseux, euse [ʒipsø, øz] *adj* gypseous.

gypsophile [ʒipsɔfil] *nf* gypsophila.

gyrocompas [ʒirɔkɔ̃pa] *nm* gyrocompass.

gyromagnétique [ʒirɔmaɲetik] *adj* gyromagnetic.

gyromètre [ʒirɔmɛtr] *nm* gyrometer.

gyrophare [ʒirɔfar] *nm* rotating light OU beacon.

gyroscope [ʒirɔskɔp] *nm* gyroscope.

gyroscopique [ʒirɔskɔpik] *adj* gyroscopic.

gyrostat [ʒirɔsta] *nm* gyrostat, gyrostabilizer.

H

h, H [aʃ] *nm* h, H; **h aspiré/muet** aspirate/silent h.

h -**1.** (*abr écrite de* **heure**) hr. -**2.** (*abr écrite de* **hecto**) h.

H *abr écrite de* **homme.**

ha[1] (*abr écrite de* **hectare**) ha.

ha[2] ['a] *interj* -**1.** [surprise]: **~, vous partez déjà?** what, (are you) leaving already? || [ironie, suspicion]: **~, ~, je t'y prends!** aha! caught you! -**2.** [rire]: **~, ~, que c'est drôle!** ha-ha, very funny!

hab. *abr écrite de* **habitant.**

habeas corpus [abeaskɔrpys] *nm inv*: **l'~** habeas corpus.

habile [abil] *adj* -**1.** [adroit] skilful; **il est très ~ aux échecs** he's very good at chess; **être ~ de ses mains** to be good OU clever with one's hands; **il n'est pas encore bien ~ de ses mains** [bébé] his manual skills are still not (fully) developed; [accidenté] he still hasn't (fully) recovered his manual skills; **~ dans son travail** good at his work. -**2.** [intelligent, fin - personne] clever, bright; [- ouvrage] clever; **sa présentation des faits est très ~** his presentation of the facts is very clever. -**3.** [rusé] clever, cunning; **la réponse est ~** it's a clever answer; **une manœuvre ~** a clever move; **il est ~ à se décharger de ses responsabilités** he is good OU very clever at offloading his responsibilities. -**4.** JUR: **~ à tester** fit to make out one's will; **~ à succéder** entitled to inherit.

habilement [abilmɑ̃] *adv* [travailler] cleverly, skilfully; [répondre] cleverly; **elle a négocié ~** she negotiated skilfully; **les négociations ont été ~ menées** the negotiations were conducted with skill; **elle a ~ tiré son épingle du jeu** she cleverly OU skilfully managed to wriggle out of it.

habileté [abilte] *nf* -**1.** [dextérité] skill, dexterity; **un orfèvre d'une grande ~** a very skilful goldsmith, a goldsmith of great skill. -**2.** [ingéniosité] cleverness, smartness; **son ~ en affaires est bien connue** his business sense OU flair is well-known; **il lui fallut mettre toute son ~ au service de cette démarche** she had to use all her artfulness to do this.

habilitation [abilitasjɔ̃] *nf* -**1.** JUR capacitation. -**2.** UNIV accreditation, habilitation.

habilité, e [abilite] *adj* JUR: **~ à** fit to; **toute personne ~e à signer** any person who is entitled to sign; **je suis ~ à parler en son nom** I'm legally entitled OU empowered to speak in her name.

◆ **habilité** *nf* JUR fitness, entitlement.

habiliter [3] [abilite] *vt* -**1.** JUR to entitle, to empower. -**2.** UNIV to accredit, to authorize, to habilitate.

habillable [abijabl] *adj* -**1.** [personne]: **il est difficilement ~** it's difficult to find clothes to fit him. -**2.** [meuble]: **ce lave-linge est ~** the washing machine may be panelled as part of a fitted kitchen.

habillage [abijaʒ] *nm* -**1.** [revêtement - d'une machine] casing; [- d'un produit] packaging; [- d'un ordinateur] cabinetry; AUT [- d'un siège] covering; [- d'un plafond] lining; [- d'un intérieur] trim. -**2.** CULIN dressing; **l'~ d'un poulet** cleaning and trussing a chicken. -**3.** [d'un acteur] dressing.

habillé, e [abije] *adj* [vêtements] smart, dressy; **dîner ~** dinner in evening dress.

habillement [abijmɑ̃] *nm* -**1.** [vêtements] clothes, clothing; [action d'habiller] dressing, clothing; **magasin d'~** clothes shop *Br*, clothing store *Am*; **il a de grosses dépenses d'~** his clothing expenses are very high. -**2.** COMM clothing trade *Br*, garment industry *Am*.

habiller [3] [abije] *vt* -**1.** [vêtir] to dress; **elle a habillé sa fille d'une salopette rouge** she dressed her daughter in a pair of red dungarees; **toujours habillé de** OU **en vert** always dressed in green; **il est mal habillé** [sans goût] he's badly dressed. -**2.** [équiper - famille, groupe] to clothe; [- skieur, écolier] to kit out *(sép)*; **j'habille toute la famille** I make clothes for all the family; **la somme devrait suffire à ~ toute la famille** the money should be enough to keep the entire family in clothes || [suj: couturier, tailleur] to design clothes for; **elle est habillée par un grand couturier** she gets her clothes from a top designer. -**3.** [déguiser]: **~ qqn en** to dress sb up as; **elle a habillé sa fille en Zorro** she dressed her daughter up as Zorro. -**4.** [décorer, recouvrir] to cover; **~ un mur de toile de jute** to cover a wall with hessian. -**5.** MARKETING to package (and present). -**6.** CULIN [volaille] to clean and truss.

◆ **s'habiller** *vp (emploi réfléchi)* -**1.** [se vêtir] to get dressed, to dress; **habille-toi vite!** hurry up and get dressed!; **il s'habille tout seul maintenant** he's able to dress himself now; **tu devrais t'~ plus jeune** you should wear younger clothes; **tu t'habilles mal** you have no dress sense; **je n'aime pas la façon dont elle s'habille** I don't like her taste in clothes OU the way she dresses; **habille-toi chaudement** wrap up well OU warm; **il s'intéresse à la façon dont je m'habille** he notices what I wear; **il s'habille chez un jeune couturier** he buys his clothes from a young fashion designer; **s'~ sur mesure** to have one's clothes made OU tailor-made; **s'~ en** [se déguiser en] to dress up as; **s'~ en page** to dress up as a pageboy. -**2.** [se parer] to dress up; **j'aime m'~ pour sortir le soir** I like dressing up to go out in the evening; **s'~ pour le dîner** to dress for dinner.

habilleur, euse [abijœr, øz] *nm, f* CIN, THÉÂT & TV dresser.

habit [abi] *nm* -**1.** [déguisement] costume, outfit; **un ~ de fée/sorcière** a fairy/witch outfit; **~ d'arlequin** Harlequin suit OU costume. -**2.** [vêtement de cérémonie] tails; **se mettre en ~** to wear tails ❑ **~ de cour** court dress; **l'~ de lumière** the bullfighter's outfit; **l'~ vert** *regalia worn by members of the Académie française*; **porter l'~ vert** to be a member of the Académie française. -**3.** RELIG habit; **l'~ ecclésiastique** ecclesiastical dress; **prendre l'~** [femme] to take the veil; [homme] to go into holy orders; **quitter l'~** to leave orders ❑ **l'~ ne fait pas le moine** *prov* you can't judge a book by its cover *prov.*

◆ **habits** *nmpl* clothes; **mettre ses ~s du dimanche** to put on one's Sunday best.

habitabilité [abitabilite] *nf* -**1.** [d'un véhicule] capacity. -**2.** [d'un lieu] habitability.

habitable [abitabl] *adj*: **la maison est tout à fait ~** the house is perfectly fit to live in.

habitacle [abitakl] *nm* -**1.** AÉRON cockpit. -**2.** AUT passenger compartment. -**3.** *litt* & BIBLE abode, dwelling. -**4.** NAUT binnacle.

habitant, e [abitɑ̃, ɑ̃t] *nm, f* -**1.** [d'une ville, d'un pays] inhabitant; [d'un immeuble] occupant; [d'un quartier] inhabitant, resident; **une ville de 1 000 ~s** a town of 1,000 inhabitants; **nous avons dormi chez l'~** we stayed with a family. -**2.** *(gén pl) litt* [animal qui peuple un lieu] denizen; **les ~s des bois/de l'onde/des airs** the denizens of the forest/of the deep/of the air. -**3.** *(gén pl) sout* [être humain qui peuple un lieu] dweller; **les ~s des cavernes** cave-dwellers; **les ~s de la terre** earthlings. -**4.** *Can* farmer.

habitat [abita] *nm* -**1.** BOT & ZOOL habitat. -**2.** ANTHR & SOCIOL settlement; **~ dispersé** open settlement; **amélioration de l'~** home improvement.

habitation [abitasjɔ̃] *nf* -**1.** [immeuble] house, building; **groupe d'~s** housing estate *Br* OU development *Am*; **~ à loyer modéré** → **HLM.** -**2.** [domicile] residence; **~ principale** main residence. -**3.** [action d'habiter] living; **les conditions d'~ sont très difficiles** living OU housing conditions are very hard.

habité, e [abite] *adj* [maison] occupied; [planète] inhabited; **engin spatial ~** manned spacecraft.

habiter [3] [abite] ◇ *vt* -**1.** [maison, ville, quartier] to live in; [ferme] to live on; **qui habite au** OU **le numéro 22?** who lives at number 22? -**2.** *fig* & *sout* to inhabit, to be OU to dwell in; **les craintes/démons qui l'habitent** the fears/demons within him. -**3.** *sout* [animaux] to inhabit; **les oiseaux qui habitent nos forêts** the birds which inhabit our forests.

◇ *vi* to live; **~ à l'hôtel** to live OU to stay in a

hotel; vous habitez chez vos parents? do you live at home?; où habite-t-elle? where does she live?

habituation [abitɥasjɔ̃] *nf* BIOL & PSYCH habituation.

habitude [abityd] *nf* -**1.** [manière d'agir] habit; **avoir l'~ de: j'ai l'~ de me coucher tôt** I normally OU usually go to bed early; **je n'ai pas l'~ d'attendre!** I am not in the habit of being kept waiting!; **elle a l'~ de la conduite sur circuit** she's used to race track driving; **prendre l'~ de faire qqch** to get into the habit of doing sthg; **ce sont de bonnes/mauvaises ~s** those are good/bad habits; **elle a ses petites ~s** she's got her own (little) ways OU habits; **ce n'est pas dans mes ~s d'insister ainsi** I don't usually insist on things like that; **à** OU **selon** OU **suivant son ~** as is his wont, as usual; **tu n'as rien préparé, comme à ton ~!** you didn't get a thing ready, as usual OU as always! ❑ **l'~ est une seconde nature** *prov* habits are just like instincts. -**2.** [usage] custom; **c'est l'~ chez nous** it's a custom with us OU our custom.
◆ **d'habitude** *loc adv* usually; **d'~, je suis d'accord avec elle** I usually OU generally agree with her; **comme d'~** as usual.
◆ **par habitude** *loc adv* out of habit; **oh pardon, j'ai fait ça par ~!** sorry, I did it automatically OU out of sheer habit!

habitué, e [abitɥe] *nm, f* regular; **ça va déplaire aux ~s** the regulars won't like it.

habituel, elle [abitɥɛl] *adj* -**1.** [traditionnel] usual, regular; **le public ~ des concerts de jazz était là** the usual OU regular jazz audience was there; **il nous reçut avec sa ponctualité ~le** he received us with his usual punctuality. -**2.** [ordinaire, courant] usual; **au sens ~ du terme** in the everyday sense of the term.

habituellement [abitɥɛlmɑ̃] *adv* usually, normally; **~ il se lève à 8 h** he usually OU generally gets up at 8.

habituer [7] [abitɥe] *vt* to accustom; **~ qqn à qqch** to get sb used to sthg, to accustom sb to sthg; **il faut ~ les enfants à manger un peu de tout** one should accustom children to OU get children used to eating a little bit of everything; **on l'a habitué à se taire** he's been taught to keep quiet; **c'est facile quand on est habitué** it's easy once you're used OU once you get used to it.
◆ **s'habituer à** *vp + prép* to get OU to grow OU to become used to; **elle a fini par s'~ à notre petite ville** she eventually got used to our little town; **je ne pourrai jamais m'y ~** I'll never get used to it.

habitus [abitys] *nm* MÉD habitus.

hâblerie ['ablәri] *nf sout* [parole] boast; **ce n'était qu'une ~ de sa part** he was only bragging.

hâbleur, euse ['ablœr, øz] *sout* ◇ *adj* boastful.
◇ *nm, f* boaster, braggart.

Habsbourg ['abzbur] *npr* Hapsburg, Habsburg.

hachage ['aʃaʒ] *nm* [gén] chopping (up); [de la viande] mincing *Br*, grinding *Am*.

hache ['aʃ] *nf* -**1.** [instrument tranchant] axe; **abattre un arbre à la ~** to chop a tree down ❑ **~ d'armes** battleaxe *pr*; **~ à main** hatchet; **~ du bourreau** executioner's axe; **~ de guerre** tomahawk; **enterrer la ~ de guerre** *pr* & *fig* to bury the hatchet; **déterrer la ~ de guerre** *pr* & *fig* to be on the warpath (again); **~ de silex** ARCHÉOL flint axe. -**2.** *fig*: **fait** OU **taillé à coups de ~** [ouvrage] rough-hewn, crudely worked; [visage] rough-hewn, rugged.

haché, e ['aʃe] *adj* -**1.** CULIN [légume, amandes] chopped; [viande] minced *Br*, ground *Am*; **un steak** OU **bifteck ~** a beefburger *Br*, a hamburger *Am*. -**2.** [réponse, style, tirade] jerky; **son débit était trop ~** his delivery was too jerky.
◆ **haché** *nm* mince *Br*, ground meat *Am*.

hache-légumes ['aʃlegym] *nm inv* vegetable chopper.

hacher [3] ['aʃe] *vt* -**1.** [légumes, fines herbes] to chop (up); **~ de la viande** to mince *Br* OU to grind *Am* meat; **le persil doit être haché menu** the parsley should be chopped finely ❑ **je vais le ~ menu comme chair à pâté** I'll make mincemeat (out) of him; **se faire ~ (menu** OU **en morceaux): il se ferait ~ plutôt que de reconnaître ses torts** he'd die (screaming) rather than admit he was wrong; **elle se ferait ~ pour ses enfants** she would go through hell and high water for her children. -**2.** [mettre en pièces, lacérer] to cut to pieces; **la grêle a haché la vigne** the hail ripped the vines to pieces; **les mitraillettes ennemies ont haché le bataillon** the enemy submachine guns mowed OU cut down the battalion. -**3.** [saccader] to break up *(insép)*; **il hachait toutes ses phrases, je n'y comprenais rien** all his sentences were so broken up OU jerky, I didn't understand a thing.

hachette ['aʃɛt] *nf*, **hachereau, x** ['aʃro] *nm* [outil] hatchet.

hache-viande ['aʃvjɑ̃d] *nm inv* (meat) mincer *Br* OU grinder *Am*.

hachis ['aʃi] *nm* [de viande] mince *Br*, ground meat *Am*; [pour farce] (meat) stuffing, forcemeat; [de légumes] chopped vegetables; **~ Parmentier** CULIN hachis Parmentier *(dish similar to shepherd's pie)*.

hachisch ['aʃiʃ] = **haschisch**.

hachoir ['aʃwar] *nm* -**1.** [couteau] chopping knife, chopper. -**2.** [planche] chopping board; [machine] (meat) mincer *Br* OU grinder *Am*.

hachure ['aʃyr] *nf* -**1.** [en cartographie et dessin industriel] hachure. -**2.** [dessin, gravure] hatching *(U)*.

hachurer [3] ['aʃyre] *vt* -**1.** TECH to hachure. -**2.** [dessin, gravure] to hatch.

hacienda [asjɛnda] *nf* hacienda.

haddock ['adɔk] *nm* smoked haddock.

Hadès [adɛs] *npr* Hades.

hadj(dj) ['adʒ] *nm* Hajj.

Hadrien [adrijɛ̃] *npr* Hadrian.

Haendel ['ɛndɛl] *npr* Handel.

hagard, e ['agar, ard] *adj* wild, crazed; **il me regardait avec des yeux ~s** he was looking at me with wild OU staring eyes; **avoir l'air ~** to look crazed, to have a wild look in one's eyes.

haggis ['agis] *nm* haggis.

hagiographe [aʒjɔgraf] *nmf* hagiographer.

hagiographie [aʒjɔgrafi] *nf* -**1.** RELIG hagiography. -**2.** *fig* flattering biography.

hagiographique [aʒjɔgrafik] *adj* hagiographic, hagiographical.

Hague ['ag] *npr*: **la ~** la Hague.

LA HAGUE:
Note that la Hague is a peninsula in Normandy well-known for its nuclear waste processing plants; it is not to be confused with La Haye (= The Hague, in the Netherlands).

---

haie ['ɛ] *nf* -**1.** HORT hedge; **~ morte** paling OU dead hedge; **~ vive** quickset hedge. -**2.** SPORT hurdle; **courir le 400 mètres ~s** to run the 400 metres hurdles ‖ ÉQUIT fence; **cheval de ~s** hurdler, hurdle; **course de ~s** hurdles race. -**3.** [file de gens] line, row; **les spectateurs ont fait une ~ pour laisser passer les coureurs** the spectators all drew back to let the runners go through ❑ **~ d'honneur** guard of honour.

Haïfa, Haiffa ['ajfa] *npr* Haifa.

haïk ['aik] *nm* haick, haik.

haillonneux, euse ['ajɔnø, øz] *adj litt* -**1.** [vêtement] in rags; **des vêtements ~** rags, torn and tattered clothes. -**2.** [personne] ragged; **un vieil homme ~** a ragged old man.

haillons ['ajɔ̃] *nmpl* rags, torn and tattered clothes; **être vêtu de ~** to be dressed in rags; **être en ~** to be in rags.

Hainaut ['ɛno] *npr m*: **le ~** Hainaut.

haine ['ɛn] *nf* hatred, hate; **sa ~ de la guerre** his hatred of war; **être plein de ~ envers qqn** to be full of hatred OU filled with hatred for sb; **prendre qqn/qqch en ~** to take an immense dislike to sb/sthg; **sans ~** without hatred, with no hatred.
◆ **par haine de** *loc prép* out of hatred for.

haineusement ['ɛnøzmɑ̃] *adv* with hatred; **il la regarda ~** he looked at her with hatred.

haineux, euse ['ɛnø, øz] *adj* full of hatred OU hate.

hainuyer, ère ['ɛnɥije, ɛr] *adj* from Hainaut.
◆ **Hainuyer, ère** *nm, f inhabitant of or person from Hainaut.*

Haiphong ['ajfɔ̃g] *npr* Haiphong.

haïr [33] ['air] *vt* -**1.** [personne] to hate; **il me hait de lui avoir menti** he hates me for having lied to him. -**2.** [attitude, comportement] to hate, to detest; **~ l'hypocrisie** to hate OU to detest hypocrisy.

haïssable ['aisabl] *adj sout* [préjugé, attitude, personne] hateful, loathsome, detestable.

Haïti [aiti] *npr* Haiti; **à ~** in Haiti.

haïtien, enne [aisjɛ̃, ɛn] *adj* Haitian.
◆ **Haïtien, enne** *nm, f* Haitian.

halage ['alaʒ] *nm* [traction] hauling; [remorquage] warping, towing.

hâle ['al] *nm* suntan, tan.

hâlé, e ['ale] *adj* suntanned, tanned.

haleine [alɛn] *nf* -**1.** [mouvement de respiration] breath, breathing; **hors d'~** out of breath; **reprendre ~** to get one's breath back ❑ **tenir qqn en ~** to keep sb in suspense OU on tenterhooks; **courir à perdre ~** to run until one is out of breath. -**2.** [air expiré] breath; **avoir mauvaise ~** to have bad breath; **elle a l'~ fraîche** her breath smells sweet.
◆ **de longue haleine** *loc adj* long-term; **des recherches de longue ~** long-term research.

haler [3] ['ale] *vt* -**1.** [tirer] to haul; [remorquer] to warp, to tow. -**2.** NAUT: **~ bas une voile** to let a sail down.

hâler [3] ['ale] *vt* -**1.** [peau, corps] to tan. -**2.** TEXT to sundry.

haletant, e ['altɑ̃, ɑ̃t] *adj* [chien] panting; **sa respiration ~e l'empêche de parler** he's so out of breath he can't talk; **il est entré, tout ~** he came in, all out of breath; **son père était ~ de fureur** his father was choking with anger.

halètement ['alɛtmɑ̃] *nm* -**1.** [respiration saccadée] panting *(U)*. -**2.** *sout* [rythme saccadé]: **le ~ de la locomotive** the puffing of the locomotive.

haleter [28] ['alte] *vi* -**1.** [chien] to pant; [asthmatique] to gasp for breath; [pendant l'accouchement] to breathe hard, to pant; **~ d'émotion** to be breathless with emotion; **~ de colère** to choke with anger. -**2.** *sout* [faire un bruit saccadé] to sputter; **la locomotive haletait** the locomotive was puffing.

haleur, euse ['alœr, øz] *nm, f* [personne] tower, hauler.
◆ **haleur** *nm* [remorqueur] tug.

half-track ['aftrak] (*pl* **half-tracks**) *nm* half-track (vehicle).

hall ['ol] *nm* -**1.** [d'un hôtel] hall, lobby, foyer; [d'une banque] lobby, hall; **~ de gare** station, concourse; **je t'attendrai dans le ~ de la gare** I'll wait for you inside the station; **roman de ~ de gare** trashy novel; **~ d'exposition** exhibition room. -**2.** INDUST: **~ de montage** assembly room.

hallali [alali] *nm*: **l'~** [sonnerie] the mort.

halle ['al] *nf* -**1.** [édifice] (covered) market; **le marché sous la ~** the covered market; **elle fait ses courses aux ~s** she goes to the central food market to do her shopping. -**2. les Halles** *the Paris food market until 1968 (now a shopping centre).*

LES HALLES:
The central Paris food markets, dating from the Second Empire. Once a tourist attraction and also a source of traffic congestion, they were moved to the outskirts, mainly to Rungis, near Orly, in the 1960s. After much delay and controversy, the site was redeveloped in the late 1970s with a Metro station and a modernistic shopping centre, the "Forum des Halles".

hallebarde ['albard] *nf* -**1.** ARM halberd, halbert. -**2.** *loc*: **il pleut** OU **il tombe des ~s** *fam* it's raining cats and dogs.
hallebardier ['albardje] *nm* halberdier.
hallier ['alje] *nm* thicket, (brush) covert.
hallucinant, e [alysinɑ̃, ɑ̃t] *adj* -**1.** [frappant] staggering, incredible. -**2.** [qui rend fou] hallucinatory.
hallucination [alysinasjɔ̃] *nf* hallucination; **avoir des ~s** to hallucinate; **j'ai des ~s (ou quoi)!** *fam* I must be seeing things!; **une ~ collective** a collective hallucination.
hallucinatoire [alysinatwar] *adj* hallucinatory.
halluciné, e [alysine] ◇ *adj* [regard] wild-eyed, crazed.
◇ *nm, f* visionary, lunatic *péj*; **comme un ~** like a madman.
halluciner [3] [alysine] ◇ *vi* -**1.** PSYCH to hallucinate, to suffer from OU to have hallucinations. -**2.** *fam fig*: **mais j'hallucine ou quoi?** I don't believe this!
◇ *vt litt*: **~ qqn** to make sb hallucinate; **halluciné par le manque de sommeil** seeing double through lack of sleep.
hallucinogène [alysinɔʒɛn] ◇ *adj* hallucinogenic.
◇ *nm* hallucinogen.
hallucinose [alysinoz] *nf* hallucinosis.
halo ['alo] *nm* -**1.** ASTRON halo, corona. -**2.** PHOT halo. -**3.** *litt* aureole, halo; **un ~ de lumière/de gloire** a halo of light/of glory.
halogénation [alɔʒenasjɔ̃] *nf* halogenation.
halogène [alɔʒɛn] ◇ *adj* halogenous.
◇ *nm* -**1.** CHIM halogen. -**2.** [éclairage]: **(lampe à) ~** halogen lamp.
halogéné, e [alɔʒene] *adj* halogenated.
halogénure [alɔʒenyr] *nm* halide.
halopéridol [alɔperidɔl] *nm* haloperidol.
halophile [alɔfil] *adj* halophytic BOT.
halophyte [alɔfit] *nf* halophyte BOT.
halothane [alɔtan] *nm* halothane.
halte ['alt] ◇ *nf* -**1.** [arrêt] stop, break; **faire ~** to halt, to stop; **faire une ~** to have a break, to pause; **nous disons ~ à la guerre** we are calling for a halt OU an end to the war. -**2.** [répit] pause, break; **le gouvernement a décidé une ~ dans le programme spatial** the government decided to call a temporary halt to the space programme. -**3.** [lieu] stopping OU resting place; RAIL halt *Br*.
◇ *interj* stop; MIL halt; **~ à la pollution!** no more pollution!; **~, qui va là?** halt, who goes there?; **~-là, ne t'emballe pas trop** hold on, don't get carried away.
halte-garderie ['altəgardəri] (*pl* **haltes-garderies**) *nf* ≃ day nursery.
haltère [altɛr] *nm* -**1.** [avec des sphères] dumbbell; [avec des disques] barbell; **faire des ~s** to do weight-lifting. -**2.** ANTIQ halterer.
haltérophile [alterɔfil] *nmf* weight-lifter.
haltérophilie [alterɔfili] *nf* weight-lifting.
hamac ['amak] *nm* hammock.
hamamélis [amamelis] *nm* witch hazel *(U)*.
Hambourg ['ɑ̃bur] *npr* Hamburg.
hambourgeois, e ['ɑ̃burʒwa, az] *adj* from Hamburg.
◆ **Hambourgeois, e** *nm, f inhabitant of or person from Hamburg.*
hamburger ['ɑ̃bœrgœr] *nm* hamburger.
hameau, x ['amo] *nm* hamlet.
hameçon [amsɔ̃] *nm* (fish) hook.
hammam ['amam] *nm* Turkish OU steam bath, hammam.
hammerless [amɛrlɛs] *nm inv* hammerless rifle.
hampe ['ɑ̃p] *nf* -**1.** [d'un drapeau] pole. -**2.** ARM & PÊCHE shaft. -**3.** [d'une lettre - vers le haut] upstroke; [- vers le bas] downstroke. -**4.** [d'un pinceau] handle. -**5.** BOT: **~ florale** scape. -**6.** [du bœuf] flank; [du cerf] breast.
hamster ['amstɛr] *nm* hamster.
han ['ɑ̃] *nm inv* oof; **pousser des ~** to grunt (with effort).
hanap ['anap] *nm* hanap *arch*, goblet.
hanche ['ɑ̃ʃ] *nf* -**1.** ANAT hip; **avoir des ~s larges/étroites** to have wide/narrow hips, to be wide-/narrow-hipped; **mettre les mains** OU **les poings sur les ~s** to put one's hands on one's hips. -**2.** ZOOL haunch, hindquarter. -**3.** ENTOM coxa.
hanchement ['ɑ̃ʃmɑ̃] *nm* -**1.** *litt* jutting (out) of the hip. -**2.** BX-ARTS slouch.
hancher [3] ['ɑ̃ʃe]
◆ **se hancher** *vpi litt* to stick out one's hip.
handball ['ɑ̃dbal] *nm* handball.
handballeur, euse ['ɑ̃dbalœr, øz] *nm, f* handball player.
handicap ['ɑ̃dikap] *nm* -**1.** [gén & SPORT] handicap; **son poids est un grand ~** her weight is a great handicap. -**2.** *(comme adj; avec ou sans trait d'union)* handicap *(modif)*; **course-~** handicap race.
handicapant, e ['ɑ̃dikapɑ̃, ɑ̃t] *adj*: **c'est (très) ~** it's a (great) handicap.
handicapé, e ['ɑ̃dikape] ◇ *adj* handicapped; **enfants ~s mentaux** mentally handicapped children.
◇ *nm, f* handicapped OU disabled person; **les ~s** the disabled ❑ **un ~ moteur** a spastic.
handicaper [3] ['ɑ̃dikape] *vt* to handicap; **il sera handicapé par son poids** his weight will be a handicap; **ça l'a handicapé dans sa carrière** it was a handicap to his career.
handicapeur ['ɑ̃dikapœr] *nm* (official) handicapper.
handisport ['ɑ̃dispɔr] *adj*: **activité ~** sport for the disabled.
hangar ['ɑ̃gar] *nm* [gén] shed; [pour avions] (aircraft) hangar; [à bateaux] boathouse; **un ~ à charbon** a coal shed.
hanneton ['antɔ̃] *nm* cockchafer, maybug.
Hannibal [anibal] *npr* Hannibal.
Hanoi [anɔj] *npr* Hanoi.
Hanovre ['anɔvr] *npr* Hanover.
hanovrien, enne ['anɔvrijɛ̃, ɛn] *adj* Hanoverian.
◆ **Hanovrien, enne** *nm, f* Hanoverian.
Hanse ['ɑ̃s] *npr f*: **(la) ~** Hanse.
hanséatique ['ɑ̃seatik] *adj* Hanseatic.
hanté, e ['ɑ̃te] *adj* [maison, forêt] haunted.
hanter [3] ['ɑ̃te] *vt* to haunt; **ce souvenir le hante** he's haunted by the memory; **hanté par de vieux souvenirs** haunted OU obsessed by old memories.
hantise ['ɑ̃tiz] *nf* obsession, obsessive fear; **avoir la ~ de la mort** to be haunted OU obsessed by the fear of death; **sa ~ d'un accident** his obsessive fear of accidents; **chez lui, c'est une ~** he's obsessed by it, it's an obsession with him.
hapax [apaks] *nm* nonce word, hapax (legomenon) *spéc*.
haploïde [aplɔid] *adj* haploid, haploidic.
happement ['apmɑ̃] *nm* snapping *(with the mouth)*.
happening ['apniŋ] *nm* [spectacle] happening.
happer [3] ['ape] *vt* -**1.** [avec le bec ou la bouche] to snap up; [avec la main ou la patte] to snatch, to grab. -**2.** [accrocher violemment] to strike OU to hit violently; **être happé par un train/une voiture** to be mown down OU hit by a train/car.
happy end ['apiɛnd] (*pl* **happy ends**) *nm* happy ending.
happy few ['apifju] *nmpl* happy few; **une soirée réservée à quelques ~** a reception for a few selected guests.
haptène [aptɛn] *nm* hepten, heptene.
haquet ['akɛ] *nm* narrow dray.
hara-kiri ['arakiri] (*pl* **hara-kiris**) *nm* hara-kiri; **(se) faire ~** to commit hara-kiri.
harangue ['arɑ̃g] *nf* -**1.** [discours solennel] harangue. -**2.** *péj* [sermon] sermon.
haranguer [3] ['arɑ̃ge] *vt* to harangue.
Harare ['arar] *npr* Harare.
haras ['ara] *nm* stud farm.
harassant, e ['arasɑ̃, ɑ̃t] *adj* exhausting, wearing.
harassé, e ['arase] *adj* exhausted, worn out; **avoir l'air ~** to look exhausted.
harassement ['arasmɑ̃] *nm litt* exhaustion, fatigue.
harasser [3] ['arase] *vt* to exhaust, to wear out *(sép)*.
harcelant, e ['arsəlɑ̃, ɑ̃t] *adj* -**1.** [obsédant] haunting. -**2.** [importun] harassing, pestering.
harcèlement ['arsɛlmɑ̃] *nm* harassing, pestering; **~ sexuel** sexual harassment.
harceler [25] ['arsəle] *vt* to harass; **~ qqn de questions** to plague OU to pester sb with questions; **cesse de me ~!** stop pestering OU bothering me!; **~ l'ennemi** to harass OU to harry the enemy.
hard *fam* ['ard] = **hard-core, hard-rock**.
hard-core ['ardkɔr] ◇ *adj inv* hard-core; **un film ~** a hard-core (porn) movie.
◇ *nm inv* [genre] hard-core porn.
harde ['ard] *nf* -**1.** [d'animaux sauvages] herd. -**2.** CHASSE [lien] leash; [chiens liés] set (of coupled hounds).
hardes ['ard] *nfpl litt & péj* rags, tatters.
hardi, e ['ardi] *adj* -**1.** [intrépide] bold, daring; **nos ~s explorateurs** our bold OU intrepid explorers; **l'hypothèse est un peu ~e** *fig* the supposition is a bit rash OU hasty. -**2.** [licencieux] daring, bold; **on a censuré les passages les plus ~s** the most daring OU the most risqué OU the raciest parts were cut out.
◆ **hardi** *interj arch*: **~, les gars!** go to it, boys!
hardiesse ['ardjɛs] *nf* -**1.** [intrépidité] boldness, daring, audacity; **avoir la ~ de faire qqch** to be forward OU daring enough to do sthg; **auriez-vous la ~ de réclamer un pourcentage?** would you have the audacity to ask for a commission? -**2.** [acte, parole]: **~ de langage** bold turn of phrase; **des ~s de langage** [propos crus] bold language; [effets de style] daring stylistic effects. -**3.** [indécence] boldness, raciness; **la ~ de certaines scènes peut choquer** you may find the explicitness of some of the scenes offensive.
hardiment ['ardimɑ̃] *adv* boldly, daringly, fearlessly.
hard-rock ['ardrɔk] *nm inv* hard rock, heavy metal MUS.
hard-top ['ardtɔp] (*pl* **hard-tops**) *nm* hardtop (roof).
hardware ['ardwɛr] *nm* hardware COMPUT.
harem ['arɛm] *nm* harem.
hareng ['arɑ̃] *nm* -**1.** CULIN & ZOOL herring; **un ~ saur** a smoked herring, a kipper. -**2.** ∇ [souteneur] pimp.
harengaison ['arɑ̃gɛzɔ̃] *nf* -**1.** [pêche] herring fishing. -**2.** [saison] herring season.
harengère ['arɑ̃ʒɛr] *nf* -**1.** [marchande] fishwife, fishwoman. -**2.** *fam vieilli* [femme querelleuse et grossière] fishwife, harridan.
harenguet ['arɑ̃gɛ] *nm* sprat ZOOL.
harenguier ['arɑ̃gje] *nm* -**1.** [bateau] herring boat. -**2.** [pêcheur] herring fisherman.
hargne ['arɲ] *nf* aggressiveness; **avec ~** aggressively, cantankerously.
hargneusement ['arɲøzmɑ̃] *adv* aggressively, cantankerously.
hargneux, euse ['arɲø, øz] *adj* -**1.** [caractère] aggressive, quarrelsome; **un vieil homme ~** a cantankerous old man. -**2.** [ton] scathing, caustic; **des paroles hargneuses** scathing remarks. -**3.** [combatif] aggressive; **il est ~ dans les sprints** he's an aggressive sprinter. -**4.** [animal] vicious.
haricot ['ariko] *nm* -**1.** [légume] bean; **~ beurre** *yellow variety of string bean*; **~ blanc** white (haricot) bean; **~ flageolet** flageolet; **~ de Lima** Lima bean; **~ mange-tout** runner OU string bean; **~ noir** black bean; **~ rouge** red OU kidney bean; **~ vert** French *Br* OU green *Am* OU string bean; **~s fins/extra-fins** high-

quality/superfine French *Br* OU green *Am* beans; ~s à écosser shell beans. -2. CULIN [ragoût] : ~ de mouton mutton haricot OU stew. -3. MÉD [cuvette] kidney tray OU dish.

◆ **haricots** *fam nmpl* : des ~s not a thing, zilch *esp Am*; cette affaire m'a rapporté des ~s I hardly made a penny *Br* OU cent *Am* out of that business.

haridelle ['aridɛl] *nf* -1. [cheval] jade, nag. -2. *fam* [femme] beanpole.

harissa ['arisa] *nf* harissa (sauce).

harki ['arki] *nm* *Algerian who fought for the French during the Franco-Algerian War and who was subsequently given French nationality.*

harmattan [armatɑ̃] *nm* harmattan.

harmonica [armɔnika] *nm* harmonica, mouth organ; ~ de verres glass harmonica.

harmoniciste [armɔnisist] *nmf* harmonica player, mouth organ player.

harmonie [armɔni] *nf* -1. [élégance] harmony; l'~ du corps humain the beauty of the human body. -2. [entente] harmony; il régnait dans leur couple une grande ~ the couple lived together in great harmony. -3. MUS [accords] harmony; [instruments à vent et percussions] wind section (with percussion); [fanfare] brass band. -4. LING : ~ vocalique vowel harmony; ~ consonantique consonant drift. -5. LITTÉRAT : ~ imitative onomatopoeia.

◆ **en harmonie** ◇ *loc adv* in harmony, harmoniously; en parfaite ~ in perfect harmony. ◇ *loc adj* in harmony; le tapis n'est pas en ~ avec les meubles the carpet doesn't go with OU match the furniture; quand les sentiments de l'un sont en ~ avec ceux de l'autre when two people feel the same way.

harmonieusement [armɔnjøzmɑ̃] *adv* harmoniously, in harmony.

harmonieux, euse [armɔnjø, øz] *adj* -1. [mélodieux - son, instrument] harmonious; [- voix] harmonious, tuneful, melodious. -2. [équilibré] harmonious, balanced; des teintes harmonieuses well-matched colours; un visage ~ well-balanced features; un couple ~ a well-matched OU happy couple.

harmonique [armɔnik] ◇ *adj* ACOUST, MATH & MUS harmonic; analyse/moyenne ~ harmonic analysis/mean; série/progression ~ harmonic series/progression; son ~ harmonic.

◇ *nm* -1. ACOUST & MUS harmonic. -2. PHYS harmonic, overtone.

harmoniquement [armɔnikmɑ̃] *adv* MUS harmonically.

harmonisation [armɔnizasjɔ̃] *nf* -1. [mise en accord] harmonization; réclamer l'~ des salaires du public et du privé to demand that public sector salaries be brought into parity OU line with those in the private sector. -2. MUS harmonizing. -3. LING : ~ vocalique vowel harmony.

harmoniser [3] [armɔnize] *vt* : ~ les théories en présence to reconcile the various opposing theories; ~ les salaires du public et du privé to bring public and private sector salaries into line; ~ les rideaux avec la moquette to match the curtains with the carpet, to match up the curtains and the carpet.

◆ **s'harmoniser** *vpi* : s'~ avec to harmonize with; ces couleurs s'harmonisent bien entre elles these colours go together well.

harmoniste [armɔnist] *nmf* -1. [personne qui connaît les règles de l'harmonie] harmonist. -2. [personne qui règle un instrument] tuner.

harmonium [armɔnjɔm] *nm* harmonium.

harnachement ['arnaʃmɑ̃] *nm* -1. [équipement] harness; [action] harnessing. -2. *péj* OU *hum* [accoutrement] outfit, get-up; [attirail] paraphernalia.

harnacher [3] ['arnaʃe] *vt* -1. [cheval] to harness. -2. *péj* OU *hum* [accoutrer] to deck OU to rig out *(sép)*; [équiper] to kit out *(sép)*.

◆ **se harnacher** *vp (emploi réfléchi)* [s'équiper] to get kitted out; ils s'étaient harnachés de cordes et de piolets pour l'ascension they were kitted out with ropes and ice axes for the climb.

harnais ['arnɛ] *nm* -1. [d'un cheval] harness. -2. [sangles] : ~ (de sécurité) (safety) harness; mettre le ~ (de sécurité) à qqn to strap sb in. -3. TECH backgear; ~ d'engrenage (back) gear train. -4. TEXT healds, harness.

harnois ['arnwa] *nm litt* : blanchi sous le ~ gone grey in the saddle.

haro ['aro] *nm* : crier ~ sur qqn to raise a hue and cry against sb ❑ on a crié ~ sur le baudet a cry went up for blood.

Harold [arɔld] *npr* Harold.

harpagon [arpagɔ̃] *nm litt* Scrooge, skinflint.

harpe ['arp] *nf* -1. MUS harp; ~ éolienne wind OU aeolian harp. -2. ZOOL [mollusque] harp (shell). -3. CONSTR [pierre en saillie] toothing (stone).

harpie ['arpi] *nf* -1. [mégère] shrew, harpy. -2. HÉRALD harpy. -3. ORNITH harpy eagle.

Harpie ['arpi] *npr* MYTH Harpy.

harpiste ['arpist] *nmf* harpist.

harpon ['arpɔ̃] *nm* -1. PÊCHE harpoon. -2. CONSTR (wall) staple. -3. ARCHÉOL harping iron, harpoon.

harponnage ['arpɔnaʒ], **harponnement** ['arpɔnmɑ̃] *nm* -1. PÊCHE harpooning. -2. CONSTR stapling.

harponner [3] ['arpɔne] *vt* -1. PÊCHE to harpoon. -2. *fam* [accaparer] to grab, to buttonhole, to corner; harponne-le à la sortie de la réunion grab him when he comes out of the meeting. -3. *fam* [arrêter] to nab, to collar; les flics l'ont harponné à la sortie du club the cops collared him outside the club.

harponneur ['arpɔnœr] *nm* harpooner.

hasard ['azar] *nm* -1. [providence] chance, fate; s'il gagne, c'est le ~ if he wins it's luck OU it's by chance; s'en remettre au ~ to leave it to chance, to trust to luck; ne rien laisser au ~ to leave nothing to chance; le ~ a voulu que je sois à l'étranger as luck would have it I was abroad; le ~ fait bien les choses there are some lucky coincidences; le ~ faisant bien les choses, ils épousèrent deux sœurs as chance would have it, they married two sisters. -2. [incident imprévu] : quel heureux ~ ! what a stroke of luck OU piece of good fortune!; un ~ malheureux a piece of bad luck. -3. [coïncidence] : quel heureux ~ ! what a fantastic coincidence!; c'est un (pur) ~ que vous m'ayez trouvé chez moi à cette heure-ci it's sheer luck that you've found me in at this time of day; par un curieux ~, il était né le même jour by a strange coincidence he was born on the same day; par quel ~ étiez-vous là ce jour-là? how come you happened to be there that day? -4. JEUX : jeu de ~ game of chance; l'amour est un jeu de ~ *fig* love is like a game of chance. -5. STATISTIQUES chance; échantillonnage/nombres au ~ random sampling/numbers.

◆ **hasards** *nmpl* -1. [aléas] : les ~s de la vie life's ups and downs, life's vicissitudes. -2. *litt* [périls] hazards, dangers; les ~s de la guerre the hazards OU dangers of war.

◆ **à tout hasard** *loc adv* on the off chance, just in case.

◆ **au hasard** *loc adv* at random; j'ai ouvert le livre au ~ I opened the book at random; aller OU marcher au ~ [par indifférence] to walk aimlessly; [par plaisir] to go where one's fancy takes one; tirez OU piochez une carte au ~ pick a card (, any card).

◆ **au hasard de** *loc prép* : toute sa vie, elle a pris des notes au ~ de ses lectures throughout her life, she took notes of things she happened to come across in her reading; je me suis fait des amis au ~ de mes voyages I made friends with people I happened to meet on my travels.

◆ **de hasard** *loc adj* chance *(avant n)*; une rencontre de ~ a chance meeting; des amours de ~ brief encounters.

◆ **par hasard** *loc adv* by chance OU accident; si par ~ vous la voyez if by any chance you should see her, should you happen to see her; je suis entré par ~ et je l'ai pris la main dans le sac I went in quite by chance and caught him red-handed; tu ne l'as pas vu, par ~ ? you haven't seen it by any chance, have you?; comme par ~ *iron* would you believe!, surprise, surprise!; comme par ~, elle n'a rien entendu she didn't hear a thing, would you believe!

◆ **par le plus grand des hasards** *loc adv* by the most extraordinary OU incredible coincidence; par le plus grand des ~s, elle était là aussi by the most amazing twist of fate, she was there too; vous n'auriez pas, par le plus grand des ~s, un stylo à me prêter? you wouldn't by the remotest chance have a pen to lend me, would you?

hasardé, e ['azarde] = **hasardeux**.

hasarder [3] ['azarde] *vt* [opinion, démarche] to hazard, to venture, to risk; ~ un orteil dans l'eau glacée to cautiously dip one toe into the icy water; je me permettrai de ~ une question I'll venture a question, I'll take the liberty of asking a question; les soldats hasardent leur vie à la guerre soldiers risk their lives OU put their lives at stake at war.

◆ **se hasarder** *vpi* -1. *arch* [s'exposer au danger] to venture forth. -2. [s'aventurer] to venture; il se hasarda dans l'obscurité he ventured into the darkness; se ~ à : la nouvelle élève se hasarda à répondre the new student plucked up courage to answer; je ne m'y hasarderais pas I wouldn't risk it OU chance it.

hasardeux, euse ['azardø, øz] *adj* -1. [douteux] dubious; l'issue en est hasardeuse the outcome of all this is uncertain. -2. [dangereux] hazardous, dangerous; une affaire hasardeuse a risky business.

has been ['azbin] *nmf inv* has been.

hasch *fam* ['aʃ] *nm* hash.

haschi(s)ch ['aʃiʃ] *nm* hashish.

hassidisme ['asidism] *nm* Hassidism.

hâte ['at] *nf* -1. [précipitation] haste, hurry, rush; dans sa ~, il a oublié ses clés he was in such a hurry OU rush (that) he left his keys behind; avec ~ hastily, hurriedly; sans ~ at a leisurely pace, without hurrying; sans grande ~ with no great haste, unhurriedly. -2. avoir ~ de [être impatient de] : avoir ~ de faire qqch to be looking forward to doing sthg; j'ai ~ que vous veniez/Noël arrive I can't wait for you to come/Christmas to come round; pourquoi avez-vous ~ de partir? why are you in (such) a hurry OU rush to leave?; il n'a qu'une ~, c'est d'avoir un petit-fils he's dying to have a grandson.

◆ **à la hâte** *loc adv* hurriedly, hastily, in a rush; faire qqch à la ~ to rush sthg.

◆ **en hâte, en grande hâte, en toute hâte** *loc adv* hurriedly, in (great) haste; envoyez votre réponse en toute ~ à l'adresse suivante send your reply without delay OU rush your reply to the following address.

hâter [3] ['ate] *vt* -1. [accélérer] to speed up, to hasten; ~ le pas to quicken one's pace, to walk quicker. -2. *sout* [avancer - date] to bring forward; [- naissance, mort, mariage] to precipitate; je dois ~ mon départ I must go sooner than I thought.

◆ **se hâter** *vpi sout* to hurry (up), to hasten, to make haste; les travailleurs se hâtaient vers les gares the workers were hurrying towards the stations; hâtez-vous de me répondre answer me posthaste; elle s'est hâtée de répandre la nouvelle she hastened to spread the news ❑ hâte-toi lentement more haste, less speed *prov*.

hâtif, ive ['atif, iv] *adj* -1. [rapide - travail, repas] hurried, rushed; [- décision] hasty, rash. -2. [précoce - croissance] early.

hâtivement ['ativmɑ̃] *adv* hastily, hurriedly, in a rush; le livre a été écrit un peu ~ the book was written in somewhat of a rush.

hauban ['obɑ̃] *nm* -**1.** AÉRON & NAUT shroud. -**2.** TECH stay.

haubanage ['obanaʒ] *nm* -**1.** NAUT staying. -**2.** AÉRON shrouds.

haubaner [3] ['obane] *vt* NAUT [mât] to stay (with shrouds).

haubert ['obɛr] *nm* hauberk, shirt of mail.

hausse ['os] *nf* -**1.** [augmentation] rise, increase; **on constate une ~ de la température/des prix** a rise OU an increase in temperature/prices can be observed; **la ~ du coût de la vie** the rise in the cost of living. -**2.** [élévation] rise. -**3.** ARM back-sight. -**4.** [d'une ruche] superhive.
◆ **à la hausse** *loc adv* -**1.** [au maximum]: **réviser le budget à la ~** to increase the budget. -**2.** BOURSE: **jouer à la ~** to speculate on the rising market OU on the bull market; **vendre à la ~** to sell in a rising market, to contrary sell *spéc*; **le marché évolue** OU **est à la ~** there is an upward trend in the market.
◆ **en hausse** *loc adj* increasing, rising; **être en ~** to be on the increase, to be rising; **des prix en ~** rising prices.

haussement ['osmɑ̃] *nm*: **avec un ~ d'épaules** with a shrug (of his shoulders); **avec un ~ de sourcils** with raised eyebrows.

hausser [3] ['ose] *vt* -**1.** ÉCON to raise, to increase, to put up *(sép)*; **le prix a été haussé de 10 %** the price has been increased OU has gone up by 10 %; **~ ses prétentions** to aim higher. -**2.** CONSTR & TRAV PUBL to raise; **l'immeuble a été haussé d'un étage** the building was made higher by adding another floor; **~ qqn au niveau de** *fig* to raise sb up to the level of. -**3.** [partie du corps]: **~ les épaules** to shrug (one's shoulders); **~ le sourcil** to raise one's eyebrows. -**4.** [intensifier]: **~ la voix** OU **le ton** to raise one's voice.
◆ **se hausser** *vpi* -**1.** [se hisser] to reach up; **se ~ sur la pointe des pieds** to stand on tiptoe. -**2.** [atteindre un degré supérieur]: **se ~ à** to attain, to reach; **elle est parvenue à se ~ au niveau de la classe** she managed to reach the level of the other students in herclass.

haussier, ère ['osje, ɛr] ◇ *adj* BOURSE: **un marché ~** a rising OU bull market.
◇ *nm, f* bull ST. EX.

Haussmann [osman] *npr*: **un immeuble ~** *a building designed by Baron Haussmann.*

haut, e ['o, *devant nm commençant par voyelle ou h muet* 'ot, 'ot] *adj* -**1.** [de grande dimension] high, tall; **les ~es colonnes du temple** the lofty OU towering columns of the temple; **un homme de ~e taille** a tall man; **les pièces sont ~es de plafond** the rooms have high ceilings ‖ BOT [tige, tronc] tall; [qui a poussé] high; **j'aime les fleurs ~es** I like long-stemmed OU tall flowers; **les roseaux sont ~s** the reeds are high. -**2.** [d'une certaine dimension]: **~ de: la maison est ~e de trois mètres** the house is three metres high. -**3.** [situé en hauteur] high; **le soleil est ~ dans le ciel** the sun is high (up) in the sky; **un véhicule ~ sur roues** a vehicle with a high (wheelbase) clearance; **une robe à taille ~e** a high-waisted dress; **sur les ~es branches** on the top OU topmost branches; **la partie ~e de l'arbre** the top of the tree ❑ **dans la ville ~e** in the upper part of the town; **le Haut Nil** the upper (reaches of the) Nile; **en Haute-Égypte** in Upper Egypt. -**4.** [extrême, intense] high; **c'est de la plus ~e importance** it's of the utmost OU greatest importance; **à ~ risque** high-risk; **à ~e température** high-temperature; **c'était du plus ~ comique** it was high farce; **c'était de la plus ~e fantaisie** it was most fanciful ❑ **~e fidélité/fréquence** high fidelity/frequency; **de ~e précision** high-precision; **~e technologie** high technology. -**5.** [dans une hiérarchie] high, top *(avant n)*; **de ~ niveau** top-level, high-level; **des officiers de ~ niveau** high-ranking officers; **des gens de ~ niveau** high-fliers; **de ~s dignitaires** eminent dignitaries; **les ~es parties contractantes** JUR the sovereign contracting parties ❑ **la ~e bourgeoisie** the haute bourgeoisie; **la ~e coiffure** haute coiffure, designer hairdressing; **la ~e couture** haute couture, designer fashion; **la ~e cuisine** haute cuisine; **la ~e finance** high finance; **de ~es études commerciales/militaires** advanced business/military studies; **les ~s fonctionnaires** top OU top-ranking civil servants; **les ~s salaires** the highest OU top salaries; **politique des ~s salaires** high income policy. -**6.** [dans une échelle de valeurs] high; **d'une ~e intelligence** highly intelligent; **avoir une ~e idée** OU **opinion de qqn** to think most highly OU to have a high opinion of sb; **tenir qqn/qqch en ~e estime** to hold sb/sthg in high esteem. -**7.** BOURSE & COMM high; **la livre est à son niveau le plus ~** the pound is at its highest level OU has reached a high. -**8.** MUS & PHON high; **une note/voyelle ~e** a high note/vowel. -**9.** HIST: **le ~ Moyen Âge** the Early Middle Ages; **le ~ allemand** LING (Old) High German. -**10.** *litt* [noble] lofty, high-minded; **cette ~e pensée/âme** this exalted thought/soul.
◆ **haut** ◇ *adv* -**1.** [dans l'espace] high; **~ dans les airs** high (up) in the air; **levez ~ la jambe** raise your leg (up) high OU high up; **plus ~, les genoux!** higher up with those knees!; **l'aigle monte ~ dans le ciel** the eagle soars (high up) in the sky. -**2.** [dans le temps] far (back); [dans un livre]: **voir plus ~** see above; **comme il est dit plus ~** as mentioned above. -**3.** [fort, avec puissance]: **(tout) ~** aloud; **parlez plus ~** speak up, speak louder; **dites-le ~ et clair** OU **bien ~** tell (it to) everyone, say it out loud. -**4.** MUS high; **tu prends la deuxième mesure un peu trop ~** [chanteur] you're singing the second bar a bit sharp OU high; [musicien] you're playing the second bar a bit sharp OU high. -**5.** [dans une hiérarchie] high; **être ~ placé** to be highly placed, to hold high office; **des amis ~ placés** friends in high places; **nous l'avons toujours placé très ~ dans notre estime** *fig* we've always held him in high regard. -**6.** BOURSE & COMM high; **les enchères sont montées très ~** the bidding went sky high OU hit the roof; **le prix de la réparation risque de monter très ~** the cost of the repairs could be enormous.
◇ *nm* -**1.** [partie supérieure] top; [sur une caisse, un emballage]: **'haut'** '(this way OU side) up'. -**2.** VÊT [gén] top; [de robe] bodice. -**3.** [hauteur]: **un mur d'un mètre de ~** a one metre (high) wall; **de son ~**: **regarder qqn de (tout) son ~** to look down on sb; **tomber de son ~** [chuter] to fall headlong; [être déçu] to come down (to earth) with a bump; [être surpris] to be flabbergasted.
◆ **hauts** *nmpl* -**1.** [dans des noms de lieux] heights; **'les Hauts de Hurlevent'** *Emily Brontë* 'Wuthering Heights'. -**2.** NAUT [partie émergée] topsider; [du gréement] top OU higher rigging. -**3.** *loc*: **avoir des ~s et des bas** to have one's ups and downs.
◆ **haute** *fam nf*: **la ~e** the upper crust; **les gens de la ~e** upper crust people.
◆ **de haut** *loc adv* -**1.** [avec détachement] casually, unconcernedly; **prendre** OU **regarder** OU **voir les choses de ~** to look at things with an air of detachment. -**2.** [avec mépris]: **prendre qqch de ~** to be high and mighty about sthg; **regarder qqn de ~** to look down on sb; **traiter qqn de ~** to treat sb high-handedly. -**3.** *loc*: **tomber de ~** [être surpris] to be flabbergasted; [être déçu] to come down (to earth) with a bump.
◆ **de haut en bas** *loc adv* -**1.** [sans mouvement] from top to bottom. -**2.** [avec mouvement, vers le bas] from top to bottom, downwards. -**3.** [avec mépris]: **regarder** OU **considérer qqn de ~ en bas** to look sb up and down.
◆ **d'en haut** *loc adv* -**1.** [depuis la partie élevée] from above; **d'en ~ on voit la mer** you can see the sea from up there. -**2.** *fig* from on high; **le bon exemple doit venir d'en ~** people in positions of authority must give the lead OU show a good example; **la directive est venue d'en ~** the directive came from the top OU from on high.
◆ **du haut** *loc adj*: **les gens du ~** [de la partie haute du village] the people up the top end (of the village); [des étages supérieurs] the people upstairs; **les fenêtres du ~** the upstairs windows; **les chambres du ~** the upstairs bedrooms.
◆ **du haut de** *loc prép* -**1.** [depuis la partie élevée de - échelle, colline] from the top of. -**2.** *fig*: **il nous regarde du ~ de sa grandeur** he looks down his nose at us.
◆ **en haut** *loc adv* -**1.** [à l'étage supérieur] upstairs. -**2.** [dans la partie élevée] at the top; **regarde dans le placard, les verres sont en ~** look in the cupboard, the glasses are at the top; **nous sommes passés par en ~** [par la route du haut] we came along the high road. -**3.** [en l'air] up in the sky.
◆ **en haut de** *loc prép* at the top of; **grimper en ~ d'un arbre** to climb (up) to the top of a tree; **tout en ~ d'une colline** high up on a hill; **regarde en ~ de l'armoire** look on top of the wardrobe.
◆ **haut de casse** *nm* IMPR upper case.

hautain, e ['otɛ̃, ɛn] *adj* haughty; **d'une façon ~e** haughtily.

hautbois ['obwa] *nm* -**1.** [instrument] oboe. -**2.** [instrumentiste] oboe (player).

hautboïste ['obɔist] *nmf* oboist, oboe (player).

haut-commissaire ['okɔmisɛr] (*pl* **hauts-commissaires**) *nm* high commissioner.

haut-commissariat ['okɔmisarja] (*pl* **hauts-commissariats**) *nm* -**1.** [fonction] high commissionership. -**2.** [bureaux] high commission.

haut-de-chausse(s) ['odʃos] (*pl* **hauts-de-chausse** OU **hauts-de-chausses**) *nm* knee-breeches, breeches, trunk-hose.

haut-de-forme ['odfɔrm] (*pl* **hauts-de-forme**) *nm* top hat.

haute-contre ['otkɔ̃tr] (*pl* **hautes-contre**)
◇ *nf* [voix] countertenor (voice).
◇ *nm* [chanteur] countertenor.

haute-fidélité ['otfidelite] (*pl* **hautes-fidélités**) *nf* -**1.** [technique] high fidelity, hi-fi. -**2.** *(comme adj)* high-fidelity *(avant n)*, hi-fi.

hautement ['otmɑ̃] *adv* -**1.** *sout* [fortement] highly, extremely; **c'est ~ improbable** it's highly unlikely; **ce qu'elle dit est ~ sujet à caution** you should be extremely wary of what she says. -**2.** [ouvertement] openly.

hauteur ['otœr] *nf* -**1.** [mesure verticale] height; **quelle est la ~ du mur?** how high is the wall?; **il est tombé de toute sa ~** he fell headlong; **la pièce fait trois mètres de ~ (sous plafond)** the ceiling height in the room is three metres ‖ CONSTR height; **~ sous clef** rise; **~ d'appui** leaning height ‖ COUT height; GÉOM: **la ~ d'un triangle** the perpendicular height of a triangle. -**2.** [altitude] height, altitude; **prendre de la ~** to gain altitude OU height; **une occupation qui sied à la ~ de son rang** a post in keeping with his high rank; **n'étant plus mandaté, je me permets de voir les choses avec (une certaine) ~** as I'm no longer in office, I can afford to look upon things with a certain detachment. -**3.** MUS & PHON height, pitch; **deux notes/voyelles de la même ~** two equally pitched notes/vowels. -**4.** *sout* [noblesse] nobility; **rien n'égala la ~ de vues** OU **de pensées de ce monarque** nothing could equal the loftiness of this monarch's ideas. -**5.** [arrogance] haughtiness, arrogance; **un refus plein de ~** a haughty refusal. -**6.** SPORT: **la ~** the high jump; **recordman du monde de ~** world record holder for the men's high jump. -**7.** ARM & NUCL: **~ d'éclatement** height of burst. -**8.** ASTRON: **~ d'un astre** height of a star.
◆ **hauteurs** *nfpl* heights; **il y a de la neige sur les ~s** there's snow on the higher slopes; **l'aigle s'envola vers les ~s** the eagle soared high up (into the sky OU air); **les ~s de Montmartre** the top of Montmartre.
◆ **à hauteur de** *loc prép* [jusqu'à]: **à ~ des yeux** at eye level; **à ~ d'homme** about six feet off the ground; **vous serez remboursé à ~ de 4 000 francs** you'll be reimbursed up to 4,000 francs.

◆ **à la hauteur** *fam loc adj*: **tu ne t'es pas montré à la ~** you weren't up to it OU equal to the task; **elle a été (tout à fait) à la ~** she coped beautifully.

◆ **à la hauteur de** *loc prép* -**1.** [à côté de]: **arrivé à sa ~, je m'aperçus qu'il parlait tout seul** when I was OU drew level with him, I noticed he was talking to himself; **elle habite à la ~ de l'église** she lives near the church OU up by the church; **arrivés à la ~ du cap** when we were in line with OU when we were off the cape; **il y a des embouteillages à la ~ de l'échangeur de Rocquencourt** there are traffic jams at the Rocquencourt interchange. -**2.** [digne de] worthy of; **une carrière à la ~ de ses ambitions** a career commensurate with her ambitions; **être à la ~ d'une situation** to be equal to OU up to a situation.

◆ **en hauteur** *loc adv* -**1.** [debout] upright; **mettez-le en ~** put it on its end. -**2.** [dans un endroit élevé]: **range ces cartons en ~** put these boxes up out of the way; **ça ne vous ennuie pas d'habiter en ~?** doesn't living high up bother you?

Haute-Volta ['otvɔlta] *npr f*: **(la) ~** Upper Volta.

haut-fond ['ofɔ̃] (*pl* **hauts-fonds**) *nm* shallow, shoal.

haut-fourneau ['ofurno] (*pl* **hauts-fourneaux**) *nm* blast furnace.

haut-le-cœur ['olkœr] *nm inv* -**1.** [nausée]: **avoir un** OU **des ~** to retch. -**2.** *fig*: **une attitude aussi lâche me donne des ~** such cowardly behaviour makes me (feel) sick.

haut-le-corps ['olkɔr] *nm inv* start, jump; **avoir un ~** to start, to jump.

haut-parleur ['oparlœr] (*pl* **haut-parleurs**) *nm* loudspeaker, speaker; **~ d'aigus** tweeter.

haut-relief ['orəljɛf] (*pl* **hauts-reliefs**) *nm* high relief.

hauturier, ère ['otyrje, ɛr] *adj* deep-sea; **navigation hauturière** ocean navigation; **pêche hauturière** deep sea fishing.

havage ['avaʒ] *nm* MIN cutting, hewing.

havanais, e ['avanɛ, ɛz] *adj* from Havana.

◆ **Havanais, e** *nm, f inhabitant of or person from Havana.*

◆ **havanaise** *nf* habanera.

havane ['avan] ◇ *nm* -**1.** [tabac] Havana. -**2.** [cigare] Havana.

◇ *adj inv* Havana brown.

Havane ['avan] *npr*: **La ~** Havana.

hâve ['av] *adj sout* haggard.

haveneau, x ['avno], **havenet** ['avnɛ] *nm* shrimping net.

haveur ['avœr] *nm* hewer, coal-cutter, cutter MIN.

haveuse ['avøz] *nf* cutting machine, cutter MIN.

havrais, e ['avrɛ, ɛz] *adj* from Le Havre.

◆ **Havrais, e** *nm, f inhabitant of or person from Le Havre.*

havre ['avr] *nm litt* haven, harbour; **~ de paix** haven of peace.

Havre ['avr] *npr*: **Le ~** Le Havre; **au ~** in Le Havre.

havresac ['avrəsak] *nm* [de campeur] haversack, knapsack; [de militaire] haversack, kitbag.

hawaïen [awajɛ̃] = **hawaiien**.

Hawaii [awaj] *npr* Hawaii; **à ~** in Hawaii.

hawaiien, enne [awajɛ̃, ɛn] *adj* Hawaiian.

◆ **Hawaiien, enne** *nm, f* Hawaiian.

◆ **hawaiien** *nm* LING Hawaiian.

Haye ['ɛ] *npr*: **La ~** The Hague.

hayon ['ajɔ̃] *nm* -**1.** AUT tailgate; **véhicule à ~ arrière** hatchback (car). -**2.** TECH: **~ élévateur** (fork) lift.

HB, hdb *abr écrite de* **heures de bureau**.

hdr *abr écrite de* **heures des repas**.

hé ['e] *interj* -**1.** [pour interpeller quelqu'un] hey; **~, vous, là!** hey! you!; **~! arrêtez!** hey! OU oi! stop it! -**2.** [d'étonnement] hey, well (well, well); **~ ~, quelle surprise!** well (well, well), what a surprise!; **~, la voilà qui arrive!** hey, here she comes!

heaume ['om] *nm* HÉRALD & HIST helm, helmet.

hebdo *fam* [ɛbdo] *nm* PRESSE weekly.

hebdomadaire [ɛbdɔmadɛr] ◇ *adj* weekly; **un feuilleton/salaire ~** a weekly serial/wage.

◇ *nm* weekly.

hebdomadairement [ɛbdɔmadɛrmɑ̃] *adv* weekly, once a week.

hébéphrène [ebefrɛn] *adj & nmf* hebephreniac.

hébéphrénie [ebefreni] *nf* hebephrenia.

hébéphrénique [ebefrenik] *adj* hebephrenic.

hébergement [ebɛrʒəmɑ̃] *nm* -**1.** [lieu] lodgings, accommodation. -**2.** [action] lodging; **l'~ est en chalet** chalet accommodation is provided.

héberger [17] [ebɛrʒe] *vt* [pour une certaine durée] to lodge, to accommodate; [à l'improviste] to put up *(sép)*; [réfugié, vagabond] to take in *(sép)*, to shelter; [criminel] to harbour, to shelter; **notre bâtiment hébergera le secrétariat pendant les travaux** the secretarial offices will be housed in our building during the alterations.

hébété, e [ebete] ◇ *adj* dazed, in a daze; **il avait un air ~** he looked dazed.

◇ *nm, f*: **il était là comme un ~** he stood there looking stunned.

hébétement [ebɛtmɑ̃] *nm* stupor; **son ~ est dû à l'alcool** he's in a drunken stupor.

hébéter [18] [ebete] *vt* to daze; **hébété par l'alcool/la drogue** in a drunken/drug-induced stupor.

hébétude [ebetyd] *nf* -**1.** *litt* stupor, stupefaction *litt*. -**2.** PSYCH hebetude.

heboïdophrénie [ebɔidɔfreni] *nf* heboidophrenia.

hébraïque [ebraik] *adj* Hebraic, Hebrew *(modif)*.

hébraïsant, e [ebraizɑ̃, ɑ̃t] *nm, f* Hebraist, Hebrew scholar.

hébraïsme [ebraism] *nm* Hebraism.

hébraïste [ebraist] = **hébraïsant**.

hébreu, x [ebrø] *adj m* Hebrew.

◆ **Hébreux** *nmpl*: **les Hébreux** the Hebrews.

◆ **hébreu** *nm* -**1.** LING Hebrew. -**2.** *fam loc*: **pour moi, c'est de l'~** I can't make head or tail of it, it's all Greek to me.

Hébrides [ebrid] *npr fpl*: **les (îles) ~** the Hebrides; **aux ~** in the Hebrides.

Hébron ['ebrɔ̃] *npr* Hebron.

HEC (*abr de* **Hautes études commerciales**) *npr grande école for management and business studies.*

hécatombe [ekatɔ̃b] *nf* -**1.** [carnage] slaughter, massacre; **l'~ annuelle des blessés de la route** the carnage that occurs every year on the roads. -**2.** *fig*: **les jeux Olympiques ont été une véritable ~ pour leurs athlètes** the Olympics have been disastrous for their athletes. -**3.** ANTIQ hecatomb.

hectare [ɛktar] *nm* hectare.

hectique [ɛktik] *adj*: **fièvre ~** hectic fever.

hecto *fam* [ɛkto] *nm* -**1.** (*abr de* **hectogramme**) hectogramme, hectogram. -**2.** (*abr de* **hectolitre**) hectolitre.

hectogramme [ɛktɔgram] *nm* hectogram, hectogramme.

hectolitre [ɛktɔlitr] *nm* hectolitre; **un ~** a hundred litres, a hectolitre.

hectomètre [ɛktɔmɛtr] *nm* hectometre; **un ~** a hundred metres, a hectometre.

hectométrique [ɛktɔmetrik] *adj* hectometre.

Hector [ɛktɔr] *npr* Hector.

hectowatt [ɛktɔwat] *nm* hectowatt; **un ~** a hundred watts, a hectowatt.

hédonisme [edɔnism] *nm* hedonism.

hédoniste [edɔnist] ◇ *adj* hedonist, hedonistic.

◇ *nmf* hedonist.

hédonistique [edɔnistik] *adj* hedonistic.

hégélianisme [egeljanism] *nm* Hegelianism.

hégélien, enne [egeljɛ̃, ɛn] *adj & nm, f* Hegelian.

hégémonie [eʒemɔni] *nf* hegemony.

hégémonique [eʒemɔnik] *adj* hegemonic.

hégémonisme [eʒemɔnism] *nm* hegemonic tendencies.

hégire [eʒir] *nf*: **l'~** the Hegira OU Hejira.

hein *fam* ['ɛ̃] *interj* -**1.** [quoi]: **~?** eh?, what? -**2.** [n'est-ce pas] eh; **c'est drôle, ~!** funny, eh OU isn't it!; **tu aurais dû m'écouter, ~?** you should have followed my advice, shouldn't you? -**3.** [exprimant la colère] OK, right; **on se calme, ~!** cool it, will you!, that's enough, OK?; **tu te tais, ~!** just shut up, OK?

hélas ['elas] *interj* unfortunately, unhappily, alas *litt*; **~, je ne pourrai pas venir** unfortunately OU I'm afraid I won't be able to come.

Hélène [elɛn] *npr*: **~ de Troie** Helen of Troy.

héler [18] ['ele] *vt* to call out to *(insép)*, to hail; **~ un taxi/porteur** to hail a cab/porter.

hélianthe [eljɑ̃t] *nm* sunflower, helianthus *spéc*.

hélianthème [eljɑ̃tɛm] *nm* helianthemum *spéc*, rockrose.

hélianthine [eljɑ̃tin] *nf* methyl orange.

héliaque [eljak] *adj* heliacal.

hélice [elis] *nf* -**1.** MÉCAN & NAUT propeller, screw, screwpropeller; **~ d'avion** air screw, aircraft propeller. -**2.** ARCHIT & MATH helix.

héliciculteur, trice [elisikyltœr, tris] *nm, f* snail breeder.

héliciculture [elisikyltyr] *nf* snail breeding.

hélico *fam* [eliko] *nm* chopper AERON.

hélicoïdal, e, aux [elikɔidal, o] *adj* -**1.** [en forme de vrille] helical, spiral; **escalier ~** spiral staircase. -**2.** MATH & MÉCAN helicoid, helicoidal.

hélicoïde [elikɔid] *nm* helicoid.

hélicon [elikɔ̃] *nm* helicon.

hélicoptère [elikɔptɛr] *nm* helicopter.

hélio *fam* [eljo] (*abr de* **héliogravure**) *nf* heliogravure.

héliocentrique [eljɔsɑ̃trik] *adj* heliocentric.

héliodore [eljɔdɔr] *nm* heliodor.

héliographe [eljɔgraf] *nm* heliograph.

héliographie [eljɔgrafi] *nf* heliography.

héliograveur, euse [eljɔgravœr, øz] *nm, f* photoengraver.

héliogravure [eljɔgravyr] *nf* photogravure, heliogravure.

héliomarin, e [eljɔmarɛ̃, in] *adj* [cure] involving sunshine and sea air therapy; [établissement] offering heliotherapy.

hélion [eljɔ̃] *nm* helion, helium nucleus.

Hélios [eljos] *npr* Helios.

héliosynchrone [eljɔsɛ̃kron] *adj* heliosynchronous.

héliothérapie [eljɔterapi] *nf* heliotherapy.

héliotrope [eljɔtrɔp] *nm* BOT & MINÉR heliotrope.

héliport [elipɔr] *nm* heliport.

héliportage [elipɔrtaʒ] *nm* helicopter transportation.

héliporté, e [elipɔrte] *adj* -**1.** [transporté par hélicoptère] helicoptered; **troupes ~es** airborne troops *(brought in by helicopter)*. -**2.** [exécuté par hélicoptère]: **une opération ~e** a helicopter mission.

hélitransporté, e [elitrɑ̃spɔrte] *adj* transported by helicopter, helicoptered.

hélitreuiller [5] [elitrœje] *vt* to winch up *(sép) (into a helicopter in flight)*.

hélium [eljɔm] *nm* helium.

hélix [eliks] *nm* ANAT & ZOOL helix.

hellébore [elebɔr] *nm* hellebore.

hellène [elɛn] *adj* Hellenic.

◆ **Hellène** *nmf* Hellene.

hellénique [elenik] *adj* Hellenic.

hellénisant, e [elenizɑ̃, ɑ̃t] *nm, f* Hellenist.

hellénisation [elenizasjɔ̃] *nf* hellenization.

helléniser [3] [elenize] *vt* to hellenize.

hellénisme [elenism] *nm* -**1.** [civilisation] Hellenism. -**2.** LING Hellenism, Graecism.

helléniste [elenist] = **hellénisant**.

hellénistique [elenistik] *adj* Hellenistic.

hello ['ɛlo] *interj* hello.

helminthe [ɛlmɛ̃t] *nm* helminth.

helminthiase [ɛlmɛ̃tjaz] *nf* helminthiasis.

Héloïse [elɔiz] *npr*: ~ **et Abélard** Heloïse and Abelard.

Helsinki ['ɛlsiŋki] *npr* Helsinki.

helvète [ɛlvɛt] *adj* Helvetian, Swiss.
◆ **Helvète** *nmf* Helvetian, Swiss.

Helvétie [ɛlvesi] *npr f* HIST: **(l')** ~ Helvetia.

helvétique [ɛlvetik] *adj* Swiss, Helvetian.

helvétisme [ɛlvetism] *nm* LING *characteristic word or expression used by French-speaking Swiss.*

hem ['ɛm] *interj* -**1.** [exprimant - le doute] hum, ahem, mmm; [- une hésitation] hum, er. -**2.** [pour attirer l'attention] ahem.

hématie [emasi] *nf* erythrocyte, haematid.

hématine [ematin] *nf* haeme, haemetin.

hématique [ematik] *adj* haematic.

hématite [ematit] *nf* haematite.

hématologie [ematɔlɔʒi] *nf* haematology.

hématologique [ematɔlɔʒik] *adj* haematological, haematologic.

hématologiste [ematɔlɔʒist], **hématologue** [ematɔlɔg] *nmf* haematologist.

hématome [ematom] *nm* bruise, haematoma *spéc.*

hématose [ematoz] *nf* haematosis.

hématozoaire [ematozɔɛr] *nm* haematozoon.

hématurie [ematyri] *nf* haematuria.

héméralope [emeralɔp] *adj* & *nmf* hemeralopic.

hémianopsie [emianɔpsi] *nf* hemianopia.

hémicrânie [emikrani] *nf* hemicrania (migraine).

hémicycle [emisikl] *nm* -**1.** [espace en demi-cercle] semicircle; **l'abside de l'église est un** ~ the apse of the church is semicircular. -**2.** [salle garnie de gradins] semicircular amphitheatre; **l'**~ POL [salle] the benches OU chamber of the French National Assembly; [Assemblée] the French National Assembly.

hémioxyde [emjɔksid] *nm*: ~ **d'azote** dinitrogen oxide.

hémiplégie [emipleʒi] *nf* hemiplegia.

hémiplégique [emipleʒik] *adj* & *nmf* hemiplegic.

hémisphère [emisfɛr] *nm* hemisphere; **l'**~ **Nord/Sud** the Northern/Southern hemisphere.

hémisphérique [emisferik] *adj* hemispheric, hemispherical.

hémistiche [emistiʃ] *nm* hemistich.

hémitropie [emitrɔpi] *nf* hemitropism, hemitropy.

hémochromatose [emɔkromatoz] *nf* haemochromatosis, bronze diabetes.

hémoculture [emɔkyltyr] *nf* blood culture.

hémodialyse [emɔdjaliz] *nf* haemodialysis.

hémodynamique [emɔdinamik] *nf* haemodynamics *(U).*

hémoglobine [emɔglɔbin] *nf* -**1.** BIOL haemoglobin. -**2.** *fam* [sang] gore, blood and guts.

hémoglobinopathie [emɔglɔbinɔpati] *nf* haemoglobinopathy.

hémoglobinurie [emɔglɔbinyri] *nf* haemoglobinuria.

hémogramme [emɔgram] *nm* haemogram.

hémolyse [emɔliz] *nf* haemolysis.

hémolytique [emɔlitik] *adj* haemolytic.

hémopathie [emɔpati] *nf* haemopathy, blood diseases.

hémophile [emɔfil] *adj* & *nmf* haemophiliac.

hémophilie [emɔfili] *nf* haemophilia.

hémoptysie [emɔptizi] *nf* haemoptysis.

hémorragie [emɔraʒi] *nf* -**1.** MÉD haemorrhage, bleeding *(U)*; ~ **cérébrale** cerebral haemorrhage; ~ **interne/externe** internal/external haemorrhage; **faire une** ~ to haemorrhage. -**2.** *fig* [perte] drain; **les universités connaissent une véritable** ~ **depuis la crise** the universities have been drained of their manpower since the beginning of the crisis; **l'**~ **des cerveaux** the brain drain; **l'**~ **des capitaux** the drain OU haemorrhage of capital.

hémorragique [emɔraʒik] *adj* haemorrhagic.

hémorroïdaire [emɔrɔidɛr] ◇ *adj* haemorrhoidal; [malade] suffering from haemorrhoids.
◇ *nmf* haemorrhoids sufferer.

hémorroïdal, e, aux [emɔrɔidal, o] *adj* haemorrhoidal.

hémorroïde [emɔrɔid] *nf* haemorrhoid; **avoir des** ~**s** to suffer from haemorrhoids, to have piles.

hémostase [emɔstaz] *nf* haemostasis.

hémostatique [emɔstatik] *adj* & *nm* haemostatic.

hendécagonal, e, aux [ɛ̃dekagɔnal, o] *adj* hendecagonal.

hendécagone [ɛ̃dekagɔn] *nm* hendecagon.

hendécasyllabe [ɛ̃dekasilab] ◇ *adj* hendecasyllabic.
◇ *nm* hendecasyllable.

henné ['ene] *nm* -**1.** BOT henna. -**2.** [poudre pour teinture] henna; **les cheveux teints au** ~ hennaed hair.

hennin ['enɛ̃] *nm* hennin.

hennir [32] ['enir] *vi* -**1.** [cheval] to neigh, to whinny. -**2.** [personne] to bray.

hennissant, e ['enisɑ̃, ɑ̃t] *adj* -**1.** [cheval] neighing. -**2.** [rire] braying.

hennissement ['enismɑ̃] *nm* -**1.** [d'un cheval] neigh, whinny. -**2.** [d'une personne] braying *(U).*

hennuyer ['ɛnɥije] = **hainuyer**.

Henri [ɑ̃ri] *npr* [roi de France] Henri; [roi d'Angleterre] Henry.

henry [ɑ̃ri] *nm* henry ELEC.

hep ['ɛp] *interj* hey; ~**! taxi!** hey! taxi!

héparine [eparin] *nf* heparin.

hépatalgie [epatalʒi] *nf* hepatalgia.

hépatique [epatik] ◇ *adj* hepatic, liver *(modif).*
◇ *nmf person suffering from liver ailments.*
◇ *nf* BOT liverwort, hepatic.

hépatisation [epatizasjɔ̃] *nf* hepatization.

hépatite [epatit] *nf* hepatitis; ~ **virale** viral hepatitis.

hépatologie [epatɔlɔʒi] *nf* hepatology.

hépatomégalie [epatɔmegali] *nf* hepatomegalia, hepatomegaly.

hépatonéphrite [epatɔnefrit] *nf* hepatonephritis.

hépatopancréas [epatɔpɑ̃kreas] *nm* hepatopancreas.

Héphaïstos [efaistɔs] *npr* Hephaestus.

heptaèdre [ɛptaɛdr] *nm* heptahedron.

heptaédrique [ɛptaedrik] *adj* heptahedral.

heptagonal, e, aux [ɛptagɔnal, o] *adj* heptagonal.

heptagone [ɛptagɔn] *nm* heptagon.

heptane [ɛptan] *nm* heptane.

heptathlon [ɛptatlɔ̃] *nm* heptathlon.

Héra [era] *npr* Hera.

Héraclès [erаklɛs] *npr* Heraclius.

Héraclite [eraklit] *npr* Heraclitus.

Héraklion [eraklijɔ̃] *npr* Heraklion.

héraldique [eraldik] ◇ *adj* heraldic.
◇ *nf* heraldry.

héraldiste [eraldist] *nmf* heraldry specialist, heraldist.

héraut ['ero] *nm* -**1.** HIST herald; ~ **d'armes** officer OU herald of arms. -**2.** *fig* & *litt* herald, messenger.

herbacé, e [ɛrbase] *adj* herbaceous.

herbage [ɛrbaʒ] *nm* [prairie] grazing land, pasture (land).
◆ **herbages** *nmpl* PÊCHE coral fishing nets.

herbager[1], **ère** [ɛrbaʒe, ɛr] *nm, f* grazier.

herbager[2] [17] [ɛrbaʒe] *vt* to (put out to) graze; ~ **du bétail** to graze cattle.

herbe [ɛrb] *nf* -**1.** [plante, gazon] grass; **laisser un champ en** ~ to leave a field under grass ❑ ~**s folles** wild grass; ~**s marines** seaweed; **hautes** ~**s** tall grass; **une mauvaise** ~ a weed; **de la mauvaise** ~ weeds; **je connais ce type, c'est de la mauvaise** ~ *fam fig* I know this guy, he's no good; **comme de la mauvaise** ~ like wildfire; **couper** OU **faucher l'**~ **sous le pied à qqn** to cut the ground from under sb's feet; **l'**~ **du voisin est toujours plus verte** *prov* the grass is always greener on the other side of the fence. -**2.** *fam* [marihuana] grass.
◆ **herbes** *nfpl*: **fines** ~**s** CULIN herbs, fines herbes; ~**s (médicinales)** PHARM medicinal herbs.
◆ **en herbe** *loc adj* BOT green; *fig* in the making; **c'est un musicien en** ~ he has the makings of a musician, he's a budding musician.

herbeux, euse [ɛrbø, øz] *adj* grassy.

herbicide [ɛrbisid] ◇ *adj* herbicidal.
◇ *nm* weedkiller, herbicide *spéc.*

herbier [ɛrbje] *nm* -**1.** [collection, lieu] herbarium. -**2.** GÉOG aquatic plant habitat.

herbivore [ɛrbivɔr] ◇ *adj* herbivorous.
◇ *nm* herbivore.

herborisation [ɛrbɔrizasjɔ̃] *nf* botanizing, plant-collecting.

herboriser [3] [ɛrbɔrize] *vi* to botanize, to collect plants.

herboriste [ɛrbɔrist] *nmf* herbalist, herb doctor.

herboristerie [ɛrbɔristəri] *nf* herbalist's (shop).

herbu, e [ɛrby] *adj* grassy.

hercule [ɛrkyl] *nm* -**1.** [homme fort] Hercules. -**2.** LOISIRS: ~ **(de foire)** strong man.

Hercule [ɛrkyl] *npr* MYTH Hercules.

herculéen, enne [ɛrkyleɛ̃, ɛn] *adj* [tâche] Herculean; [force] Herculean, superhuman.

hercynien, enne [ɛrsinjɛ̃, ɛn] *adj* Hercynian.

herd-book ['ɛrdbuk] (*pl* **herd-books**) *nm* herd book.

hère ['ɛr] *nm* -**1.** *litt*: **un pauvre** ~ a poor wretch. -**2.** ZOOL (yearling) stag.

héréditaire [ereditɛr] *adj* -**1.** JUR hereditary. -**2.** BIOL inherited, hereditary; **il est toujours grincheux, c'est** ~**!** *hum* he's always moaning, it's congenital!, he was born moaning!

héréditairement [ereditɛrmɑ̃] *adv* hereditarily, through heredity.

hérédité [eredite] *nf* -**1.** BIOL heredity; **elle a une** ~ **chargée** OU **une lourde** ~ her family history has a lot to answer for; **c'est l'**~ **qui veut ça!** *hum* it's in the blood! -**2.** JUR: **action en pétition d'**~ *claim to succeed to an estate held by a third party.*

hérésiarque [erezjark] *nmf* heresiarch.

hérésie [erezi] *nf* -**1.** [erreur] sacrilege, heresy; **une table Régence dans la cuisine, c'est de l'**~**!** a Regency table in the kitchen, that's (a) sacrilege! -**2.** RELIG heresy.

hérétique [eretik] ◇ *adj* heretical.
◇ *nmf* heretic.

hérissé, e ['erise] *adj* -**1.** [cheveux, poils - naturellement raides] bristly; [- dressés de peur] bristling, standing on end; **un chien à l'échine** ~**e** a dog with its hackles up. -**2.** [parsemé]: ~ **de** full of, stuffed with; **un texte** ~ **de difficultés** a text bristling with OU full of difficult points. -**3.** BOT spiny.

hérisser [3] ['erise] *vt* -**1.** [dresser]: **le chat hérissait ses poils** the cat's fur was bristling; **le chien hérissait ses poils** the dog's hackles were rising OU up; **le perroquet hérissait ses plumes** the parrot was ruffling its feathers; **les cheveux hérissés par le vent** his hair sticking up with the wind. -**2.** [garnir]: **des rues hérissées de barricades** streets studded OU bristling with barricades; **une forteresse hérissée de canons** a fort bristling with guns; **une question hérissée de difficultés** *fig* a thorny question. -**3.** [irriter]: **cette question le hérisse** OU **lui hérisse le poil** that question gets his back up OU really makes his hackles rise.
◆ **se hérisser** *vpi* -**1.** [se dresser - pelage] to bristle; [- cheveux] to stand on end. -**2.** [dresser

son pelage] : **le chat se hérisse** the cat's coat is bristling; **le chien se hérisse** the dog's hackles are up. -**3.** [s'irriter] to bristle; **elle se hérisse facilement** she's easily ruffled.

hérisson ['erisɔ̃] *nm* -**1.** ZOOL hedgehog; ~ **de mer** sea urchin. -**2.** *fam* [personne] : **c'est un vrai** ~ he's really prickly. -**3.** MIL cheval-de-frise; **défense en** ~ hedgehog. -**4.** CONSTR [pointes] spiked wall strip; [fondation] placed foundation (stone). -**5.** TRAV PUBL cobblestone road foundation. -**6.** [égouttoir] bottle drainer. -**7.** [brosse] flue brush, chimney sweep's brush. -**8.** AGR [d'un épandeur] beater. -**9.** TEXT urchin.

hérissonne ['erisɔn] *adj f*: **chenille** ~ furry OU hairy caterpillar.

héritabilité [eritabilite] *nf* heritability.

héritage [eritaʒ] *nm* -**1.** JUR [destiné à - une personne] inheritance; [- une institution] bequest; **faire un** ~ to inherit; **faire un gros** ~ to come into a fortune; **elle m'a laissé ses bijoux en** ~ she left me her jewels; **avoir eu qqch en** ~ to have inherited sthg; **sa part de l'**~ her part of the inheritance. -**2.** *fig* heritage, legacy; **notre** ~ **culturel** our cultural heritage; **nos problèmes sont l'**~ **de la décennie précédente** our problems are the legacy of the previous decade.
◆ **à héritage** *loc adj*: **mon oncle/cousin à** ~ my rich uncle/cousin.

hériter [3] [erite] ◇ *vi* to inherit; ~ **de qqch** [recevoir en legs] to inherit sthg; ~ **d'un château** to inherit a château; **nous héritons d'une longue tradition humaniste** *fig* we are the inheritors of a long-standing tradition of humanism; **comment as-tu hérité de cette toile?** how did you come into possession of OU come by OU acquire this canvas?; **j'ai hérité de son vieux pantalon** I was given her old trousers; **j'espère que le bébé n'héritera pas de ton sale caractère!** I hope the baby won't inherit your foul temper!
◇ *vt* -**1.** [bien matériel] to inherit; *(en usage abs)*: ~ **de qqn** to inherit from sb; **elle a hérité de sa mère** she received an inheritance OU a legacy from her mother. -**2.** [trait physique ou moral] : ~ **qqch de qqn**: **elle a hérité sa bonne humeur de sa famille paternelle** she inherited her even temper from her father's side of the family.

héritier, ère [eritje, ɛr] *nm, f* -**1.** [personne qui hérite] heir (*f* heiress); **l'**~ **d'une fortune/d'une grosse entreprise** the heir to a fortune/to a big firm; **l'unique** OU **le seul** ~ the sole heir ❑ **l'**~ **apparent/présomptif** the heir apparent/presumptive; **l'**~ **naturel** the heir-at-law; ~ **testamentaire** devisee, legatee. -**2.** *fam* [enfant] heir; [fils] son and heir; [fille] daughter. -**3.** [disciple] heir, follower.

hermaphrodisme [ɛrmafrɔdism] *nm* hermaphroditism.

hermaphrodite [ɛrmafrɔdit] ◇ *adj* hermaphrodite, hermaphroditic.
◇ *nmf* hermaphrodite.

herméneutique [ɛrmenøtik] ◇ *adj* hermeneutic, hermeneutical.
◇ *nf* hermeneutics *(sg)*.

Hermès [ɛrmɛs] *npr* Hermes.

herméticité [ɛrmetisite] *nf* [à l'eau] watertightness; [à l'air] airtightness.

hermétique [ɛrmetik] *adj* -**1.** [étanche - gén] hermetically sealed, hermetic; [- à l'eau] watertight; [- à l'air] airtight. -**2.** [doctrine] Hermetic. -**3.** [incompréhensible] abstruse. -**4.** [impénétrable - visage] inscrutable, impenetrable; **son expression était parfaitement** ~ his face was totally expressionless. -**5.** [insensible] : **être** ~ **à** to be unreceptive OU impervious to; **je suis complètement** ~ **à l'art moderne** modern art is a closed book to me.

hermétiquement [ɛrmetikmɑ̃] *adv* hermetically; **fermer un bocal** ~ to hermetically seal a jar.

hermétisme [ɛrmetism] *nm* -**1.** [doctrine] alchemy. -**2.** *sout* [caractère incompréhensible] abstruseness, reconditeness.

hermétiste [ɛrmetist] *nmf* alchemist.

hermine [ɛrmin] *nf* -**1.** ZOOL [brune] stoat; [blanche] ermine. -**2.** [fourrure] ermine *(U)*; [sur une robe de magistrat] ermine. -**3.** HÉRALD ermine.

herminette [ɛrminɛt] *nf* [hache] adze.

herniaire ['ɛrnjɛr] *adj* hernial.

hernie ['ɛrni] *nf* -**1.** MÉD hernia, rupture; ~ **discale** prolapsed invertebral disc *spéc*, slipped disc; ~ **étranglée/hiatale** strangulated/hiatus hernia. -**2.** [d'un pneu] bulge.

hernié, e ['ɛrnje] *adj* herniated.

hernieux, euse ['ɛrnjø, øz] ◇ *adj* -**1.** [organe] herniated. -**2.** [malade] suffering from a hernia.
◇ *nm, f* hernia sufferer.

Hérode [erɔd] *npr* Herod; **vieux comme** ~ as old as Methuselah OU the hills.

Hérodiade [erɔdjad] *npr* Herodias.

Hérodote [erɔdɔt] *npr* Herodotus.

héroï-comique [erɔikɔmik] (*pl* **héroï-comiques**) *adj* mock-heroic.

héroïne [erɔin] *nf* -**1.** [drogue] heroin.
-**2.** [femme] → **héros**.

héroïnomane [erɔinɔman] *nmf* heroin addict.

héroïnomanie [erɔinɔmani] *nf* heroin addiction.

héroïque [erɔik] *adj* -**1.** [courageux] heroic; **je lui ai opposé un refus** ~ *hum* I heroically refused his offer. -**2.** LITTÉRAT heroic. -**3.** [mémorable] : **l'époque** ~ **des machines volantes** the pioneering OU great days of the flying machines ❑ **les temps** ~**s, l'âge** ~ ANTIQ the heroic age.

héroïquement [erɔikmɑ̃] *adv* heroically.

héroïsme [erɔism] *nm* heroism; **épouser un homme comme ça, mais c'est de l'**~**!** *hum* marrying a man like that is nothing short of heroic!

héron ['erɔ̃] *nm* heron; ~ **cendré** (grey OU common) heron.

héros, héroïne ['ero, erɔin] *nm, f* hero (*f* heroine); **les** ~ **de Dickens** Dickens' heroes (and heroines); **il est mort en** ~ he died a hero's death OU like a hero; **tu ne t'es pas comporté en** ~ you weren't exactly heroic.
◆ **héros** *nm* ANTIQ: **les dieux et les** ~ **grecs** the gods and heroes of Greece.

herpès [ɛrpɛs] *nm* herpes *(U)*; **avoir de l'**~ **à la bouche** to have a cold sore (on one's mouth).

herpétique [ɛrpetik] *adj* herpetic *spéc*, herpes *(modif)*.

herpétologie [ɛrpetɔlɔʒi] = **erpétologie**.

herpétologique [ɛrpetɔlɔʒik] = **erpétologique**.

herpétologiste [ɛrpetɔlɔʒist] = **erpétologiste**.

hersage ['ɛrsaʒ] *nm* harrowing AGR.

herse ['ɛrs] *nf* -**1.** AGR harrow; ~ **roulante** revolving harrow. -**2.** [d'un château] portcullis; [pour barrer la route] cheval-de-frise. -**3.** THÉÂT batten. -**4.** RELIG candleholder.

herser [3] ['ɛrse] *vt* to harrow AGR.

herseuse ['ɛrsøz] *nf* mechanical harrow.

hertz ['ɛrts] *nm* hertz.

hertzien, enne ['ɛrtsjɛ̃, ɛn] *adj* Hertzian.

Hésiode [ezjɔd] *npr* Hesiod.

hésitant, e [ezitɑ̃, ɑ̃t] *adj* -**1.** [indécis] hesitant; **je suis encore un peu** ~ I haven't quite made up my mind yet; **les réponses sont encore un peu** ~**es** the answers are still rather hesitant. -**2.** [peu assuré] hesitant, faltering; **une voix** ~**e** a faltering voice.

hésitation [ezitasjɔ̃] *nf* -**1.** [atermoiement] hesitation; **après quelques minutes d'**~ after hesitating for a few minutes OU a few minutes' hesitation; **pas d'**~**, vas-y!** no dithering, off you go! -**2.** [arrêt] pause; **marquer** OU **avoir une** ~ to pause, to hesitate. -**3.** [doute] doubt; **pas d'**~**, c'est lui!** it's him, no doubt about it OU without a doubt!; **il lui confia ses** ~**s** he confided his doubts OU misgivings to her.
◆ **sans hésitation** *loc adv* unhesitatingly, without hesitation; **c'est sans** ~ **que je lui ai menti** I had no hesitation in lying to him.

hésiter [3] [ezite] *vi* -**1.** [être dans l'incertitude] to hesitate; **sans** ~ without hesitating OU hesitation; **il n'y a pas à** ~ why wait?; **elle hésite encore sur la pointure** she's still not sure about the size; **l'enfant hésitait entre le rire et les larmes** the child didn't know whether to laugh or cry; **j'ai longtemps hésité avant de prendre ma décision** I hesitated for a long time before making up my mind. -**2.** [être réticent] : ~ **à** to hesitate to; **n'hésitez pas à m'appeler** don't hesitate to call me; **j'hésite à lui dire** I'm not sure whether to tell him; **il hésite à s'engager dans la marine** he's unsure OU hesitant about joining the Navy. -**3.** [marquer un temps d'arrêt] to pause, to falter; **son pas hésita un instant dans l'escalier** his footsteps paused for a moment on the stairs; **il a hésité en prononçant le nom** he faltered OU stumbled over the name.

Hespérides [ɛsperid] *npr fpl* -**1.** [nymphes] : **les** ~ the Hesperides. -**2.** [îles] : **les** ~ the Hesperides, the Isles of the Blessed.

Hesse ['ɛs] *npr f*: **(la)** ~ Hesse.

hétaïre [etair] *nf* -**1.** ANTIQ hetaera, hetaira. -**2.** *litt* courtesan.

hétéro *fam* [etero] *adj* & *nmf* hetero, straight.

hétérochromosome [eterɔkrɔmozom] *nm* heterochromosome *spéc*, sex chromosome.

hétéroclite [eterɔklit] *adj* disparate; **il y avait là toutes sortes d'objets** ~**s** there was a strange collection OU assortment of disparate objects; **tout le mobilier est** ~ none of the furniture matches.

hétérocycle [eterɔsikl] *nm* heterocycle.

hétérocyclique [eterɔsiklik] *adj* heterocyclic.

hétérodoxe [eterɔdɔks] ◇ *adj* -**1.** RELIG heterodox. -**2.** *sout* [non conformiste] heterodox, unorthodox.
◇ *nmf*: **les** ~**s ne sont pas très bien vus dans ce pays** unorthodox believers are frowned upon in this country.

hétérodoxie [eterɔdɔksi] *nf* heterodoxy.

hétérodyne [eterɔdin] *nf* heterodyne (generator).

hétérogamétique [eterɔgametik] *adj* heterogametic.

hétérogamie [eterɔgami] *nf* -**1.** BIOL heterogamy. -**2.** SOCIOL: **l'**~ **est fréquente** mixed marriages are common.

hétérogène [eterɔʒɛn] *adj* -**1.** [mêlé] heterogeneous, mixed. -**2.** CHIM heterogeneous.

hétérogénéité [eterɔʒeneite] *nf* heterogeneousness, heterogeneity.

hétérogreffe [eterɔgrɛf] *nf* [de tissu] heterograft; [d'organe] heterotransplant.

hétéromorphe [eterɔmɔrf] *adj* heteromorphic, heteromorphous.

hétéromorphie [eterɔmɔrfi] *nf*, **hétéromorphisme** [eterɔmɔrfism] *nm* heteromorphism.

hétéronome [eterɔnɔm] *adj* heteronomous.

hétéronomie [eterɔnɔmi] *nf* heteronomy.

hétéroprotéine [eterɔprɔtein] *nf* conjugated protein.

hétérosexualité [eterɔsɛksyalite] *nf* heterosexuality.

hétérosexuel, elle [eterɔsɛksyɛl] *adj* & *nm, f* heterosexual.

hétérotrophe [eterɔtrɔf] ◇ *adj* heterotrophic.
◇ *nm* heterotroph.

hétérozygote [eterɔzigɔt] ◇ *adj* heterozygous.
◇ *nmf* heterozygote.

hêtraie ['ɛtrɛ] *nf* beech grove.

hêtre ['ɛtr] *nm* -**1.** BOT beech (tree). -**2.** MENUIS beech (wood).

heu ['ø] *interj* -**1.** [exprime le doute] h'm, um, er. -**2.** [exprime l'hésitation] er, um; ~**,** ~**, je ne sais pas** er, er, I don't know.

heur [œr] *nm sout* good fortune; **je n'ai pas eu l'**~ **de lui plaire** I did not have the good fortune to please him.

heure [œr] *nf* -**1.** [unité de temps] hour; **une** ~ **d'horloge** *fam* an hour by the clock, a whole hour; **j'attends depuis une bonne** OU **grande** ~ I've been waiting for a good hour; **revenez dans une petite** ~ be back in less than OU in under an hour; **les ~s passent vite/sont longues** the hours fly past/drag by; **à 45 km à l'~** at 45 km an OU per hour; **24 ~s sur 24** round-the-clock, 24 hours a day; **pharmacie ouverte 24 ~s sur 24** all-night OU 24-hour chemist ❑ **d'~ en ~** by the hour. -**2.** [durée d'un trajet] hour; **à deux ~s (de voiture** OU **de route) de chez moi** two hours' (drive) from my home; **il y a trois ~s de marche/vol** it's a three hour walk/flight. -**3.** [unité de travail ou de salaire] hour; **un travail (payé) à l'~** a job paid by the hour; **cent francs de l'~** a hundred francs an OU per hour; **une ~ de travail** an hour's work, an hour of work; **le coût de trente ~s de travail** the cost of thirty man-hours OU thirty hours of work; **sans compter les ~s de main-d'œuvre** excluding labour (costs); **une ~ de chimie** SCOL a chemistry period OU class ❑ **une ~ supplémentaire** an OU one hour's overtime; **des ~s supplémentaires** overtime. -**4.** [point précis de la journée] time; **15 h ~ locale** 3 p.m. local time; **elle est passée sur le coup de 8 ~s** *fam* she dropped in at about 8; **à la même ~** at the same time; **à 2 ~s juste** OU **sonnantes** OU **tapantes** *fam* on the stroke of 2, at 2 on the dot; **c'est l'~!** [de partir] it's time (to go)!; [de rendre sa copie] time's up!; **l'~, c'est l'~** on time is on time; **quand c'est l'~, c'est l'~!** *fam* when you've got to go, you've got to go!; **avant l'~** before time; **avant l'~, c'est pas l'~, après l'~ c'est plus l'~** there's a right time for every thing; **quelle ~ est-il?** what time is it?, what's the time?; **vous avez l'~?** do you have the time?; **quelle ~ avez-vous?** what time do you make it?; **tu as vu l'~ (qu'il est)?** have you any idea what time it is?; **il ne sait pas encore lire l'~** he can't tell the time yet; **il y a une ~ pour tout, chaque chose à son ~** there's a time (and a place) for everything; **il n'y a pas d'~ pour les braves!** when a man's got to go, a man's got to go!; **il n'a pas d'~, avec lui il n'y a pas d'~** *fam* [il n'est pas ponctuel] he just turns up when it suits him; **il n'est pas la même ~ à Rome qu'à Tokyo** it's not the same time in Rome and in Tokyo ❑ **l'~ d'été** British Summer Time *Br*, daylight (saving) time *Am*; **passer à l'~ d'été/d'hiver** to put the clocks forward/back; **l'~ de Greenwich** Greenwich Mean Time, GMT; **l'~ H** zero hour. -**5.** [moment] time; **à une ~ avancée** at a late hour; **à une ~ indue** at some ungodly OU godforsaken hour; **ce doit être ma tante qui appelle, c'est son ~** that must be my aunt, this is her usual time for calling; **ton ~ sera la mienne** (you) choose OU name a time; **elle est romancière à ses ~s** she writes the odd novel (now and again); **l'~ d'aller au lit** bedtime; **l'~ du déjeuner** lunchtime; **l'~ du dîner** dinnertime; **l'~ du repas** mealtime; **l'~ du thé** teatime ❑ **les ~s d'affluence** the rush hour; **~s de bureau** office hours; **les ~s creuses** [sans foule] off-peak period; [sans clients] slack period; **les ~s de grande écoute** prime time, peak viewing time; **les ~s de pointe** [où il y a foule] peak time, the rush hour; **pendant les ~s ouvrables** OU **d'ouverture** COMM when the shops are open, during (normal) opening hours; ADMIN during (normal) office OU working hours; **~ de table** *Belg* lunch break; **à l'~ qu'il est** *fam*, **à l'~ actuelle: ils ont dû atterrir à l'~ qu'il est** *fam* they must have landed by now; **à l'~ qu'il est** OU **à l'~ actuelle, je ne sais pas si les otages ont été libérés** at this (point in) time I don't know whether the hostages have been freed. -**6.** [période d'une vie] hour; **son ~ de gloire** his moment of glory; **l'~ est grave** things are serious; **l'~ est à l'action** now is the time for action; **c'est sa dernière ~** his time is near; **dis-toi que ce n'était pas ton ~** don't worry, your time will come ❑ **l'~ de vérité** the moment of truth. -**7.** INF: **~s machine** computer time. -**8.** ASTRON hour.

◆ **heures** *nfpl* RELIG hours; **~s canoniales** canonical hours; **livre d'~s** Book of Hours.

◆ **à la bonne heure** *loc adv* good; **elle est reçue, à la bonne ~!** so she passed, good OU marvellous!; **tu as perdu tes clés, à la bonne ~!** *iron* you've lost your keys!, marvellous!

◆ **à l'heure** ◇ *loc adj* -**1.** [personne] on time; **être à l'~** to be on time. -**2.** [montre]: **la montre est à l'~** the watch is keeping good time. ◇ *loc adv*: **mettre sa montre/une pendule à l'~** to set one's watch/a clock right ❑ **le Japon à l'~ anglaise** the Japanese go British.

◆ **à l'heure de** *loc prép* in the era OU age of; **nous vivons à l'~ de la robotique** we're living in the age of robots.

◆ **de bonne heure** *loc adv* [tôt] early; [en avance] in good time; **de très bonne ~** very early.

◆ **pour l'heure** *loc adv* for now OU the time being OU the moment.

◆ **sur l'heure** *loc adv litt* straightaway, at once.

◆ **tout à l'heure** *loc adv* -**1.** [dans un moment] later, in a (short OU little) while; **je passerai la voir tout à l'~** I'll go and see her a bit later on OU in a little while; **à tout à l'~!** see you later! -**2.** [il y a un moment] earlier (today); **je l'ai vu tout à l'~** I've just seen him.

heureusement [œrøzmɑ̃] *adv* -**1.** [par chance] fortunately, luckily; **il les a invités à l'improviste, ~ j'avais fait des courses** he asked them to dinner without warning me, fortunately, I'd done some shopping; **je le surveillais, et ~!** I was keeping an eye on him, and just as well OU and a good thing too!; **il a freiné à temps – oh, ~!** he braked in time – thank God OU goodness for that!; **il m'a remboursé et s'est même excusé – eh bien, ~!** he paid me back and even apologized – I should hope OU think so too!; **~ que: la soirée fut une catastrophe, ~ que tu n'es pas venu** the party was a total flop, (it's a) good thing you didn't come. -**2.** *sout* [avec succès] successfully; **le débat fut ~ mené** the debate went off smoothly; **des textures ~ assorties** well-matched textures. -**3.** [favorablement] well; **le procès s'est terminé ~** the trial ended satisfactorily. -**4.** [dans le bonheur] happily; **vivre ~** to live happily.

heureux, euse [œrø, øz] ◇ *adj* -**1.** [qui éprouve du bonheur] happy; **une heureuse nature** a happy OU cheerful soul; **rendre qqn ~** to make sb happy; **elle a tout pour être heureuse** she has everything going for her; **~ en ménage** happily married; **~ (celui) qui...** *sout* happy is he who... ❑ **ils vécurent ~ et eurent beaucoup d'enfants** they lived happily ever after; **être ~ comme un poisson dans l'eau** OU **un roi** to be happy as a sandboy *Br* OU a clam *Am*. -**2.** [satisfait] happy, glad; **être ~ de** to be happy with; **être ~ que: je suis heureuse de cette conclusion** I'm happy OU pleased it ended like this; **il était trop ~ de partir** he was only too glad to leave; **~ de te revoir** glad OU pleased to see you again; **(très) ~ de faire votre connaissance** pleased OU nice to meet you. -**3.** [chanceux] lucky, fortunate; **il est ~ que...** it's fortunate OU it's a good thing that... ❑ **l'~ élu** the lucky man *(to be married or recently married)*; **l'heureuse élue** the lucky girl *(to be married or recently married)*; **~ au jeu, malheureux en amour** *prov* lucky at cards, unlucky in love. -**4.** [bon] good; **un ~ événement** *euph* a happy event; **~ anniversaire!** happy birthday!; **bonne et heureuse année!** happy new year! -**5.** [réussi] good, happy, felicitous *sout* OU *hum*; **c'est un choix ~** it's well-chosen; **ce n'est pas très ~ comme prénom pour une fille** it's a rather unfortunate name for a girl.
◇ *nm, f* happy man (*f* woman); **faire des ~** to make some people happy; **le changement ne fera pas que des ~** the change won't suit everybody OU be to everybody's liking.

heuristique [øristik] *adj & nf* heuristic.

heurt ['œr] *nm* -**1.** [choc - léger] bump, knock, collision; [- violent] crash, collision. -**2.** *sout* [contraste] clash; **le ~ de deux caractères** the clash of two personalities. -**3.** [conflit] clash, conflict; **il y a eu des ~s entre le président et le secrétaire** the chairman and the secretary crossed swords; **le concert/débat s'est déroulé sans ~s** the concert/debate went off smoothly.

heurté, e ['œrte] *adj* -**1.** [couleurs, sons] clashing. -**2.** [style] jerky, abrupt. -**3.** [mouvement] halting, jerky.

heurter [3] ['œrte] *vt* -**1.** [cogner] to strike, to hit, to knock; **en descendant du train, je l'ai heurté avec mon sac** I caught him with my bag OU I bumped into him with my bag as I got off the train; **l'hélice l'a heurté de plein fouet** he was hit with the full force of the propeller; **son front a violemment heurté le carrelage** she banged her forehead on the tiled floor. -**2.** [aller à l'encontre de] to run counter to, to go against; **son discours risque de ~ l'opinion publique** his speech is likely to go against public opinion; **des idées qui heurtent ma conception de la justice** ideas which offend my sense of justice. -**3.** [choquer] to shock, to offend; **sa grossièreté m'a toujours heurtée** I've always been shocked by his rudeness; **~ la sensibilité de qqn** to hurt sb's feelings.

◆ **heurter à** *v + prép litt* [porte] to knock at.

◆ **heurter contre** *v + prép vieilli* to bump into; **dans le noir j'ai heurté contre le mur de la cave** in the dark I bumped into the cellar wall; **le voilier a heurté contre un récif** the sailing boat struck a reef.

◆ **se heurter** *vp (emploi réciproque)* -**1.** [passants, véhicules] to collide, to bump OU to run into each other; **les deux voitures se sont heurtées** the two cars collided (with each other). -**2.** [être en désaccord] to clash (with each other); **nous nous sommes heurtés à la dernière réunion** we crossed swords OU clashed at the last meeting.

◆ **se heurter à** *vp + prép* [rencontrer] to come up against; **l'entreprise va se ~ à de gros problèmes économiques** the company is going to come up against severe economic difficulties; **il s'est heurté à un refus catégorique** he met with a categorical refusal.

heurtoir ['œrtwar] *nm* -**1.** [de porte] (door) knocker. -**2.** MÉCAN stop, stopper. -**3.** [dans une écluse] sill. -**4.** RAIL buffer.

hévéa [evea] *nm* hevea.

hexachlorure [ɛgzaklɔryr] *nm* hexachloride.

hexacorde [ɛgzakɔrd] *nm* hexachord.

hexadécimal, e, aux [ɛgzadesimal, o] *adj* hexadecimal.

hexaèdre [ɛgzaɛdr] ◇ *adj* hexahedral.
◇ *nm* hexahedron.

hexaédrique [ɛgzaedrik] *adj* hexahedral.

hexafluorure [ɛgzaflyɔryr] *nm* hexafluoride.

hexagonal, e, aux [ɛgzagɔnal, o] *adj* -**1.** GÉOM & SC hexagonal. -**2.** *fig* [français] French; *péj* parochially French.

hexagone [ɛgzagɔn] *nm* -**1.** GÉOM hexagon. -**2.** *fig*: **l'Hexagone** [la France] (metropolitan) France.

hexamètre [ɛgzamɛtr] ◇ *adj* hexametric, hexametrical.
◇ *nm* hexameter.

hexamidine [ɛgzamidin] *nf powerful bactericidal antiseptic.*

hexapode [ɛgzapɔd] *adj & nm* hexapod.

HF (*abr écrite de* **hautes fréquences**) HF.

hi ['i] *interj*: **~ ~** ha ha; **~ ~, que c'est drôle!** ha ha, that's funny!

hiatal, e, aux [jatal, o] *adj* hiatal.

hiatus [jatys] *nm* -**1.** [interruption] break, hiatus, gap. -**2.** LING hiatus. -**3.** MÉD hiatus; **~ œsophagien** hiatus œsophageus; **~ de Winslow** foramen of Winslow, epiploic foramen.

hibernal, e, aux [ibɛrnal, o] *adj* -**1.** BOT hibernal; **germination ~e** hibernal germination. -**2.** ZOOL winter *(modif)*; **pendant leur sommeil ~** during their hibernation OU their winter sleep.

hibernant, e [ibɛrnɑ̃, ɑ̃t] *adj* hibernating.

hibernation [ibɛrnasjɔ̃] *nf* -**1.** ZOOL hibernation; **l'industrie textile est en état d'~** *fig* the textile industry is in the doldrums. -**2.** MÉD: **~ artificielle** induced hypothermia.

◆ **en hibernation** *loc adj fig* in mothballs; **mettre un projet en ~** to shelve OU to mothball a project.

hiberner [3] [ibɛrne] *vi* to hibernate.
hibiscus [ibiskys] *nm* hibiscus.
hibou, x ['ibu] *nm* owl.
hic *fam* ['ik] *nm inv* snag; **c'est bien là** OU **voilà le ~** there's the rub, that's the trouble; **il y a un ~ quelque part** there's a snag OU catch somewhere.
hic et nunc [ikɛtnɔ̃k] *loc adv* here and now.
hickory ['ikɔri] *nm* hickory.
hidalgo [idalgo] *nm* hidalgo.
hideur ['idœr] *nf litt* hideousness.
hideusement ['idøzmɑ̃] *adv* hideously.
hideux, euse ['idø, øz] *adj* hideous.
hier [ijɛr] *adv* -**1.** [désignant le jour précédent] yesterday; **~ matin** yesterday morning; **~ (au) soir** yesterday evening; **le journal d'~** yesterday's paper; **j'y ai consacré la journée/l'après-midi d'~** I spent all (day) yesterday/all yesterday afternoon doing it; **je m'en souviens comme si c'était ~** I remember it as if it were yesterday; **je ne suis pas né d'~** I wasn't born yesterday. -**2.** [désignant un passé récent] : **la technologie d'~** outdated OU outmoded technology; **~ encore on ignorait tout de cette maladie** until very recently, this disease was totally unknown; **ça ne date pas d'~** that's nothing new.
hiérarchie ['jerarʃi] *nf* -**1.** [structure] hierarchy; **la ~ des salaires** the wage ladder. -**2.** *fam* [supérieurs] : **la ~** the top brass. -**3.** INF : **~ de mémoire** memory hierarchy, hierarchical memory structure.
hiérarchique ['jerarʃik] *adj* hierarchic, hierarchical; **c'est mon supérieur ~** he's my (direct) superior; **passer par la voie** OU **le canal ~** to go through official channels.
hiérarchiquement ['jerarʃikmɑ̃] *adv* hierarchically; **dépendre ~ de qqn** to report to sb.
hiérarchisation ['jerarʃizasjɔ̃] *nf* [action] establishment of a hierarchy; [structure] hierarchical structure.
hiérarchisé, e ['jerarʃize] *adj* [gén & INF] hierarchical.
hiérarchiser [3] ['jerarʃize] *vt* -**1.** ADMIN to organize along hierarchical lines; **~ les salaires** to introduce wage differentials. -**2.** [classer - données] to structure, to classify; [- besoins] to grade OU to assess according to importance.
hiérarque ['jerark] *nm* hierarch.
hiératique [jeratik] *adj* hieratic.
hiératiquement [jeratikmɑ̃] *adv litt* hieratically.
hiératisme [jeratism] *nm litt* hieratic character.
hiéroglyphe [jerɔglif] *nm* hieroglyph.
◆ **hiéroglyphes** *nmpl péj* & *hum* [écriture illisible] hieroglyphics.
hiéroglyphique [jerɔglifik] *adj* -**1.** ARCHÉOL hieroglyphic, hieroglyphical. -**2.** [illisible] scrawled, illegible.
hi-fi ['ifi] *nf inv* hi-fi.
high-tech ['ajtɛk] *nm inv* & *adj inv* high tech.
hi-han ['iɑ̃] *onomat* & *nm inv* hee-haw.
hi-hi ['i'i] *interj* -**1.** [rire - gén] tee-hee; [- méchant] snigger snigger. -**2.** [pleurs] boo-hoo.
hilaire ['ilɛr] *adj* hilar.
hilarant, e [ilarɑ̃, ɑ̃t] *adj* hilarious.
hilare [ilar] *adj* laughing, smiling, joyful; **un visage ~** a laughing OU merry face.
hilarité [ilarite] *nf* hilarity, mirth, gaiety.
hilote [ilɔt] = **ilote 1**.
hilotisme [ilɔtism] = **ilotisme 1**.
Himalaya [imalaja] *npr m* : **l'~** the Himalayas.
himalayen, enne [imalajɛ̃, ɛn] *adj* Himalayan.
hindi ['indi] *nm* LING Hindi.
hindou, e [ɛ̃du] *adj* hindu.
◆ **Hindou, e** *nm, f* Hindu.
hindouisme [ɛ̃duism] *nm* Hinduism.
Hindoustan [ɛ̃dustɑ̃] *npr m* : **(l') ~** Hindostan, Hindustan.
hindoustani [ɛ̃dustani] *nm* LING Hindustani.
hinterland [intɛrlɑ̃d] *nm* GÉOG hinterland.
hip ['ip] *interj* : **~, ~, ~, hourra!** hip, hip, hooray!
hippie ['ipi] *adj* & *nmf* hippie, hippy.
hippique [ipik] *adj* horse *(modif)*; **concours ~** horse trials OU show; **course ~** horse race OU racing; **sport ~** equestrian sports.
hippisme [ipism] *nm* equestrian sports, equestrianism.
hippocampe [ipɔkɑ̃p] *nm* -**1.** ZOOL sea horse. -**2.** ANAT hippocampus (major).
Hippocrate [ipɔkrat] *npr* Hippocrates; **le serment d'~** the Hippocratic oath.
hippocratique [ipɔkratik] *adj* Hippocratic.
hippocratisme [ipɔkratism] *nm* -**1.** [doctrine] hippocratism. -**2.** MÉD : **~ digital** hippocratic fingers.
hippodrome [ipɔdrom] *nm* -**1.** [champ de courses] racecourse. -**2.** ANTIQ hippodrome.
hippogriffe [ipɔgrif] *nm* hippogriff, hippogryph.
hippologie [ipɔlɔʒi] *nf* equestrianism.
hippologique [ipɔlɔʒik] *adj* equestrian.
hippomobile [ipɔmɔbil] *adj* horsedrawn.
hippophagie [ipɔfaʒi] *nf* : **l' ~ n'est pas très répandue en Angleterre** horsemeat is only rarely eaten in England.
hippophagique [ipɔfaʒik] *adj* : **boucherie ~** horsemeat butcher's.
hippopotame [ipɔpɔtam] *nm* -**1.** ZOOL hippopotamus. -**2.** *fam* [personne] elephant; **c'est un vrai ~!** what an elephant!
hippopotamesque [ipɔpɔtamesk] *adj* hippolike.
hippotechnie [ipɔtɛkni] *nf* horse breeding and training.
hippurique [ipyrik] *adj* hippuric.
hippy ['ipi] = **hippie**.
hirondelle [irɔ̃dɛl] *nf* -**1.** ORNITH swallow; **~ de cheminée** (barn) swallow; **~ de fenêtre** house martin; **~ de mer** tern; **une ~ ne fait pas le printemps** *prov* one swallow doesn't make a summer *prov*. -**2.** ZOOL [grondin] grey gurnard. -**3.** *fam vieilli* [policier] bobby *Br*, cop *Am*.
Hiroshima [irɔʃima] *npr* Hiroshima.
hirsute [irsyt] *adj* -**1.** [échevelé] bushy-haired; [touffu - sourcils] bushy; [barbe, cheveux] unkempt. -**2.** BIOL hirsute, hairy.
hirsutisme [irsytism] *nm* hirsutism.
Hispaniola [ispanjɔla] *npr* Hispaniola.
hispanique [ispanik] *adj* -**1.** [gén] Hispanic. -**2.** [aux États-Unis] Spanish-American.
◆ **Hispanique** *nmf* [aux États-Unis] Spanish American.
hispanisant, e [ispanizɑ̃, ɑ̃t] *nm, f* Hispanicist.
hispanisme [ispanism] *nm* Hispanism, Hispanicism.
hispaniste [ispanist] = **hispanisant**.
hispano-américain, e [ispanɔamerikɛ̃, ɛn] (*mpl* **hispano-américains**, *fpl* **hispano-américaines**) *adj* Spanish-American.
◆ **Hispano-Américain, e** *nm, f* Spanish American.
hispano-arabe [ispanɔarab] (*pl* **hispano-arabes**) Hispano-Moorish.
hispano-mauresque (*pl* **hispano-mauresques**), **hispano-moresque** (*pl* **hispano-moresques**) [ispanɔmɔrɛsk] = **hispano-arabe**.
hispanophone [ispanɔfɔn] ◇ *adj* Spanish-speaking.
◇ *nmf* Spanish speaker.
hispide [ispid] *adj* hispid.
hisse ['is] *interj* : **ho ~!** heave!, heave-ho!
hisser [3] ['ise] *vt* -**1.** [lever - drapeau] to run up *(sép)*; [- voile] to hoist; [- ancre] to raise; [- épave] to raise, to haul up *(sép)*; [soulever - personne] to lift up *(sép)*; **~ qqn sur ses épaules** to lift sb onto one's shoulders. -**2.** *fig* : **~ qqn/qqch à** : **~ qqn au poste de directeur** to raise sb to the position of manager; **~ une petite entreprise au rang des meilleures** to push a small company to the top.
◆ **se hisser** *vpi* -**1.** [s'élever] to hoist o.s.; **se ~ sur la pointe des pieds** to stand up on tiptoe; **se ~ sur une balançoire** to heave OU to hoist o.s. (up) onto a swing. -**2.** *fig* : **elle s'est hissée au poste d'adjointe de direction** she worked her way up to the position of assistant manager; **l'équipe s'est hissée en deuxième division** the team clawed its way into the second division.
histamine [istamin] *nf* histamine.
histaminique [istaminik] *adj* histamine *(modif)*, histaminic.
histiocytaire [istjɔsitɛr] *adj* histiocytic, histiocyte *(modif)*.
histiocyte [istjɔsit] *nm* histiocyte.
histochimie [istɔʃimi] *nf* histochemistry.
histocompatibilité [istɔkɔ̃patibilite] *nf* histocompatibility.
histogenèse [istɔʒənɛz] *nf* histogenesis.
histogramme [istɔgram] *nm* histogram.
histoire [istwar] *nf* -**1.** [passé] history; **un lieu chargé d'~** a place steeped in history; **les hommes et les femmes qui ont fait l'~** the men and women who have made history; **l' ~ d'une croyance** the history of a belief. -**2.** [mémoire, postérité] history; **ces faits appartiennent à l'~** these facts are history; **rester dans l'~** to go down in history OU in the history books; **l'~ dira si nous avons eu raison** history will tell whether we were right. -**3.** [période précise] history; **l'~ et la préhistoire** history and prehistory. -**4.** [discipline] : **l'Histoire avec un grand H** History with a capital H; **l'~ de l'art/la littérature** art/literary history; **l'~ ancienne/du Moyen Âge** Ancient/Medieval History; **tout ça, c'est de l'~ ancienne** *fig* that's all ancient history; **l'~ contemporaine** contemporary history; **~ événementielle** factual history; **~ naturelle** BIOL & *vieilli* natural history; **l'Histoire sainte** Biblical history; **licence d'~** ≃ History degree *Br*, ≃ BA in History; **pour la petite ~** for the record; **je te le dis pour la petite ~** I'm (only) telling you so you'll know; **sais-tu, pour la petite ~, qu'il est né au Pérou?** do you know that he was born in Peru, by the way? -**5.** [récit, écrit] story; **elle a écrit une ~ du village** she wrote a history of the village; **je leur raconte une ~ tous les soirs** every night I tell them a story; **écrire des ~s pour enfants** to write children's stories; **l'~ de la pièce** the plot OU story of the play; **l'~ de la chanson** the story of the song; **c'est une ~ vraie** it's a true story; **il m'arrive une sale ~** something terrible's happened (to me); **nous avons vécu ensemble une belle ~ d'amour** we had a wonderful romance; **attends, je ne t'ai pas encore dit le plus beau** OU **le meilleur de l'~!** wait, the best part OU bit is still to come! ❑ **une ~ drôle** a joke, a funny story; **c'est une ~ à dormir debout** *fam* that's a tall story; **'Histoires extraordinaires'** *Poe* 'Tales of the Grotesque and Arabesque'. -**6.** [mensonge] : **tout ça, c'est des ~s** *fam* that's a load of (stuff and) nonsense, that's all hooey OU baloney *Am*; **raconter des ~s** to tell tall stories; **ne me raconte pas d'~s, je t'ai vu** don't tell me any stories, I saw you. -**7.** *fam* [complications] trouble, fuss; **faire des ~s** to make a fuss; **il n'a pas fait d'~s pour accepter le chèque?** did he make any fuss about accepting the cheque?; **ça va faire toute une ~** there'll be hell to pay; **ça a été toute une ~** it was quite a business OU a to-do; **pour faire venir l'électricien, ça a été toute une ~** we had the devil's own job getting the electrician to come; **c'est toute une ~ tous les matins pour la coiffer** what a palaver OU struggle doing her hair every morning; **elle en a fait (toute) une ~** she kicked up a (huge) fuss about it; **sans faire d'~** OU **d'~s** without (making) a fuss; **vous allez me suivre au poste et pas d' ~** OU **d'~s!** you're coming with me to the station and I don't want any trouble (from you)! -**8.** [ennuis] trouble; **faire des ~s (à qqn)** to cause OU to make trouble (for sb); **si tu ne veux pas avoir d'~s** if you want to keep OU to stay out of trouble; **tu vas nous attirer** OU **nous faire avoir des ~s** you'll get us into trouble; **je ne veux pas**

d'~s dans mon hôtel, moi! *fam* I'm having no monkey business in my hotel!; taisez-vous toutes les trois, j'en ai assez de vos ~s! shut up you three, I've had enough of you going on like that! -**9.** [question, problème]: **pourquoi démissionne-t-elle? — oh, une ~ de contrat** why is she resigning? — oh, something to do with her contract; **se fâcher pour une ~ d'argent** to fall out over a question of money; **ne pensons plus à cette ~** let's forget the whole thing OU business; **qu'est-ce que c'est que cette ~?** what's this I hear?, what's all this about?; **c'est toujours la même ~** it's always the same (old) story; **c'est une (toute) autre ~** that's quite a different matter. -**10.** *fam loc*: ~ de [afin de] just to; **on va leur téléphoner, ~ de voir s'ils sont là** let's ring them up, just to see if they're there; **~ de dire quelque chose** for the sake of saying something.

◆ **sans histoires** *loc adj* [gens] ordinary; [voyage] uneventful, trouble-free.

histologie [istɔlɔʒi] *nf* histology.

histologique [istɔlɔʒik] *adj* histologic, histological.

histolyse [istɔliz] *nf* histolysis.

histoplasmose [istɔplasmoz] *nf* histoplasmosis.

historicisme [istɔrisism] *nm* historicism.

historiciste [istɔrisist] *adj* & *nmf* historicist.

historicité [istɔrisite] *nf* historicity.

historié, e [istɔrje] *adj* -**1.** [manuscrit] storiated, historiated. -**2.** ARCHIT historied.

historien, enne [istɔrjɛ̃, ɛn] *nm, f* -**1.** [spécialiste] historian; **se faire l'~ d'un village/d'une institution** to tell the story of a village/an institution. -**2.** [étudiant] history student.

historier [9] [istɔrje] *vt* [décorer] to decorate, to embellish.

historiette [istɔrjɛt] *nf* anecdote.

historiographe [istɔrjɔgraf] *nm* historiographer.

historiographie [istɔrjɔgrafi] *nf* historiography.

historique [istɔrik] ◇ *adj* -**1.** [relatif à l'histoire - méthode, roman] historical; [- fait, personnage] historical. -**2.** [célèbre] historic; **une émission/poignée de main ~** a historic programme/handshake; **la parole** OU **le mot ~ de Pu Yi** Pu Yi's famous remark. -**3.** [mémorable] historic; **c'est un moment/match ~** this is a historic moment/match; **nous avons atteint le cours ~ de 42 dollars l'once** we've reached the record OU unprecedented level of 42 dollars an ounce. -**4.** GRAMM: **passé ~** past historic, simple past, **présent ~** historic present.

◇ *nm* background history, (historical) review; **faire l'~ des jeux Olympiques** to trace the (past) history of the Olympic Games.

historiquement [istɔrikmɑ̃] *adv* historically; **le fait n'est pas ~ prouvé** it's not a historically proven fact.

historisme [istɔrism] *nm* historicism.

histrion [istrijɔ̃] *nm* -**1.** ANTIQ histrion. -**2.** HIST [jongleur] wandering minstrel, troubadour. -**3.** *sout* & *péj* mountebank; **un ~ politique** a political charlatan.

histrionique [istrijɔnik] *adj* -**1.** *litt* thespian. -**2.** PSYCH histrionic.

histrionisme [istrijɔnism] *nm* histrionics.

hit *fam* ['it] *nm* [succès] hit song.

hitlérien, enne [itlerjɛ̃, ɛn] ◇ *adj* Hitlerian, Hitlerite.

◇ *nm, f* Hitlerite.

hitlérisme [itlerism] *nm* Hitlerism.

hit-parade ['itparad] (*pl* **hit-parades**) *nm* -**1.** MUS charts; **ils sont premiers au ~** they're (at the) top of OU they're number one in the charts. -**2.** *fig* [classement]: **placé au ~ des hommes politiques** among the top OU leading politicians.

hittite ['itit] *adj* Hittite.

◆ **Hittite** *nmf*: **les Hittites** the Hittites.

◆ **hittite** *nm* LING Hittite.

HIV (*abr de* **human immunodeficiency virus**) *nm* HIV.

hiver [ivɛr] *nm* -**1.** [saison] winter; **en ~** OU **l'~**, on rentre les géraniums we bring in the geraniums in (the) winter; **l'~ dernier** last winter; **l'~ prochain** next winter; **l'~ fut précoce/tardif** winter came early/late; **tout l'~** all winter long, all through the winter; **au cœur de l'~** in the middle of winter, in midwinter; **elle ne passera pas l'~** *fam* she won't make it through the winter ❑ **~ nucléaire** nuclear winter. -**2.** *fig* & *litt*: **à l'~ de sa vie** in the twilight OU evening of his life.

◆ **d'hiver** *loc adj* [ciel, paysage] wintry; [quartiers, vêtements, fruits] winter (*modif*); **le palais d'~** the Winter Palace.

hivernage [ivɛrnaʒ] *nm* -**1.** AGR [activité] winter feeding, wintering; [fourrage] winter fodder. -**2.** MÉTÉO winter season (*in tropical regions*). -**3.** NAUT wintering. -**4.** [des abeilles] wintering.

hivernal, e, aux [ivɛrnal, o] *adj* [propre à l'hiver] winter (*modif*); [qui rappelle l'hiver] wintry; **journées/températures ~es** winter days/temperatures; **un temps ~** wintry weather; **un ciel ~** a wintry sky.

◆ **hivernale** *nf* winter ascent.

hivernant, e [ivɛrnɑ̃, ɑ̃t] ◇ *adj* wintering.

◇ *nm, f* winter tourist.

hiverner [3] [ivɛrne] ◇ *vi* [passer l'hiver] to winter.

◇ *vt* AGR to winter.

hl (*abr écrite de* **hectolitre**) hl.

HLM (*abr de* **habitation à loyer modéré**) *nm* OU *nf* *low rent, state-owned housing*, ≃ council house/flat *Br*, ≃ public housing unit *Am*.

hm (*abr écrite de* **hectomètre**) hm.

ho ['o] *interj* -**1.** [de surprise] oh. -**2.** [pour interpeller] hey.

HO (*abr de* **hors oeuvre**) *adj* labour not included.

hobby ['ɔbi] (*pl* **hobbys** OU **hobbies**) *nm* hobby.

hobereau, x ['ɔbro] *nm* -**1.** HIST [gentilhomme] squireling. -**2.** ORNITH hobby.

hochement ['ɔʃmɑ̃] *nm*: **~ de tête** [approbateur] nod; [désapprobateur] shake of the head; **accepter d'un ~ de tête** to accept with a nod; **refuser d'un ~ de tête** to refuse with a shake of the head.

hochepot ['ɔʃpo] *nm*: **~ (à la flamande)** (Flemish) hotchpotch (*stew of meat and vegetables*).

hochequeue [ɔʃkø] *nm* wagtail.

hocher [3] ['ɔʃe] *vt*: **~ la tête** [pour accepter] to nod; [pour refuser] to shake one's head; **elle hocha la tête en signe d'acquiescement** she nodded in agreement; **elle hocha la tête en signe de refus** she refused with a shake of the head.

hochet ['ɔʃɛ] *nm* -**1.** [jouet] rattle. -**2.** *fig* & *litt* gewgaw.

Hô Chi Minh-Ville ['oʃiminvil] *npr* Ho Chi Minh City.

hockey ['ɔkɛ] *nm* hockey; **~ sur glace/gazon** ice/(field *Am*) hockey.

hockeyeur, euse ['ɔkɛjœr, øz] *nm, f* hockey player.

Hodgkin [hɔdʒkin] *npr*: **maladie de ~** Hodgkin's disease.

Hoggar ['ogar] *npr m*: **le ~** the Hoggar; **dans le ~** in the Hoggar Mountains.

hoirie [wari] *nf* -**1.** **avancement d'~** advancement (*of an inheritance*). -**2.** *Helv* [héritage] joint legacy; [ensemble des héritiers]: **l'~** the legatees.

Hokkaido ['ɔkaido] *npr* Hokkaido.

holà ['ɔla] ◇ *interj* hey, whoa; **~! attention!** hey OU whoa, be careful!

◇ *nm*: **mettre le ~ à qqch** to put a stop to sthg; **il se remet à boire trop, il faut que j'y mette le ~** he's drinking too much again, I must put a stop to it OU put my foot down.

holding ['ɔldiŋ] *nm* OU *nf* holding company.

hold-up ['ɔldœp] *nm inv* raid, hold-up; **un ~ à la banque/poste** a bank/post office raid.

holisme ['ɔlism] *nm* holism.

hollandais, e ['ɔlɑ̃dɛ, ɛz] *adj* Dutch.

◆ **Hollandais, e** *nm, f* Dutchman (*f* Dutchwoman); **les Hollandais** the Dutch.

◆ **hollandais** *nm* LING Dutch.

◆ **hollandaise** *nf* -**1.** CULIN hollandaise (sauce). -**2.** AGR [vache] Friesian.

hollande ['ɔlɑ̃d] ◇ *nm* -**1.** CULIN Dutch cheese (*Edam or Gouda*). -**2.** [papier] Dutch paper.

◇ *nf* -**1.** CULIN Dutch potato. -**2.** TEXT holland. -**3.** [porcelaine] Dutch porcelain.

Hollande ['ɔlɑ̃d] *npr f*: **(la) ~** Holland; **en ~** in Holland.

hollywoodien, enne ['ɔliwudjɛ̃, ɛn] *adj* [de Hollywood] Hollywood (*modif*); [évoquant Hollywood] Hollywood-like; **un luxe ~** Hollywood-style OU ostentatious luxury.

holocauste [ɔlɔkost] *nm* -**1.** HIST: **l'~, l'Holocauste** the Holocaust. -**2.** [massacre] holocaust, mass murder. -**3.** RELIG burnt offering; **offrir un animal en ~** to offer an animal in sacrifice.

holocristallin, e [ɔlɔkristalɛ̃, in] *adj* holocrystalline.

hologramme [ɔlɔgram] *nm* hologram.

holographe [ɔlɔgraf] = **olographe**.

holographie [ɔlɔgrafi] *nf* holography.

holographique [ɔlɔgrafik] *adj* holographic.

holophrastique [ɔlɔfrastik] *adj* holophrastic.

holoprotéine [ɔlɔprɔtein] *nf* simple protein.

holothurie [ɔlɔtyri] *nf* holothurian.

homard ['ɔmar] *nm* lobster; **~ à la nage** CULIN lobster cooked in court-bouillon.

home ['om] *nm* -**1.** [centre d'accueil]: **~ d'enfants** residential leisure centre (for children). -**2.** *vieilli* [chez-soi] home; **ici c'est mon ~** here is where I feel at home.

homélie [ɔmeli] *nf* -**1.** RELIG homily. -**2.** *sout* [sermon] lecture, sermon; **suivit une longue ~ sur les dangers du tabac** there then followed a long lecture on the dangers of smoking.

homéomorphe [ɔmeɔmɔrf] *adj* homoeomorphic, homoeomorphous.

homéomorphisme [ɔmeɔmɔrfism] *nm* homoeomorphism.

homéopathe [ɔmeɔpat] ◇ *nmf* homoeopath, homoeopathist.

◇ *adj*: **médecin ~** homoeopathic doctor.

homéopathie [ɔmeɔpati] *nf* homoeopathy.

homéopathique [ɔmeɔpatik] *adj* homoeopathic.

homéostasie [ɔmeɔstazi] *nf* homeostasis.

homéostat [ɔmeɔsta] *nm* homeostat.

homéostatique [ɔmeɔstatik] *adj* homeostatic.

homéotherme [ɔmeɔtɛrm] ◇ *adj* homoiothermic *spéc*, homothermal *spéc*, warm-blooded.

◇ *nm* homoiotherm *spéc*, warm-blooded organism.

Homère [ɔmɛr] *npr* Homer.

homérique [ɔmerik] *adj* -**1.** LITTÉRAT Homeric. -**2.** [phénoménal] Homeric.

home-trainer ['omtrɛnœr] (*pl* **home-trainers**) *nm* exercise bicycle.

homicide [ɔmisid] ◇ *adj litt* homicidal.

◇ *nmf litt* [personne] homicide.

◇ *nm* -**1.** [acte] killing (*U*). -**2.** JUR homicide; **~ involontaire** OU **par imprudence** involuntary manslaughter OU homicide; **~ volontaire** murder.

hominidé [ɔminide] *nm* hominid; **les ~s** the Hominidae.

hominien [ɔminjɛ̃] *nm* hominoid ANTHR.

hommage [ɔmaʒ] *nm* -**1.** [marque de respect] tribute, homage; **recevoir l'~ de qqn** to receive sb's tribute; **rendre ~ à qqn/qqch** to pay homage OU (a) tribute to sb/sthg; **ce soir nous rendons ~ à Édith Piaf** tonight we pay tribute to Edith Piaf; **il faut rendre ~ à sa perspicacité** you have to admire his clear-sightedness. -**2.** [don]: **~ de l'éditeur** complimentary copy. -**3.** HIST homage.

◆ **hommages** *nmpl sout*: **être sensible aux ~s** to appreciate receiving compliments; **(je vous présente) mes ~s, Madame** my respects,

Madam; **veuillez agréer, Madame, mes ~s respectueux** OU **mes respectueux ~s** yours faithfully *Br*, yours truly *Am*.
◆ **en hommage à** *loc prép* in tribute OU homage to.

hommasse [ɔmas] *adj péj* mannish, masculine.

homme [ɔm] *nm* -**1.** [individu de sexe masculin] man; **l'~ a une espérance de vie plus courte que celle de la femme** men have a shorter life expectancy than women; **alors, t'es un ~ (ou un lâche)?** what are you, a man or a mouse?; **sors si t'es un ~!** step outside if you're a man!; **le service militaire en a fait un ~** national service made a man of him; **être ~ à:** il est ~ **à démissionner si besoin est** he's the sort (of man OU person) who'll resign if necessary; **je ne suis pas ~ à croire les gens sur parole** I'm not the sort of man who blindly believes what I'm told; **trouver son ~** [pour un travail] to find one's man; **si vous voulez quelqu'un de tenace, Lambert est votre ~** if you want somebody who'll stick at it, then Lambert's just the person; **une double page sur l'~ du jour** a two-page spread on the man of the moment; **c'est lui qui est l'~ fort de l'alliance** he is the kingpin in the partnership; **une discussion d'~ à ~** a man-to-man talk ‖ *(comme adj)*: **je n'ai que des professeurs ~s** all my teachers are male OU men ❑ **~ d'action** man of action; **~ d'affaires** businessman; **~ d'Église** man of the Church OU cloth; **~ d'État** statesman; **~ à femmes** lady's OU ladies' man, womanizer *péj*; **~ de lettres** man of letters; **~ de loi** lawyer; **~ de main** henchman; **~ du monde** man-about-town; **c'est un parfait ~ du monde** he's a real gentleman; **~ de paille** man of straw; **~ de peine** labourer; **~ du peuple** ordinary man; **~ de science** scientist, man of science; **~ à tout faire** jack-of-all-trades; **les ~s du Président** the President's men; **un magazine pour ~s** a men's magazine; **un ~ averti en vaut deux** *prov* forewarned is forearmed *prov*; **les ~s naissent libres et égaux en droit** *allusion Déclaration des droits de l'homme et du citoyen* ≃ all men are born equal. -**2.** [être humain] man; **un ~ sur la Lune** a man on the Moon; **l'~** man, mankind, humankind; **l'~ est-il plus sujet aux maladies que l'animal?** is man OU are humans more prone to disease than animals?; **l'~ descend du singe** human beings are OU man is descended from the apes; **les ~s** man, mankind, human beings ❑ **l'~ des cavernes** caveman; **depuis l'~ de Cro-Magnon** since Cro-Magnon Man; **l'~ de Neandertal** Neanderthal Man; **l'~ propose, Dieu dispose** *prov* man proposes, God disposes *prov*; **l'~ de la rue** the man in the street. -**3.** *fam* [amant, époux]: **mon/son ~** my/her man; **elles laissent leurs ~s à la maison** they leave their men at home; **où est mon petit ~?** [fils] where's my little man? ❑ **l'~ idéal** Mr Right; **il fut l'~ de sa vie** he was the love of her life. -**4.** NAUT [marin]: **~ de barre** helmsman; **~ d'équipage** crew member, crewman; **~ de quart** man OU sailor on watch; **~ de vigie** lookout; **un ~ à la mer!** man overboard! -**5.** MIL: **les officiers et leurs ~s** the officers and their men ❑ **~ de troupe** private. -**6.** HIST: **~ d'armes** man-at-arms; **~ lige** liege (man). -**7.** AÉRON crewman, crew member. -**8.** BOT: **~ pendu** man orchid.

homme-grenouille [ɔmgrənuj] (*pl* **hommes-grenouilles**) *nm* frogman, diver.

homme-orchestre [ɔmɔrkɛstr] (*pl* **hommes-orchestres**) *nm* -**1.** MUS one-man band. -**2.** *fig* jack-of-all-trades.

homme-sandwich [ɔmsɑ̃dwitʃ] (*pl* **hommes-sandwichs**) *nm* sandwich man.

homo *fam* [ɔmo] *adj & nmf* [homosexuel] gay.

homocentre [ɔmɔsɑ̃tr] *nm* common centre.

homocentrique [ɔmɔsɑ̃trik] *adj* homocentric.

homochromie [ɔmɔkrɔmi] *nf* cryptic coloration.

homocinétique [ɔmɔsinetik] *adj*: **joint ~** Hooke's joint.

homocyclique [ɔmɔsiklik] *adj* homocyclic.

homofocal, e, aux [ɔmɔfɔkal, o] *adj* -**1.** OPT homofocal. -**2.** MATH confocal.

homogamétique [ɔmɔgametik] *adj* homogametic.

homogène [ɔmɔʒɛn] *adj* -**1.** [substance, liquide] homogeneous; **ayant obtenu une pâte bien ~** when you have a nice smooth mixture. -**2.** [gouvernement, classe] uniform, consistent, coherent. -**3.** CHIM & MATH homogeneous.

homogénéisateur, trice [ɔmɔʒeneizatœr, tris] ◇ *adj* homogenizing.
◇ *nm, f* homogenizer.

homogénéisation [ɔmɔʒeneizasjɔ̃] *nf* -**1.** [d'une substance] homogenization. -**2.** *fig* [uniformisation] standardization; **on constate une ~ des modes de paiement** payment methods are being standardized.

homogénéisé, e [ɔmɔʒeneize] *adj* homogenized.

homogénéiser [3] [ɔmɔʒeneize] *vt* [substance, liquide]: **~ qqch** to homogenize sthg, to make sthg homogeneous.

homogénéité [ɔmɔʒeneite] *nf* -**1.** [d'une substance] homogeneity, homogeneousness. -**2.** [d'une œuvre, d'une équipe] coherence, unity.

homographe [ɔmɔgraf] ◇ *adj* homographic.
◇ *nm* homograph.

homographie [ɔmɔgrafi] *nf* homography.

homographique [ɔmɔgrafik] *adj* homographic.

homogreffe [ɔmɔgrɛf] *nf* [de tissu] homograft; [d'organe] homotransplant.

homologation [ɔmɔlɔgasjɔ̃] *nf* -**1.** [de conformité] accreditation. -**2.** JUR [entérinement] ratification, approval. -**3.** SPORT ratification; **l'~ d'un record** the ratification of a record.

homologie [ɔmɔlɔʒi] *nf* MATH & SC homology.

homologue [ɔmɔlɔg] ◇ *adj* -**1.** [équivalent] homologous, homologic, homological; **amiral est le grade ~ de général** an Admiral is equal in rank to a General. -**2.** BIOL & MÉD homologous. -**3.** MATH homologous, homologic, homological.
◇ *nmf* [personne] counterpart, opposite number.
◇ *nm* CHIM homologue.

homologuer [3] [ɔmɔlɔge] *vt* -**1.** [déclarer conforme] to approve, to accredit. -**2.** JUR [entériner] to sanction, to ratify. -**3.** SPORT to ratify.

homomorphisme [ɔmɔmɔrfism] *nm* -**1.** CHIM homomorphism, homomorphy. -**2.** MATH homomorphism.

homoncule [ɔmɔ̃kyl] = **homuncule**.

homonyme [ɔmɔnim] ◇ *adj* homonymous.
◇ *nmf* [personne, ville] namesake.
◇ *nm* LING homonym.

homonymie [ɔmɔnimi] *nf* homonymy.

homonymique [ɔmɔnimik] *adj* homonymic.

homophone [ɔmɔfɔn] ◇ *adj* -**1.** LING homophonous. -**2.** MUS homophonic.
◇ *nm* LING homophone.

homophonie [ɔmɔfɔni] *nf* LING & MUS homophony.

homoptère [ɔmɔptɛr] *nm* homopteran; **les ~s** the Homoptera.

homosexualité [ɔmɔsɛksyalite] *nf* homosexuality.

homosexuel, elle [ɔmɔsɛksyɛl] *adj & nm, f* homosexual, gay.

homosphère [ɔmɔsfɛr] *nf* homosphere.

homothétie [ɔmɔtesi] *nf* homothetic transformation.

homothétique [ɔmɔtetik] *adj* homothetic.

homozygote [ɔmɔzigɔt] ◇ *adj* homozygous.
◇ *nmf* homozygote.

homuncule [ɔmɔ̃kyl] *nm* -**1.** [en alchimie] homunculus. -**2.** *fam vieilli* [petit homme] squirt.

Honduras ['ɔ̃dyras] *npr m*: **le ~** Honduras; **au ~** in Honduras; **(le) ~ britannique** British Honduras.

hondurien, enne ['ɔ̃dyrjɛ̃, ɛn] *adj* Honduran.
◆ **Hondurien, enne** *nm, f* Honduran.

Hongkong, Hong Kong ['ɔ̃gkɔ̃g] *npr* Hong Kong.

hongre ['ɔ̃gr] ◇ *adj m* gelded.
◇ *nm* gelding.

Hongrie ['ɔ̃gri] *npr f*: **(la) ~** Hungary.

hongrois, e ['ɔ̃grwa, az] *adj* Hungarian.
◆ **Hongrois, e** *nm, f* Hungarian.
◆ **hongrois** *nm* LING Hungarian, Magyar.

honnête [ɔnɛt] *adj* -**1.** [scrupuleux - vendeur, associé] honest; **le procédé n'est pas très ~ mais j'ai besoin d'argent** it's not a very honest thing to do but I need the money. -**2.** [franc] honest; **soyons ~s** let's be honest; **il faut être ~, elle n'a aucune chance de réussir** let's face it OU we might as well face facts, she hasn't got a hope of succeeding. -**3.** [acceptable] decent, fair; **12 sur 20, c'est ~** 12 out of 20, that's not bad. -**4.** [respectable] honest, respectable, decent; **des gens ~s** respectable people; **une ~ femme** *vieilli* an honorable woman. -**5.** HIST: **~ homme** ≃ gentleman.

honnêtement [ɔnɛtmɑ̃] *adv* -**1.** [sincèrement] honestly, frankly, sincerely; **répondez ~** answer honestly, give an honest answer; **~, je ne la connais pas!** honestly, I don't know her!; **non mais, ~, tu la crois?** come on now, be honest, do you believe her? -**2.** [décemment] fairly, decently; **je connais cet endroit, on y mange ~** I know that place, the food they serve is quite decent; **elle a terminé ~ son année scolaire** she finished the year with reasonable marks. -**3.** [de façon morale] honestly; **vivre ~** to live OU to lead an honest life; **c'est de l'argent ~ gagné** it's money honestly earned; **il a relaté les faits ~** he told the story with honesty.

honnêteté [ɔnɛtte] *nf* -**1.** [franchise] honesty, candour; **avec ~** honestly, candidly; **il a reconnu son erreur avec ~** he admitted honestly that he was wrong. -**2.** [intégrité - d'une conduite] honesty, decency; [- d'une personne] integrity, decency.
◆ **en toute honnêteté** *loc adv* -**1.** [avec sincérité] in all honesty, frankly; **répondez en toute ~** give an honest answer. -**2.** [pour être honnête] to tell the truth, to be perfectly honest.

honneur [ɔnœr] *nm* -**1.** [dignité] honour; **mon ~ est en jeu** my honour is at stake; **l'~ est sauf** my/his *etc* honour is saved OU intact; **c'est une question d'~** it's a matter of honour; **mettre un point d'~ à** OU **se faire un point d'~ de faire qqch** to make a point of honour of doing sthg; **venger l'~ de qqn** to avenge sb's honour; **je finirai la partie pour l'~** I'll play to the end (even though I've lost); **se faire ~ de** to pride o.s. on OU upon. -**2.** [mérite]: **c'est tout à votre ~** it is greatly to your credit; **l'~ vous en revient** the credit is yours; **être l'~ de sa nation** to be a credit OU an honour to one's country; **faire ~ à qqn** to do sb credit; **ces sentiments ne lui font pas ~** these feelings do him no credit. -**3.** [marque de respect] honour; **vous me faites trop d'~** you're being too kind (to me); **c'est lui faire trop d'~** he doesn't deserve such respect; **à vous l'~!** after you!; **~ aux dames!** ladies first! ‖ *sout* [dans des formules de politesse] privilege, honour; **c'est un ~ pour moi de vous présenter...** it's a great privilege for me to introduce to you...; **j'ai l'~ de solliciter votre aide** I would be most grateful for your assistance; **nous avons l'~ de vous informer que...** we have the pleasure of informing you that...; **faites-nous l'~ de venir nous voir** would you honour us with a visit?; **faites-moi l'~ de m'accorder cette danse** may I have the honour of this dance?; **à qui ai-je l'~?** to whom do I have the honour (of speaking)? -**4.** [titre]: **votre/son Honneur** Your/His Honour. -**5.** *loc*: **faire ~ à qqch: faire ~ à ses engagements/sa signature** to honour one's commitments/signature; **ils ont fait ~ à ma cuisine/mon gigot** they did justice to my cooking/leg of lamb.
◆ **honneurs** *nmpl* -**1.** [cérémonie] honours; **les ~s dus à son rang** the honours due to his rank

❑ ~s funèbres last honours; enterré avec les ~s militaires buried with (full) military honours; rendre les ~s à qqn to pay sb one's last respects; les ~s de la guerre MIL the honours of war; avec les ~s de la guerre *fig* honourably. -**2.** [distinction] : briguer OU rechercher les ~s to seek public recognition; avoir les ~s de la première page to get a write-up on the front page ❑ faire à qqn les ~s de qqch to show sb round sthg; permettez que je vous fasse les ~s de la cave do let me show you round the cellar. -**3.** CARTES honours.

◆ **à l'honneur** *loc adj*: être à l'~ to have the place of honour; ce soir, c'est vous qui êtes à l'~ tonight is in your honour; les organisateurs de l'exposition ont voulu que la sculpture soit à l'~ the exhibition organizers wanted sculpture to take pride of place.

◆ **d'honneur** *loc adj* [garde, invité, place, tour] of honour; [membre, président] honorary; [cour, escalier] main.

◆ **en honneur** *loc adj* in favour; mettre qqch en ~ to bring sthg into favour.

◆ **en l'honneur de** *loc prép* in honour of; en l'~ de notre ami Maurice in honour of our friend Maurice; une fête en mon/son ~ a party for me/him; en quel ~? *fam* why, for goodness' sake?; ce regard noir, c'est en quel ~? *fam hum* what's that frown in aid of? *Br*, what's that frown for?

◆ **sur l'honneur** *loc adv* upon OU on one's honour; jurer sur l'~ to swear on one's honour.

honnir [32] [ˈɔnir] *vt litt* to despise; un dictateur honni a hated dictator; honni soit qui mal y pense honi soit qui mal y pense.

Honolulu [ɔnɔlyly] *npr* Honolulu.

honorabilité [ɔnɔrabilite] *nf* respectability.

honorable [ɔnɔrabl] *adj* -**1.** [digne de respect] respectable, honourable; les citoyens ~s respectable OU upright citizens; ses motifs ne sont pas des plus ~s his intentions are less than honourable. -**2.** *hum* [avant le n] : mon ~ collègue my esteemed colleague; j'en appelle à l'~ compagnie *fam* I appeal to this honourable company. -**3.** [satisfaisant] fair, decent; son bulletin scolaire est tout à fait ~/est ~ sans plus her school report is quite satisfactory/is just satisfactory.

honorablement [ɔnɔrabləmɑ̃] *adv* -**1.** [de façon respectable] decently, honourably; ~ connu known and respected. -**2.** [de façon satisfaisante] creditably, honourably; gagner ~ sa vie to earn an honest living.

honoraire [ɔnɔrɛr] *adj* -**1.** [conservant son ancien titre] : professeur ~ professor emeritus. -**2.** [ayant le titre mais non les fonctions] honorary.

honoraires [ɔnɔrɛr] *nmpl* fee, fees; il demande des ~ raisonnables he charges reasonable fees OU a reasonable fee.

honorariat [ɔnɔrarja] *nm* [titre] honorary title; obtenir OU recevoir l'~ to become an honorary member.

honoré, e [ɔnɔre] *adj* -**1.** [honorable] : mes chers et ~s confrères most honourable and esteemed colleagues. -**2.** [lors de présentations] : très ~! I'm (greatly) honoured (to meet you)!

◆ **honorée** *nf* COMM : par votre ~e du 20 avril by your letter of the 20th April.

honorer [3] [ɔnɔre] *vt* -**1.** [rendre hommage à] to honour; honorons nos héros disparus let us pay tribute to our dead heroes; elle ne nous a même pas honorés d'un regard *hum* she never even honoured us with a glance. -**2.** [respecter, estimer] to honour; nous honorons tous l'homme qui a pris cette décision the man who made that decision is held in great esteem by us all; tu honoreras ta famille you will respect your family. -**3.** [contribuer à la réputation de] to honour, to be a credit OU an honour to; votre sincérité vous honore your sincerity does you credit. -**4.** [gratifier] to honour; votre présence m'honore you honour me with your presence. -**5.** [payer] : ~ un chèque to honour a cheque. -**6.** RELIG : ~ Dieu to honour OU to praise God.

◆ **s'honorer de** *vp* + *prép* to be proud of, to take pride in, to pride o.s. upon; je m'honore de votre amitié OU d'être votre ami I'm honoured OU proud to be your friend.

honorifique [ɔnɔrifik] *adj* honorary; c'est un poste ~ it's an honorary position.

honoris causa [ˈɔnɔriskoza] *loc adj*: être docteur ~ to be the holder of an honorary doctorate.

honte [ˈɔ̃t] *nf* -**1.** [sentiment d'humiliation] shame; avoir ~ (de qqn/qqch) to be OU to feel ashamed (of sb/sthg); vous devriez avoir ~! you should be ashamed!; n'as-tu pas ~? aren't you ashamed?; j'ai ~ d'arriver les mains vides I feel OU I'm ashamed at arriving empty-handed; faire ~ à qqn to make sb (feel) ashamed, to shame sb; il fait ~ à son père [il lui est un sujet de mécontentement] his father is ashamed of him; [il lui donne un sentiment d'infériorité] he puts his father to shame; ne me fais pas ~ devant nos invités please don't show me up in front of our guests ❑ toute ~ bue : trois ans plus tard, toute ~ bue, il recommençait son trafic three years later, totally lacking in any sense of shame, he started up his little racket again. -**2.** [indignité, scandale] disgrace, (object of) shame; être la ~ de sa famille to be a disgrace to one's family; la société laisse faire, c'est une ~! it's outrageous OU it's a crying shame that society just lets it happen! -**3.** [déshonneur] shame, shamefulness; essuyer OU subir la ~ d'un refus to suffer the shame of a rebuff; à ma grande ~ to my shame; ~ à celui/celle qui... shame on him/her who...; il n'y a pas de ~ à être au chômage being unemployed is nothing to be ashamed of. -**4.** *dial* [peur] fear; tu as ~ de venir me dire bonjour? are you afraid to come and say hello? -**5.** [pudeur] : fausse ~ bashfulness; n'ayez pas de fausse ~ à parler au médecin don't feel bashful OU self-conscious about talking to the doctor.

◆ **sans honte** *loc adv* shamelessly, without shame, unashamedly; vous pouvez parler sans ~ you may talk quite openly.

honteusement [ˈɔ̃tøzmɑ̃] *adv* -**1.** [avec gêne] shamefully, ashamedly; elle cacha ~ son visage dans ses mains she hid her face in shame. -**2.** [scandaleusement] shamefully, disgracefully; on les exploite ~ they are disgracefully OU scandalously exploited.

honteux, euse [ˈɔ̃tø, øz] *adj* -**1.** [déshonorant] shameful, disgraceful; de ~ secrets shameful secrets; un passé ~ a shameful past, an inglorious past ❑ maladie honteuse venereal disease. -**2.** [scandaleux - exploitation, politique] disgraceful, outrageous, shocking; des loyers aussi élevés, c'est ~ such high rents are a disgrace; c'est ~ de lui prendre le peu qu'elle a it's disgraceful OU a disgrace to take from her the little she has; ils continuent leur ~ trafic de stupéfiants they keep up their vile drug trafficking. -**3.** [qui a des remords] ashamed; je suis ~ de ce que j'ai fait I'm ashamed of what I did; des partisans ~ de l'apartheid shamefaced supporters of apartheid.

hooligan [ˈuligan] = **houligan**.

hop [ˈɔp] *interj*: allez, ~! [à un enfant] come on, upsadaisy!; et OU allez ~, on s'en va! (right), off we go!

hôpital, aux [ɔpital, o] *nm* -**1.** [établissement] hospital; ~ de jour day hospital *Br*, outpatient clinic *Am*; ~ psychiatrique psychiatric hospital; c'est l'~ qui se moque de la Charité *prov* it's the pot calling the kettle black *prov*. -**2.** *(comme adj; avec ou sans trait d'union)* hospital *(modif)*; navire ~ hospital ship.

hoquet [ˈɔkɛ] *nm* -**1.** [spasme] hiccup, hiccough; avoir le ~ to have the hiccups; mon ~ m'a repris my hiccups have come back again; dans un ~ de dégoût with a gasp of disgust. -**2.** [d'un appareil] chug, gasp.

hoqueter [27] [ˈɔkte] *vi* -**1.** [personne] to hiccup, to have the hiccups. -**2.** [appareil] to judder; le moteur hoqueta puis s'arrêta the engine gave a hiccup and stopped.

Horace [ɔras] *npr* [poète] Horace.

◆ **Horaces** *npr mpl* [frères romains] : les ~s the Horatii.

horaire [ɔrɛr] ◇ *adj* hourly; salaire ~ hourly wage.

◇ *nm* -**1.** [de travail] schedule, timetable; j'ai un ~ réduit I work shorter hours; nos ~s sont chargés we work a busy OU heavy schedule OU a lot of hours; nous n'avons pas les mêmes ~s we don't work the same hours; je n'ai pas d'~ I don't have any particular schedule ❑ ~ individualisé OU souple OU à la carte flexible working hours, flexitime *Br*; nous avons un ~ à la carte we work flexitime *Br*, we have flexible working hours. -**2.** [de train, d'avion] schedule, timetable; ~s d'avion flight timetable; je ne connais pas l'~ des trains I don't know the train times.

horde [ˈɔrd] *nf* horde; des ~s de gens affamés assaillaient les trains hordes OU throngs of hungry people mobbed the trains.

horion [ˈɔrjɔ̃] *nm litt* blow, punch; les ~s pleuvaient de partout fists were flying.

horizon [ɔrizɔ̃] *nm* -**1.** [ligne] horizon; à l'~ *pr* & *fig* on the horizon; le soleil disparaît à l'~ the sun is disappearing below the horizon; le ciel se dégage à l'~ the sky OU the weather is clearing on the horizon; on voit encore le bateau à l'~ the ship is still visible on the horizon; rien à l'~ *pr* & *fig* nothing in sight OU view; pas le moindre petit boulot à l'~ *fam* no job anywhere to be had, nothing doing job-wise. -**2.** [paysage] horizon, view, vista; un ~ de toits et de coupoles a skyline of rooftops and domes; changer d'~ to have a change of scene OU scenery. -**3.** [domaine d'activité] horizon; élargir ses ~s to broaden one's horizons. -**4.** [perspectives d'avenir] : notre ~ est janvier 1999 our objective is OU we are working towards January 1999; les prévisions à l'~ 2000 the forecast for 2000; ouvrir des ~s to open up new horizons OU prospects ❑ ~ économique/politique ÉCON economic/political prospects. -**5.** ASTRON (celestial) horizon. -**6.** GÉOL horizon; ~ A/B/C A/B/C horizon. -**7.** AÉRON : ~ artificiel artificial horizon. -**8.** BX-ARTS : ligne/plan d'~ horizon line/plane.

horizontal, e, aux [ɔrizɔ̃tal, o] *adj* horizontal; mettez-vous en position ~e lie down (flat); le un ~ [aux mots croisés] one across.

◆ **horizontale** *nf* horizontal.

◆ **à l'horizontale** *loc adv* horizontally, in a horizontal position; placer qqch à l'~e to lay sthg down (flat).

horizontalement [ɔrizɔ̃talmɑ̃] *adv* horizontally; pose l'échelle ~ lay the ladder down flat; ~ : un, en six lettres, oiseau tropical one across, six letters, tropical bird.

horizontalité [ɔrizɔ̃talite] *nf* horizontalness, horizontality.

horloge [ɔrlɔʒ] *nf* -**1.** [pendule] clock; ~ atomique/biologique atomic/biological clock; ~ normande grandfather OU longcase *Br* clock; ~ parlante speaking clock *Br*, time (telephone) service *Am*. -**2.** ZOOL : ~ de la mort deathwatch beetle.

horloger, ère [ɔrlɔʒe, ɛr] ◇ *adj* clock-making; la production horlogère clock and watch making.

◇ *nm, f* watchmaker, clockmaker; ~ bijoutier jeweller.

horlogerie [ɔrlɔʒri] *nf* -**1.** [technique, métier] clock (and watch) OU timepiece making; pièce d'~ [interne] clock component; [horloge] timepiece. -**2.** [boutique] watchmaker's, clockmaker's; ~ (bijouterie) jewellery shop *Br*, jewelry store *Am*.

hormis [ˈɔrmi] *prép litt* save (for); le stade était vide, ~ quelques rares spectateurs the stadium was empty, save for OU apart from a handful of spectators.

◆ **hormis que** *loc conj litt* except OU save that.

hormonal, e, aux [ɔrmɔnal, o] *adj* [gén] hormonal; [traitement, crème] hormone *(modif)*.
hormone [ɔrmɔn] *nf* hormone.
hormonothérapie [ɔrmɔnɔterapi] *nf* hormone therapy, hormonotherapy *spéc.*
Hormuz [ɔrmuz] = **Ormuz**.
Horn ['ɔrn] *npr* → **cap**.
hornblende ['ɔrnblɛ̃d] *nf* hornblende.
horodaté, e [ɔrɔdate] *adj* stamped *(with the date and time)*; **stationnement ~** pay and display parking zone.
horodateur, trice [ɔrɔdatœr, tris] *adj* time-stamping.
◆ **horodateur** *nm* [administratif] time-stamp; [de parking] ticket machine.
horokilométrique [ɔrɔkilɔmetrik] *adj*: **rendement ~** time-distance ratio.
horoscope [ɔrɔskɔp] *nm* horoscope.
horreur [ɔrœr] *nf* -**1.** [effroi] horror; **saisi** OU **rempli d'~** horror-stricken, filled with horror; **hurler/reculer d'~** to cry out/to shrink away in horror; **avoir qqch en ~** [dégoût] to have a horror of OU to loathe sthg; **avoir qqn en ~** to loathe sb; **avoir ~ de** to loathe, to detest; **j'ai ~ des araignées** I hate OU I'm terrified of spiders; **elle a ~ des huîtres** she hates OU can't stand oysters; **j'ai ~ qu'on me dérange** I hate OU I can't stand being disturbed; **faire ~ à qqn** to horrify OU to terrify sb, to fill sb with horror; **rien que l'idée de manger des escargots me fait ~** the very idea of eating snails fills me with horror OU disgust; **film d'~** horror film. -**2.** [cruauté] horror, ghastliness; **l'~ des images était insoutenable** the pictures were unbearably horrific; **il décrit la guerre des tranchées dans toute son ~** he describes trench warfare in all its horror. -**3.** *fam* [chose ou personne laide]: **c'est une ~** [personne] he's/she's repulsive; [objet] it's hideous; **jette-moi toutes ces vieilles ~s** throw away all these horrible old things. -**4.** *(comme exclam)*: **oh, quelle ~!** that's awful OU terrible!; **quelle ~, cette odeur!** what a disgusting OU vile smell!; **une goutte de bière sur mon tapis neuf, l'~!** *hum* a drop of beer on my new carpet, oh, no!
◆ **horreurs** *nfpl* -**1.** [crimes] horrors; **les ~s de la guerre** the horrors of war; **les ~s dont il est responsable** the horrible OU dreadful deeds he is responsible for. -**2.** [calomnies]: **on m'a raconté des ~s sur lui** I've heard horrible things about him.
horrible [ɔribl] *adj* -**1.** [effroyable - cauchemar] horrible, dreadful; [- mutilation, accident] horrible, horrific; [- crime] horrible, ghastly; [- cri] horrible, frightful; **ce fut une guerre particulièrement ~** it was a particularly horrific war. -**2.** [laid - personne] horrible, hideous, repulsive; [- vetement] ghastly, frightful; [- décor, style] horrible, hideous, ghastly; **une espèce d'~ chapeau** a really ghastly hat. -**3.** [méchant] horrible, nasty, horrid; **être ~ avec qqn** to be horrible to sb; **raconter des histoires ~s sur qqn** to say horrible OU nasty things about sb. -**4.** [infect] horrible, disgusting, frightful; **la nourriture était ~** the food was disgusting. -**5.** [très désagréable] horrible, terrible; **il faisait un temps ~** the weather was terrible OU dreadful; **un vacarme ~** a horrible noise; **des douleurs ~s** terrible OU awful pain.
horriblement [ɔribləmã] *adv* -**1.** [en intensif] horribly, terribly, awfully; **nous étions ~ déçus** we were terribly disappointed; **je suis ~ confus** I'm terribly sorry; **faire qqch ~ mal** to do sthg very badly indeed; **~ mal habillé** appallingly dressed; **ça fait ~ mal** it hurts terribly. -**2.** [atrocement] horribly.
horrifiant, e [ɔrifjã, ãt] *adj* horrifying, terrifying.
horrifier [9] [ɔrifje] *vt*: **~ qqn** to horrify sb, to fill sb with horror; **être horrifié par** to be horrified at; **elle recula, horrifiée** she shrank back in horror.
horrifique [ɔrifik] *adj litt* horrific, horrendous, horrifying.
horripilant, e *fam* [ɔripilã, ãt] *adj* infuriating, exasperating, irritating; **ne fais pas grincer ta craie, c'est ~** don't grate your chalk on the board, it sets my teeth on edge; **il est ~, avec sa manie de jeter les journaux!** he gets on my nerves, always throwing out the papers!
horripilation [ɔripilasjɔ̃] *nf* -**1.** MÉD horripilation *spéc*, gooseflesh, goose pimples OU bumps. -**2.** *fam* [exaspération] exasperation, irritation.
horripiler [3] [ɔripile] *vt* -**1.** *fam* [exaspérer] to exasperate; **ses petites manies m'horripilaient** his annoying little habits were getting on my nerves. -**2.** MÉD to horripilate *spéc.*
hors ['ɔr] *prép* -**1.** *litt* [hormis] except (for), save (for); **personne ~ les initiés** no one save OU but the initiated. -**2.** *loc*: **~ antenne** off the air; **~ barème** off-scale, unquoted; **~ cadre** ADMIN seconded, on secondment; **~ catégorie** outstanding, exceptional; **~ circuit: mettre une lampe ~ circuit** to disconnect a lamp; **être ~ circuit** *fig* to be out of circulation; **~ commerce** not for sale to the general public; **il est ~ concours** [exclu] he's been disqualified; *fig* he is in a class of his own; **le film a été présenté ~ concours** the film was presented out of competition; **être ~-course** to be out of touch; **planche ~ texte** plate; → **normes** non-standard; **~ jeu** SPORT offside; **~ la loi: mettre qqn ~ la loi** to declare sb an outlaw, to outlaw sb; **se mettre ~ la loi** to place o.s. outside the law; **~ les murs** [festival] out of town; **~ saison** off-season; **louer ~ saison** to rent in the off-season; **~ série** [remarquable] outstanding, exceptional; [personnalisé] custom built, customized; **numéro ~ série** [publication] special issue; **~ service** out of order; **~ sujet** irrelevant, off the subject; **~ taxe** OU **taxes** excluding tax; [à la douane] duty-free; **~ tout** overall; **~ pair, ~ ligne** exceptional, outstanding; **une cuisinière ~ pair** an exceptional OU outstanding cook.
◆ **hors de** *loc prép* -**1.** [dans l'espace - à l'extérieur de] out of, outside; [- à l'écart de] away from; **~ de la ville** out of town, outside the town; **~ de son monde/de ses habitudes** away from his surroundings/his routine ❑ **~ de ma vue** out of my sight; **~ d'ici!** *sout* get out of here! -**2.** [dans le temps]: **~ de saison** out of season; **~ du temps** timeless; **elle est** OU **elle vit ~ de son temps** she lives in a different age. -**3.** *loc*: **~ d'atteinte** OU **de portée (de)** [trop loin] out of reach OU range (of); *fig* out of reach (of); **être ~ d'affaire** to have come OU pulled through; **être ~ de combat** SPORT to be knocked out OU hors de combat; *fig* to be out of the game OU running; **~ du commun** outstanding, exceptional; **ici, vous êtes ~ de danger** you're safe OU out of harm's reach here; **la victime n'est pas encore ~ de danger** the victim isn't out of danger yet; **il a encore de la fièvre mais il est ~ de danger** he still has a fever but he's out of danger; **il est ~ de doute que** it's beyond doubt that; **il est ~ d'état de nuire** he's been rendered harmless; *euph* [tué] he's been taken care of; **c'est ~ de question** it's out of the question; **~ d'usage** out of service; **il était ~ de lui** he was beside himself; **elle m'a mis ~ de moi** she infuriated me, she made me furious *Br* OU mad *Am*; **~ de prix** prohibitively OU ruinously expensive; **~ de propos** inopportune, untimely; **~ de l'Église, point de salut** there is no salvation outside the Church.
hors-bord ['ɔrbɔr] *nm inv* -**1.** [moteur] outboard motor. -**2.** [bateau] speedboat, outboard.
hors-cote ['ɔrkɔt] ◇ *adj inv* BOURSE unlisted.
◇ *nm inv* [marché] unlisted securities market.
hors-d'œuvre ['ɔrdœvr] *nm inv* -**1.** CULIN starter, hors d'œuvre; **~ variés** (assorted) cold meats and salads. -**2.** *fig*: **et ce n'était qu'un ~** and that was just the beginning.
horse-guard ['ɔrsgard] (*pl* **horse-guards**) *nm* Horse Guard.
horse power ['ɔrspɔwœr] *nm inv* horsepower.
hors-jeu ['ɔrʒø] ◇ *adj inv* offside; **le joueur est ~** the player is offside.
◇ *nm inv* offside; **~ de position** offside *(where the player is not interfering with play)*.
hors-la-loi ['ɔrlalwa] *nm inv* outlaw.
hors-piste(s) ['ɔrpist] ◇ *nm inv*: **faire du ~** to ski off piste.
◇ *adj inv*: **le ski ~** off-piste skiing.
hors-texte ['ɔrtɛkst] *nm inv* plate PRINT.
hortensia [ɔrtãsja] *nm* hydrangea.
horticole [ɔrtikɔl] *adj* horticultural.
horticulteur, trice [ɔrtikyltœr, tris] *nm, f* horticulturist.
horticulture [ɔrtikyltyr] *nf* horticulture.
hosanna [ozana] *nm* hosanna.
hospice [ɔspis] *nm* -**1.** [asile]: **~ (de vieillards)** (old people's) home. -**2.** RELIG hospice.
hospitalier, ère [ɔspitalje, ɛr] ◇ *adj* -**1.** ADMIN [frais, service, personnel] hospital *(modif)*; **en milieu ~** in a hospital environment ❑ **établissement ~** hospital. -**2.** [accueillant - personne, peuple, demeure] hospitable, welcoming; *sout* [- rivage, île] inviting. -**3.** RELIG [frère, sœur, ordre] Hospitaller.
◇ *nm, f* member of hospital staff; **les ~s** hospital staff OU workers.
◆ **hospitalier** *nm* Knight Hospitaller.
hospitalisation [ɔspitalizasjɔ̃] *nf* hospitalization; **son état nécessite une ~ immédiate** in her state, she should be admitted to hospital immediately; **pendant mon ~** while I was in hospital ❑ **~ à domicile** home care.
hospitalisé, e [ɔspitalize] *nm, f* hospital patient.
hospitaliser [3] [ɔspitalize] *vt* to hospitalize; **se faire ~** to be admitted OU taken to hospital; **le médecin veut le faire ~** the doctor wants to send him OU to have him admitted to hospital OU to hospitalize him; **elle est hospitalisée à La Salpêtrière** she's in hospital at La Salpêtrière.
hospitalisme [ɔspitalism] *nm* separation anxiety.
hospitalité [ɔspitalite] *nf* -**1.** [hébergement] hospitality; **offrir/donner l'~ à qqn** to offer/to give sb hospitality. -**2.** [cordialité de l'accueil]: **nous vous remercions de votre ~** [après un séjour, un repas] thank you for making us (feel) welcome. -**3.** [asile]: **donner l'~ à des réfugiés politiques** to give shelter to OU to take in political refugees.
hospitalo-universitaire [ɔspitaloynivɛrsitɛr] (*pl* **hospitalo-universitaires**) *adj*: **centre ~** teaching OU university hospital; **enseignement ~** clinical teaching.
hostellerie [ɔstɛlri] *nf arch* inn, hostelry.
hostie [ɔsti] *nf* host RELIG.
hostile [ɔstil] *adj* -**1.** [inamical] hostile, unfriendly; **un regard ~** a hostile look; **cette nature/ce rivage ~** *litt* this hostile OU unfriendly environment/shore. -**2.** [opposé] hostile; **être ~ à qqn** to be hostile to OU opposed to OU against sb. -**3.** ÉCOL hostile.
hostilement [ɔstilmã] *adv* hostilely, with hostility.
hostilité [ɔstilite] *nf* hostility; **manifester de l'~ envers qqn/qqch** to show hostility to OU towards sb/sthg.
◆ **hostilités** *nfpl* MIL: **les ~s** hostilities; **reprendre les ~s** to reopen OU to resume hostilities.
hosto *fam* [ɔsto] *nm* [hôpital] hospital.
hot ['ɔt] ◇ *adj inv* [jazz] hot.
◇ *nm inv* hot jazz.
hot dog ['ɔtdɔg] (*pl* **hot dogs**) *nm* hot dog.
hôte, hôtesse [ot, otɛs] *nm, f sout* [personne qui reçoit] host (*f* hostess); **notre ~** our host.
◆ **hôte** *nm* -**1.** [invité] guest; [client dans un hôtel] patron, guest; **un ~ de marque** an important guest ❑ **~ payant** paying guest. -**2.** *litt* [habitant]: **les ~s des bois/lacs** the denizens *litt* of the woodlands/lakes. -**3.** BIOL host. -**4.** INF host (computer).

◆ **hôtesse** *nf* [responsable de l'accueil - dans un hôtel] receptionist; [- dans une exposition] hostess; **hôtesse d'accueil** receptionist; **demande à l'hôtesse** ask at reception; **hôtesse de l'air** air hostess *Br*, stewardess.

hôtel [otɛl] *nm* -**1.** COMM & LOISIRS hotel; ~ **tout confort** hotel with all mod cons; **on ne trouve pas d'~s dans la région à cette saison** there is no hotel accommodation available in the area at this time of year; **on n'est pas dans un ~ ici!** *fam* this isn't a hotel you know! ❑ ~ **de passe** *hotel used for prostitution.* -**2.** [bâtiments administratifs]: **l'~ de Brienne** *building in Paris where the French Ministry of Defence is situated*; **l'~ Drouot** *sale rooms in Paris where auctions are held*; **l'~ de la Monnaie** *the former French Mint*, ≃ the Mint *Br*, ≃ the (Federal) Mint *Am*; ~ **des ventes** sale room OU rooms, auction room OU rooms; ~ **de ville** town OU city hall.

◆ **hôtel particulier** *nm* (private) mansion, town house.

L'HÔTEL DE LA MONNAIE:
Legal tender is no longer minted at the "hôtel de la Monnaie" in Paris, although medals are still made there. Money is now minted at Pessac near Bordeaux.

hôtel-Dieu [otɛldjø] (*pl* **hôtels-Dieu**) *nm* general hospital.

hôtelier, ère [otəlje, ɛr] ◇ *adj* [relatif à l'hôtellerie] hotel *(modif)*; **la qualité de l'accueil ~** the standards of hotel accommodation; **l'infrastructure hôtelière** hotel facilities.
◇ *nm, f* COMM & LOISIRS hotelier, hotel manager OU owner.
◆ **hôtelier** *nm* RELIG hospitaller.

hôtellerie [otɛlri] *nf* -**1.** COMM & LOISIRS hotel trade OU business OU industry; ~ **de plein air** the camping and caravanning business. -**2.** RELIG hospice.

hôtel-restaurant [otɛlrɛstɔrɑ̃] (*pl* **hôtels-restaurants**) *nm* hotel and restaurant.

hôtesse [otɛs] *f* → **hôte**.

hot money [ˈɔtmɔnɛ] *nf inv* hot money.

hotte [ˈɔt] *nf* -**1.** [de cheminée, de laboratoire] hood; ~ **aspirante** OU **filtrante** [de cuisine] extractor hood. -**2.** [de vendangeur] basket; **la ~ du Père Noël** Father Christmas's sack.

hottentot, e [ɔtɑ̃to, ɔt] *adj* Hottentot.
◆ **Hottentot, e** *nm, f* Hottentot; **les Hottentots** the Hottentot(s).

hou [ˈu] *interj* [pour effrayer] boo; [pour faire honte] shame.

houblon [ˈublɔ̃] *nm* BOT hop (plant); [de bière] hops.

houblonnage [ˈublɔnaʒ] *nm* hopping.

houblonner [3] [ˈublɔne] *vt* to hop.

houblonnier, ère [ˈublɔnje, ɛr] ◇ *adj* [région] hopgrowing; [industrie] hop *(modif)*.
◇ *nm, f* hop grower.
◆ **houblonnière** *nf* hop field OU garden.

houe [ˈu] *nf* -**1.** HORT hoe; AGR (drag) hoe; ~ **rotative** rotary (motor) hoe. -**2.** CONSTR pestle.

houille [ˈuj] *nf* -**1.** MIN coal; ~ **flambante** low rank coal, splint coal; ~ **maigre/grasse** lean/bituminous coal. -**2.** ÉLECTR: ~ **rouge/d'or** geothermal/solar energy; ~ **blanche** hydroelectric power *(from waterfalls)*; ~ **bleue** wave and tidal power; ~ **incolore** wind power; ~ **verte** hydroelectric power *(from rivers)*.

houiller, ère [ˈuje, ɛr] *adj* [bassin, production] coal *(modif)*; [sol, roche] coal-bearing, carboniferous *spéc*.
◆ **houiller** *nm* [en Europe] Upper Carboniferous; [aux États-Unis] Pennsylvanian.
◆ **houillère** *nf* coalmine.

houle [ˈul] *nf* [mouvement de la mer] swell; **grosse** OU **grande ~** heavy swell; **il y a de la ~** the sea's rough.

houlette [ˈulɛt] *nf* -**1.** [d'un berger] crook. -**2.** HORT trowel.
◆ **sous la houlette de** *loc prép* under the leadership OU direction OU aegis of.

houleux, euse [ˈulø, øz] *adj* -**1.** [mer] rough, choppy. -**2.** [débat, réunion] stormy.

houligan [ˈuligan] *nm* (football) hooligan.

houp [ˈup] = **hop**.

houppe [ˈup] *nf* -**1.** [à maquillage] powder puff. -**2.** [de cheveux] tuft (of hair). -**3.** [décorative] tassel. -**4.** ORNITH tuft.

houppelande [ˈuplɑ̃d] *nf* mantle.

houppette [ˈupɛt] *nf* powder puff.

hourra [ˈura] ◇ *interj* hurrah, hooray.
◇ *nm* cheer (of joy); **pousser des ~s** to cheer.

houspiller [3] [ˈuspije] *vt* to tell off *(sép)*; **se faire ~** to get told off.

housse [ˈus] *nf* -**1.** [de machine à écrire] dust cover; [de couette, de coussin] cover; [pour meubles - pour protéger] dustsheet; [- pour décorer] cover *Br*, slipcover *Am*; [pour vêtements] suit sack. -**2.** TECH rough casting.

housser [3] [ˈuse] *vt* to put a (dust) cover on, to cover (up).

houx [ˈu] *nm* holly; **petit ~** butcher's broom.

hovercraft [ɔvœrkraft] *nm* hovercraft.

hoverport [ɔvœrpɔr] *nm* hoverport.

HP ◇ *abr écrite de* **haut-parleur**.
◇ *n abr de* **hôpital psychiatrique**.

HPA (*abr de* **heure probable d'arrivée**) *nf* ETA.

HPD (*abr de* **heure probable de départ**) *nf* ETD.

HR (*abr écrite de* **heures des repas**) *at meal times.*

HS *fam* (*abr de* **hors service**) *adj* out of order; **être ~** to be shattered *Br* OU dead beat; **la télé est complètement ~** the telly's on the blink; **je suis ~** I'm completely washed out.

HT ◇ *adj* (*abr de* **hors taxe**) *not including tax*; **300 F ~** ≃ 300 F plus VAT.
◇ *nf* (*abr de* **haute tension**) HT.

Huang He [waŋe], **Huang-ho** [waŋo] *npr m* Huang-Ho.

huard, huart [ˈyar] *nm Can* ORNITH (black-throated) diver *Br* OU loon *Am*.

hublot [ˈyblo] *nm* [de bateau] porthole; [d'avion] window; [de machine à laver] (glass) door; **mes ~s** *fam* my specs.

huche [ˈyʃ] *nf* chest; ~ **à pain** bread bin.

Hudson [ytsɔn] ◇ *npr m*: **l'~** the Hudson River.
◇ *npr* → **baie**.

hue [ˈy] *interj* gee up; **allez ~, cocotte!** gee up!, giddy up!
◆ **à hue et à dia** *loc adv*: **tirer à ~ et à dia** to pull OU to tug in opposite directions (at once).

Hué [ˈɥe] *npr* Hué.

huée [ˈɥe] *nf* CHASSE hallooing, halloos.
◆ **huées** *nfpl* boos, booing *(U)*; **il quitta la scène sous les ~s** he was booed OU hissed off stage.

huer [7] [ˈɥe] ◇ *vt* -**1.** [par dérision] to boo. -**2.** CHASSE to halloo.
◇ *vi* [hibou] to hoot; [héron] to croak.

huguenot, e [ˈygno, ɔt] *adj & nm, f* Huguenot.

huilage [ˈɥilaʒ] *nm* oiling, lubrication.

huile [ɥil] *nf* -**1.** CULIN oil; **faire frire qqch à l'~** to fry sthg in oil; **à l'~**: **pommes à l'~** potatoes (done) in an oil dressing ❑ ~ **d'arachide/de coco/de colza/d'olive/de maïs/de noix/de tournesol** groundnut/coconut/rapeseed OU colza/olive/corn/walnut/sunflower oil; ~ **de cuisson** cooking oil; ~ **de cade** oil of cade; ~ **de table** (salad) oil; ~ **végétale** vegetable oil; ~ **vierge** unrefined OU virgin oil; **jeter** OU **mettre** OU **verser de l'~ sur le feu** to add fuel to the flames. -**2.** [pour chauffer, pour lubrifier] oil; ~ **de chauffage** *Can* domestic fuel; ~ **de coude** *fam* elbow grease; ~ **minérale** mineral oil; ~ **(pour) moteur** engine oil; ~ **de vidange** waste (lubricating) oil; **mettre de l'~ dans les rouages de** to oil the wheels of. -**3.** PHARM: ~ **d'amandes douces/amères** sweet/bitter almond oil; ~ **essentielle** OU **volatile** essential oil; ~ **de lin/ricin** linseed/castor oil; ~ **de vaseline** OU **paraffine** paraffin oil; ~ **de foie de morue** cod-liver oil; ~ **solaire** sun OU suntan oil. -**4.** RELIG: **les saintes ~s** the holy oils. -**5.** BX-ARTS [œuvre] oil (painting). -**6.** *fam* [personne importante] bigwig, VIP, big shot; **les ~s du régiment** the regimental (top) brass OU big shots.
◆ **d'huile** *loc adj* [mer] glassy; **la mer était d'~** the sea was like glass OU a mill pond.

huilé, e [ɥile] *adj* -**1.** [enduit d'huile] oiled. -**2.** [qui fonctionne]: **bien ~** well-oiled.

huiler [3] [ɥile] *vt* to oil, to lubricate.

huilerie [ɥilri] *nf* [fabrique] oil works OU factory.

huileux, euse [ɥilø, øz] *adj* -**1.** [substance] oily. -**2.** [cheveux, doigts] oily, greasy.

huilier, ère [ɥilje, ɛr] *adj* oil *(modif)*.
◆ **huilier** *nm* -**1.** [ustensile de table] oil and vinegar set; [avec moutardier] cruet (stand), condiment set. -**2.** [fabricant] oil manufacturer.

huis [ɥi] *nm litt* door.

huis clos [ˈɥiklo] *nm*: **demander le ~** to ask for proceedings to be held in camera ❑ **'Huis clos'** *Sartre* 'In Camera'.
◆ **à huis clos** *loc adv*: **le procès se déroulera à ~** the trial will be held in camera; **avoir une discussion à ~** to have a discussion behind closed doors.

huisserie [ɥisri] *nf* [de porte] (door) frame; [de fenêtre] (window) frame.

huissier [ɥisje] *nm* -**1.** [gardien, appariteur] usher. -**2.** JUR: ~ **(de justice)** ≃ bailiff.

huit [ˈɥit, ˈɥi *devant consonne*] ◇ *adj num card inv* eight; ~ **jours** [une semaine] a week; **donner ses ~ jours à qqn** to give sb their notice.
◇ *nm inv* -**1.** [nombre] eight; **nous avons rendez-vous le ~ (mars)** we are meeting on the eighth (of March); **jeudi en ~** a week on *Br* OU from Thursday; **'Huit et demi'** *Fellini* 'Eight and a Half'. -**2.** [dessin] figure of eight. -**3.** SPORT [en patinage] figure of eight; [en aviron]: ~ **(barré)** eight. -**4.** LOISIRS: **le grand ~** rollercoaster *(in figure of eight)*.

huitain [ˈɥitɛ̃] *nm* LITTÉRAT octave.

huitaine [ˈɥitɛn] *nf*: **une ~** about eight, eight or so; **une ~ (de jours)** about a week, a week or so; **sous ~** within a week; **remis à ~** postponed for a week.

huitante [ˈɥitɑ̃t] *adj num card inv Helv* eighty.

huitième [ˈɥitjɛm] ◇ *adj num ord* eighth; **le ~ art** television; **la ~ merveille du monde** the eighth wonder of the world.
◇ *nmf*: **il est arrivé ~** he finished eighth.
◇ *nm* eighth; **les ~s de finale** SPORT the round before the quarterfinals.

huitièmement [ˈɥitjɛmmɑ̃] *adv* eighthly.

huître [ɥitr] *nf* -**1.** ZOOL oyster; ~ **de Marennes** Marennes oyster; ~ **perlière** pearl oyster; ~ **plate** flat OU native oyster; ~ **portugaise** Portuguese oyster. -**2.** *fam vieilli* [personne stupide] twit.

huîtrier, ère [ɥitrije, ɛr] *adj* oyster *(modif)*.
◆ **huîtrier** *nm* ORNITH oystercatcher.
◆ **huîtrière** *nf* [banc] oyster bed; [parc] oyster farm OU bed.

hulotte [ˈylɔt] *nf* tawny OU brown owl.

hululement [ˈylylmɑ̃] = **ululation**.

hululer [ˈylyle] = **ululer**.

hum [ˈœm] *interj* -**1.** [marquant le doute] er, um, h'mm. -**2.** [pour signaler sa présence] ahem.

humain, e [ymɛ̃, ɛn] *adj* -**1.** [propre à l'homme - corps, race, condition] human; **il cherche à se venger, c'est ~** he's looking for revenge, it's only human; **nous faire travailler par cette chaleur, ce n'est pas ~** forcing us to work in this heat is inhuman; **une ville nouvelle aux dimensions ~es** a new town planned with people in mind OU on a human scale ❑ **le genre ~** mankind, the human race. -**2.** [bienveillant] humane; **être ~ avec qqn** to act humanely towards sb, to treat sb humanely.
◆ **humain** *nm* -**1.** [être]: **un ~** a human (being); **les ~s** mankind, humans, human beings. -**2.** *litt*: **l'~** [nature] human nature; [facteur] the human element OU factor; **perdre le sens de l'~** to lose one's sense of humanity.

humainement [ymɛnmɑ̃] *adv* -**1.** [avec bienveillance] humanely; **traiter qqn ~** to treat sb humanely. -**2.** [par l'homme] humanly; **faire tout ce qui est ~ possible** to do everything that is humanly possible.

humanisation [ymanizasjɔ̃] *nf* humanization; **viser à une ~ des rapports dans l'entreprise** to aim to make relationships in the company more human.

humaniser [3] [ymanize] *vt* [environnement] to humanize, to adapt to human needs; [personne] to make more human.
◆ **s'humaniser** *vpi* to become more human; **l'environnement industriel s'est humanisé** the industrial environment has a more human face.

humanisme [ymanism] *nm* humanism.

humaniste [ymanist] ◇ *adj* humanist, humanistic.
◇ *nmf* humanist.

humanitaire [ymanitɛr] *adj* humanitarian.

humanitarisme [ymanitarism] *nm* humanitarianism.

humanitariste [ymanitarist] *adj* & *nmf* humanitarian.

humanité [ymanite] *nf* -**1.** [êtres] : **l'~** humanity, mankind, humankind. -**2.** [compassion] humanity, humaneness; **traiter qqn avec ~** to treat sb humanely.
◆ **humanités** *nfpl Belg the three years leading to the baccalaureat examination in Belgium*; UNIV: **les ~s** *vieilli* the classics.

L'HUMANITÉ:
Founded in 1904 by Jean Jaurès as a socialist newspaper, "l'Huma", as it is popularly known, is now the organ of the French Communist Party.

---

humanoïde [ymanɔid] *adj* & *nmf* humanoid.

humble [œ̃bl] *adj* -**1.** [effacé - personne] humble, meek; **d'un ton ~** humbly, meekly. -**2.** [par déférence] humble; **veuillez accepter mes ~s excuses** please accept my most humble apologies; **à mon ~ avis** in my humble opinion. -**3.** [pauvre, simple - demeure, origine] humble; [- employé] humble, lowly, obscure.
◆ **humbles** *nmpl litt*: **les ~s** those of humble extraction.

humblement [œ̃bləmɑ̃] *adv* -**1.** [avec humilité] humbly; **je vous ferai ~ remarquer que...** may I humbly point out that...? -**2.** [sans richesse] humbly; **vivre ~** to live modestly OU humbly.

humecter [4] [ymɛkte] *vt* [linge] to dampen; [visage - avec un liquide] to moisten; [- avec un linge mouillé] to dampen; **la sueur humectait son front** his forehead was damp with perspiration.
◆ **s'humecter** *vpt*: **s'~ les lèvres** to moisten one's lips ❑ **s'~ le gosier** *fam* to wet one's whistle.

humecteur [ymɛktœr] *nm* [de papier, d'étoffe] dampener.

humer [3] ['yme] *vt* [odeur] to smell; [air] to inhale, to breathe in *(sép)*.

huméral, e, aux [ymeral, o] *adj* humeral.

humérus [ymerys] *nm* humerus.

humeur [ymœr] *nf* -**1.** [état d'esprit] mood; **être d'~ à faire qqch** to be in the mood to do sthg OU for doing sthg; **je ne suis pas d'~ à écouter ses commérages** I am not in the mood to listen to OU I am in no mood for listening to his gossip; **selon l'~ du jour** it depends (on) how the mood takes me; **être de bonne/mauvaise ~** to be in a good/bad mood; **la bonne ~ régnait dans la maison** the whole household was in a good mood ❑ **être d'une ~ de dogue** to be like a bear with a sore head; **être d'une ~ noire** to be in a foul mood. -**2.** [caractère] temper; **être d'~ chagrine** to be bad-tempered OU sullen; **être d'~ égale/inégale** to be even-tempered/moody. -**3.** *litt* [acrimonie] bad temper, ill humour; **montrer de l'~** to show ill temper; **répondre avec ~** to answer testily OU moodily ❑ **accès/mouvement d'~** outburst/fit of temper. -**4.** [caprice] : **il a ses ~s** he has his whims. -**5.** MÉD: **~ aqueuse/vitrée** aqueous/vitreous humour.
◆ **humeurs** *nfpl arch* humours.

humide [ymid] *adj* -**1.** [linge, mur] damp; [éponge] damp, moist; [cave] damp, dank; [chaussée] wet; [chaleur, air, climat] humid, moist; **j'ai les mains ~s** my hands are wet; **la terre doit toujours être un peu ~** always keep the soil slightly moist; **temps chaud et ~** muggy weather; **les yeux ~s de larmes** eyes moist with tears. -**2.** CHIM: **par voie ~** in solution.

humidificateur [ymidifikatœr] *nm* humidifier.

humidification [ymidifikasjɔ̃] *nf* -**1.** [de l'air] humidification *spéc*, humidifying, moisturizing. -**2.** [du linge] dampening, moistening.

humidifier [9] [ymidifje] *vt* -**1.** [air] to humidify, to moisturize. -**2.** [linge] to dampen, to moisten.

humidité [ymidite] *nf* -**1.** [de l'air chaud] humidity, moisture; [de l'air froid, d'une terre] dampness; [d'une cave] dampness, dankness; **il y a des taches d'~ au plafond** there are damp patches on the ceiling; **la pièce sent l'~** the room smells (of) damp. -**2.** PHYS: **~ absolue/relative** absolute/relative humidity.

humiliant, e [ymiljɑ̃, ɑ̃t] *adj* humiliating; **critique ~e** galling OU mortifying criticism.

humiliation [ymiljasjɔ̃] *nf* humiliation; **infliger une ~ à qqn** to humiliate sb; **subir les pires ~s** to suffer the deepest humiliation.

humilié, e [ymilje] ◇ *adj* humiliated.
◇ *nm, f* humiliated person; **les ~s** the humiliated, the humbled.

humilier [9] [ymilje] *vt* to humiliate, to shame.
◆ **s'humilier** *vp (emploi réfléchi)*: **s'~ devant qqn/qqch** to humble o.s. before sb/sthg.

humilité [ymilite] *nf* -**1.** [d'une personne] humility, humbleness, modesty; **avec ~** humbly. -**2.** *litt* [d'une tâche] humbleness, lowliness.
◆ **en toute humilité** *loc adv sout* in all humility.

humoral, e, aux [ymɔral, o] *adj* humoral.

humoriste [ymɔrist] *nmf* humorist.

humoristique [ymɔristik] *adj* [récit, remarque, ton] humorous.

humour [ymur] *nm* humour; **avec ~** humorously; **sans ~** humourless; **il n'y a aucun ~ dans le scénario** the script is totally humourless; **avoir de OU le sens de l'~** to have a sense of humour ❑ **~ noir** black humour.

humus [ymys] *nm* humus.

Hun ['œ̃] *nmf* Hun; **les ~s** (the) Hun.

Hunan ['ynan] *npr* Hunan.

hune ['yn] *nf* top NAUT.

hunier ['ynje] *nm* topsail.

hunter ['œntœr] *nm* hunter EQUIT.

huppe ['yp] *nf* ORNITH -**1.** [oiseau] hoopoe. -**2.** [plumes] crest; [chez certains pigeons] tuft, tufts.

huppé, e ['ype] *adj* -**1.** *fam* [personne, restaurant, soirée] posh *Br*, smart; **les gens ~s** the upper crust. -**2.** ORNITH crested.

hurdler ['œrdlœr] *nm* hurdler.

hurlant, e ['yrlɑ̃, ɑ̃t] *adj* -**1.** [foule] yelling, howling. -**2.** [couleur - voyante] garish; [- qui jure] clashing.

hurlement ['yrləmɑ̃] *nm* -**1.** [humain] yell, roar; **des ~s de joie** whoops of joy; **des ~s d'indignation** howls of indignation; **pourquoi tous ces ~s?** what is all this shouting about? -**2.** [d'un chien, d'un loup] howl. -**3.** *litt* [de la tempête] roar; [du vent] howling, screaming; [d'une sirène] howl.

hurler [3] ['yrle] ◇ *vi* -**1.** [crier] to yell, to scream; **~ de douleur** to howl with pain; **~ de joie** to whoop OU to shout with joy; **~ de rage** to howl with rage. -**2.** [parler fort] to shout, to bellow; **avec lui il faut ~, sinon il n'entend pas** you have to shout or he won't hear you. -**3.** [singe] to howl, to shriek; [chien, loup, sirène] to howl; **~ à la mort** to bay at the moon; **~ avec les loups** to follow the pack. -**4.** [jurer - couleur] to clash.
◇ *vt* -**1.** [ordre] to bawl out *(sép)*, to yell out *(sép)*. -**2.** [douleur, indignation, réponse] to howl out *(sép)*.

hurleur, euse ['yrlœr, øz] ◇ *adj* -**1.** [personne] howling, bawling, yelling. -**2.** ZOOL: **singe ~** howler monkey.
◇ *nm, f* howler, bawler.
◆ **hurleur** *nm* howler (monkey).

hurluberlu, e *fam* [yrlybɛrly] *nm, f* crank, weirdo.

huron, onne ['yrɔ̃, ɔn] *adj* Huron.
◆ **Huron, onne** *nm, f* Huron.
◆ **huron** *nm* LING Huron.
◆ **Huron** *npr* → **lac**.

hurrah ['ura] = **hourra**.

hussard ['ysar] *nm* hussar.

hussarde ['ysard] *nf*: **à la ~e** roughly, brutally.

hutte ['yt] *nf* hut, cabin.

hyacinthe [jasɛ̃t] *nf* -**1.** BOT hyacinth. -**2.** MINÉR hyacinth, jacinth.

hybridation [ibridasjɔ̃] *nf* hybridization.

hybride [ibrid] ◇ *adj* -**1.** AGR, BOT, PHYS, LING & ZOOL hybrid. -**2.** [mêlé] hybrid, mixed; **une solution un peu ~** a rather hybrid solution; **une architecture ~** a patchwork of architectural styles.
◇ *nm* hybrid.

hybrider [3] [ibride] *vt* to hybridize.

hybridisme [ibridism] *nm* hybridism.

hybridité [ibridite] *nf* hybridity.

hydarthrose [idartroz] *nf* hydrarthrosis.

hydatide [idatid] *nf* hydatid (larva).

hydatique [idatik] *adj* hydatid.

hydrant [idrɑ̃] *nm Helv* fire hydrant.

hydratable [idratabl] *adj* hydratable.

hydratant, e [idratɑ̃, ɑ̃t] *adj* -**1.** [crème, lotion] moisturizing. -**2.** CHIM hydrating.
◆ **hydratant** *nm* moisturizer.

hydratation [idratasjɔ̃] *nf* -**1.** [de la peau] moisturizing. -**2.** CHIM hydration.

hydrate [idrat] *nm* hydrate.

hydrater [3] [idrate] *vt* -**1.** [peau] to moisturize. -**2.** CHIM to hydrate.
◆ **s'hydrater** *vpi* -**1.** [peau] to become moisturized. -**2.** CHIM to become hydrated, to hydrate.

hydraulicien, enne [idrolisjɛ̃, ɛn] *nm, f* hydraulic engineer.

hydraulique [idrolik] ◇ *adj* hydraulic.
◇ *nf* hydraulics *(sg)*.

hydravion [idravjɔ̃] *nm* seaplane, hydroplane.

hydrazine [idrazin] *nf* hydrazine.

hydre [idr] *nf* -**1.** ZOOL hydra. -**2.** *litt*: **l'~ de l'anarchie** the hydra of anarchy.

Hydre [idr] *npr f* MYTH: **l'~ de Lerne** the Lernean Hydra.

hydrique [idrik] *adj* hydric.

hydrobase [idrɔbaz] *nf* seaplane OU hydroplane base.

hydrocarbonate [idrɔcarbɔnat] *nm* hydrocarbonate.

hydrocarboné, e [idrɔcarbɔne] *adj* hydrocarbonaceous.

hydrocarbure [idrɔkarbyr] *nm* hydrocarbon.

hydrocéphale [idrɔsefal] ◇ *adj* hydrocephalic, hydrocephalous.
◇ *nmf* hydrocephalic.

hydrocéphalie [idrɔsefali] *nf* hydrocephalus, hydrocephaly.

hydrocortisone [idrɔkɔrtizɔn] *nf* hydrocortisone.

hydrocuté, e [idrɔkyte] *nm, f* drowned person *(after syncope induced by cold water)*.

hydrocution [idrɔkysjɔ̃] *nf* drowning *(after syncope induced by cold water)*.

hydrodésulfuration [idrɔdesylfyrasjɔ̃] *nf* hydrodesulphurization.

hydrodynamique [idrɔdinamik] ◇ *adj* hydrodynamic.
◇ *nf* hydrodynamics *(sg)*.

hydroélectricité [idrɔelɛktrisite] *nf* hydroelectricity.

hydroélectrique [idrɔelɛktrik] *adj* hydroelectric.

hydrofoil [idrɔfɔjl] *nm* hydrofoil.

hydrofugation [idrɔfygasjɔ̃] *nf* waterproofing.

hydrofuge [idrɔfyʒ] ◇ *adj* waterproof, water-repellent.
◇ *nm* water-repellent.

hydrofuger [17] [idrɔfyʒe] *vt* to waterproof.

hydrogel [idrɔʒɛl] *nm* hydrogel.

hydrogénation [idrɔʒenasjɔ̃] *nf* hydrogenation.

hydrogène [idrɔʒɛn] *nm* -**1.** [élément] hydrogen. -**2.** *(comme adj)* hydrogen *(modif)*.

hydrogéné, e [idrɔʒene] *adj* hydrogenated.

hydrogéner [8] [idrɔʒene] *vt* to hydrogenate.

hydrogéologie [idrɔʒeɔlɔʒi] *nf* hydrogeology.

hydroglisseur [idrɔglisœr] *nm* hydroplane (boat).

hydrographe [idrɔgraf] *nmf* hydrograph.

hydrographie [idrɔgrafi] *nf* hydrography.

hydrographique [idrɔgrafik] *adj* hydrographic, hydrographical.

hydrolase [idrɔlaz] *nf* hydrolase.

hydrolithe [idrɔlit] *nf* hydrolith.

hydrologie [idrɔlɔʒi] *nf* hydrology.

hydrologique [idrɔlɔʒik] *adj* hydrologic, hydrological.

hydrologiste [idrɔlɔʒist], **hydrologue** [idrɔlɔg] *nmf* hydrologist.

hydrolysable [idrɔlizabl] *adj* hydrolysable.

hydrolyse [idrɔliz] *nf* hydrolysis.

hydrolyser [3] [idrɔlize] *vt* to hydrolyse.

hydromécanique [idrɔmekanik] ◇ *adj* hydromechanic, hydromechanical.
◇ *nf* hydromechanics *(sg)*.

hydromel [idrɔmɛl] *nm* [non fermenté] hydromel *arch*; [fermenté] mead.

hydrométallurgie [idrɔmetalyrʒi] *nf* hydrometallurgy.

hydromètre [idrɔmɛtr] ◇ *nm* [pour densité] hydrometer; [de réservoir] depth gauge.
◇ *nf* ENTOM water measurer.

hydrométrie [idrɔmetri] *nf* hydrometry.

hydrominéral, e, aux [idrɔmineral, o] *adj* hydromineral.

hydronéphrose [idrɔnefroz] *nf* hydronephrosis.

hydrophile [idrɔfil] ◇ *adj* CHIM hydrophil, hydrophilic.
◇ *nm* ENTOM scavenger beetle.

hydrophobe [idrɔfɔb] *adj* CHIM & TEXT hydrophobic.

hydropneumatique [idrɔpnømatik] *adj* hydropneumatic.

hydroptère [idrɔptɛr] *nm* hydrofoil.

hydrosilicate [idrɔsilikat] *nm* hydrated silicate.

hydrosol [idrɔsɔl] *nm* hydrosol.

hydrosoluble [idrɔsɔlybl] *adj* water-soluble.

hydrosphère [idrɔsfɛr] *nf* hydrosphere.

hydrostatique [idrɔstatik] ◇ *adj* hydrostatic.
◇ *nf* hydrostatics *(sg)*.

hydrothérapie [idrɔterapi] *nf* -**1.** [cure] hydrotherapy. -**2.** [science] hydrotherapeutics *(sg)*.

hydrothérapique [idrɔterapik] *adj* hydrotherapeutic, hydrotherapy *(modif)*.

hydrothermal, e, aux [idrɔtɛrmal, o] *adj* hydrothermal.

hydrotraitement [idrɔtrɛtmɑ̃] *nm* hydrotreating.

hydroxyde [idrɔksid] *nm* hydroxide.

hyène [jɛn] *nf* ZOOL hyena, hyaena; ~ **brune** brown hyena OU strandwolf; ~ **tachetée** spotted hyena.

Hygiaphone® [iʒjafɔn] *nm* speaking grill.

hygiène [iʒjɛn] *nf* -**1.** [principes] hygiene; **pour l'**~ **des pieds/du cuir chevelu** to keep feet/the scalp clean OU in good condition; **il n'a aucune** ~ he doesn't bother about personal hygiene ❑ ~ **alimentaire/corporelle** food/personal hygiene; ~ **mentale/publique** mental/public health; **avoir une bonne** ~ **de vie** to live healthily. -**2.** [science] hygienics *(sg)*, hygiene. -**3.** JUR: ~ **et sécurité du travail** industrial hygiene and safety.

hygiénique [iʒjenik] *adj* hygienic; **ce n'est pas** ~ it's unhygienic; **un mode de vie** ~ a healthy lifestyle ❑ **une promenade** ~ a constitutional.

hygiéniquement [iʒjenikmɑ̃] *adv* hygienically.

hygiéniste [iʒjenist] *nmf* hygienist, hygeist, hygieist.

hygromètre [igrɔmɛtr] *nm* hygrometer.

hygrométrie [igrɔmetri] *nf* hygrometry.

hygrométrique [igrɔmetrik] *adj* hygrometric.

hymen [imɛn] *nm* -**1.** ANAT hymen. -**2.** *litt* (bonds of) marriage.

hyménée [imene] *nm litt* (ties OU bonds of) marriage.

hyménoptère [imenɔptɛr] ◇ *adj* hymenopterous.
◇ *nm* hymenopteran, hymenopteron; **les** ~**s** the Hymenoptera.

hymne [imn] *nm* -**1.** LITTÉRAT & RELIG hymn; ~ **national** national anthem. -**2.** *litt* [glorification] hymn; **un** ~ **à l'amour** a hymn OU paean *litt* to love.

hyoïde [jɔid] ◇ *adj* [os] hyoid.
◇ *nm* hyoid (bone).

hyoïdien, enne [jɔidjɛ̃, ɛn] *adj* hyoidean, hyoidal.

hyper- [ipɛr] *préf* -**1.** SC hyper-. -**2.** [en intensif]: **techniques** ~**spécialisées** highly specialized techniques; **elle est** ~**riche/**~**sympa** *fam* she's dead rich/dead nice; **c'est** ~**facile/**~**compliqué** *fam* it's dead easy/dead complicated.

hyperazotémie [ipɛrazɔtemi] *nf* uraemia.

hyperbare [ipɛrbar] *adj* hyperbaric.

hyperbole [ipɛrbɔl] *nf* -**1.** [figure de style] hyperbole. -**2.** GÉOM hyperbola.

hyperbolique [ipɛrbɔlik] *adj* -**1.** [expression, compliments] hyperbolic. -**2.** GÉOM hyperbolic.

hyperboréen, enne [ipɛrbɔreɛ̃, ɛn] *adj litt* hyperborean.

hypercalcémie [ipɛrkalsemi] *nf* hypercalcaemia.

hyperchlorhydrie [ipɛrklɔridri] *nf* hyperchlorydria.

hypercholestérolémie [ipɛrkɔlɛsterɔlemi] *nf* hypercholesteraemia, hypercholesterolaemia.

hypercorrection [ipɛrkɔrɛksjɔ̃] *nf* hypercorrection.

hyperémotivité [ipɛremɔtivite] *nf* hyperemotivity, hyperemotionality.

hyperespace [ipɛrɛspas] *nm* hyperspace.

hyperfocal, e, aux [ipɛrfɔkal, o] *adj* hyperfocal.

hyperfolliculinie [ipɛrfɔlikylini] *nf* folliculin excess.

hyperfonctionnement [ipɛrfɔ̃ksjɔnmɑ̃] *nm* hyperfunctioning *(U)*.

hyperfréquence [ipɛrfrekɑ̃s] *nf* ultrahigh frequency.

hyperglycémiant, e [ipɛrglisemjɑ̃, ɑ̃t] *adj* hyperglycaemic.

hyperglycémie [ipɛrglisemi] *nf* hyperglycaemia.

hyperlipémie [ipɛrlipemi], **hyperlipidémie** [ipɛrlipidemi] *nf* hyperlipaemia.

hypermarché [ipɛrmarʃe] *nm* hypermarket.

hypermétrope [ipɛrmetrɔp] ◇ *adj* farsighted, longsighted, hypermetropic *spéc*.
◇ *nmf* farsighted OU hypermetropic *spéc* person.

hypermétropie [ipɛrmetrɔpi] *nf* farsightedness, longsightedness, hypermetropia *spéc*.

hypermnésie [ipɛrmnezi] *nf* hypermnesia.

hypernerveux, euse [ipɛrnɛrvø, øz] ◇ *adj* overexcitable.
◇ *nm, f* overexcitable person.

hypernervosité [ipɛrnɛrvozite] *nf* overexcitability, hyperexcitability *spéc*.

hyperonyme [ipɛrɔnim] *nm* hyperonym, superordinate (term).

hyperplan [ipɛrplɑ̃] *nm* hyperplane.

hyperplasie [ipɛrplazi] *nf* hyperplasia.

hyperréalisme [ipɛrrealism] *nm* hyperrealism.

hypersécrétion [ipɛrsekresjɔ̃] *nf* hypersecretion.

hypersensibilité [ipɛrsɑ̃sibilite] *nf* hypersensitivity, hypersensitiveness.

hypersensible [ipɛrsɑ̃sibl] ◇ *adj* hypersensitive.
◇ *nmf* hypersensitive (person).

hypersomniaque [ipɛrsɔmniak] ◇ *adj* hypersomniac.
◇ *nmf* hypersomnia sufferer.

hypersomnie [ipɛrsɔmni] *nf* hypersomnia.

hypersonique [ipɛrsɔnik] *adj* hypersonic.

hyperstatique [ipɛrstatik] *adj* hyperstatic.

hypersustentateur [ipɛrsystɑ̃tatœr] ◇ *adj m* high-lift AERON.
◇ *nm* high-lift device.

hypersustentation [ipɛrsystɑ̃tasjɔ̃] *nf* high-lift capability.

hypertendu, e [ipɛrtɑ̃dy] ◇ *adj* suffering from hypertension *spéc* OU high blood pressure.
◇ *nm, f* hypertensive.

hypertension [ipɛrtɑ̃sjɔ̃] *nf* high blood pressure, hypertension *spéc*.

hyperthermie [ipɛrtɛrmi] *nf* hyperthermia.

hyperthyroïdie [ipɛrtirɔidi] *nf* hyperthyroidism.

hyperthyroïdien, enne [ipɛrtirɔidjɛ̃, ɛn] ◇ *adj* hyperthyroid.
◇ *nm, f* hyperthyroid sufferer.

hypertonie [ipɛrtɔni] *nf* -**1.** CHIM hypertonicity. -**2.** MÉD hypertonicity, hypertonia.

hypertonique [ipɛrtɔnik] *adj* [symptôme] hypertonic; [patient] suffering from hypertonicity.

hypertrophie [ipɛrtrɔfi] *nf* -**1.** MÉD hypertrophia, hypertrophy. -**2.** *fig* exaggeration; **une** ~ **de l'amour-propre** an inflated sense of self-importance.

hypertrophié, e [ipɛrtrɔfje] *adj* hypertrophied *spéc*, abnormally enlarged.

hypertrophier [9] [ipɛrtrɔfje] *vt* to enlarge abnormally, to hypertrophy *spéc*.
◆ **s'hypertrophier** *vpi* to become abnormally large, to hypertrophy *spéc*.

hypertrophique [ipɛrtrɔfik] *adj* abnormally enlarged, hypertrophic *spéc*.

hypervitaminose [ipɛrvitaminoz] *nf* hypervitaminosis.

hypnoïde [ipnɔid] *adj* hypnoid, hypnoidal.

hypnologie [ipnɔlɔʒi] *nf* hypnology.

hypnose [ipnoz] *nf* hypnosis; **sous** ~ under hypnosis.

hypnotique [ipnɔtik] ◇ *adj* MÉD hypnotic.
◇ *nm* hypnotic (drug).

hypnotiser [3] [ipnɔtize] *vt* -**1.** MÉD to hypnotize. -**2.** [fasciner] to fascinate.
◆ **s'hypnotiser** *vpi*: **s'**~ **sur qqch** to become obsessed with sthg.

hypnotiseur, euse [ipnɔtizœr, øz] *nm, f* hypnotist.

hypnotisme [ipnɔtism] *nm* hypnotism.

hypoacousie [ipɔakuzi] *nf* hypoacusis.

hypoallergénique [ipɔalɛrʒenik] = **hypoallergique** *adj*.

hypoallergique [ipɔalɛrʒik] *adj* & *nm* hypoallergenic.

hypocalcémie [ipɔkalsemi] *nf* hypocalcaemia.

hypocalorique [ipɔkalɔrik] *adj* [régime] low-calorie.

hypocentre [ipɔsɑ̃tr] *nm* hypocentre.

hypochloreux [ipɔklɔrø] *adj m* hypochlorous.
hypochlorhydrie [ipɔklɔridri] *nf* hypochlorhydria.
hypochlorite [ipɔklɔrit] *nm* hypochlorite.
hypochrome [ipɔkrom] *adj* hypochromic.
hypocondriaque [ipɔkɔ̃drijak] ◇ *adj* hypochondriac, hypochondriacal.
◇ *nmf* hypochondriac.
hypocondrie [ipɔkɔ̃dri] *nf* hypochondria.
hypocrisie [ipɔkrizi] *nf* -**1.** [attitude] hypocrisy. -**2.** [action] hypocritical act; **assez d'~s** let's stop this pretence.
hypocrite [ipɔkrit] ◇ *adj* -**1.** [sournois - personne] hypocritical, insincere. -**2.** [mensonger - attitude, regard] hypocritical; **d'~s promesses de fidélité** hollow promises of loyalty.
◇ *nmf* hypocrite.
hypocritement [ipɔkritmɑ̃] *adv* hypocritically.
hypoderme [ipɔdɛrm] *nm* PHYSIOL hypodermis.
hypodermique [ipɔdɛrmik] *adj* hypodermic.
hypodermose [ipɔdɛrmoz] *nf* hypodermosis.
hypoesthésie [ipɔɛstezi] *nf* hypoaesthesia.
hypogastre [ipɔgastr] *nm* hypogastrium.
hypogastrique [ipɔgastrik] *adj* hypogastric.
hypogé, e [ipɔʒe] *adj* hypogeal, hypogeous.
hypoglosse [ipɔglɔs] *adj* hypoglossal.
hypoglycémiant, e [ipɔglisemjɑ̃, ɑ̃t] *adj* hypoglycaemic.
◆ **hypoglycémiant** *nm* hypoglycaemic.
hypoglycémie [ipɔglisemi] *nf* hypoglycaemia.
hypokhâgne [ipɔkaɲ] *nf arg scol 1st year of preliminary arts studies prior to the competitive examination for entry to the École normale supérieure.*
hyponyme [ipɔnim] *nm* hyponym.
hypophosphoreux [ipɔfɔsfɔrø] *adj m* hypophosphorous.
hypophysaire [ipɔfizɛr] *adj* hypophyseal.
hypophyse [ipɔfiz] *nf* hypophysis, pituitary gland.
hypoplasie [ipɔplazi] *nf* hypoplasia.
hyposécrétion [ipɔsekresjɔ̃] *nf* hyposecretion.
hypostase [ipɔstaz] *nf* hypostasis.
hyposulfite [ipɔsylfit] *nm* hyposulphite.
hyposulfureux [ipɔsylfyrø] *adj m* hyposulphurous.
hypotaupe [ipɔtop] *nf arg scol 1st year of advanced mathematics or physics prior to the competitive examination for the École normale supérieure.*
hypotendu, e [ipɔtɑ̃dy] ◇ *adj* hypotensive.
◇ *nm, f* hypotensive (person).
hypotenseur [ipɔtɑ̃sœr] *nm* hypotensive (drug).
hypotensif, ive [ipɔtɑ̃sif, iv] *adj* hypotensive.
hypotension [ipɔtɑ̃sjɔ̃] *nf* low blood pressure, hypotension *spéc.*
hypoténuse [ipɔtenyz] *nf* hypotenuse.
hypothalamique [ipɔtalamik] *adj* hypothalamic.
hypothalamus [ipɔtalamys] *nm* hypothalamus.
hypothécable [ipɔtekabl] *adj* mortgageable.
hypothécaire [ipɔtekɛr] *adj* mortgage *(modif).*
hypothèque [ipɔtɛk] *nf* -**1.** JUR mortgage; **prendre une ~** to take out a mortgage; **lever une ~** to raise a mortgage ❑ **~ légale** legal mortgage. -**2.** *fig*: **prendre une ~ sur l'avenir** to count one's chickens before they're hatched; **lever l'~** to remove the stumbling block OU the obstacle.
hypothéquer [18] [ipɔteke] *vt* -**1.** [propriété] to mortgage. -**2.** *fig*: **~ son avenir** to sign away OU to mortgage one's future.
hypothermie [ipɔtɛrmi] *nf* hypothermia.
hypothèse [ipɔtɛz] *nf* -**1.** [supposition] hypothesis, assumption; **dans l'~ où il refuserait, que feriez-vous?** supposing he refuses, what would you do?; **dans la meilleure des ~s** at best; **dans l'~ d'un tremblement de terre** in the event of an earthquake ❑ **~ de travail** working hypothesis. -**2.** LOGIQUE hypothesis.
◆ **en toute hypothèse** *loc adv* in any event, whatever the case.
hypothético-déductif, ive [ipɔtetikodedyktif, iv] (*mpl* **hypothético-déductifs**, *fpl* **hypothético-déductives**) *adj* hypothetico-deductive.
hypothétique [ipɔtetik] *adj* -**1.** [supposé] hypothetical, assumed. -**2.** [peu probable] hypothetical, unlikely, dubious; **c'est très ~** it's extremely doubtful. -**3.** LOGIQUE hypothetical.
hypothétiquement [ipɔtetikmɑ̃] *adv* hypothetically.
hypothyroïdie [ipɔtirɔidi] *nf* hypothyroidism.
hypotonie [ipɔtɔni] *nf* -**1.** CHIM hypotonicity. -**2.** MÉD hypotonia.
hypotonique [ipɔtɔnik] ◇ *adj* [muscle] hypotonic; [personne] suffering from hypotonicity.
◇ *nmf* person in a hypotonic condition.
hypotrophie [ipɔtrɔfi] *nf* underdevelopment, hypotrophy *spéc.*
hypovitaminose [ipɔvitaminoz] *nf* hypovitaminosis.
hypsométrie [ipsɔmetri] *nf* hypsometry; [représentation des altitudes] hypsography.
hypsométrique [ipsɔmetrik] *adj* hypsometric, hypsometrical.
hystérectomie [isterɛktɔmi] *nf* hysterectomy.
hystérésis [isterezis] *nf* hysteresis.
hystérie [isteri] *nf* hysteria; **~ collective** mass hysteria.
hystériforme [isterifɔrm] *adj* hysteroid.
hystérique [isterik] ◇ *adj* hysterical.
◇ *nmf* hysteric.
hystérographie [isterɔgrafi] *nf* hysterography, uterography.
hystérosalpingographie [isterɔsalpɛ̃gɔgrafi] *nf* hysterosalpingography, uterosalpingography.
Hz (*abr écrite de* **hertz**) Hz.

I

i, I [i] *nm* i; **mettre les points sur les i** *fig* to dot the i's and cross the t's.

IA (*abr de* **intelligence artificielle**) *nf* AI.

IAC (*abr de* **insémination artificielle entre conjoints**) *nf* AIH.

IAD (*abr de* **insémination artificielle par donneur extérieur**) *nf* AID.

iambe [jɑ̃b] *nm* iamb, iambus.
◆ **iambes** *nmpl* [pièce satirique] iambic.

iambique [jɑ̃bik] *adj* iambic.

IAO (*abr de* **ingénierie assistée par ordinateur**) *nf* CAE.

ibère [ibɛr] *adj* Iberian.
◆ **Ibère** *nmf* Iberian.

Ibérie [iberi] *npr f*: (l') ~ Iberia.

ibérique [iberik] *adj* Iberian.

ibid. (*abr écrite de* **ibidem**) ibid.

ibidem [ibidɛm] *adv* ibidem.

ibis [ibis] *nm* ibis; ~ **rouge/sacré** scarlet/sacred ibis.

Icare [ikar] *npr* Icarus.

icarien, enne [ikarjɛ̃, ɛn] *adj*: **jeux ~s** trapeze acrobatics.

ICBM (*abr de* **Intercontinental Ballistic Missile**) *nm inv* ICBM.

iceberg [ajsbɛrg] *nm* -1. GÉOG iceberg. -2. *fig*: **la partie immergée de l'~** the hidden aspects of the problem.

icelle [isɛl] *arch* ◇ *pron dém f* [personne] she; [objet] it.
◇ *adj dém f* this.

icelui [isəlɥi] (*pl* **iceux** [isø]) *arch* ◇ *pron dém m* [personne] he; [objet] it.
◇ *adj dém m* this.

ichtyocolle [iktjɔkɔl] *nf* isinglass, fish glue.

ichtyol [iktjɔl] *nm* ichthammol.

ichtyologie [iktjɔlɔʒi] *nf* ichthyology.

ichtyologique [iktjɔlɔʒik] *adj* [science] ichthyological; [traité] ichthyology *(modif)*; **étude ~ du Saint-Laurent** study of the fish life of the Saint Lawrence River.

ichtyologiste [iktjɔlɔʒist] *nmf* ichthyologist.

ichtyophage [iktjɔfaʒ] *adj* ichthyophagous.

ichtyose [iktjoz] *nf* fish skin disease, ichthyosis *spéc.*

ici [isi] *adv* -1. [dans ce lieu, à cet endroit] here; [dans un écrit, un discours] here, at this point; **posez-le ~** put it here; **il fait beau ~** the weather's nice here; **vous ~!** what are you doing here?; **~ et là** here and there; **vous êtes ~ chez vous** make yourself at home; **pour toute demande, s'adresser ~** please enquire within; **c'est ~ que j'ai mal** this is where it hurts; **c'est ~ que ça s'est passé** this is the place where it happened; **viens, d'~ on voit mieux** come on, you can see better from here; **il y a 11 km d'~ au village** it's 11 km from here to the village; **c'est à cinq minutes/15 km d'~** it's five minutes/15 km from here; **c'est loin/près d'~** it's a long way from here/near here; **les gens d'~** the locals, the people from around here; **je ne suis pas d'~** I'm a stranger here, I'm not from around here; **Descartes écrit ~ que...** Descartes writes here that...; **je voudrais souligner ~ l'importance de cette décision** here OU at this point I would like to emphasize the importance of this decision. -2. [dans le temps]: **d'~ (à) lundi, on a le temps** we've got time between now and Monday; **d'~ demain ce sera terminé** it will be finished by tomorrow; **d'~ peu** before (very) long; **d'~ là, tout peut arriver!** in the meantime OU until then OU between now and then anything can happen!; **vous serez guéri d'~ là** you'll be better by then; **d'~ à ce qu'il se décide** *fam* by the time he makes up his mind; **d'~ à ce qu'il change d'avis, il n'y a pas loin!** it won't be long before he changes his mind again! ☐ **je vois ça d'~!** I can just see that!; **tu vois d'~ la pagaille!** *fam* you can (just) imagine the mess! -3. [au téléphone, à la radio]: **allô, ~ Paul** hello, (it's) Paul here OU Paul speaking; **~ France Culture** this is OU you are listening to France Culture.
◆ **par ici** *loc adv* -1. [dans cette direction] this way; **venez par ~** come this way; **tourne-toi par ~** turn round this way; **par ~ la visite guidée** this way for the guided tour; **elle est passée par ~ avant d'aller à la gare** she stopped off here on her way to the station; **par ~ la monnaie!** *fam hum* come on now, cough up! -2. [dans les environs] around here; **j'habitais par ~ autrefois** I used to live around here.

ici-bas [isiba] *adv* here below, on earth; **d'~** in this life OU world.

Ici-Paris [isipari] *npr* PRESSE *popular Sunday newspaper.*

icône [ikon] *nf* icon.

iconique [ikɔnik] *adj* iconic.

iconoclasme [ikɔnɔklasm] *nm* iconoclasm.

iconoclaste [ikɔnɔklast] ◇ *adj* iconoclastic.
◇ *nmf* iconoclast.

iconographe [ikɔnɔgraf] *nmf* iconographer.

iconographie [ikɔnɔgrafi] *nf* -1. [étude théorique] iconography. -2. [illustrations] pictorial material.

iconographique [ikɔnɔgrafik] *adj* iconographical.

iconologie [ikɔnɔlɔʒi] *nf* iconology.

iconologique [ikɔnɔlɔʒik] *adj* iconological.

iconoscope [ikɔnɔskɔp] *nm* iconoscope.

iconostase [ikɔnɔstaz] *nf* iconostasis.

iconothèque [ikɔnɔtɛk] *nf* -1. [dans un musée] iconography department *(of a museum)*. -2. [dans une bibliothèque] photo OU picture library.

ictère [iktɛr] *nm* icterus *spéc*, jaundice.

ictérique [ikterik] ◇ *adj* icteric.
◇ *nmf* icterus *spéc* OU jaundice sufferer.

ictus [iktys] *nm* MÉD & LITTÉRAT ictus.

id. (*abr écrite de* **idem**) id.

Idaho [idao] *npr m*: l' ~ Idaho.

idéal, e, als OU **aux** [ideal, o] *adj* -1. [demeure, société, solution] ideal, best, perfect; **ce n'est pas le comédien ~ pour le rôle de Falstaff** he's not the ideal actor for playing Falstaff. -2. [pureté, bonheur] absolute. -3. MATH ideal.
◆ **idéal, als** OU **aux** *nm* -1. [modèle parfait] ideal. -2. [valeurs] ideal, ideals; **tous ces jeunes sans ~** OU **qui n'ont pas d'~!** all these young people with no ideal in life! -3. [solution parfaite]: **l'~ serait de/que...** the ideal OU best solution would be to/if...; **camper quand il pleut, ce n'est pas l'~!** when it's raining, camping isn't exactly ideal! -4. MATH ideal.

idéalement [idealmɑ̃] *adv* ideally; **~ situé à proximité de la plage** ideally situated OU situated in an ideal position close to the beach; **les Vierges de Raphaël sont ~ belles** Raphael's Virgins are the very embodiment of beauty.

idéalisateur, trice [idealizatœr, tris] *adj*: **il est ~** he is an idealizer, he idealizes things.

idéalisation [idealizasjɔ̃] *nf* idealization.

idéaliser [3] [idealize] *vt* to idealize.

idéalisme [idealism] *nm* [gén & PHILOS] idealism.

idéaliste [idealist] ◇ *adj* -1. [gén] idealistic. -2. PHILOS idealist.
◇ *nmf* idealist.

idéalité [idealite] *nf* ideality.

idéation [ideasjɔ̃] *nf* ideation.

idée [ide] *nf* -1. [pensée] idea, thought; **j'ai jeté quelques ~s sur le papier** I've jotted down a few ideas; **c'est une ~ de génie!** that's a brilliant idea!; **je ne peux pas supporter l'~ qu'il est malheureux** I can't bear the idea OU thought of him being unhappy; **se faire à l'~** to get used to the idea; **j'ai ~ que...** *fam* I've got the feeling that...; **rien qu'à l'~ de la revoir, je tremble** the mere thought OU the very idea of seeing her again makes me nervous; **heureusement qu'il a eu l'~ d'éteindre le gaz** luckily he thought of turning the gas off OU it occurred to him to turn the gas off; **je me faisais une autre ~ de la Tunisie/de sa femme** I had imagined Tunisia/his wife to be different; **il a eu la bonne ~ de ne pas venir** *hum* he was quite right not to come; **moi, t'en vouloir? en voilà une ~!** me, hold it against you? where did you get that idea (from)?; **se faire des ~s** to imagine things;

s'il croit obtenir le rôle, il se fait des ~s if he thinks he's going to get the part, he's deceiving himself; **se faire des ~s sur qqn** to have the wrong idea about sb; **donner des ~s à qqn** to give sb ideas OU to put ideas in OU into sb's head; **l'~, c'est de se débarrasser de ses cartes le plus vite possible** the idea OU aim (of the game) is to get rid of one's cards as quickly as possible ❑ **avoir une ~ derrière la tête** to be up to sthg; **avoir des ~s noires** to be down in the dumps, to have the blues; **une certaine ~ de la France** a certain idea of France. -**2.** [inspiration, création] idea; **qui a eu l'~ du barbecue?** whose idea was it to have OU who suggested having a barbecue?; **'d'après une ~ originale de'** 'based on an (original) idea by'; **je tiens l'~ d'un spectacle** I've got an idea for a show ‖ [imagination] ideas, imagination; **avoir de l'~** to be quite inventive; **pas mal ce dessin, il y a de l'~** *fam* not bad this drawing, it's got something. -**3.** [gré, convenance] : **fais à ton ~** do as you see fit OU as you please; **elle n'en fait toujours qu'à son ~** she always does just what she wants; **à ton ~, je raccourcis la robe?** what do you think, should I shorten the dress? -**4.** *(tjrs sg)* [esprit] : **avoir dans l'~ que...** to have an idea that..., to think that...; **avais-tu dans l'~ d'acheter des actions?** were you thinking of buying shares?; **tu la connais, quand elle a dans l'~ de faire quelque chose!** you know her, when she's got it into her head to do something OU when she's set her mind on doing something!; **t'est-il jamais venu à l'~ que...?** has it never occurred to you OU entered your head that...?; **il ne me viendrait jamais à l'~ de le frapper** it would never cross my mind to hit him; **on va au concert ce soir? ça m'était complètement sorti de l'~** *fam* we're going to the concert tonight? it had gone clean OU right out of my mind. -**5.** *(souvent au pl)* [point de vue] : **avoir des ~s bien arrêtées sur** to have set ideas OU definite views about; **je préfère me faire moi-même une ~ de la situation** I'd rather assess the situation for myself; **changer d'~** to change one's mind ❑ **~ fixe** idée fixe, obsession; **c'est une ~ fixe chez toi!** it's an obsession with you!; **elle a une ~ fixe** she's got a fixed idea OU an idée fixe; **~ reçue** commonplace, received idea, idée reçue; **~s préconçues** preconceived ideas, preconceptions; **avoir les ~s larges/étroites** to be broad-/narrow-minded; **avoir une haute ~ de qqn/qqch** to have a high opinion of sb/sthg. -**6.** [aperçu, impression] idea; **donnez-moi une ~ du prix que ça va coûter/du temps que ça va prendre** give me a rough idea OU some idea of the price/of the time it will take; **tu n'as pas ~ de son entêtement!** you have no idea OU you can't imagine how stubborn he is!; **je n'en ai pas la moindre ~** I haven't the slightest OU faintest idea; **aucune ~!** I haven't got a clue!, no idea! -**7.** *(en composition; avec ou sans trait d'union)*: **une ~-cadeau** a gift idea.

idée-force [idefɔrs] (*pl* **idées-forces**) *nf* [point principal] crux, nub, mainstay; [point fort] strong point.

idem [idɛm] *adv* idem, ditto.

identifiable [idɑ̃tifjabl] *adj* identifiable; **difficilement ~** difficult to identify; **aisément ~ à son plumage bleuté** easily identified by its bluish feathers.

identificateur [idɑ̃tifikatœr] *nm* identifier COMPUT.

identification [idɑ̃tifikasjɔ̃] *nf* -**1.** [assimilation] identification; **~ à** identification with; **son ~ à son père est complète** he completely identifies with his father ❑ **~ projective** PSYCH projective identification. -**2.** [d'un cadavre] identification; [d'un tableau] identification, attribution.

identifier [9] [idɑ̃tifje] *vt* -**1.** [reconnaître] to identify; **il a été identifié comme étant le voleur** he was identified as the robber; **le tableau n'a jamais été identifié** the painting was never attributed OU identified. -**2.** [assimiler]: **~ qqn/qqch à** to identify sb/sthg with.

◆ **s'identifier à** *vp + prép*: **s'~ à qqn/qqch** to identify o.s. with sb/sthg; **elle s'est complètement identifiée à son personnage** she's got right into the part; **je ne m'identifie à aucun parti** I don't identify myself with any particular party.

identifieur [idɑ̃tifjœr] = **identificateur**.

identique [idɑ̃tik] *adj* identical; **~ à qqn/qqch** identical to sb/sthg; **le village est resté ~** the village has stayed much the same; **elle reste ~ à elle-même** she's still the same as she always OU ever was.

identiquement [idɑ̃tikmɑ̃] *adv* identically.

identité [idɑ̃tite] *nf* -**1.** [personnalité, état civil] identity; **établir son ~** to prove one's identity; **elle est encore à la recherche de sa véritable ~** she's still trying to find OU to discover her true identity; **l'~ des victimes n'a pas été révélée** the names of the victims haven't been released ❑ **contrôle** OU **vérification d'~** (police) identity check. -**2.** [similitude] identity, similarity; **l'~ d'humeur entre eux** the similarity in their characters. -**3.** LOGIQUE, MATH & PSYCH identity. -**4.** JUR: **Identité judiciaire** ≃ Criminal Record Office.

idéogramme [ideɔgram] *nm* ideogram.

idéographie [ideɔgrafi] *nf* ideography.

idéographique [ideɔgrafik] *adj* ideographic, ideographical.

idéologie [ideɔlɔʒi] *nf* ideology; **'l'Idéologie allemande'** *Marx* 'The German Ideology'.

idéologique [ideɔlɔʒik] *adj* ideological.

idéologisation [ideɔlɔʒizasjɔ̃] *nf* ideologization.

idéologue [ideɔlɔg] *nmf* ideologist.

idéomoteur, trice [ideɔmɔtœr, tris] *adj* ideomotor.

ides [id] *nfpl* ides; **prends garde aux ~ de mars** beware the ides of March.

IDHEC [idɛk] (*abr de* **Institut des hautes études cinématographiques**) *npr m former French film-making school.*

idiolecte [idjɔlɛkt] *nm* idiolect.

idiomatique [idjɔmatik] *adj* idiomatic; **une expression** OU **une tournure ~** an idiom, an idiomatic expression.

idiome [idjom] *nm* LING idiom.

idiosyncrasie [idjɔsɛ̃krazi] *nf* idiosyncrasy.

idiot, e [idjo, ɔt] ◇ *adj* -**1.** [stupide - individu, réponse] idiotic, stupid; [- sourire] idiotic; [- accident, mort] stupid; **un ricanement ~** a silly OU foolish snigger; **ça n'est pas ~ du tout, ton système** that's quite a smart system you've got; **ce serait vraiment ~ de ne pas en profiter** it would be foolish OU stupid not to take advantage of it. -**2.** MÉD & *vieilli* idiotic.

◇ *nm, f* -**1.** [imbécile] idiot; **arrête de faire l'~!** [de faire le pitre] stop fooling around OU about!; [à un enfant] stop being stupid!; [à un simulateur] stop acting stupid!; **ne fais pas l'~, range ton couteau!** don't be stupid, put your knife away!; **tu me prends pour un ~?** what kind of fool do you take me for? -**2.** MÉD & *vieilli* idiot; **l'~ du village** the village idiot; **'l'Idiot'** *Dostoïevski* 'The Idiot'.

idiotement [idjɔtmɑ̃] *adv* idiotically, stupidly; **ricaner ~** to snigger like an idiot.

idiotie [idjɔsi] *nf* -**1.** [caractère] idiocy, stupidity. -**2.** [acte, parole] stupid thing; **arrête de dire des ~s** stop talking nonsense; **il y en a des ~s à la télé!** they show such a lot of nonsense on TV!; **aïe! j'ai fait une ~!** oh dear, I've done something stupid! -**3.** MÉD & *vieilli* idiocy.

idiotisme [idjɔtism] *nm* idiom, idiomatic phrase, idiomatic expression.

idoine [idwan] *adj litt* appropriate; **jusqu'à ce que nous trouvions la solution ~** until we find the appropriate solution.

idolâtre [idɔlatr] ◇ *adj* -**1.** RELIG idolatrous. -**2.** [fanatique] adulatory; **un public ~** an idolizing OU adulatory public.

◇ *nmf* -**1.** RELIG idolater (*f* idolatress). -**2.** [fanatique] devotee.

idolâtrer [3] [idɔlatre] *vt* -**1.** RELIG to idolize. -**2.** [adorer] to idolize.

idolâtrie [idɔlatri] *nf* -**1.** RELIG idolatry, idol worshipping. -**2.** [fanatisme]: **il l'aime jusqu'à l'~** he idolizes her.

idolâtrique [idɔlatrik] *adj* idolatrous.

idole [idɔl] *nf* -**1.** RELIG idol; **les ~s des temples païens** the idols in pagan temples. -**2.** [personne] idol; **mon frère était mon ~** I used to idolize my brother.

IDS (*abr de* **initiative de défense stratégique**) *nf* SDI.

idylle [idil] *nf* -**1.** [poème] idyll. -**2.** [amourette] romantic idyll.

idyllique [idilik] *adj* -**1.** LITTÉRAT idyllic. -**2.** [amour, couple, paysage] idyllic, perfect; **se faire une idée ~ de qqch** to have an idealized view of sthg.

Iéna [jena] *npr* Jena.

Ienisseï [jenisei] *npr m*: **l' ~** the (River) Yenisei.

if [if] *nm* -**1.** BOT yew (tree). -**2.** MENUIS yew. -**3.** ŒNOL: **~ (à bouteilles)** (bottle draining) rack.

IFOP, Ifop [ifɔp] (*abr de* **Institut français d'opinion publique**) *npr m French market research institute.*

Ifremer [ifrəmɛr] (*abr de* **Institut français de recherche pour l'exploitation de la mer**) *npr m French research establishment for marine resources.*

IGF *nm abr de* **impôt sur les grandes fortunes.**

IGH (*abr de* **immeuble de grande hauteur**) *nm very high building.*

igloo [iglu] *nm* igloo.

IGN (*abr de* **Institut géographique national**) *npr m French national geographical institute,* ≃ Ordnance Survey *Br.*

Ignace [iɲas] *npr*: **~ de Loyola** Ignatius Loyola.

igname [iɲam] *nf* yam.

ignare [iɲar] ◇ *adj* ignorant, uncultivated.

◇ *nmf* ignoramus.

igné, e [igne] *adj* -**1.** PHYS heat-engendered; CHIM pyrogenic; GÉOL igneous. -**2.** *litt* [en feu] fiery, burning, flaming.

ignifuge [ignifyʒ] ◇ *adj* [qui ne brûle pas] fireproof; [qui brûle difficilement] fire-retardant

◇ *nm* [pour protéger du feu] fireproof substance; [pour ralentir la propagation] fire-retardant substance.

ignifuger [17] [ignifyʒe] *vt* to fireproof.

ignition [ignisjɔ̃] *nf* ignition PHYS.

ignoble [iɲɔbl] *adj* -**1.** [vil - individu] low, base; [- crime] infamous, heinous; [- accusation] shameful; [- conduite] disgraceful, shabby, ignoble. -**2.** *fam* [laid - bâtisse] hideous; [mauvais - nourriture] revolting, vile; [sale - logement] squalid; **d'~s taudis** squalid hovels.

ignoblement [iɲɔbləmɑ̃] *adv* ignobly, vilely.

ignominie [iɲɔmini] *nf* -**1.** [caractère vil] ignominy, infamy; [déshonneur] ignominy, (public) disgrace OU dishonour; **se couvrir d'~** to disgrace o.s. -**2.** [action] ignominy, disgraceful act; **commettre une ~** to behave ignominiously OU disgracefully ‖ [parole] ignominy; **dire des ~s** to say disgraceful OU hateful things.

ignominieusement [iɲɔminjøzmɑ̃] *adv litt* ignominiously, disgracefully.

ignominieux, euse [iɲɔminjø, øz] *adj litt* ignominious.

ignorance [iɲɔrɑ̃s] *nf* ignorance; **être dans l'~ de qqch** to be unaware of sthg; **tenir qqn dans**

l'~ de qqch to keep sb in ignorance of sthg; **j'avoue mon ~ en géologie** I must confess my ignorance of geology; **pécher par ~** to err through ignorance.

ignorant, e [iɲɔrɑ̃, ɑ̃t] ◇ *adj* -**1.** [inculte] ignorant, uncultivated. -**2.** [incompétent]: ~ **en** ignorant about; **il est ~ en informatique** he doesn't know anything about computers. -**3.** [pas au courant]: ~ **de** ignorant OU unaware of.
◇ *nm, f* ignoramus; **ne fais pas l'~** don't pretend you don't know.

ignoré, e [iɲɔre] *adj* -**1.** [cause, événement] unknown; **être ~ de qqn** to be unknown to sb. -**2.** [artiste] unrecognized.

ignorer [3] [iɲɔre] *vt* -**1.** [cause, événement etc] to be unaware of; **j'ignore son adresse/où il est/quand elle revient** I don't know her address/where he is/when she's coming back; **il ignorait tout de son passé/d'elle** he knew nothing about her past/her; **j'ignorais qu'il était malade** I was unaware that he was ill; **nous n'ignorons pas les difficultés qu'elle rencontre** we are not unaware of her difficulties. -**2.** [personne, regard] to ignore, to take no notice of; [avertissement, panneau] to ignore, to take no heed of; [ordre, prière] to ignore; **ignore-le** ignore him. -**3.** *sout* [faim, pauvreté] to have had no experience of; **nous ignorons la faim** we don't know what it is to be hungry; **il ignore la peur** he knows no fear, he doesn't know the meaning of fear.
◆ **s'ignorer** ◇ *vp (emploi réciproque)* to ignore each other.
◇ *vpi*: **c'est un comédien qui s'ignore** he is unaware of his talent as an actor, he's an actor without knowing it.

IGPN (*abr de* **Inspection générale de la police nationale**) *npr f police disciplinary body,* ≃ Police Committee *Br.*

IGS (*abr de* **Inspection générale des services**) *npr f police disciplinary body for Paris,* ≃ Metropolitan Police Commission *Br.*

iguane [igwan] *nm* iguana.

iguanodon [igwanɔdɔ̃] *nm* iguanodon.

il [il] (*mpl* **ils**) *pron pers* -**1.** [sujet d'un verbe - homme] he; [- animal, chose] it; [- animal de compagnie] he; **ils** they; **ils ont augmenté l'essence/les impôts** they've put petrol/taxes up; **viendra-t-il?** will he come? -**2.** [sujet d'un verbe impersonnel]: **il pleut** it's raining; **il faut que tu viennes** you must come; **il me faut du pain** I need some bread; **il faut patienter** you/we have to wait || [dans des tournures impersonnelles]: **il commence à se faire tard** it's getting late; **il manque deux élèves** two pupils are missing; **il suffit de patienter** all you/we have to do is wait. -**3.** [emphatique - dans une interrogation]: **ton père est-il rentré?** has your father come back?; **Paul a-t-il appelé?** has Paul called?

IL:
Lorsque le pronom "il" désigne une chose, il se traduit généralement par "it" en anglais. Cependant, lorsqu'il y a personnification de l'objet ou de la réalité désignés (par exemple, pour un navire ou un pays), "il" peut se traduire par "she".

---

ilang-ilang [ilɑ̃ilɑ̃] = **ylang-ylang**.

île [il] *nf* -**1.** GÉOG island, isle *litt*; **une petite ~** an islet; **les habitants de l'~** the islanders; **vivre sur** OU **dans une ~** to live on an island; **aller sur une ~** to go to an island; **aborder une ~** to land on an island ❑ **l'~ de la Cité** *island on the Seine in Paris where Notre-Dame stands*; **~ déserte** desert island; **l'~ de Beauté** Corsica; **les ~s de la mer Égée** the Aegean OU Greek Islands; **'l'Île au trésor'** *Stevenson* 'Treasure Island'. -**2.** *litt* OU *vieilli* [colonie]: **les Îles** the Caribbean (Islands), the West Indies. -**3.** CULIN: **~ flottante** île flottante, floating island.

ÎLES:
les îles **Aléoutiennes** the Aleutian Islands;
les îles **Anglo-Normandes** the Channel Islands;
les îles **Australes** the Tubuai OU Austral Islands;
les îles **Bahrayn** OU **Bahreïn** the Bahrain OU Bahrein Islands;
les îles **Baléares** the Balearic Islands;
les îles **Britanniques** the British Isles;
les îles **Canaries** the Canary Islands;
les îles **du Cap Vert** the Cape Verde Islands;
les îles **Carolines** the Caroline Islands;
l'île **Christmas** Christmas Island;
les îles **Comores** the Comoros;
l'île **d'Elbe** Elba;
les îles **Éoliennes** the Aeolian Islands;
les îles **Falkland** the Falkland Islands, the Falklands;
les iles **Féréo** the Faeroes;
les îles **Fidji** the Fiji Islands;
les îles **Galapagos** the Galapagos Islands;
les îles **Hébrides** the Hebrides;
les îles **Ioniennes** the Ionian Islands;
les îles **Kouriles** the Kuril OU Kurile Islands;
les îles **Maldives** the Maldives;
les îles **Malouines** the Falkland Islands, the Falklands;
l'île **de Man** the Isle of Man;
les îles **Mariannes** the Mariana Islands;
les îles **Marquises** the Marquesas Islands;
les îles **Marshall** the Marshall Islands;
l'île **Maurice** Mauritius;
les îles **Moluques** the Molucca Islands, the Moluccas;
l'île **du Nord** North Island;
l'île **d'Ouessant** (the Isle of) Ushant;
l'île **de Pâques** Easter Island;
l'île **du Prince-Édouard** Prince Edward Island;
les îles **Salomon** the Solomon Islands;
l'île **de Sein** the Ile de Sein;
les îles **Shetland** the Shetland Islands, the Shetlands;
les îles **de la Sonde** the Sunda Islands;
les îles **Sorlingues** the Scilly Islands;
les îles **Sous-le-Vent (aux Antilles)** the Netherlands (and Venezuelan) Antilles; **(en Polynésie)** the Leeward Islands, the Western Society Islands;
l'île **du Sud** South Island;
les îles **Turks et Caicos** the Turks and Caicos Islands;
l'île **Vancouver** Vancouver Island;
les îles **du Vent (aux Antilles)** the Windward Islands; **(en Polynésie)** the Eastern Society Islands;
les îles **Vierges** the Virgin Islands;
l'île **de Wight** the Isle of Wight.

Île-de-France [ildəfrɑ̃s] *npr f*: **l'~** the Île-de-France; **en ~** in the Île-de-France region.

iléo-cæcal, e, aux [ileɔsekal, o] *adj* ileocecal.

iléon [ileɔ̃] *nm* ileum.

iléus [ileys] *nm* ileus.

Iliade [iljad] *npr f*: **'l'~'** *Homère* 'The Iliad'.

iliaque [iljak] *adj* iliac; **artère ~** iliac artery; **fosses ~s** iliac fossae; **os ~** hip bone.

îlien, enne [iljɛ̃, ɛn] *nm, f* islander *(especially from the islands off Brittany).*

ilion [iljɔ̃] *nm* pelvic bone, ilium *spéc.*

illégal, e, aux [ilegal, o] *adj* [contre la loi] illegal, unlawful; [sans autorisation] illicit; **c'est maintenant ~** it's now illegal, it's now against the law; **détention ~e** unlawful detention.

illégalement [ilegalmɑ̃] *adv* illegally, unlawfully.

illégalité [ilegalite] *nf* -**1.** [caractère] illegality, unlawfulness; **être dans l'~** to be in breach of the law; **vivre dans l'~** to live outside the law, to be an outlaw. -**2.** [délit] illegal OU unlawful act.

illégitime [ileʒitim] *adj* -**1.** JUR [enfant, acte] illegitimate. -**2.** [injustifié - requête, prétention] illegitimate; [- frayeur] groundless.

illégitimement [ileʒitimmɑ̃] *adv* -**1.** JUR illegitimately, unlawfully. -**2.** [injustement] unwarrantedly, unjustifiably.

illégitimité [ileʒitimite] *nf* -**1.** JUR [d'un enfant, d'un acte] illegitimacy. -**2.** [injustice] unwarrantedness, unfoundedness.

illettré, e [iletre] ◇ *adj* -**1.** [analphabète] illiterate. -**2.** [ignorant] uncultivated, uneducated.
◇ *nm, f* -**1.** [analphabète] illiterate. -**2.** [ignorant] uncultivated OU uneducated person.

illettrisme [iletrism] *nm* illiteracy.

illicite [ilisit] *adj* illicit; **pratiques/gains ~s** unlawful activities/gains.

illicitement [ilisitmɑ̃] *adv* illicitly.

illico [iliko] *adv*: **~ (presto)** right away, pronto.

illimité, e [ilimite] *adj* -**1.** [en abondance - ressources, espace] unlimited; [- patience, bonté] boundless, limitless. -**2.** [non défini - durée] unlimited, indefinite; **en congé ~** on indefinite leave. -**3.** MATH unrestricted; GÉOM unbounded. -**4.** INF: **accès ~** unrestricted access.

Illinois [ilinwa] *npr m*: **l'~** Illinois.

illisibilité [ilizibilite] *nf* illegibility.

illisible [ilizibl] *adj* -**1.** [écriture] illegible, unreadable. -**2.** [écrivain, roman] unreadable.

illisiblement [ilizibləmɑ̃] *adv* illegibly.

illogique [ilɔʒik] *adj* illogical.

illogiquement [ilɔʒikmɑ̃] *adv* illogically.

illogisme [ilɔʒism] *nm* illogicality, absurdity.

illumination [ilyminasjɔ̃] *nf* -**1.** [d'un monument] floodlighting. -**2.** [lumière] illumination, lighting (up). -**3.** [idée] flash of inspiration OU understanding; [révélation] illumination.
◆ **illuminations** *nfpl* illuminations, lights; **les ~s de Noël** the Christmas lights.

illuminé, e [ilymine] ◇ *adj* [monument] lit up, floodlit, illuminated; [rue] lit up, illuminated.
◇ *nm, f* -**1.** [visionnaire] visionary, illuminate *arch*; **les Illuminés** HIST the Illuminati. -**2.** *péj* [fou] lunatic.

illuminer [3] [ilymine] *vt* -**1.** [ciel - suj: étoiles, éclairs] to light up *(sép)*; [monument] to floodlight; [pièce] to light; **cet événement a illuminé sa vie** *fig* this event has lit up her life. -**2.** [visage, regard] to light up *(sép)*; **un sourire illumina son visage** a smile lit up her face.
◆ **s'illuminer** *vpi* -**1.** *sout* [ciel, regard, visage] to light up; **~ de** to light up with. -**2.** [vitrine] to be lit up; [guirlande] to light up.

illuminisme [ilyminism] *nm* illuminism.

illusion [ilyzjɔ̃] *nf* -**1.** [idée fausse] illusion; **ne lui donne pas d'~s** don't give him (any) false ideas; **perdre ses ~s** to lose one's illusions; **se faire des ~s** to delude o.s.; **je ne me fais pas d'~s là-dessus** I have no illusions OU I'm not deluding myself about it; **si tu crois qu'elle va revenir, tu te fais des ~s** if you imagine she's going to come back you're deluding yourself; **se bercer d'~s** to delude o.s., to harbour illusions. -**2.** [erreur de perception] illusion, trick; **c'est une ~ due à la lumière** it's a trick of the light; **le miroir donne une ~ de profondeur** the mirror gives an illusion of depth; **en donnant** OU **créant une ~ de stabilité** with an outward show of stability; **Mirax, le roi de l'~!** [de la magie] Mirax, the great illusionist!; **faire ~**: **c'est un vieux manteau mais il fait ~** it's an old coat but you wouldn't think so to look at it; **son aisance fait ~** his apparent ease is deceptive ❑ **~ d'optique** optical illusion.

illusionner [3] [ilyzjɔne] *vt* to delude.
◆ **s'illusionner** *vpi* to delude OU to deceive o.s.; **tu t'illusionnes sur ses intentions** you're deluding yourself OU you're mistaken about his intentions; **ne t'illusionne pas sur sa détermination** make no mistakes about his firmness.

illusionnisme [ilyzjɔnism] *nm* -**1.** BX-ARTS illusionism. -**2.** [prestidigitation] conjuring tricks; [truquage] illusionism.

illusionniste [ilyzjɔnist] *nmf* conjurer, illusionist.

illusoire [ilyzwar] *adj* [trompeur - promesse] deceptive, illusory; [irréel - bonheur, victoire] illusory, fanciful; **il serait ~ de croire que...** it would be wrong OU mistaken to believe that...

illusoirement [ilyzwarmɑ̃] *adv* illusorily, deceptively.

illustrateur, trice [ilystratœr, tris] *nm, f* illustrator.

illustratif, ive [ilystratif, iv] *adj* illustrative.

illustration [ilystrasjɔ̃] *nf* **-1.** [image, activité] illustration; [ensemble d'images] illustrations; **l'~ de cette édition est somptueuse** this book is lavishly illustrated. **-2.** *fig* [démonstration] illustration; [exemple] illustration, example.

illustre [ilystr] *adj* illustrious; **une ville au passé ~** a town with an illustrious OU a glorious past ❑ **l'~ compagnie** *sout* the Académie française; **~ inconnu, ~ inconnue** *hum*: **quel est cet ~ inconnu?** who is this famous person I've never heard of!

illustré, e [ilystre] *adj* illustrated.

◆ **illustré** *nm* pictorial, illustrated magazine.

illustrer [3] [ilystre] *vt* **-1.** [livre] to illustrate. **-2.** [définition, théorie] to illustrate. **-3.** *litt* [rendre prestigieux] to lend distinction to; **Molière a illustré la langue française** Molière contributed to the greatness of the French language.

◆ **s'illustrer** *vpi* to become renowned OU famous; **elle s'est illustrée par son interprétation de Carmen** she won fame through her performance of Carmen; **les Français se sont illustrés en natation** the French distinguished themselves at swimming.

illustrissime [ilystrisim] *adj hum* most illustrious.

illuviation [ilyvjasjɔ̃] *nf* illuviation.

îlot [ilo] *nm* **-1.** GÉOG small island, islet. **-2.** [espace] island; **un ~ de verdure** an island of greenery; **dans l'~ de calme où je travaille** in the island OU oasis of peace where I work ❑ **~ de résistance** pocket of resistance. **-3.** [pâté de maisons] block; [pour surveillance policière] patrol area, beat. **-4.** [sur une route]: **~ directionnel** traffic OU lane divider. **-5.** [dans un magasin] (island) display unit. **-6.** NAUT island.

îlotage [ilɔtaʒ] *nm* **-1.** [d'un quartier] community policing, policing on the beat. **-2.** ÉLECTR grid sectioning.

ilote [ilɔt] *nm* **-1.** ANTIQ Helot. **-2.** *fig* & *litt* helot.

îlotier [ilɔtje] *nm* community policeman, policeman on the beat.

ilotisme [ilɔtism] *nm pr* & *fig* helotism.

ils [il] *mpl* → **il.**

IMA [ima] *npr m* *abr de* **Institut du monde arabe.**

image [imaʒ] *nf* **-1.** [illustration] picture; **l'~ fournie par le satellite** the satellite picture; **l'~ de** *fig* the picture of; **elle était l'~ du malheur/de la bonne santé** she was the very picture of tragedy/health ❑ **~ d'Épinal** *popular 19th-century print showing idealized scenes of French and foreign life, well-known characters or heroic events*; **~ pieuse** holy image; **livre d'~s** picture book. **-2.** [réflexion] image, reflection; PHYS image; **~ réelle/virtuelle** real/virtual image. **-3.** TV image; CIN frame; **25 ~s par seconde** 25 frames per second; **il n'y a plus d'~** there's nothing on screen; **certaines scènes du roman sont difficiles à mettre en ~s** some scenes from the novel are difficult to adapt for the screen. **-4.** LITTÉRAT image; **les ~s de Hugo** Hugo's imagery; **ce n'est qu'une ~** it's just an image. **-5.** [idée] image, picture; **quelle ~ te fais-tu de lui?** how do you picture him?; **son ~ me hante** *litt* his face haunts me ❑ **~ mentale** PSYCH mental image. **-6.** MATH image. **-7.** INF [imprimée] hard copy; [sur l'écran] image; **~ mémoire** dump; **prendre une ~ mémoire** to take a hard copy, to dump.

◆ **à l'image de** *loc prép*: **Dieu créa l'homme à son ~** God created man in his own image; **cet enfant est tout à fait à l'~ de sa mère** this child is the very image of his mother; **ce jardin est à l'~ de son propriétaire** this garden is the reflection of its owner.

◆ **image de marque** *nf* [d'un produit] brand image; [d'une entreprise] corporate image; [d'une personnalité, d'une institution] (public) image.

imagé, e [imaʒe] *adj* full of imagery; **elle a un langage très ~** she uses colourful imagery.

imagerie [imaʒri] *nf* **-1.** [ensemble d'images] prints, pictures; **l'~ napoléonienne** the imagery of the Napoleonic era. **-2.** [commerce] coloured print trade; [fabrication] printing. **-3.** MÉTÉO satellite photography. **-4.** MÉD: **~ médicale** medical imaging. **-5.** INF imagery.

imagier, ère [imaʒje, ɛr] *nm, f* **-1.** [dessinateur] drawer OU painter *(of popular pictures)*; [imprimeur] printer *(of popular pictures)*; [vendeur] print seller. **-2.** HIST [sculpteur] sculptor *(of human figures or animals)*.

imaginable [imaʒinabl] *adj* imaginable, conceivable; **ce n'est pas ~ d'être aussi têtu!** it's unbelievable how stubborn you can be!; **c'est difficilement ~** it's hard to imagine; **ce n'est plus ~ à notre époque** it's just unthinkable nowadays.

imaginaire [imaʒinɛr] ◇ *adj* **-1.** [fictif - pays, personnage] imaginary. **-2.** MATH imaginary.

◇ *nm* imagination; **le domaine de l'~** the realm of fancy ❑ **l'~ collectif** PSYCH the collective imagination.

imaginatif, ive [imaʒinatif, iv] *adj* imaginative, fanciful.

imagination [imaʒinasjɔ̃] *nf* **-1.** [faculté] imagination; **tu as l'~ fertile** you have a fertile OU good imagination; **son récit frappe l'~** his story strikes the imagination; **les derniers événements dépassent l'~** the latest incidents defy the imagination; **elle lui parlait en ~** she imagined herself talking to him; **c'est de l'~ pure et simple** it's sheer OU pure imagination; **essaie d'avoir un peu d'~** try to use your imagination; **avoir beaucoup d'~** to have a lot of imagination, to be very imaginative. **-2.** [chimère]: **ce sont de pures ~s** that's pure fancy; **~s que tout cela!** those are just imaginings!

imaginer [3] [imaʒine] *vt* **-1.** [concevoir] to imagine; **c'est l'homme le plus gentil qu'on puisse ~** he is the kindest man imaginable; **la maison est plus grande que je l'imaginais** the house is bigger than I imagined it (to be); **tu imagines sa tête quand je lui ai dit ça!** you can imagine OU picture his face when I told him that!; **on imagine facilement qu'elle n'était pas ravie** as you can imagine, she wasn't very pleased; **on imagine mal la suite** it's hard to imagine what happened next; **tu n'imagines tout de même pas que je vais céder?** you don't really think OU imagine I'm going to give in, do you? **-2.** [supposer] to imagine, to suppose; **imaginons qu'il refuse** supposing he refuses; **tu veux de l'argent, j'imagine!** you want some money, I suppose! **-3.** [inventer - personnage] to create, to imagine; [- gadget, mécanisme] to devise, to think up *(sép)*.

◆ **s'imaginer** ◇ *vp (emploi réfléchi)* to imagine o.s.; **elle s'imagine déjà danseuse étoile!** she already imagines OU pictures herself as a prima ballerina!; **j'ai du mal à m'~ grand-mère** I have a hard job picturing OU seeing myself as a grandmother.

◇ *vpt* [se représenter] to imagine, to picture; **imaginez-vous un petit chalet blotti dans la montagne** picture, if you will, a little chalet nestling in the mountains; **s'~ que** to imagine OU to think that; **si tu t'imagines que je vais démissionner, tu te trompes** if you think that I'm going to resign, you're mistaken; **tu t'imagines bien que je n'ai pas vraiment apprécié** as you can imagine, I wasn't too pleased; **si je m'imaginais te rencontrer ici!** fancy meeting you here!

imago [imago] ◇ *nm* ENTOM imago.

◇ *nf* PSYCH imago.

imam [imam] *nm* imam.

imamat [imama] *nm* imamate.

imbattable [ɛ̃batabl] *adj* unbeatable.

imbécile [ɛ̃besil] ◇ *adj* **-1.** [niais] stupid. **-2.** MÉD & *vieilli* imbecilic.

◇ *nmf* **-1.** [niais] idiot, fool; **ne fais pas l'~** [ne fais pas le pitre] stop fooling about OU around; [ne simule pas] stop acting stupid OU dumb; **le premier ~ venu peut comprendre ça** *fam* any (old) fool can understand that ❑ **espèce d'~ heureux!** *fam* you twit OU stupid idiot! **-2.** MÉD & *vieilli* imbecile.

imbécillité [ɛ̃besilite] *nf* **-1.** [caractère] stupidity, idiocy. **-2.** [parole] nonsense *(U)*; **n'écoute pas ces ~s** don't listen to this nonsense!; **qu'est-ce qu'il t'a dit? — une ~** what did he say to you? — something stupid OU dumb ‖ [acte] stupid behaviour *(U)*; **avec ses ~s il va finir par se faire prendre** his foolish behaviour is going to land him in trouble one of these days. **-3.** MÉD & *vieilli* imbecility.

imberbe [ɛ̃bɛrb] *adj* beardless.

imbibé, e *fam* [ɛ̃bibe] *adj* sozzled *esp Br*, soused *Am*.

imbiber [3] [ɛ̃bibe] *vt* to soak; **imbibez les biscuits de kirsch** soak the biscuits in kirsch; **~ une éponge d'eau** to soak a sponge with water; **la terre est imbibée d'eau** the earth is completely waterlogged.

◆ **s'imbiber** *vpi* **-1.** [s'imprégner] to become soaked; **s'~ de** [suj: gâteau] to become soaked with OU in; [suj: terre] to become saturated with. **-2.** *fam* [boire] to booze.

imbibition [ɛ̃bibisjɔ̃] *nf* **-1.** [action] soaking; [absorption] absorption, absorbing. **-2.** PHYS imbibition.

imbrication [ɛ̃brikasjɔ̃] *nf* **-1.** [d'écailles, de pièces, de tuiles] imbrication *spéc*, overlapping. **-2.** [de considérations, d'hypothèses] interweaving, overlapping. **-3.** INF interleaving, nesting.

imbriqué, e [ɛ̃brike] *adj* **-1.** [écailles, pièces] imbricated; [cercles] overlapping. **-2.** [questions] overlapping, interlinked.

imbriquer [3] [ɛ̃brike] *vt* [pièces] to fit into OU over each other; [tuiles] to overlap; **il faut ~ les différents morceaux les uns dans les autres** the different pieces have to be fitted into each other.

◆ **s'imbriquer** *vpi* **-1.** CONSTR [pièces] to fit into OU over each other; [tuiles, feuilles, écailles] to overlap, to imbricate *spéc*. **-2.** [être lié] to be interlinked OU closely linked; **des questions pratiques sont venues s'~ dans les considérations esthétiques** practical problems began to interfere with the purely aesthetic considerations.

imbroglio [ɛ̃brɔljo] *nm* imbroglio.

imbrûlé, e [ɛ̃bryle] *adj* unburnt, non combusted.

◆ **imbrûlés** *nmpl* unburnt residue.

imbu, e [ɛ̃by] *adj*: **être ~ de sa personne** OU **de soi-même** to be full of o.s., to be imbued with a sense of one's own importance; **être ~ de préjugés** to be imbued with OU steeped in prejudice.

imbuvable [ɛ̃byvabl] *adj* **-1.** [boisson] undrinkable. **-2.** *fam* [individu] unbearable.

imitable [imitabl] *adj* imitable; **difficilement ~** hard to imitate.

imitateur, trice [imitatœr, tris] ◇ *nm, f* imitator; [de personnalités connues] impersonator, mimic; [de cris d'animaux] imitator, mimic.

◇ *adj* [moutonnier] imitating, mimicking.

imitatif, ive [imitatif, iv] *adj* imitative, mimicking.

imitation [imitasjɔ̃] *nf* **-1.** [parodie] imitation, impersonation; **elle a un talent d'~** she's a talented mimic. **-2.** BX-ARTS imitation, copy; LITTÉRAT imitation. **-3.** [matière artificielle] imitation; **~ marbre** imitation marble; **ce n'est pas du liège, c'est de l'~** it's not genuine cork, it's only imitation; **des bijoux en ~** or imitation gold jewels. **-4.** MUS & PSYCH imitation.

◆ **à l'imitation de** *loc prép* in imitation of.

imiter [3] [imite] *vt* **-1.** [copier - bruit, personne] to imitate; [- mouvements, façon de parler] to imitate, to mimic; **Jacques imite très bien ses collègues** Jacques does a good imitation of his colleagues; **~ la signature de qqn** to imitate sb's signature; [à des fins criminelles] to forge sb's signature. **-2.** [suivre l'exemple de] to imitate, to copy; **si elle démissionne, d'autres l'imiteront** if she resigns, others will do the same OU follow suit OU do likewise. **-3.** [ressembler à] to look like; **c'est une matière qui imite le liège** it's imitation cork; **un style imité du Berlin des années 30** a style modelled on Berlin in the thirties.

immaculé, e [imakyle] *adj sout* [blanc, neige] immaculate; [âme, réputation] immaculate, unsullied, spotless; **une nappe ~e** an immaculately OU spotlessly clean cloth ❑ **l'Immaculée Conception** RELIG the Immaculate Conception.

immanence [imanãs] *nf* immanence.

immanent, e [imanã, ãt] *adj* immanent.

immangeable [ɛ̃mãʒabl] *adj* uneatable, inedible.

immanquable [ɛ̃mãkabl] *adj* **-1.** [inévitable] inevitable. **-2.** [infaillible] sure, reliable, infallible.

immanquablement [ɛ̃mãkabləmã] *adv* definitely, certainly.

immatérialité [imaterjalite] *nf* immateriality.

immatériel, elle [imaterjɛl] *adj* **-1.** PHILOS immaterial. **-2.** *litt* [léger] ethereal.

immatriculation [imatrikylasjɔ̃] *nf* registration; **numéro d'~** registration number *Br*, license number *Am*.

IMMATRICULATION:
The last two numbers on French number plates refer to the département where the vehicle was registered. Vehicles from the Val de Marne, for example, bear the number 94.

---

immatriculer [3] [imatrikyle] *vt*: **(faire) ~** to register; **car immatriculé 75** coach with the registration *Br* OU license *Am* number ending in 75; **car immatriculé à Paris** coach with a Paris registration *Br* OU license *Am* number; **je ne suis plus immatriculé 92** *fam* my registration *Br* OU license *Am* number no longer ends in 92.

immaturation [imatyrasjɔ̃] *nf* immatureness PSYCH.

immature [imatyr] *adj* immature.

immaturité [imatyrite] *nf* **-1.** [d'une personne, d'une œuvre] immaturity. **-2.** [d'un fruit] unripeness.

immédiat, e [imedja, at] *adj* **-1.** [dans le temps - avenir] immediate; [- réponse] immediate, direct, instantaneous; [- effet] immediate, direct; [- soulagement] immediate, instant; **sa mort fut ~e** he died instantly. **-2.** [dans l'espace - voisins] immediate, next-door *(avant n)*; [- environs] immediate; **dans mon voisinage ~** in close proximity to OU very near where I live; **supérieur ~** direct superior. **-3.** SC & PHILOS immediate.

◆ **dans l'immédiat** *loc adv* for the time being, for the moment, for now; **nous n'effectuerons pas de changement dans l'~** we will introduce no immediate changes.

immédiatement [imedjatmã] *adv* **-1.** [dans le temps] immediately, at once, forthwith *sout* OU *hum*; **viens ici ~!** come here at once!; **la nouvelle disposition prend effet ~** the new measure comes into immediate effect OU into effect immediately. **-2.** [dans l'espace] directly, immediately; **tournez à gauche ~ après le prochain feu** turn left straight *esp Br* OU immediately after the next traffic lights.

immédiateté [imedjatte] *nf* **-1.** *sout* [instantanéité] immediacy, immediateness. **-2.** PHILOS immediacy.

immémorial, e, aux [imemɔrjal, o] *adj* age-old, immemorial; **de temps ~** from time immemorial; **remonter à des temps immémoriaux** to date from time immemorial.

immense [imãs] *adj* [forêt, bâtiment, plaine] vast, huge; [talent] immense, towering; [soulagement, impact] immense, great, tremendous; [sacrifice, dévotion] immense, boundless.

immensément [imãsemã] *adv* immensely, hugely.

immensité [imãsite] *nf* **-1.** [d'une forêt, d'un bâtiment] immensity, vastness; [de la mer] immensity; **dans l'~** *litt* in infinity, in infinite space. **-2.** [d'une tâche, d'un problème] enormity; [d'un talent, d'un chagrin] immensity.

immergé, e [imɛrʒe] *adj* **-1.** [au-dessous de l'eau] submerged; **la majeure partie d'un iceberg est ~e** the bulk of an iceberg is underwater; **l'épave est ~e par 500 m de fond** the wreck is lying 500 m underwater OU under 500 m of water ❑ **terres ~es** submerged areas of land. **-2.** *fig*: **l'économie ~e** the underground economy.

immerger [17] [imɛrʒe] *vt* [oléoduc, bombes] to lay under water, to submerge; [produits radioactifs] to dump OU to deposit at sea; [cadavre] to bury at sea.

◆ **s'immerger** *vpi* [sous-marin] to dive, to submerge.

immérité, e [imerite] *adj* undeserved, unmerited.

immersion [imɛrsjɔ̃] *nf* **-1.** [d'un sous-marin] diving, submersion; [d'un oléoduc, de bombes] underwater laying, submersion; [de déchets] dumping at sea; [d'un cadavre] burying at sea. **-2.** ASTRON & RELIG immersion.

immettable [ɛ̃metabl] *adj* [abîmé] no longer fit to wear; [indécent] unwearable.

immeuble [imœbl] ◇ *adj* JUR immovable, real; **biens ~s** immovables, real estate.

◇ *nm* **-1.** CONSTR [gén] building; [d'habitation] block of flats *Br*, apartment building *Am*; [de bureaux] office block *esp Br* OU building; [commercial] rented office block *esp Br* OU building; **~ miroir** ARCHIT building glazed with reflective glass; **~ de rapport** investment property; **~ à usage locatif** [résidentiel] block of rented flats *Br*, rental apartment building *Am*. **-2.** JUR real estate.

immigrant, e [imigrã, ãt] *adj* & *nm, f* immigrant.

immigration [imigrasjɔ̃] *nf* immigration.

immigré, e [imigre] *adj* & *nm, f* immigrant.

immigrer [3] [imigre] *vi* to immigrate; **~ en France/aux États-Unis** to immigrate to France/to the (United) States.

imminence [iminãs] *nf* imminence.

imminent, e [iminã, ãt] *adj* imminent, impending; **c'est ~** it's imminent, it won't be long (now); **sa décision est ~e** he's about to make a decision.

immiscer [16] [imise]

◆ **s'immiscer dans** *vp + prép* **-1.** [intervenir dans]: **s'~ dans une affaire** to interfere with OU in a matter; **elle s'immisce toujours dans la conversation** she's always interrupting. **-2.** JUR: **s'~ dans une succession** to enter into OU to assume a succession.

immixtion [imiksjɔ̃] *nf* **-1.** [intervention] interference, interfering. **-2.** JUR assumption.

immobile [imɔbil] *adj* **-1.** [mer, surface] still, calm; [nuit, air] still; [feuillage, animal, personne] still, motionless; [visage] immobile; **gardez votre bras ~** keep your arm still. **-2.** *litt* [temps] immobile.

immobilier, ère [imɔbilje, ɛr] *adj* COMM & JUR [marché, opération] property *(modif)*; [action] real; [fortune] real estate *(modif)*; **biens ~s** immovables, real estate; **crédit ~** mortgage.

◆ **immobilier** *nm*: **l'~** COMM the property OU real estate business, realty.

immobilisation [imɔbilizasjɔ̃] *nf* **-1.** [d'un adversaire, de forces armées] immobilization; **le manque à gagner dû à l'~ des machines** losses through downtime. **-2.** FIN [de capitaux] tying up. **-3.** JUR conversion *(of personalty into realty)*. **-4.** SPORT hold. **-5.** MÉD immobilization.

◆ **immobilisations** *nfpl* fixed assets.

immobiliser [3] [imɔbilize] *vt* **-1.** [membre] to strap up *(sép)*, to immobilize; [adversaire, forces armées] to immobilize; [balancier] to stop; [circulation] to bring to a standstill OU to a halt; **les véhicules sont immobilisés à la sortie du tunnel** the vehicles have been brought to a standstill at the tunnel exit; **être immobilisé** [personne] to be laid up; **il est resté immobilisé au lit pendant cinq semaines** he was laid up in bed for five weeks. **-2.** FIN [des capitaux] to tie up *(sép)*, to immobilize. **-3.** JUR to convert *(personalty into realty)*.

◆ **s'immobiliser** *vpi* [personne] to stand still OU stock-still; [véhicule] to come to a halt, to pull up; **la libellule s'immobilisa sur la fleur** the dragonfly came to rest OU settled on the flower.

immobilisme [imɔbilism] *nm* [gén] opposition to change; POL immobilism.

immobiliste [imɔbilist] ◇ *adj* conservative, immobilist *spéc*; **la politique ~ du gouvernement** the government's conservative policies.

◇ *nmf* conservative, upholder of the status quo.

immobilité [imɔbilite] *nf* [d'un feuillage, d'un lac, d'une personne] stillness, motionlessness; [d'un regard] immobility, steadiness; **je suis contraint à l'~ totale** I'm bedridden.

immodéré, e [imɔdere] *adj* immoderate, inordinate.

immodérément [imɔderemã] *adv* immoderately, excessively.

immodeste [imɔdɛst] *adj sout* immodest.

immodestie [imɔdɛsti] *nf litt* immodesty.

immolateur [imɔlatœr] *nm litt* immolator.

immolation [imɔlasjɔ̃] *nf sout* immolation.

immoler [3] [imɔle] *vt* **-1.** RELIG [sacrifier] to immolate; **~ qqn à** to sacrifice sb to. **-2.** *litt* [exterminer] to kill. **-3.** *fig* & *litt* [renoncer à] to sacrifice.

◆ **s'immoler** *vp (emploi réfléchi) litt* to sacrifice o.s.; **il s'immola par le feu** he set fire to himself.

immonde [imɔ̃d] *adj* **-1.** RELIG [impur] unclean, impure. **-2.** [sale] foul, filthy, obnoxious. **-3.** [ignoble - crime, pensées, propos] sordid, vile, base; [- individu] vile, base, obnoxious.

immondices [imɔ̃dis] *nfpl* refuse, rubbish *Br*, trash *Am*.

immoral, e, aux [imɔral, o] *adj* immoral.

immoralement [imɔralmã] *adv* immorally.

immoralisme [imɔralism] *nm* immoralism.

immoraliste [imɔralist] *adj* & *nmf* immoralist.

immoralité [imɔralite] *nf* immorality.

immortaliser [3] [imɔrtalize] *vt* to immortalize.

immortalité [imɔrtalite] *nf* immortality; **son œuvre lui a assuré l'~** her work won her everlasting fame OU immortality.

immortel, elle [imɔrtɛl] ◇ *adj* [dieu] immortal; [bonheur, gloire] immortal, everlasting, eternal.

◇ *nm, f* **-1.** MYTH Immortal. **-2.** *fam* [académicien]: **les Immortels** *the members of the Académie française.*

◆ **immortelle** *nf* BOT everlasting (flower), immortelle.

immotivé, e [imɔtive] *adj* **-1.** [attaque, décision, demande] unmotivated; [peur, allégation] groundless. **-2.** LING unmotivated.

immuabilité [imɥabilite] = **immutabilité**.

immuable [imɥabl] *adj* [principes, vérités, amour] immutable, unchanging; [sourire] unchanging, fixed; [politesse] eternal, unfailing; [opinion] unwavering, unchanging.

immuablement [imɥabləmã] *adv* eternally, perpetually, immutably; **ville ~ brumeuse** perpetually foggy town.

immun, e [imœ̃, yn] *adj* MÉD immune.

immunisant, e [imynizã, ãt] *adj* immunizing.

immunisation [imynizasjɔ̃] *nf* immunization.

immuniser [3] [imynize] *vt* MÉD to immunize; **~ qqn contre qqch** to immunize sb against sthg; **depuis le temps qu'elle me critique, je suis immunisé!** she's been criticizing me for so long, I'm immune to it now!; **son échec l'a immunisé contre l'aventurisme politique** his failure has cured him of political adventurism.

immunitaire [imynitɛr] *adj* immune; **système ~** immune system.

immunité [imynite] *nf* **-1.** JUR immunity; **~ diplomatique** diplomatic immunity; **~ parlementaire** parliamentary privilege. **-2.** MÉD immunity; **acquérir une ~ (à)** to become immune (to) OU immunized (against).

immunocompétent, e [imynɔkɔ̃petɑ̃, ɑ̃t] *adj* immunocompetent.

immunodéficitaire [imynɔdefisitɛr] *adj* immunodeficient.

immunodépresseur [imynɔdeprɛsœr] *nm* immunosuppressive.

immunodépressif, ive [imynɔdepresif, iv] *adj* immunosuppressive.

immunodéprimé, e [imynodeprime] *adj* immuno-depressed.

immunogène [imynɔʒɛn] *adj* immunogenic.

immunoglobuline [imynɔglɔbylin] *nf* immunoglobulin.

immunologie [imynɔlɔʒi] *nf* immunology.

immunosuppresseur [imynɔsyprɛsœr] *nm* immunosuppressive.

immunothérapie [imynɔterapi] *nf* immunotherapy.

immutabilité [imytabilite] *nf* immutability.

impact [ɛ̃pakt] *nm* **-1.** [choc - de corps] impact, collision; [- de projectiles] impact; **au moment de l'~** on impact ❑ **point d'~** point of impact. **-2.** [influence, effet - de mesures] impact, effect; [- d'un mouvement, d'un artiste] impact, influence; **les sondages ont-ils un grand ~ sur le résultat des élections?** do opinion polls have a major impact on election results? ❑ **étude d'~** ÉCOL environmental impact assessment.

impair, e [ɛ̃pɛr] *adj* **-1.** [chiffre] odd, uneven; **les jours ~s** odd OU odd-numbered days; **les années ~es** odd OU odd-numbered years; **le côté ~** [dans la rue] the uneven numbers. **-2.** LITTÉRAT [vers] irregular *(having an odd number of syllables)*. **-3.** ANAT single, azygous *spéc*. **-4.** RAIL [voie, train] down.
◆ **impair** [ɛ̃pɛr] *nm* **-1.** [bévue] blunder; **faire OU commettre un ~** to (make a) blunder. **-2.** JEUX: **l'~** odd numbers; [à la roulette] impair.

impala [impala] *nm* impala.

impalpable [ɛ̃palpabl] *adj* impalpable, intangible.

impaludation [ɛ̃palydasjɔ̃] *nf* malarial infection; **~ thérapeutique** malaria therapy.

impaludé, e [ɛ̃palyde] *adj*: **région ~e** malaria-infested OU malarious region.

impaluder [3] [ɛ̃palyde] *vt* to give malaria therapy to.

imparable [ɛ̃parabl] *adj* **-1.** [coup, ballon] unstoppable. **-2.** [argument] unanswerable; [logique] irrefutable.

impardonnable [ɛ̃pardɔnabl] *adj* [erreur, oubli] unforgivable, inexcusable; **tu es ~ d'avoir oublié son anniversaire** it's unforgivable of OU inexcusable for you to have forgotten her birthday.

imparfait, e [ɛ̃parfɛ, ɛt] *adj* **-1.** [incomplet] imperfect, partial; **une connaissance ~e du problème** imperfect OU insufficient knowledge of the problem; **guérison ~e** incomplete recovery. **-2.** [personne] imperfect; **l'homme est une créature ~e** Man is an imperfect creature. **-3.** [inexact] inaccurate; **une image ~e de la réalité** an inaccurate picture of reality.
◆ **imparfait** *nm* LING: **l'~** the imperfect (tense); **l'~ du subjonctif** the imperfect subjunctive.

imparfaitement [ɛ̃parfɛtmɑ̃] *adv* imperfectly.

imparipenné, e [ɛ̃paripɛne] *adj* imparipinnate.

imparisyllabique [ɛ̃parisilabik] ◇ *adj* imparisyllabic.
◇ *nm* [nom] imparisyllabic noun; [adjectif] imparisyllabic adjective.

imparité [ɛ̃parite] *nf* imparity, oddness.

impartageable [ɛ̃partaʒabl] *adj* [expérience] which cannot be shared; [domaine] indivisible.

impartial, e, aux [ɛ̃parsjal, o] *adj* impartial, unprejudiced, unbiased.

impartialement [ɛ̃parsjalmɑ̃] *adv* impartially, without prejudice OU bias.

impartialité [ɛ̃parsjalite] *nf* impartiality, fairness; **juger avec ~** to judge impartially.

impartir [32] [ɛ̃partir] *vt* **-1.** [temps]: **~ un délai à qqn** to grant sb an extension; **le temps qui vous était imparti est écoulé** you have used up the time allotted to you. **-2.** *litt* [pouvoir]: **en vertu des pouvoirs qui me sont impartis** by virtue of the powers (that are) vested in me.

impartition [ɛ̃partisjɔ̃] *nf* ÉCON subcontracting.

impasse [ɛ̃pas] *nf* **-1.** [rue] dead end, cul-de-sac; 'impasse' 'no through road'. **-2.** [situation] impasse, blind alley; **nous sommes dans l'~** we have reached an impasse OU a stalemate; **faire sortir les négociations de l'~** to break the deadlock in the negotiations ❑ **~ budgétaire** FIN budget deficit. **-3.** *arg scol*: **j'ai fait une ~ sur la Seconde Guerre mondiale** I missed out *Br* OU skipped (over) *Am* World War II in my revision. **-4.** JEUX finesse; **faire une ~** to (make a) finesse; **j'ai fait l'~ au roi** I finessed against the king.

impassibilité [ɛ̃pasibilite] *nf* impassiveness, impassivity, composure; **être d'une grande ~** to show great composure.

impassible [ɛ̃pasibl] *adj* impassive, imperturbable.

impassiblement [ɛ̃pasibləmɑ̃] *adv* impassively, imperturbably.

impatiemment [ɛ̃pasjamɑ̃] *adv* impatiently; **nous attendons ~ le résultat** we eagerly await the result.

impatience [ɛ̃pasjɑ̃s] *nf* impatience; **avec ~** impatiently, with impatience; **sans ~** patiently; **quelques signes d'~** some signs of impatience.

impatiens [ɛ̃pasjɑ̃s] *nf* impatiens *spéc*, balsam, busy lizzie *Br*.

impatient, e [ɛ̃pasjɑ̃, ɑ̃t] *adj* [personne, geste] impatient; **~ de commencer** impatient to start; **êtes-vous ~ de rentrer?** are you anxious OU eager to get home?
◆ **impatiente** *nf* BOT = **impatiens**.

impatienter [3] [ɛ̃pasjɑ̃te] *vt* to annoy, to irritate; **son entêtement a fini par m'~** his stubbornness made me lose my patience in the end, I finally lost patience with his stubbornness.
◆ **s'impatienter** *vpi* [dans une attente] to grow OU to become impatient; [dans une discussion] to lose one's patience; **s'~ de qqch** to get impatient with sthg; **s'~ contre qqn** to get impatient with sb ‖ *(en usage abs)*: **j'ai fini par m'~** I lost patience in the end.

impatroniser [3] [ɛ̃patrɔnize]
◆ **s'impatroniser** *vpi litt* to impose one's authority.

impavide [ɛ̃pavid] *adj litt* impassive, unruffled, composed.

impayable *fam* [ɛ̃pɛjabl] *adj* priceless; **il est vraiment ~!** he's priceless OU a scream!

impayé, e [ɛ̃pɛje] *adj* [facture] unpaid; [dette] outstanding; **tous les effets ~s le 8 janvier** all bills not settled by January 8th.
◆ **impayé** *nm* [somme] unpaid OU dishonoured bill; 'les ~s' 'payments outstanding'.

impeachment [impitʃmɛnt] *nm* impeachment *(of a senior American official)*.

impeccable [ɛ̃pekabl] *adj* **-1.** [propre et net - intérieur, vêtement] spotless, impeccable; [- coiffure, ongles] impeccable; **et que les escaliers soient ~s!** and I don't want to see a speck of dirt on the stairs! **-2.** [parfait - manières, travail] impeccable, flawless, perfect; **il parle un espagnol ~** he speaks impeccable OU perfect Spanish; **10 heures, ça te va? — oui, ~!** *fam* would 10 o'clock suit you? — yes, great OU perfect! **-3.** RELIG impeccable.

impeccablement [ɛ̃pekabləmɑ̃] *adv* impeccably; **elle parle ~ russe** she speaks impeccable OU perfect Russian.

impécunieux, euse [ɛ̃pekynjø, øz] *adj litt* impecunious, penurious.

impécuniosité [ɛ̃pekynjozite] *nf* impecuniosity *litt*, penury.

impédance [ɛ̃pedɑ̃s] *nf* impedance; **~ acoustique** sound OU acoustic impedance; **~ du vide OU de l'espace** (intrinsic) impedance in the vacuum.

impedimenta [ɛ̃pedimɛ̃ta] *nmpl* MIL & *litt* impedimenta.

impénétrabilité [ɛ̃penetrabilite] *nf* impenetrability.

impénétrable [ɛ̃penetrabl] *adj* impenetrable.

impénitence [ɛ̃penitɑ̃s] *nf* RELIG impenitence, impenitent state.

impénitent, e [ɛ̃penitɑ̃, ɑ̃t] *adj* **-1.** RELIG impenitent, unrepentant. **-2.** [buveur, fumeur] inveterate.

impensable [ɛ̃pɑ̃sabl] *adj* [inconcevable] unthinkable, inconceivable; [incroyable] unbelievable; **ç'aurait été ~ il y a dix ans** it would have been unthinkable ten years ago.

impenses [ɛ̃pɑ̃s] *nfpl* expenses.

imper [ɛ̃pɛr] *nm* raincoat, mac *Br*.

impératif, ive [ɛ̃peratif, iv] *adj* **-1.** [qui s'impose - mesure, intervention] imperative, urgent, vital; [- besoin, date] imperative; **il est ~ de...** it is imperative OU essential to... **-2.** [de commandement - appel, geste, voix] imperative, peremptory. **-3.** LING imperative.
◆ **impératif** *nm* **-1.** *(souvent pl)* [exigence] requirement, necessity; **les ~s de la mode** the dictates of fashion; **les ~s du direct** *fam* the constraints of live broadcasting ❑ **l'~ catégorique** PHILOS the (categorical) imperative. **-2.** LING: **l'~** the imperative (mood); **verbe à l'~** imperative verb, verb in the imperative.

impérativement [ɛ̃perativmɑ̃] *adv*: **il faut que je termine ~ pour ce soir** it's essential that I should finish tonight.

impératrice [ɛ̃peratris] *nf* empress.

imperceptibilité [ɛ̃pɛrsɛptibilite] *nf* imperceptibility.

imperceptible [ɛ̃pɛrsɛptibl] *adj* imperceptible; **~ à l'œil nu** imperceptible to the naked eye.

imperceptiblement [ɛ̃pɛrsɛptibləmɑ̃] *adv* imperceptibly.

imperdable [ɛ̃pɛrdabl] ◇ *adj*: **ce match est ~!** this is a match you can't lose!
◇ *nf Helv* safety pin.

imperfectible [ɛ̃pɛrfɛktibl] *adj* non-perfectible.

imperfectif, ive [ɛ̃pɛrfɛktif, iv] *adj* imperfective.
◆ **imperfectif** *nm*: **l'~** the imperfective.

imperfection [ɛ̃pɛrfɛksjɔ̃] *nf* **-1.** [défaut - d'un tissu, d'un cuir] imperfection, defect; [- d'une personne] imperfection, shortcoming; [- d'un style, d'une œuvre] imperfection, weakness; [- d'un système] shortcoming; **toutes les petites ~s de la peau** all the small blemishes on the skin. **-2.** [état] imperfection.

imperforation [ɛ̃pɛrfɔrasjɔ̃] *nf* imperforation.

impérial, e, aux [ɛ̃perjal, o] *adj* **-1.** HIST & POL imperial. **-2.** *fig* [allure, manières] imperial, majestic. **-3.** COMM imperial, of superior quality.
◆ **impériale** *nf* **-1.** [étage] top deck; **rame/bus à ~e** double-decker train/bus. **-2.** [dais] crown; [de lit] (domed) tester. **-3.** JEUX royal flush. **-4.** [barbe] imperial.

impérialement [ɛ̃perjalmɑ̃] *adv* imperially, majestically.

impérialisme [ɛ̃perjalism] *nm* imperialism.

impérialiste [ɛ̃perjalist] *adj* & *nmf* imperialist.

impérieusement [ɛ̃perjøzmɑ̃] *adv* **-1.** [impérativement] absolutely. **-2.** [autoritairement] imperiously, peremptorily.

impérieux, euse [ɛ̃perjø, øz] *adj* **-1.** [irrésistible - besoin, désir] urgent, compelling, pressing. **-2.** [de commandement - appel, personne, voix] imperious, peremptory; **d'un ton ~** in a commanding tone.

impérissable [ɛ̃perisabl] *adj sout* [vérité] eternal, imperishable; [splendeur] undying; [souvenir] enduring; **garder un souvenir ~ de qqch** to have an enduring memory of sthg; **le souvenir ~ de cet été-là** the enduring OU abiding memory of that summer.

impéritie [ɛ̃perisi] *nf sout* incompetence.

imperméabilisant, e [ɛ̃pɛrmeabilizɑ̃, ɑ̃t] *adj* waterproofing.
◆ **imperméabilisant** *nm* waterproofing (substance).

imperméabilisation [ɛ̃pɛrmeabilizasjɔ̃] *nf* waterproofing.

imperméabiliser [3] [ɛ̃pɛrmeabilize] *vt* to (make) waterproof OU rainproof.

imperméabilité [ɛ̃pɛrmeabilite] *nf* -**1.** GÉOL, TEXT & VÊT impermeability. -**2.** *sout* [incompréhension] imperviousness.

imperméable [ɛ̃pɛrmeabl] ◇ *adj* -**1.** GÉOL impermeable. -**2.** [combinaison de plongée] waterproof; [enduit intérieur] waterproof, water-resistant *spéc*; [vêtement, chaussure, enduit extérieur] waterproof, rainproof. -**3.** *sout* [insensible]: **être ~ à** to be impervious to.
◇ *nm* [vêtement] raincoat.

impersonnalité [ɛ̃pɛrsɔnalite] *nf* impersonality.

impersonnel, elle [ɛ̃pɛrsɔnɛl] *adj* -**1.** [atmosphère, décor, ton] impersonal, cold. -**2.** [approche, texte] impersonal. -**3.** LING impersonal.

impersonnellement [ɛ̃pɛrsɔnɛlmɑ̃] *adv* impersonally.

impertinence [ɛ̃pɛrtinɑ̃s] *nf* -**1.** [caractère] impertinence, impudence, effrontery. -**2.** [parole] impertinence, impertinent remark. -**3.** *sout* [manque d'à-propos] irrelevance, inappropriateness.

impertinent, e [ɛ̃pɛrtinɑ̃, ɑ̃t] ◇ *adj* -**1.** [impudent] impertinent, impudent. -**2.** *sout* [question, remarque] irrelevant.
◇ *nm, f* impertinent person.

imperturbabilité [ɛ̃pɛrtyrbabilite] *nf* imperturbability.

imperturbable [ɛ̃pɛrtyrbabl] *adj* imperturbable.

imperturbablement [ɛ̃pɛrtyrbabləmɑ̃] *adv* imperturbably.

impesanteur [ɛ̃pəzɑ̃tœr] = **apesanteur**.

impétigineux, euse [ɛ̃petiʒinø, øz] *adj* impetiginous.

impétigo [ɛ̃petigo] *nm* impetigo.

impétrant, e [ɛ̃petrɑ̃, ɑ̃t] *nm, f* recipient.

impétueux, euse [ɛ̃petɥø, øz] *adj* -**1.** [personne] impetuous, rash, impulsive; [tempérament] fiery, impetuous. -**2.** *litt* [flot, rythme] impetuous, wild.

impétuosité [ɛ̃petɥozite] *nf* -**1.** [d'une personne, d'un tempérament] impetuousness, impetuosity, foolhardiness. -**2.** *litt* [des flots, d'un rythme] impetuosity, impetuousness.

impie [ɛ̃pi] *sout* ◇ *adj* impious; **des paroles ~s** blasphemy.
◇ *nmf* impious OU ungodly person.

impiété [ɛ̃pjete] *nf* -**1.** [caractère] impiety, ungodliness. -**2.** [parole, acte] impiety.

impitoyable [ɛ̃pitwajabl] *adj* [juge, adversaire] merciless, pitiless; [haine, combat] merciless, relentless.

impitoyablement [ɛ̃pitwajabləmɑ̃] *adv* mercilessly, ruthlessly, pitilessly.

implacable [ɛ̃plakabl] *adj* -**1.** [acharné, inflexible] implacable; **une haine ~** implacable hatred. -**2.** *litt* [inéluctable] relentless, implacable *sout*; **avec une logique ~** with relentless logic.

implacablement [ɛ̃plakabləmɑ̃] *adv* implacably, mercilessly, relentlessly.

implant [ɛ̃plɑ̃] *nm* implant; **~ dentaire** (dental) implant.

implantation [ɛ̃plɑ̃tasjɔ̃] *nf* -**1.** [établissement] establishment, setting up; **l'~ d'une usine a permis la création de cent emplois** the setting up of a factory has led to the creation of one hundred jobs. -**2.** [des cheveux] hairline. -**3.** MÉD (lateral) implantation; [en odontologie] implant. -**4.** ÉLECTRON implantation; **~ ionique** ion implantation.

implanter [3] [ɛ̃plɑ̃te] *vt* -**1.** [bâtiment] to locate; [entreprise] to set up, to establish, to locate; [idées] to implant; [coutumes, mode] to introduce; [parti politique] to establish; **~ un produit sur le marché** to establish a product on the market; **une tradition bien implantée** a well-established tradition; **une croyance/habitude bien implantée** an ingrained belief/habit. -**2.** MÉD to implant. -**3.** CONSTR [tracer] to stake out *(sép)*.
◆ **s'implanter** *vpi* [entreprise, ville] to be set up OU located OU established; [peuple] to settle.

implantologie [ɛ̃plɑ̃tɔlɔʒi] *nf* implant dentistry.

implication [ɛ̃plikasjɔ̃] *nf* -**1.** [participation] involvement, implication. -**2.** PHILOS & MATH implication.
◆ **implications** *nfpl* [résultats] implications, consequences.

implicite [ɛ̃plisit] *adj* -**1.** [tacite] implicit. -**2.** INF [option, valeur] default *(modif)*.

implicitement [ɛ̃plisitmɑ̃] *adv* -**1.** [tacitement] implicitly. -**2.** INF: **toutes les variables prennent ~ la valeur 0** all the variables have the default value 0.

impliquer [3] [ɛ̃plike] *vt* -**1.** [compromettre] to implicate, to involve; **~ qqn dans qqch** to implicate sb in sthg. -**2.** [supposer - suj: terme, phrase] to imply. -**3.** [entraîner - dépenses, remaniements] to imply, to involve, to entail. -**4.** MATH: **p implique q** if p then q.
◆ **s'impliquer dans** *vp + prép*: **s'~ dans qqch** to get (o.s.) involved in sthg.

implorant, e [ɛ̃plɔrɑ̃, ɑ̃t] *adj sout* [voix, regard, geste] imploring, beseeching; **d'un ton ~** imploringly, beseechingly.

imploration [ɛ̃plɔrasjɔ̃] *nf sout* entreaty.

implorer [3] [ɛ̃plɔre] *vt* -**1.** [solliciter] to implore, to beseech; **~ le pardon de qqn** to beg sb's forgiveness. -**2.** *sout* [supplier]: **~ qqn de faire qqch** to implore OU to entreat sb to do sthg.

imploser [3] [ɛ̃ploze] *vi* to implode.

implosif, ive [ɛ̃plozif, iv] *adj* PHON implosive.

implosion [ɛ̃plozjɔ̃] *nf* PHON & PHYS implosion.

implosive [ɛ̃ploziv] *adj f* & *nf* implosive.

impolarisable [ɛ̃pɔlarizabl] *adj* unpolarizable.

impoli, e [ɛ̃pɔli] ◇ *adj* impolite, rude, uncivil; **être ~ envers qqn** to be impolite OU rude to sb.
◇ *nm, f* impolite OU ill-mannered person.

impoliment [ɛ̃pɔlimɑ̃] *adv* impolitely, rudely.

impolitesse [ɛ̃pɔlitɛs] *nf* -**1.** [caractère] impoliteness, rudeness; **quelle ~!** how rude!; **il est d'une ~!** he's so rude! -**2.** [acte, parole] impolite thing; **commettre une ~** to do something rude OU impolite.

impolitique [ɛ̃pɔlitik] *adj sout* impolitic, unwise.

impondérabilité [ɛ̃pɔ̃derabilite] *nf* imponderability.

impondérable [ɛ̃pɔ̃derabl] ◇ *adj* imponderable.
◇ *nm (gén pl)* unknown quantity, imponderable.

impopulaire [ɛ̃pɔpylɛr] *adj* [mesure, dirigeant] unpopular.

impopularité [ɛ̃pɔpylarite] *nf* unpopularity.

import [ɛ̃pɔr] *nm Belg* [montant] amount; **une facture d'un ~ de 3 000F** a bill for 3,000F.

importable [ɛ̃pɔrtabl] *adj* -**1.** ÉCON importable. -**2.** [habit] unwearable.

importance [ɛ̃pɔrtɑ̃s] *nf* -**1.** [qualitative - d'une décision, d'un discours, d'une personne] importance, significance; **avoir de l'~** to be of importance, to matter; **tout ceci a de l'~** all this is of importance; **tout ceci n'a plus d'~** none of this matters any longer; **sans ~** [personne] unimportant, insignificant; [fait] of no importance, irrelevant; [somme] insignificant, trifling; **la date est sans ~** the date is irrelevant OU is of no importance; **que disais-tu? — c'est sans ~** what were you saying? — it's of no importance OU it doesn't matter; **accorder** OU **attacher trop d'~ à qqch** to attach too much importance OU significance to sthg; **et alors, quelle ~?** so, what does it matter?; **se donner de l'~** to act important. -**2.** [quantitative - d'un effectif, d'une agglomération] size; [- de dégâts, de pertes] extent; **prendre de l'~** to expand; **notre coopérative prend de plus en plus d'~** our cooperative is expanding OU is getting bigger and bigger; **une entreprise d'~ moyenne** a medium-sized business.
◆ **d'importance** ◇ *loc adj* important.
◇ *loc adv litt* soundly, thoroughly; **il s'est fait rosser d'~** he was soundly thrashed.

important, e [ɛ̃pɔrtɑ̃, ɑ̃t] ◇ *adj* -**1.** [qualitativement - découverte, témoignage, rencontre, personnalité] important; [- date, changement] important, significant; [- conséquence] important, serious, far-reaching; [- position] important, high; **j'ai quelque chose de très ~ à te dire** I've got something very important OU of great importance to tell you; **il est ~ que tu viennes** it's important (that) you come; **ta carrière n'est-elle pas ~e pour toi?** isn't your career important to you?; **c'est ~ pour moi de connaître la vérité** finding out the truth matters OU is important to me. -**2.** [quantitativement - collection, effectif] sizeable, important, large; [- augmentation, proportion] substantial, significant, large; [- somme] substantial, considerable, sizeable; [- retard] considerable. -**3.** [présomptueux]: **prendre** OU **se donner des airs ~s** to act important, to give oneself airs.
◇ *nm, f* [personne]: **faire l'~** to act important.
◆ **important** *nm*: **l'~, c'est de...** the important thing is to..., the main thing is to...

importateur, trice [ɛ̃pɔrtatœr, tris] ◇ *adj* importing; **les pays ~s de pétrole** oil-importing countries.
◇ *nm, f* importer.

importation [ɛ̃pɔrtasjɔ̃] *nf* -**1.** ÉCON importation, importing; **produit d'~** imported product, import; **droits/licence d'~** import duties/licence. -**2.** [d'un mouvement, d'une invention] introduction, importation; [d'un animal] importing.
◆ **importations** *nfpl* COMM imports; **nos ~s dépassent nos exportations** we import more than we export.

importer [3] [ɛ̃pɔrte] ◇ *vt* -**1.** [marchandises, main-d'œuvre, brevets] to import; [mode] to introduce, to import; [animal, végétal] to import, to introduce into the country; [idée] to import, to bring in *(sép)*; **musique importée des États-Unis** music imported from the United States. -**2.** INF to import.
◇ *vi* [avoir de l'importance] to matter; **son âge importe peu** his age is of little importance OU doesn't matter much; **peu importe** it doesn't matter; **qu'importe!** what does it matter!; **ce qui importe avant tout c'est que tu sois heureuse** the most important thing OU what matters most is your happiness; **peu m'importe!** it doesn't matter to me! ‖ *(tournure impersonnelle)*: **il importe de partir/qu'elle vienne** it is necessary to leave/for her to come.

import-export [ɛ̃pɔrɛkspɔr] (*pl* **imports-exports**) *nm* import-export; **il travaille dans l'~** he works in the import-export business.

importun, e [ɛ̃pɔrtœ̃, yn] ◇ *adj* [question] importunate, untimely; [visite, visiteur] unwelcome, importunate; **je crains d'être ~ en restant** *sout* I would not wish to outstay my welcome; **les insectes ~s l'agaçaient** the troublesome insects irritated him.
◇ *nm, f* pest, nuisance.

importunément [ɛ̃pɔrtynemɑ̃] *adv litt* -**1.** [fâcheusement] irritatingly, importunately. -**2.** [mal à propos] inopportunely.

importuner [3] [ɛ̃pɔrtyne] *vt sout* [suj: musique, insecte] to bother, to disturb, to annoy; [suj: personne] to importune, to bother; **de crainte de les ~ avec mes problèmes** for fear of bothering them with my problems.

importunité [ɛ̃pɔrtynite] *nf sout* [d'une question, d'une arrivée] untimeliness, importunity.

imposable [ɛ̃pozabl] *adj* taxable.

imposant, e [ɛ̃pozɑ̃, ɑ̃t] *adj* imposing, impressive.

imposé, e [ɛ̃poze] ◇ *adj* -**1.** SPORT: **figure ~e** compulsory figure. -**2.** COMM: **prix ~** fixed price.

◇ *nm, f* [contribuable] taxpayer.

◆ **imposé** *nm* SPORT [exercice] compulsory exercise.

◆ **imposée** *nf* SPORT [figure] compulsory figure.

imposer [3] [ɛ̃poze] *vt* -**1.** [fixer - règlement, discipline] to impose, to enforce; [- méthode, délai, corvée] to impose; **~ qqch à qqn** to force sthg on sb; **~ le silence à qqn** to impose silence on sb; **~ un effort à qqn** to force sb to make an effort; **~ sa volonté/son point de vue** to impose one's will/one's ideas; **~ sa loi (à qqn)** to lay down the law (to sb); **il a imposé son fils dans l'entreprise** he foisted his son on the company. -**2.** [provoquer]: **~ l'admiration/le respect** to command admiration/respect; **cette affaire impose la prudence/la discrétion** this matter requires prudence/discretion. -**3.** [rendre célèbre]: **~ son nom** [personne] to make o.s. known; [entreprise] to become established. -**4.** ÉCON to tax; **~ qqn/qqch** to tax sb/sthg; **imposé à 33%** taxed at 33%. -**5.** *loc*: **en ~** to be impressive; **elle en impose par son savoir-faire** her know-how is impressive; **en ~ à qqn** to impress sb; **s'en laisser ~** to let o.s. be impressed. -**6.** IMPR to impose. -**7.** RELIG: **~ les mains** to lay on hands.

◆ **s'imposer** ◇ *vpi* -**1.** [se faire accepter de force] to impose o.s.; **de peur de s'~** for fear of being in the way OU of imposing. -**2.** [se faire reconnaître] to stand out; **elle s'impose actuellement comme la meilleure cycliste** she stands out as today's top cyclist; **s'~ dans un domaine** to make a name for o.s. in a field; **elle s'impose par son talent** her talent makes her stand out. -**3.** [être inévitable] to be necessary; **les modifications qui s'imposent** the adjustments that have to be made; **je crois qu'une lettre à leur service commercial s'impose** I think a letter to their sales department is called for; **cette dernière remarque ne s'imposait pas** that last remark was unnecessary OU uncalled for.

◇ *vpt* [se fixer]: **~ qqch** to impose sthg on o.s.; **s'~ un effort/un sacrifice** to force o.s. to make an effort/a sacrifice; **s'~ la discrétion** to make it a rule to be discreet.

imposeur [ɛ̃pozœr] *nm* form setter, imposer PRINT.

imposition [ɛ̃pozisjɔ̃] *nf* -**1.** ÉCON [procédé] taxation; [impôt] tax. -**2.** IMPR imposition. -**3.** RELIG: **~ des mains** laying on OU imposition of hands.

impossibilité [ɛ̃pɔsibilite] *nf* impossibility; **se heurter à une ~** to come up against an insurmountable problem; **être dans l'~ de faire qqch** to be unable to do sthg; **je suis dans l'~ de me déplacer** I'm unable to travel, it's impossible for me to travel.

impossible [ɛ̃pɔsibl] ◇ *adj* -**1.** [infaisable] impossible; **ton problème est ~ à résoudre** there is no answer to your problem; **il est ~ de...** it's impossible OU not possible to...; **il m'est ~ de te répondre** it's impossible for me to give you an answer, I can't possibly answer you; **désolé, cela m'est ~** I'm sorry but I can't (possibly); **il n'est pas ~ que je vienne aussi** I might (just) OU there's a chance I might come too □ **~ n'est pas français** *prov* there's no such word as "can't". -**2.** [insupportable - personne] impossible, unbearable; [- situation, vie] impossible, intolerable. -**3.** *fam* [extravagant] impossible, ridiculous, incredible; **il t'arrive toujours des trucs ~s** the weirdest OU wildest things are always happening to you; **à des heures ~s** at the most ungodly hours; **un nom ~** a preposterous name.

◇ *nm*: **l'~** [l'irréalisable] the impossible; **ne me demande pas l'~** don't ask me to do the impossible OU to perform miracles; **nous ferons l'~** we will do our utmost, we will move heaven and earth □ **à l'~ nul n'est tenu** *prov* nobody is expected to do the impossible.

◆ **par impossible** *loc adv*: **si par ~** if by any (remote) chance OU by some miracle.

imposte [ɛ̃pɔst] *nf* -**1.** [pierre en saillie] impost. -**2.** [d'une porte, d'une fenêtre] fanlight *Br*, transom *Am*.

imposteur [ɛ̃pɔstœr] *nm* impostor.

imposture [ɛ̃pɔstyr] *nf litt* fraud, (piece of) trickery, deception.

impôt [ɛ̃po] *nm* -**1.** [prélèvement] tax; **l'~** taxation, taxes; **les ~s** income tax; **payer des ~s** to pay (income) tax; **payer 2 000 francs d'~** to pay 2,000 francs in taxes OU (in) tax; **c'est déductible des ~s** it's tax-deductible; **écrire/aller aux ~s** *fam* [à l'hôtel des impôts] to write to/to go and see the tax people; **financé par l'~** paid for out of taxes OU with the taxpayers' money □ **~ sur le capital** capital tax; **~ sur le chiffre d'affaires** turnover OU cascade *Br* tax; **~ direct/indirect** direct/indirect tax; **~ foncier** property tax; **~ sur les grandes fortunes** *former wealth tax*; **~s locaux** ≃ council tax *Br*, ≃ local property tax *Am*; **~ sur les plus-values** capital gains tax; **~ de quotité** proportional tax; **~ sur le revenu** income tax; **~ de solidarité sur la fortune** wealth tax; **~ sur le transfert des capitaux** capital transfer tax. -**2.** *fig* & *litt*: **l'~ du sang** the duty to serve one's country.

impotence [ɛ̃pɔtɑ̃s] *nf* loss of mobility *(through old age)*, infirmity.

impotent, e [ɛpɔtɑ̃, ɑ̃t] ◇ *adj* [personne] infirm; [membre] withered.

◇ *nm, f* [personne] cripple.

impraticabilité [ɛ̃pratikabilite] *nf* -**1.** [d'un col] impassability; [d'un terrain de sport] unplayable condition; [d'une route] impracticability. -**2.** *litt* [d'une méthode, d'une idée] impracticability.

impraticable [ɛ̃pratikabl] *adj* -**1.** [col] inaccessible, impassable; [fleuve] unnavigable; [aérodrome] unfit for use; [route] impassable. -**2.** *litt* [méthode, idée] unfeasible, unworkable, impracticable.

imprécation [ɛ̃prekasjɔ̃] *nf litt* imprecation *litt*, curse; **proférer des ~s à l'encontre de qqn** to call down curses upon sb's head, to inveigh against sb *litt*.

imprécatoire [ɛ̃prekatwar] *adj sout* imprecatory *litt*, damning.

imprécis, e [ɛ̃presi, iz] *adj* -**1.** [témoignage, souvenir] imprecise, vague. -**2.** [appareil, instrument] imprecise, inaccurate.

imprécision [ɛ̃presizjɔ̃] *nf* -**1.** [d'un souvenir, d'un temoignage] vagueness, imprecision. -**2.** [d'un appareil, d'un instrument] inaccuracy, lack of precision.

imprégnation [ɛ̃preɲasjɔ̃] *nf* -**1.** [d'une matière] impregnation, saturation; [d'un esprit] impregnation, inculcation, imbuing; **~ alcoolique** blood alcohol level. -**2.** CONSTR treating, impregnation. -**3.** MENUIS steeping, impregnation *spéc*. -**4.** MÉTALL & TRAV PUBL impregnation. -**5.** ZOOL imprinting.

imprégner [18] [ɛ̃preɲe] *vt* -**1.** [imbiber] to soak, to impregnate; **être imprégné de** to be soaked in, to be impregnated with; **un coton imprégné d'alcool** a piece of cotton wool impregnated with alcohol; **il est encore imprégné du souvenir de la guerre** *fig* his mind is still filled with memories of the war. -**2.** [être présent dans] to permeate, to pervade, to fill; **cette odeur imprègne toute la maison** the smell permeates OU pervades OU fills the whole house; **l'odeur du tabac imprègne ses vêtements** his clothes reek of tobacco.

◆ **s'imprégner de** *vp + prép* [éponge, bois] to become soaked OU impregnated with; [air] to become permeated OU filled with; [personne, esprit] to become immersed in OU imbued with; **ils se sont imprégnés de la culture orientale** they immersed themselves in Eastern culture.

imprenable [ɛ̃prənabl] *adj* -**1.** MIL [ville] impregnable; [position] unassailable. -**2.** [gén]: **vue ~ sur la baie** uninterrupted view of the bay.

impréparation [ɛ̃preparasjɔ̃] *nf* unpreparedness, lack of preparation.

imprésario, impresario [ɛ̃presarjo] (*pl* impresarii [-ri]) *nm* impresario.

imprescriptibilité [ɛ̃prɛskriptibilite] *nf* imprescriptibility, indefeasibility.

imprescriptible [ɛ̃prɛskriptibl] *adj* -**1.** JUR imprescriptible, indefeasible. -**2.** *sout* [éternel] eternal.

impression [ɛ̃presjɔ̃] *nf* -**1.** [effet, réaction] impression; **premières ~s** first impressions; **faire bonne/mauvaise ~** to make a good/a bad impression; **faire une forte** OU **grosse ~** to make quite a strong impression; **une ~ de bien-être** an impression OU a feeling of well-being; **il donne l'~ de s'ennuyer** he seems to be bored. -**2. avoir l'~** [croire]: **j'ai l'~ qu'elle ne viendra plus** I have a feeling (that) she won't come; **j'ai comme l'~ qu'il mentait** *fam* I have a hunch he was lying; **j'ai l'~ d'avoir déjà vécu cette scène** I've got a strong sense of déjà vu. -**3.** [empreinte] impression, mark; **l'~ d'un cachet dans la cire** the impression OU imprint of a seal on wax. -**4.** [motif, dessin] pattern; **tissu à ~s géométriques** cloth with a geometrical pattern OU print. -**5.** IMPR printing; **envoyer un manuscrit à l'~** to send a manuscript off to press OU the printer's; **le livre est à l'~** the book is with the printer's OU in (the) press. -**6.** PHOT exposure. -**7.** [en peinture] priming, ground.

impressionnabilité [ɛ̃presjɔnabilite] *nf litt* impressionability.

impressionnable [ɛ̃presjɔnabl] *adj* -**1.** [émotif] impressionable; **c'est quelqu'un de facilement ~** he's very impressionable. -**2.** PHOT (photo) sensitive.

impressionnant, e [ɛ̃presjɔnɑ̃, ɑ̃t] *adj* -**1.** [imposant - œuvre, personnalité] impressive; [- portail, temple] awe-inspiring; [- exploit] impressive, stunning, sensational; [- somme] considerable. -**2.** *sout* [bouleversant] disturbing, upsetting.

impressionner [3] [ɛ̃presjɔne] *vt* -**1.** [frapper] to impress; **être impressionné par qqch** to be impressed by sthg; **si tu crois que tu m'impressionnes!** don't think you impress me!; **se laisser ~** to let o.s. be impressed. -**2.** [bouleverser] to distress, to upset; **la vue du sang m'impressionne toujours** the sight of blood always upsets OU distresses me. -**3.** PHOT to expose.

impressionnisme [ɛpresjɔnism] *nm* impressionism.

impressionniste [ɛ̃presjɔnist] ◇ *adj* -**1.** BX-ARTS impressionist. -**2.** [subjectif] impressionistic.

◇ *nmf* impressionist.

imprévisibilité [ɛ̃previzibilite] *nf* unpredictability.

imprévisible [ɛ̃previzibl] *adj* unpredictable, unforeseeable.

imprévision [ɛ̃previzjɔ̃] *nf* lack of foresight.

imprévoyance [ɛ̃prevwajɑ̃s] *nf* [gén] lack of foresight; [financière] improvidence.

imprévoyant, e [ɛ̃prevwajɑ̃, ɑ̃t] ◇ *adj* [gén] lacking (in) foresight; [financièrement] improvident.

◇ *nm, f* improvident person; **les ~s** spendthrifts.

imprévu, e [ɛ̃prevy] *adj* [inattendu] unexpected, unforeseen; **des dépenses ~es** unforeseen expenses; **un dénouement ~** an unexpected OU a surprise ending; **de manière ~e** unexpectedly.

◆ **imprévu** *nm* -**1. l'~** [les surprises]: **j'adore l'~!** I love surprises! -**2.** [événement] unexpected event; **sauf ~** OU **à moins d'un ~, je serai à l'heure** unless anything unforeseen happens OU barring accidents, I'll be on time; **prévenez-moi en cas d'~** let me know if anything unforeseen should happen; les ~s de la vie life's little surprises. -**3.** [dépense] unforeseen OU hidden expense.

imprimabilité [ɛ̃primabilite] *nf* printability.

imprimable [ɛ̃primabl] *adj* printable.

imprimante [ɛ̃primɑ̃t] *nf* printer; **~ matricielle** OU **par points** (dot) matrix printer; **~ (ligne) par ligne** line printer; **~ (à) laser** laser printer; **~ à barre/à chaîne/à roues** bar/chain/wheel printer; **~ à bulles d'encre** bubblejet printer; **~ à jet d'encre** ink jet printer; **~ à impact** impact printer; **~ à marguerite** daisywheel printer.

imprimatur [ɛ̃primatyr] *nm inv* imprimatur.

imprimé [ɛ̃prime] *nm* -**1.** [brochure, livre] printed book OU booklet; '~s' 'printed matter'. -**2.** [formulaire] (printed) form. -**3.** [étoffe] printed fabric OU material.

imprimer [3] [ɛ̃prime] *vt* -**1.** IMPR [fabriquer] to print (out) *(sép)*; [publier] to print, to publish. -**2.** TEXT to print. -**3.** [transmettre] to transmit, to impart, to give; **~ un mouvement à qqch** to impart OU to transmit a movement to sthg. -**4.** *litt* [marquer] to imprint; **des traces de pas imprimées dans la neige** footprints in the snow; **il voulait ~ tous ces détails dans sa mémoire** he wanted to impress all these details on his memory.

◆ **s'imprimer** *vpi* to be printed.

imprimerie [ɛ̃primri] *nf* -**1.** [technique] printing. -**2.** [établissement] printing works *(sg)*, printer's; [atelier] printing office OU house; PRESSE print room; **le livre est parti à l'~** the book's gone to the printer's ❑ **~ intégrée** in-house printing office; **l'Imprimerie nationale** *the French government stationary office.* -**3.** [matériel] printing press OU machines; [jouet] printing set. -**4.** [industrie]: **l'~** the printing industry.

L'IMPRIMERIE NATIONALE:
The Imprimerie nationale prints official state documents for the various government departments. Private individuals can also, by special arrangement and at their own expense, have documents printed, especially when foreign alphabets or special printing techniques are required.

---

imprimeur [ɛ̃primœr] *nm* [industriel] printer; [ouvrier] printer, print worker.

improbabilité [ɛ̃prɔbabilite] *nf* unlikelihood, improbability.

improbable [ɛ̃prɔbabl] *adj* unlikely, improbable.

improbité [ɛ̃prɔbite] *nf litt* dishonesty, improbity.

improductif, ive [ɛ̃prɔdyktif, iv] ◇ *adj* unproductive.
◇ *nm, f* unproductive person; **les ~s** the nonproductive members of society.

improductivité [ɛ̃prɔdyktivite] *nf* unproductiveness, nonproductiveness.

impromptu, e [ɛ̃prɔ̃pty] *adj* [improvisé] impromptu, unexpected, surprise *(modif)*; **faire un discours ~** to give an impromptu OU off-the-cuff speech; **une visite ~e** a surprise OU an unexpected visit.

◆ **impromptu** *nm* LITTÉRAT & MUS impromptu.

imprononçable [ɛ̃prɔnɔ̃sabl] *adj* unpronounceable.

impropre [ɛ̃prɔpr] *adj* -**1.** [personne, produit] unsuitable, unsuited, unfit; **il est ~ à ce type de travail** he's unsuited to OU unsuitable for this kind of work ❑ **produits ~s à la consommation** products not fit OU unfit for human consumption. -**2.** [terme] inappropriate.

improprement [ɛ̃prɔprəmɑ̃] *adv* incorrectly, improperly.

impropriété [ɛ̃prɔprijete] *nf* -**1.** [caractère] incorrectness, impropriety. -**2.** [terme] mistake, impropriety.

improuvable [ɛ̃pruvabl] *adj* unprovable.

improvisateur, trice [ɛ̃prɔvizatœr, tris] ◇ *adj* improvisational, improvising.
◇ *nm, f* improviser, improvisor.

improvisation [ɛ̃prɔvizasjɔ̃] *nf* -**1.** [gén] improvisation, improvising. -**2.** MUS & THÉÂT improvisation; **faire de l'~** to improvise.

improvisé, e [ɛ̃prɔvize] *adj* [discours] improvised, extempore; [explication] off-the-cuff, ad hoc; [mesure, réforme] hurried, makeshift, improvised; [décision] snap; **un repas ~** a makeshift meal.

improviser [3] [ɛ̃prɔvize] ◇ *vt* to improvise; **~ un repas** to improvise a meal, to throw a meal together; **~ un discours** to improvise a speech, to make an extempore speech; **~ une explication** to give an off-the-cuff explanation; **on l'a improvisé trésorier** they set him up as treasurer ad hoc.
◇ *vi* -**1.** [parler spontanément] to improvise; **~ autour d'un** OU **sur un thème** to improvise on a theme. -**2.** MUS to improvise.

◆ **s'improviser** ◇ *vp (emploi passif)* to be improvised; **l'orthographe, ça ne s'improvise pas** you can't just make spelling up as you go along.
◇ *vpi*: **s'~ journaliste/photographe** to act as a journalist/photographer; **on ne s'improvise pas peintre** you don't become a painter overnight OU just like that.

improviste [ɛ̃prɔvist]

◆ **à l'improviste** *loc adv* unexpectedly, without warning; **arriver à l'~** to turn up unexpectedly OU without warning.

imprudemment [ɛ̃prydamɑ̃] *adv* recklessly, carelessly, imprudently; **conduire ~** to drive recklessly OU carelessly; **agir ~** to act foolishly OU unwisely.

imprudence [ɛ̃prydɑ̃s] *nf* -**1.** [caractère] imprudence, carelessness, foolhardiness; **~ au volant** careless driving; **l'~ des skieurs hors-piste** the imprudence OU foolhardiness of off-piste skiers. -**2.** [acte] careless act OU action; **commettre une ~** to do something stupid OU thoughtless OU careless; **il a commis l'~ d'en parler aux journalistes** he was stupid enough to talk to the press about it; **pas d'~s!** be careful!, don't do anything silly!

◆ **par imprudence** *loc adj* JUR: **blessures par ~** (non malicious) wounding; **homicide par ~** involuntary manslaughter.

imprudent, e [ɛ̃prydɑ̃, ɑ̃t] ◇ *adj* -**1.** [conducteur] careless; [joueur] reckless. -**2.** [acte, comportement] unwise, imprudent; [remarque] foolish, careless, unwise; [projet] foolish, ill-considered; [décision] rash, unwise, ill-advised.
◇ *nm, f* [personne] careless OU reckless person.

impubère [ɛ̃pybɛr] *adj* prepubescent, preadolescent.

impubliable [ɛ̃pyblijabl] *adj* unpublishable, unprintable.

impudemment [ɛ̃pydamɑ̃] *adv* impudently, insolently, brazenly.

impudence [ɛ̃pydɑ̃s] *nf* -**1.** [caractère] impudence, insolence, brazenness. -**2.** [action] impudent act; [remarque] impudent remark.

impudent, e [ɛ̃pydɑ̃, ɑ̃t] ◇ *adj* impudent, insolent, brazen.
◇ *nm, f* impudent person.

impudeur [ɛ̃pydœr] *nf* -**1.** [immodestie] immodesty, shamelessness. -**2.** [comportement éhonté] brazenness, shamelessness.

impudicité [ɛ̃pydisite] *nf litt* -**1.** [immodestie] immodesty, shamelessness, impudicity. -**2.** [caractère] indecency; [acte, parole] indecency.

impudique [ɛ̃pydik] *adj* -**1.** [immodeste] immodest, shameless. -**2.** [indécent] shameless, indecent.

impudiquement [ɛ̃pydikmɑ̃] *adv* -**1.** [sans modestie] immodestly, shamelessly. -**2.** [de façon indécente] shamelessly, indecently.

impuissance [ɛ̃pɥisɑ̃s] *nf* -**1.** [faiblesse] powerlessness, helplessness; **un sentiment d'~** a feeling of helplessness; **réduire qqn à l'~** to render sb helpless OU powerless. -**2.** [incapacité] inability, powerlessness; **~ à faire qqch** inability to do sthg. -**3.** MÉD & PSYCH impotence.

impuissant, e [ɛ̃pɥisɑ̃, ɑ̃t] *adj* -**1.** [vain] powerless, helpless; **on est ~ devant un tel malheur!** one is powerless in the face of such a misfortune!; **être ~ à faire qqch** to be powerless to do sthg; **des efforts ~s** unsuccessful OU ineffectual OU futile efforts. -**2.** MÉD & PSYCH impotent.

◆ **impuissant** *nm* MÉD & PSYCH impotent (man).

impulser [3] [ɛ̃pylse] *vt* -**1.** [activité] to boost, to stimulate. -**2.** [personnes] to set in motion, to drive on *(sép)*, to spur.

impulsif, ive [ɛ̃pylsif, iv] ◇ *adj* impulsive.
◇ *nm, f* impulsive person.

impulsion [ɛ̃pylsjɔ̃] *nf* -**1.** MÉCAN & PHYS impulse; ÉLECTRON pulse, impulse. -**2.** *fig* [dynamisme] impetus, impulse; **donner une ~ au commerce** to give an impetus to OU to boost trade; **sous l'~ des dirigeants syndicaux** spurred on by the union leaders. -**3.** [élan] impulse; **céder à une ~** to give in to an impulse; **sous l'~ de la haine** spurred on OU driven by hatred. -**4.** ARM impulse. -**5.** PSYCH impulsion.

impulsivement [ɛ̃pylsivmɑ̃] *adv* impulsively.

impulsivité [ɛ̃pylsivite] *nf* impulsiveness.

impunément [ɛ̃pynemɑ̃] *adv* with impunity.

impuni, e [ɛ̃pyni] *adj* unpunished.

impunité [ɛ̃pynite] *nf* impunity; **en toute ~** with impunity.

impur, e [ɛ̃pyr] *adj* -**1.** *sout* [pensée, sentiment] impure, unclean; [air, eau] impure, foul; [style] impure; [race] mixed, mongrel; **les esprits ~s** the demons. -**2.** MÉTALL impure.

impureté [ɛ̃pyrte] *nf* -**1.** [caractère] impurity, foulness; **l'~ de l'air** the impurity of the air. -**2.** [élément] impurity; **l'eau contient de nombreuses ~s** the water contains numerous impurities. -**3.** *litt* [impudicité] lewdness. -**4.** ÉLECTRON impure atom.

imputabilité [ɛ̃pytabilite] *nf* imputability.

imputable [ɛ̃pytabl] *adj* -**1.** [attribuable]: **~ à** imputable OU ascribable OU attributable to. -**2.** FIN: **~ sur** [crédit] chargeable OU to be credited to; [débit] to be debited from.

imputation [ɛ̃pytasjɔ̃] *nf* -**1.** [accusation] charge, imputation. -**2.** FIN charging.

imputer [3] [ɛ̃pyte] *vt* -**1.** [attribuer]: **~ un crime à qqn** to impute a crime to sb; **~ ses échecs à la malchance** to put one's failures down to bad luck. -**2.** FIN: **~ des frais à un budget** [déduire] to deduct expenses from a budget; **~ une somme à un budget** to allocate a sum to a budget.

imputrescibilité [ɛ̃pytresibilite] *nf* rot-resistance.

imputrescible [ɛ̃pytresibl] *adj* rot-resistant, antirot.

in *fam* [in] *adj inv* in, trendy.

INA [ina] (*abr de* **Institut national de l'audiovisuel**) *npr m* *national television archive.*

inabordable [inabɔrdabl] *adj* [lieu] inaccessible; **l'île/le port est ~ par mauvais temps** the island/the harbour is inaccessible in bad weather || [personne] unapproachable, inaccessible; **sa fonction le rendait ~** his position made him inaccessible OU unapproachable || [prix] exorbitant; [produit, service] exorbitantly priced.

inabouti, e [inabuti] *adj* unsuccessful, failed.

inabrité, e [inabrite] *adj* unprotected, unsheltered.

inabrogeable [inabrɔʒabl] *adj* unrepealable.

inaccentué, e [inaksɑ̃tɥe] *adj* [voyelle] unstressed; [syllabe] unstressed, unaccentuated; [pronom] atonic.

inacceptable [inaksɛptabl] *adj* [mesure, proposition] unacceptable; [propos, comportement] unacceptable, intolerable, inadmissible.

inaccessibilité [inaksesibilite] *nf* inaccessibility.

inaccessible [inaksesibl] *adj* -**1.** [hors d'atteinte - sommet] inaccessible, out-of-reach, unreachable; [irréalisable - objectif, rêve] unfeasible, unrealizable; [inabordable - personne] unapproachable, inaccessible; [obscur - ouvrage] inaccessible, opaque. -**2.** [indifférent]: **être ~ à la pitié** to be incapable of feeling pity.

inaccompli, e [inakɔ̃pli] *adj* -**1.** [inachevé] unaccomplished. -**2.** LING imperfective.

◆ **inaccompli** *nm* LING imperfective.

inaccomplissement [inakɔ̃plismɑ̃] *nm litt* nonfulfilment; **l'~ d'une promesse** the nonfulfilment of a promise.

inaccordable [inakɔrdabl] *adj* -**1.** MUS untunable. -**2.** [grâce, permission] that cannot be granted; [requête] inadmissible.

inaccoutumé, e [inakutyme] *adj (comme modif)* unusual, unaccustomed; **~ à obéir** unused OU unaccustomed to obeying.

inachevé, e [inaʃve] *adj* [non terminé] unfinished, uncompleted; [incomplet] incomplete.

inachèvement [inaʃɛvmɑ̃] *nm* incompletion.

inactif, ive [inaktif, iv] ◇ *adj* -**1.** [personne - oisive] inactive, idle; [- sans travail] non-working; **rester ~** to be idle. -**2.** [traitement, produit] ineffective. -**3.** BOURSE & COMM slack, slow. -**4.** OPT (optically) inactive. -**5.** GÉOL: **volcan ~** dormant volcano.

◇ *nm, f*: **les ~s** SOCIOL the non-working population, those not in active employment.

inaction [inaksjɔ̃] *nf* [absence d'activité] inaction; [oisiveté] idleness, lethargy.

inactivation [inaktivasjɔ̃] *nf* inactivation.

inactiver [3] [inaktive] *vt* to inactivate.

inactivité [inaktivite] *nf* inactivity; **une période d'~** a slack period; **être en ~** ADMIN & MIL to be off duty.

inactuel, elle [inaktɥɛl] *adj sout* out-of-date, outmoded, behind the times.

inadaptable [inadaptabl] *adj* not adaptable.

inadaptation [inadaptasjɔ̃] *nf* maladjustment; **~ à la vie scolaire** failure to adapt to school life; **l'~ du réseau routier aux besoins actuels** the inadequacy of the road system to cope with present-day traffic.

inadapté, e [inadapte] ◇ *adj* -**1.** [enfant] with special needs, maladjusted; **enfants ~s au système scolaire** children who fail to adapt to the educational system ❑ **enfance ~e** children with special needs. -**2.** [outil, méthode]: **~ à** unsuited OU not adapted to; **du matériel ~ aux besoins actuels** equipment unsuited to OU unsuitable for today's needs.

◇ *nm, f* [adulte] person with social difficulties, social misfit *péj*; [enfant] child with special needs, maladjusted child.

inadéquat, e [inadekwa, at] *adj sout* inadequate, inappropriate; **~ à qqch** inadequate to OU for sthg.

inadéquation [inadekwasjɔ̃] *nf sout* inadequacy, inappropriateness.

inadmissibilité [inadmisibilite] *nf* inadmissibility.

inadmissible [inadmisibl] *adj* inadmissible, intolerable, unacceptable.

inadvertance [inadvɛrtɑ̃s] *nf sout* oversight, slip (up), inadvertence.

◆ **par inadvertance** *loc adv* inadvertently, by mistake.

inaffectivité [inafɛktivite] *nf* lack of emotional response.

inaliénabilité [inaljenabilite] *nf* inalienability.

inaliénable [inaljenabl] *adj* inalienable, unalienable.

inaltérabilité [inalterabilite] *nf* -**1.** [à la lumière] fade-resistance; [au lavage] fastness; [d'une couleur] permanence. -**2.** MÉTALL stability. -**3.** PHOT light stability.

inaltérable [inalterabl] *adj* -**1.** [métal] stable; [couleur] permanent, fast; **~ à l'air** air-resistant ❑ **peinture ~** non-fade paint. -**2.** [amitié] steadfast; [haine] eternal; [espoir] unfailing, steadfast; [courage] unfailing; [optimisme] steadfast, unshakeable; **bonne humeur ~** unfailing good humour.

inaltéré, e [inaltere] *adj* -**1.** [bois] unwarped. -**2.** [sentiment] unchanged.

inamical, e, aux [inamikal, o] *adj* unfriendly, inimical.

inamissible [inamisibl] *adj* inamissible.

inamovibilité [inamɔvibilite] *nf* [d'une personne] irremovability, security of tenure OU office.

inamovible [inamɔvibl] *adj* -**1.** ADMIN [fonctionnaire] permanent, irremovable. -**2.** [fixé] fixed.

inanalysable [inanalizabl] *adj* unanalysable, inexplicable.

inanimé, e [inanime] *adj* -**1.** [mort] lifeless; [évanoui] unconscious. -**2.** LING inanimate; **objets ~s** inanimate objects.

inanité [inanite] *nf* futility, pointlessness.

inanition [inanisjɔ̃] *nf* [faim] starvation; [épuisement] total exhaustion, inanition *spéc*; **tomber/mourir d'~** *pr* to faint/to die with hunger; *fig* & *hum* to be starving.

inapaisable [inapɛzabl] *adj litt* [soif] unquenchable; [faim] voracious, insatiable; [chagrin, souffrance] unappeasable.

inapaisé, e [inapeze] *adj litt* [soif] unquenched; [faim] unsatiated; [chagrin, souffrance] unappeased.

inaperçu, e [inapɛrsy] *adj* unnoticed; **passer ~** to go unnoticed.

inappétence [inapetɑ̃s] *nf* -**1.** *sout* [perte d'appétit] loss of appetite, inappetence. -**2.** *fig* & *litt* diminishing desire.

inapplicable [inaplikabl] *adj* inapplicable, not applicable.

inapplication [inaplikasjɔ̃] *nf* -**1.** [d'une loi, d'un règlement] non-application. -**2.** *sout* [d'une personne] lack of application OU concentration.

inappliqué, e [inaplike] *adj* -**1.** [loi, règlement] not applied. -**2.** [personne] lacking in application.

inappréciable [inapresjabl] *adj* -**1.** [précieux] invaluable, priceless. -**2.** [difficile à évaluer] inappreciable, imperceptible.

inapprécié, e [inapresje] *adj* unappreciated, not appreciated.

inapprivoisable [inaprivwazabl] *adj* untameable.

inapprivoisé, e [inaprivwaze] *adj* untamed.

inapprochable [inaprɔʃabl] *adj*: **il est vraiment ~ en ce moment** you can't say anything to him at the moment.

inapproprié, e [inaprɔprije] *adj* inappropriate; **~ à qqch** inappropriate to OU unsuitable for sthg.

inapte [inapt] ◇ *adj* -**1.** [incapable] unsuitable; **être ~ à un travail** to be unsuitable OU unfit for a job; **être ~ à qqch** to be unsuitable OU unfit for sthg; **être ~ à faire qqch** to be unfit to do sthg. -**2.** MIL: **~ (au service militaire)** unfit (for military service).

◇ *nmf* MIL army reject.

inaptitude [inaptityd] *nf* -**1.** [incapacité - physique] incapacity, unfitness; [- mentale] (mental) inaptitude; **~ à qqch** unfitness for sthg; **~ à faire qqch** unfitness for doing OU to do sthg. -**2.** MIL unfitness (for military service).

inarrangeable [inarɑ̃ʒabl] *adj* -**1.** [dispute] irreconcilable. -**2.** [montre] beyond repair.

inarticulé, e [inartikyle] *adj* inarticulate.

inassimilable [inasimilabl] *adj* [substance] indigestible, unassimilable *spéc*; [connaissances] impossible to take in; [population] which cannot become integrated.

inassimilé, e [inasimile] *adj* unassimilated.

inassouvi, e [inasuvi] *adj sout* -**1.** [soif] unquenched; [faim] unappeased, unsatiated. -**2.** [passion] unappeased, unsatiated; [désir] unfulfilled.

inassouvissement [inasuvismɑ̃] *nm litt*: **~ d'un désir** failure to quench OU to satisfy a desire.

inattaquable [inatakabl] *adj* -**1.** [personne] beyond reproach OU criticism; [conduite] unimpeachable, irreproachable; [argument, preuve] unassailable, irrefutable, unquestionable; [forteresse, lieu] impregnable. -**2.** MÉTALL corrosion-resistant.

inattendu, e [inatɑ̃dy] *adj* [personne] unexpected; [réflexion, événement] unexpected, unforeseen; **c'est assez ~ de votre part** I didn't quite expect this from you.

inattentif, ive [inatɑ̃tif, iv] *adj* inattentive; **vous êtes trop ~ (à)** you don't pay enough attention (to).

inattention [inatɑ̃sjɔ̃] *nf* lack of attention OU concentration, inattentiveness; **un moment** OU **une minute d'~** a momentary lapse of concentration; **faute** OU **erreur d'~** careless mistake.

inaudible [inodibl] *adj* -**1.** [imperceptible] inaudible. -**2.** [insupportable] unbearable.

inaugural, e, aux [inogyral, o] *adj* [discours, cérémonie] opening *(modif)*, inaugural; [voyage] maiden *(modif)*.

inauguration [inogyrasjɔ̃] *nf* -**1.** [cérémonie] inauguration. -**2.** [commencement] beginning, inauguration, initiation.

inaugurer [3] [inogyre] *vt* -**1.** [route, monument, exposition] to inaugurate; *fig* [système, méthode] to initiate, to launch; **~ les chrysanthèmes** *hum* to be just a figurehead. -**2.** [marquer le début de] to usher in; **le changement de gouvernement inaugurait une ère de liberté** the change of government ushered in an era of freedom.

inauthenticité [inotɑ̃tisite] *nf* inauthenticity.

inauthentique [inotɑ̃tik] *adj* inauthentic.

inavouable [inavwabl] *adj* unmentionable, shameful.

inavoué, e [inavwe] *adj* secret, unconfessed.

INC (*abr de* **Institut national de la consommation**) *npr m* consumer research organization.

inca [ɛ̃ka] *adj* Inca.

◆ **Inca** ◇ *nmf* Inca; **les Incas** the Inca, the Incas.

◇ *nm* [souverain] Inca.

incalculable [ɛ̃kalkylabl] *adj* -**1.** [considérable] incalculable, countless; **des fortunes ~s** incalculable OU untold wealth; **un nombre ~ de** a countless number of. -**2.** [imprévisible] incalculable; **des conséquences ~s** incalculable OU far-reaching consequences.

incandescence [ɛ̃kɑ̃desɑ̃s] *nf* incandescence; **être en ~** to be incandescent; **porté à ~** heated until glowing, incandescent ❑ **~ résiduelle** afterglow.

incandescent, e [ɛ̃kɑ̃desɑ̃, ɑ̃t] *adj* incandescent.

incantation [ɛ̃kɑ̃tasjɔ̃] *nf* incantation.

incantatoire [ɛ̃kɑ̃tatwar] *adj* incantatory; **formule ~, paroles ~s** incantation.

incapable [ɛ̃kapabl] ◇ *adj* -**1.** [par incompétence] incapable, incompetent, inefficient; **~ de: être ~ de faire qqch** to be incapable of doing sthg; **elle était ~ de répondre** she was unable to answer, she couldn't answer; **je serais bien ~ de le dire** I really wouldn't know, I really couldn't tell you. -**2.** [par nature]: **~ de: être ~ de qqch** to be incapable of sthg; **il est ~ d'un effort** he's incapable of making an effort; **être ~ d'attention** to be incapable of paying attention; **elle est ~ d'amour** she's incapable of loving OU love; **elle est ~ de méchanceté** there's no malice in her; **être ~ de faire** to be incapable of doing; **elle est ~ de tricher** she's incapable of cheating. -**3.** JUR incapable.

◇ *nmf* -**1.** [incompétent] incompetent; **ce sont des ~s** they're all incapable OU incompetent. -**2.** JUR person under disability.

incapacitant, e [ɛ̃kapasitɑ̃, ɑ̃t] *adj* incapacitating.

◆ **incapacitant** *nm* incapacitant.

incapacité [ɛ̃kapasite] *nf* -**1.** [impossibilité] incapacity, inability; **être dans l'~ de faire qqch** to be unable to do sthg; **son ~ à se décider** his incapacity OU inability to make up his mind.

-**2.** [incompétence] incapacity, incompetence, inefficiency. -**3.** MÉD disablement, disability; ~ **permanente** permanent disablement OU disability; ~ **de travail** industrial disablement. -**4.** JUR incapacity.

incarcération [ɛ̃karserasjɔ̃] *nf* imprisonment, jailing, incarceration.

incarcérer [18] [ɛ̃karsere] *vt* to incarcerate.

incarnat, e [ɛ̃karna, at] *adj* crimson.

◆ **incarnat** *nm* strong red, crimson.

incarnation [ɛ̃karnasjɔ̃] *nf* -**1.** MYTH & RELIG incarnation. -**2.** [manifestation] embodiment; **elle est l'~ de la bonté** she's the embodiment OU personification of goodness.

incarné, e [ɛ̃karne] *adj* -**1.** [personnifié] incarnate, personified; **le diable ~** the devil incarnate. -**2.** MÉD: **un ongle ~** an ingrowing OU ingrown toenail.

incarner [3] [ɛ̃karne] *vt* -**1.** [symboliser] to embody, to personify. -**2.** [interpréter - personnage] to play.

◆ **s'incarner** *vpi* -**1.** RELIG to become incarnate. -**2.** [se matérialiser] to be embodied; **en toi s'incarne la beauté idéale** you are the embodiment of ideal beauty. -**3.** MÉD: **un ongle qui s'incarne** an ingrowing toenail.

incartade [ɛ̃kartad] *nf* -**1.** [écart de conduite] misdemeanour, escapade; **à la moindre ~, vous serez puni** put one foot wrong and you'll be punished. -**2.** [d'un cheval] swerve.

incassable [ɛ̃kasabl] *adj* unbreakable.

incendiaire [ɛ̃sɑ̃djɛr] ◇ *adj* -**1.** ARM incendiary. -**2.** [propos, écrit] incendiary, inflammatory.

◇ *nmf* fire-raiser *Br*, arsonist.

incendie [ɛ̃sɑ̃di] *nm* -**1.** [feu] fire; **maîtriser un ~** to bring a fire OU blaze under control ❑ ~ **criminel** (act of deliberate) arson; ~ **de forêt** forest fire. -**2.** *litt* [lumière] blaze, glow. -**3.** *fig* [violence] fire; **l'~ de la révolte** the frenzy of revolt.

incendié, e [ɛ̃sɑ̃dje] ◇ *adj* -**1.** [ville, maison] burnt (down), destroyed by fire; **les familles ~es seront dédommagées** the families affected by the fire will be given compensation; **les bâtiments ~s** the buildings gutted by fire. -**2.** *litt* [éclairé] ablaze, aglow.

◇ *nm, f* fire victim.

incendier [9] [ɛ̃sɑ̃dje] *vt* -**1.** [mettre le feu à] to set fire to, to set on fire; **la forêt a été incendiée** the forest was set on fire. -**2.** *fam* [invectiver]: ~ **qqn** to give sb hell; **tu vas te faire ~!** you'll be in for it! -**3.** *fig* [brûler] to burn; **une vodka qui incendie la gorge** a vodka that burns one's throat. -**4.** [exciter] to stir; **des discours destinés à ~ les esprits** inflammatory speeches. -**5.** *litt* [illuminer] to light up; **le soleil couchant incendiait les champs** the setting sun gave the fields a fiery glow.

incertain, e [ɛ̃sɛrtɛ̃, ɛn] *adj* -**1.** [peu sûr - personne] uncertain, unsure; **être ~ de qqch** to be uncertain OU unsure of sthg. -**2.** [indéterminé - durée, date, quantité] uncertain, undetermined; [- fait] uncertain, doubtful. -**3.** [aléatoire - gén] uncertain; [- temps] unsettled. -**4.** [vague - contour] indistinct, vague, blurred; [- lumière] poor. -**5.** [mal équilibré -démarche, appui] unsteady, uncertain, hesitant.

◆ **incertain** *nm* BOURSE: **coter l'~** to quote in a foreign currency.

incertitude [ɛ̃sɛrtityd] *nf* -**1.** [doute, précarité] uncertainty; **nous sommes dans l'~** we're uncertain, we're not sure; **il est seul face à ses ~s** he's left alone with his doubts. -**2.** MATH & PHYS uncertainty.

incessamment [ɛ̃sesamɑ̃] *adv* shortly, soon; **il doit arriver ~** he'll be here any minute now.

incessant, e [ɛ̃sesɑ̃, ɑ̃t] *adj* [amour, haine] undying, enduring; [effort] ceaseless, continual; [bruit, bavardage] incessant, ceaseless, continual; [douleur] unremitting, constant; [pluie] incessant.

incessibilité [ɛ̃sesibilite] *nf* JUR [d'un privilège] non-transferability; [d'un droit] inalienability, indefeasibility.

incessible [ɛ̃sesibl] *adj* JUR [privilège] nontransferable; [droit] inalienable, indefeasible.

inceste [ɛ̃sɛst] *nm* incest.

incestueux, euse [ɛ̃sɛstɥø, øz] *adj* -**1.** [personne, relation] incestuous. -**2.** [né d'un inceste]: **enfant ~** child born of an incestuous relationship; **l'enfant ~ de** the incestuous child of.

inchangé, e [ɛ̃ʃɑ̃ʒe] *adj* unchanged, unaltered.

inchantable [ɛ̃ʃɑ̃tabl] *adj* unsingable; **c'est ~** it's unsingable, it can't be sung.

inchauffable [ɛ̃ʃofabl] *adj* impossible to heat.

inchavirable [ɛ̃ʃavirabl] *adj* non-capsizing, self-righting.

inchiffrable [ɛ̃ʃifrabl] *adj* unquantifiable, immeasurable; **les dégâts sont ~s** it's impossible to put a figure on the damage.

inchoatif, ive [ɛ̃kɔatif, iv] *adj* inchoative, ingressive.

◆ **inchoatif** *nm* inchoative, ingressive.

incidemment [ɛ̃sidamɑ̃] *adv* [accessoirement] incidentally, in passing; [par hasard] incidentally, by chance.

incidence [ɛ̃sidɑ̃s] *nf* -**1.** [répercussion] effect, repercussion, impact; ~ **fiscale** ÉCON fiscal effect. -**2.** AÉRON & PHYS incidence.

incident[1] [ɛ̃sidɑ̃] *nm* -**1.** [événement] incident, event; [accrochage] incident; ~ **diplomatique/de frontière** diplomatic/border incident; ~ **technique** technical hitch OU incident ❑ **avoir un ~ de parcours** to come across a hitch (on the way); **sa démission n'est qu'un ~ de parcours** his resignation is only a minor incident; **l'~ est clos** the matter is (now) closed. -**2.** JUR: ~ **(de procédure)** objection (on a point of law); **soulever un ~** to raise an objection. -**3.** LITTÉRAT (little) episode.

incident[2], **e** [ɛ̃sidɑ̃, ɑ̃t] *adj* -**1.** [accessoire - remarque] incidental. -**2.** LING interpolated, parenthetical. -**3.** PHYS incident. -**4.** JUR incidental; **demande ~e** accessory claim.

◆ **incidente** *nf* GRAMM parenthetical clause.

incinérateur [ɛ̃sineratœr] *nm* incinerator.

incinération [ɛ̃sinerasjɔ̃] *nf* [de chiffons, de papiers] incineration; [de cadavres] cremation.

incinérer [18] [ɛ̃sinere] *vt* [linge, papier] to incinerate; [cadavre] to cremate.

incise [ɛ̃siz] *nf* -**1.** LING interpolated clause. -**2.** MUS phrase.

inciser [3] [ɛ̃size] *vt* -**1.** MÉD to incise, to make an incision in; [abcès] to lance. -**2.** HORT to incise, to cut (a notch into); [pour extraire la résine] to tap.

incisif, ive[1] [ɛ̃sizif, iv] *adj* [ironie, remarque, ton] cutting, incisive, biting; [regard] piercing.

incision [ɛ̃sizjɔ̃] *nf* -**1.** MÉD cut, incision *spéc*. -**2.** HORT notch, incision *spéc*; ~ **annulaire** ringing.

incisive[2] [ɛ̃siziv] ◇ *f* → **incisif**.

◇ *nf* incisor.

incitateur, trice [ɛ̃sitatœr, tris] ◇ *adj* inciting, incentive.

◇ *nm, f* inciter.

incitation [ɛ̃sitasjɔ̃] *nf* [encouragement] incitement, encouragement; **c'est une ~ à la violence** it's incitement to OU it encourages violence; ~ **fiscale** ÉCON tax incentive.

inciter [3] [ɛ̃site] *vt* -**1.** [encourager]: ~ **qqn à faire qqch** to prompt OU to encourage sb to do sthg; **son succès l'incita à continuer** his success encouraged OU prompted him to continue; ~ **qqn à qqch: cela vous incite à la réflexion/prudence** it makes you stop and think/makes you cautious. -**2.** JUR to incite.

incivil, e [ɛ̃sivil] *adj sout* uncivil, impolite.

incivique [ɛ̃sivik] ◇ *adj vieilli* lacking in civic OU public spirit, lacking in public-mindedness; **il tient des propos ~s** what he says isn't very public-spirited.

◇ *nmf Belg* HIST *collaborator with the Nazis during WW II.*

inclassable [ɛ̃klasabl] *adj* unclassifiable.

inclémence [ɛ̃klemɑ̃s] *nf litt* -**1.** [manque d'indulgence] mercilessness, pitilessness. -**2.** [rigueur - du climat] inclemency.

inclément, e [ɛ̃klemɑ̃, ɑ̃t] *adj litt* -**1.** [qui manque d'indulgence] merciless, pitiless. -**2.** [rigoureux - climat] inclement.

inclinable [ɛ̃klinabl] *adj* reclining, tilting.

inclinaison [ɛ̃klinɛzɔ̃] *nf* -**1.** [d'un plan] incline, slant; [d'un avion] tilt, tilting; [d'un toit, des combles, d'un pignon] pitch, slope; [d'un navire] list, listing; **la faible/forte ~ du jardin** the gentle slope/the steepness of the garden; **l'~ de la tour de Pise** the angle at which the tower of Pisa leans; **l'~ de la voie** RAIL & TRAV PUBL the gradient, the incline. -**2.** [d'une partie du corps]: **l'~ de la tête** the tilt of the head. -**3.** GÉOM inclination, angle. -**4.** ASTRON declination; ~ **magnétique** inclination, magnetic dip.

inclination [ɛ̃klinasjɔ̃] *nf* -**1.** [tendance] inclination, tendency; [goût] inclination, liking; **avoir une ~ pour la musique** to have a liking for music, to be musically inclined; **une ~ à douter** a tendency to doubt things; **suivre son ~** to follow one's (natural) inclination. -**2.** [mouvement - de la tête] bow, inclination; [- du corps] bow; [signe d'acquiescement] nod; **d'une légère ~ de la tête** with a slight bow of the head. -**3.** *litt* [attirance]: **avoir de l'~ pour qqn** to have a liking for sb; **un mariage d'~** a love match.

incliné, e [ɛ̃kline] *adj* -**1.** [en pente] sloping; [penché - mur] leaning; [- dossier, siège] reclining. -**2.** *sout* [enclin]: **une nature ~e au mal** a character inclined OU disposed to evil.

incliner [3] [ɛ̃kline] *vt* -**1.** [courber] to bend; ~ **la tête** OU **le front** to bow OU to incline *litt* one's head; [pour acquiescer ou saluer] to nod (one's head); ~ **le corps (en avant)** to bend forward; [pour saluer] to bow || [pencher - dossier, siège] to tilt; **être incliné** AÉRON to tilt; NAUT to list. -**2.** *sout* [inciter]: ~ **qqn à faire** to encourage OU to prompt sb to do; **cette information m'incline à revoir mon point de vue** this news leads me OU makes me inclined to reconsider my position; ~ **qqn à la rigueur** to encourage sb to be strict; **ceci ne les incline pas à la clémence/au travail** this makes them disinclined to be lenient/to work.

◆ **incliner à** *v + prép* to tend to OU towards, to incline towards; **j'incline à penser qu'elle a tort** I tend OU I'm inclined to think she's wrong.

◆ **s'incliner** *vpi* -**1.** [être penché - mur] to lean (over); [- toit, route] to slope; [- avion] to tilt, to bank; [- navire] to list; [- siège] to tilt; [se courber - personne] to bend forward; [- personne qui salue] to bow; [- cime d'arbre] to bend (over). -**2.** *fig* [se soumettre]: **s'~ devant le talent** to bow before talent; **s'~ devant les faits** to submit to OU to accept the facts; **s'~ devant la supériorité de qqn** to yield to sb's superiority; **le Racing s'est incliné devant Toulon par 15 à 12** SPORT Racing Club lost OU went down to Toulon 15 to 12; **leur équipe a finalement dû s'~** their team had to give in OU had to admit defeat eventually. -**3.** [se recueillir]: **s'~ devant la dépouille mortelle de qqn** to pay one's last respects to sb.

inclure [96] [ɛ̃klyr] *vt* -**1.** [ajouter] to include, to add, to insert; ~ **de nouvelles données dans une liste** to include new data in a list. -**2.** [joindre] to enclose. -**3.** [comporter] to include; **le contrat inclut une nouvelle clause importante** the contract includes OU comprises an important new clause || [impliquer]: **cet accord inclut une autre condition** the agreement includes a further condition.

inclus, e [ɛ̃kly, yz] *adj* -**1.** [contenu] enclosed. -**2.** [compris] included; **le service est ~** service is included; **vingt, les enfants ~** twenty, including the children; **du 1er au 12 juin ~** from June 1st to June 12th inclusive, from June 1 through June 12 *Am*; **jusqu'à la page 32 ~e** up to and including page 32; **jusqu'au dimanche ~** up to and including Sunday; **dimanche ~** including Sundays. -**3.** MATH: **l'ensemble X est**

~ dans l'ensemble Z the set X is included in the set Z OU is a subset of Z. -**4.** MÉD: **dent ~e** impacted tooth.

inclusif, ive [ɛ̃klyzif, iv] *adj* inclusive; **prix ~** all-inclusive price.

inclusion [ɛ̃klyzjɔ̃] *nf* -**1.** [action] inclusion. -**2.** MÉD impaction. -**3.** MÉTALL inclusion.

inclusivement [ɛ̃klyzivmɑ̃] *adv* up to and including, through *Am*.

incoagulable [ɛ̃kɔagylabl] *adj* noncoagulating.

incoercible [ɛ̃kɔɛrsibl] *adj* irrepressible, uncontrollable, incoercible.

incognito [ɛ̃kɔɲito] ◇ *adv* incognito.
◇ *nm* incognito; **garder l'~** to remain anonymous OU incognito.

incohérence [ɛ̃kɔerɑ̃s] *nf* -**1.** [manque d'unité] inconsistency, incoherence. -**2.** [contradiction] inconsistency, contradiction, discrepancy.

incohérent, e [ɛ̃kɔerɑ̃, ɑ̃t] *adj* -**1.** [confus, décousu] incoherent, inconsistent. -**2.** [disparate] divided.

incoiffable [ɛ̃kwafabl] *adj* [cheveux] unmanageable.

incollable [ɛ̃kɔlabl] *adj* -**1.** CULIN: **riz ~** nonstick rice. -**2.** *fam* [connaisseur] unbeatable; **elle est ~ en géographie** you can't trip her up in geography.

incolore [ɛ̃kɔlɔr] *adj* -**1.** [transparent - liquide] colourless; [- vernis, verre] clear; [- cirage] neutral. -**2.** *fig* [terne - sourire] wan; [- style] colourless, bland, nondescript.

incomber [3] [ɛ̃kɔ̃be]
◆ **incomber à** *v + prép* -**1.** [revenir à]: **les frais de déplacement incombent à l'entreprise** travelling expenses are to be paid by the company; **à qui en incombe la responsabilité?** who is responsible for it?; **cette tâche vous incombe** this task is your responsibility || *(tournure impersonnelle)*: **il vous incombe de la recevoir** it's your duty OU it's incumbent upon you to see her; **il vous incombe de le faire** the onus is on you to do it. -**2.** JUR [être rattaché à]: **cette pièce incombe au dossier Falon** this document belongs in the Falon file.

incombustibilité [ɛ̃kɔ̃bystibilite] *nf* incombustibility.

incombustible [ɛ̃kɔ̃bystibl] *adj* noncombustible.

incommensurabilité [ɛ̃kɔmɑ̃syrabilite] *nf* -**1.** [immensité] immeasurableness. -**2.** MATH incommensurability.

incommensurable [ɛ̃kɔmɑ̃syrabl] *adj* -**1.** [énorme] immeasurable. -**2.** MATH incommensurable.

incommensurablement [ɛ̃kɔmɑ̃syrabləmɑ̃] *adv* -**1.** [très] immeasurably; **il est ~ stupide** he's immensely OU inordinately stupid. -**2.** MATH incommensurably.

incommodant, e [ɛ̃kɔmɔdɑ̃, ɑ̃t] *adj* [chaleur] unpleasant, uncomfortable; [bruit] irritating, irksome; [odeur] offensive, nauseating.

incommode [ɛ̃kɔmɔd] *adj* -**1.** [peu pratique - outil] impractical, awkward; [- livre] unwieldy, impractical; [- maison] inconvenient. -**2.** [inconfortable - position] uncomfortable, awkward; [- fauteuil] uncomfortable.

incommoder [3] [ɛ̃kɔmɔde] *vt* to bother; **la chaleur commence à m'~** the heat is beginning to bother me OU to make me feel uncomfortable.

incommodité [ɛ̃kɔmɔdite] *nf* [d'un outil] inconvenience, impracticability, unsuitability; [d'un meuble, d'une posture, d'un trajet] uncomfortableness, discomfort.

incommunicabilité [ɛ̃kɔmynikabilite] *nf* incommunicability.

incommunicable [ɛ̃kɔmynikabl] *adj* incommunicable.

incommutabilité [ɛ̃kɔmytabilite] *nf* nontransferability.

incommutable [ɛ̃kɔmytabl] *adj* untransferable.

incomparable [ɛ̃kɔ̃parabl] *adj* -**1.** [très différent] not comparable, unique, singular; **nos deux situations sont ~s** you can't compare our two situations. -**2.** [inégalable] incomparable, matchless, peerless.

incomparablement [ɛ̃kɔ̃parabləmɑ̃] *adv* incomparably; **il est ~ plus beau que moi** he's incomparably OU infinitely more handsome than me.

incompatibilité [ɛ̃kɔ̃patibilite] *nf* -**1.** [opposition] incompatibility; **~ d'humeur** mutual incompatibility; **il y a une totale ~ entre eux** they are totally incompatible. -**2.** BOT, MÉD & PHARM incompatibility.

incompatible [ɛ̃kɔ̃patibl] *adj* incompatible; **ces deux solutions sont ~s** these two solutions are mutually exclusive.

incompétence [ɛ̃kɔ̃petɑ̃s] *nf* -**1.** [incapacité] incompetence. -**2.** [ignorance] ignorance, lack of knowledge. -**3.** JUR incompetence, incompetency, (legal) incapacity.

incompétent, e [ɛ̃kɔ̃petɑ̃, ɑ̃t] ◇ *adj* -**1.** [incapable] incompetent, inefficient. -**2.** [ignorant] ignorant; **je suis ~ en la matière** I'm not qualified OU competent to speak about this. -**3.** JUR & POL incompetent.
◇ *nm, f* incompetent.

incomplet, ète [ɛ̃kɔ̃plɛ, ɛt] *adj* [fragmentaire] incomplete; [inachevé] unfinished.

incomplètement [ɛ̃kɔ̃plɛtmɑ̃] *adv* incompletely, not completely.

incomplétude [ɛ̃kɔ̃pletyd] *nf* -**1.** *litt* [inassouvissement] nonfulfilment. -**2.** MATH: **théorème d'~** incompleteness theorem.

incompréhensibilité [ɛ̃kɔ̃preɑ̃sibilite] *nf* incomprehensibility.

incompréhensible [ɛ̃kɔ̃preɑ̃sibl] *adj* incomprehensible, impossible to understand.

incompréhensiblement [ɛ̃kɔ̃preɑ̃sibləmɑ̃] *adv* incomprehensibly.

incompréhensif, ive [ɛ̃kɔ̃preɑ̃sif, iv] *adj* unsympathetic, unfeeling.

incompréhension [ɛ̃kɔ̃preɑ̃sjɔ̃] *nf* lack of understanding OU comprehension; **leur ~ était totale** they found it totally impossible to understand.

incompressibilité [ɛ̃kɔ̃presibilite] *nf* -**1.** PHYS incompressibility. -**2.** [de dépenses, d'un budget] irreducibility.

incompressible [ɛ̃kɔ̃presibl] *adj* -**1.** PHYS incompressible. -**2.** [dépenses] which cannot be reduced; **notre budget est ~** we can't cut down on our budget.

incompris, e [ɛ̃kɔ̃pri, iz] ◇ *adj* -**1.** [méconnu] misunderstood. -**2.** [énigmatique] impenetrable; **un texte qui jusqu'à ce jour était resté ~** a text which had not been understood until today.
◇ *nm, f*: **je suis un éternel ~** *hum* nobody ever understands me.

inconcevable [ɛ̃kɔ̃svabl] *adj* inconceivable, unthinkable, unimaginable; **avec un aplomb ~** with an incredible OU amazing nerve.

inconcevablement [ɛ̃kɔ̃svabləmɑ̃] *adv sout* incredibly, inconceivably.

inconciliable [ɛ̃kɔ̃siljabl] *adj* [incompatible] incompatible, irreconcilable; **des intérêts ~s** incompatible interests; **des points de vue ~s** irreconcilable points of view; **~ avec qqch** incompatible with sthg.

inconditionnalité [ɛ̃kɔ̃disjɔnalite] *nf* unreservedness, wholeheartedness; **l'~ de notre soutien** the unconditional nature of our support.

inconditionné, e [ɛ̃kɔ̃disjɔne] *adj* PHILOS unconditioned.

inconditionnel, elle [ɛ̃kɔ̃disjɔnɛl] ◇ *adj* -**1.** [appui] unconditional, unreserved, wholehearted; [reddition] unconditional. -**2.** PHILOS unconditioned.
◇ *nm, f*: **un ~ de** a fan of; **pour les ~s de l'informatique** for computer buffs OU enthusiasts.

inconditionnellement [ɛ̃kɔ̃disjɔnɛlmɑ̃] *adv* unconditionally, unreservedly, wholeheartedly.

inconduite [ɛ̃kɔ̃dɥit] *nf sout* [dévergondage] loose living; [mauvaise conduite] misconduct.

inconfort [ɛ̃kɔ̃fɔr] *nm* [d'une maison] lack of comfort; [d'une posture] discomfort; [d'une situation] awkwardness.

inconfortable [ɛ̃kɔ̃fɔrtabl] *adj* -**1.** [maison, siège] uncomfortable. -**2.** [situation, posture] uncomfortable, awkward.

inconfortablement [ɛ̃kɔ̃fɔrtabləmɑ̃] *adv* uncomfortably.

incongelable [ɛ̃kɔ̃ʒlabl] *adj* which cannot be deep-frozen.

incongru, e [ɛ̃kɔ̃gry] *adj* [remarque, réponse] incongruous, out of place; [bruit] unseemly, rude; [personne] uncouth.

incongruité [ɛ̃kɔ̃grɥite] *nf* -**1.** [caractère incongru] incongruity, incongruousness. -**2.** [parole] unseemly remark.

incongrûment [ɛ̃kɔ̃grymɑ̃] *adv sout* in an unseemly manner.

inconnaissable [ɛ̃kɔnɛsabl] ◇ *adj* unknowable.
◇ *nm*: **l'~** the unknowable.

inconnu, e [ɛ̃kɔny] ◇ *adj* -**1.** [personne - dont on ignore l'existence] unknown; [- dont on ignore l'identité]: **il est né de père ~** the name of his father is not known; **'~ à cette adresse'** 'not known at this address'. -**2.** [ignoré] unknown; **parti pour une destination ~e** left for an unknown destination. -**3.** [étranger] unknown; **ce visage ne m'est pas ~** I've seen that face before ❑ **~ au bataillon** *fam* never heard of him. -**4.** [sans notoriété] unknown.
◇ *nm, f* -**1.** [étranger] unknown person, stranger; **ne parle pas aux ~s** don't talk to strangers. -**2.** [personne sans notoriété] unknown person; **une pièce jouée par des ~s** a play with a cast of unknowns.
◆ **inconnu** *nm*: **l'~** the unknown.
◆ **inconnue** *nf* -**1.** [élément ignoré] unknown quantity OU factor; **il y a trop d'~es pour que je prenne une décision** there are too many unknown factors for me to decide. -**2.** MATH unknown.

inconsciemment [ɛ̃kɔ̃sjamɑ̃] *adv* [machinalement] unconsciously, unwittingly; [dans l'inconscient] unconsciously.

inconscience [ɛ̃kɔ̃sjɑ̃s] *nf* -**1.** [insouciance] recklessness, thoughtlessness; [folie] madness, craziness. -**2.** [perte de connaissance] unconsciousness.

inconscient, e [ɛ̃kɔ̃sjɑ̃, ɑ̃t] ◇ *adj* -**1.** **être ~ de qqch** [ne pas s'en rendre compte] to be unaware of sthg. -**2.** [insouciant] reckless, rash; [irresponsable] thoughtless, careless. -**3.** [automatique] mechanical, unconscious; PSYCH unconscious. -**4.** [évanoui] unconscious.
◇ *nm, f* reckless OU thoughtless OU crazy person.
◆ **inconscient** *nm* PSYCH: **l'~** the unconscious; **l'~ collectif** the collective unconscious.

inconséquemment [ɛ̃kɔ̃sekamɑ̃] *adv litt* [de façon - incohérente] incoherently, inconsistently; [- imprudente] thoughtlessly, unthinkingly, recklessly.

inconséquence [ɛ̃kɔ̃sekɑ̃s] *nf* [manque - de cohérence] incoherence, inconsistency; [- de prudence] thoughtlessness, carelessness, recklessness.

inconséquent, e [ɛ̃kɔ̃sekɑ̃, ɑ̃t] *adj* [incohérent] incoherent, inconsistent; [imprudent] thoughtless, unthinking, reckless.

inconsidéré, e [ɛ̃kɔ̃sidere] *adj* thoughtless, rash, foolhardy.

inconsidérément [ɛ̃kɔ̃sideremɑ̃] *adv* rashly, thoughtlessly, unwisely.

inconsistance [ɛ̃kɔ̃sistɑ̃s] *nf* -**1.** [d'un roman, d'un argument] flimsiness, shallowness; [d'une personne, d'un caractère] shallowness, superficiality. -**2.** [de la boue, de la vase] softness; [d'une crème] thinness, runniness; [d'une soupe] wateriness.

inconsistant, e [ɛ̃kɔ̃sistɑ̃, ɑ̃t] *adj* -**1.** [roman, argument] flimsy, weak, shallow; [personne, caractère] shallow, superficial, indecisive. -**2.** [crème, enduit] thin, runny; [soupe] watery.

inconsolable [ɛ̃kɔ̃sɔlabl] *adj* inconsolable.

inconsolé, e [ɛ̃kɔ̃sɔle] *adj* [peine, chagrin] unconsoled; [personne] disconsolate.

inconsommable [ɛ̃kɔ̃sɔmabl] *adj* unfit for consumption.

inconstance [ɛ̃kɔ̃stɑ̃s] *nf* -**1.** [infidélité, variabilité] inconstancy, fickleness. -**2.** *litt*: **l'~ du succès** the fickleness of fortune.

inconstant, e [ɛ̃kɔ̃stɑ̃, ɑ̃t] ◇ *adj* -**1.** [infidèle, d'humeur changeante] inconstant, fickle; **être ~ en amour** to be fickle. -**2.** *litt* [changeant - temps] changeable, unsettled.
◇ *nm, f* fickle person.

inconstatable [ɛ̃kɔ̃statabl] *adj* impossible to ascertain, unascertainable.

inconstitutionnalité [ɛ̃kɔ̃stitysjɔnalite] *nf* unconstitutionality.

inconstitutionnel, elle [ɛ̃kɔ̃stitysjɔnɛl] *adj* unconstitutional.

inconstitutionnellement [ɛ̃kɔ̃stitysjɔnɛlmɑ̃] *adv* unconstitutionally.

inconstructible [ɛ̃kɔ̃stryktibl] *adj*: **zone ~** site without development approval, permanently restricted zone *Am*.

incontestable [ɛ̃kɔ̃tɛstabl] *adj* incontestable, indisputable, undeniable; **sa compétence est ~** her competence is indisputable OU beyond question; **il a fait un gros effort, c'est ~** there's no denying the fact that he put in a lot of effort.

incontestablement [ɛ̃kɔ̃tɛstabləmɑ̃] *adv* indisputably, undeniably, incontestably, beyond any shadow of (a) doubt; **~ coupable** unquestionably guilty.

incontesté, e [ɛ̃kɔ̃tɛste] *adj* uncontested, undisputed; **c'est un expert ~** he's an unchallenged OU undisputed expert.

incontinence [ɛ̃kɔ̃tinɑ̃s] *nf* -**1.** MÉD incontinence. -**2.** *litt* [débauche] debauchery. -**3.** [dans le discours]: **~ verbale** [prolixité] logorrhoea, verbal diarrhoea *hum*.

incontinent, e [ɛ̃kɔ̃tinɑ̃, ɑ̃t] *adj* -**1.** MÉD incontinent. -**2.** *litt* [débauché] debauched.
◆ **incontinent** *adv litt* forthwith, straightaway, directly.

incontournable [ɛ̃kɔ̃turnabl] *adj*: **c'est un problème ~** this problem can't be ignored; **son œuvre est ~** her work cannot be overlooked.

incontrôlable [ɛ̃kɔ̃trolabl] *adj* -**1.** [sentiment, colère] uncontrollable, ungovernable, wild; [person] out of control; **l'incendie/la foule était ~** the fire/crowd was out of control. -**2.** [non vérifiable - affirmation] unverifiable, unconfirmable.

incontrôlé, e [ɛ̃kɔ̃trole] *adj* -**1.** [bande, groupe] unrestrained, unruly, out of control; **des éléments ~s** unruly elements. -**2.** [non vérifié - nouvelle] unverified, unconfirmed.

inconvenance [ɛ̃kɔ̃vnɑ̃s] *nf* -**1.** [caractère] impropriety, indecency; **vous avez été d'une ~ choquante** you behaved in a most unseemly manner. -**2.** [parole] impropriety, rude remark; [acte] impropriety, rude gesture.

inconvenant, e [ɛ̃kɔ̃vnɑ̃, ɑ̃t] *adj* [déplacé] improper, indecorous, unseemly; [indécent] indecent, improper; **rien d'~ ne s'est passé entre eux** nothing improper OU untoward passed between them.

inconvénient [ɛ̃kɔ̃venjɑ̃] *nm* [désagrément] disadvantage, drawback, inconvenience; [danger] risk; **les avantages et les ~s** the advantages and disavantages, the pros and cons; **je ne vois pas d'~ à ce que tu y ailles** I can see nothing against your going; **y voyez-vous un ~?** [désagrément] can you see any difficulties OU drawbacks in this?; [objection] do you have any objection to this?, do you mind?

inconvertible [ɛ̃kɔ̃vɛrtibl] *adj* -**1.** FIN inconvertible. -**2.** RELIG unconvertable.

incoordination [ɛ̃kɔɔrdinasjɔ̃] *nf* -**1.** [incohérence - de la pensée, d'un discours] lack of coordination. -**2.** [des mouvements] uncoordination, lack of coordination, ataxia *spéc*.

incorporable [ɛ̃kɔrpɔrabl] *adj* -**1.** MIL recruitable *Br*, draftable *Am*. -**2.** [parcelle, matériau] incorporable.

incorporation [ɛ̃kɔrpɔrasjɔ̃] *nf* -**1.** MIL recruitment, conscription *Br*, induction *Am*; **j'attends mon ~** I'm waiting to be called up. -**2.** PSYCH incorporation. -**3.** [intégration - d'un produit] blending, incorporating, mixing; [- d'un territoire] incorporation; **l'~ de Calais à l'Angleterre a eu lieu en 1347** Calais was incorporated into England in 1347.

incorporé, e [ɛ̃kɔrpɔre] *adj* built-in, integrated; **avec cellule ~e photoélectrique** with built-in lightmeter.
◆ **incorporé** *nm* recruit, inductee *Am*.

incorporéité [ɛ̃kɔrpɔreite] *nf* incorporeity.

incorporel, elle [ɛ̃kɔrpɔrɛl] *adj* -**1.** [intangible] insubstantial, incorporeal. -**2.** JUR: **bien ~** intangible property; **propriété ~le** incorporeal hereditaments.

incorporer [3] [ɛ̃kɔrpɔre] *vt* -**1.** [mêler] to blend, to mix; **incorporez le sucre peu à peu** gradually mix in the sugar; **incorporez le fromage râpé aux jaunes d'œufs** blend OU mix the grated cheese with the egg yolks. -**2.** MIL to recruit *Br*, to draft *Am*, to induct *Am*. -**3.** [intégrer] to incorporate, to integrate; **quand la Savoie a été incorporée à la France** when Savoy became part of France; **incorporez quelques citations dans le texte** add a few quotations to the text.

incorrect, e [ɛ̃kɔrɛkt] *adj* -**1.** [erroné] incorrect, wrong; **l'emploi ~ d'un mot** the improper use of a word. -**2.** [indécent] improper, impolite, indecent; **dans une tenue ~e** improperly dressed. -**3.** [impoli] rude, discourteous, impolite. -**4.** [irrégulier] underhand, irregular, unscrupulous; **il a été très ~ avec ses concurrents** he behaved quite unscrupulously towards his competitors.

incorrectement [ɛ̃kɔrɛktəmɑ̃] *adv* wrongly, incorrectly; **mots orthographiés ~** wrongly spelt words.

incorrection [ɛ̃kɔrɛksjɔ̃] *nf* -**1.** [caractère incorrect] impropriety, indecency. -**2.** [propos] impropriety, improper remark; **pas d'~s, s'il vous plaît** no bad language please || [acte] improper act; **c'est une ~ de...** it's not proper to... -**3.** [emploi fautif] impropriety.

incorrigible [ɛ̃kɔriʒibl] *adj* -**1.** [personne] incorrigible; **c'est un ~ paresseux** he's incorrigibly lazy. -**2.** [défaut] incorrigible.

incorrigiblement [ɛ̃kɔriʒibləmɑ̃] *adv* incorrigibly.

incorruptibilité [ɛ̃kɔryptibilite] *nf* -**1.** [honnêteté] incorruptibility. -**2.** [inaltérabilité - d'un métal] stability; [- d'un bois] incorruptibility, rot-resistance.

incorruptible [ɛ̃kɔryptibl] ◇ *adj* -**1.** [honnête] incorruptible; **on la sait ~** everybody knows she wouldn't take a bribe. -**2.** [inaltérable - métal] stable; [- bois] non-decaying.
◇ *nmf* incorruptible; **c'est un ~** he's incorruptible.

incrédibilité [ɛ̃kredibilite] *nf* incredibleness, incredibility.

incrédule [ɛ̃kredyl] ◇ *adj* -**1.** [sceptique] incredulous, disbelieving; **d'un air ~** incredulously, in disbelief. -**2.** [incroyant] unbelieving.
◇ *nmf* [incroyant] nonbeliever, unbeliever.

incrédulité [ɛ̃kredylite] *nf* -**1.** [doute] incredulity, disbelief, unbelief; **avec ~** incredulously, in disbelief. -**2.** [incroyance] lack of belief, unbelief.

incréé, e [ɛ̃kree] *adj litt* uncreated.

incrément [ɛ̃kremɑ̃] *nm* increment COMPUT.

incrémenter [3] [ɛ̃kremɑ̃te] *vt* to increment COMPUT.

incrémentiel, elle [ɛ̃kremɑ̃sjɛl] *adj* incremental COMPUT.

increvable [ɛ̃krəvabl] *adj* -**1.** [pneu, ballon] puncture-proof. -**2.** *fam* [personne] tireless; **les gosses sont ~s** kids never seem to get tired; **à cet âge-là, j'étais ~** at that age, I never got tired; **cette voiture est ~** this car will last for ever.

incriminable [ɛ̃kriminabl] *adj litt* impeachable, condemnable.

incrimination [ɛ̃kriminasjɔ̃] *nf* incrimination *(U)*, accusation.

incriminer [3] [ɛ̃krimine] *vt* -**1.** [rejeter la faute sur] to put the blame on, to incriminate. -**2.** [accuser - décision, négligence] to (call into) question; [- personne] to accuse; **il avait déjà été incriminé dans une affaire de drogue** he'd previously been implicated in a drugs case.

incristallisable [ɛ̃kristalizabl] *adj* uncrystallizable, non-crystallizing.

incrochetable [ɛ̃krɔʃtabl] *adj* unpickable.

incroyable [ɛ̃krwajabl] ◇ *adj* -**1.** [peu vraisemblable] incredible, unbelievable; **quelle histoire ~!** what an incredible story!; **il est ~ que** it's incredible OU hard to believe that. -**2.** [étonnant] incredible, amazing; **tu es vraiment ~, pourquoi ne veux-tu pas venir?** you're unbelievable, why don't you want to come?; **d'une bêtise ~** incredibly stupid; **c'est quand même ~, ce retard!** this delay is getting ridiculous!; **ils sont ~s de suffisance** they're unbelievably self-important.
◇ *nmf* HIST Incroyable, dandy.

incroyablement [ɛ̃krwajabləmɑ̃] *adv* incredibly, unbelievably, amazingly.

incroyance [ɛ̃krwajɑ̃s] *nf* unbelief.

incroyant, e [ɛ̃krwajɑ̃, ɑ̃t] ◇ *adj* unbelieving.
◇ *nm, f* unbeliever.

incrustant, e [ɛ̃krystɑ̃, ɑ̃t] *adj* incrusting, coating.

incrustation [ɛ̃krystasjɔ̃] *nf* -**1.** [décoration] inlay; [procédé] inlaying. -**2.** GÉOL [action] encrusting; [résultat] incrustation. -**3.** COUT insertion. -**4.** TV (image) inlay, cut-in. -**5.** [dépôt - sur une chaudière] fur, scale.

incruster [3] [ɛ̃kryste] *vt* -**1.** [orner] to inlay; **~ qqch de** to inlay sthg with; **un bracelet incrusté d'émeraudes** a bracelet inlaid with emeralds. -**2.** [recouvrir - gén] to incrust, to coat; [- de calcaire] to fur up. -**3.** CONSTR [pierre] to insert.
◆ **s'incruster** *vpi* -**1.** [se couvrir de calcaire] to become incrusted, to become covered in scale, to fur up. -**2.** [adhérer] to build up; **enlever le calcaire qui s'est incrusté** to remove the build-up of scale. -**3.** *fam* [personne]: **l'ennui, c'est que si on l'invite, il s'incruste** the problem is that if we ask him over, he'll overstay his welcome; **ne t'incruste pas** don't stick around too long.

incubateur, trice [ɛ̃kybatœr, tris] *adj* incubatory.
◆ **incubateur** *nm* incubator.

incubation [ɛ̃kybasjɔ̃] *nf* -**1.** [d'œufs] incubation. -**2.** [d'une maladie] incubation; **l'~ dure trois jours** the incubation period is three days.

incube [ɛ̃kyb] *nm* incubus.

incuber [3] [ɛ̃kybe] *vt* [œuf] to incubate.

inculcation [ɛ̃kylkasjɔ̃] *nf litt* inculcation, instilling.

inculpable [ɛ̃kylpabl] *adj* chargeable.

inculpation [ɛ̃kylpasjɔ̃] *nf* indictment, charge; **être sous le coup d'une ~ (pour)** to be indicted (for) OU on a charge (of).

inculpé, e [ɛ̃kylpe] *nm, f*: **l'~** the accused.

inculper [3] [ɛ̃kylpe] *vt* to charge; **inculpé de meurtre** charged with murder.

inculquer [3] [ɛ̃kylke] *vt* to inculcate; **~ qqch à qqn** to inculcate sthg in sb.

inculte [ɛ̃kylt] *adj* -**1.** [campagne, pays] uncultivated. -**2.** [esprit, intelligence, personne] uneducated, uncultured, uncultivated; **ils sont complètement ~s** they're totally ignorant. -**3.** [cheveux] unkempt, dishevelled; [barbe] untidy.

incultivable [ɛ̃kyltivabl] *adj* unworkable, uncultivable; **des terres ~s** wasteland; **ces landes sont ~s** these moors are no use for farming OU as farmland.

incultivé, e [ɛ̃kyltive] *adj litt* [région, terre] uncultivated.

inculture [ɛ̃kyltyr] *nf* [d'une personne] lack of culture OU education.

incunable [ɛ̃kynabl] ◇ *adj* [édition] incunabular.
◇ *nm* incunabulum, incunable; **les ~s** the incunabula.

incurabilité [ɛ̃kyrabilite] *nf* incurability, incurableness.

incurable [ɛ̃kyrabl] ◇ *adj* -**1.** MÉD incurable. -**2.** [incorrigible - personne, défaut] incurable, inveterate.
◇ *nmf* incurable.

incurablement [ɛ̃kyrabləmɑ̃] *adv* -**1.** MÉD incurably. -**2.** [irrémédiablement] incurably, desperately, hopelessly.

incurie [ɛ̃kyri] *nf sout* carelessness, negligence.

incuriosité [ɛ̃kyrjozite] *nf litt* lack of curiosity.

incursion [ɛ̃kyrsjɔ̃] *nf* -**1.** [exploration] foray, incursion. -**2.** MIL foray, raid.

incurvation [ɛ̃kyrvasjɔ̃] *nf sout* bending, curving, incurvation.

incurvé, e [ɛ̃kyrve] *adj* curved, bent, incurved.

incurver [3] [ɛ̃kyrve] *vt* to curve (inwards), to make into a curve.
◆ **s'incurver** *vpi* -**1.** [trajectoire] to curve (inwards OU in), to bend. -**2.** [étagère] to sag.

indaguer [3] [ɛ̃dage] *vi Belg* JUR to carry out an investigation.

indatable [ɛ̃databl] *adj* [manuscrit, ruines] undatable, undateable.

Inde [ɛ̃d] *npr f*: (l')~ India.

indéboulonnable [ɛ̃debulɔnabl] *adj hum*: **il est ~!** they'll never be able to sack him!

indébrouillable [ɛ̃debrujabl] *adj* [écheveau, procès] hopelessly entangled, inextricable.

indécemment [ɛ̃desamɑ̃] *adv* indecently.

indécence [ɛ̃desɑ̃s] *nf* -**1.** [manque de pudeur] indecency. -**2.** [propos, acte] indecency, impropriety.

indécent, e [ɛ̃desɑ̃, ɑ̃t] *adj* -**1.** [honteux] indecent; **c'est un gaspillage presque ~** the waste is almost obscene. -**2.** [licencieux] indecent, obscene.

indéchiffrable [ɛ̃deʃifrabl] *adj* -**1.** [code] undecipherable, indecipherable; **aucun code n'est ~** there's no code that can't be broken OU cracked. -**2.** [écriture] illegible, unreadable. -**3.** [visage, mystère, pensée] inscrutable, impenetrable.

indéchirable [ɛ̃deʃirabl] *adj* tear-resistant.

indécidable [ɛ̃desidabl] *adj* LOGIQUE & MATH undecidable.

indécis, e [ɛ̃desi, iz] ◇ *adj* -**1.** [flou] vague, indistinct; **on apercevait quelques formes ~es dans le brouillard** a few blurred shapes could be made out in the fog. -**2.** [incertain] undecided, unsettled; **la victoire est restée ~e jusqu'à la fin** victory was uncertain until the very end; **le temps est ~** the weather is unsettled. -**3.** [hésitant] undecided, unsure, uncertain; [irrésolu] indecisive, irresolute; **je suis ~ (sur la solution à choisir)** I'm undecided (as to the best solution), I can't make up my mind (which solution is the best); **il a toujours été ~** he's always been indecisive, he never has been able to make up his mind.
◇ *nm, f* indecisive person; [électeur] floating voter, don't-know; **le vote des ~** the floating vote.

indécision [ɛ̃desizjɔ̃] *nf* [caractère irrésolu] indecisiveness; [hésitation] indecision; **être dans l'~ (quant à)** to be undecided OU unsure (about).

indéclinable [ɛ̃deklinabl] *adj* indeclinable; **le mot est ~** the word does not decline.

indécollable [ɛ̃dekɔlabl] *adj* [gén] nonremovable; [revêtement] permanent.

indécomposable [ɛ̃dekɔ̃pozabl] *adj* [corps, ensemble] indecomposable.

indécrottable *fam* [ɛ̃dekrɔtabl] *adj* hopeless; **c'est un ~ imbécile!** he's hopelessly stupid!; **un ~ réactionnaire** an out-and-out reactionary.

indéfectibilité [ɛ̃defɛktibilite] *nf* -**1.** *sout* [d'une amitié] unfailingness, constancy. -**2.** RELIG indefectibility.

indéfectible [ɛ̃defɛktibl] *adj* [amitié, soutien] staunch, unfailing, unshakeable; **une ~ volonté** staunch determination; **une foi ~ en l'informatique** an unshakeable faith in computers; **avec une ambition ~** with unwavering OU unfailing ambition.

indéfectiblement [ɛ̃defɛktibləmɑ̃] *adv* staunchly, unfailingly, unshakeably.

indéfendable [ɛ̃defɑ̃dabl] *adj* -**1.** [condamnable - personne, comportement] indefensible. -**2.** [insoutenable - théorie, opinion] indefensible, untenable.

indéfini, e [ɛ̃defini] *adj* -**1.** [sans limites] indefinite, unlimited; **un temps ~** an undetermined length of time. -**2.** [confus] ill-defined, vague; **un trouble ~ l'envahit** a vague feeling of uneasiness crept over him. -**3.** LING indefinite.
◆ **indéfini** *nm* LING indefinite.

indéfiniment [ɛ̃definimɑ̃] *adv* indefinitely, for ever.

indéfinissable [ɛ̃definisabl] *adj* indefinable.

indéformable [ɛ̃defɔrmabl] *adj* [chapeau, vêtement] which cannot be pulled out of shape; [semelle] rigid.

indéfrichable [ɛ̃defriʃabl] *adj* [sol, terre] unclearable.

indéfrisable [ɛ̃defrizabl] *nf vieilli* perm, permanent wave *vieilli*.

indéhiscent, e [ɛ̃deisɑ̃, ɑ̃t] *adj* indehiscent.

indélébile [ɛ̃delebil] *adj* -**1.** [ineffaçable - encre] indelible, permanent; [- tache] indelible. -**2.** [indestructible - souvenir] indelible.

indélébilité [ɛ̃delebilite] *nf* indelibility.

indélicat, e [ɛ̃delika, at] *adj* -**1.** [grossier] coarse, indelicate, rude. -**2.** [véreux] dishonest, unscrupulous.

indélicatement [ɛ̃delikatmɑ̃] *adv* -**1.** [grossièrement] coarsely, indelicately. -**2.** [malhonnêtement] dishonestly, unscrupulously.

indélicatesse [ɛ̃delikatɛs] *nf* -**1.** [des manières] indelicacy, coarseness. -**2.** [caractère malhonnête] dishonesty, unscrupulousness. -**3.** [acte malhonnête] dishonest OU unscrupulous act.

indémaillable [ɛ̃demajabl] *adj* [bas, collant] runproof, ladderproof *Br*; [pull, tissu] runresistant, runproof.

indémêlable [ɛ̃demelabl] *adj* [cheveux] hopelessly entangled; [intrigue] inextricable, entangled.

indemne [ɛ̃dɛmn] *adj* -**1.** [physiquement] unhurt, unharmed; **ma sœur est sortie ~ de la collision** my sister was unhurt in the collision. -**2.** [moralement] unscathed; **il est sorti ~ du scandale** he emerged unscathed from the scandal.

indemnisable [ɛ̃dɛmnizabl] *adj* [propriétaire, réfugié] entitled to compensation, compensable *Am*.

indemnisation [ɛ̃dɛmnizasjɔ̃] *nf* -**1.** [argent] compensation, indemnity; **il a reçu 100 000 francs d'~** he received 100,000 francs compensation. -**2.** [procédé] compensating; **l'~ des sinistrés prendra plusieurs mois** it will take several months to compensate the disaster victims.

indemniser [3] [ɛ̃dɛmnize] *vt* -**1.** [après un sinistre] to compensate, to indemnify; **ils seront tous indemnisés** they will all receive compensation; **se faire ~** to receive compensation. -**2.** [après une dépense]: **être indemnisé de ses frais** to have one's expenses paid for OU reimbursed; **quand je voyage, je suis indemnisé (de mes frais)** when I travel, it all goes on expenses.

indemnitaire [ɛ̃dɛmnitɛr] ◇ *adj* compensative, compensatory.
◇ *nmf* -**1.** [recevant une allocation] recipient of an allowance. -**2.** [après un sinistre] person awarded compensation.

indemnité [ɛ̃dɛmnite] *nf* -**1.** [après un sinistre] compensation; [dommages et intérêts] damages. -**2.** [allocation] allowance; **~ journalière** sickness benefit; **~ de licenciement** redundancy payment; **~ parlementaire** ≃ MP's salary *Br*; **~ de transport** travel allowance OU expenses; **~ viagère de départ** *severance money for retiring farmers*.

indémodable [ɛ̃demɔdabl] *adj* perenially fashionable.

indémontable [ɛ̃demɔ̃tabl] *adj* [jouet, serrure] which cannot be taken apart OU dismantled; [étagère] fixed.

indémontrable [ɛ̃demɔ̃trabl] *adj* -**1.** LOGIQUE & MATH indemonstrable. -**2.** [non prouvable] unprovable.

indéniable [ɛ̃denjabl] *adj* undeniable.

indéniablement [ɛ̃denjabləmɑ̃] *adv* undeniably.

indénombrable [ɛ̃denɔ̃brabl] *adj* innumerable, uncountable.

indentation [ɛ̃dɑ̃tasjɔ̃] *nf* indentation; **les ~s du littoral** the ragged coastline.

indépassable [ɛ̃depasabl] *adj* [crédit, limite] unextendable, fixed; [coureur] unbeatable.

indépendamment [ɛ̃depɑ̃damɑ̃] *adv* -**1.** [séparément] independently; **~ l'un de l'autre** independently of one another. -**2.** **~ de** [outre, mis à part] apart from; **~ de son salaire, il a des rentes** apart from his salary he has a private income.

indépendance [ɛ̃depɑ̃dɑ̃s] *nf* -**1.** [d'un pays, d'une personne] independence; **prendre son ~** to assume one's independence ❑ **le jour de l'Indépendance** Independence Day. -**2.** [absence de relation] independence.

indépendant, e [ɛ̃depɑ̃dɑ̃, ɑ̃t] ◇ *adj* -**1.** [gén & POL] independent; **pour des raisons ~es de notre volonté** for reasons beyond our control. -**2.** [distinct]: **ces deux problèmes sont ~s l'un de l'autre** these two problems are separate OU distinct from each other; **une chambre ~e** a self-contained room; **avec salle de bains ~e** with own OU separate bathroom ❑ **travailleur ~** self-employed person. -**3.** LING & MATH independent.
◇ *nm, f* POL independent.
◆ **indépendante** *nf* GRAMM independent clause.

indépendantisme [ɛ̃depɑ̃dɑ̃tism] *nm*: l'~ the independence OU separatist movement.

indépendantiste [ɛ̃depɑ̃dɑ̃tist] ◇ *adj*: **mouvement ~** independence OU separatist movement.
◇ *nmf* separatist.

indéracinable [ɛ̃derasinabl] *adj* -**1.** [préjugé, habitude] entrenched, ineradicable. -**2.** [personne]: **deux ou trois poivrots ~s** *fam* two or three drunks who couldn't be shifted.

indéréglable [ɛ̃dereglabl] *adj* [mécanisme, montre] extremely reliable.

Indes [ɛ̃d] *npr fpl* Indies; **les ~ occidentales/orientales** HIST the West/East Indies; **la Compagnie des ~ orientales** HIST the East India Company.

indescriptible [ɛ̃dɛskriptibl] *adj* indescribable.

indésirable [ɛ̃dezirabl] ◇ *adj* undesirable, unwanted; **une présence ~** an undesirable OU unwanted presence.
◇ *nmf* undesirable; **on nous traite comme des ~s** we are treated as though we were not wanted.

Indes-Occidentales [ɛ̃dɔksidɑ̃tal] *npr fpl* the (British) West Indies.

indestructibilité [ɛ̃dɛstryktibilite] *nf* indestructibility, indestructibleness.

indestructible [ɛ̃dɛstryktibl] *adj* [bâtiment, canon] indestructible, built to last; [amour, lien] indestructible.

indéterminable [ɛ̃detɛrminabl] *adj* indeterminable; **sa date de naissance est ~** his date of birth cannot be determined (with any certainty).

indétermination [ɛ̃detɛrminasjɔ̃] *nf* -**1.** [approximation] vagueness. -**2.** [indécision] indecision, uncertainty. -**3.** MATH indeterminacy. -**4.** PHILOS indetermination.

indéterminé, e [ɛ̃detɛrmine] *adj* -**1.** [non défini] indeterminate, unspecified; **à une date ~e** at an unspecified date; **dans une direction ~e** in an unknown direction; **l'origine du mot est ~e** the origin of the word is uncertain OU not known. -**2.** MATH indeterminate.

◆ **indéterminée** *nf* MATH indeterminate variable.

indéterminisme [ɛ̃detɛrminism] *nm* indeterminism.

index [ɛ̃dɛks] *nm* -**1.** [doigt] index finger, forefinger. -**2.** [repère] pointer. -**3.** [liste] index. -**4.** HIST: **l'Index** the Index ❑ **mettre qqch à l'~** to blacklist sthg; **mettre qqn à l'~** to blackball sb. -**5.** INF (fixed) index.

indexage [ɛ̃dɛksaʒ] *nm* indexing, indexation.

indexation [ɛ̃dɛksasjɔ̃] *nf* indexation, indexing.

indexé, e [ɛ̃dɛkse] *adj* ÉCON [loyer, prix] indexed; [salaire] indexed, index-linked; INF [valeur] indexed.

indexer [4] [ɛ̃dɛkse] *vt* [gén, ÉCON & INF] to index; **~ les salaires sur le coût de la vie** to index salaries to the cost of living.

Indiana [indjana] *npr m*: **l'~** Indiana.

Indianapolis [indjanapɔlis] *npr* Indianapolis.

indianisme [ɛ̃djanism] *nm* LING [mot] Indian word; [expression] Indian turn of phrase.

indianiste [ɛ̃djanist] *nmf* specialist on India.

indic *fam* [ɛ̃dik] *nm* (police) informer.

indicateur, trice [ɛ̃dikatœr, tris] ◇ *adj* indicative.

◇ *nm, f* [informateur] (police) informer OU spy.

◆ **indicateur** *nm* -**1.** [plan, liste]: **~ des rues** street guide OU directory; **~ des chemins de fer** railway *Br* OU railroad *Am* timetable. -**2.** [appareil] indicator, gauge; **~ d'altitude** altimeter; **~ de pression** pressure gauge; **~ de vitesse** speedometer. -**3.** [indice] indicator, pointer; **~ économique** economic indicator; **~ de tendance** BOURSE market indicator. -**4.** CHIM & LING indicator. -**5.** NUCL (radioactive) indicator OU tracer.

indicatif, ive [ɛ̃dikatif, iv] *adj* [état, signe] indicative; GRAMM [mode] indicative.

◆ **indicatif** *nm* -**1.** GRAMM indicative. -**2.** RAD & TV theme OU signature tune. -**3.** TÉLÉC [de zone] (dialling) code; **~ du pays** international dialling code. -**4.** INF: **~ de fichier** filename; **~ de tri** sort key.

indication [ɛ̃dikasjɔ̃] *nf* -**1.** [recommandation] instruction; **j'ai suivi toutes vos ~s** I followed all your instructions; **les ~s du mode d'emploi** the directions for use; **les ~s de montage** the assembly instructions; **~s scéniques** stage directions. -**2.** [information, renseignement] information *(U)*, piece of information; **il a été arrêté sur les ~s d'un complice** he was arrested on information given by an accomplice. -**3.** [signe] sign, indication. -**4.** [aperçu] indication; **c'est une excellente ~ sur l'état de l'économie** it's an excellent indication of the state of the economy. -**5.** MÉD & PHARM: **sauf ~ contraire du médecin** unless otherwise stated by the doctor; **~ thérapeutique** indication. -**6.** COMM: **~ d'origine** label of origin.

indice [ɛ̃dis] *nm* -**1.** [symptôme - d'un changement, d'un phénomène] indication, sign; [- d'une maladie] sign, symptom; **aucun ~ ne laissait présager le drame** there was no hint of the coming tragedy; **la presse s'accorde à y voir l'~ de proches négociations** all the papers agree that this is evidence OU a sign that negotiations are imminent. -**2.** [d'une enquête policière] clue; [d'une énigme] clue, hint. -**3.** ÉCON, OPT & PHYS index; BOURSE index, average; **~ du coût de la vie** cost of living index; **l'~ de l'INSEE** ≃ the retail price index; **~ pondéré** weighted index; **~ des prix (à la consommation)** (consumer) price index; **~ de rémunération** OU **traitement** ADMIN salary grading. -**4.** RAD & TV: **l'~ d'écoute** the audience rating, the ratings; **avoir un mauvais ~ d'écoute** to have a low (audience) rating, to get bad ratings. -**5.** PHOT: **~ de lumination** exposure value OU index. -**6.** PÉTR: **~ de cétane** cetane number; **~ d'octane** octane rating. -**7.** MATH index; **b ~ 3** b subscript OU index 3. -**8.** LING index.

indiciaire [ɛ̃disjɛr] *adj* -**1.** ÉCON index-based. -**2.** ADMIN grade-related.

indicible [ɛ̃disibl] *adj* [douleur, émotion] indescribable, unutterable.

indiciel, elle [ɛ̃disjɛl] *adj* -**1.** ÉCON & MATH index *(épith)*. -**2.** LING contextual, deictic.

indien, enne [ɛ̃djɛ̃, ɛn] *adj* Indian.

◆ **Indien, enne** *nm, f* -**1.** [de l'Inde] Indian. -**2.** [amérindien] American Indian, Native American.

◆ **indienne** *nf* -**1.** TEXT printed (Indian) cotton *Br*, printed calico *Am*. -**2.** [nage] overarm stroke.

indifféremment [ɛ̃diferamɑ̃] *adv* -**1.** [aussi bien]: **elle joue ~ de la main droite ou de la main gauche** she plays equally well with her right or left hand; **la radio marche ~ avec piles ou sur secteur** the radio can run on batteries or be plugged into the mains. -**2.** [sans discrimination] indiscriminately; **il regarde toutes les émissions ~** he watches television whatever is on.

indifférence [ɛ̃diferɑ̃s] *nf* [détachement - envers une situation, un sujet] indifference, lack of interest; [- envers qqn] indifference; **son roman est paru dans la plus grande ~** the publication of his novel went completely unnoticed; **faire qqch avec ~** to do sthg indifferently OU with indifference; **il me fait le coup de l'~** *fam* he's pretending not to notice me; **~ pour qqch** lack of concern for sthg; **son ~ totale pour la politique** his total lack of interest in OU complete indifference to politics.

indifférenciation [ɛ̃diferɑ̃sjasjɔ̃] *nf* -**1.** PHYSIOL absence of differentiation; **pendant l'~ sexuelle de l'embryon** while the embryo is still sexually undifferentiated. -**2.** MÉD anaplasia.

indifférencié, e [ɛ̃diferɑ̃sje] *adj* -**1.** PHYSIOL [organisme] undifferentiated; [cellule] unspecialized. -**2.** MÉD anaplastic.

indifférent, e [ɛ̃diferɑ̃, ɑ̃t] ◇ *adj* -**1.** [insensible, détaché] indifferent; **laisser ~: leur divorce me laisse ~** their divorce is of no interest to me OU is a matter of indifference to me; **sa mort ne laissera personne ~** her death will leave no one indifferent; **elle me laisse ~** she leaves me cold; **elle ne le laisse pas ~** he's not blind OU indifferent to her charms; **être ~ à la politique** to be indifferent towards politics. -**2.** [d'intérêt égal] indifferent, immaterial; [dans les petites annonces]: **'âge ~'** 'age unimportant OU immaterial'; **'religion/race ~e'** 'religion/race no barrier'. -**3.** [insignifiant] indifferent, uninteresting, of no interest; **parler de choses ~es** to talk about this and that; **ça m'est ~** it's (all) the same to me OU I don't care either way; **la mort ne m'est pas/m'est complètement ~e** I do care/don't care about death; **il lui était ~ de partir (ou non)** it didn't matter OU it was immaterial to him whether he left or not; **la suite des événements m'est ~e** what happens next is of no concern OU interest to me.

◇ *nm, f* indifferent OU apathetic person; **il fait l'~** OU **joue les ~s** he's feigning indifference.

indifférentisme [ɛ̃diferɑ̃tism] *nm* indifferentism.

indifférer [18] [ɛ̃difere]

◆ **indifférer à** *v + prép* -**1.** [n'inspirer aucun intérêt à]: **il m'indiffère complètement!** I'm totally indifferent to him, I couldn't care less about him; **tout l'indiffère** she takes no interest in anything. -**2.** [être égal à] to be of no importance to; **le prix m'indiffère** the price is of no importance (to me); **ça m'indiffère** I don't mind, it's all the same to me.

indigénat [ɛ̃diʒena] *nm* HIST *before 1945, special system of administration applying to the native populations of the French colonies.*

indigence [ɛ̃diʒɑ̃s] *nf* -**1.** [matérielle] poverty, indigence; **vivre dans l'~** to be destitute. -**2.** [intellectuelle] paucity, poverty.

indigène [ɛ̃diʒɛn] ◇ *adj* -**1.** [d'avant la colonisation - droits, pratique] native, indigenous; **les coutumes ~s** native customs. -**2.** [autochtone - population] native, indigenous. -**3.** BOT & ZOOL indigenous, native; **la faune ~ de ces régions** the fauna indigenous to these regions.

◇ *nmf* -**1.** [colonisé] native. -**2.** [autochtone] native. -**3.** BOT & ZOOL indigen, indigene, native.

indigénisme [ɛ̃diʒenism] *nm* nativism.

indigent, e [ɛ̃diʒɑ̃, ɑ̃t] ◇ *adj* -**1.** [pauvre] destitute, poor, indigent. -**2.** [insuffisant] poor; **un esprit ~** an impoverished mind.

◇ *nm, f* pauper; **les ~s** the destitute, the poor.

indigeste [ɛ̃diʒɛst] *adj* -**1.** [nourriture] indigestible, heavy; **je trouve la choucroute très ~** I find sauerkraut very heavy on the stomach. -**2.** [livre, compte-rendu] heavy-going.

indigestion [ɛ̃diʒɛstjɔ̃] *nf* -**1.** MÉD indigestion *(U)*; **avoir une ~** to have (an attack of) indigestion; **j'ai mangé des pâtes jusqu'à l'~** I went overboard on the pasta. -**2.** *fig*: **avoir une ~ de** to get a surfeit OU an overdose of.

indignation [ɛ̃diɲasjɔ̃] *nf* indignation; **protester avec ~** to protest indignantly; **un regard d'~** an indignant look.

indigne [ɛ̃diɲ] ◇ *adj* -**1.** **~ de** [qui ne mérite pas] unworthy of; **~ d'un tel honneur** unworthy OU undeserving of such an honour; **un mensonge/une corvée ~ de lui** a lie/chore unworthy of him; **des médisances ~s d'une sœur** malicious gossip one doesn't expect from a sister; **il est ~ de succéder à son père** he's not fit to take his father's place. -**2.** [choquant - action, propos] disgraceful, outrageous, shameful; **avoir une attitude ~** to behave shamefully OU disgracefully ‖ [méprisable - personne] unworthy; **c'est une mère ~** she's not fit to be a mother; **un fils ~** an unworthy son. -**3.** JUR: **être ~ d'hériter** to be judicially debarred from inheriting.

◇ *nmf* (judicially) disinherited person.

indigné, e [ɛ̃diɲe] *adj* indignant, shocked, outraged.

indignement [ɛ̃diɲəmɑ̃] *adv* disgracefully, shamefully.

indigner [3] [ɛ̃diɲe] *vt* [choquer] to make indignant, to incense, to gall.

◆ **s'indigner** *vpi* [se révolter] to be indignant; **il y a de quoi s'~!** there's good reason to be indignant!; **s'~ de** to be indignant about; **s'~ contre l'injustice** to cry out OU to inveigh against injustice.

indignité [ɛ̃diɲite] *nf* -**1.** [caractère indigne] unworthiness, disgracefulness. -**2.** [acte] shameful OU disgraceful act. -**3.** JUR: **~ successorale** judicial debarment from succession. -**4.** HIST: **~ nationale** loss of citizenship rights *(for having collaborated with Germany during WW II)*.

indigo [ɛ̃digo] ◇ *nm* indigo; **~ bleu** indigotin.

◇ *adj inv* indigo (blue).

indigotier [ɛ̃digɔtje] *nm* indigo (plant).

indiqué, e [ɛ̃dike] *adj* -**1.** [recommandé - conduite] advisable; **dans ton état, ce n'est pas très ~ de fumer!** in your condition, smoking isn't really advisable OU isn't really a sensible thing to do! -**2.** [approprié - personne, objet]: **tout ~: un vérin serait tout ~** what we need is a jack; **tu es tout ~ pour le rôle** you're exactly the right person OU the obvious choice for the part; **voilà une carrière tout ~e pour un homme ambitieux** that's the obvious OU very career for an ambitious man; **ce médicament est/n'est pas ~ dans ce cas** this drug is appropriate/inappropriate in this case. -**3.** [date, jour] agreed; [endroit] agreed, appointed; [heure] appointed.

indique-fuites [ɛ̃dikfɥit] *nm inv* leak detector.

indiquer [3] [ɛ̃dike] *vt* -**1.** [montrer d'un geste - chose, personne, lieu] to show, to point out *(sép)*; ~ **qqch de la tête** to nod towards sthg, to indicate sthg with a nod; ~ **qqch de la main** to point out OU to indicate sthg with one's hand; ~ **qqn/qqch du doigt** to point to sb/sthg; **il indiqua la porte avec son revolver** he pointed to the door with his gun; **elle m'avait indiqué le suspect du regard** she'd shown me the suspect by looking at him; **je ne pourrais pas t'~ la ville avec précision sur la carte** I couldn't pinpoint the town on the map for you; ~ **une fuite à qqn** to show sb where a leak is. -**2.** [musée, autoroute, plage] to show the way to; [chemin] to indicate, to show; **pouvez-vous m'~ (le chemin de) la gare?** could you show me the way to OU direct me to the station?; **il ne s'est trouvé personne pour m'~ où se trouvait la galerie** nobody could tell me where the gallery was OU show me the way to the gallery. -**3.** [suj: carte, enseigne, pancarte, statistiques] to show, to say, to indicate; [suj: flèche, graphique] to show; [suj: horaire] to show, to say, to give; [suj: dictionnaire] to say, to give; **l'aiguille de la boussole indique toujours le nord** the compass needle always points North; **le cadran indique la vitesse** the speed is shown on the dial; **l'horloge indique 6 h** the clock says OU shows that it's 6 o'clock; **qu'indique le devis?** what does the estimate say?, how does the estimate read? -**4.** [noter - date, prix] to note OU to write (down); [- repère] to mark, to draw; **indiquez votre adresse ici** write your address here; **ce n'est pas indiqué dans le contrat** it's not written OU mentioned in the contract; **il indiqua la cache d'une croix sur la carte** he marked the hiding place with a cross on the map; **indique sur la liste les achats qui sont déjà faits** tick off on OU mark on the list the items that have already been bought. -**5.** [conseiller - ouvrage, professionnel, restaurant] to suggest, to recommend; [- traitement] to prescribe, to give; **tu peux m'~ un bon coiffeur?** can you recommend a good hairdresser?; **une auberge qu'elle m'avait indiquée** an inn she'd told me about. -**6.** [dire - marche à suivre, heure] to tell; **je t'indiquerai comment faire** I'll tell you how to do it; **le réceptionniste nous a indiqué nos chambres** the receptionist told us which rooms we had been given || [fixer - lieu de rendez-vous, jour] to give, to name; **indique-moi où et quand, j'y serai** tell me where and when OU name the place and the time, and I'll be there. -**7.** [être le signe de - phénomène] to point to *(insép)*, to indicate; [- crainte, joie] to show, to betray; **des signes qui indiquent un redressement économique** signs of economic recovery; **tout indique que nous allons vers une crise** everything suggests that we are heading towards a crisis; **ce cri indique que l'animal va attaquer** this cry indicates OU means that the animal is going to attack. -**8.** BX-ARTS to sketch out.

indirect, e [ɛ̃dirɛkt] *adj* -**1.** [approche] indirect, roundabout; [influence] indirect; **j'ai appris la nouvelle de façon ~e** I heard the news in an indirect way; **faire allusion à qqch de façon ~e** to refer obliquely OU indirectly to sthg; **elle m'a fait des reproches ~s** she told me off in a roundabout way. -**2.** JUR: **héritier ~** collateral heir. -**3.** GRAMM: **complément ~** [d'un verbe transitif] indirect complement; [d'un verbe intransitif] prepositional complement; **discours** OU **style ~** indirect OU reported speech.

indirectement [ɛ̃dirɛktəmɑ̃] *adv* indirectly; **je suis ~ responsable** I'm indirectly responsible; **je l'ai su ~** I heard about it indirectly OU in a roundabout way; **nous sommes ~ apparentés** we are indirectly related.

indiscernable [ɛ̃disɛrnabl] *adj* indiscernible.

indiscipline [ɛ̃disiplin] *nf* [dans un groupe] lack of discipline, indiscipline; [d'un enfant] disobedience; [d'un soldat] insubordination; **faire preuve d'~** [écoliers] to be undisciplined; [militaires] to defy orders.

indiscipliné, e [ɛ̃disipline] *adj* [dans un groupe] undisciplined, unruly; [enfant] unruly, disobedient; [soldat] undisciplined, insubordinate; **cheveux ~s** unmanageable hair; **mèches ~es** flyaway wisps (of hair).

indiscret, ète [ɛ̃diskrɛ, ɛt] ◇ *adj* -**1.** [curieux - personne] inquisitive; [- demande, question] indiscreet; [- regard] inquisitive, prying; **sans (vouloir) être ~, combien est-ce que ça vous a coûté?** could I possibly ask you how much you paid for it?; **comment le lui demander sans avoir l'air ~?** how could I ask her without seeming indiscreet OU to pry?; **loin des oreilles indiscrètes** far from OU out of reach of eavesdroppers. -**2.** [révélateur - propos, geste] indiscreet, telltale; [- personne] indiscreet, garrulous; **trahi par des langues indiscrètes** given away by wagging tongues; **des témoins ~s en ont parlé aux journalistes** witnesses have leaked it to the press.
◇ *nm, f* -**1.** [personne curieuse] inquisitive person. -**2.** [personne bavarde] indiscreet person.

indiscrètement [ɛ̃diskrɛtmɑ̃] *adv* -**1.** [sans tact] indiscreetly. -**2.** [avec curiosité] inquisitively.

indiscrétion [ɛ̃diskresjɔ̃] *nf* -**1.** [d'une personne] inquisitiveness, curiosity; [d'une question] indiscreetness, tactlessness; **pardonnez mon ~** forgive me for asking; **sans ~, avez-vous des enfants?** do you mind if I ask you if you've got any children? -**2.** [révélation] indiscretion; **nous savons par des ~s que...** we know unofficially that..., it's been leaked that...; **commettre une ~** to commit an indiscretion, to say something one shouldn't.

indiscutable [ɛ̃diskytabl] *adj* indisputable, unquestionable.

indiscutablement [ɛ̃diskytabləmɑ̃] *adv* indisputably, unquestionably.

indiscuté, e [ɛ̃diskyte] *adj* undisputed; **le maître ~ de la cuisine japonaise** the undisputed OU uncontested master of Japanese cooking; **ses vertus curatives sont ~es** its curative powers are unquestioned.

indispensable [ɛ̃dispɑ̃sabl] ◇ *adj* [fournitures, machine] essential, indispensable; [mesures] essential, vital, indispensable; [précautions] essential, required, necessary; [personne] indispensable; **mes lunettes me sont maintenant ~s** I can't do without my glasses now; **cette entrevue est-elle vraiment ~?** is this interview really necessary?, do I really have to go through with this interview?; **tes réflexions n'étaient pas ~s!** we could have done without your remarks!; **des connaissances en électricité sont ~s** some knowledge of electricity is essential; **il est ~ de/que...** it's essential to/that...; **son fils lui est ~** he can't do without his son; **tu ne m'es pas ~, tu sais!** I can do without you, you know!; **~ à tous les sportifs!** essential OU a must for all sportsmen!; **ce document m'est ~ pour continuer mes recherches** this document is absolutely vital OU essential if I am to carry on my research; **l'ordinateur est ~ à l'édition** computers are vital in publishing; **tu n'es pas/tu es ~ au projet** the project can/can't proceed without you.
◇ *nm*: **l'~** [le nécessaire] the essentials; **n'emporte que l'~** only take what you really need.

indisponibilité [ɛ̃dispɔnibilite] *nf* -**1.** [d'une machine] downtime *spéc*; [d'une marchandise, d'une personne] non-availability, unavailability. -**2.** JUR inalienability.

indisponible [ɛ̃dispɔnibl] *adj* -**1.** [marchandise, personne] not available, unavailable; **elle est ~ actuellement, rappelez plus tard** she's not available at the moment, please call back later; **je suis ~ jusqu'à 19 h** I'm not free until 7 o'clock. -**2.** JUR inalienable.

indisposé, e [ɛ̃dispoze] *adj* -**1.** [légèrement souffrant] unwell, indisposed. -**2.** *sout* [mal disposé] ill-disposed, hostile.
◆ **indisposée** *adj f euph*: **je suis ~e** it's the time of the month.

indisposer [3] [ɛ̃dispoze] *vt* -**1.** [irriter] to annoy; **elle a l'art d'~ les gens** she's got a talent for rubbing people the wrong way OU putting people's backs up; **je ne sais pas pourquoi je l'indispose** I don't know why he finds me irritating; **~ qqn contre** to set sb against. -**2.** [rendre malade] to upset, to make (slightly) ill, to indispose.

indisposition [ɛ̃dispozisjɔ̃] *nf* -**1.** [malaise] discomfort, ailment, indisposition; **j'ai eu une ~ passagère** I felt slightly off colour for a little while. -**2.** *euph* [menstruation] period.

indissociable [ɛ̃disɔsjabl] *adj* indissociable, inseparable.

indissolubilité [ɛ̃disɔlybilite] *nf* [des liens, d'une union] indissolubility.

indissoluble [ɛ̃disɔlybl] *adj* [lien, union] indissoluble.

indissolublement [ɛ̃disɔlybləmɑ̃] *adv* [allier, unir] indissolubly.

indistinct, e [ɛ̃distɛ̃(kt), ɛ̃kt] *adj* [chuchotement] indistinct, faint; [forme] indistinct, unclear, vague; **prononcer des paroles ~es** to mumble inaudibly.

indistinctement [ɛ̃distɛ̃ktəmɑ̃] *adv* -**1.** [confusément - parler] indistinctly, unclearly; [- se souvenir] indistinctly, vaguely; **les sommets m'apparaissaient ~** I could just make out the mountain tops. -**2.** [sans distinction] indiscriminately; **recruter ~ hommes et femmes** to recruit people regardless of sex.

individu [ɛ̃dividy] *nm* -**1.** [personne humaine] individual. -**2.** [quidam] individual, person; **deux ~s ont été aperçus par le concierge** the porter saw two men OU individuals; **un drôle d'~** a strange character; **un sinistre ~** a sinister individual. -**3.** BIOL, BOT & LOGIQUE individual.

individualisation [ɛ̃dividɥalizasjɔ̃] *nf* -**1.** [d'une espèce animale, d'une langue] individualization; [d'un système] adapting to individual requirements. -**2.** JUR: **~ de la peine** *sentencing depending upon the individual requirements or characteristics of the defendant.*

individualisé, e [ɛ̃dividɥalize] *adj* -**1.** [enseignement] individualized; **horaire ~** flexitime *Br*, flexible working hours *Am*. -**2.** [méthode, caractère] distinctive; [groupe] separate, distinct.

individualiser [3] [ɛ̃dividɥalize] *vt* -**1.** [système] to adapt to individual needs, to tailor. -**2.** JUR: **les peines** to tailor sentencing to fit offenders' needs.
◆ **s'individualiser** *vpi* to acquire individual characteristics.

individualisme [ɛ̃dividɥalism] *nm* individualism.

individualiste [ɛ̃dividɥalist] ◇ *adj* individualistic.
◇ *nmf* individualist.

individualité [ɛ̃dividɥalite] *nf* -**1.** [caractère - unique] individuality; [- original] originality. -**2.** [style]: **une forte ~** a strong personal OU individual style.

individuation [ɛ̃dividɥasjɔ̃] *nf* individuation.

individuel, elle [ɛ̃dividɥɛl] ◇ *adj* -**1.** [personnel] individual, personal; **c'est votre responsabilité ~le** it's your personal responsibility. -**2.** [particulier] individual, private; **chambre ~le** (private) single room; **compartiment ~** private compartment; **éclairage ~** individual light; **cas ~** individual case ❑ **ligne ~le** TÉLÉC private line. -**3.** SPORT: **épreuve ~le** individual event; **sport ~** individual sport.
◇ *nm, f* SPORT [gén] individual sportsman (*f* sportswoman); [athlète] individual athlete.

individuellement [ɛ̃dividɥɛlmɑ̃] *adv* -**1.** [séparément] individually, separately, one by one; **chaque cas sera examiné ~** each case will be examined individually. -**2.** [de façon personnelle] individually, personally; **vous êtes tous ~ responsables** you are all personally responsible.

indivis, e [ɛ̃divi, iz] *adj* joint, undivided.
◆ **en indivis, par indivis** *loc adv* in common JUR; **posséder une propriété en ~** to own a property jointly.

indivisaire [ɛ̃divizɛr] *nmf* [propriétaire] joint owner.

indivisément [ɛ̃divizemɑ̃] *adv* jointly.

indivisibilité [ɛ̃divizibilite] *nf* indivisibility.

indivisible [ɛ̃divizibl] *adj* indivisible.

indivision [ɛ̃divizjɔ̃] *nf* joint ownership; **propriété/biens en ~** jointly-owned property/goods.

indo-aryen, enne [ɛ̃doarjɛ̃, ɛn] (*mpl* **indo-aryens**, *fpl* **indo-aryennes**) *adj* Indo-Aryan.
◆ **indo-aryen** *nm* LING Indo-Aryan.

Indochine [ɛ̃dɔʃin] *npr f*: **(l') ~** Indochina; **la guerre d'~** the Indochinese War.

LA GUERRE D'INDOCHINE:
French military operations in Indochina from 1940 to 1954 were first directed against Japan and Thailand, and then against the Vietminh revolutionary movement (from 1946 onwards). After the defeat of the French forces in Dien Bien Phu in 1954, a conference of interested powers in Geneva ended the war by dividing Vietnam into two independent northern and southern states.

---

indochinois, e [ɛ̃dɔʃinwa, az] *adj* Indo-Chinese.
◆ **Indochinois, e** *nm, f* Indo-Chinese.

indocile [ɛ̃dɔsil] ◇ *adj* disobedient, recalcitrant, indocile.
◇ *nmf* rebel.

indocilité [ɛ̃dɔsilite] *nf* disobedience, recalcitrance, indocility.

indo-européen, enne [ɛ̃doœrɔpeɛ̃, ɛn] (*mpl* **indo-européens**, *fpl* **indo-européennes**) *adj* Indo-European.
◆ **Indo-Européen, enne** *nm, f* Indo-European.
◆ **indo-européen** *nm* LING Indo-European.

indole [ɛ̃dɔl] *nm* indole.

indolemment [ɛ̃dɔlamɑ̃] *adv* indolently, lazily.

indolence [ɛ̃dɔlɑ̃s] *nf* -**1.** [mollesse - dans le travail] indolence, apathy, lethargy; [- dans l'attitude] indolence, languidness; **une pose pleine d'~** a languid posture. -**2.** MÉD benignancy.

indolent, e [ɛ̃dɔlɑ̃, ɑ̃t] *adj* -**1.** [apathique] indolent, apathetic, lethargic. -**2.** [languissant] indolent, languid. -**3.** MÉD benign.

indolore [ɛ̃dɔlɔr] *adj* painless.

indomptable [ɛ̃dɔ̃tabl] *adj* -**1.** [qu'on ne peut dompter] untamable, untameable. -**2.** *fig* [qu'on ne peut vaincre] indomitable, invincible; **avec un courage/une volonté ~** with indomitable courage/will.

indompté, e [ɛ̃dɔ̃te] *adj* -**1.** [sauvage] untamed, wild; **cheval ~** unbroken horse. -**2.** *fig* [qui ne se soumet pas] untamed; **nation ~e** unsubjugated nation.

Indonésie [ɛ̃dɔnezi] *npr f*: **(l') ~** Indonesia.

indonésien, enne [ɛ̃dɔnezjɛ̃, ɛn] *adj* Indonesian.
◆ **Indonésien, enne** *nm, f* Indonesian.
◆ **indonésien** *nm* LING Indonesian.

indoor [indɔr] *adj inv* indoor SPORT.

in-douze [induz] ◇ *adj inv* duodecimo *(modif)*, twelvemo *(modif)*.
◇ *nm inv* duodecimo, twelvemo.

indu, e [ɛ̃dy] *adj* -**1.** [inopportun] undue, excessive. -**2.** JUR [non fondé - réclamation] unjustified, unfounded.
◆ **indu** *nm* JUR sum not owed.

indubitable [ɛ̃dybitabl] *adj* undoubted, indubitable, undisputed; **c'est ~** it's beyond doubt OU dispute.

indubitablement [ɛ̃dybitabləmɑ̃] *adv* undoubtedly, indubitably.

inductance [ɛ̃dyktɑ̃s] *nf* inductance; **~ mutuelle** mutual inductance; **~ propre** self-inductance.

inducteur, trice [ɛ̃dyktœr, tris] *adj* inductive ELEC.
◆ **inducteur** *nm* inductor ELEC.

inductif, ive [ɛ̃dyktif, iv] *adj* PHILOS & PHYS inductive.

induction [ɛ̃dyksjɔ̃] *nf* PHILOS & PHYS induction; **procéder** OU **raisonner par ~** to employ inductive reasoning, to induce; **par ~, nous pouvons conclure que...** by induction we may conclude that...

induire [98] [ɛ̃dɥir] *vt* -**1.** [inciter]: **~ qqn en erreur** to mislead sb; **~ qqn en tentation** *sout* to lead sb into temptation; **~ qqn à mentir** *sout* to induce sb to lie. -**2.** [avoir pour conséquence] to lead to. -**3.** ÉLECTR, PHILOS & NUCL to induce.

induit [ɛ̃dɥi] *nm* ÉLECTR armature; [rotor] rotor; **réaction d'~** armature reaction.

indulgence [ɛ̃dylʒɑ̃s] *nf* -**1.** [clémence] leniency, tolerance, indulgence; **je fais appel à votre ~** I'm asking you to make allowances; **elle a été d'une ~ coupable avec ses enfants** she was far too over-indulgent with her children. -**2.** RELIG indulgence.
◆ **sans indulgence** ◇ *loc adj* [traitement, critique] severe, harsh; [regard] stern, merciless.
◇ *loc adv* [traiter, critiquer] severely, harshly; [regarder] sternly, mercilessly.

indulgent, e [ɛ̃dylʒɑ̃, ɑ̃t] *adj* -**1.** [qui pardonne] lenient, forgiving; **soyons ~s** let's forgive and forget. -**2.** [sans sévérité - personne] indulgent, lenient; [- verdict] lenient; **tu es trop ~ avec eux** you're not firm enough with them; **sois ~ avec elle** go easy on her.

indûment [ɛ̃dymɑ̃] *adv* unjustifiably, without due OU just cause; **tu te l'es ~ approprié** you had no right to take it; **il réclame ~ une somme colossale** he's claiming a huge sum of money to which he is not entitled.

induration [ɛ̃dyrasjɔ̃] *nf* GÉOL & MÉD induration.

induré, e [ɛ̃dyre] *adj* GÉOL & MÉD indurate.

indurer [3] [ɛ̃dyre] *vt* GÉOL & MÉD to indurate.
◆ **s'indurer** *vpi* GÉOL & MÉD to become indurate.

Indus [ɛ̃dys] *npr m*: **l'~** the (River) Indus.

industrialisation [ɛ̃dystrijalizasjɔ̃] *nf* industrialization.

industrialiser [3] [ɛ̃dystrijalize] *vt* -**1.** [doter d'industries] to industrialize; **pays industrialisé** industrialized country. -**2.** [mécaniser] to mechanize, to industrialize; **agriculture industrialisée** industrial agriculture.
◆ **s'industrialiser** *vpi* -**1.** [se doter d'industries] to industrialize, to become industrialized. -**2.** [se mécaniser] to become mechanized OU industrialized.

industrie [ɛ̃dystri] *nf* -**1.** [secteur de production] industry; **~ extractive** OU **minière** mining industry; **~ alimentaire** food (processing) industry; **~ automobile** car *Br* OU automobile *Am* industry; **~ légère** light industry; **~ lourde** heavy industry; **~ de luxe** luxury goods industry; **~ de pointe** hightech industry; **~ de précision** precision tool industry; **~ sidérurgique** iron and steel industry; **~ textile** textile industry; **~ de transformation** processing industry. -**2.** [secteur commercial] industry, trade, business; **l'~ hôtelière** the hotel industry OU trade OU business; **l'~ du livre** publishing; **l'~ du spectacle** the entertainment business; **l'~ des loisirs** the leisure industry; **l'~ du crime** organized crime. -**3.** [équipements] plant, industry. -**4.** [entreprise] industrial concern, industry. -**5.** *hum* [profession]: **elle exerçait** OU **pratiquait de nuit sa douteuse ~** at night, she plied her dubious trade.

industriel, elle [ɛ̃dystrijɛl] *adj* -**1.** [procédé, secteur, zone, révolution, société] industrial; [pays] industrial, industrialized. -**2.** [destiné à l'industrie - véhicule, équipement, rayonnages] industrial, heavy, heavy-duty. -**3.** [non artisanal] mass-produced, factory-made; **des crêpes ~les** ready-made OU factory-made pancakes.
◆ **industriel** *nm* industrialist, manufacturer.

industriellement [ɛ̃dystrijɛlmɑ̃] *adv* industrially; **fabriqué ~** factory-made, mass-produced.

industrieux, euse [ɛ̃dystrijø, øz] *adj* industrious.

inébranlable [inebrɑ̃labl] *adj* -**1.** [ferme] steadfast, unshakeable, unwavering; **ma décision est ~** my decision is final; **elle a été ~** there was no moving her, she was adamant. -**2.** [solide - mur] immovable, (rock) solid.

inébranlablement [inebrɑ̃labləmɑ̃] *adv* steadfastly, unshakeably, unwaveringly.

inécoutable [inekutabl] *adj*: **de la musique ~** music which is impossible to listen to.

inécouté, e [inekute] *adj*: **rester ~** to remain unheeded OU ignored.

INED, Ined [inɛd] (*abr de* **Institut national d'études démographiques**) *npr m* *national institute for demographic research.*

inédit, e [inedi, it] *adj* -**1.** [correspondance, auteur] (hitherto) unpublished; **ce film est ~ en France** this film has never been released in France. -**2.** [jamais vu] new, original.
◆ **inédit** *nm* -**1.** [œuvre] unpublished work. -**2.** [nouveauté]: **c'est de l'~ pour nos trois alpinistes** it's a first for our three climbers.

inéducable [inedykabl] *adj* ineducable *spéc*, unteachable.

ineffable [inefabl] *adj* -**1.** [indicible] ineffable, indescribable. -**2.** [amusant] hilarious.

ineffablement [inefabləmɑ̃] *adv* [indiciblement] ineffably, indescribably.

ineffaçable [inefasabl] *adj* [marque] indelible; [souvenir, traumatisme] unforgettable, enduring.

inefficace [inefikas] *adj* [méthode, médicament] ineffective; [personne] inefficient, ineffective.

inefficacement [inefikasmɑ̃] *adv* [vainement] inefficiently, ineffectually, ineffectively.

inefficacité [inefikasite] *nf* [d'une méthode] inefficacy, ineffectiveness; [d'une personne] inefficiency, ineffectiveness; **d'une totale ~** totally ineffective.

inégal, e, aux [inegal, o] *adj* -**1.** [varié - longueurs, salaires] unequal, different; [mal équilibré] uneven, unequal; **leurs chances sont ~es** their chances are not equal, they haven't got equal chances; **le combat était ~** the fight was one-sided. -**2.** [changeant - écrivain, élève, pouls] uneven, erratic; [- humeur] changeable, uneven; **la qualité est ~e** it varies in quality; **le livre est ~** the book is uneven. -**3.** [rugueux] rough, uneven, bumpy.

inégalable [inegalabl] *adj* incomparable, matchless, peerless.

inégalé, e [inegale] *adj* unequalled, unmatched, unrivalled.

inégalement [inegalmɑ̃] *adv* -**1.** [différemment]: **~ remplis** unequally filled. -**2.** [irrégulièrement] unevenly.

inégalitaire [inegalitɛr] *adj* non-egalitarian, elitist.

inégalité [inegalite] *nf* -**1.** [disparité] difference, disparity; **~ entre deux variables/nombres** difference between two variables/numbers; **l'~ des salaires** the difference OU disparity in wages; **~ de l'offre et de la demande** imbalance between supply and demand; **l'~ des chances** the lack of equal opportunities; **combattre les ~s sociales** to fight social injustice. -**2.** [qualité variable - d'une surface] roughness, unevenness; [- d'un travail, d'une œuvre] uneven quality, unevenness; [- du caractère] changeability; **les ~s de terrain** the unevenness of OU the bumps in the ground; **elle a des ~s d'humeur** she's moody. -**3.** MATH inequality.

inélégamment [inelegamɑ̃] *adv sout* inelegantly.

inélégance [inelegɑ̃s] *nf* -**1.** *sout* [d'allure] inelegance, ungainliness, gracelessness; [d'une méthode] inelegance, unwieldiness; **le procédé était d'une grande ~** his behaviour was most ungracious. -**2.** [acte, tournure] impropriety.

inélégant, e [inelegɑ̃, ɑ̃t] *adj sout* -**1.** [qui manque d'élégance - allure] inelegant, ungainly; [- manières] inelegant. -**2.** [indélicat] indelicate, inelegant; **ce fut très ~ de ta part** that was very indelicate of you.

inéligibilité [ineliʒibilite] *nf* ineligibility JUR.

inéligible [ineliʒibl] *adj* ineligible JUR.

inéluctable [inelyktabl] *adj* inevitable, unavoidable, ineluctable.

inéluctablement [inelyktabləmɑ̃] *adv* inevitably, inescapably, unavoidably.

inemploi [inɑ̃plwa] *nm* unemployment.

inemployable [inɑ̃plwajabl] *adj* -**1.** [ressources, matériaux] unusable; [méthode] useless, unserviceable. -**2.** [travailleur] unemployable.

inemployé, e [inɑ̃plwaje] *adj* [ressources, talent] dormant, untapped; [énergie] untapped, unused.

inénarrable [inenarabl] *adj* hilarious; **si tu avais vu le tableau, c'était ~!** I wish you'd seen it, I can't tell you how funny it was!

inentamé, e [inɑ̃tame] *adj* [économies] intact, untouched; [bouteille, boîte] unopened.

inenvisageable [inɑ̃vizaʒabl] *adj* inconceivable, unthinkable.

inéprouvé, e [inepruve] *adj* unknown.

inepte [inɛpt] *adj* [personne] inept, incompetent; [réponse, raisonnement] inept, foolish; [plan] inept, ill-considered.

ineptie [inɛpsi] *nf* -**1.** [caractère d'absurdité] ineptitude, stupidity. -**2.** [acte, parole] piece of nonsense; **dire des ~s** to talk nonsense.

inépuisable [inepɥizabl] *adj* -**1.** [réserves] inexhaustible, unlimited; [courage] endless, unlimited. -**2.** [bavard] inexhaustible; **elle est ~ sur mes imperfections** once she gets going about my faults, there's no stopping her.

inépuisablement [inepɥizabləmɑ̃] *adv* inexhaustibly, endlessly.

inépuisé, e [inepɥize] *adj* not yet used up OU exhausted.

inéquation [inekwasjɔ̃] *nf* inequation *spéc*, inequality.

inéquitable [inekitabl] *adj* inequitable, unjust, unfair.

inerte [inɛrt] *adj* -**1.** [léthargique] inert, apathetic, lethargic. -**2.** [semblant mort] inert, lifeless. -**3.** CHIM & PHYS inert.

inertie [inɛrsi] *nf* -**1.** [passivité] lethargy, inertia, passivity. -**2.** MATH, MÉD, PHOT & PHYS inertia.

inertiel, elle [inɛrsjɛl] *adj* inertial.

inescomptable [inɛskɔ̃tabl] *adj* undiscountable FIN.

inespéré, e [inɛspere] *adj* unhoped-for; **c'est pour moi un bonheur ~** it's a pleasure I hadn't dared hope for.

inesthétique [inɛstetik] *adj* unsightly, unattractive.

inestimable [inɛstimabl] *adj* -**1.** [impossible à évaluer] incalculable, inestimable; **les dégâts sont ~s** it's impossible to work out the extent of the damage. -**2.** [précieux] inestimable, invaluable, priceless.

inétendu, e [inetɑ̃dy] *adj litt* unextended, exiguous.

inévitable [inevitabl] ◇ *adj* -**1.** [auquel on ne peut échapper] unavoidable, inevitable; **et ce fut l'~ catastrophe** and then came the inevitable catastrophe; **c'était ~!** it was bound to happen OU inevitable! -**2.** *(avant le n)* [habituel] inevitable; **l'~ pilier de bar** the inevitable figure propping up the bar.
◇ *nm*: **l'~** the inevitable.

inévitablement [inevitabləmɑ̃] *adv* inevitably, predictably; **et ~, elle se décommanda à la dernière minute** and predictably OU sure enough, she cancelled at the last minute.

inexact, e [inɛgza(kt), akt] *adj* -**1.** [erroné] inexact, incorrect, inaccurate; **le calcul est ~** there's a mistake in the calculations; **une version ~e des faits** an inaccurate version of the facts; **il serait ~ de dire...** it would be wrong OU incorrect to say... -**2.** [en retard] unpunctual, late; **il est très ~** he's always late.

inexactement [inɛgzaktəmɑ̃] *adv* inaccurately, incorrectly.

inexactitude [inɛgzaktityd] *nf* -**1.** [d'un raisonnement] inaccuracy, imprecision; [d'un récit] inaccuracy, inexactness; [d'un calcul] inaccuracy, inexactitude. -**2.** [erreur] inaccuracy, error. -**3.** [manque de ponctualité] unpunctuality, lateness.

inexaucé, e [inɛgzose] *adj* [demande] unanswered; [vœu] unfulfilled.

inexcitabilité [inɛksitabilite] *nf* unexcitability PHYSIOL.

inexcusable [inɛkskyzabl] *adj* [action] inexcusable, unforgivable; [personne] unforgivable.

inexécutable [inɛgzekytabl] *adj* [plan, programme] unworkable, impractical; [tâche] unfeasible, impossible; [musique] unplayable; [pas de danse] undanceable; **des ordres ~s** orders which are impossible to carry out OU to execute.

inexécuté, e [inɛgzekyte] *adj* [ordre, travaux] not (yet) carried out OU executed.

inexécution [inɛgzekysjɔ̃] *nf* [d'un contrat] nonfulfilment; **~ des travaux** failure to carry out work.

inexercé, e [inɛgzɛrse] *adj* [recrue, novice] untrained, inexperienced; [oreille, main] unpractised, untrained, untutored.

inexigibilité [inɛgziʒibilite] *nf*: **à cause de l'~ de la dette** as the debt cannot be exacted OU recovered.

inexigible [inɛgziʒibl] *adj* [dette, impôt] inexigible, unrecoverable.

inexistant, e [inɛgzistɑ̃, ɑ̃t] *adj* -**1.** [très insuffisant] nonexistent, inadequate; **devant un public ~** in front of a nearly empty house; **un service d'ordre ~** inadequate stewarding; **les structures de base sont ~es** the basic structures are lacking, there are hardly any basic structures. -**2.** [irréel - monstre, peur] imaginary.

inexistence [inɛgzistɑ̃s] *nf* -**1.** [de preuves, de Dieu] nonexistence, inexistence; **l'~ de structures économiques** the complete lack OU absence of economic structure. -**2.** [manque de valeur] uselessness. -**3.** ADMIN & JUR nullity.

inexorabilité [inɛgzɔrabilite] *nf litt* inexorability.

inexorable [inɛgzɔrabl] *adj* -**1.** [inévitable] inexorable, inevitable. -**2.** *sout* [intransigeant] inexorable.

inexorablement [inɛgzɔrabləmɑ̃] *adv* -**1.** [inévitablement] inexorably, inevitably. -**2.** *sout* [impitoyablement] inexorably.

inexpérience [inɛksperjɑ̃s] *nf* lack of experience.

inexpérimenté, e [inɛksperimɑ̃te] *adj* -**1.** [sans expérience] inexperienced; **un pilote ~** an inexperienced pilot. -**2.** [non testé] (as yet) untested.

inexpert, e [inɛkspɛr, ɛrt] *adj* inexpert, untrained, untutored; **confié à des mains ~es** placed in the hands of a novice.

inexpiable [inɛkspjabl] *adj* -**1.** [inexcusable] inexpiable; **un crime ~** an unpardonable crime. -**2.** *litt* [impitoyable]: **une lutte ~** a merciless struggle.

inexpié, e [inɛkspje] *adj* unexpiated.

inexplicable [inɛksplikabl] ◇ *adj* [comportement] inexplicable; [raison, crainte] inexplicable, unaccountable.
◇ *nm*: **l'~** the inexplicable.

inexplicablement [inɛksplikabləmɑ̃] *adv* inexplicably, unaccountably.

inexpliqué, e [inɛksplike] *adj* [décision] unexplained; [phénomène] unexplained, unsolved; [agissements, départ] unexplained, mysterious; **une disparition restée ~e jusqu'à ce jour** a disappearance that remains a mystery to this day.

inexploitable [inɛksplwatabl] *adj* [ressources] unexploitable; [mine] unworkable; [idée] impractical, unfeasible.

inexploité, e [inɛksplwate] *adj* [richesses] undeveloped, untapped; [idée, talent] untapped, untried; [technique] unexploited, untried; **laisser un don ~** to fail to exploit a latent talent.

inexplorable [inɛksplɔrabl] *adj sout* unexplorable.

inexploré, e [inɛksplɔre] *adj* unexplored; **cette branche de la science est encore ~e** this branch of science is still unexplored.

inexplosible [inɛksplozibl] *adj* nonexplosive.

inexpressif, ive [inɛkspresif, iv] *adj* [visage, regard] inexpressive, expressionless, blank; **il a gardé un visage ~ pendant tout le match** his face remained impassive throughout the match.

inexprimable [inɛksprimabl] *adj* inexpressible, ineffable, indescribable.

inexprimé, e [inɛksprime] *adj* unspoken; **une rancœur ~e** unspoken resentment.

inexpugnable [inɛkspygnabl] *adj litt* [forteresse] unassailable, impregnable; [vertu] inexpugnable.

inextensibilité [inɛkstɑ̃sibilite] *nf* non-stretchability, inextensibility TECH.

inextensible [inɛkstɑ̃sibl] *adj* [appareil, câble] non-stretchable, inextensible TECH; [tissu] non-stretch.

in extenso [inɛkstɛ̃so] *loc adv* in full, in extenso; **recopie le paragraphe ~** copy out the paragraph in full OU the whole paragraph.

inextinguible [inɛkstɛ̃gibl] *adj* -**1.** *litt* [feu] inextinguishable. -**2.** *sout* [soif, désir] inextinguishable, unquenchable; [amour] undying. -**3.** *sout* [rire] uncontrollable.

inextirpable [inɛkstirpabl] *adj sout* [fléau] which cannot be eliminated; [paresse, ignorance] deep-rooted, entrenched.

in extremis [inɛkstremis] *loc adv* -**1.** [de justesse] at the last minute, in the nick of time, at the eleventh hour; **réussir qqch ~** to (only) just manage to do sthg; **vous avez réussi? — oui, mais ~!** did you manage? — yes, but it was a close call! -**2.** [avant la mort] in extremis; **baptiser un enfant/un adulte ~** to christen a child before he dies/an adult on his deathbed.

inextricable [inɛkstrikabl] *adj* inextricable; **l'affaire est ~** the case is an inextricable tangle; **tu t'es mise dans une situation ~** you've got yourself into an impossible position.

inextricablement [inɛkstrikabləmɑ̃] *adv* inextricably.

infaillibilité [ɛ̃fajibilite] *nf* [gén & RELIG] infallibility.

infaillible [ɛ̃fajibl] *adj* -**1.** [efficace à coup sûr] infallible; **c'est un remède ~ contre la toux** it's an infallible cure for coughs. -**2.** [certain] infallible, reliable, guaranteed; **c'est la marque ~ d'une forte personnalité** it's a sure sign of a strong personality. -**3.** [qui ne peut se tromper] infallible; **nul n'est ~** no-one is infallible, everyone makes mistakes.

infailliblement [ɛ̃fajibləmɑ̃] *adv* -**1.** [inévitablement] inevitably, without fail. -**2.** *litt* [sans se tromper] infallibly.

infaisable [ɛ̃fəzabl] *adj* [choix] impossible; **c'est ~** [projet] it can't be done.

infalsifiable [ɛ̃falsifjabl] *adj* [carte d'identité] forgery-proof.

infamant, e [ɛ̃famɑ̃, ɑ̃t] *adj* -**1.** *sout* [déshonorant - acte, crime] heinous, infamous, abominable; **tu peux réclamer ton argent, ce n'est pas ~** you can go and ask for your money, there's no shame in that. -**2.** JUR: **peine ~e** penalty involving loss of civil rights.

infâme [ɛ̃fam] *adj* -**1.** [vil - crime] despicable, loathsome, heinous; [- criminel] vile, despicable; [- traître] despicable. -**2.** [répugnant - odeur, nourriture] revolting, vile, foul; **une ~ odeur de**

putréfaction a foul stench of rotting; **un endroit** ~ a disgusting OU revolting place.

infamie [ɛ̃fami] *nf sout* -**1.** [déshonneur] infamy, disgrace; **il a couvert sa famille d'**~ he has brought infamy upon his family. -**2.** [caractère abject - d'une action, d'une personne] infamy, vileness. -**3.** [acte révoltant] infamy, loathsome deed; **au nom de la religion, on a souvent commis des** ~**s** in the name of religion many heinous crimes OU many infamies have been committed. -**4.** [propos] piece of (vile) slander, smear.

infant, e [ɛ̃fɑ̃, ɑ̃t] *nm, f* infante (*f* infanta).

infanterie [ɛ̃fɑ̃tri] *nf* infantry; ~ **aéroportée/motorisée** airborne/motorized infantry; ~ **divisionnaire** tank division; ~ **légère** light infantry; ~ **de ligne** heavy infantry; ~ **de marine** marine corps, marines.

infanticide [ɛ̃fɑ̃tisid] ◇ *nm* infanticide.
◇ *nmf* [personne] child killer, infanticide OU JUR.

infantile [ɛ̃fɑ̃til] *adj* -**1.** MÉD & PSYCH child *(modif)*, infantile *spéc.* -**2.** *péj* [puéril] infantile, childish; **se comporter de façon** ~ to behave like a child.

infantilisant, e [ɛ̃fɑ̃tilizɑ̃, ɑ̃t] *adj* patronizing; **ils ont un discours** ~ they talk to people as if they were children.

infantilisation [ɛ̃fɑ̃tilizasjɔ̃] *nf* infantilization.

infantiliser [3] [ɛ̃fɑ̃tilize] *vt* to infantilize.

infantilisme [ɛ̃fɑ̃tilism] *nm* -**1.** *péj* [puérilité] infantilism, immaturity; **elle a refusé! — c'est de l'**~**!** she said no! — how childish! -**2.** MÉD & PSYCH infantilism.

infarctus [ɛ̃farktys] *nm* infarct; **avoir un** ~ to have a heart attack OU a coronary ❑ ~ **médullaire** myelomalacia; ~ **du myocarde** myocardial infarction; ~ **pulmonaire** pulmonary (embolism) infarctus.

infatigable [ɛ̃fatigabl] *adj* -**1.** [toujours dispos] tireless, untiring, indefatigable. -**2.** [indéfectible - énergie, courage] inexhaustible, unwavering, unflagging; [- détermination] dogged, unflagging; [- dévouement] unstinting, unflagging; **elle a mené une lutte** ~ **contre l'injustice** she fought tirelessly against injustice.

infatigablement [ɛ̃fatigabləmɑ̃] *adv* tirelessly, untiringly, indefatigably.

infatuation [ɛ̃fatɥasjɔ̃] *nf sout* conceit, self-importance.

infatué, e [ɛ̃fatɥe] *adj litt* -**1.** [vaniteux] self-satisfied, conceited, bumptious; ~ **de sa personne** self-important, full of o.s. -**2.** [entiché]: ~ **de qqn/qqch** infatuated with sb/sthg.

infatuer [7] [ɛ̃fatɥe]
◆ **s'infatuer** *vpi litt* [être content de soi] to be conceited.
◆ **s'infatuer de** *vp + prép litt* [s'enticher de] to become infatuated with.

infécond, e [ɛ̃fekɔ̃, ɔ̃d] *adj litt* -**1.** [sol, femme] infertile, barren *litt.* -**2.** *fig* [pensée] sterile, barren, unproductive.

infécondité [ɛ̃fekɔ̃dite] *nf litt* -**1.** [d'un sol, d'une femme] infertility, infecundity, barrenness *litt.* -**2.** *fig* [d'une pensée] sterility, barrenness, unproductiveness.

infect, e [ɛ̃fɛkt] *adj* -**1.** [répugnant - repas] rotten, revolting, disgusting; [- odeur] foul, rank, putrid; **il y a une odeur** ~**e ici** it smells foul in here; **il est** ~**, leur vin** their wine's awful OU disgusting. -**2.** *fam* [très laid, très désagréable] foul, appalling, lousy; **c'est un type** ~ he's a revolting individual; **les enfants ont été** ~**s ce matin** the kids were terrible OU awful this morning; **être** ~ **avec qqn** to be rotten to sb.

infectant, e [ɛ̃fɛktɑ̃, ɑ̃t] *adj* infectious, infective.

infecter [4] [ɛ̃fɛkte] *vt* -**1.** PHYSIOL to infect; **plaie infectée** septic wound. -**2.** [rendre malsain] to contaminate, to pollute. -**3.** *litt* [empester]: **l'usine infecte toute la région** the factory pollutes the whole area.
◆ **s'infecter** *vpi* to become infected, to go septic.

infectieux, euse [ɛ̃fɛksjø, øz] *adj* [maladie] infectious; **un sujet** ~ a carrier.

infection [ɛ̃fɛksjɔ̃] *nf* -**1.** MÉD infection. -**2.** [puanteur] (foul) stench; **c'est une** ~**, ce marché!** this market stinks (to high heaven)!

inféodation [ɛ̃feɔdasjɔ̃] *nf* -**1.** POL subservience, subjection. -**2.** HIST enfeoffment, infeudation.

inféoder [3] [ɛ̃feɔde] *vt* -**1.** HIST to enfeoff. -**2.** [soumettre] to dominate.
◆ **s'inféoder à** *vp + prép* POL to become subservient OU subjected to.

inférence [ɛ̃ferɑ̃s] *nf* inference.

inférer [18] [ɛ̃fere] *vt sout* to infer; **que pouvons-nous en** ~**?** what can we infer OU gather from this?

inférieur, e [ɛ̃ferjœr] ◇ *adj* -**1.** [du bas - étagères, membres] lower; [- lèvre, mâchoire] lower, bottom *(avant n)*; **la partie** ~**e de la colonne** the bottom OU lower part of the column‖ [situé en dessous] lower down, below; **c'est à l'étage** ~ it's on the floor below OU on the next floor down; **la couche** ~**e** the layer below OU beneath; **être** ~ **à** to be lower than OU below. -**2.** [moins bon - niveau] lower; [- esprit, espèce] inferior, lesser; [- qualité] inferior, poorer; **les gens d'un rang** ~ people of a lower rank OU lower in rank; **se sentir** ~ **(par rapport à qqn)** to feel inferior (to sb); **je me sens vraiment** ~**e à elle** she makes me feel really inferior; ~ **à** inferior to, poorer than; **en physique il est très** ~ **à sa sœur** he's not nearly as good as his sister at physics; **je préfère jouer contre quelqu'un qui ne m'est pas** ~ I'd rather play against someone who's at least as good as I am. -**3.** [plus petit - chiffre, salaire] lower, smaller; [- poids, vitesse] lower; [- taille] smaller; **nous (leur) étions** ~**s en nombre** there were fewer of us (than of them); ~ **à** [chiffre] lower OU smaller OU less than; [rendement] lower than, inferior to; **des températures** ~**es à 10° C** temperatures below 10°C OU lower than 10°C. -**4.** [dans une hiérarchie - le plus bas] lower; **animaux/végétaux** ~**s** BOT & ZOOL lower animals/plants. -**5.** ASTRON inferior. -**6.** GÉOG [cours, région] lower.
◇ *nm, f* [gén] inferior; [subalterne] inferior, subordinate, underling *péj*; **il les considère comme ses** ~**s** he regards them as his inferiors.

inférieurement [ɛ̃ferjœrmɑ̃] *adv* [moins bien] less well; ~ **entretenu/approvisionné/conçu** less well-maintained/-stocked/-designed.

infériorisation [ɛ̃ferjɔrizasjɔ̃] *nf*: **l'**~ **d'un enfant** making a child feel inferior.

inférioriser [3] [ɛ̃ferjɔrize] *vt* -**1.** [dévaloriser]: ~ **qqn** to make sb feel inferior. -**2.** [minimiser] to minimise the importance of.

infériorité [ɛ̃ferjɔrite] *nf* -**1.** [inadéquation - en grandeur, en valeur] inferiority; [- en effectif] (numerical) inferiority. -**2.** [handicap] weakness, inferiority, deficiency; **être en situation d'**~ to be in a weak position.

infernal, e, aux [ɛ̃fɛrnal, o] *adj* -**1.** *fam* [insupportable] infernal, hellish, diabolical; **cet enfant est** ~**!** that child's a real terror!; **il faisait une chaleur** ~**e** the heat was infernal; **ils mettent de la musique toute la nuit, c'est** ~ they've got music on all night, it's absolute hell. -**2.** *litt* [de l'enfer] infernal; **les puissances** ~**es** the infernal powers. -**3.** [diabolique - engrenage, logique] infernal, devilish, diabolical; **la machination** ~**e qui devait le conduire à la mort** the diabolical scheme which was to lead him to his death; **cycle** ~ vicious circle.

infertile [ɛ̃fɛrtil] *adj litt* -**1.** [terre] infertile, barren. -**2.** [imagination, esprit] infertile, uncreative, sterile.

infertilité [ɛ̃fɛrtilite] *nf litt* -**1.** [de la terre, de l'imagination] infertility. -**2.** [d'une femme] infertility, barrenness.

infestation [ɛ̃fɛstasjɔ̃] *nf* -**1.** [infection] infection. -**2.** [de parasites, de moustiques] infestation.

infester [3] [ɛ̃fɛste] *vt* -**1.** [suj: rats] to infest, to overrun; [suj: pillards] to infest; **la région est infestée de sauterelles/moustiques** the area is infested with locusts/mosquitoes; **chien infesté de puces** flea-ridden dog; **rues infestées de marchands de souvenirs** streets swarming with souvenir sellers. -**2.** MÉD to infest.

infeutrable [ɛ̃føtrabl] *adj*: **ce tissu est** ~ this fabric won't mat OU felt.

infibulation [ɛ̃fibylasjɔ̃] *nf* infibulation.

infidèle [ɛ̃fidɛl] ◇ *adj* -**1.** [gén] disloyal, unfaithful; [en amour] unfaithful, untrue *litt*; [en amitié] disloyal; **être** ~ **à son seigneur** to be disloyal to one's liege; **être** ~ **à sa parole** to go back on one's word. -**2.** [inexact - témoignage, texte] inaccurate, unreliable; [- mémoire] unreliable; **une traduction** ~ an unfaithful OU inaccurate translation. -**3.** RELIG infidel.
◇ *nmf* RELIG infidel.
◇ *nf* LITTÉRAT: **belle** ~ ≃ well-turned but inaccurate translation *(term used in 17th-century literature)*.

infidèlement [ɛ̃fidɛlmɑ̃] *adv* [inexactement] inaccurately, unfaithfully.

infidélité [ɛ̃fidelite] *nf* -**1.** [inconstance] infidelity, unfaithfulness; [aventure adultère] infidelity, affair; **commettre une** ~ to be unfaithful; **faire une** ~ **à qqn** to be unfaithful to sb; **j'ai fait une** ~ **à mon coiffeur** *hum* I deserted my usual hairdresser. -**2.** [déloyauté] disloyalty, unfaithfulness; **son** ~ **à l'idéal de notre jeunesse** his disloyalty to our youthful ideal; **l'**~ **à la parole donnée** being untrue to OU breaking one's word. -**3.** [caractère inexact] inaccuracy, unreliability; [inexactitude] inaccuracy, error; **le scénario est truffé d'**~**s à Molière** the screenplay is full of departures from Molière's original.

infiltrat [ɛ̃filtra] *nm* infiltrate MÉD.

infiltration [ɛ̃filtrasjɔ̃] *nf* -**1.** MÉD injection; **se faire faire des** ~**s dans le genou** to have injections in the knee ❑ ~ **anesthésique** infiltration anesthesia. -**2.** [gén & PHYSIOL] infiltration; **il y a eu une** ~ **de fluide dans les tissus musculaires** there has been infiltration of fluid into the muscle tissue; **on observe des** ~**s au niveau des plinthes** there is some damp around the skirting boards; **il y a des** ~**s dans le plafond** there are leaks in the ceiling, water is leaking OU seeping through the ceiling ❑ **eaux d'**~ GÉOG percolated water. -**3.** [d'une idée] penetration, percolation *litt*; [d'un agitateur] infiltration.

infiltrer [3] [ɛ̃filtre] *vt* -**1.** MÉD to infiltrate *spéc*, to inject. -**2.** [organisation, réseau] to infiltrate.
◆ **s'infiltrer** *vpi* [air, brouillard, eau] to seep; [lumière] to filter in; **s'**~ **dans**: **quand l'eau s'infiltre dans le sable** when the water seeps (through) into the sand; **s'**~ **dans les lieux** to get into the building; **s'**~ **dans un réseau d'espions** to infiltrate a spy network.

infime [ɛ̃fim] *adj* [quantité, proportion] infinitesimal, minute, tiny; [détail] minor.

infini, e [ɛ̃fini] *adj* -**1.** [étendue] infinite, vast, boundless; [ressources] infinite, unlimited. -**2.** [extrême - générosité, patience, reconnaissance] infinite, boundless, limitless; [- charme, douceur] infinite; [- précautions] infinite, endless; [- bonheur, plaisir] infinite, immeasurable; [- difficulté, peine] immense, extreme; **mettre un soin** ~ **à faire qqch** to take infinite pains to do sthg. -**3.** [interminable] never-ending, interminable, endless; **j'ai dû attendre un temps** ~ I had to wait interminably. -**4.** MATH infinite.
◆ **infini** *nm* -**1.** MATH, OPT & PHOT infinity; **faire la mise au point sur l'**~ PHOT to focus to infinity; **tendre vers l'**~ MATH to tend towards infinity; **plus/moins l'**~ plus/minus infinity. -**2.** PHILOS: **l'**~ the infinite; **l'**~ **de cette vaste plaine** *litt* the immensity of this endless plain.
◆ **à l'infini** *loc adv* -**1.** [discuter, reproduire] endlessly, ad infinitum; [varier] infinitely; [s'étendre] endlessly. -**2.** MATH to OU towards infinity.

infiniment [ɛ̃finimɑ̃] *adv* -**1.** [extrêmement - désolé, reconnaissant] extremely, infinitely; [- généreux] immensely, boundlessly; [- agréable, douloureux] immensely, extremely; [- long, grand] infinitely, immensely; **c'est** ~ **mieux/pire que la dernière fois** it's infinitely better/

worse than last time; **elle est ~ plus brillante** she's far OU infinitely brighter; **avec ~ de patience/de précautions** with infinite patience/care. -**2.** MATH infinitely; **l'~ grand** the infinite, the infinitely great; **l'~ petit** the infinitesimal.

infinité [ɛ̃finite] *nf* -**1.** [très grand nombre]: **une ~ de** an infinite number of; **on me posa une ~ de questions** I was asked endless OU a great many questions. -**2.** *litt*: **l'~ de l'espace** the infinity of space.

infinitésimal, e, aux [ɛ̃finitezimal, o] *adj* infinitesimal.

infinitif, ive [ɛ̃finitif, iv] *adj* infinitive.
◆ **infinitif** *nm* infinitive (mood); **~ de narration** infinitive of narration.
◆ **infinitive** *nf* infinitive (clause).

infinitude [ɛ̃finityd] *nf litt* infinitude.

infirmatif, ive [ɛ̃firmatif, iv] *adj* invalidating.

infirmation [ɛ̃firmasjɔ̃] *nf* invalidation.

infirme [ɛ̃firm] ◇ *adj* disabled, crippled.
◇ *nmf* disabled person; **les ~s** the disabled ❑ **~ moteur cérébral** person suffering from cerebral palsy, spastic *vieilli*.

infirmer [3] [ɛ̃firme] *vt* -**1.** [démentir] to invalidate, to contradict. -**2.** JUR [arrêt] to revoke; [jugement] to quash.

infirmerie [ɛ̃firməri] *nf* [dans une école, une entreprise] sick bay OU room; [dans une prison] infirmary; [dans une caserne] infirmary, sick bay; [sur un navire] sick bay.

infirmier, ère [ɛ̃firmje, ɛr] ◇ *nm, f* male nurse (*f* nurse); **elle fait un stage d'infirmière** she's on *Br* OU in *Am* a nursing course ❑ **~ en chef, infirmière en chef** charge nurse *Br*, head nurse *Am*; **~ militaire** medical orderly; **infirmière diplômée** registered nurse; **infirmière diplômée d'État** Registered Nurse *Br*; **infirmière visiteuse** district nurse.
◇ *adj* nursing *(modif)*.

infirmité [ɛ̃firmite] *nf* -**1.** [invalidité] disability, handicap; **la vieillesse et son cortège d'~s** old age and the infirmities that come with it ❑ **~ motrice cérébrale** cerebral palsy. -**2.** *litt* [faiblesse] failing, weakness; **~ de l'esprit** weakness of the mind.

infixe [ɛ̃fiks] *nm* infix.

inflammabilité [ɛ̃flamabilite] *nf* inflammability, flammability.

inflammable [ɛ̃flamabl] *adj* -**1.** [combustible] inflammable, flammable; **gaz ~** flammable gas; **matériaux ~s** inflammable materials. -**2.** *litt* [impétueux] inflammable; **un tempérament ~** a fiery temperament.

inflammation [ɛ̃flamasjɔ̃] *nf* MÉD inflammation; **j'ai une ~ au genou** my knee is inflamed.

inflammatoire [ɛ̃flamatwar] *adj* inflammatory MED.

inflation [ɛ̃flasjɔ̃] *nf* -**1.** ÉCON inflation; **~ par la demande/les coûts** demand-pull/cost-push inflation; **~ galopante/larvée** galloping/creeping inflation; **des investissements à l'abri de l'~** inflation-proof investments. -**2.** [accroissement - des effectifs]: **l'~ du nombre des bureaucrates** the inflated OU swelling numbers of bureaucrats.

inflationniste [ɛ̃flasjɔnist] ◇ *adj* [tendance] inflationary; [politique] inflationist.
◇ *nmf* inflationist.

infléchi, e [ɛ̃fleʃi] *adj* -**1.** [phonème] inflected. -**2.** ARCHIT: **arc ~** inflected arch.

infléchir [32] [ɛ̃fleʃir] *vt sout.* -**1.** [courber] to bend, to inflect. -**2.** [influer sur] to modify, to influence; **~ le cours des événements** to affect OU to influence the course of events.
◆ **s'infléchir** *vpi* -**1.** [décrire une courbe] to bend, to curve (round); **le chemin s'infléchit à cet endroit** the path curves here; **la courbe de température s'infléchit** [vers le bas] the temperature curve is dipping (slightly); [vers le haut] the temperature curve is climbing OU rising (slightly). -**2.** *fig* [changer de but] to shift, to change course; **la politique du gouvernement s'infléchit dans le sens du protectionnisme** government policy is shifting OU veering towards protectionism.

infléchissement [ɛ̃fleʃismɑ̃] *nm* shift, change of course; **~ d'une politique** change of emphasis OU shift in policy.

inflexibilité [ɛ̃flɛksibilite] *nf* -**1.** [d'un matériau] inflexibility, rigidity. -**2.** [d'une personne] inflexibility, firmness, resoluteness.

inflexible [ɛ̃flɛksibl] *adj* -**1.** [matériau] rigid, inflexible. -**2.** [personne] inflexible, rigid, unbending; **il est resté ~** he wouldn't change his mind. -**3.** [loi, morale] rigid, hard-and-fast; **ici la discipline est ~** discipline is very strict here.

inflexiblement [ɛ̃flɛksibləmɑ̃] *adv sout* inflexibly, rigidly.

inflexion [ɛ̃flɛksjɔ̃] *nf* -**1.** [modulation - de la voix] inflection, modulation. -**2.** [changement de direction] shift, change of course; **on constate une ~ de la politique vers la détente** there has been a change in policy in favour of détente. -**3.** LING & MATH inflection; **point d'~** point of inflection. -**4.** [inclination]: **avec une gracieuse ~ de la tête** with a graceful nod; **une ~ du buste** a bow.

infliger [17] [ɛ̃fliʒe] *vt*: **~ une punition/une défaite/des souffrances/des pertes à qqn** to inflict a punishment/a defeat/sufferings/losses on sb; **~ une amende/corvée à qqn** to impose a fine/chore on sb; **~ une humiliation à qqn** to put sb down, to humiliate sb; **tel est le châtiment infligé aux traîtres** such is the punishment meted out to traitors; **~ sa compagnie** OU **présence à qqn** to inflict one's company OU presence on sb.

inflorescence [ɛ̃flɔrɛsɑ̃s] *nf* inflorescence.

influençable [ɛ̃flyɑ̃sabl] *adj*: **elle est beaucoup trop ~** she's far too easily influenced OU swayed.

influence [ɛ̃flyɑ̃s] *nf* -**1.** [marque, effet] influence; **on voit tout de suite l'~ de Kokoschka dans ses tableaux** it's easy to spot the influence of Kokoschka on OU in her paintings; **l'~ du climat sur la végétation** the influence of the climate on the vegetation; **cela n'a eu aucune ~ sur ma décision** it didn't influence my decision at all, it had no bearing (at all) on my decision. -**2.** [emprise - d'une personne, d'une drogue, d'un sentiment] influence; **avoir une bonne ~ sur** to be OU to have a good influence on; **avoir une grande ~ sur** to have a great influence on; **j'ai beaucoup d'~ sur lui** I've got a lot of influence over him; **subir l'~ de qqn** to be influenced by sb; **être sous l'~ de la boisson/drogue** to be under the influence of drink/drugs; **être sous l'~ de la jalousie** to be possessed by jealousy; **il a agi sous l'~ de la colère** he acted in the grip of OU in a fit of anger. -**3.** PSYCH influence. -**4.** [poids social ou politique] influence; **avoir de l'~** to have influence, to be influential. -**5.** ÉLECTR static induction.

influencer [16] [ɛ̃flyɑ̃se] *vt* [opinion publique, personne, style] to influence; **ne te laisse pas ~ par la publicité** don't let advertising influence you, don't let yourself be influenced by advertising; **ses arguments m'influençaient toujours au moment du vote** her arguments always used to sway me just before a vote; **sa peinture fut très influencée par les fauves** his painting was heavily influenced by the Fauvists; **la lune influence les marées** the moon affects the tide.

influent, e [ɛ̃flyɑ̃, ɑ̃t] *adj* influential; **c'est une personne ~e** she's a person of influence OU an influential person; **les gens ~s** people in positions of influence, influential people.

influer [3] [ɛ̃flye]
◆ **influer sur** *v + prép* to have an influence on, to influence, to affect.

influx [ɛ̃fly] *nm*: **~ nerveux** nerve impulse.

info *fam* [ɛ̃fo] *nf* info *(U)*; **c'est lui qui m'a donné cette ~** I got the info from him.
◆ **infos** *fam nfpl*: **les ~s** the news *(U)*; **je l'ai entendu aux ~s** I heard it on the news.

Infographie® [ɛ̃fografi] *nf* computer graphics.

in-folio [infɔljo] ◇ *adj inv* folio.
◇ *nm inv* folio; **des ~** folios.

infondé, e [ɛ̃fɔ̃de] *adj* unfounded, groundless.

informateur, trice [ɛ̃fɔrmatœr, tris] *nm, f* informer.

informaticien, enne [ɛ̃fɔrmatisjɛ̃, ɛn] *nm, f* [dans une entreprise] data processor; [à l'université] computer scientist.

informatif, ive [ɛ̃fɔrmatif, iv] *adj* informative.

information [ɛ̃fɔrmasjɔ̃] *nf* -**1.** [indication] piece of information; **des ~s** (some) information; **on manque d'~s sur les causes de l'accident** we lack information about the cause of the accident; **demander des ~s sur** to ask (for information) about, to inquire about; **je vais aux ~s** I'll go and find out. -**2.** **l'~** [mise au courant] information; **l'~ circule mal entre les services** there's poor communication between departments; **nous demandons une meilleure ~ des consommateurs sur leurs droits** we want consumers to be better informed about their rights; **pour ton ~, sache que...** for your (own) information, you should know that... -**3.** PRESSE, RAD & TV news item, piece of news; **voici une ~ de dernière minute** here is some last minute news; **des ~s de dernière minute semblent indiquer que le couvre-feu est intervenu** latest reports seem to indicate that there has been a ceasefire; **des ~s économiques** economic news, news about the economy; **l'~ financière de la journée** the day's financial news; **pour finir, je rappelle l'~ la plus importante de notre journal** finally, here is our main story OU main news item once again; **l'~** the news; **la liberté d'~** freedom of information; **place à l'~** priority to current affairs; **qui fait l'~?** who decides what goes into the news? ❑ **journal d'~** quality newspaper. -**4.** INF: **l'~, les ~s** data, information ❑ **traitement de l'~** data processing. -**5.** JUR [instruction]: **ouvrir une ~** to set up a preliminary inquiry ❑ **~ judiciaire** preliminary investigation OU inquiry.
◆ **informations** *nfpl* RAD & TV [émission]: **les ~s** the news (bulletin); **~s télévisées/radiodiffusées** television/radio news; **c'est passé aux ~s** it was on the news; **je l'ai vu/entendu aux ~s** I saw/heard it on the news.

informationnel, elle [ɛ̃fɔrmasjɔnɛl] *adj* informational; **le contenu ~ d'un document** the information content of a document.

informatique [ɛ̃fɔrmatik] ◇ *adj* computer *(modif)*; **un système ~** a computer system.
◇ *nf* [science] computer science, information technology; [traitement des données] data processing; **faire de l'** to work OU to be in computing ❑ **~ documentaire** (electronic) information retrieval; **~ familiale** home OU domestic computing; **~ de gestion** [dans une administration] administrative data processing; [dans une entreprise] business data processing, business applications; **~ grand public** mass (consumer) computing.

informatisable [ɛ̃fɔrmatizabl] *adj* computerizable.

informatisation [ɛ̃fɔrmatizasjɔ̃] *nf* computerization.

informatisé, e [ɛ̃fɔrmatize] *adj* [secteur, système] computerized; [enseignement] computer-based; [gestion] computer-aided, computer-assisted.

informatiser [3] [ɛ̃fɔrmatize] *vt* to computerize.
◆ **s'informatiser** *vpi* to become computerized; **la bibliothèque s'est informatisée** the library catalogue has been computerized; **depuis que je me suis informatisé** since I got a computer.

informe [ɛ̃fɔrm] *adj* -**1.** [inesthétique - vêtement, sculpture] shapeless. -**2.** [qui n'a plus de forme - chaussure] shapeless, battered. -**3.** [sans contours nets] formless, shapeless; **une masse ~ de cellules** an amorphous mass of cells. -**4.** [ébauché] rough, unfinished, undeveloped; **ce n'est qu'une esquisse** ~ it's only a rough sketch.

informé, e [ɛ̃fɔrme] *adj* well-informed, informed; **les gens biens** ~**s** well-informed people; **de source bien** ~**e** from a well-informed OU an authoritative source; **c'est son amant – tu m'as l'air bien** OU **très** ~**!** he's her lover – you seem to know a lot!; **nous sommes mal** ~**s** [peu renseignés] we don't get enough information, we're not sufficiently informed; [avec de fausses informations] we're being misinformed; **se tenir** ~ **de** to keep o.s. informed about; **tenir qqn** ~ **(de qqch)** to keep sb informed (of sthg).

◆ **informé** *nm* (judicial OU legal) inquiry; **jusqu'à plus ample** ~ pending further information.

informel, elle [ɛ̃fɔrmɛl] *adj* -**1.** [non officiel, décontracté] informal. -**2.** BX-ARTS informal; **art** ~ art informel.

◆ **informel** *nm* informal artist.

informer [3] [ɛ̃fɔrme] ◇ *vt* -**1.** [aviser]: ~ **qqn de** to inform OU to tell OU to advise sb of; **si le notaire téléphone, vous voudrez bien m'en** ~ if the lawyer phones, will you please let me know OU inform me; **elle a démissionné – on vient de m'en** ~ she's resigned – I've just been informed of it OU told about it; ~ **qqn que** to inform OU to tell sb that; **l'a-t-on informé qu'il est muté?** has he been informed OU notified of his transfer?; **nous informons Messieurs les voyageurs que...** passengers are informed that... -**2.** [renseigner] to inform, to give information to; **nous sommes là pour** ~ **le public** our job is to inform the public; **les consommateurs ne sont pas assez informés de** OU **sur leurs droits** consumers are not informed enough OU don't know enough about their rights. -**3.** PHILOS to inform.

◇ *vi* JUR: ~ **contre qqn** to start investigations concerning sb.

◆ **s'informer** *vpi*: **où puis-je m'**~**?** where can I get some information OU ask OU inquire?; **je me suis informé auprès de mon avocat/de la mairie** I asked my lawyer/at the town hall; **s'**~ **de** [droit, horaire, résultats] to inquire OU to ask about; **s'**~ **de la santé de qqn** to inquire after sb's health; **s'**~ **sur** to inform o.s. about; **je vais m'**~ **sur la marche à suivre** I'm going to find out what the procedure is.

informulé, e [ɛ̃fɔrmyle] *adj* unformulated, unspoken.

infortune [ɛ̃fɔrtyn] *nf litt* -**1.** [événement] misfortune; **ce jour-là fut la plus grande** ~ **de ma vie** that day was the greatest misfortune in my life. -**2.** [malheur] misfortune; **dans son** ~, **elle a au moins une consolation** she has at least one consolation in the midst of her misfortune ❑ ~ **conjugale** *euph* infidelity.

infortuné, e [ɛ̃fɔrtyne] *litt* ◇ *adj (avant le n)* [malchanceux - gén] unfortunate, luckless; [- mari] hapless, wretched.

◇ *nm, f* (unfortunate) wretch.

infra [ɛ̃fra] *adv*: **voir** ~ see below.

infraction [ɛ̃fraksjɔ̃] *nf* -**1.** JUR breach of the law, offence; ~ **au code de la route** driving offence; **être en** ~ to be in breach of the law; **je n'ai jamais été en** ~ I've never committed an OU any offence ❑ ~ **politique** ≃ offence OU offences against the state. -**2.** [transgression] infringement, transgression; ~ **à** breach of, transgression against.

infraliminaire [ɛ̃fraliminɛr] *adj* subliminal.

infranchissable [ɛ̃frɑ̃ʃisabl] *adj* -**1.** [col] impassable; [rivière] which cannot be crossed. -**2.** [difficulté] insuperable, insurmountable.

infrangible [ɛ̃frɑ̃ʒibl] *adj litt* infrangible.

infrarouge [ɛ̃fraruʒ] ◇ *adj* infrared.

◇ *nm* infrared (radiation).

infrason [ɛ̃frasɔ̃] *nm* infrasound.

infrasonore [ɛ̃frasɔnɔr] *adj* infrasonic.

infrastructure [ɛ̃frastryktyr] *nf* -**1.** [ensemble d'équipements] infrastructure; **l'**~ **commerciale de la ville** the town's shopping facilities. -**2.** CONSTR substructure.

infréquentable [ɛ̃frekɑ̃tabl] *adj*: **ils sont** ~**s** they're not the sort of people you'd want to associate with; **tu es** ~**!** you're a disgrace!

infroissable [ɛ̃frwasabl] *adj* crease-resistant.

infructueusement [ɛ̃fryktɥøzmɑ̃] *adv* fruitlessly, unsuccessfully.

infructueux, euse [ɛ̃fryktɥø, øz] *adj* [discussion, effort] fruitless.

infumable [ɛ̃fymabl] *adj* unsmokable.

infuse [ɛ̃fyz] *adj f* → **science**.

infuser [3] [ɛ̃fyze] ◇ *vt* -**1.** [faire macérer - thé] to brew, to infuse; [- tisane] to infuse. -**2.** *litt* [insuffler]: ~ **qqch à qqn** to infuse OU to inject sb with sthg, to infuse OU to inject sthg into sb.

◇ *vi (aux être ou avoir)* [macérer - thé] to brew, to infuse; [- tisane] to infuse; **laissez** ~ **quelques minutes** leave to infuse for a few minutes.

Infusette® [ɛ̃fyzɛt] *nf*: ~ **de thé** tea bag; ~ **de tisane** herbal tea bag.

infusible [ɛ̃fyzibl] *adj* infusible.

infusion [ɛ̃fyzjɔ̃] *nf* -**1.** [boisson] herbal tea, infusion. -**2.** [macération - de thé] brewing, infusion; [- de tisane] infusion, infusing; **le thé n'a pas besoin d'être passé après** ~ the tea doesn't need straining after brewing.

ingagnable [ɛ̃gaɲabl] *adj* unwinnable, which can't be won.

ingambe [ɛ̃gɑ̃b] *adj litt* nimble, spry, sprightly; **il est resté** ~ **jusqu'à la fin** he remained very active to the end.

ingénier [9] [ɛ̃ʒenje]

◆ **s'ingénier à** *vp + prép* to try hard OU to endeavour OU to strive to; **s'**~ **à trouver une solution** to work hard at finding OU to do all one can to find a solution; **s'**~ **à plaire** to strive to please; **on dirait qu'il s'ingénie à me nuire** it's as if he's going out of his way to do me down.

ingénierie [ɛ̃ʒeniri] *nf* engineering; ~ **assistée par ordinateur** computer-assisted engineering; ~ **génétique** genetic engineering; ~ **de systèmes** systems engineering.

ingénieur [ɛ̃ʒenjœr] *nm* engineer; ~ **agronome** agricultural engineer; ~ **commercial** sales engineer; ~ **électricien** electrical engineer; ~ **du génie civil** civil engineer; ~ **informaticien** computer engineer; ~ **mécanicien** mechanical engineer; ~ **des ponts et chaussées** civil engineer; ~ **du son** sound engineer; ~ **système** systems engineer; ~ **des travaux publics** construction engineer.

ingénieur-conseil [ɛ̃ʒenjœrkɔ̃sej] (*pl* **ingénieurs-conseils**) *nm* (engineering) consultant.

ingénieusement [ɛ̃ʒenjøzmɑ̃] *adv* ingeniously.

ingénieux, euse [ɛ̃ʒenjø, øz] *adj* [personne] ingenious, clever, inventive; [plan, appareil, procédé] ingenious.

ingéniosité [ɛ̃ʒenjozite] *nf* ingenuity, inventiveness, cleverness.

ingénu, e [ɛ̃ʒeny] ◇ *adj* ingenuous, naive.

◇ *nm, f* ingenuous OU naive person.

◆ **ingénue** *nf* THÉÂT ingenue OU ingénue (role); **cesse de jouer les** ~**es** *fig* stop acting OU playing the innocent.

ingénuité [ɛ̃ʒenɥite] *nf* ingenuousness, naivety.

ingénument [ɛ̃ʒenymɑ̃] *adv* ingenuously, naively.

ingérable [ɛ̃ʒerabl] *adj* unmanageable.

ingérence [ɛ̃ʒerɑ̃s] *nf* interference; POL interference, intervention.

ingérer [18] [ɛ̃ʒere] *vt* to absorb, to ingest.

◆ **s'ingérer dans** *vp + prép* to interfere in; **s'**~ **dans la vie privée de qqn** to meddle in sb's private life; **s'**~ **dans les affaires intérieures d'un autre pays** to interfere in the domestic affairs of another country.

ingestion [ɛ̃ʒɛstjɔ̃] *nf* ingestion.

ingouvernable [ɛ̃guvɛrnabl] *adj* ungovernable.

ingrat, e [ɛ̃gra, at] ◇ *adj* -**1.** [sans grâce - visage] unattractive, unpleasant, coarse; **avoir un physique** ~ to be unattractive OU graceless. -**2.** [tâche, travail] unrewarding, thankless; [terre] unproductive. -**3.** [sans reconnaissance] ungrateful; **être** ~ **avec** OU **envers qqn** to be ungrateful towards sb.

◇ *nm, f* ungrateful person.

ingratitude [ɛ̃gratityd] *nf* -**1.** [d'une personne] ingratitude, ungratefulness; **faire preuve d'**~ to behave with ingratitude. -**2.** [d'une tâche] thanklessness.

ingrédient [ɛ̃gredjɑ̃] *nm* -**1.** [dans une recette, un mélange] ingredient. -**2.** *fig* [élément] ingredient; **les** ~**s du bonheur** the recipe for happiness.

inguérissable [ɛ̃gerisabl] *adj* MÉD incurable.

inguinal, e, aux [ɛ̃gɥinal, o] *adj* [canal, hernie] inguinal.

ingurgitation [ɛgyrʒitasjɔ̃] *nf* swallowing, ingurgitation *spéc.*

ingurgiter *fam* [3] [ɛ̃gyrʒite] *vt* -**1.** [avaler - aliments] to wolf OU to gulp down *(sép)*; [- boisson] to gulp down *(sép)*, to knock back *(sép)*; **il ingurgita un gros morceau de viande** he wolfed down a huge piece of meat. -**2.** *fig* [assimiler rapidement] to take in *(sép)*; **avec tout ce qu'on leur fait** ~ **avant l'examen!** with all the stuff they have to cram (into their heads) before the exam!; **faire** ~ **des faits/dates à qqn** to stuff sb's head full of facts/dates.

inhabile [inabil] *adj sout* -**1.** [sans aptitude] inept, unskilful; **elle n'est pas** ~ **mais elle manque d'expérience** she's not inept but she lacks experience; ~ **à** unfit for. -**2.** [maladroit - mouvement] clumsy, awkward; [- propos, méthode] inept, clumsy; **il traça un cercle d'une main** ~ he clumsily drew a circle; **une déclaration** ~ a bungling statement. -**3.** JUR (legally) incapable; ~ **à témoigner** incompetent to stand as a witness.

inhabileté [inabilte] *nf litt* ineptitude, ineptness, clumsiness.

inhabilité [inabilite] *nf* (legal) incapacity.

inhabitable [inabitabl] *adj* [maison, grenier] uninhabitable; [quartier] unpleasant to live in.

inhabité, e [inabite] *adj* [maison, chambre] uninhabited, unoccupied; [contrée] uninhabited; **des villages** ~**s** uninhabited villages; **de vastes contrées** ~**es s'étendent vers le nord** vast empty tracts of land lie to the north.

inhabituel, elle [inabitɥɛl] *adj* unusual, odd.

inhalateur, trice [inalatœr, tris] *adj* inhaling, breathing.

◆ **inhalateur** *nm* -**1.** [pour inhalations] inhaler. -**2.** AÉRON oxygen mask.

inhalation [inalasjɔ̃] *nf* -**1.** [respiration] breathing in, inhalation *spéc.* -**2.** [traitement] (steam) inhalation; **je (me) fais des** ~**s avec ce produit** I use this product as an inhalant.

inhaler [3] [inale] *vt* to inhale, to breathe in *(sép)*.

inharmonieux, euse [inarmɔnjø, øz] *adj sout* [tons] inharmonious, jarring; [musique] inharmonious, discordant.

inhérence [inerɑ̃s] *nf* inherence.

inhérent, e [inerɑ̃, ɑ̃t] *adj* inherent; ~ **à** inherent in.

inhibé, e [inibe] ◇ *adj* inhibited, repressed.

◇ *nm, f* inhibited OU repressed person.

inhiber [3] [inibe] *vt* to inhibit.

inhibiteur, trice [inibitœr, tris] *adj* inhibitive, inhibitory.

◆ **inhibiteur** *nm* inhibitor.

inhibitif, ive [inibitif, iv] *adj* PHARM & PHYSIOL inhibitive, inhibitory.

inhibition [inibisjɔ̃] *nf* PHYSIOL & PSYCH inhibition; **le traumatisme a provoqué une** ~ **de la parole chez l'enfant** the child had speech difficulties after the shock.

inhospitalier, ère [inɔspitalje, ɛr] *adj* [personne, accueil, région] inhospitable.

inhumain, e [inymɛ̃, ɛn] *adj* inhuman.

inhumainement [inymɛnmɑ̃] *adv* inhumanly, inhumanely.

inhumanité [inymanite] *nf litt* inhumanity.

inhumation [inymasjɔ̃] *nf* burial, interment *fml*, inhumation *fml*; **l'**~ **aura lieu à 14 h** the burial OU interment will take place at 2 p.m.

inhumer [3] [inyme] *vt* to bury, to inter.

inimaginable [inimaʒinabl] *adj* unimaginable; **un paysage d'une beauté ~** an unbelievably beautiful landscape.

inimitable [inimitabl] *adj* inimitable.

inimité, e [inimite] *adj* which has still to be imitated, unique.

inimitié [inimitje] *nf sout* enmity, hostility; **regarder qqn avec ~** to look at sb hostilely.

ininflammable [inɛ̃flamabl] *adj* [produit] nonflammable; [revêtement] flame-proof.

inintelligemment [inɛ̃teliʒamɑ̃] *adv sout* unintelligently.

inintelligence [inɛ̃teliʒɑ̃s] *nf sout* -**1.** [stupidité] lack of intelligence; **elle a eu l'~ de photocopier la lettre** rather unintelligently, she photocopied the letter. -**2.** [incompréhension] incomprehension, lack of understanding; **une profonde ~ des difficultés** a total lack of insight into the problems.

inintelligent, e [inɛ̃teliʒɑ̃, ɑ̃t] *adj sout* unintelligent.

inintelligibilité [inɛ̃teliʒibilite] *nf* unintelligibility.

inintelligible [inɛ̃teliʒibl] *adj* unintelligible, impossible to understand.

inintelligiblement [inɛ̃teliʒibləmɑ̃] *adv* unintelligibly.

inintéressant, e [inɛ̃teresɑ̃, ɑ̃t] *adj* uninteresting.

ininterrompu, e [inɛ̃terɔ̃py] *adj* [série, flot] unbroken, uninterrupted; [bruit] continuous; [tradition] continuous, unbroken; [effort] unremitting, steady; [bavardage] continuous, ceaseless; **une nuit de sommeil ~** a night of unbroken sleep; **nous diffusons aujourd'hui cinq heures de musique ~e** today we are broadcasting five hours of non-stop OU uninterrupted music.

inique [inik] *adj sout* iniquitous, unjust, unfair; **une loi ~** an unjust law.

iniquement [inikmɑ̃] *adv litt* iniquitously, unjustly, unfairly.

iniquité [inikite] *nf sout* iniquity, injustice; **commettre des ~s** to commit wrongs.

initial, e, aux [inisjal, o] *adj* initial; **le choc ~** the initial shock; **une erreur ~e de dosage** a dosage error in the initial OU early stages ❑ **cellules ~es** BOT initial cells.
◆ **initiale** *nf* [première lettre] initial; **une trousse à vos ~s** a pencil-case with your initials; **~ ornée** BX-ARTS ornamented initial (letter).

initialement [inisjalmɑ̃] *adv* initially, at first, originally.

initialisation [inisjalizasjɔ̃] *nf* INF initialization.

initialiser [3] [inisjalize] *vt* INF to initialize.

initiateur, trice [inisjatœr, tris] ◇ *adj* initiatory.
◇ *nm, f* -**1.** [maître] initiator; **elle a été son initiatrice en amour/musique** it was thanks to her that he discovered love/music. -**2.** [novateur] pioneer; **les ~s de la biologie/du structuralisme** the founders of biology/of structuralism.

initiation [inisjasjɔ̃] *nf* -**1.** [approche] initiation, introduction; **son ~ à l'amour eut lieu à l'âge de vingt ans** he was initiated into the ways of love when he was twenty; **~ à la psychologie/au russe** introduction to psychology/to Russian. -**2.** CHIM & PHYS initiating, setting off. -**3.** ANTHR initiation.

initiatique [inisjatik] *adj* initiatory, initiation *(modif)*.

initiative [inisjativ] *nf* -**1.** [esprit de décision] initiative; **avoir de l'~** to have initiative OU drive; **manquer d'~** to lack initiative; **faire preuve d'~** to show great initiative; **esprit d'~** initiative. -**2.** [idée] initiative; **l'~ du concert est venue d'elles** the original idea for the concert came from them; **à** OU **sur l'~ de qqn** on sb's initiative; **il a été hospitalisé sur mon ~** he was sent to hospital on my initiative; **les négociations ont été organisées à l'~ du Brésil** the negotiations were initiated by Brazil OU organized on Brazil's initiative; **prendre l'~ de qqch** to initiate sthg, to take the initiative for sthg ❑ **~ gouvernementale** governmental prerogative to propose legislation; **~ parlementaire** parliamentary prerogative to legislate; **~ populaire** democratic right to petition; **~ privée** ÉCON private initiative; JUR & POL initiative. -**3.** [action spontanée] initiative; **faire qqch de sa propre ~** to do sthg on one's own initiative; **prendre une ~** to take an initiative; **prendre des ~s** to show initiative; **elle nous laisse prendre des ~s** she allows us freedom of action; **prendre l'~ de faire qqch** to take the initiative in doing sthg ❑ **~ de paix** POL peace initiative OU overture.

initiatrice [inisjatris] *f* → **initiateur**.

initié, e [inisje] ◇ *adj* initiated.
◇ *nm, f* -**1.** [connaisseur] initiated person, initiate; **les ~s** the initiated; **pour les ~s** not for the uninitiated. -**2.** ANTHR initiate.

initier [9] [inisje] *vt* -**1.** [novice] to initiate; **~ qqn à qqch** to initiate sb into sthg, to introduce sb to sthg. -**2.** ANTHR to initiate. -**3.** [faire démarrer] to initiate, to set off *(sép)*, to get going; **~ un processus** to initiate a process.
◆ **s'initier à** *vp + prép* to become initiated into, to initiate o.s. into; **j'ai besoin de deux semaines pour m'~ au traitement de texte** I need two weeks to teach myself OU to learn how to use a word processor.

injectable [ɛ̃ʒɛktabl] *adj* injectable.

injecté, e [ɛ̃ʒɛkte] *adj* -**1.** [rougi]: **yeux ~s de sang** bloodshot eyes. -**2.** MÉD injected. -**3.** TECH injection-moulded.

injecter [4] [ɛ̃ʒɛkte] *vt* -**1.** CONSTR, GÉOL & MÉD to inject. -**2.** [introduire] to inject, to infuse, to instil; **il faudrait ~ quelques idées nouvelles dans ce projet** we need to inject OU to infuse a few new ideas into the project; **~ de l'enthousiasme à une équipe** to instil enthusiasm into a team; **~ des millions dans une affaire** to inject OU to pump millions into a business. -**3.** MÉCAN to inject. -**4.** ASTRONAUT: **~ un engin sur orbite** to inject a spacecraft (into its orbit).
◆ **s'injecter** *vpi* [yeux] to become bloodshot.

injecteur, trice [ɛ̃ʒɛktœr, tris] *adj* injection *(modif)*.
◆ **injecteur** *nm* injector.

injectif, ive [ɛ̃ʒɛktif, iv] *adj* injective.

injection [ɛ̃ʒɛksjɔ̃] *nf* -**1.** CONSTR, GÉOL & MÉD injection. -**2.** ÉCON [apport - d'argent] injection. -**3.** TECH: **moulage par ~** injection moulding. -**4.** MÉCAN injection; **à ~** (fuel) injection *(modif)*. -**5.** ASTRONAUT & MATH injection.

injoignable [ɛ̃ʒwaɲabl] *adj*: **j'ai essayé de l'appeler toute la matinée mais il était ~** I tried to phone him all morning, but I couldn't get through (to him) OU get hold of him.

injonctif, ive [ɛ̃ʒɔ̃ktif, iv] *adj* injunctive.

injonction [ɛ̃ʒɔ̃ksjɔ̃] *nf* -**1.** *sout* [ordre] order; **sur l'~ de qqn** at sb's behest. -**2.** JUR injunction, (judicial) order; **~ de payer** order to pay.

injouable [ɛ̃ʒwabl] *adj* unplayable; **le premier acte est ~** the first act is impossible to stage; **la sonate est ~** the sonata is impossible to play; **la balle est ~** the ball is unplayable.

injure [ɛ̃ʒyr] *nf* -**1.** [insulte] insult, abuse *(U)*; **un chapelet d'~s** a stream of abuse OU insults; **il se mit à lâcher des ~s** he started hurling abuse; **accabler** OU **couvrir qqn d'~s** to heap abuse on sb ❑ **~ publique** JUR ≃ slander without special damage. -**2.** *sout* [affront] affront, insult; **c'est une ~ à la nation** it's an insult to our country; **vous me feriez ~ en refusant** you would offend me by refusing; **il m'a fait l'~ de refuser mon invitation** he insulted me by refusing my invitation. -**3.** *litt* [dommage]: **l'~ du temps** the ravages of time.

injurier [9] [ɛ̃ʒyrje] *vt* -**1.** [adresser des insultes à] to insult, to abuse; **il n'arrête pas de l'~** he's always insulting her. -**2.** *litt* [offenser moralement] to be an insult to; **il injurie la mémoire de son père** he is an insult to his father's memory.
◆ **s'injurier** *vp (emploi réciproque)* to insult each other; **les chauffeurs de taxi se sont injuriés** the taxi drivers hurled insults at each other OU swore at one another.

injurieusement [ɛ̃ʒyrjøzmɑ̃] *adv* abusively, insultingly.

injurieux, euse [ɛ̃ʒyrjø, øz] *adj* abusive, insulting, offensive; **des propos ~** abusive OU offensive language; **être ~ envers qqn** to be abusive OU insulting to sb; **cela n'a rien d'~!** no offence meant OU intended!

injuste [ɛ̃ʒyst] *adj* -**1.** [décision] unjust; **une sentence ~** an unjust sentence. -**2.** [personne] unfair, unjust; **ne sois pas ~!** be fair!, don't be unfair!; **être ~ envers qqn** to do sb an injustice; **ce que vous dites est ~** what you're saying is unfair.

injustement [ɛ̃ʒystəmɑ̃] *adv* -**1.** [avec iniquité] unfairly, unjustly; **punir ~** to punish unjustly. -**2.** [sans raison] without reason; **se plaindre ~** to complain without just cause OU for no good reason.

injustice [ɛ̃ʒystis] *nf* -**1.** [caractère inique] injustice, unfairness; **l'~ sociale** social injustice; **c'est l'~ du sort!** that's the luck of the draw! -**2.** [acte inique] injustice, wrong; **commettre une ~ envers qqn** to do sb wrong OU an injustice; **c'est une ~!** that's unfair!

injustifiable [ɛ̃ʒystifjabl] *adj* unjustifiable.

injustifié, e [ɛ̃ʒystifje] *adj* [absence] unjustified, unexplained; [crainte, accusation] unjustified, unfounded, groundless.

inlandsis [inlɑ̃tsis] *nm* [glacier] ice sheet.

inlassable [ɛ̃lasabl] *adj* [infatigable] indefatigable, tireless, untiring; **avec une ~ énergie** with tireless OU unflagging energy; **elle est d'un dévouement ~** her devotion is untiring.

inlassablement [ɛ̃lasabləmɑ̃] *adv* indefatigably, tirelessly, untiringly; **elle répétait ~ le même mot** she kept repeating the same word over and over again.

inlay [inlɛ] *nm* (dental) inlay.

inné, e [ine] *adj* -**1.** [sens, don] inborn, innate. -**2.** PHILOS innate.

innéité [ineite] *nf* innateness.

innervation [inɛrvasjɔ̃] *nf* innervation.

innerver [3] [inɛrve] *vt* to innervate.

innocemment [inɔsamɑ̃] *adv* innocently.

innocence [inɔsɑ̃s] *nf* -**1.** [gén] innocence; **en toute ~** in all innocence, quite innocently. -**2.** RELIG innocence; **en état d'~** in a state of innocence. -**3.** JUR innocence; **établir** OU **prouver l'~ de qqn** to establish OU to prove sb's innocence.

innocent, e [inɔsɑ̃, ɑ̃t] ◇ *adj* -**1.** [non responsable - inculpé, victime] innocent; **déclarer qqn ~** JUR to find sb innocent OU not guilty; **être ~ de qqch** to be innocent of sthg; **tant de sang ~ versé** so much innocent blood spilt. -**2.** [plaisanterie, question, plaisirs] innocent, harmless; [baiser, jeune fille] innocent. -**3.** [candide - enfant, âge] innocent; **on est encore ~ à cet âge** they're still innocent at that age ❑ **~ comme l'agneau** OU **l'enfant qui vient de naître** as innocent as a newborn lamb OU a babe in arms. -**4.** [niais] innocent, simple.
◇ *nm, f* -**1.** [personne non coupable] innocent person. -**2.** [personne candide] innocent; **faire l'~** to play OU to act the innocent; **ne joue pas l'~** OU **les ~s avec moi!** don't come the innocent with me!; **tu as été un bel ~ de la croire!** you were pretty naive to believe her!; **c'est un grand ~!** he's a bit naive! ❑ **aux ~s les mains pleines** the meek shall inherit the earth. -**3.** [niais] simpleton; **~e, va!** you (great big) ninny! ❑ **l'~ du village** the village idiot.

Innocent [inɔsɑ̃] *npr* [pape] Innocent.

innocenter [3] [inɔsɑ̃te] *vt* -**1.** JUR [suj: jury] to clear, to find innocent OU not guilty; [suj: témoignage, document] to prove innocent, to show to be innocent. -**2.** [excuser] to excuse; **~ la conduite de qqn** to excuse sb's behaviour.

innocuité [inɔkɥite] *nf* harmlessness, inoffensiveness, innocuousness.

innombrable [inɔ̃brabl] *adj* innumerable, countless; **d'~s mouches** huge numbers of flies; **une foule ~** a vast OU huge crowd.

innomé, e [inɔme] *adj* -**1.** [sans nom] unnamed. -**2.** ANTIQ & JUR: **contrat ~** innominate contract.

innominé, e [inɔmine] *adj* innominate.

innommable [inɔmabl] *adj* unspeakable, loathsome, nameless.

innommé, e [inɔme] = **innomé**.

innovateur, trice [inɔvatœr, tris] ◇ *adj* innovative, innovatory.
◇ *nm, f* innovator.

innovation [inɔvasjɔ̃] *nf* -**1.** [créativité] innovation. -**2.** [changement] innovation; **il y a eu des ~s ici depuis que tu es parti** there have been a few changes around here since you left. -**3.** COMM innovation; **~ technologique** technological innovation.

innover [3] [inɔve] *vi* to innovate; **depuis des années, les banques n'ont pas innové** the banks haven't come up with any new ideas OU haven't innovated for years; **~ en (matière de)** to break new ground OU to innovate in (the field of).

Innsbruck [inzbryk] *npr* Innsbruck.

inobservable [inɔpsɛrvabl] *adj* -**1.** [imperceptible par la vue] unobservable. -**2.** [inexécutable]: **des recommandations ~s** recommendations that cannot be observed OU carried out.

inobservance [inɔpsɛrvɑ̃s] *nf litt* inobservance; **l'~ des traditions** disregard for tradition; **l'~ du règlement** non-compliance with the regulations.

inobservation [inɔpsɛrvasjɔ̃] *nf litt* OU JUR inobservance, breach; **~ d'une loi/d'un contrat** non-compliance with a law/with a contract.

inobservé, e [inɔpsɛrve] *adj litt* unobserved.

inoccupation [inɔkypasjɔ̃] *nf* inactivity, idleness.

inoccupé, e [inɔkype] *adj* -**1.** [vide - maison, local] unoccupied, empty. -**2.** [vacant - poste] unoccupied, vacant, available; [- taxi, fauteuil] empty, free; **choisissez parmi les places/tables ~es** take one of the empty seats/tables. -**3.** [inactif] inactive, unoccupied, idle; **elle est longtemps restée ~e** for a long time she had nothing to do; **ne laisse pas les enfants ~s** don't leave the children with nothing to do.

in-octavo [inɔktavo] ◇ *adj inv* octavo.
◇ *nm inv* octavo, eightvo; **des ~** octavos.

inoculable [inɔkylabl] *adj* inoculable.

inoculation [inɔkylasjɔ̃] *nf* -**1.** MÉD [vaccination] inoculation; [contamination] infection. -**2.** MÉTALL inoculation.

inoculer [3] [inɔkyle] *vt* -**1.** MÉD to inoculate; **on inocule le virus à un cobaye** a guinea pig is injected with the virus. -**2.** [transmettre - enthousiasme, manie] to infect, to pass on to; **elle m'a inoculé la passion du jeu** she passed on her love of gambling to me.

inodore [inɔdɔr] *adj* -**1.** [sans odeur] odourless; **peinture ~** odourless paint. -**2.** [sans intérêt] uninteresting, commonplace.

inoffensif, ive [inɔfɑ̃sif, iv] *adj* [personne] harmless, inoffensive; [animal] harmless; [remark] innocuous.

inondable [inɔ̃dabl] *adj* liable to flooding.

inondation [inɔ̃dasjɔ̃] *nf* -**1.** [d'eau] flood, flooding, inundation. -**2.** *fig* flood, deluge; **on assiste à une ~ du marché par des voitures étrangères** foreign cars are flooding OU inundating the market. -**3.** MÉD: **~ péritonéale** flooding of the peritoneal cavity.

inondé, e [inɔ̃de] ◇ *adj* -**1.** [champ, maison, cave] flooded; **on voit qu'il a pris une douche, la salle de bains est ~e!** you can tell he's had a shower, the bathroom is swimming with water! -**2.** *fig*: **être ~ de réclamations/de mauvaises nouvelles** to be inundated with complaints/with bad news; **une pièce ~e de soleil** a room flooded with OU bathed in sunlight; **être ~ de joie** to be overcome OU overwhelmed by joy.
◇ *nm, f* flood victim.

inonder [3] [inɔ̃de] *vt* -**1.** [champs, maison, ville] to flood, to inundate; **tu ne peux donc pas prendre un bain sans tout ~?** can't you have a bath without flooding the bathroom?; **j'ai été inondé par les gens du dessus** my apartment has been flooded by the people upstairs. -**2.** [tremper] to soak; **les larmes inondaient ses joues** her cheeks were streaming with OU bathed in tears; **les yeux inondés de pleurs** his eyes full of OU swimming with tears; **le front inondé de sueur** his forehead bathed in sweat; **elle avait inondé ses vêtements de parfum** her clothes were soaked with perfume. -**3.** *fig* [envahir - marché] to flood, to inundate, to swamp; [- suj: foule] to flood into, to swarm; [- suj: lumière] to flood OU to pour into, to bathe; **ils inondent le marché de leurs produits** they're flooding OU inundating the market with their products; **ses fans l'inondent de lettres** she is inundated with fan mail.
◆ **s'inonder de** *vp + prép*: **chaque matin il s'inonde d'eau de Cologne** every morning he douses himself with eau de Cologne.

inopérable [inɔperabl] *adj* inoperable.

inopérant, e [inɔperɑ̃, ɑ̃t] *adj* inoperative, ineffective.

inopiné, e [inɔpine] *adj* [inattendu] unexpected.

inopinément [inɔpinemɑ̃] *adv* [de façon inattendue] unexpectedly.

inopportun, e [inɔpɔrtœ̃, yn] *adj* ill-timed, inopportune, untimely; **sa remarque était plutôt ~e** he timed his remark rather badly.

inopportunément [inɔpɔrtynemɑ̃] *adv litt* inopportunely.

inopportunité [inɔpɔrtynite] *nf litt* inopportuneness, untimeliness.

inopposabilité [inɔpozabilite] *nf* unenforceability.

inopposable [inɔpozabl] *adj* unenforceable.

inorganique [inɔrganik] *adj* inorganic.

inorganisable [inɔrganizabl] *adj* unorganizable.

inorganisation [inɔrganizasjɔ̃] *nf* lack of organization, disorganization.

inorganisé, e [inɔrganize] ◇ *adj* -**1.** [désordonné] disorganized, unorganized. -**2.** [non syndiqué] unorganized. -**3.** BIOL unorganized.
◇ *nm, f* [travailleur non syndiqué] non-union member, unorganized worker.

inoubliable [inublijabl] *adj* unforgettable, never to be forgotten; **elle fut une ~ Antigone** she was an unforgettable Antigone.

inouï, e [inwi] *adj* -**1.** [incroyable] incredible, amazing, unbelievable; **il a une assurance ~e** it's incredible OU extraordinary how confident he is; **c'est ~ ce que cet enfant peut faire comme dégâts!** you wouldn't believe how much havoc that child can cause! -**2.** *litt* [sans précédent - prouesse, performance] unheard of, unprecedented.

Inox® [inɔks] *nm inv* stainless steel; **couverts en ~** stainless steel cutlery.

inoxydable [inɔksidabl] ◇ *adj* stainless MÉTALL; **couteau ~** stainless steel knife.
◇ *nm* stainless steel.

in partibus [inpartibys] *loc adj* in partibus.

in petto [inpeto] *loc adv litt* privately, in petto *litt*; **je pensais ~ que...** I was thinking to myself that...

in-plano [inplano] ◇ *adj inv* full sheet *(modif)*, broadsheet *(modif)*.
◇ *nm inv* full sheet; **des ~** books printed on full sheets.

input [input] = **intrant**.

inqualifiable [ɛ̃kalifjabl] *adj* unspeakable; **un acte ~** an unspeakable act; **ce que tu as fait est ~** there are no words for what you've done.

in-quarto [inkwarto] ◇ *adj inv* quarto.
◇ *nm inv* quarto; **des ~** quartos.

inquiet, ète [ɛ̃kjɛ, ɛt] ◇ *adj* -**1.** [personne] worried, anxious, concerned; [regard] worried, uneasy, nervous; [attente] anxious; **je suis ~ de l'avoir laissé seul** I'm worried OU uneasy about having left him alone; **il est toujours ~** he's always worried; **tu es toujours inquiète!** you're always worried!, you're such a worrier!; **être ~ de qqch** to be worried about sthg; **je suis ~ de son silence** I'm worried about not having heard from her; **il est ~ de la montée du racisme** he's worried about the rise of racism. -**2.** *litt* [activité, curiosité] restless.
◇ *nm, f* worrier.

inquiétant, e [ɛ̃kjetɑ̃, ɑ̃t] *adj* worrying, disquieting, disturbing; **la situation est ~e** the situation is worrying OU gives cause for concern; **la drogue provoquait des fantasmes ~s** the drug caused disturbing fantasies.

inquiéter [18] [ɛ̃kjete] *vt* -**1.** [troubler - suj: personne, situation] to worry, to trouble; **son silence m'inquiète beaucoup** I find her silence quite disturbing OU worrying; **qu'est-ce qui t'inquiète?** what are you worried about?, what's worrying you?; **il n'est pas encore arrivé? tu m'inquiètes!** hasn't he arrived yet? you've got me worried now! || *(en usage abs)*: **ces nouvelles ont de quoi ~** this news is quite disturbing OU worrying OU alarming. -**2.** [ennuyer, harceler] to disturb, to bother, to harass; **s'ils viennent t'~ chez toi, préviens-moi** if they come to bother OU harass you at home, let me know; **le magistrat ne fut jamais inquiété par la police** the police never troubled the magistrate; **ils ont vidé les coffres sans être inquiétés** they were able to empty the safes without being disturbed OU interrupted; **il n'a jamais inquiété le champion du monde** he's never posed any threat to the world champion; **c'est la première fois que notre gardien de but est sérieusement inquiété** it's the first time that our goalkeeper has been really worried OU in real trouble.
◆ **s'inquiéter** *vpi* [être soucieux] to worry, to be worried; **il y a de quoi s'~** that's something to be worried about, there's real cause for concern; **s'~ au sujet de** OU **pour qqn** to be worried OU concerned about sb; **ne t'inquiète pas pour elle!** don't (you) worry about her!; **je m'inquiète beaucoup de le savoir seul** it worries OU troubles me a lot to know that he's alone.
◆ **s'inquiéter de** *vp + prép* -**1.** [tenir compte de] to bother OU to worry about; **elle achète sans s'~ du prix** she buys things regardless of the price OU without worrying about the price. -**2.** [s'occuper de] to see to sthg; **et son cadeau? – je m'en inquiéterai plus tard** what about her present? – I'll see about that OU take care of that later; **t'es-tu inquiété de réserver les places?** did you think of booking? ❑ **où tu vas? – t'inquiète!** *fam* where are you off to? – mind your own business OU what's it to you? -**3.** [se renseigner sur] to inquire OU to ask about.

inquiétude [ɛ̃kjetyd] *nf* worry, anxiety, concern; **un sujet d'~** a cause for concern OU anxiety; **n'ayez aucune ~, soyez sans ~** rest easy, have no fear; **avoir des ~s** to be worried OU concerned.

inquisiteur, trice [ɛ̃kizitœr, tris] *adj* inquisitive, prying.
◆ **inquisiteur** *nm* inquisitor; **le Grand Inquisiteur** the Inquisitor General.

inquisition [ɛ̃kizisjɔ̃] *nf* -**1.** HIST: **la (Sainte) Inquisition** the (Holy) Inquisition. -**2.** *sout & péj* [ingérence] inquisition.

inquisitoire [ɛ̃kizitwar] *adj* inquisitorial JUR.

inquisitorial, e, aux [ɛ̃kisitɔrjal, o] *adj* -**1.** *sout* [méthode] inquisitorial, high-handed. -**2.** HIST inquisitorial, Inquisition *(modif)*.

INR (*abr de* **Institut national de radiodiffusion**) *npr m Belgian broadcasting company.*

INRA, Inra [inra] (*abr de* **Institut national de la recherche agronomique**) *npr m national institute for agronomic research.*

inracontable [ɛ̃rakɔ̃tabl] *adj* [trop grivois] unrepeatable; [trop compliqué] too complicated for words; **je me suis débattu avec le fisc, c'est ~!**

I can't even begin to tell you what a struggle I had with the tax people!

insaisissabilité [ɛ̃sezisabilite] *nf* JUR exemption from seizure.

insaisissable [ɛ̃sezisabl] *adj* -**1.** [imprenable - terroriste, voleur] elusive. -**2.** [imperceptible] imperceptible, intangible; **elle distingue des détails pour moi ~s** she picks out details I can't even see. -**3.** [fuyant] unfathomable, elusive; **c'est quelqu'un d'~, tu n'auras pas de réponse nette de sa part** he's very evasive, you won't get a straight answer from him. -**4.** JUR exempt from seizure.

insalissable [ɛ̃salisabl] *adj* dirtproof.

insalivation [ɛ̃salivasjɔ̃] *nf* insalivation.

insalubre [ɛ̃salybr] *adj* [immeuble] insalubrious; [climat] insalubrious, unhealthy.

insalubrité [ɛ̃salybrite] *nf* [d'un immeuble] insalubrity; [du climat] insalubrity, unhealthiness.

insane [ɛ̃san] *adj* -**1.** *litt* [insensé] nonsensical, insane. -**2.** PSYCH insane.

insanité [ɛ̃sanite] *nf* -**1.** [folie] insanity. -**2.** [remarque] insane OU nonsensical remark; [acte] insane act, insane thing to do; **proférer des ~s** to say insane things; **tu n'es pas forcé d'écouter ses ~s** you don't have to listen to his ravings.

insatiabilité [ɛ̃sasjabilite] *nf* insatiability.

insatiable [ɛ̃sasjabl] *adj* insatiable.

insatiablement [ɛ̃sasjabləmɑ̃] *adv* insatiably.

insatisfaction [ɛ̃satisfaksjɔ̃] *nf* dissatisfaction.

insatisfaisant, e [ɛ̃satisfəzɑ̃, ɑ̃t] *adj* unsatisfactory.

insatisfait, e [ɛ̃satisfɛ, ɛt] ◇ *adj* -**1.** [inassouvi - curiosité, besoin] unsatisfied, frustrated. -**2.** [mécontent - personne] unsatisfied, dissatisfied, displeased; **être ~ de** to be unhappy about.
◇ *nm, f* discontented person; **les ~s** the discontented; **c'est un perpétuel ~** he's never satisfied OU happy.

insaturé, e [ɛ̃satyre] *adj* unsaturated.

inscriptible [ɛ̃skriptibl] *adj* inscribable.

inscription [ɛ̃skripsjɔ̃] *nf* -**1.** [ensemble de caractères] inscription, writing *(U)*; **il y avait une ~ sur le mur** there was an inscription OU something written on the wall; **des tablettes portant des ~s** inscribed tablets. -**2.** [action d'écrire]: **l'~ d'un slogan sur un mur** daubing OU writing a slogan on a wall; **l'~ d'une épitaphe sur une tombe** inscribing OU engraving an epitaph on a tombstone. -**3.** [action d'inclure]: **une question dont l'~ à l'ordre du jour s'impose** a question which must go (down) OU be placed on the agenda; **l'~ des dépenses au budget** the listing of expenses in the budget. -**4.** [formalité]: **~ à** [cours, concours] registration for, enrolment in; [club, parti] enrolment in, joining (of); **~ à l'université** university registration OU enrolment, university matriculation *Br*; **~ sur les listes électorales** registration on the electoral roll *Br*, voter registration *Am*; **au moment de l'~ de votre enfant à l'école** when it's time to enrol OU to register your child for school; **j'ai demandé mon ~ sur une liste d'attente** I've asked for my name to go on OU to be added to a waiting list; **dernière date pour les ~s** [à l'université] closing date for enrolment OU registration; [dans un club] closing date for enrolment ❑ **dossier d'~** UNIV admission form, ≃ UCCA form *Br*; **droits d'~** UNIV registration fees; **service des ~s** UNIV admissions office. -**5.** [personne inscrite]: **il y a une trentaine d'~s au club/pour le rallye** about 30 people have joined the club/entered the rally. -**6.** JUR: **~ de faux** challenge *(to the validity of a document)*; **~ hypothécaire** mortgage registration. -**7.** FIN: **~ de rente** OU **sur le grand-livre** inscribed (French Treasury) bond. -**8.** BOURSE quotation (privilege). -**9.** HIST & NAUT: **l'Inscription maritime** ≃ (naval) Seamen's Register.

inscrire [99] [ɛ̃skrir] *vt* -**1.** [écrire - chiffre, détail] to write OU to note (down); **inscrivez votre adresse ici** write down OU enter your address here; **inscris ton nom au tableau/sur la feuille** write your name (up) on the board/(down) on the sheet; **quelqu'un avait inscrit une phrase à la peinture sur le mur** somebody had painted some words on the wall; **les données inscrites sur l'écran** the data displayed on (the) screen ‖ [graver] to engrave, to inscribe; **je ferai ~ son nom sur la tombe** I'll have his name engraved OU inscribed on the tombstone; **son visage reste inscrit dans ma mémoire** *fig* his face remains etched in my memory. -**2.** [enregistrer - étudiant] to register, to enrol; [- électeur, membre] to register; **(faire) ~ un enfant à l'école** to register OU to enrol a child for school, to put a child's name down for school; **il faut vous (faire) ~ à l'université avant le 15 octobre** you must register OU enrol for university before October 15th; **les étudiants inscrits à l'examen** the students entered for the exam, the students sitting the exam *Br*; **les étudiants inscrits en droit** the students enrolled on *Br* OU in *Am* the law course; **se faire ~ sur les listes électorales** to register as a voter, to put one's name on the electoral register; **être inscrit au registre du commerce** to be on the trade register; **je vais l'~ au cours de danse** I'm putting him down for the dance class; **être inscrit à un club** to be a member of a club; **j'inscris ma fille au club de tennis** I'm putting my daughter's name down to join the tennis club; **~ qqn (pour un rendez-vous)** to put sb OU sb's name down for an appointment; **je vous inscris sur la liste d'attente** I'll put your name OU you (down) on the waiting list; **et la liste des passagers? — il n'y est pas inscrit non plus** the passenger list? — he's not listed there OU his name's not on it either. -**3.** [inclure] to list, to include; **ces sommes sont inscrites au budget de la culture** these amounts are listed in the arts budget; **son style l'inscrit dans la tradition italienne** her style places OU situates her within the Italian tradition; **~ un prix littéraire/un disque d'or à son palmarès** to add a literary prize/a gold disc to one's list of achievements; **on n'a fait qu'~ dans la législation une coutume solidement établie** all they have done is to write a firmly established custom into the legislation; **~ une question à l'ordre du jour** to put OU to place a question on the agenda; **parmi les sujets inscrits à l'ordre du jour** among the subjects on the agenda. -**4.** SPORT [but, essai] to score. -**5.** MATH to inscribe.

◆ **s'inscrire** ◇ *vp (emploi réfléchi)*: **s'~ à** [club, parti] to join, to enrol as a member of; [bibliothèque] to join; [université] to register OU to enrol at; [concours, rallye] to enter OU to put one's name down for; **s'~ au chômage** to register as unemployed; **s'~ sur une liste électorale** to register to vote.
◇ *vpi* -**1.** [apparaître] to appear, to come up; **le numéro de téléphone va s'~ sur vos écrans** the phone number will come up OU be displayed OU appear on your screens; **l'âge s'inscrit sur nos visages** *fig* age leaves its mark on our faces. -**2.** JUR: **s'~ en faux contre** to lodge a challenge against; **s'~ en faux contre une politique/des allégations** *fig* to strongly denounce a policy/deny allegations. -**3.** BOURSE: **s'~ en hausse/baisse** to be (marked) up/down; **les valeurs industrielles s'inscrivent en baisse de 13 points à la clôture** industrial shares closed 13 points down.

◆ **s'inscrire dans** *vp + prép sout* [suj: événement, attitude] to be consistent with, to be in keeping with, to be in line with; [suj: auteur] to belong to, to rank amongst; [suj: œuvre] to take its place in; **cette mesure s'inscrit dans le cadre de notre campagne** this measure comes OU lies within the framework of our campaign; **son action s'inscrit tout à fait dans la politique de notre parti** his action is totally in keeping OU in line with our party's policy; **s'~ dans la lignée des grands metteurs en scène** to be in the tradition of the great directors; **l'architecture moderne s'inscrit bien dans le site** contemporary architecture fits in very well with the site.

inscrit, e [ɛ̃skri, it] ◇ *adj* -**1.** [étudiant, membre d'un club] enrolled, registered, matriculated *Br*; [chômeur] registered; POL [candidat, électeur] registered; [orateur] scheduled. -**2.** BANQUE & FIN registered; **créancier ~** ≃ member of the Finance Houses' Association *Br*. -**3.** MATH inscribed.
◇ *nm, f* [sur une liste] registered person; [à un club, à un parti] registered member; [étudiant] registered student; [candidat] registered candidate; [électeur] registered elector; **au consulat, nous avons de moins en moins d'~s chaque année** fewer and fewer people register with the consulate each year; **les ~s au prochain débat** POL the scheduled speakers for the next debate ❑ **~ maritime** NAUT registered seaman.

inscrivant, e [ɛ̃skrivɑ̃, ɑ̃t] *nm, f* applicant for mortgage registration.

insculper [3] [ɛ̃skylpe] *vt* to hallmark.

INSEAD [insead] (*abr de* **Institut européen d'administration**) *npr m European business school in Fontainebleau.*

insécabilité [ɛ̃sekabilite] *nf* indivisibility.

insécable [ɛ̃sekabl] *adj* indivisible.

insecte [ɛ̃sɛkt] *nm* insect.

insecticide [ɛ̃sɛktisid] ◇ *adj* insecticide *(modif)*, insecticidal; **poudre ~** insecticide OU insect powder.
◇ *nm* insecticide.

insectifuge [ɛ̃sɛktifyʒ] *nm* insect repellent.

insectivore [ɛ̃sɛktivɔr] ◇ *adj* insectivorous.
◇ *nm* insectivore; **les ~s** the Insectivora.

insécurité [ɛ̃sekyrite] *nf* -**1.** [manque de sécurité] lack of safety; **l'~ qui règne dans les grandes villes** the collapse of law and order in big cities, the climate of fear reigning in big cities; **le gouvernement veut prendre des mesures contre l'~** the government wants to introduce measures to improve public safety. -**2.** [précarité - de l'emploi] insecurity, precariousness; [- de l'avenir] uncertainty. -**3.** [angoisse] insecurity; **un sentiment d'~** a feeling of insecurity.

INSEE, Insee [inse] (*abr de* **Institut national de la statistique et des études économiques**) *npr m national institute of statistics and information about the economy.*

in-seize [insɛz] ◇ *adj inv* sextodecimo.
◇ *nm inv* sextodecimo, sixteenmo; **des ~** sextodecimos.

inséminateur, trice [ɛ̃seminatœr, tris] ◇ *adj* inseminating.
◇ *nm, f* inseminator.

insémination [ɛ̃seminasjɔ̃] *nf* insemination; **~ artificielle** artificial insemination; **~ artificielle entre conjoints/par donneur extérieur** artificial insemination by husband/by donor.

inséminer [3] [ɛ̃semine] *vt* to inseminate.

insensé, e [ɛ̃sɑ̃se] ◇ *adj* -**1.** [déraisonnable - projet, initiative] foolish, insane; [- espoir] unrealistic, mad; **ses idées sont littéralement ~es** his ideas are literally crazy; **il est complètement ~ de penser que...** it is utterly foolish OU absurd to think that...; **c'est ~!** this is absurd OU preposterous! -**2.** [excessif] enormous, considerable; **une somme ~e** an excessive OU a ludicrous amount of money; **un travail ~** an enormous OU unbelievable amount of work.
◇ *nm, f litt* madman (*f* madwoman).

insensibilisation [ɛ̃sɑ̃sibilizasjɔ̃] *nf* local anaesthesia.

insensibiliser [3] [ɛ̃sɑ̃sibilize] *vt* -**1.** MÉD to anaesthetize; **il m'a insensibilisé la mâchoire** he anaesthetized my jaw. -**2.** [endurcir] to harden; **être insensibilisé aux souffrances d'autrui** to be hardened OU to have become immune to the sufferings of others.

insensibilité [ɛ̃sɑ̃sibilite] *nf* -**1.** [absence de réceptivité]: **~ à** insensitiveness OU insensitivity to; **~ à la beauté/musique** lack of receptiveness to beauty/music; **~ à la souffrance des autres** insensitivity to the suffering of others. -**2.** MÉD insensitivity, numbness.

insensible [ɛ̃sɑ̃sibl] *adj* -**1.** [privé de sensation, de sentiment]: **~ à** insensitive to; **~ à la douleur** insensitive to pain; **elle est ~ au froid** she's insensitive to OU she doesn't feel the cold; **elle est ~ à mes reproches** she's impervious OU immune to my reproaches; **je suis ~ à son mépris** I'm unaffected by OU impervious to his contempt; **elle demeura ~ à ses prières** she remained indifferent to OU unmoved by his pleas. -**2.** [imperceptible] imperceptible; **progrès ~s** imperceptible progress.

insensiblement [ɛ̃sɑ̃sibləmɑ̃] *adv* imperceptibly, gradually.

inséparable [ɛ̃separabl] *adj* inseparable; **ces deux-là, ils sont ~s** those two are inseparable; **le vice et le crime sont ~s** vice and crime are inseparable OU go hand in hand.
◆ **inséparables** ◇ *nmfpl* [personnes]: **deux ~s** a pair of inseparable friends.
◇ *nmpl* ZOOL: **un couple d'~s** a pair of lovebirds.

inséparablement [ɛ̃separabləmɑ̃] *adv* inseparably.

insérable [ɛ̃serabl] *adj* insertable.

insérer [18] [ɛ̃sere] *vt* -**1.** [ajouter - chapitre, feuille] to insert; **~ qqch dans/entre** to insert sthg into/between; **faire ~ une clause dans un contrat** to have a clause added to OU put in OU inserted into a contract. -**2.** [introduire - clé, lame] to insert; **~ qqch dans** to insert sthg into.
◆ **s'insérer dans** *vp + prép* -**1.** [socialement] to become integrated into; **les jeunes ont souvent du mal à s'~ dans le monde du travail** young people often find it difficult to find their place in OU to fit into a work environment; **être bien/mal inséré dans la société** to be well/poorly integrated into society. -**2.** [s'inscrire dans] to be part of; **ces mesures s'insèrent dans le cadre d'une politique globale** these measures come within OU are part of an overall policy.
◆ **s'insérer sur** *vp + prép* ANAT to be attached to.

INSERM, Inserm [inserm] (*abr de* **Institut national de la santé et de la recherche médicale**) *npr m* *national institute for medical research.*

insert [ɛ̃sɛrt] *nm* -**1.** CIN & TV cut-in, insert. -**2.** TECH moulding.

insertion [ɛ̃sɛrsjɔ̃] *nf* -**1.** [introduction] insertion, introduction; **~ d'une page dans un livre** inserting a page into a book. -**2.** [intégration] integration; **l'~ des jeunes dans le monde du travail** the integration of young people into a work environment ❑ **~ sociale** social integration. -**3.** PRESSE: **tarif des ~s** advertising rates; **frais d'~** advertising charge. -**4.** JUR correction; **~ forcée** publication (of reply) by order of the court. -**5.** ANAT insertion.

insidieusement [ɛ̃sidjøzmɑ̃] *adv* insidiously.

insidieux, euse [ɛ̃sidjø, øz] *adj* -**1.** [perfide - question] insidious, treacherous; [- personne] *litt* insidious; **un raisonnement ~** a specious argument. -**2.** [sournois - odeur, poison] insidious. -**3.** MÉD insidious.

insight [insajt] *nm* insight.

insigne [ɛ̃siɲ] ◇ *adj litt* [remarquable] remarkable, noteworthy; **faveur ~** signal favour; **pour les services ~s rendus à la Couronne** for outstanding services to the Crown; **mensonge/calomnie ~** unparalleled lie/slander.
◇ *nm* [marque distinctive - d'un groupe] badge, emblem, symbol; [- d'une dignité] insignia; **les ~s de la royauté** royal insignia; **l'~ du club sur sa cravate** the club emblem on his tie.

insignifiance [ɛ̃siɲifjɑ̃s] *nf* insignificance, unimportance.

insignifiant, e [ɛ̃siɲifjɑ̃, ɑ̃t] *adj* -**1.** [sans intérêt] insignificant, trivial; **nous parlions de choses ~es** we were engaged in idle chatter; **des gens ~s** insignificant OU unimportant people. -**2.** [minime] insignificant, negligible; **erreur ~e** unimportant mistake; **somme ~e** trifling OU petty sum.

insincère [ɛ̃sɛ̃sɛr] *adj litt* insincere, hypocritical.

insincérité [ɛ̃sɛ̃serite] *nf litt* insincerity, hypocrisy.

insinuant, e [ɛ̃sinɥɑ̃, ɑ̃t] *adj* [personne, manières, ton] ingratiating; **il avait un odieux sourire ~** he had a horrible fawning smile.

insinuation [ɛ̃sinɥasjɔ̃] *nf* -**1.** [allusion] insinuation, innuendo; **quelles sont ces ~s?** what are you hinting at OU insinuating OU trying to suggest? -**2.** JUR insinuation.

insinuer [7] [ɛ̃sinɥe] *vt* to insinuate; **que veut-elle ~?** what's she hinting at OU trying to insinuate?; **insinuez-vous que je mens?** are you insinuating OU implying that I'm lying?
◆ **s'insinuer** *vpi*: **elle parvient à s'~ partout** she gets everywhere; **s'~ dans** [suj: arôme, gaz] to creep in; [suj: eau] to filter OU to seep in; [suj: personne] to make one's way in, to infiltrate, to penetrate; **il s'insinua dans les familles les plus riches** he insinuated himself into the wealthiest families; **s'~ dans les bonnes grâces de qqn** to insinuate o.s. into sb's favour, to curry favour with sb; **le doute/une idée diabolique s'insinua en lui** doubt/an evil thought crept into his mind.

insipide [ɛ̃sipid] *adj* -**1.** [sans goût] insipid, tasteless; **l'eau est ~** water has no taste OU doesn't taste of anything. -**2.** [sans relief - personne] insipid, bland, vapid; [- conversation, livre] insipid, uninteresting, dull.

insipidité [ɛ̃sipidite] *nf sout* -**1.** [absence de goût] insipidity, insipidness, tastelessness. -**2.** *fig* [ennui] insipidity, insipidness, tediousness.

insistance [ɛ̃sistɑ̃s] *nf* [obstination] insistence; **il lui demanda avec ~ de chanter** he insisted that she should sing; **regarder qqn avec ~** to stare at sb insistently; **son ~ à refuser** his insistence on refusing.

insistant, e [ɛ̃sistɑ̃, ɑ̃t] *adj* -**1.** [persévérant] insistent; **elle se faisait de plus en plus ~e** she was growing more and more insistent OU demanding; **les sonneries ~es du téléphone** the insistent ringing of the telephone. -**2.** [fort - parfum] pervasive, intrusive.

insister [3] [ɛ̃siste] *vi* -**1.** [persévérer] to insist; **je ne vous dirai rien, inutile d'~!** I'm not telling you anything, so there's no point pressing me any further!; **ça ne répond pas — insistez!** there's no answer – keep trying OU try again!; **il était en colère, alors je n'ai pas insisté** he was angry, so I didn't push the matter (any further) OU I didn't insist; **très bien, si vous insistez!** all right, if you insist! -**2.** [demander instamment] to insist; **j'insiste pour que vous m'écoutiez jusqu'au bout** I insist that you hear me out.
◆ **insister sur** *v + prép* -**1.** [mettre l'accent sur - idée, problème] to stress, to emphasize, to underline; **on ne saurait trop ~ sur cette différence** this difference cannot be over emphasized; **si j'étais toi, je n'insisterais pas trop sur le salaire** if I were you, I wouldn't lay too much emphasis on the salary; **dans notre école, nous insistons beaucoup sur la discipline** in our school, we attach great importance to OU lay great stress on discipline. -**2.** [s'attarder sur - anecdote] to dwell on (*insép*); [- tache, défaut] to pay particular attention to; **mes années d'école, sur lesquelles je n'insisterai pas** my school years which I'd rather skate over OU I'd rather not dwell on; **appliquez ce produit sur votre tapis en insistant bien sur les taches** apply the product to your carpet, paying particular attention to stains.

insociable [ɛ̃sɔsjabl] *adj* [farouche] unsociable; [asocial] antisocial.

insolation [ɛ̃sɔlasjɔ̃] *nf* -**1.** MÉD sunstroke, insolation *spéc*. -**2.** MÉTÉO sunshine, insolation *spéc*; **avoir une faible ~** to get very little sunshine. -**3.** PHOT exposure (to the light).

insolemment [ɛ̃sɔlamɑ̃] *adv* -**1.** [avec arrogance] insolently, arrogantly. -**2.** [avec effronterie] unashamedly.

insolence [ɛ̃sɔlɑ̃s] *nf* -**1.** [irrespect] insolence; **il était d'une telle ~ que nous l'avons renvoyé** he was so insolent that we fired him; **avec ~** insolently. -**2.** [remarque] insolent remark; [acte] insolent act; **cette fois, elle a dit une ~ qui va lui coûter cher** this time she's going to pay for her insolent remarks. -**3.** [orgueil] arrogance; **son silence fut pris pour l'~ d'une aristocrate déchue** her silence was mistaken for the high-handedness OU haughtiness of a fallen aristocrat; **l'~ de l'argent** the arrogance that comes with wealth.

insolent, e [ɛ̃sɔlɑ̃, ɑ̃t] ◇ *adj* -**1.** [impoli] insolent. -**2.** [arrogant] arrogant; **l'~e arrogance de l'argent** the overweening pride that comes with wealth. -**3.** [extraordinaire - luxe, succès] outrageous; **vous avez eu une chance ~e** you've been outrageously OU incredibly lucky.
◇ *nm, f* insolent person; **petit ~!** you impudent OU impertinent little boy!; **petite ~e!** you impudent OU impertinent little girl!

insoler [3] [ɛ̃sɔle] *vt* to expose to light, to insolate *spéc*.

insolite [ɛ̃sɔlit] ◇ *adj* unusual, strange.
◇ *nm*: **l'~** the unusual, the bizarre.

insolubiliser [3] [ɛ̃sɔlybilize] *vt* to make insoluble.

insolubilité [ɛ̃sɔlybilite] *nf* insolubility, insolubleness.

insoluble [ɛ̃sɔlybl] *adj* -**1.** CHIM insoluble. -**2.** [problème] insoluble, insolvable *Am*; **le problème est ~ si l'on utilise de telles méthodes** the problem can't be solved with such methods; **c'est une situation ~** there's no solution to this situation.

insolvabilité [ɛ̃sɔlvabilite] *nf* insolvency.

insolvable [ɛ̃sɔlvabl] *adj & nmf* insolvent.

insomniaque [ɛ̃sɔmnjak] *adj & nmf* insomniac.

insomnie [ɛ̃sɔmni] *nf* insomnia *(U)*; **des nuits d'~** sleepless nights.

insondable [ɛ̃sɔ̃dabl] *adj* -**1.** [impénétrable - desseins, mystère] unfathomable, impenetrable; [- regard, visage] inscrutable. -**2.** [très profond] unfathomable; **une crevasse ~** a seemingly bottomless crevasse. -**3.** [infini] abysmal; **elle est d'une bêtise ~** she's abysmally stupid.

insonore [ɛ̃sɔnɔr] *adj* soundproof, sound-insulated *spéc*.

insonorisation [ɛ̃sɔnɔrizasjɔ̃] *nf* soundproofing, (sound) insulation.

insonoriser [3] [ɛ̃sɔnɔrize] *vt* to soundproof, to insulate; **studio d'enregistrement insonorisé** soundproof recording studio; **pièce mal insonorisée** inadequately soundproofed room.

insonorité [ɛ̃sɔnɔrite] *nf* lack of sonority.

insouciance [ɛ̃susjɑ̃s] *nf* lack of concern, carefree attitude, casualness; **vivre dans l'~** to live a carefree OU untroubled existence; **en ce qui concerne l'argent, elle est d'une totale ~** she's got a totally carefree attitude towards money; **son ~ à l'égard de ses études** his lack of concern for OU his happy-go-lucky attitude towards OU his easy-going attitude towards his studies; **l'~ de la jeunesse** the frivolity of youth.

insouciant, e [ɛ̃susjɑ̃, ɑ̃t] *adj* -**1.** [nonchalant] carefree, unconcerned, casual; **êtes-vous toujours aussi ~ lorsqu'il s'agit d'argent?** are you always so casual OU easy-going with money? -**2.** **~ de** [indifférent à]: **~ du danger** oblivious of OU to the danger; **~ de l'avenir** indifferent to OU unconcerned about the future; **~ de sa santé** unconcerned about one's health.

insoucieux, euse [ɛ̃susjø, øz] *adj litt* carefree, unconcerned; **être ~ du lendemain** to be unmindful OU heedless of what tomorrow may bring.

insoumis, e [ɛ̃sumi, iz] *adj* -**1.** [indiscipliné - jeunesse, partisan] rebellious; [- enfant] unruly, refractory. -**2.** [révolté - tribu] rebel, rebellious; [- pays] unsubdued, undefeated, rebellious. -**3.** MIL: **soldat ~** [réfractaire au service militaire] draft dodger; [déserteur] soldier absent without leave.
◆ **insoumis** *nm* [réfractaire au service militaire] draft dodger; [déserteur] soldier absent without leave.

insoumission [ɛ̃sumisjɔ̃] *nf* -**1.** [indiscipline] rebelliousness, insubordination. -**2.** [révolte] rebelliousness, rebellion; un régiment était encore en état d'~ one regiment was still in open rebellion. -3. MIL [objection] draft-dodging; [désertion] absence without leave.

insoupçonnable [ɛ̃supsɔnabl] *adj* above suspicion.

insoupçonné, e [ɛ̃supsɔne] *adj* [vérité] unsuspected; [richesses] undreamt-of, unheard-of; un trésor d'une valeur ~e treasure which nobody expected to be so valuable.

insoutenable [ɛ̃sutnabl] *adj* -1. [insupportable - douleur, scène, température] unbearable, unendurable; [- lumière] blinding; 'l'Insoutenable Légèreté de l'être' *Kundera* 'The Unbearable Lightness of Being'. -2. [impossible à soutenir - concurrence, lutte] unsustainable. -3. [indéfendable - opinion, thèse] untenable, unsustainable; [- position] indefensible.

inspecter [4] [ɛ̃spɛkte] *vt* -1. [contrôler - appartement, bagages, engin, travaux] to inspect, to examine; MIL [- troupes] to review, to inspect; [- école, professeur] to inspect. -2. [scruter] to inspect; ~ qqn des pieds à la tête to examine sb from head to foot.

inspecteur, trice [ɛ̃spɛktœr, tris] *nm, f* -1. [contrôleur] inspector; ~ général MIL general inspector; ~ (général) des Finances ≃ general auditor *(of the Treasury with special responsibilities) Br,* ≃ Comptroller General *Am*; ~ des impôts FIN tax inspector; ~ des mines inspector of mines; ~ du travail factory inspector; c'est un vrai ~ des travaux finis! *fig & hum* he always turns up when the work's done!; ~ sanitaire public health officer *Br,* health inspector *Am.* -2. [policier] inspector, detective; un ~ de la brigade criminelle a detective from the crime squad; excusez-moi ~, mais j'ai trouvé la balle excuse me, inspector, but I've found the bullet; ~ de la police judiciaire *inspector belonging to the criminal investigation department,* ≃ CID inspector *Br* ❑ ~ de police detective sergeant *Br,* lieutenant *Am*; ~ principal superintendent *Br,* captain *Am.* -3. ENS: ~ d'Académie ≃ Chief Education Officer *Br,* ≃ Accreditation officer *Am.* -4. *(comme adj)* JUR: magistrat ~ visiting magistrate.

inspection [ɛ̃spɛksjɔ̃] *nf* -1. [vérification] inspection; [surveillance] overseeing, supervising; ils se livrèrent à une ~ de la voiture they inspected the car; ils se livrèrent à une ~ détaillée du véhicule they searched the vehicle thoroughly; les douaniers soumirent la valise/le passager à une ~ en règle the customs officers subjected the suitcase/the passenger to a thorough search; après ~, le dossier se révéla être un faux on inspection, the file turned out to be a forgery; passer une ~ [l'organiser] to carry out an inspection, to inspect; [la subir] to undergo an inspection, to be inspected; passer l'~ [être en règle] to pass (the test); prêt pour l'~! MIL ready for inspection! -2. ADMIN inspectorate; ~ académique ≃ Schools Inspectorate *Br,* ≃ Accreditation Agency *Am*; ~ générale des Finances *government department responsible for monitoring the financial affairs of state bodies*; ~ des impôts ≃ Inland Revenue *Br,* ≃ Internal Revenue Service *Am*; ~ du travail ≃ Health and Safety Executive *Br,* ≃ Labor Board *Am.* -3. [inspectorat] inspectorship.

inspectorat [ɛ̃spɛktɔra] *nm* [charge] inspectorate; [durée] inspectorship; pendant son ~ while she was an inspector.

inspirant, e *fam* [ɛ̃spirɑ̃, ɑ̃t] *adj* inspiring; je ne trouve pas ça très ~ I don't find it particularly inspiring.

inspirateur, trice [ɛ̃spiratœr, tris] ◇ *adj* -1. [inspirant] inspiring. -2. ANAT inspiratory; muscles ~s inspiratory muscles.

◇ *nm, f* -1. [guide] inspirer; la religion est la principale inspiratrice de leur mouvement religion is the main driving force behind their movement. -2. [instigateur] instigator; l'~ d'un complot the instigator of OU the person behind a plot.

◆ **inspiratrice** *nf* [égérie] muse, inspiration.

inspiration [ɛ̃spirasjɔ̃] *nf* -1. [esprit créatif] inspiration; tirer son ~ de, trouver son ~ dans to draw (one's) inspiration from; elle a manqué d'~ she lacked inspiration OU wasn't much inspired; je n'ai pas d'~ ce matin I don't feel inspired OU I don't have any inspiration this morning; musique pleine d'~ inspired music. -2. [idée, envie] inspiration, (bright) idea; agir selon l'~ du moment to act on the spur of the moment; j'ai eu l'~ de rentrer au bon moment I had the bright idea of coming home at the right time. -3. [influence] influence, instigation; c'est sous son ~ que le syndicat a été créé the union was created at his instigation; une architecture d'~ nordique an architecture with a Scandinavian influence, a Scandinavian-inspired architecture. -4. PHYSIOL breathing in, inspiration *spéc.* -5. RELIG inspiration.

inspiratoire [ɛ̃spiratwar] *adj* inspiratory.

inspiré, e [ɛ̃spire] ◇ *adj* -1. [artiste, air, livre] inspired. -2. [avisé]: j'ai été bien ~ de lui résister I was well-advised to resist him, I did the right thing in resisting him; tu as été bien ~ de venir me voir aujourd'hui you did well to come and see me today.

◇ *nm, f* -1. [mystique] mystic, visionary. -2. *péj* [illuminé] crank.

inspirer [3] [ɛ̃spire] ◇ *vt* -1. [provoquer - décision, sentiment] to inspire; [- remarque] to inspire, to give rise to *(insép)*; [- conduite] to prompt; [- complot] to instigate; il m'inspire de la haine/du mépris he inspires me with hatred/with contempt; ~ confiance à qqn to inspire confidence in sb, to inspire sb with confidence; cette viande ne m'inspire pas confiance! I don't much like the look of that meat!; son état n'inspire pas d'inquiétude his health gives no cause for concern; cette réponse lui a été inspirée par la jalousie his answer was inspired OU prompted OU dictated by jealousy; le texte m'inspire plusieurs réflexions the text inspires OU leads me to make several remarks; sa fille lui a inspiré ses plus belles chansons his daughter gave him the inspiration for his best songs. -2. [influencer - œuvre, personne] to inspire; le fait historique qui l'a inspiré pour ce dessin the historical event which inspired him to do this drawing; le sujet de dissertation ne m'inspire guère! the subject of the essay doesn't really fire my imagination! -3. [aspirer - air, gaz] to breathe in *(sép)*, to inspire *spéc*; ~ de l'air to breathe air.

◇ *vi* to breathe in, to inspire *spéc.*

◆ **s'inspirer de** *vp + prép* to draw one's inspiration from, to be inspired by.

instabilité [ɛ̃stabilite] *nf* -1. CHIM & PHYS instability. -2. [précarité] instability, precariousness; l'~ du gouvernement the instability of the government. -3. PSYCH instability.

instable [ɛ̃stabl] ◇ *adj* -1. [branlant] unsteady, unstable; [glissant - terrain] unstable, shifting; être en équilibre ~ to be balanced precariously. -2. [fluctuant - situation, régime politique, prix] unstable; [- personnalité] unsteady, unreliable; [- population] shifting, unsettled, unstable; le temps restera ~ the weather will remain unsettled; le temps est tellement ~ en ce moment! the weather's so unreliable at the moment! -3. CHIM, PHYS & PSYCH unstable.

◇ *nmf* unreliable OU unsteady person; PSYCH unstable person.

installateur, trice [ɛ̃stalatœr, tris] *nm, f* [d'appareils sanitaires] fitter; ÉLECTR, RAD & TV installer.

installation [ɛ̃stalasjɔ̃] *nf* -1. [dispositif, équipement] installation; [aménagement] set-up; une ~ de fortune a makeshift set-up ❑ ~ électrique wiring; ~ téléphonique telephone installation. -2. [d'un dentiste, d'un médecin] setting up (practice); [d'un commerçant] opening, setting up (shop); [d'un locataire] moving in; je fais une fête pour célébrer mon ~ I'm having a house warming (party). -3. [mise en service - de l'électricité, du gaz, du chauffage] installation, installing, putting in; [- d'un appareil ménager] installation, installing; [- d'une grue] setting up; [- d'une antenne] installing; [- d'une cuisine, d'un atelier, d'un laboratoire] fitting out; qui a fait l'~ de la prise/du lave-linge? who wired the socket/plumbed in the washing machine?; refaire l'~ électrique (d'une maison) to rewire (a house). -4. [implantation - d'une usine] setting up.

◆ **installations** *nfpl* [dans une usine] machinery and equipment; [complexe, bâtiment] installations; ~s portuaires port installations.

installé, e [ɛ̃stale] *adj* [aisé] well-off, established; les gens ~s the comfortably well-off.

installer [3] [ɛ̃stale] *vt* -1. [mettre en service - chauffage, eau, gaz, électricité, téléphone] to install, to put in *(sép)*; [- appareil ménager] to install; nous avons dû faire ~ l'eau/le gaz/l'électricité we had to have the water laid on/the gas put in/the house wired. -2. [mettre en place - meuble] to put in *(sép)*, to install; [- tente] to put up *(sép)*, to pitch; [- barrière] to put up *(sép)*, to erect; [- campement] to set up *(sép)*; [- troupes] to position; j'ai installé deux appliques au-dessus du lit I've put in OU fixed OU installed two wall-lamps above the bed. -3. [faire asseoir, allonger] to put, to place; n'installez pas les enfants sur la banquette avant don't put the children in the front; installez-le sur la civière lay him down on the stretcher; une fois qu'il est installé devant la télévision, il n'y a plus moyen de lui parler once he's settled himself down OU planted himself OU installed (himself) in front of the TV, there's no talking to him. -4. [pièce, logement - aménager] to fit out *(sép)*; [- disposer] to lay out *(sép)*; nous avons installé la salle de jeu au grenier we've turned the attic into a playroom; un laboratoire bien/mal ~ a well/badly equipped laboratory; comment le dortoir est-il installé? how is the dormitory laid out? -5. [loger - jeune couple] to set up *(sép)*; [- visiteur] to put up *(sép)*, to install; les blessés furent installés dans la tour the wounded were accommodated OU put in the tower. -6. [implanter]: ~ une usine à la campagne to set up a factory in the countryside. -7. ADMIN to install; ~ qqn dans ses fonctions to install sb in his/her post.

◆ **s'installer** *vpi* -1. [s'asseoir, s'allonger]: installez-vous comme il faut, je reviens tout de suite make yourself comfortable OU at home, I'll be right back; s'~ au volant to sit at the wheel; s'~ dans un canapé to settle down on a couch. -2. [s'implanter - cirque, marché] to (be) set up; [- usine] to be set up; quand nous nous sommes installés when we settled in; s'~ à la campagne [emménager] to set up house OU to go and live OU to settle in the country; s'~ dans une maison to move into a house; je m'installai dans un petit hôtel I put up at a small hotel; s'~ dans de nouveaux bureaux [entreprise] to move into new offices; [employés] to move into one's new offices; si ça continue, elle va finir par s'~ chez moi! if this goes on, she'll end up moving in (permanently)! -3. [pour exercer - médecin, dentiste] to set up a practice; [- commerçant] to set up shop, to open; s'~ à son compte to set up one's own business OU on one's own; quand je me suis installé, la clientèle était rare when I started, there weren't many customers. -4. [se fixer - statu quo] to become established; [- maladie] to take a hold OU a grip; [- doute, peur] to creep in; [- silence] to take over; il s'est installé dans le mensonge he's become an habitual liar, he's well used to lying; l'idée de la mort s'installa en elle et ne la quitta plus the thought of death took a hold on her mind and never left her again; le pays s'installe peu à peu dans la crise the country is gradually learning to live with the crisis.

instamment [ɛ̃stamɑ̃] *adv sout* insistently; demander ~ que to insist that.

instance [ɛ̃stɑ̃s] *nf* -1. [organisme] authority; les ~s économiques/communautaires the economic/EC authorities; les plus hautes ~s du parti the leading bodies of the party; le dossier sera traité par une ~ supérieure the file will be dealt with at a higher level OU by a higher authority. -**2.** JUR (legal) proceedings; **introduire une ~** to start OU to institute proceedings; **en première ~** on first hearing; **en seconde ~** on appeal. -**3.** *litt* [insistance] insistence; **avec ~** earnestly, with insistence. -**4.** PSYCH psychic apparatus.

◆ **instances** *nfpl sout* [demandes] entreaties; **sur** OU **devant les ~s de son père, il finit par accepter** in the face of his father's entreaties OU pleas, he eventually accepted.

◆ **en dernière instance** *loc adv* in the last analysis.

◆ **en instance** *loc adj* [dossier] pending, waiting to be dealt with; JUR [affaire] pending, sub judice *Br*; [courrier] ready for posting.

◆ **en instance de** *loc prép*: **être en ~ de divorce** to be waiting for a divorce OU in the middle of divorce proceedings; **prisonnier en ~ de libération** prisoner waiting for OU pending release.

instant[1] [ɛ̃stɑ̃] *nm* -**1.** [courte durée] moment, instant; **pendant un ~, j'ai cru que c'était elle** for a moment OU an instant, I thought it was her; **j'ai pensé, pendant un ~** OU **l'espace d'un ~, que...** for half a minute OU for a split second, I thought that...; **as-tu pensé un ~ au danger?** didn't it cross your mind for one moment that it was dangerous?; **il ne s'est pas demandé un ~ ce qui pouvait arriver** he never asked himself once what might happen; **je n'en doute pas un seul ~** I don't doubt it at all, I've never doubted it for a minute; **(attendez) un ~!** just a moment!, just a second!; **je reviens dans un ~** I'll be right back, I'll be back in a minute; **c'est l'affaire d'un ~** it won't take a minute; **c'est prêt en un ~** it's ready in an instant OU in no time at all. -**2.** [moment précis] moment; **l'~ suprême** the supreme moment; **une souffrance de tous les ~s** perpetual sufferings; **une joie de tous les ~s** eternal joy.

◆ **à l'instant (même)** *loc adv* this instant, this minute; **je suis rentré à l'~ (même)** I've just (this minute OU second) come in; **je l'apprends à l'~ (même)** I've just this moment heard about it; **nous devons partir à l'~ (même)** we must leave right now OU this instant OU this very minute; **à l'~ (même) où je m'apprêtais à partir** just as I was about to leave.

◆ **à tout instant** *loc adv* [continuellement] all the time; [d'une minute à l'autre] any time (now), any minute.

◆ **dans l'instant** *loc adv* at this moment, instantly.

◆ **dès l'instant que** *loc conj* [si] if; [puisque] since; [aussitôt que] as soon as, from the moment; **dès l'~ que tu me le promets** as soon as you promise me, once you've promised me.

◆ **par instants** *loc adv* at times, from time to time.

◆ **pour l'instant** *loc adv* for the moment, for the time being.

instant[2], **e** [ɛ̃stɑ̃, ɑ̃t] *adj litt* pressing, urgent, insistent.

instantané, e [ɛ̃stɑ̃tane] *adj* -**1.** [immédiat] instantaneous; **la mort a été ~e** death was instantaneous; **sa réponse a été ~e** his answer was instantaneous OU immediate. -**2.** [soluble]: **café ~** instant coffee. -**3.** PHOT: **cliché ~** snapshot.

◆ **instantané** *nm* snap, snapshot.

instantanément [ɛ̃stɑ̃tanemɑ̃] *adv* instantaneously, instantly; **ce produit se dissout ~ dans l'eau** this product dissolves instantly in water.

instar [ɛ̃star]

◆ **à l'instar de** *loc prép sout* following (the example of); **à l'~ de ses parents, il sera enseignant** like his parents, he's going to be a teacher.

instaurateur, trice [ɛ̃stɔratœr, tris] *nm, f litt* founder, establisher, creator.

instauration [ɛ̃stɔrasjɔ̃] *nf* institution, foundation, establishing.

instaurer [3] [ɛ̃stɔre] *vt* to institute, to found, to establish; **~ un régime** to set up a regime; **~ une nouvelle mode** to introduce OU to start a new fashion.

instigateur, trice [ɛ̃stigatœr, tris] *nm, f* instigator; **il nie être l'~ du crime** he denies being behind the crime OU being the instigator of the crime; **l'association ainsi créée sera l'instigatrice d'une nouvelle politique** the association thus created will initiate new policy decisions.

instigation [ɛ̃stigasjɔ̃] *nf* instigation; **à** OU **sur l'~ de qqn** at sb's instigation.

instiguer [3] [ɛ̃stige] *vt Belg* to incite; **ils ont été instigués à se mettre en grève** they were incited to go on strike.

instillation [ɛ̃stilasjɔ̃] *nf* instillation.

instiller [3] [ɛ̃stile] *vt* -**1.** MÉD to instil; **~ un liquide dans l'œil** to drop OU to instil a liquid into the eye. -**2.** *litt* [insuffler] to instil; **~ le doute dans l'esprit de qqn** to instil doubt into sb's mind.

instinct [ɛ̃stɛ̃] *nm* -**1.** PSYCH & ZOOL instinct; **~ de conservation** instinct of self-preservation; **~ maternel** maternal instinct. -**2.** [intuition] instinct; **il eut l'~ de parer le coup** he instinctively fended off the blow; **se fier à son ~** to trust one's instincts OU intuition. -**3.** [don] instinct; **elle a l'~ de la scène** she has a natural talent OU an instinct for the stage.

◆ **d'instinct** *loc adv* instinctively, by instinct.

◆ **par instinct** *loc adv* -**1.** PSYCH & ZOOL instinctively, by instinct. -**2.** [intuitivement] instinctively.

instinctif, ive [ɛ̃stɛ̃ktif, iv] ◇ *adj* -**1.** [irraisonné] instinctive; **antipathie instinctive** instinctive dislike. -**2.** [machinal]: **si je vois un gâteau, je le mange, c'est ~!** if I see a cake, I eat it, I can't help it! -**3.** [impulsif] instinctive, impulsive, spontaneous; **c'est un être ~** he's a creature of instinct.

◇ *nm, f* instinctive person.

instinctivement [ɛ̃stɛ̃ktivmɑ̃] *adv* instinctively.

instinctuel, elle [ɛ̃stɛ̃ktɥɛl] *adj* instinctual.

instit *fam* [ɛ̃stit] *nmf* primary school teacher.

instituer [7] [ɛ̃stitɥe] *vt* -**1.** [instaurer, créer] to institute, to establish; **~ un nouvel impôt** to institute a new tax; **le ministre a institué une commission d'enquête** the minister set up a commission of inquiry. -**2.** JUR [désigner - héritier] to institute, to appoint.

◆ **s'instituer** *vpi* -**1.** [se désigner] to set o.s. up; **il s'est institué (comme) arbitre de leur querelle** he set himself up as the arbitrator of their quarrel. -**2.** [s'établir] to be OU to become established; **des relations durables se sont instituées entre les deux pays** a lasting relationship was established between the two countries.

institut [ɛ̃stity] *nm* [établissement] institute; **~ de recherches/scientifique** research/scientific institute ❑ **~ de beauté** beauty salon OU parlour; **~ d'émission** BANQUE central note-issuing authority; **~ médico-légal** mortuary; l'Institut du Monde Arabe *Arab cultural centre and library in Paris holding regular exhibitions of Arab art.*

◆ **Institut (de France)** *npr m*: l'Institut de France the Institut de France, ≃ the Royal Society *Br*, ≃ National Science Foundation *Am*.

L'INSTITUT DE FRANCE:

"L'Institut", as it is commonly known, is the learned society which includes the five "Académies" (the Académie française being one of them). Its headquarters are in the building of the same name on the banks of the Seine in Paris.

instituteur, trice [ɛ̃stitytœr, tris] *nm, f* -**1.** [de maternelle] (nursery school) teacher; [d'école primaire] (primary school) teacher; **demande à ton institutrice** ask your teacher. -**2.** *vieilli* [précepteur, gouvernante] tutor (*f* governess).

institution [ɛ̃stitysjɔ̃] *nf* -**1.** [établissement privé] institution; **~ pour les aveugles** institution OU school for the blind; **ils ont mis la vieille dame dans une ~** they put the old lady into a home ❑ **~ religieuse** [catholique] Catholic school; [autre] denominational school. -**2.** [coutume] institution; **l'~ du mariage** the institution of marriage; **ici le repos dominical est une véritable ~** Sunday as a day of rest is a real institution here. -**3.** [mise en place] institution, establishment; [d'une loi] introduction; [d'une règle] laying down. -**4.** JUR: **~ d'un héritier** appointment OU institution of an heir; **~ contractuelle** conventional designation *(of an heir)*. -**5.** RELIG: **~ d'un évêque** institution of a bishop; **~ canonique** institution.

◆ **institutions** *nfpl* institutions; **les ~s politiques** political institutions; **se battre contre les ~s (établies)** to fight the established institutions.

institutionnalisation [ɛ̃stitysjɔnalizasjɔ̃] *nf* institutionalization.

institutionnaliser [3] [ɛ̃stitysjɔnalize] *vt* to institutionalize.

institutionnalisme [ɛ̃stitysjɔnalism] *nm* institutionalism.

institutionnel, elle [ɛ̃stitysjɔnɛl] *adj* institutional.

institutrice [ɛ̃stitytris] *f* → **instituteur**.

instructeur, trice [ɛ̃stryktœr, tris] *nm, f* instructor.

◆ **instructeur** ◇ *nm* AÉRON (flying) instructor; MIL instructor.

◇ *adj m*: **sergent ~** drill sergeant.

instructif, ive [ɛ̃stryktif, iv] *adj* informative, instructive; **j'ai trouvé l'émission instructive** I thought the programme was informative OU instructive; **c'est très ~ d'écouter aux portes!** *hum* you learn a lot listening at keyholes!

instruction [ɛ̃stryksjɔ̃] *nf* -**1.** *vieilli* [culture] (general) education; **il a une solide ~** he has a good general level of education; **elle a beaucoup d'~** she's well-educated; **manquer d'~** to be uneducated, to lack education. -**2.** [formation] education, teaching; **il se charge de l'~ de ses enfants** he is taking care of his children's education himself; **l'~ que j'ai reçue à l'école** the teaching OU education I was given at school ❑ **~ militaire** MIL military training; **~ religieuse** [gén] religious education; ENS religious instruction. -**3.** JUR preliminary investigation OU inquiry *(of a case by an examining magistrate)*; **qui est chargé de l'~?** who's setting up the inquiry? -**4.** INF instruction, statement; **jeu d'~s** instruction set. -**5.** [ordre] instruction; **donner/recevoir des ~s** to give/to receive instructions; **sur les ~s de ses supérieurs** following orders from his superiors. -**6.** ADMIN [circulaire] directive.

◆ **instructions** *nfpl* [d'un fabricant] instructions, directions; **~s de montage** instructions OU directions for assembly.

instruire [98] [ɛ̃strɥir] ◇ *vt* -**1.** [enseigner à] to teach, to instruct; [former] to educate; MIL [recrue] to train; **une émission destinée à ~ en distrayant** a programme designed to be both entertaining and educational; **instruit par l'expérience** taught by experience. -**2.** *sout* [aviser]: **~ qqn de qqch** to inform sb of sthg, to acquaint sb with sthg; **il était à peine instruit de la situation** he was barely acquainted with the situation. -**3.** JUR: **~ une affaire** OU **un dossier** to set up a preliminary inquiry.

◇ *vi* JUR: **~ contre qqn** to set up a preliminary inquiry against sb.

◆ **s'instruire** ◇ *vp (emploi réfléchi)* [se cultiver] to educate o.s., to improve one's mind; **il s'est instruit tout seul** he's a self-educated man.

◇ *vpi* [apprendre] to learn; **on s'instruit à tout âge** it's never too late to learn.

◆ **s'instruire de** *vp + prép*: **s'~ de qqch** to (try to) obtain information about sthg, to find out about sthg; **s'~ de qqch auprès de qqn** to inquire of sb about sthg, to ask sb about sthg.

instruit, e [ɛ̃strɥi, it] *adj* well-educated, educated; **un homme ~** an educated man; **les gens ~s** educated people.

instrument [ɛ̃strymɑ̃] *nm* -**1.** [outil, matériel] instrument; ~ **tranchant** edged OU cutting tool; **naviguer aux ~s** to fly on instruments ❑ **~s aratoires** ploughing implements; **~s de bord** instruments; **~ de mesure/d'observation** measuring/observation instrument; **un ~ de torture** an instrument of torture; **~ de travail** tool; **c'est un de mes ~s de travail** it's a tool of my trade. -**2.** MUS: **~ (de musique)** (musical) instrument; **~ à cordes/à percussion/à vent** string/percussion/wind instrument. -**3.** *fig* [agent] instrument, tool; **la télévision est-elle un ~ de propagande?** is television an instrument of propaganda?; **être l'~ de qqn** to be sb's instrument OU tool; **être l'~ de** to bring about; **il fut l'~ de leur ruine** he brought about their ruin; **il fut l'un des ~s de leur ruine** he was instrumental in their ruin. -**4.** JUR instrument.

instrumentaire [ɛ̃strymɑ̃tɛr] *adj* → **témoin**.

instrumental, e, aux [ɛ̃strymɑ̃tal, o] *adj* [gén, LING & MUS] instrumental.

◆ **instrumental** *nm* LING instrumental (case).

instrumentalisme [ɛ̃strymɑ̃talism] *nm* instrumentalism.

instrumentation [ɛ̃strymɑ̃tasjɔ̃] *nf* -**1.** MUS orchestration, instrumentation. -**2.** TECH instrumentation.

instrumenter [3] [ɛ̃strymɑ̃te] ◇ *vi* to draw up an official document.

◇ *vt* -**1.** MUS to orchestrate, to score (for instruments). -**2.** TRAV PUBL to instrument.

instrumentiste [ɛ̃strymɑ̃tist] *nmf* -**1.** MUS instrumentalist. -**2.** MÉD theatre nurse.

insu [ɛ̃sy]

◆ **à l'insu de** *loc prép* -**1.** [sans être vu de] without the knowledge of, unbeknown OU unbeknownst to; **sortir à l'~ de ses parents** to go out without one's parents' knowing OU knowledge; **à l'~ de tout le monde, il s'était glissé dans la cuisine** he'd slipped unnoticed into the kitchen. -**2. à mon/son ~** [sans m'en/s'en apercevoir] unwittingly, without being aware of it; **lentement, presque à mon ~, je m'habituais à la pauvreté** gradually, almost without realizing it OU without my being aware of it, I was growing accustomed to poverty.

insubmersibilité [ɛ̃sybmɛrsibilite] *nf* insubmersibility.

insubmersible [ɛ̃sybmɛrsibl] *adj* [canot] insubmersible; [jouet] unsinkable.

insubordination [ɛ̃sybɔrdinasjɔ̃] *nf* insubordination.

insubordonné, e [ɛ̃sybɔrdɔne] *adj* insubordinate.

insuccès [ɛ̃syksɛ] *nm* failure; **l'~ de la pièce** the failure of the play; **son ~ aux élections l'a découragé** his poor performance at the polls has discouraged him.

insuffisamment [ɛ̃syfizamɑ̃] *adv* insufficiently, inadequately; **~ nourri** underfed; **des vêtements ~ rincés** clothes that haven't been thoroughly rinsed; **le chapitre sur l'Amérique latine est ~ documenté** the chapter on Latin America isn't sufficiently documented.

insuffisance [ɛ̃syfizɑ̃s] *nf* -**1.** [manque] insufficiency, deficiency; **~ de ressources** lack of OU insufficient resources; **l'~ de la production industrielle** the inadequacy of industrial production. -**2.** [point faible] weakness, deficiency; **ses ~s en matière de pathologie** his lack of knowledge of pathology. -**3.** MÉD: **elle est morte d'une ~ cardiaque** she died from heart failure; **~ organique** organic insufficiency OU dysfunction; **~ rénale** kidney failure OU insufficiency *spéc*.

insuffisant, e [ɛ̃syfizɑ̃, ɑ̃t] *adj* -**1.** [en quantité] insufficient; **nous avons des effectifs ~s** our numbers are too low, we're understaffed; **c'est ~ pour ouvrir un compte** it's not enough to open an account. -**2.** [en qualité] inadequate; **des résultats ~s en mathématiques** inadequate results in mathematics. -**3.** [inapte] incompetent; **on l'a jugé ~ pour ce travail** he's been deemed incompetent OU unfit for this job; **la plupart de nos élèves sont ~s en langues** most of our pupils are poor OU weak at languages.

insufflateur [ɛ̃syflatœr] *nm* -**1.** MÉD insufflator. -**2.** TECH blower.

insufflation [ɛ̃syflasjɔ̃] *nf* MÉD insufflation.

insuffler [3] [ɛ̃syfle] *vt* -**1.** MÉD & TECH to insufflate; **~ de l'air dans un corps** to blow OU to insufflate air into a body. -**2.** *sout* [inspirer]: **~ qqch à qqn** to instil sthg in sb, to infuse sb with sthg; **la terreur lui insuffla du courage** terror inspired her to be brave.

insulaire [ɛ̃sylɛr] ◇ *adj* island *(modif)*, insular; **la population ~** the population of the island, the island population.

◇ *nmf* islander.

insularité [ɛ̃sylarite] *nf* -**1.** GÉOG insularity; **leur ~ en fait des gens à part** the fact that they live on an island sets them apart. -**2.** *péj* [étroitesse d'esprit] insularity.

insuline [ɛ̃sylin] *nf* insulin.

insulinothérapie [ɛ̃sylinɔterapi] *nf* insulin OU insulin-based treatment *(for diabetes)*.

insultant, e [ɛ̃syltɑ̃, ɑ̃t] *adj* insulting; **c'est ~ pour moi** it's an insult to me, I'm insulted by it.

insulte [ɛ̃sylt] *nf* -**1.** [parole blessante] insult; **je n'ai pas relevé l'~** I didn't react; **lancer des ~s à qqn** to throw abuse at sb. -**2.** *fig & sout* [atteinte, outrage] insult; **c'est une ~ à sa mémoire** it's an insult to his memory; **une ~ au bon sens** an insult to common sense.

insulté, e [ɛ̃sylte] ◇ *adj* insulted; **tu crois qu'elle s'est sentie ~e?** do you think she felt insulted OU offended?

◇ *nm, f*: **l'~** the injured party.

insulter [ɛ̃sylte] *vt* to insult; **il m'a insulté** he insulted me; **~ la mémoire de qqn** to insult sb's memory.

insulteur, euse [ɛ̃syltœr, øz] *nm, f* insulter.

insupportable [ɛ̃sypɔrtabl] *adj* -**1.** [insoutenable - démangeaison, vision] unbearable, unendurable; [- bruit] unbearable, insufferable; [- lumière] unbearably bright; [- situation] intolerable; **sans toi, la vie m'est ~** without you, life is more than I can bear OU is too hard to bear; **l'idée de tuer un animal lui est ~** he can't bear the idea of killing an animal. -**2.** [turbulent - enfant, élève] impossible, insufferable, unbearable; **tu es ~, si tu continues tu vas au lit!** you're being impossible, if you don't stop you're off to bed!

insupporter [3] [ɛ̃sypɔrte] *vt*: **il m'insupporte!** I can't stand him!

insurgé, e [ɛ̃syrʒe] *adj* insurgent *(avant n)*.

◆ **insurgé** *nm* insurgent.

insurger [17] [ɛ̃syrʒe]

◆ **s'insurger** *vpi*: **s'~ contre qqn** to rise up OU to rebel against sb; **s'~ contre qqch** to rebel against OU to strongly oppose sthg; **la nature humaine ne peut que s'~ devant un tel crime** human nature cannot but rise up in protest before such a crime.

insurmontable [ɛ̃syrmɔ̃tabl] *adj* -**1.** [infranchissable - obstacle] insurmountable, insuperable. -**2.** [invincible - aversion, angoisse] uncontrollable, unconquerable.

insurpassable [ɛ̃syrpasabl] *adj* unsurpassable.

insurrection [ɛ̃syrɛksjɔ̃] *nf* -**1.** [révolte] insurrection; **le pays était en pleine ~** the country was in a state of open insurrection; **~ armée** armed insurrection. -**2.** *litt* [indignation] revolt, rising up.

insurrectionnel, elle [ɛ̃syrɛksjɔnɛl] *adj* insurrectionary, insurrectional.

intact, e [ɛ̃takt] *adj* intact; **le paquet est arrivé ~** the parcel arrived in one piece OU intact; **je veux garder mon capital ~** I want to keep my capital intact, I don't want to touch my capital; **le problème reste ~** the problem remains unsolved.

intaille [ɛ̃taj] *nf* intaglio.

intangibilité [ɛ̃tɑ̃ʒibilite] *nf* intangibility; **~ d'une loi** inviolability of a law.

intangible [ɛ̃tɑ̃ʒibl] *adj* -**1.** [impalpable] intangible. -**2.** [inviolable] inviolable, sacred, sacrosanct.

intarissable [ɛ̃tarisabl] *adj* -**1.** [inépuisable - source] inexhaustible, unlimited; [- mine] inexhaustible; [- imagination] inexhaustible, boundless, limitless. -**2.** [bavard] inexhaustible, unstoppable, tireless; **sur le vin, il est ~** if you get him talking on wine, he'll go on for ever.

intarissablement [ɛ̃tarisabləmɑ̃] *adv* inexhaustibly; **il discourait ~** he was going on and on (and on).

intégrable [ɛ̃tegrabl] *adj* [appareil] integrated.

intégral, e, aux [ɛ̃tegral, o] *adj* -**1.** [complet] complete; **édition ~e des poèmes de Donne** collected poems of Donne; **remboursement ~ d'une dette** full OU complete repayment of a debt; **la somme ~e de vos dépenses s'élève à 880 francs** your expenses amount to 880 francs ❑ **paiement ~** payment in full; **version ~e** unabridged version. -**2.** *hum* [parfait] perfect, complete; **c'est un parasite ~** he's an utter leech.

◆ **intégrale** *nf* -**1.** [œuvre] complete works; **l'~e des quatuors à cordes de Chostakovitch** the complete set of Shostakovich string quartets. -**2.** MATH integral.

intégralement [ɛ̃tegralmɑ̃] *adv* in full, fully, completely; **vous serez ~ remboursé** you'll get all your money back, you'll be fully reimbursed.

intégralité [ɛ̃tegralite] *nf* whole; **l'~ de la dette** the entire debt, the debt in full; **l'~ de son salaire a été payée aujourd'hui** his whole OU entire salary was paid today; **elle a résolu le problème dans son ~** she solved the entire problem; **la presse dans son ~ s'éleva contre la proposition** the press rose up as a body OU en bloc against the proposal.

intégrant, e [ɛ̃tegrɑ̃, ɑ̃t] *adj*: **faire partie ~e de qqch** to be an integral part of sthg.

intégrateur [ɛ̃tegratœr] *nm* integrator.

intégration [ɛ̃tegrasjɔ̃] *nf* -**1.** [insertion] integration; **~ raciale** racial integration. -**2.** [entrée dans une école, une organisation] entry. -**3.** MATH, PHYS & PSYCH integration. -**4.** ÉCON integration.

intègre [ɛ̃tɛgr] *adj* -**1.** [honnête] honest. -**2.** [équitable, impartial] upright, righteous, upstanding.

intégré, e [ɛ̃tegre] *adj* -**1.** [appareil] built-in. -**2.** [entreprise] integrated. -**3.** NUCL integrated. -**4.** INF integrated; **traitement ~ de l'information** integrated (data) processing; **avec système ~** with in-house OU in-plant system.

intégrer [8] [ɛ̃tegre] ◇ *vt* -**1.** [inclure] to integrate, to incorporate, to include; **~ qqch à un ensemble** to integrate OU to incorporate sthg into a whole; **~ un nouveau paragraphe dans un chapitre** to insert a new paragraph into a chapter; **notre société intègre différents secteurs d'activité** our company takes in OU covers various areas of activity; **des activités destinées à ~ les petits à la classe** activities designed to bring OU to integrate the younger children into the group. -**2.** [assimiler] to assimilate, to internalize; **j'ai complètement intégré les préceptes de mes parents** I've totally assimilated the principles my parents taught me. -**3.** MATH to integrate. -**4.** [entrer à - école] to get into, to enter; [- entreprise] to enter; **~ les Mines** to be admitted to the School of Mining Engineering.

◇ *vi arg scol* to get into a Grande École; **~ aux Mines** to get into the School of Mining Engineering.

◆ **s'intégrer** *vpi* -**1.** [élément d'un kit] to fit (together); **les pièces s'intègrent les unes aux autres** the pieces fit together. -**2.** [personne] to become integrated OU assimilated; **ils se sont mal intégrés à la vie du village** they never really fitted into village life.

intégrisme [ɛ̃tegrism] *nm* RELIG fundamentalism.

intégriste [ɛ̃tegrist] *adj & nmf* RELIG fundamentalist.

intégrité [ɛ̃tegrite] *nf* -**1.** [totalité] integrity; **dans son ~** as a whole, in its integrity ❑ **~ territoriale** OU **du territoire** territorial integrity.

-**2.** [état originel] soundness, integrity; **malgré son âge, elle a conservé l'~ de ses facultés** despite her age, she is still of sound mind. -**3.** [honnêteté] integrity, uprightness, honesty.

intellect [ɛ̃telɛkt] *nm* intellect, understanding.

intellectualisation [ɛ̃telɛktɥalizasjɔ̃] *nf* intellectualization.

intellectualiser [3] [ɛ̃telɛktɥalize] *vt* to intellectualize.

intellectualisme [ɛ̃telɛktɥalism] *nm* intellectualism.

intellectualiste [ɛ̃telɛktɥalist] ◇ *adj* intellectualistic.
◇ *nmf* intellectualist.

intellectualité [ɛ̃telɛktɥalite] *nf sout* intellectuality.

intellectuel, elle [ɛ̃telɛktɥɛl] ◇ *adj* -**1.** [mental - capacité] intellectual, mental; **facultés ~les** intellectual faculties; **puissance ~le** brainpower. -**2.** [abstrait] intellectual, cerebral; **c'est une approche très ~le de la mise en scène** it's a very intellectual approach to directing. -**3.** [non manuel - travail] nonmanual.
◇ *nm, f* intellectual.

intellectuellement [ɛ̃telɛktɥɛlmɑ̃] *adv* intellectually.

intelligemment [ɛ̃teliʒamɑ̃] *adv* intelligently, cleverly.

intelligence [ɛ̃teliʒɑ̃s] *nf* -**1.** [intellect, discernement] intelligence; **il n'est pas d'une grande ~** he's not very intelligent OU bright OU clever; **ils ont l'~ vive** they are sharp-witted OU quick, they have sharp minds; **elle a une ~ supérieure** she's of superior OU above-average intelligence; **avec ~** intelligently; **il a eu l'~ de ne pas recommencer** he was bright OU intelligent enough not to try again || [personne] : **c'est une grande ~** he's outstandingly intelligent. -**2.** *sout* [compréhension] : **pour l'~ de ce qui va suivre** in order to understand OU to grasp what follows; **elle a l'~ des affaires** she has a good understanding OU grasp of what business is all about; **mon ~ de l'informatique est très limitée** my understanding of computing is very limited ❑ **avoir l'~ du cœur** to be highly intuitive. -**3.** [relation] : **vivre en bonne/mauvaise ~ avec qqn** to be on good/bad terms with sb. -**4.** INF : **~ artificielle** artificial intelligence.
◆ **intelligences** *nfpl* contacts; **elle a des ~s dans le milieu** she has contacts in the underworld; **entretenir des ~s avec qqn** to have secret dealings OU contacts with sb.
◆ **d'intelligence** ◇ *loc adj* [complice] : **regard/sourire d'~** knowing look/smile, look/smile of complicity.
◇ *loc adv* in collusion; **être d'~ avec qqn** to be in collusion OU in league with sb; **agir d'~ avec qqn** to act in (tacit) agreement with sb.

intelligent, e [ɛ̃teliʒɑ̃, ɑ̃t] *adj* -**1.** [gén] intelligent, bright, clever; **enfin une analyse ~e!** an intelligent analysis at last!; **avoir l'air ~** to look intelligent; **c'est ~!** *iron* brilliant!, that was clever! -**2.** INF intelligent; **terminal ~** intelligent terminal.

intelligentsia [ɛ̃teliʒɛntsja] *nf* : **l'~** the intelligentsia.

intelligibilité [ɛ̃teliʒibilite] *nf* intelligibility, intelligibleness.

intelligible [ɛ̃teliʒibl] *adj* -**1.** [compréhensible - explication, raisonnement] intelligible, comprehensible; **je ne sais pas si mes propos sont ~s** I don't know if what I'm saying makes sense to you OU if you can make sense out of what I say; **il ne s'exprime pas de façon très ~** he doesn't express himself very clearly OU intelligibly. -**2.** [audible] intelligible, clear, audible; **parler à haute et ~ voix** to speak loudly and clearly.

intelligiblement [ɛ̃teliʒibləmɑ̃] *adv* -**1.** [de façon compréhensible] intelligibly. -**2.** [de façon audible] intelligibly, clearly, audibly.

intello *fam* [ɛ̃telo] *adj* & *nmf péj* highbrow.

intempérance [ɛ̃tɑ̃perɑ̃s] *nf* -**1.** *litt* [de comportement] immoderation, intemperance *litt*, excess; **ses ~s de langage** his immoderate OU excessive OU unrestrained language. -**2.** [dans la vie sexuelle] debauchery, intemperance *litt*; [dans le manger, le boire] intemperance *litt*, lack of moderation.

intempérant, e [ɛ̃tɑ̃perɑ̃, ɑ̃t] *adj* intemperate *litt*, excessive.

intempéries [ɛ̃tɑ̃peri] *nfpl* bad weather.

intempestif, ive [ɛ̃tɑ̃pɛstif, iv] *adj* untimely, ill-timed, inopportune; **sa remarque était intempestive** his comment was out of place.

intempestivement [ɛ̃tɑ̃pɛstivmɑ̃] *adv* at an untimely moment, inopportunely.

intemporalité [ɛ̃tɑ̃pɔralite] *nf* -**1.** [immuabilité] timelessness. -**2.** [immatérialité] immateriality.

intemporel, elle [ɛ̃tɑ̃pɔrɛl] *adj* -**1.** [immuable] timeless. -**2.** [immatériel] immaterial.

intenable [ɛ̃tənabl] *adj* -**1.** [insupportable] unbearable, intolerable; **c'est devenu ~ au bureau** it's become unbearable OU intolerable at the office. -**2.** [indiscipliné] uncontrollable, unruly, badly-behaved; **elle est ~ en classe** she's unruly at school. -**3.** [non défendable - thèse] untenable; [- position] indefensible.

intendance [ɛ̃tɑ̃dɑ̃s] *nf* -**1.** MIL [pour l'ensemble de l'armée de terre] Supply Corps; [dans un régiment] quartermaster stores. -**2.** SCOL [service, bureau] (domestic) bursar's office; [gestion] school management; **nous avons eu des problèmes d'~** we had supply problems.

intendant, e [ɛ̃tɑ̃dɑ̃, ɑ̃t] *nm, f* -**1.** [administrateur] steward, bailiff. -**2.** UNIV bursar.
◆ **intendant** *nm* -**1.** HIST intendant. -**2.** MIL ≃ Quartermaster General *Br*.

intense [ɛ̃tɑ̃s] *adj* -**1.** [extrême - chaleur] intense, extreme; [- froid] intense, extreme, severe; [- bruit] loud, intense; [- plaisir, désir, passion] intense, keen; [- douleur] intense, severe, acute; **vivre de façon ~** to live intensely. -**2.** [très vif - couleur] intense, bright, strong; **rouge ~** bright red. -**3.** [abondant, dense - circulation, bombardement] heavy.

intensément [ɛ̃tɑ̃semɑ̃] *adv* intensely.

intensif, ive [ɛ̃tɑ̃sif, iv] *adj* -**1.** [soutenu] intensive; **suivre des cours ~s** to take a crash course OU an intensive course. -**2.** LING [pronom, verbe] intensive; [préfixe] intensifying. -**3.** AGR & ÉCON intensive.
◆ **intensif** *nm* [pronom] intensive (pronoun); [préfixe] intensifier.

intensification [ɛ̃tɑ̃sifikasjɔ̃] *nf* intensification.

intensifier [9] [ɛ̃tɑ̃sifje] *vt* to intensify, to step up *(sép)*.
◆ **s'intensifier** *vpi* [passion, recherche] to intensify, to become OU to grow more intense; [douleur] to become more intense, to worsen; [bombardements, circulation] to become heavier.

intensité [ɛ̃tɑ̃site] *nf* -**1.** [de la chaleur, du froid] intensity; [d'une douleur] intensity, acuteness; [d'une couleur, d'une émotion] intensity, depth, strength; [de la circulation] density, heaviness; [des bombardements] severity. -**2.** OPT & PHYS intensity; **~ d'un son** loudness of a sound; **~ d'un champ magnétique** magnetic field strength OU intensity; **~ d'un tremblement de terre** GÉOL earthquake magnitude OU intensity ❑ **~ acoustique** intensity level; **~ de courant** ÉLECTR current; **~ énergétique** radiant intensity; **~ lumineuse/de rayonnement** luminous/radiant intensity; **~ lumineuse d'un télescope/microscope** light-transmitting capacity of a telescope/microscope.

intensivement [ɛ̃tɑ̃sivmɑ̃] *adv* intensively.

intenter [3] [ɛ̃tɑ̃te] *vt* : **~ une action en justice** OU **contre qqn** to bring an action against sb; **~ un procès à** OU **contre qqn** to institute (legal) proceedings against sb, to take sb to court.

intention [ɛ̃tɑ̃sjɔ̃] *nf* intention; **quelles sont vos ~s?** what are your intentions?, what do you intend to do?; **avoir de bonnes/mauvaises ~s** to be well-/ill-intentioned, to have good/bad intentions; **il est plein de bonnes ~s** he's full of good intentions; **elle vous a offert ces fleurs dans la meilleure ~** she gave you these flowers with the best of intentions; **c'est l'~ qui compte** it's the thought that counts; **avoir l'~ de faire qqch** to intend to do sthg, to have the intention of doing sthg; **elle a la ferme ~ de rester ici** she's determined to stay here, she's intent on staying here; **n'avoir aucune ~ de faire qqch** to have no intention of doing sthg; **il n'est pas** OU **il n'entre pas dans mes ~s de l'acheter maintenant** I don't intend to buy it now, I have no intention of buying it now; **dans l'~ de** with the intention of, with a view to; **avec ~** on purpose, intentionally; **sans ~** without meaning to, unintentionally ❑ **~ délictueuse** JUR criminal intent; **sans ~ de donner la mort** JUR without intent to kill.
◆ **à cette intention** *loc adv* for that purpose, with this intention.
◆ **à l'intention de** *loc prép* for; **film à l'~ des enfants** film for OU aimed at children; **brochure à l'~ des consommateurs** brochure for (the information of) consumers; **collecte à l'~ des aveugles** fund-raising for (the benefit of) OU in aid of the blind; **messe/prière à l'~ du défunt** mass/prayer for the deceased; **(avis) à l'~ de tous les bateaux** MÉTÉO warning to all shipping.

intentionnalité [ɛ̃tɑ̃sjɔnalite] *nf* intentionality PHILOS.

intentionné, e [ɛ̃tɑ̃sjɔne] *adj* : **bien/mal ~** well-/ill-intentioned.

intentionnel, elle [ɛ̃tɑ̃sjɔnɛl] *adj* intentional, deliberate.

intentionnellement [ɛ̃tɑ̃sjɔnɛlmɑ̃] *adv* intentionally, deliberately.

inter [ɛ̃tɛr] *nm* -**1.** TÉLÉC & *vieilli* trunk call *Br vieilli*; **j'ai eu du mal à obtenir l'~** I had trouble making a trunk call *Br vieilli* OU getting the long-distance operator; **faire l'~** to put in a trunk call *Br vieilli*. -**2.** SPORT inside-forward; **~ droit/gauche** inside right/left.

inter- [ɛ̃tɛr] *préf* inter-.

interactif, ive [ɛ̃tɛraktif, iv] *adj* -**1.** [gén] interactive. -**2.** INF = **conversationnel**.

interaction [ɛ̃tɛraksjɔ̃] *nf* -**1.** [gén] interaction, interplay. -**2.** PHYS interaction.

interafricain, e [ɛ̃tɛrafrikɛ̃, ɛn] *adj* Pan-African.

interagir [32] [ɛ̃tɛraʒir] *vi* to interact.

interallié, e [ɛ̃tɛralje] *adj* Allied.

interaméricain, e [ɛ̃tɛramerikɛ̃, ɛn] *adj* Pan-American, Inter-American.

interarabe [ɛ̃tɛrarab] *adj* Pan-Arab, Pan-Arabic.

interarmées [ɛ̃tɛrarme] *adj inv* : **opération ~** interservice OU joint service operation.

interarmes [ɛ̃tɛrarm] *adj inv* : **exercice ~** combined operation OU exercise *(within the Army)*.

interattraction [ɛ̃tɛratraksjɔ̃] *nf* mutual attraction.

interbancaire [ɛ̃tɛrbɑ̃kɛr] *adj* [relations] interbank; **le marché ~** the money markets.

intercalaire [ɛ̃tɛrkalɛr] ◇ *adj* -**1.** [feuille] : **feuillet ~** inset, insert; **fiche ~** divider. -**2.** [date] : **jour/année ~** intercalary day/year. -**3.** BOT intercalary.
◇ *nm* -**1.** [feuillet] inset, insert. -**2.** [fiche] divider. -**3.** GÉOL intercalated bed.

intercalation [ɛ̃tɛrkalasjɔ̃] *nf* -**1.** [dans le calendrier] intercalation. -**2.** [insertion - de feuilles] insertion; [- de termes] interpolation.

intercaler [3] [ɛ̃tɛrkale] *vt* -**1.** IMPR to insert, to inset. -**2.** [insérer] to insert, to fit OU to put in *(sép)*; **des coupures de journaux intercalées dans un dossier** newspaper clippings inserted into a file; **la fédération a intercalé trois jours de repos entre les matches** the league fitted in three rest days between the matches. -**3.** [dans le calendrier] to intercalate.
◆ **s'intercaler** *vpi* : **s'~ entre** to come (in) OU to fit in between; **la voiture s'est intercalée entre deux ambulances** the car came OU slipped in between two ambulances.

intercéder [8] [ɛ̃tɛrsede] *vi* : **~ (auprès de qqn) en faveur de qqn** to intercede (with sb) for OU on behalf of sb.

intercellulaire [ɛ̃tɛrselylɛr] *adj* intercellular.

intercepter [4] [ɛ̃tɛrsɛpte] *vt* -1. [arrêter] to intercept, to stop; ~ un véhicule à la douane to stop a vehicle at customs; le fugitif a été intercepté par la police hier the escaped prisoner was intercepted OU stopped by (the) police yesterday; il a intercepté la lettre he intercepted the letter; le store intercepte la lumière the blind blocks out the light OU stops the light coming in. -2. MIL [avion] to intercept. -3. SPORT [ballon] to intercept.

intercepteur [ɛ̃tɛrsɛptœr] *nm* interceptor MIL.

interception [ɛ̃tɛrsɛpsjɔ̃] *nf* interception.

intercesseur [ɛ̃tɛrsesœr] *nm* RELIG OU *litt* intercessor.

intercession [ɛ̃tɛrsesjɔ̃] *nf litt* intercession.

interchangeabilité [ɛ̃tɛrʃɑ̃ʒabilite] *nf* interchangeability.

interchangeable [ɛ̃tɛrʃɑ̃ʒabl] *adj* interchangeable.

intercirculation [ɛ̃tɛrsirkylasjɔ̃] *nf* intercarriage access.

interclasse [ɛ̃tɛrklas] *nm* SCOL break; à l'~ at OU during the break.

interclasser [3] [ɛ̃tɛrklase] *vt* INF to collate, to merge, to coalesce.

interclasseuse [ɛ̃tɛrklasøz] *nf* collator.

interclubs [ɛ̃tɛrklœb] *adj* SPORT interclub.

intercommunal, e, aux [ɛ̃tɛrkɔmynal, o] *adj* intermunicipal; projet ~ joint project *(between two or more French communes)*; hôpital ~ ≃ County OU Regional Hospital.

intercommunautaire [ɛ̃tɛrkɔmynotɛr] *adj* intercommunity; projet ~ joint project *(between two or more communities)*; relations ~s Community relations *(in the EC)*.

interconnectable [ɛ̃tɛrkɔnɛktabl] *adj* interconnectable.

interconnecter [4] [ɛ̃tɛrkɔnɛkte] *vt* to interconnect, to interlink, to connect together.

interconnexion [ɛ̃tɛrkɔnɛksjɔ̃] *nf* interconnection.

intercontinental, e, aux [ɛ̃tɛrkɔ̃tinɑ̃tal, o] *adj* intercontinental; sur les vols intercontinentaux on intercontinental flights.

intercostal, e, aux [ɛ̃tɛrkɔstal, o] *adj* intercostal.

intercurrent, e [ɛ̃tɛrkyrɑ̃, ɑ̃t] *adj* MÉD intercurrent.

interdépartemental, e, aux [ɛ̃tɛrdepartəmɑ̃tal, o] *adj* interdepartmental; projet ~ joint project *(between two or more French départements)*.

interdépendance [ɛ̃tɛrdepɑ̃dɑ̃s] *nf* interdependence; l'~ des salaires et des prix the interdependence of prices and wages.

interdépendant, e [ɛ̃tɛrdepɑ̃dɑ̃, ɑ̃t] *adj* interdependent, mutually dependent.

interdiction [ɛ̃tɛrdiksjɔ̃] *nf* -1. [prohibition] ban, banning; passer outre à/lever une ~ to ignore/to lift a ban; malgré l'~ des ventes in spite of the ban on sales OU of sales being prohibited; l'~ du livre en 1953 a assuré son succès the banning of the book in 1953 guaranteed its success; obtenir l'~ du site aux touristes to get an order forbidding tourists access to the site; nous apprenons l'~ de la manifestation we've just heard that the demonstration has been banned; et maintenant, ~ d'utiliser la voiture! and now you're banned from driving the car!; ~ m'avait été faite d'en parler I'd been forbidden to talk about it; ~ est faite aux employés de passer par la grande porte employees are not allowed through OU are forbidden to use the main entrance; ~ de: ~ de faire demi-tour 'no U-turn'; ~ de marcher sur les pelouses 'keep off the grass', 'do not walk on the grass'; ~ de pêcher 'fishing prohibited'; ~ de stationner 'no parking'; '~ de déposer des ordures' 'no dumping'; '~ (formelle OU absolue) de fumer' '(strictly) no smoking', 'smoking (strictly) prohibited'. -2. [suspension - d'un fonctionnaire] suspension (from duty); [- d'un aviateur] grounding; il a une ~ de vol he's been grounded; frapper un prêtre d'~ to place a priest under (an) interdict OU interdiction ❑ ~ bancaire BANQUE stopping of payment on all cheques *Br* OU checks *Am*; vous risquez une ~ bancaire you could have your chequebook *Br* OU checkbook *Am* taken away; ~ d'écriture INF write lockout; le document est en ~ d'écriture the document is write-protected; ~ légale JUR (temporary) deprivation of legal rights; ~ de séjour banning order.

interdigital, e, aux [ɛ̃tɛrdiʒital, o] *adj* interdigital.

interdire [103] [ɛ̃tɛrdir] *vt* -1. [défendre] to forbid; ~ l'alcool/le tabac à qqn to forbid sb to drink/to smoke; ~ à qqn de faire qqch to forbid sb to do sthg; le règlement du bureau nous interdit de fumer office rules prohibit smoking OU prohibit us from smoking; je lui ai interdit ma porte OU ma maison I will not allow her into my OU I have banned her from my home ‖ *(tournure impersonnelle)*: il est interdit de... it's forbidden to...; il m'est interdit d'en dire plus I am not allowed OU at liberty to say any more; il est interdit de fumer ici smoking is forbidden OU isn't allowed here. -2. JUR [prohiber - circulation, stationnement, arme à feu, médicament] to prohibit, to ban; [- manifestation, revue] to ban; la loi l'interdit, c'est interdit par la loi it's prohibited by law, it's illegal. -3. [empêcher] to prevent, to preclude; le mauvais temps interdit toute opération de sauvetage bad weather is preventing any rescue operations; sa maladie lui interdit tout effort his illness doesn't allow him to make any physical effort. -4. [suspendre - magistrat] to suspend; [- prêtre] to (lay under an) interdict.

◆ **s'interdire** *vpt* to forbid o.s.; s'~ l'alcool/le tabac to abstain from drinking/smoking; elle s'interdit par là même tout espoir de revoir sa fille she thus denies herself all hope of seeing her daughter again.

interdisciplinaire [ɛ̃tɛrdisiplinɛr] *adj* interdisciplinary.

interdit, e [ɛ̃tɛrdi, it] ◇ *adj* -1. [non autorisé]: 'décharge/baignade ~e' 'no dumping/bathing'; 'affichage ~' '(stick OU post) no bills'; 'zone ~e' 'no-go area'; ~ à: le pont est ~ aux voyageurs the bridge is closed to passengers; la zone piétonne est ~e aux véhicules vehicles are not allowed in the pedestrian area; '~ au public' 'no admittance'; '~ aux moins de 18 ans' CIN adults only, ≃ '18' *Br*, ≃ 'NC-17' *Am*; '~ aux moins de 13 ans' CIN ≃ 'PG' *Br*, ≃ 'PG-13' *Am*. -2. [privé d'un droit]: ~ de séjour en France JUR banned OU prohibited from entering France; être ~ de chéquier to have (had) one's chequebook facilities *Br* OU checking privileges *Am* withdrawn; appareil/pilote ~ de vol grounded aircraft/pilot. -3. [frappé d'interdiction - film, revue] banned. -4. [stupéfait] dumbfounded, flabbergasted; laisser qqn ~ [très surpris] to take sb aback; [perplexe] to disconcert sb; elle le dévisagea, ~e she stared at him in bewilderment; ils étaient là, ~s, devant les ruines de leur maison they stood speechless before the wreckage of their home.

◇ *nm, f* JUR: ~ de séjour en Suisse person banned from OU not allowed to enter Switzerland.

◆ **interdit** *nm* -1. [de la société] (social) constraint; [tabou] taboo; il brave tous les ~s he defies all social taboos; lever un ~ to lift a restriction. -2. [condamnation]: jeter l'~ sur OU contre qqn to cast sb out, to exclude sb. -3. ANTHR prohibition. -4. RELIG interdict.

interentreprises [ɛ̃tɛrɑ̃trəpriz] *adj inv* intercompany.

intéressant, e [ɛ̃teresɑ̃, ɑ̃t] ◇ *adj* -1. [conversation, œuvre, personne, visage etc] interesting; elle cherche toujours à se rendre ~e she's always trying to attract attention, she's an attention-seeker; ce type n'est vraiment pas ~ *fam* that guy's such a drag. -2. [avantageux] attractive, favourable; [lucratif] profitable, worthwhile; c'est une affaire très ~e it's a very good deal; cette carte n'est ~e que si tu voyages beaucoup this card is only worth having if you travel a lot; il serait plus ~ pour vous de changer de banque you'd be better off banking with somebody else; pas ~ [offre, prix] not attractive, not worthwhile; [activité] not worthwhile, unprofitable.

◇ *nm, f*: faire l'~ OU son ~ *péj* to show off.

intéressé, e [ɛ̃terese] ◇ *adj* -1. [personne] self-interested, self-seeking, calculating; [gentillesse, visite] motivated by self-interest; amour ~ cupboard love; je ne suis pas du tout ~, je ne fais pas cela dans un but ~ I'm not doing it out of self-interest. -2. [concerné] concerned, involved; les parties ~es [gén] the people concerned OU involved; JUR the interested parties; les puissances ~es dans le conflit the powers involved in the conflict. -3. [financièrement]: être ~ dans une affaire to have a stake OU a financial interest in a business.

◇ *nm, f*: l'~ the person concerned; les premiers ~s the persons most closely concerned OU most directly affected; elle est la première OU principale ~e she's the person principally involved OU concerned; les ~s the persons concerned, the interested parties.

intéressement [ɛ̃terɛsmɑ̃] *nm* profit-sharing scheme.

intéresser [4] [ɛ̃terese] *vt* -1. [passionner - suj: activité, œuvre, professeur etc] to interest; l'histoire l'intéresse beaucoup he's very interested in history, history interests him a lot; notre offre peut peut-être vous ~ our offer might interest you OU might be of interest to you; le débat ne m'a pas du tout intéressé I didn't find the debate at all interesting; la politique les intéresse peu they're not very interested in politics, politics doesn't interest them very much; elle sait ~ ses élèves she knows how to gain her pupils' interest OU how to interest her pupils; continue, tu m'intéresses! go on, you're starting to interest me!; cause toujours, tu m'intéresses! *iron* [tu n'es pas intéressé] I can see you're fascinated!; j'ai l'impression que ma sœur l'intéresse beaucoup! I've got the feeling that he's very interested in my sister! -2. [concerner -suj: loi, réforme] to concern, to affect; ces mesures intéressent essentiellement les mères célibataires these measures mainly affect single mothers; un problème qui intéresse la sécurité du pays a problem which is relevant to OU concerns national security. -3. ÉCON & FIN: ~ qqn aux bénéfices to give sb a share of the profits; notre personnel est intéressé aux bénéfices our staff gets a share of our profits, we operate a profit-sharing scheme; être intéressé dans une entreprise to have a stake OU a financial interest in a company. -4. JEUX: jouons un franc le point, pour ~ la partie let's play one franc per point, to make the game more interesting.

◆ **s'intéresser à** *vp + prép*: s'~ à qqch/qqn to be interested in sthg/sb, to take an interest in sthg/sb; elle ne s'intéresse à rien she is not interested OU she takes no interest in anything; à quoi vous intéressez-vous? what are your interests (in life)?; je m'intéresse vivement à sa carrière I take great OU a keen interest in her career; elle s'intéresse énormément à mon frère she's very interested in my brother, she shows a great deal of interest in my brother; personne ne s'intéresse à moi! nobody cares about me!, nobody's interested in me!

intérêt [ɛ̃terɛ] *nm* -1. [attention, curiosité] interest; avoir OU éprouver de l'~ pour qqch to be interested OU to take an interest in sthg; je n'éprouve aucun ~ pour le théâtre I'm not at all interested in the theatre, the theatre doesn't interest me at all; manifester de l'~ pour qqn/qqch to show an interest in sb/sthg; prendre ~ à qqch to take an interest in sthg; j'ai pris (un) grand ~ à suivre votre émission, j'ai suivi votre émission avec (un) grand ~ I watched your programme with great interest ‖

[bienveillance] interest, concern; **porter de l'~ à qqn** to take an interest in sb; **témoigner de l'~ à qqn** to show an interest in sb, to show concern for sb. -**2.** [ce qui éveille l'attention]: **une architecture/ville pleine d'~** architecture/a town of great interest; **son essai offre peu d'~** her essay is of no great interest. -**3.** [utilité] point, idea; **l'~ d'un débat est que tout le monde participe** the point in OU the idea of having a debate is that everybody should join in; **tout l'~ de cette décision réside dans le gain de place réalisé** the whole point OU idea of this decision is to save space; **je ne vois pas l'~ de continuer cette discussion** I see no point in carrying on this discussion || [importance] importance, significance; **ses observations sont du plus haut** OU **grand ~** his comments are of the greatest interest OU importance. -**4.** [avantage - d'une personne, d'une cause] interest; **elle sait où se trouve son ~** she knows what's in her best interests; **agir dans/contre son ~** to act in/against one's own interest; **il n'est pas dans ton ~ de vendre maintenant** it's not in your interest to sell now; **dans l'~ général** in the general interest; **dans l'~ de tous** in the interest of everyone; **dans l'~ public** in the public interest; **dans l'~ de son travail/sa santé** in the interest of her job/her health; **d'~ public** of public interest; **elle a tout ~ à se taire** she'd be well-advised to remain silent; **tu as ~ à te faire tout petit!** *fam* you'd be well-advised to OU you'd better keep your head down!; **t'as ~ à te grouiller!** *fam* you OU you'd better get a move on! ❑ **si elle va me rembourser? (il) y a ~!** *fam* will she pay me back? you bet (she will)! -**5.** [égoïsme] self-interest; **il l'a fait par ~** he did it out of self-interest. -**6.** ÉCON & FIN interest; **à 5 % d'~** 5 % interest (rate); **emprunter/prêter à ~** to borrow/to lend with interest; **cela rapporte des ~s** it yields OU bears interest ❑ **~ légal** statutory (rate of) interest; **~s arriérés** arrears of interest; **~s dus/exigibles** interest due/payable; **~ simple/composé** simple/compound interest; **prêt à ~** loan with interest; **prêt sans ~** interest-free loan.

◆ **intérêts** *nmpl* [d'une personne, d'un pays] interests; **nos ~s économiques/vitaux** our economic/vital interests; **servir les ~s de qqn/d'une société** to serve sb's/a company's interests; **avoir des ~s dans une société** ÉCON & FIN to have a stake OU a financial interest in a company.

◆ **sans intérêt** ◇ *loc adj* [exposition, album] uninteresting, of no interest, devoid of interest; **ne va pas au festival, c'est sans ~** don't go to the festival, it's not worth it; **que disais-tu? — c'est sans ~** what were you saying? — it's not important OU it doesn't matter; **c'est sans ~ pour la suite de l'enquête** it's of no importance for OU relevance to the rest of the inquiry. ◇ *loc adv* uninterestedly, without interest; **je fais mon travail sans ~** I take no interest in my work.

interface [ɛ̃tɛrfas] *nf* interface.

interférence [ɛ̃tɛrferɑ̃s] *nf* -**1.** MÉTÉO, RAD & PHYS interference; **il y a des ~s** there is interference. -**2.** [interaction] interaction; **il y a ~ entre l'évolution climatique et l'équilibre écologique de la région** there's an interaction between climatic changes and the ecological balance of the area.

interférent, e [ɛ̃tɛrferɑ̃, ɑ̃t] *adj* interfering, interference *(modif)*.

interférentiel, elle [ɛ̃tɛrferɑ̃sjɛl] *adj* interferential.

interférer [18] [ɛ̃tɛrfere] *vi* -**1.** PHYS to interfere. -**2.** [se mêler] to interact, to combine; **les deux courants interfèrent** the two currents interact with each other. -**3.** [intervenir]: **~ dans la vie de qqn** to interfere OU to meddle in sb's life.

interféron [ɛ̃tɛrferɔ̃] *nm* interferon.

interfluve [ɛ̃tɛrflyv] *nm* interfluve.

interfoliage [ɛ̃tɛrfɔljaʒ] *nm*: **~ d'un manuscrit/livre** interleaving of a manuscript/book.

interfolier [9] [ɛ̃tɛrfɔlje] *vt* to interleave.

intergalactique [ɛ̃tɛrgalaktik] *adj* intergalactic.

intergouvernemental, e, aux [ɛ̃tɛrguvɛrnəmɑ̃tal, o] *adj* intergovernmental.

intergroupe [ɛ̃tɛrgrup] *nm* joint committee POL.

intérieur, e [ɛ̃terjœr] *adj* -**1.** [du dedans] inside, inner, interior; **la pochette ~e du disque** the inner sleeve of the record; **l'emballage ~** the inside wrapping; **les peintures ~es de la maison** the interior decoration of the house. -**2.** [sentiment, vie] inner; **un grand calme/bonheur ~** a great (feeling of) inner peace/happiness; **des voix ~es** inner voices. -**3.** [national] domestic, internal; **sur les lignes ~es** on domestic OU internal flights; **le gouvernement est aux prises avec des difficultés ~es** the government is battling against difficulties at home OU domestic problems; **la politique ~e du gouvernement** the government's home OU domestic policy; **sur le marché ~** on the home OU domestic markets ❑ **la dette ~e** the national debt. -**4.** [interne] internal; **les problèmes ~s d'un parti** a party's internal problems. -**5.** GÉOG inland; **mer ~e** inland sea; **désert ~** inland desert. -**6.** GÉOM interior.

◆ **intérieur** *nm* -**1.** [d'un objet] inside, interior; **ne pas utiliser de tampon abrasif pour nettoyer l'~** do not use abrasive pads to clean the inside || [d'un continent, d'un pays]: **l'~ (des terres)** the interior; **l'~ de l'île** the interior of the island, the hinterland; **demain, nous irons visiter l'~** tomorrow we'll visit the interior; **les villages de l'~** inland villages. -**2.** [foyer, décor] interior, home; **tenir un ~** to housekeep, to keep house; **son ~ est parfaitement bien tenu** her housekeeping is perfect; **visiter un ~ 1900 reconstitué** to visit a recreated turn-of-the-century interior ❑ **homme d'~, femme d'~** homebody; **veste d'~** indoor jacket; **scène d'~** interior. -**3.** CIN interior (shot); **entièrement tourné en ~** with interior shots only. -**4.** *fam* POL: **l'Intérieur** ≃ the Home Office *Br*, ≃ the Department of the Interior *Am*; **l'Intérieur refusera** ≃ the Home Office people *Br* OU the Department of the Interior *Am* will refuse. -**5.** SPORT inside-forward; **~ droit/gauche** inside right/left.

◆ **à l'intérieur** *loc adv* -**1.** [dedans] inside; **il y a une graine à l'~** there's a seed inside. -**2.** [dans la maison] inside, indoors; **à l'~ il fait plus frais** it's cooler inside.

◆ **à l'intérieur de** *loc prép* -**1.** [un lieu] in, inside; **la pluie pénètre à l'~ du garage** the rain is coming into the garage; **reste à l'~ de la voiture** stay in OU inside the car; **à l'~ des frontières** within OU inside the frontiers; **à l'~ des murs** within the walls; **à l'~ des terres** inland. -**2.** [un groupe] within; **à l'~ d'une famille/d'un petit groupe** within a family/small group.

◆ **de l'intérieur** *loc adv* -**1.** [d'un lieu] from (the) inside; **verrouiller la portière de l'~** to lock the door from (the) inside. -**2.** [d'un groupe] from within.

intérieurement [ɛ̃terjœrmɑ̃] *adv* -**1.** [à l'intérieur] inside, within. -**2.** [secrètement] inwardly; **il se félicitait ~** he was congratulating himself inwardly.

intérim [ɛ̃terim] *nm* -**1.** [période] interim (period); **dans l'~** meanwhile, in the meantime, in the interim. -**2.** [remplacement]: **j'assure l'~ de la secrétaire en chef** I'm deputizing OU covering for the chief secretary. -**3.** [emploi] temporary work; **faire de l'~** to temp ❑ **agence d'~** temping agency.

◆ **par intérim** ◇ *loc adj* [président, trésorier] interim *(modif)*, acting *(modif)*; **secrétaire par ~** acting secretary; **gouvernement par ~** caretaker government. ◇ *loc adv* in a temporary capacity, temporarily; **gouverner par ~** to govern in the interim OU for an interim period.

intérimaire [ɛ̃terimɛr] ◇ *adj* -**1.** [assurant l'intérim]: **directeur/trésorier/ministre ~** acting manager/treasurer/minister; **personnel/employé ~** temporary staff/employee; **secrétaire ~** temporary secretary, temp; **gouvernement/cabinet ~** caretaker government/cabinet. -**2.** [non durable - fonction] interim *(modif)*; [- commission] provisional, temporary, stopgap. ◇ *nmf* [cadre] deputy; [secrétaire] temp; **travailler comme ~** to temp, to do temping work; **elle a beaucoup travaillé comme ~** she's done a lot of temping.

interindividuel, elle [ɛ̃tɛrɛ̃dividɥɛl] *adj* interpersonal; **psychologie ~le** psychology of personal relationships.

intériorisation [ɛ̃terjɔrizasjɔ̃] *nf* internalization, interiorization.

intérioriser [3] [ɛ̃terjɔrize] *vt* -**1.** PSYCH to internalize, to interiorize. -**2.** [garder pour soi] to internalize, to keep in *(sép)*; **elle a intériorisé sa colère** she kept her anger in, she bottled up her anger. -**3.** THÉÂTR: **vous devez ~ le rôle** you have to internalize the part.

intériorité [ɛ̃terjɔrite] *nf* inwardness, interiority.

interjectif, ive [ɛ̃tɛrʒɛktif, iv] *adj* interjectional.

interjection [ɛ̃tɛrʒɛksjɔ̃] *nf* -**1.** [exclamation] interjection. -**2.** JUR: **~ d'appel** lodging of an appeal.

interjeter [27] [ɛ̃tɛrʒəte] *vt*: **~ appel** to lodge an appeal.

interligne [ɛ̃tɛrliɲ] ◇ *nm* -**1.** [blanc] space (between the lines); IMPR & INF line spacing; **simple/double ~** single/double spacing; **~ réglable** adjustable line space. -**2.** [ajout] interlineation. -**3.** MUS space. ◇ *nf* IMPR [lame] lead.

interligner [3] [ɛ̃tɛrliɲe] *vt* -**1.** [séparer] to space. -**2.** [écrire] to interline, to interlineate, to write between the lines; **~ un mot dans le texte** to interline a word in the text.

interlock [ɛ̃tɛrlɔk] *nm* -**1.** [tricot] interlock. -**2.** [machine] interlock machine.

interlocuteur, trice [ɛ̃tɛrlɔkytœr, tris] *nm, f* -**1.** [gén] *person speaking or being spoken to*; LING speaker, interlocutor; [dans un débat] speaker; **mon ~ n'avait pas compris** the man I was talking to hadn't understood. -**2.** [dans une négociation] discussion partner; **nous ne considérons plus le ministre comme un ~ valable** we no longer consider the minister to be an acceptable negotiating partner; **nous avions un ~ de premier plan** we were dealing with a first-rate negotiator.

interlocutoire [ɛ̃tɛrlɔkytwar] ◇ *adj* interlocutory. ◇ *nm* interlocutory judgement.

interlope [ɛ̃tɛrlɔp] *adj* -**1.** [frauduleux] unlawful, illegal, illicit; **commerce ~** illicit trade. -**2.** [louche] shady, dubious; **relations** OU **amitiés ~s** underworld connections.

interloquer [3] [ɛ̃tɛrlɔke] *vt* [décontenancer] to take aback *(sép)*, to disconcert; [stupéfier] to stun; **cette réponse l'a interloqué** the answer stunned OU nonplussed him; **elle resta interloquée** she was dumbfounded OU flabbergasted OU stunned.

interlude [ɛ̃tɛrlyd] *nm* interlude.

intermède [ɛ̃tɛrmɛd] *nm* -**1.** MUS interlude, intermedio, intermezzo *spéc*; THÉÂT interlude, interval piece; **un ~ comique** a comic interlude. -**2.** *fig* interlude, interval; **notre liaison ne fut qu'un agréable ~** our affair was just a pleasant interlude.

intermédiaire [ɛ̃tɛrmedjɛr] ◇ *adj* -**1.** [moyen] intermediate, intermediary; **solution ~** compromise (solution). -**2.** ENS intermediate; **niveau ~** intermediate level. -**3.** CIN, GÉOL & MÉTALL intermediate. ◇ *nmf* -**1.** [médiateur] intermediary, mediator, go-between; **servir d'~** to act as an intermediary OU as a go-between. -**2.** COMM intermediary, middleman; **les fournisseurs et les ~s** the suppliers and the middlemen. -**3.** BANQUE: ~ **agréé** authorized intermediary.

◆ **par l'intermédiaire de** *loc prép* through, through the intermediary of; **par votre ~** through you; **il a appris l'anglais par l'~ de la radio** he learnt English from the radio.

◆ **sans intermédiaire** *loc adv* -**1.** [directement] directly. -**2.** COMM direct, directly; **je préfère vendre sans ~** I prefer to sell direct OU directly to the customer.

intermédiation [ɛ̃tɛrmedjasjɔ̃] *nf* intermediary financing.

intermétallique [ɛ̃tɛrmetalik] *adj* intermetallic.

interminable [ɛ̃tɛrminabl] *adj* interminable, never-ending, endless; **un discours ~** an interminable speech; **la route lui paraissait ~** she thought the road would never end.

interminablement [ɛ̃tɛrminabləmɑ̃] *adv* interminably, endlessly, without end.

interministériel, elle [ɛ̃tɛrministerjɛl] *adj* interdepartmental POL, joint ministerial *Br*; **Groupe ~ de contrôle** *official body controlling the use of telephone-tapping.*

intermission [ɛ̃tɛrmisjɔ̃] *nf* (period of) remission, intermission MED.

intermittence [ɛ̃tɛrmitɑ̃s] *nf* -**1.** [irrégularité] intermittence, irregularity; **l'~ d'un signal lumineux** the irregular flashing of a light; **l'~ de la production** the irregularity of production. -**2.** MÉD intermission, remission.

◆ **par intermittence** *loc adv* intermittently; **travailler par ~** to work in fits and starts OU intermittently.

intermittent, e [ɛ̃tɛrmitɑ̃, ɑ̃t] *adj* -**1.** [irrégulier - tir] intermittent, sporadic; [- travail] casual, occasional; [- pulsation] irregular, periodic; [- éclairage] intermittent; **averses ~es dans le nord du pays** occasional showers in the north. -**2.** MÉD: **fièvre ~e** intermittent fever; **pouls ~** irregular pulse.

intermoléculaire [ɛ̃tɛrmɔlekylɛr] *adj* intermolecular.

intermusculaire [ɛ̃tɛrmyskylɛr] *adj* intermuscular.

internalisation [ɛ̃tɛrnalizasjɔ̃] *nf* internalization ECON; ~ **du recrutement** recruiting in-house, in-house OU internal recruitment.

internat [ɛ̃tɛrna] *nm* -**1.** SCOL [école] boarding school; **l'~** [régime] boarding. -**2.** MÉD [concours] *competitive examination leading to internship*; [stage] hospital training, time as a houseman *Br*, internship *Am*.

international, e, aux [ɛ̃tɛrnasjɔnal, o] ◇ *adj* -**1.** [gén] international. -**2.** ARCHIT: **style ~** international style

◇ *nm, f* international (player OU athlete).

◆ **internationaux** *nmpl* SPORT internationals; **les internationaux de France de tennis** the French Open.

Internationale [ɛ̃tɛrnasjɔnal] *npr f* -**1.** [chant]: **l'~** the Internationale. -**2.** [groupement]: **l'~** the International.

internationalisation [ɛ̃tɛrnasjɔnalizasjɔ̃] *nf* internationalization.

internationaliser [3] [ɛ̃tɛrnasjɔnalize] *vt* to internationalize.

◆ **s'internationaliser** *vpi* to take on an international dimension; **le conflit s'est internationalisé** the conflict took on an international dimension.

internationalisme [ɛ̃tɛrnasjɔnalism] *nm* internationalism.

internationaliste [ɛ̃tɛrnasjɔnalist] ◇ *adj* internationalist.

◇ *nmf* -**1.** POL internationalist. -**2.** JUR international lawyer.

internationalité [ɛ̃tɛrnasjɔnalite] *nf* internationality.

interne [ɛ̃tɛrn] ◇ *adj* -**1.** [intérieur - paroi] internal, inside; [- face] internal; [- raison, cause, logique] internal, inner; **il a fallu radiographier le côté ~ de la jambe/du pied** the inner part of the leg/foot had to be X-rayed; **le parti connaît des difficultés ~s** the party is having internal problems; **structure ~** internal structure. -**2.** MÉD [hémorragie, organe] internal.

◇ *nmf* -**1.** MÉD: ~ **(des hôpitaux)** houseman *Br*, intern *Am*; ~ **en pharmacie** student pharmacist *(in a hospital)*. -**2.** SCOL boarder; **c'est un ~** he's at boarding school.

interné, e [ɛ̃tɛrne] ◇ *adj* -**1.** MÉD committed, sectioned *Br spéc*. -**2.** [emprisonné] interned.

◇ *nm, f* -**1.** MÉD committed OU sectioned *Br spéc* patient. -**2.** [prisonnier] internee.

internégatif [ɛ̃tɛrnegatif] *nm* internegative.

internement [ɛ̃tɛrnəmɑ̃] *nm* -**1.** MÉD commitment, sectioning *Br spéc*. -**2.** [emprisonnement] internment; ~ **abusif** illegal internment; ~ **administratif** internment without trial.

interner [3] [ɛ̃tɛrne] *vt* -**1.** MÉD to commit, to section *Br spéc*. -**2.** POL to intern.

interocéanique [ɛ̃tɛrɔseanik] *adj* interoceanic.

interosseux, euse [ɛ̃tɛrɔsø, øz] *adj* interosseous.

interpellateur, trice [ɛ̃tɛrpelatœr, tris] *nm, f* -**1.** POL [questionneur] questioner, interpellator *spéc*. -**2.** [personne qui apostrophe] *person calling out*; **mon ~** the person calling out to me.

interpellation [ɛ̃tɛrpelasjɔ̃] *nf* -**1.** [apostrophe] call, shout. -**2.** [par la police] (arrest for) questioning; **la police a procédé à plusieurs ~s** several people were detained OU taken in by police for questioning. -**3.** POL question, interpellation *spéc*.

interpeller [26] [ɛ̃tɛrpəle] *vt* -**1.** [appeler] to call out, to hail. -**2.** [suj: police] to call in OU to stop for questioning. -**3.** [concerner] to call out *(insép)* to; **ça m'interpelle** *hum* it says something to me. -**4.** POL to put a question to, to interpellate.

◆ **s'interpeller** *vp (emploi réciproque)* [s'appeler] to call out to OU to hail one another.

interpénétration [ɛ̃tɛrpenetrasjɔ̃] *nf* interpenetration.

interpénétrer [18] [ɛ̃tɛrpenetre]

◆ **s'interpénétrer** *vp (emploi réciproque)* to interpenetrate, to penetrate mutually; **des cultures qui s'interpénètrent** intermingling cultures.

interpersonnel, elle [ɛ̃tɛrpɛrsɔnɛl] *adj* interpersonal, person-to-person.

interphase [ɛ̃tɛrfaz] *nf* interphase.

Interphone® [ɛ̃tɛrfɔn] *nm* [dans un bureau] intercom; [à l'entrée d'un immeuble] entry OU security phone.

interplanétaire [ɛ̃tɛrplanetɛr] *adj* interplanetary.

INTERPOL, Interpol [ɛ̃tɛrpɔl] *npr* Interpol.

interpolation [ɛ̃tɛrpɔlasjɔ̃] *nf* interpolation, insertion.

interpoler [3] [ɛ̃tɛrpɔle] *vt* -**1.** [texte] to insert, to fit in OU into *(sép)*, to interpolate *spéc*; ~ **un paragraphe dans un texte** to insert a paragraph into a text; ~ **une phrase dans un discours** to add a sentence to a speech. -**2.** MATH to interpolate.

interposer [3] [ɛ̃tɛrpoze] *vt* to place, to insert, to interpose; **ils ont pu se contacter par personne interposée** they were able to make contact through an intermediary.

◆ **s'interposer** *vpi* -**1.** [faire écran]: **s'~ entre** to stand between; **il s'est interposé entre la lumière et mon appareil** he stood between the light and my camera. -**2.** [intervenir] to intervene, to step in *(insép)*, to interpose o.s.; **il s'est interposé pour l'empêcher de me frapper** he stepped in OU intervened to stop her hitting me.

interpositif [ɛ̃tɛrpozitif] *nm* interpositive.

interposition [ɛ̃tɛrpozisjɔ̃] *nf* -**1.** [d'un objet, de texte] interposition, interposing. -**2.** [intervention] interposition, intervention. -**3.** JUR: ~ **de personnes** defrauding *(by drawing up a contract)* to the advantage of a third party.

interprétable [ɛ̃tɛrpretabl] *adj* interpretable; **c'est ~ de deux façons** this may be interpreted OU taken in two ways.

interprétariat [ɛ̃tɛrpretarja] *nm* interpreting; **diplôme d'~** interpreting diploma; **faire de l'~** to work as an interpreter.

interprétatif, ive [ɛ̃tɛrpretatif, iv] *adj* -**1.** [explicatif] expository, interpretative, interpretive. -**2.** INF interpretive. -**3.** PSYCH interpretative.

interprétation [ɛ̃tɛrpretasjɔ̃] *nf* -**1.** [exécution - d'une œuvre musicale] interpretation, rendering, performance; [- d'un rôle] interpretation; [- d'un texte] reading. -**2.** [analyse] interpretation, analysis; **c'est une drôle d'~ de la situation** it's a strange way of looking at OU interpreting the situation; **il a donné une fausse ~ de mes déclarations** he gave an incorrect interpretation of OU he misinterpreted my statements. -**3.** [interprétariat] interpreting. -**4.** PSYCH: ~ **des rêves** interpretation of dreams. -**5.** INF interpretation.

interprète [ɛ̃tɛrprɛt] *nmf* -**1.** [exécutant, acteur] performer, player; [chanteur] singer; [danseur] dancer; **l'~ de Giselle** the dancer of the title role in Giselle; **les ~s** [d'un film, d'une pièce] the cast; **une pause pour donner aux ~s le temps de se changer** a break to allow the performers to change; **l'~ de: il est devenu l'~ par excellence de Beckett** he became the foremost interpreter of Beckett's work; **l'~ de Cyrano n'était pas à la hauteur** the actor playing Cyrano wasn't up to the part; **les ~s de ce concerto sont...** the concerto will be played by... -**2.** [traducteur] interpreter; **servir d'~ à** to act as interpreter for. -**3.** [représentant] spokesperson, spokesman (*f* spokeswoman); **être l'~ de qqn auprès des autorités** to speak to the authorities on sb's behalf.

interpréter [18] [ɛ̃tɛrprete] *vt* -**1.** [exécuter, jouer] to perform, to interpret; ~ **un rôle** to play a part; **elle interprète Molière/Madame Butterfly** she plays Molière/(the part of) Madame Butterfly; ~ **une sonate au piano** to play a sonata on the piano; **j'aime la façon dont il interprète Hamlet/le requiem** I like the way he performs Hamlet/the requiem; ~ **un air** to perform OU to sing a tune. -**2.** [comprendre] to interpret; **mal ~ qqch** to misinterpret sthg; ~ **qqch en bien/mal** to take sthg well/the wrong way; ~ **un texte** to interpret a text. -**3.** [traduire] to interpret.

◆ **s'interpréter** *vp (emploi passif)* [être compris] to be interpreted; **son refus peut s'~ de plusieurs façons** his refusal can be interpreted in several ways.

interpréteur [ɛ̃tɛrpretœr] *nm* interpreter COMPUT.

interprofessionnel, elle [ɛ̃tɛrprɔfɛsjɔnɛl] *adj* interprofessional.

interracial, e, aux [ɛ̃tɛrrasjal, o] *adj* interracial.

interrégional, e, aux [ɛ̃tɛrreʒjɔnal, o] *adj* interregional.

interrègne [ɛ̃tɛrrɛɲ] *nm* interregnum.

interrogateur, trice [ɛ̃terɔgatœr, tris] ◇ *adj* [geste, regard] questioning, inquiring, probing; **d'un air ~** interrogatively, questioningly; **sur un ton ~** questioningly, searchingly.

◇ *nm, f* ENS (oral) examiner.

interrogatif, ive [ɛ̃terɔgatif, iv] *adj* -**1.** [interrogateur] questioning, inquiring. -**2.** LING interrogative.

◆ **interrogatif** *nm* interrogative (word); **l'~** the interrogative.

◆ **interrogative** *nf* interrogative OU question clause.

interrogation [ɛ̃terɔgasjɔ̃] *nf* -**1.** [question] question, questioning; **sur son visage se lisait une muette ~** her face was silently questioning ‖ [doute] questioning, questions, doubts. -**2.** SCOL test; ~ **écrite** written test; ~ **orale** oral test. -**3.** LING: ~ **directe/indirecte** direct/indirect question. -**4.** INF & TÉLÉC search.

interrogativement [ɛ̃terɔgativmɑ̃] *adv* -**1.** LING interrogatively. -**2.** [en demandant] questioningly, inquiringly.

interrogatoire [ɛ̃terɔgatwar] *nm* -**1.** [par la police - d'un prisonnier, d'un suspect] interrogation, questioning; **faire subir à qqn un ~ serré** *fam* to grill sb; **faire subir à qqn un ~ musclé** *fam* to work sb over for information. -**2.** JUR [dans un procès] examination, cross-examination, cross-questioning; [par un juge d'instruction] hearing; [procès-verbal] statement.

interrogeable [ɛ̃terɔʒabl] *adj*: **répondeur ~ à distance** answering machine with remote access facility.

interroger [17] [ɛ̃terɔʒe] *vt* -**1.** [questionner - ami] to ask, to question; [- guichetier] to ask, to inquire of; [- suspect] to question, to interrogate, to interview; **~ qqn pour savoir si** to ask sb whether, to inquire of sb whether; **~ qqn sur qqch** to ask sb questions about sthg; **~ qqn du regard** to look questioningly OU inquiringly at sb; **il y a là un monsieur qui m'a interrogé à votre sujet** there is a gentleman here inquiring about you OU asking questions about you; **ils l'ont interrogé sans ménagement** they put him through a gruelling interrogation; **~ sa mémoire/sa conscience/le ciel** to search one's memory/one's conscience/the sky. -**2.** SOCIOL to poll, to question; **personne interrogée** respondent. -**3.** ENS [avant l'examen] to test, to quiz; [à l'examen] to examine; **j'ai été interrogé sur la guerre de 14-18** I was asked questions on the 1914-18 war; **être interrogé par écrit** to be given a written test OU exam. -**4.** INF & TÉLÉC to interrogate, to search (through). -**5.** JUR to examine, to cross-examine.

◆ **s'interroger** *vpi*: **s'~ sur qqch** to question o.s. OU to wonder about sthg; **je ne sais pas si je vais l'acheter, je m'interroge encore** I don't know whether I'll buy it, I'm still wondering (about it) OU I haven't made up my mind yet.

interrompre [78] [ɛ̃terɔ̃pr] *vt* -**1.** [perturber - conversation] to interrupt; **il fut interrompu par l'arrivée de son père** he was interrupted by the arrival of his father; **n'interrompez pas la conversation** don't interrupt the conversation; **ses études furent interrompues par la guerre** her studies were interrupted OU curtailed by the war. -**2.** [faire une pause dans - débat] to stop, to suspend; [- session, voyage] to interrupt, to break; **l'athlète a interrompu son entraînement pendant deux mois** the athlete stopped training for two months; **~ ses études pendant un an** to take a year off from one's studies. -**3.** [définitivement] to stop; **~ sa lecture/son repas** to stop reading/eating; **le match a été interrompu par la pluie** rain stopped play, play was abandoned due to rain; **~ une grossesse** to terminate a pregnancy.

◆ **s'interrompre** *vpi* [dans une conversation] to break off, to stop; [dans une activité] to break off.

interrupteur, trice [ɛ̃teryptœr, tris] *nm, f litt* [personne] interrupter.

◆ **interrupteur** *nm* [dispositif] switch; **~ horaire/principal** time/master switch.

interruption [ɛ̃terypsjɔ̃] *nf* -**1.** [arrêt définitif] breaking off; **l'~ des négociations** the breaking off of the talks; **~ des relations diplomatiques** breaking off OU severance of diplomatic relations; **sans ~** continuously, uninterruptedly, without stopping; **'ouvert sans ~ de 9 h à 20 h'** 'open all day 9 a.m.-8 p.m.' ❑ **~ volontaire de grossesse** MÉD voluntary termination of pregnancy. -**2.** [pause] break; **après une brève ~, le spectacle reprit** after a short break, the show started up again. -**3.** [perturbation] interruption; **des ~s continuelles l'empêchaient de travailler** continual interruptions prevented him from working; **veuillez excuser l'~ de nos programmes** we apologise for the break in transmission ❑ **~ de courant** ÉLECTR power cut.

intersaison [ɛ̃tersɛzɔ̃] *nf* off season.

interscolaire [ɛ̃terskɔlɛr] *adj* interschool.

intersecté, e [ɛ̃tersɛkte] *adj* intersecting.

intersection [ɛ̃tersɛksjɔ̃] *nf* -**1.** [de routes] intersection, crossroads, junction; **~ avec une route secondaire** intersection with a minor road; **à l'~ des deux routes** where the two roads intersect OU meet; **à l'~ de plusieurs courants politiques** where several different political tendencies meet OU come together. -**2.** MATH [de droites, de plans] intersection; [d'ensembles] set; LOG set.

intersession [ɛ̃tersesjɔ̃] *nf* recess POL.

intersexualité [ɛ̃tersɛksɥalite] *nf* intersexuality.

intersidéral, e, aux [ɛ̃tersideral, o] *adj* intersideral; **espace ~** deep space.

intersigne [ɛ̃tersiɲ] *nm* mysterious connection.

interstellaire [ɛ̃terstelɛr] *adj* interstellar.

interstice [ɛ̃terstis] *nm* crack, chink, interstice.

interstitiel, elle [ɛ̃terstisjɛl] *adj* interstitial.

◆ **interstitiel** *nm* PHYS interstitial.

intersubjectif, ive [ɛ̃tersybʒɛktif, iv] *adj* intersubjective.

intersyndical, e, aux [ɛ̃tersɛ̃dikal, o] *adj* interunion, joint union.

◆ **intersyndicale** *nf* interunion committee.

intertitre [ɛ̃tertitr] *nm* -**1.** PRESSE subheading. -**2.** CIN subtitle.

intertrigo [ɛ̃tertrigo] *nm* intertrigo.

intertropical, e, aux [ɛ̃tertrɔpikal, o] *adj* intertropical.

interurbain, e [ɛ̃teryrbɛ̃, ɛn] *adj* [gén] intercity, interurban; TÉLÉC & *vieilli* long-distance *(avant n)*, trunk *Br (modif)*.

◆ **interurbain** *nm vieilli* long-distance telephone service, trunk call service *Br*.

intervalle [ɛ̃terval] *nm* -**1.** [durée] interval; **un ~ de trois heures** a three-hour interval OU gap; **ils se sont retrouvés à trois mois d'~** they met again after an interval of three months; **par ~s** intermittently, at intervals, now and again; **dans l'~, je ferai le nécessaire** meanwhile OU in the meantime I'll do what has to be done; **dans l'~, j'étais revenu** I had come back by then OU by that time. -**2.** [distance] interval, space; **plantés à ~s de trois mètres** OU **à trois mètres d'~** planted three metres apart; **l'~ entre les deux maisons** the distance between the two houses. -**3.** [brèche] gap. -**4.** MATH, MIL & MUS interval.

intervenant, e [ɛ̃tervənɑ̃, ɑ̃t] ◇ *adj* intervening.

◇ *nm, f* -**1.** [dans un débat, un congrès] contributor, speaker. -**2.** JUR intervening party.

intervenir [40] [ɛ̃tervənir] *vi* -**1.** [agir] to intervene, to step in; **~ en faveur de qqn** to intercede OU to intervene on sb's behalf; **~ auprès de qqn pour** to intercede with sb in order to; **il était temps d'~** it was time to do something about it OU to act; **on a dû faire ~ la police** the police had to be brought in OU called in. -**2.** MÉD to operate. -**3.** [prendre la parole] to speak, to intervene; **vous ne devez pas ~ dans ce débat** you mustn't intervene OU speak in this debate. -**4.** MIL to intervene. -**5.** [jouer un rôle - circonstance, facteur]: **~ dans** to influence, to affect; **le prix n'intervient pas dans mon choix** the price has no bearing on OU doesn't affect my choice. -**6.** [survenir - accord, décision] to be reached; [- incident] to occur, to take place; **le changement/la mesure intervient au moment où...** the change/measure comes at a time when... -**7.** JUR to intervene.

intervention [ɛ̃tervɑ̃sjɔ̃] *nf* -**1.** [entrée en action] intervention; **il a fallu l'~ des pompiers** the fire brigade had to be called in OU brought in; **malgré l'~ rapide des secours** despite swift rescue action; **~ en faveur de qqn** intervention in sb's favour. -**2.** MIL intervention; **provoquer l'~ des forces armées** to prompt military intervention ❑ **~ aérienne** air strike; **~ armée** armed intervention. -**3.** [ingérence] interference; POL intervention. -**4.** [discours] speech, contribution; **j'ai fait deux ~s** I spoke twice; **j'ai approuvé son ~** I agreed with his contribution OU what he said. -**5.** MÉD: **~ (chirurgicale)** (surgical) operation, surgery *(U)*; **procéder à une ~ chirurgicale** to operate. -**6.** AGR & ÉCON: **beurre d'~** subsidized butter; **prix d'~** intervention price. -**7.** JUR intervention.

interventionnisme [ɛ̃tervɑ̃sjɔnism] *nm* interventionism.

interventionniste [ɛ̃tervɑ̃sjɔnist] *adj & nmf* interventionist.

interversion [ɛ̃terversjɔ̃] *nf* inversion; **~ de chiffres** transposition of figures; **~ des rôles** role reversal.

intervertébral, e, aux [ɛ̃tervertebral, o] *adj* intervertebral.

intervertir [32] [ɛ̃tervertir] *vt* to invert (the order of); **~ les rôles** to reverse roles.

interview [ɛ̃tervju] *nf* OU *nm* interview PRESS.

interviewé, e [ɛ̃tervjuve] ◇ *adj* interviewed PRESS.

◇ *nm, f* interviewee PRESS.

interviewer[1] [3] [ɛ̃tervjuve] *vt* to interview PRESS.

interviewer[2] [ɛ̃tervjuvœr] *nm* interviewer PRESS.

intervocalique [ɛ̃tervɔkalik] *adj* intervocalic.

intestat [ɛ̃tɛsta] ◇ *adj inv* intestate; **mourir ~** to die intestate.

◇ *nmf* intestate.

intestin[1] [ɛ̃tɛstɛ̃] *nm* ANAT intestine, bowel, gut; **les ~s** the intestines, the bowels ❑ **~ grêle** small intestine; **gros ~** large intestine.

intestin[2], **e** [ɛ̃tɛstɛ̃, in] *adj sout* [interne] internal, intestine; **luttes ~es** internecine struggles.

intestinal, e, aux [ɛ̃tɛstinal, o] *adj* intestinal; **douleurs ~es** stomach pains.

intimation [ɛ̃timasjɔ̃] *nf* -**1.** [d'un ordre] notification. -**2.** JUR [assignation] summons *(before a high court)*; **signifier une ~** to issue OU to serve a summons.

intime [ɛ̃tim] ◇ *adj* -**1.** [proche] intimate; **un ami ~** a close friend, an intimate; **ils sont (très) ~s** they are (very) close. -**2.** [privé - pensée, vie] intimate; **conversation ~** private conversation, tête-à-tête; **chagrin ~** personal OU intimate grief; **avoir des relations ~s avec qqn** to be on intimate terms with sb; **univers ~** secret world ❑ **carnet** OU **journal ~** (private OU personal) diary. -**3.** *euph* [génital]: **hygiène ~** personal hygiene; **parties ~s** private parts. -**4.** [discret] quiet, intimate; **cérémonie/mariage ~** quiet ceremony/wedding; **soirée ~** [entre deux personnes] candlelit OU quiet dinner; [entre plusieurs] quiet get-together; **restaurant ~** (small) quiet restaurant. -**5.** [profond] inner, intimate; **les recoins les plus ~s de l'âme** the innermost OU deepest recesses of the soul; **le sens ~ d'un texte** the underlying OU deeper meaning of a text; **il a une connaissance ~ de la langue** he has a detailed OU thorough knowledge of the language, he knows the language inside out ‖ *(avant le n)*: **j'ai l'~ conviction qu'il ment** I am privately convinced that he's lying.

◇ *nmf* [ami] close friend, intimate; **ses ~s** her closest friends (and relations); **moi, c'est Madeleine, Mado pour les ~s** I'm Madeleine, Mado to my friends OU my friends call me Mado.

intimé, e [ɛ̃time] ◇ *adj*: **partie ~e** respondent party.

◇ *nm, f* respondent.

intimement [ɛ̃timmɑ̃] *adv* intimately; **ces deux faits sont ~ liés** these two facts are closely connected; **~ convaincu** OU **persuadé** profoundly convinced.

intimer [3] [ɛ̃time] *vt* -**1.** [ordonner] to instruct, to order, to tell; **~ à qqn l'ordre de se taire/de rester** to tell sb to be quiet/to stay. -**2.** JUR [en appel] to summon; [faire savoir] to notify.

intimidable [ɛ̃timidabl] *adj* easily intimidated.

intimidant, e [ɛ̃timidɑ̃, ɑ̃t] *adj* intimidating.

intimidateur, trice [ɛ̃timidatœr, tris] *adj* intimidating.

intimidation [ɛ̃timidasjɔ̃] *nf* intimidation; **céder à des ~s** to give in to intimidation; **ils ont usé d'~ pour l'obliger à céder** they used intimidation to force him into submission.

intimider [3] [ɛ̃timide] *vt* -**1.** [faire pression sur] to intimidate; **vous croyez m'~?** do you think you scare me? -**2.** [troubler] to intimidate, to overawe; **il s'est laissé ~ par elle** he allowed her to intimidate him.

intimisme [ɛ̃timism] *nm* LITTÉRAT & BX-ARTS intimism.

intimiste [ɛ̃timist] *adj* & *nmf* LITTÉRAT & BX-ARTS intimist.

intimité [ɛ̃timite] *nf* -**1.** [vie privée, caractère privé] privacy; **l'~ du foyer** the privacy of one's own home; **envahir l'~ de qqn** to invade sb's privacy; **nous fêterons son succès dans l'~** we'll celebrate his success with just a few close friends; **ils se sont mariés dans la plus stricte ~** they were married in the strictest privacy. -**2.** [familiarité] intimacy; **l'~ conjugale** the intimacy of married life; **vivre dans l'~ avec qqn** *euph* to be on intimate terms with sb. -**3.** [confort] intimacy, cosiness, snugness; **dans l'~ de la cuisine** in the warmth of the kitchen. -**4.** *litt* [profondeur] intimacy; **dans l'~ de la prière** in the privacy OU intimacy of prayer; **dans l'~ de nos âmes** in the innermost depths of our souls.

intitulé [ɛ̃tityle] *nm* -**1.** [titre - d'un livre] title; [- d'un chapitre] heading, title. -**2.** JUR [d'un acte] premises; [d'un titre] abstract (of title); [d'une loi] long title; **~ de compte courant postal** (post office) current account *Br* OU checking account *Am* particulars.

intituler [3] [ɛ̃tityle] *vt* to call, to entitle; **comment a-t-il intitulé le roman?** what did he call the novel?, what title did he give the novel?; **un film intitulé M** a film called OU entitled M.
◆ **s'intituler** ◇ *vp (emploi réfléchi)* [personne] to give o.s. the title of, to call o.s.
◇ *vpi* [œuvre] to be entitled OU called.

intolérable [ɛ̃tɔlerabl] *adj* -**1.** [insupportable] intolerable, unbearable; **chaleur/douleur/bruit ~** unbearable heat/pain/noise. -**2.** [inadmissible] intolerable, inadmissible, unacceptable; **vos retards sont ~s** your lateness will not be tolerated; **il est ~ que seul l'aîné y ait droit** it's unacceptable that only the older one should be entitled to it.

intolérance [ɛ̃tɔlerɑ̃s] *nf* -**1.** [sectarisme] intolerance; **~ politique/religieuse** political/religious intolerance. -**2.** MÉD intolerance; **~ aux analgésiques** intolerance to painkillers; **~ à l'alcool** lack of tolerance to alcohol; **~ alimentaire** allergy (to food).

intolérant, e [ɛ̃tɔlerɑ̃, ɑ̃t] ◇ *adj* intolerant; **une secte ~e** an intolerant sect; **des parents ~s** intolerant parents.
◇ *nm, f* intolerant person, bigot.

intonation [ɛ̃tɔnasjɔ̃] *nf* -**1.** [inflexion de la voix] tone, intonation. -**2.** LING intonation.

intouchable [ɛ̃tuʃabl] ◇ *adj* [qui ne peut être - touché, sanctionné] untouchable; [- critiqué] untouchable, beyond criticism, uncriticizable.
◇ *nmf* [paria] untouchable.

intox [ɛ̃tɔks] *nf* propaganda, brainwashing; **tout ça, c'est de l'~** all that's just propaganda.

intoxicant, e [ɛ̃tɔksikɑ̃, ɑ̃t] *adj* poisonous, toxic.

intoxication [ɛ̃tɔksikasjɔ̃] *nf* -**1.** MÉD poisoning; **~ alimentaire** food poisoning. -**2.** *fig* propaganda, brainwashing.

intoxiqué, e [ɛ̃tɔksike] ◇ *adj* -**1.** MÉD poisoned; **~ par l'alcool** intoxicated, drunk; **il fume beaucoup trop, il est complètement ~!** he smokes far too much, he's become addicted! -**2.** [manipulé] indoctrinated, brainwashed.
◇ *nm, f* -**1.** [drogué] (drug) addict. -**2.** [endoctriné] indoctrinated OU brainwashed person.

intoxiquer [3] [ɛ̃tɔksike] *vt* -**1.** MÉD to poison. -**2.** *fig* to brainwash, to indoctrinate; **une propagande qui intoxique les esprits** propaganda which poisons the mind.
◆ **s'intoxiquer** *vpi* to poison o.s.; **s'~ avec de la viande/des fraises** to get food poisoning from (eating) meat/strawberries.

intra-atomique [ɛ̃traatɔmik] (*pl* **intra-atomiques**) *adj* intra-atomic.

intracardiaque [ɛ̃trakardjak] *adj* intracardiac.

intracellulaire [ɛ̃traselylɛr] *adj* intracellular.

intracrânien, enne [ɛ̃trakranjɛ̃, ɛn] *adj* intracranial.

indradermique [ɛ̃tradɛrmik] *adj* intradermal, intracutaneous.

intradermo-réaction [ɛ̃tradɛrmɔreaksjɔ̃] (*pl* **intradermo-réactions**) *nf* intradermal test.

intrados [ɛ̃trado] *nm* -**1.** AÉRON lower surface *(of a wing)*. -**2.** ARCHIT intrados.

intraduisible [ɛ̃tradɥizibl] *adj* -**1.** [texte, mot] untranslatable; **c'est ~** it's impossible to translate, it can't be translated; **le mot est ~** there is no translation for the word. -**2.** [indicible] inexpressible, indescribable.

intraitable [ɛ̃trɛtabl] *adj* uncompromising, inflexible; **il est resté ~ sur ce point** he remained adamant on this point.

intramoléculaire [ɛ̃tramɔlekylɛr] *adj* intramolecular.

intramontagnard, e [ɛ̃tramɔ̃taɲar, ard] *adj* intramontane.

intra-muros [ɛ̃tramyros] ◇ *loc adj inv*: **quartiers ~** districts within the city boundaries; **Vérone ~** the walled city of Verona; **Londres ~** inner London.
◇ *loc adv*: **habiter ~** to live in the city itself.

intramusculaire [ɛ̃tramyskylɛr] *adj* intramuscular.

intransigeance [ɛ̃trɑ̃ziʒɑ̃s] *nf* intransigence; **faire preuve d'~** to be uncompromising OU intransigent.

intransigeant, e [ɛ̃trɑ̃ziʒɑ̃, ɑ̃t] ◇ *adj* uncompromising, intransigent; **se montrer ~ envers** OU **vis-à-vis de qqn** to take a hard line OU to be uncompromising with sb; **il est ~ sur la discipline** he's a stickler for discipline.
◇ *nm, f* hardliner, uncompromising person.

intransitif, ive [ɛ̃trɑ̃zitif, iv] *adj* intransitive.
◆ **intransitif** *nm* intransitive (verb).

intransitivement [ɛ̃trɑ̃zitivmɑ̃] *adv* intransitively.

intransitivité [ɛ̃trɑ̃zitivite] *nf* intransitivity, intransitiveness.

intransmissibilité [ɛ̃trɑ̃smisibilite] *nf* -**1.** BIOL intransmissibility. -**2.** JUR untransferability, nontransferability, untransmissibility *spéc.*

intransmissible [ɛ̃trɑ̃smisibl] *adj* -**1.** BIOL intransmissible. -**2.** JUR untransferable, nontransferable, unassignable.

intransportable [ɛ̃trɑ̃spɔrtabl] *adj* -**1.** [objet] untransportable; **c'est ~** it can't be moved OU transported. -**2.** [blessé]: **il est ~** he shouldn't be moved, he's unfit to travel.

intrant [ɛ̃trɑ̃] *nm* input ECON.

intranucléaire [ɛ̃tranykleɛr] *adj* intranuclear.

intra-utérin, e [ɛ̃trayterɛ̃, in] (*mpl* **intra-utérins**, *fpl* **intra-utérines**) *adj* intrauterine; **la vie ~e** life in the womb, life in utero.

intraveineux, euse [ɛ̃travɛnø, øz] *adj* intravenous.
◆ **intraveineuse** *nf* intravenous injection.

intrépide [ɛ̃trepid] ◇ *adj* -**1.** [courageux] intrepid, bold, fearless. -**2.** *sout* [persévérant] unashamed, unrepentent; **un buveur ~** a hardened drinker; **un bavard ~** a terrible chatterbox.
◇ *nmf* intrepid OU brave person.

intrépidement [ɛ̃trepidmɑ̃] *adv* intrepidly, boldly, fearlessly.

intrépidité [ɛ̃trepidite] *nf* -**1.** [courage] intrepidness, intrepidity, boldness; **il s'était battu avec ~** he had fought fearlessly. -**2.** *sout* [persévérance]: **mentir avec ~** to lie shamelessly.

intrication [ɛ̃trikasjɔ̃] *nf* intricacy, intricateness.

intrigant, e [ɛ̃trigɑ̃, ɑ̃t] ◇ *adj* scheming, conniving.
◇ *nm, f* schemer, plotter, intriguer.

intrigue [ɛ̃trig] *nf* -**1.** [scénario] plot; **rebondissement de l'~** twist in the plot; **~ compliquée** intricate plot; **~ policière** detective story. -**2.** [complot] intrigue, plot, scheme; **déjouer une ~** to foil a plot; **nouer une ~ contre qqn** to hatch a plot against sb; **~s politiques** political intrigues. -**3.** *litt* [liaison amoureuse] (secret) love affair, intrigue.

intriguer [3] [ɛ̃trige] ◇ *vt* to intrigue, to puzzle; **son appel m'a intrigué** his call puzzled me; **ça m'intrigue** that intrigues me.
◇ *vi* to scheme, to plot, to intrigue.

intrinsèque [ɛ̃trɛ̃sɛk] *adj* intrinsic.

intrinsèquement [ɛ̃trɛ̃sɛkmɑ̃] *adv* intrinsically.

intriqué, e [ɛ̃trike] *adj* intricate, entangled.

introducteur, trice [ɛ̃trɔdyktœr, tris] *nm, f* -**1.** [auprès de qqn]: **il fut mon ~ auprès de Michel** he was the person who introduced me to Michel. -**2.** [d'une idée, d'une mode] initiator.

introductif, ive [ɛ̃trɔdyktif, iv] *adj* introductory; **discours ~** opening remarks.

introduction [ɛ̃trɔdyksjɔ̃] *nf* -**1.** [préambule] introduction; **une ~ à la littérature** an introduction to literature; **quelques mots d'~** a few introductory remarks; **un cours d'~** an introductory lecture. -**2.** [contact] introduction; **j'ai besoin d'~s** I need to be introduced to people; **après leur ~ auprès de l'attaché** after they were introduced to the attaché. -**3.** [importation] importing; [adoption - d'un mot, d'un règlement] introduction; **~ en France de techniques nouvelles/de drogues dures** introducing new techniques/smuggling hard drugs into France. -**4.** BOURSE: **~ en Bourse** listing on the stock market. -**5.** SPORT put-in.

introduire [98] [ɛ̃trɔdɥir] *vt* -**1.** [insérer] to insert, to introduce; **~ une clé dans une serrure** to put OU to insert a key into a lock; **~ un sujet dans une conversation** to introduce a topic into a conversation. -**2.** [faire adopter - idée, mot] to introduce, to bring in *(sép)*; [- mode, produit] to introduce, to launch; [- règlement] to institute; **~ une instance** JUR to institute an action at law, to institute legal proceedings; **~ des valeurs en Bourse** BOURSE to list shares on the stock market; **~ un produit sur le marché** ÉCON to bring out *(sép)* OU to launch a product onto the market; **~ des armes dans un pays/en France** to smuggle OU to bring weapons into a country/into France. -**3.** [présenter] to introduce; **~ qqn auprès de** to introduce sb to; **il l'a introduit dans un petit cercle d'amis** he introduced him to a small circle of friends || [faire entrer - visiteur] to show in *(sép)*; **on introduisit le visiteur dans la pièce** the visitor was let into OU shown into the room; **veuillez ~ cette dame** please show the lady in; **il fut introduit auprès de la reine** he was ushered in OU shown in to see the Queen. -**4.** SPORT: **~ le ballon** to put the ball in.
◆ **s'introduire dans** *vp + prép* -**1.** [pénétrer dans - suj: clé, piston] to go OU to fit into; [- suj: eau] to filter OU to seep into; [- suj: sauveteur, cambrioleur] to break into; **une erreur s'est introduite dans le texte** *fig* an error has crept into the text; **le doute s'est peu à peu introduit dans mon esprit** doubt began to creep into my mind. -**2.** [être accepté par - suj: idée] to penetrate (into), to spread throughout, to infiltrate *péj*; **l'expression s'est introduite dans la langue** the expression entered the language. -**3.** [se faire admettre dans - suj: postulant] to gain admittance to; [- suj: intrigant] to worm one's way into, to infiltrate.

introduit, e [ɛ̃trɔdɥi, it] *adj*: **il est très bien ~ dans ce milieu** he's well established in these circles.

introït [ɛ̃trɔit] *nm* introit.

introjection [ɛ̃trɔʒɛksjɔ̃] *nf* introjection.

intromission [ɛ̃trɔmisjɔ̃] *nf* intromission.

intronisation [ɛ̃trɔnizasjɔ̃] *nf* -**1.** [d'un roi, d'un évêque] enthronement. -**2.** *fig* [mise en place] establishment; **l'~ du nouveau gouvernement** POL the establishment of the new government.

introniser [3] [ɛ̃trɔnize] *vt* -**1.** [roi, évêque] to enthrone. -**2.** *fig* [établir] to establish; **~ une mode** to establish a fashion.

introspectif, ive [ɛ̃trɔspɛktif, iv] *adj* introspective.

introspection [ɛ̃trɔspɛksjɔ̃] *nf* introspection.

introuvable [ɛ̃truvabl] *adj* nowhere to be found; **elle reste ~** she's still missing, her whereabouts are still unknown; **ces pendules sont ~s aujourd'hui** you can't get hold of these clocks anywhere these days.

introversion [ɛ̃trɔvɛrsjɔ̃] *nf* introversion.

introverti, e [ɛ̃trɔvɛrti] ◇ *adj* introverted.
◇ *nm, f* introvert.

intrus, e [ɛ̃try, yz] ◇ *adj* intruding, intrusive.
◇ *nm, f* intruder; **elle considère son gendre comme un ~** she treats her son-in-law like an outsider OU an unwelcome guest.

intrusion [ɛ̃tryzjɔ̃] *nf* -1. [ingérence] intrusion; **c'est une ~ dans ma vie privée** it's an intrusion into OU it's a violation of my privacy; **~ dans les affaires d'un pays étranger** interference OU intervention in the affairs of a foreign country. -2. GÉOL intrusion.

intubation [ɛ̃tybasjɔ̃] *nf* intubation.

intuber [3] [ɛ̃tybe] *vt* to intubate.

intuitif, ive [ɛ̃tɥitif, iv] ◇ *adj* -1. [perspicace] intuitive, instinctive. -2. PHILOS intuitive.
◇ *nm, f* intuitive person; **c'est un ~** he's very intuitive.

intuition [ɛ̃tɥisjɔ̃] *nf* -1. [faculté] intuition; **suivre son ~** to follow one's intuition; **j'y allais à l'~** *fam* I was acting intuitively ❑ **l'~ féminine** feminine intuition. -2. [pressentiment]: **avoir l'~ d'un drame/de la mort** to sense tragedy/death; **il en a eu l'~** he knew it intuitively, he intuited it; **j'ai l'~ qu'il est rentré** I have a suspicion OU an inkling OU a hunch (that) he's home.

intuitivement [ɛ̃tɥitivmɑ̃] *adv* intuitively, instinctively.

intumescence [ɛ̃tymesɑ̃s] *nf* intumescence *spéc*, swelling.

intumescent, e [ɛ̃tymesɑ̃, ɑ̃t] *adj* intumescent *spéc*, swelling.

inuit [inɥi] *adj inv* Inuit.
◆ **Inuit** *nmf inv*: **les Inuit** the Inuit OU Inuits.

inusable [inyzabl] *adj* which will never wear out, hardwearing; **achetez-en une paire, c'est ~!** buy a pair, they'll last (you) forever!

inusité, e [inyzite] *adj* -1. LING [mot] uncommon, not in use (any longer); **le terme est ~ de nos jours** the word is no longer used; **les formes ~es d'un verbe** the rare forms of a verb. -2. *sout* [inhabituel] unusual, uncommon; **un bruit ~** an uncommon OU a strange noise.

inusuel, elle [inyzɥɛl] *adj sout* unusual, inhabitual.

inutile [inytil] ◇ *adj* -1. [gadget] useless; [digression] pointless; [effort, initiative] useless, pointless, vain; **(il est) ~ de m'interroger** it's no good questioning me, there's no point in questioning me; **~ de mentir!** it's no use lying!, lying is useless!; **j'ai écrit, téléphoné, tout s'est révélé ~** I wrote, I phoned, (but) all to no avail. -2. [superflu] needless, unnecessary; **ces précautions sont ~s** these precautions serve no purpose; **quelques précisions ne seront pas ~s** a few explanations will come in useful; **une leçon de conduite supplémentaire ne serait pas ~ avant l'examen** an extra driving lesson wouldn't go amiss before the test; **~ de préciser qu'il faut arriver à l'heure** I hardly need to point out that OU needless to say you have to turn up on time.
◇ *nmf péj* useless person; **c'est un ~** he's no use.

inutilement [inytilmɑ̃] *adv* needlessly, unnecessarily, to no purpose.

inutilisable [inytilizabl] *adj* unusable, useless; **après l'accident, la voiture était ~** the car was a write-off after the accident.

inutilisé, e [inytilize] *adj* unused; **des ressources ~es** untapped OU unused resources; **sa jeunesse gâchée et son talent ~** his youth wasted and his talent unused.

inutilité [inytilite] *nf* [d'un objet] uselessness; [d'un argument] pointlessness; [d'un effort, d'une tentative] uselessness, pointlessness; **l'~ d'un remède** the uselessness OU ineffectiveness of a remedy.
◆ **inutilités** *nfpl* [futilités] useless information *(U)*.

inv. (*abr écrite de* **invariable**) inv.

invagination [ɛ̃vaʒinasjɔ̃] *nf* invagination; **~ intestinale** intestinal intussusception.

invaginer [3] [ɛ̃vaʒine]
◆ **s'invaginer** *vpi* to invaginate.

invaincu, e [ɛ̃vɛ̃ky] *adj* [équipe] unbeaten, undefeated; [armée] unvanquished, undefeated; [maladie] unconquered.

invalidant, e [ɛ̃validɑ̃, ɑ̃t] *adj* incapacitating, disabling.

invalidation [ɛ̃validasjɔ̃] *nf* [d'une élection] invalidation, quashing; [d'une décision juridique] quashing; [d'un contrat] nullification; [d'un élu] removal from office.

invalide [ɛ̃valid] ◇ *adj* -1. [infirme] disabled, invalid. -2. JUR invalid, null and void.
◇ *nmf* [infirme] disabled person, invalid; **~ du travail** *person disabled in an industrial accident*; **grand ~ civil** *severely disabled person.*
◇ *nm* MIL disabled ex-soldier OU ex-serviceman; **~ de guerre** disabled ex-soldier *(wounded during the war)*, war invalid.

invalider [3] [ɛ̃valide] *vt* [élection] to invalidate, to make invalid, to nullify; [décision juridique] to quash; [élu] to remove from office.

invalidité [ɛ̃validite] *nf* disability, disablement.

invariabilité [ɛ̃varjabilite] *nf* invariability.

invariable [ɛ̃varjabl] *adj* -1. [constant] invariable, unchanging; **d'une ~ bonne humeur** invariably good-humoured; **rester ~ dans ses opinions** to remain unchanging OU unswerving in one's opinions. -2. GRAMM invariable.

invariablement [ɛ̃varjabləmɑ̃] *adj* invariably.

invariance [ɛ̃varjɑ̃s] *nf* invariance, invariancy.

invariant, e [ɛ̃varjɑ̃, ɑ̃t] *adj* invariant.
◆ **invariant** *nm* invariant.

invasion [ɛ̃vazjɔ̃] *nf* -1. MIL invasion; **armée/troupes d'~** invading army/troops. -2. [arrivée massive] invasion, influx; **une ~ de rats** an invasion of rats; **l'~ de produits étrangers sur le marché** the flooding of the market by foreign products; **une ~ de touristes dans les hôtels** an influx of tourists into the hotels. -3. MÉD: **(période d') ~** invasion.

invective [ɛ̃vɛktiv] *nf* invective *(U)*, insult; **il s'est répandu en ~s (contre moi)** he started heaping insults OU abuse (on me).

invectiver [3] [ɛ̃vɛktive] *vt* to curse, to insult, to heap insults OU abuse upon.
◆ **invectiver contre** *v + prép* to curse.

invendable [ɛ̃vɑ̃dabl] *adj* unsaleable, unsellable; **vous m'apportez toujours des marchandises ~s** you always bring me goods that don't sell.

invendu, e [ɛ̃vɑ̃dy] *adj* unsold.
◆ **invendu** *nm* [gén] unsold article OU item; [journal] unsold copy; **les ~s** (the) unsold copies.

inventaire [ɛ̃vɑ̃tɛr] *nm* -1. [liste] inventory; **les locataires doivent faire OU dresser un ~** (the) tenants must draw up an inventory; **faire l'~ avec la propriétaire** to go through the inventory with the landlady; **l'~ de ses biens** the inventory OU a detailed list of her possessions; **faire l'~ des ressources d'un pays** to assess a country's resources; **si je fais l'~ de mes souvenirs** *fig* if I take stock of my memories. -2. COMM [procédure] stocktaking; [liste] stocklist, inventory *Am*; **faire l'~ de la marchandise** to take stock of the goods ❑ **~ extracomptable** stocks, stock-in-trade *Br*, inventories *Am*; **livre d'~** inventory OU stock book. -3. JUR inventory; **dresser l'~ d'une succession** to draw up an inventory of an estate. -4. NAUT inventory.

inventer [3] [ɛ̃vɑ̃te] *vt* -1. [créer - machine] to invent; [- mot] to coin; **il n'a pas inventé la poudre** OU **le fil à couper le beurre** he'll never set the world on fire. -2. [imaginer - jeu] to think OU to make up *(sép)*, to invent; [- système] to think OU to dream up *(sép)*, to work out *(sép)*, to concoct *péj*; **je ne sais quoi ~ pour les amuser** I've run out of ideas trying to keep them amused; **ils ne savent plus quoi ~!** *fam* what will they think of next!; **qu'est-ce que tu ne vas pas** OU **vas ~ là?** whatever gave you that idea?, where on earth did you get that idea from? -3. [forger] to think OU to make up *(sép)*, to invent; **invente une excuse!** just make up OU invent some excuse!; **je n'invente rien!** I'm not inventing a thing!; **une histoire inventée de toutes pièces** an entirely made-up story, a complete fabrication. -4. JUR [trésor] to discover, to find.
◆ **s'inventer** *vp (emploi passif)*: **ça ne s'invente pas** nobody could make up a thing like that, you don't make that sort of thing up.

inventeur, trice [ɛ̃vɑ̃tœr, tris] *nm, f* -1. [d'un appareil, d'un système] inventor. -2. JUR [d'un trésor] finder, discoverer. -3. [de fausses nouvelles] fabricator.

inventif, ive [ɛ̃vɑ̃tif, iv] *adj* inventive, creative, resourceful; **les enfants sont très ~s** children have a lot of imagination.

invention [ɛ̃vɑ̃sjɔ̃] *nf* -1. SC & TECH invention; **le robot ménager, quelle formidable ~!** what a wonderful invention food processors are!; **grâce à l'~ du laser** thanks to the invention OU discovery of lasers. -2. [créativité] inventiveness, creativeness; **avoir de l'~** to be inventive OU creative; **manquer d'~** to be unimaginative; **de mon/ton/son ~** invented by me/you/him; **réalisé sur un modèle de mon ~** made from a pattern I designed myself OU from one of my own designs. -3. [idée] invention; **leur liaison est une ~ de l'auteur** their love affair was made up by the author OU is the author's own invention ‖ [mensonge] invention, fabrication; **c'est (de la) pure ~** it's all made up OU sheer invention OU pure fabrication; **elle n'en est pas à une ~ près pour justifier ses retards** she'll make up any excuse to justify being late. -4. JUR [d'un trésor] finding, discovering. -5. MUS: **~s à deux voix** two-part inventions.

inventivité [ɛ̃vɑ̃tivite] *nf* inventiveness.

inventoriage [ɛ̃vɑ̃tɔrjaʒ] *nm* stocktaking.

inventorier [9] [ɛ̃vɑ̃tɔrje] *vt* -1. [gén] to list, to make a list of. -2. COMM to take stock of, to list (for stocktaking). -3. JUR to make an inventory of, to inventory.

invérifiable [ɛ̃verifjabl] *adj* unverifiable, uncheckable.

inversable [ɛ̃vɛrsabl] *adj* that cannot be knocked over.

inverse [ɛ̃vɛrs] ◇ *adj* -1. [opposé] opposite; **les voitures qui viennent en sens ~** cars coming the other way; **faire les choses dans l'ordre ~** to do things in (the) reverse order OU the other way round; **dans le sens ~ des aiguilles d'une montre** anticlockwise *Br*, counterclockwise *Am*; **être en proportion** OU **raison ~ de** to be inversely proportional to. -2. GÉOL reversed. -3. MATH inverse.
◇ *nm* -1. [contraire]: **l'~** the opposite, the reverse; **mais l'~ n'est pas vrai** but the reverse OU contrary isn't true; **j'aurais dû faire l'~** I should have done the opposite (of what I did); **supposons l'~ de cette théorie** let's consider the converse of this theory. -2. MATH inverse; **l'~ d'un nombre** the inverse OU reciprocal of a number. -3. CHIM: **~ optique** optical antipode.
◆ **à l'inverse** *loc adv* conversely.
◆ **à l'inverse de** *loc prép* contrary to; **à l'~ de mon collègue/de ce que tu crois** contrary to my colleague/to what you think.

inversé, e [ɛ̃vɛrse] *adj* -1. PHOT reverse, reversed. -2. AÉRON & GÉOG inverted.

inversement [ɛ̃vɛrsəmɑ̃] *adv* -1. [gén] conversely; **vous pouvez l'aider, et ~ il peut vous renseigner** you can help him, and in return he can give you some information; **~, on pour-**

rait conclure que... conversely, you could conclude that... -2. MATH inversely; ~ proportionnel à inversely proportional to.

inverser [3] [ɛ̃vɛrse] *vt* -1. [intervertir] to reverse, to invert; ~ **les rôles** to swap parts OU roles; **les rôles ont été totalement inversés** there's been a complete role reversal. -2. ÉLECTR & PHOT to reverse.

inverseur [ɛ̃vɛrsœr] *nm* -1. ÉLECTR reversing switch; ~ **de pôles** pole changing switch. -2. MÉCAN: ~ **(de marche)** reversing gear. -3. AÉRON: ~ **de poussée** thrust reverser.

inversible [ɛ̃vɛrsibl] *adj* -1. MATH invertible. -2. PHOT reversible.

inversion [ɛ̃vɛrsjɔ̃] *nf* -1. [changement] reversal, inversion; ~ **des rôles** role reversal. -2. LING inversion. -3. ÉLECTR reversal. -4. SC & TECH: ~ **de poussée** AÉRON thrust reversal; ~ **de relief** GÉOG inverted relief; ~ **de Walden** CHIM Walden inversion; **pellicule par** ~ PHOT reversal film. -5. PSYCH & *vieilli* inversion, homosexuality.

invertébré, e [ɛ̃vɛrtebre] *adj* invertebrate.
◆ **invertébré** *nm* invertebrate; les ~s the invertebrates OU Invertebrata *spéc*.

inverti, e [ɛ̃vɛrti] ◇ *adj* CHIM: **sucre** ~ invert sugar.
◇ *nm, f vieilli* [homosexuel] homosexual, invert.

invertir [32] [ɛ̃vɛrtir] *vt* -1. [inverser] to reverse, to invert. -2. CHIM to invert.

investigateur, trice [ɛ̃vɛstigatœr, tris] ◇ *adj* -1. [avide de savoir] inquiring, inquisitive, probing; **un esprit fin et** ~ a sharp, inquisitive mind. -2. [scrutateur] searching, scrutinizing; **son regard** ~ **pesait sur moi** I could feel her searching gaze.
◇ *nm, f* investigator.

investigation [ɛ̃vɛstigasjɔ̃] *nf* investigation; **au cours de ses** ~**s** [policières] in the course of his inquiries OU investigation; [scientifiques] in the course of his research OU investigations.

investiguer [3] [ɛ̃vɛstige] *vi* to investigate, to research.

investir [32] [ɛ̃vɛstir] *vt* -1. FIN to invest; **capital investi** invested capital || *(en usage abs)*: ~ **à court/long terme** to make a short-/long-term investment; ~ **dans la pierre** to invest (money) in bricks and mortar *Br* OU in real estate *Am*; **il est temps que j'investisse dans l'achat d'une nouvelle cravate** *hum* it's time I invested in a new tie. -2. [engager - ressources, temps, efforts] to invest, to commit; **j'avais beaucoup investi dans notre amitié** I had put a lot into our friendship. -3. [d'un pouvoir, d'une fonction] *sout*: ~ **qqn de**: ~ **qqn d'une dignité** to invest sb with a function; ~ **qqn d'un honneur** to bestow an honour upon sb; ~ **qqn de sa confiance** to place one's trust in sb; **par l'autorité dont je suis investi** by the authority vested in OU conferred upon me; **elle se sentait investie d'une mission** she felt she'd been entrusted with a mission. -4. MIL [encercler] to surround, to besiege; **la police a investi tout le secteur** the police have blocked off OU surrounded the whole area.
◆ **s'investir dans** *vp + prép*: **s'**~ **dans son métier** to be involved OU absorbed in one's job; **une actrice qui s'investit entièrement dans ses rôles** an actress who throws herself heart and soul into every part she plays; **je me suis énormément investie dans le projet** the project really meant a lot to me.

investissement [ɛ̃vɛstismɑ̃] *nm* -1. FIN investment; **un gros** ~ **de départ** a big initial investment OU outlay; **ne te plains pas d'avoir appris l'arabe, c'est un** ~ **(pour l'avenir)** *fig* don't be sorry that you learnt Arabic, it'll stand you in good stead (in the future). -2. [effort] investment, commitment; **un important** ~ **en temps** a big commitment in terms of time. -3. MIL [encerclement] surrounding, siege.
◆ **d'investissement** *loc adj* FIN [société] investment *(modif)*; [dépenses] capital *(modif)*; **banque d'**~ investment bank.

investisseur, euse [ɛ̃vɛstisœr, øz] *adj* investing.
◆ **investisseur** *nm* investor; **les** ~**s institutionnels** institutional investors.

investiture [ɛ̃vɛstityr] *nf* -1. POL [d'un candidat] nomination, selection; [d'un gouvernement] vote of confidence. -2. HIST & RELIG investiture.

invétéré, e [ɛ̃vetere] *adj* [habitude] ingrained, deep-rooted; [préjugé] deeply-held, deep-seated, confirmed; **un buveur** ~ an inveterate OU habitual drinker; **un coureur** ~ an inveterate OU incorrigible womanizer.

invincibilité [ɛ̃vɛ̃sibilite] *nf* invincibility, invincibleness.

invincible [ɛ̃vɛ̃sibl] *adj* -1. [imbattable - héros, nation] invincible, unconquerable; **avec un courage** ~ with invincible courage. -2. [insurmontable - dégoût] insuperable, insurmountable; [- passion] irresistible. -3. [irréfutable - argument] invincible, unbeatable.

invinciblement [ɛ̃vɛ̃sibləmɑ̃] *adv* invincibly, irresistibly.

inviolabilité [ɛ̃vjɔlabilite] *nf* -1. [gén] inviolability. -2. POL inviolability; **l'**~ **parlementaire** Parliamentary privilege *Br*, congressional immunity *Am*; ~ **diplomatique** diplomatic immunity. -3. JUR: **l'**~ **du domicile** inviolability of the home. -4. INF [de données] (data) protection.

inviolable [ɛ̃vjɔlabl] *adj* -1. [droit, serment] inviolable. -2. [personne] untouchable, immune. -3. [imprenable] impregnable, inviolable; **le château est** ~ the castle is impregnable.

inviolé, e [ɛ̃vjɔle] *adj sout* -1. [non enfreint] inviolate, unviolated; **loi** ~**e** unbroken law. -2. [non forcé - lieu] unforced, inviolate; **un refuge** ~ an inviolate refuge; **le sommet** ~ **de la montagne** the unconquered summit of the mountain.

invisibilité [ɛ̃vizibilite] *nf* invisibility.

invisible [ɛ̃vizibl] *adj* -1. [imperceptible] invisible; ~ **à l'œil nu** invisible OU not visible to the naked eye. -2. [occulte] hidden, secret; **une menace** ~ a hidden threat. -3. [non disponible] unavailable; **tu es devenu** ~ **ces derniers temps** you've been rather elusive secently.
◆ **invisibles** *nmpl* ÉCON: **les** ~**s** [échanges] invisible trade; [exportations] invisible exports ☐ **la balance des** ~**s** the balance of invisible trade.

invisiblement [ɛ̃viziblәmɑ̃] *adv* invisibly.

invitant, e [ɛ̃vitɑ̃, ɑ̃t] *adj*: **puissance** ~**e** host country.

invitation [ɛ̃vitasjɔ̃] *nf* -1. [requête] invitation; **une** ~ **à un cocktail** an invitation to a cocktail party; **à** OU **sur l'**~ **de nos amis** at the invitation of our invited by our friends; **venir sans** ~ to come uninvited; **répondre à une** ~ to reply to an invitation; **'sur** ~**'** 'by invitation only' ☐ **lettre d'**~ letter of OU written invitation. -2. [incitation] invitation, provocation; **ton sac grand ouvert est une** ~ **au vol** leaving your bag wide open is an (open) invitation to thieves; **ce film est une** ~ **au voyage** this film makes you want to travel.

invite [ɛ̃vit] *nf* -1. *sout* [invitation] invitation, request; **répondre aux** ~**s de qqn** to respond to sb's requests. -2. JEUX lead.

invité, e [ɛ̃vite] *nm, f* guest; ~ **de marque** distinguished guest; ~ **d'honneur** guest of honour.

inviter [3] [ɛ̃vite] ◇ *vt* -1. [ami, convive] to invite; ~ **qqn à déjeuner** to invite OU to ask sb to lunch; ~ **qqn chez soi** to invite sb (over) to one's house; **je ne les inviterai plus** I won't invite OU ask them (round) again; **demain nous sommes invités** we've been invited out tomorrow; **puis-je vous** ~ **à danser?** may I have this dance? || *(en usage abs)* [payer]: **allez, c'est moi qui invite!** *fam* it's on me! -2. [exhorter]: ~ **qqn à**: **d'un signe de la tête, il m'invita à me taire** he nodded to me to keep quiet; **je vous invite à observer une minute de silence** I invite you OU call upon you to observe a minute's silence; **j'invite tous les locataires mécontents à écrire à l'association** may I suggest that all dissatisfied tenants write to the association; **vous êtes invités à me suivre** would you be so kind as to follow me.
◇ *vi* JEUX to lead.
◆ **s'inviter** *vp (emploi réfléchi)* to invite o.s.

in vitro [invitro] *loc adv & loc adj inv* in vitro.

invivable [ɛ̃vivabl] *adj* -1. [personne] impossible, unbearable, insufferable. -2. [habitation]: **cette maison est devenue** ~ this house has become impossible to live in.

in vivo [invivo] *loc adv & loc adj inv* in vivo.

invocateur, trice [ɛ̃vɔkatœr, tris] *nm, f* invoker.

invocation [ɛ̃vɔkasjɔ̃] *nf* invocation; ~ **aux Muses** invocation to the Muses.
◆ **sous l'invocation de** *loc prép* RELIG [dédié à - suj: lieu de culte] dedicated to, under the protection of.

invocatoire [ɛ̃vɔkatwar] *adj* invocatory.

involontaire [ɛ̃vɔlɔ̃tɛr] *adj* -1. [machinal] involuntary; **j'eus un mouvement de recul** ~ I recoiled involuntarily OU instinctively. -2. [non délibéré] unintentional, unwilling, unconscious; **c'était** ~ it was unintentional, I didn't do it on purpose; **une erreur** ~ an inadvertent error. -3. [non consentant] unwilling, reluctant; **j'ai été le témoin** ~ **de sa déchéance** I was the reluctant witness of his downfall. -4. ANAT & PHYSIOL involuntary. -5. JUR involuntary.

involontairement [ɛ̃vɔlɔ̃tɛrmɑ̃] *adv* unintentionally, unwittingly, without meaning to; **être** ~ **mêlé à une affaire de contrebande** to be unwittingly involved in a smuggling operation; **si je vous ai vexé, c'est tout à fait** ~ if I've offended you, it really wasn't intentional OU I really didn't mean to.

involutif, ive [ɛ̃vɔlytif, iv] *adj* -1. MATH involutional. -2. MÉD involutionary.

involution [ɛ̃vɔlysjɔ̃] *nf* involution.

invoquer [3] [ɛ̃vɔke] *vt* -1. [avoir recours à - argument, prétexte] to put forward *(sép)*; ~ **l'article 15 du Code pénal** to refer to OU to cite Article 15 of the Penal Code; ~ **son ignorance** to plead ignorance. -2. [en appeler à - personne] to invoke, to appeal to *(insép)*; [- dieu] to invoke; [- aide] to call upon *(insép)*.

invraisemblable [ɛ̃vrɛsɑ̃blabl] ◇ *adj* -1. [improbable] unlikely, improbable, implausible; **cette hypothèse me paraît assez** ~ this hypothesis seems fairly improbable to me. -2. [incroyable] incredible, unbelievable, amazing; **une histoire** ~ **de clés perdues** some incredible OU fantastic story about a lost set of keys. -3. [bizarre] weird, incredible, extraordinary; **elle a toujours des tenues** ~**s** she always wears the weirdest outfits.
◇ *nm*: **l'**~ the incredible.

invraisemblablement [ɛ̃vrɛsɑ̃blabləmɑ̃] *adv* improbably, incredibly, unbelievably.

invraisemblance [ɛ̃vrɛsɑ̃blɑ̃s] *nf* -1. [caractère improbable] unlikelihood, unlikeliness, improbability. -2. [fait] improbability; **le scénario est truffé d'**~**s** the script is filled with implausible details.

invulnérabilité [ɛ̃vylnerabilite] *nf* invulnerability.

invulnérable [ɛ̃vylnerabl] *adj* -1. [physiquement] invulnerable. -2. [moralement] invulnerable; **le temps l'a rendue** ~ **aux critiques** with the passage of time she's become invulnerable OU immune OU impervious to criticism. -3. [socialement] invulnerable; **du fait de ses relations, il est** ~ because of his contacts he is untouchable.

iode [jɔd] *nm* iodine.

iodé, e [jɔde] *adj* iodized, iodated.

ioder [3] [jɔde] *vt* to iodize, to iodate.

iodhydrique [jɔdidrik] *adj m* hydriodic.

iodique [jɔdik] *adj m* iodic.

iodler [jɔdle] = **jodler**.

iodoforme [jɔdɔfɔrm] *nm* iodoform.

iodure [jɔdyr] *nm* iodide.

ioduré, e [jɔdyre] *adj* iodized.

IOM (*abr de* **indice d'octane moteur**) *nm* MON.

ion [jɔ̃] *nm* ion.

ionien, enne [jɔnjɛ̃, ɛn] *adj* **-1.** [de l'Ionie] Ionian, Ionic. **-2.** MUS: **mode ~** Ionian mode.
◆ **Ionien, enne** *nm, f* Ionian.
◆ **ionien** *nm* LING Ionic.

ionique [jɔnik] *adj* **-1.** [de l'Ionie] Ionic. **-2.** ÉLECTR ionic, ion *(modif)*. **-3.** ASTRONAUT ion *(modif)*.

ionisant, e [jɔnizɑ̃, ɑ̃t] *adj* ionizing.

ionisation [jɔnizasjɔ̃] *nf* ionization.

ioniser [3] [jɔnize] *vt* to ionize.

ionogramme [jɔnɔgram] *nm* ionogram.

ionosphère [jɔnɔsfɛr] *nf* ionosphere.

ionosphérique [jɔnɔsferik] *adj* ionospheric.

IOR (*abr de* **indice d'octane recherche**) *nm* RON.

iota [jɔta] *nm inv* iota; **ne changez pas votre article d'un ~** OU **un ~ dans votre article** don't change a thing in your article OU your article one iota.

iouler [jule] = **jodler**.

iourte [jurt] = **yourte**.

Iowa [ajɔwa] *npr m*: **l'~** Iowa.

IPC (*abr de* **indice des prix à la consommation**) *nm* CPI.

ipéca [ipeka], **ipécacuan(h)a** [ipekakwana] *nm* ipecac, ipecacuanha.

IPES [ipɛs] (*abr de* **Institut de préparation aux enseignements du second degré**) *nm*: **passer les ~** *fam* to do a teacher-training course; **avoir les ~** *fam* to have a state award for teacher training *Br* OU a teacher-training scholarship.

Iphigénie [ifiʒeni] *npr* **-1.** MYTH Iphigenia. **-2.** MUS & LITTÉRAT: '**~ en Aulide/Tauride**' 'Iphigenia in Aulis/Tauris'.

ipso facto [ipsofakto] *loc adv* ipso facto, by that very fact.

Ipsos [ipsos] *npr French market research institute.*

IR (*abr de* **infrarouge**) *adj* IR.

IRA [ira] (*abr de* **Irish Republican Army**) *npr f* IRA; **l'~ provisoire** the Provisional IRA.

Irak [irak] *npr m*: **(l') ~** Iraq.

irakien, enne [irakjɛ̃, ɛn] *adj* Iraqi.
◆ **Irakien, enne** *nm, f* Iraqi.
◆ **irakien** *nm* LING Iraqi.

Iráklion [irakliɔ̃] *npr* Iraklion.

Iran [irɑ̃] *npr m*: **(l') ~** Iran.

iranien, enne [iranjɛ̃, ɛn] *adj* Iranian.
◆ **Iranien, enne** *nm, f* Iranian.
◆ **iranien** *nm* LING Iranian.

Iraq [irak] = **Irak**.

iraquien [irakjɛ̃] = **irakien**.

irascibilité [irasibilite] *nf sout* irascibility, irritability, testiness.

irascible [irasibl] *adj* irascible, short-tempered, testy.

IRBM (*abr de* **intermediate range ballistic missile**) *nm* IRBM.

ire [ir] *nf litt* ire, wrath.

iridacée [iridase] *nf*: **les ~s** the Iridaceae *spéc*, the iris family.

iridectomie [iridɛktɔmi] *nf* iridectomy.

iridié, e [iridje] *adj* iridic PHYS.

iridium [iridjɔm] *nm* iridium.

iridologie [iridɔlɔʒi] *nf* iridology.

iris [iris] *nm* **-1.** ANAT iris. **-2.** BOT iris, flag; **~ fétide** stinking iris; **~ de Florence** orris; **~ des marais** yellow flag OU iris. **-3.** PHOT iris (diaphragm). **-4.** *litt* [arc-en-ciel] iris *litt*, rainbow.

irisation [irizasjɔ̃] *nf* OPT iridescence, irization *spéc*.

irisé, e [irize] *adj* iridescent.

iriser [3] [irize] *vt* to make iridescent, to irizate *spéc*.
◆ **s'iriser** *vpi* to become iridescent.

irlandais, e [irlɑ̃dɛ, ɛz] *adj* Irish.
◆ **Irlandais, e** *nm, f* Irishman (*f* Irishwoman); **les Irlandais** the Irish.
◆ **irlandais** *nm* LING Irish (Gaelic).

Irlande [irlɑ̃d] *npr f*: **(l') ~** Ireland; **(l') ~ du Nord/Sud** Northern/Southern Ireland.

ironie [irɔni] *nf* irony; **l'~ du sort a voulu que je reconnaisse sa signature** as fate would have it, I recognized her signature.

ironique [irɔnik] *adj* ironic, ironical.

ironiquement [irɔnikmɑ̃] *adv* ironically; **répondre ~ à une question** to answer a question tongue-in-cheek OU ironically.

ironiser [3] [irɔnize] *vi* to ironize; **il ne cesse d'~ sur les intentions du parti** he keeps being sarcastic about the party's intentions.

ironiste [irɔnist] *nmf* ironist.

iroquois, e [irɔkwa, az] *adj* Iroquois, Iroquoian.
◆ **Iroquois, e** *nm, f* Iroquois.
◆ **iroquois** *nm* LING: **l'~** Iroquoian.
◆ **iroquoise** *nf* mohican (hairstyle); **coiffé à l'~e** with a mohican (hairstyle).

IRPP *nm abr de* **impôt sur le revenu des personnes physiques**.

irrachetable [iraʃtabl] *adj* unredeemable, unreturnable COMM.

irradiation [iradjasjɔ̃] *nf* **-1.** [rayonnement] radiation, irradiation. **-2.** [exposition - d'une personne, d'un tissu] irradiation, exposure to radiation; **il y a des risques d'~** there is a risk of irradiation OU of being exposed to radiation. **-3.** MÉD [traitement] irradiation. **-4.** PHYSIOL: **~s douloureuses** radiating pain. **-5.** ANAT radiation. **-6.** PHOT halation.

irradier [9] [iradje] ◇ *vi* **-1.** PHYS to radiate; **les rayons du foyer lumineux irradient de tous côtés** light waves radiate in all directions. **-2.** [se propager] to spread; **la douleur irradiait dans toute la jambe** the pain spread to the whole leg. **-3.** *litt* [se diffuser] to radiate; **la joie irradie autour d'elle** she radiates joy.
◇ *vt* **-1.** [soumettre à un rayonnement] to irradiate. **-2.** *litt* [répandre] to radiate; **elle irradie le bonheur** she radiates happiness.
◆ **s'irradier** *vpi* = **irradier** *vi*.

irraisonné, e [irɛzɔne] *adj* unreasoned, irrational.

irrationalisme [irasjɔnalism] *nm* irrationalism.

irrationalité [irasjɔnalite] *nf* irrationality.

irrationnel, elle [irasjɔnɛl] *adj* [gén & MATH] irrational.
◆ **irrationnel** *nm* **-1.** [gén]: **l'~** the irrational. **-2.** MATH irrational (number).

irrattrapable [iratrapabl] *adj* irretrievable, which cannot be put right OU made good.

irréalisable [irealizabl] *adj* [ambition] unrealizable, unachievable; [idée] unworkable, unfeasible, impracticable; **un projet de voyage ~** an unworkable travel plan.

irréalisé, e [irealize] *adj sout* unrealized, unachieved; **un espoir ~** an unrealized hope.

irréalisme [irealism] *nm* lack of realism.

irréaliste [irealist] ◇ *adj* unrealistic.
◇ *nmf* unrealistic person, (pipe) dreamer.

irréalité [irealite] *nf* unreality.

irrecevabilité [irəsəvabilite] *nf* **-1.** *sout* [d'un argument] unacceptability. **-2.** JUR inadmissibility.

irrecevable [irəsəvabl] *adj* **-1.** [inacceptable] unacceptable. **-2.** JUR inadmissible.

irréconciliable [irekɔ̃siljabl] *adj* [ennemis, adversaires] irreconcilable, unreconcilable; **ils sont ~s** nothing can reconcile them.

irrécouvrable [irekuvrabl] *adj* irrecoverable.

irrécupérable [irekyperabl] ◇ *adj* irretrievable, unusable; **après ça, la perceuse/brouette était ~** after that the drill/wheelbarrow was beyond repair; **cet ancien détenu est malheureusement ~** this former convict is unfortunately beyond redemption.
◇ *nmf*: **les ~s** those beyond recovery OU redemption.

irrécusable [irekyzabl] *adj* undeniable; **des preuves ~s** indisputable evidence.

irrédentisme [iredɑ̃tism] *nm* POL irredentism.

irréductibilité [iredyktibilite] *nf* **-1.** [ténacité] insurmountability, intractability. **-2.** CHIM & MATH irreducibility.

irréductible [iredyktibl] ◇ *adj* **-1.** [insurmontable - conflit, différence] insurmountable, intractable, insoluble. **-2.** [inflexible] invincible, implacable, uncompromising; **il s'est fait quelques ennemis ~s** he's made himself a few implacable enemies; **derrière cette réussite, il y a la détermination ~ d'une femme** this success is based on the invincible OU indomitable determination of a woman; **leur opposition au pouvoir en place est ~** their opposition to the powers that be is implacable. **-3.** MATH & CHIM irreducible; **fraction ~** irreducible fraction.
◇ *nmf* diehard, hardliner; **les ~s de (la) gauche/droite** the left-wing/right-wing diehards.

irréductiblement [iredyktibləmɑ̃] *adv* implacably.

irréel, elle [ireɛl] *adj* unreal; **des paysages ~s** unreal landscapes.
◆ **irréel** *nm* **-1.** [gén & PHILOS]: **l'~** the unreal. **-2.** GRAMM: **~ du présent/passé** the hypothetical present/past.

irréfléchi, e [irefleʃi] *adj* [acte, parole] thoughtless, rash, reckless; [personne] unthinking, rash, reckless.

irréflexion [irefleksjɔ̃] *nf* thoughtlessness, rashness, recklessness.

irréformable [irefɔrmabl] *adj* JUR [décision] final, unchallengeable.

irréfragable [irefragabl] *adj sout* indisputable, irrefragable.

irréfutabilité [irefytabilite] *nf* irrefutability.

irréfutable [irefytabl] *adj* irrefutable.

irrégularité [iregylarite] *nf* **-1.** [de forme, de rythme] irregularity, unevenness; **l'~ de son visage** the irregularity of her features; **une ~ du rythme cardiaque** an irregular heartbeat ‖ [en qualité] unevenness, patchiness; **l'~ de votre travail ne permet pas le passage dans le groupe supérieur** (the quality of) your work is too uneven OU erratic for you to move up into the next group. **-2.** [surface irrégulière - bosse] bump; [- creux] hole; **les ~s du sol/relief** the unevenness of the ground/hilliness of the area. **-3.** [infraction] irregularity; **une ~ dans son permis de séjour** something irregular in his residence permit; **il y a des ~s dans les comptes** there are a few irregularities OU discrepancies in the accounts.

irrégulier, ère [iregylje, ɛr] *adj* **-1.** [dessin, rythme, surface] irregular, uneven; **une surface irrégulière** an uneven surface; **l'expansion irrégulière de la production** the uneven OU erratic growth of production; **des traits ~s** irregular features; **d'une écriture irrégulière** in uneven OU irregular handwriting; **avoir une respiration irrégulière** to breathe erratically OU irregularly; **son pouls devenait ~** her pulse was becoming irregular; **je m'entraîne de façon irrégulière** I train intermittently OU sporadically; **nous avons des horaires ~s** we don't work regular hours. **-2.** [qualité, travail] uneven; **vos prestations sont irrégulières** your work is uneven OU erratic; **j'étais un étudiant ~** my work was erratic when I was a student. **-3.** [illégal] irregular; **ils sont en situation irrégulière dans le pays** their residence papers are not in order; **des retraits de fonds ~s** unauthorized withdrawals. **-4.** MIL irregular; **les soldats des troupes irrégulières** the irregulars. **-5.** BOT, GÉOM & GRAMM irregular.
◆ **irrégulier** *nm* MIL irregular (soldier).

irrégulièrement [iregyljɛrmɑ̃] *adv* **-1.** [de façon non uniforme] irregularly, unevenly. **-2.** [de façon illégale] irregularly, illegally. **-3.** [de façon inconstante] irregularly, erratically.

irréligieux, euse [ireliʒjø, øz] *adj* irreligious.

irréligion [ireliʒjɔ̃] *nf* irreligion.

irrémédiable [iremedjabl] ◇ *adj* [rupture] irreparable, irretrievable; [dégâts] irreparable, irreversible; [maladie] incurable, fatal; **son mal est ~** his illness is irremediable OU incurable; **les conséquences pour l'environnement sont**

~s the effects on the environment are irreparable OU irreversible.
◇ *nm*: l'~ a été commis irreversible harm has been done.

irrémédiablement [iremedjabləmɑ̃] *adv* irremediably, irretrievably; **tout espoir de le retrouver est ~ perdu** we have definitely lost all hope of (ever) finding him.

irrémissible [iremisibl] *adj litt* **-1.** [impardonnable] unpardonable, irremissible. **-2.** [inexorable] implacable, inexorable.

irrémissiblement [iremisibləmɑ̃] *adv litt* relentlessly, inexorably, irremissibly.

irremplaçable [irɑ̃plasabl] *adj* irreplaceable; **personne n'est ~** no one is indispensable.

irréparable [ireparabl] ◇ *adj* **-1.** [montre, voiture] unrepairable, beyond repair; **ma radio est ~** my radio is beyond repair. **-2.** [erreur] irreparable.
◇ *nm*: **l'~ est arrivé** irreparable harm has been done.

irréparablement [ireparabləmɑ̃] *adv* [définitivement] irreparably; **sa réputation est ~ atteinte** his reputation has suffered an irreparable blow.

irrépréhensible [irepreɑ̃sibl] *adj litt* irreprehensible, irreproachable.

irrépressible [irepresibl] *adj* irrepressible.

irréprochable [ireprɔʃabl] *adj* **-1.** [personne, conduite] irreproachable; **personne n'est ~** nobody's beyond OU above reproach. **-2.** [tenue] impeccable, irreproachable; **un travail ~** an impeccable OU a faultless piece of work; **des ongles ~s** spotless nails.

irréprochablement [ireprɔʃabləmɑ̃] *adv* irreproachably, impeccably, faultlessly.

irrésistible [irezistibl] *adj* **-1.** [séduisant] irresistible; **un sourire ~** an irresistible smile. **-2.** [irrépressible - besoin] compelling, pressing; [- envie] irresistible, uncontrollable, compelling; **elle fut prise d'une ~ envie de rire** she had an irresistible urge to laugh.

irrésistiblement [irezistibləmɑ̃] *adv* irresistibly; **~ tenté par le gâteau** irresistibly tempted by the cake.

irrésolu, e [irezɔly] ◇ *adj* **-1.** [personne] irresolute, indecisive, unresolved. **-2.** [problème] unsolved, unresolved.
◇ *nm, f* irresolute person, ditherer *péj*.

irrésolution [irezɔlysjɔ̃] *nf* irresoluteness, indecisiveness.

irrespect [irɛspɛ] *nm* disrespect, lack of respect; **son ~ envers l'autorité** his disrespect of authority.

irrespectueusement [irɛspɛktɥøzmɑ̃] *adv* disrespectfully.

irrespectueux, euse [irɛspɛktɥø, øz] *adj* disrespectful, lacking in (proper) respect; **~ envers qqn** disrespectful to OU towards sb.

irrespirable [irɛspirabl] *adj* **-1.** [qu'on ne peut respirer]: **à l'intérieur, l'air est ~** [trop chaud] it's close OU stifling OU stuffy inside; [toxique] the air inside is unsafe OU not fit to breathe. **-2.** [oppressant] unbearable, stifling; **j'ai trouvé l'ambiance ~ à la maison** I found the atmosphere unbearable at home.

irresponsabilité [irɛspɔ̃sabilite] *nf* **-1.** [légèreté] irresponsibility; **agir avec une totale ~** to behave totally irresponsibly. **-2.** JUR & POL [du chef de l'État] irresponsibility *spéc*, royal prerogative *Br*, (head of State's) unimpeachability; **~ parlementaire** parliamentary privilege *Br*, congressional immunity *Am*.

irresponsable [irɛspɔ̃sabl] ◇ *adj* **-1.** [inconséquent] irresponsible. **-2.** JUR (legally) incapable.
◇ *nmf* irresponsible person.

irrétrécissable [iretresisabl] *adj* unshrinkable.

irrévérence [ireverɑ̃s] *nf* **-1.** [irrespect] irreverence. **-2.** [remarque] irreverent remark; [acte] irreverent act.

irrévérencieusement [ireverɑ̃sjøzmɑ̃] *adv* irreverently.

irrévérencieux, euse [ireverɑ̃sjø, øz] *adj* irreverent.

irréversibilité [ireversibilite] *nf* irreversibility.

irréversible [ireversibl] *adj* **-1.** [gén] irreversible; **le processus est ~** the process is irreversible. **-2.** CHIM & PHYS irreversible.

irrévocabilité [irevɔkabilite] *nf* irrevocability, finality.

irrévocable [irevɔkabl] *adj* irrevocable; **la décision est ~** the verdict is irrevocable OU final.

irrévocablement [irevɔkabləmɑ̃] *adv* irrevocably.

irrigable [irigabl] *adj* irrigable, suitable for irrigation.

irrigateur [irigatœr] *nm* AGR & MÉD irrigator.

irrigation [irigasjɔ̃] *nf* **-1.** AGR & MÉD irrigation. **-2.** PHYSIOL: **l'~ des tissus par les vaisseaux sanguins** the supply of blood to the tissues by blood vessels.

irriguer [3] [irige] *vt* **-1.** AGR to irrigate. **-2.** PHYSIOL to supply (blood to).

irritabilité [iritabilite] *nf* **-1.** [irascibilité] irritability, quick temper. **-2.** MÉD irritability.

irritable [iritabl] *adj* **-1.** [colérique] irritable, easily annoyed. **-2.** MÉD irritable.

irritant, e [iritɑ̃, ɑ̃t] *adj* **-1.** [agaçant] irritating, annoying, aggravating. **-2.** MÉD irritant.
◆ **irritant** *nm* irritant.

irritatif, ive [iritatif, iv] *adj* irritative.

irritation [iritasjɔ̃] *nf* **-1.** [agacement] irritation, annoyance. **-2.** MÉD irritation; **~ cutanée** skin irritation.

irrité, e [irite] *adj* **-1.** [exaspéré] irritated, annoyed. **-2.** MÉD irritated.

irriter [3] [irite] *vt* **-1.** [agacer] to irritate, to annoy; **ses petites manies m'irritent** her little quirks get on my nerves. **-2.** MÉD to irritate. **-3.** *litt* [exacerber - passion, désir] to inflame, to arouse.
◆ **s'irriter** *vpi* **-1.** [s'énerver] to get annoyed OU irritated; **il s'irrite contre tout le monde** he gets annoyed with OU at everybody. **-2.** MÉD to become irritated.

irruption [irypsjɔ̃] *nf* **-1.** [entrée] breaking OU bursting OU storming in, irruption; **ils n'ont pas pu empêcher l'~ des spectateurs sur le terrain** they were unable to stop spectators from storming OU invading the pitch *Br* OU field *Am*; **l'~ des eaux dans les cultures** the (sudden) flooding of the fields; **faire ~ chez qqn** to burst in on sb; **les enfants firent ~ dans la bibliothèque** the children burst OU barged into the library. **-2.** [émergence] upsurge, sudden development; **l'~ du fondamentalisme dans le monde** the worldwide upsurge of fundamentalism.

Isaac [izak] *npr* Isaac.

isabelle [izabɛl] *adj inv* & *nm* [cheval] Isabel, Isabella.

Isaïe [izai] *npr* BIBLE Isaiah.

isard [izar] *nm* izard.

isatis [izatis] *nm* **-1.** BOT isatis. **-2.** ZOOL [renard] arctic OU blue fox; [fourrure] (blue) isatis, blue fox.

isba [izba] *nf* isba.

ISBN (*abr de* **International standard book number**) *nm* ISBN.

Iscariote [iskarjɔt] *npr* Iscariot.

ischémie [iskemi] *nf* ischaemia.

ischion [iskjɔ̃] *nm* ischium.

isentropique [izɑ̃trɔpik] *adj* isentropic.

Iseut [izøt] *npr* Isolde.

ISF *nm abr de* **impôt de solidarité sur la fortune**.

Isis [izis] *npr* Isis.

islam [islam] *nm*: **l'~** [religion] Islam.

Islam [islam] *nm*: **l'~** [civilisation] Islam.

Islamabad [islamabad] *npr* Islamabad.

islamique [islamik] *adj* Islamic.

islamisation [islamizasjɔ̃] *nf* Islamization.

islamiser [3] [islamize] *vt* to Islamize.

islamisme [islamism] *nm* Islamism.

islandais, e [islɑ̃dɛ, ɛz] *adj* Icelandic.
◆ **Islandais, e** *nm, f* Icelander.
◆ **islandais** *nm* LING Icelandic.

Islande [islɑ̃d] *npr f*: **(l')** ~ Iceland.

ISMH (*abr de* **inventaire supplémentaire des monuments historiques**) *nm*: **château classé ~** *château classed as a listed building.*

isobare [izɔbar] ◇ *adj* isobaric.
◇ *nm* PHYS isobar.
◇ *nf* MÉTÉO isobar.

isobathe [izɔbat] ◇ *adj* isobathic.
◇ *nf* isobath.

isocèle [izɔsɛl] *adj* isosceles; **triangle ~** isosceles triangle.

isochromatique [izɔkrɔmatik] *adj* isochromatic.

isochrone [izɔkron], **isochronique** [izɔkrɔnik] *adj* isochronal, isochronous.
◆ **isochrone** *nf* isochron, isochronal line.

isodynamique [izɔdinamik] *adj* isodynamic.

isoédrique [izɔedrik] *adj* isohedral.

isoélectrique [izɔelɛktrik] *adj* isoelectric.

isogamie [izɔgami] *nf* isogamy.

isoglosse [izɔglɔs] ◇ *adj* isoglossal, isoglottic.
◇ *nf* isogloss.

isoïonique [izɔjɔnik] *adj* isoionic.

isolable [izɔlabl] *adj* isolable, isolatable; **un virus difficilement ~** a virus (which is) difficult to isolate.

isolant, e [izɔlɑ̃, ɑ̃t] *adj* **-1.** CONSTR & ÉLECTR insulating; [insonorisant] soundproofing. **-2.** LING isolating.
◆ **isolant** *nm* insulator, insulating material; **~ thermique/électrique** thermal/electrical insulator.

isolat [izɔla] *nm* isolate.

isolateur, trice [izɔlatœr, tris] *adj* insulating.
◆ **isolateur** *nm* ÉLECTR & PHYS insulator.

isolation [izɔlasjɔ̃] *nf* **-1.** CONSTR insulation; **~ thermique** heat OU thermal insulation; **~ phonique** OU **acoustique** soundproofing, sound insulation. **-2.** ÉLECTR insulation. **-3.** PSYCH isolation.

isolationnisme [izɔlasjɔnism] *nm* isolationism.

isolationniste [izɔlasjɔnist] *adj* & *nmf* isolationist.

isolé, e [izɔle] ◇ *adj* **-1.** [unique - cas, exemple] isolated; **généraliser à partir d'un ou deux cas ~s** to generalize from one or two isolated examples; **heureusement, il s'agit d'un problème ~** fortunately, this is an isolated problem. **-2.** [coupé du monde - personne] isolated; [- hameau] isolated, cut-off, remote; [- maison] isolated, secluded, remote; [- forêt] remote, lonely; **quelques arbres ~s visibles à l'horizon** a few lonely trees dotted along the horizon. **-3.** [seul - activiste] maverick. **-4.** GÉOM & PHYS isolated.
◇ *nm, f* **-1.** [personne] isolated individual. **-2.** POL maverick, isolated activist; **ce sont les revendications de quelques ~s** only a few isolated people are putting forward these demands.
◆ **isolé** *nm* MIL *soldier awaiting posting.*

isolement [izɔlmɑ̃] *nm* **-1.** [éloignement - géographique] isolation, seclusion, remoteness; [- affectif] isolation, loneliness; [sanction] solitary (confinement); ÉCON & POL isolation. **-2.** BIOL & MÉD isolation; **l'~ du virus** isolating the virus. **-3.** ÉLECTR insulation. **-4.** CONSTR [contre le bruit] insulation, soundproofing; [contre le froid, la chaleur] insulation; **~ thermique** (thermal) insulation.

isolément [izɔlemɑ̃] *adv* [séparément] separately, individually.

isoler [3] [izɔle] *vt* **-1.** [séparer] to isolate, to separate off OU out *(sép)*, to keep separate; **~ une citation de son contexte** to lift a quotation out of context, to isolate a quotation from its context. **-2.** [couper du monde - personne] to isolate, to leave isolated; [- endroit] to isolate, to cut off *(sép)*; **les inondations ont isolé des dizaines de villages** dozens of villages have been cut off by the flood. **-3.** [distinguer] to isolate, to single OU to pick out *(sép)*; **on n'a pas**

pu ~ la cause de la déflagration it was not possible to identify the cause of the explosion; ~ un cas spécial pour en faire un exemple to pick out an isolated case in order to hold it up as an example. -4. CONSTR [du froid, de la chaleur] to insulate; [du bruit] to insulate (against sound), to soundproof. -5. ÉLECTR to insulate. -6. MÉD [malade, virus] to isolate. -7. CHIM to isolate. -8. ADMIN [prisonnier] to put into OU to place in solitary confinement.

◆ **s'isoler** *vp (emploi réfléchi)* to isolate o.s., to cut o.s. off; s'~ dans son bureau to shut o.s. (up) in one's office; le jury s'isola pour délibérer the jury withdrew to consider its verdict; elles s'isolèrent [pour voter] they went into separate booths; pourrions-nous nous ~ un instant? is there somewhere we could talk privately OU in private for a moment?

isoloir [izɔlwar] *nm* polling booth.

isomère [izɔmɛr] ◇ *adj* isomeric.
◇ *nm* isomer.

isomérie [izɔmeri] *nf* isomerism.

isomérisation [izɔmerizasjɔ̃] *nf* isomerization.

isométrie [izɔmetri] *nf* isometry.

isométrique [izɔmetrik] *adj* isometric.

isomorphe [izɔmɔrf] *adj* -1. CHIM isomorphic, isomorphous. -2. LING & MATH isomorphic.

isomorphisme [izɔmɔrfism] *nm* isomorphism.

isoprène [izɔprɛn] *nm* isoprene.

Isorel ®[izɔrɛl] *nm* hardboard.

isostatique [izɔstatik] *adj* isostatic.

isosyllabique [izɔsilabik] *adj* isosyllabic.

isotherme [izɔtɛrm] ◇ *adj* isothermal.
◇ *nf* isotherm.

isotonie [izɔtɔni] *nf* isotonicity.

isotonique [izɔtɔnik] *adj* isotonic.

isotope [izɔtɔp] ◇ *adj* isotopic.
◇ *nm* isotope.

isotrope [izɔtrɔp] *adj* isotropic, isotropous.

Ispahan [ispaã] *npr* Isfahan.

Israël [israɛl] *npr* Israel.

israélien, enne [israeljɛ̃, ɛn] *adj* Israeli.
◆ **Israélien, enne** *nm, f* Israeli.

israélite [israelit] *adj* -1. [juif] Jewish. -2. BIBLE Israelite.
◆ **Israélite** *nmf* -1. [juif] Jew (*f* Jewess). -2. BIBLE Israelite.

issu, e[1] [isy] *adj*: être ~ de [résulter de] to stem OU to derive OU to spring from; la révolution est ~e du mécontentement populaire the revolution stemmed from popular discontent; être ~ d'une famille pauvre/nombreuse to be born into a poor/large family.

issue[2] [isy] *nf* -1. [sortie] exit; [déversoir] outlet; ~ de secours emergency exit. -2. [solution] solution, way out; trouver OU se ménager une ~ to find a way out OU a loophole; il n'y a pas d'autre ~ que de se rendre there's no other solution OU we have no alternative but to surrender. -3. [fin] outcome; cet épisode a eu une ~ heureuse/tragique the incident had a happy/tragic ending.
◆ **issues** *nfpl* [des animaux] abattoir by-products; [des céréales] mill offals.
◆ **à l'issue de** *loc prép* at the end of; à l'~ du 5e round at the end of the 5th round; à l'~ des négociations at the close of the negotiations.
◆ **sans issue** *loc adj* -1. [sans sortie] with no way out; ruelle sans ~ dead end; 'sans ~' 'no exit'. -2. [voué à l'échec] inextricable; des discussions sans ~ discussions that are going nowhere, deadlocked discussions.

Istanbul [istãbul] *npr* Istanbul.

isthme [ism] *nm* ANAT & GÉOG isthmus; l'~ de Panama the Isthmus of Panama.

isthmique [ismik] *adj* -1. GÉOG isthmian. -2. ANTIQ: Jeux Isthmiques Isthmian Games.

italianisant, e [italjanizã, ãt] ◇ *adj* [style] Italianate.
◇ *nm, f* -1. UNIV Italianist, Italian scholar. -2. BX-ARTS Italianizer.

italianiser [3] [italjanize] *vt* to Italianize.

italianisme [italjanism] *nm* Italianism.

Italie [itali] *npr f*: (l') ~ Italy.

italien, enne [italjɛ̃, ɛn] *adj* Italian.
◆ **Italien, enne** *nm, f* Italian.
◆ **italien** *nm* LING Italian.
◆ **à l'italienne** *loc adj* -1. CULIN [sauce] à l'italienne *(cooked with mushrooms, ham and herbs)*; [pâtes] al dente. -2. THÉÂT proscenium *arch (modif)*. -3. IMPR landscape.

italique [italik] ◇ *adj* -1. IMPR italic. -2. LING Italic.
◇ *nm* -1. IMPR italics; écrire un mot en ~ to write a word in italics, to italicize a word. -2. LING Italic.

item[1] [itɛm] *adv* ditto COMM.

item[2] [itɛm] *nm* LING & PSYCH item.

itératif, ive [iteratif, iv] *adj* -1. [répété] repeated, reiterated, iterated. -2. INF & LING iterative.

itération [iterasjɔ̃] *nf* -1. [répétition] iteration, repetition. -2. INF & LING iteration.

itérativement [iterativmã] *adv* iteratively, repeatedly.

Ithaque [itak] *npr* Ithaca.

itinéraire [itinerɛr] *nm* -1. [trajet] itinerary, route; ~ de dégagement alternative route. -2. [carrière] career, path; ~ politique political career; quel ~ choisira-t-il? what career is he going to choose?

itinérant, e [itinerã, ãt] *adj* [main-d'œuvre] itinerant, travelling; [inspecteur] peripatetic; [comédien] travelling; une exposition ~e a travelling exhibition.

itou *fam* [itu] *adv vieilli* likewise, ditto.

ITP *nm abr de* ingénieur des travaux publics.

IUFM (*abr de* institut universitaire de formation des maîtres) *nm university department for teacher training.*

iule [jyl] *nm* iulus, julus.

IUP (*abr de* institut universitaire professionnel) *nm business school.*

IUT (*abr de* institut universitaire de technologie) *nm* ≃ polytechnic institute *Br*, ≃ technical institute *Am*.

Ivan [ivã] *npr*: ~ le Grand Ivan the Great; ~ le Terrible Ivan the Terrible.

IVG *nf abr de* interruption volontaire de grossesse.

ivoire [ivwar] *nm* -1. [matière] ivory *(U)*; statuette d'~ OU en ~ ivory statuette. -2. [objet] (piece of) ivory. -3. BOT: ~ végétal vegetable ivory, ivory nut.
◆ **d'ivoire** *loc adj litt* -1. [blanc] ivory *(modif)*, ivory-coloured. -2. [ayant l'aspect de l'ivoire] ivory-like.

ivoirien, enne [ivwarjɛ̃, ɛn] *adj* Ivorian.
◆ **Ivoirien, enne** *nm, f* Ivorian.

ivoirier, ère [ivwarje, ɛr] *nm, f* ivory sculptor.

ivoirin, e [ivwarɛ̃, in] *adj litt* -1. [blanc] ivory *(modif)*, ivory-coloured. -2. [ayant l'aspect de l'ivoire] ivory-like.

ivraie [ivrɛ] *nf*: ~ commune darnel; ~ vivace rye grass.

ivre [ivr] *adj* -1. [saoul] drunk, intoxicated; ~ mort blind drunk. -2. *fig*: être ~ de joie to be deliriously happy; ~ de haine blinded by hatred; être ~ de colère/bonheur to be beside o.s. with anger/happiness; ~ de fatigue dead tired; être ~ de sang to be thirsting for blood.

ivresse [ivrɛs] *nf* -1. [ébriété] drunkenness, intoxication; il était en état d'~ he was drunk OU intoxicated. -2. [excitation] ecstasy, euphoria, exhilaration; la vitesse procure un sentiment d'~ speed is exhilarating; emporté par l'~ des mots carried away by the sound of one's own voice. -3. SPORT: ~ des profondeurs (diver's) staggers.

ivrogne [ivrɔɲ] *nmf* drunk, drunkard.

ivrognerie [ivrɔɲri] *nf* drunkenness.

ivrognesse [ivrɔɲɛs] *nf vieilli* drunken woman.

Izmir [izmir] *npr* Izmir.

Izvestia [izvɛstja] *npr* PRESSE Izvestia.

J

j, J [ʒi] *nm* [lettre] j, J.
j' [ʒ] → **je**.
J -**1.** (*abr écrite de* **joule**) J. -**2.** (*abr écrite de* **jour**): le **jour J** HIST D-day; [le grand jour] the big day.
jabot [ʒabo] *nm* -**1.** ZOOL crop. -**2.** VÊT ruffle, frill.
JAC, Jac [ʒak] (*abr de* **Jeunesse agricole chrétienne**) *npr f* *Christian youth organization.*
jacaranda [ʒakarɑ̃da] *nm* jacaranda (tree).
jacasse [ʒakas] *nf* magpie.
jacassement [ʒakasmɑ̃] *nm* -**1.** ZOOL chatter. -**2.** *péj* [bavardage] chatter, prattle.
jacasser [3] [ʒakase] *vi* -**1.** ZOOL to chatter. -**2.** *péj* [bavarder] to chatter, to prattle; ~ **comme une pie** to chatter like a magpie, to jabber away.
jacasseur, euse [ʒakasœr, øz] *péj* ◇ *adj* chattering, jabbering.
◇ *nm, f* chatterbox, jabberer.
jachère [ʒaʃɛr] *nf* -**1.** [pratique] (practice of) fallowing land; **mettre la terre en** ~ to let the land lie fallow; **rester en** ~ to lie fallow; **laisser en** ~ [talent] to leave undeveloped OU untapped. -**2.** [champ] land lying fallow, fallow land.
jacinthe [ʒasɛ̃t] *nf* hyacinth; ~ **sauvage** OU **des bois** bluebell, wild hyacinth.
jack [dʒak] *nm* -**1.** TÉLÉC jack. -**2.** TEXT jack (lever).
jackpot [dʒakpɔt] *nm* -**1.** [combinaison] jackpot. -**2.** [machine] slot machine.
Jacob [ʒakɔb] *npr* Jacob.
jacobée [ʒakɔbe] *nf* ragwort *(U)*, jacobaea *spéc.*
jacobin, e [ʒakɔbɛ̃, in] *adj* -**1.** HIST Jacobinic, Jacobinical, Jacobin *(modif)*. -**2.** POL radical, Jacobin.
◆ **Jacobin** *nm* HIST Jacobin.

LES JACOBINS:
A revolutionary club (1789-1794), holding its meetings in the former monastery of the Jacobins in Paris. It later became the chief organ of the Montagnards, advocating a strong centralized régime.

---

jacobinisme [ʒakɔbinism] *nm* Jacobinism.
jacobite [ʒakɔbit] ◇ *adj* Jacobitic.
◇ *nmf* HIST & RELIG Jacobite.
jacquard [ʒakar] *nm* -**1.** VÊT Jacquard OU Jacquard-style sweater. -**2.** TEXT [machine] Jacquard loom, jacquard; [tissu] Jacquard weave.
jacquemart [ʒakmar] = **jaquemart**.
jacquerie [ʒakri] *nf* peasants' revolt, jacquerie; **la Jacquerie** HIST the Jacquerie *(peasant uprising in Picardy against the nobility in May 1358)*.
Jacques [ʒak] *npr*: **saint** ~ Saint James ‖ [roi d'Angleterre] James; **faire le** ~ *fam vieilli* to play the fool.
jacquet [ʒakɛ] *nm* [jeu] backgammon; [tablette] backgammon (board).
jacquier [ʒakje] = **jaquier**.
jacquot [ʒako] *nm* ORNITH African grey parrot.
jactance [ʒaktɑ̃s] *nf* -**1.** ▽ [baratin] chattering. -**2.** *litt* [infatuation] conceit, self-praise, vainglory *arch.*
jacter▽ [3] [ʒakte] ◇ *vt* [parler - langue] to jabber away in; ~ **chinois** to jabber away in Chinese *péj.*
◇ *vi* [avouer] to squeal, to come clean.
Jacuzzi® [ʒakyzi] *nm* Jacuzzi®.
jade [ʒad] *nm* -**1.** [matière] jade; **bague de** ~ jade ring. -**2.** [objet] jade (object OU artefact).
jadéite [ʒadeit] *nf* jadeite.
jadis [ʒadis] ◇ *adv sout* formerly, long ago, in olden days; **il y avait** ~ **un prince** there was once a prince, once upon a time there was a prince; **la ville a conservé sa splendeur de** ~ the town has kept its former splendour.
◇ *adj litt*: **au temps** ~ in days of yore OU old, in bygone days.
Jaffa [ʒafa] *npr* Jaffa.
jaguar [ʒagwar] *nm* jaguar.
jaillir [32] [ʒajir] *vi* -**1.** [personne, animal] to spring OU to shoot OU to bolt out; **il jaillit de derrière le mur** he sprang OU leapt out from behind the wall; **ils jaillissaient de tous les coins de rue** they were pouring out of all the side streets. -**2.** [liquide, sang, source] to spurt (out), to gush (forth), to spout; [flamme] to leap OU to shoot OU to spring up; [larmes] to gush, to start flowing; [rire] to burst out OU forth; **la lumière d'un projecteur jaillit dans l'obscurité** a spot light suddenly shone out in the darkness; **des étincelles jaillissaient du moteur** sparks were flying from the engine; **une pluie de cendres jaillie du volcan** a plume of ash sent up by the volcano; **les gratte-ciel jaillissent au-dessus de la ville** *fig* skyscrapers soar OU tower above the city. -**3.** [se manifester - doute] to spring up, to arise (suddenly); [- idée]: **une pensée jaillit dans son esprit** a thought suddenly came into his mind.
jaillissant, e [ʒajisɑ̃, ɑ̃t] *adj* spurting, gushing, spouting.
jaillissement [ʒajismɑ̃] *nm* [jet] spurting *(U)*, gushing *(U)*; **un** ~ **d'idées** an outpouring of ideas.
Jaipur [ʒaipur] *npr* Jaipur.
jais [ʒɛ] *nm* jet MINER; **des perles de** ~ jet beads; **des yeux de** ~ *fig* jet black eyes.
Jakarta [dʒakarta] = **Djakarta**.
jalon [ʒalɔ̃] *nm* -**1.** [piquet] ranging pole OU rod. -**2.** [référence] milestone, reference (point); **quelques** ~**s pour vous aider à comprendre l'histoire de la Révolution** a few reference points OU milestones to help you to grasp the history of the Revolution; **cette décision est un** ~ **dans l'histoire des relations est-ouest** this decision is a landmark OU a watershed in East-West relations; **planter** OU **poser des** ~**s** *fig* to prepare the ground, to clear the way; **ces discussions ont été les premiers** ~**s de la négociation** these discussions prepared the ground for the negotiation.
jalonnement [ʒalɔnmɑ̃] *nm* -**1.** [de terrain] marking OU staking out. -**2.** MIL screening.
jalonner [3] [ʒalɔne] ◇ *vt* -**1.** [terrain] to mark out OU off *(insép)*. -**2.** [longer] to line; **des bouées jalonnent le chenal** a line of buoys marks the channel; **de charmants petits villages jalonnent le littoral** the coastline is dotted with lovely little villages; **une carrière jalonnée de succès** a career marked by a series of successes. -**3.** MIL to screen.
◇ *vi* [poser des jalons] to mark out OU off.
jalousement [ʒaluzmɑ̃] *adv* -**1.** [avec jalousie] jealously; **regarder qqn** ~ to watch sb jealously, to keep a jealous eye on sb. -**2.** [soigneusement] jealously; **un secret** ~ **gardé** a closely OU jealously guarded secret; **je protège** ~ **mon indépendance** I jealously guard my independence.
jalouser [3] [ʒaluze] *vt* to be jealous of.
jalousie [ʒaluzi] *nf* -**1.** [envie] jealousy, envy; [possessivité] jealousy; **tourmenté par la** ~ tormented by jealousy. -**2.** [store] venetian blind, jalousie.
jaloux, ouse [ʒalu, uz] ◇ *adj* -**1.** [possessif] jealous; **rendre qqn** ~ to make sb jealous; **être** ~ **de qqn** to be jealous of sb ❑ ~ **comme un tigre** horribly jealous. -**2.** [envieux] jealous, envious; ~ **de** jealous OU envious of; **il est** ~ **des notes que tu as obtenues** he is jealous of the marks you got; **elle est jalouse de moi parce que je pars en Italie** she is jealous (of me) because I'm off to Italy. -**3.** *sout*: ~ **de** [attaché à]: **la France, jalouse de sa réputation en matière de vins** France, jealous of her reputation for good wine; **la profession est jalouse de ses prérogatives** the profession guards its privileges jealously. -**4.** *sout* [extrême]: **garder qqch avec une attention jalouse** to keep a jealous watch over sthg; **mettre un soin** ~ **à faire qqch** to do sthg with the utmost care.
◇ *nm, f* jealous person; **faire des** ~ to make people jealous OU envious.
jamaïquain, e, jamaïcain, e [ʒamaikɛ̃, ɛn] *adj* Jamaican.
◆ **Jamaïquain, e, Jamaïcain, e** *nm, f* Jamaican.
Jamaïque [ʒamaik] *npr f*: **(la)** ~ Jamaica; **vivre à la** ~ to live in Jamaica; **nous allons à la** ~ we're going to Jamaica.
jamais [ʒamɛ] *adv* -**1.** [sens négatif] never, not ever; **il n'est** ~ **trop tard** it's never too late; **je n'ai** ~ **compris** I've never understood; **il n'a** ~ **su à quoi s'en tenir** he never knew where he stood; **il n'a** ~ **fait aussi froid** it has never been this cold; **il travaille sans** ~ **s'arrêter** he works without ever stopping; **vous ne le verrez plus**

~, plus ~ vous ne le verrez you'll never (ever) see him again, you'll not see him ever again; comme plus ~ ou ~ plus vous n'en reverrez the like of which you'll never see again; ah non! plus ~ ça! oh no, never again!; ~ (une) si grande émotion ne m'avait envahi never before had I been so overcome with emotion; ~ homme ne fut plus comblé *litt* there was never a happier man; n'as-tu ~ aimé? haven't you ever ou have you never loved?; la maison est très calme: ~ un bruit the house is very quiet: (there's) never a noise; presque ~ hardly ever, almost never; une équipe ~ vaincue an undefeated team; un rêve ~ réalisé an unfulfilled dream || *(en corrélation avec 'que')*: ce n'est ~ qu'à 20 minutes à pied it's only 20 minutes' walk; ce n'est ~ qu'un film it's only a film (after all); ce n'est ~ qu'un homme (comme vous et moi) he's only human (after all); il n'a ~ fait qu'obéir aux ordres all he did was follow orders, he was only following orders; c'est du ~ vu! it's never happened before!, it's totally unheard of!; c'est le moment ou ~! it's now or never!; c'est le moment ou ~ d'y aller now it's the best time to go; on ne sait ~! you never know!, who knows?; tu lui pardonneras? — ~! will you forgive him? — never! ❑ ~ deux sans trois everything comes in threes, if it's happened twice, it'll happen a third time; ~ de la vie! not on your life!; ~ tu dis bonjour? dont bother saying hello!; ~, au grand ~! never in a month of Sundays!; ~, au grand ~, je n'ai fait une telle promesse! I never ever made such a promise!, I never made such a promise, never on your life! -**2.** [sens positif] ever; a-t-on ~ vu pareille splendeur? have you ever seen such splendour?; si j'ai ~ eu peur, c'est bien cette fois-là if I was ever frightened, it was that time (then); c'est à se demander si tu as ~ appris à lire it makes me wonder if you ever learnt to read; je désespère de ~ y arriver I've lost all hope of ever succeeding; si ~ tu le rencontres, dis-lui de m'appeler if ever you meet him, tell him to call me; si ~ vous venez if ever you come, if you ever come; si ~ il reste des places, tu en veux? if by any chance there are tickets left, do you want any?; si ~ je t'y reprends! if I ever catch you at it again!; plus/moins/pire que ~ more/less/worse than ever; on s'amuse plus que ~ we're having more fun than ever, we're enjoying ourselves more than ever; il est moins que ~ décidé à changer d'entreprise he is less decided than ever about changing firms; le seul/le plus beau que j'aie ~ vu the only one/the most beautiful I have ever seen.

◆ **à jamais** *loc adv sout* for good, forever, c'est fini à ~ it is over ou finished for ever ou for good; ils se sont dit adieu à ~ they said goodbye forever; des souvenirs à ~ envolés memories gone for ever; à tout ~ forever, for evermore *litt*; il y a renoncé à tout ~ he has given it up forever ou for evermore *litt*; nous avons à tout ~ perdu l'espoir de le revoir we have lost all hope of ever seeing him again.

◆ **pour jamais** *loc adv sout* forever; adieu pour ~ goodbye forever; il partit pour ~ he left forever ou never to return.

jambage [ʒɑ̃baʒ] *nm* -**1.** ARCHIT [pied-droit] jamb; [pilier] jamb, post; ~ de cheminée fireplace cheek. -**2.** [trait d'une lettre - vers le bas] downstroke; [- vers le haut] upstroke; [- au-dessous de la ligne] tail, descender.

jambe [ʒɑ̃b] *nf* -**1.** ANAT leg; avoir de grandes ou longues ~s to have long legs; avoir les ~s nues to be bare-legged; elle est tout en ~s she's all legs; elle a de bonnes ~s she's got a good (strong) pair of legs; j'ai de mauvaises ~s maintenant my legs aren't as good ou strong as they used to be; il a (encore) des ~s de vingt ans he's still very spry ❑ ~ artificielle/de bois artificial/wooden leg; avoir des ~s comme des allumettes to be spindly-legged; il a un bon jeu de ~s SPORT his footwork is good; je n'ai plus de ou je ne sens plus mes ~s I'm totally exhausted, my legs have gone; en avoir plein les ~s *fam* to be worn out ou dead tired; il avait les ~s en coton his legs were like jelly ou giving way under him; en rentrant, j'avais les ~s en marmelade my legs were killing me on the way home; il est toujours dans mes ~s [enfant] he's always under my feet ou in my way; ça me/lui fait une belle ~! *fam* a fat lot of good that does me/him!; la peur lui donnait des ~s fear drove her on; prendre ses ~s à son cou to take to one's heels; se mettre en ~s to (do a) warm up; tenir la ~ à qqn *fam* to drone on (and on) at sb; tirer dans les ~s de qqn *pr* to aim (a shot) at sb's legs; *fig* to create (all sorts of) problems for sb; traiter qqn par-dessus la ~ to treat sb offhandedly; une partie de ~s en l'air▽ a bit of nooky. -**2.** [du cheval] leg. -**3.** VÊT (trouser) leg. -**4.** [d'un compas] leg. -**5.** CONSTR prop; ~ de force [d'une poutre] strut; [d'un comble] joist stay. -**6.** AUT radius rod; ~ de force *vieilli* torque rod. -**7.** AÉRON: ~ de train d'atterrissage landing gear strut.

◆ **à toutes jambes** *loc adv* full tilt, at full speed; détaler ou s'enfuir à toutes ~s to make a bolt for it.

jambette [ʒɑ̃bɛt] *nf* -**1.** CONSTR [d'un entrait] tie-beam strut; [d'un arbalétrier] principal rafter post. -**2.** NAUT: ~ de pavois bulwark stay.

jambier [ʒɑ̃bje] ◇ *adj m* leg *(modif)*.

◇ *nm* -**1.** ANAT leg muscle; ~ antérieur/postérieur anterior/posterior leg muscle. -**2.** [à l'abattoir] gambrel.

jambière [ʒɑ̃bjɛr] *nf* -**1.** [pour la danse] legwarmer. -**2.** [guêtre] legging, gaiter. -**3.** ÉQUIT pad, gaiter. -**4.** [pièce d'armure] greave, jambeau.

jambon [ʒɑ̃bɔ̃] *nm* -**1.** [viande] ham; ~ blanc ou de Paris boiled ou cooked ham; ~ cru ou de pays raw ham; ~ de Bayonne/Parme Bayonne/Parma ham; ~ salé/fumé salted/smoked ham; ~ à l'os ham off the bone; ~ d'York boiled ham on the bone; des œufs au ~ ≃ ham and eggs; un ~ beurre *fam* a ham sandwich; un ~ fromage *fam* a ham and cheese sandwich. -**2.** ▽ [cuisse] thigh.

jambonneau [ʒɑ̃bɔno] *nm* -**1.** [petit jambon] knuckle of ham. -**2.** [mollusque] fan mussel.

jamboree [ʒɑ̃bɔri] *nm* [scoutisme] jamboree.

jambose [ʒɑ̃boz] *nf* rose apple (fruit).

jambosier [ʒɑ̃bozje] *nm* rose apple (tree).

James [dʒɛms] *npr* → **baie**.

jam-session [dʒamseʃœn] (*pl* jam-sessions) *nf* jam session.

jan [ʒɑ̃] *nm* [table] backgammon board.

janissaire [ʒanisɛr] *nm* janissary.

jansénisme [ʒɑ̃senism] *nm* -**1.** RELIG: le ~ Jansenism. -**2.** *litt* [piété austère] puritanism *fig*.

LE JANSÉNISME:
A movement within the Catholic church founded by Jansenius, bishop of Ypres, and holding views on grace and predestination comparable to those of the Calvinists. Very influential in the 17th century, with its centre at Port-Royal, it is now associated with an austere moral emphasis in religious matters.

janséniste [ʒɑ̃senist] ◇ *adj* -**1.** RELIG Jansenist, Jansenistic. -**2.** *litt* [austère] puritanical *fig*.

◇ *nmf* -**1.** RELIG Jansenist. -**2.** *litt* [moraliste] puritan *fig*.

jante [ʒɑ̃t] *nf* (wheel) rim; ~s en aluminium AUT (aluminium) alloy wheels.

janvier [ʒɑ̃vje] *nm* January.

japon [ʒapɔ̃] *nm* [papier] Japanese paper; [porcelaine] Japanese porcelain.

Japon [ʒapɔ̃] *npr m*: le ~ Japan; elle vit au ~ she lives in Japan; ils vont au ~ they're going to Japan.

japonais, e [ʒapɔnɛ, ɛz] *adj* Japanese.

◆ **Japonais, e** *nm, f* Japanese (person); les Japonais the Japanese.

◆ **japonais** *nm* LING Japanese.

japonaiserie [ʒapɔnɛzri] *nf* Japanese artefact.

japonisant, e [ʒapɔnizɑ̃, ɑ̃t] ◇ *adj* BX-ARTS inspired by Japanese art.

◇ *nm, f* specialist in Japanese studies.

jappement [ʒapmɑ̃] *nm* [d'un chien] yelp, yap; [du chacal] bark.

japper [3] [ʒape] *vi* [chien] to yelp, to yap; [chacal] to bark.

jappeur, euse [ʒapœr, øz] ◇ *adj* yelping, yapping.

◇ *nm, f* yelper, yapper.

jaque [ʒak] *nm* BOT jackfruit.

jaquemart [ʒakmar] *nm* clock jack.

jaquette [ʒakɛt] *nf* -**1.** VÊT [d'homme] morning coat; [de femme] jacket. -**2.** [de livre] (dust) cover ou jacket, book jacket. -**3.** [couronne dentaire] crown. -**4.** TECH jacket, casing.

jaquier [ʒakje] *nm* jackfruit (tree).

jardin [ʒardɛ̃] *nm* -**1.** [terrain clos - gén] garden; [- d'une maison] garden, yard *Am*; il est dans le ou au ~ he's in the garden; les ~s du château de Windsor the grounds of Windsor Castle ❑ ~ botanique botanical garden ou gardens; ~ à la française/à l'anglaise formal/landscape garden; ~ zoologique ou d'acclimatation zoological garden ou gardens, zoo; ~ fruitier orchard; ~ d'hiver winter garden; ~ japonais miniature (Japanese) garden; ~ maraîcher market garden; le ~ des Oliviers BIBLE the Garden of Gethsemane; ~ paysager landscaped garden; ~ potager vegetable ou kitchen garden; ~ public public garden ou gardens, park; ~ de rapport market garden; c'est mon ~ secret that's my little secret; ~s suspendus hanging gardens; mobilier de ~ garden furniture; 'le Jardin des délices' *Bosch* 'The Garden of Earthly Delights'. -**2.** *litt* [région fertile] garden; c'est le ~ de l'Angleterre it's the garden of England.

◆ **jardin d'enfants** *nm* kindergarten, playgroup ou pre-school nursery *Br*.

jardinage [ʒardinaʒ] *nm* -**1.** [d'un potager, de fleurs] gardening; faire un peu de ~ to potter *Br* ou to putter *Am* around in the garden. -**2.** [de forêts] selective working.

◆ **de jardinage** *loc adj* [outil, magasin] gardening, garden *(modif)*.

jardiner [3] [ʒardine] ◇ *vi* to garden; elle est dehors en train de ~ she's out doing some gardening.

◇ *vt* to select, to cull.

Jardinerie® [ʒardinri] *nf* garden centre.

jardinet [ʒardinɛ] *nm* small garden.

jardinier, ère [ʒardinje, ɛr] ◇ *adj* -**1.** HORT garden *(modif)*. -**2.** [de forêts] selective.

◇ *nm, f* gardener.

◆ **jardinière** *nf* -**1.** [sur un balcon] window box; [pour fleurs coupées] jardiniere; [meuble] plant holder. -**2.** CULIN: jardinière (de légumes) (diced) mixed vegetables, jardinière.

◆ **jardinière d'enfants** *nf* nursery-school ou kindergarten teacher, playgroup assistant *Br*.

jargon [ʒargɔ̃] *nm* -**1.** [langage incorrect] jargon; [langage incompréhensible] jargon, mumbo jumbo. -**2.** [langue spécialisée] jargon, argot; ~ administratif/des journalistes officialese/journalese; le ~ des publicitaires advertisers' jargon; le ~ judiciaire lawyers' cant.

jargonaphasie [ʒargɔnafazi] *nf* jargon aphasia.

jargonner [3] [ʒargɔne] ◇ *vi* -**1.** [s'exprimer - en jargon] to jargonize, to talk jargon; [- de façon incompréhensible] to jabber away. -**2.** [jars] to honk.

◇ *vt* to mumble.

Jarnac [ʒarnak] *npr*: coup de ~ stab in the back.

jarre [ʒar] ◇ *nf* [vase] (earthenware) jar.

◇ *nm* [poil] overhair.

jarret [ʒarɛ] *nm* -**1.** ANAT back of the knee, ham; ZOOL hock; ~ de veau CULIN knuckle of veal, veal shank *Am*; avoir des ~s d'acier ou du ~ *fam* to have a good (sturdy) pair of legs. -**2.** CONSTR [imperfection] break of outline; [coude] knee joint (of pipe).

jarretelle [ʒartɛl] *nf* suspender *Br*, garter *Am*.

jarretière [ʒartjɛr] *nf* -**1.** VÊT garter; la ~ de la mariée the bride's garter *(worn on the wedding* *day, removed by the best man and auctioned off to the guests).* -**2.** ZOOL redband fish.

jars [ʒar] *nm* gander.

jas [ʒa] *nm* -**1.** *dial* [bergerie] sheepfold. -**2.** NAUT (anchor) stock.

jaser [3] [ʒaze] *vi* -**1.** [médire] to gossip; **ça va faire ~ dans le quartier** that'll set the neighbours' tongues wagging. -**2.** *fam* [avouer] to squeal, to blab; **on n'aime pas les gens qui jasent** we don't like squealers. -**3.** [gazouiller - pie, geai] to chatter; [- ruisseau, bébé] to babble; [- personne] to chatter.

jaseur, euse [ʒazœr, øz] ◇ *nm, f* [bavard] chatterbox; [mauvaise langue] gossip, scandalmonger.
◇ *adj* -**1.** [oiseau] chattering. -**2.** [personne - qui bavarde] chattering; [- qui médit] gossiping, gossipy.
◆ **jaseur** *nm* ORNITH waxwing.

jasmin [ʒasmɛ̃] *nm* jasmine; **thé au ~** jasmine tea ❑ **~ d'hiver** winter jasmine.

Jason [ʒazɔ̃] *npr* Jason.

jaspe [ʒasp] *nm* -**1.** MINÉR jasper; **~ sanguin** bloodstone. -**2.** GÉOL jasperoid.

jasper [3] [ʒaspe] *vt* -**1.** [marbrer] to marble, to mottle, to speckle. -**2.** IMPR to marble, to jasper.

jaspiner▽ [3] [ʒaspine] *vi* to rattle on, to chatter away.

jaspure [ʒaspyr] *nf* -**1.** [d'une arme] mottling *(due to quenching).* -**2.** IMPR & TEXT marbling *(U).*

jatte [ʒat] *nf* [petite] bowl; [grande] basin; **une ~ de lait** a bowl of milk.

jauge [ʒoʒ] *nf* -**1.** [pour calibrer] gauge; **~ d'épaisseur** thickness OU feeler gauge; **~ extensométrique** stain gauge; **~ de filetage** (standard) wire gauge; **~ de profondeur** depth gauge. -**2.** [indicateur] gauge; **~ de pression/vapeur** pressure/steam gauge; **~ d'essence** AUT petrol gauge *Br*, gas gauge *Am*; **~ (de niveau) d'huile** AUT dipstick. -**3.** [contenance d'un réservoir] capacity; [tonnage d'un navire] tonnage, burden; **~ brute/nette** gross/net (registered) tonnage. -**4.** AGR trench. -**5.** MENUIS & PHYS gauge.

jaugeage [ʒoʒaʒ] *nm* gauging, measuring.

jauger [17] [ʒoʒe] ◇ *vt* -**1.** [mesurer - fil] to gauge; [- réservoir] to gauge (the capacity of); [- liquide] to gauge (the volume of); [- navire] to measure the tonnage OU burden of. -**2.** *litt* [juger] to assess; **~ qqn** to size sb up; **comment ~ sa personnalité?** how can we assess OU judge OU determine what sort of a personality he has?; **~ la situation** to size OU to weigh up the situation.
◇ *vi* NAUT: **navire jaugeant 600 tonneaux** ship with a tonnage of OU measuring 600 tons.

jaunâtre [ʒonatr] *adj* [couleur] yellowish, yellowy; [teint] yellowish, sallow, waxen.

jaune [ʒon] ◇ *adj* -**1.** [couleur] yellow; **avoir le teint ~** to look yellow OU sallow OU bilious ❑ **~ canari/citron** canary/lemon yellow; **~ moutarde** mustard-coloured; **~ d'or** golden yellow; **~ paille** straw-coloured; **~ comme un citron** OU **un coing** (as) yellow as a lemon. -**2.** *péj* & *vieilli* [d'Asie] yellow.
◇ *nmf* [non gréviste] strikebreaker.
◇ *nm* -**1.** [couleur] yellow; **elle aime s'habiller en ~** she likes to wear yellow. -**2.** CULIN: **~ (d'œuf)** (egg) yolk.
◇ *adv*: **rire ~** [rire à contrecœur] to laugh half-heartedly.
◆ **Jaune** *nmf péj* & *vieilli* Oriental.

jaunet, ette [ʒonɛ, ɛt] *adj litt* yellowish, yellowy.
◆ **jaunet** *nm*: **~ d'eau** yellow water lily.

jaunir [32] [ʒonir] ◇ *vt* -**1.** [rendre jaune] to turn yellow; **ses dents sont jaunies par le tabac** his teeth have been turned yellow by smoking. -**2.** [défraîchir] to yellow, to turn yellow; **le soleil a jauni les pages** the sun has made the pages go OU turn yellow.
◇ *vi* -**1.** [devenir jaune] to turn OU to become yellow, to yellow. -**2.** [se défraîchir] to fade; **quelques photos jaunies** a few yellowed OU faded photographs; **l'encre a jauni** the ink has faded.

jaunisse [ʒonis] *nf* MÉD jaundice; **le bébé a la ~** the baby has jaundice ❑ **tu ne vas pas en faire une ~!** *fam* there's no need to get into a state OU to get worked up about it!

jaunissement [ʒonismɑ̃] *nm* yellowing.

java [ʒava] *nf* -**1.** [danse] java. -**2.** *fam* [fête] knees-up *Br*, shindig *Am*; **faire la ~** to have a (good old) knees-up.

Java [ʒava] *npr* Java; **à ~** in Java.

javanais, e [ʒavanɛ, ɛz] *adj* Javanese.
◆ **Javanais, e** *nm, f* Javanese (person); **les Javanais** the Javanese.
◆ **javanais** *nm* LING -**1.** [langue indonésienne] Javanese. -**2.** [argot] slang *(using -av- or -ad- as an infix before each vowel).* -**3.** [langage incompréhensible]: **c'est du ~** *fam* that's gobbledegook.

Javel [ʒavɛl] *npr*: **eau de ~** bleach.

javelage [ʒavlaʒ] *nm* laying in swaths.

javeler [24] [ʒavle] *vt* to lay in swaths.

javeleur, euse [ʒavlœr, øz] *nm, f* harvester.

javeline [ʒavlin] *nf* javelin.

javelle [ʒavɛl] *nf* swath; **mettre le blé en ~s** to lay wheat in swaths.

javellisation [ʒavelizasjɔ̃] *nf* chlorination.

javelliser [3] [ʒavelize] *vt* to chlorinate.

javelot [ʒavlo] *nm* javelin; **le lancer du ~** javelin throwing, the javelin.

jazz [dʒaz] *nm* jazz; **le ~ de la Nouvelle-Orléans** New Orleans jazz; **le ~ classique** traditional OU mainstream jazz.

jazz-band [dʒazbɑ̃d] (*pl* **jazz-bands**) *nm* jazz band.

jazzique [dʒazik], **jazzistique** [dʒazistik] *adj* jazz *(modif).*

jazzman [dʒazman] (*pl* **jazzmans** OU **jazzmen** [dʒazmɛn]) *nm* jazzman, jazz player OU musician.

J.-C. (*abr écrite de* **Jésus-Christ**) J.C.; **en (l'an) 180 avant/après ~** in (the year) 180 BC/AD.

JCR (*abr de* **Jeunesse communiste révolutionnaire**) *npr f Communist youth movement.*

je [ʒə] (*devant voyelle et h muet* **j'** [ʒ]) ◇ *pron pers* I; **j'y vais demain** I'm going there tomorrow; **puis-je me joindre à vous?** may I join you?; **puissé-je me tromper!** *sout* let us hope I am wrong!
◇ *nm inv*: **le je** LING the first person; PHILOS the self.

jean [dʒin] *nm* (pair of) jeans.

Jean [ʒɑ̃] *npr*: **saint ~** Saint John; **~ sans Terre** John Lackland.

Jean-Baptiste [ʒɑ̃batist] *npr*: **saint ~** Saint John the Baptist.

jean-foutre▽ [ʒɑ̃futr] *nm inv* layabout, good-for-nothing.

jean-le-blanc [ʒɑ̃ləblɑ̃] *nm inv* short-toed eagle.

Jeanne [ʒan] *npr*: **~ d'Arc** OU **la Pucelle** Joan of Arc; **elle est coiffée à la ~ d'Arc** she wears her hair in a bob.

jeannette [ʒanɛt] *nf* -**1.** [planche à repasser] sleeve-board. -**2.** [croix] gold cross *(worn around the neck)*; [chaîne] gold chain *(for wearing a cross).* -**3.** [scout] Brownie (Guide) *Br*, Girl Scout *Am*.

jeans [dʒins] = **jean**.

JEC, Jec [ʒɛk] (*abr de* **Jeunesse étudiante chrétienne**) *npr f Christian youth organization.*

Jeep® [dʒip] *nf* Jeep®.

Jéhovah [ʒeɔva] *npr* Jehovah; **les témoins de ~** the Jehovah's Witnesses.

jéjunum [ʒeʒynɔm] *nm* jejunum.

je-m'en-fichisme *fam* [ʒmɑ̃fiʃism] *nm* couldn't-care-less OU devil-may-care attitude.

je-m'en-fichiste *fam* [ʒmɑ̃fiʃist] ◇ *adj* couldn't care less *(avant n)*, devilmaycare.
◇ *nmf* couldn't care less OU devil-may-care sort of person.

je-m'en-foutisme *fam* [ʒmɑ̃futism] *nm* couldn't-give-a-damn approach OU attitude.

je-m'en-foutiste *fam* [ʒmɑ̃futist] ◇ *adj* couldn't give a damn *(avant n).*
◇ *nmf* couldn't-give-a-damn sort of person.

je-ne-sais-quoi [ʒənsekwa] *nm inv*: **un ~** a je ne sais quoi, a certain something; **un ~ de qqch** a hint of sthg.

jérémiades [ʒeremjad] *nfpl* [lamentations] wailing; **assez de ~!** stop whining OU moaning OU complaining!; **avec lui, ce ne sont que des ~** all you ever get from him is moaning.

Jérémie [ʒeremi] *npr* BIBLE Jeremiah.

jerez [gzerɛs] = **xérès**.

Jéricho [ʒeriko] *npr* Jericho.

jerk [dʒɛrk] *nm* jerk DANCE.

jéroboam [ʒerɔbɔam] *nm* jeroboam.

Jérôme [ʒerom] *npr*: **saint ~** Saint Jerome.

jerrican(e) [ʒerikan] *nm* jerrycan.

jersey [ʒɛrzɛ] *nm* -**1.** VÊT jersey, sweater. -**2.** TEXT jersey, jersey knit.

Jersey [ʒɛrzɛ] *npr* Jersey; **à ~** in Jersey.

jersiais, e [ʒɛrzjɛ, ɛz] *adj* from Jersey; **vache ~e** Jersey (cow); **race ~e** Jersey breed.
◆ **Jersiais, e** *nm, f inhabitant of or person from Jersey.*
◆ **jersiaise** *nf* Jersey (cow).

Jérusalem [ʒeryzalɛm] *npr* Jerusalem; **la nouvelle ~, la ~ céleste** the New Jerusalem.

jésuite [ʒezɥit] ◇ *adj* -**1.** RELIG Jesuitic, Jesuitical. -**2.** *péj* [hypocrite] jesuitic, jesuitical, casuistic.
◇ *nmf péj* [hypocrite] jesuit, casuist; **agir en vrai ~** to be as crafty as a Jesuit.
◇ *nm* RELIG Jesuit; **les ~s** the Jesuits.

jésuitique [ʒezɥitik] *adj* -**1.** RELIG Jesuitic, Jesuitical. -**2.** *sout* & *péj* [hypocrite] jesuitic, jesuitical, casuistic.

jésuitiquement [ʒezɥitikmɑ̃] *adv sout* jesuitically, casuistically.

jésuitisme [ʒezɥitism] *nm* -**1.** [système moral] Jesuitism. -**2.** *sout* & *péj* [hypocrisie] casuistry, jesuitry.

jésus [ʒezy] *nm* -**1.** [représentation] (figure of the) infant OU baby Jesus; **mets le ~ dans la crèche** put the baby Jesus into the crib. -**2.** CULIN pork liver sausage *(from Franche-Comté and Switzerland)*; **~ de Lyon** ≃ pork salami. -**3.** IMPR: **grand ~** ≃ imperial; **petit ~** ≃ super royal. -**4.** *fam* [chérubin] cherub, angel; **viens, mon ~!** come along, my (little) angel!

Jésus [ʒezy] *npr* Jesus; **~ sur la croix** Jesus on the cross ❑ **(doux) ~!, ~ Marie!** sweet Jesus!, in the name of Jesus!; **Compagnie** OU **Société de ~** Society of Jesus.

Jésus-Christ [ʒezykri] *npr* Jesus Christ; **en (l'an) 180 avant/après ~** in (the year) 180 BC/AD.

jet[1] [dʒɛt] *nm* AÉRON jet (plane).

jet[2] [ʒɛ] *nm* -**1.** [embout] nozzle; [lance - de pompier] nozzle, fire (hose); [- de jardinier] (garden) hose; **passer qqch au ~** to hose sthg down. -**2.** [jaillissement - de flammes, de sang] spurt, jet; [- d'eau, de vapeur] jet, gush; [- de gaz] gush; **un ~ de salive** a jet of saliva. -**3.** [lancer - de cailloux] throwing *(U)*; **des ~s de pierres** stone-throwing ❑ **à un ~ de pierre** a stone's throw away. -**4.** SPORT throw. -**5.** ASTRONAUT jet. -**6.** MÉTALL [veine libre] (pouring) stream; [arête] dead head.
◆ **à jet continu** *loc adv* non-stop, without a break.
◆ **d'un (seul) jet** *loc adv* in one go; **elle nous raconta tout d'un seul ~** she told us everything in one go OU breath.
◆ **jet d'eau** *nm* [filet d'eau] fountain, spray; [mécanisme] fountain; MENUIS weather strip; AUT drip moulding.

jetable [ʒətabl] *adj* [couche, briquet, gobelet etc] disposable.

jeté [ʒəte] *nm* -**1.** DANSE jeté; **petit ~** jeté; **grand ~** grand jeté. -**2.** SPORT jerk. -**3.** [maille]: **~ (simple), 1 ~** make 1. -**4.** [couverture] throw *Am*; **~ de lit** bedspread; **~ de table** table runner.

jetée [ʒəte] *nf* -**1.** [en bord de mer] pier, jetty. -**2.** [dans une aérogare] passageway.

jeter [27] [ʒəte] *vt* -**1.** [lancer - balle, pierre] to throw; **elle m'a jeté la balle** she threw me the ball, she threw the ball to me; **~ qqch par terre** to throw sthg down (on the ground); **ne jetez pas de papiers par terre** don't drop litter; **il a jeté le ballon par-dessus le mur** he threw the ball over the wall; **il a jeté son hochet** he threw down his rattle; **elle lui a jeté sa lettre à la figure** she threw the letter in his face □ **comme on jette un os à un chien** as you would throw a dog a bone; **n'en jetez plus (la cour est pleine)!** *fam* you're making me blush!, don't overdo it!; *iron* give it a rest! -**2.** [avec un mouvement du corps] to throw; **l'enfant jeta ses bras autour de mon cou** the child threw OU flung his arms around my neck; **~ la tête/les épaules en arrière** to throw one's head/one's shoulders back; **~ la jambe en l'air** to kick one's leg up; **~ un (coup d') œil sur** OU **à qqch** to cast a glance OU to have a (quick) look at sthg; **elle jeta un œil las/soupçonneux sur le document** she glanced wearily/suspiciously at the document; **jette un œil sur les enfants** have a quick look OU check to see if the children are all right; **~ les yeux sur qqn/qqch** to glance at sb/sthg. -**3.** [émettre - étincelle] to throw OU to give out *(sép)*; [- lumière] to cast, to shed; [- ombre] to cast; [- son] to let OU to give out *(sép)*; **~ un cri** to let out OU to utter a cry □ **en ~** *fam*: **elle en jette, ta moto!** that's some OU *Am* a neat bike you've got there!; **elle en jetait dans sa robe de satin noir!** she looked really something in her black satin dress! -**4.** [dire brusquement]: **la petite phrase jetée par le ministre aux journalistes** the cryptic remark the minister threw at the press; **«venez!», me jeta-t-elle de son bureau** "come here!", she called out to me from her office; **elle leur jeta à la figure qu'ils étaient des incapables** she told them straight (to their faces) that they were incompetent; **~ des injures à la tête de qqn** to hurl OU to fling insults at sb; **il nous jeta quelques ordres secs** he barked out a few orders at us ‖ [écrire rapidement] to jot down *(sép)*, to scribble (down); **elle jeta quelques remarques sur le papier et se leva** she scribbled down a few notes and stood up. -**5.** [mettre] to throw; **~ qqn dehors** OU **à la porte** to throw sb out; **~ qqn à terre** to throw sb down OU to the ground; **~ qqn en prison** to throw sb into jail OU prison; **~ qqn à l'eau** [à la piscine, sur la plage] to throw sb in OU into the water; [d'un bateau] to throw sb overboard; **il a jeté sa voiture contre un mur** he ran his car into a wall; **~ une lettre à la boîte** to drop OU to pop a letter into the postbox; **~ son bulletin dans l'urne** to drop OU to pop one's ballot paper into the box; **~ un châle sur ses épaules** to throw on a shawl; **~ bas** to throw OU to cast OU to hurl down; **la statue du dictateur a été jetée bas** the dictator's statue was hurled to the ground; **ils ont jeté bas les idoles** *fig* they threw down their idols □ **se faire ~** *fam* [expulser] to get kicked out; **ce n'est pas le moment de lui demander, tu vas te faire ~!** now is not the time to ask him, he'll just send you away (with a flea in your ear)! -**6.** [mettre au rebut - ordures, vêtements] to throw away OU out *(sép)*; **~ qqch à la poubelle** to throw sthg into the dustbin; **~ qqch au feu** to throw sthg into OU on the fire; **il jeta la boulette de papier dans les flammes** he threw OU tossed the crumpled piece of paper into the fire; **les lettres de réclamation sont directement jetées au panier** letters of complaint are thrown straight into the wastepaper basket; **jette l'eau dans le caniveau** pour the water (out) into the gutter; **il ne faut jamais rien ~** waste not want not *prov*; **il n'y a rien à ~** there's nothing to be thrown out; **c'est bon à ~** it's fit for the dustbin *Br* OU trashcan *Am* □ **~ le bébé avec l'eau du bain** to throw the baby out with the bathwater. -**7.** [plonger - dans un état, dans une humeur]: **~ qqn hors de lui** OU **de ses gonds** to drive sb wild OU mad; **~ qqn dans l'embarras** to throw OU to plunge sb into confusion; **~ qqn dans le désarroi/les affres de la jalousie** to plunge sb into despair/the torments of jealousy; **~ qqn dans de terribles fureurs** to drive sb into paroxysms of anger. -**8.** [établir - fondations] to lay; [- passerelle] to set up; [- pont] to throw; **~ les fondements d'une loi/politique** to lay the foundations of a law/policy; **le traité jette les bases de l'Europe nouvelle** the treaty lays the foundations for the new Europe ‖ [maille] to make. -**9.** [répandre - doute, impression] to throw; **cela a jeté la consternation dans la famille** it filled the whole family with dismay; **~ le discrédit sur qqn/qqch** to cast discredit on sb/sthg, to discredit sb/sthg; **~ le doute dans les esprits** to sow OU to cast doubt in people's minds; **~ le trouble chez qqn** to disturb OU to trouble sb □ **~ un froid** to cast a chill *fig*.

◆ **se jeter** ◇ *vp* *(emploi passif)*: **un rasoir qui se jette** a disposable razor.

◇ *vpi* -**1.** [sauter] to throw OU to hurl o.s., to leap; **se ~ à bas de son cheval** to leap from one's horse; **se ~ dans le vide** to throw o.s. OU to hurl o.s. OU to leap (off) into empty space; **se ~ par la fenêtre** to throw o.s. out of the window; **elle s'est jetée du haut du pont** she hurled herself OU threw herself from the top of the bridge; **un homme s'est jeté sous la rame** a man leapt OU threw himself OU hurled himself in front of the train; **je n'ai pu l'éviter, il s'est jeté sous mes roues** I couldn't avoid him, he just leapt out in front of my car; **se ~ de côté** to leap aside, to take a sideways leap □ **se ~ à l'eau** *pr* to leap into the water; *fig* to take the plunge; **jette-toi à l'eau, propose-lui le mariage** go on, take the plunge and ask her to marry you. -**2.** [se précipiter] to rush (headlong); **se ~ dans la foule** to plunge into the crowd; **se ~ sur qqn** to hurl o.s. OU to rush at sb; **ils se sont tous jetés sur moi** [pour me frapper] they all set about OU pounced on me; [pour me questionner] they all pounced on me; **il avait tellement faim qu'il s'est jeté sur la nourriture** he was so hungry he fell on the food; **les chiens se sont jetés sur la viande** the dogs devoured the meat; **ne vous jetez pas sur les biscuits!** don't eat the biscuits all at once!; **elle se jeta sur son lit** she threw herself on (to) her bed; **le canot s'est jeté dans les rapides** the canoe plunged into the rapids; **elle se jeta dans un taxi** she leapt into a taxi; **elles se jetèrent sous le premier porche venu** they scurried OU rushed into the nearest doorway; **vous vous êtes tous jetés sur la question B** you all went for question B. -**3.** **se ~ dans** [commencer]: **se ~ à corps perdu dans une aventure** to fling o.s. body and soul into an adventure. -**4.** [cours d'eau] to run OU to flow into; **là où la Marne se jette dans la Seine** where the river Marne flows OU runs into the Seine.

◇ *vpt*▽ *loc*: **s'en ~ un (derrière la cravate)** to have a quick drink OU a quick one; **on s'en jette un dernier?** let's have one for the road!

jeteur, euse [ʒətœr, øz] *nm, f*: **~ de sort** wizard (*f* witch).

jeton [ʒətɔ̃] *nm* -**1.** [pièce] token; **~ de téléphone** token for the telephone. -**2.** JEUX counter; [à la roulette] chip, counter, jetton. -**3.** [dans une entreprise]: **~ (de présence)** director's fees; **il n'est là que pour toucher ses ~s** he's just a timeserver, all he does is draw his salary. -**4.** ▽ [coup de poing] whack; **prendre un ~** to get a whack in the face.

◆ **jetons**▽ *nmpl*: **avoir les ~s** to be scared stiff; **ficher les ~s à qqn** to put the wind up sb *Br*, to give sb the willies.

◆ **faux jeton** *fam* ◇ *adj inv* hypocritical.
◇ *nm* hypocrite.

jet-set [dʒɛtsɛt] (*pl* jet-sets) *nm* OU *nf*, **jet-society** [dʒɛtsɔsajti] *nf* jet set; **membre de la ~** jet-setter.

jet-stream [dʒɛtstrim] (*pl* jet-streams) *nm* jet stream.

jeu, x [ʒø] *nm* -**1.** LOISIRS game; **ce n'est qu'un ~!** it's only a game!, it's only for fun!; **c'est le ~!** it's fair (play)!; **ce n'est pas de** OU **du ~!** that's not fair!; **le ~** [activité] play; **l'enfant s'exprime par le ~** a child expresses himself by playing OU through play; **par ~** for fun, in play; **les chiots ne mordent que par ~** puppies only bite in play □ **~ d'adresse/de hasard** game of skill/of chance; **~ électronique/vidéo** electronic/video game; **~ radiophonique/télévisé** radio/TV quiz (game); **~ de boules** (game of) boules; **le ~ d'échecs** the game of chess; **~ éducatif** educational game; **~ d'entreprise** management simulation (game); **jouer au ~ de l'oie** ≃ to play snakes and ladders; **~ de plein air** outdoor game; **~ de société** parlour game; **c'est un ~ d'enfant!** this is child's play!; **se faire un ~ de** to make light OU easy work of; **il s'est fait un ~ de démolir tous nos arguments** it was child's play for him to destroy all our arguments. -**2.** [cartes] hand; **avoir du ~** OU **un bon ~** to have a good hand; **ne pas avoir de ~, avoir un mauvais ~** to have a bad hand; **il avait tout le ~** he had all the good cards; **ne montre pas ton ~!** don't show your hand OU your cards!; **étaler son ~** to lay down one's hand OU cards □ **le grand ~** [d'une cartomancienne] (complete) Major Arcana; **elle nous a joué le grand ~** she pulled out all the stops with OU on us; **montrer** OU **dévoiler son ~** to show one's hand; **il a bien caché son ~!** he played (his cards) very close to his chest! *fig*. -**3.** [ensemble de pièces] set; **~ de (32/52) cartes** pack *Br* OU deck *Am* of (32/52) cards; **un ~ de clés/tournevis** a set of keys/screwdrivers □ **un ~ de dames/d'échecs/de loto/de quilles** a draughts/chess/lotto/skittles set; **~ de caractères** INF character set; **~ d'essai** INF sample data OU deck; **~ d'orgue** MUS organ stop. -**4.** [manigances] game; **c'est un (petit) ~ dangereux!** this is a dangerous (little) game you're playing!; **qu'est-ce que c'est que ce petit ~?** [ton irrité] what are you playing at?, what's your game? □ **entrer dans le ~ de qqn** to play sb at their own game; **faire le ~ de qqn** to play into sb's hands; **être pris à son propre ~** to be caught at one's own game; **se (laisser) prendre au ~** to get caught up OU involved in what's going on; **voir clair** OU **lire dans le ~ de qqn** to see through sb's little game, to see what sb is up to; **le ~ n'en vaut pas la chandelle** the game is not worth the candle; **'le Jeu de l'amour et du hasard'** *Marivaux* 'The Game of Love and Chance'. -**5.** SPORT [activité] game; **les ~x d'équipe** team games; **le ~ à XIII** Rugby League ‖ [action] play; **le ~ s'est accéléré** the play OU the game has livened up a bit; **il y a eu du beau ~** there was some very good play; **notre équipe a fait tout le ~** our team had the upper hand ‖ [partie] game; **le ~ est très ouvert/fermé** the game is very open/tight; **faire ~ égal** to be evenly matched; **il a fait ~ égal avec le champion** the champion met his match in him ‖ [au tennis] game; **~ Mériel!** game to Mériel!; **deux ~x partout** two games all □ **~ blanc** love game; **~, set et match** game, set and match. -**6.** [terrain]: **la balle est sortie du ~** the ball has gone out (of play) □ **~ de boules** [sur gazon] bowling green; [de pétanque] ground *(for playing boules)*; **~ de quilles** skittle alley. -**7.** [style d'un sportif] game, way of playing; **il a un ~ défensif/offensif** he plays a defensive/an attacking game; **elle a un ~ de fond de court** she's got a base line game; **il a un bon ~ de volée** he's a good volleyer, he volleys well ‖ [interprétation - d'un acteur] acting; [- d'un musicien] playing; **son ~ a mûri** her (way of) playing has developed; **la pièce exige un ~ tout en nuances** the play requires subtle acting. -**8.** [activité du parieur]: **le ~** gambling *(for money)*; **elle a tout perdu au ~** she gambled her entire fortune away, she lost her whole fortune (at) gambling; **avoir un ~ audacieux** to be a daring gambler. -**9.** [effets] play; **~ d'eau** fountain; **~ de mots** play on words, pun; **~ d'ombres** play of shadows; **des ~x de lumière** [naturels] play of light; [artificiels] lighting effects. -**10.** [espace]: **la vis a** OU **prend du ~** the screw is loose; **il y a**

du ~ there's a bit of play OU of a gap; **donner du ~ à qqch** to loosen sthg up; **donner** OU **laisser du ~ à qqn** *fig* to allow sb (some) freedom OU leeway; **je leur laisse un certain ~ au niveau du budget** I give them some freedom of action OU some leeway where the budget is concerned. -**11.** [action] play; **le ~ du piston dans le cylindre** the play of the piston inside the cylinder; **le ~ des vagues sur les rochers** the play of waves on the rocks; **c'est un ~ de ton imagination/ta mémoire** it's a trick of your imagination/your memory; **laisser faire le ~ de la concurrence** to allow the free play of competition; **le marché s'est agrandi grâce au ~ de forces économiques nouvelles** the market has expanded because new economic forces have come into play; **ils sont parvenus à un accord par le ~ d'une diplomatie subtile** they reached an agreement through the subtle use of diplomacy; **il n'a obtenu le siège que par le ~ des alliances électorales** he won the seat only through the interplay OU working of electoral alliances. -**12.** LITTÉRAT *tragedy or comedy in verse, performed during the Middle Ages.*

◆ **jeux** *nmpl* -**1.** [mise] : **faites vos ~x (, rien ne va plus)** faites vos jeux (rien ne va plus); **les ~x sont faits** *pr* les jeux sont faits; *fig* the die is cast, there's no going back now. -**2.** SPORT : **les ~x (Olympiques)** the (Olympic) Games; **les ~x (Olympiques) d'hiver** the Winter Olympics; **les ~x Olympiques pour handicapés** the Paralympic Games; **les ~x du cirque** ANTIQ the (games of the) circus.

◆ **en jeu** ◇ *loc adj* -**1.** [en question] at stake; **l'avenir de l'entreprise n'est pas en ~** the company's future is not at stake OU at risk OU in jeopardy. -**2.** [en action] at play; **les forces en ~ sur le marché** the competing forces OU the forces at play OU the forces at work on the market. -**3.** [parié] at stake; **la somme en ~** the money at stake OU which has been staked.

◇ *loc adv* -**1.** SPORT : **mettre le ballon en ~** FTBL to throw in the ball; **remise en ~** throw-in; RUGBY put-in; HOCKEY push in. -**2.** [en marche] : **les disjoncteurs ont été mis en ~ par le programmateur** the circuit breakers were activated by the programmer ❑ **mettre qqch en ~** [risquer qqch] to put sthg at stake; **mettre en ~ son avenir, mettre son avenir en ~** to put one's future at stake, to stake one's future; **entrer en ~** [intervenir] to come into play; **les institutions religieuses sont entrées en ~ pour s'opposer à l'avortement** the religious institutions entered the fray to oppose abortion.

LE JEU DES MILLE FRANCS :
This radio programme was originally broadcast in the 1950s and has become a national institution. The quiz, whose top prize was originally one thousand francs consists of a series of questions sent in by listeners.

---

jeudi [ʒødi] *nm* Thursday; **le ~ saint** Maundy Thursday.

jeun [ʒœ̃]

◆ **à jeun** ◇ *loc adj* : **il est à ~** [il n'a rien mangé] he hasn't eaten anything; [il n'a rien bu] he's sober.

◇ *loc adv* on an empty stomach; **venez à ~** don't eat anything before you come; **trois comprimés à ~** three tablets to be taken on an empty stomach.

jeune [ʒœn] ◇ *adj* -**1.** [peu avancé en âge - personne, génération, population] young; **mourir ~** to die young; **réussir ~** to succeed at a young age; **il n'est plus très ~** he's not that young any more, he's not as young as he used to be; **elles étaient toutes ~s alors** [très jeunes] they were very young then; **ma voiture n'est plus toute ~** *fam* my car's got quite a few miles on the clock now; **ils ont une clientèle ~** their customers are young, they cater for young people; **~ arbre** sapling, young tree; **~ oiseau** fledgling, young bird; **~ chien** puppy, young dog; **un ~ homme** a young man, a youth; **eh bien, ~ homme, où vous croyez-vous ?** I say, young man, where do you think you are ?; **faire le ~ homme** to act the young man; **une ~ femme** a (young) woman; **un ~ garçon** [enfant] a boy, a youngster; [adolescent] a youth, a teenager; **une ~ fille** a girl, a young woman; **~ personne** young lady; **de ~s enfants** young OU small children; **~ gens** [garçons] young men; [garçons et filles] youngsters, young people; **être plus/moins ~ que** to be younger/older than; **je suis plus ~ que lui de deux mois** I'm younger than him by two months, I'm two months younger than him; **ma plus ~ sœur** my youngest sister ❑ **faire ~** : **ils font ~** they look young; **c'est ~, ça ne sait pas!** *fam* he's (still) young OU wet behind the ears, he'll learn! -**2.** [inexpérimenté] : **on reparlera de ce ~ metteur en scène** we haven't heard the last of this young director; **'cherchons ~ ingénieur'** 'recently qualified engineer required'; **être ~ dans le métier** to be new to the trade OU business. -**3.** [du début de la vie] young, early; **mes ~s années** my youth; **il a passé ses ~s années en Provence** he spent his early years OU youth in Provence; **dans notre ~ âge** *litt* in our youth, when we were young; **étant donné son ~ âge** given his youth OU how young he is; **dans mon ~ temps** *fam* when I was a young thing. -**4.** [qui a l'aspect de la jeunesse - personne] young, young-looking, youthful; [- couleur, coiffure etc] young, youthful; **pour avoir l'air toujours ~, pour rester ~** to stay young OU young-looking; **être ~ d'esprit** OU **de caractère** to be young at heart. -**5.** [récent - discipline, technique, entreprise] new, young; **leur histoire d'amour est encore ~** their (love) affair is still young OU hasn't matured yet; **les ~s États d'Afrique** the new OU young African States; **les ~s entreprises** young OU new companies. -**6.** [vin] young, green; [fromage] young. -**7.** *fam* [juste] : **ça fait** OU **c'est (un peu) ~!** [somme d'argent] that's a bit mean!; [temps] that's cutting it a bit fine!; [dimensions] that's a bit on the short OU small side!; [poids] that's a bit on the light side!

◇ *adv* [comme les jeunes] : **s'habiller ~** to wear young-looking clothes; **se coiffer ~** to have a young-looking hairstyle; **ils font vraiment ~** they look really young.

◇ *nm* [garçon] young man, youngster; **c'est un petit ~ qui conduisait** the driver was a young man; **les ~s de cette génération-là sont morts dans les tranchées** the youngsters OU young men of that generation died in the trenches.

◇ *nf* [fille] (young) girl; **c'est une petite ~ qui conduisait** the driver was a young girl.

◆ **jeunes** *nmpl* youngsters, young people, the young; **il représente beaucoup pour les ~s d'aujourd'hui** he means a lot to young people today OU to the young generation; **les ~s ont préféré manger sur la terrasse** the youngsters chose to eat out on the terrace; **une bande de ~s** a bunch of kids.

jeûne [ʒøn] *nm* -**1.** [période] fast; **le ~ du Ramadan** the fasting at Ramadan. -**2.** [pratique] fast, fasting *(U)*; **observer une semaine de ~** to fast for a week; **un petit ~ ne lui fera pas de mal** it won't do him any harm to go without food OU to fast for a while.

jeûner [3] [ʒøne] *vi* -**1.** RELIG to fast. -**2.** [ne rien manger] to go without food.

jeunesse [ʒœnɛs] *nf* -**1.** [juvénilité - d'une personne] youth, youthfulness; [- d'une génération, d'une population] youthfulness, young age; [- d'un arbre, d'un animal] young age; [- des traits, d'un style] youthfulness; **elle m'a rendu ma ~** she made me feel young again; **tous furent impressionnés par la ~ de l'équipe gouvernementale** they were all impressed by how young the government ministers are; **j'apprécie la ~ d'esprit** OU **de caractère** I appreciate a youthful outlook OU frame of mind; **l'important c'est d'avoir la ~ du cœur** what matters is to remain young at heart. -**2.** [enfance - d'une personne] youth; [- d'une science] early period, infancy; **dans ma** OU **au temps de ma ~** in my youth, when I was young, in my early years; **la génétique est encore dans sa ~** genetics is still in its infancy ❑ **il faut que ~ se passe** *prov* youth will have its fling. -**3.** SOCIOL : **la ~** young people, the young; **la ~ américaine** American youth, young Americans; **la ~ étudiante** young students, student youth; **la ~ ouvrière** young workers, working-class youth; **émissions pour la ~** TV programmes for younger viewers; RAD programmes for younger listeners; **alors, la ~, on se dépêche!** *fam* come on, you youngsters OU young folk, hurry up! ❑ **la ~ dorée** brash rich kids, gilded youth; **si ~ savait, si vieillesse pouvait** *prov* if only youth could know and old age could. -**4.** *vieilli* [jeune fille] (young) girl; **ce n'est plus une ~** she's no longer young. -**5.** [d'un vin] youthfulness, greenness.

◆ **jeunesses** *nfpl* [groupe] youth; **les ~s hitlériennes** the Hitler Youth; **les ~s communistes/socialistes** Young Communists/Socialists; **les Jeunesses musicales de France** *association promoting music amongst the young.*

◆ **de jeunesse** *loc adj* : **ses amours/œuvres/péchés de ~** the loves/works/sins of his youth.

jeunet, ette *fam* [ʒœnɛ, ɛt] *adj* youngish, rather young.

jeune-turc, jeune-turque [ʒœntyrk] (*mpl* jeunes-turcs, *fpl* jeunes-turques) *nm, f* HIST & POL Young Turk.

jeûneur, euse [ʒønœr, øz] *nm, f* faster.

jeunot, otte *fam* [ʒœno, ɔt] ◇ *adj* youngish, rather young; **il est un peu ~** he's a bit on the young side.

◇ *nm, f* youngster, young lad (*f* lass).

JF, jf -**1.** *abr écrite de* **jeune fille**. -**2.** *abr écrite de* **jeune femme**.

JH *abr écrite de* **jeune homme**.

JI *nm* *abr de* **juge d'instruction**.

jiu-jitsu [ʒjyʒitsy] *nm* ju-jitsu, jiu-jitsu.

Jivaro [ʒivaro] *nmf* Jivaro; **les ~s** the Jivaro.

JMF *npr fpl* *abr de* **Jeunesses musicales de France**.

JO ◇ *nm* *abr de* **Journal officiel**.

◇ *nmpl* *abr de* **jeux Olympiques**.

joaillerie [ʒoajri] *nf* -**1.** [art] : **la ~** jewelling; **la ~ du XVe siècle** the art of the jeweller in the 15th century. -**2.** [commerce] : **la ~** the jewel trade, jewellery. -**3.** [magasin] jeweller's shop *Br*, jeweler's store *Am*. -**4.** [articles] : **la ~** jewellery.

joaillier, ère [ʒoaje, ɛr] ◇ *adj* jewel *(modif)*.

◇ *nm, f* jeweller.

job *fam* [dʒɔb] *nm* [travail - temporaire] (temporary) job; [- permanent] job; **elle a un bon ~** she has a good job.

Job [ʒɔb] *npr* Job; **pauvre comme ~** as poor as Job.

jobard, e *fam* [ʒɔbar, ard] ◇ *adj* [très naïf] gullible, naive.

◇ *nm, f* sucker, mug *Br*, patsy *Am*.

jobarderie *fam* [ʒɔbardri], **jobardise** *fam* [ʒɔbardiz] *nf* [crédulité] gullibility, naivety.

jobiste *fam* [ʒɔbist] *nmf* *Belg* student with a casual job.

JOC, Joc [ʒɔk] (*abr de* **Jeunesse ouvrière chrétienne**) *npr f* *Christian youth organization.*

Jocaste [ʒɔkast] *npr* Jocasta.

jociste [ʒɔsist] ◇ *adj* related to the JOC.

◇ *nmf* member of the JOC.

jockey [ʒɔkɛ] *nm* jockey.

Joconde [ʒɔkɔ̃d] *npr f* : **'la ~'** *Vinci* 'The Mona Lisa'.

jocrisse [ʒɔkris] *nm* *vieilli* gull *esp Br*, dupe.

Jodhpur [ʒɔdpur] *npr* Jodhpur.

jodhpurs [ʒɔdpyr] *nmpl* jodhpurs.

jodler [3] [jɔdle] *vi* to yodel.

jogger¹ [dʒɔgœr] *nm* OU *nf* [chaussure] jogging shoe, trainer.

jogger² [3] [dʒɔge] *vi* to jog.

joggeur, euse [dʒɔgœr, øz] *nm, f* jogger.

jogging [dʒɔgiŋ] *nm* -**1.** [activité] jogging; **faire son ~ matinal** to go for one's morning jog. -**2.** VÊT track suit *(for jogging)*.

Johannesburg [ʒɔanɛsbur] *npr* Johannesburg.
joice▽ [ʒwas] = **jouasse**.
joie [ʒwa] *nf* -1. [bonheur] joy, delight; être fou de ~ to be wild with joy; elle ne se sentait plus de ~ she was beside herself with joy; pousser un cri de ~ to shout OU to whoop for joy; sauter OU bondir de ~ to jump OU to leap for joy; être au comble de la ~ to be overjoyed; quelle a été votre plus grande ~? what has been your greatest joy?; travailler dans la ~ et la bonne humeur to work cheerfully and good-humouredly; pour la plus grande ~ de ses parents, elle a obtenu la bourse much to the delight of her parents OU to her parent's great delight, she won the scholarship □ ~ de vivre joie de vivre, enjoyment of life; déborder de ~ de vivre to be full of the joys of spring *Br* OU of joie de vivre; c'est pas la ~ à la maison *fam* life at home isn't exactly a laugh-a-minute OU a bundle of laughs. -2. [plaisir] pleasure; nous avons la ~ d'avoir M. Dupont parmi nous we have the pleasure of having Mr Dupont with us; nous avons la ~ de vous annoncer la naissance de Charles we are happy to announce the birth of Charles; je suis tout à la ~ de revoir mes amis *sout* I'm overjoyed at the idea of OU I'm greatly looking forward to seeing my friends again; des dessins animés qui ont fait la ~ de millions d'enfants cartoons which have given pleasure to OU delighted millions of children; la petite Émilie fait la ~ de sa mère little Emily is the apple of her mother's eye OU is her mother's pride and joy; se faire une ~ de: il se faisait une telle ~ de venir à ton mariage he was so delighted at the idea of OU so looking forward to coming to your wedding; je me ferai une ~ de lui dire ses quatre vérités *hum* I shall be only too pleased to tell him a few home truths; cette nouvelle l'a mis en ~ he is delighted by the news □ fausse ~: ne me fais pas de fausse ~ don't build up my hopes.
◆ **joies** *nfpl* [plaisirs] joys; les ~s de la vie/retraite the joys of life/retirement.
joignable [ʒwaɲabl] *adj*: je suis ~ à ce numéro I can be reached at this number.
joindre [82] [jwɛ̃dr] ◇ *vt* -1. [attacher - ficelles, bâtons] to join (together), to put together; ~ deux lattes, ~ une latte à une autre to put two boards together, to join one board to another; ~ deux câbles to join OU to connect two cables □ ~ les deux bouts to make ends meet. -2. [rapprocher] to put OU to bring together; ~ les mains [pour prier] to clasp one's hands, to put one's hands together. -3. [lieux] to link. -4. [ajouter]: ~ qqch à to add sthg to; joignez une photocopie à votre dossier add a photocopy to OU put a photocopy in your file; je joins à ce pli un chèque de 300 francs please find enclosed a cheque for 300 francs; ils ont renvoyé le manuscrit sans ~ la moindre explication they sent the manuscript back without (adding) the slightest explanation; voulez-vous ~ une carte aux fleurs? would you like to send a card with OU to attach a card to the flowers? -5. [associer] to combine, to link; ~ la technique à l'efficacité to combine technical know-how and efficiency; les servitudes jointes à l'élargissement de notre rayon d'action the constraints associated OU connected OU that come with an increase in the scope of our activities □ ~ l'utile à l'agréable to mix business with pleasure. -6. [contacter] to contact, to get in touch with; ~ qqn par téléphone to get through to sb on the phone, to contact sb by phone; ~ qqn par lettre to contact sb in writing; où pourrai-je vous ~? how can I get in touch with you OU contact you?; tu peux toujours me ~ à la maison you can always reach OU contact me at home.
◇ *vi* [porte, planches, battants]: des volets qui joignent bien/mal shutters that close/don't close properly; des lattes de plancher qui joignent bien tightly fitting floorboards.
◆ **se joindre** *vp (emploi réciproque)* -1. [se contacter - par téléphone] to get through to each other; [- par lettre] to make contact. -2. [se nouer]: leurs mains se sont jointes their hands came together OU joined.
◆ **se joindre à** *vp + prép* [s'associer à] to join; quelques touristes se sont joints à la foule des manifestants a few tourists joined in with OU mingled with the crowd of demonstrators; tu veux te ~ à nous? would you like to come with us?; se ~ à une conversation/partie de rami to join in a conversation/game of rummy; puis-je me ~ à vous pour acheter le cadeau de Pierre? may I join in to (help) buy Pierre's present?; Lisa se joint à moi pour vous souhaiter la bonne année Lisa and I wish you OU Lisa joins me in wishing you a Happy New Year.
joint, e [ʒwɛ̃, ɛ̃t] *adj* -1. [rapproché]: agenouillé, les mains ~es kneeling with his hands (clasped) together. -2. [attaché]: planches mal/solidement ~es loose-/tight-fitting boards.
◆ **joint** *nm* -1. CONSTR & MENUIS [garniture d'étanchéité] joint; [ligne d'assemblage] join; les ~s d'un mur the jointing OU pointing of a wall □ ~ de dilatation/retrait/rupture expansion/contraction/breaking joint; ~ de chantier temporary OU makeshift joint; ~ saillant raised joint. -2. MÉCAN [garniture d'étanchéité] seal, gasket; [ligne d'assemblage] joint; ~ de cardan universal joint; ~ de culasse AUT (cylinder) head gasket; ~ tournant revolving joint. -3. RAIL (rail) joint. -4. [de robinet] washer. -5. GÉOL joint. -6. *fam* [moyen]: il cherche un ~ pour payer moins d'impôts he's trying to find a clever way of paying less tax. -7. [intermédiaire]: faire le ~ (entre deux personnes) to act as a go-between (between two people). -8. *fam* [drogue] joint.
jointif, ive [ʒwɛ̃tif, iv] *adj* MENUIS butt-jointed.
jointoiement [ʒwɛ̃twamɑ̃] *nm* [action, résultat] pointing.
jointoyer [13] [ʒwɛ̃twaje] *vt* to point (up) *(sép)* CONSTR.
jointure [ʒwɛ̃tyr] *nf* -1. ANAT joint; ~s des doigts knuckles ‖ [chez le cheval] pastern joint, fetlock. -2. [assemblage] joint; [point de jonction] join.
jojo *fam* [ʒoʒo] ◇ *adj inv* [joli] nice; c'est pas ~ à regarder it's not a pretty sight.
◇ *nm* [enfant] brat; ce gamin est un affreux ~ that child is a little horror.
joker [ʒɔkɛr] *nm* -1. CARTES joker. -2. INF wild card.
joli, e [ʒɔli] ◇ *adj* -1. [voix, robe, sourire] pretty, lovely, nice; [poème] pretty, lovely; [voyage, mariage] lovely, nice; [personne] attractive; ces deux bleus ensemble, ça n'est pas ~ these two blues don't look nice together; il est ~ garçon he's nice-looking OU attractive; le ~ mois de mai the merry month of May; ce n'était pas ~ à voir, ce n'était pas ~, ~ *fam* it wasn't a pretty OU pleasant sight; ce n'est pas ~ de mentir it's not nice to tell lies □ être ~ comme un cœur OU ~ à croquer to be (as) pretty as a picture; faire le ~ cœur to flirt. -2. [considérable]: une ~e (petite) somme, un ~ (petit) pécule a nice OU tidy OU handsome (little) sum of money; elle s'est taillé un ~ succès she's been most OU very successful; de très ~s résultats very good OU fine results. -3. *iron*: elle est ~e, la politique! what a fine OU nice thing politics is, isn't it?; tu nous as mis dans un ~ pétrin *fam* you got us into a fine mess OU pickle; ~ monsieur! what a charming individual! □ tout ça c'est bien ~, mais... that's all very well OU that's all well and good but...
◇ *nm, f* lovely; viens, ma ~e! come here, honey OU darling OU lovely!
◆ **joli** *fam* ◇ *nm iron* -1. [action blâmable]: tu l'as cassé? c'est du ~! you broke it? that's great!; c'est du ~ d'avoir filé! that's nice, running away! -2. *loc*: faire du ~: quand il va voir les dégâts, ça va faire du ~! when he sees the damage, there'll be all hell to pay!
◇ *adv*: faire ~ to look nice OU pretty.
joliesse [ʒɔljɛs] *nf litt* prettiness, charm, grace.
joliment [ʒɔlimɑ̃] *adv* -1. [élégamment] prettily, nicely; ~ dit nicely OU neatly put; table ~ présentée nicely decorated table. -2. *fam* [en intensif] pretty, jolly *Br*; c'est ~ compliqué it's pretty OU awfully complicated; elle est ~ énervée! she's jolly *Br* OU darn *Am* annoyed! -3. *iron* [très mal]: on s'est fait ~ accueillir! a fine OU nice welcome we got there!
Jonas [ʒɔnas] *npr* Jonah, Jonas.
jonc [ʒɔ̃] *nm* -1. BOT rush; ~ à balais broom; ~ des chaisiers bulrush; ~ marin gorse. -2. [canne] (Malacca) cane, rattan. -3. JOAILL: ~ d'or [bague] gold ring; [bracelet] gold bangle OU bracelet.
joncacée [ʒɔ̃kase] *nf* member of the rush family; les ~s the Juncaceae.
jonchaie [ʒɔ̃ʃɛ] *nf* (area of) rushes.
jonchée [ʒɔ̃ʃe] *nf litt*: une ~ de pétales a carpet of petals; une ~ d'herbe coupée a swath of cut grass.
joncher [3] [ʒɔ̃ʃe] *vt* [couvrir] to strew; les corps jonchaient le sol the bodies lay strewn on the ground; jonché de détritus littered with rubbish; jonché de pétales strewn with petals.
jonchère [ʒɔ̃ʃɛr], **joncheraie** [ʒɔ̃ʃrɛ] = **jonchaie**.
jonchet [ʒɔ̃ʃɛ] *nm* spillikin; jouer aux ~s to play spillikins.
jonction [ʒɔ̃ksjɔ̃] *nf* -1. [réunion] joining, junction; opérer la ~ de deux câbles to join up two cables; opérer la ~ de deux armées to combine two armies; (point de) ~ meeting point OU junction; à la ~ OU au point de ~ des deux cortèges where the two processions meet. -2. JUR: ~ d'instance joinder (of causes of action). -3. ÉLECTRON, INF, RAIL & TÉLÉC junction.
jongler [3] [ʒɔ̃gle] *vi* -1. [avec des balles] to juggle; ~ avec le ballon FTBL to juggle with the ball. -2. *fig*: ~ avec [manier avec aisance] to juggle with; elle aime ~ avec les mots she likes to juggle OU to play with words; ~ avec la loi to juggle with the law.
jonglerie [ʒɔ̃glәri] *nf* -1. [action] juggling; [art] juggling, jugglery; [tour de passe-passe] juggling trick. -2. [ruse] juggling, trickery.
jongleur, euse [ʒɔ̃glœr, øz] *nm, f* juggler.
◆ **jongleur** *nm* HIST (wandering) minstrel, jongleur.
jonque [ʒɔ̃k] *nf* junk NAUT.
jonquille [ʒɔ̃kij] ◇ *nf* (wild) daffodil, jonquil.
◇ *adj inv* bright OU daffodil yellow.
Jordanie [ʒɔrdani] *npr f*: (la) ~ Jordan.
jordanien, enne [ʒɔrdanjɛ̃, ɛn] *adj* Jordanian.
◆ **Jordanien, enne** *nm, f* Jordanian.
Joseph [ʒɔzɛf] *npr*: saint ~ Saint Joseph; ~ d'Arimathie Joseph of Arimathia.
Joséphine [ʒɔzefin] *npr*: l'impératrice ~ the Empress Josephine.
Josué [ʒɔzɥe] *npr* Joshua.
jota [xɔta] *nf* [lettre, danse] jota.
jouable [ʒwabl] *adj* -1. MUS & THÉÂT playable; sa dernière pièce n'est pas ~ his last play can't be staged. -2. SPORT [coup] which can be played, feasible; le coup n'est pas ~ it's not feasible, it's impossible.
joual [ʒwal] *nm Can* joual.
jouasse▽ [ʒwas] *adj* chuffed *Br*, tickled pink.
joubarbe [ʒubarb] *nf* houseleek.
joue [ʒu] *nf* -1. ANAT cheek; ~ contre ~ cheek to cheek; ce bébé a de bonnes ~s this baby's got really chubby cheeks □ se caler OU se remplir les ~s▽ to stuff o.s. -2. CULIN: ~ de bœuf ox cheek; ~ de raie *part of the head of a skate, considered a delicacy*. -3. TECH [d'une poulie] cheek; [d'un rabot] fence.
◆ **joues** *nfpl* NAUT bows.
◆ **en joue** *loc adv*: coucher un fusil en ~ to take aim with OU to aim a rifle; coucher OU mettre qqn/qqch en ~ to (take) aim at sb/sthg; tenir qqn/qqch en ~ to hold sb/sthg in one's sights; en ~! take aim!
jouée [ʒwe] *nf* ARCHIT reveal.
jouer [6] [ʒwe] ◇ *vi* -1. [s'amuser] to play; elle joue dehors she is playing outside; ~ au

ballon/au train électrique/à la poupée to play with a ball/an electric train/a doll; ~ à la guerre to play soldiers; ~ aux petits soldats to play (at) soldiers; ~ à la marchande/au docteur to play (at) shops/doctors and nurses; ~ avec qqn to play with sb; on ne joue pas avec un fusil! a gun isn't a toy!; ~ avec [mettre en danger] to gamble with; tu joues avec ta santé/vie you're gambling with your health/life || [manipuler]: il jouait avec sa gomme he was playing OU fiddling with his eraser; elle jouait avec ses cheveux she was playing with her hair; ~ avec les sentiments de qqn to play OU to trifle with sb's feelings ❑ je ne joue plus *pr* I'm not playing anymore; *fig* I don't want to have any part of this any more; comme un chat joue avec une souris as a cat plays with a mouse. -**2.** LOISIRS & SPORT to play; ~ au golf/football/squash to play golf/football/squash; ~ aux cartes/au billard to play cards/billiards; elle joue bien/mal au badminton she's a good/poor badminton player, she's good/not very good at badminton; on joue demain à Marseille [à un jeu de ballon] we're playing tomorrow in Marseilles; il joue à l'avant/à l'arrière he plays up front/in defence; ~ ailier droit to play on the right wing; (c'est) à toi de ~ [aux cartes] (it's) your turn; [aux échecs] (it's) your move; *fig* now it's your move; bien/mal ~ to be a good/bad player, to play well/badly; ils ont bien joué en deuxième mi-temps there was some good play in the second half; les gars ont joué dur *fam* the lads played a tough game; ~ contre qqn/une équipe to play (against) sb/a team ❑ à quel jeu joues-tu? what do you think you're playing at?; ~ au plus fin OU malin avec qqn to try to outsmart sb; ne joue pas au plus fin avec moi! don't try to be smart OU clever with me! -**3.** [parier - au casino] to gamble; [- en Bourse] to play, to gamble; [- aux courses] to bet; j'ai joué dans la deuxième course I had a bet on the second race; j'ai joué sur le 12 I played (on) number 12; ~ à la roulette to play roulette; ~ aux courses to bet on horses; ~ au loto sportif ≃ to do the pools *Br*, ≃ to play the pools *Am*; ~ à la Bourse to gamble on OU to speculate on OU to play the Stock Exchange; je ne joue jamais [au casino] I'm not a gambler, I never gamble; [aux courses] I never bet, I'm not a betting man; il ne joue qu'à coup sûr *pr* he only lays sure OU safe bets; *fig* he always plays safe. -**4.** CIN & THÉÂT to act, to perform; ~ dans un film/une pièce to be in a film/a play; elle joue dans une pièce de Brecht she's got a part in OU she's in a Brecht play; j'ai déjà joué avec lui I've already worked with him; nous jouons à l'Apollo en ce moment at the moment, we are playing at OU our play is on at the Apollo; bien/mal [gén] to be a good/bad actor; [dans un film, une pièce] to give a good/bad performance; elle joue vraiment bien she's a really good actress; ce soir-là, ils ont particulièrement bien joué they gave a particularly good OU fine performance that night. -**5.** MUS to play, to perform; bien/mal ~ [gén] to be a good/bad musician; [dans un concert] to give a good/bad performance, to play well/badly; il a mal joué hier soir he played badly last night; les flûtes jouaient en sourdine the flutes were playing softly; ~ d'un instrument to play an instrument; tu joues d'un instrument? do OU can you play an instrument?; ~ de l'accordéon/de l'orgue/du violon to play the accordeon/the organ/the violin; elle joue très bien du piano/de la clarinette she's a very good pianist/a very good clarinet player. -**6.** [intervenir - facteur] to be of consequence OU of importance; [- clause] to apply; l'âge joue peu age is of little consequence; les événements récents ont joué dans leur décision recent events have been a factor in OU have affected OU have influenced their decision; il a fait ~ la clause 3 pour obtenir des indemnités he had recourse to OU made use of clause 3 to obtain compensation; faire ~ ses relations personnelles to make use of one's connections; il a fait ~ ses relations pour obtenir le poste he pulled some strings to get the job; ~ pour OU en faveur de qqn to work in sb's favour; sa réputation a joué en faveur de sa promotion her reputation had a role to play in her being promoted; ~ contre OU en défaveur de qqn to work against sb; le temps joue en notre faveur/défaveur time is on our side/is against us; sa jeunesse a joué en sa défaveur the fact that he's young worked against him OU put him at a disadvantage. -**7.** [se déformer - bois] to warp; [avoir du jeu] to work loose; le bois a joué sous l'effet de l'humidité the wood has warped with the damp; les chevilles ont joué the dowels have worked loose. -**8.** [fonctionner]: le mécanisme de sécurité n'a pas joué the safety mechanism didn't work OU operate; faire ~ une clé (dans une serrure) [pour ouvrir la porte] to turn a key (in a lock); [pour l'essayer] to try a key (in a lock); fais ~ le pêne get the bolt to slide; faire ~ un ressort to trigger a spring. -**9.** [faire des effets]: le soleil jouait sur le lac the sunlight was playing OU dancing on the lake; une brise légère jouait dans OU avec ses cheveux a gentle breeze was playing with her hair.

◇ *vt* -**1.** LOISIRS & SPORT [match, carte] to play; [pièce d'échecs] to move, to play; ~ la finale/revanche/belle to play the final/return match/decider; ils jouent la balle de match it's match point; ils ont joué le ballon à la main they passed the ball; jouons encore une autre partie let's play another game; j'ai joué cœur I played hearts; ~ la tour/le fou to move one's castle/one's bishop; c'était un coup facile/difficile à ~ [au ballon] it was an easy/a difficult shot to play; JEUX it was an obvious/a difficult move || *fig*: il joue un drôle de jeu he's playing a strange OU funny (little) game; laisse-la ~ son petit jeu, nous ne sommes pas dupes let her play her little game, she won't fool us ❑ bien joué! CARTES & SPORT well played!; JEUX good move!; *fig* well done!; ~ le jeu to play the game; ~ double jeu to play a double game; ~ franc jeu *pr* & *fig* to play fair; il n'a pas joué franc jeu he didn't play fair, he played dirty; la partie est jouée it's all over (bar the shouting). -**2.** [au casino - somme] to stake, to wager; [- numéro] to play (on) *(insép)*; [au turf - somme] to bet, to stake; [- cheval] to bet on *(insép)*, to back; je ne joue jamais d'argent I never play for money; il joue d'énormes sommes he gambles vast sums, he plays for high stakes OU big money; j'ai joué cent francs sur le 12 I bet OU put a hundred francs on number 12; ~ 500 francs sur un cheval to bet 500 francs on a horse; jouons les consommations! the loser pays for the drinks!; rien n'est encore joué *fig* nothing has been decided yet ❑ ~ gros jeu *pr* & *fig* to play for high stakes OU big money. -**3.** [risquer - avenir, réputation] to stake; il joue sa vie dans cette aventure he's putting his life in the balance; je joue ma peau *fam* I'm risking my neck ❑ ~ le tout pour le tout to stake everything one's got, to go for broke. -**4.** [interpréter - personnage] to play (the part of), to act; [- concerto] to play, to perform; il a très bien joué Cyrano/la fugue he gave an excellent performance as Cyrano/of the fugue; l'intrigue est passionnante mais c'est mal joué the plot is gripping but the acting is poor; ~ Brecht [acteur] to play Brecht, to be in a Brecht play; [troupe] to play Brecht, to put on (a) Brecht (play); ~ du Chopin to play (some) Chopin; ~ un morceau à la flûte to play a piece on a flute; il joue toujours les jeunes premiers he always plays the lead OU gets the leading role; elle ne sait pas ~ la tragédie she's not a good tragic actress || *fig*: ~ les martyrs to play OU to act the martyr; ne joue pas les innocents! don't play the innocent OU don't act innocent (with me)!; ~ la prudence to play it safe; ~ l'étonnement/le remords to pretend to be surprised/sorry ❑ ~ sa partie MUS to play one's part; *fig* to play one's part, to do one's bit; ~ un rôle *pr* & *fig* to play a part; la lecture joue un grand rôle dans l'acquisition de l'orthographe reading plays a large part in learning to spell. -**5.** [montrer - film, pièce] to put on *(sép)*, to show; qu'est-ce qu'on joue en ce moment? what's on at the moment?; on ne joue rien d'intéressant there's nothing interesting on; la Comédie-Française ne joue que les classiques only classical drama is performed OU shown OU played at the Comédie-Française; la pièce a toujours été jouée en anglais the play has always been performed in English; on joue beaucoup Bernanos en ce moment Bernanos is being performed a lot at the moment; ça fait longtemps que sa pièce est jouée her play has had a long run OU has been on for a long time. -**6.** *sout* [berner] to dupe, to deceive; une fois de plus, nous avons été joués! we've been deceived OU fooled again!; nul n'a jamais pu le ~ no one could ever get the better of him.

◆ **jouer de** *v + prép* -**1.** [se servir de] to make use of, to use; ~ du couteau/marteau to wield a knife/hammer; elle joue de son infirmité she plays on OU uses her handicap ❑ ~ des jambes OU flûtes▽ [s'enfuir] to take to one's heels, to scarper *Br*, to hightail (it) *Am*; [courir] to run like the clappers *Br* OU like the dickens *Am*; ~ des mâchoires OU mandibules *fam* to munch away; ~ des poings to use one's fists. -**2.** [être victime de]: ~ de malchance OU malheur to be dogged by misfortune OU bad luck; décidément nous jouons de malheur OU malchance! it's just one thing after another at the moment!

◆ **jouer sur** *v + prép* [crédulité, sentiment] to play on *(insép)*; ils jouent sur la naïveté des gens they play on OU exploit people's gullibility; il nous faut ~ à plein sur le mécontentement populaire we must capitalize on people's discontent; ~ sur les mots to play on words; arrête de ~ sur les mots! stop quibbling!

◆ **se jouer** ◇ *vp (emploi passif)* -**1.** [film] to be on, to be shown; [pièce] to be on, to be performed; [morceau de musique] to be played OU performed; sa nouvelle trilogie se jouera à Paris en octobre prochain her new trilogy is on in Paris next October; ce passage se joue legato this passage should be played legato; bien des drames se sont joués derrière ces murs *sout* these walls have witnessed many a scene. -**2.** SPORT to be played; le football se joue avec deux équipes de onze joueurs football is played with two teams of eleven players. -**3.** [être en jeu] to be at stake; des sommes considérables se jouent chaque soir huge amounts of money are played for every night.

◇ *vpi* **1.** [dépendre]: mon sort va se ~ sur cette décision my fate hangs on this decision; l'avenir du pays se joue dans cette négociation the fate of the country hinges OU depends on the outcome of these negotiations. -**2.** *sout* [produire un effet] to play; la surface lisse du lac où se joue un rayon de lune the still surface of the lake on which a shaft of moonlight is dancing OU playing. -**3.** *loc*: (comme) en se jouant *sout* with the greatest of ease.

◆ **se jouer de** *vp + prép* -**1.** [ignorer] to ignore; se ~ des lois/du règlement/des ordres to pay no heed to the law/rules/orders; se ~ des obstacles/problèmes to make light of the difficulties/problems. -**2.** *litt* [duper] to deceive, to dupe, to fool.

jouet [ʒwɛ] *nm* -**1.** [d'enfant] toy. -**2.** [victime] plaything; il croyait être le ~ des dieux he felt he was sport OU a plaything for the gods; j'ai été le ~ de leur machination I was a pawn in their game. -**3.** ÉQUIT curb chain.

joueur, euse [ʒwœr, øz] ◇ *adj* -**1.** [chaton, chiot] playful. -**2.** [parieur]: être ~ to be fond of gambling.

◇ *nm, f* -**1.** MUS & SPORT player; ~ de basket/flûte basketball/flute player; ~s de cartes/d'échecs card/chess players; ~ de trompette trumpeter ❑ 'les Joueurs de cartes' *Cézanne* 'The Card Players'. -**2.** [pour de l'argent] gambler; **être beau/mauvais ~** to be a good/bad loser OU sport; **~ à la baisse/hausse** BOURSE bear/bull (speculator).

joufflu, e [ʒufly] *adj* [bébé] chubby-cheeked; **un visage ~** a chubby OU moon *péj* face.

joug [ʒu] *nm* **-1.** AGR yoke. **-2.** *litt* [assujettissement] yoke; **secouer le ~** to throw off one's yoke. **-3.** [d'une balance] beam.

jouir [32] [ʒwir] *vi* **-1.** *fam* [gén]: **ça me fait ~** I get a kick out of it. **-2.** ▽ [sexuellement] to come.
◆ **jouir de** *v + prép* **-1.** [profiter de] to enjoy, to get pleasure out of; **~ de la vie/de sa jeunesse** to enjoy life/one's youth. **-2.** [se réjouir de - victoire] to enjoy, to delight in *(insép)*. **-3.** [avoir - panorama] to command; [- ensoleillement, droit] to enjoy, to have; [- privilège, réputation] to enjoy, to command; **il ne jouit pas de toutes ses facultés** he isn't in full possession of his faculties.

jouissance [ʒwisɑ̃s] *nf* **-1.** [plaisir] enjoyment, pleasure; **les ~s de la vie** life's pleasures ‖ [orgasme] climax, orgasm. **-2.** JUR [usage] use; **avoir la ~ de qqch** to have the use of sthg; **entrer en ~ de qqch** to enter OU to come into possession of sthg; **'à vendre avec ~ immédiate'** 'for sale with immediate possession'; **avoir la (pleine) ~ de ses droits** to enjoy one's (full) rights ❑ **~ légale** legal enjoyment; **entrée en ~** coming into OU assumption of possession.

jouisseur, euse [ʒwisœr, øz] *nm, f* pleasure-seeker.

jouissif, ive *fam* [ʒwisif, iv] *adj* pleasurable, sensual; **ce film, c'était ~!** that film was a treat!; **je suis allée chez le dentiste, c'était ~!** *iron* I went to the dentist's, it was a barrel of laughs!

joujou, x [ʒuʒu] *nm* [jouet] toy, plaything; **faire ~ avec** *fam* to play with; **va faire ~** *fam* go and play.

joujouthèque [ʒuʒutɛk] *nf Can* games library.

joule [ʒul] *nm* joule; **effet Joule** Joule effect.

jour [ʒur] *nm* **A.** DIVISION TEMPORELLE **-1.** [division du calendrier] day; **les ~s raccourcissent/rallongent** the days are getting shorter/longer; **les ~s de la semaine** the days of the week; **un mois de trente ~s** a thirty-day month; **je dors le ~** I sleep during the day OU in the daytime; **un ~ de deuil/joie** a day of mourning/joy; **un ~ de repos** a day of rest; **un ~ de travail** a working day *Br*, a workday; **il me reste des ~s (à prendre) avant la fin de l'année** I still have some (days') leave (to take) before the end of the year; **à dix ~s de là** ten days later; **dans deux/quelques ~s** in two/a few days' time; **il est resté des ~s entiers sans sortir** he didn't go out for days on end; **il y a deux/dix ~s** two/ten days ago; **tout le ~** all day long; **tous les ~s** every day ❑ **~ sidéral/solaire** sidereal/solar day; **~ astronomique** astronomical day; **au ~ le ~** [sans s'occuper du lendemain] from day to day; [précairement] from hand to mouth; **de ~ en ~** [grandir] daily, day by day; [varier] from day to day, from one day to the next; **je note des progrès de ~ en ~** I can see there is daily progress; **d'un ~ à l'autre** [incessamment] any day (now); [de façon imprévisible] from one day to the next; **~ après ~** [constamment] day after day; [graduellement] day by day; **~ par ~** day by day; **sa lettre fait ~ par ~ le récit de leur voyage** her letter gives a day-by-day account of their trip; **~ pour ~** to the day; **cela fait deux ans ~ pour ~** it's two years to the day. **-2.** [exprime la durée]: **un bébé d'un ~** a day-old baby; **un ~ de: c'est à un ~ de marche/voiture** it's one day's walk/drive away; **nous avons eu trois ~s de pluie** we had rain for three days OU three days of rain; **j'en ai pour deux ~s de travail** it's going to take me two days' work; **ça va prendre un ~ de lessivage et trois ~s de peinture** it'll take one day to wash down and three days to paint; **il nous reste deux ~s de vivres/d'eau/de munitions** we've got two days' (worth of) food/water/ammunition left; **emporte trois ~s de ravitaillement** take enough provisions for three days ❑ **~s de planche** OU **de starie** NAUT lay days. **-3.** [date précise]: **depuis ce ~** since that day, from that day on OU onwards; **l'autre ~** the other day; **le ~ où** the day OU time that; **le ~ où on a besoin de lui, il est malade!** the (one) day OU time you need him, he's ill!; **le ~ précédent** OU **d'avant** the previous day, the day before; **le ~ suivant** OU **d'après** the following day, the next day, the day after; **le ~ est loin où j'étais heureux** it's a long time since I've been happy; **le ~ n'est pas loin où tu pourras y aller tout seul** it won't be long before you can go alone; **le ~ viendra où** the day will come when; **un ~** one day; **un ~ que** one day when; **le ~ de la rentrée** SCOL the first day (back) at school; **le ~ de la sortie** SCOL the last day of school; **le vendredi, c'est le ~ de Nora/du poisson** Friday is Nora's day/is the day we have fish ❑ **~ de valeur** value date OU day; **le ~ de l'an** New Year's Day; **le ~ des Cendres** Ash Wednesday; **le ~ du Jugement dernier** doomsday, Judgment Day; **le ~ des morts** All Souls' Day; **le ~ de la Pentecôte** Whit Sunday; **le ~ des Rameaux** Palm Sunday; **le ~ du Seigneur** the Lord's Day, the Sabbath; **un beau ~** one (fine) day; **un beau ~, tu comprendras** the day will come when you understand; **et un beau ~, elle disparut** then, one fine day, she vanished; **un de ces ~s, un ~ ou l'autre** one of these days; **à un de ces ~s!** see you soon!; **à ce ~** to this day, to date; **au ~ d'aujourd'hui** *fam* in this day and age. **-4.** *loc*: **mon/son (grand) ~** my/her (big) day; **le grand ~ pour elle/lui** her/his big day; **des grands ~s: son manteau/son discours des grands ~s** the coat she wears/the speech she makes on important occasions; **de tous les ~s** everyday *(avant n)*; **mes chaussures de tous les ~s** my everyday OU ordinary shoes, the shoes I wear everyday; **elle attend son ~** she's biding her time OU marking time; **ce n'est pas mon ~!** *fam* it's not my day!; **ce n'est (vraiment) pas le ~!, tu choisis bien ton ~!** *iron* you really picked your day!; **elle est dans un bon ~** she's having one of her good days; **il est dans un mauvais ~** he's having one of his off days.

B. CLARTÉ **-1.** [lumière] daylight; **un faible ~ éclairait la cuisine/la scène** the kitchen/the stage was lit by weak daylight; **le ~ baisse** it's getting dark; **il fait (encore) ~** it's still light; **il faisait grand ~** it was broad daylight; **le ~ se lève** the sun is rising; **avant le ~** before dawn OU daybreak; **au petit ~** at dawn OU daybreak; **~ et nuit, nuit et ~** day and night, night and day; **de ~ comme de nuit** day and night; **examine-le au** OU **en plein ~** look at it in the daylight ❑ **~ artificiel** artificial daylight. **-2.** [aspect]: **sous un certain ~** in a certain light; **présenter qqch/qqn sous un ~ favorable** to show sthg/sb in a favourable light; **se présenter sous un ~ positif** to come across well; **le marché apparaît sous un ~ défavorable** the market does not look promising ❑ **enfin, il s'est montré sous son vrai ~!** he's shown his true colours at last!; **voir qqn sous son vrai** OU **véritable ~** to see what sb's really like; **voir qqch sous son vrai** OU **véritable ~** to see sthg in its true light; **sous un faux ~** in a false light; **pendant longtemps, nous l'avons vue sous un faux ~** for a long time we didn't see her for what she really was. **-3.** *loc*: **donner le ~ à** [enfant] to give birth to, to bring into the world; [projet] to give birth to; [mode, tendance] to start; **jeter un ~ nouveau sur** to throw OU to cast new light on; **mettre au ~: mettre au ~ une information supplémentaire** to bring some new information to light; **voir le ~** to see the light of day; **ces peintures n'ont jamais vu le ~** these paintings have never seen the light of day.

C. OUVERTURE **-1.** [interstice - entre des planches] gap, chink; [- dans un feuillage] gap; **il fallut percer un ~ dans le mur de devant** an opening had to be made in the front wall. **-2.** ARCHIT opening; BX-ARTS light; **balcon/cloison à ~** openwork balcony/partition. **-3.** [fenêtre]: **~ de souffrance** window *(looking on to an adjacent property and subject to legal specifications)*; **faux ~** interior window. **-4.** COUT opening *(made by drawing threads)*; **des ~s** openwork, drawn work ❑ **~s de Venise** Venetian stitch. **-5.** MIN surface installations; **ouvrier de ~** surface worker. **-6.** *loc*: **se faire ~** to emerge, to become clear; **pour que la vérité se fasse ~** for the truth to emerge OU to come out; **sa personnalité a mis longtemps à se faire ~** it took a long time for his personality to come out OU to reveal itself; **l'idée s'est fait ~ dans son esprit** the idea dawned on her.

◆ **jours** *nmpl* **-1.** [vie] days, life; **il a fini ses ~s dans l'opulence** he ended his days OU life a wealthy man; **mettre fin à ses ~s** to put an end to one's life; **ses ~s sont comptés** his days are numbered; **ses ~s ne sont plus en danger** we no longer fear for her life. **-2.** [époque]: **de la Rome antique à nos ~s** from Ancient Rome to the present day; **passer des ~s heureux** to have a good time ❑ **les mauvais ~s** [les moments difficiles] unhappy days, hard times; [les jours où rien ne va] bad days; **des ~s meilleurs** better days, a happier time; **ses vieux ~s** his old age; **pense à tes vieux ~s** think of your old age; **de nos ~s** these days, nowadays; **de nos ~s on n'en fait plus** they don't make them anymore nowadays OU these days; **les beaux ~s** [printemps] springtime; [été] summertime; [beau temps] days when the weather is fine; **ah, c'étaient les beaux ~s!** [jeunesse] ah, those were the days!

◆ **à jour** ◇ *loc adj* [cahier, travail] kept up to date; [rapport] up-to-date, up-to-the-minute.
◇ *loc adv* up to date; **tenir/mettre qqch à ~** to keep/to bring sthg up to date; **mettre son journal intime à ~** to update one's diary, to bring one's diary up to date; **mettre sa correspondance à ~** to catch up on one's letter writing; **ce qui presse le plus, c'est la mise à ~ des registres** updating the ledgers is the most urgent task.

◆ **au grand jour** *loc adv*: **faire qqch au grand ~** *fig* to do sthg openly OU in broad daylight; **l'affaire fut étalée au grand ~** the affair was brought out into the open.

◆ **de jour** ◇ *loc adj* [hôpital, unité] day, daytime *(modif)*.
◇ *loc adv* [travailler] during the day; [conduire] in the daytime, during the day; **être de ~** to be on day duty OU on days.

◆ **du jour** *loc adj* [mode, tendance, préoccupation] current, contemporary; [homme] of the moment; **le journal du ~** the day's paper; **un œuf du ~** a new-laid OU newly-laid OU freshly-laid egg; **le poisson est-il du ~?** is the fish fresh (today)?

◆ **d'un jour** *loc adj* [gloire, colère] short-lived, ephemeral, transient.

◆ **par jour** *loc adv* daily, a day, per day; **travailler cinq heures par ~** to work five hours a day; **prenez-en trois fois par ~** take them three times a day.

Jourdain [ʒurdɛ̃] *npr m*: **le ~** the (River) Jordan.

journal, aux [ʒurnal, o] *nm* **-1.** [publication] paper, newspaper; **~ du matin/soir/dimanche** morning/evening/Sunday paper OU newspaper; **c'est dans** OU **sur le ~** it's in the paper; **~ grand format** broadsheet ❑ **~ d'entreprise** staff magazine, house journal; **le ~ de Genève** *Swiss daily newspaper*; **~ à scandale** scandal sheet; **le Journal officiel (de la République Française)** *official publication in which public notices appear*, ≃ Hansard *Br*, ≃ Federal Register *Am*. **-2.** [bureau]: **tu passeras au ~?** will you call in at the office OU the paper? ‖ [équipe]: **le ~ est en grève** the newspaper (staff) is on strike. **-3.** RAD & TV [informations]: **~ parlé/télévisé** radio/television news; **ce ~ est présenté par...** the news is read *Br* OU presented by...; **ils l'ont dit au ~** *fam* they said so on the news. **-4.** [carnet] diary, journal; **~**

(intime) private diary; tenir un ~ to keep a diary; ~ de bord NAUT log, logbook; ~ de classe *Belg* homework book; ~ de voyage travel diary. -5. COMM account book. -6. AGR ≃ acre.

LE JOURNAL OFFICIEL:
This bulletin prints information about new laws and summaries of parliamentary debates, and informs the public of any important government business. New companies are obliged by law to publish an announcement in the "Journal officiel".

---

journalier, ère [ʒurnalje, ɛr] *adj* daily.
◆ **journalier** *nm* AGR day labourer.

journalisme [ʒurnalism] *nm* journalism; faire du ~ to be a journalist; je fais un peu de ~ de temps en temps I write the odd (newspaper) article; il a 30 ans de ~ politique derrière lui he's been a political journalist for 30 years.

journaliste [ʒurnalist] *nmf* journalist, newspaperman (*f* newspaperwoman); assaillie par les ~s mobbed by reporters; les ~s de la rédaction the editorial staff.

journalistique [ʒurnalistik] *adj* journalistic; jargon ~ journalese.

journée [ʒurne] *nf* -1. [durée] day; par une belle ~ d'été on a beautiful summer OU summer's day; à quoi occupes-tu tes ~s? how do you spend your days?, what do you do during the day?; je n'ai rien fait de la ~ I haven't done a thing all day; en début de ~ early in the morning OU day; en fin de ~ at the end of the day, in the early evening; bonne ~! have a good OU *Am* nice day!; à une ~/deux ~s d'ici one day's/two days' journey away. -2. ÉCON & INDUST: la ~ de 8 heures the 8-hour day; faire des ~s de 12 heures to work a 12-hour day OU 12 hours a day; faire de longues ~s to work long hours; je commence/finis ma ~ à midi I start/stop work at noon; embauché/payé à la ~ employed/paid on a daily basis; une augmentation de la ~ de salaire an increase in daily wage; ~ de travail working day; faire des ~s (chez) [femme de ménage] to work as a daily *Br* OU a maid *Am* (for) ❑ ~ d'action day of (industrial) action; faire la ~ continue [entreprise] to work a continuous shift; [magasin] to stay open over the lunch hour. -3. [activité organisée] day; la ~ des enfants/du cinéma children's/film day; les ~s du cancer [séminaire] the cancer (research) conference; [campagne] cancer research (campaign) week *Br*; les ~s (parlementaires) du parti POL ≃ the (Parliamentary) Party conference *Br*, ≃ the party convention *Am* ❑ ~ d'études study day; ~ portes ouvertes open day.

journellement [ʒurnɛlmɑ̃] *adv* -1. [chaque jour] daily, every day. -2. [fréquemment] every day.

joute [ʒut] *nf* -1. HIST joust, tilt; ~ aquatique OU sur l'eau SPORT water jousting. -2. *litt* [rivalité] joust; [dialogue] sparring match; ~ littéraire/oratoire literary/verbal contest; ~ d'esprit battle of wits.

jouteur, euse [ʒutœr, øz] *nm, f* -1. SPORT water jouster. -2. *fig* & *sout* adversary, opponent.

jouvence [ʒuvɑ̃s] *nf* → **bain, eau, fontaine**.

jouvenceau, x [ʒuvɑ̃so] *nm hum* youngster, youth, stripling *hum*; ce n'est qu'un ~ he's but a mere stripling; je ne suis plus un ~ I'm no spring chicken.

jouvencelle [ʒuvɑ̃sɛl] *nf hum* damsel, maiden; ce n'est qu'une jouvencelle she's a mere slip of a lass.

jouxter [3] [ʒukste] *vt* to be adjacent to, to adjoin.

jovial, e, als OU **aux** [ʒɔvjal, o] *adj* [visage] jovial, jolly; [rire] jovial, hearty; [caractère] jovial, cheerful.

jovialement [ʒɔvjalmɑ̃] *adv* jovially.

jovialité [ʒɔvjalite] *nf* joviality, cheerfulness; sa ~ le rendait très populaire auprès de ses électeurs his cheerful manner made him very popular with his constituents.

joyau, x [ʒwajo] *nm* -1. [bijou] gem, jewel; les ~x de la couronne the crown jewels. -2. *fig*: le ~ de la marine française the jewel OU showpiece of the French Navy; le ~ de la poésie romantique the jewel of Romantic poetry; le manoir de Luré, véritable petit ~ de la Renaissance the Manor at Luré, a real little Renaissance gem.

joyeusement [ʒwajøzmɑ̃] *adv* joyfully, gladly; elle accepta ~ she gladly accepted.

joyeuseté [ʒwajøzte] *nf* [plaisanterie] pleasantry.

joyeux, euse [ʒwajø, øz] *adj* joyful, joyous, merry; mener joyeuse vie to lead a merry life; une joyeuse nouvelle glad tidings; et elle va occuper ta chambre pendant un mois? c'est ~! *iron* so she'll be using your room for a month? that'll be nice for you! ❑ c'est un ~ luron OU drille he's a jolly fellow; 'les Joyeuses Commères de Windsor' *Shakespeare* 'The Merry Wives of Windsor'.
◆ **joyeuses▼** *nfpl* balls, nuts, bollocks *Br*.

JT *nm abr de* journal télévisé.

jubé [ʒybe] *nm* jube, rood screen.

jubilaire [ʒybilɛr] ◇ *adj* jubilee *(modif)*; année ~ jubilee year.
◇ *nmf Helv* partygoer *(at a 'jubilé')*.

jubilant, e *fam* [ʒybilɑ̃, ɑ̃t] *adj* jubilant, exultant.

jubilation [ʒybilasjɔ̃] *nf* jubilation, exultation; avec ~ jubilantly.

jubilé [ʒybile] *nm* -1. [célébration de 50 ans d'existence] jubilee. -2. *Helv celebration marking the anniversary of a club, the arrival of a member of staff in a company etc.*

jubiler [3] [ʒybile] *vi* to be jubilant, to rejoice, to exult.

jucher [3] [ʒyʃe] ◇ *vt* to perch; juchée sur les épaules de son père perched on her father's shoulders; une casquette juchée sur le crâne a cap perched on his head; ~ qqn/qqch en haut d'un mur to perch sb/sthg on top of a wall.
◇ *vi* -1. [faisan, poule] to perch. -2. *fam* [personne] to live; il juche au cinquième he lives (up) on the fifth floor.
◆ **se jucher sur** *vp + prép* to perch (up) on.

Juda [ʒyda] *npr* Judah.

judaïcité [ʒydaisite] *nf* Jewishness.

judaïque [ʒydaik] *adj* Judaic, Judaical.

judaïser [3] [ʒydaize] *vt* to Judaize.

judaïsme [ʒydaism] *nm* Judaism.

judas [ʒyda] *nm* -1. [ouverture] judas (hole); ~ optique peephole. -2. [traître] Judas.

Judas [ʒyda] *npr*: ~ (Iscariote) Judas (Iscariot).

Judée [ʒyde] *npr f*: (la) ~ Judaea, Judea.

judéité [ʒydeite] *nf* Jewishness.

judéo-allemand, e [ʒydeɔalmɑ̃, ɑ̃d] (*mpl* judéo-allemands, *fpl* judéo-allemandes) *adj* Judaeo-German.
◆ **judéo-allemand** *nm* LING Judaeo-German.

judéo-chrétien, enne [ʒydeɔkretjɛ̃, ɛn] (*mpl* judéo-chrétiens, *fpl* judéo-chrétiennes) *adj* Judaeo-Christian.
◆ **Judéo-Chrétien, enne** *nm, f* Judaeo-Christian.

judéo-christianisme [ʒydeɔkristjanism] (*pl* judéo-christianismes) *nm* Judaeo-Christianity.

judéo-espagnol, e [ʒydeɔɛspaɲɔl] (*mpl* judéo-espagnols, *fpl* judéo-espagnoles) *adj* Judaeo-Spanish.
◆ **judéo-espagnol** *nm* LING Judaeo-Spanish.

judiciaire [ʒydisjɛr] *adj* judicial, judiciary.

judiciairement [ʒydisjɛrmɑ̃] *adv* judicially.

judicieusement [ʒydisjøzmɑ̃] *adv* [décider] judiciously, shrewdly; [agencer, organiser] cleverly.

judicieux, euse [ʒydisjø, øz] *adj* [personne, esprit] judicious, shrewd; [manœuvre, proposition, décision] shrewd; [choix] judicious; [plan] well thought-out.

judo [ʒydo] *nm* judo; au ~ in judo.

judogi [ʒydɔgi] *nm* judogi.

judoka [ʒydɔka] *nmf* judoka.

jugal, e, aux [ʒygal, o] *adj* jugal, zygomatic.

juge [ʒyʒ] *nm* -1. JUR judge; le ~ X Judge X; Madame/Monsieur le Juge X ≃ Mrs/Mr Justice X *Br* Judge X *Am*; jamais, Monsieur le ~! never, Your Honour!; les ~s ≃ the Bench; être nommé ~ to be appointed judge, ≃ to be raised to the Bench *Br*, ≃ to be appointed to the Bench *Am*; aller/se retrouver devant le ~ to appear/to end up in court ❑ ~ aux affaires matrimoniales divorce court judge; ~ de l'application des peines *judge who follows up the way an individual sentence is carried out during probation and post-release periods*; ~ d'enfants children's judge, juvenile magistrate *Br*; ~ d'instance, ~ de paix *vieilli* Justice of the Peace; ~ d'instruction ≃ examining magistrate OU justice *Br*, ≃ committing magistrate *Am*; on ne peut être à la fois ~ et partie you can't both judge and be judged. -2. [personne compétente]: j'en suis seul ~ I am sole judge (of the matter); je vous laisse ~ de la situation I'll let you be the judge of the situation; être bon/mauvais ~ en matière de to be a good/bad judge of. -3. SPORT judge; ~ de filet/fond net cord/foot fault judge; ~ d'arrivée finishing judge; ~ de ligne linesman; ~ de touche FTBL linesman; RUGBY linesman, touch judge. -4. BIBLE: le Livre des Juges, les Juges the Book of Judges, Judges.

jugé [ʒyʒe]
◆ **au jugé** *loc adv* by guesswork; au ~, je dirais que... at a guess, I would say that...; tirer au ~ to fire blind.

jugeable [ʒyʒabl] *adj* JUR judicable.

juge-arbitre [ʒyʒarbitr] (*pl* juges-arbitres) *nm* referee.

jugement [ʒyʒmɑ̃] *nm* -1. JUR [verdict] sentence, ruling, decision JUR; ~ demain the sentence will be passed tomorrow, a decision is expected tomorrow; prononcer OU rendre un ~ to pass sentence, to give a ruling JUR; faire passer qqn en ~ to bring sb to (stand) trial; passer en ~ to stand trial ❑ ~ déclaratoire declaratory judgment; ~ par défaut judgment in absentia OU default; ~ définitif final judgment. -2. RELIG: le ~ dernier the Last Judgment OU Judgement; le ~ de Dieu HIST the Ordeal. -3. [discernement] judgment, flair; erreur de ~ error of judgment; faire preuve de ~ to show sound OU good judgment; elle a du/n'a aucun ~ (en matière de...) she's a good/no judge (of...). -4. [évaluation] judgment; ~ préconçu prejudgment, preconception; un ~ téméraire a rash judgment; formuler un ~ sur qqch/qqn to express an opinion about sthg/sb; je n'aime pas porter de ~ sur le travail d'autrui I don't like to pass judgment on other people's work; c'est un ~ sans appel it's a harsh verdict; le ~ de l'histoire/la postérité the verdict of history/posterity ❑ ~ de valeur value judgment.

jugeote *fam* [ʒyʒɔt] *nf* commonsense.

juger [17] [ʒyʒe] *vt* -1. JUR [accusé] to try; [affaire] to judge, to try, to sit in judgment on; être jugé pour vol to be tried OU to stand trial for theft; elle a été jugée coupable/non coupable she was found guilty/not guilty ‖ *(en usage abs)*: l'histoire/la postérité jugera history/posterity will judge. -2. [trancher] to judge, to decide; à toi de ~ (si/quand...) it's up to you to decide OU to judge (whether/when...); ~ un différend to arbitrate in a dispute; ~ qui a tort to judge OU to decide who's wrong. -3. [se faire une opinion de] to judge; vous n'avez pas le droit de me ~! you have no right to judge me!; ~ qqch/qqn à sa juste valeur to form a correct opinion of sthg/sb ‖ *(en usage abs)*: moi, je ne juge pas I'm not in a position to judge, I'm not making any judgment; ~ par soi-même to judge for oneself; il ne faut pas ~ sur OU d'après les apparences don't judge from OU go by appearances. -4. [considérer]: ~ qqn capable/incompétent to consider sb capable/incompetent; jugé bon pour le service declared fit to join OU fit for the army; ~ qqch utile/

nécessaire to consider OU to judge sthg to be useful/necessary; **mesures jugées insuffisantes** measures deemed inadequate; ~ **qqn bien/mal** to have a good/poor opinion of sb; **vous me jugez mal** [à tort] you're misjudging me; ~ **bon de faire qqch** to think fit to do sthg; **agissez comme vous jugerez bon** do as you think fit OU appropriate.

◆ **juger de** *v + prép* to judge; **à en ~ par son large sourire** if her broad smile is anything to go by; **autant qu'on puisse en ~** as far as one can judge; **si j'en juge par ce que j'ai lu** judging from OU by what I've read, if what I've read is anything to go by; **jugez-en vous-même** judge OU see for yourself; **jugez de mon indignation** imagine my indignation, imagine how indignant I felt.

◆ **se juger** ◇ *vp (emploi réfléchi)*: **elle se juge sévèrement** she has a harsh opinion of herself. ◇ *vp (emploi passif)* -**1.** JUR: **l'affaire se jugera mardi** the case will be heard on Tuesday. -**2.** [se mesurer] to be judged; **le succès d'un livre se juge aux ventes** a book's success is judged by the numbers of copies sold.
◇ *vpi:* **les commerçants se jugent lésés** shopkeepers consider OU think themselves hard done by.

jugulaire [ʒygylɛr] ◇ *adj* ANAT jugular; **glandes/veines ~s** jugular glands/veins.
◇ *nf* -**1.** ANAT jugular (vein). -**2.** [bride] chin strap.

juguler [3] [ʒygyle] *vt* -**1.** [arrêter - hémorragie, maladie] to halt, to check; [- sanglots] to suppress, to repress; [- chômage] to curb; ~ **l'inflation** to curb inflation. -**2.** [étouffer - révolte] to quell.

juif, ive [ʒɥif, iv] *adj* Jewish.
◆ **Juif, ive** *nm, f* Jew (*f* Jewess); **'le Juif errant'** *Sue* 'The Wandering Jew'.
◆ **juif** *fam nm*: **le petit ~** the funny bone.

juillet [ʒɥijɛ] *nm* July; **la fête du 14 Juillet** *the fourteenth of July celebrations*; **la monarchie de ~** the July Monarchy.

LA FÊTE DU 14 JUILLET:
The celebrations to mark the anniversary of the storming of the Bastille begin on the 13th July with outdoor public dances ("les bals du 14 Juillet"), and continue on the 14th with a military parade in the morning and a firework display in the evening.

---

juilletiste [ʒɥijetist] *nmf person who goes on holiday in July.*

juin [ʒɥɛ̃] *nm* June.

juive [ʒɥiv] *f* → **juif**.

juiverie [ʒɥivri] *nf* -**1.** [quartier juif] Jewish quarter. -**2.**▼ **la ~** *antisemitic term used with reference to the Jewish community,* ≃ the Jewry.

jujube [ʒyʒyb] *nm* jujube (fruit).

jujubier [ʒyʒybje] *nm* jujube (tree).

juke-box [dʒukbɔks] (*pl inv* OU **juke-boxes**) *nm* jukebox.

jules▽ [ʒyl] *nm* -**1.** [amant] boyfriend; [mari] old man. -**2.** [souteneur] pimp.

Jules [ʒyl] *npr* [pape] Julius; ~ **César** [empereur] Julius Caesar.

julien, enne¹ [ʒyljɛ̃, ɛn] *adj* [année, période] Julian.

Julien [ʒyljɛ̃] *npr*: **Saint ~** Saint Julian; ~ **l'Apostat** Julian the Apostate.

juliénas [ʒyljenas] *nm* Julienas (wine).

julienne² [ʒyljɛn] *nf* -**1.** CULIN: ~ **(de légumes)** (vegetable) julienne; **potage à la ~** julienne (consommé). -**2.** ZOOL ling. -**3.** BOT dame's violet.

jumbo-jet [dʒœmbodʒɛt] (*pl* **jumbo-jets**) *nm* jumbo (jet).

jumeau, elle, x [ʒymo, ɛl] ◇ *adj* -**1.** BIOL twin *(modif)*. -**2.** [symétrique] twin *(modif)*, identical; **les flèches jumelles de la cathédrale** the twin spires of the cathedral.
◇ *nm, f* -**1.** BIOL twin; **vrais/faux ~x** identical/fraternal twins. -**2.** [sosie] double.
◆ **jumeau, x** *nm* -**1.** ANAT gemellus muscle. -**2.** CULIN neck of beef.
◆ **jumelle** [ʒymɛl] *nf* AUT: ~ **de ressort** (spring) shackle.
◆ **jumelles** *nfpl* -**1.** OPT binoculars; ~**s de théâtre** OU **spectacle** opera glasses; ~**s de campagne** field glasses. -**2.** NAUT fishes, fish pieces.

jumelage [ʒymlaʒ] *nm* -**1.** [association] twinning. -**2.** RAIL paired running.

jumelé, e [ʒymle] *adj* -**1.** [fenêtres] double; [colonne] twin; [villes] twin, twinned. -**2.** NAUT twin.
◆ **jumelé** *nm* first and second forecast.

jumeler [24] [ʒymle] *vt* -**1.** [villes] to twin; **être jumelé à** to be twinned with. -**2.** [moteurs] to combine, to couple.

jumelle [ʒymɛl] *f* → **jumeau**.

jument [ʒymɑ̃] *nf* mare; ~ **poulinière** brood mare.

jumping [dʒœmpiŋ] *nm* ÉQUIT showjumping.

jungle [ʒœ̃gl] *nf* -**1.** GÉOG jungle. -**2.** *fig* jungle; **la ~ des villes** the concrete jungle; **la ~ des affaires** the jungle of the business world.

junior [ʒynjɔr] ◇ *adj inv* -**1.** [fils] junior; **Douglas Fairbanks ~** Douglas Fairbanks Junior. -**2.** [destiné aux adolescents] junior; **les nouveaux blousons ~** the new jackets for teenagers. -**3.** [débutant] junior.
◇ *adj* SPORT junior; **les équipes ~s** the junior teams.
◇ *nmf* SPORT junior.

junker [junkœr] *nm* Junker.

junkie▽ [dʒœnki, *pl* dʒœnkiz] *nmf* junkie, junky.

Junon [ʒynɔ̃] *npr* Juno.

junte [ʒœ̃t] *nf* junta.

jupe [ʒyp] *nf* -**1.** VÊT skirt; ~ **cloche/entravée/plissée** bell/hobble/pleated skirt; ~ **à godets** OU **évasée** flared skirt; ~ **portefeuille** wrapover OU wraparound (skirt); **il est toujours dans les** OU **accroché aux ~s de sa mère** he's tied to his mother's apron strings. -**2.** TECH [d'un aéroglisseur] skirt, apron; [d'un piston, d'un rouleau] skirt.

jupe-culotte [ʒypkylɔt] (*pl* **jupes-culottes**) *nf* (pair of) culottes.

jupette [ʒypɛt] *nf* short skirt.

Jupiter [ʒypitɛr] *npr* -**1.** ASTRON Jupiter. -**2.** MYTH Jupiter, Jove.

jupon [ʒypɔ̃] *nm* VÊT petticoat, slip, underskirt.

juponner [1] [ʒypɔne] *vt* -**1.** [robe] to sew a petticoat on, to fit with an underskirt. -**2.** [table] to cover with a long tablecloth.

Jura [ʒyra] *npr m* -**1.** [en France]: **le ~** [chaîne montagneuse] the Jura (Mountains); [département] the Jura. -**2.** [en Suisse]: **le ~** the Jura (canton).

jurançon [ʒyrɑ̃sɔ̃] *nm* Jurançon wine *(from Southern France)*.

jurassien, enne [ʒyrasjɛ̃, ɛn] *adj* from the Jura.
◆ **Jurassien, enne** *nm, f inhabitant of or person from the Jura.*

jurassique [ʒyrasik] ◇ *adj* Jurassic.
◇ *nm*: **le ~** the Jurassic period.

juratoire [ʒyratwar] *adj* → **caution**.

juré, e [ʒyre] *adj* [ennemi] sworn; **je ne recommencerai plus – (c'est) ~?** I won't do it again – promise?
◆ **juré** *nm* JUR member of a jury, juror, juryman (*f* jurywoman); **les ~s ont délibéré** the jury has OU have reached a decision; **elle a été convoquée comme ~** she's had to report for jury service *Br* OU jury duty *Am*.

jurer [3] [ʒyre] ◇ *vt* -**1.** [promettre] to swear; ~ **allégeance/fidélité/obéissance à qqn** to swear OU to pledge allegiance/loyalty/obedience to sb; **il a juré ma perte** he has sworn OU vowed to bring about my downfall; **je te jure que c'est vrai** I swear it's true; **je jurerais que c'est vrai** I'd swear to it; **j'aurais juré que c'était elle** I could have sworn it was her; ~ **de faire qqch** to swear to do sthg; **j'ai juré de garder le secret** I'm sworn to secrecy; **elle m'a fait ~ de garder le secret** she swore me to secrecy; **elle a juré de ne plus jouer/boire** she's sworn OU pledged to give up gambling/drink ❑ **il a juré ses grands dieux qu'il n'en savait rien** *fam* he swore to God OU to heaven that he didn't know about it. -**2.** JUR [suj: témoin] to swear; **jurez-vous de dire la vérité, toute la vérité, rien que la vérité?** do you swear to tell the truth, the whole truth and nothing but the truth?; **dites je le jure – je le jure** do you so swear? – I swear OU I do ‖ *(en usage abs)*: ~ **sur la Bible/devant Dieu** to swear on the Bible/to God; ~ **sur l'honneur** to swear on one's honour; ~ **sur la tête de qqn** to swear on one's mother's grave.
◇ *vi* -**1.** [blasphémer] to swear, to curse; ~ **après qqn/qqch** to curse OU to swear at sb/sthg ❑ ~ **comme un charretier** to swear like a trooper. -**2.** [détonner - couleurs, architecture] to clash, to jar; **le foulard jure avec la robe** the scarf clashes with the dress. -**3.** *fig*: **elle ne jure que par l'huile de foie de morue** she swears by cod-liver oil; **ils ne jurent que par leur nouvel entraîneur** they swear by their new coach.
◆ **jurer de** *v + prép* -**1.** [affirmer]: ~ **de son innocence** to swear to one's innocence; ~ **de sa bonne foi** to swear that one is sincere ❑ **il ne faut ~ de rien** you never can tell. -**2.** [au conditionnel]: **j'en jurerais** I'd swear to it; **c'est peut-être mon agresseur, mais je n'en jurerais pas** he might be the man who attacked me but I wouldn't swear to it.
◆ **se jurer** ◇ *vp (emploi réciproque)*: **se ~ fidélité** to swear OU to vow to be faithful to each other.
◇ *vp (emploi réfléchi)*: **se ~ de faire** to promise o.s. OU to vow to do; **se ~ que** to vow to o.s. that.

juridiction [ʒyridiksjɔ̃] *nf* -**1.** [pouvoir] jurisdiction; **exercer sa ~** to exercise one's power; **tomber sous la ~ de** to come under the jurisdiction of. -**2.** [tribunal] court (of law); [tribunaux] courts (of law); ~ **d'instruction/de jugement** examining/penal courts; ~ **d'exception** special court; ~ **militaire** ≃ military courts; ~ **de premier degré** ≃ Court of first instance *Br*; ~ **de second degré** ≃ Court of Appeal *Br*, ≃ Appellate Court *Am*.

juridictionnel, elle [ʒyridiksjɔnɛl] *adj* jurisdictional.

juridique [ʒyridik] *adj* [langue, vocabulaire] legal, juridical; **il a une formation ~** he studied law; **acte/situation ~** legal transaction/situation.

juridiquement [ʒyridikmɑ̃] *adv* legally, juridically.

juridisme [ʒyridism] *nm* legalism.

jurisconsulte [ʒyriskɔ̃sylt] *nm* jurisconsult.

jurisprudence [ʒyrisprydɑ̃s] *nf* [source de droit] case law, jurisprudence; **faire ~** to set OU to create a precedent.

jurisprudentiel, elle [ʒyrisprydɑ̃sjɛl] *adj* jurisprudential.

juriste [ʒyrist] *nmf* jurist, law OU legal expert; ~ **d'entreprise** company lawyer.

juron [ʒyrɔ̃] *nm* swearword, oath; **proférer des ~s** to swear, to curse.

jury [ʒyri] *nm* -**1.** JUR jury; **membre du ~** juror, member of the jury; **il fait partie du ~** he sits on the jury. -**2.** SCOL board of examiners, jury. -**3.** BX-ARTS & SPORT panel OU jury (of judges).

jus [ʒy] *nm* -**1.** [boisson] juice; ~ **de citron/tomate** lemon/tomato juice; **ces oranges rendent** OU **donnent beaucoup de ~** these oranges are very juicy ❑ ~ **de fruit** OU **fruits** fruit juice; **le ~ de la treille** wine. -**2.** CULIN juice, gravy; ~ **(de viande)** juice (from the meat); **cuire** OU **mijoter dans son ~**▽ to stew in one's (own) juice; **c'est du ~ de chaussettes, leur café** *fam* their coffee tastes like dishwater. -**3.** *fam* [café] coffee; **tu prends un ~?** are you having a cup (of coffee)? -**4.** *fam* [courant électrique] juice; **attention, tu vas prendre le ~!** watch out, you'll get a shock! -**5.** *fam* [eau]: **tout le monde au ~!** everybody in (the water)!; **ils ont mis Paul au ~** they've thrown Paul in OU into the water; **il est allé au ~** [matelot] he fell into the drink. -**6.** *arg mil*: **c'est 16 jours au ~** it's 16 days to demob (day) *Br*, it's only 16 days until I'm/we're discharged

Am. -**7.** BX-ARTS glaze. -**8.** *fam loc*: **être au ~** [au courant] to know.

jusant [ʒyzɑ̃] *nm* ebb tide.

jusqu'au-boutisme *fam* [ʒyskobutism] *nm* [d'un individu] hard-line attitude; POL hard-line policy.

jusqu'au-boutiste *fam* [ʒyskobutist] (*pl* jusqu'au-boutistes) ◇ *nmf* POL hard-liner; **c'est un ~** he's a hard-liner.
◇ *adj* hard-line.

jusque [ʒyskə] (*devant voyelle ou h muet* **jusqu'** [ʒysk], *littéraire devant voyelle* **jusques** [ʒyskə]) *prép* -**1.** [dans l'espace] (*suivi d'une préposition*): **elle m'a suivi ~ chez moi** she followed me all the way home; **les nuages s'étendront ~ vers la Bourgogne** the clouds will spread as far as Burgundy; **je suis monté jusqu'en haut de la tour** I climbed (right) up to the top of the tower; **du haut jusques en bas** *litt* from top to bottom || (*suivi d'un adverbe*): **jusqu'où?** how far?; **jusqu'où iront-ils?** (just) how far will they go?; **jusqu'où peut aller la bêtise/cruauté!** (just) how stupid/cruel can people be! ❑ **jusques et y compris** up to and including; **jusques et y compris la page 15** up to and including page 15. -**2.** [dans le temps] (*suivi d'une préposition*): **j'attendrai ~ vers 11 h** I'll wait till OU until about 11 o'clock; **jusqu'en avril** until OU till April || (*suivi d'un adverbe*): **jusqu'alors** (up) until OU till then; **~ tard** until OU till late; **~ tard dans la nuit** until OU till late at night. -**3.** [même, y compris] even; **il y avait du sable ~ dans les lits** there was even sand in the beds; **j'ai cherché ~ sous les meubles** I even looked underneath the furniture.

◆ **jusqu'à** *loc prép* -**1.** [dans l'espace]: **jusqu'à Marseille** as far as Marseilles; **le train va-t-il jusqu'à Nice?** does the train go all the way to Nice OU as far as Nice?; **lisez jusqu'à la page 30 incluse** read up to and including page 30; **il a rempli les verres jusqu'au bord** he filled the glasses (right up) to the brim; **le sous-marin peut plonger jusqu'à 3 000 m de profondeur** the submarine can dive (down) to 3,000 m; **elle avait de l'eau jusqu'aux genoux** she was up to her knees in water; **il y a 300 m de chez nous jusqu'à la gare** it's 300 m from our house to the station. -**2.** [dans le temps] until; **la pièce dure jusqu'à quelle heure?** what time does the play finish?; **jusqu'à 15 ans** until the age of 15; **je suis en congé jusqu'au 17 juillet inclus** I'm on holiday until July 17th (inclusive); **jusqu'à quand peut-on s'inscrire?** when's the last (possible) date for registering?; **tu vas attendre jusqu'à quand?** how long are you going to wait?; **il ne veut pas porter de casque, jusqu'au jour où il aura un accident!** he won't wear a helmet, until he has an accident one day!; **jusqu'à nouvel ordre** until further notice; **jusqu'à preuve du contraire** as far as I know; **jusqu'à plus ample informé** pending further information, until further information is available; **de lundi jusqu'à mardi** from Monday to OU until OU till Tuesday; **de 15 h jusqu'à 18 h** from 3 p.m. to OU until OU till 6 p.m.; **j'ai jusqu'à demain pour finir mon rapport** I've got (up) until OU till tomorrow to finish my report; **jusqu'à hier** (up) until OU till yesterday; **jusqu'à maintenant, jusqu'à présent** up to now, until now, till now; **jusqu'à aujourd'hui, jusqu'aujourd'hui** (up) until OU till today. -**3.** [indiquant le degré]: **jusqu'à quel point peut-on lui faire confiance?** to what extent OU how far can we trust him?; **jusqu'à 60 % de réduction sur les fourrures!** up to 60% discount on furs!; **elle peut soulever jusqu'à 150 kg** she can lift up to 150 kg; **un amour maternel qui allait jusqu'à l'adoration** motherly love bordering on adoration; **sa désinvolture va jusqu'à l'insolence** he's relaxed to the point of insolence; **aller jusqu'à** to go as far as; **j'irais jusqu'à dire que c'était délibéré** I would go as far as to say it was done on purpose; **j'irai jusqu'à 100 francs, pas plus** I'll go as far as 100 francs, no more; **jusqu'à concurrence de 3 000 francs** up to 3,000 francs maximum, up to (a limit of) 3,000 francs ❑ **il nous aura embêtés jusqu'à la fin** OU **la gauche** *fam*! he will have been a nuisance to us (right) to the bitter end!; **jusqu'au bout des ongles** through and through. -**4.** [même, y compris] even; **il n'est pas jusqu'aux enfants qui ne se battent** even the children are fighting; **il n'est pas jusqu'aux puits qui ne soient pollués** even wells have been polluted; **ils ont tout emporté, jusqu'aux meubles** they took everything away, even the furniture OU furniture and all; **il a mangé tous les bonbons jusqu'au dernier** he's eaten all the sweets (down to the last one), he's eaten every last OU single sweet.

◆ **jusqu'à ce que** *loc conj* until; **je les aiderai jusqu'à ce qu'ils soient tirés d'affaire** I'll help them until they've sorted themselves out; **tout allait bien jusqu'à ce qu'il arrive** everything was going fine until he turned up.

◆ **jusqu'au moment où** *loc conj* until; **je t'ai attendu jusqu'au moment où j'ai dû partir pour mon rendez-vous** I waited for you until I had to go to my meeting.

◆ **jusque-là** *loc adv* -**1.** [dans le présent] up to now, (up) until OU till now; [dans le passé] up to then, (up) until OU till then; **~-là, tout va bien** so far so good; **tout s'était bien passé ~-là** everything had gone well (up) until OU till OU to then. -**2.** [dans l'espace]: **je ne suis pas allé ~-là pour rien** I didn't go all that way for nothing; **ils sont arrivés ~-là et puis ils sont repartis** they got so far and then they left; **on avait de l'eau ~-là** the water was up to here; **je n'ai pas encore lu ~-là** I haven't got OU read that far yet ❑ **j'en ai ~-là de tes caprices!** *fam* I've had it up to here with your whims!, I'm sick and tired of your whims!; **s'en mettre ~-là** *fam* to stuff one's face (full of food); **on s'en est mis ~-là!** *fam* we stuffed ourselves OU our faces!

◆ **jusqu'ici** *loc adv* -**1.** [dans l'espace] (up) to here, as far as here; **approchez-vous jusqu'ici** come as far as here; **je ne suis pas venu jusqu'ici pour rien!** I haven't come all this way OU as far as this for nothing! -**2.** [dans le temps] so far, until now, up to now; **nous n'avons pas eu de nouvelles jusqu'ici** up to now OU so far we haven't had any news; **jusqu'ici, rien de grave** nothing serious so far.

justaucorps [ʒystokɔr] *nm* -**1.** [de gymnaste, de danseur] leotard. -**2.** HIST jerkin.

juste [ʒyst] ◇ *adv* -**1.** [avec justesse]: **chanter ~** to sing in tune; **deviner ~** to guess correctly OU right; **tomber ~** to guess right, to hit the nail on the head; **voir ~** to think straight; **tu as vu OU deviné ~!** you guessed correctly OU right!; **sa remarque a touché ~** his remark struck home. -**2.** [exactement] exactly, just; **il a fait ~ ce qu'il fallait** he did just OU exactly what he had to; **il est 9 h ~** it's exactly 9 o'clock; **le train part à 2 h ~** the train leaves at 2 o'clock exactly; **ça fait ~ 30 francs** that comes to exactly 30 francs; **la balle est passée ~ à côté du poteau** the ball went just past the post; **c'est ~ là** it's just there; **tu arrives ~ à temps** you've come just in time; **~ quand OU comme le téléphone sonnait** just as OU when the phone was ringing; **il s'est fait renvoyer? — tout ~!** so he was dismissed? — he was indeed! -**3.** [à peine, seulement] just; **il vient ~ d'arriver** he's just (this minute) arrived; **il est ~ 9 h, vous n'allez pas partir déjà** it's only 9 o'clock, you're not going to leave already; **je voudrais ~ de quoi faire une jupe** I'd like just enough to make a skirt; **c'est ~ que je ne voulais pas te déranger** it's only OU just that I didn't want to disturb you; **tout ~**: **j'ai tout ~ le temps de prendre un café** I've just about enough OU I've just got enough time to have a cup of coffee; **j'ai tout ~ eu le temps de m'abriter** I only just had (enough) time to run for cover; **c'est tout ~ s'il ne m'a pas frappé** he very nearly OU all but hit me; **c'est tout ~ si je m'en souviens** I can hardly OU barely remember; **c'est tout ~ s'il dit bonjour** he hardly bothers to say hello, you're lucky if he says hello. -**4.** [en quantité insuffisante]: **un gâteau pour 8, ça fait (un peu) ~** one cake for 8 people, that won't go very far; **tu as coupé le tissu un peu ~** you've cut the material a bit on the short side.
◇ *adj* -**1.** [équitable - partage, décision, personne] fair, just; **être ~ envers OU avec qqn** to be fair to sb; **elle n'a pas eu de chance, soyons ~s!** she hasn't had any luck, let's be fair!; **pour être ~ envers elle** in fairness to her, to be fair to her; **il ne serait que ~ qu'il soit remboursé** it would only be fair OU right for him to get his money back; **c'est pas ~!** *fam* it's not fair OU right! || (*avant le n*) [justifié - cause, récompense, punition] just; [- requête] legitimate; [- colère] just, legitimate. -**2.** (*après le n*) [exact - calcul, compte, réponse] right; **as-tu l'heure ~?** have you got the right OU exact time? || [dans son fonctionnement - horloge] accurate, right; [- balance] accurate, true. -**3.** [précis - terme, expression] appropriate, right. -**4.** [serré - habit] tight; [- chaussures] tight, small; **la nappe est un peu ~ en longueur/largeur** the tablecloth is a bit on the short/narrow side; **trois bouteilles pour sept personnes, c'est un peu ~!** three bottles for seven people, that's cutting it rather fine!; **une heure pour aller à l'aéroport, c'est trop ~** an hour to get to the airport, that's not enough; **ses notes sont trop ~s pour que vous le laissiez passer** his marks are too borderline for you to pass him || [de justesse]: **elle a réussi l'examen, mais c'était ~** she passed her exam, but it was a close thing. -**5.** (*après le n*) [compétent] good; **avoir l'oreille/le coup d'œil ~** to have a good ear/eye || [sensé, judicieux - raisonnement] sound; [- objection, observation] relevant, apt; **ta remarque est tout à fait ~!** your comment is quite right!; **très ~!** quite right!, good point!; **j'ai moins d'expérience que lui — c'est ~** I'm less experienced than he is — that's true OU right || MUS [voix, instrument] true, in tune; [note] true, right; **le piano n'est pas ~** the piano is out of tune. -**6.** (*avant le n*) [approprié]: **apprécier qqch à son ~ prix** to appreciate the true value OU worth of sthg; **apprécier qqn à sa ~ valeur** to appreciate the true worth OU value of sb ❑ **le ~ milieu** the golden mean *litt* OU happy medium; **il faut trouver un ~ milieu** we have to find a happy medium.
◇ *nm* just man; **les ~s** the just.

◆ **à juste titre** *loc adv* [préférer] understandably, rightly; [croire] correctly, justly, rightly; **elle s'est emportée, (et) à ~ titre** she lost her temper and understandably OU rightly so.

◆ **au juste** *loc adv* exactly; **combien sont-ils au ~?** how many (of them) are there exactly?; **qu'est-ce que ça veut dire au ~?** what does that mean exactly?

◆ **au plus juste** *loc adv*: **calculer qqch au plus ~** to calculate sthg to the nearest penny; **le budget a été calculé au plus ~** the budget was calculated down to the last penny.

◆ **comme de juste** *loc adv* of course, naturally; **comme de ~, elle avait oublié** she'd forgotten, of course; **et comme de ~, tu n'as pas d'argent!** and of course OU naturally, you haven't got any money!

◆ **juste ciel, juste Dieu** *interj* good heavens, heavens (above).

justement [ʒystəmɑ̃] *adv* -**1.** [à ce moment précis]: **voilà ~ Paul** talking of Paul, here he is; **j'ai ~ besoin d'une secrétaire** actually OU as it happens, I need a secretary; **j'allais ~ te téléphoner** I was just going to phone you. -**2.** [pour renforcer un énoncé] quite, just so; **il se met vite en colère — ~, ne le provoque pas!** he loses his temper very quickly — quite OU exactly OU that's right, so don't provoke him! -**3.** [exactement] exactly, precisely; **j'ai ~ ce qu'il vous faut** I've got exactly OU just what you need; **c'est ~ pour cela que je lui en veux** that's precisely OU exactly why I'm annoyed with her. -**4.** [pertinemment] rightly, justly; **comme tu l'as dit si ~** as you (so) rightly said. -**5.** [avec justice, équité] rightly, justly; **elle fut ~ récompensée/condamnée** she was justly rewarded/condemned.

justesse [ʒystɛs] *nf* -**1.** [d'un raisonnement, d'un jugement] soundness; [d'une observation] appropriateness, aptness, relevance; [d'un terme, d'un ton] appropriateness, aptness; **elle raisonne avec ~** her reasoning is sound, she has sound reasoning. -**2.** MATH & MUS accuracy; [d'un mécanisme, d'une horloge, d'une balance] accuracy, precision.
◆ **de justesse** *loc adv* just, barely, narrowly; **il a gagné de ~** he won by a narrow margin OU by a hair's breadth; **j'ai eu mon permis de ~** I only just passed my driving test; **on a eu le train de ~** we caught the train with only moments to spare, we only just caught the train; **on a évité la collision de ~** we very nearly had a crash.

justice [ʒystis] *nf* -**1.** [équité] justice, fairness; **il traite ses hommes avec ~** he treats his men fairly OU justly OU with fairness; **en bonne ~** in all fairness; **ce n'est que ~** it's only fair; **ce n'est que ~ qu'elle obtienne le rôle** it's only fair OU just that she should get the part ❑ **~ sociale** social justice. -**2.** JUR: **la ~** the law; **rendre la ~** to administer OU to dispense justice; **avoir la ~ pour soi** to have the law on one's side; **avoir des démêlés avec la ~** to fall foul of the law; **il fuit la ~ de son pays** he's on the run from the law in his country; **il a fait des aveux à la ~** he confessed to the law ❑ **~ expéditive** OU **sommaire** summary justice; **la ~ militaire** military law. -**3.** [réparation] justice; **demander ~** to ask for justice to be done; **obtenir ~** to obtain justice; **nous voulons que ~ soit faite!** we want justice to be done!; **faire ~** [venger une faute] to take the law into one's own hands; **~ est faite** justice is done; **faire ~ de qqch** [montrer que c'est nocif] to prove sthg to be bad; [le réfuter] to prove sthg wrong, to give the lie to sthg; **se faire ~** [se venger] to take the law into one's own hands; [se tuer] to take one's (own) life; **rendre ~ à qqn** to do sb justice; **rendons-lui cette ~ qu'elle a fait beaucoup d'efforts** she made a big effort, let's be fair OU let's grant her that; **la postérité rendra ~ à son courage** posterity will recognize his courage; **la Justice** [symbole, allégorie] Justice ❑ **~ immanente** immanent justice.
◆ **de justice** *loc adj*: **un homme de ~** a man of the law.
◆ **en justice** *loc adv* JUR: **poursuivre qqn en ~** to bring proceedings against sb, to take sb to court; **aller en ~** to go to court; **passer en ~** to stand trial, to appear in court; **traduire qqn en ~** to bring sb to trial.

justiciable [ʒystisjabl] ◇ *adj* -**1.** [responsable]: **~ de** answerable for; **pour ses électeurs, il est ~ de sa politique** he is answerable to the electorate for his policies; **pour les héritiers, je suis ~ de la gestion des biens** as far as the heirs are concerned, I am legally responsible for the management of the estate. -**2.** **~ de** [qui requiert] requiring; **maladie ~ d'hydrothérapie** illness requiring OU which calls forhydrotherapy. -**3.** JUR: **il est ~ des tribunaux pour enfants** he is subject to OU comes under the jurisdiction of the juvenile courts.
◇ *nmf* person liable OU subject to trial; **les ~s** those due to be tried.

justicier, ère [ʒystisje, ɛr] ◇ *adj* -**1.** [qui rend la justice] justiciary *(modif)*. -**2.** [qui fait justice lui-même]: **le jury a condamné le mari ~** the jury condemned the husband who took the law into his own hands; **emporté par sa fougue justicière** carried away by his burning desire to enforce justice.
◇ *nm, f* [redresseur de torts] righter of wrongs; **il faut toujours qu'elle s'érige en justicière** she's always setting herself up as a righter of wrongs.
◆ **justicier** *nm* HIST justiciar.

justifiable [ʒystifjabl] *adj* justifiable; **tous vos arguments doivent être ~s** you must be able to justify OU to substantiate every one of your arguments; **sa négligence n'est pas ~** his negligence is unjustifiable OU cannot be justified.

justifiant, e [ʒystifjɑ̃, ɑ̃t] *adj* saving *(avant n)* RELIG.

justificateur, trice [ʒystifikatœr, tris] *adj* [témoignage] justifying, justificatory.
◆ **justificateur** *nm* IMPR & INF justifier.

justificatif, ive [ʒystifikatif, iv] *adj* [rapport] justificatory, supporting; [facture] justificatory; **document ~ d'identité** written proof of one's identity ❑ **pièces justificatives** ADMIN [pour une inscription, un passeport] supporting documents.
◆ **justificatif** *nm* -**1.** ADMIN written proof OU evidence; **à adresser à la Comptabilité avec ~s** to be sent to the Accounts Department with all necessary receipts. -**2.** PRESSE press cutting OU clipping.

justification [ʒystifikasjɔ̃] *nf* -**1.** [motivation - d'une attitude, d'une politique] justification; **la ~ de la violence** apology for OU justification of violence. -**2.** [excuse] justification, reason; **vos ~s ne m'intéressent pas** I'm not interested in your reasons OU excuses *péj*. -**3.** ADMIN (written) proof *(of expenses incurred)*; **~ d'identité** proof of identity. -**4.** IMPR & INF justification; **~ de tirage** IMPR limitation notice.

justifier [9] [ʒystifje] *vt* -**1.** [motiver - conduite, mesure, dépense] to justify, to vindicate; **rien ne saurait ~ de tels propos** there's no possible justification for speaking in such terms. -**2.** [confirmer - crainte, théorie] to justify, to confirm, to back up *(sép)*; **il a tout fait pour ~ ses dires** he did everything to try and back up his statements. -**3.** [prouver - affirmation] to prove, to justify; [- versement] to give proof OU evidence of. -**4.** [innocenter] to vindicate. -**5.** IMPR & INF to justify; **le paragraphe est justifié à gauche/droite** the paragraph is left-/right-justified.
◆ **justifier de** *v + prép*: **~ de son identité** to prove one's identity; **pouvez-vous ~ de ce diplôme?** can you provide evidence that OU can you prove that you are the holder of this qualification?
◆ **se justifier** *vp (emploi réfléchi)* to justify o.s.; **je n'ai pas à me ~ devant toi** I don't have to justify myself to you, I don't owe you any explanations; **se ~ d'une accusation** to clear o.s. of an accusation, to clear one's name.

Justinien [ʒystinjɛ̃] *npr* Justinian.

jute [ʒyt] *nm* jute; **de** OU **en ~** jute *(modif)*.

juter [3] [ʒyte] *vi* [fruit] to ooze with juice; [viande] to give out OU to release a lot of juice; **ce sont des oranges qui jutent beaucoup** these oranges are very juicy OU are full of juice.

juteux, euse [ʒytø, øz] *adj* -**1.** [fruit, viande] juicy. -**2.** *fam* [transaction] juicy; **c'est une affaire bien juteuse!** that business is a real gold mine!
◆ **juteux** *nm arg mil* adjutant.

Jütland [ʒytlɑ̃d] *npr m*: **le ~** Jutland.

Juvénal [ʒyvenal] *npr* Juvenal.

juvénile [ʒyvenil] *adj* -**1.** [jeune - silhouette] young, youthful; [- ardeur, enthousiasme] youthful; **il avait toujours gardé une passion ~ pour les motos** he'd always kept his youthful passion for motorbikes. -**2.** PHYSIOL juvenile. -**3.** GÉOL & MINÉR juvenile. -**4.** ENTOM: **hormone ~** juvenile hormone.

juvénilité [ʒyvenilite] *nf litt* youthfulness, juvenility.

juxtalinéaire [ʒykstalineɛr] *adj* line-by-line, (placed) parallel.

juxtaposé, e [ʒykstapoze] *adj* juxtaposed.

juxtaposer [3] [ʒykstapoze] *vt* to juxtapose, to place side by side; **~ un mot à un autre** to juxtapose two words.

juxtaposition [ʒykstapozisjɔ̃] *nf* juxtaposition.

Jylland [ʒilɑ̃d] = **Jütland**.

K

k, K [ka] *nm* k.

k (*abr écrite de* **kilo**) k.

K (*abr écrite de* **kilo-octet**) K.

K2 *npr m*: le ~ K2.

K7 (*abr de* **cassette**) *nf* cassette; radio-~ radio-cassette.

kabbale [kabal] = **cabale 2**.

kabbaliste [kabalist] = **cabaliste**.

kabbalistique [kabalistik] = **cabalistique**.

Kaboul [kabul] *npr* Kabul.

kabuki [kabuki] *nm* Kabuki.

Kabul [kabul] = **Kaboul**.

kabyle [kabil] *adj* Kabylian.
◆ **Kabyle** *nmf* Kabylian.
◆ **kabyle** *nm* LING Kabylian.

Kabylie [kabili] *npr f*: (la) ~ Kabylia.

kafkaïen, enne [kafkajɛ̃, ɛn] *adj* Kafkaesque.

Kaiser [kajzɛr] *npr m*: le ~ the Kaiser.

kakatoès [kakatɔɛs] = **cacatoès**.

kaki [kaki] ◇ *adj inv* [couleur] khaki.
◇ *nm* -**1.** [couleur] khaki. -**2.** BOT (Japanese) persimmon, kaki.

kalachnikov [kalaʃnikɔf] *nm* kalashnikov.

Kalahari [kalaari] *npr m*: le ~ the Kalahari Desert.

kaléidoscope [kaleidɔskɔp] *nm* -**1.** OPT kaleidoscope. -**2.** *fig* rapidly changing pattern.

kaléidoscopique [kaleidɔskɔpik] *adj* kaleidoscopic, kaleidoscopical.

kali [kali] *nm* -**1.** BOT kali, saltwort. -**2.** CHIM potash.

kaliémie [kaliemi] *nf* kaliaemia.

Kalinine [kalinin] *npr* Kalinin.

Kama Sutra [kamasutra] *npr m*: le ~ the Kama Sutra.

kamikaze [kamikaz] *nm* kamikaze.

Kampala [kɑ̃pala] *npr* Kampala.

Kampuchéa [kɑ̃putʃea] *npr m*: le ~ Kampuchea.

kampuchéen, enne [kɑ̃putʃeɛ̃, ɛn] *adj* Kampuchean.

kanak, e [kanak] = **canaque**.

Kandinsky [kɑ̃dinski] *npr* Kandinski.

kandjar [kɑ̃dʒar] *nm* khandjar, khanjar.

Kandy [kandi] *npr* Kandy.

kangourou [kɑ̃guru] *nm* -**1.** ZOOL kangaroo. -**2.** (*comme adj*) RAIL: technique ~ rail-road transport.

Kansas [kɑ̃sas] *npr m*: le ~ Kansas.

kantien, enne [kɑ̃sjɛ̃, ɛn] *adj* Kantian.

kantisme [kɑ̃tism] *nm* Kantianism.

kaolin [kaɔlɛ̃] *nm* kaolin.

kaolinisation [kaɔlinizasjɔ̃] *nf* kaolinization.

kaolinite [kaɔlinit] *nf* kaolinite.

kapok [kapɔk] *nm* kapok.

kapokier [kapɔkje] *nm* ceiba (tree), kapok tree.

kappa [kapa] *nm* kappa.

Karachi [karaʃi] *npr* Karachi.

Karakorum [karakɔrum], **Karakoram** [karakɔram] *npr m*: le ~ the Karakoram Range.

karakul [karakyl] = **caracul**.

karaté [karate] *nm* karate.

karatéka [karateka] *nmf*: c'est une ~ she does karate.

karité [karite] *nm* shea (tree).

karma [karma], **karman** [karman] *nm* karma.

Karnak [karnak] *npr* Karnak.

karst [karst] *nm* karst.

karstique [karstik] *adj* karstic.

kart [kart] *nm* kart, go-kart; faire du ~ to go-kart, to go karting.

karting [kartiŋ] *nm* karting, go-karting; faire du ~ to go-kart, to go karting.

kasher [kaʃɛr] *adj inv* kosher.

Katanga [katɑ̃ga] *npr m* Katanga.

Katar [katar] *npr m*: le ~ Katar, Qatar.

Katmandou, Kàtmàndù [katmɑ̃du] *npr* Katmandu, Kathmandu.

Katowice [katɔvitse] *npr* Katowice.

kava [kava] = **kawa 1**.

kawa [kawa] *nm* -**1.** BOT kawakawa, peppertree. -**2.** *fam* [boisson] coffee.

Kawasaki [kawazaki] *npr* Kawasaki.

kayak [kajak] *nm* kayak.

kayakiste [kajakist] *nmf* kayaker.

kazakh, e [kazak] *adj* Kazakh.
◆ **Kazakh, e** *nm, f* Kazakh.
◆ **kazakh** *nm* LING Kazakh.

Kazakhstan [kazakstɑ̃] *npr m*: le ~ Kazakhstan; au ~ in Kazakhstan.

keffieh [kefje] *nm* keffiyeh, kaffiyeh.

kéfir [kefir] = **képhir**.

kelvin [kɛlvin] *nm* kelvin.

kendo [kɛndo] *nm* kendo.

Kentucky [kɛntyki] *npr m*: le ~ Kentucky.

Kenya [kenja] *npr m*: le ~ Kenya; au ~ in Kenya.

kenyan, e [kenjɑ̃, an] *adj* Kenyan.
◆ **Kenyan, e** *nm, f* Kenyan.

kenyapithèque [kenjapitɛk] *nm* kenyapithecus.

képhir [kefir] *nm* kefir, kephir.

képi [kepi] *nm* kepi.

kératine [keratin] *nf* keratin.

kératinisation [keratinizasjɔ̃] *nf* keratinization.

kératinisé, e [keratinize] *adj* keratinized.

kératite [keratit] *nf* keratitis.

kératoplastie [keratɔplasti] *nf* keratoplasty.

kératose [keratoz] *nf* keratosis.

Kerguelen [kɛrgelɛn] *npr fpl*: (îles) ~ Kerguelen (islands).

kermès [kɛrmɛs] *nm* -**1.** ENTOM kermes. -**2.** BOT: (chêne) ~ Kermes oak. -**3.** MINÉR: ~ minéral kermesite.

kermesse [kɛrmɛs] *nf* [dans les Flandres] kermis, kirmess; [de charité] charity fête, bazaar; ~ paroissiale church fête.

kérogène [kerɔʒɛn] *nm* kerogen.

kérosène [kerɔzɛn] *nm* kerosene, kerosine.

kerria [kerja] *nm* kerria BOT, Jew's mallow.

ketch [kɛtʃ] *nm* ketch.

ketchup [kɛtʃœp] *nm* ketchup.

keynésien, enne [kenezjɛ̃, ɛn] *adj* Keynesian.

KF -**1.** *abr écrite de* **kilofrancs**. -**2.** *abr écrite de* **café**.

kg (*abr écrite de* **kilogramme**) kg.

KGB *npr m* KGB.

khâgne [kaɲ] *nf arg scol second year of a two-year preparatory Arts course prior to the competitive examination for entry to the École normale supérieure.*

khâgneux, euse [kaɲø, øz] *nm, f arg scol student in "khâgne".*

khalife [kalif] = **calife**.

khamsin [xamsin] *nm* khamsin.

khan [kɑ̃] *nm* -**1.** [titre] khan. -**2.** [abri] khan.

Khania [kanja] *npr* Khania.

Kharkov [karkɔf] *npr* Kharkov.

Khartoum [kartum] *npr* Khartoum.

Khatchatourian [katʃaturjɑ̃] *npr* Khachaturian.

khédive [kediv] *nm* khedive.

Khéops [keɔps] *npr* Cheops; la grande pyramide de ~ the Great Pyramid of Cheops.

khi [ki] *nm inv* chi.

khmer, ère [kmɛr] *adj* Khmerian.
◆ **Khmer, ère** *nm, f* Khmer; les Khmers the Khmers.
◆ **khmer** *nm* LING Khmer.

khôl [kol] *nm* kohl.

Khrouchtchev [krutʃef] *npr*: Nikita ~ Nikita Khrushchev.

kibboutz [kibuts] (*pl inv* OU **kibboutzim** [-tsim]) *nm* kibbutz; travailler dans un ~ to work on a kibbutz.

kick(-starter) [kik(startɛr)] *nm* kick-starter, kick-start.

kid *fam* [kid] *nm* [gamin] kid.

kidnapper [3] [kidnape] *vt* [personne] to kidnap.

kidnappeur, euse [kidnapœr, øz] *nm, f* kidnapper.

kidnapping [kidnapiŋ] *nm* kidnapping.

Kiev [kjɛf] *npr* Kiev.

kif [kif] *nm* [haschisch] kif, kef.

kif-kif *fam* [kifkif] *adj inv*: c'est ~ (bourricot) it's all the same, it makes no odds *Br*, it's six of one and half a dozen of the other.
kiki *fam* [kiki] *nm* -**1.** [cou] neck; [gorge] throat; serrer le ~ à qqn to throttle OU to strangle sb. -**2.** *loc*: c'est parti, mon ~! here we go!
kil▽ [kil] *nm* bottle (of wine); un ~ de rouge a bottle of cheap red wine OU (red) plonk *Br*.
kilim [kilim] *nm* kilim.
Kilimandjaro [kilimɑ̃dʒaro] *npr m*: le ~ (Mount) Kilimanjaro.
kilo [kilo] (*abr de* **kilogramme**) *nm* kilo.
kilofranc [kilɔfrɑ̃] *nm* a thousand francs.
kilogramme [kilɔgram] *nm* kilogramme.
kilohertz [kilɔɛrts] *nm* kilohertz.
kilométrage [kilɔmetraʒ] *nm* -**1.** [d'un véhicule] mileage. -**2.** [d'une voie] marking out *(in kilometres)*.
kilomètre [kilɔmɛtr] *nm* -**1.** [distance] kilometre; avoir dix ~s dans les jambes to have walked ten kilometres. -**2.** IMPR & INF: frappe OU saisie au ~ straight keying.
kilomètre-passager [kilɔmɛtrpasaʒe] (*pl* **kilomètres-passagers**) *nm* passenger-kilometre.
kilométrer [18] [kilɔmetre] *vt* to mark with kilometric reference points.
kilométrique [kilɔmetrik] *adj*: au point ~ 21 at km 21 ❑ distance ~ distance in kilometres.
kilo-octet [kilɔɔktɛ] (*pl* **kilo-octets**) *nm* kilobyte.
kilotonne [kilɔtɔn] *nf* kiloton.
kilotonnique [kilɔtɔnik] *adj* kiloton *(modif)*.
kilowatt [kilɔwat] *nm* kilowatt.
kilowattheure [kilɔwatœr] *nm* kilowatt-hour.
kilt [kilt] *nm* [d'Écossais, de femme] kilt.
kimono [kimɔno] ◇ *nm* VÊT kimono.
◇ *adj inv*: manches ~ kimono OU loose sleeves.
kinase [kinaz] *nf* kinase.
kinescope [kinɛskɔp] *nm* kinescope.
kinésie [kinezi] *nf* kinesis.
kinésithérapeute [kineziterapøt] *nmf* physiotherapist *Br*, physical therapist *Am*.
kinésithérapie [kineziterapi] *nf* physiotherapy *Br*, physical therapy *Am*.
kinesthésie [kinɛstezi] *nf* kinaesthesia.
kinesthésique [kinɛstezik] *adj* kinaesthetic.
king-charles [kiŋʃarl] *nm inv* King Charles spaniel.
kinkajou [kɛ̃kaʒu] *nm* kinkajou.
Kinshasa [kinʃasa] *npr* Kinshasa.
kiosque [kjɔsk] *nm* -**1.** [boutique]: ~ à journaux newspaper kiosk OU stand, news-stand; ~ à fleurs flower stall. -**2.** [édifice - dans un jardin] pavilion; ~ à musique bandstand. -**3.** NAUT [d'un navire] wheelhouse; [d'un sous-marin] conning tower. -**4.** TÉLÉC: Kiosque® [d'un Minitel] ≃ (telephone) viewdata service.
kiosquier, ère [kjɔskje, ɛr] *nm, f* newspaper seller, newsvendor; il est ~ he runs a news-stand.
kippa [kipa] *nf* kippa.
Kippour [kipur] *nm*: le ~ the Kippur.
kir [kir] *nm* kir.
Kirghizie [kirgizi] *npr f*: (la) ~ Kirgizia.
Kirghizistan [kirgizistɑ̃] *npr m*: le ~ Kirgizia.
Kiribati [kiribati] *npr* Kiribati.
kirsch [kirʃ] *nm* kirsch.
kit [kit] *nm* kit; meubles en ~ kit furniture; vendu en ~ sold in kit form.
kitchenette [kitʃənɛt] *nf* kitchenette.
kitsch [kitʃ] ◇ *adj inv* kitsch *(modif)*, kitschy.
◇ *nm inv* kitsch.
kiwi [kiwi] *nm* -**1.** BOT [fruit] kiwi (fruit), Chinese gooseberry; [arbre] kiwi tree. -**2.** ZOOL kiwi. -**3.** SPORT Kiwi.
Klaxon® [klaksɔn] *nm* horn.
klaxonner [3] [klaksɔne] ◇ *vi* to honk OU to hoot *Br* (one's horn).
◇ *vt*: il m'a klaxonné he tooted OU hooted *Br* OU honked at me.
Kleenex® [klinɛks] *nm* (paper) tissue, paper handkerchief, Kleenex®.
kleptomane [klɛptɔman] *nmf* kleptomaniac.
kleptomanie [klɛptɔmani] *nf* kleptomania.
km (*abr de* **kilomètre**) *nm* km.
km/h (*abr écrite de* **kilomètre par heure**) kmph.
knickerbockers [nikœrbɔkœr], **knickers** [nikœr] *nmpl* knickerbockers *Br*, knickers *Am*.
knock-down [nɔkdawn] *nm inv* knockdown SPORT.
knock-out [nɔkaut] ◇ *nm inv* knockout; ~ technique technical knockout.
◇ *adj inv* knocked-out, out for the count; il l'a mis ~ he knocked him out.
knout [knut] *nm* knout.
Knud [knyd] *npr* Canute, Cnut.
Ko (*abr écrite de* **kilo-octet**) Kb.
K-O ◇ *nm inv* KO.
◇ *adj inv* -**1.** SPORT KO'd; mettre qqn ~ to knock sb out; être ~ to be out for the count. -**2.** *fam* [épuisé] shattered *Br*, all in, dead beat.
koala [kɔala] *nm* koala (bear).
Kobe [kɔbe] *npr* Kobe.
Koch [kɔk] *npr* → **bacille**.
kohol [kɔɔl] = **khôl**.
kola [kɔla] *nm* cola, Kola; noix de ~ Kola nut.
kolkhoz(e) [kɔlkoz] *nm* kolkhoz.
kolkhozien, enne [kɔlkozjɛ̃, ɛn] ◇ *adj* kolkhoz *(modif)*.
◇ *nm, f* kolkhoznik.
kommandantur [kɔmɑ̃dɑ̃tur] *nf* HIST German military command.
kopeck [kɔpɛk] *nm* kopeck; ça ne vaut pas un ~ *fam vieilli* it's not worth a brass farthing *Br* OU a red cent *Am*.
korrigan, e [kɔrigɑ̃, an] *nm, f* mischievous dwarf OU goblin *(in Breton legends)*, ≃ leprechaun.
Kosovo [kɔsɔvo] *npr m*: le ~ Kosovo-Metohija; au ~ in Kosovo-Metohija.
kot [kɔt] *nm Belg* -**1.** [chambre d'étudiant] bedroom *(for student)*. -**2.** [débarras] storeroom.
kougelhof, kouglof [kuglɔf] *nm* kugelhopf (cake).
koulak [kulak] *nm* kulak.
Kourou [kuru] *npr* Kourou; à ~ in Kourou.
Koweït [kɔwɛjt] *npr m*: le ~ Kuwait, Koweit; au ~ in Kuwait.
Koweït City [kɔwejtsiti] *npr* Kuwait, Koweit.
koweïtien, enne [kɔwɛjtjɛ̃, ɛn] *adj* Kuwaiti.
◆ **Koweïtien, enne** *nm, f* Kuwaiti.
krach [krak] *nm*: ~ (boursier) crash.
kraft [kraft] ◇ *nm* kraft, (strong) brown wrapping paper.
◇ *adj inv*: papier/pâte ~ kraft paper/pulp.
KRD (*abr écrite de* **couronne danoise**) Kr, DKr.
Kremlin [krɛmlɛ̃] *npr m*: le ~ the Kremlin.
kremlinologue [krɛmlinɔlɔg] *nmf* Kremlinologist, Kremlin watcher.
kriek [krik] *nf Belg* *beer made with cherries*.
krill [kril] *nm* krill.
kriss [kris] *nm* kris.
KRN (*abr écrite de* **couronne norvégienne**) Kr, NKr.
KRS (*abr écrite de* **couronne suédoise**) Kr, Skr.
krypton [kriptɔ̃] *nm* krypton.
ksar [ksar] (*pl* **ksour** [ksur]) *nm* *(North African) fortified village*.
Kuala Lumpur [kwalalumpur] *npr* Kuala Lumpur.
kugelhof [kuglɔf] = **kougelhof**.
Ku Klux Klan [kyklyksklã] *npr m*: le ~ the Ku Klux Klan.
kumquat [kumkwat] *nm* kumquat, cumquat.
kung-fu [kuŋfu] *nm inv* kung fu.
kurde [kyrd] *adj* Kurd.
◆ **Kurde** *nmf* Kurd.
◆ **kurde** *nm* LING Kurdish.
Kurdistan [kyrdistɑ̃] *npr m*: le ~ Kurdistan; au ~ in Kurdistan.
kvas, kwas [kvas] *nm* kvass, kvas.
kwashiorkor [kwaʃjɔrkɔr] *nm* kwashiorkor.
K-way® [kawɛ] *nm inv* cagoule.
kWh (*abr écrite de* **kilowattheure**) kW/hr.
Kyoto [kjɔto] *npr* Kyoto.
Kyrghyzstan [kirgizstɑ̃] *npr*: la république du ~ the Republic of Kyrgyzstan.
kyrielle [kirjɛl] *nf*: une ~ de bambins *fam* a whole bunch of kids; une ~ d'insultes a string of insults; une ~ de mensonges a pack OU string of lies.
kyste [kist] *nm* cyst.
kystique [kistik] *adj* cystic.
Kyushu [kjuʃu] *npr* Kyushu.

L

l, **L** [ɛl] *nm* l, L; ~ **mouillé** palatalized L.

l (*abr écrite de* **litre**) l.

l' [l] → **le**.

L *abr écrite de* licence.

la[1] [la] *f* → **le**.

la[2] [la] *nm inv* -**1.** MUS A; [chanté] lah. -**2.** *loc*: **donner le la** to set the tone.

L-A *abr écrite de* Loire-Atlantique.

là [la] *adv* -**1.** [dans l'espace - là-bas] there; [- ici] here; **elle habite Paris maintenant, c'est là qu'elle a trouvé du travail** she lives in Paris now, that's where she found work; **il est à la poste? qu'est-ce qu'il fait là?** he's at the post office? what's he doing there?; **c'est là, je reconnais la maison** there it is (over there), I recognize the house; **à quelques kilomètres de là** a few kilometres away; **on se retrouve là où tu travailles** we'll meet at your work; **déjà là?** (are you) here already?; **je ne peux rien faire, il est toujours là** I can't do anything, he's always around; **viens là!** come here!; **être là**: **est-ce qu'il est là?** is he in?; **ne t'inquiète pas, je suis là pour t'aider si tu en as besoin** don't worry, I'm here to help you if you need me; **je ne suis là pour personne** if anybody asks I'm not in OU here; **je suis là pour vous répondre** it's my job to answer your questions; **allez, on n'est pas là pour bavarder** come on now, we're not here to chat. -**2.** [dans le temps]: **c'est là que j'ai paniqué** that's when I panicked; **attendons demain et là nous déciderons** let's wait until tomorrow and then (we'll) decide; **à partir de là** from then on, from that moment on; **à quelque temps de là** some time after; **à quelques jours/mois de là** a few days/months later; **c'est là où tu m'as le plus étonné** that's where you most surprised me; **il est anxieux là où il faudrait être calme** he gets worked up (just) when he should remain calm. -**3.** [dans cette situation]: **là, c'est la personne qu'il fallait** he's/she's just the person we needed; **vous n'avez fait là que ce qui était nécessaire** you only did what you had to, you only did what was necessary; **c'est justement là où je ne vous suis plus** that's just where you've lost me; **en être là**: **nous n'en sommes pas encore là** we haven't reached that stage yet; **pour l'instant nous en sommes là** that's how things stand at the moment; **j'en étais là de mes réflexions quand le téléphone a sonné** I'd got that far with my thinking when the phone rang; **en arriver là**: **on en est arrivé là?** have we come OU has it come to this?; **en rester** OU **en demeurer là**: **je n'ai pas l'intention d'en rester** OU **demeurer là** I don't intend leaving it at that. -**4.** [dans cela]: **ne voyez là aucune malice de ma part** please don't take it the wrong way; **la santé, tout est là** (good) health is everything. -**5.** [pour renforcer]: **ce sont là mes amis** those are my friends; **c'est là mon intention** that's my intention OU what I intend to do; **c'est là le problème/la difficulté** that's where the problem/the difficulty lies. -**6.** [emploi expressif]: **oui, j'ai refusé ce travail, là, tu es content?** yes I turned down that job, now are you satisfied?; **alors là, je ne sais pas!** well that I really don't know!; **alors là, tu exagères!** you've got a nerve!; **c'est une belle grippe que tu as là!** that's quite a bout of flu you've got there!; **que me chantes-tu là?** *fam* what are you on about?; **malheureux, qu'as-tu fait là!** what have you gone and done now?; **là, là, calme-toi!** now, now OU there, there, calm down!

◆ **ça et là** *loc adv* here and there.

◆ **de là** *loc adv* -**1.** [dans l'espace]: **de là je me suis dirigée vers l'église** from there I headed towards the church; **de là jusqu'à la poste il y a 500 m** it is 500 m from the post office; **de là à dire que c'est un criminel, il y a loin** *fig* there's a big difference between that and saying he's a criminal. -**2.** [marquant la conséquence]: **de là son amertume** that's why he's bitter, that explains his bitterness, hence his bitterness; **on peut déduire de là que...** from that we can deduce that...

◆ **de-ci de-là** *loc adv litt* here and there; **elle avançait en sautillant de-ci de-là** she skipped along.

◆ **par là** *loc adv* -**1.** [dans l'espace]: **c'est par là** it's over there; **vous devriez passer par là** you should go that way. -**2.** *fig*: **si tu vas par là** if you take that line, in that case; **qu'entendez-vous** OU **que voulez-vous dire par là?** what do you mean by that?; **en passer par là**: **il faut en passer par là!** there's no alternative!, it can't be helped!

-là [la] *adv* -**1.** *(lié à un nom introduit par un adj dém)* that, those *(pl)*; **cette femme~** that woman; **ce stylo~** that pen; **dans ces endroits~** in those places; **tu fréquentes ces gens~?** *péj* are those the kind of people you go around with?; **ne fais pas cette tête~!** you needn't look like that! -**2.** *(lié à un pronom)*: **quel livre voulez-vous? – celui~** which book do you want? – that one; **celui~, alors!** honestly, that one! -**3.** [exprimant le passé]: **ce matin~** that morning; **en ce temps~** in those days, at that time.

là-bas [laba] *adv* -**1.** [en bas] down OU under there; ~ **dans la vallée** down there in the valley. -**2.** [en un lieu éloigné] there; **une fois arrivés ~, nous nous arrangerons** we'll sort it out when we get there.

label [labɛl] *nm* [étiquette] label; ~ **d'origine** label of origin; ~ **de qualité/d'exportation** quality/export label.

labeur [labœr] *nm* -**1.** *litt* [travail pénible] toil, labour; [effort] hard work; **une vie de ~** a life of toil. -**2.** IMPR bookwork; **imprimerie de ~** bookwork printers'.

labial, **e**, **aux** [labjal, o] *adj* -**1.** ANAT lip *(modif)*, labial. -**2.** PHON labial.

◆ **labiale** *nf* labial (consonant).

labialisation [labjalizasjɔ̃] *nf* [d'une voyelle] rounding; [d'une consonne] labialization.

labialiser [3] [labjalize] *vt* [voyelle] to round; [consonne] to labialize.

labié, **e** [labje] *adj* labiate.

◆ **labiée** *nf* labiate; **les ~s** the Labiatae.

labile [labil] *adj* -**1.** CHIM & PSYCH labile. -**2.** *litt* [peu stable] unstable, temperamental.

labilité [labilite] *nf* CHIM & PSYCH lability.

labiodental, **e**, **aux** [labjɔdɑ̃tal, o] *adj* labiodental.

◆ **labiodentale** *nf* labiodental (consonant).

labiolecture [labjɔlɛktyr] *nf* lipreading.

labo *fam* [labo] (*abr de* **laboratoire**) *nm* lab; ~ **photo** darkroom.

laborantin, **e** [labɔrɑ̃tɛ̃, in] *nm, f* laboratory assistant, laboratory operator *Am*.

laboratoire [labɔratwar] *nm* -**1.** SC [lieu] laboratory; [équipe] (research) team; ~ **d'analyses (médicales)** analytical laboratory; ~ **expérimental** testing laboratory; ~ **de recherche** research laboratory. -**2.** ENS: ~ **de langue** OU **langues** language laboratory. -**3.** MÉTALL heating chamber. -**4.** PHOT [salle] processing room; [usine] processing works.

◆ **en laboratoire** *loc adv* in the laboratory, under laboratory conditions; **embryon végétal obtenu en ~** plant embryo obtained in the laboratory OU under laboratory conditions.

laborieusement [labɔrjøzmɑ̃] *adv* [péniblement] laboriously, with great difficulty.

laborieux, **euse** [labɔrjø, øz] *adj* -**1.** [long et difficile - procédure, tâche, manœuvre] laborious. -**2.** [lourd - style] heavy, laboured; **trois heures pour faire une lettre, ce fut ~!** three hours to write a letter, that's slow going!; **dans un anglais ~** in halting English; **lecture/récitation laborieuse** laboured reading/recitation. -**3.** [industrieux] hardworking, industrious; **la classe laborieuse** the working OU labouring class; **les masses laborieuses** the toiling masses *litt*.

labour [labur] *nm* -**1.** AGR tilling, ploughing; **les ~s** the ploughed fields; **commencer les ~s** to start ploughing. -**2.** HORT digging (over).

labourable [laburabl] *adj* ploughable; **des terres ~s** arable land.

labourage [laburaʒ] *nm* -**1.** AGR tilling, ploughing. -**2.** HORT digging over.

labourer [3] [labure] *vt* -**1.** AGR to plough; HORT to dig (over). -**2.** [ravager] to furrow; **un terrain labouré par les obus** land churned up by artillery shells. -**3.** [lacérer] to dig into *(insép)*, to lacerate, to scratch; **les sangles lui labouraient les flancs** the straps were digging into its flanks.

laboureur [laburœr] *nm* -**1.** *litt* ploughman. -**2.** HIST husbandman, ≃ yeoman.

labrador [labradɔr] *nm* -**1.** MINÉR labradorite. -**2.** ZOOL Labrador retriever, labrador.

Labrador [labradɔr] *npr m*: le ~ Labrador.

labre [labr] *nm* -**1.** [poisson] wrasse. -**2.** [d'arthropode, de mollusque] labrum.

labri(t) [labri] *nm* Pyrenean sheepdog.

labyrinthe [labirɛ̃t] *nm* -**1.** [dédale] labyrinth, maze; **la vieille ville est un ~ de ruelles étroites** the old (part of) town is a maze of narrow streets. -**2.** *fig* maze; **le ~ des lois** the intricacies of the law. -**3.** ANAT labyrinth.

labyrinthique [labirɛ̃tik] *adj* [complexe] labyrinthine, mazelike.

lac [lak] *nm* -**1.** [pièce d'eau] lake; **~ artificiel/de barrage** artificial/barrier lake; **~ de cirque** cirque lake; **la région des Lacs** the Lakes, the Lake District; **c'est tombé dans le ~** it has fallen through. -**2.** MUS: **'le Lac des cygnes'** *Tchaïkovski* 'Swan Lake'.

LACS:
le lac Baïkal Lake Baïkal;
le lac Balaton Lake Balaton;
le lac de Côme Lake Como;
le lac de Constance Lake Constance;
le lac Érié Lake Erie;
le lac de Garde Lake Garda;
le lac Huron Lake Huron;
le lac Ladoga Lake Ladoga;
le lac Léman Lake Geneva;
le lac Majeur Lake Maggiore;
le lac Malawi Lake Malawi;
le lac Michigan Lake Michigan;
le lac Mobutu Lake Mobutu;
le lac Nasser Lake Nasser;
le lac Ontario Lake Ontario;
le lac Supérieur Lake Superior;
le lac Tanganyika Lake Tanganyika;
le lac Tchad Lake Chad;
le lac de Tibériade the Sea of Galilee;
le lac Titicaca Lake Titicaca;
le lac Victoria Lake Victoria;
le lac Winnipeg Lake Winnipeg;
le lac de Zoug Lake Zug;
le lac de Zurich Lake Zürich.

Lacédémone [lasedemɔn] *npr* Lacedaemonia.

lacédémonien, enne [lasedemɔnjɛ̃, ɛn] *adj* Lacedaemonian.
◆ **Lacédémonien, enne** *nm, f* Lacedaemonian.

lacer [16] [lase] *vt* [vêtement] to lace (up) *(sép)*; [chaussure] to lace up *(sép)*, to tie up *(sép)*.
◆ **se lacer** *vp (emploi passif)* to lace (up); **comment cette botte se lace-t-elle?** how do you lace (up) this boot?

lacération [laserasjɔ̃] *nf* -**1.** MÉD laceration, gash. -**2.** [fait de déchirer] ripping, tearing, slashing; **la ~ des affiches est monnaie courante en période électorale** during election time posters often get ripped OU slashed.

lacérer [18] [lasere] *vt* -**1.** [affiche, rideau] to rip up *(sép)*, to tear (to shreds), to slash. -**2.** [blesser] to lacerate, to gash.

lacet [lasɛ] *nm* -**1.** [de chaussure] shoelace; [de botte] bootlace. -**2.** [piège] snare; **poser** OU **tendre des ~s** to set snares. -**3.** [d'une route] hairpin bend. -**4.** AÉRON yaw. -**5.** COUT tie. -**6.** RAIL [mouvement] hunting.
◆ **à lacets** *loc adj* [chaussure] with laces, lace-up *(avant n)*.
◆ **en lacets** ◇ *loc adj* [route] winding, twisting, zigzag *(modif)*.
◇ *loc adv*: **la route monte en ~s** the road winds OU twists upwards.

laceur, euse [lasœr, øz] *nm, f* net maker.

lâchage [laʃaʒ] *nm* -**1.** [rupture] failure; **c'est dû au ~ des freins** it's due to brake failure. -**2.** *fam* [abandon]: **c'est un ~ en règle de leur part** they've really let us down.

lâche [laʃ] ◇ *adj* -**1.** [poltron] cowardly, spineless; **être ~** to be cowardly; **se montrer ~** to behave like a coward. -**2.** [méprisable] *(avant n)* cowardly; **un ~ attentat** a cowardly OU despicable attack. -**3.** [non serré - nœud] loose, slack; [- vêtement] loose, baggy. -**4.** [imprécis - dialogue, scénario] weak; [- raisonnement] woolly, slipshod. -**5.** [sans rigueur - loi, règlement] lax, over-lenient. -**6.** TEXT [étoffe] loose, loosely woven; [tricot] loose-knit.
◇ *nmf* coward.

lâché, e [laʃe] *adj* BX-ARTS sloppy, careless.

lâchement [laʃmɑ̃] *adv* -**1.** [sans courage] in a cowardly manner. -**2.** [sans tension] loosely, slackly.

lâcher[1] [laʃe] *nm*: **ils ont fait un ~ de colombes** they released a flock of doves; **~ de ballons** balloon release.

lâcher[2] [3] [laʃe] ◇ *vt* -**1.** [desserrer] to loosen, to slacken; **il a lâché sa ceinture d'un cran** he let out OU he loosened his belt a notch; **~ la vapeur** to let off steam ❑ **~ la bonde** OU **les bondes à** to give vent to; **~ la bride à un cheval** *pr* to give a horse its head; **~ la bride à qqn** *fig* to allow sb more freedom of movement. -**2.** [cesser de tenir] to let go of *(insép)*; **~ la pédale du frein** to take one's foot off the brake (pedal); **elle a lâché la pile d'assiettes** she dropped the pile of plates; **il roule en lâchant le guidon** he rides with no hands; **lâche-moi!** let me go!, let go of me!; **ne lâche pas la rampe, l'escalier est glissant** don't let go of OU keep hold of the banister, the stairs are slippery; **elle ne la lâchait pas des yeux** OU **du regard** she didn't take her eyes off her for a moment; **~ prise** to let go; **cette idée ne m'a pas lâché** I couldn't get this idea out of my mind ❑ **tu me lâches, oui?** *fam* get out of my sight, will you?; **lâche-moi les baskets!** *fam* leave me alone!, get off my back!; **les ~** *fam* [dépenser son argent]: **il les lâche avec un élastique** he's a stingy OU tight-fisted old so-and-so; **~ la proie pour l'ombre** to chase rainbows; **~ pied** [s'enfuir] to get away. -**3.** AÉRON to drop, to release; **~ des bombes** to drop bombs ❑ **~ du lest** *pr* to drop OU to release ballast; *fig* to yield some ground, to give in a little. -**4.** [libérer - oiseau] to let loose, to release, to let go; [- chien] to let off, to unleash; [- animal dangereux] to set loose; [- meute, faucon] to slip; **~ les chiens sur qqn** to set the dogs on sb; **le prof nous a lâchés plus tôt** *fam* the teacher let us out earlier. -**5.** *fam* [abandonner - ami, amant] to drop; [- emploi] to quit; **~ ses études** to drop out of school; **le moteur nous a lâchés le deuxième jour** the engine broke down on us on the second day. -**6.** [émettre] to let out, to come out with *(insép)*; **~ un juron** to let out an oath; **~ un soupir de soulagement** to let out a sigh of relief; **~ une bêtise** to come out with a silly remark; **~ un pet** *fam* to break wind ❑ **~ le morceau** *fam* OU **le paquet** *fam* to come out with it, to come clean, to spill the beans. -**7.** SPORT [distancer - concurrent] to get a lead on, to leave behind *(sép)*; **~ le peloton** to leave the rest of the field behind, to (stage a) break from the pack.
◇ *vi* -**1.** [se casser - câble] to snap, to break, to give (way); [- embrayage, frein] to fail; **les freins ont lâché** the brakes failed. -**2.** [abandonner]: **le coureur a lâché dans la dernière montée** the runner gave up the fight in the middle of the last climb.

lâcheté [laʃte] *nf* -**1.** [manque de courage] cowardice. -**2.** [caractère vil] baseness, lowness; [procédé vil] low OU dirty trick; **commettre une ~** to do something despicable.

lâcheur, euse *fam* [laʃœr, øz] *nm, f*: **quel ~, il n'est pas venu!** how unreliable, he didn't come!

lacinié, e [lasinje] *adj* laciniate.

lacis [lasi] *nm* -**1.** [labyrinthe] maze, web; **un ~ de ruelles** a maze of little streets. -**2.** [entrelacement] lattice, network, tracery; **~ veineux** network of veins.

laconique [lakɔnik] *adj* [lettre, réplique] laconic, terse; [personne] laconic; **je n'ai obtenu qu'une réponse ~** all I got was a terse reply.

laconiquement [lakɔnikmɑ̃] *adv* laconically, tersely.

laconisme [lakɔnism] *nm* terseness, laconism.

lacrima-christi [lakrimakristi] *nm inv* Lacryma-Christi (wine).

lacrymal, e, aux [lakrimal, o] *adj* tear *(modif)*, lachrymal *spéc*, lacrimal *spéc*.

lacrymogène [lakrimɔʒɛn] *adj* [gaz] tear *(modif)*, lachrymatory *spéc*, lacrymogenic *spéc*; [grenade] tear-gas *(modif)*; [bombe] anti-mugger, tear-gas *(modif)*.

lacrymo-nasal, e, aux [lakrimo-nazal, o] *adj* nasolachrymal, nasolacrimal.

lacs [la] *nm* [piège] snare.

lactaire [laktɛr] ◇ *adj* PHYSIOL lacteal.
◇ *nm* BOT milk cap.

lactalbumine [laktalbymin] *nf* lactalbumin.

lactarium [laktarjɔm] *nm* milk bank.

lactase [laktaz] *nf* lactase.

lactate [laktat] *nm* lactate.

lactation [laktasjɔ̃] *nf* lactation.

lacté, e [lakte] *adj* -**1.** [contenant du lait] milky, lacteal *spéc*; **farine ~e** milk-enriched cereal; **produits ~s** milk OU milky foods; **régime ~** milk diet. -**2.** *litt* [pareil au lait] milky, lacteous *litt*.

lactescence [laktɛsɑ̃s] *nf* lactescence.

lactescent, e [laktɛsɑ̃, ɑ̃t] *adj* -**1.** [contenant du lait] lactescent. -**2.** *litt* [d'un blanc laiteux] milky-white, lacteous *litt*.

lactifère [laktifɛr] *adj* lactiferous.

lactique [laktik] *adj* lactic.

lactodensimètre [laktɔdɑ̃simɛtr] *nm* lactometer.

lactoflavine [laktɔflavin] *nf* riboflavin, vitamin B2.

lactomètre [laktɔmɛtr] *nm* lactometer.

lactose [laktoz] *nm* lactose.

lactosérum [laktɔserɔm] *nm* whey.

lacunaire [lakynɛr] *adj* -**1.** [incomplet] incomplete, with gaps, lacunary *litt*; **il a des connaissances/des fichiers ~s** his knowledge is/his files are full of gaps. -**2.** ANAT & BOT [système] lacunar; [tissu] lacunal.

lacune [lakyn] *nf* -**1.** [omission] gap; **de vieux manuscrits pleins de ~s** old manuscripts with many parts missing OU full of gaps; **les ~s de la loi sur cette question** the gaps in the law regarding this matter; **ma mémoire a des ~s** there are gaps in my memory; **il y a des ~s dans cette encyclopédie** there are some omissions in this encyclopedia; **j'ai des ~s en mathématiques** there are gaps in my knowledge of mathematics. -**2.** ANAT, BIOL & GÉOL lacuna.

lacuneux, euse [lakynø, øz] *adj* -**1.** *litt* [incomplet] lacunary. -**2.** BOT lacunose.

lacustre [lakystr] *adj* -**1.** BIOL & BOT lacustrian. -**2.** CONSTR: **cité ~** lakeside pile dwellings.

lad [lad] *nm* stable-boy, stable-lad *Br.*

ladanum [ladanɔm] *nm* ladanum.

là-dedans [laddɑ̃] *adv* -**1.** [ici] in here; [là-bas] in there; **le tiroir est sens dessus dessous, je ne trouve rien ~** the drawer is in a mess, I can't find anything in here; **debout ~!** *fam* rise and shine! -**2.** [dans ce texte] in here; [dans ce qui est dit]: **il y a ~ des choses qui m'échappent** there are things that escape me in what was said; **il y a du vrai ~** there's some truth in it. -**3.** *fam loc*: **il y en a, ~!** *hum* now THAT's a clever idea!

là-dessous [ladsu] *adv* -**1.** [sous cet objet-ci] under here; [sous cet objet-là] under there. -**2.** [dans cette affaire]: **il y a quelque chose de bizarre ~** there's something strange OU odd about all this; **qu'est-ce qui se cache ~?** what's behind all this OU behind it all?

là-dessus [ladsy] *adv* -**1.** [sur cet objet-ci] on here; [sur cet objet-là] on there; **ne t'appuie pas ~!** don't lean on it! ❑ **monte ~ et tu verras Montmartre** *fam* up you get *(teasing phrase used to encourage children to climb on a chair etc)*. -**2.** [à ce sujet] about this OU it; **je n'en sais pas plus que toi ~** I don't know any more than you about it. -**3.** [sur ce]: **~ je vous dis bonsoir** at this point OU with that, I'll say good night; **~,**

elle se tut at which point OU whereupon, she stopped talking.

ladite [ladit] *f* → **ledit**.

ladre [ladr] ◇ *adj litt* [avare] miserly, measly.
◇ *nmf litt* [avare] miser, skinflint.
◇ *nm* VÉTÉR: tache de ~ bare patch.

ladrerie [ladrəri] *nf* -1. *litt* [avarice] miserliness. -2. VÉTÉR measles.

lady [lɛdi] (*pl* ladys OU ladies [-diz]) *nf* lady; elle se prend pour une ~ she thinks she's really something.

Lagarde et Michard [lagardemiʃar] *npr series of schoolbooks each describing a period of literary history through illustrations, historical notes and extracts from literary works, known to generations of French schoolchildren.*

lagon [lagɔ̃] *nm* (coral reef) lagoon.

lagopède [lagɔpɛd] *nm* lagopus; ~ d'Écosse (red) grouse; ~ des Alpes ptarmigan.

Lagos [lagos] *npr* Lagos.

Laguiole® [lajɔl] *nm distinctively-shaped knife.*

lagunaire [lagynɛr] *adj* lagoonal.

lagune [lagyn] *nf* lagoon.

là-haut [lao] *adv* -1. [au-dessus] up there; leur maison est ~ sur la colline their house is up there on the hill; mais que fait-elle ~? [à l'étage] what's she doing upstairs? -2. [aux cieux] up there, (up) in Heaven, on high.

lai, e [lɛ] *adj* RELIG: frère ~ lay brother.
◆ **lai** *nm* LITTÉRAT lay.
◆ **laie** *nf* -1. ZOOL wild sow. -2. AGR [trouée] (compartment) line; [sentier] forest path.

laïc, laïque [laik] ◇ *adj* lay.
◇ *nm, f* layman (*f* laywoman); les ~s the laity.
◆ **laïque** ◇ *adj* -1. [non clérical] secular, lay, laic *litt*; habit laïque lay dress. -2. [indépendant du clergé]: l'école laïque secular education *(in France)*; un État laïque a secular state. -3. [empreint de laïcité]: l'esprit laïque secularism.
◇ *nf vieilli* state; la laïque *the state educational system (in France).*

laïcat [laika] *nm* laity.

laïcisation [laisizasjɔ̃] *nf* secularization, laicization.

laïciser [3] [laisize] *vt* to secularize, to laicize.

laïcisme [laisism] *nm* secularism.

laïciste [laisist] *adj* & *nmf* secularist.

laïcité [laisite] *nf* secularism; la défense de la ~ defence of secular education *(in France)*.

laid, e [lɛ, lɛd] *adj* -1. [inesthétique - bâtisse] ugly, unsightly; [- vêtement, tableau, décoration] ugly, unattractive, awful; [- personne] unattractive, ugly; en bleu, c'est très ~ it looks awful in blue; il est/c'est très ~ he's/it's hideous ❑ ~ comme un pou OU un singe OU à faire fuir (as) ugly as sin. -2. [impoli] rude, unseemly; c'est ~ de faire des grimaces aux gens it's rude OU not nice to pull faces at people.
◆ **laid** *nm* [valeur esthétique]: le ~ ugliness.

laidement [lɛdmɑ̃] *adv* -1. [mal] unattractively. -2. *sout* [ignoblement] basely *litt*, dirtily.

laideron [lɛdrɔ̃] *nm* ugly girl.

laideur [lɛdœr] *nf* -1. [physique - d'une personne, d'une chose] ugliness; d'une ~ repoussante repulsively ugly. -2. [chose laide] monstrosity. -3. [morale - d'un crime] heinousness; [- d'une accusation] meanness, baseness *litt*; il a dépeint l'hypocrisie dans toute sa ~ he portrayed hypocrisy in all its ugliness.

lainage [lɛnaʒ] *nm* -1. TEXT [tissu] woollen fabric OU material; [procédé] napping; une robe de OU en ~ a woollen dress. -2. VÊT [pull] woollen jumper *Br*, woolen sweater *Am*; [gilet] wool cardigan; mets un ~ put on a sweater; des ~s woollens.

laine [lɛn] *nf* -1. [poil - du mouton, de l'alpaga etc] wool; ~ vierge new wool; il se laisserait manger OU tondre la ~ sur le dos he'd let you take the shirt off his back. -2. TEXT [tissu] wool; en ~ peignée worsted *(modif)*. -3. VÊT: (petite) ~ *fam* woolly *Br*, sweater. -4. [isolant]: ~ de bois wood wool OU fibre; ~ de laitier/roche slag/rock wool; ~ minérale mineral wool; ~ de verre glass wool.
◆ **de laine** *loc adj* wool *(modif)*, woollen; bonnet/chaussettes de ~ woollen hat/socks; robe de ~ wool OU woollen dress.

lainer [4] [lɛne] *vt* TEXT [tissu] to nap.

laineur, euse[1] [lɛnœr, øz] *nm, f* napper.
◆ **laineuse** *nf* napping-machine, raising-machine.

laineux, euse[2] [lɛnø, øz] *adj* -1. TEXT & VÊT woollen. -2. BOT woolly, piliferous *spéc.*

lainier, ère [lɛnje, ɛr] ◇ *adj* [production] wool *(modif)*; [usine] wool-producing.
◇ *nm, f* -1. [industriel] wool manufacturer. -2. [ouvrier] wool worker. -3. [commerçant] wool stapler.

laïque [laik] *f* → **laïc**.

lais [lɛ] *nmpl* (exposed) foreshore.

laisse [lɛs] *nf* -1. [lien] leash, lead; tirer sur la ~ to strain at the leash; tenir un chien en ~ to keep a dog on the leash OU lead; mener OU tenir qqn en ~ *fig* to keep a tight rein on sb, to have sb (well) under one's thumb OU in check. -2. GÉOG [partie de plage] foreshore; [ligne] tide-mark, high-water mark; ~ de basse/haute mer low/high tide-mark.

laissé-pour-compte, laissée-pour-compte [lesepurkɔ̃t] (*mpl* laissés-pour-compte, *fpl* laissées-pour-compte) *nm, f* [personne] social reject OU outcast; les laissés-pour-compte de l'industrialisation the casualties OU victims of industrialization.
◆ **laissé-pour-compte** *nm* COMM [marchandise] reject, return.

laisser [4] [lɛse] **A.** ABANDONNER -1. [ne pas prendre, renoncer à] to leave; elle a laissé son dessert she left her pudding (untouched), she didn't touch her pudding; laisse quelques fruits pour eux leave them some fruit, leave some fruit for them; à prendre ou à ~ take it or leave it; c'est à prendre ou à ~ (it's) take it or leave it; il y a à prendre et à ~ [il y a du bon et du mauvais] you have to pick and choose; [il y a du vrai et du faux] you have to be selective ❑ laissez toute espérance, vous qui entrez *allusion Dante* abandon hope all ye who enter here. -2. [quitter momentanément - personne, chose] to leave; j'ai laissé mes enfants chez mon frère I left my children at my brother's; n'oubliez pas de ~ vos manteaux au vestiaire don't forget to leave your coats in the cloakroom; j'ai laissé la voiture à la maison I left the car at home; laisse-nous à la gare drop us off OU leave us at the station; laisse-nous, nous avons à parler leave us (alone), we have things to talk about; je vous laisse [au téléphone] I must hang up OU go now; [dans une lettre] that's all for now, I'll leave you now. -3. [quitter définitivement] to leave, to abandon; il s'est expatrié, laissant sa famille, ses amis he emigrated, leaving his family and his friends; il a laissé femme et enfants he abandoned his wife and children, he walked out on his wife and children || [après sa mort] to leave; la victime laisse une femme et deux enfants the victim leaves a wife and two children; il est mort sans ~ de descendance OU d'héritiers he died without leaving any heirs; il laisse beaucoup de dettes he has left considerable debts (behind him); elle a laissé une œuvre considérable she left (behind her) a vast body of work. -4. [oublier] to leave, to forget; j'ai laissé mon porte-monnaie à la maison I left my wallet at home; ne laissez rien dans les voitures don't leave anything in your car; ~ des fautes dans un texte to leave mistakes in a text; veillez à ne pas ~ de coquilles dans les épreuves try not to leave any printing mistakes on the proofs. -5. [perdre - membre, être humain, bien matériel] to lose; il a laissé sa fortune dans cette aventure he lost all his money in this affair, this affair has lost him all his money; il y a laissé beaucoup d'argent he lost a lot of money in it ❑ y ~ la vie OU sa vie to lose one's life; y ~ sa santé to ruin one's health; y ~ sa peau▽ to snuff it *Br*, to croak *Am*. -6. [déposer - trace, marque] to leave; la mer a laissé des algues sur la plage the tide left some seaweed (behind) on the beach; ~ une marque/auréole to leave a mark/ring; ce vin laisse un arrière-goût désagréable this wine has an unpleasant aftertaste; ~ une impression to leave OU to make an impression; il laisse un bon/un mauvais souvenir we have good/bad memories of him; elle laisse le souvenir d'une femme énergique she will be remembered as an energetic woman. -7. [négliger] to leave; laisse ton livre et viens avec moi put down OU leave your book and come with me; laissez la direction de Paris sur la gauche et tournez à droite go past OU leave the road to Paris on your left and turn right; laisse tes soucis et viens avec nous forget your worries and come with us; laissons les détails et occupons-nous de l'essentiel let's leave the details aside and concentrate on the essentials. -8. *litt*: ne pas ~ de [ne pas manquer de]: cette déclaration ne laisse pas d'être inquiétante one cannot but be worried by this statement; l'intérêt qu'il me manifeste ne laisse pas de me flatter the interest he shows in me is nothing if not flattering (to me); cette réponse ne laisse pas de m'étonner I can't help but be surprised by this answer.

B. DONNER, CÉDER -1. [accorder] to leave; ~ qqch à qqn to leave sthg for sb, to leave sb sthg; laisse-moi un peu de gâteau leave some cake for me; ~ un pourboire au garçon to leave OU to give the waiter a tip; le juge lui a laissé les enfants the judge gave her custody of the children; c'est tout ce que les cambrioleurs m'ont laissé it's all the burglars left me (with); laissez la priorité à droite give way to the right; laissez le passage à l'ambulance let the ambulance through; ~ sa place à qqn [siège] to give up one's seat to sb; laisse-nous un peu de place! let us have OU leave us some room!; laisse-lui le temps de le faire leave OU give her time to do it; ils m'ont laissé une semaine pour le finir they left OU allowed me a week in which to finish it ❑ ne ~ à qqn que les yeux pour pleurer to leave sb nothing but the clothes they stand up in. -2. [confier] to leave; ~ des consignes à qqn to leave instructions with sb, to leave sb with instructions; ~ un message à la secrétaire to leave a message with the secretary; laissez les clés chez le gardien drop the keys off at the caretaker's, leave the keys with the caretaker; il m'a laissé sa voiture pendant son absence he left me his car while he was away; ~ sa carte *vieilli* to leave one's card; je lui laisse les travaux pénibles I leave him the heavy work, I leave the heavy work to him; tu me laisses tout le travail! you're leaving me with all the work!; ~ qqch à faire à qqn to leave sb to do sthg, to leave sthg for sb to do; je vous laisse les lettres à envoyer I'll leave you to send the letters. -3. [vendre] to let have; je vous le laisse pour 100 francs I'll let you have it for 100 francs. -4. [transmettre]: après l'insurrection, il dut ~ le pouvoir à son fils after the rebellion, he had to hand over power to his son || [après sa mort] to leave, to bequeath; il a laissé d'immenses propriétés à sa famille he left his family vast estates; elle a laissé tous ses biens à une œuvre de charité she left OU bequeathed all her property to charity. -5. [réserver] to leave; laissez une marge pour les corrections leave a margin for corrections; ~ qqch pour la fin to leave sthg till last OU till the end. -6. *sout*: ~ à qqn à penser/juger to leave sb to imagine/to judge; je vous laisse à penser comme cela nous a fait plaisir *aussi iron* I hardly need to tell you OU you can just imagine how pleased we were; ~ à penser que to make one think OU suppose that, to lead one to believe that; cette note laisse à penser qu'elle est fâchée this message would lead you to believe OU from this message you would think she's angry; ta lettre laisse à penser que tu ne pourras pas venir your letter implies that you won't be coming || *(en usage abs)*: elle n'est pas là, cela laisse à penser she's not here, it makes you wonder.

C. DANS UN ÉTAT, UNE SITUATION -**1.** [faire demeurer] to leave, to keep; **laisse la fenêtre fermée/ouverte** leave the window shut/open; **~ un crime impuni** to let a crime go unpunished, to leave a crime unpunished; **ceci me laisse sceptique** I remain sceptical (about it); **~ qqn tranquille** OU **en repos** OU **en paix** to leave sb alone OU in peace; **laisse cette montre tranquille, tu vas la casser** leave that watch alone OU stop fiddling with that watch, you'll break it; **cela me laisse froid** OU **indifférent** it leaves me cold OU unmoved; **~ qqn dans l'ignorance de qqch** to let sb remain ignorant of sthg, to leave sb in the dark about sthg; **je ne peux pas te ~ dans cet état-là!** I can't leave you in this state!; **je ne te laisserai pas dans la misère** I won't let you want for anything; **~ une maison à l'abandon** to let a house go to rack and ruin; **laissez le nom en blanc** leave the name blank, do not write the name in; **~ des terres en friche** to let land lie fallow; **~ qqn/qqch sans surveillance** to leave sb/sthg unattended; **les corps ont été laissés sans sépulture** the bodies remained OU were left unburied; **~ derrière soi** *pr* & *fig* to leave behind; **~ derrière soi tous ses concurrents** to leave all one's competitors behind; **il a laissé le peloton loin derrière** he left the pack well behind him; **elle laisse les autres loin derrière elle** [elle les surpasse] she puts all the others to shame, she leaves all the others way behind ❑ **~ qqn en plan** *fam* OU **en rade** *fam* to leave sb in the lurch; **~ la bride sur le cou à un cheval** *pr* to give a horse its head; **~ la bride sur le cou à qqn** *fig* to give sb free rein. -**2.** *(en usage abs)* [s'abstenir d'intervenir]: **laisse, je vais le faire/je vais me débrouiller** leave it, I'll do it/I can manage myself; **puis-je faire quelque chose pour toi? — non, laisse** [je vais me débrouiller] can I help you? — no, I'll be all right; **laissez, je vous en prie** please don't bother (with that); **laisse, c'est moi qui paie** put your money away, I'll pay for this; **laisse, c'est ma tournée** no, it's my round.

D. SUIVI D'UN INFINITIF -**1.** [autoriser] to let, to allow, to permit; **~ qqn faire qqch** to let sb do sthg, to allow sb to do sthg; **le gardien les laisse jouer dans la cour** the caretaker lets them play OU allows them to play in the yard; **ils ne m'ont pas laissé lui parler** they didn't allow me to OU they didn't let me speak to her; **~ condamner un innocent** to allow an innocent man to be punished ❑ **laissez venir à moi les petits enfants** BIBLE suffer the little children to come unto me. -**2.** [ne pas empêcher de] to let, to allow; **~ qqn faire** to let sb do, to leave sb to do, to allow sb to do; **laisse-le dormir** let him sleep, leave him to sleep; **laisse-moi le lui dire** let me tell her/him (about it); **~ tomber qqch** to drop sthg; **~ voir qqch à qqn** [lettre, photo] to let sb have a look at sthg, to let sb see sthg; **~ voir** [trahir] to show, to reveal; **son décolleté laissait voir une peau satinée** her plunging neckline revealed skin like satin; **~ voir son émotion** to show one's emotion; **~ voir ses intentions** to reveal one's intentions; **ils ont laissé le prisonnier s'échapper** they let the prisoner escape; **tu me laisseras aller avec toi, dis?** let me come with you, go on!; **~ échapper un cri de douleur** to let out a cry of pain; **elle laissa échapper un soupir** she gave a sigh; **~ sécher la colle** to leave OU to allow the glue to dry; **laissez bouillir quelques secondes** let it boil for a few seconds; **elle laisse trop paraître ses sentiments** she lets her feelings show too much, she doesn't hide her feelings enough; **il ne laisse rien paraître de ses intentions** it's impossible to know what he has in mind; **~ vieillir un vin** to allow a wine to age; **ceci laisse supposer que...** this implies that..., this makes one think that... -**3.** *loc*: **~ aller** *fam* [ne pas s'inquiéter]: **laisse aller, ce n'est pas grave** don't worry, it doesn't matter; **~ dire: laissez dire et faites ce que vous avez à faire** let them talk and do what you have to do; **bien faire et ~ dire, c'est ma devise** do what you think best and don't worry about what people say, that's my motto; **~ faire: on n'y peut rien, il faut ~ faire** there's nothing we can do (about it), you just have to let things take their course; **tu t'imagines que je vais ~ faire ça?** do you think I'm just going to stand by and watch while this happens?; **~ faire le temps** to let time take its course; **~ tomber** *fam*: **~ tomber un ami** to drop a friend; **~ tomber un petit ami** to give a boyfriend the push *Br* OU the dump *Am*; **~ tomber qqn comme une vieille chaussette** to drop sb like a hot potato; **tu devrais ~ tomber, ça ne marchera jamais** you should give up OU drop it OU forget it, it'll never work; **je te dois encore 50 francs — laisse tomber** I still owe you 50 francs — forget it.

◆ **se laisser** ◇ *vp (emploi passif)*: **ça se laisse regarder** [à la télévision] it's watchable; **il se laisse boire, ton petit vin** your little wine goes down nicely OU is very drinkable; **ça se laisse manger** it's rather tasty.

◇ *vpi*: **elle s'est laissé accuser injustement** she allowed herself to be OU she let herself be unjustly accused; **il ne s'est pas laissé accuser** he refused to let them pin the blame on him; **il refuse de se ~ photographier** he refuses to be photographed; **il s'est laissé séduire** he let himself be seduced; **il s'est laissé mourir** he let himself die, he just gave up living; **ils se sont laissé surprendre par la nuit** they were caught out by nightfall; **se ~ tomber sur une chaise/dans un fauteuil** to collapse onto a chair/into an armchair ❑ **se ~ aller** to let o.s. go; **depuis la mort de sa femme, il se laisse aller** since his wife's death, he's let himself go; **se ~ aller à** to go as OU so far as; **il s'est laissé aller à injurier son père** he went so far as to insult his father; **se ~ dire que** to have heard (it said) that; **je me suis laissé dire qu'elle avait démissionné** I heard she'd resigned; **se ~ faire: on l'accuse injustement et elle se laisse faire** she's unjustly accused, and she just stands by and lets it happen; **ne te laisse pas faire!** stand up for yourself!, don't let yourself be taken advantage of!; **la proposition est tentante, je crois que je vais me ~ faire** it's an attractive offer, I think I'll give in to temptation; **laisse-toi faire, ça nous fait plaisir de te l'offrir** do take it OU come on, we'd love to give it to you; **se ~ vivre** *fam* to live for the moment, to take life as it comes.

laisser-aller [lɛseale] *nm inv*: **il y a du ~ dans cette maison!** things are a bit too easy-going OU slack in this house!; **il y a du ~ dans sa tenue** he dresses a bit too casually, he's a bit of a sloppy dresser.

laisser-faire [lɛsefɛr] *nm inv* laissez-faire, non-interventionism.

laissez-passer [lɛsepase] *nm inv* -**1.** [autorisation] pass. -**2.** COMM carnet. -**3.** NAUT transire.

lait [lɛ] *nm* -**1.** [des mammifères] milk; **avec ou sans ~?** black or white? *Br*, with or without milk? ❑ **~ caillé** curdled OU soured milk; **~ concentré sucré/non sucré** condensed/evaporated milk; **~ cru** raw milk, unpasteurized milk, milk straight from the cow; **~ demi-écrémé** semi-skimmed milk; **~ écrémé** skimmed milk; **~ entier** full-cream milk *Br*, whole milk; **~ fraise** *milk with strawberry syrup*; **~ homogénéisé** homogenized milk; **~ longue conservation** long-life milk; **~ maternel** mother's OU breast milk; **~ maternisé** baby formula milk; **~ en poudre** dried OU powdered milk; **~ stérilisé** sterilized milk. -**2.** [de certains fruits] milk; **~ d'amande** almond milk; **~ de coco** coconut milk. -**3.** [boisson préparée]: **~ de palme** date palm leaf syrup; **~ de poule** eggnog. -**4.** [pour la toilette] milk; **~ démaquillant** cleansing milk. -**5.** CONSTR: **~ de chaux** slaked lime wash.

◆ **au lait** *loc adj* with milk; **thé au ~** tea with milk.

◆ **de lait** *loc adj* -**1.** [ayant la même nourrice] wetnurse *(modif)*. -**2.** [qu'on allaite encore] suckling. -**3.** [semblable au lait] milky; **un teint de ~** a milk-white complexion.

laitage [lɛtaʒ] *nm* dairy product.

laitance [lɛtɑ̃s] *nf* -**1.** ZOOL milt. -**2.** CULIN (soft) roe.

laiterie [lɛtri] *nf* -**1.** [fabrique, ferme, magasin] dairy. -**2.** [secteur d'activité] dairy industry OU farming.

laiteux, euse [lɛtø, øz] *adj* -**1.** [semblable au lait] milky; **un liquide ~** a milky OU cloudy liquid. -**2.** [de la couleur du lait] milk white, milky white; **un teint ~** a milky-white complexion.

laitier, ère [lɛtje, ɛr] ◇ *adj* -**1.** [du lait] dairy *(modif)*; **des produits ~s** dairy produce. -**2.** [race, bête] milk *(modif)*.

◇ *nm, f* -**1.** [livreur] milkman (*f* milkwoman). -**2.** [éleveur] dairy farmer.

◆ **laitier** *nm* MÉTALL slag.

◆ **laitière** *nf* -**1.** [ustensile] milk can *Br*, milk pail, milk bucket *Am*. -**2.** [vache] milk OU milch OU dairy cow.

laiton [lɛtɔ̃] *nm* brass; **un fil de ~** a piece of brass wire.

laitonnage [lɛtɔnaʒ] *nm* brass plating.

laitonner [3] [lɛtɔne] *vt* to brass plate.

laitue [lety] *nf* lettuce; **~ pommée** round lettuce.

laïus *fam* [lajys] *nm* long spiel, long-winded speech; **ne me fais pas tout un ~!** give me the short version!

laïusser *fam* [3] [lajyse] *vi* to ramble (on) endlessly.

laïusseur, euse *fam* [lajysœr, øz] ◇ *adj* long-winded, waffling *Br*.

◇ *nm, f* windbag, waffler *Br*.

laize [lɛz] *nf* = **lé**.

lama [lama] *nm* -**1.** RELIG lama; **le Grand ~** the Dalai Lama. -**2.** ZOOL llama.

lamaïsme [lamaism] *nm* Lamaism.

lamantin [lamɑ̃tɛ̃] *nm* manatee.

lamaserie [lamazri] *nf* lamasery.

lambda [lɑ̃bda] *nm inv* -**1.** [lettre] lambda. -**2.** *fam (comme adj)*: **un individu ~** your average bloke *Br* OU Joe *Am*.

lambeau, x [lɑ̃bo] *nm* -**1.** [morceau] scrap, strip, bit; **~x de chair** strips of flesh. -**2.** MÉD flap.

◆ **en lambeaux** ◇ *loc adj* [déchiré] in tatters, in shreds; **le tapis est en ~x** the carpet is in tatters OU in shreds.

◇ *loc adv*: **les affiches partent** OU **tombent en ~x** the posters are getting really tattered.

lambic(k) [lɑ̃bik] *nm* lambic OU lambick *(strong Belgian ale)*.

lambin, e *fam* [lɑ̃bɛ̃, in] ◇ *adj* dawdling, slow.

◇ *nm, f* dawdler, slowcoach *Br*, slowpoke *Am*.

lambiner *fam* [3] [lɑ̃bine] *vi* to dawdle; **pas le temps de ~** no time to dawdle OU to hang around.

lambliase [lɑ̃bljaz] *nf* giardiasis.

lambourde [lɑ̃burd] *nf* -**1.** BOT fruit-tree shoot. -**2.** CONSTR [pour solives] wall plate; [frise] (joist) backing strip.

lambrequin [lɑ̃brəkɛ̃] *nm* -**1.** [motif décoratif] lambrequin. -**2.** CONSTR (eaves) cornice. -**3.** [d'un lit] valance; [d'une fenêtre] pelmet *Br*, lambrequin *Am*.

◆ **lambrequins** *nmpl* HÉRALD mantle, mantling.

lambris [lɑ̃bri] *nm* -**1.** [en bois] panelling, wainscoting; **~ de chêne** oak panelling ❑ **~ dorés: sous les ~ dorés du ministère** in the gilded halls of the ministry. -**2.** [en marbre, en stuc] casing.

lambrissage [lɑ̃brisaʒ] *nm* panelling.

lambrisser [3] [lɑ̃brise] *vt* to panel, to wainscot; **lambrissé de chêne** oak-panelled.

lambswool [lɑ̃bswul] *nm* lamb's wool.

lame [lam] *nf* -**1.** [de couteau] blade; [de scie] web; [- de tournevis] shaft; **~ de rasoir** razor blade; **il a le visage en ~ de couteau** he is hatchet-faced. -**2.** *litt* [épée] sword; **une bonne**

OU **fine ~** [personne] a fine swordsman. -**3.** AUT [de ressort] leaf. -**4.** CONSTR [de store] slat; [en bois] lath, strip; **~s de parquet** floorboards. -**5.** GÉOL: **~ mince** thin plate OU section. -**6.** OPT slide. -**7.** TEXT [de lisses] leaf. -**8.** [vague] wave; **~ de fond** *pr* ground swell; **une ~ de fond électorale** *fig* a ground swell of electoral support.

lamé, e [lame] *adj* spangled, lamé.
◆ **lamé** *nm* lamé; **un corsage en ~** a spangled OU lamé blouse.

lamellaire [lamelɛr] *adj* lamellar, lamellate.

lamelle [lamɛl] *nf* -**1.** BOT lamella, gill. -**2.** CULIN [de viande] thin strip; [de pomme] thin slice. -**3.** MINÉR flake, lamella *spéc.* -**4.** OPT coverslip, cover glass.
◆ **en lamelles** *loc adj* CULIN sliced.

lamellé, e [lamele] *adj* lamellate, lamellated, lamellar.

lamellé-collé [lamelekɔle] (*pl* **lamellés-collés**) *nm* lamellated wood.

lamellibranche [lamelibrɑ̃ʃ] *nm* lamellibranch; **les ~s** the Lamellibranchia.

lamellicorne [lamelikɔrn] ◇ *adj* lamellicorn.
◇ *nm* lamellicorn; **les ~s** the lamellicornes OU Lamellicornia.

lamelliforme [lameliform] *adj* lamelliform.

lamellirostre [lamelirɔstr] *adj* lamellirostral.

lamentable [lamɑ̃tabl] *adj* -**1.** [désolant - accident] deplorable, frightful, lamentable; [pitoyable - plainte, vie] pathetic, pitiful; **être dans un état ~** to be in an awful OU a terrible state; **il est dans un état ~ depuis la mort de sa femme** he's been in an awful OU a terrible state since his wife died. -**2.** [mauvais - performance, résultat] pathetic, appalling; **vous avez été ~s!** you were useless!

lamentablement [lamɑ̃tabləmɑ̃] *adv* miserably, dismally.

lamentation [lamɑ̃tasjɔ̃] *nf* -**1.** [pleurs] wailing *(U)*, lamentation. -**2.** [récrimination] moaning *(U)*, complaining *(U)*; **cesse tes ~s** stop your moaning OU complaining; **se répandre en ~s** to burst into a torrent of complaints.
◆ **lamentations** *nfpl* RELIG: **les ~s** the Lamentations of Jeremiah; **le livre des Lamentations** the Book of Lamentations.

lamenter [3] [lamɑ̃te]
◆ **se lamenter** *vpi* -**1.** [gémir] to moan, to whine; **se ~ sur qqch** to moan about sthg, to bemoan sthg; **il se lamente sur la dégradation des valeurs morales** he deplores OU regrets the decline in moral values. -**2.** [pleurer] to wail.

lamento [lamɛnto] *nm* lament.

lamer [3] [lame] *vt* -**1.** [aplanir] to spot-face. -**2.** [broder] to spangle.

lamie [lami] *nf* -**1.** MYTH lamia. -**2.** ZOOL mackerel shark, porbeagle.

lamifié, e [lamifje] *adj* laminated.
◆ **lamifié** *nm* laminated wood.

laminage [laminaʒ] *nm* -**1.** [du plastique, du métal, du verre] rolling, laminating; [du caoutchouc, du papier] calendering. -**2.** *fig* [réduction] reduction.

laminaire [laminɛr] ◇ *adj* PHYS: **régime ~** laminar flow.
◇ *nf* [algue] oarweed, laminarian.

laminer [3] [lamine] *vt* -**1.** [plastique, métal, verre] to roll, to laminate; [caoutchouc, papier] to calender. -**2.** [réduire - revenus] to erode; [- effectifs] to decimate. -**3.** *fam* [personne] to exhaust.

lamineur, euse [laminœr, øz] ◇ *adj* laminating.
◇ *nm, f* mill-hand *(in a roller-mill)*.
◆ **lamineuse** *nf* roller (for glass).

lamineux [laminø] *adj m* laminose, laminous; **tissu ~** ANAT loose connective tissue.

laminoir [laminwar] *nm* -**1.** MÉTALL rolling mill ❑ **passer au ~** to be put through the mill; **(faire) passer qqn au ~** to put sb through the mill. -**2.** [à papier] calender.

lampadaire [lɑ̃padɛr] *nm* -**1.** [dans une maison] standard lamp *Br*, floor lamp *Am*. -**2.** [dans la rue] street lamp, streetlight.

lampant, e [lɑ̃pɑ̃, ɑ̃t] *adj* lamp *(modif)*.

lamparo [lɑ̃paro] *nm* -**1.** [lampe] (fishing) lamp. -**2.** [bateau] lamplight fishing boat.

lampe [lɑ̃p] *nf* -**1.** [luminaire] lamp, light; **à la lumière de la ~** by lamplight ❑ **~ à arc** arc lamp OU light; **~ de chevet** bedside lamp; **~ halogène** halogen lamp; **~ à huile** oil lamp; **~ à incandescence** incandescent lamp; **~ à pétrole** paraffin lamp *Br*, kerosene lamp *Am*; **~ de poche** torch *Br*, flashlight *Am*; **à la lumière d'une ~ de poche** by torchlight *Br*, by flashlight *Am*; **~ témoin** warning light; **~ tempête** storm lantern. -**2.** [instrument]: **~ à alcool** spirit lamp; **~ à bronzer** sunlamp; **~ à souder** blowlamp *Br*, blowtorch *Am*. -**3.** MIN: **~ de sûreté** safety lamp. -**4.** RAD valve (tube).

lampée *fam* [lɑ̃pe] *nf* swig, gulp.

lamper *fam* [3] [lɑ̃pe] *vt* to swig, to gulp down *(sép)*.

lampion [lɑ̃pjɔ̃] *nm* paper OU Chinese lantern; **scander des slogans sur l'air des ~s** to chant slogans.

lampiste [lɑ̃pist] *nm* -**1.** HIST light maintenance man. -**2.** *fam* [subalterne] underling, menial, dogsbody *Br*.

lampourde [lɑ̃purd] *nf* cocklebur.

lamproie [lɑ̃prwa] *nf* ZOOL lamprey; **~ de rivière** lampern.

lampyre [lɑ̃pir] *nm* glowworm.

lance [lɑ̃s] *nf* -**1.** ARM spear. -**2.** [tuyau]: **~ à eau** hose, pipe; **~ d'incendie** fire hose. -**3.** MÉTALL: **~ à oxygène** oxygen lance.

lancé, e [lɑ̃se] *adj* -**1.** [personne]: **le voilà ~!** he's made it! -**2.** SPORT: **départ ~** flying start.
◆ **lancée** *nf* [vitesse acquise] momentum.
◆ **sur ma lancée, sur sa lancée** *etc loc adv*: **il courait et sur sa ~e, il dribbla ses deux adversaires** he ran up the field, dribbling around two attackers as he went; **sur sa ~e, il s'en prit même à son père** he even took his father to task while he was at it; **continuer sur sa ~e** to keep going.

lance-amarre [lɑ̃samar] *nm inv* line-throwing gun.

lance-bombes [lɑ̃sbɔ̃b] *nm inv* bomb-dropping gear.

lancée [lɑ̃se] *f* → **lancé**.

lance-flammes [lɑ̃sflam] *nm inv* flamethrower.

lance-fusées [lɑ̃sfyze] *nm inv* rocket launcher.

lance-grenades [lɑ̃sgrənad] *nm inv* grenade launcher; **~ sous-marines** depth-charge launcher.

lancement [lɑ̃smɑ̃] *nm* -**1.** ASTRONAUT & NAUT launch, launching; **nous allons procéder au ~** we will now proceed with the launch ❑ **créneau** OU **fenêtre de ~** firing OU launch window. -**2.** TRAV PUBL: **le ~ d'un pont** the throwing of a bridge. -**3.** [en publicité - opération] launching; [- cérémonie, réception] launch; **le ~ d'un produit** the launching of a product ❑ **prix de ~** launch price. -**4.** *Belg* stabbing pain.

lance-missiles [lɑ̃smisil] *nm inv* missile launcher.

lancéolé, e [lɑ̃seɔle] *adj* -**1.** BOT lanceolate. -**2.** ARCHIT: **arc ~** lancet arch.

lance-pierres [lɑ̃spjɛr] *nm inv* -**1.** [fronde] catapult. -**2.** *fam loc*: **déjeuner/manger avec un ~** to gulp one's lunch/meal (down).

lancer[1] [lɑ̃se] *nm* -**1.** PÊCHE casting; **~ léger/lourd** fixed/free reel casting. -**2.** SPORT throw; **pratiquer le ~ du disque/javelot** to throw the discus/javelin; **pratiquer le ~ du poids** to put the shot.

lancer[2] [16] [lɑ̃se] ◇ *vt* **A.** ENVOYER, ÉMETTRE -**1.** [jeter] to throw; **elle m'a lancé la balle** she threw me the ball, she threw the ball to me; **lancez les bras en arrière puis en avant** throw your arms backwards then forwards; **~ la jambe en l'air** to kick one's leg up; **ne lancez pas de pierres** don't throw stones; **~ le disque/javelot/marteau** to throw the discus/javelin/hammer; **~ le poids** to put the shot; **le volcan lance des flammes** the volcano is throwing out flames; **les diamants lançaient des feux** the diamonds flashed OU glinted; **~ un regard haineux** to shoot OU to give a look full of hate; **ils nous lançaient des regards curieux** they looked at us curiously; **ses yeux lançaient des éclairs** her eyes flashed; **~ qqch à la figure de qqn** to throw sthg in sb's face; **~ son poing dans la figure de qqn** to smash one's fist into sb's face; **le cheval lança une ruade** the horse kicked out. -**2.** [à l'aide d'un instrument] to fire, to shoot; ASTRONAUT to launch; **~ des flèches avec un arc** to fire (off) OU to shoot arrows from a bow; **~ un projectile téléguidé** to fire a remote-controlled missile; **~ des bombes sur un objectif** to drop bombs on a target; **~ une fusée** to launch a rocket; **ils ont lancé des satellites pendant dix ans** they sent up OU launched satellites for ten years; **avec leurs sarbacanes, ils lançaient des boulettes de papier** with their peashooters they were firing OU shooting little balls of paper; **on lance la balle avec un club** you hit the ball with a club; **~ des torpilles** to fire (off) torpedoes; **~ un signal de détresse** to fire off a distress signal. -**3.** [émettre - son] to let out *(insép)*, to make; [- remarque] to make; **~ un cri de terreur** to let out a cry of terror; **les mouettes lançaient leurs appels aigus** the gulls were screeching OU were crying shrilly; **~ un bon mot** to crack a joke; **~ des injures à qqn** to hurl insults at sb; **~ des questions** to fire questions; **~ une apostrophe à qqn** to shout something rude at sb. -**4.** [envoyer - décret, consigne] to send OU to put out *(sép)*, to issue; **~ des invitations** to send OU to give out invitations; **~ un SOS/un appel à la radio** to send out an SOS/an appeal on the radio; **~ un mandat d'amener/un ultimatum** to issue a summons/an ultimatum; **~ un emprunt** to float a loan; **~ une souscription** to start a fund. -**5.** CONSTR to throw; **~ un pont** to throw a bridge. -**6.** PÊCHE to cast; **~ sa ligne** to cast one's line.

B. METTRE EN MARCHE, FAIRE DÉBUTER -**1.** [faire partir brusquement]: **les cavaliers lancèrent leurs chevaux** the riders set off at full speed on their horses; **ils lancèrent les chiens sur les rôdeurs** they set the dogs on the prowlers; **~ des troupes à l'attaque** to send troops into the attack || [mettre en train] to launch, to get started; **~ une idée** to float an idea; **~ une mode** to start a fashion; **~ un mouvement de protestation** to launch a protest campaign, to get a protest campaign going; **~ une affaire** to set up a business. -**2.** [faire fonctionner] to get going OU started, to start; INF [programme] to start; **~ un balancier** to set a pendulum swinging; **~ un moteur** to rev up OU to start an engine; **une fois le moteur lancé** once the engine is running; **la voiture était lancée à toute vitesse** the car was going at full speed; **le train était lancé à 150 km/h quand...** the train was hurtling along at 150 km/h when... -**3.** [faire connaître] to launch; COMM to launch; **~ un nouveau produit sur le marché** to launch a new product on the market; **c'est ce roman/cette émission qui l'a lancé** this novel/programme made him famous; **une fois lancé dans le cyclisme professionnel** once he'd made it in professional cycling. -**4.** *fam* [orienter - discussion] to get going; [- locuteur] to get going on the subject (of); **une fois qu'il est lancé sur ce sujet, on ne peut plus l'arrêter** once he gets going on the subject, there's no stopping him; **si on le lance sur la course automobile, il est intarissable** once he gets going on motor racing, there's no stopping him. -**5.** [engager] to lead; **vous lancez le pays dans l'aventure** you're leading the country into the unknown. -**6.** MIL to launch; **~ une attaque** to launch an attack; **~ une contre-attaque** to launch a counterattack, to counterattack. -**7.** NAUT to launch; **~ un navire** to launch a ship.

◇ *vi* [élancer - douleur] to stab; **ça me lance dans l'épaule, l'épaule me lance** I've got a sharp stabbing pain in my shoulder.

◆ **se lancer** ◇ *vp (emploi réciproque)* to throw at one another; **ils se lançaient des assiettes à la figure** they were throwing plates at each other; **elles se lançaient des injures** they were hurling insults back and forth, they were exchanging insults.

◇ *vpi* -**1.** [se précipiter] to throw o.s.; [courir] to rush (headlong), to dash; **ce week-end, les citadins vont se ~ sur les routes** this weekend, city dwellers will take to the roads; **se ~ à la poursuite de** to set off in pursuit of; **se ~ dans le vide** to jump OU to throw o.s. into empty space. -**2.** [se mettre à parler]: **se ~ sur un sujet** to get going on a topic. -**3.** [prendre l'initiative]: **allez, lance-toi et demande une augmentation** go on, take the plunge and ask for a rise; **le bébé s'est lancé et a traversé la pièce** the baby set off and crossed the room; **allez, lance-toi, tu verras ce n'est pas si difficile** go on, off you go, you'll soon see it's not so hard.

◆ **se lancer dans** *vp + prép* -**1.** [s'aventurer dans]: **se ~ dans qqch** to embark on sthg; **se ~ dans des explications** to embark on an explanation, to set about explaining; **ne te lance pas dans de grosses dépenses** don't go spending a lot of money; **se ~ dans une entreprise hasardeuse** to get o.s. involved in OU to embark on a dangerous undertaking. -**2.** [se mettre à pratiquer] to get involved in; **se ~ dans la politique** to take up politics; **se ~ dans la peinture** to take up painting; **la France se lance alors dans la troisième croisade** France then threw itself into the Third Crusade.

lance-roquettes [lɑ̃srɔkɛt] *nm inv* (hand held) rocket launcher OU gun.

lance-torpilles [lɑ̃stɔrpij] *nm inv* torpedo (launching) tube.

lancette [lɑ̃sɛt] *nf* ARCHIT & MÉD lancet.

lanceur, euse [lɑ̃sœr, øz] *nm, f* -**1.** BASE-BALL pitcher; CRICKET bowler; **~ de javelot** javelin thrower; **~ de poids** shot putter. -**2.** [promoteur] promoter, originator; **un ~ d'affaires** a business promoter.

◆ **lanceur** *nm* ASTRONAUT launch vehicle, launcher.

lanceur-d'engins [lɑ̃sœrdɑ̃ʒɛ̃] *nm inv* nuclear warhead submarine, missile launcher.

lancier [lɑ̃sje] *nm* MIL lancer.

lancinant, e [lɑ̃sinɑ̃, ɑ̃t] *adj* -**1.** [douloureux] throbbing; **une douleur ~e** a throbbing pain. -**2.** [obsédant] haunting; **un souvenir ~** a haunting memory. -**3.** [répétitif] nerve-shattering; **une musique ~e** pounding music.

lancinement [lɑ̃sinmɑ̃] *nm* throbbing pain.

lanciner [3] [lɑ̃sine] ◇ *vt* [obséder] to obsess, to haunt, to plague; [tourmenter] to harass, to badger, to pester.

◇ *vi* to torment.

lançon [lɑ̃sɔ̃] *nm* sand-eel.

Land [lɑ̃d] (*pl* Länder [lɛndœr]) *nm* Land; **les Länder allemands** the German Länder.

landais, e [lɑ̃dɛ, ɛz] *adj* from the Landes.

◆ **Landais, e** *nm, f inhabitant of or person from the Landes.*

landau, s [lɑ̃do] *nm* -**1.** [pour bébés] pram, baby carriage *Am.* -**2.** [attelage] landau.

lande [lɑ̃d] *nf* moor; **les ~s bretonnes** the Brittany moors.

Landes [lɑ̃d] *npr fpl*: **les ~** the Landes *(department or geographical area in SW France).*

Landru [lɑ̃dry] *npr*: **l'affaire ~** *the trial of the serial killer Landru in 1921.*

langage [lɑ̃gaʒ] *nm* -**1.** LING & PSYCH language; **l'acquisition du ~** language acquisition; **le ~ enfantin** baby talk ❑ **~ écrit/parlé** written/spoken language; **troubles du ~** speech OU language disorders. -**2.** [code] language; **le ~ des animaux** animal language; **le ~ des abeilles** the language of bees; **le ~ des fleurs** the language of flowers; **le ~ musical** the musical idiom; **le ~ de la peinture** the idiom of painting ❑ **le ~ des sourds-muets** deaf and dumb language, sign language. -**3.** [jargon] language; **le ~ des juristes** legal language; **~ administratif/technique** administrative/technical language. -**4.** [style] language; **~ familier/populaire** colloquial/popular language; **~ correct/incorrect** [d'après la bienséance] polite/impolite language; **~ argotique** slang; **~ imagé** colourful OU picturesque language; **~ poétique** poetic language; **qu'est-ce que c'est que ce ~ ?** what kind of language is that? ❑ **le beau ~** educated speech. -**5.** [discours] language, talk; **tu tiens un drôle de ~ depuis quelque temps** you've been coming out with OU saying some very odd things recently; **tenir un tout autre ~** to change one's tune; **parler le ~ de la franchise/vérité** to speak frankly/truthfully; **c'est le ~ de la raison** that's a sensible thing to say. -**6.** INF & TÉLÉC language; **~ chiffré** cipher; **~ évolué** high-level language; **~ machine** internal OU machine language; **~ de programmation** programming language.

langagier, ère [lɑ̃gaʒje, ɛr] *adj* linguistic, language *(modif).*

lange [lɑ̃ʒ] *nm* [pour bébé] baby blanket.

◆ **langes** *nmpl vieilli* swaddling clothes.

◆ **dans les langes** *loc adv* [en bas âge] in infancy; **le cinéma était encore dans les ~s** *fig* the cinema was still in its infancy.

langer [17] [lɑ̃ʒe] *vt* to swaddle; **matelas/table à ~** changing mat/table.

langoureusement [lɑ̃gurøzmɑ̃] *adv* languorously.

langoureux, euse [lɑ̃gurø, øz] *adj* [alangui] languishing; [mélancolique] languid, languorous; **un regard ~** a languid look.

langouste [lɑ̃gust] *nf* ZOOL crayfish; CULIN (spiny) lobster.

langoustier [lɑ̃gustje] *nm* -**1.** [bateau] lobster (fishing) boat. -**2.** [filet] crayfish net.

langoustine [lɑ̃gustin] *nf* ≃ Dublin bay prawn.

langres [lɑ̃gr] *nm* Langres cheese *(from Burgundy).*

langue [lɑ̃g] *nf* **A.** -**1.** ANAT tongue; **avoir la ~ blanche** OU **chargée** to have a coated OU furred tongue ❑ **une mauvaise ~, une ~ de vipère** a (malicious) gossip; **les mauvaises ~s prétendent que...** some (ill-intentioned) gossips claim that...; **c'est une ~ de vipère** he's got a venomous OU spiteful tongue; **mauvaise ~ !** that's a bit nasty of you!, that's a rather nasty thing to say!; **les ~s vont bon train** tongues are wagging; **tirer la ~ : tirez la ~ et dites ah** put OU stick your tongue out and say aah; **tirer la ~ à qqn** to stick one's tongue out at sb; **je tire la ~ !** *fam* [j'ai soif] my tongue's hanging out (with thirst)!, I'm gasping (for a drink)!; **depuis qu'elle a perdu son emploi, elle tire la ~** *fam fig* she's had a hard OU rough time since she lost her job; **as-tu avalé** OU **perdu ta ~ ?** have you lost OU (has the) cat got your tongue?; **avoir la ~ bien affilée** OU **bien pendue** *fam* to be a chatterbox, to have the gift of the gab; **avoir la ~ fourchue** to speak with a forked tongue; **avoir la ~ trop longue** to have a big mouth; **coup de ~** *pr* lick; **donner des coups de ~** to lick; **coups de ~** *fig & litt* spiteful gossip; **délier** OU **dénouer la ~ à qqn** to loosen sb's tongue; **le vin délie les ~s** wine always gets people chatting OU loosens people's tongues; **la ~ me démange de dire ce que je sais** I'm itching to say what I know; **elle n'a pas la ~ dans sa poche** *fam* she's never at a loss for something to say OU for words; **donner sa ~ au chat** to give up (guessing); **prendre ~ avec qqn** *sout* to contact sb, to make contact with sb; **sa ~ a fourché** *fam* she made a slip of the tongue; **tenir sa ~** to keep a secret; **dans les réunions, il ne sait jamais tenir sa ~** he never knows how to keep quiet in meetings; **tourne sept fois ta ~ dans ta bouche avant de parler** *fam* think twice before you open your mouth. -**2.** CULIN tongue; **~ de bœuf** [chaude] boiled ox tongue; [froide] (cold pressed) ox tongue.

B. -**1.** [moyen de communication] language, tongue; **pendant le festival, on entend parler toutes les ~s** you can hear all sorts of languages during the festival; **ce métier exige la connaissance des ~s** this job requires a knowledge of languages; **un professeur de ~s** a (foreign) language teacher; **l'anglais est la ~ internationale** English is the international language; **les passagers de ~ anglaise** English-speaking passengers ❑ **~ cible** OU **d'arrivée** target language; **~ maternelle** OU **mère** mother tongue; **~ nationale** national language; **~ d'oc** langue d'oc *(language of southern France)*; **~ d'oïl** langue d'oïl *(language of northern France)*; **~ officielle** official language; **~ source** OU **de départ** source language; **~ véhiculaire** lingua franca; **la ~ vernaculaire** the vernacular; **~s anciennes** OU **mortes** dead languages; **~s étrangères** foreign languages; **~s orientales** oriental languages; **~s sœurs** sister languages; **les ~s vivantes** ENS modern languages; [utilisées de nos jours] living languages. -**2.** LING language; **les ressources de la ~** the resources of the language; **~ commune** common language; **décrire une ~** to describe a language; **elle connaît bien sa ~** she knows her language well. -**3.** [jargon] language; **dans la ~ du barreau** in legal parlance, in the language of the courts; **la ~ populaire/littéraire** popular/literary language ❑ **~ de bois** hackneyed phrases; **la ~ de bois des politiciens** the clichés politicians come out with; **~ savante** LING & HIST [latin] language of learning; **~ vulgaire** LING & HIST [langue du peuple] vernacular; **la ~ verte** slang. -**4.** [style - d'une époque, d'un écrivain] language; **la ~ de la Renaissance** Renaissance language; **la ~ de James Joyce** the language of James Joyce; **dans la ~ de Molière/Shakespeare** in French/English.

C. -**1.** [gén] tongue; **des ~s de feu léchaient le mur** tongues of fire were licking the wall. -**2.** GÉOG: **une ~ de terre** a strip of land, a narrow piece of land; **une ~ glaciaire** a spur of ice.

langue-de-bœuf [lɑ̃gdəbœf] (*pl* langues-de-bœuf) *nf* BOT poor man's beefsteak.

langue-de-chat [lɑ̃gdəʃa] (*pl* langues-de-chat) *nf* langue de chat (biscuit).

langue-de-serpent [lɑ̃gdəsɛrpɑ̃] (*pl* langues-de-serpent) *nf* BOT adder's-tongue.

Languedoc [lɑ̃gdɔk] *npr m*: **le ~** Languedoc.

languedocien, enne [lɑ̃gdɔsjɛ̃, ɛn] *adj* from Languedoc OU the Languedoc region.

◆ **Languedocien, enne** *nm, f inhabitant of or person from Languedoc.*

languette [lɑ̃gɛt] *nf* -**1.** [petite bande] strip; **les dossiers sont séparés par une ~ de papier** the files are separated by a strip of paper OU a paper marker. -**2.** [de chaussure] tab, stem. -**3.** [de balance] pointer. -**4.** MUS [d'orgue] languet; [d'instrument à anche] reed.

langueur [lɑ̃gœr] *nf* -**1.** [apathie] languidness. -**2.** [mélancolie] languor; **un sourire plein de ~** a languid OU languorous smile.

languide [lɑ̃gid] *adj litt* languid, languishing.

languir [32] [lɑ̃gir] *vi* -**1.** *litt* [personne, animal] to languish, to pine; **la petite fille languit loin de sa mère** the little girl is pining for her mother; **~ (d'amour) pour qqn** to be consumed OU languishing with love for sb; **~ en prison** to languish in prison. -**2.** [plante] to wilt; **le rosier languit sous le mur** the rose tree isn't doing (very) well under the wall. -**3.** [conversation, situation] to flag; **la conversation languissait** the conversation was flagging; **les affaires languissent** business is flagging OU slack. -**4.** [attendre]: **faire ~ qqn** to keep sb waiting.

◆ **languir après** *fam v + prép* to languish OU to pine for.

◆ **se languir** *vpi* [personne] to pine; **il se languit de toi** he's pining for you; **je me languis de la Provence** I'm longing to go back to Provence.

languissamment [lɑ̃gisamɑ̃] *adv litt* languidly, languishingly.

languissant, e [lɑ̃gisɑ̃, ɑ̃t] *adj* -**1.** *litt* [qui dépérit] failing, dwindling; **santé ~e** failing health. -**2.** *litt* [amoureux] languishing, lovelorn, lovesick. -3. [sans vigueur] languid, listless. -4. [morne]: le commerce est ~ business is slack; conversation ~e dull conversation.

lanière [lanjɛr] *nf* -1. [sangle] strap. -2. [d'un fouet] lash.

lanoline [lanɔlin] *nf* lanolin.

lansquenet [lɑ̃skənɛ] *nm* HIST, MIL & JEUX lansquenet.

lanterne [lɑ̃tɛrn] *nf* -1. [lampe] lantern; ~ **sourde/vénitienne** dark/Chinese lantern ❑ **les aristocrates à la ~!** HIST string the aristocrats up! -2. CIN projector. -3. CONSTR lantern. -4. PHOT: ~ **magique** magic lantern. -5. ZOOL: ~ **d'Aristote** Aristotle's lantern.

◆ **lanternes** *nfpl* AUT sidelights *Br*, parking lights *Am*.

◆ **lanterne rouge** *nf* -1. RAIL rear OU tail light. -2. *loc*: **être la ~ rouge** [gén] to bring up the rear; SPORT [dans une course] to come (in) last; [équipe] to get the wooden spoon; [à l'école] to be bottom of the class.

lanterneau, x [lɑ̃tɛrno] *nm* skylight, roof light.

lanterner [3] [lɑ̃tɛrne] *vi* -1. [perdre son temps] to dawdle, to drag one's feet; **il est toujours à ~** he is always dawdling. -2. [attendre]: **faire ~ qqn** to keep sb hanging about OU waiting.

lanternon [lɑ̃tɛrnɔ̃] *nm* lantern (tower OU turret).

lanthane [lɑ̃tan] *nm* lanthanum.

lao [lao] *nm* LING Lao, Laotian.

Laos [laos] *npr m*: **le ~** Laos; **au ~** in Laos.

laotien, enne [laosjɛ̃, ɛn] *adj* Laotian.

◆ **Laotien, enne** *nm, f* Laotian.

◆ **laotien** *nm* LING Lao, Laotian.

La Palice [lapalis] *npr*: **une vérité de ~** a truism.

lapalissade [lapalisad] *nf* truism; **c'est une ~** that's self-evident, that's stating the obvious.

laparoscopie [laparɔskɔpi] *nf* laparoscopy.

laparotomie [laparɔtɔmi] *nf* laparotomy.

La Paz [lapaz] *npr* La Paz.

lapement [lapmɑ̃] *nm* lapping, lap.

laper [3] [lape] *vt* to lap (up).

lapereau, x [lapro] *nm* young rabbit.

lapiaz [lapjaz] = **lapié**.

lapidaire [lapidɛr] ◇ *adj* -1. [concis] terse, lapidary; **un style ~** a pithy OU direct OU succinct style. -2. MINÉR lapidary; **art ~** lapidary art.
◇ *nm* -1. [artisan] lapidary. -2. [commerçant] gem merchant.

lapidation [lapidasjɔ̃] *nf* stoning, lapidation.

lapider [3] [lapide] *vt* -1. [tuer] to stone to death, to lapidate. -2. *litt* [critiquer] to lambast.

lapié [lapje] *nm* lapiés.

lapilli [lapili] *nmpl* lapilli.

lapin [lapɛ̃] *nm* -1. ZOOL rabbit; ~ **mâle** buck (rabbit) ❑ ~ **de choux** OU **de clapier** tame OU domestic rabbit; ~ **de garenne** wild rabbit; **poser un ~ à qqn** *fam* to stand sb up. -2. CULIN rabbit; **civet/pâté de ~** rabbit stew/pâté. -3. [fourrure] rabbit (skin) *Br*, cony (skin) *Am*. -4. *fam* [terme d'affection] poppet *Br*, honey *Am*; **ça va, mon petit ~?** all right, poppet *Br* OU honey *Am*?

◆ **coup du lapin** *nm* [coup] rabbit punch; [dans un accident de voiture] whiplash *(U)*.

lapine [lapin] *nf* doe (rabbit).

lapiner [3] [lapine] *vi* to litter.

lapinière [lapinjɛr] *nf* rabbit hutches.

lapis(-lazuli) [lapis(lazyli)] *nm inv* lapis lazuli.

La Plata [laplata] *npr* La Plata.

lapon, one OU **onne** [lapɔ̃, ɔn] *adj* Lapp, Lappish.

◆ **Lapon, one** OU **onne** *nm, f* Lapp, Laplander.

◆ **lapon** *nm* LING Lappish, Lapp.

Laponie [lapɔni] *npr f*: **(la) ~** Lapland.

lapon(n)e [lapɔn] *f* → **lapon**.

lapping [lapiŋ] *nm* lapping TECH.

laps [laps] *nm*: **un ~ de temps** a lapse of time, a while.

lapsus [lapsys] *nm* -1. [faute]: ~ **linguae** slip (of the tongue), lapsus linguae *spéc*; ~ **calami** slip of the pen. -2. PSYCH Freudian slip; ~ **révélateur** *hum* Freudian slip.

laquage [lakaʒ] *nm* -1. TECH lacquering. -2. MÉD: ~ **du sang** haemolysis.

laquais [lakɛ] *nm* -1. [valet] footman. -2. *litt & péj* [homme servile] lackey *péj*.

laque [lak] ◇ *nf* -1. [vernis] lacquer. -2. [pour cheveux] hair spray, (hair) lacquer *Br*. -3. = **gomme-laque**.
◇ *nm* [objet] piece of lacquerwork; **des ~s** lacquerware, lacquerwork.

laqué, e [lake] *adj* -1. BX-ARTS lacquered. -2. CONSTR gloss; **cuisine ~e rouge** kitchen in red gloss. -3. CULIN → **canard**.

◆ **laqué** *nm* [peinture] (high) gloss paint; [enduit] varnish *Br*, enamel *Am*.

laquelle [lakɛl] *f* → **lequel**.

laquer [3] [lake] *vt* -1. [recouvrir de laque] to lacquer. -2. [vernir] to varnish.

larbin▽ [larbɛ̃] *nm pr & fig* flunkey.

larcin [larsɛ̃] *nm sout* -1. [petit vol] petty theft; **commettre de menus ~s** to engage in petty theft. -2. [objet volé]: **le grenier était plein de ses ~s** the attic was filled with his booty *litt* OU spoils.

lard [lar] *nm* -1. CULIN fat; ~ **fumé** smoked bacon; ~ **gras, gros ~** fat bacon; ~ **maigre, petit ~, ~ de poitrine** streaky bacon; ~ **salé** salt pork. -2. *loc*: **faire du ~** *fam* to get fat; **avec eux, on se demande** OU **on ne sait pas si c'est du ~ ou du cochon** *fam* with that lot, you never know where you are; **rentrer dans le ~ à qqn** *fam* to hit out at sb; **un gros ~**▽ a fatso, a fat slob.

larder [3] [larde] *vt* -1. CULIN to lard. -2. [poignarder]: ~ **qqn de coups de couteau** to stab sb repeatedly. -3. [truffer]: ~ **une lettre de citations** to pepper a letter with quotations.

lardon [lardɔ̃] *nm* -1. CULIN diced bacon *(U)*; **achète des ~s pour le ragoût** buy some bacon pieces for the stew. -2. ▽ [enfant] kid.

lare [lar] ◇ *adj*: **dieux ~s** lares.
◇ *nm* lar, household god.

largable [largabl] *adj* releasable; **réservoir ~** releasable tank.

largage [largaʒ] *nm* -1. [par parachute] dropping; [de troupes, de matériel] dispatching, dropping; **point de ~** drop point. -2. [d'une bombe] dropping, releasing.

large [larʒ] ◇ *adj* -1. [grand - gén] broad, wide; [- plaine] big, wide; [- rue] broad; ~ **de 5 cm** 5 cm wide; **un nez ~** a broad nose; **un chapeau à ~s bords** a wide-brimmed hat; **la Dordogne est ~ à Libourne** the Dordogne gets wider at Libourne; ~ **d'épaules** broad-shouldered; **il reste de ~s auréoles sur le tissu** the cloth still has large stains on it; **percer une ~ ouverture dans qqch** to make a big hole in sthg; **un ~ mouvement du bras** a sweeping gesture with the arm; **peindre à ~s traits** to paint with broad brushstrokes; **un ~ sourire** a broad smile. -2. [ample - vêtement] big, baggy; [- chaussures] wide. -3. [considérable] large; **elle a une ~ part de responsabilité** she must bear a large OU major share of the blame; **jouissant d'une ~ autonomie** enjoying a large amount of independence; **jouissant d'une ~ diffusion** widely distributed; **avoir un ~ vocabulaire** to have a wide OU wide-ranging vocabulary; **elle a fait de ~s concessions/un ~ tour d'horizon** she made generous concessions/an extensive survey of the situation; **les journaux ont publié de ~s extraits de son discours** the papers quoted extensively from his speech. -4. [général]: **prendre un mot dans son sens ~** to take a word in its broadest sense. -5. [généreux] generous; **elle est ~ avec le personnel** she's generous with the staff; **de ~s gratifications** generous bonuses. -6. [ouvert] open; **leur père a l'esprit ~** their father is open-minded OU broad-minded. -7. [excessif]: **ton estimation était un peu ~** your estimate was a bit wide of the mark.
◇ *nm* -1. [dimension] width; **ici la rivière a 2 km de ~** here the river is 2 km wide. -2. NAUT: **le ~** the open sea; **respirer l'air du ~** to breathe the sea air; **le vent du ~** offshore wind; **au ~** offshore, at sea ❑ **au ~ de Hong Kong** off Hong Kong; **se tenir au ~ de qqch** *fig* to stand clear of sthg; **gagner** OU **prendre le ~** *pr* to head for the open sea; **il est temps de prendre le ~** *fam fig* it's time we beat it; **du ~!** *fam* beat it!, clear off!
◇ *adv*: **calculer** OU **prévoir ~** to allow a good margin for error; **voir ~** to think big.

◆ **dans une large mesure** *loc adv* to a large extent.

◆ **en large** *loc adv* widthways; **mets les tables en ~** turn the tables widthways.

largement [larʒəmɑ̃] *adv* -1. [amplement]: **gagner ~ sa vie** to make a good living; **tu auras ~ le temps** you'll easily have enough time, you'll have more than enough time; **il y en a ~ assez** there's more than enough; **des pouvoirs ~ accrus** considerably increased powers; **une opinion ~ répandue** a widely held opinion. -2. [généreusement] generously; **donner ~ (à une collecte)** to give generously (to a collection). -3. [de beaucoup] greatly; **la demande excède ~ notre capacité** demand greatly exceeds our capacity. -4. [facilement] easily; **il vaut ~ son frère** he's easily as good as his brother; **je gagne ~ le double** I make at least OU I easily earn twice that.

largesse [larʒɛs] *nf* [magnanimité] generosity, largesse; **il fait toujours preuve de ~** he's always very generous.

◆ **largesses** *nfpl* [présents] gifts, liberalities; **il ne faisait pas de telles ~s avec tous** he didn't make such generous gifts to everybody.

◆ **avec largesse** *loc adv*: **traiter qqn avec ~** to be generous to sb.

larget [larʒɛ] *nm* sheet bar METALL.

largeur [larʒœr] *nf* -1. [dimension] width; **quelle est la ~ de la pièce?** how wide is the room?; **la route a une ~ de 5 m** OU **5 m de ~** the road is 5 m wide; **une remorque barrait la route dans** OU **sur toute sa ~** there was a trailer blocking the entire width of the road; **déchiré dans** OU **sur toute la ~** torn all the way across; ~ **hors tout** overall width. -2. *fig* broadness, breadth; ~ **d'esprit** OU **de vues** broadness of mind, broad-mindedness. -3. COMM: **grande ~** double-width. -4. IMPR breadth, set, width; ~ **de la colonne** width of column. -5. INF: ~ **de la bande** bandwidth.

◆ **dans les grandes largeurs** *fam loc adv* [complètement]: **ça a été un fiasco dans les grandes ~s!** that turned out to be a fiasco with a capital F!; **on a été roulés dans les grandes ~s!** we were well and truly taken for a ride!

◆ **en largeur** *loc adv* widthways, widthwise, crosswise; **la table fait 30 cm en ~** the table is 30 cm widthways OU across.

largue [larg] *nm* NAUT reaching; **petit ~** fine reach; **grand ~** quartering wind.

largué, e [large] *adj*: **être ~** to be out of one's depth; **moi, en jazz, je suis ~!** as far as jazz is concerned, I haven't got a clue!

larguer [3] [large] *vt* -1. NAUT [voile] to slip, to let out *(sép)*, to unfurl; [amarre] to slip; *(en usage abs)*: **larguez!** let go! -2. AÉRON [bombe, charge] to drop; [réservoir] to jettison; [fusée] to release. -3. ▽ [abandonner - poste] to quit, to chuck(in) *(insép)*, to walk out on *(insép)*; [- vieillerie, projet] to chuck, to bin *esp Br*; [- amant] to dump, to jilt; [- personne avec qui l'on vit] to walk out on.

largueur [largœr] *nm* [de matériel] dispatcher; [de personnel] jump master.

larigot → **tire-larigot**.

larme [larm] *nf* -1. PHYSIOL tear; **verser des ~s** to shed tears; **retenir ses ~s** to hold back one's tears; **être en ~s** to be in tears; **ses yeux s'emplirent de ~s** his eyes filled with tears; **être au bord des ~s** to be on the verge of tears; **avec des ~s dans la voix** with OU in a tearful voice; **ça vous fait venir les ~s aux yeux** it brings tears to your eyes; **il y a de quoi vous arracher** OU **vous tirer des ~s** it's enough to make you burst into tears; **avoir les ~s aux yeux** to have tears in one's eyes; **il a toujours**

la ~ à l'œil, il a la ~ facile he cries easily; pleurer OU verser des ~s de joie to cry for joy, to shed tears of joy; il y est allé de sa (petite) ~ he shed a tear; une grosse ~ a big tear ❑ ~s de crocodile *fam* crocodile tears; ~s de sang *litt* tears of blood. -2. [petite quantité] : une ~ (de) a drop (of); une ~ de cognac a drop of brandy; oh, juste une ~! the tiniest drop, please! -3. ZOOL [d'un cerf] tear.

larme-de-Job [larmdəʒɔb] (*pl* larmes-de-Job) *nf* Job's tears *(sg)*.

larmier [larmje] *nm* -1. ARCHIT dripstone, larmier. -2. ZOOL [du cerf] tear pit; [du cheval] temple.

larmoiement [larmwamɑ̃] *nm* PHYSIOL watering.
◆ **larmoiements** *nmpl litt* [pleurnicheries] tears, snivelling *(U) péj*.

larmoyant, e [larmwajɑ̃, ɑ̃t] *adj* -1. PHYSIOL watery. -2. *péj* [éploré] : le récit ~ de ses malheurs the sorry tale of her misfortunes; d'une voix ~e, elle nous annonça... she told us in a tearful voice... -3. LITTÉRAT : comédie ~e sentimental comedy.

larmoyer [13] [larmwaje] *vi* -1. PHYSIOL [œil] to water. -2. *péj* [se lamenter] to weep, to snivel *péj*, to whimper *péj*.

larron [larɔ̃] *nm* -1. *arch* [voleur] robber, thief. -2. BIBLE thief; le bon ~ et le mauvais ~ the penitent thief and the impenitent thief.

larsen [larsɛn] *nm* : effet ~ feedback.

larvaire [larvɛr] *adj* -1. ZOOL larval. -2. *fig* embryonic, unformed; le projet était encore à l'état ~ the plan was still in its early stage OU in embryo.

larve [larv] *nf* -1. ZOOL larva; [ver] maggot. -2. *fam* [fainéant] lazybones. -3. *sout* & *péj* : ~ (humaine) worm. -4. ANTIQ spectre.

larvé, e [larve] *adj* -1. MÉD latent, larvate *spéc*. -2. [latent] latent, concealed; en 1964 il y avait déjà une révolte ~e a rebellion was already brewing in 1964.

larvicide [larvisid] ◇ *adj* larvicidal.
◇ *nm* larvicide.

laryngé, e [larɛ̃ʒe] *adj* laryngeal.

laryngectomie [larɛ̃ʒɛktɔmi] *nf* laryngectomy.

laryngien, enne [larɛ̃ʒjɛ̃, ɛn] *adj* ANAT laryngeal.

laryngite [larɛ̃ʒit] *nf* laryngitis.

laryngologie [larɛ̃gɔlɔʒi] *nf* laryngology.

laryngologiste [larɛ̃gɔlɔʒist], **laryngologue** [larɛ̃gɔlɔg] *nmf* throat specialist, laryngologist *spéc*.

laryngoscope [larɛ̃gɔskɔp] *nm* laryngoscope.

laryngoscopie [larɛ̃gɔskɔpi] *nf* laryngoscopy.

laryngotomie [larɛ̃gɔtɔmi] *nf* laryngotomy.

larynx [larɛ̃ks] *nm* voice-box, larynx *spéc*.

las[1] [las] *interj litt* alas, woe.

las[2], **lasse** [la, las] *adj* -1. *litt* [fatigué] weary; je me sens ~ après cette marche I feel quite weary after that walk. -2. [découragé, écœuré] weary; être ~ de qqch to be weary of sthg.

lasagne [lazaɲ] (*pl inv* OU lasagnes) *nf* lasagna.

lascar *fam* [laskar] *nm* -1. [individu rusé] rogue; celui-là, c'est un drôle de ~! he's a shady character!; tu vas le regretter, mon ~! you'll be sorry, buster OU pal! -2. [individu quelconque] character, customer; qui c'est ce ~? who's that character?; un grand ~ a big chap. -3. [à un enfant] : ah, mon ~, tu croyais m'avoir! so, you (little) rascal OU rogue, you thought you'd got me!

lascif, ive [lasif, iv] *adj* -1. [sensuel] lascivious, sensual. -2. [lubrique] lustful, lewd.

lascivité [lasivite], **lasciveté** [lasivte] *nf* -1. [sensualité] wantonness, lasciviousness. -2. [lubricité] lust, lewdness.

laser [lazɛr] *nm* laser; traitement au ~ laser treatment; enregistrement ~ [procédé] laser recording; [disque] laser disc; faisceau ~ laser beam.

Las Palmas [laspalmas] *npr* Las Palmas.

Lassa [lasa] *npr* : fièvre de ~ Lassa fever.

lassant, e [lasɑ̃, ɑ̃t] *adj* tedious; tu es ~ à la fin! you're beginning to irritate me!

lasse [las] *f* → **las**.

lasser [3] [lase] *vt* -1. *sout* [exténuer] to weary; lassée par ce long voyage weary after that long journey. -2. *sout* [importuner] to bore, to tire, to weary; tu me lasses avec tes problèmes I'm tired of hearing about your problems; parlons d'autre chose, ne lassons pas nos invités let's talk about something else, let's not bore our guests. -3. [décourager] to tax, to exhaust, to fatigue; ~ l'attention de l'auditoire to overtax the audience's attention; ~ la patience de qqn to try sb's patience ‖ *(en usage abs)* : ses jérémiades finissent par ~ his moaning gets a bit trying after a while.
◆ **se lasser** *vpi* to get tired, to (grow) weary; je ne me lasse jamais de te voir/de tes visites I never tire of seeing you/get tired of your visits; elle se lassera vite de lui she'll soon get tired of him; je ne me lasse pas d'écouter du Mozart I never get tired of listening to Mozart; sans se ~ tirelessly.

lassitude [lasityd] *nf* -1. [fatigue] tiredness, weariness, lassitude *litt*. -2. [découragement] weariness; être pris d'une immense ~ to be overcome by weariness.

lasso [laso] *nm* lasso, lariat *Am*; attraper une bête au ~ to lasso an animal.

Lastex® [lastɛks] *nm* Lastex®.

Las Vegas [lasvegas] *npr* Las Vegas.

lat. (*abr écrite de* latitude) lat.

latanier [latanje] *nm* latania.

latence [latɑ̃s] *nf* latency; période de ~ latency period.

latent, e [latɑ̃, ɑ̃t] *adj* latent.

latéral, e, aux [lateral, o] *adj* -1. [sur le côté] lateral, side *(modif)*; porte/rue/sortie ~e side door/street/exit. -2. [annexe] minor; canal ~ minor canal. -3. TÉLÉC : bande ~e sideband.
◆ **latérale** *nf* lateral.

latéralement [lateralmɑ̃] *adv* sideways, laterally; se déplacer ~ to move sideways OU crabwise; la lumière de la bougie l'éclairait ~ the light from the candle fell on him from the side.

latéralisation [lateralizasjɔ̃] *nf* lateralization.

latéralisé, e [lateralize] *adj* lateralized.

latéralité [lateralite] *nf* laterality.

latere → **a latere**.

latérite [laterit] *nf* laterite.

latéritique [lateritik] *adj* lateritic.

latex [latɛks] *nm* latex.

latifundiste [latifɔ̃dist] *nm* latifundista.

latifundium [latifɔ̃djɔm] (*pl* latifundia [-dja]) *nm* latifundium.

latin, e [latɛ̃, in] *adj* -1. ANTIQ Latin; le monde ~ the Latin world. -2. LING [appartenant au latin] Latin; [issu du latin] Romance *(modif)*; les langues ~es the Romance OU Latin languages. -3. SOCIOL Latin; les peuples ~s the Latin races; le tempérament ~ the Latin OU Mediterranean temperament. -4. RELIG Latin; l'Église ~e the Latin Church. -5. [à Paris] : Le Quartier Latin the Latin Quarter *(area on the Left Bank of the Seine traditionally associated with students and artists)*.
◆ **Latin, e** *nm, f* Latin; les Latins the Latin people, the Latins.
◆ **latin** *nm* LING Latin; bas ~ low Latin; ~ de cuisine dog Latin.

latinisant, e [latinizɑ̃, ɑ̃t] *adj* latinizing; pour ceux qui sont ~s for those who know Latin, for the Latin scholars.

latinisation [latinizasjɔ̃] *nf* latinization.

latiniser [3] [latinize] *vt* to latinize.

latinisme [latinism] *nm* -1. [idiotisme du latin] Latinism. -2. [emprunt au latin] Latin phrase.

latiniste [latinist] *nmf* Latin scholar, Latinist.

latinité [latinite] *nf* -1. [caractère] Latinity. -2. [civilisation] Latin world.

latino-américain, e [latinoamerikɛ̃, ɛn] (*mpl* latino-américains, *fpl* latino-américaines) *adj* Latin American.
◆ **Latino-Américain, e** *nm, f* Latin American.

latitude [latityd] *nf* -1. [liberté] latitude, scope; j'ai toute ~ pour mener mon enquête I have full scope OU a free hand to conduct my enquiry; une certaine ~ pour agir some freedom of movement. -2. ASTRON & GÉOG latitude; cette ville est à 70° de ~ Nord this city is situated at latitude 70° North; par 70° de ~ Nord in latitude 70° North ❑ basses/hautes ~s low/high latitudes. -3. [région, climat] : sous d'autres ~s in other parts of the world.

latitudinaire [latitydinɛr] *adj* & *nmf* latitudinarian.

Latium [lasjɔm] *npr m* : le ~ Latium.

lato sensu [latosɛ̃sy] *loc adv* loosely OU broadly speaking.

latrines [latrin] *nfpl* latrine.

lattage [lataʒ] *nm* -1. [action] lathing, battening. -2. [lattis] lathwork.

latte [lat] *nf* -1. CONSTR & NAUT lath; [pour chevronnage] roof batten. -2. ▽ [pied] foot; [chaussure] shoe; prendre un coup de ~ to get kicked. -3. *Belg* [règle plate] ruler.

latter [3] [late] *vt* CONSTR to lath, to batten.

lattis [lati] *nm* CONSTR lathwork *(U)*.

laudanum [lodanɔm] *nm* laudanum.

laudateur, trice [lodatœr, tris] *nm, f litt* laudator.

laudatif, ive [lodatif, iv] *adj* laudatory, laudative.

laudes [lod] *nfpl* lauds.

lauré, e [lɔre] *adj litt* laureate *(modif)*.

lauréat, e [lɔrea, at] ◇ *adj* prizewinning.
◇ *nm, f* prizewinner, laureate; ~ du prix Nobel Nobel prizewinner; ~ du prix Goncourt winner of the prix Goncourt ❑ 'le Lauréat' *Nichols* 'The Graduate'.

Laurent [lɔrɑ̃] *npr* HIST : ~ le Magnifique Lorenzo the Magnificent.

laurier [lɔrje] *nm* -1. BOT (bay) laurel, (sweet) bay. -2. CULIN : mettre du ~ dans une sauce to flavour a sauce with bay leaves ❑ feuille de ~ bay leaf.
◆ **lauriers** *nmpl* [gloire] laurels; il est revenu couvert de ~s he came home covered in glory.

laurier-cerise [lɔrjesəriz] (*pl* lauriers-cerises) *nm* cherry-laurel.

laurier-rose [lɔrjeroz] (*pl* lauriers-roses) *nm* rose bay, oleander.

laurier-sauce [lɔrjesos] (*pl* lauriers-sauce) *nm* bay tree.

laurier-tin [lɔrjetɛ̃] (*pl* lauriers-tins) *nm* laurustinus.

Lausanne [lozan] *npr* Lausanne.

lausannois, e [lozanwa, az] *adj* from Lausanne.
◆ **Lausannois, e** *nm, f inhabitant of or person from Lausanne.*

LAV (*abr de* lymphadenopathy associated virus) *nm* LAV.

lavable [lavabl] *adj* washable; ~ en machine machine-washable.

lavabo [lavabo] *nm* -1. [évier] washbasin *Br*, washbowl *Am*. -2. RELIG lavabo.
◆ **lavabos** *nmpl* [toilettes] toilets, washroom *Am*.

lavage [lavaʒ] *nm* -1. [nettoyage - du linge] washing *(U)*; [- d'une surface] scrubbing *(U)*; faites deux ~s séparés pour la laine et le coton wash wool and cotton separately; son jean a besoin d'un bon ~ his jeans need a good wash; le carrelage a besoin d'un bon ~ the tiles need a good scrub; ~ à grande eau sluicing ❑ '~ en machine' 'machine wash'; '~ à la main' 'hand wash (only)'; ~ au poids washing by weight; 'instructions de ~' 'washing instructions'. -2. MÉD lavage; ~ d'estomac pumping out (of) the stomach; faire un ~ d'estomac à qqn to pump out sb's stomach. -3. MÉTALL & TEXT washing.
◆ **au lavage** *loc adv* in the wash; tes chemises sont au ~ your shirts are in the wash; la tache est partie/n'est pas partie au ~ the stain came out/didn't come out in the wash.

◆ **lavage de cerveau** *nm* brainwashing; **subir un ~ de cerveau** to be brainwashed.

lavallière [lavaljɛr] *nf necktie with a large bow.*

lavande [lavɑ̃d] *nf* BOT lavender; **bleu ~** lavender blue.

lavandière [lavɑ̃djɛr] *nf* -**1.** *litt* [blanchisseuse] washerwoman. -**2.** ORNITH (white) wagtail.

lavandin [lavɑ̃dɛ̃] *nm* hybrid lavender.

lavasse [lavas] *péj* ◇ *adj* [sans éclat] watery.
◇ *nf fam* [café, soupe] dishwater.

lave [lav] *nf* lava.
◆ **de lave** *loc adj* lava *(modif).*

lavé, e [lave] *adj* -**1.** [délayé - couleur] faded, washed out; **un bleu un peu ~** a slightly washed-out blue. -**2.** BX-ARTS: **dessin ~** wash drawing.

lave-auto [lavɔto] *nm Can* car wash.

lave-dos [lavdo] *nm inv* back-scrubber.

lave-glace [lavglas] (*pl* **lave-glaces**) *nm* windscreen washer *Br*, windshield washer *Am*.

lave-linge [lavlɛ̃ʒ] *nm inv* washing machine, washer.

lave-mains [lavmɛ̃] *nm inv* wash-hand basin *Br*, small washbowl *Am*.

lavement [lavmɑ̃] *nm* -**1.** MÉD enema. -**2.** BIBLE washing; **le ~ des pieds** the washing of the Apostles' feet.

lave-pont [lavpɔ̃] (*pl* **lave-ponts**) *nm* scrubbing brush, (floor) scrubber.

laver [3] [lave] *vt* -**1.** [vêtement, tissu] to wash; [tache] to wash out OU off *(sép)*; [surface] to wash down *(sép)*; [vaisselle] to wash up *Br*, to do the washing up *Br*, to wash *Am*; [avec une brosse] to scrub; **~ à grande eau** to swill out OU down *(sép)*; **la voiture a besoin d'être lavée** the car needs washing OU a wash; **'~ en machine'** 'machine wash'; **'~ à la main'** 'hand wash (only)' ❑ **il vaut mieux ~ son linge sale en famille** *fam* it's better not to wash one's dirty linen in public. -**2.** [faire la toilette de] to wash; **~ la tête** OU **les cheveux à qqn** to wash sb's hair ❑ **~ la tête à qqn** *fam* to give sb what for OU a good dressing down. -**3.** [expier - péché] to wash away *(sép)*; [dégager] to clear; **~ sa conscience** to clear one's conscience; **~ qqn d'une accusation** to clear sb's name of an accusation; **~ qqn d'une faute** to forgive sb an offence; **être lavé de tout soupçon** to be clear of all suspicion; **~ un affront dans le sang** to avenge an insult (by fighting). -**4.** BX-ARTS [dessin] to wash; [couleur] to dilute, to wash. -**5.** MÉD [plaie] to bathe, to cleanse; [estomac] to wash OU to pump out *(sép)*. -**6.** [minerai] to wash.
◆ **se laver** ◇ *vp (emploi réfléchi)* to (have a) wash; **tu peux te ~ tout seul, comme un grand** you can wash yourself, like a grown-up; **se ~ la figure/les mains** to wash one's face/hands; **se ~ les dents** to clean OU to brush one's teeth ❑ **je m'en/il s'en lave les mains** I wash my hands of/he washes his hands of the entire matter.
◇ *vp (emploi passif)*: **ça se lave très bien** it's very easy to wash, it washes very well.
◆ **se laver de** *vp + prép*: **se ~ d'un soupçon** to clear o.s. of suspicion; **se ~ de ses péchés** to cleanse o.s. of one's sins.

laverie [lavri] *nf* -**1.** [blanchisserie]: **~ (automatique)** self-service laundry, launderette *Br*, Laundromat® *Am*. -**2.** MIN washing plant.

lave-tête [lavtɛt] *nm inv* shampoo basin.

lavette [lavɛt] *nf* -**1.** [chiffon] dishcloth; [brosse] washing-up brush *Br*, dish mop *Am*. -**2.** *fam* [personne] drip. -**3.** *Belg & Helv* [gant de toilette] face flannel, facecloth. -**4.** *Belg* [éponge] cleaning cloth.

laveur, euse [lavœr, øz] *nm, f* [de vaisselle] washer, dish washer; [de linge] washerman (*f* washerwoman); [de voiture] car washer; **~ de carreaux** window cleaner.
◆ **laveur** *nm* -**1.** AGR drum washer. -**2.** TECH washer. -**3.** ZOOL → **raton**.

lave-vaisselle [lavvesɛl] *nm inv* dishwasher.

lavis [lavi] *nm* -**1.** [technique] washing *(U)*. -**2.** [dessin] wash drawing.

lavoir [lavwar] *nm* -**1.** [lieu public] washhouse. -**2.** MIN washing plant.

lavure [lavyr] *nf* slops, dishwater.

Lawrence [lorɑ̃s] *npr*: **~ d'Arabie** Lawrence of Arabia.

laxatif, ive [laksatif, iv] *adj* laxative.
◆ **laxatif** *nm* laxative.

laxisme [laksism] *nm* -**1.** [tolérance excessive] laxity, permissiveness. -**2.** RELIG laxism.

laxiste [laksist] ◇ *adj* -**1.** [trop tolérant] soft, lax. -**2.** RELIG laxist.
◇ *nmf* -**1.** [gén] over-lenient person. -**2.** RELIG laxist.

layer [11] [leje] *vt* -**1.** [forêt] to cut a path into. -**2.** CONSTR to bush-hammer.

layette [lɛjɛt] *nf* baby clothes, babywear; **une ~** a set of baby clothes, a layette ❑ **bleu/rose ~** baby blue/pink.

layon [lɛjɔ̃] *nm* AGR [division] (compartment) line; [sentier] forest path.

Lazare [lazar] *npr* Lazarus.

lazaret [lazarɛ] *nm* [lieu d'isolement] lazaretto, lazaret.

lazulite [lazylit] *nf* lazulite.

lazzi [ladzi] (*pl inv* OU **lazzis**) *nm* jeer, gibe.

le [lə] (*devant voyelle ou h muet* **l'** [l], *f* **la** [la], *pl* **les** [le]) ◇ *art déf* -**1.** [avec un nom commun] the; **le soleil, la lune et les étoiles** the sun, the moon and the stars; **ouvre la fenêtre** open the window; **le chemin le plus court** the shortest route; **l'arbre qui est derrière la maison** the tree behind the house; **l'été de la sécheresse** the summer there was a drought; **l'idée qu'il allait partir...** the idea that he was going to leave...; **la salade du chef** the chef's salad. -**2.** [dans le temps]: **le sixième jour** the sixth day; **le premier juillet** the first of July; **la troisième fois** the third time; **pendant les vacances** during the holidays; **l'été dernier** last summer; **l'été 1976** the summer of 1976 || [devant une date]: **le 15 janvier 1991** 15 January, 1991; **il est passé nous voir le 15 août** he came to see us on the 15th of August OU on August the 15th; [par écrit] he came to see us on August 15. -**3.** [dans les fractions] a, an; **le quart/tiers de** a quarter/third of; **la moitié de (a)** half of; **les deux tiers de qqch** two thirds of sthg. -**4.** [avec un sens distributif]: **j'y vais le soir** I go there in the evening; **elle vient deux fois la semaine** she comes twice a week; **10 francs le kilo** 10 francs a OU per kilo; **le docteur reçoit le lundi et le vendredi** OU **les lundis et vendredis** the doctor sees patients on Monday and Friday OU Mondays and Fridays. -**5.** [avec la valeur de l'adjectif démonstratif]: **l'affaire est grave** the matter is serious, it's a serious matter; **on sait que le problème est difficile** we know that it's a difficult problem. -**6.** [avec une valeur expressive] what an OU a; **la belle moto!** what a beautiful bike!; **l'idiot!** what an idiot!, (the) idiot!; **vise un peu la tenue!** *fam* look at that get-up!; **alors, les amis, comment ça va?** well, folks, how are you? -**7.** [avec la valeur de l'adjectif possessif]: **le chapeau sur la tête** her/his *etc* hat on his/her *etc* head; **se laver les mains** to wash one's hands; **il est parti le livre sous le bras** he went off with the book under his arm. -**8.** [avec une valeur oppositive]: **le sel et le poivre** salt and pepper; **le père et le fils** father and son; **l'envers et l'endroit** the wrong (side) and the right side. -**9.** [avec une valeur généralisante]: **les hommes et les femmes** men and women; **tous les hommes** all men; **la femme est l'égale de l'homme** woman is man's equal; **les jeunes** young people; **le cheval, comme d'autres mammifères...** the horse OU horses, like other mammals...; **le cauchemar chez l'enfant de 6 à 10 ans** nightmares in children between 6 and 10 years old; **l'important dans tout ça** the important thing (in all this); **les petits et les grands** small people and tall people; **ne fais pas l'idiot** don't be an idiot. -**10.** [marquant l'approximation]: **ça vaut dans les 100 francs** it's worth around 100 francs; **vers les 4 h** about OU around 4 o'clock; **sur les 2 h** at about 2 o'clock; **il va sur la quarantaine** he's getting on for forty. -**11.** [avec un nom propre] the; **nous sommes invités chez les Durand** we are invited to the Durands' (house); **les Bourbons, les Stuarts** the Bourbons, the Stuarts; **la Marie, le Jean, l'Antoine** *fam dial* Marie, Jean, Antoine; **elle n'est plus la Sophie que nous avons connue** she's no longer the Sophie (that) we used to know; **la Callas** Callas; **le Racine des «Plaideurs»** the Racine of OU who wrote 'Les Plaideurs'; **le Descartes/Sophocle du XXe siècle** the Descartes/Sophocles of the 20th century; **les Raphaël des Offices** the Raphaels in the Uffizi.
◇ *pron pers* -**1.** [complément d'objet - homme] him; [- femme, nation, bateau] her; [- chose, animal] it; [- bébé, animal domestique] him, her, it; **l'addition? je l'ai payée** the bill? I've paid it; **ce bordeaux, je l'ai déjà goûté** I've already tasted this OU that Bordeaux; **Jean est malade, je vais l'appeler** Jean is ill, I'm going to call him; **il l'a probablement oublié, ton livre** he's probably forgotten your book OU that book of yours; **combien de fois on l'a vu, ce garçon?** how many times have we seen that boy? -**2.** [représentant une proposition]: **elle est partie hier soir, du moins je l'ai entendu dire** she left last night, at least that's what I've heard; **il m'a insulté mais, crois-moi, il ne le refera pas** he insulted me but, believe me, he won't do it again; **elle a été récompensée comme elle le mérite** she got her just deserts; **allez, dis-le-lui** go on, tell him (about it); **puisque je te le disais que ce n'était pas possible!** but I TOLD you it was impossible! -**3.** [comme attribut]: **êtes-vous satisfaite? — je le suis** are you satisfied? — I am; **pour être timide, ça, il l'est!** boy, is he shy!, talk about shy!

lé [le] *nm* -**1.** [d'un tissu, d'un papier peint] width. -**2.** [d'une jupe] gore.

LEA (*abr de* **langues étrangères appliquées**) *applied modern languages.*

leader [lidœr] *nm* -**1.** [chef] leader; **le ~ du parti socialiste** the leader of the socialist party. -**2.** COMM & ÉCON: **c'est le ~ en Europe pour ce type de produits** it's the top OU leading firm in Europe for this type of product || *(comme adj)*: **c'est le produit ~ de la gamme** it's the leading product in the range. -**3.** PRESSE leader, leading article. -**4.** SPORT: **le ~ du championnat de France** the team at the top of the French league.

leadership [lidœrʃip] *nm* [fonction de leader] leadership; [position dominante] leading position.

leasing [liziŋ] *nm* leasing.
◆ **en leasing** *loc adv* on lease, as part of a leasing contract.

léchage [leʃaʒ] *nm* -**1.** [gén] licking. -**2.** *fam* [fignolage] finishing touches.

lèche▽ [lɛʃ] *nf* bootlicking; **faire de la ~ à qqn** to suck up to sb.

léché, e *fam* [leʃe] *adj*: **du travail ~** a highly polished piece of work; **un roman policier bien ~** a neat little detective novel.

lèche-bottes *fam* [lɛʃbɔt] *nmf inv* bootlicker.

lèche-cul▼ [lɛʃky] *nmf inv* arse-licker *Br*, ass-kisser *Am*.

lèchefrite [lɛʃfrit] *nf* dripping pan *Br*, broiler pan *Am*.

lécher [18] [leʃe] *vt* -**1.** [passer la langue sur] to lick; **~ ses plaies** to lick one's wounds ❑ **~ les bottes à qqn** *fam* to lick sb's boots; **~ le cul à qqn**▼ to lick sb's arse *Br* OU ass *Am*; **~ les vitrines** *fam* to go window-shopping. -**2.** [confiture, miel] to lick up *(sép)*; [lait, crème] to lap up *(sép)*; **l'enfant lécha la cuillère/la confiture tombée sur la table** the child licked the spoon clean/licked up the jam that had dropped on the table. -**3.** *fam* [perfectionner] to polish up *(sép)*; **le réalisateur a trop léché les images au détriment du scénario** the director spent too much time on the camera work and not enough on the script. -**4.** [effleurer - suj: feu] to lick at; **les flammes léchaient déjà le mur** the flames were already licking at the wall.

◆ **se lécher** *vp (emploi réfléchi)* to lick o.s.; le chiot se léchait les pattes the puppy was licking its paws; se ~ les doigts to lick one's fingers ❑ c'est à s'en ~ les doigts OU les babines! it's scrumptious!, it's really yummy!

lécheur, euse *fam* [leʃœr, øz] *nm, f péj* boot-licker, groveller.

◆ **lécheur** *adj m* suctorial.

lèche-vitrines [lɛʃvitrin] *nm inv* window-shopping; faire du ~ to go window-shopping.

lécithine [lesitin] *nf* lecithin.

leçon [ləsɔ̃] *nf* -**1.** SCOL [cours] lesson; donner/prendre des ~s de français to give/to take French lessons; il faut que je prépare ma ~ de géographie pour demain I've got to prepare for tomorrow's geography lesson; prenez la ~ sur la digestion à la page 50 turn to the lesson on digestion on page 50; la couture en 15 ~s needlework in 15 (easy) lessons || [devoirs] homework *(U)*; sais-tu ta ~ pour demain? have you learnt what you were set for tomorrow's lesson?; va apprendre tes ~s go and learn your lessons. -**2.** [cours privé] lesson; prendre des ~s de danse/piano to take dance/piano lessons ❑ ~ particulière private lesson. -**3.** [conseil] advice; en matière de politesse, il pourrait te donner des ~s as far as being polite is concerned, he could easily teach you a thing or two; je n'ai de ~s à recevoir de personne! I don't need advice from you or anybody else!, nobody's going to tell ME what to do!; faire la ~ à qqn to tell sb what to do. -**4.** [avertissement] lesson; ça lui donnera une (bonne) ~!, ça lui servira de ~! that'll teach him!; que ceci vous serve de ~! let this OU that be a lesson to you!; donner une (bonne) ~ à qqn to teach sb a lesson; recevoir une (bonne) ~ to learn one's lesson *fig*; espérons qu'il retiendra la ~ let's hope he's learnt his lesson.

lecteur, trice [lɛktœr, tris] *nm, f* -**1.** [personne qui lit] reader; ~ de journaux newspaper reader; c'est un grand ~ de BD he reads a lot of comics; nos ~s our readers, our readership SOCIOL. -**2.** [récitant] reader. -**3.** [correcteur] reader. -**4.** ENS foreign language assistant *(at university)*; ~ de français French lecteur. -**5.** IMPR proofreader. -**6.** RELIG lay reader.

◆ **lecteur** *nm* -**1.** AUDIO player; ~ de cassettes cassette player. -**2.** INF reader; ~ de code (à) barres bar code reader; ~ de disquette disk drive; ~ de microforme microform reader; ~ optique optical reader OU scanner.

lectorat [lɛktɔra] *nm* -**1.** PRESSE readership; SOCIOL readers. -**2.** ENS foreign language assistantship.

lecture [lɛktyr] *nf* -**1.** [déchiffrage - d'un texte, d'une carte] reading; la photocopie ne facilite pas la ~ du plan the plan is more difficult to read because it has been photocopied; la ~ d'un message en morse the reading of a message in Morse; seule une ~ attentive permet de s'en apercevoir you'll only notice it if you read it carefully; il est occupé à la ~ du scénario he's busy reading the script; j'aime la ~ I like reading ❑ ~ rapide speed reading. -**2.** *(tjrs sg)* [capacité] reading; l'apprentissage de la ~ learning to read; leçon de ~ reading lesson. -**3.** [à voix haute] reading; une ~ publique de qqch a public reading of sthg; donner ~ de qqch to read sthg out; faire la ~ à qqn to read to sb. -**4.** [interprétation] reading, interpretation; une ~ psychanalytique d'un film a psychoanalytical interpretation OU reading of a film; la ~ de de Gaulle par Malraux Malraux's interpretation of de Gaulle. -**5.** [ce qu'on lit] reading matter, something to read; à cette époque mes ~s étaient plutôt classiques at that time I was mostly reading the classics; il a de mauvaises ~s he reads things he shouldn't. -**6.** AUDIO reading. -**7.** INF read-out; ~ destructive destructive read-out; ~ optique optical reading, optical character recognition. -**8.** MUS [d'une partition] reading; ~ à vue sight-reading. -**9.** POL reading; le texte a été adopté en première ~ the bill was passed on its first reading. -**10.** RELIG reading; faire une ~ to do a reading.

LED [ɛlødə, lɛd] *(abr de* light emitting diode*)* *nf* LED.

ledit [lədi] *(f* ladite [ladit], *mpl* lesdits [ledi], *fpl* lesdites [ledit]*)* *adj* JUR the aforementioned, the aforesaid.

légal, e, aux [legal, o] *adj* JUR [disposition] legal; [héritier] lawful; est-il ~ de vendre des biens sans payer d'impôts? is it legal to sell goods without paying taxes?; employer des moyens légaux contre qqn to take legal action against sb ❑ adresse ~e registered address.

légalement [legalmɑ̃] *adv* legally, lawfully.

légalisation [legalizasjɔ̃] *nf* -**1.** [action de légaliser] legalization. -**2.** [authentification] certifying, ratification.

légaliser [3] [legalize] *vt* -**1.** [rendre légal] to legalize. -**2.** [authentifier] to certify, to authenticate; une signature légalisée a certified signature.

légalisme [legalism] *nm* legalism.

légaliste [legalist] ◇ *adj* legalistic, legalist.
◇ *nmf* legalist.

légalité [legalite] *nf* -**1.** [caractère légal] legality; ~ d'un acte/d'une procédure legality of an act/a procedure. -**2.** [actes autorisés par la loi]: la ~ the law; rester dans/sortir de la ~ to keep within/to break the law; en toute ~ quite legally.

légat [lega] *nm* -**1.** ANTIQ legate. -**2.** [du pape] legate; ~ a latere legate a latere.

légataire [legatɛr] *nmf* legatee; ~ universel, ~ universelle sole legatee.

légation [legasjɔ̃] *nf* -**1.** [représentation diplomatique] legation. -**2.** [résidence] legation, legate's residence. -**3.** [charge] legateship.

légendaire [leʒɑ̃dɛr] *adj* -**1.** [mythique] legendary; un passé/héros ~ a legendary past/hero. -**2.** [connu de tous]: elle est d'une discrétion ~ she's well-known for her discretion.

légende [leʒɑ̃d] *nf* -**1.** [récit mythique] legend, tale; ~s irlandaises Irish legends OU folk tales. -**2.** [renommée]: la ~ legend; entrer dans la ~ to become a legend. -**3.** [commentaire - d'une photo] caption; [- d'une carte] legend, key. -**4.** [d'une médaille] legend.

◆ **de légende** *loc adj* [digne d'une légende] fairy-tale *(avant n)*; un chevalier de ~ a knight out of a fairy tale; un mariage de ~ a fairy-tale wedding.

légender [3] [leʒɑ̃de] *vt* to caption; images copieusement légendées pictures with a wealth of caption material.

léger, ère [leʒe, ɛr] *adj* -**1.** [démarche] light, springy; [métal, véhicule] light; [ondée, vent] light, slight; [brouillard] light; gaz plus ~ que l'air lighter-than-air gas; construction trop légère flimsy building; je me sens plus ~ I feel (as though) a great weight's been lifted off my shoulders; d'un cœur ~ with a light heart ❑ ~ comme une plume OU bulle (as) light as a feather. -**2.** [fin - couche] thin; [- robe] light, flimsy. -**3.** [mobile - artillerie, industrie, matériel] light; escadre légère flotilla. -**4.** [modéré - consommation] moderate; [- bruit] faint, slight; [- maquillage] light, discreet; peindre par touches légères to paint with light strokes; une légère odeur d'œillet a slight OU faint smell of carnations; une légère tristesse/ironie a hint of sadness/irony; le beurre a un ~ goût de rance the butter tastes slightly rancid. -**5.** [sans gravité - blessure, perte] minor; [- peine] light; [- responsabilité] light, undemanding; [- erreur] slight, minor, unimportant; [- douleur, picotement] slight; [- grippe] mild; il n'y a eu que des blessés ~s there were only minor injuries. -**6.** [gracieux - architecture, forme] light, airy. -**7.** [digeste - café, thé] weak; [- crème, vin] light; un repas ~ a snack, a light meal. -**8.** [irresponsable - personne, conduite] irresponsible, thoughtless, unthinking; [- raison, justification] lightweight, flimsy; vous avez été un peu ~ it was a bit thoughtless OU careless of you. -**9.** [immoral - femme, mœurs] loose; [- plaisanterie] risqué; [ton] light-hearted. -**10.** MUS [opéra, ténor] light.

◆ **léger** *adv*: manger ~ to avoid rich food.

◆ **à la légère** *loc adv* lightly; agir à la légère to act thoughtlessly OU rashly; conclure à la légère to jump to conclusions.

légèrement [leʒɛrmɑ̃] *adv* -**1.** [un peu] slightly; ~ blessé/teinté slightly hurt/tinted; loucher/boiter ~ to have a slight squint/limp; brun tirant ~ sur le roux brown with a slight hint of auburn; il est ~ paranoïaque he's a bit paranoid; une boisson ~ alcoolisée a slightly alcoholic drink; un gâteau ~ parfumé au citron a cake with a hint of lemon flavouring. -**2.** [inconsidérément] lightly; on ne peut pas parler du cancer ~ one cannot talk lightly about cancer; agir ~ to act thoughtlessly OU without thinking. -**3.** [frugalement]: déjeuner/dîner ~ to have a light lunch/dinner. -**4.** [avec des vêtements légers]: s'habiller ~ to wear light clothes.

légèreté [leʒɛrte] *nf* -**1.** [poids] lightness. -**2.** [agilité] lightness, nimbleness; marcher avec ~ to walk lightly. -**3.** [finesse - de la dentelle, d'une pâtisserie] lightness; [- d'un parfum] discreetness, subtlety; la ~ d'un vin the lightness of a wine. -**4.** [désinvolture] casualness; il a fait preuve d'une certaine ~ dans ses propos what he said was somewhat irresponsible; avec ~ casually. -**5.** [clémence - d'une punition] lightness.

leggin(g)s [legins] *nfpl* leggings.

légiférer [18] [leʒifere] *vi* to legislate.

légion [leʒjɔ̃] *nf* -**1.** MIL: la Légion (étrangère) the (French) Foreign Legion. -**2.** [décoration]: la Légion d'honneur the Légion d'Honneur, the Legion of Honour. -**3.** ANTIQ legion. -**4.** [grand nombre]: une ~ de: une ~ de cousins an army of cousins || *(en usage abs)*: ses admirateurs sont ~ her admirers are legion.

légionellose [leʒjɔnɛloz] *nf* legionnaire's disease.

légionnaire [leʒjɔnɛr] ◇ *nm* -**1.** [de la Légion étrangère] legionnaire. -**2.** ANTIQ legionary.
◇ *nmf* [membre de la Légion d'honneur] member of the Légion d'Honneur.

législateur, trice [leʒislatœr, tris] ◇ *adj* law-making.
◇ *nm, f* lawmaker, legislator.

◆ **législateur** *nm*: le ~ the legislature.

législatif, ive [leʒislatif, iv] *adj* -**1.** [qui fait les lois] legislative; les instances législatives legislative bodies; des réformes législatives legislative reforms. -**2.** [de l'Assemblée] parliamentary *Br*.

◆ **législatif** *nm*: le ~ the legislature.

◆ **législatives** *nfpl* ≃ general election *Br*, ≃ Congressional election *Am*.

législation [leʒislasjɔ̃] *nf* legislation; la ~ viticole the laws surrounding the wine trade ❑ ~ du travail labour laws.

législativement [leʒislativmɑ̃] *adv* legislatively.

législatives [leʒislativ] *fpl* → **législatif**.

législature [leʒislatyr] *nf* [durée du mandat] term (of office); les crises qui ont agité la précédente ~ the crises in the previous administration.

légiste [leʒist] ◇ *adj* → **médecin**.
◇ *nm* legist.

légitimation [leʒitimasjɔ̃] *nf* -**1.** JUR [d'un enfant] legitimization. -**2.** [reconnaissance] recognition; [justification] justification.

légitime [leʒitim] ◇ *adj* -**1.** [légal - gén] lawful, legal; [- mariage] lawful; [- enfant] legitimate; le gouvernement ~ de la France the lawful government of France. -**2.** [justifié] legitimate; son refus ~ d'obéir her rightful refusal to obey; une ~ colère a justifiable OU justified anger; une revendication ~ a legitimate demand.
◇ *nf* ▽ [épouse] missus; ma ~ the missus.

◆ **légitime défense** *nf* self-defence.

légitimé, e [leʒitime] ◇ *adj* JUR [enfant] legitimized.
◇ *nm, f* legitimized child.

légitimement [leʒitimmɑ̃] *adv* -**1.** [justement] legitimately, justifiably; **vous auriez ~ pu vous plaindre** you would have been justified in complaining; **on peut ~ penser que...** we have good reason OU good cause to believe that... -**2.** JUR legitimately, lawfully.

légitimer [3] [leʒitime] *vt* -**1.** JUR [enfant] to legitimate; [accord, union, titre] to (make) legitimate, to legitimize, to legitimatize. -**2.** [justifier] to justify, to legitimate; **n'essaie pas de ~ son comportement** don't try to find excuses for OU to justify his behaviour; **on ne peut pas ~ la prise du pouvoir par la force** taking power by force is indefensible.

légitimiste [leʒitimist] *adj* & *nmf* legitimist.

légitimité [leʒitimite] *nf* -**1.** JUR & POL legitimacy. -**2.** *sout* [bien-fondé] rightfulness; **tu ne peux nier la ~ de ses réclamations** you cannot say that her complaints aren't justified OU well-founded.

Lego® [lego] *nm* (set of) Lego®.

Le Greco [ləgreko] *npr* El Greco.

legs [lɛg] *nm* -**1.** JUR legacy, bequest; **faire un ~ à qqn** to leave a legacy to sb, to leave sb a legacy ❑ **~ à titre universel** residuary bequest OU legacy, residue of one's estate; **~ à titre particulier** specific bequest OU legacy; **~ universel** general legacy. -**2.** [héritage] legacy, heritage.

léguer [18] [lege] *vt* -**1.** JUR to bequeath; **~ qqch à qqn** to bequeath OU to leave sthg to sb; **son père lui a légué une énorme fortune** his father bequeathed OU left him a huge fortune. -**2.** [donner] to hand down *(sép)*, to pass on *(sép)*; **il porte les vêtements que lui lègue son frère** he wears his brother's hand-me-downs.

légume [legym] *nm* -**1.** BOT & CULIN vegetable; **tu ne manges pas assez de ~s** you don't eat enough vegetables ❑ **~s secs** dried vegetables; **~s verts** green vegetables. -**2.** *fam* [personne] vegetable.

◆ **grosse légume** *fam nf* [personne influente] bigwig, big shot; [officier] brass (hat); **les grosses ~s du régiment** the top brass (of the regiment).

légumier, ère [legymje, ɛr] ◇ *adj* vegetable *(modif)*.

◇ *nm, f Belg* greengrocer.

◆ **légumier** *nm* vegetable dish.

légumine [legymin] *nf* legumin.

légumineuse [legyminøz] ◇ *nf* leguminous plant, legume.

◇ *adj f* leguminous.

leibnizien, enne [lɛbnitsjɛ̃, ɛn] *adj* Leibnizian.

léiomyome [lejɔmjom] *nm* leiomyoma.

Leipzig [lɛpsig] *npr* Leipzig.

leishmaniose [lɛʃmanjoz] *nf* leishmaniasis, leishmaniosis.

leitmotiv [lajtmɔtif, lɛjtmɔtif] *(pl* **leitmotivs** OU **leitmotive)** *nm* -**1.** LITTÉRAT & MUS leitmotiv, leitmotif. -**2.** *fig* hobbyhorse; **elle dit qu'elle n'aime pas la capitale, c'est son ~** she's always harping on about not liking the capital.

Léman [lemɑ̃] *npr m*: **le (lac) ~** Lake Geneva.

lemming [lɛmiŋ] *nm* lemming.

lémurien [lemyrjɛ̃] *nm* lemur.

lendemain [lɑ̃dmɛ̃] *nm* -**1.** [le jour suivant] : **le ~** the next OU the following day, the day after; **le ~ matin** the next OU the following morning; **le ~ de son anniversaire** the day after her birthday; **le ~ de son arrestation** the day after he was arrested ❑ **les ~s de fête sont souvent difficiles** it's often hard to get through the morning after the night before *hum*; **il ne faut pas remettre au ~ ce qu'on peut faire le jour même** *prov* never put off till tomorrow what you can do today *prov*. -**2.** [futur] tomorrow, the future; **il dépense son argent sans penser au ~** he spends his money without thinking of the future.

◆ **lendemains** *nmpl* [avenir] future; **son arrivée au pouvoir annonçait de sombres ~s** his coming to power heralded a dark future OU dark days to come; **délinquant à 11 ans, ça nous promet de beaux ~s!** 11 years old and already a delinquent, he's got a bright future ahead of him!; **on entrevoit des ~s difficiles pour l'emploi** they predict a bleak future for employment ❑ **on nous promet toujours des ~s qui chantent** they keep promising us a brighter future.

◆ **au lendemain de** *loc prép*: **au ~ de la Révolution** immediately OU just after the Revolution; **au ~ de son élection** in the days (immediately) following her election.

◆ **du jour au lendemain** *loc adv* overnight; **il a changé d'avis du jour au ~** he changed his mind overnight.

◆ **sans lendemain** *loc adj* short-lived.

lénifiant, e [lenifjɑ̃, ɑ̃t] *adj* -**1.** MÉD calming. -**2.** *fig* & *sout* [images, paroles] soothing, lulling, assuaging.

lénifier [9] [lenifje] *vt* -**1.** MÉD to calm. -**2.** *fig* & *sout* [calmer] to soothe, to lull, to assuage.

Lénine [lenin] *npr* Lenin.

Leningrad [leningrad] *npr* Leningrad.

léninisme [leninism] *nm* Leninism.

léniniste [leninist] *adj* & *nmf* Leninist.

lénitif, ive [lenitif, iv] *adj* -**1.** MÉD calming. -**2.** *fig* & *sout* soothing.

lent, e[1] [lɑ̃, lɑ̃t] *adj* -**1.** [pas rapide - esprit, mouvement, film] slow; [- circulation] slow, sluggish; [- animal] slow-moving; **à combustion ~e** slow-burning; **il a une digestion ~e** it takes him a long time to digest his food; **la justice est tellement ~e!** the legal system is so slow!; **~ à: il est ~ à comprendre** he's slow on the uptake; **la fin est ~e à venir** the end is a long time coming. -**2.** [progressif - agonie] lingering; [- effritement, évolution] slow, gradual; [- poison] slow-acting. -**3.** PSYCH: **sommeil ~** slow-wave sleep.

lente[2] [lɑ̃t] *nf* ENTOM nit.

lentement [lɑ̃tmɑ̃] *adv* slowly; **marcher ~** to walk slowly OU at a slow pace; **il travaille ~** he's a slow worker; **~ mais sûrement** slowly but surely.

lenteur [lɑ̃tœr] *nf* slowness; **avec ~** slowly; **d'une ~ désespérante** appallingly slow; **tu es d'une ~!** you're so slow!; **devant la ~ avec laquelle elle a réagi** faced with her slowness in reacting OU her sluggish reaction; **les ~s de la justice** the slowness of the courts, the slow course of justice.

lenticelle [lɑ̃tisɛl] *nf* lenticel.

lenticulaire [lɑ̃tikylɛr], **lenticulé, e** [lɑ̃tikyle] *adj* lenticular.

lentigo [lɑ̃tigo] *nm* , **lentigine** [lɑ̃tiʒin] *nf* mole, lentigo *spéc*.

lentille [lɑ̃tij] *nf* -**1.** BOT & CULIN lentil; **~ d'eau** duckweed *(U)*. -**2.** OPT & PHYS lens; **~s cornéennes** OU **de contact** contact lenses; **~s souples** soft (contact) lenses.

lentisque [lɑ̃tisk] *nm* lentisk.

Léonard de Vinci [leɔnardəvɛ̃si] *npr* Leonardo da Vinci.

léonin, e [leɔnɛ̃, in] *adj* -**1.** *sout* [commission, partage] unfair, one-sided; [contrat] leonine. -**2.** [de lion] leonine. -**3.** [vers] Leonine.

léopard [leɔpar] *nm* -**1.** ZOOL leopard; [fourrure] leopard skin; **veste en ~** leopard-skin jacket. -**2.** *(en apposition)*: **tenue ~** MIL camouflage battle dress. -**3.** HÉRALD lion passant guardant.

léopardé, e [leɔparde] *adj* HÉRALD: **lion ~** lion passant, leopard.

Léopold [leɔpɔld] *npr* [empereur] Leopold.

LEP, Lep [lɛp, ɛløpe] *nm abr de* **lycée d'enseignement professionnel.**

lépidoptère [lepidɔptɛr] *nm* lepidopteran; **les ~s** the Lepidoptera.

lépiote [lepjɔt] *nf* parasol mushroom.

lèpre [lɛpr] *nf* -**1.** MÉD leprosy. -**2.** *litt* [moisissure] : **mur rongé par la ~** wall eaten away by damp. -**3.** *fig* [fléau] blight, scourge; **la drogue, ~ de notre époque** drugs, the scourge of our age.

lépreux, euse [leprø, øz] ◇ *adj* -**1.** MÉD leprous. -**2.** *litt* [mur] flaking, peeling; **des baraquements ~** crumbling shacks.

◇ *nm, f* MÉD leper; **traiter qqn comme un ~** to ostracize sb, to send sb to Coventry *Br.*

léprologie [leprɔlɔʒi] *nf* leprosy research, leprology.

léproserie [leprozri] *nf* leper hospital OU house, leprosy clinic.

lequel [ləkɛl] *(f* **laquelle** [lakɛl], *mpl* **lesquels** [lekɛl], *fpl* **lesquelles** [lekɛl], *avec 'à'* **auquel** [okɛl], **auxquels** [okɛl], **auxquelles** [okɛl], *avec 'de'* **duquel** [dykɛl], **desquels** [dekɛl], **desquelles** [dekɛl]) ◇ *pron rel* -**1.** [sujet - personne] who; [- chose] which; **il était avec sa sœur, laquelle m'a reconnu** he was with his sister, who recognized me; **elle habitait une ferme, laquelle n'existe plus** *sout* she lived in a farmhouse which is no longer there. -**2.** [complément - personne] whom; [- chose] which; **un ami auprès duquel trouver un réconfort** a friend (who) one can find comfort with, a friend with whom one can find comfort; **un ami avec ~ il sort souvent** a friend with whom he often goes out, a friend (who) he often goes out with; **l'ami sans ~ il n'aurait pas réussi** the friend without whom he wouldn't have succeeded; **une réaction à laquelle je ne m'attendais pas** a reaction (which OU that) I wasn't expecting; **la maison dans laquelle j'ai grandi** the house where OU in which I grew up, the house (that) I grew up in; **le moyen par ~ il compte réussir** the means by which he intends to succeed; **il y avait là beaucoup de jeunes gens parmi lesquels...** there were a lot of young people there, amongst whom...; **c'est une personne dans laquelle je n'ai aucune confiance** he is someone (who) I have no confidence in, he is someone in whom I have no confidence; **les gens au nom desquels je parle** the people on whose behalf I am speaking; **un dispositif au moyen duquel on peut...** a device whereby OU by means of which it is possible to...; **le livre à la rédaction duquel il se consacre** the book (which) he is engaged in editing.

◇ *adj rel sout*: **il avait contacté un deuxième avocat, ~ avocat avait également refusé de le défendre** he contacted another lawyer who also refused to defend him ❑ **auquel cas** in which case; **il se pourrait que j'échoue, auquel cas je repasserai l'examen l'année prochaine** I might possibly fail, in which case I'll resit the exam next year.

◇ *pron interr* which (one); **~ est-ce?** which (one) is it?; **~ d'entre vous a gagné?** which (one) of you won?; **laquelle veux-tu?** which (one) would you like?; **laquelle est ta valise?** which is your suitcase?, which suitcase is yours?; **difficile de dire laquelle me plaît le plus** difficult to say which (one) I like best; **j'ai rencontré un de ses collaborateurs, je ne sais plus ~** I met one of his colleagues, I can't remember which (one).

lerche [lɛrʃ] *adv*: **pas ~**▽ sod all; **il n'en reste pas ~** there's sod all left; **50 francs, c'est pas ~** OU **ça fait pas ~** 50 francs, that's sod all.

Lermontov [lɛrmɔntɔf] *npr* Lermontov.

les [le] *pl* → **le.**

lès [lɛ, *devant voyelle* lɛz] = **lez.**

lesbianisme [lɛsbjanism] *nm* lesbianism.

lesbien, enne [lɛsbjɛ̃, ɛn] *adj* lesbian.

◆ **lesbienne** *nf* lesbian.

lesbisme [lɛsbism] = **lesbianisme.**

lesdites [ledit] *fpl*, **lesdits** [ledi] *mpl* → **ledit.**

lèse-majesté [lɛzmaʒɛste] *nf inv* lese-majesty, lèse-majesté.

léser [18] [leze] *vt* -**1.** [désavantager]: **~ qqn** to wrong sb; **~ les intérêts de qqn** to harm sb's interests; **elle s'estime lésée par rapport aux autres** she feels badly done by OU unfavourably treated compared with the others. -**2.** JUR: **partie lésée** injured party. -**3.** MÉD to injure.

lésine [lezin] *nf litt* miserliness, stinginess.

lésiner [3] [lezine]

◆ **lésiner sur** *v + prép* to skimp on; **ils lésinent sur tout** they're stingy with everything; **ne pas ~ sur** to be generous with; **tu n'as pas lésiné sur le sel!** you got a bit carried away with OU you were a bit too generous with the salt!; **il n'a pas lésiné sur les critiques!** he didn't spare his criticism!

lésinerie [lezinri] = **lésine**.

lésineur, euse [lezinœr, øz] *adj vieilli* miserly, parsimonious.

lésion [lezjɔ̃] *nf* -**1.** MÉD injury, lesion *spéc*; **'à appliquer sur les ~s tous les soirs'** 'apply to the affected area every evening' ❑ **~ par écrasement/souffle** crush/blast injury. -**2.** JUR wrong.

lésionnaire [lezjɔnɛr] *adj* JUR prejudicial, detrimental.

lésionnel, elle [lezjɔnɛl] *adj* MÉD [résultant d'une lésion] due to a lesion; [causant lésion] lesion-causing.

L ès L (*abr écrite de* **licencié ès lettres**) ≃ BA.

Lesotho [lezɔto] *npr m*: **le ~** Lesotho; **au ~** in Lesotho.

lesquelles *fpl*, **lesquels** *mpl* [lekɛl] → **lequel**.

lessivable [lɛsivabl] *adj* washable.

lessivage [lɛsivaʒ] *nm* -**1.** [d'un mur, d'un plancher] scrubbing, washing. -**2.** GÉOL leaching.

lessive [lɛsiv] *nf* -**1.** [poudre] detergent, washing OU soap powder; [liquide] (liquid) detergent. -**2.** [linge à laver] washing, laundry; **je t'ai apporté ma ~** I've brought you my washing OU my laundry || [contenu d'une machine] (washing-machine) load; **et mon jean? – ce sera pour la prochaine ~** what about my jeans? – they'll go in with the next wash OU load. -**3.** [lavage] wash; **faire la ~** to do the washing OU the laundry; **faites deux ~s séparées pour la laine et le coton** wash wool and cotton separately. -**4.** *fam* [épuration] clean-up (operation).

lessiver [3] [lɛsive] *vt* -**1.** [laver - vêtement, tissu] to wash; [- mur] to wash down *(sép)*. -**2.** *fam* [épuiser] to wear out *(sép)*; **je suis lessivé** I'm whacked *Br* OU all in *Am*. -**3.** *fam* [ruiner] to clean out *(sép)*. -**4.** ▽ [éliminer]: **se faire ~** to get knocked out. -**5.** CHIM & GÉOL to leach (out).

lessiveuse [lɛsivøz] *nf* boiler *(for clothes)*.

lessiviel, elle [lɛsivjɛl] *adj* detergent *(modif)*, detersive *spéc*.

lest [lɛst] *nm* AÉRON & NAUT ballast; **navire sur ~** ship in ballast ❑ **jeter** OU **lâcher du ~** AÉRON to dump ballast; *fig* to make concessions OU sacrifices.

lestage [lɛstaʒ] *nm* AÉRON & NAUT ballasting.

leste [lɛst] *adj* -**1.** [souple et vif - personne] nimble; [- animal] agile, nimble; **il est encore ~ malgré son âge** he's still sprightly for his age. -**2.** [désinvolte - ton] offhand, disrespectful. -**3.** [libre - plaisanterie] risqué, crude.

lestement [lɛstəmɑ̃] *adv* -**1.** [avec souplesse] nimbly. -**2.** [avec désinvolture] offhandedly, casually. -**3.** [hardiment]: **il plaisantait un peu ~** he was making rather risqué jokes.

lester [3] [lɛste] *vt* -**1.** AÉRON & NAUT to ballast. -**2.** *fam* [charger]: **~ qqch de** to fill OU to cram sthg with; **les poches lestées de bonbons** pockets filled OU crammed with sweets.

◆ **se lester** *fam vpi* [manger beaucoup] to stuff o.s.

let [lɛt] *adj inv* SPORT let; **balle ~** let (ball).

létal, e, aux [letal, o] *adj* lethal.

léthargie [letarʒi] *nf* -**1.** MÉD lethargy; **tomber en ~** to fall into a state of lethargy, to become lethargic. -**2.** *fig* [mollesse - physique] lethargy; [- psychologique] apathy.

léthargique [letarʒik] *adj* MÉD & *fig* lethargic.

lette [lɛt] = **letton** *nm*.

letton, one OU **onne** [lɛtɔ̃, ɔn] *adj* Latvian.

◆ **Letton, Lettone** OU **onne** *nm, f* Latvian, Lett.

◆ **letton** *nm* LING Latvian, Lettish.

Lettonie [lɛtɔni] *npr f*: **(la) ~** Latvia.

lettre [lɛtr] *nf* **A.** -**1.** [d'un alphabet] letter; **un mot de neuf ~s** a nine-letter word ❑ **~ majuscule** capital (letter), uppercase letter; **~ minuscule** small OU lowercase letter; **en ~s de feu/d'or/de sang: leur révolte est écrite en ~s de feu dans ma mémoire** their revolt is branded on my memory; **leur abnégation est gravée en ~s d'or dans nos cœurs** their self-sacrifice is engraved indelibly in our hearts; **cette page d'histoire est imprimée en ~s de sang dans notre mémoire** this page of history has left a bloody impression in our memory. -**2.** IMPR [forme en plomb] character, letter; **~ ornée** initial.

B. -**1.** [correspondance] letter; **suite à votre ~ du...** further to your letter of...; **je lui ai envoyé une petite ~ pour son anniversaire** I sent her a note for her birthday; **pas de ~s pour moi?** no mail OU no letters for me?; **mettre une ~ à la poste** to post a letter ❑ **~ d'amour/de menace** love/threatening letter; **~ anonyme** anonymous letter; **apportez une ~ d'excuse de vos parents** bring a note from your parents; **~ exprès** express letter; **~ d'introduction** letter of introduction; **~ de licenciement** notice in writing, redundancy letter *Br*, pink slip *Am*; **~ de mort** *Belg* announcement of death; **~ de référence** letter of reference; **~ de recommandation** letter of recommendation; **~ recommandée** [avec accusé de réception] recorded delivery letter *Br*, letter sent by certified mail *Am*; [avec valeur déclarée] registered letter; **~ de remerciements** letter of thanks, thank you letter; **passer comme une ~ à la poste** *fam* [boisson, aliment] to go down a treat; [demande, mesure] to go off without a hitch, to go off smoothly. -**2.** BANQUE: **~ de change** bill of exchange; **~ de crédit** letter of credit. -**3.** JUR: **~ d'intention** letter of intent; **~ de voiture** waybill, consignment note. -**4.** HIST: **~ de cachet** lettre de cachet; **~s de noblesse** letters patent (of nobility); **conquérir** OU **recevoir des ~s de noblesse** *fig* to gain respectability; **~ patente** letters patent. -**5.** POL: **~s de créance** credentials. -**6.** PRESSE: **~ ouverte** open letter. -**7.** LITTÉRAT [titre]: **'les Lettres de mon moulin'** *Daudet* 'Letters from My Mill'; **'Lettres persanes'** *Montesquieu* 'Persian Letters'; **'Lettre à d'Alembert'** *Rousseau* 'Letter to d'Alembert'.

C. -**1.** [sens strict] letter; **respecter la ~ de la loi** to respect OU observe the letter of the law. -**2.** **~ morte: rester ~ morte** to go unheeded, to be disregarded; **le cessez-le-feu est devenu ~ morte** the cease-fire is no longer being observed.

◆ **lettres** *nfpl* -**1.** ENS: **les ~s** arts subjects, the arts, the humanities; **étudiant en ~s** arts student; **~s classiques** classics, Latin and Greek; **~s modernes** modern literature; **~s supérieures** preparatory class *(leading to the École Normale Supérieure and lasting two years)*. -**2.** LITTÉRAT: **les ~s** literature; **le monde des ~s** the literary world ❑ **avoir des ~s** to be well-read; **une femme de ~s** a woman of letters.

◆ **à la lettre, au pied de la lettre** *loc adv* to the letter; **suivez l'ordonnance du médecin à la ~** follow the doctor's prescription to the letter; **ne prends pas ce qu'il dit au pied de la ~** don't take what he says at face value.

◆ **avant la lettre** *loc adv*: **c'était un surréaliste avant la ~** he was a surrealist before the term was ever invented.

◆ **en toutes lettres** *loc adv* -**1.** [ni en chiffres, ni en abrégé] in full; **écrire qqch en toutes ~s** to write sthg (out) in full; **écrivez la somme en toutes ~s** write the amount (out) in full. -**2.** [très clairement] clearly, plainly; **c'est écrit en toutes ~s dans le contrat** it's written in black and white OU it's spelt out plainly in the contract.

lettré, e [lɛtre] ◇ *adj* -**1.** *sout* well-read. -**2.** *Belg* [sachant lire et écrire]: **il est ~** he can read and write.

◇ *nm, f* -**1.** **c'est un fin ~** he's extremely well-read OU scholarly. -**2.** *Belg* [personne sachant lire et écrire] *person who can read and write.*

lettre-transfert [lɛtrtrɑ̃sfɛr] (*pl* **lettres-transferts**) *nf* Letraset® (letter).

lettrine [lɛtrin] *nf* -**1.** IMPR (initial) letter; **~ abaissée/surélevée** dropped/raised initial. -**2.** [d'un dictionnaire] running initial.

lettrisme [lɛtrism] *nm* LITTÉRAT lettrism.

leu [lø] (*pl* **lei** [lɛ]) *nm* [monnaie] leu; **quinze lei** fifteen lei.

◆ **à la queue leu leu** *loc adv* in single file, crocodile fashion *Br*.

leucanie [løkani] *nf* ENTOM leucania, armyworm moth.

leucémie [løsemi] *nf* leukaemia.

leucémique [løsemik] ◇ *adj* leukaemic.

◇ *nmf* leukaemia sufferer.

leucite [løsit] *nf* MINÉR leucite.

leucocytaire [løkɔsitɛr] *adj* leucocytic.

leucocyte [løkɔsit] *nm* leucocyte.

leucocytose [løkɔsitoz] *nf* leucocytosis.

leucoencéphalite [løkɔɑ̃sefalit] *nf* leucoencephalitis.

leucopénie [løkɔpeni] *nf* leucopenia.

leucorrhée [løkɔre] *nf* leucorrhoea.

leur [lœr] ◇ *pron pers* them; **je voudrais ~ parler avant qu'ils ne partent** I'd like to speak to them before they leave; **je ~ ai donné la lettre** I gave them the letter, I gave the letter to them; **ça ne ~ rapporte rien** they aren't getting anything out of it; **il ~ est difficile de venir** it's difficult for them to come.

◇ *adj poss* their; **c'est ~ tour** it's their turn; **ce sont ~s enfants** these are their children; **avec cette aisance qui a toujours été ~** *sout* with that characteristic ease of theirs; **ils ont fait ~ la langue anglaise** *sout* they made the English language their own.

◆ **le leur** (*f* **la leur**, *pl* **les leurs**) *pron poss* theirs; **c'est notre problème, pas le ~** it's our problem, not theirs; **nos enfants et les ~s** our children and theirs; **ils ont pris une valise qui n'était pas la ~** they took a suitcase that wasn't theirs OU their own ❑ **être (un) des ~s** to belong to their group, to be one of them; **je ne me suis jamais senti l'un des ~s** I never felt that I was one of them; **serez-vous aussi des ~s dimanche?** will you be there on Sunday too?; **ils ont été aidés, mais ils y ont mis beaucoup du ~** they were helped, but they put a lot of effort into it (themselves).

leurre [lœr] *nm* -**1.** [illusion] delusion, illusion; **ce serait un ~ d'espérer qu'il réponde à votre demande** you would be deceiving yourself if you thought that he might comply with your demands || [tromperie] deception; **son grand projet n'est qu'un ~** his great plan is just a trick. -**2.** ARM decoy. -**3.** CHASSE decoy, lure; [en fauconnerie] lure. -**4.** PÊCHE lure; [vivant] bait.

leurrer [5] [lœre] *vt* -**1.** [tromper] to deceive, to delude; **ne te laisse pas ~ par ses beaux discours** do not be deceived by his fine words. -**2.** [en fauconnerie] to lure.

◆ **se leurrer** *vp (emploi réfléchi)* [se laisser abuser] to deceive OU to delude o.s.; **ne te leurre pas, elle ne t'aime plus** don't delude yourself, she doesn't love you any more; **il ne faut pas se ~, on va perdre** let's not fool ourselves, we're going to lose.

levage [ləvaʒ] *nm* -**1.** TECH lifting; **appareil de ~** lifting tackle *(U)* OU appliance. -**2.** CULIN raising, rising; **après le deuxième ~** [du pain] after proving for the second time.

levain [ləvɛ̃] *nm* -**1.** CULIN [substance, pâte] leaven, leavening; **pain sans ~** unleavened bread. -**2.** *fig* & *litt*: **le ~ de la révolte** the seeds of revolt.

levant [ləvɑ̃] *nm sout*: **le ~** the east; **baie exposée au ~** east-facing bay; **du ~ au couchant** from east to west.

Levant [ləvɑ̃] *npr m*: **le ~** the Levant.

levantin, e [ləvɑ̃tɛ̃, in] *adj* Levantine.

◆ **Levantin, e** *nm, f* Levantine.

levé [ləve] *nm* survey; **faire le ~ d'un champ** to survey a field.

levée [ləve] *nf* -**1.** [ramassage - du courrier, des impôts] collection; **il y a deux ~s par jour** the post *Br* OU mail *Am* is collected twice a day, there are two collections a day. -**2.** [suppression] lifting; **il a demandé la ~ des sanctions/de l'embargo** he asked for the sanctions/the embargo to be lifted; **cela nécessiterait la ~ de son immunité parlementaire** this would involve withdrawing his parliamentary immunity. -**3.** JUR: **~ d'écrou** release (from prison); **~ de jugement** transcript (of the verdict); **~ des scellés** removal of the seals. -**4.** JEUX trick; **son roi de pique fait la ~** his king of spades takes OU wins the trick. -**5.** GÉOL levee. -**6.** CONSTR: **~ de terre** levee. -**7.** MIL [de troupes] levying; [d'un siège] raising; **~ en masse** levy en masse; **~ de boucliers** *fig* outcry, uproar; **ça a provoqué une ~ de boucliers chez les féministes** it provoked an outcry from feminists. -**8.** COMM: **~ d'option** taking up of the option. -**9.** [cérémonie]: **la ~ du corps** taking the body from the house *(for the funeral)*; **la ~ du corps aura lieu à 15 h** the funeral procession will gather at the house at 3 p.m.

lève-glace [lɛvglas] (*pl* **lève-glaces**) *nm* window winder.

lever[1] [ləve] *nm* -**1.** [apparition]: **le ~ du soleil** sunrise; **le ~ du jour** daybreak, dawn. -**2.** [fait de quitter le lit]: **il se met au travail dès son ~** he starts working as soon as he gets up; **elle boit un grand verre d'eau au ~** she drinks a big glass of water as soon as she gets up OU first thing in the morning; **le ~ du roi** the levee of the king. -**3.** THÉÂT: **au ~ de rideau** when the curtain goes up; **un ~ de rideau** [pièce] a curtain raiser. -**4.** [d'un plan] survey.

lever[2] [19] [ləve] ◇ *vt* **A.** -**1.** [faire monter] to raise, to lift; [soulever] to lift; [redresser] to lift up; **lève la vitre** close the window; **~ une barrière** to put up OU to erect a barrier; **~ le pont d'un château fort** to raise the drawbridge of a castle; **lève ton verre pour que je puisse te servir** lift your glass so that I can serve you; **~ son verre** [porter un toast] to raise one's glass; **levons nos verres à sa réussite** let's raise our glasses to OU let's drink to his success; **~ le rideau** THÉÂT to raise the curtain ❑ **~ la bannière** OU **l'étendard** [se révolter] to rise up in revolt, to raise the banner (of rebellion); [partir en guerre] to go to war; **~ haut son drapeau** [défendre publiquement ses opinions] to nail one's colours to the mast. -**2.** [diriger vers le haut - partie du corps] to lift, to raise; **~ la tête** to lift OU to raise one's head; **en entendant la sonnette, elle leva la tête** she looked up OU she raised her head when she heard the bell; **~ le front** OU **la tête** *fig* to hold one's head high; **~ les yeux** [regarder en face] to look up; **je n'osais plus ~ les yeux** I no longer dared look up; **~ les yeux au ciel** to lift up OU to raise one's eyes to heaven; **lève les pieds quand tu marches** lift OU don't drag your feet when you walk; **~ la main pour prêter serment** to raise one's hand to take an oath; **~ le doigt** OU **la main avant de prendre la parole** to put up OU to raise one's hand before speaking; **le chien lève la patte** the dog cocks its leg; **~ les bras au ciel** to lift up OU to raise one's arms to heaven ❑ **~ le cœur à qqn** to turn sb's stomach; **la seule pensée d'avoir à le toucher me lève le cœur** just the thought of having to touch it revolts OU sickens me; **la puanteur qui s'en échappe vous lève le cœur** the stench coming from it is nauseating. -**3.** *loc*: **~ le masque** to show one's true colours; **~ le voile** to lift the veil. -**4.** [sortir du lit]: **~ qqn** to get sb up, to get sb out of bed; **nous levons les pensionnaires à 8 h** we rouse the boarders at 8 o'clock.

B. -**1.** [ramasser - filets de pêche] to raise; [- courrier, impôt] to collect. -**2.** [dessiner] to draw (up); **il faudra ~ le plan du domaine** a plan of the estate will have to be drawn up; **~ une carte** to draw a map; **~ le plan de qqch** to chart sthg. -**3.** CULIN [viande] to carve; **~ les filets d'un poisson** to fillet a fish. -**4.** [faire cesser - blocus, interdiction] to lift; [- séance, audience] to close; [- scrupules, ambiguïté] to remove; **~ les punitions** to cancel punishment; **~ un interdit/une excommunication** to lift an interdict/an excommunication; **~ un obstacle** to get rid of OU to remove an obstacle; **la réforme ne lèvera pas toutes les difficultés** the reform will not remove all the difficulties. -**5.** BOURSE: **~ une valeur** to take up a security; **~ des titres** to take delivery of stock; **~ une option** to take up an option. -**6.** JEUX to pick up *(sép)*; **~ les cartes** to take OU to pick up a trick.

C. -**1.** CHASSE to flush; **~ une compagnie de perdreaux** to flush a covey of partridges. -**2.** ▽ [personne] to pull, to pick up. -**3.** [mobiliser] to raise; **~ des troupes** to raise troops; **le gouvernement a levé deux classes** the government has raised OU mobilized two contingents.

◇ *vi* -**1.** [pousser] to come up *(insép)*; **l'avoine a levé** the oats have come up; **le blé commence à ~** the wheat's starting to come up OU to sprout. -**2.** CULIN to rise, to prove; **la pâte a levé** the dough has risen OU proved; **laisser ~ la pâte** to let the dough rise OU prove.

◆ **se lever** *vpi* -**1.** [monter] to go up; **je vois une main qui se lève au fond de la classe** I see a hand going up at the back of the class; **tous les yeux** OU **regards se levèrent vers elle** all eyes turned towards her; **le rideau se lève sur un salon bourgeois** the curtain rises on a middle-class drawing room. -**2.** [se mettre debout] to stand up, to rise; **levez-vous quand le proviseur entre** stand up when the headmaster comes in; **le public se leva pour l'applaudir** the public stood up OU rose to applaud him; **se ~ de sa chaise** to get up OU to rise from one's chair; **ne te lève pas de table!** don't leave the table!; **se ~ contre** *fig* to rise up against; **le peuple s'est levé contre l'oppression** the people rose up against oppression; **il est temps que les hommes de bonne volonté se lèvent** it is time for men of goodwill to stand up and be counted ❑ **lève-toi et marche** BIBLE take up thy bed and walk. -**3.** [sortir du lit - dormeur] to get up, to rise *litt*; [- malade] to get up; **il est l'heure de se ~!** time to get up!; **je ne peux pas me ~ le matin** I can't get up OU I can't get out of bed in the morning; **il ne s'est levé que la semaine dernière** [malade] he only got up last week; **elle ne se lève plus** she no longer leaves her bed ❑ **se ~ avec le soleil** to be up with the lark; **pour la prendre en défaut il faut se ~ tôt** OU **de bonne heure!** *fig* you'd have to be on your toes to catch her out!; **pour trouver du bon pain ici, tu peux te ~ de bonne heure** you've got your work cut out finding OU you'll be a long time finding good bread round here. -**4.** [apparaître - astre] to rise; [- jour] to dawn; **le soleil se levait quand nous partîmes** the sun was rising as we left; **au moment où la lune se lève** at the rising of the moon; **le jour se lève** day is dawning OU breaking. -**5.** MÉTÉO [vent] to get up; [brume] to lift, to clear; **le temps se lève** [il fait meilleur] the sky's clearing (up); **de violents orages se levèrent au cours de la nuit** fierce storms broke during the night; **le vent se lève** the wind's getting up; **si le brouillard se lève** if the fog lifts; **la mer se lève** the sea's getting up OU getting rough. -**6.** *litt* [surgir, naître] to rise (up); **l'espoir commença à se ~ dans tous les cœurs** hope welled up in everyone's heart.

lève-tard [lɛvtar] *nmf inv* late riser.

lève-tôt [lɛvto] *nmf inv* early riser, early bird.

levier [ləvje] *nm* -**1.** MÉCAN lever; **faire ~ sur qqch** to lever sthg up OU off. -**2.** [manette]: **~ (de changement) de vitesse** gear lever *Br*, gearshift *Am*; **~ de frein à main** handbrake lever; **~ de commande** control (lever); **être aux ~s de commande** *pr* to be at the controls; *fig* to be in command OU in the driver's seat OU at the controls. -**3.** *fig* [moyen de pression] means of pressure, lever; **la grève peut être un puissant ~ politique** strike action can be a powerful political lever.

lévitation [levitasjɔ̃] *nf* levitation.

lévite [levit] *nm* HIST Levite.

Lévitique [levitik] *npr m*: **le ~** Leviticus.

levraut [ləvro] *nm* leveret.

lèvre [lɛvr] *nf* -**1.** [de la bouche] lip; **elle avait le sourire aux ~s** she had a smile on her lips; **lire sur les ~s** to lip-read ❑ **~ inférieure/supérieure** lower/upper lip; **être pendu** OU **suspendu aux ~s de qqn** to be hanging upon sb's every word. -**2.** [de la vulve] lip, labium; **les ~s** the labia; **grandes/petites ~s** labia majora/minora. -**3.** GÉOL edge, side, rim. -**4.** MÉD [d'une plaie] lip.

levrette [ləvrɛt] *nf* -**1.** ZOOL greyhound bitch; **~ (d'Italie)** Italian greyhound. -**2.** *loc*: **en ~** ▽ doggy-fashion.

lévrier [levrije] *nm* greyhound; **~ afghan** Afghan hound.

lévulose [levyloz] *nm* laevulose.

levure [ləvyr] *nf* yeast; **~ de bière** brewer's yeast, dried yeast; **~ (chimique)** baking powder.

lexème [lɛksɛm] *nm* lexeme.

lexical, e, aux [lɛksikal, o] *adj* lexical.

lexicalisation [lɛksikalizasjɔ̃] *nf* lexicalization.

lexicaliser [3] [lɛksikalize] *vt* to lexicalize.

◆ **se lexicaliser** *vpi* to become lexicalized.

lexicographe [lɛksikɔgraf] *nmf* lexicographer.

lexicographie [lɛksikɔgrafi] *nf* lexicography.

lexicographique [lɛksikɔgrafik] *adj* lexicographical.

lexicologie [lɛksikɔlɔʒi] *nf* lexicology.

lexicologique [lɛksikɔlɔʒik] *adj* lexicological.

lexicologue [lɛksikɔlɔg] *nmf* lexicologist.

lexie [lɛksi] *nf* lexical item OU unit.

lexique [lɛksik] *nm* -**1.** [ouvrage] glossary, lexicon. -**2.** [vocabulaire - d'une langue] lexis, vocabulary; [- utilisé par un auteur] vocabulary.

lez [lɛ, *devant voyelle* lɛz] *prép* by, near.

lézard [lezar] *nm* -**1.** ZOOL lizard; **~ vert/des murailles** green/wall lizard; **faire le ~** to bask in the sun. -**2.** [peau] lizardskin; **ceinture en ~** lizardskin belt.

lézarde [lezard] *nf* crack, crevice.

lézarder [3] [lezarde] ◇ *vi fam* [au soleil] to bask in the sun; [paresser] to laze about, to lounge (about).

◇ *vt* [fissurer] to crack; **mur lézardé** cracked wall, wall full of cracks.

◆ **se lézarder** *vpi* to crack.

Lhassa [lasa] *npr* Lassa, Lhasa.

liage [ljaʒ] *nm* [action de lier] binding.

liais [ljɛ] *nm* hard limestone CONSTR.

liaison [ljɛzɔ̃] *nf* -**1.** [contact établi]: **le secrétaire assure la ~ entre les divers services** the secretary liaises between the various departments. -**2.** TÉLÉC contact; **la ~ téléphonique n'est pas très bonne** the line is not very good; **nous sommes en ~ directe avec notre correspondant** we have our correspondent on the line ❑ **~ radio** radio contact. -**3.** TRANSP link; **un train/car assure la ~ entre Édimbourg et Glasgow** there is a train/coach service operating between Edinburgh and Glasgow ❑ **~ aérienne/maritime/ferroviaire/fluviale/routière** air/sea/rail/river/road link. -**4.** [rapport] connection, link; **son départ est sans ~ avec la dispute d'hier** his departure is in no way linked to yesterday's argument. -**5.** *litt* [relation] relationship; **ils ont une ~ d'affaires** they have a business relationship; **avoir une ~ avec qqn** to have an affair with sb. -**6.** CHIM bond; **~ de covalence** covalent bond. -**7.** CONSTR joint. -**8.** CULIN [pour une sauce] liaison, thickening; [pour farce] binding. -**9.** INF link. -**10.** LING liaison. -**11.** MUS [pour tenir une note] tie; [pour lier plusieurs notes] phrase mark, slur.

◆ **de liaison** *loc adj* liaison *(modif)*.

◆ **en liaison** *loc adv* in touch, in contact; **nous resterons en ~** we will stay in touch; **être/rester en ~ (avec qqn)** to be/to remain in contact (with sb); **il travaille en ~ avec un marchand d'art à New York** he works in close contact with an art dealer in New York.

liaisonner [3] [ljɛzɔne] *vt* CONSTR to bond.

liane [ljan] *nf* [vigne, lierre] creeper; [en forêt équatoriale] liana.

liant, e [ljɑ̃, ɑ̃t] *adj* sociable; **il n'est pas très ~** he is not very sociable, he doesn't make friends easily.

◆ **liant** *nm* -**1.** *litt* [affabilité]: avoir du ~ to be sociable, to have a sociable nature. -**2.** CHIM & CONSTR binder.

liard [ljar] *nm* -**1.** HIST ≃ farthing *Br*. -**2.** *vieilli* [très petite quantité]: il n'a pas un ~ de bon sens he hasn't an ounce OU a grain of common sense. -**3.** *vieilli* [sou]: je n'en donnerais pas deux ~s it isn't worth a penny *Br* OU a red cent *Am*.

lias [ljas] *nm* Lias.

liasse [ljas] *nf* [de billets] wad; [de lettres, de documents] bundle; des ~s de billets dépassaient de son portefeuille wads of banknotes OU notes were sticking out of his wallet.

Liban [libɑ̃] *npr m*: le ~ (the) Lebanon; au ~ in (the) Lebanon.

libanais, e [libanɛ, ɛz] *adj* Lebanese.

◆ **Libanais, e** *nm, f* Lebanese (person); les Libanais the Lebanese.

libation [libasjɔ̃] *nf* ANTIQ libation.

◆ **libations** *nfpl*: faire de joyeuses ~s to drink copious amounts (of alcohol).

Libé *fam* [libe] (*abr de* Libération) *npr* PRESSE *French left-of-centre daily newspaper.*

libelle [libɛl] *nm* lampoon; écrire des ~s contre qqn to lampoon sb.

libellé [libele] *nm* wording.

libeller [4] [libele] *vt* -**1.** [lettre] to word; le sujet de dissertation était mal libellé the subject of the essay was not clearly worded. -**2.** ADMIN [texte juridique] to draw up *(sép)*. -**3.** [chèque] to make out *(sép)* to; libellez votre chèque au nom de... make your cheque payable to...

libelliste [libelist] *nmf vieilli* lampoonist, lampooner.

libellule [libelyl] *nf* dragonfly.

liber [libɛr] *nm* secondary phloem, liber.

libérable [liberabl] *adj* -**1.** MIL [militaire, contingent] dischargeable; permission ~ demob leave. -**2.** JUR [prisonnier] eligible for release.

libéral, e, aux [liberal, o] ◇ *adj* -**1.** [aux idées larges] liberal, liberal-minded, broad-minded. -**2.** ÉCON free-market OU -enterprise; l'économie ~e the free-market economy. -**3.** HIST liberal. -**4.** POL [en Grande-Bretagne, au Canada] Liberal; [en France] favouring the free-market economy. ◇ *nm, f* -**1.** POL [en Grande-Bretagne, au Canada] Liberal; [en France] free-marketeer. -**2.** [personne tolérante] broad-minded person.

libéralement [liberalmɑ̃] *adv* -**1.** [généreusement] liberally, generously. -**2.** [librement] broad-mindedly.

libéralisation [liberalizasjɔ̃] *nf* -**1.** POL liberalization. -**2.** ÉCON liberalization, easing (of restrictions); la ~ complète de l'économie the application of free-market principles throughout the economy.

libéraliser [3] [liberalize] *vt* -**1.** [mœurs, régime] to liberalize. -**2.** ÉCON [commerce] to ease OU to lift restrictions on; ~ l'économie to reduce state intervention in the economy.

◆ **se libéraliser** *vpi* [régime] to become (more) liberal; [mœurs] to become freer.

libéralisme [liberalism] *nm* -**1.** POL liberalism. -**2.** ÉCON (doctrine of) free enterprise, liberalism. -**3.** [tolérance] broad-mindedness, liberal-mindedness.

libéralité [liberalite] *nf* [générosité] generosity, liberality.

◆ **libéralités** *nfpl sout* [dons] (cash) donations, liberalities; je ne tiens pas à vivre de vos ~s I do not want to live off your generosity OU good favours.

libérateur, trice [liberatœr, tris] ◇ *adj* -**1.** [rire, geste] liberating, cathartic *litt*. -**2.** POL liberating; l'armée libératrice the liberating army, the army of liberation.
◇ *nm, f* liberator.

libération [liberasjɔ̃] *nf* -**1.** [d'un pays] liberation; [d'un soldat] discharge; la Libération the Liberation (of France); à la Libération when France was liberated. -**2.** JUR [d'un détenu] release; ~ anticipée early release; ~ conditionnelle (release on) parole. -**3.** [émancipation]: éprouver un sentiment de ~ *fig* to feel liberated ❑ la ~ de la femme women's liberation. -**4.** ÉCON: la ~ des prix the deregulation of prices, the removal of price controls; la ~ des loyers the lifting of rent control. -**5.** PRESSE: Libération *French daily newspaper*. -**6.** CHIM, PHYS & PHYSIOL release.

LIBÉRATION:
This quality daily paper, popularly called "Libé", is of tabloid format. It has a predominantly left-wing readership and is famous for its unconventional style.

---

libératoire [liberatwar] *adj*: paiement ~ payment in full discharge; prélèvement ~ de 30 % sur les revenus des obligations 30% tax in full discharge on earnings from bonds.

libéré, e [libere] *adj* liberated.

libérer [18] [libere] *vt* -**1.** [délivrer] to free; ~ qqn de qqch to free sb from sthg; quand les Alliés libérèrent Paris when the Allies liberated Paris; elle n'est pas complètement libérée de l'emprise de la drogue she's not completely freed from drug addiction. -**2.** [remettre en liberté] to release, to (set) free; il ne sera libéré qu'à l'expiration de sa peine he will not be released until he has served his sentence. -**3.** [décharger]: ~ qqn d'une promesse to free OU to release sb from a promise; libéré de sa dette free from his debt. -**4.** [soulager] to relieve; la machine a libéré l'homme des travaux dangereux the machine has relieved man of dangerous work; tu me libères d'un gros souci you've relieved me of a serious worry; ~ son cœur to unburden one's heart; ~ sa conscience to relieve OU to ease one's conscience. -**5.** [laisser partir - élèves, employés] to let go; on nous a libérés avant l'heure we were allowed to leave OU they let us go early. -**6.** [rendre disponible - lieu] to vacate, to move out of; [- étagère] to clear; je libérerai les lieux le 31 au plus tard I will vacate the premises on the 31st at the latest; libérez le passage, s'il vous plaît clear the way, please; je n'arrive même pas à ~ une heure pour jouer au tennis I can't even find a free hour OU an hour to spare to play tennis; les postes libérés par les mises à la retraite anticipée vacancies created by early retirement. -**7.** [débloquer - mécanisme, énergie, émotions] to release; avant de ~ le cran de sûreté du revolver before releasing the safety catch of the revolver. -**8.** CHIM & PHYS to release. -**9.** ÉCON [prix, salaires] to free, to lift OU to remove restrictions on. -**10.** MIL [conscrit] to discharge; le candidat devra être libéré des obligations militaires the applicant must be released from OU must have discharged his military service obligations.

◆ **se libérer** ◇ *vp (emploi réfléchi)* -**1.** [se délivrer] to free o.s.; se ~ de ses chaînes to free o.s. from one's chains. -**2.** [dans un emploi du temps]: essaie de te ~ pour demain try to be free OU to make some time tomorrow; je ne pourrai pas me ~ avant 17 h I won't be able to get away before five. -**3.** [s'émanciper -femmes]: peu à peu les femmes se libèrent little by little women are becoming more liberated.
◇ *vp (emploi passif)* [emploi, appartement] to become vacant OU available; il y a une place qui s'est libérée au coin de la rue somebody's just left a parking space at the corner of the street.

Liberia [liberja] *npr m*: le ~ Liberia; au ~ in Liberia.

libérien, enne [liberjɛ̃, ɛn] *adj* Liberian.

◆ **Libérien, enne** *nm, f* Liberian.

libériste [liberist] ◇ *adj* hang-gliding *(modif)*.
◇ *nmf* hangglider pilot.

libero [libero] *nm* sweeper FTBL.

libertaire [libɛrtɛr] *adj* & *nmf* libertarian, anarchist.

liberté [libɛrte] *nf* -**1.** [gén, JUR & POL] freedom; rendre la ~ à un otage to release a hostage; rendre la ~ à un oiseau to set a bird free; le pays de la ~ the land of the free OU of freedom; défenseur de la ~ defender of freedom OU liberty ❑ ~ individuelle personal freedom; ~ sous caution release on bail; ~ sur parole (release on) parole; ~ provisoire bail; être mis en ~ provisoire to be granted bail, to be released on bail; ~ surveillée probation; la statue de la Liberté the Statue of Liberty. -**2.** [droit] right, freedom; ~ d'association/du travail right of association/to work; ~ du culte/d'opinion/de mouvement freedom of worship/thought/movement; ~ d'entreprise free enterprise, right to set up a business; ~ de la presse/d'expression freedom of the press/of speech; Liberté, Égalité, Fraternité Liberty, Equality, Fraternity *(motto of the French Revolution and, today, of France)*. -**3.** [indépendance] freedom; garder sa ~ de jugement/de pensée to keep one's freedom of judgement/thought; avoir toute ~ d'action to have a free hand OU complete freedom of action; on lui laisse trop peu de ~ he's given too little freedom; avoir toute ~ pour décider to be totally free OU to have full freedom to decide; prendre la ~ de to take the liberty to; il veut reprendre sa ~ [sentimentale] he wants to regain his freedom. -**4.** [temps libre] free time; tous mes moments de ~ all my free time; je n'ai pas un instant de ~ I haven't got a minute to myself. -**5.** [désinvolture, irrévérence]: il prend trop de ~ avec nous he is a bit overfamiliar with us; il y a une trop grande ~ dans la traduction the translation is not close enough to the original OU is too free; ~ de langage overfree use of language. -**6.** ÉCON: ~ des prix freedom from price controls; instaurer la ~ des prix to end OU to abolish price controls.

◆ **libertés** *nfpl* -**1.** [droits légaux] liberties, freedom; atteinte aux/défense des ~s attack on/defence of civil liberties; les ~s publiques civil liberties. -**2.** [privautés]: prendre OU se permettre des ~s avec qqn to take liberties with sb; j'ai pris quelques ~s avec la recette I took a few liberties with OU I didn't stick entirely to the recipe.

◆ **en liberté** *loc adj* & *loc adv* free; être en ~ [personne] to be free OU at large; [animal] to be free OU in the wild; un parc national où les animaux vivent en ~ a national park where animals roam free; il laisse ses perruches en ~ dans la maison he leaves his budgerigars free to fly around the house; remettre qqn en ~ JUR to release sb, to set sb free.

◆ **en toute liberté** *loc adv* freely; vous pouvez vous exprimer en toute ~ you can talk freely; agir en toute ~ to act quite freely.

liberticide [libɛrtisid] *adj litt* liberticidal; lois ~s laws that are destroying freedom OU freedoms.

libertin, e [libɛrtɛ̃, in] ◇ *adj* -**1.** *litt* [personne] dissolute, dissipated, debauched; [propos, publication] licentious. -**2.** HIST & RELIG libertine, freethinking.
◇ *nm, f* -**1.** *litt* [personne dissolue] libertine. -**2.** HIST & RELIG libertine, freethinker.

libertinage [libɛrtinaʒ] *nm* -**1.** *litt* [comportement] debauchery, dissipation, libertinism. -**2.** HIST & RELIG libertine philosophy, libertinism.

Liberty® [libɛrti] *nm inv* Liberty® print material.

libidinal, e, aux [libidinal, o] *adj* PSYCH libidinal.

libidineux, euse [libidinø, øz] *adj sout* [vieillard] lecherous; [regard] libidinous, lustful.

libido [libido] *nf* libido.

libitum → **ad libitum**.

libraire [librɛr] *nmf* bookseller.

libraire-éditeur [librɛreditœr] (*pl* **libraires-éditeurs**) *nm* publisher and bookseller.

librairie [librɛri] *nf* -**1.** [boutique] bookshop *Br*, bookstore *Am*; paraîtra en ~ le 3 juin due out on June 3rd, in the bookshops from June 3rd; un livre qu'on ne trouve plus en ~ a book which is no longer on sale; le rayon ~ the book department ❑ ~ d'art/d'occasion art/

secondhand bookshop. -**2.** la ~ [commerce] bookselling; [profession] the book trade.

librairie-papeterie [librɛripapɛtri] (*pl* **librairies-papeteries**) *nf* stationer's and bookseller's.

libre [libr] ◇ *adj* -**1.** [gén & POL] free; **à la suite du non-lieu, l'accusé s'est retrouvé ~** owing to lack of evidence, the accused found himself a free man again; **~ de: il ne me laisse pas ~ d'inviter qui je veux** he doesn't leave me free to invite who OU whom I please; **être ~ de ses mouvements** to be free to do what one likes; **si j'ai envie de la voir, je suis bien ~!** *fam* if I feel like seeing her, it's up to me OU that's my affair!; **~ à toi/à elle de refuser** you're/she's free to say no; **j'y vais? — alors là, ~ à toi!** shall I go? — well, that's entirely up to you OU you're (entirely) free to do as you wish! ❑ **être ~ comme l'air** to be as free as (the) air; **le monde ~** the Free World. -**2.** [disponible - personne, salle] free, available; [- poste, siège] vacant, free; [- toilettes] vacant; [- passage] clear; **la ligne n'est pas ~** [au téléphone] the line is engaged *Br* OU busy *Am*; **la voie est ~** the way is clear; **cette table est-elle ~?** is this table free?; '**~**' [sur un taxi] 'for hire'; **il faut que j'aie la tête** OU **l'esprit ~ pour prendre une décision** I have to have a clear head before I'm able to make a decision; **être/se rendre ~** to be/to make o.s. free; **tu as un moment de ~?** have you got a minute (to spare)?; **j'ai très peu de temps ~ entre les deux cours** I've got very little free time between the two classes; **j'ai deux après-midi (de) ~s par semaine** I've got two afternoons off OU two free afternoons a week; **le directeur des ventes n'est pas ~ en ce moment** the sales manager isn't free OU available at the moment ‖ [sentimentalement] unattached; **je ne suis pas ~** I'm already seeing somebody; **je préfère rester ~** I prefer to remain unattached. -**3.** [franc] free, open; **je suis très ~ avec elle** I am quite free (and easy) OU open with her ‖ [désinvolte - personne]: **il se montre un peu trop ~ avec ses secrétaires** he is a bit overfamiliar OU too free with his secretaries ‖ [inconvenant - attitude] free, daring; **ses remarques un peu ~s nous ont choqués** his somewhat coarse remarks shocked us. -**4.** [non réglementé - prix, marché] free, deregulated; **leurs honoraires sont ~s** there are no restrictions on their fees; **l'entrée de l'exposition est ~** entrance to the exhibition is free ❑ **la ~ entreprise** free enterprise; **par le ~ jeu de la concurrence** through free competition. -**5.** [privé - radio, télévision] independant; [- école, enseignement] private *(in France, mostly Catholic)*. -**6.** [non imposé - improvisation, style] free; **je leur ai donné un sujet ~** I gave them a free choice of subject, I left it up to them to choose the subject ❑ **escalade ~** free climbing; **figures ~s** freestyle; **nage ~** freestyle (swimming); **vers ~** free verse. -**7.** [non entravé - mouvement, membre] free; **le bandage laisse les doigts ~s** the bandage leaves the fingers free. -**8.** [non fidèle - traduction, adaptation] free; **dans une traduction un peu ~ de Brecht** in a rather free OU loose translation of Brecht. -**9.** CHIM & MATH free. -**10.** MÉCAN & TECH free, disengaged.
◇ *adv*: **ça sonne ~ ou occupé?** is it ringing or engaged *Br* OU busy *Am*?

libre(-)arbitre [librarbitr] *nm* free will; **le Président a perdu son ~ après le scandale** the President lost his freedom of action after the scandal.

libre-échange [libreʃɑ̃ʒ] (*pl* **libres-échanges**) *nm* free trade.

libre-échangisme [libreʃɑ̃ʒism] (*pl* **libre-échangismes**) *nm* (doctrine of) free trade.

libre-échangiste [libreʃɑ̃ʒist] (*pl* **libre-échangistes**) ◇ *adj* [politique, économie] free-trade *(modif)*; [idée, personne] in favour of free trade.
◇ *nmf* free trader.

librement [librəmɑ̃] *adv* freely.

libre-pensée [librəpɑ̃se] (*pl* **libres-pensées**) *nf* freethinking.

libre-penseur [librəpɑ̃sœr] (*pl* **libres-penseurs**) *nm* freethinker.

libre-service [librəsɛrvis] (*pl* **libres-services**) *nm* [magasin] self-service store; [cantine] self-service canteen; [restaurant] self-service restaurant; [station-service] self-service petrol *Br* OU gas *Am* station.

librettiste [librɛtist] *nmf* librettist.

libretto [librɛto] *nm* libretto.

Libreville [librəvil] *npr* Libreville.

Libye [libi] *npr f*: **(la) ~** Libya.

libyen, enne [libjɛ̃, ɛn] *adj* Libyan.
◆ **Libyen, enne** *nm, f* Libyan.

lice [lis] *nf* -**1.** SPORT [bordure de piste] line; [en hippisme] rail. -**2.** HIST [palissade] lists; [terrain] tilt-yard. -**3.** CHASSE bitch; **~ portière** breeding bitch. -**4.** TEXT = **lisse 2**.
◆ **en lice** *loc adv*: **entrer en ~** to enter the lists; **les deux candidats encore en ~** the two candidates still in the running.

licence [lisɑ̃s] *nf* -**1.** *litt* [liberté excessive] licence; [débauche] licentiousness ❑ **avoir toute** OU **pleine ~ de faire qqch** to be at liberty OU quite free to do sthg. -**2.** LITTÉRAT: **~ poétique** poetic licence. -**3.** UNIV (bachelor's) degree; **~ d'économie** degree in economics; **~ de russe/de droit** Russian/law degree; **~ ès lettres** arts degree, ≃ BA; **~ ès sciences** science degree, ≃ BSc. -**4.** JUR licence; **~ d'importation/d'exportation** import/export licence. -**5.** SPORT membership card *(allowing entry into official competitions)*.
◆ **sous licence** ◇ *loc adj* licensed.
◇ *loc adv*: **fabriqué sous ~** produced under licence.

licencié, e [lisɑ̃sje] ◇ *adj* UNIV graduate.
◇ *nm, f* -**1.** UNIV (university) graduate; **~ ès lettres/ès sciences** arts/science graduate; **~ en droit** law graduate; **~ en anglais** English graduate, graduate in English. -**2.** SPORT registered member; **'seuls les ~s bénéficient des tarifs réduits'** 'discount for club members only'. -**3.** [chômeur - pour raisons économiques] laid off OU redundant *Br* employee; [- pour faute professionnelle] dismissed employee; **il y a eu 4 ~s** 4 employees were laid off OU made redundant *Br*, there were 4 layoffs OU redundancies *Br*.

licenciement [lisɑ̃simɑ̃] *nm* [structurel] layoff, redundancy *Br*; [pour faute professionnelle] dismissal; **depuis mon ~** since I was laid off OU made redundant *Br* ❑ **~ (pour raison) économique** redundancy for economic reasons.

licencier [9] [lisɑ̃sje] *vt* [pour raison économique] to sack *Br*, to make redundant *Br*, to lay off *(sép)*; [pour faute] to dismiss, to fire.

licencieux, euse [lisɑ̃sjø, øz] *adj* licentious, lewd.

lichen [likɛn] *nm* -**1.** BOT lichen; **~ foliacé/fruticuleux** foliose/fruticose lichen. -**2.** MÉD: **~ (plan)** lichen.

lichette [liʃɛt] *nf* -**1.** *fam* [petite quantité]: **une ~ de vin/lait** a (teeny) drop of wine/milk; **une ~ de beurre** a smidgin OU a spot of butter; **une ~ de gâteau** a sliver OU (tiny) bit of cake. -**2.** *Belg* [cordon] loop, tag.

licier [lisje] = **lissier**.

licitation [lisitasjɔ̃] *nf* auction *(by the co-owners of an estate)*.

licite [lisit] *adj* licit, lawful.

licitement [lisitmɑ̃] *adv* licitly, lawfully.

liciter [3] [lisite] *vt* to auction *(an estate in co-ownership)*.

licol [likɔl] = **licou**.

licorne [likɔrn] *nf* MYTH unicorn.

licou [liku] *nm* halter; **passer le ~ à un cheval** to put the halter on a horse.

lido [lido] *nm* sandbar; **le Lido (de Venise)** the Venice Lido.

lie [li] *nf* -**1.** ŒNOL dregs, lees; **~ de vin** wine dregs; **il y a de la ~ au fond de la bouteille** there's some sediment at the bottom of the bottle. -**2.** *sout* [rebut] dregs, rejects; **la ~ de la société** the dregs of society.

lié, e [lje] *adj* -**1.** MUS [notes différentes] slurred; [note tenue] tied. -**2.** MATH bound.

Liechtenstein [liʃtɛnʃtajn] *npr m*: **le ~** Liechtenstein; **au ~** in Liechtenstein.

liechtensteinois, e [liʃtɛnʃtanwa, az] *adj* from Liechtenstein.
◆ **Liechtensteinois, e** *nm, f* Liechtensteiner.

lied [lid] (*pl* **lieds** OU **lieder** [lidər]) *nm* lied; **un récital de ~s** OU **~er** a lieder recital.

lie-de-vin [lidvɛ̃] *adj inv* (red) wine-coloured.

liège [ljɛʒ] *nm* cork.

Liège [ljɛʒ] *npr* Liege.

liégé, e [ljeʒe] *adj* PÊCHE floated with cork, corked.

liégeois, e [ljeʒwa, az] *adj* -**1.** [personne] from Liège. -**2.** CULIN: **café/chocolat ~** coffee/chocolate sundae *(topped with whipped cream)*.
◆ **Liégeois, e** *nm, f* *inhabitant of or person from Liège.*

lien [ljɛ̃] *nm* -**1.** [entre des choses] link, connection; **y a-t-il un ~ direct entre ces deux phénomènes?** is there a direct link between these two phenomena?; **~ de cause à effet** causal relationship, relationship of cause and effect. -**2.** [entre des gens] link, connection; **nouer des ~s d'amitié** to make friends, to become friends; **les ~s conjugaux** OU **du mariage** marriage bonds OU ties; **ils ont un vague ~ de parenté** there is some distant family connection between them, they're distantly related; **les ~s du sang** blood ties. -**3.** [lanière] tie. -**4.** INF link, linkage.

lier [9] [lje] *vt* -**1.** [attacher - cheveux, paquet, fagot] to tie up *(sép)*; **on les lia au poteau** they were tied up to the post. -**2.** MÉD: **~ une veine** to ligate a vein. -**3.** [logiquement] to link, to connect; **il faut ~ le nouveau paragraphe au reste du texte** the new paragraph must be linked to the rest of the text; **les deux faits ne sont pas liés** the two facts are not connected, there is no connection between the two facts; **informatisation et efficacité sont étroitement liées** computerization and efficiency are closely linked; **tout est lié** everything's interconnected, it all fits together. -**4.** [enchaîner - gestes] to link together *(sép)*. -**5.** [économiquement] to bind; **votre contrat ne vous lie pas à la compagnie** your contract does not bind you to the company. -**6.** [associer volontairement]: **~ son sort à qqn** to join forces with sb; **~ son sort à qqch** to stick with sthg for better or worse. -**7.** [unir par des sentiments] to bind, to unite; **leur passé commun les lie** they are united by their common past; **l'amitié qui nous lie** the friendship which binds us; **cette maison est liée à mon enfance** this house is linked to my childhood. -**8.** [commencer]: **~ amitié avec qqn** to strike up a friendship with sb; **~ connaissance/conversation avec qqn** to strike up an acquaintance/a conversation with sb. -**9.** CONSTR to bind. -**10.** CULIN [sauce] to thicken; [farce] to bind. -**11.** LING to link words *(with liaisons)*. -**12.** MUS: **~ les notes** to slur the notes.
◆ **se lier** *vpi*: **se ~ (d'amitié)** to become friends; **se ~ (d'amitié) avec qqn** to strike up a friendship with sb, to become friends with sb.

lierre [ljɛr] *nm* ivy.

liesse [ljɛs] *nf litt* jubilation, exhilaration; **en ~** jubilant; **une foule en ~** a jubilant crowd.

lieu¹, s [ljø] *nm* ZOOL hake; **~ jaune** pollack; **~ noir** coalfish.

lieu², x [ljø] *nm* -**1.** [endroit] place; **ce n'est pas le ~ pour une dispute** this is no place OU this isn't the place to have an argument; **~ de débauche** den of vice; **leur ~ de promenade habituel** the place where they usually go for a walk; **~ de rassemblement** place of assembly, assembly point; **~ de rencontre** meeting-place; **fixons un ~ de rendez-vous** let's decide on somewhere to meet OU on a meeting-place ❑ **~ de culte** place of worship; **~ de naissance** birthplace, place of birth; **~ de passage**

port of call; ~ **de pèlerinage** place of OU centre for pilgrimage; ~ **de perdition** den of iniquity; **dans un** ~ **public** in a public place; ~ **de résidence** (place of) residence; **sur votre** ~ **de travail** at your place of work; **le haut** ~ **de...** the Mecca of..., a Mecca for...; **en août, la ville devient un haut** ~ **de la musique** in August, the town is THE place OU a major centre for music. -**2.** GRAMM: **adverbe/complément (circonstanciel) de** ~ adverb/complement of place. -**3.** GÉOM: ~ **géométrique** locus. -**4.** *loc*: **avoir** ~ [entrevue, expérience, spectacle] to take place; [accident] to happen; [erreur] to occur; **avoir** ~ **de** [avoir des raisons de] to have (good) reasons OU grounds to; **j'ai tout** ~ **de croire que...** I have good OU every reason to believe that...; **vous n'aurez pas** ~ **de vous plaindre** you won't find any cause OU any reason for complaint; **tes craintes n'ont pas** ~ **d'être** your fears are groundless OU unfounded; **il y a** ~: **il n'y a pas** ~ **de s'affoler** there's no need to panic; **s'il y a** ~ if necessary, should the need arise; **il y a tout** ~ **de croire** there is every reason to believe; **donner** ~ **à** [entraîner]: **donner** ~ **à des désagréments** to cause OU to give rise to trouble; **sa mort a donné** ~ **à une enquête** his death prompted an investigation; **tenir** ~ **de**: **son chien lui tient** ~ **d'enfant** his dog is a substitute for a child; **ça tiendra** ~ **de champagne!** that will do instead of champagne!; **le canapé tient** ~ **de lit** the settee is used as a bed.

◆ **lieux** *nmpl* -**1.** [endroit précis] scene; **les** ~**x de nos premières amours/de l'accident/du crime** the scene of our first love/of the accident/of the crime; **les pompiers sont déjà sur les** ~**x** the fire brigade is already at the scene; **pour être efficace il faut être sur les** ~**x 24 heures sur 24** if you want to do things properly, you have to be on the spot 24 hours a day ❑ **les Lieux saints** the Holy Places. -**2.** [bâtiments] premises; **les grévistes occupent les** ~**x** the strikers are occupying the premises; **quand nous serons dans les** ~**x** when we're in occupation OU in residence; **le propriétaire est dans les** ~**x** the landlord is on the premises ❑ **les** ~**x d'aisances** *euph* the smallest room *euph*, the lavatory *Br*, the bathroom *Am*.

◆ **au lieu de** *loc prép* instead of; **elle aurait dû me remercier, au** ~ **de ça, elle m'en veut** she should have thanked me, instead of which she bears a grudge against me; **au** ~ **de faire qqch** instead of doing sthg.

◆ **au lieu que** *loc conj* instead of; **je préfère ranger moi-même mon bureau au** ~ **que tu viennes tout changer de place** I prefer to tidy my desk myself rather than having you changing everything around.

◆ **en dernier lieu** *loc adv* lastly, last of all; **n'ajoutez le sucre qu'en tout dernier** ~ do not add the sugar until the last moment.

◆ **en haut lieu** *loc adv* in high places; **ça se décidera en haut** ~ the decision will be made at a high level.

◆ **en lieu et place de** *loc prép sout* in place of, on behalf of, in lieu of; **le président n'étant pas là, j'ai assisté à l'enterrement en ses** ~ **et place** as the president wasn't available, I attended the funeral on his behalf; **en** ~ **et place d'honoraires/de préavis** in lieu of fees/of notice.

◆ **en lieu sûr** *loc adv* in a safe place; **range-le en** ~ **sûr** put it away in a safe place, put it away somewhere safe.

◆ **en premier lieu** *loc adv* in the first place, firstly, first of all.

◆ **en tous lieux** *loc adv sout* everywhere; **sa politique est critiquée en tous** ~**x** his policy is under criticism in all quarters OU everywhere.

◆ **lieu commun** *nm* commonplace, platitude.

lieu-dit [ljødi] (*pl* **lieux-dits**) *nm* [avec maisons] hamlet; [sans maisons] place; **au** ~ **La Folie** at the place called La Folie.

lieue [ljø] *nf* -**1.** [mesure] league; ~ **marine** league. -**2.** *loc*: **être à cent** OU **mille** ~**s de** [être loin de] to be far from; **nous étions à cent** ~**s de penser que...** it would never have occurred to us that..., we never dreamt that...; **à cent** ~**s à la ronde** for miles (and miles) around.

lieuse [ljøz] *nf* (sheaf) binder.

Lieut. (*abr écrite de* **Lieutenant**) Lieut.

Lieut.-col. (*abr écrite de* **Lieutenant-colonel**) Lieut.-Col.

lieutenant [ljøtnɑ̃] *nm* -**1.** MIL [de l'armée de terre, de la marine] lieutenant; [de l'armée de l'air] flying officer *Br*, first lieutenant *Am*. -**2.** [de la marine marchande] mate; ~ **de vaisseau** lieutenant commander. -**3.** *Helv* second lieutenant; **premier** ~ lieutenant. -**4.** [assistant] lieutenant, second in command; **il est entré, flanqué de ses deux** ~**s** he came in flanked by his two henchmen.

lieutenant-colonel [ljøtnɑ̃kɔlɔnɛl] (*pl* **lieutenants-colonels**) *nm* [de l'armée de terre] lieutenant colonel; [de l'armée de l'air] wing commander *Br*, lieutenant colonel *Am*.

lièvre [ljɛvr] *nm* -**1.** ZOOL hare; **lever un** ~ *pr* to start a hare; *fig* to raise a burning issue, to touch on a sore point. -**2.** [fourrure] hareskin. -**3.** SPORT pacemaker, pacesetter.

LIFO [lifo] (*abr de* **last in first out**) *nm* LIFO.

lift [lift] *nm* topspin.

lifté, e [lifte] *adj*: **une balle** ~**e** a ball with topspin; **elle a un jeu très** ~ she plays a heavy topspin game.

lifter [3] [lifte] ◇ *vi* to put topspin on the ball. ◇ *vt* to put topspin on.

liftier [liftje] *nm* lift attendant *Br*, elevator attendant *Am*.

lifting [liftiŋ] *nm* -**1.** [de la peau] face-lift. -**2.** *fam* [rénovation - d'une institution, d'un bâtiment] face-lift.

ligament [ligamɑ̃] *nm* ANAT ligament.

ligamentaire [ligamɑ̃tɛr], **ligamenteux, euse** [ligamɑ̃tø, øz] *adj* ligamentous, ligamentary.

ligature [ligatyr] *nf* -**1.** MÉD [opération, fil] ligature; ~ **des trompes (de Fallope)** tubal ligation. -**2.** IMPR ligature, tied letter. -**3.** HORT [processus] tying up; [attache] tie.

ligaturer [3] [ligatyre] *vt* -**1.** [attacher] to tie on *(sép)*. -**2.** MÉD to ligate, to ligature; **se faire** ~ **les trompes** to have one's (Fallopian) tubes tied.

lige [liʒ] *adj* liege.

ligérien, enne [liʒerjɛ̃, ɛn] *adj* from the Loire.

lignage [liɲaʒ] *nm* -**1.** [ascendance] lineage; **de haut** ~ of noble lineage. -**2.** IMPR linage, lineage.

ligne [liɲ] *nf* -**1.** [gén & GÉOM] line; **soit une** ~ **AB** let there be a line AB; **tracer** OU **tirer une** ~ to draw a line; **les** ~**s de la main** the lines of the hand ❑ ~ **de cœur/de tête/de vie** heart/head/life line; ~ **pointillée/brisée** dotted/broken line; ~ **droite/ondulée** straight/wavy line; **une** ~ **droite** [route] a straight stretch of road; **la route est en** ~ **droite sur 3 km** the road is straight for 3 km; **une** ~ **de coke**▽ a line of coke. -**2.** [texte] line; **il est payé à la** ~ he is paid by the OU per line; **écrire toutes les deux** ~**s** to write on every other line; **(allez) à la** ~! new paragraph!; **tirer à la** ~ PRESSE to pad (out) an article ❑ ~ **d'impression** INF print line; ~ **supplémentaire** MUS ledger line; [repère] line. -**3.** [limite] line; ~ **blanche/jaune** white/yellow line *(on roads)*; ~ **de départ/d'arrivée** starting/finishing line; ~ **de fond/de service** TENNIS base/service line; **tracer les** ~**s d'un court** to mark out a court; ~ **d'eau** OU **de flottaison** NAUT waterline; ~ **de flottaison en charge** Plimsoll line; ~ **de mire** OU **de visée** line of sight; ~ **de ballon mort** RUGBY dead-ball line; ~ **de but** RUGBY goal line; ~**s de côté** TENNIS tramlines; ~ **de démarcation** [gén] boundary; MIL demarcation line; ~ **d'eau** NATATION (swimming) lane; **passer la** ~ **(de l'équateur)** to cross the line; ~ **de faille** GÉOL fault line; ~ **de faîte** watershed, crest line; ~ **d'horizon** skyline; ~ **de partage** dividing line; ~ **de partage des eaux** watershed; ~ **de tir** line of fire; ~ **de touche** touchline. -**4.** [silhouette - d'une personne] figure; **je surveille ma** ~ I look after OU watch my figure; **garder la** ~ to keep one's figure; **la** ~ **de l'été est carrée d'épaules** this summer's look is square-shouldered || [forme - d'un objet] lines; **l'avion a une très belle** ~ the plane is beautifully designed. -**5.** [rangée] line, row; **hors** ~ unrivalled, matchless ❑ **la** ~ **d'avants/d'arrières** SPORT the forwards/backs; ~ **de bataille** MIL line of battle, battle line; ~ **de défense** line of defence; ~ **de front** front line; **les** ~**s ennemies** the enemy lines; **être/monter en première** ~ MIL & *fig* to be in/to go to the front line; **un première/deuxième/troisième** ~ RUGBY a front-row/second-row/back-row forward. -**6.** [orientation] line; **il suit la** ~ **du parti** he follows the party line; **sa décision est dans la droite** ~ **de la politique gouvernementale** his decision is completely in line with government policy ❑ ~ **de conduite** line of conduct; **les** ~**s directrices d'une recherche** the main lines of a research project; **elle a décrit la situation dans ses grandes** ~**s** she gave a broad outline of the situation, she outlined the situation. -**7.** [généalogique] line; ~ **directe/collatérale** direct/collateral line; **descendre en** ~ **directe de** to be directly descended from. -**8.** TRANSP line; ~ **aérienne** [société] airline (company); [service] air service, air link; ~ **d'autobus** [service] bus service; [itinéraire] bus route; ~ **de chemin de fer** railway line *Br*, railroad line *Am*; ~ **maritime** shipping line; ~ **de métro** underground line *Br*, subway line *Am*; ~ **secondaire** branch line; **les** ~**s de banlieue** the suburban lines; **les** ~**s intérieures** [aériennes] domestic flights; **les grandes** ~**s** the main lines. -**9.** ÉLECTR & TÉLÉC line; **la** ~ **est occupée** the line is engaged *Br* OU busy *Am* ❑ ~ **directe/intérieure/extérieure** TÉLÉC direct/internal/outside line; ~ **de** OU **à retard** ÉLECTR delay line; ~ **d'alimentation** ÉLECTR feeder; ~ **commune** TÉLÉC party line; ~ **à haute tension** ÉLECTR high voltage line; ~ **télégraphique** telegraph line. -**10.** TV [d'une image] line. -**11.** PÊCHE fishing line; ~ **de fond** ground OU ledger line; ~ **volante** fly line. -**12.** FIN: ~ **de crédit** OU **de découvert** line of credit, credit line. -**13.** *Belg* [raie des cheveux] parting *Br*, part *Am*. -**14.** *Can* [mesure] line. -**15.** *loc*: **entrer en** ~ **de compte** [être pris en considération] to come OU to be taken into consideration; **le coût doit entrer en** ~ **de compte** the cost has to be taken into account OU consideration; **le prix n'a pas à entrer en** ~ **de compte** the cost doesn't come into it.

◆ **en ligne** *loc adv* -**1.** [en rang]: **mettez-vous en** ~! line up!, get into line!; **en** ~ **pour le départ!** line up ready for the start! -**2.** INF on line. -**3.** MIL: **monter en** ~ [aller à l'assaut] to advance (for the attack). -**4.** TÉLÉC: **restez en** ~! hold the line!; **parlez, vous êtes en** ~ go ahead, you're through OU you're connected; **je l'ai en** ~ I've got him on the line; **il est en** ~ he's on another call just now; **elle est en** ~, **vous patientez?** her line's engaged, will you hold?

◆ **sur toute la ligne** *loc adv* all down the line, from start to finish; **gagner sur toute la** ~ to win hands down; **se tromper sur toute la** ~ to be completely mistaken.

lignée [liɲe] *nf* -**1.** [descendance] descendants; **avoir une nombreuse** ~ to have many descendants; **le premier/dernier d'une longue** ~ the first/last of a long line (of descent). -**2.** [extraction, lignage] stock, lineage; **être de noble** ~ to be of noble lineage. -**3.** [tradition] line, tradition; **elle s'inscrit dans la** ~ **des romancières féministes** she is in the tradition of feminist novelists. -**4.** BIOL line, stock; ~ **cellulaire** cell line; ~ **pure** pure line.

ligner [3] [liɲe] *vt* to line.

ligneux, euse [liɲø, øz] *adj* ligneous, woody.

lignicole [liɲikɔl] *adj* lignicolous.

lignification [liɲifikasjɔ̃] *nf* lignification.

lignifier [9] [liɲifje]

◆ **se lignifier** *vpi* to lignify.

lignine [liɲin] *nf* lignin.

lignite [liɲit] *nm* MIN brown coal, lignite.

ligoter [3] [ligɔte] *vt* to bind, to tie up *(sép)*; **ligoté à sa chaise** tied to his chair.

ligue [lig] *nf* -**1.** [groupe] league, pressure group; ~ **antialcoolique** temperance league. -**2.** HIST & POL: **la Ligue** the League; **la Ligue Arabe** the Arab League.

liguer [3] [lige] *vt*: **être ligué contre** to be united against.
◆ **se liguer contre** *vp + prép* to join forces against; **ils se sont ligués contre Paul** they joined forces OU ganged up against Paul.

ligueur, euse [ligœr, øz] *nm, f* -**1.** POL member *(of a league)*. -**2.** HIST member of the (Catholic) League.

ligure [ligyr] = **ligurien**.

Ligurie [ligyri] *npr f*: **(la)** ~ Liguria.

ligurien, enne [ligyrjɛ̃, ɛn] *adj* Ligurian.
◆ **Ligurien, enne** *nm, f* Ligurian.

lilas [lila] ◇ *nm* [arbre] lilac (tree); [fleur] lilac; **un brin de** ~ a sprig of lilac ❑ ~ **simple/double** single/double bloom lilac.
◇ *adj inv* lilac *(modif)*, lilac-coloured.

liliacée [liljase] *nf* liliacea; **les** ~**s** the Liliaceae.

lilial, e, aux [liljal, o] *adj litt* [qui a la couleur du lis] lily-white.

Lille [lil] *npr* Lille.

lilliputien, enne [lilipysjɛ̃, ɛn] *adj* Lilliputian, tiny.
◆ **Lilliputien, enne** *nm, f* Lilliputian.

lillois, e [lilwa, az] *adj* from Lille.
◆ **Lillois, e** *nm, f inhabitant of or person from Lille.*

limace [limas] *nf* -**1.** ZOOL slug. -**2.** *fam péj* [personne] slowcoach *Br*, slowpoke *Am*; **le bus se traîne comme une** ~ the bus is crawling along.

limaçon [limasɔ̃] *nm* -**1.** ZOOL snail. -**2.** ANAT cochlea.

limaille [limaj] *nf* filings; ~ **de fer** iron filings.

liman [limɑ̃] *nm* liman, freshwater lagoon.

limande [limɑ̃d] *nf* dab; **fausse** ~ megrim, scald fish.

limande-sole [limɑ̃dsɔl] *(pl* **limandes-soles**) *nf* lemon sole.

limbe [lɛ̃b] *nm* -**1.** [d'un cadran] limb. -**2.** ASTRON limb. -**3.** BOT limb, lamina.

limbes [lɛ̃b] *nmpl* -**1.** RELIG limbo; **dans les** ~ in limbo. -**2.** [état vague, incertain]: **être dans les** ~ to be in (a state of) limbo; **son projet est encore dans les** ~ his project is still at the embryonic stage OU hasn't yet got off the ground.

Limbourg [lɛ̃bur] *npr m*: **le** ~ Limburg.

lime [lim] *nf* -**1.** [outil] file; ~ **à ongles** nail file. -**2.** BOT & CULIN lime. -**3.** ZOOL lima.

limé, e [lime] *adj* [vêtement] worn, threadbare.

limer [3] [lime] *vt* [clé] to file; [rugosité] to file off OU away *(sép)*; [pièce de métal, de bois] to file down *(sép)*; **le cadenas a été limé** the padlock has been filed through.
◆ **se limer** *vpt*: **se** ~ **les ongles** to file one's nails.

limette [limɛt] *nf* BOT lime.

limettier [limetje] *nm* lime tree.

limier [limje] *nm* -**1.** CHASSE bloodhound. -**2.** *fam* [policier]: **fin** ~ sleuth.

liminaire [liminɛr] *adj* -**1.** [au début - d'un livre, d'un discours] introductory, preliminary. -**2.** PSYCH liminal, threshold *(modif)*.

liminal, e, aux [liminal, o] = **liminaire 2**.

limitatif, ive [limitatif, iv] *adj* [liste] restrictive, limitative; [clause] restrictive.

limitation [limitasjɔ̃] *nf* limitation, restriction; ~ **des armements** arms control OU limitation; ~ **des naissances** birth control; ~ **des prix** price restrictions OU controls; ~ **de vitesse** speed limit OU restrictions.

limite [limit] ◇ *nf* -**1.** [maximum ou minimum] limit; ~ **de temps** time limit; **il veut mon article demain dernière** ~ *fam* he wants my article by tomorrow at the (very) latest; **fixer une** ~ **à qqch** to set a limit to sthg, to limit sthg; **la** ~ **a été fixée à 30 participants** the number of participants has been limited OU restricted to 30; **'entrée gratuite dans la** ~ **des places disponibles'** 'free admission subject to availability'; **dans les** ~**s du possible** as far as is humanly possible; **nos dépenses sont restées dans les** ~**s du raisonnable** our expenses stayed within reasonable bounds; **c'est dans la** ~ **de mes moyens** it's within my means; **ma patience a des** ~**s!** there's a limit to my patience!; **sa haine ne connaît pas de** ~**s** his hatred knows no bounds; **son égoïsme est sans** ~ his selfishness knows no bounds. -**2.** [d'un bois] border, edge; [d'un pays] boundary, border; [d'un terrain de sport]: **essaie de jouer dans les** ~**s du court!** try to keep the ball inside the court! -**3.** MATH limit. -**4.** BOXE: **avant la** ~ inside OU within the distance; **tenir jusqu'à la** ~ to go the (full) distance.
◇ *adj* -**1.** [maximal]: **âge/vitesse** ~ maximum age/speed; **date** ~ [pour un travail] latest date, deadline; [sur un produit alimentaire] sell-by date; [pour un jeu-concours, des inscriptions] closing date. -**2.** *fam* [juste]: **j'ai réussi l'examen, mais c'était** ~ I passed the exam, but it was a close OU near thing; **je suis un peu** ~ **côté fric** I'm a bit strapped for cash.
◆ **limites** *nfpl* [physiques, intellectuelles] limitations; **je connais mes** ~**s** I know my limitations.
◆ **à la limite** *loc adv*: **à la** ~**, on peut toujours dormir dans la voiture** if the worst comes to the worst we can always sleep in the car; **à la** ~**, je lui prêterais l'argent** if necessary OU if it came to the crunch, I'd lend him the money.
◆ **à la limite de** *loc prép*: **c'était à la** ~ **du mauvais goût/de l'insolence** it was verging on bad taste/on impertinence.

limité, e [limite] *adj* -**1.** [influence, connaissances] limited; [nombre, choix, durée] limited, restricted; **d'une importance** ~**e** of limited OU minor importance. -**2.** *fam* [personne]: **être** ~ to have limited abilities, to be of limited ability; **il est assez** ~ **en maths** he's rather weak OU poor at maths.

limiter [3] [limite] *vt* -**1.** [réduire - dépenses, nombre] to limit, to restrict; [- temps, influence] to limit; **la vitesse n'est pas limitée** there is no speed limit; **essayez de** ~ **les dégâts** *pr & fig* try and limit the damage; ~ **qqch à** to limit OU to restrict sthg to; **j'ai limité mon budget à 1 000 francs par semaine** I've limited OU restricted my weekly budget to 1,000 francs. -**2.** [circonscrire] to mark the limit of, to delimit; **des haies limitent la propriété** hedges mark out the limits of the estate.
◆ **se limiter** *vp (emploi réfléchi)*: **il ne sait pas se** ~ he's incapable of self-restraint; **plus de gâteaux, merci, il faut que je me limite** no more cakes, thanks, I've got to watch what I eat.
◆ **se limiter à** *vp + prép* -**1.** [se résumer à] to be restricted to, to be confined to; **l'exposé s'est limité à l'aspect historique** the talk only dealt with OU was restricted to the historical aspect; **sa fortune se limite à peu de chose** his fortune does not amount to very much. -**2.** [se contenter de]: **il se limite à faire ce qu'on lui dit** he only does what he's told to do.

limiteur [limitœr] *nm* limiter.

limitrophe [limitrɔf] *adj*: **des comtés** ~**s** adjoining OU neighbouring counties; **nos villages sont** ~**s** our villages lie (just) next to each other; **les pays** ~**s de la Belgique** the countries bordering on Belgium.

limivore [limivɔr] *adj* limivorous.

limnée [limne] *nf* limnaea.

limnologie [limnɔlɔʒi] *nf* limnology.

limnologique [limnɔlɔʒik] *adj* limnological.

limogeage [limɔʒaʒ] *nm* dismissal.

limoger [17] [limɔʒe] *vt* to dismiss; **il s'est fait** ~ he was dismissed.

Limoges [limɔʒ] *npr* Limoges.

limon [limɔ̃] *nm* -**1.** GÉOL silt, alluvium. -**2.** [d'attelage] shaft. -**3.** [d'escalier] stringboard.

limonade [limɔnad] *nf* (fizzy) lemonade.

limonadier, ère [limɔnadje, ɛr] *nm, f* -**1.** [cafetier] cafe owner. -**2.** [fabricant] lemonade manufacturer.

limonaire [limɔnɛr] *nm* [petit] barrel organ, hurdy-gurdy; [grand] fairground organ.

limoneux, euse [limɔnø, øz] *adj* silty, silt-laden.

limonière [limɔnjɛr] *nf* shafts.

limougeaud, e [limuʒo, od] *adj* from Limoges.
◆ **Limougeaud, e** *nm, f inhabitant of or person from Limoges.*

limousin, e[1] [limuzɛ̃, in] *adj* from the Limousin.
◆ **Limousin, e** *nm, f inhabitant of or person from the Limousin.*
◆ **limousin** *nm* LING Limousin dialect.

Limousin [limuzɛ̃] *npr m*: **le** ~ the Limousin.

limousine[2] [limuzin] *nf* [automobile] limousine.

Limoux [limu] *npr* → **blanquette**.

limpide [lɛ̃pid] *adj* -**1.** [pur - lac, miroir, regard] limpid, clear; **pierre d'un bleu** ~ limpid OU clear blue stone. -**2.** [intelligible - discours, style] clear, lucid; [- affaire] clear; **leur histoire n'est pas très** ~ their story isn't very clear.

limpidité [lɛ̃pidite] *nf* -**1.** [d'une eau, d'un regard, d'un diamant] clearness, limpidity *litt*. -**2.** [d'un texte] lucidity; [d'une affaire] clarity, clearness.

lin [lɛ̃] *nm* -**1.** BOT flax. -**2.** TEXT linen, flax; **en** ~ linen *(modif)*; **robe en** ~ linen dress.

linacée [linase] *nf* member of the Linaceae family.

linceul [lɛ̃sœl] *nm* -**1.** [suaire] shroud. -**2.** *litt*: **couvert d'un** ~ **de neige** shrouded in snow.

linéaire [lineɛr] ◇ *adj* -**1.** BOT, ÉLECTRON, LING & MATH linear. -**2.** [simple - discours, exposé] reductionist, one-dimensional; **il a exposé le problème de façon** ~ he gave an inadequate OU a one-dimensional account of the problem.
◇ *nm* COMM shelf space; **ce produit n'apparaît pas dans les** ~**s de magasins non spécialisés** nonspecialist shops do not stock this product.

linéaments [lineamɑ̃] *nmpl litt* [d'une sculpture] lineaments; [d'un visage] lineaments, features; [d'un ouvrage] lineaments, outline.

linéarité [linearite] *nf* linearity.

linge [lɛ̃ʒ] *nm* -**1.** [pour l'habillement et la maison] linen; **10 kg de** ~ 10 kg of washing; **étendre/repasser le** ~ to hang out/to iron the washing; **faire sécher le** ~ to dry the washing; **pour un** ~ **plus blanc, employez X** for a whiter wash, use X ❑ ~**s d'autel** altar cloth; ~ **de corps** underwear, underclothes; ~ **de maison** household linen; ~ **de table** table linen; **du petit** ~ small items (of laundry); **du gros** ~ big items (of laundry). -**2.** [chiffon] cloth. -**3.** *Helv* towel.

lingère [lɛ̃ʒɛr] *nf* [d'un hôpital, d'une institution] laundry supervisor.

lingerie [lɛ̃ʒri] *nf* -**1.** [sous-vêtements] lingerie, women's underwear; ~ **fine** lingerie. -**2.** [lieu] linen room.

lingot [lɛ̃go] *nm* -**1.** FIN ingot; ~ **d'or** gold ingot OU bar; **or en** ~ OU **en** ~**s** gold bullion. -**2.** IMPR space.

lingua franca [lingwafrɑ̃ka] *nf inv* lingua franca.

lingual, e, aux [lɛ̃gwal, o] *adj* lingual.

lingue [lɛ̃g] *nf* ZOOL ling.

linguiste [lɛ̃gɥist] *nmf* linguist.

linguistique [lɛ̃gɥistik] ◇ *adj* linguistic.
◇ *nf* linguistics *(sg)*.

linguistiquement [lɛ̃gɥistikmɑ̃] *adv* linguistically.

linier, ère [linje, ɛr] *adj* flax *(modif)*.

liniment [linimɑ̃] *nm* liniment.

linkage [linkaʒ] *nm* linkage.

links [liŋks] *nmpl* links SPORT.

Linné [line] *npr* Linneus, Linnaeus.

linnéen, enne [lineɛ̃, ɛn] *adj* Linnean.

lino *fam* [lino] *nm* linoleum, lino *Br*.

linoléine [linɔlein] *nf* linolein.

linoléique [linɔleik] *adj* linoleic.

linoléum [linɔleɔm] *nm* linoleum.

linon [linɔ̃] *nm* lawn TEX.

linotte [linɔt] *nf* linnet.

Linotype® [linɔtip] *nf* Linotype®.
linotypie [linɔtipi] *nf* Linotype® setting.
linotypiste [linɔtipist] *nmf* linotypist.
linteau, x [lɛ̃to] *nm* lintel.
Linz [lints] *npr* Linz.
lion [ljɔ̃] *nm* ZOOL lion; ~ **de mer** sea lion; **tourner comme un ~ en cage** to pace up and down (like a caged lion).
Lion [ljɔ̃] *npr m* -**1.** GÉOG: **golfe du ~** Gulf of Lions. -**2.** ASTRON Leo. -**3.** ASTROL Leo; **je suis ~** I'm (a) Leo.
lionceau, x [ljɔ̃so] *nm* (lion) cub.
lionne [ljɔn] *nf* lioness.
lipase [lipaz] *nf* lipase.
lipémie [lipemi] *nf* lipemia, lipaemia.
lipide [lipid] *nm* lipid.
lipidémie [lipidemi] = **lipémie**.
lipidique [lipidik] *adj* lipidic.
lipoïde [lipɔid] *nm* lipoid.
lipolyse [lipɔliz] *nf* lipolysis.
lipome [lipom] *nm* lipoma.
lipophile [lipɔfil] *adj* lipophilic.
lipophobe [lipɔfɔb] *adj* lipophobic.
lipoprotéine [lipɔprɔtein] *nf* lipoprotein.
liposoluble [lipɔsɔlybl] *adj* liposoluble.
liposome [lipɔzom] *nm* liposome.
liposuccion [lipɔsysjɔ̃] *nf* liposuction.
lipothymie [lipɔtimi] *nf* lipothymia.
lippe [lip] *nf* -**1.** [lèvre inférieure] lower lip. -**2.** *fam loc:* **faire la** OU **sa ~:** **je lui ai demandé de m'aider et il a fait la** OU **sa ~** I asked him to help me and he pulled a face.
lippu, e [lipy] *adj* thick-lipped.
liquéfacteur [likefaktœr] *nm* liquefier.
liquéfaction [likefaksjɔ̃] *nf* liquefaction.
liquéfiable [likefjabl] *adj* liquefiable.
liquéfiant, e [likefjɑ̃, ɑ̃t] *adj* -**1.** CHIM & PÉTR liquefying. -**2.** *fam* [épuisant] exhausting.
liquéfier [9] [likefje] *vt* -**1.** CHIM, MÉTALL & PÉTR to liquefy; **plomb liquéfié** liquefied lead. -**2.** *fam* [épuiser - personne] to exhaust; **cette chaleur m'a liquéfié** this heat has knocked me out.
◆ **se liquéfier** *vpi* -**1.** [plomb, gaz] to liquefy, to be liquefied. -**2.** *fam* [s'amollir] to collapse in a heap.
liquette *fam* [likɛt] *nf* [chemise] (granddad) shirt.
liqueur [likœr] *nf* -**1.** [boisson] liqueur; **~ de fruit** fruit liqueur; **bonbon à la ~** liqueur-filled sweet *Br* OU candy *Am*; **chocolat à la ~** liqueur (chocolate). -**2.** PHARM solution; **~ de Fehling** Fehling's solution.
liquidateur, trice [likidatœr, tris] *adj* liquidating.
◆ **liquidateur** *nm* liquidator; **~ judiciaire** official liquidator.
liquidatif, ive [likidatif, iv] *adj* of liquidation; **valeur liquidative** market OU breakup value.
liquidation [likidasjɔ̃] *nf* -**1.** [règlement] settling; **la ~ de la crise ministérielle** the settling of the ministerial crisis. -**2.** [assassinat] elimination. -**3.** BOURSE settlement; **~ de fin de mois** monthly settlement. -**4.** COMM [d'un commerce] closing down; [d'un stock] clearance; **~ de stock** stock clearance. -**5.** FIN & JUR [d'une société] liquidation; [d'un impôt, d'une dette] settlement, payment; **~ de biens** selling (off) of assets.
◆ **en liquidation** *loc adv* JUR: **être en ~** to have gone into liquidation; **l'entreprise a été mise en ~** the firm was put into liquidation.
liquide [likid] ◇ *adj* -**1.** [qui coule] liquid; **le mercure est un métal ~** mercury is a liquid metal; **des aliments ~s** fluids, liquid food OU foods. -**2.** [trop fluide] watery, thin; **soupe trop ~** watery OU excessively thin soup. -**3.** FIN [déterminé - créance] liquid; **dette ~** liquid debt. -**4.** [argent]: **argent ~** cash. -**5.** LING liquid.
◇ *nm* -**1.** [substance fluide] liquid, fluid; **un ~ huileux** an oily liquid. -**2.** [alimentation] fluid; **pour le moment, ne lui donnez que des ~s** only give him fluids for the moment. -**3.** PHYSIOL fluid; **~ amniotique** amniotic fluid; **~ céphalo-rachidien** spinal fluid; **~ organique** organic fluid. -**4.** [espèces] cash; **je n'ai pas de ~** I haven't got any cash (on me); **payer en ~** to pay cash.
◇ *nf vieilli* & LING liquid (consonant).
liquider [3] [likide] *vt* -**1.** FIN & JUR [marchandises, société] to liquidate; [succession, compte] to settle; [dette] to settle, to pay off *(sép)*. -**2.** COMM [volontairement - stock] to sell off *(sép)*, to clear; [- commerce] to sell off *(sép)*, to wind up *(sép)*; **'on liquide'** 'closing down sale'. -**3.** *fam* [éliminer - problème] to get rid of, to scrap; **ça, je ne veux plus en entendre parler, liquidé!** I don't want to hear another word about it, subject closed! -**4.** *fam* [boisson, nourriture] to polish off *(sép)*. -**5.** *fam* [personne] to eliminate; **il s'est fait ~** he got himself eliminated.
liquidien, enne [likidjɛ̃, ɛn] *adj* liquid.
liquidité [likidite] *nf* CHIM & FIN liquidity.
◆ **liquidités** *nfpl* FIN liquid assets; **~s internationales** international liquidity.
liquoreux, euse [likɔrø, øz] *adj* syrupy.
liquoriste [likɔrist] *nmf* liqueur seller.
lire[1] [lir] *nf* [monnaie] lira.
lire[2] [106] [lir] *vt* -**1.** [texte, thermomètre, carte] to read; **j'ai lu tout Brecht** I've read everything Brecht wrote; **on a lu «le Grand Meaulnes» en classe** we read "le Grand Meaulnes" in class; **avez-vous des choses à ~ pour le voyage?** have you got something to read for the journey?; **'à ~ ce mois-ci'** 'this month's selection'; **~ un rapport en diagonale** to flick OU to skim through a report; **il m'a lu ta lettre au téléphone** he read me your letter over the phone; **je l'ai lu dans le magazine** I read (about) it in the magazine; **vous êtes beaucoup lu** many people read your works; **en espérant vous ~ bientôt** [dans la correspondance] hoping to hear from you soon; **lu et approuvé** [sur un contrat] read and approved; **allemand lu et parlé** [dans un curriculum] fluent German; **il faut ~ 50 au lieu de 500** 500 should read 50 ‖ *(en usage abs)*: **apprendre à ~** to learn to read; **elle lit bien maintenant** she can read well now; **~ sur les lèvres** to lip-read ❑ **~ entre les lignes** to read between the lines. -**2.** [déceler] to read; **on lisait la déception dans ses yeux** you could read OU see the disappointment in his eyes; **~ les lignes de la main** to read sb's palm; **~ l'avenir dans le marc de café** ≃ to read (the future in the) tea leaves. -**3.** [interpréter] to interpret; **on peut ~ son rapport de deux façons** her report can be interpreted OU read in two ways; **ils ne lisent pas Malraux de la même manière** their interpretations OU readings of Malraux differ. -**4.** INF [disquette] to read; [signes] to sense; [images] to scan.
◆ **lire dans** *v + prép*: **~ dans les pensées de qqn** to read sb's thoughts OU mind; **j'ai lu dans son jeu** I saw through his little game.
◆ **se lire** *vp (emploi passif)* -**1.** [être déchiffré] to read; **ça se lit facilement** it's easy to read; **ça se lit comme un roman** it reads like a novel; **l'hébreu se lit de droite à gauche** Hebrew reads OU you read Hebrew from right to left. -**2.** [apparaître] to show; **l'inquiétude se lisait sur son visage** anxiety showed on OU was written all over his face.
lis [lis] *nm* lily; **~ d'eau** water lily; **un teint de ~** a lily-white complexion.
Lisbonne [lizbɔn] *npr* Lisbon.
lise [liz] *nf* [sable mouvant] quicksand.
liseré [lizre], **liséré** [lizere] *nm* edging ribbon, piping.
liseron [lizrɔ̃] *nm* bindweed, convolvulus *spéc.*
liseur, euse [lizœr, øz] *nm, f* reader.
◆ **liseuse** *nf* -**1.** [veste] bed jacket. -**2.** [coupe-papier] (bookmark and) paper-knife. -**3.** [couvre-livre] dust jacket.
lisibilité [lizibilite] *nf* [d'une écriture] legibility; [d'un texte] readability.
lisible [lizibl] *adj* -**1.** [écriture, signe] legible. -**2.** [roman] readable.
lisiblement [liziblәmɑ̃] *adv* legibly.
lisière [lizjɛr] *nf* -**1.** [d'une forêt] edge. -**2.** TEXT selvage, selvedge.
LISP [lisp] (*abr de* **list processing**) *nm* LISP.
lissage [lisaʒ] *nm* -**1.** [d'un cuir] sleeking. -**2.** ÉCON & MATH smoothing (out). -**3.** MÉD face-lift.
lisse [lis] ◇ *adj* [planche, peau, pâte] smooth; [chevelure, fourrure] sleek.
◇ *nf* -**1.** NAUT [membrures] ribband; [garde-fou] handrail. -**2.** TEXT heddle; **métier de haute/basse ~** high-/low-warp loom.
lissé [lise] *nm* gloss stage *(in sugar boiling)*.
lisser [3] [lise] *vt* [barbe, mèche] to smooth (down); [papier, tissu] to smooth out *(sép)*; [plumes] to preen; [cuir] to sleek; **le canard lissait sa queue** the duck was preening its tail.
lisseuse [lisøz] *nf* smoothing machine.
lissier [lisje] *nm* TEXT loom setter.
lissoir [liswar] *nm* TECH smoother.
listage [listaʒ] *nm* listing; **faire le ~ des modèles en stock** to list the models in stock.
liste [list] *nf* -**1.** [énumération - de noms, de chiffres] list; **faire** OU **dresser une ~** to make (out) OU to draw up a list; **tu as la ~ des courses (à faire)?** have you got the shopping list?; **j'ai fait la ~ des avantages et des inconvénients** I have listed the OU made a list of the pros and cons; **tu n'es pas sur la ~** you're not on the list, your name isn't listed; **la ~ des invités** the guest list; **la ~ des réclamations s'allonge de jour en jour** the list of complaints is getting longer every day ❑ **~ d'attente** waiting list; **~ civile** civil list; **~ de contrôle** checklist; **~ de mariage** wedding gift list; **~ noire** blacklist; **elle est sur la ~ noire** she has been blacklisted; **~ ouverte/close** open/closed list; **~ rouge** TÉLÉC: **être sur la ~ rouge** to be ex-directory *Br*, to have an unlisted number *Am*. -**2.** POL: **~ électorale** electoral roll; **la ~ d'opposition** the list of opposition candidates; **les deux partis présentent une ~ commune** the two parties are putting forward a joint list (of candidates); **~ bloquée** set list of candidates *(which electors cannot modify)*. -**3.** INF list. -**4.** AÉRON: **~ de vérification** checklist. -**5.** [d'un cheval] star.
listeau, x [listo], **listel** [listɛl] *nm* -**1.** ARCHIT listel, fillet. -**2.** [d'une pièce de monnaie] rim.
lister [3] [liste] *vt* -**1.** [mettre en liste] to list. -**2.** INF to list (out).
listériose [listerjoz] *nf* listeriosis.
listing [listiŋ] *nm* -**1.** [gén] list. -**2.** INF printout, listing.
lit [li] *nm* -**1.** [meuble] bed; **~ en pin/en fer** pine/iron bed; **un canapé qui fait ~** *fam* a sofa bed; **garder le ~**, **rester au ~** to stay OU to be in bed; **aller au ~** to go to bed; **envoyer/mettre qqn au ~** to send/to put sb to bed; **se mettre au ~** to get into bed; **tu es encore au ~!** you are still in bed!; **maintenant, au ~!** come on now, it's bedtime!; **tirer** OU **sortir qqn du ~** to drag sb out of bed; **faire ~ à part** to sleep in separate beds; **le ~ est/n'est pas défait** the bed has/hasn't been slept in; **faire le ~ de qqn** to make sb's bed; **mourir dans son ~** to die in one's bed; **c'est un hôpital de 150 ~s** it's a 150-bed hospital ❑ **~ à baldaquin** four-poster (bed); **~ de jour** OU **de repos** daybed; **~ breton** OU **clos** box bed; **~ de camp** camp bed; **~ d'enfant, petit ~** cot *Br*, crib *Am*; **~ escamotable** foldaway bed; **~ à une personne/deux personnes** single/double bed; **~ pliant** folding bed; **~ en portefeuille** apple-pie bed *Br*, short-sheeted bed *Am*; **sur son ~ de mort** on his deathbed; **sur son ~ de douleur** on her sickbed; **~s gigognes** truckle bed; **~s jumeaux** twin beds; **~s superposés** bunk bed, bunks; **faire le ~ de qqch** to pave the way for sthg; **en cédant au chantage, on fait le ~ du terrorisme** by giving in to blackmail, you play into the hands of terrorists; **comme on fait son ~ on se couche** *prov* as you make your bed, so you must lie in it *prov*. -**2.** JUR [mariage]: **enfant d'un premier/deuxième ~** child of a first/second marriage. -**3.** [couche] bed, layer; **~ de feuilles/mousse** bed of leaves/moss; **posez la**

viande sur un ~ de légumes verts place the meat on a bed of green vegetables; ~ **d'argile** GÉOL layer OU bed of clay. -**4.** GÉOG bed; **la rivière est sortie de son** ~ the river has burst OU overflowed its banks. -**5.** HIST & JUR: ~ **de justice** *canopied bed in which the king would preside over formal sessions of Parliament, and by extension these sessions themselves.* -**6.** NAUT: **le** ~ **du courant** the tideway; **le** ~ **du vent** the set of the wind, the wind's eye. -**7.** CONSTR: ~ **de pose** bearing surface.

LIT (*abr écrite de* **lire italienne**) L, Lit.

litanie [litani] *nf* [longue liste]: **une** ~ **de plaintes** a litany of complaints; **(avec lui, c'est) toujours la même** ~**!** he never stops moaning!
◆ **litanies** *nfpl* RELIG litanies.

lit-cage [likaʒ] (*pl* **lits-cages**) *nm* folding cot *Br* OU crib *Am*.

litchi [litʃi] *nm* -**1.** [arbre] litchi, lychee. -**2.** [fruit] litchi, lychee, lichee.

liteau, x [lito] *nm* -**1.** [sur linge] coloured stripe. -**2.** [tasseau] bracket. -**3.** [bois débité] batten.

litée [lite] *nf* -**1.** [groupe d'animaux - lions] pride; [- loups] pack. -**2.** [portée d'une laie] wild sow's litter.

literie [litri] *nf* bedding.

lithiase [litjaz] *nf* lithiasis.

lithiasique [litjazik] ◇ *adj* lithic.
◇ *nmf* lithiasis sufferer.

lithium [litjɔm] *nm* lithium.

litho *fam* [lito] *nf* litho.

lithographe [litɔgraf] *nm* lithographer.

lithographie [litɔgrafi] *nf* -**1.** [procédé] lithography. -**2.** [estampe] lithograph.

lithographier [9] [litɔgrafje] *vt* to lithograph.

lithographique [litɔgrafik] *adj* lithographic.

lithologie [litɔlɔʒi] *nf* lithology.

lithologique [litɔlɔʒik] *adj* lithological.

lithosphère [litɔsfɛr] *nf* lithosphere.

lithotypographie [litɔtipɔgrafi] *nf* lithotypography.

litière [litjɛr] *nf* litter.

litige [litiʒ] *nm* -**1.** [différend] dispute; **question en** ~ contentious OU controversial question; **au centre du** ~ at the heart of the dispute; **objet de** ~ bone of contention. -**2.** JUR dispute; **être en** ~ to be in dispute OU involved in litigation.

litigieux, euse [litiʒjø, øz] *adj* litigious, contentious.

litote [litɔt] *nf* litotes; **c'est une** ~ that's an understatement.

litre [litr] *nm* -**1.** [unité, contenu] litre. -**2.** [bouteille] litre bottle.

litron▽ [litrɔ̃] *nm* litre, bottle (of wine).

littéraire [literɛr] ◇ *adj* [style, œuvre, prix] literary; **il fera des études** ~**s** he's going to study literature.
◇ *nmf* [étudiant] arts student; [professeur] arts teacher; [amateur de lettres] a literary OU literary-minded person.

littérairement [literɛrmɑ̃] *adv* in literary terms, literarily.

littéral, e, aux [literal, o] *adj* -**1.** [textuel - transcription, traduction] literal, word-for-word; **dans le sens** ~ **du terme** in the literal sense of the word. -**2.** LING [écrit]: **arabe** ~ written Arabic.

littéralement [literalmɑ̃] *adv* literally; **c'est** ~ **du chantage!** that's sheer blackmail!

littéralité [literalite] *nf* literality.

littérarité [literarite] *nf* literariness.

littérateur [literatœr] *nm péj* hack (writer).

littérature [literatyr] *nf* -**1.** **la** ~ [art, œuvres] literature; [activité] writing; **ce qu'il écrit, c'est de la mauvaise** ~ he writes badly, he's a bad writer; **les discours des politiciens c'est de la** ~ *péj* the politicians' speeches are just (a lot of) fine words ❑ ~ **de colportage** chapbooks. -**2.** [documentation] literature, material; **il y a toute une** ~ **là-dessus** you'll find a lot of material OU literature on the topic.

littoral, e, aux [litɔral, o] *adj* coastal, littoral *spéc.*
◆ **littoral, aux** *nm* coastline, littoral *spéc.*

Lituanie [litɥani] *npr f*: **(la)** ~ Lithuania.

lituanien, enne [litɥanjɛ̃, ɛn] *adj* Lithuanian.
◆ **Lituanien, enne** *nm, f* Lithuanian.
◆ **lituanien** *nm* LING Lithuanian.

liturgie [lityrʒi] *nf* liturgy.

liturgique [lityrʒik] *adj* liturgical.

livarot [livaro] *nm* livarot (cheese).

live [lajv] *adj inv* live; **spectacle** ~ live show.

Liverpool [livɛrpul] *npr* Liverpool.

livide [livid] *adj* -**1.** [pâle - visage, teint] pallid, sallow; [- malade, blessé] whey-faced. -**2.** *litt* [d'une couleur plombée] livid.

lividité [lividite] *nf* lividness.

living-room [liviŋrum] (*pl* **living-rooms**), **living** [liviŋ] *nm* living room.

Livourne [livurn] *npr* Leghorn, Livorno.

livrable [livrabl] *adj* which can be delivered; **les marchandises ne sont pas** ~**s à domicile** 'no home deliveries', 'we do not deliver'.

livraison [livrɛzɔ̃] *nf* -**1.** COMM delivery; **payer à la** ~ to pay cash on delivery; **prendre** ~ **de qqch** to take delivery of sthg; **faire des** ~**s** to carry out OU to make deliveries ❑ '~ **à domicile**' 'we deliver'; '~ **gratuite**' 'free delivery'. -**2.** IMPR instalment.

livre [livr] ◇ *nm* -**1.** [œuvre, manuel] book; [dans une œuvre] book; **le** ~ **de la vie** the book of life; **son** ~ **a eu un énorme succès** her book was a best-seller; **on s'est rencontrés comme dans les** ~**s, à un bal au château** we met at a ball in the castle, just like in a novel; **elle parlait comme un** ~ she talked like a book *péj* ❑ ~ **cartonné** OU **relié** hardback (book); ~ **de grammaire/d'histoire** grammar/history book; ~ **d'images/de prières** picture/prayer book; ~ **scolaire** OU **de classe** schoolbook, textbook; **c'est mon** ~ **de chevet** it's a book I read and re-read; ~ **de cuisine** cookery book *Br*, cookbook; **il écrit des** ~**s pour enfants** he writes children's books; ~ **d'heures** book of hours; ~ **de messe** hymnbook, missal; ~ **d'occasion** secondhand book; ~ **de poche** paperback (book); **il est pour moi comme un** ~ **ouvert** I can read him like a book; **'le Livre de la jungle'** *Kipling* 'The Jungle Book'. -**2.** **le** ~ [l'édition] the book trade; **l'industrie du** ~ the book industry; **les ouvriers du** ~ the printworkers. -**3.** [registre]: ~ **de bord** logbook; ~ **de caisse** cash book; ~ **de comptes** (account) books; ~ **d'or** visitors' book; ~ **de paie** payroll; **grand** ~ ledger. -**4.** POL: ~ **blanc** white paper.
◇ *nf* -**1.** [unité de poids] half a kilo, ≃ pound; *Can* pound. -**2.** FIN pound; **ça coûte 3** ~**s** it costs 3 pounds ❑ ~ **égyptienne/chypriote** Egyptian/Cypriot pound; ~ **irlandaise** Irish pound; ~ **sterling** pound (sterling). -**3.** HIST livre.
◆ **à livre ouvert** *loc adv* at sight; **elle lit/traduit le grec à** ~ **ouvert** she can read/translate Greek at sight.

livre-cassette [livrəkasɛt] (*pl* **livres-cassettes**) *nm* spoken word cassette.

livrée [livre] *nf* -**1.** [de domestique] livery; **chauffeur en** ~ liveried chauffeur. -**2.** ZOOL coat.

livre-journal [livrəʒurnal] (*pl* **livres-journaux** [-no]) *nm* daybook.

livrer [3] [livre] *vt* -**1.** [abandonner à - personne, pays, ville] to hand over; **les traîtres ont livré la ville à l'ennemi** the traitors handed the town over to the enemy; **vous le livrez à la mort** you are sending him to his death; **le pays est livré à la corruption** the country has been given over to OU has sunk into corruption; **son corps fut livré aux flammes** her body was committed to the flames; **être livré à soi-même** to be left to o.s. OU to one's own devices. -**2.** [dénoncer] to inform on *(inséр)*, to denounce; **il a livré son complice à la police** he handed his accomplice over to the police. -**3.** [révéler]: ~ **un secret** to give away OU to betray a secret; **dans ses romans, elle livre peu d'elle-même** she doesn't reveal much about herself in her novels. -**4.** *loc*: ~ **(une) bataille** OU **(un) combat** [se battre] to wage OU to do battle; ~ **passage à** [laisser passer] to make way for; **la foule s'écarta pour** ~ **passage au ministre** the crowd parted to make way for the minister. -**5.** COMM [article, commande] to deliver; [client] to deliver to; ~ **qqch à domicile** to deliver sthg *(to the customer's home)*; **nous vous livrerons demain** we'll deliver to you tomorrow.
◆ **se livrer** ◇ *vp (emploi réfléchi)* [se rendre]: **se** ~ **à la police** to give o.s. up to the police.
◇ *vpi* [faire des confidences]: **se** ~ **(à qqn)** to confide (in sb); **elle ne se livre jamais** she never confides in anybody, she never opens up.
◆ **se livrer à** *vp + prép* -**1.** [s'engager dans]: **se** ~ **à une enquête** to hold OU to conduct an investigation; **ils se livraient au chantage** they were engaged in blackmail; **se** ~ **à des suppositions** to make suppositions; **elle s'est livrée à des commentaires désobligeants** she made some rather insulting remarks. -**2.** [s'abandonner à]: **une fois seul, je me livrai à ma peine** as soon as I found myself alone, I gave way to my sorrow; **ils se livrent enfin à la joie de se retrouver** they can finally give themselves up to the joy of being together again.

livresque [livrɛsk] *adj* acquired from books; **son savoir n'est que** ~ his knowledge comes straight out of books.

livret [livrɛ] *nm* -**1.** [carnet] notebook. -**2.** BANQUE: ~ **de caisse d'épargne** savings book; **compte sur** ~ savings account. -**3.** JUR: ~ **de famille** OU **de mariage** family record book *(in which dates of births and deaths are registered)*. -**4.** SCOL: ~ **scolaire** school report (book). -**5.** MIL: ~ **militaire** army OU military record. -**6.** MUS libretto. -**7.** *Helv* multiplication table.

livreur, euse [livrœr, øz] *nm, f* delivery man (*f* woman).

Lizard [lizar] *npr*: **(le) cap** ~ the Lizard.

Ljubljana [ljubljana] *npr* Ljubljana.

lm (*abr écrite de* **lumen**) lm.

LO (*abr de* **Lutte ouvrière**) *npr left-wing political party.*

loader [lodœr] *nm* loader, loading machine.

lob [lɔb] *nm* lob; ~ **lifté** spin lob.

lobaire [lɔbɛr] *adj* lobar.

lobby [lɔbi] (*pl* **lobbys** OU **lobbies**) *nm* lobby, pressure group; **le** ~ **antinucléaire** the antinuclear lobby.

lobe [lɔb] *nm* -**1.** ANAT & BOT lobe; ~ **de l'oreille** ear lobe. -**2.** ARCHIT foil.

lobé, e [lɔbe] *adj* -**1.** BOT lobed. -**2.** ARCHIT foiled.

lobectomie [lɔbɛktɔmi] *nf* lobectomy.

lober [3] [lɔbe] *vt & vi* to lob.

lobotomie [lɔbɔtɔmi] *nf* lobotomy.

lobotomiser [3] [lɔbɔtɔmize] *vt*: **il a été lobotomisé** he's had a lobotomy.

lobulaire [lɔbylɛr], **lobulé, e** [lɔbyle] *adj* lobular.

lobule [lɔbyl] *nm* lobule.

lobuleux, euse [lɔbylø, øz] *adj* lobular.

local, e, aux [lɔkal, o] *adj* [anesthésie, élu, radio] local; [averses] localized; **heure** ~**e** local time; **3 h, heure** ~**e** 3 a.m. local time.
◆ **local, aux** *nm* -**1.** [à usage déterminé] premises; ~ **d'habitation** domestic premises; **locaux commerciaux** business premises; **locaux disciplinaires** disciplinary quarters. -**2.** [sans usage déterminé] place; **je cherche un** ~ **pour faire une fête** I'm looking for a place to hold a party.

localement [lɔkalmɑ̃] *adv* -**1.** [à un endroit] locally. -**2.** [par endroits] in places; **demain, le ciel sera** ~ **nuageux** tomorrow there will be patchy cloud OU it will be cloudy in places.

localier [lɔkalje] *nm* local affairs correspondent.

localisable [lɔkalizabl] *adj* localizable.

localisation [lɔkalizasjɔ̃] *nf* -**1.** [détection, emplacement] location. -**2.** ASTRONAUT location, tracking; [limitation] localization, confinement. -**3.** ANAT: ~ **cérébrale** cerebral localization.

localisé, e [lɔkalize] *adj* -**1.** [déterminé] located. -**2.** [limité] local, localized.

localiser [3] [lɔkalize] *vt* -**1.** [situer] to locate; **il a fallu ~ la fuite** we had to locate the leak. -**2.** [limiter] to confine, to localize; **combats localisés** localized fighting.

localité [lɔkalite] *nf* [petite] village; [moyenne] small town; **dans toute la ~** throughout the town, all over town.

locataire [lɔkatɛr] *nmf* [d'un appartement, d'une maison] tenant; [d'une chambre chez le propriétaire] lodger.

locatif, ive [lɔkatif, iv] *adj* -**1.** [concernant le locataire, la chose louée]: **immeuble (à usage) ~** block of rented flats; **valeur locative** rental value. -**2.** LING: **préposition locative** locative preposition.

◆ **locatif** *nm* locative (case).

location [lɔkasjɔ̃] *nf* -**1.** [par le propriétaire - d'un logement] letting *esp Br*, renting (out); [- de matériel, d'appareils] renting (out), rental, hiring (out) *esp Br*; [- de costumes] hire *esp Br*, rental; [- d'un navire, d'un avion] leasing; **donner** OU **mettre une maison en ~** to rent (out) OU to let a house; **~ de skis** ski hire *esp Br* OU rental; **~ de voitures** self-drive hire. -**2.** [par le locataire - d'un logement] renting; [- d'une machine] hiring *esp Br*, renting; [- d'un navire, d'un avion] leasing. -**3.** [logement] rented accommodation; **désolé, nous n'avons pas de ~s** sorry, we have no accommodation for rent; **~ meublée** furnished accommodation. -**4.** [réservation]: **la ~ est ouverte un mois à l'avance** booking starts a month in advance. -**5.** [période] lease; **(contrat de) ~ de 2 ans** 2-year rental OU lease OU tenancy agreement. -**6.** [prix - d'un logement] rent; [- d'un appareil] rental. -**7.** SOCIOL: **~ d'utérus** surrogate motherhood.

◆ **en location** *loc adj*: **être en ~** [locataire] to be renting *(a house)*; [appartement] to be available for rent, to be up for rent; **j'ai un appartement, mais il est en ~** [déjà loué] I've got a flat but it is rented out.

location-accession [lɔkasjɔ̃aksɛsjɔ̃] (*pl* **locations-accessions**) *nf* mortgage.

location-gérance [lɔkasjɔ̃ʒerɑ̃s] (*pl* **locations-gérances**) *nf* ≃ franchise COMM.

location-vente [lɔkasjɔ̃vɑ̃t] (*pl* **locations-ventes**) *nf* -**1.** [d'un véhicule, d'équipement] hire purchase *Br*, installment plan *Am*; **la voiture est en ~** the car is being bought in instalments OU on hire purchase. -**2.** [d'une maison] mortgage.

loc. cit. (*abr écrite de* loco citato) loc. cit.

loch [lɔk] *nm* -**1.** GÉOG loch. -**2.** NAUT log.

loche [lɔʃ] *nf* -**1.** [poisson - de rivière] loach; [- de mer] rockling. -**2.** *dial* [limace] slug.

lock-out [lɔkaut] *nm inv* lockout.

lock-outer [3] [lɔkaute] *vt* to lock out *(sép)*.

locks *fam* [lɔks] *nfpl* dreadlocks, dreads.

locomoteur, trice [lɔkɔmɔtœr, tris] *adj* -**1.** MÉCAN locomotive. -**2.** ANAT locomotive, locomotor *(modif)*; **ataxie locomotrice** locomotor ataxia.

◆ **locomoteur** *nm* motor unit.

locomotion [lɔkɔmɔsjɔ̃] *nf* locomotion.

locomotive [lɔkɔmɔtiv] *nf* -**1.** MÉCAN locomotive, (railway) engine. -**2.** *fam* [d'un parti, d'une économie] pacemaker, pacesetter. -**3.** SPORT pacesetter, pacer.

locomotrice [lɔkɔmɔtris] *f* → **locomoteur**.

locotracteur [lɔkɔtraktœr] *nm* shunter, dolly *Am*.

locus [lɔkys] *nm inv* locus.

locuste [lɔkyst] *nf* locust.

locuteur, trice [lɔkytœr, tris] *nm, f* LING speaker; **~ natif** native speaker.

locution [lɔkysjɔ̃] *nf* -**1.** [expression] phrase, locution; **une ~ figée** OU **toute faite** a set phrase, an idiom. -**2.** GRAMM phrase; **~ adverbiale/nominale** adverbial/noun phrase.

loden [lɔdɛn] *nm* -**1.** TEXT loden. -**2.** [manteau] loden coat.

loess [løs] *nm* loess, löss.

lof [lɔf] *nm* windward side; **aller au ~** to luff; **virer ~ pour ~** to wear.

lofer [3] [lɔfe] *vi* to luff; **lofe!** hard aweather!

loft [lɔft] *nm* loft (conversion).

logarithme [lɔgaritm] *nm* logarithm.

logarithmique [lɔgaritmik] *adj* logarithmic.

loge [lɔʒ] *nf* -**1.** [d'artiste] dressing room; *spéc* [de candidats] exam room. -**2.** [de concierge, de gardien] lodge. -**3.** [de francs-maçons] lodge; **la Grande Loge** the Grand Lodge. -**4.** THÉÂT box; **premières/secondes ~s** dress/upper circle boxes; **être aux premières ~s** *fig* to have a ringside OU front seat. -**5.** ARCHIT loggia.

logeable [lɔʒabl] *adj*: **cet appartement est ~, je suppose** I suppose I/we *etc* could live in this flat; **c'est ~ dans le placard** there's room for it in the cupboard.

logement [lɔʒmɑ̃] *nm* -**1.** [habitation] accommodation *(U)*; **un ~ de 3 pièces** a 3-room flat *Br* OU apartment *Am*; **chercher un ~** to look for accommodation OU somewhere to live; **ils ont construit des ~s pour leurs employés** they have built accommodation for their employees. -**2.** MIL [chez l'habitant] billet; [sur une base] (married) quarters. -**3.** [hébergement]: **le ~** housing; **la crise du ~** the housing shortage. -**4.** TECH housing, casing.

loger [17] [lɔʒe] ◇ *vi* to live; **où logez-vous?** where do you live?; **pour l'instant je loge chez lui** I'm living OU staying at his place at the moment; **elle loge chez sa tante/à l'hôtel/rue de la Paix/dans une caravane** she lives with her aunt/in a hotel/on rue de la Paix/in a trailer; **les étudiants logent tous en cité** all the students are accommodated at OU live in halls of residence; **les soldats logeaient chez l'habitant** the soldiers were billeted OU quartered with the local population; **les touristes logeaient chez l'habitant** the tourists were staying in boarding houses OU in bed-and-breakfasts; **je suis bien/mal logé** [chez moi] I'm comfortably/badly housed; [en pension] I've got comfortable/poor lodgings; **être logé, nourri et blanchi** to get board and lodging with laundry (service) included ❑ **~ à la belle étoile** to sleep under the stars OU out in the open; **on est tous logés à la même enseigne** everybody is in the same boat.
◇ *vt* -**1.** [recevoir - ami, visiteur] to put up *(sép)*; [- soldat] to billet; **nous pouvons vous ~ pour une nuit ou deux** we can put you up for a night or two; **on a logé le régiment chez l'habitant** the regiment was billeted with the local population. -**2.** [contenir - personnes] to accommodate; [- choses] to put; **l'école peut ~ cinq cents élèves** the school can accommodate five hundred pupils; **où allons-nous ~ tout ça?** where are we going to put all that stuff?; **le placard peut ~ trois grosses valises** the cupboard can take OU hold three big suitcases. -**3.** [mettre]: **~ une balle dans la tête de qqn** to lodge a bullet in sb's head; **~ une idée dans la tête de qqn** to put an idea into sb's head.

◆ **se loger** ◇ *vpt*: **il s'est logé une balle dans la tête** he put a bullet through his head, he shot himself in the head.
◇ *vpi* -**1.** [à long terme - couple, famille] to find somewhere to live; **ils se marient dans une semaine et n'ont pas encore trouvé à se ~** they're getting married in a week and they still haven't found anywhere to live. -**2.** [provisoirement - touriste, étudiant] to find accommodation; **étudiant en médecine cherche à se ~ pour deux trimestres** medical student seeks lodgings OU accommodation for two terms. -**3.** [pénétrer]: **se ~ dans** to get into; **un éclat de verre s'était logé dans son œil droit** a splinter of glass had lodged itself in his right eye; **comment ces idées stupides ont-elles pu se ~ dans ton esprit?** where did you get all those stupid ideas from? -**4.** TECH to fit, to be housed.

logette [lɔʒɛt] *nf* -**1.** ARCHIT [fenêtre] oriel window; [cellule] cubicle. -**2.** [à vaches] stall, byre.

logeur, euse [lɔʒœr, øz] *nm, f* landlord (*f* landlady).

loggia [lɔdʒja] *nf* loggia.

logiciel, elle [lɔʒisjɛl] *adj* software *(modif)*.

◆ **logiciel** *nm* software; **ils viennent de sortir un nouveau ~** they've just brought out a new piece of software ❑ **~ d'application** application OU software package; **~ de base** systems teaching software.

logicien, enne [lɔʒisjɛ̃, ɛn] *nm, f* logician.

logicisme [lɔʒisism] *nm* logicism.

logique [lɔʒik] ◇ *adj* -**1.** PHILOS & SC logical. -**2.** [cohérent, clair] sensible, logical; **soyons ~s** let's be logical OU sensible about this; **ah oui, c'est ~, je n'y avais pas pensé!** ah, that makes sense, I hadn't thought of that!; **ce n'est pas ~** it doesn't make sense; **sois ~ avec toi-même, tu veux qu'elle vienne ou pas?** you can't have it both ways, do you want her to come or not? -**3.** [normal, compréhensible] logical, normal, natural; **c'est dans la suite ~ des événements** it's part of the normal course of events; **tu la brimes, elle t'en veut, c'est ~** if you pick on her she'll hold it against you, that's only normal OU natural OU logical. -**4.** INF logic.
◇ *nf* -**1.** PHILOS & SC logic; **~ déductive** deductive reasoning, deduction; **~ formelle** OU **pure** formal logic. -**2.** [cohérence] logic; **ton raisonnement manque de ~** your argument isn't very logical OU consistent; **telle est la ~ des fous/enfants** that's a madman's/a child's logic; **il n'y a aucune ~ là-dedans** none of this makes sense; **c'est dans la ~ des choses** it's in the nature of things. -**3.** INF logic; **~ binaire/booléenne** binary/Boolean logic; **~ câblée** wired logic; **~ à couplage par l'émetteur** emitter-coupled logic, ECL; **~ programmable** field programmable logic array.

logiquement [lɔʒikmɑ̃] *adv* -**1.** [avec cohérence] logically; **procédons ~** let's proceed logically. -**2.** [normalement]: **~, il devrait bientôt être là** if all goes well OU unless something goes wrong, he should soon be here.

logis [lɔʒi] *nm litt* dwelling, abode; **il n'y avait personne au ~** there was nobody (at) home; **quand Renard rentra au ~** when Reynard the fox returned to his abode.

logisticien, enne [lɔʒistisjɛ̃, ɛn] *nm, f* logistician.

logistique [lɔʒistik] ◇ *adj* -**1.** MIL logistic. -**2.** [organisationnel]: **les élus locaux apportent un important soutien ~ au parti** local councillors make an important contribution to the running of the party.
◇ *nf* logistics *(sg)*.

logithèque [lɔʒitɛk] *nf* software library.

logo [logo] *nm* logo.

logomachie [lɔgɔmaʃi] *nf* -**1.** [discussion] semantic argument. -**2.** [suite de mots creux] bombast, wordiness.

logorrhée [lɔgɔre] *nf* logorrhoea.

logorrhéique [lɔgɔreik] *adj* logorrhoeic.

logotype [lɔgɔtip] *nm* logotype.

loi [lwa] *nf* **A.** -**1.** [règles publiques] law; **les ~s de notre pays** the law of the land; **selon la ~ en vigueur** according to the law as it stands ❑ **la ~ salique** the Salic law. -**2.** JUR [décret] act, law; **la ~ Dupont a été votée la nuit dernière** the Dupont Act was passed last night; **les ~s de la guerre** the laws of war ❑ **la ~ (de) 1901** *law concerning the setting up of non-profit making organizations*; **nous sommes une association ~ de 1901** we're a non-profit making organization; **'~ du 28 juillet 1882, défense d'afficher'** ≃ 'billposters will be prosecuted'; **~ anticasseurs** *law against violence and vandalism during demonstrations*; **~ d'exception** emergency legislation; **~ de finances** budget OU appropriation bill; **la ~ fondamentale, les ~s fondamentales** the Constitution; **~ martiale** martial law; **~ organique** organic law; **~ d'orientation** *act laying down the basic principles for government action in a given field*; **~s scélérates** pernicious legislation; **la ~ du talion** HIST lex talionis; **dans ce cas-là, c'est la ~ du talion** *fig* in that case, it's an eye for an eye (and a tooth for a tooth). -**3.** [légalité]: **la ~** the law; **ça devrait être interdit par la ~!** there ought to be

a law against it!; la ~ est dure, mais c'est la ~ the law's the law; avoir la ~ pour soi to have the law on one's side; tomber sous le coup de la ~ to be covered by the law.
B. -**1.** [devoir] rule; les ~s de l'hospitalité the rules of hospitality; les ~s de l'honneur the code of honour; les ~s du savoir vivre the rules of etiquette; se faire une ~ de to make a point of; se faire une ~ de réussir to make a point of succeeding; elle ne connaît d'autre ~ que son plaisir she obeys only her desire for pleasure. -**2.** RELIG law; la ~ divine divine law ❑ la ~ mosaïque OU de Moïse the Mosaic Law.
C. -**1.** [domination] law, rule; tenir qqn/un pays sous sa ~ to rule sb/a country; dicter OU imposer sa ~, faire la ~ to lay down the law; c'est elle qui fait la ~ ici she's the one who lays down the law around here; l'équipe de Bordeaux a dicté OU imposé sa ~ à celle de Marseille Bordeaux dominated Marseilles. -**2.** [règles d'un milieu] law, rule; la ~ du milieu the law of the underworld; c'est la ~ de la nature it's nature's way ❑ la ~ de la jungle/du silence the law of the jungle/of silence.
D. PRINCIPE law; la ~ de la gravitation universelle OU de la pesanteur OU de la chute des corps the law of gravity; les ~s de Mendel Mendel's laws; la ~ du moindre effort *hum* the line of least resistance; la ~ de l'offre et de la demande the law of supply and demand; les ~s de la perspective the laws of perspective; ~ de probabilité law of probability.

LA LOI SALIQUE:
Code of laws of the Salian Franks (a Germanic tribe) which included a provision excluding women from inheriting land. This law was applied from the 16th century in France to prevent women from succeeding to the throne.

---

loi-cadre [lwakadr] (*pl* lois-cadres) *nf* parent act.

loin [lwɛ̃] *adv* -**1.** [dans l'espace] far (away); ils habitent ~ they live a long way away; c'est ~ l'hôtel? is the hotel far away?, is it far to the hotel?; en avion ce n'est pas ~ it's not far by plane; ils se sont garés un peu plus ~ they parked a bit further on; il n'y a pas ~ entre Paris et Versailles it's not far from Paris to Versailles; elle est ~ derrière nous she is a long way behind us; aussi ~ (que) as far (as); aussi ~ que l'œil peut porter as far as the eye can see; moins ~ (que) not as OU so far (as); plus ~ (que) further OU farther (than); voir plus ~ dans le texte see below; cette arme porte ~ this weapon has a long range. -**2.** [dans le temps] far (away); Noël n'est plus très ~ Christmas isn't very far away now OU a long way off now; la guerre, l'Occupation, c'est bien ~! the war, the Occupation, it all seems a long way off now!; c'est ~ tout ça! [dans le passé] that was a long time ago!, that seems a long way off now!; [dans le futur] that's a long way off! -**3.** *fig* far; il y a ~ entre ce qu'on dit et ce qu'on fait there's a big difference between words and deeds; de là à lui faire confiance, il y a ~ there is a big difference between that and trusting him; d'ici à l'accuser de mensonge, il n'y a pas ~ from here it's a short step to accusing him of lying; aller ~ to go far; il est brillant, il ira ~ he's brilliant, he'll go far; aller un peu OU trop ~ to go (a bit) too far; là, tu vas un peu ~ come on now, you're taking things a bit far OU you're going a bit too far; tu es allé trop ~ dans ta critique you took your criticism too far; j'irai plus ~ et je dirai que... I'd go even further and say that...; cette affaire risque de vous mener ~ this affair could land you in serious trouble; ce conflit peut nous entraîner très ~ this dispute could lead to a very serious situation; possession de stupéfiants, ça peut mener ~ possession of drugs can lead to serious trouble; étouffons l'affaire, il ne faut pas que ça aille plus ~ let's hush up this business, it mustn't go any further; je trouve que vous poussez un peu ~ I think you're going a bit far; ils ont poussé les recherches très ~ they took the research as far as possible; une analyse qui ne va pas très ~ an analysis lacking in depth; ces quelques preuves ne vont pas nous mener très ~ these few scraps of evidence won't get us very far; il ne va pas aller bien ~ sans argent he won't get very far without any money; avec 100 francs, on ne va pas ~ you can't get very far on 100 francs; voir ~ to be far-sighted ❑ elle ne voit pas plus ~ que le bout de son nez she can't see further than the end of her nose; il y a ~ de la coupe aux lèvres *prov* there's many a slip 'twixt cup and lip *prov*. -**4.** *Helv* [absent]: il est ~ he's not here.

◆ **au loin** *loc adv* far away; on voyait, au ~, une rangée de peupliers a row of poplars could be seen in the far distance OU far off in the distance.

◆ **d'aussi loin que** *loc conj*: il lui fit signe d'aussi ~ qu'il la vit he signalled to her as soon as he saw her in the distance; d'aussi ~ que je me souvienne as far back as I can remember.

◆ **de loin** *loc adv* -**1.** [depuis une grande distance] from a long way, from a distance; je vois mal de ~ I can't see very well from a distance; la tour se voyait de (très) ~ the tower could be seen from a long way off; avec sa chevelure rousse, on la reconnaît de ~ you can recognize her from a long way off thanks to her red hair; vue de ~, cette histoire n'a pas l'air bien grave from a distance, this business doesn't seem all that serious ❑ je l'ai vu venir de ~ *fam* I saw him coming a mile off; tu verras mieux d'un peu plus ~ you'll see better from a bit further away; ils sont venus d'assez ~ à pied they came a fair distance OU quite a long way on foot. -**2.** [assez peu]: il ne s'intéresse que de ~ à la politique he's only slightly interested in politics; suivre les événements de ~ to follow events from a distance. -**3.** [de beaucoup] far and away, by far; c'est de ~ le meilleur cognac it's far and away OU it's by far the best brandy; il est de ~ le plus compétent he's far and away OU by far the most competent; je le préfère à ses collègues, et de ~ I much prefer him to his colleagues.

◆ **de loin en loin** *loc adv sout* -**1.** [dans l'espace] at intervals, here and there. -**2.** [dans le temps] from time to time, every now and then.

◆ **du plus loin que** *loc conj*: il lui fit signe du plus ~ qu'il l'aperçut he signalled to her as soon as he saw her in the distance; du plus ~ qu'il se souvienne as far back as he can remember.

◆ **loin de** *loc prép* -**1.** [à une grande distance de] a long way OU far (away) from; quand je suis ~ de toi when I'm far (away) from you; pas ~ d'ici not far from OU quite close to here; non ~ de not far from; c'est assez ~ d'ici it's quite a long way OU distance from here; ils vivent ~ de l'agitation des villes they live far away OU a long way from the bustle of towns. -**2.** *fig* far from; je ne suis pas ~ de leur dire le fond de ma pensée it wouldn't take me much to tell them what I think, I have a good mind to tell them what I really think; j'étais ~ de me douter (que)... I never imagined...; vous êtes ~ du sujet you've gone (way) off the subject; ~ de moi l'idée de t'accuser far be it from me to accuse you; ~ de moi cette idée! nothing could be further from my mind! ❑ ~ des yeux, ~ du cœur *prov* out of sight, out of mind *prov*; ~ de là [endroit] far from there; *fig* far from it; je ne vous en veux pas, ~ de là I'm not angry with you, far from it. -**3.** [dans le temps] a long way (away); la Première Guerre mondiale est bien ~ de nous maintenant the First World War is a long way away from us now; nous ne sommes plus ~ de l'an 2000 maintenant we're not far off the year 2000 now. -**4.** [au lieu de]: ~ de m'aider far from helping me; ~ de leur en vouloir, il leur en était reconnaissant far from being angry with them, he was very grateful.

◆ **loin que** *loc conj litt* not that; ~ que cette offre lui plût, elle lui fit peur far from appealing to him, this proposal frightened him.

◆ **pas loin de** *loc adv* nearly, almost; il n'est pas ~ de midi it's not far off midday, it's nearly midday; ça ne fait pas ~ de quatre ans qu'ils sont mariés they've been married nearly four years; cela ne fait pas ~ de trois kilomètres it's almost OU nearly three kilometres.

lointain, e [lwɛ̃tɛ̃, ɛn] *adj* -**1.** [dans l'espace] distant, far-off; les ~es collines sortaient peu à peu de la brume the distant hills were gradually emerging from the mist; il était une fois, dans un pays ~ once upon a time, in a far-off OU distant land; un ~ son de flûte the distant OU far-off sound of a flute. -**2.** [dans le temps] distant, remote, far-off; aux jours ~s de notre enfance in the far-off days of our childhood; dans un ~ avenir in the distant OU remote future. -**3.** [indirect - parent, cousin] remote. -**4.** [absent - air, sourire] faraway; elle me fixait d'un regard ~ she stared at me absently OU with a faraway look; je l'ai trouvée un peu ~e [préoccupée] she seemed to have something on her mind; [distraite] I found her rather vague. -**5.** [dans la pensée - lien, rapport] remote, distant; il n'y a qu'un ~ rapport entre... there's only the remotest connection between...

◆ **lointain** *nm* -**1.** [fond]: dans le OU au ~ [vers l'horizon] in the distance. -**2.** BX-ARTS: les ~s the background; ~ vaporeux sfumato background.

loi-programme [lwaprɔgram] (*pl* lois-programmes) *nf* (framework) legislation, ≃ Command Paper *Br*.

loir [lwar] *nm* dormouse.

Loire [lwar] *npr f* -**1.** [fleuve]: la ~ the (river) Loire. -**2.** [région]: la ~ the Loire (area OU valley); les châteaux de la ~ the châteaux of the Loire.

loisible [lwazibl] *adj sout*: il est ~ de it is permissible to; il vous est tout à fait ~ de partir you are totally at liberty OU quite entitled to go.

loisir [lwazir] *nm* -**1.** [temps libre] spare time; comment occupez-vous vos heures de ~? what do you do in your spare time?; il consacre tous ses ~s à l'informatique he spends all his spare time on computers. -**2.** [possibilité]: avoir (tout) le ~ de to have the time OU the opportunity to; on ne lui a pas donné OU laissé le ~ de s'expliquer he was not allowed (the opportunity) to explain his actions; ils ont eu tout le ~ de préparer leur réponse [la liberté] they have been left entirely free to prepare their answer; [le temps] they've had ample time to prepare their answer.

◆ **loisirs** *nmpl* [activités] leisure *(U)*, spare-time activities; nous vivons de plus en plus dans une société de ~s we live in a society where leisure is taking on more and more importance.

◆ **(tout) à loisir** *loc adv* at leisure; faites-le (tout) à ~ do it at (your) leisure.

lokoum [lɔkum] = **loukoum**.

lolo [lolo] *nm* -**1.** *fam* [lait] milk. -**2.** ▽ [sein] boob.

lombago [lɔ̃bago] = **lumbago**.

lombaire [lɔ̃bɛr] ◇ *adj* lumbar.
◇ *nf* lumbar vertebra.

lombalgie [lɔ̃balʒi] *nf* lumbago.

lombard, e [lɔ̃bar, ard] *adj* Lombardic.

◆ **Lombard, e** *nm, f* Lombard.

Lombardie [lɔ̃bardi] *npr f*: (la) ~ Lombardy.

lombes [lɔ̃b] *nfpl* lower back, lumbus *spéc*; douleur dans les ~ lower back pain.

lombostat [lɔ̃bɔsta] *nm* orthopaedic lumbar corset.

lombric [lɔ̃brik] *nm* earthworm, lumbricus *spéc*.

Lomé [lɔme] *npr* Lomé.

londonien, enne [lɔ̃dɔnjɛ̃, ɛn] *adj* from London, London *(modif)*; les bus ~s the London buses.

◆ **Londonien, enne** *nm, f* Londoner.

Londres [lɔ̃dr] *npr* London; le Grand ~ Greater London.

long, longue [lɔ̃, *devant nm commençant par voyelle ou h muet* lɔ̃g, lɔ̃g] *adj* **A.** DANS L'ESPACE -**1.** [grand] long; **une longue rangée d'arbres** a long row of trees; **la route traverse de longues plaines** the road crosses open OU wide plains; **chat/chien à poil ~** long-haired cat/dog; **ils se servent de ~s bâtons** they use long sticks; **l'âne a de longues oreilles** donkeys have long ears; **une fille aux longues jambes** a long-legged girl, a girl with long legs; **avoir de ~s bras** to have long arms; **muscle/os ~** long muscle/bone; ~ **de** [qui mesure]: **c'est ~ de sept mètres** it's seven metres long; **le tunnel, ~ de deux kilomètres** the two-kilometre long tunnel. -**2.** BOT [feuille] elongated; [tige] long. -**3.** VÊT long; **les jupes seront longues cet hiver** this winter, skirts will be (worn) long; **ton jupon est trop ~, il dépasse** your slip's too long, it's showing; **à manches longues** long-sleeved; **elles portaient toujours des manches longues** they always wore long-sleeved clothes OU long sleeves ❑ **porter des pantalons ~s** to wear long trousers; **une robe longue** a full-length OU long dress. -**4.** CULIN thin; **une sauce longue** a thin sauce. -**5.** JEUX long; **couleur longue** long suit.
B. DANS LE TEMPS -**1.** [qui dure longtemps] long; **c'est un travail ~ et difficile** it's long and difficult work; **ils échangèrent un ~ baiser** they gave each other a long kiss; **boire à ~s traits** to drink in long gulps; **de longues négociations** protracted OU long negotiations; **une longue bataille** a long OU long drawn-out battle; **je suis fatigué, la journée a été longue** I'm tired, it's been a long day; **que cette attente est longue!** what a long wait!; **je suis restée de ~s mois sans nouvelles de lui** I had no word from him for months and months; **ces quelques minutes furent bien longues** those few minutes were very long OU lasted a long time; **obligé d'attendre un ~ quart d'heure** kept waiting for a good quarter of an hour; **notre émission de ce soir est plus longue que d'habitude** our programme this evening is longer than usual; **une longue explication** [détaillée] a long explanation; [verbeuse] a long-winded OU lengthy explanation; **le film est trop ~** the film is too long OU is overlong; **vous êtes trop ~ dans la dernière partie** you are too long-winded OU too wordy in the last part; **ne sois pas trop longue ou personne ne t'écoutera jusqu'à la fin** don't take too long OU don't speak for too long or nobody will listen to you all the way through; **les journées sont plus longues** the days are longer; **les longues soirées d'hiver** the long winter evenings; **arrivé au terme d'une longue vie** (having arrived) at the end of a long life; **un congé de longue durée** a (period of) long leave; **trouver le temps ~**: **j'ai trouvé le temps ~** the time seemed to go (by) really slowly; ~ **de** [qui dure]: **une traversée longue de deux mois** a two-month (long) crossing; **une attente longue de trois heures** a three-hour wait. -**2.** [qui tarde - personne]: **je ne serai pas ~** I won't be long; ~ **à**: **ne soyez pas trop ~ à me répondre** don't take too long answering me; **je n'ai pas été longue à comprendre qu'elle mentait** it didn't take me long to see that she was lying; **l'eau est longue à bouillir** the water is taking a long time to boil; **il est ~ à venir, ce café!** that coffee's a long time coming!; **la viande de porc est longue à cuire** pork takes a long time to cook. -**3.** [qui existe depuis longtemps] long, long-standing; **sa longue expérience de journaliste** his many years spent OU his long experience as a journalist; **une longue amitié** a long-standing friendship; **avoir de ~s états de service** to have a long service record. -**4.** [dans le futur]: **à longue échéance, à ~ terme** long, long-term; **faire des prévisions à longue échéance** to make long-term forecasts; **à plus ou moins longue échéance** sooner or later; **emprunt à ~ terme** long-term loan; **quels sont tes projets à ~ terme?** what are your long-term plans? -**5.** LING & LITTÉRAT long.
◆ **long** ◇ *adv* -**1.** VÊT: **elle s'habille ~** she wears long skirts OU dresses; **je te trouve habillée un peu (trop) ~** I don't think that long style quite suits you. -**2.** [beaucoup]: **en dire ~**: **geste/regard qui en dit ~** eloquent gesture/look; **une remarque qui en dit ~ sur ses intentions** a remark which says a lot about OU speaks volumes about his intentions; **elle pourrait vous en dire ~ sur cette affaire** she could tell you a few things about this business; **en connaître** OU **en savoir ~**: **demande-le-lui, il en sait ~** ask him, he knows all about it; **elle en connaît déjà ~ sur la vie** she knows a thing or two about life.
◇ *nm* VÊT: **le ~** long styles; **la mode est au ~** long styles are in fashion.
◆ **longue** *nf* -**1.** CARTES long suit. -**2.** LING & LITTÉRAT long syllable. -**3.** MUS long note.
◆ **à la longue** *loc adv* [avec le temps] in the long term OU run, eventually; **à la longue, tout se sait** everything comes out in the end; **tu oublieras tout ceci à la longue** you'll forget all this eventually.
◆ **au long** *loc adv* in full, fully; **elle a écrit le titre au ~** she wrote the title out in full.
◆ **au long de** *loc prép* -**1.** [dans l'espace] along; **des touristes flânaient au ~ des rues** tourists were wandering lazily down OU along the streets. -**2.** [dans le temps] during; **il s'est aguerri au ~ de ces années difficiles** he's become tougher during OU over these difficult years.
◆ **de long** *loc adv* long; **le terrain a cent mètres de ~** the plot is one hundred metres long OU in length; **les plus grands spécimens atteignent huit mètres de ~** the biggest specimens reach up to eight metres in length ❑ **faire une mine** OU **tête de dix pieds de ~** [par déconvenue] to pull a long face; [par mauvaise humeur] to have OU to wear a long face.
◆ **de long en large** *loc adv* back and forth, up and down; **j'ai arpenté le hall de la gare de ~ en large** I paced back and forth across OU I paced up and down the main hall of the station.
◆ **de tout son long** *loc adv*: **tomber de tout son ~** to fall flat; **il était étendu de tout son ~** he was stretched out at full length.
◆ **en long** *loc adv* lengthwise, lengthways; **fends-les en ~** split them lengthwise OU down the middle.
◆ **en long, en large et en travers** *loc adv* -**1.** [examiner] from every (conceivable) angle; **on a étudié la question en ~, en large et en travers** we have studied the question from every (conceivable) angle. -**2.** [raconter] in the minutest detail, at some considerable length.
◆ **en long et en large** *loc adv* -**1.** [marcher] back and forth. -**2.** [examiner, raconter] in minute OU great detail.
◆ **le long de** *loc prép* -**1.** [horizontalement] along; **en marchant le ~ de la rivière** walking along the river bank; **les plaines qui s'étendent le ~ du fleuve** the plains which spread out from the river (banks). -**2.** [verticalement - vers le haut] up; [- vers le bas] down; **grimper/descendre le ~ de la gouttière** to climb up/down the drainpipe.
◆ **tout au long** *loc adv* in detail; **il nous a fait tout au ~ le récit de son entretien** he gave us a detailed description of his interview.
◆ **tout au long de** *loc prép* -**1.** [dans l'espace] all along; **les policiers postés tout au ~ du parcours** policemen positioned all along the route. -**2.** [dans le temps] throughout, all through; **il est resté calme tout au ~ de la discussion** he remained calm throughout OU all through the discussion; **tout au ~ de l'année** all year long, throughout the year.
◆ **tout du long** *loc adv* -**1.** [dans l'espace]: **nous avons parcouru la rue tout du ~** we travelled the whole length of the street; **ils ont descendu le fleuve tout du ~** they went all the way down the river, they descended the entire length of the river. -**2.** [dans le temps] all along; **il m'a rabâché la même chose tout du ~** he kept on repeating the same thing all along OU the whole time.
◆ **tout le long de** *loc prép* all the way along; **nous avons chanté tout le ~ du chemin** we sang all the way.

long. (*abr écrite de* **longitude**) long.

longane [lɔ̃gan] *nm* longan (fruit).

longanimité [lɔ̃ganimite] *nf litt* forbearance.

long-courrier [lɔ̃kurje] (*pl* **long-courriers**) ◇ *adj* -**1.** AÉRON [vol] long-distance, long-haul; [avion] long-haul. -**2.** NAUT ocean-going.
◇ *nm* -**1.** AÉRON long-haul aircraft; **compagnie de ~** long-haul operator; **transport par ~** long-haul (transport). -**2.** NAUT [navire - marchand] ocean-going ship OU freighter; [- avec passagers] ocean liner, oceaner; [matelot] foreign-going seaman.

longe [lɔ̃ʒ] *nf* -**1.** [demi-échine] loin; ~ **de porc** pork (rear) loin; ~ **de veau** loin of veal. -**2.** [lien - pour attacher] tether; [- pour mener] lunge.

longer [17] [lɔ̃ʒe] *vt* -**1.** [avancer le long de] to go along (*insép*), to follow; **ils ont longé la pinède à pied/en voiture/en canot/à bicyclette** they walked/drove/sailed/cycled along the edge of the pinewood. -**2.** [border] to run along, to border; **un bois de hêtres longe la route** a beech wood borders the road; **les voies/câbles qui longent le mur** the rails/cables that run along the wall. -**3.** NAUT: ~ **la côte** to sail along OU to hug the coast.

longeron [lɔ̃ʒrɔ̃] *nm* -**1.** TRAV PUBL (longitudinal) girder. -**2.** RAIL [d'un wagon] (side) frame (member), bar. -**3.** AÉRON [du fuselage] longeron, longitudinal; [d'une aile] spar. -**4.** AUT side member OU rail.

longévité [lɔ̃ʒevite] *nf* -**1.** [d'une personne, d'une espèce] longevity; **à quoi attribuez-vous votre ~?** how do you account for your longevity? -**2.** SOCIOL life expectancy.

longiligne [lɔ̃ʒiliɲ] *adj* slender; **elle est plutôt ~** she has quite a slender figure.

longitude [lɔ̃ʒityd] *nf* longitude; **par 30° de ~ est/ouest** at longitude 30° east/west.

longitudinal, e, aux [lɔ̃ʒitydinal, o] *adj* -**1.** [en longueur] lengthwise, lengthways, longitudinal *spéc*. -**2.** ÉLECTRON longitudinal; **onde ~e** longitudinal wave.

longitudinalement [lɔ̃ʒitydinalmɑ̃] *adv* lengthwise, lengthways, longitudinally *spéc*.

long(-)métrage [lɔ̃metraʒ] (*pl* **longs(-)métrages**) *nm* feature (length) OU full-length film.

longtemps [lɔ̃tɑ̃] *adv* -**1.** [exprimant une durée] for a long time; **j'ai attendu ~ avant d'entrer** I waited for a long time before going in; **a-t-il dû attendre ~?** did he have to wait long?; **je n'ai pas attendu ~** I didn't wait long; **on a ~ pensé que...** it was long thought that..., it was thought for a long time that...; **il faut ~ pour...** it takes a long time OU a while to...; **pas de ~** OU **d'ici ~** not for a (long) while OU long time; **on ne le verra pas d'ici ~** we won't see him for a long time OU while; **je ne pensais pas le revoir de ~** I didn't expect to see him again for a long time OU while; **aussi ~ que tu veux** as long as you wish; **nous avons attendu assez/très/trop ~** we waited long enough/for ages/too long; **moins ~ (que)** for a shorter time (than); **plus ~ (que)** longer (than); **mettre** OU **prendre ~** to take a while OU a long time; **elle a mis** OU **ça lui a pris longtemps** she took OU was a long time (over it); **en avoir pour ~**: **je n'en ai pas pour ~** I won't be long, it won't take me long; **en as-tu encore pour ~?** are you going to be much longer?; **il n'en a plus pour ~** [pour finir] he won't be much longer; [à vivre] he won't last much longer, he's not got much longer to live; **d'ici à ce qu'il pleuve, il n'y en a pas pour ~!** *fam* it won't be long till the rain starts!; **avec moi, il (ne) va pas y en avoir pour ~, tu vas voir!** I'll have this sorted out in no time (at all), just you see!; **ça va durer ~, oui?** is this going to go on for much longer?, have you quite finished?; **il a été absent pendant ~** he was away for a long time; **avant ~** before long; **pas avant ~** not for a long time; **je ne reviendrai pas avant ~** I won't be back for a long time; **encore ~?** much longer?; **encore ~** for a while OU a long time (yet); **~ avant** long OU a long time before (that), much earlier; **~ après** much later, long after (that), a long time after (that); **ils en reparlèrent ~ après** they spoke about it again a long time after. -**2.** [avec 'il y a', 'depuis']: **il y a ~** a long time ago; **il y a ~ de ça** ages OU a long time ago; **il y a ~ que** OU **cela fait ~ que nous sommes amis** we've been friends for a long time (now); **il y a ~** OU **cela fait ~ que je l'ai lu** it's been a long time since I read it; **il y a ~ qu'il est mort** he's long dead, he's been dead for a long time; **il y a ~ que j'ai arrêté de fumer** I stopped smoking long OU ages ago; **il y a** OU **cela fait ~ que je ne l'ai pas vu** it's a long time OU ages since I saw him; **tiens, il y avait ~!** *fam* [qu'on ne t'avait pas vu] long time no see!; [que tu n'avais pas parlé de ça] here we go again!; **nous ne nous sommes pas vus depuis ~** we haven't seen each other for ages OU a long time; **il travaille là depuis ~** he's been working there for ages OU a long time.

longue [lɔ̃g] *f* → **long**.

longuement [lɔ̃gmɑ̃] *adv* -**1.** [longtemps] for a long time, long; **les jurés ont ~ délibéré** the jurors conferred for a long time; **il faut ~ pétrir la pâte** the dough must be kneaded thoroughly. -**2.** [en détail - expliquer, commenter] in detail, in depth; [- scruter] at length.

longuet, ette *fam* [lɔ̃gɛ, ɛt] *adj* a bit long, longish, a bit on the long side; **il est ~, ce film!** it's dragging on a bit, this film!

longueur [lɔ̃gœr] *nf* -**1.** [dimension] length; **mesure de ~** linear measurement; **unité de ~** unit of length; **un rubande 10 cm de ~** OU **d'une ~ de 10 cm** a ribbon 10 cm long OU in length; **le jardin est tout en ~** the garden is long and narrow; **un visage tout en ~** a long thin face; **quelle est la ~ de l'Amazone?** how long is the Amazon?; **j'ai traversé l'île dans toute sa ~** [à pied] I walked the whole length of the island; **sa ~ peut atteindre 1 m** it can reach 1 m in length. -**2.** [unité de mesure] length; **une ~ de fil** a length of cotton || [dans une course, en natation] length; **il l'a emporté d'une ~** he won by a length; **elle a pris deux ~s d'avance** she went into a two-length lead. -**3.** SPORT: **saut en ~** long jump. -**4.** INF length, size; **~ de bloc/de mot** block/word length; **~ implicite** [d'un programme] sizing (estimate). -**5.** OPT: **~ optique** optical path. -**6.** RAD: **~ d'onde** wave length. -**7.** TECH: **~ hors tout** overall length; **~ à la flottaison** length at waterline. -**8.** [dans le temps] length; **d'une ~ désespérante** sickeningly long; **excusez la ~ de mon discours** please forgive the length of my speech.

◆ **longueurs** *nfpl* overlong passages; **il y a des ~s dans le film** the film is a little tedious in parts; **il y avait des ~s** some passages were a little boring.

◆ **à longueur de** *loc prép*: **à ~ de semaine/d'année** all week/year long; **il se plaint à ~ de temps** he's forever complaining, he complains all the time.

longue-vue [lɔ̃gvy] (*pl* **longues-vues**) *nf* telescope, field-glass.

look *fam* [luk] *nm* -**1.** [mode] look, fashion; **le ~ des années 80** the 80s look; **t'as le ~, coco!** *fam* you look great, baby! -**2.** [présentation]: **le magazine a changé de ~** the magazine has changed its image.

looping [lupiŋ] *nm* loop AERON; **faire des ~s** to loop the loop.

lope▽ [lɔp], **lopette**▽ [lɔpɛt] *nf péj* -**1.** [homme veule] wimp. -**2.** [homosexuel] fairy, poofter *Br*, fag *Am*.

lopin [lɔpɛ̃] *nm* -**1.** [parcelle]: **~ (de terre)** patch OU plot (of land). -**2.** MÉTALL [cylindre - grand] bloom; [- petit] billet.

loquace [lɔkas] *adj* talkative, loquacious; **tu n'es pas très ~, aujourd'hui!** you've not got much to say for yourself today!

loquacité [lɔkasite] *nf* talkativeness, loquacity.

loque [lɔk] *nf* -**1.** [haillon] rag; **ce n'est plus un manteau, c'est une ~!** that's not an overcoat any more, it's an old rag! -**2.** [personne] wreck; **depuis sa faillite, c'est devenu une ~** since his bankruptcy, he's been a complete wreck; **n'être qu'une ~** to be a wreck. -**3.** *Belg* [serpillère] mop.

◆ **en loques** *loc adj* & *loc adv* tattered, in tatters; **ses vêtements tombaient en ~s** his clothes were all in rags OU tatters.

loquet [lɔkɛ] *nm* latch, catch bolt.

loqueteau, x [lɔkto] *nm* small catch, hasp.

loqueteux, euse [lɔktø, øz] ◇ *adj* -**1.** [personne] dressed in rags, in tatters. -**2.** [manteau] ragged, tattered.

◇ *nm, f* ragamuffin.

lord [lɔr(d)] *nm* lord.

lord-maire [lɔrmɛr] (*pl* **lords-maires**) *nm* Lord Mayor.

lordose [lɔrdoz] *nf* lordosis.

lorgner [3] [lɔrɲe] *vt* to ogle; **le type la lorgnait depuis un bon moment** the guy had been eyeing her up OU ogling her for some time; **le gamin lorgnait les gâteaux** the kid was eyeing the cakes; **ils lorgnaient tous sur ses millions** *fam* they all had their (beady) eyes on her millions.

lorgnette [lɔrɲɛt] *nf* spyglass.

lorgnon [lɔrɲɔ̃] *nm* [à main] lorgnette, lorgnon; [à ressort] pince-nez.

lori [lɔri] *nm* lory.

loriot [lɔrjo] *nm* oriole.

loris [lɔris] *nm* loris.

lorrain, e [lɔrɛ̃, ɛn] *adj* from Lorraine.

◆ **Lorrain, e** *nm, f inhabitant of or person from Lorraine.*

◆ **lorrain** *nm* LING Lorraine variety.

Lorraine [lɔrɛn] *npr f*: **(la) ~** Lorraine.

lorry [lɔri] (*pl* **lorries**) *nm* (platelayer's) trolley, lorry.

lors [lɔr]

◆ **lors de** *loc prép sout* [pendant] during; [au moment de] at the time of; **~ de la Première Guerre mondiale** during the First World War; **il la rencontra ~ d'un déjeuner d'affaires** he met her at a business lunch; **~ du déjeuner** during lunch; **~ de sa mort** at the time of his/her death.

◆ **lors même que** *loc conj litt* even if, even though; **~ même que nous ferions tous les efforts possibles, nous ne serions pas sûrs d'y parvenir** even if we made every possible effort, we still couldn't be sure of succeeding; **ce sera ainsi, ~ même que tu t'y opposerais** that is how it will be, even though you may be opposed to it.

lorsque [lɔrskə] (*devant voyelle ou h muet* **lorsqu'** [lɔrsk]) *conj* -**1.** [au moment où] when; **nous allions partir lorsqu'on a sonné** we were about to leave when the door bell rang; **il faut agir lorsqu'il est encore temps** we must act while there is still time; **on réglera ce problème ~ vous viendrez** we'll sort out this problem when you come. -**2.** [alors que]: **on a tort de parler lorsqu'il faudrait agir** we shouldn't be talking when we ought to be doing something.

losange [lɔzɑ̃ʒ] *nm* diamond, lozenge *spéc*; **en forme de ~** diamond-shaped, rhomboid; **tracez un ~** draw a lozenge.

Los Angeles [lɔsɑ̃dʒəlɛs] *npr* Los Angeles, LA.

lot [lo] *nm* -**1.** [prix] prize; **j'ai gagné un ~!** I've won a prize! ❑ **~ de consolation** consolation prize. -**2.** [part] share; **diviser une propriété en plusieurs ~s** to divide an estate into several plots; **à chacun son ~ d'infortunes** to each of us his share of misfortunes. -**3.** JUR lot; **en ~s** lot by lot. -**4.** [ensemble - de livres] collection; [- de vaisselle, de linge] set; [- de savons, d'éponges] (special offer) pack; **j'ai récupéré tout un ~ de ferraille** I've picked up a whole lot of scrap iron; **dans le ~, il y aura bien quelque chose qui t'intéresse** out of all these things, you're bound to find something interesting; **dans le ~, il y aura bien un mathématicien** there must be at least one person who's good at maths among them ❑ **~ de fabrication numéro 34** series OU batch number 34; **être au-dessus du ~** to be a cut above the rest. -**5.** INF batch; **traitement par ~s** batch processing. -**6.** *litt* [destin] lot, fate; **tel est notre ~ commun** such is our common fate. -**7.** ▽ [femme]: **c'est un beau petit ~** she's a nice bit of stuff *Br* OU a bit of all right *Br* OU a real looker *Am*.

Lot [lɔt] ◇ *npr m* -**1.** [rivière]: **le ~** the (river) Lot. -**2.** [département]: **le ~** the Lot (area).

◇ *npr* BIBLE Lot.

lote [lɔt] = **lotte**.

loterie [lɔtri] *nf* -**1.** JEUX lottery, draw; **~ foraine** fairground lottery ❑ **la Loterie nationale** the (French) national lottery OU sweepstake. -**2.** [hasard] lottery; **le mariage est une ~** marriage is just a game of chance; **c'est une vraie ~!** it's the luck of the draw!

Loth [lɔt] = **Lot** *npr*.

Lothaire [lotɛr] *npr* Lothair.

loti, e [lɔti] *adj*: **être bien/mal loti** to be well/badly off.

lotion [lɔsjɔ̃] *nf* lotion; **~ après-rasage** after-shave lotion; **~ capillaire** hair lotion.

lotionner [3] [lɔsjɔne] *vt* [cuir chevelu] to rub lotion into; [épiderme] to apply lotion to.

lotir [32] [lɔtir] *vt* -**1.** [partager] to portion off (*sép*), to divide into plots; [vendre par lots] to sell by plots; **on va ~ le jardin de l'ancien presbytère** the old vicarage garden is to be divided into plots; **'à ~'** to be divided up for sale. -**2.** *sout* [attribuer à]: **le sort l'avait loti d'une timidité maladive** he had the misfortune to be painfully shy ❑ **être bien loti** [avoir de la chance] to be well off OU well provided for; **être mal loti** to be badly off OU poorly provided for; **tu n'es pas mieux loti que moi** you're no better off than I am; **la voilà bien lotie avec ce type-là!** *fam iron* she really hit the jackpot with that guy!

lotissement [lɔtismɑ̃] *nm* -**1.** [terrain - à construire] building plot, site *(for a housing development)*; [- construit] (housing) estate *Br*, housing development. -**2.** [partage] division into lots, parcelling out.

lotisseur, euse [lɔtisœr, øz] *nm, f* developer.

loto [lɔto] *nm* -**1.** JEUX lotto; [boîte] lotto set. -**2.** **le Loto** ≃ the (French state-run) lottery *(similar to lotto)*; **le Loto sportif** ≃ the football pools *Br*, ≃ the soccer sweepstakes *Am*.

LE LOTO:
"Loto" is a popular game of chance with large cash prizes. Printed grids ("bulletins") are available at tobacconists or special kiosks. Players mark six numbers on the grid and pay a fee. The twice-weekly prize draw is broadcast on television.
"Loto Sportif" is a version of "Loto" in which players bet on the football results.

---

lotte [lɔt] *nf* [de rivière] burbot; [de mer] monkfish, angler fish.

lotus [lɔtys] *nm* lotus.

louable [lwabl] *adj* -**1.** [comportement, décision] praiseworthy, commendable, laudable. -**2.** [appartement, maison] rentable, up for rent.

louage [lwaʒ] *nm* [cession] letting; [jouissance] renting; **~ de services** contract of employment, work contract.

louange [lwɑ̃ʒ] *nf* praise; **nous dirons à sa ~ que...** *litt* to his credit, it must be said that...

◆ **louanges** *nfpl* praise; **son interprétation fut saluée par un concert de ~s** his performance was praised to the skies; **chanter** OU **célébrer les ~s de qqn** to sing sb's praises; **couvrir qqn de ~s** to heap praise on sb.

louanger [17] [lwɑ̃ʒe] *vt litt* to praise.

louangeur, euse [lwɑ̃ʒœr, øz] ◇ *adj litt* laudatory; **paroles louangeuses** words of praise.

◇ *nm, f litt* laudator.

loubard *fam* [lubar] *nm* yob *Br*, hood *Am*.

louche[1] [luʃ] ◇ *adj* -**1.** [douteux - personne] shifty, shady; [- attitude] shady; [- affaire] shady, sleazy; **un individu ~** a shady character; **j'ai repéré son manège ~** I've spotted his shady little game; **n'y va pas, c'est ~** don't get involved, there's something fishy about it. -**2.** [endroit] sleazy. -**3.** [trouble - couleur, lumière] murky; [- liquide] cloudy.
◇ *nm*: **il y a du ~ là-dessous!** there's something fishy going on!, I smell a rat!

louche[2] [luʃ] *nf* -**1.** [ustensile] ladle. -**2.** ▽ [main] mitt, paw.

louchement [luʃmɑ̃] *nm* squinting.

loucher [3] [luʃe] *vi* -**1.** MÉD to (have a) squint; **il louche** he has a squint, he's squint-eyed. -**2.** [volontairement] to go cross-eyed.
◆ **loucher sur** *fam v + prép* [convoiter] to ogle; **ce type n'arrête pas de ~ sur ta sœur** that guy hasn't stopped ogling your sister; **ils louchent tous sur les millions de leur oncle** they all have an eye OU their (beady) eyes on their uncle's millions.

loucherie [luʃri] *nf* squinting.

loucheur, euse [luʃœr, øz] *nm, f* squinter, cross-eyed person.

louer [6] [lwe] *vt* -**1.** [donner en location - logement] to let (out) *(sép)*, to rent; [- appareil, véhicule] to rent OU to hire (out) *(sép)*; [- usine] to lease (out) *(sép)*; [- avion] to hire (out) *(sép)*; **~ qqch à qqn** to rent sthg to sb, to rent sb sthg; **le propriétaire me le loue pour 1 000 francs** the landlord rents it out to me for 1,000 francs; **désolé, la maison est déjà louée** sorry, but the house is already let; **ils ont loué (leur villa) à Julie pour l'été prochain** they've rented (their villa) to Julie for next summer; **des moissonneuses-batteuses louées** hired combine harvesters ‖ *(en usage abs)*: **elle ne loue pas cher** she doesn't ask for very much (by way of) rent. -**2.** [prendre en location - logement] to rent; [- appareil, véhicule] to hire *Br*, to rent *Am*; [- avion, usine] to lease; **on a loué le hall d'exposition à une grosse compagnie** we've leased the exhibition hall from a big firm ‖ *(en usage abs)*: **l'été nous préférons ~** we prefer renting accommodation for our summer holidays; **vous êtes propriétaire? — non, je loue** do you own your house? — no, I rent OU I'm a tenant. -**3.** [réserver] to book; **pour ce spectacle, il est conseillé de ~ les places à l'avance** advance booking is advisable for this show ‖ *(en usage abs)*: **on peut ~ par téléphone** telephone bookings are accepted. -**4.** *vieilli* [engager - une personne]: **~ du personnel d'entretien** to engage *vieilli* OU to hire cleaning staff. -**5.** [glorifier] to praise; **louons le Seigneur** praise the Lord; **Dieu soit loué** thank God; **vous pouvez ~ Dieu** OU **le ciel** OU **la providence qu'il n'y ait pas eu d'accident** you can thank God OU thank your lucky stars there wasn't an accident; **~ qqn de** OU **pour qqch** to praise sb for sthg; **on ne peut que vous ~ d'avoir agi de la sorte** you deserve nothing but praise for having acted in this way; **on ne peut que ~ son dévouement** you cannot but praise his dedication.
◆ **se louer** ◇ *vp (emploi réfléchi)* [travailleur] to hire o.s.; **il s'est loué à un fermier pour la moisson** he got hired by a farmer for the harvest.
◇ *vp (emploi passif)* -**1.** [logement] to be rented OU let; **cette chambre se louerait aisément** you'd have no problem letting this room OU finding somebody to rent this room. -**2.** [appareil] to be hired OU rented; **le téléviseur se loue au mois** this TV set is rented on a monthly basis.
◆ **se louer de** *vp + prép*: **se ~ de qqch** to be pleased with sthg; **je peux me ~ d'avoir vu juste** I can congratulate myself for having got it right; **je n'ai qu'à me ~ de votre ponctualité/travail** I have nothing but praise for your punctuality/work.
◆ **à louer** *loc adj* to let; **chambres à ~ à la semaine** rooms to let OU to rent weekly; **'voitures à ~'** 'cars for hire' *Br*, 'cars for rent' *Am*.

loueur, euse [lwœr, øz] *nm, f*: **c'est un ~ de voitures** he rents out cars.

louf▽ [luf] *adj* crazy, nuts; **il est complètement ~!** he's completely nuts OU off his rocker!

loufiat▽ [lufja] *nm* waiter.

loufoque [lufɔk] ◇ *adj* -**1.** [fou] crazy, daft *Br*, screwy *Am*; **il est devenu un peu ~ après la guerre** he went a bit crazy after the war. -**2.** [invraisemblable] weird, bizarre, freaky; **cette histoire est tout à fait ~!** that's a really weird story! -**3.** [burlesque]: **un film ~** a zany comedy.
◇ *nmf* crank, nutter *Br*, screwball *Am*.

loufoquerie [lufɔkri] *nf* eccentricity.

louis [lwi] *nm* louis d'or.

Louis [lwi] *npr* -**1.** saint **~** Saint Louis. -**2.** [roi de France] Louis. -**3.** [roi de Bavière] Ludwig.

louise-bonne [lwizbɔn] *(pl* **louises-bonnes***)* *nf* louise-bonne pear.

Louisiane [lwizjan] *npr f*: **(la) ~** Louisiana.

Louis-Philippe [lwifilip] *npr* Louis Philippe.

loukoum [lukum] *nm* Turkish delight; **voulez-vous un ~?** would you care for a piece of Turkish delight?

Louksor [luksɔr] = **Louqsor**.

loulou[1] [lulu] *nm* -**1.** ZOOL spitz; **~ de Poméranie** Pomeranian (dog). -**2.** *fam* = **loubard**.

loulou[2], **t(t)e** *fam* [lulu, ut] *nm, f* -**1.** [en appellatif]: **mon ~, ma louloutte** (my) darling. -**2.** [personne]: **c'est un drôle de ~!** he's a weird guy!

loup [lu] *nm* -**1.** [mammifère] wolf; **~ gris d'Amérique** (American) timber wolf; **~ à crinière** maned wolf; **~ doré** Indian jackal; **faire entrer le ~ dans la bergerie** to set the fox to mind the geese. -**2.** [personne]: **jeune ~** [en politique] young Turk; [dans les affaires] go-getter; **un vieux ~ de mer** an old sea-dog OU salt; **il est connu comme le ~ blanc** everybody knows him; **à pas de ~** stealthily; **l'homme est un ~ pour l'homme** *allusion Plaute* brother will turn upon brother; **les ~s ne se mangent pas entre eux** *prov* there is honour among thieves *prov*; **quand on parle du ~ on en voit la queue** talk of the devil (and he appears). -**3.** *fam* [en appellatif]: **mon (petit) ~** my (little) darling OU love OU sweetheart. -**4.** [masque] (eye) mask. -**5.** [poisson] (sea) bass.

loupage *fam* [lupaʒ] *nm* botch-up, messing up.

loup-cervier [lusɛrvje] *(pl* **loups-cerviers***)* *nm* -**1.** ZOOL (European) lynx. -**2.** [fourrure] lucern.

loupe [lup] *nf* -**1.** OPT magnifying glass; **observer qqch à la ~** *pr* to look at sthg through a magnifying glass; *fig* to put sthg under a microscope, to scrutinize sthg. -**2.** MÉD wen. -**3.** BOT knur; **~ d'érable** burr maple. -**4.** MÉTALL bear *Br*, salamander *Am*.

loupé, e *fam* [lupe] *adj* missed, failed; **~!** *fam* missed!; **mon gâteau est ~!** my cake's a failure!, I've made a mess of my cake!; **la soirée a été complètement ~e!** the party was a total flop OU wash-out!
◆ **loupé** *fam nm* screw-up *Am*, boob *Br*; **il y a eu quelques ~s au début** we made a few boobs OU we screwed up a few times to start with.

louper *fam* [3] [lupe] ◇ *vt* -**1.** [examen] to flunk; **il a complètement loupé son dessin** he's made a complete mess of his drawing; **~ son coup** to bungle it. -**2.** [train, personne] to miss; **je t'ai loupé de cinq minutes** I (just) missed you by five minutes. -**3.** [bonne affaire]: **~ une occasion** to let an opportunity slip, to pass up an opportunity. -**4.** *loc*: **ne pas ~ qqn** [le punir] to sort sb out, to give sb what for; **si elle recommence, il ne la loupera pas!** if she does that again he'll sort her out!; **ne pas en ~ une** [faire des bêtises]: **il n'en loupe pas une!** he's always putting his foot in it!
◇ *vi*: **ça ne va pas ~** it's bound to happen, it (just) has to happen; **elle lui avait dit que ça ne marcherait pas et ça n'a pas loupé!** she told him it wouldn't work and sure enough it didn't!
◆ **se louper** *fam* ◇ *vp (emploi réciproque)* [ne pas se rencontrer]: **on s'est loupé de quelques secondes** we missed each other by (just) a few seconds.
◇ *vpi* [manquer son suicide]: **Dieu merci, elle s'est loupée** she bungled it, thank God; **cette fois, il ne s'est pas loupé!** this time he hasn't bungled it!

loup-garou [lugaru] *(pl* **loups-garous***)* *nm* -**1.** MYTH werewolf. -**2.** [personnage effrayant] bogeyman; **si tu n'arrêtes pas, j'appelle le ~** [à un enfant] if you don't stop, the bogeyman will come and get you.

loupiot, e[1] *fam* [lupjo, ɔt] *nm, f* [enfant] kid, nipper *Br*.

loupiote[2] [lupjɔt] *nf* (small) light.

Louqsor [luksɔr] *npr* Luxor.

lourd, e[1] [lur, lurd] *adj* -**1.** [pesant] heavy; **ma valise est trop ~e** my suitcase is too heavy; **gaz plus ~ que l'air** heavier-than-air gas; **une démarche ~e** a heavy tread; **le vol ~ des corbeaux** the clumsy flight of the crows; **un regard ~** a hard stare; **j'ai la tête ~e/les jambes ~es** my head feels/my legs feel heavy; **les paupières ~es de sommeil** eyelids heavy with sleep. -**2.** [complexe - artillerie, chirurgie, industrie] heavy. -**3.** [indigeste] heavy, rich; **des repas trop ~s** excessively rich meals. -**4.** [compact - sol, terre] heavy, thick; **terrain ~ aujourd'hui à Longchamp** the going is heavy today at Longchamp. -**5.** [chargé] heavy, thick; **de ~es tapisseries** thick OU heavy wall-hangings; **de ~s nuages** thick OU dense clouds; **~ de** heavy with; **des branches ~es de fruits** branches heavy with OU bowed down with fruit; **un ciel ~ de nuages** a heavily-clouded OU heavy sky; **son ton est ~ de menace** the tone of his voice is ominous OU menacing; **il régnait dans l'assistance un silence ~ d'angoisse** people sat there in anxious silence; **cette décision est ~e de conséquences** this decision will have far-reaching consequences. -**6.** [accablant - atmosphère] sultry, oppressive; **le temps est ~ aujourd'hui** it is close OU sultry today. -**7.** [entêtant - odeur] heavy, strong; **le parfum ~ des jasmins** the heavy scent of jasmine trees. -**8.** [sans grâce - bâtiment, façade] heavy, heavy-looking; **un visage aux traits ~s** a coarse-featured face. -**9.** [sans finesse - remarque, esprit] clumsy, heavy-handed; **des plaisanteries plutôt ~es** rather unsubtle jokes; **certains passages sont ~s** some passages are a bit laboured OU tedious; **tu ne comprends pas? ce que tu peux être ~!** don't you understand? how slow can you get! -**10.** [important - chiffres] high; [- programme, horaire] heavy; **notre facture d'électricité a été ~e l'hiver dernier** we had a big electricity bill last winter; **les effectifs des classes sont trop ~s** class sizes are too big; **tu as là une ~e responsabilité** that is a heavy responsibility for you ‖ [grave - perte] heavy, serious, severe; [- dette] heavy, serious; [- faute] serious, grave; **~ bilan pour la catastrophe aérienne d'hier** heavy death toll in yesterday's air disaster; **de ~es accusations pèsent sur le prévenu** the accused faces serious OU weighty charges; **elle a une ~e hérédité** she's got an unfortunate background.
◆ **lourd** *adv* -**1.** [chaud]: **il fait très ~** it is very close OU sultry. -**2.** *fam loc*: **pas ~: tu n'en fais pas ~** you don't exactly kill yourself; **je ne gagne pas ~** I don't exactly make a fortune.

lourdaud, e [lurdo, od] ◇ *adj* oafish, clumsy.
◇ *nm, f* oaf, nitwit.

lourde[2] [lurd] ◇ *nf* ▽[porte] door.
◇ *f* → **lourd**.

lourdement [lurdəmɑ̃] *adv* -**1.** [très] heavily; **la voiture était ~ chargée** the car was heavily laden. -**2.** [sans souplesse] heavily; **il tomba ~ à terre** he fell heavily to the ground; **marcher ~** to tread heavily, to walk with a heavy step. -**3.** [beaucoup] greatly; **tu te trompes ~!** you are greatly mistaken!, you're making a big mistake!; **cet investissement grève ~ le budget** this investment puts a serious strain on the budget; **insister ~ sur qqch** to be most emphatic about sthg.

lourder▽ [3] [lurde] *vt* [congédier] to kick OU to throw out *(sép)*, to fire.

lourdeur [lurdœr] *nf* -**1.** [d'un fardeau, d'une valise] heaviness; **la ~ de la tâche m'effraie** *fig* the workload frightens me; **la ~ de l'appareil du parti** *fig* the unwieldiness of the party structure. -**2.** [d'un mouvement] heaviness, clumsiness; **danser avec ~** to dance heavily OU clumsily. -**3.** [douleur] heavy feeling; **avoir des ~s d'estomac** to feel bloated; **j'ai des ~s dans les jambes** my legs feel heavy. -**4.** [du temps] closeness, sultriness. -**5.** [d'une forme] heaviness. -**6.** [d'un propos, d'un comportement] bluntness, clumsiness; **quelle ~ dans ses compliments!** his compliments are so clumsy!; **il est d'une telle ~ d'esprit!** he's such an oaf! -**7.** [gravité] severity, gravity; **cette guerre égale la précédente par la ~ des pertes** this war must rank with the last one in terms of the heavy losses suffered.
◆ **lourdeurs** *nfpl* [maladresses]: **idées intéressantes mais trop de ~s** interesting ideas, but clumsily expressed.

lourdingue▽ [lurdɛ̃g] *adj* -**1.** [physiquement] clumsy, awkward. -**2.** [intellectuellement - personne] dim-witted, thick *Br*; [- plaisanterie, réflexion] pathetic, stupid.

loustic *fam* [lustik] *nm* -**1.** [individu louche] shady character; **c'est un drôle de ~** that guy's pretty fishy. -**2.** [farceur] joker, funny guy.

loutre [lutr] *nf* -**1.** ZOOL otter; **~ de mer** sea-otter. -**2.** [fourrure] otter skin OU pelt.

Louvain [luvɛ̃] *npr* Leuven, Louvain.

louve [luv] *nf* -**1.** ZOOL she-wolf. -**2.** [pour pierres de taille] hoisting-scissors, lewis.

louver [3] [luve] *vt* to lewis.

louveteau, x [luvto] *nm* -**1.** ZOOL wolf cub. -**2.** [scout] cub, cub-scout.

louveterie [luvtri] *nf* forestry pest control.

louvoiement [luvwamɑ̃] *nm* -**1.** NAUT tacking. -**2.** *fig* [manœuvre] subterfuge.

louvoyer [13] [luvwaje] *vi* -**1.** NAUT to tack (about). -**2.** [biaiser] to hedge, to equivocate.

Louvre [luvr] *npr m*: **le (palais du) ~** the Louvre; **le Grand ~** the enlarged Musée du Louvre *(including all the new constructions and excavations)*; **l'école du ~** *art school in Paris.*

LE LOUVRE:
This former royal palace became a museum in 1791-1793. It houses one of the richest art collections in the world.

Louxor [luksɔr] = Louqsor.

lovelace [lɔvlas] *nm litt* libertine.

lover [3] [lɔve] *vt* NAUT to coil.
◆ **se lover** *vpi* to coil up.

loyal, e, aux [lwajal, o] *adj* -**1.** [fidèle] loyal, faithful, trusty; **un compagnon ~** a loyal OU faithful companion; **20 ans de bons et loyaux services** 20 years' unstinting devotion. -**2.** [honnête] loyal, honest, fair; **un adversaire ~** an honest opponent; **un procédé ~** honest behaviour, upright conduct; **un jeu ~** a fair game.
◆ **à la loyale** *loc adv*: **se battre à la ~e** to fight cleanly OU fairly; **allez, c'est à la ~e cette fois!** right, and this time no cheating!

loyalement [lwajalmɑ̃] *adv* -**1.** [fidèlement] loyally, faithfully; **servir qqn ~** to serve sb faithfully; **très ~** with great loyalty, very loyally. -**2.** [honnêtement] loyally, honestly; **agir ~** to act honestly; **se battre ~** to fight cleanly.

loyalisme [lwajalism] *nm* -**1.** [fidélité] loyalty. -**2.** POL loyalism, Loyalism.

loyaliste [lwajalist] ◇ *adj* -**1.** [fidèle] loyal. -**2.** HIST & POL loyalist, Loyalist.
◇ *nmf* -**1.** [fidèle] loyal supporter. -**2.** HIST & POL loyalist, Loyalist.

loyauté [lwajote] *nf* -**1.** [fidélité] loyalty, faithfulness. -**2.** [honnêteté] honesty, fairness; **elle a répondu en toute ~** she answered completely fairly OU honestly.

loyer [lwaje] *nm* -**1.** [d'un logement] rent; **une hausse des ~s** rent rise OU increase, rent hike *Am*. -**2.** FIN: **le ~ de l'argent** the interest rate, the price of money.

Loyola [lɔjɔla] *npr*: **saint Ignace de ~** Saint Ignatius Loyola.

Lozère [lɔzɛr] *npr f*: **(la) ~** the Lozère.

lozérien, enne [lɔzerjɛ̃, ɛn] *adj* from the Lozère.
◆ **Lozérien, enne** *nm, f inhabitant of or person from the Lozère.*

LP *nm abr de* **lycée professionnel.**

LPO (*abr de* **Ligue pour la protection des oiseaux**) *npr f society for the protection of birds,* ≃ RSPB *Br.*

LSD (*abr de* **lysergic acid diethylanide**) *nm* LSD.

LSI (*abr de* **large scale integration**) *nf* LSI.

Luanda [lwɑ̃da] *npr* Luanda.

Lübeck [lybɛk] *npr* Lubeck.

lubie [lybi] *nf* whim, fad; **sa nouvelle ~, c'est le sandwich aux anchois!** his latest obsession OU fad is anchovy sandwiches!

lubricité [lybrisite] *nf* [d'une personne, d'un regard] lustfulness, lechery; [d'un propos, d'une conduite] lewdness.

lubrifiant, e [lybrifjɑ̃, ɑ̃t] *adj* lubricating.
◆ **lubrifiant** *nm* lubricant.

lubrification [lybrifikasjɔ̃] *nf* lubrication.

lubrifier [9] [lybrifje] *vt* to lubricate.

lubrique [lybrik] *adj litt* [personne, regard] lustful, lecherous; [attitude, propos] lewd, libidinous.

lubriquement [lybrikmɑ̃] *adv* lecherously, lewdly.

Luc [lyk] *npr*: **saint ~** Saint Luke.

lucane [lykan] *nm* stag beetle, lucanid *spéc.*

lucarne [lykarn] *nf* -**1.** [fenêtre] skylight; **~ pignon** dormer (window); **~ pendante** garret window. -**2.** FTBL top corner (of the net).

lucernaire [lysɛrnɛr] *nf* ZOOL stalked jellyfish, lucenarian.

Lucerne [lysɛrn] *npr* Lucerne.

lucide [lysid] *adj* -**1.** [clairvoyant] lucid, clear-sighted, perceptive; **elle est très ~ sur elle-même** she's extremely perceptive about herself. -**2.** [conscient] conscious.

lucidement [lysidmɑ̃] *adv* clearly, lucidly.

lucidité [lysidite] *nf* -**1.** [clairvoyance] lucidity, clear-sightedness; **une critique d'une grande ~** a very perceptive criticism. -**2.** [conscience] lucidity; **elle n'a plus toute sa ~** her mind's wandering a bit; **à ses moments de ~** in his lucid moments.

Lucifer [lysifɛr] *npr* Lucifer.

luciférien, enne [lysiferjɛ̃, ɛn] *adj* Luciferian.

luciférine [lysiferin] *nf* luciferin.

luciole [lysjɔl] *nf* firefly.

Lucius [lysjys] *npr* Lucius.

lucratif, ive [lykratif, iv] *adj* lucrative, profitable; **un métier ~** a job that pays well, a well-paid job.

lucrativement [lykrativmɑ̃] *adv* lucratively.

lucre [lykr] *nm sout* lucre, profit; **faire qqch par goût du ~** to do sthg out of love for money.

Lucrèce [lykrɛs] *npr* -**1.** **~ Borgia** Lucretia Borgia. -**2.** [poète] Lucretius.

ludiciel [lydisjɛl] *nm* computer game (programme).

ludion [lydjɔ̃] *nm* Cartesian diver.

ludique [lydik] *adj* play *(modif)*, ludic *spéc*; **le comportement ~ des enfants** children's behaviour in play.

ludisme [lydism] *nm* obsessive play PSYCH.

ludothèque [lydɔtɛk] *nf* -**1.** [lieu] toys and games library. -**2.** *Can* [activité] ≃ playgroup.

luette [lɥɛt] *nf* uvula.

lueur [lɥœr] *nf* -**1.** [lumière - de l'âtre, du couchant] glow; [- de la lune, d'une lampe] light; [- d'une lame] gleam; **les ~s rougeoyantes de l'incendie** the reddish glow of the fire; **aux premières ~s de l'aube** in the first light of dawn; **~ vacillante** flicker. -**2.** *fig* [éclat] glint, glimmer; **une ~ de colère** a gleam OU glint of anger; **une ~ d'intelligence/d'espoir/de joie éclaira son regard** a glimmer of intelligence/of hope/of joy shone in his eyes; **une ~ mauvaise** a nasty glint.

Lugano [lygano] *npr* Lugano.

luge [lyʒ] *nf* toboggan, sledge *Br*, sled *Am*; **faire de la ~** to toboggan, to go sledging *Br* OU sledding *Am*.

luger [17] [lyʒe] *vi* -**1.** [descendre en luge] to toboggan, to sledge *Br*, to sled *Am*. -**2.** *fam Helv* [échouer] to fail.

lugeur, euse [lyʒœr, øz] *nm, f* tobogganer.

lugubre [lygybr] *adj* -**1.** [personne] lugubrious; **une physionomie ~** lugubrious features. -**2.** [endroit] gloomy. -**3.** [atmosphère] dismal; **la soirée a été ~** it was a dismal party.

lugubrement [lygybrəmɑ̃] *adv* lugubriously, gloomily; **les cris des pleureuses retentissaient ~** the cries of the mourners rang out lugubriously.

lui [lɥi] *pron pers* **A.** REPRÉSENTANT LE GENRE MASCULIN OU FÉMININ -**1.** [homme] him; [femme] her; [chose, animal] it; [animal domestique] him, her; **je ~ ai parlé** I spoke to him/her; **il a rencontré Hélène et ~ a plu** he met Helen and she liked him; **pensez-vous que cela puisse ~ nuire?** do you think that can harm him/her?; **il entend qu'on ~ obéisse** he means to be obeyed; **il le ~ a présenté** he introduced him to him/her; **qui le ~ a dit?** who told him/her?; **donne-le-~** give it to him/her; **ça ne ~ rapporte rien** he/she isn't getting anything out of it; **il ~ est difficile de venir** it's difficult for him/her to come. -**2.** [se substituant à l'adjectif possessif]: **il ~ a serré la main** he shook his/her hand; **le bruit ~ donne mal à la tête** the noise gives him/her a headache.
B. REPRÉSENTANT LE GENRE MASCULIN -**1.** [sujet - personne] he; [- chose, animal] it; [- animal domestique] he; **elle est charmante, mais ~ est impossible** she's charming but he's infuriating; **nous travaillons et ~, en attendant, il se repose** we're working and meanwhile, HE's having a rest; **~ ne voulait pas en entendre parler** HE didn't want to hear anything about it; **Paul et ~ sont rentrés ensemble** he and Paul went back together; **il sait de quoi je parle, ~** HE knows what I'm talking about; **il n'a pas peur, ~** he's not afraid; **quant à ~, il n'était pas là** as for him, he wasn't there; **qui ira avec elle? — ~** who'll go with her? — he will; **~ aussi se pose des questions** he is wondering about it too; **~ seul pourrait te le dire** only he could tell you. -**2.** [avec un présentatif]: **c'est ~ qui vous le demande** HE's asking you; **c'est encore ~?** is it him again?; **c'est tout ~!** that's typical of him!, that's him all over! -**3.** [complément - personne] him; [- chose, animal] it; [- animal domestique] him; **en ce moment on ne voit que ~** you see him everywhere at the moment; **elle n'écoute que ~** she will only listen to him; **elle ne veut que ~ pour avocat** he's the only lawyer she will accept, she won't have any lawyer but him; **on l'a vu, ~** we saw him; **~, tout le monde le connaît** everybody knows HIM; **si j'étais ~...** if I were him...; **elle est plus jeune que ~** she's younger than him; **avez-vous pensé à ~?** have you thought about him?; **elle se méfie de ~** she doesn't trust him; **elle ne ~ a pas plu, à ~** he didn't like her at all; **je vais chez ~** I'm going to his house; **cette valise n'est pas à ~?** isn't that his suitcase?, doesn't that suitcase belong to him?; **une amie à ~** a friend of his; **sans ~, tout était perdu** without him OU if it hadn't been for him, all would have been lost; **il a réussi à le soulever à ~ (tout) seul** he managed to lift it on his own OU without any help. -**4.** [en fonction de pronom réfléchi] himself; **il est content de ~** he's pleased with himself; **il ne pense qu'à ~** he only thinks of himself.

lui-même [lɥimɛm] *pron pers* [désignant - une personne] himself; [- une chose] itself; M. Dupont? — ~ Mr Dupont? — at your service; [au téléphone] Mr Dupont? — speaking; **il me l'a dit ~** he told me himself; **~ paraissait surpris** he himself seemed surprised; **il se coupe les cheveux ~** he cuts his own hair, he cuts his hair himself; **de ~, il a parlé du prix** he mentioned the price without being prompted OU asked; **il n'a qu'à venir voir par ~** all he has to do is come and see for himself; **il pensait en ~ que...** he thought to himself that...

luire [97] [lɥir] *vi* -**1.** [briller - métal, eau] to gleam; [- surface mouillée] to glisten; [- bougie, lumignon] to glimmer; [- feu] to glow; [- soleil] to shine; **des larmes luisaient dans leurs yeux** their eyes were glistening with tears, tears were glistening in their eyes; **son uniforme luisait d'usure** his uniform was shiny with wear. -**2.** *fig* to shine, to glow; **un faible espoir luit encore** there is still a glimmer of hope.

luisant, e [lɥizɑ̃, ɑ̃t] *adj* [métal] gleaming; [soleil] shining; [flamme] glowing; [pavé, pelage] glistening.
◆ **luisant** *nm* [d'une étoffe] sheen; [d'une fourrure] gloss.

lumbago [lɛ̃bago] *nm* lumbago.

lumen [lymɛn] *nm* lumen.

lumière [lymjɛr] *nf* -**1.** [naturelle] light; **dehors, la ~ était aveuglante** the sunlight OU the light was blinding outside; **l'atelier reçoit la ~ du nord** the studio faces north ❑ **revoir la ~** [recouvrer la vue] to be able to see again; [en sortant d'un lieu sombre] to see daylight again; [retrouver la liberté] to be free again; **voir OU apercevoir la ~ au bout du tunnel** to see (the) light at the end of the tunnel. -**2.** [artificielle] light *(C)*; **j'ai vu de la ~ et je suis entré** I saw a light (on) so I went in; **allumer la ~** to turn OU to switch on the light; **éteindre la ~** to turn OU to switch off the light; **il reste une ~ allumée** there's still a light on; **~s tamisées** soft lighting. -**3.** [éclaircissement] light; **ces informations n'ont apporté aucune ~ dans le débat** this information shed no light on the debate; **toute la ~ sera faite** we'll get to the bottom of this. -**4.** [génie] genius, (shining) light; **une ~ de la littérature contemporaine** a shining light of contemporary literature; **cet enfant n'est pas une ~!** that child is hardly a genius OU a shining light! -**5.** ASTRON & OPT light; **~ noire OU de Wood** (ultraviolet) black light; **~ cendrée** earthshine; **~ froide** blue light; **~ zodiacale** zodiacal light. -**6.** BX-ARTS light. -**7.** RELIG: **la ~ éternelle OU de Dieu** divine light ❑ **cacher la ~ sous le boisseau** *allusion Bible* to hide one's light under a bushel; **que la ~ soit!** let there be light! -**8.** TECH [orifice] opening.
◆ **lumières** *nfpl* -**1.** [connaissances] insight *(U)*, knowledge *(U)*; **elle a des ~s sur le problème** she has (some) insight into the problem; **j'ai besoin de tes ~s** I need the benefit of your wisdom. -**2.** AUT lights; **les ~s sont restées allumées toute la nuit** the lights stayed on all night. -**3.** HIST: **le siècle des Lumières** the Enlightenment.
◆ **à la lumière de** *loc prép* in (the) light of; **à la ~ de ce que tu me dis** in (the) light of what you're telling me.
◆ **en lumière** *loc adv*: **mettre qqch en ~** to bring sthg out, to shed light on sthg.

LE SIÈCLE DES LUMIÈRES:
The reformist, rationalist movement of the 18th century "philosophes" and "encyclopédistes", which found its most comprehensive expression in the "Encyclopédie" edited by Diderot and, for a time, d'Alembert, between 1751 and 1765. The works of the "philosophes" were largely directed against the values of the Ancien Régime, favouring the view that the purpose of government was the happiness of the people, and laying the foundations for the democratic, egalitarian ideas of the following century, and, to a large extent, the socialist movement.

lumignon [lymiɲɔ̃] *nm* -**1.** [bougie] candle end. -**2.** [petite lumière] small light.

luminaire [lyminɛr] *nm* -**1.** [lampe] light, lamp; **magasin de ~s** lighting shop. -**2.** ASTROL luminary. -**3.** RELIG lighting *(U)*.

luminance [luminɑ̃s] *nf* luminance.

luminescence [luminɛsɑ̃s] *nf* luminescence.

luminescent, e [luminɛsɑ̃, ɑ̃t] *adj* luminescent.

lumineusement [lyminøzmɑ̃] *adv* luminously, clearly; **il a très ~ exposé les faits** he gave a very lucid presentation of the facts.

lumineux, euse [lyminø, øz] *adj* -**1.** [qui émet de la lumière] luminous; **source lumineuse** light source. -**2.** [baigné de lumière] sunny; **une lumineuse journée de juin** a sunny day in June; **un appartement ~** a sunny flat. -**3.** [éclatant - couleur] bright, brilliant. -**4.** [radieux - teint] radiant; **un sourire ~** a radiant smile. -**5.** [lucide - esprit]: **il a une intelligence lumineuse** he has great insight. -**6.** [clair - exposé] limpid, crystal clear; **son explication était lumineuse** his explanation was crystal clear.

luminosité [lyminozite] *nf* -**1.** [éclat] brightness, radiance. -**2.** [clarté] luminosity; **le temps de pose dépend de la ~** shutter speed depends on the amount of light available. -**3.** ASTRON luminosity.

lump [lœ̃p] *nm* lumpfish, lump.

lumpenproletariat [lumpœnprɔletarja] *nm* lumpenproletariat.

lunaire [lynɛr] ◇ *adj* -**1.** ASTRON lunar; **mois ~** lunar month. -**2.** [qui évoque la lune] lunar; **un paysage ~** a lunar landscape. -**3.** *litt* [chimérique]: **un projet ~** a fanciful OU an outlandish plan.
◇ *nf* honesty BOT.

lunaison [lynɛzɔ̃] *nf* lunar OU synodic *spéc* month, lunation *spéc*.

lunatique [lynatik] ◇ *adj* mercurial, temperamental, whimsical.
◇ *nmf* temperamental OU capricious person.

lunch [lœ̃ʃ] (*pl* **lunchs** OU **lunches**) *nm* cold buffet *(served at lunchtime for special occasions)*.

lundi [lœ̃di] *nm* Monday; **le ~ de Pâques/Pentecôte** Easter/Whit Monday.

lune [lyn] *nf* -**1.** ASTRON moon; **la Lune** the Moon; **nuit sans ~** moonless night ❑ **pleine/nouvelle ~** full/new moon; **~ de miel** honeymoon; **la ~ de miel entre le président et l'Assemblée nationale a été de courte durée** the honeymoon period between the President and the National Assembly didn't last long; **~ rousse** April frost *(at night)*; **être dans la ~** to have one's head in the clouds; **pardon, j'étais dans la ~** sorry, I was miles away OU my mind was elsewhere; **promettre la ~ à qqn** to promise sb the moon OU the earth; **demander OU vouloir la ~** to ask for the moon; **il est con comme la ~** ▽ he's as daft as a brush *Br* OU dead from the neck up *Am*. -**2.** *fam* [fesses] behind. -**3.** ZOOL: **~ de mer** moonfish.
◆ **lunes** *nfpl* [durée] moons.

luné, e *fam* [lyne] *adj*: **bien/mal ~** in a good/bad mood; **toujours mal ~** always bad-tempered.

lunetier, ère [lyntje, ɛr] ◇ *adj* spectacle *(modif)*.
◇ *nm, f* -**1.** [fabricant] spectacle *Br* OU eyeglass *Am* manufacturer. -**2.** [marchand] optician.

lunette [lynɛt] *nf* -**1.** OPT telescope; **~ de tir/pointage** sights/sighting telescope; **~ d'approche** refracting telescope, spyglass *arch*; **~ astronomique** astronomical telescope; **~ méridienne** meridian circle; **~ terrestre** terrestrial telescope. -**2.** [d'une montre] bezel. -**3.** [des toilettes] toilet-rim. -**4.** ARCHIT, BX-ARTS & CONSTR lunette. -**5.** NAUT: **~ d'étambot** propeller shaft hole. -**6.** MÉCAN: **~ fixe/à suivre** steady/follow rest. -**7.** AUT: **~ (arrière)** rear window.
◆ **lunettes** *nfpl* -**1.** [verres correcteurs] glasses, spectacles; **une paire de ~s** a pair of glasses; **porter des ~s** to wear glasses; **mets des ~s!** [regarde mieux] buy yourself a pair of specs! ❑ **~s bifocales** bifocals; **~s noires** sunglasses, dark glasses; **~s de soleil** sunglasses. -**2.** [verres protecteurs] goggles; **~s de ski** skiing goggles.

lunetterie [lynɛtri] *nf* -**1.** [industrie] spectacle *Br* OU eyeglass *Am* manufacture. -**2.** [commerce] spectacle *Br* OU eyeglass *Am* trade.

luni-solaire [lynisɔlɛr] (*pl* **luni-solaires**) *adj* lunisolar.

lunule [lynyl] *nf* -**1.** ANAT half-moon, lunule *spéc*. -**2.** GÉOM lune.

lupanar [lypanar] *nm litt* brothel, house of ill repute *litt* OU *hum*.

lupin [lypɛ̃] *nm* lupin BOT.

lupulin [lypylɛ̃] *nm* lupulin (powder).

lupus [lypys] *nm* lupus; **~ vulgaire** lupus vulgaris.

lurette [lyrɛt] *nf*: **il y a belle ~** *fam* ages ago; **il y a belle ~ qu'elle est partie** [depuis des années] she left donkey's years ago; [depuis des heures] she left hours ago OU ages ago.

Lurex® [lyrɛks] *nm* Lurex®.

luron, onne *fam* [lyrɔ̃, ɔn] *nm, f* [personne gaie]: **c'est un gai OU joyeux ~** he's a cheerful bloke *Br* OU guy.

Lusaka [lysaka] *npr* Lusaka.

Lusitanie [lyzitani] *npr f*: **(la) ~** Lusitania.

lusitanien, enne [lyzitanjɛ̃, ɛn] *adj* Lusitanian.
◆ **Lusitanien, enne** *nm, f* Lusitanian.

lusophone [lyzɔfɔn] ◇ *adj* Portuguese-speaking; **les populations ~s** Portuguese-speaking populations.
◇ *nmf* Portuguese speaker.

lustrage [lystraʒ] *nm* [d'une poterie] lustring; [d'un tissu, d'une peau] lustring, calendering; [d'une peinture] glazing; [d'une voiture] polishing.

lustral, e, aux [lystral, o] *adj* lustral.

lustre [lystr] *nm* -**1.** TECH [d'une poterie] lustre; [d'un tissu, d'une peau] lustre, calendering; [d'une peinture] glaze, gloss; [du papier] calendering; [d'un métal] polish. -**2.** [reflet - mat] glow; [- brillant] shine, polish. -**3.** *litt* [prestige] brilliance, glamour; **sans ~** lacklustre; **rendre OU redonner du ~ à** to improve the image of. -**4.** [lampe - de Venise, en cristal] chandelier; [- simple] (ceiling) light. -**5.** *litt* [cinq ans] lustrum.
◆ **lustres** *nmpl*: **il y a des ~s de ça!** it was ages ago!

lustré, e [lystre] *adj* -**1.** TECH [tissu, peau] lustred, calendered; [peinture] glazed, glossy; [poterie] lustred; **poterie ~e** lustreware. -**2.** [brillant - pelage] sleek; [- cheveux] glossy, shiny. -**3.** [usé] shiny (with wear).

lustrer [3] [lystre] *vt* -**1.** TECH [poterie] to lustre; [tissu, peau] to lustre, to calender; [peinture] to glaze. -**2.** [faire briller - voiture] to polish; **le chat lustre son pelage** the cat is cleaning its coat; **le temps a lustré la pierre** the stone is shiny (and worn) with age.

lustrerie [lystrəri] *nf* [lampes] chandeliers; [commerce] lighting.

lustrine [lystrin] *nf* -**1.** [soie] lustring. -**2.** [percaline] lustre. -**3.** [coton] glazed cotton.

lut [lyt] *nm* lute, luting TECH.

Lutèce [lytɛs] *npr* Lutetia.

lutécium [lytesjɔm] *nm* lutetium.

luter [3] [lyte] *vt* to lute.

luth [lyt] *nm* -**1.** MUS lute; **jeu de ~** lute stop. -**2.** ZOOL: **(tortue) ~** leatherback (turtle).

Luther [lytɛr] *npr*: **Martin ~** Martin Luther.

luthéranisme [lyteranism] *nm* Lutheranism.

lutherie [lytri] *nf* -**1.** [fabrication] stringed-instrument manufacture. -**2.** [commerce] stringed-instrument trade. -**3.** [boutique] stringed-instrument maker's shop OU workshop.

luthérien, enne [lyterjɛ̃, ɛn] *adj* Lutheran.
◆ **Luthérien, enne** *nm, f* Lutheran.

luthier [lytje] *nm* -**1.** [fabricant] stringed-instrument maker. -**2.** [marchand] stringed-instrument dealer.

luthiste [lytist] *nmf* lutenist, lute-player.

lutin, e [lytɛ̃, in] *adj litt* impish, mischievous.

◆ **lutin** *nm* -**1.** [démon - gén] elf, goblin, imp; [- en Irlande] leprechaun. -**2.** *arch* [enfant malicieux] (little) imp OU devil.

lutiner [3] [lytine] *vt litt* to fondle.

lutrin [lytrɛ̃] *nm* -**1.** [pupitre] lectern. -**2.** [emplacement] schola cantorum.

lutte [lyt] *nf* -**1.** [affrontement] struggle, fight, conflict; **des ~s intestines** infighting; **la ~ est inégale** they are unfairly matched; **se livrer à une ~ acharnée** to fight tooth and nail; **une ~ d'influence** a fight for domination; **il était en ~ constante contre sa famille** he was constantly at loggerheads with his family. -**2.** SOCIOL & POL struggle; **la ~ pour l'indépendance/pour la liberté** the struggle for independance/for freedom; **la ~ menée par les intellectuels/syndicats** the struggle led by the intellectuals/unions; **~s politiques/religieuses** political/religious struggles ❑ **~ armée** armed struggle; **la ~ des classes** the class struggle OU war. -**3.** [efforts - contre un mal] fight; **la ~ contre le sida** the fight against AIDS; **la ~ contre l'alcoolisme** the fight against alcoholism. -**4.** [résistance] struggle; **une ~ incessante contre elle-même** an incessant inner struggle; **la ~ d'un malade contre la mort** a sick person's struggle for life OU battle against death; **sa vie n'a été qu'une longue ~ contre l'adversité** his life was just one long struggle against adversity. -**5.** [antagonisme] fight; **la ~ entre le bien et le mal** the fight between good and evil. -**6.** AGR control; **~ biologique** biological (pest) control; **~ génétique** genetic control; **~ intégrée** integrated control, pest management. -**7.** BIOL: **la ~ pour la vie** the struggle for survival. -**8.** SPORT wrestling; **~ libre/gréco-romaine** all-in/Graeco-Roman wrestling. -**9.** ZOOL [accouplement] mating.

◆ **de haute lutte** *loc adv* after a hard fight; **conquérir** OU **emporter qqch de haute ~** to obtain sthg after a hard fight.

◆ **en lutte** *loc adj*: **les travailleurs en ~ ont défilé hier** the striking workers demonstrated yesterday; **nos camarades en ~** our struggling comrades.

lutter [3] [lyte] *vi* -**1.** [se battre]: **~ contre** to fight; **~ contre la bêtise** to fight stupidity; **ils luttent contre le gouvernement** they are struggling against OU fighting the government; **~ contre la mort** to struggle for one's life; **~ contre l'alcoolisme** to fight against OU to combat alcoholism; **~ contre le sommeil** to fight off sleep; **~ pour** to fight for; **ils luttent pour leurs droits** they are fighting for their rights; **toute sa vie elle a lutté pour que soient reconnus les droits de la femme** she struggled all her life for the recognition of women's rights; **~ de** *sout*: **ils ont lutté de vitesse** they had a race, they raced against each other; **vous luttez d'élégance ce soir** you rival each other in elegance tonight. -**2.** SPORT to wrestle. -**3.** ZOOL [bélier] to mate, to tup *Br*.

lutteur, euse [lytœr, øz] *nm, f* -**1.** SPORT wrestler (*f* female wrestler). -**2.** [battant] fighter; **c'est une lutteuse, elle s'en remettra** she's a fighter, she'll get over it.

lux [lyks] (*pl inv* OU **luxes**) *nm* lux.

luxation [lyksasjɔ̃] *nf* dislocation, luxation *spéc.*

luxe [lyks] *nm* -**1.** [faste] luxury, wealth; **vivre dans le ~** to live in (the lap of) luxury; **c'est le (grand) ~ ici!** it's the height of luxury OU it's luxurious in here!; **un ~ insolent** a pretentious display of wealth. -**2.** [plaisir] expensive treat, luxury, indulgence; **son seul ~ c'est un cigare après le déjeuner** the only treat he allows himself is a cigar after lunch; **pour une fois tu peux bien te permettre ce ~** for once you can treat yourself to OU you can afford this luxury; **je ne peux pas m'offrir le ~ de partir en vacances** I can't afford the luxury of a holiday; **elle ne peut pas s'offrir le ~ de dire ce qu'elle pense** *fig* she can't afford to speak her mind. -**3.** [chose déraisonnable]: **la viande, c'est devenu un ~** buying meat has become a luxury ❑ **ils ont nettoyé la moquette, ce n'était pas du ~!** *fam* they cleaned the carpet, (and) it was about time too! -**4. un ~ de** [beaucoup de] a host OU a wealth of; **avec un ~ de détails** with a wealth of detail.

◆ **de luxe** *loc adj* -**1.** [somptueux] luxury *(modif)*. -**2.** COMM deluxe, luxury *(modif)*.

Luxembourg [lyksɑ̃bur] *npr m* -**1.** [pays]: **le ~** Luxembourg; **au ~** in Luxembourg. -**2.** [ville] Luxembourg; **à ~** in (the city of) Luxembourg. -**3.** [à Paris]: **le ~, les jardins du ~** the Luxembourg Gardens; **le (palais du) ~** the (French) Senate.

luxembourgeois, e [lyksɑ̃burʒwa, az] *adj* from Luxembourg.

◆ **Luxembourgeois, e** *nm, f inhabitant of or person from Luxembourg.*

luxer [3] [lykse] *vt* to luxate *spéc*, to dislocate.

◆ **se luxer** *vpt*: **se ~ le genou** to dislocate one's knee.

luxueusement [lyksɥøzmɑ̃] *adv* luxuriously.

luxueux, euse [lyksɥø, øz] *adj* luxurious; **un cadre ~** a luxurious environment; **vivre dans un cadre ~** to live in luxurious surroundings; **maison luxueuse** luxurious house.

luxure [lyksyr] *nf litt* lechery, lust.

luxuriance [lyksyrjɑ̃s] *nf litt* luxuriance; **une ~ de couleurs** a luxuriance of colours.

luxuriant, e [lyksyrjɑ̃, ɑ̃t] *adj litt* -**1.** [végétation] luxuriant, lush; [chevelure] thick. -**2.** [imagination] fertile.

luxurieux, euse [lyksyrjø, øz] *adj litt* lascivious, lustful.

luzerne [lyzɛrn] *nf* lucerne *Br*, alfalfa *Am*.

luzernière [lyzɛrnjɛr] *nf* lucerne field *Br*, alfalfa field *Am*.

lx (*abr écrite de* **lux**) lx.

lycée [lise] *nm* -**1.** [depuis 1975 - après le collège] (upper) secondary school *Br*, high school *Am* *(providing three year's teaching after the "collège", in preparation for the baccalauréat examination)*; **~ d'enseignement général et technologique** technical (high) school; **~ professionnel** vocational (high) school, technical college; **~ d'enseignement professionnel** *former name for a "lycée professionnel"*. -**2.** [avant 1975 - pour tout le second degré] secondary school. -**3.** *Belg* [de filles] girl's high school.

lycéen, enne [liseɛ̃, ɛn] ◇ *nm, f* ≃ secondary school pupil *Br*, ≃ high school student *Am*; **quand j'étais ~ne** when I was at school; **un groupe de ~s** a group of school students; **ce groupe attire surtout les ~s** this group is mainly a success with teenagers.

◇ *adj* school *(modif)*; **le mouvement ~** the school students' movement.

lychee [litʃi] = **litchi.**

Lycra® [likra] *nm* Lycra®.

lymphangite [lɛ̃fɑ̃ʒit] *nf* lymphangitis.

lymphatique [lɛ̃fatik] ◇ *adj* -**1.** BIOL lymphatic. -**2.** [apathique] sluggish, apathetic, lethargic.

◇ *nm* lymphatic vessel.

lymphe [lɛ̃f] *nf* lymph.

lymphocytaire [lɛ̃fɔsitɛr] *adj* lymphocytic.

lymphocyte [lɛ̃fɔsit] *nm* lymphocyte.

lymphocytose [lɛ̃fɔsitoz] *nf* lymphocytosis.

lymphographie [lɛ̃fɔgrafi] *nf* lymphography.

lymphoïde [lɛ̃fɔid] *adj* lymphoid.

lymphosarcome [lɛ̃fɔsarkom] *nm* lymphosarcoma.

lynchage [lɛ̃ʃaʒ] *nm* lynching.

lyncher [3] [lɛ̃ʃe] *vt* to lynch.

lyncheur, euse [lɛ̃ʃœr, øz] *nm, f* lyncher.

lynx [lɛ̃ks] *nm* -**1.** ZOOL lynx. -**2.** [fourrure] lynx fur, lucern.

Lyon [ljɔ̃] *npr* Lyon, Lyons.

lyonnais, e [ljɔnɛ, ɛz] *adj* from Lyons.

◆ **Lyonnais, e** *nm, f inhabitant of or person from Lyons.*

◆ **Lyonnais** *npr m* GÉOG: **le Lyonnais, les monts du Lyonnais** the Lyonnais mountains.

◆ **lyonnais** *nm* LING Lyons variety.

◆ **à la lyonnaise** *loc adj* -**1.** CULIN (à la) lyonnaise *(cooked with minced onions stewed in butter)*. -**2.** TEXT printed in the frame.

lyophilisation [ljɔfilizasjɔ̃] *nf* freeze-drying, lyophilization *spéc.*

lyophiliser [3] [ljɔfilize] *vt* to freeze-dry, to lyophilize *spéc.*

lyre [lir] *nf* MUS lyre.

lyrique [lirik] *adj* -**1.** LITTÉRAT [poésie] lyric; [inspiration, passion] lyrical; **quand il parle d'argent, il devient ~** *fig* he really gets carried away when he talks about money. -**2.** MUS & THÉÂT lyric; **art/drame ~** lyric art/drama; **ténor/soprano ~** lyric tenor/soprano; **artiste ~** opera singer.

lyriquement [lirikmɑ̃] *adv* lyrically.

lyrisme [lirism] *nm* lyricism.

lys [lis] = **lis.**

Lysandre [lizɑ̃dr] *npr* Lysander.

lysergique [lizɛrʒik] *adj* lysergic.

lysozyme [lizozim] *nm* lysozyme.

lytique [litik] *adj* lytic.

M

m, M [ɛm] *nm* [lettre de l'alphabet] m, M.

m -**1.** (*abr écrite de* **mètre**): **60 m** 60 m. -**2.** (*abr écrite de* **milli**) m.

m' [m] → **me**.

m² (*abr écrite de* **mètre carré**) sq m, m².

m³ (*abr écrite de* **mètre cube**) cu m, m³.

M -**1.** (*abr écrite de* **million**) M. -**2.** *abr écrite de* **masculin**. -**3.** (*abr écrite de* **méga**) M. -**4.** (*abr écrite de* **Major**) M. -**5.** (*abr écrite de* **mile (marin)**) nm. -**6.** (*abr écrite de* **maxwell**) Mx.

M. (*abr écrite de* **Monsieur**) Mr.

M6 *npr private television channel broadcasting a high proportion of music and aimed at a younger audience.*

ma [ma] *f* → **mon**.

MA *nm abr de* **maître auxiliaire**.

Maastricht [mastriʃt] *npr* Maastricht; **les accords de ~** the Maastricht agreement; **le traité de ~** the Maastricht treaty.

maboul, e *fam* [mabul] ◇ *adj* crazy, nuts.
◇ *nm, f* (raving) loony.

mac [mak] *nm arg crime* pimp.

macabre [makabr] *adj* [découverte] macabre, gruesome; [spectacle] gruesome, macabre, grisly; **un goût pour ce qui est ~** a taste for the macabre.

macache▽ [makaʃ] *adv vieilli* nothing doing.

macadam [makadam] *nm* -**1.** TRAV PUBL [matériau, surface] macadam; **~ goudronné** tarmacadam. -**2.** [route] road, roadway, macadam *spéc*

macadamiser [3] [makadamize] *vt* to macadamize.

Macao [makao] *npr* Macao; **à ~** in Macao.

macaque [makak] ◇ *nm* ZOOL macaque; **~ rhésus** rhesus monkey.
◇ *nmf fam* [personne laide]: **un vieux ~** an old baboon.

macareux [makarø] *nm*: **~ (moine)** puffin.

macaron [makarɔ̃] *nm* -**1.** CULIN macaroon. -**2.** [vignette - officielle] badge; [- publicitaire] sticker. -**3.** *fam* [décoration honorifique] rosette, ribbon; **il a eu son ~** he got his decoration. -**4.** [de cheveux] coil; **porter des ~s** to wear (one's hair in) coils.

macaroni [makarɔni] ◇ *nm* CULIN macaroni; **~s au gratin** macaroni cheese *Br*, macaroni and cheese *Am*.
◇ *nmf* ▽*offensive term used with reference to Italians*, ≃ wop.

macaronique [makarɔnik] *adj* LITTÉRAT macaronic.

maccartisme, maccarthysme [makkartism] *nm* McCarthyism.

macchabée▽ [makabe] *nm* [cadavre] stiff.

macédoine [masedwan] *nf* -**1.** CULIN: **~ de fruits** macédoine, mixed fruit salad; **~ de légumes** macédoine, (diced) mixed vegetables. -**2.** *fam* [mélange] mishmash.

Macédoine [masedwan] *npr f*: **(la) ~** Macedonia.

macédonien, enne [masedɔnjɛ̃, ɛn] *adj* Macedonian.
◆ **Macédonien, enne** *nm, f* Macedonian.
◆ **macédonien** *nm* LING Macedonian.

macérateur [maseratœr] *nm* macerator.

macération [maserasjɔ̃] *nf* -**1.** CULIN maceration, steeping. -**2.** ŒNOL & PHARM maceration. -**3.** RELIG [punition] mortification of OU mortifying the flesh, maceration.

macérer [18] [masere] ◇ *vi* -**1.** CULIN to macerate, to steep; **faire ~ le poisson cru dans du jus de citron** macerate OU steep the raw fish in lemon juice; **les oranges ont macéré 24 heures** the oranges have been macerating for 24 hours. -**2.** PHARM to macerate. -**3.** *fig*: **~ dans le doute** to be steeped in doubt; **laisse-le ~ dans son jus** *fam* let him stew in his (own) juice.
◇ *vt* -**1.** CULIN to macerate, to steep. -**2.** PHARM to macerate. -**3.** RELIG: **~ sa chair** to mortify oneself.

Mach [mak] *npr* Mach; **voler à ~ 2** to fly at Mach 2.

machaon [makaɔ̃] *nm* swallowtail (butterfly).

mâche [maʃ] *nf* corn salad, lamb's lettuce.

mâchefer [maʃfɛr] *nm* -**1.** [du charbon] clinker, slag. -**2.** [du plomb] (lead) dross.

mâcher [3] [maʃe] *vt* -**1.** [aliment, chewing-gum] to chew; [brin d'herbe, tige de fleur] to chew OU to nibble (at); **mâche-le bien** chew it well; **ne fais pas tant de bruit quand tu mâches** don't munch so loudly ❑ **il ne mâche pas ses mots** he doesn't mince his words. -**2.** *fam* [tâche]: **faut-il que je te mâche tout le travail?** do I have to show OU tell you how to do everything? -**3.** [déchiqueter] to chew up *(sép)*; **le papier ressort tout mâché** the paper comes out all crumpled OU chewed up. -**4.** *fig & litt* [ressasser] to chew OU to mull over.

machette [maʃɛt] *nf* machete.

mâcheur, euse [maʃœr, øz] *nm, f* chewer.

machiavel [makjavɛl] *nm*: **c'est un ~** he's a Machiavellian character OU a Machiavelli.

Machiavel [makjavɛl] *npr* Machiavelli.

machiavélique [makjavelik] *adj* Machiavellian.

machiavélisme [makjavelism] *nm* Machiavellianism.

mâchicoulis [maʃikuli] *nm* machicolation.
◆ **à mâchicoulis** *loc adj* machicolated.

machin *fam* [maʃɛ̃] *nm* -**1.** [chose] whatsit, thing, thingummyjig; **c'est quoi, ce ~?** what on earth's this? -**2.** *péj*: **vieux ~** old fogey OU fuddy-duddy.

Machin, e *fam* [maʃɛ̃, in] *nm, f* [en s'adressant à la personne] what's-your-name; [en parlant de la personne] whatsisname (*f* whatsername).

machinal, e, aux [maʃinal, o] *adj* [geste] involuntary, unconscious; [parole] automatic; **un travail ~** mechanical work; **j'emprunte toujours ce chemin-là, c'est ~!** I always go that way, I do it without thinking!

machinalement [maʃinalmɑ̃] *adv* -**1.** [involontairement] involuntarily, unconsciously; **~, il lui rendit son sourire** he smiled back at her unconsciously; **excuse-moi, je l'ai fait ~** sorry, I did it automatically OU without thinking. -**2.** [mécaniquement] mechanically; **elle fait son travail ~** she does her work mechanically OU without thinking.

machination [maʃinasjɔ̃] *nf* plot, conspiracy, machination; **des ~s** plotting, machinations.

machine [maʃin] *nf* -**1.** [appareil] machine, piece of machinery; **l'âge des ~s** OU **de la ~** the machine age, the age of the machine ❑ **~ simple/composée** simple/compound machine; **~ à coudre/à tricoter** sewing/knitting machine; **~ à écrire** typewriter; **~ de guerre** HIST engine of war; **~ infernale** explosive device, infernal machine *arch*; **~ à laver** washing machine; **~ à laver la vaisselle** dishwasher; **~ à repasser** steam press; **~ à traitement de texte** word processor; **~ à sous** JEUX one-armed bandit, fruit machine *Br*; **~ à vapeur** steam engine; **la ~ est usée** the body can't take much more. -**2.** [véhicule - à deux roues, agricole] machine; **~s agricoles** agricultural machinery. -**3.** NAUT [moteur] engine; **arrêtez** OU **stoppez les ~s!** stop all engines! ❑ **chambre** OU **salle des ~s** engine room; **faire ~ arrière** *pr* to go astern; *fig* to backtrack. -**4.** [organisation] machine, machinery; **le projet a nécessité la mise en place d'une lourde ~ administrative** the project meant that a cumbersome administrative framework had to be set up; **les lourdeurs de la ~ judiciaire** the cumbersome machinery of the law. -**5.** THÉÂT machine, piece of theatre machinery. -**6.** *péj* [automate] machine; **je ne veux pas devenir une ~ à écrire des chansons** I don't want to become a song-writing machine.
◆ **à la machine** *loc adv*: **(fait) à la ~** machine-made; **coudre qqch à la ~** to sew sthg on the machine, to machine OU to machine-sew sthg; **laver qqch à la ~** to machine OU to machine-wash sthg, to wash sthg in the machine; **taper qqch à la ~** to type sthg; **tricoter qqch à la ~** to machine-knit sthg, to make sthg on the knitting machine.

machine-outil [maʃinuti] (*pl* **machines-outils**) *nf* machine tool; **l'industrie de la ~** the machine-tool industry ❑ **~ à commande numérique** numerically controlled machine tool.

machiner [3] [maʃine] *vt* [préparer - complot] to hatch, to plot, to machinate; **ils ont machiné toute l'histoire afin de l'éliminer** they engineered the whole thing to get rid of him.

machinerie [maʃinri] *nf* -**1.** [machines] machinery, equipment, plant; **c'est la ~ qui coûte le plus cher** most of the money goes on equipment. -**2.** NAUT engine room. -**3.** THÉÂT machinery.

machine-transfert [maʃintrɑ̃sfɛr] (*pl* **machines-transferts**) *nf* automated machine tool.

machinisme [maʃinism] *nm* mechanization.

machiniste [maʃinist] *nmf* -**1.** THÉÂT stagehand, scene shifter; **les ~s** stage staff ❑ **~ de plateau** CIN & TV grip. -**2.** TRANSP driver. -**3.** *Belg* [conducteur de train] train driver.

machisme [matʃism] *nm* machismo, male chauvinism.

machiste [matʃist] *adj* & *nm* male chauvinist, macho.

machmètre [makmɛtr] *nm* machmeter.

macho *fam* [matʃo] *adj* & *nm* macho.

mâchoire [maʃwar] *nf* -**1.** ANAT & ZOOL jaw; **~ inférieure/supérieure** upper/lower jaw. -**2.** ENTOM mandible *spéc*, jaw. -**3.** [d'un outil] jaw, grip; **~ de frein** brake shoe.

mâchonnement [maʃɔnmɑ̃] *nm* -**1.** [fait de mâcher] chewing; **des ~s bruyants** munching, chomping. -**2.** MÉD bruxism.

mâchonner [3] [maʃɔne] *vt* -**1.** [mâcher - aliment] to chew; [- brin d'herbe, tige de fleur, crayon] to chew OU to nibble (at); **un âne mâchonnait de la paille** a donkey was munching some straw. -**2.** *fig* [marmonner] to mumble; **en mâchonnant des injures** mumbling insults.

mâchouiller *fam* [3] [maʃuje] *vt* [aliment] to chew (away) at; [brin d'herbe, tige de fleur] to chew OU to nibble (away) at; **arrête de ~ des bonbons!** stop chewing sweets all the time!

Machu Picchu [matʃupitʃu] *npr* Machu Picchu.

mâchurer [3] [maʃyre] *vt* -**1.** *vieilli* [noircir - vêtement, papier] to blacken, to stain, to daub; [- peau, visage] to blacken. -**2.** IMPR to mackle, to blur. -**3.** [écraser] to crush, to squash, to mash.

maçon, onne [masɔ̃, ɔn] *adj* mason *(modif)*.
◆ **maçon** *nm* -**1.** CONSTR [entrepreneur] builder; [ouvrier] bricklayer *Br*, mason *Am*. -**2.** *(comme adj)*: **apprenti ~** builder's OU bricklayer's apprentice; **ouvrier ~** builder's mate *Br* OU helper *Am*.

mâcon [makɔ̃] *nm* Mâcon (wine).

maçonnage [masɔnaʒ] *nm* -**1.** [travail] building, bricklaying. -**2.** [ouvrage] masonry; **le ~ est solide** [les pierres] the stonework OU masonry is good; [les briques] the brickwork OU bricklining is good. -**3.** [d'un animal] building.

maçonner [3] [masɔne] *vt* -**1.** [construire] to build. -**2.** [réparer] to rebuild, to redo the brickwork for. -**3.** [revêtir - gén] to line; [- avec des briques] to brickline, to line with bricks. -**4.** [boucher - gén] to block up *(sép)*; [- avec des briques] to brick up OU over *(sép)*; **ça a été bien maçonné** [gén] the masonry's good; [pierres] the stonework's good; [briques] the brickwork's good.

maçonnerie [masɔnri] *nf* -**1.** [ouvrage - en pierres, en moellons] stonework, masonry; [- en briques] brickwork; **~ à sec** OU **en pierres sèches** dry masonry; **~ composite** composite masonry; **~ en blocage** rubblework. -**2.** [travaux]: **grosse/petite ~** major/minor building work. -**3.** = **franc-maçonnerie**.

maçonnique [masɔnik] *adj* Masonic.

macramé [makrame] *nm* macramé.

macre [makr] *nf* water chestnut.

macreuse [makrøz] *nf* -**1.** ZOOL scoter (duck); **~ noire** common scoter. -**2.** CULIN shoulder of beef.

macrobiotique [makrɔbjɔtik] ◇ *adj* macrobiotic.
◇ *nf* macrobiotics *(sg)*; **la ~ exige la cuisson à la vapeur** macrobiotic food must be cooked by steaming.

macrocéphale [makrɔsefal] ◇ *adj* macrocephalic, macrocephalous.
◇ *nmf* suffering from macrocephaly.

macrocéphalie [makrɔsefali] *nf* macrocephaly.

macrocosme [makrɔkɔsm] *nm* macrocosm.

macrocosmique [makrɔkɔsmik] *adj* macrocosmic.

macrocyste [makrɔsist], **macrocystis** [makrɔsistis] *nm* macrocystis.

macrodécision [makrɔdesizjɔ̃] *nf* macrodecision.

macroéconomie [makrɔekɔnɔmi] *nf* macroeconomics *(U)*.

macroéconomique [makrɔekɔnɔmik] *adj* macroeconomic.

macroglobuline [makrɔglɔbylin] *nf* macroglobulin.

macroglobulinémie [makrɔglɔbylinemi] *nf* macroglobulinaemia.

macrographie [makrɔgrafi] *nf* macrography.

macrographique [makrɔgrafik] *adj* macrographic.

macro-instruction [makrɔɛ̃stryksjɔ̃] (*pl* **macro-instructions**) *nf* macroinstruction.

macromoléculaire [makrɔmɔlekylɛr] *adj* macromolecular.

macromolécule [makrɔmɔlekyl] *nf* macromolecule.

macrophage [makrɔfaʒ] ◇ *adj* macrophagic.
◇ *nm* macrophage.

macrophotographie [makrɔfɔtɔgrafi] *nf* macrophotography.

macropode [makrɔpɔd] ◇ *adj* -**1.** BOT macropodous. -**2.** ZOOL [nageoires] macropterous; [pieds] macropod.
◇ *nm* paradise fish.

macroscélide [makrɔselid] *nm* jumping OU elephant shrew.

macroscopique [makrɔskɔpik] *adj* macroscopic.

macrosociologie [makrɔsɔsjɔlɔʒi] *nf* macrosociology.

macrospore [makrɔspɔr] *nf* macrospore, megaspore.

macrostructure [makrɔstryktyr] *nf* macrostructure.

macroure [makrur] *nm* macruran.

maculage [makylaʒ] *nm* -**1.** IMPR mackle. -**2.** [fait de salir] dirtying, soiling; [salissures] stains, marks, dirt.

macule [makyl] *nf* -**1.** MÉD macula, macule. -**2.** IMPR [tache] smudged OU mackled sheet; [papier d'emballage] spoil, waste.

maculer [3] [makyle] *vt* -**1.** IMPR to mackle. -**2.** *sout* to dirty, to spatter.

Madagascar [madagaskar] *npr* [île] Madagascar; **à ~** in Madagascar; **la République démocratique de ~** the Democratic Republic of Madagascar.

madame [madam] (*pl* **madames**) *nf* lady; **jouer à la ~** [femme] to put on airs; [enfant] to play at being grown up.

Madame [madam] (*pl* **Mesdames** [medam]) *nf* -**1.** [dans une lettre]: **~** Dear Madam, Dear Mrs Duval; **Mesdames** Ladies; **Chère ~** Dear Mrs Duval; **~ la Générale** Dear Madam, Dear Mrs Duval; **~ le Maire** Madam, Dear Madam; **~ la Vicomtesse** Madam ‖ [sur l'enveloppe]: **~ Duval** Mrs Duval; **Mesdames Duval** Mesdames Duval; **Mesdames Duval et Lamiel** Mrs Duval and Mrs Lamiel; **~ la Colonelle Duval** Mrs Duval; **~ la Présidente Duval** Mrs Duval. -**2.** [terme d'adresse]: **bonjour ~ Duval!** good morning, Mrs Duval!; **bonjour Mesdames Duval!** good morning, ladies!; **bonjour ~ le Consul** good morning, Mrs Duval OU Madam; **~ la Présidente, je proteste!** Madam Chairman, I must raise an objection!; **Mesdames les Députés, vous êtes priées de vous asseoir!** will the Honourable lady Members please sit down! *Br*; **bonjour ~ la Marquise!** good morning, Madam OU Ma'am OU your Ladyship! ‖ [à une inconnue]: **bonjour ~** good morning (, Madam)!; **bonjour Mesdames** good morning (, ladies); **Mesdames, Mesdemoiselles, Messieurs!** Ladies and Gentlemen!; **et voilà, ~, une belle laitue pommée!** here you are, Madam, a nice round lettuce!; **vous attendrez votre tour comme tout le monde, ~!** you'll have to wait your turn like everybody else, Madam!; **~ désirerait voir les pantalons?** would Madam like to see some trousers? ‖ *sout* OU *hum*: **~ est servie** [au dîner] dinner is served (, Madam); [pour le thé] tea is served (, Madam); **le frère de ~ attend en bas** [à une roturière] your brother is waiting downstairs, Miss OU Madam; [à une femme titrée] Your Ladyship's brother is waiting downstairs; **vous n'y pensez pas, chère ~!** you can't be serious, my dear lady OU Madam!; **peux-tu prêter un instant ton stylo à ~?** could you lend the lady your pen for a minute? ‖ [au téléphone]: **bonjour ~, je voudrais la comptabilité s'il vous plaît** hello, I'd like to speak to someone in the accounts department, please. -**3.** [en se référant à une tierce personne]: **adressez-vous à ~ Duval** go and see Mrs Duval; **~ veuve Duval** the wife of the late Mr Duval; **~ votre mère** *sout* your (good) mother; **Monsieur le docteur Duval et ~** [pour annoncer] Doctor (Duval) and Mrs Duval; **~ la Générale sera présente** Mrs Duval (, wife of General Duval) will attend; **~ la Présidente regrette de ne pas pouvoir se joindre à vous ce soir** Mrs Duval regrets she is unable to be with you tonight; **~ la Duchesse me prie de vous informer que...** Madam OU Her Grace asks me to inform you that... ❑ **'~ Bovary'** *Flaubert* 'Madame Bovary'; **'~ Butterfly'** *Puccini* 'Madame Butterfly'. -**4.** SCOL: **~, j'ai fini mon addition!** (please) Miss, I've finished my sums! -**5.** *fam* **et en plus, ~ exige des excuses!** and so Her Ladyship wants an apology as well, does she?; **alors, ~ la spécialiste, qu'en penses-tu?** what does Her Ladyship think then? -**6.** HIST Madame *(title given to some female members of the French royal family)*.

madeleine [madlɛn] *nf* -**1.** CULIN madeleine; **pour moi, ce fut (comme) la ~ de Proust** it triggered off (all) my old memories, it brought back (a flood of) old memories. -**2.** [cépage] madeleine *(vine ripening early, around St Mary Magdalene's Day, 22nd July)*.

Mademoiselle [madmwazɛl] (*pl* **Mesdemoiselles** [medmwazɛl]) *nf* -**1.** [dans une lettre]: **~** Dear Madam, Dear Miss Duval; **Chère ~** Dear Miss Duval; **Mesdemoiselles** Ladies ‖ [sur l'enveloppe]: **~ Duval** Miss Duval; **Mesdemoiselles Duval** the Misses Duval; **Mesdemoiselles Duval et Jonville** Miss Duval and Miss Jonville. -**2.** [à l'oral - suivi du nom]: **bonjour ~ Duval!** good morning, Miss Duval!; **bonjour Mesdemoiselles Duval!** good morning, (young) ladies! ‖ [à une inconnue]: **bonjour ~!** good morning (, miss)!; **et voilà, ~, une belle laitue pommée!** here you are, miss, a nice round lettuce!; **~, vous attendrez votre tour comme tout le monde!** you'll have to wait your turn like everybody else, young lady!; **bonjour Mesdemoiselles!** good morning (, ladies)!; **Mesdemoiselles, un peu de silence s'il vous plaît!** [à des fillettes] girls, please be quiet!; [à des jeunes filles] ladies, would you please be quiet!; **~ désire-t-elle voir nos derniers modèles?** would Madam like to see our latest designs? ‖ *sout* OU *hum* Miss, Madam; **~ est servie** [au dîner] dinner is served (, Miss); [pour le thé] tea is served (, Miss); **le frère de ~ attend en bas** [à une roturière] your brother is waiting downstairs, Miss OU Madam; [à une jeune femme titrée] Your Ladyship's brother is waiting downstairs; **vous n'y pensez pas, chère ~!** you can't be serious, dear OU young lady!; **peux-tu prêter un moment ton stylo à ~?** could you lend the young lady your pen for a minute? -**3.** [en s'adressant à une tierce personne]: **c'est ~ Duval qui s'en occupe** Miss Duval is dealing with it; **~ votre sœur** *sout* your good OU dear sister; **Monsieur le docteur Duval et ~** [pour annoncer] Doctor (Duval) and Miss Duval; **Mesdemoiselles, Messieurs!** Ladies and Gentlemen! -**4.** SCOL: **~, j'ai fini mon**

dessin! (please) Miss (Duval), I've finished my drawing! -**5.** *fam* **et en plus, ~ se plaint!** *iron* so, Her Ladyship is complaining as well, is she?; **alors, ~ la spécialiste, qu'en penses-tu?** what does Her Ladyship think then? -**6.** HIST [titre royal] Mademoiselle *(title given to some female members of the French royal family)*; [pour une femme noble non titrée] Her Ladyship.

madère [madɛr] *nm* -**1.** [vin] Madeira (wine). -**2.** [sauce]: **sauce ~** Madeira sauce.

Madère [madɛr] *npr* Madeira; **à ~** in Madeira.

madériser [3] [maderize]

◆ **se madériser** *vpi* to maderize.

madone [madɔn] *nf* -**1.** BX-ARTS Madonna; **les ~s de Raphaël** Raphael's Madonnas; **un visage de ~** a Madonna-like face ❑ **une ~ à l'enfant** a Madonna and Child. -**2.** [statuette] Madonna, statue of the Virgin Mary. -**3.** RELIG: **la Madone** the Madonna, the Virgin Mary.

madrague [madrag] *nf dial* madrague *(used for catching tuna)*.

madras [madras] *nm* -**1.** [étoffe] madras (cotton). -**2.** [foulard] madras (scarf).

Madras [madras] *npr* Madras.

madré, e [madre] ◇ *adj* -**1.** [bois] knotty. -**2.** *litt* [rusé] crafty, cunning.

◇ *nm, f* crafty person; **c'est une petite ~e!** she's a sly one!; **c'est un vieux ~!** he's a crafty OU cunning old devil!

madrépore [madrepɔr] *nm* madrepore.

Madrid [madrid] *npr* Madrid.

madrier [madrije] *nm* beam CONSTR.

madrigal, aux [madrigal, o] *nm* -**1.** MUS & LITTÉRAT madrigal. -**2.** *litt* [propos galant] compliment, gallant remark.

madrigaliste [madrigalist] *nmf* [auteur] madrigal writer, madrigalist.

madrilène [madrilɛn] *adj* Madrilenian.

◆ **Madrilène** *nmf* Madrilenian.

madrure [madryr] *nf* mottle *(in wood)*.

maelström [maɛlstrɔm] *nm* -**1.** GÉOG maelstrom; **le ~** the Maelstrom. -**2.** *fig* [agitation] maelstrom, whirlpool; **le ~ de la vie parisienne** the maelstrom OU tumult of Parisian life.

maestria [maɛstrija] *nf* (great) skill, mastery, brilliance.

◆ **avec maestria** *loc adv* masterfully, brilliantly.

maestro [maɛstro] *nm* MUS maestro; *fig* maestro, master.

maf(f)ia [mafja] *nf* -**1.** [en Sicile, aux États-Unis]: **la Mafia** the Mafia. -**2.** [bande] gang; **il s'était formé toute une ~ de petits commerçants** the shopkeepers had formed themselves into a real little gang. -**3.** *péj* [groupe fermé] clique; **le milieu du cinéma est une véritable ~** the cinema world is very cliquey.

maf(f)ieux, euse [mafjø, øz] *adj*: **le milieu ~** the Mafia; **des méthodes mafieuses** Mafia-like methods.

maf(f)ioso [mafjozo] (*pl* **mafiosi** OU **maffiosi** [-zi]) *nm* mafioso; **des mafiosi** mafiosi, mafiosos.

magasin [magazɛ̃] *nm* -**1.** [boutique] shop *Br*, store *Am*; **faire** OU **courir les ~s** to go round the shops, to go shopping; **elle tient un ~ en face de l'église** she has OU keeps a shop opposite the church; **vous trouverez ça dans n'importe quel ~** you'll find it in your local shops ❑ **~ d'ameublement/de chaussures/de jouets** furniture/shoe/toy shop; **~ d'alimentation** food shop *Br*, grocery store *Am*; **un petit ~ d'alimentation** a grocer's shop *Br*, a grocery (store) *Am*; **~ (d'articles) de sport** sports shop *Br*, sporting goods store *Am*; **~ d'informatique** computer store; **~ de nouveautés** *vieilli* draper's shop *Br*, dry goods store *Am*; **~ à prix unique** one price shop *Br*, dime store *Am*; **~ à succursales (multiples)** chain OU multiple store; **~ d'usine** factory outlet; **~ de vêtements** clothes shop *Br*, clothing store *Am*; **grand ~** department store. -**2.** [entrepôt - industriel] warehouse, store, storehouse; [- d'une boutique] storeroom; [- d'une unité militaire] quartermaster's store, magazine; **nous n'avons plus de tondeuses en ~** we're (right) out of lawnmowers, we haven't any more lawnmowers in stock ❑ **~ d'armes** MIL armoury; **~ d'explosifs** MIL explosives store OU magazine; **~ à grains** silo; **~s généraux** bonded warehouse; **~ à poudre** MIL (powder) magazine. -**3.** THÉÂT: **~ des accessoires** prop room. -**4.** ARM & PHOT magazine.

magasinage [magazinaʒ] *nm* -**1.** COMM [mise en magasin] warehousing, storing; **frais de ~** storage (charges). -**2.** *Can* shopping.

magasiner [3] [magazine] *vi Can* to shop; **aller ~** to go shopping.

magasinier [magazinje] *nm* [dans une usine] storekeeper, storeman; [dans un entrepôt] warehouseman.

magazine [magazin] *nm* magazine; **elle est dans tous les ~s en ce moment** her photo is in all the magazines at the moment ❑ **~ littéraire** literary magazine OU review; **un ~ médical** a medical journal; **les ~s féminins** women's magazines.

mage [maʒ] *nm* -**1.** ANTIQ & RELIG magus. -**2.** *fig* [magicien] magus.

Magellan [maʒɛlɑ̃] *npr* Magellan; **Nuages de ~** Magellanic Clouds.

magenta [maʒɛ̃ta] ◇ *adj inv* magenta *(modif)*.

◇ *nm* magenta.

Maghreb [magrɛb] *npr m*: **le ~** the Maghreb.

maghrébin, e [magrebɛ̃, in] *adj* Maghrebi, North African.

◆ **Maghrébin, e** *nm, f* Maghrebi, North African.

magicien, enne [maʒisjɛ̃, ɛn] *nm, f* -**1.** [illusionniste] magician. -**2.** [sorcier] magician, wizard; **Circé la ~ne** Circe the sorceress. -**3.** *fig* [virtuose] magician; **un ~ de** a master of; **vous êtes un ~ du dessin/de la cuisine!** your art work/your cooking is magic!; **l'amour est un grand ~** love is powerful magic OU a great magician.

magie [maʒi] *nf* -**1.** [sorcellerie] magic; **~ blanche/noire** white/black magic; **comme par ~** as if by magic; **alors, ce bracelet, il a disparu comme par ~?** *iron* so this bracelet just disappeared by magic, did it? -**2.** [charme] magic; **la ~ du printemps** the magic of spring.

Maginot [maʒino] *npr*: **la ligne ~** the Maginot Line.

LA LIGNE MAGINOT:
A magnificent but ultimately useless engineering achievement, these largely underground fortifications were built on the Franco-German border between 1927 and 1936, but not along the Belgian border, through which the German forces advanced in 1940.

---

magique [maʒik] *adj* -**1.** [surnaturel] magical, magic; **dites le mot ~** say the magic word. -**2.** [féerique] magical, wonderful; **un monde ~ les attendait dans la vitrine de Noël** a wonderland was waiting for them in the Christmas window display. -**3.** PHYS magical.

magiquement [maʒikmɑ̃] *adv* magically.

magister [maʒistɛr] *nm vieilli* & *péj* pedant.

magistère [maʒistɛr] *nm* -**1.** RELIG [dans un ordre] magister, master; [autorité] magisterium. -**2.** UNIV senior (professional) diploma. -**3.** PHARM magistery.

magistral, e, aux [maʒistral, o] *adj* -**1.** [remarquable] brilliant, masterly; **une œuvre ~e** a masterpiece, a masterwork ‖ [formidable] huge, exemplary; **une engueulade ~e** *fam* a huge OU massive row; **une claque ~e** a great slap; **elle lui a cloué le bec de façon ~e** she really shut him up in style. -**2.** [docte] authoritative, magisterial, masterful; **il prend toujours un ton ~** he always adopts an authoritative tone. -**3.** ENS: **cours ~** lecture; **enseignement ~** lecturing. -**4.** PHARM specific, magistral *spéc.*

magistralement [maʒistralmɑ̃] *adv* brilliantly, magnificently *aussi iron.*

magistrat [maʒistra] *nm* -**1.** JUR [qui rend la justice] judge; [qui applique la loi] public prosecutor *Br*, prosecuting attorney *Am*; **~ du siège** judge; **~ à la cour** OU **du parquet** public prosecutor *Br*, prosecuting attorney *Am*. -**2.** ADMIN & POL *any high-ranking civil servant with judicial authority*; **~ municipal** town councillor *Br*; **il est le premier ~ de France** he holds the highest office in France. -**3.** MIL: **~ militaire** judge advocate. -**4.** ANTIQ magistrate.

MAGISTRAT:
The word "magistrat" can refer either to a judge or to any public servant who exercises judicatory or administrative power: mayors and the President of France are "magistrats". The term "magistrat municipal" refers to a member of a local council.

---

magistrature [maʒistratyr] *nf* -**1.** [personnes]: **la ~** the judicial authorities ❑ **la ~ assise** JUR the Bench OU judges; **la ~ debout** JUR the (body of) public prosecutors *Br*, the (body of) prosecuting attorneys *Am*. -**2.** [fonction] office; **pendant sa ~** during her period in office.

magma [magma] *nm* -**1.** CHIM & GÉOL magma. -**2.** *fig* & *péj* [mélange confus] jumble.

magmatique [magmatik] *adj* magmatic; **chambre** OU **réservoir ~** magma chamber.

magnan [maɲɑ̃] *nm* -**1.** [dans le Midi] silkworm. -**2.** [en Afrique] visiting ant.

magnanerie [maɲanri] *nf* -**1.** [activité] silkworm breeding. -**2.** [lieu] silkworm nursery.

magnanier, ère [maɲanje, ɛr] *nm, f* silkworm breeder.

magnanime [maɲanim] *adj sout* magnanimous.

magnanimement [maɲanimmɑ̃] *adv sout* magnanimously.

magnanimité [maɲanimite] *nf sout* magnanimity; **elle a fait preuve de ~ à leur égard** she displayed magnanimity OU she was magnanimous towards them.

magnat [maɲa] *nm* magnate, tycoon; **~ de la presse** press baron; **~ du pétrole** oil tycoon.

magner▽ [3] [maɲe]

◆ **se magner** ◇ *vpi* to get a move on, to hurry up; **magnez-vous!** get your skates on! *Br*, get the lead out! *Am*.

◇ *vpt*: **magne-toi le mou!** shift your backside!

magnésie [maɲezi] *nf* magnesia.

magnésien, enne [maɲezjɛ̃, ɛn] *adj* magnesian.

magnésite [maɲezit] *nf* -**1.** [carbonate] magnesite. -**2.** [silicate] meerschaum.

magnésium [maɲezjɔm] *nm* magnesium.

magnétique [maɲetik] *adj* -**1.** INF & PHYS magnetic. -**2.** *fig* [regard, personnalité] magnetic; **une attraction ~ les poussa l'un vers l'autre** they were irresistibly drawn to each other.

magnétisable [maɲetizabl] *adj* magnetizable.

magnétisant, e [maɲetizɑ̃, ɑ̃t] *adj* magnetizing.

magnétisation [maɲetizasjɔ̃] *nf* -**1.** PHYS magnetization. -**2.** [fascination] fascination, mesmeric effect.

magnétiser [3] [maɲetize] *vt* -**1.** PHYS to magnetize. -**2.** [fasciner] to mesmerize, to fascinate, to hypnotize *fig*; **il sait ~ les foules** he hypnotizes audiences, he has a mesmerizing effect on audiences.

magnétiseur, euse [maɲetizœr, øz] *nm, f* magnetizer, hypnotist.

magnétisme [maɲetism] *nm* -**1.** PHYS magnetism. -**2.** [fascination] magnetism, charisma; **le ~ de son sourire** the magnetism of his smile, his magnetic smile. -**3.** [fluide]: **~ animal** animal magnetism.

magnétite [maɲetit] *nf* magnetite.

magnéto [maɲeto] ◇ *nm fam abr de* **magnétophone.**

◇ *nf* ÉLECTR magneto; **~ à induit fixe** fixed armature magneto.

magnétocassette [maɲetɔkasɛt] *nm* cassette deck OU recorder.

magnétochimie [maɲetɔʃimi] *nf* magnetochemistry.

magnétodynamique [maɲetɔdinamik]
◇ *adj* ÉLECTRON fixed-magnet.
◇ *nf*: ~ **des fluides** magnetohydrodynamics *(U)*.

magnétoélectrique [maɲetɔelɛktrik] *adj* magnetoelectric.

magnétohydrodynamique [maɲetɔidrɔdinamik] ◇ *adj* magnetohydrodynamic.
◇ *nf* magnetohydrodynamics *(U)*.

magnétomètre [maɲetɔmɛtr] *nm* magnetometer.

magnétométrie [maɲetɔmetri] *nf* magnetometry.

magnétomoteur, trice [maɲetɔmɔtœr, tris] *adj* magnetomotive.

magnéto-optique [maɲetɔɔptik] (*pl* **magnéto-optiques**) *nf* magneto-optics *(U)*.

magnétopause [maɲetɔpoz] *nf* magnetopause.

magnétophone [maɲetɔfɔn] *nm* tape recorder; ~ **à cassette** cassette recorder; **je l'ai enregistré sur** OU **au** ~ I've taped OU tape-recorded it.

magnétoscope [maɲetɔskɔp] *nm* videotape recorder, video, videorecorder.

magnétoscoper [3] [maɲetɔskɔpe] *vt* to videotape, to video.

magnétosphère [maɲetɔsfɛr] *nf* magnetosphere.

magnétostatique [maɲetɔstatik] ◇ *adj* magnetostatic.
◇ *nf* magnetostatics *(U)*.

magnétron [maɲetrɔ̃] *nm* magnetron.

magnificat [maɲifikat] *nm inv* Magnificat.

magnificence [maɲifisɑ̃s] *nf* -**1.** [faste] luxuriousness, magnificence, splendour. -**2.** *litt* [prodigalité] munificence, lavishness.

magnifier [9] [maɲifje] *vt* -**1.** *sout* [célébrer] to magnify, to glorify; ~ **le Seigneur** to magnify the Lord *arch*. -**2.** [élever] to exalt, to idealize.

magnifique [maɲifik] *adj* -**1.** [très beau - vue, nuit, robe] magnificent, splendid, superb; **il faisait un temps** ~ the weather was gorgeous OU glorious; **sa sœur est** ~ his sister is superb OU gorgeous; **la** ~ **salle du trône** the magnificent OU grandiose throne room. -**2.** [de grande qualité] magnificent, excellent, wonderful; **mon boucher a de la viande** ~ my butcher has excellent OU first-rate meat; **elle a une situation** ~ **chez un agent de change** she has a fantastic OU marvellous job with a stockbroker ‖ [remarquable] marvellous, wonderful; **les** ~**s progrès techniques actuels** the wonderful OU marvellous technological achievements of our time. -**3.** [somptueux - appartement, repas] splendid, magnificent; **la** ~ **salle du trône** the magnificent throne room.

magnifiquement [maɲifikmɑ̃] *adv* -**1.** [somptueusement] magnificently, lavishly, gorgeously; ~ **illustré** lavishly illustrated. -**2.** [bien] superbly; **il se porte** ~ he's in great shape; **la journée avait** ~ **commencé** the day had begun gloriously.

magnitude [maɲityd] *nf* -**1.** GÉOL magnitude. -**2.** ASTRON: ~ **absolue/apparente/photographique** absolute/apparent/photographic magnitude.

magnolia [maɲɔlja] *nm* magnolia (tree).

magnoliale [maɲɔljal] *nf* magnoliaceous, belonging to the magnolia family OU the Magnoliaceae *spéc*.

magnum [magnɔm] *nm* magnum *(bottle)*.

magot [mago] *nm* -**1.** [singe] Barbary ape, magot. -**2.** [figurine] magot. -**3.** *fam* [argent caché] stash; **où t'as mis le** ~ ? where've you stashed the loot? -**4.** *fam* [argent] dough, loot, lolly *Br*; **il a amassé** OU **il s'est fait un** ~ **en Orient** he made a packet in the East; **on partage le** ~ *hum* let's share the loot OU booty.

magouille *fam* [maguj] *nf*, **magouillage** *fam* [magujaʒ] *nm* scheming, trickery, double-dealing; **des** ~**s électorales** electoral wheeler-dealing.

magouiller *fam* [3] [maguje] *vi* to scheme, to do a bit of wheeler-dealing, to wangle; **dans la vie, faut** ~ you've got to go in for a bit of wangling if you want to get through life; **il l'a eu en magouillant** he got it by a wangle, he wangled it.

magouilleur, euse *fam* [magujœr, øz]
◇ *adj* scheming, wheeler-dealing, wangling.
◇ *nm, f* wheeler-dealer, schemer, wangler.

magret [magrɛ] *nm*: ~ **(de canard)** magret of duck, fillet of duck breast.

magyar, e [magjar] *adj* Magyar.
◆ **Magyar, e** *nm, f* Magyar.

maharadjah, maharaja [maaradʒa] *nm* maharajah, maharaja.

maharani [maarani] *nf* maharani, maharanee.

mahatma [maatma] *nm* mahatma.

mah-jong [maʒɔ̃g] *nm* mah-jongg, mahjong.

Mahomet [maɔmɛ] *npr* Mahomet, Mohammed.

mahométan, e [maɔmetɑ̃, an] *adj* Mohammedan.
◆ **Mahométan, e** *nm, f* Mohammedan.

mai [mɛ] *nm* -**1.** [mois] May; **en** ~**, fais ce qu'il te plaît** *prov* ≃ never cast a clout till May is out *prov*; **(les événements de)** ~ **1968** May 1968. -**2.** HIST [arbre] may OU maypole tree. -**3.** *litt* [jeunesse]: **une jeune fille en son** ~ a young girl in the flush of youth.

MAI 68:
The events of May 1968 came about when student protests, coupled with widespread industrial unrest, culminated in a general strike and rioting. De Gaulle's government survived the crisis, but the issues raised made the events a turning point in French social history.

---

maïa [maja] *nm* spider crab.

maie [mɛ] *nf* -**1.** [pour le pain - huche] bread chest OU box; [- pétrin] dough OU kneading trough. -**2.** [d'un pressoir] squeezer base.

maïeur [majœr] *nm Belg* mayor.

maïeutique [majøtik] *nf* maieutics *(U)*.

maigre [mɛgr] ◇ *adj* -**1.** [très mince] thin; **des bras/jambes** ~**s** thin arms/legs; **un visage** ~ a thin face; **des joues** ~**s** thin cheeks; **tu deviens trop** ~ you're getting too thin □ ~ **comme un hareng saur** OU **un clou** OU **un coucou** as thin as a rake. -**2.** CULIN & RELIG: **une soupe** ~ clear soup; **du fromage/yaourt** ~ low-fat cheese/yoghurt; **jambon/poisson** ~ lean ham/fish; **régime** ~ low-fat diet; **jour** ~ RELIG day without meat. -**3.** AGR poor; **des terres** ~**s** poor lands; **des pâturages** ~**s** poor grazing land; **végétation** ~ thin vegetation. -**4.** *(avant le n)* [insuffisant] thin, poor; **un** ~ **bouillon** a clear broth; **ils n'avaient qu'une** ~ **ration à se mettre sous la dent** they had only a small ration to eat; **de** ~**s averses au printemps contribuent à la pauvreté des récoltes** low rainfall OU light rain in the springtime contributes to the poor harvests; **un** ~ **feu** a meagre OU small fire; **du robinet ne coulait qu'un** ~ **filet d'eau** no more than a thin stream of water came from the tap; **un** ~ **filet de voix** a thin voice; **les bénéfices sont** ~**s** the profits are low OU meagre OU paltry *péj*; **de** ~**s économies** (very) small savings; **de** ~**s ressources** meagre OU scant resources; **un** ~ **espoir** a slim OU slight hope; **quelques** ~**s idées** a few flimsy ideas. -**5.** *fam* [peu]: **30 francs après deux heures de collecte, c'est** ~**!** 30 francs after collecting for two hours, that's not much!; **c'est un peu** ~ **comme prétexte!** that's a pretty poor excuse! -**6.** IMPR light, light-face.
◇ *adv*: **manger** ~ to be on a fat-free OU fatless diet.
◇ *nmf* thin person; **c'est une fausse** ~ she isn't as thin as she looks.
◇ *nm* -**1.** [d'une viande] lean part. -**2.** RELIG: **faire** ~ to go without meat, to eat no meat; **le vendredi, on faisait** ~ we never ate meat on Fridays. -**3.** IMPR light OU light-face type. -**4.** ZOOL meagre, maigre.
◆ **maigres** *nmpl* GÉOL shallows.

maigrelet, ette *fam* [mɛgrəlɛ, ɛt] *adj* (a bit) skinny *péj* OU thin.

maigrement [mɛgrəmɑ̃] *adv* meagrely, poorly; **il est** ~ **payé** he gets meagre wages.

maigreur [mɛgrœr] *nf* -**1.** [minceur excessive] thinness, leanness; **la** ~ **de son visage/ses joues** the thinness of his face/his cheeks; **ceux qui sortaient du camp étaient d'une** ~ **effrayante** the people who came out of the camp were emaciated OU dreadfully thin. -**2.** [insuffisance] thinness, meagreness, scantiness; **la** ~ **de leur ration quotidienne** the scantiness of their daily rations; **la** ~ **du gazon** the sparseness of the grass; **la** ~ **de nos bénéfices/économies** the sparseness OU meagreness of our profits/savings; **la** ~ **de nos ressources** the scantiness OU meagreness of our resources.

maigrichon, onne *fam* [mɛgriʃɔ̃, ɔn] ◇ *adj* skinny; **il est tout** ~ he's scrawny; **des jambes** ~**nes** skinny legs.
◇ *nm, f* skinny person.

maigriot, otte *fam* [mɛgrijo, ɔt] *adj* skinny, scrawny.

maigrir [32] [megrir] ◇ *vi* to get OU to grow thinner; **tu n'as pas besoin de** ~ you don't need to lose (any) weight; **il faut que je maigrisse de trois kilos** I have to lose three kilos; **je veux que vous maigrissiez de 12 kilos avant de commencer le judo** I want you to lose 12 kilos before taking up judo; **elle a beaucoup maigri du visage** her face has got a lot thinner; **produits pour** ~ slimming *Br* OU diet aids; **faire** ~ **qqn** to make sb lose weight; **ces régimes ne (vous) font pas** ~ these diets don't help you lose weight; **mes économies maigrissent à vue d'œil** *fig* my savings are just vanishing OU disappearing by the minute.
◇ *vt*: **sa barbe/son costume le maigrit** his beard/his suit makes him look thinner.

mail [maj] *nm* -**1.** [allée] mall, promenade; **sur le** ~ along the mall OU promenade. -**2.** HIST [jeu] mall, pall-mall; [maillet] mallet. -**3.** ARM maul.

mailing [mɛliŋ] *nm* -**1.** [procédé] mailing, mail canvassing; **ce sont des clients que nous avons eus par** ~ we acquired these customers through a mailshot OU a fly sheet *Br*. -**2.** [envoi de prospectus] mailshot; **faire un** ~ to do OU to send a mailshot.

maillage [majaʒ] *nm* -**1.** PÊCHE mesh size. -**2.** ÉLECTR grid. -**3.** [d'un réseau] meshing, reticulation, meshwork.

maille [maj] *nf* -**1.** [d'un filet] mesh; **filet à** ~**s fines/larges** close-/wide-meshed net; **passer à travers les** ~**s du filet** *pr* & *fig* to slip through the net. -**2.** COUT stitch; ~ **filée** ladder *Br*, run *Am* □ ~ **à l'endroit/à l'envers** plain/purl stitch; **tricoter une** ~ **à l'endroit, une** ~ **à l'envers** knit one, purl one. -**3.** [vêtements en maille] knitwear; **on fait beaucoup de** ~ **cette année** we're selling a lot of knitwear this year; **l'industrie de la** ~ the knitwear industry. -**4.** ÉLECTR mesh. -**5.** MENUIS: **débité sur** ~ crosscut. -**6.** NAUT frame space. -**7.** *loc*: **avoir** ~ **à partir avec** to be at odds with; **il a eu** ~ **à partir avec la justice** he's been in trouble OU he's had a brush with the law.

maillé, e [maje] *adj* -**1.** [réseau] grid *(modif)*. -**2.** [sanglier, perdreau] speckled. -**3.** [armure] (chain) mail *(modif)*.

maillechort [majʃɔr] *nm* nickel OU German silver.

mailler [3] [maje] ◇ *vt* -**1.** [fil] to net, to mesh. -**2.** NAUT to shackle. -**3.** *Helv* [tordre, fausser] to warp.
◇ *vi* PÊCHE to be netted.

maillet [majɛ] *nm* -**1.** [marteau] mallet, maul. -**2.** SPORT [au croquet] mallet; [au polo] polo stick.

mailloche [majɔʃ] *nf* -**1.** TECH [maillet, outil chauffant] beetle; [de mouleur] rake. -**2.** MUS bass drumstick.

maillon [majɔ̃] *nm* -**1.** [chaînon] link; **un** ~ **de la chaîne** a link in the chain. -**2.** NAUT shackle. -**3.** TEXT mail, eye.

maillot [majo] *nm*: **~ de bain** [de femme] swimming costume *Br*, bathing costume *Br* OU suit *Am*; [d'homme] (swimming OU bathing) trunks; **~ de corps** undershirt, vest *Br*, singlet *Br*; **~ de football** football jersey; **le ~ jaune** *(the yellow shirt worn by) the leading cyclist in the Tour de France.*

main [mɛ̃] ◇ *nf* - **1.** ANAT hand; **habile de ses ~s** good with his/her hands; **donne-moi la ~** give me your hand, hold my hand; **les enfants, tenez-vous par** OU **donnez-vous la ~** hold hands, children; **se donner la ~** *fig*: **ils peuvent se donner la ~!** they're as bad as each other!; **tenir la ~ de qqn** *fig* to hold sb's hand; **lève la ~** [à l'école] put your hand up, raise your hand; **levez la ~ droite et dites «je le jure»** raise your right hand and say "I swear to God"; **lever la ~ sur qqn** *fig* to raise one's hand to sb; **tu veux ma ~ sur la figure?** do you want a slap?, you're asking for a slap!; **les ~s en l'air!, haut les ~s!** hands up!; **les ~s derrière le dos/au-dessus de la tête!** hands behind your back/above your head!; **il m'a arraché le sac des ~s** he snatched the bag out of my hands OU from my hands; **la tasse lui a échappé des ~s** the cup slipped OU fell from her hands; **d'une ~ assurée/tremblante** with a steady/trembling hand ❑ **en ~ propre, en ~s propres** [directement] personally; **remettez-le-lui en ~s propres** hand it over to her personally, deliver it into her own hands. - **2.** [savoir-faire]: **avoir la ~** to have the knack; **garder** OU **s'entretenir la ~** to keep one's hand in; **se faire la ~** to practise; **perdre la ~** to lose one's touch ‖ [intervention] hand; **la ~ de Dieu/du diable/du destin** the hand of God/of the Devil/of fate; **certains y voient la ~ des services secrets** some people believe that the secret service had a hand in it; **reconnaître la ~ de qqn** to recognize sb's touch. - **3.** *vieilli* [permission d'épouser]: **demander/obtenir la ~ d'une jeune fille** to ask for/to win a young lady's hand (in marriage); **elle m'a refusé sa ~** she refused my offer of marriage; **m'accorderez-vous votre ~?** will you give me your hand (in marriage)? - **4.** CARTES: **~ pleine** full house *(at poker)*; **avoir la ~** [faire la donne] to deal; [jouer le premier] to lead; **céder** OU **passer la ~** to pass the deal; *fig* to step OU to stand down; **jouer à la ~ chaude** [en superposant les mains] *to play a children's game in which hands are placed upon each other in turn, the hand from below coming to the top of the pile.* - **5.** [gant de cuisine] (oven) glove. - **6.** COUT: **petite ~** apprentice. - **7.** COMM & IMPR [quantité] ≃ quire *(of 25 sheets)*; [tenue]: **papier qui a de la ~** paper which has bulk OU substance. - **8.** TEXT [tenue] feel; [apprêt] finish. - **9.** FTBL: **il y a ~!** handball! - **10.** [ornement]: **~ de Fatma** hand of Fatima (pendant); **~ de justice** (hand-shaped) sceptre. - **11.** CONSTR [poignée] handle; **~ courante** handrail. - **12.** AUT: **~ de ressort** dumb iron. - **13.** ÉQUIT: **mener un cheval en ~** to lead a horse; **le cheval est dans** OU **sur la ~** the horse is well in hand; **mettre un cheval sur la ~** to put a horse on the bit; **rendre la ~ à un cheval** to give a horse its head; **en arrière de la ~** behind the bit. - **14.** *loc*: **à ~ levée** [voter] by a show of hands; [dessiner] freehand; **à ~s nues** barehanded; **grand comme la ~** tiny; **un jardin grand comme la ~** a garden as big as a handkerchief; **~ de fer**: **mener** OU **régenter qqch d'une ~ de fer** to rule sthg with an iron hand; **une ~ de fer dans un gant de velours** an iron fist in a velvet glove; **la ~ sur le cœur** with one's hand on one's heart, in perfect good faith; **~ secourable**: **chercher une ~ secourable** to look for a helping hand OU for help; **aucune ~ secourable ne se présenta** nobody came forward to help; **de ~ de maître** masterfully, brilliantly; **le homard a été préparé de ~ de maître** the preparation of the lobster was the work of a genius OU a brilliant chef; **entre les ~s de**: **la décision est entre les ~s du juge** the decision rests with OU is in the hands of the judge; **le carnet est entre les ~s de la police** the notebook is in the hands of the police; **en (de) bonnes ~s**: **ton fils est en (de) bonnes ~s** your son is in good hands; **j'ai laissé l'affaire en de bonnes ~s** I left the matter in good hands; **les ~s libres** *fig*: **avoir/garder les ~s libres** to have/to keep a free hand; **laisser les ~s libres à qqn** to give sb carte blanche OU a free hand; **les ~s liées** *fig*: **avoir les ~s liées** to have one's hands tied; **j'ai les ~s liées** my hands are tied; **les ~s vides**: **arriver/rentrer les ~s vides** to turn up/to go home empty-handed; **les ~s dans les poches** *fam fig* with not a care in the world, free and easy; **pourquoi s'inquiéter? moi j'y vais les ~s dans les poches!** why worry? I'm easy about the whole thing!; **jeux de ~s, jeux de vilains** [à des enfants] no more horsing around or it'll end in tears; **gagner haut la ~** to win hands down; **avoir la haute ~ sur** to have total OU absolute control over; **avoir la ~ baladeuse**: **il a la ~ baladeuse** he can't keep his hands to himself; **avoir la ~ heureuse** to be lucky; **tu as eu la ~ heureuse, j'adore les œillets!** you've struck lucky, I love carnations!; **avoir la ~ malheureuse** to be unlucky; **avoir la ~ légère** [être clément] to be lenient; [en cuisine] to underseason; **avoir la ~ leste** to be quick with one's hands; **avoir la ~ lourde** [être sévère] to be harsh OU heavy-handed; [en cuisine] to be heavy-handed (with the seasoning); **avoir la ~ verte** to have green fingers *Br* OU a green thumb *Am*; **avoir qqn à sa ~** *fam* to have sb under one's thumb; **avoir/garder qqch sous la ~** to have/to keep sthg at hand; **j'ai ce qu'il me faut sous la ~** I have what I need at OU to hand; **en venir aux ~s** to come to blows; **faire ~ basse sur** [palais] to raid, to ransack; [marchandises, documents] to get one's hands on; **c'est toi qui as fait ~ basse sur les chocolats?** *hum* are you the one who's been at the chocolates?; **en mettre sa ~ au feu**: **c'est lui, j'en mettrais ma ~ au feu** that's him, I'd stake my life on it; **ne pas y aller de ~ morte**: **il n'y est pas allé de ~ morte** he didn't pull his punches; **attention, la ~ me démange!** watch it or you'll get a slap!; **mettre la ~ à la poche** to put one's hand into one's pocket; **mettre la ~ à l'ouvrage** OU **à la pâte** to put one's shoulder to the wheel; **mettre la ~ au collet à qqn** to nab sb; **mettre** OU **prêter la ~ à** to have a hand in; **des spécialistes ont prêté la ~ à la compilation du documentaire** experts had a hand in OU participated in the making of the documentary; **mettre la ~ sur qqch** to lay OU to put one's hands on sthg; **je n'arrive pas à mettre la ~ dessus** I can't find it, I can't lay my hands on it; **à ne pas mettre entre toutes les ~s**: **c'est une photo à ne pas mettre entre toutes les ~s** this photo shouldn't be shown to just anybody OU musn't fall into the wrong hands; **ce sont des documents qu'on ne peut pas mettre entre toutes les ~s** these documents are not for general distribution; **passer la ~ dans le dos à qqn** *fam* to butter sb up; **prendre qqn la ~ dans le sac** to catch sb red-handed; **ah, ah, je te prends la ~ dans le sac!** *hum* ha! I've caught you at it!; **se prendre par la ~**: **tu ne trouveras pas de travail si tu ne te prends pas par la ~** you won't find a job unless you get a grip on yourself OU *Br* you pull your socks up; **tendre la ~** [faire l'aumône] to hold out one's hand, to beg; **tendre la ~ à qqn** [lui pardonner] to hold out one's hand to sb (in forgiveness) *fig*; **tomber dans les** OU **aux ~s de** to fall into the hands OU clutches *péj* of; **tomber sous la ~**: **la première chemise qui me tombe sous la ~** the first shirt that comes to hand.

◇ *adv* [fabriqué, imprimé] by hand; **fait/tricoté/trié ~** hand-made/-knitted/-picked.

◆ **à la main** *loc adv* - **1.** [artisanalement]: **fait à la ~** hand-made. - **2.** [dans les mains]: **avoir** OU **tenir qqch à la ~** to hold sthg in one's hand; **la fourchette à la ~** with one's fork in one's hand, fork in hand.

◆ **à main** *loc adj* [levier, outil] hand *(modif)*, manual.

◆ **à main droite** *loc adv* on the right-hand side; **à ~ droite, vous avez le lac** the lake is to OU on your right.

◆ **à main gauche** *loc adv* on the left-hand side; **à ~ gauche, vous avez l'église** the church is to OU on your left.

◆ **de la main** *loc adv* with one's hand; **saluer qqn de la ~** [pour dire bonjour] to wave (hello) to sb; [pour dire au revoir] to wave (goodbye) to sb, to wave sb goodbye; **de la ~, elle me fit signe d'approcher** she waved me over.

◆ **de la main à la main** *loc adv* directly, without any middleman; **j'ai payé le plombier de la ~ à la ~** I paid the plumber cash in hand.

◆ **de la main de** *loc prép* - **1.** [fait par] by; **une toile de la ~ de Warhol** a canvas (painted) by Warhol; **la lettre est de la ~ même de Proust/de ma ~** the letter is in Proust's own hand/in my handwriting. - **2.** [donné par] from (the hand of); **elle a reçu son prix de la ~ du président** she received her award from the President himself.

◆ **de main en main** *loc adv* from hand to hand, from one person to the next.

◆ **d'une main** *loc adv* [ouvrir, faire] with one hand; [prendre] with OU in one hand; **prenant d'une ~ la bouteille et de l'autre le tire-bouchon** taking the bottle in one hand and the corkscrew in the other ❑ **donner qqch d'une ~ et le reprendre de l'autre** to give sthg with one hand and take it back with the other.

◆ **en main** ◇ *loc adj*: **l'affaire est en ~** the question is in hand OU is being dealt with; **le livre est actuellement en ~** [il est consulté] the book is out on loan OU is being consulted at the moment.

◇ *loc adv*: **avoir qqch en ~** *pr* to be holding sthg; **avoir** OU **tenir qqch (bien) en ~** *fig* to have sthg well in hand OU under control; **quand tu auras la voiture bien en ~** when you've got the feel of the car; **ils n'ont plus la situation en ~** they no longer have the situation under control; **prendre qqch en ~** to take control of OU over sthg; **prendre qqn en ~** to take sb in hand; **reprendre qqch en ~** to regain control of OU over sthg; **la société a été reprise en ~** the company was taken over.

◆ **la main dans la main** *loc adv* [en se tenant par la main] hand in hand; *fig* together; **les deux pays marchent la ~ dans la ~** the two countries work together; *péj* the two countries are OU work hand in glove.

◆ **coup de main** *nm* - **1.** [raid] smash-and-grab attack; MIL coup de main. - **2.** [aide]: **donner un coup de ~ à qqn** to give OU to lend sb a hand. - **3.** [savoir-faire]: **avoir le coup de ~** to have the knack OU the touch.

mainate [mɛnat] *nm* (hill) mynah (bird).

main-d'œuvre [mɛ̃dœvr] (*pl* **mains-d'œuvre**) *nf* - **1.** [travail] labour; **le prix de la ~** the cost of labour, labour costs; **les enfants fournissaient une ~ bon marché** children provided cheap labour. - **2.** [personnes] workforce, labour force; **~ féminine/étrangère** female/foreign labour; **il y a une pénurie de ~ qualifiée** there is a shortage of skilled labour; **les besoins en ~ ont augmenté** manpower requirements have increased.

Maine [mɛn] *npr m* - **1.** HIST [en France] Maine. - **2.** [aux États-Unis]: **l'État du ~, le ~** Maine.

main-forte [mɛ̃fɔrt] *nf*: **prêter ~ à qqn** to give sb a (helping) hand.

mainlevée [mɛ̃lәve] *nf* - **1.** JUR withdrawal; **~ d'une hypothèque** discharge OU withdrawal OU cancellation of a mortgage; **~ de la saisie** replevin. - **2.** RELIG: **~ d'une interdiction** withdrawal of an interdict.

mainmise [mɛ̃miz] *nf* - **1.** [physique] seizure; **la ~ de Hitler sur les Balkans** Hitler's seizure OU takeover of the Balkans. - **2.** [psychologique] hold, grip, grasp; **ses parents avaient la ~ sur sa vie** her parents had a strong hold OU tight grip on her life.

mainmorte [mɛ̃mɔrt] *nf* HIST mortmain.

maint, e [mɛ̃, mɛ̃t] *adj litt* many a, a great many; **~e personne** many a person, a great many people; **~s pays** many a country, a great many countries; **~es et ~es fois, à ~es reprises** time and time again; **je l'ai mis en garde à ~es reprises** I've warned him many a time OU time and time again.

maintenance [mɛ̃tnɑ̃s] *nf* -**1.** [de matériel, d'un bien] upkeep; [d'un appareil, d'un véhicule] maintenance, servicing. -**2.** MIL [moyens] maintenance unit; [processus] maintenance.

maintenant [mɛ̃tnɑ̃] *adv* -**1.** [à présent] now; **je me sens mieux ~** I feel better now; **~ on peut y aller** we can go now; **il y a ~ trois ans que cela dure** this has been going on for three years now; **beaucoup de maladies incurables jadis peuvent ~ être guéries** many illnesses which were once incurable can now be treated; **c'est ~ que tu arrives?** what time do you call this?; **l'avion a sûrement décollé ~** the plane must have taken off (by) now; **ils sont sûrement arrivés depuis longtemps ~** they must have arrived a long time ago (now); **il est 8 h, ils ne viendront plus ~** it's 8 o'clock, they'll never come now; **~ tu sauras à quoi t'en tenir** now OU from now on you'll know what to expect; **à partir de ~** from now on OU onwards; **c'est ~ ou jamais** it's now or never; **les jeunes de ~** today's youth, young people today. -**2.** [cela dit]: **je l'ai lu dans le journal, ~ si c'est vrai ou faux, je n'en sais rien** I read it in the paper, but OU now whether or not it's true, I don't know; **vous connaissez mon point de vue, ~ faites ce que vous voulez** you know what I think, now (you) do what you want.

◆ **maintenant que** *loc conj* now (that); **~ que tu me le dis, je m'en souviens** now (that) you say so OU tell me, I remember; **~ que Durand est chef du département,...** with Durand now head of department,...

maintenir [40] [mɛ̃tnir] *vt* -**1.** [tenir] to hold firm OU tight; **des rivets maintiennent l'assemblage** the structure is held tight OU together by rivets; **le pantalon est maintenu par une ceinture** the trousers are held OU kept up by a belt; **couvrez les pots de morceaux d'étamine maintenus par des élastiques** cover the jars with pieces of muslin held in place by rubber bands; **nous sommes maintenus au sol par la pesanteur** the force of gravity is what keeps us on the ground; **les muscles maintiennent le corps en équilibre** muscles ensure that the body retains its balance; **~ qqn assis/debout** to keep sb seated/standing; **une sangle la maintenait sur son lit** a strap held her to her bed, she was strapped to her bed; **il a fallu trois hommes pour le ~ allongé** three men were needed to keep him down. -**2.** [garder] to keep; **~ l'eau à ébullition** keep the water boiling; **~ la température à -5°** keep the temperature at -5°; **~ au frais** keep in a cool place; **~ qqn en vie** to keep sb alive; **~ les yeux fermés** to keep one's eyes shut; **~ la tête sous l'eau** to keep one's head under water; **maintenez les jambes en l'air le plus longtemps possible** keep your legs up as long as possible; **~ un membre dans une attelle** to keep a limb strapped up. -**3.** [conserver - statu quo, tradition] to maintain, to uphold; [- prix] to keep in check, to hold steady; [- loi] to uphold; [- paix] to maintain, to keep; **des traditions qui maintiennent les clivages sociaux** traditions which sustain OU perpetuate divisions in society; **les ordres sont maintenus** the orders have been maintained OU upheld; **~ l'ordre** to keep order; **punitions maintenues!** punishments upheld!; **~ sa candidature** to maintain one's candidature. -**4.** [continuer à dire] to maintain; **il dit que tu as tort et il le maintient** he says you're wrong and he's standing by it; **je maintiens que c'est possible** I maintain that it's possible; **~ une accusation** to stand by OU to maintain an accusation; **l'accusée a maintenu sa version des faits** the defendant stuck to OU stood by OU maintained her story.

◆ **se maintenir** *vpi* to remain; **la monarchie se maintient encore dans quelques pays** monarchy lives on OU survives in a few countries; **le beau temps se maintiendra** the weather will stay OU remain fine; **le taux du dollar se maintient** the dollar holds OU remains steady; **le niveau des commandes se maintient** orders are holding up OU steady; **comment ça va? — on OU ça se maintient** *fam* how's everything going? — so-so OU not so bad OU bearing up; **il se maintient au second tour** POL he's decided to stand again in the second round; **pourra-t-elle se ~ dans les dix premiers?** will she be able to remain in the top ten?; **se ~ à flot** [dans l'eau] to stay afloat; [dans son travail] to keep one's head above water *fig*; **se ~ en équilibre** to keep one's balance; **se ~ en bonne santé** to stay in good health.

maintien [mɛ̃tjɛ̃] *nm* -**1.** [conservation] maintenance, upholding; **comment garantir le ~ du libre-échange?** how is it possible to uphold OU to preserve free trade? ❑ **~ dans les lieux** JUR right of tenancy; **le ~ de l'ordre** the maintenance of law and order; **assurer le ~ de l'ordre** to maintain law and order; **~ de la paix** peacekeeping. -**2.** [port] bearing, deportment; **cours/professeur de ~** lesson in/teacher of deportment. -**3.** [soutien] support; **ce soutien-gorge assure un bon ~** this bra gives good support.

maïoral [majɔral] *adj Belg* mayoral.

maïorat [majɔra] *nm Belg* office of mayor.

maire [mɛr] *nm* [d'une commune, d'un arrondissement] ≃ mayor; [d'une grande ville] ≃ (lord) mayor *Br*, ≃ mayor *Am*.

mairesse [merɛs] *nf* -**1.** [femme maire] (Lady) Mayor. -**2.** [épouse du maire] mayoress.

mairie [meri] *nf* -**1.** [fonction] office of mayor, mayoralty; **il brigue la ~ de Paris** he's running for the office of Mayor of Paris; **la ~ l'occupe beaucoup** her duties as Mayor OU Mayoress keep her very busy. -**2.** [administration - gén] town council; [- d'une grande ville] city council; **organisé par la ~ de Lyon** sponsored by Lyons city council; **c'est la responsabilité de la ~** it's the town council's responsibility ❑ **~ d'arrondissement** district council *(in Paris, Lyons or Marseilles)*. -**3.** [édifice] town OU city hall; **demandez une attestation à la ~** you must apply to the town hall for a certificate ❑ **~ de quartier** local town hall *(in Paris, Lyons or Marseilles)*; **~ du village** village OU town hall.

mais [mɛ] ◇ *conj* -**1.** [servant à opposer deux termes]: **finalement je n'en veux pas un ~ deux** actually, I want two not one; **ce n'est pas bleu, ~ vert** it's not blue, it's green; **non ce n'est pas 123 ~ 124** no, it's not 123 it's (actually) 124. -**2.** [introduisant une objection, une restriction, une précision] but; **~ pourtant vous connaissez le dossier?** but you are familiar with the case, aren't you?; **oui, ~...** yes, but..., **~ ce n'est pas du tout ce que j'ai dit!** (but) that's not what I said at all!; **j'aime bien cette jupe ~ je la préfère en vert** I like that skirt but I prefer it in green; **ces chaussures sont jolies ~ trop chères** these shoes are nice, but they're too expensive; **c'est sûr qu'il viendra, ~ il ne sait pas quand** he's definitely coming, but he doesn't know when; **j'ai trouvé le même, ~ moins cher** I found the same thing, only OU but cheaper. -**3.** [introduisant une transition]: **~ revenons à notre sujet** but let's get back to the point; **~ Fred, tu l'as vu ou non?** (and) what about Fred, did you see him or not?; **~ dis-moi, ton frère, il ne pourrait pas m'aider?** I was thinking, couldn't your brother help me?; **~ alors, vous ne partez plus?** so you're not going any more? -**4.** [renforçant des adverbes]: **vous êtes d'accord? — ~ oui, tout à fait** do you agree? — yes, absolutely; **~ oui, ça ira comme ça** yes, that will do; **tu pleures? — ~ non, ~ non...** are you crying? — no, no, it's alright...; **tu as peur? — ~ non!** are you scared? — of course not!; **tu m'aimes? — ~ bien sûr que je t'aime!** do you love me? — but of course I love you!; **vous venez aussi? — ~ bien sûr!** are you coming as well? — of course (we are)!; **tu m'accompagneras à la gare? — ~ certainement** will you come with me to the station? — of course (I will); **nous allons à Venise, ~ aussi à Florence et à Sienne** we're going to Venice, and to Florence and Siena too; **nous exportons en Allemagne, ~ aussi en Suède et aux Pays-Bas** we export to Germany, but also to Sweden and the Netherlands; **c'est joli, ~ encore trop cher** it's nice, but it's still too expensive; **il est génial, ~ même ses plus proches amis ont du mal à le supporter** he's great, but even his closest friends find it hard to put up with him;...**~ bon, il ne veut rien entendre**...but he just won't listen; **je sais, ~ enfin, qu'est-ce qu'on peut dire dans ces cas-là?** I know, but (after all) what can you say in a situation like that? -**5.** [employé exclamativement - avec une valeur intensive]: **cet enfant est nerveux, ~ nerveux!** that child is highly-strung, and I mean highly-strung!; **j'ai faim, ~ faim!** I'm so hungry!; **il a pleuré, ~ pleuré!** he cried, how he cried!; **c'était une fête, ~ une fête!** what a party that was!, that was a real party! || [exprimant l'indignation, l'impatience]: **non ~ des fois!** (but) really!; **non ~ ça ne va pas!** you're/he's *etc* mad!; **~ vous êtes fou!** you're mad!; **non ~ pour qui tu me prends?** who do you take me for anyway?; **~ dis donc, tu n'as pas honte?** well really, aren't you ashamed of yourself?; **~ enfin, en voilà une manière de traiter les gens!** well OU I must say, that's a fine way to treat people!; **non ~ tu plaisantes?** you can't be serious!, you must be joking!; **~ puisque je te le dis!** it's true I tell you!; **~ écoute-moi un peu!** will you just listen to me a minute!; **~ tu vas te taire, bon sang!** *fam* for God's sake, will you shut up!; **~ c'est pas un peu fini ce vacarme?** have you quite finished making all that racket?; **~ ça suffit maintenant!** that's enough now!; **~ je vais me fâcher, moi!** I'm not going to put up with this! || [exprimant la surprise]: **~ tu saignes!** you're bleeding!; **~ c'est Paul!** hey, it's Paul!; **~ dis donc, tu es là, toi?** what (on earth) are you doing here?

◇ *adv*: **n'en pouvoir ~** *litt* to be helpless.

◇ *nm* but, buts; **il n'y a pas de ~ (qui tienne), j'ai dit au lit!** no buts about it, I said bed!; **je vais t'aider, cependant il y a un ~** I'll help you, but on one condition; **je ne veux pas de si ni de ~** I don't want any ifs and buts.

◆ **non seulement... mais** *loc corrél*: **non seulement il ne travaille pas ~ (en plus) il ne veut pas travailler** not only does he not work, he doesn't want to work either; **non seulement tu arrives en retard, ~ (en plus) tu oublies ton livre** not only do you arrive late but on top of that you forget your book.

maïs [mais] *nm* maize *Br*, corn *Am*; **~ en épi** corn on the cob.

maïserie [maisri] *nf* -**1.** [usine] corn mill. -**2.** [activité] corn processing.

maison [mɛzɔ̃] ◇ *nf* **A.** -**1.** [bâtiment] house, dwelling; **des bureaux et des ~s (d'habitation)** office accommodation and private dwellings OU houses ❑ **~ bourgeoise** fine town house OU residence; **~ de campagne** [gén] house OU home in the country; [rustique] (country) cottage; **~ individuelle** [non attenante] detached house; **~ de maître** [en bien propre] owner-occupied house; [cossue] fine large house; **~ de poupée** doll's house; **~ préfabriquée** prefabricated house; **gros comme une ~** *fam* plain for all to see; **un mensonge gros comme une ~** *fam* a whopping great lie; **il te drague, c'est gros comme une ~** *fam* he's flirting with you, it's as plain as the nose on your face. -**2.** [foyer, intérieur] home, house; **sa ~ est toujours propre** his house OU home is always clean; **je l'ai cherché dans toute la ~** I've looked for it all over the house; **j'ai trois enfants qui sont encore à la ~** I've got three children still at home; **il a quitté la ~ à 16 ans** he left home when he was 16; **entrez donc dans notre humble ~** *hum* welcome to our modest abode; **déménager/changer (toute) la ~** to move/to change everything but the kitchen sink; **tenir une ~** to look after a OU to keep house; les dépenses de la ~ household expenditure; à la ~ at home; cet après-midi, je suis à la ~ I'm (at) home this afternoon; rentre à la ~! [locuteur à l'extérieur] go home!; [locuteur à l'intérieur] come OU get back in!; 'tout pour la ~' 'household goods' ❑ chez eux c'est la ~ du bon Dieu they are very hospitable, their door is always open.

B. -1. [famille, groupe] family; quelqu'un de la ~ a member of the family; visiblement, vous n'êtes pas de la ~ you're obviously new here; toute la ~ est partie pour Noël all the people in the house have OU the whole family has gone away for Christmas. -2. [personnel] household; la ~ civile/militaire the civil/military household; la ~ du président de la République/du roi the presidential/King's household. -3. [dynastie] house; la ~ des Tudor the House of Tudor; être le descendant d'une grande ~ to be of noble birth. -4. [lieu de travail - d'un domestique] household *(where a person is employed as a domestic)*; j'ai fait les meilleures ~s I've been in service with the best families; vous avez combien d'années de ~? how long have you been in service?

C. -1. COMM firm, company; la réputation de la ~ the firm's good name; une ~ de renom a company of high repute; il a servi la ~ pendant 30 ans he worked with the firm for 30 years; j'ai 20 ans de ~ I've been with the company for 20 years; un habitué de la ~ a regular (customer); 'la ~ ne fait pas crédit' 'no credit given'; 'la ~ n'accepte pas les chèques' 'no cheques (accepted)' ❑ ~ de détail/gros retail/wholesale business; ~ de commerce (commercial) firm OU company; ~ de couture fashion house; ~ d'édition publishing house; ~ d'import-export import-export firm OU company OU business; la Maison de la presse newsagent's; ~ de titres BANQUE ≃ clearing house *(for clearing stocks)*. -2. RELIG: la ~ de Dieu OU du Seigneur the house of God, the Lord's house; ~ religieuse convent. -3. [lieu spécialisé]: ~ close OU de tolérance *vieilli* brothel; ~ de correction OU de redressement HIST reformatory *arch*, remand home *Br* borstal *Br*; la ~ du marin/soldat the Seamen's/Servicemen's hostel; ~ d'arrêt remand centre; ~ centrale (de force) prison, State penitentiary *Am*; ~ de convalescence convalescent home; ~ de la culture ≃ arts OU cultural centre; ~ d'éducation surveillée approved school *Br*, reformatory; ~ d'enfants (residential) holiday centre for children, camp *Am*; ~ familiale holiday home *Br*, vacation home *Am (for low-income families)*; ~ de fous *péj* madhouse; ~ de jeu gambling OU gaming house; ~ des jeunes et de la culture ≃ youth and community centre; ~ maternelle family home; ~ de passe sleazy hotel *(used by prostitutes)*; ~ du peuple ≃ trade union and community centre; la Maison de la radio *Parisian headquarters and studios of French public radio*, ≃ Broadcasting House *Br*; ~ de rendez-vous lovenest; ~ de repos rest OU convalescent home; ~ de retraite old people's home, retirement home; ~ de santé nursing home.

D. ASTROL house, mansion.

E. AGR & HORT: ~ à champignon mushroom farm.

◇ *adj inv* -1. [fabrication] home-made; tous nos desserts sont (faits) ~ all our desserts are home-made; spécialité ~ speciality of the house. -2. [employé] in-house; nous avons nos traducteurs ~ we have an in-house translation department ❑ syndicat ~ company union. -3. *fam* [en intensif] first-rate, top-notch; il s'est fait engueuler, quelque chose de ~! he got one hell of a talking-to!; une engueulade ~ ▽ one hell of a dressing-down.

◆ **maison mère** *nf* -1. COMM mother *Br* OU parent company. -2. RELIG mother house.

Maison-Blanche [mɛzɔ̃blɑ̃ʃ] *npr f*: la ~ the White House.

maisonnée [mɛzɔne] *nf sout* household; son cri réveilla toute la ~ his scream woke up the whole household OU everyone in the house.

maisonnette [mɛzɔnɛt] *nf* small house.

maistrance [mɛstrɑ̃s] *nf*: la ~ the (ship's) petty officers.

maître, maîtresse [mɛtr, mɛtrɛs] ◇ *adj* -1. *(après le n)* [essentiel] central, main, major; l'idée maîtresse du texte the main theme OU central idea in the text; sa qualité maîtresse est le sang-froid a cool head is his outstanding OU chief quality; une pièce maîtresse du dossier/de la collection a key document in the file/item in the collection || [le plus important] main; branche maîtresse largest OU main branch; poutre maîtresse main (supporting) beam; carte maîtresse JEUX trump card || *(avant le n)*: le ~ mot the key word; maîtresse femme powerful woman. -2. [dans des noms de métiers]: ~ boulanger/forgeron master baker/blacksmith; ~ compagnon ≃ master craftsman; ~ coq OU queux chef; ~ de forges ironmaster; ~ maçon master builder OU mason; ~ sonneur head OU chief bellringer.

◇ *nm, f* -1. [personne qui contrôle] master *(f mistress)*; ~s et esclaves masters and slaves; ce chien n'obéit qu'à sa maîtresse this dog only obeys his mistress; ils sont maintenant installés en ~s chez nous they now rule the roost in our own house; agir en ~ to behave as though one were master; il faut rester ~ de soi you must keep your self-control; il est ~ de lui he's in control of himself; être ~ d'une situation to be in control of a situation; il faut toujours rester ~ de son véhicule you must always be in control of your vehicle; les ~s du monde the world's rulers; les guérilleros se sont rendus ~s de la région the guerrillas have seized control OU taken command of the region; à la maison, c'est lui le ~ he's (the) boss at home; en fait, c'est elle qui est le ~ ici in fact, she's (the) boss around here; être son (propre) ~ to be one's own master OU boss; il est son propre ~ he's his own man; elle est son propre ~ she's her own woman; être OU rester ~ de faire qqch to be free to do sthg ❑ ~ jacques factotum; le ~ de céans the master of the house; ~ de maison host; maîtresse de maison lady of the house *sout* OU *hum*, hostess; les bons ~s font les bons valets *prov* a good master makes a good servant; tel ~ tel valet *prov* like master, like man *prov*. -2. [professeur]: ~ (d'école), maîtresse (d'école) teacher, schoolteacher; elle fait très maîtresse d'école *fam* she's very schoolmarmish; Maîtresse, j'ai trouvé! Miss OU teacher *Am*, I've found the answer!; ~ d'internat house master *Br* OU director *Am (responsible for boarders after school)*; ~/maîtresse de ballet ballet master/mistress *Br*, ballet teacher; ~ de musique music teacher.

◆ **maître** *nm* -1. [dans des noms de fonctions]: grand ~ (de l'ordre) grand master; grand ~ de l'Université ≃ Secretary of State for Education *Br*, ≃ Secretary of Education *Am*; ~ d'armes fencing master; ~ auxiliaire supply *Br* OU substitute *Am* teacher; ~ de chapelle choirmaster; ~ de conférences ≃ (senior) lecturer *Br*, ≃ assistant professor *Am*; ~ d'équipage CHASSE master of the hunt; HIST & NAUT boatswain; ~ de manège [directeur] riding school director; [moniteur] riding instructor; ~ d'ouvrage contractor; ~ de pêche trawler master; ~ de recherches research director; ~ de cérémonie OU des cérémonies master of ceremonies; ~ des requêtes ≃ government counsel *Br* OU attorney *Am*; ~ principal ≃ fleet chief *Br* OU master chief *Am* petty officer. -2. [expert] master; être passé ~ dans l'art de to be a past master in the art of; elle est passée ~ dans l'art de tromper son monde she is a past master in the art of misleading people. -3. BX-ARTS, LITTÉRAT & PHILOS master; dans le style des ~s de l'écriture classique in the style of the masters of classical literature; le ~ de Moulins/Madrid the Master of Moulins/Madrid; trouver son ~ *fig* to meet one's master OU more than one's match; ~ à penser mentor, guru, intellectual model; petit ~ [écrivain] second-rate writer *péj*; [artiste] minor artist. -4. RELIG: le ~ de l'Univers OU du monde the Master of the Universe; se croire le ~ du monde *fig* to feel invincible. -5. CARTES: être ~ à carreau to hold the master OU best diamond. -6. [titre]: Maître Suzanne Thieu Mrs. (OU Miss) Suzanne Thieu; Maître Dulles, avocat à la cour ≃ Mr. Dulles QC *Br* OU member of the Bar *Am*; cher Maître, à vous! [à un musicien] Maestro, please!; Maître Chat/Renard *hum* Mister Cat/Fox.

◆ **maîtresse** *nf* [d'un homme] mistress; devenir la maîtresse de qqn to become sb's mistress.

◆ **de maître** *loc adj* -1. [qui appartient à un riche particulier]: chauffeur de ~ (personal) chauffeur; voiture de ~ expensive car. -2. [exécuté par un grand artiste]: un tableau OU une toile de ~ an old master; un coup de ~ *fig* a masterstroke; pour un coup d'essai, c'est un coup de ~ for a first attempt, it was brilliant.

◆ **maître chanteur** *nm* -1. [qui menace] blackmailer. -2. MUS Meistersinger, mastersinger.

◆ **maître d'hôtel** ◇ *nm* [dans un restaurant] maître (d'hôtel), headwaiter; [chez un particulier] butler.

◇ *loc adj*: beurre ~ d'hôtel CULIN parsley butter, maître d'hôtel butter; pommes ~ d'hôtel maître d'hôtel potatoes.

◆ **maître d'œuvre** *nm* -1. CONSTR chief architect, project manager, master builder. -2. *fig*: ce volume a eu Diderot lui-même pour ~ d'œuvre Diderot himself took overall responsibility for the compilation of this volume; le Premier ministre est le ~ d'œuvre de l'accord signé hier the Prime Minister was the architect of the agreement that was signed yesterday.

maître-à-danser [mɛtradɑ̃se] *(pl* maîtres-à-danser) *nm* (pair of) callipers MATH.

maître-assistant, e [mɛtrasistɑ̃, ɑ̃t] *(mpl* maîtres-assistants, *fpl* maîtres-assistantes) *nm, f* ≃ lecturer *Br*, ≃ assistant professor *Am*.

maître-autel [mɛtrotɛl] *(pl* maîtres-autels) *nm* high altar.

maître-chien [mɛtrəʃjɛ̃] *(pl* maîtres-chiens) *nm* dog trainer OU handler.

maître-cylindre [mɛtrəsilɛ̃dr] *(pl* maîtres-cylindres) *nm* AUT master cylinder.

maître de conf' *fam* [mɛt(r)dəkɔ̃f] *nm abr de* maître de conférences.

maître-nageur [mɛtrənaʒœr] *(pl* maîtres-nageurs) *nm* swimming teacher OU instructor; ~ sauveteur lifeguard.

maîtresse [mɛtrɛs] *f* → **maître**.

maîtrisable [metrizabl] *adj* -1. [que l'on peut dominer - sentiment, douleur] controllable. -2. [que l'on peut apprendre]: ces nouvelles techniques sont difficilement ~s these new techniques are difficult to master.

maîtrise [metriz] *nf* -1. [contrôle] mastery, control; avoir la ~ des mers to have complete mastery of the sea; sa ~ du japonais est étonnante she has an amazing command of Japanese; avoir la ~ d'un art to have mastered OU to master an art; elle exécuta le morceau avec une grande ~ she performed the piece masterfully OU with great skill ❑ ~ de soi self-control, self-possession. -2. [dans une entreprise] supervising staff. -3. UNIV ≃ master's degree; elle a une ~ de géographie she has a master's (degree) OU an MA in geography, she mastered in geography *Am*. -4. RELIG [chœur] choir; [école] choir school.

maîtriser [3] [metrize] *vt* -1. [personne, animal, bateau] to control, to overpower; le chien avait la rage, il n'y avait pas moyen de le ~ the dog had rabies, there was no controlling it; il a fallu trois hommes pour le ~ three men were needed to bring him under control OU to overpower him; c'est un adversaire difficile, mais je le maîtriserai he's a tough opponent, but I'll master him OU I'll get the better of him. -2. [danger, sentiment] to bring under control, to master; l'incendie a été rapidement maîtrisé the fire was quickly brought under control; **ils maîtrisent maintenant la situation** they now have the situation (well) in hand OU under control; **~ un sentiment** to master OU to control a feeling; **il était trop bouleversé pour ~ ses larmes** he was too overcome to hold back his tears; **je réussis à ~ ma colère** I managed to contain my anger. -**3.** [connaître] to master; **il maîtrise bien les déclinaisons latines** he has a good grip on OU mastery of Latin declensions.

◆ **se maîtriser** *vp (emploi réfléchi)* to control o.s.; **je sais que tu as du chagrin, mais il faut te ~** I know you're upset, but you must get a grip on yourself; **sous l'influence de l'alcool, on n'arrive plus à se ~** under the influence of alcohol, one loses (all) control.

Maïzena® [maizena] *nf* cornflour *Br*, cornstarch *Am*.

majesté [maʒɛste] *nf* -**1.** [grandeur] majesty, grandeur; **le mont Fuji se dressait devant nous dans toute sa ~** Mount Fuji stood before us in all its majesty ❑ **~ divine/royale** divine/royal majesty. -**2.** [titre]: **Majesté** Majesty; **Sa Très Gracieuse Majesté, la reine Élisabeth** Her Most Gracious Majesty, Queen Elizabeth; **Leurs Majestés veulent-elles bien me suivre?** will Their Majesties kindly follow me?; **Sa Majesté Catholique** HIST His (Catholic) Majesty; **Sa Majesté Très Chrétienne** HIST His Majesty (the King of France); **'Sa Majesté des Mouches'** *Golding* 'Lord of the Flies'.

◆ **en majesté** *loc adj* BX-ARTS [Christ, saint, Vierge] in majesty, enthroned.

majestueusement [maʒɛstɥøzmɑ̃] *adv* majestically.

majestueux, euse [maʒɛstɥø, øz] *adj* majestic, stately; **il avait en toute circonstance un port ~** his bearing was at all times majestic OU noble OU regal; **le paon est un oiseau ~** peacocks are majestic birds; **un palais ~** a stately palace.

majeur, e [maʒœr] *adj* -**1.** [le plus important] major, greatest; **une des réalisations ~es de notre siècle** one of our century's major OU greatest OU main achievements; **le bonheur de son fils est son souci ~** his son's happiness is his major OU principal concern; **la ~e partie des gens en est consciente** OU **en sont conscients** the majority of people are aware of it, most people are aware of it. -**2.** [grave] major; **y a-t-il un obstacle ~ à sa venue?** is there any major reason why he shouldn't come? -**3.** [adulte]: **être ~** to be of age; **tu auras une voiture quand tu seras ~** you'll have a car when you come of age OU when you reach your majority; **je n'ai pas besoin de tes conseils, je suis ~** (**et vacciné** *fam*) I don't want any of your advice, I'm old enough to look after myself now. -**4.** CARTES: **tierce/quarte ~e** tierce/quart major. -**5.** MUS major; **concerto en la ~** concerto in A major ❑ **gamme/tierce ~e** major scale/third; **le mode ~** the major key OU mode. -**6.** RELIG: **ordres ~s** major orders; **causes ~es** causae majores.

◆ **majeur** *nm* -**1.** [doigt] middle finger. -**2.** LOGIQUE major term. -**3.** MUS major key OU mode.

◆ **majeure** *nf* LOGIQUE major premise.

◆ **en majeure partie** *loc adv* for the most (part); **son œuvre est en ~e partie hermétique** the major part OU the bulk of his work is abstruse.

Majeur [maʒœr] *npr* → **lac**.

major [maʒɔr] ◇ *adj* [supérieur par le rang] chief *(modif)*, head *(modif)*.

◇ *nm* -**1.** [dans la marine] ≃ master chief petty officer; **~ de vaisseau** HIST commander. -**2.** UNIV top student *(in the final examination at a grande école)*; **elle était le ~ de la promotion de 58** she came out first in her year in 1958. -**3.** HIST & MIL [chef des services administratifs] adjutant; (**médecin**) **~** medical officer; **~ général** ≃ major general. -**4.** *Helv* commanding officer.

◇ *nf* major (company).

majorant [maʒɔrɑ̃] *nm* MATH upper bound, majorant.

majoration [maʒɔrasjɔ̃] *nf* -**1.** [hausse] rise, increase; **procéder à une ~ des prix** to increase prices; **ils demandent une ~ de leurs salaires** they're asking for a wage increase; **~ d'impôts** surcharge on taxes. -**2.** [surestimation] overestimation.

majordome [maʒɔrdɔm] *nm* majordomo.

majorer [3] [maʒɔre] *vt* -**1.** [augmenter] to increase, to raise; **les allocations familiales seront majorées de 15 %** family credit is to be increased by 15%; **tous les impôts impayés avant la fin du mois seront majorés de 5 %** there will be a 5% surcharge OU penalty charge on all taxes not paid by the end of the month. -**2.** [surestimer] to overestimate; [donner trop d'importance à] *sout* to overstate, to play up *(sép)*; **il majore son apport personnel dans cette affaire** he plays up his part in this affair. -**3.** MATH [suite] to majorize; [sous-ensemble] to contain.

majorette [maʒɔrɛt] *nf* (drum) majorette.

majoritaire [maʒɔritɛr] ◇ *adj* -**1.** [plus nombreux] majority *(modif)*; **les femmes sont ~s dans l'enseignement** women outnumber men OU are in the majority in the teaching profession; **quel est le parti ~ au Parlement?** which party has the majority OU which is the majority party in Parliament?; **coton ~** high natural fibre content. -**2.** ÉCON & FIN: **actionnaire ~** majority shareholder; **il a une participation ~ dans la société** he has a majority interest in the company.

◇ *nmf* member of a majority group; **voter avec les ~s** to vote with the majority.

majorité [maʒɔrite] *nf* -**1.** [le plus grand nombre] majority; **la ~ de** the majority of, most; **la ~ des spectateurs était choqués par la pièce** the majority of OU most spectators were shocked by the play; **dans la ~ des cas** in most cases. -**2.** POL [parti]: **la ~** the majority, the party in power, the governing party; **la ~ silencieuse** the silent majority; **avoir la ~** to have the majority; **ils ont gagné avec une faible/écrasante ~** they won by a narrow/overwhelming margin ❑ **~ absolue/simple** absolute/relative majority; **être élu à la ~ absolue** to be elected with an absolute majority. -**3.** [âge légal] majority; **atteindre sa ~** to reach one's majority, to come of age; **à ta ~** [dans l'avenir] when you come of age; [dans le passé] when you came of age; **~ civile** (attainment of) voting age; **~ pénale** legal majority.

◆ **en majorité** ◇ *loc adj* in the majority; **nous sommes en ~** we are in the majority.

◇ *loc adv*: **les ouvriers sont en ~ mécontents** most workers OU the majority of workers are dissatisfied.

Majorque [maʒɔrk] *npr* Majorca; **à ~** in Majorca.

majorquin, e [maʒɔrkɛ̃, in] *adj* Majorcan.

◆ **Majorquin, e** *nm, f* Majorcan.

majuscule [maʒyskyl] ◇ *adj* -**1.** [gén] capital; **B ~** capital B. -**2.** IMPR upper-case; **les lettres ~s** upper-case letters.

◇ *nf* -**1.** [gén] capital, block letter; **écrivez votre nom en ~s** write your name in capitals, print your name (in block letters); **mettez une ~ à Rome** write Rome with a capital, capitalize Rome. -**2.** IMPR upper case, upper-case letter.

maki [maki] *nm* ring-tailed lemur.

mal[1] [mal] (*pl* **maux** [mo]) ◇ *nm* -**1.** [souffrance physique] pain; **avoir ~: où as-tu ~?** where does it hurt?, where is the pain?; **j'ai ~ là** it hurts OU it's painful here; **j'ai ~ à mon pouce** *fam* my thumb hurts; **j'ai ~ aux dents** I've got toothache *Br* OU a toothache *Am*; **j'ai ~ aux oreilles** I've got earache *Br* OU an earache *Am*; **j'ai mal à la tête** I've got a headache; **avoir ~ à la cheville/à la gorge/au pied** to have a sore ankle/throat/foot; **il a ~ au ventre** he has stomachache *Br* OU a stomachache; **j'ai ~ au bras** I have a sore arm, my arm hurts OU aches; **faire (du) ~ à** to hurt; **sa chaussure lui fait ~** his shoe is hurting him; **le dentiste ne te fera pas (de) ~** the dentist won't hurt you; **la piqûre ne vous fera pas ~** the injection won't hurt (you); **ça vous fait encore ~?** does it still hurt?, is it still hurting you?; **aïe, ça fait ~!** ouch, it OU that hurts!; **se faire ~** to hurt o.s.; **je me suis fait ~ à la main** I've hurt my hand ❑ **~ de dents** toothache; **~ de dos** backache; **~ de gorge** sore throat; **~ de tête** headache; **maux de tête** headaches; **maux d'estomac** stomach pains; **contre les maux d'estomac** for stomach pain; **ça me ferait ~** *fam* not on your life; **ça me ferait ~ au ventre** *fam* it would make me sick; **ça me ferait ~ aux seins**▽ it would really piss me off; **ça va faire ~!** *fam fig & hum* watch it, we're in for it now!; **attention, c'est à moi de jouer, ça va faire ~!** *fam* watch out, it's my turn, this is going to be something!; **il n'y a pas de ~!** [après un heurt] no broken bones!; [après une erreur] no harm done!; **mettre qqn à ~** OU **à ~ qqn** *sout* to manhandle OU to maltreat sb. -**2.** [maladie, malaise] illness, sickness, disease; **tu vas attraper** OU **prendre du ~** *fam* watch you don't get a cold ❑ **le ~ français** OU **napolitain** *arch* syphilis; **~ de l'air** airsickness; **~ blanc** whitlow; **~ de mer** seasickness; **avoir le ~ de mer** [habituellement] to suffer from seasickness; [au cours d'un voyage] to be seasick; **~ de la route** carsickness. -**3.** [dommage, tort] harm; **le ~ est fait** the damage is done (now); **faire du ~ à qqn** to do sb harm, to harm sb; **bois du lait, ça ne peut pas te faire de ~** drink some milk, it can't do you any harm; **faire du ~ à qqch** to do harm to sthg, to harm OU to damage sthg; **les insecticides font-ils plus de ~ que de bien?** do insecticides do more harm than good?; **vouloir du ~ à qqn** to wish sb ill OU harm; **je ne leur veux aucun ~** I don't wish (to cause) them OU I don't mean them any harm; **il n'y a pas de ~ à demander** there's no harm in asking; **et si j'en ai envie, où est le ~?** and if that's what I feel like doing, what harm is there in that?; **dire/penser du ~ de qqn** to speak/to think ill of sb ❑ **~ lui en a pris** OU **lui en prit** he's had cause to regret it; **ne le provoquez pas ouvertement, ~ vous en prendrait** don't provoke him or you'll live to regret it. -**4.** [douleur morale] pain; **faire (du) ~ à qqn** to hurt sb, to make sb suffer; **quand j'y repense, ça fait (du) ~** it hurts to think about it; **n'essaie pas de la revoir, ça te ferait du ~** don't try to see her again, it'll only cause you pain OU upset you. -**5.** [affliction, inconvénient] ill, evil; **c'est un ~ nécessaire** it's a necessary evil; **les maux dont souffre leur génération** the ills that plague their generation ❑ **le ~ du siècle** LITTÉRAT world-weariness, Romantic melancholy; **avoir le ~ de vivre** to be tired of life; **entre deux maux, il faut choisir le moindre** *prov* always choose the lesser evil OU the lesser of two evils. -**6.** [difficulté, tracas] trouble *(U)*, difficulty *(U)*; **avoir du ~ à faire qqch** to have difficulty (in) OU trouble doing sthg; **j'ai eu beaucoup de ~ à te contacter** I've had a lot of trouble getting in touch with you; **j'ai du ~ à le comprendre** [gén] I have trouble OU difficulty understanding him; [je l'entends mal] I'm having trouble OU difficulty hearing him properly; **j'ai de plus en plus de ~ à me souvenir des noms** I'm finding it harder and harder to remember names; **donner du ~ à qqn** to give sb trouble; **se donner du ~: il a réussi sans se donner de ~** he succeeded without much trouble; **tu ne t'es pas donné trop de ~, à ce que je vois!** I see you didn't exactly take a lot of trouble over it!; **ne vous donnez pas tant de ~ pour moi** please don't go to all this trouble on my behalf; **ils s'étaient pourtant donné du ~ pour dissimuler leurs traces** and yet they had gone to great lengths to cover their tracks. -**7.** [par opposition au bien]: **le ~** evil; **il n'a jamais fait le ~** he has never committed any evil act OU done any evil; **faire le ~** RELIG to sin; **la différence entre le bien et le ~** the difference between right and wrong OU good and evil; **faire le ~ pour le ~** to commit evil for evil's sake ❑ **rendre le ~ pour le ~** to give as good as one gets, to answer evil by evil.

⟐ *adv* -**1.** [désagréablement] wrong; **tout va ~** everything's going wrong; **ça commence ~, c'est ~ parti** things are off to a bad start; **ça va finir ~** OU **~ finir** [gén] it'll end in disaster; [à des enfants turbulents] it'll all end in tears; **ça a ~ tourné** it went wrong, it turned out badly; **ça tombe ~** [au mauvais moment] it comes at a bad time; **il sera là aussi, ça tombe ~** he'll be there too, which is unfortunate; **tu tombes ~** you've come at a bad time. -**2.** [en mauvaise santé]: **aller ~, se porter ~** to be ill OU unwell, to be in poor health; **comment va-t-elle? – ~** how is she? – not (very) well at all OU (very) ill. -**3.** [défavorablement] badly; **prendre ~ qqch, ~ prendre qqch** to take sthg badly; **elle a très ~ pris que je lui donne des conseils** she reacted badly OU she took exception to my giving her advice; **il prend tout ~** he takes exception to everything; **ne le prends pas ~ mais...** I hope you won't be offended but..., don't take it the wrong way but... ❑ **être/se mettre ~ avec qqn** to be/to get on the wrong side of sb. -**4.** [de façon incompétente ou imparfaite] badly, not properly; **ils se plaignent d'avoir été ~ accueillis** they complain that they weren't looked after properly; **c'est ~ fait** it's not been done properly; **c'est du travail ~ fait** it's a shoddy piece of work; **être ~ fait (de sa personne)** to be misshapen; **elle n'est pas ~ faite** she's got quite a good figure; **cette veste lui va ~** this jacket doesn't suit him; **le vert me va ~** green doesn't suit me; **ça lui va ~ de donner des conseils** he's hardly in a position to hand out advice; **je le connais ~** I don't know him very well; **s'ils croient que je vais me laisser faire, ils me connaissent ~!** if they think I'm going to take it lying down, they don't know me very well!; **je comprends ~ ce que tu me dis** [je ne t'entends pas bien] I can't make out properly what you're saying; [je ne te suis pas] I don't really understand what you're saying; **je dors ~** I have trouble sleeping; **il mange ~** [salement] he's a messy eater; [trop peu] he doesn't eat enough; [mal équilibré] he doesn't eat well; **il parle ~** he can't talk properly; **elle parle ~ l'allemand** her German isn't very good; **tu te tiens ~** [tu es voûté] you've got poor posture; [à table] you don't have any table manners; **vivre ~** OU **~ vivre qqch** to have a bad time with sthg; **elle a ~ vécu sa grossesse** she had a lot of trouble coping with her pregnancy; **je me vois ~ en bermuda/avec un mari comme le sien!** *fam* I just can't really see myself in a pair of Bermuda shorts/with a husband like hers!; **elle se voyait ~ allant lui réclamer l'argent** *fam* she couldn't quite imagine going to ask him for the money; **s'y prendre ~: je m'y prends ~** I'm not going about this the right way; **donne l'aiguille, tu t'y prends horriblement ~** hand me the needle, you're getting in a terrible mess; **elle s'y prend ~ avec les enfants** she's not very good with children; **~ dessiné** badly drawn; **~ élevé: il a été ~ élevé** he was brought up OU raised badly; **il est ~ élevé** he's bad-mannered OU impolite; **~ fermé** not closed properly; **~ habillé** badly dressed, poorly dressed; **~ vu** [peu aimé] poorly thought of. -**5.** [insuffisamment] badly, poorly; **vivre ~** to have trouble making ends meet; **~ approvisionné** poorly stocked; **être ~ nourri** [trop peu] to be underfed OU undernourished; [avec de la mauvaise nourriture] to be fed bad OU poor food; **~ payé** badly OU poorly paid. -**6.** [malhonnêtement] badly; **agir** OU **se conduire ~** to behave badly ❑ **~ tourner** to turn out badly; **à seize ans, il a commencé à ~ tourner** when he was sixteen, he started going to the bad. -**7.** [inconfortablement] uncomfortably; **être ~ assis** to be uncomfortably seated OU uncomfortable; **on dort ~ dans ton canapé-lit** your sofa bed isn't very comfortable ❑ **être ~ dans sa peau: elle est ~ dans sa peau** she's not a happy person. -**8.** *loc*: **ça la fiche** *fam*/**fout**▽ **~** it looks pretty bad/bloody awful; **si je n'y vais pas, ça la fiche ~** if I don't go, it looks really bad.

⟐ *adj inv* -**1.** [immoral] wrong; **c'est ~ de tricher** it's wrong to cheat; **je n'ai rien dit/fait de ~** I haven't said/done anything wrong. -**2.** [malade] ill, unwell, not well; **il est très ~** he's in a (very) bad way; **se sentir ~** to feel unwell; **se trouver ~** [s'évanouir] to faint, to pass out, to swoon. -**3.** *fam* [fou] mad, crazy.

◆ **au plus mal** *loc adj* -**1.** [très malade] very sick, desperately ill, critical. -**2.** [fâché]: **être au plus ~ avec qqn** to be at loggerheads with sb; **ils sont au plus ~ (l'un avec l'autre)** they're at loggerheads (with each other).

◆ **de mal en pis** *loc adv* from bad to worse.

◆ **en mal de** *loc prép*: **être en ~ d'affection** to be longing OU yearning for love; **être en ~ d'inspiration** to be short of OU lacking inspiration.

◆ **mal à l'aise** *loc adj* uncomfortable, ill at ease; **~ à l'aise dans ses vêtements usés** feeling uncomfortable in his shabby clothes; **je suis ~ à l'aise devant elle** I feel ill at ease with her.

◆ **mal à propos** *loc adv* at the wrong time; **ils sont arrivés ~ à propos** they timed their arrival badly, they arrived at the wrong moment; **faire une intervention ~ à propos** to speak out of turn.

◆ **mal portant, e** *loc adj* unwell, in poor health; **elle a toujours été ~ portante** she's never been very healthy.

mal[2], **e** [mal] *adj litt* -**1.** [inopportun] ill-timed, untimely. -**2.** *loc*: **à la ~e heure** [à l'heure de la mort] upon the hour of death.

Mal *abr écrite de* **maréchal**.

MAL, Mal (*abr de* **maison d'animation et des loisirs**) *nf* ≃ cultural centre.

malabar *fam* [malabar] *nm* [colosse] muscle man, hulk.

Malabar [malabar] *npr* → **côte**.

Malabo [malabo] *npr* Malabo.

malabsorption [malapsɔrpsjɔ̃] *nf* malabsorption.

Malacca [malaka] *npr*: **(la presqu'île de) ~** the Malay Peninsula.

malachite [malakit] *nf* malachite.

malacologie [malakɔlɔʒi] *nf* malacology.

malade [malad] ⟐ *adj* -**1.** [souffrant] ill, sick, unwell; **une personne ~** a sick person; **un enfant toujours ~** a sickly child; **gravement ~** gravely OU seriously ill; **se sentir ~** to feel ill OU unwell; **tomber ~** to fall ill; **se faire porter ~** *fam* to call in OU to report sick ❑ **être ~ à crever**▽ OU **comme un chien** *fam* [souffrir] to be incredibly ill OU at death's door *hum*; [vomir] to be sick as a dog OU violently ill; **j'étais là, ~ à crever, et ils s'en fichaient**▽ there I was, dying, and they didn't give a damn. -**2.** [atteint d'une lésion] bad, diseased; **avoir une dent ~** to have a bad OU diseased OU rotten tooth; **avoir une jambe ~** to have a bad OU gammy *Br* leg; **avoir le cœur ~** to have a heart condition OU heart trouble; **j'ai les intestins ~s, je suis ~ des intestins** I have troubles with my intestines; **une vigne ~** a diseased vine; **cette année les pommiers sont ~s** the apple trees have got a disease this year. -**3.** [nauséeux] sick; **je suis toujours ~ en bateau/voiture/avion** I suffer from seasickness/carsickness/airsickness; **le chocolat, ça rend ~** *fam* (eating) too much chocolate makes you sick OU ill. -**4.** [dément] (mentally) ill OU sick; **avoir l'esprit ~** to be mentally ill. -**5.** [en mauvais état] decrepit, dilapidated; **la vieille maison est bien ~** the old house is rather decrepit OU is in rather a sorry state; **des jouets/livres plutôt ~s** toys/books in a rather dilapidated condition; **nous avons une économie ~** our economy is sick OU shaky OU ailing; **la France ~ de l'inflation** *allusion La Fontaine* France, sick OU crippled with inflation. -**6.** [affecté moralement] ill, sick; **~ de jalousie** sick with jealousy, horribly jealous; **~ de peur** sick with fear; **~ d'inquiétude** sick OU ill with worry; **ça me rend ~: ça me rend ~ de la voir si démunie** it makes me ill to see her so penniless; **et pourtant c'est elle qui a eu le poste – tais-toi, ça me rend** OU **j'en suis ~!** all the same, she's the one who got the job – don't, it makes me sick OU vomit!; **quand j'ai su qu'il n'y avait plus de place, j'en étais ~** when I heard there were no seats left I could have cried. -**7.** *fam* [déraisonnable] mad, crazy; **ne hurle pas comme ça, tu es ~ ou quoi?** stop yelling like that, are you off your head?; **du whisky avec de la vodka, il est ~, celui-là** *fam* whisky mixed with vodka, that guy's sick OU out of his mind!; **ils veulent en plus qu'on paie la TVA, ils sont ~s!** and what's more they want us to pay VAT, they're off their heads OU they're crazy!

⟐ *nmf* -**1.** [patient – gén] sick person, sick man (*f* woman); [– d'un hôpital, d'un médecin] patient; [sujet atteint] sufferer; **les ~s en phase terminale** terminal patients; **dans les cas aigus, le ~ ressent une vive douleur** in acute cases, the sufferer feels a sharp pain; **c'est un ~ imaginaire** he's a hypochondriac ❑ **les grands ~s** the seriously ill; **'le Malade imaginaire'** *Molière* 'The Imaginary Invalid'. -**2.** [dément]: **~ (mental)** mentally ill OU sick person; **l'accusé est un ~** the defendant is a sick man OU has a sick mind *péj* OU is mentally ill JUR; **comme un ~** *fam* like a madman ❑ **j'ai paniqué comme un ~** I panicked like mad; **on a travaillé comme des ~s pour finir à temps** we worked like lunatics to finish on time. -**3.** *fam* [passionné]: **un ~ de la vitesse** a speed fiend OU freak; **ce sont des ~s du golf** they're golf-crazy.

maladie [maladi] *nf* -**1.** [mauvaise santé] illness, ill health, sickness; **il n'a jamais pu réintégrer son service à cause de la ~** due to ill-health, he never went back to his job. -**2.** [mal spécifique] MÉD & VÉTÉR illness, disease; **une petite ~** an ailment, a minor illness; **une ~ grave** a serious illness; **il est mort des suites d'une longue ~** he died after a long illness; **il est venu me consulter, se plaignant d'une vague ~** he came to see me complaining of a vague illness; **quelle est l'évolution probable de cette ~?** how is this illness likely to develop?; **il a toujours souffert d'une ~ vasculaire** he has a history of vascular disease; **la ~ peut avoir des suites** there may be complications; **la ~ qui l'a emportée** her last OU fatal illness; **'fermé pour cause de ~'** 'closed due to illness'; **être en congé ~** OU **en ~** *fam* to be on sick leave OU off sick; **elle est toujours en ~** she's always off sick; **je vais me mettre en ~** I'm going to take some sick leave OU time off sick; **être en longue ~** to be on indefinite sick leave ❑ **~ contagieuse/héréditaire** contagious/hereditary disease; **la ~ de Parkinson/d'Alzheimer** Parkinson's/Alzheimer's disease; **la ~ bleue** cyanosis, blue disease; **il avait la ~ bleue à la naissance** he was blue at birth; **~ de carence** deficiency disease; **~ chronique** chronic illness OU condition; **~ infantile** childhood illness, infantile disorder; **~ infectieuse** infectious disease; **la ~ du légionnaire** legionnaire's disease; **~ mentale** mental illness OU disorder; **~ mortelle** fatal disease OU illness; **~ professionnelle** occupational OU industrial disease; **~ sexuellement transmissible** sexually transmissible OU transmitted disease; **~ vénérienne** venereal disease, VD; **c'est une bonne ~!** *fam hum* that's no bad thing!, that's a good sign! -**3.** BOT disease; **les pruniers ont tous eu la ~** all the plum trees got diseased OU the disease. -**4.** [obsession] obsession; **la peur du noir peut devenir une ~** fear of the dark can turn into a phobia; **elle a encore rangé tous mes journaux, c'est une ~ chez elle!** *hum* she's tidied up all my papers again, it's an obsession with her!; **j'adore le fromage, c'est une véritable ~!** *hum* I love cheese, I just can't get enough of it! ❑ **en faire une ~** *fam* to make a huge fuss; **il n'y a pas de quoi en faire une ~!** no need to make a song and dance about it OU to throw a fit!

maladif, ive [maladif, iv] *adj* -**1.** [être humain] puny, sickly; [teint] sickly-looking, unhealthy; il a toujours un air ~ he always looks rather unhealthy OU ill; une constitution maladive a weak OU unsound constitution. -**2.** [compulsif] obsessive, pathological *fig*; d'une sensibilité maladive acutely sensitive; d'une jalousie maladive pathologically OU obsessively jealous; elle est d'une inquiétude maladive she's a pathological OU an obsessive worrier; il adore les jeux d'argent, c'est ~ he's a compulsive gambler OU he can't stop gambling, it's like a disease (with him).

maladivement [maladivmɑ̃] *adv* [à l'excès] pathologically, morbidly; elle est ~ timide she's excessively shy.

maladresse [maladrɛs] *nf* -**1.** [manque de dextérité] clumsiness, awkwardness; ne le laisse pas porter les verres, il est d'une telle ~ ! don't let him carry the glasses, he's so clumsy! || [manque de tact] clumsiness, tactlessness; la ~ de son intervention peut compromettre toute la campagne the whole campaign may be jeopardized because of his tactless initiative || [manque d'assurance] awkwardness; en société, il est d'une grande ~ he's very awkward OU gauche in people's company. -**2.** [remarque, acte] faux pas, blunder, gaffe; ses ~s étaient devenues légendaires [remarques] he'd become famous for his tactless remarks OU for (always) saying the wrong thing; [actes] he'd become famous for his blunders; le but a été marqué sur une ~ de la défense the goal was the result of a blunder OU slip-up by the defence.

maladroit, e [maladrwa, at] ◇ *adj* -**1.** [manquant de dextérité] clumsy, awkward, heavy-handed. -**2.** [manquant - de savoir-faire] clumsy, inept; [- d'assurance] clumsy, awkward, gauche; [- de tact] clumsy, tactless, heavy-handed; une initiative ~e a clumsy OU bungling initiative.
◇ *nm, f* -**1.** [de ses mains] clumsy person; attention, ~, tu as failli lâcher la tasse! look out, butterfingers, you nearly dropped the cup! -**2.** [gaffeur] blunderer, blundering fool; [incompétent] blithering idiot.

maladroitement [maladrwatmɑ̃] *adv* -**1.** [sans adresse] clumsily, awkwardly; ils s'y sont pris ~ they set about it the wrong way. -**2.** [sans tact] clumsily, tactlessly, heavy-handedly.

malaga [malaga] *nm* -**1.** [vin] Malaga (wine). -**2.** [raisin] Malaga grape.

Malaga [malaga] *npr* Malaga.

mal-aimé, e [maleme] (*mpl* mal-aimés, *fpl* mal-aimées) *nm, f* outcast; c'est le ~ de la famille he's the unpopular one in the family; il a été le ~ de cette génération de réalisateurs he was the forsaken member of that generation of (film) directors; les ~s de la société social outcasts.

malais, e[1] [malɛ, ɛz] *adj* Malay, Malayan, Malaysian; la presqu'île Malaise the Malay Peninsula.
◆ **Malais, e** *nm, f* Malay, Malayan, Malaysian.
◆ **malais** *nm* LING Malay.

malaise[2] [malɛz] *nm* -**1.** [indisposition] (sudden) weakness, faintness, malaise; ressentir un ~ to feel weak OU faint OU dizzy || [évanouissement] fainting fit, blackout; j'ai eu un ~ [léger] I had a dizzy spell; [plus grave] I had a blackout. -**2.** [désarroi, angoisse] uneasiness *(U)*, anxiety *(U)*, disquiet *(U)*; ce genre de film provoquait toujours chez elle un ~ profond this sort of film always disturbed her deeply. -**3.** [mécontentement] discontent, anger; il y a un ~ croissant chez les viticulteurs there's mounting tension OU discontent among wine growers. -**4.** [gêne] unease, awkwardness; la remarque a créé un ~ the remark caused a moment of unease OU embarrassment.

malaisé, e [maleze] *adj sout* difficult, hard, arduous; il sera ~ de lui apprendre la vérité telling him the truth will be no easy matter.

malaisément [malezemɑ̃] *adv sout* with difficulty.

Malaisie [malɛzi] *npr f*: (la) ~ Malaya.

malandrin [malɑ̃drɛ̃] *nm* -**1.** *litt* robber, thief; une bande de ~s a band of miscreants *litt*. -**2.** HIST highwayman.

malappris, e [malapri, iz] ◇ *nm, f vieilli* boor, lout; eh bien, jeune ~, allez-vous me laisser passer! well, you ill-bred young lout, are you going to let me past or not?; cette petite ~e me tirait la langue! that rude little minx stuck her tongue out at me!
◇ *adj vieilli* boorish, loutish, ill-mannered.

malaria [malarja] *nf* malaria.

malavisé, e [malavize] *adj sout* unwise, ill-advised, misguided; tu as été ~ de ne pas venir it was unwise of you OU you were ill-advised not to come.

Malawi [malawi] *npr m* -**1.** [État] : le ~ Malawi. -**2.** [lac] : le lac ~ Lake Malawi.

malawite [malawit] *adj* Malawian.
◆ **Malawite** *nmf* Malawian.

malaxage [malaksaʒ] *nm* [d'une pâte] kneading; [d'un mélange] mixing.

malaxer [3] [malakse] *vt* -**1.** [mélanger] to mix, to blend; [pétrir - pâte] to knead; ~ le beurre pour le ramollir work the butter until soft. -**2.** [masser] to massage; elle me malaxait vigoureusement l'épaule she was giving my shoulder a vigorous massage.

malaxeur [malaksœr] *nm* [gén] mixer, mixing machine; [de béton] cement mixer; [de sucre] mixer, agitator.

Malaysia [malɛzja] *npr f*: (la) ~ Malaysia; (la) ~ occidentale Malaya.

malbâti, e [malbati] *sout* ◇ *adj* misshapen, ill-proportioned.
◇ *nm, f* misshapen person.

malchance [malʃɑ̃s] *nf* -**1.** [manque de chance] bad luck, misfortune; il a eu la ~ de... he was unlucky OU unfortunate enough to..., he had the misfortune to...; jouer de ~ to be dogged by ill fortune. -**2.** [mésaventure] mishap, misfortune; une série de ~s a run of bad luck, a series of mishaps OU misfortunes.
◆ **par malchance** *loc adv* unfortunately; par ~ ils sont passés à Paris quand j'étais absent unfortunately, they came to Paris when I was away.

malchanceux, euse [malʃɑ̃sø, øz] ◇ *adj* unlucky, luckless; spéculateurs ~ unlucky OU luckless OU hapless speculators; il a toujours été ~ he's never had any luck; être ~ au jeu/en amour to be unlucky at gambling/in love.
◇ *nm, f* unlucky person, unlucky man (*f* woman).

malcommode [malkɔmɔd] *adj sout* [appareil] impractical; [fauteuil vêtement, position] uncomfortable; [horaire, système] inconvenient, awkward.

Maldives [maldiv] *npr fpl*: les (îles) ~ the Maldive Islands, the Maldives.

maldonne [maldɔn] *nf* -**1.** JEUX misdeal; tu as fait ~ you misdealt. -**2.** *fam fig*: il y a ~ there's been a misunderstanding.

Male [mal] *npr* Malé.

mâle [mal] ◇ *adj* -**1.** BIOL male; le sexe ~ the male sex. -**2.** [viril] virile, masculine, manly; son beau visage ~ his handsome, manly face; avec une ~ assurance with robust confidence; une belle voix ~ a fine manly voice. -**3.** TECH male; vis/connexion ~ male screw/connection; prise ~ plug. -**4.** [avec des noms d'animaux] male; canard ~ drake; chat ~ tom, tomcat; cygne ~ cob; éléphant ~ bull elephant; hamster/hérisson ~ male hamster/hedgehog; lapin ~ buck rabbit; loup ~ he-wolf; ours ~ he-bear; pigeon ~ cock pigeon; renard ~ dog fox.
◇ *nm* male; le ~ de l'espèce the male of the species; est-ce un ~ ou une femelle? it is a he or a she?; le jars est le ~ de l'oie a gander is a male goose; la tigresse est à la recherche d'un ~ the tigress is looking for a mate; quel ~ ! *fam hum* what a man!; hériter par les ~s JUR to inherit through the male line.

malédiction [malediksjɔ̃] ◇ *nf* -**1.** [imprécation] curse, malediction; donner sa ~ à qqn to call down a curse upon sb, to curse sb; que la ~ te poursuive! a curse on you OU on your head!; cette ~ poursuivra la famille pendant trois générations this curse will hang over the family for three generations. -**2.** [malheur] malediction *litt*; encourir la ~ divine to incur the wrath of God OU of the gods; comme si le sort les poursuivait de sa ~ as if fate had cast her evil eye on them.
◇ *interj hum* curses, curse OU damn it; ~, le revoilà! curses, here he comes again!

maléfice [malefis] *nm* evil spell OU charm; jeter un ~ sur qqn to cast an evil spell on sb; écarter un ~ to ward off an evil spell.

maléfique [malefik] *adj* [charme, signe, personne] evil, malevolent; [émanation, influence] evil, cursed; [étoile, planète] unlucky; les puissances ~s the forces of evil.

malencontreusement [malɑ̃kɔ̃trøzmɑ̃] *adv* ill-advisedly; ayant ~ gardé ses lettres having ill-advisedly kept OU having been ill-advised enough to have kept his letters.

malencontreux, euse [malɑ̃kɔ̃trø, øz] *adj* [fâcheux - retard, tentative, visite] ill-timed, inopportune; [mal choisi - parole] inopportune, ill-advised, unfortunate; un ~ incident diplomatique an unfortunate diplomatic incident; par un hasard ~ by a stroke of ill luck.

mal(-)en(-)point [malɑ̃pwɛ̃] *adj inv* [en mauvais état - de santé] in a bad way, poorly; [- financier] badly off; [en mauvaise situation] in a bad OU poor way; je l'ai trouvé ~ I found him very much out of sorts; le candidat est ~ the candidate is in a bad position OU is badly placed; l'industrie textile est ~ the textile industry is in a bad way OU a sorry state.

malentendant, e [malɑ̃tɑ̃dɑ̃, ɑ̃t] ◇ *adj* hard-of-hearing.
◇ *nm, f* person who is hard-of-hearing; les ~s the hard of hearing, the partially deaf.

malentendu [malɑ̃tɑ̃dy] *nm* -**1.** [méprise] misunderstanding, malentendu; je répète pour qu'il n'y ait pas de ~ I'll say it again so there's no misunderstanding; attends, je crois qu'il y a un ~ (entre nous) wait, I think we're at cross purposes. -**2.** [désaccord] : un ~ diplomatique a diplomatic misunderstanding.

Malevitch [malevitʃ] *npr* Malevich.

malfaçon [malfasɔ̃] *nf* defect; la construction présente de nombreuses ~s there are many defects in the building.

malfaisant, e [malfəzɑ̃, ɑ̃t] *adj* -**1.** *sout* [qui cherche à nuire] evil, wicked; un homme ~ an evil man. -**2.** [néfaste, pernicieux] evil, pernicious, noxious; on dit que cette pierre a un pouvoir ~ this stone is said to have evil powers; des idées ~es pernicious ideas.

malfaiteur [malfɛtœr] *nm* criminal.

malfamé, e [malfame] *adj* disreputable; des lieux ~s places of ill repute.

malformation [malfɔrmasjɔ̃] *nf*: ~ (congénitale) (congenital) malformation.

malfrat [malfra] *nm* gangster, crook, hoodlum.

malgache [malgaʃ] *adj* Madagascan, Malagasy.
◆ **Malgache** *nmf* Madagascan, Malagasy.
◆ **malgache** *nm* LING Madagascan, Malagasy.

malgré [malgre] *prép* in spite of, despite; il est sorti ~ la pluie he went out in spite of OU despite the rain; il a pénétré dans l'enceinte ~ les ordres he entered the area against orders; ~ tous les avis contraires, il a essayé à nouveau in spite of OU despite all advice to the contrary, he tried again; ~ soi [involontairement] unwillingly, in spite of oneself; [à contrecœur] reluctantly, against one's better judgment; [forcé] against one's will; il a laissé voir ~ lui à quel point il était gêné he revealed in spite of himself OU he unwillingly revealed how embarrassed he was; j'ai consenti, bien ~ moi I agreed, very reluctantly OU much against my better judgment; on l'a conduit ~ lui au poste de police le plus proche they took him against his will OU by force to the nearest police station; c'est tout

à fait ~ lui qu'il a dû quitter son pays natal he left his native country entirely against his will.
◆ **malgré que** *loc conj* -**1.** [bien que] although; ~ **qu'il fasse froid** despite the fact that OU although it's cold. -**2.** *loc*: ~ **que j'en aie/qu'il en ait** *litt* however reluctantly.
◆ **malgré tout** *loc adv* -**1.** [en dépit des obstacles] in spite of OU despite everything; **je réussirai ~ tout** I'll succeed in spite of everything; ~ **tout, ils ont réuni la somme nécessaire** despite everything, they raised the required amount. -**2.** [pourtant] all the same, even so; **c'était ~ tout un grand champion** all the same, he was a great champion; **il faut dire une chose ~ tout...** even so, one thing has to be said...; **c'est convaincant mais ~ tout je n'y crois pas** it's convincing but all the same OU nevertheless OU even so, I don't believe it.

malhabile [malabil] *adj* -**1.** [maladroit] clumsy; **elle est ~ de ses doigts** she's all fingers and thumbs. -**2.** *litt* [inapte]: **il a toujours été ~ à marchander** he's always lacked skill OU been bad at haggling.

malhabilement [malabilmɑ̃] *adv sout* clumsily, awkwardly.

malheur [malœr] ◇ *nm* -**1.** [incident] misfortune; **un grand ~** a (great) tragedy OU catastrophe; **un petit ~** a (slight) mishap; **le pays a eu** OU **connu beaucoup de ~s à cette époque** the country experienced great misfortune OU hardship at that time; **eh bien, tu en as des ~s!** *iron* oh dear, it's not your day, is it?; **il a dû lui arriver ~** something (terrible) must have happened to her; **si jamais il lui arrive (un) ~** if (ever) anything happens to him; **en cas de ~** if anything awful should happen ❑ **faire un ~** *fam*: **ne le laissez pas rentrer ou je fais un ~** don't let him in or I can't answer for the consequences; **elle passait en première partie et c'est elle qui a fait un ~** she was the supporting act but it was she who brought the house down; **cette chanson a fait un ~ en son temps** that song was a huge success in its day; **son bouquin a fait un ~ en librairie** her book was a runaway success in the bookshops; **un ~ est si vite arrivé: je verrouille la grille quand les enfants sont dans le jardin, un ~ est si vite arrivé!** I lock the gate when the children are in the garden, you can't be too careful!; **pose cette tasse, un ~ est si vite arrivé!** put that cup down before there's an accident!; **parle pas de ~!** *fam* God forbid!, Lord save us!; **ils veulent tous venir chez toi — parle pas de ~!** they all want to come to your place — oh please no!; **un ~ ne vient** OU **n'arrive jamais seul** *prov* it never rains but it pours *prov*; **et maintenant, j'apprends qu'il est malade, un ~ ne vient jamais seul!** and now I hear he's ill, if it's not one thing (then) it's another! -**2.** [malchance]: **le ~** misfortune, bad luck; **le ~ a voulu que...** as bad luck would have it...; **avoir le ~ de** to be unfortunate enough to, to have the misfortune to; **j'ai eu le ~ de perdre mon père jeune** I had the OU it was my misfortune to lose my father when I was young; **j'ai eu le ~ de lui dire de se taire!** I was foolish enough to ask her OU I made the mistake of asking her to be quiet!; **une vie marquée par le ~** a life of misfortune OU sorrow; **être dans le ~** to suffer misfortunes OU hard times; **faire l'expérience du ~** to taste misfortune; **montrer du courage dans le ~** to show courage in the face of adversity OU hardship; **porter ~ à qqn** to bring sb bad luck; **arrête, ça porte ~!** stop, it brings bad luck!; **c'est toi qui m'as porté ~!** you've jinxed me!; **pour son/mon/ton ~: je l'ai bien connu, pour mon ~** I knew him well, more's the pity; **pour son ~, il était l'aîné de six enfants** unfortunately for him, he was the oldest of six ❑ **je joue de ~ en ce moment** I'm dogged by OU I've got a run of bad luck at the moment; **c'est dans le ~ qu'on connaît ses vrais amis** *prov* a friend in need is a friend indeed *prov*. -**3.** [désespoir]: **faire le ~ de qqn** to cause sb unhappiness, to bring sorrow to sb; **elle avait rencontré l'homme qui allait faire son ~** she'd met the man who was to be the curse OU bane of her life ❑ **le ~ des uns fait le bonheur des autres** *prov* one man's meat is another man's poison *prov*. -**4.** [inconvénient] trouble, problem; **le ~ c'est que j'ai perdu l'adresse** unfortunately, OU the trouble is I've lost the address; **son mari ne l'a jamais crue, c'est là le ~!** her husband never believed her, there's the tragedy (of it)!; **sans permis de travail, pas de possibilité d'emploi, c'est ça le ~** without a work permit you can't get a job, that's the snag OU the problem; **quel ~ que...** what a shame OU pity that..
◇ *interj* damn; ~, **mon lait qui se sauve!** oh, damn, the milk's boiling over!; ~ **à** woe betide *litt* OU *hum*; ~ **à toi et à toute ta descendance!** a curse on you and all your family! ❑ ~ **à l'homme par qui le scandale arrive** BIBLE woe to that man by whom the offence cometh; ~ **aux vaincus!** *allusion Brennus* vae victis!, woe to the vanquished!
◆ **de malheur** *fam loc adj hum* accursed, wretched; **je ne remonterai plus sur ce vélo de ~** I'll never ride that wretched OU accursed bike again.
◆ **par malheur** *loc adv* unfortunately; **par ~, j'ai laissé la porte ouverte** unfortunately, I left the door open; **par ~, son fils est né avec la même maladie** sadly, her son was born with the same disease.

malheureusement [malœrøzmɑ̃] *adv* unfortunately; **je ne retrouve ~ pas mon agenda** unfortunately, OU I'm afraid I can't lay hands on my diary; ~ **pour toi, il ne reste plus de petites tailles** you're out of luck, there are no small sizes left; ~, **elle est morte le lendemain** sadly, she died the next day.

malheureux, euse [malœrø, øz] ◇ *adj* -**1.** [peiné] unhappy, miserable, wretched; **il est ~ s'il ne peut pas sortir** he's miserable OU unhappy when he can't go out; **je suis ~ de ne pouvoir l'aider** I feel sad OU wretched at not being able to help him; **leur air ~ en disait long** their unhappy OU miserable faces spoke volumes; **rendre qqn ~** to make sb miserable OU unhappy; **il l'a rendue malheureuse toute sa vie** he made her life a misery, he caused her lifelong unhappiness; **n'y pense plus, tu ne fais que te rendre ~** don't think about it any more, you're only making yourself miserable; ~ **en ménage** unhappily married ❑ **être ~ comme une pierre** OU **les pierres** to be dreadfully unhappy. -**2.** [tragique] unhappy; **une enfance malheureuse** an unhappy childhood; **sans le savoir, nous entrions dans une époque malheureuse** without knowing it, we were entering a cruel period; **il devait avoir un destin ~** a wretched OU cruel fate was in store for him. -**3.** [malchanceux] unfortunate, unlucky; **les candidats ~ recevront une montre digitale** the unlucky losers will receive a digital watch; **le candidat ~ verra ses frais de déplacement remboursés** the unsuccessful candidate will have his travel expenses paid; **il est ~ au jeu/en amour** he has no luck with gambling/women ‖ *(avant le n)*: **les ~ réfugiés/sinistrés** the unfortunate refugees/victims; **la malheureuse femme ne savait rien de la catastrophe** nobody had told the poor OU unfortunate OU wretched woman about the catastrophe. -**4.** [infructueux - initiative, effort] thwarted; [- amour] unrequited; [malencontreux - tentative] unfortunate, ill-fated; **son intervention a eu des suites malheureuses** her action had some unfortunate OU unhappy consequences; **oublions tout de ce ~ incident** OU **de cet incident ~** let's forget this unfortunate incident; **par un ~ hasard** by an unfortunate coincidence, as bad luck would have it; **parler de suicide devant elle, le mot était ~** it was rather clumsy OU unfortunate to talk about suicide in front of her ❑ **ce n'est pas ~!** *fam* about time too!, not a moment too soon! -**5.** *(avant le n)* [insignifiant]: **pleurer ainsi pour un ~ parapluie perdu/une malheureuse piqûre!** all these tears for a stupid lost umbrella/a tiny little injection!; **ne nous battons pas pour quelques ~ centimes** let's not fight over a few measly centimes; **sur le plat il n'y avait qu'un ~ poulet et deux poireaux** on the dish there was just a pathetic-looking chicken and a couple of leeks. -**6.** [dans des tournures impersonnelles]: **il est ~ que vous ne l'ayez pas rencontré** it's unfortunate OU a pity OU a shame you didn't meet him; **il est ~ que le gouvernement n'ait pas compris cet appel** it is to be regretted that the Government didn't hear that plea; **ce serait ~ de ne pas en profiter** it would be a pity OU shame not to take advantage of it ❑ **c'est ~ à dire, mais c'est la vérité** it's an awful thing to say, but it's the truth; **c'est ~ à dire, mais je m'ennuie** I hate to say so but I'm bored; **si c'est pas ~ (de voir/d'entendre ça)!** *fam* it's a (crying) shame (to see/to hear that)!
◇ *nm, f* -**1.** [indigent] poor OU needy man (*f* woman); **secourir les ~** to help the poor OU the needy OU those in need. -**2.** [personne pitoyable] unfortunate OU wretched man (*f* woman); **il est bien seul maintenant, le pauvre ~** he's very much on his own now, the poor devil; **le ~ ne comprenait rien à ce qui se passait** the poor wretch OU soul didn't understand anything that was going on; **faire un ~** [attrister qqn] to make someone unhappy; **vous allez faire des ~ avec votre nouvelle taxe** you'll make some people (very) unhappy with your new tax; **elle a fait plus d'un ~ quand elle s'est mariée** she made more than one man unhappy OU broke quite a few hearts when she got married; **attention, petit ~!** careful, you wretched boy OU little wretch!; **qu'as-tu dit là, ~!** what a thing to say!

malhonnête [malɔnɛt] ◇ *adj* -**1.** [sans scrupules] dishonest, crooked; **c'est ~ de sa part** it's dishonest of him. -**2.** *vieilli* [impoli] rude, impolite, uncivil.
◇ *nmf* cheat, crook.

malhonnêtement [malɔnɛtmɑ̃] *adv* -**1.** [sans scrupules] dishonestly. -**2.** *vieilli* [impoliment] rudely.

malhonnêteté [malɔnɛtte] *nf* -**1.** [manque de probité] dishonesty, crookedness; ~ **intellectuelle** intellectual dishonesty. -**2.** *vieilli* [impolitesse] rude remark; **il m'a dit une ~** he said something rude to me.

mali [mali] *nm Belg* deficit.

Mali [mali] *npr m*: **le ~** Mali; **elle vit au ~** she lives in Mali; **ils partent pour le** OU **au ~** they're leaving for Mali.

malice [malis] *nf* mischievousness, impishness, prankishness; **il a de la ~, ce petit-là!** he's a mischievous OU cheeky little thing, that one!; **un regard plein** OU **pétillant de ~** an impish OU a mischievous look ❑ **je suis sûre qu'elle n'y entendait pas ~** *sout* I'm sure she didn't mean any harm (by it); **il n'y a vu aucune ~ de leur part** *sout* he didn't think they meant anything by it.
◆ **sans malice** ◇ *loc adj* guileless, innocent.
◇ *loc adv*: **je me suis moqué de lui, mais c'était sans ~** I made fun of him but it wasn't serious.

malicieusement [malisjøzmɑ̃] *adv* mischievously, impishly.

malicieux, euse [malisjø, øz] *adj* mischievous, impish; **elle a la repartie malicieuse** she's never at a loss for a smart answer.

malien, enne [maljɛ̃, ɛn] *adj* Malian.
◆ **Malien, enne** *nm, f* Malian.

maligne [maliɲ] *f* → **malin**.

malignement [maliɲmɑ̃] *adv* [avec méchanceté] spitefully; [par méchanceté] out of spite.

malignité [maliɲite] *nf* -**1.** [d'une action, d'une personne] malice, spitefulness, spite; [du sort] cruelty; **la ~ de cette remarque n'échappa à personne** the spitefulness of the remark wasn't lost on anyone. -**2.** MÉD malignancy.

malin, igne [malɛ̃, iɲ] ◇ *adj* -**1.** [rusé] cunning, crafty, shrewd; **elle avait un petit air ~** she had a wily OU cunning look about her ❑ **être ~ comme un singe** to be as cunning as a fox; **à trois ans, il était déjà ~ comme un singe** at three years of age he was already an artful little

monkey; jouer au plus ~ avec qqn to try and outsmart OU outwit sb. -2. [intelligent] bright, clever, smart *esp Am*; elle est très maligne she's very smart OU bright; tu te crois ~ d'avoir copié sur les autres? so you think cribbing from the others was a clever thing to do?; c'est ~! *iron* very clever!; bien ~ qui comprendra it'll take a genius to understand that; alors, 224 multiplié par 2, ce n'est pourtant pas bien ~! so, 224 times 2, that's not so hard OU that's not taxing your brain too much, is it? -3. MÉD [tumeur] malignant. -4. [malveillant]: elle mettait une joie maligne à me poser les questions les plus difficiles she would take a perverse pleasure in asking me the most difficult questions || *(avant le n)*: éprouver un ~ plaisir à faire qqch to experience (a) malicious pleasure in doing sthg □ l'esprit ~ the Devil.
◇ *nm, f* clever person; c'est un ~, il trouvera bien une solution he's a bright spark, he'll find a way; la petite maligne avait tout prévu the crafty little so-and-so had thought of everything □ gros ~, va! *fam iron* very clever!; alors, gros ~, montre-nous ce que tu sais faire *fam iron* OK, wise guy, show us what you can do; les petits ~s qui doublent sur une ligne blanche *iron* the smart alecks OU clever dicks *Br* who overtake on a solid white line; faire le ~: arrêtez de faire les ~s! stop messing about!; fais pas le ~ avec moi don't (you) get smart with me; à ~, ~ et demi *prov* there's always somebody smarter than you somewhere.
◆ **Malin** *nm*: le Malin the Devil, the Evil One.

malingre [malɛ̃gr] *adj* puny, sickly, frail; son corps ~ her puny OU frail body.

malinois [malinwa] *nm* Belgian sheepdog.

malintentionné, e [malɛ̃tɑ̃sjɔne] *adj* nasty, spiteful; des propos ~s malicious OU spiteful remarks; être ~ à l'égard de OU envers qqn to be ill-disposed towards sb.

malique [malik] *adj* malic.

malle [mal] *nf* -1. [valise] trunk; faire sa ~ OU ses ~s to pack one's bags □ se faire la ~ *fam*: allez, on se fait la ~! come on, let's split!; quand je suis revenu, elle s'était fait la ~ when I got back she'd flown the coop. -2. AUT & *vieilli* boot *Br*, trunk *Am*. -3. TRANSP: la Malle des Indes HIST the Indian Mail; la Malle d'Anvers *Belg* the Antwerp ferry.

malléabilisation [maleabilizasjɔ̃] *nf* malleabilizing.

malléabiliser [3] [maleabilize] *vt* to malleabilize.

malléabilité [maleabilite] *nf* -1. [souplesse] flexibility, malleability, pliability. -2. MÉTALL malleability.

malléable [maleabl] *adj* -1. [cire] soft; [caractère, personnalité] easily influenced OU swayed *péj*; elle n'est pas très ~ she's rather rigid OU inflexible. -2. MÉTALL malleable.

malléole [maleɔl] *nf* malleolus.

malle-poste [malpɔst] (*pl* malles-poste) *nf* mailcoach.

mallette [malɛt] *nf* -1. [valise] suitcase; [porte-documents] attaché case, briefcase; [trousse à outils] tool box. -2. *Belg* [cartable d'écolier] satchel.

mal-logé, e [mallɔʒe] (*mpl* mal-logés, *fpl* mal-logées) *nm, f* person living in bad housing; les ~s the badly housed, the poorly housed.

malmener [19] [malməne] *vt* -1. [brutaliser] to manhandle, to handle roughly; arrête de ~ cet enfant stop maltreating that child. -2. *fig* [traiter sévèrement] to bully, to push around; un metteur en scène réputé pour ~ les acteurs a director renowned for giving actors a rough OU hard time; malmené par la presse mauled by the press; malmené par la critique panned by the critics. -3. SPORT: ~ un adversaire to give an opponent a hard time, to maul an opponent.

malnutri, e [malnytri] ◇ *adj* malnourished.
◇ *nm, f* person suffering from malnutrition.

malnutrition [malnytrisjɔ̃] *nf* malnutrition.

malodorant, e [malɔdɔrɑ̃, ɑ̃t] *adj* malodorous, foul-smelling, smelly.

malonique [malɔnik] *adj* malonic.

malotru, e [malɔtry] *nm, f sout* boor, lout, oaf.

malouin, e [malwɛ̃, in] *adj* from Saint-Malo.
◆ **Malouin, e** *nm, f inhabitant of or person from Saint-Malo.*

Malouines [malwin] *npr fpl*: les (îles) ~ the Falkland Islands, the Falklands, the Malvinas.

mal-pensant [malpɑ̃sɑ̃] (*pl* mal-pensants) *nm* dissenter.

malpoli, e [malpɔli] ◇ *adj* rude, impolite, bad-mannered; c'est ~! that's rude!
◇ *nm, f* lout, boor, rude man (*f* woman); petit ~! you rude (little) boy!; petite ~e! you rude (little) girl!

malposition [malpozisjɔ̃] *nf* malposition; lorsqu'il y a ~ dentaire OU de la dent when the tooth comes through the wrong way.

malpropre [malprɔpr] ◇ *adj* -1. [crasseux] dirty, filthy, unclean; des mains ~s dirty OU grubby hands. -2. [mal fait - travail] shoddy, sloppily done; cette serrure, c'est du travail ~ that lock is a shoddy piece of work. -3. [inconvenant, impudique] dirty, filthy, smutty. -4. [malhonnête] obnoxious, dishonest, unsavoury.
◇ *nmf* filthy swine; se faire chasser OU renvoyer comme un ~ to be sent packing.

malproprement [malprɔprəmɑ̃] *adv* [manger] messily; [travailler] shoddily, sloppily; [agir] vilely, sordidly.

malpropreté [malprɔprəte] *nf* -1. [aspect sale] dirtiness, filthiness, uncleanliness. -2. [acte malhonnête] low OU dirty OU filthy trick. -3. [propos indécent] dirty OU smutty remark; dire des ~s to talk smut; où as-tu appris ces ~s? where did you learn such filthy OU disgusting language?

malsain, e [malsɛ̃, ɛn] *adj* -1. [nuisible à la santé] unhealthy; climat ~ unhealthy climate; nourriture ~e unhealthy OU unwholesome food; une industrie ~e *fig* an ailing industry. -2. [pervers - ambiance] unhealthy; ils ont des rapports ~s they have an unhealthy relationship; une insistance ~e unhealthy OU morbid insistence; c'est ~ de laisser les enfants voir de tels films it's unhealthy OU dangerous to let children watch films like that. -3. *fam* [dangereux]: c'est plutôt ~ par ici it's a bit dodgy around here; je sentais que ça allait devenir ~ I could sense things would soon turn nasty; un quartier ~ a rough OU tough area.

malséant, e [malseɑ̃, ɑ̃t] *adj litt* [contraire - aux conventions] unseemly, improper, indecorous; [- à la décence] indecent, improper.

malsonnant, e [malsɔnɑ̃, ɑ̃t] *adj litt* [inconvenant] offensive, indecent, objectionable; après un échange de propos ~s *hum* after exchanging a few uncomplimentary remarks.

malstrom [malstrɔm] = **maelström**.

malt [malt] *nm* malt; ~ vert green malt.

maltage [maltaʒ] *nm* malting.

maltais, e [maltɛ, ɛz] *adj* Maltese.
◆ **Maltais, e** *nm, f* Maltese; les Maltais the Maltese.
◆ **maltais** *nm* -1. LING Maltese. -2. [chien] Maltese (dog).
◆ **maltaise** *nf* Maltese (blood orange).

Malte [malt] *npr* Malta; à ~ in Malta.

malter [3] [malte] *vt* to malt; lait malté malted milk.

malterie [maltəri] *nf* -1. [usine] maltings. -2. [processus] malting.

malteur [maltœr] *nm* maltster, maltman.

malthusianisme [maltyzjanism] *nm* Malthusianism.

malthusien, enne [maltyzjɛ̃, ɛn] *adj & nm, f* Malthusian.

maltose [maltoz] *nm* maltose.

maltraiter [4] [maltrete] *vt* -1. [brutaliser] to ill-treat, to mistreat, to maltreat; les otages n'ont pas été maltraités par leurs ravisseurs the hostages were not mistreated by their kidnappers; ~ sa femme/ses enfants to batter one's wife/one's children. -2. *fig* [malmener] to misuse; les accords internationaux sont bien maltraités international agreements are being ignored OU trampled on; la pièce a été maltraitée par la critique the play was mauled by the critics.

malus [malys] *nm* penalty *(claims premium)*.

malvacée [malvase] *nf* member of the mallow OU malvaceous *spéc* family; les ~s the Malvaceae.

malveillance [malvɛjɑ̃s] *nf* -1. [méchanceté] malevolence, spite, malice; ne voyez là aucune ~ de ma part please do not think there is any ill will on my part. -2. [intention criminelle] criminal intent, malice aforethought JUR; d'après la police, l'incendie serait le fait de la ~ according to the police, the fire was started with malicious intent.

malveillant, e [malvɛjɑ̃, ɑ̃t] ◇ *adj* -1. [méchant] malevolent, malicious, spiteful; des propos ~s malicious OU spiteful remarks; un sourire ~ a malevolent OU poisonous smile. -2. [qui cherche à nuire] malicious; l'intention ~e a été prouvée malicious intent has been proved.
◇ *nm, f* malicious OU hostile OU malevolent person.

malvenu, e [malvəny] *adj* -1. *sout* [inopportun] untimely, inopportune; votre remarque était ~e your remark was untimely. -2. *litt*: être ~ à OU de faire qqch to be in no position to do sthg; il serait ~ à se plaindre he's hardly in a position to complain. -3. [mal formé - arbre, enfant] underdeveloped, malformed.

malversation [malvɛrsasjɔ̃] *nf* embezzlement; il est coupable de ~s he is guilty of embezzlement OU misappropriation (of funds).

malvoisie [malvwazi] *nm* -1. [vin] malmsey. -2. [cépage] malvasia, malmsey grape.

malvoyant, e [malvwajɑ̃, ɑ̃t] ◇ *adj* partially-sighted.
◇ *nm, f* partially sighted person; les ~s the partially sighted.

maman [mamɑ̃] *nf* -1. [terme d'appellation] mum *Br*, mummy *Br*, mom *Am*. -2. [mère] mother; toutes les ~s sont invitées all mothers OU mums are invited; la plus belle récompense d'une ~ the finest reward a mother could ask for.

mamba [mɑ̃mba] *nm* mamba; ~ noir/vert black/green mamba.

mambo [mɑ̃mbo] *nm* mambo.

mamelle [mamɛl] *nf* -1. [sein] breast; un enfant à la ~ *litt* a suckling (child); la pêche et l'élevage sont les deux ~s de notre économie *allusion Sully* fishing and farming are the lifeblood of our economy. -2. [pis] udder, dug *litt*. -3. [du sabot d'un cheval] side walls.

mamelon [mamlɔ̃] *nm* -1. [d'une femme] nipple. -2. [colline] hillock, hummock, mamelon *spéc*. -3. [d'un gond] gudgeon.

mamelonné, e [mamlɔne] *adj* -1. MÉD mamillated *Br*, mammillated *Am*. -2. GÉOG hummocky.

mamelouk [mamluk] *nm* Mameluke.

mamelu, e [mamly] *adj arch* busty.

mamie *fam* [mami] *nf* granny, grannie.

mamillaire [mamilɛr] ◇ *adj* mamillary; corps OU tubercules ~s mamillary bodies.
◇ *nf* nipple cactus.

mammaire [mamɛr] *adj* mammary.

mammectomie [mamɛktɔmi] *nf* mastectomy.

mammifère [mamifɛr] *nm* mammal; les grands ~s the higher mammals.

mammite [mamit] *nf* mastitis.

mammographie [mamɔgrafi] *nf* mammography.

Mammon [mamɔ̃] *npr* Mammon.

mammoplastie [mamɔplasti] *nf* mammoplasty, mammaplasty.

mammouth [mamut] *nm* mammoth.

mamours *fam* [mamur] *nmpl* cuddle; faire des ~ à qqn to caress sb.

mam'selle *fam* [mamzɛl] *nf* Miss; alors, ma petite ~, ça va? and how's my little Miss?

mamy *fam* [mami] = **mamie**.

mam'zelle *fam* [mamzɛl] = **mam'selle**.

Man [man] *npr* → **île**.

manade [manad] *nf herd of horses or bulls in the Camargue.*

management [manadʒmɛnt] *nm* management COMM & SPORT.

manager¹ [17] [manadʒe] *vt* to manage COMM & SPORT.

manager² [manadʒœr] *nm* manager COMM & SPORT.

Managua [managwa] *npr* Managua.

manant [manɑ̃] *nm* -**1.** HIST [villageois] villager; [paysan] peasant, villein HIST. -**2.** *litt* [mufle] churl, boor.

manche [mɑ̃ʃ] ◇ *nm* -**1.** [d'un outil] handle; **à ~ court** short-handled; **à ~ long** longhandled; **~ de pioche** pickaxe handle OU shaft ❑ **être** OU **se mettre du côté du ~** *fam* to be on the right side of the fence, to side with the winner; **il ne faut jamais jeter le ~ après la cognée** *prov* never say die *prov*, always have another go. -**2.** ▽ [personne maladroite] clumsy oaf; **tu t'y prends comme un ~** you're making a right mess of it; **pour l'organisation du dîner, vous vous êtes débrouillés** OU **vous vous y êtes pris comme des ~s** you made a right mess of organizing the dinner. -**3.** ▽ [obstacle]: **tomber sur un ~** to come up against a snag. -**4.** AÉRON: **~ à balai** *fam* joystick, control column. -**5.** CULIN [de côtelette, de gigot] bone; **~ à gigot** leg of mutton holder. -**6.** MUS neck.
◇ *nf* -**1.** VÊT sleeve; **sans ~s** sleeveless; **à ~s courtes/longues** short-/long-sleeved; **être en ~s de chemise** to be in one's shirt-sleeves ❑ **~ bouffante/trois-quarts** puff/three-quarter sleeve; **~ gigot/raglan** leg-of-mutton/raglan sleeve; **~ ballon** puff sleeve; **~ chauve-souris** batwing sleeve; **avoir qqn dans sa ~** *fam fig* to have sb in one's pocket; **il a le conseil municipal dans sa ~** he's well in with the local council. -**2.** [conduit]: **~ à air** AÉRON wind-sock; NAUT air shaft; **~ à charbon** coal chute; **~ à ordures** rubbish chute *Br*, garbage shoot *Am*. -**3.** GÉOG channel, straits *(sg)*. -**4.** JEUX [gén] round; BRIDGE game; SPORT [gén] leg; TENNIS set; **gagner la première ~** *fig* to win the first round; **une négociation en plusieurs ~s** *fig* a multi-round negotiation. -**5.** *fam loc*: **faire la ~** [mendiant] to beg; [musicien, mime] to busk *Br*, to perform in the streets.

Manche [mɑ̃ʃ] *npr f* -**1.** [mer]: **la ~** the (English) Channel. -**2.** [région d'Espagne]: **la ~** La Mancha. -**3.** [département français]: **la ~** the Manche.

mancheron [mɑ̃ʃrɔ̃] *nm* -**1.** VÊT short sleeve. -**2.** AGR handle *(of plough)*.

Manchester [mɑ̃tʃɛstɛr] *npr* Manchester.

manchette [mɑ̃ʃɛt] *nf* -**1.** VÊT [décorative] cuff; [de protection] oversleeve. -**2.** PRESSE (front-page) headline; **la nouvelle a fait la ~ de tous les journaux** the news made the headlines OU the story was headline news in all the papers. -**3.** IMPR [note] side note. -**4.** SPORT forearm smash; ESCRIME slash on the sword wrist. -**5.** CONSTR: **~ de garantie** watertight sleeve OU collar.

manchon [mɑ̃ʃɔ̃] *nm* -**1.** VÊT [pour les mains] muff; [guêtre] gaiter. -**2.** TECH [de protection] sleeve, casing; **~ à gaz** OU **à incandescence** incandescent mantle. -**3.** PAPETERIE, PLOMBERIE & VERRERIE muff *spéc.*

manchot, e [mɑ̃ʃo, ɔt] ◇ *adj*: **~ d'un bras** one-armed; **~ d'une main** one-handed; **il n'est pas ~** *fam* [il est habile de ses mains] he's clever with his hands; [il est efficace] he knows how to go about things.
◇ *nm, f* [d'un bras] one-armed person; [d'une main] one-handed person.
◆ **manchot** *nm* ZOOL penguin; **~ empereur** emperor penguin.

mandala [mɑ̃dala] *nm* mandala.

Mandalay [mɑ̃dalɛ] *npr* Mandalay.

mandale▽ [mɑ̃dal] *nf* slap (in the face), clout; **tu veux une ~?** do you want a clip round the ear?

mandant, e [mɑ̃dɑ̃, ɑ̃t] *nm, f* -**1.** JUR principal. -**2.** POL [gén] voter; [d'un député] constituent.

mandarin [mɑ̃darɛ̃] *nm* -**1.** HIST mandarin. -**2.** [personnage influent] mandarin. -**3.** ZOOL mandarin duck. -**4.** LING Mandarin Chinese.

mandarinal, e, aux [mɑ̃darinal, o] *adj* mandarinic.

mandarinat [mɑ̃darina] *nm* -**1.** HIST mandarinate. -**2.** *péj* [élite]: **le ~ littéraire/politique** the political/literary establishment.

mandarine [mɑ̃darin] *nf* mandarin (orange).

mandarinier [mɑ̃darinje] *nm* mandarin tree.

mandat [mɑ̃da] *nm* -**1.** JUR [procuration] proxy, power of attorney; **donner ~ à qqn pour faire qqch** to give sb power of attorney to do sthg; **choisissez une personne à qui donner votre ~** choose a proxy ❑ **~ d'amener** ≃ subpoena *(to accused)*; **~ d'arrêt** (arrest) warrant; **un ~ d'arrêt à l'encontre de...** a warrant for the arrest of...; **~ de comparution** summons; **~ de dépôt** committal (order); **~ de justice** (police) warrant; **~ de perquisition** search warrant. -**2.** POL [fonction] mandate; [durée] term of office; **l'homme à qui vous avez donné votre ~** the man you have elected; **tel est mon ~** that is what I was elected to do; **ces prérogatives n'entrent pas dans son ~** he does not have a mandate to exercise these prerogatives; **solliciter le renouvellement de son ~** to seek reelection; **elle a rempli son ~** POL she's fulfilled her mandate; [gén] she's done what she was asked to do. -**3.** FIN: **~ (de paiement)** order to pay; **~ poste** OU **postal** postal order *Br*, money order *Am*; **~ international** OU **sur l'étranger** international money order. -**4.** HIST: **~ international** international mandate; **les pays sous ~ (international)** mandated countries, mandates.

mandataire [mɑ̃datɛr] *nmf* -**1.** JUR attorney, proxy; **constituer un ~** to appoint a proxy. -**2.** POL representative. -**3.** COMM: **~ aux Halles** sales agent *(at a wholesale market)*.

mandataire-liquidateur [mɑ̃datɛrlikidatœr] (*pl* **mandataires-liquidateurs**) *nm* liquidator *(acting as proxy for the creditors)*.

mandat-carte [mɑ̃dakart] (*pl* **mandats-cartes**) *nm* postal order *Br*, money order *Am*.

mandat-contributions [mɑ̃dakɔ̃tribysjɔ̃] (*pl* **mandats-contributions**) *nm* postal order *Br* OU money order *Am (for payment of income tax)*.

mandatement [mɑ̃datmɑ̃] *nm* -**1.** JUR appointment, commissioning; **~ d'office** establishment of a commission. -**2.** FIN order to pay.

mandater [3] [mɑ̃date] *vt* -**1.** [députer] to appoint, to commission. -**2.** POL: **~ qqn** to elect sb, to give sb a mandate; **~ des délégués pour un congrès** to mandate delegates to a conference. -**3.** FIN to pay by postal order *Br* OU money order *Am*. -**4.** JUR [donner un mandatement] to make OU to issue an order to pay.

mandat-lettre [mɑ̃dalɛtr] (*pl* **mandats-lettres**) *nm* postal order *Br* OU money order *Am (with space for a short message)*.

mandature [mɑ̃datyr] *nf* term of office.

mandchou, e [mɑ̃dʃu] *adj* Manchu, Manchurian.
◆ **Mandchou, e** *nm, f* Manchu.
◆ **mandchou** *nm* LING Manchu.

Mandchourie [mɑ̃dʃuri] *npr f*: **(la) ~** Manchuria.

mandement [mɑ̃dmɑ̃] *nm* -**1.** HIST command, mandate, order. -**2.** RELIG pastoral (letter).

mander [3] [mɑ̃de] *vt litt & vieilli* -**1.** [faire venir] to send for *(insép)*. -**2.** [ordonner]: **~ à qqn de faire qqch** to instruct sb to do stgh. -**3.** [informer]: **~ une nouvelle à qqn** to convey news to sb.

mandibulaire [mɑ̃dibylɛr] *adj* mandibular.

mandibule [mɑ̃dibyl] *nf* ANAT & ZOOL mandible.
◆ **mandibules** *fam nfpl*: **jouer des ~s** to munch away.

mandoline [mɑ̃dɔlin] *nf* -**1.** MUS mandolin, mandoline. -**2.** [hachoir] (vegetable) slicer, mandolin, mandoline.

mandoliniste [mɑ̃dɔlinist] *nmf* mandolin player, mandolinist.

mandragore [mɑ̃dragɔr] *nf* mandrake, mandragora.

mandrill [mɑ̃dril] *nm* mandrill.

mandrin [mɑ̃drɛ̃] *nm* -**1.** [pour soutenir – sur un tour] mandril, mandrel; [– sur une machine-outil] chuck; **~ à griffes/mâchoires** claw/jaw chuck. -**2.** [pour percer] punch; [pour agrandir des trous] drift. -**3.** MÉTALL swage, mandrel. -**4.** PAPETERIE mandrel, core.

manécanterie [manekɑ̃tri] *nf vieilli* parish choir school.

manège [manɛʒ] *nm* -**1.** ÉQUIT [salle] manege; [école] riding school, manege; [exercices] riding exercises, manege work; **heures de ~** hours spent riding in a manege. -**2.** LOISIRS: **~ (de chevaux de bois)** merry-go-round, roundabout; **la foire a installé ses ~s** the fun fair has set up its attractions OU machines OU shows. -**3.** [comportement sournois] (little) game; **tu copies sur ton frère, j'ai bien vu ton (petit) ~** you've been cribbing from your brother's work, I've seen what you're up to OU I'm on to your little game ‖ [comportement mystérieux] goings-on; **j'observai quelques instants ce ~** I watched these goings-on for a few minutes; **je ne comprenais rien à leur ~** I couldn't figure out what they were up to. -**4.** DANSE manège. -**5.** AGR: **~ de traite** rotary milking platform OU parlour, rotolactor. -**6.** [piste de cirque] ring.

mânes [man] *nmpl* -**1.** ANTIQ manes. -**2.** *litt* spirits; **les ~ de nos ancêtres** the spirits of our ancestors.

maneton [mantɔ̃] *nm* crankpin.

manette [manɛt] *nf* (hand) lever, (operating) handle; **~ des gaz** AÉRON throttle (control OU lever).

manganate [mɑ̃ganat] *nm* manganate.

manganèse [mɑ̃ganɛz] *nm* manganese.

manganeux [mɑ̃ganø] *adj m* manganous.

manganite [mɑ̃ganit] ◇ *nm* manganite (salt).
◇ *nf* manganite (hydroxide).

mangeable [mɑ̃ʒabl] *adj* [comestible] edible; [médiocre] (just about) edible OU eatable; **c'est bon? — c'est ~** is it good? — it's edible.

mangeaille [mɑ̃ʒaj] *nf* -**1.** *vieilli* [pâtée d'animaux – gén] feed; [– pour cochons] (pig) swill. -**2.** *péj* [nourriture abondante et médiocre] food; **la vue de toute cette ~ me soulevait le cœur** the sight of those mound of awful food made me feel sick.

mange-disque [mɑ̃ʒdisk] (*pl* **mange-disques**) *nm* slotfed record player.

mangeoire [mɑ̃ʒwar] *nf* [pour le bétail] trough, manger; [pour les animaux de basse-cour] trough.

mangeotter *fam* [3] [mɑ̃ʒɔte] ◇ *vi* to nibble OU to pick OU to peck (at one's food), to play with one's food.
◇ *vt* to pick OU to nibble at *(insép)*.

manger¹ [mɑ̃ʒe] *nm* food, meal; **je suis en train de lui faire son ~** I'm getting his food ready (for him); **on peut apporter son ~** customers OU patrons are allowed to consume their own food on the premises.

manger² [17] [mɑ̃ʒe] ◇ *vt* -**1.** [pour s'alimenter] to eat; **~ un sandwich** to eat a sandwich; [au lieu d'un repas] to have a sandwich; **~ du poisson** to eat fish; **je ne mange pas de poisson** I don't eat fish; **elle mange de tout** she'll eat anything, she's not a fussy eater; **elle a tout mangé** she's eaten it all up; **tu mangeras bien un morceau?** you'll have a bite to eat, won't you?; **qu'est-ce que vous avez mangé aujourd'hui à la cantine, les enfants?** what did you have (to eat) for dinner at school today, children?; **on en mangerait** it looks good enough to eat; **on s'est fait ~ par les moustiques** *fam fig* we were bitten to death by mosquitoes ❑ **~ de la vache enragée** *fam* to have a hard time of it; **il a mangé de la vache enragée dans**

les années 60 he had a lean OU hard time of it in the 60s; il a mangé du lion aujourd'hui *fam* he's full of beans today; il ne mange pas de ce pain-là he doesn't go in for that sort of thing, that's not his cup of tea; ~ la soupe sur la tête de qqn *fam*: il peut me ~ la soupe sur la tête [il est beaucoup plus grand] he's a head taller than me; [il est bien meilleur] he's miles better than me; ~ le morceau *fam* to talk, to sing; ~ les pissenlits par la racine *fam* to be pushing up (the) daisies; ~ son pain blanc le premier to have it good while it lasts; ~ son pain noir le premier to get the worst over with first; dis-moi ce que tu manges, je te dirai qui tu es tell me what you eat and I'll tell you who you are, you are what you eat. -**2.** *fig* to eat; elle ne va pas te ~! she's not going to eat OU to bite you!; ~ qqn/qqch des yeux: elle le mangeait des yeux she (just) couldn't take her eyes off him; ~ qqn de baisers to smother sb with kisses; il est mignon, on le mangerait! he's so cute I could eat him all up! -**3.** [ronger]: ~ ses ongles to bite one's nails; couvertures mangées aux mites OU par les mites moth-eaten blankets; une statue mangée par l'air marin a statue eaten away by the sea air. -**4.** [prendre toute la place dans]: le canapé mange tout le salon the settee takes OU eats up all the space in the lounge; tes cheveux te mangent la figure your hair is hiding your face; elle avait de grands yeux qui lui mangeaient le visage her eyes seemed to take up her whole face; une horrible cicatrice lui mangeait tout le front his forehead was slashed with a horrible scar. -**5.** [négliger]: ~ ses mots OU la moitié des mots to swallow one's words, to mumble, to mutter; ~ la commission/la consigne to forget the message/one's orders. -**6.** [dépenser] to get through *(insép)*; ~ son capital to eat up one's capital; peu à peu, j'ai mangé mes économies I gradually ran through my savings; la chaudière mange un stère de bois tous les cinq jours the boiler gets through OU eats up OU consumes a cubic metre of wood every five days; l'imprimante mange du papier the printer is heavy on paper ❑ ~ son blé en herbe to spend one's money even before one gets it; ça ne mange pas de pain *fam*: on peut toujours essayer, ça ne mange pas de pain we can always have a go, it won't cost us anything; il fait l'éloge de son prédécesseur, ça ne mange pas de pain praising his predecessor costs him nothing OU is no skin off his nose.

◇ *vi* -**1.** [s'alimenter] to eat; il ne sait pas ~ avec une fourchette/des baguettes he doesn't know how to eat with a fork/with chopsticks; ~ dans une assiette to eat off a plate; apprends-lui à ~ correctement à table teach her some (proper) table manners; il a bien mangé [en quantité ou en qualité] he's eaten well; j'ai mal mangé [insuffisamment] I didn't eat enough, I didn't have enough to eat; [de la mauvaise qualité] I didn't have a very good meal; il faut ~ léger you should eat light meals; ~ à sa faim to eat one's fill; nous ne mangions pas tous les jours à notre faim we didn't always have enough food OU enough to eat; le bébé/chat mange toutes les trois heures the baby/cat has to be fed once every three hours; pendant que je fais ~ les jumeaux while I feed the twins ❑ ~ comme un cochon *fam* to eat like a pig; ~ comme quatre *fam* OU comme un ogre OU comme un chancre▽ to eat like a horse; ~ comme un moineau to eat like a sparrow; ~ à s'en faire péter la sous-ventrière to eat till one is fit to burst; ~ du bout des dents to pick at one's food; il lui mange dans (le creux de) la main *fig* he eats out of her hand; ~ sur le pouce to have a snack, to grab a bite to eat; ~ avec un lance-pierres *fam* [très vite] to have a hurried meal; il faut ~ pour vivre et non pas vivre pour ~ *allusion Molière* one must eat to live and not live to eat; ~ à tous les râteliers *péj*: il mange à tous les râteliers he's got a finger in every pie; un magazine politique qui mange à tous les râteliers a political journal which jumps on every passing bandwagon. -**2.** [participer à un repas]: venez ~! come and get it!; venez ~ demain soir come to dinner tomorrow evening; vous mangerez bien avec nous? won't you (have something to) eat with us?; j'ai mangé avec eux I had a meal OU I ate with them; ils m'ont demandé de rester ~ they asked me to stay for a meal; inviter qqn à ~ [chez soi] to ask sb round to eat; [au restaurant] to ask sb out for a meal; allez, je vous invite à ~ [au restaurant] come on, I'll buy you a meal; on a eu les Michaud à ~ *fam* we had the Michauds round for a meal; ~ à la carte to eat à la carte OU from the à la carte menu; ~ dehors [en plein air] to eat outside; ~ dehors OU au restaurant to eat out; ~ chez soi to eat in OU at home; c'est un restaurant simple mais on y mange bien it's an unpretentious restaurant, but the food is good. -**3.** [comme loc nominale]: à ~ some food, something to eat; je veux à ~ I want something to eat; as-tu eu assez à ~? have you had enough to eat?; les pays qui n'ont pas assez à ~ the countries where people don't have enough food OU to eat; donne à ~ au chat feed the cat; faire à ~ à qqn to make something to eat for sb; que veux-tu que je fasse à ~ ce soir? what would you like me to cook OU to make for dinner (tonight)?

◆ **se manger** ◇ *vp (emploi passif)* to be eaten; ça se mange avec de la mayonnaise you eat it OU it is served with mayonnaise; les huîtres se mangent crues oysters are eaten raw; cette partie ne se mange pas you don't eat that part, that part shouldn't be eaten OU isn't edible.

◇ *vp (emploi réciproque) fam* to have a set-to; ils se mangent entre eux they're at each other's throats, they're squabbling among themselves ❑ se ~ le nez to quarrel; toujours à se ~ le nez, ces deux-là! these two are always at each other's throats!

◇ *vpt*: se ~ les sangs to worry o.s. sick.

mange-tout [mɑ̃ʒtu] *nm inv* -**1.** BOT [haricot] (French) mangetout bean; [petit pois] mangetout, sugar pea. -**2.** *vieilli* squanderer, wastrel.

mangeur, euse [mɑ̃ʒœr, øz] *nm, f* eater; c'est un gros ~ he's a big eater, he eats a lot; ~ de: les Asiatiques sont de gros ~s de riz people from Asia eat a lot of rice OU are big rice-eaters.

◆ **mangeuse** *fam nf*: mangeuse d'hommes man-eater; attention, c'est une mangeuse d'hommes watch out, she's a man-eater OU she eats men for breakfast.

mangoustan [mɑ̃gustɑ̃] *nm* mangosteen (fruit).

mangoustanier [mɑ̃gustanje] *nm* mangosteen (tree).

mangouste [mɑ̃gust] *nf* mongoose.

mangrove [mɑ̃grɔv] *nf* mangrove swamp.

mangue [mɑ̃g] ◇ *nm* ZOOL mangue.

◇ *nf* BOT mango.

manguier [mɑ̃gje] *nm* mango (tree).

maniabilité [manjabilite] *nf* -**1.** [d'un outil] manageability, practicability; une caméra d'une grande ~ a camera which is very easy to handle; critiqué par les consommateurs pour son manque de ~ criticized by consumers for its unwieldiness ‖ [d'une voiture] handling ability, manoeuvrability. -**2.** [plasticité - de l'argile] plasticity; [- du béton] workability.

maniable [manjabl] *adj* -**1.** [facile à utiliser - outil] handy, practical, easy to use OU to handle; [facile à travailler - cuir] easy to work. -**2.** [manœuvrable - voiture] easy to drive OU to handle; [- tondeuse] easy to handle OU to manoeuvre. -**3.** NAUT: temps ~ fine weather; vent ~ moderate wind. -**4.** [docile] tractable, malleable. -**5.** [matière plastique] plastic; [béton] workable; l'argile est une matière ~ clay is an easily moulded material.

maniaco-dépressif, ive [manjakɔdeprɛsif, iv] (*mpl* maniaco-dépressifs, *fpl* maniaco-dépressives) *adj* & *nm, f* manic-depressive.

maniaque [manjak] ◇ *adj* -**1.** [obsessionnel] fussy, fastidious; il range ses livres avec un soin ~ he's obsessively OU fanatically tidy about his books ‖ [exigeant] fussy; elle est si ~ pour les chaussures qu'elle les fait faire sur mesure she's so particular OU fussy when it comes to shoes that she has them made to measure. -**2.** PSYCH manic; état ~ mania.

◇ *nmf* -**1.** [personne - trop difficile] fussy person; [- qui a une idée fixe] fanatic; c'est une ~ de la propreté she's always got a duster in her hand; mon médecin est un ~ des antibiotiques my doctor prescribes antibiotics for everything; enfin, un logiciel pour les ~s de l'orthographe/des mots croisés! at last, a software package for spelling/crossword buffs! -**2.** [dément] maniac; ~ sexuel sexual pervert, sex maniac.

maniaquerie [manjakri] *nf* fussiness, pernickettiness; son exactitude frôle la ~ there's something almost obsessive about her punctuality.

manichéen, enne [manikeɛ̃, ɛn] ◇ *adj* -**1.** RELIG Manichean, Manichaean. -**2.** *fig*: il est très ~ he sees everything in very black-and-white terms.

◇ *nm, f* Manichean, Manichaean.

manichéisme [manikeism] *nm* -**1.** RELIG Manicheism, Manichaeism, Manichaeanism. -**2.** *fig* rigid OU uncompromising approach to things; faire du ~ to see things in black and white.

manie [mani] *nf* -**1.** [idée fixe] obsession, quirk; avoir la ~ de la propreté to be obsessively clean OU a stickler for cleanliness; il a la ~ de fermer toutes les portes he has a habit of always closing doors; c'est une ~, chez toi! it's an obsession with you!; ça tourne à la ~ *fam* it's getting to be a fixation OU an obsession; chacun a ses petites ~s everyone has his own peculiar ways OU little quirks; il a des ~s de vieille fille he's a real old woman. -**2.** PSYCH mania.

maniement [manimɑ̃] *nm* -**1.** [manipulation] handling, operating; nous cherchons à simplifier le ~ de nos appareils we're trying to make our equipment easier to handle OU to operate; montre-lui le ~ de la télécommande show her how to use OU to operate the remote control; le ~ de la langue lui a toujours paru facile *fig* he's always found it easy to speak the language OU had an easy command of the language; quand vous aurez compris le ~ des concepts, nous passerons à la pratique when you've grasped the ideas, we'll start putting them into practice; rompu au ~ des affaires/des foules *fig* used to handling business/manipulating crowds; à l'armée ils sont initiés au ~ des armes in the army they learn how to use a gun ❑ ~ d'armes MIL (arms) drill. -**2.** [des animaux de boucherie] points (in fatstock).

manier [9] [manje] *vt* -**1.** [manipuler] to handle; vers dix mois, il commencera à vouloir ~ les objets at ten months, he'll want to start handling OU manipulating objects; je n'aime pas la façon dont tu manies ce couteau I don't like the way you're wielding OU using that knife; facile/difficile à ~ easy/difficult to handle; ~ qqch avec délicatesse to handle sthg gently; la charrue est moins facile à ~ que tu ne le crois the plough isn't as easy to handle as you think; ~ de grosses sommes to handle large sums (of money); elle manie des valeurs en tous genres she deals with OU handles all types of securities. -**2.** [utiliser] to use, to operate; avez-vous déjà manié un télescope/micro? have you ever used a telescope/microphone?; une imprimante portative très facile à ~ an easy-to-use portable printer; elle sait ~ la caméra she's good with a cine camera; il savait ~ la plume *fig* he was a fine writer; il sait ~ l'euphémisme he knows how OU when to use euphemism; quelle maîtrise dans l'art de ~ le sarcasme! what a masterful use of sarcasm! -**3.** [modeler - pâte] to knead; [- argile] to handle, to fashion.

◆ **se manier** *fam vpi* to get a move on, to hurry up.

manière [manjɛr] *nf* -**1.** [façon, méthode] way, manner; d'une ~ ridicule in a ridiculous manner, ridiculously; d'une ~ bizarre in a strange manner, strangely; il y a différentes ~s d'accommoder le riz there are many ways of preparing rice; **quelle est la meilleure ~ d'aborder le sujet?** what's the best way of approaching the subject?; **c'est une ~ de parler** it's just a manner of speaking; **nous ne faisons pas les choses de la même ~** we don't do things (in) the same way ❑ **user de** OU **employer la ~ forte** to use strong-arm tactics; **il y a ~ et ~** there are ways and ways; **il fallait bien que je lui dise la vérité – oui mais il y a ~ et ~** I had to tell him the truth – yes, but there were other ways (of doing it). -**2.** GRAMM manner; **adjectif/adverbe de ~** adjective/adverb of manner. -**3.** [savoir-faire]: **la ~: avec les gosses, il a la ~** *fam* he's got a way OU he's good with kids; **il faut avoir la ~** you've got to have the knack; **les histoires qu'il raconte ne sont pas très drôles, mais il a la ~** the stories he tells aren't particularly funny, but it's the way he tells them; **refusez, mais mettez-y la ~** say no, but do it with tact. -**4.** [style] way, style; **elle ne se plaindra pas, ce n'est pas dans sa ~** she won't complain, it's not her way OU style; **c'est ma ~ d'être** that's the way I am; **sa ~ de marcher/s'habiller** his way of walking/dressing, the way he walks/dresses; **il a une drôle de ~ de recevoir les gens** he has a funny way of welcoming people ‖ BX-ARTS & CIN manner, style; **un tableau dans la ~ de Watteau** a painting in the manner OU style of Watteau; **un Truffaut première/dernière ~** an early/late Truffaut ❑ **~ noire** BX-ARTS mezzotint. -**5.** *sout*: **une ~ de** [une sorte de] a OU some sort of, a OU some kind of; **derrière la maison, il y a une ~ de pergola** there is a kind of pergola behind the house; **c'est une ~ de poème épique** it's a sort of (an) epic OU an epic of sorts *péj*; **le silence est parfois une ~ de mensonge** silence is sometimes a way of lying.

◆ **manières** *nfpl* [façons de se comporter] manners; **belles ~s** social graces; **bonnes ~s** (good) manners; **je vais t'apprendre les bonnes ~s, moi!** I'll teach you to be polite OU to behave yourself!; **mauvaises ~s** bad manners; **qu'est-ce que c'est que ces** OU **en voilà des ~s!** what a way to behave! ‖ *péj* [minauderies]: **cesse de faire des ~s et prends un chocolat** stop pussyfooting around and have a chocolate; **sans ~s** without (a) fuss; **elle a pris l'argent sans ~s** she took the money without any fuss, she made no bones about taking the money.

◆ **à la manière** *loc adv*: **à la ~ paysanne** in the peasant way OU manner.

◆ **à la manière de** *loc prép* -**1.** [dans le style de] in the manner OU style of; **une chanson à la ~ de Cole Porter** a song à la Cole Porter; **une profonde révérence à la ~ d'un acteur** a deep bow like an actor's; **sauce tomate à la ~ de tante Flo** tomato sauce like Auntie Flo used to make it. -**2.** *(comme n)* BX-ARTS & LITTÉRAT: **un à la ~ de** a pastiche.

◆ **à ma manière, à sa manière** *etc loc adv* in my/his/her *etc* (own) way; **elle dit qu'elle l'aime à sa ~** she says she loves him in her own way.

◆ **de cette manière** *loc adv* (in) this OU that way; **je conserve tous les reçus, de cette ~ je sais combien j'ai dépensé** I keep all the receipts, that way I know how much I've spent.

◆ **de la belle manière, de la bonne manière** *loc adv iron* properly, well and truly; **il s'est fait expulser de la bonne ~!** he was thrown out and no two ways about it!

◆ **de la manière que** *loc conj* as; **tout s'est passé de la ~ que l'on avait prévu** everything turned out as planned.

◆ **de manière à** *loc conj* so as to, so that, in order to; **j'ai écrit aux parents de ~ à les rassurer** I wrote to father and mother in order to reassure them.

◆ **de manière (à ce) que** *loc conj* so (that); **laisse la porte ouverte, de ~ que les gens puissent entrer** leave the door open so people can come in.

◆ **de manière que** *loc conj sout* in such a way that; **tu dis cela de ~ que tu déplais à tout le monde** the way you say that upsets everybody.

◆ **de telle manière que** *loc conj* in such a way that; **rabattez le pan A de telle ~ qu'il se pose sur la figure B** fold over flap A so that it rests on figure B.

◆ **de toute manière, de toutes les manières** *loc adv* anyway, in any case OU event, at any rate; **de toute ~, tu as tort** in any case, you're wrong; **de toutes les ~s, la promenade lui aura fait du bien** at any rate OU anyway, the walk will have done her good.

◆ **d'une certaine manière** *loc adv* in a way; **j'étais d'une certaine ~ prisonnière** I was what you might call a prisoner; **d'une certaine ~, je suis content que ce soit fini** in a way, I'm glad it's over.

◆ **d'une manière générale** *loc adv* -**1.** [globalement] on the whole; **d'une ~ générale, il réussit plutôt bien** he does quite well on the whole. -**2.** [le plus souvent] generally, as a general rule; **d'une ~ générale, je ne bois pas de vin** as a general rule, I don't drink wine.

◆ **d'une manière ou d'une autre** *loc adv* somehow (or other), one way or another; **d'une ~ ou d'une autre il devra accepter** he's going to have to agree one way or another; **avertie ou pas, d'une ~ ou d'une autre elle va s'inquiéter** whether she's told about it or not she's going to worry.

◆ **en aucune manière** *loc adv* in no way, on no account, under no circumstances; **est-ce de sa faute? – en aucune ~** is it his fault? – no, not in the slightest OU least; **avez-vous eu connaissance des documents? – en aucune ~** did you get to see the documents? – no, not at all OU no, I didn't at all.

◆ **en manière de** *loc prép* by way of; **elle n'était pas mon genre, se dit-il en ~ de consolation** she wasn't my type, he told himself by way of consolation; **une boîte en carton en ~ d'abri** a cardboard box by way of a shelter.

◆ **en quelque manière** *loc adv sout* in a way, as it were; **elle était en quelque ~ ma fille** she was like a daughter to me.

◆ **par manière de = en manière de.**

maniéré, e [manjere] *adj* -**1.** [personne] affected; **elle est tellement ~e dans sa façon de parler!** she has such an affected way of speaking! -**2.** [style] mannered.

maniérisme [manjerism] *nm* -**1.** [comportement] mannerism, affectation. -**2.** BX-ARTS mannerism, Mannerism.

maniériste [manjerist] *adj & nmf* mannerist, Mannerist.

manieur, euse [manjœr, øz] *nm, f*: **~ d'argent** businessman; **manieuse d'argent** businesswoman; **c'est un ~ d'hommes** he's a leader of men OU a born leader.

manif *fam* [manif] *nf* demo.

manifestant, e [manifɛstɑ̃, ɑ̃t] *nm, f* demonstrator.

manifestation [manifɛstasjɔ̃] *nf* -**1.** POL demonstration; **une ~ contre le nucléaire** an anti-nuclear demonstration; **participer à une ~** to take part in a demonstration. -**2.** [marque] expression; **des ~s de joie** expressions of joy; **il n'y a eu aucune ~ de mécontentement** nobody expressed any dissatisfaction; **sa pièce est la ~ d'un grand trouble intérieur** her play is the expression of OU expresses a deep-seated malaise. -**3.** [événement] event; **~ artistique/sportive** artistic/sporting event; **parmi les ~s musicales de l'été** among the summer's music events OU musical attractions. -**4.** MÉD sign, symptom; **les ~s précoces de la maladie** early symptoms of the disease. -**5.** RELIG manifestation.

manifeste [manifɛst] ◇ *adj sout* [évident] obvious, evident, manifest; **n'est-ce pas une preuve ~ de son innocence?** isn't it clear proof of her innocence?; **tel était son désir, rendu ~ dans son testament** such was her wish, as manifested in her will; **pour ceux qui le connaissaient, il était ~ qu'il se suiciderait** to those who knew him well, it was obvious OU evident that he would commit suicide; **erreur ~** obvious OU manifest error.

◇ *nm* -**1.** LITTÉRAT & POL manifesto; **'le Manifeste du parti communiste'** *Marx, Engels* 'The Communist Manifesto'. -**2.** AÉRON manifest; NAUT (ship's) manifest; **~ de douane** customs manifest.

manifestement [manifɛstəmɑ̃] *adv* evidently, obviously, manifestly; **il n'a ~ pas envie de venir avec nous** he clearly OU plainly doesn't feel like coming with us; **~, elle nous a menti** she has plainly been lying to us.

manifester [3] [manifɛste] ◇ *vt* -**1.** [exprimer] to express; **~ à qqn son mécontentement** to indicate OU to express one's dissatisfaction to sb; **je lui manifeste mon amour tous les jours** I show my love for him every day; **écrivez-leur pour leur ~ notre sympathie** write to them to express our sympathy; **nous vous avons toujours manifesté notre volonté de vous aider** we have always indicated OU expressed our desire to help you; **~ son soutien à qqn** to assure sb of one's support; **~ un désir** to express OU to indicate a wish; **a-t-elle manifesté le désir d'être enterrée près de son mari?** was it her wish that she should be buried near her husband? -**2.** [révéler] to show, to demonstrate; **rien ne manifestait son désespoir intérieur** nothing indicated her inner despair; **sans ~ la moindre irritation/admiration** without the slightest show of anger/admiration.

◇ *vi* to demonstrate; **un rassemblement de jeunes qui manifestent contre l'apartheid** a group of young people demonstrating against apartheid.

◆ **se manifester** *vpi* -**1.** [personne] to come forward; RELIG to become manifest; **aucun témoin ne s'est manifesté** no witnesses came forward; **que le gagnant se manifeste, s'il vous plaît!** would the (lucky) winner step OU come forward please!; **bon élève, mais devrait se ~ plus/moins souvent en classe** good student, but should contribute more/be quieter in class; **le livreur ne s'est pas manifesté** the delivery man didn't show OU turn up. -**2.** [sentiment] to show; [phénomène] to appear; **sa joie de vivre se manifeste dans toutes ses toiles** her joie de vivre is expressed OU expresses itself in every one of her paintings; **de petites plaques rouges se manifestent vers le troisième jour** small red spots come up OU appear around the third day.

manifold [manifɔld] *nm* -**1.** [carnet] duplicate book. -**2.** TECH manifold.

manigance [manigɑ̃s] *nf (souvent au pl)* scheme, trick; **à cause des ~s internes au conseil d'administration** on account of internal machinations at board level; **victime de toutes sortes de ~s** victim of all kinds of scheming.

manigancer [16] [manigɑ̃se] *vt* to scheme, to plot; **~ une fuite** to plot OU to engineer an escape; **l'affaire a été manigancée pour déshonorer le ministre** the whole affair was set up to discredit the minister; **je me demande ce que les enfants sont en train de ~** I wonder what the children are up to; **toujours en train de ~ quelque chose** always up to some little game.

manille [manij] ◇ *nf* -**1.** TECH shackle, clevis; NAUT shackle; **~ d'assemblage** connecting shackle; **~ lyre** harp shackle; **~ à vis** screw shackle. -**2.** [jeu] manille *(French card game)*; [carte] ten.

◇ *nm* -**1.** [cigare] Manila (cigar). -**2.** [chapeau] Manila hat.

Manille [manij] *npr* Manila.

manillon [manijɔ̃] *nm* CARTES ace.

manioc [manjɔk] *nm* manioc, cassava.

manip(e) *fam* [manip] *nf* -**1.** [coup monté] frame-up. -**2.** ENS practical, experiment. -**3.** [manipulation] manipulation.

manipulateur, trice [manipylatœr, tris] *nm, f* -**1.** [opérateur] technician; **~ de laboratoire** laboratory technician. -**2.** *péj* manipulator; **le comité est la proie de ~s** the committee has fallen prey to a group of manipulators. -**3.** LOISIRS conjurer, conjuror.

◆ **manipulateur** *nm* -**1.** MÉCAN: ~ **à distance** remote-control manipulator. -**2.** TÉLÉC sending OU signalling key; ~ **automatique** automatic key.

manipulation [manipylasjɔ̃] *nf* -**1.** [maniement] handling; INF manipulation; **montre-lui la ~ de la télécommande** show her how to use OU to operate the remote control; **s'exercer à la ~ des concepts mathématiques** *fig* to learn to handle OU to manipulate mathematical concepts. -**2.** ENS & SC experiment, piece of practical work; **cahier de ~s** experiments notebook; ~ **génétique, ~s génétiques** genetic engineering. -**3.** MÉD manipulation; ~ **vertébrale** (vertebral) manipulation. -**4.** LOISIRS conjuring trick. -**5.** *péj* [intervention] interference, manipulation; [coup monté]: **~s électorales** vote rigging; **le nouvel organisme risque d'être victime des pires ~s** the new organization risks falling victim to the worst kinds of manipulation; **nous craignons la ~ des statistiques de l'emploi** we are afraid the employment figures might be interfered with OU massaged; **à travers son journal, il orchestre la ~ de l'opinion publique** he manipulates public opinion through his newspaper.

manipuler [3] [manipyle] *vt* -**1.** [manier] to handle, to manipulate; **vers dix mois, il commencera à vouloir ~ les objets** at ten months, he'll want to start handling OU manipulating objects; **habitué à ~ les produits toxiques** used to handling OU manipulating toxic substances; ~ **de grosses sommes** to handle large sums of money || INF to manipulate. -**2.** *péj* [influencer] to manipulate; **l'opinion publique est plus difficile à ~ qu'ils ne le croient** public opinion is not as easily swayed OU manipulated as they think; **il a prétendu que la police l'avait manipulé** he claimed that the police had manipulated him; **coupable d'avoir manipulé le scrutin/les statistiques/le bilan** guilty of rigging the election/massaging the statistics/doctoring the balance sheet.

Manitoba [manitɔba] *npr m*: le ~ Manitoba.

manitou [manitu] *nm* ANTHR manitu, manitou.

◆ **grand manitou** *nm* big shot OU chief; **les grands ~s du pétrole** oil magnates OU tycoons; **c'est un grand ~ de la finance** he's a big wheel in finance.

manivelle [manivɛl] *nf* -**1.** MÉCAN crank; **démarrer à la ~** to crank (up) the engine ❑ **bras/course de ~** crank arm/throw; ~ **de mise en marche** starting handle. -**2.** [de pédalier] pedal crank.

manne [man] *nf* -**1.** BIBLE manna. -**2.** [aubaine] godsend, manna; **la ~ céleste** manna from heaven. -**3.** ENTOM mayfly swarms. -**4.** BOT manna. -**5.** [panier] (large) wicker basket OU crate; ~ **d'enfant** wicker cradle, Moses basket.

mannequin [mankɛ̃] *nm* -**1.** [de vitrine] dummy, mannequin; [de couture] dummy; [de défilé] model; ~ **homme** male model; **elle est ~ chez Zoot** she works as a model for Zoot. -**2.** *fig* & *péj* [fantoche] puppet. -**3.** BX-ARTS lay figure. -**4.** [panier] small (two-handled) basket.

manœuvrabilité [manœvrabilite] *nf* manoeuvrability; **à sa sortie, le véhicule a été acclamé pour sa ~** when it was launched, the vehicle was praised for its easy handling.

manœuvrable [manœvrabl] *adj* [maniable] easy to handle, manoeuvrable.

manœuvre [manœvr] ◇ *nf* -**1.** [maniement] operation, handling; **du sol, elle surveillait la ~ de la grue** from the ground, she was checking the handling of the crane OU how the crane was being operated; **apprendre la ~ d'un fusil/d'un télescope** to learn how to handle a rifle/to operate a telescope. -**2.** [en voiture] manoeuvre; **j'ai manqué ma ~ en essayant de me garer** I messed up my manoeuvre when I was parking. -**3.** [opération]: **fausse ~** *pr* & *fig* wrong move; **une fausse ~ au clavier et tu risques d'effacer ton document** one simple keying error is enough to erase your document; **la motion a été rejetée après une fausse ~ du comité** the motion was thrown out as a result of a wrong move on the part of the committee. -**4.** MIL [instruction] drill; [simulation] exercise; [mouvement] movement; **les ~s, les grandes ~s** *vieilli* (army) manoeuvres; **être en ~s** [à petite échelle] to be on exercise; [à grande échelle] to be on manoeuvres; ~ **de repli** (movement of) withdrawal. -**5.** NAUT manoeuvre; **le bateau a commencé sa ~ d'accostage** the ship has started docking ❑ **~s dormantes/courantes** standing/running rigging; **fausses ~s** preventer rigging OU stays. -**6.** *péj* [machination] manoeuvre; **pris de court par les ~s de débordement de l'opposition** stopped short by the opposition's outflanking tactics; **~s électorales** electioneering; **la principale victime de ces ~s, c'est la démocratie** democracy is the first victim of this political manoeuvring. -**7.** MÉD manipulation; ~ **obstétricale** turning (of the baby). -**8.** ASTRONAUT manoeuvre. -**9.** RAIL shunting *Br*, switching *Am*.

◇ *nm* [ouvrier] unskilled worker; CONSTR & TRAV PUBL labourer; ~ **agricole** farm labourer OU hand; ~ **saisonnier** seasonal worker; ~ **spécialisé** skilled worker.

manœuvrer [5] [manœvre] ◇ *vt* -**1.** [faire fonctionner] to work, to operate; **il ne sait pas ~ la machine à café** he doesn't know how to work OU to operate the coffee machine; **le monte-charge est manœuvré à la main** the hoist is hand-operated. -**2.** [faire avancer et reculer] to manoeuvre; **il manœuvre des bateaux dans le port de Cherbourg depuis 20 ans** he's been manoeuvring ships in and out of Cherbourg docks for 20 years || *(en usage abs)*: **ne manœuvrez jamais sur une route à grande circulation** don't manoeuvre OU do any manoeuvring on a busy road. -**3.** [influencer] to manipulate; **j'ai été manœuvré!** I've been manipulated! -**4.** PÊCHE to pull in.

◇ *vi* -**1.** [agir] to manoeuvre; **bien manœuvré!** clever OU good move!; **ils manœuvrent tous pour devenir chef du parti** *péj* they're all jockeying for the position of party leader; ~ **dans l'ombre** to work behind the scenes. -**2.** MIL [s'exercer] to drill; **faites-les ~ dans la cour** drill them in the yard || [simuler] to manoeuvre; **ils sont partis ~ sur la lande** they're off to the moors on manoeuvres; **à l'époque où le contingent manœuvre** at the time (of the year) when the troops are on manoeuvres.

manœuvrier, ère [manœvrije, ɛr] ◇ *adj* [tactique] skilful.

◇ *nm, f* [tacticien] tactician; [manipulateur] manoeuvrer; **un fin ~ de la politique** a clever political manoeuvrer.

◆ **manœuvrier** *nm* NAUT able OU expert seaman.

manographe [manɔgraf] *nm* manograph, recording (pressure) gauge.

manoir [manwar] *nm* manor, manor house, (country) mansion.

manomètre [manɔmɛtr] *nm* manometer.

manométrie [manɔmetri] *nf* manometry.

manouche [manuʃ] *nmf* & *adj* Gypsy, Gipsy.

manquant, e [mɑ̃kɑ̃, ɑ̃t] ◇ *adj* missing; **la pièce ~e** the missing part; **les deux pages ~es** the two missing pages; **désolé, ce titre est ~ pour le moment** sorry but we're temporarily out of this book OU this book's out of stock at the moment; **les soldats ~s à l'appel** the soldiers missing at roll-call.

◇ *nm, f* missing one; **les ~s** [élèves absents] the absent pupils; **nous avons trouvé toutes les factures, les ~es étaient dans le tiroir** we've found all the invoices, the missing ones were in the drawer.

◆ **manquant** *nm* COMM short fall.

manque[1] [mɑ̃k] *nm* -**1.** [insuffisance]: ~ **de** [d'imagination, de place, de sommeil] lack of; [d'appartements, de denrées] shortage of, scarcity of; [de personnel] lack of, shortage of; ~ **de chance** OU **de bol** *fam* OU **de pot** *fam* hard OU tough luck; **ce serait un ~ de respect** it would be lacking in respect, it would show lack of respect; **par ~ de** [d'originalité, d'audace] through lack of, for lack of, for want of; [de main-d'œuvre] through lack OU shortage of. -**2.** [absence] gap; **quand il sera parti, il y aura un ~** his departure will leave a gap. -**3.** [de drogue]: **être en (état de) ~** to have OU to feel withdrawal symptoms; **la charge de travail a baissé, je suis en (état de) ~** *hum* I've got less work, I'm suffering from withdrawal symptoms. -**4.** ÉCON & JUR: ~ **à gagner** loss of (expected) income OU earnings; **il y aura un ~ à gagner de 2 000 francs** there will be a shortfall of 2,000 francs. -**5.** JEUX manque. -**6.** COUT & TEXT slipped stitch.

◆ **manques** *nmpl* [insuffisances] failings, shortcomings; [lacunes] gaps; **elle n'a pas conscience de ses ~s** she's not conscious of her shortcomings; **il y a beaucoup de ~s dans ce rapport** there's a lot missing from this report.

manque[2] [mɑ̃k]

◆ **à la manque** *fam loc adj* pathetic; **qu'est-ce que c'est que cette histoire à la ~?** what kind of a pathetic story is that?

manqué, e [mɑ̃ke] *adj* -**1.** [non réussi - attentat] failed; [- vie] wasted; [- occasion] missed, lost; [- tentative] failed, abortive, unsuccessful; [- photo, sauce] spoilt; **je vais essayer de toucher la pomme — ~!** I'll try and hit the apple — missed! -**2.** [aux talents inexploités]: **c'est un cuisinier/un médecin ~** he should've been a cook/a doctor.

◆ **manqué** *nm* CULIN ≃ sponge cake.

manquement [mɑ̃kmɑ̃] *nm sout*: ~ **à la discipline** breach of OU lapse in discipline; ~ **à un devoir** dereliction of duty; ~ **aux bonnes manières** breach of etiquette; ~ **à une règle** breach OU violation of a rule.

manquer [3] [mɑ̃ke] ◇ *vt* -**1.** [laisser échapper - balle] to miss, to fail to catch; [- marche, autobus] to miss; **l'église est à droite, vous ne pouvez pas la ~** the church is on the right, you can't miss it; ~ **le but** SPORT to miss the goal; ~ **son but** *fig* to fail to reach one's goal; ~ **la cible** MIL to miss the target; *fig* to miss one's target, to fail to hit one's target, to shoot wide; **il l'a manqué de peu** he just missed it; **elle s'est moquée de moi mais je ne la manquerai pas!** *fig* she made a fool of me but I'll get even with her!; **je n'ai pas vu l'opéra — tu n'as rien manqué/tu as manqué quelque chose!** I didn't see the opera — you didn't miss anything/you really missed something there!; **c'est une émission à ne pas ~** this programme shouldn't be missed OU is a must; ~ **une occasion** to miss (out on) an opportunity; **tu as manqué une bonne occasion de te taire** *hum* why couldn't you have just kept your mouth shut for once? ❑ **il n'en manque jamais une!** [il remarque tout] he never misses a trick!; [il est gaffeur] (you can always) trust him to put his foot in it! -**2.** [ne pas rencontrer] to miss; **vous l'avez manquée de peu** you've just missed her. -**3.** [ne pas réussir - concours] to fail; [- photo, sauce] to spoil, to make a mess of; **tu as manqué ta vocation** *aussi hum* you've missed your vocation ❑ **coup manqué** failure, botch-up; **moi qui croyais lui faire plaisir, c'est vraiment un coup manqué!** and here's me thinking I would make him happy, (just) how wrong can you get! -**4.** [ne pas aller à] to miss; ~ **un cours** [volontairement] to miss OU to skip OU to jump a class; [involontairement] to miss a class; **j'ai bien envie de ~ la gym** *fam* I feel like skipping gym; **il a manqué la messe, dimanche?** did he miss Mass on Sunday?

◇ *vi* -**1.** [être absent - fugueur, bouton, argenterie] to be missing; [- employé, élève] to be away OU off OU absent; **j'ai suivi tous les cours et je n'ai jamais manqué une fois** I attended all the classes and never missed one OU and I was never absent once; ~ **à l'appel** MIL to be absent (at roll call); *fig* & *hum* to be missing || *(tournure impersonnelle) iron*: **il ne manquait plus qu'elle/que ça!** she's/that's all we need OU needed!; il ne manquerait plus qu'elle tombe enceinte! it would be the last straw if she got pregnant! -2. [être insuffisant] to be lacking, to be in short supply; quand le pain vint à ~, ils descendirent dans la rue when the bread ran short, they took to the streets; seul le courage a manqué only courage was lacking; les occasions de te rendre utile ne manqueront pas there will be no shortage of opportunities to make yourself useful; la pluie/le travail, ce n'est pas ce qui manque! there's no shortage of rain/work!; il n'y a pas d'eau chaude et ça manque! *fam* there's no hot water and don't we know it!; ~ à qqn: le temps m'a manqué I didn't have enough time, I was short of time; l'argent leur a toujours manqué they've always been short of money OU lacked money; la force/le courage lui manqua (his) strength/courage failed him; les mots me manquent words fail me, I'm at a loss for words; ce n'est pas l'envie qui m'en manque, mais... not that I don't want to OU I'd love to, but... || *(tournure impersonnelle)*: il manque une bouteille/un bouton there's a bottle/a button missing; il nous manque trois joueurs [ils sont absents] we have three players missing; [pour jouer] we're three players short; il ne manquait plus rien à son bonheur his happiness was complete; il ne manque pas de gens pour dire que... there is no lack OU shortage of people who say that...; il me manque un dollar I'm one dollar short, I need one dollar; il ne lui manque que la parole [animal] the only thing it can't do is speak; [machine] it does everything but talk ❑ il lui manque toujours dix-neuf sous pour faire un franc he never has two pennies to rub together *Br*, he never has a red cent *Am*. -3. *sout* [se dérober] to give way; le sol manqua soudain sous nos pas the ground suddenly gave way under our feet. -4. [être pauvre] to want; elle a toujours peur de ~ she's always afraid of having to go without.

◆ **manquer à** *v + prép* -1. [faillir à]: ~ à son devoir/son honneur to fail in one's duty/one's honour; ~ à ses devoirs to neglect one's duties; ~ à sa parole/promesse to fail to keep one's word/promise, to break one's word/promise; ~ au règlement to break the rules; ~ aux usages to defy OU to flout convention. -2. [être regretté par]: elle manque à ses enfants her children miss her; ses enfants lui manquent he misses his children. -3. *litt* [offenser] to be disrespectful to OU towards, to behave disrespectfully towards.

◆ **manquer de** *v + prép* -1. [ne pas avoir assez de] to lack, to be short of; ~ de métier/d'indulgence to lack experience/consideration; ils manquent de tout they're short of OU they lack everything; nous n'avons jamais manqué de rien we never went short of anything; ta soupe manque de sel your soup lacks OU needs salt; ça manque de pain! *fam* we're a bit short of bread!; ça manque de musique! *fam* we could do with some music!; on manque d'air dans la chambrette du haut there's no air in the little upstairs bedroom; ~ de personnel to be short-staffed, to be short of staff; je manque de sommeil I'm not getting enough sleep ❑ toi, tu ne manques pas d'air *fam* OU de culot▽! you've (certainly) got some cheek OU nerve! -2. *sout*: ne pas ~ de dire/de faire [ne pas oublier de]: vous viendrez? — je n'y manquerai pas will you come? — definitely OU without fail; ne manquez pas de me le faire savoir be sure to let me know, do let me know; ne manquez pas de nous écrire be sure to write to us, mind you write to us; il n'a pas manqué de faire remarquer mon retard he didn't fail to point out that I was late || [par ellipse]: ça ne manquera pas it's sure OU bound to happen; j'ai dit qu'elle reviendrait et ça n'a pas manqué! I said she'd come back and sure enough (, she did)! || [s'empêcher de]: on ne peut ~ de constater/penser one can't help but notice/think; vous ne manquerez pas d'être frappé par cette coïncidence you're bound to be struck by this coincidence; tu ne manqueras pas d'être surpris you're sure OU bound to be surprised. -3. [faillir]: elle a manqué (de) se noyer she nearly OU almost drowned (herself); il a manqué (de) ne pas me reconnaître he nearly failed to OU nearly didn't recognize me; tiens-lui le bras, il manque de glisser toutes les deux minutes hold his arm, he's tripping up every couple of minutes.

◆ **se manquer** ◇ *vp (emploi réciproque)*: nous nous sommes manqués à l'aéroport we missed each other at the airport.
◇ *vp (emploi réfléchi)* to fail (in one's suicide attempt); il s'est manqué pour la troisième fois that's his third (unsuccessful) suicide attempt; la deuxième fois, elle ne s'est pas manquée her second suicide attempt was successful.

Mans [mɑ̃] *npr*: Le ~ Le Mans; les 24 Heures du ~ the Le Mans 24-hour race.

mansarde [mɑ̃sard] *nf* -1. [chambre] garret, attic (room). -2. ARCHIT: comble en ~ mansard roof; fenêtre en ~ dormer window.

mansardé, e [mɑ̃sarde] *adj* [chambre, étage] attic *(modif)*; [toit] mansard *(modif)*; une pièce ~e an attic room, a room with a sloping ceiling.

mansuétude [mɑ̃sɥetyd] *nf sout* indulgence, goodwill, mansuetude.

mante [mɑ̃t] *nf* -1. ENTOM: ~ (religieuse OU prie-Dieu) (praying) mantis. -2. *fig & hum*: ~ religieuse man-eater. -3. ZOOL manta ray. -4. VÊT mantle.

manteau [mɑ̃to] *nm* -1. VÊT [de ville] coat; [capote] greatcoat; ~ de gabardine gabardine (coat); ~ de fourrure fur coat ❑ ~ impérial imperial mantle, robe of state; ~ de pluie raincoat. -2. *fig & litt* [épaisse couche] layer, blanket, mantle; un lourd ~ de neige/silence a heavy mantle of snow/silence. -3. ZOOL [d'un mollusque] mantle. -4. ARCHIT: ~ de cheminée mantelpiece, mantel. -5. THÉÂT: ~ d'Arlequin proscenium arch. -6. GÉOL mantle. -7. HÉRALD mantling, mantle. -8. ORNITH back, mantle. -9. *loc*: sous le ~ unofficially, on the sly; sous le ~ de under cover of, under the cloak of; sous le ~ de la charité, il faisait de la publicité pour sa société he was advertising for his company, using charity as a pretext.

mantelé, e [mɑ̃tle] *adj* HÉRALD mantled.

mantelet [mɑ̃tlɛ] *nm* -1. [cape - de femme] mantelet; [- de prélat] mantelleta. -2. MIL mantelet. -3. NAUT deadlight.

mantille [mɑ̃tij] *nf* VÊT mantilla (scarf).

mantisse [mɑ̃tis] *nf* mantissa.

Mantoue [mɑ̃tu] *npr* Mantua.

manualité [manɥalite] *nf* predominance of the left or right hand; [de la main droite] dextrality; [de la main gauche] sinistrality.

manucure [manykyr] ◇ *nmf* manicurist.
◇ *nf* manicure.

manucurer [3] [manykyre] *vt* to manicure; se faire ~ les mains to have a manicure.

manuel, elle [manɥɛl] ◇ *adj* -1. [commande, métier, travailleur] manual; [outil] hand-held. -2. AÉRON: passer en ~ to switch (over) to manual.
◇ *nm, f* -1. [personne habile de ses mains] practical person; c'est une ~le she's good with her hands. -2. SOCIOL manual worker.

◆ **manuel** *nm* [mode d'emploi, explications] manual, handbook; ~ d'histoire/de géographie history/geography book OU textbook; ~ scolaire SCOL (school) textbook; ~ de sténographie shorthand manual; ~ d'utilisation instruction book OU manual; ~ de vol AÉRON flight manual.

manuellement [manɥɛlmɑ̃] *adv* manually, by hand; travailler ~ to work with one's hands; un dispositif qui fonctionne ~ a manually operated machine.

manufacturable [manyfaktyrabl] *adj* manufacturable; ces produits ne sont pas ~s dans nos usines these products cannot be manufactured in our factories.

manufacture [manyfaktyr] *nf* -1. [atelier] factory; HIST manufactory; ~ de soie/pipes silk/pipe factory; la ~ des Gobelins the Gobelins tapestry workshop. -2. [fabrication] manufacture, manufacturing.

manufacturer [3] [manyfaktyre] *vt* to manufacture.

manufacturier, ère [manyfaktyrje, ɛr]
◇ *adj* manufacturing.
◇ *nm, f arch* industrialist, factory owner.

manu militari [manymilitari] *loc adv* -1. [par la violence] by force; être expulsé ~ to be forcibly expelled, to be frogmarched out. -2. JUR [par la gendarmerie] by the forces of law and order.

manuscrit, e [manyskri, it] *adj* [lettre] handwritten; [page, texte] manuscript *(modif)*.

◆ **manuscrit** *nm* -1. [à publier] manuscript; ~ dactylographié manuscript, typescript; sous forme de ~ in manuscript (form). -2. [texte ancien] manuscript; les ~s de la mer Morte the Dead Sea Scrolls.

manutention [manytɑ̃sjɔ̃] *nf* -1. [manipulation] handling. -2. [entrepôt] warehouse, store house.

manutentionnaire [manytɑ̃sjɔnɛr] *nmf* warehouseman; il est ~ dans une fabrique de meubles he's a packer in a furniture factory.

manutentionner [3] [manytɑ̃sjɔne] *vt* [déplacer] to handle; [emballer] to pack.

manzanilla [mɑ̃zanija] *nm* manzanilla.

maoïsme [maɔism] *nm* Maoism.

maoïste [maɔist] *adj & nmf* Maoist.

maori, e [maɔri] *adj* Maori.
◆ **Maori, e** *nm, f* Maori.
◆ **maori** *nm* LING Maori.

Mao Tsé-toung [maotsetuŋ] *npr* Mao Tse-tung, Mao Zedong.

maous, ousse▽ [maus] *adj* ginormous, whopping (great).

Mao Zedong [maodzedɔ̃g] = **Mao Tsé-toung**.

MAP *abr écrite de* mise au point.

mappemonde [mapmɔ̃d] *nf* [globe] globe; [carte] map of the world *(showing both hemispheres)*; ~ céleste planisphere.

Maputo [maputo] *npr* Maputo.

maquée [make] *nf Belg* cottage cheese.

maquer▽ [3] [make] *vt*: elle est maquée? [prostituée] has she got a pimp?; [femme] has she got a man?
◆ **se maquer**▽ *vpi*: se ~ avec qqn to be shacked up with sb; ils se sont maqués they're shacked up together.

maqueraison [makrɛzɔ̃] *nf* mackerel season.

maquereau, x [makro] *nm* -1. ZOOL mackerel. -2. ▽ [souteneur] pimp.

maquerelle▽ [makrɛl] *nf* madam.

maquette [makɛt] *nf* -1. [modèle réduit] (scale) model; ~ d'avion/de village model aircraft/village. -2. BX-ARTS [d'une sculpture] model, maquette; [d'un dessin] sketch. -3. IMPR [de pages] paste-up, layout; [de livre] dummy. -4. INDUST mock-up, (full-scale) model.

maquettisme [makɛtism] *nm* model making.

maquettiste [makɛtist] *nmf* -1. [modéliste] model maker. -2. IMPR graphic designer, layout artist.

maquignon [makiɲɔ̃] *nm* -1. [marchand - de chevaux] horse trader; [- de bestiaux] cattle trader. -2. *péj* [entremetteur] trickster.

maquignonnage [makiɲɔnaʒ] *nm* -1. [vente - de chevaux] horse trading; [- de bétail] cattle trading. -2. *péj* [manœuvre douteuse] sharp practice, shady dealing, wheeler-dealing.

maquignonner [3] [makiɲɔne] *vt* -1. [bétail, cheval] to deal OU to trade OU to traffic in. -2. *péj* [manœuvrer]: ils ont maquignonné cette affaire entre eux they've cooked this business up between them.

maquillage [makijaʒ] *nm* -1. [cosmétiques] make-up; [application] making-up. -2. [falsification - d'un passeport, d'un texte] doctoring, faking; [- de preuves] doctoring; [- d'un véhicule] disguising, respraying.

maquiller [3] [makije] *vt* -**1.** [visage] to make up *(sép)*; **être bien/mal/trop maquillé** to be nicely/badly/heavily made up; **qui vous a maquillé?** who did your make-up? -**2.** [falsifier - passeport, texte] to falsify, to fake; [- preuves] to falsify; [- comptes] to fiddle *esp Br*, to falsify; [- véhicule] to disguise; **après avoir maquillé la carrosserie** after doing a paint job on the bodywork; **~ un crime en suicide** to make a murder look like a suicide.
◆ **se maquiller** *vp (emploi réfléchi)*: **se ~ (le visage)** to make up (one's face), to put on one's make-up; **se ~ les yeux** to put one's eye make-up on; **tu te maquilles déjà à ton âge?** are you using make-up already at your age?

maquilleur, euse [makijœr, øz] *nm, f* make-up man (*f* girl), make-up artist; **passer chez le ~** TV to have one's make-up put on.

maquis [maki] *nm* -**1.** GÉOG scrub, scrubland, maquis. -**2.** HIST: **le Maquis** the Maquis *(French Resistance movement)*; **prendre le ~** HIST to take to the maquis; *fig* to go underground. -**3.** *fig* [labyrinthe]: **dans le ~ des lois/de la finance internationale** in the jungle of law/of international finance.

maquisard [makizar] *nm* -**1.** HIST maquis, French Resistance fighter. -**2.** [guérillero] guerrilla fighter.

marabout [marabu] *nm* -**1.** [oiseau, plume] marabou, marabout. -**2.** [homme, tombeau] marabout.

marabouter [3] [marabute] *vt* [en Afrique] to put the evil eye on.

maraca [maraka] *nf* maraca.

maraîchage [marɛʃaʒ] *nm* market gardening *Br*, truck farming OU gardening *Am*.

maraîcher, ère [marɛʃe, ɛr] ◇ *nm, f* market gardener *Br*, truck farmer *Am*.
◇ *adj* vegetable *(modif)*; **produits ~s** market garden produce *Br*, truck *Am*.

marais [marɛ] *nm* -**1.** [terrain recouvert d'eau] marsh, swamp; **~ maritime** tidal marsh; **~ salant** salt marsh, salina. -**2.** [région] marsh, marshland, bog. -**3.** *fig* & *sout* quagmire.

Marais [marɛ] *npr m* -**1.** [quartier]: **le ~** the Marais *(historic district of Paris)*. -**2.** HIST: **le ~** the Marais OU the Swamp *(moderate party in the French Revolution)*.

LE MARAIS:
The Marais includes the place des Vosges and the predominantly Jewish quarter around the rue des Rosiers. Typical apartments in the Marais have "poutres apparentes" (exposed beams) and "tommettes" (red hexagonal floor tiles).

---

marasme [marasm] *nm* -**1.** ÉCON slump, stagnation; **nous sommes en plein ~** we're going through a slump, our economy's in the doldrums. -**2.** [apathie] listlessness, apathy, depression. -**3.** MÉD marasmus, cachexia.

marasquin [maraskɛ̃] *nm* maraschino; **cerises au ~** maraschino cherries.

marathon [maratɔ̃] *nm* -**1.** SPORT marathon; [épreuve d'endurance]: **~ de danse** dance marathon. -**2.** *fig*: **~ diplomatique/électoral** diplomatic/electoral marathon. -**3.** *(comme adj inv; avec ou sans trait d'union)* marathon; **discussion/séance ~** marathon discussion/session.

marathonien, enne [maratɔnjɛ̃, ɛn] *nm, f* marathon runner.

marâtre [maratr] *nf* -**1.** [méchante mère] unnatural OU wicked mother. -**2.** [belle-mère] stepmother.

maraud, e [maro, od] *nm, f vieilli* rascal, rapscallion.

maraudage [marodaʒ] *nm* pilfering *(of food)*.

maraude [marod] *nf* pilfering *(of food)*; **un taxi en ~** a cruising taxi.

marauder [3] [marode] *vi* -**1.** [personne] to filch OU to pilfer (food); [soldat] to maraud. -**2.** [taxi] to cruise.

maraudeur, euse [marodœr, øz] ◇ *nm, f* [gén] pilferer; [soldat] marauder.
◇ *adj* [renard] on the prowl; [oiseau] thieving; [taxi] cruising.

marbre [marbr] *nm* -**1.** MINÉR marble; **~ veiné** streaked OU veined marble; **~ tacheté** mottled marble; **colonne/tombeau de ~** marble pillar/tomb; **mur de faux ~** marbleized wall. -**2.** BX-ARTS marble (statue); **les ~s romains** the Roman marbles ‖ [plaque] marble plate. -**3.** IMPR (forme) bed; **mettre sur le ~** [journal] to put to bed; [livre] to put on the press; **avoir du ~** *fam* to have copy over; **rester sur le ~** to be excess copy. -**4.** MÉCAN surface plate.
◆ **de marbre** *loc adj* -**1.** [insensible] insensitive; **un homme de ~** a man with a heart of stone; **la mort de sa mère l'a laissé de ~** his mother's death left him cold OU unmoved. -**2.** [impassible] impassive; **un visage de ~** a poker face; **il est resté de ~ pendant qu'on lui arrachait ses galons** he remained impassive while they tore off his stripes.

marbré, e [marbre] *adj* -**1.** [tacheté] marbled, mottled; [veiné] veined; **peau ~e** blotchy skin. -**2.** TECH marbled; CONSTR marbleized.

marbrer [3] [marbre] *vt* -**1.** [papier, tranche de livre] to marble; CONSTR to marbleize. -**2.** [peau] to mottle, to blotch; **jambes/joues marbrées par le froid** legs/cheeks mottled with the cold; **visage marbré par les larmes** tear-stained face, face streaked with tears.

marbrerie [marbrəri] *nf* -**1.** [industrie] marble industry. -**2.** [atelier] marble (mason's) yard. -**3.** [métier, art] marble work; **~ funéraire** monumental (marble) masonry.

marbrier, ère [marbrije, ɛr] *adj* marble *(modif)*.
◆ **marbrier** *nm* marbler; **~ (funéraire)** monumental mason.
◆ **marbrière** *nf* marble quarry.

marbrure [marbryr] *nf* [aspect marbré] marbling; [imitation] marbleizing, marbling.
◆ **marbrures** *nfpl* blotches, streaks, veins.

marc [mar] *nm* -**1.** [résidu de fruit] marc; **~ (de café)** coffee grounds OU dregs; **lire l'avenir dans le ~ de café** ≃ to read the future in tea leaves. -**2.** [eau-de-vie] marc (brandy). -**3.** FIN mark. -**4.** JUR: **au ~ le franc** prorata, proportionally.

Marc [mark] *npr*: **saint ~** Saint Mark; **~ Antoine** Mark Antony; **~ Aurèle** Marcus Aurelius.

marcassin [markasɛ̃] *nm* young wild boar; **cuissot de ~** haunch of wild boar.

marchand, e [marʃɑ̃, ɑ̃d] ◇ *nm, f* [négociant] merchant, shopkeeper *Br*, storekeeper *Am*; [sur un marché] stallholder; **~ ambulant** (street) pedlar; **de biens** ≃ estate agent *Br*, ≃ real estate agent *Am*; **~ de canons** *péj* arms dealer; **~ de charbon** coal merchant; **~ de chaussures** shoe shop owner *Br*, shoe-store owner *Am*; **~ de couleurs** ironmonger *Br*, hardware store owner; **~ de fleurs** florist; **~ de frites** ≃ chip shop man *Br*, ≃ hot-dog stand man *Am*; **~ de fromage** cheese merchant; **~ de fruits** fruit merchant, fruiterer; **~ d'illusions** *péj* illusion-monger; **~ de journaux** [en boutique] newsagent; [en kiosque] newsstand man, newsvendor; **~ de légumes** greengrocer; **~ de marée** OU **de poisson** fishmonger; **~ des quatre-saisons** costermonger *Br*, fruit and vegetable peddler *Am*; **~ de sommeil** *péj* rack-renter, slumlord; **~ de soupe** *péj* [restaurateur] owner of a second-rate restaurant; ENS *headmaster who thinks only of making a profit*; **~ de tableaux/tapis** art/carpet dealer; **~ de vin** wine merchant, vintner; **~ de voitures** car salesman; **le ~ de sable est passé** the sandman's on his way.
◇ *adj* -**1.** [valeur, prix] market *(modif)*; [denrée] marketable; [qualité] standard; [ville] market, commercial. -**2.** [rue] shopping *(modif)*. -**3.** [marine] merchant.

marchandage [marʃɑ̃daʒ] *nm* -**1.** [discussion d'un prix] haggling, bargaining; **faire du ~** to haggle. -**2.** *péj* [tractation] wheeler-dealing *péj*. -**3.** JUR illegal subcontracting.

marchander [3] [marʃɑ̃de] ◇ *vt* -**1.** [discuter le prix de] to bargain OU to haggle over *(insép)*; **nous ne marchanderons pas le droit des peuples à disposer d'eux-mêmes** *fig* the right of peoples to self-determination is not up for discussion OU negotiation. -**2.** *(au nég)* [lésiner sur] to spare; **ils n'ont pas marchandé leur effort** they spared no effort; **la presse n'a pas marchandé ses éloges pour sa dernière pièce** the press wasn't sparing of its praise for his last play. -**3.** JUR to subcontract (illegally).
◇ *vi* to haggle, to bargain; **il a acheté un tableau sans ~** he bought a painting without haggling (over its price).

marchandeur, euse [marʃɑ̃dœr, øz] *nm, f* haggler.
◆ **marchandeur** *nm* JUR (illegal) subcontractor.

marchandisage [marʃɑ̃dizaʒ] *nm* merchandizing.

marchandise [marʃɑ̃diz] *nf* -**1.** [produit] commodity, good; **~s** merchandise; **notre boucher a de la bonne ~** our butcher sells good quality meat; **il ne nous a jamais trompés sur la ~** *pr* & *fig* he's never swindled us ‖ [article interdit]: **la ~ est arrivée à bon port** the stuff got here all right. -**2.** [fret, stock]: **la ~** the goods, the merchandise; **la ~ sera livrée à Londres** the merchandise will be delivered in London; **on lui a volé toute sa ~** all his goods were stolen ❑ **~ en gros/au détail** wholesale/retail goods; **gare de ~s** RAIL goods station *Br*, freight station *Am*; **train de ~s** goods train *Br*, freight train *Am*; **wagon de ~s** goods wagon *Br*, freight car *Am*. -**3.** *fam fig*: **tromper** OU **voler qqn sur la ~** to short-change sb; **ce n'est pas à moi de vanter la ~ mais ma tarte est bonne** *hum* my tart is good, though I say so myself; **il vend sa ~** *péj* he's plugging his own stuff. -**4.** ▼ [organes sexuels masculins] tackle.

marchant, e [marʃɑ̃, ɑ̃t] *adj*: **aile ~e** wheeling flank.

marche [marʃ] *nf* -**1.** [activité, sport] walking; **la ~ (à pied)** walking; **la ~ en montagne** hill walking; **j'en ai fait de la ~ aujourd'hui!** I've done quite a bit of walking today!; **elle fait de la ~** [comme sport] she goes walking; **poursuivre sa ~** to keep (on) OU to carry on walking, to walk on; **la frontière n'est qu'à une heure de ~** the border is only an hour's walk away; **chaussures de ~** walking shoes. -**2.** [promenade] walk; **nous avons fait une ~ de 8 km** we did an 8 km walk. -**3.** [défilé] march; **~ pour la libération d'un prisonnier politique** march for the release of a political prisoner; **ouvrir la ~** to lead the way; **fermer la ~** to bring up the rear ❑ **~ nuptiale/funèbre/militaire** MUS wedding/funeral/military march; **~ silencieuse/de protestation** silent/protest march; **~ pour la paix** peace march. -**4.** MIL march; **en avant, ~!** forward, march!; **faire ~ sur une citadelle** to march on OU upon a citadel ❑ **~ forcée** forced march; **la Longue Marche** HIST the Long March; **la Marche sur Rome** HIST the March on Rome. -**5.** [allure] pace, step; **il régla sa ~ sur celle de l'enfant** he adjusted his pace to the child's; **ralentir sa ~** to slow (down) one's pace; **accélérer sa ~** to increase OU to step up one's pace ‖ [démarche] walk, gait; **sa ~ gracieuse** her graceful gait. -**6.** [déplacement - d'un train, d'une voiture] running; [- d'une étoile] course; **monter/descendre d'un train en ~** to get on/off a moving train; **je suis descendue du bus en ~** I got off the bus while it was still moving; **dans le sens de la ~** facing the engine; **dans le sens contraire de la ~** (with one's) back to the engine ❑ **~ avant/arrière** AUT forward/reverse gear; **entrer/sortir en ~ arrière** to reverse in/out, to back in/out; **faire ~ arrière** [conducteur] to reverse, to back up; *fig* to backpedal, to backtrack; **en voyant le prix j'ai fait ~ arrière** when I saw the price I backed out of buying it. -**7.** [fonctionnement - d'une machine] running, working; **~, arrêt** on, off; **en (bon) état de ~** in (good) working order; **mettre en ~** [moteur, véhicule] to start (up); [appareil] to switch OU to turn on *(sép)*; **le four se mettra automatiquement en ~ dans une heure** the oven will turn OU switch itself on automatically in an hour; **régler la ~ d'une pendule** to adjust the movement of a clock; **ne pas ouvrir pendant la ~** do not open while the machine is running|| [d'une entreprise, d'un service] running, working, functioning; **pour assurer la bonne ~ de notre coopérative** to ensure the smooth running of our co-op; **la privatisation est-elle un obstacle à la bonne ~ de l'entreprise?** is privatization an obstacle to the proper working OU functioning of the company? ❑ **~ à suivre** [instructions] directions (for use); [pour des formalités] procedure, form. -**8.** [progression] : **la ~ du temps** the passing OU march of time; **la ~ des événements** the course OU march of events; **la révolution est en ~** revolution is on the march OU move. -**9.** [degré - d'un escalier] step, stair; [- d'un marchepied] step; **la première/dernière ~** the bottom/top step; **descendre/monter les ~s** to go down/up the stairs; **attention à la ~** mind the step ❑ **~ dansante** ARCHIT winder. -**10.** HIST & GÉOG march.

marché[1] [marʃe] *nm* -**1.** [lieu de vente] market; **aller au ~** to go to the market; **je l'ai acheté au ~** I bought it at the market; **faire les ~s** [commerçant] to go round OU to do the markets ❑ **~ aux poissons/bestiaux** fish/cattle market; **~ couvert** market hall, covered market; **~ en plein air** open-air market; **~ d'intérêt national** wholesale market for agricultural produce; **~ aux puces** flea market|| [ce que l'on achète] shopping; **faire son ~** to go (grocery) shopping. -**2.** COMM & ÉCON market; **~ des matières premières/du sucre/du café** raw materials/sugar/coffee market; **~ du travail** labour market; **~ extérieur/intérieur** foreign/home market, overseas/domestic market; **mettre un produit sur le ~** to market OU to launch a product; **le vaccin n'est pas encore sur le ~** the vaccine is not yet (available) on the market; **il n'y a pas de ~ pour ce type d'habitation** there is no market for this type of housing; **ils ont ouvert leur ~ aux produits japonais** they've opened their markets to Japanese products ❑ **le Marché commun** the Common Market; **~ libre** free market; **~ noir** black market; **faire du ~ noir** to deal on the black market; **le Marché unique (européen)** the Single European Market; **étude/économie de ~** market research/economy. -**3.** BOURSE market; **~ de l'argent** OU **monétaire** money market; **~ des capitaux** capital market; **~ des changes** foreign exchange; **~ au comptant** spot market; **~ du crédit** credit market; **~ financier** capital OU financial market; **~ à terme** forward market; **~ des titres** stock market. -**4.** [accord] deal, transaction; **conclure** OU **passer un ~ avec qqn** to make a deal with sb; **~ conclu!** it's a deal!, that's settled! ❑ **c'est un ~ de dupes** it's a con; **mettre le ~ en main à qqn** to force sb to take it or leave it. -**5.** *loc*: **par-dessus le ~** *fam* into the bargain, what's more; **et il se plaint, par-dessus le ~!** and what's more he's complaining!

◆ **à bon marché** *loc adv* cheaply; **fabriqué à bon ~** cheaply-made; **je l'ai eu à bon ~** I got it cheap.

◆ **bon marché** *loc adj* cheap, inexpensive; **faire bon ~ de** to treat lightly; **faire bon ~ de sa vie** to hold one's life cheap; **il a fait bon ~ de mes conseils** he took no notice of my advice.

◆ **meilleur marché** *loc adj inv* cheaper; **je l'ai eu meilleur ~ à Paris** I got it cheaper in Paris.

marché[2] [marʃe] *nm* SPORT travelling *Br*, traveling *Am*.

marchepied [marʃəpje] *nm* -**1.** [d'un train] step, steps; [d'un camion] footboard; [d'une voiture] running board; **~ amovible** retractable step. -**2.** *fig* [tremplin] stepping stone; **ce petit rôle lui a servi de ~ pour devenir célèbre** this small role put him on the road to fame. -**3.** [estrade] dais; [banc] footstool; [escabeau] pair of steps. -**4.** [sur la rive d'une rivière] footpath.

marcher [3] [marʃe] *vi* -**1.** [se déplacer à pied] to walk; **j'ai marché longtemps/un peu** I took a long/short walk; **~ sans but** to walk aimlessly; **~ tranquillement** to amble along; **descendre une avenue en marchant lentement/rapidement** to stroll/to hurry down an avenue; **~ à grands pas** OU **à grandes enjambées** to stride (along); **~ à petits pas** to take small steps; **~ à quatre pattes** to walk on all fours; **~ à reculons** to walk backwards; **~ de long en large (dans une salle)** to walk up and down (a room); **~ sur la pointe des pieds** to walk on tiptoe; **~ sur les mains** to walk on one's hands; **~ sur les traces de qqn** to follow in sb's footsteps; **~ vers** *pr* to walk towards, to be headed for, to be on one's way to; *fig* to be headed for ❑ **~ droit** *pr* to walk straight OU in a straight line; *fig* to toe the line; **~ sur des œufs** to tread gingerly. -**2.** MIL to march; **~ au pas** to march in step; **~ au combat** to march into battle; **~ sur une ville/sur l'ennemi** to march on a city/against the enemy. -**3.** [poser le pied] : **~ sur** to step OU to tread on; **~ dans** to step OU to tread in; **ne marche pas sur les fleurs!** keep off the flowers!, don't walk on the flowers!; **tu marches sur tes lacets** you're treading on your laces; **~ sur les pieds de qqn** to tread OU to stand OU to step on sb's feet ❑ **il ne faut pas se laisser ~ sur les pieds** you shouldn't let people walk all over you. -**4.** [fonctionner - machine] to work, to function; [- moteur] to run; **~ à l'électricité** to work OU to run on electricity; **le jouet marche à piles** the toy is battery-operated; **faire ~** [machine] to work, to operate; **tu sais faire ~ la machine à laver?** do you know how to work the washing machine?; **les trains ne marchent pas aujourd'hui** *fam* the trains aren't running today ❑ **~ à voile et à vapeur** *fam* to be AC/DC. -**5.** [donner de bons résultats - manœuvre, ruse] to come off, to work; [- projet, essai] to be working (out), to work; [- activité, travail] to be going well; **ses études marchent bien/mal** she's doing well/not doing very well at college; **elle marche bien en chimie** *fam*/**au tennis** *fam* she's doing well in chemistry/at tennis; **un jeune athlète qui marche très fort** *fam* an up-and-coming young athlete; **les affaires marchent mal/très bien** business is slack/is going well; **ça fait ~ les affaires** it's good for business OU for trade; **rien ne marche** nothing's going right; **tout a très bien marché jusqu'ici** everything's gone very well until now; **et le travail, ça marche?** how's work (going)?; **si ça marche, je monterai une exposition** if it works out, I'll organize an exhibition; **leur couple/commerce n'a pas marché** their relationship/business didn't work out; **ça a l'air de bien ~ entre eux** they seem to be getting on fine together, things seem to be going well between them|| [en voiture] : **on a bien marché jusqu'à ce qu'un pneu éclate** *fam* we were doing well OU making good time until we had a burst tyre; **en marchant bien, tu seras à Bruxelles ce soir** *fam* if you keep your speed up you'll be in Brussels by tonight; **tu marches à combien, là?** *fam* what are you doing OU what speed are you doing at the moment? -**6.** [au restaurant] : **faites ~ deux œufs au plat!** two fried eggs!; **ça marche!** coming up! -**7.** *fam* [s'engager] to go along with things; **tu marches avec nous?** can we count you in?; **je ne marche pas!** nothing doing!, count me out!; **~ dans une affaire** to get mixed up OU involved in a scheme; **elle ne marchera jamais** she'll never agree. -**8.** *fam* [croire] to fall for it; **elle a marché** she fell for it, she swallowed it ❑ **je lui ai dit que ma tante était malade et il n'a pas marché, il a couru** *hum* I told him that my aunt was ill and he bought the whole story OU and he swallowed it hook, line and sinker; **faire ~ qqn** [le taquiner] to pull sb's leg, to have sb on *Br*; [le berner] to take sb for a ride, to lead sb up the garden path; **ce n'est pas vrai, tu me fais ~?** are you having me on? *Br*, are you pulling my leg?

marcheur, euse [marʃœr, øz] *nm, f* -**1.** [gén & SPORT] walker; **c'est un bon ~** he's a good walker; **les ~s de Strasbourg-Paris arrivent cette nuit** the participants in the Strasbourg-Paris walk will be arriving tonight. -**2.** [manifestant] marcher; **~ de la paix** peace marcher.

marcottage [markɔtaʒ] *nm* layering; **~ aérien** air layering.

marcotte [markɔt] *nf* layer.

marcotter [3] [markɔte] *vt* to layer.

mardi [mardi] *nm* -**1.** [jour de la semaine] Tuesday; **Nice, le ~ 10 août** Nice, Tuesday, August 10 OU 10 August *Br*; **je suis né un ~ 18 avril** I was born on Tuesday the 18th of April; **nous sommes ~ aujourd'hui** today's Tuesday; **je reviendrai ~** I'll be back on Tuesday; **je suis revenu ~** I came back on Tuesday; **~ dernier/prochain** last/next Tuesday; **ce ~, ~ qui vient** this (coming) Tuesday, Tuesday next, next Tuesday; **~ en huit** a week on Tuesday, Tuesday week *Br*; **~ en quinze** a fortnight on Tuesday *Br*, two weeks from Tuesday *Am*; **il y aura huit jours ~** a week on Tuesday; **tous les ~s** every Tuesday, on Tuesdays; **l'autre ~** [dans le passé] (the) Tuesday before last; [dans l'avenir] Tuesday after this; **le premier/dernier ~ du mois** the first/last Tuesday of the month; **tous les deuxièmes ~s du mois** every second Tuesday in the month; **un ~ sur deux** every other OU every second Tuesday; **~ matin/après-midi** Tuesday morning/afternoon; **~ midi** Tuesday lunchtime, Tuesday (at) noon; **~ soir** Tuesday evening OU night; **~ dans la nuit** Tuesday (during the) night; **dans la nuit de ~ à mercredi** Tuesday night; **la séance/le marché du ~** the Tuesday session/market. -**2. Mardi gras** RELIG Shrove Tuesday; [carnaval] Mardi Gras; **ce n'est pas Mardi gras, aujourd'hui!** *fam* what do you think this is, a carnival or something?

mare [mar] *nf* -**1.** [pièce d'eau] pond; **~ aux canards** duck pond. -**2.** [de sang, d'essence] pool.

marécage [marekaʒ] *nm* -**1.** [terrain bourbeux] marshland, swamp; **les ~s** the swamp . -**2.** *fig & litt*: **les ~s de la politique** the quagmire of politics.

marécageux, euse [marekaʒø, øz] *adj* [région] marshy, swampy; [champ] boggy; [plante] marsh *(modif)*.

maréchal, aux [mareʃal, o] *nm* -**1.** MIL [en France] marshal; [en Grande-Bretagne] field marshal; [aux États-Unis] five star general, general of the army; **Maréchal de France** Marshal of France; **~ des logis** sergeant; **~ des logis-chef** ≃ staff sergeant *Br*, ≃ top sergeant *Am*. -**2.** HIST & MIL marshal *(in a royal household)*.

maréchalat [mareʃala] *nm* marshalcy, marshalship; **atteindre le ~** to reach the rank of marshal.

maréchale [mareʃal] *nf* -**1.** MIL (field) marshal's wife. -**2.** MIN forge coal.

maréchalerie [mareʃalri] *nf* -**1.** [métier] blacksmith's trade, farriery *Br spéc*, smithery *spéc*. -**2.** [atelier] blacksmith's (shop), smithy, farriery *Br spéc*.

maréchal-ferrant [mareʃalferɑ̃] *(pl* **maréchaux-ferrants**) *nm* blacksmith, farrier *Br*.

maréchaussée [mareʃose] *nf* -**1.** HIST mounted constabulary *Br* OU police. -**2.** *fam hum* constabulary *Br*.

marée [mare] *nf* -**1.** GÉOG tide; **(à) ~ haute/basse** (at) high/low tide; **grande/faible ~** spring/neap tide; **~ montante** flowing OU flood tide; **~ descendante** ebb tide; **lorsque la ~ monte/descend** when the tide is rising/ebbing, when the tide comes in/goes out; **changement de ~** turn OU turning of the tide; **une ~ humaine** *fig* a flood of people ❑ **~ de morte-eau** OU **de quadrature** neap tide; **~ d'équinoxe** equinoctial tide; **~ noire** ÉCOL oil slick. -**2.** [poissons] (fresh) fish, (fresh) seafood.

marelle [marɛl] *nf* hopscotch; **jouer à la ~** to play hopscotch.

marémoteur, trice [maremɔtœr, tris] *adj* tidal *(modif)*.

marengo [marɛ̃go] ◇ *adj inv* CULIN: **veau ~** veal Marengo.

◇ *nm* TEXT *black cloth flecked with white*.

marennes [marɛn] *nf* (Marennes) oyster.

mareyage [marɛjaʒ] *nm* fish trade.

mareyeur, euse [marɛjœr, øz] *nm, f* fish and seafood wholesaler.

margaille *fam* [margaj] *nf Belg* -**1.** [rixe] fight. -**2.** [tapage] row.

margarine [margarin] *nf* margarine.

marge [marʒ] *nf* -**1.** [espace blanc] margin; **laisser une grande/petite ~** to leave a wide/narrow margin; **n'écrivez rien dans la ~** do not write anything in the margin ❑ **~ de fond/gouttière** inner/gutter margin; **~ extérieure** IMPR outside margin; **~ intérieure** back OU inside OU inner margin; **~ de tête** head OU top margin; **~ de pied** tail. -**2.** *fig* extra time, leeway; **avoir de la ~** to have some leeway; **laisser à qqn une ~ de liberté** to give sb some latitude OU leeway; **~ de manœuvre** room for manœuvre; **prévoir une ~ d'erreur de 15 cm/de 100 francs** to allow for a margin of error of 15 cm/of 100 francs; **~ de sécurité** safety margin; **il a neuf minutes d'avance sur ses poursuivants, c'est une ~ (de sécurité) confortable** he has a nine minute lead over his pursuers, that's a comfortable (safety) margin; **~ de tolérance** (range of) tolerance; **je vous donne 2 m de tissu/2 mois, comme ça, vous avez de la ~** I'll give you 2 m of cloth/2 months, that'll be more than enough. -**3.** COMM: **~ bénéficiaire** profit margin; **~ brute d'autofinancement** gross cashflow; **~ commerciale** gross profit OU margin. -**4.** GÉOG: **~ continentale** continental margin OU terrace.

◆ **en marge** ◇ *loc adj* [original] fringe *(modif)*; **un artiste en ~** an unconventional OU a fringe artist.

◇ *loc adv* -**1.** [d'une feuille de papier] in the margin; **faites vos annotations en ~** write your notes in the margin. -**2.** [à l'écart]: **vivre en ~** to live on the fringe OU fringes (of society); **il est toujours resté en ~** he's always been a loner; **elle a fait une carrière en ~** she made an unconventional career for herself.

◆ **en marge de** *loc prép*: **les événements en ~ de l'histoire** footnotes to history, marginal events in history; **beaucoup d'accords sont signés en ~ des négociations officielles** a lot of agreements are signed outside the official negotiating sessions; **en ~ de ses activités de professeur, il aidait les enfants handicapés** in addition to his work as a teacher, he helped handicapped children; **activité en ~ des études** UNIV extra-curricular activity.

margelle [marʒɛl] *nf* edge *(of a well or fountain)*.

marger [17] [marʒe] *vt* -**1.** IMPR to feed in *(sép)*, to lay on *(sép)*. -**2.** [machine à écrire] to set the margins.

margeur, euse [marʒœr, øz] *nm, f* [ouvrier] layer-on.

◆ **margeur** *nm* -**1.** IMPR (paper) feed. -**2.** [sur une machine à écrire] margin setter.

marginal, e, aux [marʒinal, o] ◇ *adj* -**1.** [secondaire - problème, rôle] marginal, minor, peripheral. -**2.** [à part]: **groupe ~** POL fringe group; SOCIOL marginal group; **avec la crise, leur existence est de plus en plus ~e** the economic crisis is pushing them further and further out to the margins OU fringes of society. -**3.** ÉCON marginal. -**4.** [annotation] marginal; **notes ~es** marginal notes, marginalia.

◇ *nm, f* dropout; **ça a toujours été un ~** he's always been a bit of a dropout, he's never been in the mainstream; **les marginaux de l'expressionnisme** people on the outer fringes of the expressionist movement.

marginalement [marʒinalmɑ̃] *adv*: **vivre ~** to live on the fringe OU margin of society; **ils ont choisi de vivre ~** they've chosen to opt out (of society).

marginalisation [marʒinalizasjɔ̃] *nf* SOCIOL marginalization; **la crise économique a favorisé la ~ de certaines couches sociales** the economic crisis has led to the marginalization of certain groups in society; **la pauvreté est un facteur de ~** poverty is one of the causes of marginalization.

marginaliser [3] [marʒinalize] *vt* to marginalize; **la toxicomanie a marginalisé une partie de la jeunesse** drug addiction has marginalized a large number of young people; **la tendance radicale du parti a été marginalisée** the radical tendency in the party has been marginalized.

◆ **se marginaliser** ◇ *vp (emploi réfléchi)* to opt out; **elle a choisi de se ~** she has chosen to live outside the mainstream of society.

◇ *vpi* -**1.** [personne]: **il se marginalise de plus en plus depuis son licenciement** he's cut himself off from the world since he lost his job. -**2.** [rôle, fonction] to become marginalized OU irrelevant; **le rôle du parti s'est marginalisé** the party no longer plays a central role.

marginalisme [marʒinalism] *nm* ÉCON marginal utility.

marginalité [marʒinalite] *nf* -**1.** [d'un problème, d'un rôle] minor importance, insignificance, marginality. -**2.** [d'une personne] nonconformism; **vivre** OU **être dans la ~** to live on the fringe OU fringes of society; **ils ont préféré vivre dans la ~** they preferred to opt out.

marginer [3] [marʒine] *vt* to write notes in the margin.

margoulette▽ [margulɛt] *nf* gob *Br*, kisser, mug; **se casser la ~** to fall flat on one's face.

margoulin *fam* [margulɛ̃] *nm péj* [spéculateur] petty speculator; [crapule] shark, crook, swindler.

marguerite [margərit] *nf* -**1.** BOT daisy; **grande ~** oxeye daisy. -**2.** IMPR daisy wheel.

Marguerite [margərit] *npr*: **~ d'Anjou** Margaret of Anjou; **~ de Navarre** Margaret of Navarre.

mari [mari] *nm* husband; **comment va ton petit ~?** *fam* how's your hubby?

mariable [marjabl] *adj* marriageable.

mariage [marjaʒ] *nm* -**1.** [union] marriage; **proposer le ~ à qqn** to propose (marriage) to sb; **il m'avait promis le ~** he had promised to marry me; **donner sa fille en ~** to give one's daughter in marriage; **je ne pense pas encore au ~** I'm not thinking about getting married yet; **faire un ~ d'amour** to marry for love, to make a love match; **faire un ~ d'argent** OU **d'intérêt** to marry for money; **enfants (nés) d'un premier ~** children from a first marriage; **enfants nés hors du ~** children born out of wedlock ‖ [vie commune] married life, matrimony; **les premiers temps du ~** early married life ❑ **~ blanc** unconsummated marriage, marriage in name only; **~ mixte** mixed marriage; **'le Mariage de Figaro'** *Beaumarchais* 'The Marriage of Figaro'. -**2.** [cérémonie] wedding; **de ~** wedding *(modif)*; **~ en blanc** white wedding; **elle veut un ~ civil/religieux** she wants a civil/church wedding ‖ [cortège] wedding procession. -**3.** [d'arômes] blend, mixture; [de couleurs] combination; **le ~ de deux organisations politiques** the merging of two political organisations. -**4.** JEUX [au bésigue] marriage. -**5.** TEXT (accidental) slub.

marial, e, als OU **aux** [marjal, o] *adj* Marian.

Marianne [marjan] *npr* [figure] Marianne.

MARIANNE:

Marianne is the personification of the French Republic; there is a bust of her in every town hall in France, and her portrait appears on French stamps. Her face has changed over the years, but she can always be recognized by the "bonnet phrygien" she wears.

Marie [mari] *npr* -**1.** RELIG Mary; **la Vierge ~** the Virgin Mary. -**2.** HIST: **~ Stuart** Mary Stuart; **~ de Médicis** Maria de Medici.

marié, e [marje] *adj* married; **il est ~ avec Maud** he's married to Maud; **on n'est pas ~s, dis donc!** *fam* just a minute, you're not my mother!

◆ **marié** *nm* groom, bridegroom.

◆ **mariée** *nf* bride; **une robe de ~e** a wedding dress; **la robe/le bouquet de la ~e** the bride's dress/bouquet ❑ **tu te plains que la ~e est trop belle!** you don't know how lucky you are!

◆ **mariés** *nmpl*: **les ~s** [le jour de la cérémonie] the bride and groom OU bridegroom; **les jeunes ~s** the newly-weds.

Marie-Antoinette [mariɑ̃twanɛt] *npr* Marie Antoinette.

marie-couche-toi-là▽ [marikuʃtwala] *nf inv péj & vieilli* trollop, strumpet.

marie-jeanne [mariʒan] *nf inv arg drogue* pot, Mary-Jane *Am*.

marie-louise [marilwiz] (*pl* **maries-louises**) *nf* -**1.** [passe-partout] inner frame. -**2.** [encadrement] harmonized border.

Marie-Madeleine [marimadlɛn] *npr* Mary Magdalene.

marier [9] [marje] *vt* -**1.** [unir] to marry, to wed *litt*; **le maire/le prêtre les a mariés hier** the mayor/the priest married them yesterday. -**2.** [donner en mariage] to marry; **ils marièrent leur fille à un médecin** they married their daughter to a doctor; **elle a encore un fils/une fille à ~** she still has a son/a daughter to marry off; **elle est bonne à ~** she's of marriageable age. -**3.** [parfums, couleurs] to blend, to combine, to marry; [styles, sons] to harmonize, to combine, to marry. -**4.** *Belg* [épouser] to marry. -**5.** NAUT [cordages] to hold together.

◆ **se marier** *vpi* -**1.** [personnes] to get married, to marry, to wed *litt*; **se ~ à** OU **avec qqn** to marry sb, to get married to sb; **il veut se ~ à l'église** he wants to have a church wedding OU to get married in church. -**2.** [couleurs, arômes, styles] to go together; **ça se marie bien avec le vert** it goes nicely with the green.

marie-salope [marisalɔp] (*pl* **maries-salopes**) *nf* -**1.** [péniche] hopper (barge); [drague] dredger. -**2.** ▽ [souillon] slut.

Marie-Thérèse [mariterɛz] *npr*: **~ d'Autriche** Maria Theresa of Austria.

marieur, euse [marjœr, øz] *nm, f* matchmaker.

Marignan [mariɲɑ̃] *npr*: **la bataille de ~** *famous victory of Francis I over the Swiss Holy League in 1515.*

marigot [marigo] *nm* -**1.** [bras de fleuve] side channel, backwater, marigot. -**2.** [région inondable] flood lands.

marihuana [marirwana], **marijuana** [mariʒɥana] *nf* marijuana.

marin, e[1] [marɛ̃, in] *adj* -**1.** [air, courant, sel] sea *(modif)*; [animal, carte] marine, sea *(modif)*; [plante, vie] marine; **paysage ~** seascape; **navire ~** seaworthy ship. -**2.** PÉTR offshore.

◆ **marin** *nm* -**1.** [gén] seaman, seafarer; **un peuple de ~s** a seafaring nation; **ses qualités de ~ ne sont plus à démontrer** he's already an accomplished seaman. -**2.** MIL & NAUT seaman, sailor; **costume/béret de ~** sailor suit/hat ❑ **~s marchands** OU **du commerce** merchant seamen; **simple ~** able OU able-bodied seaman; **~ d'eau douce** *hum* Sunday sailor, landlubber. -**3.** MÉTÉO marin, sea wind *(from the SE coast of France)*.

marina [marina] *nf* marina.

marinade [marinad] *nf* marinade; **viande en ~** marinated OU marinaded meat.

marinage [marinaʒ] *nm* marinating.

marine[2] [marin] ◇ *f* → **marin**.

◇ *adj inv* navy (blue).

◇ *nf* -**1.** NAUT navy; **~ marchande** merchant navy OU marine; **~ de plaisance** yachting; **~ à vapeur** steamers, steamships; **~ à voile** sailing ships. -**2.** MIL: **~ (de guerre)** navy. -**3.** BX-ARTS seascape.

◇ *nm* -**1.** [fusilier marin - britannique] Royal Marine; [- des États-Unis] (US) Marine; **les Marines** the Royal Marines *Br*, the US Marine Corps *Am*, the Marines *Am*. -**2.** [couleur] navy (blue).

mariner [3] [marine] ◇ *vt* [dans une marinade] to marinate, to marinade; [dans une saumure] to pickle, to souse.

◇ *vi* -**1.** CULIN to marinate; **laissez la viande ~ ou faites ~ la viande pendant plusieurs heures** allow the meat to marinate for several hours. -**2.** *fam* [personne] to wait, to hang about; **il marine en prison** he's rotting in prison; **laisse-la ~!** let her stew for a while!; **ne nous fais pas ~!** don't keep us hanging about OU around *Am*!

maringouin [marɛ̃gwɛ̃] *nm Can* mosquito.

marinier [marinje] *nm* -**1.** [batelier] bargee *Br*, bargeman *Am*. -**2.** *arch* [marin] mariner *arch*.

marinière [marinjɛr] *nf* -**1.** VÊT [blouse] sailor blouse; [maillot rayé] (white and navy blue) striped jersey. -**2.** CULIN: **sauce ~** white wine sauce; **(à la) ~** in a white wine sauce.

mariol(le) *fam* [marjɔl] ◇ *adj* [astucieux] smart, clever.

◇ *nm* smart alec, clever dick *Br*, wise guy *Am*; **faire le ~** to try to be smart OU clever; **fais pas le ~ sur ta moto/avec ce revolver** don't try and be clever on that bike/with that gun.

marionnette [marjɔnɛt] *nf* -**1.** [poupée]: **~ (à fils)** puppet, marionette; **~ (à gaine)** (hand OU glove) puppet; **on va aux ~s** we're going to the puppet show. -**2.** *péj* [personne] puppet.

marionnettiste [marjɔnɛtist] *nmf* puppeteer.

mariste [marist] *adj* & *nm* Marist.

marital, e, aux [marital, o] *adj* JUR -**1.** [relatif au mari] marital; **l'autorisation ~e n'est plus nécessaire** the husband's authorization is no longer necessary; **les biens maritaux** the husband's possessions. -**2.** [relatif à l'union libre]: **au cours de leur vie ~e** while they lived together (as man and wife).

maritalement [maritalmɑ̃] *adv*: **vivre ~** to live as husband and wife.

maritime [maritim] *adj* -**1.** [du bord de mer - village] coastal, seaside *(modif)*, seaboard *Am (modif)*; **province ~** maritime OU coastal province ❑ **région ~** ADMIN coastal area. -**2.** [naval - hôpital, entrepôt] naval; [- commerce] seaborne, maritime; **puissance ~** maritime OU sea power. -**3.** JUR [législation, droit] maritime, shipping *(modif)*; [agent] shipping *(modif)*; [assurance] marine.

maritorne [maritɔrn] *nf litt* sloven, slattern.

marivaudage [marivodaʒ] *nm sout* light-hearted banter.

marivauder [3] [marivode] *vi sout* to banter, to exchange gallanteries.

marjolaine [marʒɔlɛn] *nf* marjoram.

mark [mark] *nm* mark FIN.

marketing [markɛtiŋ] *nm* marketing.

marlou ▽ [marlu] *nm* [souteneur] pimp; [voyou] hoodlum.

marmaille *fam* [marmaj] *nf péj* gang of kids OU brats *péj*; **elle est venue avec toute sa ~** she came with her whole brood.

marmelade [marməlad] *nf* CULIN compote; **~ de fraises** stewed strawberries, strawberry compote; **~ de pommes** stewed apple OU apples, apple compote; [pour viande] apple sauce; **~ d'oranges** (orange) marmalade.

◆ **en marmelade** *loc adj* -**1.** CULIN stewed; [trop cuit, écrasé] mushy. -**2.** *fam* [en piteux état]: **j'ai les pieds en ~** my feet are all torn to shreds; **mettre qqn en ~** to reduce sb to a pulp; **elle avait le visage en ~** her face was all smashed up.

marmite [marmit] *nf* -**1.** CULIN [contenant] pot, cooking-pot; [contenu] pot; **~ norvégienne** haybox. -**2.** PHYS: **~ de Papin** Papin's digester. -**3.** GÉOL: **~ torrentielle** OU **de géants** pothole.

marmiton [marmitɔ̃] *nm* young kitchen hand.

marmonnement [marmɔnmɑ̃] *nm* mumbling, muttering.

marmonner [3] [marmɔne] ◇ *vi* to mumble, to mutter; **la vieille femme marmonnait dans son coin** the old woman was muttering (away) to herself.

◇ *vt* [injures, réponse] to mumble, to mutter; **je ne sais pas, marmonna-t-elle** I don't know, she mumbled OU said in a mumble.

marmoréen, enne [marmɔreɛ̃, ɛn] *adj* -**1.** GÉOL marmoreal, marmorean. -**2.** *litt* marmoreal *litt*, marble *(modif)*.

marmot *fam* [marmo] *nm* (little) kid, nipper *Br*.

marmotte [marmɔt] *nf* -**1.** ZOOL marmot; **tu es une vraie ~** you're a regular dormouse! ❑ **~ d'Amérique** woodchuck. -**2.** [fourrure] marmot; **de OU en ~** marmot *(modif)*. -**3.** BOT (marmotte) cherry.

marmottement [marmɔtmɑ̃] *nm* mumbling, muttering.

marmotter [3] [marmɔte] *vt* & *vi* to mutter, to mumble.

marmouset [marmuzɛ] *nm* -**1.** ARCHIT grotesque (figure), (small) gargoyle. -**2.** [chenet] carved fire dog. -**3.** ZOOL marmoset.

marnage [marnaʒ] *nm* -**1.** AGR marling. -**2.** [d'un plan d'eau] tidal range.

marne [marn] *nf* marl.

Marne [marn] *npr f* -**1.** [rivière]: **la ~** the (river) Marne. -**2.** [département]: **la ~** the Marne; **la bataille de la ~** the Battle of the Marne.

LA BATAILLE DE LA MARNE:
The successful campaign led by Joffre against the advancing German forces in September 1914, famous for the "taxis de la Marne", the Paris taxis requisitioned to take troops to the front line.

---

marner [3] [marne] ◇ *vt* AGR to marl.

◇ *vi* -**1.** *fam* [personne] to slog *Br*, to plug away *Am*; **j'ai marné toute ma vie** I've sweated blood all my life; **il nous fait ~** he keeps us hard at it OU slaving away. -**2.** [mer] to rise; **ici la marée ne marne jamais plus de 5 m** here the tidal range never exceeds 5 m.

marneux, euse [marnø, øz] *adj* marly.

Maroc [marɔk] *npr m*: **le ~** Morocco; **au ~** in Morocco.

marocain, e [marɔkɛ̃, ɛn] *adj* Moroccan.

◆ **Marocain, e** *nm, f* Moroccan.

◆ **marocain** *nm* LING Moroccan (Arabic).

maroilles [marwal] *nm* Maroilles cheese.

maronite [marɔnit] *adj* & *nmf* Maronite.

maronner *fam* [3] [marɔne] *vi* -**1.** [maugréer] to grumble, to bellyache, to grouch; [être en colère] to be fuming; **ne la fais pas ~** don't get her back up. -**2.** [attendre]: **il nous fait toujours ~** he always has us hanging about OU around waiting.

maroquin [marɔkɛ̃] *nm* -**1.** [peau] morocco. -**2.** *fam* [ministère] minister's portfolio.

maroquinage [marɔkinaʒ] *nm* tanning *(of a skin into morocco leather)*.

maroquiner [3] [marɔkine] *vt* to tan *(into morocco leather)*.

maroquinerie [marɔkinri] *nf* -**1.** [commerce] leather trade; [industrie] leather craft; **dans toutes les ~s** in all leather shops *Br* OU stores *Am*. -**2.** [articles] (small) leather goods. -**3.** [atelier] tannery; [tannage] tanning.

maroquinier, ère [marɔkinje, ɛr] ◇ *adj*: **ouvrier ~** leather worker; **marchand ~** leather merchant.

◇ *nm, f* [ouvrier] tanner; [artisan] leather craftsman; [commerçant]: **je l'ai acheté chez un ~** I bought it from a leather (goods) shop *Br* OU store *Am*.

marotte [marɔt] *nf* -**1.** *fam* [passe-temps] pet hobby; **c'est sa ~** it's his pet hobby OU thing; **il a la ~ des mots croisés** crosswords are his pet hobby; **c'est devenu une ~** it's become an obsession. -**2.** [sceptre] fool's bauble. -**3.** [de coiffeur, de modiste] dummy head.

maroufler [3] [marufle] *vt* -**1.** [coller - sur un panneau] to mount. -**2.** BX-ARTS to back; **toile marouflée** backed picture.

marquage [markaʒ] *nm* -**1.** SPORT marking. -**2.** [de linge] marking; [d'animaux] marking, branding. -**3.** PHYS: **~ radioactif** radioactive labelling OU tracing.

marquant, e [markɑ̃, ɑ̃t] *adj* -**1.** [personne] prominent, outstanding; **les personnalités ~es de ce siècle** this century's most influential figures. -**2.** [détail, trait] striking; **un événement particulièrement ~** an event of particular OU outstanding importance.

marque [mark] *nf* -**1.** [trace] mark; **~s de coups** bruises OU marks of blows; **~s de doigts** [sales] fingermarks; [empreintes] fingerprints; **les brûlures n'ont laissé aucune ~ sur son bras** the burns left no marks OU scars on her arm; **il y avait encore la ~ de son corps dans l'herbe** the imprint of his body in the grass was still there; **les ~s de la vieillesse** marks OU traces of old age. -**2.** [étiquette] label, tag, tab; [signet] marker, book mark; [trait] mark; **~ au crayon/à la craie** pencil/chalk mark. -**3.** [preuve] mark; **comme ~ d'amitié/d'estime/de confiance** as a token of friendship/esteem/trust; **elle n'a rien dit en lui donnant le chèque, c'est là la ~ d'une grande générosité** she didn't say a word when she gave him the cheque, that's the sign of real generosity. -**4.** COMM [de produits manufacturés] make; [de produits alimentaires et chimiques] brand; **voiture de ~ française** French-made OU French-built car ❑ **produits de grande ~** top brand OU name products; **c'est une grande ~ de cigarettes/de voitures** [célèbre] it's a well-known brand of cigarette/make of car; [de luxe] it's a brand of luxury cigarette/a make of luxury car; **~ déposée** registered trademark; **~ de fabrique** trademark, brand name; **~ d'origine** maker's mark. -**5.** [identification - sur bijoux] hallmark; [- sur meubles] stamp, mark; [- sur animaux] brand; **~ de l'inspection vétérinaire** VÉTÉR Health officer's inspection stamp; **il a dessiné ces jardins, il est facile de reconnaître sa ~** *fig* he designed these gardens, it's easy to recognize his style; **on reconnaît la ~ du génie** that's the hallmark OU stamp of genius ❑ **~ d'infamie** HIST brand *(on prostitutes)*. -**6.** JEUX [jeton] chip; [décompte] score; **tenir la ~** to keep (the) score. -**7.** SPORT [score] score; **mener à la ~** to be ahead, to be in the lead. -**8.** RUGBY: **~!** mark! -**9.** LING: **porter la ~ du féminin/pluriel** to be in the feminine/plural form. -**10.** IMPR: **~ d'imprimeur** printer's colophon.

◆ **marques** *nfpl* SPORT: **prendre ses ~s** [coureur] to take one's marks; [sauteur] to pace out one's run up; **à vos ~s! prêts! partez!** on your marks! get set! go!, ready! steady! go!

◆ **de marque** *loc adj* [produit] upmarket, top-class; [hôte] distinguished; **articles de ~** branded goods; **personnage de ~** VIP.

marqué, e [marke] *adj* -**1.** [évident - différence] marked, distinct; [- préférence] marked, obvious; [- accent] marked, broad, strong; [- traits] pronounced; **il a le visage très ~** [par des blessures] his face is covered with scars; [par la maladie] illness has left its mark on his face; **robe à la taille ~e** dress fitted at the waist. -**2.** [engagé]: **il est très ~ politiquement** politically he is very committed.

marquer [3] [marke] ◇ *vt* -**1.** [montrer] to mark; **~ la limite de qqch** to mark sthg (off), to mark the limit of sthg; **~ la position de** to show OU to mark OU to indicate the position of; **l'horloge marque 3 h** the clock shows OU says 3 o'clock; **la balance marque 3 kg** the scales register OU read 3 kg; **le thermomètre marque 40°C** the thermometer shows OU registers 40°C; **les lignes bleues marquent les frontières** the blue lines show OU indicate where the border is. -**2.** [signaler - passage d'un texte] to mark; [- bétail] to brand, to mark; [- arbre] to blaze; [- linge] to label, to tag; **marque-le à ton nom** mark it with your name; **marquez-le d'un tiret/d'une flèche/d'une croix** mark it with a dash/an arrow/a cross; **~ sa page** [avec un signet] to mark one's place (with a bookmark); [en cornant la page] to turn down the corner of one's page; **~ au fer** to brand ❑ **ce jour est à ~ d'une pierre blanche** this will go down as a red-letter day. -**3.** [témoigner de] to mark, to show; **pour ~ sa confiance** as a token OU mark of his trust. -**4.** [événement, date] to mark; **de nombreuses manifestations ont marqué le**

bicentenaire de la Révolution a number of events marked OU commemorated the bicentenary of the French Revolution □ ~ **le coup** [fêter qqch] to mark the occasion; [réagir] to react. -**5.** [prendre en note] to write OU to take OU to note (down) *(sép)*; [tracer] to mark, to write; **tu l'as marqué?** have you made a note of it?; **il n'y a rien de marqué dessus** there's nothing marked OU written on it; **marqué à l'encre/à la craie/au crayon sur le mur** marked in ink/chalk/pencil on the wall, inked/chalked/pencilled on the wall. -**6.** [suj: difficulté, épreuve] to mark; **le chagrin a marqué son visage** his face is lined OU furrowed with sorrow; **ces années de pauvreté l'ont marquée (à jamais)** those years of poverty have left their (indelible) mark on her; **le choc a marqué la carrosserie** the bodywork was marked OU damaged in the collision. -**7.** [impressionner] to mark, to affect, to make an impression on; **ça m'a beaucoup marqué** it made a big OU lasting impression on me. -**8.** JEUX & SPORT: ~ **(un point)** to score (a point); ~ **les points** to note OU to keep the score; **l'argument est judicieux, vous marquez un point** *fig* the argument is valid, that's one to you OU you've scored a point; ~ **un joueur** to mark a player. -**9.** [rythmer]: ~ **la cadence** to be in rhythm; ~ **la mesure** MUS to keep the beat; ~ **un temps d'arrêt** to pause *(for a moment)* □ ~ **le pas** to mark time; **la réforme marque le pas** the reform is dragging its feet. -**10.** COUT: **les robes, cet été, marqueront la taille** this summer's dresses will emphasize the waist line.
◇ *vi* -**1.** [personne, événement] to stand out; **les grands hommes qui ont marqué dans l'histoire** the great men who have left their mark on history; **sa mort a marqué dans ma vie** his death had a great effect OU impact on my life. -**2.** [crayon, objet]: **ce feutre ne marque plus** this felt-tip pen doesn't write anymore; **attention, ça marque!** careful, it'll leave a mark!

marqueter [27] [markəte] *vt* -**1.** [bois] to inlay. -**2.** *litt* [tacheter] to speckle, to dot.

marqueterie [markɛtri] *nf* -**1.** [décoration] marquetry, inlay; **un panneau en** ~ a marquetry panel; **une** ~ **de tendances politiques** *fig* a hotchpotch OU hodgepodge *Am* OU welter of different political tendencies. -**2.** [métier] marquetry.

marqueteur, euse [markətœr, øz] *nm, f* inlayer.

marqueur, euse [markœr, øz] *nm, f* [qui compte les points] scorekeeper, scorer; [qui gagne les points] scorer.
◆ **marqueur** *nm* -**1.** [gros feutre] marker (pen); [surligneur] highlighter; **la phrase indiquée au** ~ the highlighted sentence. -**2.** BIOL, LING & MÉD marker. -**3.** NUCL tracer.
◆ **marqueuse** *nf* COMM marking OU stamping machine.

marquis [marki] *nm* marquess, marquis; **merci, Monsieur le Marquis** thank you, your Lordship.

marquisat [markiza] *nm* [rang, fief] marquessate, marquisate.

marquise [markiz] *nf* -**1.** [titre] marchioness, marquise; **merci, Madame la Marquise** thank you, your Ladyship; **elle est maintenant** ~ she's now a marchioness OU marquise. -**2.** [abri de toile] awning; [auvent vitré] (glass) canopy. -**3.** JOAILL marquise ring. -**4.** CULIN: ~ **glacée** iced marquise. -**5.** [chaise] marquise (chair).

Marquises [markiz] *npr fpl*: **les (îles)** ~ the Marquesas Islands.

marraine [marɛn] *nf* -**1.** RELIG godmother. -**2.** [d'un bateau]: **elle fut choisie comme** ~ **du bateau** she was chosen to launch OU to name the ship ‖ [d'un nouveau membre] sponsor; ~ **de guerre** soldier's wartime penfriend OU penpal.

Marrakech [marakɛʃ] *npr* Marrakech, Marrakesh.

marrane [maran] *nm* Marrano.

marrant, e *fam* [marɑ̃, ɑ̃t] ◇ *adj* -**1.** [drôle] funny; **il est (trop)** ~**!** he's a hoot OU scream!; **elle n'est pas** ~**e, sa femme** his wife is really bad news!; **je ne veux pas y aller – tu n'es pas** ~**!** I don't want to go – you're no fun!; **vous êtes** ~**s, je n'ai pas que ça à faire!** come on, I've got other things to do, you know! -**2.** [bizarre] funny, odd, strange; **c'est** ~ **qu'elle ne soit pas encore là** funny (that) she hasn't arrived yet.
◇ *nm, f* joker, funny guy (*f* girl); **c'est un petit** ~ **qui se croit tout permis** he's a little joker who thinks he can do as he likes.

marre [mar] *adv*: **en avoir** ~ *fam*: **il en a** ~ **de ses études** he's fed up with OU sick and tired of studying; **j'en ai** ~**!** I've had enough!; **je commence à en avoir plus que** ~ **de tes mensonges** I've just about had enough of your lies, I'm sick and tired of your lies; **c'est** ~**!** *vieilli* and that's that!; **allez, c'est** ~**, on se tire!** come on, that's enough, let's clear off!

marrer *fam* [3] [mare] *vi*: **faire** ~ **qqn** to make sb laugh; **me fais pas** ~ *aussi iron* don't make me laugh.
◆ **se marrer** *fam vpi* to have a (good) laugh; **on s'est drôlement marrés hier soir** we really had a good laugh OU a great time last night.

marri, e [mari] *adj arch* [contrarié, fâché]: **être (fort)** ~ to be (most) aggrieved; **si je vous ai blessé, j'en suis bien** ~ I would be most grieved OU distressed to think that I had hurt you.

marron[1] [marɔ̃] ◇ *nm* -**1.** BOT chestnut; ~**s chauds** roast OU roasted chestnuts; ~**s glacés** marrons glacés, crystallized OU candied chestnuts; **tirer les** ~**s du feu pour qqn** to be sb's cat's-paw, to do all the dirty work for sb; ~ **d'Inde** horse chestnut, conker. -**2.** [couleur] brown; **j'aime le** ~ I like brown. -**3.** ▽ [coup] clout, bash, wallop.
◇ *adj inv* [brun] brown.
◇ *adj* ▽: **être (fait)** ~ [être dupé] to be taken in; [être coincé]: **zut, voilà le contrôleur, on est** ~**s!** oh, no, we've had it now, here comes the ticket collector!

marron[2]**, onne** [marɔ̃, ɔn] *adj* [malhonnête] crooked; **amateurisme** ~ shamateurism; **médecin** ~ quack.

marronnier [marɔnje] *nm* chestnut tree; ~ **d'Inde** horse chestnut (tree).

mars [mars] *nm* -**1.** [mois] March; **en** ~ in March; **au mois de** ~ in (the month of) March; **nous y allons tous les ans en** ~ OU **au mois de** ~ we go there every (year in) March; **au début du mois de** ~, **(au) début** ~ at the beginning of March, in early March; **au milieu du mois de** ~, **à la mi-**~ in the middle of March, in mid-March; **à la fin du mois de** ~, **(à la) fin** ~ at the end of March, in late March; **en** ~ **dernier/prochain** last/next March; **Nice, le 5** ~ **1989** Nice, March 5th 1989 OU 5th of March 1989; **la commande vous a été livrée le 31** ~ your order was delivered on 31st March OU on March 31st OU on the 31st of March; **j'attendrai jusqu'au (lundi) 4** ~ I'll wait until (Monday) the 4th of March. -**2.** ENTOM (purple) emperor.

Mars [mars] *npr* ASTRON & MYTH Mars.

marsala [marsala] *nm* Marsala.

marsault [marso] *nm* goat willow.

marseillais, e [marsɛjɛ, ɛz] *adj* from Marseilles; **histoire** ~**e** tall story.
◆ **Marseillais, e** *nm, f inhabitant of or person from Marseilles.*
◆ **Marseillaise** *nf*: **la Marseillaise** the Marseillaise *(the French national anthem)*.

Marseille [marsɛj] *npr* Marseille, Marseilles.

marsouin [marswɛ̃] *nm* -**1.** ZOOL common porpoise. -**2.** *arg mil* Marine.

marsupial, e, aux [marsypjal, o] *adj* marsupial.
◆ **marsupial, aux** *nm* marsupial.

marte [mart] = **martre**.

marteau, x [marto] ◇ *nm* -**1.** [maillet] hammer; **coup de** ~ blow with a hammer; **enfoncer un clou à coups de** ~ to hammer a nail home OU in; **travailler le fer au** ~ to work iron with a hammer; **le** ~ **du commissaire-priseur** the auctioneer's hammer □ ~ **piqueur** OU **pneumatique** pneumatic drill; ~ **perforateur** hammer drill. -**2.** [pièce - d'une horloge] striker, hammer; [- d'une porte] knocker, hammer; [- dans un piano] hammer. -**3.** ANAT hammer, malleus *spéc*. -**4.** SPORT hammer. -**5.** [poisson] hammerhead shark. -**6.** [pour les arbres]: ~ **forestier** blazer, marking hammer OU hatchet. -**7.** MÉTALL: ~ **à emboutir** embossing hammer; ~ **à main** hand sledge; ~ **à frapper devant** aboutsledge.
◇ *adj fam* bonkers *Br*, nuts.

marteau-pilon [martopilɔ̃] (*pl* **marteaux-pilons**) *nm* power OU drop hammer.

marteau-piolet [martopjɔlɛ] (*pl* **marteaux-piolets**) *nm* ice hammer.

martel [martɛl] *nm*: **se mettre** ~ **en tête** to be worried sick; **ne te mets pas** ~ **en tête pour si peu** don't get worked OU wrought up about such a small thing.

martelage [martəlaʒ] *nm* -**1.** MÉTALL hammering; **faire disparaître une bosse par** ~ to hammer out a bump. -**2.** [des arbres] blazing.

martèlement [martɛlmɑ̃] *nm* [bruit - d'un marteau] hammering; [- de pas, de bottes] pounding; **j'entends le** ~ **de la pluie sur le toit de zinc** I can hear the rain beating on the zinc roof.

marteler [25] [martəle] *vt* -**1.** MÉTALL to hammer; ~ **à froid** to cold-hammer. -**2.** [frapper] to hammer (at), to pound (at); **il martelait la table de ses poings** he was hammering with OU banging his fists on the table; **martelant le lutrin au rythme de chaque phrase** striking OU thumping the lectern with each sentence; **la douleur lui martelait la tête** her head was throbbing with pain. -**3.** [scander] to hammer out *(sép)*.

marteleur [martəlœr] *nm* hammerman.

Marthe [mart] *npr* BIBLE Martha.

martial, e, aux [marsjal, o] *adj* -**1.** *litt* [guerrier] martial, warlike; **un discours** ~ a warlike speech. -**2.** [résolu, décidé] resolute, determined; **une démarche/voix** ~**e** a firm tread/voice. -**3.** JUR: **cour** ~**e** court martial; **loi** ~**e** martial law. -**4.** MÉD [relatif au fer] iron *(modif)*; **carence** ~**e** iron deficiency.

martien, enne [marsjɛ̃, ɛn] *adj* Martian.
◆ **Martien, enne** *nm, f* Martian; **j'ai l'impression de parler à des Martiens** I might as well be talking to Martians.

martin-chasseur [martɛ̃ʃasœr] (*pl* **martins-chasseurs**) *nm* wood kingfisher.

martinet [martinɛ] *nm* -**1.** [fouet] cat-o'-nine-tails. -**2.** MÉTALL (small) drop hammer. -**3.** ORNITH: ~ **noir** swift; ~ **pâle** pallid swift; ~ **à ventre blanc** Alpine swift.

martingale [martɛ̃gal] *nf* **1.** VÊT half belt. -**2.** ÉQUIT [sangle] martingale. -**3.** JEUX [façon de jouer] doubling-up, ≃ martingale; [combinaison] winning formula.

martiniquais, e [martinikɛ, ɛz] *adj* Martinican.
◆ **Martiniquais, e** *nm, f* Martinican.

Martinique [martinik] *npr f*: **la** ~ Martinique; **à la** ~ in Martinique.

martin-pêcheur [martɛ̃pɛʃœr] (*pl* **martins-pêcheurs**) *nm* kingfisher.

martre [martr] *nf* -**1.** ZOOL marten. -**2.** [fourrure] sable.

martyr, e [martir] ◇ *adj* martyred; **les enfants** ~**s** battered children.
◇ *nm, f* -**1.** [personne qui se sacrifie] martyr; **les** ~**s chrétiens** the Christian martyrs; **les** ~**s de la Résistance** the martyrs of the Resistance. -**2.** *hum* martyr; **arrête de jouer les** ~**s** OU **de prendre des airs de** ~**!** stop being a OU playing the martyr!
◆ **martyre** *nm* -**1.** [supplice] martyrdom; **le** ~ **des premiers chrétiens** the martyrdom of the early Christians. -**2.** [épreuve] torture, martyrdom; [douleur] agony; **toute sa vie fut un** ~ her life was sheer misery from beginning to end; **souffrir le** ~ to be in agony; **cette visite a été pour moi un** ~**!** that visit was sheer torture for me!

martyriser [3] [martirize] *vt* -**1.** [supplicier - gén] to martyrize; RELIG to martyr. -**2.** [maltraiter - animal] to ill-treat, to torture; [- enfant] to beat, to batter; [- condisciple] to bully.

martyrologe [martirɔlɔʒ] *nm* martyrology; le ~ de la Résistance *fig* the list of the martyrs of the Resistance.

marxien, enne [marksjɛ̃, ɛn] *adj* Marxian.

marxisant, e [marksizɑ̃, ɑ̃t] *adj* Marxist-influenced.

marxisme [marksism] *nm* Marxism.

marxisme-léninisme [marksismleninism] *nm* Marxism-Leninism.

marxiste [marksist] *adj* & *nmf* Marxist.

marxiste-léniniste [marksistleninist] (*pl* marxistes-léninistes) *adj* & *nmf* Marxist-Leninist.

marxologue [marksɔlɔg] *nmf* Marxologist.

maryland [marilɑ̃d] *nm* Maryland (tobacco).

Maryland [marilɑ̃d] *npr m*: le ~ Maryland.

mas [ma] *nm type of house found in southeast France.*

mascara [maskara] *nm* mascara.

mascarade [maskarad] *nf* -**1.** [bal] masked ball, masquerade; DANSE & HIST masquerade. -**2.** *péj* [accoutrement] (strange) outfit; **qu'est-ce que c'est que cette ~ ?** what on earth is that outfit you're wearing? -**3.** [simulacre] farce, mockery; **le candidat ayant déjà été choisi, l'entrevue ne fut qu'une ~** the candidate had already been selected so the interview was a complete farce OU charade.

mascaret [maskarɛ] *nm* -**1.** [vague] (tidal) bore, mascaret. -**2.** [raz de marée] tidal wave.

mascaron [maskarɔ̃] *nm* BX-ARTS grotesque mask, mascaron *spéc.*

mascotte [maskɔt] *nf* mascot.

masculin, e [maskylɛ̃, in] *adj* -**1.** [propre aux hommes] male; **le sexe ~** the male sex; **une voix ~e** [d'homme] a male OU man's voice; [de femme] a masculine voice; **c'est un préjugé bien ~ !** that's a typical male prejudice!; **un métier ~** a male profession. -**2.** [composé d'hommes]: **une équipe ~e** a men's team; **main-d'œuvre ~e** male workers. -**3.** LING masculine; **nom ~** masculine noun.

◆ **masculin** *nm* LING masculine; **ces mots sont des ~s** these words are masculine.

masculiniser [3] [maskylinize] *vt* -**1.** [viriliser] to make masculine. -**2.** BIOL to produce male characteristics in, to masculinize.

masculinité [maskylinite] *nf* -**1.** [comportement] masculinity, virility, manliness. -**2.** [dans des statistiques]: **taux de ~** sex ratio.

maso *fam* [mazo] ◇ *adj* masochistic; **t'es ~ ou quoi ?** you're a real glutton for punishment; **je ne vais pas lui dire la vérité tout de suite, je ne suis pas ~** I won't tell her the truth right away, I'm not a masochist.
◇ *nmf*: **c'est un ~** he's a glutton for punishment OU a masochist.

masochisme [mazɔʃism] *nm* masochism.

masochiste [mazɔʃist] ◇ *nmf* masochist.
◇ *adj* masochist, masochistic.

masquage [maskaʒ] *nm* [gén & PHOT] masking.

masque [mask] *nm* -**1.** [déguisement, protection] mask; **l'homme au ~ de fer** the man in the iron mask ❑ **~ de carnaval** OU **de Mardi gras** (carnival) mask; **~ funéraire** OU **mortuaire** death mask; **~ d'escrime/de plongée** fencing/diving mask; **~ d'anesthésie/à oxygène/stérile** anaesthetic/oxygen/sterile mask; **~ à gaz** gas mask. -**2.** [pour la peau]: **~ (de beauté)** face pack OU mask. -**3.** MÉD: **~ de grossesse** (pregnancy) chloasma. -**4.** [apparence] mask, front; **sous ce ~ jovial, elle cache son amertume** under that jovial facade OU appearance, she conceals her bitterness; **son visage était un ~ impénétrable** his face was an impenetrable mask; **sous le ~ de la vertu** under the mask of OU in the guise of virtue; **sa bonté n'est qu'un ~** his kindness is just a front OU is only skin-deep ❑ **lever** OU **tomber le ~, jeter (bas) son ~** to unmask o.s., to show one's true colours, to take off one's mask. -**5.** *litt* [personne masquée] mask. -**6.** MUS & THÉÂT mask, masque; **parler** OU **chanter dans le ~** to pitch one's voice forward. -**7.** ACOUST: **effet de ~** (audio) masking. -**8.** ÉLECTRON, IMPR & PHOT mask. -**9.** ENTOM mask.

masqué, e [maske] *adj* -**1.** [voleur] masked, wearing a mask; [acteur] wearing a mask, in a mask. -**2.** [virage] blind.

masquer [3] [maske] ◇ *vt* -**1.** [dissimuler - obstacle, ouverture] to mask, to conceal; [- lumière] to shade, to screen (off), to obscure; [- difficulté, intentions, sentiments] to hide, to conceal, to disguise; [- saveur, goût] to mask, to disguise, to hide; **le mur masque la vue** the wall blocks out OU masks the view; **la colline masquait les chars ennemis** the enemy tanks were hidden OU concealed by the hill; **la cuisine est masquée par** OU **avec un paravent** the kitchen is hidden behind a partition OU is partitioned off; **son arrogance lui servait à ~ sa lâcheté** he hid OU concealed his cowardice under a mask of arrogance. -**2.** [déguiser - enfant] to put a mask on.
◇ *vi* NAUT to back the sails.
◆ **se masquer** ◇ *vp* (*emploi réfléchi*) [se déguiser] to put a mask on, to put on a mask.
◇ *vpt* [ignorer]: **se ~ qqch** to ignore sthg; **ne nous masquons pas les difficultés** let us not blind ourselves to OU ignore the difficulties.

Massachusetts [masaʃysɛts] *npr m*: le ~ Massachusetts.

massacrant, e *fam* [masakrɑ̃, ɑ̃t] *adj*: **être d'une humeur ~e** to be in a foul OU vile mood.

massacre [masakr] *nm* -**1.** [tuerie] massacre, slaughter; **envoyer des troupes au ~** to send troops to the slaughter; **le ~ des Innocents** BIBLE the Massacre of the Innocents. -**2.** *fam* [d'un adversaire] massacre, slaughter; **5 à 0, c'est un ~ !** 5 nil, it's a massacre!; **il a fait un ~ dans le tournoi** he massacred OU slaughtered OU made mincemeat of all his opponents in the tournament. -**3.** *fam* [travail mal fait]: **c'est du** OU **un ~** [gâchis] it's a mess; [bâclage] it's a botch-up OU botch *Am*; **quel ~, son «Phèdre» !** she's managed to murder "Phèdre"; **regarde comment il m'a coupé les cheveux, c'est un vrai ~ !** look at the mess he's made of my hair!; **attention en découpant le gâteau, quel ~ !** watch how you cut the cake, you're making a pig's ear OU a real mess of it! -**4.** *fam* [succès]: **faire un ~** to be a runaway success, to be a smash (hit); **elle fait actuellement un ~ sur la scène de la Lanterne** she's currently bringing the house down at the Lantern theatre; **une chanson qui a fait un ~ à sa sortie** a song which was a smash (hit) when it first came out. -**5.** CHASSE [trophée] stag's antlers OU attire. -**6.** HÉRALD harts attired OU caboched.
◆ **jeu de massacre** *nm* Aunt Sally; **le débat s'est transformé en jeu de ~** *fig* the debate turned into a demolition session.

massacrer [3] [masakre] *vt* -**1.** [tuer - animal, personne] to slaughter, to massacre, to butcher; **les terroristes ont massacré les otages** the terrorists butchered the hostages. -**2.** *fam* [vaincre facilement - adversaire] to make mincemeat of, to massacre, to slaughter; **je l'ai massacré au tennis** I slaughtered OU demolished him at tennis. -**3.** *fam* [critiquer] to slate *Br*, to pan; **la pièce s'est fait ~** the play got slated *Br* OU torn to pieces; **ils l'ont massacré dans les journaux** they made mincemeat out of him OU tore him to pieces in the papers. -**4.** *fam* [gâcher - concerto, pièce de théâtre] to murder, to make a mess of; [- langue] to murder; **écoute-le ~ la langue française** listen to him massacring OU murdering the French language || [bâcler - travail] to make a mess OU hash of, to botch (up) (*sép*), to make a pig's ear (out) of.

massacreur, euse [masakrœr, øz] *nm, f* -**1.** [tueur] slaughterer, butcher. -**2.** *fam* [mauvais exécutant - d'un concerto, d'une pièce] murderer; [bâcleur] botcher, bungler.

massage [masaʒ] *nm* massage; **faire un ~ à qqn** to massage sb, to give sb a massage; **faire un ~ cardiaque à qqn** to give sb a cardiac OU heart massage.

masse [mas] *nf* -**1.** [bloc informe] mass; **~ de cheveux/terre** mass of hair/earth; **~ de nuages** bank of clouds; **~ d'air** MÉTÉO mass of air; **il vit une ~ sombre sur le sol** he saw a dark mass OU a great dark shape on the ground; **sculpté dans la ~** carved from the block ❑ **s'abattre** OU **s'écrouler** OU **s'affaisser comme une ~** to collapse OU to slump heavily. -**2.** *fam* [grande quantité]: **une ~ de** [objets] heaps OU masses of; [gens] crowds OU masses of ❑ **pas des ~s** *fam* not that much, not that many; **des amis, il n'en a pas des ~s** he hasn't got that many friends; **vous vous êtes bien amusés ? — pas des ~s !** did you have fun? — not that much! -**3.** COMM [grosse quantité] stock; [douze grosses] great gross. -**4.** [groupe social]: **la ~** the masses; **communication/culture de ~** mass communication/culture; **les ~s (populaires)** the mass (of ordinary people); **les ~s laborieuses** the toiling masses. -**5.** [ensemble] body, bulk; [majorité] majority; **la grande ~ des étudiants ne se sent pas concernée** the great majority of the students don't feel concerned. -**6.** ÉCON & FIN: **la ~ des créanciers/obligataires** the body of creditors/bondholders ❑ **~ active** assets; **~ critique** critical mass; **~ monétaire** money supply; **~ passive** liabilities; **~ salariale** wage bill. -**7.** MIL [allocation] fund; **~ d'habillement** clothing fund. -**8.** ÉLECTR earth *Br*, ground *Am*; **mettre à la ~** to earth *Br*, to ground *Am*; **mise à la ~** earthing *Br*, grounding *Am*. -**9.** CHIM & PHYS mass; **~ atomique/moléculaire** atomic/molecular mass; **~ volumique** relative density. -**10.** INF: **mémoire de ~** mass storage. -**11.** JEUX stake. -**12.** [outil] sledgehammer, beetle. -**13.** ARM: **~ d'armes** mace. -**14.** [de billard] butt (of cue).
◆ **à la masse**▽ *loc adj* crazy.
◆ **en masse** ◇ *loc adj* [licenciements, production] mass (*modif*).
◇ *loc adv* -**1.** [en grande quantité]: **produire** OU **fabriquer en ~** to mass-produce; **la population a approuvé en ~ le projet de réforme** the reform bill gained massive support; **se déplacer en ~** to go in a body OU en masse; **avoir des bijoux en ~** *fam* to have stacks OU masses OU loads of jewellery. -**2.** COMM [en bloc] in bulk.

massé [mase] *nm* massé (shot); **faire un ~** to play a massé shot.

massepain [maspɛ̃] *nm* marzipan.

masser [3] [mase] *vt* -**1.** [membre, muscle] to massage; **~ qqn** to massage sb, to give sb a massage; **se faire ~** to be massaged, to have a massage; **masse-moi le bras** rub OU massage my arm. -**2.** [réunir - enfants] to gather OU to bring together; [- soldats] to mass; [- livres, pièces] to put together. -**3.** BX-ARTS to group, to arrange into groups. -**4.** JEUX: **~ une bille** to play a massé shot.
◆ **se masser** ◇ *vpt*: **se ~ le genou/le bras** to massage one's knee/one's arm; **elle se masse les tempes quand elle a mal à la tête** she rubs her temples when she has a headache.
◇ *vpi* to gather, to assemble, to mass; **les enfants se massèrent dans la cour de l'école** the children assembled OU gathered in the school playground; **les manifestants se massèrent devant l'hôtel de ville** the demonstrators massed OU gathered in front of the town hall.

masseur, euse [masœr, øz] *nm, f* masseur (*f* masseuse).

masseur-kinésithérapeute [masœrkineziterapøt], **masseuse-kinésithérapeute** [masøzkineziterapøt] (*mpl* masseurs-kinésithérapeutes, *fpl* masseuses-kinésithérapeutes) *nm, f* physiotherapist *Br*, physical therapist *Am*.

massicot [masiko] *nm* -**1.** [d'imprimeur] guillotine; [pour papier peint] trimmer. -**2.** CHIM massicot.

massicoter [3] [masikɔte] *vt* [suj: imprimeur] to guillotine; [papier peint] to trim.

massif, ive [masif, iv] *adj* -**1.** JOAILL & MENUIS solid; **argent ~** solid silver; **armoire en acajou ~** solid mahogany wardrobe. -**2.** [épais] massive, heavy-looking, bulky; **une bâtisse au fronton ~** a building with a massive pediment; **sa silhouette massive** his huge frame. -**3.** [en grand nombre] mass *(modif)*, massive; **des migrations massives vers le Nouveau Monde** mass migrations to the New World; **une réponse massive de nos spectateurs** an overwhelming response from our viewers ‖ [en grande quantité] massive, huge; **un apport ~ d'argent liquide** a massive cash injection. -**4.** MIN compact, massive. -**5.** LING uncountable.

◆ **massif** *nm* -**1.** GÉOG & GÉOL mountainous mass, massif; **~ ancien** primary OU Caledonian massif; **le Massif central** the Massif Central; **le Massif éthiopien** the Ethiopian Hills; **le ~ du Hoggar** the Hoggar Mountains. -**2.** HORT: **~ (de fleurs)** flowerbed; **un ~ de roses** a rosebed, a bed of roses; **~ d'arbustes** clump of bushes; **les rhododendrons font de jolis ~s** rhododendrons look nice planted together in groups. -**3.** CONSTR underpin, foundation. -**4.** [panneaux publicitaires] composite site. -**5.** MIN pillar.

massification [masifikasjɔ̃] *nf* -**1.** [uniformisation] uniformization, standardization. -**2.** [médiatisation] mass dissemination.

massique [masik] *adj* -**1.** PHYS mass *(modif)*. -**2.** TECH: **puissance ~** power-to-weight ratio, power-weight ratio.

massivement [masivmɑ̃] *adv* [en grand nombre] massively, en masse; **ils ont voté ~ pour le nouveau candidat** they voted overwhelmingly for the new candidate.

massivité [masivite] *nf* massiveness.

mass media [masmedja] *nmpl* mass media.

massue [masy] *nf* -**1.** [gourdin] club, bludgeon. -**2.** *fig*: **un argument ~** a sledgehammer argument ❑ **coup de ~** [événement imprévu] staggering blow, bolt from the blue; [prix excessif] *fam* rip-off. -**3.** ENTOM: **~ antennaire** capitate end of the antenna.

mastaba [mastaba] *nm* mastaba, mastabah.

mastectomie [mastɛktɔmi] = **mammectomie**.

mastic [mastik] ◇ *adj inv* putty, mastic, putty-coloured.

◇ *nm* -**1.** BOT mastic. -**2.** CONSTR mastic; [pour vitrier] putty; [pour menuisier] filler. -**3.** IMPR transposition. -**4.** TRAV PUBL: **~ d'asphalte** asphalt mastic. -**5.** [d'arboriculteur]: **~ à greffer** grafting wax.

masticage [mastikaʒ] *nm* CONSTR [d'une vitre] puttying; [d'une cavité] filling, stopping.

masticateur, trice [mastikatœr, tris] *adj* masticatory.

◆ **masticateur** *nm* [ustensile] masticator.

mastication [mastikasjɔ̃] *nf* -**1.** [d'aliments] chewing, mastication *spéc.* -**2.** TECH mastication.

masticatoire [mastikatwar] *adj* & *nm* masticatory.

mastiff [mastif] *nm* (bull) mastiff.

mastiquer [3] [mastike] *vt* -**1.** [pain, viande] to chew, to masticate *spéc.* -**2.** [joindre - lézarde] to fill (in), to stop (up); [- vitre] to putty. -**3.** DENT to fill.

mastite [mastit] *nf* mastitis.

mastoc *fam* [mastɔk] *adj inv* [personne] hefty; [objet] bulky.

mastodonte [mastɔdɔ̃t] *nm* -**1.** ZOOL mastodon. -**2.** [personne] colossus, enormous man (*f* woman); **c'est un ~** he's built like a house. -**3.** [camion] juggernaut *Br*, tractor-trailer *Am*.

mastoïdien, enne [mastɔidjɛ̃, ɛn] *adj* mastoid.

mastoïdite [mastɔidit] *nf* mastoiditis.

masturbation [mastyrbasjɔ̃] *nf* masturbation.

masturber [3] [mastyrbe] *vt* to masturbate.

◆ **se masturber** ◇ *vp (emploi réfléchi)* to masturbate.

◇ *vp (emploi réciproque)* to masturbate each other.

m'as-tu-vu [matyvy] ◇ *adj inv* showy, flashy; **leur maison est très ~** their house is very showy.

◇ *nmf inv* show-off; **faire le** OU **son ~** to show off.

masure [mazyr] *nf* shack, hovel.

mat, e [mat] *adj* -**1.** [couleur] dull, matt; [surface] unpolished; [peinture] matt; PHOT matt. -**2.** [teint] olive. -**3.** [son]: **un son ~** a thud, a dull sound.

◆ **mat** ◇ *adj inv* checkmated, mated; **il m'a fait ~ en trois coups** he checkmated me in three moves; **tu es ~** (you're) checkmate.

◇ *nm* -**1.** JEUX checkmate, mate; **être sous le ~** to be under the threat of checkmate OU mate. -**2.** TEXT mat.

mât [ma] *nm* -**1.** [poteau] pole, post; [en camping] pole; **~ de cocagne** greasy pole. -**2.** [hampe] flagpole. -**3.** TECH: **~ de charge** cargo beam, derrick; **~ de levage** lift mast; **~ de forage** PÉTR drilling mast. -**4.** NAUT mast; **~ d'artimon** mizzen, mizzenmast; **~ de beaupré** bowsprit; **~ de hune** topmast; **~ de misaine** foremast; **grand ~** main mast. -**5.** RAIL: **~ (de signal)** signal post.

matador [matadɔr] *nm* matador.

matage [mataʒ] *nm* -**1.** [d'une dorure] matting. -**2.** [d'une soudure] caulking.

matamore [matamɔr] *nm sout* braggart; **il joue les ~s** he's nothing but a braggart.

match [matʃ] (*pl* **matchs** OU **matches**) *nm* match, game *Am*; **~ de tennis** tennis match, game of tennis; **~ aller/retour** first/second leg (match); **faire ~ nul** to draw, to tie *Am*.

maté [mate] *nm* -**1.** BOT maté (tree). -**2.** [boisson] maté.

matelas [matla] *nm* -**1.** [d'un lit] mattress; **~ à ressorts/de laine** spring/wool mattress; **~ de mousse** foam-rubber mattress ❑ **~ pneumatique** air mattress. -**2.** [couche - de feuilles mortes, de neige] layer, carpet; **un ~ de billets de banque** *fam* [liasse] a wad OU roll of bank-notes; [fortune] a pile (of money). -**3.** CONSTR: **~ d'air** air space. -**4.** INDUST sandwich.

matelassé, e [matlase] *adj* -**1.** [fauteuil] padded. -**2.** COUT lined. -**3.** TEXT matelassé.

◆ **matelassé** *nm* quilted material.

matelasser [3] [matlase] *vt* -**1.** [fauteuil] to pad. -**2.** [veste] to line; [tissu] to quilt; **matelassé de soie** silk-lined.

matelassier, ère [matlasje, ɛr] *nm, f* mattress maker.

matelassure [matlasyr] *nf* padding, mattress filling.

matelot [matlo] *nm* -**1.** [de la marine - marchande] sailor, seaman; [- militaire] sailor; **~ de première/deuxième/troisième classe** leading/able/ordinary seaman; **~ breveté** able rating *Br*, seaman apprentice *Am*; **~ de pont** deck hand. -**2.** [bâtiment] ship, vessel; **~ d'avant/d'arrière** ship ahead/astern.

matelotage [matlɔtaʒ] *nm* -**1.** [solde] sailor's pay. -**2.** [travaux, connaissances] seamanship.

matelote [matlɔt] *nf* -**1.** CULIN matelote, fish stew *(with wine, onion and mushroom sauce)*; **~ d'anguilles** stewed eels *(in red wine sauce)*. -**2.** [danse] (sailor's) hornpipe.

mater [3] [mate] *vt* -**1.** ÉCHECS to mate, to checkmate. -**2.** [dompter - personne, peuple] to bring to heel; [- révolte] to quell, to curb, to put down *(insép)*; **~ l'orgueil de qqn** to humble sb, to crush sb's pride; **petit morveux, je vais te ~, moi!** *fam* you little swine, I'll show you who's boss! -**3.** ▽ [regarder] to ogle, to check (out) *(sép)*; **mate un peu si le prof arrive** keep your eyes peeled, see if the teacher's coming; **t'as fini de le ~?** have you quite finished (staring at him)? -**4.** [dépolir] to matt. -**5.** MÉTALL to caulk.

mâter [3] [mate] *vt* to mast NAUT.

matérialisation [materjalizasjɔ̃] *nf* -**1.** [réalisation] materialization; **c'est la ~ de tous mes rêves** it's a dream come true for me. -**2.** PHYS: **~ de l'énergie** mass-energy conversion. -**3.** [dans le spiritisme] materialization.

matérialiser [3] [materjalize] *vt* -**1.** [concrétiser] to materialize; **~ un projet** to carry out OU to execute a plan. -**2.** [indiquer] to mark out *(sép)*, to indicate; **le poteau matérialise la frontière** the pole marks where the border is; **'voie non matérialisée pendant 1 km'** 'no markings OU roadmarkings for 1 km'. -**3.** [symboliser] to symbolize, to embody.

◆ **se matérialiser** *vpi* to materialize; **notre plan ne s'est pas matérialisé comme prévu** our plan did not work out OU materialize as expected; **le serveur se matérialisa enfin** *hum* the waiter eventually materialized.

matérialisme [materjalism] *nm* materialism; **~ dialectique/historique** dialectical/historical materialism.

matérialiste [materjalist] ◇ *adj* -**1.** PHILOS materialist. -**2.** [esprit, civilisation] materialistic.

◇ *nmf* materialist.

matérialité [materjalite] *nf* materiality; **la ~ d'un fait** JUR the material circumstances, the materiality of a fact.

matériau, x [materjo] *nm* [substance] material.

◆ **matériaux** *nmpl* -**1.** CONSTR material, materials. -**2.** [éléments] components, elements; **rassembler des ~x pour une enquête** to assemble (some) material for a survey.

matériel, elle [materjɛl] *adj* -**1.** [réel - preuve] material; **c'est une impossibilité ~le** it's a literal impossibility; **je n'ai pas le temps ~ de faire l'aller et retour** I simply don't have the time to go there and back; **il n'a pas le pouvoir ~ de le faire** he doesn't have the means to do it. -**2.** [pécuniaire, pratique - difficulté, aide etc] material; **nos besoins ~s** our material needs; **sur le plan ~, il n'a pas à se plaindre** from a material point of view, he has no grounds for complaint. -**3.** [physique] material; **pour mon confort ~** for my material well-being; **les plaisirs ~s** material pleasures. -**4.** [matérialiste - esprit, civilisation] material. -**5.** PHILOS [être, univers] physical, material. -**6.** MATH & MÉCAN [point] material, physical.

◆ **matériel** *nm* -**1.** [équipement, machines] equipment; **~ agricole/industriel** agricultural/industrial equipment; **~ ferroviaire** railway *Br* OU railroad *Am* equipment; **~ lourd** heavy equipment; **~ de bureau** office equipment; **~ scolaire** [papeterie] school materials; [de laboratoire] school equipment; **~ pédagogique** teaching materials; **~ de pêche** fishing tackle OU gear; **~ de camping** camping equipment OU gear; **~ de peinture** painting equipment OU gear ❑ **~ roulant** RAIL rolling stock. -**2.** MIL: **~ de guerre** materiel ❑ **arme** OU **service du ~** Ordnance Corps. -**3.** ÉCON: **le ~ humain** the workforce, human material. -**4.** BIOL & PSYCH material. -**5.** INF hardware. -**6.** BX-ARTS material.

◆ **matérielle** *fam nf hum* wherewithal, (daily) sustenance; **assurer la ~le** to make a living.

matériellement [materjɛlmɑ̃] *adv* -**1.** [concrètement] materially; **une tâche ~ impossible à effectuer** a physically impossible task. -**2.** [financièrement] materially, financially; **des familles ~ défavorisées** families with financial difficulties.

maternage [matɛrnaʒ] *nm* [d'un enfant, d'un protégé] mothering.

maternel, elle [matɛrnɛl] *adj* -**1.** [propre à la mère - autorité, instinct, soins etc] maternal, motherly; **l'amour ~** maternal love; **il craignait les reproches ~s/la colère ~le** he feared his mother's reproaches/anger. -**2.** [qui vient de la mère] maternal; **du côté ~** on the mother's OU maternal side; **sa tante ~le** his maternal aunt; **il y a de l'asthme dans ma famille du côté ~** there is asthma on my mother's side of the family.

◆ **maternelle** *nf* nursery school, infant school *Br* kindergarten.

maternellement [matɛrnɛlmɑ̃] *adv* maternally; **elle s'occupait de lui ~** she cared for him like a mother OU in a motherly fashion.

materner [3] [matɛrne] *vt* to mother; **tu ne vas pas ~ ton fils jusqu'à 30 ans** you're not going to mollycoddle OU baby your son until he's 30, are you?; **elle aime être maternée** she likes to be mothered.

materniser [3] [matɛrnize] *vt* to make suitable for infants.

maternité [matɛrnite] *nf* -**1.** [clinique] maternity hospital OU home; [service] maternity ward. -**2.** [fait d'être mère] motherhood; **ça te va bien, la ~!** motherhood OU being a mother suits you! ‖ [grossesse]: **des ~s successives** successive pregnancies. -**3.** JUR maternity; **action en recherche de ~ naturelle** maternity suit. -**4.** BX-ARTS mother and child.

math [mat] *nf* maths *Br*, math *Am*; **~ sup/spé** *first/second year of a two-year course preparing for entrance to the Grandes Écoles.*

mathématicien, enne [matematisjɛ̃, ɛn] *nm, f* mathematician.

mathématique [matematik] ◇ *adj* -**1.** MATH mathematical. -**2.** [précis, exact] mathematical; **organisé avec une précision ~** organized with mathematical precision. -**3.** [inévitable] inevitable; **elle était sûre de perdre, c'était ~** she was sure to lose, it was a cert *Br* OU a surefire thing *Am*.
◇ *nf* mathematics *(U)*.

mathématiquement [matematikmɑ̃] *adv* -**1.** MATH mathematically. -**2.** [objectivement] mathematically, absolutely; **c'est ~ impossible** it's mathematically OU utterly impossible; **je vais te prouver ~ qu'il fallait voter à gauche** I'm going to prove to you mathematically OU scientifically that you should have voted for the left. -**3.** [inévitablement] inevitably; **~, il devait perdre** he was bound to lose.

mathématiques [matematik] *nfpl* mathematics *(sg)*; **~ appliquées/pures** applied/pure mathematics.

mathématisation [matematizasjɔ̃] *nf* mathematization.

mathématiser [3] [matematize] *vt* to mathematicize, to mathematize.

matheux, euse *fam* [matø, øz] *nm, f* -**1.** [gén]: **c'est un ~** he's a wizard at maths *Br* OU math *Am*; **demandez à Jeanne, c'est elle la matheuse** ask Jeanne, she's the maths brain. -**2.** [étudiant] maths *Br* OU math *Am* student.

maths [mat] *nfpl* maths *Br*, math *Am*; **fort en ~** good at maths *Br* OU math *Am*.

mathusalem [matyzalɛm] *nm* Methuselah ŒNOL.

Mathusalem [matyzalɛm] *npr* Methuselah; **ça date de ~** it's out of the ark; **vieux comme ~** as old as Methuselah.

matière [matjɛr] *nf* -**1.** [substance] matter, material; IMPR matter; **c'est en quelle ~?** what's it made of? ❑ **~ fissile/nucléaire** NUCL fissile/nuclear material; **~s (fécales)** faeces; **~ plastique, ~s plastiques** plastic, plastics; **~ première, ~s premières** raw material OU materials; **~ synthétique** synthetic material. -**2.** BIOL & CHIM: **~ organique/inorganique** organic/inorganic matter; **la ~** PHILOS & PHYS matter; **~ inanimée/vivante** inanimate/living matter ❑ **~ grasse, ~s grasses** fat; **60 % de ~s grasses** 60% fat content. -**3.** [contenu - d'un discours, d'un ouvrage] material, subject matter; **je n'avais pas assez de ~ pour en faire un livre** I didn't have enough material to write a book; **entrer en ~** to tackle a subject; **après une entrée en ~ assez brève** after a fairly short introduction OU lead-in. -**4.** [motif, prétexte] matter; **il n'y a pas là ~ à rire** OU **plaisanter** this is no laughing matter; **il y a ~ à discussion** there are a lot of things to be said about that; **cela donne ~ à réfléchir** this is a matter for serious thought, this matter requires some serious thinking; **y a-t-il là ~ à dispute/procès?** is this business worth fighting over/going to court for?; **~ d'une accusation** JUR gravamen *spéc*, substance of a charge; **~ d'un crime** criminal matter ❑ **~s sommaires** summary matter. -**5.** [domaine] matter, subject; SCOL subject; **je suis incompétent en la ~** I'm ignorant on the subject; **il est mauvais/bon juge en la ~** he's a bad/good judge of this subject; **en ~ philosophique/historique** in the matter of philosophy/history, as regards philosophy/history; **le latin est ma meilleure ~** Latin is my best subject; **les ~s à l'écrit/à l'oral** the subjects for the written/oral examination. -**6.** BX-ARTS medium.
◆ **en matière de** *loc prép* as regards; **en ~ de cuisine/peinture/politique** as far as cooking/painting/politics is concerned.
◆ **matière grise** *fam nf* grey matter; **fais travailler ta ~ grise!** use your brains OU head!; **elle a de la ~ grise** she's brainy.

matiérisme [matjerism] *nm* matierism.

matiériste [matjerist] ◇ *adj* matieristic.
◇ *nmf* matierist.

MATIF, Matif [matif] *npr m* -**1.** (*abr de* **Marché à terme international de France**) *body regulating activities on the French stock exchange,* ≃ LIFFE *Br*. -**2.** (*abr de* **marché à terme des instruments financiers**) financial futures market.

Matignon [matiɲɔ̃] *npr*: **(l'hôtel) ~** *building in Paris which houses the offices of the Prime Minister*; **les accords (de) ~** the Matignon Agreements.

MATIGNON:
This term is often used to refer to the Prime Minister and his or her administrative staff: "Matignon ne semble pas être d'accord".

LES ACCORDS (DE) MATIGNON:
These agreements, involving pay settlements and the recognition of union rights, were concluded under Léon Blum's government following the victory of the Popular Front in 1936.

---

matin [matɛ̃] ◇ *nm* -**1.** [lever du jour] morning; **de bon** OU **grand ~** in the early morning, early in the morning; **partir au petit ~** to leave early in the morning; **rentrer au petit ~** to come home in the early OU small hours; **du ~ au soir** all day long, from morning till night; **l'étoile/la rosée du ~** the morning star/dew. -**2.** [matinée] morning; **par un ~ d'été/de juillet** one summer/July morning; **un beau ~** one fine day, one of these (fine) days; **le ~ du 8, le 8 au ~** on the morning of the 8th; **il est 3 h du ~** it's 3 a.m. OU 3 (o'clock) in the morning; **je suis du ~** [actif le matin] I'm an early riser; [de service le matin] I'm on OU I do the morning shift, I'm on mornings; **il travaille le ~** he works mornings OU in the morning; **le docteur visite le ~** the doctor does his house-calls in the morning; **à prendre ~, midi et soir** to be taken three times a day. -**3.** *litt*: **le ~ de la vie** the dawn of life; **au ~ de sa vie** in the morning of her life.
◇ *adv* -**1.** *litt* [de bonne heure] early in the morning, in the early hours (of the morning). -**2.** [durant la matinée]: **demain/hier ~** tomorrow/yesterday morning; **tous les dimanches ~** every Sunday morning.

mâtin, e *fam* [matɛ̃, in] *nm, f vieilli* imp, monkey *hum*; **le ~, il a filé!** the little devil OU rascal has taken off!; **ah, la ~e!** oh, the cheeky little hussy!
◆ **mâtin** ◇ *nm* mastiff, guard dog.
◇ *interj fam vieilli* by Jove, great Scott; **~, la belle fille!** by Jove, what a lovely girl!

matinal, e, aux [matinal, o] *adj* -**1.** [du matin] morning *(modif)*; **promenade/brise ~e** morning walk/breeze ‖ [du petit matin]: **heure ~e** early hour. -**2.** [personne]: **je suis assez ~** I'm quite an early riser; **vous êtes bien ~ aujourd'hui** you're up early today.

mâtiné, e [matine] *adj* crossbred.

matinée [matine] *nf* -**1.** [matin] morning; **je vous verrai demain dans la ~** I'll see you sometime tomorrow morning; **en début/fin de ~** at the beginning/end of the morning; **j'ai travaillé toute la ~** I've worked all morning; **par une belle ~ de printemps/de juillet** on a gorgeous spring/July morning. -**2.** THÉÂT matinee; **y a-t-il une séance en ~?** is there an afternoon OU matinee performance?

mâtiner [3] [matine] *vt* to cross; **c'est un berger allemand mâtiné de lévrier** it's an Alsatian crossed with a greyhound, it's a cross between an Alsatian and a greyhound; **un français mâtiné d'italien** *fig* French peppered with Italian words.

matines [matin] *nfpl* matins, mattins.

matir [32] [matir] *vt* to matt, to dull.

matité [matite] *nf* -**1.** [aspect mat - gén] matt look; [- d'une peinture] mat finish. -**2.** [d'un son] dullness. -**3.** MÉD: **~ pulmonaire** dullness of the lungs.

Mato Grosso [matogrɔso] *npr m*: **le ~** the Mato Grosso.

matois, e [matwa, az] ◇ *adj litt* sly, cunning, wily.
◇ *nm, f* cunning person; **c'est un fin ~** he's a cunning old fox.

maton, onne [matɔ̃, ɔn] *nm, f arg crime* (prison) screw.

matos *fam* [matos] *nm* gear; **ils ont un sacré ~** they've got loads of gear.

matou *fam* [matu] *nm* tom, tomcat.

matraquage [matrakaʒ] *nm* -**1.** [dans une bagarre] coshing *Br*, bludgeoning, clubbing; [dans une manifestation] truncheoning *Br*, clubbing *Am*. -**2.** *fam* [propagande]: **~ publicitaire** plugging; **~ d'un disque** plugging of a record; **tu as vu le ~ qu'ils font pour le bouquin/le concert?** have you seen all the hype about the book/the concert?

matraque [matrak] *nf* -**1.** [de police] truncheon *Br*, billy club *Am*, night stick *Am*; **il a reçu un coup de ~** he was hit with a truncheon *Br* OU billy club *Am*; **500 F, c'est le coup de ~!** *fam fig* 500 F, that's a bit steep! -**2.** [de voyou] cosh *Br*, bludgeon, club; **tué à coups de ~** bludgeoned OU clubbed OU coshed *Br* to death.

matraquer [3] [matrake] *vt* -**1.** [frapper - suj: malfaiteur] to cosh *Br*, to bludgeon, to club; [- suj: agent de police] to truncheon *Br*, to club *Am*; **on se fait ~ dans ce restaurant!** *fam fig* they really soak you in this restaurant! -**2.** *fam* [auditeur, consommateur] to bombard; [disque, chanson] to plug, to hype.

matraqueur, euse [matrakœr, øz] *nm, f* [agresseur] mugger.

matriarcal, e, aux [matrijarkal, o] *adj* matriarchal.

matriarcat [matrijarka] *nm* matriarchy.

matriçage [matrisaʒ] *nm* die forging (hot), drop forging.

matrice [matris] *nf* -**1.** [moule - gén] mould, die, matrix *spéc*; [- d'un caractère d'imprimerie] mat, matrix; **~ d'un disque/d'une bande** matrix record/tape; **coulé en ~** die-cast. -**2.** INF (core) matrix. -**3.** MATH matrix; **~ carrée** square matrix. -**4.** ADMIN: **~ du rôle des contributions** assessment roll; **~ cadastrale** cadastre. -**5.** *vieilli* [utérus] womb. -**6.** MÉTALL [d'un alliage] matrix.

matricer [16] [matrise] *vt* to die forge, to drop forge.

matricide [matrisid] ◇ *nmf* [personne] matricide.
◇ *nm litt* [crime] matricide.

matriciel, elle [matrisjɛl] *adj* -**1.** ADMIN tax-assessment *(modif)*; **loyer ~** rateable value *Br*, assessment of rent *(used to calculate taxes) Am*. -**2.** MATH: **calcul ~** matrix calculation; **algèbre ~le** matrix algebra. -**3.** INF [écran] dot matrix *(modif)*; [imprimante] matrix *(modif)*.

matriclan [matriklɑ̃] *nm* matriclan, matrilineal clan.

matricule [matrikyl] ◇ *adj* reference *(modif)*.
◇ *nm* -**1.** ADMIN reference number. -**2.** MIL roll number; **sois là à l'heure ou gare à ton ~!** *fam* be there on time or you'll be in for it!
◇ *nf* ADMIN register.

matrilinéaire [matrilineɛr] *adj* matrilinear.

matrilocal, e, aux [matrilɔkal, o] *adj* matrilocal.

matrimonial, e, aux [matrimɔnjal, o] *adj* matrimonial.

matrone [matrɔn] *nf* -**1.** [femme - respectable] staid OU upright woman, matron; [- corpulente] stout OU portly woman. -**2.** ANTIQ matron.

matronyme [matrɔnim] *nm* matronymic.

Matthieu [matjø] *npr*: saint ~ Saint Matthew.

maturation [matyrasjɔ̃] *nf* -**1.** BOT & PHYSIOL maturation; **son talent est arrivé à** ~ *fig* her talent has reached its peak. -**2.** [du fromage] ripening, maturing. -**3.** MÉD maturation. -**4.** MÉTALL age-hardening. -**5.** AGR maturation, ripening.

mature [matyr] *adj* -**1.** ZOOL ripe. -**2.** [développé] mature.

mâture [matyr] *nf* NAUT [mâts] masts; **dans la** ~ aloft; **pièces de** ~ timber for masts‖ [atelier] mast house.

maturité [matyrite] *nf* -**1.** [d'un fruit] ripeness; [de la pensée, d'un style] maturity; **venir** OU **parvenir à** ~ to become mature, to reach maturity; **attendons qu'elle ait une plus grande** ~ **d'esprit** OU **de jugement** let's wait until she's more intellectually mature. -**2.** [âge] prime (of life); **l'artiste fut frappée en pleine** ~ the artist was struck down at the height of her powers OU of her creative genius. -**3.** *Helv* [baccalauréat] school-leaving diploma *(granting admission to university)*.

maudire [104] [modir] *vt* -**1.** RELIG to damn. -**2.** [vouer à la calamité] to curse; ~ **le destin** to curse fate; **maudit soit, maudite soit** a curse OU plague on; **je maudis le jour où je l'ai rencontré** I curse the day (when) I met him.

maudit, e [modi, it] *adj* -**1.** [mal considéré] accursed; **c'est un livre** ~ the book has been censured; **peintre** ~ accursed painter; **poète** ~ poète maudit. -**2.** *fam (avant le n)* [dans des exclamations] cursed, blasted, damned; **encore ce** ~ **temps!** this damn weather again!; ~**e bagnole!** *fam* blasted OU goddam *Am* car!

◆ **maudit** *nm* RELIG: **le Maudit** Satan, the Fallen One; **les** ~**s** the Damned ❑ **'M le Maudit'** *Lang* 'M'.

maugréer [15] [mogree] *vi* to grumble; ~ **contre qqch** to grumble about sthg.

maure [mɔr] *adj* Moorish.

◆ **Maure** *nm* Moor; **les Maures** the Moors.

mauresque [mɔrɛsk] *adj* Moorish.

◆ **Mauresque** *nf* Moorish woman.

◆ **mauresque** *nf* [motif] moresque, Moresque.

Maurice [moris] *npr*: **l'île** ~ Mauritius.

mauricien, enne [morisjɛ̃, ɛn] *adj* Mauritian.

◆ **Mauricien, enne** *nm, f* Mauritian.

Mauritanie [moritani] *npr f*: (**la**) ~ Mauritania.

mauritanien, enne [moritanjɛ̃, ɛn] *adj* Mauritanian.

◆ **Mauritanien, enne** *nm, f* Mauritanian.

mauser [mozɛr] *nm* Mauser.

mausolée [mozɔle] *nm* mausoleum.

maussade [mosad] *adj* -**1.** [de mauvaise humeur] glum, sullen; **elle l'accueillit d'un air** ~ she greeted him sullenly. -**2.** [triste] gloomy, dismal; **le temps est** ~ the weather is dismal.

maussaderie [mosadri] *nf sout* moroseness, glumness.

mauvais, e [movɛ, *devant nm commençant par voyelle ou h muet* movɛz, ɛz] ◇ *adj* **A.** EN QUALITÉ -**1.** [médiocre] bad, poor; **son deuxième roman est plus/moins** ~ **que le premier** her second novel is worse than her first/is not as bad as her first; **en** ~ **état** in bad OU poor condition; **de** ~**e qualité** poor quality; **du** ~ **travail** bad OU poor OU shoddy work; **la récolte a été** ~**e cette année** it was a bad OU poor harvest this year; **depuis le glissement de terrain, la route est** ~**e** the road's been bad OU in a bad state since the landslide; **j'ai une** ~**e vue** OU **de** ~ **yeux** I've got bad eyesight; **son français est** ~ his French is bad; **elle a fait une** ~**e performance** she turned in a bad OU poor performance; **après l'entracte, la pièce devient franchement** ~**e** after the interval, the play gets really bad; **de** ~ **résultats** [dans une entreprise] poor results; [à un examen] bad OU poor OU low grades; **ce n'est pas un** ~ **conseil qu'il t'a donné là** that's not a bad piece of advice he's just given you; ~ **goût** [d'une image, d'une personne, d'une idée] bad taste; **de** ~ **goût: c'est de** ~ **goût** it's in bad taste; **il porte toujours des cravates de** ~ **goût** he always wears such tasteless ties; **avoir** ~ **goût: elle a très** ~ **goût** she has very bad OU poor taste. -**2.** [défectueux] bad, wrong, faulty; **la ligne est** ~**e** [téléphone] the line is bad; **la balle est** ~**e** SPORT the ball is out; **le service est** ~ SPORT it's a bad OU faulty serve. -**3.** [incompétent] bad, poor; **un** ~ **mari** a bad OU poor husband; **va à la réunion si tu ne veux pas être traité de** ~ **syndicaliste** go to the meeting unless you want to be called a bad union member; **il a été** ~ **à la télévision hier** he was bad on TV yesterday; **je suis** ~**e en économie** I'm bad OU poor at economics.

B. DÉSAGRÉABLE -**1.** [odeur, goût] bad, unpleasant, nasty; **prends ton sirop – c'est** ~**!** take your cough mixture – it's nasty!; **je n'irai plus dans ce restaurant, c'était trop** ~ I won't go to that restaurant again, it was too awful; **il n'est pas si** ~ **que ça, ton café** your coffee isn't that bad; **le poisson a une** ~**e odeur** the fish smells bad; **les** ~**es odeurs** bad OU unpleasant smells; **elle a** ~**e haleine** she has bad breath; ~ **goût** [de la nourriture, d'un médicament] bad OU nasty OU unpleasant taste; **jette ça, c'est** ~ [pourri] throw that away, it's gone bad; **enlève ce qui est** ~ [dans un fruit] take off the bad bits ‖ [éprouvant] bad; **passer un** ~ **hiver** to have a bad winter; **j'ai eu une** ~**e expérience du ski** I had a bad experience skiing; **le** ~ **temps** bad weather; **à la** ~**e saison, ils s'envolent** when the weather turns cold, they fly off ❑ **la trouver** OU **l'avoir** ~**e** *fam* to be furious OU livid OU wild; **il l'a eue** ~**e quand le taxi lui a fait rater son avion** he didn't find it at all funny when the taxi made him miss his plane; **tirer qqn d'un** ~ **pas** to get sb out of a fix; **passer un** ~ **quart d'heure** *fam* to have a hard time of it; **faire passer un** ~ **quart d'heure à qqn** *fam* to give sb hell. -**2.** [défavorable] bad; **les prévisions pour l'an prochain sont** ~**es** the forecasts for next year are bad; **je vous apporte de** ~**es nouvelles** I've got some bad news for you; ~**e nouvelle, elle ne vient plus** bad news, she's not coming anymore; ~**e affaire** bad deal; **tu as fait une** ~**e affaire** you've got a bad deal (there); **faire de** ~**es affaires** to get some bad deals.

C. NON CONFORME -**1.** [erroné, inapproprié] wrong; **l'arbre pousse du** ~ **côté de la barrière** the tree is growing on the wrong side of the fence; **fais demi-tour, on est sur la** ~**e route** turn round OU *Am* around, we're on the wrong road; **tu vas dans la** ~**e direction** you're going the wrong way; **prendre qqch dans le** ~ **sens** to take sthg the wrong way; **à la** ~**e heure** at a bad time, at the wrong time; **faire un** ~ **calcul** *fig* to miscalculate ❑ **être sur la** ~**e pente** to be heading for trouble. -**2.** [inopportun] bad, inconvenient, wrong; **j'ai téléphoné à un** ~ **moment** I called at a bad OU an inconvenient time; **tu as choisi le** ~ **jour pour me parler d'argent** you've picked the wrong day to talk to me about money; **il ne serait pas** ~ **de la prévenir/qu'elle reçoive une bonne leçon** it wouldn't be a bad idea to warn her/to teach her a lesson.

D. NÉFASTE -**1.** [dangereux] bad, nasty; **une** ~**e égratignure** a nasty scratch; **un** ~ **rhume** a bad OU nasty cold; **hospitalisé pour une** ~**e bronchite** in hospital with a nasty OU severe case of bronchitis; **elle est retombée dans une** ~**e position et s'est tordu la cheville** she landed badly and sprained her ankle; **c'est** ~ **pour les poumons/plantes** it's bad for your lungs/for the plants; **ne bois pas l'eau, elle est** ~**e** don't drink the water, it's unsafe OU not safe; **je trouve** ~ **que les enfants regardent trop la télévision** I think it's bad OU harmful for children to watch too much television. -**2.** [malveillant] nasty, unpleasant; **un rire/sourire** ~ a nasty laugh/smile; **une** ~**e plaisanterie** a nasty trick; ~ **coup** [de poing] nasty blow OU punch; [de pied] nasty kick; **n'y va pas, tu risques de prendre un** ~ **coup** OU **des** ~ **coups** don't go, you might get hurt; **faire un** ~ **coup** to get up to no good; **faire un** ~ **coup à qqn** to play a dirty trick on sb; **avoir l'air** ~ to look nasty; **si on la contrarie, elle devient** ~**e** when people annoy her, she gets vicious OU turns nasty; **en fait, ce n'est pas un** ~ **homme/une** ~**e femme** he/she means no harm (, really). -**3.** [immoral] bad; **de** ~**es influences** bad influences; **avoir de** ~ **instincts** to have bad OU base instincts; **une** ~**e conduite** bad behaviour. -**4.** [funeste] bad; **c'est (un)** ~ **signe** it's a bad sign; ~ **présage** bad OU ill omen ❑ **c'est ton** ~ **ange** OU **génie** he's a bad influence on you.

◇ *nm, f* [personne méchante] bad person; **oh, le** ~**/la** ~**e!** [à un enfant] you naughty boy/girl!

◆ **mauvais** ◇ *adv* -**1.** MÉTÉO: **faire** ~**: il fait** ~ the weather's bad OU nasty. -**2.** *(suivi d'un inf)*: **faire** ~**: il fait** ~ **être/avoir...** it's not a good idea to be/to have...; **à cette époque-là, il faisait** ~ **être juif** it was hard to be Jewish in those days. -**3. sentir** ~ to smell bad; **ça sent** ~ **ici!** it smells bad here!, there's a bad smell here!; **ça commence à sentir** ~**, filons** *fam fig* things are beginning to turn nasty, let's get out of here.

◇ *nm* [ce qui est critiquable]: **le** ~**: il n'y a pas que du** ~ **dans ce qu'il a fait** what he did wasn't all bad; **il y a du bon et du** ~ **dans leur proposition** there are some good points and some bad points in their proposal.

mauve [mov] ◇ *adj & nm* mauve.

◇ *nf* BOT mallow; **petite** ~ least mallow.

mauviette [movjɛt] *nf* -**1.** *fam* [gringalet] weakling; [lâche] sissy, softy; **t'es un homme ou t'es une** ~**?** are you a man or a mouse? -**2.** ZOOL lark.

max▽ [maks] *(abr de* **maximum**) *nm* -**1.** [peine] maximum sentence; **il a écopé du** ~ he copped the full whack *Br*, he got the maximum sentence OU rap *Am*. -**2.** *loc*: **un** ~ [beaucoup]: **ça va te coûter un** ~ it's going to cost you a bomb *Br* OU a packet; **il débloque un** ~ he's totally off his rocker; **il en a rajouté un** ~ he went completely overboard; **un** ~ **de fric** loads of money.

max *(abr écrite de* **maximum**) max.

maxi [maksi] ◇ *adj inv* -**1.** [long] maxi; **un manteau** ~ a maxicoat. -**2.** *fam* [maximum]: **vitesse** ~ top OU full speed.

◇ *nm* COUT maxi; **le** ~ **revient à la mode** maxis are back in fashion.

◇ *adv fam* [au maximum]: **7 degrés/deux heures** ~ 7 degrees/two hours at the most.

maxillaire [maksilɛr] ◇ *adj* maxillary.

◇ *nm* jaw, jawbone, maxilla *spéc*; **les** ~**s** the maxillae ❑ ~ **supérieur/inférieur** upper/lower jaw.

maxille [maksil] *nf* maxilla; **les** ~**s** the maxillae.

maxillipède [maksilipɛd] *nm* maxilliped.

maxillo-facial, e, aux [maksilɔfasjal, o] *adj* maxillofacial.

maxima[1] [maksima] *pl* → **maximum**.

maxima[2] → **a maxima**.

maximal, e, aux [maksimal, o] *adj* -**1.** [le plus grand] maximal, maximum *(modif)*; **pour un confort** ~ for maximum comfort; **à la vitesse** ~**e** at top speed; **température** ~**e** highest OU maximum temperature. -**2.** MATH maximal.

maximalisation [maksimalizasjɔ̃] *nf* maximation, maximization.

maximaliser [3] [maksimalize] *vt* to maximize.

maximaliste [maksimalist] *adj & nmf* maximalist.

maxime [maksim] *nf* maxim.

Maxime [maksim] *npr* Maximus.

Maximilien [maksimiljɛ̃] *npr* Maximilian.

maximisation [maksimizasjɔ̃] = **maximalisation**.

maximiser [maksimize] = **maximaliser**.

maximum [maksimɔm] *(pl* **maximums** OU **maxima** [-ma]) ◇ *adj* maximum; **pressions maxima** maximum pressures; **vitesse** ~ maximum OU top speed; **des rendements ~s** maximum OU top production figures.

◇ *nm* -**1.** [le plus haut degré] maximum; **le ~ saisonnier** the maximum temperature for the season; **en rentrant, on a mis le chauffage au ~** when we got home, we turned the heating on full; **le thermostat est réglé sur le ~** the thermostat is on the highest setting; **la crue était à son ~** the river had risen to its highest level OU was in full spate; **nous ferons le ~ le premier jour** we'll do as much as we can on the first day; **je ferai le ~ pour finir dans les temps** I'll do my utmost OU I'll do all I can to finish on time. -**2.** *fam* [en intensif]: **un ~ de** an enormous amount of; **on a eu un ~ d'ennuis** everything went wrong; **il y a eu un ~ de visiteurs le premier jour** we had an enormous number of visitors the first day; **pour ça il faut un ~ d'organisation** that sort of thing needs a huge amount of OU needs loads of organization, **je voudrais un ~ de silence pendant le film** I want total silence during the film *Br* OU movie *Am*; **on s'est amusés un ~** we had a really great time; **on fournira un ~ le premier jour** we'll do as much work as we can on the first day; **ça rendra un ~ sur papier brillant** it will come up great on gloss paper. -**3.** [peine]: **le ~** the maximum sentence; **il a eu le ~** he got the maximum sentence.

◇ *adv* at the most OU maximum; **il fait 3° C ~** the temperature is 3° C at the most OU at the maximum.

◆ **au maximum** *loc adv* -**1.** [au plus] at the most OU maximum; **deux jours au ~** two days at the most; **au grand ~** at the very most. -**2.** [le plus possible]: **un espace utilisé au ~** an area used to full advantage; **je nettoie au ~ mais c'est quand même sale** I do as much cleaning as possible but it's still dirty.

maya[1] [maja] *adj* Maya, Mayan.

◆ **Maya** *nmf* Maya, Mayan; **les Mayas** the Maya OU Mayas.

◆ **maya** *nm* LING Maya, Mayan.

maya[2] [maja] *nf* RELIG maya.

mayen [majɛ̃] *nm Helv Alpine pasture in the Valais region for spring and autumn grazing.*

Mayence [majɑ̃s] *npr* Mainz.

Mayenne [majɛn] ◇ *npr f* [département]: **la ~** the Mayenne.

◇ *npr* [ville] Mayenne.

mayonnaise [majɔnɛz] *nf* CULIN mayonnaise; **la ~ ne prend pas** the mayonnaise won't set; **crabe à la ~** crab in mayonnaise ❑ **œufs ~** eggs mayonnaise; **la ~ ne prend pas entre eux** *fam* they don't hit it off (together).

Mayotte [majɔt] *npr* Mayotte Island.

mazagran [mazagrɑ̃] *nm glazed earthenware cup for drinking coffee.*

Mazarine [mazarin] *npr*: **la bibliothèque ~** *public library in Paris.*

LA BIBLIOTHÈQUE MAZARINE:
This library opened to the public in 1643, and is the oldest in France. It specializes in French history, especially local history.

mazette [mazɛt] *interj vieilli & hum* my (word); **~, la belle voiture!** my, what a beautiful car!; **~, un vison, quelle élégance!** my, a mink coat, how elegant!

mazot [mazo] *nm Helv* farm building.

mazout [mazut] *nm* (fuel) oil; **chauffage central au ~** oil-fired central heating.

mazouter [3] [mazute] ◇ *vt* to pollute (with oil); **plages mazoutées** oil-polluted beaches, beaches polluted with oil; **oiseaux mazoutés** oil-stricken birds.

◇ *vi* to refuel.

mazurka [mazyrka] *nf* mazurka.

MDM *npr abr de* Médecins du monde.

me [mə] (*devant voyelle ou h muet* **m'** [m]) *pron pers* -**1.** [avec un verbe pronominal]: **je me suis fait mal** I've hurt myself; **je me suis évanoui** I fainted; **je ne m'en souviens plus** I don't remember anymore; **je me disais que...** I thought to myself... -**2.** [complément]: **ça me regarde** that concerns me; **il me regarde sans me voir** he looks at me without seeing me, he looks right through me; **il est venu me chercher** he came to fetch me; **il me l'a donné** he gave it to me; **ton idée me plaît** I like your idea; **ton amitié m'est précieuse** your friendship is precious OU means a lot to me; **ça me soulève le cœur** it makes me sick; **il m'a fait lire ce livre** he made me read this book; **il me court après depuis un certain temps** *fam* he's been chasing me for some time. -**3.** *fam* [emploi expressif]: **va me fermer cette porte** shut that door, will you?; **va me faire tes devoirs** go and get that homework done; **qu'est-ce qu'ils m'ont encore fait comme bêtises?** what kind of stupid tricks have they got up to now?; **où est-ce que tu m'as mis le sucre?** now where have you hidden the sugar?

Me (*abr écrite de* Maître) *title for lawyers.*

mea culpa [meakylpa] ◇ *nm inv* -**1.** RELIG mea culpa. -**2.** *fig*: **ils ont fait leur ~** they acknowledged responsibility, they admitted it was their fault; **le journal a publié hier un ~ en première page** yesterday the paper published a front page apology.

◇ *interj hum* my fault, mea culpa; **~! c'est moi le responsable** it's my fault!, I'm to blame!

méandre [meɑ̃dr] *nm* ARCHIT & GÉOG meander; **le fleuve fait des ~s** the river meanders OU twists and turns; **perdu dans les ~s de sa propre stratégie** lost in the twists and turns of his own strategy; **l'affaire s'enlisait dans les ~s de la procédure** the case was getting bogged down in a morass OU maze of legalities.

méat [mea] *nm* -**1.** ANAT meatus; **~ urinaire** urinary meatus. -**2.** BOT lacuna.

mec▽ [mɛk] *nm* -**1.** [type] guy, bloke *Br*; **c'est un drôle de ~** he's a strange guy OU bloke *Br*; **hé, les ~s!** hey, you guys!; **pauvre ~, va!** creep!; **écoute, petit ~!** look, (you little) punk!; **ça, c'est un vrai ~!** *hum* there's a real man for you! -**2.** [petit ami]: **son ~** her bloke *Br* OU guy OU main squeeze *Am*.

mécanicien, enne [mekanisjɛ̃, ɛn] *nm, f* -**1.** [monteur, réparateur] mechanic; NAUT engineer; **~ (de bord)** AÉRON (flight) engineer. -**2.** [physicien] mechanical engineer. -**3.** RAIL engine driver *Br*, engineer *Am*.

◆ **mécanicienne** *nf* COUT machinist.

mécanicien-dentiste [mekanisjɛ̃dɑ̃tist] (*pl* **mécaniciens-dentistes**) *nm* dental technician.

mécanique [mekanik] ◇ *adj* -**1.** SC [loi] mechanical. -**2.** [non manuel - tapis, tissage] machine-made; [- abattage, remblayage] mechanical, machine (*modif*); **repassage ~** machine ironing. -**3.** [non électrique, non électronique - commande] mechanical; [- jouet] clockwork; **montre ~** wind-up watch. -**4.** [du moteur] engine (*modif*); **nous avons eu un incident ~ OU des ennuis ~s en venant** we had engine trouble on the way here. -**5.** [machinal] mechanical; **je n'aime pas faire mon travail de façon ~** I don't like working like a robot OU machine; **gestes ~s** mechanical gestures. -**6.** MIN & MINÉR mechanical.

◇ *nf* -**1.** SC mechanics (*sg*); INDUST & TECH mechanical engineering; **~ quantique/relativiste** quantum/relativistic mechanics; **~ ondulatoire** wave mechanics. -**2.** AUT car mechanics (*sg*); **il aurait voulu faire de la ~** he'd have liked to have been a (car) mechanic. -**3.** [machine] piece of machinery; [dispositif] mechanism; **marcher OU tourner comme une ~ bien huilée** to work like a well-oiled machine; **une belle ~** [moto, voiture] a fine piece of engineering.

mécaniquement [mekanikmɑ̃] *adv* mechanically.

mécanisation [mekanizasjɔ̃] *nf* mechanization; **l'ère de la ~** the machine age.

mécaniser [3] [mekanize] *vt* to mechanize; **ces tâches ont été mécanisées** these jobs have been mechanized OU are now done by machine.

mécanisme [mekanism] *nm* -**1.** [processus] mechanism; [dispositif] mechanism, device; **le ~ de la violence** the mechanism of violence; **le ~ du corps humain** the human mechanism; **elle étudie le ~ OU les ~s de la finance** she's studying the workings of finance; **grâce à des ~s bancaires spécifiques** thanks to specific banking mechanisms; **le ~ de la fraude fiscale** the mechanism of tax evasion; **~s de défense** PSYCH defence mechanisms. -**2.** TECH [d'une serrure, d'une horloge] mechanism; [d'un fusil] mechanism, workings. -**3.** PHILOS mechanism.

mécaniste [mekanist] ◇ *adj* mechanistic PHILOS.

◇ *nmf* mechanist.

mécano *fam* [mekano] *nm* -**1.** AUT mechanic. -**2.** RAIL engine driver *Br*, engineer *Am*; **'le Mécano de la «General»'** *Keaton* 'The General'.

mécanographe [mekanɔgraf] *nmf* punch card (machine) operator.

mécanographie [mekanɔgrafi] *nf* data processing *(with punch card machines).*

mécanographique [mekanɔgrafik] *adj*: **service ~** (mechanical) data processing department, punch card department ❑ **fiche ~** punch OU punched card.

mécanorécepteur [mekanɔresɛptœr] *nm* mecanoreceptor.

mécanothérapie [mekanɔterapi] *nf* mecanotherapy.

Meccano® [mekano] *nm* Meccano® (set).

mécénat [mesena] *nm* [par une personne] patronage, sponsorship; [par une société] sponsorship; **le ~ d'entreprise** corporate sponsorship.

mécène [mesɛn] *nm* [personne] patron, sponsor; [société] sponsor.

Mécène [mesɛn] *npr* Maecenas.

méchage [meʃaʒ] *nm* -**1.** MÉD [pour coaguler] packing; [pour drainer] gauze drainage. -**2.** ŒNOL matching.

méchamment [meʃamɑ̃] *adv* -**1.** [avec cruauté] nastily, spitefully, wickedly; **il ne l'a pas fait ~** he didn't do it nastily. -**2.** *fam* [en intensif]: **il est rentré ~ bronzé** he came back with a wicked tan.

méchanceté [meʃɑ̃ste] *nf* -**1.** [volonté de nuire] spite, malice, nastiness; **par pure ~** out of sheer spite; **soit dit sans ~, elle n'est pas futée** without wishing to be unkind, she is not very bright. -**2.** [caractère méchant] maliciousness, nastiness, spitefulness; **la ~ se lit dans son regard** you can see the malice in his eyes. -**3.** [propos, acte]: **dire des ~s à qqn** to say nasty OU horrible things to sb; **faire des ~s à qqn** to be nasty OU horrible to sb; **c'était la pire ~ qu'il pouvait faire** it was the nastiest OU meanest thing he could have done.

méchant, e [meʃɑ̃, ɑ̃t] ◇ *adj* -**1.** [cruel - animal] nasty, vicious; [- personne] wicked; [haineux] nasty, spiteful, wicked; **un regard ~** a nasty OU wicked look; **il n'est pas ~** [pas malveillant] there's no harm in him, he's harmless; [pas dangereux] he won't do you any harm; **en fait, ce n'est pas une ~e femme** she means no harm OU she's not that bad, really; **je ne voudrais pas être ~ mais vous avez une sale tête aujourd'hui!** I don't want to be nasty, but you look dreadful today! -**2.** [très désagréable] horrible, horrid, nasty; **ne sois pas si ~ avec moi** don't be so nasty OU horrible to me || (*avant n*): **de fort ~e humeur** in a (really) foul mood; **il s'est mis sur le dos une ~e affaire OU querelle** he's got himself into some nasty business || [enfant] naughty, bad; **la dame me dira si vous avez été ~s** the lady will tell me if you've been naughty. -**3.** [grave] nasty, very bad; **c'est une ~e plaie qui risque de s'infecter** it's a nasty gash which may become infected; **il a attrapé une ~e grippe** he caught a nasty dose of flu; **ça n'était pas bien ~, cette piqûre/ce permis?** *fam* the injection/driving test wasn't that bad, was it? -**4.** *fam* [formidable] (*avant n*) tremendous, terrific, great; **il y avait une ~e ambiance** there was a great atmosphere; **ce tube a eu un ~ succès** that record was a huge hit. -**5.** [pitoyable]

(avant n) pathetic, wretched, miserable; **elle essayait de vendre deux ou trois ~es salades** she was trying to sell a couple of pathetic-looking lettuces.
◇ *nm, f* -**1.** *langage enfantin* naughty child; **la poupée, c'est une ~e!** naughty dolly!; **faire le ~** to turn nasty. -**2.** [dans un film, un livre] baddy *Br*, bad guy *Am*.

mèche [mɛʃ] *nf* -**1.** [de cheveux] lock; **se faire faire des ~s** to have highlights OU (blond) streaks put in; **~s folles** wispy curls; **une ~ dans les yeux** (a strand of) hair in his eyes. -**2.** [pour lampe, explosifs, feu d'artifice] wick; [pour canon] match; **~ lente** OU **de sûreté** safety fuse; **découvrir** OU **éventer la ~** *fam* to uncover the plot. -**3.** MÉCAN bit; **~ torse** twist drill; **~ torsadée** auger bit. -**4.** MÉD [pour coaguler] pack; [pour drainer] (gauze) wick. -**5.** NAUT: **~ de gouvernail** stock. -**6.** TEXT: **~ de préparation** roving. -**7.** *fam loc*: **être de ~ avec qqn** to be in league OU in cahoots with sb; **ils sont de ~ avec les dignitaires du coin** they're hand in glove with the local dignitaries; **ils étaient de ~** they were in it together; **il n'y a pas ~** no way, nothing doing, no chance.

mécher [18] [meʃe] *vt* -**1.** MÉD [pour coaguler] to pack (with gauze); [pour drainer] to drain (with a wick). -**2.** ŒNOL to match.

méchoui [meʃwi] *nm* [repas] barbecue *(of a whole sheep roasted on a spit)*; [fête] barbecue (party).

mécompte [mekɔ̃t] *nm litt* disappointment, disillusionment.

méconduire [98] [mekɔ̃dɥir]
◆ **se méconduire** *vpi Belg* to misbehave.

méconduite [mekɔ̃dɥit] *nf Belg* misbehaviour.

méconium [mekɔnjɔm] *nm* meconium.

méconnaissable [mekɔnɛsabl] *adj* [à peine reconnaissable] hardly recognizable; [non reconnaissable] unrecognizable; **sans sa barbe il est ~** you wouldn't recognize him without his beard; **dix ans après elle était ~** ten years later she had changed beyond recognition.

méconnaissance [mekɔnɛsɑ̃s] *nf* -**1.** [ignorance] ignorance, lack of knowledge; **il a fait preuve d'une totale ~ du sujet** he displayed a complete lack of knowledge of the subject; **sa ~ de la psychologie est inquiétante** his ignorance of psychology is worrying; **par ~ des faits** through ignorance of the facts, through not being acquainted with the facts; **la ~ du règlement vous exposerait à des poursuites** ignorance of the regulations may render you liable to prosecution. -**2.** [incompréhension] lack of comprehension OU understanding; **nous déplorons de la part de l'auteur une grande ~ de ce que fut la Rome antique** it is to be regretted that the author utterly fails to comprehend ancient Rome.

méconnaître [91] [mekɔnɛtr] *vt litt* -**1.** [ignorer] to be unaware of; **nous ne méconnaissons pas que ce (ne) soit rare** *sout* we're not unaware of the fact that it is unusual. -**2.** [ne pas reconnaître] to fail to recognize; **mes mérites sont méconnus** my work has OU my merits have never been acknowledged; **sans vouloir ~ ce qu'ils ont fait pour nous** while not wishing to minimize OU to underestimate what they have done for us; **il était méconnu de ses contemporains** he went unrecognized by his contemporaries. -**3.** [mal comprendre] to fail to understand; **c'est ~ le milieu universitaire!** you're/he's misjudging the academic world! || [personne] to misunderstand, to misjudge; **c'est le ~ que de le croire chauvin** if you think he's chauvinistic, you don't really know him.

méconnu, e [mekɔny] *adj* [incompris] unappreciated, unrecognized; [peu connu] obscure; **un coin ~ mais très joli de la Bretagne** a little-known but very pretty part of Brittany; **rester ~** [non apprécié] to go unrecognized, to remain unappreciated; [sans gloire] to remain unknown; **malgré son grand talent il est mort pauvre et ~** in spite of his great talent he died penniless and in obscurity.

mécontent, e [mekɔ̃tɑ̃, ɑ̃t] ◇ *adj* -**1.** [insatisfait] displeased, dissatisfied, discontented; **elle est très ~e du travail du plombier** she is very dissatisfied with the plumber's work; **elle est toujours ~e de quelque chose** she's always annoyed OU disgruntled about something; **je ne suis pas ~e de mes résultats** I am not altogether dissatisfied OU unhappy with my results; **nous ne sommes pas ~s que tout soit terminé** we are not sorry that it's all over. -**2.** [fâché] annoyed; **il s'est montré très ~ de ma décision** he was very annoyed at my decision; **les enfants, je suis très ~!** children, I am extremely OU very annoyed!
◇ *nm, f* -**1.** [gén] complainer, grumbler, moaner. -**2.** POL: **les ~s** the discontented, the disgruntled; **cette politique va faire des ~s** this measure is going to displease quite a few people.

mécontentement [mekɔ̃tɑ̃tmɑ̃] *nm* -**1.** [agitation sociale] discontent, unrest, anger; **il y a un ~ croissant chez les étudiants** there is growing discontent OU unrest amongst students; **cela risque de provoquer le ~ des agriculteurs** that might anger the farmers. -**2.** [agacement] annoyance; **à mon grand ~** to my great annoyance.

mécontenter [3] [mekɔ̃tɑ̃te] *vt* [déplaire à] to fail to please, to displease; [irriter] to annoy, to irritate; **la réforme risque de ~ les milieux d'affaires** the reform might anger business circles.

mécoptère [mekɔptɛr] *nm* mecopteran; **les ~s** the Mecoptera.

Mecque [mɛk] *npr f* -**1.** GÉOG: **La ~** Mecca. -**2.** *fig*: **la ~ de** the mecca of, a mecca for.

mécréant, e [mekreɑ̃, ɑ̃t] *nm, f litt* infidel, miscreant *arch*.

méd. *abr écrite de* **médecin**.

médaille [medaj] *nf* -**1.** [pour célébrer, récompenser] medal; **~ d'or** gold medal; **t'as gagné une ~ en chocolat!** *fam hum* you'll get a gold star for this! ❑ **toute ~ a son revers** *prov* every rose has its thorn. -**2.** [pour identifier] (identity) disk OU tag. -**3.** [bijou] pendant; **une ~ de la Vierge** a pendant of the Virgin Mary.

médaillé, e [medaje] ◇ *adj* decorated; **un camembert ~** an award-winning camembert.
◇ *nm, f* -**1.** ADMIN & MIL medal-holder; **les ~s du travail** holders of long-service medals. -**2.** SPORT medal-winner; **les ~s olympiques** the Olympic medallists.

médailler [3] [medaje] *vt* to award a medal to.

médailleur [medajœr] *nm* medalmaker, medallist.

médaillier [medaje] *nm* -**1.** [collection] medal collection. -**2.** [meuble] medal cabinet.

médaillon [medajɔ̃] *nm* -**1.** [bijou] locket. -**2.** CULIN medallion. -**3.** [élément décoratif] medallion.

médecin [mɛdsɛ̃] *nm* -**1.** [docteur] doctor, physician; **une femme ~** a woman doctor ❑ **~ agréé** *doctor whose fees are partially reimbursed by the social security system*; **~ des armées** army medical officer; **~ de bord** ship's doctor; **~ de campagne** country doctor; **~ conventionné** *doctor who meets the French social security criteria*, ≃ National Health doctor *Br*; **~ de famille** family doctor; **~ généraliste** general practitioner, GP; **~ des hôpitaux** hospital doctor; **~ légiste** forensic expert OU scientist, medical examiner *Am*; **~ de quartier** local doctor; **~ spécialiste** specialist (physician); **~ traitant** attending physician; **~ du travail** [dans le privé] company doctor; [dans le secteur public] health (and safety) OU medical officer *Br*; **Médecins du monde, Médecins sans frontières** *organizations providing medical aid to victims of war and disasters, especially in the Third World*. -**2.** *fig* & *litt*: **~ de l'âme** OU **des âmes** [confesseur] confessor.

médecin-chef [mɛdsɛ̃ʃɛf] (*pl* **médecins-chefs**) *nm* head doctor.

médecin-conseil [mɛdsɛ̃kɔ̃sɛj] (*pl* **médecins-conseils**) *nm* medical consultant *(who checks the validity of claims)*.

médecine [mɛdsin] *nf* -**1.** SC medicine; **exercer la ~** to practise medicine; **ce n'est plus du ressort de la ~** it's no longer a medical matter ❑ **~ douce/hospitalière/légale** natural/hospital/forensic medicine; **~ générale** general practice; **~ interne** internal medicine; **~ opératoire** surgery; **~ parallèle** alternative medicine; **~ préventive** preventive OU preventative medicine; **~ du travail** industrial OU occupational medicine; **~ de ville** community medicine. -**2.** ENS medicine, medical studies; **il fait (sa) ~, il est en ~** he's studying medicine, he's a medical student; **elle est en troisième année de ~** she's in her third year at medical school, she's a third-year medical student; **elle a fini sa ~ en 1980** she qualified (as a doctor) in 1980. -**3.** *arch* [remède] medicine, remedy.

médecine-ball [medsinbol] = **medicine-ball**.

Médée [mede] *npr* Medea.

média [medja] *nm* medium; **les ~s** the (mass) media; **une campagne dans tous les ~s** a media-wide campaign.

médian, e [medjɑ̃, an] *adj* -**1.** GÉOM median. -**2.** LING medial.
◆ **médiane** *nf* median.

médiante [medjɑ̃t] *nf* mediant.

médiastin [medjastɛ̃] *nm* mediastinum.

médiat, e [medja, at] *adj* mediate.

médiateur, trice [medjatœr, tris] ◇ *adj* mediating, mediatory; **commission médiatrice** arbitration commission OU board.
◇ *nm, f* intermediary, go-between, mediator; **servir de ~** to act as a go-between; **le président sert de ~ entre les deux factions** the president is mediating OU arbitrating between the two factions.
◆ **médiateur** *nm* -**1.** INDUST arbitrator, mediator. -**2.** ADMIN & POL mediator, ombudsman; **le Médiateur** ≃ the Parliamentary Commissioner *Br*, ≃ the Ombudsman *Br*. -**3.** PHYSIOL: **~ chimique** neurotransmitter.
◆ **médiatrice** *nf* GÉOM midperpendicular.

médiathèque [medjatɛk] *nf* media library.

médiation [medjasjɔ̃] *nf* -**1.** [entremise] POL mediation; INDUST arbitration; **il a fallu la ~ de l'évêque** the bishop had to mediate; **j'offre ma ~** I volunteer to act as a go-between OU as an intermediary. -**2.** PHYSIOL neurotransmission.

médiatique [medjatik] ◇ *adj* media *(modif)*; **un événement ~** a media OU a media-staged *péj* event; **c'est un sport très ~** it's a sport well suited to the media.
◇ *nf* communications, communication technology.

médiatisation [medjatizasjɔ̃] *nf* -**1.** RAD & TV popularization through the (mass) media; **il y a une ~ croissante de la production littéraire** literary works are getting more and more media exposure; **nous déplorons la ~ de la politique** it's a shame to see politics being turned into a media event. -**2.** POL mediatization.

médiatiser [3] [medjatize] *vt* -**1.** RAD & TV to popularize through the (mass) media; **~ les élections/la guerre** to turn elections/the war into a media event. -**2.** POL to mediatize.

médiator [medjatɔr] *nm* plectrum.

médiatrice [medjatris] *f* → **médiateur**.

médical, e, aux [medikal, o] *adj* medical.

médicalement [medikalmɑ̃] *adv* medically; **~, il est guéri** medically speaking, he's cured.

médicalisation [medikalizasjɔ̃] *nf* -**1.** [d'une région]: **la ~ des pays pauvres** the provision of health care to poor countries. -**2.** [d'un état, d'une pathologie]: **la ~ croissante de la grossesse** the increasing reliance on medical technology during pregnancy.

médicaliser [3] [medikalize] *vt* -**1.** [région, pays] to provide with health care. -**2.** [maternité, vieillesse] to increase medical intervention in; **évitons de ~ la toxicomanie** let's not treat drug addiction as though it were an illness.

médicament [medikamɑ̃] *nm* medicine, drug; **prends tes ~s** take your medicine; **~ de confort** *pharmaceutical product not considered to* *be essential and not fully reimbursed by the French social security system*; ~ **délivré sans ordonnance** medicine issued without a prescription, over-the-counter drug; ~ **en vente sur ordonnance** drug available on prescription, prescription drug *Am*.

médicamenteux, euse [medikamɑ̃tø, øz] *adj* medicinal.

médicastre [medikastr] *nm hum & péj* quack (doctor), charlatan.

médication [medikasjɔ̃] *nf* medication, (medicinal) treatment.

médicinal, e, aux [medisinal, o] *adj* medicinal.

medicine-ball [medisinbol] (*pl* **medicine-balls**) *nm* medicine ball.

Médicis [medisis] *npr* -**1.** HIST Medici; **Catherine de** ~ Catherine de Medici OU de Médicis; **les** ~ the Medicis. -**2.** LITTÉRAT: **le prix** ~ *French literary prize*.

LE PRIX MÉDICIS:

This prize, created in 1956, was originally given to a relatively unknown author for a novel or collection of short stories; since 1985 it has been awarded for an essay.

---

médico-chirurgical, e, aux [medikɔʃiryrʒikal, o] *adj* medico-surgical.

médico-légal, e, aux [medikɔlegal, o] *adj* forensic, medicolegal.

médico-pédagogique [medikɔpedagɔʒik] (*pl* **médico-pédagogiques**) *adj*: **institut** ~ special school *(for children with special needs or learning disabilities who are under 14)*.

médico-professionnel, elle [medikɔprɔfɛsjɔnɛl] (*mpl* **médico-professionnels**, *fpl* **médico-professionnelles**) *adj*: **institut** ~ *social education workshop for young people with learning disabilities*.

médico-social, e, aux [medikɔsɔsjal, o] *adj* medicosocial; **équipe** ~**e** health and social services team; **services médico-sociaux** health and social services network.

médico-sportif, ive [medikɔspɔrtif, iv] (*mpl* **médico-sportifs**, *fpl* **médico-sportives**) *adj*: **recherche médico-sportive** research in sports medicine; **institut** ~ institute for sports medicine.

médiéval, e, aux [medjeval, o] *adj* medieval; **l'époque** ~**e** the medieval period, the Middle Ages.

médiévisme [medjevism] *nm* medieval studies.

médiéviste [medjevist] *nmf* medievalist.

médina [medina] *nf* medina.

Médine [medin] *npr* Medina.

médiocratie [medjɔkrasi] *nf* mediocracy.

médiocre [medjɔkr] ◇ *adj* -**1.** [au-dessous de la moyenne - rendement, efficacité, qualité etc] mediocre, poor; **cette année les rendements en blé ont été** ~**s** wheat production has been mediocre OU poor this year; **elle est** ~ **en mathématiques** she's pretty mediocre at mathematics; **temps** ~ **sur toute la France** poor weather throughout France. -**2.** [quelconque] second-rate, mediocre; **il a fait une carrière** ~ his career has been unsuccessful; **je refuse de mener une vie** ~ I refuse to live a life of mediocrity. -**3.** *sout (avant n)* [piètre] poor; **un livre de** ~ **intérêt** a book of little interest.
◇ *nmf* [personne] mediocrity; **vous n'êtes qu'un** ~ you're just a nonentity; **dans cette classe, il n'y a que des** ~**s** there are only mediocrities in this class.
◇ *nm* [médiocrité] mediocrity; **se complaire dans le** ~ to revel in mediocrity.

médiocrement [medjɔkrəmɑ̃] *adv*: **un enfant** ~ **doué pour les langues** a child with no great gift for languages; ~ **satisfait, il décida de recommencer** not very satisfied, he decided to start again; **j'ai répondu assez** ~ **à l'examen oral** my answers in the oral exam were rather poor; **la station n'est que** ~ **équipée** the resort's facilities are below average.

médiocrité [medjɔkrite] *nf* -**1.** [en qualité] mediocrity, poor quality; [en quantité] inadequacy; **ce genre de spectacle ne souffre pas la** ~ this type of show will not allow for OU admit mediocrity. -**2.** [personne] nonentity.

médire [103] [medir]
◆ **médire de** *v + prép* [critiquer] to speak ill of, to run down *(sép)*; [calomnier] to spread scandal about, to malign; *(en usage abs)*: **arrête de** ~! stop criticizing.

médisance [medizɑ̃s] *nf* -**1.** [dénigrement] gossip, gossiping, scandalmongering; **c'est de la** ~! that's slander!; **victime de la** ~ victim of (malicious) gossip; **les gens qui se livrent à la** ~ scandalmongers. -**2.** [propos] gossip; **les** ~**s de ses collègues lui ont fait du tort** his colleagues' (malicious) gossip has damaged his good name.

médisant, e [medizɑ̃, ɑ̃t] ◇ *adj* slanderous; **sans vouloir être** ~**, je dois dire que je le trouve un peu naïf** no malice intended, but I have to say that I find him a bit naïve.
◇ *nm, f* [auteur - de ragots] gossip, gossipmonger, scandalmonger; [- de diffamation] slanderer.

méditatif, ive [meditatif, iv] ◇ *adj* meditative, contemplative, thoughtful; **il avait un air** ~ he appeared to be deep in thought.
◇ *nm, f* thinker.

méditation [meditasjɔ̃] *nf* -**1.** PSYCH & RELIG meditation. -**2.** [réflexion] meditation, thought; **le fruit de mes** ~**s** the fruit of my meditation OU meditations.
◆ **Méditations** *nfpl* LITTÉRAT & PHILOS Meditation, Meditations.

méditer [3] [medite] ◇ *vt* -**1.** [réfléchir à] to meditate on OU upon *(insép)*, to reflect on OU upon *(insép)*, to ponder (upon) *(insép)*; **elle veut encore** ~ **sa décision** she wants to think some more about her decision. -**2.** [projeter] to plan; **qu'est-ce qu'ils méditent encore?** what are they planning now?; ~ **de faire qqch** to plan on doing sthg.
◇ *vi* to meditate; ~ **sur** to meditate on *(insép)*, to think about *(insép)*.

Méditerranée [mediterane] *npr f*: **la (mer)** ~ the Mediterranean (sea); **en** ~ in the Mediterranean; **une croisière sur la** ~ a Mediterranean cruise.

méditerranéen, enne [mediteraneɛ̃, ɛn] *adj* Mediterranean.
◆ **Méditerranéen, enne** *nm, f* Mediterranean, Southern European *(from the Mediterranean area)*.

médium [medjɔm] ◇ *nmf* [spirite] medium.
◇ *nm* -**1.** MUS middle register. -**2.** [liant] medium, vehicle.

médiumnique [medjɔmnik] *adj*: **facultés** ~**s** powers of a medium.

médius [medjys] *nm* middle finger.

médoc [medɔk] *nm* Médoc (wine).

médullaire [medylɛr] *adj* medullary.

médulleux, euse [medylø, øz] *adj* medullated, medullary.

méduse [medyz] *nf* jellyfish, medusa *spéc*.

Méduse [medyz] *npr* Medusa.

médusé, e [medyze] *adj* stunned, dumbfounded, stupefied; **d'un air** ~ in stupefaction; **j'en suis restée** ~**e** I was stunned OU dumbfounded by it.

méduser [3] [medyze] *vt* to astound, to stun, to stupefy; **sa réponse m'a médusé** his reply stunned me.

meeting [mitiŋ] *nm* (public) meeting; ~ **aérien** air show; ~ **d'athlétisme** athletics meeting *Br* OU meet *Am*.

méfait [mefɛ] *nm* [mauvaise action] misdeed, wrong, wrongdoing; [délit] offence.
◆ **méfaits** *nmpl* [ravages]: **les** ~**s du temps/de la guerre** the ravages of time/war; **les** ~**s du laxisme parental** the damaging effects of a lack of parental discipline; **les** ~**s de la télévision** the harm done by television.

méfiance [mefjɑ̃s] *nf* distrust, mistrust, suspicion; **avoir de la** ~ **envers tout ce qui est nouveau** to be distrustful of OU wary of OU to distrust anything new; **sa** ~ **envers les étrangers** her distrust OU suspicion of foreigners; **c'est ce qui a éveillé ma** ~ that's what made me suspicious; **il renifla le paquet avec** ~ he warily sniffed the parcel; **elle est sans** ~ she has a trusting nature; ~! be careful!; ~**, demandez des garanties!** you'll have to be careful, ask for guarantees!

méfiant, e [mefjɑ̃, ɑ̃t] ◇ *adj* distrustful, mistrustful, suspicious; ~ **de nature** naturally suspicious OU distrustful; **il n'est pas assez** ~ he is too unsuspecting OU trusting; ~ **envers qqch** dubious about sthg, sceptical of sthg; **on n'est jamais assez** ~ you can never be too careful.
◇ *nm, f* doubter, suspicious OU doubting person.

méfier [9] [mefje]
◆ **se méfier** *vpi* [faire attention] to be careful OU wary; **il ne se méfiait pas** he was not on his guard; **on ne se méfie jamais assez** you can't be too careful; **méfie-toi!** be careful!, watch out!, be on your guard!
◆ **se méfier de** *vp + prép* to be suspicious of, to distrust, to mistrust; **il se méfie même de ses proches** he is even suspicious of OU he even mistrusts his own family; **méfie-toi de lui/de son air doux** don't trust him/his mild manners; **se** ~ **des contrefaçons** to beware of forgeries; **il aurait dû se** ~ **davantage des derniers tournants** he should have been more careful on the last bends; **méfiez-vous qu'ils ne se sauvent pas** *fam* watch out OU mind they don't run away.

méforme [mefɔrm] *nf* unfitness, lack of fitness; **après quelques jours de** ~ after a few days off form.

méga(-) [mega] *préf* -**1.** SC mega, mega-. -**2.** *fam* [en intensif] huge, super; **ça a été la** ~**-discussion** there was a huge discussion; **une** ~**-entreprise** a huge firm; **un** ~**-patron** a super boss.

mégacaryocyte [megakarjɔsit] *nm* megakaryocyte.

mégacôlon [megakolɔ̃] *nm* megacolon.

mégacycle [megasikl] *nm* megacycle.

mégahertz [megaɛrts] *nm* megahertz.

mégalithe [megalit] *nm* megalith.

mégalithique [megalitik] *adj* megalithic.

mégalo *fam* [megalo] ◇ *adj* megalomaniac, power-mad; **il est complètement** ~ he thinks he's God; **tu n'es pas un peu** ~**?** don't you think you're aiming a bit high?
◇ *nmf* megalomaniac.

mégalomane [megalɔman] *adj & nmf* megalomaniac.

mégalomanie [megalɔmani] *nf* megalomania.

mégalopole [megalɔpɔl], **mégalopolis** [megalɔpɔlis] *nf* megalopolis.

méga-octet [megaɔktɛ] *nm* megabyte.

mégaphone [megafɔn] *nm* megaphone, loud-hailer *Br*, bullhorn *Am*.

mégaptère [megaptɛr] *nm* humpback (whale); **les** ~**s** the Megaptera.

mégarde [megard]
◆ **par mégarde** *loc adv* [par inattention] inadvertently, by accident, accidentally; [par erreur] by mistake, inadvertently; [sans le vouloir] unintentionally, inadvertently, accidentally.

mégatonne [megatɔn] *nf* megaton.

mégère [meʒɛr] *nf sout* shrew *fig*, harridan *litt*; **'la Mégère apprivoisée'** *Shakespeare* 'The Taming of the Shrew'.

Mégère [meʒɛr] *npr* Megaera.

mégir [32] [meʒir], **mégisser** [meʒise] *vt* to taw.

mégisserie [meʒisri] *nf* -**1.** [commerce] tawing. -**2.** [usine] tawery; [peaux] (tawed) skins.

mégot [mego] *nm* [de cigarette] cigarette butt OU end; [de cigare] cigar butt.

mégotage *fam* [megɔtaʒ] *nm* skimping, scrimping (and saving); **pas de** ~ **sur la qualité** no skimping on the quality; **avec lui, c'était des**

~s sur tout he was always scrimping and saving OU always pinching and scraping.

mégoter *fam* [3] [megɔte] *vi* to skimp, to scrimp; **on ne va pas ~ pour quelques francs** let's not quibble about a few francs; **~ sur** to skimp OU to scrimp on; **les organisateurs ont mégoté sur tout** the organizers have skimped on everything.

méhari [meari] (*pl* **méharis** OU **méhara** [-ra]) *nm* racing camel OU dromedary, mehari.

méhariste [mearist] ◇ *nmf* dromedary rider.
◇ *nm* mounted soldier *(of the French Camel Corps in North Africa)*.

meilleur, e [mɛjœr] ◇ *adj* -**1.** *(compar)* better; **~e santé!** get well soon!; **il n'y a rien de ~, il n'y a pas ~** there's nothing to beat it, there's nothing better; **il est ~ père que mari** he is a better father than he is a husband; **c'est ~ marché** it's cheaper. -**2.** *(superl)*: **le ~** [de tous] the best; [de deux] the better; **son ~ ami** his best friend; **c'est le ~ des maris** he's the best husband in the world; **avec la ~e volonté** with the best will in the world; **dans le ~ des mondes** in the best of all possible worlds; **~s vœux** best wishes; **~s vœux de prompt rétablissement** get well soon; **~ souvenir de Cannes** (holiday *Br*) greetings from Cannes; [en fin de lettre] best wishes from Cannes; **information prise aux ~es sources** information from the most reliable sources; **il appartient au ~ monde** he moves in the best circles.
◇ *nm, f* best person; **seuls les ~s participeront à la compétition** only the best (players) will take part in the competition; **que le ~ gagne!** may the best man win!
◆ **meilleur** ◇ *nm*: **mange-le, c'est le ~** eat it, it's the best part; **il a donné** OU **il y a mis le ~ de lui-même** he gave his all, he gave of his best; **elle lui a consacré le ~ de sa vie** she gave him the best years of her life; **et le ~ de l'histoire, c'est que c'est lui qui m'avait invité** and the best part of it is that he's the one who'd invited me; **pour le ~ et pour le pire** for better or for worse.
◇ *adv*: **il fait ~ aujourd'hui** the weather's OU it's better today; **il fait ~ dans la chambre** [plus chaud] it's warmer in the bedroom; [plus frais] it's cooler in the bedroom.
◆ **meilleure** *fam nf* [histoire]: **tu ne connais pas la ~e** you haven't heard the best bit yet, wait until I tell you this one; **ça alors, c'est la ~e!** that's the best (one) I've heard in a long time!; **j'en passe, et des ~es** and I could go on.

méiose [mejoz] *nf* meiosis.

méiotique [mejɔtik] *adj* meiotic.

méjuger [17] [meʒyʒe] *vt litt* to misjudge.
◆ **méjuger de** *v + prép litt* to underestimate, to underrate.
◆ **se méjuger** *vp (emploi réfléchi)* to underestimate o.s.

Meknès [mɛknɛs] *npr* Meknes.

Mékong [mekɔ̃g] *npr m*: **le ~** the Mekong.

mélamine [melamin] *nf* melamin.

mélancolie [melɑ̃kɔli] *nf* -**1.** [tristesse] melancholy; **j'y pense avec ~** I feel melancholy when I think about it. -**2.** PSYCH & *arch* melancholia.

mélancolique [melɑ̃kɔlik] ◇ *adj* -**1.** [triste, désenchanté] melancholy *(modif)*. -**2.** PSYCH melancholic.
◇ *nmf* melancholic.

mélancoliquement [melɑ̃kɔlikmɑ̃] *adv* melancholically.

Mélanésie [melanezi] *npr f*: **(la) ~** Melanesia.

mélanésien, enne [melanezjɛ̃, ɛn] *adj* Melanesian.
◆ **Mélanésien, enne** *nm, f* Melanesian.
◆ **mélanésien** *nm* LING Melanesian.

mélange [melɑ̃ʒ] *nm* -**1.** [processus] mixing, blending. -**2.** [résultat] mixture, blend; **battre les œufs et le sucre jusqu'à ce que le ~ blanchisse** beat the eggs and the sugar till the mixture turns white; **c'est un ~ de plusieurs thés/parfums** it's a blend of several teas/perfumes; **ma famille et mes collègues, ça donne un curieux ~!** my family and my colleagues, that makes for a strange mixture!; **un ~ de fermeté et de gentillesse** a mixture of strictness and kindness; **attention aux ~s (d'alcools)** don't mix your drinks; **du café et du jaune d'œuf, quel horrible ~!** coffee and egg yolk, what a disgusting mixture! -**3.** AUT mixture; **~ détonant/pauvre/riche** explosive/poor/rich mixture. -**4.** ACOUST mixing.
◆ **mélanges** *nmpl* LITTÉRAT [gén] miscellany; [en hommage] festschrift.
◆ **sans mélange** *loc adj*: **joie/bonheur sans ~** unalloyed joy/happiness; **admiration sans ~** unmitigated admiration.

mélangé, e [melɑ̃ʒe] *adj* [auditoire, population] mixed; **c'est un coton ~** it's a cotton mixture.

mélanger [17] [melɑ̃ʒe] *vt* -**1.** [remuer - cartes] to shuffle; [- salade] to toss; **ajoutez le lait et mélangez** add the milk and mix (well). -**2.** [mettre ensemble] to mix, to blend; **~ des couleurs** to blend colours; **ils ne veulent pas ~ les filles et les garçons** they want to keep boys and girls reparate; **mélangez les œillets rouges avec les jaunes** mix the red carnations with the yellow ones. -**3.** [confondre] to mix up *(sép)*; **ne mélange pas tout** don't get everything (all) mixed OU jumbled OU muddled up; **on a un peu trop mélangé les genres** it's a mixture of too many different styles ❑ **il ne faut pas ~ les torchons et les serviettes** (don't get them mixed up,) they're in a different class.
◆ **se mélanger** *vpi* -**1.** [se fondre]: **se ~ avec** to mix with; **les nouveaux venus ne se mélangent pas avec les habitués du club** the newcomers don't mix OU socialize with the regular club members. -**2.** [devenir indistinct] to get mixed up; **mes souvenirs se mélangent après tant d'années** my memories are getting confused OU muddled after so many years; **tout se mélange dans ma tête** I'm getting all mixed OU muddled up.

mélangeur [melɑ̃ʒœr] *nm* -**1.** [robinet] mixer tap *Br*, mixing faucet *Am*. -**2.** [de son] mixer. -**3.** MÉTALL mixer.

mélanine [melanin] *nf* melanin.

mélanique [melanik] *adj* melanic.

mélanocyte [melanɔsit] *nm* melanocyte.

mélanoderme [melanɔdɛrm] *adj* melanodermic.

mélanodermie [melanɔdɛrmi] *nf* melanoderma.

mélanome [melanom] *nm* melanoma.

mélasse [melas] *nf* -**1.** [sirop] molasses *(sg)*, (black) treacle *Br*. -**2.** *fam* [brouillard] pea-souper; **être dans la ~** *fig* [avoir des ennuis] to be in a jam OU a fix OU a pickle; [être sans argent] to be hard up.

Melba [mɛlba] *adj inv*: **pêche/poire ~** peach/pear Melba.

Melbourne [mɛlburn] *npr* Melbourne.

Melchior [mɛlkjɔr] *npr* Melchior.

mêlé, e [mele] *adj* mixed; **une société ~e** a mixed society; **des sentiments (très) ~s** (very) mixed feelings; **un chagrin ~ de pitié** sorrow mixed OU mingled with pity.
◆ **mêlée** *nf* -**1.** [combat] melee, mêlée; **être au-dessus de la ~e** to be on the sidelines; **rester au-dessus de la ~e** to stay above the fray; **entrer dans la ~e** to enter the fray; **elle reste à l'écart de la ~e politique** she keeps out of the hurly-burly of politics. -**2.** [bousculade] scuffle, free-for-all; [désordre] commotion, confusion; **j'ai perdu mon parapluie dans la ~e** I lost my umbrella in the general confusion. -**3.** SPORT scrum, scrummage; **effondrer/tourner la ~e** to collapse/to wheel the scrum ❑ **~e ouverte** [gén] loose scrum; [balle par terre] ruck; [balle en main] maul.

mêlé-cass(e)▽ [melekas] = **mêlé-cassis**.

mêlé-cassis [melekasis] *nm inv brandy with blackcurrant liqueur.*

mêler [4] [mele] *vt* -**1.** [mélanger] to mix; **je n'aime pas ~ les styles de mobilier** I don't like mixing different styles of furniture; **nous mêlions nos souvenirs** we'd share our memories; **des fleurs variées mêlaient leurs parfums** the scents of various flowers were mingling in the air. -**2.** [allier] to combine, to be a mixture OU combination of; **elle mêle la rigueur à la fantaisie** she combines OU mixes seriousness with light-heartedness; **son sourire mêlait la fausseté et la veulerie** his smile was a mixture of falseness and cowardly indecision. -**3.** [embrouiller - documents, papiers] to mix OU to muddle OU to jumble up *(sép)*; [- cartes, dominos] to shuffle; **j'ai mêlé tous les dossiers** I've got all the files mixed up. -**4.** [impliquer]: **~ qqn à** to involve sb in, to get sb involved in; **ne me mêle pas à tes mensonges** don't involve me in your lies; **être mêlé à un scandale** to be involved in OU linked with a scandal.
◆ **se mêler** *vpi* -**1.** [se mélanger] to mix, to mingle; **les styles se mêlent harmonieusement** the styles blend well together. -**2.** [s'unir]: **se ~ à** OU **avec** to mix OU to mingle with; **ses cris se mêlèrent au bruit de la foule** his shouts mingled with the noise of the crowd. -**3.** [participer]: **se ~ à** to take part in, to join in; **se ~ à la conversation** to take part OU to join in the conversation.
◆ **se mêler de** *vp + prép* to interfere OU to meddle in, to get mixed up in; **se ~ des affaires d'autrui** to meddle OU to interfere in other people's business; **elle se mêle de ce qui ne la regarde pas** she is interfering in things that are no concern of hers; **de quoi se mêle-t-il?** what business is it of his?; **si le mauvais temps s'en mêle, la récolte est perdue** if the weather decides to turn nasty, the crop will be ruined; **il se mêle de tout** he is very nosy; **il se mêle de poésie maintenant!** *péj* so he's started dabbling in poetry now, has he?; **elle se mêle de me dire ce que j'ai à faire** she seems to think she can tell me what I should do ❑ **mêle-toi de tes affaires** OU **oignons** *fam* mind your own business, keep your nose out of this; **de quoi je me mêle!** *fam* what's it got to do with you!

mêle-tout [mɛltu] *nmf Belg* nosy person.

mélèze [melɛz] *nm* larch.

melia [melja] *nm* melia, azedarac.

méli-mélo [melimelo] (*pl* **mélis-mélos**) *nm* [de livres, de meubles] mess, jumble; [d'idées, de dates] hotchpotch *Br*, hodgepodge *Am*, mishmash; **ils ont fait un ~ incroyable avec les réservations** they made a real mix-up with the reservations.

mélioratif, ive [meljɔratif, iv] *adj* meliorative.
◆ **mélioratif** *nm* meliorative.

mélisse [melis] *nf* (lemon) balm.

mélo *fam* [melo] ◇ *adj* melodramatic.
◇ *nm* melodrama; **nous sommes en plein ~!** this is melodramatic OU blood-and-thunder stuff!

mélodie [melɔdi] *nf* -**1.** [air de musique] melody, tune; [en composition] melody, song; **'la Mélodie du bonheur'** *Wise* 'The Sound of Music'. -**2.** *fig*: **la ~ des vers de Lamartine** the melodic quality of Lamartine's verse.

mélodieusement [melɔdjøzmɑ̃] *adv* melodiously, tunefully.

mélodieux, euse [melɔdjø, øz] *adj* melodious, tuneful; **un son ~** a melodious sound; **une musique mélodieuse** a tuneful (piece of) music; **de sa voix mélodieuse** in her melodious OU musical voice.

mélodique [melɔdik] *adj* melodic.

mélodiste [melɔdist] *nmf* melodist.

mélodramatique [melɔdramatik] *adj* melodramatic.

mélodrame [melɔdram] *nm* melodrama; **nous sommes en plein ~!** this is like (something out of) a Victorian melodrama!

mélomane [melɔman] ◇ *adj* music-loving; **êtes-vous ~?** do you like music?, are you musical?
◇ *nmf* music lover.

melon [məlɔ̃] *nm* -**1.** BOT melon; [rond] cantaloup OU cantaloupe melon; [ovale] honeydew melon; **~ d'eau** watermelon. -**2.** [chapeau] bowler (hat) *Br*, derby *Am*.

melonnière [mələnjɛr] *nf* HORT melon bed OU patch.

mélopée [melɔpe] *nf* -**1.** [mélodie] dirge, lament. -**2.** ANTIQ melopoeia, threnody.

mélophage [melɔfaʒ] *nm* sheep ked OU tick.

melting-pot [mɛltiŋpɔt] (*pl* **melting-pots**) *nm* melting pot.

membrane [mɑ̃bran] *nf* -**1.** BIOL membrane; fausse ~ MÉD false membrane; ~ cellulaire cell OU plasma membrane. -**2.** MUS membrane, skin. -**3.** TÉLÉC diaphragm. -**4.** TRAV PUBL: ~ d'étanchéité sealing membrane OU blanket.

membraneux, euse [mɑ̃branø, øz] *adj* membranous.

membre [mɑ̃br] *nm* -**1.** ANAT limb; ~ inférieur/supérieur lower/upper limb; ~ (viril) (male) member. -**2.** ZOOL limb; ~ antérieur foreleg, fore limb; ~ postérieur back leg, rear limb. -**3.** [adhérent] member; être ~ d'un syndicat to belong to OU to be a member of a union; envoyer une lettre à tous les ~s to send a letter to (all) the members OU to the entire membership; elle a été élue ~ de l'Académie she was elected to the Academy || (*comme adj*): les pays ~s the member countries ❑ ~ bienfaiteur supporter; ~ honoraire honorary member; ~ fondateur founder, founding member; ~ perpétuel life member. -**4.** MATH member; premier/second ~ d'une équation left-hand/right-hand member of an equation. -**5.** GRAMM: ~ de phrase member OU clause of a sentence. -**6.** ARCHIT & GÉOL member. -**7.** NAUT timber, rib.

membré, e [mɑ̃bre] *adj litt*: bien ~ strong-limbed; mal ~ weak-limbed.

membru, e [mɑ̃bry] *adj litt* big-limbed, big-boned.

membrure [mɑ̃bryr] *nf* -**1.** [d'un corps humain] limbs. -**2.** CONSTR member; MENUIS frame. -**3.** NAUT [en bois] rib; [en métal] frame.

mémé *fam* [meme] ◇ *nf* -**1.** [en appellatif] grandma, granny, gran *Br*. -**2.** [vieille dame] old dear; une petite ~ an old dear. -**3.** *péj* old woman.
◇ *adj inv péj* dowdy, frumpy; elle fait très ~ avec cette coiffure that hairstyle makes her look so dowdy.

même [mɛm] ◇ *adj indéf* -**1.** (*avant le nom*) [identique, semblable] same; elles sont nées le ~ jour they were born on the same day; ils fréquentent le ~ club they go to the same club; nous avons été confrontés à des problèmes de ~ nature we came up against the same kind of problem; mettre deux choses sur le ~ plan to put two things on the same level || (*en corrélation avec 'que'*): il a le ~ âge que moi he's the same age as me; j'utilise le ~ parfum que toi I use the same perfume as you (do). -**2.** (*après le nom*) [servant à souligner]: elle est la bonté ~ she is kindness itself; ce sont ses paroles ~s those are his very words; ils sont repartis le soir ~ they left that very evening; la dernière version, celle-là ~ qui est arrivée hier the latest version, the one which arrived yesterday; c'est cela ~ que je cherchais it's the very thing I was looking for.
◇ *pron indéf*: le ~ the same; elle est toujours la ~ she's still the same; ce sont toujours les ~s qui gagnent it's always the same ones who win; depuis quelque temps leurs rapports ne sont plus les ~s for some time their relationship has not been the same; mes intérêts ne sont pas les ~s que les vôtres my interests are not the same as yours; les ~s, trois heures plus tard *hum* same scene, three hours later ❑ cela OU ça revient (strictement) au ~ it comes OU amounts to (exactly) the same thing.
◇ *adv* even; ~ les savants OU les savants ~ peuvent se tromper even scientists can make mistakes; j'ai écrit, j'ai téléphoné, et j'ai ~ envoyé un télégramme I wrote, I phoned and I even sent a telegram; elle ne va ~ plus au cinéma she doesn't even go to the cinema any more; je ne sais ~ pas l'heure qu'il est I don't even know what time it is; t'a-t-elle remercié? — ~ pas! did she thank you? — not even that!; il y va ~ quand il pleut he goes (there) even when it rains; il a toujours rêvé de faire ce métier, ~ lorsqu'il était enfant he always dreamed of doing this job, even when he was a child.
◆ **à même** *loc prép*: dormir à ~ le sol to sleep on the floor; il boit à ~ la bouteille he drinks straight from the bottle; je ne supporte pas la laine à ~ la peau I can't stand wool next to my skin; des marches taillées à ~ le roc steps hewn out of the rock.
◆ **à même de** *loc prép* able to, in a position to; elle est à ~ de vous aider she can help you; nous ne sommes pas à ~ de satisfaire votre commande we are not able to meet your order; je serai bientôt à ~ de vous en dire plus I shall soon be able to tell you more.
◆ **de même** *loc adv*: faire de ~ to do likewise OU the same; il est parti avant la fin, moi de ~ he left before the end, and so did I; il en va de ~ pour vous the same is true for you.
◆ **de même que** *loc conj sout* just as.
◆ **même que** *fam loc conj* so much so that; elle roulait très vite, ~ que la voiture a failli déraper she was driving so fast that the car nearly skidded.
◆ **même si** *loc conj* even if; ~ s'il me le demandait, je n'accepterais pas even if he asked me, I wouldn't accept; ~ si je voulais, je ne pourrais pas even if I wanted to, I couldn't; ~ s'il pleut even if it rains; ne dis rien, ~ si l'occasion se présente don't say anything, even if the opportunity arises.
◆ **tout de même** *loc adv* all the same, even so; j'irai tout de ~ all the same, I'll still go; tout de ~, tu exagères! steady on! that's a bit much!

mêmement [mɛmmɑ̃] *adj vieilli* equally, likewise.

mémento [memɛ̃to] *nm* -**1.** [agenda] diary. -**2.** SCOL summary; ~ d'histoire history handbook. -**3.** RELIG memento.

mémère *fam* [memɛr] ◇ *nf* -**1.** [en appellatif] grandma, granny, gran *Br*. -**2.** *péj* old woman.
◇ *adj péj* dowdy, frumpy; si seulement elle portait des robes un peu moins ~s if only she wore slightly less old-fashioned dresses.

mémo [memo] *nm* [carnet] memo pad, note book, notepad.

mémoire [memwar] ◇ *nf* -**1.** [faculté] memory; avoir (une) mauvaise ~ to have a poor OU bad memory; avoir (une) bonne ~ to have a good memory; si j'ai bonne ~ if I remember correctly; si ma ~ ne me trompe pas if my memory serves me right, if I remember correctly; avoir la ~ des noms to have a good memory for names; il n'a plus de ~ he's lost his memory; je n'ai aucune ~! I can never remember anything!; tu as la ~ courte! you've got a short memory!; fais un effort de ~ pour t'en souvenir try hard to remember, search (your memory) hard; remettre qqch en ~ à qqn to remind sb of sthg; se remettre qqch en ~ to recall sthg; une vieille expression me revint OU remonta à la ~ an old saying came (back) to me; ce détail est resté à jamais OU s'est gravé dans ma ~ this detail has stayed with me ever since OU has forever remained engraved in my memory ❑ avoir une ~ d'éléphant *fam* to have a memory like an elephant. -**2.** [souvenir] memory; honorer la ~ de qqn to honour the memory of sb; fidèle à la ~ de sa femme faithful to his wife's memory; en ces temps de triste ~ in those days of bitter memory; un règne de joyeuse ~ a fondly-remembered reign. -**3.** INF memory, storage; une ~ de 15 caractères a 15-character memory ❑ ~ centrale OU principale main memory OU storage; ~ à accès direct direct access storage; ~ auxiliaire auxiliary OU secondary storage; ~ externe external storage; ~ morte read-only memory; ~ tampon buffer (storage); ~ vive random-access memory; ~ virtuelle virtual storage; ~ volatile volatile memory.
◇ *nm* -**1.** [rapport] report, paper. -**2.** UNIV thesis, dissertation paper; ~ de maîtrise ≃ MA thesis OU dissertation. -**3.** JUR statement of case. -**4.** COMM & FIN bill, statement.
◆ **mémoires** *nmpl* memoirs; 'Mémoires d'outre-tombe' *Chateaubriand* 'Memoirs from Beyond the Tomb'.
◆ **à la mémoire de, en mémoire de** *loc prép* in memory of, to the memory of; à la ~ du comique disparu in memory of the late comedian.
◆ **de mémoire** *loc adv* from memory.
◆ **de mémoire de** *loc prép*: de ~ de sportif in all my/his *etc* years as a sportsman; de ~ d'homme in living memory.
◆ **pour mémoire** *loc adv* COMM for the record; je vous le dis pour ~ *fig* I'm (just) telling you for the record OU as a matter of information.

mémorable [memɔrabl] *adj* memorable; ce fut une soirée ~ it was a memorable evening.

mémorandum [memɔrɑ̃dɔm] *nm* memorandum.

mémorial, aux [memɔrjal, o] *nm* -**1.** [texte] memoir; POL memorial. -**2.** [monument] memorial.

mémorialiste [memɔrjalist] *nmf* memorialist.

mémoriel, elle [memɔrjɛl] *adj* INF & PSYCH memory (*modif*).

mémorisation [memɔrizasjɔ̃] *nf* -**1.** [processus] memorization. -**2.** INF storage.

mémoriser [3] [memɔrize] *vt* -**1.** [apprendre par cœur] to memorize; il a mémorisé les conjugaisons he has learnt the verb tables by heart. -**2.** INF to store, to put into memory.

Memphis [mɛmfis] *npr* Memphis.

menaçant, e [mənasɑ̃, ɑ̃t] *adj* -**1.** [comminatoire - personne, geste, ton] menacing, threatening; une foule ~e a threatening crowd. -**2.** [inquiétant - signe, silence, nuage] menacing, threatening, ominous; il y a quelque chose de très ~ dans son regard there's a threatening look in his eyes; le temps est ~ the weather's looking ominous.

menace [mənas] *nf* -**1.** [source de danger] menace, threat; une ~ pour l'ordre public a danger OU menace OU threat to law and order. -**2.** [acte, parole] threat; comment, des ~s maintenant! so it's threats, now, is it?; ce ne sont que des ~s en l'air they're only idle threats; mettre ses ~s à exécution to carry out one's threats; la victime avait reçu des ~s de mort the victim had been threatened with his life OU had received death threats; un geste de ~ a threatening OU menacing gesture; ton lourd OU plein de ~ tone heavy OU fraught with menace; un ciel lourd de ~ *litt* a sky heavy with foreboding; ils ont même essayé la ~ they even tried threats; sous la ~ under duress; il a signé sous la ~ he signed under duress; sous la ~ de under (the) threat of; sous la ~ de la torture under (the) threat of torture.

menacé, e [mənase] *adj* threatened, under threat, endangered; le groupe le plus ~ the group that's under the heaviest threat; ses jours sont ~s his life is in danger.

menacer [16] [mənase] ◇ *vt* -**1.** [mettre en danger] to threaten, to menace; un danger mortel le menace he's in mortal danger; rien ne la menace she's in no danger; l'apoplexie le menace he's in danger of having a stroke; une nouvelle crise nous menace a new crisis is threatening us OU looming; les fluctuations du dollar menacent notre système monétaire fluctuations in the dollar are a threat to our monetary system. -**2.** [en usant de menaces]: ~ qqn de to threaten sb with; ~ qqn de mort to threaten to kill sb; il est menacé de mort he's being threatened with death. -**3.** *loc*: ~ ruine: le pont menace ruine *sout* the bridge is in (imminent) danger of collapsing.

◇ *vi*: **l'orage menace** there is an impending storm.

◆ **menacer de** *v + prép* -**1.** [personne]: ~ **de faire qqch** to threaten to do sthg. -**2. elle menace d'annuler le concert si ses exigences ne sont pas satisfaites** she's threatening to cancel the concert if her demands aren't met || [risquer de]: **le conflit menace de s'étendre** there is a (real) danger of the conflict spreading; **l'orage menace d'éclater avant la fin de la soirée** the storm looks like it will break before the end of the evening.

ménage [menaʒ] *nm* -**1.** [couple] couple; SOCIOL household; **un ~ sans enfants** a childless couple; **leur ~ marche mal** their marriage isn't going very well; **faire bon/mauvais ~ avec qqn** to get on well/badly with sb; **se mettre en ~: ils se sont mis en ~** they're moved in together; **ils sont en ~** they live together; **monter son ~** to set up house ❑ **~ à trois** ménage à trois. -**2.** [économie domestique] housekeeping; **les soucis du ~** domestic worries; **tenir le ~** to keep house || [nettoyage] housework, cleaning; **le ~ est mal fait** the housework OU cleaning hasn't been done properly; **faire le ~** to do the housework; **faire le ~ en grand** to clean the house from top to bottom; **le directeur a fait le ~ dans son service** *fig* the manager has shaken up OU spring-cleaned his department; **faire des ~s** to do housework (for people); **demain je fais du/mon ~** tomorrow I'm going to do some/my housework.

◆ **de ménage** *loc adj* -**1.** [fabriqué à la maison] homemade; **pain de ~** homemade bread. -**2.** [pour l'entretien de la maison] household, cleaning; **femme de ~** domestic help, cleaning lady; **savon de ~** household soap.

ménagement [menaʒmɑ̃] *nm* thoughtfulness, consideration, solicitude.

◆ **avec ménagement** *loc adv* tactfully, gently; **traite ma voiture avec ~** treat my car with care, take (good) care of my car; **traiter qqn avec le plus grand ~** to treat sb with great consideration.

◆ **sans ménagement** *loc adv* [parler] bluntly; [éconduire, traiter] unceremoniously; **annoncer une nouvelle sans ~** to break a piece of news bluntly.

ménager¹ [17] [menaʒe] *vt* -**1.** [économiser] to be sparing with; **~ son argent** to be sparing with one's money; **le pays doit ~ ses maigres ressources** the country has to husband its meagne resources; **elle ne ménage pas ses efforts** she spares no effort; **à mon âge, je dois ~ mes forces** at my age, I have to conserve my strength; **la critique n'a pas ménagé ses louanges à l'artiste** the critics lavished praise on the artist. -**2.** [traiter avec soin] to treat OU to handle carefully; **ménagez-le, il a le cœur malade** treat him gently, he has a weak heart; **je prends l'ascenseur pour ~ mes vieilles jambes** I take the lift to spare my old legs; **ménage ton foie, ne bois pas d'alcool** take care of OU look after your liver, don't drink alcohol. -**3.** [respecter] to spare; **ménage sa susceptibilité** humour him; **ménage sa fierté** spare his pride; **ménage mes sentiments** spare my feelings ❑ **~ la chèvre et le chou** to sit on the fence, to run with the hare and hunt with the hounds. -**4.** [arranger - passage, escalier] to put in *(insép)*; [- entretien, rencontre] to organize, to arrange; **j'ai ménagé un espace pour planter des légumes** I've left some space for growing vegetables; **nous avons ménagé une ouverture pour accéder directement au garage** we opened a direct access to the garage; **pourriez-vous me ~ une entrevue avec le directeur?** could you set up OU arrange a meeting for me with the manager?

◆ **se ménager** ◇ *vp (emploi réfléchi)* to spare o.s.; **elle ne se ménage pas assez** she drives herself too hard; **ménage-toi** take it easy, don't overdo it.

◇ *vpt*: **se ~ qqch** [se réserver qqch] to set sthg aside for o.s.; **se ~ des temps de repos dans la journée** to set aside rest periods for o.s. during the day.

ménager², **ère** [menaʒe, ɛr] *adj* -**1.** [de la maison] domestic *(modif)*, household *(modif)*; **les tâches/ordures ménagères** household chores/refuse; **enseignement ~** domestic science; **équipement ~** domestic OU household appliances. -**2.** *litt*: **être ~ de son temps** to be economical OU sparing with one's time.

◆ **ménager** *nm* COMM: **le gros/petit ~** major/small household appliances.

◆ **ménagère** *nf* -**1.** [femme] housewife. -**2.** [couverts] canteen (of cutlery); **une ménagère en argent** a canteen of silver cutlery.

ménagerie [menaʒri] *nf* menagerie; **c'est une vraie ~ ici!** *fig* it's like a zoo in here!

ménagiste [menaʒist] *nmf* household OU domestic appliances retailer.

menchevik [mɛnʃevik] ◇ *adj* Menshevik *(modif)*.

◇ *nmf* Menshevik.

Mendel [mɛndɛl] *npr* → **loi**.

mendélien, enne [mɛ̃deljɛ̃, ɛn] *adj* Mendelian.

mendélisme [mɛ̃delism] *nm* Mendelianism, Mendelism.

mendiant, e [mɑ̃djɑ̃, ɑ̃t] *nm, f* [clochard] beggar; **les rues étaient pleines de petits ~s** the streets were full of children begging.

◆ **mendiant** ◇ *nm* CULIN *almond, fig, hazelnut and raisin biscuit.*

◇ *adj m* RELIG mendicant.

mendicité [mɑ̃disite] *nf* -**1.** [action] begging; **vivre de ~** to beg for a living. -**2.** [état] beggary, mendicity, mendicancy; **être réduit à la ~** to be reduced to begging.

mendier [9] [mɑ̃dje] ◇ *vi* to beg; **il mendie pour survivre** he gets by by begging.

◇ *vt* to beg for *(insép)*; **~ un sourire** to beg for a smile; **~ des votes** to canvass for votes.

mendigot, e▽ [mɑ̃digo, ɔt] *nm, f vieilli* beggar, bum, panhandler *Am*.

mendigoter▽ [3] [mɑ̃digɔte] ◇ *vi vieilli* to bum, to panhandle *Am*.

◇ *vt* to bum.

meneau, x [məno] *nm* [horizontal] transom; [vertical] mullion.

menée [məne] *nf* -**1.** CHASSE (stag's) track. -**2.** *Helv* [congère] snowdrift.

menées [məne] *nfpl* [intrigues] intrigues, machinations, manœuvres; **des ~ subversives** subversive activities; **les ~ de l'opposition** the opposition's intrigues OU scheming.

mener [9] [məne] ◇ *vt* -**1.** [conduire - personne] to take, to lead; **comment mènes-tu tes enfants à l'école?** how do you take your children to school?; **elle mènera son club à la victoire** she'll lead her club to victory; **son inconscience le mène au désastre** his thoughtlessness is leading him to disaster ❑ **~ qqn par le bout du nez** to lead sb by the nose; **~ qqn en bateau** to lead sb up the garden path; **allons, tu me mènes en bateau!** come on, you're pulling my leg! -**2.** [suj: escalier, passage, route] to take, to lead; **le bus te mènera jusqu'à l'hôtel** the bus will take you (right) to the hotel || *(en usage abs)*: **cette porte mène à la cave** this door leads to the cellar; **la ligne nº 1 mène à Neuilly** line No. 1 takes you OU goes to Neuilly; **la deuxième année mène au dessin industriel** after the second year, you go on to technical drawing ❑ **~ loin: un feu rouge grillé, ça vous mène loin!** *fam* you went through the lights, that'll cost you!; **un million de réparations, ça nous mène déjà assez loin** one million francs worth of repairs? that'll do nicely to be getting on with *iron*. -**3.** [diriger - groupe, équipe] to lead; [- combat, négociation] to carry on *(insép)*; [- affaire, projet] to run, to manage; **il se laisse trop facilement ~** he's too easily led; **laissez-la ~ sa vie** let her live her life; **~ une enquête** to conduct OU to lead an inquiry; **~ le débat** [gén] to lead OU to chair the discussion; **le champion mène le peloton** the champion is leading the pack; **~ le deuil** to lead the funeral procession ❑ **~ la danse** *pr* to lead the dance; *fig* to call the tune; **bien ~ sa barque** *fig* to handle OU to manage one's affairs efficiently; **~ le jeu** SPORT to be in the lead; *fig* to have the upper hand, to call the tune; **~ joyeuse vie** to lead a merry life; **~ la vie dure à qqn** to make sb's life a misery, to make life difficult for sb; **~ grand train** to live in grand style; **ne pas en ~ large: il n'en menait pas large avant la publication des résultats** his heart was in his boots before the results were released; **~ qqch à bien** [finir] to see sthg through; [réussir] to succeed in doing sthg; **sauras-tu ~ à bien cette entrevue?** will you be able to get through this interview?; **je mènerai les fouilles à terme** OU **à bonne fin** I'll see the dig through to the end. -**4.** MATH to draw. -**5.** MÉCAN to drive.

◇ *vi* to (be in the) lead; **l'équipe locale mène par 3 buts à 0** the local team is leading by 3 goals to 0; **le skieur italien mène devant le Suisse avec 15 secondes d'avance** the Italian skier has a 15-second lead OU advantage over the Swiss; **de combien on mène?** what's our lead?

ménestrel [menɛstrɛl] *nm* minstrel.

ménétrier [menetrije] *nm* -**1.** *arch* [violoneux] fiddler. -**2.** HIST musician.

meneur, euse [mənœr, øz] *nm, f* -**1.** [dirigeant] leader; **c'est un ~ d'hommes** he's a born leader (of men) ❑ **~ de jeu** TV & RAD quiz master, question-master; **meneuse de revue** chorus-line leader. -**2.** *péj* [agitateur] (ring)leader, agitator POL.

menhir [menir] *nm* menhir.

méninge [menɛ̃ʒ] *nf* ANAT meninx; **~s** meninges.

◆ **méninges** *fam nfpl* brains; **il ne se fatigue pas** OU **ne se creuse pas les ~s!** he's in no danger of wearing his brain OU grey matter out!; **fais travailler tes ~s** use your brains.

méningé, e [menɛ̃ʒe] *adj* meningeal.

méningite [menɛ̃ʒit] *nf* meningitis; **il ne risque pas la** OU **d'attraper une ~!** no danger of him wearing his brain out!

méningitique [menɛ̃ʒitik] *adj* meningitic.

méningocoque [menɛ̃gɔkɔk] *nm* meningococcus.

méningo-encéphalite [menɛ̃gɔɑ̃sefalit] *(pl* **méningo-encéphalites***) nf* meningoencephalitis.

méniscal, e, aux [meniskal, o] *adj* meniscal ANAT.

méniscite [menisit] *nf* meniscitis.

méniscographie [meniskɔgrafi] *nf* meniscography.

ménisque [menisk] *nm* ANAT, OPT & PHYS meniscus.

ménopause [menɔpoz] *nf* menopause.

ménopausée [menɔpoze] *adj f*: **une femme ~** a post-menopausal woman.

ménopausique [menɔpozik] *adj* menopausal, menopausic.

menora [menɔra] *nf* menorah.

ménorragie [menɔraʒi] *nf* menorrhagia.

menotte [mənɔt] *nf* [main] tiny (little) hand.

◆ **menottes** *nfpl* handcuffs; **passer les ~s à qqn** to handcuff sb; **~s aux poignets** handcuffed, in handcuffs.

mensonge [mɑ̃sɔ̃ʒ] *nm* -**1.** [action]: **le ~** lying, untruthfulness; **vivre dans le ~** to live a lie. -**2.** [propos] lie; **dire des ~s** to tell lies; **un ~ par omission** a lie of omission; **elle n'a raconté que des ~s** she just told a pack of lies ❑ **c'est vrai, ce ~?** *fam* are you telling me the truth? -**3.** *litt* [illusion] illusion, lie *litt*; **ma vie était un ~** I was living a lie, my life was a lie.

mensonger, ère [mɑ̃sɔ̃ʒe, ɛr] *adj* [fallacieux] untruthful, mendacious; **des déclarations mensongères** untruthful statements.

mensongèrement [mɑ̃sɔ̃ʒɛrmɑ̃] *adv* deceitfully, falsely, untruthfully.
menstruation [mɑ̃stryasjɔ̃] *nf* menstruation, menstruating.
menstruel, elle [mɑ̃stryɛl] *adj* menstrual.
menstrues [mɑ̃stry] *nfpl vieilli* menses.
mensualisation [mɑ̃sɥalizasjɔ̃] *nf* [des salaires, du personnel] monthly payment; **pour vos règlements, pensez à la ~** don't forget that you can pay in monthly instalments.
mensualiser [3] [mɑ̃sɥalize] *vt* to pay on a monthly basis; **l'impôt est mensualisé** income tax is paid monthly.
mensualité [mɑ̃sɥalite] *nf* -**1.** [somme perçue] monthly payment; [somme versée] monthly instalment. -**2.** [salaire] monthly salary.
◆ **par mensualités** *loc adv* monthly, on a monthly basis.
mensuel, elle [mɑ̃sɥɛl] ◇ *adj* monthly.
◇ *nm, f* worker paid by the month.
◆ **mensuel** *nm* PRESSE monthly (magazine).
mensuellement [mɑ̃sɥɛlmɑ̃] *adv* monthly, every month.
mensuration [mɑ̃syrasjɔ̃] *nf* mensuration.
◆ **mensurations** *nfpl* measurements; **des ~s à faire rêver** magnificent vital statistics.
mental, e, aux [mɑ̃tal, o] *adj* mental.
◆ **mental** *nm*: **le ~** the mind.
mentalement [mɑ̃talmɑ̃] *adv* mentally; **calcule-le ~** work it out OU calculate it in your head.
mentalisme [mɑ̃talism] *nm* mentalism.
mentalité [mɑ̃talite] *nf* mentality; **quelle (sale) ~ dans mon bureau!** what an atmosphere OU a nasty atmosphere in my office!; **faire changer les ~s** to change people's mentality OU the way people think; **les ~s ne sont plus les mêmes** people have a different way of thinking OU a different mentality nowadays ❑ **belle** OU **jolie ~!** *iron* that's a nice way of thinking!
menterie *fam* [mɑ̃tri] *nf vieilli* lie, untruth.
menteur, euse [mɑ̃tœr, øz] ◇ *adj* untruthful; **enfant, il était très ~** he used to tell lies all the time when he was a child ❑ **il est ~ comme un arracheur de dents** he lies through his teeth.
◇ *nm, f* liar; **sale ~!** *fam* you fibber!
◆ **menteur** *nm* JEUX: **jouer au ~** to play cheat.
menthe [mɑ̃t] *nf* -**1.** BOT mint; **~ poivrée** peppermint; **~ verte** spearmint; **thé à la ~** mint tea. -**2.** [tisane] mint tea *(U)*; **je prendrai une verveine ~** I'll have verbena and mint tea. -**3.** [sirop]: **~ à l'eau** mint cordial. -**4.** [essence] pepper mint; **parfumé à la ~** mint-flavoured; **dentifrice à la ~** mint OU mint-flavoured toothpaste; **bonbons à la ~** mints, peppermints.
menthol [mɑ̃tɔl] *nm* menthol.
mentholé, e [mɑ̃tɔle] *adj* mentholated, menthol *(modif)*.
mention [mɑ̃sjɔ̃] *nf* -**1.** [référence] mention; **faire ~ de qqch** to refer to OU to mention sthg; **on ne fait pas ~ de votre nom** there's no mention of your name. -**2.** [texte] note, comment; **apposez votre signature précédée de la ~ manuscrite «lu et approuvé»** append your signature after adding in handwriting "read and approved"; **l'enveloppe portait la ~ «urgent»** the word "urgent" appeared OU was written on the envelope. -**3.** SCOL & UNIV distinction; **être reçu avec ~** to pass with distinction; **être reçu sans ~** to get an ordinary pass ❑ **~ bien** ≃ upper second class Honours *Br*, ≃ pass with honors *Am*; **~ très bien** ≃ first class Honours *Br*, ≃ pass with high honors *Am*; **~ passable** *minimum pass grade*; **~ honorable** *first level of distinction for a PhD*; **~ très honorable** *second level of distinction fpr a PhD*; **~ très honorable avec les félicitations du jury** *highest level of distinction for a PhD.*
mentionner [3] [mɑ̃sjɔne] *vt* to mention; **le nom du traducteur n'est pas mentionné** the translator's name does not appear; **l'article ne mentionne même pas sa dernière découverte** the article doesn't even mention his latest discovery; **le service mentionné ci-dessus** the above-mentioned department, the department mentioned above.
mentir [37] [mɑ̃tir] *vi* [gén] to lie; [une fois] to tell a lie; [plusieurs fois] to tell lies; **il m'a menti** he lied to me, he told me a lie; **tu mens (effrontément)!** you're lying shamelessly!, you're a barefaced liar!; **j'ai prédit que tu allais gagner, ne me fais pas ~** I said you'd win, don't prove me wrong OU don't make a liar out of me; **et je ne mens pas!** and that's the truth!; **sans ~!** honestly!; **sans ~, elle me l'a dit quinze fois** without a word of a lie, she told me fifteen times; **~ par omission** to lie by omission ❑ **elle ment comme elle respire** OU **comme un arracheur de dents** she lies through her teeth; **si je mens je vais en enfer** cross my heart and hope to die; **faire ~ le proverbe** to give the lie to the proverb; **a beau ~ qui vient de loin** *prov* it's easy to lie when there's nobody around to contradict you.
◆ **mentir à** *v + prép litt* to belie; **pour ne pas ~ à son image** so as not to belie *litt* OU to betray her image.
◆ **se mentir** ◇ *vp (emploi réfléchi)*: **se ~ à soi-même** to fool o.s.
◇ *vp (emploi réciproque)* to lie to each other, to tell each other lies.
menton [mɑ̃tɔ̃] *nm* chin; **~ en galoche/pointu/rond** protruding/pointed/round chin; **avoir un ~ volontaire** to have a firm OU determined chin.
mentonnière [mɑ̃tɔnjɛr] *nf* -**1.** [d'un couvre-chef] chin strap; [d'un casque] chin piece. -**2.** MÉD chin bandage. -**3.** MUS chin rest.
mentor [mɑ̃tɔr] *nm litt* mentor.
Mentor [mɑ̃tɔr] *npr* Mentor.
menu[1] [məny] *nm* -**1.** [liste] menu; [carte] menu (card); **qu'y a-t-il au ~ aujourd'hui?** *pr* what's on the menu?; *fig* what's on the agenda for today? -**2.** [repas] set meal; **deux ~s à 50 F** two 50 F menus OU set meals ❑ **le ~ touristique** the set menu; **le ~ gastronomique** the gourmet menu, the special fare menu. -**3.** INF menu.
◆ **par le menu** *loc adv* in detail; **il m'a raconté ses aventures par le ~** he told me about his adventures in great detail; **elle a vérifié les comptes par le ~** she checked the figures very thoroughly.
menu[2], **e** [məny] *adj* -**1.** [mince - attaches, silhouette] slim, slender; [- voix] small, thin; [- écriture] small, tiny; **l'enfant était très ~ pour son âge** the child was tiny for his age; **à pas ~s** with minute OU tiny steps. -**2.** *(avant le n)* [petit] small, tiny; **elle coupa le jambon en ~s morceaux** she cut the ham into small pieces. -**3.** *(avant le n)* [négligeable]: **il fait les ~s travaux** he does odd jobs; **~s frais** minor expenses ❑ **de la ~e monnaie** small change; **~ fretin** ZOOL fry; *fig* small fry; **~ gibier** small game; **les ~s plaisirs** life's little pleasures; **les Menus Plaisirs** HIST the royal entertainment *(at the French Court)*; **voici un peu d'argent pour tes ~s plaisirs** here's a little pin money.
◆ **menu** *adv* [couper, hacher] thoroughly, finely; **écrire ~** to write small.
menuet [mənɥɛ] *nm* minuet.
menuise [mənɥiz] *nf* -**1.** ZOOL sprat. -**2.** ARM dust shot. -**3.** MENUIS small logs.
menuiser [3] [mənɥize] *vt* [découper] to cut down *(sép)*; [amincir] to plane down *(sép)*.
menuiserie [mənɥizri] *nf* -**1.** [activité] joinery; **~ métallique** metal joinery. -**2.** [atelier] (joiner's) workshop. -**3.** [boiseries] woodwork.
menuisier [mənɥizje] *nm* joiner.
Méphistophélès [mefistɔfelɛs] *npr* Mephistopheles.
méphistophélique [mefistɔfelik] *adj* Mephistophelian, Mephistophelean.
méphitique [mefitik] *adj sout* noxious, mephitic, mephitical.
méphitisme [mefitism] *nm sout* mephitis.
méplat, e [mepla, at] *adj* flat; **bois ~** (wood in) planks.
◆ **méplat** *nm* -**1.** BX-ARTS plane. -**2.** [partie du corps]: **un visage aux ~s accusés** a finely-chiselled face.
méprendre [79] [meprɑ̃dr]
◆ **se méprendre** *vpi sout* to make a mistake, to be mistaken; **vous vous méprenez** you are mistaken OU making a mistake; **je me suis mépris sur ses intentions réelles** I was mistaken about OU I misunderstood his real intentions; **se ~ sur qqn** [se tromper] to misjudge sb; **on dirait de la soie, c'est à s'y ~** it feels just like silk; **on dirait ta sœur, c'est à s'y ~** she looks just like your sister.
mépris [mepri] *nm* contempt, disdain, scorn; **avoir** OU **éprouver du ~ pour** to be filled with contempt for, to despise; **paroles/regard de ~** contemptuous words/look; **avec ~** scornfully, contemptuously; **avoir** OU **tenir qqn en ~** *sout* to hold sb in contempt; **le ~ de** [convenances, tradition] contempt for, lack of regard for; **il a le ~ de la parole donnée** he does not feel bound by a promise.
◆ **au mépris de** *loc prép* with no regard for, regardless of; **au ~ du danger** regardless of the danger; **au ~ du règlement** in defiance of the rules; **au ~ des convenances** spurning convention.
méprisable [meprizabl] *adj* contemptible, despicable; **un être totalement ~** a creature beneath contempt.
méprisant, e [meprizɑ̃, ɑ̃t] *adj* contemptuous, disdainful, scornful; **se montrer très ~ envers qqn** to pour scorn on sb, to be very contemptuous towards sb.
méprise [mepriz] *nf* mistake, error; **commettre une ~** to make a mistake; **victime d'une ~** victim of a misunderstanding.
◆ **par méprise** *loc adv* by mistake.
mépriser [3] [meprize] *vt* -**1.** [dédaigner] to look down on, to despise, to scorn; **je le méprise d'être si lâche** I despise him for being such a coward; **elle méprise l'argent** she thinks nothing of OU scorns money. -**2.** [braver - conventions, règlement] to disregard, to defy; [- mort, danger] to defy, to scorn.
mer [mɛr] *nf* -**1.** GÉOG sea; **mettre un canot à la ~** [d'un navire] to lower OU to launch a boat; [de la terre] to get out a boat; **jeter qqch à la ~** [d'un navire] to throw sthg overboard; [de la terre] to throw sthg into the sea; **de l'autre côté de la ~** over the sea; **ils sont partis en ~** they've gone out to sea; **perdus en ~** lost at sea; **sous/sur la ~** under/on the sea; **vers la ~** seawards, towards the sea; **au-dessus/au-dessous du niveau de la ~** above/below sea level, **voyager par ~** to travel by sea; **par (la) ~ c'est à un jour d'ici** it's a day's trip from here by sea; **prendre la ~** to put out to sea; **état de la ~** sea conditions; **~ calme/belle/peu agitée** calm/smooth/moderate sea; **~ très grosse** very heavy OU stormy sea; **~ agitée devenant forte** sea moderate becoming heavy; **la ~ est mauvaise** the sea is rough; **quand la ~ est mauvaise** in rough seas; **la ~ était d'huile** the sea was calm OU like a millpond ❑ **~ intérieure** inland sea; **~ territoriale** territorial waters; **coup de ~** heavy swell; **sel de ~** sea salt; **ce n'est pas la ~ à boire** *fam* it's not that hard, there's nothing much to it; **la ~ Baltique/Caspienne/Égée/Morte/Rouge** the Baltic/Caspian/Aegean/Dead/Red Sea; **la ~ de Barents/Bering** the Barents/Bering Sea; **la ~ des Caraïbes** the Caribbean (Sea); **la ~ du Nord** the North Sea; **la ~ des Sargasses** the Sargasso Sea; **la ~ de la Tranquillité** the Sea of Tranquillity. -**2.** [marée] tide; **à quelle heure la ~ sera-t-elle haute/basse?** what time is high/low tide? -**3.** [région côtière] seaside; **à la ~** at OU by the seaside; **les paysages de ~** coastal landscapes. -**4.** [grande étendue]: **une ~ de sang** a sea OU lake of blood ❑ **~ de glace** glacier; **~ de sable** ocean of sand, sand sea. -**5.** ASTRON mare.

MERS:
la mer **Adriatique** the Adriatic Sea;
la mer **des Antilles** the Caribbean Sea;
la mer **d'Aral** the Aral Sea;
la mer **Baltique** the Baltic Sea;
la mer **de Barents** the Barents Sea;
la mer **de Béring** the Bering Sea;
la mer **Blanche** the White Sea;
la mer **Caraïbe** OU **des Caraïbes** the Caribbean Sea;
la mer **Caspienne** the Caspian Sea;
la mer **de Célèbes** the Celebes Sea;
la mer **de Chine** the China Sea;
la mer **de Corail** the Coral Sea;
la mer **Égée** the Aegean Sea;
la mer **de Galilée** the Sea of Galilee;
la mer **Intérieure** the Inland Sea;
la mer **Ionienne** the Ionian Sea;
la mer **d'Irlande** the Irish Sea;
la mer **Jaune** the Yellow Sea;
la mer **Méditerranée** the Mediterranean Sea;
la mer **Morte** the Dead Sea;
la mer **Noire** the Black Sea;
la mer **du Nord** the North Sea;
la mer **d'Oman** the Arabian Sea;
la mer **Rouge** the Red Sea;
la mer **des Sargasses** the Sargasso Sea;
la mer **de Tasman** the Tasman Sea;
la mer **Tyrrhénienne** the Tyrrhenian Sea;
la mer **des Wadden** the Waddenzee.

mercanti [mɛrkɑ̃ti] *nm péj* shark, profiteer.

mercantile [mɛrkɑ̃til] *adj* -**1.** *péj* [intéressé] mercenary, self-seeking, venal *litt.* -**2.** [commercial] mercantile.

mercantilisme [mɛrkɑ̃tilism] *nm* -**1.** *litt* [attitude] mercenary OU self-seeking attitude. -**2.** ÉCON [théorie] mercantilism; [système] mercantile system.

mercantiliste [mɛrkɑ̃tilist] *adj* & *nmf* mercantilist.

mercatique [mɛrkatik] *nf offic* marketing.

mercenaire [mɛrsənɛr] ◇ *adj litt* [troupe] mercenary; [travail] paid.
◇ *nm* mercenary.

mercerie [mɛrsəri] *nf* -**1.** [magasin] haberdasher's shop *Br*, notions store *Am*. -**2.** [industrie, articles] haberdashery *Br*, notions *Am*; **des articles de ~** sewing materials.

mercerisage [mɛrsərizaʒ] *nm* mercerization.

merceriser [3] [mɛrsərize] *vt* to mercerize.

merchandising [mɛrʃɑ̃dajziŋ] *nm* merchandising, sales promotion.

merci [mɛrsi] ◇ *nm* thank-you; **dites-lui un grand ~ pour son aide** give him a big thank-you OU all our thanks for his help.
◇ *interj* thank you; **as-tu dit ~ à la dame?** did you thank the lady OU say thank you to the lady?; **~ de votre cadeau/amabilité** thank you OU thanks for your present/kindness; **~ d'avoir répondu aussi vite** thank you for replying so promptly; **~ (beaucoup) d'être venu** thanks (a lot) for coming; **~ mille fois** thank you so OU very much; **voulez-vous du fromage? – (non) ~, je n'ai pas faim** would you like some cheese? – no thank you OU thanks, I'm not hungry; **un café? – ~, volontiers** would you like a coffee? – (yes,) thanks, I'd love one; **~, très peu pour moi!** *fam* thanks but no thanks!; **~ du compliment!** *iron* thanks for the compliment!
◇ *nf litt* mercy; **demander ~** to ask for mercy.
◆ **à la merci de** *loc prép* at the mercy of; **tenir qqn à sa ~** to have sb at one's mercy OU in one's power.
◆ **sans merci** ◇ *loc adj* merciless, pitiless, ruthless; **une lutte sans ~** a merciless struggle.
◇ *loc adv* mercilessly, pitilessly, ruthlessly.

mercier, ère [mɛrsje, ɛr] *nm, f* haberdasher *Br*, notions dealer *Am*.

mercredi [mɛrkrədi] *nm* Wednesday; **~ des Cendres** Ash Wednesday.

mercure [mɛrkyr] *nm* CHIM mercury.

Mercure [mɛrkyr] *npr* ASTRON & MYTH Mercury.

mercureux [mɛrkyrø] *adj m* mercurous.

mercurey [mɛrkyrɛ] *nm* Mercurey (wine).

mercuriale [mɛrkyrjal] *nf* -**1.** *litt* [accusation] remonstrance, admonition. -**2.** COMM market price list. -**3.** BOT mercury.

mercuriel, elle [mɛrkyrjɛl] *adj* mercurial CHEM.

mercurique [mɛrkyrik] *adj* mercuric.

Mercurochrome® [mɛrkyrɔkrɔm] *nm* Mercurochrome®.

merde [mɛrd] ◇ *nf* -**1.** ▼ [excrément] shit, crap; **une ~ de chien** a dog turd; **tu as de la ~ sous tes pompes** you've got shit on your shoes; **ce film/bouquin est une vraie ~** this film/book is a load of crap; **de ~** shitty; **ce temps de ~** this shitty weather ❑ **il ne se prend pas pour une** OU **pour de la ~** he thinks the sun shines out of his arse *Br*, he thinks he's God's gift to the world *Am*. -**2.** ▽ [désordre] bloody *Br* OU godawful *Am* mess; **foutre** OU **semer la ~** to make a bloody mess; **chaque fois que ce gosse est dans ma classe, il fout la** OU **sa ~** whenever that kid is in my classroom, it's bloody chaos. -**3.** ▽ [ennuis]: **c'est la ~!** it's hell!; **être dans la ~ (jusqu'au cou)** to be (right) in the shit. -**4.** ▽ [mésaventure] shitty mess; **il m'arrive une ~ en ce moment** I'm in a shitty mess at the moment; **je me suis fait piquer ma bagnole, quelle ~!** I've had my car pinched, what a shitty thing to happen!
◇ *interj* ▽ shit; **~ alors!** oh shit!; **(je te dis) ~!** [ton agressif] to hell with you!; [pour souhaiter bonne chance] fingers crossed!, break a leg!; **on y va, oui ou ~?** are we going or aren't we, for Christ's sake.

merder▽ [3] [mɛrde] ◇ *vi*: **mon imprimante merde depuis trois jours** the printer's been on the blink for the last three days; **j'ai complètement merdé en littérature anglaise** I completely screwed up the English Lit paper.
◇ *vt* to balls *Br* OU to ball *Am* up *(sép)*; **il a merdé son examen** he made a complete balls-up *Br* OU ball-up *Am* of his exam.

merdeux, euse▽ [mɛrdø, øz] ◇ *adj* shitty, crappy; **se sentir ~** to feel shitty.
◇ *nm, f* [enfant] little shit; **un ~ de quatorze ans** a fourteen-year old brat.

merdier▽ [mɛrdje] *nm* -**1.** [désordre] pigsty *fig*; **range un peu tes affaires, c'est le ~ ici** it's like a pigsty in here, tidy up your things. -**2.** [situation confuse]: **on s'est retrouvé dans un beau ~ après son départ** we were in one hell of a mess after he left.

merdique▽ [mɛrdik] *adj* shitty, crappy; **sa voiture est complètement ~** her car's complete rubbish.

merdoyer▽ [13] [mɛrdwaje], **merdouiller**▽ [mɛrduje] *vi* to get (completely) stumped; **j'ai complètement merdoyé à l'oral** I made a right cock-up *Br* OU ball-up *Am* of the oral.

mère [mɛr] ◇ *nf* -**1.** [génitrice] mother; **elle est ~ de cinq enfants** she is a mother of five; **c'est une ~ pour lui** she's like a mother to him; **frères/sœurs par la ~** half-brothers/half-sisters on the mother's side; **il l'a rendue ~ au bout de dix ans de mariage** he gave her a child after ten years of marriage; **ne touche pas les chiots, la ~ est agressive** don't touch the pups, the mother can be nasty; **veau élevé sous la ~** calf nourished on its mother's milk ❑ **~ adoptive** adoptive mother; **~ célibataire** unmarried mother; **~ de famille** mother, housewife; **~ porteuse** surrogate mother; **~ poule** *pr* mother hen; **ne sois pas si ~ poule** *fam* don't be so overprotective. -**2.** *fam* [madame]: **la ~ Vorel** old mother Vorel; **alors la petite ~, on a calé?** stalled, have you missus? ❑ **'Mère Courage et ses enfants'** *Brecht* 'Mother Courage and Her Children'. -**3.** RELIG Mother; **~ Élisabeth** Mother Elizabeth; **oui, ma ~** yes, Mother ❑ **la ~ supérieure** Mother Superior. -**4.** *litt* [origine] mother; **~ patrie** mother country; **la Grèce, ~ de la démocratie** Greece, mother of democracy. -**5.** CHIM: **~ de vinaigre** mother of vinegar. -**6.** TECH mould. -**7.** *(comme adj)*: **carte ~** INF motherboard; **disque ~** INF (positive) matrix; **maison ~** COMM headquarters, head office; **société ~** COMM parent company.
◇ *adj f (avant le n)*: **~ goutte** [huile] first pressing; [vin] bottoms *(wine from the mother)*.

mère-grand [mɛrgrɑ̃] *nf vieilli* grandmother.

merguez [mɛrgɛz] *nf spicy North African mutton sausage.*

MERGUEZ:
This spicy sausage is typically sold barbecued at outdoor events, and is often associated with the relaxed family atmosphere at popular sporting events and political rallies.

méridien, enne [meridjɛ̃, ɛn] *adj* -**1.** *litt* [de midi] meridian *arch*; **l'heure ~ne** noon, midday. -**2.** ASTRON meridian; **cercle ~, lunette ~ne** meridian circle.
◆ **méridien** *nm* -**1.** ASTRON & MÉTÉO meridian; **~ international** OU **origine** prime OU Greenwich meridian; **~ céleste/magnétique/terrestre** celestial/magnetic/terrestrial meridian. -**2.** MÉD meridian.
◆ **méridienne** *nf* -**1.** MATH meridian (section); GÉOG meridian line; GÉOL triangulation line. -**2.** [sieste] siesta. -**3.** [lit] (canapé) méridienne.

méridional, e, aux [meridjɔnal, o] ◇ *adj* -**1.** [du Sud] southern, meridional. -**2.** [du sud de la France] *from the South of France.*
◇ *nm, f* -**1.** [du Sud] Southerner. -**2.** [du sud de la France] *person from or inhabitant of the South of France.*

meringue [mərɛ̃g] *nf* meringue.

meringuer [3] [mərɛ̃ge] *vt* to cover with meringue; **tarte au citron meringuée** lemon meringue pie.

mérinos [merinos] *nm* merino.

merise [məriz] *nf* wild cherry, merise.

merisier [mərizje] *nm* -**1.** [arbre] wild cherry (tree). -**2.** [bois] cherry (wood).

mérisme [merism] *nm* distinctive feature.

méristème [meristɛm] *nm* meristem.

méritant, e [meritɑ̃, ɑ̃t] *adj* worthy, deserving; **les élèves les plus ~s ont été récompensés** the worthiest pupils were given a reward.

mérite [merit] *nm* -**1.** [vertu] merit, worth; **gens de ~** people of merit; **avoir du ~** to be deserving of OU to deserve praise; **il a bien du ~!** you have to take your hat off to him!; **tu as du ~ de t'occuper d'eux** it is greatly to your credit that you take such care of them. -**2.** [gloire] credit; **s'attribuer le ~ de qqch** to take the credit for sthg; **tout le ~ de l'affaire vous revient** all the credit for the deal is yours, you deserve all the credit for the deal. -**3.** [qualité] merit; **j'ai pu juger les ~s de son manuel** I have been able to assess the merits OU quality of her handbook; **sa déclaration a au moins le ~ d'être brève** her statement at least has the merit of being brief; **selon ses ~s** according to his merits. -**4.** [décoration]: **Mérite agricole** *agricultural merit award.*

mériter [3] [merite] *vt* -**1.** [suj: personne] to deserve, to merit; **il ne méritait pas pareille punition** he didn't deserve such punishment; **tu mérites une fessée** you deserve to be spanked; **tu l'as bien mérité!** it serves you right!, you got what you deserve!; **ils ne méritent pas qu'on s'intéresse à eux** they are not worth bothering with; **un repos bien mérité** a well-deserved rest; **son renvoi, il l'a bien mérité** he fully deserved to be fired. -**2.** [suj: objet, idée] to merit, to be worth, to deserve; **une exposition qui mérite d'être vue** an exhibition worth seeing OU which deserves to be seen; **la proposition mérite réflexion** the proposal is worth thinking about.
◆ **mériter de** *v + prép*: **avoir bien mérité de la patrie** to have served one's country well.
◆ **se mériter** *vp (emploi passif)*: **un cadeau pareil, ça se mérite** you have to do something special to get a present like that.

méritocratie [meritɔkrasi] *nf* meritocracy.

méritoire [meritwar] *adj* commendable, praiseworthy, meritorious.

merlan [mɛrlɑ̃] *nm* -**1.** ZOOL whiting; ~ **bleu** blue whiting, (Southern) poutassou; **il la regardait avec des yeux de ~ frit** *fam* [bêtement] he was gawking at her like an idiot. -**2.** ▽ [coiffeur] *vieilli* barber, hairdresser. -**3.** CULIN topside *Br*, top round *Am*.

merle [mɛrl] *nm* -**1.** ORNITH: ~ **(noir)** blackbird; ~ **à plastron** ring ouzel; ~ **migrateur** (American) robin; ~ **de roche** rock thrush. -**2.** [poisson] ballan wrasse. -**3.** [individu désagréable]: **un vilain ~, ton propriétaire!** what a nasty piece of work that landlord of yours is!

◆ **merle blanc** *nm* -**1.** [personne] rare bird, exceptional person. -**2.** [objet] rarity.

merlette [mɛrlɛt] *nf* hen blackbird.

merlin [mɛrlɛ̃] *nm* -**1.** NAUT marline. -**2.** [pour fendre le bois] (clearing) axe; [pour assommer le bétail] poleaxe.

Merlin [mɛrlɛ̃] *npr*: ~ **l'Enchanteur** Merlin the Wizard.

merlon [mɛrlɔ̃] *nm* [d'une fortification] merlon; [dans une poudrerie] earthwork.

merlu [mɛrly] *nm* hake.

merluche [mɛrlyʃ] *nf* -**1.** ZOOL hake. -**2.** COMM & CULIN unsalted dried cod.

mérou [meru] *nm* grouper; ~ **des Basques** stone bass OU basse, wreck fish.

mérovingien, enne [merɔvɛ̃ʒjɛ̃, ɛn] *adj* Merovingian.

◆ **Mérovingien, enne** *nm, f* Merovingian.

merveille [mɛrvɛj] *nf* -**1.** [chose remarquable – par sa perfection] marvel; [– par sa valeur] marvel, wonder, treasure; **cette liqueur est une ~** this liqueur is amazing; **une ~ d'ingéniosité** a marvel of ingenuity; **sa fille est une ~ de patience** her daughter has the patience of a saint; **ce bracelet est une ~** this bracelet is marvellous; **ma couturière est une ~** my seamstress is a treasure; **dire ~ de qqn** to heap praise upon sb; **faire des ~s, faire ~** to work wonders. -**2.** CULIN ≃ doughnut.

◆ **à merveille** *loc adv* wonderfully, marvellously; **ils s'entendent à ~** they get on marvellously (well) OU like a house on fire; **se porter à ~** to be in perfect health; **la soprano chantait à ~** the soprano sang marvellously; **ce travail lui convient à ~** this job suits her down to the ground; **elle s'y est adaptée à ~** she took to it like a duck to water.

merveilleusement [mɛrvɛjøzmɑ̃] *adv* wonderfully, marvellously.

merveilleux, euse [mɛrvɛjø, øz] *adj* -**1.** [formidable] wonderful, marvellous. -**2.** [qui surprend] marvellous, amazing; **un travail ~ de délicatesse** a marvellously fine piece of work. -**3.** *(tjrs après le n)* [fantastique] magic; **une histoire merveilleuse** a wondrous tale; **la lampe merveilleuse** the magic lamp.

◆ **merveilleux** *nm* -**1.** [surnaturel]: **le ~** the supernatural OU marvellous; **l'emploi du ~** CIN & LITTÉRAT the use of the fantastic element. -**2.** [caractère extraordinaire]: **le ~ de l'histoire, c'est qu'il est vivant** the amazing thing about the whole story is that he's still alive.

◆ **merveilleuse** *nf* HIST merveilleuse, fine lady.

mes [me] *pl* → **mon**.

mesa [meza] *nf* mesa GEOG.

mésalliance [mezaljɑ̃s] *nf sout* misalliance, mismatch; **faire une ~** to marry beneath o.s. OU one's station.

mésallier [9] [mezalje]

◆ **se mésallier** *vpi* to marry beneath o.s. OU one's station.

mésange [mezɑ̃ʒ] *nf* tit, titmouse; ~ **bleue/noire** blue/coal tit; ~ **charbonnière/huppée** great/crested tit.

mésaventure [mezavɑ̃tyr] *nf* misadventure, misfortune, mishap.

mescaline [mɛskalin] *nf* mescalin, mescaline.

mesclun [mɛsklœ̃] *nm* mixed green salad.

Mesdames [medam] *pl* → **Madame**.

Mesdemoiselles [medmwazɛl] *pl* → **Mademoiselle**.

mésencéphale [mezɑ̃sefal] *nm* midbrain, mesencephalon.

mésentente [mezɑ̃tɑ̃t] *nf* disagreement, difference of opinion; **oublions notre ~ passée** let's forget our past disagreements.

mésentère [mezɑ̃tɛr] *nm* mesentery.

mésestime [mezɛstim] *nf litt* lack of respect, low esteem OU regard; **tenir qqn en ~** to hold sb in low esteem, to have little regard for sb.

mésestimer [3] [mezɛstime] *vt* [mépriser] to have a low opinion of; [sous-estimer] to underestimate, to underrate.

mésinformer [3] [mezɛ̃fɔrme] *vt* to misinform.

mésintelligence [mezɛ̃teliʒɑ̃s] *nf litt* disagreement, lack of (mutual) understanding, discord *litt*.

mesmérisme [mɛsmerism] *nm* mesmerism.

mésoblaste [mezɔblast] *nm* mesoblast.

mésoblastique [mezɔblastik] *adj* mesoblastic.

mésocarpe [mezɔkarp] *nm* mesocarp.

mésoderme [mezɔdɛrm] = **mésoblaste**.

mésodermique [mezɔdɛrmik] = **mésoblastique**.

mésoéconomie [mezɔekɔnɔmi] *nf* intermediate scale economics.

mésolithique [mɔzɔlitik] ◇ *adj* Mesolithic. ◇ *nm*: **le ~** the Mesolithic (age).

mésopause [mezɔpoz] *nf* mesopause.

Mésopotamie [mezɔpɔtami] *npr f*: **(la) ~** Mesopotamia.

mésopotamien, enne [mezɔpɔtamjɛ̃, ɛn] *adj* Mesopotamian.

◆ **Mésopotamien, enne** *nm, f* Mesopotamian.

mésosphère [mezɔsfɛr] *nf* mesosphere.

mésothérapie [mezɔterapi] *nf treatment of cellulite involving the use of tiny needles.*

mésothorax [mezɔtɔraks] *nm* mesothorax.

mesquin, e [mɛskɛ̃, in] *adj* -**1.** [médiocre] mean, petty; **des préoccupations ~es** petty concerns; **laissons cela aux esprits ~s** let's not waste our time on such petty concerns. -**2.** [parcimonieux] mean, stingy, niggardly; **une portion ~e** a stingy portion; **des économies ~es** penny-pinching.

mesquinement [mɛskinmɑ̃] *adv* -**1.** [selon des vues étroites] pettily, small-mindedly. -**2.** [avec parcimonie] meanly, stingily.

mesquinerie [mɛskinri] *nf* -**1.** [étroitesse d'esprit] meanness, petty-mindedness, pettiness. -**2.** [parcimonie] meanness, stinginess; **connu pour sa ~** renowned for his stinginess.

mess [mɛs] *nm* mess; **le ~ des officiers** the officers' mess.

message [mɛsaʒ] *nm* -**1.** [information] message; **faire parvenir un ~ à quelqu'un** to send a message to sb; **le ~ de l'Évangile** the message of the Gspel ❑ ~ **codé** coded message; ~ **chiffré** message in cipher; ~ **publicitaire** advertisement; ~ **téléphoné** TÉLÉC ≃ Telemessage® *Br*, ≃ telegram *Am (delivered on the telephone)*. -**2.** [déclaration] speech; **un ~ de bienvenue** a message of welcome. -**3.** [éthique] message. -**4.** BIOL: ~ **génétique** genetic information OU code; ~ **nerveux** nerve impulse OU message.

◆ **à message** *loc adj* with a message; **un livre/une chanson à ~** a book/a song with a message.

message-guide [mɛsaʒgid] (*pl* **messages-guide**) *nm* INF prompt.

messager, ère [mɛsaʒe, ɛr] *nm, f* -**1.** [personne qui transmet] messenger; **je me ferai votre ~ auprès de lui** I'll speak to him on your behalf. -**2.** *litt* [annonciateur]: ~ **de bonheur** harbinger of happiness.

◆ **messager** *nm* -**1.** HIST messenger; **Mercure, le ~ des dieux** MYTH Mercury, the messenger of the gods. -**2.** ORNITH carrier pigeon.

messagerie [mɛsaʒri] *nf* INF & TÉLÉC: ~ **électronique** electronic mail service; **les ~s télématiques** videotex messaging services; **les ~s roses** *interactive Minitel services enabling individuals seeking companionship to make contact.*

◆ **messageries** *nfpl* parcels service; ~**s aériennes** air freight company; ~**s de presse** press delivery service; ~**s maritimes** shipping line.

messe [mɛs] *nf* -**1.** RELIG Mass; **aller à la ~** to go to Mass; **faire dire une ~ pour qqn** to have a Mass said for sb; **des ~s ont été dites pour la paix dans le monde** Masses were held for world peace ❑ ~ **basse** Low Mass; **faire** OU **dire des ~s basses** *fig* to whisper; **pas de ~s basses, s'il vous plaît!** no whispering, please!; ~ **de minuit** midnight Mass; ~ **des morts** OU **de requiem** Mass for the dead, Requiem; ~ **noire** black mass. -**2.** MUS Mass; ~ **concertante** (oratorio-style) Mass; ~ **en si mineur** Mass in B minor.

Messeigneurs [mesɛɲœr] *pl* → **Monseigneur**.

messeoir [67] [mɛswar]

◆ **messeoir à** *v + prép litt* to be unbecoming to, to ill befit; **cela messied à votre âge** that doesn't become you at your age ‖ *(tournure impersonnelle)*: **il ne messied pas parfois d'avoir un esprit critique** there are times when it behoves one to have a critical mind.

messianique [mɛsjanik] *adj* messianic.

messianisme [mɛsjanism] *nm* messianism.

messidor [mesidɔr] *nm tenth month of the French Revolutionary calendar (from June 19th or 20th to July 18th or 19th).*

messie [mɛsi] *nm* messiah; **le Messie** the Messiah ❑ **'le Messie'** *Haendel* 'The Messiah'.

messieurs [mesjø] *pl* → **monsieur**.

Messieurs [mesjø] *pl* → **Monsieur**.

messin, e [mesɛ̃, in] *adj* from Metz.

◆ **Messin, e** *nm, f inhabitant of or person from Metz.*

Messine [mɛsin] *npr* Messina.

messire [mɛsir] *nm* HIST my lord; ~ **Thomas** my lord Thomas.

mesurable [mɔzyrabl] *adj* measurable.

mesurage [mɔzyraʒ] *nm* measurement, measuring.

mesure [mɔzyr] *nf* -**1.** [évaluation d'une dimension] measuring *(U)*, measurement; [résultat] measurement; **les ~s du lit sont prises** the bed's been measured (up); **il me reste une ~ à prendre** I still have one measurement to take. -**2.** [valeur] measure, measurement; **unité de ~** unit of measurement; **c'est une ~ de surface/longueur** it's a measure of surface area/of length; **l'homme est la ~ de toute chose** man is the measure of all things. -**3.** [récipient] measure; **de vieilles ~s en étain** old pewter measures ❑ ~ **de capacité** [pour liquides] (liquid) measure; [pour le grain, les haricots] (dry) measure; **faire bonne ~** COMM to give good measure; **il m'a donné deux pommes pour faire bonne ~** he gave me two apples for good measure; **et pour faire bonne ~, j'ai perdu ma clef** *hum* and to cap it all, I've lost my key; **la ~ est (à son) comble** enough's enough. -**4.** COUT measurement; **prendre les ~s d'un client** to take a customer's measurements. -**5.** [retenue] moderation; **manquer de ~** to be excessive, to lack moderation; **garder une juste ~** to keep a sense of moderation; **tu passes** OU **dépasses la ~** you're going too far; **leur cynisme passe la ~** they're excessively cynical; **un homme plein de ~** a man with a sense of moderation; **dépenser avec/sans ~** to spend with/without moderation. -**6.** [qualité] measure; **il ne donne (toute) sa ~ que dans la dernière scène** he only displays the full measure of his talent OU only shows what he's capable of in the last scene; **prendre la ~ d'un adversaire** to size up an opponent. -**7.** ADMIN, JUR & POL measure, step; **prendre des ~s pour enrayer une épidémie** to take steps to check an epidemic ❑ ~ **conservatoire** protective measure; ~ **incitative** initiative; ~**s incitatives visant à encourager les naissances** initiatives designed to encourage families to have more children; ~

préventive preventative measure OU step; **une ~ de rétorsion** a retaliatory measure, a reprisal; **~ de sécurité** safety measure; **par ~ de**: **par ~ d'hygiène** in the interest of hygiene; **par ~ de précaution** by way of precaution; **par ~ de salubrité** as a health mesure; **par ~ de sécurité** as a safety precaution; **~ d'urgence** emergency measure. **-8.** [degré] extent; **son attitude donne la ~ de son cynisme** his behaviour shows just how cynical he really is; **prendre la (juste) ~ de qqch** to understand the full extent of sthg; **dans la ~ de mes possibilités** insofar as I am able; **dans la ~ du possible** as far as possible; **dans la ~ où cela peut lui être agréable** insofar as OU inasmuch as he might enjoy it; **dans quelle ~ ?** to what extent OU degree?; **dans une certaine ~** to some OU a certain extent; **dans une large ~** to a large extent, in large measure ❑ **être en ~ de** to be able OU in a position to; **elle n'est pas en ~ de te payer** she's not in a position to OU she can't pay you. **-9.** MUS [rythme] time, tempo; **être en ~** to be in time; **en ~, s'il vous plaît!** (keep in) time, please! ❑ **~ composée/simple** compound/simple time; **barre de ~** bar (line); **~ à quatre temps** four-four time OU measure, common time OU measure. **-10.** LITTÉRAT metre. **-11.** GÉOM measure. **-12.** ÉQUIT gait. **-13.** ESCRIME measure, reach.

◆ **à la mesure de** *loc prép* worthy of; **des aspirations qui ne sont pas à la ~ de l'homme** aspirations which are beyond the scope of human achievement; **elle a un adversaire à sa ~** she's got an opponent worthy of her OU who is a match for her.

◆ **à mesure que** *loc conj* as; **à ~ que le temps passe** as time goes by.

◆ **outre mesure** *loc adv* excessively, overmuch; **je n'y crois pas outre ~** I don't set much store by it; **ils ne s'aiment pas outre ~** they're not overkeen OU excessively keen on each other.

◆ **sur mesure** *loc adj* **-1.** COUT made-to-measure; **fabriquer des vêtements sur ~** to make clothes to measure; **costume sur ~** made-to-measure suit; **mousse sur ~** foam cut to size. **-2.** *fig*: **j'ai trouvé un travail sur ~** I've found the ideal job (for me). **-3.** *(comme n)*: **c'est du sur ~** COUT it's made to measure; *fig* it fits the bill.

mesuré, e [məzyre] *adj* **-1.** [lent] measured; **à pas ~s** at a measured pace. **-2.** [modéré] steady, moderate; **il emploie toujours un ton ~** he never raises his voice.

mesurer [3] [məzyre] ◇ *vt* **-1.** [déterminer la dimension de] to measure; **~ qqch en hauteur/largeur** to measure the height/width of sthg; **~ qqch en biais** to measure sthg diagonally; **je vais te ~ pour voir si tu as grandi** I'm going to measure you to see if you have grown; **je vais vous en ~ le double** [obj: coupon, liquide] I'll measure out twice as much for you. **-2.** [difficulté, qualité] to assess; **il ne mesure pas sa force** OU **ses forces** he doesn't know his own strength; **il n'a pas entièrement mesuré les risques** he didn't fully consider OU assess the risks; **mesure-t-elle la portée de ses paroles?** is she aware of the consequences of what she's saying?; **~ qqn du regard** to look sb up and down, to size sb up. **-3.** [limiter] to limit; **on nous mesure les crédits** our funds are limited; **il ne mesure pas sa peine** *sout* he doesn't spare his efforts; **et pourtant, je mesure mes mots** and I'm choosing my words carefully. **-4.** [adapter]: **~ qqch à** to adapt sthg to; **je mesure mes dépenses à mes revenus** I gear my expenditure to my income.

◇ *vi* to measure; **combien mesures-tu?** how tall are you?; **le sapin ne mesure que 2 m** the fir tree is only 2 metres high; **la cuisine mesure 2 m sur 3** the kitchen is OU measures 2 metres by 3.

◆ **se mesurer** *vp* *(emploi réciproque)*: **se ~ des yeux** OU **du regard** to size each other up, to look each other up and down.

◆ **se mesurer à** *vp + prép* to have a confrontation with, to pit o.s. against; **je n'ai pas envie de me ~ à lui** I don't feel like tackling him.

mesureur [məzyrœr] ◇ *nm* **-1.** [agent] measurer. **-2.** [instrument] gauge, measure; **~ de distance** distance gauge.

◇ *adj m*: **verre ~** measuring cup OU jug.

mésuser [3] [mezyze]

◆ **mésuser de** *v + prép litt* [mal employer] to misuse; **~ de son talent** to misuse one's talent.

meta [meta] *nf* white orb-web spider, Meta segmentata *spéc*.

métabolique [metabɔlik] *adj* metabolic.

métaboliser [3] [metabɔlize] *vt* to metabolize.

métabolisme [metabɔlism] *nm* metabolism.

métabolite [metabɔlit] *nm* metabolite.

métacarpe [metakarp] *nm* metacarpus.

métacarpien, enne [metakarpjɛ̃, ɛn] *adj* metacarpal.

◆ **métacarpien** *nm* metacarpal.

métacentre [metasɑ̃tr] *nm* metacentre.

métacentrique [metasɑ̃trik] *adj* BIOL & NAUT metacentric.

métagalaxie [metagalaksi] *nf* metagalaxy.

métairie [metɛri] *nf* sharecropping farm, metairie.

métal, aux [metal, o] *nm* **-1.** MÉTALL metal; **~ anglais/blanc** Britannia/white metal; **~ en barres/lingots** metal in bars/ingots; **~ déployé/en feuilles** expanded/sheet metal; **~ précieux** precious OU noble metal; **le ~ jaune** gold; **~ de transition** transition metal; **métaux lourds** heavy metals; **métaux vils** base metals. **-2.** *litt* [caractère] metal; **il est fait d'un ~ pur** he's made of fine stuff. **-3.** FIN & HÉRALD metal.

métalangage [metalɑ̃gaʒ] *nm*, **métalangue** [metalɑ̃g] *nf* metalanguage.

métaldéhyde [metaldeid] *nm* metaldehyde.

métalinguistique [metalɛ̃gɥistik] *adj* metalinguistic.

métallerie [metalri] *nf* structural metalwork.

métallier, ère [metalje, ɛr] *nm, f* **-1.** MÉTALL ironworker, metalworker. **-2.** [serrurier] locksmith.

métallifère [metalifɛr] *adj* metal-bearing, metalliferous.

métallique [metalik] *adj* **-1.** [en métal] metal *(modif)*. **-2.** [semblable au métal] metallic, steel *(modif)*, steely; **un bruit/une voix ~** a metallic noise/voice ❑ **bleu ~** steel OU steely blue.

métallisation [metalizasjɔ̃] *nf* plating, metalplating, metallization.

métallisé, e [metalize] *adj* [couleur, finition] metallic; [papier] metallized.

métalliseur, euse [metalizœr, øz] *nm, f* [ouvrier] metal sprayer.

◆ **métalliseur** *adj m* metal-spraying.

métallo *fam* [metalo] *nm* [ouvrier] metalworker; [dans une aciérie] steelworker.

métallochromie [metalɔkrɔmi] *nf* metallochromy.

métallographie [metalɔgrafi] *nf* metallography.

métallographique [metalɔgrafik] *adj* metallographic.

métalloïde [metalɔid] *nm vieilli* metalloid.

métalloplastique [metalɔplastik] *adj* copper asbestos *(modif)*.

métalloprotéine [metalɔprɔtein] *nf* metalloprotein.

métallurgie [metalyrʒi] *nf* [gén] metallurgy.

métallurgique [metalyrʒik] *adj* [procédé] metallurgical; [atelier - gén] metalworking; [- dans une aciérie] steelworking.

métallurgiste [metalyrʒist] *nm* **-1.** [ouvrier] metalworker; [dans une aciérie] steelworker. **-2.** [industriel, expert] metallurgist.

métalogique [metalɔʒik] ◇ *adj* metalogic, metalogical.

◇ *nf* metalogic.

métamathématique [metamatematik] ◇ *adj* metamathematical.

◇ *nf* metamathematics *(sg)*.

métamorphique [metamɔrfik] *adj* metamorphic, metamorphous.

métamorphisme [metamɔrfism] *nm* metamorphism.

métamorphosable [metamɔrfozabl] *adj* metamorphosable.

métamorphose [metamɔrfoz] *nf* **-1.** BIOL & MYTH metamorphosis. **-2.** [transformation] metamorphosis, transformation. **-3.** LITTÉRAT: **'la Métamorphose'** *Kafka* 'Metamorphosis'.

métamorphoser [3] [metamɔrfoze] *vt* **-1.** MYTH: **~ qqn en** to change OU to turn sb into. **-2.** [transformer] to transform, to change; **ses vacances l'ont métamorphosé** his holiday has really changed him.

◆ **se métamorphoser** *vpi* **-1.** MYTH: **se ~ en** to turn OU to be metamorphosed into. **-2.** [se transformer] to change; **en 20 ans, la télévision s'est métamorphosée** television has undergone a transformation over the last 20 years.

métamyélocyte [metamjelɔsit] *nm* metamyelocyte.

métaphase [metafaz] *nf* metaphase.

métaphore [metafɔr] *nf* metaphor.

métaphorique [metafɔrik] *adj* metaphoric, metaphorical, figurative.

métaphoriquement [metafɔrikmɑ̃] *adv* metaphorically, figuratively.

métaphosphorique [metafɔsfɔrik] *adj* metaphosphoric.

métaphyse [metafiz] *nf* metaphysis.

métaphysicien, enne [metafizisjɛ̃, ɛn] *nm, f* metaphysician, metaphysicist.

métaphysique [metafizik] ◇ *adj* **-1.** BX-ARTS & PHILOS metaphysical. **-2.** [spéculatif] metaphysical, abstruse, abstract.

◇ *nf* **-1.** PHILOS metaphysics *(sg)*; [système de pensée] metaphysic; **la ~ kantienne** the Kantian metaphysic. **-2.** [spéculations] abstractness, abstruseness; **ne pas s'embarrasser de ~** *fam* to keep one's feet on the ground.

métaphysiquement [metafizikmɑ̃] *adv* metaphysically.

métapsychique [metapsiʃik] *vieilli* ◇ *adj* psychic.

◇ *nf* parapsychology.

métapsychologie [metapsikɔlɔʒi] *nf* metapsychology.

métastase [metastaz] *nf* metastasis.

métastatique [metastatik] *adj* metastatic.

métatarse [metatars] *nm* metatarsus.

métatarsien, enne [metatarsjɛ̃, ɛn] *adj* metatarsal.

◆ **métatarsien** *nm* metatarsal.

métathéorie [metateɔri] *nf* metatheory.

métathèse [metatɛz] *nf* metathesis.

métathorax [metatɔraks] *nm* metathorax.

métayage [metɛjaʒ] *nm* sharecropping.

métayer, ère [meteje, ɛr] *nm, f* sharecropper, sharecropping tenant.

métazoaire [metazɔɛr] *nm* metazoan; **les ~s** the Metazoa.

métempsycose [metɑ̃psikoz] *nf* metempsychosis.

météo [meteo] ◇ *adj inv* *(abr de* **météorologique)**: **bulletin ~** weather report; **prévisions ~** (weather) forecast.

◇ *nf* *(abr de* **météorologie)** [service] Met Office *Br*, Weather Bureau *Am*; [temps prévu] weather forecast; **la ~ a dit que...** the weatherman said...

météore [meteɔr] *nm* **-1.** ASTRON meteor. **-2.** *fig* nine days' wonder; **un ~ dans le monde de l'art** a flash in the pan in the art world.

Météores [meteɔr] *npr mpl*: **les ~** the Meteori.

météorique [meteɔrik] *adj* **-1.** ASTRON meteoric. **-2.** [éphémère] meteoric, short-lived, fleeting.

météorisation [meteɔrizasjɔ̃] *nf* **-1.** VÉTÉR bloat. **-2.** GÉOL atmospheric alteration *(of rocks)*.

météoriser [3] [meteɔrize] *vi* to become flatulent OU distended.

météorisme [meteɔrism] *nm* flatulence, meteorism *spéc*, tympanitis *spéc*.
météorite [meteɔrit] *nf* -**1.** [météoroïde] meteoroid. -**2.** [aérolithe] meteorite.
météoritique [meteɔritik] *adj* meteoritic, meteoritical.
météorologie [meteɔrɔlɔʒi] *nf* -**1.** SC meteorology. -**2.** [organisme] Meteorological Office, Weather Centre *Br* OU Bureau *Am*.
météorologique [meteɔrɔlɔʒik] *adj* meteorological, weather *(modif)*.
météorologiste [meteɔrɔlɔʒist], **météorologue** [meteɔrɔlɔg] *nmf* meteorologist.
métèque [metɛk] ◇ *nm* HIST metic.
◇ *nmf* ▼ *offensive term used with reference to Mediterranean foreigners living in France.*
méthane [metan] *nm* methane (gas).
méthanier [metanje] *nm* methane tanker OU carrier.
méthanol [metanɔl] *nm* methanol.
méthémoglobine [metemɔglɔbin] *nf* methaemoglobin.
méthémoglobinémie [metemɔglɔbinemi] *nf* methaemoglobinaemia.
méthionine [metjɔnin] *nf* methionine.
méthode [metɔd] *nf* -**1.** [système] method; SC & TECH method, technique; **une ~ de rangement** a method for storing things away; **c'est une bonne ~ pour apprendre l'anglais** it's a good way of learning English; **j'ai ma ~ pour le convaincre** I have my own way of convincing him; **vous manquez de ~** you lack method, you aren't methodical enough; **avec ~** methodically; **sans ~** unmethodically; **leur ~ de vinification** their wine-making techniques ❑ **'~ champenoise'** 'méthode champenoise'; **~ globale** word recognition method. -**2.** *fam* [astuce]: **faut avoir la ~** you've got to have the knack; **lui, il a trouvé la ~!** he's got the hang of it! -**3.** [manuel]: **~ de lecture** primer; **~ de solfège** music handbook OU manual OU tutor; **~ de relaxation** (book of) relaxation techniques.
méthodique [metɔdik] *adj* methodical.
méthodiquement [metɔdikmɑ̃] *adv* methodically.
méthodisme [metɔdism] *nm* Methodism.
méthodiste [metɔdist] *adj* & *nmf* Methodist.
méthodologie [metɔdɔlɔʒi] *nf* methodology.
méthodologique [metɔdɔlɔʒik] *adj* methodological.
méthyle [metil] *nm* methyl.
méthylène [metilɛn] *nm* CHIM methylene; COMM methyl alcohol.
méthylique [metilik] *adj* methyl.
méthylorange [metilɔrɑ̃ʒ] *nm* methyl orange.
méticuleusement [metikyløzmɑ̃] *adv* meticulously.
méticuleux, euse [metikylø, øz] *adj* -**1.** [minutieux] meticulous; **un élève ~** a meticulous pupil; **une enquête méticuleuse** a probing OU searching enquiry. -**2.** [scrupuleux] meticulous, scrupulous; **d'une propreté méticuleuse** spotlessly OU scrupulously clean.
méticulosité [metikylɔzite] *nf litt* meticulousness.
métier [metje] *nm* -**1.** [profession] trade; **mon ~** my job OU occupation OU trade; **les ~s manuels** the manual trades; **les ~s d'art** (arts and) crafts; **j'ai fait tous les ~s** I've done every sort of job there is; **faire** OU **exercer le ~ de chimiste** to work as a chemist; **exercer son ~ en travailleur indépendant** to work freelance; **je n'ai pas la possibilité d'exercer mon ~ ici** I can't do my job here; **qu'est-ce que tu feras comme ~ plus tard?** what do you want to be when you grow up?; **études qui ne mènent à aucun ~** course with no job prospects; **la soudure ne tiendra pas, et je connais mon ~!** the welding won't hold, and I know what I'm talking about OU what I'm doing!; **apprendre son ~ à qqn** to teach someone one's trade; **le ~ de mère** a mother's job; **le ~ de roi est chose difficile** being a king is not easy OU no easy job ❑ **le plus vieux ~ du monde** *euph* the oldest profession in the world; **il n'est pas de sot ~** every trade has its worth. -**2.** [expérience] skill, experience; **avoir du ~** to have job experience; **elle manque encore un peu de ~** she still lacks experience; **c'est le ~ qui rentre** it's learning by experience. -**3.** [machine]: **~ à filer/tricoter** spinning/knitting machine; **~ à tapisserie** tapestry frame OU loom; **~ à tisser** loom; **avoir qqch sur le ~** *fig* to have sthg lined up OU in the pipeline; **trois articles sur le ~** three articles in progress OU on the stocks; **qu'est-ce que tu as sur le ~ en ce moment?** what are you working on at the moment?
◆ **de métier** ◇ *loc adj* [homme, femme, armée] professional; [argot] technical; [technique] of the trade.
◇ *loc adv*: **avoir 15 ans de ~** to have been in the job OU business for 15 years.
◆ **de son métier** *loc adv* by trade; **être boulanger/journaliste de son ~** to be a baker/journalist by trade.
◆ **du métier** *loc adj* of the trade; **les gens du ~** people of the trade OU in the business; **quand on est du ~** [membre de la profession] when you're in the business; [expert] when you're an expert at the job; **demande à quelqu'un du ~** ask a professional OU an expert.
métis, isse [metis] ◇ *adj* -**1.** [personne] of mixed race; **un enfant ~** a mixed-race child. -**2.** ZOOL crossbred, hybrid, cross; BOT hybrid.
◇ *nm, f* -**1.** [personne] person of mixed race. -**2.** ZOOL crossbreed, hybrid, cross; BOT hybrid.
◆ **métis** *nm* TEXT (heavy) linen-cotton mixture.
métissage [metisaʒ] *nm* -**1.** BIOL [de personnes] interbreeding; [d'animaux] crossbreeding, hybridation; [de plantes] hybridation. -**2.** SOCIOL intermarrying; **le ~ de la salsa et du rock** the mixing of salsa with rock music.
métisser [3] [metise] *vt* ZOOL to cross, to crossbreed; BOT to hybridize; **musique métissée** crossover OU hybrid music.
métonymie [metɔnimi] *nf* metonymy.
métonymique [metɔnimik] *adj* metonymic.
métrage [metraʒ] *nm* -**1.** [prise de mesures] measurement. -**2.** [longueur] length; COUT length, yardage COMM; **quel ~ faut-il pour un manteau?** how many yards are needed to make an overcoat? -**3.** CIN footage, length; **court ~** short, short film; **long ~** feature (length) OU full-length film; **moyen ~** medium-length film.
mètre [mɛtr] *nm* -**1.** [unité] metre; **~ carré/cube** square/cubic metre; **~ par seconde** metre per second ❑ **~ étalon** standard metre. -**2.** SPORT: **le 400 ~s** the 400 metres, the 400-metre race; **il court le 100 ~s en dix secondes** he runs the 100 metres in ten seconds. -**3.** [instrument] (metre) rule; **~ pliant** folding rule; **~ à ruban** tape measure, measuring tape. -**4.** LITTÉRAT metre.
métré [metre] *nm* -**1.** [mesure] quantity survey. -**2.** [devis] bill OU schedule of quantities.
métrer [8] [metre] *vt* -**1.** [mesurer] to measure (in metres). -**2.** CONSTR to survey, to do a quantity survey of.
métreur, euse [metrœr, øz] *nm, f*: **~ (vérificateur)** quantity surveyor.
◆ **métreuse** *nf* CIN footage (number) meter.
métrique [metrik] ◇ *adj* GÉOM & LITTÉRAT metric.
◇ *nf* -**1.** LITTÉRAT metrics *(sg)*. -**2.** MATH metric.
métrisation [metrizasjɔ̃] *nf* metrication.
métro [metro] *nm* underground *Br*, subway *Am*; **prendre le ~** to take the underground *Br* OU subway *Am*; **premier ~** first OU milk train; **le dernier ~** the last train ❑ **~ aérien** elevated OU overhead railway; **elle a toujours un ~ de retard** she's slow to catch on; **~, boulot, dodo** *fam* the daily grind OU routine.
métrologie [metrɔlɔʒi] *nf* metrology.
métrologique [metrɔlɔʒik] *adj* metrological.
métrologiste [metrɔlɔʒist] *nmf* metrologist.
métronome [metrɔnɔm] *nm* metronome; **avec la régularité d'un ~** like clockwork, (as) regular as clockwork.
métropole [metrɔpɔl] *nf* -**1.** [ville] metropolis. -**2.** ADMIN mother country; **les Français de la ~** the metropolitan French. -**3.** RELIG metropolis, see.
métropolitain, e [metrɔpɔlitɛ̃, ɛn] *adj* ADMIN & RELIG metropolitan; **troupes ~es** home troops.
◆ **métropolitain** *nm* -**1.** *vieilli* [métro] underground (railway) *Br*, subway *Am*. -**2.** RELIG metropolitan (primate).
métropolite [metrɔpɔlit] *nm* RELIG metropolitan.
métrorragie [metrɔraʒi] *nf* metrorrhagia.
mets [mɛ] *nm* [aliment] dish; **des ~ de grande qualité** high-class fare.
mettable [mɛtabl] *adj* wearable; **la veste est encore ~** the jacket's still wearable; **je n'avais rien de ~ pour le réveillon** I didn't have anything decent to wear for New Year's Eve.
metteur [mɛtœr] *nm*: **~ au point** TECH adjuster, setter; **~ en œuvre** JOAILL setter; **~ en ondes** RAD producer; **~ en pages** IMPR make-up man; **~ en scène** CIN director; THÉÂT producer.
mettre [84] [mɛtr] *vt* -**1.** [placer] to put; **~ des verres dans un placard** to put glasses (away) in a cupboard; **~ l'amour avant l'argent** to put OU to place love before money; **~ qqn parmi les grands** to rate OU to rank sb among the greats; **~ sa confiance/tout son espoir en** to put one's trust/all one's hopes in; **~ la confusion dans un service** to throw a department into confusion; **j'avais mis beaucoup de moi-même dans le projet** I'd put a lot into the project; **elle a mis son talent au service des défavorisés** she used her talent to help the underprivileged; **~ à: ~ une pièce à l'affiche** to bill a play; **je n'ai pas pu la ~ à l'école du quartier** I couldn't get her into the local school; **~ un enfant au lit** to put a child to bed; **~ qqn au cachot** to put sb behind bars; **on l'a mise à un poste clé** she was put in OU appointed to a key position; **on m'a mis au standard** they put me on the switchboard; **~ qqn dans: ~ qqn dans l'avion/le train** to put sb on the plane/the train; **~ ses enfants dans le privé** to send one's children to private school; **~ qqn en: ~ un enfant en pension** to put a child in a OU to send a child to boarding school; **~ qqn en prison** to put sb in prison; **~ qqch sur: ~ 100 francs sur un cheval** to put OU to lay 100 francs on a horse; **~ de l'argent sur son compte** to put OU to pay some money into one's account ❑ **~ qqn/qqch à l'index** to blacklist sb/sthg; **~ qqch à l'ordre du jour** *pr* & *fig* to put OU to place sthg on the agenda; **~ de côté** *pr* & *fig* to set OU to put aside; **~ qqn en boîte** *fam* to pull sb's leg; **~ qqn sur la paille** to reduce sb to poverty. -**2.** [poser horizontalement] to lay, to put; **~ la main sur le bras de qqn** to lay OU put one's hand on sb's arm; **mets les cartes face dessous** lay OU put OU place the cards face down; **il mit le tapis par terre** he laid OU put the carpet down on the floor; **~ le tissu sur le patron** to lay the material on the pattern; **~ qqch à plat** to lay sthg down flat; **il mit le dossier devant moi** he set OU laid the file down in front of me. -**3.** [disposer]: **~ le loquet** to put the lock on; **mets le store** *fam* [tire-le] pull the blind (down); **~ un disque sur une platine** to put a record on a turntable. -**4.** [ajuster] to set; **~ qqch droit** to set sthg straight *literal*; **~ une pendule à 4 h/à l'heure** to set a clock to 4 o'clock/to the right time. -**5.** [établir - dans un état, une situation]: **~ qqch à: ~ un étang à sec** to drain a pond; **mettez les verbes à l'infinitif** put the verbs into the infinitive; **~ qqn à: ~ qqn à l'amende** to fine sb, to impose a fine on sb; **~ qqn au travail** to set sb to work, to get sb working; **~ qqn au désespoir** to cause sb to despair; **~ qqn dans: ~ qqn dans la confidence** to let sb in on OU into the secret; **~ qqn dans l'embarras** [perplexité] to put sb in a predicament; [pauvreté] to put sb in financial difficulty; **~ qqn dans**

l'obligation de faire qqch to oblige sb to do sthg; ~ qqn dans une situation délicate to put sb in an awkward position; ~ en: ~ une maison en vente to put a house up for sale; ~ du vin en bouteilles to put wine into bottles, to bottle wine; ~ des fruits en bocaux to put fruit into jars, to bottle fruit; ~ une plante en pot to pot a plant; ~ une plante en terre to put a plant into the soil; ~ qqch en miettes to smash sthg to bits; mets la lampe en veilleuse dim the light; ~ un poème en musique to set a poem to music; ~ qqch en vigueur to bring sthg into force OU operation; ~ qqch à: ~ qqch à cuire to put sthg on to cook; ~ qqch à réchauffer to heat sthg up (again); ~ du linge à sécher to put OU to hang clothes up to dry; mets les chaussettes à sécher put the socks out to dry; ~ des fleurs à sécher to leave flowers to dry, to dry flowers; ~ qqch à tremper to put sthg to soak, to soak sthg. -**6.** [fixer] to put; ~ une pièce à un pantalon to put a patch on OU to patch a pair of trousers; ~ un bouton à sa veste to sew a button on one's jacket || [ajouter] to put; il faut lui ~ des piles you have to put batteries in it; j'ai fait ~ de nouveaux verres à mes lunettes I had new lenses put in my glasses. -**7.** [se vêtir, se coiffer, se chausser de] to put on *(sép)*; [porter régulièrement] to wear; ~ son manteau/une robe to put on one's coat/a dress; mets tes skis/ta casquette put your skis/your cap on; mets une barrette put a (hair) slide in; tu devrais ~ une ceinture avec cette robe you should wear a belt with that dress; je lui ai mis son manteau/ses gants I put his coat/his gloves on (for him). -**8.** [faire fonctionner - appareil] to turn OU to put OU to switch on *(sép)*; ~ le chauffage to put OU to switch OU to turn the heating on; mets le magnétoscope sur la deuxième chaîne set the videorecorder on OU tune the videorecorder to channel two; mets la sonnerie à 20 h 30 set the alarm for 8:30 p.m.; mets de la musique put some music on, play some music; mets les sports *fam*/la première chaîne put on the sport channel/channel one. -**9.** [installer] to put in *(sép)*, to install; faire ~ l'électricité to have electricity put in; faire ~ le chauffage central to have central heating put in OU installed; (faire) ~ l'eau et le gaz to have water and gas put in; ~ du papier peint/de la moquette dans une pièce to wallpaper/to carpet a room; nous avons mis du gazon dans le jardin we turfed the garden. -**10.** [consacrer - temps] to take; il a mis trois heures à faire ses devoirs he took three hours to do OU he spent three hours over his homework; elle a mis trois mois à me répondre she took three months OU it took her three months to answer me; combien de temps met-on pour y aller? how long does it take to get there?; nous y mettrons le temps/le prix qu'il faudra we'll spend as much time/money as we have to; tu y as mis le temps! *fam* you took your time about it!, you took long enough!; tu en a mis du temps pour te décider! you took some time to make up your mind!; ~ de l'argent dans une voiture to put money in OU into a car ❑ il a fallu qu'ils en mettent un (sacré) coup *fam* they really had to pull out all the stops. -**11.** [écrire] to put; on met un accent sur le «e» "e" takes an accent; on met deux m à «pomme» "pomme" has two m's; mets qu'il a refusé de signer *fam* write OU put down that he refused to sign; je ne sais pas quoi ~ sur la carte de vœux I don't know what to put OU to write on the (greetings) card; ne mets rien dans le cadre B don't write anything in box B. -**12.** [supposer]: mettons (let's) say; et mettons que tu gagnes? suppose OU let's say you win?; il faut, mettons, 2 m de tissu we need, (let's) say OU shall we say, 2 m of material; mettons que j'ai mal compris! [acceptation] let's just say I got it wrong! -**13.** [donner] to give; vous me mettrez trois douzaines d'huîtres give me OU let me have three dozen oysters; je vous mets un peu plus de la livre I've put in a bit more than a pound; le prof m'a mis 18 ≃ the teacher gave me an A. -**14.** *fam* [infliger]: qu'est-ce qu'il m'a mis au ping-pong! he gave me a good licking OU he didn't half thrash me at table tennis!; on leur a mis 5 buts en première mi-temps we hammered them in 5 goals against them in the first half; je lui ai mis une bonne claque I gave OU landed him a good clout; qu'est-ce que son père va lui ~! his father is really going to give it to him! -**15.** *loc*: ~ qqn dans le coup *fam* to fill sb in; on les met!▽ let's split!; se faire ~▼ to get laid; va te faire ~!▼ up yours!

◆ **se mettre** ◇ *vp (emploi passif)* -**1.** [dans une position, un endroit - chose] to go; où se mettent les tasses? where do the cups go?; les pieds, ça ne se met pas sur la table! tables aren't made to put your feet on! -**2.** [aller - chose] to go with; le noir se met avec tout black goes with everything.

◇ *vpi* -**1.** [s'installer, s'établir - dans une position]: se ~ debout to stand up; se ~ sur le dos to lie (down) on one's back; mets-toi sur cette chaise sit on that chair; mets-toi près de la fenêtre [debout] stand near the window; [assis] sit near the window; mettez-vous en cercle arrange yourselves into OU form a circle; se ~ devant qqn [debout] to stand in front of sb; [assis] to sit in front of sb; il est allé se ~ au piano he went and sat down at the piano; je me mets dehors pour travailler I go outside to work; mettez-vous dans la position du lotus get into the lotus position; les mites se sont mises dans mon châle the moths have got at my shawl; se ~ entre les mains d'un spécialiste to place o.s. in the hands of a specialist. -**2.** [entrer - dans un état, une situation]: ne te mets pas dans un tel état! don't get (yourself) into such a state!; se ~ en rage to get into a rage; il s'est mis dans une position difficile he's got OU put himself in a difficult situation. -**3.** [s'habiller]: se ~ en to put on; se ~ en pantalon to put on a pair of trousers; se ~ en civil to dress in civilian clothes; se ~ en uniforme to put on one's uniform; elle se met toujours en jupe she always wears a skirt. -**4.** [s'unir]: se ~ avec qqn [pour un jeu] to team up with sb; [pour vivre] to move in with sb; [dans une discussion] to side with sb; se ~ avec qqn pour faire qqch to join forces with sb to do sthg; on s'est tous mis ensemble pour acheter le cadeau we all clubbed together to buy the present; on s'est mis en équipes de 6 we split up into OU we formed teams of 6 (people); ils ont dû s'y ~ à quatre pour porter le buffet it took four of them to carry the dresser. -**5.** *loc*: qu'est-ce qu'ils se mettent!▽ [dans un combat, un débat] they're really having a go at each other!; [en mangeant] they're really getting stuck in!

◇ *vpt* to put on *(sép)*; se ~ une belle robe/du parfum to put on a nice dress/some perfume; se ~ un nœud dans les cheveux to put a bow in one's hair; je n'ai rien à me ~! I haven't got anything to wear OU to put on!; se ~ de la crème sur les mains to put some cream on one's hands.

◆ **se mettre à** *vp + prép* -**1.** [passer à]: quand le feu se met au rouge when the lights turn OU go red || MÉTÉO: le temps se met au beau it's getting sunny; le temps se met au froid it's getting OU turning cold; ça se met à la neige *fam* it looks like snow. -**2.** [commencer]: se ~ au judo to take up judo; se ~ à l'ouvrage to set to work, to get down to work; s'y ~ [au travail] to get down to it; [à une activité nouvelle] to have a try; si tu veux avoir l'examen, il faut que tu t'y mettes sérieusement! if you want to pass the exam, you've really got to get down to some work!; je n'ai jamais fait de piano, mais j'ai bien envie de m'y ~ I've never played the piano, but I'd quite like to have a try; si tu t'y mets aussi, je n'ai plus aucune chance! if you join in as well, I've got no chance!; si le (mauvais) temps s'y met, il faut annuler la kermesse if the weather decides to turn bad, we'd better cancel the fête.

Metz [mɛ(t)s] *npr* Metz.

meublant, e [mœblɑ̃, ɑ̃t] *adj* → **meuble** *nm*.

meuble[1] [mœbl] *adj* -**1.** AGR & HORT loose, light. -**2.** GÉOL crumbly, friable; formation ~ crumb. -**3.** JUR: biens ~s movables, movable assets, personal estate.

meuble[2] [mœbl] *nm* -**1.** [élément du mobilier]: un ~ a piece of furniture; des ~s furniture; les ~s du salon the furniture in the living room; êtes-vous dans vos ~s ici? do you own the furniture here?; quelques pauvres ~s a few sticks of furniture ❑ des ~s de salon living room furniture; des ~s de style period furniture; faire partie des ~s *fam* to be part of the furniture. -**2.** JUR movable; en fait de ~s, possession vaut titre (as far as goods and chattels are concerned) possession amounts to title ❑ les ~s meublants (household) furniture, movables JUR. -**3.** HÉRALD charge.

meublé, e [mœble] *adj* furnished; une maison ~e/non ~e a furnished/an unfurnished house.

◆ **meublé** *nm* [une pièce] furnished room; [plusieurs pièces] furnished flat *Br* OU apartment *Am*; habiter OU vivre en ~ to live in furnished accommodation.

meubler [5] [mœble] *vt* -**1.** [garnir de meubles] to furnish; ils ont meublé leur maison en Louis XIII they furnished their home in the Louis XIII style; comment vas-tu ~ la cuisine? what sort of furniture are you going to put in the kitchen?; cellule meublée d'un lit et d'une table cell furnished with a bed and a table. -**2.** [remplir] to fill; ~ le silence/sa solitude to fill the silence/one's solitude; pour ~ la conversation to stop the conversation from flagging, for the sake of conversation; ~ ses soirées en lisant to spend one's evenings reading.

◆ **se meubler** *vpi* to buy (some) furniture; alors, on se meuble? so, you're furnishing the place, are you?; meublez-vous chez Caudin buy your furniture at Caudin's.

meuf▽ [mœf] *nf* girl *("verlan" form of the word "femme")*.

meuglement [møgləmɑ̃] *nm* mooing.

meugler [5] [møgle] *vi* to moo.

meulage [mølaʒ] *nm* grinding.

meule [møl] *nf* -**1.** AGR stack, rick; mettre en ~s to stack, to rick ❑ ~ de foin hayrick, haystack; ~ de paille stack of straw. -**2.** HORT: ~ à champignons mushroom bed. -**3.** TECH (grinding) wheel; ~ à aiguiser OU affûter grindstone; ~ à polir/à rectifier polishing/trueing wheel. -**4.** CULIN: une ~ de fromage a (whole) cheese. -**5.** [d'un moulin] millstone.

meuler [5] [møle] *vt* [pour aiguiser] to grind; [pour éliminer] to grind down *(sép)*; machine/roue à ~ grinding machine/wheel.

meulière [møljɛr] *nf* -**1.** [carrière] millstone quarry. -**2.** [pierre] millstone grit.

meunerie [mønri] *nf* -**1.** [activité] (flour) milling. -**2.** [commerce] flour OU milling trade. -**3.** [usine] flour works *(sg)*.

meunier, ère [mønje, ɛr] *adj* milling *(modif)*.

◆ **meunier** *nm* -**1.** [artisan] miller; échelle OU escalier de ~ narrow flight of steps. -**2.** [poisson] miller's thumb, bullhead. -**3.** ENTOM cockroach. -**4.** ORNITH [martin-pêcheur] kingfisher.

◆ **meunière** *nf* -**1.** [épouse du meunier] miller's wife. -**2.** CULIN: sole (à la) meunière sole meunière.

meursault [mœrso] *nm* Meursault (wine).

meurtre [mœrtr] *nm* murder; crier au ~ to cry blue murder ❑ ~ avec préméditation premeditated murder.

meurtrier, ère [mœrtrije, ɛr] ◇ *adj* -**1.** [qui tue - engin, lame] deadly, lethal, murderous; [- avalanche] deadly, fatal; [- route] lethal, murderous; [- folie, passion] murderous; une chasse à l'homme meurtrière a bloody OU murderous manhunt; avec une précision meurtrière with deadly accuracy. -**2.** *fig*: humour ~ lethal OU devastating humour.

◇ *nm, f* murderer (*f* murderess).

◆ **meurtrière** *nf* (arrow) loophole ARCHIT.

meurtrir [32] [mœrtrir] *vt* -**1.** [contusionner] to bruise; **elle avait le visage tout meurtri** her face was all black and blue OU all bruised; **il avait les mains meurtries par le froid** his hands were blue with cold. -**2.** *fig* & *litt* to hurt, to wound; **meurtri par l'indifférence de son fils** wounded by his son's indifference. -**3.** [poire, fleur] to bruise.

meurtrissure [mœrtrisyr] *nf* -**1.** [contusion] bruise. -**2.** *fig* & *litt* scar, wound; **les ~s du cœur** sorrows of the heart. -**3.** [tache] bruise; **des poires pleines de ~s** pears covered in bruises.

Meuse [møz] *npr f*: **la ~** the Meuse.

meute [møt] *nf* [de chiens] pack; [de gens] mob, crowd; **la ~ des créanciers** the mob of creditors; **une ~ de paparazzi** a crowd of paparazzi.

mévente [mevɑ̃t] *nf* -**1.** [baisse des ventes] slump; **c'est une période de ~ dans l'immobilier** there is a slump in the property market. -**2.** [vente à perte] selling at a loss.

mexicain, e [mɛksikɛ̃, ɛn] *adj* Mexican.

◆ **Mexicain, e** *nm, f* Mexican.

Mexico [mɛksiko] *npr* Mexico City.

Mexique [mɛksik] *npr m*: **le ~** Mexico; **au ~** in Mexico.

mézigue [mezig] *pron pers* yours truly, muggins; **et qui est-ce qui va casquer? c'est ~!** and who's going to pay? muggins here!

mezzanine [mɛdzanin] *nf* -**1.** ARCHIT [entresol] mezzanine; [fenêtre] mezzanine window. -**2.** THÉÂT [corbeille] mezzanine, lower balcony.

mezzo-soprano [mɛdzosɔprano] (*pl* **mezzo-sopranos**) ◇ *nm* [voix] mezzo-soprano.

◇ *nf* [cantatrice] mezzo-soprano.

mezzotinto [mɛdzotinto] *nm inv* mezzotint.

MF ◇ *nf* (*abr de* **modulation de fréquence**) FM.

◇ -**1.** (*abr écrite de* **mark finlandais**) Mk, Fmk. -**2.** *abr écrite de* **million de francs**.

Mgr. (*abr écrite de* **Monseigneur**) Mgr.

mi [mi] *nm inv* E; [chanté] mi, me.

mi- [mi] *préf* -**1.** [moitié] half-; **~fil ~coton** half-linen half-cotton, 50% linen 50% cotton. -**2.** *loc*: **~figue ~raisin** [accueil] somewhat mixed; [réponse] ambiguous, enigmatic; [sourire] quizzical, wry.

Miami [miami] *npr* Miami.

miam-miam *fam* [mjammjam] *interj* yum-yum; **~, ça a l'air bon** that looks yummy.

miaou [mjau] *nm* miaow; **faire ~** to miaow.

miasmatique [mjasmatik] *adj* miasmatic.

miasme [mjasm] *nm* miasma; **des ~s** miasmas, miasmata.

miaulement [mjolmɑ̃] *nm* miaowing, mewing; **on entendait de terribles ~s dans la cour** some cats were making a dreadful noise in the courtyard.

miauler [3] [mjole] *vi* to miaow, to mew.

miauleur, euse [mjolœr, øz] *adj* miaowing, mewing.

mi-bas [miba] *nm inv* knee-high OU knee-length sock.

mi-bois [mibwa]

◆ **à mi-bois** *loc adj*: **assemblage** OU **enture à ~** half-lap joint MENUIS.

mica [mika] *nm* -**1.** [roche] mica. -**2.** [vitre] Muscovy glass.

micacé, e [mikase] *adj* micaceous.

mi-carême [mikarɛm] (*pl* **mi-carêmes**) *nf*: **à la ~** on the third Thursday of Lent.

micaschiste [mikaʃist] *nm* mica schist.

miche [miʃ] *nf* -**1.** [pain] round loaf. -**2.** *Helv* [petit pain] (bread) roll.

◆ **miches**▽ *nfpl* [fesses] bum *Br*, fanny *Am*; [seins] knockers, tits; **avoir les ~s à zéro** to be scared stiff.

Michel [miʃɛl] *npr*: **saint ~** Saint Michael.

Michel-Ange [mikɛlɑ̃ʒ] *npr* Michelangelo.

micheline [miʃlin] *nf* railcar.

mi-chemin [miʃmɛ̃]

◆ **à mi-chemin** *loc adv* halfway, midway; **s'arrêter à ~** to stop halfway.

◆ **à mi-chemin de** *loc prép* halfway to; **à ~ de Lyon** halfway to Lyons; **sa maison est à ~ de l'église et de l'école** his house is halfway OU midway between the church and the school.

micheton [miʃtɔ̃] *nm arg crime* punter *esp Br*, john *Am*.

Michigan [miʃigɑ̃] *npr m*: **le ~** Michigan.

mi-clos, e [miklo, mikloz] *adj* half-closed.

micmac *fam* [mikmak] *nm* [affaire suspecte] funny OU fishy business, strange carry-on; **des ~s financiers** financial wheeler-dealing ‖ [complications] mix-up; **ça a été tout un ~ pour pouvoir entrer** getting in was a real hassle.

micocoulier [mikɔkulje] *nm* nettle tree.

mi-corps [mikɔr]

◆ **à mi-corps** *loc adv* [à partir - du bas] up to the waist; [- du haut] down to the waist; **l'eau nous arrivait à ~** the water came up to our waists.

mi-côte [mikot]

◆ **à mi-côte** *loc adv* [en partant - du bas] halfway up the hill; [- du haut] halfway down the hill.

mi-course [mikurs]

◆ **à mi-course** *loc adv* halfway through the race, at the halfway mark.

micro [mikro] ◇ *nm* -**1.** (*abr de* **microphone**) mike; **parler dans le ~** to speak into the mike. -**2.** *fam* (*abr de* **micro-ordinateur**) PC.

◇ *nf fam abr de* **micro-informatique**.

microanalyse [mikrɔanaliz] *nf* microanalysis.

microbalance [mikrɔbalɑ̃s] *nf* microbalance.

microbe [mikrɔb] *nm* -**1.** [germe] microbe, germ; **attraper un ~** to catch a bug. -**2.** *fam* [personne] shrimp, (little) runt OU pipsqueak.

microbien, enne [mikrɔbjɛ̃, ɛn] *adj* [relatif aux microbes] microbial, microbic; [causé par les microbes] bacterial.

microbille [mikrɔbij] *nf* -**1.** MÉTALL micronized shot (particle). -**2.** [de pigment] micronized pigment particle.

microbiologie [mikrɔbjɔlɔʒi] *nf* microbiology.

microbiologiste [mikrɔbjɔlɔʒist] *nmf* microbiologist.

microcalorimètre [mikrɔkalɔrimɛtr] *nm* microcalorimeter.

microcalorimétrie [mikrɔkalɔrimetri] *nf* microcalorimetry.

microcassette [mikrɔkasɛt] *nf* microcassette.

microcéphale [mikrɔsefal] *adj* & *nmf* microcephalic.

microcéphalie [mikrɔsefali] *nf* microcephaly.

microchimie [mikrɔʃimi] *nf* microchemistry.

microchirurgie [mikrɔʃiryrʒi] *nf* microsurgery.

microcircuit [mikrɔsirkɥi] *nm* microcircuit.

microclimat [mikrɔklima] *nm* microclimate.

microcline [mikrɔklin] *nm* microcline.

microcoque [mikrɔkɔk] *nm* micrococcus.

microcosme [mikrɔkɔsm] *nm* microcosm.

microcosmique [mikrɔkɔsmik] *adj* microcosmic.

micro-cravate [mikrɔkravat] (*pl* **micros-cravates**) *nm* lapel mike.

microdissection [mikrɔdisɛksjɔ̃] *nf* microdissection.

microéconomie [mikrɔekɔnɔmi] *nf* microeconomics *(sg)*.

microéconomique [mikrɔekɔnɔmik] *adj* microeconomic.

microélectronique [mikrɔelɛktrɔnik] ◇ *adj* microelectronic.

◇ *nf* microelectronics *(sg)*.

microfiche [mikrɔfiʃ] *nf* microfiche.

microfilm [mikrɔfilm] *nm* microfilm.

microfilmer [3] [mikrɔfilme] *vt* to microfilm.

microflore [mikrɔflɔr] *nf* microflora.

microforme [mikrɔfɔrm] *nf* microform.

micrographie [mikrɔgrafi] *nf* -**1.** [science] micrography. -**2.** [photographie] micrograph. -**3.** MÉTALL microstructural microscopy.

micrographique [mikrɔgrafik] *adj* micrographic.

micro-informatique [mikrɔɛ̃fɔrmatik] (*pl* **micro-informatiques**) *nf* computer science.

micro-intervalle [mikrɔɛ̃tɛrval] (*pl* **micro-intervalles**) *nm* microinterval MUS.

micromanipulateur [mikrɔmanipylatœr] *nm* micromanipulator.

microméteorite [mikrɔmeteɔrit] *nf* micrometeorite.

micromètre [mikrɔmɛtr] *nm* -**1.** [instrument] micrometer. -**2.** [unité] micrometre.

micrométrie [mikrɔmetri] *nf* micrometry.

micrométrique [mikrɔmetrik] *adj* micrometric, micrometrical.

micromodule [mikrɔmɔdyl] *nm* micromodule.

micron [mikrɔ̃] *nm* micron.

Micronésie [mikrɔnezi] *npr f*: **(la) ~** Micronesia.

micro-onde [mikrɔɔ̃d] (*pl* **micro-ondes**) *nf* microwave.

micro-ondes [mikrɔɔ̃d] *nm* *(inv)* microwave; **faites dégeler au ~** defrost in the microwave; **faire cuire qqch au ~** to cook sthg in the microwave, to microwave sthg.

micro-ordinateur [mikrɔɔrdinatœr] (*pl* **micro-ordinateurs**) *nm* microcomputer.

micro-organisme [mikrɔɔrganism] (*pl* **micro-organismes**) *nm* microorganism.

microphage [mikrɔfaʒ] *nm* microphage.

microphone [mikrɔfɔn] *nm* microphone.

microphonique [mikrɔfɔnik] *adj* microphonic.

microphotographie [mikrɔfɔtɔgrafi] *nf* -**1.** [technique] microphotography. -**2.** [image] microphotograph.

microphysique [mikrɔfizik] *nf* microphysics *(sg)*.

micropilule [mikrɔpilyl] *nf* minipill.

microprocesseur [mikrɔprɔsesœr] *nm* microprocessor.

microprogrammation [mikrɔprɔgramasjɔ̃] *nf* microprogramming.

microscope [mikrɔskɔp] *nm* microscope; **étudier qqch au ~** *pr* to examine sthg under OU through a microscope; *fig* to put sthg under the microscope ❑ **~ électronique/optique** electron/optical microscope; **~ électronique à balayage** scanning electron microscope.

microscopie [mikrɔskɔpi] *nf* microscopy.

microscopique [mikrɔskɔpik] *adj* SC microscopic; [petit] microscopic, tiny, minute.

microsillon [mikrɔsijɔ̃] *nm* [sillon] microgroove; **(disque) ~** microgroove record.

microsociologie [mikrɔsɔsjɔlɔʒi] *nf* microsociology.

microsociologique [mikrɔsɔsjɔlɔʒik] *adj* microsociological.

microsonde [mikrɔsɔ̃d] *nf* microprobe.

microspore [mikrɔspɔr] *nf* microspore.

microstructure [mikrɔstryktyr] *nf* microstructure.

miction [miksjɔ̃] *nf* urination, micturition *spéc.*

Midas [midas] *npr* Midas.

middle jazz [midœldʒaz] *nm inv* mainstream (jazz).

MIDEM, Midem [midɛm] (*abr de* **Marché international du disque et de l'édition musicale**) *npr m* *music industry trade fair.*

midi [midi] *nm* -**1.** [milieu du jour] midday, lunchtime, noon; **je m'arrête à ~** I stop at lunchtime; [pour déjeuner] I stop for lunch; **je joue au squash à ~** [pendant la pause] I play squash during lunchtime OU the lunch hour; **tous les ~s** [période] every day at midday; [déjeuner] every lunchtime; **il mange des pâtes tous les ~s** he has pasta for lunch every day ❑ **voir ~ à sa porte** to be wrapped up in oneself. -**2.** [heure] midday, twelve (o'clock), (twelve) noon; **il est ~** it's midday, it's twelve (noon); **il est ~ passé** it's after twelve, it's past midday; **~ et quart** a quarter past twelve; **~ moins vingt** twenty to twelve; **entre ~ et deux**

heures between twelve and two, during lunch OU lunchtime; **fermé de ~ à 14 h** closed from 12 to 2 p.m.; **vers ~** round (about) twelve OU midday; **sur le coup de ~** on the stroke of twelve. -**3.** [sud] south; **exposé au ~** south-facing, facing south. -**4.** *litt* [milieu]: **au ~ de sa vie** in the middle of his life.

◆ **Midi** *nm* [région du sud] South; **le Midi (de la France)** the South of France; **du Midi** Southern, southern; **le climat du Midi** the Southern climate; **l'accent du Midi** southern (French) accent.

◆ **de midi** *loc adj* [repas, informations] midday *(modif)*; **la pause de ~** the lunch break.

midinette [midinɛt] *nf* -**1.** *vieilli* [cousette] dressmaker's apprentice, seamstress. -**2.** *péj* [jeune fille] starry-eyed girl; **des amours de ~** the loves of some starry-eyed young shop assistant.

mi-distance [midistɑ̃s]

◆ **à mi-distance** *loc adv* halfway, midway.

◆ **à mi-distance de** *loc prép* halfway OU midway between.

midship *fam* [midʃip] *nm* middy NAUT.

Midwest [midwɛst] *npr m*: **le ~** the Midwest.

mie [mi] *nf* -**1.** [de pain] white OU soft OU doughy part (of bread); **mettez de la ~ de pain à tremper** soak some bread, having previously removed the crusts. -**2.** *litt & arch* [chérie] truelove, ladylove; **venez, ma ~** come, fair damsel.

◆ **à la mie de pain** *fam loc adj vieilli* [minable] pathetic, crummy; **un petit truand à la ~ de pain** a small-time crook, a two-bit crook *Am*.

miel [mjɛl] ◇ *nm* -**1.** [d'abeilles] honey; **~ liquide/solide/rosat** clear/thick/rose honey. -**2.** *loc*: **il est (tout sucre) tout ~** he's a sweet talker.

◇ *interj fam euph* sugar!

◆ **au miel** *loc adj* honey *(modif)*, honey-flavoured.

miellat [mjela] *nm* honeydew *(secreted by insects)*.

miellé, e [mjele] *adj litt*: **du thé ~** honey-sweetened tea; **la couleur ~e de ses cheveux** the golden colour of her hair.

◆ **miellée** *nf* BOT honeydew *(exuded by plants)*.

mielleusement [mjɛløzmɑ̃] *adv* [doucereusement] smarmily; **il s'exprime ~** he's a sweet talker.

mielleux, euse [mjɛlø, øz] *adj* -**1.** [doucereux] sickly sweet; **un sourire ~** a saccharine smile; **un discours ~** a speech oozing with insincerity. -**2.** [relatif au miel] honey *(modif)*, honey-like.

mien [mjɛ̃] (*f* **mienne** [mjɛn], *mpl* **miens** [mjɛ̃], *fpl* **miennes** [mjɛn]) *adj poss sout*: **c'est un principe que j'ai fait ~ depuis longtemps** it has long been a principle of mine; **j'ai fait ~ ce mot d'ordre** I've adopted this slogan as my own; **une mienne cousine** *litt* a cousin of mine.

◆ **le mien** (*f* **la mienne**, *mpl* **les miens**, *fpl* **les miennes**) *pron poss* mine; **son appartement est plus spacieux que le ~** his flat is more spacious than mine; **vous avez entendu son point de vue; voici le ~** you have heard his point of view; here is mine; **puis-je prendre ta voiture? la mienne est au garage** may I take your car? mine is at the garage; **je suis parti avec une valise qui n'était pas la mienne** I left with a suitcase that wasn't mine OU that didn't belong to me; **tes enfants sont plus âgés que les ~s** your children are older than mine (are); **ce parapluie n'est pas le ~** this is not my umbrella, this umbrella is not mine; **vos préoccupations sont aussi les miennes** I share your anxieties; **ton jour/ton prix sera le ~** name the day/your price ‖ *(emploi nominal)*: **les ~s** my family and friends ❑ **j'y mets du ~** [en faisant des efforts] I'm making an effort; [en étant compréhensif] I'm trying to be understanding; **j'ai encore fait des miennes!** *fam* I've (gone and) done it again!

miette [mjɛt] *nf* -**1.** [d'aliment] crumb; **des ~s de crabe** crab bits; **une ~ de pain** a crumb of bread; **des ~s de pain** breadcrumbs; **des ~s de thon** tuna flakes. -**2.** [petite quantité]: **pas une ~ de** not a shred of; **tu n'en auras pas une ~!** you're not getting any of it!; **une ~ de** a little bit of; **du gâteau? — j'en prendrai une ~** some cake? — I'll have just a tiny bit.

◆ **miettes** *nfpl* [restes] leftovers, crumbs, scraps; **après le partage, ma cousine n'a eu que des ~s** my cousin had to make do with what little was left over after the inheritance was shared out ‖ [morceaux] piece, fragment, bit; **sa voiture est en ~s** her car's a wreck; **son rêve est en ~s** his dream is in shreds OU tatters.

mieux [mjø] ◇ *adv* **A.** COMPARATIF DE 'BIEN' -**1.** [d'une manière plus satisfaisante] better; **tout va ~** things are better (now); **elle va ~** she's better; **il travaille ~ depuis quelque temps** he's been working better for some time OU a while now; **cette jupe te va ~** [d'aspect] that skirt suits you better; [de taille] that skirt fits you better; **le vert me va ~** green suits me better; **qui dit ~?** [aux enchères] any advance (on that)?, any more bids?; *fig* who can top that?; **repassez demain, je ne peux pas vous dire ~** come again tomorrow, that's the best OU all I can tell you; **je m'y prends ~ depuis** I'm handling it better now, I've got better at it since; **il s'y prend ~ avec lui maintenant** he deals with OU handles him better now; **~ prendre qqch** to take sthg better; **cette fois-ci, elle a ~ pris la plaisanterie** this time she took the joke better; **~ payé** better paid; **~ assis** [plus confortablement] sitting more comfortably; [au spectacle] in a better seat; **un peu ~** a little OU a bit better; **beaucoup** OU **bien ~** a lot OU much better; **vraiment ~** much better; **depuis un mois, elle va vraiment ~** she's been feeling much better for the past month; **se sentir ~** to feel better; **moins je le vois, ~ je me porte!** the less I see of him, the better I feel!; **plus je le lis, ~ je le comprends** the more I read it, the better I understand it; **il parle italien ~ que je ne pensais** he speaks Italian better than I thought; **il ne lit pas ~ qu'il ne parle** he doesn't read any better than he speaks. -**2.** [conformément à la raison, à la morale] better; **il se comporte ~** he's behaving better; **pas ~** no better; **son frère ne fait que des bêtises, et elle ce n'est pas ~** her brother is always misbehaving and she's no better; **il ferait ~ de travailler/de se taire** he'd do better to work/to keep quiet; **il pourrait ~ faire** he could do better; **on ne peut pas ~ dire** you can't say better OU fairer than that.
B. SUPERLATIF DE 'BIEN': **le ~** [de deux] the better; [de plusieurs] the best; **c'est le mannequin le ~ payé** [des deux] she's the better-paid model; [de plusieurs] she's the best-paid model; **voilà ce qui me convient le ~** this is what suits me best; **des deux, qui est la ~?** who's the better of the two?; **la ~ de toutes** the best of all them; **le ~ qu'il peut** the best he can; **le ~ possible** as well as possible; **j'ai classé les dossiers le ~ possible** I filed everything as best I could ❑ **le ~ du monde** *sout* beautifully; **il parlait, oh, le ~ du monde!** he spoke, oh, so beautifully!
C. EMPLOI NOMINAL better; **c'est pas mal, mais il y a ~** it's not bad, but there's better; **en attendant/espérant ~** while waiting/hoping for better (things); **il s'attendait à ~, il attendait ~** he was expecting (something) better; **faute de ~, je m'en contenterai** since there's nothing better, I'll make do with it; **c'est sa mère en ~** she's like her mother, only better-looking; **changer en ~** to take a turn for OU to change for the better.

◇ *adj* -**1.** [plus satisfaisant] better; **voilà, c'est déjà beaucoup ~!** there, it's already much OU a lot better!; **se taire est beaucoup ~** it's much better not to say anything; **on ne se voit plus, c'est ~ ainsi** we don't see each other any more, it's better that way; **ça ne vous semble pas ~ comme ça?** don't you think it's better that way?; **c'était ~ que jamais** it was better than ever; **c'est ~ que rien** it's better than nothing; **le dernier modèle est ~ que le précédent** the latest model is better than OU is an improvement on the previous one. -**2.** [du point de vue de la santé, du bien-être] better; **il est ~** he's better; **on sent qu'il est ~ dans sa peau** you can feel he's more at ease with himself; **tu seras ~ en pantalon** you'd be better in trousers; **on est ~ dans ce fauteuil** this armchair is more comfortable. -**3.** [plus beau] better; **elle est ~ avec les cheveux courts** she looks better with short hair; **prends cette robe, elle est ~ que l'autre** take this dress, it's better than the other (one); **elle est ~ que sa sœur** she's better-looking than her sister. -**4.** *loc*: **être le ~ du monde avec qqn** to be on the best of terms with sb.

◇ *nm* -**1.** [amélioration] improvement; **il y a du ~** things have got better, there's some improvement; **il y a un ~** there is an improvement; **la situation connaît un léger ~** the situation has improved slightly, there's been a slight improvement in the situation. -**2.** [ce qui est préférable]: **le ~ est de ne pas y aller** it's best not to go; **le ~, c'est de partir un peu plus tôt** it's best to leave a bit earlier ❑ **faire de son ~** to do one's (level) best; **il a fait de son ~** he did his best; **le ~ est l'ennemi du bien** *prov* the best is the enemy of the good.

◆ **à qui mieux mieux** *loc adv*: **les enfants répondaient à qui ~ ~** the children were trying to outdo each other in answering.

◆ **au mieux** *loc adv*: **faire au ~** to do whatever's best, to act for the best; **ils sont au ~ (l'un avec l'autre)** they're on very good terms; **en mettant les choses au ~** at best; **vous l'aurez lundi, en mettant les choses au ~** you'll get it on Monday at the very best; **au ~ de sa forme** on top form, in prime condition; **j'ai agi au ~ de vos intérêts** I acted in your best interest; **acheter/vendre au ~** BOURSE to buy/sell at the best price.

◆ **de mieux** *loc adj*: **c'est ce que nous avons de ~** it's the best we have; **si tu n'as rien de ~ à faire, viens avec moi** if you've got nothing better to do, come with me.

◆ **de mieux en mieux** *loc adv* better and better; **elle joue de ~ en ~** she plays better and better; **et maintenant, de ~ en ~, j'ai perdu mes clefs!** *iron* and now, to cap it all, I've lost my keys!; **de ~ en ~!** *iron* it gets better!

◆ **des mieux** *loc adv*: **j'ai un ami qui est des ~ placé au ministère** I have a friend who's high up in the Ministry.

◆ **on ne peut mieux** *loc adv sout* extremely well; **il s'exprime on ne peut ~** he expresses himself extremely well; **le stage va on ne peut ~** the course couldn't be going better.

◆ **pour le mieux** *loc adv* for the best; **tout va pour le ~** everything is for the best; **tout est pour le ~ dans le meilleur des mondes** *allusion Voltaire* things couldn't be better; **faire pour le ~** to act for the best.

◆ **qui mieux est** *loc adv* even better, better still.

mieux-être [mjøzɛtr] *nm inv* better quality of life.

mièvre [mjɛvr] *adj péj* -**1.** [fade] insipid, vapid, bland; [sentimental] mawkish, syrupy; **un roman ~** a mushy novel. -**2.** [maniéré] mawkish, precious; **avec une grâce un peu ~** demurely; **sa façon un peu ~ de dire bonjour** her slightly twee *Br* OU simpering way of saying hello. -**3.** [joli sans vrai talent - dessin] pretty-pretty, flowery.

mièvrement [mjɛvrəmɑ̃] *adv péj* -**1.** [fadement] insipidly, vapidly, blandly. -**2.** [sentimentalement] mawkishly, in a syrupy OU sickly-sweet manner. -**3.** [joliment] in a pretty-pretty way.

mièvrerie [mjɛvrəri] *nf péj* -**1.** [fadeur] insipidity, vapidity, blandness; [sentimentalité] mawkishness; [caractère maniéré] sickly affectation; [joliesse] floweriness, insipid prettiness. -**2.** [acte] mawkish behaviour *(U)*; [propos] mawkish OU twee *Br* remark.

mi-fer [mifɛr]

◆ **à mi-fer** *loc adj*: **assemblage** OU **enture à ~** half-lap joint METALL.

mignard, e [miɲar, ard] *adj litt* [manières, geste] dainty, affected; [sourire] simpering, insincere; [style, décoration] over-pretty, overnice.

mignardise [miɲardiz] *nf* -**1.** [manières] daintiness, affectation; [joliesse] preciousness, floweriness. -**2.** BOT: (œillet) ~ (wild) pink.

mignon, onne [miɲɔ̃, ɔn] ◇ *adj* -**1.** [joli] sweet, pretty, cute; **c'est ~ tout plein à cet âge-là** *fam* children are so sweet at that age; **il est si ~ avec ses fossettes** he's got the cutest dimples; **elle est plus ~ne avec les cheveux courts** she's prettier with short hair; **il est ~, ton appartement** you've got a lovely little flat. -**2.** *fam* [gentil] sweet, nice, lovely; **il m'a apporté des fleurs, c'était ~ comme tout** he brought me flowers, it was so sweet of him; **allez, sois ~ne, va te coucher** come on, be a darling OU sweetie OU dear and go to bed.

◇ *nm, f fam* [terme d'affection] darling, cutie, sweetie; **ma ~ne** darling, sweetheart.

◆ **mignon** *nm* HIST minion, favourite.

mignonnette [miɲɔnɛt] *nf* -**1.** BOT [réséda] mignonnette; [saxifrage] London pride; [œillet mignardise] (wild) pink. -**2.** [poivre] coarse-ground pepper. -**3.** [gravillon] small gravel.

migraine [migrɛn] *nf* MÉD migraine; [mal de tête] (bad) headache; **ces formulaires à remplir, c'est à vous donner la ~** filling in these forms is a real headache.

migraineux, euse [migrɛnø, øz] ◇ *adj* migrainous.

◇ *nm, f* migraine sufferer.

migrant, e [migrɑ̃, ɑ̃t] *adj* & *nm, f* migrant.

migrateur, trice [migratœr, tris] *adj* BIOL & ORNITH migratory.

◆ **migrateur** *nm* [oiseau] migrator, migrant.

migration [migrasjɔ̃] *nf* -**1.** [des oiseaux, des travailleurs] migration; **les grandes ~s estivales vont commencer** *fig* the mass summer migrations are about to begin. -**2.** CHIM & GÉOL migration.

migratoire [migratwar] *adj* migratory.

migrer [3] [migre] *vi* to migrate.

mi-jambe [miʒɑ̃b]

◆ **à mi-jambe** *loc adv* [à partir - du bas] up to the knees; [- du haut] down to the knees; **on était dans la neige à ~** we were knee-deep in snow.

mijaurée [miʒɔre] *nf* [pimbêche] (stuck-up) little madam; **faire la ~** to put on airs.

mijoter [3] [miʒɔte] ◇ *vt* -**1.** CULIN to simmer, to slow-cook; **bœuf mijoté** stewed beef, beef stew; **~ des petits plats** to spend a lot of time cooking delicious meals. -**2.** *fam* [coup, plan] to plot, to cook up *(sép)*; **qu'est-ce que tu mijotes?** what are you up to?; **elle mijote quelque chose** she's got something up her sleeve; **ils ont mijoté ça entre eux** they cooked it up between them.

◇ *vi* -**1.** CULIN to simmer, to stew gently; **continuez à faire** OU **laissez ~ jusqu'à ce que la viande soit cuite** (allow to) simmer until the meat is cooked. -**2.** *fam fig*: **laisse-la ~ dans son coin** leave her awhile to mull it over.

◆ **se mijoter** *fam vp (emploi passif)* [coup, plan] to be cooking OU brewing, to be afoot.

Mijoteuse® [miʒɔtøz] *nf* slow cooker.

◆ **mijoteuse** *adj f*: **plaque mijoteuse** simmering plate.

mi-journée [miʒurne] *nf*: **les informations de la ~** the luchtime news.

mikado [mikado] *nm* -**1.** [titre] mikado. -**2.** [jeu] mikado, spillikins *(sg)*.

mil¹ [mil] = **mille** *adj num inv* **1.**

mil² [mil] *nm* millet.

milan [milɑ̃] *nm*: **~ noir/royal** black/red kite.

Milan [milɑ̃] *npr* Milan.

milanais, e [milanɛ, ɛz] *adj* Milanese.

◆ **Milanais, e** *nm, f* Milanese; **les Milanais** the Milanese.

mildiou [mildju] *nm* mildew.

mildiousé, e [mildjuze] *adj* mildewy, mildewed.

mile [majl] *nm* (statute) mile.

miliaire [miljɛr] *adj* miliary.

milice [milis] *nf* -**1.** HIST militia. -**2.** [organisation paramilitaire] militia; **~ privée** private militia. -**3.** *Belg* [service militaire] military service; [armée]: **la ~** the army.

milicien, enne [milisjɛ̃, ɛn] *nm, f* militiaman (*f* militia woman).

◆ **milicien** *nm Belg* conscript *Br*, draftee *Am*.

milieu, x [miljø] *nm* -**1.** [dans l'espace] middle, centre; **une nappe déchirée/décorée en son ~** a tablecloth torn/decorated in the middle; **sciez-la par le** OU **en son ~** saw it through OU down the middle; **celui du ~** the one in the middle, the middle one. -**2.** [dans le temps] middle; **l'incendie s'est déclaré vers le ~ de la nuit** the fire broke out in the middle of the night; **en ~ de trimestre** in mid-term. -**3.** [moyen terme] middle way OU course; **il n'y a pas de ~ entre ces deux solutions** there's no (way to) compromise between these two solutions ❑ **il faut garder en tout un juste ~** one should always try to find a happy medium. -**4.** [entourage] environment, milieu; **l'influence du ~ familial** OU **d'origine sur la réussite scolaire** the influence of the home background OU environment on achievement at school; **des gens de tous les ~x** people from all walks of life OU backgrounds; **dans mon ~ professionnel** [parmi mes collègues] amongst the people I work with; **c'est un ~ très snob** it's a very snobbish environment; **les ~x scientifiques** scientific circles; **les ~x bien informés** reliable sources; **dans les ~x financiers** in financial circles; **n'être pas/être dans son ~** to feel out of place/at home. -**5.** BIOL [environnement] environment, habitat ❑ **dans un ~ acide** in an acid medium; **~ de culture** culture medium; **~ intérieur** internal environment; **~ naturel** natural habitat; **en ~ stérile** in a sterile environment. -**6.** INDUST & SC: **en ~ réel** in the field. -**7.** [pègre]: **le ~** the underworld. -**8.** MATH midpoint, midrange.

◆ **au beau milieu de** *loc prép* [dans l'espace, dans le temps] right in the middle of.

◆ **au (beau) milieu** *loc adv* (right) in the middle, (right) in the centre; **et là, au ~, il y avait un puits** and there, right in the middle, was a well.

◆ **au milieu de** *loc prép* -**1.** [dans l'espace] in the middle of, in the centre of; **au ~ de la pièce** in the middle OU centre of the room. -**2.** [dans le temps] in the middle of; **au ~ de la journée/nuit** in the middle of the day/night; **elle est partie au ~ de mon cours** she left in the middle of OU halfway through my lesson; **nous en sommes au ~ de l'enquête** we've now got to the halfway mark in the survey; **au ~ de l'hiver/l'été** in midwinter/midsummer; **au ~ du mois** in the middle of the month; **au ~ du mois de mars** in mid-March; **au ~ du trimestre** in mid-term SCH; **au ~ de son mandat** in mid-term POL. -**3.** [parmi] amongst, in the midst of, surrounded by; **mourir au ~ des siens** to die amongst OU surrounded by one's loved ones; **au ~ de la foule** in the middle OU in the midst of the crowd; **il quitta la scène au ~ des huées** he was booed off the stage.

◆ **milieu de terrain** *nm* [zone] midfield (area); [joueur] midfield player.

militaire [militɛr] ◇ *adj* [gén] military; [de l'armée de terre] army *(modif)*, service *(modif)*; [de l'armée de l'air, de la marine] service *(modif)*; **tous les personnels ~s** all service personnel; **avoir la fibre ~** to be a born soldier; **allure ~** military OU soldierly bearing.

◇ *nm* [soldat - gén] soldier; [- de l'armée de terre] soldier, serviceman; [- de l'armée de l'air, de la marine] serviceman; **c'est un ancien ~** he's an ex-serviceman ❑ **~ de carrière** professional soldier.

militairement [militɛrmɑ̃] *adv*: **saluer ~** to salute in military fashion; **les bases ennemies sont occupées ~** the enemy bases are occupied by the military; **il nous faut intervenir ~** we have to resort to military intervention.

militant, e [militɑ̃, ɑ̃t] ◇ *adj* militant.

◇ *nm, f*: **les ~s de base sont d'accord** the grass roots militants agree ❑ **~ syndical** trade union militant OU activist.

militantisme [militɑ̃tism] *nm* militancy, militantism.

militarisation [militarizasjɔ̃] *nf* militarization.

militariser [3] [militarize] *vt* to militarize.

militarisme [militarism] *nm* militarism.

militariste [militarist] ◇ *adj* militaristic.

◇ *nmf* militarist.

militer [3] [milite] *vi* -**1.** [agir en militant] to be a militant OU an activist; **~ au** OU **dans le parti socialiste** to be a socialist party activist; **~ pour/contre qqch** to fight for/against sthg. -**2.** [plaider] to militate; **ces témoignages ne militent pas en votre faveur** this evidence goes OU militates against you; **les derniers bilans militent en faveur d'une refonte de la société** the latest balance sheets are a good argument for restructuring the company.

milk-shake [milkʃɛk] (*pl* **milk-shakes**) *nm* milkshake.

millage [milaʒ] *nm Can* mileage.

mille [mil] ◇ *adj num inv* -**1.** [dix fois cent] a OU one thousand; **dix/cent ~** ten/a hundred thousand; **~ fois trois égale trois ~** one thousand times three is three thousand; **en l'an ~ cinquante** OU **mil cinquante** in the year one thousand and fifty; **c'est à ~ kilomètres d'ici** it's a thousand kilometres from here ❑ **'les Mille et Une Nuits'** 'The Arabian Nights', 'The Thousand and One Nights'. -**2.** [beaucoup de]: **c'est ~ fois trop grand** it's miles too big; **ton énigme est ~ fois trop compliquée pour moi** your riddle is far too difficult for me; **~ baisers** lots OU tons of kisses; **~ mercis** many thanks; **~ excuses** OU **pardons si je t'ai blessé** I'm dreadfully sorry if I've hurt you; **voilà un exemple entre ~** here's just one of the countless examples I could choose; **en ~ morceaux** in pieces; **il y a ~ et une manières de réussir sa vie** there are thousands of ways OU a thousand and one ways of being successful in life ❑ **endurer** OU **souffrir ~ morts** to go through agony; **(~ milliards de) ~ sabords!** ≃ shiver me timbers.

◇ *nm inv* -**1.** [nombre] a OU one thousand; **vingt pour ~ des femmes** twenty women out of OU in every thousand; **il y a une chance sur ~ que ça marche** there's a one-in-a-thousand chance that it'll work; **un ~ d'épingles** COMM one thousand pins; **acheter/vendre au ~** COMM to buy/to sell by the thousand; **le disque en est à son cinquantième ~** COMM the record has sold fifty thousand copies ❑ **je te le donne en ~!** *fam* I bet you'll never guess!; **des ~ et des cents** *fam* loads of money; **il ne gagne pas des ~ et des cents** he doesn't exactly earn a fortune. -**2.** [centre d'une cible] bull's eye; **mettre** OU **taper (en plein) dans le ~** *fam pr* to hit the bull's eye; *fig* to score a bull's-eye, to be bang on target.

◇ *nm* -**1.** NAUT: **~ (marin)** nautical mile. -**2.** *Can* (statute) mile. -**3.** HIST: **le ~ romain** the Roman mile.

mille-feuille [milfœj] (*pl* **mille-feuilles**) ◇ *nf* BOT milfoil, yarrow.

◇ *nm* CULIN mille feuilles, napoleon *Am*.

millénaire [milenɛr] ◇ *adj* thousand-year-old; **un arbre ~** a thousand-year-old tree; **des traditions (plusieurs fois) ~s** age-old OU time-honoured traditions.

◇ *nm* -**1.** [période] millennium; **au cours du troisième ~ avant Jésus-Christ** in the third millennium BC. -**2.** [anniversaire] millennium, thousandth anniversary; **l'année du ~ capétien** the millennium of the foundation of the Capetian dynasty.

millénarisme [milenarism] *nm* millenarianism.

millénariste [milenarist] *adj* & *nmf* millenarian.

millenium [milenjɔm] *nm* millennium RELIG.

mille-pattes [milpat] *nm inv* millipede.

millepertuis [milpɛrtɥi] *nm* St John's wort.

millésime [milezim] *nm* -**1.** [date] date, year; **une pièce au ~ de 1962** a coin dated 1962.

-**2.** ŒNOL [date de récolte] year, vintage; **le ~ 1976 est l'un des meilleurs** the 1976 vintage is among the best.

millésimé, e [milezime] *adj* vintage *(modif)*; **un bourgogne ~ 1970** a 1970 (vintage) Burgundy; **une bouteille ~e 1880** a bottle dated 1880.

millésimer [3] [milezime] *vt* to date, to put a date on.

millet [mijɛ] *nm* millet.

milliampère [miliɑ̃pɛr] *nm* milliamp, milliampere.

milliampèremètre [miliɑ̃pɛrmɛtr] *nm* milliammeter.

milliard [miljar] *nm* thousand million *Br*, billion *Am*; **cela a coûté deux ~s (de francs)** it cost two thousand million OU two billion (francs); **des ~s de globules rouges** billions of red corpuscles.

milliardaire [miljardɛr] ◇ *adj*: **sa famille est plusieurs fois ~** his family is worth billions.
◇ *nmf* multimillionaire, billionaire *Am*.

milliardième [miljardjɛm] *adj ord, nmf* & *nm* thousand millionth, billionth.

millibar [milibar] *nm* millibar.

millième [miljɛm] ◇ *adj ord* thousandth.
◇ *nmf* thousandth; **vous êtes la ~ sur la liste** you're the thousandth on the list.
◇ *nm* thousandth; **elle ne connaît pas le ~ de mes sentiments** she can't begin to have an idea of my feelings; **il ne fournit pas le ~ du travail nécessaire** he isn't doing a fraction of the work that has to be done.
◇ *nf* THÉÂT thousandth performance.

millier [milje] *nm* thousand; **un ~ de badges/livres ont été vendus** a thousand badges/books have been sold; **des ~s de gens/fois** thousands of people/times.
◆ **par milliers** *loc adv* [arriver] in their thousands; [envoyer, commander] by the thousand; **des ballons ont été lâchés par ~s** thousands (upon thousands) of balloons have been released.

milligramme [miligram] *nm* milligram, milligramme.

millilitre [mililitr] *nm* mililitre *Br*, mililiter *Am*.

millimètre [milimɛtr] *nm* millimetre.

millimétré, e [milimetre], **millimétrique** [milimetrik] *adj* millimetric; **échelle ~e** millimetre scale.

million [miljɔ̃] *nm* -**1.** [quantité] million; **un ~ de personnes** a OU one million people; **des ~s de titres ont été échangés** millions of securities have been traded. -**2.** [somme] : **il a joué et perdu des ~s** [de francs] he gambled away millions (of francs); **la maison vaut 35 ~s** *fam* [de centimes] the house is worth 350 000 F; **un ~ cinq** *fam* [de centimes] 15 000 F.

millionième [miljɔnjɛm] *adj ord, nmf* & *nm* millionth.

millionnaire [miljɔnɛr] ◇ *adj* millionaire, millionnaire; **être/devenir ~** to be/to become a millionaire; **elle est plusieurs fois ~ (en dollars)** she's a (dollar) millionaire OU millionairess several times over.
◇ *nmf* millionaire (*f* millionairess); **le loto a fait deux ~s cette semaine** the lottery has made two people into millionaires this week.

millivolt [milivɔlt] *nm* millivolt.

millivoltmètre [milivɔltmɛtr] *nm* millivoltmeter.

Milo [milo] *npr*: **la Vénus de ~** the Venus de Milo.

mi-long, mi-longue [milɔ̃, milɔ̃g] (*mpl* **mi-longs**, *fpl* **mi-longues**) *adj* [jupe] half-length; [cheveux] shoulder-length.

milord [milɔr] *nm* -**1.** [en appellation] lord; **après vous, ~** after you, my lord. -**2.** *fam vieilli* [homme riche] toff; **donnant des ordres à tout le monde comme un ~** ordering everyone about as if he was God. -**3.** [véhicule] victoria.

mi-lourd [milur] (*pl* **mi-lourds**) *adj m* & *nm* light heavyweight.

mime [mim] ◇ *nmf* -**1.** [artiste] mime (artist). -**2.** [imitateur] mimic.
◇ *nm* -**1.** [art] mime; **faire du ~** to be a mime (artist); **un spectacle de ~** a mime show. -**2.** [action de mimer] miming *(U)*.

mimer [3] [mime] *vt* -**1.** THÉÂT to mime; **le jeu consiste à ~ des titres de films** the idea of the game is to mime film titles. -**2.** [imiter] to mimic.

mimétique [mimetik] *adj* BIOL & THÉÂT mimetic.

mimétisme [mimetism] *nm* -**1.** BIOL mimicry, mimesis. -**2.** [imitation] mimicry, mimicking; **le nouveau-né sourit à sa mère par ~** a new-born baby mimics its mother's smile.

mimi [mimi] ◇ *adj inv fam* [mignon] lovely, sweet, cute.
◇ *nm* -**1.** *langage enfantin* [chat] pussy, pussycat. -**2.** *fam* [bisou] kiss; [caresse] cuddle, hug. -**3.** *fam* [terme d'affection] (little) darling OU sweetie OU honey; **qu'est-ce qui ne va pas, mon ~?** what's wrong, sweetie-pie?

mimique [mimik] *nf* -**1.** [gestuelle] gesture; **il fit une ~ de désespoir** he made a despairing gesture. -**2.** [grimace] facial expression; **il a fait une curieuse ~** he made a funny face, he put on a comic expression.

mimodrame [mimɔdram] *nm* dumb show.

mimolette [mimɔlɛt] *nf* mimolette (cheese).

mi-mollet [mimɔlɛ]
◆ **à mi-mollet** *loc adv* [à partir - du bas] up to the calf; [- du haut] down to the calf; **bottes à ~** calf-length boots; **robe à ~** midi dress.

mimologie [mimɔlɔʒi] *nf* (art of) mimicry, imitation.

mimosa [mimɔza] *nm* -**1.** BOT mimosa. -**2.** CULIN: **œuf ~** egg mayonnaise *(topped with crumbled yolk)*.

mimosacée [mimɔzase] *nf* member of the Mimosaceae.

mi-moyen [mimwajɛ̃] (*pl* **mi-moyens**) *adj m* & *nm* welterweight.

min (*abr écrite de* **minute**) min.

min. (*abr écrite de* **minimum**) = min.

MIN *nm abr de* **marché d'intérêt national.**

minable [minabl] ◇ *adj* -**1.** [médiocre, laid - costume] shabby, tatty *Br*, tacky *Am*; [- chambre] dingy, crummy; [- film] third-rate, rotten, lousy; [- situation, salaire] pathetic. -**2.** [mesquin] petty, mean; **une petite vengeance ~** petty revenge. -**3.** [sans envergure] small-time, third-rate; **un escroc ~** a small-time crook.
◇ *nmf fam* nonentity, no-hoper, loser; **tu n'es qu'un ~!** you're so pathetic!; **pauvre ~, va!** you pathetic little nobody!

minablement [minabləmɑ̃] *adv* -**1.** [pauvrement] shabbily. -**2.** [lamentablement] pathetically, hopelessly; **ils ont échoué ~** they failed miserably.

minage [minaʒ] *nm* MIN & TRAV PUBL mining.

minaret [minarɛ] *nm* minaret.

minauder [3] [minode] *vi* to mince, to simper; **elle répondait aux questions en minaudant** she simpered her way through the questions; **arrête de ~!** don't be such a poser!

minauderie [minodri] *nf* -**1.** [préciosité] (show of) affectation. -**2.** [acte, propos] affectation.

minaudier, ère [minodje, ɛr] *adj* affected, simpering, mincing.

mince [mɛ̃s] ◇ *adj* -**1.** [sans épaisseur] thin; **une ~ couche de vernis** a thin layer of varnish; **une ~ tranche de bacon** a sliver OU a thin slice of bacon; **des lèvres ~s** thin lips; **un ~ filet d'eau** a tiny trickle of water ❑ **~ comme une feuille de papier à cigarette** paper-thin, wafer-thin. -**2.** [svelte] slim, slender; **être ~** to be slim OU slender ❑ **~ comme un fil** as thin as a rake. -**3.** [négligeable] slim, slender; **de ~s bénéfices** slender profits; **les preuves sont bien ~s** the evidence is rather slim; **ce n'est pas une ~ affaire** this is no trifling matter; **ce n'est pas une ~ responsabilité** it's no small responsibility; **un demi-chapitre sur la Révolution, c'est un peu ~** half a chapter on the French Revolution is a bit feeble; **une livre de viande pour quatre, c'est un peu ~** a pound of meat for four, that's cutting it a bit fine.
◇ *interj fam* crumbs *esp Br*, criminy *esp Am*; **~, les voilà!** crumbs *esp Br* OU criminy *esp Am*, here they are!; **~ alors, qui l'aurait cru!** blimey *Br* OU jiminy cricket *Am*, who'd have thought it!

minceur [mɛ̃sœr] *nf* -**1.** [sveltesse] slimness, slenderness; [finesse] slimness, thinness. -**2.** [insuffisance] weakness, feebleness; **la ~ d'un argument** the weakness OU flimsiness of an argument.

mincir [32] [mɛ̃sir] ◇ *vi* [personne] to get slimmer OU thinner; **elle essaie de ~** she's trying to slim.
◇ *vt* [suj: vêtement, couleur]: **cette robe te mincit** that dress makes you look slimmer.

mine [min] *nf* -**1.** [apparence] appearance, exterior; **sous sa ~ respectable** under her respectable exterior ❑ **faire ~ de: elle fit ~ de raccrocher, puis se ravisa** she made as if to hang up, then changed her mind; **ne fais pas ~ de ne pas comprendre** don't act as if OU pretend you don't understand; **~ de rien** *fam*: **~ de rien, ça finit par coûter cher** it may not seem much but when you add it all up, it's expensive; **~ de rien, elle était furieuse** although OU though she didn't show it, she was furious; **il est 4 h du matin, ~ de rien** it's hard to believe OU you wouldn't think it, but it's four in the morning. -**2.** [teint] : **avoir bonne ~** to look well; **avoir mauvaise ~** : **il a mauvaise ~** he doesn't look very well; **tu as bonne ~, avec ta veste à l'envers!** *fig* & *iron* you look great with your jacket on inside out!; **avoir une ~ superbe** to be the (very) picture of health; **avoir une sale ~** *fam* to look dreadful OU awful; **avoir une petite ~** *fam* to look peaky; **avoir une ~ de papier mâché** *fam* to look like death warmed up; **je lui trouve meilleure ~** I think she looks better OU in better health ‖ [visage, contenance] look, countenance *litt*; **avoir une ~ réjouie** to beam, to be beaming; **faire grise** OU **triste** OU **piètre ~** to pull *Br* OU to make a long face; **ne fais pas cette ~!** don't look so downhearted!; **faire bonne ~ à qqn** to greet sb warmly; **faire mauvaise ~ à qqn** to be cool with sb. -**3.** GÉOL deposit; [installations - de surface] pithead; [- en sous-sol] pit; **mon fils n'ira pas à la ~** my son isn't going down the mine OU pit ❑ **~ de charbon** OU **de houille** coal mine; **~ à ciel ouvert** opencast mine; **une ~ d'or** *pr* & *fig* a gold mine. -**4.** [source importante] : **une ~ de** a mine OU source of; **une ~ d'informations** a mine of information. -**5.** [d'un crayon] lead; **crayon à ~ grasse/dure** soft/hard pencil; **~ de plomb** graphite OU black lead. -**6.** MIL [galerie] mine, gallery, sap; [explosif] mine; **~ aérienne/sous-marine/terrestre** aerial/submarine/land mine; **~ télécommandée** radio-controlled mine. -**7.** [explosif] : **coup de ~** blast; **ouvrir une roche à coups de ~** to blast a rock; **exploitation à la ~** blasting.
◆ **mines** *nfpl* -**1.** [manières] : **il m'énerve à toujours faire des ~s** he irritates me, always simpering around. -**2.** GÉOG mining area, mines; ÉCON mining industry; **les Mines** ADMIN = the Department of Transport *Br*, = the Department of the Interior *Am*; ENS the (French) School of Mining Engineers.

miner [3] [mine] *vt* -**1.** [poser des mines] to mine; **'danger! zone minée'** 'beware of mines'. -**2.** [creuser] to undermine, to erode, to eat away (at OU into); **l'humidité a miné les fondations** the damp has eaten into the foundations. -**3.** [affaiblir] to undermine, to sap; **l'opposition cherche à ~ les efforts du gouvernement** the opposition is trying to undermine the government's work; **~ les forces/la santé de qqn** to sap sb's strength/health; **la froideur de son accueil m'a miné le moral** the cold reception he gave me sapped my spirits; **miné par le chagrin** consumed with OU worn down by grief.

minerai [minrɛ] *nm* ore; **~ de fer/d'uranium** iron/uranium ore; **~ marchand** OU **net** pure ore; **~ riche/pauvre** high-grade/low-grade ore; ~ **brut** crude ore; ~ **métallique** metalliferous OU metal-bearing ore.

minéral, e, aux [mineral, o] *adj* mineral.

◆ **minéral, aux** *nm* mineral.

minéralier [mineralje] *nm* ore carrier.

minéralier-pétrolier [mineraljepetrɔlje] (*pl* **minéraliers-pétroliers**) *nm* oil-ore carrier.

minéralisateur, trice [mineralizatœr, tris] *adj* mineralizing.

◆ **minéralisateur** *nm* mineralizer.

minéralisation [mineralizasjɔ̃] *nf* mineralization.

minéralisé, e [mineralize] *adj* mineralized; **eau faiblement ~e** water with a low mineral content.

minéraliser [3] [mineralize] *vt* [métal, eau] to mineralize; **eau faiblement minéralisée** water with a low mineral content.

minéralogie [mineralɔʒi] *nf* mineralogy.

minéralogique [mineralɔʒik] *adj* -**1.** GÉOL mineralogical. -**2.** AUT: **numéro ~** registration *Br* OU license *Am* number; **plaque ~** number-plate *Br*, license plate *Am*.

minéralogiste [mineralɔʒist] *nmf* mineralogist.

minéralurgie [mineralyrʒi] *nf* ore processing.

minerval, als [minɛrval] *nm Belg* school tuition fees.

minerve [minɛrv] *nf* MÉD neck brace, (surgical) collar.

Minerve [minɛrv] *npr* Minerva.

minervois [minɛrvwa] *nm* Minervois (wine).

minestrone [minɛstrɔn] *nm* minestrone.

minet, ette *fam* [minɛ, ɛt] *nm, f* -**1.** [jeune personne superficielle] (young) trendy. -**2.** [chat] puss, pussy, pussycat. -**3.** [terme d'affection] sweetie, sweetie-pie, honey.

◆ **minette** *nf* -**1.** MIN minette. -**2.** BOT (black) medic OU medick.

mineur, e [minœr] ◇ *adj* -**1.** [insignifiant] minor; **d'un intérêt ~** of minor interest. -**2.** JUR below the age of criminal responsibility; **enfants ~s** under age children, minors; **être ~** to be under age OU a minor. -**3.** MUS minor; **concerto en sol ~** concerto in G minor ❑ **accord parfait ~** minor chord. -**4.** HIST & RELIG: **un frère ~** a Friar Minor, a Franciscan; **ordres ~s** minor orders. -**5.** CARTES: **couleur ~e** minor suit. -**6.** LOGIQUE minor.

◇ *nm, f* JUR minor; **'interdit aux ~s'** 'adults only'; **délinquant ~** juvenile offender ❑ **détournement** OU **enlèvement de ~** abduction.

◆ **mineur** *nm* -**1.** [ouvrier] miner, mineworker; **famille de ~s** mining family; **grève/maladie des ~s** miners' strike/disease ❑ **~ continu** TECH continuous miner; **~ de fond** underground worker; **~ de houille** coalminer, collier *Br*. -**2.** MIL sapper, miner. -**3.** MUS: **en ~** in the minor mode OU key. -**4.** LOGIQUE minor term.

◆ **mineure** *nf* LOGIQUE minor premise.

mini [mini] ◇ *adj inv* [court]: **la mode ~** the mini-length OU thigh-length fashion.

◇ *nm* -**1.** COUT mini; **le ~ est de retour** minis OU miniskirts are back. -**2.** *fam* INF mini, minicomputer.

mini- [mini] *préf* mini-, small; **~bar** mini-bar; **~sondage** snap poll.

miniature [minjatyr] ◇ *adj* miniature; **un train ~** a model OU miniature train.

◇ *nf* -**1.** [modèle réduit] small-scale replica OU model. -**2.** BX-ARTS miniature.

◆ **en miniature** *loc adj* miniature (*avant n*); **c'est un jardin en ~** it's a model OU miniature garden.

miniaturisation [minjatyrizasjɔ̃] *nf* miniaturization.

miniaturiser [3] [minjatyrize] *vt* to miniaturize.

miniaturiste [minjatyrist] ◇ *adj*: **un peintre ~** a miniaturist.

◇ *nmf* miniaturist.

minibus [minibys], **minicar** [minikar] *nm* minibus.

Minicassette® [minikasɛt] ◇ *nf* (small) cassette.

◇ *nm* (small) cassette recorder.

minichaîne [miniʃɛn] *nf* mini (stereo) system.

minier, ère [minje, ɛr] *adj* mining.

◆ **minière** *nf arch* -**1.** [exploitation] opencast mining company. -**2.** [tourbière] peat bog.

minijupe [miniʒyp] *nf* miniskirt.

minima[1] [minima] *pl* → **minimum.**

minima[2] → **a minima.**

minimal, e, aux [minimal, o] *adj* -**1.** [seuil, peine] minimum (*avant n*); **température ~e** minimal OU minimum temperature. -**2.** MATH minimal.

minimalisation [minimalizasjɔ̃] *nf* minimalization.

minimaliser [3] [minimalize] *vt* to minimize.

minimalisme [minimalism] *nm* minismalism.

minimaliste [minimalist] *adj* & *nm* minimalist.

minime [minim] ◇ *adj* [faible] minimal, minor; **l'intrigue n'a qu'une importance ~** the plot is of only minor importance; **la différence est ~** the difference is negligible.

◇ *nmf* SPORT (school) Junior.

◇ *nm* RELIG Minim.

minimisation [minimizasjɔ̃] *nf* minimization, minimizing.

minimiser [3] [minimize] *vt* -**1.** [rôle] to minimize, to play down (*sép*); [risque] to minimize, to cut down (*sép*); **sans vouloir ~ sa contribution** without wishing to minimize OU underrate her contribution. -**2.** MATH to minimize.

minimum [minimɔm] (*pl* **minimums** OU **minima** [-ma]) ◇ *adj* minimum; **poids/service ~** minimum weight/service; **charge ~** ÉLECTR base OU minimum load; **mise de fonds ~** minimum stake; **prix ~** minimum OU bottom price; [aux enchères] reserve price.

◇ *nm* -**1.** [le plus bas degré] minimum; **températures proches du ~ saisonnier** temperatures approaching the minimum OU the lowest recorded for the season; **avant de partir, mets le chauffage au ~** before you leave, turn the heating down as low as it'll go; **réduisez la flamme au ~** turn the flame down as far as it will go; **j'ai réduit les matières grasses au ~** I've cut down on fats as much as possible, I've cut fats down to a minimum; **la rivière était à son ~** the river was at its lowest level ❑ **avoir le ~ vital** [financier] to be on subsistence level, to earn the minimum living wage; **ils n'ont même pas le ~ vital** they don't even have the bare minimum. -**2.** JUR [peine la plus faible]: **le ~** the minimum sentence. -**3.** [une petite quantité]: **un ~ (de) a minimum (of); tu en as vraiment fait un ~!** you really have done just the bare minimum!; **s'il avait un ~ de bon sens/ d'honnêteté** if he had a minimum of common sense/of decency. -**4.** MATH: **~ relatif** constraint minimum. -**5.** ÉCOL: **loi du ~** law of the minimum.

◇ *adv* minimum; **il fait 3° C ~** the temperature is 3° C minimum.

◆ **au minimum** *loc adv* [au moins] at the least; **deux jours au ~** at least two days, a minimum of two days.

mini-ordinateur [miniɔrdinatœr] (*pl* **mini-ordinateurs**) *nm* minicomputer.

minipilule [minipilyl] *nf* low dose (contraceptive) pill, minipill.

ministère [ministɛr] *nm* -**1.** POL [charge] ministry *Br*, administration *Am*; **entrer au ~** to take over as a minister, to take a position in the administration *Am*; **elle a refusé le ~ qu'on lui proposait** she turned down the government position she was offered; **sous le ~ de M. Thiers** under M. Thiers' ministry *Br* OU secretaryship *Am*, when M. Thiers was (the) minister. -**2.** [cabinet] government, ministry; **former un ~** to form a government. -**3.** [bâtiment] ministry *Br*, department (offices) *Am*; [département] ministry *Br*, department *Am*; **~ des Affaires étrangères** OU **des Relations extérieures** ≃ Ministry of Foreign Affairs, ≃ Foreign Office *Br*, ≃ State Department *Am*; **~ de la Défense** ≃ Ministry of Defence *Br*, ≃ Department of Defense *Am*; **~ de l'Économie et des Finances** ≃ Ministry of Finance, ≃ Treasury *Br*, ≃ Treasury Department *Am*; **~ de l'Environnement** *ministry responsible for legislation relating to environmental issues*; **~ de l'Intérieur** ≃ Ministry of the Interior, ≃ Home Office *Br*, ≃ Department of the Interior *Am*. -**4.** JUR: **par ~ d'huissier** served by a bailiff ❑ **~ public** ≃ (office of the) Director of Public Prosecutions *Br*. -**5.** RELIG ministry; **exercer un ~** to serve as minister, to perform one's ministry. -**6.** *sout* [entremise] agency; **proposer son ~** to offer to act as a mediator.

ministériel, elle [ministerjɛl] *adj* -**1.** [émanant d'un ministre] ministerial *Br*, departmental *Am*. -**2.** [concernant le gouvernement] ministerial *Br*, cabinet (*modif*).

ministrable [ministrabl] ◇ *adj* in line for a ministerial *Br* OU government position; **elle est ~** she's a likely candidate for a ministerial post *Br* OU a post in the administration *Am*.

◇ *nmf* potential minister *Br*, potential secretary of state.

ministre [ministr] *nm* -**1.** POL minister *Br*, secretary *Am*; **~ des Affaires étrangères** OU **des Relations extérieures** ≃ Minister of Foreign Affairs, ≃ Foreign Secretary *Br*, ≃ Secretary of State *Am*; **~ de la Culture** ≃ Minister for the Arts *Br*; **~ de la Culture et de la Communication** Minister of Culture and Communication; **~ de l'Économie et des Finances** ≃ Finance Minister, ≃ Chancellor of the Exchequer *Br*, ≃ Secretary of the Treasury *Am*; **~ d'État** minister *Br*, secretary of state; **~ de l'Intérieur** ≃ Minister of the Interior, ≃ Home Secretary *Br*, ≃ Secretary of the Interior *Am*; **~ de la Justice** ≃ Minister of Justice, ≃ Lord (High) Chancellor *Br*, ≃ Attorney General *Am*; **~ sans portefeuille** minister without portfolio; **Premier ~** Prime Minister ‖ [ambassadeur]: **~ plénipotentiaire (auprès de)** minister plenipotentiary (to). -**2.** RELIG [pasteur]: **~ du culte** minister.

Minitel® [minitɛl] *nm* viewdata service, ≃ Prestel® *Br*, ≃ Minitel® *Am*; **sur ~** on viewdata, on Prestel® *Br*, on Minitel® *Am* ❑ **~ rose** erotic viewdata service.

MINITEL:

The domestic viewdata service run by France Télécom has become a familiar part of French life. The basic monitor and keyboard are given free of charge, and the subscriber is charged for the services used on his or her ordinary telephone bill. The subscriber dials a four-figure number (typically 3615); a code word then gives access to the particular service required. Some Minitel services are purely informative (the weather, road conditions, news etc); others are interactive (enabling users to carry out bank transactions, book tickets for travel or, on the "Minitel rose", to look for companionship, for example). The Minitel also serves as an electronic telephone directory.

---

minitéliste [minitelist] *nmf* Minitel user.

minium [minjɔm] *nm* -**1.** CHIM red lead, minium. -**2.** [peinture] red lead paint.

Minneapolis [mineapɔlis] *npr* Minneapolis.

Minnesota [minezɔta] *npr m*: **le ~** Minnesota.

minoen, enne [minɔɛ̃, ɛn] *adj* Minoan.

◆ **minoen** *nm* Minoan period.

minois [minwa] *nm* (sweet little) face.

minorant, e [minɔrɑ̃, ɑ̃t] *adj* MATH minorant.

◆ **minorant** *nm* [d'un ensemble] lower bound; [d'une série] minorant series.

minoration [minɔrasjɔ̃] *nf* -**1.** [baisse] reduction, cut; **une ~ de 5 % du tarif de base** a 5% cut in the basic rate; **procéder à une ~ des loyers** to reduce OU to lower rents. -**2.** [minimisation] minimizing.

minorer [3] [minɔre] *vt* -**1.** [baisser] to reduce, to cut, to mark down; **~ les prix de 2 %** to cut prices by 2%. -2. [minimiser] to understate the importance of.

minoritaire [minɔritɛr] ◇ *adj* -1. [moins nombreux] minority *(modif)*; **parti ~** minority party; **les femmes sont ~s dans cette profession** women are a minority in this profession. -2. [non reconnu] minority *(modif)*; **opinion ~** minority opinion.
◇ *nmf* member of a minority (group); **les ~s** the minority.

minorité [minɔrite] *nf* -1. [le plus petit nombre] minority; **une ~ de** a minority of; **dans une ~ de cas** in a minority of cases. -2. [groupe] minority (group); **~ nationale** national minority. -3. [âge légal] minority; JUR nonage; **pendant sa ~** before he came of age, while he was under age. -4. ÉCON: **~ de blocage** blocking minority.
◆ **en minorité** ◇ *loc adj* in a OU the minority; **nous sommes en ~** we're in a minority.
◇ *loc adv*: **mettre le gouvernement en ~** to force the government into a minority.

Minorque [minɔrk] *npr* Minorca; **à ~** in Minorca.

minorquin, e [minɔrkɛ̃, in] *adj* Minorcan.
◆ **Minorquin, e** *nm, f* Minorcan.

Minotaure [minɔtɔr] *npr m*: **le ~** the Minotaur.

minoterie [minɔtri] *nf* -1. [lieu] flourmill. -2. [activité] flour-milling.

minotier [minɔtje] *nm* miller, (flour) millowner.

minou *fam* [minu] *nm* -1. [chat] pussy, pussycat; **~! ~! ~!** puss! puss!, kitty! kitty! -2. [chéri] (little) darling OU sweetie OU honey.

minque [mɛ̃k] *nf Belg covered fish market.*

Minsk [minsk] *npr* Minsk.

minuit [minɥi] *nm* -1. [milieu de la nuit] midnight. -2. [heure] midnight, twelve midnight, twelve o'clock (at night); **il est ~** it's twelve (midnight), it's midnight; **il est ~ passé** it's after OU past midnight; **~ et quart** a quarter past twelve OU past midnight; **~ moins vingt** twenty to twelve OU to midnight; **à ~** at midnight, at twelve o'clock (at night); **vers ~, vers les ~** about twelve OU midnight; **sur le coup de ~** on the stroke of twelve OU of midnight; **~, l'heure du crime!** midnight, the witching hour!
◆ **de minuit** *loc adj* [messe, informations, soleil] midnight *(modif)*.

minus *fam* [minys] *nm* -1. [nabot] midget, shortie, runt. -2. [incapable] no-hoper *esp Br*, nobody; **c'est un ~** he's a (born) loser.

minuscule [minyskyl] ◇ *adj* -1. [très petit] minute, minuscule, tiny; **des bestioles ~s** tiny OU microscopic creatures; **elle est ~ à côté de lui** she's minute OU tiny compared with him. -2. IMPR: **un b ~** a small b ❑ **lettre** OU **caractère ~** small OU lower-case letter.
◇ *nf* small letter; IMPR lower-case letter; **écrire en ~s** to write in small letters.

minus habens [minysabɛ̃s] *nmf inv sout & péj* halfwit.

minutage [minytaʒ] *nm* timing.

minute [minyt] ◇ *nf* -1. [mesure - du temps] minute; **il est parti depuis une bonne ~** he's been gone for a minute or two now; **les ~s passent vite** time flies; **les ~s sont longues** time drags by; **une ~ de silence** a minute's silence, a minute of silence; **chaque ~ compte** every minute counts; **il n'y a pas une ~ à perdre** there's not a minute to lose; **à la ~ près** on the dot, right on time; **on n'est pas à la ~ près** OU **à la ~!** *fam* there's no hurry!; **à deux ~s (de voiture/de marche) de chez moi** two minutes' (drive/walk away) from my house. -2. [moment] minute, moment; **revenez dans une petite ~** come back in a minute OU moment (or two); **il y a une ~** OU **il n'y a pas même une ~, tu disais tout le contraire** just a minute OU moment ago, you were saying the very opposite; **de ~ en ~** by the minute; **je n'ai pas une ~ à moi** I haven't got a minute OU moment to myself; **as-tu une ~? j'ai à te parler** do you have a minute? I have to talk to you ❑ **la ~ de vérité** the moment of truth. -3. *(comme adj inv)* [instantané]: **nettoyage ~** same-day cleaning; **talon ~** heel bar *Br*, on-the-spot shoe repair; **steak ~** minute steak. -4. GÉOM minute. -5. JUR original *(of a deed)*. -6. PRESSE: **Minute** *weekly newspaper with extreme right-wing tendencies.*
◇ *interj fam* wait a minute OU moment; **~, je n'ai pas dit ça!** hang on OU wait a minute, I never said that! ❑ **~, papillon!** hold your horses!, not so fast!
◆ **à la minute** *loc adv* -1. [il y a un instant] a moment ago; **elle est sortie à la ~** she's just this minute gone out. -2. [sans attendre] this minute OU instant; **je veux que ce soit fait à la ~** I want it done this instant. -3. [toutes les 60 secondes] per minute; **45 tours à la ~** 45 revolutions a OU per minute.
◆ **d'une minute à l'autre** *loc adv* any time; **il sera là d'une ~ à l'autre** he'll be arriving any minute, he won't be a minute; **les choses peuvent changer d'une ~ à l'autre** things may change at any moment.

minuter [3] [minyte] *vt* [spectacle, cuisson] to time; **sa journée de travail est soigneusement minutée** she works to a very tight OU strict schedule.

minuterie [minytri] *nf* -1. ÉLECTR time switch; **il y a une ~ dans l'escalier** the stair light is on a time switch. -2. [d'une horloge] motion work; [d'un compteur] counter mechanism. -3. [minuteur] timer.

minuteur [minytœr] *nm* AUDIO & ÉLECTR timer.

minutie [minysi] *nf* meticulousness, thoroughness; **remarquez la ~ des broderies sur ce tissu** notice the intricacy of the embroidery on this material; **avec ~** in minute detail; **travailler avec ~** to work meticulously.

minutier [minytje] *nm* JUR (lawyer's) minute book; **~ central** *archives for ancient records,* ≃ Public Records Office *Br*.

minutieusement [minysjøzmɑ̃] *adv* -1. [avec précision] meticulously, carefully. -2. [en détail] in minute detail.

minutieux, euse [minysjø, øz] *adj* -1. [consciencieux] meticulous, thorough; **déjà enfant, il était très ~** even as a child, he used to do everything with great thoroughness. -2. [méticuleux] meticulous, detailed, thorough; **enquête/recherche minutieuse** thorough investigation/research.

miocène [mjɔsɛn] ◇ *adj* Miocene.
◇ *nm*: **le ~** Miocene (period).

mioche *fam* [mjɔʃ] *nmf* kid, nipper *Br*.

mirabelle [mirabɛl] *nf* [fruit] mirabelle (plum); [liqueur] mirabelle *(plum brandy)*.

mirabellier [mirabelje] *nm* mirabelle plum tree.

mirabilis [mirabilis] *nm* four o'clock, marvel of Peru.

miracle [mirakl] *nm* -1. [intervention divine] miracle; **sa guérison tient du ~** his recovery is (nothing short of) a miracle. -2. [surprise] miracle, marvel; **et le ~ se produisit, l'enfant parla enfin** and the miracle happened, the child at last spoke; **des fraises en plein décembre, vous avez fait des ~s!** strawberries in the middle of December, you've done OU worked miracles!; **le ~ de l'amour** the miracle OU wonder of love; **les ~s de la science** the wonders OU marvels of science; **~ économique** economic miracle; **un ~ de: le deuxième mouvement est un ~ de délicatesse** the second movement is wonderfully delicate. -3. THÉÂT miracle play. -4. *(comme adj; avec ou sans trait d'union)* miracle *(modif)*, wonder *(modif)*; **médicament ~** miracle OU wonder drug; **la solution-~ à vos problèmes de rangement** the miracle solution to your storage problems.
◆ **par miracle** *loc adv* by a OU some miracle, miraculously; **le lendemain, comme par ~, le cerisier était tout rose** the next day, as if by miracle, the cherry tree was pink all over; **mais par ~ j'avais pensé à fermer le gaz** but, miraculously OU amazingly enough, I'd remembered to turn off the gas.

miraculé, e [mirakyle] ◇ *adj* [d'une maladie] miraculously cured; [d'un accident] miraculously saved.
◇ *nm, f* -1. RELIG: **c'est un ~ de Lourdes** he was miraculously cured at Lourdes. -2. [survivant] miraculous survivor; **une des rares ~es du tremblement de terre** one of the few (people) who miraculously survived the earthquake.

miraculeusement [mirakyløzmɑ̃] *adv* miraculously, (as if) by a OU some miracle.

miraculeux, euse [mirakylø, øz] *adj* -1. [qui tient du miracle] miraculous, miracle *(modif)*; **cela n'a rien de ~!** there's nothing miraculous OU special about it! -2. [très opportun] miraculous, wonderful. -3. [prodigieux] miraculous, miracle *(modif)*; **produit/sauvetage ~** miracle product/rescue.

mirador [miradɔr] *nm* -1. ARCHIT mirador. -2. MIL watchtower, mirador.

mirage [miraʒ] *nm* -1. [illusion optique] mirage. -2. *sout* [chimère] mirage, delusion; **je m'étais laissé prendre au ~ de l'amour** I had fallen for the illusion of perfect love. -3. [d'un œuf] candling.

mire [mir] *nf* -1. ARM: **cran de ~** backsight (notch); **point de ~** *pr* aim, target; **pendant les Jeux, la ville sera le point de ~ du monde entier** *fig* the eyes of the world will be on the city during the Games. -2. [d'un téléviseur] TV test card, test pattern *spéc*. -3. TECH [pour niveler] levelling rod OU staff; **~ parlante** target rod.

mire-œufs [mirø] *nm inv* candling light.

mirepoix [mirpwa] *nf* mirepoix.

mirer [3] [mire] *vt* -1. [œuf] to candle. -2. *litt* [voir se refléter]: **le saule mire ses branches dans la rivière** the willow branches are reflected OU mirrored in the river.
◆ **se mirer** ◇ *vp (emploi réfléchi) litt* [se regarder] to gaze at o.s.
◇ *vpi* [se refléter] to be mirrored OU reflected; **les saules se miraient dans le lac** the willows were mirrored in the lake.

mirettes▽ [mirɛt] *nfpl* eyes.

mirifique [mirifik] *adj hum* fabulous, amazing, staggering.

mirliton [mirlitɔ̃] *nm* -1. MUS kazoo, mirliton; **une musique de ~** second-rate music. -2. MIL shako.

miro *fam* [miro] ◇ *adj* [myope] short-sighted; **sans mes lunettes, je suis complètement ~** I'm as blind as a bat without my glasses.
◇ *nmf* short-sighted (person).

mirobolant, e *fam* [mirɔbɔlɑ̃, ɑ̃t] *adj* [mirifique] fabulous, stupendous, amazing; **carrière ~e** fabulous career; **il touche un salaire ~** he earns an absolute fortune; **des promesses ~es** extraordinary OU grandiose promises.

miroir [mirwar] *nm* -1. [verre réflecteur] mirror; **~ déformant/grossissant** distorting/magnifying mirror; **~ à main/à barbe** hand/shaving mirror; **~ aux alouettes** CHASSE decoy; *fig* trap for the unwary; **~ de courtoisie** AUT vanity mirror. -2. *litt* [surface unie] mirror-like surface; **le ~ des eaux** the mirror-like surface of the water. -3. *litt* [image, reflet] mirror, reflection; **les yeux sont le ~ de l'âme** the eyes are the windows of the soul. -4. MÉD: **~ frontal** head mirror. -5. HORT: **~ d'eau** ornamental lake. -6. AÉRON: **~ d'appontage** landing mirror. -7. ENTOM [papillon] silver-spotted skipper moth. -8. NUCL: **~ magnétique** magnetic mirror. -9. GÉOL: **~ de faille** slickenslide.

miroitant, e [mirwatɑ̃, ɑ̃t] *adj* -1. [luisant] glistening, gleaming. -2. [chatoyant] shimmering.

miroité, e [mirwate] *adj* [cheval, robe] dappled.

miroitement [mirwatmɑ̃] *nm* -1. [lueurs] glistening, gleaming. -2. [chatoiement] shimmering.

miroiter [3] [mirwate] *vi* -1. *sout* [luire] to glisten, to gleam. -2. *fig*: **faire ~ qqch à qqn** to (try and) lure sb with the prospect of sthg; **on lui a**

fait ~ une augmentation they dangled the prospect of a rise before him.

miroiterie [mirwatri] *nf* -**1.** [industrie] mirror industry. -**2.** [commerce] mirror trade. -**3.** [fabrique] mirror factory.

miroitier [mirwatje] *nm* -**1.** [ouvrier] mirror cutter, silverer. -**2.** [fabricant] mirror manufacturer. -**3.** [vendeur] mirror dealer.

miroton [mirɔtɔ̃], **mironton** [mirɔ̃tɔ̃] *nm*: (bœuf) ~ sliced beef and onion stew *(in white wine)*.

mis, e[1] [mi, miz] *adj* -**1.** [vêtu]: bien ~ well dressed, nicely turned out. -**2.** ÉQUIT [dressé]: cheval bien/mal ~ well-trained/badly-trained horse.

Mis *abr écrite de* Marquis.

misaine [mizɛn] *nf*: mât de ~ foremast; (voile de) ~ foresail.

misandre [mizɑ̃dr] ◇ *adj* misandrous, misandrist, man-hating.
◇ *nmf* misandrist, man-hater.

misandrie [mizɑ̃dri] *nf* misandry, hatred of men.

misanthrope [mizɑ̃trɔp] ◇ *adj* misanthropic.
◇ *nmf* misanthrope, misanthropist; 'le Misanthrope' *Molière* 'The Misanthrope'.

misanthropie [mizɑ̃trɔpi] *nf* misanthropy.

misanthropique [mizɑ̃trɔpik] *adj* misanthropic.

miscibilité [misibilite] *nf* miscibility.

miscible [misibl] *adj* miscible.

mise[2] [miz] *nf* -**1.** JEUX stake; augmenter la ~ to up the stakes; doubler sa ~ to double one's stake. -**2.** *sout* [tenue] attire, dress; soigner sa ~ to take care over one's appearance. -**3.** *Helv* [vente] auction (sale). -**4.** [dans des expressions]: ~ à: ~ à l'abri *pr* sheltering; *fig* putting in a safe place; ~ à l'affiche [d'un film] screening; [d'un concert, d'une pièce] putting on, billing; ~ à l'eau NAUT launch; ~ à exécution carrying out, implementation; avec ~ à exécution immédiate to be carried out immediately; ~ à feu ARM firing; ASTRONAUT blast-off, launch; MIN & TECH firing, ignition; ~ à l'heure setting (to the right time); ~ à jour updating; INF maintenance; ~ à la masse earthing *Br*, grounding *Am*; ~ à mort [gén] putting to death; [en tauromachie] execution; CHASSE kill, mort *spéc*; au moment de la ~ à mort at the kill; ~ à neuf renovation; ~ à pied [disciplinaire] suspension; [économique] laying off; ~ à la retraite pensioning off; ~ à sac [d'une ville] sacking; [d'un appartement] ransacking; ~ au: ~ au courant informing; ~ au monde birth; ~ au pas ÉQUIT reining in (to a walk); [d'une personne, de l'économie] bringing into line; ~ au propre making a fair copy OU tidying up *(of a document)*; ~ au tombeau entombment; ~ de: ~ de fonds capital outlay; ~ de fonds initiale [pour un achat] initial outlay; [pour monter une affaire] initial investment, seed money; ~ en: ~ en accusation indictment; ~ en application implementation; ~ en attente postponing, shelving; INF & TÉLÉC hold; ~ en bière placing in the coffin; ~ en boîte CIN & RAD editing; être la victime d'une ~ en boîte *fam fig* to have one's leg pulled; ~ en bouteilles bottling; ~ en branle starting up, getting going; ~ en cause [d'une personne] implication; [d'une idée] calling into question; ~ en circulation FIN issue; ~ en communication pooling; ~ en condition [du corps] getting fit; [de l'esprit] conditioning; ~ en conserve canning; ~ en demeure injunction, formal notification; ~ en disponibilité leave of absence; ~ en doute putting into doubt, questioning; ~ en eau [installation du système] installation of water; [ouverture des robinets] switching on of water; [remplissage] filling; ~ en état JUR preparation for hearing; [d'un engin] getting into working order; [d'un local] renovation; ~ en examen JUR indictment; ~ en forme [d'un chapeau] shaping; INF formatting; IMPR imposition; SPORT fitness training; ~ en garde warning; ~ en jeu FTBL throw-in; *fig* bringing into play; ~ en liberté release; ~ en liberté provisoire release on bail; ~ en marche starting up; ~ en mémoire INF storing OU saving (in the memory); ~ en mouvement setting in motion; ~ en œuvre implementation, bringing into play; ~ en ondes RAD production; ~ en orbite putting into orbit; ~ en ordre [d'un local] tidying up; INF [d'un fichier] sequencing; [d'un programme] housekeeping; MATH ordering; ~ en place setting up, organization; ~ en question questioning, challenging; ~ en route starting up; ~ en séquence sequencing; ~ en service putting into service, bringing into operation; ~ en terre burial; ~ en train [d'un projet] starting up; SPORT warming up; [d'une soirée] breaking the ice; ~ en valeur [d'un sol, d'une région] development; [de biens] improvement; [de qualités] setting off, enhancement; ~ en vente (putting up for) sale; ~ en vigueur bringing into force, enforcement; ~ hors: ~ hors circuit ÉLECTR disconnection; TECH disabling; la ~ hors circuit du champion *fam fig* knocking the champion out of the race; ~ hors la loi outlawing; ~ hors service placing out of service; ~ sous: ~ sous surveillance putting under surveillance; ~ sous tension supplying with electricity; ~ sur: ~ sur écoutes (phone) tapping; ~ sur pied setting up.
◆ **de mise** *loc adj* appropriate; ta colère n'est plus de ~ your anger is out of place now, there's no point in your being angry any more.
◆ **mise à prix** *nf* reserve *Br* OU upset *Am* price.
◆ **mise au point** *nf* -**1.** OPT & PHOT focusing, focussing. -**2.** TECH tuning, adjustment. -**3.** INF trouble-shooting, debugging. -**4.** *fig* clarification, correction; après cette petite ~ au point now that the record has been set straight.
◆ **mise en page(s)** *nf* -**1.** IMPR make-up, making up. -**2.** INF editing; je n'aime pas la ~ en page de la revue I don't like the layout of the review.
◆ **mise en plis** *nf* set.
◆ **mise en scène** *nf* CIN & THÉÂT production; son remords n'était que de la ~ en scène *fig* his remorse was only an act.

Mise *abr écrite de* Marquise.

miser [3] [mize] ◇ *vt* [parier] to stake, to bet; j'ai misé 50 francs sur le numéro 29 I've staked 50 francs on number 29.
◇ *vi Helv* [acheter] to buy *(at an auction sale)*; [vendre] to put up for auction.
◆ **miser sur** *v + prép* -**1.** JEUX [cheval] to bet on, to back; [numéro] to bet on ❑ ~ sur les deux tableaux to back both horses, to hedge one's bets. -**2.** [compter sur - quelque chose] to bank OU to count on *(insép)*; [- quelqu'un] to count on *(insép)*; elle mise sur le succès de son livre pour s'acheter une maison she's banking on her book being a success to buy a house; il vaut mieux ne pas ~ sur lui we'd better not count on him.

misérabilisme [mizerabilism] *nm* miserabilism.

misérabiliste [mizerabilist] *adj* & *nmf* miserabilist.

misérable [mizerabl] ◇ *adj* -**1.** *(tjrs après le n)* [sans ressources] impoverished, poverty-stricken, poor; tout le pays est ~ the whole country is wretchedly OU miserably poor. -**2.** [pitoyable] pitiful, miserable, wretched; elle me fit le récit de sa ~ existence she told me the tale of her wretched life. -**3.** [insignifiant] miserable, paltry; travailler pour un salaire ~ to work for a pittance.
◇ *nmf* -**1.** *sout* OU *hum* [malheureux]: ~, qu'as-tu fait là! what have you done, you wretch! -**2.** *litt* [miséreux] pauper, wretch. -**3.** [canaille] (vile) rascal OU scoundrel.

misérablement [mizerabləmɑ̃] *adv* -**1.** [pauvrement] in poverty, wretchedly. -**2.** [lamentablement] pitifully, miserably, wretchedly.

misère [mizɛr] ◇ *nf* -**1.** [indigence] poverty, destitution; être dans la ~ to be destitute OU poverty-stricken; vivre dans la ~ to live in poverty; ~ dorée splendid poverty; être réduit à la ~ to be reduced to poverty ❑ il se jeta sur la nourriture comme la ~ sur le monde *hum* he went at the food like a starving man OU like a wolf on its prey. -**2.** *fig* poverty; il y avait une grande ~ culturelle pendant la dictature there was great cultural poverty under the dictatorship; ~ sexuelle sexual misery. -**3.** [malheur]: c'est une ~ de les voir se séparer it's pitiful OU it's a shame to see them break up. -**4.** [somme dérisoire] pittance; gagner une ~ to earn a pittance; je l'ai eu pour une ~ I got OU bought it for next to nothing. -**5.** MÉD: ~ physiologique (serious) malnutrition.
◇ *interj hum*: ~ de moi! woe is me!
◆ **misères** *fam nfpl* [ennuis]: les petites ~s de la vie conjugale the little upsets of married life; faire des ~s à qqn to give sb a hard time, to make sb's life a misery; ne fais pas de ~s à ce chien! stop tormenting that dog!
◆ **de misère** *loc adj*: un salaire de ~ a starvation wage, a pittance.

miséreux, euse [mizerø, øz] ◇ *adj vieilli* [pauvre] poverty-stricken, destitute.
◇ *nm, f sout* poor person, pauper *vieilli*; aider OU secourir les ~ to help the poor.

miséricorde [mizerikɔrd] *nf litt* -**1.** [pitié] mercy, forgiveness; implorer ~ to beg OU to cry for mercy ❑ ~ divine divine mercy; ~! *vieilli* OU *hum* heaven help us!, mercy on us! -**2.** [siège] misericord, misericorde.

miséricordieux, euse [mizerikɔrdjø, øz] *adj litt* merciful, forgiving; être ~ envers qqn to show mercy towards sb; soyez ~ have mercy.

misogyne [mizɔʒin] ◇ *adj* misogynous, misogynistic.
◇ *nmf* misogynist, woman-hater.

misogynie [mizɔʒini] *nf* misogyny.

miss [mis] *(pl inv* OU *misses* [mis]) *nf* -**1.** [gouvernante] governess. -**2.** *fam hum*: ça va, la ~? how's things, beauty?
◆ **Miss** *nf inv* [reine de beauté]: Miss Japon/Monde Miss Japan/World.

missel [misɛl] *nm* missal.

missile [misil] *nm* missile; ~ antichar/antiaérien antitank/antiaircraft missile; ~ intercontinental/stratégique/de croisière intercontinental/strategic/cruise missile; ~ sol-sol/air-air ground-to-ground/air-to-air missile; ~ antimissile antimissile missile; ~ Pershing Pershing missile; ~ tactique tactical missile.

missilier [misilje] *nm* missile-operating personnel, missileman.

mission [misjɔ̃] *nf* -**1.** [charge] mission, assignment; ~ accomplie mission accomplished; recevoir pour ~ de faire qqch to be commissioned to do sthg; il est en ~ au Canada he's in Canada on an assignment ❑ ~ de bons offices goodwill mission; ~ de reconnaissance MIL reconnaissance mission; être en ~ de reconnaissance to be on reconnaissance duty. -**2.** [devoir] mission, task; la ~ de notre organisation est de défendre les droits de l'homme our organization's mission is to defend human rights; la ~ du journaliste est d'informer a journalist's task is to inform. -**3.** [groupe] mission; ~ diplomatique diplomatic mission; ~ scientifique/commerciale scientific/trade mission. -**4.** RELIG [organisation] mission; ~s étrangères foreign missions ‖ [lieu] mission (station); il y a un hôpital dans la ~ there's a hospital at the mission.

missionnaire [misjɔnɛr] ◇ *adj* missionary; la vocation ~ the vocation of a missionary.
◇ *nmf* missionary.

Mississippi [misisipi] *npr m* -**1.** [fleuve]: le ~ the Mississippi (River). -**2.** [État]: le ~ Mississippi.

missive [misiv] ◇ *adj* missive.
◇ *nf sout* missive.

Missolonghi [misɔlɔ̃gi] *npr* Missolonghi.

Missouri [misuri] *npr m*: le ~ Missouri.

mistigri [mistigri] *nm* -**1.** *fam* [chat] puss. -**2.** CARTES jack OU knave *esp Br* of clubs.

mistoufle▽ [mistufl] *nf vieilli* -**1.** [misère]: être dans la ~ to be down at heel. -**2.** [méchanceté]: faire des ~s à qqn to play dirty tricks on sb.

Mistra [mistra] *npr* Mistra.

mistral [mistral] *nm* mistral.

mitaine [mitɛn] *nf* (fingerless) mitt; *Can & Helv* [moufle] mitten.

mitan [mitɑ̃] *nm vieilli* -1. [centre] middle, centre. -2. *arg crime* underworld.

mitard [mitar] *nm arg crime* [cachot] can, clink; **être au ~** to be in solitary confinement OU in solitary.

mite [mit] *nf* -1. [papillon] (clothes) moth; **rongé par les** OU **aux ~s** moth-eaten. -2. [ciron]: **~ du fromage** cheese-mite.

mité, e [mite] *adj* moth-eaten.

mi-temps [mitɑ̃] ◇ *nf inv* SPORT -1. [moitié] half; **la première ~** the first half. -2. [pause] halftime; **le score est de 0 à 0 à la ~** the halftime score is nil nil; **siffler la ~** to blow the whistle for halftime.
◇ *nm inv* part-time job; **chercher un ~** to look for a part-time job; **faire un ~** to work part-time.
◆ **à mi-temps** ◇ *loc adj* part-time; **travailleur à ~** part-timer, part-time worker.
◇ *loc adv*: **elle travaille à ~ comme serveuse** she's a part-time waitress.

miter [3] [mite]
◆ **se miter** *vpi* to become moth-eaten.

miteux, euse *fam* [mitø, øz] ◇ *adj* [costume] shabby, tatty *Br*, tacky *Am*; [chambre] dingy, crummy; [situation, salaire] pathetic; **un hôtel ~** a crummy hotel; **un (petit) escroc ~** a small-time crook.
◇ *nm, f* [incapable] nonentity, loser, no-hoper *Br*; [indigent] bum, dosser *Br*.

Mithridate [mitridat] *npr* Mithridates.

mitigation [mitigasjɔ̃] *nf* mitigation; **~ d'une peine** mitigation of a sentence.

mitigé, e [mitiʒe] *adj* -1. [peu favorable] mixed; **des critiques ~es** mixed reviews. -2. [modéré]: **manifester un enthousiasme ~** to be reserved in one's enthusiasm; **j'avais des sentiments ~s à son égard** I had mixed feelings about him. -3. **~ de** [adouci par] mitigated OU qualified by; **des éloges ~s de critiques** praise qualified by criticism.

mitiger [17] [mitiʒe] *vt vieilli* to mitigate; **~ qqch de** to mix OU to temper sthg with; **ayant mitigé ses critiques de quelques compliments** having tempered his criticism with a few words of praise.

mitigeur [mitiʒœr] *nm* mixer tap *Br* OU faucet *Am*; **~ de douche** shower mixer.

mitochondrie [mitɔkɔ̃dri] *nf* mitochondrion.

mitonner [3] [mitɔne] ◇ *vt* -1. CULIN to simmer, to slow-cook; **bœuf mitonné** stewed beef, beef stew; **je vous ai mitonné une petite recette à moi** I've cooked you one of my tasty little recipes. -2. [coup, plan] to plot; **j'ai bien mitonné ma vengeance** I carefully plotted my revenge. -3. *litt*: **~ qqn** to cosset OU to pamper sb.
◇ *vi* CULIN to simmer, to stew gently; **laissez ~ la viande** leave the meat to simmer.

mitose [mitoz] *nf* mitosis.

mitoyen, enne [mitwajɛ̃, ɛn] *adj* -1. [commun] common, shared; **puits ~ entre les deux maisons** well shared by OU common to the two houses. -2. [jouxtant] bordering, neighbouring; **les deux champs sont ~s** the two fields are adjacent to each other; **le jardin ~ du nôtre** the garden (immediately) next to ours, the neighbouring garden (to ours). -3. [en copropriété] commonly-owned, jointly-owned; **mur ~** party wall.

mitoyenneté [mitwajɛnte] *nf* -1. [copropriété] common OU joint ownership. -2. [contiguïté] adjacency.

mitraillade [mitrajad] *nf* volley of shots.

mitraillage [mitrajaʒ] *nm* MIL machine-gunning.

mitraille [mitraj] *nf* -1. MIL grapeshot; [décharge] volley of shots. -2. MÉTALL scrap metal OU iron. -3. *fam* [monnaie] small OU loose change.

mitrailler [3] [mitraje] *vt* -1. MIL to machine-gun. -2. *fam* [photographier] to snap (away) at; **~ qqn de questions** *fig* to fire questions at sb, to bombard sb with questions. -3. MÉTALL to scrap.

mitraillette [mitrajɛt] *nf* submachine gun.

mitrailleur [mitrajœr] *nm* machine gunner; **~ d'avion** air gunner.

mitrailleuse [mitrajøz] *nf* machine gun; **~ d'avion** OU **d'aviation** aircraft machine gun; **~ légère/lourde** light/heavy machine gun; **~ de tourelle** mounted (turret) machine gun.

mitral, e, aux [mitral, o] *adj* mitral.

mitre [mitr] *nf* -1. RELIG mitre; **recevoir la ~** to be mitred. -2. CONSTR (chimney) cowl.

mitré, e [mitre] *adj* mitred.

mitron [mitrɔ̃] *nm* -1. [garçon pâtissier] pastry cook's apprentice OU boy; [garçon boulanger] baker's apprentice OU boy. -2. CONSTR chimney cowl seating OU head.

mi-voix [mivwa]
◆ **à mi-voix** *loc adv* in a low OU hushed voice, in hushed tones; **chanter à ~** to sing softly.

mixage [miksaʒ] *nm* AUDIO, RAD, TV & MUS mixing.

mixer[1] [3] [mikse] *vt* -1. CULIN [à la main] to mix; [au mixer] to blend, to liquidize. -2. MUS to mix.

mixer[2] [miksɛr], **mixeur** [miksœr] *nm* mixer, blender, liquidizer.

mixité [miksite] *nf* -1. [gén] mixed nature. -2. ENS coeducation, coeducational system.

mixte [mikst] ◇ *adj* -1. [des deux sexes] mixed; **classe ~** ENS mixed class; **école ~** mixed OU coeducational school; **équipe ~** mixed team ❑ **double ~** SPORT mixed doubles. -2. [de nature double] mixed; **économie/mariage ~** mixed economy/marriage; **action ~** JUR mixed action; **commission ~** joint commission; **peau ~** mixed skin type. -3. [à double usage]: **cuisinière ~** combined gas and electric cooker *Br* OU stove *Am*; **race bovine ~** milk-producing and meat-producing cattle breed; **train ~** freight and passenger train.
◇ *nm* SPORT mixed doubles match.

mixtion [miksjɔ̃] *nf* PHARM [action] blending, compounding; [médicament] mixture.

mixture [mikstyr] *nf* -1. CHIM & PHARM mixture. -2. [boisson ou nourriture] mixture, concoction; **on nous a servi une ~ infâme** they served a vile concoction.

MJC *nf abr de* **maison des jeunes et de la culture.**

ml (*abr écrite de* **millilitre**) ml.

MLF (*abr de* **Mouvement de libération de la femme**) *npr m women's movement*, ≃ NOW *Am*.

Mlle *abr écrite de* **Mademoiselle.**

mm (*abr écrite de* **millimètre**) mm.

MM. (*abr écrite de* **Messieurs**) Messrs.

Mme (*abr écrite de* **Madame**) [femme mariée] Mrs; [femme mariée ou célibataire] Ms.

mn (*abr écrite de* **minute**) min.

mnémonique [mnemɔnik] *adj* mnemonic; **procédé ou moyen ~** mnemonic.

mnémotechnie [mnemɔtɛkni] *nf* mnemonics (*sg*).

mnémotechnique [mnemɔtɛknik] ◇ *adj* mnemonic.
◇ *nf* = **mnémotechnie.**

mnésique [mnezik] *adj* mnemonic.

MNS *nm abr de* **maître nageur sauveteur.**

Mo -1. (*abr écrite de* **méga-octet**) Mb. -2. *abr écrite de* **métro.** -3. *abr écrite de* **main-d'oeuvre.**

mobile [mɔbil] ◇ *adj* -1. [qui se déplace - pont] moving; [- main-d'œuvre] mobile; **panneau ~** sliding panel ‖ [amovible] movable, removable; **trois étagères ~s et deux fixes** three movable OU removable shelves and two fixed ones; **carnet à feuilles ~s** loose-leaf notepad. -2. MIL [unité] mobile. -3. [changeant] mobile; **un visage ~** a lively OU animated face. -4. [à valeur non fixe]: **caractère ~** IMPR movable character; **fête ~** movable feast.
◇ *nm* -1. [de sculpteur, pour enfant] mobile. -2. PHYS moving object. -3. [motif] motive; **le ~ d'un crime** the motive for a crime; **quel ~ l'a poussé à agir ainsi?** what motivated OU prompted him to act this way?

mobile home [mɔbilom] (*pl* **mobile homes**) *nm* mobile home.

mobilier, ère [mɔbilje, ɛr] *adj* JUR [propriété] personal, movable; [titre] transferable; **biens ~s** movables; **effets ~s** chattels.
◆ **mobilier** *nm* -1. [d'une habitation] furniture, furnishings; **du ~ Louis XIII/Renaissance** Louis XIII/Renaissance (style) furniture; **le ~ de la salle à manger** the dining room furniture ❑ **Mobilier national** *furniture in state-owned properties (in France)*. -2. [pour un usage particulier]: **~ de bureau/jardin** office/garden furniture; **~ scolaire** school furniture OU furnishings. -3. JUR movable property, movables.
◆ **mobilier urbain** *nm* street fittings, street furniture.

mobilisable [mɔbilizabl] *adj* -1. MIL liable to be called up, mobilizable. -2. [disponible] available. -3. FIN realizable, mobilizable.

mobilisateur, trice [mɔbilizatœr, tris] *adj* mobilizing; **c'est un thème très ~ en ce moment** it's an issue which is stirring a lot of people into action OU mobilizing a lot of people at the moment.

mobilisation [mɔbilizasjɔ̃] *nf* -1. MIL [action] mobilization, mobilizing, calling up; [état] mobilization; **~ générale/partielle** general/partial mobilization. -2. [d'une force politique] mobilization; [d'énergie, de volonté] mobilization, summoning; **il appelle à la ~ de tous les syndicats** he is calling on all the unions to mobilize. -3. FIN liquidation, realization; BANQUE mobilization. -4. MÉD & PHYSIOL mobilization.

mobiliser [3] [mɔbilize] *vt* -1. MIL [population] to call up (*sép*), to mobilize; [armée] to mobilize; **nous fûmes tous mobilisés pour l'aider à déménager** *fig & hum* we were all marshalled OU mobilized into helping her move; **toute la famille fut mobilisée pour préparer la fête** the whole family was put to work to organize the party. -2. [syndicalistes, consommateurs, moyens techniques] to mobilize; [volontés] to mobilize, to summon up (*sép*); **~ qqn pour faire qqch** to mobilize sb into doing sthg; **~ l'opinion en faveur des réfugiés politiques** to rally public opinion for the cause of the political refugees; **~ les forces vives d'une nation** to call upon the full resources of a nation. -3. BANQUE to mobilize. -4. MÉD [membre, articulation] to mobilize.
◆ **se mobiliser** *vpi* to mobilize; **tout le village s'est mobilisé contre le projet** the whole village rose up in arms against the plan OU mobilized to fight the plan.

mobilité [mɔbilite] *nf* -1. [dans l'espace - d'un membre, de la main-d'œuvre] mobility; **la ~ de ses traits** the mobility OU the expressiveness of his features. -2. SOCIOL [dans une hiérarchie] mobility; **~ professionnelle** professional mobility; **~ sociale** social mobility. -3. ÉLECTR & MIL mobility.

Mobutu [mɔbutu] *npr* → **lac.**

Mobylette® [mɔbilɛt] *nf* Mobylette®, moped.

mocassin [mɔkasɛ̃] *nm* -1. [chaussure] moccasin. -2. [serpent] (water) moccasin.

moche *fam* [mɔʃ] *adj* -1. [laid - personne] ugly; [- objet, vêtement] ugly, awful, horrible; **t'as vu ses chaussures? ce qu'elles sont ~s!** have you seen her shoes? they're hideous OU awful! -2. [détestable] lousy, rotten; **c'est ~, ce qu'elle lui a fait** it was rotten, what she did to him. -3. [pénible]: **tu ne peux pas prendre de congé? c'est ~ dis donc!** can't you take any time off? that's terrible!; **c'est ~ qu'il pleuve aujourd'hui!** it's a real drag OU pain that it had to rain today!

mocheté *fam* [mɔʃte] *nf* [personne] ugly thing, fright; [objet] eyesore; **c'est une vraie ~!** she's as ugly as sin!; **quelle ~, cette lampe!** what an eyesore that lamp is!, that lamp's really awful OU hideous!

M-octet (*abr écrite de* **méga-octet**) Mb.

modal, e, aux [mɔdal, o] *adj* LING, LOGIQUE & MUS modal.

◆ **modal, aux** *nm* LING modal (auxiliary).

modalité [mɔdalite] *nf* -**1.** [façon] mode; **~s de contrôle** ENS methods of assessment; **~s de paiement** conditions OU terms of payment. -**2.** [circonstances] term; **les ~s de l'accord** the terms of the agreement; **~s d'application d'un décret** JUR modes of enforcement of a ruling; **~s d'une émission** ÉCON terms and conditions of an issue. -**3.** LING, MUS & PHILOS modality; **adverbe de ~** modal adverb.

mode[1] [mɔd] ◇ *nf* -**1.** VÊT: **la ~** fashion; **la ~ (de) printemps/(d')hiver** the spring/winter fashion; **la ~ courte/longue** (fashion for) high/low hemlines; **ceux qui font la ~** trendsetters, fashionsetters; **c'est la dernière** OU **c'est la grande ~** it's the latest fashion; **c'est la ~ des bas résille** fishnet stockings are in fashion OU in vogue; **suivre la ~** to follow fashion; **c'est passé de ~** it's out of fashion, it's no longer fashionable; **lancer une ~** to set a fashion OU a trend; **il a lancé la ~ de la fausse fourrure** he launched the fashion for imitation fur. -**2.** [activité]: **la ~** [gén] the fashion industry OU business; [stylisme] fashion designing. -**3.** [goût du jour] fashion; **c'était la ~ de faire du jogging** jogging was all the rage then; **ce n'est plus la ~ de se marier** marriage is outdated OU has gone out of fashion; **la ~ des années 80** the style of the eighties. -**4.** *vieilli* [coutume] custom, fashion; **c'était l'ancienne ~!** those were the days!

◇ *adj inv* [coloris, coupe] fashion *(modif)*, fashionable; **il ne porte que ce qui est très ~** he only wears things that are the height of fashion.

◆ **à la mode** ◇ *loc adj* [vêtement] fashionable, in fashion; [personne, sport] fashionable; [chanson] (currently) popular; **ce n'est plus à la ~** it's out of fashion; **dans un café à la ~** in a fashionable café; **ce sont des gens à la ~** they're very fashionable.

◇ *loc adv*: **se mettre à la ~** to follow the latest fashion; **revenir à la ~** to come back into fashion.

◆ **à la mode de** *loc prép* -**1.** [suivant l'usage de] in the fashion of; **elle cuisine à la ~ de Provence** she cooks in the provençal fashion; **je les fais toujours à la ~ de chez nous** I always do them like we do at home. -**2.** *loc*: **à la ~ de Bretagne**: **cousin à la ~ de Bretagne** distant cousin, first cousin once removed; **neveu/oncle à la ~ de Bretagne** nephew/uncle six times removed.

mode[2] [mɔd] *nm* -**1.** [méthode]: **~ de** [méthode] mode OU method of; [manière personnelle] way of; **~ d'action** form OU mode of action; **on ne connaît pas le ~ d'action de cette substance** we don't know how this substance works; **~ d'emploi** directions OU instructions for use; **~ d'existence** way of living; **~ de paiement** mode OU method of payment; **~ de production** mode of production; **~ de scrutin** voting system; **~ de vie** [gén] life style; SOCIOL pattern of living. -**2.** LING mood, mode. -**3.** INF mode; **~ multitâche/repos/système** multitasking/sleep/system mode; **~ autonome** OU **déconnecté** OU **local** OU **hors ligne** off-line mode; **~ connecté** OU **en ligne** on-line mode; **~ esclave** OU **problème** OU **programme** slave OU problem mode; **~ maître** OU **superviseur** master OU supervisor mode; **~ d'accès** access mode; **~ canal** channel mode; **~ différé** delayed mode; **~ d'édition** edit mode; **~ télétraitement** remote mode; **~ de transmission** data communication mode; **~ utilisateur** user mode. -**4.** MATH, MUS & PHILOS mode.

modelage [mɔdlaʒ] *nm* -**1.** [action] modelling; MÉTALL moulding. -**2.** [objet] sculpture.

modelé [mɔdle] *nm* -**1.** [sur tableau] relief; [d'une sculpture, d'un buste] contours, curves. -**2.** GÉOG (surface) relief.

modèle [mɔdɛl] ◇ *nm* -**1.** [référence à reproduire - gén] model; [- de tricot, de couture] pattern; **prendre ~ sur qqch** to use sthg as a model; **j'ai pris ton pull comme ~** I used your sweater as a pattern; **construire qqch sur le ~ de** to build sthg on the model of; **dessiner d'après un ~** BX-ARTS to draw from life ‖ SCOL [corrigé] model answer. -**2.** [bon exemple] model, example; **elle est un ~ pour moi** she's my role model; **prendre qqn pour ~** to model o.s. on sb; **servir de ~ à qqn** to serve as a model for sb, to be a model to sb; **c'est le ~ du parfait employé** he's a model employee; **ta sœur, c'est pas un ~!** *fam* your sister is no example to follow!; **c'est un ~ du genre** it's a perfect example of its type. -**3.** COMM [prototype, version] model; **grand/petit ~** large-scale/small-scale model; **~ sport/deux portes** AUT sports/two-door model; **c'est un ancien ~** it's an old model ❑ **~ déposé** registered design; **~ de fabrique** TECH factory prototype. -**4.** VÊT model, style, design; **il y a de beaux ~s dans sa collection d'hiver** there are some fine designs in her winter collection; **vous avez ce ~ en 38?** do you have this one in a 38? -**5.** [maquette] model; **~ réduit** small-scale model; **~ réduit d'avion** model aeroplane; **un ~ au 1/10** a 1 to 10 (scale) model. -**6.** BX-ARTS model. -**7.** INF model. -**8.** LING pattern. -**9.** LOGIQUE, MATH & PHILOS model. -**10.** MÉTALL pattern.

◇ *adj* -**1.** [parfait] model *(modif)*; **il a eu un comportement ~** he was a model of good behaviour. -**2.** [qui sert de référence]: **ferme/prison ~** model farm/prison.

modeler [25] [mɔdle] *vt* -**1.** [argile] to model, to shape, to mould; [figurine] to model, to mould, to fashion; **~ des animaux en terre** to mould OU to model animals in clay; **les glaciers ont modelé le paysage** the glaciers moulded the landscape. -**2.** *fig* [idées, caractère, opinion publique] to shape, to mould; **~ sa conduite sur (celle de) qqn** to model one's behaviour on sb OU sb's.

◆ **se modeler sur** *vp + prép* to model o.s. on.

modeleur, euse [mɔdlœr, øz] *nm, f* -**1.** BX-ARTS modeller. -**2.** MÉTALL pattern-maker.

modélisation [mɔdelizasjɔ̃] *nf* modelling.

modéliser [3] [mɔdelize] *vt* to model.

modélisme [mɔdelism] *nm* scale model making.

modéliste [mɔdelist] *nmf* -**1.** [de maquettes] model maker. -**2.** COUT (dress) designer.

modem [mɔdɛm] *nm* modem; **~ longue/courte distance** long-haul/limited distance modem.

Modène [mɔdɛn] *npr* Modena.

modérateur, trice [mɔderatœr, tris] ◇ *adj* -**1.** [élément, présence] moderating, restraining. -**2.** PHYSIOL [nerf, substance] moderating.

◇ *nm, f* mediator, moderator.

◆ **modérateur** *nm* -**1.** TECH regulator, moderator. -**2.** NUCL & RELIG moderator.

modération [mɔderasjɔ̃] *nf* -**1.** [mesure] moderation, restraint; **avec ~** [boire, manger, utiliser] in moderation; [agir] moderately, with moderation; **une réponse pleine de ~** a very restrained answer. -**2.** [réduction - de dépenses] reduction, reducing; [atténuation - d'un sentiment] restraint, restraining. -**3.** JUR: **~ de droit** ≃ tax concession. -**4.** NUCL moderation.

modéré, e [mɔdere] ◇ *adj* -**1.** [prix] moderate, reasonable; [vent, température] moderate; [enthousiasme, intérêt, succès] moderate; **mer ~e à belle** MÉTÉO sea moderate to good. -**2.** [mesuré, raisonnable] moderate; [plein de retenue] moderate, restrained; **être ~ dans ses propos** to be moderate in what one says. -**3.** POL moderate.

◇ *nm, f* POL moderate; **les ~s** the moderates.

modérément [mɔderemɑ̃] *adv* -**1.** [sans excès] in moderation. -**2.** [relativement] moderately, relatively; **je ne suis que ~ surpris** I'm only moderately surprised, I'm not really all that surprised.

modérer [18] [mɔdere] *vt* [ardeur, enthousiasme, impatience, dépenses] to moderate, to restrain, to curb; [vitesse] to reduce; [exigences] to moderate, to restrain; **elle voulait un gros salaire mais elle a dû ~ ses prétentions** she wanted a high salary but she had to set her sights a bit lower; **modérez vos propos!** please tone down OU moderate your language!

◆ **se modérer** *vp (emploi réfléchi)* -**1.** [se contenir] to restrain o.s.; **elle n'a jamais su se ~** she's never been able to restrain herself. -**2.** [se calmer] to calm down; **je t'en prie, modère-toi!** please calm down OU control yourself!

modern dance [mɔdɛrndɑ̃s] (*pl* **modern dances**) *nf* DANSE & THÉÂT modern dance.

moderne [mɔdɛrn] ◇ *adj* -**1.** [actuel, récent - mobilier, bâtiment, technique, théorie] modern; **les temps ~s, l'époque ~** modern times; **le mode de vie ~** modern living, today's way of life. -**2.** [progressiste - artiste, opinions, théoricien] modern, progressive; **c'est une grand-mère très ~** she's a very modern OU up-to-date grandmother; **il faut être ~** you've got to be modern. -**3.** BX-ARTS modern, contemporary; **mouvement ~** ARCHIT international style. -**4.** ENS [maths] modern, new; [études, histoire] modern, contemporary. -**5.** LING [langue, sens] modern; **grec ~** Modern Greek.

◇ *nmf* BX-ARTS modern artist; LITTÉRAT modern writer, modern poet.

◇ *nm*: **le ~** [genre] modern style; [mobilier] modern furniture; **je préférerais du ~ pour la cuisine** I'd prefer modern furniture in the kitchen.

modernisateur, trice [mɔdɛrnizatœr, tris] ◇ *adj* [tendance, réforme] modernizing.

◇ *nm, f* modernizer.

modernisation [mɔdɛrnizasjɔ̃] *nf* modernization, modernizing, updating.

moderniser [3] [mɔdɛrnize] *vt* to modernize, to bring up to date.

◆ **se moderniser** *vp (emploi réfléchi)* to modernize.

modernisme [mɔdɛrnism] *nm* modernism.

moderniste [mɔdɛrnist] *adj & nmf* modernist.

modernité [mɔdɛrnite] *nf* modernity.

modern style [mɔdɛrnstil] *nm inv* modern style, art nouveau; *(comme adj inv)*: **une glace ~** an art nouveau mirror.

modeste [mɔdɛst] ◇ *adj* -**1.** [logement] modest; [revenu] modest, small; [goût, train de vie] modest, unpretentious; [tenue] modest, simple; **tu es trop ~ dans tes prétentions** you're not asking for enough money ‖ [milieu] modest, humble; **être d'origine très ~** to come from a very modest OU humble background. -**2.** *(avant le n)* [modique] modest, humble, small; **ce n'est qu'un ~ présent** it's only a very modest OU small gift, it's just a little something; **je ne suis qu'un ~ maître d'hôtel** I'm only a butler. -**3.** [sans vanité] modest; **c'était facile - tu es trop ~** it was easy - you're (being) too modest. -**4.** *vieilli* [pudique - air, jeune fille] modest; **une attitude ~ était exigée des jeunes filles** a modest demeanour was expected from the young ladies.

◇ *nmf*: **faire le/la ~** to put on a show of modesty; **allons, ne fais pas la** OU **ta ~!** come on, don't be (so) modest!

modestement [mɔdɛstəmɑ̃] *adv* -**1.** [simplement] modestly, simply; **ils vivent très ~** they live very modestly, they lead a very simple life. -**2.** [sans vanité] modestly; **il m'a ~ demandé si je connaissais ses œuvres** he modestly asked me if I was familiar with his work. -**3.** *vieilli* [avec réserve] modestly, unassumingly; [avec pudeur] modestly.

modestie [mɔdɛsti] *nf* -**1.** [humilité] modesty; **faire preuve de ~** to be modest; **il a su garder une grande ~** he remained extremely modest; **ce n'est pas la ~ qui l'étouffe!** you can't say she's overmodest!; **en toute ~** in all modesty ❑ **fausse ~** false modesty; **allons, pas de fausse ~!** come on, no false modesty (please)! -**2.** *vieilli* [réserve] modesty, self-effacement; [pudeur] modesty. -**3.** [d'exigences, d'ambitions] modesty. -**4.** VÊT modesty piece.

modicité [mɔdisite] *nf* lowness, smallness, paltriness; la ~ de leur salaire ne leur permet pas de partir en vacances they can't go on holiday because of their low wages.

modifiable [mɔdifjabl] *adj* modifiable.

modificateur, trice [mɔdifikatœr, tris] *adj* modifying, modificatory.
◆ **modificateur** *nm* BIOL, GRAMM & INF modifier.

modificatif, ive [mɔdifikatif, iv] *adj* modificatory, modificative.

modification [mɔdifikasjɔ̃] *nf* -1. [processus] modification, modifying, changing; [altération] modification, alteration, change. -2. INF alteration, modification; ~ d'adresse address modification; ~ de configuration binaire bit handling.

modifier [9] [mɔdifje] *vt* -1. [transformer - politique, texte] to modify, to change, to alter; [- vêtement] to alter; [- loi] to amend, to change. -2. GRAMM to modify. -3. INF to alter, to modify; ~ la configuration de qqch to reconfigure sthg.
◆ **se modifier** *vpi* to change, to alter, to be modified.

modique [mɔdik] *adj* [peu élevé - prix, rémunération] modest, small; et pour la ~ somme de 100 francs, mesdames, je vous donne deux couvertures! and for the modest sum of 100 francs, ladies, I'll give you two blankets!

modiquement [mɔdikmɑ̃] *adv* [rétribuer] poorly, modestly, meagrely.

modiste [mɔdist] *nmf* milliner.

modulable [mɔdylabl] *adj* modular, flexible; bibliothèque composée d'éléments ~s bookshelves made of versatile OU modular units.

modulaire [mɔdylɛr] *adj* modular.

modulateur, trice [mɔdylatœr, tris] *adj* modulatory; lampe modulatrice modulator lamp.
◆ **modulateur** *nm* INF & TÉLÉC modulator.

modulation [mɔdylasjɔ̃] *nf* -1. [tonalité - de la voix] modulation; ACOUST & MUS modulation. -2. ÉLECTRON, INF, RAD & TÉLÉC modulation; ~ d'amplitude/de fréquence amplitude/frequency modulation; poste à ~ de fréquence frequency modulation OU FM (radio) set; ~ par déplacement de fréquence/phase frequency/phase shift keying; ~ par impulsions et codage pulse code modulation; rapidité/taux de ~ modulation rate/factor. -3. [nuance] modulation, variation. -4. ARCHIT building-block OU modular principle.

module [mɔdyl] *nm* -1. [élément - gén] module, unit; ARCHIT & CONSTR module; les ~s de la bibliothèque the units that make up the bookshelves ❑ ~ lunaire ASTRONAUT lunar module; ~ solaire solar panel. -2. MATH & PHYS modulus. -3. INF module; ~ binaire binary deck; ~ chargeable load module; ~ exécutable run module; ~ maître master module; ~ de traitement de terminaux terminable handler; ~ translatable relocatable deck. -4. MÉCAN module.

moduler [3] [mɔdyle] ◇ *vt* -1. TECH to modulate. -2. [adapter] to adjust. -3. [nuancer] to vary.
◇ *vi* MUS to modulate.

modulo [mɔdylo] ◇ *adj inv* modulo.
◇ *nm* modulus (divisor).

modus vivendi [mɔdysvivɛ̃di] *nm inv* modus vivendi; trouver un ~ avec qqn to come to a working arrangement with sb.

moelle [mwal] *nf* -1. ANAT marrow, medulla *spéc*; ~ épinière spinal chord; ~ osseuse/jaune/rouge bone/yellow/red marrow; jusqu'à la ~ to the core; être gelé OU transi jusqu'à la ~ des os to be frozen to the marrow OU to the bone. -2. CULIN (bone) marrow. -3. BOT pith.

moelleusement [mwaløzmɑ̃] *adv sout* [s'installer] comfortably, snugly, luxuriously.

moelleux, euse [mwalø, øz] *adj* -1. [au toucher] soft; des coussins ~ soft OU comfortable cushions || [à la vue, à l'ouïe] mellow, warm; une voix moelleuse a mellow voice || [au palais - vin] mellow, well-rounded; [- viande] tender; [- gâteau] moist. -2. *litt* [incurvé] soft; une courbe moelleuse a soft OU gentle OU graceful curve.
◆ **moelleux** *nm* softness, mellowness; ŒNOL mellowness.

moellon [mwalɔ̃] *nm* CONSTR rubble, rubblestone, moellon; construction en ~s rubble work ❑ ~ d'appareil ashlar; ~ brut quarry stone.

mœurs [mœr(s)] *nfpl* -1. [comportement social] customs, habits; les ~ politiques political practice; c'est entré dans les ~ it's become part of everyday life; fin observateur des ~ de son temps a keen observer of the manners of his time OU of the social behaviour of his contemporaries ❑ autres temps, autres ~ times have changed. -2. [comportement personnel] manners, ways; elle a des ~ vraiment bizarres she behaves in a really odd way; quelles drôles de ~! what a strange way to behave! || [style de vie] life-style; avoir des ~ simples to have a simple life-style OU way of life, to lead a simple life. -3. [principes moraux] morals, moral standards; avoir des ~ très strictes to have very strict moral standards OU morals; avoir des ~ dissolues to lead a dissolute life, to have loose morals; des ~ particulières *euph* particular tastes; une femme de ~ légères a woman of easy virtue ❑ c'est contraire aux bonnes ~ it goes against accepted standards of behaviour; la police/brigade des ~, les Mœurs *fam* ≃ the vice squad. -4. ZOOL habits.
◆ **de mœurs** *loc adj* -1. [sexuel]: affaire de ~ sex case. -2. LITTÉRAT: comédie/roman de ~ comedy/novel of manners.

mofette[1] [mɔfɛt] *nf* GÉOL mofette.

mofette[2] [mɔfɛt] = **moufette**.

moffler *fam* [3] [mɔfle] *vt Belg*: j'ai été mofflé I failed my exam.

Mogadiscio [mɔgadiʃjo] *npr* Mogadiscio, Mogadishu.

moghol, e [mɔgɔl] *adj* Mogul.
◆ **Moghol, e** *nm, f* Mogul; les Grands Moghols the Great Moguls.

mohair [mɔɛr] *nm* mohair.

Mohicans [mɔikɑ̃] *nmpl* Mohicans, Mohican.

moi [mwa] ◇ *pron pers* -1. [sujet]: qui est là? — ~ who's there? — me; je l'ai vue hier — ~ aussi I saw her yesterday — so did I OU me too; ~ parti, il ne restera personne when I'm gone, there'll be nobody left; je n'en sais rien — ~ non plus I have no idea — neither do I OU me neither; ~? je n'ai rien dit! me? I didn't say a word!; et vous voulez que ~, j'y aille? you want ME to go?; ~, je n'y comprends rien! I don't understand a thing (about it)!; ~ qui vous parle, je l'ai vu de mes propres yeux I'm telling you, I saw him with my very own eyes; et ~ qui te faisais confiance! and to think (that) I trusted you!; il faisait nuit, et ~ qui ne savais pas où aller! it was dark, and there was me, not knowing where to go!; les enfants et ~, nous rentrons the children and I are going back; ~ seul possède la clef I'm the only one with the key. -2. [avec un présentatif]: c'est ~ qui lui ai dit de venir I was the one who OU it was me who told him to come; salut, c'est ~! hi, it's me!; c'est ~ qui te le dis! I'm telling you!; je vous remercie — non, c'est ~ thank you — thank YOU. -3. [complément]: dites-~ tell me; donne-le ~ give it to me; attendez-~! wait (for me)!; il nous a invités, ma femme et ~ he invited both my wife and myself || [avec une préposition]: parlez-lui de ~ mention my name to him; c'est à ~ qu'il a confié cette tâche he gave ME this task, it was me he gave this task to; c'est à ~ qu'il l'a donné he gave it to ME; c'est à ~ qu'il a fait cette confidence he confided this to ME; qu'est-ce que ça peut me faire, à ~? what difference does that make to me?; il me l'a dit, à ~ he told ME; une chambre à ~ tout seul a room of my own; un ami à ~ a friend of mine; plus âgé que ~ older than me; tu as d'aussi bonnes raisons que ~ you have just as good reasons as me OU as I have; ça ne vient pas de ~ it isn't from me; c'est en ~ it's in me; c'est pour ~ it's for me; comptez sur ~ you can count on me; ne soyez pas si désagréable envers ~ don't be so unkind to me; une lettre de ~ one of my letters; c'est de ~, cette lettre? is this letter from me?, is this letter one of mine?, is this one of my letters? ❑ à ~! [au secours] help!; [de jouer] it's my turn!; [d'essayer] let me have a go! -4. [en fonction de pronom réfléchi] myself; je suis contente de ~ I'm pleased with myself; je devrais penser un peu plus à ~ I ought to think of myself a bit more. -5. [emploi expressif]: regardez-~ ça! just look at that!; rangez-~ ça tout de suite! put that away right now!; sors-~ ce chien de là! get that dog out of here!
◇ *nm*: le ~ PHILOS the self; PSYCH the ego.

moignon [mwaɲɔ̃] *nm* stump *(of a limb)*.

moi-même [mwamɛm] *pron pers* myself; j'ai ~ vérifié I checked it myself; mon épouse et ~ my wife and I; je préfère vérifier par ~ I prefer to check for myself; j'y suis allé de ~ I went there on my own initiative.

moindre [mwɛ̃dr] *adj* -1. *(compar)* [perte] lesser, smaller; [qualité] lower, poorer; [prix] lower; de ~ gravité less serious; de ~ importance less important, of lesser importance; son talent est bien ~ she's far less gifted; c'est un ~ mal it's the lesser evil. -2. *(superl)*: le ~, la ~ [de deux] the lesser; [de trois ou plus] the least, the slightest; le ~ mouvement/danger the slightest movement/danger; le ~ espoir the slightest OU faintest hope; la ~ chance the slightest OU remotest chance; je n'en ai pas la ~ idée I haven't got the slightest OU faintest OU remotest idea; jusqu'au ~ détail down to the last OU smallest detail; ce serait la ~ des politesses it would be only common courtesy; c'est une pianiste, et non des ~s! she's a pianist and a good one at that!; il n'a pas fait la ~ remarque he didn't say a single word ❑ c'est là son ~ défaut *allusion La Fontaine* that's the least of his faults; je vous en prie, c'est la ~ des choses! don't mention it, it was the least I could do!; dis merci, c'est la ~ des choses! you could at least say thank you!; il est partisan du ~ effort he doesn't do any more than he has to. -3. *fam Helv* [malade] poorly.

moindrement [mwɛ̃drəmɑ̃]
◆ **pas le moindrement** *loc adv litt* in the least; il ne fut pas le ~ inquiété par la police he wasn't bothered by the police in the slightest.

moine [mwan] *nm* -1. RELIG monk, friar; ~ cistercien Cistercian monk. -2. ZOOL Mediterranean (monk) seal. -3. ORNITH [vautour] black OU cinereous vulture; [macareux] puffin.

moineau, x [mwano] *nm* -1. ORNITH sparrow; ~ domestique/friquet house/tree sparrow; avoir une cervelle OU tête de ~ *fam* to be bird-brained OU scatter-brained. -2. *fam* [individu] bird, customer, fellow; c'est un drôle de ~! he's an odd fish *Br* OU bird *Am*!

moinillon [mwanijɔ̃] *nm* [jeune moine] young monk.

moins [mwɛ̃] ◇ *adv* A. COMPARATIF D'INFÉRIORITÉ -1. [avec un adj, un adv] less; cinq fois ~ cher five times less expensive; deux fois ~ cher half as expensive, twice as cheap; les fraises sont ~ sucrées the strawberries are less sweet OU aren't as sweet; elle voit ~ bien depuis l'opération her sight hasn't been as good since the operation; en ~ rapide but not so OU as fast; c'est Venise en ~ ensoleillé it's like Venice minus OU less the sunshine; c'est le même appartement, en ~ bien/grand it's the same flat only not as nice/not as big; il est bien ~ beau maintenant he's much less OU not as handsome now; beaucoup/un peu ~ a lot/a little less; il est ~ riche qu'eux he is not as rich as they are; je suis ~ enthousiaste que toi I'm less enthusiastic than you, I'm not as enthusiastic as you; un peu ~ beau que... a bit less handsome than..., not quite as handsome as...; il est ~ timide que réservé he's not so much shy as reserved; il n'en est pas ~ vrai que... it is nonetheless true that...; non ~ charmante que... just as charming as..., no less charming than...; **je suis non ~ choqué qu'on ait utilisé mon adresse** I'm just as much shocked by the fact that my address was used; **nous sommes ~ que convaincus** we're less than (totally) convinced. -**2.** [avec un verbe] less, not... so OU as much; **je souffre ~** I'm not in so much OU I'm in less pain; **parle ~!** don't speak so much!; **tu devrais demander ~** you shouldn't ask for so much; **~ tu parles, mieux ça vaut** the less you speak, the better; **j'y pense ~ que tu ne le crois** I think about it less than you think; **il travaille ~ que sa sœur** he works less than his sister. **B.** SUPERLATIF D'INFÉRIORITÉ -**1.** [avec un adj, un adv]: **c'est lui le ~ riche des trois** he's the least wealthy of the three; **c'est elle la ~ intelligente des deux** she's the less intelligent of the two; **c'est le sommet le ~ élevé** it's the lowest peak; **c'est le modèle le ~ cher** it's the least expensive model; **le ~ possible** as little as possible; **il travaille le ~ possible** he works as little as possible; **tremper le tissu le ~ souvent possible** soak the material as little as possible; **c'est lui qui habite le ~ loin** he lives the least far away OU the nearest ❑ **je ne suis pas le ~ du monde surpris** I'm not at all OU not in the least bit surprised; **je vous dérange? — mais non, pas le ~ du monde** am I disturbing you? — of course not OU not in the slightest. -**2.** [avec un verbe]: **c'est le dernier-né qui crie le ~** the youngest is the one who cries (the) least; **c'est ce qui coûte/rapporte le ~** this is the least expensive/makes the least profit ❑ **le ~ qu'on puisse faire, c'est de les inviter** the least we could do is invite them; **le ~ que l'on puisse dire, c'est qu'il manque de talent** the least one can say is that he lacks talent; **c'est le ~ qu'on puisse dire!** that's the least you can say!

◇ *prép* -**1.** [en soustrayant]: **dix ~ huit font deux** ten minus OU less eight makes two; **on est seize; ~ les enfants, ça fait douze** there are sixteen of us, twelve not counting the children. -**2.** [indiquant l'heure]: **il est ~ vingt** it's twenty to; **il est 3 h ~ le quart** it's (a) quarter to 3 ❑ **il était ~ une** OU **cinq** *fam* that was a close call OU shave; **il était ~ une que je ne puisse pas y aller** I was within an ace of not being able to go. -**3.** [introduisant un nombre négatif]: **~ 50 plus ~ 6 égalent ~ 56** minus 50 plus minus 6 is OU makes minus 56; **il fait ~ 25** it's 25 below OU minus 25; **plonger à ~ 300 m** to dive to a depth of 300 m.

◇ *nm* minus (sign); **mets un ~ avant le chiffre 4** put a minus sign in front of the figure 4.

◆ **à moins** *loc adv*: **j'étais terrifié — on le serait à ~!** I was terrified — and lesser things have frightened me!

◆ **à moins de** *loc prép* -**1.** [excepté] unless; **à ~ d'un miracle** short of OU barring a miracle; **à ~ d'une éclaircie** unless the clouds break; **nous n'arriverons pas à temps, à ~ de partir demain** we won't get there on time unless we leave tomorrow. -**2.** [pour moins de] for less than; **vous n'en trouverez pas à ~ de 100 francs** you won't find any for under OU for less than 100 francs. -**3.** [dans le temps, l'espace]: **il habite à ~ de 10 minutes/500 mètres d'ici** he lives less than 10 minutes/500 metres from here.

◆ **à moins que** *loc conj* unless; **j'irai au tribunal, à ~ qu'il ne me rembourse** I'll go to court unless he pays me back; **à ~ que vous ne vouliez le faire vous-même...** unless you wanted to do it yourself...

◆ **au moins** *loc adv* -**1.** [en tout cas] at least; **dis-moi ce qui t'est arrivé, au ~!** at least tell me what happened to you!; **embrasse au ~ ta mère** at least kiss your mother; **il va partir, (tout) au ~ c'est ce qu'il dit** he's leaving, at least that's what he says. -**2.** [au minimum] at least; **il y a au ~ 20 personnes qui attendent** there are at least 20 people waiting; **ça fait au ~ un mois qu'on ne l'a pas vu** we haven't seen him for at least a month.

◆ **de moins** *loc adv*: **il y a 100 francs de ~ dans le tiroir** there are 100 francs missing from the drawer; **je me sens 10 ans de ~** I feel 10 years younger || *(en corrélation avec 'que')*: **j'ai un an de ~ qu'elle** I'm a year younger than her; **j'ai une tête de ~ qu'elle** I'm shorter than her by a head.

◆ **de moins en moins** ◇ *loc adv* less and less; **nous nous voyons de ~ en ~** we see less and less of each other OU each other less and less; **de ~ en ~ souvent** less and less often.

◇ *loc dét*: **de ~ en ~ de gens** fewer and fewer people; **il y a de ~ en ~ de demande pour ce produit** there is less and less demand for this product; **elle a de ~ en ~ de fièvre** her temperature is falling.

◆ **des moins** *loc adv*: **un accueil des ~ chaleureux** a less than warm welcome; **vos amis sont des ~ discrets** your friends aren't the most discreet of people.

◆ **du moins** *loc adv* at least; **il lui devait de l'argent, du ~ c'est ce que je croyais** he owed him money, at least that's what I thought; **ils devaient venir samedi, c'est du ~ ce qu'ils nous avaient dit** they were supposed to come on saturday, at least that's what they told us.

◆ **en moins** *loc adv*: **il y a une chaise en ~** there's one chair missing, we're one chair short.

◆ **en moins de** *loc prép* in less than; **en ~ d'une heure** in less than an hour, in under an hour ❑ **en ~ de temps qu'il n'en faut pour le dire** before you can say Jack Robinson; **en ~ de rien** in no time at all; **on a remis à neuf l'appartement en ~ de rien** we made the flat look like new in no time at all; **en ~ de deux** *fam* in a jiffy, in two ticks.

◆ **moins de** *loc dét* -**1.** *(comparatif)* [avec un n comptable] fewer; [avec un n non comptable] less; **un peu ~ de bruit!** a little less noise!; **donnez-lui ~ de travail** give him less work; **ils étaient ~ de cent** there were fewer than a hundred of them; **~ de beurre** less butter; **~ de bouteilles** fewer OU not so many bottles; **je l'ai payé un peu ~ de 100 francs** I paid just under OU a little less than 100 francs for it; **il a ~ de 18 ans** he's under 18; **les ~ de 18 ans** the under 18's; **il ne me faudra pas ~ de 3 heures pour tout faire** I'll need no less than OU at the very least 3 hours to do everything; **il y avait ~ d'enfants que d'habitude** there were fewer children than usual; **il a ~ de patience que son frère** he's less patient than his brother. -**2.** *(superlatif)*: **le ~ de** [avec un n comptable] the fewest; [avec un n non comptable] the least; **c'est lui qui fait le ~ de bruit** he makes the least noise; **c'est ce qui consomme le ~ d'énergie** it uses the least amount of energy; **c'est à la montagne qu'il y a le ~ de monde** it's in the mountains where you find the least number of people; **c'est avec cette voiture que j'ai eu le ~ de pannes** this is the car I've had the fewest breakdowns in.

◆ **moins que rien** ◇ *loc adv* next to nothing; **il m'a fait payer 100 francs, c'est ~ que rien** he charged me 100 francs, which is next to nothing.

◇ *nmf inv* nobody; **c'est un/une ~ que rien** he's/she's a nobody; **des ~ que rien** a useless bunch (of individuals).

◆ **moins... moins** *loc corrél* the less... the less; **~ il travaillera, ~ il aura de chances de réussir à son examen** the less he works, the less chance he'll have of passing his exam; **~ on mange, ~ on grossit** the less you eat, the less weight you put on.

◆ **moins... plus** *loc corrél* the less... the more; **~ tu dors, plus tu seras énervé** the less you sleep, the more on edge you'll be.

◆ **on ne peut moins** *loc adv*: **elle est on ne peut ~ scrupuleuse** she's as unscrupulous as they come; **c'est on ne peut ~ loin!** it couldn't be nearer!; **c'est on ne peut ~ compliqué!** it couldn't be less complicated!

◆ **pour le moins** *loc adv* at the very least, to say the least; **il y a pour le ~ une heure d'attente** there's an hour's wait at the very least; **c'est pour le ~ étonnant** it's surprising to say the least.

moins-perçu [mwɛ̃pɛrsy] (*pl* **moins-perçus**) *nm* amount due.

moins-value [mwɛ̃valy] (*pl* **moins-values**) *nf* -**1.** [dépréciation] depreciation, capital loss. -**2.** [déficit du fisc] (tax) deficit, shortfall.

moirage [mwaraʒ] *nm* -**1.** [effet] watered effect OU finish. -**2.** [technique] etching. -**3.** [sur une image] cross-hatching. -**4.** [sur un disque] moiré (effect).

moire [mwar] *nf* -**1.** [tissu] moiré, watered fabric; **~ de soie** watered OU shot silk. -**2.** *litt* [irisation] iridescence, irisation.

moiré, e [mware] *adj* -**1.** TEXT moiré, watered. -**2.** [irisé] iridescent, irisated, moiré. -**3.** MENUIS moiré.

◆ **moiré** *nm* -**1.** TEXT moiré, watered effect OU finish. -**2.** *litt* [irisation] iridescence, irisation. -**3.** MÉTALL: **~ métallique** etching.

moirer [3] [mware] *vt* -**1.** [tissu] to moiré, to water. -**2.** [métal, papier] to moiré. -**3.** *litt* [iriser] to make iridescent, to irisate; **un rayon de lune moirait la surface du lac** a ray of moonlight made the surface of the lake shimmer OU glimmer.

moirure [mwaryr] *nf litt* [irisation] iridescence, irisation.

◆ **moirures** *nfpl* TEXT moiré (effect), watered effect OU finish; MÉTALL moiré (effect).

mois [mwa] *nm* -**1.** [division du calendrier] month; **le ~ de mai/décembre** the month of May/December; **au début/à la fin du ~ d'avril** in early/late April; **au milieu du ~ d'août** in mid-August OU the middle of August; **les ~ en R** months with an R in them; **le 15 de ce** OU **du ~** COMM the 15th inst *Br* OU instant *Br*, the 15th of this month ❑ **~ commercial** 30 days (month); **~ légal** JUR 30 days (month); **le ~ de Marie** the month of Mary OU May RELIG. -**2.** [durée] month; **tous les ~** every OU each month, monthly; **le comité se réunit tous les ~** the committee meets on a monthly basis; **dans un ~** in a month, in a month's time; **pendant mes ~ de grossesse/d'apprentissage** during the months when I was pregnant/serving my apprenticeship; **un ~ de préavis** a month's notice. -**3.** [salaire] monthly wage OU salary OU pay; [versement] monthly instalment; **je vous dois trois ~** [de salaire] I owe you three months' wages; [de loyer] I owe you three months' rent; **toucher son ~** to get paid for the month ❑ **~ double, treizième ~** extra month's pay *(income bonus equal to an extra month's salary and paid annually)*.

◆ **au mois** *loc adv* by the month, monthly, on a monthly basis; **les intérêts sont calculés au ~** interest is worked out on a monthly basis.

◆ **du mois** *loc adj*: **avez-vous le numéro du ~?** do you have this month's issue?

moïse [mɔiz] *nm* wicker cradle.

Moïse [mɔiz] *npr* Moses.

moisi, e [mwazi] *adj* [papier, tissu] mildewy, mouldy; [fruit, pain] mouldy; [logement] mildewy, fusty.

◆ **moisi** *nm* [moisissure] mildew, mould; **ça sent le ~** *pr* it smells musty; *fig fam* I can smell trouble.

moisir [32] [mwazir] ◇ *vt* to make (go) mouldy.

◇ *vi* -**1.** [pourrir] to go mouldy; **le pain a moisi** the bread's gone mouldy. -**2.** *fam* [s'éterniser] to rot; **je ne vais pas ~ ici jusqu'à la fin de mes jours!** I'm not going to stay and rot here forever!; **~ en prison** to rot in prison.

moisissure [mwazisyr] *nf* -**1.** [champignon] mould, mildew; [tache] patch of mould. -**2.** *fig & litt* rottenness, rankness.

moisson [mwasɔ̃] *nf* -**1.** AGR harvest; **faire la ~** to harvest (the crops); **engranger** OU **rentrer la ~** to bring in the harvest. -**2.** [grande quantité]: **une ~ de** an abundance OU a wealth of; **lis son**

livre si tu veux faire une bonne ~ de clichés if it's clichés you want, just read his book.

moissonnage [mwasɔnaʒ] *nm* harvesting.

moissonner [3] [mwasɔne] *vt* -**1.** AGR to harvest, to reap; **~ les blés** to harvest the corn. -**2.** *sout* [recueillir] to amass; **~ des renseignements** to collect OU to gather information || [remporter] to carry off; **les Danois ont moissonné tous les Oscars** the Danes carried off all the Oscars. -**3.** *litt* [décimer] to decimate; **la guerre a moissonné toute leur génération** the war decimated their entire generation.

moissonneur, euse [mwasɔnœr, øz] *nm, f* harvester, reaper *litt*.

◆ **moissonneuse** *nf* -**1.** [machine] harvester. -**2.** ENTOM harvesting ant.

moissonneuse-batteuse [mwasɔnøzbatøz] (*pl* moissonneuses-batteuses) *nf* combine (harvester).

moissonneuse-lieuse [mwasɔnøzljøz] (*pl* moissonneuses-lieuses) *nf* reaper, reaper-binder, self-binder.

moite [mwat] *adj* [air] muggy, clammy; [mains] sticky, sweaty; [front] damp, sweaty; **une journée ~ et oppressante** a muggy, stifling day.

moiteur [mwatœr] *nf* [sueur] stickiness, sweatiness; [humidité] dampness, moistness.

moitié [mwatje] *nf* -**1.** [part] half; **une ~ de** OU **la ~ d'un poulet** half a chicken; **la ~ des élèves est partie** OU **sont partis** half (of) the pupils have gone; **la ~ de ses revenus est consacrée** OU **sont consacrés à sa maison** half (of) his income is spent on his house; **quelle est la ~ de douze?** what's half of twelve?; **arrivé à la ~ du livre** halfway through the book; **nous ferons la ~ du trajet** OU **chemin ensemble** we'll do half the journey together; **partager qqch en deux ~s** to divide sthg in half OU into (two) halves, to halve sthg || *(comme modificateur)* half; **je suis ~ Français, ~ Canadien** I'm half French, half Canadian; **~ déçu, ~ soulagé** half disappointed, half relieved; **j'ai acheté ~ plus de champignons/lait** I bought half as many mushrooms/much milk again; **il mange ~ moins que moi** he eats half as much as me; **il n'est pas ~ aussi méchant qu'on le dit** he's not half as nasty as people say. -**2.** *fam hum* [épouse]: **sa/ma ~** his/my better half; **sa tendre ~ l'attend chez lui** his better half is waiting for him at home.

◆ **à moitié** *loc adv* half; **il l'a à ~ assommé** he half OU almost knocked him out; **je ne suis qu'à ~ surpris** I'm only half surprised; **faire les choses à ~** to do things by halves; **le travail n'est fait qu'à ~** only half the work's been done, the work's only half done; **vendre à ~ prix** to sell (at) half-price.

◆ **à moitié chemin** *loc adv* halfway; **j'irai avec toi jusqu'à ~ chemin** I'll go halfway with you; **elle s'est arrêtée à ~ chemin dans ses études** *fig* she dropped out halfway through her course.

◆ **de moitié** *loc adv* by half; **réduire qqch de ~** to reduce sthg by half, to halve sthg; **l'inflation a diminué de ~** inflation has been halved OU cut by half; **ils s'étaient mis de ~ (dans l'affaire)** they'd gone halves OU fifty-fifty (in the business).

◆ **par la moitié** *loc adv* through OU down the middle.

◆ **par moitié** *loc adv* in two, in half.

◆ **pour moitié** *loc adv* partly; **tu es pour ~ dans son échec** you're half OU partly responsible for his failure.

moitié-moitié [mwatjemwatje] *adv* -**1.** [à parts égales] half-and-half; **faire ~** [dans une affaire] to go halves OU fifty-fifty; **tu paies le restaurant ou on fait ~?** are you paying for the meal or shall we go halves OU shall we split it fifty-fifty? -**2.** *fam* [ni bien ni mal] so-so; **elle est contente? — ~** is she pleased? — so-so.

moka [mɔka] *nm* -**1.** [gâteau] mocha cake, coffee cream cake. -**2.** [café] mocha (coffee).

mol [mɔl] → **mou**.

molaire [mɔlɛr] ◇ *nf* [dent] molar.
◇ *adj* CHIM molar.

môlaire [molɛr] *adj* molar MED.

molarité [mɔlarite] *nf* molarity.

molasse [mɔlas] *nf* molasse.

moldave [mɔldav] *adj* Moldavian.

◆ **Moldave** *nmf* Moldavian.

Moldavie [mɔldavi] *npr f*: (la) ~ Moldavia.

Moldova [mɔldɔva] *npr*: **la république de ~** the Republic of Moldova.

mole [mɔl] *nf* CHIM mole.

môle [mol] ◇ *nm* -**1.** [jetée] mole, (stone) jetty OU breakwater. -**2.** GÉOL horst.
◇ *nf* -**1.** ZOOL sunfish. -**2.** MÉD mole; **~ hydatiforme** hydatiform OU hydatid mole.

moléculaire [mɔlekylɛr] *adj* molecular.

molécule [mɔlekyl] *nf* molecule.

molécule-gramme [mɔlekylgram] (*pl* molécules-grammes) *nf* gram molecule.

moleskine [mɔlɛskin] *nf* -**1.** TEXT moleskin. -**2.** [imitation cuir] imitation leather.

molester [3] [mɔlɛste] *vt* to maul, to manhandle, to molest; **la police a molesté les manifestants** the demonstrators were manhandled by the police.

moleter [27] [mɔlte] *vt* to mill, to knurl.

molette [mɔlɛt] *nf* -**1.** [pièce cylindrée] toothed wheel. -**2.** [dans un briquet] wheel. -**3.** [de verrier] cutting wheel. -**4.** MENUIS [roulette] beading roller; [fraise] (beading) reamer. -**5.** [d'un éperon] rowel.

Molière [mɔljɛr] *npr* Molière; **les ~s** *French theatre awards.*

moliéresque [mɔljerɛsk] *adj* Molieresque; **une satire sociale toute ~** a social satire worthy of Molière.

mollah [mɔla] *nm* mullah, mollah.

mollard▽ [mɔlar] *nm* gob, gob of spit.

mollasse [mɔlas] ◇ *adj* -**1.** *fam* [apathique] wet *Br*, drippy, wimpish; **qu'il est ~!** he's such a drip! -**2.** [flasque] flabby, flaccid, limp; **une poignée de main ~** a limp handshake.
◇ *nmf fam* wimp, drip.

mollasserie *fam* [mɔlasri] *nf* feebleness; **il est d'une ~ décourageante** he's such a wimp!

mollasson, onne *fam* [mɔlasɔ̃, ɔn] ◇ *adj* wet *Br*, wimpy, soft.
◇ *nm, f* wimp.

molle [mɔl] *f* → **mou**.

mollé [mɔle] *nm* mastic tree.

mollement [mɔlmɑ̃] *adv* -**1.** [sans énergie] listlessly, limply; **il m'a serré ~ la main** he gave me a limp handshake; **~ allongé sur un divan** lying languidly OU limply on a sofa; **les collines descendent ~ jusqu'à la plaine** *litt* the hills slope gently down to the plain. -**2.** [sans conviction] feebly, weakly; **elle protesta ~** she protested feebly OU made a feeble protest.

mollesse [mɔlɛs] *nf* -**1.** [d'une substance, d'un objet] softness; [des chairs] flabbiness; [d'une poignée de main] limpness. -**2.** [d'un relief] soft shape; [de contours]: **la ~ de ses traits** *péj* the flabbiness OU shapelessness of his features; **la ~ d'un dessin** *péj* the lifelessness of a drawing. -**3.** [apathie] feebleness, weakness; **c'est la ~ des parents/de l'opposition qui est en cause** parental laxness/the opposition's spinelessness is to blame; **devant la ~ de ces protestations** faced with such feeble protests.

mollet[1] [mɔlɛ] *nm* ANAT calf; **avoir des ~s de coq** *fam* to have legs like matchsticks OU spindly legs.

mollet[2]**, ette** [mɔlɛ, ɛt] *adj litt* [moelleux] soft.

molletière [mɔltjɛr] ◇ *nf* puttee.
◇ *adj f*: **bande ~** puttee.

molleton [mɔltɔ̃] *nm* [de coton] swansdown, swanskin, flannelette; [de laine] duffel, duffle; **~ de table** *felt underlay for a table.*

molletonné, e [mɔltɔne] *adj* [garni] covered with swansdown; [doublé] lined with swansdown.

molletonner [3] [mɔltɔne] *vt* [garnir] to cover with swansdown; [doubler] to line with swansdown.

molletonneux, euse [mɔltɔnø, øz] *adj* napped; **étoffe molletonneuse** napped cloth.

mollir [32] [mɔlir] ◇ *vi* -**1.** [chanceler]: **j'ai senti mes jambes ~** I felt my legs give way (under me). -**2.** [vent] to drop, to abate. -**3.** [volonté, résolution]: **sa détermination mollissait** her determination began to flag OU to wane; **son courage mollit** his courage is waning OU flagging.
◇ *vt* -**1.** NAUT [cordage] to slacken; [barre] to ease. -**2.** PÊCHE to let out (some line).

mollo *fam* [mɔlo] *adv* easy; **vas-y ~ sur cette route!** take it easy on that road!; **~ avec le chocolat!** go easy on the chocolate!

mollusque [mɔlysk] *nm* -**1.** ZOOL mollusc. -**2.** *fam* [personne] drip, wimp.

molosse [mɔlɔs] *nm* -**1.** [chien] watchdog. -**2.** [chauve-souris] free-tailed bat.

Molotov [mɔlɔtɔv] *npr*: **cocktail ~** Molotov cocktail.

Moluques [mɔlyk] *npr fpl*: **les ~** the Moluccas.

molybdène [mɔlibdɛn] *nm* molybdenum.

môme *fam* [mom] ◇ *nmf* [enfant] kid; **sale ~!** you little brat!
◇ *nf vieilli* [femme] bird *Br*, chick *Am*.

moment [mɔmɑ̃] *nm* -**1.** [laps de temps] moment, while; **restez avec moi un ~** stay with me a moment OU a while; **laisse-moi un ~ pour réfléchir** give me a moment OU minute to think it over; **il y a un (bon) ~ que j'attends** I've been waiting for (quite) a while; **j'en ai pour un petit ~** I'll be a (little) while. -**2.** [instant] moment, minute; **c'est l'affaire d'un ~** it'll only take a minute OU moment; **attends-moi, je n'en ai que pour un ~** wait for me, I'll be finished in a minute OU moment; **je n'ai pas un ~ à moi** I don't have a minute OU moment to myself; **dans un ~ de colère** in a moment of anger; **il eut un ~ d'hésitation** he hesitated for a moment; **(attends) un ~!** just (wait) a moment! -**3.** [période] moment, time; **nous avons passé** OU **eu de bons ~s** we had some good times; **il avait connu des ~s d'ivresse avec elle** he had had some blissful moments with her; **c'est un mauvais ~ à passer** it's just a bad patch *Br* OU a difficult spell; **les grands ~s de l'histoire** the great moments of history; **il l'a assistée jusqu'aux derniers ~s** he was by her side until the end; **elle a ses bons et ses mauvais ~s** she has her off days; **à mes ~s perdus** in my spare time. -**4.** [occasion] moment, opportunity; **choisis un autre ~ pour lui parler** choose another time to speak to her; **c'est le ~ d'intervenir** now's the time to speak up; **c'est bien le ~!** *iron* what a time to pick!; **c'est le ~ ou jamais** it's now or never; **c'est le ~ ou jamais de lui demander** ask her, it's now or never; **à quel ~ voulez-vous venir?** (at) what time would you like to come?; **le ~ venu** when the time comes; **le ~ venu, il ne sut plus quoi dire** when the time came, he was at a loss for words; **arriver au bon ~** to come at the right time; **il arrive toujours au bon ~, celui-là!** *iron* he really picks his moments!; **le ~ crucial du film/match** the crucial point in the film/match. -**5.** PHYS momentum; **~ électrique/magnétique** electric/magnetic moment.

◆ **à aucun moment** *loc adv* at no time; **à aucun ~ il ne s'est plaint** at no time OU point did he complain.

◆ **à ce moment-là** *loc adv* -**1.** [dans le temps] at that time, then. -**2.** [dans ce cas] in that case, if that's so; **à ce ~-là, tu aurais dû me le dire!** in that case OU if that was the case, you should have told me!

◆ **à tout moment** *loc adv* -**1.** [n'importe quand] (at) any time OU moment; **il peut téléphoner à tout ~** we can expect a call from him any time now. -**2.** [sans cesse] constantly, all the time; **elle s'interrompait à tout ~** she was constantly stopping, she was stopping all the time.

◆ **au moment de** *loc prép*: au ~ de son départ when he was leaving; au ~ de mon divorce when I was getting divorced, at the time of my divorce; il me l'a dit au ~ de mourir he told me as he died.

◆ **au moment où** *loc conj* as, when; au ~ où il allait démissionner as he was about to resign; juste au ~ où le téléphone a sonné just when OU as the phone rang.

◆ **à un moment donné** *loc adv* [dans le temps, dans l'espace] at one point; à un ~ donné, il a refusé at one point he refused; à un ~ donné, la route bifurque there's a point where the road forks, at a certain point the road forks.

◆ **dès le moment où** *loc conj* -**1.** [dans le temps] from the time OU moment that, as soon as. -**2.** [dans un raisonnement] as soon as, once; dès le ~ où on accepte l'idée d'immortalité once you accept the idea of immortality.

◆ **du moment** *loc adj*: l'homme du ~ the man of the moment; le succès/l'idole du ~ the current hit/idol; un des sujets du ~ one of the issues of the day.

◆ **du moment que** *loc conj* [puisque] since; du ~ qu'il a signé, tu es garanti seeing that OU since he's signed, you're safe; du ~ que je te le dis! *fam* you can take my word for it!

◆ **d'un moment à l'autre** *loc adv* [très prochainement] any moment OU minute OU time now; il peut téléphoner d'un ~ à l'autre he may phone any minute now.

◆ **en ce moment** *loc adv* at the moment, just now.

◆ **en un moment** *loc adv* in a moment.

◆ **par moments** *loc adv* at times, every now and then, every so often.

◆ **pour le moment** *loc adv* for the moment, for the time being; c'est assez pour le ~, repose-toi un peu that's enough for the time being, have a rest now.

◆ **sur le moment** *loc adv* at the time; sur le ~ ça n'a pas fait mal it didn't hurt at the time.

momentané, e [mɔmɑ̃tane] *adj* momentary, brief; il y aura des pannes d'électricité ~es there will be temporary OU brief power cuts; sa passion n'a été que ~e her passion was only short-lived.

momentanément [mɔmɑ̃tanemɑ̃] *adv* -**1.** [en ce moment] for the time being, for the moment; il est ~ absent he's temporarily absent, he's absent for the moment. -**2.** [provisoirement] momentarily, for a short while; les émissions sont ~ interrompues we will be temporarily off the air.

mômerie *fam* [momri] *nf* (*gén pl*) childishness, childish behaviour.

momie [mɔmi] *nf* -**1.** ARCHÉOL mummy. -**2.** [personne très maigre] skeleton.

momification [mɔmifikasjɔ̃] *nf* mummification.

momifier [9] [mɔmifje] *vt* to mummify.

◆ **se momifier** *vpi sout* [personne] to become mummified; [esprit] to become fossilized.

mon [mɔ̃] (*f* ma [ma], *devant nf ou adj f commençant par voyelle ou h muet* mon [mɔn], *pl* mes [me]) *adj poss* -**1.** [indiquant la possession] my; ~ ami/amie my friend; ma meilleure amie my best friend; ~ père et ma mère my father and mother; mes frères et sœurs my brothers and sisters; un de mes amis a friend of mine, one of my friends. -**2.** [dans des appellatifs]: ~ cher Pierre my dear Pierre; ~ Père Father; ~ capitaine Captain; (oh) ~ Dieu! (oh) my God!; ~ petit (my) little one; mes enfants, au travail! time to work, children!; alors là, ma grande, c'est ton problème! *fam* well that, my dear, is your problem!; mais ~ pauvre vieux vous n'y arriverez jamais! *fam* look, mate, you'll never manage it! -**3.** [emploi expressif]: j'ai ~ vendredi *fam* I've got Friday off; je gagne mes 1 000 francs par mois *fam* I earn 1,000 francs a month; mais ma Jacqueline, elle n'était pas du tout d'accord! *fam* but our Jacqueline wasn't going along with that!; ~ bonhomme n'était pas du tout content! I don't mind telling you (that) the bloke wasn't at all pleased!; ah ben ~ salaud▽ OU cochon▽! lucky bastard!

monacal, e, aux [mɔnakal, o] *adj* monastic, monachal.

monachisme [mɔnaʃism] *nm* monasticism, monachism.

Monaco [mɔnako] *npr*: (la principauté de) ~ (the principality of) Monaco.

monade [mɔnad] *nf* monad.

monarchie [mɔnarʃi] *nf* monarchy; la ~ absolue/constitutionnelle/parlementaire absolute/constitutional/parliamentary monarchy; la ~ de droit divin monarchy by divine right; la monarchie de Juillet the July Monarchy.

LA MONARCHIE DE JUILLET:
The rule, from 1830 to 1848, of the "citizen king" Louis-Philippe of Orléans, after the abdication of the Bourbon king Charles X. This was France's first, and last, constitutional monarchy, and saw the rise in influence of the bourgeoisie at the expense of the nobility. It was overthrown by the 1848 Revolution.

---

monarchique [mɔnarʃik] *adj* monarchic, monarchical, monarchial.

monarchisme [mɔnarʃism] *nm* monarchism.

monarchiste [mɔnarʃist] ◇ *adj* monarchist, monarchistic.
◇ *nmf* monarchist.

monarque [mɔnark] *nm* monarch.

monastère [mɔnastɛr] *nm* monastery.

monastique [mɔnastik] *adj* monastic.

monbazillac [mɔ̃bazijak] *nm* Monbazillac (wine).

monceau, x [mɔ̃so] *nm* [amas] heap, pile; un ~ de pierres a pile of stones; des ~x de livres piles OU stacks of books; des ~x d'erreurs *fig* masses of mistakes.

mondain, e [mɔ̃dɛ̃, ɛn] ◇ *adj* -**1.** [de la haute société] society (*modif*); avoir des relations ~es to have friends in society OU high circles ❑ carnet ~, rubrique ~e society OU gossip column; photographe ~ society photographer; soirée ~e society OU high-society evening. -**2.** [qui aime les mondanités]: elle est très ~e she likes moving in fashionable circles OU society, she's a great socialite. -**3.** RELIG wordly; PHILOS mundane. -**4.** JUR: brigade ~e vice squad.
◇ *nm, f* socialite, society person.

◆ **mondaine** *fam nf* vice squad.

mondanité [mɔ̃danite] *nf* [style] society life.

◆ **mondanités** *nfpl* [réunions] fashionable gatherings; [politesses] social chitchat, polite conversation; il aime les ~s he likes society life.

monde [mɔ̃d] *nm* -**1.** [univers] world; parcourir le ~ (à la recherche de) to travel the world (in search of); dans le ~ entier throughout the world, in the whole (wide) world; il est connu dans le ~ entier he's known worldwide OU the world over; venir au ~ to come into the world; mettre un enfant au ~ to bring a child into the world; elle n'était pas de ce ~ she was not of this world; il n'est plus de ce ~ he's no longer with us, he's gone to the next world; en ce bas ~ here on earth, here below; elle s'est créé un petit ~ à elle she's created her own little world for herself ❑ le ~ est petit! it's a small world!; depuis que le ~ est ~ since the beginning of time, since the world began; c'est le ~ renversé OU à l'envers! what's the world coming to?; 'Le meilleur des ~s' *Huxley* 'Brave New World'. -**2.** [humanité] world; le ~ entier attend cet événement the whole world is awaiting this event; elle a fait ces révélations à la face du ~ she made these revelations to the whole world; tout le ~ everybody, everyone; tout le ~ sait cela everybody OU the whole world knows that; tout le ~ ne peut pas le faire! not everybody can do that! -**3.** [pour intensifier]: il y a un ~ entre l'agneau importé et l'agneau de notre région there's a world of difference between imported lamb and our local lamb; le plus célèbre au OU du ~ the most famous in the world; c'est la meilleure équipe au ~ it's the best team in the world; c'est la femme la plus charmante du ~ she's the most charming woman you could wish to meet; le plus simplement/gentiment du ~ in the simplest/kindest possible way; c'est ce que j'aime/je veux le plus au ~ it's what I love/want most in the world; je vous dérange? — pas le moins du ~! am I interrupting? — not in the least!; je ne m'ennuie pas le moins du ~ I'm not in the least bit bored; ils s'entendent le mieux du ~ they get on famously; tout s'est déroulé le mieux du ~ everything went off very smoothly; rien au ~ ne pourrait me faire partir nothing in the world would make me leave; pour rien au ~ not for anything, not for the world; nul OU personne au ~ nobody in the world; on m'a dit tout le bien du ~ de ce nouveau shampooing I've been told the most wonderful things about this new shampoo. -**4.** [communauté] world; le ~ des affaires the business world; le ~ de la finance the world of finance, the financial world; le ~ du spectacle (the world of) show business; le ~ chrétien/musulman the Christian/Muslim world; le ~ capitaliste/communiste the capitalist/communist world; le ~ libre the Free World; le ~ animal/végétal the animal/plant world. -**5.** [gens] people (*pl*); il y a du ~? [en entrant chez quelqu'un] is there anybody home OU there?; il y a un ~ fou, c'est noir de ~ the place is swarming OU alive with people; il y a plein de ~ à la foire *fam* there are loads of people at the fair; il n'y avait pas grand ~ au spectacle there weren't many people at the show; je viens de m'installer, je ne connais pas encore beaucoup de ~ I've just settled in, I don't know (very) many people yet; tu attends du ~? are you expecting people OU company?; il ne voit plus beaucoup de ~ he doesn't socialize very much any more; j'ai du ~ à dîner *fam* I've got people coming for dinner; tout le ~ everybody, everyone; tout le ~ est là? is everybody here?; tout le ~ n'est pas arrivé not everybody's here (yet); ne t'en fais pas, je connais mon ~! don't worry, I know who I'm dealing with!; grand-mère aime bien avoir tout son petit ~ autour d'elle grandmother likes to have all her family OU brood *hum* around her; c'est qu'il faut s'en occuper de tout ce petit ~! [enfants] all that little lot takes some looking after! ❑ il y a du ~ au balcon! *fam hum* she's well-endowed!; tu te moques OU fiches *fam* OU fous *fam* du ~! you've got a nerve OU a bloody nerve! -**6.** [société] world; se retirer du ~ to withdraw from society; les plaisirs du ~ worldly pleasures; le ~ RELIG the world ‖ [groupe social] circle, set; elle n'appartient pas à notre ~ she's not one of us, she doesn't belong to our circle; ils ne sont pas du même ~ they don't move in the same circles ‖ [classes élevées]: le (beau OU grand) ~ high society; aller dans le ~ to mix in society; ses premiers pas dans le ~ his introduction to (high) society; fréquenter le beau ~ to mix with high society OU in society; on n'est pas dans le grand ~ ici! this isn't Buckingham Palace! ❑ femme du ~, homme du ~ socialite; gens du ~ socialites, society people. -**7.** [domaine] world, realm; le ~ de l'imaginaire the realm of imagination; le ~ du rêve the world OU realm of dreams; le ~ du silence *litt* the silent world (under the sea). -**8.** PRESSE: Le Monde *French daily newspaper.* -**9.** *loc*: c'est un ~! *fam* that beats everything!, well I never!; pourquoi ne ranges-tu jamais tes affaires, c'est un ~ tout de même! *fam* why in the world OU why oh why don't you ever put your things away?; se faire (tout) un ~ de qqch to get worked up about sthg; il se fait tout un ~ de rencontrer son beau père he's making a big thing about meeting his father-in-law; ne te fais pas un ~ d'un rien don't make a mountain out of a molehill.

LE MONDE:
A quality daily broadsheet newspaper; each day's issue goes on sale on the evening of the previous day. It has a predominantly left-of-centre readership.

monder [3] [mɔ̃de] *vt* -**1.** [noisettes] to hull; [amandes] to blanch. -**2.** [arbres] to prune, to crop.

mondial, e, aux [mɔ̃djal, o] *adj* world *(modif)*, global; **production ~e de blé** world wheat production; **crise à l'échelle ~e** worldwide crisis, crisis on a world scale; **une vedette de renommée ~e** a world-famous star.

mondialement [mɔ̃djalmɑ̃] *adv* throughout OU all over the world; **~ renommé** famous all over the world, world-famous.

mondialisation [mɔ̃djalizasjɔ̃] *nf* globalization; **on assiste à la ~ de la reprise économique** a worldwide economic revival is taking place.

mondialiser [3] [mɔ̃djalize] *vt* to make worldwide in scope, to globalize.
◆ **se mondialiser** *vpi* to spread throughout the world; **la crise s'est rapidement mondialisée** the crisis has rapidly taken on an international dimension.

mondialisme [mɔ̃djalism] *nm* -**1.** [doctrine] one world movement, citizen of the world movement. -**2.** [approche] global approach.

mondovision [mɔ̃dɔvizjɔ̃] *nf* worldwide satellite broadcasting; **en ~** broadcast all over the world by satellite.

monégasque [mɔnegask] *adj* Monegasque, Monacan.
◆ **Monégasque** *nmf* Monegasque, Monacan.

monème [mɔnɛm] *nm* moneme.

monétaire [mɔnetɛr] *adj* monetary; **marché/masse ~** money market/supply; **politique/système/unité ~** monetary policy/system/unit.

monétarisation [mɔnetarizasjɔ̃] *nf* monetarization.

monétarisme [mɔnetarism] *nm* monetarism.

monétariste [mɔnetarist] *adj* & *nmf* monetarist.

Monétique® [mɔnetik] *nf* electronic banking (services).

monétisation [mɔnetizasjɔ̃] *nf* monetization.

monétiser [3] [mɔnetize] *vt* to monetize.

mongol, e [mɔ̃gɔl] *adj* Mongol, Mongolian.
◆ **Mongol, e** *nm, f* Mongol, Mongolian.
◆ **mongol** *nm* LING Mongolian.

Mongolie [mɔ̃gɔli] *npr f*: **(la) ~** Mongolia; **(la) ~-Extérieure** Outer Mongolia; **(la) ~-Intérieure** Inner Mongolia.

mongolien, enne [mɔ̃gɔljɛ̃, ɛn] ◇ *adj vieilli* mongol *péj* & *vieilli*.
◇ *nm, f vieilli* mongol *péj* & *vieilli*.

mongolique [mɔ̃gɔlik] *adj* mongolic.

mongolisme [mɔ̃gɔlism] *nm vieilli* mongolism *vieilli*.

mongoloïde [mɔ̃gɔlɔid] *adj* -**1.** [de type mongol] Mongoloid. -**2.** MÉD & *vieilli* mongoloid *péj* & *vieilli*.

moniale [mɔnjal] *nf* (enclosed) nun.

monisme [mɔnism] *nm* monism.

moniteur, trice [mɔnitœr, tris] *nm, f* SPORT instructor (*f* instructress); [de colonie de vacances] (group) supervisor OU leader, (camp) counsellor *Am*; **~ d'atelier** workshop leader OU instructor; **~ d'auto-école** driving instructor.
◆ **moniteur** *nm* -**1.** INF [écran] display unit; [dispositif matériel ou logiciel] monitor; **~ couleur** RGB OU colour monitor. -**2.** MÉD monitor.

monitorat [mɔnitɔra] *nm* [enseignement] instruction; [de colonie de vacances] group leading, camp counselling *Am*.

monitoring [mɔnitɔriŋ] *nm* monitoring; **elle est sous ~** she's been placed on a monitor.

monnaie [mɔnɛ] *nf* -**1.** ÉCON & FIN currency, money; **~ d'argent/de nickel/d'or** silver/nickel/gold coin; **les ~s étrangères** foreign currencies; **la ~ allemande** [gén] the German currency; BOURSE the Deutsche mark; **le yen est la ~ du Japon** the yen is Japan's (unit of) currency OU monetary unit ❑ **~ scripturale** OU **bancaire** substitute money; **~ de compte** account OU near money; **~ décimale** decimal currency OU coinage; **~ divisionnaire** fractional currency; **~ d'échange** *fig* bargaining counter; **~ électronique** electronic OU plastic money; **~ fiduciaire** fiduciary money OU issue; **~ légale** legal tender; **~ métallique** metal money; **~ de papier** paper money; **~ verte** green currency; **fausse ~** counterfeit OU false money; **c'est ~ courante** it's common practice, it's a common OU an everyday occurrence; **payer qqn en ~ de singe** to fob sb off. -**2.** [appoint] change; **faire de la ~** to get (some) change; **faire de la ~ à qqn** to give sb some change; **faire la ~ de 200 francs** to get change for 200 francs, to change a 200 franc note; **je vais te faire** OU **te donner la ~ de 100 francs** I'll change 100 francs for you, I'll give you change for 100 francs; **rendre la ~ à qqn** to give sb change; **il m'a rendu la ~ sur 100 francs** he gave me the change out of OU from 100 francs ❑ **~ d'appoint** (correct) change; **menue/petite ~** small/loose change; **et par ici la ~!** *fam* let's be having your money!; **allez, envoyez la ~!** *fam* come on, get the pennies out OU cough up!; **je lui rendrai la ~ de sa pièce!** I'll give him a taste of his own medicine!

monnaie-du-pape [mɔnɛdypap] (*pl* **monnaies-du-pape**) *nf* honesty HORT.

monnayable [mɔnɛjabl] *adj* saleable; **ton expérience dans ce domaine est ~** your experience in this field is worth money.

monnayer [11] [mɔnɛje] *vt* -**1.** [convertir en monnaie] to mint; **~ de l'argent/du nickel** to mint silver/nickel (coins). -**2.** [vendre] to sell, to make money out of; **~ son expérience/savoir-faire** to cash in on one's experience/know-how. -**3.** [échanger] to exchange; **il a monnayé ses services contre une lettre d'introduction** he asked for a letter of introduction in exchange for his services.
◆ **se monnayer** *vp (emploi passif)*: **tu devrais savoir que le talent se monnaye** you ought to know there's money to be made out of talent.

monnayeur [mɔnɛjœr] *nm* -**1.** [machine] change machine. -**2.** [ouvrier] coiner, minter.

mono [mɔno] ◇ *nf inv* (*abr de* **monophonie**) mono.
◇ *nmf fam* (*abr de* **moniteur**). -**1.** SPORT instructor (*f* instructress). -**2.** [de colonie de vacances] (group) supervisor OU leader, (camp) counsellor *Am*.
◇ *nm* (*abr de* **monoski**) monoski.

mono- [mɔno] *préf* mono-, single.

monoacide [mɔnɔasid] *nm* monoacid.

monoamine [mɔnɔamin] *nf* monoamine.

monoamine-oxydase [mɔnɔaminɔksidaz] (*pl* **monoamines-oxydases**) *nf* monoamine oxidase.

monoatomique [mɔnɔatɔmik] *adj* monatomic.

monobloc [mɔnɔblɔk] *adj* [fusil] cast en bloc, solid; [cylindre, moteur, roue] monobloc.

monocamérisme [mɔnɔkamerism] *nm* unicameralism.

monochromateur [mɔnɔkrɔmatœr] *nm* monochromator.

monochromatique [mɔnɔkrɔmatik] *adj* monochromatic PHYS.

monochrome [mɔnɔkrom] *adj* monochrome, monochromic.

monochromie [mɔnɔkrɔmi] *nf* monochromaticity.

monocinétique [mɔnɔsinetik] *adj* monokinetic.

monocle [mɔnɔkl] *nm* (single) eyeglass, monocle.

monoclinal, e, aux [mɔnɔklinal, o] *adj* monoclinal.
◆ **monoclinal, aux** *nm* monoclinal.

monoclinique [mɔnɔklinik] *adj* monoclinic.

monoclonal, e, aux [mɔnɔklɔnal, o] *adj* monoclonal; **anticorps ~** monoclonal antibody.

monocolore [mɔnɔkɔlɔr] *adj* -**1.** [d'une couleur] one-colour. -**2.** POL one-party.

monocoque [mɔnɔkɔk] ◇ *adj* AÉRON monocoque.
◇ *nm* NAUT monohull.
◇ *nf* AUT monocoque.

monocorde [mɔnɔkɔrd] ◇ *adj* monotonous, droning.
◇ *nm* monochord.

monocotylédone [mɔnɔkɔtiledɔn] *nf* monocotyl, monocotyledon, monocot; **les ~s** the Monocotyledoneae.

monocratie [mɔnɔkrasi] *nf* monocracy.

monocristal, aux [mɔnɔkristal, o] *nm* monocrystal.

monoculaire [mɔnɔkylɛr] *adj* monocular.

monoculture [mɔnɔkyltyr] *nf* monoculture; **une région de ~** a monoculture area.

monocyclique [mɔnɔsiklik] *adj* CHIM & ZOOL monocyclic.

monocylindrique [mɔnɔsilɛ̃drik] *adj* single-cylinder *(avant n)*.

monocyte [mɔnɔsit] *nm* monocyte; **angine à ~s** glandular fever.

monogame [mɔnɔgam] *adj* monogamous.

monogamie [mɔnɔgami] *nf* monogamy.

monogamique [mɔnɔgamik] *adj* monogamous, monogamic.

monogramme [mɔnɔgram] *nm* monogram.

monographie [mɔnɔgrafi] *nf* monograph.

monoï [mɔnɔj] *nm inv* Monoi.

monoïdéisme [mɔnɔideism] *nm* monoideism, monomania.

monoïque [mɔnɔik] *adj* monoecious.

monokini [mɔnɔkini] *nm* monokini, topless swimsuit; '**~ interdit**' 'no topless bathing'.

monolingue [mɔnɔlɛ̃g] ◇ *adj* monolingual.
◇ *nmf* monolingual; **les ~s** people who speak only one language, monolinguals.

monolinguisme [mɔnɔlɛ̃gɥism] *nm* monolingualism.

monolithe [mɔnɔlit] ◇ *adj* monolithic.
◇ *nm* monolith.

monolithique [mɔnɔlitik] *adj* GÉOL & *fig* monolithic.

monolithisme [mɔnɔlitism] *nm* monolithism.

monologue [mɔnɔlɔg] *nm* -**1.** [discours] monologue; THÉÂT monologue, soliloquy; **il s'est lancé dans un long ~ sur le respect d'autrui** he launched into a long monologue on the need to respect others. -**2.** LITTÉRAT: **~ intérieur** stream of consciousness, interior monologue.

monologuer [3] [mɔnɔlɔge] *vi* to soliloquize; **il monologue des heures durant** [en public] he can go on (talking) for hours; [tout seul] he talks to himself for hours.

monôme [mɔnom] *nm* -**1.** MATH monomial. -**2.** *arg scol* ≃ students' rag procession.

monomère [mɔnɔmɛr] ◇ *adj* monomeric.
◇ *nm* monomer.

monométallisme [mɔnɔmetalism] *nm* monometallism.

monométalliste [mɔnɔmetalist] ◇ *adj* monometallic.
◇ *nmf* monometallist.

monomoteur [mɔnɔmɔtœr] ◇ *adj* single-engine *(avant n)*, single-engined.
◇ *nm* single-engine OU single-engined aircraft.

mononucléaire [mɔnɔnykleɛr] ◇ *adj* mononuclear.
◇ *nm* monocyte, mononuclear (leucocyte).

mononucléose [mɔnɔnykleoz] *nf* mononucleosis; **~ infectieuse** glandular fever, infectious mononucleosis *spéc*.

monoparental, e, aux [mɔnɔparɑ̃tal, o] *adj* single-parent.

monophasé, e [mɔnɔfaze] *adj* single-phase, monophase.
◆ **monophasé** *nm* single-phase (current).

monophonie [mɔnɔfɔni] *nf* monophony.

monophonique [mɔnɔfɔnik] *adj* MUS monophonic; AUDIO monophonic, monaural.

monoplace [mɔnɔplas] ◇ *adj* one-seater *(avant n)*, single-seater *(avant n)*.
◇ *nm* one-seater OU single-seater (vehicle).
◇ *nf* single-seater racing car.

monoplan [mɔnɔplɑ̃] *nm* monoplane.

monoplégie [mɔnɔpleʒi] *nf* monoplegia.

monopole [mɔnɔpɔl] *nm* -**1.** ÉCON monopoly; **~ d'achat** buyer's monopoly; **~ d'État** state monopoly. -**2.** *fig* monopoly; **vous pensez avoir le ~ de la vérité?** do you think you have a monopoly of the truth?

monopolisateur, trice [mɔnɔpɔlizatœr, tris] *nm, f* monopolizer.

monopolisation [mɔnɔpɔlizasjɔ̃] *nf* monopolization.

monopoliser [3] [mɔnɔpɔlize] *vt* ÉCON & *fig* to monopolize; **ne monopolisez pas notre jeune amie** don't keep our young friend to yourself.

monopoliste [mɔnɔpɔlist] *adj* monopoly *(modif)*.

monopolistique [mɔnɔpɔlistik] *adj* monopolistic.

Monopoly® [mɔnɔpɔli] *nm* Monopoly®.

monoprocesseur [mɔnɔprɔsesœr] ◇ *adj* single-unit *(avant n)* COMPUT.
◇ *nm* single (central processing) unit.

monoprogrammation [mɔnɔprɔgramasjɔ̃] *nf* monoprogramming.

monoptère [mɔnɔptɛr] ◇ *adj* monopteral.
◇ *nm* monopteron.

monorail [mɔnɔraj] *adj* & *nm* monorail.

monorime [mɔnɔrim] *adj* monorhyme.

monosaccharide [mɔnɔsakarid] *nm* monosaccharide.

monosémique [mɔnɔsemik] *adj* LING monosemous, monosemic.

monosépale [mɔnɔsepal] *adj* monosepalous.

monoski [mɔnɔski] *nm* monoski.

monosperme [mɔnɔspɛrm] *adj* monospermous, monospermal.

monosyllabe [mɔnɔsilab] *nm* monosyllable.

monosyllabique [mɔnɔsilabik] *adj* monosyllabic.

monothéisme [mɔnɔteism] *nm* monotheism.

monothéiste [mɔnɔteist] ◇ *adj* monotheistic, monotheistical.
◇ *nmf* monotheist.

monotone [mɔnɔtɔn] *adj* -**1.** [voix, bruit] monotonous; **le tic-tac ~ de la pendule** the monotonous ticking of the clock. -**2.** [discours, style] monotonous, dull; **une déclamation ~** a dull OU droning declamation. -**3.** [vie] monotonous, dreary, humdrum; [paysage] monotonous, dreary.

monotonie [mɔnɔtɔni] *nf* monotony, dullness, dreariness.

monotrace [mɔnɔtras] *adj* single-track.

monotrope [mɔnɔtrɔp] *nm* monotropa.

monotype [mɔnɔtip] ◇ *nm* -**1.** NAUT: course de **~s** race between boats of the same class. -**2.** BX-ARTS monotype.
◇ *adj* BOT monotype.

Monotype® [mɔnɔtip] *nf* Monotype®.

monovalent, e [mɔnɔvalɑ̃, ɑ̃t] *adj* monovalent.

monoxyde [mɔnɔksid] *nm* CHIM monoxide; **~ de carbone** carbon monoxide.

monozygote [mɔnɔzigɔt] ◇ *adj* monozygous, monozygotic.
◇ *nmf* monozygote.

Monrovia [mɔ̃rɔvja] *npr* Monrovia.

Monseigneur [mɔ̃sɛɲœr] (*pl* **Messeigneurs** [mesɛɲœr]) *nm* -**1.** [en s'adressant à un - archevêque] Your Grace; [- évêque] My Lord (Bishop); [- cardinal] Your Eminence; [- prince] Your Royal Highness; [en parlant d'un - archevêque] His Grace; [- évêque] His Lordship; [- cardinal] His Eminence (Cardinal); [- prince] His Royal Highness. -**2.** HIST Monseigneur *(the heir to the throne of France)*.

monsieur [məsjø] (*pl* **messieurs** [mesjø]) *nm* man, gentleman; **un ~ vous a demandé** a man OU gentleman's been asking for you; **le jeune ~ prendra-t-il une orangeade?** will the young gentleman have an orange juice?; **il se prend pour un ~** *péj* he thinks he's a gentleman; **c'est un vilain ~** he's a wicked man.

Monsieur [məsjø] (*pl* **Messieurs** [mesjø]) *nm* -**1.** [dans une lettre]: **~** Sir, Dear Sir; **Cher ~ Duval** Dear Mr. Duval; **Messieurs** Dear Sirs; **~ le Maire** Dear Sir; **~ le Vicomte** My Lord ‖ [sur l'enveloppe]: **~ Duval** Mr. Duval; **Messieurs Thon et Lamiel** Messrs Thon and Lamiel. -**2.** [terme d'adresse - suivi du nom ou du titre]: **bonjour ~ Leroy!** good morning Mr. Leroy!; **bonjour Messieurs Duval!** good morning, gentlemen!; **bonjour ~ le Ministre!** good morning Sir!; **bonjour ~ le Consul!** good morning Sir OU Your Excellency!; **~ le Président, et l'inflation?** [au chef de l'État] Sir OU Mr. President *Am*, what about inflation?; [au directeur] Sir OU Mr. Chairman, what about inflation?; **Messieurs les députés, vous êtes priés de vous asseoir!** will the Honourable Members please be seated! *Br*; **bonjour ~ le Marquis!** good morning, Your Lordship!; **bonjour ~ le Duc!** good morning, Your Grace! ‖ [à un inconnu]: **bonjour ~!** good morning!; **bonjour Messieurs** good morning (, gentlemen); **bonjour Messieurs Dames** *fam* morning all OU everybody; **Mesdames, Mesdemoiselles, Messieurs!** Ladies and Gentlemen!; **Messieurs, un peu de silence s'il vous plaît!** [à des garçonnets] boys, please be quiet!; [à des jeunes gens] gentlemen, would you please be quiet!; **et voilà, ~, une laitue pommée!** here you are, Sir, a nice round lettuce!; **~ désirerait voir les pantalons?** would you like to see the trousers, Sir? ‖ *sout* OU *hum*: **~ est servi** [au dîner] dinner is served (, Sir); [pour le thé] tea is served (, Sir); **le frère de ~ attend en bas** [à un roturier] your brother is waiting downstairs, Sir; [à un homme titré] Your Lordship's brother is waiting downstairs; **vous n'y pensez pas, cher** OU **mon bon** OU **mon pauvre ~!** my dear Sir, you can't be serious!; **peux-tu prêter un instant ton stylo à ~?** could you lend the gentleman your pen for a minute? ‖ [au téléphone]: **bonjour ~, je voudrais parler à quelqu'un de la Comptabilité, s'il vous plaît** hello, I'd like to speak to somebody in the accounts department, please. -**3.** [en se référant à une tierce personne]: **adressez-vous à ~ Duval** apply to Mr. Duval; **~ votre père** *sout* your father; **le docteur Duval et** [pour annoncer] Doctor Duval and Mr. Duval; **~ le Président regrette de ne pas pouvoir être des nôtres ce soir** [chef de l'État] the President regrets he is unable to be with us tonight; [directeur] the Chairman OU Mr. X regrets he is unable to be with us tonight; **~ le Marquis est arrivé** His Lordship has arrived; **~ le Duc est arrivé** His Grace has arrived. -**4.** SCOL: **~, j'ai fini mon addition!** (please) Sir, I've done my addition! -**5.** *fam* [en appellatif]: **alors, ~ le frimeur, tu es satisfait?** so, are you pleased with yourself, Mr big shot?; **Messieurs les chahuteurs n'ont qu'à bien se tenir** I'm asking our rowdy friends to behave themselves; **et en plus, ~ exige des excuses!** His Lordship wants an apology as well, does he? -**6.** HIST Monsieur *(title given to the King of France's younger brother)*. -**7.** *loc*: **il a été nommé ~ sécurité routière** he was made Mr. Road Safety; **~ Tout le Monde** the man in the street, Joe Public *Br hum*, Joe Blow *Am*.

monstera [mɔ̃stera] *nm* monstera.

monstre [mɔ̃str] ◇ *nm* -**1.** BIOL, MYTH & ZOOL monster; **le ~ du Loch Ness** the Loch Ness Monster ❑ **~ sacré** superstar; **James Dean était un ~ sacré du cinéma hollywoodien** James Dean was a Hollywood screen idol. -**2.** [chose énorme] monster; **son camion est un vrai ~!** his lorry is an absolute monster! -**3.** [personne laide] monster, monstrously ugly OU hideous person; [brute] monster, brute; **un ~ d'ingratitude/d'égoïsme** an ungrateful/a selfish brute. -**4.** *fam* [enfant insupportable] monster, little terror, perisher *Br*; **sortez d'ici, petits ~s!** out of here, you little monsters!
◇ *adj fam (après le n)* [erreur, difficulté, déficit] monstrous, enormous, colossal; [rassemblement] monstrous, mammoth; [répercussions, succès] gigantic, enormous; [soldes] gigantic, huge, colossal; **ça a eu un effet ~ sur le public** it had an enormous OU a tremendous effect on the audience; **il y a une queue ~ chez le boucher** there's a huge OU massive queue at the butcher's; **j'ai un boulot ~!** I've got loads OU tons OU piles of work to do!; **il a un culot ~** he's got a bloody cheek *Br* OU a damned nerve.

monstrueusement [mɔ̃stryøzmɑ̃] *adv* [laid] monstrously, hideously; [intelligent] prodigiously, stupendously.

monstrueux, euse [mɔ̃stryø, øz] *adj* -**1.** [difforme] monstrous, deformed; **un être ~, une créature monstrueuse** a freak. -**2.** [laid] monstrous, hideous, ghastly. -**3.** [abject, cruel] monstrous, wicked, vile; **il fut assez ~ pour trahir un ami** he was wicked enough to betray a friend; **un crime ~** a heinous OU monstrous crime. -**4.** [très grave] monstrous, dreadful, ghastly; **une monstrueuse erreur** an awful OU a dreadful mistake.

monstruosité [mɔ̃stryozite] *nf* -**1.** [difformité] deformity. -**2.** [acte, crime] monstrosity; **commettre/dire des ~s** to do/to say the most terrible things.

mont [mɔ̃] *nm* -**1.** GÉOG mountain; *litt* mount; **~ sous-marin** seamount; **le ~ Blanc** Mont Blanc; **le ~ Cervin** the Matterhorn; **le ~ Everest** Mount Everest; **le ~ des Oliviers** the Mount of Olives; **aller par ~s et par vaux** to wander up hill and down dale; **il est toujours par ~s et par vaux** he's always on the move. -**2.** [de la main] mount. -**3.** ANAT: **le ~ de Vénus** mons veneris.

MONTS:
les monts Appalaches the Appalachian Mountains;
le mont Ararat Mount Ararat;
le mont Athos Mount Athos;
le mont Aventin the Aventine Hill;
le mont Blanc Mont Blanc;
les monts Cantabriques the Cantabrian Mountains;
le mont Capitolin the Capitoline Hill;
le mont Cervin the Matterhorn;
le mont Etna Mount Etna;
le mont Everest Mount Everest;
le mont Fuji-Yama Mount Fuji;
le mont des Oliviers the Mount of Olives;
le mont Olympe Mount Olympus;
le mont Palatin the Palatine Hill;
le mont Parnasse Mount Parnassus;
le mont Quirinal Quirinal;
le mont Vésuve Mount Vesuvius;
le mont Whitney Mount Whitney.

---

montage [mɔ̃taʒ] *nm* -**1.** [assemblage - d'un meuble, d'un kit] assembly, assemblage; [- d'une tente] pitching, putting up; [- d'un vêtement] assembling, sewing together; [- d'un col] setting in; IMPR (page) makeup, pasting up. -**2.** [installation - d'un appareil] installing, fixing; [- d'une pierre précieuse] mounting, setting; [- de pneus] fitting. -**3.** FIN: **~ de crédit** credit OU loan arrangement; **~ financier** financial arrangement. -**4.** AUDIO & CIN [processus] editing; [avec effets spéciaux] montage; [résultat] montage; **~ réalisé par X** [d'un film] film editing by X; [du son] sound editing by X ❑ **~ audiovisuel** OU **sonorisé** sound slide show; **~ définitif** final cut; **~ à la prise de vues** direct camera editing; **~ synchrone** sync editing; **premier ~** rough cut. -**5.** PHOT mounting; **faire du ~ de diapositives** to mount slides ❑ **~ de photos** photomontage. -**6.** ÉLECTR & ÉLECTRON wiring, connecting, connection; ~ **compensateur/en pont** flywheel/bridge circuit; ~ **en parallèle/série** connection in parallel/in series; ~ **symétrique** push-pull circuit. -**7.** MIN overhand (stope).

montagnard, e [mɔ̃taɲar, ard] ◇ *adj* mountain *(modif)*, highland *(modif)*.
◇ *nm, f* mountain dweller; les ~s mountain people.
◆ **Montagnard** *nm* HIST: **les Montagnards** the Montagnards, the members of the Mountain.

LES MONTAGNARDS:
1. A political movement which sought to give national reality to the French Revolution. Successfully rallying the support of the people, the sans-culottes, the Paris Commune and the Jacobins, they became the sole leaders after eliminating the Girondists. They created the Committee of Public Safety, later the chief organ of the government, and the Revolutionary Tribunal in 1793. Leading members included Danton, Marat and Robespierre.
2. One of the two assemblies under the Third Republic, claiming to be heir to the Jacobin tradition of a strong centralized regime.

---

montagne [mɔ̃taɲ] *nf* -**1.** [mont] mountain; **les ~s d'Écosse** the Highlands of Scotland; **les ~s d'Europe** the European (mountain) ranges ❑ **~s russes** LOISIRS big dipper *Br*, roller coaster *Am*; **les Montagnes Rocheuses** the Rocky Mountains, the Rockies; **déplacer** OU **soulever des ~s** to move heaven and earth; **(se) faire une ~ de qqch** to make a great song and dance about sthg; **(se) faire une ~ de rien** OU **d'un rien** to make a mountain out of a molehill; **gros comme une ~** [mensonge] huge, colossal; [canular] mammoth *(modif)*; **c'est la ~ qui accouche d'une souris!** what a lot of fuss about nothing!; **il n'y a que les ~s qui ne se rencontrent pas** *prov* there are none so distant that fate cannot bring together; **si la ~ ne va pas à Mahomet, Mahomet ira à la ~** *prov* if the mountain will not come to Mohammed, Mohammed must go to the mountain. -**2.** [région]: **la ~** the mountains; [en Écosse] the highlands; **à la ~** OU **en ~**, **le temps change vite** the weather is very changeable in the mountains; **de ~** mountain *(modif)*; **faire de la ~** to go mountaineering; **de basse ~** low-mountain *(modif)*; **de haute ~** high-mountain *(modif)*; **de moyenne ~** middle-range-mountain *(modif)*; **en basse ~** in the foothills; **en haute ~** high in the mountains; **en moyenne ~** in the middle-range mountains ❑ **ce n'est que de la ~ à vaches** it's only hills. -**3.** [grosse quantité]: **une ~ de lots** OU mountains OU a mountain of; **une ~ de détritus/spaghettis** a mountain of refuse/spaghetti; **~ de blé/beurre** CEE wheat/butter mountain. -**4.** HIST: **la Montagne** the Mountain.

montagneux, euse [mɔ̃taɲø, øz] *adj* mountainous.

montaison [mɔ̃tɛzɔ̃] *nf* -**1.** [du saumon] *season during which salmon migrate up river from the sea.* -**2.** AGR going to seed.

montant, e [mɔ̃tɑ̃, ɑ̃t] *adj* -**1.** [qui grimpe - sentier] rising, uphill; **la génération ~e** the rising generation. -**2.** NAUT upstream *(modif)*; TRANSP up *(avant n)*; **taille ~e** MIN raise stope; **tranche ~e** rise cut. -**3.** VÊT [col] high; [corsage] high-necked, high-neckline *(modif)*; **chaussures ~es** ankle boots, ankle-high shoes. -**4.** MIL: **la garde ~e** the relief guard.
◆ **montant** *nm* -**1.** [d'une échelle, d'un châssis] upright; [d'une tente] pole; [d'une porte, d'une fenêtre] stile; [d'un lit] post; **~ (de but)** SPORT (goal) post. -**2.** MIN prop. -**3.** ÉQUIT cheek piece. -**4.** FIN amount, sum, total; **écrivez le ~ en toutes lettres** write out the sum in full; **le ~ du découvert** the amount of the overdraft, the total overdraft; **chèque/facture d'un ~ de 500 francs** cheque/invoice for 500 francs; **cadeau d'un ~ total de 1 500 francs** present worth 1,500 francs; **le ~ total des réparations s'élève à..., les réparations s'élèvent à un ~ total de...** the total cost of the repairs adds up to... ❑ **~s compensatoires (monétaires)** CEE (compensatory) subsidies, (monetary) compensatory amounts *spéc.* -**5.** CULIN spiciness, tang. -**6.** ŒNOL: **vin qui a du ~** wine with a strong bouquet.

montbéliarde [mɔ̃beljard] ◇ *adj f*: **race ~** Montbéliarde breed.
◇ *nf* Montbéliarde cow *(a breed from the Jura mountains)*.

mont-blanc [mɔ̃blɑ̃] (*pl* **monts-blancs**) *nm* *chestnut cream dessert.*

mont-de-piété [mɔ̃dpjete] (*pl* **monts-de-piété**) *nm* (state-owned) pawnshop; **mettre qqch au ~** to pawn sthg; **retirer** OU **dégager qqch du ~** to recover sthg from the pawnshop.

mont-d'or [mɔ̃dɔr] (*pl* **monts-d'or**) *nm* Mont d'Or (cheese).

monte [mɔ̃t] *nf* -**1.** ÉQUIT [technique] horsemanship; [participation à une course] mounting; **j'ai eu trois ~s dans la journée** I had three mounts today; **partants et ~s probables** probable runners and riders. -**2.** VÉTÉR covering; **mener une jument à la ~** to take a mare to be covered.

monté, e [mɔ̃te] *adj* -**1.** [pourvu] provided, equipped; **être bien/mal ~** to be well/badly equipped; **elle est bien/mal ~e en moules à gâteaux** she's got a lot of/she's a bit short of cake tins; **tu es bien ~e avec un pareil mari!** *fam iron* you've married a right *Br* OU good one there! -**2.** MIL mounted; **troupes ~es** mounted troops. -**3.** *fam* [irrité]: **être ~ contre qqn** to be angry with sb, to be dead set against sb; **les ouvriers sont très ~s** the workers are up in arms; **elle est très ~e, ne lui en parle pas aujourd'hui** she's pretty wound up, don't talk to her about it today. -**4.** COUT made-up; **manche ~e** made-up OU fitted sleeve. -**5.** [plante] seeded, gone to seed, bolted. -**6.** CULIN: **œufs ~s en neige** whipped egg whites. -**7.** *fam loc*: **il est bien ~** he's well-hung.
◆ **montée** *nf* -**1.** [pente] climb, uphill OU upward slope; **en haut de la ~e** at the top of the hill; **méfiez-vous, la ~e est raide!** watch out, it's quite a steep climb! -**2.** [parcours] climb; **la ~e jusqu'au chalet** the climb up OU the ascent to the chalet; **la ~e des escaliers lui fut très pénible** he climbed OU struggled up the stairs with great difficulty. -**3.** [élévation - d'une fusée, d'un dirigeable] ascent; [- de la sève] rise; [- des eaux] rise, rising. -**4.** [augmentation - de violence] rise; [- de mécontentement] rise, increase, growth; **la ~e des prix/températures** the rise in prices/temperatures; **face à la ~e en flèche des prix du pétrole** faced with rocketing OU soaring oil prices; **devant la ~e de la violence/du racisme** faced with the rising tide of violence/racism. -**5.** [accession] rise, ascension; **sa ~e au pouvoir** her rise to power. -**6.** ARCHIT height. -**7.** PHYSIOL: **~e de lait** onset of lactation.

monte-charge [mɔ̃tʃarʒ] *nm inv* hoist, goods lift *Br*, freight elevator *Am*.

montée [mɔ̃te] *f* → **monté**.

monte-en-l'air [mɔ̃tɑ̃lɛr] *nm inv* cat burglar.

monténégrin, e [mɔ̃tenegrɛ̃, in] *adj* Montenegrin.
◆ **Monténégrin, e** *nm, f* Montenegrin.

Monténégro [mɔ̃tenegro] *npr m*: **le ~** Montenegro.

monte-plats [mɔ̃tpla] *nm inv* service lift *Br*, dumbwaiter.

monter [3] [mɔ̃te] ◇ *vi (aux être ou avoir)* -**1.** [personne, animal - vu d'en bas] to go up; [- vu d'en haut] to come up; [avion, soleil] to rise, to climb (up); [drapeau] to go up, to rise; [rideau de théâtre, air, fumée] to go up, to rise; [chemin] to go up, to rise, to climb; **~ au grenier** to go up to OU into the attic; **~ dans sa chambre** to go up to one's room; **~ chez qqn** to go up to sb's place; **elle ne monte jamais ici** she never comes up here; **monte par l'ascenseur** go up in OU use the lift; **la voiture est montée sur le trottoir** the car went up on OU mounted the pavement; **monte sur une chaise pour que j'épingle ton ourlet** stand on a chair so I can pin up your hem; **le cortège est monté jusqu'en haut de la colline** the procession went OU climbed to the top of the hill; **le premier de cordée continuait à ~** the leader continued to climb OU continued the ascent; **es-tu déjà montée au dernier étage de la tour Eiffel?** have you ever been up to the top of the Eiffel Tower?; **le soir, le brouillard monte** the mist rises in the evening; **~ en pente douce** to climb gently (upwards); **~ en pente raide** to climb steeply OU sharply; **ça monte trop, passe en première** it's too steep, change down into first; **~ de** [suj: odeur, bruit] to rise (up) from, to come from; **une odeur de moisi/brûlé monte de la cave** there's a musty smell/a smell of burning coming (up) from the cellar; **des clameurs montèrent de la place** a clamour rose up from the square ❑ **~ sur les planches** to go on the stage; **~ sur le trône** to ascend the throne. -**2.** [dans un moyen de transport]: **~ dans** [avion, train] to get on OU onto, to board; [bus] to get on, to board; [voiture] to get into; **tous les jours quand je monte dans le train** every day as I get on OU as I board the train; **tu montes (avec moi)?** [dans ma voiture] are you coming with me (in my car)?; **elle monte à Versailles** [elle prend le train] she gets on at Versailles (station); **~ sur**: **~ sur un** OU **à bord d'un bateau** to board a ship; **est-ce que tout le monde est monté à bord?** is everybody aboard OU on board?; **~ sur un cheval** to get on OU to mount a horse; **~ sur une bicyclette** to get on a bicycle; **ça fait longtemps que je ne suis pas monté sur une bicyclette** it's a long time since I've been on a bicycle; **~ à** [pratiquer]: **~ à cheval/bicyclette** to ride (a horse/a bicycle) ‖ ÉQUIT to ride; **elle monte régulièrement à Vincennes** she rides regularly in Vincennes. -**3.** [apparaître suite à une émotion]: **les larmes lui sont montées aux yeux** tears welled up in his eyes, his eyes filled with tears; **ça m'a fait ~ les larmes aux yeux** it brought tears to my eyes; **le rouge lui est monté aux joues** the colour rose to her cheeks; **le sang lui monta au visage** the blood rushed to his face. -**4.** [s'élever - température] to rise, to go up; [- fièvre] to rise; [- prix, taux] to rise, to go up, to increase; [- action] to rise; [- rivière] to rise; [- mer, marée] to come in; [- anxiété, mécontentement] to grow, to increase; **dès 10 h du matin, la chaleur commence à ~** it starts getting hot around 10 a.m.; **faire ~** [tension, peur] to increase; **faire ~ les prix** [surenchère] to send OU to put prices up; [marchand] to put up OU to increase prices; **empêcher les prix de ~** to keep prices down; **les loyers ont monté de 25 %** rents have gone up OU increased by 25%; **les travaux de plomberie, ça monte vite** *fam* a plumber's bill soon mounts up; **le mercure monte dans le thermomètre** the mercury is rising in the thermometer; **le thermomètre monte** *fam* MÉTÉO it's OU the weather's getting warmer; **le lait monte** [il bout] the milk is boiling; [chez une femme qui allaite] lactation has started; **attendez que l'écume monte à la surface de la confiture** wait for the scum to come OU to rise (up) to the top of the jam; **prends de grosses aiguilles, ton pull montera plus vite** your sweater will knit up more quickly if you use big needles; **faire ~ des blancs en neige** CULIN to whisk up egg whites; **le soufflé a bien monté/n'a pas monté** the soufflé rose beautifully/didn't rise; **le ton montait** [de colère] voices were being raised, the discussion was becoming heated; [d'animation] the noise level was rising. -**5.** [atteindre un certain niveau]: **la cloison ne monte pas assez haut** the partition isn't high enough; **~ à** OU **jusqu'à** [eau, vêtement, chaussures] to come up to; **son plâtre monte jusqu'au genou** his leg is in a plaster cast up to the knee; **les pistes de ski montent jusqu'à 3 000 m** the ski runs go up to OU as high as 3,000 m; **la fièvre est montée à 40° C** his temperature has gone up to OU reached 40° C; **je peux ~ jusqu'à 200 km/h** *fam* I can do up to 200 km/h; **le pain est monté à 3 francs** bread has gone up to 3 francs;

l'hectare de vigne peut ~ jusqu'à 30 000 francs one hectare of vineyard can cost up to OU fetch as much as 30,000 francs. -**6.** MUS [voix] to go up, to rise; **il peut ~ jusqu'au «si»** he can go OU sing up to B. -**7.** [pour attaquer]: **~ à l'abordage** NAUT to board; **~ à l'attaque** OU **à l'assaut** MIL to go into the attack; **~ à l'assaut de** to launch an attack on; **~ au front** OU **en ligne** to go into action, to go up to the front (line); **~ au filet** TENNIS & VOLLEY to go up to the net. -**8.** [dans une hiérarchie] to rise; **~ en grade** to be promoted; **un chanteur qui monte** an up-and-coming singer || [dans le temps]: **la génération qui monte** the rising OU new generation. -**9.** [aller vers le nord]: **je monte à Paris demain** I'm going (up) to Paris tomorrow; **quand vous monterez à Paris, venez coucher à la maison** when you come (up) to Paris, come and stay with us; **prendre le train qui monte à Bordeaux** to take the train (up) to Bordeaux; **il a dû ~ à Lyon pour trouver du travail** he had to move (up) to Lyons in order to find work. -**10.** [pousser]: **~ (en graine)** to go to seed, to bolt; **les salades sont montées** the lettuces have gone to seed OU have bolted; **ses enfants ont monté** OU **sont montés en graine** his children have really shot up. -**11.** JEUX: **~ sur le valet de trèfle** to play a club higher than the jack.

◇ *vt (aux avoir)* -**1.** [gravir] to go up *(insép)*; **~ l'escalier** to go OU to climb up the stairs, to go upstairs; **~ une marche** to go up a OU one step; **~ les marches** to go up OU to climb the steps; **la voiture a du mal à ~ la côte** the car has difficulty getting up the hill; **~ la gamme** MUS to go up OU to climb the scale. -**2.** [porter en haut - bagages, colis] to take OU to carry up *(sép)*; [- courrier] to take up *(sép)*; **monte-moi mes lunettes** bring my glasses up for me; **je lui ai monté son journal** I took the newspaper up to him; **peut-on se faire ~ le repas dans les chambres?** is it possible to have meals brought to the room? -**3.** [mettre plus haut]: **monte l'étagère d'un cran** put the shelf up a notch; **monte un peu le tableau** put the picture up a bit; **monte la vitre, j'ai froid** wind up the (car) window, I'm cold. -**4.** [augmenter - son] to turn up *(sép)*; [- prix] to put up *(sép)*; **monte la télé** *fam* turn the TV up; **l'hôtel a monté ses prix** the hotel has put up its prices; **~ une couleur** BX-ARTS to heighten a colour || [mettre en colère]: **~ qqn contre** to set sb against; **ils ont monté les ouvriers contre la direction** they've turned the workers against the management. -**5.** [assembler - kit] to assemble, to put together *(sép)*; [- tente] to pitch, to put up *(sép)*; [- abri] to rig up *(sép)*; **les voitures sont montées à l'usine de Flins** the cars are assembled at the Flins plant; **~ un métier à tisser** to set up a loom, to warp the yarn *spéc*; **~ une page** IMPR to make up OU to paste up OU to lay out a page; **~ en parallèle/série** ÉLECTR to connect in parallel/series. -**6.** [fixer - radiateur] to fit, to mount; [- store] to put up *(sép)*, to mount; **~ une gravure** [sur une marie-louise] to mount an engraving; [dans un cadre] to frame an engraving; **il a monté un moteur plus puissant sur sa voiture** he has put a more powerful engine into his car || JOAILL to mount, to set; **rubis monté sur or** ruby set OU mounted in gold. -**7.** [organiser - gén] to organize; [- pièce, spectacle] to put on *(sép)*, to stage, to produce; [- canular] to think up *(sép)*; [- complot, machination] to set up *(sép)*; **l'institut monte une expédition océanographique** the institute is organizing an ocean-survey expedition; **~ un atelier de poterie** to set up a pottery workshop; **il avait monté tout un scénario dans sa tête** he'd thought up some weird and wonderful scheme. -**8.** [pourvoir - bibliothèque, collection, cave] to set up *(sép)*; **~ son ménage** OU **sa maison** to set up house; **~ un cavalier** ÉQUIT to horse OU to mount a rider. -**9.** ÉQUIT: **~ un cheval** to ride a horse. -**10.** CIN [bobine] to mount; [film] to edit. -**11.** COUT to fit (on); **~ une manche** to sew on OU to attach a sleeve; **le pantalon est prêt à être monté** the trousers are ready to assemble OU to be made up; **le devant est monté n'importe comment** the front's been sewn together any old how || [tricoter - maille] to cast on *(sép)*. -**12.** CULIN: **~ des blancs en neige** to whisk up egg whites; **~ une mayonnaise** to make some mayonnaise. -**13.** VÉTÉR & ZOOL to cover, to serve. -**14.** NAUT to crew; **~ un gréement** to rig a ship || PÊCHE to assemble.

◆ **se monter** ◇ *vp (emploi passif)*: **cette bibliothèque se monte facilement** these bookshelves are easy to assemble.

◇ *vpi fam* [s'énerver] to wind o.s. up (to a pitch).

◆ **se monter à** *vp + prép* [coût, dépenses] to come OU to amount OU to add up to.

◆ **se monter en** *vp + prép* [se pourvoir de] to equip OU to provide o.s. with; **se ~ en linge/vaisselle** to build up one's supplies of linen/crockery; **se ~ en vins** to stock (up) one's cellar.

monteur, euse [mɔ̃tœr, øz] *nm, f* -**1.** INDUST & TECH fitter. -**2.** AUDIO & CIN editor.

Montevideo [mɔ̃tevideo] *npr* Montevideo.

montgolfière [mɔ̃gɔlfjɛr] *nf* hot-air balloon, montgolfier (balloon).

monticule [mɔ̃tikyl] *nm* -**1.** [colline] hillock, mound, monticule. -**2.** [tas] heap, mound; **un ~ de pierres** a heap OU pile of stones.

montmartrois, e [mɔ̃martrwa, az] *adj* from Montmartre.

◆ **Montmartrois, e** *nm, f inhabitant of or person from Montmartre.*

montmorency [mɔ̃mɔrɑ̃si] *nf inv* morello cherry.

montmorillonite [mɔ̃mɔrijɔnit] *nf* montmorillonite.

montoir [mɔ̃twar] *nm* ÉQUIT: **(côté du) ~** near side *(of a horse)*; **côté hors (du) ~** off side.

montpelliérain, e [mɔ̃pəljerɛ̃, ɛn] *adj* from Montpellier.

◆ **Montpelliérain, e** *nm, f inhabitant of or person from Montpellier.*

montrable [mɔ̃trabl] *adj* [objet] exhibitable; [spectacle] fit to be seen; **est-ce ~ à des enfants?** is it fit to be seen by children?

montre [mɔ̃tr] *nf* -**1.** [instrument] watch; **il est 11 heures à ma ~** it's 11 o'clock by my watch ❑ **~ antichoc** shockproof watch; **~ digitale** digital watch; **~ étanche** waterproof watch; **~ de gousset** fob OU pocket watch; **~ de plongée** diver's watch; **~ de précision** precision watch; **~ à quartz** quartz watch; **il a mis une heure ~ en main** it took him OU he took exactly one hour (by the clock). -**2.** [preuve]: **faire ~ de prudence** to show caution, to behave cautiously; **faire ~ d'audace** to show OU to display one's boldness; **je fis ~ d'audace et la pris dans mes bras** I made so bold as to take her in my arms.

Montréal [mɔ̃real] *npr* Montreal, Montréal.

montréalais, e [mɔ̃realɛ, ɛz] *adj* from Montreal.

◆ **Montréalais, e** *nm, f* Montrealer.

montre-bracelet [mɔ̃trəbraslɛ] *(pl* **montres-bracelets***)* *nf* wristwatch.

montrer [3] [mɔ̃tre] *vt* -**1.** [gén] to show; [passeport, ticket] to show, to produce; [document secret] to show, to disclose; [spectacle, œuvre] to show, to exhibit; **~ qqch à qqn** to show sthg to sb, to show sb sthg; **il m'a montré son usine** he showed me (around) his factory; **montrez-moi votre bras** let me see OU show me your arm; **j'ai montré Marie au docteur** *fam* I had the doctor have OU take a look at Marie; **les toiles ne sont pas encore prêtes à être montrées** the paintings aren't ready to go on show yet; **~ le poing à qqn** to shake one's fist at sb ❑ **~ le bout de l'oreille** to reveal one's true colours; **~ le nez** OU **(le bout de) son nez** to put in an appearance; **il n'a même pas montré (le bout de) son nez** he never even showed his face; **~ les cornes** OU **les griffes** to sharpen one's claws; **~ les dents** *pr & fig* to bare one's teeth; **~ patte blanche** to produce one's credentials *fig*; **~ ses cartes** *pr & fig* to show one's hand; **je vais leur ~ de quel bois je me chauffe** I'll show them what I'm made of OU what sort of person they're dealing with! -**2.** [exhiber - partie du corps] to show; [- bijou, richesse, talent] to show off *(sép)*, to parade, to flaunt; **elle montrait ses charmes** she was displaying her charms OU leaving nothing to the imagination *euph*; **tu n'as pas besoin de ~ ta science!** no need to show off your knowledge!; **elle a montré ce qu'elle savait faire** she showed what she was capable of. -**3.** [faire preuve de - courage, impatience, détermination] to show, to display; **pour ~ sa bonne volonté** to show one's goodwill; **j'essayais de ne pas trop ~ ma déception/surprise** I tried not to show my disappointment/surprise too much. -**4.** [signaler] to point out *(sép)*, to show; **~ la sortie** [de la tête] to nod towards the exit; [du doigt] to point to the exit; [de la main] to gesture towards the exit; **montre-moi de qui tu parles** show me who you mean; **~ la porte à qqn** to show sb the door ❑ **~ le chemin à qqn** *pr & fig* to show sb the way; **~ la voie** OU **le chemin** to lead OU to show the way; **~ l'exemple** to set an example, to give the lead; **~ qqn du doigt** *pr* to point at sb; *fig* to point the finger of shame at sb. -**5.** [marquer - suj: aiguille, curseur, cadran] to show, to point to *(insép)*; [- suj: écran] to show, to display; **l'astérisque montre la somme restant à payer** the asterisk shows OU indicates the sum outstanding. -**6.** [prouver] to show, to prove; **comme le montrent ces statistiques** as these statistics show; **ce qui montre bien qu'il était coupable** which goes to show OU shows OU proves that he was guilty; **ça montre bien que** *fam*... it (just) goes to show that... -**7.** [évoquer] to show, to depict; **la vie des galériens, si bien montrée dans son roman** the lives of the galley slaves, so clearly depicted in her novel. -**8.** [enseigner - technique, procédé] to show, to demonstrate; [- recette, jeu] to show; **~ comment faire qqch** to show how to do sthg; **la brochure montre comment s'en servir** the booklet explains OU shows how to use it; **il m'a montré une nouvelle danse** he showed me a new dance, he demonstrated a new dance step for me.

◆ **se montrer** *vpi* -**1.** [se présenter] to show o.s., to appear (in public); **je ne peux pas me ~ dans cet état!** I can't let people see me like this!; **montrez-vous!** (come out and) show yourself!; **le voilà, ne te montre pas!** here he is, stay out of sight!; **elle ne s'est même pas montrée au mariage de sa fille** she never even showed up OU showed her face OU turned up at her daughter's wedding; **se ~ à son avantage** to show o.s. in a good light OU to advantage. -**2.** [s'afficher] to appear OU to be seen (in public); **elle se montrait beaucoup dans les milieux politiques** she was often seen in political circles; **elle adore se ~** she loves to be seen (in public); **il se montre partout à son bras** he parades everywhere with her on his arm. -**3.** [se révéler]: **se ~ d'un grand égoïsme** to display great selfishness; **ce soir-là, il s'est montré odieux/charmant** he was obnoxious/charming that evening; **montre-toi un homme, mon fils!** show them you're a man, my son!; **finalement, elle s'est montrée digne/indigne de ma confiance** she eventually proved (to be) worthy/unworthy of my trust; **la réconciliation s'est montrée impossible/inutile** reconciliation proved (to be) impossible/futile.

montreur, euse [mɔ̃trœr, øz] *nm, f*: **~ de marionnettes** puppeteer; **~ d'ours** bear-keeper.

Mont-Saint-Michel [mɔ̃sɛ̃miʃɛl] *npr m*: **le ~** Mont St Michel; **au ~** at Mont St Michel.

montueux, euse [mɔ̃tɥø, øz] *adj litt* hilly; **des paysages ~** hilly OU rolling countryside.

monture [mɔ̃tyr] *nf* -**1.** JOAILL setting; [de lunettes] frame; **des lunettes à ~ d'écaille/de plastique** horn-/plastic-rimmed glasses. -**2.** [d'un vase, d'un miroir] mounting. -**3.** ÉQUIT mount.

-**4.** ARM [d'un fusil] stock; [d'une épée] guard. -**5.** PÊCHE tackle.

monument [mɔnymɑ̃] *nm* -**1.** [stèle, statue] monument; ~ **funéraire** (funerary) monument; ~ **aux morts** war memorial. -**2.** ADMIN & LOISIRS monument, building; ~ **historique** historic monument OU building; ~ **public** civic building. -**3.** *litt* [travail admirable] monument, masterpiece; **elle a écrit un** ~ she's written a monumental work. -**4.** *fam fig*: **ce type est un** ~ **de naïveté/lâcheté** that guy is the ultimate dupe/coward.

monumental, e, aux [mɔnymɑ̃tal, o] *adj* -**1.** LOISIRS: **plan** ~ **de la ville** city map showing buildings of interest. -**2.** [grandiose] monumental, incredible; **une œuvre** ~**e** a monumental piece of work. -**3.** *fam* [canular, erreur] monumental, phenomenal, mammoth *(modif)*; **d'une stupidité** ~**e** monumentally OU astoundingly stupid. -**4.** ARCHIT monumental.

monumentalité [mɔnymɑ̃talite] *nf* monumental character, monumentality *litt*.

moque [mɔk] *nf* -**1.** NAUT cringle. -**2.** *fam Helv* [morve] snot.

moquer [3] [mɔke] *vt litt* to mock (at).

◆ **se moquer** *vpi litt* to jest; **vous vous moquez!** you jest! *hum*.

◆ **se moquer de** *vp + prép* -**1.** [railler] to laugh at, to mock (at), to make fun of; **les gens vont se** ~ **d'elle** people will laugh (at her). -**2.** [être indifférent à]: **je me/il se moque de tout ça** I/he couldn't care less about all that; **je me moque de travailler le dimanche** I don't mind having to work on Sundays; **je me moque que tu sois mécontent** I don't care if you're not pleased; **elle s'en moque pas mal** *fam* she couldn't care less. -**3.** [duper] to dupe, to deceive, to trick; **il s'est moqué de toi** he's pulled a fast one on you; **on s'est moqué de toi** you've been taken for a ride; **elle ne s'est pas moquée de toi!** *fam* she did you proud (there)!; **ce type se moque du monde!** *fam* that guy's got a real nerve!

moquerie [mɔkri] *nf* jeering, mocking; **il était en butte à des** ~**s continuelles** he was always being mocked OU made fun of.

moquette [mɔkɛt] *nf* wall-to-wall carpet, fitted carpet *Br*; **faire poser de la** OU **une** ~ to have a (wall-to-wall) carpet laid.

moquetter [4] [mɔkete] *vt* to carpet... (wall-to-wall), to lay a (wall-to-wall) carpet in; **l'entrée est moquettée** the hall is (wall-to-wall) carpeted.

moqueur, euse [mɔkœr, øz] ◇ *adj* mocking; **elle est très moqueuse** she likes to make fun of people.

◇ *nm, f* mocker; **les** ~**s** mocking OU jeering people.

◆ **moqueur** *nm* mockingbird

moraine [mɔrɛn] *nf* moraine; ~ **frontale/latérale/médiane** terminal/lateral/medial moraine; ~ **de fond** ground moraine.

morainique [mɔrenik] *adj* morainal, morainic.

moral, e[1]**, aux** [mɔral, o] *adj* -**1.** [éthique - conscience, jugement] moral; **il n'a aucun sens** ~ he has no moral sense OU no sense of morality; **je me sens dans l'obligation** ~**e de l'aider** I feel morally obliged to OU I feel I have a moral obligation to help him; **prendre l'engagement** ~ **de faire qqch** to be morally committed to do sthg || [édifiant - auteur, conte, réflexion] moral; **la fin de la pièce n'est pas très** ~**e!** the end of the play is rather immoral! -**2.** [spirituel - douleur] mental; [- soutien, victoire, résistance] moral; **elle a une grande force** ~**e** she has great moral strength OU fibre; **avoir la certitude** ~**e que** to have the moral certainty that.

◆ **moral** *nm* morale, spirits; **comment va le** ~**?** are you in good spirits?; **toutes ces épreuves n'ont pas affecté son** ~ all these ordeals failed to shake her morale; **avoir bon** ~ to be in good OU high spirits; **son** ~ **est bas** his spirits are low, he's in low spirits ❑ **avoir le** ~ to be in good OU high spirits; **tu vas t'occuper de ses cinq enfants? dis-donc, tu as le** ~**!** *fam* so you're going to look after his five children? well, (I'd) rather you than me!; **il n'a pas le** ~ **en ce moment** he's a bit depressed OU he's in the doldrums at the moment; **allez, il faut garder le** ~**!** come on, keep your chin OU spirits up!; **remonter le** ~ **de qqn** [consoler] to raise sb's spirits, to give sb's morale a boost; [égayer] to cheer sb up; **avoir un** ~ **d'acier** to be a tower of strength; **j'ai le** ~ **à zéro** *fam* I feel down in the dumps.

◆ **au moral** *loc adv* mentally.

morale[2] [mɔral] *nf* -**1.** [règles - de la société] moral code OU standards, morality; [- d'une religion] moral code, ethic; [- personnelles] morals, ethics; **la** ~ **veut qu'on le fasse** morality dictates that we should do it; **ce n'est pas conforme à la** ~ it's unethical; **il a une** ~ **plutôt élastique** *fam* his morality is rather flexible ❑ **faire la** ~ **à qqn** to lecture sb, to preach at sb. -**2.** PHILOS moral philosophy, ethics *(U)*. -**3.** [d'une fable, d'une histoire] moral.

moralement [mɔralmɑ̃] *adv* -**1.** [du point de vue de la morale] morally; **je me sens** ~ **obligé de...** I feel duty OU morally bound to...; **être** ~ **responsable de...** to be morally responsible for...; ~**, il est peu recommandable** his morals are questionable. -**2.** [sur le plan psychique]: ~**, elle va mieux** she's in better spirits.

moralisant, e [mɔralizɑ̃, ɑ̃t] *adj* moralizing, moralistic.

moralisateur, trice [mɔralizatœr, tris]

◇ *adj* -**1.** [personne, ton] moralizing, moralistic. -**2.** [histoire] edifying.

◇ *nm, f* moralizer.

moraliser [3] [mɔralize] ◇ *vt* -**1.** [rendre conforme à la morale] to moralize, to improve the morals of. -**2.** [réprimander] to lecture.

◇ *vi* [prêcher] to moralize, to preach.

moralisme [mɔralism] *nm* moralism.

moraliste [mɔralist] ◇ *adj* moralistic.

◇ *nmf* moralist.

moralité [mɔralite] *nf* -**1.** [éthique] morality, ethics *(sg)*; **d'une** ~ **douteuse** of questionable morals; **d'une haute** ~ highly moral OU ethical. -**2.** [comportement] morals, moral standing OU standards. -**3.** [conclusion]: ~**, il faut toujours...** and the moral (of the story) is, you must always...; ~**, on ne l'a plus revu** *fam* and the result was, we never saw him again. -**4.** HIST & THÉÂT morality play.

morasse [mɔras] *nf* final proof PRESS.

moratoire [mɔratwar] ◇ *adj* moratory; **intérêts** ~**s** interest on overdue payments, moratorial interest.

◇ *nm* moratorium.

morave [mɔrav] *adj* Moravian.

◆ **Morave** *nmf* Moravian.

Moravie [mɔravi] *npr f*: (la) ~ Moravia.

morbide [mɔrbid] *adj* -**1.** [malsain] morbid, unhealthy. -**2.** MÉD morbid.

morbidité [mɔrbidite] *nf litt* -**1.** [d'une obsession] morbidity, morbidness, unhealthiness. -**2.** MÉD & SOCIOL morbidity rate.

morbier [mɔrbje] *nm* -**1.** [fromage] Morbier (cheese). -**2.** *Helv* [horloge] grandfather clock.

morbleu [mɔrblø] *interj arch* zounds, ye gods.

morceau, x [mɔrso] *nm* -**1.** [de nourriture] piece, bit; ~ **de sucre** lump of sugar, sugar lump; **sucre en** ~**x** lump sugar; **tu reprendras bien un petit** ~**!** come on, have another bit OU piece!; **si on allait manger un** ~**?** *fam* what about a snack?, how about a bite to eat? || [de viande] cut, piece; **je vous le donne dans quel** ~**?** which cut would you like? ❑ ~ **de choix** titbit *Br*, tidbit *Am*, choice morsel; **c'est un** ~ **de roi** it's fit for a king; **cracher** OU **lâcher le** ~ *fam* to come clean. -**2.** [de bois, de métal - petit] piece; [- gros] lump, chunk; [de papier, de verre] piece; [d'étoffe, de câble - gén] piece; [- mesuré] length; **il y a des petits** ~**x de bouchon dans mon verre** I've got little bits OU pieces of cork in my glass; **assembler les** ~**x de qqch** to piece sthg together; **en** ~**x** in bits OU pieces; **mettre en** ~**x** [papier, étoffe] to tear up *(sép)*; [jouet] to pull to pieces OU bits; **tomber en** ~**x** to fall apart, to fall to pieces. -**3.** [extrait] passage, extract, excerpt; **cette scène est un véritable** ~ **d'anthologie** it's a truly memorable scene; ~ **de bravoure** purple passage; **(recueil de)** ~**x choisis** (collection of) selected passages OU extracts. -**4.** MUS [fragment] passage; [œuvre] piece; **joue-moi un** ~ **de piano** play something on the piano for me ❑ ~ **de concours** competition piece. -**5.** *fam* [personne]: **un beau** ~ a nice bit of stuff *Br*, a bit of all right; **c'est un sacré** ~**, leur fils!** [obèse] their son is enormous!; [musclé] their son is a real hunk!

morcelable [mɔrsəlabl] *adj* divisible, dividable; **non** ~ indivisible, not to be divided (up).

morceler [24] [mɔrsəle] *vt* -**1.** [partager] to parcel out *(sép)*; [démembrer] to divide (up), to break up *(sép)*. -**2.** MIL to split up *(sép)*.

morcellement [mɔrsɛlmɑ̃] *nm* -**1.** [d'un terrain] dividing (up); [d'un héritage] parcelling (out). -**2.** MIL splitting (up).

mordache [mɔrdaʃ] *nf fam Helv*: **avoir la** ~ to have the gift of the gab.

mordacité [mɔrdasite] *nf litt* mordacity; **elle est réputée pour la** ~ **de son ironie** she's renowned for her biting irony OU caustic wit.

mordant, e [mɔrdɑ̃, ɑ̃t] *adj* -**1.** [caustique] biting, caustic, scathing. -**2.** [froid] biting, bitter.

◆ **mordant** *nm* -**1.** [dynamisme - d'une personne] drive, spirit, punch; [- d'un style, d'une publicité] punch, bite; **une campagne qui a du** ~ a campaign which really packs a punch. -**2.** [d'une lame, d'une lime] bite. -**3.** [en gravure, teinture, dorure] mordant. -**4.** MUS mordent.

mordicus *fam* [mɔrdikys] *adv* stubbornly, doggedly; **c'est ce qu'il dit, et il le soutient** ~ that's his story and he's sticking to it.

mordillage [mɔrdijaʒ], **mordillement** [mɔrdijmɑ̃] *nm* nibbling.

mordiller [3] [mɔrdije] *vt* to nibble OU to chew (at).

mordoré, e [mɔrdɔre] *adj* golden brown, bronze *(modif)*.

mordre [76] [mɔrdr] ◇ *vt* -**1.** [suj: animal, personne] to bite; ~ **un fruit** to bite into a piece of fruit; ~ **qqn jusqu'au sang** to bite sb and draw blood; **se faire** ~ to get bitten; **il s'est fait** ~ **à la main** he was bitten on the hand; **prends la serpillière, elle ne mord pas** OU **elle ne te mordra pas!** *hum* take the mop, it won't bite (you)! || *(en usage abs)*: **il ne va pas** ~**, ton chien?** your dog won't bite, will he? ❑ ~ **la poussière** to bite the dust; **faire** ~ **la poussière à qqn** to make sb bite the dust. -**2.** [suj: scie, vis] to bite into *(insép)*; [suj: acide] to eat into *(insép)*; [suj: pneus cloutés] to grip; [suj: ancre] to grip, to bite; [suj: froid] to bite. -**3.** [empiéter sur]: ~ **la ligne** [saut en longueur] to cross the (take-off) board; [sur la route] to cross the white line.

◇ *vi* -**1.** PÊCHE to bite; **ça ne mord pas beaucoup par ici** the fish aren't biting OU rising much around here ❑ ~ **(à l'appât** OU **à l'hameçon)** *pr & fig* to rise (to the bait), to bite; **il** OU **ça n'a pas mordu** *fam fig* he wasn't taken in, he didn't fall for it. -**2.** MÉCAN to mesh. -**3.** [suj: gravure] to bite; [suj: teinture] to take.

◆ **mordre à** *fam v + prép* -**1.** [prendre goût à] to take to *(insép)*, to fall for *(insép)*, to be hooked by. -**2.** [être trompé par] to be taken in by, to fall for *(insép)*.

◆ **mordre sur** *v + prép* [ligne, marge] to go OU to cross over; [économies] to make a dent in, to eat into *(insép)*; [période] to overlap; **le stage mordra sur la deuxième semaine de mars** the course will go over into the second week in March.

◆ **se mordre** *vpt*: **se** ~ **la langue** to bite one's tongue *literal* ❑ **je m'en suis mordu les doigts** *fig* I could have kicked myself; **il va s'en** ~ **les doigts** he'll be sorry he did it, he'll live to regret it; **se** ~ **la queue** *pr* to chase one's tail; *fig* to go round in circles.

mordu, e [mɔrdy] *nm, f* -**1.** *fam* [passionné] addict *hum*, fan, buff; **un** ~ **de cinéma/d'opéra** a film/an opera buff; **les** ~**s du tennis/de**

Chaplin tennis/Chaplin fans; les ~s de la télé TV addicts. -2. SPORT: saut ~ no jump.

more [mɔr] = **maure**.

morène [mɔrɛn] *nf* hydrocharis, frogbit.

moresque [mɔrɛsk] = **mauresque** *adj*.

morfal, e, als▽ [mɔrfal] *nm, f* gannet *Br*, greedy pig OU guts.

morfler ▽ [3] [mɔrfle] *vi*: **il a morflé!** he copped it! *Br*, he caught it! *Am*.

morfondre [75] [mɔrfɔ̃dr]

◆ **se morfondre** *vpi* to mope.

morganatique [mɔrganatik] *adj* morganatic.

morganatiquement [mɔrganatikmɑ̃] *adv* morganatically.

morgon [mɔrgɔ̃] *nm* Morgon (wine).

morgue [mɔrg] *nf* -1. [établissement] morgue; [dans un hôpital] mortuary *Br*, morgue *Am*. -2. *sout* [arrogance] arrogance, haughtiness, disdainfulness.

moribond, e [mɔribɔ̃, ɔ̃d] ◇ *adj* dying, moribund.

◇ *nm, f* dying person; **les ~s** the dying.

moricaud, e [mɔriko, od] *nm, f* -1. *fam* [personne bronzée] dark-skinned OU dusky person. -2. ▼ *racist term used with reference to black people*, ≃ darkie.

morigéner [18] [mɔriʒene] *vt sout* to chide, to rebuke, to upbraid.

morille [mɔrij] *nf* morel.

morillon [mɔrijɔ̃] *nm* -1. [raisin] small black grape. -2. [canard] tufted duck. -3. [émeraude] small rough emerald.

mormon, e [mɔrmɔ̃, ɔn] *adj* Mormon.

◆ **Mormon, e** *nm, f* Mormon.

morne [mɔrn] ◇ *adj* -1. [triste - personne] glum, gloomy; **elle restait ~ et silencieuse** she remained glumly silent. -2. [monotone - discussion] dull; [- paysage] bleak, drab, dreary; **d'un ton ~** in a dreary voice. -3. [maussade - climat] dull, dreary, dismal; **une journée ~** a dreary day. -4. [terne - couleur, style] dull.

◇ *nm* [aux Antilles] mound, hill.

mornifle *fam* [mɔrnifl] *nf vieilli* clip on the ear, clout.

Moroni [mɔrɔni] *npr* Moroni.

morose [mɔroz] *adj* -1. [individu, air, vie] glum, morose. -2. [économie] dull, slack; **la Bourse était ~ ce matin** trading on the Stock Exchange was sluggish this morning.

morosité [mɔrozite] *nf* -1. [d'une personne] glumness, sullenness, moroseness. -2. [d'un marché] slackness, sluggishness.

Morphée [mɔrfe] *npr* Morpheus; **dans les bras de ~** *fig* in the arms of Morpheus *litt*.

morphème [mɔrfɛm] *nm* morpheme.

morphine [mɔrfin] *nf* morphine, morphia.

morphinique [mɔrfinik] *adj* morphinic.

morphinomane [mɔrfinɔman] *nmf* morphinomaniac *spéc*, morphine addict.

morphinomanie [mɔrfinɔmani] *nf* morphinism *spéc*, morphine addiction.

morphisme [mɔrfism] *nm* homomorphism.

morphogène [mɔrfɔʒɛn] *adj* morphogenic, morphogenetic.

morphogenèse [mɔrfɔʒənɛz] *nf* morphogenesis.

morphologie [mɔrfɔlɔʒi] *nf* morphology.

morphologique [mɔrfɔlɔʒik] *adj* morphological.

morphologiquement [mɔrfɔlɔʒikmɑ̃] *adv* morphologically.

morphopsychologie [mɔrfɔpsikɔlɔʒi] *nf* morphopsychology.

morpion [mɔrpjɔ̃] *nm* -1. *fam péj* [enfant] brat, perisher *Br*. -2. *fam* [pou] crab. -3. JEUX ≃ noughts and crosses *Br*, ≃ tic tac toe *Am*.

mors [mɔr] *nm* -1. [d'un cheval] bit; **~ de bride** curb bit; **~ de filet** snaffle; **prendre le ~ aux dents** to take the bit between one's teeth, to swing into action. -2. [d'un étau] jaw, chop; [d'une pince] jaw, pincer. -3. [d'un livre] joint, groove. -4. BOT: **~ du diable** devil's bit scabious.

morse [mɔrs] *nm* -1. ZOOL walrus. -2. [code] Morse (code).

morsure [mɔrsyr] *nf* -1. [d'un animal] bite; **une ~ de serpent** a snakebite. -2. *fig & sout* pang; **les ~s du froid** biting cold.

mort, e [mɔr, mɔrt] ◇ *adj* -1. [décédé - personne] dead; **elle est ~e depuis longtemps** she died a long time ago, she's been dead (for) a long time; **il était comme ~** he looked as if he were dead; **laisser qqn pour ~** to leave sb for dead; **~ et enterré, ~ et bien ~** *pr & fig* dead and buried, dead and gone, long dead; **~ sur le champ de bataille** OU **au champ d'honneur** killed in action; **~ pour la France** killed in action *(annotation on a French death certificate, giving certain entitlements to the relatives of the dead person)* || [étang, cellule, dent] dead; **des branches ~es** dead branches; **du bois ~** deadwood *pr* ❑ **~ ou vif** dead or alive; **être plus ~ que vif** to be more dead than alive; **~e la bête, ~ le venin** *prov* a dead enemy is no longer a threat. -2. [en intensif]: **~ de: il était ~ de fatigue** he was dead tired; **on était ~s de froid** we were freezing cold; **j'étais ~e de rire** I nearly died laughing. -3. [passé - amour, désir] dead; [- espoir] dead, buried, long-gone. -4. [inerte - regard] lifeless, dull; [- quartier, bistrot] dead; **c'est ~ par ici le dimanche** *fam* it's pretty dead around here on Sundays. -5. ARM: **balle ~e** spent bullet. -6. SPORT: **ballon ~** dead ball. -7. *fam* [hors d'usage - appareil, voiture] dead, finished; **mon sac est ~** my bag's had it. -8. [épuisé]: **je suis ~!** I'm dead!; **mes jambes sont ~es!** my legs are killing me!

◇ *nm, f* -1. [personne] dead person; **c'est une ~e en sursis** she's living on borrowed time; **l'épidémie n'a pas fait de ~s** no one died in the epidemic; **les émeutes ont fait 300 ~s** 300 people died OU were killed in the rioting; **les ~s** the dead ❑ **c'est un ~ vivant** [mourant] he's at death's door; **les ~s vivants** the living dead; **jour** OU **fête des ~s** All Souls' Day; **messe/prière des ~s** mass/prayer for the dead; **faire le ~** *pr* to pretend to be dead, to play dead; **tu as intérêt à faire le ~** *fam fig* you'd better lie low. -2. JEUX dummy; **je suis le ~** I'm dummy.

◆ **mort** *nf* -1. [décès] death; **la ~** death; **envoyer qqn à la ~** to send sb to his/her death; **frôler la ~** to have a brush with death; **il a vu la ~ de près** he saw death staring him in the face; **se donner la ~** *sout* to commit suicide, to take one's own life; **trouver la ~** to meet one's death, to die; **les émeutes ont entraîné la ~ de 30 personnes** the riots led to the death OU deaths of 30 people; **il y a eu ~ d'homme** [une victime] somebody was killed; [plusieurs victimes] lives were lost; **il n'y a pas eu ~ d'homme** nobody was killed, there was no loss of life; **(mourir d'une) ~ subite/lente** (to die a) sudden/slow death; **il a eu une ~ douce** he died painlessly; **périr de ~ violente** to die a violent death; **~ aux traîtres!** death to the traitors! ❑ **~ cérébrale** OU **clinique** brain death; **~ accidentelle** [gén] accidental death; **~ naturelle** natural death; JUR death from natural causes; **~ subite du nourrisson** sudden infant death syndrome *spéc*, cot death; **la petite ~** *litt* (the moment of) climax; **avoir la ~ dans l'âme** to have a heavy heart; **je partis la ~ dans l'âme** I left with a heavy heart; **comme la ~: ennuyeux comme la ~** deadly boring; **pâle comme la ~** as pale as death; **c'est pas la ~ (du petit cheval)!** *fam* it's not the end of the world!; **son cours, c'est vraiment la ~!** *fam* his class is deadly boring!; **la foule scandait à ~, à ~!** the crowd was chanting kill (him), kill (him)!; **'Mort à Venise'** *Mann, Visconti* 'Death in Venice'. -2. [économique] end, death; **c'est la ~ des cinémas de quartier** it's the end of local cinemas.

◆ **à mort** ◇ *loc adj* [lutte, combat] to the death.

◇ *loc adv* -1. *fam* [en intensif]: **j'ai freiné à ~** I braked like hell, I jammed on the brakes; **ils sont brouillés** OU **fâchés à ~** they're mortal enemies OU enemies for life; **je lui en veux à ~** I hate his guts. -2. [mortellement]: **blesser qqn à ~** to mortally wound sb; **frapper qqn à ~** to strike sb dead; **mettre qqn à ~** to put sb to death; **mettre un animal à ~** to kill an animal.

◆ **de mort** *loc adj* [silence, pâleur] deathly, deathlike; **être en danger** OU **péril de ~** to be in mortal danger ❑ **arrêt/peine de ~** death warrant/penalty; **menace/pulsion de ~** death threat/wish; **tête de ~** [squelette] death's head; [emblème] skull and crossbones.

◆ **jusqu'à la mort** *loc adv pr* to the death; *fig* to the bitter end.

◆ **jusqu'à ce que mort s'ensuive** *loc adv* JUR & *vieilli* until he/she be dead; *hum* to the bitter end.

mortadelle [mɔrtadɛl] *nf* mortadella.

mortaisage [mɔrtɛzaʒ] *nm* morticing.

mortaise [mɔrtɛz] *nf* -1. MENUIS mortise, mortice. -2. [de clavette] keyway; [de serrure] mortice. -3. NAUT sheave slot, mortice.

mortaiser [4] [mɔrtɛze] *vt* -1. MENUIS to mortise, to mortice. -2. TECH to slot.

mortaiseuse [mɔrtɛzøz] *nf* slotting machine.

mortalité [mɔrtalite] *nf* [gén] mortality; [dans des statistiques] death rate, mortality (rate).

mort-aux-rats [mɔrora] *nf inv* rat poison.

morte-eau [mɔrto] (*pl* **mortes-eaux** [mɔrtəzo]) *nf* neap tide, neaps.

mortel, elle [mɔrtɛl] ◇ *adj* -1. [qui tue - accident] fatal; [- dose, poison] deadly, lethal; [- coup, blessure] fatal, lethal, mortal; **maladie ~le** fatal illness; **il a fait une chute ~le** he had a fatal fall; **c'est un coup ~ porté à notre petite communauté** *fig* this is a deathblow for our little community. -2. [dangereux] lethal, deadly; **son revers est ~!** *fam* his backhand is lethal!; **tu as raté l'examen mais ça n'est pas ~!** *fam* you've failed the exam but it's not the end of the world! -3. *fam* [ennuyeux] deadly OU excruciatingly boring. -4. [qui rappelle la mort - pâleur, silence] deathly. -5. [acharné - ennemi] mortal, deadly. -6. [qui n'est pas éternel] mortal.

◇ *nm, f* [être humain] mortal.

mortellement [mɔrtɛlmɑ̃] *adv* -1. [à mort]: **être ~ blessé** to be fatally OU mortally wounded. -2. [en intensif]: **le film est ~ ennuyeux** the film is deadly boring; **tu l'as ~ offensé** you've mortally offended him.

morte-saison [mɔrtsɛzɔ̃] (*pl* **mortes-saisons**) *nf* slack OU offseason; **à la ~** in the off season.

mortier [mɔrtje] *nm* -1. ARM mortar. -2. CONSTR mortar; **~ bâtard/gras/maigre** ganged/fat/lean mortar. -3. [récipient] mortar. -4. [bonnet] judge's cap *(worn by certain judges in France)*.

mortifiant, e [mɔrtifjɑ̃, ɑ̃t] *adj* mortifying, humiliating.

mortification [mɔrtifikasjɔ̃] *nf* -1. RELIG mortification. -2. [humiliation] mortification, humiliation. -3. CULIN hanging (of game meat). -4. MÉD mortification.

mortifier [9] [mɔrtifje] *vt* -1. RELIG to mortify. -2. [humilier] to mortify, to humiliate. -3. CULIN to (leave to) hang. -4. MÉD to mortify.

mortinatalité [mɔrtinatalite] *nf* stillbirth rate.

mort-né, e [mɔrne] (*mpl* **mort-nés**, *fpl* **mort-nées**) ◇ *adj pr & fig* stillborn.

◇ *nm, f* stillborn baby.

mortuaire [mɔrtɥɛr] ◇ *adj* -1. [rituel] mortuary *(modif)*, funeral *(modif)*; [cérémonie, chambre] funeral *(modif)*. -2. ADMIN: **acte ~** death certificate; **registre ~** register of deaths.

◇ *nf Belg* house of the deceased.

morue [mɔry] *nf* -1. CULIN & ZOOL cod; **~ fraîche** fresh cod; **~ noire** haddock; **~ (verte)** undried salt cod. -2. ▽ *péj* [prostituée] whore, hooker.

morutier, ère [mɔrytje, ɛr] *adj* cod-fishing *(modif)*.

◆ **morutier** *nm* -1. [navire] cod-fishing boat. -2. [marin] cod-fisherman.

morve [mɔrv] *nf* -**1.** [gén] nasal mucus. -**2.** VÉTÉR glanders *(U)*.

morveux, euse [mɔrvø, øz] ◇ *adj* -**1.** [sale] snotty-nosed; **qui se sent ~, qu'il se mouche** *prov* if the cap fits, wear it. -**2.** VÉTÉR glandered.
◇ *nm, f fam* -**1.** [enfant] (snotty-nosed) little kid. -**2.** [jeune prétentieux] (snotty OU snotty-nosed) little upstart.

MOS [mɔs] (*abr de* **métal oxyde semiconducteur**) *nm* MOS; **~ à canal N** NMOS; **~ à canal P** PMOS.

mosaïque [mɔzaik] ◇ *nf* -**1.** BX-ARTS mosaic; **sol en ~** mosaic floor. -**2.** [mélange - de couleurs] patchwork, mosaic; [- de cultures] mixture, mosaic. -**3.** BOT mosaic (disease). -**4.** BIOL & GÉOL mosaic.
◇ *adj* RELIG Mosaic.

mosaïste [mɔzaist] *nmf* mosaicist.

Moscou [mɔsku] *npr* Moscow.

moscovite [mɔskɔvit] *adj* Muscovite.
◆ **Moscovite** *nmf* Muscovite.

mosellan, e [mɔzɛlɑ̃, an] *adj* from Moselle.
◆ **Mosellan, e** *nm, f inhabitant of or person from Moselle.*

Moselle [mɔzɛl] *npr f* -**1.** [fleuve] (river) Moselle. -**2.** [département]: **(la) ~** Moselle. -**3.** ŒNOL Moselle (wine).

mosquée [mɔske] *nf* mosque.

Mossoul [mɔsul] *npr* Mosul.

mot [mo] *nm* -**1.** LING word; **un ~ à la mode** buzzword; **orgueilleux, c'est bien le ~** arrogant is the (right) word; **riche n'est pas vraiment le ~** rich isn't exactly the word I would use ❑ **le ~ de Cambronne** OU **de cinq lettres** *euph* the word "merde"; **~ clé** key word; **~ composé** compound (word); **~ d'emprunt** loanword; **le ~ juste** the right OU appropriate word; **~ de passe** password; **~ vedette** headword; **gros ~** swearword; **un jeu de ~s** a pun, a play on words. -**2.** INF: **~ d'appel** call word; **~ d'état** status word; **~ machine** computer word; **~ mémoire** storage OU memory word. -**3.** [parole] word; **il n'a pas dit un ~** he didn't say a word; **dire un ~ à qqn** to have a word with sb; **pourriez-vous nous dire un ~ sur ce problème?** could you say a word (or two) OU a few words about this problem for us?; **tu n'as qu'un ~ à dire** (just) say the word; **pas un ~!** don't say a word!; **pas un ~ à qui que ce soit!** not a word to anybody!; **le ~ de l'énigme** the key to the mystery OU puzzle; **les ~s manquent** words are not enough; **les ~s manquent pour décrire la beauté de ce matin-là** there are no words to describe OU words cannot describe the beauty of that particular morning; **les ~s me manquent** words fail me; **les ~s me manquent pour vous remercier** I'm at a loss for words to express my gratitude; **trouver les ~s** to find the (right) words; **je ne trouve pas les ~s (pour le dire)** I cannot find the words (to say it); **chercher ses ~s** to try to find OU to search for the right words; **à ces ~s** at these words; **sur ces ~s** with these words; **sur ces ~s, il nous quitta** with these words OU so saying, he left us; **ce ne sont que des ~s!** words, words, words!, all that's just talk! ❑ **~ d'ordre** slogan; MIL watchword; **~ d'ordre de grève** call for strike action; **dernier ~: c'est mon dernier ~** it's my last OU final offer; **avoir le dernier ~** to have the last word; **grand ~: voleur, c'est un bien grand ~** thief, that would be putting it a bit too strongly OU going a bit too far; **l'amour, le grand ~ est lancé** love, that's the word we've been waiting for; **avec toi, c'est tout de suite** OU **toujours les grands ~s** you're always exaggerating; **~s doux** words of love, sweet nothings *hum*; **en un ~ comme en cent** OU **mille** [en bref] in a nutshell, to cut a long story short; [sans détour] without beating about the bush; **avoir des ~s (avec qqn)** to have words (with sb); **on a eu des ~s** we had words OU a row; **avoir son ~ à dire** to have a OU one's say; **moi aussi, j'ai mon ~ à dire là-dessus** I've got a say in the matter as well; **il faut toujours qu'elle ait son ~ à dire** she always has to have her say (in the matter); **avoir toujours le ~ pour rire** to be a (great) laugh OU joker; **dire un ~ de travers** to say something wrong, to put a foot wrong; **j'ai dit un ~ de travers?** have I said something wrong?; **il n'a jamais un ~ plus haut que l'autre** he never raises his voice; **pas le premier** OU **un traître ~** de not a single word of; **prendre qqn au ~** to take sb at his word; **se donner** OU **se passer le ~** to pass the word around; **tout le monde s'était donné le ~** word had been passed around; **je vais lui en toucher** OU **je lui en toucherai un ~** I'll have a word with him about it; **dire deux ~s à qqn** to give sb a piece of one's mind. -**4.** [parole mémorable] saying; **~ d'esprit, bon ~** witticism, witty remark; **~ d'auteur** (author's) witty remark; **~ d'enfant** child's remark; **~ de la fin** concluding message, closing words; **~s célèbres** famous sayings OU quotes. -**5.** [message] note, word; **ce petit ~ pour vous dire que je suis bien arrivé** just a note to say that I've arrived safely; **écrire un ~ à qqn** to write sb a note, to drop sb a line ❑ **~ d'excuse** word of apology; **~ de remerciements** thank-you note.
◆ **à mots couverts** *loc adv* in veiled terms.
◆ **au bas mot** *loc adv* at (the very) least.
◆ **en d'autres mots** *loc adv* in other words.
◆ **en un mot** *loc adv* in a word.
◆ **mot à mot** *loc adv* [littéralement] word for word; *(comme nom)* **faire du ~ à ~** to translate word for word.
◆ **mot pour mot** *loc adv* word for word; **c'est ce qu'elle a dit, ~ pour ~** those were her very words, that's what she said, word for word.
◆ **sans mot dire** *loc adv* without (uttering) a word.

motard, e *fam* [mɔtar, ard] *nm, f* motorcyclist, biker.
◆ **motard** *nm* -**1.** [policier] motorcycle policeman; **voiture escortée de ~s** car with a motorcycle escort. -**2.** MIL ≃ dispatch rider.

motel [mɔtɛl] *nm* motel.

motet [mɔtɛ] *nm* motet.

moteur, trice [mɔtœr, tris] *adj* -**1.** MÉCAN [force] driving, motive; **voiture à deux/quatre roues motrices** two-/four-wheel drive car. -**2.** ANAT [nerf, neurone, muscle] motor *(modif)*.
◆ **moteur** *nm* -**1.** MÉCAN motor, engine; **~ électrique** electric motor; **~ à allumage commandé** OU **à explosion** internal combustion engine; **~ à deux/quatre temps** two-/four-stroke engine; **~ à essence/vapeur** petrol/steam engine; **~ Diesel** diesel engine; **~ à injection** fuel injection engine; **~ à piston rotatif** rotary piston engine; **~ à réaction** jet engine; **~ thermique** heat engine. -**2.** [cause] mainspring, driving force; **être le ~ de qqch** to be the driving force behind sthg. -**3.** CIN: **~!** action!
◆ **motrice** *nf* motor unit.
◆ **à moteur** *loc adj* power-driven, motor *(modif)*.

moteur-fusée [mɔtœrfyze] (*pl* **moteurs-fusées**) *nm* rocket engine.

motif [mɔtif] *nm* -**1.** [raison] reason; **venons-en au ~ de votre visite** let's turn to the reason for your visit; **le ~ de mon absence** the reason for my absence; **il a agi sans ~** he did it for no reason; **peur/soupçons sans ~s** groundless fear/suspicions ‖ JUR [jugement] grounds. -**2.** [intention] motive; **les ~s qui l'animent** her motivation OU motives; **est-ce pour le bon ~?** *hum* OU *vieilli* [en vue du mariage] are his intentions honourable? -**3.** [dessin] pattern, design; **un ~ à petites fleurs** a small flower pattern OU design; **robe à ~s/à grands ~s** patterned/large pattern dress. -**4.** BX-ARTS [élément] motif; [sujet] subject. -**5.** MUS motif. -**6.** CHIM: **~ cristallin** crystal structure.

motion [mosjɔ̃] *nf* motion; **voter une ~** to pass a motion ❑ **~ de censure** vote of no confidence.

motivant, e [mɔtivɑ̃, ɑ̃t] *adj* motivating.

motivation [mɔtivasjɔ̃] *nf* -**1.** [justification] motivation, justification, explanation; [raison] motivation, motive, reason. -**2.** LING *relationship between the signifier and the signified.* -**3.** ÉCON: **étude de ~** motivation OU motivational research. -**4.** PSYCH motivation.

motivé, e [mɔtive] *adj* -**1.** [personne] motivated; **le personnel n'est plus ~** the staff isn't motivated any longer. -**2.** [justifié] well-founded, justified; **sa peur n'est pas ~e** her fears are groundless; **un refus ~** a justifiable refusal.

motiver [3] [mɔtive] *vt* -**1.** [inciter à agir] to spur on *(sép)*, to motivate; **motivé par l'appât du gain** spurred on by greed. -**2.** [causer] to be the reason for; **qu'est-ce qui a motivé votre retard?** what's the reason for your being late? -**3.** [justifier] to justify, to explain; **~ un refus** to give grounds for a refusal.

moto [mɔto] *nf* motorbike, bike; **~ tout terrain** OU **verte** trail bike; **~ à carénage intégral** superbike.

motociste [mɔtɔsist] *nm* motorbike dealer.

motocross [mɔtɔkrɔs] *nm* (motorcycle) scramble *Br*, moto-cross.

motoculteur [mɔtɔkyltœr] *nm* (motor) cultivator.

motoculture [mɔtɔkyltyr] *nf* motorized OU mechanized agriculture.

motocycle [mɔtɔsikl] *nm* motorbicycle.

motocyclette [mɔtɔsiklɛt] *nf vieilli* motorcycle.

motocyclisme [mɔtɔsiklism] *nm* motorcycle racing.

motocycliste [mɔtɔsiklist] *nmf* motorcyclist.

motonautique [mɔtɔnotik] *adj*: **réunion/sport ~** speedboat event/racing.

motonautisme [mɔtɔnotism] *nm* speedboat OU motorboat racing.

motoneige [mɔtɔnɛʒ] = **motoski**.

motoneigisme [mɔtɔneʒism] *nm Can* snowbike riding.

motoneigiste [mɔtɔneʒist] *nmf Can* snowbike rider.

motopompe [mɔtɔpɔ̃p] *nf* motorpump.

motorisation [mɔtɔrizasjɔ̃] *nf* -**1.** [gén] motorization. -**2.** MÉCAN engine specification.

motorisé, e [mɔtɔrize] *adj* -**1.** [agriculture, troupes] motorized. -**2.** *fam* [personne]: **être ~** to have transport *Br* OU transportation *Am*; **tu es ~?** have you got a car?

motoriser [3] [mɔtɔrize] *vt* [mécaniser] to motorize, to mechanize; **~ l'agriculture** to mechanize agriculture ‖ [doter d'automobiles] to motorize; **~ un régiment** to motorize a regiment.

motoriste [mɔtɔrist] *nmf* [industriel] engine manufacturer; [technicien] engine technician.

motorship [mɔtɔrʃip] *nm* motor ship OU vessel.

motoski [mɔtɔski] *nf* snowbike.

mototondeuse [mɔtɔtɔ̃døz] *nf* ride-on *Br* OU rider mower.

motrice [mɔtris] *f* → **moteur**.

motricité [mɔtrisite] *nf* motor functions.

mots croisés [mokrwaze] *nmpl* crossword (puzzle); **que fais-tu? — je fais des ~** what are you doing? — I'm doing a crossword; **il aime faire des ~** he likes doing crosswords.

motte [mɔt] *nf* -**1.** AGR: **~ (de terre)** clod OU clump (of earth); **~ de gazon** sod. -**2.** HORT ball; **plantation en ~** ball planting. -**3.** CULIN: **~ de beurre** slab of butter. -**4.** MÉTALL [moule] boxless OU flaskless mould.

motteux [mɔtø] *nm* wheatear.

motu proprio [mɔtyprɔprijo] *loc adv* spontaneously, of one's own accord.

motus *fam* [mɔtys] *interj*: **~ (et bouche cousue)!** not a word (to anybody)!, mum's the word!

mot-valise [movaliz] (*pl* **mots-valises**) *nm* blend, portmanteau word.

mou [mu] (*devant nm commençant par voyelle ou h muet* **mol** [mɔl], *f* **molle** [mɔl]) ◇ *adj* -**1.** [souple - pâte, cire, terre, fruit] soft; [- fauteuil, matelas] soft; **les biscuits sont tout ~s** the biscuits have gone all soft || [sans tenue - étoffe, vêtement] limp; [- joues, chair] flabby. -2. [sans vigueur physique - mouvement] limp, lifeless, feeble; [- poignée de main] limp; **mon revers est trop ~** my backhand is too weak OU lacks power; **j'ai les jambes toutes molles** *fam* my legs feel all weak OU feel like jelly; **je me sens tout ~** *fam* I feel washed out; **allez, rame plus vite, c'est ~ tout ça!** *fam* come on, pull on those oars, let's see some effort! || [estompé - contour] soft; **bruit ~** muffled noise. -3. [sans conviction - protestation, excuse, tentative] feeble, weak; [- doigté, style] lifeless, dull; [- élève] apathetic, lethargic; [sans force de caractère] spineless; **être ~ comme une chiffe** *fam* OU **chique** *fam* to be a real wimp; **je me sens ~ comme une chiffe** OU **chique** I feel like a wet rag. -4. [trop tolérant - parents, gouvernement] lax, soft. -5. LING soft. -6. ANAT: **parties molles** soft tissue. -7. PHYS: **rayonnements ~s** soft radiation.

◇ *nm, f* *fam* -1. [moralement] spineless individual. -2. [physiquement] weak OU feeble individual.

◆ **mou** *nm* -1. [jeu] slack, give, play; **avoir du ~** [cordage] to be slack; [vis, charnière] to be loose, to have a bit of play; **donner du ~ à un câble** to give a cable some slack. -2. [abats] lights, lungs. -3. ▽ *loc*: **rentrer dans le ~ à qqn** to lay into sb.

mouchard, e *fam* [muʃar, ard] *nm, f péj* -1. [rapporteur] sneak, tell-tale. -2. [indic] informer, grass *Br*, stoolpigeon *Am*.

◆ **mouchard** *nm* -1. [enregistreur - d'un avion] black box, flight recorder; [- d'un camion] tachograph. -2. AÉRON & MIL spy plane. -3. *fam* [sur une porte] judas (hole).

mouchardage *fam* [muʃardaʒ] *nm* [gén] sneaking *Br*, telling tales; [pour la police] informing, grassing.

moucharder *fam* [3] [muʃarde] ◇ *vt* -1. [suj: enfant] to sneak on *(insép) Br*, to tell tales about. -2. [suj: indic] to inform on *(insép)*, to grass on *(insép) Br*, to fink on *(insép) Am*.

◇ *vi* -1. [enfant] to sneak *Br*, to tell tales. -2. [indic] to inform, to grass *Br*, to fink *Am*.

mouche [muʃ] *nf* -1. ENTOM fly; **~ bleue** bluebottle; **~ domestique** housefly; **~ à miel** honey bee; **~ à scie** sawfly; **~ tsé-tsé** tsetse fly; **~ de la viande** flesh fly; **~ à merde** ▽ OU **à ordure** dung fly; **quelle ~ te pique?** *fam* what's up OU wrong with you (all of a sudden)?; **tomber comme des ~s** *fam* to drop like flies; **il est** OU **il fait la ~ du coche** he's always buzzing around but he doesn't pull his weight; **il ne ferait pas de mal à une ~** he wouldn't hurt a fly; **prendre la ~**: **elle prend facilement la ~** she's very touchy; **on ne prend** OU **n'attrape pas les ~s avec du vinaigre** *prov* softly, softly, catchee monkey *Br*, gently does it. -2. PÊCHE: **~ (artificielle)** (artificial) fly; **pêche à la ~** fly-fishing. -3. [sur la peau] beauty spot; [poils] tuft of hair *(under the lower lip)*. -4. ESCRIME button; **faire ~** *pr* to hit the OU to score a bull's eye; *fig* to hit the nail on the head. -5. MÉD: **~s (volantes)** muscae volitantes *spéc*, floaters.

moucher [3] [muʃe] *vt* -1. [nettoyer]: **~ son nez** to blow one's nose; **~ qqn** to blow sb's nose. -2. *fam* [rabrouer]: **~ qqn** to put sb in his place, to teach sb a lesson; **se faire ~** to be put in one's place. -3. [chandelle] to snuff (out).

◆ **se moucher** *vp* *(emploi réfléchi)* to blow one's nose; **elle ne se mouche pas du pied** *fam* OU **du coude** *fam* she thinks she's the cat's whiskers OU the bee's knees.

moucheron [muʃrɔ̃] *nm* -1. ENTOM midge. -2. *fam* [gamin] kid.

moucheronner [3] [muʃrɔne] *vi* [poisson] to jump OU to rise (for flies).

moucheté, e [muʃte] *adj* -1. [œuf, fourrure, laine etc] mottled, flecked; **rouge ~ de blanc** red flecked with white. -2. ESCRIME buttoned. -3. MENUIS: **bois ~** bird's eye (grain) wood.

moucheter [27] [muʃte] *vt* -1. [couvrir de taches] to speckle; [parsemer de taches] to fleck. -2. ESCRIME to button.

mouchetis [muʃti] *nm* CONSTR pebbledash *Br*, rock dash *Am*.

mouchette [muʃɛt] *nf* -1. ARCHIT [de fenêtre] outer fillet, mouchette; [de larmier] lip. -2. MENUIS [rabot] beading plane; [moulure] beading.

◆ **mouchettes** *nfpl* [ciseaux] (pair of) candle snuffers; [pour bovins] ring, barnacle.

moucheture [muʃtyr] *nf* -1. [d'un pelage, d'un plumage] speckling; [d'un tissu] flecks, flecking. -2. AGR leaf stripe. -3. HÉRALD: **~ d'hermine** ermine tail.

mouchoir [muʃwar] *nm* handkerchief; **~ en papier** (paper) tissue; **grand comme un ~ de poche** no bigger than your hand OU than a pocket handkerchief.

mouclade [muklad] *nf* mussels in white wine *(with shallots and cream)*.

moudjahidin [mudʒaidin] *nmpl* mujaheddin.

moudre [85] [mudr] *vt* -1. [café, poivre] to grind; [blé] to mill, to grind. -2. MUS & *vieilli*: **~ un air** to crank out a tune *(on a barrel organ etc)*.

moue [mu] *nf* pout; **faire une ~ de dégoût** to screw one's face up in disgust; **faire une ~ de dépit** to pull a face; **faire la ~** to pout.

mouette [mwɛt] *nf* gull, seagull; **~ rieuse** blackheaded gull; **~ tridactyle** kittiwake; **'la Mouette'** *Tchekhov* 'The Seagull'.

moufette [mufɛt] *nf* skunk.

moufle [mufl] ◇ *nf* -1. [gant] mitt, mitten. -2. [poulie] pulley block.

◇ *nm* TECH [four, récipient] muffle.

mouflet, ette ▽ [muflɛ, ɛt] *nm, f* kid, sprog *Br*.

mouflon [muflɔ̃] *nm* mouflon, moufflon; **~ d'Amérique** (American) bighorn.

moufter ▽ [3] [mufte] *vi*: **sans ~** without a peep.

mouillabilité [mujabilite] *nf* wettability TECH.

mouillage [mujaʒ] *nm* -1. [du linge] dampening. -2. NAUT [emplacement] anchorage, moorings, moorage; [manœuvre] mooring. -3. [du vin, du lait] watering down. -4. MIL: **~ de mines** mine laying.

mouillant, e [mujɑ̃, ɑ̃t] *adj* [gén & CHIM] wetting.

◆ **mouillant** *nm* wetting agent.

mouille [muj] *nf* -1. [source] oozing spring. -2. [dans le lit d'une rivière] alluvial channel. -3. [d'une cargaison] wetting, dampening *(of cargo)*.

mouillé, e [muje] *adj* -1. [surface, vêtement, cheveux] wet, damp; **je suis tout ~** I'm all wet OU drenched OU soaked. -2. [voix] tearful; [regard] tearful, watery; **elle le regarda, les yeux ~s de larmes** she looked at him with tears in her eyes. -3. LING palatalized.

◆ **mouillé** *nm*: **ça sent le ~** it smells of damp.

mouiller [3] [muje] ◇ *vt* -1. [accidentellement - vêtement, personne] to wet; **ne mouille pas tes chaussons!** don't get your slippers wet!; **il mouille encore son lit** *euph* he still wets his OU the bed; **se faire ~** [par la pluie] to get wet ❑ **~ sa chemise** *fam* OU **son maillot** *fam* to slog away. -2. [humecter - doigt, lèvres] to moisten; [- linge] to dampen. -3. *fam* [compromettre] to drag in *(sép)*; **il a cherché à nous ~ dans cette affaire** he tried to drag us into this affair. -4. NAUT [ancre] to cast, to drop; MIL [mine] to lay; PÊCHE [ligne] to cast. -5. CULIN *(en usage abs)*: **mouillez avec du vin/bouillon** moisten with wine/stock || [lait, vin] to water down *(sép)*. -6. LING to palatalize.

◇ *vi* -1. ▽ [avoir peur] to be scared stiff. -2. NAUT [jeter l'ancre] to cast OU to drop anchor; [stationner] to ride OU to lie OU to be at anchor.

◆ **se mouiller** *vp* *(emploi réfléchi)* -1. [volontairement]: **se ~ les cheveux** to wet one's hair. -2. [accidentellement] to get wet; **se ~ les pieds** to get one's feet wet. -3. *fam* [prendre un risque] to commit o.s.

mouillette [mujɛt] *nf* [de pain] strip of bread *(for dunking)*, soldier *Br*.

mouilleur [mujœr] *nm* -1. [de timbres, d'enveloppes] (stamp) sponge damper. -2. NAUT anchor stopper. -3. MIL: **~ de mines** minelayer.

mouillure [mujyr] *nf* -1. [marque] wet mark OU patch. -2. LING palatalization.

mouise *fam* [mwiz] *nf* [misère]: **être dans la ~** to be hard up, to be on one's uppers.

moujik [muʒik] *nm* muzhik, mujik, moujik.

moujingue ▽ [muʒɛ̃g] *nmf* kid.

moukère ▽ [mukɛr] *nf* female.

moulage [mulaʒ] *nm* -1. BX-ARTS [processus] casting; **~ à la cire perdue** lost wax casting || [reproduction] cast; **un ~ en plâtre/bronze de Beethoven** a plaster/bronze cast of Beethoven. -2. MÉTALL casting, moulding; **~ en carapace/châssis** shell/flask moulding; **~ par compression/injection** compression/injection moulding. -3. [d'un fromage] moulding. -4. [du grain] grinding, milling.

moulant, e [mulɑ̃, ɑ̃t] *adj* close-fitting, tight-fitting, clinging.

moule [mul] ◇ *nm* -1. [récipient, matrice] mould; **~ à gaufre** OU **gaufres** waffle iron; **~ à gâteau** cake OU baking tin *Br*, cake OU baking pan *Am*; **~ à manqué** sandwich tin *Br*, deep cake pan *Am*; **~ à tarte** flan case *Br*, pie pan *Am*. -2. [modèle imposé] mould; **elle rejette le ~ de l'école** she rejects the ethos of the school; **elle rejette le ~ de sa famille** she rejects her family's values ❑ **être coulé dans le même ~** *pr* & *fig* to be cast in the same mould; **être fait au ~** *sout* to be very shapely OU perfectly shaped.

◇ *nf* -1. [mollusque] mussel; **~s marinières** moules marinières, mussels in white wine. -2. *fam* [personne] drip.

moulé, e [mule] *adj* -1. [pain] baked in a tin. -2. [écriture] neat, well-shaped; [lettre] printed, copperplate. -3. MÉD [matières fécales] well-shaped, consistent.

mouler [3] [mule] *vt* -1. [former - buste, statue] to cast; [- brique, lingot, fromage] to mould. -2. [prendre copie de - visage, empreinte] to take OU to make a cast of; **~ qqch en plâtre/cire** to take a plaster/wax cast of sthg. -3. [adapter]: **~ ses pensées/son mode de vie sur** to mould OU to model one's thoughts/life style on. -4. [serrer - hanches, jambes] to hug, to fit closely (round); **cette jupe te moule trop** this skirt is too tight OU tight-fitting for you; **pantalon qui moule** close-fitting OU tight-fitting OU skintight trousers; **ses hanches moulées dans une jupe en cuir** her hips moulded in a leather skirt.

mouleur, euse [mulœr, øz] *nm, f* caster, moulder.

moulière [muljɛr] *nf* mussel bed.

moulin [mulɛ̃] *nm* -1. [machine, bâtiment] mill; **~ à eau** water mill; **~ à sucre** sugar (crushing) mill, sugar (cylinder) press; **~ à vent** windmill ❑ **on entre chez elle comme dans un ~** her door's always open. -2. [instrument]: **~ à café** coffee grinder; **~ à légumes** vegetable mill; **~ à poivre** peppermill; **~ à prières** RELIG prayer wheel; **on n'entre pas ici comme dans un ~** you can't just walk in here. -3. *fam* [moteur] engine. -4. TEXT [pour la soie] thrower; [pour retordre] doubling frame, twister. -5. *Can*: **~ à viande** mincer; **~ à bois** sawmill; **~ à coudre** sewing machine.

◆ **moulin à paroles** *fam nm* windbag *péj*, chatterbox.

moulin-à-vent [mulɛ̃avɑ̃] *nm inv* Moulin-à-Vent (wine).

mouliner [3] [muline] ◇ *vt* -1. [aliment] to mill. -2. PÊCHE to reel in *(sép)*. -3. TEXT [soie grège] to throw.

◇ *vi* *fam* [pédaler] to pedal.

moulinet [mulinɛ] *nm* -1. PÊCHE reel. -2. MÉCAN winch. -3. [mouvement]: **faire des ~s avec un bâton** to twirl OU to whirl a stick around; **faire des ~s avec une épée** to flourish a sword; **il faisait des ~s avec ses bras** he was whirling OU waving his arms around. -4. [pour empêcher le passage] turnstile. -5. NAUT log reel.

Moulinette® [mulinɛt] *nf* -1. CULIN (hand-held) vegetable mill, Moulinette®; **passer de la viande à la ~** to put some meat through a food mill. -**2.** *fam fig*: **passer qqch à la ~** to make mincemeat of sthg.

moulineur, euse [mulinœr, øz], **moulinier, ère** [mulinje, ɛr] *nm, f* twister TEXT.

moult [mult] *adv hum* OU *vieilli*: **je suis venu ~ fois** I came many a time; **avec ~ détails** with a profusion of details.

moulu, e [muly] *adj* -**1.** [en poudre] ground; **café fraîchement ~** freshly ground coffee ❑ **or ~** ormolu. -**2.** *fam* [épuisé]: **~ (de fatigue)** dead beat, all in.

mouluration [mulyrasjɔ̃] *nf* mouldings.

moulure [mulyr] *nf* moulding; **~ creuse/lisse/ronde** concave/plain/convex moulding.

moulurer [3] [mulyre] *vt* to mould.

moumoute *fam* [mumut] *nf* -**1.** [perruque] wig, hairpiece. -**2.** [veste] sheepskin jacket OU coat.

mourant, e [murɑ̃, ɑ̃t] ◇ *adj* -**1.** [personne, animal, plante] dying. -**2.** *sout* [lumière, son] dying, fading.

◇ *nm, f* dying man (*f* woman); **les ~s** the dying.

mourir [42] [murir] *vi* -**1.** BIOL to die; **~ d'une crise cardiaque/de vieillesse/d'un cancer** to die of a heart attack/of old age/of cancer; **~ de chagrin** to die of grief; **~ de mort naturelle** OU **de sa belle mort** to die a natural death; **il mourut de ses blessures** he died from his wounds; **~ sous les coups** to be beaten to death; **~ sur le coup** to die instantly; **~ en héros** to die a hero's death OU like a hero; **~ empoisonné** to die of poisoning OU from poison; **je l'aime à en ~** I'm desperately in love with her; **faire ~ qqn** to kill sb; **tu me feras ~!** you'll be the death of me yet! *hum*; **faire ~ qqn à petit feu** to kill sb slowly; **tu n'en mourras pas!** *fam* it won't kill you! ❑ **plus rapide/bête que lui, tu meurs!** *fam* you'd be hard put to be quicker/more stupid than him! -**2.** *sout* [disparaître - culture] to die out; [- flamme, bougie] to die out OU down; [- bruit] to die away OU down. -**3.** [pour intensifier]: **~ d'envie de faire qqch** to be dying to do sthg; **je meurs d'envie de boire un thé** I am dying for a cup of tea; **~ d'ennui, s'ennuyer à ~** to be bored to death OU to tears; **la pièce est à ~ de rire** *fam* the play's hilarious OU a scream; **~ de chaleur** to be boiling hot; **~ de faim** to be starving OU famished; **~ de froid** to be freezing cold; **~ de soif** to be dying of thirst, to be parched; **il est mort de peur** he's scared to death.

◆ **se mourir** *vpi litt* -**1.** [personne] to be dying; **se ~ d'amour pour qqn** *fig* to pine for sb. -**2.** [civilisation, coutume] to die out; **une tradition qui se meurt** a dying tradition.

Mourmansk [murmɑ̃sk] *npr* Murmansk.

mouroir [murwar] *nm péj* (old people's) home.

mouron [murɔ̃] *nm* -**1.** BOT: **faux ~, ~ rouge** scarlet pimpernel; **~ blanc** OU **des oiseaux** common chickweed; **~ d'eau** water speedwell. -**2.** *fam loc*: **se faire du ~** to worry o.s. sick; **te fais pas de ~ pour lui!** don't (you) worry about him!

mousmé [musme] *nf* -**1.** *litt* [Japonaise] young Japanese woman. -**2.** ▽ [femme] fancy woman.

mousquet [muskɛ] *nm* musket.

mousquetaire [muskətɛr] *nm* musketeer.

mousqueton [muskətɔ̃] *nm* -**1.** [anneau] snap hook OU clasp; ALPINISME karabiner. -**2.** ARM carbine.

moussage [musaʒ] *nm* foaming TECH.

moussaillon [musajɔ̃] *nm* (young) cabin boy.

moussaka [musaka] *nf* moussaka.

moussant, e [musɑ̃, ɑ̃t] *adj* [crème à raser] lathering; [shampooing] foaming; **bain ~** bubble OU *Br* foam bath.

mousse [mus] ◇ *adj* -**1.** TEXT: **collant ~** stretch tights. -**2.** CHIM: **caoutchouc ~** foam rubber.

◇ *adj inv*: **vert ~** mossgreen.

◇ *nm* cabin boy.

◇ *nf* -**1.** [bulles - de shampooing, de crème à raser] lather, foam; [- d'un bain] bubbles, foam; [- de savon] suds, lather; [- de champagne, de cidre] bubbles; [- de bière] froth. -**2.** CULIN mousse; **~ au chocolat** chocolate mousse; **~ de saumon** salmon mousse. -**3.** *fam* [bière] (glass of) beer. -**4.** [dans les matériaux synthétiques] foam; **~ de nylon** stretch nylon; **balle en ~** rubber ball; **~ de platine** platinum sponge. -**5.** BOT moss; **couvert de ~** mossy.

mousseline [muslin] ◇ *nf* [de coton] muslin; [de soie, de nylon, de laine] chiffon, mousseline; **foulard en ~** muslin OU chiffon scarf.

◇ *adj inv*: **pommes ~** puréed potatoes.

mousser [3] [muse] *vi* -**1.** [écumer - champagne, cidre] to bubble, to sparkle; [- bière] to froth; [- savon, crème à raser] to lather; [- détergent, shampooing] to foam, to lather. -**2.** *fam* [enrager]: **faire ~ qqn** to wind sb up, to rile sb. -**3.** *fam* **faire ~** [mettre en valeur]: **faire ~ qqn** to sing sb's praises; **faire ~ qqch** to sing the praises of sthg; **se faire ~** to sell o.s.

mousseron [musrɔ̃] *nm* St George's mushroom.

mousseux, euse [musø, øz] *adj* -**1.** [vin, cidre] sparkling; [bière] frothy; [eau] foamy; [sauce, jaunes d'œufs] (light and) frothy; **un chocolat ~** a cup of frothy hot chocolate. -**2.** BOT mossy.

◆ **mousseux** *nm* sparkling wine.

mousson [musɔ̃] *nf* monsoon.

Moussorgski [musɔrski] *npr* Mussorgsky.

moussu, e [musy] *adj* mossy.

moustache [mustaʃ] *nf* -**1.** [d'un homme] moustache; **porter la ~** OU **des ~s** to have a moustache; **elle a de la ~** she's got a bit of a moustache ❑ **~ (à la) gauloise** walrus moustache; **~ en brosse** toothbrush moustache; **~ en croc** OU **en guidon de vélo** handlebar moustache. -**2.** ZOOL whiskers.

moustachu, e [mustaʃy] *adj*: **un homme ~** a man with a moustache; **il est ~** he's got a moustache.

◆ **moustachu** *nm* man with a moustache.

moustiquaire [mustikɛr] *nf* [d'un lit] mosquito net; [d'une ouverture] mosquito screen.

moustique [mustik] *nm* -**1.** ENTOM mosquito. -**2.** *fam* [gamin] kid, mite; [petite personne] (little) squirt.

moût [mu] *nm* [de raisin] must; [de bière] wort.

moutard *fam* [mutar] *nm* kid.

moutarde [mutard] ◇ *nf* -**1.** BOT mustard; **graines de ~** mustard seeds. -**2.** CULIN mustard; **~ à l'estragon** tarragon mustard; **~ de Dijon** Dijon mustard. -**3.** *fam loc*: **la ~ lui est montée au nez** he lost his temper, he saw red; **je sens que la ~ me monte au nez** I can feel my temper starting to rise.

◇ *adj inv* mustard (*modif*), mustard-coloured.

moutardier [mutardje] *nm* -**1.** [récipient] mustard pot. -**2.** [fabricant] mustard maker OU manufacturer. -**3.** [marchand] mustard seller.

mouton [mutɔ̃] *nm* -**1.** ZOOL sheep; **~ à cinq pattes** rare bird; **chercher le ~ à cinq pattes** to seek the impossible; **compter les ~s** to count sheep; **revenons** OU **retournons à nos ~s** let's get back to the point. -**2.** [fourrure, cuir] sheepskin; **veste en (peau de) ~** sheepskin jacket. -**3.** CULIN mutton; **côte de ~** mutton chop. -**4.** *fam* [individu] sheep; **c'est un vrai ~ de Panurge** he's easily led, he follows the herd. -**5.** MÉTALL drop hammer. -**6.** TRAV PUBL pile driver. -**7.** *arg crime* [espion] grass *Br*, fink *Am*.

◆ **moutons** *nmpl* [poussière] (bits of) fluff; [nuages] fleecy OU fluffy clouds; [écume sur la mer] white horses.

moutonné, e [mutɔne] *adj* [ciel] flecked OU dotted with fleecy clouds; **roche ~e** roche moutonnée.

moutonner [3] [mutɔne] *vi* [mer] to break into white horses; [ciel] to become covered with small fleecy clouds.

moutonnerie [mutɔnri] *nf sout* sheep-like behaviour.

moutonneux, euse [mutɔnø, øz] *adj* [mer] flecked with white horses; [ciel] spotted OU dotted with fleecy clouds.

moutonnier, ère [mutɔnje, ɛr] *adj* -**1.** AGR ovine, sheep (*modif*). -**2.** *sout* [trop docile] sheeplike, easily led.

mouture [mutyr] *nf* -**1.** [version] version; **ma première ~ était meilleure** my first draft was better. -**2.** *péj* [copie, reprise] rehash *péj*. -**3.** AGR & CULIN [des céréales] milling, grinding; [du café] grinding; **ayant obtenu une ~ fine** [farine, café] once it has been finely ground.

mouvance [muvɑ̃s] *nf* -**1.** *sout* [domaine d'influence] circle of influence; **dans la ~ des socialistes** around the socialists. -**2.** *litt* [instabilité] unsettledness, instability. -**3.** HIST subtenure.

mouvant, e [muvɑ̃, ɑ̃t] *adj* -**1.** [en mouvement - foule] moving, surging. -**2.** [instable - surface] unsteady, moving. -**3.** [changeant - situation] unstable, unsettled.

mouvement [muvmɑ̃] *nm* -**1.** [geste] movement; **des ~s gracieux** graceful movements; **ses ~s sont mal coordonnés** his movements are poorly coordinated; **un ~ de tête** [affirmatif] a nod; [négatif] a shake of the head; **un léger ~ de surprise** a start OU movement of surprise; **avoir un ~ de recul** to start (back); **faire des ~s de gymnastique** to do some exercises; **il y eut un ~ dans la foule à l'arrivée du président** a ripple ran through the crowd when the President arrived ❑ **faire un faux ~** to pull something. -**2.** [impulsion]: **~ de colère** fit OU burst of anger; **avoir un bon ~** to make a nice gesture; **les ~s du cœur/de l'âme** *litt* the impulses of the heart/of the soul. -**3.** [déplacement - d'un astre, d'un pendule] movement; [- de personnes] movement; PHYS motion; **~ rectiligne/uniforme/perpétuel** rectilinear/uniform/perpetual motion; **~s de capitaux** OU **de fonds** movement of capital; **~ de personnel** ADMIN staff transfer OU changes; **~ de repli** withdrawal; **~ de retraite** retreat; **~ de tenaille** pincer movement; **~s de marchandises** movement of goods; **~s de troupes** troop movements. -**4.** [évolution - des prix, des taux] trend, movement; [- du marché] fluctuation; **~ en baisse/en hausse** downward/upward trend; **le ~ des idées** the evolution of ideas ❑ **~ de la population** SOCIOL demographic changes. -**5.** POL [action collective] movement; **~ de contestation** protest movement ❑ **~ de grève** strike (movement); **le ~ syndical** the trade-union *Br* OU labor-union *Am* movement; **Mouvement de libération des femmes** Women's Liberation Movement. -**6.** [animation - d'un quartier] bustle, liveliness; [- dans un aéroport, un port] movement; **eh bien, il y a du ~ chez vous!** it's all go at your place! -**7.** GÉOG: **~s sismiques** seismic movements; **~ de terrain** undulation. -**8.** [impression de vie - d'une peinture, d'une sculpture] movement; [- d'un vers] flow, movement; [- d'une robe] drape; [- d'un paysage] undulations. -**9.** MUS [rythme] tempo; **~ perpétuel** moto perpetuo, perpetuum mobile ‖ [section d'un morceau] movement. -**10.** [mécanisme] movement; **~ d'horlogerie** movement, mechanism *(of a clock or watch)*.

◆ **en mouvement** ◇ *loc adj* [athlète] moving, in motion; [population, troupes] on the move; **cet enfant est toujours en ~!** that child never stops OU is always on the go!

◇ *loc adv*: **mettre un mécanisme en ~** to set a mechanism going OU in motion; **le cortège se mit en ~** the procession started OU set off; **le balancier se mit en ~** the pendulum started moving.

◆ **sans mouvement** *loc adj* [personne] inert.

mouvementé, e [muvmɑ̃te] *adj* -**1.** [débat] (very) lively, heated, stormy; [voyage, vie] eventful; [match] (very) lively, eventful; **avec eux, c'est toujours ~** there's never a dull moment with them. -**2.** [paysage] rolling, undulating.

mouvoir [54] [muvwar] *vt sout* -**1.** [bouger - membre, objet] to move; **mécanisme mû par un ressort** spring-operated mechanism. -**2.** [activer - machine] to drive, to power; **mû par l'électricité** electrically driven, electrically powered. -**3.** *fig* [pousser] to move, to prompt; **mû**

par l'intérêt/le désir/la jalousie prompted by self-interest/desire/jealousy; mû par la sympathie moved by sympathy.

◆ **se mouvoir** *vpi sout* [se déplacer] to move.

moye [mwa] *nf* soft vein OU lode.

moyen[1] [mwajɛ̃] *nm* -**1.** [méthode] way; **il n'y a qu'un (seul) ~ de s'échapper** there is only one way to escape; **il n'y a pas d'autre ~** there's no other way OU solution; **le ski, c'est le meilleur ~ de se casser une jambe!** there's nothing like skiing if you want to break a leg!; **il y a toujours un ~ de se faire de l'argent** there are always ways of getting money; **par quel ~ peut-on le contacter?** how can he be contacted?; **nous avons les ~s de vous faire parler!** we have ways of making you talk!; **je l'aurais empêché, si j'en avais eu les ~s** I would have stopped him, if I'd been able to; **trouver (le) ~ de faire qqch** to manage to do sthg; **le chien a encore trouvé ~ de s'échapper** the dog's managed to escape again; **et en plus, tu trouves le ~ d'être en retard!** not only that but you've managed to be late as well! ❑ **~ de défense/d'existence** means of defence/existence; **~ de locomotion** OU **de transport** means of transport; **~ d'action** means of action; **il faudra faire avec les ~s du bord** we'll have to manage with what we've got; **~ d'expression** means of expression; **ils n'ont utilisé aucun ~ de pression** they didn't apply any pressure; **~ de production** means of production; **~ de subsistance** means of subsistance; **employer** OU **utiliser les grands ~s** to take drastic steps. -**2.** [pour intensifier]: **il n'y a pas ~ d'ouvrir la porte!** there's no way of opening the door!, the door won't open!; **pas ~ de dormir ici!** *fam* it's impossible to get any sleep around here!; **il n'y a pas ~ de le faire obéir!** he just won't do what OU as he's told!; **je voulais me reposer, mais non, pas ~!** *fam* I wanted to get some rest, but no such luck!; **est-ce qu'il y a ~ d'avoir le silence?** can we please have some silence around here? -**3.** GRAMM: **adverbe de ~** adverb of means.

◆ **moyens** *nmpl* [financiers] means; **je n'ai pas les ~s de m'acheter un ordinateur** I haven't got the means to OU I can't afford to buy a computer; **c'est facile d'être généreux, quand on a les ~s!** it's easy to be generous, when you're well-off OU when you can afford to be!; **j'ai de tout petits ~s** I have a very small income; **avoir de gros ~s** to be very well-off; **je peux te payer une bière, c'est encore dans mes ~s** I can buy you a beer, I can just about manage that; **c'est au-dessus de mes ~s** it's beyond my means, I can't afford it ‖ [intellectuels, physiques]: **perdre tous ses ~s** to go to pieces; **une fois sur scène, j'ai perdu tous mes ~s** once on the stage, I just went blank OU to pieces; **je suis venu par mes propres ~s** I made my own way here.

◆ **au moyen de** *loc prép* by means of, with.

◆ **par tous les moyens** *loc adv* by all possible means; [même immoraux] by fair means or foul; **j'ai essayé par tous les ~s** I've tried everything.

moyen[2], **enne**[1] [mwajɛ̃, ɛn] *adj* -**1.** [intermédiaire - selon des mesures] medium *(avant n)*, average; [- selon une évaluation] medium; **de dimensions ~nes** medium-sized; **un arbre de taille ~ne** medium-sized tree; **à ~ne échéance** in the medium term; **les tailles/pointures ~nes** the medium (clothes) sizes/shoe sizes ❑ **cadres ~s** middle-ranking executives; **classes ~nes** middle classes; **~ terme** PHILOS middle term; [solution] compromise, middle course. -**2.** [prix, taille, consommation, distance] average; [température] average, mean; [aptitudes, niveau, service] average; **ses notes sont trop ~nes** his marks are too poor; **il est ~ en maths** he's average at maths; **la nourriture était ~ne** the food was average. -**3.** [ordinaire]: **le spectateur/lecteur ~** the average spectator/reader; **le Français ~** the average Frenchman. -**4.** LING [voyelle] middle; **voix ~ne** MUS middle voice. -**5.** GÉOG: **le cours ~ du Rhône** the middle course of the Rhône. -**6.** ASTRON: **temps solaire ~** mean solar time.

Moyen Âge [mwajɛnaʒ] *nm*: **le ~** the Middle Ages.

moyenâgeux, euse [mwajɛnaʒø, øz] *adj* medieval; **ils utilisent des techniques moyenâgeuses** *hum* they use methods out of the Dark Ages.

moyen-courrier [mwajɛ̃kurje] (*pl* **moyen-courriers**) *nm* medium-haul aeroplane.

moyen(-)métrage [mwajɛ̃metraʒ] (*pl* **moyens-métrages** OU **moyens métrages**) *nm* medium-length film.

moyennant [mwajɛnɑ̃] *prép*: **elle garde ma fille ~ cent francs par jour** she looks after my daughter for a hundred francs a day; **~ finance** for a fee OU a consideration; **~ quoi** in return for which.

moyenne[2] [mwajɛn] ◇ *adj f* → **moyen.**

◇ *nf* -**1.** [gén] average; **la ~ des précipitations/températures** the average rainfall/temperature; **la ~ d'âge des candidats est de 21 ans** the average age of the applicants is 21; **calculer** OU **faire la ~ de** to work out the average of ‖ MATH mean, average; **~ arithmétique/géométrique** arithmetic/geometric mean. -**2.** [vitesse moyenne] average speed; **faire une ~ de 90 km/h** to average 90 km/h. -**3.** SCOL [absolue] pass mark *Br*, passing grade *Am (of fifty per cent)*; **notes au-dessus/au-dessous de la ~** marks above/under half; **j'ai eu tout juste la ~** [à un examen] I just got a pass ‖ [relative] average (mark); **la ~ de la classe est (de) 8 sur 20** the average mark for the class is 8 out of 20 ❑ **j'ai 13 de ~ générale** my average (mark) is 13 out of 20. -**4.** [ensemble]: **la ~ des gens** most people, the vast majority of people; **d'une intelligence au-dessus de la ~** of above-average intelligence.

◆ **en moyenne** *loc adv* on average; **je m'entraîne en ~ 4 heures par jour** I train an average of 4 hours a day; **c'est ce que la voiture consomme en ~** that's what the car consumes on average, that's what the car's average consumption is.

moyennement [mwajɛnmɑ̃] *adv* moderately, fairly.

moyenner *fam* [4] [mwajɛne] *vt loc*: **pas moyen de ~** nothing doing.

Moyen-Orient [mwajɛnɔrjɑ̃] *npr m*: **le ~** the Middle East; **au ~** in the Middle East.

moyen-oriental, e, aux [mwajɛnɔrjɑ̃tal, o] *adj* Middle Eastern.

moyeu [mwajø] *nm* -**1.** [d'une roue - de voiture] (wheel) hub; [- de charrue] nave. -**2.** [d'une hélice] boss, hub.

mozambicain, e [mɔzɑ̃bikɛ̃, ɛn] *adj* Mozambican.

◆ **Mozambicain, e** *nm, f* Mozambican.

Mozambique [mɔzɑ̃bik] *npr m*: **le ~** Mozambique; **au ~** in Mozambique.

mozarabe [mɔzarab] ◇ *adj* Mozarabic.

◇ *nmf* Mozarab.

mozzarelle [mɔdzarɛl] *nf* mozzarella.

MRAP [mrap] (*abr de* **Mouvement contre le racisme, l'antisémitisme et pour la paix**) *npr m pacifist anti-racist organization.*

MRBM (*abr de* **Medium Range Ballistic Missile**) *nm* MRBM.

MRG (*abr de* **Mouvement des radicaux de gauche**) *npr m left-wing political party.*

MRP (*abr de* **Mouvement républicain populaire**) *npr m right-of-centre political party.*

ms (*abr écrite de* **manuscrit**) ms.

MSBS (*abr de* **mer-sol balistique stratégique**) *nm* SLBM.

MSF *npr abr de* **Médecins sans frontières.**

MST *nf* -**1.** (*abr de* **maladie sexuellement transmissible**) STD. -**2.** (*abr de* **maîtrise de sciences et techniques**) *master's degree in science and technology.*

MT (*abr écrite de* **moyenne tension**) MT.

mu [my] *nm* [lettre] mu.

mucilage [mysilaʒ] *nm* mucilage.

mucosité [mykozite] *nf* mucus.

mucoviscidose [mykovisidoz] *nf* cystic fibrosis.

mucus [mykys] *nm* mucus.

mue [my] *nf* -**1.** ZOOL [transformation - d'un reptile] sloughing; [- d'un volatile] moulting; [- d'un mammifère à poils] shedding hair, moulting; [- d'un mammifère sans poils] shedding OU casting (of skin); [- d'un cerf] shedding (of antlers). -**2.** PHYSIOL [de la voix] breaking, changing. -**3.** [dépouille - d'un reptile] slough; [- d'un volatile] moulted feathers; [- d'un mammifère à poils] shed hair; [- d'un mammifère sans poils] shed skin; [- d'un cerf] shed antlers. -**4.** *fig* [métamorphose] change, transformation. -**5.** [cage] (hen) coop.

muer [7] [mɥe] ◇ *vi* -**1.** ZOOL [reptile] to slough, to moult; [volatile] to moult; [mammifère à fourrure] to shed hair, to moult; [mammifère sans poils] to shed skin, to moult; [cerf] to shed (antlers). -**2.** PHYSIOL [voix] to break, to change; **il mue** his voice is breaking.

◇ *vt litt*: **~ qqch en** to change OU to turn sthg into.

◆ **se muer en** *vp + prép litt* to change OU to turn into.

muesli [mysli] *nm* muesli.

muet, ette [mɥɛ, ɛt] ◇ *adj* -**1.** [qui ne parle pas] dumb; **~ de naissance** dumb from birth. -**2.** *fig* [silencieux] silent, mute, dumb; **le ministre préfère rester ~ à ce sujet** the Minister prefers to remain silent on this matter; **~ d'admiration** in mute admiration; **il en resta ~ d'étonnement** he was struck dumb with astonishment; **alors, tu restes** OU **es ~?** well, have you nothing to say for yourself? ❑ **elle est restée ~te comme une carpe toute la soirée** she never opened her mouth all evening; **je serai ~ comme une tombe** my lips are sealed, I won't breathe a word. -**3.** *sout* [non exprimé - douleur, reproche] unspoken, mute, silent. -**4.** CIN [film, cinéma] silent; [rôle, acteur] non-speaking, walk-on. -**5.** LING mute, silent. -**6.** [sans indication - touche, carte] blank; **piano ~** dumb piano, dummy keyboard.

◇ *nm, f* [personne] mute, dumb person.

◆ **muet** *nm* CIN: **le ~** the silent cinema *Br* OU movies *Am*.

◆ **muette** *nf* MIL & *vieilli*: **la grande ~te** the standing army.

muezzin [mɥɛdzin] *nm* muezzin.

mufle [myfl] *nm* -**1.** ZOOL [d'un ruminant] muffle; [d'un félin] muzzle. -**2.** *fam péj* [malotru] boor, lout, churl.

muflerie [myflǝri] *nf* boorishness, loutishness, churlishness.

muflier [myflije] *nm* snapdragon, antirrhinum.

mufti [myfti] *nm* mufti.

muge [myʒ] *nm* grey mullet.

mugir [32] [myʒir] *vi* -**1.** [vache] to moo, to low *litt*. -**2.** *litt* [vent] to howl, to roar; [océan] to roar, to thunder.

mugissement [myʒismɑ̃] *nm* -**1.** [d'une vache] mooing, lowing *litt*. -**2.** *litt* [du vent] howling, roaring; [des flots] roar, thundering.

muguet [mygɛ] *nm* -**1.** BOT lily of the valley, May lily. -**2.** MÉD candidiasis *spéc*, thrush.

MUGUET:
On May Day in France, bunches of lily of the valley are sold in the streets and given as presents. The flowers are supposed to bring good luck.

Muhammad [myamad] *npr* Mohammed.

mulard, e [mylar] *nm, f cross between a musk duck and a domestic duck.*

mulâtre, mulâtresse [mylatr, mylatrɛs] *nm, f* mulatto.

◆ **mulâtre** *adj inv* mulatto.

mule [myl] *nf* -**1.** ZOOL mule, she-mule. -**2.** *fam* [personne entêtée] mule. -**3.** [chausson] mule; **la ~ du pape** the Pope's slipper.

mulet [mylɛ] *nm* -**1.** ZOOL mule, he-mule. -**2.** *fam* [voiture] back-up car. -**3.** [poisson] grey mullet.

muleta [mylɛta] *nf* muleta.

muletier, ère [myltje, ɛr] ◇ *adj*: chemin OU sentier ~ (mule) track.

◇ *nm, f* muleteer, mule driver.

mulette [mylɛt] *nf* (freshwater OU river) mussel, naiad, unio *spéc.*

Müller [mylɛr] *npr*: canaux de ~ Müller canals.

mulot [mylo] *nm* field mouse.

multicâble [myltikabl] ◇ *adj* MIN [cage] multicabled.

◇ *nm* multicabled extraction system.

multicarte [myltikart] *adj* [voyageur de commerce] *representing several companies.*

multicellulaire [myltiselylɛr] *adj* multicellular.

multicolore [myltikɔlɔr] *adj* multicoloured, many-coloured.

multicoque [myltikɔk] ◇ *adj*: (bateau) ~ multihull OU multihulled boat.

◇ *nm* multihull.

multicouche [myltikuʃ] *adj* [carton, revêtement] multilayered; [circuit imprimé] multilayer *(avant n).*

multiculturel, elle [myltikyltyrɛl] *adj* multicultural.

multidimensionnel, elle [myltidimɑ̃sjɔnɛl] *adj* multidimensional.

multidisciplinaire [myltidisiplinɛr] *adj* multidisciplinary.

multifenêtre [myltifənɛtr] *adj* multiwindow.

multifilaire [myltifilɛr] *adj* [fil] multicord, multiple duct; [antenne] multiwire.

multifonction [myltifɔ̃ksjɔ̃] *adj* multifunction.

multiforme [myltifɔrm] *adj* [aspect, créature] multiform; [question, personnalité] many-sided, multifaceted.

multigrade [myltigrad] *adj* multigrade *(avant n).*

multilatéral, e, aux [myltilateral, o] *adj* multilateral.

multilinéaire [myltilineɛr] *adj* multilinear.

multilingue [myltilɛ̃g] *adj* multilingual.

multiloculaire [myltilɔkylɛr] *adj* multilocular.

multimédia [myltimedja] *adj* multimedia *(avant n).*

multimètre [myltimɛtr] *nm* multimeter.

multimilliardaire [myltimiljardɛr] *adj* & *nmf* multimillionaire.

multimillionnaire [myltimiljɔnɛr] ◇ *adj* multimillionaire.

◇ *nmf* multimillionaire (*f* multimillionairess).

multinational, e, aux [myltinasjɔnal, o] *adj* multinational

◆ **multinationale** *nf* multinational (company).

multinévrite [myltinevrit] *nf* polyneuropathy.

multinorme [myltinɔrm] = **multistandard**.

multipare [myltipar] ◇ *adj* multiparous.

◇ *nf* multipara.

multiparité [myltiparite] *nf* multiparity.

multipartisme [myltipartism] *nm* multiparty system.

multiple [myltipl] ◇ *adj* -**1.** [nombreux - exemples, incidents, qualités] many, numerous; [- fractures] multiple; à de ~s reprises repeatedly, time and (time) again. -**2.** [divers - raisons, intérêts] many, multiple, manifold; personnalité aux ~s facettes many-sided OU multifaceted personality; femme aux talents ~s multi-talented woman. -**3.** *sout* [complexe - problème, difficulté] many-sided, multifaceted, complex. -**4.** BOT [fleur, fruit] multiple. -**5.** MATH: 9 est ~ de 3 9 is a multiple of 3.

◇ *nm* MATH multiple; prenez un ~ de 3 choose any multiple of 3 □ le plus petit commun ~ the lowest common multiple.

multiplet [myltiplɛ] *nm* -**1.** INF byte. -**2.** MATH, NUCL & PHYS multiplet.

multiplex [myltiplɛks] *adj* & *nm* multiplex.

multiplexage [myltiplɛksaʒ] *nm* multiplexing.

multiplexeur [myltiplɛksœr] *nm* multiplexer.

multipliable [myltiplijabl] *adj* multipliable, multiplicable.

multiplicande [myltiplikɑ̃d] *nm* multiplicand.

multiplicateur, trice [myltiplikatœr, tris] *adj* multiplying.

◆ **multiplicateur** *nm* MATH multiplier; ~ de fréquence frequency multiplier.

multiplicatif, ive [myltiplikatif, iv] *adj* multiplicative.

multiplication [myltiplikasjɔ̃] *nf* -**1.** BIOL, MATH & NUCL multiplication; la ~ des accidents *fig* the increase in the number of accidents. -**2.** RELIG: la ~ des pains the miracle of the loaves and fishes. -**3.** MÉCAN gear ratio.

multiplicité [myltiplisite] *nf* multiplicity; la ~ des choix qui nous sont offerts the (very) many choices open to us.

multiplier [10] [myltiplije] *vt* -**1.** [contrôles, expériences, efforts etc] to multiply, to increase; nous avons multiplié les avertissements we have issued repeated warnings. -**2.** MATH to multiply; 2 multiplié par 3 2 multiplied by 3; la production a été multipliée par trois *fig* output has tripled.

◆ **se multiplier** *vpi* -**1.** [attentats, menaces] to multiply, to increase. -**2.** BIOL to multiply. -**3.** *fig* to be everywhere (at once); je ne peux pas me ~ I can't be everywhere at once.

multiplieur [myltiplijœr] *nm* multiplier.

multipolaire [myltipɔlɛr] *adj* multipolar.

multiposte [myltipɔst] ◇ *adj* multiple station.

◇ *nm* multiple station computer.

multiprise [myltipriz] *nf* adapter.

multiprocesseur [myltiprɔsesœr] ◇ *adj m* multiprocessing.

◇ *nm* multiprocessor (system).

multiprogrammation [myltiprɔgramasjɔ̃] *nf* multiprogramming, multiple programming.

multipropriété [myltiprɔprijete] *nf* timeshare (system), time-sharing; investir dans la ~ to invest in a timeshare.

multiracial, e, aux [myltirasjal, o] *adj* multiracial.

multirécidiviste [myltiresidivist] *nmf* habitual offender.

multirisque [myltirisk] *adj* multiple risk *(modif).*

multisalles [myltisal] *adj inv*: complexe ~ multiscreen cinema *Br*, movie theater complex *Am.*

multistandard [myltistɑ̃dar] *adj* multistandard, multisystem.

multitâche [myltitaʃ] *adj* multitasking, multitask *(avant n).*

multitraitement [myltitrɛtmɑ̃] *nm* multiprocessing.

multitude [myltityd] *nf* -**1.** [grande quantité]: une ~ de a multitude of, a vast number of. -**2.** *litt* [foule]: la ~ the multitude, the masses.

multivibrateur [myltivibratœr] *nm* multivibrator.

Munich [mynik] *npr* Munich.

munichois, e [mynikwa, az] *adj* from Munich.

◆ **Munichois, e** *nm, f* -**1.** GÉOG *inhabitant of or person from Munich.* -**2.** HIST: les Munichois the men of Munich.

municipal, e, aux [mynisipal, o] *adj* [élection, charge, conseil] local, municipal; [bibliothèque, parc, théâtre etc] public, municipal; arrêté OU règlement ~ by-law.

◆ **municipales** *nfpl* POL local OU council *Br* elections.

municipalisation [mynisipalizasjɔ̃] *nf* municipalization.

municipaliser [3] [mynisipalize] *vt* to municipalize.

municipalité [mynisipalite] *nf* -**1.** [communauté] town, municipality. -**2.** [représentants] ≃ (town) council; la ~ voulait faire un parking the council wanted to build a car park.

munificence [mynifisɑ̃s] *nf litt* munificence.

munificent, e [mynifisɑ̃, ɑ̃t] *adj litt* munificent.

munir [32] [mynir] *vt*: ~ qqn de to provide OU to supply sb with; les visiteurs furent munis de casques the visitors were provided with OU given helmets; munissez les enfants de vêtements de pluie kit out the children in rainproof clothing; munie d'un plan de la ville, elle se mit en route equipped OU armed with a map of the town, she set off; ~ qqch de to equip OU to fit sthg with; la voiture est munie de phares réglementaires the car is equipped OU fitted with regulation headlights.

◆ **se munir de** *vp + prép*: se ~ de vêtements chauds/d'un parapluie to equip o.s. with warm clothes/an umbrella; munissez-vous de votre passeport carry your passport OU take your passport with you.

munitions [mynisjɔ̃] *nfpl* ammunition *(U)*, munitions.

munster [mœ̃stɛr] *nm* Munster (cheese).

muphti [myfti] = **mufti**.

muqueux, euse [mykø, øz] *adj* mucous.

◆ **muqueuse** *nf* mucous membrane.

mur [myr] *nm* -**1.** [construction] wall; après l'incendie, il ne restait plus que les (quatre) ~s only the four walls were left standing after the fire; il a passé la journée entière entre quatre ~s he spent the day shut up inside; je serai dans mes ~s la semaine prochaine I'll have moved in by next week □ ~ aveugle blank OU windowless wall; ~ d'appui parapet, leaning (height) wall CONSTR; ~ de clôture enclosing wall; ~ d'enceinte outer OU surrounding wall; ~ mitoyen party wall; ~ porteur load-bearing wall; ~ de séparation dividing wall; ~ de soutènement retaining OU breast wall; le ~ des Fédérés *wall in the Père Lachaise cemetery in front of which the last remaining defendants of the Paris Commune were executed in 1871*; le ~ d'Hadrien Hadrian's Wall; le ~ des Lamentations the Wailing Wall; faire le ~ *fam* [suj: soldat, interne] to go OU to jump over the wall; c'est comme si tu parlais à un ~ it's (just) like talking to a brick wall; se heurter à un ~ to come up against a brick wall; les ~s ont des oreilles walls have ears. -**2.** [escarpement] steep slope; il y a deux ~s redoutables sur la piste noire there are two very steep slopes on the black run □ ~ artificiel rock-climbing OU artificial wall. -**3.** GÉOL wall. -**4.** MIN footwall; faux ~ wall rock. -**5.** *fig* [de flammes, de brouillard, de pluie etc] wall, sheet; [de silence] wall; [de haine, d'incompréhension] wall, barrier; les gendarmes formaient un ~ devant les manifestants the police lined up in front of the demonstrators; le ~ de l'Atlantique the Wall of the Atlantic. -**6.** AÉRON: ~ thermique OU de la chaleur heat barrier; ~ sonique OU du son sound barrier; passer le ~ du son to break the sound barrier. -**7.** SPORT wall.

◆ **murs** *nmpl* [remparts] (city) walls; l'ennemi est dans nos ~s the enemy is within the gates; les ~s [d'un commerce] the building.

mûr, e [myr] *adj* -**1.** [fruit, graine, abcès etc] ripe; trop ~ overripe, too ripe; pas ~ unripe, not ripe; le blé va être ~ the wheat is nearly ready for harvesting. -**2.** [personne] mature; elle est très ~e pour 11 ans she is very mature for an 11-year-old; cette expérience l'a rendu plus ~ he is more mature as a result of this experience; pas ~ immature. -**3.** [prêt - révolte, plan] ripe, ready; le pays est ~ pour la guerre civile the country is ripe for civil war; sommes-nous ~s pour le mariage? are we ready for marriage?; après ~e réflexion after careful thought OU consideration. -**4.** ▽ [saoul] smashed. -**5.** *fam* [tissu] worn.

◆ **mûre** *nf* [du mûrier] mulberry; ~ sauvage blackberry, bramble.

muraille [myraj] *nf* -**1.** [d'une ville, d'un château, d'une falaise] wall; **la Grande Muraille (de Chine)** the Great Wall of China. -**2.** NAUT side, dead work (of hull).

mural, e, aux [myral, o] *adj* wall *(modif)*; **peinture ~e** mural, wall painting.
◆ **mural, als** *nm* [peinture] mural.
◆ **mural, aux** *nm* COMM wall (display) unit.

Murcie [myrsi] *npr* Murcia.

mûre [myr] *f* → **mûr**.

mûrement [myrmɑ̃] *adv*: **après avoir ~ réfléchi** after careful thought OU consideration.

murène [myrɛn] *nf* moray (eel).

murer [3] [myre] *vt* -**1.** [entourer de murs] to wall in *(sép)*. -**2.** [boucher - porte] to wall up *(sép)*; **~ une fenêtre avec des briques** to brick up a window. -**3.** [enfermer - personne, chat] to wall in OU up *(sép)*.
◆ **se murer** *vpi* to shut o.s. away; **se ~ dans le silence** *fig & sout* to retreat OU to withdraw into silence, to build a wall of silence around o.s.

muret [myrɛ] *nm*, **muretin** [myrtɛ̃] *nm*, **murette** [myrɛt] *nf* low (dry stone) wall.

murex [myrɛks] *nm* murex.

mûrier [myrje] *nm* mulberry tree OU bush; **~ blanc** white mulberry; **~ sauvage** bramble (bush), blackberry bush.

mûrir [32] [myrir] ◇ *vi* -**1.** BOT to ripen; **faire ~** to ripen. -**2.** ŒNOL to mature, to mellow. -**3.** [abcès] to come to a head. -**4.** [évoluer - pensée, projet] to mature, to ripen, to develop; [- personne] to mature; **elle a beaucoup mûri** she has greatly matured, she has become much more mature.
◇ *vt* -**1.** [fruit] to ripen. -**2.** [pensée, projet, sentiment] to nurture, to nurse; **une année à l'étranger l'a mûri** a year abroad has made him more mature.

mûrissage [myrisaʒ] *nm* ripening.

mûrissant, e [myrisɑ̃, ɑ̃t] *adj* -**1.** BOT ripening. -**2.** [personne] of mature years.

mûrissement [myrismɑ̃] *nm* -**1.** BOT ripening. -**2.** [d'une pensée, d'un plan] maturing, development.

mûrisserie [myrisri] *nf* ripening depot OU storehouse.

murmure [myrmyr] *nm* -**1.** [d'une personne] murmur; *litt* [d'une source, de la brise] murmur, murmuring. -**2.** [commentaire]: **un ~ de protestation/d'admiration** a murmur of protest/admiration; **il obtempéra sans un ~** he obeyed without a murmur. -**3.** MÉD murmur.
◆ **murmures** *nmpl* [plaintes] murmurs, murmurings.

murmurer [3] [myrmyre] ◇ *vi* -**1.** [parler à voix basse] to murmur; **les élèves murmuraient en l'absence du professeur** the pupils were chattering during the teacher's absence. -**2.** *litt* [source, brise] to murmur. -**3.** [se plaindre]: **~ (contre)** to mutter OU to grumble (about).
◇ *vt* to murmur; **on murmure que...** there is a rumour (going about) that...

mur-rideau [myrrido] (*pl* **murs-rideaux**) *nm* curtain wall.

Mururoa [myryrɔa] *npr* Mururoa Atoll; **à ~** on Mururoa Atoll.

musaraigne [myzarɛɲ] *nf* shrew; **~ commune** common shrew.

musarder [3] [myzarde] *vi sout* [flâner] to dawdle, to saunter; [ne rien faire] to dillydally.

musc [mysk] *nm* musk.

muscade [myskad] *nf* -**1.** BOT: **(noix de) ~** nutmeg. -**2.** *loc*: **passez ~!** hey presto!

muscadet [myskadɛ] *nm* Muscadet (wine).

muscadier [myskadje] *nm* nutmeg tree.

muscadin [myskadɛ̃] *nm* HIST muscadin; *arch* [dandy] dandy, fop.

muscardin [myskardɛ̃] *nm* dormouse.

muscat [myska] *nm* [fruit] muscat grape; [vin] Muscat, Muscatel (wine).

muscle [myskl] *nm* -**1.** ANAT muscle; **avoir des ~s** OU **du ~** *fam* to be muscular OU brawny; **être tout en ~** *fam* to be all muscle ❑ **~s lisses/striés** smooth/striped muscle *(U)*; **~ cardiaque** cardiac OU heart muscle; **~ jumeau** gemellus muscle. -**2.** *sout* [vigueur] muscle, force, punch.

musclé, e [myskle] *adj* -**1.** [corps, personne] muscular. -**2.** *fam* [énergique] powerful, forceful; **mener une politique ~e contre qqch** to take a hard line OU a tough stance on sthg. -**3.** [vif - style] robust, vigorous, powerful; [- discours] forceful, powerful.

muscler [3] [myskle] *vt* -**1.** SPORT: **~ ses jambes/épaules** to develop one's leg/shoulder muscles. -**2.** *fig* [renforcer] to strengthen.
◆ **se muscler** *vp (emploi réfléchi)* to develop (one's) muscles; **se ~ les bras** to develop one's arm muscles.

musculaire [myskylɛr] *adj* muscular, muscle *(modif)*.

musculation [myskylasjɔ̃] *nf* bodybuilding (exercises).

musculature [myskylatyr] *nf* musculature, muscles.

musculeux, euse [myskylø, øz] *adj* [athlète] muscular, brawny; [bras] muscular.

muse [myz] *nf* -**1.** MYTH: **Muse** Muse; **les (neuf) Muses** the (nine) Muses. -**2.** *fig* [inspiration] muse; **la Muse, les Muses** *litt* the Muse, the Muses ❑ **taquiner la Muse** to look (to the Muses) for inspiration.

museau, x [myzo] *nm* -**1.** ZOOL [d'un chien, d'un ours] muzzle; [d'un porc] snout; [d'une souris] nose. -**2.** *fam* [figure] face. -**3.** CULIN: **~ (de porc)** brawn *Br*, headcheese *Am*.

musée [myze] *nm* -**1.** [d'œuvres d'art] art gallery *Br*, museum *Am*; [des sciences, des techniques] museum; **le ~ de l'homme** the Museum of Mankind; **c'est le ~ des horreurs!** *hum* it's a dump! -**2.** *(comme adj; avec ou sans trait d'union)*: **une ville ~** a historical town.

museler [24] [myzle] *vt* -**1.** [chien] to muzzle. -**2.** *sout* [presse, opposition] to muzzle, to gag, to silence.

muselière [myzəljɛr] *nf* muzzle; **mettre une ~ à un chien** to muzzle a dog.

musellement [myzɛlmɑ̃] *nm* -**1.** [d'un chien] muzzling. -**2.** *sout* [de contestataires, de la presse] muzzling, gagging, silencing.

muséographie [myzeɔgrafi] *nf* museography.

muséologie [myzeɔlɔʒi] *nf* museology.

muser [3] [myze] *vi* -**1.** *litt* [se promener] to dawdle, to saunter; [ne rien faire] to dillydally. -**2.** *Belg* [fredonner] to hum.

musette [myzɛt] ◇ *adj inv (après n)*: **bal ~** dance (with accordion music); **orchestre ~** band (with accordions); **valse ~** waltz (played on the accordion).
◇ *nm* (popular) accordion music.
◇ *nf* -**1.** MUS [hautbois, gavotte] musette. -**2.** [d'un cheval] nosebag. -**3.** [d'un enfant] satchel; [d'un soldat] haversack; [d'un ouvrier] (canvas) haversack. -**4.** ZOOL common shrew.

muséum [myzeɔm] *nm*: **~ (d'histoire naturelle)** natural history museum.

musical, e, aux [myzikal, o] *adj* [voix, événement] musical; **critique ~** music critic.

musicalement [myzikalmɑ̃] *adv* musically.

musicalité [myzikalite] *nf* musicality.

Musicassette® [myzikasɛt] *nf* prerecorded (audio) cassette.

music-hall [myzikol] (*pl* **music-halls**) *nm* [local] music hall; [activité]: **le ~** variety show, music hall; **numéro de ~** variety act.

musicien, enne [myzisjɛ̃, ɛn] ◇ *adj* musical.
◇ *nm, f* musician.
◆ **musicien** *nm* MIL bandsman.

musicographe [myzikɔgraf] *nmf* musicographer.

musicographie [myzikɔgrafi] *nf* musicography.

musicologie [myzikɔlɔʒi] *nf* musicology.

musicologique [myzikɔlɔʒik] *adj* musicological.

musicologue [myzikɔlɔg] *nmf* musicologist.

musicothérapie [myzikɔterapi] *nf* musicotherapy.

musique [myzik] *nf* -**1.** [art, notation ou science] music; **~ de X** music by X; **je mets de la ~?** shall I put some music on?; **ils dansaient sur une** OU **de la ~ rock** they were dancing to (the sound of) rock music; **texte mis en ~** text set OU put to music; **faire de la ~** [personne] to play (an instrument); [objet] to play a tune; **lire la ~** to read music; **étudier/dîner en ~** to study/to have dinner with music playing; **faire de la gymnastique en ~** to do exercises (in time) to music ❑ **~ d'ambiance** OU **de fond** background music; **~ concrète/légère** concrete/light music; **~ contemporaine/classique** contemporary/classical music; **~ folklorique/militaire** folk/military music; **~ sacrée/de chambre** sacred/chamber music; **une ~ de film** a film *Br* OU movie *Am* theme; **il a composé beaucoup de ~s de film** he has composed a lot of films *Br* OU movie *Am* scores; **~ de scène** incidental music; **la grande ~** *fam* classical music; **connaître la ~** *fam*: **ça va, je connais la ~** I've heard it all before; **c'est toujours la même ~ avec lui!** *fam* it's always the same old story with him!; **la ~ adoucit les mœurs** music hath charms to soothe the savage beast. -**2.** [musiciens] band; **la ~ du régiment** the regimental band; **ils entrent dans le village, ~ en tête** they come into the village, led by the band.

musiquette [myzikɛt] *nf*: **on entendait une ~** we heard a simple little tune.

musqué, e [myske] *adj* -**1.** [parfum, saveur] musky. -**2.** ZOOL: **bœuf ~** musk ox. -**3.** BOT: **rose ~e** musk rose.

must *fam* [mœst] *nm sg* must; **ce film est un ~** this film is compulsory viewing OU a must.

mustang [mystɑ̃g] *nm* mustang.

musulman, e [myzylmɑ̃, an] *adj & nm, f* Muslim.

mutabilité [mytabilite] *nf* mutability.

mutagenèse [mytaʒənɛz] *nf* mutagenesis.

mutant, e [mytɑ̃, ɑ̃t] *adj & nm, f* mutant.

mutateur [mytatœr] *nm* [gén] mutator; [changeur de fréquence] frequency changer.

mutation [mytasjɔ̃] *nf* -**1.** [d'une entreprise, d'un marché] change, transformation; **industrie en pleine ~** industry undergoing major change OU a radical transformation. -**2.** ADMIN & JUR transfer. -**3.** BIOL mutation. -**4.** LING: **~ consonantique/vocalique** consonant/vowel shift.

mutationnisme [mytasjɔnism] *nm* mutationism.

mutationniste [mytasjɔnist] *adj & nmf* mutationist.

mutatis mutandis [mytatismytɑ̃dis] *loc adv* mutatis mutandis.

muter [3] [myte] ◇ *vt* -**1.** ADMIN to transfer, to move. -**2.** ŒNOL: **~ du vin** to mute (must).
◇ *vi* BIOL to mutate.

mutilant, e [mytilɑ̃, ɑ̃t] *adj* mutilating.

mutilateur, trice [mytilatœr, tris] ◇ *adj* mutilative, mutilatory.
◇ *nm, f litt* mutilator.

mutilation [mytilasjɔ̃] *nf* -**1.** [du corps] mutilation. -**2.** *sout* [d'une œuvre] mutilation.

mutilé, e [mytile] *nm, f* disabled person; **~s de guerre** disabled ex-servicemen; **~ du travail** industrially disabled person.

mutiler [3] [mytile] *vt* -**1.** [personne, animal] to mutilate, to maim. -**2.** *sout* [film, poème] to mutilate; [statue, bâtiment] to mutilate, to deface.
◆ **se mutiler** *vp (emploi réfléchi)* to mutilate o.s.

mutin, e [mytɛ̃, in] *adj litt* [enfant] impish, mischievous, cheeky; [air] mischievous.
◆ **mutin** *nm sout* rebel, mutineer.

mutiné, e [mytine] ◇ *adj* mutinous, rebellious.
◇ *nm, f* mutineer, rebel.

mutiner [3] [mytine]
◆ **se mutiner** *vpi* [marin, soldat] to mutiny, to rebel, to revolt; [employés, élèves, prisonniers] to rebel, to revolt.

mutinerie [mytinri] *nf* [de marins, de soldats] mutiny, revolt, rebellion; [d'employés, de prisonniers] rebellion, revolt.

mutique [mytik] *adj* mute.

mutisme [mytism] *nm* -**1.** [silence] silence; **s'enfermer dans un ~ complet** to retreat into absolute silence. -**2.** MÉD muteness, dumbness; PSYCH mutism.

mutité [mytite] *nf* mutism MÉD.

mutualisme [mytɥalism] *nm* -**1.** ZOOL mutualism. -**2.** = **mutualité**.

mutualiste [mytɥalist] ◇ *adj* mutualistic; **société** OU **groupement ~** mutual benefit insurance company, ≃ friendly society *Br*, ≃ benefit society *Am*.
◇ *nmf* mutualist, member of a mutual benefit (insurance) company.

mutualité [mytɥalite] *nf* [système] mutual (benefit) insurance company; [ensemble des sociétés mutualistes]: **la ~ française** the French mutual (benefit) insurance system.

mutuel, elle [mytɥɛl] *adj* -**1.** [partagé, réciproque] mutual; **responsabilité ~le** mutual responsibility. -**2.** [sans but lucratif] mutual; **assurance ~le** mutual insurance.
◆ **mutuelle** *nf* mutual (benefit) insurance company, ≃ friendly society *Br*, ≃ benefit society *Am*.

mutuellement [mytɥɛlmɑ̃] *adv* one another, each other.

myalgie [mjalʒi] *nf* myalgia.

myasthénie [mjasteni] *nf* myasthenia.

mycélium [miseljɔm] *nm* mycelium.

Mycènes [misɛn] *npr* Mycenae.

mycénien, enne [misenjɛ̃, ɛn] *adj* Mycenaean, Mycenian.
◆ **Mycénien, enne** *nm, f* HIST Mycenaean, Mycenian.
◆ **mycénien** *nm* LING Mycenaean, Mycenian.

mycoderme [mikɔdɛrm] *nm* mycoderma.

mycologie [mikɔlɔʒi] *nf* mycology.

mycologique [mikɔlɔʒik] *adj* mycological.

mycologue [mikɔlɔg] *nmf* mycologist.

mycoplasme [mikɔplasm] *nm* mycoplasma.

mycose [mikoz] *nf* [gén] mycosis; [aux orteils] athlete's foot.

mycosique [mikɔzik] *adj* mycotic.

myéline [mjelin] *nf* myelin.

myélite [mjelit] *nf* myelitis.

myélographie [mjelɔgrafi] *nf* myelography.

mygale [migal] *nf* mygale *spéc*, tarantula; **~ aviculaire/maçonne** bird/trapdoor spider.

myiase [mijaz] *nf* myiasis.

myocarde [mjɔkard] *nm* myocardium.

myocardite [mjɔkardit] *nf* myocarditis.

myogramme [mjɔgram] *nm* myogram.

myographe [mjɔgraf] *nm* myograph.

myographie [mjɔgrafi] *nf* myography.

myologie [mjɔlɔʒi] *nf* myology.

myome [mjom] *nm* myoma.

myomectomie [mjɔmɛktɔmi] *nf* myomectomy.

myopathe [mjɔpat] ◇ *adj* myopathic; **il est ~** he has muscular dystrophy.
◇ *nmf person with muscular dystrophy.*

myopathie [mjɔpati] *nf* [gén] myopathy; [dystrophie musculaire] muscular dystrophy.

myope [mjɔp] ◇ *adj* short-sighted *Br*, nearsighted *Am*, myopic *spéc*; **~ comme une taupe** *fam* (as) blind as a bat.
◇ *nmf* short-sighted *Br* OU nearsighted *Am* person, myope *spéc*.

myopie [mjɔpi] *nf* short-sightedness *Br*, nearsightedness *Am*, myopia *spéc*.

myorelaxant, e [mjɔrəlaksɑ̃, ɑ̃t] ◇ *adj* muscle-relaxant, muscle-relaxing.
◇ *nm* muscle-relaxant (drug).

myosotis [mjozɔtis] *nm* forget-me-not, myosotis *spéc*.

myriade [mirjad] *nf sout* myriad; **des ~s d'étoiles** myriads of stars.

myriapode [mirjapɔd] *nm* myriapod; **les ~s** the Myriapoda.

myriophylle [mirjɔfil] *nf* spiky water milfoil.

myrmidon [mirmidɔ̃] *nm litt* pipsqueak.

myroxylon [mirɔksilɔ̃] *nm* Myroxylon, Myrospermum.

myrrhe [mir] *nf* myrrh.

myrte [mirt] *nm* myrtle.

myrtille [mirtij] *nf* bilberry *Br*, blueberry *Am*.

mystère [mistɛr] *nm* -**1.** [atmosphère] mystery; **entouré de ~** shrouded OU cloaked in mystery ❑ **où est-elle? - ~ et boule de gomme!** *fam* where is she? - I haven't got a clue OU search me! -**2.** [secret] mystery; **cet homme est un ~** that man's a mystery; **j'ai horreur des ~s** I can't stand enigmas OU mysteries; **ne fais pas tant de ~s** don't be so mysterious; **je ne vois pas où est le ~** I don't see what's so mysterious about it; **si tu avais travaillé, tu aurais réussi l'examen, il n'y a pas de ~!** if you'd worked, you'd have passed your exam, it's as simple as that!; **ce n'est un ~ pour personne** it's no secret OU it's an open secret; **faire un ~ de qqch** to make a mystery out of sthg; **je n'en fais pas (un) ~** I make no mystery OU secret of it; **les ~s d'Éleusis** the Eleusinian Mysteries. -**3.** RELIG mystery. -**4.** HIST & THÉÂT mystery (play). -**5.** CULIN: **Mystère**® *ice-cream filled with meringue and coated with crushed almonds.*

mystérieusement [misterjøzmɑ̃] *adv* mysteriously.

mystérieux, euse [misterjø, øz] *adj* -**1.** [inexplicable] mysterious, strange; **la mystérieuse disparition du dossier** the mysterious disappearance of the file; **un crime ~** a mysterious crime. -**2.** [surnaturel] mysterious; **une mystérieuse apparition hante le château** a mysterious apparition haunts the castle. -**3.** [confidentiel] secret; **les deux présidents se sont rencontrés dans un endroit resté ~** the two presidents met in a place which has been kept secret. -**4.** [énigmatique] mysterious; **un ~ personnage se tenait près de la porte** a mysterious character stood near the door.

mysticisme [mistisism] *nm* mysticism.

mystifiable [mistifjabl] *adj* gullible.

mystifiant, e [mistifjɑ̃, ɑ̃t] *adj* mystifying, deceiving.

mystificateur, trice [mistifikatœr, tris]
◇ *adj*: **une lettre mystificatrice** a hoax letter.
◇ *nm, f* hoaxer.

mystification [mistifikasjɔ̃] *nf* -**1.** [canular] hoax, practical joke. -**2.** [tromperie] mystification, deception. -**3.** [imposture] myth.

mystifier [9] [mistifje] *vt* -**1.** [duper, se jouer de] to fool, to take in *(sép)*. -**2.** [leurrer] to fool, to deceive; **mystifiés par la propagande** fooled by propaganda.

mystique [mistik] ◇ *adj* mystic, mystical.
◇ *nmf* mystic.
◇ *nf* RELIG: **la ~** mysticism; **la ~ de la démocratie/paix** *fig* the mystique of democracy/peace.

mystiquement [mistikmɑ̃] *adv* mystically.

mythe [mit] *nm* myth; **elle fut un ~ vivant** she was a legend in her own lifetime ❑ **'le Mythe de Sisyphe'** *Camus* 'The Myth of Sisyphus'.

mythifier [9] [mitifje] *vt* to mythicize.

mythique [mitik] *adj* mythic, mythical.

mytho *fam* [mito] (*abr de* **mythomane**) *adj*: **il est complètement ~** you can't believe anything he says.

mythologie [mitɔlɔʒi] *nf* mythology.

mythologique [mitɔlɔʒik] *adj* mythological.

mythologue [mitɔlɔg] *nmf* mythologist.

mythomane [mitɔman] ◇ *adj* mythomaniac PSYCH; **il est un peu ~** he has a tendency to make things up (about himself).
◇ *nmf* mythomaniac PSYCH, compulsive liar.

mythomanie [mitɔmani] *nf* mythomania PSYCH.

mytiliculture [mitilikyltyr] *nf* mussel breeding.

myxœdémateux, euse [miksedematø, øz]
◇ *adj* myxoedematous.
◇ *nm, f* myxoedema sufferer.

myxœdème [miksedɛm] *nm* myxoedema.

myxomatose [miksɔmatoz] *nf* myxomatosis.

myxomycète [miksɔmisɛt] *nm* myxomycete.

N

n, N [ɛn] *nm* n *m*, N *m*; **à la puissance n** to the power (of) n.

n *abr écrite de* **nano-**.

n' [n] → **ne**.

n° (*abr écrite de* **numéro**) no.

N -**1.** (*abr écrite de* **newton**) N. -**2.** (*abr écrite de* **nord**) N.

na [na] *interj* so there, and that's that.

nabab [nabab] *nm* -**1.** *fam* [homme riche] nabob. -**2.** HIST nabob.

nabot, e [nabo, ɔt] *nm, f péj* dwarf, midget.

nabuchodonosor [nabykɔdɔnɔzɔr] *nm* nebuchadnezzar.

Nabuchodonosor [nabykɔdɔnɔzɔr] *npr* Nebuchadnezzar.

nacelle [nasɛl] *nf* -**1.** [d'un aérostat] basket, nacelle, gondola; [d'un avion] nacelle, pod; [d'un landau] carriage; [pour un ouvrier] basket. -**2.** *litt* [bateau] (rowing) wherry. -**3.** CHIM boat.

nacre [nakr] *nf*: la ~ mother-of-pearl, nacre *spéc*; de ~ mother-of-pearl *(modif)*.

nacré, e [nakre] *adj* pearly, nacreous *litt*.

nacrer [3] [nakre] *vt* -**1.** [bijou] to give a pearly gloss to. -**2.** *litt* to cast a pearly shimmer over.

nadir [nadir] *nm* nadir.

nævo-carcinome [nevokarsinom] (*pl* **nævo-carcinomes**) *nm* malignant melanoma.

nævus [nevys] (*pl* **nævi** [-vi]) *nm* naevus; ~ **pigmentaire** pigmented naevus *spéc*, mole.

Nagasaki [nagazaki] *npr* Nagasaki.

nage [naʒ] *nf* -**1.** SPORT [activité] swimming; [style] stroke; ~ **indienne** sidestroke; ~ **libre** freestyle. -**2.** NAUT rowing stroke.

◆ **à la nage** *loc adv* -**1.** [en nageant]: **s'éloigner à la ~** to swim off OU away; **traverser un lac à la ~** to swim across a lake; **elle gagna la plage à la ~** she swam to the beach. -**2.** CULIN à la nage *(cooked in a court-bouillon)*.

◆ **en nage** *loc adj*: **être en ~** to be dripping with sweat.

nageoire [naʒwar] *nf* -**1.** ZOOL [de poisson] fin; [d'otarie, de phoque etc] flipper; ~**s paires/impaires** paired/impaired fins; ~ **anale/dorsale** anal/dorsal fin; ~ **caudale** tail OU caudal fin. -**2.** AÉRON [flotteur] fin.

nager [17] [naʒe] ◇ *vi* -**1.** SPORT to swim; **tu viens ~ ?** are you coming for a swim?; **il ne sait pas/sait ~** he can't/can swim; **elle nage très bien** she's a very good swimmer ❑ ~ **comme un fer à repasser** to swim like a brick; ~ **comme un poisson** to swim like a fish. -**2.** *fig*: **la viande nageait dans la sauce** the meat was swimming in gravy; **il nageait dans son sang** he was bathed in (his own) blood; ~ **dans l'opulence** to be rolling in money; ~ **dans le bonheur** to be basking in bliss; **on nageait dans le mystère** we were totally bewildered; **tu nages dans ce pantalon!** *fam* those trousers are miles too big for you! -**3.** [ne rien comprendre] to be completely lost OU out of one's depth; **il nage complètement en physique** he's completely lost in physics. -**4.** NAUT to row; ~ **à couple** to row double-banked; ~ **en pointe** to row single-banked.

◇ *vt*: ~ **le crawl** to swim OU to do the crawl; ~ **la brasse** to swim OU to do (the) breaststroke; ~ **le 200 mètres** to swim the 200 metres.

nageur, euse [naʒœr, øz] *nm, f* -**1.** [personne] swimmer; ~ **de combat** naval frogman. -**2.** NAUT rower.

naguère [nagɛr] *adv litt* [autrefois] long ago, formerly; [il y a peu de temps] not long ago.

naïade [najad] *nf* -**1.** MYTH naiad; *litt* nymph. -**2.** BOT & ENTOM naiad.

naïf, ïve [naif, iv] ◇ *adj* -**1.** [candide - enfant, remarque] innocent, naïve, ingenuous. -**2.** [trop crédule] naïve, gullible; **ne sois pas si ~, il ne te rendra pas l'argent** don't be so naïve, he won't give you your money back. -**3.** BX-ARTS naïve, primitive.

◇ *nm, f* (gullible OU naïve) fool.

◆ **naïf** *nm* naïve OU primitive painter.

nain, naine [nɛ̃, nɛn] ◇ *adj* dwarf *(modif)*.

◇ *nm, f* dwarf.

◆ **nain** *nm* [jeu]: ~ **jaune** Pope Joan *(card game)*.

Nairobi [nɛrɔbi] *npr* Nairobi.

naissain [nɛsɛ̃] *nm* spat ZOOL.

naissance [nɛsɑ̃s] *nf* -**1.** BIOL birth; **à ta ~** at your birth, when you were born; **donner ~ à** to give birth to ❑ ~ **multiple** multiple birth; **'la Naissance de Vénus'** *Botticelli* 'The Birth of Venus'. -**2.** *sout* [début - d'un sentiment, d'une idée] birth; [- d'un mouvement, d'une démocratie, d'une ère] birth, dawn; **à la ~ du jour** at daybreak; **donner ~ à qqch** to give birth OU rise to sthg; **prendre ~** [mouvement] to arise, to originate; [idée] to originate, to be born; [sentiment] to arise, to be born. -**3.** *sout* [endroit]: **la ~ du cou** the base of the neck; **la ~ d'un fleuve** the source of a river.

◆ **à la naissance** *loc adv* at birth.

◆ **de naissance** *loc adv* -**1.** [congénitalement] congenitally, from birth; **elle est aveugle de ~** she was born blind, she's been blind from birth; **c'est de ~!** *fam* he was born stupid! -**2.** [d'extraction]: **italien de ~** Italian by birth; **être de bonne** OU **haute ~** to be of noble birth.

naissant, e [nɛsɑ̃, ɑ̃t] *adj* -**1.** *sout* [révolte] incipient; [sentiment] growing, budding *litt*; [beauté] budding *litt*, nascent *litt*; [jour] dawning; **il luttait contre cet amour ~** he fought against this growing OU burgeoning *litt* love. -**2.** CHIM: **à l'état ~** nascent. -**3.** HÉRALD naissant.

naître [92] [nɛtr] *vi* -**1.** BIOL to be born; **quand tu es né** when you were born; **mon bébé devrait ~ en mars** my baby is due in March; **il est né avec un bec-de-lièvre** he was born with a harelip; **le bébé qui vient de ~** the newborn baby; **une fille lui/leur est née** a girl was born to her/them; **il est né de parents inconnus** he is of unknown parentage; **il est né de** OU **d'une mère hongroise** he was born of a Hungarian mother; **enfant né d'un premier mariage** child born of a first marriage; **elle est née musicienne** she's a born musician, she was born a musician ❑ **je ne suis pas né d'hier** OU **de la dernière couvée** OU **de la dernière pluie** I wasn't born yesterday; **il est né coiffé** OU **sous une bonne étoile** he was born under a lucky star. -**2. être né pour** [être destiné à] to be born OU destined OU meant to; **il était né pour aimer/souffrir** he was born to love/suffer. -**3.** *litt*: ~ **à** [s'ouvrir à] to awaken to. -**4.** [apparaître - sentiment, doute, espoir] to arise, to be born; [- problème] to crop OU to come up; [- projet] to be conceived; [- communauté, entreprise] to spring up; [- mouvement] to spring up, to arise; **la légende/l'idée était née** the legend/idea was born; **une idée naquit dans son esprit** an idea dawned on her; **faire ~ des soupçons/la sympathie** to arouse suspicion/sympathy; ~ **de** [provenir de] to arise OU to spring from; **de là sont nées toutes nos difficultés** that's the cause of all our difficulties. -**5.** *litt* [fleur] to spring OU to come up; [jour] to break, to dawn. -**6.** *(tournure impersonnelle)*: **il naît un enfant toutes les secondes** a child is born every second. -**7.** *fig*: **il ne naîtra rien de bon d'une telle alliance** *fig* nothing good can come of such a union.

naïvement [naivmɑ̃] *adv* -**1.** [innocemment] innocently, naively, ingenuously. -**2.** [de façon trop crédule] naively, gullibly.

naïveté [naivte] *nf* -**1.** [innocence] innocence, naivety, ingenuity. -**2.** [crédulité] naivety, gullibility; **j'ai eu la ~ de lui faire confiance** I was naive enough to trust him.

naja [naʒa] *nm* cobra.

Namib [namib] *npr* → **désert**.

Namibie [namibi] *npr f*: (la) ~ Namibia.

namibien, enne [namibjɛ̃, ɛn] *adj* Namibian.

◆ **Namibien, enne** *nm, f* Namibian.

Namur [namyr] *npr* Namur.

namurois, e [namyrwa, az] *adj* from Namur.

◆ **Namurois, e** *nm, f inhabitant of or person from Namur.*

nana *fam* [nana] *nf* girl; **c'est sa ~** she's his girlfriend.

nanan *fam* [nanɑ̃] *nm vieilli*: **c'est du ~!** [aisé] it's a piece of cake!, it's a walkover!; [délicieux] yummy!

nancéien, enne [nɑ̃sejɛ̃, ɛn] *adj* from Nancy.

◆ **Nancéien, enne** *nm, f inhabitant of or person from Nancy.*

Nancy [nɑ̃si] *npr* Nancy.

nandou [nɑ̃du] *nm* nandu, rhea.
nanisme [nanism] *nm* -**1.** [d'une personne] dwarfism. -**2.** [d'une plante] nanism.
Nanjing [nɑ̃ʒiŋ] = **Nankin**.
nankin [nɑ̃kɛ̃] *nm* nankeen.
Nankin [nɑ̃kɛ̃] *npr* Nanking, Nanjing.
nano- [nanɔ] *préf* nano-.
nantais, e [nɑ̃tɛ, ɛz] *adj* from Nantes.
◆ **Nantais, e** *nm, f inhabitant of or person from Nantes.*
Nantes [nɑ̃t] *npr* Nantes; **l'Édit de ~** the Edict of Nantes.

L'ÉDIT DE NANTES:
Signed in 1598 by Henri IV, the Edict marked the end of the Wars of Religion and guaranteed a number of rights to the Protestant Huguenots, in particular freedom of conscience and the practice of their religion in certain prescribed areas. Its revocation in 1685 by Louis XIV resulted in a brutal repression which caused many Huguenots to emigrate to other European countries.

nanti, e [nɑ̃ti] ◇ *adj* [riche] affluent, well-to-do, well-off.
◇ *nm, f* affluent person; **les ~s** the well-to-do.
nantir [32] [nɑ̃tir] *vt* -**1.** [doter]: **~ qqn de** to provide sb with; **les fées la nantirent de toutes les qualités** the fairies endowed her with all the qualities. -**2.** FIN & JUR to secure.
◆ **se nantir de** *vp + prép* to equip o.s. with.
nantissement [nɑ̃tismɑ̃] *nm* -**1.** [objet] security, pledge. -**2.** [contrat] security.
NAP [nap] (*abr écrite de* **Neuilly Auteuil Passy**) ◇ *adj* ≃ Sloany *Br*, ≃ preppie *Am*.
◇ *nmf* ≃ Sloane *Br*, ≃ preppie type *Am*.
napalm [napalm] *nm* napalm.
naphta [nafta] *nm* naphtha.
naphtalène [naftalɛn] *nm* naphthalene, naphthalin.
naphtaline [naftalin] *nf*: **(des boules de) ~** mothballs.
naphte [naft] *nm* naphthene.
naphtol [naftɔl] *nm* naphthol.
Naples [napl] *npr* Naples.
napoléon [napɔleɔ̃] *nm* napoleon (coin).
Napoléon [napɔleɔ̃] *npr* Napoleon; **~ Bonaparte** Napoleon Bonaparte.
napoléonien, enne [napɔleɔnjɛ̃, ɛn] *adj* Napoleonic; **les campagnes ~nes** the Napoleonic wars.
napolitain, e [napɔlitɛ̃, ɛn] *adj* Neapolitan.
◆ **Napolitain, e** *nm, f* Neapolitan.
nappage [napaʒ] *nm* coating.
nappe [nap] *nf* -**1.** [linge] tablecloth; **~ d'autel** altarcloth. -**2.** [couche]: **~ de pétrole/gaz** layer of oil/gas; **~ de brouillard** fog patch; **~ d'eau** [en surface] stretch OU expanse OU sheet of water; [souterraine] groundwater; **~ de feu** sheet of flames; **~ d'huile** patch of oil; **~ de mazout** oil slick. -**3.** GÉOL: **~ de charriage** nappe; **~ phréatique** groundwater OU phreatic table. -**4.** GÉOM nappe. -**5.** TEXT lap (sheet).
napper [3] [nape] *vt*: **~ qqch de** to coat sthg with.
napperon [naprɔ̃] *nm* [sous un vase, un bougeoir] mat; [sous un plat, un gâteau] doily; **~ individuel** place mat.
narcisse [narsis] *nm* -**1.** BOT narcissus; **~ des poètes** poet's narcissus. -**2.** *litt* narcissistic person, narcissist.
Narcisse [narsis] *npr* Narcissus.
narcissique [narsisik] *adj* narcissistic.
narcissisme [narsisism] *nm* narcissism; **tu fais du ~!** you're being narcissistic!
narco-analyse [narkɔanaliz] (*pl* **narco-analyses**) *nf* narcoanalysis.
narcodollar [narkɔdɔlar] *nm* narcodollar.
narcolepsie [narkɔlɛpsi] *nf* narcolepsy.
narcose [narkoz] *nf* narcosis.
narcotique [narkɔtik] ◇ *adj* narcotic.
◇ *nm* narcotic.
narghilé [nargile] *nm* nargile, narghile.
narguer [3] [narge] *vt* -**1.** [se moquer de, provoquer] to scoff at *(insép)*; **il nous nargue avec sa nouvelle voiture** we're not good enough for him now he's got his new car. -**2.** *sout* [braver, mépriser] to scorn, to spurn, to deride.
narguilé [nargile] = **narghilé**.
narine [narin] *nf* nostril.
narquois, e [narkwa, az] *adj* mocking, derisive; **sourire ~** mocking smile.
narrateur, trice [naratœr, tris] *nm, f* narrator.
narratif, ive [naratif, iv] *adj* narrative.
narration [narasjɔ̃] *nf* [exposé] narrative, narration; [partie du discours] narration.
narrer [3] [nare] *vt litt* [conte] to narrate, to tell; [événements] to narrate, to relate.
narval [narval] *nm* narwhal, narwal.
NASA, Nasa [naza] (*abr de* **National Aeronautics and Space Administration**) *npr f* NASA, Nasa.
nasal, e, aux [nazal, o] *adj* nasal.
◆ **nasale** *nf* LING nasal.
nasalisation [nazalizasjɔ̃] *nf* nasalization.
nasaliser [3] [nazalize] *vt* to nasalize.
nasalité [nazalite] *nf* nasality.
nasarde [nazard] *nf litt & vieilli* flick OU fillip on the nose.
nase[▽] [naz] ◇ *adj* [inutilisable - appareil, meuble] kaput, bust; [fou] cracked, screwy; [fatigué, malade] knackered.
◇ *nm* [nez] conk.
naseau, x [nazo] *nm* nostril ZOOL.
nasillard, e [nazijar, ard] *adj* [ton] nasal; [radio, haut-parleur] tinny; **parler d'une voix ~e** to talk through one's nose OU with a (nasal) twang.
nasillement [nazijmɑ̃] *nm* -**1.** [d'une voix] (nasal) twang; [d'un haut-parleur] tinny sound. -**2.** ZOOL [d'un canard] quacking.
nasiller [3] [nazije] *vi* -**1.** [personne] to speak with a (nasal) twang; [radio] to have a tinny sound. -**2.** ZOOL [canard] to quack.
nasique [nazik] *nm* proboscis monkey.
nasse [nas] *nf* -**1.** PÊCHE (conical) lobster pot. -**2.** [pour oiseaux] hoop net. -**3.** ZOOL [mollusque] dog whelk.
Nasser [nasɛr] *npr* → **lac**.
natal, e, als [natal] *adj* [pays, ville] native; **sa maison ~e** the house where he was born.
Natal [natal] *npr m*: **le ~** Natal.
nataliste [natalist] *adj*: **politique ~** policy to increase the birth rate.
natalité [natalite] *nf* birth rate, natality *Am*.
natation [natasjɔ̃] *nf* swimming; **~ synchronisée** OU **artistique** synchronized swimming.
natatoire [natatwar] *adj* swimming *(modif)*, natatory SC.
natif, ive [natif, iv] ◇ *adj* -**1.** [originaire] native; **je suis ~ de Paris/Pologne** I was born in Paris/Poland. -**2.** *litt* [inné] native. -**3.** MÉTALL native.
◇ *nm, f* native.
nation [nasjɔ̃] *nf* nation; **les Nations Unies** the United Nations.
national, e, aux [nasjɔnal, o] *adj* -**1.** [de la nation] national; **équipe ~e de football** national football team; **l'économie ~e** the domestic economy; **funérailles** OU **obsèques ~es** state funeral; **la presse ~e en a parlé** the national newspapers OU the nationals carried stories about it; **notre Victor ~** *hum* good old Victor (Hugo). -**2.** [nationaliste] national, nationalist; **les partis nationaux** the nationalist parties.
◆ **nationale** *nf* ≃ A road *Br*, ≃ interstate highway *Am*.
◆ **nationaux** *nmpl* nationals.
nationalisation [nasjɔnalizasjɔ̃] *nf* nationalization.
nationaliser [3] [nasjɔnalize] *vt* to nationalize.
nationalisme [nasjɔnalism] *nm* nationalism.
nationaliste [nasjɔnalist] ◇ *adj* nationalist, nationalistic.
◇ *nmf* nationalist.
nationalité [nasjɔnalite] *nf* nationality; **être de ~ française/nigériane** to be French/Nigerian.
national-socialisme [nasjɔnalsɔsjalism] (*pl* **national-socialismes**) *nm* National Socialism.
national-socialiste [nasjɔnalsɔsjalist] (*pl* **nationaux-socialistes**) *adj & nmf* National Socialist.
nativisme [nativism] *nm* nativism PHILOS.
nativiste [nativist] ◇ *adj* nativistic PHILOS.
◇ *nmf* nativist PHILOS.
nativité [nativite] *nf* -**1.** RELIG: **la Nativité** the Nativity. -**2.** BX-ARTS Nativity scene; **une Nativité** a Nativity.
nattage [nataʒ] *nm* -**1.** [de cheveux] braiding, plaiting. -**2.** [de fils, d'osier] plaiting, weaving.
natte [nat] *nf* -**1.** [tapis de paille] mat, (piece of) matting. -**2.** [de cheveux] pigtail, braid, plait.
natter [3] [nate] *vt* -**1.** [cheveux] to braid, to plait. -**2.** [fils, osier] to plait, to weave, to interweave.
naturalisation [natyralizasjɔ̃] *nf* -**1.** ADMIN, BOT & LING naturalization. -**2.** [empaillage] stuffing.
naturalisé, e [natyralize] ◇ *adj* naturalized; **il a été ~ américain** he was granted U.S. citizenship.
◇ *nm, f* naturalized person.
naturaliser [3] [natyralize] *vt* -**1.** ADMIN to naturalize; **il s'est fait ~ français** he was granted French citizenship. -**2.** BOT & LING to naturalize. -**3.** [empailler] to stuff.
naturalisme [natyralism] *nm* naturalism.
naturaliste [natyralist] ◇ *adj* naturalistic.
◇ *nmf* -**1.** BOT & ZOOL naturalist. -**2.** [empailleur] taxidermist.
nature [natyr] ◇ *nf* -**1.** [univers naturel]: **la ~** nature; **la ~ fait bien les choses** nature works wonders; **laisser faire** OU **agir la ~** let nature take its course; **je fais plus confiance à la ~ qu'à la médecine** I trust nature OU natural remedies more than medical science; **des formes qui n'existent pas dans la ~** shapes which do not occur in nature ❑ **la ~ a horreur du vide** nature abhors a vacuum. -**2.** [campagne]: **la ~** nature, the country, the countryside; **la ~ me manque** I miss the countryside; **elle vit quelque part en pleine ~** she lives somewhere right out in the countryside; **une maison perdue dans la ~** a house out in the wilds; **tomber en panne en pleine ~** to break down in the middle of nowhere; **disparaître** OU **s'évanouir dans la ~** to vanish into thin air; **il n'a pourtant pas disparu dans la ~, ce piano!** that piano can't just have walked off OU vanished!; **la voiture a fait une embardée et ils se sont retrouvés dans la ~** the car lurched and they ended up in a ditch. -**3.** [caractère] nature; **ce n'est pas dans sa ~** it's not like him, it's not in his nature; **ce** OU **il n'est pas dans sa ~ d'être aussi agressive** it's not like her OU it's not in her nature to be so aggressive; **c'est dans la ~ des choses** it's in the nature of things, that's the way the world is; **il est dans la ~ des choses qu'un fils se heurte à son père** it's in the nature of things for a son to clash with his father ❑ **la ~ humaine** human nature. -**4.** [type de personne] type, sort; **une bonne ~** a good sort; **une heureuse ~** a happy person; **c'est une petite ~** he's the feeble type OU a weakling. -**5.** [sorte] nature, type, sort; **les raisonnements de cette ~** this kind of argument, arguments of this kind; **quelle est la ~ de la fuite?** what kind of leak is it? -**6.** BX-ARTS: **d'après ~** from life ❑ **~ morte** still life.
◇ *adj inv* -**1.** [bœuf, choucroute] plain, with no trimmings; [salade, avocat] plain, with no dressing; **thé ~** tea without milk or lemon ‖ ŒNOL still. -**2.** *fam* [simple] natural; **j'aime qu'une fille soit ~** I like a girl to be natural; **les enfants sont ~** children are so natural.
◆ **contre nature** *loc adj* against nature, unnatural; **des sentiments/penchants contre ~** unnatural feelings/leanings; **c'est contre ~** it's not natural, it goes against nature.

◆ **de nature** *loc adj* by nature; **il est généreux de ~** he's generous by nature, it's (in) his nature to be generous; **elle est anxieuse de ~** she's the worrying kind OU anxious type.

◆ **de nature à** *loc conj* likely OU liable to; **je ne suis pas de ~ à me laisser faire** I'm not the kind OU type of person you can push around; **ce discours n'est pas de ~ à apaiser les esprits** this speech is hardly going to calm people down.

◆ **de toute nature** *loc adj* of all kinds OU types; **il y avait des arbustes de toute ~** there were all sorts of shrubs.

◆ **en nature** *loc adv* in kind; **payer en ~** to pay in kind.

◆ **par nature** *loc adv*: **je suis conservateur par ~** I'm naturally conservative, I'm conservative by nature.

naturel, elle [natyrɛl] *adj* -**1.** [du monde physique - phénomène, ressource, richesse] natural; **les frontières ~les de la France** the natural borders of France. -**2.** [physiologique - fonction, processus] natural, bodily; **les défenses ~les de l'organisme** the body's natural defences. -**3.** [inné - disposition, talent] natural, inborn; [- boucles, blondeur] natural; **ce n'est pas ma couleur ~le** it's not my natural OU real hair colour. -**4.** [sans affectation] natural; **tu n'as pas l'air ~ sur cette photo** you don't look natural on this photograph; **être ~** to be oneself. -**5.** [normal] natural; **c'est bien** OU **tout ~ que je t'aide** it's only natural that I should help you; **je vous remercie — je vous en prie, c'est tout ~!** thank you — please don't mention it, it's the least I could do. -**6.** [pur - fibre] pure; [- nourriture] natural; **'soie ~le'** 'pure OU 100 % silk' || COMM natural, organic. -**7.** LING, MUS, PHILOS & RELIG natural. -**8.** [illégitime] natural; **il était le fils ~ du roi** he was the natural son of the king.

◆ **naturel** *nm* -**1.** [tempérament] nature; **il est d'un ~ anxieux** he's the worrying kind, it's (in) his nature to worry; **être d'un bon ~** to be good-natured. -**2.** [authenticité] naturalness; **ce que j'aime chez les femmes d'aujourd'hui c'est leur ~** what I like about modern women is they're so natural; **avec beaucoup de ~** with perfect ease, completely naturally.

◆ **au naturel** ◇ *loc adj* CULIN plain; **thon au ~** tuna in brine.

◇ *loc adv* [dans la réalité] in real life; **elle est mieux au ~ qu'à la télévision** she's better in real life than on TV.

naturellement [natyrɛlmɑ̃] *adv* -**1.** [de façon innée] naturally; **ça lui vient ~** it comes naturally to him. -**2.** [simplement] naturally, unaffectedly; **c'est le plus ~ du monde qu'on nous a reçus** they welcomed us as if it were the most natural thing in the world. -**3.** [bien sûr] naturally; **vous viendrez? — ~** will you be coming? — naturally OU of course I will.

naturisme [natyrism] *nm* -**1.** [nudisme] naturism. -**2.** MÉD naturopathy. -**3.** PHILOS & RELIG naturalism.

naturiste [natyrist] ◇ *adj* -**1.** [nudiste] naturist. -**2.** PHILOS naturalist, naturalistic.

◇ *nmf* -**1.** [nudiste] naturist, nudist. -**2.** PHILOS naturalist.

naturopathie [natyrɔpati], **naturothérapie** [natyrɔterapi] *nf* naturopathy.

naufrage [nofraʒ] *nm* -**1.** [d'un navire] wreck, shipwreck; **faire ~** [personne] to be shipwrecked; [navire] to be wrecked; **le ~ du Manureva demeure un mystère** the sinking of the Manureva remains a mystery. -**2.** *fig* ruin, wreckage; **on a assisté au ~ de grandes fortunes pendant la guerre** great fortunes were lost during the war.

naufragé, e [nofraʒe] ◇ *adj* -**1.** [personne - gén] shipwrecked; [- réfugié sur une île] castaway *(modif)*. -**2.** [navire] wrecked.

◇ *nm, f* [gén] shipwreck victim; [survivant sur une île] castaway.

naufrageur, euse [nofraʒœr, øz] *nm, f pr & fig* wrecker.

nauséabond, e [nozeabɔ̃, ɔ̃d] *adj* -**1.** [qui sent mauvais] putrid, foul, foul-smelling. -**2.** [répugnant] nauseating, sickening, repulsive.

nausée [noze] *nf* -**1.** [envie de vomir] nausea; **avoir la ~** to feel sick; **avoir des ~s** to have bouts of sickness. -**2.** *fig* [dégoût]: **une telle hypocrisie me donne la ~** such hypocrisy makes me sick ❑ **'la Nausée'** *Sartre* 'Nausea'.

nauséeux, euse [nozeø, øz] *adj* -**1.** [odeur] nauseating, sickening, repulsive; [état] nauseous. -**2.** *litt* [révoltant] nauseating, sickening, repulsive.

Nausicaa [nozikaa] *npr* Nausicaa.

nautile [notil] *nm* nautilus.

nautique [notik] *adj* nautical; **carte/géographie ~** nautical map/geography; **le salon ~** ≃ the Boat Show.

nautisme [notism] *nm* water sports, aquatics *(sg)*.

navaja [navaʒa] *nf* navaja.

Navajos [navaro] *npr mpl*: **les~** the Navajo.

naval, e, als [naval] *adj* naval; **architecture ~e** naval architecture; **construction ~e** shipbuilding (industry).

navarin [navarɛ̃] *nm* navarin *(mutton and vegetable stew)*.

Navarre [navar] *npr f*: **(la) ~** Navarre.

navet [navɛ] *nm* -**1.** BOT turnip; **~ fourrager** fodder beet. -**2.** *fam* [œuvre]: **c'est un ~** it's (a load of) tripe.

navette [navɛt] *nf* -**1.** AÉRON & TRANSP shuttle; **faire la ~ (entre)** to shuttle back and forth OU to and fro (between); **un bus fait la ~ entre la gare et l'aéroport** there is a shuttle bus (service) between the station and the airport; **il fait la ~ entre Paris et Marseille** he comes and goes OU goes to and fro between Paris and Marseilles ❑ **~ spatiale** space shuttle. -**2.** RELIG incense holder. -**3.** TEXT shuttle; [aiguille - pour filets] netting OU meshing needle; **~ volante** flying shuttle. -**4.** BOT rape.

navetteur, euse [navɛtœr, øz] *nm, f Belg* commuter.

navigabilité [navigabilite] *nf* [d'un cours d'eau] navigability, navigableness; [d'un navire] seaworthiness; [d'un avion] airworthiness; **en état de ~** NAUT seaworthy; AÉRON airworthy.

navigable [navigabl] *adj* navigable.

navigant, e [navigɑ̃, ɑ̃t] ◇ *adj* NAUT seafaring; **personnel ~** AÉRON flight personnel, aircrew, crew.

◇ *nm, f*: **les ~s** NAUT the crew; AÉRON the aircrew, the crew.

navigateur, trice [navigatœr, tris] *nm, f* -**1.** NAUT [voyageur] sailor, seafarer; **~ solitaire** single-handed yachtsman || [membre de l'équipage] navigator. -**2.** AÉRON & AUT navigator, copilot *(in charge of navigation)*.

◆ **navigateur** ◇ *nm* [appareil] navigator; **~ Decca®** Decca® (navigator).

◇ *adj m* seafaring, seagoing.

navigation [navigasjɔ̃] *nf* -**1.** NAUT navigation, sailing; **la ~ est dangereuse ici** sailing is dangerous OU it's dangerous to sail around here; **interdit à la ~** [des gros bateaux] closed to shipping; [des petits bateaux] no sailing OU boating; **ouvert à la ~** [des gros bateaux] open to shipping ❑ **~ côtière** coastal navigation; **~ fluviale** OU **intérieure** inland navigation; **~ maritime** OU **extérieure** high seas navigation; **~ à l'estime** navigation by dead reckoning; **~ de plaisance** yachting, pleasure sailing. -**2.** AÉRON navigation, flying; **~ aérienne** aerial navigation; **~ spatiale** space flight OU travel; **~ à vue** contact flying.

◆ **de navigation** *loc adj* [registre] navigational; [terme, école] nautical; [instrument] navigation *(modif)*; **compagnie de ~** NAUT shipping company; AÉRON airline company.

naviguer [3] [navige] *vi* -**1.** NAUT to sail; **le Queen Mary a beaucoup navigué** the Queen Mary did a lot of sailing; **depuis que je navigue** [plaisancier] since I first went sailing; [marin] since I first went to sea; **~ au compas/à l'estime** to navigate by compass/by dead reckoning. -**2.** AÉRON to fly; **~ à vue** to use contact flight rules, to fly visually. -**3.** *fig* [se déplacer] to get about; **savoir ~** to know one's way around.

Naviplane® [naviplan] *nm* hovercraft.

navire [navir] *nm* ship, vessel *litt*; **~ marchand** OU **de commerce** merchant ship, merchantman; **~ de guerre** warship; **~ de haute mer** ocean-going ship; **~ à voiles** sailing ship.

navire-citerne [navirsitɛrn] (*pl* **navires-citernes**) *nm* (oil) tanker.

navire-école [navirekɔl] (*pl* **navires-écoles**) *nm* training ship.

navire-hôpital [navirɔpital] (*pl* **navires-hôpitaux** [-to]) *nm* hospital ship.

navrant, e [navrɑ̃, ɑ̃t] *adj* -**1.** [attristant - spectacle] distressing, upsetting, harrowing; **c'est ~ de les voir ainsi se quereller** it's distressing to see them quarrel like that; **tu es ~!** you're pathetic OU hopeless!; **sa bêtise est ~e** he's hopelessly stupid. -**2.** [regrettable]: **c'est ~, mais il n'y a rien à faire** it's a terrible shame, but there's nothing we can do.

navré, e [navre] *adj* sorry; **je suis ~ de vous l'entendre dire** I'm so sorry to hear you say that.

navrer [3] [navre] *vt* to upset, to distress, to sadden; **la vue d'une telle misère me navre** it distresses me to see such poverty.

nazaréen, enne [nazareɛ̃, ɛn] *adj* -**1.** GÉOG Nazarene. -**2.** BX-ARTS: **l'école ~ne** the Nazarenes.

◆ **Nazaréen, enne** *nm, f* Nazarene; **le Nazaréen** the Nazarene.

◆ **nazaréen** *nm* BX-ARTS Nazarene.

Nazareth [nazarɛt] *npr* Nazareth.

naze▽ [naz] = **nase**.

nazi, e [nazi] *adj & nm, f* Nazi.

nazisme [nazism] *nm* Nazism.

NB (*abr écrite de* **Nota Bene**) NB.

NBC (*abr de* **nucléaire, bactériologique, chimique**) *adj* NBC MIL.

nbreuses *abr écrite de* **nombreuses**.

nbrx *abr écrite de* **nombreux**.

n.c. -**1.** (*abr écrite de* **non communiqué**) n.a. -**2.** (*abr écrite de* **non connu**) n.a.

n.d. -**1.** (*abr écrite de* **non daté**) n.d. -**2.** (*abr écrite de* **non disponible**) n.a.

N-D (*abr écrite de* **Notre-Dame**) OL.

NDA (*abr écrite de* **note de l'auteur**) *author's note*.

N'Djamena [ndʒamena] *npr* Ndjamena, N'Djamena.

NDLR (*abr écrite de* **note de la rédaction**) Ed.

NDT (*abr écrite de* **note du traducteur**) translator's note.

ne [nə] (*devant voyelle ou h muet* **n'** [n]) *adv* **A.** EN CORRÉLATION AVEC UN MOT NÉGATIF: **aucun d'eux ne peut venir** none of them can come; **je ne l'ai dit à personne** I haven't told anyone; **je n'ai vu personne** I saw nobody, I didn't see anybody; **je n'ai rien vu** I saw nothing, I didn't see anything; **nul n'est parfait** nobody's perfect; **ce n'est ni bleu ni vert** it's neither blue nor green; **je n'en parlerai ni à l'un ni à l'autre** I won't speak about it to either of them; **ne... guère**: **je ne vois guère comment t'aider** I don't really see how I can help you; **le temps n'est guère prometteur** the weather is not very promising; **ne... jamais**: **il ne répond jamais au téléphone** he never answers the phone; **ne... plus**: **le téléphone ne marche plus** the telephone doesn't work any more; **ne... pas**: **ne le dérange pas!** don't disturb him!; **parlez tout bas pour ne pas réveiller le bébé** speak softly, so as not to wake the baby; **il ne la voit pas plus dans ce rôle-là que dans l'autre** he can't see OU imagine her in that role any more than in the other; **ne... point** *litt*: **je ne crois point qu'elle veuille l'épouser** I do not believe OU it is not my belief that she wants to marry him.

B. EN CORRÉLATION AVEC 'QUE': **ils ne font que répéter ce qu'on leur a dit** all they (ever) do is repeat what they've been told; **je ne fais que**

d'arriver *sout* I've only just arrived; **il n'a pas que des amis** not everybody likes him; **je n'ai pas que cette idée-là** that's not the only idea I have; **il n'y a pas que toi sur terre!** you're not the only person in the world (you know)!; **tu n'as pas que ta famille, tu as aussi tes amis** you don't just have your family, you have your friends as well; **tu ne sais dire que des mensonges** all you ever do is tell lies; **vous n'avez qu'à lui en parler** all you have to do is speak to him (about it); **je n'ai pas d'autre solution que celle-là** I have no other solution but that.

C. EMPLOYÉ SEUL -**1.** *sout* [avec une valeur négative]: **je ne puis** I cannot; **il n'ose** he dare not; **il ne cesse de m'appeler** he won't stop calling me; **il n'ose le lui dire** he doesn't dare tell her; **je ne sais quoi faire** I don't know what to do; **qui n'agirait ainsi dans de telles circonstances?** who wouldn't do the same in such circumstances?; **quel père n'aiderait son fils?** what father would refuse to help his son?; **beaucoup de choses ont changé depuis que je ne t'ai vu** many OU a lot of things have changed since I last saw you; **voilà trois jours que je ne l'ai vue** I haven't seen her for three days; **il y a six jours qu'il n'est venu** he hasn't been for six days; **je lui demanderais, si ma timidité ne m'en empêchait** I would ask him if I were not so shy; **il n'y a rien dans tout cela qui ne soit parfaitement exact** there is nothing in all that which is not perfectly correct; **il n'y a rien qu'il ne fasse pour vous** there's nothing he wouldn't do for you; **je n'avais rien qui ne lui appartînt aussi** I had nothing that didn't also belong to him; **prenez garde qu'on ne vous voie** be careful (that) nobody sees you; **que ne le disais-tu plus tôt?** why didn't you say so earlier!, if only you had said so earlier!; **que ne dit-elle ce qu'elle en pense?** why doesn't she say what she thinks (about it)?; **que ne ferais-je pour vous?** what wouldn't I do for you?; **n'était son grand âge, je l'aurais congédié** *litt* had it not been for his advanced age, I would have dismissed him; **n'ayez crainte, je le préviendrai** don't worry, I'll tell him. -**2.** *sout* [avec une valeur explétive]: **je crains qu'elle n'en parle** I'm frightened she'll talk (about it); **je crains qu'il n'accepte** I'm afraid he might say yes; **sa seule crainte, c'était qu'on ne le renvoyât** all he was afraid of OU his only fear was of being dismissed; **je tremble qu'il ne soit trop tard** I'm afraid it might be too late; **on redoute que l'épidémie ne s'étende** there are fears that the epidemic might spread; **de peur qu'elle ne le voie** for fear she might see him; **évite qu'il ne te rencontre** try to avoid meeting him; **je ne doute pas qu'il ne soit sympathique** I don't doubt (that) he's nice; **peu s'en faut qu'il n'ait réussi** he very nearly succeeded; **à moins qu'il ne vous le dise** unless he tells you; **avant que je ne parte** before I go; **sans que je ne le dise** without me OU my saying it; **il se porte mieux que je ne croyais** he's better than I'd imagined; **c'est moins efficace que je ne l'espérais** it's not as effective as I'd hoped; **elle est plus douée que vous ne croyez** she's more gifted than you think.

N-E (*abr écrite de* Nord-Est) NE.

né, e [ne] *adj* born; **un bébé ~ prématurément à huit mois** a premature baby born at 8 months; **Clara Brown, ~e Moore** Clara Brown, née OU nee Moore; **c'est une musicienne ~e** she's a born musician, she was born (to be) a musician ❑ **le premier-~** the first-born (child); **le dernier-~** the last-born OU the youngest child; **la dernière-~e de notre gamme** the latest addition to our range; **une personne bien ~e** a person of high birth; **il n'est pas ~ de la dernière pluie** he wasn't born yesterday; **être ~ coiffé** to be born with a silver spoon in one's mouth.

Néandertal [neɑ̃dɛrtal] *npr* → **homme**.

néandertalien, enne [neɑ̃dɛrtaljɛ̃, ɛn] *adj* Neanderthal.

◆ **néandertalien** *nm* Neanderthal man.

néanmoins [neɑ̃mwɛ̃] *adv* nevertheless, nonetheless; **votre proposition m'intéresse beaucoup; ~, je souhaiterais l'examiner plus attentivement** I'm very interested in your proposal; nevertheless, I should like to examine it more carefully; **ce travail est bon, ~ vous pouvez mieux faire** your work is good, nevertheless OU yet you can do better; **je souhaiterais ~ qu'il vienne** I would nevertheless OU nonetheless like him to come; **il est brillant et ~ très modeste** he is brilliant but nonetheless OU nevertheless very modest.

néant [neɑ̃] *nm* -**1.** [non-être] nothingness; **une voix sortie du ~** a voice that seemed to come from nowhere. -**2.** [superficialité] vacuousness; **dans tous leurs discours, je ne trouve que le ~** I find all their speeches totally vacuous. -**3.** *sout* [manque de valeur] worthlessness, triviality; **le ~ de la gloire** the emptiness of fame. -**4.** ADMIN: **enfants: ~** children: none.

néanthropien, enne [neɑ̃trɔpjɛ̃, ɛn] *adj* neoanthropic.

◆ **néanthropien** *nm* neoanthropic species.

Nebraska [nebraska] *npr m*: **le ~** Nebraska; **au ~** in Nebraska.

nébuleux, euse [nebylø, øz] *adj* -**1.** [nuageux] cloudy, clouded; **un ciel ~** a cloudy OU an overcast sky. -**2.** *fig* [obscur] obscure, nebulous.

◆ **nébuleuse** *nf* -**1.** ASTRON nebula; **~ diffuse/obscure/planétaire** diffuse/dark/planetary nebula. -**2.** *fig* [amas confus]: **leur projet était encore à l'état de ~** their plan was still pretty vague, they still had only the bare outlines of a plan.

nébulisation [nebylizasjɔ̃] *nf* nebulization.

nébuliser [3] [nebylize] *vt* to nebulize.

nébuliseur [nebylizœr] *nm* nebulizer.

nébulosité [nebylozite] *nf* -**1.** [nuage] haze, nebulosity. -**2.** MÉTÉO cloud cover. -**3.** *litt* [imprécision] haziness, nebulousness.

nécessaire [nesesɛr] ◇ *adj* -**1.** [indispensable] necessary; **un mal ~** a necessary evil; **l'opération ne sera pas ~** it will not be necessary to operate; **si (c'est) ~** if necessary, if need be; **je viendrai si c'est vraiment ~** I'll come if it's really necessary; **est-il ~ de lui dire** OU **qu'elle soit au courant?** does she have OU need to know?; **leur séparation était devenue ~** it had become necessary for them to part; **~ à: l'eau est ~ aux plantes** plants need water; **cette introduction est ~ à la compréhension du texte** it is necessary to read this introduction to understand the text. -**2.** [requis - aptitude] necessary, requisite; **toutes les qualités ~s** all the necessary qualities. -**3.** [logique, inévitable] necessary, unavoidable, inevitable; **le chômage est-il la conséquence ~ de la crise?** is unemployment a necessary consequence of the crisis?

◇ *nm* -**1.** [choses indispensables] bare necessities; **n'emportez que le strict ~** just take the basic essentials OU what's absolutely necessary. -**2.** [démarche requise]: **faire le ~: je ferai le ~ pour vos réservations** I'll see to your reservations; **ne vous inquiétez pas, j'ai fait le ~** don't worry, I've taken care of things OU I've done what had to be done. -**3.** [trousse, étui]: **~ à couture** needlework basket; **~ à ongles** manicure set; **~ à ouvrage** workbox; **~ de toilette** toilet case, sponge bag *Br*; **~ de voyage** grip, travel OU overnight bag *Br*.

nécessairement [nesesɛrmɑ̃] *adv* -**1.** [inévitablement] necessarily, unavoidably, inevitably; **~, il devait y avoir collision** the crash was unavoidable. -**2.** [obligatoirement] necessarily, of necessity; **ce n'est pas ~ vrai** it's not necessarily true; **il y a ~ une explication à tout cela** there must be an explanation for all this. -**3.** LOGIQUE necessarily; **condition ~ présente** necessary condition.

nécessité [nesesite] *nf* -**1.** [caractère nécessaire] necessity, need; **la ~ de dormir/vaincre** the need to sleep/to win; **elle ne voit pas la ~ de se marier** she doesn't see any need to get married; **être dans la ~ de** to find it necessary to, to have no choice but to; **la crise nous a mis dans la ~ de renvoyer la moitié du personnel** the crisis made it necessary for us OU gave us no choice but to lay off half the staff || [chose indispensable] necessity; **c'est une ~ absolue de faire bouillir l'eau** it is absolutely necessary OU essential to boil the water; **la liberté de la presse est une ~** freedom of the press is essential OU a necessity ❑ **faire de ~ vertu** to make a virtue out of necessity; **~ fait loi** *prov* necessity knows no law, what must be done must be done; **~ faisant loi, il dut vendre le parc** sheer necessity forced him to sell the park. -**2.** *vieilli* [indigence] destitution, poverty; **être dans la ~** to be in need. -**3.** PHILOS necessity. -**4.** JUR: **état de ~** necessity.

◆ **nécessités** *nfpl*: **des ~s financières nous obligent à...** we are financially bound to...; **~s militaires** military requirements.

◆ **de première nécessité** *loc adj* [dépenses, fournitures] basic; [objets, denrées] essential.

◆ **de toute nécessité** *loc adv*: **vous devez de toute ~ réparer le toit** it's absolutely imperative OU essential that you repair the roof.

◆ **par nécessité** *loc adv* of necessity, necessarily, unavoidably; **on dut par ~ vendre la moto** there was no choice but to sell the motorbike.

nécessiter [nesesite] *vt* to require, to demand; **cela nécessite la présence de toute la famille** it requires the whole family to be present; **cela nécessite que vous veniez** that means you have to come; **ce travail nécessite beaucoup de patience** this job requires a lot of patience.

nécessiteux, euse [nesesitø, øz] *sout* ◇ *adj* needy, in need; **une famille nécessiteuse** a family in great need, a very needy family.

◇ *nm, f* needy person; **les ~** the needy.

neck [nɛk] *nm* neck GEOL.

nec plus ultra [nɛkplyzyltra] *nm inv* last word, ultimate; **le ~ des cuisines intégrées** the last word in built-in kitchens.

nécrobie [nekrɔbi] *nf* scavenger beetle, necrobia *spéc*.

nécrologie [nekrɔlɔʒi] *nf* -**1.** [liste] necrology. -**2.** [notice biographique] obituary. -**3.** [rubrique] obituary column.

nécrologique [nekrɔlɔʒik] *adj* obituary *(modif)*.

nécromancie [nekrɔmɑ̃si] *nf* necromancy.

nécromancien, enne [nekrɔmɑ̃sjɛ̃, ɛn] *nm, f* necromancer.

nécrophage [nekrɔfaʒ] *adj* necrophagous.

nécrophile [nekrɔfil] *adj* & *nmf* necrophiliac, necrophile.

nécrophilie [nekrɔfili] *nf* necrophilia, necrophilism.

nécrophore [nekrɔfɔr] *nm* burying beetle.

nécropole [nekrɔpɔl] *nf* necropolis.

nécrose [nekroz] *nf* -**1.** MÉD necrosis. -**2.** BOT canker, necrosis.

nécroser [3] [nekroze] *vt* -**1.** MÉD to necrotize, to cause necrosis to. -**2.** BOT to canker.

◆ **se nécroser** *vpi* -**1.** MÉD to necrotize, to undergo necrosis. -**2.** BOT to canker.

nécrotique [nekrɔtik] *adj* necrotic.

nectaire [nɛktɛr] *nm* nectary.

nectar [nɛktar] *nm* [gén] nectar.

nectarifère [nɛktarifɛr] *adj* nectariferous.

nectarine [nɛktarin] *nf* nectarine.

néerlandais, e [neɛrlɑ̃dɛ, ɛz] *adj* Dutch.

◆ **Néerlandais, e** *nm, f* Dutchman (*f* Dutchwoman); **les ~** the Dutch.

◆ **néerlandais** *nm* LING Dutch.

nef [nɛf] *nf* -**1.** ARCHIT nave; **~ latérale** (side) aisle. -**2.** *arch* OU *litt* [vaisseau] vessel, craft; **'la Nef des fous'** *Bosch* 'The Ship of Fools'.

néfaste [nefast] *adj* -**1.** [nuisible] harmful, noxious; **le gel a été ~ aux récoltes** the frost has been disastrous for the crops; **une influence ~** a bad influence. -**2.** *litt* [tragique] ill-fated. -**3.** ANTIQ: **jour ~** dies nefasti.

Néfertiti [nefertiti] *npr* Nefertiti.

nèfle [nɛfl] *nf* -**1.** BOT medlar; **~ du Japon** loquat. -**2.** *fam loc*: **des ~s!** no way!

néflier [neflije] *nm* medlar (tree).

négateur, trice [negatœr, tris] *litt* ◇ *adj* negative.
◇ *nm, f* decrier, detractor.

négatif, ive [negatif, iv] *adj* -**1.** [réponse, attitude] negative. -**2.** ÉLECTR, LING & MÉD negative. -**3.** MATH: **un nombre ~** a negative OU minus number.
◆ **négatif** *nm* PHOT negative.
◆ **négative** *nf*: **dans la négative** if not; **répondre par la négative** to give a negative answer, to answer in the negative.

négation [negasjɔ̃] *nf* -**1.** [gén & PHILOS] negation. -**2.** GRAMM negative (form).

négativement [negativmɑ̃] *adv* negatively.

négativisme [negativism] *nm* negativism.

négativité [negativite] *nf* -**1.** *sout* negativity, negativeness. -**2.** ÉLECTR negativity.

négaton [negatɔ̃] *nm* negaton.

négatoscope [negatɔskɔp] *nm* negative viewer, light box.

négligé, e [negliʒe] *adj* [tenue, personne] sloppy, scruffy, slovenly; [coiffure] unkempt, untidy.
◆ **négligé** *nm* -**1.** [débraillé, laisser-aller] scruffiness, slovenly OU untidy appearance. -**2.** [robe d'intérieur] negligee, negligé.

négligeable [negliʒabl] *adj* [somme] trifling; [détail] unimportant, trifling; [différence] negligible, insignificant; **son augmentation n'est pas ~** he's been given a quite considerable rise; **elle a une influence non ~ sur lui** she has a not inconsiderable influence over him.

négligemment [negliʒamɑ̃] *adv* -**1.** [sans soin] negligently, carelessly. -**2.** [avec nonchalance] negligently, casually; **un foulard ~ noué autour du cou** a scarf casually tied around his neck.

négligence [negliʒɑ̃s] *nf* -**1.** [manque de soin] negligence, carelessness; **habillé avec ~** sloppily OU carelessly dressed. -**2.** [manque d'attention] negligence, neglect; **la ~ du conducteur** the driver's negligence ‖ [oubli] oversight; **l'erreur est due à une ~ de ma secrétaire** the error is due to an oversight on the part of my secretary. -**3.** [nonchalance] negligence, casualness, nonchalance; **feuilletant son livre avec ~** casually leafing through her book. -**4.** JUR: **~ criminelle** criminal negligence.

négligent, e [negliʒɑ̃, ɑ̃t] *adj* -**1.** [non consciencieux] negligent, careless, neglectful; **vous avez été très ~ dans l'exercice de vos fonctions** you have been very negligent in your duty OU very neglectful of your duties. -**2.** [nonchalant] negligent, casual, nonchalant; **d'un geste ~, il ramassa le livre** he casually picked up the book.

négliger [17] [negliʒe] *vt* -**1.** [se désintéresser de - études, santé, ami] to neglect; **si tu négliges ce rhume, il ne fera qu'empirer** if you don't take care of OU if you neglect that cold it'll only get worse; **il néglige sa tenue ces derniers temps** he hasn't been taking care of his appearance lately; **ne négligez pas votre devoir de citoyen** don't be neglectful of your duty as a citizen. -**2.** [dédaigner] to disregard; **il ne faut pas ~ son offre** don't disregard her offer; **en négligeant ses conseils, tu t'exposes à perdre de l'argent** if you disregard OU ignore his advice, you run the risk of losing money. -**3.** [omettre] to neglect; **les enquêteurs n'ont rien négligé pour retrouver l'assassin** the police left no stone unturned in their efforts to find the murderer.
◆ **se négliger** *vpi* -**1.** [être mal habillé] to be careless about OU to neglect one's appearance. -**2.** [se désintéresser de sa santé] to be neglectful of OU to neglect one's health.

négoce [negɔs] *nm sout* -**1.** [activité] business, trade, trading; **le ~ du vin** the wine trade. -**2.** [entreprise] business; **un petit ~** a small business.

négociabilité [negɔsjabilite] *nf* negotiability.

négociable [negɔsjabl] *adj* negotiable.

négociant, e [negɔsjɑ̃, ɑ̃t] *nm, f* -**1.** [commerçant] merchant, trader. -**2.** [grossiste] wholesaler.

négociateur, trice [negɔsjatœr, tris] *nm, f* COMM & POL negotiator.

négociation [negɔsjasjɔ̃] *nf* negotiation; **les deux pays ont engagé des ~s** the two countries have begun negotiations.

négocier [9] [negɔsje] ◇ *vt* -**1.** COMM, FIN & POL to negotiate. -**2.** AUT: **~ un virage** to negotiate a bend.
◇ *vi* to negotiate.

nègre, négresse [nɛgr, negrɛs] *nm, f* Negro (*f* Negress) (*note: the terms "nègre" and "négresse", like their English equivalents, are considered racist*); **~ blanc** [à peau claire] white Negro; **négresse blanche** white Negress; **~ marron** HIST maroon.
◆ **nègre** ◇ *nm* -**1.** [écrivain] ghost (writer). -**2.** **petit ~** *péj* pidgin; **ce n'est pas du français, c'est du petit ~** that isn't French, it's pidgin OU it's broken French. -**3.** CULIN: **~ en chemise** *chocolate coated with whipped cream.*
◇ *adj* BX-ARTS & MUS Negro.
◆ **nègre blanc** *adj inv*: **une motion ~ blanc** a motion that's neither one thing nor the other.

négrier, ère [negrije, ɛr] *adj* slave (*modif*); **navire ~** slave ship, slaver.
◆ **négrier** *nm* -**1.** [marchand d'esclaves] slave trader, slaver. -**2.** [bateau] slave ship, slaver. -**3.** *péj* [employeur] slave driver.

négrillon, onne▼ [negrijɔ̃, ɔn] *nm, f racist term used with reference to black children,* ≃ piccaninny.

négritude [negrityd] *nf* negritude.

négro▼ [negro] *nm racist term used with reference to black people,* ≃ nigger.

négro-africain, e [negroafrikɛ̃, ɛn] (*mpl* **négro-africains**, *fpl* **négro-africaines**) *adj* Black African.

négroïde [negrɔid] *adj & nmf* Negroid.

negro spiritual [negrospiritɥol] (*pl* **negro spirituals**) *nm* Negro spiritual.

négus [negys] *nm* Negus.

neige [nɛʒ] *nf* -**1.** MÉTÉO snow; **~ fondue** [pluie] sleet; [boue] slush; **les ~s éternelles** permanent snow; **pneu ~** snow tyre; **~ poudreuse** powdery snow. -**2.** CHIM: **~ carbonique** dry ice. -**3.** ▽ [cocaïne] snow. -**4.** CULIN: **battez les blancs en ~** whisk the whites until they form peaks.
◆ **à la neige** *loc adv* [tour critiqué] LOISIRS on a skiing holiday *Br* OU vacation *Am*; **j'emmène les enfants à la ~** I'm taking the children skiing.
◆ **de neige** *loc adj* -**1.** MÉTÉO: **chute** OU **giboulée de ~** snowfall, fall of snow. -**2.** LOISIRS: **station de ~** winter sports OU ski resort. -**3.** *litt* [blanc] snow-white, snowy.

neiger [23] [neʒe] *v impers* to snow; **il neige** it's snowing.

neigeux, euse [nɛʒø, øz] *adj* -**1.** [cime] snow-capped, snow-clad. -**2.** [hiver, temps] snowy. -**3.** *sout* [duvet, cheveux]: **sa crinière neigeuse** his snowy mane of hair.

némalion [nemaljɔ̃] *nm* nemalion; **les ~s** the Nemalionales.

nématode [nematɔd] *nm* nematode, roundworm.

Némésis [nemezis] *npr* Nemesis.

néné *fam* [nene] *nm* boob (*breast*).

nénette *fam* [nenɛt] *nf* [femme] bird *Br*, broad *Am*.

nénuphar [nenyfar] *nm* water lily; **~ jaune** OU **des étangs** yellow water OU pond lily.

néo- [neo] *préf* neo-.

néoblaste [neɔblast] *nm* neoblast.

néo-calédonien, enne [neɔkaledɔnjɛ̃, ɛn] (*mpl* **néo-calédoniens**, *fpl* **néo-calédoniennes**) *adj* New Caledonian.
◆ **Néo-Calédonien, enne** *nm, f* New Caledonian.

néocapitalisme [neɔkapitalism] *nm* neocapitalism.

néocapitaliste [neɔkapitalist] *adj & nmf* neocapitalist.

néoclassicisme [neɔklasisism] *nm* neoclassicism.

néoclassique [neɔklasik] *adj* neoclassic, neoclassical.

néocolonialisme [neɔkɔlɔnjalism] *nm* neocolonialism.

néocolonialiste [neɔkɔlɔnjalist] ◇ *adj* neocolonial, neocolonialist.
◇ *nmf* neocolonialist.

néodarwinisme [neɔdarwinism] *nm* neo-Darwinism.

néofascisme [neɔfaʃism] *nm* neofascism.

néofasciste [neɔfaʃist] *adj & nmf* neofascist.

néoformation [neɔfɔrmasjɔ̃] *nf* -**1.** BIOL neoformation, new growth. -**2.** MÉD neoplasm.

néoformé, e [neɔfɔrme] *adj* -**1.** BIOL newly grown. -**2.** MÉD neoplastic.

néogène [neɔʒɛn] ◇ *adj* Neogene.
◇ *nm* Neogene (period).

néogothique [neɔgɔtik] ◇ *adj* neo-Gothic.
◇ *nm* neo-Gothic (style).

néogrec, néogrecque [neɔgrɛk] *adj* -**1.** [de la Grèce moderne] Modern Greek. -**2.** BX-ARTS neo-Grec.
◆ **néogrec** *nm* LING Modern Greek.

néo-guinéen, enne [neɔgineɛ̃, ɛn] (*mpl* **néo-guinéens**, *fpl* **néo-guinéennes**) *adj* New Guinean.
◆ **Néo-Guinéen, enne** *nm, f* New Guinean.

néo-hébridais, e [neɔebridɛ, ɛz] (*mpl inv*, *fpl* **néo-hébridaises**) *adj* from the New Hebrides, Vanuatuan.
◆ **Néo-Hébridais, e** *nm, f* Vanuatuan.

néo-impressionnisme [neɔɛ̃presjɔnism] (*pl* **néo-impressionnismes**) *nm* neo-impressionism.

néo-impressionniste [neɔɛ̃presjɔnist] (*pl* **néo-impressionnistes**) *adj & nmf* neo-impressionist.

néokantisme [neɔkɑ̃tism] *nm* neo-Kantism, neo-Kantianism.

néolibéralisme [neɔliberalism] *nm* neoliberalism.

néolithique [neɔlitik] ◇ *adj* Neolithic.
◇ *nm* Neolithic (period).

néologie [neɔlɔʒi] *nf* neology.

néologique [neɔlɔʒik] *adj* neological.

néologisme [neɔlɔʒism] *nm* LING & PSYCH neologism.

néomortalité [neɔmɔrtalite] *nf* neonatal mortality.

néon [neɔ̃] *nm* -**1.** [gaz] neon. -**2.** [éclairage] neon (lighting), [lampe] neon (lamp)

néonatal, e, als [neɔnatal] *adj* neonatal.

néonatalogie [neɔnatalɔʒi] *nf* neonatalogy.

néonazi, e [neɔnazi] *adj & nm, f* neo-Nazi.

néonazisme [neɔnazism] *nm* neo-Nazism, neo-Naziism.

néophyte [neɔfit] *nmf* -**1.** [nouvel adepte] neophyte, novice. -**2.** RELIG neophyte, novice.

néoplasie [neɔplazi] *nf* neoplasm.

néoplasique [neɔplazik] *adj* neoplastic.

néoplasme [neɔplasm] *nm* neoplasm.

néoplasticisme [neɔplastisism] *nm* neoplasticism.

néoplatonicien, enne [neɔplatɔnisjɛ̃, ɛn] ◇ *adj* Neoplatonic.
◇ *nm, f* Neoplatonist.

néoplatonisme [neɔplatɔnism] *nm* Neoplatonism.

néopositivisme [neɔpozitivism] *nm* logical positivism.

néopositiviste [neɔpozitivist] *adj & nmf* logical positivist.

Néoprène® [neɔprɛn] *nm* neoprene.

néo-québécois, e [neɔkebekwa, az] *adj* from New Quebec.
◆ **Néo-Québecois, e** *nm, f* New Quebecker.

néoréalisme [neɔrealism] *nm* neorealism.

néoréaliste [neɔrealist] *adj & nmf* neorealist.

néotectonique [neɔtɛktɔnik] *nf* neotectonics *(sg)*.

néo-zélandais, e [neɔzelɑ̃dɛ, ɛz] *(mpl inv, fpl* néo-zélandaises) *adj* from New Zealand; agneau ~ New Zealand lamb.
◆ **Néo-Zélandais, e** *nm, f* New Zealander.

Népal [nepal] *npr m*: le ~ Nepal; au ~ in Nepal.

népalais, e [nepalɛ, ɛz] *adj* Nepalese, Nepali.
◆ **Népalais, e** *nm, f* Nepalese (person), Nepali; les Népalais the Nepalese.
◆ **népalais** *nm* LING Nepali.

néphrectomie [nefrɛktɔmi] *nf* nephrectomy.

néphrétique [nefretik] *adj* nephritic.

néphrite [nefrit] *nf* -**1.** MÉD nephritis. -**2.** MINÉR nephrite.

néphrologie [nefrɔlɔʒi] *nf* nephrology.

néphrologue [nefrɔlɔg] *nmf* nephrologist *spéc*, kidney specialist.

néphron [nefrɔ̃] *nm* nephron.

néphropathie [nefrɔpati] *nf* nephropathy.

néphrose [nefroz] *nf* nephrosis.

népotisme [nepɔtism] *nm* nepotism.

Neptune [nɛptyn] *npr* Neptune.

neptunium [nɛptynjɔm] *nm* neptunium.

néréide [nereid] *nf* ZOOL nereis.

Néréide [nereid] *npr* ASTRON Nereid.
◆ **Néréides** *npr fpl* MYTH: les ~s the Nereides.

néréis [nereis] *nm* = **néréide**.

nerf [nɛr] *nm* -**1.** ANAT nerve; ~ **afférent/efférent** afferent/efferent nerve; ~ **moteur/sensitif/mixte** motor/sensor/mixed nerve; ~ **gustatif** gustatory nerve; **avoir les ~s malades** *vieilli* to suffer from nerves; **la pauvre, elle a les ~s malades** the poor thing's suffering with her nerves; **ses ~s ont fini par lâcher** she eventually cracked; **avoir les ~s à cran** *fam* OU **en boule** *fam* OU **en pelote** to be wound up, to be on edge; **avoir les ~s à fleur de peau** OU **à vif** to be a bundle of nerves; **avoir les ~s solides** OU **des ~s d'acier** to have nerves of steel; **il a ses ~s en ce moment** *fam* he's a bag of nerves OU rather on edge at the moment; **être sur les ~s** to be worked up; **on est tous sur les ~s depuis ce matin** we've all been on edge since this morning; **il est toujours** OU **il vit sur les ~s** he's highly-strung, he lives on his nerves; **ne passe pas tes ~s sur moi** *fam* don't take it out on me; **porter** *fam* OU **taper** *fam* **sur les ~s à qqn** to get on sb's nerves; **le grincement de la girouette lui portait sur les ~s** the creaking of the weather vane was grating on his nerves; **tu commences à me taper sur les ~s!** *fam* you're starting to get on my wick *Br* OU nerves! -**2.** *(tjrs sg)* [énergie]: **elle manque de ~ pour diriger l'entreprise** she hasn't got what it takes to run the company; **son style manque de ~** his style is a bit weak; **ça, c'est une voiture qui a du ~!** now that's what I call a responsive car! ❑ **allez, du ~!** come on, put some effort into it! -**3.** [tendon] piece of gristle; **une viande pleine de ~s** a gristly OU stringy piece of meat ❑ ~ **de bœuf** bludgeon. -**4.** IMPR rib; **faux ~** false rib. -**5.** MIN horse, rock vein.

Néron [nerɔ̃] *npr* Nero.

nerprun [nɛrprœ̃] *nm* buckthorn.

nervation [nɛrvasjɔ̃] *nf* venation, nervation, nervature.

nerveusement [nɛrvøzmɑ̃] *adv* -**1.** MÉD nervously; **elle est fatiguée ~** she's suffering from nervous exhaustion; ~, **ça l'a beaucoup marqué** it really shook (up) his nerves. -**2.** [de façon agitée] nervously, restlessly; [avec impatience] nervously, impatiently; **rire ~** to laugh nervously.

nerveux, euse [nɛrvø, øz] ◇ *adj* -**1.** ANAT & MÉD [système, dépression, maladie] nervous; [centre, influx] nerve *(modif)*. -**2.** [énervé - de nature] nervous, highly-strung; [- passagèrement] nervous, tense; **tu me rends ~** you're making me nervous; **être ~ avant une entrevue** to be nervous OU on edge before an interview; **tu ne manges pas? — c'est ~** aren't you eating? — it's my nerves. -**3.** [énergique - cheval] spirited, vigorous; [- voiture] responsive; [- style] energetic, forceful, vigorous. -**4.** [dur - viande] gristly, stringy.
◇ *nm, f* nervous OU highly-strung person.

nervi [nɛrvi] *nm* [tueur] hired killer, hitman; [homme de main] henchman, thug.

nervosité [nɛrvozite] *nf* -**1.** MÉD nervosity. -**2.** [excitation - passagère] nervousness, tension, agitation; [- permanente] nervousness; **la ~ du candidat** the candidate's uneasiness. -**3.** [irritabilité] irritability, touchiness. -**4.** [vigueur] responsiveness; **un moteur d'une grande ~** a highly responsive engine.

nervure [nɛrvyr] *nf* -**1.** BOT vein, nervure. -**2.** ZOOL vein. -**3.** AÉRON & MÉTALL rib; AUT stiffening rib. -**4.** IMPR rib. -**5.** TECH flange. -**6.** COUT piping. -**7.** ARCHIT & CONSTR rib.

nervurer [3] [nɛrvyre] *vt* -**1.** BOT & ZOOL to vein. -**2.** AÉRON & ARCHIT to rib. -**3.** IMPR to rib, to band. -**4.** TECH to flange. -**5.** COUT to pipe.

Nescafé® [nɛskafe] *nm* Nescafé®, instant coffee.

n'est-ce pas [nɛspa] *loc adv* -**1.** [sollicitant l'acquiescement]: **vous viendrez, ~?** you'll come, won't you?; **elle a téléphoné, ~?** she phoned, didn't she?; **nous pouvons compter sur vous, ~?** we can count on you, can't we?; **vous savez, ~, ce qu'il en est** you know what the situation is, don't you?; ~ **qu'ils sont mignons?** aren't they cute OU sweet? -**2.** [emploi expressif]: **la question, ~, reste ouverte** the question, of course, remains unanswered; **lui, ~, ne voyage qu'en première classe** *hum* he, of course, only ever travels first class.

net, nette [nɛt] *adj* -**1.** [nettoyé] clean, neat; **une chemise pas très nette** a grubby shirt‖ [ordonné] (clean and) tidy, neat (and tidy); **tout est toujours ~ chez elle** her house is always so neat and tidy. -**2.** [pur - peau, vin] clear; ~ **de** *litt* free from; **être ~ de tout soupçon** to be above suspicion; **être ~ de tout blâme** to be blameless. -**3.** [bien défini] clear; **la cassure est nette** the break is clean; **elle a une diction nette** she speaks OU articulates clearly; **une réponse nette** a straight answer; **sa position est nette** her position is clear-cut; **un refus ~** a flat refusal; **j'ai la nette impression que...** I have the distinct OU clear impression that... ‖ [frappant] distinct, definite, striking; **il a fait de ~s progrès** he's made distinct OU definite progress; **il y a une nette amélioration** there's a marked improvement; **il veut t'épouser, c'est ~!** he wants to marry you, that's obvious! -**4.** PHOT sharp; **l'image n'est pas nette** the picture isn't very clear. -**5.** COMM & FIN net; ~ **d'impôt** tax-free; ~ **de tout droit** exempt OU free from duty ❑ **bénéfice ~** net profit; **revenu ~** net income. -**6.** *fam loc*: **pas ~** [équivoque]: **cette histoire n'est pas nette** there's something fishy OU not kosher about this business; **ce mec n'est pas ~** [suspect] there's something shifty OU shady about that guy; [fou] that guy's a bit funny OU weird. -**7.** MIN washed, clean.
◆ **net** ◇ *adj inv* SPORT: **la balle est ~** (it's a) let.
◇ *adv* -**1.** [brutalement]: **s'arrêter ~** to stop dead; **être tué ~** to be killed outright; **couper** OU **casser ~ avec qqn** to break with sb completely. -**2.** [sans mentir] frankly, plainly; [sans tergiverser] frankly, bluntly; **je vous le dis tout ~** I'm telling you straight. -**3.** COMM & FIN net; **je gagne 1 000 francs ~ par semaine** OU **1 000 francs par semaine ~** I take home OU my take-home pay is 1,000 francs a week.
◆ **au net** *loc adv*: **mettre qqch au ~** to make a fair copy of sthg; **je ne veux pas lui donner ce que j'ai mis au ~** I don't want to give him my fair OU clean copy; **après mise au ~** (du texte) after tidying up (the text).

nettement [nɛtmɑ̃] *adv* -**1.** [distinctement] clearly, distinctly; **on voit ~ la forme du bec** you can clearly see the shape of the beak; **il apparaît ~ qu'il est en tort** it's clear that he's in the wrong. -**2.** [avec franchise] clearly, frankly, bluntly; **je lui ai dit très ~ ce que je pensais de lui** I told him bluntly what I thought of him. -**3.** [beaucoup] definitely, markedly; **je travaille ~ mieux à la maison qu'ici** I work much better at home than here; **il est ~ plus fort que Paul** he's much stronger than Paul; **j'aurais ~ préféré ne pas y être** I would definitely have preferred not to be there.

netteté [nɛtte] *nf* -**1.** [propreté] cleanness, cleanliness. -**2.** [clarté] clearness, clarity; ~ **des idées** clear thinking. -**3.** [précision - de l'écriture] neatness, clearness; [- d'une image, d'un contour] sharpness, clearness; **offensé par la ~ de son refus** offended by the flatness of her refusal.

nettoiement [nɛtwamɑ̃] *nm* -**1.** [des rues] cleaning. -**2.** AGR clearing.

nettoyage [nɛtwajaʒ] *nm* -**1.** [d'une maison, d'un vêtement] cleaning; **porter sa robe au ~** *fam* to take one's dress to the cleaner's ❑ ~ **de printemps** spring-cleaning; ~ **à sec** dry cleaning; **produits de ~** cleaning agents; **faire le ~ par le vide** to make a clean sweep; **avant de déménager, j'ai fait un ~ par le vide** before moving, I had a big clean-out. -**2.** *fam fig* [d'un quartier, d'une ville] clean-up; **ils ont commencé le ~ des rues derrière la gare** they've started cleaning up the area behind the station.

nettoyant [nɛtwajɑ̃] *nm* [gén] cleaning product, cleanser; [détachant] stain remover.

nettoyer [13] [nɛtwaje] *vt* -**1.** [rendre propre - gén] to clean; [- plaie] to clean, to cleanse; ~ **une maison à fond** to spring-clean a house; **donner un vêtement à ~** to have a garment cleaned, to take a garment to the cleaner's; ~ **à sec** to dry-clean; ~ **une plate-bande** [désherber] to weed (out) a flower bed; **une averse avait nettoyé le ciel** *fig* a sudden shower had cleared the sky. -**2.** [enlever - tache] to remove. -**3.** *fam* [vider] to clean out *(sép)*; **les cambrioleurs ont tout nettoyé** the burglars cleaned the place out; **je me suis fait ~ au poker** I got cleaned out at poker; **et l'héritage? — nettoyé!** what about the inheritance? — all gone!; **en un instant, elle avait nettoyé son assiette** she emptied her plate in a flash. -**4.** *fam* [assainir] to clean up OU out *(sép)*; **la police a nettoyé le quartier** the police have cleaned the area up. -**5.** *fam* [épuiser, fatiguer] to wear out *(sép)*; **ça suffit pour aujourd'hui, les magasins, je suis nettoyé!** enough shopping for today, I'm worn out! -**6.** ▽ [tuer] to wipe out *(sép)*, to bump off *(sép)*; **les frères Tonini ont été nettoyés** the Tonini brothers have been bumped off.
◆ **se nettoyer** *vpt*: **se ~ les mains** [gén] to clean one's hands; [à l'eau] to wash one's hands; **se ~ les ongles** to clean one's nails.

nettoyeur, euse [nɛtwajœr, øz] ◇ *adj* -**1.** [d'entretien] cleaning. -**2.** ORNITH parasite eating.
◇ *nm, f* -**1.** [employé] cleaner. -**2.** ORNITH parasite eater.
◆ **nettoyeur** *nm*: ~ **(d'étable)** stable cleaning machine.

neuf [1] [nœf] ◇ *adj num card* nine; **Charles IX** Charles the Ninth.
◇ *nm inv* nine.

neuf[2], **neuve** [nœf, *devant an et heure* nœv, nœv] *adj* -**1.** [n'ayant jamais servi] new; **flambant** OU **tout ~** brand-new; **mon appareil photo n'est plus tout ~** my camera is a bit old now. -**2.** [récemment créé - pays] new, young; **notre démocratie est encore neuve** democracy is still in its infancy in our country; **une ville neuve** a new town. -**3.** [original - point de vue, idée] new, fresh, original; **porter un regard ~ sur qqn/qqch** to take a fresh look at sb/sthg; **ce n'est pas un sujet tout ~** it's not a very original topic; **connaissances toutes neuves** newly-acquired OU freshly-acquired knowledge; **il est encore (un peu) ~ en matière de...** he's still (relatively) new OU a (relative) newcomer to...
◆ **neuf** *nm* -**1.** [objets nouveaux]: **ici, on vend du ~ et de l'occasion** here we sell both new and second-hand items; **vêtu de ~** (dressed) in new clothes. -**2.** [informations nouvelles]: **qu'est-ce qu'il y a de** OU **quoi de ~?** what's new?; **rien de ~ depuis la dernière fois**

nothing new since last time; **il y a eu du ~ dans l'affaire Peters** there have been new developments in the Peters case.

◆ **à neuf** *loc adv*: **un devis pour la remise à ~ du local/moteur** an estimate for doing up the premises/overhauling the engine; **j'ai remis** OU **refait la maison à ~** I did up the house like new.

neural, e, aux [nøral, o] *adj* neural; **plaque ~e** neural plate.

neurasthénie [nørasteni] *nf* MÉD & PSYCH neurasthenia; **elle fait de la ~** *fam vieilli* [de la dépression] she's having a nervous breakdown.

neurasthénique [nørastenik] ◇ *adj* MÉD & PSYCH neurasthenic; *vieilli* [dépressif] depressed.
◇ *nmf* MÉD & PSYCH neurasthenic; *vieilli* [dépressif] depressed person.

neurinome [nørinom] *nm* neurinoma.

neuro- [nørɔ] *préf* neuro-.

neurobiochimie [nørɔbjɔʃimi] *nf* neurochemistry, neurobiochemistry.

neurobiologie [nørɔbjɔlɔʒi] *nf* neurobiology.

neuroblaste [nørɔblast] *nm* neuroblast.

neurochimie [nørɔʃimi] = **neurobiochimie**.

neurochimique [nørɔʃimik] *adj* neurochemical.

neurochirurgical, e, aux [nørɔʃiryrʒikal, o] *adj* neurosurgical.

neurochirurgie [nørɔʃiryrʒi] *nf* neurosurgery.

neurochirurgien, enne [nørɔʃiryrʒjɛ̃, ɛn] *nm, f* neurosurgeon.

neuroendocrinien, enne [nørɔɑ̃dɔkrinjɛ̃, ɛn] *adj* neuroendocrine.

neuroendocrinologie [nørɔɑ̃dɔkrinɔlɔʒi] *nf* neuroendocrinology.

neuroleptique [nørɔlɛptik] *adj* & *nm* neuroleptic.

neurolinguistique [nørɔlɛ̃gɥistik] *nf* neurolinguistics *(sg)*.

neurologie [nørɔlɔʒi] *nf* neurology.

neurologique [nørɔlɔʒik] *adj* neurologic, neurological.

neurologiste [nørɔlɔʒist], **neurologue** [nørɔlɔg] *nmf* neurologist.

neuromédiateur [nørɔmedjatœr] = **neurotransmetteur**.

neurone [nørɔn] *nm* neuron, neurone.

neuropathie [nørɔpati] *nf* neuropathy.

neurophysiologie [nørɔfizjɔlɔʒi] *nf* neurophysiology.

neurophysiologique [nørɔfizjɔlɔʒik] *adj* neurophysiologic, neurophysiological.

neuroplégique [nørɔpleʒik] *adj* & *nm* neuroplegic.

neuropsychiatre [nørɔpsikjatr] *nmf* neuropsychiatrist.

neuropsychiatrie [nørɔpsikjatri] *nf* neuropsychiatry.

neuropsychologie [nørɔpsikɔlɔʒi] *nf* neuropsychology.

neuropsychologue [nørɔpsikɔlɔg] *nmf* neuropsychologist.

neuroradiologie [nørɔradjɔlɔʒi] *nf* neuroradiology.

neurosciences [nørɔsjɑ̃s] *nfpl* neurosciences.

neurosécrétion [nørɔsekresjɔ̃] *nf* neurosecretion.

neurotomie [nørɔtɔmi] = **névrotomie**.

neurotransmetteur [nørɔtrɑ̃smɛtœr] *nm* neurotransmitter.

neurotransmission [nørɔtrɑ̃smisjɔ̃] *nf* neurotransmission.

neurotrope [nørɔtrɔp] *adj* neurotropic.

neurovégétatif, ive [nørɔveʒetatif, iv] *adj*: **système nerveux ~** autonomic nervous system.

neutralisant, e [nøtralizɑ̃, ɑ̃t] *adj* neutralizing.

neutralisation [nøtralizasjɔ̃] *nf* -**1.** [gén] neutralization. -**2.** TECH: **pâte de ~** soap stock.

neutraliser [3] [nøtralize] *vt* -**1.** [atténuer] to tone down *(sép)*; **~ un rouge trop vif en y ajoutant du blanc** to tone down a glaring red by adding white. -**2.** [annuler] to neutralize, to cancel out *(sép)*; **le ministre veut ~ les mesures prises par son prédécesseur** the minister wants to neutralize the measures taken by his predecessor. -**3.** [maîtriser] to overpower, to bring under control; **les agents ont neutralisé le forcené** the police overpowered the maniac. -**4.** [contrecarrer] to neutralize, to thwart; **~ un concurrent** to thwart a competitor. -**5.** [bloquer] to close; **la voie rapide est neutralisée dans le sens Paris-province** the fast lane is closed to traffic leaving Paris. -**6.** POL [déclarer neutre] to neutralize; **~ un État** to neutralize a state. -**7.** CHIM, ÉLECTR, LING & MÉD to neutralize.

◆ **se neutraliser** *vp* *(emploi réciproque)* to neutralize; **les deux forces se neutralisent** the two forces cancel each other out.

neutralisme [nøtralism] *nm* neutralism.

neutraliste [nøtralist] ◇ *adj* neutralist, neutralistic.
◇ *nmf* neutralist.

neutralité [nøtralite] *nf* -**1.** [attitude] neutrality; **observer la ~** to remain neutral. -**2.** CHIM & PHYS neutrality. -**3.** ENS: **~ scolaire** secularity of education.

neutre [nøtr] ◇ *adj* -**1.** [couleur, décor, attitude, pays] neutral; **d'une voix ~** in a neutral OU an expressionless voice; **rester ~**: **je veux rester ~** I don't want to take sides; **tu ne peux pas rester ~** you can't remain neutral. -**2.** CHIM, ÉLECTR & PHYS neutral. -**3.** LING & ZOOL neuter.
◇ *nmf* POL: **les ~s** the neutral countries.
◇ *nm* -**1.** LING neuter. -**2.** ÉLECTR neutral (wire).

neutrino [nøtrino] *nm* neutrino.

neutrographie [nøtrɔgrafi] *nf* neutron radiography.

neutron [nøtrɔ̃] *nm* neutron; **étoile à ~s** ASTRON neutron star.

neutronique [nøtrɔnik] *adj* -**1.** NUCL neutron *(modif)*. -**2.** MIL neutron (bomb) *(modif)*.

neutronographie [nøtrɔnɔgrafi] = **neutrographie**.

neutrophile [nøtrɔfil] ◇ *adj* neutrophil, neutrophile, neutrophilic.
◇ *nm* neutrophil, neutrophile.

neuvaine [nœvɛn] *nf* novena.

neuve [nœv] *f* → **neuf**.

neuvième [nœvjɛm] ◇ *adj num ord* ninth; **le ~ art** cartoons.
◇ *nmf* ninth; **elle est la ~ de la classe** she's ninth in the class.
◇ *nf* -**1.** SCOL third form *Br* OU grade *Am* *(in French primary school)*. -**2.** MUS ninth; **la Neuvième** *fam* Beethoven's Ninth, the Ninth.
◇ *nm* ninth; **le ~ de la somme globale** a ninth of the total sum.

neuvièmement [nœvjɛmmɑ̃] *adv* ninthly, in ninth place.

Nevada [nevada] *npr m*: **le ~** Nevada.

ne varietur [nevarjetyr] *loc adj inv*: **édition ~** definitive edition.

névé [neve] *nm* -**1.** [dans un glacier] névé. -**2.** [plaque] bank of snow.

neveu [nəvø] *nm* nephew; **un peu, mon ~!** *fam* you bet (your sweet life)!, and how!

névralgie [nevralʒi] *nf* neuralgia; **avoir une ~** [un mal de tête] to have a headache.

névralgique [nevralʒik] *adj* -**1.** MÉD neuralgic. -**2.** *fig*: **point ~** [d'une situation] nerve centre.

névrite [nevrit] *nf* neuritis.

névritique [nevritik] *adj* neuritic.

névroglie [nevrɔgli] *nf* neuroglia.

névrose [nevroz] *nf* neurosis.

névrosé, e [nevroze] *adj* & *nm, f* neurotic.

névrotique [nevrɔtik] *adj* neurotic.

névrotomie [nevrɔtɔmi] *nf* neurotomy.

New Delhi [njudeli] *npr* New Delhi.

New Hampshire [njuɑ̃pʃœr] *npr m*: **le ~** New Hampshire.

New Jersey [njuʒɛrzɛ] *npr m*: **le ~** New Jersey.

new-look [njuluk] ◇ *nm inv* -**1.** COUT New Look. -**2.** [style nouveau]: **le ~ publicitaire** the new style of advertising.
◇ *adj inv* -**1.** COUT New Look *(modif)*. -**2.** [rénové] new look *(modif)*.

newton [njutɔn] *nm* newton.

newtonien, enne [njutɔnjɛ̃, ɛn] *adj* Newtonian.

newton-mètre [njutɔnmɛtr] (*pl* **newtons-mètres**) *nm* newton metre.

New York [nujɔrk] *npr* -**1.** [ville] New York (City). -**2.** [état] New York State; **dans l'État de ~** in New York State.

new-yorkais, e [nujɔrkɛ, ɛz] (*mpl inv*, *fpl* **new-yorkaises**) *adj* from New York; **les musées ~** the museums in New York.

◆ **New-Yorkais, e** *nm, f* New Yorker.

nez [ne] *nm* -**1.** ANAT nose; **avoir le ~ bouché** to have a stuffed up OU blocked nose; **avoir le ~ qui coule** to have a runny nose; **avoir le ~ qui saigne, saigner du ~** to have a nosebleed; **se faire refaire le ~** to have one's nose fixed, to have a nose job; **avoir un ~ grec** to have a Grecian nose; **avoir un ~ en pied de marmite** to have a turned-up nose; **parler du ~** to talk OU to speak through one's nose. -**2.** [jugement] flair *(U)*, good judgment *(U)*, intuition *(U)*; **avoir du ~** to have good judgment; **elle a du ~ pour la qualité des tissus** she's a good judge of fabric, she knows good fabric when she sees it; **il a du ~ pour acheter des antiquités** he's got a flair for buying antiques; **j'ai eu du ~** OU **le ~ fin** OU **le ~ creux** my intuition was good; **tu vois, j'ai eu le ~ fin de partir avant minuit** you see, I was right to trust my instinct and leave before midnight. -**3.** [flair d'un chien] nose; **avoir du ~** to have a good nose. -**4.** [en parfumerie] *perfume tester*. -**5.** AÉRON nose; **sur le ~** tilting down. -**6.** CONSTR (tile) nib; **~ de marche** nosing *(of a stair)*. -**7.** GÉOG edge, overhang. -**8.** NAUT bows; **sur le ~** down by the bows, on the bows. -**9.** ŒNOL nose; **un vin qui a du ~** a wine with a good nose. -**10.** TECH shank; **~ de broche** spindle shank. -**11.** *loc*: **le ~ en l'air** *pr* looking upwards; *fig* without a care in the world; **il a toujours le ~ dans une BD** he's always got his nose buried in a comic; **sans lever le ~ de son travail** without looking up from OU raising her eyes from her work; **montrer (le bout de) son ~** to show one's face, to put in an appearance; **le voisin/soleil n'a pas montré son ~ de la semaine** the man next door/sun hasn't come out all week; **fermer/claquer la porte au ~ à qqn** to close/to slam the door in sb's face; **au ~ (et à la barbe)** OU **sous le ~ de qqn** under sb's nose; **tu as le ~ dessus!, il est sous ton ~!** it's right under your nose!; **regarder qqn sous le ~** to stare at sb; **se trouver ~ à ~ avec qqn** to find o.s. face to face with sb; **l'ayant critiquée dans sa rubrique, il eut le désagrément de se trouver ~ à ~ avec elle** after criticizing her in his column, he had the unpleasant experience of meeting her face to face; **ce type, je l'ai dans le ~** *fam* that guy gets right up my nose *Br*, I can't stand that guy; **ton ~ remue!** you're lying!, your nose is growing (longer)!; **tu aurais vu le ~ qu'il a fait!** you should have seen his face!; **le dernier billet m'est passé sous le ~** I just missed the last ticket; **ça se voit comme le ~ au milieu de la figure** it's as plain as the nose on your face; **elle est jalouse, ça se voit comme le ~ au milieu de la figure** she's jealous, it's written all over her face; **faire de son ~** *Belg* to make a fuss; **se manger** OU **se bouffer** *fam* **le ~** to be at each other's throats; **elle ne met jamais le ~ ici** she never shows her face in here; **je n'ai pas mis le ~ dehors depuis une semaine** I haven't put my nose outside the door for a week; **mettre** OU **fourrer son ~ dans les affaires de qqn** *fam* to poke OU to stick one's nose in sb's business; **tu n'as pas intérêt à mettre ton ~ dans mes affaires** you'd better keep your (big) nose out of my business; **je vais lui mettre le ~ dans son caca**▽ OU **sa merde**▼, **moi!** I'm going to rub his nose right in it!

◆ **à plein nez** *fam loc adv*: **ça sent le fromage à plein ~** there's a strong smell of cheese.

NF (*abr de* Norme française) *nf label indicating compliance with official French standards,* ≃ BS *Br,* ≃ US standard *Am.*

ni [ni] *conj* nor; **je ne peux ni ne veux venir** I can't come and I don't want to either, I can't come, nor do I want to; **il ne veut pas qu'on l'appelle, ni même qu'on lui écrive** he doesn't want anyone to phone him or even to write to him; **elle ne me parle plus ni même ne me regarde** she doesn't talk to me any more, nor even look at me; **il est sorti sans pull ni écharpe** he went out without either his jumper or his scarf; **il ne manque pas de charme ni d'aisance** he lacks neither charm nor ease of manner; **je n'ai jamais rien mangé ni bu d'aussi bon** I have never eaten or drunk anything so good.
◆ **ni... ni** *loc corrél* neither... nor; **ni lui ni moi** neither of us; **ni l'un ni l'autre n'est tout à fait innocent** neither (one) of them is completely innocent; **ni lui ni elle n'est prêt à céder** neither of them is willing to give way; **je ne veux voir ni lui ni elle** I don't want to see either of them; **ni toi ni moi ne pouvons l'aider** neither you nor I can help him, neither of us can help him; **ni ton père ni toi ne le connaissez** neither your father nor you knows him; **je n'aime ni l'un ni l'autre** I don't like either of them, I like neither of them; **ni d'un côté, ni de l'autre** on neither side, on neither one side nor the other; **ni ici ni ailleurs** neither here nor elsewhere; **il n'a répondu ni oui ni non** he gave neither a positive nor a negative reply; **il n'est ni plus sot, ni plus paresseux qu'un autre** he's no more silly or lazy than the next man; **c'était comment? – ni bien ni mal** how was it? – OK ❑ **'ni fleurs ni couronnes'** 'no flowers, by request'; **ni vu ni connu** without anybody noticing; **et ni vu, ni connu, il a empoché les pièces** quick as a flash, he pocketed the coins, and nobody was any the wiser; **n'avoir ni dieu ni maître** to serve no master.

niable [njabl] *adj* deniable; **les faits ne sont pas ~s** the facts cannot be denied.

Niagara [njagara] *npr m* → **chute**.

niais, e [njɛ, njɛz] ◇ *adj* -**1.** [sot] simple, simple-minded, inane. -**2.** ORNITH: **gerfaut ~** nestling gyrfalcon.
◇ *nm, f sout* simpleton, halfwit; **espèce de grand ~!** you great nincompoop!

niaisement [njɛzmɑ̃] *adv sout* inanely, stupidly, foolishly.

niaiser [njeze] *vi Can* to dilly-dally.

niaiserie [njɛzri] *nf* -**1.** [caractère] simpleness, inanity, foolishness. -**2.** [parole] stupid OU inane remark; **cesse de raconter des ~s** stop talking such silly nonsense.

niaiseux, euse [njezø, øz] *nm, f Can* idiot.

Niamey [njamɛ] *npr* Niamey.

nib▽ [nib] *adv* nothing; **~ de ~!** not a sausage! *Br,* nothing at all!

Nicaragua [nikaragwa] *npr m*: **le ~** Nicaragua; **au ~** in Nicaragua.

nicaraguayen, enne [nikaragwɛjɛ̃, ɛn] *adj* Nicaraguan.
◆ **Nicaraguayen, enne** *nm, f* Nicaraguan.

Nice [nis] *npr* Nice.

niche [niʃ] *nf* -**1.** [renfoncement] niche, (small) alcove. -**2.** ÉCOL: **~ écologique** ecological niche. -**3.** GÉOG niche, recess; **~ de nivation** nivation hollow. -**4.** [de chien] kennel. -**5.** MÉD niche (defect). -**6.** RAIL: **~ de refuge** refuge hole. -**7.** *fam* [espièglerie] trick; **faire des ~s à qqn** to play pranks on sb.

nichée [niʃe] *nf* -**1.** [d'oiseaux] nest, brood. -**2.** [de chiots, de chatons] litter. -**3.** *fam* [enfants]: **il est arrivé avec toute sa ~** he turned up with all his brood.

nicher [3] [niʃe] ◇ *vi* -**1.** [faire son nid] to nest. -**2.** *fam* [habiter] to hang out, to doss *Br*; **elle niche chez moi pour l'instant** she's dossing at my place just now. -**3.** [couver] to brood.
◇ *vt* to nestle; **elle nicha sa tête sur mon épaule** she nestled her head on OU against my shoulder.
◆ **se nicher** *vpi* -**1.** [faire son nid] to nest. -**2.** [se blottir] to nestle; **je rêve d'un petit chalet niché dans la montagne** I dream of a little chalet nestling among the mountains. -**3.** [se cacher]: **pourquoi es-tu allé te ~ dans ce trou perdu?** *fam* why did you have to go and park yourself in the back of beyond?; **où l'amour-propre va-t-il se ~!** pride is found in the strangest places!

nichon▽ [niʃɔ̃] *nm* tit, boob.

nickel [nikɛl] ◇ *nm* nickel.
◇ *adj inv fam*: **c'est ~ chez toi!** your house is so spick-and-span OU spotless!

nickelage [niklaʒ] *nm* nickel-plating, nickelling.

nickeler [24] [nikle] *vt* to plate with nickel, to nickel.

niçois, e [niswa, az] *adj* from Nice.
◆ **Niçois, e** *nm, f inhabitant of or person from Nice.*
◆ **à la niçoise** *loc adj* CULIN à la niçoise *(with tomatoes and garlic).*

Nicolas [nikɔla] *npr*: **saint ~** Saint Nicholas; **la Saint-~** Saint Nicholas' Day.

Nicosie [nikɔzi] *npr* Nicosia.

nicotine [nikɔtin] *nf* nicotine.

nicotinique [nikɔtinik] *adj* nicotinic.

nid [ni] *nm* -**1.** [d'oiseau, de guêpes etc] nest. -**2.** *fig* [habitation] (little) nest; **un ~ douillet** a cosy little nest; **trouver le ~ vide** to find (that) the bird has flown ‖ [concentration] nest; **~ de brigands** den of thieves; **un ~ d'espions** a spy hideout, a den of spies; **~ de mitrailleuses** machine-gun nest; **~ de résistance** pocket of resistance; **~ à poussière** dust trap ❑ **~ à rats** slum, hovel; **un ~ de vipères** a vipers' nest.
◆ **nid d'abeilles** *nm* -**1.** TEXT honeycomb. -**2.** AUT: **radiateur à ~ d'abeilles** honeycomb (radiator). -**3.** GÉOL honeycomb (weathering).
◆ **nid d'aigle** *nm pr* eyrie, eagle's nest; *fig* eyrie.
◆ **nid d'ange** *nm* baby's sleeping bag *Br,* bunting bag *Am.*
◆ **nid d'hirondelle** *nm* CULIN bird's nest.

nidation [nidasjɔ̃] *nf* nidation.

nid-d'abeilles [nidabɛj] (*pl* **nids-d'abeilles**) *nm* [point de broderie] smocking; **une robe à ~** a smocked dress.

nid-de-pie [nidpi] (*pl* **nids-de-pie**) *nm* -**1.** MIL breach stronghold. -**2.** NAUT crow's nest.

nid-de-poule [nidpul] (*pl* **nids-de-poule**) *nm* pothole.

nidification [nidifikasjɔ̃] *nf* nest building, nidification.

nidifier [9] [nidifje] *vi* to nest.

nièce [njɛs] *nf* niece.

nielle [njɛl] ◇ *nf* -**1.** [plante] corncockle. -**2.** [maladie]: **~ des blés** blight, smut.
◇ *nm* niello.

nieller [4] [njele] *vt* -**1.** AGR to blight, to smut. -**2.** MÉTALL to niello.

nier [9] [nje] ◇ *vt* -**1.** [démentir] to deny; **il nie l'avoir tuée** he denies that he killed her, he denies killing her; **elle nie être coupable** she denies that she's guilty; **je nierai tout en bloc** I'll deny it all outright; **cela, on ne peut le ~** that cannot be denied. -**2.** [rejeter, refuser] to deny; **~ sa signature** to deny OU to repudiate one's (own) signature.
◇ *vi*: **il continue de ~** he continues to deny it.

nigaud, e [nigo, od] ◇ *adj* simple, simple-minded, stupid.
◇ *nm, f* simpleton, halfwit; **quel ~!** what an idiot!

nigauderie [nigodri] *nf sout* simpleness, simple-mindedness, stupidity.

Niger [niʒɛr] *npr m* -**1.** [fleuve]: **le ~** the River Niger. -**2.** [État]: **le ~** Niger; **au ~** in Niger.

Nigeria [niʒerja] *npr m*: **le ~** Nigeria; **au ~** in Nigeria.

nigérian, e [niʒerjɑ̃, an] *adj* Nigerian.
◆ **Nigérian, e** *nm, f* Nigerian.

nigérien, enne [niʒerjɛ̃, ɛn] *adj* Nigerien.
◆ **Nigérien, enne** *nm, f* Nigerien.

nigéro-congolais, e [niʒerɔkɔ̃gɔlɛ, ɛz] (*mpl inv, fpl* **nigéro-congolaises**) *adj* Niger-Congo *(modif).*

night-club [najtklœb] (*pl* **night-clubs**) *nm* nightclub.

nihilisme [niilism] *nm* nihilism.

nihiliste [niilist] ◇ *adj* nihilist, nihilistic.
◇ *nmf* nihilist.

Nijinski [niʒinski] *npr* Nijinsky.

Nil [nil] *npr m*: **le ~** the Nile; **le ~ Blanc** the White Nile; **le ~ Bleu** the Blue Nile.

nilles [nij] *nfpl Helv* knuckles.

nimbe [nɛ̃b] *nm* -**1.** BX-ARTS & RELIG nimbus, aureole *(round the head).* -**2.** *litt* halo, nimbus.

nimber [3] [nɛ̃be] *vt* -**1.** BX-ARTS & RELIG to aureole, to halo. -**2.** *litt*: **des nuages nimbés d'une lumière argentée** clouds wreathed in silvery light.

nimbo-stratus [nɛ̃bɔstratys] *nm inv* nimbostratus.

nimbus [nɛ̃bys] *nm inv* nimbus METEOR.

Nimègue [nimɛg] *npr* Nijmegen.

Nîmes [nim] *npr* Nîmes.

nîmois, e [nimwa, az] *adj* from Nîmes.
◆ **Nîmois, e** *nm, f inhabitant of or person from Nîmes.*

n'importe [nɛ̃pɔrt] *loc adv* -**1.** [indique l'indétermination]: **quel pull mets-tu? – ~** which pullover are you going to wear? – any of them OU I don't mind. -**2.** [introduit une opposition]: **son roman est très discuté, ~, il a du succès** her novel is highly controversial, but all the same, it is successful.
◆ **n'importe comment** *loc adv* -**1.** [sans soin] any old how; **il m'a coupé les cheveux ~ comment** he cut my hair anyhow OU any old how. -**2.** [de toute façon] anyhow, anyway; **~ comment, il est trop tard pour l'appeler** anyhow OU anyway, it's too late to call him.
◆ **n'importe lequel, n'importe laquelle** *pron indéf* any; **~ lequel d'entre eux** any (one) of them; **tu veux le rouge ou le vert? – ~ lequel** do you want the red one or the green one? – either OU I don't mind.
◆ **n'importe où** *loc adv* anywhere; **ne laisse pas traîner tes affaires ~ où** don't just leave your things anywhere.
◆ **n'importe quel, n'importe quelle** *adj indéf* any; **~ quel débutant sait ça** any beginner knows that.
◆ **n'importe qui** *pron indéf* anybody, anyone; **ce n'est pas ~ qui!** *fam* she is not just anybody!; **ne parle pas à ~ qui** don't talk to just anybody; **demande à ~ qui dans la rue** ask the first person you meet in the street.
◆ **n'importe quoi** *pron indéf* anything; **il ferait ~ quoi pour obtenir le rôle** he'd do anything OU he would go to any lengths to get the part; **tu dis vraiment ~ quoi!** you're talking absolute nonsense!; **c'est un bon investissement – ~ quoi!** *fam* that's a good investment – don't talk rubbish *esp Br* OU nonsense!; **3 000 francs, ce n'est pas ~ quoi!** 3,000 francs is not to be sneezed at!; **une table Louis XIII d'époque, ce n'est pas ~ quoi** a genuine Louis XIII table is really something.

ninas [ninas] *nm inv* (French) cigar.

Ninive [niniv] *npr* Nineveh.

niobium [njɔbjɔm] *nm* niobium.

nippe *fam* [nip] *nf* [vêtement] *piece of clothing*; **je n'ai plus une seule ~ à me mettre** I've got nothing to wear.
◆ **nippes** *fam nfpl* [habits usagés] clobber *Br,* gear; **des (vieilles) ~s** old clothes.

nipper *fam* [3] [nipe] *vt* to rig out *(sép),* to dress up *(sép)*; **elle est drôlement bien nippée ce soir!** she's dressed to the nines tonight!
◆ **se nipper** *fam vp (emploi réfléchi)* to rig o.s. out.

nippon, one OU **onne** [nipɔ̃, ɔn] *adj* Japanese.
◆ **Nippon, one** OU **onne** *nm, f* Japanese; **les Nippons** the Japanese.

nique [nik] *nf*: faire la ~ à qqn [faire un geste de bravade, de mépris à] to thumb one's nose at sb; [se moquer de] to poke fun OU to gibe at sb; ils se sont échappés en faisant la ~ aux gardiens they got away making fun of the guards as they did it.

nirvana [nirvana] *nm* Nirvana.

nitratation [nitratasjɔ̃] *nf* nitrification.

nitrate [nitrat] *nm* nitrate.

nitrater [3] [nitrate] *vt* to nitrate.

nitration [nitrasjɔ̃] *nf* nitration.

nitré, e [nitre] *adj* nitrated.

nitreux, euse [nitrø, øz] *adj* nitrous.

nitrifiant, e [nitrifjɑ̃, ɑ̃t] *adj* nitrifying.

nitrification [nitrifikasjɔ̃] *nf* nitrification.

nitrifier [9] [nitrifje] *vt* to nitrify.
◆ **se nitrifier** *vpi* to nitrify.

nitrile [nitril] *nm* nitrile.

nitrique [nitrik] *adj* nitric.

nitrite [nitrit] *nm* nitrite.

nitrobenzène [nitrɔbɛ̃zɛn] *nm* nitrobenzene.

nitrocellulose [nitrɔselyloz] *nf* nitrocellulose.

nitroglycérine [nitrɔgliserin] *nf* nitroglycerin, nitroglycerine.

nitruration [nitryrasjɔ̃] *nf* nitriding.

nitrure [nitryr] *nm* nitride.

nitrurer [3] [nitryre] *vt* to nitride.

nival, e, aux [nival, o] *adj* nival GÉOG.

niveau, x [nivo] *nm* -**1.** [hauteur] level; le liquide a atteint le ~ de la flèche the liquid has risen to OU has reached the level of the pointer; vérifie les ~x d'eau et d'huile check the oil and water levels; fixer les étagères au même ~ que la cheminée put up the shelves level with OU on the same level as the mantelpiece. -**2.** [étage] level, storey; un parking à trois ~x a car park on three levels. -**3.** [degré] level; la production atteint son plus haut ~ production is reaching its peak; la natalité n'est jamais tombée à un ~ aussi bas the birth rate is at an all-time low OU at its lowest level ever; la décision a été prise au plus haut ~ the decision was made at the highest level ❑ ~ social social level; ~ de langue LING register. -**4.** [étape] level, stage; méthode d'apprentissage à plusieurs ~x learning method in several stages OU steps. -**5.** [qualité] level, standard; un ~ d'enseignement élevé a high academic standard; son ~ scolaire est-il bon? is she doing well at school?; j'ai un bon ~/un ~ moyen en russe I'm good/average at Russian; les élèves sont tous du même ~ the pupils are all on a par OU on the same level; vous n'avez pas le ~ requis you don't have the required standard; je ne peux pas nager avec toi, je suis loin d'avoir ton ~ I can't swim with you, I'm not up to your standard; la recherche de haut ~ high-level research ❑ ~ de vie standard of living. -**6.** CONSTR: ~ de pente graduated plumb level. -**7.** GÉOG level; ~ de la mer sea level; ~ de base base-level; ~ hydrostatique piezometric surface. -**8.** MIN level, drift; [galerie] gallery, flat slope. -**9.** PÉTR level. -**10.** PHYS level; ~ (d'énergie) energy level. -**11.** TÉLÉC: ~ d'un signal signal level. -**12.** [instrument] level (tube); ~ à bulle (d'air) spirit level; ~ d'eau water level; ~ à lunette dumpy level; ~ de maçon plumb level.
◆ **au niveau** *loc adj* up to standard, of the required level; dans deux mois, vous serez au ~ in two months' time you'll have caught up.
◆ **au niveau de** *loc prép* -**1.** [dans l'espace]: au ~ de la mer at sea level; l'eau lui arrivait au ~ du genou the water came up to his knees; je ressens une douleur au ~ de la hanche I've got a pain in my hip; au ~ du carrefour vous tournez à droite when you come to the crossroads, turn right; j'habite à peu près au ~ de l'église I live by the church. -**2.** [dans une hiérarchie] on a par with, at the level of; cet élève n'est pas au ~ de sa classe this pupil is not on a par with the rest of his class; ce problème sera traité au ~ du syndicat this problem will be dealt with at union level.
◆ **de niveau** *loc adj* level; un sol de ~ a level floor; les deux terrains ne sont pas de ~ the two plots of land are not level (with each other); la terrasse est de ~ avec le salon the terrace is (on a) level with OU on the same level as the lounge.

nivelage [nivlaʒ] *nm* equalizing, levelling (out); ~ par le bas levelling down.

niveler [24] [nivle] *vt* -**1.** [aplanir] to level (off) *(sép)*; ~ un terrain en pente to level off a sloping piece of ground; nivelé par l'érosion worn (away) by erosion. -**2.** *fig* [égaliser] to level (off) *(sép)*, to even out *(sép)*; leur but est de ~ les revenus des Français their aim is to reduce salary differentials in France; ~ par le bas OU au plus bas to level down; ~ par le haut OU au plus haut to level up. -**3.** TECH to (measure with a spirit) level.

niveleur, euse [nivlœr, øz] *nm, f* leveller.
◆ **niveleur** *nm* HIST Leveller.
◆ **niveleuse** *nf* grader, motorgrader.

nivellement [nivɛlmɑ̃] *nm* -**1.** [aplanissement] evening out, levelling (out OU off). -**2.** GÉOG (erosion) denudation. -**3.** *fig* [égalisation] equalizing, levelling; le ~ des revenus income redistribution. -**4.** GÉOL levelling; ~ géodésique geodetic levelling.

nivéole [niveɔl] *nf* snowflake BOT.

nivernais, e [nivɛrnɛ, ɛz] *adj* from Nevers, of Nevers.
◆ **Nivernais, e** *nm, f inhabitant of or person from Nevers.*

Nivernais [nivɛrnɛ] *npr m* GÉOG Nivernais, region around Nevers.

nivo-glaciaire [nivɔglasjɛr] (*pl* nivo-glaciaires) *adj* → **régime**.

nivo-pluvial, e, aux [nivɔplyvjal, o] *adj* → **régime**.

nivôse [nivoz] *nm 4th month in the French Revolutionary calendar (from Dec 21 to Jan 20).*

NL *abr écrite de* nouvelle lune.

NN (*abr écrite de* nouvelle norme) *revised standard of hotel classification.*

N-O (*abr écrite de* Nord-Ouest) NW.

Nobel [nɔbel] *npr m*: le ~ de la paix the Nobel peace prizewinner.

nobélium [nɔbeljɔm] *nm* nobelium.

nobiliaire [nɔbiljɛr] ◇ *adj* nobiliary.
◇ *nm* peerage list.

noble [nɔbl] ◇ *adj* -**1.** [de haute naissance] noble; avoir du sang ~ to be of noble blood. -**2.** *fig* noble; un geste ~ a noble deed ❑ le ~ art *sout* the noble art. -**3.** ŒNOL noble, of noble vintage. -**4.** MÉTALL & PHYS noble; un gaz ~ a noble gas.
◇ *nmf* noble, nobleman (*f* noblewoman); les ~s the nobility.
◇ *nm* HIST noble (coin).

noblement [nɔbləmɑ̃] *adv* nobly.

noblesse [nɔblɛs] *nf* -**1.** [condition sociale] nobleness, nobility; ~ de robe OU d'office HIST *nobility acquired after having fulfilled specific judicatory duties*; ~ d'épée old nobility; ~ héréditaire hereditary peerage; ~ terrienne landed gentry; la haute ~ the nobility; la petite ~ the gentry; ~ oblige (it's a case of) noblesse oblige. -**2.** [générosité] nobleness, nobility; par ~ de cœur/d'esprit through the nobleness of his heart/spirit. -**3.** [majesté] nobleness, majesty, grandness; la ~ de son style his noble OU majestic style.

nobliau [nɔblijo] *nm sout & péj* petty nobleman *péj*.

noce [nɔs] *nf* -**1.** [fête] wedding; être de la OU invité à la ~ to be invited to the wedding; demain, on est de ~ *fam* we've got a wedding tomorrow; '~s et banquets' 'weddings and all special occasions (catered for)' ❑ elle n'avait jamais été à pareille ~ *fam* she had the time of her life; il n'était pas à la ~ *fam* he felt far from comfortable; faire la ~ *fam* to live it up. -**2.** [ensemble des invités]: photographier une ~ sur les marches de l'église to photograph a wedding party on the church steps; regarder passer la ~ to watch the wedding procession go by.
◆ **noces** *nfpl* wedding; le jour des ~s the wedding day; elle l'a épousé en troisièmes ~s he was her third husband ❑ ~s d'argent/de diamant/d'or silver/diamond/golden wedding (anniversary); les ~s de Cana BIBLE the marriage at Cana; 'les Noces de Cana' *Véronèse* 'The Marriage at Cana'; 'les Noces de Figaro' *Mozart* 'The Marriage of Figaro'.
◆ **de noces** *loc adj* wedding *(modif)*; nuit de ~s wedding night.

noceur, euse *fam* [nɔsœr, øz] *nm, f* reveller, partyer *Am*.

nocher [nɔʃe] *nm litt* pilot; le ~ des Enfers Charon the ferryman.

nocif, ive [nɔsif, iv] *adj* noxious, harmful.

nocivité [nɔsivite] *nf* noxiousness, harmfulness.

noctambule [nɔktɑ̃byl] *nmf* night owl.

noctambulisme [nɔktɑ̃bylism] *nm* night life.

noctiluque [nɔktilyk] ◇ *adj* noctilucent.
◇ *nf* noctiluca.

noctuelle [nɔktɥɛl] *nf* noctuid.

noctule [nɔktyl] *nf* noctule.

nocturne [nɔktyrn] ◇ *adj* -**1.** [gén] nocturnal, night *(modif)*. -**2.** BOT & ZOOL nocturnal. -**3.** OPT scotopic.
◇ *nm* -**1.** MUS nocturne. -**2.** RELIG nocturn.
◇ *nf* -**1.** SPORT evening fixture *Br* OU meet *Am*. -**2.** COMM late-night closing; le magasin fait ~ OU ouvre en ~ le jeudi the shop stays open late on Thursdays; ~ le mardi late-night opening: Tuesday.

nocuité [nɔkɥite] *nf* noxiousness.

nodal, e, aux [nɔdal, o] *adj* -**1.** *sout* crucial. -**2.** BOT & ANAT nodal.

nodosité [nɔdozite] *nf* BOT & MÉD nodosity.

nodulaire [nɔdylɛr] *adj* nodular.

nodule [nɔdyl] *nm* -**1.** MÉD nodule, node. -**2.** GÉOL nodule.

noduleux, euse [nɔdylø, øz] *adj* nodulous.

Noé [nɔe] *npr* Noah.

noël [nɔɛl] *nm* -**1.** [chanson] (Christmas) carol. -**2.** *fam* [cadeau]: (petit) ~ Christmas present.

Noël [nɔɛl] ◇ *nm* -**1.** [fête] Christmas; joyeux ~! Merry Christmas!; la veille de ~ Christmas Eve; le lendemain de ~ Boxing Day *Br*, the day after Christmas *Am*. -**2.** [période] Christmas time; passer ~ en famille to spend Christmas with the family ❑ ~ au balcon, Pâques au tison *prov* a warm Christmas spells cold weather for Easter.
◇ *nf*: la ~ [fête] Christmas; [période] Christmas time.

nœud [nø] *nm* -**1.** [lien] knot; faire un ~ to tie OU to make a knot; faire un ~ à ses lacets to do up OU to tie (up) one's shoelaces; fais un ~ à ton mouchoir tie a knot in your handkerchief; faire un ~ de cravate to knot OU to tie a tie; tu as des ~s dans les cheveux your hair is (all) tangled ❑ ~ de diamants/d'émeraudes diamond/emerald knot; ~ de chaise double bowline with a bight, French bowline; ~ de chaise simple bowline knot; ~ coulant slipknot, running knot; faire un ~ coulant à une corde to make a noose in a rope; ~ d'écoute sheet bend; ~ plat reef knot; ~ de vache carrick bend; couper OU trancher le ~ gordien to cut the Gordian knot. -**2.** [étoffe nouée] bow; porter un ~ noir dans les cheveux to wear a black bow OU ribbon in one's hair ❑ ~ papillon OU pap *fam* bow tie. -**3.** NAUT [vitesse] knot. -**4.** [point crucial] crux; le ~ du problème the crux OU heart of the problem. -**5.** ANAT node; ~ sinusal sino-atrial node; ~ vital vital centre. -**6.** BOT [bifurcation] node; [dans le bois] knot. -**7.** ASTRON: ~ ascendant/descendant ascending/descending node. -**8.** ÉLECTR: ~ de courant OU tension (current) node. -**9.** INF, LING, MATH & PHYS node. -**10.** MIL: ~ d'épaules shoulder knot. -**11.** TRAV PUBL: ~ ferroviaire rail junction; ~ routier interchange. -**12.** ▼ [verge] dick.
◆ **nœud de vipères** *nm pr & fig* nest of vipers.

noir, e [nwar] *adj* -**1.** [gén] black; **elle est revenue ~e d'Italie** [bronzée] she was really brown when she came back from Italy ❑ **~ comme de l'ébène** jet-black, ebony; **~ comme un corbeau** OU **du charbon** (as) black as soot, pitch black; **~ de jais** jet-black; **~ de: ~ de suie** *pr* black with soot; **~ de monde** *fig* teeming with people. -**2.** [sale] black, dirty, grimy; **avoir les ongles ~s** to have dirty fingernails. -**3.** [obscur] black, dark; **un ciel ~** a dark OU leaden sky; **dans les rues ~es** in the pitch-black OU pitch-dark streets. -**4.** [maléfique] black; **il m'a regardé d'un œil ~** he gave me a black look; **de ~s desseins** dark intentions ❑ **le Jeudi ~** Black Thursday. -**5.** [pessimiste] black, gloomy, sombre; **faire** OU **peindre un tableau très ~ de la situation** to paint a very black OU gloomy picture of the situation; **être d'une humeur ~e** to be in a foul mood ❑ **humour ~** black humour. -**6.** [extrême]: **saisi d'une colère ~e** livid with rage; **être dans une misère ~e** to live in abject poverty. -**7.** ▽ [ivre] plastered, blind-drunk. -**8.** ANTHR black; **le problème ~ aux États-Unis** the race problem in the United States ❑ **l'Afrique ~e** Black Africa. -**9.** [illégal]: **travail ~** moonlighting.

◆ **Noir, e** *nm, f* Black, Black man (*f* woman); **les Noirs** (the) Blacks.

◆ **noir** ◇ *nm* -**1.** [couleur] black; **se mettre du ~ aux yeux** to put on eyeliner; **le ~ et blanc** CIN & PHOT black and white photography; TV black and white transmissions ❑ **~ d'acétylène/d'aniline** acetylene/aniline black; **~ de carbone** OU **fumée** carbon black; **~ animal** CHIM animal black; **~ d'ivoire** ivory black. -**2.** [saleté] dirt, grime; **nettoie le ~ sous tes ongles** clean the dirt from under your fingernails; **tu as du ~ sur la joue** you've got a black mark on your face. -**3.** [obscurité] darkness; **dans le ~** in the dark, in darkness; **être dans le ~ le plus complet** *fig* to be totally in the dark. -**4.** JEUX black; **le ~ est sorti** black came up; **les ~s jouent et font mat en 3 coups** black to play and mate in 3. -**5.** [technique]: **~ au blanc** IMPR reverse printing; INF reverse video. -**6.** *fam* [café] (black) coffee; **un petit ~, s'il vous plaît** a cup of black coffee, please. -**7.** *fam* [cafard]: **j'ai le ~** I'm feeling down. -**8.** AGR smut. -**9.** MÉTALL facing, blacking. -**10.** MIL bull's-eye.

◇ *adv* dark; **il fait ~ de bonne heure** it's getting dark early ❑ **il fait ~ comme dans un four** OU **tunnel ici** it's pitch-dark OU pitch-black in here.

◆ **noire** *nf* MUS crotchet *Br*, quarter note *Am*.

◆ **au noir** ◇ *loc adj*: **travail au ~** moonlighting.

◇ *loc adv* -**1.** [illégalement]: **je l'ai eu au ~** I got it on the black market; **travailler au ~** to moonlight. -**2.** *loc*: **pousser qqch au ~** to paint a black picture of sthg.

◆ **en noir** *loc adv* -**1.** [colorié, teint] black; **habillé en ~** dressed in black, wearing black. -**2.** *fig*: **voir tout en ~** to look on the dark side of things.

noirâtre [nwaratr] *adj* blackish.

noiraud, e [nwaro, od] ◇ *adj* dark, dark-skinned, swarthy.

◇ *nm, f* dark OU swarthy person.

noirceur [nwarsœr] *nf* -**1.** [couleur noire] blackness, darkness. -**2.** *litt* [d'un acte, d'un dessein] blackness, wickedness. -**3.** *litt* [acte] black OU evil OU wicked deed.

noircir [32] [nwarsir] ◇ *vt* -**1.** [rendre noir] to blacken; **noirci par le charbon** blackened with coal; **les parois noircies par la crasse** walls black with dirt OU grime ❑ **~ du papier** *fam* to write pages and pages OU page after page. -**2.** [dramatiser]: **~ la situation** to make the situation out to be darker OU blacker than it is. -**3.** *sout* [dénigrer]: **~ la réputation de qqn** to blacken sb's reputation.

◇ *vi* to go black, to darken; **le ciel noircit à l'horizon** the sky is darkening on the horizon.

◆ **se noircir** ◇ *vp* (*emploi réfléchi*) *sout* [se dénigrer] to denigrate o.s.

◇ *vpt* [se grimer]: **se ~ le visage** to blacken one's face.

◇ *vpi* -**1.** [s'assombrir] to darken; **notre avenir se noircit** our future is looking blacker. -**2.** ▽ [s'enivrer] to get plastered OU blinddrunk.

noircissement [nwarsismã] *nm* -**1.** [gén] blackening, darkening. -**2.** MÉTALL facing, blacking.

noircissure [nwarsisyr] *nf* black mark OU smudge OU stain.

noise [nwaz] *nf*: **chercher ~** OU **des ~s à qqn** to try to pick a quarrel with sb.

noisetier [nwaztje] *nm* hazel, hazelnut tree.

noisette [nwazɛt] ◇ *nf* -**1.** BOT hazelnut. -**2.** [petite portion]: **une ~ de pommade** a small dab of ointment; **une ~ de beurre** a knob of butter.

◇ *adj inv* hazel (*modif*).

noix [nwa] *nf* -**1.** BOT walnut; **~ du Brésil** Brazil nut; **~ de cajou** cashew (nut); **~ de coco** coconut; **~ de kola** kola OU cola nut; **~ (de) muscade** nutmeg; **~ de Queensland** OU **de macadamia** macadamia nut; **des ~!**▽ tripe!, hogwash! -**2.** CULIN: **~ de veau** cushion of veal, noix de veau. -**3.** [petite quantité]: **une ~ de beurre** a knob of butter. -**4.** *fam* [imbécile] nut; **quelle ~, ce type!** he's such a nitwit! ‖ [camarade]: **salut, vieille ~!** hi, old chap *Br* OU buddy! -**5.** MÉCAN [poulie] sprocket (pulley). -**6.** MENUIS [rainure] half-round groove.

◆ **à la noix (de coco)** *fam loc adj* lousy, crummy; **toi et tes idées à la ~ (de coco)!** you and your lousy ideas!

noliser [3] [nɔlize] *vt* [avion, navire] to charter.

nom [nɔ̃] *nm* -**1.** [patronyme] name; [prénom] (Christian OU first) name; **elle porte le ~ de sa mère** [prénom] she was named after her mother; [patronyme] she has OU uses her mother's surname; **Larousse, c'est un ~ que tout le monde connaît** Larousse is a household name; **quelqu'un du ~ de** OU **qui a pour ~ Kregg vous demande** someone called Kregg OU someone by the name of Kregg is asking for you; **je n'arrive pas à mettre un ~ sur son visage** I can't put a name to her (face); **je la connais de ~** I (only) know her by name; **je ne te dirai pas son ~** I won't tell you who he is, I won't tell you his name; **j'écris sous le ~ de Kim Lewis** I write under the name of Kim Lewis; **il veut laisser un ~ dans l'histoire** he wants his name to go down in history; **les grands ~s du champagne** the great names in champagne; **Louis, onzième du ~** Louis, the Eleventh of that name; **en son/mon/ton ~** in his/my/your name, on his/my/your behalf; **parle-lui en mon ~** speak to her on my behalf OU for me ❑ **~ à particule** OU **à rallonges** *fam* OU **à tiroirs** *fam* OU **à courants d'air** *fam* aristocratic surname, ≃ double-barrelled name; **un ~ à coucher dehors** an unpronounceable name; **~ de baptême, petit ~** *fam* Christian OU first name, given name *Am*; **~ d'emprunt** assumed name; **~ de famille** surname; **~ de jeune fille** maiden name; **~ de guerre** nom de guerre, alias; **~ d'oiseau** *fam* insult; **traiter** OU **appeler qqn de tous les ~s d'oiseaux** to call sb all the names under the sun; **~ patronymique** patronymic (name); **~ de plume** nom de plume, pen name; **~ de scène** stage name; **sous un faux ~** under a false OU an assumed name; **faire un ~ à qqn** to help make a name for sb; **se faire un ~** to make a name for o.s.; **que ton ~ soit sanctifié** BIBLE hallowed be Thy Name. -**2.** [appellation - d'une rue, d'un animal, d'un objet, d'une fonction] name; **comme son ~ l'indique** as its name indicates; **cet arbre porte le ~ de peuplier** this tree is called a poplar; **il n'est roi que de ~** he is king in name only; **d'empereur, il ne lui manquait que le ~** he was emperor in all but name; **cruauté/douleur sans ~** unspeakable cruelty/pain; **c'est une attitude qui n'a pas de ~!** this is an unspeakable attitude!; **une censure qui ne dit pas son ~** hidden OU disguised censorship; **c'est du racisme qui n'ose pas dire son ~** it's racism by any other name ❑ **~ scientifique/vulgaire d'une plante** scientific/common name of a plant; **~ commercial** trade name; **~ déposé** trademark; **appeler** OU **nommer les choses par leur ~** to call things by their names, to call a spade a spade; **'le Nom de la rose'** *Eco* 'The Name of the Rose'. -**3.** GRAMM & LING noun; **~ de chose** concrete noun; **~ commun** common noun; **~ composé** compound (noun); **~ numéral** OU **de nombre** numeral; **~ propre** proper noun OU name.

◆ **au nom de** *loc prép* in the name of; **au ~ de la loi, je vous arrête** I arrest you in the name of the law; **au ~ de notre longue amitié** for the sake of our long friendship; **au ~ de toute l'équipe** on behalf of the whole team; **au ~ du ciel!** in heaven's name!; **au ~ du Père, du Fils et du Saint-Esprit** in the name of the Father, the Son and the Holy Ghost.

◆ **nom de** *loc interj*: **~ de Dieu, les voilà!**▽ bloody hell *esp Br* OU goddam *Am*, here they come!; **je t'avais pourtant dit de ne pas y toucher, ~ de Dieu!**▽ for Christ's sake, I did tell you not to touch it!; **~ de ~, les voilà!** *fam* heck, here they come!; **mais ~ de ~, qu'est-ce que tu as dans la tête!** *fam* for goodness' sake, birdbrain!; **~ d'un chien** OU **d'une pipe** OU **de Zeus** OU **d'un petit bonhomme!** *fam* good heavens!

nomade [nɔmad] ◇ *adj* -**1.** [peuple] nomad, nomadic. -**2.** ZOOL migratory.

◇ *nmf* nomad.

◇ *nf* ENTOM Nomada.

nomadiser [3] [nɔmadize] *vi* to live as nomads.

nomadisme [nɔmadism] *nm* nomadism.

no man's land [nomanslãd] *nm inv* MIL & *fig* no-man's-land.

nombrable [nɔ̃brabl] *adj* countable, numerable.

nombre [nɔ̃br] *nm* -**1.** MATH [gén] number; [de 0 à 9] number, figure; **un ~ de trois chiffres** a three-digit OU three-figure number; **le ~ zéro** the number 0 ❑ **~ entier** whole number, integer; **~ premier** prime (number); **~s naturels** natural numbers; **~s parfaits** perfect numbers; **~s rationnels** rational numbers; **~s réels** real numbers; **grands ~s** large numbers. -**2.** [quantité] number; **inférieur/supérieur en ~** inferior/superior in number OU numbers; **nous ne sommes pas en ~ suffisant** there aren't enough of us; **les exemplaires sont en ~ limité** there's a limited number of copies; **un ~ de** a number of; **je te l'ai déjà dit (un) bon ~ de fois** I've already told you several times; **un grand ~ de** a lot of, a great number of, a great many; **elle avait un grand ~ d'invités** she had a great number of guests; **le plus grand ~ d'entre eux a accepté** the majority of them accepted; **un certain ~ de** a (certain) number of; **il y a eu un certain ~ de gens** there was a (fair) number of people. -**3.** [masse] numbers; **vaincre par le ~** to win by sheer weight OU force of numbers; **dans le ~, il y en aura bien un pour te raccompagner** there's bound to be one of them who will take you home ❑ **tu subiras la loi du ~** you'll be overwhelmed by sheer weight of numbers; **tous ceux-là n'ont été invités que pour faire ~** those people over there have just been invited to make up the numbers. -**4.** ASTRON & PHYS number; **~ d'onde** wave number; **~ d'or** golden section OU mean. -**5.** GRAMM number.

◆ **Nombres** *nmpl* BIBLE: **le livre des Nombres** (the Book of) Numbers.

◆ **au nombre de** *loc prép*: **les invités sont au ~ de cent** there are a hundred guests; **tu peux me compter au ~ des participants** you can count me among the participants, you can count me in.

◆ **du nombre de** *loc prép* amongst; **étiez-vous du ~ des invités?** were you amongst OU one of those invited?

◆ **sans nombre** *loc adj* countless, innumerable.

nombrer [3] [nɔ̃bre] *vt litt* to count (up) *(sép)*, to enumerate.

nombreux, euse [nɔ̃brø, øz] *adj* -**1.** [comportant beaucoup d'éléments] : **une foule nombreuse** a large OU huge crowd; **avoir une nombreuse descendance** to have many descendants. -**2.** [en grand nombre] many, numerous; **avoir de ~ clients** to have a great number of OU many OU numerous customers; **les étudiants sont plus ~ qu'avant** there are more students than before; **les fumeurs sont de moins en moins ~** there are fewer and fewer smokers, the number of smokers is decreasing; **nous espérons que vous viendrez ~** we hope that a large number of you will come.

nombril [nɔ̃bril] *nm* -**1.** ANAT navel. -**2.** *fam loc*: **il se prend pour le ~ du monde** he thinks he's the centre of the universe; **il aime bien se contempler** OU **se regarder le ~** he's really self-centred.

nombrilisme [nɔ̃brilism] *nm* navel-gazing *hum*, self-centredness.

nomenclature [nɔmɑ̃klatyr] *nf* -**1.** [ensemble de termes] nomenclature. -**2.** [liste - gén] list; [- d'un dictionnaire] word list; [- de soins] itemization of medical expenses *(with a view to obtaining reimbursement from the Health Service)*.

nomenklatura [nɔmɑ̃klatura] *nf* -**1.** POL nomenklatura. -**2.** [élite] elite; **faire partie de la ~** to be part of the Establishment.

nominal, e, aux [nɔminal, o] *adj* -**1.** [sans vrai pouvoir] nominal; **il n'est que le chef ~** he's just the nominal leader, he's the leader in name only; **j'assume les fonctions purement ~es de recteur** I'm the rector in title only. -**2.** [par le nom] of names, nominal; **appel ~** roll call; **citation ~e** mention by name. -**3.** GRAMM nominal; [en grammaire transformationnelle] noun *(modif)*. -**4.** BOURSE, ÉCON & FIN: **salaire ~** nominal wage OU salary; **valeur ~e** face OU nominal value. -**5.** INDUST rated; **vitesse ~e** rated speed. -**6.** ASTRONAUT nominal.

nominalement [nɔminalmɑ̃] *adv* -**1.** [sans vrai pouvoir] nominally, formally; **il dirige ~ l'entreprise** he's the nominal head of the business OU the head of the business in name only. -**2.** [par le nom] : **être désigné ~** to be mentioned by name. -**3.** GRAMM: **un adverbe employé ~** the substantive OU nominal use of an adverb.

nominalisation [nɔminalizasjɔ̃] *nf* nominalization.

nominaliser [3] [nɔminalize] *vt* to nominalize.

nominatif, ive [nɔminatif, iv] *adj* -**1.** [contenant les noms] nominative; **liste nominative** list OU roll of names. -**2.** BOURSE: **titre ~** inscribed stock. -**3.** [ticket, carte] non-transferable.

◆ **nominatif** *nm* GRAMM nominative (case).

nomination [nɔminasjɔ̃] *nf* -**1.** [à un poste] appointment, nomination; **elle a obtenu** OU **reçu sa ~ au poste de directrice** she was appointed (to the post of) manager. -**2.** [pour un prix, une récompense] nomination. -**3.** LING & PHILOS naming.

nominativement [nɔminativmɑ̃] *adv* by name.

nominer [3] [nɔmine] *vt (emploi critiqué)* to nominate.

nommé, e [nɔme] ◇ *adj* -**1.** [appelé] named; **deux enfants ~s Victor et Marie** two children named OU called Victor and Marie. -**2.** *loc*: **à point ~** [au bon moment] (just) at the right moment OU time; [au moment prévu] at the appointed time.

◇ *nm, f*: **le ~ Georges Aland est accusé de...** Georges Aland is accused of...; **elle fréquente un ~ Paul** she's going out with a man called Paul; **Prudence, la bien ~e** the aptly named Prudence.

nommément [nɔmemɑ̃] *adv* -**1.** [par le nom - citer, féliciter] by name; **il est ~ mis en cause** he, in particular, is implicated; **les trois candidats, ~ Francis, Anne et Robert** the three candidates, namely Francis, Anne and Robert; **ces deux éléments, ~ le cuivre et le zinc** these two elements, namely copper and zinc. -**2.** [spécialement] especially, notably, in particular.

nommer [3] [nɔme] *vt* -**1.** [citer] to name, to list; **ils refusent de ~ leurs complices** they refuse to name their accomplices; **ceux qui sont responsables, pour ne pas les ~, devront payer** those who are responsible and who shall remain nameless, will have to pay; **c'est la faute de Nina, pour ne pas la ~** *iron* without mentioning any names, it's Nina's fault. -**2.** [prénommer] to name, to call; **on m'a nommée Rose** I was named Rose || [dénommer] to name, to call, to term; **la chaîne a été nommée TV+** they named OU called the channel TV+; **ce sentiment que l'on nomme l'amour** that feeling we call love OU we know as love. -**3.** [désigner à une fonction] to appoint; **qui a été nommé directeur?** who was appointed (as) manager?; **~ qqn son héritier** to appoint sb as one's heir; **être nommé à Paris** to be appointed to a post in Paris.

◆ **se nommer** ◇ *vp (emploi réfléchi)* [se présenter] to introduce o.s.; **elle ne s'est même pas nommée** she didn't even introduce herself OU say who she was.

◇ *vpi* to be called OU named; **elle se nomme Bianca** her name is Bianca, she's called Bianca; **comment se nomme-t-il?** what's his name?, what's he called?

nomogramme [nɔmɔgram] *nm* nomogram, nomograph.

nomographie [nɔmɔgrafi] *nf* nomography.

non [nɔ̃] ◇ *adv* -**1.** [en réponse négative] : **veux-tu venir? — ~!** do you want to come? — no!; **~ merci!** no, thank you!; **mais ~!** no! absolutely not!; **mais ~, voyons!** no, of course not!; **mais bien sûr que ~!** of course not!; **certes ~!** *sout* most definitely not!; **ma foi ~!** my goodness me, no!; **oh que ~!** definitely not!, certainly not!; **ah ça ~!** definitely not!; **ah ~ alors!** oh no!; **~, ~ et ~!** no, no and no again! -**2.** [pour annoncer ou renforcer la négation] no; **~, je ne veux pas y aller** no, I don't want to go there; **~, il n'en est pas question** no, it's out of the question. -**3.** [dans un tour elliptique] : **il part demain, moi ~** he's leaving tomorrow, I'm not; **je me demande si je dois recommencer ou ~** I wonder whether I should start again or not; **que tu le veuilles ou ~** whether you like it or not; **venez-vous ou ~?** are you coming or not? -**4.** [comme complément du verbe] : **il me semble que ~** I think not, I don't think so; **il m'a demandé si c'était possible, je lui ai dit que ~** he asked me if it was possible, I told him it wasn't; **il a fait signe que ~** [de la main] he made a gesture of refusal; [de la tête] he shook his head; **il a répondu ~** he answered no; **faire ~ de la tête** to shake one's head; **il paraît que ~** it would seem not, apparently not. -**5.** [en corrélation avec 'pas'] : **~ pas** not; **il l'a fait par gentillesse et ~ (pas) par intérêt** he did it out of kindness and not out of self-interest; **je parle de Gide et ~ (pas) de Malraux** I'm talking about Gide OU it's Gide I'm talking about, not Malraux; **elle a été élevée ~ (pas) par ses parents mais par ses grands-parents** she was brought up by her grandparents, not by her parents; **~ (pas) pour moi, mais pour lui** not for me, but for him. -**6.** [n'est-ce pas] : **il devait prendre une semaine de vacances, ~?** he was supposed to take a week's holiday, wasn't he?; **il n'est plus tout jeune, ~?** he's not that young any more, is he?; **c'est anormal, ~?** that's not normal, is it?; **j'ai le droit de dire ce que je pense, ~?** I am entitled to say what I think, am I not? OU aren't I? -**7.** [emploi expressif] : **~!** never!, you don't say!; **~! pas possible!** no! I don't believe it!; **il est parti — ~?** he has left — really?; **~ mais (des fois)!** honestly!, I ask you!; **~ mais celui-là, pour qui il se prend?** who on earth does he think he is? -**8.** [devant un nom, un adjectif, un participe] : **pacte de ~-agression** a non-aggression pact; **la ~-observation du règlement** failure to comply with the regulations; **un débiteur ~ solvable** an insolvent debtor; **un bagage ~ réclamé** an unclaimed piece of luggage; **tickets ~ numérotés** unnumbered tickets OU seats; **il a bénéficié d'une aide ~ négligeable** he received not insubstantial help.

◇ *nm inv* -**1.** [réponse] no; **elle m'a opposé un ~ catégorique** she flatly refused, she gave me a categorical no; **les ~ de la majorité** the noes of the majority. -**2.** INF & MATH not.

◆ **non que** *loc conj sout* not that; **il vit pauvrement, ~ (pas) qu'il manque d'argent mais...** he lives modestly, not that he doesn't have any money, but...; **je tiens à cette bague, ~ qu'elle ait de la valeur mais pour son originalité** I'm fond of this ring, not that it's of any great value, I just think it's unusual; **~ (pas) que je m'en méfie, mais...** it's not that I don't trust him, but...

non- [*devant consonne* nɔ̃, *devant voyelle et h muet* nɔn] *préf* non-.

non-accompli, e [nɔnakɔ̃pli] *adj* imperfective.

◆ **non-accompli** *nm* GRAMM imperfective.

non-activité [nɔnaktivite] *nf* MIL inactivity; **être en ~** to be temporarily off duty.

nonagénaire [nɔnaʒenɛr] *adj* & *nmf* nonagenarian, ninety-year-old.

non-agression [nɔnagrɛsjɔ̃] *nf* nonaggression.

non-aligné, e [nɔnaliɲe] ◇ *adj* nonaligned.

◇ *nm, f* nonaligned country.

non-alignement [nɔnaliɲmɑ̃] *nm* nonalignment.

nonantaine [nɔnɑ̃tɛn] *nf Belg about ninety*; **elle a la ~** she's about ninety.

nonante [nɔnɑ̃t] *adj num card Belg* & *Helv* ninety.

nonantième [nɔnɑ̃tjɛm] *adj num ord* & *nmf Belg* & *Helv* ninetieth.

non-assistance [nɔnasistɑ̃s] *nf*: **~ à personne en danger** failure to assist a person in danger.

non-belligérance [nɔ̃beliʒerɑ̃s] *nf* nonbelligerency.

non-belligérant, e [nɔ̃beliʒerɑ̃, ɑ̃t] *adj* & *nm, f* nonbelligerent.

nonce [nɔ̃s] *nm* nuncio; **~ apostolique** papal nuncio.

nonchalamment [nɔ̃ʃalamɑ̃] *adv* nonchalantly, casually.

nonchalance [nɔ̃ʃalɑ̃s] *nf* [indifférence, insouciance] nonchalance; [lenteur] listlessness.

nonchalant, e [nɔ̃ʃalɑ̃, ɑ̃t] *adj* [insouciant] nonchalant; [lent] listless.

nonciature [nɔ̃sjatyr] *nf* nunciature.

non-combattant, e [nɔ̃kɔ̃batɑ̃, ɑ̃t] *adj* & *nm, f* noncombatant.

non-comparant, e [nɔ̃kɔ̃parɑ̃, ɑ̃t] *nm, f* defaulter *(in court)*.

non-comparution [nɔ̃kɔ̃parysjɔ̃] *nf* nonappearance OU defaulting *(in court)*.

non-comptable [nɔ̃kɔ̃tabl] ◇ *adj* uncountable.

◇ *nm* mass noun.

non-conciliation [nɔ̃kɔ̃siljasjɔ̃] *nf* irretrievable breakdown JUR.

non-concurrence [nɔ̃kɔ̃kyrɑ̃s] *nf* JUR: **clause de ~** restraint of trade clause.

non-conformisme [nɔ̃kɔ̃fɔrmism] *nm* -**1.** [originalité] nonconformism. -**2.** RELIG Nonconformism.

non-conformiste [nɔ̃kɔ̃fɔrmist] *adj* & *nmf* -**1.** [original] nonconformist. -**2.** RELIG Nonconformist.

non-conformité [nɔ̃kɔ̃fɔrmite] *nf* nonconformity.

non-croyant, e [nɔ̃krwajɑ̃, ɑ̃t] ◇ *adj* unbelieving.

◇ *nm, f* unbeliever.

non-directif, ive [nɔ̃dirɛktif, iv] *adj* nondirective.

non-directivité [nɔ̃dirɛktivite] *nf* [méthode] nondirective method; [attitude] nondirective attitude.

non-discrimination [nɔ̃diskriminasjɔ̃] *nf* nondiscrimination.

non-dissémination [nɔ̃diseminasjɔ̃] *nf* nonproliferation.

non-dit [nɔ̃di] *nm*: le ~ the unsaid; **il y avait trop de ~ dans notre famille** too much was left unsaid in our family.

non-engagé, e [nɔnɑ̃gaʒe] ◇ *adj* [personne] neutral; [nation] nonaligned.
◇ *nm, f* [personne] neutral person; [nation] nonaligned country.

non-engagement [nɔnɑ̃gaʒmɑ̃] *nm* [d'une personne] neutrality, noncommitment; [d'une nation] nonalignment.

non-être [nɔnɛtr] *nm inv* nonbeing.

non-exécution [nɔnɛgzekysjɔ̃] *nf* nonfulfilment; **~ d'un contrat** nonfulfilment of a contract.

non-existence [nɔnɛgzistɑ̃s] *nf* nonexistence.

non-figuratif, ive [nɔ̃figyratif, iv] ◇ *adj* nonfigurative.
◇ *nm, f* nonfigurative artist, abstractionist.

non-fumeur, euse [nɔ̃fymœr, øz] *nm, f* nonsmoker; **compartiment ~s** nonsmoking OU no smoking compartment.

non-ingérence [nɔnɛ̃ʒerɑ̃s] *nf* [par une personne] noninterference; [par une nation] nonintervention.

non-initié, e [nɔninisje] ◇ *adj* uninitiated; **ce texte sera difficile pour le lecteur ~** this text will be difficult for the lay reader.
◇ *nm, f*: **pour les ~s** for the uninitiated.

non-inscrit, e [nɔnɛ̃skri, it] ◇ *adj* independent, nonparty.
◇ *nm, f* independent member of Parliament.

non-intervention [nɔnɛ̃tɛrvɑ̃sjɔ̃] *nf* nonintervention.

non-jouissance [nɔ̃ʒwisɑ̃s] *nf* nonenjoyment JUR.

non-lieu [nɔ̃ljø] (*pl* non-lieux) *nm*: **(ordonnance de) ~** no case to answer, no grounds for prosecution; **il a bénéficié d'un ~** charges against him were OU his case was dismissed.

non-métal [nɔ̃metal] (*pl* **non-métaux** [nɔ̃meto]) *nm* nonmetal.

non-moi [nɔ̃mwa] *nm inv* nonego.

nonne [nɔn] *nf vieilli* nun.

nonnette [nɔnɛt] *nf* **-1.** *vieilli* & RELIG young nun. **-2.** ORNITH [mésange] titmouse. **-3.** CULIN iced gingerbread (biscuit).

nonobstant [nɔnɔpstɑ̃] *prép* JUR OU *hum* notwithstanding, despite; **nous irons ~ le mauvais temps** we'll go in spite of the bad weather.
◆ **(ce) nonobstant** *loc adv* JUR OU *hum* this notwithstanding.

non-paiement [nɔ̃pɛmɑ̃] *nm* nonpayment, failure to pay.

non-polluant, e [nɔ̃pɔlɥɑ̃, ɑ̃t] *adj* nonpolluting.

non-prolifération [nɔ̃prɔliferasjɔ̃] *nf* nonproliferation.

non-recevoir [nɔ̃rəsəvwar] *nm inv* → **fin.**

non-représentation [nɔ̃rəprezɑ̃tasjɔ̃] *nf*: **~ d'enfant** non restitution of a child (to its custodian), noncompliance with a custodianship order.

non-résident [nɔ̃rezidɑ̃] *nm* foreign national, nonresident.

non-respect [nɔ̃rɛspɛ] *nm* failure to respect; **le ~ de la loi** failure to respect the law.

non-retour [nɔ̃rətur] *nm inv*: **point de ~** point of no return.

non-salarié, e [nɔ̃salarje] *nm, f* self-employed person.

non-sens [nɔ̃sɑ̃s] *nm inv* **-1.** [absurdité] nonsense; **cette situation est un ~** this situation is nonsensical OU a nonsense. **-2.** LING meaningless word or phrase *(in a translation)*.

non-spécialiste [nɔ̃spesjalist] ◇ *adj* nonspecialized.
◇ *nmf* nonspecialist.

non-stop [nɔnstɔp] ◇ *adj inv* nonstop.
◇ *nf inv* SPORT pre-race downhill run.

non-syndiqué, e [nɔ̃sɛ̃dike] ◇ *adj* nonunion, nonunionized.
◇ *nm, f* nonunion OU nonunionized worker.

non-tissé [nɔ̃tise] *nm* nonwoven fabric.

non-titulaire [nɔ̃titylɛr] *nmf* nontenured member of staff.

non-usage [nɔnyzaʒ] *nm* **-1.** [gén] non-use. **-2.** JUR non-usage.

non-valeur [nɔ̃valœr] *nf* **-1.** *péj* [chose] valueless thing; [personne] nonentity. **-2.** JUR improductive asset. **-3.** FIN [créance] bad debt.

non-viable [nɔ̃vjabl] *adj* **-1.** MÉD nonviable. **-2.** *fig* unfeasible; **c'est un projet ~** the scheme isn't viable.

non-violence [nɔ̃vjɔlɑ̃s] *nf* nonviolence.

non-violent, e [nɔ̃vjɔlɑ̃, ɑ̃t] ◇ *adj* nonviolent.
◇ *nm, f* supporter of nonviolence.

non-voyant, e [nɔ̃vwajɑ̃, ɑ̃t] *nm, f* visually handicapped person.

nopal [nɔpal] *nm* nopal, prickly pear.

noradrénaline [nɔradrenalin] *nf* noradrenalin, noradrenaline.

nord [nɔr] ◇ *nm inv* **-1.** [point cardinal] north; **le vent vient du ~** it's a north OU northerly wind, the wind is coming from the north; **nous allons vers le ~** we're heading north OU northwards; **aller droit vers le ~** to head due north; **la cuisine est en plein ~** OU **exposée au ~** the kitchen faces due north ❑ **~ géographique** true OU geographic north; **~ magnétique** magnetic north. **-2.** [partie d'un pays, d'un continent] north; **le ~ de l'Italie** northern Italy, the north of Italy; **elle habite dans le ~** she lives in the north; **les gens du ~** (the) Northerners.
◇ *adj inv* [septentrional] north *(modif)*, northern; **la façade ~ d'un immeuble** the north OU northern OU north-facing wall of a building.
◆ **Nord** ◇ *adj inv* North.
◇ *nm*: **le Nord** the North; ADMIN (the département of) the Nord; **le grand Nord** the Far North.
◆ **au nord de** *loc prép* (to the) north of.
◆ **du nord** *loc adj* north *(modif)*.

nord-africain, e [nɔrafrikɛ̃, ɛn] (*mpl* **nord-africains**, *fpl* **nord-africaines**) *adj* North African.
◆ **Nord-Africain, e** *nm, f* North African.

nord-américain, e [nɔramerikɛ̃, ɛn] (*mpl* **nord-américains**, *fpl* **nord-américaines**) *adj* North American.
◆ **Nord-Américain, e** *nm, f* North American.

nord-coréen, enne [nɔrkɔreɛ̃, ɛn] (*mpl* **nord-coréens**, *fpl* **nord-coréennes**) *adj* North Korean.
◆ **Nord-Coréen, enne** *nm, f* North Korean.

nordé [nɔrde] *nm* northeast wind.

nord-est [nɔrɛst] *nm inv* & *adj inv* northeast.

nordet [nɔrdɛ] = **nordé.**

nordique [nɔrdik] *adj* [pays, peuple] Nordic; [langue] Nordic, Scandinavian.
◆ **Nordique** *nmf* Nordic.
◆ **nordique** *nm* LING Scandinavian.

nordiste [nɔrdist] *adj* **-1.** [en France] from the Nord department. **-2.** [aux États-Unis] HIST Northern, Yankee *(modif)*.
◆ **Nordiste** *nmf* **-1.** [en France] *inhabitant of or person from the Nord department.* **-2.** [aux États-Unis] HIST Northerner, Yankee.

nord-nord-est [nɔrnɔrɛst] *nm* north-northeast.

nord-nord-ouest [nɔrnɔrwɛst] *nm* north-northwest.

nord-ouest [nɔrwɛst] *nm inv* & *adj inv* northwest.

nord-vietnamien, enne [nɔrvjɛtnamjɛ̃, ɛn] (*mpl* **nord-vietnamiens**, *fpl* **nord-vietnamiennes**) *adj* North Vietnamese.
◆ **Nord-Vietnamien, enne** *nm, f* North Vietnamese.

normal, e, aux [nɔrmal, o] *adj* **-1.** [ordinaire - vie, personne] normal; [- taille] normal, standard; [- accouchement, procédure] normal, straightforward; **la situation est redevenue ~e** the situation is back to normal; **ce n'est pas ~**: **la lampe ne s'allume pas, ce n'est pas ~** the light isn't coming on, there's something wrong (with it); **il n'est pas rentré, ce n'est pas ~** he's not back yet, something must have happened (to him). **-2.** [habituel] normal, usual; **elle n'était pas dans son état ~** she wasn't her normal self; **ce n'était pas sa voix ~e** that wasn't his usual voice; **c'est le prix ~** that's the usual OU standard price; **en temps ~** in normal circumstances, normally. **-3.** [compréhensible] normal, natural; **c'est ~ de lui demander conseil** it's natural to ask her for advice; **mais c'est bien ~, voyons** it's only natural, don't worry about it. **-4.** *fam* [mentalement] normal; **elle n'est pas très ~e, celle-là!** *fam* she's not quite normal! **-5.** CHIM normal; **solution** OU **liqueur ~e** normal solution. **-6.** GÉOL & GÉOM normal.
◆ **normale** *nf* **-1.** [situation] normal (situation); **un retour à la ~e** a return to normal. **-2.** GÉOM normal; **~e à une courbe/surface** line normal OU perpendicular to a curve/surface. **-3.** MÉTÉO normal; **température au-dessous de la ~e (saisonnière)** temperature below the (seasonal) average. **-4.** [moyenne] average; **intelligence supérieure à la ~e** above average intelligence. **-5.** ENS: **Normale (Sup)** *fam grande école for training teachers.*

normalement [nɔrmalmɑ̃] *adv* **-1.** [de façon ordinaire] normally; **il est ~ constitué** he's of normal constitution; *euph* he's (a man of) flesh and blood. **-2.** [sauf changement] if all goes well; **~, nous partirons en juin** if all goes well, we'll be leaving in June. **-3.** [habituellement] normally, usually, generally; **~, elle rentre à 3 h** she normally OU generally comes home at 3 (o'clock).

normalien, enne [nɔrmaljɛ̃, ɛn] *nm, f* **-1.** [de l'École normale] student at an École normale; [ancien de l'École normale] graduate of an École normale. **-2.** [de l'École normale supérieure] student at the École Normale Supérieure; [ancien de l'École normale supérieure] graduate of the École Normale Supérieure.

normalisateur, trice [nɔrmalizatœr, tris] ◇ *adj* standardizing.
◇ *nm, f* standardizer.

normalisation [nɔrmalizasjɔ̃] *nf* **-1.** [d'un produit] standardization. **-2.** [d'une situation] normalization; **jusqu'à la ~ de la situation** until the situation becomes normal.

normalisé, e [nɔrmalize] *adj* standardized.

normaliser [3] [nɔrmalize] *vt* **-1.** [produit] to standardize. **-2.** [rapport, situation] to normalize.

normalité [nɔrmalite] *nf* normality, normalcy *Am.*

normand, e [nɔrmɑ̃, ɑ̃d] *adj* **-1.** [de Normandie] Normandy *(modif)*; **je suis ~** I'm from Normandy. **-2.** HIST Norman. **-3.** LING Norman French. **-4.** [viking] Norse.
◆ **Normand, e** *nm, f* **-1.** [en France] Norman. **-2.** [Viking] Norseman (*f* Norsewoman); **les Normands** the Norse.
◆ **normand** *nm* LING Norman French.
◆ **à la normande** *loc adj* CULIN à la Normande *(with cream and apples or cider)*.

Normandie [nɔrmɑ̃di] *npr f*: **(la) ~** Normandy.

normatif, ive [nɔrmatif, iv] *adj* normative.

normativité [nɔrmativite] *nf* normativeness.

norme [nɔrm] *nf* **-1.** INDUST norm, standard; **produit conforme aux ~s de fabrication** product conforming to manufacturing standards ❑ **~ française (homologuée)** French standard (of manufacturing), ≃ British Standard *Br*, ≃ US Standard *Am.* **-2.** [règle]: **la ~** the norm, the rule; **rester dans la ~** to keep within the norm. **-3.** LING: **la ~** the norm. **-4.** MATH norm.

normé, e [nɔrme] *adj* normed.

norois, noroît [nɔrwa] *nm* northwester.

Norvège [nɔrvɛʒ] *npr f*: **(la) ~** Norway.

norvégien, enne [nɔrveʒjɛ̃, ɛn] *adj* Norwegian.
◆ **Norvégien, enne** *nm, f* Norwegian.
◆ **norvégien** *nm* LING Norwegian.
◆ **norvégienne** *nf* Norway yawl.

nos [no] *pl* → **notre.**

nosologie [nɔzɔlɔʒi] *nf* nosology.

nostalgie [nɔstalʒi] *nf* -**1.** [regret] nostalgia; **la ~ des années soixante** sixties nostalgia; **pris de ~** filled with nostalgia; **avoir de la ~** to feel nostalgic. -**2.** [mal du pays] homesickness.

nostalgique [nɔstalʒik] *adj* nostalgic; **que ces chansons sont ~s!** these songs do take you back OU are full of nostalgia!

nota (bene) [nɔta(bene)] *nm inv* nota bene.

notabilité [nɔtabilite] *nf* notable; **toutes les ~s locales étaient là** all the local notables were there.

notable [nɔtabl] ◇ *adj* notable, noteworthy. ◇ *nm* notable; **tous les ~s de la ville** all the town notables.

notablement [nɔtabləmɑ̃] *adv* notably, considerably.

notaire [nɔtɛr] *nm* [qui reçoit actes et contrats] notary (public), lawyer; [qui surveille les transactions immobilières] lawyer, solicitor *Br*.

notamment [nɔtamɑ̃] *adv* especially, in particular, notably; **il y a certains avantages, ~ un abattement fiscal** there are some advantages, notably tax deductions.

notarial, e, aux [nɔtarjal, o] *adj* notarial, legal.

notariat [nɔtarja] *nm*: **le ~** [fonction] the profession of a lawyer; [corporation] lawyers; **son père la destinait au ~** her father wanted her to become a lawyer.

notarié, e [nɔtarje] *adj* legally drawn up, authentic.

notation [nɔtasjɔ̃] *nf* -**1.** [remarque] note. -**2.** CHIM, DANSE, LING, MATH & MUS notation; **la ~ phonétique** phonetic symbols. -**3. la ~ d'un devoir** marking *esp Br* OU grading *Am* OU correcting homework.

note [nɔt] *nf* -**1.** MUS [son] note; [touche] key; **sais-tu lire les ~s?** can you read music? ❑ **faire une fausse ~** MUS [pianiste] to hit a wrong note OU key; [violoniste] to play a wrong note; [chanteur] to sing a wrong note; *fig* to hit a sour note; **la ~ juste** the right note; **donner la ~** MUS to give the keynote; *fig* to give the lead. -**2.** [annotation] note; **prendre des ~s** to take OU to make notes; **prendre quelques ~s rapides** to jot down a few notes; **voilà les ~s rapides que j'ai prises** here are the notes I jotted down; **prendre qqch en ~** to make a note of sthg, to note sthg down ❑ **~ de** OU **en bas de page** footnote; **~ de l'auteur/de la rédaction/du traducteur** author's/editor's/translator's note; **~ de l'éditeur** editor's note; **~ marginale** marginal note, marginalia; **prendre bonne ~ de qqch** to take good note of sthg. -**3.** [communication]: **~ diplomatique/officielle** diplomatic/official note; **~ de service** memo, memorandum. -**4.** ENS mark *esp Br*, grade; **avoir la meilleure ~** to get the best OU highest OU top mark; **je ne peux pas mettre de ~ à un pareil torchon!** *fam* I can't mark *esp Br* OU grade *esp Am* rubbish like this! -**5.** [nuance] note, touch, hint; **une ~ de tristesse dans la voix** a note OU hint of sadness in his voice; **apporter une ~ personnelle à qqch** to give sthg a personal touch; **mettre une ~ de gaieté dans une pièce** to lend a cheerful note to a room. -**6.** [facture] bill, check *Am*; **~s de restaurant** restaurant bills; **la ~, s'il vous plaît!** may I have the bill, please?; **mettez-le sur ma ~** charge it to my account, put it on my bill ❑ **~ de frais** [à remplir] expense OU expenses claim (form); **présenter sa ~ de frais** to put in for expenses; **~ d'honoraires** invoice *(for work done by a self-employed person)*. -**7.** [d'un parfum] note.

◆ **dans la note** ◇ *loc adv* MUS in tune OU key. ◇ *loc adj*: **être dans la ~** to hit just the right note *fig*.

noter [3] [nɔte] *vt* -**1.** [prendre en note] to note OU to write (down); **j'ai noté une mélodie** I noted OU jotted (down) a tune; **je note votre nom** I'll make a note of OU I'll write down your name; **veuillez ~ notre nouvelle adresse** please note OU make a note of our new address; **je vais le ~ définitivement sur mon agenda** I'll make a permanent note of it in my diary; **notez que chaque enfant doit apporter un vêtement chaud** please note that every child must bring something warm to wear. -**2.** [faire ressortir - gén] to mark; [- en cochant] to tick; [- en surlignant] to highlight. -**3.** [remarquer] to note, to notice; **notez que je ne dis rien** please note that I'm making no comment; **j'ai noté une erreur dans votre article** I noticed a mistake in your article; **il est à ~ que...** it should be noted OU borne in mind that...; **je ne veux pas que tu recommences, c'est noté?** *fam* I don't want you to do it again, have you got that OU is that clear?; **notez bien, il a fait des progrès** mind you, he's improved; **note bien, je m'en fiche** *fam* (to) tell you the truth OU mind you, I couldn't care less. -**4.** [évaluer] to mark *esp Br*, to grade; **j'étais bien/mal noté** I had a good/bad (professional) record ‖ ENS [élève] to give a mark to *esp Br*, to grade; [devoir, examen] to mark *esp Br*, to grade; *(en usage abs)*: **~ sur 20** to mark *esp Br* OU grade *esp Am* out of 20; **elle note généreusement/sévèrement** she gives high/low marks *esp Br* OU grades.

notice [nɔtis] *nf* -**1.** [résumé] note; **~ bibliographique** bibliographical details; **~ biographique** biographical note; **~ nécrologique** obituary (notice); **~ publicitaire** [brochure] advertising brochure; [annonce] advertisement. -**2.** [instructions]: **~ explicative** OU **d'emploi** directions for use; **~ de fonctionnement** instructions; **as-tu lu la ~?** have you read the instructions?

notificatif, ive [nɔtifikatif, iv] *adj* notifying.

notification [nɔtifikasjɔ̃] *nf* -**1.** [avis] notification; **donner à qqn ~ de qqch** to give sb notification of sthg, to notify sb of sthg; **après que ~ eut été faite du résultat aux intéressés** after the interested parties had been notified of OU had received notification of the result. -**2.** JUR: **~ du protêt** noting and OU of protest.

notifier [9] [nɔtifje] *vt* to notify; **on vient de lui ~ son renvoi** he's just received notice of his dismissal, he's just been notified of his dismissal; **~ une assignation à qqn** to serve a writ on sb ‖ *(en usage abs)*: **veuillez ~ par courrier** please inform us in writing.

notion [nɔsjɔ̃] *nf* [idée] notion; **il n'a ni la ~ du bien, ni celle du mal** he has no notion of either good or evil; **perdre la ~ du temps** to lose all notion OU sense of time; **je n'en ai pas la moindre ~** I haven't (got) the faintest OU slightest idea.

◆ **notions** *nfpl* [rudiments]: **~s de base** fundamentals, basic knowledge; **il a quelques ~s d'anglais** he has a smattering of English; **il a quelques ~s de physique** he has some knowledge of physics ‖ [comme titre d'ouvrage] primer; **~s de géométrie** geometry primer.

notionnel, elle [nɔsjɔnɛl] *adj* notional.

notoire [nɔtwar] *adj* recognized; **son sens politique est ~** her political acumen is acknowledged by all, she's famous for her political acumen; **le fait est ~** it's an acknowledged OU accepted fact; **un criminel ~** a notorious criminal.

notoirement [nɔtwarmɑ̃] *adv*: **ses ressources sont ~ insuffisantes** it's widely known that she has limited means.

notoriété [nɔtɔrjete] *nf* -**1.** [renommée] fame, renown; **sa thèse lui a valu une grande ~** OU **a fait sa ~** his thesis made him famous. -**2.** [personne célèbre] celebrity, famous person; **à 20 ans, il était déjà une ~** he was already famous at (the age of) 20. -**3.** JUR: **acte de ~** attestation.

◆ **de notoriété publique** *loc adj*: **il est de ~ publique que...** it's public OU common knowledge that...

notre [nɔtr] (*pl* **nos** [no]) *adj poss* -**1.** [indiquant la possession] our; **nos enfants** our children; **~ ami/amie** our friend; **un de nos amis** a friend of ours, one of our friends; **~ fils et ~ fille** our son and daughter; **~ société** our society. -**2.** RELIG: **Notre Père** Our Father; **le Notre Père** the Lord's Prayer. -**3.** [se rapportant au 'nous' de majesté ou de modestie]: **car tel est ~ bon plaisir** for such is our pleasure; **dans ~ second chapitre** in the second chapter; **~ thèse couvre trois décennies** this thesis covers a thirty-year period. -**4.** [emploi expressif]: **comment se porte ~ petit malade?** how's our little invalid, then?; **c'est lui, c'est ~ homme!** that's him, that's the man we're after OU that's our man!

nôtre [notr] *adj poss sout* ours; **l'objectif que je considère comme ~** the aim which I consider to be ours; **ces espoirs qui furent ~s** these hopes which were ours.

◆ **le nôtre** (*f* **la nôtre**, *pl* **les nôtres**) *pron poss* ours; **cette valise n'est pas la ~** this isn't our case, this case isn't ours; **un sort tel que le ~** a fate such as ours; **amenez vos enfants, les ~s ont le même âge** bring your children, ours are the same age; **vous avez vos problèmes, et nous les ~s** you have your problems, we have ours; **cette histoire qui est la ~** this story which is ours ‖ *(emploi nominal)*: **les ~s** our family and friends; **c'est un des ~s** he's one of us; **vous n'étiez pas des ~s pour le réveillon de Noël?** weren't you at our Christmas Eve party?; **serez-vous des ~s demain soir?** will you be joining us tomorrow evening? ❑ **il faut y mettre du ~** we must do our bit, we should make an effort; **à la (bonne) ~!** cheers!

Notre-Dame [nɔtrədam] *nf* RELIG [titre] Our Lady; [église]: **~ des Fleurs/de la Passion** Our Lady of the Flowers/Passion; **~ de Paris** [cathédrale] Notre Dame; **'~ de Paris'** *Hugo* 'The Hunchback of Notre Dame'.

notule [nɔtyl] *nf* (brief) note.

nouage [nwaʒ] *nm* knotting, binding TEX.

Nouakchott [nwakʃɔt] *npr* Nouakchott.

nouba *fam* [nuba] *nf* [fête]: **faire la ~** to live it up, to paint the town red.

noue [nu] *nf* valley (of roof); **pièce de ~** valley tile.

nouer [6] [nwe] ◇ *vt* -**1.** [attacher ensemble - lacets, cordes] to tie OU to knot (together); **elle noua ses bras autour de mon cou** she wrapped her arms round my neck. -**2.** [faire un nœud à] to tie (up), to knot; **laisse-moi ~ ta cravate** let me knot your tie; **j'ai noué le bouquet avec de la ficelle** I tied the bouquet together with string; **il a noué le foulard autour de sa taille** he tied the scarf around his waist; **elle noua le ruban autour de ses cheveux** she tied her hair (back) with the ribbon; **elle a les articulations nouées par le rhumatisme** *fig* her joints are gnarled with rheumatism; **la peur lui nouait la gorge/les entrailles** *fig* his throat/stomach tightened with fear. -**3.** [établir]: **~ des relations avec qqn** to enter into a relationship with sb; **~ une intrigue** to hatch a plot. -**4.** TEXT to splice OU to knot (together).
◇ *vi* BOT to set.

◆ **se nouer** ◇ *vp* *(emploi passif)* [ceinture] to fasten, to do up; **les cheveux se nouent d'abord sur le sommet du crâne** first tie your hair up on top of your head.
◇ *vpi* -**1.** [s'entrelacer] to intertwine; **ses mains se nouèrent comme pour prier** his hands joined OU came together as if to pray; **nos doigts se nouèrent** our fingers intertwined. -**2.** [s'instaurer] to develop, to build up; **une complicité se noue entre l'acteur et le public** a feeling of complicity builds up OU develops between the actor and the audience; **à cette période de la vie, beaucoup de contacts se nouent** at that time of life, you build up OU make a lot of contacts; **l'action ne se noue que dans le dernier chapitre** only in the last chapter does the plot come to a head OU climax.

noueux, euse [nwø, øz] *adj* -**1.** [tronc, bois] knotty, gnarled. -**2.** [doigt] gnarled; **un vieux paysan ~** a wizened old farmer.

nougat [nuga] *nm* -**1.** CULIN nougat. -**2.** *fam loc*: **c'est du ~!** it's a cinch!, it's as easy as pie!; **c'est pas du ~!** it's not as easy as it looks!

◆ **nougats**▽ *nmpl* [pieds] feet.

nougatine [nugatin] *nf* nougatine.

nouille [nuj] ◇ *adj inv* -**1.** *fam* [niais] dumb, dopey; **le premier acte est complètement ~** the first act is a load of tripe. -**2.** BX-ARTS Art Nouveau *(modif)*.
◇ *nf* -**1.** CULIN noodle. -**2.** *fam* [nigaud] nitwit, dumbo; [mollasson] drip, wimp.
◆ **nouilles** *nfpl* pasta.

Nouméa [numea] *npr* Nouméa.

nounou *fam* [nunu] *nf* nanny; **jouer les ~s avec qqn** to mollycoddle OU to nursemaid sb.

nounours *fam* [nunurs] *nm* teddy (bear).

Noureïev [nurejɛf] *npr*: **Rudolph ~** Rudolph Nureyev.

nourri, e [nuri] *adj* -**1.** [dense - fusillade] sustained, heavy; **sous un feu ~ de questions** *fig* faced with a barrage of OU bombarded with questions. -**2.** [ininterrompu - applaudissements] prolonged, sustained. -**3.** *sout* [riche - style] rich, full.

nourrice [nuris] *nf* -**1.** [qui allaite] wet nurse. -**2.** [qui garde] childminder *Br*, nurse *Am*, nursemaid *Am*; **mettre un enfant en ~** to leave a child with a childminder ▫ **~ sèche** *vieilli* dry nurse. -**3.** AUT [bidon] spare can; [réservoir] service tank. -**4.** [morceau du bœuf] (beef) stewing shank. -**5.** ENTOM nurse (bee).

nourricier, ère [nurisje, ɛr] *adj* -**1.** [qui nourrit]: **notre terre nourricière** mother Earth. -**2.** ANAT nutrient *(avant n)*. -**3.** BOT nutritive.

nourrir [32] [nurir] *vt* -**1.** *pr* [alimenter] to feed, to nourish; **~ qqn (de qqch)** to feed sb (on sthg); **~ un bébé au sein/au biberon/à la cuillère** to breast-feed/to bottle-feed/to spoon-feed a baby; **~ un bébé aux petits pots** to feed a baby (on) OU to give a baby prepared babyfoods; **elle est difficile et j'ai du mal à la ~** she's fussy about her food and I have trouble getting her to eat; **être bien nourri** to be well-fed; **être mal nourri** [sous-alimenté] to be undernourished; **les enfants sont bien nourris à la cantine** the children get good school dinners. -**2.** *fig*: **la Brie nourrit la capitale** the Brie area provides the capital with food; **on lui a nourri l'esprit d'idées reçues** her mind's been filled with clichés; **j'avais l'esprit nourri de Goethe** I was brought up on Goethe; **un roman nourri des souffrances de l'auteur** a novel inspired by the author's own suffering; **les lettres qu'elle lui envoyait nourrissaient sa passion** the letters she sent him sustained his passion. -**3.** [faire subsister] to feed; **j'ai trois enfants à ~** I've got three children to feed OU to provide for ▫ **la chanson/sculpture ne nourrit pas son homme** you can't live off singing/sculpture alone; **le métier est dangereux, mais il nourrit son homme** it's a dangerous job but it brings in the money OU it pays well. -**4.** *litt* [avoir en tête] to entertain, to nurse, to nourish; **il nourrit une vive rancœur contre elle** he harbours a feeling of great resentment towards her; **je nourris de grands espoirs** I have high hopes; **elle nourrissait déjà des projets ambitieux** she was already turning over some ambitious projects in her mind; **~ des doutes au sujet de** to entertain doubts OU to be doubtful about.
◆ **se nourrir** *vp (emploi réfléchi)* -**1.** [s'alimenter] to feed (o.s.); **il est trop petit pour se ~ tout seul** he's too young to feed himself; **il se nourrit mal** he doesn't feed himself OU eat properly; **il faut bien se ~** a man has to eat; **elle ne se nourrit que de bananes** she eats only bananas; **les koalas se nourrissent de bourgeons d'eucalyptus** koalas feed on OU eat eucalyptus leaves. -**2.** *fig*: **se ~ d'illusions** to revel in illusions; **se ~ de bandes dessinées** to read nothing but comics.

nourrissant, e [nurisɑ̃, ɑ̃t] *adj* nourishing, nutritious; **crème ~e** nourishing cream; **le dessert était un peu trop ~** the dessert was a bit too rich.

nourrisseur [nurisœr] *nm* -**1.** [éleveur - de bétail] stock breeder; [- de vaches] dairyman. -**2.** [appareil] feeder.

nourrisson [nurisɔ̃] *nm* -**1.** [bébé] baby, infant; **quand tu n'étais encore qu'un ~** when you were still a tiny baby ▫ **consultation de ~s** baby clinic. -**2.** *arch* [bébé au sein] nursling, suckling.

nourriture [nurityr] *nf* -**1.** [alimentation] food; **donner à qqn une ~ saine** to provide sb with a healthy diet; **la ~** [aliments] food; **mon salaire sert à payer la ~** my wages go towards the food bill; **le maïs sert à la ~ du bétail** maize is used as a foodstuff for cattle OU used as cattle-feed. -**2.** [aliment] food; **le lait est une ~ riche en calcium** milk is a food rich in calcium; **elle n'absorbe plus aucune ~** she isn't eating any food any more. -**3.** *litt* [de l'esprit, du cœur] nourishment; **c'est bon pour leur ~ intellectuelle** it will stimulate their minds. -**4.** [du cuir] tawing paste. -**5.** [en sériciculture] silkworm growing.

nous [nu] ◇ *pron pers pl* -**1.** *(suj ou attribut d'un v)* we; **toi et moi, ~ comprenons** you and I understand; **elle et moi, ~ partons** she and I are leaving; **c'est ~ qui déciderons** we are the ones who'll decide; **~, nous restons** OU **on reste** *fam* **là** we are staying here; **~ deux, on s'aimera toujours** *fam* we two OU the two of us will always love each other; **partons, rien que ~ trois** let's leave, just us three OU the three of us; **~ autres médecins pensons que...** we doctors think that...; **coucou, c'est ~!** hullo, it's us! -**2.** *(complément d'un v ou d'une prép)* us; **elle n'aime que ~ deux** she only loves us two OU the two of us; **c'est à ~ deux qu'il l'a demandé** he asked the two of us OU (the) both of us; **à ~ six, on a fini la paella** between the six of us we finished the paella; **notre voilier à ~** our (own) yacht; **ces anoraks ne sont pas à ~** these anoraks aren't ours OU don't belong to us; **chez ~** [dans notre foyer] at home, in our house; [dans notre pays] at OU back home; **entre ~** between us; **pas de politesses entre ~** no need for formality between us; **entre ~ (soit dit), elle ment** between us OU between you and me, she's lying; **ce que c'est que de ~!** *arch* alas, we are but mere mortals! -**3.** *(suj ou complément, représentant un seul locuteur)* we; **dans notre thèse, ~ traitons le problème sous deux aspects** in our thesis we deal with the problem in two ways; **alors, comment allons-~ ce matin?** [à un malade, un enfant] and how are we this morning?; **alors, à ~!, qu'est-ce qu'il ~ fallait?** [chez un commerçant] now, what can I do for you?
◇ *pron réfléchi*: **~ ~ amusons beaucoup** we're having a great time.
◇ *pron réciproque* each other; **~ ~ aimons** we love each other.
◇ *nm*: **le ~ de majesté** the royal we.

nous-mêmes [numɛm] *pron pers* ourselves; **nous y sommes allés de ~** we went there on our own initiative; **vérifions par ~** let's check for ourselves.

nouveau [nuvo] *(devant nm commençant par voyelle ou h muet* **nouvel** [nuvɛl], *f* **nouvelle** [nuvɛl], *mpl* **nouveaux** [nuvo], *fpl* **nouvelles** [nuvɛl]) *adj* -**1.** [de fraîche date - appareil, modèle] new; [- pays] new, young; **notre démocratie est encore nouvelle** democracy is still in its infancy in our country; **c'est tout ~, ça vient de sortir** [livre] it's hot off the press; [appareil] it's brand-new, it's just come out; **mots ~x** new words ▫ **ville nouvelle** new town; **~x mariés** newlyweds, newly married couple; **les ~x pauvres** the new poor; **~ riche** nouveau riche; **~ venu** newcomer; **nouvelle venue** newcomer; **il est encore (un peu) ~ en politique** he's still (a bit of) a newcomer to politics. -**2.** [dernier en date] new, latest; **ce nouvel attentat a fait 52 morts** this latest bomb attack leaves 52 dead; **elle se prend pour la nouvelle Marilyn Monroe** she thinks she's another OU the new OU a second Marilyn Monroe; **~x élus** [députés] new OU newly-elected deputies ▫ **carottes nouvelles** spring carrots; **pommes de terre nouvelles** new potatoes; **nouvel an, nouvelle année** New Year; **nouvelle lune** new moon; **le Nouveau Monde** the New World; **le Nouveau Testament** the New Testament. -**3.** [autre] further, new; **de nouvelles négociations sont prévues** further negotiations are scheduled to take place; **le bail est reconduit pour une nouvelle période de trois ans** the lease is renewed for a further three years OU another three-year period; **une nouvelle fois, je tiens à vous remercier** let me thank you once more OU again. -**4.** [original - découverte, idée] new, novel, original; **un esprit/un son ~ est né** a new spirit/sound is born; **une conception nouvelle** a novel OU fresh approach; **porter un regard ~ sur qqn/qqch** to take a fresh look at sb/sthg; **elle est mécontente — ce n'est pas ~!** she's not happy — nothing new about that! -**5.** [inhabituel] new; **ce dossier est ~ pour moi** this case is new to me, I'm new to this case. -**6.** [novateur]: **nouvelle critique** new criticism; **nouvelle cuisine** nouvelle cuisine; **~ roman** nouveau roman, new novel; **nouvelle vague** new generation.
◆ **nouveau, elle** *nm, f* [élève] new boy (*f* girl); [adulte] new man (*f* woman).
◆ **nouveau** *nm*: **qu'est-ce qu'il y a de ~?** what's new?; **rien de ~ depuis la dernière fois** nothing new OU special since last time; **il y a eu du ~ dans l'affaire Perron** there are new developments in the Perron case.
◆ **à nouveau** *loc adv* -**1.** [de façon différente] anew, afresh; **faites le plan à ~** redraft the plan, draft the plan again; **recommence à ~** start anew OU afresh. -**2.** [encore] (once) again, once more; **on entendit à ~ le même bruit** we heard the same noise (once) again. -**3.** BANQUE: **porter à ~** to carry forward.
◆ **de nouveau** *loc adv* again, once again, once more; **tu as fait de ~ la même bêtise** you've made the same mistake again.
◆ **Nouvelle Vague** *nf* CIN New Wave, Nouvelle Vague.

Nouveau-Brunswick [nuvobrœsvik] *npr m*: **le ~** New Brunswick.

Nouveau-Mexique [nuvomɛksik] *npr m*: **le ~** New Mexico; **au ~** in New Mexico.

nouveau-né, e [nuvone] (*mpl* **nouveau-nés**, *fpl* **nouveau-nées**) ◇ *adj* newborn *(modif)*; **une fille ~e** a newborn baby girl.
◇ *nm, f* -**1.** [bébé] newborn baby. -**2.** [appareil, technique] new arrival; **un ~ dans la gamme des ordinateurs portables** a new addition to the family of portable computers.

Nouveau-Québec [nuvokebɛk] *npr m*: **le ~** New Quebec; **au ~** in New Quebec.

nouveauté [nuvote] *nf* -**1.** [chose nouvelle] novelty, new thing; **les ~s discographiques/littéraires** new releases/books; **tu fais de la musculation, c'est une ~!** you've taken up bodybuilding, that's new!; **le racisme a toujours existé, ce n'est pas une ~** racism has always existed, there's nothing new OU recent about it. -**2.** [originalité] novelty, newness; **l'exposition a l'attrait de la ~** the exhibition has novelty appeal. -**3.** COUT fashion; **le commerce/l'industrie de la ~** the fashion trade/industry; **~s de printemps/d'hiver** new spring/winter fashions.

nouvel [nuvɛl] → **nouveau**.

nouvelle [nuvɛl] ◇ *f* → **nouveau**.
◇ *nf* -**1.** [information] (piece of) news *(U)*; **c'est une ~ intéressante** that's an interesting piece of news, that's interesting news; **j'ai une bonne/mauvaise ~ pour toi** I have (some) good/bad news for you; **voici une excellente ~!** this is good news!; **tu ne connais pas la ~? elle est renvoyée** haven't you heard (the news)? she's been fired; **fausse ~** false report; **répandre des fausses ~s** to spread false rumours. -**2.** LITTÉRAT short story, novella.
◆ **nouvelles** *nfpl* -**1.** [renseignements] news *(U)*; **je n'ai pas eu de ses ~s depuis** I haven't had any news from him OU heard from him since; **donne vite de tes ~s** write soon; **Paul m'a demandé de tes ~s** Paul was asking after you; **j'ai eu de tes ~s par ta sœur** your sister told me how you were getting on; **aller aux ~s**

to go and find out what's (been) happening; **on est sans ~s des trois alpinistes** there's been no news of the three climbers; **les ~s vont vite** news travels fast ❑ **goûte-moi cette mousse, tu m'en diras des ~s** *fam* have a taste of this mousse, I think you'll like it; **tu ferais mieux de signer, ou tu auras de mes ~s!** *fam* you'd better sign, or else!; **pas de ~s, bonnes ~s** no news is good news. -**2.** RAD & TV news *(sg)*; **à quelle heure sont les ~s?** when's the news on?

Nouvelle-Angleterre [nuvɛlɑ̃glətɛr] *npr f*: (la) ~ New England.

Nouvelle-Bretagne [nuvɛlbrətaɲ] *npr f*: (la) ~ New Britain.

Nouvelle-Calédonie [nuvɛlkaledɔni] *npr f*: (la) ~ New Caledonia.

Nouvelle-Castille [nuvɛlkastij] *npr f*: (la) ~ New Castile.

Nouvelle-Écosse [nuvɛlekɔs] *npr f*: (la) ~ Nova Scotia.

Nouvelle-Galles du Sud [nuvɛlgaldysyd] *npr f*: (la) ~ New South Wales.

Nouvelle-Guinée [nuvɛlgine] *npr f*: (la) ~ New Guinea.

Nouvelle-Irlande [nuvɛlirlɑ̃d] *npr f*: (la) ~ New Ireland.

nouvellement [nuvɛlmɑ̃] *adv* newly, recently, freshly; **~ élu/nommé** newly-elected/-appointed; **~ débarqué** [immigrant] fresh off the boat.

Nouvelle-Orléans [nuvɛlɔrleɑ̃] *npr*: La ~ New Orleans.

Nouvelles-Hébrides [nuvɛlzebrid] *npr fpl*: (les) ~ the New Hebrides, Vanuatu.

Nouvelle-Zélande [nuvɛlzelɑ̃d] *npr f*: (la) ~ New Zealand.

Nouvelle-Zemble [nuvɛlzɑ̃bl] *npr f*: (la) ~ Novaya Zemlya.

nouvelliste [nuvelist] *nmf* short story writer.

nova [nɔva] *nf* nova.

novateur, trice [nɔvatœr, tris] ◇ *adj* innovative, innovatory.
◇ *nm, f* innovator.

novation [nɔvasjɔ̃] *nf* -**1.** *sout* innovation, innovating. -**2.** JUR novation.

novatoire [nɔvatwar] *adj*: **acte ~** deed of novation.

novembre [nɔvɑ̃br] *nm* November; **le onze ~** Armistice OU Remembrance Day.

nover [3] [nɔve] *vt* to novate; **~ une créance** to carry out a novation of a debt.

novice [nɔvis] ◇ *adj* inexperienced, green; **être ~ dans** OU **en qqch** to be inexperienced in OU a novice at sthg.
◇ *nmf* -**1.** [débutant] novice, beginner. -**2.** RELIG novice.
◇ *nm* NAUT junior seaman.

noviciat [nɔvisja] *nm* -**1.** RELIG [période, lieu] novitiate. -**2.** *litt* [apprentissage] probation, trial period.

Novossibirsk [nɔvɔsibirsk] *npr* Novosibirsk.

noyade [nwajad] *nf* -**1.** [fait de se noyer] drowning *(U)*; **une cause fréquente de ~** a common cause of (death by) drowning. -**2.** [accident] drowning *(C)*; **être témoin d'une ~** to witness a drowning; **il y a eu beaucoup de ~s ici l'été dernier** many people (were) drowned here last summer.

noyau, x [nwajo] *nm* -**1.** [de fruit] stone, pit *Am*; **~ de cerise/pêche** cherry/peach stone; **enlever le ~ d'un fruit** to pit a fruit, to remove the stone from a fruit ❑ **~ reproducteur/végétatif** BOT generative/vegetative nucleus. -**2.** [centre] nucleus; **~ familial** family nucleus. -**3.** [petit groupe] small group; **~ de rebelles** small group of rebels ❑ **le ~ dur du parti** the hard core of the party; **~ de résistance** pocket OU centre of resistance. -**4.** ANAT, ASTRON, BIOL & PHYS nucleus. -**5.** ÉLECTR, GÉOL & NUCL core. -**6.** FIN: **~ dur** hard-core shareholders. -**7.** MÉTALL (mould) core. -**8.** MÉTÉO: **~ de condensation/congélation** hygroscopic/freezing nucleus. -**9.** CHIM nucleus, ring. -**10.** CONSTR newel; **~ de voûte** (central) arch pillar. -**11.** MATH kernel.

noyautage [nwajotaʒ] *nm* -**1.** POL infiltration. -**2.** MÉTALL core blowing.

noyauter [3] [nwajote] *vt* -**1.** POL to infiltrate; **le syndicat a été noyauté** the union has been infiltrated. -**2.** MÉTALL to blow OU to make cores.

noyé, e [nwaje] ◇ *adj* [moteur] flooded; **les yeux ~s de larmes** his eyes bathed with tears.
◇ *nm, f* drowned person; **les ~s** the drowned; **trois disparus et deux ~s** three missing and two drowned.

noyer¹ [nwaje] *nm* -**1.** [arbre] walnut (tree). -**2.** [bois] walnut.

noyer² [13] [nwaje] *vt* -**1.** [personne, animal] to drown; [carburateur, vallée] to flood; **le regard noyé de larmes** *fig* eyes brimming OU swimming with tears; **après l'invasion, le pays fut noyé dans le sang** after the invasion, the country was awash with blood; **~ une sédition/mutinerie dans le sang** to bloodily suppress a revolt/mutiny ❑ **~ son chagrin (dans l'alcool)** to drown one's sorrows (in drink); **~ le poisson** PÊCHE to play the fish; **ne cherche pas à ~ le poisson** *fam fig* don't try to confuse the issue; **qui veut ~ son chien l'accuse de la rage** *prov* give a dog a bad name (and hang him) *prov*. -**2.** [faire disparaître]: **une épaisse brume noie la vallée** the valley is shrouded in fog; **être noyé dans la foule** to be lost in the crowd; **la maisonnette est noyée dans la verdure** the cottage is lost in the greenery; **l'essentiel est noyé dans les détails** the essentials have been buried OU lost in a mass of detail; **quelques belles phrases sont noyées dans des développements abscons** some fine phrases are buried under a mass of abstruse argument; **noyée dans la masse, sa voix pouvait passer pour puissante** blended in with the rest, his voice could be thought of as powerful; **le piano est noyé par les violons** the violins are drowning out the piano ‖ CULIN [sauce] to water down *(sép)*, to thin (out) too much; [vin] to water down *(sép)*. -**3.** MENUIS: **~ un clou** to drive a nail right in.

◆ **se noyer** ◇ *vp (emploi réfléchi)* [se suicider] to drown o.s.; **elle a essayé de se ~** she tried to drown herself.
◇ *vpi* [accidentellement] to drown.

◆ **se noyer dans** *vp + prép* -**1.** [se plonger dans] to bury OU to absorb o.s. in; **quand j'ai des ennuis sentimentaux, je me noie dans le travail** when I have problems with my love life, I just throw myself into my work OU bury myself in work. -**2.** [s'empêtrer dans] to get tangled up OU bogged down OU trapped in; **tu te noies dans tes contradictions/mensonges** you're getting bogged down in your (own) contradictions/tangled up in your (own) lies; **vous vous noyez dans des considérations hors sujet** you're getting tangled up in OU lost in a series of side issues ❑ **se ~ dans un verre d'eau** to make a mountain out of a molehill.

N/Réf *(abr écrite de* Notre référence*)* O/Ref.

NRF *(abr de* **Nouvelle Revue française***)* *npr f* -**1.** [revue] *literary review*. -**2.** [mouvement] *literary movement*.

N.-S. *(abr écrite de* Notre-Seigneur*)* Our Lord.

N.-S. J.-C. *(abr écrite de* Notre-Seigneur Jésus-Christ*)* *Our Lord Jesus Christ*.

NSP *(abr écrite de* Notre Saint Père*)* *Our Holy Father*.

nu, e [ny] *adj* -**1.** [sans habits - personne] naked, nude; **une femme ~e** a naked OU nude woman; **être ~** to be naked OU in the nude; **ne te promène pas tout ~ devant la fenêtre** don't walk about in front of the window with nothing on; **une plage où l'on peut se baigner (tout) ~** a beach where nude bathing is allowed; **être à demi ~** OU **à moitié ~** to be half-naked; **poser ~ pour un photographe** to pose in the nude for a photographer; **se mettre (tout) ~** to take off all one's clothes, to strip naked; **revue ~e** nude show ❑ **être ~ comme un ver** OU **la main** to be stark naked. -**2.** [découvert - partie du corps]: **avoir les bras ~s/fesses ~es** to be barearmed/barebottomed; **avoir le crâne ~** to be baldheaded; **se promener les jambes ~es** to walk about bare-legged OU with bare legs; **combattre à main ~e** to fight bare-handed OU with one's bare hands; **être pieds ~s** to be barefoot OU barefooted; **marcher pieds ~s** to walk barefoot OU barefooted; **n'y va pas pieds ~s** don't go there with bare feet; **se baigner seins ~s** to go topless bathing; **entrer dans une église la tête ~e** to walk into a church bareheaded OU without a hat on; **torse ~: il travaillait torse ~** he was working without a shirt on; **mettez-vous torse ~** strip to the waist ❑ **à l'œil ~: ça ne se voit pas/ça se voit à l'œil ~** *pr* you can't/you can see it with the naked eye; **il est jaloux, ça se voit à l'œil ~** *fig* he's jealous, it's plain for all to see. -**3.** [dégarni - sabre] naked; [- paysage] bare, empty; **les murs étaient ~s** the walls were bare. -**4.** BOT [grain, graine] naked.

◆ **nu** *nm* -**1.** BX-ARTS nude. -**2.** [spectacle]: **elle fait du ~** she works in nude shows ❑ **une photo de ~** a nude photo. -**3.** CONSTR: **~ de mur** plain of a wall. -**4.** [lettre] nu.

◆ **à nu** ◇ *loc adj* bare; **le fil est à ~** [accidentellement] the wire is bare; [exprès] the wire has been stripped; **mon âme était à ~** my soul had been laid bare.
◇ *loc adv*: **mettre à ~** to expose; **mettre un fil électrique à ~** to strip a wire; **mettre son cœur à ~** to bare one's soul; **mettre à ~ la corruption de la société** to lay bare OU to expose corruption in society.

nuage [nɥaʒ] *nm* -**1.** MÉTÉO cloud; **ciel chargé de ~s** cloudy OU overcast sky; **~ de fumée/poussière** cloud of smoke/dust; **~ toxique/radioactif** toxic/radioactive cloud. -**2.** [menace, inquiétude] cloud; **il y a de gros ~s à l'horizon économique de 1994** the economic outlook for 1994 is very gloomy OU bleak; **un ~ passa dans ses yeux/sur son visage** his eyes/his face clouded over ‖ [rêverie]: **être dans les ~s** to have one's head in the clouds, to be day dreaming; **encore dans les ~s?** are you dreaming again? -**3.** [masse légère]: **un ~ de tulle** a mass OU swathe of tulle ‖ [petite quantité]: **un ~ de lait** a drop of milk. -**4.** JOAILL cloud. -**5.** MATH: **~ de points** scatter of points. -**6.** PHYS: **~ (électronique)** electron cloud.

◆ **sans nuages** *loc adj* -**1.** MÉTÉO cloudless; **sous le ciel sans ~s de l'Australie** under Australia's cloudless blue skies. -**2.** [serein] unclouded, untroubled, perfect; **une amitié sans ~s** an untroubled friendship; **un bonheur sans ~s** unclouded happiness; **vivre sous un ciel sans ~s** to live in unclouded happiness.

nuageux, euse [nɥaʒø, øz] *adj* -**1.** MÉTÉO: **ciel ~** cloudy OU overcast sky; **ciel devenant ~** increasing cloud ❑ **masse nuageuse** cloudbank; **système ~** cloud system. -**2.** [confus - esprit, idée] hazy, nebulous, obscure.

nuance [nɥɑ̃s] *nf* -**1.** [différence - de couleur] shade, hue; [- de son] nuance; **des ~s de bleu** shades of blue; **~ de sens** shade of meaning, nuance; **il y a une ~ entre désir et amour** there's a (slight) difference between desire and love; **j'ai dit que je l'aimais bien et non que je l'aimais, ~!** I said I liked him and not that I loved him, that's not the same thing! -**2.** [subtilité] nuance, subtlety; **toutes les ~s de sa pensée** the many subtleties OU all the finer aspects of his thinking; **personne/personnage tout en ~s** very subtle person/character; **il joue du piano sans ~s/avec ~** his piano playing lacks subtlety/displays a good sense of musical shading. -**3.** [trace légère] touch, tinge; **une ~ de regret** a touch of regret; **il y a une ~ d'amertume dans sa voix** there's a touch OU hint of bitterness in his voice. -**4.** MÉTALL grade, type.

nuancer [16] [nɥɑ̃se] *vt* -**1.** [couleur] to shade; [musique] to nuance. -**2.** [critique, jugement] to nuance, to qualify; **cette opinion/déclaration demande à être nuancée** this opinion/statement needs to be qualified. -**3.** TEXT to grade, to tone.

nuancier [nɥɑ̃sje] *nm* colour chart.
Nubie [nybi] *npr f*: (la) ~ Nubia.
nubile [nybil] *adj* nubile; **l'âge** ~ ≃ the age of consent.
nubilité [nybilite] *nf* nubility.
nucléaire [nykleɛr] ◇ *adj* BIOL, MIL & PHYS nuclear.
◇ *nm* [énergie] nuclear power OU energy; [industrie] nuclear industry.
nucléarisation [nyklearizasjɔ̃] *nf* INDUST *introduction of nuclear power to replace conventional energy sources*; MIL nuclearization.
nucléariser [3] [nyklearize] *vt* to supply with nuclear power; MIL to supply with nuclear weapons, to nuclearize.
◆ **se nucléariser** *vpi* to go nuclear.
nucléase [nykleaz] *nf* nuclease.
nucléé, e [nyklee] *adj* nucleated.
nucléide [nykleid] = **nuclide**.
nucléine [nyklein] *nf* nuclein.
nucléique [nykleik] *adj*: **acide** ~ nucleic acid.
nucléole [nykleɔl] *nm* nucleolus.
nucléon [nykleɔ̃] *nm* nucleon.
nucléonique [nykleɔnik] *adj* nucleonic.
nucléoprotéine [nykleɔprɔtein] *nf* nucleoprotein.
nucléoside [nykleozid] *nm* nucleoside.
nucléosynthèse [nykleɔsɛ̃tɛz] *nf* nucleosynthesis.
nuclide [nyklid] *nm* nuclide.
nudisme [nydism] *nm* nudism, naturism; **pratiquer le** ~ to practise nudism.
nudiste [nydist] ◇ *adj* nudist *(modif)*.
◇ *nmf* nudist; **plage/village de** ~**s** nudist beach/village.
nudité [nydite] *nf* **-1.** [d'une personne] nakedness, nudity; *fig*: **sa mesquinerie se révélait enfin dans toute sa** ~ his pettiness was at last revealed for what it was; **ses crimes furent étalés dans toute leur** ~ his crimes were exposed for all to see. **-2.** [d'un lieu] bareness; **la** ~ **d'une cellule monacale** the starkness OU bareness of a monk's cell; **la** ~ **des murs rend la pièce glaciale** the bare walls make the room feel very cold. **-3.** BX-ARTS nude.
nuée [nɥe] *nf* **-1.** *litt* thick cloud; ~ **d'orage** storm cloud, thundercloud. **-2.** GÉOL: ~ **ardente** nuée ardente. **-3.** [multitude] horde, host; ~ **de paparazzi/d'admirateurs** a horde of paparazzi/admirers; ~ **d'insectes** horde OU swarm of insects; **comme une** ~ **de sauterelles** like a plague of locusts. **-4.** JOAILL cloud.
nue-propriété [nyprɔprijete] (*pl* **nues-propriétés**) *nf* bare ownership.
nues [ny] *nfpl litt*: **les** ~ the skies ❑ **porter qqn/qqch aux** ~ to praise sb/sthg to the skies; **tomber des** ~: **nous sommes tombés des** ~ we were flabbergasted OU dumbfounded; **tu tombes des** ~! where have you been?
nuire [97] [nɥir]
◆ **nuire à** *v + prép* [être néfaste pour]: ~ **à qqn** to harm OU to injure sb; **le soutien d'un homme comme lui ne peut que te** ~ support from a man like him can only do you harm OU will never do you any good; **ils cherchent à nous** ~ **par une publicité mensongère** they're trying to damage our reputation with misleading publicity; ~ **à qqch** to be harmful to OU to damage OU to harm sthg; **le tabac nuit à la santé** smoking is harmful to health; **ne fais rien qui puisse** ~ **à ta carrière** don't do anything that might damage OU harm your career; **cela a nui à l'équilibre de leur couple** their relationship suffered from it; **les grèves nuisent à la reprise économique** strikes are a threat to economic recovery.
◆ **se nuire** *vp (emploi réfléchi)* to do o.s. harm; **tu te nuis à toi-même en faisant cela** you're only hurting yourself by doing that.
nuisance [nɥizɑ̃s] *nf* (environmental) nuisance.
nuisette [nɥizɛt] *nf* short OU babydoll nightgown.
nuisible [nɥizibl] *adj* harmful; **gaz/fumées** ~**s** noxious gas/fumes; **des individus** ~**s à la société** individuals harmful to society ❑ **animaux** ~**s** pests.
◆ **nuisibles** *nmpl* ZOOL vermin, pests.
nuit [nɥi] *nf* **-1.** [obscurité] night *(U)*, dark, darkness; **il fait** ~ it's dark; **il fait** ~ **noire** it's pitch-dark OU pitch-black; **la** ~ **tombe** it's getting dark, night is falling; **l'hiver, la** ~ **tombe plus tôt** it gets dark earlier in winter; **rentrer avant la** ~ to get back before nightfall OU dark; **à la** ~ **tombante, à la tombée de la** ~ at nightfall, at dusk; **dans la** ~ **de son passé** in the mists of his past; **entrer dans la** ~ **éternelle** OU **la** ~ **du tombeau** *litt* to descend into the darkness of the grave; **l'homme ne sait rien, il est dans la** ~ *litt* man knows nothing, he struggles in the dark ❑ **la** ~ **des temps**: **remonter à/se perdre dans la** ~ **des temps** to go back to the dawn of/to be lost in the mists of time; **c'est le jour et la** ~! it's like chalk and cheese! *Br*, it's like night and day! *Am*. **-2.** [intervalle entre le coucher et le lever du soleil] night, nighttime; **je dors la** ~ I sleep at OU during the night; **une** ~ **étoilée** a starry night; **son état a empiré pendant la** ~ her condition worsened during the night; **faire sa** ~ to sleep through the night; **bonne** ~! goodnight!; **passer une bonne** ~ [malade] to have a comfortable night ❑ ~ **blanche** sleepless night; ~ **bleue** night of bomb attacks; **la** ~ **porte conseil** *prov* let's sleep on it; **'Une** ~ **à l'opéra'** *Marx Brothers* 'A Night at the Opera'. **-3. une** ~ **de** [une nuit passée à] a night of; **une** ~ **de marche/repos/travail** a night's walk/rest/work; **une** ~ **d'extase/de désespoir** a night of ecstasy/despair; **une** ~ **d'insomnie** a sleepless night; **une** ~ **de sommeil ininterrompu** a night of unbroken sleep ❑ **la** ~ **de noces** the wedding night. **-4.** [dans des expressions de temps]: **cette** ~: **que s'est-il passé cette** ~? what happened last night?; **nous partons cette** ~ we're leaving tonight; **des** ~**s entières** nights on end; **en pleine** ~ in the middle of the night; **en une** ~ [pendant la nuit] in one night; [vite] overnight; **il y a deux** ~**s** the night before last; **il y a trois** ~**s** three nights ago; **la** ~: **l'émission passe tard la** ~ the programme is on late at night, it's a late-night programme; **ne sors pas seul la** ~ don't go out alone at night; **la** ~ **de mardi/vendredi** Tuesday/Friday night; **dans la** ~ **de mardi à mercredi** during Tuesday night, during the night of Tuesday to Wednesday; **la** ~ **où** the night that; **la** ~ **où on l'a appelé, il était introuvable!** the (one) night we called him, he was nowhere to be found!; **la** ~ **précédente** OU **d'avant** the previous night, the night before; **la** ~ **suivante** OU **d'après** the next night, the night after; **l'autre** ~ the other night; ~ **et jour, de** ~ **comme de jour** night and day; **stationnement interdit** ~ **et jour** no parking day or night; **toute la** ~ all night (long), through the night; **toutes les** ~**s** nightly, every night ❑ **la** ~ **tous les chats sont gris** *prov* all cats are grey in the dark. **-5.** [dans des noms de dates]: **la** ~ **des longs couteaux** the Night of the Long Knives; **la** ~ **de Noël** Christmas night; **la** ~ **de la Saint-Sylvestre** New Year's Eve night; **'la Nuit des rois'** *Shakespeare* 'Twelfth Night'. **-6.** [nuitée]: **c'est 300 F la** ~ it's 300 F a night; **payer sa** ~ to pay for the night; **c'est combien la** ~? how much is it for one night?; **la chambre est à 130 F la** ~ rooms are 130 F a night.
◆ **de nuit** ◇ *loc adj* **-1.** ZOOL: **animaux/oiseaux de** ~ nocturnal animals/birds. **-2.** [pharmacie] night *(modif)*, all-night *(avant n)*, twenty-four hour *(avant n)*. **-3.** [qui a lieu la nuit] night *(modif)*; **garde/vol de** ~ night watch/flight; **lunettes pour la conduite de** ~ glasses for night-driving OU driving at night; **être de** ~ to work night shifts, to be on nights; **aujourd'hui je suis de** ~ **à l'hôpital** I'm on night-duty at the hospital tonight.
◇ *loc adv*: **travailler de** ~ to work nights OU the night shift OU at night; **conduire de** ~ to drive at OU by night; **nous arriverons plus vite en faisant la route de** ~ we'll arrive earlier if we drive through the night.
◆ **nuit américaine** *nf* CIN day for night; **tourné en** ~ **américaine** shot in day for night.
nuitamment [nɥitamɑ̃] *adv litt* at OU by night.
nuitée [nɥite] *nf* bed-night, person-night *spéc*; **le gérant de l'hôtel nous a facturé deux** ~**s** the hotel manager charged us for two nights.
nul, nulle[1] [nyl] ◇ *adj* **-1.** [inexistant] nil, nonexistent; **les bénéfices sont presque** ~**s** the profits are almost nonexistent OU nil OU zero; **nos chances de gagner sont nulles** we stand (absolutely) no chance of winning, our chances of winning are nil. **-2.** *fam* [très mauvais] useless, rubbish, hopeless; **leur dernière chanson est nulle** their latest song is rubbish; **être** ~ **en maths** to be hopeless OU useless at maths; **c'est vraiment** ~ **de dire une chose pareille** what a pathetic thing to say; **t'es** ~! you're useless OU pathetic! **-3.** MATH null; **ensemble** ~ null OU empty set; **matrice nulle** null matrix. **-4.** JUR null; **rendre** ~ to nullify, to annul. **-5.** SPORT nil; **le score est** ~ the score is nil-nil.
◇ *nm, f fam* prat; **quel** ~ **ce mec!** what a prat!
nul, nulle[2] [nyl] *sout* ◇ *adj indéf (avant le n)* no, not any; **tu ne peux faire confiance à** ~ **autre que lui** you can trust nobody but him, he's the only one you can trust; ~ **autre que lui n'aurait pu y parvenir** nobody (else) but he could have done it; **à** ~ **autre pareil** peerless, unrivalled; **je n'éprouve** ~ **ressentiment** I don't feel at all resentful, I don't feel any resentment; **elle n'a nulle envie de me voir** she has no desire (whatsoever) to see me; **il partit sans nulle envie de revenir** he left with no desire to return; **sans** ~ **doute** undoubtedly, without any doubt; ~ **doute qu'il tiendra sa promesse** there is no doubt that he will keep his promise.
◇ *pron indéf* no one, nobody; ~ **n'aurait mieux su analyser la situation** no one could have analyzed the situation better; ~ **mieux que lui n'aurait su analyser la situation** no one could have analyzed the situation better than him; ~ **n'est venu** no one OU nobody came; ~ **ne peut le nier** no one can deny it ❑ ~ **n'est parfait** nobody's perfect; ~ **n'est censé ignorer la loi** ignorance of the law is no defence; ~ **n'est prophète en son pays** *prov* no man is a prophet in his own country.
◆ **nulle part** *loc adv* nowhere; **on ne l'a trouvé nulle part** we couldn't find it anywhere; **nulle part la nature n'est plus belle** nowhere is nature more beautiful; **le texte ne mentionne nulle part ce détail** this detail is not mentioned anywhere in the text; **nulle part ailleurs** nowhere else.
nullard, e *fam* [nylar, ard] ◇ *adj* thick *Br*, dumb *Am*.
◇ *nm, f* numskull, dumbo, thicko *Br*.
nullement [nylmɑ̃] *adv litt* not at all, not in the least; **elle n'avait** ~ **honte de ce qu'elle avait fait** she wasn't in the least ashamed of what she'd done; **ça vous gêne que je fume?** — ~ do you mind my smoking? — not at all OU not in the least.
nulle part [nylpar] *loc adv* nowhere; **on ne l'a trouvé** ~ he was nowhere to be found; ~ **ailleurs** nowhere else.
nullipare [nylipar] ◇ *adj* nulliparous.
◇ *nf* nullipara.
nullité [nylite] *nf* **-1.** [manque de valeur] incompetence, uselessness; **elle est d'une** ~ **totale** she's totally useless OU incompetent; **ce film est d'une parfaite** ~ this film is really terrible. **-2.** [personne] incompetent, nonentity; **c'est une** ~ he's useless. **-3.** JUR nullity; **action en** ~ action for (a) voidance of contract.
numéraire [nymerɛr] ◇ *adj*: **espèces** ~**s** legal tender OU currency; **valeur** ~ face value.
◇ *nm* cash; **payer en** ~ to pay cash ❑ ~ **fictif** paper money.
numéral, e, aux [nymeral, o] *adj* numeral.
◆ **numéral, aux** *nm* numeral.

numérateur [nymeratœr] *nm* numerator.

numération [nymerasjɔ̃] *nf* -**1.** [dénombrement] numeration, numbering *(U)*; [signes] notation; ~ **décimale/binaire** decimal/binary notation. -**2.** MÉD: ~ **globulaire** blood count.

numérique [nymerik] *adj* -**1.** [gén] numerical; **dans l'ordre** ~ in numerical order. -**2.** MATH numerical. -**3.** INF digital.

numériquement [nymerikmɑ̃] *adv* -**1.** [en nombre] numerically. -**2.** INF digitally.

numérisation [nymerizasjɔ̃] *nf* digitization.

numériser [3] [nymerize] *vt* to digitize.

numériseur [nymerizœr] *nm* digitizer.

numéro [nymero] *nm* -**1.** [nombre] number; ~ **(de téléphone)** TÉLÉC (telephone) number; **donne-moi ton** ~ give me your number; **refais le** ~ dial (the number) again; **j'ai changé de** ~ my number has changed; **faire un faux** ~ to dial a wrong number; **'il n'y a pas d'abonné au** ~ **que vous avez demandé'** there's no subscriber at the number you've dialled ☐ ~ **d'un navire/de voilure** NAUT ship's/class number; ~ **d'appel** [dans une file d'attente] number; ~ **azur** *telephone number for a call charged at the local rate irrespective of the actual distance covered*; ~ **complémentaire** JEUX *extra number in Loto, used as a joker*; ~ **de compte** account number; ~ **d'immatriculation** registration number *Br*, license number *Am*; ~ **matricule** number; ~ **d'ordre** (queueing) number OU ticket *Br*, number (for waiting line) *Am*; ~ **postal** *Helv* postcode *Br*, zip code *Am*; ~ **vert** ≃ Freefone number *Br*, ≃ 800 number *Am*. -**2.** [habitation, place] number; **j'habite rue Froment – à quel** ~? I live in the rue Froment – what number?; **j'ai le** ~ **3B, où dois-je m'asseoir?** I've got (ticket) number 3B, where should I sit? -**3.** [exemplaire] issue, number; **acheter un magazine au** ~ to buy a magazine as it appears; **il faudra chercher dans de vieux** ~**s** we'll have to look through some back issues; **deux** ~**s en un** double issue; **j'ai tous les** ~**s depuis la parution** I've got every issue OU copy that's ever been published. -**4.** MUS number; [dans un spectacle] act, turn; **il fait le** ~ **le plus important du spectacle** he's top of the bill; **elle a fait son** ~ **habituel** she went into her usual routine; **il lui a fait un** ~ **de charme terrible** *fam* he really turned on the charm with her. -**5.** JEUX [nombre] number; **un** ~ **gagnant** a winning number; **tirer le bon/mauvais** ~ to draw a lucky/an unlucky number; **lui, il a tiré le bon** ~! *fig* he's really picked a winner! -**6.** [personne]: **n'être qu'un** ~ to be just a number; **quel** ~! *fam* [hurluberlu] what a card OU character! ☐ **le** ~ **un/deux soviétique** the Soviet number one/two; **le** ~ **un du tennis** the top tennis player; **le** ~ **deux de l'automobile** the second-ranked car manufacturer. -**7.** *(comme adj; après le n)*: **le lot** ~ **12** lot 12. -**8.** OPT number. -**9.** TEXT count of yarn.

numérologie [nymerɔlɔʒi] *nf* numerology.

numérologue [nymerɔlɔg] *nmf* numerologist.

numérotage [nymerɔtaʒ] *nm* -**1.** [attribution d'un numéro] numbering. -**2.** TEXT (yarn) counting.

numérotation [nymerɔtasjɔ̃] *nf* -**1.** [attribution d'un numéro] numbering; **la** ~ **des pages** pagination, page numbering. -**2.** TÉLÉC dialling.

numéroter [3] [nymerɔte] *vt* to number; ~ **les pages d'un livre** to paginate a book, to number the pages of a book; **les places ne sont pas numérotées** the seats aren't numbered ☐ **tu peux** ~ **tes abattis!** *fam hum* get ready, you're in for it!

numerus clausus [nymerysklozys] *nm inv* numerus clausus.

numide [nymid] *adj* Numidian.
◆ **Numide** *nmf* Numidian.

Numidie [nymidi] *npr f*: **(la)** ~ Numidia.

numismate [nymismat] *nmf* numismatist, numismatologist.

numismatique [nymismatik] ◇ *nf* numismatics *(sg)*, numismatology.
◇ *adj* numismatic.

nunuche *fam* [nynyʃ] ◇ *adj* simple, goofy, dumb.
◇ *nf* ninny, nincompoop.

nuoc-mâm [nɥɔkmam] *nm inv* CULIN nuoc mam.

nu-pieds [nypje] *nmpl* sandals.

nu-propriétaire, nue-propriétaire [nyprɔprieter] *(mpl* nus-propriétaires, *fpl* nues-propriétaires) *nm, f* bare owner.

nuptial, e, aux [nypsjal, o] *adj* -**1.** [de mariage] wedding *(modif)*; **robe** ~**e** wedding dress, bridal gown. -**2.** ZOOL nuptial.

nuptialité [nypsjalite] *nf* marriage rate, nuptiality.

nuque [nyk] *nf* nape *(of the neck)*; **une coiffure qui dégage la** ~ a hairstyle that leaves the back of the neck OU the nape bare; **saisir qqn par la** ~ to grab sb by the scruff of the neck.

Nuremberg [nyrɛ̃bɛr] *npr* Nuremberg.

nurse [nœrs] *nf vieilli* nanny, governess.

nursery [nœrsəri] *(pl* **nurserys** OU **nurseries)** *nf* [d'une maison, d'un hôpital] nursery.

nutriment [nytrimɑ̃] *nm* nutriment.

nutritif, ive [nytritif, iv] *adj* -**1.** [nourrissant - aliment] nourishing, nutritious; **substance nutritive** nutrient. -**2.** [relatif à la nutrition] nutritive, nutritional; **valeur nutritive** food OU nutritional value.

nutrition [nytrisjɔ̃] *nf* -**1.** PHYSIOL nutrition, feeding; **maladies de la** ~ nutritional diseases; **spécialiste de la** ~ dietary expert. -**2.** BOT nutrition.

nutritionnel, elle [nytrisjɔnɛl] *adj* nutritional, food *(modif)*; **composition** ~**le du lait** food OU nutritional value of milk.

nutritionniste [nytrisjɔnist] *nmf* nutritionist, dietary expert.

Nyassaland [njasalɑ̃d] *npr m*: **le** ~ Nyasaland.

nyctalope [niktalɔp] ◇ *adj* -**1.** ZOOL: **la chouette est un oiseau** ~ the owl has good nocturnal vision. -**2.** MÉD hemeralopic *spéc*, day-blind.
◇ *nmf* -**1.** MÉD day-blindness OU hemeralopia *spéc* sufferer. -**2.** ZOOL animal/bird with good nocturnal vision.

nyctalopie [niktalɔpi] *nf* -**1.** ZOOL good nocturnal vision. -**2.** MÉD day-blindness, hemeralopia.

Nylon® [nilɔ̃] *nm* nylon; **en** OU **de** ~ nylon *(modif)*; **des bas (de)** ~ nylons *vieilli*, nylon stockings.

nymphal, e, aux [nɛ̃fal, o] *adj* nymphal.

nymphalidé [nɛ̃falide] *nm* nymphalid; **les** ~**s** the Nymphalidae.

nymphe [nɛ̃f] *nf* -**1.** MYTH nymph; **elle avait un corps de** ~ she was nymph-like OU sylph-like. -**2.** ENTOM nymph. -**3.** ANAT labia minora, nympha.

nymphéa [nɛ̃fea] *nm* white water lily; **'les Nymphéas'** *Monet* 'Water Lilies'.

nymphéacée [nɛ̃fease] *nf* member of the Nymphaeaceae.

nymphette [nɛ̃fɛt] *nf* nymphet, nymphette.

nymphomane [nɛ̃fɔman] *adj f* & *nf* nymphomaniac.

nymphomanie [nɛ̃fɔmani] *nf* nymphomania.

nymphose [nɛ̃foz] *nf* nymph stage.

nystatine [nistatin] *nf* PHARM nystatin.

O

o, O [o] *nm inv* [lettre] o, O.

O (*abr écrite de* Ouest) W.

ô [o] *interj litt* oh, O.

OAA (*abr de* Organisation des Nations unies pour l'alimentation et l'agriculture) *npr f* FAO.

OACI (*abr de* Organisation de l'aviation civile internationale) *npr f* ICAO.

OAS (*abr de* Organisation Armée Secrète) *npr f* OAS *(French terrorist organization which opposed Algerian independence in the 1960s)*.

oasien, enne [ɔazjɛ̃, ɛn] ◇ *adj* oasis *(modif)*.
◇ *nm, f* oasis dweller.

oasis [ɔazis] *nf* oasis; **une ~ de paix** an oasis of peace.

obédience [ɔbedjɑ̃s] *nf* [adhésion] allegiance; **pays d'~ socialiste** socialist OU socialist-run countries; **musulman de stricte ~** devout Muslim ❑ **~ religieuse** religious persuasion.

obéir [32] [ɔbeir]
◆ **obéir à** *v + prép* -**1.** [se soumettre à]: **~ à qqn/qqch** to obey sb/sthg; **il m'obéit au doigt et à l'œil** he's at my beck and call; **savoir se faire ~ de qqn** to command OU to compel obedience from sb; **c'était un professeur très obéi de ses élèves** as a teacher, he commanded (great) obedience from his pupils; **~ à un ordre** to comply with OU to obey an order || *(en usage abs)*: **vas-tu ~!** will you do as you're told! -**2.** [être régi par]: **~ à qqch** to submit to OU to obey sthg; **~ à une théorie/un principe** to obey OU to follow a theory/principle, **le marché obéit à la loi de l'offre et de la demande** the market is governed by OU follows the law of supply and demand; **~ à une impulsion** to follow an impulse; **obéissant à une soif de vengeance** moved OU prompted by a thirst for revenge; **~ à sa bonté naturelle/à la raison** to be prompted by one's natural kindness/by reason. -**3.** [réagir à - suj: mécanisme]: **~ à qqch** to respond to sthg || *(en usage abs)*: **le moteur obéit bien** the engine responds well; **soudain les freins ont cessé d'~** all of a sudden, the brakes stopped responding.

obéissance [ɔbeisɑ̃s] *nf* -**1.** [action d'obéir] obedience, submission; **une ~ aveugle aux ordres** blind obedience to orders; **~ à une règle** adherence to a rule. -**2.** [discipline] obedience; **les professeurs se plaignent du manque d'~ des élèves** the teachers complain of the pupils' disobedience. -**3.** RELIG obedience.

obéissant, e [ɔbeisɑ̃, ɑ̃t] *adj* obedient; **être** OU **se montrer ~ envers qqn** to be obedient to OU towards sb.

obélisque [ɔbelisk] *nm* obelisk.

obérer [18] [ɔbere] *vt sout* -**1.** [accabler financièrement] to be a burden on, to weigh down *(sép)*; **la facture pétrolière obère le budget de l'État** the oil bill is a burden on the country's budget. -**2.** [compromettre] to compromise; **cette décision obère l'avenir** this decision compromises the future.

obèse [ɔbɛz] ◇ *adj* obese.
◇ *nmf* obese person.

obésité [ɔbezite] *nf* obesity, obeseness.

obi [ɔbi] *nf* obi.

obier [ɔbje] *nm* guelder rose.

objectal, e, aux [ɔbʒɛktal, o] *adj* object *(modif)* PSYCH.

objecter [4] [ɔbʒɛkte] *vt* -**1.** [opposer - un argument]: **~ qqch à qqn** to put sthg forward as an argument against sb; **il n'a rien eu à ~ à ce que j'ai dit** he raised no objections to what I said; **que peut-on lui ~?** what arguments can we put forward against him?; **on nous objectera le coût trop élevé de l'opération** they will object to the high cost of the operation. -**2.** [prétexter]: **ils peuvent m'~ que je suis trop jeune** they may object that I am too young; **il objecta son incompétence pour se débarrasser de la corvée** he pleaded incompetence to get out of doing the chore.

objecteur [ɔbʒɛktœr] *nm*: **~ de conscience** conscientious objector.

objectif, ive [ɔbʒɛktif, iv] *adj* -**1.** [impartial] objective, unbiased; **un témoin ~** an unbiased witness. -**2.** [concret, observable] objective; **la fièvre est un signe ~ de maladie** fever is an objective symptom of disease. -**3.** GRAMM & PHILOS objective.
◆ **objectif** *nm* -**1.** [but à atteindre] objective, goal, aim; **se fixer/atteindre un ~** to set o.s./to reach an objective. -**2.** MIL [cible] target, objective. -**3.** OPT & PHOT lens, objective; **braquer son ~ sur qqch** to train one's camera on sthg; **fixer l'~** to look into the camera; **elle est très naturelle devant l'~** she's very natural in front of a camera.

objection [ɔbʒɛksjɔ̃] *nf* -**1.** [gén] objection; **faire** OU **soulever une ~** to make OU to raise an objection; **tu as** OU **tu y vois une ~?** do you have any objection?; **je ne vois pas d'~ à continuer le débat** I have no objection to our continuing the debate. -**2.** JUR: **~!** objection!; **~ accordée/refusée** objection sustained/overruled.
◆ **objection de conscience** *nf* MIL conscientious objection.

objectivation [ɔbʒɛktivasjɔ̃] *nf* objectivization.

objectivement [ɔbʒɛktivmɑ̃] *adv* objectively; **vous n'avez pas rendu compte des faits ~** you didn't report the facts objectively, you didn't give an objective account of the facts; **~, qu'est-ce que vous en pensez?** objectively, what do you think of it?

objectiver [3] [ɔbʒɛktive] *vt* to objectify.

objectivisme [ɔbʒɛktivism] *nm* objectivism.

objectiviste [ɔbʒɛktivist] ◇ *adj* objectivist, objectivistic.
◇ *nmf* objectivist.

objectivité [ɔbʒɛktivite] *nf* objectivity; **l'~ d'un rapport/journaliste** the objectivity of a report/journalist, a report's/journalist's objectivity; **manque d'~** lack of objectivity; **en toute ~** (quite) objectively.

objet [ɔbʒɛ] *nm* -**1.** [chose] object, item; **je ne suis pas un ~ dont on dispose** I refuse to be treated like an object; **traiter qqn comme un ~** to treat sb like an object OU a thing ❑ **~ d'art** objet d'art, art object; **~ de luxe** luxury item; **~ sexuel** sex object; **~ volant non identifié** → **OVNI**; **~s personnels** personal belongings OU effects; **ne prenez que des ~s de première nécessité** take only what's absolutely necessary; **~s de toilette** toiletries; **~s trouvés** lost property *(U)*; **~s de valeur** valuables; **c'est un homme-~** he's a sex object. -**2.** [thème] subject; **l'~ de leurs discussions était toujours la politique** politics was always the subject of their discussions; **quel est l'~ de la thermodynamique?** what does thermodynamics cover? ❑ **~ (construit)** construct; **~ mathématique** mathematical construct. -**3.** [personne, chose visée] object; **l'~ de mes pensées entra soudain** the object of my thoughts suddenly came in; **l'~ de sa curiosité/passion** the object of her curiosity/passion, **l'~ de sa haine** the object of his hatred. -**4.** [raison] cause; **l'~ de toute cette agitation** the object OU cause of all this excitement. -**5.** [but] object, purpose, aim; **mon ~ est de** OU **j'ai pour ~ de vous convaincre** my purpose OU goal is to convince you; **exposer l'~ de sa visite** to explain the purpose of OU reason for one's visit; **l'~ de l'émission est de divertir** the purpose OU aim OU object of the programme is to entertain; **le congrès a rempli son ~, qui était d'informer** the congress has achieved its aim OU purpose, which was to inform; **faire l'~ de**: **faire l'~ de soins particuliers** to receive OU to be given special care; **faire l'~ d'une fouille corporelle** to be subjected to a body search; **faire l'~ d'attaques répétées** to be the victim of repeated attacks; **l'ancien ministre fait actuellement l'~ d'une enquête** the former minister is currently being investigated; **faire l'~ de controverses** to be a controversial subject; **faire l'~ de vives critiques** to be the object OU target of sharp criticism. -**6.** GRAMM object. -**7.** PSYCH: **~ partiel** part object; **~ total** whole object. -**8.** JUR matter; **l'~ du litige** the matter at issue; **l'~ de la plainte** the matter of the complaint; **l'~ désigné dans le contrat** the object of the contract.
◆ **sans objet** *loc adj* -**1.** [sans but] aimless, pointless; **des rêveries sans ~** aimless day-

dreaming. -**2.** [non justifié] unjustified, groundless, unfounded; **votre démarche est désormais sans ~** you are no longer justified in taking this step; **ces arguments sont maintenant sans ~** these arguments no longer apply OU are no longer applicable.

objurgations [ɔbʒyrgasjɔ̃] *nfpl litt* -**1.** [reproches] objurgations *litt*, castigations. -**2.** [prières] entreaties, pleas.

obligataire [ɔbligatɛr] ◇ *adj* bonded, debenture *(modif)*; **dette ~** bonded OU debenture debt; **emprunt/créancier ~** bonded loan/creditor.

◇ *nmf* debenture holder, bondholder.

obligation [ɔbligasjɔ̃] *nf* -**1.** [contrainte] obligation; **la vie communautaire crée certaines ~s** communal life creates certain obligations; **vous pouvez contribuer à la cagnotte, mais il n'y a pas d'~** OU **ce n'est pas une ~** you can put money into the kitty if you wish, but you don't have to OU there's no obligation; **~ de: je suis** OU **je me vois dans l'~ de vous expulser** I'm obliged OU forced to evict you; **faire ~ à qqn de** to oblige OU to require sb to; **la loi vous fait ~ de vous présenter en personne** the law requires you to appear in person ❑ **il n'y a pas d'~ d'achat de votre part** there's no obligation to buy on your part; **~ de réserve** duty of confidentiality. -**2.** [devoir] obligation, duty, commitment; **mes ~s de président de la société** my duties as the chairman of the company ❑ **~s familiales** family obligations OU commitments; **~s militaires** military obligations OU duties; **l'~ scolaire** compulsory education. -**3.** JUR obligation; **~ alimentaire** alimony, maintenance (order) *Br*; **contracter une ~ envers qqn** to enter into an agreement with sb; **faire honneur à ses ~s** to fulfil one's obligations, to carry out one's duties. -**4.** BOURSE & FIN bond, debenture; **~ portant un intérêt de 6 %** bond bearing interest at 6% ❑ **~ échue/négociable** matured/marketable bond; **~ remboursable** OU **amortissable** redeemable bond; **~ cautionnée** guaranteed bond; **~ d'entreprise** bond, debenture (stock) *Br*; **~ d'État** (government) bond; **~ hypothécaire** mortgage bond; **~ au porteur** bearer bond; **~ privilégiée** preference OU preferment bond. -**5.** *litt* [gratitude] obligation. -**6.** RELIG: **fête d'~** holy day of obligation.

obligatoire [ɔbligatwar] *adj* -**1.** [exigé, imposé] compulsory, obligatory; **lectures/exercices ~s** compulsory texts/exercises; **(le port de) la ceinture de sécurité est ~ en France** it is compulsory to wear one's seat belt in France; **le vaccin est ~ pour entrer à la maternelle** children must be vaccinated before being admitted to infant school *Br* OU nursery school *Am*; **'tenue de soirée ~'** formal dress required. -**2.** [inéluctable]: **un jour ou l'autre ils en viendront aux mains, c'est ~** one of these days they're bound to come to blows.

obligatoirement [ɔbligatwarmɑ̃] *adv* -**1.** [par nécessité]: **nous devons ~ fermer les portes à 20 h** we're obliged OU required to close the doors at 8 p.m. -**2.** *fam* [immanquablement] inevitably; **il va ~ tout aller lui répéter** he's bound to go and tell her everything; **alors, ~, il a pensé qu'on lui cachait des choses** so he inevitably thought we were hiding things from him.

obligé, e [ɔbliʒe] ◇ *adj* -**1.** MUS obbligato. -**2.** JUR: **être ~ envers un créancier** to be under an obligation to a creditor. -**3.** *sout* [reconnaissant]: **je vous serais ~ de...** I would be much obliged if you would...

◇ *nm, f sout* obligee; **je suis votre ~ en cette affaire** I'm obliged to you in this matter.

obligeamment [ɔbliʒamɑ̃] *adv sout* obligingly; **elle distribuait les bonnes notes un peu trop ~** she was a little too free with high marks.

obligeance [ɔbliʒɑ̃s] *nf sout*: **avoir l'~ de faire qqch: veuillez avoir l'~ de me répondre rapidement** please be so kind as to OU be kind enough to reply as quickly as possible; **un jeune homme d'une extrême ~** an extremely obliging young man.

obligeant, e [ɔbliʒɑ̃, ɑ̃t] *adj sout* kind; **il n'a eu que des propos ~s à ton égard** he only had kind words for you; **remarques peu ~es** rather unkind remarks.

obliger [17] [ɔbliʒe] *vt* -**1.** [mettre dans la nécessité de] to oblige, to force; **~ qqn à faire qqch** to force sb to do sthg; **ne m'oblige pas à te punir** don't force me to OU don't make me punish you; **une force intérieure l'obligeait à tuer** an inner force compelled him to kill; **cela m'oblige à changer de train** it means I have to change trains; **le devoir/l'honneur m'oblige à révéler mes sources** I'm duty-bound/honour-bound to reveal my sources; **on ne t'y oblige pas** nobody's forcing you; **être obligé de faire qqch** to be forced to do sthg; **c'est lui qui décide et je suis bien obligé de suivre** he's the one who decides and I have no option OU choice but to follow; **se croire obligé de** to feel obliged to; **ne te crois pas obligé de tout boire!** *iron* don't feel obliged to drink it all! ‖ *(en usage abs)*: **irez-vous? —bien obligé!** are you going? — I don't have any choice, do I?; **c'était obligé!** *fam* it was bound to happen! -**2.** [contraindre moralement ou juridiquement]: **la loi oblige les candidats à se soumettre à un test** applicants are legally required to take a test; **nous sommes obligés d'exiger votre passeport** we have to OU we're required to ask for your passport; **votre signature vous oblige** your signature is legally binding. -**3.** *sout* [faire plaisir à] to oblige; **vous m'obligeriez en venant** OU **si vous veniez** you would oblige me by coming, I would be obliged if you came; **nous vous sommes très obligés de votre soutien** we are very grateful to you for your support; **je vous serais obligé de bien vouloir m'expédier les articles avant le 31 mai** I would be (greatly) obliged if you would kindly send the items before May 31st.

◆ **s'obliger à** *vp + prép* -**1.** [se forcer à] to force o.s. to; **je m'obligeai à rester poli** I made a great effort OU forced myself to remain polite; **elle s'oblige à marcher un peu** OU **à un peu de marche chaque jour** she forces herself to OU she makes herself walk a little every day. -**2.** [s'engager à] to commit o.s. to; **par ce contrat, je m'oblige à évacuer les lieux avant le 21** in this contract I commit myself to leaving OU I undertake to leave the premises by the 21st.

oblique [ɔblik] ◇ *adj* -**1.** [ligne] oblique; [pluie, rayon] slanting; [regard] sidelong. -**2.** LING oblique; **cas ~** oblique case. -**3.** JUR indirect. -**4.** ANAT: **muscle ~** oblique muscle.

◇ *nm* ANAT oblique (muscle).

◇ *nf* GÉOM oblique (line).

◆ **en oblique** *loc adv* diagonally.

obliquement [ɔblikmɑ̃] *adv* -**1.** [de biais] obliquely, diagonally, at an angle. -**2.** [hypocritement] obliquely, indirectly; **il agit toujours ~** he never acts openly.

obliquer [3] [ɔblike] *vi* to turn OU to veer off *(insép)*; **la voiture obliqua dans une ruelle étroite** the car swerved (off) into a narrow alley; **la route oblique à gauche** the road veers left.

obliquité [ɔblikɥite] *nf* -**1.** MATH obliquity, obliqueness. -**2.** ASTRON: **~ de l'écliptique** obliquity of the ecliptic.

oblitérateur, trice [ɔbliteratœr, tris] *adj* cancelling *(avant n)*.

◆ **oblitérateur** *nm* cancelling machine.

oblitération [ɔbliterasjɔ̃] *nf* -**1.** [apposition d'une marque] cancellation; [marque - sur un timbre] postmark; [- sur un ticket] stamp; **~ premier jour** first day cover. -**2.** *litt* [affaiblissement, altération] fading. -**3.** MÉD obturation.

oblitérer [18] [ɔblitere] *vt* -**1.** [timbre] to postmark, to cancel; **timbre oblitéré** used stamp. -**2.** *litt* [effacer] to obliterate, to erase, to efface. -**3.** MÉD to obturate.

oblong, ongue [ɔblɔ̃, ɔ̃g] *adj* -**1.** GÉOM oblong. -**2.** [visage, pelouse] oblong, oval.

obnubiler [3] [ɔbnybile] *vt sout* -**1.** [obséder] to obsess; **être obnubilé par une idée** to be obsessed by an idea. -**2.** *fig* [obscurcir] to cloud, to obnubilate *litt*.

obole [ɔbɔl] *nf* -**1.** [somme d'argent] (small) contribution OU donation; **chacun verse son ~** each person is making a contribution. -**2.** HIST [monnaie - grecque] obol; [- française] obole.

obscène [ɔpsɛn] *adj* [licencieux] obscene, lewd; **langage ~** obscene OU filthy language.

obscénité [ɔpsenite] *nf* -**1.** [caractère licencieux] obscenity, lewdness. -**2.** [parole, geste] obscenity; **raconter** OU **dire des ~s** to utter obscenities.

obscur, e [ɔpskyr] *adj* -**1.** [sombre] dark; **une nuit ~e** a pitch-black night; **des forces ~es dominaient leur planète** *fig* obscure forces OU forces of darkness ruled their planet. -**2.** [abscons] obscure, abstruse; **sa poésie est ~e sauf pour quelques initiés** his poetry is obscure to all but a few initiates. -**3.** [indéfini] obscure, vague, indefinite; **un ~ sentiment de pitié l'envahissait** he was overcome by a vague OU indefinable feeling of pity; **un ~ pressentiment** a vague premonition. -**4.** [peu connu] obscure; **références à d'~s auteurs** OU **des auteurs ~s du XIX**e **siècle** references to obscure 19th-century writers; **elle a mené l'existence ~e d'une couturière de province** she lived the obscure life of a country dressmaker.

obscurantisme [ɔpskyrɑ̃tism] *nm* obscurantism.

obscurantiste [ɔpskyrɑ̃tist] *adj* & *nmf* obscurantist.

obscurcir [32] [ɔpskyrsir] *vt* -**1.** [priver de lumière] to darken, to make dark; **une grande tenture obscurcissait la pièce** a large hanging made the room dark OU darkened the room. -**2.** [rendre confus - discours, raisonnement] to make obscure; **le jugement obscurci par l'alcool** his judgement clouded OU obscured OU confused by drink.

◆ **s'obscurcir** *vpi* -**1.** [ciel] to darken; **soudain, tout s'obscurcit et je perdis connaissance** suddenly everything went dark OU black and I fainted; **son esprit s'obscurcit avec la maladie** *fig* the illness is dulling his mind; **son visage s'obscurcit à ces mots** at these words, her face clouded (over) OU darkened. -**2.** [se compliquer] to become (more) obscure; **le mystère s'obscurcit** the plot thickens; **dans le dernier chapitre, son message s'obscurcit** in the last chapter, his meaning becomes obscure.

obscurcissement [ɔpskyrsismɑ̃] *nm* -**1.** [d'un lieu] darkening. -**2.** *sout* [de l'esprit] obscuring, clouding over; **l'~ progressif de ses facultés** the gradual weakening OU loss of her faculties.

obscurément [ɔpskyremɑ̃] *adv* obscurely, vaguely, dimly; **je me souviens ~ d'une scène** I vaguely remember a scene; **nous sentions ~ que...** we had a vague OU an obscure feeling that...

obscurité [ɔpskyrite] *nf* -**1.** [manque d'éclairage] dark, darkness; **avoir peur de l'~** to be afraid of the dark; **dans l'~** in darkness, in the dark; **faire l'~ dans une salle** to make a room dark, to darken a room; **soudain, l'~ se fit dans la chambre** it suddenly became OU went dark in the room; **dans l'~, on voyait luire les yeux du chat** you could see the cat's eyes glowing in the dark. -**2.** [caractère complexe] obscurity, abstruseness. -**3.** [remarque, expression] obscure OU abstruse remark, obscurity; **langage/projet de loi plein d'~s** language/bill full of obscurities. -**4.** *litt* [anonymat]: **vivre/tomber dans l'~** to live in/to fall into obscurity.

obsédant, e [ɔpsedɑ̃, ɑ̃t] *adj* haunting, obsessive; **comment se débarrasser d'un souvenir ~/d'une mélodie ~e?** how can one rid oneself of a haunting memory/tune?; **besoin ~** obsessive need.

obsédé, e [ɔpsede] ◇ *adj* [gén] obsessed; [sexuel] (sexually) obsessed.

◇ *nm, f* -**1.** [victime d'obsession] obsessive; ~

sexuel sex maniac. -**2.** *fam* [fanatique]: **c'est un ~ de la moto** he's a motorbike fanatic OU fiend; **les ~s de la vitesse** speed merchants *Br*, speed fiends *Am*; **les ~s de l'hygiène** hygiene freaks.

obséder [18] [ɔpsede] *vt* -**1.** [suj: image, souvenir, peur] to haunt, to obsess; **le cauchemar de l'autre nuit ne cesse de m'~** I can't stop thinking about the nightmare I had the other night; **obsédé par la pensée de la mort** obsessed OU gripped with the idea of death. -**2.** *litt* [suj: personne] to importune, to bother.

obsèques [ɔpsɛk] *nfpl* funeral; **~ nationales** state funeral.

obséquieusement [ɔpsekjøzmɑ̃] *adv* obsequiously.

obséquieux, euse [ɔpsekjø, øz] *adj* obsequious; **être ~ avec qqn** to be obsequious to OU towards sb.

obséquiosité [ɔpsekjozite] *nf* obsequiousness.

observable [ɔpsɛrvabl] *adj* observable; **le phénomène est ~ à l'œil nu** the phenomenon can be observed with the naked eye.

observance [ɔpsɛrvɑ̃s] *nf* [d'un rite, d'une loi] observance; **franciscain de stricte ~** Franciscan of strict observance.

observateur, trice [ɔpsɛrvatœr, tris] ◇ *adj* [perspicace] observant; **avoir un esprit très ~** to be very perceptive; **rien n'échappe à l'œil ~ du peintre** nothing can escape the painter's perceptive eye.
◇ *nm, f* -**1.** [témoin] observer; **un ~ critique de la vie politique** a critical observer of political life; **tous les ~s s'accordent à trouver le président fatigué** (all) observers agree that the president looks tired. -**2.** POL observer; **~ de l'ONU** UN observer. -**3.** MIL spotter. -**4.** PRESSE: **le Nouvel Observateur** *weekly news magazine*.

observation [ɔpsɛrvasjɔ̃] *nf* -**1.** [remarque] observation, remark, comment; **avez-vous des ~s à faire sur ce premier cours?** do you have any remarks to make on this first class?; **la réponse du ministre appelle plusieurs ~s** the minister's answer calls for some comment OU several observations; **notez vos ~s dans la marge** note down your observations OU comments in the margin. -**2.** [critique] (piece of) criticism, critical remark; **je te prie de garder tes ~s pour toi** please keep your remarks to yourself; **ma secrétaire est toujours en retard et je lui en ai fait l'~** my secretary's always late and I've had a word with her about it; **j'ai horreur qu'on me fasse des ~s** I hate people criticizing me OU making remarks to me; **à la première ~, vous sortez!** [à un élève] if I have to say one (more) word to you, you're out! -**3.** SC [investigation] observation; **procéder à des ~s météorologiques** to conduct meteorological observations || [exposé] observation; **j'ai lu vos ~s sur la danse des abeilles** I read your account of OU observations on the dance of the bees || [méthode d'étude] observation, observing; **l'~ de la nature/d'une réaction chimique** observing nature/a chemical reaction ❑ **avoir l'esprit d'~** to be observant. -**4.** MIL observation; **~ aérienne/terrestre** aerial/ground observation; **~ sous-marine** MIL, NAUT & PÊCHE underwater observation. -**5.** [observance] observance, observing, keeping. -**6.** MÉD [description] notes; [surveillance] observation; **mettre un malade en ~** to put a patient under observation.
◆ **d'observation** *loc adj* -**1.** AÉRON, ASTRON & MIL observation *(épith)*. -**2.** SC: **techniques/erreur d'~** observation techniques/error. -**3.** SPORT: **un set d'~** a probing OU tactical set; **un round d'~** a sizing-up round.

observatoire [ɔpsɛrvatwar] *nm* -**1.** ASTRON & MÉTÉO observatory. -**2.** MIL & *fig* observation OU lookout post. -**3.** ÉCON: **~ du livre** *body in charge of monitoring book prices*; **~ des prix** price-monitoring watchdog.

observer [3] [ɔpsɛrve] *vt* -**1.** [examiner] to observe, to examine; SC to observe; **~ qqch à la loupe** to examine sthg under a magnifying glass. -**2.** [surveiller] to watch, to keep a watch OU an eye on; **attention, on nous observe** careful, we're being watched; **~ qqn avec attention/du coin de l'œil** to watch sb attentively/out of the corner of one's eye; **il était chargé d'~ le prisonnier** his job was to watch over the prisoner; **elle observait curieusement les nouveaux arrivants** she watched the newcomers with curiosity. -**3.** [respecter - trêve] to observe; [- accord] to observe, to respect, to abide by; **~ une minute de silence** to observe a minute's silence; **~ le sabbat** to observe OU to keep the Sabbath; **~ le code de la route** to observe OU to follow the highway code. -**4.** [conserver]: **~ une attitude digne** to maintain OU to keep a dignified attitude; **~ la plus stricte neutralité** to observe OU to maintain the strictest neutrality. -**5.** [constater] to observe, to notice, to note; **on observe une tache noire dans le poumon droit** a dark patch can be seen in the right lung. -**6.** [dire] to observe, to remark; **tu ne portes plus d'alliance, observa-t-il** you're not wearing a wedding ring any more, he observed OU remarked; **je te ferai ~ que tu t'es trompé** let me point out to you that you were wrong. -**7.** NAUT to work an observation on; **point observé** position by observation.
◆ **s'observer** ◇ *vp (emploi réfléchi)* to keep a check on o.s.
◇ *vp (emploi réciproque)* to observe OU to watch each other; **les deux demoiselles s'observèrent pendant longtemps** the two young ladies observed OU examined each other for some time.
◇ *vp (emploi passif)* to be seen OU observed; **ce phénomène s'observe surtout par temps sec** this phenomenon is mainly seen OU encountered in dry weather.

obsession [ɔpsesjɔ̃] *nf* -**1.** [hantise] obsession; **beaucoup de femmes ont l'~ de grossir** many women are obsessed with the idea of putting on weight; **il croit qu'on veut le tuer, c'est devenu une ~** he believes people want to kill him, it's become a real obsession (with him). -**2.** [idée fixe] obsession; **Juan a l'~ de la tauromachie** Juan has an obsession with bullfighting, bullfighting is an obsession with Juan.

obsessionnel, elle [ɔpsesjɔnɛl] ◇ *adj* -**1.** [répétitif] obsessive, obsessional. -**2.** PSYCH [comportement] obsessive; [névrose] obsessional.
◇ *nm, f* obsessive.

obsidienne [ɔpsidjɛn] *nf* obsidian.

obsolescence [ɔpsɔlɛsɑ̃s] *nf* obsolescence.

obsolescent, e [ɔpsɔlɛsɑ̃, ɑ̃t] *adj* obsolescent.

obsolète [ɔpsɔlɛt] *adj* LING obsolete.

obstacle [ɔpstakl] *nm* -**1.** [objet bloquant le passage] obstacle; **des troncs ont fait ~ à l'écoulement normal du ruisseau** tree trunks have blocked OU obstructed the normal flow of the stream; **l'immeuble d'en face fait ~ au soleil** the building opposite blocks (out) OU obstructs the sun. -**2.** SPORT hurdle; ÉQUIT fence; **tourner l'~** *fig* to get round the problem. -**3.** [difficulté] obstacle, difficulty, problem; **il y a un gros ~** there's a big problem; **le plus gros ~ a été le directeur régional** the main obstacle was the area manager; **buter sur un ~** to come up against an obstacle; **être un OU faire ~ à** to be an obstacle to, to hinder, to impede; **la cécité n'est pas un ~ à une carrière dans l'enseignement** being blind is no obstacle OU impediment to a teaching career; **plus rien ne fait ~ à notre amour** nothing stands in the way of our love any longer; **plus rien ne fait ~ à ce que vous l'épousiez** there's no longer any reason why you shouldn't marry her; **mettre un ~ aux ambitions de qqn** to put an obstacle in the way of sb's ambitions.

obstétrical, e, aux [ɔpstetrikal, o] *adj* obstetric, obstetrical.

obstétricien, enne [ɔpstetrisjɛ̃, ɛn] *nm, f* obstetrician.

obstétrique [ɔpstetrik] *nf* obstetrics *(sg)*.

obstination [ɔpstinasjɔ̃] *nf* -**1.** [persévérance] persistence, perseverance; **à force d'~ elle y est arrivée** she succeeded through strength of purpose. -**2.** [entêtement] obstinacy, obstinateness, stubbornness.

obstiné, e [ɔpstine] ◇ *adj* -**1.** [entêté] obstinate, stubborn; [persévérant] persevering, determined. -**2.** [incessant] persistent, relentless; **pluie ~e** relentless rain; **toux ~e** persistent cough. -**3.** [assidu] obstinate; **un travail ~** unyielding OU obstinate work. -**4.** MUS: **basse ~e** basso ostinato.
◇ *nm, f*: **c'est un ~** [qui persévère] he's very determined; [qui s'entête] he's very stubborn OU obstinate.

obstinément [ɔpstinemɑ̃] *adv* -**1.** [avec entêtement] obstinately, stubbornly; **l'enfant tenait ~ à rester avec sa mère** the child was obstinately OU doggedly determined to stay with his mother. -**2.** [avec persévérance] perseveringly, persistently.

obstiner [3] [ɔpstine]
◆ **s'obstiner** *vpi* to persist, to insist; **ne t'obstine pas, abandonne le projet** don't be obstinate, give the project up; **elle s'obstine à vouloir partir** she persists in wanting to leave OU insists on leaving; **il s'obstinait à ne rien dire** he obstinately OU stubbornly refused to talk; **pourquoi t'~ dans l'idée qu'il va te quitter?** why do you persist in thinking that he's going to leave you?; **en 85 la malchance s'est obstinée sur le tennisman français** the French tennis player was dogged by bad luck in '85; **la vague de froid semble s'~ sur toute l'Europe** the cold spell seems to have settled in all over Europe.

obstructif, ive [ɔpstryktif, iv] *adj* [tumeur] obstruent; [maladie] obstructive.

obstruction [ɔpstryksjɔ̃] *nf* -**1.** [obstacle] obstruction, blockage; [blocage] obstruction, obstructing, blocking. -**2.** [action délibérée]: **faire de l'~** [gén] to be obstructive; POL to obstruct (legislation); FTBL to obstruct. -**3.** MÉD obstruction.

obstructionnisme [ɔpstryksjɔnism] *nm* obstructionism.

obstructionniste [ɔpstryksjɔnist] *adj & nmf* obstructionist.

obstruer [3] [ɔpstrye] *vt* -**1.** [passage] to obstruct, to block; **les feuilles mortes obstruent la gouttière** dead leaves have blocked the drainpipe; **le corridor était obstrué par des piles de livres** the corridor was blocked OU obstructed by piles of books; **une tour obstrue maintenant la vue** now a tower blocks (out) the view. -**2.** MÉD to obstruct.
◆ **s'obstruer** *vpi* to become blocked OU obstructed.

obtempérer [18] [ɔptɑ̃pere]
◆ **obtempérer à** *v + prép* -**1.** [se soumettre à] to comply with *(insép)*; **le ministre a obtempéré à l'avis du président** the minister complied with the president's opinion; **~ à un ordre** to obey an order || *(en usage abs)*: **le soldat s'empressa d'~** the soldier hurriedly obeyed. -**2.** JUR to obey; **~ à une sommation** to obey a summons.

obtenir [40] [ɔptənir] *vt* -**1.** [acquérir - baccalauréat, licence, note, point] to obtain, to get; [- prix, nomination] to receive, to win, to get; [- consentement] to get, to win; [- prêt] to secure, to obtain, to get; [- accord] to reach, to obtain, to get; **les résultats obtenus par l'équipe nationale** the national team's results; **essayer d'~ une amélioration** to try to bring about an improvement; **le numéro de trapèze obtient toujours un grand succès** the trapeze act is always a big success; **~ la garde d'un enfant** to get OU to win custody of a child; **~ le droit de vote** to win the right to vote, to get the vote; **~ de qqn une permission** to obtain OU to get permission from sb; **j'ai enfin obtenu qu'elle mette ses gants pour sortir** I eventually got her to wear her gloves to go out. -**2.** [procurer]: **~ qqch à qqn** to obtain OU to get OU to procure sthg for sb; **elle lui a obtenu une augmentation** she got him a raise; **je nous ai obtenu trois places** I got us three seats. -**3.** [arriver à] to obtain, to get; **fouettez jusqu'à ~ une crème onctueuse** whip into a smooth cream; **~ un précipité** to obtain a precipitate; **en divisant par deux on obtient 24** if you divide by two you get 24; **cette technique lui permet d'~ un son très pur** this technique allows her to achieve great purity of sound. -**4.** TÉLÉC: **~ un numéro** to obtain a number.

◆ **s'obtenir** *vp (emploi passif)*: **le résultat demandé s'obtient en multipliant 3 par 5** to arrive at OU to reach the required result, multiply 3 by 5.

obtention [ɔptɑ̃sjɔ̃] *nf* -**1.** [acquisition] obtaining, getting. -**2.** [production] creation, production; **l'~ d'une nouvelle variété de poire** the creation of a new variety of pear; **l'~ d'un nouveau vaccin** the production of a new vaccine.

obturateur, trice [ɔptyratœr, tris] *adj* -**1.** TECH obturating, shutting. -**2.** ANAT obturator *(modif)*; **artère obturatrice** obturator artery; **muscle ~** obturator muscle.

◆ **obturateur** *nm* -**1.** PHOT shutter; **armer/déclencher l'~** to set/to release the shutter ❑ **~ d'objectif/à rideau** between-lens/roller-blind shutter. -**2.** ARM obturator, gas-check. -**3.** PÉTR (blow-out) preventor. -**4.** [en plomberie] shut-off *(C)*.

obturation [ɔptyrasjɔ̃] *nf* -**1.** TECH sealing, stopping up. -**2.** MÉD: **l'~ d'une dent** the filling of a tooth. -**3.** ARM obturation.

obturer [3] [ɔptyre] *vt* -**1.** TECH [boucher] to seal, to stop up *(sép)*. -**2.** MÉD to fill.

obtus, e [ɔpty, yz] *adj* -**1.** MATH obtuse. -**2.** [borné] obtuse, dull, slow-witted; **ne sois pas ~** don't be obtuse.

obtusion [ɔptyzjɔ̃] *nf* obtuseness.

obus [ɔby] *nm* -**1.** ARM shell; **~ à mitraille** shrapnel (shell); **~ à mortier/à gaz/fumigène** mortar/gas/smoke shell. -**2.** *(comme adj)*: **homme ~, femme ~** human cannonball.

obusier [ɔbyzje] *nm* howitzer; **~ de campagne** field howitzer.

obvenir [40] [ɔbvənir] *vi* JUR & *vieilli*: **~ à qqn** to revert to sb by escheat.

obvier [19] [ɔbvje]

◆ **obvier à** *v + prép litt* [parer à] to obviate, to ward off *(sép)*; **~ à un danger/accident** to forestall a danger/an accident.

oc [ɔk] *adv* → **langue**.

OC *(abr écrite de* **ondes courtes)** SW.

ocarina [ɔkarina] *nm* ocarina.

occase *fam* [ɔkaz] *nf* bargain, snip *Br*; **profitesen, c'est une ~!** make the most of it, it's a real snip!

◆ **d'occase** *fam loc adv* secondhand; **je l'ai acheté d'~** I bought it secondhand.

occasion [ɔkazjɔ̃] *nf* -**1.** [circonstance favorable] opportunity, chance; **l'~ ne se représentera pas** there won't be another chance like that again; **laisser passer l'~** to let the opportunity slip (by); **saisir l'~ au vol, sauter sur l'~** to seize the opportunity, to jump at the chance; **l'~ de: ça te donnera l'~ de la rencontrer** it'll give you the opportunity OU the chance to meet her; **je n'ai jamais eu l'~ de me plaindre de lui** I've never had cause to complain about him; **ne manque pas l'~ de le lui dire** don't miss your chance of telling him; **il a manqué** OU **perdu** OU **raté une belle ~ de se taire** *fam* he could have kept his mouth shut ❑ **l'~ fait le larron** *prov* opportunity makes a thief *prov*. -**2.** [moment] occasion; **à la première ~** on the first occasion; **à deux ~s** twice; **à trois/quatre ~s** three/four times; **à toute ~** on every occasion; **en plusieurs/maintes ~s** several/many times; **dans les grandes ~s** on big OU important OU special occasions; **être** OU **faire l'~ de: sa mort a été l'~ de changements importants** significant changes took place after his death; **ces retrouvailles furent l'~ de grandes réjouissances** there were great festivities to celebrate this reunion. -**3.** [article - non neuf] secondhand OU used item; [- peu cher] bargain; **pour ce prix-là, c'est une ~!** it's a (real) bargain at that price!; **l'~** the secondhand OU used trade; **l'~ se vend bien** there's a brisk trade in secondhand goods; **le marché de l'~** the secondhand market.

◆ **à l'occasion** *loc adv* -**1.** [un de ces jours] one of these days. -**2.** [éventuellement] should the opportunity arise; **à l'~, passez nous voir** drop by some time OU if you get the chance.

◆ **à l'occasion de** *loc prép* on the occasion of, upon; **à l'~ de votre départ à la retraite** on the occasion of your retirement.

◆ **à cette occasion** *loc adv* [à ce moment-là] at that point, on that occasion.

◆ **d'occasion** ◇ *loc adj* -**1.** [non neuf] secondhand; **voiture d'~** secondhand OU used car. -**2.** [improvisé]: **des amours d'~** chance OU casual (love) affairs.

◇ *loc adv* [acheter, vendre] secondhand *adv*; **j'ai fini par le trouver d'~** in the end I found a secondhand one.

occasionnel, elle [ɔkazjɔnɛl] *adj* -**1.** [irrégulier] casual, occasional; **je ne trouve que des (petits) boulots ~s** *fam* I can only get casual work; **les touristes forment une clientèle ~le** tourists are occasional OU casual customers. -**2.** [fortuit] chance *(avant n)*; **rencontre ~le** chance meeting. -**3.** PHILOS: **cause ~le** occasional cause.

occasionnellement [ɔkazjɔnɛlmɑ̃] *adv* occasionally, every now and then, from time to time.

occasionner [3] [ɔkazjɔne] *vt* [causer] to cause, to bring about *(sép)*, to occasion; **le verglas sur les routes a occasionné bon nombre d'accidents** icy roads have caused numerous accidents; **des lésions occasionnées par le gel** injuries caused by frostbite; **~ des ennuis à qqn** to cause trouble for sb, to get sb into trouble.

occident [ɔksidɑ̃] *nm* -**1.** GÉOG west. -**2.** POL: **l'Occident** the West, the Occident.

occidental, e, aux [ɔksidɑ̃tal, o] *adj* -**1.** GÉOG west, western; **côte ~e** west coast; **Europe ~e** Western Europe; **Sahara ~** Western Sahara. -**2.** POL Western, Occidental; **les pays occidentaux, le monde ~** Western countries, the West.

◆ **Occidental, e, aux** *nm, f* POL Westerner, Occidental.

◆ **à l'occidentale** *loc adv*: **vivre à l'~e** to live like a Westerner; **s'habiller à l'~e** to wear Western-style clothes.

occidentalisation [ɔksidɑ̃talizasjɔ̃] *nf* westernization, occidentalization.

occidentaliser [3] [ɔksidɑ̃talize] *vt* to westernize, to occidentalize.

◆ **s'occidentaliser** *vpi* to become westernized.

occipital, e, aux [ɔksipital, o] *adj* occipital.

◆ **occipital, aux** *nm* occipital (bone).

occiput [ɔksipyt] *nm* occiput.

occire [ɔksir] *vt arch* to slay.

occitan, e [ɔksitɑ̃, an] *adj* of Occitanie.

◆ **Occitan, e** *nm, f inhabitant of or person from Occitanie.*

◆ **occitan** *nm* LING langue d'oc *(language spoken in parts of Southern France).*

Occitanie [ɔksitani] *npr f*: **(l') ~** *area of Southern France in which langue d'oc is spoken.*

occitaniste [ɔksitanist] ◇ *adj relating to langue d'oc.*

◇ *nmf* -**1.** UNIV expert in langue d'oc. -**2.** POL defender of langue d'oc.

occlure [96] [ɔklyr] *vt* to occlude.

occlusif, ive [ɔklyzif, iv] *adj* occlusive.

◆ **occlusive** *nf* LING occlusive (consonant).

occlusion [ɔklyzjɔ̃] *nf* CHIM, LING & MÉD occlusion; **~ intestinale** ileus *spéc*, intestinal obstruction; **~ des paupières** surgical occlusion OU closure of the eyelids.

occultation [ɔkyltasjɔ̃] *nf* -**1.** ASTRON occultation. -**2.** RAIL occulting *(U)*; **feu à ~s** intermittent OU occulting light. -**3.** *litt* [obscurcissement] obscuring, concealment, hiding.

occulte [ɔkylt] *adj* -**1.** [surnaturel] occult. -**2.** [secret] occult, secret; **comptabilité ~** secret bookkeeping; **financements ~s** secret OU mystery funding.

occulter [3] [ɔkylte] *vt* -**1.** ASTRON & RAIL to occult. -**2.** [ville, région] to black out *(sép)*, to black out TV programmes in. -**3.** [réalité, problème] to cover up *(sép)*, to hush up *(sép)*, to gloss over *(insép)*; [sentiment, émotion] to deny; **votre récit occulte un détail essentiel** your story glosses over OU overlooks an essential detail.

occultisme [ɔkyltism] *nm* occultism.

occultiste [ɔkyltist] *adj* & *nmf* occultist.

occupant, e [ɔkypɑ̃, ɑ̃t] ◇ *adj* occupying; **la puissance ~e** the occupying power.

◇ *nm, f* -**1.** [d'un véhicule] occupant; [d'un lieu] occupant, occupier; **les ~s de la maison** the occupants of the house. -**2.** MIL occupier, occupying force; **collaborer avec l'~** to collaborate with the occupying forces. -**3.** JUR: **~ de bonne foi** bona fide occupier.

occupation [ɔkypasjɔ̃] *nf* -**1.** [activité - professionnelle] occupation, job; [- de loisirs] occupation; **la pêche à la ligne, voilà mon ~ favorite** angling is my favourite occupation; **'~: sans'** 'profession: none'; **je n'aime pas qu'il soit** OU **reste sans ~s** I don't like seeing him with nothing to do. -**2.** [fait d'occuper]: **l'~ de l'université par les étudiants** the student sit-in at the university ❑ **~ des lieux** occupancy. -**3.** ADMIN: **~ des sols** land use. -**4.** MIL occupation; **les troupes d'~** the occupying troops. -**5.** HIST: **l'Occupation** the (German) Occupation (of France); **la vie sous l'Occupation** life in occupied France.

L'OCCUPATION:

The military occupation of part of France after the French-German armistice on 22 June 1940, spreading to the whole country in 1942. Under the terms of the armistice, France had to contribute financially to the upkeep of German troops in France and provide labour for German factories. Thousands of French Jews were deported during this period by the Vichy government.

---

occupationnel, elle [ɔkypasjɔnɛl] *adj* occupational MÉD.

occupé, e [ɔkype] *adj* -**1.** [non disponible - ligne de téléphone] engaged *Br*, busy *Am*; [- toilettes] engaged *Br*, occupied *Am*; **ça sonne ~** *fam* I'm getting the engaged tone *Br*, the line is busy *Am*; **ces places sont ~es** these seats are taken; **maison vendue ~e** house sold with sitting tenant. -**2.** MIL & POL occupied. -**3.** [personne] busy; **une femme très ~e** a very busy woman; **j'ai des journées très ~es** my days are full.

occuper [3] [ɔkype] *vt* -**1.** [donner une activité à]: **~ qqn** to keep sb busy OU occupied; **les enfants m'occupent toute la journée** the children keep me busy all day; **on pourrait ~ les petits à des jeux de sable** we could keep the little ones busy playing in the sand; **le textile occupait toute la région** the textile industry used to provide work for OU to employ people throughout the region; **la question qui nous occupe** the matter in hand ‖ *(en usage abs)*: **ça occupe!** it keeps me busy; **la télé, ça occupe** *fam* watching TV helps to pass the time. -**2.** [envahir] to occupy, to take over *(sép)*; **les rebelles occupent tout le Nord** the rebels have occupied the entire northern area ❑ **~ le terrain** MIL & *fig* to have the field. -**3.** [remplir - un espace, une durée] to take up *(insép)*, to occupy; **le bar occupe le fond de la pièce/trop de place** the bar stands at the back of the room/takes up too much space; **la séance a occupé la matinée** the meeting took up the whole morning, the whole of the morning was taken up by the meeting ❑ **~ le devant de la scène** to be in the foreground. -**4.** [consacrer] to spend; **j'occupe mes loisirs à lire** I spend my free time reading; **à quoi peut-on ~ ses dimanches?** what is there to do on Sundays? -**5.** [habiter] to occupy, to live (in); **depuis quand occupez-vous cette chambre?** how long have you been living in OU have you had this room?; **qui occupe la maison d'en face?** who lives in OU occupies the house opposite? -**6.** [détenir - poste, place] to hold, to occupy; **il occupe un poste important**

he holds an important position; **Liverpool occupe la seconde place du championnat** Liverpool are (lying) second in the league table.
◆ **s'occuper** *vp (emploi réfléchi)* to keep o.s. busy OU occupied, to occupy o.s.; **je m'occupe en faisant du crochet** I keep myself busy by crocheting; **à quoi s'occupent les citadins au mois d'août?** how do city dwellers spend their time in August?; **il va falloir qu'elle s'occupe** she'll have to find something to keep her occupied; **tu n'as donc pas de quoi t'~?** haven't you got something to be getting on with?; **c'est juste histoire de m'~** *fam* it's just for something to do.
◆ **s'occuper de** *vp + prép* -**1.** [avoir pour responsabilité ou tâche] to deal with, to be in charge of, to take care of; **qui s'occupe de votre dossier?** who's dealing with OU handling your file?; **je m'occupe de jeunes délinquants** I'm in charge of young offenders; **je m'en occuperai dès demain matin** I'll attend to OU take care of that first thing in the morning; **t'es-tu occupé des réservations/de ton inscription?** did you see about the reservations/registering for your course?; **je m'occupe de te faire parvenir ton courrier** I'll see about having your mail sent on to you ❑ **occupe-toi de tes affaires** OU **oignons** *fam* mind your own business; **t'occupe!** *fam* none of your business!, don't be so nosy! -**2.** [entourer de soins] to look after, to care for; **s'~ d'un malade** to care for a patient; **s'~ d'un bébé** to look after a baby; **peux-tu t'~ des invités pendant que je me prépare?** would you look after OU see to the guests while I get ready?; **on s'occupe de vous, Madame?** are you being attended to OU served, Madam?; **il ne s'occupe pas assez d'elle** he doesn't pay her enough attention.

occurrence [ɔkyrɑ̃s] *nf* -**1.** *sout* [cas] case; **en pareille ~**, **il faut appeler la police** in such a case OU in such circumstances, the police must be called. -**2.** LING token, occurrence.
◆ **en l'occurrence** *loc adv* as it happens; **il voulait s'en prendre à quelqu'un, en l'~ ce fut moi** he wanted to take it out on somebody, and it happened to be me OU and as it happened, it was me.

OCDE (*abr de* Organisation de coopération et de développement économiques) *npr f* OECD.

océan [ɔseɑ̃] *nm* -**1.** GÉOG ocean; **l'~ Arctique/Atlantique/Antarctique/Indien/Pacifique** the Arctic/Atlantic/Antarctic/Indian/Pacific Ocean. -**2.** *fig*: **un ~ de tulipes** a sea of tulips; **un ~ de larmes** floods of tears.

océanaute [ɔseanot] *nmf* oceanaut.

Océanie [ɔseani] *npr f*: **(l')** ~ Oceania, the (Central and) South Pacific.

océanien, enne [ɔseanjɛ̃, ɛn] *adj* Oceanian, Oceanic.
◆ **Océanien, enne** *nm, f* Oceanian.

océanique [ɔseanik] *adj* oceanic.

océanographe [ɔseanɔgraf] *nmf* oceanographer.

océanographie [ɔseanɔgrafi] *nf* oceanography.

océanographique [ɔseanɔgrafik] *adj* oceanographic.

océanologie [ɔseanɔlɔʒi] *nf* oceanology.

océanologique [ɔseanɔlɔʒik] *adj* oceanological.

océanologue [ɔseanɔlɔg] *nmf* oceanologist.

ocelle [ɔsɛl] *nm* ZOOL [œil, tache] ocellus.

ocellé, e [ɔsele] *adj* ocellate, ocellated.

ocelot [ɔslo] *nm* -**1.** [animal] ocelot. -**2.** [fourrure] ocelot (fur).

ocre [ɔkr] ◇ *nf* ochre; ~ **rouge** ruddle.
◇ *adj inv* & *nm* ochre.

ocrer [3] [ɔkre] *vt* to ochre.

octaèdre [ɔktaɛdr] ◇ *adj* octahedral.
◇ *nm* octahedron.

octaédrique [ɔktaedrik] *adj* octahedral.

octal, e, aux [ɔktal, o] *adj* octal.

octane [ɔktan] *nm* octane.

octant [ɔktɑ̃] *nm* GÉOM & NAUT octant.

octante [ɔktɑ̃t] *adj num inv Belg, Can & Helv* eighty.

octave [ɔktav] *nf* ESCRIME, MUS & RELIG octave; **à l'~ inférieure/supérieure** one octave lower/higher.

Octave [ɔktav] *npr* Octavian.

octet [ɔktɛ] *nm* -**1.** INF octet, (eight-bit) byte. -**2.** CHIM octet.

octobre [ɔktɔbr] *nm* October.

octogénaire [ɔktɔʒenɛr] *adj* & *nmf* octogenarian.

octogonal, e, aux [ɔktɔgɔnal, o] *adj* octagonal.

octogone [ɔktɔgɔn] ◇ *adj* octagonal.
◇ *nm* octagon.

octopode [ɔktɔpɔd] *adj* & *nm* octopod.

octosyllabe [ɔktɔsilab] ◇ *adj* octosyllabic.
◇ *nm* octosyllable.

octosyllabique [ɔktɔsilabik] *adj* octosyllabic.

octroi [ɔktrwa] *nm* -**1.** [don] granting, bestowing. -**2.** HIST [taxe, administration]: **l'~** the octroi.

octroyer [13] [ɔktrwaje] *vt* [accorder à] to grant; ~ **qqch à** to confer OU to bestow sthg on OU upon; **le patron a octroyé un congé à tout le personnel** the boss granted OU gave a day off to the entire staff.
◆ **s'octroyer** *vpt*: **s'~ un congé** to take a day off *(without permission)*; **s'~ le droit de faire qqch** to assume the right to do sthg.

octuor [ɔktɥɔr] *nm* octet.

octuple [ɔktypl] *adj* & *nm* octuple.

octupler [3] [ɔktyple] *vt* to octuple.

oculaire [ɔkylɛr] ◇ *adj* ocular.
◇ *nm* -**1.** OPT ocular, eyepiece. -**2.** PHOT viewfinder.

oculiste [ɔkylist] *nmf* oculist.

ocytocine [ɔsitɔsin] *nf* oxytocin.

odalisque [ɔdalisk] *nf* -**1.** HIST odalisque. -**2.** *litt* [courtisane] courtesan, odalisque *litt*.

ode [ɔd] *nf* ode.

odelette [ɔdlɛt] *nf* short ode.

Odessa [ɔdesa] *npr* Odessa.

odeur [ɔdœr] *nf* -**1.** [de nourriture] smell, odour; [de fleur, de parfum] smell, fragrance, scent; **une forte ~ de brûlé/chocolat venait de la cuisine** a strong smell of burning/chocolate was coming from the kitchen; **chasser les mauvaises ~s** to get rid of (nasty OU unpleasant) smells; **sans ~** odourless; **ce médicament a une mauvaise ~** this medicine smells bad OU has a bad smell; **ça n'a pas d'~** it has no smell, it doesn't smell. -**2.** RELIG: **en ~ de sainteté**: **mourir en ~ de sainteté** to die in the odour of sanctity; **ne pas être en ~ de sainteté** *fig* to be out of favour; **il n'est pas en ~ de sainteté dans le parti** he is out of favour in the party.

odieusement [ɔdjøzmɑ̃] *adv* odiously, hatefully, obnoxiously.

odieux, euse [ɔdjø, øz] *adj* -**1.** [atroce] odious; **qui a pu commettre un crime aussi ~?** who could have committed such a heinous crime?; **je me dois de répondre à ces odieuses accusations** it's my duty to answer these monstrous charges. -**2.** [désagréable - personne] hateful, obnoxious; **l'examinateur a été ~ avec moi** the examiner was obnoxious OU vile to me; **elle a deux enfants ~** she has two unbearable OU obnoxious children.

odontalgie [ɔdɔ̃talʒi] *nf* odontalgia.

odontalgique [ɔdɔ̃talʒik] *adj* odontalgic.

odontologie [ɔdɔ̃tɔlɔʒi] *nf* odontology.

odontologiste [ɔdɔ̃tɔlɔʒist] *nmf* odontologist.

odontostomatologie [ɔdɔ̃tɔstɔmatɔlɔʒi] *nf* dental surgery.

odorant, e [ɔdɔrɑ̃, ɑ̃t] *adj* -**1.** [qui a une odeur] odorous. -**2.** *sout* [parfumé] fragrant, sweet-smelling; **leur jardin était lumineux et ~** their garden was bright and fragrant.

odorat [ɔdɔra] *nm* (sense of) smell; **avoir l'~ développé** to have a keen sense of smell; **manquer d'~** to have no sense of smell.

odoriférant, e [ɔdɔriferɑ̃, ɑ̃t] *adj litt* [parfumé] sweet-smelling, fragrant, odoriferous *litt*.

odyssée [ɔdise] *nf* odyssey; **nous attendions avec impatience le récit de son ~** we were looking forward to hearing the story of his odyssey ❑ **'l'Odyssée'** *Homère* 'The Odyssey'; **'2001, l'~ de l'espace'** *Kubrick* '2001: A Space Odyssey'.

OEA (*abr de* Organisation des États américains) *npr f* OAS.

OECE (*abr de* Organisation européenne de coopération économique) *npr f* OEEC.

œcuménicité [ekymenisite] *nf litt* ecumenicalism.

œcuménique [ekymenik] *adj* ecumenical.

œcuménisme [ekymenism] *nm* ecumenicalism, ecumenicism.

œcuméniste [ekymenist] ◇ *adj* ecumenic, ecumenical.
◇ *nm, f* ecumenist.

œdémateux, euse [edematø, øz] *adj* oedematous.

œdème [edɛm] *nm* oedema; ~ **aigu du poumon** pulmonary oedema.

œdipe [edip] *nm* Oedipus complex.

Œdipe [edip] *npr* Oedipus; **'~ à Colone'** *Sophocle* 'Oedipus at Colonus'; **'~ roi'** *Sophocle* 'Oedipus Rex'.

œdipien, enne [edipjɛ̃, ɛn] *adj* oedipal, oedipean.

œil [œj] (*pl sens 1-8* **yeux** [jø], *pl sens 9-12* **œils**) *nm* -**1.** ANAT eye; **j'ai le soleil dans les yeux** the sun's in OU I've got the sun in my eyes; **avoir les yeux verts/marron** to have green/brown eyes; **des yeux en amande** almond eyes; **des yeux bridés** slanting eyes; **elle a des yeux de biche** she's got doe eyes; **avoir de gros yeux** to have bulbous eyes; **il n'a qu'un ~** he's one-eyed, he's got only one eye; **je vois mal d'un ~** one of my eyes is weak; **il ne voit plus que d'un ~** he can only see with one eye now; **se faire les yeux** to make up one's eyes; **je l'ai vu, de mes yeux vu, je l'ai vu de mes propres yeux** I saw it with my own eyes; **faire** OU **ouvrir des yeux ronds** to stare wide-eyed; **avoir l'~ humide** to have tearful eyes OU a tearful gaze; **viens me lire ça, petit, j'ai besoin d'yeux** *fam* come and read this for me, son, I need (somebody with) a good pair of eyes ❑ **~ artificiel/de verre** artificial/glass eye; **l'~ intérieur** *litt* the inner eye; **mauvais ~** evil eye; **jeter le mauvais ~ à qqn** to give sb the evil eye; **mes vaches, elles ont eu le mauvais ~!** *fam* somebody's cast a spell on my cows!; **mon ~!** *fam* my foot!; **généreux, mon ~!** generous, my foot!; **attention les yeux!** *fam* get an eyeful of that!; **avoir les yeux battus** to have (dark) rings OU bags under one's eyes; **avoir de petits yeux** *pr* to have small eyes; *fig* to look (all) putty-eyed OU puffy round the eyes; **les yeux fermés** with one's eyes closed; **faire qqch les yeux fermés** *pr* & *fig* to do sthg with one's eyes shut OU closed; **je retrouverais le chemin les yeux fermés** I could find the way with my eyes shut; **avoir un ~ poché** *fam* OU **au beurre noir** *fam* to have a black eye OU a shiner *hum*; **elle avait les yeux qui lui sortaient de la tête** her eyes were popping out of her head; **avoir un ~ qui dit zut** *fam* OU **merde**▽ **à l'autre** *hum*, **avoir les yeux qui se croisent les bras** *fam hum*, **avoir un ~ à Paris et l'autre à Pontoise** *fam hum* to have a squint, to be cross-eyed, to be boss-eyed *Br*; **avoir des yeux derrière la tête**: **il faudrait avoir des yeux derrière la tête!** you'd need (to have) eyes in the back of your head!; **faire les gros yeux à un enfant** to look sternly OU reprovingly at a child; **maman va te faire les gros yeux!** Mummy's going to tell you off!; **faire qqch pour les beaux yeux de qqn** to do sthg for the love of sb; **se mettre le doigt dans l'~ (jusqu'au coude)** to be completely wrong; **avoir les yeux plus grands que le ventre** *fam*: **tu as les yeux plus grands que le ventre** [tu es trop gourmand] your eyes are bigger than your belly OU your stomach; **tu as eu les yeux plus grands que le ventre** [tu as été trop ambitieux] you've bitten off more than you can chew; **~ pour ~** (**, dent pour**

dent) *allusion* BIBLE an eye for an eye (and a tooth for a tooth); **ils ont des yeux et ils ne voient pas** *allusion* BIBLE eyes have they but they see not. -**2.** [vision] sight, eyesight; **avoir de bons yeux** to have good eyesight; **avoir de mauvais yeux** to have bad OU poor eyesight ❑ **avoir des yeux de lynx** to be eagle-eyed; **il la suivait de son ~ d'aigle** he was watching her every move like a hawk; **il a des yeux de chat** he can see like a cat in the dark. -**3.** [regard] : **ne me fais pas ces yeux-là!** don't look OU stare at me like that!; **les yeux dans les yeux** [tendrement] looking into each other's eyes; [avec franchise] looking each other straight in the eye; **chercher qqn des yeux** to look around for sb; **jeter les yeux sur qqch** to cast a glance at sthg; **jeter un ~ à** to have a quick look at; **veux-tu y jeter un ~ en vitesse?** do you want to have a quick look at it?; **lever les yeux sur qqch/qqn** to look up at sthg/sb; **sans lever les yeux de son livre** without looking up OU raising her eyes from her book; **lever les yeux au ciel** [pour regarder] to look up at the sky; [par exaspération] to raise one's eyes heavenwards; **poser un ~ sur** to have a look at; **elle posait sur tout un ~ curieux** she was curious about everything; **n'ayant jamais posé les yeux sur de telles splendeurs** never having laid OU set eyes on such fabulous sights; **devant les yeux de** before (the eyes of); **les clefs sont devant tes yeux** the keys are right in front of you; **sous les yeux de, sous l'~ de** *litt* under the eye OU gaze of; **sous l'~ amusé/jaloux de son frère** under the amused/jealous gaze of her brother; **sous mes yeux** [devant moi] right in front of me; [effrontément] before my very eyes; **il l'a volé sous nos yeux** he stole it from under our very eyes; **elle dépérissait sous mes yeux** I could see her wasting away before my very eyes; **j'ai votre dossier sous les yeux** I've got your file right here in front of me OU before me; **à l'abri des yeux indiscrets** away from prying eyes ❑ **caresser** OU **couver qqn des yeux** to gaze fondly at sb; **dévorer** OU **manger qqn des yeux** to gaze longingly at sb; **dévorer qqch des yeux** to gaze greedily at sthg; **n'avoir d'yeux que pour** to only have eyes for; **il n'avait d'yeux que pour elle** he only had eyes for her. -**4.** [expression, air] look; **son ~ malicieux/interrogateur** her mischievous/inquiring look; **elle est arrivée, l'~ méchant** OU **mauvais** she arrived, with a nasty look on her face OU looking like trouble; **il m'a regardé d'un ~ noir/furieux** he gave me a black/furious look; **elle se taisait mais ses yeux parlaient pour elle** she said nothing but her eyes did the talking ❑ **faire de l'~ à qqn** *fam* [pour aguicher] to give sb the eye, to make eyes at sb; [en signe de connivence] to wink knowingly at sb; **arrête de faire de l'~ à tous les garçons!** stop giving all the boys the eye!; **faire les yeux doux** OU **des yeux de velours à qqn** to make sheep's eyes at sb. -**5.** [vigilance] : **rien n'échappait à l'~ du professeur** nothing escaped the teacher's notice ❑ **avoir l'~** to be vigilant OU watchful; **aie l'~!** be on the lookout!; **elle a l'~ à tout** she keeps an eye on everything; **il faut avoir l'~ à tout avec les enfants** you've got to keep an eye on everything when children are around; **il a l'~ du maître** [rien ne lui échappe] he doesn't miss a thing; **avoir l'~ sur qqn, avoir** OU **tenir qqn à l'~** to keep an eye OU a close watch on sb; **toi, je t'ai à l'~!** I've got my eye on you!; **être tout yeux** to be all eyes; **ils étaient tout yeux et tout oreilles** they were all eyes and ears. -**6.** [état d'esprit, avis] : **voir qqch d'un bon/mauvais ~** to look favourably/unfavourably upon sthg; **considérer** OU **voir qqch d'un ~ critique** to look critically at sthg; **voir les choses du même ~ que qqn** to see eye to eye with sb; **il voit tout par les yeux de sa femme** he sees everything through his wife's eyes; **il voit avec les yeux de la foi/de l'amour** he sees things through the eyes of a believer/of love; **aux yeux de** in the eyes of; **aux yeux de tous, il passait pour fou** he was regarded by everyone as being a madman; **ça n'a aucun intérêt à mes yeux** it's of no interest to me; **aux yeux de la loi** in the eyes of the law. -**7.** AGR & HORT [de pomme de terre] eye; [bourgeon] : **~ dormant/poussant** dormant/shooted bud. -**8.** ZOOL [d'un papillon] eyespot; [d'une queue de paon] eyespot; **~ pinéal** pineal organ. -**9.** [trou - dans une porte] Judas hole; [- au théâtre] peep hole; [- d'une aiguille, d'un marteau] eye; NAUT [d'un filin] grommet, eye; MÉTÉO [d'un cyclone] eye, centre. -**10.** IMPR face. -**11.** ÉLECTR : **~ cathodique/électrique** cathode/electric eye. -**12.** ARM fuse hole.

◆ **yeux** *nmpl* -**1.** *fam hum* [lunettes] glasses, specs *Br*; **j'ai oublié mes yeux** I've forgotten my specs. -**2.** CULIN : **les yeux du bouillon** the blobs of grease floating on the stock.

◆ **à l'œil** *fam loc adv* (for) free, for nothing, gratis; **j'ai voyagé à l'~** I travelled for free; **ce soir-là j'ai chanté à l'~** that night I sang for free; **j'ai eu deux tickets à l'~** I got two tickets gratis OU (for) free OU on the house.

◆ **coup d'œil** *nm* -**1.** [regard] look, glance; **elle s'en rendit compte au premier coup d'~** she noticed straight away OU immediately OU at a glance; **donner** OU **jeter un petit coup d'~ à** to have a quick look OU glance at; **d'un coup d'~, il embrassa le tableau** he took in the situation at a glance ❑ **avoir le coup d'~** [savoir regarder] to have a good eye; **pour les coquilles, elle a le coup d'~** she has a keen OU good eye for misprints; **valoir le coup d'~** to be (well) worth seeing. -**2.** [panorama] view; **de là-haut, le coup d'~ est unique** the view up there is unique.

œil-de-bœuf [œjdəbœf] (*pl* **œils-de-bœuf**) *nm* [oculus] oculus; [lucarne] bull's eye.

œil-de-chat [œjdəʃa] (*pl* **œils-de-chat**) *nm* cat's-eye MINER.

œil-de-perdrix [œjdəpɛrdri] (*pl* **œils-de-perdrix**) *nm* -**1.** ANAT (soft) corn. -**2.** [du bois] small knot. -**3.** ŒNOL oeil-de-perdrix.

œil-de-tigre [œjdətigr] (*pl* **œils-de-tigre**) *nm* tigereye, tiger's eye.

œillade [œjad] *nf* wink, oeillade *litt*; **jeter** OU **lancer des ~s à qqn** to give sb the (glad) eye; **une ~ assassine** *hum* a provocative wink.

œillère [œjɛr] *nf* -**1.** [de cheval] blinker *Br*, blinder *Am*; **avoir des ~s** *fig* to be blinkered, to have a blinkered view of things. -**2.** [coupelle] eyebath.

œillet [œjɛ] *nm* -**1.** BOT pink; **~ des fleuristes** carnation; **~ d'Inde** African marigold; **~ de poète** sweet william. -**2.** [perforation] eyelet hole. -**3.** [anneau - de papier gommé] (index) reinforcer; [- de métal] eyelet, grommet.

œilleton [œjtɔ̃] *nm* -**1.** BOT sucker. -**2.** OPT eyepiece shade. -**3.** [d'une porte] spyhole.

œkoumène [ekumɛn] = **écoumène**.

œnilisme [enilism] *nm* alcoholism *(from drinking wine)*.

œnolique [enɔlik] *adj* : **acides ~s** oenolic acids.

œnolisme [enɔlism] = **œnilisme**.

œnologie [enɔlɔʒi] *nf* oenology.

œnologique [enɔlɔʒik] *adj* oenological.

œnologue [enɔlɔg] *nmf* oenologist.

œnométrie [enɔmetri] *nf* alcoholometry.

œnométrique [enɔmetrik] *adj* alcoholometric.

œsophage [ezɔfaʒ] *nm* oesophagus.

œsophagien, enne [ezɔfaʒjɛ̃, ɛn], **œsophagique** [ezɔfaʒik] *adj* oesophageal.

œsophagite [ezɔfaʒit] *nf* oesophagitis.

œsophagoscope [ezɔfagɔskɔp] *nm* oesophagoscope.

œstradiol [ɛstradjɔl] *nm* oestradiol.

œstral, e, aux [ɛstral, o] *adj* oestrous.

œstrogène [ɛstrɔʒɛn] *nm* oestrogen.

œstrus [ɛstrys] *nm* oestrus.

œuf [œf] (*pl* **œufs** [ø]) *nm* -**1.** CULIN egg; **monter des ~s en neige** to beat egg whites until they form peaks; **~ du jour** new-laid egg ❑ **~ sur le plat** OU **au plat** OU **(au) miroir** fried egg; **~ en chocolat** chocolate egg; **~ (en) cocotte** coddled egg; **~ (à la) coque** boiled egg; **~ dur** hard-boiled egg; **~ en gelée** egg in aspic; **~ mayonnaise** egg mayonnaise; **~ mollet** soft-boiled egg; **~ de Pâques** Easter egg; **~s brouillés/pochés** scrambled/poached eggs; **~s au lait** ≃ egg custard; **~s à la neige** floating islands; **~s en neige** [mets] floating islands; [préparation] beaten egg whites; **sortir de l'~** to be still wet behind the ears; **écraser** OU **tuer qqch dans l'~** to nip sthg in the bud; **c'est comme l'histoire de l'~ et de la poule** it's a chicken and egg situation; **c'est comme l'~ de Christophe Colomb, il fallait y penser** it's easy when you know how; **il ne faut pas mettre tous ses ~s dans le même panier** *prov* never put all your eggs in one basket *prov*. -**2.** *fam* [imbécile] great ninny, oaf, blockhead; **tête d'~!** you nincompoop! -**3.** BIOL (egg) cell, egg; ZOOL [d'insecte, de poisson] egg; [de homard] berry; **~ de durée** OU **d'hiver** ENTOM overwintering egg; **~s de lump** lumpfish eggs OU roe; **~s de poisson** ZOOL spawn; CULIN fish roe. -**4.** COUT : **~ à repriser** darning egg. -**5.** [télécabine] cable car. -**6.** SPORT egg; **faire l'~** to (go into a) tuck; **dans la position en ~** in OU into the tuck position.

œuvre[1] [œvr] *nm* -**1.** ARCHIT & CONSTR : **une construction dans ~/hors (d') ~** a construction within/without the perimeter; **mesure dans/hors ~** inside/outside measurement ❑ **gros ~** carcass, fabric; **le gros ~ est enfin terminé** the main building work is finished at last; **second ~** finishing (jobs). -**2.** BX-ARTS : **son ~ gravé et son ~ peint** his paintings and his etchings. -**3.** [en alchimie] : **le Grand Œuvre** the Great Work, the Magnum Opus.

œuvre[2] [œvr] *nf* -**1.** [travail] work; **~ de longue haleine** long-term undertaking; **ce tabouret est l'~ d'un artisan** this stool is the work of a craftsman; **le troisième but a été l'~ de Bergova** FTBL the third goal was the work of Bergova; **elle a fait ~ durable/utile** she's done a lasting/useful piece of work; **la vieillesse a fait son ~** old age has done its work; **mettre qqch en ~** to bring sthg into play; **mettre tout en ~ pour que** to do all in one's power to ensure that; **nous avons mis tous les moyens en ~ pour juguler l'incendie** we did everything we could to bring the fire under control; **elle a mis tout en ~ pour être sélectionnée** she pulled out all the stops in order to get selected ❑ **~ de chair** *litt* carnal knowledge; **mise en ~** JOAILL mounting; **faire ~ de** : **faire ~ de rénovateur** to act as a renovator; **il a fait ~ d'homme de goût en restaurant la chapelle** his restoration of the chapel is the work of a man of taste; **faire ~ de ses dix doigts** *vieilli* to work with one's hands. -**2.** BX-ARTS & LOISIRS work; **toute son ~** the whole of her works; **couronné pour l'ensemble de son ~** rewarded for his overall achievement ❑ **~ d'art** work of art; **~s choisies/complètes de Molière** selected/complete works of Molière; **~ de jeunesse** early work. -**3.** [charité] : **~ (de bienfaisance)** charitable organization; **je fais la collecte pour une ~** I'm collecting for charity; **(bonnes) ~s** charity.

◆ **œuvres** *nfpl* -**1.** RELIG works, deeds. -**2.** ADMIN : **~ sociales** community service. -**3.** NAUT : **~s mortes** dead work, topsides; **~s vives** NAUT quickwork; **la France blessée dans ses ~s vives** *fig* & *sout* France, cut to the quick.

◆ **à l'œuvre** *loc adv* at work; **être à l'~** to be at work; **se mettre à l'~** to get down to OU to start work; **voir qqn à l'~** to see sb at work.

œuvrer [5] [œvre] *vi sout* to work, to strive; **nous voulons la paix et nous allons ~ pour cela** we want peace and we will do our utmost to achieve it.

OFCE (*abr de* **Observatoire français des conjonctures économiques**) *npr m economic research institute*.

off [ɔf] *adj inv* -**1.** CIN offscreen. -**2.** [théâtre, spectacle, festival] fringe *(modif)*.

offensant, e [ɔfɑ̃sɑ̃, ɑ̃t] *adj* offensive.
offense [ɔfɑ̃s] *nf* -**1.** [affront] insult; **faire ~ à** to offend, to give offence to; **soit dit sans ~, tu n'es plus tout jeune non plus** no offence meant, but you're not that young either; **c'est une ~ au bon goût** it's an offence OU a crime against good taste; **il n'y a pas d'~** *fam* no offence taken. -**2.** RELIG trespass, transgression. -**3.** JUR: **~ à la cour** contempt of Court.
offensé, e [ɔfɑ̃se] ◇ *adj* offended, insulted; **air ~** offended OU outraged look; **elle s'est sentie ~e** she felt offended.
◇ *nm, f sout* offended OU injured party.
offenser [3] [ɔfɑ̃se] *vt* -**1.** [blesser] to offend, to give offence to; **je l'ai offensé sans le vouloir** I offended him unintentionally; **tu l'offenserais en ne l'invitant pas** you'd offend him if you didn't invite him; **soit dit sans (vouloir) vous ~, votre fils n'est pas un ange** without wishing to offend you, your son is no angel; **~ la mémoire de qqn** *sout* to offend sb's memory. -**2.** [enfreindre] to violate; **~ un principe** to fly in the face of a principle; **~ Dieu** RELIG to offend God, to trespass against God.
◆ **s'offenser** *vpi sout* [se vexer] to take offence; **s'~ de la moindre critique** to take exception to the slightest criticism; **elle s'est offensée qu'il ait oublié son anniversaire** she was offended because he forgot her birthday.
offenseur [ɔfɑ̃sœr] *nm sout* offender.
offensif, ive [ɔfɑ̃sif, iv] *adj* offensive; **l'équipe a adopté un jeu très ~** the team has opted to play an attacking game ❑ **arme/guerre offensive** offensive weapon/war.
◆ **offensive** *nf* MIL & *fig* offensive; **passer à/prendre l'~** to go on/to take the offensive; **mener une ~** to carry out OU to conduct an offensive; **le club lillois revient à l'~ contre Bordeaux** the Lille team is back on the offensive OU is making a fresh attack against Bordeaux; **~ de l'hiver** *fig* onslaught of winter ❑ **~ de paix** POL peace offensive.
offensivement [ɔfɑ̃sivmɑ̃] *adv* -**1.** MIL offensively. -**2.** SPORT: **jouer ~** to play an attacking game.
offertoire [ɔfɛrtwar] *nm* offertory.
office [ɔfis] ◇ *nm* -**1.** [HIST & gén] office; **dans son ~ de gouvernante** in her position as governess; **le signal d'alarme n'a pas rempli son ~** the alarm didn't (fulfil its) function; **faire ~ de**: **faire ~ de président** to act as chairman; **qu'est-ce qui peut faire ~ de pièce d'identité?** what could serve as proof of identity?; **pendant le voyage, j'ai dû faire ~ de cuisinier** I had to act as cook during the trip ❑ **~ ministériel** ministerial office. -**2.** RELIG office; **aller à/manquer l'~** to go to/to miss the church service ❑ **l'~ divin** the Divine Office; **l'~ des morts** the office for the dead. -**3.** [agence] agency, bureau; **~ de publicité** advertising agency; **~ du tourisme espagnol** Spanish tourist office OU bureau; **l'Office national des forêts** the French Forestry commission; **les Offices** [à Florence] the Uffizi. -**4.** COMM [dans l'édition]: **exemplaire d'~** copy sent on sale or return.
◇ *nm, vieilli nf* [d'une cuisine] pantry; [d'un hôtel, d'une grande maison] kitchen, kitchens; **tous les verres sont rangés dans l'~** all the glasses are stored in the pantry; **enfant, je dînais à l'~** as a child, I used to eat with the servants.
◆ **offices** *nmpl*: **grâce aux bons ~s de M. Prat/du gouvernement allemand** thanks to Mr. Prat's good offices/to the good offices of the German government.
◆ **d'office** *loc adv* automatically; **il a été promu d'~ au rang de général** he was automatically promoted to (the rank of) general; **je vous mets d'~ parmi les altos** I'll put you in straightaway with the altos ❑ **avocat commis d'~** (officially) appointed lawyer.
officialisation [ɔfisjalizasjɔ̃] *nf* officialization.
officialiser [3] [ɔfisjalize] *vt* to make official, to officialize.
officiant [ɔfisjɑ̃] ◇ *adj m* officiating.
◇ *nm* officiant.
officiel, elle [ɔfisjɛl] *adj* -**1.** [public] official; **communiqué ~** official communiqué; **milieux ~s** official circles; **langage** OU **jargon ~** officialese; **rien de ce que je vous dis là n'est ~** everything I'm telling you is unofficial OU off the record; **il a rendu ~le sa décision de démissionner** he made public OU he officially announced his decision to resign ❑ **congé ~** official holiday. -**2.** [réglementaire] formal; **tenue ~le** formal attire; **style ~** formal style; **notre rencontre n'avait aucun caractère ~** our meeting took place on an informal OU unofficial basis.
◆ **officiel** *nm* official; **les ~s du Parti** the Party officials.
officiellement [ɔfisjɛlmɑ̃] *adv* officially; **je dépose plainte ~** I'm making an official complaint.
officier[1] [9] [ɔfisje] *vi* -**1.** RELIG to officiate. -**2.** *fig* & *hum* to preside; **qui officie aux fourneaux ce soir?** who's in charge OU presiding in the kitchen tonight?
officier[2] [ɔfisje] *nm* -**1.** MIL officer; **~ d'active/de réserve** regular/reserve officer; **~ de marine/de l'armée de terre** naval/army officer; **~ supérieur/général** field/general officer; **~ de liaison** liaison officer; **~ subalterne** junior *Br* OU company *Am* officer. -**2.** [titulaire - d'une fonction, d'une distinction]: **~ de l'Armée du salut** Salvation Army Officer; **~ de l'état civil** ≃ registrar; **~ de police judiciaire** *police officer in the French Criminal Investigation Department*; **~ de la Légion d'honneur** Officer of the Legion of Honour; **~ ministériel** *member of the legal or allied professions.*
officier-marinier [ɔfisjemarinje] (*pl* **officiers-mariniers**) *nm* petty officer.
officieusement [ɔfisjøzmɑ̃] *adv* unofficially, informally.
officieux, euse [ɔfisjø, øz] *adj* unofficial, informal.
officinal, e, aux [ɔfisinal, o] *adj* [plante] medicinal; [remède] officinal.
officine [ɔfisin] *nf* -**1.** PHARM dispensary, pharmacy. -**2.** *fig* & *péj*: **~ d'espionnage** den of spies.
offrande [ɔfrɑ̃d] *nf* -**1.** RELIG [don] offering; [cérémonie] offertory. -**2.** [contribution] offering; **verser une ~ à une œuvre** to give to a charity.
offrant [ɔfrɑ̃] *nm* bidder; **vendre qqch au plus ~** to sell sthg to the highest bidder.
offre [ɔfr] *nf* -**1.** [proposition] offer; **j'accepte votre ~** I accept your offer; **ils lui ont fait une ~ avantageuse** they made him a worthwhile offer; **faire une ~ à 1 000 francs** to make an offer of 1,000 francs; [aux enchères] to bid 1,000 francs; **'~ valable jusqu'au 31 mai'** 'offer closes May 31st' ❑ **'~s d'emploi'** 'situations vacant'; **~s de paix** POL peace proposals; **~s de service** offer to help. -**2.** ÉCON supply; **~ de monnaie/devises** money/currency supply; **l'~ et la demande** supply and demand. -**3.** FIN: **~ de concours** competitive (state) tender; **~ publique d'achat** takeover bid; **~ publique d'échange** acquisition (by exchange of shares); **~ publique de vente** sales offer *(of shares at a fixed price)*. -**4.** JUR: **~s réelles** payment into court.
offrir [34] [ɔfrir] *vt* -**1.** [faire cadeau de] to give; **~ qqch en cadeau à qqn** to give sb sthg as a present; **on lui offrit une médaille** they presented him OU he was presented with a medal; **je vous offre un café/un verre?** can I buy you coffee/a drink?; **ils (nous) ont offert le champagne** they treated us to champagne; **pour finir ce journal, nous vous offrons quelques images de la première neige dans Paris** and now to end the news, we bring you some shots of the first snow of the year in Paris ‖ *(en usage abs)*: **pourriez-vous me faire un paquet-cadeau, c'est pour ~** could you gift-wrap it for me, please, it's a present; **c'est moi qui offre** I'll pay. -**2.** [donner - choix, explication, hospitalité] to give, to offer; **je vous offre une nouvelle chance** I'm giving you a second chance; **~ son assistance** OU **son aide à qqn** to offer to help sb; **~ à qqn la possibilité de faire qqch** to offer OU to give sb the chance of doing sthg. -**3.** [proposer]: **~ son bras à qqn** to offer OU to lend sb one's arm; **je lui ai montré mon autoradio, il m'en offre 2 000 F** I showed him my car radio, he's offering me 2,000 F for it; **elle nous a offert sa maison pour l'été** she offered us her house for the summer. -**4.** [présenter - spectacle, vue] to offer, to present; **elle offre l'image du plus profond désespoir** she seems to be in deep despair; **la conversation n'offrait qu'un intérêt limité** the conversation was of only limited interest; **cette solution offre l'avantage d'être équitable** this solution has OU presents the advantage of being fair; **le sommet offre un panorama de toute beauté** the summit offers OU affords the most stupendous views; **le vieil homme/le jardin dévasté offrait un piteux spectacle** the old man/the ruined garden was a pathetic sight.
◆ **s'offrir** ◇ *vp (emploi réfléchi)* -**1.** [sexuellement] to offer OU to give o.s. -**2.** [proposer ses services] to offer one's services; **il s'est offert pour un emploi de manutentionnaire** he applied for a job as a packer; **s'~ à payer les dégâts** to offer to pay for the damage; **l'article s'offre à orienter le lecteur dans le marché de la hi-fi** the article aims to help the reader find his way in the world of hi-fi.
◇ *vp (emploi réciproque)* to give OU to buy each other; **à Noël, on s'offre des cadeaux** at Christmas, people give each other presents.
◇ *vpi* [se présenter - occasion]: **un seul moyen s'offrait à moi** there was only one course of action open to me; **plein d'enthousiasme pour la journée qui s'offrait à lui** full of enthusiasm for the day that lay ahead of him; **un panorama exceptionnel s'offre au regard** an amazing view meets your eyes.
◇ *vpt* [se faire cadeau de] to treat o.s. to; **s'~ le luxe de manger du caviar** to indulge in the luxury of eating caviar; **et si on s'offrait à boire?** shall we have a drink?
offset [ɔfsɛt] ◇ *adj inv* offset.
◇ *nm inv* offset (process).
◇ *nf inv* offset (printing) machine.
off shore, offshore [ɔfʃɔr] ◇ *adj inv* BANQUE, PÉTR & SPORT offshore.
◇ *nm inv* PÉTR offshore technology; SPORT [activité] powerboat racing; [bateau] powerboat.
offusquer [3] [ɔfyske] *vt* to offend, to upset, to hurt.
◆ **s'offusquer** *vpi*: **s'~ de** to take offence at, to take umbrage at; **s'~ d'un rien** to be easily offended, to be quick to take offence.
ogival, e, aux [ɔʒival, o] *adj* [structure] ogive *(modif)*, ogival; [art, style] gothic.
ogive [ɔʒiv] *nf* -**1.** ARCHIT ogive, diagonal rib. -**2.** MIL & NUCL warhead. -**3.** GÉOM ogive.
ogre, ogresse [ɔgr, ɔgrɛs] *nm, f* -**1.** [dans les contes] ogre (*f* ogress). -**2.** *fam fig* ogre (*f* ogress), monster.
oh [o] ◇ *interj* -**1.** [pour indiquer - la surprise, l'admiration, l'indignation] oh; **~, quelle horreur!** oh, how awful!; **~ ~, est-ce que j'aurais deviné juste?** oho, could I be right? -**2.** [pour interpeller] hey; **~ là, qu'est-ce que tu fais?** hey, what are you doing?
◇ *nm inv* ooh, oh; **pousser des ~ et des ah devant qqch** to ooh and aah OU to marvel at sthg.
ohé [ɔe] *interj* hey; **~! vous là-bas** hey, you over there!
Ohio [ɔajo] *npr m*: **l'~** Ohio.
ohm [om] *nm* ohm.
ohmmètre [ommɛtr] *nm* ohmmeter.
OHQ *nm abr de* **ouvrier hautement qualifié.**
oïdium [ɔidjɔm] *nm* oidium.
oie [wa] *nf* -**1.** ORNITH goose; **~ cendrée** greylag goose; **~ des moissons** bean goose; **~ sauvage** wild goose. -**2.** JEUX: **jeu de l'~** ≃ snakes

and ladders. -**3.** MIL: **pas de l'~** goosestep; **défiler** OU **marcher au pas de l'~** to goosestep. -**4.** *péj* [personne] silly goose; **c'est une ~ blanche** she's (wide-eyed and) innocent.

oignon [ɔɲɔ̃] *nm* -**1.** BOT [légume] onion; [bulbe] bulb. -**2.** CULIN onion; **petits ~s** pickling onions; **un week-end aux petits ~s** *fam fig* a great OU first rate weekend; **soigner qqn aux petits ~s** to look after sb really well; **être soigné aux petits ~s** to get first-class attention; **ce ne sont pas tes ~s** *fam* that's none of your business; **mêle-toi** OU **occupe-toi de tes ~s** *fam* mind your own business. -**3.** MÉD bunion. -**4.** [montre] fob watch.

oïl [ɔjl] *adv* → **langue**.

oindre [82] [wɛ̃dr] *vt* -**1.** [enduire] to rub with oil. -**2.** RELIG to anoint.

oiseau, x [wazo] *nm* -**1.** ZOOL bird; **~ marin** OU **de mer** seabird; **~ migrateur** migratory bird; **~ de paradis** bird of paradise; **~ de proie** bird of prey; **~ de volière** aviary bird, cage bird; **~ des îles** *pr* tropical bird; *fig* exotic creature; **~ de mauvais augure** OU **de malheur** bird of ill omen; **~ rare: il est parfait pour cet emploi, tu as vraiment déniché l'~ rare** he's perfect for this job, you've found a rare bird there; **avoir un appétit d'~** to eat like a bird; **ce n'était qu'un ~ de passage** he was just a ship that passed in the night; **être comme l'~ sur la branche** to be in a very precarious situation; **le petit ~ va sortir!** [photo] watch the birdie!; **petit à petit, l'~ fait son nid** *prov* every little helps; **'l'Oiseau de feu'** *Stravinski* 'The Firebird'; **'les Oiseaux'** *Aristophane, du Maurier, Hitchcock* 'The Birds'. -**2.** *fam* [individu douteux] customer; **c'est un drôle d'~** OU **un vilain ~** he's an odd customer; **quand la police arriva, l'~ s'était envolé** by the time the police arrived the bird had flown. -**3.** CONSTR [auge de maçon] hod.

oiseau-lyre [wazolir] (*pl* **oiseaux-lyres**) *nm* lyrebird.

oiseau-mouche [wazomuʃ] (*pl* **oiseaux-mouches**) *nm* hummingbird.

oiseler [24] [wazle] *vi* to catch birds *(with a net or with birdlime)*.

oiselet [wazlɛ] *nm litt* small bird.

oiseleur [wazlœr] *nm* bird catcher.

oiselier, ère [wazəlje, ɛr] *nm, f* bird-seller.

oisellerie [wazɛlri] *nf* -**1.** [boutique] bird shop. -**2.** [commerce] birdselling.

oiseux, euse [wazø, øz] *adj* -**1.** [futile] futile; **des occupations oiseuses** futile occupations; **des rêveries oiseuses** daydreaming. -**2.** [stérile] irrelevant, pointless.

oisif, ive [wazif, iv] ◇ *adj* -**1.** [personne, vie] idle. -**2.** JUR [biens] unproductive.
◇ *nm, f* idler; **les ~s** the idle.

oisillon [wazijɔ̃] *nm* fledgling.

oisivement [wazivmɑ̃] *adv* idly; **vivre ~** to live in idleness.

oisiveté [wazivte] *nf* idleness; **vivre dans l'~** to live in idleness ❑ **l'~ est la mère de tous les vices** *prov* the devil finds work for idle hands *prov*.

oison [wazɔ̃] *nm* -**1.** ZOOL gosling. -**2.** *vieilli* [personne] gullible OU credulous person.

OIT (*abr de* **Organisation internationale du travail**) *npr f* ILO.

OJD (*abr de* **Office de justification de la diffusion des supports de publicité**) *npr m advertising industry watchdog*.

OK [ɔke] *interj* OK, okay; **~! pour moi c'est bon!** okay! that's fine by me!

Oka [oka] *npr*: **fromage d'~** *cheese made by trappist monks in Canada*.

okapi [ɔkapi] *nm* okapi.

Oklahoma [ɔklaɔma] *npr m*: **l'~** Oklahoma.

okoumé [ɔkume] *nm* gaboon.

oléacée [ɔlease] *nf* member of the Oleaceae OU olive family.

oléagineux, euse [ɔleaʒinø, øz] *adj* oil-producing, oleaginous *spéc*.

◆ **oléagineux** *nm* oil-producing OU oleaginous *spéc* plant.

oléastre [ɔleastr] *nm* oleaster.

oléicole [ɔleikɔl] *adj*: **industrie ~** [de l'huile d'olive] olive oil industry; [de l'huile d'oléagineux] vegetable oil industry; **terres ~s** [à olives] olive-growing area; [à oléagineux] oil-cropping area.

oléiculteur, trice [ɔleikyltœr, tris] *nm, f* -**1.** [cultivateur] olive grower. -**2.** [fabricant d'huile - d'olive] olive oil manufacturer; [- d'autres oléagineux] vegetable oil manufacturer.

oléiculture [ɔleikyltyr] *nf* [culture - des olives] olive growing; [- des oléagineux] oil-crop growing.

oléifère [ɔleifɛr] *adj* oil-producing, oleiferous *spéc*.

oléiforme [ɔleifɔrm] *adj* oil-like.

oléine [ɔlein] *nf* olein.

oléique [ɔleik] *adj* oleic.

oléoduc [ɔleɔdyk] *nm* (oil) pipeline.

olé olé *fam* [ɔleɔle] *adj inv*: **être un peu ~** [de mœurs légères] to be a bit loose; [peu respectueux] to be a bit too laid back.

oléorésine [ɔleɔrezin] *nf* oleoresin.

oléum [ɔleɔm] *nm* oleum.

olfactif, ive [ɔlfaktif, iv] *adj* olfactory.

olfaction [ɔlfaksjɔ̃] *nf* olfaction.

olibrius [ɔlibrijys] *nm* oddball.

olifant [ɔlifɑ̃] *nm* (ivory) hunting horn, oliphant *arch*.

oligarchie [ɔligarʃi] *nf* oligarchy.

oligarchique [ɔligarʃik] *adj* oligarchic, oligarchical.

oligarque [ɔligark] *nm* oligarch.

oligiste [ɔliʒist] *adj* & *nm* hematite.

oligocène [ɔligɔsɛn] ◇ *adj* Oligocene.
◇ *nm* Oligocene (period).

oligoclase [ɔligɔklaz] *nf* oligoclase.

oligo-élément [ɔligɔelemɑ̃] (*pl* **oligo-éléments**) *nm* trace element.

oligophrène [ɔligɔfrɛn] ◇ *adj* mentally subnormal.
◇ *nmf* mentally subnormal person.

oligophrénie [ɔligɔfreni] *nf* (mental) subnormality.

oligopole [ɔligɔpɔl] *nm* oligopoly.

oligopolistique [ɔligɔpɔlistik] *adj* oligopolistic.

oligurie [ɔligyri] *nf* oliguria.

olivacé, e [ɔlivase] *adj* olive, olive-coloured.

olivaie [ɔlivɛ] *nf* olive grove.

olivaison [ɔlivɛzɔ̃] *nf* -**1.** [récolte] olive harvest. -**2.** [saison] olive season.

olivâtre [ɔlivatr] *adj* olive-greenish.

olive [ɔliv] ◇ *nf* -**1.** BOT olive; **~ noire/verte** black/green olive. -**2.** ÉLECTR switch. -**3.** ANAT: **~ bulbaire** olivary body; **~ cérébelleuse** olivary nucleus. -**4.** ZOOL olive (shell). -**5.** VÊT [bouton] (olive-shaped) button.
◇ *adj inv* [couleur] olive, olive-green.

◆ **olives** *nfpl* ARCHIT olive OU bead moulding.

oliveraie [ɔlivrɛ] = **olivaie**.

olivette [ɔlivɛt] *nf* -**1.** [tomate] plum tomato. -**2.** [raisin] (olive-shaped) grape.

olivier [ɔlivje] *nm* -**1.** BOT olive tree. -**2.** [bois] olive (wood).

Oliviers [ɔlivje] *npr mpl* → **mont**.

olivine [ɔlivin] *nf* olivine.

olographe [ɔlɔgraf] *adj* holograph.

OLP (*abr de* **Organisation de libération de la Palestine**) *npr f* PLO.

olympe [ɔlɛ̃p] *nm litt* Olympus.

Olympe [ɔlɛ̃p] *npr m* GÉOG & MYTH: **l'~** Olympus; **les dieux de l'~** the Olympic deities, the Olympians; **le mont ~** Mount Olympus.

olympiade [ɔlɛ̃pjad] *nf* -**1.** [événement] Olympic Games; **à la dernière ~** during the last Olympics. -**2.** [quatre ans] olympiad.

Olympie [ɔlɛ̃pi] *npr* Olympia.

olympien, enne [ɔlɛ̃pjɛ̃, ɛn] *adj* MYTH & *hum* Olympian; **un calme ~** an Olympian calm.

olympique [ɔlɛ̃pik] *adj* Olympic; **les jeux Olympiques** the Olympic Games, the Olympics.

olympisme [ɔlɛ̃pism] *nm* -**1.** [idéal] Olympic ideal. -**2.** [organisation] organization of the Olympic Games.

OM (*abr de* **Olympique de Marseille**) *npr m Marseilles football team*.

Oman [ɔman] *npr* Oman; **golfe d'~** Gulf of Oman; **le sultanat d'~** the Sultanate of Oman.

ombelle [ɔ̃bɛl] *nf* umbel; **en ~** umbellate.

ombellifère [ɔ̃belifɛr] *nf* umbellifer, member of the Umbelliferae.

ombilic [ɔ̃bilik] *nm* -**1.** ANAT umbilicus *spéc*, navel. -**2.** BOT [renflement] hilum; [plante] navelwort. -**3.** MATH umbilical point. -**4.** BX-ARTS boss, embossment.

ombilical, e, aux [ɔ̃bilikal, o] *adj* -**1.** ANAT umbilical. -**2.** ASTRONAUT: **mât ~** umbilical cord.

ombiliqué, e [ɔ̃bilike] *adj* umbilicate, umbilicated.

omble [ɔ̃bl] *nm*: **~ (chevalier)** char.

ombrage [ɔ̃braʒ] *nm* -**1.** [ombre] shade; **ces arbres donnent** OU **font un ~ agréable à la terrasse** these trees pleasantly shade the terrace. -**2.** [feuillage] canopy, foliage. -**3.** *litt*: **prendre ~ de** to take offence OU umbrage at; **porter** OU **faire ~ à qqn** to cause offence to sb, to offend sb.

ombragé, e [ɔ̃braʒe] *adj* shady.

ombrager [17] [ɔ̃braʒe] *vt* to shade; **ses longs cils ombrageaient ses yeux bleus** her long eyelashes shaded her blue eyes.

ombrageux, euse [ɔ̃braʒø, øz] *adj* -**1.** *sout* [susceptible] touchy, easily offended. -**2.** [cheval] skittish, nervous, jumpy.

ombre[1] [ɔ̃br] *nm* ZOOL: **~ de rivière** grayling.

ombre[2] [ɔ̃br] *nf* -**1.** [pénombre] shade; **dans l'~ des sous-bois** in the shadowy undergrowth; **faire de l'~: le gratte-ciel fait de l'~ à tout le quartier** the skyscraper casts a shadow over the whole area OU leaves the whole area in shadow; **pousse-toi, tu me fais de l'~** move, you're in my light ❑ **sortir de l'~** *pr* to emerge from the dark OU darkness OU shadows; *fig* [personne] to come out in the open; *fig* [artiste] to emerge from obscurity, to come into the public eye; **vivre dans l'~ de qqn** to live in sb's shadow. -**2.** [forme - d'une personne, d'un arbre, d'un mur] shadow; **j'aperçois une ~ dans le jardin** I can see a (vague) shadow OU shadowy shape in the garden; **avec l'adolescence, une ~ est apparue sur sa lèvre supérieure** in adolescence, a thin shadow appeared on his upper lip ❑ **~ portée** OPT projected shadow; **~ propre** shade; **il n'est plus que l'~ de lui-même** he's but a shadow of his former self. -**3.** [trace - de jalousie, de surprise] hint; [- d'un sourire] hint, shadow; **pas l'~ d'un remords/d'une preuve** not a trace of remorse/shred of evidence; **sans l'~ d'un doute** without a shadow of a doubt; **cela ne fait pas** OU **il n'y a pas l'~ d'un doute** there's not a shadow of a doubt. -**4.** BX-ARTS shade, shadow; **il y a une ~ au tableau** *fig* there's a fly in the ointment.

◆ **ombres** *nfpl* -**1.** THÉÂT: **~s chinoises, théâtre d'~s** shadow theatre; **leurs profils se projetaient sur le mur en ~s chinoises** their profiles were silhouetted on the wall. -**2.** ANTIQ shadows, departed souls.

◆ **à l'ombre** *loc adv* -**1.** [marcher] in the shade; **il fait 30° C à l'~** it's 30° C in the shade. -**2.** *fam* [en prison] inside.

◆ **à l'ombre de** *loc prép pr* in the shade of; *litt* & *fig* under the protection of; **à l'~ des lois** protected by the law.

◆ **dans l'ombre** *loc adv* -**1.** [dans la pénombre] in the shade; **le jardin/balcon est dans l'~** the garden/balcony is in the shade. -**2.** [dans le secret]: **elle a préféré vivre dans l'~** she chose a life of obscurity; **rester dans l'~** [raison] to remain obscure OU unclear; [personne] to remain unknown; **l'enquête n'a rien laissé dans l'~** the enquiry left no stone unturned; **ceux**

qui œuvrent dans l'~ pour la paix those who work behind the scenes to bring about peace.
◆ **ombre à paupières** *nf* eye shadow.

ombrée [ɔ̃bre] *nf* ubac.

ombrelle [ɔ̃brɛl] *nf* -**1.** [parasol] parasol. -**2.** [d'une méduse] umbrella.

ombrer [3] [ɔ̃bre] *vt* -**1.** BX-ARTS to shade; ~ **un sujet pour le faire ressortir/pour l'intégrer dans l'arrière-plan** to shade out/in a subject. -**2.** *litt* [faire de l'ombre à - suj: arbre, store] to shade; **un grand chapeau ombrait son visage** a large hat shaded her face || [assombrir - suj: couleur] to darken, to shade; **un maquillage violet ombrait ses paupières** she was wearing purple eyeshadow.

ombrette [ɔ̃brɛt] *nf* umbre, umbrette.

ombreux, euse [ɔ̃brø, øz] *adj litt* shady.

Ombrie [ɔ̃bri] *npr f*: l'~ Umbria.

ombrien, enne [ɔ̃brijɛ̃, ɛn] *adj* Umbrian.
◆ **Ombrien, enne** *nm, f* Umbrian.

ombudsman [ɔmbydsman] *nm* ombudsman.

oméga [ɔmega] *nm* omega.

omelette [ɔmlɛt] *nf* omelette; ~ **aux champignons/au fromage/au jambon** mushroom/cheese/ham omelette; ~ **aux fines herbes** omelette with herbs, omelette (aux) fines herbes; **une** ~ **baveuse** a runny omelette ❑ ~ **norvégienne** OU **surprise** baked Alaska; ~ **soufflée** soufflé omelette; **on ne fait pas d'**~ **sans casser des œufs** *prov* you can't make an omelette without breaking eggs *prov*.

omettre [84] [ɔmɛtr] *vt* to omit, to leave out *(sép)*; **sans** ~ **un seul détail** without leaving out a single detail; **n'omets personne sur ta liste** don't miss anyone off your list; ~ **de** to fail OU to neglect OU to omit to; **ils ont omis de nous informer** they failed OU neglected to inform us.

OMI (*abr de* Organisation maritime internationale) *npr f* IMO.

omicron [ɔmikrɔ̃] *nm* omicron.

omission [ɔmisjɔ̃] *nf* -**1.** [oubli] omission; **l'**~ **d'un mot** leaving out OU omitting a word; **j'ai relevé plusieurs** ~**s dans la liste** I noticed that several things are missing OU have been omitted from the list. -**2.** RELIG omission.

OMM (*abr de* Organisation météorologique mondiale) *npr f* WMO.

omnibus [ɔmnibys] ◇ *nm* -**1.** RAIL slow OU stopping train *Br*, local (train) *Am*. -**2.** [à chevaux] horse-drawn omnibus.
◇ *adj*: **train** ~ slow OU stopping train *Br*, local (train) *Am*; **le train est** ~ **entre Melun et Sens** the train calls at all stations between Melun and Sens.

omnicolore [ɔmnikɔlɔr] *adj* of all colours.

omnidirectif, ive [ɔmnidirɛktif, iv] *adj* omnidirectional.

omnidirectionnel, elle [ɔmnidirɛksjɔnɛl] *adj* omnidirectional.

omnipotence [ɔmnipɔtɑ̃s] *nf* omnipotence; **l'**~ **de l'État** the omnipotence of the state.

omnipotent, e [ɔmnipɔtɑ̃, ɑ̃t] *adj* omnipotent.

omnipraticien, enne [ɔmnipratisjɛ̃, ɛn]
◇ *nm, f* general practitioner.
◇ *adj*: **médecin** ~ general practitioner.

omniprésence [ɔmniprezɑ̃s] *nf* omnipresence.

omniprésent, e [ɔmniprezɑ̃, ɑ̃t] *adj* [souci, souvenir] omnipresent; [publicité, pollution] ubiquitous; **il est** ~ **dans l'usine** he's everywhere (at once) in the factory.

omniscience [ɔmnisjɑ̃s] *nf sout* omniscience.

omniscient, e [ɔmnisjɑ̃, ɑ̃t] *adj sout* omniscient.

omnisports [ɔmnispɔr] *adj inv*: **rencontre** ~ all-round sports event; **salle** ~ sports centre; **terrain** ~ sports field.

omnivore [ɔmnivɔr] ◇ *adj* omnivorous.
◇ *nm* omnivore.

omoplate [ɔmɔplat] *nf* shoulder blade, scapula *spéc*; **il lui avait pointé un fusil entre les** ~**s** he'd shoved a gun in his back.

OMS (*abr de* Organisation mondiale de la santé) *npr f* WHO.

on [ɔ̃] *pron pers* (*peut être précédé de l'article l' dans un contexte soutenu*) -**1.** [exprimant l'indétermination]: **on lui a retiré son passeport** they took his passport away (from him), his passport was confiscated; **on construit une nouvelle école** a new school is being built; **il y a 10 ans, on ne connaissait pas cette maladie** this illness was unknown 10 years ago; **on vit de plus en plus vieux en Europe** people in Europe are living longer and longer. -**2.** [avec une valeur généralisante] you, one; **souvent, on n'a pas le choix** often you don't have any choice, often there's no choice; **on n'a pas le droit de fumer ici** you can't smoke in here; **on n'arrive pas à dormir avec cette chaleur** it's impossible to sleep in this heat; **on ne peut prédire la suite des événements** one OU you can't predict the outcome (of events); **on ne sait jamais (ce qui peut arriver)** you never know OU one never knows (what could happen); **on dirait qu'il va pleuvoir** it looks like rain; **on ne croirait pas qu'il est malade** you wouldn't think he was ill. -**3.** [les gens] people, they; **on jasait** people were talking, there was a lot of talk; **on s'était rué sur les derniers billets** there'd been a rush for the last tickets; **on dit que la vie là-bas n'est pas chère** they say that the cost of living over there is cheap; **on rapporte que...** it is said that... -**4.** [désignant un nombre indéterminé de personnes] they; **en Espagne on dîne plus tard** in Spain they eat later; **dans ce bureau, on se moque de vos problèmes** they don't care about your problems in this department; **on m'a dit que vous partiez bientôt** I've been told you're leaving soon; **qu'est-ce qu'on en dit chez toi?** what do your folks have to say about it?, what do they have to say about it at your place? -**5.** [quelqu'un]: **on vous a appelé ce matin** somebody called you OU there was a (phone) call for you this morning; **est-ce qu'on t'a vu?** did anyone see you?; **est-ce qu'on vous sert, Monsieur?** are you being served, Sir?; **est-ce qu'on pourrait me servir, s'il vous plaît?** could somebody serve me, please? -**6.** *fam* [nous] we; **on n'a pas grand-chose à se dire** we don't have much to say to one another; **nous, on en a marre, on s'en va** we've had enough of this, we're off; **allez viens, on va bien s'amuser** go on, come with us, it'll be great fun; **on était très déçus** we were very disappointed. -**7.** [se substituant à d'autres pronoms personnels]: **ça va, on a compris!** *fam* all right, I've got the message!; **il faut qu'on vous le répète?** *fam* do I have to repeat myself?; **dans ce premier chapitre, on a voulu montrer...** in this first chapter, the aim has been to show...; **on est bien habillé, aujourd'hui!** *fam* we are dressed-up today, aren't we?; **alors, on ne répond pas au téléphone?** *fam* aren't you going to answer the phone?; **on croit tout savoir, hein?** *fam* (you) think you know everything OU it all, don't you?; **alors les gars, on cherche la bagarre?** *fam* are you guys looking for a fight?; **on a tout ce qu'il faut et on passe son temps à se plaindre!** *fam* he/she has got everything and he/she still complains all the time! -**8.** [dans des annonces]: **'on cherche un vendeur'** 'salesman wanted OU required'; **'ici on parle allemand'** 'German spoken (here)'; **on est prié de laisser sa clé à la réception** keys must be left at reception.

onagracée [ɔnagrase] *nf* member of the Oenothera.

onagre [ɔnagr] ◇ *nf* BOT evening primrose, oenothera.
◇ *nm* ARM & ZOOL onager.

onanisme [ɔnanism] *nm* onanism.

onc [ɔ̃k] = **oncques**.

once [ɔ̃s] *nf* -**1.** [mesure] ounce; **il n'a pas une** ~ **de bon sens** he doesn't have an ounce of common sense. -**2.** ZOOL ounce, snow leopard.

oncle [ɔ̃kl] *nm* uncle; ~ **d'Amérique** rich uncle; **l'Oncle Sam** Uncle Sam.

oncogène [ɔ̃kɔʒɛn] *adj* MÉD oncogenic.

oncologie [ɔ̃kɔlɔʒi] *nf* oncology.

oncologiste [ɔ̃kɔlɔʒist], **oncologue** [ɔ̃kɔlɔg] *nmf* oncologist.

oncotique [ɔ̃kɔtik] *adj* MÉD & PHYS oncotic.

oncques [ɔ̃k] *adv arch* never; ~ **ne vit plus remarquable triomphe!** never had there been such an outstanding triumph! *aussi hum*.

onction [ɔ̃ksjɔ̃] *nf* -**1.** MÉD unction. -**2.** *litt* [douceur - attendrissante] sweetness, gentleness; *péj* [- hypocrite] unctuousness, unctuosity. -**3.** RELIG unction.

onctueux, euse [ɔ̃ktɥø, øz] *adj* -**1.** [huileux] smooth, unctuous. -**2.** CULIN creamy; **un fromage** ~ a creamy cheese. -**3.** *litt* [personne] smooth, unctuous.

onctuosité [ɔ̃ktɥozite] *nf* -**1.** [d'un dessert] creaminess; [d'une crème] smoothness. -**2.** TECH lubricating quality, lubricity.

ondatra [ɔ̃datra] *nm* muskrat, ondatra *spéc*.

onde [ɔ̃d] *nf* -**1.** PHYS wave; ~**s courtes/moyennes** short/medium wave; ~ **sonore/lumineuse/radioélectrique** sound/light/radio wave; ~ **de choc** shock wave; ~**s hertziennes** Hertzian waves; ~**s longues, grandes** ~**s** long wave; **l'**~ **verte** *device which sets all traffic lights along a one-way system to green if drivers keep to the speed limit indicated*. -**2.** *fig* [vague] wave; **une** ~ **de bonheur l'envahit** a wave of happiness washed over her. -**3.** *litt*: **l'**~ [l'eau] the waters, the deep; **l'**~ **limpide du ruisseau** the clear waters of the stream.
◆ **ondes** *nfpl* RAD: **mettre en** ~**s** to produce; **sur les** ~**s** on the air.

ondée [ɔ̃de] *nf* shower (of rain); **temps à** ~**s** showery weather.

ondemètre [ɔ̃dmɛtr] *nm* wavemeter.

ondin, e [ɔ̃dɛ̃, in] *nm, f* water sprite, undine *litt*.

on-dit [ɔ̃di] *nm inv*: **je ne me soucie guère des** ~ I don't care about what people say; **fonder son opinion sur des** ~ to base one's opinion on hearsay.

ondoiement [ɔ̃dwamɑ̃] *nm* -**1.** *litt* [du blé, des cheveux] undulation, swaying motion; [d'un ruisseau] undulation. -**2.** RELIG summary baptism.

ondoyant, e [ɔ̃dwajɑ̃, ɑ̃t] *adj litt* -**1.** [blé] undulating, rippling; [flamme] dancing, wavering; [lumière, ruisseau] undulating. -**2.** [personne] changeable.

ondoyer [13] [ɔ̃dwaje] ◇ *vi* [champ de blé] to undulate, to ripple; [flamme] to dance, to waver; [lumière, ruisseau] to ripple.
◇ *vt* RELIG to baptize summarily.

ondulant, e [ɔ̃dylɑ̃, ɑ̃t] *adj* -**1.** [terrain] undulating; [route, rivière] twisting (and turning), winding; [chevelure] flowing; [façon de marcher] swaying. -**2.** MÉD [pouls] uneven.

ondulation [ɔ̃dylasjɔ̃] *nf* -**1.** *sout* [de l'eau, du terrain] undulation. -**2.** [du corps] undulation, swaying *(U)*; **les** ~**s de la danseuse** the undulations OU the swaying of the dancer. -**3.** [des cheveux] wave. -**4.** *litt* [d'une ligne, d'une mélodie] undulation. -**5.** ÉLECTRON ripple. -**6.** TRAV PUBL corrugation.

ondulatoire [ɔ̃dylatwar] *adj* -**1.** [forme] undulatory. -**2.** PHYS [mouvement] undulatory, wave *(modif)*.

ondulé, e [ɔ̃dyle] *adj* [cheveux] wavy; [carton] corrugated.

onduler [3] [ɔ̃dyle] ◇ *vi* -**1.** [eau, vagues, champs] to ripple, to undulate; **la foule ondulait sur la place** in the square, the crowd was swaying. -**2.** [cheveux] to be wavy. -**3.** [personne] to sway; **la danseuse ondulait des hanches** the dancer swayed her hips.
◇ *vt* -**1.** TECH [métal, carton] to corrugate. -**2.** [friser]: **se faire** ~ **les cheveux** to have one's hair waved OU permed.

onduleur [ɔ̃dylœr] *nm* ÉLECTR inverter.

onduleux, euse [ɔ̃dylø, øz] *adj litt* -**1.** [houleux - flots] swelling. -**2.** [souple] undulating; **elle avait une démarche onduleuse** her body swayed as she walked. -**3.** [paysage] undulating, rolling; [sentier, rivière] twisting (and turning), winding.

one-man-show [wanmanʃo] *nm inv* one-man show, solo act.

onéreux, euse [ɔnerø, øz] *adj* costly, expensive.

ONF *npr m abr de* **Office national des forêts.**

ONG (*abr de* **organisation non gouvernementale**) *nf* NGO.

ongle [ɔ̃gl] *nm* -**1.** ANAT [du doigt] nail, fingernail; [de l'orteil] toenail; **se faire les ~s** [les couper] to cut one's nails; [les vernir] to do OU to paint one's nails ❑ **avoir les ~s crochus** to be mean; **avoir les ~s en deuil** to have dirty nails OU fingernails. -**2.** ZOOL claw; [de rapace] talon.
◆ **à ongles** *loc adj* [ciseaux, lime, vernis] nail (*modif*).

onglée [ɔ̃gle] *nf*: **j'avais l'~** the tips of my fingers were numb with cold.

onglet [ɔ̃glɛ] *nm* -**1.** [entaille] thumb index; [d'un canif] thumbnail groove, nail nick. -**2.** CONSTR mitred angle; **tailler à** OU **en ~** to mitre ❑ **assemblage en ~** mitre joint. -**3.** IMPR [béquet] tab; [d'un livre] hinge; **~s (de remplissage)** (filling-in) guards. -**4.** BOT claw, unguis *spéc*. -**5.** MATH ungula. -**6.** MÉD pterygium. -**7.** CULIN top skirt *Br*; **~ à l'échalote** *long, narrow steak fried with chopped shallots.*

onglier [ɔ̃glije] *nm* -**1.** [nécessaire] manicure set. -**2.** [ciseaux] (nail) scissors.

onglon [ɔ̃glɔ̃] *nm* toenail, unguis *spéc.*

onguent [ɔ̃gɑ̃] *nm* ointment, salve.

onguiculé, e [ɔ̃gɥikyle] *adj* unguiculated.
◆ **onguiculé** *nm* unguiculate; **les ~s** the Unguiculata.

ongulé, e [ɔ̃gyle] *adj* hoofed, ungulate *spéc.*
◆ **ongulé** *nm* ungulate; **les ~s** the Ungulates.

onguligrade [ɔ̃gyligrad] *adj* unguligrade.

onirique [ɔnirik] *adj* -**1.** PSYCH oneiric. -**2.** *fig & sout*: **une vision ~** a dreamlike vision.

onirisme [ɔnirism] *nm* -**1.** PSYCH hallucinations. -**2.** *fig & sout*: **des dessins à l'~ troublant** drawings with a disturbing dreamlike quality.

oniromancie [ɔnirɔmɑ̃si] *nf* oneiromancy.

oniromancien, enne [ɔnirɔmɑ̃sjɛ̃, ɛn] ◇ *adj* oneiromantic.
◇ *nm, f* oneiromancer.

onirothérapie [ɔnirɔterapi] *nf* oneirotherapy.

onomastique [ɔnɔmastik] *nf* onomastics (*U*).

onomatopée [ɔnɔmatɔpe] *nf* onomatopoeia.

onomatopéique [ɔnɔmatɔpeik] *adj* onomatopoeic.

Ontario [ɔ̃tarjo] *npr m*: **(l') ~** Ontario.

ontogenèse [ɔ̃tɔʒənɛz] *nf* ontogenesis, ontogeny.

ontogénétique [ɔ̃tɔʒenetik] *adj* ontogenetic, ontogenic.

ontogénie [ɔ̃tɔʒeni] = **ontogenèse**.

ontologie [ɔ̃tɔlɔʒi] *nf* ontology.

ontologique [ɔ̃tɔlɔʒik] *adj* ontological.

ONU, Onu [ony] (*abr de* **Organisation des Nations unies**) *npr f* UN, UNO.

ONUDI, Onudi [onydi] (*abr de* **Organisation des Nations unies pour le développement industriel**) *npr f* UNIDO.

onusien, enne [ɔnyzjɛ̃, ɛn] *adj*: **projet/expert ~** UN project/expert.

onychomycose [ɔnikɔmikoz] *nf* onychomycosis.

onychophagie [ɔnikɔfaʒi] *nf* onychophagy.

onyx [ɔniks] *nm* onyx.

onze [ɔ̃z] ◇ *adj num inv* eleven; **Louis XI** Louis the Eleventh; **le ~ novembre** Armistice *Br* OU Veterans' *Am* Day.
◇ *nm inv* -**1.** [onzième jour du mois]: **je te verrai le ~** I'll see you on the eleventh. -**2.** FTBL: **le ~ tricolore** the French eleven OU team.

onzième [ɔ̃zjɛm] ◇ *adj num ord* eleventh; **elle est ~** she is in eleventh place ❑ **les ouvriers de la ~ heure** last-minute helpers.
◇ *nmf* eleventh.
◇ *nm* -**1.** [fraction] eleventh. -**2.** MUS eleventh.
◇ *nf* SCOL first-year infants (class) *Br*, first-year nursery school (grade) *Am*.

onzièmement [ɔ̃zjɛmmɑ̃] *adv* in the eleventh place.

oosphère [ɔɔsfɛr] *nf* oosphere.

OP *nm abr de* **ouvrier professionnel.**

OPA *nf abr de* **offre publique d'achat.**

opacification [ɔpasifikasjɔ̃] *nf* opacifying.

opacifier [9] [ɔpasifje] *vt* to opacify, to make opaque.

opacimétrie [ɔpasimetri] *nf* opacimetry.

opacité [ɔpasite] *nf* -**1.** *litt* [ombre] shadow, darkness. -**2.** *litt* [inintelligibilité] opaqueness, opacity. -**3.** PHYS [d'un corps] opacity, opaqueness; [d'un liquide] cloudiness, turbidity. -**4.** MÉD: **~ radiologique** X-ray shadow.

opale [ɔpal] *nf* opal.

opalescence [ɔpalesɑ̃s] *nf* opalescence.

opalescent, e [ɔpalesɑ̃, ɑ̃t] *adj* opalescent.

opalin, e [ɔpalɛ̃, in] *adj* opaline.
◆ **opaline** *nf* opaline.

opaliser [3] [ɔpalize] *vt* to opalize.

opaque [ɔpak] *adj* -**1.** PHYS opaque; **verre ~** opaque glass. -**2.** [sombre] dark, impenetrable; **dans la nuit ~** in the pitch-dark OU jet-black night. -**3.** [incompréhensible] opaque, impenetrable.

op. cit. (*abr écrite de* **opere citato**) op. cit.

OPE *nf abr de* **offre publique d'échange.**

opéable [opeabl] *adj likely to be the target of a takeover bid.*

open [ɔpɛn] ◇ *adj inv* [billet, tournoi] open.
◇ *nm* SPORT open; **~ (de tennis)** open tennis championship OU tournament.

OPEP, Opep [ɔpɛp] (*abr de* **Organisation des pays exportateurs de pétrole**) *npr f* OPEC.

opéra [ɔpera] *nm* -**1.** MUS [œuvre] opera; [genre] opera; **nous allons souvent à l'~** we often go to the opera; **j'aime écouter de l'~** I love listening to opera ❑ **~ rock** rock opera. -**2.** [bâtiment] opera (house).

opéra-ballet [ɔperabalɛ] (*pl* **opéras-ballets**) *nm* opéra ballet.

opérable [ɔperabl] *adj* operable; **la malade n'est plus ~** the patient is no longer operable OU is beyond surgery.

opéra-bouffe [ɔperabuf] (*pl* **opéras-bouffes**) *nm* opera buffa, opéra bouffe.

opéra-comique [ɔperakɔmik] (*pl* **opéras-comiques**) *nm* light opera, opéra comique.

opérande [ɔperɑ̃d] *nm* operand.

opérant, e [ɔperɑ̃, ɑ̃t] *adj* -**1.** *sout* [effectif] effective; **notre action a été ~e** our action proved to be effective. -**2.** RELIG operating.

opérateur, trice [ɔperatœr, tris] *nm, f* -**1.** CIN: **~ (de prises de vues)** cameraman. -**2.** TÉLÉC (telephone) operator; **pour l'étranger, il faut passer par l'~** to phone abroad, you have to go through the operator ❑ **~ radio** radio operator. -**3.** IMPR operative, operator. -**4.** TECH (machine) operator. -**5.** INF operator. -**6.** BOURSE operator, dealer.
◆ **opérateur** *nm* -**1.** LING & MATH operator. -**2.** MIN: **~ (minier)** mining operative.

opération [ɔperasjɔ̃] *nf* -**1.** MÉD operation; **pratiquer une ~** to carry out surgery OU an operation; **subir une grave/petite ~** to undergo major/minor surgery, to have a major/minor operation ❑ **une ~ (chirurgicale)** surgery, a surgical operation; **~ à chaud/froid** emergency/interval surgery; **~ à cœur ouvert** open-heart surgery. -**2.** MATH operation; **poser une ~** to do a calculation; **connais-tu les quatre ~s?** SCOL do you know how to add, subtract, multiply and divide? -**3.** BANQUE & BOURSE operation, transaction; **en la vendant à moitié prix, j'ai encore fait une belle ~!** even selling it at half price, I still got a really good deal!; **en acceptant de la recevoir pour trois semaines, tu n'as pas fait une bonne ~!** it wasn't very smart of you to agree to put her up for three weeks! ❑ **~ à la baisse/hausse** bull/bear transaction; **~ boursière** OU **de Bourse** stock exchange transaction OU dealing; **~ de banque** bank transaction; **~ de change** exchange deal; **~ au comptant** spot OU cash deal; **~ à prime** option dealings OU bargains; **~s à terme** forward transactions. -**4.** [manœuvre] operation; **nous faisons appel à lui pour des ~s ponctuelles** we call upon his services, when we need a specific job carried out; **'~ prix cassés'** 'price-slashing drive' ❑ **~ de commando/sauvetage** commando/rescue operation; **~ coup de poing: la police a effectué une ~ coup de poing dans le quartier** the police swooped on the area; **'~ coup de poing sur les chaînes hi-fi'** 'hi-fi prices slashed'; **une ~ escargot a perturbé la circulation hier** a go-slow *Br* OU slowdown *Am* by drivers disrupted traffic yesterday; **~ de police** police operation; **~ portes ouvertes à l'Université** open day *Br* OU open house *Am* at the University. -**5.** [démarche] process; **les ~s de l'esprit** mental processes, the workings of the mind. -**6.** RELIG: **par l'~ du Saint-Esprit** through the workings of the Holy Spirit; **crois-tu que tu y arriveras par l'~ du Saint-Esprit?** *hum* do you think you'll succeed just waiting for things to happen? -**7.** [ensemble de travaux] process, operation; **les ~s de fabrication de l'acier** steel making processes; **la machine exécute 18 ~s différentes** the machine performs 18 different operations. -**8.** INF operation.

opérationnel, elle [ɔperasjɔnɛl] *adj* -**1.** [en activité] operational; **les nouveaux ateliers ne seront ~s que l'année prochaine** the new workshops won't be operational until next year. -**2.** [fournissant le résultat optimal] efficient, operative. -**3.** MIL operational.

opératoire [ɔperatwar] *adj* -**1.** MATH operative. -**2.** MÉD [chirurgical] operating, surgical; [postopératoire] post-operative. -**3.** PHILOS [concept, modèle] working.

opercule [ɔpɛrkyl] *nm* -**1.** BOT, ENTOM & ZOOL operculum. -**2.** [dans un emballage] lid.

operculé, e [ɔpɛrkyle] *adj* -**1.** ZOOL operculated. -**2.** [emballage, pot] with a lid.

opéré, e [ɔpere] *nm, f* patient (who has undergone surgery); **le chirurgien est passé voir son dernier ~** the surgeon came round to see the last person he operated on ❑ **les grands ~s** [à l'hôpital] (post-operative) intensive care patients; **c'est un grand ~** he's had major surgery.

opérer [18] [ɔpere] ◇ *vt* -**1.** MÉD [blessé, malade] to operate on; **elle a été opérée de l'appendicite** she was operated on for appendicitis, she had her appendix removed; **on va l'~ d'un kyste au poignet** they're going to remove a cyst from her wrist; **se faire ~** to undergo OU to have surgery ‖ (*en usage abs*): **le chirurgien a opéré toute la matinée** the surgeon was in the operating theatre all morning. -**2.** [procéder à - modification] to carry out (*sép*); [- miracle, retour en arrière] to bring about (*sép*); [- paiement] to make; **tu dois ~ un choix** you have to choose OU to make a choice; **le pays tente d'~ un redressement économique** the country is attempting to bring about an economic recovery. -**3.** MIL [retraite] to effect.
◇ *vi* -**1.** [faire effet] to work; **le médicament a opéré** the medicine worked; **son charisme n'a pas opéré sur moi** her charisma had no effect OU didn't work on me. -**2.** [intervenir] to act, to operate; **la police opère souvent la nuit** the police often operate at night.
◆ **s'opérer** ◇ *vp* (*emploi passif*): **ce genre de lésion ne s'opère pas** this type of lesion can't be operated on.
◇ *vpi* to take place; **un grand changement s'est opéré depuis ton départ** a major change has taken place since you left; **une transformation radicale s'opéra en elle** she underwent a complete transformation.

opérette [ɔperɛt] *nf* operetta.
◆ **d'opérette** *loc adj*: **le colonel n'est qu'un soldat d'~** the colonel is just a tin soldier; **une armée d'~** a caricature of an army.

ophidien [ɔfidjɛ̃] *nm* ophidian; **les ~s** the ophidians OU Ophidia.

ophiure [ɔfjyr] *nf*, **ophiuride** [ɔfjyrid] *nm* ophiuran, brittle-star; **les ~s** the Ophiuroidea.

ophrys [ɔfris] *nm* ophrys; **~ abeille/mouche** bee/fly orchis.

ophtalmie [ɔftalmi] *nf* ophthalmia; **~ des neiges** snow blindness.

ophtalmique [ɔftalmik] *adj* ophthalmic.

ophtalmologie [ɔftalmɔlɔʒi] *nf* ophthalmology.

ophtalmologique [ɔftalmɔlɔʒik] *adj* ophthalmological.

ophtalmologiste [ɔftalmɔlɔʒist], **ophtalmologue** [ɔftalmɔlɔg] *nmf* ophthalmologist, eye specialist.

ophtalmomètre [ɔftalmɔmɛtr] *nm* ophthalmometer, keratometer.

ophtalmoscope [ɔftalmɔskɔp] *nm* ophthalmoscope.

ophtalmoscopie [ɔftalmɔskɔpi] *nf* ophthalmoscopy.

opiacé, e [ɔpjase] *adj* -**1.** [qui contient de l'opium] opiate, opiated. -**2.** [qui sert d'opium] opiate, opium-scented.
◆ **opiacé** *nm* opiate.

Opinel® [ɔpinɛl] *nm folding knife used especially for outdoor activities, scouting etc.*

opiner [3] [ɔpine] *litt* ◇ *vi*: **~ sur** to express an opinion about.
◇ *vt*: **~ que** to be of the opinion that.
◆ **opiner à** *v + prép litt* to consent to; **elle opina à ce mariage** she gave her assent OU consent to this marriage.
◆ **opiner de** *v + prép*: **~ de la tête** OU **du bonnet** OU **du chef** to nod one's assent OU agreement, to nod in agreement.

opiniâtre [ɔpinjatr] *adj* -**1.** [têtu] stubborn, obstinate. -**2.** [tenace - haine, opposition, lutte] unrelenting, relentless, obstinate; [- détermination] dogged. -**3.** [durable - toux] persistent.

opiniâtrement [ɔpinjatrəmɑ̃] *adv* -**1.** [avec entêtement] stubbornly, obstinately. -**2.** [avec ténacité] relentlessly, persistently, doggedly.

opiniâtreté [ɔpinjatrəte] *nf litt* -**1.** [entêtement] stubbornness, obstinacy. -**2.** [ténacité] relentlessness, doggedness.

opinion [ɔpinjɔ̃] *nf* -**1.** [point de vue] opinion; **j'ai mon ~ sur lui** I have my own opinion about him; **se faire soi-même une ~** to make up one's own mind; **je ne partage pas votre ~** I don't agree with you, I don't share your views; **au dernier moment, elle changea brusquement d'~** she suddenly changed her mind at the last minute; **je vais vous donner mon ~** let me tell you what I think; **c'est une affaire d'~** it's a matter of opinion; **~s politiques/subversives** political/subversive views ❑ **l'~ (publique)** public opinion; **informer l'~** to inform the public; **les sans ~** the don't knows. -**2.** [jugement] opinion; **avoir une bonne/mauvaise ~ de qqn** to have a good/bad opinion of sb; **je me moque de l'~ d'autrui** I don't care what others may think.

opiomane [ɔpjɔman] *nmf* opium addict.

opiomanie [ɔpjɔmani] *nf* opium addiction, opiomania *spéc.*

opium [ɔpjɔm] *nm* opium.

OPJ *nm abr de* **officier de police judiciaire.**

opossum [ɔpɔsɔm] *nm* opossum.

oppidum [ɔpidɔm] *nm* Roman hill-fort.

opportun, e [ɔpɔrtœ̃, yn] *adj* opportune, timely; **ton arrivée était plus qu'~e** you came at just the right time; **je vous donnerai ma réponse en temps ~** I'll give you my answer in due course; **il serait ~ de prendre une décision** it's time to make a decision; **il lui est apparu ~ de partir avant elle** he found it appropriate OU advisable to leave before her.

opportunément [ɔpɔrtynemɑ̃] *adv* opportunely; **la police est arrivée ~** the police arrived just at the right time.

opportunisme [ɔpɔrtynism] *nm* opportunism.

opportuniste [ɔpɔrtynist] *adj* & *nmf* opportunist; **maladie ~** opportunistic infection.

opportunité [ɔpɔrtynite] *nf* -**1.** [à-propos] timeliness, opportuneness. -**2.** [occasion] opportunity.

opposabilité [ɔpozabilite] *nf* opposability JUR.

opposable [ɔpozabl] *adj* opposable; **tu ne trouveras pas d'argument ~ à ma décision** you won't be able to use any argument against my decision.

opposant, e [ɔpozɑ̃, ɑ̃t] ◇ *adj* -**1.** [adverse] opposing. -**2.** JUR opposing. -**3.** ANAT: **muscles ~s** opponens.
◇ *nm, f* [adversaire] opponent; **les ~s au régime** the opponents of the regime; **les ~s à la politique actuelle** those who oppose current policy.
◆ **opposant** *nm* ANAT: **les ~s** the opponens ❑ **~ du pouce** opponens pollicis.

opposé, e [ɔpoze] *adj* -**1.** [en vis-à-vis] opposite; **il est arrivé du côté ~** he came from the other OU opposite side; **sur le mur ~** on the opposite wall; [par rapport au locuteur] on the wall facing us. -**2.** [contraire - sens, direction] opposite, other; [- mouvement] opposing; [- avis, goût] opposing, conflicting, different; **ils ont des tendances tout à fait ~es** they have completely different tendencies; **je suis d'une opinion ~e (à la vôtre)** I am of a different opinion. -**3.** [contrastant - couleur, ton] contrasting. -**4.** BOT [feuille, rameau] opposite. -**5.** GÉOM & MATH [côté, angle] opposite.
◆ **opposé** *nm* -**1.** [direction] opposite; **quel est l'~ du sud?** what's the opposite of south?; **vous cherchez l'église? vous allez à l'~** you want the church? you're going in the wrong direction; **la maison est à l'~ de l'école par rapport à l'église** the house is on the other side of the church from the school. -**2.** [contraire] opposite, reverse; **chaque fois que je te dis quelque chose, tu soutiens l'~!** whenever I say anything, you say the opposite OU you contradict it!; **il est tout l'~ de sa sœur** he's the exact opposite of his sister; **il est de droite et je suis tout à l'~** his views are right-wing but mine are completely the opposite. -**3.** MATH [nombre] opposite number.
◆ **à l'opposé de** *loc prép* unlike, contrary to; **à l'~ de sa mère, elle n'aimait pas la peinture** unlike her mother, she didn't like painting.

opposer [3] [ɔpoze] *vt* -**1.** [objecter - argument]: **je n'ai rien à ~ à cette objection** I've nothing to say against that objection; **il a opposé à ma théorie des raisons intéressantes** he put forward some interesting objections to my theory; **elle m'a opposé qu'elle n'avait pas le temps de s'en occuper** she objected that she didn't have time to take care of it. -**2.** [mettre en confrontation]: **nous opposerons nos méthodes** we'll test our methods against each other; **qui peut-on ~ au président sortant?** who can we put up against the outgoing president?; **le match de demain oppose Bordeaux à Lens** Bordeaux will play against Lens in tomorrow's match; **deux guerres ont opposé nos pays** two wars have brought our countries into conflict; **des intérêts divergents les opposeront toujours** opposing interests will always bring them into conflict. -**3.** PHYS: **~ une pression de sens contraire** to apply pressure from the opposite direction; **~ une résistance** *pr* to resist, to be resistant; *fig* to put up a resistance. -**4.** [disposer vis-à-vis] to set OU to place opposite each other.
◆ **s'opposer à** *vp + prép* -**1.** [être contre] to object to, to oppose; **quelqu'un s'oppose-t-il à cette nomination?** are there any objections to this appointment?; **le règlement/ma religion s'y oppose** it goes against the rules/my religion; **les conditions météo s'opposent à toute navigation aérienne aujourd'hui** weather conditions are making flying inadvisable today; **je m'oppose à ce que tu reviennes** I'm against OU opposed to your coming back ‖ [être en désaccord avec]: **je m'oppose à lui sur la politique étrangère** I'm against him OU I oppose him on foreign policy. -**2.** [affronter] to oppose, to be against; **il s'opposera ce soir au président dans un débat télévisé** he'll face the president tonight in a televised debate. -**3.** [contraster avec - couleur, notion, mot] to be the opposite of; **le noir s'oppose au blanc** black is the opposite of white.

opposite [ɔpozit]
◆ **à l'opposite** *loc adv sout*: **leurs maisons sont à l'~** their houses are opposite (each other).
◆ **à l'opposite de** *loc prép sout*: **à l'~ de l'église vous trouverez le monument** you'll see the monument opposite the church.

opposition [ɔpozisjɔ̃] *nf* -**1.** [désaccord] opposition; [contraste] contrast, difference; **~ de** OU **entre deux styles** clash of OU between two styles. -**2.** [résistance] opposition; **le ministre a fait** OU **mis ~ au projet** the minister opposed the plan; **l'~ de la plupart des citoyens à la guerre n'est pas prouvée** it has not been proved that most citizens are opposed to OU against the war; **nous avons rencontré une forte ~** we encountered strong opposition; **la loi est passée sans ~** the bill went through unopposed; **il fait de l'~ systématique à tout ce qu'on lui propose** he's automatically against everything you suggest. -**3.** POL: **l'~** the Opposition; **les dirigeants/partis de l'~** the leaders/parties of the Opposition. -**4.** JUR: **faire ~ à une décision** to appeal against a ruling; **faire ~ à un acte** to lodge an objection to a deed; **faire ~ à un chèque** to stop a cheque; **faire ~ à un mariage** to raise an objection to OU to enter a caveat to a marriage ❑ **valeurs frappées d'~** stopped OU countermanded bonds. -**5.** ASTROL & ASTRON opposition; **planète en ~** ASTROL planet in opposition; ASTRON planet at opposition. -**6.** ÉLECTR & LING opposition.
◆ **en opposition avec** *loc prép* against, contrary to, in opposition to; **agir en ~ avec ses principes** to act against one's principles; **je me suis trouvée en ~ avec elle sur plusieurs points** I found myself at odds OU at variance with her on several points.
◆ **par opposition à** *loc prép* as opposed to, in contrast with.

oppositionnel, elle [ɔpozisjɔnɛl] ◇ *adj* POL oppositional, opposition *(modif).*
◇ *nm, f* oppositionist.

oppressant, e [ɔpresɑ̃, ɑ̃t] *adj* oppressive.

oppressé, e [ɔprese] *adj* oppressed; **avoir la poitrine ~e** to have difficulty in breathing.

oppresser [4] [ɔprese] *vt* to oppress; **l'obscurité/la chaleur m'oppresse** I find the darkness/the heat oppressive; **elle était oppressée par l'angoisse** she was gripped OU choked with anxiety; **ils sont oppressés par le remords** they are weighed down with remorse.

oppresseur [ɔpresœr] *nm* oppressor.

oppressif, ive [ɔpresif, iv] *adj* oppressive.

oppression [ɔpresjɔ̃] *nf* -**1.** [domination] oppression. -**2.** [suffocation] suffocation, oppression.

opprimant, e [ɔprimɑ̃, ɑ̃t] *adj* oppressive.

opprimé, e [ɔprime] ◇ *adj* oppressed; **les peuples ~s** the oppressed peoples.
◇ *nm, f* oppressed person; **elle prend toujours le parti des ~s** she always sides with the underdog.

opprimer [3] [ɔprime] *vt* -**1.** [asservir] to oppress. -**2.** [censurer] to suppress, to stifle; **~ la presse** to gag the press.

opprobre [ɔprɔbr] *nm litt* -**1.** [honte] shame, opprobrium; **jeter l'~ sur qqn** to heap shame OU opprobrium on sb; **il est l'~ de sa famille** he's a disgrace to his family. -**2.** [avilissement] shame, infamy; **vivre dans l'~** to live in infamy.

optatif, ive [ɔptatif, iv] *adj* optative.
◆ **optatif** *nm* optative (mode).

opter [3] [ɔpte]
◆ **opter pour** *v + prép* to opt for *(insép)*; **nous devons ~ pour la dernière solution** we must opt for the last solution; **vous devez ~ pour une de ces deux possibilités** you'll have to

choose between these two possibilities; **j'ai opté pour les cheveux courts** I opted for a short haircut.

opticien, enne [ɔptisjɛ̃, ɛn] *nm, f* optician.

optimal, e, aux [ɔptimal, o] *adj* optimal, optimum *(avant n)*; **pour un rendement ~** for optimal results.

optimalisation [ɔptimalizasjɔ̃] *nf* optimization.

optimaliser [3] [ɔptimalize] *vt* to optimize.

optimisation [ɔptimizasjɔ̃] = **optimalisation**.

optimiser [ɔptimize] = **optimaliser**.

optimisme [ɔptimism] *nm* optimism.

optimiste [ɔptimist] ◇ *adj* optimistic.
◇ *nmf* optimist; **c'est un éternel ~** he always looks on the bright side, he's an eternal optimist.

optimum [ɔptimɔm] (*pl* **optimums** OU **optima** [-ma]) ◇ *adj* optimum *(avant n)*, optimal.
◇ *nm* optimum; **~ écologique** optimum ecological conditions; **~ de peuplement** optimum population.

option [ɔpsjɔ̃] *nf* -**1.** [choix] option, choice; **je n'ai pas d'autre ~** I have no other alternative OU choice. -**2.** SCOL: **(matière à) ~** optional subject. -**3.** FIN: **~ du double** call of more; **~ d'achat d'actions** stock option; **~ d'achat** call option; **~ de vente** put option. -**4.** COMM & JUR option; **prendre une ~ sur qqch** to take (out) an option on sthg ❑ **~ d'achat/de vente** option to buy/to sell. -**5.** [accessoire facultatif] optional extra; **en ~** as an (optional) extra.

optionnel, elle [ɔpsjɔnɛl] *adj* optional.

optique [ɔptik] ◇ *adj* -**1.** ANAT optic; **nerf ~** optic nerve. -**2.** OPT optical; **verre ~** optical glass. -**3.** PHYS optic; **angle ~** optic angle. -**4.** INF optical.
◇ *nf* -**1.** SC optics *(U)*. -**2.** TECH (set of) lenses. -**3.** [point de vue] point of view; **mon ~ est différente** I see it from a different angle OU point of view; **dans cette ~** from this point of view.
◆ **d'optique** *loc adj* optical.

optoélectronique [ɔptɔelɛktrɔnik] *nf* optoelectronics *(U)*.

optométrie [ɔptɔmetri] *nf* optometry.

optométriste [ɔptɔmetrist] *nmf* optometrist.

opulence [ɔpylɑ̃s] *nf* -**1.** [richesse] opulence, affluence; **vivre dans l'~** to live an opulent life OU a life of plenty. -**2.** *litt* [ampleur] fullness, ampleness; **l'~ de ses formes** the ampleness of her figure.

opulent, e [ɔpylɑ̃, ɑ̃t] *adj* -**1** [riche] affluent, wealthy, opulent. -**2.** [ample - personne] corpulent; [- forme] generous, full.

opuntia [ɔpɔ̃sja] *nm* opuntia.

opus [ɔpys] *nm* opus.

opuscule [ɔpyskyl] *nm* [petit ouvrage] opuscule; [brochure] brochure.

OQ *nm abr de* **ouvrier qualifié**.

or[1] [ɔr] *conj sout*: **il faut tenir les délais; or, ce n'est pas toujours possible** deadlines must be met; now this is not always possible; **je devais y aller, or au dernier moment j'ai eu un empêchement** I was supposed to go, but then at the last moment something came up.

or[2] [ɔr] ◇ *nm* -**1.** [métal] gold; **le cours de l'~** the price of gold ❑ **~ monnayé/au titre/sans titre** coined/essayed/unessayed gold; **~ en barre** gold bullion; **ces actions, c'est de l'~ en barre** *fam* these shares are a rock-solid investment; **~ blanc** white gold; **l'~ blanc** [les sports d'hiver] the winter sports bonanza; **~ brut** gold nuggets; **~ jaune** yellow gold; **~ massif** solid gold; **la montre est en ~ massif** the watch is solid gold; **l'~ noir** black gold; **l'~ vert** agricultural earnings; **l'étalon-~** the gold standard; **la valeur ~** value in gold, gold exchange value; **pour tout l'~ du monde** for all the tea in China *hum*, for all the money in the world; **parler d'~** to speak with the voice of wisdom; **'l'Or du Rhin'** *Wagner* 'The Rhine Gold'. -**2.** [couleur] gold, golden colour. -**3.** JUR: **clause ~** gold clause.
◇ *adj inv* gold *(modif)*, gold-coloured.
◆ **d'or** *loc adj* -**1.** JOAILL & MINÉR gold *(modif)*. -**2.** [doré - cheveux] golden, gold *(modif)*; [- cadre] gold *(modif)*. -**3.** *loc*: **un cœur d'~** a heart of gold.
◆ **en or** *loc adj* -**1.** JOAILL gold *(modif)*; **une bague en ~** a gold ring. -**2.** [excellent] : **une mère en ~** a wonderful mother; **une affaire en ~** [occasion] a real bargain; [entreprise] a goldmine; **c'est une occasion en ~** it's a golden opportunity.

oracle [ɔrakl] *nm* ANTIQ & *fig* oracle; **rendre un ~** to pronounce an oracle; **l'~ de Delphes** the Delphic oracle.

Oradour-sur-Glane [ɔradursyrglan] *npr village near Limoges (site of a notorious massacre by the SS in 1944).*

orage [ɔraʒ] *nm* -**1.** MÉTÉO storm, thunderstorm; **le temps est à l'~** there's thunder in the air; **un temps d'~** stormy OU thundery weather; **par temps d'~** in stormy weather; **il va y avoir un ~** there's a storm brewing, there's going to be a storm ❑ **~ magnétique/de chaleur** magnetic/heat storm; **pluie d'~** rainstorm. -**2.** [dispute] row, argument; **depuis des semaines, je sentais venir l'~** I'd known for weeks that trouble was brewing; **il y a de l'~ dans l'air** there's trouble brewing. -**3.** *litt* [déchirement, tourmente] upheaval, tumult; **les ~s de l'amour** the turmoil of love.

orageusement [ɔraʒøzmɑ̃] *adv sout* stormily, tempestuously *litt*.

orageux, euse [ɔraʒø, øz] *adj* -**1.** MÉTÉO [ciel] stormy, thundery; [chaleur, averse] thundery; **le temps est ~** it's thundery OU stormy, the weather's thundery OU stormy. -**2.** [tumultueux - jeunesse, séance] stormy, turbulent.

oraison [ɔrɛzɔ̃] *nf* -**1.** RELIG [prière] prayer; **l'~ dominicale** the Lord's Prayer. -**2.** LITTÉRAT: **~ funèbre** funeral oration.

oral, e, aux [ɔral, o] *adj* -**1.** [confession, déposition] verbal, oral; [message, tradition] oral; ENS [épreuve] oral. -**2.** ANAT & LING oral.
◆ **oral, aux** *nm* -**1.** [examen - gén] oral (examination); [- à l'université] viva (voce) *Br*, oral (examination); **notes d'~** oral marks *Br* OU grades *Am*; **j'ai raté l'~ de physique** I failed the physics oral. -**2.** SCOL & UNIV: **l'~** [l'expression orale] : **il n'est pas très bon à l'~** his oral work isn't very good.

oralement [ɔralmɑ̃] *adv* orally, verbally.

Oran [ɔrɑ̃] *npr* Oran.

orange [ɔrɑ̃ʒ] ◇ *nf* orange; **~ amère/douce** bitter/sweet orange; **~ sanguine** blood orange; **une ~ pressée** a glass of freshly squeezed orange juice; **'Orange mécanique'** *Burgess, Kubrick* 'A Clockwork Orange'.
◇ *nm* orange (colour); **l'~ ne me va pas** orange doesn't suit me.
◇ *adj inv* orange, orange-coloured.

Orange [ɔrɑ̃ʒ] *npr*: **l'État libre d'~** the Orange Free State.

orangé, e [ɔrɑ̃ʒe] *adj* orangey, orange-coloured.
◆ **orangé** *nm* orangey colour.

orangeade [ɔrɑ̃ʒad] *nf* orange drink.

oranger [ɔrɑ̃ʒe] *nm* orange tree; **bois d'~** orange wood.

orangeraie [ɔrɑ̃ʒrɛ] *nf* orange grove.

orangerie [ɔrɑ̃ʒri] *nf* -**1.** [serre] orangery. -**2.** [plantation] orange grove.

orangiste [ɔrɑ̃ʒist] ◇ *nmf* -**1.** [en Irlande du Nord] Orangeman (*f* Orangewoman). -**2.** HIST Orangist.
◇ *adj* Orange *(modif)*.

orang-outan(g) [ɔrɑ̃utɑ̃] (*pl* **orangs-outans** OU **orangs-outangs**) *nm* orangutang.

orant, e [ɔrɑ̃, ɑ̃t] *nm, f* praying figure, orant *spéc*.

orateur, trice [ɔratœr, tris] *nm, f* -**1.** [rhétoricien] orator. -**2.** [gén] speaker; **c'est un excellent ~** he is an excellent speaker.

oratoire [ɔratwar] ◇ *adj* [style, talent] oratorical; **passage ~** oration.
◇ *nm* -**1.** [chapelle] oratory. -**2.** RELIG: **l'Oratoire de France** the French Oratory; **l'Oratoire d'Italie** the Oratory (of St. Philip Neri); **les pères de l'Oratoire** the Oratorian Fathers.

oratorio [ɔratɔrjo] *nm* oratorio.

orbe [ɔrb] ◇ *adj* ARCHIT: **mur ~** blind wall.
◇ *nm* -**1.** ASTRON orbit. -**2.** *litt* [globe] orb *litt*, globe, sphere; [cercle] circle, coil, ring.

orbiculaire [ɔrbikylɛr] ◇ *adj* -**1.** *sout* orbicular, circular. -**2.** ANAT & GÉOL orbicular.
◇ *nm* ANAT orbicularis.

orbitaire [ɔrbitɛr] *adj* orbital.

orbital, e, aux [ɔrbital, o] *adj* orbital.

orbite [ɔrbit] *nf* -**1.** ANAT (eye) socket, orbit *spéc*; **il était tellement en colère que les yeux lui sortaient des ~s** *fig* he was so angry that his eyes were popping out (of their sockets). -**2.** ASTRON orbit; **être sur** OU **en ~** to be in orbit; **être en ~ autour de qqch** [suj: astre, engin] to be in orbit round sthg, to orbit sthg; **satellite en ~ autour de la Terre** Earth-orbiting satellite; **le satellite est en ~ basse** the satellite is on a low orbit; **mettre en** OU **placer sur ~** to put into orbit. -**3.** PHYS orbital. -**4.** [d'une personne, d'un pays] sphere of influence, orbit.

orbiter [3] [ɔrbite] *vi* to orbit; **~ autour de** to orbit (round).

orbiteur [ɔrbitœr] *nm* orbiter.

Orcades [ɔrkad] *npr fpl*: **les ~** the Orkney Islands, the Orkneys; **les ~ du Sud** the South Orkney Islands.

orchestral, e, aux [ɔrkɛstral, o] *adj* orchestral, orchestra *(modif)*; **la partition ~e** the orchestral OU orchestra score.

orchestrateur, trice [ɔrkɛstratœr, tris] *nm, f* orchestrator.

orchestration [ɔrkɛstrasjɔ̃] *nf* -**1.** MUS orchestration. -**2.** [organisation] orchestration, organization.

orchestre [ɔrkɛstr] *nm* -**1.** MUS [classique] orchestra; [de jazz] band, orchestra; **grand ~** full orchestra; **~ symphonique/de chambre** symphony/chamber orchestra. -**2.** CIN & THÉÂT stalls *Br*, orchestra *Am*; **nous sommes à l'~** we have seats in the stalls. -**3.** ANTIQ orchestra.

orchestrer [3] [ɔrkɛstre] *vt* -**1.** MUS [composer] to orchestrate; [adapter] to orchestrate, to score. -**2.** [préparer] to orchestrate, to organize; **une campagne de diffamation orchestrée par plusieurs partis** a dirty tricks campaign orchestrated by several parties.

orchidacée [ɔrkidase] *nf* member of the Orchidaceae.

orchidée [ɔrkide] *nf* orchid.

ordinaire [ɔrdinɛr] ◇ *adj* -**1.** [habituel - journée] ordinary, normal; [- procédure] usual, standard, normal; [- comportement] ordinary, usual, customary; JUR & POL [- session] ordinary; **elle parlait avec son arrogance ~** she was talking with her usual OU customary arrogance; **en temps ~** usually, normally; **peu** OU **pas ~** [attitude, méthode, journée] unusual; [volonté] unusual, extraordinary; **nous nous sommes couchés à 22 h, rien que de très ~** we went to bed at 10, nothing unusual about that; **il n'a même pas téléphoné – voilà qui n'est pas ~!** he didn't even phone – that's odd OU that's not like him! -**2.** [de tous les jours - habits, vaisselle] ordinary, everyday *(avant n)*; **mets la vaisselle ~, ça ira très bien** bring out the ordinary crockery, that'll do just fine. -**3.** COMM [qualité, modèle] standard; [produit] ordinary; **vin ~** table wine. -**4.** [banal - cuisine, goûts] ordinary, plain; [- gens] ordinary, common *péj*; [- spectacle] ordinary, run-of-the-mill; [- conversation] run-of-the-mill, commonplace; **c'est quelqu'un de très ~** he's a very ordinary person; **elle mène une existence très ~** she leads a very humdrum existence; **elle n'est pas ~, ton histoire!** your story is certainly an unusual one! -**5.** GÉOM: **point ~** regular point.
◇ *nm* -**1.** [norme] : **l'~** the ordinary; **voilà ce qui fait l'~ de son existence** that's how he generally spends his time; **sortir de l'~** to be out of the ordinary, to be unusual; **son mari sort vraiment de l'~!** her husband is one of a

kind! -**2.** [repas habituel] everyday OU ordinary fare; **pour améliorer l'~ des soldats** in order to improve the soldiers' ordinary fare; **voulez-vous partager notre ~?** *hum* will you share our humble repast? -**3.** [essence] ≃ two-star petrol *Br*, ≃ regular *Am*. -**4.** MUS & RELIG ordinary. -**5.** MIL (company) mess.

◆ **à l'ordinaire** *loc adv*: **plus intéressant qu'à l'~** more interesting than usual; **comme à l'~, il arriva en retard** as usual, he turned up late.

◆ **d'ordinaire** *loc adv* usually, ordinarily, normally; **plus tôt que d'~** earlier than usual; **une attitude plus franche que d'~** an unusually honest attitude.

ordinairement [ɔrdinɛrmɑ̃] *adv* usually, ordinarily, normally.

ordinal, e, aux [ɔrdinal, o] *adj* [adjectif, nombre] ordinal.

◆ **ordinal, aux** *nm* -**1.** [nombre] ordinal (number). -**2.** [adjectif] ordinal (adjective).

ordinateur [ɔrdinatœr] *nm* -**1.** INF computer; **mettre qqch sur ~** to computerize sthg, to put sthg on computer ❑ **~ analogique/numérique** analog/digital computer; **~ dorsal/final** back end/front end processor; **~ portable/portatif** portable/laptop computer; **~ de bureau** desktop computer; **~ hôte** host computer; **~ individuel** OU **personnel** home OU personal computer, PC; **~ vectoriel** vector processor. -**2.** TECH computer; **~ de bord** AUT dashboard computer; NAUT shipboard computer; **la vitesse a été calculée par ~** the speed was calculated by computer OU computer-calculated.

ordination [ɔrdinasjɔ̃] *nf* -**1.** RELIG [d'un prêtre] ordination; [consécration] consecration. -**2.** MATH ordering.

ordinogramme [ɔrdinɔgram] *nm* (process) flowchart OU flow diagram.

ordonnance [ɔrdɔnɑ̃s] ◇ *nf* -**1.** [disposition] organization, order, arrangement; **l'~ des mots dans une phrase** the arrangement OU order of words in a sentence; **l'~ du dîner avait été décidée un mois auparavant** they had decided a month earlier what the order of the meal would be; **je ne veux pas déranger l'~ de vos papiers** I don't want to disturb your papers. -**2.** ARCHIT layout, disposition. -**3.** MÉD prescription; **'seulement sur ~'** 'on prescription only'. -**4.** JUR [loi] ordinance, statutory instrument; [jugement] order, ruling; [de police] (police) regulation OU order; **~ de non-lieu** nonsuit. -**5.** HIST ordinance (law), decree. -**6.** FIN: **~ de paiement** order to pay, authorization of payment. -**7.** MIL: **revolver d'~** service pistol; **officier d'~** aide-de-camp.

◇ *nm* OU *nf arch* (military) orderly.

ordonnancement [ɔrdɔnɑ̃smɑ̃] *nm* -**1.** INDUST [organisation des phases] sequencing; [prévision des délais] timing, scheduling. -**2.** FIN order to pay. -**3.** INF scheduling.

ordonnancer [16] [ɔrdɔnɑ̃se] *vt* -**1.** *sout* [agencer] to arrange, to organize; **qui a ordonnancé la cérémonie?** who arranged the ceremony? -**2.** FIN [déclarer bon à payer] to authorize. -**3.** INF to schedule.

ordonnancier [ɔrdɔnɑ̃sje] *nm* prescription book OU register.

ordonnateur, trice [ɔrdɔnatœr, tris] *nm, f* -**1.** [organisateur] organizer; **le comité sera l'~ de la cérémonie** the committee will be in charge of OU will organize the ceremony ❑ **~ des pompes funèbres** funeral director. -**2.** FIN *official in charge of overseeing public expenditure.*

ordonné, e[1] [ɔrdɔne] *adj* -**1.** [méthodique - personne] tidy, neat; [- esprit] methodical, systematic. -**2.** [rangé - chambre] tidy, neat, orderly. -**3.** [régulier - existence, mode de vie] orderly, well-ordered. -**4.** MATH ordered.

ordonnée[2] [ɔrdɔne] *nf* MATH ordinate.

ordonner [3] [ɔrdɔne] *vt* -**1.** [commander - silence, attaque] to order; MÉD [traitement, repos] to prescribe; **ils ont ordonné le secret sur l'affaire** they've ordered that the matter (should) be kept secret; **~ à qqn de faire qqch** to order OU to command sb to do sthg; **~ à qqn d'entrer/de sortir** to order sb in/out; **je t'ordonne de me le rendre!** I order you to give it back to me!; **qui a ordonné qu'on les fusille?** who gave orders for them to be shot? -**2.** [agencer - documents] to (put in) order; [- arguments, idées] to (put into) order, to arrange; [- chambre] to tidy (up); MATH [nombres, suite] to arrange in order; **~ des nombres du plus petit au plus grand/du plus grand au plus petit** to list numbers in ascending/descending order. -**3.** RELIG to ordain.

◆ **s'ordonner** *vpi* [arguments, faits] to fall into order OU place; **les indices s'ordonnaient dans mon esprit** the clues began to fall into place in my mind.

ordre [ɔrdr] *nm* **A.** INSTRUCTION -**1.** [directive, injonction] order; MIL order, command; **c'est un ~!** (and) that's an order!; **donner un ~** [parent] to give an order; [officiel, policier, officier] to issue OU to give an order; **donner (l') ~ de** to give the order to; **donner à qqn l'~ de faire qqch** to order sb to do sthg, to give sb the order to do sthg; **qui a donné l'~ d'attaquer?** who gave the order to attack?, who ordered the attack?; **recevoir des ~s** to receive OU to take orders; **je n'aime pas recevoir d'~s!** I don't like to be ordered around!; **recevoir l'~ de faire qqch** to be ordered OU to receive the order to do sthg; **j'ai reçu l'~ formel de ne pas le déranger** I've been formally instructed not to disturb him; **par** OU **sur ~ de** by order of, on the orders of; **être sous les ~s de qqn** to be under sb's command; **être aux ~s de qqn** to take orders from sb; **je ne suis pas à tes ~s!** I'm not at your beck and call! ❑ **~ d'appel** MIL call-up papers *Br*, draft notice *Am*; **~ de grève** strike call; **~ de mission** MIL orders (for a mission); **~ de route** MIL marching orders; **à vos ~s!** MIL OU *hum* yes, Sir! -**2.** BANQUE & BOURSE: **à l'~ de** payable to, to the order of; **chèque à mon ~** cheque made out OU payable to me; **c'est à quel ~?** who shall I make it payable to? ❑ **~ d'achat/de vente** order to buy/to sell; **~ de paiement/virement** order to pay/to transfer; **~ de Bourse** ≃ Stock Exchange order *Br*.

B. HIÉRARCHIE, AGENCEMENT -**1.** [succession] order, sequence; **l'~ des mots dans la phrase** the word order in the sentence ❑ **par ~ d'arrivée/de grandeur/d'importance** in order of arrival/size/importance; **par ~ chronologique/croissant/décroissant** in chronological/ascending/descending order; **en ~ de bataille/marche** MIL in battle/marching order; **en ~ dispersé/serré** MIL in extended/close order; **~ d'allumage** AUT firing sequence; **noms classes par ~ alphabétique** names filed in alphabetical order; **par ~ d'apparition à l'écran** in order of appearance; **par ~ d'entrée en scène** in order of appearance; **par ~ de préséance** in order of precedence. -**2.** [rangement] tidiness, orderliness, neatness; **j'aimerais qu'il y ait un peu plus d'~ dans ta chambre** I'd like to see your room a little tidier; **attends, j'essaie de mettre de l'~ dans mes cartes** wait a minute, I'm trying to tidy up OU to order my cards; **manque d'~** untidiness; **sans ~** [maison, personne] untidy; **la pièce était en ~** the room was tidy; **mets tes vêtements en ~** sort out your clothes; **mettre qqch en ~** to put sthg in order; **tenir une maison en ~** to keep a house tidy ‖ [sens du rangement]: **avoir de l'~** to be tidy; **manquer** OU **ne pas avoir d'~** to be untidy. -**3.** [organisation méthodique - de documents] order; **mettre en ~, mettre de l'~ dans** [documents, comptabilité] to set in order, to tidy up *(sép)*; **mettre de l'~ dans ses idées** to order one's ideas; **mettre ses affaires en ~** [avant de mourir] to settle one's affairs, to put one's affairs in order; **il a laissé ses papiers/comptes en ~ avant de partir** he left his papers/accounts in order before leaving; **remettre de l'~ dans sa vie** to sort out one's life ❑ **mettre bon ~ à qqch** to put OU to set sthg to rights; **il abuse de vous, vous devez y mettre bon ~** he's taking advantage of you, you must sort that out. -**4.** [discipline sociale]: **l'~** order; **faire régner l'~** to keep order; **rappeler qqn à l'~** to call sb to order; **la police est chargée du maintien de l'~** it's the police's job to keep law and order ❑ **l'~ établi** the established order; **l'~ public** public order, law and order; **rentrer dans l'~: puis tout est rentré dans l'~** then order was restored, then everything went back to normal.

C. CLASSIFICATION, DOMAINE -**1.** [corporation] order; **entrer dans les ~s** RELIG to take (holy) orders ❑ **l'~ des dominicains/capucins** RELIG the order of Dominicans/Capuchins; **l'~ des avocats** ≃ the Bar *Br*, ≃ the Bar Association *Am*; **l'~ de la Jarretière** the Order of the Garter; **l'~ des médecins** ≃ the British Medical Association *Br*, ≃ the American Medical Association *Am*; **l'~ national du Mérite** *the French Order of Merit*; **l'Ordre d'Orange** the Orange Order; **les ~s mineurs/majeurs** RELIG the minor/major orders; **les ~s de chevalerie** the orders of knighthood; **les ~s mendiants** RELIG the mendicant orders; **les ~s monastiques** RELIG the monastic orders; **les saints ~s** RELIG the holy orders; **les trois ~s** HIST the three orders. -**2.** [nature, sorte] nature, order; **des problèmes d'~ professionnel** problems of a professional nature; **mes raisons sont d'~ différent** my reasons are of a different order; **dans le même ~ d'idées** similarly, in this connection; **dans un autre ~ d'idées** in another OU a different connection; **du même ~** [proposition, responsabilités] similar, of the same nature; **pour un salaire du même ~** for a similar salary; **de l'~ de** in the region OU order of; **une augmentation de 5 %? — oui, de cet ~** a 5% rise? — yes, roughly OU in that region ❑ **donner un ~ de grandeur** to give a rough estimate; **des sommes du même ~ de grandeur** sums of the same order, similar sums of money; **c'est dans l'~ des choses** it's in the order OU nature of things. -**3.** ARCHIT & BIOL order; **~ attique/dorique/ionique** Attic/Doric/Ionic order.

◆ **ordre du jour** *nm* -**1.** [d'un comité] agenda; **être à l'~ du jour** *pr* to be on the agenda; *fig* to be in the news. -**2.** MIL general orders, order of the day; **cité à l'~ du jour** mentioned in dispatches.

ordré, e [ɔrdre] *adj Helv* [ordonné] tidy, orderly, neat.

ordure [ɔrdyr] *nf* -**1.** ▽ [personne abjecte]: **~!** bastard!; **tu n'es qu'une ~!** you bastard! -**2.** *litt* [fange]: **l'~** filth, mire *litt*.

◆ **ordures** *nfpl* -**1.** [déchets] refuse *(U)*, rubbish *Br (U)*, garbage *Am (U)*; **ramasser les ~s** to collect the garbage OU rubbish; **vider les ~s** to empty (out) the rubbish; **jeter** OU **mettre qqch aux ~s** to throw sthg into the rubbish bin *Br* OU garbage can *Am*; **c'est bon à mettre aux ~s!** it's fit for the dustbin!; **mets-le aux ~s** put it in the dustbin, throw it away ❑ **~s ménagères** household refuse. -**2.** [excréments] dirt *(U)*, filth *(U)*. -**3.** *fam* [obscénités] obscenities, filth *(U)*; **elle ne dit que des ~s** she always uses filthy language; **dire/écrire des ~s sur qqn** to talk/to write filth about sb.

ordurier, ère [ɔrdyrje, ɛr] *adj* foul, filthy, obscene.

orée [ɔre] *nf* edge; **à l'~ du bois** on the edge of the wood.

Oregon [ɔregɔ̃] *npr m*: **l'~** Oregon.

oreillard, e [ɔrɛjar, ard] *adj* long-eared.

◆ **oreillard** *nm* -**1.** [chauve-souris] long-eared bat. -**2.** [lièvre, âne etc] long-eared animal.

oreille [ɔrɛj] *nf* -**1.** ANAT & ZOOL ear; **j'ai mal aux ~s** I've got earache, my ears are hurting; **avoir les ~s décollées** to have protruding OU sticking-out ears; **avoir les ~s en feuille de chou** to have cauliflower ears; **avoir les ~s qui bourdonnent** OU **des bourdonnements d'~** to have a buzzing in the ears; **elle n'entend pas de l'~ gauche** she's deaf in the left ear ❑ **~ interne/moyenne** inner/middle ear; **~ externe** outer OU external ear; **les ~s ont dû lui siffler** *fig & hum* his ears must have been burning; **elle est**

repartie l'~ basse she left with her tail between her legs; frotter les ~s à qqn to box sb's ears; tirer les ~s à qqn *pr* to pull sb's ears; [réprimander] to tell sb off; se faire tirer l'~ *fig* to need a lot of persuading; il ne s'est pas fait tirer l'~ pour accepter he didn't have to be asked twice OU to have his arm twisted before saying yes. -2. [ouïe] (sense of) hearing; avoir l'~ fine to have an acute sense of hearing; avoir de l'~ OU l'~ musicale to have a good ear for music ❑ avoir l'~ absolue to have perfect pitch. -3. [pour écouter] ear; écouter une conversation d'une ~ distraite to listen to a conversation with only half an ear; écouter de toutes ses ~s, être tout ~s to be all ears; ouvrir ses ~s toutes grandes to listen very carefully; ouvrez bien vos ~s! listen very carefully!; venir OU parvenir aux ~s de qqn to come to OU to reach sb's ears; l'histoire étant parvenue à mes ~s, je lui téléphonai when I got wind of the story, I called her ❑ ça rentre par une ~ et ça sort par l'autre *fam* it goes in one ear and out the other; ce n'est pas tombé dans l'~ d'un sourd! it hasn't fallen on deaf ears! -4. TECH [d'une cocotte] handle; [d'un écrou] wing; fauteuil à ~s wing chair.

oreille-de-mer [ɔrɛjdəmɛr] (*pl* oreilles-de-mer) *nf* earshell, haliotis *spéc.*

oreiller [ɔrɛje] *nm* pillow.

oreillette [ɔrɛjɛt] *nf* -1. ANAT auricle. -2. [d'une casquette] ear-flap. -3. [d'un baladeur] earphone.

oreillon [ɔrɛjɔ̃] *nm* -1. ARCHÉOL ear-piece, cheek-piece. -2. ZOOL tragus.
◆ **oreillons** *nmpl* MÉD mumps; avoir les ~s to have (the) mumps.

Orénoque [ɔrenɔk] *npr m*: l'~ the Orinoco.

ores [ɔr]
◆ **d'ores et déjà** *loc adv* already.

Oreste [ɔrɛst] *npr* Orestes.

orfèvre [ɔrfɛvr] *nm* -1. [artisan qui travaille - l'or] goldsmith; [- l'argent] silversmith. -2. *loc*: être ~ en la matière to be an expert.

orfèvrerie [ɔrfɛvrəri] *nf* -1. [métier - de l'or] goldsmithing, gold work; [- de l'argent] silversmithing, silver work; l'~ [en or] gold plate; [en argent] silver plate. -2. [boutique - d'objets d'or] goldsmith's shop *Br* OU store *Am*; [- d'objets d'argent] silversmith's shop *Br* OU store *Am*.

orfraie [ɔrfrɛ] *nf* white-tailed eagle.

organdi [ɔrgɑ̃di] *nm* organdie; d'~, en ~ organdie *(modif)*.

organe [ɔrgan] *nm* -1. ANAT organ; ~s génitaux OU sexuels genitals, sexual organs; ~s vocaux OU de la parole speech OU vocal organs; cible MÉD receptor; ~s des sens sense organs. -2. *sout* [voix] voice; avoir un bel ~ to have a fine voice. -3. TECH part, component; ~s de commande controls; ~s de transmission transmission system. -4. [institution] organ; les ~s de l'État the apparatus of the state; ~ de presse newspaper, publication; les ~s de presse the press. -5. [porte-parole, publication] mouthpiece, organ; l'~ officiel du parti the official organ OU mouthpiece of the party. -6. [instrument] medium, vehicle.

organeau [ɔrgano] *nm* -1. [sur un quai] mooring ring. -2. [sur une ancre] anchor ring.

organicien, enne [ɔrganisjɛ̃, ɛn] *nm, f* organic chemist.

organicisme [ɔrganisism] *nm* organicism.

organiciste [ɔrganisist] *adj & nmf* organicist.

organigramme [ɔrganigram] *nm* -1. [structure] organization chart. -2. INF [de programmation] flow chart OU diagram.

organique [ɔrganik] *adj* organic.

organiquement [ɔrganikmɑ̃] *adv* organically.

organisable [ɔrganizabl] *adj* organizable.

organisateur, trice [ɔrganizatœr, tris] ◇ *adj* BIOL organizing *(avant n)*.
◇ *nm, f* organizer.
◆ **organisateur** *nm* BIOL: ~ nucléolaire nucleolar organizer.

organisateur-conseil [ɔrganizatœrkɔ̃sɛj] (*pl* organisateurs-conseils) *nm* time and motion consultant.

organisation [ɔrganizasjɔ̃] *nf* -1. [organisme] organization; ~ internationale international organization OU agency; ~ non gouvernementale nongovernmental organization; ~ patronale employers' organization OU association; ~ syndicale trade union; ~ de travailleurs workers' organization. -2. [mise sur pied - d'une fête, d'une réunion, d'un service] organization; [- d'une manifestation] organization, staging; [- d'un attentat] organization, planning; l'~ du temps de travail the organization of working hours. -3. [structure - d'un discours, d'une association, d'un système] organization, structure; [- du travail] organization. -4. [méthode] organization; avoir de l'~ to be organized; ne pas avoir d'~ to be disorganized.

organisationnel, elle [ɔrganizasjɔnɛl] *adj* organizational.

organisé, e [ɔrganize] *adj* -1. [regroupé - consommateurs, groupe] organized. -2. [aménagé]: bien/mal ~ well-/badly-organized. -3. [méthodique - personne] organized, well-organized, methodical. -4. BIOL: êtres ~s organisms.

organiser [3] [ɔrganize] *vt* -1. [mettre sur pied - gén] to organize; MIL [attaque] to plan. -2. [agencer - association, journée, tâche] to organize; le service est organisé en plusieurs sections the department is organized into several divisions; j'ai organisé mon emploi du temps de façon à pouvoir partir plus tôt I've organized OU arranged my schedule so that I can leave earlier.
◆ **s'organiser** ◇ *vp (emploi passif)* [se préparer] to be planned; un voyage, ça s'organise longtemps à l'avance trips have to be organized OU planned well in advance.
◇ *vpi* [personne] to get (o.s.) organized, to organize o.s.; il suffit de s'~ all you need is some organization; la société s'est vite organisée en classes sociales society rapidly became organized into social classes.

organisme [ɔrganism] *nm* -1. BIOL [animal, végétal] organism; [humain] body, organism; les réactions de l'~ bodily reactions; c'est mauvais pour l'~ it's bad for your body OU for your health OU for you. -2. [institut] organism, body; ~ de charité charity (organization); ~ de crédit credit institution; ~ de gestion management body.

organiste [ɔrganist] *nmf* organist.

organite [ɔrganit] *nm* organelle.

organogenèse [ɔrganɔʒənɛz] *nf* organogenesis.

organomagnésien, enne [ɔrganɔmaɲezjɛ̃, ɛn] *adj* organomagnesium *(modif)*.
◆ **organomagnésien** *nm* organomagnesium compound.

organométallique [ɔrganɔmetalik] ◇ *adj* organometallic.
◇ *nm* organometallic compound.

orgasme [ɔrgasm] *nm* orgasm.

orgasmique [ɔrgasmik], **orgastique** [ɔrgastik] *adj* orgasmic.

orge [ɔrʒ] ◇ *nf* barley.
◇ *nm* barley; ~ mondé/perlé hulled/pearl barley.

orgeat [ɔrʒa] *nm* orgeat.

orgelet [ɔrʒəlɛ] *nm* sty, stye.

orgiaque [ɔrʒjak] *adj* orgiastic.

orgie [ɔrʒi] *nf* -1. ANTIQ orgy. -2. *fig*: faire une ~ d'huîtres to have a surfeit of oysters. -3. [débauche] orgy; faire une ~ to have an orgy. -4. *sout* [abondance] riot, profusion; une ~ de roses a profusion of roses; une ~ de bleus et de rouges a riot of blues and reds.

orgue [ɔrg] *nm* -1. MUS organ; tenir l'~ to be at the organ; jouer de l'~ to play the organ ❑ ~ électrique/électronique/de chœur electric/electronic/choir organ; ~ de Barbarie barrel organ; ~ à plein jeu full organ; buffet d'~ organ case; grand ~ great organ; point d'~ pause. -2. ARM: ~s de Staline Katyusha. -3. ZOOL: ~ de mer organ-pipe coral, tubipore.
◆ **orgues** *nfpl* -1. MUS organ; les grandes ~s de la cathédrale the great organ of the cathedral; faire donner les grandes ~s *fig* to be pompous. -2. GÉOL columnar structure OU structures.

orgueil [ɔrgœj] *nm* -1. [fierté] pride. -2. [amour-propre] pride; il a trop d'~ pour faire des excuses he's too proud OU he has too much pride to apologize; c'est de l'~ mal placé it's just misplaced pride; gonflé OU bouffi d'~ puffed up OU bursting with pride. -3. [sujet de fierté] pride; j'étais l'~ de ma mère I was my mother's pride and joy; le «Nautilus», l'~ de la flotte the "Nautilus", the pride of the fleet.

orgueilleusement [ɔrgœjøzmɑ̃] *adv* -1. [avec arrogance] proudly, arrogantly. -2. [avec fierté] proudly.

orgueilleux, euse [ɔrgœjø, øz] ◇ *adj* -1. [arrogant] conceited, arrogant. -2. [fier - personne] proud. -3. *litt* [majestueux - démarche, navire] proud.
◇ *nm, f* -1. [prétentieux] arrogant OU conceited person. -2. [fier] proud person.

orient [ɔrjɑ̃] *nm* -1. [est] east, orient *litt*; parfum/tapis d'~ oriental scent/carpet. -2. GÉOG: l'Orient the East OU Orient *litt*. -3. [d'une perle] orient. -4. le Grand Orient [maçonnique] the Grand Orient.

orientable [ɔrjɑ̃tabl] *adj* -1. [antenne, rétroviseur] adjustable. -2. [lampe] rotating, swivel *(modif)*.

oriental, e, aux [ɔrjɑ̃tal, o] ◇ *adj* -1. GÉOG eastern, east *(modif)*; la plaine ~e the eastern plain. -2. [de l'Orient - art, cuisine, civilisation] oriental, eastern.
◇ *nm, f* Oriental, Easterner.
◆ **à l'orientale** *loc adv* in the oriental style.

orientalisme [ɔrjɑ̃talism] *nm* orientalism.

orientaliste [ɔrjɑ̃talist] *adj & nmf* orientalist.

orientation [ɔrjɑ̃tasjɔ̃] *nf* -1. [direction - d'une enquête, de recherches] direction, orientation; [- d'un mouvement] orientation; l'~ de notre entreprise doit changer our firm must adopt a new outlook; ~ politique [d'un journal, d'une personne] political leanings OU tendencies; [d'un parti] political direction. -2. [conseil - pour des études] academic counselling; [vers un métier] careers guidance; [direction - des études] course; [- du métier] career. -3. [position - d'un édifice, d'une antenne]: l'~ plein sud de l'appartement est ce qui le rend agréable what makes the flat so pleasant to live in is the fact that it faces due south ‖ [positionnement - d'un faisceau, d'une lampe] directing; [- d'un rétroviseur] adjustment. -4. [aptitude]: avoir le sens de l'~ to have a good sense of direction; parcours d'~ orienteering course. -5. ASTRONAUT attitude. -6. BIOL orientation. -7. NAUT set, trim. -8. MATH orientation.

orienté, e [ɔrjɑ̃te] *adj* -1. [positionné]: ~ à l'ouest [édifice] facing west, with a western aspect; [radar] directed towards the west; local bien/mal ~ well-/badly-positioned premises. -2. [idéologiquement - discours, journal] biased, slanted; analyse ~e à droite analysis with a right-wing bias. -3. ENS: élève bien/mal ~ pupil who has taken the right/wrong academic advice. -4. MATH: segment ~ directed segment; surface ~e oriented surface. -5. GÉOG [carte] orientated.

orientement [ɔrjɑ̃tmɑ̃] *nm* NAUT bearing.

orienter [3] [ɔrjɑ̃te] *vt* -1. [antenne, haut-parleur, spot] to direct, to turn, to point; [rétroviseur] to adjust, to position; [plante] to position; ~ un faisceau vers qqch to direct a beam towards sthg; orientez votre tente à l'est pitch your tent so that it faces east; oriente ton flash vers le plafond point OU turn your flashlight towards the ceiling; la chambre est orientée plein nord the bedroom faces due north. -2. [mettre sur une voie]: ~ vers [enquête, recherches] to direct OU to orientate towards; [discussion] to turn round to; [passant] to direct to; on l'a orienté vers un psychiatre he was referred to a psychiatrist; **il m'a demandé où était la gare mais je l'ai mal orienté** he asked where the station was, but I misdirected him; **elle a été orientée vers une école technique** she was advised to go to a technical school. -**3.** [rendre partial - discours] to give a bias OU slant to; **ses cours sont politiquement orientés** her lectures are coloured by her political convictions. -**4.** [carte, plan] to orientate. -**5.** MATH to orient. -**6.** NAUT [voiles] to trim.

◆ **s'orienter** *vpi* [se repérer] to take one's bearings; **j'ai toujours du mal à m'~** I've got no sense of direction; **s'~ sur l'étoile polaire** to take one's bearings from the polar star.

◆ **s'orienter vers** *vp + prép* [suj: enquête, recherches] to be directed towards; [suj: discussion] to turn round to; [suj: parti] to move towards; [suj: étudiant] to turn to; **notre compagnie s'oriente vers les produits de luxe** our company is turning towards luxury products.

orienteur, euse [ɔrjɑ̃tœr, øz] *nm, f* -**1.** ENS academic counsellor. -**2.** [conseiller professionnel] careers adviser, careers guidance officer.

◆ **orienteur** *adj m*: **officier ~** pathfinder.

orifice [ɔrifis] *nm* -**1.** [ouverture] hole, opening. -**2.** ANAT orifice. -**3.** AUT: **~ d'admission** intake port; **~ de remplissage** filling hole.

oriflamme [ɔriflam] *nf* -**1.** [bannière d'apparat] banner, standard. -**2.** HIST oriflamme; **l'~** [de Saint-Denis] the sacred red banner of (the abbey of) Saint-Denis.

origami [ɔrigami] *nm* origami.

origan [ɔrigɑ̃] *nm* oregano.

originaire [ɔriʒinɛr] *adj* -**1.** [natif]: **être ~ de** to originate from; **ma mère est ~ de Paris** my mother was born in OU comes from Paris; **il est ~ de la Martinique** he's from Martinique; **animal/fruit/plante ~ des pays tropicaux** animal/fruit/plant native to tropical countries. -**2.** [originel] innate, inherent.

originairement [ɔriʒinɛrmɑ̃] *adv* originally, at first.

original, e, aux [ɔriʒinal, o] ◇ *adj* -**1.** [nouveau - architecture, idée, système] original, novel; [- cadeau, film, style, personne] original; **il n'y a rien d'~ dans son dernier roman** there's nothing original in his latest novel. -**2.** [excentrique - personne] odd, eccentric; **le moins qu'on puisse dire, c'est qu'elle est ~e!** she's a bit eccentric, to say the least! -**3.** [d'origine - document, manuscrit] original.

◇ *nm, f* [excentrique] eccentric, character.

◆ **original, aux** *nm* -**1.** [d'une œuvre] original; [d'un document] original OU master (copy); [d'un texte] top copy, original; [d'un objet, d'un personnage] original; **il ne possède que des originaux** he owns only original works of art. -**2.** [texte à traduire] original; **je préfère presque la traduction à l'~** I like the translation almost more than the original.

originalement [ɔriʒinalmɑ̃] *adv* [de façon nouvelle] originally, in an original OU novel way.

originalité [ɔriʒinalite] *nf* -**1.** [caractère] originality, novelty; **cet artiste manque d'~** there is nothing new OU original in this artist's work ‖ [extravagance] eccentricity; **ses ~s la mettaient au ban de notre petite société** her strange OU odd ways excluded her from our little group. -**2.** [nouveauté] original feature; **cette robe est une des ~s de notre collection** this dress is one of the outstanding features of our collection.

origine [ɔriʒin] *nf* -**1.** [cause première - d'un feu, d'une maladie, d'une querelle] origin; **si nous remontons à l'~ du scandale** if we go back to the origin of the scandal; **avoir son ~ dans, tirer son ~ de** to have one's origins in, to originate in; **avoir qqch pour ~** to be caused by sthg; **la guerre a-t-elle eu pour ~ l'assassinat de l'archiduc?** was the archduke's assassination the cause of the war?; **être à l'~ d'un projet de loi** [personne] to be behind a bill; **ces erreurs judiciaires ont été à l'~ du projet de loi** these miscarriages of justice were the impetus for the bill; **être à l'~ d'une querelle** [personne] to be behind OU to be the cause of an argument; [malentendu] to be at the origin OU root of an argument; **symptômes d'~ cardiaque** symptoms due to heart problems. -**2.** [début] origin, beginning; **les ~s de la civilisation** the origins of civilization; **les vêtements, des ~s à nos jours** [dans un livre, un musée] clothes, from their origins to the present day; **dès l'~** from the (very) beginning, from the outset; **dès l'~, il y eut un malentendu** there was a misunderstanding right from the very start; **le travail du bronze, dès l'~, fut ornemental** bronze-working had a decorative function from its inception ❑ **'De l'~ des espèces par voie de sélection naturelle'** *Darwin* '(On) The Origin of Species (by Means of Natural Selection)'. -**3.** [provenance - d'un terme] origin, root; [- d'un produit manufacturé] origin; **la police connaît l'~ des appels** the police know who made the calls; **quelle est l'~ de ces pêches?** where are these peaches from? -**4.** [d'une personne] origin; **il ne sait rien de ses ~s** he doesn't know anything about his origins OU where he comes from; **elle fait remonter ses ~s à Louis-Philippe** she traces her origins back to Louis-Philippe; **d'~ modeste** of humble origin OU birth; **d'~ espagnole** of Spanish origin. -**5.** JUR: **~ de propriété** vendor's title. -**6.** GÉOM origin.

◆ **à l'origine** *loc adv* originally, initially, at the beginning; **à l'~, je voulais écrire une chanson** I started off intending to OU originally I wanted to write a song; **à l'~, le projet était bénévole** it was a voluntary project to begin with.

◆ **d'origine** *loc adj* [pays] of origin; [couleur, emballage, nom, monnaie] original; **ma voiture a encore son moteur d'~** my car has still got its original engine.

originel, elle [ɔriʒinɛl] *adj* -**1.** [primitif - innocence] original. -**2.** RELIG original. -**3.** [premier] original; **sens ~ d'un mot** original OU primary meaning of a word.

originellement [ɔriʒinɛlmɑ̃] *adv* [dès l'origine] from the (very) start OU beginning, from the outset; [à l'origine] originally, at first.

orignal, aux [ɔriɲal, o] *nm* Canadian moose.

Orion [ɔrjɔ̃] *npr* Orion.

oripeaux [ɔripo] *nmpl litt* [vêtements] tawdry rags; **il dissimule son manque de talent sous les ~ d'un folklorisme à la mode** he hides his lack of talent under a tawdry cloak of fashionable folksiness.

ORL ◇ *nmf (abr de* **oto-rhino-laryngologiste)** ENT specialist.

◇ *nf (abr de* **oto-rhino-laryngologie)** ENT.

orléanais, e [ɔrleanɛ, ɛz] *adj* from Orléans.

◆ **Orléanais, e** *nm, f inhabitant of or person from Orléans.*

Orléans [ɔrleɑ̃] *npr* Orléans.

Orlon® [ɔrlɔ̃] *nm* Orlon®.

Orly [ɔrli] *npr* [aéroport] Orly (airport).

ormaie [ɔrmɛ] *nf* elm grove.

orme [ɔrm] *nm* elm (tree); **~ blanc** wych elm.

ormeau [ɔrmo] *nm* -**1.** BOT young elm (tree). -**2.** ZOOL earshell, haliotis *spéc.*

ormoie [ɔrmwa] = **ormaie**.

Ormuz [ɔrmuz] *npr* Hormuz, Ormuz.

orne [ɔrn] *nm* flowering ash (tree).

ornement [ɔrnəmɑ̃] *nm* -**1.** [objet] ornament. -**2.** BX-ARTS embellishment, adornment; **sans ~** plain, unadorned; **architecture surchargée d'~s** ornate architecture; **plafonds riches en ~s** ceilings rich in ornament OU ornamentation. -**3.** HÉRALD & MUS ornament. -**4.** RELIG: **~s sacerdotaux** vestments.

◆ **d'ornement** *loc adj* [plantes, poupée] ornamental.

ornemental, e, aux [ɔrnəmɑ̃tal, o] *adj* [motif] ornamental, decorative; [plante] ornamental.

ornementation [ɔrnəmɑ̃tasjɔ̃] *nf* ornamentation.

ornementer [3] [ɔrnəmɑ̃te] *vt sout* to ornament; **~ qqch de** OU **avec** to ornament OU to decorate sthg with.

orner [3] [ɔrne] *vt* -**1.** [décorer - suj: personne] to decorate; [suj: dessin, plante, ruban] to adorn, to decorate, to embellish; **des bouquets ornaient la table** the table was decorated with bunches of flowers; **~ avec** OU **de** to decorate with; **sa chambre était ornée de trophées de guerre** his room was adorned OU decorated with war trophies; **~ une robe de dentelle** to trim a dress with lace; **couloir orné de drapeaux** corridor decked out OU hung with flags; **sabre orné de joyaux** sword set with jewels. -**2.** [enjoliver - texte] to embellish; [- vérité] to adorn, to embellish; **~ son esprit** *litt* to enrich one's mind.

ornière [ɔrnjɛr] *nf* -**1.** [trou] rut; **une route pleine d'~s** a rutted road, a road full of potholes. -**2.** [routine]: **suivre l'~** to get into a rut; **sortir de l'~** to get out of a rut. -**3.** [impasse]: **tirer qqn de l'~** to help sb out of a difficulty; **sortir de l'~** to get o.s. out of trouble. -**4.** RAIL groove.

ornithologie [ɔrnitɔlɔʒi] *nf* ornithology.

ornithologique [ɔrnitɔlɔʒik] *adj* ornithological.

ornithologiste [ɔrnitɔlɔʒist], **ornithologue** [ɔrnitɔlɔg] *nmf* ornithologist.

ornithorynque [ɔrnitɔrɛ̃k] *nm* duck-billed platypus, ornithorynchus *spéc.*

orogenèse [ɔrɔʒənɛz], **orogénie** [ɔrɔʒeni] *nf* orogenesis, orogeny.

orogénique [ɔrɔʒenik] *adj* orogenic, orogenetic.

orographie [ɔrɔgrafi] *nf* orography.

oronge [ɔrɔ̃ʒ] *nf* Caesar's mushroom; **fausse ~** fly agaric.

oropharynx [ɔrɔfarɛ̃ks] *nm* oropharynx.

orpailleur [ɔrpajœr] *nm* gold washer.

Orphée [ɔrfe] *npr* Orpheus.

orphelin, e [ɔrfəlɛ̃, in] ◇ *adj* orphan *(modif)*, orphaned; **être ~ de père** to be fatherless, to have lost one's father; **les enfants ~s de mère** motherless children; **être ~ de père et de mère** to have lost both one's parents, to be an orphan.

◇ *nm, f* orphan.

orphelinat [ɔrfəlina] *nm* [bâtiment] orphanage; [personnes] orphans.

orphéon [ɔrfeɔ̃] *nm* [chœur - d'hommes] male choir; [- d'enfants] (mixed) children's choir.

orphéoniste [ɔrfeɔnist] *nmf* [chanteur - adulte] male singer OU chorister; [- enfant] (little) chorister.

orpiment [ɔrpimɑ̃] *nm* orpiment.

orque [ɔrk] *nf* killer whale.

Orsay [ɔrsɛ] *npr*: **le musée d'~** *art museum in Paris.*

LE MUSÉE D'ORSAY:
This museum, a converted railway station on the banks of the Seine, houses works of art from the second half of the 19th century and the early 20th century.

ORSEC, Orsec [ɔrsɛk] *(abr de* **Organisation des secours)** *adj*: **plan ~** *disaster contingency plan*; **plan ~-Rad** *disaster contingency plan in case of nuclear accident.*

LE PLAN ORSEC:
This plan is set in motion whenever there is a major disaster in France, such as flooding or forest fires.

---

orteil [ɔrtɛj] *nm* toe; **gros ~** big toe.

ORTF *(abr de* **Office de radiodiffusion télévision française)** *npr m former French broadcasting corporation.*

orthocentre [ɔrtɔsɑ̃tr] *nm* orthocentre.

orthochromatique [ɔrtɔkrɔmatik] *adj* orthochromatic.

orthodontie [ɔrtɔdɔ̃si] *nf* orthodontics *(U)*, dental orthopedics *(U)*.

orthodontiste [ɔrtɔdɔ̃tist] *nmf* orthodontist.

orthodoxe [ɔrtɔdɔks] ◇ *adj* -**1.** RELIG Orthodox. -**2.** *fig* [méthode, pratique] orthodox; **pas très** OU **peu ~** rather unorthodox.
◇ *nmf* -**1.** RELIG member of the Orthodox church; **les ~s** the Orthodox. -**2.** [disciple] : **les ~s de...** the orthodox followers of...

orthodoxie [ɔrtɔdɔksi] *nf* orthodoxy; **l'~ marxiste** marxist orthodoxy.

orthogenèse [ɔrtɔʒənɛz] *nf* orthogenesis BIOL.

orthogénie [ɔrtɔʒeni] *nf* birth control.

orthogonal, e, aux [ɔrtɔgɔnal, o] *adj* orthogonal.

orthogonalement [ɔrtɔgɔnalmɑ̃] *adv* orthogonally, at right angles.

orthogonalité [ɔrtɔgɔnalite] *nf* orthogonality.

orthographe [ɔrtɔgraf] *nf* [graphie] spelling; [règles] spelling system, orthography *spéc*; [matière] spelling, orthography *spéc*; **il y a deux ~s possibles** there are two ways of spelling it OU two possible spellings; **avoir une bonne/mauvaise ~** to be good/bad at spelling.

orthographier [9] [ɔrtɔgrafje] *vt* to spell; **mal/bien orthographié** wrongly/correctly spelt; **savoir ~** to be good at spelling.
◆ **s'orthographier** *vp (emploi passif)*: **comment s'orthographie votre nom?** how do you spell your name?; **son nom s'orthographie avec deux L** his name is spelt with two L's.

orthographique [ɔrtɔgrafik] *adj* spelling *(modif)*, orthographic.

orthonormé, e [ɔrtɔnɔrme] *adj* orthonormal.

orthopédie [ɔrtɔpedi] *nf* orthopedics *(U)*.

orthopédique [ɔrtɔpedik] *adj* orthopedic.

orthopédiste [ɔrtɔpedist] *adj* & *nmf* orthopedist.

orthophonie [ɔrtɔfɔni] *nf* -**1.** LING orthoepy. -**2.** MÉD speech therapy.

orthophonique [ɔrtɔfɔnik] *adj* -**1.** LING orthoepic. -**2.** MÉD speech therapy *(modif)*.

orthophoniste [ɔrtɔfɔnist] *nmf* speech therapist.

orthoptère [ɔrtɔptɛr] *nm* orthopteran, orthopteron; **les ~s** the Orthoptera.

orthoptie [ɔrtɔpsi] *nf* orthoptics *(sg)*.

orthoptique [ɔrtɔptik] ◇ *adj* orthoptic.
◇ *nf* = **orthoptie**.

orthoptiste [ɔrtɔptist] *nmf* orthoptist.

orthosympathique [ɔrtɔsɛ̃patik] ◇ *adj* sympathetic ANAT.
◇ *nm* sympathetic nervous system.

ortie [ɔrti] *nf* (stinging) nettle; **~ blanche/rouge** white/red dead-nettle.

ortolan [ɔrtɔlɑ̃] *nm* ortolan.

orvet [ɔrvɛ] *nm* slowworm.

os [ɔs, *pl* o] *nm* -**1.** ANAT & ZOOL bone; **j'ai de gros/petits ~** I've got big/small bones; **il s'est coupé jusqu'à l'~** he cut himself (through) to the bone; **on lui voit les ~** you can see his bones ☐ **~ de seiche** cuttlebone; **être gelé/trempé jusqu'aux ~** to be frozen to the marrow/soaked to the skin; **il ne fera pas de vieux ~!** he's not long for this world!; **c'est un sac** OU **paquet** OU **tas d'~** she's a bag of bones, she's just skin and bones; **il l'a eu dans l'~!**▽ [il n'a pas réussi] he got egg on his face!; [il s'est fait escroquer] he's been had! -**2.** CULIN bone; **viande avec ~** meat on the bone; **poulet sans ~** boneless chicken, boned chicken ☐ **~ à moelle** marrowbone; **acheter du jambon à l'~** to buy ham off the bone; **donner un ~ à ronger à qqn** to give sb sthg to keep him/her quiet. -**3.** *fam* [difficulté] : **il y a un ~** there's a snag OU hitch; **elle est tombée sur** OU **elle a trouvé un ~** she came across OU she hit a snag.

OS *nm abr de* **ouvrier spécialisé**.

Osaka [ɔzaka] *npr* Osaka.

oscar [ɔskar] *nm* -**1.** CIN Oscar; **elle a reçu l'~ du meilleur second rôle** she won the Oscar for the best supporting role. -**2.** [récompense] : **l'~ de la meilleure publicité** the award for the best commercial.

oscillaire [ɔsilɛr] *nf* oscillaria, oscillatoria.

oscillant, e [ɔsilɑ̃, ɑ̃t] *adj* -**1.** [qui balance] oscillating. -**2.** [incertain] oscillating, fluctuating. -**3.** MÉD [fièvre] irregular. -**4.** ÉLECTR [décharge] oscillating. -**5.** PHYS: **circuit ~** oscillating circuit.

oscillateur [ɔsilatœr] *nm* oscillator; **maître ~, ~ pilote** RAD master oscillator.

oscillation [ɔsilasjɔ̃] *nf* -**1.** [balancement] swaying, rocking; **les ~s du téléphérique** the swaying OU swinging of the cablecar. -**2.** [variation] fluctuation, variation; **les ~s des taux de change** the fluctuations in the exchange rates; **~s des prix** price variations. -**3.** ÉLECTR & PHYS oscillation. -**4.** MÉCAN vibration.

oscillatoire [ɔsilatwar] *adj* oscillatory.

osciller [3] [ɔsile] *vi* -**1.** [bouger - pendule, objet suspendu] to oscillate, to swing, to sway; [- branche, corde] to sway, to swing; [- arbre, statue] to sway; [- aiguille aimantée] to flicker; [- personne, tête] to rock; **la brise faisait ~ les roseaux** the reeds were swaying in the breeze; **le courant d'air fit ~ la flamme** the flame was flickering in the draught. -**2.** [varier] : **~ entre** to vary OU to fluctuate between; **~ entre deux options** to waver OU to hesitate between two options.

oscillogramme [ɔsilɔgram] *nm* oscillogram.

oscillographe [ɔsilɔgraf] *nm* oscillograph.

oscillomètre [ɔsilɔmɛtr] *nm* oscillometer MÉD.

oscilloscope [ɔsilɔskɔp] *nm* oscilloscope.

osculateur, trice [ɔskylatœr, tris] *adj* osculatory, osculating.

oscule [ɔskyl] *nm* osculum.

osé, e [oze] *adj* -**1.** [audacieux - tentative] bold, daring. -**2.** [choquant - histoire] risqué, racy. -**3.** *sout* [téméraire - personne] bold, intrepid.

oseille [ozɛj] *nf* -**1.** BOT & CULIN sorrel. -**2.** ▽ [argent] dough, cash.

oser [3] [oze] *vt* -**1.** [avoir l'audace de] : **~ faire qqch** to dare (to) do sthg; **elle n'ose pas parler** she doesn't dare (to) speak, she daren't speak; **quand quelqu'un osait l'interrompre** if anybody dared to OU was bold enough to interrupt him ‖ *(en usage abs)*: **comment oses-tu!** how dare you!; **il faut ~ dans la vie!** one has to take risks in life!; **si j'osais, je l'inviterais chez moi** if I dared OU if I were bold enough, I'd invite her over to my place ‖ *sout* [suggestion, réponse] to risk; **ils furent trois à ~ l'ascension** three of them risked the climb OU were bold enough to climb. -**2.** [dans les tournures de politesse] : **j'ose croire/espérer que...** I trust/hope that...; **si j'ose dire** if I may say so; **si j'ose m'exprimer ainsi** if I may say so, if I may put it that way. -**3.** *Helv* [avoir la permission de] : **est-ce que j'ose entrer?** may I come in?

oseraie [ozrɛ] *nf* osier bed, osiery.

osier [ozje] *nm* BOT willow, osier; **~ blanc** osier; **~ rouge** purple willow.
◆ **d'osier, en osier** *loc adj* [fauteuil, panier] wicker, wickerwork *(modif)*; **chaise en ~** wicker OU wickerwork OU basketwork chair.

Osiris [ɔziris] *npr* Osiris.

Oslo [ɔslo] *npr* Oslo.

osmique [ɔsmik] *adj* osmic.

osmium [ɔsmjɔm] *nm* osmium.

osmomètre [ɔsmɔmɛtr] *nm* osmometer.

osmonde [ɔsmɔ̃d] *nf* osmund, osmunda; **~ royale** royal fern.

osmose [ɔsmoz] *nf* -**1.** SC osmosis; **~ électrique** electro-osmosis; **~ inverse** reverse osmosis. -**2.** *fig* osmosis; **une ~ s'est produite entre les deux civilisations** the two civilizations have merged into one another.

osmotique [ɔsmɔtik] *adj* osmotic.

ossature [ɔsatyr] *nf* -**1.** ANAT [d'une personne] frame, skeleton; [du visage] bone structure. -**2.** CONSTR [d'un avion, d'un immeuble] frame, framework, skeleton; **pont à ~ métallique** bridge with a metal frame OU framework. -**3.** [d'un discours] framework, structure.

osséine [ɔsein] *nf* ossein.

osselet [ɔslɛ] *nm* -**1.** ANAT ossicle; ZOOL knucklebone. -**2.** JEUX jacks *(U)*, knucklebones *(U)*; **jouer aux ~s** to play jacks. -**3.** VÉTÉR osselet.

ossements [ɔsmɑ̃] *nmpl* remains, bones.

osseux, euse [ɔsø, øz] *adj* -**1.** ANAT bone *(modif)*, osseous *spéc*. -**2.** MÉD: **greffe osseuse** bone graft; **maladie osseuse** bone disease. -**3.** [aux os apparents] bony. -**4.** ZOOL: **poissons ~** bony fishes.

ossification [ɔsifikasjɔ̃] *nf* ossification.

ossifier [9] [ɔsifje]
◆ **s'ossifier** *vpi* -**1.** ANAT to ossify. -**2.** *litt* [sensibilité] to harden.

osso-buco [ɔsɔbuko] *nm inv* osso bucco.

ossu, e [ɔsy] *adj litt* big-boned.

ossuaire [ɔsɥɛr] *nm* ossuary.

ostéalgie [ɔstealʒi] *nf* ostalgia.

ostéite [ɔsteit] *nf* osteitis.

Ostende [ɔstɑ̃d] *npr* Ostend.

ostensible [ɔstɑ̃sibl] *adj sout* [apparent, patent] conspicuous, open, clear; **avec un mépris ~ pour les conventions** with open contempt for convention.

ostensiblement [ɔstɑ̃sibləmɑ̃] *adv* [clairement, de façon à être vu] conspicuously, openly, clearly; **il manifesta ~ son ennui** he made it quite clear that he was bored.

ostensoir [ɔstɑ̃swar] *nm* monstrance, ostensory.

ostentation [ɔstɑ̃tasjɔ̃] *nf sout* [affectation, vanité] ostentation; **avec ~** with ostentation, ostentatiously; **sans ~** without ostentation, unostentatiously.

ostentatoire [ɔstɑ̃tatwar] *adj sout* ostentatious.

ostéoblaste [ɔsteɔblast] *nm* osteoblast.

ostéochondrose [ɔsteɔkɔ̃droz] *nf* osteochondritis.

ostéoclaste [ɔsteɔklast] *nm* osteoclast.

ostéogenèse [ɔsteɔʒənɛz] *nf* osteogenesis.

ostéologie [ɔsteɔlɔʒi] *nf* osteology.

ostéologique [ɔsteɔlɔʒik] *adj* osteological.

ostéolyse [ɔsteɔliz] *nf* osteolysis.

ostéomyélite [ɔsteɔmjelit] *nf* osteomyelitis.

ostéopathe [ɔsteɔpat] *nmf* osteopath.

ostéopathie [ɔsteɔpati] *nf* [traitement] osteopathy; [maladie] bone disease.

ostéophyte [ɔsteɔfit] *nm* osteophyte.

ostéoplastie [ɔsteɔplasti] *nf* osteoplasty.

ostéoporose [ɔsteɔpɔroz] *nf* osteoporosis.

ostéosarcome [ɔsteɔsarkom] *nm* osteosarcoma.

ostéosynthèse [ɔsteɔsɛ̃tɛz] *nf* osteosynthesis.

ostéotomie [ɔsteɔtɔmi] *nf* osteotomy.

ostraciser [3] [ɔstrasize] *vt* to ostracize.

ostracisme [ɔstrasism] *nm* -**1.** ANTIQ ostracism. -**2.** *sout* [exclusion] ostracism; **être victime d'~** to be ostracized; **frapper qqn d'~** to ostracize sb.

ostréicole [ɔstreikɔl] *adj* [région] oyster farming; [industrie] oyster *(modif)*.

ostréiculteur, trice [ɔstreikyltœr, tris] *nm, f* oyster farmer, oysterman *(f* oysterwoman).

ostréiculture [ɔstreikyltyr] *nf* oyster farming.

ostrogot(h), e [ɔstrogo, ɔt] *adj* Ostrogothic.
◆ **Ostrogot(h), e** *nm, f* Ostrogoth; **les Ostrogoths** the Ostrogoths.
◆ **ostrogot(h)** *fam nm*: **un drôle d'~** a funny OU strange customer.

otage [ɔtaʒ] *nm* hostage; **prendre qqn en ~** to take sb hostage.

otalgie [ɔtalʒi] *nf* otalgia.

OTAN, Otan [ɔtɑ̃] *(abr de* **Organisation du traité de l'Atlantique Nord**) *npr f* NATO.

otarie [ɔtari] *nf* eared seal; **~ à fourrure** fur seal.

OTASE [ɔtaz] *(abr de* **Organisation du traité de l'Asie du Sud-Est**) *npr f* SEATO.

ôter [3] [ote] *vt* -**1.** [retirer] to take off *(sép)*, to remove (from); **~ des épingles d'un chignon** to take hairpins out of OU to remove hairpins from a bun; **ôte tes pieds du fauteuil** take OU get your feet off the armchair; **ôtez votre veste**

take your jacket off; ~ **son masque** *pr* to take off OU to remove one's mask; *fig* to unmask o.s; **ôte-moi d'un doute, tu ne vas pas accepter!** wait a minute, you're not actually going yo say yes! -**2.** [mettre hors de portée] to take away; **personne n'a pensé à lui ~ son arme** nobody thought to take his weapon (away) from him; ~ **un enfant à ses parents** to take a child away from its parents. -**3.** [supprimer] to remove (from); **un nouveau produit chimique a ôté à l'eau son mauvais goût** a new chemical removed the bad taste from the water; ~ **la vie à qqn** to take sb's life; **cela m'ôte un poids** *fig* that's a weight off my mind; **son attitude m'a ôté mes dernières illusions** his attitude rid me of my last illusions; **on ne m'ôtera pas de l'idée que...** I can't help thinking that... -**4.** MATH to take away *(sép)*; **20 ôté de 100 égale 80** 20 (taken away) from 100 leaves 80.

◆ **s'ôter** ◇ *vp (emploi passif)* [s'enlever] to come off, to be removed; **ces bottes s'ôtent facilement** these boots are easy to take off.

◇ *vpt*: **ôte-toi cette idée de la tête** get that idea out of your head.

◆ **s'ôter de** *vp + prép*: **ôte-toi de là (que je m'y mette)** budge up (for me); **ôtez-vous de là, vous gênez le passage** move, you're in the way ❑ **ôte-toi de mon soleil** *allusion Diogène* get out of my way.

otite [ɔtit] *nf* otitis; ~ **externe/moyenne** otitis externa/media; ~ **interne** otitis interna.

otologie [ɔtɔlɔʒi] *nf* otology.

oto-rhino [ɔtɔrino] *(pl* oto-rhinos) *nmf* ear, nose and throat specialist.

oto-rhino-laryngologie [ɔtɔrinɔlarɛ̃gɔlɔʒi] *nf* otorhinolaryngology.

oto-rhino-laryngologiste [ɔtɔrinɔlarɛ̃gɔlɔʒist] *(pl* **oto-rhino-laryngologistes**) *nmf* otorhinolaryngologist *spéc*, ear, nose and throat specialist.

otoscope [ɔtɔskɔp] *nm* otoscope, auriscope.

Ottawa [ɔtawa] *npr* Ottawa.

ottoman, e [ɔtɔmɑ̃, an] *adj* Ottoman.

◆ **Ottoman, e** *nm, f* Ottoman.

◆ **ottoman** *nm* TEXT ottoman (rib).

◆ **ottomane** *nf* [siège] ottoman (seat).

ou [u] *conj* -**1.** [indiquant une alternative ou une équivalence] or; **le rouge ou le bleu, peu importe** red or blue, it doesn't matter which; **tu viens ou quoi?** are you coming or not?; **tu peux venir aujourd'hui ou demain** you can come (either) today or tomorrow; **que tu le veuilles ou non** whether you like it or not; **c'est l'un ou l'autre** it's one or the other; **le patronyme ou nom de famille** the patronymic or surname. -**2.** [indiquant une approximation] or; **ils étaient cinq ou six** there were five or six of them. -**3.** [indiquant la conséquence] or (else); **rends-le moi, ou ça ira très mal** give it back, or (else) there'll be trouble.

◆ **ou (bien)... ou (bien)** *loc corrél* either... or; **ou c'est lui ou c'est moi!** it's either him or me!; **ou bien tu viens et tu es aimable, ou bien tu restes chez toi!** either you come along and be nice, or you stay at home!; **ou tu viens, ou tu restes, mais tu arrêtes de te plaindre** you (can) either come or stay, but stop complaining!

où [u] ◇ *pron rel* -**1.** [dans l'espace] where; **la maison où j'habite** the house I live in OU where I live; **le pays où je suis né** the country where I was born; **nous cherchons un village où passer nos vacances** we're looking for a village where we can spend our holidays; **pose-le là où tu l'as trouvé** put it back where you found it; **partout où vous irez** everywhere you go; **le pays d'où je viens** the country which OU where I come from; **les villes par où nous passerons** the towns which we will go through. -**2.** [dans le temps]: **le jour où je suis venu** the day (that) I came; **à la seconde où elle est entrée** the second (that) she came in; **à l'époque où... in** the days when... -**3.** *fig*: **là où je ne vous suis plus, c'est lorsque vous dites...** the bit where I lose track is when you say...; **c'est une spécialité où il excelle** it's a field in which he excels; **dans l'état où elle est** in her state, in the state she is; **au prix où elle est payée, elle refuse de travailler le soir** for the money she gets she refuses to work nights; **au prix où c'est** at that price; **au prix où est le beurre** (at) the price butter is; **à l'allure où tu vas** (at) the speed you're going; **au point où nous en sommes** (at) the point we've reached.

◇ *adv rel* -**1.** [dans l'espace] where; **je vais où je veux** I go where OU wherever I please ‖ [avec 'que']: **où que vous alliez** wherever you go; **où que vous soyez** wherever you are; **par où que tu passes** whichever route you take, whichever way you go. -**2.** *fig*: **où je ne le comprends pas, c'est lorsque...** where I don't understand him is when... ❑ **où y a de la gêne y a pas de plaisir!** *fam* feel free!, don't mind me!

◇ *adv interr* where; **où vas-tu?** where are you going?; **par où voulez-vous passer?** which way do you want to go?, which route do you want to take?; **dites-moi vers où il est allé** tell me which direction he went in; **par où commencer?** where to begin?, where should I begin?; **où voulez-vous en venir?** what point are you trying to make?, what are you trying to say?

◆ **d'où** *loc adv* -**1.** [dans l'espace]: **d'où j'étais, je voyais la cathédrale** from where I was, I could see the cathedral; **d'où viens-tu?** where have you come from?; **d'où que tu viennes** wherever you come from. -**2.** [marquant la conséquence]: **d'où on conclut que...** which leads us OU one to the conclusion that...; **d'où il suit que...** from which it follows that...; **je ne savais pas qu'il était déjà arrivé, d'où ma surprise** I didn't know that he'd already arrived, which is why I was so surprised.

OUA *(abr de* **Organisation de l'unité africaine**) *npr f* OAU.

Ouagadougou [wagadugu] *npr* Ouagadougou.

ouailles [waj] *nfpl hum* flock.

ouais *fam* [wɛ] *interj* yeah.

ouananiche [wananiʃ] *nf Can* salmon trout.

ouaouaron [wawarɔ̃] *nm Can* bullfrog.

ouate [wat] *nf* -**1.** [coton] cotton wool; ~ **de cellulose** cellulose fibre. -**2.** TEXT wadding, padding; **un manteau doublé d'~** a quilted coat. -**3.** *fig*: **l'~** OU **la ~ des nuages** fleecy clouds.

ouaté, e [wate] *adj* -**1.** [doublé] quilted. -**2.** [assourdi] muffled. -**3.** [douillet] cocooned.

ouater [3] [wate] *vt* -**1.** [vêtement] to quilt; [couverture] to wad, to pad. -**2.** *litt* [estomper] to muffle.

ouatine [watin] *nf* quilting (material).

ouatiner [3] [watine] *vt* to quilt.

oubli [ubli] *nm* -**1.** [fait de ne pas se rappeler] forgetting, neglecting; **l'~ d'un nom sur une liste peut avoir de graves conséquences** leaving a name off a list can have serious consequences; **l'~ d'un accent sur un mot coûte un point** forgetting OU neglecting to put an accent on a word will lose you one point. -**2.** [lacune] omission; **page 45, il y a un ~** there's an omission on page 45; **il y a beaucoup d'~s dans sa liste** she left a lot of items off her list, there are a lot of gaps in her list ‖ [trou de mémoire] oversight, lapse of memory; **ce n'est qu'un ~** it's just an oversight. -**3.** *sout* [isolement]: **l'~** oblivion; **arracher qqch à** OU **tirer qqch de l'~** to snatch OU to rescue sthg from oblivion; **tomber dans l'~** to sink into oblivion. -**4.** [consolation]: **l'~ viendra avec le temps** time is a great healer. -**5.** *litt* [indifférence]: **l'~ de soi** selflessness, self-denial; **pratiquer l'~ des injures** to forgive and forget.

oublié, e [ublije] ◇ *adj* -**1.** [pièce, roman, peintre] forgotten. -**2.** [abandonné] left, abandoned; **quelques jouets ~s** a few abandoned toys, toys that were left behind.

◇ *nm, f* abandoned OU neglected OU forgotten person.

oublier [10] [ublije] *vt* -**1.** [ne pas se remémorer - nom, rue, date] to forget; **n'oublie pas le rendez-vous** don't forget (that) you have an appointment; **mon Dieu, le dentiste, je l'ai oublié!** God, the dentist, I'd forgotten all about him!; ~ **son texte** to forget one's lines; **n'oublie pas que c'est son anniversaire** remember OU don't forget that it's her birthday ‖ *(en usage abs)*: **qu'a-t-elle dit? j'ai oublié** what did she say? I've forgotten ‖ [ne pas reconnaître - visage, mélodie] to forget; **un visage que je n'oublierai jamais** a face I will never forget. -**2.** [ne plus penser à - héros, injure, souci] to forget (about); **les preneurs de son sont souvent oubliés par les jurys de prix** sound technicians are often ignored by award juries; **j'ai oublié l'heure** I forgot the time; **n'oubliez pas le guide!** don't forget the guide!; **oublions ce malentendu** let's forget (all) about this misunderstanding; **je veux bien ~ le passé** I'm ready to forget about the past OU to let bygones be bygones; **n'oublie pas à qui tu parles!** don't you forget who you're talking to!; **oublie-moi un peu, veux-tu?** *fam* just leave me alone, will you?; **se faire ~** to keep a low profile, to stay out of the limelight ‖ *(en usage abs)* to forget; **il boit pour ~** he drinks to forget. -**3.** [omettre] to leave out *(sép)*; **je ferai en sorte de l'~ dans mon testament/sur le registre** I'll make sure she's left out of my will/left off the register. -**4.** [négliger] to forget (about); **n'oubliez pas les consignes de sûreté préconisées par la gendarmerie** don't forget the safety precautions recommended by the police; **depuis son mariage, il nous oublie** he's been neglecting us OU he's forgotten (about) us since he got married. -**5.** [ne pas prendre] to forget, to leave (behind); ~ **son colis dans le train** to leave one's parcel on the train; **j'ai oublié la lettre à la maison** I left the letter at home. -**6.** [ne pas mettre] to forget; **tu as oublié le citron dans la sauce** you forgot to put lemon in the sauce.

◆ **s'oublier** ◇ *vp (emploi passif)*: **une fois acquise, la technique ne s'oublie jamais** once you've learnt the technique, it stays with you forever OU you'll never forget it; **la politesse s'oublie à présent** politeness is becoming a thing of the past.

◇ *vp (emploi réfléchi)* [s'exclure] to forget o.s.; **tu ne t'es pas oublié, à ce que je vois!** *hum* I see you've not forgotten yourself!

◇ *vpi* -**1.** [se relâcher] to forget o.s.; **vous vous oubliez, retirez ce que vous venez de dire** you're forgetting yourself, take back what you've just said. -**2.** *euph* [animal, enfant] to have an accident *euph*.

oubliette [ublijɛt] *nf* [fosse] oubliette.

◆ **oubliettes** *nfpl* [cachot] dungeon, black hole; **le projet est tombé dans les** OU **aux ~s** *fig* the project has been shelved.

oublieux, euse [ublijø, øz] *adj litt* forgetful; ~ **de ses devoirs** forgetful of one's duty.

oued [wɛd] *nm* wadi.

ouest [wɛst] ◇ *nm inv* -**1.** [point cardinal] west; **le vent vient de l'~** the wind is coming OU blowing from the west; **nous allons vers l'~** we're heading west OU westwards; **aller droit vers l'~** to head due west; **la cuisine est plein ~** OU **exposée à l'~** the kitchen faces (due) west. -**2.** [partie d'un pays, d'un continent] west, western area OU region; **l'~ de l'Italie** Western Italy; **elle habite dans l'~** she lives in the west; **les gens de l'~** people who live in the West. -**3.** POL: **l'Ouest** Western countries, the West; **à l'Ouest, on croit que...** Westerners think that...

◇ *adj inv* west *(modif)*, western; **la partie ~ de la ville** the west OU western part of the city; **la façade ~ d'un immeuble** the west OU west-facing wall of a building; **suivre la direction ~** to head OU to go westwards.

◆ **à l'ouest de** *loc prép* (to the) west of.

ouest-allemand, e [wɛstalmɑ̃, ɑ̃d] *(mpl* **ouest-allemands**, *fpl* **ouest-allemandes**) *adj* West German.

◆ **Ouest-Allemand, e** *nm, f* West German.

ouest-nord-ouest [wɛstnɔrwɛst] *nm* west-north-west.

ouest-sud-ouest [wɛstsydwɛst] *nm* west-south-west.

ouf [uf] *interj* phew; je n'ai pas eu le temps de dire ~ I didn't even have time to catch my breath.

Ouganda [ugɑ̃da] *npr m*: (l') ~ Uganda.

ougandais, e [ugɑ̃dɛ, ɛz] *adj* Ugandan.

◆ **Ougandais, e** *nm, f* Ugandan.

ougrien, enne [ugrijɛ̃, ɛn] *adj* Ugric.

◆ **Ougrien, enne** *nm, f* Ugric.

oui [wi] ◇ *adv* -**1.** [en réponse affirmative] yes; **viendra-t-il?** – ~ will he come? – yes; **tu en veux?** – ~, **s'il te plaît** do you want some? – (yes) please; **tu t'appelles Luc, c'est ça?** – ~ your name is Luc, isn't it? – yes; **voulez-vous prendre X pour époux?** – ~ do you take X to be your lawful wedded husband? – I do; **Michel!** – ~, ~, **voilà, j'arrive!** Michel! – yes OU all right, I'm coming!; **tu comprends?** – ~ **et non** do you understand? – yes and no OU I do and I don't; **alors c'est** ~ **ou c'est non?** so is it yes or no?; **mais** ~ yes, of course; ~, **bien sûr** yes, of course; **il est audacieux** – **certes** – he's rather daring – he certainly is; ~ **assurément** yes indeed; **tu vas déposer une plainte?** – **ah ça** ~! *fam* are you going to lodge a complaint? – you bet I am!; **tu vas la laisser faire?** – **oh que** ~! *fam* are you going to let her go ahead? – you bet!; **c'est vraiment injuste!** – **ah ça** ~! that's really unfair! – you've said it! OU that's for sure!; ~ **mon capitaine!** MIL (yes) Sir!; ~ **mon commandant!** NAUT aye aye Sir! -**2.** [en remplacement d'une proposition]: **il semblerait que oui** it would seem so; **tu vas voter?** – **je crois que** ~ are you going to vote? – (yes) I think so OU I think I will; **elle n'a dit ni** ~ **ni non** she didn't say either yes nor no, she gave a noncommittal answer; **tu les connais?** – **lui non, mais elle** ~, **très bien** do you know them? – him no, but her yes, very well; **elle viendra aussi? si** ~, **je resterai** will she be there too? if so OU if she is I'll stay. -**3.** [emploi expressif]: ~, **je veux bien y aller** yes, I'd really like to go; ~, **j'ai entendu!** yes, I heard!; **eh** ~, **c'est bien moi!** yes, it's me alright!; ~, **évidemment, elle a un peu raison** of course, she's right in a way; **eh bien** ~, **c'est moi qui le lui ai dit!** yes, I was the one who told her!; **je suis déçu,** ~, **vraiment déçu!** I'm disappointed, really disappointed!; **le nucléaire** ~, **mais pas à n'importe quel prix!** yes to nuclear energy, but not at any cost!; **tu viens,** ~? are you coming then?; **tu viens,** ~ **ou non?** are you coming or not?; **tu viens,** ~ **ou merde?**▽ are you bloody well coming or aren't you?; **tu me le donnes,** ~ **ou non?** are you going to give it to me or not OU or aren't you?; **tu me réponds,** ~? answer me will you?, will you answer me?; **elle va se dépêcher,** ~? is she going to hurry up or isn't she?; **c'est bientôt fini de crier,** ~? will you stop shouting?, stop shouting, will you!

◇ *nm inv*: **je voudrais un** ~ **définitif** I'd like a definitive yes; **un** ~ **franc et massif** a solid yes vote; **les** ~ **et les non** the yesses OU ayes and the noes; **il y a eu 5** ~ [dans un vote] there were 5 votes for OU 5 ayes; **le** ~ **de la mariée s'entendit à peine** the bride could barely be heard when she said "I do" ❑ **pour un** ~ **pour un non, pour un** ~ **ou un non: ils se disputent pour un** ~ **pour un non** they quarrel over the slightest (little) thing; **il change d'avis pour un** ~ **pour un non** he changes his mind at the drop of a hat.

ouï-dire [widir] *nm inv* hearsay; **cette histoire n'est fondée que sur des** ~ this story is just based on hearsay.

◆ **par ouï-dire** *loc adv* by hearsay, through the grapevine; **j'ai su par** ~ **que...** I've heard tell that..., I've heard through the grapevine that...

ouïe¹ [wi] *nf* -**1.** ANAT (sense of) hearing; **avoir l'**~ **fine** to have a keen ear ❑ **continue, je suis tout** ~ *fam* go on, I'm all ears. -**2.** ZOOL gill. -**3.** MUS sound hole. -**4.** AUT louvre.

ouïe², **ouille** [uj] *interj* ouch.

ouiller [3] [uje] *vt* to ullage.

ouïr [51] [wir] *vt* -**1.** *litt* OU *hum* to hear (tell); **j'ai ouï dire que tu avais déménagé** I heard tell that you had moved ❑ **oyez, oyez braves gens** *arch* OU *hum* hear ye, good people. -**2.** JUR: ~ **des témoins** to hear witnesses.

ouistiti [wistiti] *nm* -**1.** ZOOL marmoset. -**2.** *fam* [personne]: **drôle de** ~, **celui-là!** funny customer OU bit of a weirdo, that one!

oukase [ukaz] = **ukase**.

Oulan-Bator [ulanbatɔr] *npr* Ulan Bator.

ouléma [ulema] = **uléma**.

Ouolof [wolɔf] *nmf*: **les** ~**s** the Wolofs.

◆ **ouolof** *nm* LING Wolof.

Our [ur] = **Ur**.

ouragan [uragɑ̃] *nm* -**1.** MÉTÉO hurricane; **il est entré comme un** ~ **et s'est mis à hurler** he burst in like a whirlwind and started yelling. -**2.** [tumulte] storm, uproar; **son discours provoqua un** ~ **de protestations** his speech caused a storm of protest OU an uproar.

Oural [ural] *npr m* -**1.** [rivière] Ural. -**2.** [montagnes]: **l'**~ the Urals, the Ural mountains; **dans l'**~ in the Urals.

ouralien, enne [uraljɛ̃, ɛn] *adj* Uralic, Uralian.

◆ **ouralien** *nm* LING Uralic.

ouralo-altaïque [uralɔaltaik] (*pl* **ouralo-altaïques**) *adj* Ural-Altaic.

ourdir [32] [urdir] *vt* -**1.** *litt* [complot] to hatch, to weave; [intrigue] to weave. -**2.** TECH [tissage] to warp; [vannerie] to weave.

ourdou [urdu] = **urdu**.

ourler [3] [urle] *vt* -**1.** COUT to hem. -**2.** *litt* [border] to fringe; **des paupières ourlées de longs cils** eyelids fringed with long eyelashes. -**3.** [dessiner]: **elle a des lèvres bien ourlées** her lips are well-defined.

ourlet [urlɛ] *nm* -**1.** COUT hem; **faire un** ~ **à une jupe** to hem a skirt ❑ **faux** ~ false hem; **point d'**~ hemstitch. -**2.** ANAT helix. -**3.** MÉTALL flange, rib.

ours [urs] *nm* -**1.** ZOOL bear; ~ **blanc** OU **polaire** polar bear; ~ **brun** brown bear; **arrête de tourner en rond comme un** ~ **en cage!** stop pacing up and down like a caged animal! -**2.** [personne]: **il est un peu** ~ he's a bit grumpy ❑ **quel** ~ **mal léché!** grumpy old thing! -**3.** [jouet]: ~ **(en peluche)** teddy bear.

Ours [urs] *npr m*: **le grand lac de l'**~ Great Bear Lake.

ourse [urs] *nf* ZOOL she-bear.

Ourse [urs] *npr f* ASTRON: **la Grande** ~ Ursa Major, the Great Bear; **la Petite** ~ Ursa Minor, the Little Bear.

oursin [ursɛ̃] *nm* sea urchin.

ourson [ursɔ̃] *nm* (bear) cub.

oust(e) *fam* [ust] *interj* out, scram; **allez,** ~, **tout le monde dehors!** come on, get a move on, everybody out!

out [awt] ◇ *adv* -**1.** TENNIS out; **la balle est** ~ the ball is out. -**2.** BOXE out, knocked out.

◇ *adj inv* out; **une balle** ~ an out ball.

outarde [utard] *nf* bustard.

outil [uti] *nm* -**1.** [pour travailler] tool; **cabane/boîte à** ~**s** tool shed/box; ~**s de jardinage** garden implements OU tools; **savoir utiliser l'**~ **informatique** *fig* to know how to use computers; **les** ~**s mathématiques** *fig* mathematical tools. -**2.**▼ [verge] tool, cock.

outillage [utijaʒ] *nm* -**1.** [ensemble d'outils] (set of) tools; [pour un jardinier] (set of) tools OU implements. -**2.** [industrie] tool making *(U)*. -**3.** [dans une usine] (machine) tool workshop.

outillé, e [utije] *adj*: **être** ~ **pour faire qqch** to be properly equipped to do sthg; **être bien** ~ **en qqch** to be well supplied with sthg.

outiller [3] [utije] *vt* [ouvrier] to supply with tools; [atelier, usine] to equip, to fit with tools; **être outillé pour qqch** to be equipped for sthg, to have the proper tools for sthg; **bien outillé** well-equipped.

◆ **s'outiller** *vp (emploi réfléchi)* to equip o.s. (with tools); **vous auriez dû mieux vous** ~ you should have made sure you were better equipped.

outlaw [awtlo] *nm* outlaw.

output [awtput] *nm* output.

outrage [utraʒ] *nm* -**1.** [offense] insult; **subir les** ~**s de qqn** to be insulted by sb; **faire** ~ **à l'honneur de qqn** to insult sb's honour; **faire** ~ **à la raison** to be an insult to reason; **les** ~**s du temps** the ravages of time. -**2.** JUR: ~ **à agent** insulting behaviour; ~ **aux bonnes mœurs** affront to public decency; ~ **à magistrat** (criminal) contempt of court; ~ **(public) à la pudeur** indecent exposure.

outrageant, e [utraʒɑ̃, ɑ̃t] *adj* offensive, insulting, abusive.

outrager [17] [utraʒe] *vt* -**1.** [offenser] to offend, to insult, to abuse; ~ **une femme dans son honneur** to insult a woman's honour. -**2.** *litt* [porter atteinte à]: ~ **le bon sens** *fig* to be an insult to OU to offend common sense.

◆ **s'outrager** *vpi sout*: **parle franchement, personne ne s'outragera de tes propos** speak freely, your remarks will shock OU outrage no one.

outrageusement [utraʒøzmɑ̃] *adv* excessively, extravagantly, outrageously.

outrageux, euse [utraʒø, øz] *adj litt* insulting, offensive, outrageous.

outrance [utrɑ̃s] *nf* -**1.** [exagération] excessiveness, extravagance, outrageousness; **l'**~ **de sa remarque lui ôte toute crédibilité** her remark is so outrageous that it loses all credibility. -**2.** [acte] extravagance; [parole] extravagant OU immoderate language.

◆ **à outrance** ◇ *loc adj*: **combat/guerre à** ~ all-out fight/war.

◇ *loc adv* excessively, extravagantly, outrageously.

outrancier, ère [utrɑ̃sje, ɛr] *adj* excessive, extravagant, extreme; **des propos** ~**s** extreme OU wild remarks.

outre¹ [utr] *nf* goatskin, wineskin.

outre² [utr] ◇ *prép* [en plus de] besides, as well as; ~ **le fait que...** besides the fact that...; ~ **leur cousin, ils hébergent une amie en ce moment** as well as OU besides their cousin they have a friend staying at the moment.

◇ *adv*: **passer** ~ **à qqch** to disregard sthg; **passer** ~ **à une interdiction/une objection** to disregard a ban/an objection; **elle a passé** ~ **malgré l'interdiction officielle** she carried on regardless of OU she disregarded the official ban.

◆ **en outre** *loc adv* besides, furthermore, moreover; **j'ai en** ~ **plusieurs remarques à vous faire** I have moreover several things to say to you.

◆ **outre mesure** *loc adv* overmuch; **je n'ai pas l'intention d'insister** ~ **mesure** I don't intend to overinsist; **le voyage ne l'avait pas fatigué** ~ **mesure** he wasn't overly tired from the journey.

◆ **outre que** *loc conj* apart from; ~ **qu'il est très serviable, il est aussi très efficace** apart from being obliging he's also very efficient, not only is he obliging but he's also very efficient.

outré, e [utre] *adj* -**1.** *litt* [exagéré] excessive, exaggerated, overdone; **des compliments** ~**s** excessive OU exaggerated compliments. -**2.** [choqué] indignant, shocked, outraged.

outre-Atlantique [utratlɑ̃tik] *adv* across the Atlantic.

outrecuidance [utrəkɥidɑ̃s] *nf litt* -**1.** [fatuité] overconfidence, self-importance. -**2.** [impertinence] impudence, impertinence.

outrecuidant, e [utrəkɥidɑ̃, ɑ̃t] *adj litt* -**1.** [fat, prétentieux] overconfident, self-important. -**2.** [impertinent] arrogant, impudent, impertinent.

outre-Manche [utrəmɑ̃ʃ] *adv* across the Channel.

outremer [utrəmɛr] ◇ *nm* MINÉR lapis lazuli; [teinte] ultramarine.

◇ *adj inv* ultramarine.

outre-mer [utrəmɛr] *adv* overseas; **la France d'**~ France's overseas territories and departments.

outrepasser [3] [utrəpase] *vt* to go beyond, to exceed; **vous outrepassez vos droits** you're going beyond your rights; il a outrepassé les ordres he exceeded the orders.

outrer [3] [utre] *vt* -**1.** *litt* [exagérer] to exaggerate, to magnify; ~ la vérité to exaggerate OU to overstate the truth. -**2.** [révolter] to outrage.

outre-Rhin [utrərɛ̃] *adv* across the Rhine.

outre-tombe [utrətɔ̃b]

◆ **d'outre-tombe** *loc adj inv*: une voix d'~ a voice from beyond the grave.

outsider [awtsajdœr] *nm* outsider.

ouvala [uvala] *nf* uvala.

Ouvéa [uvea] *npr* Uvea.

ouvert, e [uvɛr, ɛrt] *adj* -**1.** [porte, tiroir] open; grand ~, grande ~e wide open; je vis une porte grande ~e I saw a door that was wide open; 'col de l'Iseran: ~' 'Iseran Pass: open'; une voiture ~e est une tentation pour les voleurs a car left unlocked OU open is an invitation to burglars; un robinet ~ peut causer une inondation a tap that's been left on can cause flooding; il avait la chemise ~e his shirt was open (to the waist) OU undone; n'achetez pas de tulipes ~es don't buy tulips that are already open; elle s'avança la main ~e she moved forward with her hand open. -**2.** [bouche, yeux] open; dormir la bouche ~e to sleep with one's mouth open; ne reste pas là la bouche ~e! don't just stand there gawping!; garder les yeux (grands) ~s *pr* to keep one's eyes (wide) open; *fig* to keep one's eyes peeled, to be on the lookout || [coupé] cut, open; elle a eu la lèvre ~e her lip was cut; il gisait là, le ventre ~/la gorge ~e he lay there with his stomach slashed open/his throat cut. -**3.** [magasin, bureau, restaurant] open; en ville, je n'ai rien trouvé d'~ in town none of the shops were open; vous restez ~? *fam* will you stay open?; ils laissent toujours (tout) ~ they never lock the house || CHASSE & PÊCHE open. -**4.** [réceptif] open; un visage ~ an open face; avoir l'esprit ~ to be open-minded, to have an open mind; être ~ à to be open to; nous sommes ~s aux idées nouvelles we are open to new ideas. -**5.** [non caché] open; c'est la lutte ~e entre eux it's open warfare between them; en conflit ~ avec ses parents in open conflict with her parents. -**6.** INF open; [système] open-ended. -**7.** MATH open; GÉOM wide. -**8.** SPORT [imprévisible]: un match très ~ a (wide) open game || [offensif]: un jeu ~ an open game ❑ porte ~e SKI open flags; tournoi ~ GOLF open tournament, golf open. -**9.** LING [syllabe, voyelle] open. -**10.** ÉLECTR [circuit] open; [machine] uninsulated. -**11.** FIN: à capital ~ with an open OU a fluctuating authorized capital. -**12.** NAUT: rade ~e open roadstead.

◆ **ouvert** *nm* MATH open set.

ouvertement [uvɛrtəmɑ̃] *adv* openly.

ouverture [uvɛrtyr] *nf* -**1.** [trou] opening; une ~ dans le mur an opening OU a hole in the wall; l'événement représente une véritable ~ pour ces pays *fig* this development will open up real opportunities for these countries. -**2.** [action d'ouvrir]: l'~ des grilles a lieu à midi the gates are opened OU unlocked at noon; '~ des portes à 20 h' 'doors open at eight'; nous attendons avec impatience l'~ du tunnel we can hardly wait for the tunnel to open; l'~ du coffre se fera devant témoins the safe will be opened OU unlocked in front of witnesses. -**3.** [mise à disposition]: pour faciliter l'~ d'un compte courant to make it easier to open a current account; l'~ de vos droits ne date que de février dernier you were not entitled to claim benefit before last February; ~ de crédit (bank) credit arrangement || COMM: les plus belles affaires se font à l'~ the best bargains are to be had when the shop opens; ~ en nocturne le jeudi late closing OU open late on Thursdays ❑ heures d'~ opening hours; jours d'~ opening days. -**4.** [inauguration - d'une session, d'un festival] opening; je tiens le rayon parfumerie depuis le jour de l'~ I've been in charge of the perfume department since the day we opened; depuis l'~ BOURSE since trading began OU opened (this morning) || CHASSE & PÊCHE opening; demain, on fait l'~ ensemble *fam* tomorrow we're going out together on the first (official) day of the open season. -**5.** *fig*: l'~ vers la gauche/droite POL broadening the base of government to the left/right ❑ la politique d'~ consensus politics; ~ d'esprit open-mindedness. -**6.** RUGBY opening up; BOXE opening; contrôler l'~ des skis to be in control of the angle of the skis || CARTES & JEUX opening; avoir l'~ to have the opening move; avoir l'~ à trèfle to lead clubs. -**7.** MUS overture. -**8.** PHOT aperture. -**9.** AUT [des roues] toe-out. -**10.** ÉLECTR opening, breaking. -**11.** PRESSE front-page article.

◆ **ouvertures** *nfpl* overtures; faire des ~s de paix to make peace overtures.

ouvrable [uvrabl] *adj*: heures ~s business hours, shop hours; pendant les heures ~s COMM during opening hours; ADMIN during office hours; jour ~ working day *Br*, workday.

ouvrage [uvraʒ] ◇ *nm* -**1.** [travail] work; se mettre à l'~ to get down to work, to start work; un ~ de longue haleine a long-term project OU undertaking. -**2.** [œuvre] (piece of) work; le gros de l'~ a été exécuté par un jeune artiste the bulk of the work was done by a young artist ❑ ~ d'art ARCHIT & CONSTR construction works; ~ (de dame) COUT (piece of) needlework; ~s de maçonnerie masonry; menus ~s finishing (jobs). -**3.** [livre] book; il existe plusieurs ~s sur ce problème there are several books dealing with this problem; l'~ se compose de trois volumes the book is in three volumes. -**4.** MÉTALL hearth.

◇ *nf fam*: c'est de la belle ~! that's a nice piece of work!

ouvragé, e [uvraʒe] *adj* [nappe] (finely OU elaborately) embroidered; [construction] elaborate, ornate.

ouvrant, e [uvrɑ̃, ɑ̃t] *adj* opening, moving.

ouvré, e [uvre] *adj* -**1.** [bois, fer] ornate, elaborate, elaborately decorated; [nappe] (finely OU elaborately) embroidered, finely worked. -**2.** ADMIN & COMM: jour ~ working day *Br*, workday.

ouvre-boîtes [uvrəbwat] *nm inv* tin opener *Br*, can opener.

ouvre-bouteilles [uvrəbutɛj] *nm inv* bottle opener.

ouvre-huîtres [uvrɥitr] *nm inv* oyster knife.

ouvrer [3] [uvre] *vt* -**1.** [bois] to decorate (elaborately); [linge] to embroider, to work (finely). -**2.** TEXT to open (silk).

ouvreur, euse [uvrœr, øz] *nm, f* -**1.** JEUX opener. -**2.** CIN & THÉÂT usher (*f* usherette). -**3.** SPORT forerunner.

◆ **ouvreuse** *nf* TEXT opening machine.

ouvrier, ère [uvrije, ɛr] ◇ *adj* [quartier, condition] working-class; solidarité ouvrière working-class solidarity ❑ la classe ouvrière the working class.

◇ *nm, f* (manual) worker; une ouvrière a (female) worker ❑ ~ qualifié/spécialisé skilled/unskilled worker; ~ agricole agricultural worker, farm labourer; ~ à domicile home worker; ~ à façon outworker; ~ hautement qualifié highly-skilled worker; ~ mécanicien garage mechanic; ~ professionnel skilled worker; ~ du textile mill worker OU hand.

◆ **ouvrière** *nf* [abeille] worker (bee); [fourmi] worker (ant).

ouvriérisme [uvrijerism] *nm* workerism.

ouvriériste [uvrijerist] *adj* & *nmf* workerist.

ouvrir [34] [uvrir] ◇ *vt* -**1.** [portail, tiroir, capot de voiture, fenêtre] to open; [porte fermée à clé] to unlock, to open; [porte verrouillée] to unbolt, to open; ~ une fenêtre tout grand to open a window wide; il ouvrit la porte d'un coup d'épaule he shouldered the door open, he forced the door (open) with his shoulder; il ouvrit la porte d'un coup de pied he kicked the door open; ~ une porte par effraction to force a door || (*en usage abs*): je suis allé ~ chez les Loriot avant qu'ils rentrent de voyage I went and opened up the Loriots' house before they came back from their trip; va ~ go and answer the door; on a sonné, je vais ~ there's someone at the door, I'll go; c'est moi, ouvre it's me, open the door OU let me in; va leur ~ go and let them in. -**2.** [bouteille, pot, porte-monnaie] to open; [coquillage] to open (up) (*sép*); [paquet] to open, to unwrap; [enveloppe] to open, to unseal; allez, on ouvre une bouteille de champagne! come on, let's open OU crack open a bottle of champagne!; ils ont ouvert le coffre-fort au chalumeau they used a blowtorch to break open OU into the safe; ~ un pot de peinture avec un levier to prise the lid off a pot of paint. -**3.** [déplier - éventail] to open; [- carte routière] to open (up) (*sép*), to unfold; [- livre] to open (up) (*sép*); ouvrez votre manuel page 15 open your book on *Br* OU to *Am* page 15; les fleurs ouvrent leurs corolles au soleil du matin the flowers open their petals in the morning sun; ~ une couture COUT to iron a seam flat. -**4.** [desserrer, écarter - compas, paupières] to open; [- rideau] to open, to draw back (*sép*); [- aile, bras] to open (out) (*sép*), to spread (out) (*sép*); [- mains] to open (out) (*sép*); [déboutonner - veste] to undo, to unfasten; ~ les bras [en signe d'affection] to open one's arms; ~ les yeux to open one's eyes; le matin, on a du mal à ~ les yeux [à se réveiller] it's not easy to wake up in the morning || (*en usage abs*): ouvrez! DANSE open up! ❑ ~ l'œil *pr* to open one's eye; *fig* to keep one's eyes open; cette rencontre avec lui m'a ouvert les yeux meeting him was a real eye-opener for me; ~ de grands yeux [être surpris] to be wide-eyed; ouvrez grands vos yeux [soyez attentifs] keep your eyes peeled; ~ l'esprit à qqn to broaden sb's outlook; ~ son cœur/âme à qqn to open up one's heart/soul to sb; l'~ ▽ to open one's mouth OU trap; tu ferais mieux de ne pas l'~! you'd better keep your mouth OU trap shut! -**5.** [commencer - hostilités] to open, to begin; [- campagne, récit, enquête] to open, to start; [- bal, festival, conférence, saison de chasse] to open; la scène qui ouvre la pièce the opening scene of the play; l'indice qui a ouvert la séance à la Bourse the opening share prices on the Stock Exchange today; voici le candidat qui ouvre notre grand concours here's the first contestant to enter our competition ❑ ~ le feu to open fire. -**6.** [rendre accessible - chemin, voie] to open (up), to clear; [- frontière, filière] to open; il ouvrait un sentier au coupe-coupe he cleared a path with a machete; des policiers lui ont ouvert un passage parmi ses fans policemen cleared a way for her through the crowd of fans; ~ son pays OU ses frontières aux réfugiés politiques to open up one's country OU to open one's borders to political refugees; ils refusent d'~ leur marché aux produits européens they refuse to open up their market to European products; il faut ~ l'université à tous universities must be open to all; pourquoi ne pas ~ cette formation à de jeunes chômeurs? why not make this form of training available to young unemployed people?; le diplôme vous ouvre de nombreuses possibilités the diploma opens up a whole range of possibilities for you. -**7.** [créer - boutique, cinéma, infrastructure] to open; [- entreprise] to open, to set up (*sép*); ~ une nouvelle salle dans un musée to open a new room in a museum. -**8.** [faire fonctionner - radiateur, robinet] to turn on (*sép*); [- circuit électrique] to open; ouvre la télé *fam* turn OU switch the TV on; ~ l'eau/l'électricité/le gaz *fam* to turn on the water/the electricity/the gas. -**9.** [être en tête de - défilé, procession] to lead; ~ la marche to lead the march, to walk in front; c'est son nom qui ouvre la liste her name is (the) first on the list. -**10.** [inciser - corps] to open (up), to cut open; [- panaris] to lance, to cut open; ils l'ont ouvert de la cheville au genou *fam* they opened up OU cut open his leg from the ankle to the knee. -**11.** SPORT: ~ le jeu to open play; essayez d'~ un peu plus la partie try to play a more open game; ~ **la marque** OU **le score** [gén] to open the scoring; FTBL to score the first goal; **il vient d'~ la marque pour son équipe** he's just put his team on the board; ~ **la piste** SKI to open the run. -**12.** BANQUE [compte bancaire, portefeuille d'actions] to open; [emprunt] to issue, to float; ~ **un crédit à qqn** to give sb credit facilities; ~ **un droit à qqn** [dans les assurances] to entitle sb to a claim. -**13.** JEUX to open; *(en usage abs)*: ~ **à cœur** CARTES to open (the bidding) in hearts; [commencer le jeu] to open OU to lead with a heart. -**14.** NAUT: ~ **une voile** to brace a sail; ~ **un port/une baie** to open a port/bay. -**15.** ÉLECTR to break, to open. -**16.** TEXT to open.

◇ *vi* -**1.** [boutique, restaurant, spectacle] to (be) open; **le supermarché ouvre de 9 h à 22 h** the supermarket is open OU opens from 9 a.m. to 10 p.m.; **le musée ouvrira bientôt au public** the museum will soon be open to the public; **la chasse au faisan/la conférence ouvrira en septembre** the pheasant season/the conference will open in September. -**2.** [couvercle, fenêtre, porte] to open; **le portail ouvre mal** the gate is difficult to open OU doesn't open properly. -**3.** [déboucher]: ~ **sur** to open onto; **le vasistas ouvre sur le parking** the fanlight opens onto OU looks out over the car park; **nos fenêtres ouvrent sur la piazza** our windows open out onto OU have a view of the piazza. -**4.** [commencer]: ~ **sur** to open with; **le colloque ouvrira sur sa communication** her paper will open the conference, the conference will open with her paper. -**5.** SPORT: ~ **sur qqn** to pass (the ball) to sb; ~ **par le petit côté/sur l'aile gauche** to release the ball on the blind side/to the left wing.

◆ **s'ouvrir** ◇ *vp (emploi passif)* -**1.** [boîte, valise] to open; [bouton de vêtement] to come undone OU unfastened; **ça s'ouvre en dévissant** the top unscrews; **le toit s'ouvre en coulissant** the roof slides open; **la tente s'ouvre des deux côtés avec une fermeture à glissière** the tent can be unzipped on both sides; **la fenêtre de ma chambre s'ouvre mal** the window in my room is difficult to open OU doesn't open properly. -**2.** [être inauguré] to open; **la nouvelle ligne Paris-Bordeaux s'ouvrira en décembre** the new Paris to Bordeaux line will open OU be opened in December.

◇ *vpt* [se couper - personne]: **il s'est ouvert l'arcade sourcilière** he's got a gash above the eye; **je me suis ouvert le pied sur un bout de verre** I've cut my foot (open) on a piece of glass; **s'~ les veines** to slash OU to cut one's wrists.

◇ *vpi* -**1.** [se desserrer, se déplier - bras, fleur, huître, main] to open; [- aile] to open (out), to spread, to unfold; [- bouche, œil, paupière, livre, rideau] to open; **ces fleurs s'ouvrent quand le soir tombe** these flowers open at nightfall. -**2.** [se fendre - foule, flots] to part; [- sol] to open up; [- melon] to open, to split (open); **la cicatrice s'est ouverte** the scar has opened up; **les flots s'ouvrirent** the sea parted. -**3.** [boîte, valise - accidentellement] to (come) open. -**4.** [fenêtre, portail] to open; **la fenêtre s'ouvrit brusquement** the window flew OU was flung OU was thrown open; **la porte s'ouvre sur la pièce/dans le couloir** the door opens into the room/out into the corridor. -**5.** [s'épancher] to open up; **sans s'~ entièrement, elle m'a confié que...** without opening up completely to me, she confided that...; **il éprouvait le besoin de s'~** he felt the need to talk to somebody; **s'~ à qqn de qqch** to open one's heart to sb about sthg, to confide in sb about sthg; **elle ne s'en est jamais ouverte à moi** she's never confided in me, she's never opened her heart to me; **s'~ de qqch** to open up about sthg; **il finit par s'~ de ses problèmes** he eventually talked openly about his problems. -**6.** [débuter - bal, conférence]: **s'~ par** to open OU to start with. -**7.** [se présenter - carrière] to open up; **toutes les carrières de l'informatique s'ouvrent devant lui** all kinds of careers in computing are opening up for him; **un avenir radieux s'ouvrait devant nous** a bright future opened up before us.

◆ **s'ouvrir à** *vp + prép* [des idées, des influences]: **s'~ à des cultures nouvelles** to become aware of new cultures; **s'~ à la poésie** to become sensitive to poetry; **leur pays s'ouvre peu à peu au commerce extérieur** their country is gradually opening up to foreign trade.

ouvroir [uvrwar] *nm* [dans un couvent] workroom; [dans une paroisse] sewing room.

ouzbek [uzbɛk] *adj* Uzbek.

◆ **Ouzbek** *nmf* Uzbek.

◆ **ouzbek** *nm* LING Uzbek.

Ouzbékistan [uzbekistɑ̃] *npr m*: (l')~ Uzbekistan.

ouzo [uzo] *nm* ouzo.

ovaire [ɔvɛr] *nm* ovary.

ovalbumine [ɔvalbymin] *nf* ovalbumin.

ovale [ɔval] ◇ *adj* [en surface] oval; [en volume] egg-shaped, ovoid.

◇ *nm* -**1.** [forme] oval; **son visage était d'un ~ parfait** her face was a perfect oval. -**2.** TEXT throwing mill.

ovaliser [3] [ɔvalize] *vt* to make oval, to turn into an oval.

ovariectomie [ɔvarjɛktɔmi] *nf* ovariectomy, oophorectomy.

ovarien, enne [ɔvarjɛ̃, ɛn] *adj* ovarian.

ovarite [ɔvarit] *nf* ovaritis, oophoritis.

ovation [ɔvasjɔ̃] *nf* ovation; **le public lui a fait une véritable ~** the audience gave her a real ovation; **ils se sont tous levés pour lui faire une ~** he got a standing ovation.

ovationner [3] [ɔvasjɔne] *vt*: ~ **qqn** to give sb an ovation.

overdose [ɔvœrdoz] *nf* -**1.** [surdose] overdose. -**2.** *fam fig* overdose, OD; **j'ai eu une ~ de chocolat à Noël** I overdosed on chocolate at Christmas.

Ovide [ɔvid] *npr* Ovid.

oviducte [ɔvidykt] *nm* oviduct.

ovin, e [ɔvɛ̃, in] *adj* ovine.

◆ **ovin** *nm* ovine, sheep.

oviné [ɔvine] *nm* [mouton] ovine; [chèvre] caprid.

ovipare [ɔvipar] ◇ *adj* oviparous *spéc*, egg-laying.

◇ *nmf* egg-laying OU oviparous *spéc* animal.

oviparité [ɔviparite] *nf* oviparity, egg laying.

OVNI, Ovni [ɔvni] *(abr de* **objet volant non identifié***)* *nm* UFO.

ovocyte [ɔvɔsit] *nm* oocyte.

ovogenèse [ɔvɔʒənɛz] *nf* oogenesis.

ovogonie [ɔvɔgɔni] *nf* oogonium.

ovoïde [ɔvɔid], **ovoïdal, e, aux** [ɔvɔidal, o] *adj* egg-shaped, ovoid.

ovotide [ɔvɔtid] *nm* ootid.

ovovivipare [ɔvɔvivipar] ◇ *adj* ovoviviparous.

◇ *nmf* ovoviviparous animal.

ovoviviparité [ɔvɔviviparite] *nf* ovoviviparity.

ovulaire [ɔvylɛr] *adj* ovular.

ovulation [ɔvylasjɔ̃] *nf* ovulation; **pendant la période d'~** during ovulation.

ovulatoire [ɔvylatwar] *adj* ovulation *(modif).*

ovule [ɔvyl] *nm* -**1.** PHYSIOL ovum. -**2.** BOT & ZOOL ovule. -**3.** PHARM pessary.

ovuler [3] [ɔvyle] *vi* to ovulate.

oxacide [ɔksasid] *nm* oxyacid, oxygen acid.

oxalide [ɔksalid] *nf* oxalis, wood sorrel.

oxalique [ɔksalik] *adj*: **acide ~** oxalic acid.

oxalis [ɔksalis] *nm* = **oxalide**.

oxford [ɔksfɔrd] *nm* Oxford (cloth).

oxhydrique [ɔksidrik] *adj* oxyhydrogen.

oxhydryle [ɔksidril] *nm* hydroxyl.

oxonium [ɔksɔnjɔm] *nm* oxonium.

oxyacétylénique [ɔksiasetilenik] *adj* oxyacetylene.

oxycarboné, e [ɔksikarbɔne] *adj* oxycarburetted CHEM.

oxychlorure [ɔksiklɔryr] *nm* oxychloride.

oxydable [ɔksidabl] *adj* liable to rust, oxidizable; **facilement ~** which rusts easily.

oxydant, e [ɔksidɑ̃, ɑ̃t] *adj* oxidizing.

◆ **oxydant** *nm* oxidant, oxidizer, oxidizing agent.

oxydase [ɔksidaz] *nf* oxidase.

oxydation [ɔksidasjɔ̃] *nf* oxidation.

oxyde [ɔksid] *nm* oxide.

oxyder [3] [ɔkside] *vt* to oxidize.

◆ **s'oxyder** *vpi* to become oxidized.

oxydérurgie [ɔksideryrʒi] *nf* oxygen metallurgy.

oxydoréductase [ɔksidɔredyktaz] *nf* oxidoreductase.

oxydoréduction [ɔksidɔredyksjɔ̃] *nf* oxidation-reduction.

oxygénation [ɔksiʒenasjɔ̃] *nf* oxygenation.

oxygène [ɔksiʒɛn] *nm* -**1.** CHIM oxygen. -**2.** *fig*: **j'ai besoin d'~** I need some fresh air.

oxygéné, e [ɔksiʒene] *adj* CHIM oxygenated.

oxygéner [18] [ɔksiʒene] *vt* -**1.** CHIM to oxygenate. -**2.** [cheveux] to bleach, to peroxide.

◆ **s'oxygéner** *vpi* to get some fresh air.

oxygénothérapie [ɔksiʒenɔterapi] *nf* oxygenation MED.

oxyhémoglobine [ɔksiemɔglɔbin] *nf* oxyhaemoglobin.

oxysulfure [ɔksisylfyr] *nm* oxysulphide.

oxyure [ɔksjyr] *nm* oxyuris *spéc*, pinworm.

oxyurose [ɔksjyroz] *nf* oxyuriasis, enterobiasis.

oyat [ɔja] *nm* lyme grass.

ozone [ozɔn] *nm* ozone.

ozonide [ɔzɔnid] *nm* ozonide.

ozonisation [ɔzɔnizasjɔ̃] *nf* ozonization.

ozoniser [3] [ɔzɔnize] *vt* to ozonize.

ozoniseur [ɔzɔnizœr] *nm* ozonizer.

ozonosphère [ɔzɔnɔsfɛr] *nf* ozonosphere, ozone layer.

P

p, P [pe] *nm* p, P.

p -**1.** (*abr écrite de* **pico**) p. -**2.** (*abr écrite de* **page**) p. -**3.** (*abr écrite de* **passable**) *fair grade (as assessment of schoolwork),* ≃ C. -**4.** *abr écrite de* **pièce**.

P. (*abr écrite de* **Père**) F.

Pa (*abr écrite de* **pascal**) Pa.

PA *abr écrite de* **petites annonces**.

PAC, Pac [pak] (*abr de* **politique agricole commune**) *nf* CAP.

PACA, Paca [paka] (*abr de* **Provence-Alpes-Côte d'Azur**) *npr f southern French region.*

pacage [pakaʒ] *nm* -**1.** [lieu] pasture, grazing-land. -**2.** [action] grazing.

pacager [17] [pakaʒe] ◇ *vi* to graze.
◇ *vt* to (put out to) graze.

pacane [pakan] *nf* pecan (nut).

pacemaker [pɛsmekœr] *nm* (cardiac) pacemaker.

pacha [paʃa] *nm* -**1.** HIST pasha. -**2.** *fam fig*: **mener une vie de ~** to live like a lord, to live a life of ease. -**3.** NAUT skipper.

pachto [paʃto] *nm* LING Pashto.

pachyderme [paʃidɛrm] ◇ *adj* pachydermal, pachydermatous.
◇ *nm* -**1.** ZOOL elephant, pachyderm *spéc.* -**2.** [personne] (great) elephant.

pachydermie [paʃidɛrmi] *nf* pachydermia.

pacificateur, trice [pasifikatœr, tris] ◇ *adj* [réconciliateur] placatory, pacifying, pacificatory; POL peacemaking.
◇ *nm, f* pacifier, peacemaker; POL peacemaker.

pacification [pasifikasjɔ̃] *nf* [gén & POL] pacification.

pacifier [9] [pasifje] *vt* to pacify; **~ les esprits** to pacify people, to calm people down.

pacifique [pasifik] ◇ *adj* -**1.** POL [pays, gouvernement] peace-loving. -**2.** [non militaire] peaceful, non-military; **exploitation ~ de l'atome** harnessing atomic power for peaceful purposes. -**3.** [débonnaire] peaceable. -**4.** [fait dans le calme] peaceful.
◇ *nmf* peace-loving person.

Pacifique [pasifik] *npr m*: **le ~** the Pacific (Ocean).

pacifiquement [pasifikmɑ̃] *adv* -**1.** POL peacefully, pacifically; **le changement de régime s'est fait ~** the change of regime was achieved by peaceful means. -**2.** [sans colère] peaceably, peacefully.

pacifisme [pasifism] *nm* pacifism.

pacifiste [pasifist] *adj & nmf* pacifist.

pack [pak] *nm* -**1.** SPORT pack. -**2.** GÉOG pack ice. -**3.** COMM pack; **un ~ de bière** a pack of beer; **acheter des yaourts en ~** to buy a pack of yoghurts.

pacotille [pakɔtij] *nf* [camelote] cheap junk.
◆ **de pacotille** *loc adj* cheap; **des bijoux de ~** baubles *péj*, trinkets *péj*.

pacquage [pakaʒ] *nm* barrelling (of salt fish).

pacquer [3] [pake] *vt* to barrel.

pacson▽ [paksɔ̃] *nm* -**1.** [colis] parcel, package. -**2.** [somme d'argent]: **il a touché un sacré ~** he won a packet *Br* OU bundle *Am*.

pacte [pakt] *nm* -**1.** [gén] agreement; **faire un ~** to make an agreement. -**2.** POL pact, treaty, agreement; **~ de non-agression** non-aggression pact.

pactiser [3] [paktize]
◆ **pactiser avec** *v + prép* -**1.** [conclure un accord avec] to strike a compromise OU to come to an understanding with. -**2.** [transiger avec] to collude with, to connive at; **~ avec l'ennemi** to collude with the enemy; **~ avec le crime** to condone crime; **~ avec sa conscience** to stifle one's conscience.

pactole [paktɔl] *nm* [profit] gold mine *fig*; **on peut se faire un joli ~ dans le pétrole** there are rich pickings to be had in the oil business || [gros lot] jackpot.

paddock [padɔk] *nm* -**1.** [enclos] paddock. -**2.** ▽ [lit] bed; **aller au ~** to hit the sack OU hay.

paddy [padi] *nm* paddy (rice).

padouan, e [padwɑ̃, an] *adj* Paduan.
◆ **Padouan, e** *nm, f inhabitant of or person from Padua.*

Padoue [padu] *npr* Padua.

paella [paela] *nf* paella.

paf[1] *fam* [paf] *adj inv* sloshed, plastered.

paf[2] [paf] *onomat* bam, wham.

PAF [paf] ◇ *npr f abr de* **Police de l'air et des frontières**.
◇ *nm abr de* **paysage audiovisuel français**.

pagaie [pagɛ] *nf* [rame] paddle.

pagaille *fam*, **pagaïe** *fam* [pagaj] *nf* [désordre] mess, shambles; **pour mettre la ~, t'es champion** when it comes to making a mess, you're unbeatable; **arrête de mettre la ~ dans mes affaires** stop messing up my things.
◆ **en pagaille** *fam loc adv* -**1.** [en désordre]: **mettre qqch en ~** to mess sthg up. -**2.** [en quantité]: **ils ont de l'argent en ~** they've got loads of money.

paganiser [3] [paganize] *vt* to paganize.

paganisme [paganism] *nm* paganism.

pagayer [11] [pagɛje] *vi* to paddle.

pagayeur, euse [pagɛjœr, øz] *nm, f* paddler.

page[1] [paʒ] *nm* HIST page (boy); **les cheveux coupés à la ~** page-boy haircut.

page[2] [paʒ] *nf* -**1.** [rectangle de papier] page; **~ blanche** blank page; **arracher les ~s d'un livre** to tear pages OU leaves out of a book; **suite de l'article en ~ cinq** (article) continued on page five; **c'est en bas de ~** it's at the bottom of the page; **une lettre de huit ~s** an eight-page letter; **mettre en ~** IMPR to make up (into pages) ❑ **~ de garde** flyleaf; **les ~s jaunes** TÉLÉC Yellow Pages; **tourner une ~** *pr* to turn (over) a page; *fig* to turn over a new leaf; **une ~ politique vient d'être tournée avec la mort du sénateur** the death of the senator marks the end of a (political) era; **tourner la ~** to make a fresh start, to put something behind one. -**2.** [extrait] passage, excerpt; **des ~s inoubliables** unforgettable passages; **quelques très belles ~s de Proust** some very beautiful passages OU excerpts from Proust; **et maintenant, une ~ musicale** RAD and now for some music; **une ~ de publicité** RAD & TV a commercial break ❑ **~s choisies** selected (prose) passages. -**3.** [épisode] page, chapter; **quelques ~s de notre histoire** some pages OU chapters in our history. -**4.** INF page; **~ d'imprimante** printed page.
◆ **à la page** *loc adj* up-to-the-minute, up-to-date; **tu n'es plus à la ~ du tout!** you're completely out of touch OU out of it!

page-écran [paʒekrɑ̃] (*pl* **pages-écrans**) *nf* screenful COMPUT.

pagel [paʒɛl] *nm* sea bream.

pageot▽ [paʒo] *nm* bed; **aller au ~** to hit the sack OU hay.

pagination [paʒinasjɔ̃] *nf* -**1.** IMPR pagination, page numbering; **il y a une erreur de ~** the pages have been numbered wrongly. -**2.** INF page numbering, paging.

paginer [3] [paʒine] *vt* to paginate, to number the pages of.

pagne [paɲ] *nm* [en tissu] loincloth, pagne; [en rafia] grass skirt.

pagode [pagɔd] *nf* -**1.** ARCHIT pagoda. -**2.** COUT: **(manche) ~** pagoda sleeve.

pagre [pagr] *nm* Couch's sea bream *Br*.

pagure [pagyr] *nm* hermit crab.

paie [pɛ] *nf* -**1.** [salaire] pay, wages; **toucher sa ~** to be paid; **c'est le jour de ~** it's payday. -**2.** *fam loc*: **ça fait une (sacrée) ~** it's been ages.

paiement [pɛmɑ̃] *nm* payment; **faire** OU **effectuer un ~** to make a payment; **'les ~s par chèques ne sont plus acceptés'** 'cheques are no longer accepted' ❑ **~ comptant** cash payment; **~ mensuel** monthly payment.

païen, enne [pajɛ̃, ɛn] ◇ *adj* pagan, heathen.
◇ *nm, f* -**1.** [polythéiste] pagan, heathen. -**2.** *sout* [athée] atheist, pagan; **jurer comme un ~** to swear like a trooper.

paierie [pɛri] *nf* cash desk, disbursements office.

paillage [pajaʒ] *nm* -**1.** HORT (straw) mulching; **~ plastique** polythene OU plastic mulching. -**2.** [d'un siège] straw (bottom).

paillard, e [pajar, ard] ◇ *adj* [personne] bawdy, coarse; [chanson] dirty; [histoire] dirty, smutty.
◇ *nm, f* libertine.

paillardise [pajardiz] *nf* -**1.** [caractère] bawdiness, coarseness. -**2.** [histoire] dirty OU smutty story.

paillasse[1] [pajas] *nf* -**1.** [couche] straw OU straw-filled mattress. -**2.** [d'un évier] drainer, draining board.

paillasse[2] [pajas] *nm* clown.

paillasson [pajasɔ̃] *nm* -**1.** [d'une entrée] doormat. -**2.** *fam* [personne]: **elle le traite comme un ~** she treats him like a doormat; **c'est le ~ du directeur** the manager treats him like a doormat. -**3.** HORT (straw) mulch.

paillassonner [3] [pajasɔne] *vt* [espalier, châssis] to mulch (with straw).

paille [paj] ◇ *nf* -**1.** [chaume] straw; **~ de blé** wheat straw; **~ de riz** rice straw; **il est sur la ~** he's penniless; **mettre qqn sur la ~** to ruin sb; **mourir sur la ~** to die penniless; **sur la ~ humide des cachots** behind bars; **une ~!** *fam* a mere bagatelle! -**2.** [tige] piece of straw, straw; **voir la ~ dans l'œil du prochain et ne pas voir la poutre dans le sien** *allusion Bible* to see the mote in one's brother's eye but not the beam in one's own; **tirer à la courte ~** to draw straws. -**3.** [pour boire] (drinking) straw; **boire avec une ~** to drink through a straw. -**4.** MÉTALL flaw; **~ de fer** steel wool.
◇ *adj inv* straw-coloured.

paillé, e [paje] *adj* -**1.** [siège] straw-bottomed. -**2.** MÉTALL flawed.

paille-en-queue [pajɑ̃kø] (*pl* **pailles-en-queue**) *nm* tropicbird.

pailler[1] [paje] *nm* [grenier] straw loft; [cour] straw yard; [meule] straw stack.

pailler[2] [3] [paje] *vt* -**1.** [siège] to straw-bottom. -**2.** HORT to (straw) mulch.

pailletage [pajtaʒ] *nm* [d'une robe] spangling.

pailleté, e [pajte] *adj* [robe] sequined; [maquillage] glittery.

pailleter [27] [pajte] *vt* [vêtement] to spangle; [maquillage, coiffure] to put glitter on.

paillette [pajɛt] *nf* -**1.** COUT sequin, spangle; **une robe à ~s** a sequined dress. -**2.** [parcelle - d'or] speck; [- de quartz, de mica] flake; [- de savon] flake.
◆ **paillettes** *nfpl* ARM chaff *(U) (metallic foil).*

pailleux, euse [pajø, øz] *adj* -**1.** [fumier] strawy. -**2.** MÉTALL flawed.

paillon [pajɔ̃] *nm* -**1.** [pour une bouteille] straw wrapper OU case. -**2.** JOAILL (jeweller's) foil.

paillote [pajɔt] *nf* straw hut.

pain [pɛ̃] *nm* -**1.** [baguette] French stick *Br*, French loaf; [boule] round loaf (of bread), cob; **~ de deux/quatre livres** long two-pound/four-pound loaf ❑ **~ croûté** OU *Can* **français** French loaf, French stick *Br*; **~ azyme** unleavened bread; **~ bénit** consecrated bread; **c'est ~ bénit** *fig* that's a godsend; **~ biologique** organic wholemeal *Br* OU wholewheat *Am* loaf; **~ bis, ~ brun** *Can* brown loaf; **~ de blé entier** *Can* wholemeal *Br* OU wholewheat *Am* loaf; **~ brioché** brioche (bread); **~ au chocolat** pain au chocolat *(chocolate-filled roll)*; **~ de campagne** farmhouse loaf; **~ complet** wholemeal *Br* OU wholewheat *Am* loaf; **~ d'épices** ≃ gingerbread; **~ de Gênes** ≃ Genoa cake; **~ au lait** finger roll *(made with milk)*; **~ de mie** sandwich bread; **~ moulé** large tin loaf; **~ parisien** thick French loaf; **~ de seigle** rye bread; **~ aux raisins** *circular pastry made with sweetened dough and raisins*; **~ viennois** Vienna loaf; **gros ~** farmhouse bread *(sold by weight)*; **petits ~s** (bread) rolls. -**2.** [substance] bread; **un peu de ~** a bit OU piece of bread; **un gros morceau de ~** a chunk of bread; **mettre qqn au ~ sec et à l'eau** to put sb on dry bread and water ❑ **~ grillé** toast; **~ perdu, ~ doré** French toast; **notre ~ quotidien** our daily bread; **la maladie, les soucis d'argent, c'était son ~ quotidien** illness and money worries were her daily lot; **être bon comme du bon ~** to be the salt of the earth; **long comme un jour sans ~** interminable, endless; **avoir du ~ sur la planche** to have one's work cut out; **enlever** OU **retirer** OU **ôter le ~ de la bouche à qqn** to take the bread out of sb's mouth. -**3.** [préparation] loaf; **~ de poisson** fish loaf; **~ de courgettes** courgette loaf. -**4.** [bloc]: **~ de cire/savon** bar of wax/soap; **~ à cacheter** bar of (sealing) wax; **~ de glace** block of ice; **~ de sucre** CULIN sugarloaf; **le Pain de Sucre** GÉOG Sugarloaf Mountain. -**5.** ▽ [coup] smack; **je lui ai filé un de ces ~s!** I socked him one!
◆ **pain brûlé** *loc adj* [tissu, peinture] dark brown; [peau] brown as a berry.

pair[1] [pɛr] *nm* -**1.** [noble] peer. -**2.** [égal] peer; **jugé par ses ~s** judged by one's peers ❑ **parler** OU **traiter de ~ à compagnon avec** *litt* to be on an equal footing with. -**3.** BOURSE par (value); **emprunt émis au-dessus du ~** loan issued above par ‖ FIN par (rate of exchange); **~ d'une monnaie** par of a currency.
◆ **au pair** *loc adv*: **travailler** OU **être au ~** to work as OU to be an au pair; **elle travaille au ~ en Hollande** she works as an au pair in Holland.
◆ **de pair** *loc adv* together; **la méchanceté va souvent de ~ avec la bêtise** nastiness often goes together OU hand in hand with stupidity.
◆ **hors pair, hors de pair** *loc adj* unequalled, outstanding; **dans son domaine il est hors de ~** he is unequalled in his field.

pair[2], **e**[1] [pɛr] *adj* even; **jouer un chiffre ~** to bet on an even number; **habiter du côté ~** to live on the even-numbered side of the street; **stationnement les jours ~s seulement** parking on even dates only.

pairage [pɛraʒ] *nm* twinning TV.

paire[2] [pɛr] *nf* -**1.** [couple] pair; **une ~ de ciseaux** a pair of scissors; **une ~ de chaussettes/draps** a pair of socks/sheets; **une ~ de faisans/pistolets** a brace of pheasants/pistols; **une ~ de bœufs** a yoke of oxen; **si tu continues, tu vas recevoir une ~ de gifles** if you go on like this, you'll get your face slapped ❑ **c'est une autre ~ de manches** that's a different kettle of fish; **se faire la ~** *fam* to beat it, to clear off. -**2.** LING: **~ minimale** minimal pair.

pairesse [pɛrɛs] *nf* -**1.** [en Grande-Bretagne] peeress. -**2.** [épouse d'un pair] wife of a peer.

pairie [pɛri] *nf* peerage.

paisible [pezibl] *adj* -**1.** [doux] peaceful, quiet; **un homme ~** a quiet man. -**2.** [serein] quiet, calm, peaceful; **mener une vie calme et ~** to lead a quiet, peaceful existence; **le bébé dort d'un sommeil ~** the baby is sleeping peacefully. -**3.** [silencieux] calm, quiet; **nous habitons un quartier très ~** we live in a very quiet part of town.

paisiblement [pezibləmɑ̃] *adv* -**1.** [dormir] peacefully, quietly. -**2.** [parler, discuter] calmly.

paissance [pɛsɑ̃s] *nf* free grazing *(on common land).*

paître [91] [pɛtr] ◇ *vi* -**1.** [animaux] to graze; **faire ~ le bétail** to graze the cattle, to put the cattle out to graze; **mener ~ les vaches** to take the cows to graze. -**2.** *fam loc*: **je l'ai envoyé ~** I sent him packing, I told him where to get off.
◇ *vt* [suj: animal] to feed on, to graze (on).

paix [pɛ] *nf* -**1.** MIL & POL peace; **demander la ~** to sue for peace; **une menace pour la ~ mondiale** a threat to world peace; **pourparlers/offres de ~** peace proposals; **négocier la ~** to negotiate peace; **en temps de ~** in peacetime; **faire la ~** to make peace; **signer/ratifier un traité de ~** to sign/to ratify a peace treaty ❑ **~ séparée/armée** separate/armed peace; **la ~ des braves** an honourable peace; **~ romaine** Pax Romana; **si tu veux la ~, prépare la guerre** *prov* if you wish for peace, prepare for war. -**2.** [ordre] peace; **troubler la ~ publique** to disturb public order OU the peace; **favoriser la ~ sociale** to promote social peace. -**3.** [entente] peace; **vivre en ~** to live in peace; **il a enfin fait la ~ avec sa sœur** he finally made his peace with OU made up with his sister; **je suis pour la ~ des ménages** I'm against stirring things up between couples. -**4.** [repos] peace, quiet; **j'ai enfin la ~ depuis qu'il est parti** I've at last got some peace and quiet now that he's left; **fiche-moi la ~!** *fam* buzz off!, clear off!; **fous-moi la ~!** ▽ sod off! *Br*, get the hell out of here!; **la ~!** *fam* quiet!, shut up! -**5.** [sérénité] peace; **trouver la ~ de l'âme** to find inner peace; **avoir la conscience en ~** to have a clear conscience ❑ **~ à ses cendres** God rest his soul; **qu'il repose en ~, ~ à son âme** may he OU his soul rest in peace. -**6.** *sout* [harmonie] peace, peacefulness; **la ~ du soir à la campagne** peaceful evenings in the countryside.

Pakistan [pakistɑ̃] *npr m*: **le ~** Pakistan; **au ~** in Pakistan.

pakistanais, e [pakistanɛ, ɛz] *adj* Pakistani.
◆ **Pakistanais, e** *nm, f* Pakistani.

pal [pal] *nm* stake, pale; **le supplice du ~** torture by impalement.

PAL, Pal [pal] (*abr de* **Phase Alternation Line**) *adj* PAL.

palabre [palabr] *nf* OU *nm* HIST palaver; **arbre à ~s** *Afr* palaver tree, village meeting tree.
◆ **palabres** *nfpl péj* [discussion oiseuse] endless talk; **à ces réunions, ce ne sont que des ~s** these meetings are just talking shops *péj.*

palabrer [3] [palabre] *vi* to talk endlessly; **vous ne faites que ~** all you ever do is talk.

palace [palas] *nm* luxury hotel.

paladin [paladɛ̃] *nm* -**1.** HIST paladin. -**2.** *litt* [redresseur de torts] knight in shining armour, righter of wrongs.

palais [palɛ] *nm* -**1.** [bâtiment] palace; **le Palais-Bourbon** the French National Assembly; **~ des Expositions** exhibition hall; **le ~ Farnèse** the Farnese Palace; **le ~ Garnier** *the (old) Paris opera house*; **le Palais de justice** the law courts; **le ~ du Luxembourg** *palace in Paris where the French Senate is situated*; **le ~ des Papes** *the Papal Palace in Avignon*; **~ des sports** sports stadium; **le Grand Palais, le Petit Palais** *galleries built for the Exposition universelle in 1900, now used for art exhibitions.* -**2.** ANAT palate; **~ dur/mou** hard/soft palate. -**3.** [organe du goût] palate; **elle a le ~ fin** she has a refined palate; **un goût qui flatte le ~** a flavour that delights the taste buds OU palate.

PALAIS DES PAPES:
This historic building is the prestigious venue for the most important events of the Festival d'Avignon.

---

palan [palɑ̃] *nm* hoist; **~ manuel** block and tackle.

palangre [palɑ̃gr] *nf* long line (and snoods); **~ à cuiller** trolling line; **maître ~** long line.

palanque [palɑ̃k] *nf* (timber) stockade.

palanquée [palɑ̃ke] *nf* NAUT load.

palanquin [palɑ̃kɛ̃] *nm* -**1.** [chaise] palanquin. -**2.** NAUT reef tackle.

palatal, e, aux [palatal, o] *adj* [voyelle] front; [consonne] palatal.
◆ **palatale** *nf* [consonne] palatal consonant; [voyelle] front vowel.

palatalisation [palatalizasjɔ̃] *nf* palatalization.

palatalisé, e [palatalize] *adj* palatalized.

palatial, e, aux [palasjal, o] *adj* palatial.

palatin, e [palatɛ̃, in] *adj* -**1.** [du palais] palace *(modif).* -**2.** [du Palatinat] Palatine *(modif).* -**3.** ANAT palatine, palatal.

Palatin [palatɛ̃] *npr m*: **le (mont) ~** the Palatine hill.

Palatinat [palatina] *npr m*: **le ~** the Palatinate.

palâtre [palatr] *nm* box (of lock).

pale [pal] *nf* -**1.** [d'une hélice, d'une rame] blade; [d'un bateau à aube] paddle. -**2.** [vanne] shut-off. -**3.** RELIG pall.

pâle [pal] *adj* -**1.** [clair] pale; [exsangue] pale, pallid; **elle est toute ~** she's all white ❑ **être ~ comme la mort** to be as pale as death; **être ~ comme un linge** to be as white as a sheet; **se faire porter ~** *fam* to report sick. -**2.** [atténué] pale; **la ~ lueur de l'aube** the pale light of dawn; **une robe jaune ~** a pale yellow dress. -**3.** [insipide] pale, weak; **elle nous a fait un ~**

sourire she smiled weakly OU faintly at us; **son spectacle n'est qu'une ~ imitation de l'œuvre** his show is nothing but a pale OU poor imitation of the book.

paléanthropien, enne [paleɑ̃trɔpjɛ̃, ɛn] ◇ *adj* palaeoanthropic. ◇ *nm, f* palaeoanthropic man (*f* woman).

palefrenier, ère [palfrənje, ɛr] *nm, f* [homme] stableman, ostler; [femme] stable girl; [garçon] stable boy.

palefroi [palfrwa] *nm* palfrey.

paléo- [paleo] *préf* paleo-.

paléoasiatique [paleɔazjatik] *adj* LING Paleo-Asiatic.

paléobotanique [paleɔbɔtanik] *nf* paleobotany.

paléochrétien, enne [paleɔkretjɛ̃, ɛn] *adj* BX-ARTS early Christian.

paléoclimat [paleɔklima] *nm* paleoclimate.

paléoclimatologie [paleɔklimatɔlɔʒi] *nf* paleoclimatology.

paléoécologie [paleɔekɔlɔʒi] *nf* paleoecology.

paléogène [paleɔʒɛn] *nm* Paleogene period.

paléogéographie [paleɔʒeɔgrafi] *nf* paleogeography.

paléographe [paleɔgraf] ◇ *adj* paleographic. ◇ *nmf* paleographer.

paléographie [paleɔgrafi] *nf* paleography.

paléographique [paleɔgrafik] *adj* paleographic.

paléohistologie [paleɔistɔlɔʒi] *nf* paleohistology.

paléolithique [paleɔlitik] ◇ *adj* Paleolithic. ◇ *nm*: **le ~** the Paleolithic period.

paléomagnétisme [paleɔmaɲetism] *nm* paleomagnetism.

paléontologie [paleɔ̃tɔlɔʒi] *nf* paleontology.

paléontologique [paleɔ̃tɔlɔʒik] *adj* paleontological.

paléontologiste [paleɔ̃tɔlɔʒist], **paléontologue** [paleɔ̃tɔlɔg] *nmf* paleontologist.

paléosol [paleɔsɔl] *nm* paleosol.

paléozoïque [paleɔzɔik] ◇ *adj* Paleozoic. ◇ *nm* Paleozoic (age).

Palerme [palɛrm] *npr* Palermo.

palermitain, e [palɛrmitɛ̃, ɛn] *adj* Palermitan.
◆ **Palermitain, e** *nm, f* Palermitan.

paleron [palrɔ̃] *nm* chuck steak.

Palestine [palɛstin] *npr f*: **(la) ~** Palestine.

palestinien, enne [palɛstinjɛ̃, ɛn] *adj* Palestinian.
◆ **Palestinien, enne** *nm, f* Palestinian.

palet [palɛ] *nm* -**1.** SPORT puck. -**2.** JEUX [à la marelle] quoit.

paletot [palto] *nm* -**1.** VET (short) jacket. -**2.** *fam loc*: **il m'est tombé sur le ~** he laid into me.

palette [palɛt] *nf* -**1.** BX-ARTS palette; **la ~ de Cézanne** *fig* Cézanne's palette OU range of colours; **proposer toute une ~ d'articles** to offer a wide choice OU range of articles. -**2.** CULIN shoulder. -**3.** NAUT paddle. -**4.** TECH [instrument] pallet; [pour la manutention] pallet, stillage. -**5.** PÊCHE (hook) eye.

palettiser [3] [paletize] *vt* to palletize.

palettiseur [paletizœr] *nm* palletizing machine.

palétuvier [paletyvje] *nm* mangrove.

pâleur [palœr] *nf* [d'une couleur] paleness; [du teint] pallor; **je fus frappé par sa ~** I was surprised to see how pale she looked.

pali, e [pali] *adj* Pali.
◆ **pali** *nm* Pali.

pâlichon, onne *fam* [paliʃɔ̃, ɔn] *adj* (a bit) pale OU peaky; **ça fait plaisir de voir que tu n'es plus aussi ~** it's nice to see (that) you've got some colour back in your cheeks.

palier [palje] *nm* -**1.** [plate-forme] landing; **~ de repos** half-landing. -**2.** [niveau] stage, level; **le prix du pétrole reste au même ~** oil prices are staying (at the same) level OU have levelled out. -**3.** TRAV PUBL level, flat. -**4.** AÉRON: **voler en ~** to fly level. -**5.** MÉCAN bearing; **~ lisse/à roulement** plain/rolling bearing.
◆ **par paliers** *loc adv* in stages, step by step; **la tension monte par ~s** tension is gradually mounting.

palière [paljɛr] *adj f* landing (*modif*).

palimpseste [palɛ̃psɛst] *nm* palimpsest.

palindrome [palɛ̃drom] ◇ *adj* palindromic. ◇ *nm* palindrome.

palinodie [palinɔdi] *nf* palinode.

pâlir [32] [palir] *vi* -**1.** [personne] to (turn OU go) pale; **~ de froid/peur** to turn pale with cold/fear; **~ de jalousie/d'envie** to go green with jealousy/envy; **elle pâlit affreusement** she went ghastly pale; **elle a une voiture/un salaire à faire ~** her car/salary is enough to make anyone green with envy. -**2.** [couleur, lumière] to grow dim OU pale, to fade; **le soleil a fait ~ le tissu du canapé** the sun has faded the couch material. -**3.** [gloire] to fade (away), to grow faint OU fainter, to dim; **mes souvenirs pâlissent avec le temps** my memories are fading (away) with the passage of time.

palis [pali] *nm* [alignement] fence, paling; [pieu] stake, pale; [enclos] enclosure.

palissade [palisad] *nf* -**1.** [clôture - de pieux] fence, paling, palisade; [- de planches] hoarding; [- d'arbres] hedgerow. -**2.** MIL palisade.

palissader [3] [palisade] *vt* to fence in (*sép*), to put a fence round.

palissadique [palisadik] *adj* BOT: **tissu ~** palisade layer.

palissage [palisaʒ] *nm* [opération] training, trellising; [support] trainer, trellis.

palissandre [palisɑ̃dr] *nm* rosewood, palissander.

pâlissant, e [palisɑ̃, ɑ̃t] *adj* [lumière] fading, growing OU becoming dim.

palisser [3] [palise] *vt* -**1.** [plante] to train, to trellis. -**2.** [arbre fruitier] to espalier.

palladien, enne [paladjɛ̃, ɛn] *adj* Palladian.

palladium [paladjɔm] *nm* palladium.

Pallas [palas] *npr* Pallas.

palle [pal] = **pale 3**.

palléal, e, aux [paleal, o] *adj*: **cavité ~e** mantle cavity.

palliatif, ive [paljatif, iv] *adj* palliative.
◆ **palliatif** *nm* -**1.** MÉD palliative. -**2.** [expédient] palliative, stopgap measure.

pallier [9] [palje] *vt* [remédier à] to alleviate, to mitigate, to make up for.
◆ **pallier à** *v + prép* to make up for, to offset.

pallium [paljɔm] *nm* ANTIQ pallium.

Palma [palma] *npr*: **~ (de Majorque)** Palma (de Majorca).

palmacée [palmase] *nf* member of the Palmaceae OU Palmae.

palmaire [palmɛr] *adj* palmar.

palmarès [palmarɛs] *nm* [liste - de lauréats] prize list, list of prizewinners; [- de sportifs] winners' list, list of winners; [- de chansons] charts; **être premier au ~** to top the charts, to be top of the pops; **avoir de nombreuses victoires à son ~** to have numerous victories to one's credit.

palmas [palmas] *nfpl* clapping DANCE.

palmature [palmatyr] *nf* palmation.

palme [palm] *nf* -**1.** BOT [feuille] palm leaf; [palmier] palm tree; **huile/vin de ~** palm oil/wine. -**2.** [distinction] palm; **la ~ du martyre** the crown of martyrdom; **la Palme d'Or** *trophy awarded for best film at the Cannes film festival*; **pour la goujaterie, c'est lui qui a la ~!** *hum* he's a prize lout!; **remporter la ~** to be victorious. -**3.** LOISIRS & SPORT flipper.
◆ **palmes** *nfpl*: **~s académiques** *decoration for services to education, the arts or science.*

palmé, e [palme] *adj* -**1.** BOT palmate; ZOOL palmate *spéc*, webbed. -**2.** *fam loc*: **les avoir ~es** to be workshy.

palmer[1] [palmɛr] *nm* [instrument] micrometer.

palmer[2] [palmœr] *nm* PÊCHE palmer.

palmeraie [palmərɛ] *nf* palm grove.

palmette [palmɛt] *nf* -**1.** HORT palmetto, dwarf fan-palm. -**2.** ARCHIT & BX-ARTS palmette.

palmier [palmje] *nm* -**1.** BOT palm (tree); **~ à huile** oil palm. -**2.** [pâtisserie] palmier (*large sweet pastry*).

palmipède [palmipɛd] ◇ *adj* palmiped *spéc*, web-footed, web-toed. ◇ *nm* palmiped.

palmiste [palmist] *nm* palm-kernel.

palmitique [palmitik] *adj m* palmitic.

palmure [palmyr] *nf* web ZOOL.

Palmyre [palmir] *npr* Palmyra.

palombe [palɔ̃b] *nf* ringdove, woodpigeon.

palonnier [palɔnje] *nm* -**1.** AÉRON rudder (bar). -**2.** [d'un véhicule] rocking lever. -**3.** [en ski nautique] handle. -**4.** TECH (lifting) beam OU leg.

pâlot, otte *fam* [palo, ɔt] *adj* (a bit) pale; **il est bien ~, ton fils!** your boy's very pale OU pale-looking!

palourde [palurd] *nf* clam.

palpable [palpabl] *adj* -**1.** [évident] palpable; **des preuves ~s** palpable proof OU evidence. -**2.** [que l'on peut toucher] palpable. -**3.** [concret] tangible; **des avantages ~s** tangible benefits.

palpation [palpasjɔ̃] *nf* palpation.

palpe [palp] *nm* palp, palpus.

palper [3] [palpe] *vt* -**1.** MÉD to palpate. -**2.** [tâter] to feel; **~ un tissu** to finger a fabric. -**3.** *fam* [recevoir]: **elle a palpé une belle somme** she got a tidy sum.

palpeur [palpœr] *nm* sensor.

palpitant, e [palpitɑ̃, ɑ̃t] *adj* -**1.** [passionnant] thrilling, exciting, exhilarating. -**2.** [frémissant] quivering, trembling.
◆ **palpitant** *fam nm* heart, ticker.

palpitation [palpitasjɔ̃] *nf* -**1.** [du cœur, des artères] pounding; [des flancs] heaving; [des paupières] fluttering. -**2.** *litt* [frémissement] quivering, trembling.
◆ **palpitations** *nfpl* palpitations; **avoir des ~s** [une fois] to have (an attack of) palpitations; [souvent] to suffer from palpitations; **descends de cette fenêtre, tu me donnes des ~s!** get down from that window, you'll give me a heart attack!

palpiter [3] [palpite] *vi* -**1.** [artère] to throb; [paupière] to flutter; [flancs] to quiver, to heave; **son cœur palpitait violemment** PHYSIOL her heart was beating fast OU pounding; [d'émotion] her heart was pounding OU throbbing; **sa poitrine palpitait** her bosom was heaving. -**2.** *litt* [scintiller]: **les flammes palpitaient dans la cheminée** the flames were flickering in the fireplace.

palsambleu [palsɑ̃blø] *interj arch* gadzooks.

paltoquet *fam* [paltɔkɛ] *nm* -**1.** *vieilli* [rustre] boor, peasant. -**2.** [personne insignifiante] pipsqueak.

paluche *fam* [palyʃ] *nf* hand, paw, mitt.

paludarium [palydarjɔm] *nm* amphibian vivarium.

paludéen, enne [palydeɛ̃, ɛn] *adj* -**1.** MÉD malarial. -**2.** [des marais] marsh (*modif*), paludal.

paludier, ère [palydje, ɛr] *nm, f* salt-marsh worker.

paludisme [palydism] *nm* malaria, paludism.

palustre [palystr] *adj* -**1.** MÉD malarial. -**2.** [des marais] marsh (*modif*), paludal.

palynologie [palinɔlɔʒi] *nf* palynology.

pâmer [3] [pame]
◆ **se pâmer** *vpi litt* to swoon; **se ~ de rire** to be convulsed with laughter; **se ~ devant qqn** *hum* to swoon over sb; **il se pâme devant les grands de 14 ans** he's overawed by the 14-year-olds.

Pamir [pamir] *npr m*: **le ~** the Pamirs.

pâmoison [pamwazɔ̃] *nf hum* swoon, fainting fit; **tomber en ~** to swoon.

pampa [pɑ̃pa] *nf* pampas.

Pampelune [pɑ̃plyn] *npr* Pamplona.

pamphlet [pɑ̃flɛ] *nm* lampoon, squib.

pamphlétaire [pɑ̃fletɛr] ◇ *adj* [ton, esprit] pamphleteering. ◇ *nmf* lampoonist, pamphleteer.

pampille [pɑ̃pij] *nf* pendant.

pamplemousse [pɑ̃pləmus] *nm* OU *nf* grapefruit, pomelo *Am.*
pamplemoussier [pɑ̃pləmusje] *nm* grapefruit (tree).
pampre [pɑ̃pr] *nm* **-1.** BOT vine branch. **-2.** BX-ARTS pampre.
pan[1] [pɑ̃] *interj* [gifle] wham, whack; [coup de feu] bang.
pan[2] [pɑ̃] *nm* **-1.** [d'un vêtement] tail; [d'une nappe] fold. **-2.** CONSTR: **~ de bois/fer** wood/metal framing; **~ coupé/de verre** canted/plate-glass wall; **à ~s coupés** canted, with a cut-off corner ARCHIT; **~ de mur** (face OU plain of a) wall. **-3.** [morceau] section, piece; **un ~ de ciel bleu** a patch of blue sky; **un ~ de ma vie a disparu avec lui** when he left, he took a piece of my life away with him; **des ~s entiers de la société** whole sections OU strata of society. **-4.** TECH side, face; **un écrou à six ~s** a six-sided nut.
Pan [pɑ̃] *npr* Pan.
panacée [panase] *nf* panacea.
panachage [panaʃaʒ] *nm* **-1.** [mélange] blend, blending, mixing. **-2.** POL *voting for candidates from different lists rather than for a list as a whole.*
panache [panaʃ] *nm* **-1.** [plume] plume, panache; **~ de fumée** *fig* plume of smoke. **-2.** [brio] panache, style, verve; **avoir du ~** to have panache, to show great verve. **-3.** ARCHIT [ornement] panache, (ostrich) feather; [surface] pendentive.
panaché, e [panaʃe] *adj* [sélection] mixed; [fleurs] variegated; [glace] mixed-flavour; **un demi ~** a (lager) shandy.
◆ **panaché** *nm* (lager) shandy.
panacher [3] [panaʃe] *vt* **-1.** [mélanger] to blend, to mix. **-2.** POL: **~ une liste électorale** *to vote for candidates from different lists rather than for a list as a whole.*
panachure [panaʃyr] *nf* **-1.** *litt* [coloration] variegation. **-2.** HORT variegation.
panade [panad] *nf* **-1.** CULIN bread soup. **-2.** *fam loc*: **être dans la ~** to be hard up.
panafricain, e [panafrikɛ̃, ɛn] *adj* Pan-African.
panafricanisme [panafrikanism] *nm* Pan-Africanism.
panais [panɛ] *nm* parsnip.
panama [panama] *nm* [chapeau] panama, Panama.
Panama [panama] ◇ *npr m* [pays]: **le ~** Panama; **au ~** in Panama; **le canal de ~** the Panama Canal; **l'isthme de ~** the Isthmus of Panama.
◇ *npr* [ville] Panama City; **à ~** in Panama City.
Panamo *fam* [panamo] *npr* Paris.
panaméen, enne [panameɛ̃, ɛn] *adj* Panamanian.
◆ **Panaméen, enne** *nm, f* Panamanian.
panaméricain, e [panamerikɛ̃, ɛn] *adj* Pan-American.
panaméricanisme [panamerikanism] *nm* PanAmericanism.
panamien, enne [panamjɛ̃, ɛn] = **panaméen**.
panarabisme [panarabism] *nm* Pan-Arabism.
panard, e [panar, ard] *adj* cow-hocked VETER, duck-footed.
◆ **panard**▽ *nm* foot; **t'as vu les ~s qu'il a?** have you seen the size of his feet?
panaris [panari] *nm* whitlow.
pan-bagnat [pɑ̃baɲa] (*pl* **pans-bagnats**) *nm* filled roll *(containing tomatoes, onions, green peppers, olives, tuna and anchovies and seasoned with olive oil).*
pancarte [pɑ̃kart] *nf* sign, notice; **les manifestants ont levé leurs ~s** the demonstrators raised their placards.
panchen-lama [pɑ̃ʃɛnlama] (*pl* **panchen-lamas**) *nm* Panchen Lama.
panchromatique [pɑ̃krɔmatik] *adj* panchromatic.
pancréas [pɑ̃kreas] *nm* pancreas.
pancréatectomie [pɑ̃kreatɛktɔmi] *nf* pancreatectomy.
pancréatique [pɑ̃kreatik] *adj* pancreatic.
pancréatite [pɑ̃kreatit] *nf* pancreatitis.
panda [pɑ̃da] *nm* panda; **grand ~** giant panda.
pandanus [pɑ̃danys] *nm* pandanus.
pandémonium [pɑ̃demɔnjɔm] *nm litt* pandemonium.
pandit [pɑ̃dit] *nm* pandit.
pandore *fam* [pɑ̃dɔr] *nm vieilli* copper *Br*, cop *Am.*
Pandore [pɑ̃dɔr] *npr* Pandora; **la boîte de ~** Pandora's box.
pané, e [pane] *adj* breaded.
panégyrique [paneʒirik] *nm* panegyric, eulogy; **faire le ~ de qqn** to extol sb's virtues, to eulogize sb.
panégyriste [paneʒirist] *nmf* panegyrist.
panel [panɛl] *nm* **-1.** TV panel. **-2.** [échantillon] panel, sample group.
paner [3] [pane] *vt* to breadcrumb, to coat with breadcrumbs.
panetière [pantjɛr] *nf* bread box.
pangermanisme [pɑ̃ʒɛrmanism] *nm* Pan-Germanism.
pangermaniste [pɑ̃ʒɛrmanist] *adj* & *nmf* Pan-Germanist.
pangolin [pɑ̃gɔlɛ̃] *nm* pangolin.
panhellénique [panelenik] *adj* Panhellenic.
panhellénisme [panelenism] *nm* Panhellenism.
panic [panik] *nm* panic BOT.
panicaut [paniko] *nm*: **~ champêtre** field eryngo; **~ maritime** sea holly.
panicule [panikyl] *nf* panicle.
panier [panje] *nm* **-1.** [corbeille] basket; PÊCHE lobster pot; **~ à linge/pain** linen/bread basket; **~ à bouteilles** bottle case OU carrier; **~ à couverts** cutlery basket; **~ à diapositives** slide tray; **~ à frites** chip basket *Br*, French fry basket *Am*; **~ de manutention** handling basket; **~ à provisions** shopping basket; **~ à salade** *pr* salad shaker; *fig fam*Black Maria; **le dessus du ~** *fig* the top of the heap OU pile; **bon à mettre** OU **jeter au ~** fit for the bin *Br* OU trashcan *Am*; **ils sont tous à mettre dans le même ~** they're all much of a muchness; **être un (véritable) ~ percé** to be a (real) spendthrift; **mettre la main au ~ à qqn**▽ to goose sb; **c'est un (véritable) ~ de crabes** they're always at each other's throats. **-2.** [quantité]: **un ~ de** a basketful of. **-3.** SPORT basket; **réussir un ~** to score a basket. **-4.** ÉCON: **~ de la ménagère** shopping basket; **la hausse du beurre se répercute sur le ~ de la ménagère** the increase in the price of butter makes a difference to the housekeeping bill; **~ de monnaies** basket of currencies.
panière [panjɛr] *nf* (two-handled) wickerwork basket.
panier-repas [panjerəpa] (*pl* **paniers-repas**) *nm* packed lunch.
panifiable [panifjabl] *adj*: **farine ~** bread flour.
panification [panifikasjɔ̃] *nf* breadmaking.
panifier [9] [panifje] *vt* to make bread from.
paniquant, e [panikɑ̃, ɑ̃t] *adj* frightening, panic-inducing.
paniquard *fam* [panikar] *nm péj* scaredy cat.
panique [panik] ◇ *nf* [terreur] panic; **il s'est enfui, pris de ~** he ran away panic-stricken; **c'était la ~!** *fam* it was panic stations!; **pas de ~!** no need to OU there's no panic!
◇ *adj* panic; **envahi par une peur ~** overcome by panic.
paniquer [3] [panike] ◇ *vt* [angoisser] to (throw into a) panic; **l'approche des examens le panique** he's starting to panic as the exams get nearer.
◇ *vi* to panic; **elle n'a pas paniqué** she didn't lose her head OU didn't panic.
◆ **se paniquer** *vpi* to panic; **ne nous paniquons pas, nous avons tout le temps** let's not panic, we've got plenty of time.
panislamique [panislamik] *adj* Pan-Islamic.
panislamisme [panislamism] *nm* Pan-Islamism.
panjabi [pɑ̃dʒabi] *nm* LING Punjabi.
panne [pan] *nf* **-1.** [de voiture] breakdown; **vous êtes à l'étranger et soudain c'est la ~, que faites-vous?** suppose you're abroad and you suddenly break down, what do you do? ❑ **~ d'électricité** OU **de courant** power cut OU failure; **~ de secteur** local mains failure; **faire à qqn le coup de la ~** *fam* to come the old breakdown routine with sb. **-2.** TEXT panne. **-3.** [d'un cochon] pig's fat OU lard. **-4.** [d'un marteau] peen; [d'un bâtiment] purlin, purline; **~ intermédiaire** OU **courante** middle purlin. **-5.** THÉÂT bit part.
◆ **en panne** ◇ *loc adj*: **des automobilistes en ~** drivers whose cars have broken down; **'en ~'** 'out of order'; **la machine/voiture est en ~** the machine/car has broken down; **je suis en ~ de poivre/d'idées** *fig* I've run out of OU I'm out of pepper/ideas.
◇ *loc adv*: **mettre un voilier en ~** to heave a sailing ship to; **tomber en ~**: **la machine est tombée en ~** the machine has broken down; **je suis tombé en ~ d'essence** OU **sèche** *fam* I've run out of petrol.
panneau, x [pano] *nm* **-1.** [pancarte] sign; **on a mis un ~ à l'entrée de l'usine** they've put up a sign at the factory gate ❑ **~ d'affichage** notice board; [publicitaire] hoarding *Br*, billboard *Am*; **~ électoral** election hoardings *Br* OU billboards *Am*; **~ indicateur** signpost; **~ de signalisation** roadsign. **-2.** [plaque] panel; **un ~ de contre-plaqué** a piece OU panel of plywood; **~ de particules** chipboard ❑ **~ solaire** solar panel. **-3.** BX-ARTS panel. **-4.** COUT panel; **une jupe à trois ~x** a three-panelled skirt. **-5.** CHASSE (game) net; **tomber** OU **donner dans le ~** to fall into the trap. **-6.** HORT (cold) frame. **-7.** MIN distric. **-8.** NAUT hatch (cover).
panneau-réclame [panoreklam] (*pl* **panneaux-réclame**) *nm* hoarding *Br*, billboard *Am.*
panneton [pantɔ̃] *nm* bit, web *(of a key).*
panonceau, x [panɔ̃so] *nm* [plaque] plaque, sign; [écriteau] sign; **~ publicitaire** advert *Br*, advertisement.
panoplie [panɔpli] *nf* **-1.** [ensemble d'instruments] (complete) set; **la ~ du bricoleur** do-it-yourself equipment OU kit. **-2.** JEUX outfit; **une ~ de Zorro/d'infirmière** a Zorro/nurse's outfit. **-3.** *fig*: **une ~ de mesures contre les chauffards** a full array of measures against dangerous drivers. **-4.** HIST [armure complète] panoply.
panoptique [panɔptik] ◇ *adj* panoptic, panoptical.
◇ *nm* panopticon.
panorama [panɔrama] *nm* **-1.** [vue] panorama, view; **après quelques heures de marche, je découvris un splendide ~** after several hours' walking, I came to a place with a splendid view. **-2.** *fig* [vue d'ensemble] survey, overview; **pour terminer ce ~ de l'actualité musicale** to end this roundup of current musical events. **-3.** BX-ARTS panorama.
panoramique [panɔramik] ◇ *adj* panoramic; **car ~** bus with panoramic windows; **écran ~** panoramic screen.
◇ *nm* CIN panoramic shot.
panosse [panɔs] *nf Helv* mop.
panosser [3] [panɔse] *vt Helv* to mop.
pansage [pɑ̃saʒ] *nm* grooming.
panse [pɑ̃s] *nf* **-1.** ZOOL paunch, rumen. **-2.** *fam* [d'une personne] paunch, belly; **s'en mettre plein** OU **se remplir la ~** to make a pig of o.s., to stuff one's face. **-3.** [d'un vase] belly.
pansement [pɑ̃smɑ̃] *nm* [action] dressing; [objet] dressing, bandage; **il lui a fait un ~ à la jambe** he bandaged her leg; **couvert de ~s** bandaged up ❑ **~ adhésif** (sticking) plaster *Br*, Elastoplast® *Br*, Band Aid® *Am.*
panser [3] [pɑ̃se] *vt* **-1.** MÉD to dress (and bandage); **~ une blessure** to dress OU to put a dressing on a wound; **~ un bras** to bandage an arm; **le temps panse tous les maux** *fig* time is

a great healer; ~ les plaies de qqn to tend sb's wounds. -2. [toiletter - animal] to groom.
panslave [pɑ̃slav] *adj* Pan-Slavic.
panslavisme [pɑ̃slavism] *nm* Pan-Slavism.
panslaviste [pɑ̃slavist] ◇ *adj* Pan-Slavic, Pan-Slav *(avant n)*.
◇ *nmf* Pan-Slavist.
pansu, e [pɑ̃sy] *adj* -1. *fam* [ventripotent] paunchy, potbellied. -2. [renflé - cruche, bouteille] potbellied.
pantagruélique [pɑ̃tagryelik] *adj* Pantagruelian; **avoir un appétit ~** to have an enormous appetite; **faire un repas ~** to have a gargantuan meal.
pantalon [pɑ̃talɔ̃] *nm* (pair of) trousers *Br* OU pants *Am*; **mon ~** my trousers; **deux ~s** two pairs of trousers; **~ bouffant** (pair of) baggy trousers; **~ de golf** (pair of) plus fours; **~ de pyjama** pyjama trousers OU bottoms.
pantalonnade [pɑ̃talɔnad] *nf* -1. [hypocrisie] hypocrisy *(U)*, cant *(U)*, pretence *(U)*. -2. THÉÂT (second-rate) farce.
pantelant, e [pɑ̃tlɑ̃, ɑ̃t] *adj* panting, gasping for breath; **être ~ de terreur** *litt* to be panting OU gasping with terror.
pantenne [pɑ̃tɛn] *nf* NAUT: **en ~** in disorder.
panthéisme [pɑ̃teism] *nm* pantheism.
panthéiste [pɑ̃teist] ◇ *adj* pantheistic.
◇ *nmf* pantheist.
panthéon [pɑ̃teɔ̃] *nm* -1. ANTIQ & RELIG pantheon; **le Panthéon** the Panthcon. -2. *fig* pantheon, hall of fame; **je le place au ~ des accordéonistes** I consider him to be one of the greatest accordion players of all time.
panthère [pɑ̃tɛr] *nf* -1. ZOOL panther; **~ des neiges** snow leopard. -2. [fourrure] leopard (skin). -3. POL: **les Panthères noires** the Black Panthers.
pantière [pɑ̃tjɛr] *nf* net (for catching birds).
pantin [pɑ̃tɛ̃] *nm* -1. [jouet] jumping jack. -2. [fantoche] puppet; **n'être qu'un ~ entre les mains de qqn** to be sb's puppet.
pantois, e [pɑ̃twa, az] *adj* speechless; **elle en est restée ~e** it left her speechless.
pantomime [pɑ̃tɔmim] *nf* -1. [jeu de mime] mime; THÉÂT [pièce] mime show. -2. *péj* [mimique] scene, fuss.
pantouflage *fam* [pɑ̃tuflaʒ] *nm leaving a civil service post to work in the private sector.*
pantouflard, e *fam* [pɑ̃tuflar, ard] *nm, f* homebody, stay-at-home (type).
pantoufle [pɑ̃tufl] *nf* slipper; **être en ~s** to be in one's slippers.
pantoufler *fam* [3] [pɑ̃tufle] *vi to leave a civil service post and work for the private sector.*
panty [pɑ̃ti] (*pl* **panties** [pɑ̃tiz]) *nm vieilli* pantie girdle.
panure [panyr] *nf* ≃ breadcrumbs *(for coating)*.
Panurge [panyrʒ] *npr* → **mouton**.
panzer [pɑ̃dzɛr] *nm* panzer.
PAO (*abr de* **publication assistée par ordinateur**) *nf* DTP.
paon [pɑ̃] *nm* -1. ORNITH peacock; **fier** OU **orgueilleux** OU **vaniteux comme un ~** (as) proud as a peacock; **faire le ~** to strut (like a peacock). -2. ENTOM: **~ de jour** peacock; **~ de nuit** giant peacock moth.
paonne [pan] *nf* peahen.
papa [papa] *nm* -1. [père] dad, daddy; **c'est un ~ gâteau** *fam* he's a soft touch with his children; **jouer au ~ et à la maman** to play mummies and daddies. -2. *fam* [homme d'un certain âge]: **alors, ~, tu traverses?** *fam* come on, grandad, get across!
◆ **à la papa** *fam loc adv* [tranquillement] in a leisurely way; **conduire à la ~** to drive at a snail's pace.
◆ **à papa** *fam loc adj*: **c'est un fils/une fille à ~** he's/she's got a rich daddy.
◆ **de papa** *fam loc adj* old-fashioned.
papable *fam* [papabl] *adj*: **être ~** to be a likely candidate for the papacy.
papaïne [papain] *nf* papain.
papal, e, aux [papal, o] *adj* papal.
paparazzi [paparadzi] *nm péj* paparazzo.
papas [papas] *nm* papas.
papauté [papote] *nf* papacy.
papavéracée [papaverase] *nf* member of the papaveraceae *spéc* OU of the poppy family.
papavérine [papaverin] *nf* papaverine.
papaye [papaj] *nf* papaya, pawpaw.
papayer [papaje] *nm* papaya (tree).
pape [pap] *nm* -1. RELIG pope. -2. [chef de file] high priest, guru *fig*.
Papeete [papɛt] *npr* Papeete.
papelard[1] *fam* [paplar] *nm* -1. [bout de papier] scrap of paper. -2. PRESSE article, piece; **il a écrit un ~ sur la corruption** he wrote a piece on corruption.
papelard[2], **e** [paplar, ard] *adj litt* unctuous, smooth-tongued.
papelardise [paplardiz] *nf litt* unctuousness.
paperasse [papras] *nf péj* papers, bumf *Br*; **je n'ai pas le temps de remplir toute cette ~** I don't have the time to fill up all these forms.
paperasserie [paprasri] *nf péj* -1. [formulaires] paperwork; **toute cette ~ va sûrement retarder le projet** all this red tape is bound to delay the project. -2. [amoncellement] papers.
paperassier, ère [paprasje, ɛr] *péj* ◇ *adj* [personne] bureaucratic.
◇ *nm, f* bureaucrat, penpusher *péj*.
papesse [papɛs] *nf* female pope; **la ~ Jeanne** Pope Joan.
papet [papɛ] *nm Helv Swiss dish made with potatoes, leeks and sausages.*
papeterie [papɛtri] *nf* -1. [boutique] stationer's shop. -2. [matériel] stationery. -3. [usine] paper mill. -4. COMM stationery trade.
papetier, ère [paptje, ɛr] ◇ *adj* paper *(modif)*, stationery *(modif)*.
◇ *nm, f* -1. COMM stationer. -2. INDUST papermaker.
papi *fam* [papi] = **papy**.
papier [papje] *nm* -1. [matière] paper; **barbouiller** OU **noircir du ~** *fig* to fill page after page; **toujours à gratter** OU **noircir du ~** always scribbling something or other; **sur le ~** on paper; **sur le ~, le projet paraît réalisable** on paper, the project seems feasible; **jeter qqch sur le ~** to jot sthg down ❑ **~ en accordéon** fanfold OU Z-fold *Am* paper; **~ d'aluminium** aluminium foil; **~ d'Arménie** incense paper; **~ bible** bible paper, Oxford India paper; **~ brouillon** rough paper; **~ buvard** blotting paper; **~ carbone** carbon (paper); **~ à cigarette** cigarette paper; **~ collant** [plastifié] adhesive tape; [brun] gummed paper OU strip; **~ en continu** continuous stationery; **~ couché** art paper; **~ crépon** crêpe paper; **~ d'emballage** (brown) wrapping paper; **~ à en-tête** headed paper OU notepaper; **~ d'étain** tinfoil; **~ glacé** glazed paper; **~ huilé** oil-paper; **~ hygiénique** toilet paper; **~ journal** newspaper, newsprint; **~ kraft** kraft paper; **~ à lettres** writing paper; **sur ~ libre**: **le contrat a été rédigé sur ~ libre** the contract was drawn up on a sheet of plain paper; **envoyer une lettre sur ~ libre** apply in writing; **~ mâché** papier-mâché; **~ machine** typing paper; **~ millimétré** graph paper; **~ ministre** document OU official paper; **~ à musique** music paper; **~ paraffiné** wax paper; **~ peint** wallpaper; **~ pelure** onion skin (paper); **~ photographique** photographic paper; **~ quadrillé** squared paper; **~ en rouleau** web OU reel paper; **~ de soie** tissue paper; **~ sulfurisé** greaseproof OU sulphurized *spéc* paper; **~ timbré** stamped paper *(for official use)*; **~ de tournesol** litmus paper; **~ de verre** sandpaper; **~ vélin** wove *Br* OU vellum paper. -2. [morceau] piece of paper; [page] sheet of paper, piece of paper; **as-tu un ~ et un crayon?** do you have a piece of paper and a pencil? ❑ **~ collé** BX-ARTS papier collé; **être dans les petits ~s de qqn** to be in sb's good books; **je ne suis plus dans ses petits ~s** I'm no longer in her good books. -3. PRESSE article, piece; **faire un ~ sur** to do a piece OU an article on. -4. ADMIN papers; **les ~s du véhicule, s'il vous plaît** may I see your logbook *Br* OU (vehicle) registration papers, please? ❑ **~s (d'identité)** (identity) papers; **vous avez des ~s d'identité?** do you have any identity papers?; **faux ~s** false OU forged papers. -5. BANQUE: **~ de commerce** commercial paper; **~ commercial** commercial bill; **~ financier** OU **de crédit** bank credit note.
◆ **de papier, en papier** *loc adj* paper *(modif)*; **lanterne en ~** paper lantern.
◆ **papiers gras** *nmpl* litter.
papier-calque [papjekalk] (*pl* **papiers-calques**) *nm* tracing paper.
papier-émeri [papjeemri] (*pl* **papiers-émeri**) *nm* emery paper.
papier-filtre [papjefiltr] (*pl* **papiers-filtres**) *nm* filter paper.
papier-monnaie [papjemɔnɛ] (*pl* **papiers-monnaies**) *nm* paper money.
papilionacé, e [papiljɔnase] *adj* papilionaceous BOT.
◆ **papilionacée** *nf* member of the Papilionaceae.
papillaire [papilɛr] *adj* papillary, papillate.
papille [papij] *nf* papilla; **~s gustatives** taste buds; **~ optique** optic disk, blind spot.
papilleux, euse [papijø, øz] *adj* papillose.
papillome [papilom] *nm* papilloma.
papillon [papijɔ̃] *nm* -1. ENTOM butterfly; **~ de nuit** moth; **~s noirs** *fig* gloomy thoughts; **pour chasser tes ~s noirs** to cheer you up. -2. *fam* [contravention] (parking) ticket. -3. *fam* [esprit volage]: **c'est un (vrai) ~** he's fickle. -4. TECH [écrou] butterfly OU wing nut; [obturateur, clapet] butterfly valve. -5. SPORT butterfly (stroke).
papillonnage [papijɔnaʒ] = **papillonnement**.
papillonnant, e [papijɔnɑ̃, ɑ̃t] *adj* -1. [versatile, instable - esprit] flighty, inattentive. -2. ZOOL fluttering.
papillonnement [papijɔnmɑ̃] *nm* -1. [versatilité, inconstance] flightiness, inattentiveness. -2. [volettement] fluttering.
papillonner [3] [papijɔne] *vi* -1. [voltiger] to flit OU to flutter about. -2. [être volage] to behave in a fickle manner. -3. [être inattentif] to be inattentive; **son esprit papillonne** he can't keep his mind on things.
papillonneur, euse [papijɔnœr, øz] *nm, f* butterfly swimmer.
papillotage [papijɔtaʒ] *nm* -1. [des yeux] blinking; [d'une lumière, d'un reflet] flickering, dancing; [des paupières] fluttering. -2. IMPR mackling, slurring.
papillotant, e [papijɔtɑ̃, ɑ̃t] *adj* -1. [qui cligne - œil] blinking; [- paupière] fluttering. -2. [scintillant - lumière, reflet] flickering, dancing, flashing.
papillote [papijɔt] *nf* -1. [bigoudi] curlpaper. -2. CULIN [pour gigot] frill; **en ~s** en papillote *(cooked in foil or paper parcels)*.
papillotement [papijɔtmɑ̃] *nm* -1. [clignement - des yeux] blinking; [- des paupières] fluttering. -2. [scintillement - d'une lumière, d'un reflet] flickering, flashing, dancing. -3. CIN & TV flicker.
papilloter [3] [papijɔte] ◇ *vi* -1. [œil] to blink; [paupière] to flicker, to flutter. -2. [lumière, reflet] to flicker, to flash, to dance.
◇ *vt* CULIN [dans du papier] to wrap in buttered paper; [dans de l'aluminium] to wrap in foil.
papisme [papism] *nm* papism.
papiste [papist] ◇ *adj* papist.
◇ *nmf* papist.
papotage [papɔtaʒ] *nm* [action] chattering, nattering *Br*; [discussion] chatter, chit-chat, natter *Br*.
papoter [3] [papɔte] *vi* to chatter, to have a chinwag; **j'adore ~** I love a good old natter *Br* OU gab *Am*.
papou, e [papu] *adj* Papuan.
◆ **Papou, e** *nm, f* Papuan.
Papouasie [papwazi] *npr f*: **(la) ~** Papua.

Papouasie-Nouvelle-Guinée [papwazinuvɛlgine] *npr f*: (la) ~ Papua New Guinea.

papouille *fam* [papuj] *nf* tickle; faire des ~s à un bébé to give a baby a little tickle.

paprika [paprika] *nm* paprika.

papule [papyl] *nf* papule.

papy *fam* [papi] *nm* grandad.

papyrologie [papirɔlɔʒi] *nf* papyrology.

papyrologue [papirɔlɔg] *nmf* papyrologist.

papyrus [papirys] *nm* ARCHÉOL & BOT papyrus.

Pâque [pak] *nf*: la ~ Passover, Pesach.

paquebot [pakbo] *nm* liner.

pâquerette [pakrɛt] *nf* daisy.

Pâques [pak] *nm* Easter; à ~ ou à la Trinité never in a month of Sundays; faire ~ avant les Rameaux *fam vieilli to get pregnant before getting married.*

◆ **pâques** *nfpl*: joyeuses pâques Happy Easter; faire ses pâques to take communion (at Easter) ❑ pâques fleuries Palm Sunday.

LES CLOCHES DE PÂQUES:
In France, Easter is traditionally symbolized not only by eggs but also by bells; according to legend, church bells fly to Rome at Easter.

---

paquet [pakɛ] *nm* -**1.** [colis, ballot] parcel, package; faire un ~ de vieux journaux to make up a bundle of old newspapers. -**2.** COMM [marchandise emballée]: un ~ de sucre/de farine a bag of sugar/flour; un ~ de cigarettes a packet *Br* OU a pack *Am* (of cigarettes) ❑ ~-cadeau gift-wrapped purchase; je vous fais un ~-cadeau? shall I gift-wrap it for you? -**3.** [valise] bag; mets tes ~s là put your bags down here; faire ses ~s to pack one's bags. -**4.** *fam* [quantité importante]: il y a un ~ d'erreurs dans ce texte this text is full of mistakes, there are loads of mistakes in this text ❑ mettre le ~: j'ai mis (tout) le ~ *fig* I gave it all I've got; toucher le ~ to make a packet OU mint OU pile. -**5.** [masse]: les manifestants arrivent par petits ~s the demonstrators are arriving in clusters OU in small groups; j'ai reçu un ~ de neige sur la tête a lump of snow fell on my head ❑ un ~ de mer NAUT a big wave; sa mère est un ~ de nerfs her mother's a bundle OU bag of nerves. -**6.** SPORT: ~ (d'avants) pack. -**7.** INF packet.

paquetage [paktaʒ] *nm* MIL kit, pack; ils font leur ~ they're getting their kits ready.

paqueteur, euse [paktœr, øz] *nm, f* packer.

paquet-poste [pakɛpɔst] (*pl* paquets-poste) *nm* mail parcel.

par[1] [par] *nm* [au golf] par.

par[2] [par] *prép* -**1.** [indiquant la direction, le parcours] by; [en traversant un lieu] through; il est entré ~ la porte de derrière he came in by the back door; il est arrivé ~ la route he came by road; sors ~ la fenêtre go out by OU through the window; il est arrivé ~ la gauche/~ la droite/~ le nord he arrived from the left/the right/the north; faut-il passer ~ Paris? do we have to go through OU via Paris?; il est passé ~ la maison avant de ressortir he dropped in before going off again; il allait ~ les rues he was walking through the streets; la nouvelle s'est répandue ~ la ville the news spread throughout the town ‖ [indiquant la position]: elle est assise ~ terre she's sitting on the ground; la neige avait fondu ~ endroits the snow had melted in places; ~ 45° de latitude nord NAUT lying at a latitude of 45° north; ~ 10 brasses d'eau NAUT in 10 fathoms of water; ~ babord avant/arrière NAUT on the port bow/stern. -**2.** [pendant]: ~ un beau jour d'été on a fine summer's day; ~ une belle matinée de septembre on a fine morning in September; ~ grand froid/grosse chaleur in extreme cold/intense heat; ~ le passé in the past; ~ moments at times, from time to time; ~ les temps qui courent these days; ~ deux fois twice; ~ trois fois three times, thrice *litt.* -**3.** [indiquant le moyen, la manière] by; prends le couteau ~ le manche take the knife by the handle; tenir qqn ~ la taille to hold sb by the waist; attraper qqn ~ les cheveux to grab sb by the hair; les lettres sont classées ~ ordre d'arrivée the letters are filed in order of arrival; envoyer qqch ~ avion/telex to send sthg by airmail/telex; ~ air/terre/mer by air/land/sea; voyager ~ bateau/le train to travel by boat/train; voyager ~ avion to travel by plane, to fly; je l'ai appris ~ la radio I heard it on the radio; nous sommes arrivés à ce résultat ~ une équation we obtained this result by (means of) an equation; répondre ~ oui ou ~ non/~ la négative to answer yes or no/in the negative; obtenir qqch ~ la force/la douceur to obtain sthg by force/through kindness; être avec qqn ~ la pensée to be with sb in one's thoughts. -**4.** [indiquant la cause, l'origine]: faire qqch ~ habitude/caprice/plaisir/paresse to do sthg out of habit/on a whim/for the pleasure of it/out of laziness; il n'a pas répondu ~ négligence/manque de temps he didn't answer out of carelessness/because he didn't have the time; différer ~ ses habitudes to differ in one's habits; je l'ai rencontré ~ hasard I met him by chance; je le sais ~ expérience I know it from experience; fidèle ~ devoir faithful out of duty; ponctuelle ~ habitude punctual by OU out of habit; nous sommes cousins ~ ma mère we're cousins on my mother's side (of the family); une tante ~ alliance an aunt by marriage. -**5.** [introduisant le complément d'agent] by; les récoltes ont été dévastées ~ la grêle the crops were ruined by the hail; la maison a été achetée ~ des étrangers the house has been bought by foreigners; le logiciel est protégé ~ un code the software is protected by OU with a code; faire faire qqch ~ qqn to have sthg done by sb; je l'ai découvert ~ son intermédiaire I discovered it through him/her; je l'ai appris ~ elle I heard it from her, I learned of it through her; ils veulent le faire ~ eux-mêmes they want to do it by OU for themselves; elles se sont rencontrées ~ son intermédiaire they met through him/her; les deux appareils sont reliés ~ un fil the two devices are connected by a wire; le «Discours de la méthode», ~ Descartes the "Discourse on Method" by Descartes. -**6.** [emploi distributif]: une heure ~ jour one hour a OU per day; faire trois repas ~ jour to eat three meals a OU per day; 1 000 francs ~ personne 1,000 francs per person; une fois ~ an once a year; heure ~ heure hour by hour; mettez-vous deux ~ deux line up in twos; ils arrivaient ~ petits groupes/centaines they arrived in small groups/in their hundreds. -**7.** [avec les verbes 'commencer' et 'finir']: ça finira ~ arriver/~ ressembler à quelque chose it will end up happening/looking like something; commence ~ travailler start (off) by working; il a fini ~ avouer he eventually owned up; le concert débuta ~ une sonate de Mozart the concert opened with a sonata by Mozart; notre programme se terminera ~ les informations à 23 h 40 our programmes for the evening will end with the news at 11.40.

◆ **de par** *loc prép* -**1.** [par l'ordre de]: de ~ la loi according to the law; de ~ le roi in the name of the king. -**2.** *litt* [dans l'espace] throughout; de ~ le monde all over OU throughout the world. -**3.** [du fait de] by virtue of; de ~ son éducation, il est tout à fait à l'aise dans ce milieu by virtue of his upbringing, he is perfectly at ease in this environment.

◆ **par-ci par-là** *loc adv* -**1.** [dans l'espace] here and there; des livres traînaient ~-ci ~-là books were lying around here and there. -**2.** [dans le temps] now and then, from time to time, every now and then OU again. -**3.** [marquant la répétition]: avec lui, c'est mon yacht ~-ci, mon avion personnel ~-là it's my yacht this, my plane that, all the time with him.

para *fam* [para] (*abr de* **parachutiste**) *nm* para.

para- [para] *préf* -**1.** [en marge de] para-. -**2.** [qui protège] para-, anti-. -**3.** CHIM para-.

parabole [parabɔl] *nf* -**1.** LITTÉRAT & RELIG parable. -**2.** MATH parabola.

parabolique [parabɔlik] *adj* -**1.** LITTÉRAT & RELIG parabolic, parabolical. -**2.** MATH parabolic.

paraboliquement [parabɔlikmɑ̃] *adv* parabolically.

paraboloïde [parabɔlɔid] *nm* paraboloid.

paracentèse [parasɛ̃tɛz] *nf* paracentesis *spéc*, tapping.

paracétamol [parasetamɔl] *nm* paracetamol.

parachèvement [paraʃɛvmɑ̃] *nm sout* [action] completion; [résultat] crowning.

parachever [19] [paraʃve] *vt sout* to complete; ~ un travail to complete a piece of work; ~ un tableau to put finishing touches to a painting.

parachronisme [parakrɔnism] *nm* parachronism.

parachutage [paraʃytaʒ] *nm* -**1.** MIL & SPORT parachuting. -**2.** *fam* POL *bringing in a candidate from outside the constituency.*

parachute [paraʃyt] *nm* parachute; sans ~ *fig* without a parachute OU a safety-net ❑ ~ ascensionnel parascending; ~ dorsal backpack parachute; ~ extracteur pilot chute; ~ à rubans ring slot parachute; ~ à tuyères ribbon parachute; ~ du type «aile» parasheet; ~ ventral lap-pack OU chest-pack parachute.

parachuter [3] [paraʃyte] *vt* -**1.** MIL & SPORT to parachute. -**2.** *fam* POL to bring in from outside the constituency; ils l'ont parachuté directeur dans une succursale ADMIN he was unexpectedly given the job of branch manager.

parachutisme [paraʃytism] *nm* parachuting; faire du ~ to go parachuting ❑ ~ ascensionnel parascending; ~ en chute libre free-fall parachuting.

parachutiste [paraʃytist] ◇ *nm* -**1.** LOISIRS & SPORT parachutist. -**2.** MIL paratrooper.
◇ *adj*: troupes ~s paratroops.

parade [parad] *nf* -**1.** [défilé] parade; la grande ~ du cirque the grand finale (at the circus); faire ~ de [faire étalage de]: faire ~ de ses connaissances to show off OU to parade OU to display one's knowledge. -**2.** ZOOL (courtship) display. -**3.** BOXE parry; ESCRIME parade, parry; ÉQUIT checking; FTBL save. -**4.** [riposte] retort, reply, riposte; nous devons trouver la ~ we must find a way of counterattacking.

◆ **de parade** *loc adj litt* -**1.** [ornemental] ceremonial. -**2.** [feint]: une amabilité de ~ an outward show of friendliness.

parader [3] [parade] *vi* -**1.** [troupes] to parade. -**2.** ÉQUIT to execute a dressage. -**3.** [personne] to show off, to pose, to strut about.

paradeur, euse [paradœr, øz] *nm, f* poser, poseur.

paradigmatique [paradigmatik] *adj* paradigmatic.

paradigme [paradigm] *nm* paradigm.

paradis [paradi] *nm* -**1.** RELIG paradise, heaven; ce petit village est un véritable ~ this little village is heaven on earth OU paradise; aller au ~ to go to heaven ❑ les ~ artificiels drug-induced euphoria; ~ fiscal tax haven; le Paradis terrestre the Garden of Eden OU Earthly Paradise; 'le Paradis perdu' *Milton* 'Paradise Lost'. -**2.** THÉÂT: le ~ the gods *Br*, the (top) gallery.

paradisiaque [paradizjak] *adj* heavenly, paradisal, paradisiacal.

paradisier [paradizje] *nm* bird of paradise.

paradoxal, e, aux [paradɔksal, o] *adj* -**1.** [contradictoire] paradoxical; c'est une situation ~e it's a paradoxical situation; il a l'esprit ~ he's got a perverse way of looking at things. -**2.** [déconcertant] unexpected, paradoxical; sa présence parmi eux était ~e it was surprising to find her among them. -**3.** MÉD paradoxical.

paradoxalement [paradɔksalmɑ̃] *adv* paradoxically.

paradoxe [paradɔks] *nm* paradox.

parafe [paraf] = **paraphe**.

parafer [parafe] = **parapher**.

parafeur [parafœr] = **parapheur**.

paraffinage [parafinaʒ] *nm* paraffining.
paraffine [parafin] *nf* paraffin OU paraffine (wax); **mettre de la ~ sur des confitures** to seal jam jars with (paraffin) wax.
paraffiner [3] [parafine] *vt* to paraffin.
parafiscal, e, aux [parafiskal, o] *adj* parafiscal.
parafiscalité [parafiskalite] *nf* parafiscal measures.
parafoudre [parafudr] *nm* lightning conductor.
parage [paraʒ] *nm* CULIN & MÉD dressing.
parages [paraʒ] *nmpl* -**1.** [environs] area, surroundings; **il habite dans les ~** he lives around here somewhere. -**2.** NAUT waters.
paragraphe [paragraf] *nm* -**1.** [passage] paragraph. -**2.** [signe typographique] paragraph (sign), par.
paragrêle [paragrɛl] ◇ *nm* anti-hail device.
◇ *adj* anti-hail.
Paraguay [paragɥɛj] *npr m*: **le ~** Paraguay; **au ~** in Paraguay.
paraguayen, enne [paragwejɛ̃, ɛn] *adj* Paraguayan.
◆ **Paraguayen, enne** *nm, f* Paraguayan.
paraison [parɛzɔ̃] *nf* [masse de verre] parison.
paraître[1] [parɛtr] *nm sout*: **le ~** appearance, appearances.
paraître[2] [91] [parɛtr] ◇ *vi* -**1.** [se montrer - soleil] to appear, to come out; [- émotion] to show; [- personne attendue] to appear, to turn up; [- dignitaire, prince] to appear, to make a public appearance; [- acteur] to appear; **il n'a pas paru au bureau depuis huit jours** he hasn't turned up OU appeared at the office for a week now; **laisser ~ son émotion** to let one's emotion show. -**2.** [figurer] to appear; **l'usine nous appartient, mais notre logo n'y paraît pas** the factory belongs to us, but our logo isn't (displayed) on it. -**3.** [être publié - livre] to be published, to come out, to appear; **faire ~ une petite annonce dans un journal** to put an advertisement in a paper; **'vient de ~'** 'just published'. -**4.** [sembler] to appear, to seem, to look; **il ne paraît pas très à l'aise dans son costume** he doesn't seem (to be) very comfortable in his suit; **~ plus jeune que l'on n'est** to seem OU to look OU to appear younger than one is; **il paraît moins fatigué qu'hier** he appears to be less tired than yesterday; **il parut céder** he looked as though he was giving in; **paraît-il** apparently, seemingly; **tu as retrouvé du travail, paraît-il** I hear you've got a new job. -**5.** [se donner en spectacle] to show off; **il cherche toujours à ~** he's always showing off.
◇ *vt*: **75 ans? vous ne les paraissez pas** 75 years old? you don't look it.
◇ *v impers*: **ça ne paraît pas (mais...)** [ça ne se voit pas] it doesn't look like it (but...); **elle a 50 ans, ça ne paraît pas** she doesn't look 50, does she?; **il n'y paraît pas** it doesn't show; **il n'y paraît pas, mais le plancher est mouillé** it doesn't look like it, but the floor is wet; **dans une semaine il n'y paraîtra plus** in a week it won't show any more; **je tâche de l'aider sans qu'il y paraisse** I try to help him without letting it show; **il me paraît préférable de se décider maintenant** I think it's better OU it seems better to make up our minds now; **vous êtes renvoyé? — il paraît** have you been fired? — it looks like it OU so it seems; **il paraît que...** I've heard (that)..., it would seem (that)...; **il paraîtrait qu'il a trois enfants** it would seem OU appear (that) he's got three children; **paraît que tu vas te marier!** I hear you're getting married?
◆ **à ce qu'il paraît** *loc adv* apparently.
paralittéraire [paraliterɛr] *adj*: **les productions ~s** minor literary works.
paralittérature [paraliteratyr] *nf* literature with a small "l", minor literary works.
parallactique [paralaktik] *adj* parallactic.
parallaxe [paralaks] *nf* ASTRON, GÉOM & PHOT parallax.
parallèle [paralɛl] ◇ *adj* -**1.** GÉOM, SPORT & INF parallel; **les deux droites sont ~s** the two lines are parallel; **la droite AB est ~ à la droite CD** line AB is parallel to line CD. -**2.** [comparable - données, résultats] parallel, comparable, similar; **nous avons eu des carrières ~s** we had similar careers. -**3.** [non officiel - festival] unofficial, fringe *(modif)*; [- marché, transaction] unofficial; [- police] unofficial, secret; **mener une vie ~** to live a double life.
◇ *nm* -**1.** ASTRON & GÉOG parallel; **~ de latitude** parallel of latitude. -**2.** [comparaison] parallel; **établir un ~ entre deux phénomènes** to draw a parallel between two phenomena. -**3.** *fam* SPORT parallel turning OU skiing.
◇ *nf* GÉOM parallel (line).
◆ **en parallèle** *loc adv* -**1. mettre deux faits en ~** to draw a parallel between OU to compare two facts. -**2.** INF (in) parallel. -**3.** ÉLECTR in parallel.
parallèlement [paralɛlmɑ̃] *adv* -**1.** GÉOM in a parallel to. -**2.** SPORT: **skier ~** to do parallel turns. -**3.** [simultanément]: **~ à** at the same time as; **~ à mon cours de danse, je donne aussi un cours de musique** I teach music as well as dance.
parallélépipède [paralelepipɛd] *nm* parallelepiped.
parallélépipédique [paralelepipedik] *adj* parallelepipedal.
parallélisme [paralelism] *nm* -**1.** GÉOM parallelism. -**2.** AUT wheel alignment. -**3.** SPORT parallel turning OU skiing. -**4.** [concordance] parallel, concordance; **établir un ~ entre deux faits** to draw a parallel between two facts.
parallélogramme [paralelɔgram] *nm* -**1.** GÉOM parallelogram. -**2.** AUT: **~ de Watt** Watt governor.
paralogique [paralɔʒik] *adj* paralogic, paralogical.
paralogisme [paralɔʒism] *nm* paralogism.
paralysant, e [paralizɑ̃, ɑ̃t] *adj pr* & *fig* paralysing.
paralysé, e [paralize] ◇ *adj* paralysed; **elle a le bras droit ~** her right arm is paralysed.
◇ *nm, f* paralytic MED.
paralyser [3] [paralize] *vt* -**1.** MÉD to paralyse. -**2.** [figer, inhiber] to paralyse; **la ville est paralysée par la grève** the town is paralysed by the strike; **la fumée paralyse l'action des sauveteurs** the smoke is paralysing rescue work; **paralysé par le froid** paralysed OU numb with cold; **paralysé par la peur** crippled with fear.
paralysie [paralizi] *nf* -**1.** MÉD paralysis. -**2.** [arrêt] paralysis; **la ~ de la volonté** paralysis of the will; **la grève a provoqué la ~ des transports** the strike has paralysed the transport system.
paralytique [paralitik] *adj* & *nmf* paralytic MED.
paramagnétique [paramaɲetik] *adj* paramagnetic.
paramagnétisme [paramaɲetism] *nm* paramagnetism.
paramécie [paramesi] *nf* paramecium.
paramédical, e, aux [paramedikal, o] *adj* paramedical.
paramètre [paramɛtr] *nm* -**1.** MATH parameter. -**2.** [élément variable] parameter, factor. -**3.** ANAT parametrium.
paramétrer [18] [parametre] *vt* INF to set, to program.
paramétrique [parametrik] *adj* parametric, parametrical.
paramilitaire [paramilitɛr] *adj* paramilitary.
paramnésie [paramnezi] *nf* paramnesia.
paranéoplasique [paraneɔplazik] *adj* paraneoplastic.
parangon [parɑ̃gɔ̃] *nm litt* paragon; **~ de vertu** paragon of virtue.
parano *fam* [parano] ◇ *adj* paranoid.
◇ *nmf* [personne] paranoiac; **c'est un/une ~** he's/she's paranoid.
◇ *nf* [maladie] paranoia.
paranoïa [paranɔja] *nf* paranoia.
paranoïaque [paranɔjak] ◇ *adj* paranoiac, paranoid.
◇ *nmf* paranoiac.
paranoïde [paranɔid] *adj* paranoid.
paranormal, e, aux [paranɔrmal, o] *adj* paranormal.
parapente [parapɑ̃t] *nm* paragliding.
parapet [parapɛ] *nm* CONSTR parapet.
parapharmacie [parafarmasi] *nf* (non-pharmaceutical) chemist's *Br* OU druggist's *Am* merchandise.
paraphasie [parafazi] *nf* paraphasia.
paraphe [paraf] *nm* -**1.** [pour authentifier] initials; [pour décorer] flourish, paraph. -**2.** JUR OU *litt* [signature] signature.
parapher [3] [parafe] *vt* -**1.** [pour authentifier] to initial. -**2.** JUR OU *litt* [signer] to sign.
parapheur [parafœr] *nm portfolio for documents for signature.*
paraphrase [parafraz] *nf* [gén & LING] paraphrase.
paraphraser [3] [parafraze] *vt* to paraphrase.
paraphraseur, euse [parafrazœr, øz] *nm, f* paraphraser.
paraphrastique [parafrastik] *adj* paraphrastic.
paraphrène [parafrɛn] *adj* paraphreniac.
paraphrénie [parafreni] *nf* paraphrenia.
paraphrénique [parafrenik] *adj* paraphrenic.
paraplégie [parapleʒi] *nf* paraplegia.
paraplégique [parapleʒik] *adj* & *nmf* paraplegic.
parapluie [paraplɥi] *nm* -**1.** [accessoire] umbrella. -**2.** POL: **~ nucléaire** nuclear umbrella. -**3.** *fam* [passe-partout] skeleton key *(for spring locks)*.
parapsychique [parapsiʃik] *adj* parapsychological.
parapsychologie [parapsikɔlɔʒi] *nf* parapsychology.
parapsychologique [parapsikɔlɔʒik] *adj* parapsychological.
parapsychologue [parapsikɔlɔg] *nmf* parapsychologist.
parascolaire [paraskɔlɛr] *adj* extracurricular.
parasexualité [parasɛksɥalite] *nf* parasexuality.
parasismique [parasismik] = **antisismique**.
parasitaire [parazitɛr] *adj* BIOL & *fig* parasitic.
parasite [parazit] ◇ *adj* -**1.** BIOL parasitical. -**2.** ÉLECTR & TÉLÉC: **bruit ~** interference.
◇ *nm* -**1.** BIOL parasite. -**2.** [personne] scrounger.
◆ **parasites** *nmpl* RAD & TV interference *(U)*, atmospherics *Br*; TÉLÉC noise, static; **il y a des ~s sur la ligne** the line's bad, there's static on the line.
parasiter [3] [parazite] *vt* -**1.** BIOL to live as a parasite on, to be parasitical upon; **je me suis fait ~ par un ancien copain** *fam fig* an old friend came around to sponge off me. -**2.** RAD, TÉLÉC & TV to interfere with, to cause interference on.
parasiticide [parazitisid] ◇ *adj* parasiticidal.
◇ *nm* parasiticide.
parasitisme [parazitism] *nm* -**1.** BIOL parasitism. -**2.** *fig* scrounging.
parasitologie [parazitɔlɔʒi] *nf* parasitology.
parasitose [parazitoz] *nf* parasitosis.
parasol [parasɔl] *nm* -**1.** [en ville, dans un jardin] parasol, sunshade; [pour la plage] beach umbrella, parasol. -**2.** AÉRON parasol (wing).
parastatal, e, aux [parastatal, o] *adj Belg* semi-public.
parasympathique [parasɛ̃patik] ◇ *adj* parasympathetic.
◇ *nm* parasympathetic nervous system.
parasynthétique [parasɛ̃tetik] ◇ *adj* parasynthetic.
◇ *nm* parasynthesis.
parathyroïde [paratirɔid] *nf* parathyroid (gland).

parathyroïdien, enne [paratirɔidjɛ̃, ɛn] *adj* parathyroid.

paratonnerre [paratɔnɛr] *nm* lightning conductor.

paratyphique [paratifik] *adj* paratyphoid.

paratyphoïde [paratifɔid] ◇ *adj* paratyphoid. ◇ *nf* paratyphoid (fever).

paravalanche [paravalɑ̃ʃ] *nm* avalanche barrier.

paravent [paravɑ̃] *nm* -1. [écran] (folding) screen OU partition. -2. *fig* (smoke) screen, cover; **il se sert de son nom comme d'un ~** he uses his name as a cover.

parbleu [parblø] *interj* certainly, of course; **je l'ai jeté dehors, ~!** I kicked him out, of course OU needless to say!

parc [park] *nm* -1. [enclos - à bétail] pen, enclosure; [- à moutons] fold; [- pour bébé] pen, playpen; **~ à bestiaux** cattle pen; **~ de stationnement** car park *Br*, parking lot *Am*. -2. PÊCHE bed; **~ à huîtres** oyster bed. -3. LOISIRS [jardin public] park; [domaine privé] park, grounds; **~ d'attractions** amusement park; **~ national** national park; **~ naturel** nature reserve; **le ~ des Princes** *large football stadium in Paris*. -4. [unités d'équipement] stock; **le ~ automobile français** the total number of cars in France; **notre ~ ferroviaire** our (total) rolling stock. -5. INDUST [entrepôt] depot; **~ industriel** *Can* industrial estate *Br* OU park *Am*.

parcage [parkaʒ] *nm* -1. AGR foldyard manuring. -2. AUT parking. -3. PÊCHE bedding.

parcellaire [parselɛr] ◇ *adj* -1. ADMIN & JUR: **cadastre** OU **plan ~** cadastral survey; **enquête/état ~** division/list of properties *(in plots for compulsory purchase order)*. -2. [fractionné - connaissances, tâche] fragmented; **travail ~** INDUST division of labour.
◇ *nm* (detailed survey of) lots ADMIN & JUR.

parcellarisation [parselarizasjɔ̃] = **parcellisation**.

parcellariser [parselarize] = **parcelliser**.

parcelle [parsɛl] *nf* -1. ADMIN parcel, plot; [lopin] plot (of land). -2. [morceau - d'or] particle; **une ~ de liberté** *fig* a (tiny) bit of freedom; **pas une ~ de vérité** not a grain OU shred of truth.

parcellisation [parselizasjɔ̃] *nf* -1. [gén] fragmentation, division. -2. INDUST: **~ des tâches** division of labour.

parcelliser [3] [parselize] *vt* to fragment, to divide, to subdivide.

parce que [parskə] *(devant voyelle ou h muet* **parce qu'** [parsk]) *loc conj* because; **elle n'est pas venue parce qu'elle se sentait fatiguée** she didn't come because she was feeling tired; **ce n'est pas parce qu'on a eu une dispute que je ne vais plus te parler** just because we've had an argument doesn't mean I'm never going to speak to you again; **il ne répondit rien ~ très gêné** he didn't reply because he was so embarrassed; **pourquoi pleures-tu? – ~!** *fam* why are you crying? – because!

parchemin [parʃəmɛ̃] *nm* -1. [pour écrire] (piece of) parchment. -2. *fam* [diplôme] diploma, degree.

parcheminé, e [parʃəmine] *adj* [peau] wrinkled; [visage] wizened.

parchet [parʃɛ] *nm Helv* plot of land.

par-ci, par-là [parsiparla] *loc adv* → **par**.

parcimonie [parsimɔni] *nf sout* parsimony, parsimoniousness.
◆ **avec parcimonie** *loc adv* parsimoniously, sparingly; **il distribue les compliments avec ~** he's sparing with his praise.

parcimonieusement [parsimɔnjøzmɑ̃] *adv sout* parsimoniously, sparingly.

parcimonieux, euse [parsimɔnjø, øz] *adj sout* parsimonious, sparing.

parc(o)mètre [park(ɔ)mɛtr] *nm* (parking) meter.

parcotrain [parkɔtrɛ̃] *nm* train users' car park *Br* OU parking lot *Am*.

parcourir [45] [parkurir] *vt* -1. [distance - gén] to cover; [- en courant] to run; [- en marchant] to walk; [- à cheval, à vélo] to ride; **la distance à ~ par les chevaux** the distance to be run OU covered by the horses; **chemin parcouru** distance covered; **le prix du kilomètre parcouru** RAIL ≃ unit cost per passenger-mile. -2. [pour visiter] to travel through *(insép)*; **ils ont parcouru toute l'Amérique** they've travelled the length and breadth of America; **~ les mers** [marin, bateau] to sail the seas ‖ [dans une quête] to scour, to search (all over); **parcourant les montagnes à la recherche d'orchidées** looking for orchids all over the mountains, scouring the mountains for orchids; **je parcourais la ville à la recherche d'un emploi** I was searching all over town for a job. -3. [suj: douleur, frisson] to run through *(insép)*; **un murmure de protestation parcourut la salle** a murmur of protest ran through the audience. -4. [jeter un coup d'œil à - journal, roman, notes de cours] to skim OU to leaf through *(insép)*; **je n'ai fait que ~ sa lettre** I've only glanced at her letter; **elle parcourut la liste des reçus** she scanned the list of successful students; **elle parcourut la scène du regard** her eyes scanned the scene.

parcours [parkur] *nm* -1. [trajet - d'une personne] way, journey; TRANSP route; **elle m'a questionné pendant tout le ~** she asked me questions all the way; **il a effectué le ~ en deux heures** he did the trip OU journey in two hours ❑ **accident** OU **incident de ~** hitch. -2. *fig* career, record, path; **son ~ scolaire a été irréprochable** she had a faultless school record; **après le service militaire, nos ~ ont été très différents** after we'd done our national service, we took very different paths. -3. MIL & *fig*: **~ du combattant** assault course. -4. SPORT course. -5. AGR pasture.

par-dedans [pardədɑ̃] *adv* (on the) inside.

par-dehors [pardəɔr] *adv* (on the) outside.

par delà [pardəla] *prép sout* beyond; **~ les mers** over the seas; **~ les siècles** across the centuries.

par-derrière [pardɛrjɛr] ◇ *prép* behind, round the back of; **passe ~ la maison** go round the back of the house.
◇ *adv* -1. [par l'arrière] from behind, at the rear; **on entre dans la cuisine ~** you get into the kitchen from behind OU round the back. -2. [sournoisement]: **il me critique ~** he criticizes me behind my back; **il fait ses coups ~** he operates behind people's backs.

par-dessous [pardəsu] ◇ *prép* under, underneath; **passe ~ la barrière** go under the fence.
◇ *adv* underneath; **j'ai mis le drap ~** I laid the sheet underneath.

pardessus [pardəsy] *nm* overcoat.

par-dessus [pardəsy] ◇ *prép* -1. [en franchissant] over, above; **passe ~ la grille** go over the railings. -2. [sur]: **porter un manteau ~ sa veste** to wear an overcoat on top of one's jacket. -3. *fig* over; **elle est passée ~ le directeur des ventes** she went over the head of the sales manager.
◇ *adv* [dans l'espace]: **saute ~!** jump over!
◆ **par-dessus tout** *loc adv* most of all, above all; **j'aimais ~ tout son sourire** what I loved most of all OU above everything was his smile.

par-devant [pardəvɑ̃] ◇ *prép* ADMIN & JUR: **~ notaire** in the presence of a solicitor *Br* OU lawyer *Am*, with a solicitor *Br* OU lawyer *Am* present; **tout a été fait ~ notaire** everything was done in the proper legal way.
◇ *adv* [sur le devant] at OU round the front.

par-devers [pardəvɛr] *prép* -1. JUR [en présence de] before, in the presence of. -2. *sout* [en la possession de]: **garder qqch ~ soi** to keep sthg in one's possession OU to o.s.

pardi [pardi] *interj* of course; **je l'ai jeté dehors, ~!** I kicked him out, of course OU needless to say!

pardieu [pardjø] *interj arch* by Jove.

pardon [pardɔ̃] *nm* -1. [rémission] forgiveness, pardon; **demander ~ à qqn** to apologize to sb, to ask for sb's forgiveness; **je lui accordai mon ~** I forgave him; **pas de ~ pour** no mercy for; **demander le ~ de ses fautes** to beg mercy for one's sins; **demande ~ à la dame** say sorry to OU apologize to the lady; **~?** sorry?, (I beg your) pardon?; **~, auriez-vous un crayon?** excuse me, do you have a pencil?; **oh, ~!** *iron* (so) sorry!; **la mère est déjà grande, mais alors la fille, ~!** *fam* the mother's tall enough, but you should see her daughter! -2. [en Bretagne] religious festival. -3. RELIG: **Grand Pardon** Yom Kippur, Day of Atonement.

pardonnable [pardɔnabl] *adj* excusable, forgivable, pardonable; **à son âge, on est ~!** it's excusable at that age!; **votre erreur n'est pas ~** your mistake is unforgivable OU inexcusable; **je ne suis pas ~!** I have no excuse!

pardonner [3] [pardɔne] *vt* -1. [oublier - offense] to forgive, to excuse; [- péché] to forgive, to pardon; **je pardonne les distractions, pas les méchancetés** I can forgive OU excuse thoughtlessness, but not wickedness; **~ qqch à qqn** to forgive sb for sthg; **allez, je te pardonne tout** all right, I'll let you off (with everything); **~ ses péchés à qqn** to forgive sb (for) his sins; **voilà un mot qui ne te sera pas pardonné** you won't be forgiven for saying that; **il ne me pardonne pas d'avoir eu raison** he won't forgive me for having been right; **mais vous êtes tout pardonné!** but of course you're forgiven!; **se faire ~** to be forgiven, to win forgiveness; **pardonne-nous nos offenses** RELIG forgive us our trespasses ‖ *(en usage abs)* to be forgiving; **apprendre à ~** to learn forgiveness OU to forgive; **c'est un sport où la méforme ne pardonne pas** in this sport you can't afford to be unfit; **une distraction au volant, ça ne pardonne pas!** one slip in concentration at the wheel is fatal! -2. [dans des formules de politesse] to forgive, to excuse; **pardonnez ma curiosité** OU **pardonnez-moi si je suis indiscret mais...** I'm sorry if I'm being OU excuse me for being nosy, but...; **pardonnez-moi d'insister** excuse me for being so insistent; **pardonnez-moi, mais vous oubliez un détail d'importance** excuse me, but you've forgotten an important point.
◆ **se pardonner** ◇ *vp (emploi réfléchi)*: **je ne me le pardonnerai jamais** I'll never forgive myself.
◇ *vp (emploi passif)* to be excused OU forgiven; **une traîtrise ne se pardonne pas** treachery cannot be forgiven.
◇ *vp (emploi réciproque)* to forgive one another; **ils se sont pardonné leurs mensonges** they forgave each other's lies.

pare-balles [parbal] ◇ *adj inv* bullet proof.
◇ *nm inv* bullet-shield.

pare-brise [parbriz] *nm inv* windscreen *Br*, windshield *Am*.

pare-chocs [parʃɔk] *nm inv* bumper; **nous étions ~ contre ~** we were bumper to bumper.

pare-éclats [parekla] *nm inv* -1. MENUIS wooden stop. -2. MIL shellproof screen.

pare-étincelles [paretɛ̃sɛl] *nm inv* -1. [écran] sparkguard, fireguard. -2. RAIL spark arrester.

pare-feu [parfø] *nm inv* -1. [en forêt - coupe-feu] firebreak. -2. [d'une cheminée] fireguard. -3. [de pompier] (helmet) fire-shield.

pare-fumée [parfyme] ◇ *adj inv* → **écran**.
◇ *nm inv* smoke extractor.

parégorique [paregɔrik] *adj* paregoric.

pareil, eille [parɛj] ◇ *adj* -1. [semblable, équivalent] the same, alike, similar; **tu as vu ses chaussures? – oui, j'en ai de ~les** have you seen her shoes? – yes, I have a pair just like them; **je n'ai jamais rien vu de ~** I've never seen anything like it; **vous êtes (bien) tous ~s!** you're all alike OU the same!; **comment vas-tu? – toujours ~!** how are you? – same as ever!; **c'est toujours ~, personne n'ose se plaindre!** it's always the same, nobody ever dares complain!; **leurs bagues sont presque ~les** their rings are almost identical OU the same; **~ à** the same as, just like; **~ à la rosée** *litt* like (the) dew, dew-like; **~ que** *fam* (the) same as; **ta jupe est ~le que la mienne** your skirt's the same as

mine. -**2.** [de cette nature] such (a); **un talent ~ OU un ~ talent est très rare** such talent is very rare; **comment peux-tu lire un journal ~?** how can you read such a paper?; **on n'avait jamais vu (un) ~ scandale!** there'd never been such a scandal!; **qui peut bien téléphoner à une heure ~le?** who could be phoning at this hour OU time?; **en ~ cas** in such a case; **en ~les circonstances** in such circumstances.
◇ *nm, f* [semblable]: **son ~, sa ~le** [personne] another one like him/her; [chose] another one like it; **ne pas avoir son ~, ne pas avoir sa ~le** to be second to none; **il n'a pas son ~ pour arriver au mauvais moment!** there's nobody quite like him for turning up at the wrong moment!
◆ **pareil** ◇ *nm*: **c'est du ~ au même** *fam* it's six of one and half a dozen of the other, it's the same difference.
◇ *adv fam* the same; **je grossis, pourtant je mange ~** I'm putting on weight, but I'm not eating any different; **on n'a pas dû comprendre ~** we can't have understood the same thing; **ils sont habillés ~** they're dressed the same.
◆ **pareille** *nf*: **rendre la ~le à qqn** to give sb a taste of their own medicine.
◆ **pareils** *nmpl*: **nos ~s** [semblables] our fellow men; [égaux] our equals OU peers; **vous et vos ~s!** you and your kind!
◆ **sans pareil, sans pareille** *loc adj* [éclat, beauté, courage] unrivalled, unequalled; [talent, habileté] unparalleled, unequalled; [artiste] peerless, unequalled; **tu vas voir, la cuisine est sans ~le!** you'll see, the food is unique OU incomparable OU beyond compare!

pareillement [parɛjmɑ̃] *adv* -**1.** [de la même manière] in the same way; **ils s'habillent ~** they dress the same. -**2.** [aussi] equally, likewise; **j'ai été ~ surprise** I was surprised too; **nous avons été ~ heureux de le voir** [nous deux] we were both happy to see him; [nous tous] we all were happy to see him; **bonne soirée! — et à vous ~!** have a nice evening! — you too!

parement [parmɑ̃] *nm* -**1.** COUT facing; [de manche] cuff. -**2.** CONSTR [surface] facing, face; [revêtement] facing, dressing; **~ brut** rough facing. -**3.** TRAV PUBL kerbstone *Br*, curbstone *Am*. -**4.** RELIG frontal.

parementer [3] [parmɑ̃te] *vt* to face CONSTR.

parementure [parmɑ̃tyr] *nf* facing; [doublure] lining COUT.

parenchyme [parɑ̃ʃim] *nm* BIOL & BOT parenchyma.

parent, e [parɑ̃, ɑ̃t] ◇ *adj* -**1.** [de la même famille] related; **je suis ~e avec eux** I'm related to them. -**2.** *sout* [analogue]: **ces deux interprétations sont ~es** the two interpretations are related. -**3.** BOT, GÉOL & ZOOL parent *(modif)*. -**4.** LING related, cognate *(modif)*.
◇ *nm, f* relative, relation; **un proche ~** a close relative OU relation; **un lointain ~, un ~ éloigné** a distant relative OU relation; **un ~ du côté paternel/maternel** a relation on the father's/mother's side; **nous sommes ~s par ma femme** we're related through my wife; **ce sont des ~s en ligne directe/par alliance** they're blood relations/related by marriage ❑ **~ pauvre** *pr & fig* poor relation; **c'est le ~ pauvre de l'opéra** it's opera's poor relation.
◆ **parent** *nm* parent.
◆ **parents** *nmpl* -**1.** [père et mère] parents, father and mother; **~s adoptifs** adoptive OU foster parents. -**2.** *litt* [aïeux]: **nos ~s** our forebears *litt* OU ancestors.

parental, e, aux [parɑ̃tal, o] *adj* parental; **les responsabilités ~es** parental duties.

parenté [parɑ̃te] *nf* -**1.** [lien familial] relationship, kinship; **il n'y a aucune ~ entre eux** they're not related in any way ❑ **~ par alliance** relationship by marriage; **~ directe** blood relationship. -**2.** [ressemblance] relationship, connection; **il y avait une ~ de caractère entre les deux amis** the two friends had similar temperaments. -**3.** [famille] family; **soyez maudits, toi et toute ta ~!** a curse upon you and all your kin! -**4.** LING relatedness.

parentèle [parɑ̃tɛl] *nf arch* -**1.** [parenté] relationship, kinship. -**2.** [ensemble de la famille] (extended) family.

parenthèse [parɑ̃tɛz] *nf* -**1.** [signe] parenthesis, bracket *Br*; **ouvrir/fermer la ~** to open/to close the brackets *Br*. -**2.** [digression] digression, parenthesis; **mais c'est une ~** but that's a digression OU an aside; **je fais une (brève) ~ pour signaler que...** incidentally OU in parenthesis, we may briefly note that... -**3.** GRAMM parenthesis, parenthetical clause.
◆ **entre parenthèses** ◇ *loc adj* [mot, phrase] in parenthesis, in OU between brackets *Br*.
◇ *loc adv* -**1. mettre qqch entre ~s** to put sthg in parenthesis, to put sthg in OU between brackets *Br*. -**2.** [à propos] incidentally, by the way; **entre ~s, elle n'était pas très intelligente** incidentally OU let it be said in passing, she wasn't very bright.
◆ **par parenthèse** *loc adv* incidentally, by the way.

paréo [pareo] *nm* pareo.

parer [3] [pare] *vt* -**1.** *litt* [embellir - pièce] to decorate, to deck out *(sép)*, to adorn; [- personne] to deck out *(sép)*, to adorn; **l'autel paré de lys** the altar bedecked with lilies; **habit richement paré** richly ornamented OU decorated garment; **elle arriva enfin, parée de fourrures/bijoux** she finally arrived, attired in furs/bedecked in jewels || [vêtir] to dress; **elle ne sort que parée de ses plus beaux atours** she only goes out attired in her best finery. -**2.** *sout* [attribuer à]: **~ qqn de toutes les vertus** to attribute many virtues to sb; **~ qqn d'un titre** to grace sb with a title. -**3.** [préparer - ancre] to clear; **pare à virer!** (get) ready to tack!; **paré? alors on y va!** *fig* (are you) ready? then let's go! -**4.** CULIN [poisson, volaille] to dress; [rôti] to trim. -**5.** TECH [cuir] to dress; [sur le bord] to pare. -**6.** MÉTALL to dress. -**7.** [éviter - coup, danger] to ward OU to fend OU to stave off *(sép)*; [- attaque] to stave off *(sép)*, to parry; BOXE & ESCRIME to parry; [- grain] to steer clear of; [- abordage] to fend off *(sép)*; [- cap] to round. -**8.** [protéger]: **~ qqn contre qqch** to shield OU to protect sb against sthg.
◆ **parer à** *v + prép* -**1.** [faire face à - incident] to cope OU to deal with *(insép)*, to handle; **~ à toute éventualité** to prepare for OU to guard against any contingency; **~ au plus pressé** [en voyageant, en emménageant] to deal with basic necessities (first); **je n'ai pu que ~ au plus pressé** [après un incident] I could only employ stopgap measures; **parons au plus pressé et reconstruisons l'hôpital** first things first, we must rebuild the hospital. -**2.** [se défendre contre - tir, attaque] to ward off.
◆ **se parer** *vp (emploi réfléchi)* to put one's finery on; **se ~ de** [bijoux, fourrures] to adorn o.s. with; [titres, honneurs] to assume ❑ **se ~ des plumes du paon** to bask in reflected glory.
◆ **se parer contre** *vp + prép* [se protéger] to protect o.s. against; **je me suis paré contre les rigueurs de l'hiver** I prepared for the rigours of winter.

pare-soleil [parsɔlɛj] *nm inv* sun visor, sunshade.

paresse [parɛs] *nf* -**1.** [fainéantise] laziness, idleness; **avoir la ~ de faire qqch** to be too lazy OU idle to do sthg. -**2.** [apathie] indolence, laziness. -**3.** RELIG [péché capital] sloth. -**4.** MÉD: **~ intestinale: souffrir de ~ intestinale** to be slow to digest (one's) food.

paresser [4] [parɛse] *vi* to laze (about OU around); **~ au soleil** to laze in the sun.

paresseusement [parɛsøzmɑ̃] *adv* -**1.** [avec paresse] idly, lazily. -**2.** *sout* [avec lenteur] lazily, idly, sluggishly; **les vagues viennent mourir ~ sur la plage** the waves break gently on the beach.

paresseux, euse [parɛsø, øz] ◇ *adj* -**1.** [sans ardeur] lazy, idle; **c'est un élève très ~** he's a very lazy pupil ❑ **être ~ comme un loir** OU **une couleuvre** to be bone-idle *Br*, to be a goldbricker *Am*. -**2.** *sout* [lent] lazy, slow, indolent; **le cours ~ de la rivière** the river's sluggish waters. -**3.** MÉD [digestion] sluggish.
◇ *nm, f* lazy person; **debout, grand ~!** get up, you lazy thing!
◆ **paresseux** *nm* ZOOL sloth.

parfaire [109] [parfɛr] *vt* -**1.** [peaufiner] to perfect, to bring to perfection; **il aimerait ~ ses connaissances en grec** he would like to perfect his knowledge of Greek; **~ une œuvre** to add the finishing touches to a work. -**2.** [compléter - opération] to round off *(sép)*; [- somme]: **il a pu ~ la somme en faisant des heures supplémentaires** he was able to make up the amount by doing overtime.

parfait, e [parfɛ, ɛt] *adj* -**1.** [sans défaut - beauté, crime, harmonie, conditions] perfect; [- argumentation, diamant, maquillage] perfect, flawless; [- scolarité, savoir-vivre, personne] perfect, faultless; **son russe est ~** her Russian is perfect OU flawless, she speaks perfect Russian; **il a des manières ~es** he's got perfect manners. -**2.** BIOL mature; ENTOM perfect; MATH [cercle] perfect. -**3.** [en intensif] perfect, utter; **c'est le ~ homme du monde** he's a perfect gentleman; **c'est un ~ goujat/idiot** he's an utter boor/fool; **c'est le type même du ~ macho!** he's the epitome of the male chauvinist pig! -**4.** [complet, total - bonheur, calme, entente] perfect, complete, total; [- ressemblance] perfect; [- ignorance] utter, complete, total; **elle s'est montrée d'une ~e délicatesse** she showed exquisite OU perfect tact; **dans la plus ~e indifférence** in utter OU complete OU total indifference. -**5.** [excellent] perfect, excellent; **en ~ état/~e santé** in perfect condition/health; **il a été ~** he was perfect OU marvellous; **le rôle est ~ pour lui** the part is ideal OU made for him; **10 heures, ça vous va? — c'est ~!** would 10 o'clock suit you? — that's perfect OU (just) fine!
◆ **parfait** *nm* -**1.** CULIN parfait. -**2.** LING perfect (tense).

parfaitement [parfɛtmɑ̃] *adv* -**1.** [très bien] perfectly, impeccably, faultlessly; **j'avais ~ entendu!** I heard all right! -**2.** [absolument] perfectly, absolutely, thoroughly; **tu as ~ le droit de refuser** you are perfectly entitled to refuse; **cela lui est ~ indifférent** it's a matter of complete indifference to him. -**3.** [oui] (most) certainly, definitely; **c'est vrai? — ~!** is that true? — it (most) certainly OU definitely is!

parfilage [parfilaʒ] *nm* unpicking, unravelling.

parfiler [3] [parfile] *vt* to unpick, to unravel.

parfois [parfwa] *adv* -**1.** [quelquefois] sometimes; **il venait ~ nous voir** he sometimes came to see us. -**2.** [dans certains cas] sometimes, at times, occasionally; **ça m'amuse ~** there are times when OU occasionally I find it funny.
◆ **parfois... parfois** *loc corrél* sometimes... sometimes; **il était là tous les jours, ~ seul, ~ accompagné** he was there every day, sometimes alone, sometimes OU other times not.

parfum [parfœ̃] *nm* -**1.** [odeur - d'une lotion, d'une fleur] perfume, scent, fragrance; [- d'un mets] aroma; **le ~ frais des magnolias** the sweet scent OU fragrance of the magnolias; **ce conte a un charmant ~ d'autrefois** *fig* this tale has a charming aura of times past. -**2.** [cosmétique] perfume, scent. -**3.** [goût] flavour; **(tu veux une glace) à quel ~?** what flavour (ice cream) do you want?; **yaourts sans ~ artificiel** yoghurts with no artificial flavouring.
◆ **au parfum** *fam loc adv*: **être au ~** to be in the know; **mettre qqn au ~** to put sb in the picture.

parfumer [3] [parfyme] *vt* -**1.** [embaumer] to perfume; **qu'est-ce qui parfume ainsi la pièce?** where's the lovely smell in this room coming from?; **un soupçon de patchouli parfumait son oreiller** her pillow had a faint smell of patchouli. -**2.** [mettre du parfum sur] to put OU to dab perfume on; **être parfumé** [chambre] to smell sweet, to be sweet-smelling; [personne] to have perfume on, to be wearing perfume; **il était parfumé comme une cocotte** *fam* he'd

doused himself in scent. -**3.** CULIN to flavour; **un peu de safran pour ~ la sauce** a pinch of saffron to flavour the sauce; **parfumé à** flavoured with; **yaourt parfumé à la mangue** mango-flavoured yoghurt.
◆ **se parfumer** *vp (emploi réfléchi)* to put on perfume; **parfumez-vous légèrement derrière l'oreille** dab some perfume OU scent behind your ear; **je ne me parfume jamais** I never wear OU use perfume.

parfumerie [parfymri] *nf* -**1.** [magasin] perfumery (shop *Br* OU store *Am*). -**2.** [usine] perfume factory, perfumery. -**3.** [profession] perfumery, perfume trade OU industry. -**4.** [articles] perfumes (and cosmetics), perfumery.

parfumeur, euse [parfymœr, øz] *nm, f* perfumer.

parhélie [pareli] *nm* mock sun, parhelion.

pari [pari] *nm* -**1.** [défi, enjeu] bet, wager; **faire un ~** to lay a bet, to (have a) bet; **c'est un ~ que tu fais en l'engageant** you're taking a chance OU a gamble giving her a job; **je tiens le ~!** *pr* & *fig* I'll take you up on it!; **perdre un ~** to lose a bet; **cette politique est un ~ sur l'avenir** this policy is a gamble on the future. -**2.** JEUX [mise] bet, stake; **il a gagné son ~** he won his bet; **les ~s sont ouverts** *fig* it's anyone's guess ❑ **~ jumelé** double forecast; **~ mutuel (urbain)** → **PMU**. -**3.** PHILOS: **le ~ de Pascal** Pascal's wager.

paria [parja] *nm* -**1.** [d'un groupe] outcast, pariah. -**2.** [en Inde] pariah, untouchable.

paridé [paride] *nm* member of the Paridae.

paridigitidé [paridiʒitide] *adj* artiodactyl.

parier [9] [parje] ◇ *vt* -**1.** [somme] to bet, to lay, to stake; [repas, bouteille] to bet; **j'ai parié gros sur le trois** I laid OU put a big bet on number three; **tu as parié combien?** how much did you bet? -**2.** [exprimant la certitude] to bet; **je te parie qu'il ment** I bet you he's lying; **je l'aurais parié!** I knew it! -**3.** [exprimant la probabilité]: **il y a fort** OU **gros à ~ que...** the odds are OU it's odds on that...; **qu'est-ce que tu paries qu'ils vont divorcer?** I bet you they'll divorce!
◇ *vi* -**1.** [faire un pari] to (lay a) bet; **~ sur un cheval** to bet on OU to back a horse. -**2.** [être parieur] to bet; **je ne parie jamais** I'm not a betting man; **~ aux courses** [de chevaux] to bet on the horses.

pariétaire [parjetɛr] *nf* pellitory, pellitory-of-the-wall.

pariétal, e, aux [parjetal, o] *adj* -**1.** ANAT parietal. -**2.** BX-ARTS: **art ~** wall painting.
◆ **pariétal, aux** *nm* parietal bone.

parieur, euse [parjœr, øz] *nm, f* -**1.** [qui fait un pari] better. -**2.** [qui aime parier] betting man (*f* woman).

parigot, e▽ [parigo, ɔt] ◇ *adj* Parisian.
◇ *nm, f* Parisian.

Paris [pari] *npr* Paris; **aller à ~** to go to Paris; **j'ai horreur d'aller dans ~ le soir** I hate going into Paris in the evening; **je travaille sur ~** I work in Paris; **la banlieue de ~** the Paris suburbs; **dans les environs de ~** in the Paris area; **la mode de ~** Parisian OU Paris fashion ❑ **~ ne s'est pas fait en un jour** *prov* Rome wasn't built in a day *prov*; **~ vaut bien une messe** *allusion Henri IV* Paris is worth a mass.

> **PARIS:**
> 1. The name "Paris" followed by a number or Roman numeral refers to a Paris university: "Paris-VII" (the science faculty at Jussieu), "Paris-IV" (the Sorbonne), "Paris-X" (Nanterre university) etc.
> 2. When "Paris" is followed by an ordinal number, this refers to an arrondissement: "Paris quinzième", "Paris quatrième" etc.

Pâris [paris] *npr* Paris MYTH.

paris-brest [paribrɛst] *nm inv* paris-brest *(choux pastry ring filled with praline cream)*.

parisette [parizɛt] *nf* herb Paris.

parisianisme [parizjanism] *nm* -**1.** [attitude] Paris-centredness; **le ~ des médias** the capital-city mentality of the Paris media. -**2.** [expression] Parisian (turn of) phrase. -**3.** [habitude] Parisian habit OU quirk *péj*.

parisien, enne [parizjɛ̃, ɛn] *adj* -**1.** [relatif à Paris, sa région] Paris *(modif)*; [natif de Paris, habitant à Paris] Parisian; **la vie ~ne** life in Paris, Parisian life; **les immeubles ~s** buildings in Paris. -**2.** [typique de Paris] Parisian; **un événement bien ~** a very Parisian occasion.
◆ **Parisien, enne** *nm, f* Parisian.

parisyllabique [parisilabik] *adj* & *nm* parisyllabic.

paritaire [paritɛr] *adj*: **représentation ~** parity of representation, equal representation.

paritarisme [paritarism] *nm* (doctrine of) co-management INDUST.

parité [parite] *nf* -**1.** [concordance - entre des rémunérations] parity, equality; [- entre des monnaies, des prix] parity; [- entre des concepts] comparability; **la ~ des salaires** equal pay. -**2.** MATH parity. -**3.** INF parity check.

parjure [parʒyr] ◇ *adj* disloyal, treacherous, underhand.
◇ *nmf* [personne] disloyal person, traitor, betrayer.
◇ *nm* [acte] disloyalty, treachery, betrayal.

parjurer [3] [parʒyre]
◆ **se parjurer** *vpi sout* [manquer à son serment] to break one's word OU promise.

parka [parka] *nm* OU *nf* parka.

Parkérisation® [parkerizasjɔ̃] *nf* Parkerizing.

parking [parkiŋ] *nm* -**1.** [parc de stationnement] car park *Br*, parking lot *Am*; **une place de ~** a parking space. -**2.** [action de se garer]: **le ~ est interdit** parking is prohibited here.

Parkinson [parkinsɔn] *npr* → **maladie**.

parlant, e [parlɑ̃, ɑ̃t] *adj* -**1.** CIN talking; **un film ~** a talkie. -**2.** *fam* [bavard]: **il n'est pas très ~** he isn't very talkative OU hasn't got very much to say (for himself). -**3.** [significatif - chiffre, exemple, schéma] which speaks for itself; **leurs statistiques sont ~es** their figures speak volumes. -**4.** [bien observé - portrait] lifelike; [- description] vivid, graphic.
◆ **parlant** *nm* CIN: **le ~** talking pictures.

parlé, e [parle] *adj* [anglais, langue] spoken.
◆ **parlé** *nm* [à l'opéra] spoken part, dialogue.

parlement [parləmɑ̃] *nm* -**1.** POL: **le Parlement** [en France] (French) Parliament; [en Grande-Bretagne] (Houses of) Parliament; **au ~** in Parliament. -**2.** HIST [en France] parliament OU parlement *(under the Ancien Régime)*; [en Grande-Bretagne]: **Parlement Court/Croupion/Long** Short/Rump/Long Parliament.

parlementaire [parləmɑ̃tɛr] ◇ *adj* -**1.** [débat, habitude, régime] parliamentary; **procédure ~** parliamentary procedure. -**2.** HIST [en Grande-Bretagne] Parliamentary.
◇ *nmf* -**1.** [député] member of Parliament; [aux États-Unis] Congressman (*f* Congresswoman). -**2.** HIST [en Grande-Bretagne] Parliamentarian. -**3.** [négociateur] mediator, negotiator.

parlementarisme [parləmɑ̃tarism] *nm* parliamentarianism, parliamentary government.

parlementer [3] [parləmɑ̃te] *vi* to negotiate; **~ avec** POL to parley with; **il a dû ~ avec l'agent pour qu'il le laisse passer** he had to talk the policeman into letting him through.

parler[1] [parle] *nm* -**1.** [vocabulaire] speech, way of speaking; **dans le ~ de tous les jours** in common parlance. -**2.** [langue d'une région] dialect, variety.

parler[2] [3] [parle] ◇ *vi* **A.** FAIRE UN ÉNONCÉ -**1.** [articuler des paroles] to talk, to speak; **~ du nez** to talk through one's nose; **~ bas** OU **à voix basse** to speak softly OU in a low voice; **~ haut** OU **à voix haute** to speak loudly OU in a loud voice; **les syndicats commencent à ~ haut** *fig* the unions are beginning to make a lot of noise; **elle parle avec un accent** she talks OU speaks with an accent; **parle plus fort** speak louder OU up; **parlez moins fort** keep your voice down, don't speak so loud; **elle a une poupée qui parle** she's got a talking doll; **dans ses fables, il fait ~ les animaux** in his fables, he makes the animals talk; **~ par gestes** OU **signes** to use sign language; **ces gens-là parlent avec leurs mains** these people talk with their hands. -**2.** [s'exprimer] to talk, to speak; **vous pouvez ~ librement** you can speak OU talk freely; **parle donc!** speak up!; **ça m'a fait du bien de ~** it's done me good to talk about it OU to talk things over; **je n'ai pas l'habitude de ~ en public** I'm not used to speaking in public OU to public speaking; **le conseiller a parlé le dernier** the councillor spoke last; **il parle mal** [improprement] he doesn't talk correctly; **c'est de la merde**▽ **— comme tu parles mal!** it's shit — (mind your) language! OU that's a fine way to talk! *iron*; **tu n'as qu'à ~ pour être servi** just say the word and you'll be served; **mon père parlait peu** my father was a man of few words; **tu parles en nouveaux francs?** are you talking in OU do you mean new francs?; **il a parlé à la radio** he spoke OU talked on the radio; **elle parle à la première personne du pluriel** she talks in the first person plural OU uses the royal we *hum*; **il a fait ~ l'adolescent** he drew the adolescent out of himself, he got the adolescent to talk; **les armes ont parlé** weapons were used; **ne laissons pas ~ notre haine** let us not yield to hatred; **laisse ~ ton cœur** listen to your heart; **~ pour** OU **à la place de qqn** to speak for sb OU on sb's behalf; **ne parle pas tout le temps pour moi!** stop answering for me!; **sa franchise parle pour lui** *fig* his straightforwardness is a point in his favour; **parle pour toi!** speak for yourself!; **~ contre/pour** to speak against/for; **il va ~ pour la suppression de la peine de mort** he will be speaking against capital punishment; **politiquement/artistiquement parlant** politically/artistically speaking; **~ à qqn** [lui manifester ses sentiments] to talk to OU to speak to OU to have a word with sb; **je vais lui ~, moi, à ton copain!** *fam* I'm going to have a word with that pal of yours!; **parle-moi!** talk OU speak to me!; **j'aurais aimé te ~ la première** I'd have liked to be the first to tell you; **~ à qqn** [s'adresser à qqn] to talk OU to speak to sb; **ne parle pas aux gens que tu ne connais pas** don't talk to strangers; **je ne lui ai parlé que brièvement** I only talked to OU with her for a brief moment; **ne me parle pas sur ce ton!** don't talk to me like that!; **c'est à toi que je parle!** it's you I'm talking to!; **je ne leur parle plus** I'm not on speaking terms with them any more, I don't speak to them any more; **le secrétaire général parlera aux travailleurs demain** the general secretary will talk to OU address the workers tomorrow; **puis-je ~ à Virginie?** [au téléphone] may I speak to Virginie?; **vous pouvez ~!** [message de l'opératrice] go ahead, caller!; **~ à qqn** [l'émouvoir, le toucher] to speak OU to appeal to sb; **sa musique me parle** his music speaks to me; **ses tableaux ne me parlent pas** his paintings don't appeal to me OU don't do anything for me ❑ **voilà ce qui s'appelle ~!**, **ça, c'est ~!** *fam* well said!; **il sait ce que ~ veut dire** he's not stupid; **parlons peu mais parlons bien** let's be brief but to the point. -**3.** [discuter] to talk; **les longues soirées d'hiver où l'on parlait autour du feu** the long winter evenings spent talking OU chatting around the fire; **ne parle pas sans savoir** don't talk about things you don't know about; **~ pour ne rien dire** to talk for the sake of talking; **assez parlé, allons-y!** that's enough chat, let's go!; **~ de qqch/qqn** to talk OU to speak about sthg/sb; **je sais de quoi je parle** I know what I'm talking about; **je ne sais pas de quoi tu veux ~** I don't know what you mean; **~ de choses et d'autres** to talk about this and that; **tiens, en parlant de vacances, Luc a une villa à louer** hey, talking of holidays, Luc has a villa to let; **je ne veux pas qu'on parle de ça à table!** I won't have that kind of talk at table!; **le professeur X va venir ~ de Proust** Professor X will give a talk on Proust; **qui parle d'Europe parle d'axe franco-allemand** you can't talk about Europe without talking about OU mentioning the special relationship between France and Germany; **il en sera beaucoup parlé dans les jours qui viennent** everybody's going to be talking about it in the next few days; ~ **de qqn/qqch** [le mentionner]: **vous ne parlez même pas de Dali dans votre thèse** you don't even mention Dali in your thesis; **le livre parle de la guerre** the book is about OU deals with the war; **tous les journaux en parlent ce matin** it's (mentioned) in all the newspapers this morning; **ils en ont parlé aux informations** they talked about it on the news; **c'était un excellent acteur, mais on ne parle plus de lui maintenant** he was an excellent actor, but nobody ever talks about OU mentions him any more; **si elle en parle devant toi, fais comme si tu ne savais rien** if she mentions it in front of you, pretend you don't know anything (about it); ~ **(de) religion/(de) littérature** to talk religion/literature; **tu ne vas pas déjà ~ de départ!** you're not talking about leaving already, are you?; **je ne l'aime pas, alors ne parlons pas de mariage!** I don't like him, so let there be no talk of marriage!; ~ **de faire qqch** to talk about OU of doing sthg; **elle parle de déménager** she's talking of moving house; **ils parlent de réduire les impôts** they're talking about OU there's talk of cutting taxes; **qui parle de laisser tomber?** who said anything about giving up?; ~ **de qqch/qqn comme de: on parle d'elle comme d'une candidate possible** she's being talked about OU billed as a possible candidate; **tu en parles comme d'une catastrophe** you make it sound like a catastrophe; **on m'en avait parlé comme d'une femme austère** I'd been told she was OU she'd been described to me as a stern sort of woman; ~ **de qqn/qqch à qqn: n'en parle à personne!** don't mention it to anybody!; **après ça, qu'on ne vienne plus me ~ de solidarité** after that, I don't want to hear any more about solidarity; **elle nous a parlé de ses projets** she talked to us about her plans; **parlez-moi un peu de vous/de ce que vous avez ressenti** tell me something about yourself/what you felt; **on m'a beaucoup parlé de vous** I've heard a lot about you; **je cherche un travail, alors, si vous pouviez lui ~ de moi** I'm looking for a job, so if you could have a word with her about me || [jaser] to talk; **les gens commencent à ~!** people are starting to talk!; **tout le monde en parle** everybody's talking about it; **on ne parle que de cela au village** it's the talk of the village; **faire ~ de soi** to get o.s. talked about; [dans la presse] to get one's name in the papers. -**4.** [avouer] to talk; **ses complices ont parlé** her accomplices talked; **faire ~ qqn** to make sb talk, to get sb to talk; **impossible de le faire ~!** it's impossible to get him to talk! -**5.** [être éloquent] to speak volumes; **les chiffres/faits parlent d'eux-mêmes** the figures/facts speak for themselves. -**6.** JEUX: **à qui de ~?** whose bid is it?; **c'est à toi de ~** it's your bid.

B. LOCUTIONS *fam*: **tu parles, vous parlez: tu parles comme je peux oublier ça!** as if I could ever forget it!; **tu parles si je sais de quoi elle est capable!** you bet I know what she's capable of!; **ça t'a plu? – tu parles!** did you like it? – you bet OU *Br* not half; **ça t'irait, 3 000 francs? – tu parles (si ça m'irait)!** would 3,000 francs be OK? – you bet (it would)!; **tu parles que je vais lui rendre!** [je vais lui rendre] you bet I'll give it back to him!; [je ne vais pas lui rendre] there's no way I'm giving it back to him!; **tu parles si c'est agréable/intelligent!** *iron* that's really nice/clever!; **tu parles si je m'en fiche!** a fat lot I care!; **tu parles si ça m'aide!** much good that is to me!; **la truite pesait au moins 10 kg! – tu parles!** the trout was at least 10 kg! – you must be joking OU *Br* pull the other one!; **tu parles de, vous parlez de: tu parles d'une déception!** talk about a letdown!, it was such a letdown!; **tu parles d'une veine!** what a stroke of luck!; **ne m'en parle pas, m'en parle pas: c'est difficile – ne m'en parle pas!** it's difficult – don't tell me OU you're telling me OU you don't say!; **quel temps! – ne m'en parlez pas!** what filthy weather! – oh, don't!; **parlons-en: laisse faire la justice – ah, parlons-en, de leur justice!** let justice take its course – justice indeed OU some justice!; **sa timidité? parlons-en!** her shyness? that's a good one OU you must be joking!; **n'en parlons pas: la chambre du haut, n'en parlons pas** let's OU we can forget the upstairs bedroom; **l'échéance d'avril, n'en parlons pas** let's not even talk about OU mention the April deadline; **n'en parlons plus** let's not mention it again, let's say no more about it; **sans ~ de** to say nothing of, not to mention, let alone; **la misère est inimaginable, sans ~ des conditions d'hygiène** the poverty is unimaginable, not to mention the hygiene; **sans ~ du fait que...** to say nothing of..., without mentioning the fact that...

◇ *vt* -**1.** [langue] to speak; **il parle plusieurs langues** he speaks OU he can speak several languages; **elle parle chinois couramment** she's fluent in Chinese, she speaks Chinese fluently; **il parle bien (le) russe** he speaks good Russian; **vous connaissez l'allemand? – je le parle un peu** do you know any German? – I can speak (it) a little; **tu ne parles pas un mot de polonais!** you don't OU can't speak a word of Polish!; **elle parle le langage des sourds-muets** she knows sign language; **et pourtant je parle français, non?** *fig* don't you understand plain English?; **nous ne parlons pas la même langue** OU **le même langage** *fig* we don't speak the same language; ~ **le langage de la raison** to talk sense. -**2.** [dire d'une façon naturelle] to speak, to read out (*sép*); **parle ton texte, ne le déclame pas** just read out your text, don't recite it.

◆ **parler de** *v + prép* [rappeler] *litt* to remind of; **tout ici me parle de toi** everything here reminds me of you; **les cals de ses mains parlaient d'une vie laborieuse** the calluses on his hands testified to a life of hard work.

◆ **se parler** ◇ *vp (emploi réciproque)* to talk to one another OU each other; **il faudrait qu'on se parle tous les deux** I think we two should have a talk; **elles ne se parlent plus** they aren't on speaking terms any more.

◇ *vp (emploi réfléchi)* to talk to o.s.

◇ *vp (emploi passif)* to be spoken; **le français se parle dans plusieurs pays d'Afrique** French is spoken in several African countries.

parleur, euse [parlœr, øz] *nm, f* talker; **beau ~** *sout* fine talker; **c'est un beau ~** he's a fine talker, he has a way with words.

parloir [parlwar] *nm* [d'une prison] visitors' room; [d'un monastère] parlour.

parlot(t)e *fam* [parlɔt] *nf* chitchat, natter *Br*; **faire la ~** to chat, to natter *Br*.

parme [parm] ◇ *adj inv* mauve.

◇ *nm* [couleur] mauve.

Parme [parm] *npr* Parma.

parmesan, e [parməzɑ̃, an] *adj* Parmesan.

◆ **Parmesan, e** *nm, f* Parmesan.

◆ **parmesan** *nm* Parmesan (cheese); **spaghettis au ~** spaghetti with Parmesan.

parmi [parmi] *prép* among; **~ eux se trouvait un grand homme maigre** there was a tall, thin man among them; **elle erra ~ la foule** she wandered in OU among the crowd; **son nom est réputé ~ les scientifiques** her name is held in high esteem in OU by OU among the scientific community; **nous souhaitons vous avoir bientôt ~ nous** we hope that you'll soon be with us; **~ tout ce vacarme** in the midst of all this noise; **c'est une solution ~ d'autres** that's one of many solutions; **un exemple ~ d'autres** an example among others; **je retiendrai cette solution ~ celles qui ont été proposées** I will choose this solution from those which have been suggested.

Parnasse [parnas] *npr m* -**1.** GÉOG: **le ~** (Mount) Parnassus. -**2.** LITTÉRAT & MYTH Parnassus.

parnassien[1] [parnasjɛ̃] *nm* ENTOM apollo.

parnassien[2], **enne** [parnasjɛ̃, ɛn] *adj* Parnassian.

◆ **Parnassien, enne** *nm, f* Parnassian *(member of the Parnassian school of French poets)*.

parodie [parɔdi] *nf* -**1.** LITTÉRAT parody. -**2.** *fig*: **une ~ de procès** a mockery of a trial.

parodier [9] [parɔdje] *vt* -**1.** BX-ARTS to parody. -**2.** [singer] to mimic, to parody; **je le parodie un peu, mais c'est ce qu'il a dit** I'm parodying him a little, but that's what he said.

parodique [parɔdik] *adj* parodic.

parodiste [parɔdist] *nmf* parodist.

parodontal, e, aux [parɔdɔ̃tal, o] *adj* periodontal.

parodonte [parɔdɔ̃t] *nm* periodontium.

parodontologie [parɔdɔ̃tɔlɔʒi] *nf* periodontology.

parodontolyse [parɔdɔ̃tɔliz] *nf* periodontosis.

parodontose [parɔdɔ̃toz] *nf* periodontal disease.

paroi [parwa] *nf* -**1.** [d'une chambre] partition (wall); [d'un ascenseur] wall; [d'une citerne] inside. -**2.** ANAT & BOT wall. -**3.** GÉOL & ALPINISME face, wall; **~ rocheuse** rockface.

paroisse [parwas] *nf* parish.

paroissial, e, aux [parwasjal, o] *adj* [fête, église] parish *(modif)*; [décision, don] parish *(modif)*, parochial.

paroissien, enne [parwasjɛ̃, ɛn] *nm, f* -**1.** RELIG parishioner. -**2.** *fam* [type]: **c'est un drôle de ~** he's a strange customer.

◆ **paroissien** *nm* [gén] prayer book; [catholique] missal.

parole [parɔl] *nf* -**1.** [faculté de s'exprimer]: **la ~** speech; **il ne lui manque que la ~, à ton chien** your dog does everything but talk; **être doué de ~** to be endowed with speech; **perdre l'usage de la ~** to lose one's power of speech; **avoir la ~ facile** to be a fine talker, to have a way with words ❑ **la ~ est d'argent, le silence est d'or** *prov* speech is silver, silence is golden *prov*. -**2.** [fait de parler]: **demander la ~** to ask for the right to speak; JUR to request leave to speak; **les délégués demandent la ~** the delegates want to speak; **prendre la ~** [gén] to speak; [au parlement, au tribunal] to take the floor; **vous avez la ~** [à un avocat, un député] you have the floor; [dans un débat] (it's) your turn to speak OU over to you; **la ~ est à la défense** the defence may now speak; **adresser la ~ à qqn** to talk OU to speak to sb; **nous ne nous adressons plus la ~** we're not on speaking terms OU we don't talk to each other any more; **couper la ~ à qqn** to interrupt sb; **passer la ~ à qqn** to hand over to sb ❑ **droit de ~** right to speak; **temps de ~** speaking time; **votre temps de ~ est révolu** your time is up. -**3.** LING speech, parole; **acte de ~** speech act. -**4.** *(souvent pl)* [propos] word, remark; **des ~s blessantes** hurtful words OU remarks; **jamais une ~ gentille!** never a kind word!; **prononcer des ~s historiques** to utter historic words; **ce sont ses (propres) ~s** those are his very (own) words; **ce ne sont que des ~s en l'air** all that's just idle talk; **il s'y connaît en belles ~s** he's full of fine words; **en ~s, ça a l'air simple, mais...** it's easy enough to say it, but...; **en ~s et en actes** in word and deed ❑ **répandre** OU **porter la bonne ~** to spread OU to carry the good word; **la ~ de Dieu** the Word of God; **c'est ~ d'Évangile** it's the gospel truth; **les ~s s'envolent, les écrits restent** *prov* verba volant, scripta manent *prov*. -**5.** [engagement] word; **ma ~ vaut bien la sienne** my word is as good as his; **il n'a qu'une ~, il est de ~** his word is his bond, he's a man of his word; **tu n'as aucune ~** you never keep your word; **donner sa ~ (d'honneur) à qqn** to give sb one's word (of honour); **reprendre** OU **retirer sa ~** to go back on one's word ❑ **c'est un homme de ~** he's a man of his word; **~ d'honneur!** I give you my word (of honor)!; **ma ~!** my word! -**6.** JEUX: **avoir la ~** to be the first to bid; **passer ~** to pass; **~!** [je passe] pass!, your bid!

◆ **paroles** *nfpl* [d'une chanson] words, lyrics; **~s de Robbie Blondeau** lyrics by Robbie

Blondeau || [d'une illustration] words; **histoire sans ~s** wordless cartoon; **'sans ~s'** 'no caption'.

◆ **sur parole** *loc adv* on parole.

parolier, ère [parɔlje, ɛr] *nm, f* [d'une chanson] lyric writer, lyricist; [d'un opéra] librettist.

paronyme [parɔnim] ◇ *adj* paronymous.
◇ *nm* paronym.

paronymie [parɔnimi] *nf* paronymy.

paronymique [parɔnimik] *adj* paronymous.

parotide [parɔtid] ◇ *nf* parotid gland.
◇ *adj f* parotid.

parotidien, enne [parɔtidjɛ̃, ɛn] *adj* parotidian.

parotidite [parɔtidit] *nf* parotitis; ~ **infectieuse** mumps.

paroxysmal, e, aux [parɔksismal, o] = **paroxysmique**.

paroxysme [parɔksism] *nm* -**1.** [d'un état affectif] paroxysm, height; **le mécontentement a atteint son ~** discontent is at its height; **au ~ de la douleur** in paroxysms of pain; **les fans étaient au ~ du délire** the fans' enthusiasm had reached fever pitch. -**2.** MÉD paroxysm. -**3.** GÉOL: ~ **volcanique** paroxysmal eruption.

paroxysmique [parɔksismik], **paroxystique** [parɔksistik] *adj* paroxysmal, climactic.

parpaillot, e [parpajo, ɔt] *nm, f* HIST & *péj* (French) Protestant.

parpaing [parpɛ̃] *nm* -**1.** [pierre de taille] perpend. -**2.** [aggloméré] breezeblock *Br*, cinderblock *Am*.

Parque [park] *npr f*: **la ~** Fate; **les ~s** the Parcae, the Fates.

parquer [3] [parke] *vt* -**1.** [mettre dans un parc - bétail] to pen in OU up *(sép)*; [- moutons] to pen in OU up *(sép)*, to fold; ~ **les huîtres** to lay down an oysterbed. -**2.** [enfermer - prisonniers] to shut in OU up *(sép)*, to confine; [- foule, multitude] to pack OU to cram in *(sép)*; **on parquait les réfugiés dans les camps** the refugees were herded into the camps. -**3.** [voiture] to park.

◆ **se parquer** *vpi* [en voiture] to park.

parquet [parkɛ] *nm* -**1.** [revêtement de bois] (wooden) floor OU flooring; [à chevrons] parquet; **refaire le ~** to re-lay OU to replace the floorboards ❑ ~ **à l'anglaise** strip flooring. -**2.** JUR public prosecutor's department, ≃ Crown Prosecution Service *Br*, ≃ District Attorney's office *Am*; **déposer une plainte auprès du ~** to lodge a complaint with the public prosecutor. -**3.** BOURSE: **le ~** [lieu] the (dealing) floor; [personnes] the Stock Exchange. -**4.** BX-ARTS wooden backing.

parquetage [parkətaʒ] *nm* -**1.** CONSTR (wooden OU parquet) flooring. -**2.** BX-ARTS backing (with wood).

parqueter [27] [parkəte] *vt* to lay a wooden OU parquet floor in, to put a wooden OU parquet floor down in.

parqueteur [parkətœr] *nm* [fabricant] parquet maker; [poseur] parquet layer.

parquier, ère [parkje, ɛr] *nm, f* -**1.** [pour le bétail] pen hand. -**2.** PÊCHE bed fisherman.

parrain [parɛ̃] *nm* -**1.** RELIG godfather; **être le ~ d'un enfant** to be a child's godfather, to stand godfather to a child. -**2.** COMM sponsor. -**3.** [d'un projet] promoter; [d'une œuvre charitable] patron; POL proposer, sponsor *Am*. -**4.** [d'un navire] namer, christener; [d'une cloche] christener. -**5.** [de la mafia] godfather; **'le Parrain'** *Coppola* 'The Godfather'.

parrainage [parɛnaʒ] *nm* -**1.** RELIG (act of) being a godparent. -**2.** COMM sponsorship, sponsoring. -**3.** [d'un projet] proposing, promoting; [d'une œuvre charitable] patronage; POL proposing, sponsoring *Am*. -**4.** [d'un navire] naming, christening; [d'une cloche] christening.

parrainer [4] [parɛne] *vt* -**1.** [aider moralement - candidat, postulant] to propose, to sponsor *Am*; [- projet] to propose, to support; [- œuvre charitable] to patronize. -**2.** COMM to sponsor.

parricide [parisid] ◇ *adj* parricidal.
◇ *nmf* [assassin] parricide.
◇ *nm* [crime] parricide.

parsemer [19] [parsəme] *vt* -**1.** [semer, saupoudrer]: ~ **qqch de** to scatter sthg with. -**2.** *litt* [suj: fleurs, étoiles]: **des milliers d'étoiles parsemaient le ciel** the sky was sprinkled OU scattered with thousands of stars.

parsi, e [parsi] *adj* Parsi, Parsee.

◆ **Parsi, e** *nm, f* Parsi, Parsee.

◆ **parsi** *nm* LING Parsee.

part [par] *nf* -**1.** [dans un partage - de nourriture] piece, portion; [- d'un butin, de profits, de travail etc] share; **une ~ de gâteau** a slice of cake; **donnez-moi deux ~s de choucroute** I'd like two portions OU servings OU helpings of sauerkraut; **à chacun sa ~** share and share alike; **couper qqch en ~s égales** to cut sthg into equal parts OU portions; **elle a eu sa ~ de soucis** she's had her share of worries; **reposetoi, tu as fait ta ~** have a rest, you've done your bit ❑ **la ~ du pauvre** a bit left aside *(for the poor should they come knocking at the door)*; **avoir ~ à** to have a share in, to share (in); **avoir ~ aux bénéfices** to share in the profits; **avoir la ~ belle** to get a good deal; **faire la ~ belle à qqn** to give sb a good deal; **vouloir sa ~ de** OU **du gâteau** to want one's share of the cake; **se réserver** OU **se tailler la ~ du lion** to keep OU to take the lion's share; ~ **à deux!** *fam* let's go halves! -**2.** JUR [pour les impôts] *basic unit used for calculating personal income tax*; **un couple avec un enfant a deux ~s et demie** a couple with a child has a tax allowance worth two and a half *Br* OU has two and a half tax exemptions *Am* || [dans un héritage]: ~ **virile** lawful share. -**3.** ÉCON & FIN: ~ **de marché** market share; ~ **sociale/d'intérêts** unquoted/partner's share. -**4.** [fraction] part, portion; **ce n'est qu'une petite ~ de la vérité** it's only a fraction OU small part of the truth; **en grande ~** for the most part, largely, to a large extent; **les sociétés, pour la plus grande ~, sont privatisées** firms, on the whole, are privatized; **elle ne participe que pour une petite ~ aux frais d'exploitation** she only pays a fraction OU small part of the running costs; **il y a toujours une ~ d'affabulation dans ce qu'il dit** there's always a touch of fantasy in what he says; **il y a une grande ~ de peur dans son échec** her failure is due to a large extent to fear, fear goes a long way towards explaining her failure. -**5.** [participation]: **prendre ~ à** [discussion, compétition, manifestation] to take part in; [cérémonie, projet] to join in, to play a part in; [attentat] to take part in, to play a part in; **deux cyclistes ne prendront pas ~ à la course** two riders will not be (taking part) in the race; **prendre ~ à la joie/peine de qqn** to share (in) sb's joy/sorrow; **un acte où la volonté n'a eu aucune ~** an act in which willpower had no share OU part; **la chance n'a aucune ~ dans sa réussite** luck has nothing to do with her success ❑ **il faut faire la ~ du hasard/de la malchance** you have to recognize the part played by chance/ill-luck, you have to make allowances for chance/ill-luck; **faire la ~ des choses** to take things into consideration; **faire la ~ du feu** to cut one's losses. -**6.** THÉÂT [aparté] (artist's) cut. -**7.** *loc*: **de la ~ de** [au nom de]: **je viens de la ~ de Paula** Paula sent me; **donne-le lui de ma ~** give it to her from me; **dis-lui au revoir/merci de ma ~** say goodbye/thank you for me; **je vous appelle de la ~ de Jacques** I'm calling on behalf of Jacques; **de la ~ de** [provenant de]: **de ta ~, cela me surprend beaucoup** I'm surprised at you; **je ne m'attendais pas à une telle audace/mesquinerie de sa ~** I didn't expect such boldness/meanness from him; **c'est très généreux de ta ~** that's very generous of you; **cela demande un certain effort de votre ~** it requires a certain amount of effort on your part; **c'est de la ~ de qui?** [au téléphone, à un visiteur] who (shall I say) is calling?; **pour ma/sa ~** (as) for me/him; **pour ma ~, je n'ai rien contre** as for me OU for my part, I have nothing against it; **faire ~ de qqch à qqn** to announce sthg to sb, to inform sb of sthg; **elle m'a fait ~ à plusieurs reprises de ses difficultés financières** she told me about her financial problems on several occasions; **prendre qqch en bonne ~** to take sthg in good part; **prendre qqch en mauvaise ~** to take offence at sthg, to take sthg amiss; **ne le prenez pas en mauvaise ~, mais...** don't be offended, but...

◆ **à part** ◇ *loc adj* -**1.** [séparé - comptes, logement] separate. -**2.** [original, marginal] odd; **ce sont des gens à ~** these people are rather special.
◇ *loc adv* -**1.** [à l'écart]: **elle est restée à ~ toute la soirée** she kept herself to herself all evening; **mis à ~ deux ou trois détails, tout est prêt** except for OU apart from two or three details, everything is ready. -**2.** [en aparté]: **prendre qqn à ~** to take sb aside OU to one side. -**3.** [séparément] separately; **faites cuire la viande à ~** cook the meat separately OU on its own.
◇ *loc prép* -**1.** [excepté] except for, apart OU aside from; **à ~ toi, personne ne le sait** nobody knows apart from you; **à ~ cela** apart from that, that aside. -**2.** *sout*: **à ~ soi** to o.s.; **elle se disait à ~ soi que...** she said to herself that...

◆ **à part entière** *loc adj*: **un membre à ~ entière de** a full OU fully paid up member of; **citoyen à ~ entière** person with full citizenship (status); **elle est devenue une actrice à ~ entière** she's now a proper OU a fully-fledged actress.

◆ **à part que** *fam loc conj* except that, if it weren't OU except for the fact that; **c'est une jolie maison, à ~ qu'elle est un peu humide** it's a nice house, except that it's a bit damp.

◆ **de part en part** *loc adv* from end to end, throughout, right through; **la poutre est fendue de ~ en part** the beam is split from end to end.

◆ **de part et d'autre** *loc adv* -**1.** [des deux côtés] on both sides, on either side. -**2.** [partout] on all sides; **on entendait dire, de ~ et d'autre, que...** people on all sides were saying that...

◆ **de part et d'autre de** *loc prép* on both sides of.

◆ **de toute(s) part(s)** *loc adv* (from) everywhere, from all sides OU quarters; **ils accouraient de toutes ~s vers le village** they were rushing towards the village from all horizons; **l'eau fuyait de toutes ~s** water was leaking out everywhere.

◆ **d'une part... d'autre part** *loc corrél* for one thing... for another thing, on the one hand... on the other hand; **nous avons entamé des négociations avec les Américains d'une ~ et les Japonais d'autre ~** we have started talks with the Americans and with the Japanese.

part. *abr écrite de* **particulier.**

partage [partaʒ] *nm* -**1.** [division - d'un domaine] division, dividing OU splitting up; [- d'un rôti] carving; [- d'un gâteau] slicing, cutting (up); **faire le ~ de qqch** to divide sthg up; **à la mort des parents, il y aura ~** when the parents die, the estate will be split OU divided up. -**2.** [répartition - d'une fortune, des devoirs, des tâches] sharing out; [- des torts, des fautes] sharing, apportioning; ~ **du pouvoir** power-sharing, the sharing of power. -**3.** JUR [acte juridique] partition; ~ **d'ascendant** partition in will. -**4.** GÉOM division. -**5.** INF: ~ **de temps** time-sharing.

◆ **en partage** *loc adv*: **donner qqch en ~ à qqn** to leave sb sthg (in one's will); **il donna en ~ à ses fils dix hectares de terre** he left ten hectares of land to be shared out between his sons; **ce que la nature lui a donné en ~** *fig* & *litt* the gifts bestowed upon him by nature; **je n'ai reçu en ~ que la vieille horloge de mon père** all I got for my share was my father's old clock.

◆ **sans partage** *loc adj sout* [joie] unmitigated; [affection] undivided; [engagement, enthousiasme] thoroughgoing.

partagé, e [partaʒe] *adj* -**1.** [opposé] split, divided; **j'ai lu des critiques ~es** I've read mixed critiques; **il était ~ entre la joie et la crainte** he was torn between joy and fear. -**2.** [mutuel - haine] mutual, reciprocal; [- amour] mutual. -**3.** *vieilli*: **être bien/mal ~** [être bien/mal loti] to have received one's share/less than one's share; **dans la répartition, tu n'es pas trop mal ~** you've not done too badly out of this redistribution. -**4.** INF: **en temps ~** on a time-sharing basis.

partageable [partaʒabl] *adj* -**1.** [bien, propriété] which can be shared out OU divided; [nombre] divisible. -**2.** [point de vue] that can be shared; **votre opinion est difficilement ~** your opinion is not one that can easily be shared. -**3.** JUR partible.

partager [17] [partaʒe] *vt* -**1.** [diviser - propriété] to divide up *(sép)*, to share out *(sép)*; **~ qqch en deux/par moitié** to divide sthg in two/into two halves; **partage la tarte en huit** cut the pie into eight pieces; **la France était alors partagée en deux zones** at the time, France was split OU divided into two zones. -**2.** [diviser - pays, société] to divide; **la question du désarmement partage le pays** the country is divided OU split over the question of disarmament; **être partagé entre** to be split OU divided between; **je suis partagée entre l'envie de finir mes études et celle de travailler** I can't make up my mind between finishing my course and starting work. -**3.** [répartir - bénéfices, provisions] to share out *(sép)*; **ils ont partagé la nourriture entre les deux/trois familles** they shared out the food between both/all three families; **partagez le chocolat équitablement** share out the chocolate fairly. -**4.** [avoir avec d'autres] to share; **~ un lit/une chambre avec qqn** to share a bed/room with sb; **on partage une chambre** we share a room; **~ la joie/peine/surprise de qqn** to share (in) sb's joy/sorrow/surprise; **le pouvoir est partagé entre les deux assemblées** power is shared OU split between the two Houses; **voici une opinion partagée par beaucoup de gens** this is an opinion shared OU held by many (people) || *(en usage abs)*: **elle n'aime pas ~** she doesn't like to share.

◆ **se partager** ◇ *vpt* [biens, travail] to share (out); **se ~ des vivres/un butin** to share (out) food/a booty; **se ~ la tâche** to share (out) the work; **partageons-nous la tâche** let's share out the work (between us); **Lyon et Marseille se partagent la première place** SPORT Lyons and Marseilles share first place OU are equal first *Br*; **se ~ les faveurs du public** to be joint favourites with the public.

◇ *vpi* -**1.** [personne]: **elles se partagent entre leur carrière et leurs enfants** their time is divided between their professional lives and their families. -**2.** [se diviser] to fork, to divide; **se ~ en** to be split OU divided into; **l'association se partage en deux tendances** the association is split into two groups.

partageur, euse [partaʒœr, øz] *adj* sharing, willing to share; **cet enfant n'est pas très ~** this child is not good at sharing.

partance [partɑ̃s]

◆ **en partance** *loc adj* due to leave; **le premier avion en ~** the first plane due to take off; **le dernier bateau en ~** the last boat out OU due to sail; **le dernier train en ~** the last train; **les familles en ~ pour l'Amérique** families setting off OU bound for America.

partant¹ [partɑ̃] *conj litt* therefore, consequently, thus; **et, ~, elle n'avait aucun droit sur la succession** and thus she had no claim on the estate.

partant², **e** [partɑ̃, ɑ̃t] ◇ *adj*: **être ~ pour (faire) qqch** to be willing OU ready to do sthg; **aller danser? Je suis ~e!** go dancing? I'd love to!

◇ *nm, f* SPORT [cheval] runner; [cycliste, coureur] starter.

partenaire [partənɛr] *nmf* -**1.** [gén] partner; **les ~s sociaux** management and the workforce. -**2.** CIN & THÉÂT: **il était mon ~ dans la pièce** I played opposite him in the play.

partenariat [partənarja] *nm* partnership.

parterre [partɛr] *nm* -**1.** HORT [en bordure] border; [plus large] bed, flowerbed; **un ~ de fleurs** a flowerbed. -**2.** THÉÂT [emplacement] stalls *Br*, orchestra *Am*; [spectateurs] (audience in the) stalls *Br* OU orchestra *Am*; **il y avait hier un ~ distingué** there was a distinguished OU select audience yesterday.

parthe [part] *adj* Parthian.

◆ **Parthe** *nmf* Parthian.

◆ **parthe** *nm* LING Parthian.

parthénogenèse [partenɔʒenɛz] *nf* parthenogenesis.

parthénogénétique [partenɔʒenetik] *adj* parthenogenetic.

Parthénon [partenɔ̃] *npr m*: **le ~** the Parthenon.

parti¹ [parti] *nm* -**1.** POL: **~ (politique)** (political) party; **le ~ (communiste)** the (Communist) Party; **le ~ conservateur/démocrate/républicain/socialiste** the Conservative/Democrat/Republican/Socialist Party; **les ~s de droite/gauche** the parties of the right/left, the right-wing/left-wing parties; **le système du ~ unique** the one-party system. -**2.** [choix, décision] *sout* decision, course of action; **hésiter entre deux ~s** to wonder which course of action to take; **prendre le ~ de: prendre le ~ de la modération** to opt for moderation; **prendre le ~ de faire qqch** to make up one's mind to do sthg; **j'ai fini par prendre le ~ de vendre** I eventually decided to sell; **prendre ~** [prendre position] to take sides OU a stand; **l'heure est venue de prendre ~** the time has come to take a stand, it's time to come (down) off the fence; **prendre ~ pour/contre qqch** to come out for/against sthg; **il a résolument pris ~ pour la musique concrète** he came down firmly on the side of concrete music; **prendre ~ pour qqn** to side OU to take sides with sb; **prendre ~ contre qqn** to take sides against sb; **prendre son ~: son parti est pris** her mind is made up, she's made up her mind; **prendre un ~** [arrêter son choix, prendre sa décision] to decide; **vous avez suffisamment tergiversé, il faut prendre un ~** you've hummed and hawed long enough, it's time you made up your mind ❑ **en prendre son ~: elle ne sera jamais musicienne, il faut que j'en prenne mon/qu'elle en prenne son ~** she'll never be a musician, I'll/she'll just have to accept it. -**3.** [avantage]: **tirer ~ de** to take advantage of; **tirer ~ de la situation** to take advantage of the situation; **tirer ~ du matériel** to put the equipment to good use; **elle ne sait pas tirer ~ de ses qualifications** she doesn't know how to get the most out of her qualifications; **elle tire ~ de tout** she can turn anything to her advantage; **il tire le meilleur ~ possible de ses relations** he uses his connections to the best possible advantage. -**4.** *hum* [personne à marier]: **c'est un beau** OU **bon ~** he's/she's a good match. -**5.** *loc*: **faire un mauvais ~ à qqn** to ill-treat sb.

◆ **parti pris** *nm* -**1.** [prise de position] commitment; **avoir un ~ pris de modernisme/clarté** to be committed to modernism/clear-thinking. -**2.** [préjugé] bias; **je n'ai aucun ~ pris contre le tennis professionnel, mais...** I'm not biased against professional tennis, but...; **être de ~ pris** to be biased; **faire qqch de ~ pris** to do sthg deliberately OU on purpose; **être sans ~ pris** to be unbiased OU objective; **pour une fois, sois sans ~ pris!** try to be objective for once!; **je dirais, sans ~ pris, qu'elle est la meilleure** without any bias on my part, I'd say that she's the best.

parti², **e**¹ [parti] *adj fam* drunk, tight; **tu étais bien ~ hier soir!** you were well away *Br* OU well gone last night!

partial, e, aux [parsjal, o] *adj* biased, partial.

partialement [parsjalmɑ̃] *adv* in a biased OU partial way.

partialité [parsjalite] *nf* [favorable] partiality; [défavorable] bias; **~ envers qqn** partiality for sb, bias in favour of sb; **~ contre qqn** bias against sb.

partibus → **in partibus**.

participant, e [partisipɑ̃, ɑ̃t] ◇ *adj* participant, participating.

◇ *nm, f* participant; **les ~s au congrès** the participants in OU those taking part in the congress.

participation [partisipasjɔ̃] *nf* -**1.** [engagement, contribution] participation, involvement; **il nie sa ~ à** OU **dans l'enlèvement du prince** he denies having participated OU been involved in the prince's kidnapping; **malgré sa ~ à de nombreux jeux télévisés** [candidat] in spite of his having been a contestant in many TV game shows; **sa ~ aux jeux Olympiques semble compromise** there's a serious question mark hanging over his participation in the Olympic Games; **apporter sa ~ à qqch** to contribute to sthg; **la décision a été prise sans sa ~** the decision was made without her being involved OU having any part in it; **notre foire du livre a dû se faire sans la ~ des éditeurs** our book fair had to be held in the absence of any OU without any publishers. -**2.** [dans un spectacle] appearance; **'avec la ~ des frères Jarry'** 'featuring the Jarry Brothers'; **'avec la ~ spéciale de Robert Vann'** 'guest appearance by Robert Vann'. -**3.** [contribution financière] contribution (to costs); **il y a 100 F de ~ aux frais** you have to pay 100 F towards costs; **nous demandons à chacun une petite ~** we're asking every one of you to contribute a small amount OU to make a small contribution. -**4.** POL: **~ (électorale)** (voter) turnout; **un faible taux de** OU **une faible ~ aux élections** a poor OU low turnout at the polls. -**5.** ÉCON & POL [détention de capital] interest, share; **avoir une ~ majoritaire dans une société** to have a majority interest in a company ❑ **~ aux bénéfices** profit-sharing; **~ ouvrière** worker participation. -**6.** JUR: **~ aux acquêts** *sharing of spouse's purchases after marriage (subsequent to divorce)*, ≃ property adjustment *Br*.

◆ **en participation** *loc adj* profit-sharing *(modif)*.

participe [partisip] *nm* participle (form); **~ passé/présent** past/present participle; **proposition ~, ~ absolu** participial construction.

participer [3] [partisipe]

◆ **participer à** *v + prép* -**1.** [prendre part à - concours, négociation, cérémonie] to take part in; [- discussion] to contribute to; [- projet] to be involved in; [- aventure] to be involved in, to be part of; [- épreuve sportive] to take part OU to be in; [- attentat, vol] to be involved in, to take part in; **tous ceux qui ont participé au jeu** all contestants OU competitors; **c'est le premier rallye/marathon auquel je participe** it's the first rally/marathon I've been in; **elle nie avoir participé au complot** she denies having been involved in the plot; **j'aimerais te voir ~ plus souvent aux tâches ménagères!** I'd like to see you taking on a greater share of the household chores! -**2.** [partager] to share (in); **~ à la douleur/joie de qqn** to share in sb's pain/joy. -**3.** [financièrement - achat, dépenses] to share in, to contribute to; **tous ses collègues ont participé au cadeau** all her colleagues contributed something towards the present || ÉCON & FIN [profits, pertes] to share (in). -**4.** *(en usage abs)* [dans un jeu] to take part, to join in; [à l'école] to contribute (during class); **tu ne participes pas assez (en classe)** you don't contribute enough in class.

◆ **participer de** *v + prép sout* to pertain to; **tout ce qui participe de la philosophie** everything pertaining OU relating to philosophy.

participial, e, aux [partisipjal, o] *adj* participial.

◆ **participiale** *nf* participial construction.

particularisation [partikylarizasjɔ̃] *nf* particularization.

particulariser [3] [partikylarize] *vt* -**1.** [restreindre à un cas particulier] to particularize; **~ une proposition générale** to particularize (from) a general statement. -**2.** [distinguer, singulariser] to distinguish, to characterize; cette façon de parler particularise le provençal this manner of speaking is peculiar OU specific to Provençal. -**3.** JUR: ~ **une affaire** to specify (the identity of) one of the accused (in a case).

◆ **se particulariser** *vpi*: se ~ **par** to be distinguished OU characterized by.

particularisme [partikylarism] *nm* POL, RELIG & SOCIOL particularism.

particulariste [partikylarist] ◇ *adj* particularist, particularistic.
◇ *nmf* particularist.

particularité [partikylarite] *nf* -**1.** [trait distinctif - d'une personne, d'une culture, d'une langue etc] particularity, (specific) feature OU characteristic OU trait; [- d'une région] distinctive feature; [- d'une machine] special feature; **les tortues de mer ont la ~ de pondre dans le sable** a distinctive feature of turtles is that they lay their eggs in the sand. -**2.** [élément] detail, particular; **pourquoi insister sur cette ~ ?** why stress that particular OU specific aspect?

particule [partikyl] *nf* -**1.** GÉOL, GRAMM & PHYS particle. -**2.** [dans un nom] particule *('de' in a surname, indicating aristocratic origin)*.

particulier, ère [partikylje, ɛr] *adj* -**1.** [précis - circonstance, exemple, point] particular, specific; **j'ai traité un aspect ~ de son œuvre** I've dealt with a particular OU specific aspect of her work. -**2.** [caractéristique - odeur, humour, parler, style] particular, distinctive, characteristic; **une odeur particulière au pois de senteur** a fragrance peculiar to sweetpeas; **un trait bien ~** a highly distinctive feature. -**3.** [hors du commun] particular, special, unusual; **apporter une attention toute particulière à qqch** to pay particular OU special attention to sthg; **elle avait pour cette amie une tendresse toute particulière** she was particularly fond of that friend; **ses photos n'offrent pas d'intérêt ~** his photographs are of OU hold no particular interest; **il ne s'est rien passé de ~** nothing special OU particular happened. -**4.** [bizarre - comportement, goûts, mœurs] peculiar, odd; **elle a toujours été un peu particulière** she's always been a bit unusual; **ses tableaux sont très ~s** [étranges] his pictures are very peculiar. -**5.** [privé - avion, intérêts] private; **j'ai une voiture particulière** I've got my own car OU a car of my own ❑ **cours ~, leçon particulière** private lesson; **je donne des cours ~s de latin** I give private tuition *Br* OU lessons in Latin.

◆ **particulier** *nm* -**1.** ADMIN private individual; **il loge chez des ~s** he's in private lodgings *Br*, he rooms with a family *Am*. -**2.** *fam péj* [type] character; **un drôle de ~!** an odd character. -**3.** [élément individuel]. **le ~** the particular; **passer du ~ au général** to go from the particular to the general.

◆ **en particulier** *loc adv* -**1.** [essentiellement] in particular, particularly, especially; **vous avez été très désagréables, toi en ~, Jacques** you've been most unpleasant, especially you OU you in particular, Jacques; **les Français en général et les Parisiens en ~** French people in general and Parisians in particular. -**2.** [seul à seul] in private; **puis-je vous parler en ~ ?** may I have a private word with you?

particulièrement [partikyljɛrmɑ̃] *adv* -**1.** [surtout] particularly, specifically, in particular; **nous nous attacherons plus ~ à cet aspect de l'œuvre** we shall deal in particular OU more specifically with this aspect of the work; **j'avais tout ~ envie de cette robe-là** I particularly wanted that dress; **leurs enfants sont très beaux, ~ leur fille** their children are very good-looking, especially their daughter. -**2.** [exceptionnellement] particularly, specially, especially; **il n'est pas ~ laid/doué** he's not particularly ugly/gifted; **pas ~** [par politesse]: **je n'aime pas ~ cela** I'm not particularly keen on it; **tu aimes le whisky ? – pas ~** do you like whisky? – not particularly.

partie[2] [parti] ◇ *f* → **parti** *adj*.
◇ *nf* -**1.** [élément, composant] part; **les ~s du corps** the parts of the body; **les ~s constituantes** the component parts; **faire ~ de** [comité] to be a member of, to be on, to sit on; [club, communauté] to be a member of, to belong to; [équipe] to belong to, to be one of, to be in; [licenciés] to be among, to be one of; [métier, inconvénients, risques] to be part of; **tous ceux qui font ~ de notre association** all the members of our association; **ils ne font pas ~ de la Communauté européenne** they don't belong to OU aren't a member of the European Community; **il ne fait plus ~ de notre personnel** he's no longer on our staff, he's not a member of our staff any more; **il fait presque ~ de la famille** he's almost one of the family; **faire ~ intégrante de** to be an integral part of; **cela fait ~ intégrante de la vie quotidienne** it's part and parcel of everyday life ❑ **~s communes/privatives** communal/private areas *(in a building or an estate)*; **~s génitales** OU **sexuelles** genitals, private parts; **~s viriles** male (sexual) organs; **ses ~s** *fam* his privates. -**2.** [fraction, morceau] part; **couper qqch en deux ~s** to cut sthg into two (parts); **coupez le melon en trois ~s** cut the melon into three parts; **la ~ visible de la Lune** the visible side of the Moon; **la ~ boisée de la colline** the wooded part OU side of the hill; **dans la ~ charnue de mon anatomie** *hum* in the fleshy part of my anatomy; **une ~ du blé est contaminée** some OU part of the wheat is contaminated; **ce n'est qu'une ~ de la vérité** it's only part of the truth; **une ~ de l'héritage** (a) part of the inheritance; **une grande/petite ~ de l'électorat** a large/small part of the electorate, a large/small section of the electorate; **il est absent une grande** OU **la plus grande ~ du temps** he's away much of OU most of the time; **pendant la plus grande ~ du chemin** (for) most of the way; **la plus grande ~ de ses concerts** most of his concerts; **j'ai lu une ~ de ses livres** I've read some of her books; **je n'ai coupé qu'une ~ des dahlias** I've only cut some of the dahlias. -**3.** JEUX & SPORT game; **faire une ~ de cartes** to have a game of cards; **on fait une ~ ?** shall we play OU have a game?; **il va tous les soirs faire sa ~ chez le docteur Ranton** he goes to Doctor Ranton's every night to play cards; **la ~ n'est pas égale** it's an uneven match, it's not a fair match; **la ~ sera difficile à jouer** *fig* it's not going to be easy, we've got a tough time ahead of us ❑ **~ d'échecs/de billard/de tennis/de cartes** game of chess/billiards/tennis/cards; **~ de golf** round of golf; **abandonner** OU **quitter la ~** to give up the fight, to throw in the towel; **avoir la ~ belle** to be in a favourable position, to be well placed; **avoir ~ gagnée** to be bound to succeed; **la ~ est jouée/n'est pas jouée** the outcome is a foregone conclusion/is still wide open. -**4.** [divertissement à plusieurs]: **~ de chasse/pêche** shooting/fishing party; **~ de campagne** day OU outing in the country; **~ carrée** wife-swapping party; **~ fine** orgy; **une ~ de jambes en l'air** *fam* a roll in the hay; **~ de plaisir** pleasure trip; **cette course était une véritable ~ de plaisir** *fam* that race was a piece of cake OU a real stroll *Br*; **ça n'est pas une ~ de plaisir!** *fam* [c'est difficile] it's no picnic OU fun!; **être/se mettre de la ~ : on va lui faire une farce, qui veut être de la ~ ?** we're going to play a trick on him, who wants to join in?; **elle m'a déjà fait assez de reproches, ne te mets pas (aussi) de la ~** I've had enough criticism from her, don't you join in as well; **s'il se met aussi de la ~, nous aurons les capitaux nécessaires** if he comes in on it too, we shall have the necessary capital; **je ne peux pas partir avec toi cette fois, mais ce n'est que ~ remise** I can't go with you this time, but there'll be other opportunities; **ce n'est que ~ remise, je me vengerai!** I'll get even some day! -**5.** [domaine, spécialité] field, line; **ce n'est pas ma ~** it's not my field OU line; **elle est de la ~** it's her line; **moi qui suis de la ~, je peux te dire que ce ne sera pas facile** being in that line of business myself, I can tell you it won't be easy. -**6.** MUS part; **la ~ de la clarinette/du soprano** the clarinet/soprano part; **faire** OU **tenir bien sa ~** (**dans une affaire**) to hold one's own (in a business). -**7.** [participant - gén & JUR] party; **être ~ dans** to be a party to OU in; **être ~ dans une négociation** to be a party to a negotiation; **les ~s en présence** the parties; **les deux ~s demandent le renvoi de l'affaire** both sides have requested an adjournment; **les ~s belligérantes** the belligerent OU warring parties ❑ **~ adverse/intervenante** opposing/intervening party; **~s contractantes/intéressées** contracting/interested parties; **~ publique** OU **poursuivante** public prosecutor, ≃ the Crown *Br*, ≃ the District Attorney *Am*; **~ civile** private party *(acting jointly with the public prosecutor in criminal case)*, plaintiff *(for damages)*; **se constituer** OU **se porter ~ civile** to act jointly with the public prosecutor; **~ comparante** appearer; **~ défaillante** party failing to appear (in court); **~ principale** [gén] principal party; [ministère public] ≃ the Crown *(in Crown proceedings) Br*, ≃ the District Attorney *Am*; **~ prenante** payee, receiver; **être ~ prenante dans qqch** *fig* to be directly involved OU concerned in sthg. -**8.** GRAMM: **~ du discours** part of speech. -**9.** MATH: **~ d'un ensemble** subset. -**10.** CHIM: **~ par million** part per million. -**11.** *loc*: **avoir ~ liée avec qqn** to be hand in glove with sb; **ils avaient ~ liée depuis le début** they were working hand in glove together from the start.

◆ **à partie** *loc adv*: **prendre qqn à ~** [s'attaquer à lui] to set on sb; [l'interpeller] to take sb to task.

◆ **en partie** *loc adv* in part, partly, partially; **en ~ dû au mauvais temps** partly due to the bad weather; **je ne l'ai cru qu'en ~** I only half believed him; **c'est en ~ vrai** it's partly true; **c'est en ~ de la fiction et en ~ de la réalité** it's part fiction and part truth; **c'est en ~ de l'or et en ~ de l'argent** it's partly gold and partly silver; **en grande** OU **majeure ~** for the most part, largely, mainly; **c'est en grande ~ à cause de lui** it's largely because of him.

◆ **pour partie** *loc adv* partly, in part.

partiel, elle [parsjɛl] *adj* partial; **contrôle** OU **examen ~** mid-year exam; **(emploi à) temps ~** part-time job; **elle ne le fait qu'à temps ~** she only does it part-time.

◆ **partiel** *nm* -**1.** SCOL mid-year exam. -**2.** PHYS partial.

partiellement [parsjɛlmɑ̃] *adv* partially, partly; **ce n'est que ~ vrai** it's only partly true.

partir [43] [partir] *vi* -**1.** [s'en aller] to go, to leave; **pars, tu vas rater ton train** (off you) go, or you'll miss your train; **il faut que je parte** I must be off, I must go OU leave; **je peux ~ maintenant?** can I go OU leave now?; **Paul est déjà parti** Paul has gone OU left already; **empêche-la de ~** stop her (going), don't let her go; **je ne vous fais pas ~, j'espère** I hope I'm not chasing you away; **~ en courant/boitant** to run/to limp off; **~ discrètement** to leave discreetly, to slip off; **laisser ~** [prisonnier, otage] to set free, to let go, to release; [écolier] to let out; [employé] to let go; **laisse-moi ~** let me go; **si ça ne vous plaît pas, vous pouvez toujours ~** if you don't like it, you can always go OU leave; **sa femme est partie pour toujours/avec son meilleur ami** his wife has gone for good/gone off with his best friend; **il est parti avec la caisse** he ran away OU off with the till; **le climat les a fait ~** the climate drove them away; **tout son argent part en disques** all his money goes on records; **~ de** to leave; **je ne peux pas ~ du bureau avant 17 h 30** I can't leave the office before 5:30; **je suis parti de chez moi à 10 h** I left home at 10; **~ du gouvernement** to leave office OU the government; **une prime pour ceux qui partiront volontairement de l'entreprise** a bonus for those who leave the company voluntarily ‖ *euph* [mourir] to pass on OU away; **quand je partirai** when I depart this life OU this world, when I pass on. -**2.** [se mettre en route] to set off OU out, to start off; **il faut ~ de bonne heure pour éviter les bouchons** we must set off early OU make an early start if we want to beat the traffic jams; **pars devant, je te**

rattrape go ahead, I'll catch up with you; **regarde cette circulation, on n'est pas encore partis!** *fam* by the look of that traffic, we're not off yet!; **le courrier n'est pas encore parti** the post hasn't gone yet; **~ en avion** [personne] to fly (off); [courrier] to go air mail OU by air; **~ en bateau** to go (off) by boat, to sail; **~ à bicyclette** to go (off) by bike, to cycle off; **~ en voiture** to go (off) by car, to drive off. **-3.** [se rendre] to go, to leave; **je pars à OU pour Toulon demain** I'm leaving for OU I'm off to Toulon tomorrow; **nous partons en Espagne à Pâques** we're going OU we're off to Spain at Easter; **dans quelle direction est-elle partie?** which way did she go?; **il est parti à la cuisine** he's gone (off) to the kitchen; **~ à la campagne/montagne/mer** to go (off) to the countryside/mountains/seaside; **~ vers le sud** to go south; **toutes les eaux usées partent dans les égouts** all liquid waste goes (down) into the sewers. **-4.** [aller - pour se livrer à une activité] to go; **elle est partie au tennis/à la danse** she's gone to play tennis/to her dance class; **~ à la chasse/pêche** to go shooting/fishing; **~ à la recherche de** to set off in search of, to go looking for; **~ à la guerre** to go (off) to war; **~ en week-end** to go off OU away for the weekend; **nous partons en excursion/voyage demain** we're setting off on an excursion/a journey tomorrow; **tu ne pars pas (en vacances) cet été?** aren't you going on holiday *Br* OU vacation *Am* this summer?; **~ en congé maternité** to go on maternity leave; **~ skier/se promener** to go skiing/for a walk; **sa tête est partie heurter le buffet** his head struck against the sideboard. **-5.** [s'engager]: **~ dans**: **~ dans un discours** to launch into a speech; **~ dans une explication** to embark on an explanation; **~ sur**: **~ sur un sujet** to start off on a topic; **quand elles sont parties sur leur boulot, c'est difficile de les arrêter** *fam* once they start on about their job, there's no stopping them; **être parti à faire qqch** *fam*: **les voilà partis à refaire toute la maison** there they go doing up the entire house. **-6.** [démarrer - machine, moteur, voiture] to start (up); [- avion] to take off, to leave; [- train] to leave, to depart; [- fusée] to go up; [- pétard] to go off; [- plante] to take; **ton avion n'est pas encore parti** your plane hasn't left yet; **le coup (de feu) est parti tout seul** the gun went off on its own; **il m'a insulté et la gifle est partie** he insulted me and I just slapped him; **excuse-moi, le mot est parti (tout seul)** I'm sorry, the word just came out; **faire ~** [moteur] to start (up); [pétard] to set OU to let off *(sép)*; [fusil] to let off *(sép)*; [plante] to get started; **je ferai ~ ma daube à onze heures** *fam* I'll start my stew off OU I'll put my stew on at eleven. **-7.** [se mettre en mouvement, débuter - coureur, match, concert] to start (off); **la contrebasse est partie avant la mesure** the double bass started off OU came in before the beat; **il est parti trop vite** SPORT he set OU went off too fast; **être parti pour**: **on est partis pour avoir des ennuis!** we're headed for trouble!; **elle est partie pour nous faire la tête toute la soirée** she's set to sulk all evening; **le match est bien/mal parti pour notre équipe** the match has started well/badly for our team; **le projet est bien parti** the project is off to a good start; **je le vois mal parti pour récupérer son titre** the way he's going, I just can't see him winning back his title; **elle a l'air bien partie pour remporter l'élection** she seems well set to win the election. **-8.** [se vendre] to sell; **le nouveau modèle part bien** the new model is selling well. **-9.** [disparaître, s'effacer - inscription] to disappear, to be rubbed off OU out, to be worn off; [- tache] to disappear, to go, to come out; [- douleur] to go, to disappear; [- boutons] to come off; [- pellicules, odeur] to go; **ça partira au lavage** it'll wash off, it'll come out in the wash; **faire ~** [salissure] to get rid of, to remove; [odeur] to get rid of, to clear; [douleur] to ease; **je n'arrive pas à faire ~ les traces de doigts sur la table** I can't remove the finger marks from the table; **ça ne fera pas ~ ton mal de gorge** it won't get rid of your sore throat; **rien de tel que la toile émeri pour faire ~ la rouille** there's nothing like emery paper for removing rust || [se défaire, se détacher - attache, bouton] to come off, to go; [- maille] to run; [- étiquette] to come off.

◆ **partir de** *v + prép* **-1.** [dans l'espace]: **pour teindre le cheveu, on part de la racine** to die hair, you start with the roots; **de petites pousses partent du pied** little sprouts are shooting up from the root; **le ferry/marathon part de Brest** the ferry sails/the marathon starts from Brest; **la rue part de la mairie** the street starts at the town hall; **la cicatrice part du poignet et va jusqu'au coude** the scar goes OU stretches from the wrist to the elbow; **c'est le quatrième en partant de la droite/du haut** it's the fourth (one) from the right/top. **-2.** [dans le temps]: **nous allons faire ~ le contrat du 15 janvier** we'll make the contract effective (as) from January the 15th; **votre congé part de la fin mai** your holidays begin at the end of May. **-3.** [dans un raisonnement]: **~ du principe que** to start from the principle that, to start by assuming that; **si l'on part de ce principe, il faudrait ne jamais contester** on that basis, one should never protest; **tu ne devrais pas ~ du présupposé que...** you shouldn't start (off) by presupposing that OU start from the presupposition that... **-4.** [provenir de]: **tous les problèmes sont partis de là** all the problems stemmed from that; **ça partait d'un bon sentiment** his intentions were good; **sa remarque est partie du cœur** his comment came OU was (straight) from the heart, it was a heartfelt remark.

◆ **à partir de** *loc prép* **-1.** [dans le temps] (as) from; **à ~ d'aujourd'hui** from today onwards, (as) from today; **à ~ de mardi** starting from Tuesday, from Tuesday onwards; **à ~ de 5 h** from 5 o'clock on OU onwards; **à ~ de (ce moment-) là, il ne m'a plus adressé la parole** from that moment on OU from then on, he never spoke to me again. **-2.** [dans l'espace] (starting) from; **le deuxième à ~ de la droite** the second (one) from the left; **comptez 5 espaces à ~ de la marge** count 5 spaces in from the margin; **à ~ du carrefour, c'est tout droit** after the crossroads, it's straight on OU ahead. **-3.** [numériquement]: **imposé à ~ de 30 000 francs** taxable from 30,000 francs upwards; **compte à ~ de 10** count from 10. **-4.** [avec, à base de] from; **c'est fait à ~ d'huiles végétales** it's made from OU with vegetable oils; **on ne peut pas tirer de conclusions à ~ de si peu de preuves** you can't reach any conclusion on the basis of so little evidence; **j'ai fait un résumé à ~ de ses notes** I've made a summary based on his notes.

partisan, e [partizɑ̃, an] *adj* partisan; **un choix ~** *péj* a biased choice; **elle n'est pas ~e OU partisante** *fam* **de cette thèse** she doesn't favour this theory.

◆ **partisan** *nm* **-1.** [adepte, défenseur] supporter; **c'est un ~ de la censure** he's for OU in favour of censorship. **-2.** [dans une guerre] partisan.

partita [partita] *nf* partita.

partitif, ive [partitif, iv] *adj* partitive.

◆ **partitif** *nm* partitive (form).

partition [partisjɔ̃] *nf* **-1.** MUS [symboles] score; [livret] score, music. **-2.** HIST & POL partition, partitioning, splitting; **lors de la ~ de l'Inde** when India was partitioned. **-3.** INF & MATH partition.

partouse▽ [partuz] = **partouze**.

partout [partu] *adv* **-1.** [dans l'espace] everywhere; **chercher qqch ~** to look everywhere for sthg; **je ne peux pas être ~ à la fois!** I can't be everywhere at the same time!; **les cloches sonnaient ~ à la fois** the bells were ringing everywhere at once; **il laisse toujours traîner ses affaires ~** he always leaves his things all over the place; **il a voyagé un peu ~** he's been all over the place; **ils ont habité un peu ~ en Italie** they've lived all over Italy; **j'ai mal ~** I ache all over; **le toit prend l'eau de ~** the roof leaks everywhere; **les gens accouraient de ~** people came rushing from all sides; **~ où** everywhere (that), wherever. **-2.** SPORT: **15 ~** 15 all.

partouze▽ [partuz] *nf* orgy.

parturiente [partyrjɑ̃t] *nf* parturient.

parturition [partyrisjɔ̃] *nf* parturition.

parure [paryr] *nf* **-1.** [ensemble] set; **~ de berceau** cot *Br* OU crib *Am* set; **~ de lit** set of bed linen. **-2.** JOAILL parure, set of jewels; [colifichets] matching set of costume jewellery. **-3.** VÊT finery; **dans sa plus belle ~** in all her (best) finery. **-4.** [décoration]: **les fleurs sont la ~ de la table/du balcon** flowers bring beauty to a table/balcony.

◆ **parures** *nfpl* CULIN scraps, trimmings.

parurerie [paryrri] *nf* costume jewellery and accessories trade.

parurier, ère [paryrje, ɛr] *nm, f* **-1.** [fabricant] manufacturer of costume jewellery and accessories. **-2.** [commerçant] dealer in costume jewellery and accessories.

parution [parysjɔ̃] *nf* publication; **juste avant/après la ~ du livre** just before/after the book came out.

parvenir [40] [parvənir]

◆ **parvenir à** *v + prép (aux être)* **-1.** [atteindre - suj: voyageur, véhicule, lettre, son]: **~ à OU jusqu'à** to get to, to reach; **nous voici parvenus au sommet de la butte** we've now reached the top of the hill; **l'ambulance ne put ~ jusqu'à lui** the ambulance couldn't get (through) to him; **faire ~ un colis à qqn** to send sb a parcel; **si cette carte vous parvient** if you get OU receive this card; **l'histoire est parvenue aux oreilles de sa femme** the story reached his wife's ears. **-2.** [obtenir - célébrité, réussite] to achieve; **étant parvenu au faîte de la gloire** having reached OU achieved the pinnacle of fame; **~ à une parfaite entente** to reach complete agreement; **~ à maturité** [fruit] to become ripe; [adolescent, esprit, idée, projet] to reach maturity. **-3.** [réussir à]: **~ à faire qqch** to succeed in doing OU to manage to do sthg; **il ne parviendra jamais à la convaincre** he'll never succeed in convincing her.

parvenu, e [parvəny] *adj & nm, f péj* parvenu, upstart, nouveau riche.

parvis [parvi] *nm* parvis; **'parking interdit sur le ~ de la cathédrale'** 'no parking in front of the cathedral'.

pas[1] [pa] *nm* **-1.** [déplacement] step; **mes ~ me conduisirent à une clairière** my steps took me to a clearing; **je vais faire quelques ~ dans le parc** I'm going for a short OU little walk in the park; **le convalescent fit quelques ~ dehors** the convalescent took a few steps outside; **revenir OU retourner sur ses ~** to retrace one's steps OU path; **arriver sur les ~ de qqn** to follow close on sb's heels, to arrive just after sb; **avancer à OU faire de petits ~** to take short steps; **marcher à grands ~** to stride along; **avancer à ~ comptés OU mesurés** to walk (forward) with measured steps; **faire un ~ sur le côté** to take a step to the OU to one side; **faire un ~ en avant** to step forward, to take a step OU pace forward; **faire un petit ~ en avant** to take a small step OU to inch forward; **faire un ~ en arrière** to step back ❑ **marcher à ~ de velours** to pad around. **-2.** [progrès]: **avancer à OU faire de petits ~** to make slow progress; **la stratégie des petits ~** the softly-softly approach; **avancer OU marcher à grands ~** [enquête] to make great progress; [technique, science] to take big steps forward; [échéance, événement] to be looming; **avancer à ~ comptés OU mesurés** [lentement] to make slow progress; [prudemment] to tread carefully; **faire un ~ en avant** [discussion, négociateur] to take a step forward; **faire un grand ~ en avant** to take a great step OU leap forward; **faire un petit ~ en avant** to take a small step forward; **c'est un grand ~ à faire OU franchir** it's a big step to take; **faire un ~ en arrière** to take a step back OU backwards; **faire un ~ en avant et deux**

(~) **en arrière** to take one step forward and two steps back OU backwards; **c'est au moins un ~ sur la bonne voie** at least it's a step in the right direction; **sur les ~ de**: **marcher sur les ~ de qqn** to follow in sb's footsteps; **sur ses ~**: **revenir** OU **retourner sur ses ~** to retrace one's steps OU path || [initiative] step; **c'est un ~ difficile pour lui que de te parler directement** talking to you directly is a difficult step for him to take. -**3.** [empreinte] footprint; **des ~ sur le sable** footprints in the sand. -**4.** [bruit] step, footstep; **elle entendait son ~ irrégulier/feutré sur la terrasse** she could hear his irregular/soft footfall on the terrace; **je reconnais le ~ lourd de grand-père** I can recognize grandfather's heavy tread. -**5.** [allure] pace; **allonger** OU **doubler le ~** to quicken one's step OU pace; **hâter** OU **presser le ~** to hurry on; **ralentir le ~** to slow one's pace, to slow down; **aller du** OU **marcher au même ~** to walk at the same pace; **aller** OU **marcher d'un bon ~** to walk at a good OU brisk pace; **avancer** OU **marcher d'un ~ lent** to walk slowly; **changer de ~** to change pace. -**6.** [démarche] gait, tread; **marcher d'un ~ alerte/léger/élastique** to walk with a sprightly/light/bouncy tread; **avancer d'un ~ lourd** OU **pesant** to tread heavily, to walk with a heavy tread. -**7.** MIL step; **~ accéléré** *marching step between quick march and double-quick*; **~ cadencé** quick march; **au ~ de charge** MIL at the charge; *fig* charging along; **au ~ redoublé** on the double, at double quick march; **~ de route** march at ease. -**8.** DANSE pas, step; **apprendre le ~ du tango** to learn the tango OU how to (dance the) tango; **faire un petit** OU **esquisser un ~** to dance a few steps, to do a little dance ❑ **~ battu/tombé** pas battu/tombé; **~ de deux/trois** pas de deux/trois. -**9.** SPORT: **~ de patinage** OU **patineur** SKI skating; **~ allongé/rassemblé** ÉQUIT extended/collected walk; **~ de canard/de l'escalier** SKI herringbone/side stepping climb; **~ alternatif** SKI basic stride, hick-off and glide; **~ de côté** BOXE side step; **au ~ de course** at a run; *fig* at a run, on the double; **au ~ (de) gymnastique** at a jog trot; **faire des ~ tournants** SKI to skate a turn. -**10.** [mesure] pace; [espace approximatif] pace, step; **comptez 30 ~** count 30 steps OU paces; **à quelques ~ de là** a few steps OU paces away; **à deux** OU **trois** OU **quelques ~**: **l'église est à deux ~** the church is very close at hand OU is only a stone's throw from here; **le restaurant n'est qu'à deux ~ (de la gare)** the restaurant is (only) just round the corner (from the station); **il se tenait à deux ~ de moi** he was standing just a few yards from me; **il n'y a qu'un ~** *fig*: **entre la consommation de drogue et la vente, il n'y a qu'un ~** there's only a small OU short step from taking drugs to selling them ❑ **ne pas quitter qqn d'un ~**: **il ne me quitte pas d'un ~** he follows my every footstep; **franchir** OU **sauter le ~** to take the plunge; **le ~ est vite fait** OU **franchi** one thing very easily leads to the other. -**11.** [marche d'escalier] step; **attention au ~ en descendant dans la cuisine** watch the step on the way (down) to the kitchen ❑ **~ de porte** doorstep; **sur tous les ~ de porte** on every doorstep; **ne reste pas sur le ~ de la porte** don't stand at the door OU on the doorstep OU in the doorway. -**12.** GÉOG [en montagne] pass; [en mer] strait; **le ~ de Calais** the Straights of Dover. -**13.** TECH [d'une vis] thread; [d'une denture, d'un engrenage] pitch; **~ à droite/gauche** right-hand/left-hand thread. -**14.** AÉRON pitch. -**15.** ARM: **~ de tir** [pour missile] launching site. -**16.** MATH pitch. -**17.** ÉLECTR: **~ de bobinage** winding pitch. -**18.** *loc*: **prendre le ~ (sur qqn/qqch)** to take precedence (over sb/sthg), to dominate (sb/sthg); **céder le ~** to give way; **les considérations financières ont fini par céder/prendre le ~** financial considerations eventually gave way/prevailed; **se tirer d'un mauvais ~** to get o.s. out of a fix.

◆ **à chaque pas** *loc adv* -**1.** [partout] everywhere, at every step; **je la rencontre à chaque ~** I meet her everywhere (I go). -**2.** [constamment] at every turn OU step; **à chaque ~ je dois corriger les mêmes erreurs** I keep having to correct the same mistakes.

◆ **au pas** *loc adv* -**1.** [en marchant] at a walking pace; **ne courez pas, allez au ~** don't run, walk. -**2.** AUT: **aller** OU **rouler au ~** [à cause d'embouteillages] to crawl along; [consigne de sécurité] to go dead slow *Br*, to go slow. -**3.** ÉQUIT walking, at a walk; **mettre son cheval au ~** to walk one's horse ❑ **mettre qqn/qqch au ~** to bring sb/sthg to heel; **le président a mis le ministre au ~** the president forced the minister to toe the line OU brought the minister back into line.

◆ **de ce pas** *loc adv* straightaway, at once; **je vais de ce ~ lui dire ma façon de penser** I'm going to waste no time in telling him what I think.

◆ **pas à pas** *loc adv* -**1.** [de très près] step by step; **il la suivait ~ à ~** he followed her step by step. -**2.** [prudemment] step by step, one step at a time; **il faut refaire l'expérience ~ à ~** the experiment must be repeated step by step. -**3.** INF step by step.

pas[2] [pa] *adv* -**1.** [avec 'ne', pour exprimer la négation]: **elle ne viendra ~** she won't come; **ils ne sont ~ trop inquiets** they're not too worried; **je n'aime ~ les légumes** I don't like vegetables; **ils n'ont ~ de problèmes/d'avenir** they have no problems/no future, they haven't got any problems/a future; **il a décidé de ne ~ accepter** he decided not to accept; **ce n'est ~ que je ne veuille ~, mais...** it's not that I don't want to, but... || [avec omission du 'ne'] *fam*: **elle sait ~** she doesn't know; **t'en fais ~!** don't (you) worry!; **c'est ~ sûr** it's not sure OU definite; **c'est ~ vrai!** it's not true!; [exprimant l'incrédulité] you can't be serious!; **il est ~ bête, lui!** that's good thinking!; **c'est vraiment ~ drôle!** [pas comique] it's not in the least OU slightest bit funny; [ennuyeux] it's no fun at all; **non, j'aime ~** no, I don't like it. -**2.** [avec 'non', pour renforcer la négation]: **non ~** not; **il était non ~ sévère mais ferme** he wasn't strict, (he was) just firm; **elle est non ~ belle mais jolie** she's not so much beautiful as pretty. -**3.** [employé seul]: **sincère ou ~** sincere or not; **fatigué ou ~** tired or not; **les garçons voulaient danser, les filles ~** the boys wanted to dance, the girls didn't; **tu comprends ou ~?** do you understand or not OU or don't you?; **pourquoi ~?** why not?; **viendras-tu? — pourquoi ~?** will you come? — why not?; **~ la peine** *fam* (it's) not worth it; **~ possible!** no way!; **tu es heureuse, ~ vrai?** you're happy, aren't you?; **~ assez** not enough; **j'ai insisté — mais ~ assez** I insisted — but not sufficiently OU enough; **des fraises ~ mûres** unripe strawberries. -**4.** [dans des réponses négatives]: **~ de dessert pour moi, merci** no dessert for me, thank you; **qui l'a pris? — ~ moi, en tout cas!** who took it? — not me, that's for sure!; **~ du tout** not at all; **c'est toi qui as fini les chocolats? — ~ du tout!** was it you who finished the chocolates? — certainly not!; **je n'en suis ~ du tout sûr** I'm not at all sure (about it); **~ le moins du monde** not in the least OU slightest, not at all; **je vous dérange? — ~ le moins du monde, entrez** am I disturbing you? — not in the least OU not at all, come in; **absolument ~** not at all; **vous êtes bien d'accord? — absolument ~** do you agree? — absolutely not OU not at all. -**5.** *dial* [n'est-ce-pas]: **on a fait ce qu'on a pu, ~?** we did what we could, didn't we OU right?

◆ **pas mal** *fam* ◇ *loc adj inv* not bad; **l'album n'est ~ mal** the album isn't bad; **c'est ~ mal comme idée** that's not a bad idea; **regarde mon dessin — ah, ~ mal!** look at my drawing — ah, not bad!

◇ *loc adv* -**1.** [bien]: **je ne m'en suis ~ mal tiré** I handled it quite well; **on ferait ~ mal de recommencer** we'd be better off starting again. -**2.** [très]: **il est ~ mal soûl** he's pretty drunk; **la voiture est ~ mal amochée** the car's pretty battered.

◆ **pas mal de** *fam loc dét* [suivi d'un n comptable] quite a few, quite a lot of; [suivi d'un n non comptable] quite a lot of; **~ mal de mensonges/journalistes** quite a few lies/journalists; **~ mal d'argent** quite a lot of money; **quand? — il y a ~ mal de temps** when? — quite a while ago.

◆ **pas plus mal** *loc adv*: **il a maigri — c'est ~ plus mal** he's lost weight — good thing too OU that's not such a bad thing OU just as well; **il ne s'en est ~ trouvé plus mal** he ended up none the worse for it.

◆ **pas un, pas une** ◇ *loc dét* not a (single), not one; **~ une maison n'est restée debout** not a single OU not one house was left standing; **~ un mot!** not a word!; **~ un bruit!** not a sound!; **~ un geste!** not one move!

◇ *loc pron* not (a single) one; **~ une n'est arrivée à l'heure** not one (of them) got there on time; **il n'y en a ~ un d'acceptable** none of them are acceptable; **parmi elles, ~ une qui ne veuille y aller** every one of them wants to go there; **~ un n'a bronché** there wasn't a peep out of any of them ❑ **il s'y entend comme ~ un pour déranger les gens à 2 h du matin** he's a specialist at disturbing you at 2 in the morning; **il sait faire les crêpes comme ~ un** he makes pancakes like nobody else (on earth).

PAS (*abr de* **acide para-amino-salicylique**) *nm* PAS.

pas-à-pas [pazapa] ◇ *adj inv* INF step-by-step, single-step.

◇ *nm inv* -**1.** MÉCAN step by step (mechanism). -**2.** INF single-step operation.

pascal[1], **s**[1] [paskal] *nm* -**1.** PHYS pascal. -**2.** *fam* [billet]: **un ~** a 500-franc note.

pascal[2], **e**, **s**[2] OU **aux** [paskal, o] *adj* RELIG [de la fête - chrétienne] Easter *(modif)*, paschal *spéc*; [- juive] paschal, Passover *(modif)*.

pascalien, enne [paskaljɛ̃, ɛn] *adj* Pascalian.

pascal-seconde [paskalsəgɔ̃d] (*pl* pascals-seconde) *nm* pascal-second.

pas-d'âne [padan] *nm inv* BOT coltsfoot.

pas-de-porte [padpɔrt] *nm inv* -**1.** COMM ≃ commercial lease. -**2.** JUR key money.

pas-grand-chose [pagrɑ̃ʃoz] *nmf inv péj* good-for-nothing; **ces gens-là, c'est des ~** those people are nobodies.

pasionaria [pasjɔnarja] *nf* pasionaria.

Pasiphaé [pazifae] *npr* Pasiphaë.

paso doble [pasodɔbl] *nm inv* paso doble.

passable [pasabl] *adj* -**1.** [acceptable] passable, tolerable; **leur vin est ~** their wine is drinkable; **il écrit des vers ~s** he writes quite good poetry. -**2.** SCOL [tout juste moyen] average. -**3.** *Can* [praticable] negotiable, passable; **un chemin ~** a negotiable pass.

passablement [pasabləmɑ̃] *adv* -**1.** [de façon satisfaisante] passably well, tolerably (well); **je chante ~** my voice isn't bad. -**2.** [notablement] fairly, rather, somewhat; **les deux chansons sont ~ ressemblantes** the two songs are somewhat OU rather similar.

passacaille [pasakaj] *nf* [musique - française] passacaille; [- italienne] passacaglia.

passade [pasad] *nf* -**1.** [amourette] fling, amourette; **entre eux, ce ne fut qu'une ~** they just had a (little) fling. -**2.** [caprice] passing fancy, fad.

passage [pasaʒ] *nm* **A.** -**1.** [allées et venues]: **prochain ~ du car dans deux heures** the coach will be back OU will pass through again in two hours' time; **chaque ~ du train faisait trembler les vitres** the windows shook every time a train went past; **laisser le ~ à qqn/une ambulance** to let sb/an ambulance through, to make way for sb/an ambulance; **'~ de troupeaux'** 'cattle crossing' ❑ **droit de ~** JUR right of way, easement; **moquette grand ~** heavy-duty carpeting. -**2.** [circulation] traffic; **il y a peu/beaucoup de ~ dans notre ville** there's not much/a lot of traffic in our town. -**3.** [arrivée, venue] : elle attend le ~ de l'autobus she's waiting for the bus; guette le ~ du facteur watch out for the postman *Br* OU mailman *Am*. -**4.** [visite] call, visit; c'est le seul souvenir qui me reste de mon ~ chez eux that's the only thing I remember of my visit to them; 'le relevé du compteur sera fait lors de notre prochain ~' 'we will read your meter the next time we call'. -**5.** [franchissement - d'une frontière, d'un fleuve] crossing; [- d'un col] passing; [- de la douane] passing (through); après le ~ du sucre dans l'urine after the sugar has gone OU passed into the urine; '~ interdit' 'no entry' ❑ ~ à l'ennemi MIL going over to the enemy; le ~ de la ligne NAUT the crossing of the line. -**6.** [changement, transition] change, transition; le ~ de l'hiver au printemps the change OU passage from winter to spring; le ~ de l'autocratie à la démocratie the changeover OU transition from autocracy to democracy. -**7.** [dans une hiérarchie] move; ~ d'un employé à l'échelon supérieur promotion of an employee to a higher grade; le ~ dans la classe supérieure SCOL going OU moving up to the next class *Br* OU grade *Am*. -**8.** [voyage sur mer, traversée] crossing; ils travaillaient durement pour payer leur ~ they worked hard to pay for their crossing; pour limiter le nombre des ~s clandestins vers les États-Unis to reduce the number of illegal border crossings into the United States. -**9.** ASTRON transit; le ~ d'un astre au méridien the passage OU transit of a star across the meridian. -**10.** INF: ~ machine run. -**11.** PSYCH: ~ à l'acte acting out; une pulsion criminelle ne s'accompagne pas nécessairement d'un ~ à l'acte criminal thoughts don't necessarily lead to criminal actions. -**12.** RAD, THÉÂT & TV: lors de son dernier ~ à la télévision [personne] last time he was on TV; [film] last time it was shown on TV; pour son premier ~ au Théâtre du Rocher for her first appearance at the Théâtre du Rocher. -**13.** SPORT: temps de ~ split time; ~ du témoin [au relais] (baton) changeover.

B. -**1.** [chemin] passage, way; enlève ton sac du ~ move your bag out of the way; il y a des ~s dangereux dans la grotte there are some dangerous passages in the cave; donner OU livrer ~ à qqn/qqch to let sb/sthg in ❑ ~ secret secret passage. -**2.** [ruelle] alley, passage; [galerie commerçante] arcade; ~ couvert passageway. -**3.** [tapis de couloir] runner. -**4.** AUT: ~ de roue wheel housing. -**5.** RAIL: ~ à niveau level crossing *Br*, grade crossing *Am*. -**6.** TRAV PUBL: ~ clouté OU protégé OU pour piétons pedestrian OU zebra crossing *Br*, crosswalk *Am*; ~ souterrain (pedestrian) subway *Br*, underpass.

C. D'UN FILM, D'UN ROMAN passage, section; elle m'a lu quelques ~s de la lettre de Paul she read me a few passages from Paul's letter; tu te souviens du ~ où ils se rencontrent? do you remember the bit OU sequence where they meet?

◆ **au passage** *loc adv* -**1.** [sur un trajet] on one's way; les enfants doivent attraper la cocarde au ~ the children have to catch the ribbon as they go past; nous visiterons les caves de Reims au ~ we'll visit the cellars at Rheims on our way. -**2.** [dans le cours de l'action] in passing; j'ai noté deux bonnes répliques au ~ I noted down a couple of good lines in passing. -**3.** [à propos] incidentally, by the way; tiens, au ~, je te signale trois fautes page 32 by the way, there are three mistakes on page 32.

◆ **au passage de** *loc prép*: au ~ du carrosse, la foule applaudissait when the carriage went past OU through, the crowd clapped.

◆ **de passage** *loc adj* [client] casual; être de ~ [voyageur] to be passing through.

◆ **sur le passage de** *loc prép*: la foule s'est massée sur le ~ du marathon the crowd gathered on the marathon route.

◆ **passage à tabac** *nm* beating up.

◆ **passage à vide** *nm* momentary flagging; avoir un ~ à vide to have a momentary lapse of energy; j'ai eu un petit ~ à vide juste avant midi I was feeling a bit faint just before lunch; il a eu un ~ à vide et a perdu cinq secondes [sportif] he had a lapse in concentration and lost five seconds.

passager, ère [pasaʒe, ɛr] ◇ *adj* -**1.** [momentané] passing, temporary, transient; ne vous inquiétez pas, ces douleurs seront passagères don't worry, the pain won't last. -**2.** [très fréquenté] busy; des rues très passagères very busy roads, roads with very heavy traffic.
◇ *nm, f* passenger; ce sont les ~s à destination d'Athènes qui ont le plus attendu the people going to Athens waited the longest ❑ ~ clandestin stowaway.

passagèrement [pasaʒɛrmɑ̃] *adv* for a short while, temporarily, momentarily.

passant, e [pasɑ̃, ɑ̃t] ◇ *adj* [voie, route] busy.
◇ *nm, f* passer-by; les ~s s'arrêtaient pour regarder passers-by would stop and stare.
◆ **passant** *nm* VÊT (belt) loop.

passation [pasasjɔ̃] *nf* -**1.** JUR: la ~ d'un acte/ d'un contrat the drawing up (and signing) of an instrument/a contract. -**2.** POL: ~ des pouvoirs transfer of power.

passavant [pasavɑ̃] *nm* -**1.** JUR transire. -**2.** NAUT (fore-and-aft) catwalk, flying bridge.

passe [pas] ◇ *nm* -**1.** [passe-partout] master OU pass key. -**2.** [laissez-passer] pass.
◇ *nf* -**1.** SPORT [aux jeux de ballon] pass; faire une ~ to pass (the ball), to make a pass; fais-moi une ~ pass (me) the ball || [en tauromachie] pass; ~ de muleta pass with the muleta. ❑ ~ d'armes sparring; il y a eu une belle ~ d'armes entre les deux leaders there was some fine sparring between the two leaders. -**2.** ▽[d'une prostituée] trick; faire une ~ to turn a trick. -**3.** [situation]: bonne/mauvaise ~: être dans une bonne ~ [commerce] to be thriving; leur couple traverse une mauvaise ~ their relationship is going through a rough OU bad period. -**4.** GÉOG [col] pass; [chenal] pass, channel. -**5.** [d'un prestidigitateur] pass. -**6.** *Can* ZOOL: ~ migratoire fish ladder. -**7.** IMPR overs, overplus. -**8.** FIN: ~ de caisse allowance for cashier's errors. -**9.** INF pass. -**10.** JEUX [mise] stake; [à la roulette] passe; ~ anglaise craps. -**11.** [sur un cours d'eau] passage. -**12.** VÊT [d'un chapeau] rim.
◆ **en passe de** *loc prép* about to, on the point of; ils sont en ~ de prendre le contrôle des médias they're poised OU set to gain control of the media.

passé[1] [pase] *prép* after; ~ minuit after midnight; ~ le pont, c'est à droite it's on the right after the bridge.

passé[2], **e**[1] [pase] *adj* -**1.** [précédent - année, mois] last; au cours des mois ~s over the past OU last few months. -**2.** [révolu] : il est 3 h ~es it's past OU gone *Br* 3 o'clock; elle a 30 ans ~s she's over 30. -**3.** [qui n'est plus] past, former; elle songeait au temps ~ she was thinking of times OU days gone by. -**4.** [teinte, fleur] faded.
◆ **passé** *nm* -**1.** [temps révolu] : le ~ the past; oublions le ~ let bygones be bygones, let's forget the past; c'est du ~ tout ça it's all in the past OU it's all behind us now. -**2.** [d'une personne, d'une ville] past; pays au ~ glorieux/ sanglant country with a glorious/bloody past ❑ avoir un lourd ~ : il a un lourd ~ he's a man with a past. -**3.** GRAMM past tense; verbe au ~ verb in the past tense ❑ les temps du ~ past tenses; ~ antérieur past anterior; ~ composé (present) perfect; ~ simple simple past, past historic. -**4.** COUT: ~ empiétant encroaching (satin) stitch; ~ plat satin stitch.
◆ **par le passé** *loc adv* in the past; il est beaucoup plus indulgent que par le ~ he's much more indulgent than before OU than he used to be; soyons amis, comme par le ~ let's be friends, like before.

passe-bande [pasbɑ̃d] *adj inv* band-pass.

passe-boules [pasbul] *nm inv* ≃ Aunt Sally.

passe-crassane [paskrasan] *nf inv* passe-crassane *(variety of winter pear)*.

passe-droit [pasdrwa] (*pl* passe-droits) *nm* privilege, special favour.

passée[2] [pase] ◇ *f* → **passé**.
◇ *nf* -**1.** CHASSE [du gibier d'eau] flighting; [d'un lièvre, d'un renard] track. -**2.** MIN (thin) vein, lode. -**3.** PÊCHE (light) cast. -**4.** SPORT [en natation] stroke; [en aviron] (squared) stroke.

passe-haut [pasəo] *adj inv* high-pass.

passéisme [paseism] *nm péj* attachment to the past, backward-looking attitude.

passéiste [paseist] *péj* ◇ *adj* backward-looking.
◇ *nmf* backward-looking person.

passe-lacet [paslasɛ] (*pl* passe-lacets) *nm* bodkin.

passement [pasmɑ̃] *nm* (piece of) braid OU braiding OU cord *(used as trimming)*.

passementer [3] [pasmɑ̃te] *vt* to braid.

passementerie [pasmɑ̃tri] *nf* soft furnishing (and curtain fitments).

passementier, ère [pasmɑ̃tje, ɛr] *nm, f* soft furnishing (and curtain fitments) manufacturer.

passe-montagne [pasmɔ̃taɲ] (*pl* passe-montagnes) *nm* balaclava.

passe-partout [paspartu] ◇ *adj inv* -**1.** [robe, instrument] versatile, all-purpose *(modif)*; un discours ~ a speech for all occasions. -**2.** RAIL UIC standard *(modif)*.
◇ *nm inv* -**1.** [clef] master OU skeleton key. -**2.** BX-ARTS & IMPR passe-partout. -**3.** [scie] two-handed saw.

passe-passe [paspas] *nm inv*: tour de ~ [tour de magie] (magic) trick; [tromperie] trick.

passe-pied [paspje] (*pl* passe-pieds) *nm* DANSE passepied.

passe-plat [paspla] (*pl* passe-plats) *nm* serving hatch.

passepoil [paspwal] *nm* piping *(U)*.

passepoiler [3] [paspwale] *vt* to trim with piping, to pipe.

passeport [paspɔr] *nm* -**1.** ADMIN passport; ~ européen EEC OU European passport. -**2.** *fig* passport; ce diplôme est un ~ pour la vie professionnelle this diploma is a passport to a job.

passer [3] [pase] ◇ *vi (surtout avec aux être)*
A. EXPRIME UN DÉPLACEMENT -**1.** [se déplacer - personne, véhicule] to pass (by), to go OU to come past; regarder ~ les coureurs to watch the runners go past; ~ à: ~ à droite/gauche to go right/left; ~ au-dessus de: l'avion est passé au-dessus de la maison the plane flew over the house; ~ dans: un avion passait dans le ciel a plane was flying in the sky; pour empêcher les poids lourds de ~ dans le village to stop lorries from driving OU going through the village; ~ devant to go past; puisque tu passes devant la boulangerie, rapporte du pain seeing as you're going past the baker's, pick up some bread; ~ sous: ~ sous un porche to go under a porch; ~ sous une voiture [se faire écraser] to get run over (by a car); ~ sur: ~ sur un pont to go over OU to cross a bridge; des péniches passaient sur le canal barges were going past OU were sailing on the canal || [fugitivement] : j'ai vu un éclair de rage ~ dans son regard I saw a flash of anger in his eyes; un sourire passa sur ses lèvres a smile played about her lips; elle dit tout ce qui lui passe par la tête she says the first thing that comes into her head; qu'est-ce qui a bien pu lui ~ par la tête? whatever was he thinking of? ❑ ne faire que ~ : le pouvoir n'a fait que ~ entre leurs mains they knew power only briefly. -**2.** [s'écouler - fluide] to flow, to run; l'eau passe dans cette canalisation the water flows OU runs along this channel; il y a de l'air qui passe sous la porte there's a permanent draught coming under the door. -**3.** [emprunter un certain itinéraire] : si vous passez à Paris, venez me voir come and see me if you're in Paris; ~ par: le voleur est passé par la fenêtre the burglar got in through the window; passe par l'escalier de service use the service stairs; on a traversé Paris en passant par le Quartier latin we crossed Paris via the Latin Quarter || [fleuve, route] to go, to run; la nou-

velle route ne passera pas dans le village the new road won't go OU run through the village; le Rhône passe à Lyon the Rhone goes OU flows through Lyons; le tunnel passera sous la montagne the tunnel will go under the mountain; le pont passe au-dessus de l'avenue the bridge crosses the avenue. -4. MATH to pass; soit une droite passant par deux points A et B given a straight line between two points A and B. -5. [sur un parcours régulier - démarcheur, représentant] to call; [- bateau, bus, train] to come OU to go past; le facteur n'est pas encore passé the postman hasn't been yet; le facteur passe deux fois par jour the postman delivers OU comes twice a day; le bus passe toutes les sept minutes there's a bus every seven minutes; le bateau/train est déjà passé the boat/train has already gone OU left; le prochain bateau passera dans deux jours the next boat will call OU is due in two days. -6. [faire une visite] to call; ~ chez qqn to call at sb's place; j'ai demandé au médecin de ~ I asked the doctor to call (in) OU to come OU to visit; j'essaierai de ~ dans la soirée I'll try and call in during the evening; veuillez ~ au commissariat demain please report to the police station tomorrow || *(suivi de l'infinitif)*: ~ voir qqn to call on sb; je passerai te chercher I'll come and fetch you; passe la prévenir go and tell her. -7. [franchir une limite] to get through; tu ne passeras pas, il y a trop de monde you won't get through, there are too many people; le piano ne passera jamais par la porte the piano will never go OU get through the door; ne laissez ~ personne don't let anybody through; il est passé au rouge he went through a red light ❑ ça passe ou ça casse it's make or break. -8. [s'infiltrer] to pass; ~ dans le sang to pass into OU to enter the bloodstream; la lumière passe à travers les rideaux the light shines through the curtains; le vent et la neige passaient entre les planches disjointes the wind and snow got in through the gaps in the floorboards; le café doit ~ lentement [dans le filtre] the coffee must filter through slowly. -9. [aller, se rendre] to go; où est-il passé? where's he gone (to)?; où sont passées mes lunettes? where have my glasses disappeared to?; passons à table let's eat; si l'on passait au wagon-restaurant? shall we go to the dining-car?; passons dans mon bureau let's go into my office; les invités passèrent de la salle à manger au salon the guests went OU moved from the dining room into the living room; ~ de Suisse en France to cross over OU to go from Switzerland to France; ~ à l'ennemi to go over to the enemy; elle est passée à l'opposition she's gone over to OU she's joined the opposition; il est passé du côté du vainqueur he's switched to the winning side. -10. CHASSE to pass, to go OU to come past; ici, les bécasses passent en septembre woodcock fly over here in September; là où le gibier passe where game animals pass. -11. NAUT: ~ au vent to sail to windward; ~ sur l'avant to cut across the bow. -12. THÉÂT to cross the stage.

B. EXPRIME UNE ACTION -1. ~ à [se soumettre à] to go for; ~ au scanner to go for a scan; ~ à la visite médicale to go for a medical examination; ce matin, je suis passé au tableau I was asked to explain something at the blackboard this morning ❑ y ~ *fam*: je ne veux pas me faire opérer — il faudra bien que tu y passes, pourtant! I don't want to have an operation — you're going to have to!; avec lui, toutes les femmes du service y sont passées he's had all the women in his department; tout le monde a cru que tu allais y passer everybody thought you were a goner. -2. [être accepté] to pass; elle est passée à l'écrit mais pas à l'oral she got through OU she passed the written exam but not the oral; j'ai un bout de pomme qui est passé de travers a bit of my apple has gone down the wrong way; j'ai mangé quelque chose qui ne passe pas I've eaten something that won't go down; sa dernière remarque n'est pas passée *fig* his last remark stuck in my throat; ce genre d'explication ne passera pas avec lui he won't swallow an explanation like that; ton petit discours est bien passé your little speech went down well OU was well received; la deuxième scène ne passe pas du tout the second scene doesn't work at all; le film passe mal sur le petit écran/en noir et blanc the film just isn't the same on TV/in black and white; le fascisme ne passera pas! no to fascism! ❑ passe (encore): l'injurier, passe encore, mais le frapper! it's one thing to insult him, but quite another to hit him!; une heure de retard, passe, mais trois! an hour's delay would be forgivable, but (certainly not) three! -3. [être transmis] to go; sa collection de tableaux passera à sa fille his collection of paintings will go to his daughter; la ferme est passée de père en fils depuis cinq générations the farm has been handed down from father to son for five generations; la carafe passa de main en main the jug was passed around; la locution est passée du latin à l'anglais the phrase came OU passed into English from Latin; le pouvoir est passé de la gauche à la droite the right has taken over from the left. -4. [entrer] to pass; c'est passé dans le langage courant it's passed into OU it's now part of everyday speech; c'est passé dans les mœurs it's become standard OU normal practice. -5. [être utilisé, absorbé] to go; tout son salaire passe dans la maison all her salary goes on the house; 3 000 à 4 000 francs passent chaque mois dans la nourriture food accounts for 3,000 or 4,000 francs a month ❑ y ~: tout le fromage y est passé every last bit of cheese went (in the end); les deux bouteilles y sont passées both bottles were drunk; toutes ses économies y passent all her savings go towards OU into it. -6. POL [être adopté - projet de loi, amendement] to pass, to be passed; la loi est passée the law was passed || [être élu - député] to be elected, to get in; si les socialistes passent if the socialists get in OU are elected. -7. CIN & THÉÂT to be on, to be showing; son documentaire n'est jamais passé her documentary was never shown; sa dernière pièce passe au Galatée her latest play is on at the Galatée || RAD & TV: les informations passent à 20 h the news is on at 8 p.m.; ~ à la radio [émission, personne] to be on the radio OU the air; ~ à la télévision [personne] to be OU to appear on television; [film] to be on television. -8. JUR [comparaître]: ~ devant le tribunal to come up OU to go before the court; ~ en correctionnelle ≃ to go before the magistrate's court; l'affaire passera en justice le mois prochain the case will be heard next month. -9. JEUX to pass.

C. EXPRIME UN CHANGEMENT D'ÉTAT -1. [accéder - à un niveau]: ~ dans la classe supérieure to move up to the next form *Br* OU grade *Am*; ~ en seconde ENS to move up to the fifth form *Br* OU to tenth grade *Am*; ~ à to move to; il est passé au grade supérieur he's been promoted to the next highest rank; ~ du deuxième au troisième échelon to move up from the second to the third grade. -2. [devenir] to become; ~ entraîneur to become a coach; il est passé ailier he plays on the wing now; ~ professionnel to turn professional; ~ chef de service to become OU to be promoted head of department. -3. [dans des locutions verbales]: ~ à [aborder]: passons à l'ordre du jour let us turn to the business on the agenda; traduisons le texte, puis nous passerons au commentaire let's translate the text first, then we'll analyse it; ~ à l'action to take action; ~ de... à [changer d'état]: ~ de l'état liquide à l'état gazeux to pass OU to change from the liquid to the gaseous state; la lumière passait du rose au mauve the light changed from pink to mauve; ~ sans transition de la gaieté à la tristesse to switch from joy to sadness; quand on passe de l'adolescence à l'âge adulte when you pass from adolescence to adulthood; la production est passée de 20 à 30/de 30 à 20 tonnes output has gone (up) from 20 to 30/(down) from 30 to 20 tonnes; ~ du français au russe to switch from French to Russian; comment êtes-vous passé du cinéma au théâtre? how did you move OU make the transition from the cinema to the stage?; il passe d'une idée à l'autre he jumps OU flits from one idea to another; ~ en [devenir]: le dernier vers de la fable est passé en proverbe the last verse of the fable has become a proverb. -4. AUT: ~ en troisième to change into third (gear); la seconde passe mal second gear is stiff.

D. EXPRIME UNE ÉVOLUTION DANS LE TEMPS -1. [s'écouler - temps] to pass, to go by; la journée est passée agréablement the day went off OU passed pleasantly; une heure est vite passée an hour passes quickly; à mesure que les jours passaient as the days went by; comme le temps passe! how time flies! -2. [s'estomper - douleur] to fade (away), to wear off; [- malaise] to disappear; [- mode, engouement] to die out; [- enthousiasme] to wear off, to fade; [- beauté] to fade, to wane; [- chance, jeunesse] to pass; [- mauvaise humeur] to pass, to vanish; [- rage, tempête] to die down; [- averse] to die down, to stop; mon envie est passée I don't feel like it anymore; j'aimais regarder la télévision mais cela m'a passé I used to like watching television but not anymore; cette habitude lui passera avec l'âge he'll get over the habit with age; faire ~: ce gadget fait ~ l'odeur du tabac this gadget gets rid of tobacco smells. -3. [s'altérer - fruit, denrées] to go off *Br*, to spoil, to go bad; le vin est ouvert depuis trop longtemps, il a passé the wine's been open too long, it's gone off || [se faner - fleur] to wilt; les roses sont passées the roses have wilted || [pâlir - teinte]: le papier peint a passé au soleil the sun has faded the wallpaper. -4. *vieilli (aux avoir)* [mourir]: il a passé cette nuit he passed on OU away last night.

◇ *vt* A. EXPRIME UN DÉPLACEMENT -1. [traverser -pont, col de montagne] to go over *(insép)*, to cross; [- écluse] to go through *(insép)*, to cross; ~ une rivière à la nage to swim across a river; ~ un ruisseau à gué to ford a stream. -2. [franchir -frontière, ligne d'arrivée] to cross, to go through; une fois passé le pas de la porte, il fait frais once you're over the threshold it gets cooler; si je passe cette porte, je ne reviendrai plus jamais if I go through that door I'll never come back; nous passerons la frontière à Vintimille we'll cross the border at Ventimiglia. -3. [dépasser - point de repère] to pass, to go past *(insép)*; vous passez l'escalier et c'est à droite go past the stairs and it's on your right, it's on your right after you pass the stairs; ~ l'arrêt de l'autobus [le manquer] to miss one's bus stop; ~ le cap Horn to (go) round Cape Horn; quand on passe les 1 000 mètres d'altitude when you go over 1,000 metres high; l'or a passé les 400 dollars l'once gold has broken through the $ 400 an ounce mark; ~ tous les obstacles to overcome OU to surmount all the obstacles. -4. [transporter] to ferry OU to take across *(sép)*. -5. [introduire]: ~ de la drogue/des cigarettes en fraude to smuggle drugs/cigarettes. -6. [engager - partie du corps] to put; ~ son bras autour de la taille de qqn to put OU to slip one's arm round sb's waist; il passa son doigt à travers le grillage he put OU he stuck a finger through the wire netting; je n'arrive pas à ~ ma tête dans l'encolure de cette robe my head won't go through the neck of the dress; il a passé la tête par l'entrebâillement de la porte he poked his head round the door. -7. [faire aller - instrument] to run; ~ un peigne dans ses cheveux to run a comb through one's hair; ~ une éponge sur la table to wipe the table; ~ un chiffon sur les meubles to dust the furniture; ~ l'aspirateur to vacuum, to hoover *Br*; ~ le balai to sweep up; passe le balai dans l'escalier give the stairs a sweep, sweep the stairs. -8. ÉQUIT [haie] to jump, to clear; le cheval a passé le fossé the horse cleared the ditch. -9. SPORT [franchir - obstacle, haie] to jump (over); ~ la barre à deux mètres to clear the bar at two metres || [transmettre - ballon] to pass; *(en usage abs)*: il a passé

à l'avant-centre he passed to the centre forward || [dépasser] to overtake, to pass; ~ **les autres concurrents** to overtake the other competitors. **B.** EXPRIME UNE ACTION -**1.** [se soumettre à - permis de conduire] to take; [- examen] to take, to sit *Br*; [- scanner, visite médicale] to have, to go for *(insép)*; **il passe sa thèse demain** he has his viva for his thesis tomorrow; **la voiture doit ~ un contrôle** the car must go (in) for a test OU must be tested. -**2.** [réussir - examen] to pass; [- épreuve éliminatoire] to get through *(insép)*; **elle a passé sa ceinture noire de karaté** she's got her black belt in karate now; **il a passé l'écrit, mais attendons l'oral** he's passed the written exam, but let's see what happens in the oral. -**3.** [omettre] to miss OU to leave out *(sép)*, to omit; **je passe toutes les descriptions dans ses romans** I miss out OU I skip all the descriptions in her novels; **tu as tout de même passé plusieurs détails importants** you did miss out OU omit several important details ❑ **je te passe les détails** I'll spare you the details. -**4.** [tolérer] to put up with *(insép)*; **elle lui passe tout** she lets him get away with anything; **elle est gentille, alors on lui passe le reste** she's so nice that people make allowances (for the rest) ❑ **passez-moi l'expression/le mot** if you'll pardon the expression/excuse the term. -**5.** [soumettre à l'action de]: ~ **une plaie à l'alcool** to put alcohol on a cut; ~ **les parquets à l'encaustique** to polish the floors; ~ **des légumes au mixeur** to put vegetables through the blender, to blend vegetables; ~ **qqch sous l'eau** to rinse sthg OU to give sthg a rinse under the tap; ~ **qqch au four** to put sthg in the oven ❑ ~ **quelque chose** *fam* OU **un savon** *fam* **à qqn** to give sb a good dressing-down, to tick sb off *Br*; **se faire ~ quelque chose** *fam* OU **un savon** *fam* to get a good ticking off *Br*, to get a good chewing-out *Am*. -**6.** [donner, transmettre - gén] to pass, to hand, to give; [- rhume, message] to pass on *(sép)*, to give; [- au téléphone] to put through *(sép)*; **passe le couteau** give me the knife, hand over the knife; **passe-moi le sel** pass me the salt; ~ **la consigne à qqn** to pass on orders to sb; ~ **ses pouvoirs à son successeur** to hand over one's powers to one's successor; **il a passé sa grippe à tout le bureau** he gave his flu to everybody in the office; **je te passe Fred** here's Fred, I'll hand you over to Fred; **passe-moi Annie** let me talk to Annie, put Annie on ❑ ~ **un coup de fil à qqn** *fam* to call OU to phone sb. -**7.** *fam* [prêter] to lend; **peux-tu me ~ 100 francs jusqu'à demain?** could you lend me 100 francs till tomorrow?; **tu me passes ton livre sur les abeilles?** could you lend me your book OU let me have your book about bees?, **je lui passe ma chambre et je dors au salon** he can have my room and I'll sleep in the living room. -**8.** [appliquer - substance] to apply, to put on *(sép)*; ~ **de la cire sur qqch** to wax sthg; ~ **une couche de peinture sur un mur** to apply a coat of paint to a wall; **il faudra ~ une deuxième couche** it needs a second coat; **je vais te ~ de la crème dans le dos** I'm going to put OU to rub some cream on your back. -**9.** [filtrer, tamiser - thé, potage] to strain; [- farine] to sieve. -**10.** [enfiler - vêtement] to slip OU to put on *(sép)*; **je passe une robe moins chaude et j'arrive** I'll put on a cooler dress and I'll be with you; **elle passa l'anneau à son doigt** she slipped the ring on her finger. -**11.** AUT: ~ **une vitesse** to put the car in gear; ~ **la marche arrière** to go into reverse; ~ **la troisième** to change OU to shift into third gear. -**12.** CIN & TV [film] to show, to screen; [diapositive] to show; RAD [émission] to broadcast; [cassette, disque] to play, to put on *(sép)*; **on passe un western au Rex** there's a western on at the Rex. -**13.** COMM [conclure - entente] to conclude, to come to *(insép)*, to reach; [- marché] to agree on *(insép)*, to strike, to reach; [- commande] to place; **passez commande avant le 12** order before the 12th. -**14.** COMPTA to enter, to post; ~ **un article en compte** to enter a sale into a ledger; **passez la somme par pertes et profits** write the amount off. -**15.** JUR [faire établir - acte juridique] to draw up *(sép)*; **nous passons le contrat demain** we're drawing up the contract tomorrow; **un acte passé par-devant notaire** a deed drawn up in the presence of a lawyer. -**16.** JEUX: ~ **parole** to pass.

C. EXPRIME UNE NOTION TEMPORELLE -**1.** [employer - durée] to spend; **j'ai passé un an en Angleterre** I spent a year in England; **passez un bon week-end/une bonne soirée!** have a nice weekend/evening!; **j'ai passé deux heures sur la traduction** I spent two hours on the translation, it took me two hours to do the translation; ~ **ses vacances à lire** to spend one's holidays reading; **il va venir ~ quelques jours chez nous** he's coming to stay with us for a few days; **as-tu passé une bonne nuit?** did you sleep well last night?, did you have a good night?; **pour ~ le temps** to pass the time ❑ **on ne va pas ~ le réveillon là-dessus!** *fam* let's not spend all night on it! -**2.** [aller au-delà de - durée] to get through *(insép)*, to survive; **s'il arrive à ~ la première semaine, il sera tiré d'affaire** if he gets through OU survives the first week, he'll be out of danger; **elle ne passera pas la nuit** she won't see the night out, she won't last the night. -**3.** [se débarrasser de, assouvir - envie] to satisfy; ~ **sa colère sur qqn** to work off OU to vent one's anger on sb; **je passais ma colère en jouant de la batterie** I let off steam by playing the drums; **ne passe pas ta fureur sur moi!** don't take it out on me!

◆ **passer après** *v + prép* to go after; **le directeur commercial passe après lui** the sales manager comes after him; **il faut le faire libérer, le reste passe après** we must get him released, everything else is secondary.

◆ **passer avant** *v + prép* to go OU to come before; **ses intérêts passent avant tout** his own interests come before anything else; **le travail passe avant le plaisir** work (comes) before pleasure.

◆ **passer par** *v + prép* -**1.** [dans une formation] to go through; **il est passé par une grande école** he studied at a Grande École; **elle est passée par tous les échelons** she rose through all the grades. -**2.** [dans une évolution] to go through, to undergo; **le pays est passé par toutes les formes de gouvernement** the country has experienced every form of government; **la maladie passe par différentes phases** the illness goes through different stages; **elle est passée par des moments difficiles** she's been through some difficult times. -**3.** [recourir à] to go through; **je passe par une agence pour avoir des billets** I get tickets through an agency; ~ **par l'opératrice** to go through the operator ❑ **en ~ par: il va falloir en [illegible] par ses exigences** we'll just have to do what he says; ~ **par là: je suis passé par là** it's happened to me too, I've been through that too; **pour comprendre, il faut être passé par là** you have to have experienced it to understand.

◆ **passer pour** *v + prép* -**1.** *(avec n)* to be thought of as; **dire qu'il passe pour un génie!** to think that he's considered a genius!; **je vais ~ pour un idiot** I'll be taken for OU people will take me for an idiot; **en te maquillant, tu pourrais facilement ~ pour elle** with some make-up on, you could easily pass for her OU you could easily be taken for her; **se faire ~ pour qqn** to pass o.s. off as sb. -**2.** *(avec adj)*: **son livre passe pour sérieux** her book is considered to be serious; **il s'est fait ~ pour fou** he pretended to be mad. -**3.** *(avec v)*: **elle passe pour descendre d'une famille noble** she is said to be descended from an aristocratic family.

◆ **passer sur** *v + prép* [ne pas mentionner] to pass over, to skip; [excuser] to overlook; **passons sur les détails** let's pass over OU skip the less important facts; **je passerai sur les lacunes de son exposé** I shall overlook the gaps in his essay; **je passerai sur votre attitude pour cette fois** I'll overlook your attitude this once; **il l'aime et passe sur tout** he loves her and forgives everything ❑ **passons!** let's say no more about it!, let's drop it!; **tu me l'avais promis, mais passons!** you promised me, but never mind!

◆ **se passer** ◇ *vpi* -**1.** [s'écouler - heures, semaines] to go by, to pass; **la soirée s'est passée tranquillement** the evening went by OU passed quietly; **la journée s'est passée dans l'angoisse pour les parents** it was a day of anguish for the parents; **si la journée de demain se passe sans incident** if everything goes off smoothly tomorrow. -**2.** [survenir - événement] to take place, to happen; **l'histoire se passe en Corse/en 1789** the story takes place in Corsica/in 1789; **qu'est-ce qui se passe?** what's happening?, what's going on?; **que s'est-il passé?** what happened?; **qu'est-ce qui va se ~ maintenant?** what's going to happen now? || *(tournure impersonnelle)*: **il se passe que ton frère vient d'être arrêté, (voilà ce qui se passe)!** your brother's just been arrested, that's what's the matter!; **il ne se passe rien d'intéressant** nothing interesting's happening; **il ne se passe pas de semaine qu'il ne perde de l'argent aux courses** *sout* not a week goes by without him losing money on the horses. -**3.** [se dérouler - dans certaines conditions] to go (off); **comment s'est passée ton audition?** how did your audition go?; **l'opération s'est bien/mal passée** the operation went (off) smoothly/badly; **si tout se passe bien, nous y serons demain** if all goes well, we'll be there tomorrow; **tout se passe très bien entre les membres de l'équipe** the members of the team get along very well together; **tout se passe comme prévu** everything's going according to plan OU going as planned; **les choses ne se seraient pas passées ainsi avec moi!** I wouldn't have let that happen!, I wouldn't have stood for that!; **ça ne se passera pas comme ça!** you won't get away with it! -**4.** [s'achever - douleur] to go, to subside; [- malaise] to vanish; **bois de l'eau, ton hoquet se passera** drink some water, it'll get rid of your hiccups OU and your hiccups'll stop.
◇ *vpt* [s'appliquer, se mettre - produit] to apply, to put on *(sép)*; **se ~ de la crème sur les mains** to put some cream on one's hands; **il se passa un peigne/la main dans les cheveux** he ran a comb/his fingers through his hair; **elle se passait un mouchoir sur le front** she was wiping her forehead with a handkerchief.

◆ **se passer de** *vp + prép* -**1.** [vivre sans] to do OU to go without; **il faudra te ~ de jardinier/secrétaire** you'll have to do OU to go OU to manage without a gardener/secretary; **si tu crois pouvoir te [illegible] de tout le monde!** if you think you can manage all by yourself!; **il ne peut pas se ~ de télévision** he can't live without TV; **les plantes ne peuvent se ~ d'eau** plants can't survive without water; **se ~ de faire** to manage without doing; **il ne peut se ~ de boire** he can't do without drink. -**2.** [s'abstenir]: **je me serais bien passée de garder ses enfants** I could have done without having to look after her children; **je me passerais (volontiers) de ses réflexions!** I can do very well without her remarks! -**3.** [ne pas avoir besoin de]: **sa déclaration se passe de tout commentaire** her statement needs no comment.

◆ **en passant** *loc adv* -**1.** [dans la conversation] in passing; **faire une remarque en passant** to remark in passing, to make a casual remark. -**2.** [sur son chemin]: **il s'arrête de temps à autre en passant** he calls on his way by OU past from time to time; **l'avion, en passant, a laissé une traînée blanche** the plane left a white trail as it passed.

◆ **en passant par** *loc prép* -**1.** [dans l'espace] via; **l'avion va à Athènes en passant par Londres** the plane goes to Athens via London OU stops in London on its way to Athens. -**2.** [dans une série] (and) including; **toutes les romancières de Sand à Sarraute en passant par Colette** every woman novelist from Sand to Sarraute including Colette.

passereau, x [pasro] *nm* -**1.** [alouette, hirondelle etc] passerine. -**2.** *vieilli* [moineau] sparrow.

passerelle [pasrɛl] *nf* -**1.** [pour piétons] footbridge. -**2.** NAUT [plan incliné] gangway, gangplank; [escalier] gangway; **la ~ de commandement** the bridge; **~ de navigation** navigation bridge. -**3.** AÉRON steps. -**4.** CIN catwalk. -**5.** ENS [entre deux cycles] link; **établir une ~ entre deux cursus** to link two courses. -**6.** INF gateway.

passériforme [paseriform] *nm* passerine, member of the Passeriformes.

passerine [pasrin] *nf* (North American) bunting ORNITH.

passet [pasɛ] *nm Belg* (small) stepladder.

passe-temps [pastɑ̃] *nm inv* pastime, hobby.

passe-thé [paste] *nm inv* tea strainer.

passe-tout-grain [pastugrɛ̃] *nm inv* Passe-Tout-Grain (wine).

passeur, euse [pasœr, øz] *nm, f* -**1.** [sur un bac, un bateau etc] ferryman *nm.* -**2.** [de contrebande] smuggler. -**3.** [d'immigrants clandestins]: **nous avons trouvé un ~ pour nous aider à gagner les États-Unis** we found someone to get us over the border into the United States. -**4.** SPORT passer.

passible [pasibl] *adj*: **~ de** liable to; **crime ~ de la prison** crime punishable by imprisonment; **~ des tribunaux** liable to prosecution.

passif[1] [pasif] *nm* -**1.** [dettes] liabilities. -**2.** *fig* [insuccès] (poor) track record; **cette décision est à mettre à son ~** this mistake is a black mark for him.

passif[2], **ive** [pasif, iv] ◇ *adj* [gén & GRAMM] passive.
◇ *nm* GRAMM passive (form).

passifloracée [pasiflɔrase] *nf* member of the passionflower family OU of the Passifloraceae *spéc.*

passiflore [pasiflɔr] *nf* passionflower, passiflora *spéc.*

passing-shot [pasiŋʃɔt] (*pl* **passing-shots**) *nm* passing shot.

passion [pasjɔ̃] *nf* -**1.** [amour fou] passion, love. -**2.** [du jeu, des voyages etc] passion; **avoir la ~ de qqch** to have a passion for sthg, to be passionately interested in sthg; **sa ~ pour la musique** his passion for music. -**3.** [ardeur, exaltation] passion, feeling; **débattre de qqch avec ~** to argue passionately about sthg. -**4.** RELIG: **la Passion (du Christ)** the Passion; **le temps de la Passion** Passiontide; **la Passion selon saint Jean** RELIG the Passion according to Saint John; MUS the (Saint) John Passion.
◆ **passions** *nfpl* [sentiments] passions, emotions, feelings; **savoir dominer ses ~s** to be able to control one's emotions.

passionnant, e [pasjɔnɑ̃, ɑ̃t] *adj* [voyage, débat] fascinating, exciting; [personne] intriguing, fascinating; [récit] fascinating, enthralling, gripping; **nous avons eu une discussion ~e** we had a fascinating discussion.

passionné, e [pasjɔne] ◇ *adj* -**1.** [aimant - amant, lettre] passionate. -**2.** [très vif - caractère, tempérament] passionate, emotional; [- discours] passionate, impassioned; [- intérêt, sentiment] passionate, keen. -**3.** [intéressé - spectateur, lecteur] keen, fervent, ardent.
◇ *nm, f* -**1.** [en amour] passionate person. -**2.** [fervent] enthusiast, devotee; **pour les ~s de flamenco** for flamenco lovers.

passionnel, elle [pasjɔnɛl] *adj* passionate; **drame ~ à Bordeaux** love drama in Bordeaux.

passionnément [pasjɔnemɑ̃] *adv* -**1.** [avec passion] passionately, with passion. -**2.** [en intensif] keenly, fervently, ardently; **je désire ~ que tu réussisses** I very much hope that you will succeed.

passionner [3] [pasjɔne] *vt* -**1.** [intéresser - suj: récit] to fascinate, to enthrall, to grip; [- suj: discussion, idée] to fascinate, to grip; **la politique la passionne** politics is her passion, she has a passion for politics. -**2.** [animer] to impassion; **elle ne sait pas parler politique sans ~ le débat** every time she talks about politics it ends in a big argument.
◆ **se passionner** *vpi*: **se ~ pour** [s'intéresser vivement à]: **se ~ pour une idée** to feel passionately about an idea; **je me passionne pour le reggae** I have a passion for reggae.

passivation [pasivasjɔ̃] *nf* -**1.** CHIM & MÉTALL passivization. -**2.** GRAMM putting into the passive.

passivement [pasivmɑ̃] *adv* passively.

passivité [pasivite] *nf* -**1.** [attitude] passivity, passiveness. -**2.** MÉTALL passivity.

passoire [paswar] *nf* -**1.** [à petits trous] sieve; [à gros trous] colander ❑ **~ à thé** tea strainer; **avoir la tête** OU **la mémoire comme une ~** *fam* to have a memory like a sieve. -**2.** *fam* [personne, institution négligente]: **leur service de contre-espionnage est une ~** their counter-espionage service is leaking like a sieve.

pastel [pastɛl] ◇ *nm* -**1.** [crayon] pastel; [dessin] pastel (drawing); **dessiner au ~** to draw in pastels. -**2.** [teinte douce] pastel (shade). -**3.** BOT pastel woad. -**4.** [couleur bleue] pastel blue.
◇ *adj inv* pastel, pastel-hued.

pastelliste [pastelist] *nmf* pastellist.

pastèque [pastɛk] *nf* [plante] watermelon plant; [fruit] watermelon.

pasteur [pastœr] *nm* -**1.** RELIG [protestant] minister, pastor; *arch* [prêtre] pastor; **le Bon Pasteur** the Good Shepherd. -**2.** *litt* [berger] shepherd. -**3.** *fig* & *litt* [guide, gardien] shepherd. -**4.** ANTHR pastoralist *spéc.*, shepherd; **les Peuls sont un peuple de ~s** the Peuls are a pastoral people.

pasteurella [pastœrɛla] *nf* pasteurella.

pasteurellose [pastœrɛloz] *nf* pasteurellosis.

pasteurien, enne [pastœrjɛ̃, ɛn] *adj* of Louis Pasteur; **les découvertes ~nes** Pasteur's discoveries.

pasteurisation [pastœrizasjɔ̃] *nf* pasteurization, pasteurizing.

pasteuriser [3] [pastœrize] *vt* to pasteurize.

pastiche [pastiʃ] *nm* pastiche.

pasticher [3] [pastiʃe] *vt* to do a pastiche of.

pasticheur, euse [pastiʃœr, øz] *nm, f* -**1.** [auteur de pastiches] writer of pastiches. -**2.** [plagiaire] plagiarist.

pastillage [pastijaʒ] *nm* BX-ARTS & CULIN pastillage.

pastille [pastij] *nf* -**1.** PHARM pastille, lozenge; **~ pour la gorge** throat lozenge OU pastille. -**2.** CULIN: **~ de chocolat** chocolate drop; **~ de menthe** mint. -**3.** [disque de papier, de tissu] disc.

pastis [pastis] *nm* -**1.** [boisson] pastis. -**2.** *fam* [situation embrouillée] muddle, mess, fix.

pastoral, e, aux [pastɔral, o] *adj* LITTÉRAT, MUS & RELIG pastoral; **'la Symphonie ~e'** *Beethoven* 'The Pastoral Symphony'.
◆ **pastorale** *nf* -**1.** LITTÉRAT & MUS pastorale. -**2.** RELIG pastoral.

pastorat [pastɔra] *nm* pastorate.

pastorien, enne [pastɔrjɛ̃, ɛn] = **pasteurien.**

pastoureau, elle, x [pasturo, ɛl] *nm, f litt* shepherd boy (*f* girl).
◆ **pastourelle** *nf* LITTÉRAT pastourelle.

pat [pat] ◇ *adj inv*: **le roi est ~** it's a stalemate.
◇ *nm* stalemate; **éviter le ~** to avoid stalemate.

patache [pataʃ] *nf* -**1.** [diligence] (rickety) four-wheeler. -**2.** NAUT [des douaniers] revenue vessel.

patachon *fam* [pataʃɔ̃] *nm*: **mener une vie de ~** to lead a riotous existence.

patagon, one OU **onne** [patagɔ̃, ɔn] *adj* Patagonian.
◆ **Patagon, one** OU **onne** *nm, f* Patagonian.

Patagonie [patagɔni] *npr f*: **(la) ~** Patagonia.

pataphysique [patafizik] ◇ *adj* pataphysic.
◇ *nf* pataphysics *(U).*

patapouf *fam* [patapuf] ◇ *nm* fatty, podge; **un gros ~** a big fat lump.
◇ *interj* thump, thud.

pataquès [patakɛs] *nm* -**1.** [faute de liaison] bad OU incorrect liaison. -**2.** [situation confuse] mess, muddle.

pataras [patara] *nm* preventer shroud.

patate [patat] *nf* -**1.** BOT & CULIN: **~ (douce)** sweet potato. -**2.** *fam* [pomme de terre] spud. -**3.** *fam* [personne stupide] nitwit, twerp. -**4.** *fam loc*: **en avoir gros sur la ~** to be peeved. -**5.** *Can fam* [cœur] ticker *Br*; **monter les escaliers, c'est dur pour la ~** going up the stairs is hard on the old ticker.

patati [patati]
◆ **et patati, et patata** *loc adv* and so on and so forth!, etc., etc.!

patatras [patatra] *interj* crash.

pataud, e [pato, od] ◇ *adj* [maladroit] clumsy; [sans finesse] gauche.
◇ *nm, f* -**1.** [chiot] (big-pawed) puppy. -**2.** *vieilli* [personne - maladroite] clumsy oaf; [- à l'esprit lent] oaf.

Pataugas® [patogas] *nmpl canvas walking shoes.*

pataugeoire [patoʒwar] *nf* paddling pool.

patauger [17] [patoʒe] *vi* -**1.** [dans une flaque, à la piscine] to splash OU to paddle about; [dans la gadoue] to wade; **les sauveteurs pataugeaient dans la boue** the members of the rescue party were wading about in the mud. -**2.** *fig* [s'empêtrer] to flounder; **il patauge dans ses réponses** he's tying himself into knots trying to answer. -**3.** [ne pas progresser]: **l'enquête policière commence à ~** the police inquiry is beginning to get bogged down.

pataugeur, euse [patoʒœr, øz] *nm, f* paddler.

patchouli [patʃuli] *nm* -**1.** BOT patchouli, patchouly. -**2.** CHIM: **huile de ~** patchouli oil.

patchwork [patʃwœrk] *nm* -**1.** COUT [technique] patchwork; [ouvrage] (piece of) patchwork. -**2.** [ensemble hétérogène] patchwork; **le pays est un ~ de nationalités** the country is a patchwork of different nationalities.
◆ **en patchwork** *loc adj* patchwork *(modif).*

pâte [pat] *nf* -**1.** [à base de farine - à pain] dough; [- à tarte] pastry *Br*, dough *Am*; [- à gâteau] mixture *Br*, batter *Am*; [- à frire] batter; **~ brisée** short OU shortcrust pastry *Br*, pie dough *Am*; **~ à crêpes** pancake batter; **~ à choux** choux pastry; **~ feuilletée** flaky pastry, puff pastry *Br*; **~ à foncer** pastry (dough); **~ sablée** sweet biscuit OU sweet flan pastry *Br*, sweet OU sugar dough *Am.* -**2.** [pour fourrer, tartiner] paste; **~ d'amandes** marzipan, almond paste; **~ d'anchois** anchovy paste OU spread; **~ de coing** quince jelly; **~ de fruits** paste jelly *(jelly made from thick fruit pulp)*; **une ~ de fruits** a fruit jelly. -**3.** [en fromagerie]: **(fromage à) ~ cuite** cheese made from scalded curds; **(fromage à) ~ fermentée/molle** fermented/soft cheese. -**4.** [tempérament]: **il est d'une ~ à vivre cent ans** he's the sort who'll live to be a hundred ❑ **bonne ~**: **être une bonne ~** to be a good sort; **une ~ molle** a spineless individual. -**5.** [en céramique] paste. -**6.** [en cosmétologie] paste; **~ dentifrice** toothpaste. -**7.** IMPR: **~ à papier** paper pulp. -**8.** JEUX: **~ à modeler** Plasticine®, modelling clay. -**9.** INDUST: **~ de verre** molten glass.
◆ **pâtes** *nfpl* -**1.** CULIN: **~s (alimentaires)** pasta *(U)*; **les ~s sont trop cuites** the pasta's overcooked. -**2.** PHARM: **~s pectorales** cough lozenges OU pastilles.

pâté [pate] *nm* -**1.** CULIN pâté; **~ de canard** duck pâté; **~ en croûte** pâté en croûte, raised (crust) pie *Br*; **~ de foie** liver pâté; **~ impérial** spring roll. -**2.** *Belg* [gâteau] cake. -**3.** *fam* [tache d'encre] (ink) blot. -**4.** [tas]: **~ de sable** sand pie.
◆ **pâté de maisons** *nm* block.

pâtée [pate] *nf* -**1.** [pour animaux] food, feed; **~ pour chat/chien** cat/dog food; **as-tu donné la ~ aux porcs?** have you fed the pigs? -**2.** [nourriture grossière] pap. -**3.** *fam* [correction, défaite écrasante] hiding, pasting.

patelin[1] *fam* [patlɛ̃] *nm* [village] little village.

patelin[2], **e** [patlɛ̃, in] *adj litt* fawning, unctuous.

pateliner [3] [patline] *vi litt & vieilli* to be fawning OU unctuous.

patelle [patɛl] *nf* [coquillage] limpet.

patène [patɛn] *nf* paten.

patenôtre [patnotr] *nf* paternoster.

patent, e[1] [patɑ̃, ɑ̃t] *adj* -**1.** [flagrant, incontestable] obvious, patent; **c'est un fait ~** it's patently obvious. -**2.** HIST patent.

patentage [patɑ̃taʒ] *nm* patenting *(U).*

patente[2] [patɑ̃t] *nf* -**1.** [taxe] trading tax. -**2.** HIST (royal) patent. -**3.** NAUT: **~ de santé** bill of health.

patenté, e [patɑ̃te] *adj* -**1.** *fam* [attesté] established; **un raciste ~** an out-and-out racist. -**2.** [qui paie patente] trading under licence, licensed.

patenter [3] [patɑ̃te] *vt* to license.

pater [patɛr] *nm* -**1.** *fam* [père] pater *Br hum*, father. -**2.** RELIG paternoster (bead).

Pater [patɛr] *nm inv* Paternoster, Our Father.

patère [patɛr] *nf* -**1.** [à vêtements] coat peg. -**2.** [à rideaux] curtain hook. -**3.** ANTIQ & ARCHIT patera.

paterfamilias [patɛrfamiljas] *nm* -**1.** ANTIQ paterfamilias. -**2.** *hum* domineering father.

paternalisme [patɛrnalism] *nm* paternalism.

paternaliste [patɛrnalist] ◇ *adj* paternalist, paternalistic.
◇ *nmf* paternalist.

paterne [patɛrn] *adj litt* fatherly.

paternel, elle [patɛrnɛl] *adj* -**1.** [du père] paternal; **cousins du côté ~** cousins on the father's OU paternal side. -**2.** [indulgent] fatherly.
◆ **paternel** *fam nm hum* [père] old man, pater *Br hum.*

paternellement [patɛrnɛlmɑ̃] *adv* paternally, in a fatherly way.

paternité [patɛrnite] *nf* -**1.** [d'un enfant] paternity, fatherhood. -**2.** [d'une œuvre] paternity, authorship; [d'une théorie] paternity.

pâteux, euse [patø, øz] *adj* -**1.** [peinture, soupe] pasty; [gâteau] doughy; **ces abricots sont ~** these apricots are like cotton wool; **avoir la bouche** OU **langue pâteuse** to have a furred tongue; **parler d'une voix pâteuse** to sound groggy. -**2.** [style] heavy, clumsy, lumbering.

pathétique [patetik] ◇ *adj* -**1.** [émouvant] pathetic, moving, poignant; **des descriptions ~s** descriptions full of pathos. -**2.** ANAT: **nerf ~** patheticus.
◇ *nm* -**1.** [émotion] pathos. -**2.** ANAT patheticus.

pathétiquement [patetikmɑ̃] *adv* pathetically, movingly, poignantly.

pathétisme [patetism] *nm litt* pathos.

pathogène [patɔʒɛn] *adj* pathogenic.

pathogénie [patɔʒeni] *nf* pathogenicity.

pathogénique [patɔʒenik] *adj* pathogenic.

pathologie [patɔlɔʒi] *nf* pathology.

pathologique [patɔlɔʒik] *adj* -**1.** MÉD pathologic, pathological. -**2.** *fam* [excessif, anormal] pathological.

pathologiquement [patɔlɔʒikmɑ̃] *adv* pathologically.

pathologiste [patɔlɔʒist] ◇ *adj* pathologistic.
◇ *nmf* pathologist.

pathomimie [patɔmimi] *nf* pathomimicry.

pathos [patos] *nm* pathos.

patibulaire [patibylɛr] *adj* sinister; **il avait une mine ~** he looked sinister.

patiemment [pasjamɑ̃] *adv* patiently.

patience [pasjɑ̃s] ◇ *nf* -**1.** [calme] patience, forbearance; **je n'ai aucune ~ avec les enfants** I've no patience with children; **aie un peu de ~** be patient for a minute; **ma ~ a des limites** there are limits to my patience ❑ **prendre son mal en ~** to put up with it; **elle a une ~ d'ange** she has the patience of a saint OU of Job. -**2.** [persévérance] patience, painstaking care; **sa ~ a été récompensée** his patience was rewarded. -**3.** JEUX [cartes] patience; **faire des ~s** to play patience ❑ **jeu de ~** *pr* & *fig* puzzle. -**4.** BOT dock.
◇ *interj* [exhortation au calme] just a minute, hold on; [menace d'une riposte] hold on, wait a minute; **~, il va voir de quoi je suis capable!** just you wait (and see), I'll show him what I'm made of!

patient, e [pasjɑ̃, ɑ̃t] ◇ *adj* patient.
◇ *nm, f* [malade] patient.
◆ **patient** *nm* GRAMM [par opposition à agent] patient.

patienter [3] [pasjɑ̃te] *vi* [attendre] to wait; **faites-la ~ un instant** ask her to wait for a minute; **c'est occupé, vous voulez ~?** TÉLÉC it's engaged *Br* OU busy *Am*, will you hold?

patin [patɛ̃] *nm* -**1.** SPORT skate; **~s à glace/roulettes** ice/roller skates; **faire du ~ (à glace/roulettes)** to go ice-skating/roller-skating; **~ de luge** sledge runner. -**2.** [pour marcher sur un parquet] felt pad *(used to move around on a polished floor).* -**3.** ▽[baiser] French kiss. -**4.** AÉRON landing pad. -**5.** AUT: **~ de frein** brake shoe. -**6.** CONSTR [d'échafaudage] sole plate OU piece. -**7.** MÉCAN shoe, pad. -**8.** RAIL (rail) base. -**9.** [d'un blindé] (track) link.

patinage [patinaʒ] *nm* -**1.** SPORT skating, ice-skating; **~ artistique** figure skating; **~ de vitesse** speed skating. -**2.** [d'une roue] spinning; [de l'embrayage] slipping. -**3.** [patine artificielle] patination.

patine [patin] *nf* -**1.** [d'un meuble] sheen. -**2.** BX-ARTS & GÉOL patina.

patiner [3] [patine] ◇ *vi* -**1.** SPORT to skate. -**2.** AUT [roue] to spin; [embrayage] to slip. -**3.** *loc Can*: **savoir ~** to know how to duck and weave *fig.*
◇ *vt* [un meuble] to patine, to patinize.
◆ **se patiner** *vpi* to patinate, to become patinated.

patinette [patinɛt] *nf* (child's) scooter.

patineur, euse [patinœr, øz] *nm, f* skater.

patinoire [patinwar] *nf* -**1.** SPORT ice OU skating rink. -**2.** [surface trop glissante]: **ce trottoir est une véritable ~** this pavement is like an ice rink.

patio [patjo, pasjo] *nm* patio.

pâtir [32] [patir]
◆ **pâtir de** *v + prép* to suffer from, to suffer as a result of.

pâtis [pati] *nm* grazing (ground), pasture.

pâtisserie [patisri] *nf* -**1.** [gâteau] cake, pastry; **elle mange trop de ~s** she eats too many cakes. -**2.** [activité] cake-making; **faire de la ~** to make OU to bake cakes. -**3.** [boutique] pâtisserie, cake shop *Br* OU store *Am*; **~-confiserie** confectioner's. -**4.** ARCHIT plaster moulding OU mouldings.

pâtissier, ère [patisje, ɛr] *nm, f* pastrycook, confectioner.

pâtisson [patisɔ̃] *nm* squash BOT.

patoche *fam* [patɔʃ] *nf vieilli* (big) paw OU mitt.

patois [patwa] *nm* patois, dialect; **il parle encore le ~** he still speaks patois OU the dialect.

patoisant, e [patwazɑ̃, ɑ̃t] ◇ *adj* dialect-speaking, patois-speaking.
◇ *nm, f* patois OU dialect speaker.

patoiser [3] [patwaze] *vi* to speak patois OU the dialect.

patouiller *fam* [3] [patuje] ◇ *vi* [patauger] to slosh OU to wallow about.
◇ *vt* [tripoter] to paw, to mess about with *(insép).*

patraque *fam* [patrak] *adj* -**1.** [souffrant] out of sorts, peaky *Br*, peaked *Am.* -**2.** *vieilli* [détraqué - pendule] on the blink.

Patras [patras] *npr* Patras.

pâtre [patr] *nm litt* shepherd.

patres → **ad patres.**

patriarcal, e, aux [patrijarkal, o] *adj* patriarchal.

patriarcat [patrijarka] *nm* -**1.** RELIG [dignité, territoire] patriarchate. -**2.** SOCIOL patriarchy.

patriarche [patrijarʃ] *nm* [gén & RELIG] patriarch.

patricien, enne [patrisjɛ̃, ɛn] ◇ *adj* -**1.** ANTIQ patrician. -**2.** *litt* [noble]: **l'orgueil ~** aristocratic pride; **une demeure ~ne** a stately home; **une famille ~ne** an aristocratic family.
◇ *nm, f* ANTIQ patrician.

Patrick [patrik] *npr*: **saint ~** Saint Patrick; **la Saint-Patrick** Saint Patrick's Day.

patriclan [patriklɑ̃] *nm* patriclan.

patrie [patri] *nf* -**1.** [pays natal] homeland, fatherland; **'mort pour la ~'** 'they gave their lives for their country'. -**2.** [communauté] home; **trouver une nouvelle ~** to find a new home. -**3.** *fig*: **la ~ de** the home OU cradle of; **c'est la ~ du jazz** it's the home OU birthplace of jazz.

patrilinéaire [patrilineɛr] *adj* patrilineal.

patrilocal, e, aux [patrilɔkal, o] *adj* patrilocal.

patrimoine [patrimwan] *nm* -**1.** [possessions héritées] inheritance, patrimony. -**2.** [apanage d'une communauté] heritage; **notre ~ culturel** our cultural heritage. -**3.** BIOL: **~ héréditaire** genotype.

patrimonial, e, aux [patrimɔnjal, o] *adj* patrimonial.

patriotard, e *fam* [patrijɔtar, ard] *péj* ◇ *adj* jingoistic.
◇ *nm, f* jingo, chauvinist.

patriote [patrijɔt] ◇ *adj* patriotic.
◇ *nmf* patriot.

patriotique [patrijɔtik] *adj* patriotic.

patriotiquement [patrijɔtikmɑ̃] *adv* patriotically.

patriotisme [patrijɔtism] *nm* patriotism.

patron[1] [patrɔ̃] *nm* -**1.** COUT pattern; **~ de jupe** skirt pattern. -**2.** VÊT: **(taille) ~** medium size; **demi-~** small size; **grand ~** large size. -**3.** BX-ARTS template. -**4.** IMPR [plaque] stencil (plate); **coloriage au ~** stencil-painting.

patron[2], **onne** [patrɔ̃, ɔn] *nm, f* -**1.** [d'une entreprise - propriétaire] owner; [- gérant] manager (*f* manageress); [- directeur] employer; [- de café, d'auberge] owner, landlord (*f* landlady); **les grands ~s de la presse** the press barons. -**2.** *fam*[maître de maison] master (*f* mistress). -**3.** UNIV: **~ de thèse** (doctoral) supervisor OU director. -**4.** [d'un service hospitalier] senior consultant. -**5.** *fam*[époux] old man (*f* old lady OU missus). -**6.** RELIG (patron) saint.
◆ **patron** *nm* -**1.** *fam* [d'une entreprise] boss. -**2.** ANTIQ, HIST & RELIG patron. -**3.** NAUT skipper.

patronage [patrɔnaʒ] *nm* -**1.** [soutien officiel] patronage; **sous le haut ~ du président de la République** under the patronage of the President of the Republic. -**2.** [pour les jeunes] youth club. -**3.** [tutelle d'un saint] protection; **placé sous le ~ de saint André** under the protection of Saint Andrew.
◆ **de patronage** *loc adj* moralistic; **une mentalité de ~** a Sunday school mentality.

patronal, e, aux [patrɔnal, o] *adj* -**1.** COMM & INDUST employer's, employers'. -**2.** RELIG patronal.

patronat [patrɔna] *nm*: **le ~** the employers.

patronne [patrɔn] *f* → **patron.**

patronner [3] [patrɔne] *vt* -**1.** [parrainer] to patronize, to support; **~ une entreprise auprès des banques** to secure a company with the banks. -**2.** COUT to make the pattern for.

patronnesse [patrɔnɛs] *adj f*: **c'est une dame ~** she does a lot for charity.

patronyme [patrɔnim] *nm* patronymic.

patronymique [patrɔnimik] *adj* patronymic.

patrouille [patruj] *nf* -**1.** MIL [groupe - d'hommes] patrol; [- d'avions, de navires] squadron. -**2.** [mission] patrol; **faire une/être en ~** to go/to be on patrol.

patrouiller [3] [patruje] *vi* to patrol.

patrouilleur [patrujœr] *nm* -**1.** MIL man on patrol; **les ~s** the patrol. -**2.** AÉRON [de chasse] (patrolling) fighter; [de détection] spotter plane. -**3.** NAUT patrol ship.

patte [pat] *nf* **A.** -**1.** [d'un félin, d'un chien] paw; [d'un cheval, d'un bœuf] hoof; [d'un oiseau] foot; **donne-la ~, Rex!** Rex, give a paw!; **être bas** OU **court sur ~s** [animal, personne] to be short-legged ❑ **~s de devant** [membres] forelegs; [pieds] forefeet; **~s de derrière** [membres] hind legs; [pieds] hind feet; **~s de mouche** (spidery) scrawl; **pantalon (à) ~s d'éléphant** bell-bottoms, flares *Br*; **bas les ~s!** [à un chien] down!; **faire ~ de velours** [chat] to sheathe OU to draw in its claws; [personne] to use the velvet glove (approach). -**2.** *fam* [jambe] leg, pin *Br*, gam *Am*; **se casser une ~** to break one's leg; **en avoir plein les ~s**: **il en a plein les ~s** his legs are killing him; **il a une ~ folle** he's got a gammy leg *Br* OU gimpy leg *Am*; **tirer dans les ~s de qqn** to put a spoke in sb's wheels; **tu me tires toujours dans les ~s** you're always trying to do me down; **se faire faire aux ~s** to get collared. -**3.** *fam* [main] hand, paw; **avoir les ~s sales** to have grubby paws ❑ **un coup de ~** a swipe, a cutting remark; **eh, toi, bas les ~s!** *fam* [à une personne] hey, you, hands off OU (keep your) paws off!; **tomber dans** OU **entre les ~s de qqn** to fall into sb's clutches. -**4.** [savoir-faire - d'un peintre] (fine) touch; [- d'un écrivain] talent.

B. -**1.** CONSTR [pour fixer] (metal) tie, (heavy) fastener; [de couverture] saddle; **~ de scellement** expansion bolt *Br*, expansion anchor *Am*. -**2.** COUT strap; **~ de boutonnage** fly (front). -**3.** NAUT [d'une ancre] fluke, palm. -**4.** TECH [d'un grappin] claw; **~ d'attache** gusset plate.

C. *Helv* [torchon] cloth.

◆ **pattes** *nfpl* [favoris] sideburns, sidewhiskers.

◆ **à pattes** *fam loc adv*: **allez, on y va à ~s!** come on, let's hoof it!

patte-de-loup [patdəlu] (*pl* **pattes-de-loup**) *nf* gipsywort.

patte-d'oie [patdwa] (*pl* **pattes-d'oie**) *nf* -**1.** [rides] crow's-foot. -**2.** [carrefour] Y-shaped crossroads OU junction. -**3.** ANAT pes anserinus. -**4.** BOT silverweed. -**5.** CONSTR (crossbraced) truss. -**6.** TRAV PUBL [d'un pont] starling; [balise] (marker) dolphin.

patte-mâchoire [patmaʃwar] (*pl* **pattes-mâchoires**) *nf* maxilliped.

pattemouille [patmuj] *nf* damp cloth *(in ironing)*.

patte-nageoire [patnaʒwar] (*pl* **pattes-nageoires**) *nf* uropod.

pattern [patɛrn] *nm* pattern PSYCH.

pattu, e [paty] *adj* -**1.** ORNITH feather-legged. -**2.** [chien] big-pawed; [personne] big-legged.

pâturable [patyrabl] *adj* pasturable.

pâturage [patyraʒ] *nm* -**1.** [prairie] pasture, pastureland. -**2.** [activité] grazing.

pâture [patyr] *nf* -**1.** [nourriture] food, feed. -**2.** [lieu] pasture ❑ **jeter** OU **donner qqn en ~ à qqn** to serve sb up to sb. -**3.** *sout* [pour l'esprit] food, diet; **la poésie est sa ~ favorite** poetry is his favourite reading matter.

pâturer [3] [patyre] *vt* & *vi* to graze.

pâturin [patyrɛ̃] *nm* meadow grass *Br*, spear grass *Am*.

paturon [patyrɔ̃] *nm* pastern.

Paul [pɔl] *npr*: **saint ~** Saint Paul.

paulinien, enne [polinjɛ̃, ɛn] *adj* Pauline.

paulownia [polɔnja] *nm* paulownia.

paume [pom] *nf* -**1.** ANAT palm. -**2.** MENUIS halving (lap joint). -**3.** SPORT real tennis.

paumé, e *fam* [pome] ◇ *adj* -**1.** [désemparé, indécis] confused; [marginal] out of it. -**2.** [isolé] remote, godforsaken; **un patelin complètement ~** a place in the middle of nowhere. -**3.** [perdu] lost.

◇ *nm, f* [marginal] dropout.

paumelle [pomɛl] *nf* -**1.** CONSTR hinge. -**2.** [gant] sailmaker's palm. -**3.** [planchette] pommel (board). -**4.** BOT two-rowed barley.

paumer *fam* [3] [pome] ◇ *vt* -**1.** [égarer] to lose. -**2.** [recevoir] to get, to cop; **il a paumé un gnon dans la figure** he got himself a whack in the face. -**3.** [attraper - délinquant, fautif]: **se faire ~** to get nicked *Br* OU busted *Am*.

◇ *vi* [perdre] to lose; **celui qui paume paie à boire** the loser pays for the drinks.

◆ **se paumer** *fam vpi* [s'égarer] to get lost, to lose one's way.

paupérisation [poperizasjɔ̃] *nf* pauperization.

paupériser [3] [poperize] *vt* to pauperize.

◆ **se paupériser** *vpi* to become pauperized.

paupérisme [poperism] *nm* pauperism.

paupière [popjɛr] *nf* eyelid.

paupiette [popjɛt] *nf*: **~ (de veau)** paupiette of veal, veal olive.

pause [poz] *nf* -**1.** [moment de repos] break; **faire une ~** to have OU to take a break. -**2.** [temps d'arrêt - dans une conversation] pause; **marquer une ~** to pause; **après une ~, elle reprit son discours** after a pause OU a short break, she went on. -**3.** [arrêt - d'un processus] halt; **il a annoncé une ~ dans les réformes** he declared a temporary halt to the reforms. -**4.** MUS pause. -**5.** SPORT half-time.

pause-café [pozkafe] (*pl* **pauses-café**) *nf* coffee break.

pauvre [povr] ◇ *adj* -**1.** [sans richesse - personne, pays, quartier] poor; **il recrute ses partisans dans les milieux ~s** his supporters come from the poorer sections of the population ❑ **~ comme Job** (as) poor as a church mouse. -**2.** *(avant n)* [pitoyable - demeure, décor] humble, wretched; [- personne] poor; **ce n'est qu'un ~ gosse** *fam* he's only a poor kid; **~ femme/homme!** poor woman/man!; **laisse donc ce ~ chien tranquille!** do leave that poor OU wretched dog alone!; **mon ~ frère le répétait souvent** as my poor brother used to say; **ah, ma ~ dame, si vous saviez!** but my dear lady, if only you knew!; **c'est la vie, mon ~ vieux!** that's life, my friend!; **~ crétin, va!** you idiot! ❑ **~ de moi!** woe is me! *arch* OU *hum*; **~ de nous!** (the) Lord protect us!; **~ France!** what's the country coming to?; **~ hère** *litt* wretch, unfortunate. -**3.** [insuffisant] poor; **gaz/minerai ~** lean gas/ore; **un sous-sol ~** a poor subsoil; **une végétation ~** sparse vegetation; **une plaine ~** an infertile OU unproductive plain; **souffrir d'une alimentation ~** to suffer from a poor diet; **elle a un vocabulaire très ~** her vocabulary is very poor; **malgré une argumentation très ~** in spite of very poor OU weak arguments; **~ en: la ville est ~ en espaces verts** the town is short of OU lacks parks; **alimentation ~ en sels minéraux** food lacking (in) minerals; **régime ~ en calories** low-calorie diet.

◇ *nmf* -**1.** [par compassion] poor thing; **les ~s, comme ils ont dû souffrir!** poor things, they must have suffered so much! -**2.** [en appellatif]: **mais mon ~/ma ~, il ne m'obéit jamais!** [pour susciter la pitié] but my dear fellow/my dear, he never does as I say!; **tu es vraiment trop bête, ma ~/mon ~!** [avec mépris] you're really too stupid for words, my dear girl/boy!

◇ *nm* poor man, pauper *litt*; **les ~s** the poor; **elle allait voir ses ~s** she visited the poor; **du ~: c'est le champagne du ~** it's poor man's champagne.

pauvrement [povrəmɑ̃] *adv* -**1.** [misérablement - décoré, habillé] poorly, shabbily; **vivre ~** to live in poverty. -**2.** [médiocrement] poorly; **il traduit ~** he's a poor translator.

pauvresse [povrɛs] *nf arch* poor woman, pauperess *arch*; **une pauvresse en haillons** a poor ragged woman.

pauvret, ette [povrɛ, ɛt] ◇ *adj* poor, poor-looking.

◇ *nm, f*: **le ~, la ~te** the poor (little) dear, the poor (little) thing.

pauvreté [povrəte] *nf* -**1.** [manque d'argent] poverty; **il a fini ses jours dans la ~** he ended his days in poverty ❑ **~ n'est pas vice** *prov* poverty is not a crime. -**2.** [médiocrité] poverty; **son article montre la ~ de ses idées** her article demonstrates the poverty of her ideas; **avoir une imagination d'une extrême ~** to be extremely unimaginative. -**3.** [déficience] poverty, lack; **la ~ du sol ne permet qu'un faible rendement** the poorness of the soil means that the yield is very low.

pavage [pavaʒ] *nm* -**1.** [action] cobbling, paving; **le ~ des rues piétonnières est en cours** the pedestrian precinct is being paved. -**2.** [surface] cobbles, paving. -**3.** GÉOL pavement; **~ de déflation** desert pavement OU mosaic.

pavane [pavan] *nf* pavane.

pavaner [3] [pavane]

◆ **se pavaner** *vpi* to strut about.

pavé [pave] *nm* -**1.** [surface - dallée] pavement *Br*, sidewalk *Am*; [- empierrée] cobbles; **tenir le haut du ~** to be on top ❑ **être sur le ~** [sans domicile] to be on the streets; [au chômage] to be jobless; **jeter** OU **mettre qqn sur le ~** [l'expulser de son domicile] to throw sb out on the streets; [le licencier] to throw sb out of his/her job. -**2.** [pierre] paving stone, cobblestone; [dalle] flag, flagstone; **le ~ de l'ours: lui, quand il veut aider, c'est le ~ de l'ours** with friends like him, who needs enemies?; **un** OU **le ~ dans la mare** a bombshell *fig*; **son article a été le ~ dans la mare** his article caused a bit of a furore. -**3.** CULIN [viande] thick slab OU chunk; **~ de romsteck** thick rump steak ‖ [gâteau]: **un ~ au chocolat** a (thick) chocolate cake. -**4.** PRESSE [encart] block (of text); [publicité] (large) display advertisement. -**5.** INF pad, keypad; **~ numérique** numeric keypad. -**6.** *fam* [livre] huge OU massive tome; [article] huge article; [dissertation] huge essay.

pavement [pavmɑ̃] *nm* -**1.** CONSTR flooring OU paving *(made of flags, tiles or mosaic)*. -**2.** GÉOG sea floor.

paver [3] [pave] *vt* [avec des pavés] to cobble; [avec des dalles] to pave.

paveur [pavœr] *nm* TRAV PUBL paver.

pavillon [pavijɔ̃] *nm* **A.** -**1.** [maison particulière] detached house; **~ de banlieue** detached house *(in the suburbs)*. -**2.** [belvédère, gloriette] lodge; **le ~ du gardien** the keeper's lodge ❑ **~ de chasse** hunting lodge. -**3.** [dans un hôpital] wing, wards; [dans une cité universitaire] house; [dans une exposition] pavilion; **il travaille au ~ de pédiatrie** he works on the pediatric ward OU in the pediatric wing; **le ~ français à l'exposition** the French pavilion at the exhibition. -**4.** AUT roof. -**5.** JOAILL pavilion.

B. -**1.** ANAT [de l'oreille] auricle, pinna; [des trompes utérines] pavilion. -**2.** MUS [d'un instrument] bell; [d'un phonographe] horn.

C. -**1.** NAUT flag; **~ en berne** flag at half-mast ❑ **~ d'armateur** OU **de reconnaissance** house flag; **~s de signaux** OU **de signalisation** signal flags; **~ amiral** admiral's flag; **~ de complaisance** flag of convenience; **~ national** ensign; **~ de quarantaine** quarantine flag, yellow jack. -**2.** *loc*: **baisser ~** to back down; **alors, il a baissé ~ devant elle!** he let her ride roughshod over him!

◆ **en pavillon** *loc adj* ARCHIT [toit] pavilion *(modif)*.

pavillonnaire [pavijɔnɛr] *adj*: **un quartier ~** an area of low-rise housing; **un hôpital ~** a hospital (constructed) in wings, a multiwing hospital.

pavimenteux, euse [pavimɑ̃tø, øz] *adj* pavement *(modif)* MED.

Pavlov [pavlɔf] *npr*: **ils réagissent comme les chiens de ~** they react like Pavlov's dogs.

pavlovien, enne [pavlɔvjɛ̃, ɛn] *adj* Pavlovian.

pavois [pavwa] *nm* -**1.** HIST shield; **élever** OU **hisser** OU **porter qqn sur le ~** to raise OU to carry sb on high. -**2.** NAUT [partie de la coque] bulwark; [pavillons] flags and bunting; **hisser le grand ~** to dress ship OU full; **hisser le petit ~** to dress (the ship) with masthead flags.

pavoisement [pavwazmɑ̃] *nm* -**1.** [d'un édifice] decking out with flags OU bunting. -**2.** NAUT dressing (with flags).

pavoiser [3] [pavwaze] ◇ *vt* -**1.** [édifice] to deck with flags OU bunting. -**2.** NAUT to dress (with flags).

◇ *vi fam* -**1.** [déployer des drapeaux] to put out flags. -**2.** [faire le fier]: **il n'y a pas de quoi ~** that's nothing to be proud of.

pavot [pavo] *nm* BOT poppy; **~ cornu** red-horned poppy.

payable [pɛjabl] *adj* payable; **chèque ~ à l'ordre de** cheque payable to; **facture ~ le 5 du mois** invoice payable OU due on the 5th of the month.

payant, e [pɛjɑ̃, ɑ̃t] *adj* -**1.** [non gratuit]: **les consommations sont ~es** you have to pay for your drinks. -**2.** [qui paie] paying. -**3.** *fam* [qui produit - de l'argent] profitable; [- un résultat] efficient; **une spéculation ~e** a profitable speculation; **ses efforts du premier trimestre ont été ~s** his efforts during the first term have borne fruit.
◆ **payant** *nm*: le cochon de ~ *fam* the mug who has to pay.

paye [pɛj] = **paie**.

payement [pɛmɑ̃] = **paiement**.

payer [11] [peje] ◇ *vt* -**1.** [solder, régler] to pay; ~ **ses impôts au percepteur** to pay one's taxes to the collector; **j'ai une amende à ~** I've got a fine to pay; ~ **sa dette à la société** to pay one's debt to society || *(en usage abs)*: ~ **comptant/à crédit** to pay cash/by credit; **je paye par chèque/avec ma carte de crédit/en liquide** I'll pay by cheque/with my credit card/(in) cash; **les chômeurs ne paient pas** the unemployed don't have to pay; **c'est moi qui paie** [l'addition] I'll pay, it's my treat ❑ ~ **en nature** *pr* to pay in kind; *euph* [sexuellement] *fam* to pay with sexual favours; **c'est le prix à ~ si tu veux réussir** that's the price you have to pay for success; ~ **son tribut à la nature** to go to meet one's maker *hum*; ~ **de ses deniers** OU **de sa poche** to pay out of one's own pocket; ~ **rubis sur l'ongle** to pay (cash) on the nail. -**2.** [rémunérer] to pay; **combien paies-tu ta femme de ménage?** how much do you pay your domestic help? || *(en usage abs)*: **leur patron paie bien** their boss pays well ❑ **être payé pour savoir qqch** to have learnt sthg to one's cost; **tu es pourtant payé pour le savoir!** you of all people should know that! -**3.** [acheter - gén] to buy; ~ **à boire à qqn** to buy sb a drink; **je lui ai payé un diamant** I bought her a diamond; **j'ai payé ma voiture 100 000 francs** I paid F 100,000 for my car; **combien as-tu payé ta maison?** how much did your house cost you?, how much did you pay for your house?; **je te paie le théâtre** I'll take you out to the theatre. -**4.** [obtenir au prix d'un sacrifice]: ~ **qqch de** to pay for sthg with; ~ **sa réussite de sa santé** to succeed at the expense OU the cost of one's health ❑ ~ **cher qqch** to pay a high price for sthg; **c'est ~ cher la réussite** that's too high a price to pay for success. -**5.** [subir les conséquences de] to pay for *(insép)*; **il paie maintenant son laisser-aller** now he's paying for his easy-going attitude || *(en usage abs)*: **vous êtes coupable, vous devez ~** you're guilty, you're going to pay; ~ **pour les autres** to be punished for others ❑ ~ **les pots cassés** to foot the bill *fig*; ~ **les violons** *vieilli* to be out of pocket for nothing. -**6.** [dédommager] to compensate, to repay; **ses félicitations me paient de mes efforts** his congratulations repay me my efforts ❑ ~ **qqn de belles paroles** to fob sb off with smooth talk; ~ **qqn d'ingratitude** to repay sb with ingratitude; ~ **qqn en monnaie de singe** to fob sb off (with stupid excuses); ~ **qqn de retour** to repay sb in kind. -**7.** [acheter - criminel] to hire; ~ **un tueur** to hire a gunman; ~ **un témoin** to buy (off) a witness. -**8.** [compenser] to pay; **son loyer ne paie même pas mes impôts locaux** his rent doesn't even pay OU cover my local taxes. -**9.** [être soumis à - taxe]: **certaines marchandises paient un droit de douane** you have to pay duty on some goods, some goods are liable to duty.
◇ *vi* -**1.** [être profitable] to pay; **l'ostréiculture ne paie plus** there's no money (to be made) in oyster farming nowadays; **c'est un travail qui paie mal** it's badly paid work, it's work that's paid badly ❑ **l'honnêteté ne paie plus** it doesn't pay to be honest any more. -**2.** *fam* [prêter à rire] to be OU to look a sight; **tu payes avec ces lunettes!** you're an amazing sight with those glasses on! -**3.** *loc*: ~ **d'audace** to risk one's all; **ne pas ~ de mine**: **la maison ne paie pas de mine, mais elle est confortable** the house isn't much to look at but it's very comfortable; ~ **de sa personne** [s'exposer au danger] to put o.s. on the line; [se donner du mal] to put in a lot of effort.
◆ **se payer** ◇ *vp (emploi réfléchi)* to compensate o.s.; **tenez, payez-vous** here, take what I owe you ❑ **se ~ sur la bête**▽ [sur le salaire] to dock a sum owed from one's debtor's wages; **se ~ de mots** to talk a lot of fine words.
◇ *vp (emploi passif)* to have to be paid for; **la qualité se paie** you have to pay for quality; **tout se paie** everything has its price.
◇ *vpt* -**1.** *fam* [s'offrir] to treat o.s. to; **j'ai envie de me ~ une robe** I feel like treating myself to a dress ❑ **se ~ la tête de qqn** to make fun of sb; **s'en ~ (une tranche)** to have (o.s.) a great time. -**2.** *fam* [être chargé de] to be landed OU saddled with; **je me paie tout leur boulot** I end up doing all their work. -**3.** *fam* [recevoir] to get, to land *Br*; **je me suis payé un 2 à l'oral** I got a 2 in the oral. -**4.** *fam* [supporter] to put up with; **on s'est payé leurs gosses pendant tout le week-end** we had to put up with their kids the whole weekend. -**5.** *fam* [percuter] to run OU to bump into; **elle s'est payé le mur en reculant** she backed into the wall. -**6.** *fam* [agresser] to go for; **celui-là, à la prochaine réunion, je me le paie** I'll have his guts for garters *Br* OU his head on a platter *Am* at the next meeting. -**7.**▽ [avoir une relation sexuelle avec] to have, to have it off with *Br*.

payer-prendre [pejeprɑ̃dr] *nm inv* cash-and-carry.

payeur, euse [pɛjœr, øz] ◇ *adj* [agent, fonctionnaire] payments *(modif)*.
◇ *nm, f* payer.
◆ **payeur** *nm* -**1.** ADMIN [distribuant - les salaires] wages clerk; [- les remboursements de frais] firm's accountant. -**2.** MIL paymaster. -**3.** [débiteur]: **mauvais ~** bad debtor, defaulter.

pays[1] [pei] *nm* -**1.** [nation] country; **les nouveaux ~ industrialisés** the newly industrialized countries; **les ~ membres du pacte de Varsovie** the Warsaw Pact countries; **le ~ d'accueil** the host country ❑ **les ~ les moins avancés** the least developed countries; ~ **en (voie de) développement** developing country; **les vieux ~** *Can* [pays d'Europe] the old countries; **ils se conduisent comme en ~ conquis** they're acting OU behaving as if they own the place; **voir du ~** to travel a lot; **faire voir du ~ à qqn** *fam* to give sb a hard time; **au pays des aveugles, les borgnes sont rois** in the land of the blind the one-eyed man is king. -**2.** [zone, contrée] region, area; ~ **chaud/sec** hot/dry region; **quel ~! il pleut sans arrêt!** what a place! it never stops raining! ❑ **en ~ de Loire** in the Loire area OU valley; **au ~ des rêves** OU **des songes** in the land of dreams; **en ~ de connaissance: vous serez en ~ de connaissance, Tom fait aussi du piano** you'll have something in common because Tom plays the piano too. -**3.** [agglomération] village, small town; **un petit ~ de 2 000 âmes** a small town of 2,000 souls; **ça s'est vite su dans tout le ~** the whole village OU every man, woman and child in the village soon knew about it. -**4.** [peuple] people, country; **s'adresser au ~** to talk to the nation; **tout le ~ se demande encore qui est l'assassin** the whole country's still wondering who the murderer might be. -**5.** [région d'origine]: **le ~** [nation] one's country; [région] one's home (region); [ville] one's home (town); **les jeunes quittent le ~** there's an exodus of young people from the region; **c'est un enfant du ~** he's from these parts; **on voit bien que tu n'es pas du ~!** it's obvious you're not from around here! ❑ **le mal du ~** homesickness; **avoir le mal du ~** to be homesick. -**6.** *fig* [berceau, foyer]: **le ~ de: le ~ des tulipes** the country of the tulip; **le ~ du bel canto** the cradle of bel canto.
◆ **de pays** *loc adj* local; **ils vendent des produits de ~** they sell local produce OU produce from the (local) area ❑ **saucisson de ~** traditional OU country-style sausage.

pays[2], **e** *fam* [pei, iz] *nm, f dial*: **il a rencontré un ~ au régiment** he met somebody from back home in the army.

paysage [peizaʒ] *nm* -**1.** [étendue géographique] landscape; ~ **montagneux/vallonné** hilly/rolling landscape. -**2.** [panorama] view, scenery, landscape; **du sommet, le ~ est magnifique** the view from the top is beautiful ❑ **faire bien dans le ~** *fam* to look good. -**3.** [aspect d'ensemble] landscape, scene; ~ **politique/social** political/social landscape ❑ **le ~ audiovisuel français** French broadcasting; ~ **urbain** townscape, urban landscape. -**4.** BX-ARTS landscape (painting); **un ~ de Millet** a Millet landscape, a landscape by Millet.

paysager, ère [peizaʒe, ɛr] *adj* landscape *(modif)*; **parc ~** landscaped gardens.

paysagiste [peizaʒist] ◇ *adj* landscape *(modif)*.
◇ *nmf* -**1.** BX-ARTS landscape painter, landscapist. -**2.** HORT landscape gardener.

paysan, anne [peizɑ̃, an] ◇ *adj* -**1.** SOCIOL peasant *(modif)*; [population] rural; **le malaise ~** discontent amongst small farmers. -**2.** [rustique - décor] rustic; [- style, vêtements] rustic, country *(modif)*.
◇ *nm, f* -**1.** [cultivateur] peasant, small farmer; **les ~s veulent des réformes** the farming community wants OU the farmers want reforms. -**2.** *péj* [rustre] peasant; ~ **du Danube** *allusion La Fontaine* plain-speaking man.
◆ **à la paysanne** *loc adj* CULIN with small onions and diced bacon.

paysannat [peizana] *nm* -**1.** [classe] peasantry; [ensemble des agriculteurs] farming community. -**2.** [condition des paysans] peasant life.

paysannerie [peizanri] *nf* peasantry.

Pays-Bas [peiba] *npr mpl*: **les ~** the Netherlands; **aux ~** in the Netherlands.

Pc *abr écrite de* **pièce**.

PC *nm* -**1.** (*abr de* **parti communiste**) *Communist Party*. -**2.** (*abr de* **personal computer**) PC, micro. -**3.** *abr de* **prêt conventionné**. -**4.** *abr de* **permis de construire**. -**5.** (*abr de* **poste de commandement**) HQ. -**6.** (*abr de* **Petite Ceinture**) [bus] *bus following the inner ring road inParis.*

pcc (*abr écrite de* **pour copie conforme**) *certified accurate.*

pce *abr écrite de* **pièce**.

Pce *abr écrite de* **prince**.

Pcesse *abr écrite de* **princesse**.

PCF *npr m abr de* **Parti communiste français**.

PCI *npr m abr de* **Parti communiste italien**.

PCV (*abr de* **à percevoir**) *nm* reverse-charge call *Br*, collect call *Am*; **appeler Paris en ~** to make a reverse-charge call to Paris *Br*, to call Paris collect *Am*.

P-D G *fam* (*abr de* **président-directeur général**) *nm inv* chairman and managing director *Br*, Chief Executive Officer *Am*, ≃ MD *Br*, ≃ CEO *Am*.

PEA (*abr de* **plan d'épargne en actions**) *nm* ≃ investment trust.

péage [peaʒ] *nm* -**1.** [sur une voie publique - taxe] toll; [- lieu] toll (gate); '~ **à 5 km**' 'toll 5 km'. -**2.** TV: **chaîne à ~** pay channel.

péagiste [peaʒist] *nmf* toll collector.

peau, x [po] *nf* -**1.** ANAT skin; **avoir la ~ sèche/grasse** to have dry/greasy skin; **elle a la ~ douce** she has soft skin; **~x mortes** dead skin ❑ **n'avoir que la ~ et** OU **sur les os** to be all skin and bones; **attraper qqn par la peau du cou** to grab sb by the scruff of the neck; **prendre qqn par la ~ du dos** to grab sb by the scruff of the neck; **crever** OU **trouer la ~ à qqn**▽ to fill OU to pump sb full of lead; **être** OU **se sentir bien dans sa ~** *fam* to feel good about o.s., to be together; **être mal dans sa ~** to feel bad about o.s., to be unhappy; **entrer** OU **se mettre dans la ~ de qqn** to put o.s. in sb's shoes OU place; **entrer dans la ~ du personnage** to get right into the part; **avoir qqn dans la ~** to be crazy about sb, to have sb under one's skin; **avoir qqch dans la ~** to have sthg in one's blood; **changer de ~** to change one's look; **faire ~ neuve** to get a facelift *fig*; **l'université fait ~ neuve** the university system is being completely overhauled; **c'est dur de faire ~ neuve à 50 ans** it's hard to start a new life at 50; **avoir la ~ dure** to be thick-skinned; **si tu tiens à ta ~** *fam* if you value your life OU hide; **y laisser sa ~** *fam* to pay with one's life, to be killed; **un jour, j'aurai ta ~!** *fam* I'll get you one of these days!; **faire la ~ à qqn** *fam* to do sb in, to bump sb off; **ils lui ont fait la ~** *fam* they did him in; **coûter la ~ des fesses**▽ OU **du cul**▼ to cost an arm and a leg. -**2.** ZOOL [gén] skin; [fourrure] pelt; [cuir - non tanné] hide; [- tanné] leather, (tanned) hide; **une valise en ~** a leather suitcase; **le commerce des ~x** the fur and leather trade; **sac en ~ de serpent** snakeskin bag ❑ **cuir pleine ~** full leather; **une ~ d'âne** [diplôme] a diploma; **~ de chagrin** shagreen; **mes économies diminuent comme une ~ de chagrin** my savings are just melting away; **~ de chamois** [chiffon] chamois leather; **~ de tambour** (drum) skin; **vieille ~**▽ old bag; **en ~ de lapin** *fam*: **des révolutionnaires en ~ de lapin** *fam* Mickey Mouse OU tinpot revolutionaries. -**3.** [d'un fruit, d'un légume, du lait bouilli] skin; [du fromage] rind; **~ d'orange** orange peel; **~ de banane** *pr* & *fig* banana skin. -**4.** ÉLECTR: **effet de ~** skin effect. -**5.** *loc*: **~ de balle (et balai de crin)**▽, **~ de zébi**▼ [refus, mépris] sod all *Br*, nothing doing *Am*; **en fin de compte, tout ce qu'on a obtenu c'est ~ de balle** in the end we got sod all *Br* OU zilch *Am*; **tu me prêtes ta voiture? — ~ de balle!** will you lend me your car? — no chance!

◆ **peau d'orange** *nf* MÉD orange-peel skin *(caused by cellulite)*.

◆ **peau de vache**▽ *nf* [femme] cow *Br*, bitch *Am*; [homme] bastard.

peaucier [posje] ◇ *adj m* dermal.

◇ *nm*: **~ (du cou)** platysma.

peaufiner [3] [pofine] *vt* -**1.** [à la peau de chamois] to shammy-leather. -**2.** [fignoler] to put the finishing touches to.

peau-rouge [poruʒ] (*pl* **peaux-rouges**) *adj* [dans un western] Red Indian *(modif)*, redskin *(modif)*.

◆ **Peau-Rouge** *nmf* [dans un western] Red Indian, Redskin.

peausserie [posri] *nf* -**1.** [peaux] leatherwear. -**2.** [industrie] leather OU skin trade.

peaussier [posje] *nm* storekeeper in the leather trade.

pébroque▽ [pebrɔk] *nm* brolly *Br*, umbrella.

pécaïre [pekair] *interj dial* & *vieilli* good God.

pecan [pekã] *nm* pecan.

pécari [pekari] *nm* -**1.** ZOOL peccary. -**2.** [cuir] peccary (skin).

peccadille [pekadij] *nf* -**1.** [péché] peccadillo; **des ~s de jeunesse** youthful indiscretions. -**2.** [vétille]: **se disputer pour des ~s** to argue over trifles.

pechblende [pɛʃblɛ̃d] *nf* pitchblende.

péché [peʃe] *nm* -**1.** [faute] sin; **~ de (la) chair** sin of the flesh; **~ mortel/originel/véniel** mortal/original/venial sin; **~ de jeunesse** youthful indiscretion; **~ mignon** weakness; **mon ~ mignon, c'est le chocolat** I just can't resist chocolate, chocolate is my little weakness; **le ~ d'orgueil** the sin of pride; **les sept ~s capitaux** the seven deadly sins; **à tout ~ miséricorde** *prov* every sin can be forgiven; **que celui qui est sans ~ lui jette la première pierre** BIBLE let he who is without sin cast the first stone. -**2.** [état] sin; **vivre dans le ~** [gén] to lead a life of sin OU a sinful life; [sans mariage religieux] to live in sin; **retomber dans le ~** to relapse (into sin).

pêche[1] [pɛʃ] ◇ *nf* -**1.** BOT peach; **~ abricot/blanche** yellow/white peach; **~ de vigne** red-fleshed peach *(grown amongst vines)*; **elle a un teint de ~** she has a peaches and cream complexion. -**2.** *fam*[énergie] get-up-and-go; **avoir la ~** to be full of get-up-and-go, to be on form. -**3.** ▽[coup] smack, clout.

◇ *adj inv* peach *(modif)*, peach-coloured.

pêche[2] [pɛʃ] *nf* -**1.** [activité - en mer] fishing; [- en eau douce] fishing, angling; **aller à la ~** [en mer] to go fishing; [en eau douce] to go angling; **'~ interdite'** 'no fishing'; **'~ réglementée'** 'fishing by permit only' ❑ **~ à la baleine** whaling, whale-hunting; **~ à la cuiller** spinning; **~ au lamparo** fishing by lamplight; **~ au lancer** cast fishing; **~ à la ligne** angling; **~ maritime** sea fishing; **~ à la morue** cod fishing; **~ sous-marine** underwater fishing; **aller à la ~ à la ligne** [au lieu de voter] to abstain from voting; **aller à la ~ aux informations** to go in search of information. -**2.** [produit de la pêche] catch; **la ~ a été bonne** *pr* there was a good catch; **alors, la ~ a été bonne?** *fig* any luck? ❑ **~ miraculeuse** *allusion Bible* miraculous draught of fishes. -**3.** [lieu] fishery; **~s maritimes** sea fisheries; **~ côtière** coastal fishery; **~ éloignée, grande ~, ~ hauturière** distant-water fishery.

pécher [18] [peʃe] *vi* -**1.** RELIG to sin. -**2.** *sout* [commettre une erreur]: **~ par: ~ par excès de minutie** to be overmeticulous; **elle a péché par manque de confiance** she wasn't self-confident enough, she lacked self-confidence; **~ contre** to go against the rules of; **~ contre le bon goût** to go against the rules of good taste.

pêcher[1] [peʃe] *nm* -**1.** BOT peach tree. -**2.** MENUIS peach wood.

pêcher[2] [4] [peʃe] ◇ *vt* -**1.** PÊCHE [essayer de prendre] to fish for *(insép)*; [prendre] to catch; **j'ai pêché trois truites** I caught OU landed three trout; **~ la crevette** to shrimp, to go shrimping; **~ des moules** to collect mussels; **~ des grenouilles** to hunt frogs; **~ le hareng au chalut** to trawl for herring. -**2.** [tirer de l'eau] to fish out *(sép)*; **~ une chaussure** to fish out a shoe. -**3.** *fam*[dénicher] to seek out *(sép)*, to hunt OU to track down *(sép)*, to unearth; **il est allé ~ des chansons inédites chez un auteur oublié** he dug up OU unearthed some unpublished songs by a forgotten songwriter; **où a-t-il été pêcher que j'avais démissionné?** where did he get the idea that I'd resigned?

◇ *vi* [aller à la pêche] to fish; **il pêche tous les dimanches** he goes fishing every Sunday ❑ **~ en eau trouble** to fish in troubled waters.

pechère [pəʃɛr] = **peuchère**.

pécheresse [peʃrɛs] *f* → **pécheur**.

pêcherie [pɛʃri] *nf* fishery.

pêchette [pɛʃɛt] *nf* dip net.

pécheur, eresse [peʃœr, peʃrɛs] *nm, f* sinner; **~ endurci** unrepentant sinner.

pêcheur, euse [pɛʃœr, øz] *nm, f* [en mer] fisherman (*f* fisherwoman); [en eau douce] angler; **~ à la ligne** *pr* angler; *fig* abstentionist; **~ au chalut** trawlerman; **~ de crevettes** shrimper; **~ de perles** pearl diver.

pécloter [3] [peklote] *vi Helv* to be in ill-health.

pécore *fam* [pekɔr] *nf*: **quelle ~ celle-là!** she's so stuck-up!

pectine [pɛktin] *nf* pectin.

pectiné, e [pɛktine] *adj* -**1.** BOT & ZOOL pectinate, pectinated. -**2.** ANAT pectineal; **muscle ~** pectineus.

◆ **pectiné** *nm* ANAT pectineus.

pectique [pɛktik] *adj* pectic.

pectoral, e, aux [pɛktɔral, o] *adj* -**1.** ANAT pectoral. -**2.** PHARM throat *(modif)*, cough *(modif)*.

◆ **pectoral, aux** *nm* -**1.** ANAT pectoral muscle; **grand/petit ~** pectoralis major/minor. -**2.** ANTIQ & RELIG pectoral.

pécule [pekyl] *nm* -**1.** [petit capital] savings, nest egg; **se constituer un (petit) ~** to put some money aside. -**2.** MIL (service) gratuity. -**3.** JUR: **~ de libération** prison earnings *(paid on discharge)*. -**4.** HIST peculium.

pécuniaire [pekynjɛr] *adj* financial, pecuniary; **des difficultés ~s** financial OU money problems.

pécuniairement [pekynjɛrmã] *adv* financially, pecuniarily.

pédagogie [pedagɔʒi] *nf* -**1.** [méthodologie] educational methods. -**2.** [pratique] teaching skills; **il manque de ~** he lacks teaching skills.

pédagogique [pedagɔʒik] *adj* [science, manière] educational, teaching *(modif)*, pedagogical; **elle n'a aucune formation ~** she's not been trained to teach OU as a teacher; **aides** OU **supports ~s** teaching materials.

pédagogiquement [pedagɔʒikmã] *adv* pedagogically, educationally.

pédagogue [pedagɔg] ◇ *adj*: **il n'est pas très ~** he's not very good at teaching; **elle est très ~** she's a very good teacher.

◇ *nmf* -**1.** [enseignant] teacher. -**2.** [éducateur] educationalist. -**3.** ANTIQ pedagogue.

pédalage [pedalaʒ] *nm* pedalling.

pédale [pedal] *nf* -**1.** [d'un véhicule] pedal. -**2.** [d'une poubelle] pedal; [d'une machine à coudre] treadle. -**3.** AUT pedal; **appuyer sur la ~ du frein** to step on OU to use the brake pedal. -**4.** MUS pedal; **~ douce** soft pedal; **~ forte** loud OU sustaining pedal; **mettre la ~ douce** *pr* & *fig* to soft-pedal. -**5.** ▽ *péj* [homosexuel] queer *Br*, faggot *Am*.

◆ **à pédales** *loc adj* pedal *(modif)*; **auto à ~s** [jouet] pedal car.

pédaler [3] [pedale] *vi* -**1.** [sur un vélo] to pedal; **~ en danseuse** to pedal off the saddle. -**2.** *fam loc*: **~ dans la choucroute** OU **la semoule** OU **le yaourt** to be all at sea.

pédaleur, euse *fam* [pedalœr, øz] *nm, f* cyclist.

pédalier [pedalje] *nm* -**1.** [d'une bicyclette] (bicycle) drive. -**2.** MUS [d'un orgue] pedals, pedal board.

Pédalo® [pedalo] *nm* pedalo, pedal-boat.

pédant, e [pedã, ãt] ◇ *adj* [exposé, ton] pedantic.

◇ *nm, f* pedant.

pédanterie [pedãtri] *nf* pedantry.

pédantesque [pedãtɛsk] *adj litt* pedantic.

pédantisme [pedãtism] *nm* = **pédanterie**.

pédé▽ [pede] *nm péj* queer *Br*, fag *Am*.

pédéraste [pederast] *nm* -**1.** [avec des jeunes garçons] pederast. -**2.** [entre hommes] homosexual.

pédérastie [pederasti] *nf* -**1.** [avec des jeunes garçons] pederasty. -**2.** [entre hommes] homosexuality.

pédérastique [pederastik] *adj* -**1.** [avec des jeunes garçons] pederastic. -**2.** [entre hommes] homosexual.

pédestre [pedɛstr] *adj* -**1.** [à pied]: **randonnée ~** walking, hiking. -**2.** [en pied]: **statue ~** pedestrian OU standing statue.

pédestrement [pedɛstrəmã] *adv litt* on foot, afoot *litt*.

pédiatre [pedjatr] *nmf* paediatrician.

pédiatrie [pedjatri] *nf* paediatrics *(U)*.

pédiatrique [pedjatrik] *adj* paediatric.

pedibus *fam* [pedibys] *adv hum* on foot, on Shanks's pony *Br* OU mare *Am*.

pédicellaire [pediselɛr] *nm* pedicellaria.

pédicelle [pedisɛl] *nm* pedicel.

pédicellé, e [pedisele] *adj* pedicellate.

pédiculaire [pedikylɛr] ◇ *adj* BOT & ENTOM pedicular.

◇ *nf* BOT: **~ des bois** lousewort.

pédicule [pedikyl] *nm* -**1.** ANAT peduncle. -**2.** ARCHIT stand, base. -**3.** BOT [pédicelle] pedicle; [pédoncule] peduncle. -**4.** ZOOL [de crabe] peduncle, pedicel, eye-stalk.

pédiculé, e [pedikyle] *adj* -**1.** ANAT pedicled, pediculated. -**2.** BOT peduncled.

pédiculose [pedikyloz] *nf* pediculosis.

pédicure [pedikyr] *nmf* chiropodist.

pédicurie [pedikyri] *nf* -**1.** [profession] chiropody. -**2.** [soins] pedicure.

pedigree [pedigre] *nm* pedigree; **un chien avec ~** a pedigree dog.

pédiment [pedimã] *nm* pediment GEOL.

pédiplaine [pediplɛn] *nf* pediplain, pediplane.

pédodontie [pedɔdɔ̃si] *nf* paedodontia, paedodontics *(U)*.

pédogenèse [pedɔʒənɛz] *nf* -**1.** GÉOL pedogenesis, soil formation. -**2.** BIOL paedogenesis.

pédologie [pedɔlɔʒi] *nf* -**1.** GÉOL pedology. -**2.** MÉD paedology.
pédologue [pedɔlɔg] *nmf* GÉOL pedologist.
pédonculaire [pedɔ̃kylɛr] *adj* peduncular.
pédoncule [pedɔ̃kyl] *nm* -**1.** ANAT peduncle; **~ cérébral** restiform body. -**2.** BOT peduncle; **~ ramifié** pedicel. -**3.** ZOOL [du crabe] eye-stalk, pedicel.
pédonculé, e [pedɔ̃kyle] *adj* pedunculate, pedunculated; **chêne ~** pedunculate oak.
pédophile [pedɔfil] ◇ *adj* paedophiliac.
◇ *nmf* paedophile.
pédophilie [pedɔfili] *nf* paedophilia.
pédopsychiatre [pedɔpsikjatr] *nmf* child psychiatrist.
pédopsychiatrie [pedɔpsikjatri] *nf* child psychiatry.
pedzouille▽ [pedzuj] *nm péj* yokel, hick *Am*.
peeling [piliŋ] *nm* exfoliation (treatment); **se faire faire un ~** to be given a face (peeling) mask.
pégase [pegaz] *nm* ZOOL pegasus.
Pégase [pegaz] *npr* ASTRON & MYTH Pegasus.
PEGC (*abr de* **professeur d'enseignement général de collège**) *nmf teacher qualified to teach one or two subjects to 11-to-15-year-olds in French secondary schools.*
pegmatite [pɛgmatit] *nf* pegmatite.
pègre [pɛgr] *nf* (criminal) underworld.
peignage [pɛɲaʒ] *nm* TEXT [du lin, de la laine] combing; [du chanvre] hackling.
peigne [pɛɲ] *nm* -**1.** [pour les cheveux] comb; **un ~ retenait ses cheveux en arrière** her hair was held back with a comb ❑ **coup de ~: je vais me donner un coup de ~** I'll just comb my hair OU give my hair a (quick) comb; **je viens pour un coup de ~** [chez le coiffeur] I just want a quick comb through; **passer une région/un document au ~ fin** to go over an area/a document with a fine-tooth comb. -**2.** ÉLECTR: **filtre en ~** comb filter. -**3.** TECH [à fileter] comb. -**4.** TEXT [à lin, à laine] comb; [à chanvre] hackle. -**5.** ZOOL [mollusque] scallop, pecten; [chez l'oiseau] pecten; [chez les scorpions] comb.
peigné [peɲe] *nm* -**1.** [fil] combed yarns. -**2.** [tissu] worsted (cloth).
peigne-cul▽ [pɛɲky] (*pl inv* OU **peigne-culs**) *nm péj* creep, jerk.
peignée [peɲe] *nf* -**1.** *fam* [volée de coups] beating, hiding. -**2.** TEXT cardful.
peigner [4] [peɲe] *vt* -**1.** [cheveux, personne] to comb; **viens ici que je te peigne** come here so that I can comb your hair; **je suis vraiment mal peignée aujourd'hui** my hair is all over the place today ❑ **faire ça ou ~ la girafe** *fam* we might as well be whistling in the wind. -**2.** TEXT [lin, laine] to comb; [chanvre] to hackle; **coton peigné** brushed cotton.
◆ **se peigner** *vp (emploi réfléchi)* [se coiffer] to comb one's hair; **se ~ la barbe** to comb one's beard.
peigneur, euse [pɛɲœr, øz] ◇ *adj* combing.
◇ *nm, f* comber.
◆ **peigneur** *nm* doffer.
◆ **peigneuse** *nf* comb, combing machine.
peignoir [pɛɲwar] *nm* -**1.** [sortie de bain]: **~ (de bain)** bathrobe. -**2.** [robe de chambre] dressing gown, bathrobe *Am*. -**3.** [chez le coiffeur] robe.
Pei-king [pejkiŋ] = **Pékin**.
peinard, e▽ [pɛnar, ard] *adj* [vie] cushy; **rester** OU **se tenir ~** to keep one's nose clean; **un boulot ~** a cushy job; **là-bas, on sera ~s** we'll have it easy there.
peinardement▽ [pɛnardəmɑ̃] *adv* coolly.
peindre [81] [pɛ̃dr] ◇ *vt* -**1.** [mur, tableau] to paint; **j'ai peint la porte en bleu** I painted the door blue; **~ au pinceau/rouleau** to paint with a brush/roller; **~ à l'huile/à l'eau** to paint in oils/in watercolours. -**2.** [décrire] to portray, to depict.
◇ *vi* to paint, to be a painter OU an artist; **~ sur soie/verre** to paint on silk/glass.
◆ **se peindre** ◇ *vp (emploi passif)* to be painted on; **c'est un revêtement qui se peint facilement** it's a covering which can easily be painted.
◇ *vp (emploi réfléchi)* -**1.** [se représenter - en peinture] to paint one's (own) portrait; [- dans un écrit] to portray o.s. -**2.** [se grimer]: **se ~ le visage** to paint one's face.
◇ *vpi* to show; **la stupéfaction se peignit sur son visage** amazement was written all over her face.
peine [pɛn] *nf* **A.** -**1.** [châtiment] sentence, penalty; **infliger une lourde ~ à qqn** to pass a harsh sentence on sb ❑ **~ criminelle/correctionnelle** *imprisonment for between 2 months and 5 years/for more than 5 years*; **~ incompressible** sentence without remission; **la ~ de mort** capital punishment, the death penalty; **~ de prison avec sursis** suspended (prison) sentence; **~ de substitution** non-custodial sentence. -**2.** RELIG [damnation] damnation, suffering; **les ~s éternelles** eternal damnation OU suffering, the fires of hell.
B. -**1.** [tourment, inquiétude] trouble; **mes amis viennent souvent me raconter leurs ~s** my friends often come to tell me their troubles; **faire ~ à voir** to be a sorry sight; **tu faisais ~ à voir avec tes deux bras dans le plâtre** you did look a sorry sight with both your arms in plaster ❑ **~s de cœur** heartache(s); **se mettre en ~ pour qqn** *sout* to be extremely worried about sb. -**2.** [tristesse] sorrow, sadness, grief; **il partageait sa ~** he shared her grief; **avoir de la ~** to be sad OU upset; **faire de la ~ à qqn** to upset sb; **je ne voudrais pas lui faire de la ~ en lui disant** I wouldn't like to upset him by telling him; **il me fait vraiment de la ~** I feel really sorry for him.
C. -**1.** [effort] effort, trouble; **ce n'est pas la ~** it's not worth it, it's pointless; **ce n'est pas la ~ de tout récrire/que tu y ailles** there's no point writing it all out again/your going; **c'était bien la ~ que je mette une cravate!** *iron* it was a real waste of time putting a OU my tie on!; **se donner de la ~** to go to a lot of trouble; **il s'est donné beaucoup de ~ pour réussir** he went to a lot of trouble to succeed; **prendre** OU **se donner la ~ de** to go to OU to take the trouble to; **donnez-vous la ~ d'entrer** please do come in, (please) be so kind as to come in; **si vous voulez bien vous donner la ~ d'attendre un instant** if you wouldn't mind waiting a moment; **il ne s'est même pas donné la ~ de répondre** he didn't even bother replying; **tu aurais pu prendre la ~ de téléphoner** you could at least have phoned; **ne vous donnez pas la ~ de me reconduire, je connais le chemin** don't bother to show me out, I know the way; **s'il veut s'en donner la ~, il peut très bien réussir** if he can be bothered to make the effort, he's perfectly capable of succeeding; **valoir la ~** to be worth it; **l'exposition vaut la ~ d'être vue** the exhibition is worth seeing ❑ **homme de ~** labourer; **en être pour sa ~** to have nothing to show for one's trouble; **ne pas épargner** OU **ménager sa ~** to spare no effort; **~ perdue: n'essaie pas de le convaincre, c'est ~ perdue** don't try to persuade him, it's a waste of time OU you'd be wasting your breath. -**2.** [difficulté]: **avoir de la ~ à: avoir de la ~ à marcher** to have trouble OU difficulty walking; **avoir ~ à** *sout*: **j'ai ~ à vous croire** I find it difficult OU hard to believe you ❑ **elle a eu toutes les ~s du monde à venir à la réunion** she had a terrible time OU the devil's own job getting to the meeting; **être (bien) en ~ de: je serais bien en ~ de vous l'expliquer** I'd have a hard job explaining it to you, I wouldn't really know how to explain it to you; **n'être pas en ~ pour** *sout*: **je ne suis pas en ~ pour y aller** it's no trouble for me to get there, I'll have no problem getting there.
◆ **à peine** *loc adv* -**1.** [presque pas] hardly, barely, scarcely; **j'arrive à ~ à soulever mon sac** I can hardly OU barely lift my bag; **elle sait à ~ lire** she can hardly read; **j'y vois à ~** [ma vue est mauvaise] I've very poor sight, I can hardly see; [il fait sombre] I can hardly see anything; **c'est à ~ si je l'ai entrevu** I only just caught a glimpse of him ❑ **je t'assure, je n'ai pas touché au gâteau – à ~!** *fam hum* I swear I didn't touch the cake – a likely story! -**2.** [tout au plus] barely; **il y a à ~ une semaine/deux heures** not quite a week/two hours ago, barely a week/two hours ago. -**3.** [à l'instant] just; **je termine à ~** I've only just finished. -**4.** [aussitôt]: **à ~ guérie, elle a repris le travail** no sooner had she recovered than she went back to work; **à ~... que: à ~ était-elle couchée que le téléphone se mit à sonner** no sooner had she gone to bed than OU she'd only just gone to bed when the phone rang.
◆ **avec peine** *loc adv* -**1.** [difficilement] with difficulty; **je l'ai fait avec ~** I had trouble OU a struggle doing it. -**2.** *sout* [à regret]: **je vous quitte avec ~** it is with deep regret that I leave you.
◆ **sans peine** *loc adv* -**1.** [aisément] without difficulty, easily; **l'italien sans ~** Italian the easy way. -**2.** [sans regret] with no regrets, with a light heart.
◆ **sous peine de** *loc prép*: **'défense de fumer sous ~ d'amende'** 'smokers will be prosecuted'; **sous ~ de mort** on pain of death.
peiner [4] [pene] ◇ *vt* [attrister] to upset, to hurt; **sa mort m'a profondément peiné** her death greatly grieved OU distressed me; **je suis peiné par ton attitude** I'm unhappy about OU aggrieved by your attitude.
◇ *vi* -**1.** [personne] to have trouble OU difficulty; **j'ai peiné pour terminer dans les délais** I had to struggle to finish OU I had a lot of trouble finishing on time. -**2.** [machine] to strain, to labour; **on entendait un moteur ~ dans la montée** you could hear a car engine toiling up the hill.
peintre [pɛ̃tr] *nm* -**1.** [artiste] painter. -**2.** [artisan, ouvrier] painter; **~ en bâtiment** house painter; **~ de décors** specialist decorator. -**3.** *fig* [écrivain] portrayer; **c'est un excellent ~ de la vie à la campagne** his depictions of country life are superb.
peintre-décorateur [pɛ̃trədekɔratœr] (*pl* **peintres-décorateurs**) *nm* painter and decorator.
peintre-graveur [pɛ̃trəgravœr] (*pl* **peintres-graveurs**) *nm* painter-engraver, painter-etcher.
peinture [pɛ̃tyr] *nf* **A.** -**1.** [substance] paint; **~ à l'eau** CONSTR water OU water-based paint; **~ à l'huile** BX-ARTS oil paint. -**2.** [action] painting; **faire de la ~ au pistolet** to spray-paint; **faire de la ~ au rouleau** to paint with a roller. -**3.** [couche de matière colorante] paintwork; **la ~ de la grille est écaillée** the paintwork on the gate is flaking off; **'~ fraîche'** 'wet paint'; **refaire la ~ d'une porte** to repaint a door; **refaire la ~ d'une pièce** to redecorate a room.
B. -**1.** BX-ARTS [art et technique] painting; **elle est passée à la ~ abstraite** she turned to abstract painting; **~ sur soie** silk painting, painting. -**2.** [œuvre] painting, picture, canvas ❑ **une ~ murale** a mural; **~s rupestres** cave paintings; **je ne peux pas la voir en ~** *fam* I can't stand OU stick *Br* the sight of her. -**3.** [ensemble d'œuvres peintes] painting; **la ~ flamande** Flemish painting; **la ~ de Picasso** Picasso's paintings.
C. DESCRIPTION portrayal, picture; **une ~ de la société médiévale** a picture of mediaeval society.
peinture-émulsion [pɛ̃tyremylsjɔ̃] (*pl* **peintures-émulsions**) *nf* emulsion (paint).
peinturer [3] [pɛ̃tyre] *vt* -**1.** [barbouiller] to daub with paint. -**2.** *Afr & Can* [peindre] to paint; **~ la salle de bains** to paint OU to redecorate the bathroom.
peinturlurer *fam* [3] [pɛ̃tyrlyre] *vt* to daub with paint.
◆ **se peinturlurer** *fam vp (emploi réfléchi)*: **elle s'était peinturluré le visage** she'd plastered make-up on her face.
péjoratif, ive [peʒɔratif, iv] *adj* pejorative, derogatory.
◆ **péjoratif** *nm* pejorative (term).
péjoration [peʒɔrasjɔ̃] *nf* pejoration.

péjorativement [peʒɔrativmɑ̃] *adv* pejoratively, derogatorily.
pékan [pekɑ̃] *nm* pekan, fisher.
pékin [pekɛ̃] = **péquin**.
Pékin [pekɛ̃] *npr* Peking.
pékiné, e [pekine] *adj* pekin *(modif)*.
◆ **pékiné** *nm* pekin.
pékinois, e [pekinwa, az] *adj* Pekinese, Pekingese.
◆ **Pékinois, e** *nm, f* Pekinese, Pekingese (person); les Pékinois the people of Peking.
◆ **pékinois** *nm* -**1.** LING Pekinese, Mandarin (Chinese). -**2.** ZOOL Pekinese, Pekingese.
PEL, Pel [pɛl, peœɛl] *nm abr de* plan d'épargne logement.
pelade [pəlad] *nf* MÉD alopecia areata, pelada.
pelage [pəlaʒ] *nm* coat, fur.
pélagique [pelaʒik] *adj* BIOL & GÉOL pelagic.
pélargonium [pelargɔnjɔm] *nm* pelargonium.
pelé, e [pəle] *adj* -**1.** [chat, renard, fourrure] mangy. -**2.** [sans végétation] bare. -**3.** [fruit] peeled.
◆ **pelé** *fam nm* -**1.** [chauve] bald OU bald-headed man. -**2.** *loc*: **il y avait trois ~s et un tondu** there was one man and his dog *Br*, there was hardly anyone there.
Pelée [pəle] *npr*: **la montagne ~** Mount Pelée.
pêle-mêle [pɛlmɛl] ◇ *adv* in a jumble, every which way, pell-mell; **les draps et les couvertures étaient ~ sur le lit** sheets and covers were all jumbled up OU in a heap on the bed; **les spectateurs se sont engouffrés ~ dans la salle** the spectators piled pell-mell into the room.
◇ *nm inv* [cadre pour photos] multiple (photo) frame.
peler [25] [pəle] ◇ *vt* -**1.** [fruit, légume] to peel. -**2.** ▼ *loc*: **~ le jonc à qqn** to get on sb's wick *Br* OU nerves.
◇ *vi* -**1.** [peau] to peel; **j'ai le dos qui pèle** my back's peeling. -**2.** *fam loc*: **~ de froid: on pèle (de froid) ici** it's dead cold OU freezing in here.
pèlerin [pɛlrɛ̃] *nm* -**1.** RELIG pilgrim. -**2.** ZOOL [requin] basking shark; [faucon] peregrine falcon. -**3.** *fam* [individu] guy, bloke *Br*, character.
pèlerinage [pɛlrinaʒ] *nm* -**1.** [voyage] pilgrimage; **faire un** OU **aller en ~ à Lourdes** to go on a pilgrimage to Lourdes; **un ~ littéraire sur les traces de Stendhal** a literary pilgrimage in Stendhal's footsteps. -**2.** [endroit] place of pilgrimage.
pèlerine [pɛlrin] *nf* pelerine.
pélican [pelikɑ̃] *nm* pelican.
pelisse [pəlis] *nf* pelisse.
pellagre [pelagr] *nf* pellagra.
pellagreux, euse [pelagrø, øz] ◇ *adj* pellagrous.
◇ *nm, f* pellagra sufferer.
pelle [pɛl] *nf* -**1.** [pour ramasser] shovel; [pour creuser] spade; **~ à charbon** coal shovel; **~ à ordures** dustpan. -**2.** CULIN: **~ à poisson/tarte** fish/pie slice. -**3.** TRAV PUBL: **~ mécanique** [sur roues] mechanical shovel; [sur chenilles] excavator. -**4.** [extrémité d'un aviron] (oar) blade. -**5.** *fam loc*: **(se) prendre** OU **(se) ramasser une ~** [tomber, échouer] to come a cropper *Br*, to take a spill *Am*; **rouler une ~ à qqn** to give sb a French kiss.
◆ **à la pelle** *loc adv* -**1.** [avec une pelle]: **ramasser la neige à la ~** to shovel up the snow. -**2.** [en grande quantité] in huge numbers; **gagner** OU **ramasser de l'argent à la ~** to earn huge amounts of money.
pelle-bêche [pɛlbɛʃ] (*pl* **pelles-bêches**) *nf* digging shovel.
pelle-pioche [pɛlpjɔʃ] *nf* (*pl* **pelles-pioches**) combined hoe and shovel.
peller [4] [pɛle] *vt Helv* to shovel.
pelletage [pɛltaʒ] *nm* shovelling.
pelletée [pɛlte] *nf* -**1.** [de terre - ramassée] shovelful; [- creusée] spadeful. -**2.** *fam* [grande quantité] heap, pile.
pelleter [27] [pɛlte] *vt* to shovel (up).
pelleterie [pɛltri] *nf* -**1.** [art] fur dressing. -**2.** [peaux] peltry, pelts. -**3.** [commerce] fur trade.
pelleteuse [pɛltøz] *nf* mechanical shovel OU digger; **~ chargeuse** loading shovel, wheel loader.
pelletier, ère [pɛltje, ɛr] *nm, f* furrier.
pelletiérine [pɛltjerin] *nf* pelletierine.
pelliculage [pelikylaʒ] *nm* PHOT stripping.
pelliculaire [pelikylɛr] *adj* [qui forme une pellicule] filmy.
pellicule [pelikyl] *nf* -**1.** [peau] skin, film; **une ~ s'était formée sur le lait** a skin had formed on the milk. -**2.** [mince croûte] film, thin layer; **une ~ de glace sur la mare** a thin layer of ice over the pond. -**3.** [pour emballer]: **~ cellulosique** regenerated cellulose film OU foil. -**4.** PHOT film; **une ~** [bobine] a reel (of film); [chargeur] a (roll of) film.
◆ **pellicules** *nfpl* [dans les cheveux] dandruff *(U)*; **avoir des ~s** to have dandruff.
pelliculé, e [pelikyle] *adj* [livre] plastic-covered; [disque] sealed, factory-sealed.
pelliculeux, euse [pelikylø, øz] *adj* scurfy.
pellucide [pelysid] *adj* BIOL OU *litt* pellucid *litt*.
Péloponnèse [pelɔpɔnɛz] *npr m*: **le ~** the Peloponnese.
pelotage *fam* [pəlɔtaʒ] *nm* (heavy) petting, necking.
pelotari [pəlɔtari] *nm* pelota player, pelotari.
pelote [pəlɔt] *nf* -**1.** [de ficelle, de coton] ball; **une ~ de laine** a ball of wool; **faire sa ~** *fam* to make one's nest egg OU one's pile; **mettre de la laine en ~** to ball wool. -**2.** *Can* [boule]: **~ de neige** snowball. -**3.** COUT [coussinet] pincushion. -**4.** ENTOM (sticky) pad. -**5.** ORNITH: **~ de régurgitation** regurgitation pellet. -**6.** PÊCHE pellet. -**7.** SPORT pelota; **jouer à la ~ basque** to play pelota.
peloter *fam* [3] [plɔte] *vt* to grope.
◆ **se peloter** *fam vp (emploi réciproque)* to neck; **ils se sont pelotés pendant tout le trajet** they spent the whole journey necking.
peloteur, euse *fam* [plɔtœr, øz] ◇ *adj*: **il est du genre ~** he can't keep his hands to himself, he's got wandering hands.
◇ *nm, f*: **quel ~!** what a groper!
peloton [pəlɔtɔ̃] *nm* -**1.** MIL [division] platoon; [unité] squad; **~ d'exécution** firing squad; **suivre** OU **faire le ~ (d'instruction)** to attend the training unit. -**2.** SPORT pack; **être dans le ~ de tête** to be among the leaders; *fig* to be among the front runners. -**3.** [de coton, de laine] small ball.
pelotonnement [pəlɔtɔnmɑ̃] *nm* -**1.** [d'un animal, d'un enfant] curling up. -**2.** [d'un fil] winding into a ball.
pelotonner [3] [pəlɔtɔne] *vt* [ficelle, laine] to wind up into a ball.
◆ **se pelotonner** *vpi* to curl up.
pelouse [pəluz] *nf* -**1.** [terrain] lawn; [herbe] grass; **arroser/tondre la ~** to water/to mow the lawn; **la ~ a bien poussé** the grass has grown well; **'~ interdite'** 'keep off the grass'. -**2.** SPORT field, ground; **sur la ~ du Parc des Princes** in the Parc des Princes stadium || [d'un champ de courses] paddock. -**3.** GÉOG [prairie] short-grass prairie.
peluche [pəlyʃ] *nf* -**1.** [jouet] cuddly toy; **elle garde toutes ses ~s sur son lit** she keeps all her soft OU cuddly toys on her bed. -**2.** TEXT plush. -**3.** [poussière] (piece of) fluff *(U)*.
◆ **en peluche** *loc adj*: **chien/canard en ~** (cuddly) toy dog/duck.
peluché, e [pəlyʃe] *adj* -**1.** [à poils longs] fluffy. -**2.** [usé] threadbare, shiny.
pelucher [3] [pəlyʃe] *vi* to pill.
pelucheux, euse [pəlyʃø, øz] *adj* -**1.** [tissu] fluffy. -**2.** [fruit] downy.
pelure [pəlyr] *nf* -**1.** [peau] peel; **~ d'oignon** onionskin; **papier ~** onionskin (paper). -**2.** *fam* [vêtement] coat.
pelvien, enne [pɛlvjɛ̃, ɛn] *adj* [cavité, organe] pelvic.
pelvigraphie [pɛlvigrafi] *nf* X-ray pelvimetry.
pelvis [pɛlvis] *nm* pelvis.
pénal, e, aux [penal, o] *adj* [droit] criminal; [réforme] penal.
pénalement [penalmɑ̃] *adv* penally; **être ~ responsable** to be liable in criminal law.
pénalisant, e [penalizɑ̃, ɑ̃t] *adj* disadvantageous, detrimental; **une mesure ~e pour certaines catégories d'usagers** a measure which will penalize certain categories of users.
pénalisation [penalizasjɔ̃] *nf* -**1.** SPORT penalty (for infringement); **points de ~** ÉQUIT faults, penalty points. -**2.** [désavantage] penalization.
pénaliser [3] [penalize] *vt* -**1.** SPORT to penalize. -**2.** [désavantager] to penalize, to put OU to place at a disadvantage; **ces enfants sont pénalisés dès leur entrée à l'école** these children are disadvantaged from the moment they start school.
pénaliste [penalist] *nmf* specialist in criminal law.
pénalité [penalite] *nf* -**1.** FIN penalty; **~ de retard** penalty for late OU overdue payment. -**2.** SPORT penalty; **coup de pied de ~** penalty kick; **jouer les ~s** to go into injury time.
penalty [penalti] (*pl* **penaltys** OU **penalties**) *nm* penalty (kick); **siffler/tirer un ~** to award/to take a penalty.
pénates [penat] *nmpl* -**1.** MYTH Penates. -**2.** *fam fig*: **regagner ses ~** to go home.
penaud, e [pəno, od] *adj* sheepish, contrite; **prendre un air ~** to look sheepish; **d'un air tout ~** sheepishly, with a hangdog look.
pence [pɛns] *pl* → **penny**.
penchant [pɑ̃ʃɑ̃] *nm* -**1.** [pour quelque chose] propensity, liking, penchant; **un petit ~ pour le chocolat** a weakness for chocolate; **de mauvais ~s** evil tendencies. -**2.** [pour quelqu'un] fondness, liking; **éprouver un ~ pour qqn** to be fond of sb.
penché, e [pɑ̃ʃe] *adj* → **air, tour** *nf*.
pencher [3] [pɑ̃ʃe] ◇ *vi* -**1.** *(aux être)* [être déséquilibré - entassement] to lean (over), to tilt; [- bateau] to list; **la tour/le mur penche vers la droite** the tower/the wall leans to the right; **le miroir penche encore un peu, redresse-le** the mirror is still crooked, straighten it; **faire ~ la balance en faveur de/contre qqn** *fig* to tip the scales in favour of/against sb. -**2.** *(aux être)* [être en pente] to slope (away); **le sol penche** the floor slopes OU is on an incline. -**3.** *(aux avoir)*: **~ pour** [préférer] to be inclined to, to incline towards; **son passé le fait ~ pour une politique de droite** he has right-wing leanings because of his past; **je penche pour tout lui avouer** I'm in favour of telling him everything; **je pencherais en sa faveur** I would tend to agree with him; **la décision a l'air de ~ en ma faveur** the decision seems to weigh in my favour.
◇ *vt* to tilt, to tip up *(sép)*; **il pencha la bouteille pour lui servir du vin** he tilted the bottle to pour her some wine; **il pencha la tête en arrière pour l'embrasser** he leaned backwards to kiss her; **elle pencha la tête au-dessus du parapet** she leaned over the parapet.
◆ **se pencher** *vpi* [s'incliner] to lean, to bend; **j'ai dû me ~ pour l'entendre** I had to lean forward OU over to hear her; **elle se pencha sur le berceau** she leaned over the cradle; **il se pencha sous la table pour ramasser son crayon** he reached under the table to pick up his pencil; **'ne pas se ~ au-dehors'** 'do not lean out of the window'.
◆ **se pencher sur** *vp + prép* to look into; **se ~ sur un problème/un dossier** to look into a problem/a file.
pendable [pɑ̃dabl] *adj vieilli*: **ce n'est pas un cas ~** it's not a hanging matter; **jouer un tour ~ à qqn** to play a rotten trick on sb.
pendage [pɑ̃daʒ] *nm* (angle of) dip.
pendaison [pɑ̃dɛzɔ̃] *nf* hanging; **mort par ~** death by hanging.
◆ **pendaison de crémaillère** *nf* housewarming (party).

pendant[1] [pɑ̃dɑ̃] *prép* [au cours de] during; [insistant sur la durée] for; **il est arrivé ~ la cérémonie** he came in during the ceremony; **~ les vacances, nous sommes passés par Bordeaux** during our holidays we stopped off at Bordeaux; **~ l'hiver** during the winter; **quelqu'un a appelé ~ l'heure du déjeuner** somebody called while you were at lunch OU during your lunch break; **~ ce temps-là** in the meantime, meanwhile; **elle travaille et lui ~ ce temps-là, il s'amuse!** she works while he just enjoys himself!; **je suis là ~ tout l'été** I'm here during the OU for the whole (of the) summer; **~ une heure** for an hour; **je m'absenterai ~ un mois** I'll be away for a month; **je ne l'ai pas vu ~ plusieurs années** I didn't see him for several years; **j'y ai habité ~ un an** I lived there for a year; **nous avons roulé ~ 20 km** we drove for 20 km.
◆ **pendant que** *loc conj* -**1.** [tandis que] while; **surveille les valises ~ que je vais chercher les billets** look after the suitcases while I go and get the tickets; **on a appelé ~ que vous étiez absent** someone called while you were out. -**2.** [tant que] while; **partons ~ qu'il est encore temps** let's go while it's still possible; **~ que tu y es, pourras-tu passer à la banque?** while you're there OU at it, could you stop off at the bank?; **traite-moi de menteur ~ que tu y es!** call me a liar while you're at it! -**3.** [puisque] since, while; **allons-y ~ que nous y sommes** let's go, since we're here; **~ que j'y pense, voici l'argent que je te dois** while I think of it, here's the money I owe you.
pendant[2], **e** [pɑ̃dɑ̃, ɑ̃t] *adj* -**1.** [tombant] hanging; **la langue ~e** [de chaleur, de fatigue] panting; [de convoitise] drooling; **chien aux oreilles ~es** dog with drooping OU droopy ears. -**2.** JUR [en cours - d'instruction] pending; [- de résolution] pending, being dealt with. -**3.** ARCHIT: **clef ~e** hanging keystone.
◆ **pendant** *nm* -**1.** [bijou] pendant; **~ (d'oreilles)** (pendant) earring. -**2.** [symétrique - d'une chose]: **faire ~ à qqch** to match sthg; **se faire ~** to match, to be a matching pair || [alter ego - d'une personne] counterpart, opposite number; **c'est le digne ~ de son frère!** he's every bit as bad as his brother!
pendard, e *fam* [pɑ̃dar, ard] *nm, f arch* rogue, rapscallion *arch*.
pendeloque [pɑ̃dlɔk] *nf* -**1.** [de boucle d'oreille] pendant, eardrop. -**2.** [d'un lustre] pendant, drop. -**3.** [d'une chèvre] dewlap.
pendentif [pɑ̃dɑ̃tif] *nm* -**1.** [bijou] pendant. -**2.** ARCHIT pendentive.
penderie [pɑ̃dri] *nf* [meuble] wardrobe; [pièce] walk-in wardrobe OU closet; **il n'y a pas de ~ dans la chambre** there's nowhere to hang (one's) clothes in the room.
pendiller [3] [pɑ̃dije] *vi* to hang (down), to dangle; **des fanions pendillaient à la fenêtre** pennants hung from the window.
pendillon [pɑ̃dijɔ̃] *nm* -**1.** THÉÂT proscenium paintings. -**2.** [d'une horloge] pendulum rod OU spindle.
Pendjab [pɛndʒab] *npr m*: **(le) ~** Punjab.
pendjabi [pɛndʒabi] *nm* Punjabi.
pendoir [pɑ̃dwar] *nm* butcher's OU meat hook.
pendouiller [3] [pɑ̃duje] *vi* to hang down, to dangle; **ton ourlet pendouille** your hem is down.
pendre [73] [pɑ̃dr] ◇ *vt* -**1.** [accrocher] to hang (up); **~ un tableau à un clou** to hang a picture from a nail; **~ ses vêtements sur des cintres** to put one's clothes on hangers OU coathangers; **~ son linge sur un fil** to hang up one's washing on a line ❑ **~ la crémaillère** to have a housewarming (party). -**2.** [exécuter] to hang; **condamné à être pendu** sentenced to be hanged; **il sera pendu à l'aube** he'll hang OU be hanged at dawn; **pendez-les haut et court** hang them high ❑ **qu'il aille se faire ~ ailleurs** *fam* he can go to blazes OU go hang; **je veux bien être pendu si j'y comprends quoi que ce soit** I'll be hanged if I understand any of it. -**3.** *fig*: **être pendu à: être pendu au cou de qqn** to cling to sb; **être (toujours) pendu après qqn** OU **aux basques de qqn** to dog sb's every footstep, to hang around sb; **être pendu au téléphone** to spend hours OU one's life on the phone; **elle est toujours pendue à ma sonnette** *fam* she's always on my doorstep; **être pendu aux lèvres** OU **paroles de qqn** to hang on sb's every word.
◇ *vi* -**1.** [être accroché] to hang; **du linge pendait aux fenêtres** washing was hanging out of the windows ❑ **ça te pend au nez** *fam* you've got it coming to you. -**2.** [retomber] to hang; **sa natte pendait dans son dos** her plait was hanging down her back; **elle laisse toujours ~ ses cheveux dans son dos** she always wears her hair loose; **avoir les joues/seins qui pendent** to have sagging cheeks/breasts; **des rideaux qui pendent jusqu'à terre** full-length curtains.
◆ **se pendre** ◇ *vp (emploi réfléchi)* [se suicider] to hang o.s.
◇ *vpi* [s'accrocher] to hang; **les chauves-souris se pendent aux branches** the bats hang from the branches; **se ~ au cou de qqn** to fling one's arms around sb's neck.
pendu, e [pɑ̃dy] ◇ *pp* → **pendre**.
◇ *nm, f* hanged man (*f* woman); **le jeu du ~** (the game of) hangman; **avoir une chance** OU **une veine de ~** *fam* to have the luck of the devil, to have the devil's own luck.
pendulaire [pɑ̃dylɛr] *adj* oscillating, pendulous; **migration ~** commuting.
pendule [pɑ̃dyl] ◇ *nm* [instrument, balancier] pendulum.
◇ *nf* [horloge] clock; **remettre les ~s à l'heure** *fig* to get things straight OU clear; **en faire une ~** *fam* to make a big fuss.
pendulette [pɑ̃dylɛt] *nf* small clock; **~ de voyage** travel (alarm) clock.
pêne [pɛn] *nm* bolt (of lock); **~ demi-tour** latch.
Pénélope [penelɔp] *npr* Penelope; **c'est un travail de ~** it's like repainting the Forth Bridge *Br*.
pénéplaine [peneplɛn] *nf* peneplain, peneplane.
pénétrabilité [penetrabilite] *nf* penetrability.
pénétrable [penetrabl] *adj* -**1.** [où l'on peut entrer]: **une jungle difficilement ~** an impenetrable jungle. -**2.** *fig* [compréhensible] fathomable; **des poèmes/musiques peu ~s** rather abstruse poems/music.
pénétrant, e [penetrɑ̃, ɑ̃t] *adj* -**1.** [froid, pluie]: **une petite bruine ~e** the kind of drizzle that soaks one through; **le froid était ~** it was bitterly cold. -**2.** [fort] strong, penetrating; **un parfum ~** an overpowering perfume. -**3.** [clairvoyant] sharp, penetrating, acute; **avoir un esprit ~** to be sharp; **lancer à qqn un regard ~** to give sb a piercing look.
◆ **pénétrante** *nf road leading into the city.*
pénétration [penetrasjɔ̃] *nf* -**1.** [par un solide] penetration; [par un liquide] seepage, seeping; [par un corps gras] absorption; **à cause de la ~ de l'eau de pluie dans le sol** because of rainwater seeping into the ground; **masser doucement jusqu'à ~ totale de la crème** gently massage OU rub in the cream until it has been completely absorbed into the skin. -**2.** [acte sexuel] penetration. -**3.** [invasion] penetration, invasion; **nos troupes ont repoussé une tentative de ~** our forces fought off an attempted raid. -**4.** *fig* [perspicacité] perception; **un esprit plein de ~** a very perceptive OU sharp mind; **avec ~** perspicaciously. -**5.** [d'un produit] (market) penetration.
pénétré, e [penetre] *adj* -**1.** [rempli]: **~ de: être ~ de joie/honte** to be filled with joy/shame; **il se sentit ~ de la vérité de ces paroles** he felt convinced of the truth of these words; **~ de sa propre importance** *péj* self-important. -**2.** [convaincu] earnest, serious; **prendre un ton ~** to adopt an earnest tone (of voice).
pénétrer [18] [penetre] ◇ *vi* -**1.** [entrer] to go, to enter; **~ dans les bois** to go into the woods; **~ en Suisse** to cross into OU to enter Switzerland; **~ dans la maison de qqn** [avec sa permission] to enter sb's house; [par effraction] to break into sb's house; **l'informatique pénètre même dans les salles de concert** computers are even making their presence felt in concert halls; **comment faire pour ~ dans le monde de la publicité?** how can one get into advertising? || [passer] to go, to penetrate; **la balle a pénétré dans la cuisse** the bullet entered the thigh || [s'infiltrer] to seep, to penetrate; **l'eau a très vite pénétré dans la cale** water quickly flooded into the hold; **le vent pénètre par la cheminée** the wind comes in by the chimney; **la poussière pénètre partout** dust gets in everywhere; **faire ~ la crème en massant doucement** gently rub OU massage the cream in. -**2.** *sout*: **~ dans** [approfondir] to go (deeper) into; **~ dans les détails d'une théorie** to go into the details of a theory; **je m'efforce de ~ dans la vie de mon client** I try to put myself into my client's situation.
◇ *vt* -**1.** [traverser] to penetrate, to go in OU into, to get in OU into; **l'humidité a fini par ~ ma veste** the damp finally soaked through my jacket; **la pluie m'a pénétré jusqu'aux os** I got soaked to the skin (in the rain); **un froid glacial me pénétra** I was chilled to the bone OU to the marrow. -**2.** [imprégner] to spread into OU through; **ces idées ont pénétré toutes les couches de la société** these ideas have spread through all levels of society. -**3.** [sexuellement] to penetrate. -**4.** [deviner] to penetrate, to perceive; **~ un mystère** to get to the heart of a mystery; **~ le sens d'un texte** to grasp the meaning of a text; **~ les intentions de qqn** to guess sb's intentions.
◆ **se pénétrer** *vp (emploi réciproque)*: **les croyances hindoue et bouddhiste se sont pénétrées mutuellement** the Hindu and Buddhist faiths became intertwined.
◆ **se pénétrer de** *vp + prép*: **se ~ d'une vérité** to become convinced of a truth; **se ~ d'un principe** to internalize a principle; **il faut vous ~ de l'importance du facteur religieux** you must be aware of OU you must understand the importance of the religious element.
pénibilité [penibilite] *nf* onerousness.
pénible [penibl] *adj* -**1.** [épuisant] hard, tough, tiring; **un travail ~** a laborious job; **elle trouve de plus en plus ~ de monter les escaliers** it gets harder and harder for her to climb the stairs. -**2.** [attristant] distressing, painful; **annoncer une ~ nouvelle** to break bad news; **en parler m'est très ~** I find it difficult to talk about (it); **ma présence lui est ~** my being here bothers him. -**3.** [insupportable] tiresome; **je trouve ça vraiment ~** I find it a real pain; **tu es ~, tu sais!** you're a real pain in the neck OU a nuisance!
péniblement [penibləmɑ̃] *adv* -**1.** [avec difficulté] laboriously, with difficulty; **avancer ~ dans la neige** to struggle through the snow; **il respire de plus en plus ~** his breathing is getting more and more difficult. -**2.** [tout juste] just about; **j'arrive ~ à boucler les fins de mois** I barely manage to make ends meet at the end of the month; **il atteint ~ la moyenne en allemand** he just about scrapes through in German.
péniche [peniʃ] *nf* [large] barge; [étroite] narrow boat; **~ de débarquement** MIL landing craft.
◆ **péniches**▽ *nfpl* [chaussures] clodhoppers.
pénicillé, e [penisile] *adj* penicillate.
pénicillinase [penisilinaz] *nf* penicillinase.
pénicilline [penisilin] *nf* penicillin.
pénicillinorésistant, e [penisilinɔrezistɑ̃, ɑ̃t] *adj* [microbe, staphylocoque] penicillin-resistant.
pénicillium [penisiljɔm] *nm* penicillium.
pénien, enne [penjɛ̃, ɛn] *adj* [artère, étui] penile.
pénil [penil] *nm* mons veneris.
péninsulaire [penɛ̃sylɛr] ◇ *adj* peninsular.
◇ *nmf* inhabitant of a peninsula.

péninsule [penɛ̃syl] *nf* peninsula; la ~ Ibérique the Iberian Peninsula; la ~ d'Arabie the Arabian Peninsula.

pénis [penis] *nm* penis.

pénitence [penitɑ̃s] *nf* -1. RELIG [repentir] penitence; [punition] penance; [sacrement] penance, sacrament of reconciliation; faire ~ to repent; accomplir sa ~ pour l'expiation de ses péchés to do penance for one's sins; le carême est une période de ~ Lent is a time for doing penance. -2. [punition] punishment; mettre qqn en ~ to punish sb; ce n'est pas la peine d'apprendre le piano si tu le fais comme une ~ there's no point learning the piano if you treat it as a punishment.

pénitencier [penitɑ̃sje] *nm* -1. [prison] prison, jail, penitentiary *Am*. -2. RELIG penitentiary.

pénitent, e [penitɑ̃, ɑ̃t] ◇ *adj* penitent.
◇ *nm, f* penitent.

pénitentiaire [penitɑ̃sjɛr] *adj* prison *(modif)*.

pénitentiaux [penitɑ̃sjo] *adj mpl*: psaumes ~ Penitential Psalms.

pénitentiel, elle [penitɑ̃sjɛl] *adj* penitential, penitence *(modif)*.

penne [pɛn] *nf* -1. ARM & ORNITH penna. -2. [d'une antenne] tip.

penné, e [pɛne] *adj* pennaceous.

penniforme [penifɔrm] *adj* pinnate, pinnated.

pennon [penɔ̃] *nm* -1. HIST pennon. -2. NAUT = penon.

Pennsylvanie [pɛnsilvani] *npr f*: (la) ~ Pennsylvania.

penny [peni] (*pl sens 1* pence [pɛns], *pl sens 2* pennies [peniz]) *nm* -1. [somme] penny; ça coûte 90 pence it costs 90 pence OU 90 p. -2. [pièce] penny; je n'ai que des pennies dans ma poche I have only pennies in my pocket.

pénologie [penɔlɔʒi] *nf* penology.

pénombre [penɔ̃br] *nf* -1. [obscurité] half-light, dim light; la ~ nous empêchait de distinguer les visages the light was too faint OU dim to see any faces; dans la ~ *pr* in the half-light; *fig* in the background, out of the limelight. -2. ASTRON penumbra.

penon [pənɔ̃] *nm* pennon.

pensable [pɑ̃sabl] *adj*: à cette époque-là, de telles vitesses n'étaient pas ~s in those days, such speeds were unthinkable; cette histoire n'est pas ~! this story is incredible!

pensant, e [pɑ̃sɑ̃, ɑ̃t] *adj sout* thinking.

pense-bête [pɑ̃sbɛt] (*pl* pense-bêtes) *nm* reminder; fais-toi un ~ pour ne pas oublier de téléphoner make yourself a reminder so that you don't forget to phone.

pensée [pɑ̃se] *nf* -1. [idée] thought, idea; la seule ~ d'une seringue me donne des sueurs froides the very thought of a needle leaves me in a cold sweat; cette ~ me hante I'm haunted by that thought; tout à la ~ de son rendez-vous, il n'a pas vu arriver la voiture deeply absorbed in OU by the thought of his meeting, he didn't see the car (coming); être tout à OU perdu dans ses ~s to be lost in thought; avoir une bonne ~ pour qqn to spare a kind thought for sb; avoir de mauvaises ~s [méchantes] to have evil thoughts; [sexuelles] to indulge in immoral OU bad thoughts; avoir de sombres ~s to have gloomy thoughts. -2. [façon de raisonner] thought; elle a une ~ rigoureuse she's a rigorous thinker; avoir une ~ claire to be clear-thinking. -3. [opinion] thought, (way of) thinking; j'avais deviné ta ~ I'd guessed what you'd been thinking; veux-tu connaître ma ~ sur ce livre? do you want to know what I think of OU about this book?; aller au bout OU au fond de sa ~: pour aller jusqu'au bout OU fond de ma ~ je dirais que... to be absolutely frank, I'd say that...; allez donc jusqu'au bout de votre ~ come on, say what you really think OU what's really on your mind. -4. PHILOS thought; la ~ est distincte de la perception thought is distinct from perception ❑ ~ conceptuelle/logique/mathématique conceptual/logical/mathematical thought; 'la Pensée sauvage' *Lévi-Strauss* 'The Savage Mind'; 'Pensées' *Pascal* 'Pensées'. -5. [idéologie] (way of) thinking; la ~ chrétienne Christian thinking, the Christian way of thinking; l'influence de la ~ de Confucius sur la Chine the influence of Confucius' thinking on China. -6. [dans les formules]: je vous envoie une tendre ~ (à vous et à votre famille) I send my love (to you and your family); avec nos affectueuses OU meilleures ~s with (all) our love OU fondest regards. -7. BOT pansy; ~ sauvage wild pansy.
◆ **pensées** *nfpl* LITTÉRAT & PHILOS thoughts; les ~s de Marc Aurèle the thoughts of Marcus Aurelius.
◆ **en pensée** *loc adv* in one's mind; nous sommes avec vous en ~ our thoughts are with you; je les vois en ~ I can see them in my mind OU in my mind's eye.
◆ **par la pensée** *loc adv*: transportez-vous par la ~ dans une contrée exotique let your thoughts take you to an exotic land.

penser [3] [pɑ̃se] ◇ *vt* -1. [croire] to think, to assume, to suppose; qu'en penses-tu? what do you think of it?; je ne sais qu'en ~ I don't know what to think OU I can't make up my mind about it; je pense que oui (yes,) I think so; je pense que non (no,) I don't think so OU I think not; pas aussi beau qu'on le penserait not as beautiful as one might suppose; je n'en pense que du bien/mal I have the highest/lowest opinion of it; on pensait du mal de lui dans le village in the village, they thought ill of him OU they had a low opinion of him; «plutôt idiot!», pensa-t-elle "rather foolish", she thought OU reflected; je pense qu'elle viendra demain I think OU assume that she'll come tomorrow; qu'est-ce qui te fait ~ qu'il ment? what makes you think he's lying?; j'ai pensé qu'un rôti, ce ne serait pas suffisant it occurred to me OU I thought that one joint wouldn't be enough; quoi qu'on pense whatever people (may) think; quoi que tu puisses ~ whatever you (may) think ‖ *(avec un adj attribut)*: je le pensais diplomate I thought him tactful, I thought he was tactful; je pensais la chose faisable, mais on me dit que non I thought it was possible (to do), but I'm told it's not. -2. [escompter]: je pense partir demain I'm thinking of OU planning on OU reckoning on leaving tomorrow; je pense avoir réussi [examen] I think I passed. -3. [avoir à l'esprit] to think; je ne sais jamais ce que tu penses I can never tell what you're thinking OU what's on your mind; au volant, pensez sécurité when you're at the wheel, think safety (first); dire tout haut ce que certains OU d'autres pensent tout bas to say out loud what others are thinking in private ❑ ce que je pense *fam euph* you-know-what; il a marché dans ce que je pense he trod in some you-know-what; (là) où je pense *fam euph* in the butt *Am* OU backside *Br*; tu vas prendre un coup de pied là où je pense! you're going to get a kick up the backside!; son contrat, il peut se le mettre (là) où je pense!▽ he can stuff his bloody contract! -4. [comprendre] to think, to realize, to imagine; pense qu'elle a près de cent ans you must realize that she's nearly a hundred; il faut ~ que ces tribus n'avaient pas de tradition écrite we must not lose sight of the fact that these tribes had no written tradition. -5. [se rappeler] to remember, to think; je n'ai plus pensé que c'était lundi I forgot OU I never thought it was Monday. -6. [pour exprimer la surprise, l'approbation, l'ironie]: je n'aurais/on n'aurait jamais pensé que... I'd never/nobody'd ever have thought that...; il n'aurait jamais pensé qu'elle le relancerait jusque chez lui he'd never have thought OU dreamt OU imagined that she'd track him down and harass him at home; qui aurait pu ~ que... who'd have thought OU guessed that...; quand je pense que... to think that...; quand je pense que j'aurais pu être sa femme! to think that I could've been his wife!; quand on pense qu'il n'y avait pas le téléphone à l'époque! when you think that there was no such thing as the phone in those days! ❑ tu penses! *fam* you bet!; *iron* you must be joking!; lui, me dire merci? tu penses OU penses-tu OU pense donc! *fam* him? thank me? I should be so lucky OU you must be joking!; tu penses bien que je lui ai tout raconté! *fam* I told him everything, as you can well imagine; tu viendras à la fête? — je pense bien! *fam* will you come to the party? — just (you) try and stop me!; il est content? — je pense OU tu penses bien! *fam* is he pleased? — you bet!; tu penses bien que le voleur ne t'a pas attendu! you can bet your life the thief didn't leave his name and address! -7. [concevoir] to think out OU through *(sép)*; le projet n'a pas été pensé dans toutes ses implications the implications of the project weren't thought through (properly); une architecture bien pensée a well-planned OU well-thought out architectural design. -8. *litt* [être sur le point de]: je pensai m'évanouir I all but fainted; elle pensa devenir folle she was very nearly driven to distraction.
◇ *vi* -1. [réfléchir] to think, to ponder; apprendre à ~ to learn to think; ~ tout haut to think aloud OU out loud; donner OU laisser à ~ to make one think, to start one thinking; voilà des statistiques qui donnent à ~! these figures provide food for thought!; chez eux on ne pense pas *péj* these people don't think OU aren't capable of intelligent thought ❑ ~ bien *péj* to have conventional beliefs; une ville dont les habitants pensent bien a conservative town. -2. [avoir une opinion]: je n'ai jamais pensé comme toi I never did agree with you OU share your views; je ne dis rien mais je n'en pense pas moins I say nothing but that doesn't stop me thinking.
◆ **penser à** *v + prép* -1. [envisager] to think about OU of *(insép)*; ~ à l'avenir to think about OU to ponder the future; pense un peu à ce que tu dis! just think for a moment (of) what you're saying!; oui, c'est faisable, j'y penserai yes, it can be done, I'll think about OU I'll consider it; vous éviteriez des ennuis, pensez-y you'd save yourself a lot of trouble, think it over!; oui, oui, on y pensera! *iron* yes, sure, we'll cross that bridge when we come to it!; il fallait y ~: c'est simple mais il fallait y ~ it's a simple enough idea but somebody had to think of it (in the first place); sans y ~ [par automatisme] without thinking; quand tu sauras conduire, tu changeras de vitesse sans y ~ when you know how to drive, you'll change gear without (even) thinking; sans ~ à mal without OU not meaning any harm (by it) ❑ tu n'y penses pas *fam* you can't be serious; me rétracter, tu n'y penses pas! me, go back on what I said, come off it OU never! -2. [rêver à] to think about OU of *(insép)*; à quoi penses-tu? what are you thinking about?; je pense à toi [dans une lettre] I'm thinking of you. -3. [se préoccuper de] to think of, to care about; elle ne pense qu'à elle she only cares about herself; essaye de ~ un peu aux autres try to think of others; les économies d'énergie, pensez-y! think about saving energy! ❑ il ne pense qu'à ça! *fam euph* he's got a one-track mind. -4. [se remémorer] to think OU to remember to; as-tu pensé au OU à apporter le tire-bouchon? did you think OU remember to bring the corkscrew?; et mon livre? — j'y pense, je te le rapporte demain what about my book? — I haven't forgotten (it), I'll bring it back tomorrow; dis donc, j'y pense, qu'est devenu le vieux Georges? by the way, whatever happened to old George?; tu ne penses à rien! you've a head like a sieve!; n'y pense plus! forget (all about) it!; faire ~ à: cela me fait ~ à mon frère it reminds me of my brother; fais-moi ~ à l'appeler remind me to call her; ça me fait ~ à des fleurs it makes me think of flowers; le poème me fait ~ à ma jeunesse the poem takes me back to my youth.

penseur, euse [pɑ̃sœr, øz] *nm, f* thinker; 'le Penseur' *Rodin* 'The Thinker'.

pensif, ive [pɑ̃sif, iv] *adj* thoughtful, pensive, reflective; **elle était toute pensive** she was lost in thought; **d'un air ~** thoughtfully.

pension [pɑ̃sjɔ̃] *nf* -**1.** [somme allouée] pension; **toucher une ~** to draw a pension ❑ **~ alimentaire** alimony; **~ de guerre** war pension; **~ d'invalidité** disability pension; **~ de retraite** (retirement OU old-age) pension. -**2.** [logement et nourriture] board and lodging; **la ~ est de 150 francs par jour** it's F150 a day for room and board OU board and lodging; **prendre ~ chez qqn** [client] to take board and lodgings with sb; [ami] to be staying with sb; **prendre qqn en ~** to take sb in as a lodger; **l'oncle paye la ~ de son neveu** the uncle is paying for board and lodging for his nephew ❑ **être en ~ complète** to be on full board. -**3.** [hôtel]: **~ (de famille)** ≃ boarding house, ≃ guesthouse. -**4.** SCOL boarding school; **être en ~** to be a boarder OU at boarding school; **envoyer qqn en ~** to send sb to boarding school; **si tu ne travailles pas mieux, je vais t'envoyer en ~!** if your work doesn't improve, I'll send you away to boarding school! -**5.** BANQUE: **~ d'effets** pawning of stock.

pensionnaire [pɑ̃sjɔnɛr] *nmf* -**1.** [d'un hôtel] guest, resident; [d'un particulier] (paying) guest, lodger. -**2.** SCOL boarder. -**3.** [à la Comédie-Française] *actor or actress on a fixed salary with no share in the profits (as opposed to a "sociétaire").*

pensionnat [pɑ̃sjɔna] *nm* -**1.** [école] boarding school. -**2.** [pensionnaires] boarders.

pensionné, e [pɑ̃sjɔne] ◇ *adj*: **elle est ~e à 75 %** her pension represents 75% of her income.
◇ *nm, f* pensioner.

pensionner [3] [pɑ̃sjɔne] *vt*: **~ qqn** to (grant sb a) pension.

pensivement [pɑ̃sivmɑ̃] *adv* pensively, thoughtfully, reflectively.

pensum [pɛ̃sɔm] *nm* -**1.** SCOL & *vieilli* extra work *(to be done at home or in school time as punishment)*, lines *Br.* -**2.** [corvée] chore; **quel ~!** *fam* what a drag OU nuisance!

pentadactyle [pɛ̃tadaktil] *adj* pentadactyl.

pentadécagone [pɛ̃tadekagɔn] *nm* pentadecagon.

pentaèdre [pɛ̃taɛdr] ◇ *adj* pentahedral.
◇ *nm* pentahedron.

pentagonal, e, aux [pɛ̃tagɔnal, o] *adj* pentagonal.

pentagone [pɛ̃tagɔn] *nm* pentagon.

Pentagone [pɛ̃tagɔn] *npr m*: **le ~** the Pentagon.

pentamère [pɛ̃tamɛr] *adj* pentamerous.

pentamètre [pɛ̃tamɛtr] *nm* pentameter.

pentane [pɛ̃tan] *nm* pentane.

Pentateuque [pɛ̃tatøk] *npr m*: **le ~** the Pentateuch.

pentathlon [pɛ̃tatlɔ̃] *nm* pentathlon.

pentathlonien, enne [pɛ̃tatlɔnjɛ̃, ɛn] *nm, f* pentathlete.

pentatome [pɛ̃tatɔm] *nf* forest bug, Pentatoma *spéc.*

pentatonique [pɛ̃tatɔnik] *adj* pentatonic.

pente [pɑ̃t] *nf* -**1.** [inclinaison] slope, incline; **une forte ~** a steep incline OU slope ‖ [descente, montée] slope; **gravir une ~** to climb a slope. -**2.** TRAV PUBL slope; **une ~ de 10 % a 1 in 10** gradient ❑ **~ d'eau** lift. -**3.** [penchant] inclination, leaning; **sa ~ naturelle le conduit à être plutôt indulgent** he's of a lenient disposition, he's naturally inclined to be lenient. -**4.** ÉLECTR mutual conductance. -**5.** GÉOG: **~ limite** angle of repose; **~ continentale** continental slope. -**6.** *loc*: **être sur une mauvaise ~** to be headed for trouble; **remonter la ~: il a bien remonté la ~** [en meilleure santé] he's back on his feet again; [financièrement] he's solvent again; **être sur une ~ glissante** OU **savonneuse** to be on dangerous ground OU a slippery slope.
◆ **en pente** ◇ *loc adj* sloping; **la route est en ~** the road is on a slope OU an incline; **en ~ douce** sloping gently; **en ~ raide** on a steep incline.
◇ *loc adv*: **descendre/monter en ~ douce** to slope gently down/up; **descendre/monter en ~ raide** to slope sharply down/up.

Pentecôte [pɑ̃tkot] *nf* -**1.** [fête chrétienne] Whitsun, Pentecost; **la semaine de la ~** Whit Week, Whitsuntide; **dimanche de ~** Whit Sunday; **lundi de ~** Whit Monday. -**2.** [fête juive] Shabuoth.

pentecôtisme [pɑ̃tkotism] *nm* Pentecostalism.

pentecôtiste [pɑ̃tkotist] *nmf* Pentecostalist.

Penthésilée [pɛ̃tezile] *npr* Penthesileia.

penthiobarbital [pɛ̃tjɔbarbital] *nm* pentabarbitone *Br*, pentabarbital *Am.*

pentose [pɛ̃toz] *nm* pentose.

pentu, e [pɑ̃ty] *adj* [chemin] steep, sloping; [toit] sloping, slanting, pointed; [comble] sloping.

pénultième [penyltjɛm] ◇ *adj* penultimate.
◇ *nf* penultimate (syllable).

pénurie [penyri] *nf* -**1.** [pauvreté] destitution, penury; **vivre dans la ~** to live in poverty. -**2.** [manque]: **~ de** lack OU shortage of; **~ d'argent** shortage of money, money shortage; **il y a (une) ~ de viande** there is a meat shortage, meat is in short supply.

péon [peɔ̃] *nm* peon.

PEP, Pep [pɛp] (*abr de* **plan d'épargne populaire**) *nm personal pension plan.*

pépé *fam* [pepe] *nm* -**1.** [grand-père] granddad, grandpa, gramps *Am.* -**2.** *péj* [vieillard] old codger OU boy *Br*, old-timer *Am.*

pépée▽ [pepe] *nf* chick.

pépère *fam* [pepɛr] ◇ *adj* [tranquille] (nice and) easy; **un petit boulot ~** a cushy number OU little job; **une petite vie ~** a cosy little life; **on est arrivés ~s, le lendemain matin** we got there the following morning, no sweat.
◇ *nm* -**1.** [grand-père] grandpa, granddad *Br*, gramps *Am.* -**2.** *péj* [vieillard] old boy OU codger *Br*, old-timer *Am.* -**3.** *loc*: **gros ~** [avec affection] tubby; [avec mépris] fat slob.

pépettes▽, **pépètes**▽ [pepɛt] *nfpl* [argent] cash; **t'as des ~?** have you got any cash?

pépie [pepi] *nf* -**1.** ORNITH pip. -**2.** *fam loc*: **avoir la ~** to be parched.

pépiement [pepimɑ̃] *nm* chirping, tweeting, twittering.

pépier [9] [pepje] *vi* to chirp, to tweet, to twitter.

pépin [pepɛ̃] *nm* -**1.** [de fruit] pip; **~s de pomme/poire** apple/pear pips; **des mandarines sans ~s** seedless tangerines. -**2.** *fam* [problème] hitch, snag; **il y a un petit ~** there's a slight hitch; **il m'arrive un gros ~** I'm in big trouble; **en cas de ~** if there's a snag OU hitch. -**3.** *fam* [parapluie] umbrella, brolly *Br.*

Pépin [pepɛ̃] *npr*: **~ le Bref** Pepin the Short.

pépinière [pepinjɛr] *nf* -**1.** BOT (tree) nursery. -**2.** *fig*: **une ~ de futurs Prix Nobel** a breeding-ground for future Nobel prizewinners.

pépiniériste [pepinjerist] ◇ *adj* nursery *(modif).*
◇ *nmf* nurseryman (*f* nurserywoman).

pépite [pepit] *nf* nugget; **~ d'or** gold nugget.

péplum [peplɔm] *nm* -**1.** VÊT peplum. -**2.** [film] epic.

PEPS (*abr de* **premier entré, premier sorti**) FIFO.

pepsine [pɛpsin] *nf* pepsin.

peptide [pɛptid] *nm* peptide.

peptique [pɛptik] *adj* peptic.

peptone [pɛptɔn] *nf* peptone.

péquenaud, e▽ [pekno, od], **péquenot, otte**▽ [pekno, ɔt] *nm, f* [rustre] yokel.

péquin [pekɛ̃] *nm arg mil* [civil] civilian.

péquiste [pekist] *Can* ◇ *nmf member of the Parti Québecois.*
◇ *adj of the Parti Québecois.*

PER, Per *nm abr de* **plan d'épargne retraite**.

perborate [pɛrbɔrat] *nm* perborate.

perçage [pɛrsaʒ] *nm* -**1.** [d'un trou] drilling, boring. -**2.** TEXT punching.

percale [pɛrkal] *nf* percale.

percaline [pɛrkalin] *nf* percaline.

perçant, e [pɛrsɑ̃, ɑ̃t] *adj* -**1.** [voix] piercing, shrill; [regard] piercing, sharp; **cris ~s** [d'une personne] earsplitting screams; [d'un oiseau] shrill cries; **pousser des cris ~s** to scream loudly; **avoir une vue ~e** to have a sharp eye; **elle a des yeux ~s** she has a piercing gaze. -**2.** [froid]: **le froid était ~** it was bitterly cold. -**3.** [outil] piercing.
◆ **perçant** *nm* SPORT: **avoir du ~** to be penetrating.

perce [pɛrs] *nf* -**1.** [outil] punch, drill, bore. -**2.** MUS bore.
◆ **en perce** *loc adv*: **mettre un tonneau en ~** to broach a barrel.

percée [pɛrse] *nf* -**1.** [ouverture - dans le mur] opening; [- dans une forêt] clearing. -**2.** SPORT break; MIL breakthrough; **une ~ à travers les lignes ennemies** a breakthrough into enemy lines. -**3.** ÉCON breakthrough; **on note une ~ de la bande dessinée japonaise sur le marché international** Japanese cartoons have begun to take a share of the international market. -**4.** AÉRON instrument letdown.

percement [pɛrsəmɑ̃] *nm* -**1.** [d'une route, d'un passage] building; [d'une porte, d'une fenêtre] opening. -**2.** TRAV PUBL cutting through.

perce-muraille [pɛrsmyraj] (*pl* **perce-murailles**) *nf* wall pellitory.

perce-neige [pɛrsənɛʒ] *nf* OU *nm inv* snowdrop.

perce-oreille [pɛrsɔrɛj] (*pl* **perce-oreilles**) *nm* earwig.

perce-pierre [pɛrsəpjɛr] (*pl* **perce-pierres**) *nf* [saxifrage] saxifrage; [criste-marine] (rock) samphire.

percepteur [pɛrsɛptœr] *nm* tax inspector, taxman.

perceptibilité [pɛrsɛptibilite] *nf* perceptibility.

perceptible [pɛrsɛptibl] *adj* -**1.** [sensible] perceptible; **à peine ~** almost imperceptible. -**2.** JUR & FIN liable for collection OU to be levied.

perceptiblement [pɛrsɛptibləmɑ̃] *adv* perceptibly.

perceptif, ive [pɛrsɛptif, iv] *adj* perceptive.

perception [pɛrsɛpsjɔ̃] *nf* -**1.** [notion] perception, notion; **avoir une ~ claire des problèmes** to be clearly aware of the problems. -**2.** PSYCH perception. -**3.** FIN & JUR [encaissement] collection, levying; **~ d'un impôt** collection of a tax ‖ [lieu] tax (collector's) office; [recouvrement] tax collecting.

percer [16] [pɛrse] ◇ *vt* -**1.** [trouer - gén] to pierce (through); **~ une membrane** to pierce OU to puncture OU to perforate a membrane; **la pointe a percé le ballon** the nailburst OU pierced the balloon; **la malle d'osier était percée au fond** there was a hole in the bottom of the wickerwork trunk; **se faire ~ les oreilles** to have one's ears pierced; **il a eu le tympan percé dans l'accident** he suffered a burst OU perforated eardrum in the accident; **~ un trou** to drill a hole; **~ une planche** to drill (a hole) through a plank; **montants percés de trous pour poser des étagères** uprights with holes for shelf brackets. -**2.** CONSTR & TRAV PUBL to open, to build; **~ une porte dans un mur** to put a door in OU into a wall; **~ un tunnel dans la montagne** to drive OU to build a tunnel through the mountain; **Haussmann a percé de larges avenues dans Paris** Haussmann opened OU built wide roads through (the middle of) Paris. -**3.** [pénétrer avec difficulté] to push through; **le soleil perça enfin le brouillard** at last the sun pierced through the fog; **ses yeux avaient du mal à ~ l'obscurité** she had trouble making things out in the dark; **~ un mystère** to solve a mystery ‖ [déchirer] to pierce, to tear, to rend *litt*; **un cri perça le silence/la nuit** a scream rent the silence/night; **un bruit à vous ~ les oreilles** OU **tympans** an ear-splitting noise ❑ **~ qqn/qqch à jour** to see right through sb/sthg. -**4.** MÉD: **~ la poche des eaux** to break the waters; **il faut ~ l'abcès** *pr* the abscess will

have to be lanced. -**5.** [suj: bébé]: ~ ses dents to be teething; ~ une dent to cut a tooth OU have a tooth coming through.
◇ *vi* -**1.** [poindre] to come through; des crocus percent sous la neige crocuses are coming OU pushing up through the snow; le soleil perce enfin the sun's finally broken through; ses dents ont commencé à ~ his teeth have begun to come through. -**2.** [abcès] to burst. -**3.** [filtrer] to filter through, to emerge; rien n'a percé de leur entrevue nothing came out OU emerged from their meeting; elle ne laisse rien ~ de ce qu'elle ressent she keeps her feelings well hidden. -**4.** [réussir] to become famous; commencer à ~ to be on the way up; un jeune chanteur qui est en train de ~ an up-and-coming young singer; ~ sur le marché des disques compacts to emerge as leader of the compact disc industry.

percerette [pɛrsərɛt] *nf* twist gimlet.

perceur, euse [pɛrsœr, øz] *nm, f* [personne] driller; ~ de coffre-fort safebreaker, safecracker.
◆ **perceuse** *nf* [machine-outil] drill; perceuse portative electric drill; perceuse radiale/à percussion radial/hammer drill.

percevable [pɛrsəvabl] *adj* FIN & JUR liable to be levied OU for collection.

percevoir [52] [pɛrsəvwar] *vt* -**1.** [sentir] to detect, to sense, to perceive; j'ai cru ~ une nuance de mépris dans sa voix I thought I detected a note of contempt in his voice; je commençais à ~ la vérité the truth was beginning to dawn on me. -**2.** FIN [rente, intérêt] to receive, to be paid; [impôt] to collect.

perche [pɛrʃ] *nf* -**1.** [pièce de bois] pole; [tuteur] beanpole, stake; SPORT pole; jeter OU tendre la ~ à qqn *fig* to throw sb a line, to help sb out of a tight corner; prendre OU saisir la ~ *fig* to take OU to rise to the bait. -**2.** CIN & TV boom. -**3.** *fam* [personne]: grande ~ beanpole; son cousin, quelle grande ~! his cousin's a real lanky specimen! -**4.** ZOOL perch; ~ truitée black bass; ~ de mer sea perch.

perchée [pɛrʃe] *nf* roost.

percher [3] [pɛrʃe] ◇ *vi* -**1.** [oiseau] to perch; [poule] to roost. -**2.** *fam* [habiter] to live, to hang out.
◇ *vt* *fam* [placer] to stick, to put; pourquoi as-tu perché le bol sur l'étagère du haut? why did you put the bowl on the top shelf?; une petite église perchée en haut de la colline *fig* a little church perched on top of the hill.
◆ **se percher** *vpi* -**1.** [oiseau] to perch; [poule] to roost. -**2.** *fam* [monter] to perch; ils se sont perchés sur le balcon pour mieux voir they perched on the balcony to get a better view.

percheron [pɛrʃərɔ̃] *nm* ZOOL Percheron.

percheur, euse [pɛrʃœr, øz] *adj* [oiseau] perching.

perchiste [pɛrʃist] *nmf* -**1.** SPORT polevaulter. -**2.** CIN & TV boom (operator), boom man.

perchlorate [pɛrklɔrat] *nm* perchlorate.

perchlorique [pɛrklɔrik] *adj* perchloric.

perchman [pɛrʃman] *nm* boom (operator), boom man.

perchoir [pɛrʃwar] *nm* -**1.** [pour les oiseaux] perch; [pour la volaille] roost. -**2.** POL *raised platform for the seat of the President of the French National Assembly.*

perciforme [pɛrsifɔrm] ◇ *adj* perciform.
◇ *nm* perciform, member of the Perciformes.

perclus, e [pɛrkly, yz] *adj* crippled, paralyzed; être ~ de rhumatismes to be stiff OU crippled with rheumatism; être ~ de douleur to be paralyzed with pain.

percnoptère [pɛrknɔptɛr] *nm* Egyptian vulture.

perçoir [pɛrswar] *nm* drill, borer.

percolateur [pɛrkɔlatœr] *nm* coffee (percolating) machine.

percolation [pɛrkɔlasjɔ̃] *nf* percolation.

percussion [pɛrkysjɔ̃] *nf* MÉD, MUS & TECH percussion.
◆ **percussions** *nfpl* percussion ensemble.

percussionniste [pɛrkysjɔnist] *nmf* percussionist.

percutané, e [pɛrkytane] *adj* percutaneous.

percutant, e [pɛrkytɑ̃, ɑ̃t] *adj* -**1.** ARM percussion *(modif)*; TECH percussive. -**2.** [argument, formule] powerful, striking; titre ~ hard-hitting headlines; leur slogan est ~ their slogan hits you right between the eyes.

percuter [3] [pɛrkyte] ◇ *vt* -**1.** [heurter] to crash OU to run into *(insép)*; la moto a percuté le mur the motorbike crashed into the wall. -**2.** ARM & TECH to strike. -**3.** MÉD to percuss.
◇ *vi* ARM to explode.
◆ **percuter contre** *v + prép*: aller OU venir ~ contre to crash into.

percuteur [pɛrkytœr] *nm* -**1.** ARM firing pin, hammer. -**2.** ARCHÉOL percussion tool.

perdable [pɛrdabl] *adj* loseable; le match n'est plus ~ the game can't be lost now.

perdant, e [pɛrdɑ̃, ɑ̃t] ◇ *adj* losing; jouer un cheval ~ to bet on a losing horse; être ~ [gén] to come off the loser; [perdre de l'argent] to be out of pocket; il est ~ dans cette affaire he's losing out in this deal.
◇ *nm, f* loser; bon ~ good loser; mauvais ~ bad loser.
◆ **perdant** *nm* ebb (tide).

perdition [pɛrdisjɔ̃] *nf* RELIG perdition.
◆ **en perdition** *loc adj* -**1.** NAUT in distress. -**2.** [en danger] lost; des adolescents en ~ adolescents heading for trouble.

perdre [77] [pɛrdr] ◇ *vt* -**1.** [égarer - clefs, lunettes] to lose, to mislay. -**2.** [laisser tomber]: ~ de l'eau/de l'huile to leak water/oil; des sacs de sable qui perdaient leur contenu sandbags spilling their contents; la brosse perd ses poils the brush is losing OU shedding its bristles; il perd son pantalon his trousers are falling down; tu perds des papiers/un gant! you've dropped some documents/a glove! || [laisser échapper] to lose; ~ sa page to lose one's page OU place ❑ ~ le fil (de qqch) *fam* to lose the thread (of sthg); ~ la trace de qqn *pr* & *fig* to lose track of sb; ~ qqn/qqch de vue *pr* & *fig* to lose sight of sb/sthg, to lose track of sb/sthg; ne perdons pas de vue le fait que l'inflation est de 5 % let's not lose sight of the fact that inflation is running at 5%; ne pas ~ un mot/une miette de: je n'ai pas perdu un mot/une miette de leur entretien I didn't miss a (single) word/scrap of their conversation; ça ne sera pas perdu pour tout le monde, va! somebody somewhere will be happy (about it)!; ~ les pédales *fam* [ne plus comprendre] to be completely lost; [céder à la panique] to lose one's head; ~ pied *pr* & *fig* to get out of one's depth. -**3.** [être privé de - bien, faculté] to lose; ~ sa place [dans une réunion] to lose one's seat; ~ sa fortune au jeu to lose one's fortune gambling, to gamble one's fortune away; ~ son emploi OU sa situation OU sa place to lose one's job; n'avoir rien à ~ to have nothing to lose; ~ des/ses forces to lose strength/one's strength; ~ la mémoire/l'appétit to lose one's memory/appetite; ~ la parole [la voix] to lose one's voice; [dans une réunion] to lose the floor; ~ un œil/ses dents to lose an eye/one's teeth; ~ du sang/poids to lose blood/weight; elle a perdu les eaux MÉD her waters broke; ~ le contrôle de to lose control of; ~ connaissance to pass out, to faint; ~ le goût/sens de to lose one's taste for/sense of; ~ espoir to lose hope; ~ l'habitude de (faire) to get out of the habit of (doing); ~ patience to run out of OU to lose patience; ~ (tous) ses moyens to panic ❑ ~ l'esprit OU la raison OU la tête OU la boussole *fam* OU le nord *fam* OU la boule *fam* to go mad; celui-là, il perd pas le nord! *fam* he's certainly got his head screwed on!; en ~ le boire et le manger: il en a perdu le boire et le manger it worried him so much he lost his appetite; ~ sa langue: tu as perdu ta langue? *fam* cat got your tongue?; j'y perds mon latin I'm totally confused OU baffled; ~ la face to lose face. -**4.** [avoir moins]: ~ de: la tapisserie n'a rien perdu de ses couleurs the wallpaperhas lost none of its colour; les actions ont perdu de leur valeur the shares have partially depreciated; elle a beaucoup perdu de son anglais she's forgotten a lot of her English. -**5.** [être délaissé par] to lose; tu vas ~ tous tes amis si tu ne changes pas d'attitude you'll lose all your friends if you don't change your attitude; il a perdu toute sa clientèle he has lost all his customers ❑ un de ~, dix de retrouvés *fam* there's plenty more fish in the sea. -**6.** [par décès] to lose; il a perdu ses parents dans un accident he lost his parents in an accident. -**7.** [contre quelqu'un] to lose; ~ l'avantage to lose the OU one's advantage; ~ la partie JEUX: il a perdu la partie he lost the game; ~ du terrain to lose ground || SPORT [set] to drop, to lose. -**8.** [gâcher - temps, argent] to waste; j'ai perdu ma journée I've wasted the day; comme ça je n'aurai pas perdu ma journée! that way my day won't have been wasted after all! -**9.** *sout* [causer la ruine de] to ruin (the reputation of); c'est le jeu qui le perdra gambling will be the ruin of him OU his downfall; toi, c'est le fromage qui te perdra! *hum* you eat far too much cheese; toi, c'est la curiosité qui te perdra *hum* you're far too inquisitive for your own good! -**10.** *loc*: tu ne perds rien pour attendre! just (you) wait and see!
◇ *vi* -**1.** [dans un jeu, une compétition, une lutte etc] to lose; c'est le 35 qui est sorti, tu as perdu! number 35 came up, you've lost!; ~ à la loterie/aux élections to lose at the lottery/polls; ~ sur la marchandise to lose on the goods; je vous le vends 500 F mais j'y perds I'm selling it to you for F500 but I'm losing (money) on it ❑ ~ au change *pr* & *fig* to lose out; je n'ai pas perdu au change *pr* & *fig* I've come out of it quite well; jouer à qui perd gagne to play (a game of) loser takes all. -**2.** [en qualité, psychologiquement] to lose (out); on perd beaucoup en n'ayant pas la couleur *fam* you lose a lot OU miss out by not having colour TV; ~ à: ces vins blancs perdent à être conservés trop longtemps these white wines don't improve with age; on perd toujours à agir sans réfléchir you're bound to be worse off if you act without thinking; ~ en [avoir moins de]: le récit perd en précision ce qu'il gagne en puissance d'évocation what the narrative loses in precision, it gains in narrative power.
◆ **se perdre** ◇ *vp (emploi réciproque)*: se ~ de vue to lose sight of each other; il ne faudra plus nous ~ de vue we must stay in touch from now on.
◇ *vp (emploi passif)* [crayon, foulard, clef] to get lost, to disappear; si on ne les range pas, ces lunettes vont se ~! these glasses will get lost if they're not put away! ❑ il y a des paires de claques qui se perdent *fam* somebody needs a good slap; il y a des coups de pied au cul qui se perdent▽ somebody needs a good kick up the arse *Br* OU ass *Am*.
◇ *vpi* -**1.** [s'égarer - personne] to get lost, to lose one's way; [- avion, bateau] to get lost; je me suis perdu I got lost OU couldn't find my way; se ~ dans le dédale des rues to get lost in the maze of streets || *fig*: son regard se perdait dans le lointain she had a faraway look in her eyes; se ~ dans les détails to get bogged down in too much detail; se ~ dans ses calculs to get one's calculations muddled up; se ~ en conjectures to be lost in conjecture. -**2.** [disparaître] to disappear, to become lost, to fade; les sommets se perdaient dans la brume the mountain tops were lost OU shrouded *litt* in the mist; ses appels se perdirent dans la foule her calls were swallowed up by the crowd ❑ se ~ dans la nuit des temps to be lost in the mists of time. -**3.** [devenir désuet] to become lost, to die out; la coutume s'est perdue the custom is (now) lost; ce sont des métiers qui se perdent these trades are dying out. -**4.** [nourriture, récolte - par pourrissement] to rot; [- par surabondance] to go to waste.

perdreau, x [pɛrdro] *nm* young partridge.

perdrix [pɛrdri] *nf*: ~ (grise) partridge; ~ des neiges ptarmigan; ~ rouge red-legged partridge.

perdu, e [pɛrdy] ◇ *adj* -1. [balle, coup] stray; [heure, moment] spare; à temps ~ in a spare moment; fais-le à temps ~ do it if you've got a spare moment. -2. [inutilisable - emballage] disposable; [- verre] non-returnable; comble ~ waste roof space. -3. [condamné] lost; sans votre intervention, j'étais un homme ~ if you hadn't intervened, I'd have been finished OU lost. -4. ~ de [ruiné par]: c'est un homme ~ de dettes *sout* he's heavily in debt. -5. [désespéré] lost; il est complètement ~ depuis la mort de sa mère he's been completely lost since his mother died. -6. [gâché - vêtement, chapeau] ruined, spoiled; [- nourriture] spoiled; pleurant sa réputation ~e crying for her lost OU tainted reputation. -7. [de mauvaise vie]: femme ~e loose woman. -8. [isolé - coin, village] lost, remote, godforsaken *hum*; le continent ~ the lost continent. -9. [englouti]: ~ corps et biens lost with all hands; manuscrit ~ corps et biens *fig* manuscript lost without trace.
◇ *nm, f fam*: comme un ~, comme une ~e [courir] hell for leather; [crier] like a mad thing.

perdurer [3] [pɛrdyre] *vi sout* to continue (on), to endure, to last.

père [pɛr] *nm* -1. [géniteur] father; le ~ d'Anne Anne's father; tu es un ~ pour moi you're like a father to me; devenir ~ to become a father; '~ inconnu' 'father unknown'; je suis né de ~ inconnu it's not known who my father was; le ~ Viot ne voulait pas que la propriété soit vendue old Viot didn't want the estate to be sold; John Smith ~ John Smith senior; Alexandre Dumas ~ Alexandre Dumas père; jouer les ~s nobles THÉÂT to play elderly noblemen ❑ ~ nourricier foster father; tel ~, tel fils *prov* like father, like son *prov*; à ~ avare, fils prodigue *prov* a miser's son will be a spendthrift. -2. [pionnier] father; le ~ de la psychanalyse the father of psychoanalysis. -3. [chef]: ~ de famille: maintenant que je suis ~ de famille now that I've got a family; 'un ~ de famille meurt noyé en laissant trois orphelins' 'father of three drowns'; être bon ~ de famille to be a (good) father OU family man; en ~ de famille carefully; de ~ de famille: c'est un investissement de ~ de famille it's a rock-solid OU copper-bottomed investment. -4. [homme, enfant]: gros ~ *fam*: tu as vu ce gros ~, il peut à peine se remuer look at that tub of lard OU fat lump, he can barely move; allez, mon gros ~, au lit! come on now, little fellow, off to bed!; petit ~ *fam*: mon petit ~ (my) little one OU fellow; il pleure, pauvre petit ~! he's crying, poor little thing!; en ~ peinard: moi, je conduis en ~ peinard *fam* I like to drive nice and slowly; le ~ Fouettard the Bogeyman; le ~ Noël Santa Claus, Father Christmas; le petit ~ des peuples the little father of the people. -5. RELIG father; le ~ Lamotte Father Lamotte; merci, mon ~ thank you, Father; il a fait ses études chez les ~s he was educated at a religious institution ❑ Père supérieur father superior; les Pères Blancs the White Friars, the Carmelites; le Père éternel the Heavenly Father; notre Père qui êtes aux cieux our Father who art in Heaven. -6. ZOOL sire.
◆ **pères** *nmpl litt* [aïeux] forefathers, fathers; du temps de nos ~s in the days of our forefathers.
◆ **de père en fils** *loc adv*: ils sont menuisiers de ~ en fils they've been carpenters for generations; cette tradition s'est transmise de ~ en fils this tradition has been handed down from father to son.

pérégrination [peregrinasjɔ̃] *nf* peregrination; au cours de ses ~s on OU during his travels.

péremption [perɑ̃psjɔ̃] *nf* lapsing; au bout de trois ans il y a ~ et vous ne pouvez plus réclamer la dette there is a strict time limit of three years on claims after which payment may not be demanded.

péremptoire [perɑ̃ptwar] *adj* -1. [impérieux] peremptory. -2. JUR: exception ~ peremptory plea.

péremptoirement [perɑ̃ptwarmɑ̃] *adv* peremptorily.

pérennisation [perenizasjɔ̃] *nf* perpetuation.

pérenniser [3] [perenize] *vt sout* to perpetuate.

pérennité [perenite] *nf* pereniality, lasting quality.

péréquation [perekwasjɔ̃] *nf* -1. [rajustement] adjustment. -2. [répartition] balancing out; ÉCON perequation.

perestroïka [perɛstrɔika] *nf* perestroika.

perfectibilité [pɛrfɛktibilite] *nf litt* perfectibility.

perfectible [pɛrfɛktibl] *adj* perfectible; l'appareil n'est plus guère ~ maintenant the machine can hardly be improved any further.

perfectif, ive [pɛrfɛktif, iv] *adj* perfective.
◆ **perfectif** *nm* perfective aspect.

perfection [pɛrfɛksjɔ̃] *nf* -1. [qualité] perfection. -2. [trésor] gem, treasure; cet ordinateur est une ~ this computer is an absolute gem.
◆ **à la perfection** *loc adv* perfectly (well); tout marche à la ~ things couldn't be better.

perfectionné, e [pɛrfɛksjɔne] *adj* sophisticated.

perfectionnement [pɛrfɛksjɔnmɑ̃] *nm* -1. [d'un art, d'une technique] perfecting; notre but est le ~ de nos techniques our aim is to perfect our techniques. -2. [d'un objet matériel] improvement; la vieille pompe avait besoin de quelques ~s the old pump needed to be improved somewhat.
◆ **de perfectionnement** *loc adj* advanced.

perfectionner [3] [pɛrfɛksjɔne] *vt* -1. [amener au plus haut niveau] to (make) perfect; des techniques très perfectionnées very sophisticated techniques. -2. [améliorer] to improve (upon); il faudra que tu perfectionnes la présentation you'll have to polish up OU to improve the presentation.
◆ **se perfectionner** *vpi* to improve o.s.; il s'est beaucoup perfectionné en français his French has improved considerably; prendre des cours de natation pour se ~ to take advanced swimming classes.

perfectionnisme [pɛrfɛksjɔnism] *nm* perfectionism.

perfectionniste [pɛrfɛksjɔnist] *nmf* perfectionist.

Perfecto® [pɛrfɛkto] *nm* Perfecto® *(short leather jacket)*.

perfide [pɛrfid] *litt* ◇ *adj* [personne, conseil] perfidious, treacherous, faithless; la ~ Albion *hum* perfidious Albion.
◇ *nmf* traitor; la ~ a volé mon cœur *hum* the perfidious creature has stolen my heart.

perfidement [pɛrfidmɑ̃] *adv litt* perfidiously, treacherously.

perfidie [pɛrfidi] *nf sout* -1. [caractère] perfidy, treacherousness. -2. [acte] piece of treachery, perfidy; [parole] perfidious OU treacherous remark.

perfolié, e [pɛrfɔlje] *adj* perfoliate.

perforage [pɛrfɔraʒ] *nm* -1. MÉTALL piercing. -2. INF punching. -3. MÉD perforating. -4. MIN drilling.

perforant, e [pɛrfɔrɑ̃, ɑ̃t] *adj* -1. [pointe, dispositif] perforating. -2. [balle, obus] armour-piercing. -3. ANAT [artère] perforating; [nerf] perforans.

perforateur, trice [pɛrfɔratœr, tris] ◇ *adj* perforating.
◇ *nm, f* INF punch-card operator.
◆ **perforateur** *nm* -1. MÉD perforator. -2. [pour documents] (hole) punch.
◆ **perforatrice** *nf* -1. MIN rock drill. -2. INF card punch.

perforation [pɛrfɔrasjɔ̃] *nf* -1. [action] piercing, perforating; INF punching. -2. [trou - dans du papier, du cuir] perforation; [- dans une pellicule] sprocket hole; INF punch. -3. MÉD perforation.

perforer [3] [pɛrfɔre] *vt* -1. [percer] to pierce. -2. INF to punch. -3. MÉD to perforate.

performance [pɛrfɔrmɑ̃s] *nf* -1. SPORT [résultat] result, performance; il a amélioré sa ~ d'une seconde he improved his performance by one second; les ~s de l'année dernière sur le marché japonais *fig* last year's results on the Japanese market. -2. [réussite] achievement; quelle ~! what a major achievement! -3. LING & PSYCH performance.
◆ **performances** *nfpl* [d'ordinateur, de voiture etc] (overall) performance.

performant, e [pɛrfɔrmɑ̃, ɑ̃t] *adj* [machine, voiture, système] high-performance *(avant n)*; [technicien] first-class.

performatif, ive [pɛrfɔrmatif, iv] *adj* performative.
◆ **performatif** *nm* performative (verb).

perfuser [3] [pɛrfyze] *vt* to put on a drip, to perfuse.

perfusion [pɛrfyzjɔ̃] *nf* drip, perfusion; être sous ~ to be on a drip.

Pergame [pɛrgam] *npr* Pergamum.

pergélisol [pɛrʒelisɔl] *nm* permafrost (soil), pergelisol *spéc*.

pergola [pɛrgɔla] *nf* pergola.

périanthaire [perjɑ̃tɛr] *adj* perianthial.

périanthe [perjɑ̃t] *nm* perianth.

périarthrite [periartrit] *nf* periarthritis.

périarticulaire [periartikylɛr] *adj* periarticular.

périastre [periastr] *nm* periastron.

péricarde [perikard] *nm* pericardium.

péricardique [perikardik] *adj* pericardial.

péricardite [perikardit] *nf* pericarditis.

péricarpe [perikarp] *nm* pericarp.

périchondre [perikɔ̃dr] *nm* perichondrium.

Périclès [periklɛs] *npr* Pericles.

péricliter [3] [periklite] *vi* to be on a downward slope, to be going downhill; ses affaires périclitent dangereusement his business is going downhill fast; une industrie qui périclite an industry with no future.

péricrâne [perikran] *nm* pericranium.

péricycle [perisikl] *nm* pericycle.

péridural, e, aux [peridyral, o] *adj* epidural.
◆ **péridurale** *nf* epidural (anaesthesia).

périgée [periʒe] *nm* perigee.

périglaciaire [periglasjɛr] *adj* periglacial.

Périgord [perigɔr] *npr m*: le ~ Perigord.

périgourdin, e [perigurdɛ̃, in] *adj* [de Périgueux] from Périgueux, of Périgueux; [du Périgord] from Périgord, of Périgord.
◆ **Périgourdin, e** *nm, f* [de Périgueux] *inhabitant of or person from Périgueux*; [du Périgord] *inhabitant of or person from Périgord.*

périhélie [perieli] *nm* perihelion.

péri-informatique [periɛ̃fɔrmatik] *nf* computer environment.

péril [peril] *nm* -1. *sout* [danger] danger; au ~ de sa vie at great risk to his (own) life ❑ il n'y a pas ~ en la demeure it's not a matter of life and death. -2. [menace] peril; le ~ jaune the yellow peril. -3. NAUT: ~s de mer sea risks.
◆ **en péril** ◇ *loc adj* [monuments, animaux] endangered; ses jours sont en ~ her life is in danger; être en ~ to be in danger OU at risk.
◇ *loc adv*: mettre en ~ to endanger, to put at risk.

périlleusement [perijøzmɑ̃] *adv sout* perilously, dangerously.

périlleux, euse [perijø, øz] *adj* perilous, hazardous, dangerous.

périmé, e [perime] *adj* -1. [expiré] out-of-date; mon passeport est ~ my passport is no longer valid OU has expired. -2. [démodé] outdated, outmoded; vous défendez des principes ~s you're defending outdated principles.

périmer [3] [perime]
◆ **se périmer** *vpi* -1. [expirer] to expire; laisser se ~ un billet to let a ticket go out of date. -2. JUR to lapse. -3. [disparaître] to become outdated OU outmoded.

périmètre [perimɛtr] *nm* -**1.** [surface] perimeter; **des recherches ont été entreprises dans un vaste** ~ searches were conducted over a vast area. -**2.** JUR: ~ **sensible** ≃ green belt *Br*.
périnatal, e, als OU **aux** [perinatal, o] *adj* perinatal.
périnatalité [perinatalite] *nf* perinatal period.
périnatalogie [perinatalɔʒi] *nf* perinatal paediatrics.
périnéal, e, aux [perineal, o] *adj* perineal.
périnée [perine] *nm* perineum.
périnéorraphie [perineɔrafi] *nf* perineorrhaphy.
période [perjɔd] *nf* -**1.** [époque] period, time; **traverser une** ~ **difficile** to go through a difficult period OU time; **la** ~ **bleue de Picasso** Picasso's blue period; **c'était ma** ~ **macramé** it was the time when I was keen on macramé; **nous avons eu une longue** ~ **de froid** we had a long spell of cold weather; **pendant la** ~ **électorale** during election time; **pendant la** ~ **des fêtes** at Christmas time. -**2.** MIL: ~ **(d'exercice)** training. -**3.** SC & MUS period; ~ **de révolution** period of revolution; ~ **radioactive** half-life. -**4.** TRANSP: ~ **bleue/blanche/rouge** *period during which tickets are cheapest/medium-priced/most expensive.*
◆ **par périodes** *loc adv* from time to time, every now and then, every so often; **c'est par** ~**s** it comes and goes; **ça le prend par** ~**s** it comes over him from time to time.
périodicité [perjɔdisite] *nf* periodicity.
périodique [perjɔdik] ◇ *adj* -**1.** CHIM, MATH, PHYS & PSYCH periodic. -**2.** [publication] periodical. -**3.** MÉD recurring.
◇ *nm* periodical.
périodiquement [perjɔdikmɑ̃] *adv* -**1.** CHIM, MATH & PHYS periodically. -**2.** [régulièrement] periodically, every so often; **les douleurs reviennent** ~ the pain recurs periodically.
périoste [perjɔst] *nm* periosteum.
périostite [perjɔstit] *nf* periostitis.
péripate [peripat] *nm* peripatus.
péripatéticien, enne [peripatetisjɛ̃, ɛn] ◇ *adj* ANTIQ Peripatetic.
◇ *nm, f* ANTIQ Peripatetic, member of the Peripatetic school.
◆ **péripatéticienne** *nf litt* OU *hum* streetwalker.
péripatétisme [peripatetism] *nm* peripateticism.
péripétie [peripesi] *nf* -**1.** [événement] event, episode, adventure. -**2.** LITTÉRAT peripetia, peripeteia.
périph *fam* [perif] *nm abr de* périphérique.
périphérie [periferi] *nf* -**1.** [bord] periphery; **sur la** ~ **de la plaie** on the edges of the wound; **jaune au milieu et orangé à la** ~ yellow in the middle and orange on the periphery OU round the edge. -**2.** [faubourg] outskirts; **à la** ~ **des grandes villes** on the outskirts of cities.
périphérique [periferik] ◇ *adj* -**1.** [quartier] outlying. -**2.** PHYSIOL & INF peripheral.
◇ *nm* -**1.** [boulevard] ring road *Br*, beltway *Am*; [à Paris]: **le** ~ the Paris orbital *Br* OU beltway *Am*. -**2.** INF peripheral equipment.
périphlébite [periflebit] *nf* periphlebitis.
périphrase [perifraz] *nf* periphrasis.
périphrastique [perifrastik] *adj* periphrastic.
périple [peripl] *nm* -**1.** [voyage d'exploration] voyage, expedition; **son dernier** ~ **dans l'Antarctique** his latest expedition to the Antarctic. -**2.** [voyage touristique] tour, trip; **faire un (long)** ~ to go on a (long) tour. -**3.** *litt* [durée de la vie] life, lifetime.
périr [32] [perir] *vi* -**1.** *litt* [personne, souvenir] to perish *litt*, to die; **péri en mer** lost at sea. -**2.** *sout* [idéal] to be destroyed; **la liberté ne peut pas** ~ liberty cannot be destroyed.
périscolaire [periskɔlɛr] *adj* extracurricular.
périscope [periskɔp] *nm* periscope.
périscopique [periskɔpik] *adj* periscopic.
périsélène [periselɛn] *nm* perilune.
périsperme [perispɛrm] *nm* perisperm.
périssable [perisabl] *adj* perishable.
périssoire [periswar] *nf* canoe.
péristaltique [peristaltik] *adj* peristaltic.
péristaltisme [peristaltism] *nm* peristalsis.
péristyle [peristil] *nm* peristyle.
péritélévision [peritelevizjɔ̃] *nf* TV, video and computer technology.
péritoine [peritwan] *nm* peritoneum.
péritonéal, e, aux [peritɔneal, o] *adj* peritoneal.
péritonite [peritɔnit] *nf* peritonitis.
périurbain, e [periyrbɛ̃, ɛn] *adj* out-of-town.
perle [pɛrl] ◇ *nf* -**1.** [bijou] pearl; ~ **fine/de culture** natural/cultured pearl; ~ **noire** black pearl ❑ **c'est la** ~ **de ma collection** it's the prize piece of my collection; **jeter des** ~**s aux pourceaux** to cast pearls before swine. -**2.** [bille] bead; ~**s de verre** glass beads. -**3.** *litt* [goutte] drop; **des** ~**s de sueur** beads of sweat; **des** ~**s de rosée** dewdrops; **une** ~ **de sang** a drop of blood. -**4.** [personne] gem, treasure; **sa femme est une** ~ ! his wife is a real gem! -**5.** *fam* [bêtise] howler. -**6.** ENTOM Perla (stonefly).
◇ *adj inv* pearl , pearl-grey.
perlé, e [pɛrle] *adj* -**1.** [nacré] pearly, pearl *(modif)*; **des dents** ~**es** pearl OU pearly teeth. -**2.** [orné de perles] beaded; **coton** ~ [mercerisé] pearl OU perlé cotton. -**3.** [orge] pearl; [riz] polished. -**4.** [rire, son] rippling. -**5.** ZOOL pearl.
perlèche [pɛrlɛʃ] *nf* perleche.
perler [3] [pɛrle] ◇ *vi* to bead; **la sueur perlait sur son visage** beads of sweat stood out on his face.
◇ *vt vieilli* [travail] to execute perfectly.
perlier, ère [pɛrlje, ɛr] *adj* [barque] pearling; [industrie] pearl *(modif)*.
perlimpinpin [pɛrlɛ̃pɛ̃pɛ̃] *nm*: **poudre de** ~ quack remedy.
perlingual, e, aux [pɛrlɛ̃gwal, o] *adj* perlingual; **à prendre par voie** ~**e** to be dissolved under the tongue.
perlouse, perlouze *fam* [perluz] *nf arg crime* pearl.
perm *fam* [pɛrm] *nf* -**1.** MIL leave; **être en** ~ to be on leave. -**2.** SCOL [tranche horaire] study period; [salle] study (period) room *Br* OU hall *Am*.
permafrost [pɛrmafrɔst] *nm* permafrost, permagel.
permanence [pɛrmanɑ̃s] *nf* -**1.** [persistance - gén] permanence, lasting quality; [- d'une tradition] continuity. -**2.** [service de garde] duty (period); **être de** ~ to be on duty OU call; **une est assurée à la mairie** there will be someone on duty at the city hall. -**3.** [local, bureau] POL committee room; SCOL study room *Br* OU hall *Am*.
◆ **en permanence** *loc adv* permanently; **il est soûl en** ~ he's permanently drunk; **elle me harcèle en** ~ she's forever harassing me.
permanencier, ère [pɛrmanɑ̃sje, ɛr] *nm, f* person on duty.
permanent, e [pɛrmanɑ̃, ɑ̃t] ◇ *adj* -**1.** [constant] permanent; **subir une tension** ~**e** to suffer permanent tension; **avec elle, ce sont des reproches** ~**s** she's forever nagging. -**2.** [fixe] permanent; **avoir un emploi** ~ to have a permanent job ❑ **armée** ~**e** standing army. -**3.** CIN continuous, non-stop; **c'est le spectacle** ~ **avec lui!** *hum* there's never a dull moment with him! ❑ **cinéma** ~ continuous showing; **(cinéma)** ~ **de 14 h à 22 h** continuous showing from 2 p.m. to 10 p.m. -**4.** INF permanent.
◇ *nm, f* [d'un parti] official; [d'une entreprise] salaried worker, worker on the payroll.
◆ **permanente** *nf* perm.
permanenté, e [pɛrmanɑ̃te] *adj* [cheveux] permed.
permanganate [pɛrmɑ̃ganat] *nm* permanganate.
permanganique [pɛrmɑ̃ganik] *adj* permanganic.
perme *fam* [pɛrm] = **perm**.
perméabilité [pɛrmeabilite] *nf* -**1.** GÉOL & PHYS permeability. -**2.** [d'une personne] malleability.
perméable [pɛrmeabl] *adj* -**1.** GÉOL & PHYS permeable. -**2.** [personne] malleable.
permettre [84] [pɛrmɛtr] *vt* -**1.** [suj: personne] to allow; **je ne permettrai aucun écart de conduite** I won't stand for OU allow any misconduct; ~ **à qqn de faire qqch,** ~ **que qqn fasse qqch** to allow sb to do sthg, to let sb do sthg; **je ne vous permets pas de me parler sur ce ton** I won't have you speak to me in that tone of voice; **il ne permettra pas qu'on insulte son frère** he won't allow his brother to be insulted ‖ [suj: chose] to allow, to permit, to enable; **le règlement permet de sortir à cinq heures** the regulations allow you to leave at five; **mon régime ne me permet aucune viande** I'm on a meat-free diet; **le train à grande vitesse permettra d'y aller en moins de deux heures** the high-speed train will make it possible to get there in under two hours; **sa lettre permet toutes les craintes** her letter gives cause for concern; **ce document permet d'entrer dans le secteur turc** this document enables OU entitles you to enter the Turkish sector; **votre mission ne permet pas d'erreur** your mission leaves no room for error; **si le temps/sa santé le permet** weather/(his) health permitting. -**2.** *(tournure impersonnelle)*: **c'est permis?** is it allowed OU permitted?; **il n'est pas/il est permis de boire de l'alcool** drinking is not/is allowed OU permitted; **il est permis de ne pas aimer ce genre de poésie** one may OU might well not like this type of poetry; **autant qu'il est permis d'en juger** as far as it is possible to judge; **est-il permis d'être aussi mal élevé?** how can anyone be so rude?; **elle est belle/insolente comme c'est pas permis** she's outrageously beautiful/cheeky; **un tel mauvais goût, ça devrait pas être** OU **c'est pas permis** there should be a law against such bad taste. -**3.** [dans des formules de politesse]: **il reste un sandwich, vous permettez?** may I have the last sandwich?; **si vous me permettez l'expression** if I may be allowed to say so, if you don't mind my saying; **permettez-moi de ne pas partager votre avis** I beg to differ; **tu n'es pas sincère non plus, permets-moi de te le dire** and you're not being honest either, let me tell you; **non, mais tu permets que j'en place une?** *fam* I'd like to get a word in, if you don't mind; **ah permettez, j'étais là avant vous!** do you mind, I was there before you!
◆ **se permettre** *vpt* -**1.** [s'accorder] to allow OU to permit o.s.; **je me suis permis un petit verre de vin** I allowed myself a small glass of wine. -**2.** [oser] to dare; **il se permet de petites entorses au règlement** he's not averse to bending the rules now and then; **elle se permettait n'importe quoi** she thought she could get away with anything; **je ne te permets plus ce genre de commentaire** I won't take that sort of remark from you again; **des critiques, oh mais je ne me permettrais pas!** *iron* criticize? I wouldn't dare! -**3.** [pouvoir payer] to (be able to) afford; **pouvez-vous vous** ~ **10 000 francs de plus?** can you afford 10,000 francs more?; **je ne peux pas me** ~ **une bague à ce prix-là** I can't afford a ring at that price.
◆ **se permettre de** *vp + prép* to take the liberty to; **je me suis permis de vous apportez des fleurs** I took the liberty of bringing you some flowers; **puis-je me** ~ **de vous rappeler mon nom/nos accords signés?** may I remind you of my name/our binding agreements?; **je me permets de solliciter vos conseils au sujet de mon fils** [par lettre] I'm writing to ask your advice concerning my son; [oralement] I've come to ask your advice about my son.
permis [pɛrmi] *nm* permit, licence; **vous avez un** ~ **pour ce fusil?** do you have a licence for that gun? ❑ ~ **(de conduire)** driving *Br* OU driver's *Am* licence; **rater/réussir le** ~ **(de conduire)** to fail/to pass one's (driving) test; ~ **à points** *driving licence with a penalty points system,*

introduced in France in 1992; ~ **de construire** building permit OU licence, planning permission *Br*; ~ **de chasse** [chasse à courre] hunting permit; [chasse au fusil] shooting licence; ~ **de séjour/travail** residence/work permit; ~ **d'inhumer** burial certificate; ~ **de port d'armes** firearms licence.

permissif, ive [pɛrmisif, iv] *adj* permissive.

permission [pɛrmisjɔ̃] *nf* -**1.** [autorisation] permission, leave; **demander/accorder la ~ de faire qqch** to ask/to grant permission to do sthg; **si tu veux inviter tes amis, tu as ma ~** you have my leave OU permission to invite your friends; **les enfants n'ont la ~ de sortir qu'accompagnés** the children don't have permission OU aren't allowed to go out unaccompanied; **avec votre ~, je vais aller me coucher** if you don't mind, I'll go to bed; **sans demander la ~** without asking permission, without so much as a by-your-leave *hum* ❑ **j'ai la ~ de minuit** I'm allowed to stay out until midnight. -**2.** MIL leave, furlough; **être en ~** to be on leave OU furlough; **avoir une ~ de six jours** to have six days' leave ❑ **avoir la ~ de minuit** to have a late pass.

permissionnaire [pɛrmisjɔnɛr] *nm* soldier on leave OU furlough.

permissivité [pɛrmisivite] *nf* permissiveness.

permittivité [pɛrmitivite] *nf* permittivity.

permutabilité [pɛrmytabilite] *nf* permutability, interchangeability.

permutable [pɛrmytabl] *adj* -**1.** [interchangeable] interchangeable. -**2.** MATH permutable.

permutation [pɛrmytasjɔ̃] *nf* -**1.** [transposition] permutation, interchange; ~ **des roues** AUT wheel interchange. -**2.** MATH permutation.

permuter [3] [pɛrmyte] ◇ *vt* -**1.** [intervertir] to switch round *(sép)*, to permutate; ~ **deux lettres dans un mot/deux chiffres dans un nombre** to switch round two letters in a word/two figures in a number. -**2.** MATH to permute.
◇ *vi* [prendre la place de]: **les deux équipes permutent** the two teams swap shifts; ~ **avec** to swap with; **je vois mal, alors j'ai permuté avec une fille du premier rang** on account of my weak eyesight, I swapped places with a girl in the front row.

pernicieusement [pɛrnisjøzmɑ̃] *adv* perniciously.

pernicieux, euse [pɛrnisjø, øz] *adj* -**1.** [néfaste] noxious, injurious, pernicious; **l'abus d'alcool est ~ pour la santé** excessive drinking is injurious OU harmful to one's health; **des insinuations pernicieuses** *sout* insidious suggestions. -**2.** MÉD pernicious.

péroné [perɔne] *nm* fibula.

péronier [perɔnje] ◇ *adj* peroneal.
◇ *nm* peroneal muscle.

péronisme [perɔnism] *nm* Peronism.

péroniste [perɔnist] *adj* & *nmf* Peronist.

péronnelle [perɔnɛl] *nf* scatterbrain.

péroraison [perɔrɛzɔ̃] *nf* [conclusion] peroration; **après toute une ~ sur notre retard, elle en est venue au fait** [discours] after a long tirade about our being late, she came to the point.

pérorer [3] [perɔre] *vi* [discourir] to hold forth; **il peut ~ devant un public pendant des heures** he can go on and on for hours in front of an audience.

per os [perɔs] *loc adv* orally MED.

Pérou [peru] *npr m*: **le ~** Peru; **au ~** in Peru; **ce n'est pas le ~** *fam* it's not exactly a fortune, it's not ideal.

Pérouse [peruz] *npr* Perugia.

peroxydase [pɛrɔksidaz] *nf* peroxidase.

peroxyde [pɛrɔksid] *nm* peroxide.

peroxyder [3] [pɛrɔkside] *vt* to (treat with) peroxide.

perpendiculaire [pɛrpɑ̃dikylɛr] ◇ *adj* -**1.** [gén & MATH] perpendicular; **la droite A est ~ à la droite B** line A is perpendicular to OU at right angles with line B. -**2.** ARCHIT perpendicular.
◇ *nf* perpendicular.

perpendiculairement [pɛrpɑ̃dikylɛrmɑ̃] *adv* perpendicularly; ~ **à la rue** at right angles with OU perpendicular to the street.

perpète [pɛrpɛt] *nf arg crime*: **il a eu ~** he got life.
◆ **à perpète** *fam loc adv* -**1.** [loin] miles away, in the back of beyond. -**2.** [très longtemps]: **jusqu'à ~** till Doomsday, till the cows come home, forever and a day. -**3.** [à vie]: **être condamné à ~** to get life.

perpétration [pɛrpetrasjɔ̃] *nf* perpetration.

perpétrer [18] [pɛrpetre] *vt sout* to perpetrate; ~ **un meurtre** to perpetrate a murder; ~ **un crime** to commit a crime.

perpette [pɛrpɛt] = **perpète**.

perpétuation [pɛrpetɥasjɔ̃] *nf* perpetuation.

perpétuel, elle [pɛrpetɥɛl] *adj* -**1.** [éternel] perpetual, everlasting; **le chevalier jurait à sa belle un ~ amour** the knight pledged everlasting love to his beloved; **être condamné à la prison ~le** to be sentenced to life imprisonment; **un monde en ~ devenir** a perpetually OU an ever changing world. -**2.** [constant] constant, continual, perpetual; **le malade a une ~le envie de vomir** the patient is permanently nauseated.

perpétuellement [pɛrpetɥɛlmɑ̃] *adv* forever, constantly, perpetually; **il a ~ soif** he's forever OU permanently thirsty; **j'avais ~ l'impression que...** I was constantly under the impression that...

perpétuer [7] [pɛrpetɥe] *vt* -**1.** [tradition, préjugé] to carry on *(sép)*. -**2.** [souvenir] to perpetuate, to pass on *(sép)*.
◆ **se perpétuer** *vpi* -**1.** [personne] to perpetuate one's name; **se ~ dans sa musique** to live on through OU in one's music. -**2.** [tradition] to live on; **certains rites se sont perpétués de père en fils** some rites have been handed down from father to son.

perpétuité [pɛrpetɥite] *nf litt* perpetuity; **la ~ de l'espèce** the continuation of the species; **la ~ des souvenirs que l'on laisse** the enduring memories one leaves behind.
◆ **à perpétuité** ◇ *loc adj* -**1.** [condamnation] life *(modif)*. -**2.** [concession] in perpetuity.
◇ *loc adv*: **être condamné à ~** to be sentenced to life imprisonment.

perplexe [pɛrplɛks] *adj* perplexed, puzzled; **avoir l'air ~** to look puzzled; **laisser ~** to perplex, to puzzle; **sa remarque m'a laissé ~** his remark perplexed OU puzzled me; **je restai ~, ne sachant que faire** I was confused as to what I should do, I was in a quandary about what to do.

perplexité [pɛrplɛksite] *nf* confusion, perplexity, puzzlement; **être dans une profonde ~** to be in a state of great confusion; **être plongé dans la ~** to be perplexed OU puzzled; **l'incohérence de son récit nous a plongés dans la ~** the incoherence of his story perplexed OU puzzled us.

perquisition [pɛrkizisjɔ̃] *nf* search; **procéder à** OU **faire une ~ chez qqn** to carry out OU to make a search of sb's home ❑ ~ **domiciliaire** house search.

perquisitionner [3] [pɛrkizisjɔne] ◇ *vi* to (make a) search JUR; ~ **chez qqn** to carry out OU to make OU to conduct a search of sb's home.
◇ *vt* to search JUR.

perron [perɔ̃] *nm* steps *(outside a building)*; **sur le ~ de l'Élysée** on the (front) steps of the Élysée palace.

perroquet [perɔkɛ] *nm* -**1.** ORNITH parrot; **apprendre/répéter qqch comme un ~** to learn/to repeat sthg parrot-fashion; **répéter comme un ~ ce que dit qqn** to parrot what sb says. -**2.** NAUT topgallant (sail). -**3.** [boisson] pastis and mint cocktail.

perruche [peryʃ] *nf* -**1.** [en cage] budgie; ORNITH: ~ **(ondulée)** budgerigar || [femelle du perroquet] parakeet. -**2.** *fam péj* [personne] chatterbox. -**3.** NAUT mizzen topgallant sail.

perruque [peryk] *nf* -**1.** [postiche] wig; HIST periwig, peruke; **la justice à ~** *fam fig* & *péj* fuddy-duddy old judges. -**2.** PÊCHE tangled line. -**3.** ▽ [travail clandestin]: **faire de la ~** to work on the side *(during office hours)*.

perruquier [perykje] *nm* wigmaker.

pers, e[1] [pɛr, pɛrs] *adj litt* seagreen, perse *litt*.

persan, e [pɛrsɑ̃, an] *adj* Persian.
◆ **Persan, e** *nm, f* Persian.
◆ **persan** *nm* -**1.** LING Persian. -**2.** ZOOL Persian cat.

perse[2] [pɛrs] ◇ *adj* Persian; **l'Empire ~** the Persian Empire.
◇ *nm* LING Persian; **moyen/vieux ~** Middle/Old Persian.
◆ **Perse** *nmf* Persian.

Perse [pɛrs] *npr f*: **(la) ~** Persia.

persécuté, e [pɛrsekyte] ◇ *adj* persecuted.
◇ *nm, f* -**1.** [opprimé] persecuted person; **les ~s** the downtrodden, the persecuted. -**2.** PSYCH persecution maniac.

persécuter [3] [pɛrsekyte] *vt* -**1.** [opprimer] to persecute. -**2.** [harceler] to torment; **tu vas arrêter de ~ ta petite sœur?** will you stop bullying OU tormenting your little sister?

persécuteur, trice [pɛrsekytœr, tris] ◇ *adj* persecutory, tormenting.
◇ *nm, f* persecutor; **ses ~s** her tormentors.

persécution [pɛrsekysjɔ̃] *nf* -**1.** [oppression] persecution; **être victime d'une ~ religieuse** to suffer religious persecution. -**2.** [harcèlement] harassment, harassing, tormenting. -**3.** PSYCH: **délire** OU **manie de la ~** persecution mania.

Persée [pɛrse] *npr* Perseus.

Perséphone [pɛrsefɔn] *npr* Persephone.

persévérance [pɛrseverɑ̃s] *nf* perseverance, persistence, tenacity; **travailler avec ~** to persevere in one's work, to work steadily.

persévérant, e [pɛrseverɑ̃, ɑ̃t] *adj* persevering, persistent, tenacious; **être ~ (dans qqch)** to be persevering OU to persevere (in sthg).

persévération [pɛrseverasjɔ̃] *nf* perseveration.

persévérer [18] [pɛrsevere] *vi* to persevere, to persist; ~ **dans qqch** to continue OU to carry on doing sthg; **si vous persévérez dans cette attitude de refus** if you continue with OU keep up this negative attitude; ~ **dans l'effort** to sustain one's effort; **persévère!** don't give up!, persevere!

Pershing [pɛrʃiŋ] *npr* Pershing.

persienne [pɛrsjɛn] *nf* shutter, Persian blind.

persiflage [pɛrsiflaʒ] *nm* -**1.** [attitude] scoffing, jeering, mocking. -**2.** [propos] taunts, scoffs, jeers.

persifler [3] [pɛrsifle] *vt* [railler] to scoff OU to jeer at, to deride *litt*.

persifleur, euse [pɛrsiflœr, øz] ◇ *adj litt* [moqueur] scoffing, jeering, mocking.
◇ *nm, f* scoffer, mocker, derider *litt*.

persil [pɛrsi] *nm* parsley; **faux ~** fool's parsley.

persillade [pɛrsijad] *nf* chopped parsley (and garlic); ~ **de bœuf** beef sauté with chopped parsley.

persillé, e [pɛrsije] *adj* -**1.** [plat] sprinkled with parsley. -**2.** [viande] marbled. -**3.** [fromage] (green OU blue) veined.

persique [pɛrsik] *adj* [de l'ancienne Perse] (Ancient) Persian.

Persique [pɛrsik] *adj* → **golfe**.

persistance [pɛrsistɑ̃s] *nf* -**1.** [de quelque chose] persistence; ~ **du mauvais temps sur tout le territoire demain** bad weather will continue in all areas tomorrow. -**2.** [de quelqu'un - dans le travail] persistence, perseverance, tenacity; [- dans le refus] obdurateness, obstinacy, stubbornness; **je ne comprends pas sa ~ à vouloir partir ce soir** I don't understand why he persists in wanting to leave tonight.
◆ **avec persistance** *loc adv* [courageusement] persistently, tenaciously, indefatigably; [obstinément] obdurately, obstinately, stubbornly.

persistant, e [pɛrsistɑ̃, ɑ̃t] *adj* -**1.** [tenace] persistent, lasting, enduring; **une odeur ~e** a persistent OU lingering smell. -**2.** BOT evergreen.

persister [3] [pɛrsiste] *vi* -**1.** [durer] to last, to continue, to persist; **la chaleur persistera de-**

main it will continue hot for another day; les doutes qui pouvaient encore ~ any lingering doubts. -**2.** [s'obstiner]: ~ à: je persiste à croire que tu avais tort I still think you were wrong; pourquoi persistes-tu à lui faire faire du grec? why do you persist in making her learn Greek?; ~ dans: ~ dans l'erreur to persist in one's error; ~ dans une attitude to continue with OU to maintain an attitude. -**3.** JUR: persiste et signe I certify the truth of the above; demain dans nos colonnes, Jacques Durand persiste et signe *fig* Jacques Durand will be back with more of the same in tomorrow's edition.

persona grata [pɛrsɔnagrata] *loc adj inv* persona grata; je ne suis plus ~ I'm now persona non grata.

personale [pɛrsɔnal] *nf* personate flower.

persona non grata [pɛrsɔnanɔngrata] *loc adj inv* persona non grata; il est ~ he's persona non grata, his name is mud *hum.*

personé, e [pɛrsɔne] *adj* personate.

personnage [pɛrsɔnaʒ] *nm* -**1.** [de fiction] character; un ~ de roman/de théâtre a character in a novel/in a play; un ~ de bande dessinée a cartoon character; les ~s du drame THÉÂT & *fig* the dramatis personae; jouer un ~ CIN & THÉÂT to play OU to act a part; *fig* to act a part, to put on an act; elle a refusé de signer? c'est bien dans son ~! so she wouldn't sign? that's typical of her! □ ~ principal main OU leading character; ~s secondaires LITTÉRAT minor OU secondary characters; CIN, THÉÂT & *fig* supporting roles. -**2.** [individu] character, individual; sinistre ~ evil customer; grossier ~! swine!; curieux ~ que ce juge au cœur tendre this soft-hearted judge cuts an odd figure. -**3.** [personnalité importante] person of note, important figure, big name; grands ~s de l'État state dignitaries; c'est qu'elle se prend pour un ~! my, she doesn't half fancy herself (as a big shot)! || [personne remarquable] character; ce Frédéric, c'est un ~! that Frederic's quite a character!

personnalisation [pɛrsɔnalizasjɔ̃] *nf* personalization; la ~ d'une tenue giving an outfit a personal touch; ~ d'un crédit tailoring of a credit arrangement.

personnaliser [3] [pɛrsɔnalize] *vt* [papier à lettres] to personalize; [voiture] to customize; [plan, système]: ~ qqch to tailor sthg to personal requirements; comment ~ votre cuisine how to give your kitchen a personal touch.

personnalité [pɛrsɔnalite] *nf* -**1.** [caractère - d'une personne] personality, character; [- d'une maison, d'une pièce etc] character; un homme sans aucune ~ a man with no personality (whatsoever). -**2.** [personne importante] personality; les ~s du monde du spectacle personalities OU celebrities in the entertainment business. -**3.** JUR: ~ juridique juristic personality; ~ civile OU morale legal personality.

personne[1] [pɛrsɔn] *nf* -**1.** [individu] person; plusieurs ~s several people OU ADMIN persons; quelques ~s a few people; toute ~ intéressée peut OU les ~s intéressées peuvent s'adresser à Nora all those interested OU all interested parties should contact Nora; une ~ de ta/sa connaissance somebody you know/he knows; vingt francs par ~ twenty francs each OU per person OU a head □ une ~ âgée an elderly person; les ~s âgées the elderly; grande ~ grownup; les grandes ~s grown-ups. -**2.** [être humain]: s'en prendre aux biens et aux ~s to attack property and people; ce qui compte, c'est l'œuvre/le rang et non la ~ it's the works/the rank that matters and not the individual □ la ~ humaine the individual. -**3.** [femme] lady; une jeune ~ a young lady; une petite ~ a little woman. -**4.** [corps]: ma ~ myself; ta ~ yourself; sa ~ himself; il s'occupe un peu trop de sa petite ~ *fam* he's a little too fond of number one; la ~ de: ils s'en sont pris à la ~ (même) du diplomate they attacked the diplomat physically; un attentat sur la ~ du Président an attempt on the President's life; en la ~ de in the person of; il trouva en la ~ d'Élise une épouse et une inspiratrice in Élise, he found both a wife and a muse □ en ~ in person; venir en ~ to come in person; j'y veillerai en ~ I'll see to it personally; il dînait avec Napoléon en ~ he was dining with Napoleon himself OU none other than Napoleon; c'était lui? – en ~! was it him? – none other!; c'est la vindicte en ~ he's vindictiveness itself OU personified; elle est la beauté en ~ she's the very embodiment of beauty, she's beauty personified; être bien (fait) de sa ~ to have a good figure. -**5.** GRAMM person; première/deuxième/troisième ~ first/second/third person; à la première ~ du singulier in the first person singular. -**6.** JUR: ~ juridique juristic person; ~ morale legal entity; ~ physique natural person; ~ à charge dependent.

◆ **par personne interposée** *loc adv* through OU via a third party; dis-le-lui par ~ interposée have a go-between tell her.

personne[2] [pɛrsɔn] *pron indéf* -**1.** [avec un sens négatif] no one, nobody; qui me demande? – ~ who wants to see me? – nobody OU no one; ~ n'a compris nobody OU no one understood; ~ ne peut rien y faire nobody OU no one can do anything about it; ~ ne vient jamais me voir nobody OU no one ever comes to see me; que ~ ne sorte! nobody OU no one leave (the room)!; ~ d'autre que toi nobody OU no one (else) but you; ~ le sait *fam* nobody knows; ~ en veut *fam* nobody wants any || [en fonction de complément] anyone, anybody; il n'y a ~ there's nobody OU no one there, there isn't anybody OU anyone there; il n'y a jamais ~ dans ce restaurant there is never anyone OU anybody in this restaurant; je ne vois ~ que je connaisse I can't see anybody OU anyone I know; je ne connais ~ d'aussi gentil qu'elle I don't know anyone OU anybody as nice as her; elle ne parle à ~ d'autre she doesn't speak to anyone OU anybody else; cet appartement n'appartient à ~ this flat doesn't belong to anyone OU anybody; je n'y suis OU je ne suis là pour ~ if anyone calls, I'm not in; quand il faut se mettre au travail, il n'y a plus ~ *fam* when there's work to be done, (suddenly) everyone disappears; il est charmant, mais quand on a besoin de lui, il n'y a plus ~! *fam* he's very nice, but whenever you need him, he's nowhere to be found! -**2.** [avec un sens positif] anyone, anybody; je me demande si ~ arrivera un jour à le convaincre I wonder if anyone OU anybody will ever manage to convince him; je doute que ~ s'en soit aperçu I doubt whether anybody OU anyone noticed; si tu le montres jamais à ~... if you never show it to anyone OU anybody...; il est parti sans que ~ le remarque he left without anybody OU anyone noticing him; sortez avant que ~ vous voie leave before anyone OU anybody sees you; avant de soupçonner ~, renseigne-toi before you start suspecting anyone, get some more information; il est meilleur conseiller que ~ he's better at giving advice than anyone OU anybody (else); y a-t-il ~ de plus rassurant que lui? is there anyone OU anybody more reassuring than him?; c'est trop difficile pour laisser ~ d'autre que lui s'en charger it is too difficult to let anyone OU anybody but him do it; ~ de blessé? nobody OU anybody injured?; tu le sais mieux que ~ you know it better than anybody OU anyone (else); elle réussit les crêpes comme ~ there's no one OU nobody who makes pancakes quite like her.

personnel[1] [pɛrsɔnɛl] *nm* [d'une entreprise] staff, workforce; [d'un service] staff, personnel; MIL personnel; le ~ est en grève the staff is OU are on strike; avoir trop/manquer de ~ to be overstaffed/understaffed OU short-staffed; le ~ est autorisé à... (members of) staff are authorized to...; tout le ~ touchera une prime everybody on the payroll will receive a bonus □ ~ (de maison) servants, (domestic) staff.

personnel[2], **elle** [pɛrsɔnɛl] *adj* -**1.** [privé] personal, individual; pas d'allusions ~les, s'il vous plaît no personal comments OU don't be personal, please; c'est un appel ~ [n'intéressant pas le travail] it's a private call; [confidentiel] it's a rather personal call; avoir son hélicoptère ~ to have one's own OU a private helicopter; des objets ~s personal belongings OU effects; ce laissez-passer est ~ this pass is not transferable; il mène une campagne ~le contre la pollution he's conducting a one-man campaign against pollution; le pouvoir ~ POL (absolute) personal power. -**2.** [original]: très ~ highly personal OU idiosyncratic. -**3.** PHILOS individual. -**4.** RELIG personal. -**5.** GRAMM [pronom] personal; les formes ~les du verbe finite verb forms.

personnellement [pɛrsɔnɛlmɑ̃] *adv* personally; l'impresario m'a contacté ~ the impresario contacted me personally; je ne le connais pas ~ I don't know him personally; ~, je suis contre la peine de mort I'm against the death penalty personally OU myself.

personne-ressource [pɛrsɔnrəsurs] *nf Can* expert.

personnification [pɛrsɔnifikasjɔ̃] *nf* -**1.** [symbole] personification; Cupidon est la ~ de l'amour Cupid is the personification of OU personifies love. -**2.** [modèle]: ma mère est la ~ de la patience my mother is patience itself OU is the epitome of patience.

personnifié, e [pɛrsɔnifje] *adj* personified; Quasimodo est la laideur ~e Quasimodo is the epitome of ugliness.

personnifier [9] [pɛrsɔnifje] *vt* -**1.** [symboliser] to personify, to be the personification of; l'Oncle Sam personnifie les États-Unis Uncle Sam personifies the United States. -**2.** [être le modèle de] to embody, to typify; il personnifie la prudence paysanne he typifies the cautious nature of the peasant.

perspective [pɛrspɛktiv] *nf* -**1.** BX-ARTS perspective; ~ aérienne aerial perspective; ~ cavalière/centrale parallel/central perspective; manquer de ~ to lack depth. -**2.** [point de vue] angle, viewpoint, standpoint; dans une ~ sociologique from a sociological standpoint. -**3.** [pensée] idea, prospect, thought; la ~ de revoir mes parents the prospect of seeing my parents again. -**4.** [avenir] (future) prospect, outlook; ~s économiques economic forecast OU outlook; ouvrir de nouvelles OU des ~s (pour) to open up new horizons (for).

◆ **en perspective** *loc adv* -**1.** BX-ARTS in perspective; en ~ accélérée in trompe-l'œil perspective. -**2.** [en vue] on the horizon, in sight; pas de reprise du travail en ~ no return to work in sight.

perspicace [pɛrspikas] *adj* perceptive, perspicacious; être très ~ to have a sharp OU clever mind.

perspicacité [pɛrspikasite] *nf* (clearness of) insight, perceptiveness, perspicacity; d'une grande ~ of acute perspicacity.

perspiration [pɛrspirasjɔ̃] *nf* perspiration.

persuader [3] [pɛrsɥade] *vt* to persuade, to convince; il ne se laissera pas ~ he won't be persuaded; ~ qqn de qqch to impress sthg on sb, to convince sb of sthg; je l'ai persuadé de la nécessité d'un déménagement I managed to impress upon him OU to persuade him that it was necessary to move; ~ qqn de faire qqch to talk sb into doing sthg; rien n'aurait pu la ~ de repartir nothing would have induced her to leave again; être persuadé [être convaincu] to be convinced; les jurés sont persuadés de sa sincérité the jurors are convinced of his sincerity; j'en suis persuadé I'm convinced OU sure of it.

◆ **se persuader de** *vp + prép* to convince o.s. of, to become convinced of; elle s'est persuadée qu'elle est trop grosse she's convinced herself that she's too fat.

persuasif, ive [pɛrsɥazif, iv] *adj* [personne] persuasive; [argument] convincing, persuasive.

persuasion [pɛrsɥazjɔ̃] *nf* persuasion; force OU pouvoir de ~ persuasive force.

persulfate [pɛrsylfat] *nm* persulphate.

persulfure [pɛrsylfyr] *nm* persulphuric acid.

perte [pɛrt] *nf* -**1.** [décès] loss; **c'est pour vous une ~ bien cruelle** you're suffering a very cruel OU sad loss. -**2.** [privation d'une faculté] : **~ de: ~ de connaissance** fainting, blackout; **~ d'appétit** loss of appetite; **~ de mémoire** (memory) blank; **~ de la vue** loss of eyesight. -**3.** [disparition, destruction] loss; **déclarer une ~** to declare the loss (of a thing); **la ~ de l'avion (et de tous ses passagers)** the loss of the plane (and of all those on board); **ce n'est pas une grande** OU **grosse ~** it's no great loss ❑ **avec ~s et fracas** violently; **~ sèche** dead loss. -**4.** [gaspillage] waste; **quelle ~ de temps!** what a waste of time! -**5.** [réduction] loss; **~ de chaleur** heat loss; **~ de charge** [dans un tuyau] pressure loss; **~ de poids** weight loss; **~ de compression/de vitesse** loss of compression/of engine speed; **en ~ de vitesse** AUT losing speed; *fig* losing momentum. -**6.** *litt* [ruine] ruin, ruination; **courir** OU **aller (droit) à sa ~** to be on the road to ruin; **ruminer** OU **jurer la ~ de qqn** to vow to ruin sb. -**7.** FIN loss, deficit; **l'entreprise a enregistré une ~ de deux millions** the company has chalked up losses of two million; **~ sèche** dead loss *pr*. -**8.** [défaite] loss; **très affecté par la ~ de son procès** very upset at having lost his case; **la ~ d'un set** [au tennis] the dropping of a set. -**9.** GÉOG: **~ de rivière** drying-up of a river.

◆ **pertes** *nfpl* **1.** FIN losses, loss; **compte des ~s et profits** profit and loss account; **passer qqch aux** OU **par ~s et profits** *pr* & *fig* to write sthg off (as a total loss). -**2.** MIL losses; **les ~s ont été énormes** there were heavy losses, there was a heavy loss of life. -**3.** MÉD: **~s (blanches)** whites, (vaginal) discharge; **~s de sang** metrorrhagia.

◆ **à perte** *loc adv* at a loss.

◆ **à perte de vue** *loc adv* -**1.** [loin] as far as the eye can see. -**2.** [longtemps] endlessly, interminably, on and on.

Perth [pɛrt] *npr* Perth.

pertinemment [pɛrtinamɑ̃] *adv* -**1.** [à propos] appropriately, pertinently, fittingly; **elle ajouta ~ que...** she added, rather pertinently, that... -**2.** [parfaitement] : **je sais ~ que ce n'est pas vrai** I know perfectly well OU for a fact that it's not true.

pertinence [pɛrtinɑ̃s] *nf* -**1.** [bien-fondé] pertinence, relevance, appositeness. -**2.** LING distinctiveness.

pertinent, e [pɛrtinɑ̃, ɑ̃t] *adj* -**1.** [propos] pertinent, relevant, apt; **vos critiques ne sont pas ~es** your criticisms are irrelevant. -**2.** LING: **trait ~** distinctive feature.

pertuis [pɛrtɥi] *nm* -**1.** GÉOG [détroit] straits, channel; [col] pass. -**2.** NAUT sluice.

perturbateur, trice [pɛrtyrbatœr, tris] ◇ *adj* [élève] disruptive; [agent, militant] subversive.
◇ *nm, f* [en classe] troublemaker, rowdy element; [agitateur] troublemaker, subversive element.

perturbation [pɛrtyrbasjɔ̃] *nf* -**1.** [désordre] disturbance, disruption; **jeter** OU **semer la ~ dans qqch** to disrupt sthg; **les ~s continuent à la poste** the postal service is still being disrupted. -**2.** ASTRON perturbation. -**3.** MÉTÉO disturbance; **~ atmosphérique** (atmospheric) disturbance. -**4.** TÉLÉC & RAD interference.

perturbé, e [pɛrtyrbe] *adj* -**1.** [agité] upset, perturbed; [bouleversé] disturbed; [perplexe] troubled, confused, muddled; **des enfants ~s** children with behavioural problems; **j'ai un sommeil ~** I have difficulty sleeping. -**2.** [trafic, service] disrupted.

perturber [3] [pɛrtyrbe] *vt* -**1.** [interrompre] to disrupt; **~ le déroulement d'un match** to disrupt a match. -**2.** [rendre perplexe] to trouble, to perturb; **ça n'a pas l'air de te ~ outre mesure** you don't seem particularly bothered by it ‖ [troubler] to upset, to disconcert, to perturb; **il ne faut pas ~ l'enfant par des changements trop fréquents** don't disorient the child by changing his routine too often; **la mort de son frère l'a profondément perturbé** he was severely affected by his brother's death.

pérugin, e [peryʒɛ̃, in] *adj* Perugian.

◆ **Pérugin, e** *nm, f* Perugian.

Pérugin [peryʒɛ̃] *npr*: **le ~** Il Perugino; **un tableau du ~** a painting by Il Perugino.

péruvien, enne [peryvjɛ̃, ɛn] *adj* Peruvian.

◆ **Péruvien, enne** *nm, f* Peruvian.

pervenche [pɛrvɑ̃ʃ] ◇ *nf* -**1.** BOT periwinkle. -**2.** *fam* [contractuelle] (lady) traffic warden *Br* OU officer *Am (in Paris)*.
◇ *nm* [couleur] periwinkle.◇
◇ *adj inv* periwinkle *(modif)*; **des yeux ~** periwinkle blue eyes.

pervers, e [pɛrvɛr, ɛrs] ◇ *adj* -**1.** [obsédé] perverted; **avoir l'esprit ~, être ~** to have a perverted OU twisted mind. -**2.** *litt* [malfaisant] perverse. -**3.** [négatif] perverse; **les effets ~ de la dévaluation** the perverse effects of devaluation.
◇ *nm, f*: **~ (sexuel)** (sexual) pervert.

perversion [pɛrvɛrsjɔ̃] *nf* -**1.** *litt* [corruption] perversion, corruption. -**2.** PSYCH: **~ (sexuelle)** (sexual) perversion.

perversité [pɛrvɛrsite] *nf* -**1.** [caractère] perversity. -**2.** [acte] perverse act.

pervertir [32] [pɛrvɛrtir] *vt* -**1.** *litt* [corrompre] to pervert, to corrupt. -**2.** [déformer] to pervert, to impair, to distort; **la consommation répétée de piment peut ~ le goût** eating chilli too often can impair one's sense of taste.

◆ **se pervertir** *vpi* to become perverted.

pervertissement [pɛrvɛrtismɑ̃] *nm litt* perversion, corruption, corrupting.

pervibrateur [pɛrvibratœr] *nm* internal OU immersion vibrator.

pervibration [pɛrvibrasjɔ̃] *nf* vibration of concrete.

pervibrer [3] [pɛrvibre] *vt* to vibrate *(concrete)*.

pesade [pəzad] *nf* pesade.

pesage [pəzaʒ] *nm* -**1.** [action de peser] weighing. -**2.** SPORT [vérification] weigh-in; [lieu - pour les concurrents] weighing room; [- pour les spectateurs] enclosure *(inside race courses)*.

pesamment [pəzamɑ̃] *adv* heavily; **marcher ~** to walk with a heavy step, to tread heavily; **descendre ~ l'escalier** to thump down the stairs; **il s'éloigna ~** he lumbered off.

pesant, e [pəsɑ̃, ɑ̃t] *adj* -**1.** [lourd] heavy, weighty, unwieldy; **marcher à pas ~s** OU **d'une démarche ~e** to tread heavily; **il descendit la colline d'un pas ~** he lumbered down the hill; **le vol ~ des vautours** the unwieldy flight of the vultures; **je me sens la tête ~e/les jambes ~es** my head feels/my legs feel heavy. -**2.** [astreignant] hard, heavy, demanding; **dix heures par jour, c'est trop ~ pour elle** ten hours a day is too heavy OU too much for her. -**3.** [grave] heavy, weighty, burdensome *litt*. -**4.** [trop orné] heavy, cumbersome. -**5.** [insupportable] heavy; **l'ambiance chez eux est toujours ~e** it always feels very oppressive in their house; **ses critiques sont ~es à la longue** his criticisms are hard to bear in the long run.

◆ **pesant** *nm*: **valoir son ~ d'or** to be worth one's weight in gold; **valoir son ~ de nougat** OU **de cacahuètes** *fam hum* to be pretty good; **son histoire valait son ~ de nougat!** that was some story he told!

pesanteur [pəzɑ̃tœr] *nf* -**1.** PHYS gravity. -**2.** [lourdeur - d'un objet] heaviness, weightiness; [- d'une démarche] heaviness; [- d'un style] ponderousness; [- de l'esprit] slowness, sluggishness.

pèse-acide [pɛzasid] *(pl inv* OU **pèse-acides)** *nm* acidimeter.

pèse-alcool [pɛzalkɔl] *nm inv* alcoholometer.

pèse-bébé [pɛzbebe] *(pl inv* OU **pèse-bébés)** *nm* (pair of) baby scales.

pesée [pəze] *nf* -**1.** [avec une balance] weighing; **faire la ~ d'un paquet** to weigh a parcel. -**2.** [pression] : **exercer une ~ sur qqch** to put one's whole weight on sthg. -**3.** MÉD weighing. -**4.** SPORT weigh-in; **passer à la ~** to (go to the) weigh-in.

pèse-lait [pɛzlɛ] *nm inv* galactometer, lactometer.

pèse-lettre [pɛzlɛtr] *(pl inv* OU **pèse-lettres)** *nm* (pair of) letter scales.

pèse-liqueur [pɛzlikœr] *(pl inv* OU **pèse-liqueurs)** *nm* (liqueur) alcoholometer.

pèse-moût [pɛzmu] *(pl inv* OU **pèse-moûts)** *nm* saccharimeter.

pèse-personne [pɛzpɛrsɔn] *(pl inv* OU **pèse-personnes)** *nm* (pair of) bathroom scales.

peser [19] [pəze] ◇ *vt* -**1.** [avec une balance] to weigh; **~ qqch dans sa main** to feel the weight of sthg; **~ une livre de sucre par kilo de fruits** weigh out one pound of sugar per kilo of fruit. -**2.** *fam* [valoir] : **un mec qui pèse dix millions de dollars** a guy worth ten million bucks. -**3.** [évaluer, choisir] to weigh; **~ ses mots** to weigh OU to choose one's words; **et je pèse mes mots!** and I'm not saying this lightly!; **~ le pour et le contre** to weigh (up) the pros and cons; **~ les risques** to weigh up the risk, to evaluate the risks; **tout bien pesé** all things considered, all in all.
◇ *vi* -**1.** [corps, objet] to weigh; **combien pèses-tu/pèse le paquet?** how much do you/does the parcel weigh?; **la valise pesait trente kilos** the suitcase weighed thirty kilos; **ce truc-là pèse une tonne!** *fam* that thing weighs a ton!; **il pèse 75 kilos** SPORT he weighs in at 165 pounds. -**2.** *fig* [personne, opinion] to weigh; **~ lourd** to weigh a lot; **vous pensez pouvoir ~ lourd face au champion?** do you think you can be a match for the champion?; **la question d'argent a pesé très lourd dans mon choix** the question of money was a determining OU major factor in my choice ❑ **mes raisons ne pèsent pas lourd dans la balance** my arguments don't carry much weight OU don't matter very much. -**3.** **~ sur** [faire pression sur] to press (heavily) on; **~ sur un levier** to lean on a lever; **~ sur** [accabler] to weigh down, to be a strain on; **les responsabilités qui pèsent sur moi** the responsibilities I have to bear; **des présomptions pèsent sur elle** she's under suspicion; **ça me pèse sur l'estomac/la conscience** it's lying on my stomach/weighing on my conscience; **~ sur** [influer sur] to influence, to affect; **ces actes peuvent ~ sur la décision du jury** these acts may influence the jury's decision. -**4.** **~ à** [être pénible pour] to weigh down OU heavy on; **ton absence me pèse** I find your absence difficult to bear; **la vie à deux commence à me ~** living with somebody else is beginning to weigh me down; **la solitude ne me pèse pas** being alone doesn't bother me.

◆ **se peser** ◇ *vp (emploi réfléchi)* to weigh o.s.
◇ *vp (emploi passif)* to be weighed; **les mangues ne se pèsent pas** [au magasin] mangoes are not sold by weight.

pesette [pəzɛt] *nf* (pair of) assay scales.

peseur, euse [pəzœr, øz] *nm, f* weigher.

pessaire [pesɛr] *nm* pessary.

pessimisme [pesimism] *nm* pessimism.

pessimiste [pesimist] ◇ *adj* pessimistic; **pourquoi es-tu toujours aussi ~?** why do you always look on the dark side?
◇ *nmf* pessimist.

peste [pɛst] *nf* -**1.** MÉD plague; **~ bubonique** bubonic plague; **la Grande Peste, la Peste noire** HIST the Black Death; **~ bovine** VÉTÉR rinderpest, cattle plague; **se méfier de qqn comme de la ~, fuir qqn comme la ~** to avoid sb like the plague; **'la Peste'** *Camus* 'The Plague'. -**2.** *fam* [personne] (regular) pest, pain in the neck. -**3.** *litt* & *vieilli*: **(la) ~ soit de toi!** a plague on you!

pester [3] [pɛste] *vi*: **~ contre qqn/qqch** to complain OU to moan about sb/sthg; **je l'entends qui peste dans sa barbe** I can hear him cursing under his breath.

pesteux, euse [pɛstø, øz] *adj* pestiferous.

pesticide [pɛstisid] ◇ *adj* pesticidal.
◇ *nm* pesticide.

pestiféré, e [pɛstifere] ◇ *adj* plague-stricken, plague-ridden.
◇ *nm, f* plague victim; traiter qqn comme un ~ *fig* to treat sb like a pariah OU a leper.

pestilence [pɛstilɑ̃s] *nf* stench, foul smell.

pestilentiel, elle [pɛstilɑ̃sjɛl] *adj* foul, stinking, pestilential.

pet[1] [pɛ] *nm* -**1.** [vent] fart; lâcher un ~ to fart, to break wind ❑ ~ de maçon wet fart; ça ne vaut pas un ~ de lapin it's not worth a damn OU a tinker's cuss; avoir un ~ de travers: elle a toujours un ~ de travers there's always something wrong with her. -**2.** [bagarre]: il va y avoir du ~ there's going to be hell to pay.

pet[2] *fam* [pɛt] *nm* -**1.** [coup brutal] wallop, thump; ma voiture a pris un ~ sur le pare-chocs my car took a thump on the bumper ‖ [trace de choc] dent; il y a des ~s partout sur l'arrière de la voiture the back of the car is all dented. -**2.** *Belg*: j'ai eu un ~ I failed my exam.

pétainisme [petenism] *nm* Pétain's doctrine.

pétainiste [petenist] ◇ *adj*: régime/propagande ~ Pétain's regime/propaganda.
◇ *nmf* Pétain supporter.

pétale [petal] *nm* petal.

pétaloïde [petalɔid] *adj* petal-like.

pétanque [petɑ̃k] *nf* (game of) pétanque.

pétant, e *fam* [petɑ̃, ɑ̃t] *adj*: à 3 heures ~es at 3 o'clock sharp OU on the dot.

pétaradant, e *fam* [petaradɑ̃, ɑ̃t] *adj* put-putting.

pétarade [petarad] *nf* [d'un moteur] put-putting; [d'un feu d'artifice] crackle, banging.

pétarader [3] [petarade] *vi* [feu d'artifice] to crackle, to bang; [moteur] to put-putt; ils descendirent la rue en pétaradant they went put-putting down the street.

pétard [petar] *nm* -**1.** [explosif] firecracker, banger *Br*; lancer OU tirer des ~s to let off firecrackers ❑ ~ mouillé damp squib; lancer un ~ to cause a sensation OU a stir. -**2.** ▽ [tapage] din, racket; faire du ~ to kick up OU to make a racket. -**3.** ▽ [revolver] pistol, gat *Am*. -**4.** *fam* [cigarette] joint. -**5.** ▽ [fesses] bum *Br*, ass *Am*. -**6.** RAIL detonator *Br*, torpedo *Am*.
♦ **en pétard** *fam loc adj* furious, livid, pissed *Am*.

pétasse▽ [petas] *nf vieilli* -**1.** *péj* [prostituée] tart. -**2.** [frousse]: avoir la ~ to be scared stiff.

pétaudière *fam* [petodjɛr] *nf* [lieu] shambles *(sg)*, disaster area *fig*; [groupe] motley crew.

pet-de-nonne [pɛdnɔn] (*pl* pets-de-nonne) *nm* fritter.

pété, e▽ [pete] *adj* -**1.** [ivre] plastered, smashed; [drogué] stoned, high (as a kite). -**2.** [cassé] broken, bust.

péter [18] [pete] ◇ *vi* -**1.** *fam* [faire un pet] to fart; ~ plus haut que son cul to have ideas above one's station; ~ dans la soie to be rolling in money. -**2.** ▽ [exploser] to blow up; la grenade lui a pété en pleine figure the grenade blew up right in his face ‖ [casser]: la corde a pété the rope snapped; ma braguette a pété my zip's bust; ~ dans les mains de qqn *fig* [projet, affaire] to fall through.
◇ *vt* -**1.** [casser] to break, to bust; je crois que j'ai pété le magnétoscope I think I've bust the video; ~ la gueule à qqn to smash sb's face in. -**2.** [être plein de]: ~ la santé to be bursting with health; ~ le feu to be a livewire. -**3.** *Belg*: il a été pété he failed his exam. -**4.** *loc*: ~ des flammes to turn nasty.
♦ **se péter**▽ ◇ *vpi*: attention, ça va se ~! watch out, it's going to break!
◇ *vpt*: se ~ la jambe/mâchoire to smash one's leg/jaw ❑ se ~ la gueule [s'enivrer] to get pissed OU plastered *Br*; [en voiture] to get smashed up.

Peter Pan [pitœrpɑ̃] *npr* Peter Pan.

pète-sec [pɛtsɛk] ◇ *adj inv* overbearing, high-handed, bossy.
◇ *nmf inv* tyrant, dragon.

péteux, euse▽ [petø, øz] *nm, f* [lâche] chicken; tu n'es qu'un petit ~! you're just chicken!

pétillant, e [petijɑ̃, ɑ̃t] *adj* -**1.** [effervescent - eau, vin] sparkling, fizzy. -**2.** [brillant]: avoir le regard ~ to have a twinkle in one's eyes; une réponse ~e d'humour an answer sparkling with wit.
♦ **pétillant** *nm* sparkling wine.

pétillement [petijmɑ̃] *nm* -**1.** [crépitement] crackling, crackle. -**2.** [effervescence] bubbling, sparkling. -**3.** [vivacité] sparkle; le ~ de son regard the sparkle in his eyes.

pétiller [3] [petije] *vi* -**1.** [crépiter] to crackle. -**2.** [faire des bulles] to bubble, to fizz, to effervesce. -**3.** [briller] to sparkle; son interprétation de Figaro pétille d'intelligence his interpretation of Figaro shines OU sparkles with intelligence.

pétiole [pesjɔl] *nm* leafstalk, petiole *spéc.*

petiot, e *fam* [pətjo, ɔt] ◇ *adj* tiny, teenyweeny.
◇ *nm, f* (little) kiddy, tiny tot; les ~s the little toddlers OU tiny tots.

petit, e [p(ə)ti, *devant nm commençant par voyelle ou h muet* p(ə)tit, it] ◇ *adj* -**1.** [en hauteur, en largeur] small, little; une personne de ~e taille a small person; je suis trop ~e pour être mannequin I'm too small OU short to be a model; un ~ gros a tubby little man; une ~e femme sèche a skinny little woman; un homme ~ et malingre a short puny man; il y a un ~ mur entre les deux jardins there's a low OU small wall between the two gardens; une toute ~e bonne femme *fam* [femme] a tiny little woman; [fillette] a tiny little girl; le Petit Caporal Napoleon (Bonaparte) ‖ [en longueur] little, small, short; de ~es jambes grassouillettes [de bébé] little fat legs; [d'adulte] short fat legs; ~e distance short distance; à ~e distance on voyait une chaumière a cottage could be seen a short way OU distance away; la corde est un peu trop ~e the rope is a bit too short; elle a de ~s pieds she's got small OU little feet; un ~ «a» a lower-case OU small "a"; je voudrais ce tissu en ~e largeur I'd like that material in a narrow width; un ~ nuage a small OU little cloud; un ~ bout de papier a scrap of paper; une ~e ossature a small OU frail bone structure; une chambre assez ~e a smallish room; un tout ~ grenier/gymnase a tiny little attic/gymnasium; acheter une ~e tour Eiffel to buy a miniature OU model Eiffel Tower; se faire tout ~ [passer inaperçu] to make o.s. inconspicuous, to keep a low profile; se faire tout ~ devant qqn [par respect ou timidité] to humble o.s. before sb; [par poltronnerie] to cower OU to shrink before sb ‖ [exprime l'approximation]: ça vaut un ~ 12 sur 20 it's only worth 12 out of 20; on y sera dans une ~e heure we'll be there in a bit less than OU in under an hour; dans une ~e huitaine in a little less than a week; je voudrais un ~ kilo de rôti de bœuf ≃ I'd like just under two pounds of beef for roasting; il y a un ~ kilomètre d'ici à la ferme ≃ it's no more than OU just under three quarters of a mile from here to the farm. -**2.** [faible] small; ~e averse small OU light shower; expédition/émission à ~ budget low-budget expedition/programme; ~ loyer low OU moderate rent; ~e retraite/rente small pension/annuity; avec un ~ effectif with small numbers (of people). -**3.** [jeune - personne] small, little; [- plante] young, baby *(modif)*; quand j'étais ~ when I was little; je ne suis plus une ~e fille! I'm not a little girl anymore!; les ~s Chiliens the children of Chile; les ~s Français French children; une ~e Chinoise a young OU little Chinese girl; il est encore trop ~ he's still too small OU young; un ~ chien a puppy; un ~ chat a kitten; un ~ lion/léopard a lion/leopard cub; un ~ mouton a lamb; un ~ éléphant a baby elephant, an elephant calf ‖ [plus jeune] little, younger; ma ~e sœur my younger OU little sister; tu vas avoir un ~ frère you're going to have a little OU baby brother. -**4.** [bref, court] short, brief; ~ entracte short OU brief interval; un ~ séjour a short OU brief stay; si on lui faisait une ~e visite? shall we pop in to see her?; elle est partie faire un ~ tour en ville she's gone off for a little walk round the town; donnez-moi un ~ délai give me a little more time; un ~ répit a short breathing space. -**5.** [dans une hiérarchie]: ~e entreprise small company; les ~es et moyennes entreprises small and medium-sized businesses; ~e association small association; le ~ peuple the lower classes; le ~ commerce (running of) small businesses; les ~s commerçants (owners of) small businesses; la ~e industrie small industry; les ~s agriculteurs/propriétaires small farmers/landowners; les ~s salaires [sommes] low salaries, small wages; [employés] low-paid workers; il s'est trouvé un ~ emploi au service exportation he found a minor post in the export department; ~ fonctionnaire minor OU petty *péj* official; ~ peintre/poète minor painter/poet. -**6.** [minime] small, slight, minor; ~ changement small OU slight OU minor change; une ~e touche de peinture a slight touch of paint; ce n'est qu'un ~ détail it's just a minor detail; dans les plus ~s détails down to the last detail; il y a de ~s avantages there are a few small advantages; une ~e intervention chirurgicale minor surgery, a small OU minor operation; il a fallu lui faire de ~es réparations it had to undergo minor repairs ‖ [insignifiant] small, slight; un ~ malentendu a small OU slight misunderstanding; il y a un ~ défaut there's a slight OU small OU minor defect; j'ai un ~ ennui I've got a bit of a problem; j'ai eu un ~ rhume I had a bit of a cold OU a slight cold; de ~es erreurs small OU slight mistakes; j'ai eu une ~e peur I was somewhat frightened, I had a bit of a fright. -**7.** [léger] slight; un ~ sourire a hint of a smile; un ~ soupir a little sigh; elle a un ~ accent she's got a slight accent; dit-elle d'une ~e voix she said in a faint voice; ~e montée gentle slope; ~e brise gentle breeze; ça a un ~ goût it tastes a bit strange; ça a un ~ goût d'orange it tastes slightly of orange. -**8.** [avec une valeur affective] little; mon ~ mignon (my) little darling; alors, la ~e mère, ça va? *fam* all right, missus *Br* OU little lady *Am*?; elle a ses ~s préférés she's got her little favourites; j'ai trouvé une ~e couturière/un ~ garagiste I've found a very good little seamstress/garage; il ne faut pas changer ses ~es habitudes! you shouldn't try to change his little ways!; je me suis octroyé un ~ congé I allowed myself a little bit of time off; fais-moi une ~e place make a little space for me, give me a (little OU tiny) bit of room; j'élabore ma ~e méthode au fur et à mesure I work out my own (little) method as I go along; il aimait faire son ~ poker le soir he was fond of a game of poker in the evening; elle portait toujours sa ~e robe noire en scène she always wore her little black dress on stage; tu mets ton ~ ensemble? will you be wearing that nice little suit?; un ~ roman distrayant an entertaining little novel; un ~ vin sans prétention an unpretentious little wine; il y a un ~ vent frais pas désagréable there's a nice little breeze; ma ~e maman Mummy *Br*, Mommy *Am*, my Mum *Br* OU Mom *Am*; alors, mon ~ Paul, comment ça va? [dit par une femme] how's life, Paul, dear?; [dit par un homme plus âgé] how's life, young Paul? ‖ [pour encourager]: tu mangeras bien une ~e glace! come on, have an ice cream!; un ~ pourboire aiderait à le convaincre a small tip might persuade him; je n'ai pas le temps de faire un match – juste un ~! I've no time to play a match – come on, just a quick one! ‖ [avec une valeur admirative]: c'est une ~e futée she's a clever one; ~ débrouillard! you're smart!, you don't miss a thing! ‖ *euph* [notable]: c'est une ~e surprise it's quite a surprise; c'est tout de même une ~e victoire still, it's quite a victory; c'est un ~ événement it's quite an event; c'est un ~ exploit! it's quite an achievement! ‖ [avec une valeur dépréciative]: ~ imbécile! you idiot!; ~ con!▽ you arsehole *Br* OU asshole *Am*!; mon ~ monsieur, je vous prie de

changer de ton look here, my (good) man, I'll thank you not to use that tone with me; **j'en ai assez de ses ~s mystères/~es manigances!** I'm fed up with her little mysteries/intrigues! -**9.** *litt* [mesquin] mean, mean-spirited, petty; **il est ~** he's small-minded ou petty; **il est avare, c'est le côté ~ du personnage** he's a skinflint, that's the petty side of his personality; **comme c'est ~, ce que vous avez fait là!** that was really mean! -**10.** BOT: **~e bardane** lesser burdock; **~e camomille** wild camomile; **~e ciguë** fool's parsley.

◇ *nm, f* -**1.** [fils, fille] little son ou boy (*f* daughter ou girl); **c'est le ~ de Monique** it's Monique's son; **c'est la ~e d'en face** *fam* it's the girl from across the street, it's the daughter of the people across the street, it's across the road's daughter *Br*; **elle va à la même école que le ~ (des) Verneuil** she goes to the same school as the Verneuil boy. -**2.** [enfant] little ou small child, little ou small boy (*f* girl); **quant aux ~s, nous les emmènerons au zoo** as for the younger children, we'll take them to the zoo; **la cour des ~s** [garçons ou filles] the junior playground; **la cour des ~es** the junior *Br* ou younger girls' playground; **c'est un livre qui fera les délices des ~s comme des grands** this book will delight young and old (alike); **tu veux de la pâte à modeler? — c'est pour les ~s!** do you want some Plasticine? — that's for children! -**3.** *fam* [adolescent] (young) boy (*f* girl); **le ~/la ~e de la boulangerie** [employé] the boy/the girl who works at the baker's. -**4.** [adulte de petite taille] short person; **alors, le ~, tu viens?** *fam* coming, shorty? *hum.* -**5.** [avec une valeur affective - à un jeune] dear; [- à un bébé] little one; **attention ~e, ça brûle!** careful, dear ou darling, it's boiling hot!; **mon ~** [à un homme] dear; [à une femme] dear, darling; **mon ~, je suis fier de toi** [à un garçon] young man, I'm proud of you; [à une fille] young lady, I'm proud of you; **viens, mon tout ~** come here (my) little one; **ça, ma ~e, vous ne l'emporterez pas au paradis!** you'll never get away with it, my dear!; **pauvre ~, il a perdu sa mère** the poor little thing's lost his mother; **la pauvre ~e, comment va-t-elle élever ses enfants?** poor thing, how will she ever bring up her children?

◆ **petit** ◇ *nm* -**1.** [animal] baby; **ses ~s** [gén] her young; [chatte] her kittens; [chienne] her puppies; [tigresse, louve] her cubs; **l'éléphante protège son ~** the elephant cow protects her calf ou baby; **quand les ~s sortent de l'œuf** when the fledglings ou baby birds hatch out; **le singe avec son ~ sur le dos** the monkey with its baby on its back ❑ **faire des ~s** [chienne] to have pups; [chatte] to have kittens; **mes économies ont fait des ~s** *fam* my savings have grown. -**2.** [dans une hiérarchie]: **c'est toujours les ~s qui doivent payer** it's always the little man who's got to pay; **dans la course aux marchés, les ~s sont piétinés** in the race to gain markets, small firms ou businesses get trampled underfoot. -**3.** [carte au tarot] lowest trump card.

◇ *adv* -**1.** COMM: **c'est un 38 mais ce modèle chausse ~** it says 38 but these shoes are small fitting *Br* ou run small *Am*; **essayez ce modèle en 40, il taille ~** try this model in a size 40, it's actually a small fitting *Br* ou it runs small *Am*. -**2.** [juste]: **voir** ou **prévoir ~** to see ou to plan things on a small scale; **un seul gâteau, tu as vu ~!** only one cake, you're cutting it fine!

◆ **en petit** *loc adv* [en petits caractères] in small characters ou letters; [en miniature] in miniature; **un univers en tout ~** a miniature universe; **je voudrais cette jupe (mais) en plus ~** I'd like this skirt (but) in a smaller size.

◆ **petit à petit** *loc adv* little by little, gradually.

petit-beurre [p(ə)tibœr] (*pl* **petits-beurre**) *nm* petit beurre (biscuit *Br* ou cookie *Am*), ≃ rich tea biscuit *Br*.

petit-bois [p(ə)tibwa] (*pl* **petits-bois**) *nm* glazing ou window bar.

petit-bourgeois, petite-bourgeoise [p(ə)tiburʒwa, p(ə)titburʒwaz] (*mpl* **petits-bourgeois**, *fpl* **petites-bourgeoises**) ◇ *adj* lower middle-class, petit bourgeois.
◇ *nm, f* petit bourgeois.

petit-cousin, petite-cousine [p(ə)tikuzɛ̃, p(ə)titkuzin] (*mpl* **petits-cousins**, *fpl* **petites-cousines**) *nm, f* [au second degré] second cousin; [éloigné] distant cousin.

petit déjeuner [p(ə)tideʒœne] (*pl* **petits déjeuners**) *nm* breakfast.

petit-déjeuner [5] [p(ə)tideʒœne] *vi* to have breakfast.

petite-fille [p(ə)titfij] (*pl* **petites-filles**) *nf* granddaughter.

petitement [p(ə)titmɑ̃] *adv* -**1.** [modestement] humbly; **vivre ~** to live in lowly ou humble circumstances; **être ~ logé** to live in cramped accommodation. -**2.** [mesquinement] pettily, meanly; **agir ~** to behave pettily.

petite-nièce [p(ə)titnjɛs] (*pl* **petites-nièces**) *nf* great-niece.

petitesse [p(ə)titɛs] *nf* -**1.** [taille] smallness, small size. -**2.** [caractère] pettiness, meanness; **~ d'esprit** narrow-mindedness. -**3.** [acte] piece of pettiness, petty act, mean-spirited action.

petit-fils [p(ə)tifis] (*pl* **petits-fils**) *nm* grandson.

petit-four [p(ə)tifur] (*pl* **petits-fours**) *nm* petit four.

petit-gris [p(ə)tigri] (*pl* **petits-gris**) *nm* -**1.** [escargot] garden snail; CULIN petit-gris. -**2.** [écureuil] Siberian grey squirrel; [fourrure] squirrel fur.

pétition [petisjɔ̃] *nf* -**1.** [texte] petition; **faire une ~** to organize a petition. -**2.** PHILOS: **~ de principe** petitio principii; **vous partez d'une ~ de principe** you're assuming that what we're trying to prove is true, you're begging the question.

pétitionnaire [petisjɔnɛr] *nmf* petitioner.

pétitionner [3] [petisjɔne] *vi* to petition.

petit-lait [p(ə)tilɛ] (*pl* **petits-laits**) *nm* whey.

petit-maître, petite-maîtresse [p(ə)timɛtr, p(ə)titmɛtrɛs] (*mpl* **petits-maîtres**, *fpl* **petites-maîtresses**) *nm, f* *vieilli* dandy, fop (*f* young woman of fashion).

petit-nègre [p(ə)tinɛgr] *nm* pidgin French *péj.*

petit-neveu [p(ə)tin(ə)vø] (*pl* **petits-neveux**) *nm* great-nephew.

pétitoire [petitwar] *adj* petitionary; **action ~** claim of ownership.

petits-enfants [p(ə)tizɑ̃fɑ̃] *nmpl* grandchildren.

petit-suisse [p(ə)tisɥis] (*pl* **petits-suisses**) *nm thick fromage frais sold in small individual portions.*

pétoche▽ [petɔʃ] *nf* [peur]: **avoir la ~** to have the jitters, to be in a blue funk *Br*; **filer** ou **flanquer la ~ à qqn** to scare the living daylights out of sb.

pétoire *fam* [petwar] *nf* [arme à feu] gun.

peton *fam* [pətɔ̃] *nm* tiny foot.

pétoncle [petɔ̃kl] *nm* (pilgrim) scallop.

pétouiller [3] [petuje] *vi Helv* to loaf about.

Pétra [petra] *npr* Petra.

Pétrarque [petrark] *npr* Petrarch.

pétrarquisme [petrarkism] *nm* Petrarchism.

pétrel [petrɛl] *nm* ZOOL petrel; **~ fulmar** fulmar.

pétreux, euse [petrø, øz] *adj* [os] petrous; [nerf] petrosal.

pétrifiant, e [petrifjɑ̃, ɑ̃t] *adj* -**1.** *litt* [ahurissant] stunning, stupefying. -**2.** GÉOL petrifactive.

pétrification [petrifikasjɔ̃] *nf* petrification, petrifaction.

pétrifier [9] [petrifje] *vt* -**1.** [abasourdir] to petrify, to transfix; **être pétrifié de terreur** to be rooted to the spot ou rigid with terror. -**2.** GÉOL to petrify.

◆ **se pétrifier** *vpi* -**1.** [se figer]: **son visage se pétrifia** his face froze. -**2.** GÉOL to petrify, to become petrified.

pétrin [petrɛ̃] *nm* -**1.** *fam* [embarras] jam, fix; **être dans le ~** to be in a jam ou pickle; **se fourrer dans un beau** ou **sacré ~** to get into a real jam; **on s'est fourrés dans un beau ~!** we're right up the creek (without a paddle)!; **mettre qqn dans un beau** ou **sacré ~** to land sb (right) in it *Br*, to land sb in a tough spot *Am*. -**2.** [à pain] kneading trough; **~ mécanique** dough mixer, kneading machine.

pétrir [32] [petrir] *vt* -**1.** [malaxer] to knead. -**2.** *litt* to shape, to mould. -**3.** *fig*: **être pétri d'orgueil** to be filled with pride; **être pétri de préjugés** to be steeped in prejudice.

pétrissage [petrisaʒ] *nm* kneading.

pétrochimie [petrɔʃimi] *nf* petrochemistry.

pétrochimique [petrɔʃimik] *adj* petrochemical.

pétrochimiste [petrɔʃimist] *nmf* petrochemist.

pétrodollar [petrɔdɔlar] *nm* petrodollar.

pétrogenèse [petrɔʒənɛz] *nf* petrogenesis.

pétrographe [petrɔgraf] *nmf* petrographer.

pétrographie [petrɔgrafi] *nf* petrography.

pétrographique [petrɔgrafik] *adj* petrographic, petrographical.

pétrole [petrɔl] ◇ *nm* oil, petroleum; **~ brut** crude (oil); **~ lampant** paraffine oil *Br*, kerosene *Am*; **~ vert** food (processing) industry; **en France, on n'a pas de ~, mais on a des idées** *allusion slogan publicitaire* although we have no oil wells in France, we do have wells of imagination.
◇ *adj inv* [couleur]: **bleu ~** greyish blue.

◆ **à pétrole** *loc adj* [lampe, réchaud] oil *(modif) Br*, kerosene *(modif) Am*.

pétrolette *fam* [petrɔlɛt] *nf* small (motor) bike, moped.

pétroleuse [petrɔløz] *nf* -**1.** HIST female arsonist *(active during the Paris Commune)*. -**2.** *fam* [militante] militant female political activist.

pétrolier, ère [petrɔlje, ɛr] *adj* oil *(modif)*.

◆ **pétrolier** *nm* -**1.** [navire] (oil) tanker. -**2.** [industriel] oil tycoon. -**3.** [technicien] petroleum ou oil engineer.

pétrolifère [petrɔlifɛr] *adj* oil-bearing.

pétrologie [petrɔlɔʒi] *nf* petrology.

Pétrone [petrɔn] *npr* Petronius.

pétulance [petylɑ̃s] *nf* exuberance, ebullience, high spirits.

pétulant, e [petylɑ̃, ɑ̃t] *adj* exuberant, ebullient.

pétunia [petynja] *nm* petunia.

peu [pø] *adv* **A.** EMPLOYÉ SEUL -**1.** [modifiant un verbe] little, not much; **il travaille ~** he doesn't work much; **il mange/parle ~** he doesn't eat/talk much; **je le connais ~** I don't know him well; **on a ~ dormi** we didn't sleep much; **c'est ~ le connaître** it just shows how little you know him; **il vient très ~** he comes very rarely, he very seldom comes; **on s'est très ~ vu** we saw very little of each other; **j'ai trop ~ confiance en elle** I don't trust her enough. -**2.** [modifiant un adj, un adv etc] not very; **un livre ~ intéressant** a rather dull book; **une avenue ~ fréquentée** a quiet street; **l'affaire est ~ rentable** the business isn't very profitable; **il vient ~ souvent** he doesn't come very often; **elle s'est défendue ~ habilement** she defended herself rather clumsily; **il est assez ~ soigneux** he doesn't take much care; **l'alibi est fort ~ crédible** the alibi is highly implausible; **~ avant** shortly ou not long before; **~ après** soon after; **pas ~** not a little, more than a little; **je ne suis pas ~ fier du résultat** I'm more than a little proud of the result.

B. EMPLOI NOMINAL -**1.** [indiquant la faible quantité] *(avec déterminant)*: **le ~ que tu manges** the little you eat; **le ~ que tu gagnes** the little you earn ‖ *(sans déterminant)*: **il vit de ~** he lives off very little; **il est mon aîné de ~** he's only slightly older than me; **il a raté son examen de ~** *fam* he just failed his exam, he failed his exam by a hair's breadth; **c'est ~** it's not much ❑ **hommes/gens de ~** *litt* worthless men/

people; c'est ~ (que) de le dire, encore faut-il le faire! that's easier said than done!; c'est ~ dire that's an understatement, that's putting it mildly; ce n'est pas ~ dire! and that's saying something!; très ~ pour moi! *fam* not on your life! -2. [dans le temps]: ils sont partis il y a ~ they left a short while ago, they haven't long left; d'ici ~ very soon, before long; vous aurez de mes nouvelles avant ~ you'll hear from me before long; je travaille ici depuis ~ I've only been working here for a while, I haven't been working here long. -3. [quelques personnes] a few (people); tout le monde en parle, ~ le connaissent everybody's talking about him, a few know him; ~ avaient compris few (people) had understood; nous étions ~ à le croire only a few of us believed it.

C. PRÉCÉDÉ DE 'UN' -1. [modifiant un verbe]: un ~ a little, a bit; je le connais un ~ I know him a little OU a bit; reste un ~ avec moi stay with me for a while; il ressemble un ~ à Cary Grant he looks a bit OU a little like Cary Grant; veux-tu manger un ~? do you want something to eat?; pousse-toi un (tout) petit ~ move up a (little) bit; viens un ~ par là come here a minute; pose-lui un ~ la question, et tu verras! just ask him, and you'll see!; fais voir un ~... let me have a look... ❑ tu l'as vu? – un ~! *fam* did you see it? – you bet I did OU and how!; un ~ que je vais lui dire ce que je pense! *fam* I'll give him a piece of my mind, don't you worry (about that)! -2. [modifiant un adj, un adv etc]: un ~ a little, a bit; il est un ~ fatigué he is a little OU a bit tired; je suis un ~ pressée I'm in a bit of a hurry; votre devoir était un ~ confus your work was a little OU a bit confused; il est un ~ poète he's a bit of a poet; un ~ partout just about OU pretty much everywhere; tu parles un ~ fort you're talking a little OU a bit too loudly; on roulait un ~ vite we were driving a little OU a bit too fast; un ~ plus a little OU bit more; pouvez-vous vous exprimer un ~ plus clairement? can you speak a little more clearly?; un ~ plus de [suivi d'un n comptable] a few more; [suivi d'un n non comptable] a little (bit) more; nous recevons un ~ plus d'appels maintenant we're getting a few more calls now; un ~ plus de lait? a little more milk?; un ~ moins a little OU bit less; roule un ~ moins vite drive a little more slowly; un ~ moins de [suivi d'un n comptable] slightly fewer, not so many; [suivi d'un n non comptable] a little (bit) less; nous avons un ~ moins de difficultés we're not having quite so many difficulties; il y a un ~ moins de vent it's a little less windy; un ~ trop a little OU bit too (much); il en fait vraiment un ~ trop! he's really making too much of it!; un ~ beaucoup *fam* a bit much; tu as bu un ~ beaucoup hier soir *fam* you certainly had a few last night; elle est jolie – un ~, oui! *fam* she's pretty – just a bit! ❑ un ~ là *fam*: comme casse-pieds, il est un ~ là! when it comes to being a pain, he really takes the biscuit!; il te reproche de lui avoir menti, c'est un (petit) ~ ça, non? he's reproaching you for lying to him, isn't that it?; un ~ plus et l'évier débordait! another minute and the sink would have overflowed!; un ~ plus et on se serait cru au bord de la mer you could almost imagine that you were at the seaside; un ~ plus, et je partais I was just about to leave; un ~ plus et je me faisais écraser! I was within an inch of being run over!

◆ **peu à peu** *loc adv* little by little, bit by bit, gradually; on s'habitue, ~ à ~ you get used to things, bit by bit; la neige fondait ~ à ~ the snow was gradually melting.

◆ **peu de** *loc dét* -1. [suivi d'un n sg] not much, little; [suivi d'un n pl] not many, few; il a ~ de travail he doesn't have much work; cela a ~ d'importance that is of little importance, that doesn't matter much; cela a ~ d'intérêt it's of little interest; ~ de temps: je ne reste que ~ de temps I'm only staying for a short while, I'm not staying long; il n'a que ~ de temps à me consacrer he can only give me a small amount of time; ~ de temps avant/après not long before/after; il y avait ~ de neige there wasn't much snow; il reste ~ de jours there are only a few days left; j'ai ~ d'amis I have few friends, I don't have many friends; en ~ de mots in a few words; ~ d'écrivains ont abordé cette question few writers have dealt with this question ❑ on est ~ de chose what an insignificant thing man is; c'est ~ de chose it's nothing; ne me remerciez pas, c'est vraiment ~ de chose don't thank me, it's really nothing. -2. [avec un déterminant]: le ~ de [suivi d'un n comptable] the OU what few; [suivi d'un n non comptable] the OU what little; le ~ de connaissances que j'ai the OU what few acquaintances I have; le ~ de fois où je l'ai vu on the few OU rare occasions when I've seen him; le ~ de leçons que j'ai prises what few OU the few lessons I've had; le ~ d'expérience que j'avais what little experience I had || *(avec un adjectif démonstratif ou possessif)*: son ~ d'enthousiasme his lack of enthusiasm; avec mon ~ de moyens with my limited means; avec ce ~ de matériel/d'idées with such limited material/ideas.

◆ **peu ou prou** *loc adv litt* more or less.

◆ **pour peu que** *loc conj*: pour ~ qu'il le veuille, il réussira if he wants to, he'll succeed; pour ~ qu'elle ait compris... if she's got the message...

◆ **pour un peu** *loc adv*: pour un ~ il m'accuserait! he's all but accusing me!; pour un ~, j'oubliais mes clés I nearly forgot my keys.

◆ **quelque peu** *loc adv sout* -1. [modifiant un verbe] just a little; vous ne trouvez pas que vous exagérez quelque ~? don't you think you're exaggerating just a little? -2. [modifiant un adj] somewhat, rather; il était quelque ~ éméché he was somewhat OU rather tipsy.

◆ **quelque peu de** *loc dét sout* not a little; le chantier a été achevé avec quelque ~ de hâte the site was completed in not a little haste.

◆ **si peu... que** *loc conj*: si ~ informé qu'il soit however badly informed he may be; si ~ réaliste qu'il soit however unrealistic he may be.

◆ **si peu que** *loc conj*: si ~ que j'y aille, j'apprécie toujours beaucoup l'opéra although I don't go very often, I always like the opera very much.

◆ **sous peu** *loc adv* before long, in a short while; vous recevrez sous ~ les résultats de vos analyses you will receive the results of your tests in a short while.

◆ **un peu de** *loc dét* a little (bit) of; prends un ~ de gâteau have a little OU some cake; c'est meilleur avec un ~ de crème dessus it tastes better with a dash OU a bit of cream on top; pourrais-je avoir un (tout) petit ~ de lait? could I have (just) a little milk?; un ~ de tout a bit of everything; avec un ~ de chance... with a little luck...; allons, un ~ de patience! come on, let's be patient!; avec un (tout) petit ~ de bonne volonté... with (just) a little willingness...; tu l'as quitté par dépit? – il y a un petit ~ de ça so you left him in a fit of pique? – that was partly it OU that was part of the reason.

peuchère [pøʃɛr] *interj dial* heck, strewth *Br.*

peuh [pø] *interj* -1. [avec indifférence] bah. -2. [avec dédain] humph.

peul, e [pøl] *adj* Fulani.

◆ **Peul, e** *nm, f* Fulani, Fula, Fulah.

◆ **peul** *nm* LING Fulani.

peuplade [pœplad] *nf* (small) tribe, people.

peuple [pœpl] ◇ *nm* -1. [communauté] people; un roi aimé de son ~ a king loved by his people OU subjects; les ~s d'Asie the people of Asia; le ~ français a fait son choix the French people has OU have chosen ❑ le ~ de Dieu [dans l'Ancien Testament] the Hebrews; [dans le Nouveau Testament] the Christians; le ~ élu RELIG the chosen people OU ones. -2. le ~ [prolétariat] the people; le pouvoir revient au ~ power belongs to the people; parti du ~ people's party; homme du ~ ordinary man ❑ le bas OU petit ~ *vieilli* the lower classes OU orders *Br.* -3. *fam* [foule] crowd; il va y avoir du ~ it's going to be a bit on the crowded side; t'aurais vu le ~! you should have seen how many people there were! -4. *loc*: se ficher OU se moquer du ~: il se fiche OU se moque du ~ *fam* he's got some nerve; encore une hausse de la TVA, faudrait pas se moquer du ~! *fam* not another VAT increase, what kind of idiots do they take us for?

◇ *adj inv* working-class; se donner un genre ~ to try to look working-class; une expression qui fait ~ *péj* a vulgar OU common turn of phrase.

peuplé, e [pœple] *adj* populated; région peu/très ~e sparsely/densely populated region.

peuplement [pœpləmɑ̃] *nm* -1. SOCIOL populating, peopling; au moment du ~ des États-Unis while the United States was being populated OU peopled. -2. ÉCOL [d'une forêt] planting (with trees); [d'une rivière] stocking (with fish); [ensemble - des végétaux] stand *spéc*, plant population; [- des arbres] tree population.

peupler [5] [pœple] *vt* -1. [région, ville] to populate, to people; [forêt] to plant (with trees); [rivière] to stock (with fish). -2. [vivre dans] to live in *(inséр)*, to inhabit; les Indiens qui peuplent ces régions the Indians who live in these areas. -3. *fig & litt* to fill; les monstres qui peuplent ses rêves the monsters that fill his dreams.

◆ **se peupler** *vpi* to become populated, to acquire a population; la ville nouvelle se peuple petit à petit people are gradually moving into the new town.

peupleraie [pøplərɛ] *nf* poplar grove.

peuplier [pøplije] *nm* poplar (tree); ~ d'Italie Lombardy poplar; ~ blanc white poplar.

peur [pœr] *nf* -1. [sentiment] fear, apprehension, alarm; la ~ lui donnait des ailes fear gave her wings; avoir ~ to be afraid OU frightened OU scared; on a eu très ~ we were badly frightened; je n'ai qu'une ~, c'est de les décevoir my one fear is that I might disappoint them; on a sonné tard, j'ai eu une de ces ~s! *fam* someone rang the doorbell late at night and it gave me a terrible fright!; avoir ~ pour qqn to fear for sb; avoir ~ d'un rien to scare easily, to be easily frightened; avoir horriblement ~ de qqch to have a dread of sthg; avoir grand-~ to be very much afraid OU frightened OU scared; n'aie pas ~ [ne t'effraie pas] don't be afraid; [ne t'inquiète pas] don't worry; ça va, tu n'as pas besoin d'avoir ~! don't you worry about that!, there's nothing to be afraid of!; il double dans le virage, il n'a pas ~, lui au moins! overtaking on the bend, he's certainly got some nerve!; j'en ai (bien) ~ I'm (very much) afraid so; il ne s'en remettra pas – j'en ai bien ~ he won't pull through – I'm very much afraid you might be right; faire ~: des monstres qui font ~ frightening monsters; faire ~ à qqn to frighten OU to scare sb; le travail ne lui fait pas ~ he's not workshy OU afraid of hard work; ils cherchent à te faire ~ they're trying to frighten you; j'adore les films qui font ~ I love frightening films; il nous fait ~ avec ses histoires d'hôpital he tells us scare OU horror stories about the hospital; à faire ~ frightening; une tête à faire ~ a frightening face; boiter/loucher à faire ~ to have a dreadful limp/squint; prendre ~ to get frightened, to take fright; être pris de ~ to be gripped by fear, to be overcome with fear, to take fright ❑ ~ bleue: avoir une ~ bleue de to be scared stiff of; faire une ~ bleue à qqn to give sb a terrible fright; tu m'as fait une ~ bleue you gave me such a fright; la ~ du gendarme the fear of authority; avec eux, il n'y a que la ~ du gendarme qui marche they only understand the language of repression; avoir la ~ au ventre to be gripped by fear; être mort OU vert de ~ to be frightened out of one's wits; elle était morte de ~ à cette idée that idea scared her out of her wits; plus de ~ que de mal: on a eu plus de ~ que de mal we weren't hurt, just scared; **il y a eu plus de ~ que de mal** nobody was hurt, but it was frightening; **ça fait ~!** *fam iron*: **tu as l'air content, ça fait ~!** you don't exactly look beside yourself with joy!; **ces bananes sont mûres, ça fait ~!** I've seen riper bananas! -**2.** [phobie] fear; **avoir ~ de l'eau/du noir** to be afraid of water/of the dark; **il a ~ en avion** he's afraid of flying. -**3.** LITTÉRAT: **'Qui a ~ de Virginia Woolf'** *Albee* 'Who's Afraid of Virginia Woolf'.

◆ **dans la peur de** *loc prép* in fear of; **vivre dans la ~ de qqch** to live in fear (and trembling *litt*) OU in dread of sthg.

◆ **de peur de** *loc prép*: **de ~ de faire** for fear of doing; **je ne disais rien de ~ de lui faire du mal** I said nothing for fear that I might OU in case I hurt her.

◆ **de peur que** *loc conj* for fear that; **je préfère éteindre de ~ qu'on nous voie** I'd rather switch the light off in case someone sees us; **il partit de ~ qu'on ne l'accusât d'ingérence** *sout* he left for fear of being OU lest he should be accused of interfering.

◆ **par peur de** *loc prép* out of fear of; **il cèdera au chantage par ~ du scandale** the fear of a scandal will make him give in to blackmail.

◆ **sans peur** *loc adv* fearlessly, undaunted, gamely *litt*; **affronter l'avenir sans ~** to face up to the future bravely.

peureusement [pœrøzmɑ̃] *adv* fearfully, timorously, apprehensively.

peureux, euse [pœrø, øz] ◇ *adj* [craintif] timorous, fearful; **un enfant ~** a fearful child.
◇ *nm, f* [poltron] fearful person.

peut-être [pøtɛtr] *adv* maybe, perhaps; **ils sont ~ sortis, ~ sont-ils sortis** maybe they've gone out, they may OU might have gone out; **il y a ~ encore trois places de libres** there are maybe another three seats left; **elle est ~ efficace, mais guère rapide** she might be efficient, but she is not very quick; **je n'ai ~ pas d'expérience, mais j'ai de l'ambition** I may lack experience OU maybe I lack experience, but I'm ambitious; **tu viendras? — ~** will you come? – maybe OU perhaps; **~ pas** maybe OU perhaps not; **il est ~ bien déjà parti** he may well have already left; **~ bien, mais...** perhaps OU maybe so but... ☐ **je ne parle ~ pas bien le français?** *pr* so my French isn't good enough (is that it)?; *fig* don't you understand plain English?; **j'y suis pour quelque chose, ~!** so you think it's my fault, do you!; **je suis ta bonne, ~?** what do you take me for? a maid?

◆ **peut-être que** *loc conj*: **~ qu'il est malade** perhaps OU maybe he is ill; **je n'ai pas vu ce film, ~ que c'est bien** I've never seen this film, maybe it's good; **~ qu'il viendrait si tu l'invitais** maybe he would come if you invited him; **~ (bien) qu'il viendra** he may well come ☐ **~ bien que oui, ~ bien que non** maybe, maybe not (who knows?); **tu viendras? — ~ bien que oui, ~ bien que non** will you come? – perhaps I will, perhaps I won't OU maybe I will, maybe I won't.

peyotl [pejɔtl] *nm* peyote.

pèze [pɛz] *nm arg crime* dough, bread, lolly *Br*; **ils sont pleins de ~** they're loaded OU stinking rich.

pff [pf], **pft** [pft], **pfut** [pfyt] *interj* pooh.

pgcd (*abr de* **plus grand commun diviseur**) *nm* HCF.

pH (*abr de* **potential of hydrogen**) *nm* pH.

phacochère [fakɔʃɛr] *nm* ZOOL warthog.

phaéton [faetɔ̃] *nm* -**1.** [véhicule] phaeton. -**2.** ORNITH tropical bird.

Phaéton [faetɔ̃] *npr* Phaëthon.

phagocytaire [fagɔsitɛr] *adj* phagocytic.

phagocyte [fagɔsit] *nm* phagocyte.

phagocyter [3] [fagɔsite] *vt* -**1.** BIOL to phagocytose. -**2.** *fig* & *sout* [absorber] to engulf, to absorb; **après avoir phagocyté tous ses concurrents** after having swallowed up all its competitors.

phagocytose [fagɔsitoz] *nf* phagocytosis.

phalange [falɑ̃ʒ] *nf* -**1.** ANAT phalanx. -**2.** [groupe]: **la Phalange (espagnole)** the Falange; **les Phalanges libanaises** the (Lebanese) Phalangist Party. -**3.** ANTIQ [corps d'armée] phalanx.

phalanger [falɑ̃ʒe] *nm* phalanger.

phalangette [falɑ̃ʒɛt] *nf* distal phalanx *spéc*, top joint *(of finger or toe)*.

phalangien, enne [falɑ̃ʒjɛ̃, ɛn] *adj* phalangeal.

phalangine [falɑ̃ʒin] *nf* middle joint *(of finger or toe)*, phalanx media *spéc*.

phalangiste [falɑ̃ʒist] *adj* & *nmf* [en Espagne] Falangist; [au Liban] Phalangist.

phalanstère [falɑ̃stɛr] *nm* -**1.** [de Fourier] phalanstery. -**2.** *litt* [communauté] community, group.

phalanstérien, enne [falɑ̃sterjɛ̃, ɛn] ◇ *adj* Phalansterian.
◇ *nm, f* member of a phalanstery, Phalansterian.

phalène [falɛn] *nf* geometrid.

phalline [falin] *nf* phalloidin.

phallique [falik] *adj* phallic.

phallocentrique [falɔsɑ̃trik] *adj* phallocentric.

phallocentrisme [falɔsɑ̃trism] *nm* phallocentrism.

phallocrate [falɔkrat] ◇ *adj* male-chauvinist.
◇ *nm* male chauvinist.

phallocratie [falɔkrasi] *nf* male chauvinism.

phallocratique [falɔkratik] *adj* male-chauvinist.

phalloïde [falɔid] *adj* phalloid.

phallus [falys] *nm* -**1.** ANAT phallus. -**2.** BOT: **~ impudique** (common) stinkhorn.

phanérogame [fanerɔgam] *nf* phanerogam.

phantasme [fɑ̃tasm] = **fantasme**.

phantasmer [fɑ̃tasme] = **fantasmer**.

pharamineux, euse *fam* [faraminø, øz] = **faramineux**.

pharaon [faraɔ̃] *nm* -**1.** HIST Pharaoh. -**2.** JEUX faro.

pharaonien, enne [faraɔnjɛ̃, ɛn], **pharaonique** [faraɔnik] *adj* Pharaonic.

phare [far] *nm* -**1.** NAUT lighthouse; **~ à éclipses** OU **occultations** occulting light; **~ à feu fixe/tournant** fixed/revolving light; **~ flottant** lightship. -**2.** AUT headlight, headlamp *Br*; **allumer ses ~s** to switch one's headlights on; **mettre les ~s en code** to dip *Br* OU to dim *Am* one's headlights; **rouler pleins ~s** OU **en ~s** to drive with headlights full on *Br* OU on high *Am*, to drive on full beam *Br* OU on highbeams *Am* ☐ **~ à iode** iodine headlight; **~ de recul** reversing *Br* OU back-up *Am* light. -**3.** AÉRON light, beacon; **~s d'atterrissage** landing lights. -**4.** *litt* [guide] beacon, leading light. -**5.** *(comme adj; avec ou sans trait d'union)* [exemplaire] landmark *(modif)*; **industrie ~** flagship OU pioneering industry.

pharisaïque [farizaik] *adj* -**1.** HIST & RELIG Pharisaic, Pharisaical. -**2.** *litt* [hypocrite] pharisaical.

pharisaïsme [farizaism] *nm* HIST & RELIG Pharisaism, Phariseeism.

pharisien [farizjɛ̃] *nm* -**1.** HIST & RELIG Pharisee; **les Pharisiens** the Pharisees. -**2.** *vieilli* [hypocrite] sanctimonious person, pharisee *litt*.

pharmaceutique [farmasøtik] *adj* pharmaceutic, pharmaceutical.

pharmacie [farmasi] *nf* -**1.** [dans la rue] chemist's (shop) *Br*, pharmacy *Am*, drugstore *Am*; [dans un hôpital] dispensary, pharmacy; **~ de garde** duty chemist; **quelle est la ~ de garde ce soir?** which chemist *Br* OU pharmacy *Am* OU drugstore *Am* is open all night tonight?; **aller à la ~** to go to the chemist *Br* OU chemist's *Br* OU pharmacy *Am* OU drugstore *Am*. -**2.** [meuble] medicine chest OU cabinet OU cupboard *Br*; [boîte] first-aid box; **armoire à ~** medicine cabinet. -**3.** SC pharmacy, pharmaceutics *(sg)*. -**4.** ENS pharmacology.

pharmacien, enne [farmasjɛ̃, ɛn] *nm, f* -**1.** [titulaire] pharmacist, chemist *Br*. -**2.** [vendeur] (dispensing) chemist *Br*, druggist *Am*.

pharmacocinétique [farmakɔsinetik] *nf* pharmacokinetics *(sg)*.

pharmacodépendance [farmakɔdepɑ̃dɑ̃s] *nf* (pharmaceutical) drug dependency.

pharmacodynamie [farmakɔdinami] *nf* pharmacodynamics *(sg)*.

pharmacologie [farmakɔlɔʒi] *nf* pharmacology.

pharmacologique [farmakɔlɔʒik] *adj* pharmacological.

pharmacologue [farmakɔlɔg], **pharmacologiste** [farmakɔlɔʒist] *nmf* pharmacologist.

pharmacomanie [farmakɔmani] *nf* (pharmaceutical) drug-addiction, pharmacomania *spéc*.

pharmacopée [farmakɔpe] *nf* pharmacopeia, pharmacopoeia; **la Pharmacopée internationale** the International Pharmacopoeia.

pharmacovigilance [farmakɔviʒilɑ̃s] *nf* (pharmaceutical) drug testing and control, pharmaceutical monitoring.

pharyngal, e, aux [farɛ̃gal, o] *adj* pharyngal, pharyngeal LING.

◆ **pharyngale** *nf* pharyngal OU pharyngeal (consonant).

pharyngé, e [farɛ̃ʒe], **pharyngien, enne** [farɛ̃ʒjɛ̃, ɛn] *adj* pharyngal, pharyngeal ANAT.

pharyngite [farɛ̃ʒit] *nf* pharyngitis.

pharynx [farɛ̃ks] *nm* pharynx.

phase [faz] *nf* -**1.** [moment] phase, stage; **le projet en arrive à sa ~ d'exploitation** the project has moved into its first production run ☐ **~ critique** critical stage; MÉD critical phase; **~ terminale** final phase. -**2.** ÉLECTR & TECH phase; **différence de ~** difference in phase. -**3.** ASTRON phase; **~s de la Lune** phases of the Moon, lunar phases. -**4.** PHYS: **diagramme des ~s** phase OU constitution diagram; **règle des ~s** phase rule. -**5.** CHIM phase.

◆ **en phase** *loc adj* ÉLECTR, PHYS & TECH in phase; **les mouvements ne sont plus en ~** the movements are now out of phase; **être en ~** *fig* to see eye to eye.

phasme [fasm] *nm* stick insect, phasmid *spéc*.

Phébus [febys] *npr* Phoebus.

Phèdre [fɛdr] *npr* Phaedra.

Phénicie [fenisi] *npr f*: **(la) ~** Phoenicia.

phénicien, enne [fenisjɛ̃, ɛn] *adj* Phoenician.

◆ **Phénicien, enne** *nm, f* Phoenician.

◆ **phénicien** *nm* LING Phoenician.

phénique [fenik] *adj vieilli*: **acide ~** phenol.

phéniqué, e [fenike] *adj* phenolic, containing phenol.

phénix [feniks] *nm* -**1.** MYTH phoenix. -**2.** *litt* [prodige] paragon. -**3.** BOT palm tree.

phénobarbital [fenɔbarbital] *nm* phenobarbitone *Br*, phenobarbital *Am*.

phénocristal, aux [fenɔkristal, o] *nm* phenocryst.

phénol [fenɔl] *nm* phenol.

phénolique [fenɔlik] *adj* phenolic.

phénologie [fenɔlɔʒi] *nf* phenology.

phénoménal, e, aux [fenɔmenal, o] *adj* -**1.** [prodigieux] phenomenal, tremendous, amazing; **son sens des affaires est ~** he has phenomenal OU amazing business acumen; **un embouteillage ~** a most phenomenal OU unbelievable traffic jam; **il a un toupet ~** he's got (an) outrageous nerve, he's outrageously cheeky *Br*. -**2.** PHILOS phenomenal.

phénomène [fenɔmɛn] *nm* -**1.** SC phenomenon; **la grêle et autres ~s naturels** hail and other natural phenomena. -**2.** [manifestation] phenomenon; **la communication de masse est un ~ du XXe siècle** mass communication is a 20th-century phenomenon. -**3.** [prodige] prodigy, wonder; **une truite de 10 kg est un ~** a 10-kg trout is a rare phenomenon. -**4.** *fam* [excentrique] character; **un drôle de ~** an odd customer; **cette gamine, quel ~!** that kid is a

real character! -**5.** [monstre] freak. -**6.** PHILOS phenomenon.
phénoménisme [fenɔmenism] *nm* phenomenalism.
phénoméniste [fenɔmenist] *adj* & *nmf* phenomenalist.
phénoménologie [fenɔmenɔlɔʒi] *nf* phenomenology; 'la Phénoménologie de l'esprit' *Hegel* 'The Phenomenology of Mind'.
phénoménologique [fenɔmenɔlɔʒik] *adj* phenomenological.
phénoménologue [fenɔmenɔlɔg] *nmf* phenomenologist.
phénoplaste [fenɔplast] *nm* phenolic resin.
phénothiazine [fenɔtjazin] *nf* phenothiazine.
phénotype [fenɔtip] *nm* phenotype.
phénotypique [fenɔtipik] *adj* phenotypic, phenotypical.
phénylalanine [fenilalanin] *nf* phenylalanine.
phénylbutazone [fenilbytazon] *nf* phenylbutazone.
phénylcétonurie [fenilsetɔnyri] *nf* phenylketonuria.
phényle [fenil] *nm* phenyl radical.
phénylique [fenilik] *adj* phenylic.
phéochromocytome [feɔkrɔmɔsitom] *nm* pheochromocytoma.
phéophycée [feɔfise] *nf* member of the Laminaria.
phéromone [ferɔmɔn] *nf* pheromone.
phi [fi] *nm inv* phi.
Phidias [fidjas] *npr* Phidias.
Philadelphie [filadɛlfi] *npr* Philadelphia.
philanthe [filɑ̃t] *nm* bee-killer wasp.
philanthrope [filɑ̃trɔp] *nmf* philanthrope, philanthropist.
philanthropie [filɑ̃trɔpi] *nf* philanthropy.
philanthropique [filɑ̃trɔpik] *adj* philanthropic.
philatélie [filateli] *nf* philately *spéc*, stamp-collecting.
philatélique [filatelik] *adj* philatelic.
philatéliste [filatelist] *nmf* philatelist *spéc*, stamp-collector.
Philémon [filemɔ̃] *npr* Philemon; ~ **et Baucis** Philemon and Baucis.
philharmonie [filarmɔni] *nf* philharmonic OU musical society.
philharmonique [filarmɔnik] ◇ *adj* philharmonic.
◇ *nm*: **le ~ de Boston** the Boston Philharmonic (Orchestra).
Philippe [filip] *npr*: ~ **II (de Macédoine)** Philip II (of Macedon); ~ **Auguste** Philip Augustus; ~ **le Bel** Philip the Fair.
philippin, e [filipɛ̃, in] *adj* Filipino.
◆ **Philippin, e** *nm, f* Filipino.
Philippines [filipin] *npr fpl*: **les ~** the Philippines, the Philippine Islands; **aux ~** in the Philippines.
philippique [filipik] *nf litt* philippic.
philistin, e [filistɛ̃, in] *litt* ◇ *adj* philistine, uncultured; **dédaignant les récriminations ~es** scorning the recriminations of the philistines.
◇ *nm, f* philistine.
Philistins [filistɛ̃] *npr mpl*: **les ~** the Philistines.
philo *fam* [filo] *nf* philosophy.
philodendron [filɔdɛ̃drɔ̃] *nm* philodendron.
philologie [filɔlɔʒi] *nf* philology.
philologique [filɔlɔʒik] *adj* philological.
philologue [filɔlɔg] *nmf* philologist.
philosophale [filɔzɔfal] *adj f*: **pierre ~** philosopher's stone.
philosophe [filɔzɔf] ◇ *adj* philosophical; **elle est très ~** she's very philosophical.
◇ *nm, f* -**1.** PHILOS philosopher. -**2.** [sage]: **il a pris la chose en ~** he took it philosophically OU calmly.
philosopher [3] [filɔzɔfe] *vi* to philosophize, to speculate; ~ **sur** to philosophize about *(insép)*.
philosophie [filɔzɔfi] *nf* -**1.** PHILOS philosophy. -**2.** ENS philosophy; **faire des études de ~** to study OU to read *Br* philosophy. -**3.** [conception] philosophy; **quelle est votre ~ de la vie?** what's your philosophy of life? -**4.** [sagesse]: **il est plein de ~** he is very wise.
◆ **avec philosophie** *loc adv* philosophically.
philosophique [filɔzɔfik] *adj* philosophical.
philosophiquement [filɔzɔfikmɑ̃] *adv* -**1.** PHILOS philosophically. -**2.** [avec sagesse] philosophically.
philtre [filtr] *nm* love-potion, philtre.
phimosis [fimɔzis] *nm* phimosis.
phlébite [flebit] *nf* phlebitis.
phlébographie [flebɔgrafi] *nf* phlebography.
phlébologie [flebɔlɔʒi] *nf* phlebology.
phlébologue [flebɔlɔg] *nmf* phlebologist.
phlébotome [flebɔtɔm] *nm* sandfly.
phlébotomie [flebɔtɔmi] *nf* phlebotomy.
phlegmon [flɛgmɔ̃] *nm* phlegmon.
phlegmoneux, euse [flɛgmɔnø, øz] *adj* phlegmonous.
phlox [flɔks] *nm* phlox.
pH-mètre [peaʃmɛtr] (*pl* **pH-mètres**) *nm* pH meter.
Phnom Penh [pnɔmpɛn] *npr* Phnom Penh.
phobie [fɔbi] *nf* -**1.** PSYCH phobia. -**2.** [aversion] aversion; **avoir la ~ de qqch** to have an aversion to sthg.
phobique [fɔbik] *adj* phobic.
Phocée [fɔse] *npr* Phocaea.
phocéen, enne [fɔseɛ̃, ɛn] *adj* -**1.** ANTIQ Phocaean. -**2.** [de Marseille] from Marseille; **la cité ~ne** *the city of Marseille.*
◆ **Phocéen, enne** *nm, f* -**1.** ANTIQ Phocaean. -**2.** *vieilli inhabitant of or person from Marseille.*
phoenix [feniks] = **phénix 3**.
phonateur, trice [fɔnatœr, tris] *adj* phonatory; **l'appareil ~** the phonatory apparatus.
phonation [fɔnasjɔ̃] *nf* phonation *spéc*, speech.
phonatoire [fɔnatwar] *adj* phonatory; **acte ~** phonatory act.
phone [fɔn] *nm* phon.
phonématique [fɔnematik] ◇ *adj* phonemic, phonematic.
◇ *nf* phonemics *(sg)*.
phonème [fɔnɛm] *nm* phoneme.
phonémique [fɔnemik] ◇ *adj* phonemic.
◇ *nf* phonemics *(sg)*.
phonéticien, enne [fɔnetisjɛ̃, ɛn] *nm, f* phonetician.
phonétique [fɔnetik] ◇ *adj* phonetic.
◇ *nf* phonetics *(sg)*.
phonétiquement [fɔnetikmɑ̃] *adv* phonetically.
phoniatre [fɔnjatr] *nmf* speech therapist.
phoniatrie [fɔnjatri] *nf* speech therapy.
phonie [fɔni] *nf* -**1.** (*abr de* **radiotéléphonie**) radiotelephony. -**2.** (*abr de* **téléphonie**) telephony.
phonique [fɔnik] *adj* -**1.** LING phonic. -**2.** [relatif aux sons] sound *(modif)*.
phono *fam* [fɔno] *nm* phonograph, gramophone.
phonocapteur, trice [fɔnɔkaptœr, tris] *adj* sound-reproducing *(avant n)*.
phonocardiographie [fɔnɔkardjɔgrafi] *nf* phonocardiography.
phonogénique [fɔnɔʒenik] *adj*: **voix ~** RAD good broadcasting voice; AUDIO good recording voice.
phonogramme [fɔnɔgram] *nm* phonogram.
phonographe [fɔnɔgraf] *nm* phonograph, gramophone.
phonographique [fɔnɔgrafik] *adj* phonographic.
phonologie [fɔnɔlɔʒi] *nf* phonology.
phonologique [fɔnɔlɔʒik] *adj* phonological.
phonologue [fɔnɔlɔg] *nmf* phonologist.
phonométrie [fɔnɔmetri] *nf* phonometry.
phonon [fɔnɔ̃] *nm* phonon.
phonothèque [fɔnɔtɛk] *nf* sound archives.
phoque [fɔk] *nm* -**1.** ZOOL seal; ~ **à capuchon** hooded seal. -**2.** [fourrure] sealskin.
phormium [fɔrmjɔm] *nm* phormium, New Zealand flax.
phosgène [fɔsʒɛn] *nm* phosgene.
phosphatage [fɔsfataʒ] *nm* phosphatization.
phosphatase [fɔsfataz] *nf* phosphatase.
phosphatation [fɔsfatasjɔ̃] *nf* phosphate coating.
phosphate [fɔsfat] *nm* phosphate.
phosphaté, e [fɔsfate] *adj* phosphatized; **des engrais ~s** phosphates AGR.
phosphater [3] [fɔsfate] *vt* -**1.** AGR to phosphatize. -**2.** MÉTALL to phosphate, to phosphatize.
phosphène [fɔsfɛn] *nm* phosphene.
phosphine [fɔsfin] *nf* phosphine; **~s primaires/secondaires/tertiaires** primary/secondary/tertiary phosphines.
phosphite [fɔsfit] *nm* phosphite.
phosphoglycérique [fɔsfɔgliserik] *adj*: **acide ~** phosphoglyceric acid.
phospholipide [fɔsfɔlipid] *nm* phospholipid.
phosphore [fɔsfɔr] *nm* CHIM phosphorus.
phosphoré, e [fɔsfɔre] *adj* [naturellement] phosphorated; [artificiellement] phosphoretted.
phosphorer *fam* [3] [fɔsfɔre] *vi* [réfléchir] to cogitate *hum*, to do a lot of hard thinking; **qu'est-ce que ça phosphore!** my brain hurts from overuse!
phosphorescence [fɔsfɔresɑ̃s] *nf* phosphorescence.
phosphorescent, e [fɔsfɔresɑ̃, ɑ̃t] *adj* -**1.** PHYS phosphorescent. -**2.** [luisant] luminous, glowing.
phosphoreux, euse [fɔsfɔrø, øz] *adj*: **acide ~** phosphorous acid; **bronze ~** phosphor bronze.
phosphorique [fɔsfɔrik] *adj* phosphoric.
phosphorisme [fɔsfɔrism] *nm* phosphorism.
phosphorite [fɔsfɔrit] *nf* phosphorite, phosphate rock.
phosphorylation [fɔsfɔrilasjɔ̃] *nf* phosphorylation.
phosphure [fɔsfyr] *nm* phosphide.
photo [fɔto] *nf* -**1.** [cliché] photo, shot; **avez-vous fait des ~s?** did you take any pictures?; **les ~s du tournage** CIN the shooting stills ❑ ~ **de famille** family portrait; **poser pour la traditionnelle ~ de famille** *fig* [politiciens, sportifs] to have the traditional group photograph taken; ~ **d'identité** passport photo; **tu veux ma ~?** when you've quite finished gawping at me! -**2.** [activité] photography; **faire de la ~ en amateur/professionnel** to be an amateur/professional photographer.
◆ **en photo** ◇ *loc adj* on a photograph; **des fleurs en ~** a photo of some flowers.
◇ *loc adv*: **prendre qqn en ~** to take sb's picture; **prendre qqch en ~** to take a picture of sthg.
photocathode [fɔtɔkatɔd] *nf* photocathode.
photochimie [fɔtɔʃimi] *nf* photochemistry.
photochimique [fɔtɔʃimik] *adj* photochemical.
photocomposer [3] [fɔtɔkɔ̃poze] *vt* to filmset, to photoset, to photocompose.
photocomposeuse [fɔtɔkɔ̃pozøz] *nf* photocomposer, photo OU phototype setter, filmsetter *Br*.
photocompositeur [fɔtɔkɔ̃pozitœr] *nm* photocomposer OU photosetter (technician), filmsetter *Br*.
photocomposition [fɔtɔkɔ̃pozisjɔ̃] *nf* photocomposition, photosetting, filmsetting *Br*.
photoconducteur, trice [fɔtɔkɔ̃dyktœr, tris] *adj* photoconductive; **cellule photoconductrice** photoconductor cell.
photoconduction [fɔtɔkɔ̃dyksjɔ̃] *nf* photoconductivity, photoconduction.
photocopie [fɔtɔkɔpi] *nf* photocopy, Xerox® (copy).

photocopier [9] [fɔtɔkɔpje] *vt* to photocopy, to Xerox®; **photocopiez-moi ce document en trois exemplaires, s'il vous plaît** please make three photocopies OU copies of this document for me.

photocopieur [fɔtɔkɔpjœr] *nm* , **photocopieuse** [fɔtɔkɔpjøz] *nf* photocopier, Xerox® machine.

photodiode [fɔtɔdjɔd] *nf* photodiode.

photoélasticimétrie [fɔtɔelastisimetri] *nf* measurement of photoelasticity.

photoélasticité [fɔtɔelastisite] *nf* photoelasticity.

photoélectricité [fɔtɔelɛktrisite] *nf* photoelectricity.

photoélectrique [fɔtɔelɛktrik] *adj* photoelectric.

photoémetteur, trice [fɔtɔemetœr, tris] *adj* photoemissive.

photo-finish [fɔtɔfiniʃ] (*pl* **photos-finish**) *nf* photo finish.

photogène [fɔtɔʒɛn] *adj* -**1.** PHYS photogenic. -**2.** BIOL: **organe ~** photophore.

photogenèse [fɔtɔʒənɛz] *nf* photogenesis.

photogénique [fɔtɔʒenik] *adj* photogenic.

photogrammétrie [fɔtɔgrametri] *nf* photogrammetry.

photographe [fɔtɔgraf] *nmf* -**1.** [artiste] photographer; **ils ont posé sur le perron pour les ~s** they had a photocall on the steps □ **~ de presse/mode** press/fashion photographer. -**2.** [commerçant] dealer in photographic equipment; **je vais apporter ce film chez le ~** I'm taking this film to the developer's OU photo shop.

photographie [fɔtɔgrafi] *nf* -**1.** [activité] photography; **faire de la ~** [comme photographe] to work as a photographer; [comme amateur] to do amateur photography □ **~ aérienne/en couleurs** aerial/colour photography. -**2.** [cliché - de professionnel] photograph, picture; [- d'amateur] picture, snap, snapshot; **prendre une ~ de qqn** to take a photograph OU a picture of sb; **nos ~s de Grèce** our Greek snaps OU snaps from Greece; **toutes les ~s du mariage** all the wedding pictures OU pictures of the wedding □ **~ d'identité** passport photograph. -**3.** [reproduction]: **ce sondage est une ~ de l'opinion** this survey is an accurate reflection of public opinion.

photographier [9] [fɔtɔgrafje] *vt* -**1.** PHOT to photograph, to take photographs OU pictures of; **se faire ~** to have one's picture taken. -**2.** *fig* [mémoriser] to memorize (photographically).

photographique [fɔtɔgrafik] *adj* -**1.** PHOT photographic. -**2.** *fig* [fidèle à la réalité]: **il nous a fait une description presque ~ des lieux** he described the place in the minutest detail.

photographiquement [fɔtɔgrafikmɑ̃] *adv* photographically.

photograveur [fɔtɔgravœr] *nm* photoengraver.

photogravure [fɔtɔgravyr] *nf* photoengraving.

photo-interprétation [fɔtɔɛ̃tɛrpretasjɔ̃] (*pl* **photos-interprétations**) *nf* photo-interpretation.

photolecture [fɔtɔlɛktyr] *nf* optical character recognition, OCR.

photoluminescence [fɔtɔlyminesɑ̃s] *nf* photoluminescence.

photolyse [fɔtɔliz] *nf* photolysis.

Photomaton® [fɔtɔmatɔ̃] *nm* photobooth.

photomécanique [fɔtɔmekanik] *adj* photomechanical.

photomètre [fɔtɔmɛtr] *nm* photometer.

photométrie [fɔtɔmetri] *nf* photometry.

photométrique [fɔtɔmetrik] *adj* photometric.

photomontage [fɔtɔmɔ̃taʒ] *nm* photomontage.

photomultiplicateur, trice [fɔtɔmyltiplikatœr, tris] *adj* photomultiplier *(modif)*.
◆ **photomultiplicateur** *nm* photomultiplier.

photon [fɔtɔ̃] *nm* photon.

photonique [fɔtɔnik] *adj* photonic.

photopériode [fɔtɔperjɔd] *nf* photoperiod.

photopériodique [fɔtɔperjɔdik] *adj* photoperiodic.

photopériodisme [fɔtɔperjɔdism] *nm* photoperiodism.

photophobie [fɔtɔfɔbi] *nf* photophobia.

photophore [fɔtɔfɔr] *nm* photophore.

photopile [fɔtɔpil] *nf* photocell.

photopolymère [fɔtɔpɔlimɛr] *adj* photopolymer.

photorécepteur [fɔtɔresɛptœr] *nm* photoreceptor.

photoreportage [fɔtɔrəpɔrtaʒ] *nm* PRESSE report *(consisting mainly of photographs)*.

photorésistant, e [fɔtɔrezistɑ̃, ɑ̃t] *adj* photoresistant.

photo-robot [fɔtɔrɔbo] (*pl* **photos-robots**) *nm* Photofit® OU Identikit® (picture).

photo-roman [fɔtɔrɔmɑ̃] (*pl* **photos-romans**) = **roman-photo**.

photosensibilisation [fɔtɔsɑ̃sibilizasjɔ̃] *nf* photosensitization.

photosensibilité [fɔtɔsɑ̃sibilite] *nf* photosensitivity.

photosensible [fɔtɔsɑ̃sibl] *adj* photosensitive.

photosphère [fɔtɔsfɛr] *nf* photosphere.

photostoppeur, euse [fɔtɔstɔpœr, øz] *nm, f* street photographer.

photosynthèse [fɔtɔsɛ̃tɛz] *nf* photosynthesis.

photosynthétique [fɔtɔsɛ̃tetik] *adj* photosynthetic.

phototactisme [fɔtɔtaktism] *nm*, **phototaxie** [fɔtɔtaksi] *nf* phototaxis, phototaxy.

photothèque [fɔtɔtɛk] *nf* picture OU photographic library.

phototransistor [fɔtɔtrɑ̃zistɔr] *nm* phototransistor.

phototropisme [fɔtɔtrɔpism] *nm* phototropism.

photovoltaïque [fɔtɔvɔltaik] *adj* photovoltaic.

phrase [fraz] *nf* -**1.** LING sentence; [en grammaire transformationnelle] phrase. -**2.** [énoncé]: **sa dernière ~** the last thing he said; **laisse-moi finir ma ~** let me finish (what I have to say); **~ célèbre** famous saying OU remark □ **~ toute faite** set phrase; **petite ~** POL (significant) remark OU comment; **faire de grandes ~s** OU **des ~s** to talk hot air. -**3.** MUS phrase.
◆ **sans phrases** *loc adv* [franchement] straightforwardly.

phrasé [fraze] *nm* phrasing MUS.

phraséologie [frazeɔlɔʒi] *nf* phraseology.

phraser [3] [fraze] *vi* to phrase MUS.

phraseur, euse [frazœr, øz] *nm, f* speechifier *péj*, person of fine words *péj*.

phréatique [freatik] *adj* phreatic.

phrénique [frenik] *adj* phrenic.

phrénologie [frenɔlɔʒi] *nf* phrenology.

Phrygie [friʒi] *npr f*: **(la) ~** Phrygia.

phrygien, enne [friʒjɛ̃, ɛn] *adj* -**1.** ANTIQ Phrygian; **bonnet ~** Phrygian cap. -**2.** MUS: **mode ~** phrygian mode.
◆ **Phrygien, enne** *nm, f* Phrygian.

BONNET PHRYGIEN:
This red conical cloth cap was an emblem of the French Revolution, symbolising the freedom of the people. Marianne is always depicted wearing one.

---

phtalique [ftalik] *adj m* phthalic.

phtiriase [ftirjaz] *nf* phthiriasis.

phtirius [ftirjys] *nm* pubic louse, Phthirus pubis *spéc*.

phtisie [ftizi] *nf vieilli* consumption, phthisis *spéc*; **~ galopante** galloping consumption.

phtisiologie [ftizjɔlɔʒi] *nf* phthisiology.

phtisiologue [ftizjɔlɔg] *nmf* phthisiologist.

phtisique [ftizik] *adj & nmf vieilli* consumptive, phthisic *spéc*.

phylactère [filaktɛr] *nm* -**1.** RELIG phylactery, teffilah. -**2.** BX-ARTS phylactery, scroll. -**3.** [dans une bande dessinée] bubble, balloon.

phylloxéra, phylloxera [filɔksera] *nm* phylloxera.

phylloxéré, e [filɔksere] *adj* phylloxerated.

physalie [fizali] *nf* Portuguese man-of-war, Physalia *spéc*.

physalis [fizalis] *nm* winter OU ground cherry, Physalis *spéc*.

physe [fiz] *nf* physa.

physicien, enne [fizisjɛ̃, ɛn] *nm, f* physicist; **~ nucléaire** nuclear physicist.

physico-chimie [fizikɔʃimi] (*pl* **physico-chimies**) *nf* physical chemistry, physicochemistry.

physico-chimique [fizikɔʃimik] (*pl* **physico-chimiques**) *adj* physicochemical.

physico-mathématique [fizikɔmatematik] (*pl* **physico-mathématiques**) *adj* physicomathematical.

physiocratie [fizjɔkrasi] *nf* physiocracy.

physiognomonie [fizjɔgnɔmɔni] *nf* physiognomy (science).

physiologie [fizjɔlɔʒi] *nf* physiology.

physiologique [fizjɔlɔʒik] *adj* physiological.

physiologiquement [fizjɔlɔʒikmɑ̃] *adv* physiologically.

physiologiste [fizjɔlɔʒist] *nmf* physiologist.

physionomie [fizjɔnɔmi] *nf* -**1.** [visage] features, facial appearance, physiognomy *litt*; **il y a quelque chose dans sa ~ qui attire la sympathie** there's something about his face that draws you to him. -**2.** [aspect] face, appearance; **la ~ des choses** the face of things; **la ~ du quartier a changé en dix ans** the appearance of the district has changed in ten years; **ceci a modifié la ~ du marché** this has altered the appearance of the market.

physionomiste [fizjɔnɔmist] ◇ *adj* good at remembering faces, observant (of people's faces); **je ne suis pas très ~** I'm not very good at (remembering) faces.
◇ *nmf* physiognomist.

physiopathologie [fizjɔpatɔlɔʒi] *nf* physiopathology.

physiopathologique [fizjɔpatɔlɔʒik] *adj* physiopathologic, physiopathological.

physiothérapie [fizjɔterapi] *nf* natural medicine.

physique[1] [fizik] *nf* SC physics *(sg)*; **~ expérimentale/nucléaire** experimental/nuclear physics; **~ du sol** soil mechanics.

physique[2] [fizik] ◇ *adj* -**1.** SC [propriété] physical. -**2.** [naturel - monde, univers] physical, natural. -**3.** [corporel - exercice, force, effort] physical, bodily; [- symptôme] physical, somatic *spéc*; [- souffrance] physical, bodily; **c'est ~** *fam*: **je ne le supporte pas, c'est ~** I can't stand him, it's a gut reaction. -**4.** [sexuel - plaisir, jouissance] physical, carnal.
◇ *nm* -**1.** [apparence]: **avoir un ~ ingrat** to be physically unattractive; **un ~ avantageux** good looks □ **avoir le ~ de l'emploi** THÉÂT & *fig* to look the part. -**2.** [constitution] physical condition; **au ~ comme au moral** physically as well as morally speaking.

physiquement [fizikmɑ̃] *adv* physically; **il n'est pas mal ~** he's quite good-looking.

physisorption [fizisɔrpsjɔ̃] *nf* physisorption.

physostigma [fizɔstigma] *nm* physostigma.

physostome [fizɔstɔm] *nm* physostomous fish.

phytobiologie [fitɔbjɔlɔʒi] *nf* phytobiology.

phytoflagellé [fitɔflaʒele] *nm* phytoflagellate.

phytogéographie [fitɔʒeɔgrafi] *nf* phytogeography.

phytohormone [fitɔɔrmɔn] *nf* phytohormone.

phytopathologie [fitɔpatɔlɔʒi] *nf* phytopathology.

phytophage [fitɔfaʒ] *adj* phytophagous.

phytopharmacie [fitɔfarmasi] *nf* plant pharmacology.

phytoplancton [fitɔplɑ̃ktɔ̃] *nm* phytoplankton.

phytosanitaire [fitɔsanitɛr] *adj* plant-care *(modif)*, phytosanitary *spéc*; **produit** ~ pesticide.

phytosociologie [fitɔsɔsjɔlɔʒi] *nf* phytosociology.

phytothérapeute [fitɔterapøt] *nmf* expert in herbal OU plant medicine.

phytothérapie [fitɔterapi] *nf* herbal medicine.

pi [pi] *nm inv* -**1.** [lettre] pi. -**2.** MATH pi. -**3.** PHYS pion, pi meson.

piaf *fam* [pjaf] *nm* [moineau] sparrow; **cervelle** OU **crâne** OU **tête de** ~! *fig* birdbrain!

piaffement [pjafmɑ̃] *nm* pawing (the ground).

piaffer [3] [pjafe] *vi* -**1.** [cheval] to paw the ground. -**2.** [personne]: ~ **d'impatience** to be champing at the bit, to be seething with impatience.

piaillement [pjajmɑ̃] *nm* squawking; **les** ~**s qui montaient de la basse-cour** the clucking noises coming from the farmyard.

piailler [3] [pjaje] *vi* -**1.** [oiseau] to chirrup, to chirp, to tweet; [volaille] to squawk. -**2.** *fam* [enfant] to squawk, to screech.

piaillerie [pjajri] *nf* -**1.** [cri - d'oiseau] chirping; [- de volaille] squawking. -**2.** *fam (gén pl)* squawking, screeching.

piailleur, euse *fam* [pjajœr, øz] *nm, f* squawker.

pian [pjɑ̃] *nm* yaws *(sg)*, framboesia.

pianissimo [pjanisimo] *adv* -**1.** MUS pianissimo. -**2.** *fam* [doucement] nice and slowly.

pianiste [pjanist] *nmf* pianist, piano player.

pianistique [pjanistik] *adj* [aptitude, technique] piano *(modif)*, pianoplaying *(modif)*; **l'œuvre** ~ **de Mozart** Mozart's works for piano.

piano [pjano] ◇ *nm* [instrument] piano, pianoforte; **se mettre au** ~ [s'asseoir] to sit at the piano; [jouer] to go to the piano (and start playing); [apprendre] to take up the piano; **au** ~, **Clara Bell** [classique] the pianist is Clara Bell; [jazz] on piano, Clara Bell ❑ ~ **droit/à queue** upright/grand piano; ~ **à bretelles** *fam*, ~ **du pauvre** accordion; ~ **de concert** concert grand; ~ **demi-queue** baby grand; ~ **mécanique** Pianola®, player piano; ~ **préparé** prepared piano.

◇ *adv* -**1.** MUS piano *adv*. -**2.** *fam* [doucement] easy *adv*, gently; **vas-y** ~ go easy, take it easy, easy does it.

piano-bar [pjanobar] (*pl* **pianos-bars**) *nm* *bar with live piano music.*

pianoforte [pjanofɔrte] *nm* pianoforte.

pianotage [pjanɔtaʒ] *nm* -**1.** [sur un piano] tinkling (on a piano). -**2.** [sur un clavier] tapping away (at a keyboard).

pianoter [3] [pjanɔte] ◇ *vi* -**1.** [jouer du piano] to tinkle away at the piano. -**2.** [tapoter sur un objet] to drum one's fingers. -**3.** *fam* [taper sur un clavier] to tap away; ~ **sur un ordinateur** to tap away at a computer.

◇ *vt* [sur un piano] to tinkle out on the piano.

piastre [pjastr] *nf* -**1.** [au Proche-Orient] piastre. -**2.** *fam Can* [dollar] one-dollar OU dollar bill. -**3.** HIST piastre, piece of eight.

piaule *fam* [pjol] *nf* -**1.** [chambre] room. -**2.** [logement d'étudiant] place.

piaulement [pjolmɑ̃] *nm* -**1.** [d'un oiseau] cheep. -**2.** [d'un enfant] whimpering.

piauler [3] [pjole] *vi* -**1.** [oiseau] to cheep. -**2.** [enfant] to whimper.

piazza [pjadza] *nf* piazza *Br*, gallery *Am*.

PIB (*abr de* **produit intérieur brut**) *nm* GDP.

pic [pik] *nm* -**1.** GÉOG & TECH peak. -**2.** [outil] pick, pickaxe; ~ **à glace** ice-pick. -**3.** ORNITH woodpecker; ~ **cendré/mar/noir** grey-headed/middle-spotted/black woodpecker.

◆ **à pic** *loc adv* -**1.** [verticalement] straight down; **les rochers tombent à** ~ **dans la mer** the sheer rocks go straight down to the sea; **couler à** ~ to go straight down OU straight to the bottom. -**2.** *fam* [au bon moment] spot on *Br*, just at the right time; **tomber** OU **arriver à** ~: **tu tombes** OU **tu arrives à** ~, **j'allais t'appeler** you've come just at the right time OU right on cue, I was about to call you; **cet argent arrive on ne peut plus à** ~ that money couldn't have come at a better moment.

pica [pika] *nm* pica.

picador [pikadɔr] *nm* picador.

picage [pikaʒ] *nm* ORNITH feather eating.

picaillons▽ [pikajɔ̃] *nmpl* [argent] dough, bread, readies *Br*; **avoir des** ~ to be loaded.

picard, e [pikar, ard] *adj* from Picardy.

◆ **Picard, e** *nm, f inhabitant of or person from Picardy.*

◆ **picard** *nm* LING Picard OU Picardy dialect.

Picardie [pikardi] *npr f*: (la) ~ Picardy.

picaresque [pikarɛsk] *adj* picaresque.

piccolo [pikɔlo] *nm* piccolo.

pichenette [piʃnɛt] *nf* flick; **d'une** ~, **elle envoya la miette par terre** she flicked the crumb onto the ground.

pichet [piʃɛ] *nm* jug, pitcher.

pickpocket [pikpɔkɛt] *nm* pickpocket.

pick-up [pikœp] *nm inv* -**1.** [lecteur] pick-up (arm); *vieilli* [tourne-disque] record player. -**2.** [camion] pick-up (truck).

pico- [piko] *préf* pico-.

picoler *fam* [3] [pikɔle] *vi* [boire] to booze; **qu'est-ce qu'on a picolé ce soir-là!** we didn't half knock it back *Br* OU we sure knocked it back *Am* that night!; **il picole pas mal** he's a real boozer.

picoleur, euse *fam* [pikɔlœr, øz] *nm, f* [buveur] heavy drinker, boozer.

picorer [3] [pikɔre] *vt* -**1.** [oiseau] to peck (at). -**2.** [personne] to nibble (away) at *(insép)*, to pick at *(insép)*; *(en usage abs)*: **cette enfant ne fait que** ~ that child doesn't eat enough (to keep a bird alive).

picot [piko] *nm* -**1.** MÉCAN barb, point; ~ **d'entraînement** feed pin. -**2.** CONSTR pick hammer. -**3.** [au crochet, en dentelle] picot. -**4.** PÊCHE flatfish net.

◆ **à picots** *loc adj* [dispositif, entraînement] sprocket *(modif)*.

picotage [pikɔtaʒ] *nm* pecking.

picotement [pikɔtmɑ̃] *nm* [dans les yeux] smarting OU stinging (sensation); [dans la gorge] tickle; [sur la peau] tingle, prickle; **j'ai des** ~**s dans les doigts** my fingers are tingling; **j'ai des** ~**s dans les yeux** my eyes are smarting; **ça me donne des** ~**s partout** it makes my flesh crawl OU creep.

picoter [3] [pikɔte] *vt* -**1.** [piquer - yeux] to sting, to smart; [- gorge] to irritate, to tickle; [- peau, doigt] to sting; **la fumée lui picotait les yeux** the smoke was stinging his eyes; **j'ai les orteils qui me picotent** my toes are tingling. -**2.** [suj: oiseau] to peck at *(insép)*.

picotin [pikɔtɛ̃] *nm* -**1.** [mesure] peck. -**2.** [ration]: ~ **(d'avoine)** peck of oats.

picrate [pikrat] *nm* -**1.** CHIM picrate. -**2.** ▽ *péj* [vin] rotgut, plonk *Br*.

picrique [pikrik] *adj m* picric.

picte [pikt] *adj* Pictish.

◆ **Picte** *nmf* Pict.

pictogramme [piktɔgram] *nm* pictogram, pictograph.

pictographique [piktɔgrafik] *adj* pictographic.

pictural, e, aux [piktyral, o] *adj* pictorial.

pic-vert [pivɛr] (*pl* **pics-verts**) = **pivert**.

pidgin [pidʒin] *nm* pidgin.

pie [pi] ◇ *adj* -**1.** [couleur] pied; **cheval** ~ piebald (horse); **vache** ~ **noire** black and white cow. -**2.** *litt* [pieux]: **œuvre** ~ pious work.

◇ *nf* -**1.** ORNITH magpie; **trouver la** ~ **au nid** to make a lucky find; **'la Pie voleuse'** *Rossini* 'The Thieving Magpie'. -**2.** *fam* [personne] chatterbox.

Pie [pi] *npr* [pape] Pius.

pièce [pjɛs] ◇ *nf* -**1.** [morceau] piece, bit; **une** ~ **de viande** [flanc] a side of meat; [morceau découpé] a piece OU cut of meat; **une** ~ **de tissu** [coupée] a piece OU length of cloth; [sur rouleau] a roll of cloth; **mettre qqch en** ~**s** [briser] to smash sthg to pieces; [déchirer] to tear OU to pull sthg to pieces; [critiquer] to tear sthg to pieces; ~ **à** ~ piecemeal, gradually; **le domaine constitué** ~ **à** ~ **par mon père** the estate painstakingly built up by my father ❑ **d'une seule** ~, **tout d'une** ~ *pr* all of a piece; **il est tout d'une** ~ *fig* he's very blunt OU straightforward; **monter qqch de toutes** ~**s**: **il n'a jamais travaillé pour nous, il a monté cela de toutes** ~**s** he never worked for us, he made up OU invented the whole thing; **c'est un mensonge monté de toutes** ~**s** it's an out-and-out lie OU a lie from start to finish; **fait de** ~**s et de morceaux** *pr* & *fig* made up of bits and pieces, cobbled together. -**2.** [d'une collection] piece, item; [d'un mécanisme] part; [d'un jeu] piece; **ménagère de 36** ~**s** 36-piece cutlery set ❑ ~ **détachée** (spare) part; **en** ~**s détachées** in separate pieces OU parts; **le bureau est livré en** ~**s détachées** the desk comes in kit form; ~**s et main d'œuvre** parts and labour; ~ **maîtresse** centrepiece; **la** ~ **maîtresse de ma collection** the centrepiece of OU choicest piece in my collection; **la** ~ **maîtresse d'une argumentation** the main part OU the linchpin of an argument; ~ **de musée** *pr* & *fig* museum piece; ~ **de rechange** spare OU replacement part; **les** ~**s d'un puzzle** *pr* & *fig* the pieces of a puzzle. -**3.** COUT patch; **je vais y mettre une** ~ I'll patch it OU put a patch on it ❑ ~ **rapportée** *pr* patch; *fig* [personne] odd person out. -**4.** [salle] room; **un deux-**~**s** a one-bedroom flat *Br* OU apartment *Am*; **un trois-**~**s cuisine** a two-bedroom flat *Br* OU apartment *Am*. -**5.** [document] paper, document; ~ **comptable** (accounting) voucher; ~ **à conviction** JUR exhibit; ~ **d'identité** proof of identity, ID; **avez-vous une** ~ **d'identité?** do you have any proof of identity OU any ID?; ~**s jointes** enclosures; ~**s justificatives** supporting documents; **(avec)** ~**s à l'appui**: **je vous le démontrerai** ~**s à l'appui** I'll show you (actual) proof of it. -**6.** LITTÉRAT & MUS piece; ~ **pour violoncelle** piece for cello; ~ **de circonstance** situation piece; ~ **(de théâtre)** play; **petite** ~ playlet; ~ **écrite pour la télévision** television play *Br*, play written for TV *Am*; **monter une** ~ to put on OU to stage a play. -**7.** [de monnaie] coin; **une** ~ **de 10 francs** a 10-franc coin OU piece; **je n'ai que quelques** ~**s dans ma poche** I've only got some loose change in my pocket; **donner la** ~ **à qqn** *vieilli* to tip sb, to give sb a tip. -**8.** [champ]: **une** ~ **d'avoine** a field sown in oats; **mettre une** ~ **en betteraves** to grow beetroot on a piece of land. -**9.** CULIN: ~ **montée** wedding cake; ~ **de résistance** *pr* main dish, pièce de résistance; *fig* pièce de résistance. -**10.** ŒNOL: ~ **de vin** cask of wine. -**11.** MIL: ~ **(d'artillerie)** gun. -**12.** MÉTALL: ~ **battue** draw-back. -**13.** ÉLECTR: ~ **polaire** polar piece. -**14.** ZOOL: ~**s buccales** mouthparts. -**15.** *loc*: **faire** ~ **à qqn** to set up in opposition to sb.

◇ *adv* [chacun] each, apiece; **les roses sont à 20 F** ~ the roses are 20 F each OU apiece.

◆ **à la pièce** *loc adv* [à l'unité] singly, separately; **ceux-ci sont vendus à la** ~ these are sold separately OU individually.

◆ **à la pièce, aux pièces** *loc adv*: **travailler à la** ~ to be on OU to do piecework; **être payé à la** ~ to be paid a OU on piece rate; **le travail est payé à la** ~ you get a piecework rate ❑ **on n'est pas aux** ~**s!** *fam* what's the big hurry?, where's the fire?

◆ **sur pièces** *loc adv* on evidence; **juger sur** ~**s** to judge for o.s.

◆ **pièce d'eau** *nf* -**1.** [lac] (ornamental) lake. -**2.** [bassin] (ornamental) pond.

PIÈCE:
Flats in France are referred to in terms of the total number of rooms they have (excluding the kitchen and bathroom). "Un deux-pièces" is a flat with a living room and one bedroom; "un cinq-pièces" is a flat with five rooms.

piécette [pjesɛt] *nf* [monnaie] small coin.

pied [pje] *nm* -**1.** ANAT & ZOOL foot; **~s nus** barefoot *adv*; **marcher/être ~s nus** to walk/to be barefoot; **ne va pas ~s nus dans le jardin** don't go into the garden barefoot OU with nothing on your feet; **avoir** OU **marcher les ~s en dedans** to be pigeon-toed, to walk with one's feet turned in; **avoir** OU **marcher les ~s en dehors** to be splay-footed OU duck-toed *Am*, to walk with one's feet turned out; **sauter à ~s joints** to make a standing jump; **le ~ m'a manqué** my foot slipped, I lost my footing; **mettre le ~ (en plein) dans qqch** to step right in sthg; **je vais lui mettre mon ~ quelque part** *euph* I'll kick him OU give him a kick up the backside; **mettre ~ à terre** [à cheval, à moto] to dismount; **lorsqu'ils mirent le ~ sur le sol de France** when they set foot on French soil; **je n'ai pas mis les ~s dehors/à l'église depuis longtemps** *fam* I haven't been out/to church for a long time; **je ne mettrai** OU **remettrai plus jamais les ~s là-bas** I'll never show my face round there any more; **ils ne remettront plus les ~s dans notre hôtel** they'll never set foot in our hotel again ☐ **avoir les ~s plats** to have flat feet *pr*, to be flat-footed *pr*; **coup de ~** [d'une personne, d'un cheval] kick; **le coup de ~ de l'âne** the parting shot; **ni ~ ni patte** *fam*: **il ne remuait** OU **bougeait ni ~ ni patte** he stood stock-still OU didn't move a muscle; **aller** OU **avancer** OU **marcher d'un bon ~** to go apace; **aller** OU **marcher d'un ~ léger** to tread light-heartedly OU lightly; **avoir bon ~ bon œil** to be fit as a fiddle OU hale and hearty; **partir du bon/mauvais ~** to start off (in) the right/wrong way; **l'opération est partie du bon ~** the operation got off to a good start; **leur couple part du mauvais ~** their relationship is off to a bad start OU off on the wrong foot; **avoir le ~ marin** to be a good sailor; **je n'ai pas le ~ marin** I'm prone to seasickness; **avoir les (deux) ~s sur terre** to have one's feet (firmly) on the ground OU one's head screwed on (the right way); **elle a les ~s sur terre** she's got her feet OU both her feet on the ground; **avoir ~** to touch bottom; **au secours, je n'ai plus ~!** help, I'm out of my depth OU I've lost my footing!; **avoir un ~ dans**: **j'ai déjà un ~ dans la place/l'entreprise** I've got a foot in the door/a foothold in the company already; **avoir un ~ dans la tombe** to have one foot in the grave; **avoir les deux ~s dans le même sabot**: **elle n'a pas les deux ~s dans le même sabot** there are no flies on her; **bien fait pour tes/ses ~s** *fam*, **ça te/lui fera les ~s** *fam* serves you/him right!; **être ~s et poings liés** to have no room to manoeuvre; **je suis ~s et poings liés** my hands are tied; **faire des ~s et des mains pour** to bend over backwards OU to pull out all the stops in order to; **faire du ~ à qqn** [flirter] to play footsie with sb; [avertir] to kick sb (under the table); **faire un appel du ~ à qqn** to make covert advances to sb; **faire le ~ de grue** to cool OU to kick *Br* one's heels; **les ~s devant** feet first, in one's coffin; **elle en est partie les ~s devant** she left there feet first OU in a box; **avoir le ~ au plancher** [accélérer] to have one's foot down; **lever le ~** [ralentir] to ease off (on the accelerator), to slow down; [partir subrepticement] to slip off; **il n'a pas levé le ~ de tout le trajet** he never took his foot off the accelerator once during the whole trip; **mettre le ~ à l'étrier** to get into the saddle; **il a fallu lui mettre le ~ à l'étrier** he had to be given a leg up *fig*; **mettre les ~s dans le plat** *fam* to put one's foot in it; **mettre qqch sur ~** to set sthg up; **mettre un ~ devant l'autre**: **il ne peut plus mettre un ~ devant l'autre** [ivre] he can't walk in a straight line any more; [fatigué] his legs won't carry him any further; **remettre qqn sur ~** to make sb better, to set sb back on his/her feet (again); **reprendre ~** to get OU to find one's footing again; **retomber sur ses ~s** to fall OU to land on one's feet; **ne pas savoir sur quel ~ danser** to be at a loss to know what to do; **se jeter** OU **se traîner aux ~s de qqn** to throw o.s. at sb's feet OU upon sb's mercy; **se lever du ~ gauche** to get out of the wrong side of the bed; **elle s'est levée du ~ gauche aujourd'hui** she got out of the wrong side of the bed today; **comme un ~** *fam* [très mal]: **je cuisine comme un ~** I'm a useless cook, I can't cook an egg; **on s'est débrouillés comme des ~s** we went about it the wrong OU in a cack-handed *Br* way; **prendre son ~** *fam* [s'amuser] to get one's kicks; [sexuellement] to come; **il prend son ~ en faisant du jazz!** he gets a real kick out of playing jazz!; **quel ~!** *fam*: **on a passé dix jours à Hawaï, quel ~!** we really had a ball OU we had the time of our lives during our ten days in Hawaï!; **ce n'est pas le ~!** *fam*: **les cours d'anglais, ce n'est pas le ~!** the English class isn't much fun!; **les Pieds nickelés** *early cartoon characters*. -**2.** [d'un mur, d'un lit] foot; [d'une table, d'une chaise] leg; [d'une lampe, d'une colonne] base; [d'un verre] stem; [d'un micro, d'un appareil photo] stand, tripod; **donner du ~ à une échelle** to give slope to a ladder. -**3.** IMPR [d'une lettre] bottom, foot. -**4.** BOT plant; [de champignon] foot; **~ de laitue** lettuce plant; **~ mère** stool; **~ de vigne** vine (plant), vinestock. -**5.** [mesure] foot; **le mur fait six ~s de haut** the wall is six-feet high; **un mur de six ~s de haut** a six-foot high wall. -**6.** TECH: **~ de bielle** AUT end of connecting rod; **~ à coulisse** calliper rule; **~ de roi** *Can* folding ruler. -**7.** LITTÉRAT foot; **vers de 12 ~s** 12-foot verse OU line. -**8.** CULIN: **~ de cochon** pig's trotter *Br* OU foot *Am*; **~ de mouton** sheep's foot; **~s paquets** stuffed mutton tripe dish *(from Marseilles)*. -**9.** VÊT [d'un bas, d'une chaussette] foot. -**10.** MUS foot.

◆ **à pied** *loc adv* -**1.** [en marchant] on foot; **on ira au stade à ~** we'll walk to the stadium. -**2.** [au chômage]: **mettre qqn à ~** [mesure disciplinaire] to suspend sb; [mesure économique] to lay sb off, to make sb redundant *Br*.

◆ **à pied d'œuvre** *loc adj*: **être à ~ d'œuvre** to be ready to get down to the job; **trouver qqn à ~ d'œuvre** to find sb already at work.

◆ **à pied sec** *loc adv* on dry land, without getting one's feet wet; **on peut traverser la rivière à ~ sec** the river can be forded.

◆ **au petit pied** *loc adj vieilli* small-time.

◆ **au pied de** *loc prép* at the foot OU bottom of; **au ~ de la tour Eiffel** at OU by the foot of the Eiffel Tower; **au ~ des Alpes** in the foothills of the Alps ☐ **au ~ du mur**: **être au ~ du mur** to be faced with no alternative; **mettre qqn au ~ du mur** to get sb with his/her back to the wall, to leave sb with no alternative.

◆ **au pied de la lettre** *loc adv* literally; **prendre qqch au ~ de la lettre** to take OU to interpret sthg literally; **suivre des instructions au ~ de la lettre** to follow instructions to the letter.

◆ **au pied levé** *loc adv* at a moment's notice; **il faut que tu sois prêt à le faire au ~ levé** you must be ready to drop everything and do it.

◆ **de pied en cap** *loc adv*: **en vert de ~ en cap** dressed in green from top OU head to toe; **habillé de ~ en cap par un couturier japonais** wearing a complete outfit by a Japanese designer.

◆ **de pied ferme** *loc adv* resolutely; **je t'attends de ~ ferme** I'll definitely be waiting for you; **les cambrioleurs, je les attends de ~ ferme!** I've got a nasty surprise in store for potential burglars!

◆ **des pieds à la tête** *loc adv* from top to toe OU head to foot; **couvert de peinture des ~s à la tête** covered in paint from head to foot.

◆ **en pied** *loc adj* [photo, portrait] full-length; [statue] full-size standing.

◆ **pied à pied** *loc adv* inch by inch; **lutter** OU **se battre ~ à ~** to fight every inch of the way.

◆ **sur le pied de guerre** *loc adv* MIL on a war footing; *hum* ready (for action); **dans la cuisine, tout le monde était sur le ~ de guerre** it was action stations in the kitchen.

◆ **sur pied** ◇ *loc adj* [récolte] uncut, standing; [bétail] on the hoof.
◇ *loc adv*: **être sur ~** [en bonne santé] to be up and about; **mettre qqn sur ~** to set sb on his/her feet; **remettre qqn sur ~** to put sb on his/her feet again, to bring sb back to health.

◆ **sur un pied d'égalité** *loc adv* on an equal footing; **être sur un ~ d'égalité avec** to stand on equal terms with.

pied-à-terre [pjetatɛr] *nm inv* pied-à-terre.

pied-bot [pjebo] (*pl* **pieds-bots**) *nm* club-footed person; **c'est un ~** he's got a OU he's a club-foot.

pied-d'alouette [pjedalwɛt] (*pl* **pieds-d'alouette**) *nm* (forking) larkspur.

pied-de-biche [pjedbiʃ] (*pl* **pieds-de-biche**) *nm* -**1.** [pince] pry (bar) nail puller OU extractor. -**2.** [levier] crowbar. -**3.** [pied de meuble] cabriole leg. -**4.** [d'une machine à coudre] foot.

pied-de-mouton [pjedmutɔ̃] (*pl* **pieds-de-mouton**) *nm* wood hedgehog (fungus).

pied(-)de(-)nez [pjedne] (*pl* **pieds de nez** OU **pieds-de-nez**) *nm*: **faire un ~ à qqn** to thumb one's nose at sb; **cette pièce est un ~ aux intellos** *fam* this play is a real slap in the face for intellectual types.

pied-de-poule [pjedpul] (*pl* **pieds-de-poule**) ◇ *nm* hound's-tooth (check), dogtooth (check).
◇ *adj inv*: **un tailleur ~** a hound's-tooth suit.

pied-de-roi [pjedərwa] *nm Can* folding ruler.

pied-droit [pjedrwa] (*pl* **pieds-droits**) = **piédroit**.

piédestal, aux [pjedɛstal, o] *nm* pedestal; **mettre qqn sur un ~** to put OU to set OU to place sb on a pedestal; **tomber de son ~** to fall off one's pedestal.

piedmont [pjemɔ̃] = **piémont**.

pied-noir [pjenwar] (*pl* **pieds-noirs**) ◇ *adj* pied-noir.
◇ *nmf* pied-noir *(French settler in Algeria)*.

piédroit [pjedrwa] *nm* -**1.** ARCHIT [d'une voûte] pier; [d'une fenêtre] jamb. -**2.** TRAV PUBL [jambage] piedroit.

piège [pjɛʒ] *nm* -**1.** [dispositif] trap, snare; **prendre un animal au ~** to trap an animal; **poser** OU **tendre un ~** to set a trap; **attirer qqn dans un ~** to lure sb into a trap; **être pris à son propre ~** to fall into one's own trap, to be hoist by one's own petard; **se laisser prendre au ~ de l'amour** to be taken in by love ☐ **~ à cons**▽: **c'est un vrai ~ à cons!** it's a real mug's game! *Br*, it's a con game OU gyp! *Am*; **élections, ~ à cons!** election, deception!; **~ à mâchoires** jaw trap; **pris comme dans un ~ à rats** caught like a rat in a trap. -**2.** [difficulté] trap, snare, pitfall; **les ~s des contrats d'assurance** the traps hidden in the small print of insurance contracts; **la dictée était bourrée de ~s** the dictation was full of traps. -**3.** ÉLECTRON: **~ à ions** ion trap. -**4.** GÉOL trap.

piégé, e [pjeʒe] *adj*: **engin** OU **objet ~** booby trap; **colis ~** parcel bomb; **lettre/voiture ~e** letter/car bomb.

piégeage [pjeʒaʒ] *nm* -**1.** CHASSE trapping. -**2.** GÉOL trap formation.

piéger [22] [pjeʒe] *vt* -**1.** [animal] to trap, to ensnare; **la police les a piégés** the police trapped them; **je me suis fait ~ comme un débutant** *fig* I was taken in OU caught out like a complete beginner. -**2.** [voiture, paquet] to booby-trap.

pie-grièche [pigrijɛʃ] (*pl* **pies-grièches**) *nf* -**1.** ORNITH shrike; **~ écorcheur** redbacked shrike. -**2.** *vieilli* [mégère] shrew.

pie-mère [pimɛr] (*pl* **pies-mères**) *nf* pia mater.

piémont [pjemɔ̃] *nm* piedmont.

Piémont [pjemɔ̃] *npr m*: **le ~** Piedmont.

piémontais, e [pjemɔ̃tɛ, ɛz] *adj* Piedmontese.

◆ **Piémontais, e** *nm, f* Piedmontese; les Piémontais the Piedmontese.

◆ **piémontais** *nm* LING Piedmontese dialect.

piéride [pjerid] *nf* pieridine butterfly; **~ du chou** cabbage white.

pierraille [pjɛraj] *nf* loose stones, scree *(U)*.

pierre [pjɛr] *nf* -**1.** [matière] stone; [caillou] stone, rock *Am*; **d'un coup** OU **jet de ~** by throwing OU hurling a stone; **tuer qqn à coups de ~** to stone sb to death || BX-ARTS: **la ~** stone; **sculpter la ~** to carve in stone || [immobilier]: **la ~** the property OU real estate *Am* business; **investir dans la ~** to invest in property OU in bricks and mortar; **les vieilles ~s** ruined buildings, ruins ❑ **~ d'achoppement** stumbling block; **~ levée** standing stone; **~ polie** neolith; **~ taillée** palaeolith, paleolith; **faire d'une ~ deux coups** to kill two birds (with one stone); **jeter la ~ à qqn** to cast a stone at sb; **qui va (lui) jeter la première ~?** who will cast the first stone?; **c'est une ~ dans ton jardin** that remark was (meant) for you; **se mettre une ~ autour du cou** to put an albatross round one's neck; **~ qui roule n'amasse pas mousse** *prov* a rolling stone gathers no moss. -**2.** CONSTR: **~ de taille** OU **d'appareil** freestone; **~ angulaire** *pr* & *fig* keystone, cornerstone; **~ à bâtir** building stone; **construction/mur en ~s sèches** drystone building/wall; **poser la première ~ (de)** *pr* to lay down the first stone (of); *fig* to lay the foundations (of). -**3.** JOAILL & MINÉR: **~ brute** rough OU uncut stone; **~ taillée** cut stone ❑ **~ fine** OU **semi-précieuse** semi-precious stone; **~ d'aigle** eaglestone; **~ de lune** moonstone; **~ précieuse** gem, precious stone; **~ de touche** *pr* & *fig* touchstone. -**4.** GÉOL: **~ calcaire** OU **à chaux** limestone; **~ meulière** *type of stone common in the Paris area once used for making millstones and as a building material*; **~ ollaire** soapstone, steatite *spéc*; **~ ponce** pumice stone. -**5.** [instrument]: **~ à affûter** OU **aiguiser** whetstone; **~ à briquet** (lighter) flint; **~ à feu** OU **fusil** gun flint. -**6.** [stèle]: **~ funéraire** OU **tombale** tombstone, gravestone. -**7.** RELIG: **~ d'autel** altar stone; **~ noire** black stone. -**8.** HIST & *fig*: **~ philosophale** philosopher's stone; **chercher la ~ philosophale** *fig* to search for the impossible. -**9.** [dans un fruit] (piece of) grit. -**10.** MÉD & *vieilli* (kidney) stone, calculus *spéc*.

◆ **de pierre** *loc adv* stony, of stone; **être/rester de ~** to be/to remain icy-cool; **son cœur/visage restait de ~** he remained stony-hearted/stony-faced.

◆ **pierre à pierre, pierre par pierre** *loc adv pr* stone by stone; *fig* painstakingly; **il a construit sa fortune ~ par ~** he built up his fortune from nothing.

◆ **pierre sur pierre** *loc adv litt*: **après le tremblement de terre, il ne restait pas ~ sur ~** not a stone was left standing after the earthquake; **ils n'ont pas laissé ~ sur ~ de la théorie originelle** they shot the original theory to pieces.

Pierre [pjɛr] *npr*: **saint ~** Saint Peter; **~ l'Ermite** Peter the Hermit; **~ le Grand** Peter the Great; **'~ et le Loup'** *Prokofiev* 'Peter and the Wolf'.

pierrée [pjɛre] *nf* drystone drain.

pierreries [pjɛrri] *nfpl* precious stones, gems.

pierreux, euse [pjɛrø, øz] *adj* -**1.** [terrain] stony, rocky; **un chemin ~** a stony path. -**2.** [fruit] gritty. -**3.** MÉD & *vieilli* calculous.

pierrier [pjɛrje] *nm* scree.

pierrot [pjɛro] *nm* -**1.** THÉÂT Pierrot; [clown] pierrot, clown. -**2.** [moineau] sparrow.

Pierrot [pjɛro] *npr* Pierrot.

pietà [pjeta] *nf* pietà.

piétaille [pjetaj] *nf* -**1.** *fam hum* [fantassins] rank and file. -**2.** *péj* [subalternes] rank and file; **la direction nous considère comme de la ~** the management just thinks of us as skivvies *Br* OU flunkies *Am*.

piété [pjete] *nf* -**1.** RELIG piety. -**2.** [amour] devotion, reverence; **~ filiale** filial devotion.

piétement [pjetmɑ̃] *nm* crossbars and legs (of furniture).

piéter [18] [pjete] *vi* [oiseau] to run (instead of flying).

piétin [pjetɛ̃] *nm* -**1.** AGR root rot. -**2.** VÉTÉR foot rot.

piétinement [pjetinmɑ̃] *nm* -**1.** [action] stamping; **le ~ des chevaux sur le pavé était assourdissant** the sound of the horses' hooves on the cobblestones was deafening. -**2.** *fig* [stagnation]: **le ~ de l'affaire arrange certaines personnes** the lack of progress in the case suits certain people.

piétiner [3] [pjetine] ◇ *vi* -**1.** [s'agiter] to walk on the spot; **~ de rage** to stamp one's feet in rage; **~ d'impatience** *fig* to be fidgeting with impatience, to be champing at the bit. -**2.** *fig* [stagner] to fail to make (any) progress OU headway; **l'enquête piétine** the enquiry is getting nowhere OU is making no headway; **on piétine, il faut se décider!** we're not getting anywhere OU we're just marking time, let's make up our minds!

◇ *vt* -**1.** [écraser] to trample OU to tread on. -**2.** *fig* [libertés, traditions] to trample underfoot, to ride roughshod over.

piétisme [pjetism] *nm* pietism.

piétiste [pjetist] ◇ *adj* pietistic, pietistical.

◇ *nmf* pietist.

piéton, onne [pjetɔ̃, ɔn] ◇ *adj* pedestrian *(modif)*; **rue** OU **zone ~ne** pedestrian precinct *Br* OU mall *Am*.

◇ *nm, f* pedestrian.

piétonnier, ère [pjetɔnje, ɛr] *adj* pedestrian *(modif)*; **rue piétonnière** pedestrian area OU street; **circulation piétonnière** pedestrian traffic.

piètre [pjɛtr] *adj (avant n)* very poor, mediocre; **faire ~ figure** to be a sorry sight; **de ~ qualité** very mediocre; **c'est une ~ consolation** that's small OU not much comfort.

piètrement [pjɛtrəmɑ̃] *adv* very mediocrely; **je suis bien ~ récompensée** this is (a) meagre recompense indeed for my effort.

pieu, x[1] [pjø] *nm* -**1.** [poteau - pour délimiter] post; [- pour attacher] stake; **les jeunes arbres sont attachés à des ~x** the young trees are attached to stakes. -**2.** *fam* [lit] bed; **aller** OU **se mettre au ~** to turn in, to hit the hay OU the sack. -**3.** TRAV PUBL pile.

pieusement [pjøzmɑ̃] *adv* -**1.** [dévotement] piously, devoutly. -**2.** [scrupuleusement] religiously, scrupulously.

pieuter▽ [3] [pjøte] *vi* -**1.** [passer la nuit] to crash (out). -**2.** [coucher]: **~ avec qqn** to bunk down with sb.

◆ **se pieuter**▽ *vpi* [se coucher] to turn in, to hit the hay OU the sack.

pieuvre [pjœvr] *nf* -**1.** ZOOL octopus. -**2.** *fig* [personne] leech.

pieux[2], **euse** [pjø, øz] *adj* -**1.** [dévot] pious, devout. -**2.** [charitable]: **~ mensonge** white lie.

piézo-électricité [pjezɔelɛktrisite] *nf* piezoelectricity.

piézo-électrique [pjezɔelɛtrik] *adj* piezoelectric.

piézomètre [pjezɔmɛtr] *nm* piezometer.

pif [pif] ◇ *onomat* bang, splat.

◇ *nm* [nez] conk *Br*, hooter *Br*, shnoz *Am*.

◆ **au pif** *fam loc adv* [au hasard] by guesswork; **au ~, je dirais trois** I'd say three, at a rough guess; **j'ai répondu au ~** I just guessed; **j'y suis allé au ~ et il restait des places** I just went on the off-chance and there were still some seats left; **j'ai pris celui-là au ~** I just took the first one that came to hand.

pif(f)er▽ [3] [pife] *vt* [supporter]: **je ne peux pas le ~!** I can't stomach him!, I just can't stand him!

pifomètre *fam* [pifɔmɛtr] *nm* [hasard]: **au ~**: **j'ai dit ça au ~** I was just guessing; **faire qqch au ~** to follow one's hunch (in doing sthg).

pige [piʒ] *nf* -**1.** [tige graduée] measuring stick. -**2.** TECH gauge rod. -**3.** *fam* IMPR & PRESSE: **travailler à la ~**, **faire des ~s** to work freelance; **être payé à la ~** to be paid piece rate OU by the line. -**4.**▽ [an] year; **elle a déjà soixante-dix ~s** she's seventy already; **pour quarante ~s, il est bien conservé** he still looks pretty good for a forty-year-old. -**5.** *fam loc*: **faire la ~ à qqn** [surpasser qqn] to go one better than sb.

pigeon [piʒɔ̃] *nm* -**1.** ORNITH pigeon; **~ biset/colombin** rock/stock dove; **~ ramier** wood pigeon, ringdove; **~ voyageur** carrier OU homing pigeon. -**2.** JEUX: **~ vole** *children's game consisting of a yes or no answer to the question – does X fly?* -**3.** CONSTR [plâtre] handful of plaster; [chaux] lump (in lime). -**4.** SPORT: **~ d'argile** clay pigeon. -**5.** *fam* [dupe] mug *Br*, sucker *Am*; **et c'est encore moi le ~!** and muggins here *Br* OU yours truly *Am* ends up holding the baby as usual!

pigeonnant, e [piʒɔnɑ̃, ɑ̃t] *adj*: **soutien-gorge ~** uplift (bra); **poitrine ~e** full bosom.

pigeonne [piʒɔn] *nf* hen pigeon.

pigeonneau, x [piʒɔno] *nm* -**1.** ORNITH young pigeon, squab *spéc*. -**2.** MÉD chrome OU tanner's ulcer.

pigeonner [3] [piʒɔne] *vt* -**1.** CONSTR to plaster. -**2.** *fam* [duper]: **~ qqn** to take sb in OU for a ride, to hoodwink sb; **se faire ~** to be led up the garden path, to be taken for a ride.

pigeonnier [piʒɔnje] *nm* -**1.** [pour pigeons] dovecote. -**2.** *fam* [mansarde] garret, attic.

piger [17] [piʒe] ◇ *vt* -**1.** *fam* [comprendre] to get, to twig *Br*; **j'ai mis une heure avant de ~ ce qu'il disait** it took me an hour to catch on to what he was saying; **(t'as) pigé?** got it?, have you twigged? *Br*, have you got the picture? *Am*; **elle pige rien** OU **que dalle à l'art** she hasn't got a clue about art || *(en usage abs)*: **il a fini par ~** the penny finally dropped *Br*, he finally got it OU got the picture *Am*. -**2.** [mesurer] to rule (out).

◇ *vi* *fam* [travailler à la pige] to work freelance.

pigiste [piʒist] *nmf* -**1.** IMPR piece-rate typographer. -**2.** PRESSE freelance journalist.

pigment [pigmɑ̃] *nm* pigment.

pigmentaire [pigmɑ̃tɛr] *adj* pigmentary.

pigmentation [pigmɑ̃tasjɔ̃] *nf* pigmentation.

pigmenter [3] [pigmɑ̃te] *vt* to pigment.

pigne [piɲ] *nf* -**1.** [cône] pine cone. -**2.** [graine] pine kernel.

pignocher [3] [piɲɔʃe] *vi* -**1.** *vieilli* [manger] to nibble OU to pick at food. -**2.** [peindre] *to paint with minutely fine strokes.*

pignon [piɲɔ̃] *nm* -**1.** ARCHIT [de mur] gable; [de bâtiments] side wall; **~ chantourné** shaped gable; **~ à redents** OU **à pas d'oiseau** crow-step (ped) OU corbie-step (ped) gable; **avoir ~ sur rue** [personne] to be well-off (and respectable); [entreprise] to be well established. -**2.** TECH [roue dentée] cogwheel, gear wheel; [petite roue] pinion; [d'une bicyclette] rear-wheel, sprocket; **~ baladeur** sliding-mesh gear; **~ de renvoi** transmission (gear) wheel. -**3.** BOT pine kernel OU nut.

pignouf▽ [piɲuf] *nm* [rustre] slob.

pilaf [pilaf] *nm* pilaf, pilau.

pilage [pilaʒ] *nm* pounding, grinding.

pilaire [pilɛr] *adj* pilar, pilary.

pilastre [pilastr] *nm* ARCHIT pilaster; [d'escalier] newel (post); [d'un balcon] pillar.

pilchard [pilʃar] *nm* pilchard.

pile [pil] ◇ *nf* -**1.** [tas - désordonné] pile, heap; [- ordonné] stack. -**2.** INF stack. -**3.** CONSTR [pilier] pier. -**4.** TRAV PUBL [appui] pier; [pieu] pile; **~ culée** abutment pier. -**5.** ÉLECTR battery; **une radio à ~s** a radio run on batteries, a battery radio ❑ **~ atomique** pile reactor; **~ à combustible** fuel cell; **~ sèche** dry battery; **~ solaire** solar cell. -**6.** HÉRALD pile. -**7.** [côté d'une pièce]: **le côté ~** the reverse side; **~ ou face?** heads or tails?; **~, c'est moi** tails, I win; **jouer** OU **tirer à ~ ou face** to toss a coin; **tirons à ~ ou face** let's toss for it. -**8.** TECH [bac]: **~ défileuse/blanchisseuse** breaker (beater), poacher, bleacher. -**9** [coups] belting, thrashing; **flanquer la**

~ à qqn *pr* to give sb a good beating OU drubbing. -**10.** [défaite] beating; **recevoir** OU **prendre une (bonne)** ~ to get a beating OU hammering *Br* OU shellacking *Am*.

◇ *adv fam* -**1.** [net] dead; **s'arrêter** ~ to stop dead; **ça commence à 8 h** ~ it begins at 8 o'clock sharp OU on the dot. -**2.** [juste] right; ~ **au milieu** right in the middle; **tomber** ~ : **tu es tombé** ~ **sur le bon chapitre** you just hit (on) the right chapter; **vous tombez** ~, **j'allais vous appeler** you're right on cue, I was about to call you.

piler [3] [pile] ◇ *vt* -**1.** [broyer] to crush, to grind. -**2.** *fam* [vaincre] to make mincemeat of, to wipe the floor with; **il a pilé ses adversaires** he pulverized OU clobbered his opponents.

◇ *vi fam* [freiner] to come sharply to a halt; **j'ai été obligé de** ~ I had to slam (my foot) on the brakes.

pileux, euse [pilø, øz] *adj* pilose, pilous.

pilier [pilje] *nm* -**1.** ANAT, CONSTR & MIN pillar. -**2.** *fig* [défenseur] pillar; [bastion] bastion, bulwark; **c'était un** ~ **du socialisme** she was a pillar of socialism; **la constitution,** ~ **de la démocratie** the constitution, one of the pillars of democracy ☐ **c'est un** ~ **de bar** *fam péj* [habitué] he can always be found propping up the bar, he's a barfly. -**3.** [joueur de rugby] prop forward.

pillage [pijaʒ] *nm* -**1.** [vol] pillage, looting, plundering; **le** ~ **de la ville par les soldats** the pillaging of the town by the soldiers; **mettre au** ~ to pillage. -**2.** [plagiat] plagiarism, pirating. -**3.** [d'une ruche] robbing.

pillard, e [pijar, ard] ◇ *adj* pillaging, looting, plundering.

◇ *nm, f* pillager, looter, plunderer.

piller [3] [pije] *vt* -**1.** [dépouiller] to pillage, to loot, to plunder. -**2.** [détourner] to cream *Br* OU to siphon off *(sép)*; ~ **les caisses de l'État** to siphon OU to cream *Br* off taxpayers' money. -**3.** [plagier] to plagiarize.

pilleur, euse [pijœr, øz] *nm, f* pillager, looter, plunderer; ~ **d'épaves** wrecker.

pillow-lava [pilolava] (*pl* **pillow-lavas**) *nf* pillow lava.

pilocarpine [pilɔkarpin] *nf* pilocarpine.

pilon [pilɔ̃] *nm* -**1.** [de mortier] pestle; TECH pounder. -**2.** IMPR: **mettre un livre au** ~ to pulp a book; **on a eu plus de 2000** ~**s** we had to pulp more than 2,000 copies. -**3.** [jambe de bois] (straight) wooden leg. -**4.** [de volaille] drumstick.

pilonnage [pilɔnaʒ] *nm* -**1.** [broyage] pounding, pestling. -**2.** IMPR pulping. -**3.** [bombardement] (heavy) bombardment, shelling; ~ **publicitaire** *fig* barrage of publicity.

pilonner [3] [pilɔne] *vt* -**1.** [broyer] to pound, to pestle. -**2.** IMPR to pulp. -**3.** [bombarder] to bombard, to shell.

pilori [pilɔri] *nm* -**1.** HIST pillory. -**2.** *fig*: **clouer** OU **mettre qqn au** ~ to pillory sb.

pilo-sébacé, e [pilɔsebase] (*mpl* **pilo-sébacés**, *fpl* **pilo-sébacées**) *adj* pilosebaceous.

pilosisme [pilozism] *nm* pilosis.

pilosité [pilozite] *nf* pilosity.

pilot [pilo] *nm* TRAV PUBL pile.

pilotage [pilɔtaʒ] *nm* -**1.** NAUT piloting. -**2.** AÉRON pilotage, piloting; ~ **automatique** automatic piloting; **sur** ~ **automatique** on automatic pilot OU autopilot; ~ **sans visibilité** blind flying. -**3.** *fig* [direction]: **le** ~ **d'une entreprise** running a business.

pilote [pilɔt] *nm* -**1.** AÉRON & NAUT pilot; ~ **automatique** autopilot, automatic pilot; ~ **de chasse** fighter pilot; ~ **d'essai** test pilot; ~ **de ligne** airline pilot. -**2.** *litt* [guide] guide. -**3.** AUT driver; ~ **automobile** OU **de course** racing driver. -**4.** ÉLECTR pilot. -**5.** ZOOL pilot fish. -**6.** INF handler. -**7.** RAIL pilot, pilotman. -**8.** *(comme adj; avec ou sans trait d'union)* [expérimental] experimental; **école** ~ experimental school ‖ [promotionnel] promotional; **produit** ~ promotional item, special offer.

piloter [3] [pilɔte] *vt* -**1.** [conduire - avion] to pilot, to fly; [- bateau] to sail; [- voiture] to drive. -**2.** [guider - personne] to guide, to show around *(sép)*; [- outil] to guide; **piloté par ordinateur** computer-driven. -**3.** TRAV PUBL to drive piles into.

pilotin [pilɔtɛ̃] *nm apprentice in Merchant Navy.*

pilotis [pilɔti] *nm*: **des** ~ piling; **maison sur** ~ house built on piles OU stilts.

pilou [pilu] *nm* flannelette.

pilulaire [pilylɛr] ◇ *adj* pilular.

◇ *nf* pillwort.

pilule [pilyl] *nf* -**1.** [médicament] pill; **trouver la** ~ **amère** *fam* to find it a bitter pill to swallow; **faire passer la** ~ *fam* to get sb to swallow the pill OU to take their medicine *fig*. -**2.** [contraceptif]: ~ **contraceptive** contraceptive pill; **la** ~ the pill; **prendre la** ~ to be on the pill ☐ ~ **du lendemain** morning-after pill.

pimbêche [pɛ̃bɛʃ] *péj & vieilli* ◇ *adj* stuck up; **ce qu'elle peut être** ~! she thinks she's Lady Muck *Br* OU the queen bee *Am*!

◇ *nf*: **c'est une** ~ she's really stuck-up.

piment [pimɑ̃] *nm* -**1.** BOT pepper, capsicum *spéc*; ~ **doux** (sweet) pepper; ~ **rouge** red pepper; ~ **fort** hot pepper, pimento. -**2.** CULIN chilli, chili. -**3.** [charme]: **ça met un peu de** ~ **dans la vie!** it adds some spice to life!; **cette fille a du** ~ she's certainly got character.

pimenté, e [pimɑ̃te] *adj* [sauce] hot, spicy.

pimenter [3] [pimɑ̃te] *vt* -**1.** CULIN to season with chili, to spice up *(sép)*. -**2.** [corser]: ~ **une histoire** to lace a story with spicy details; ~ **la vie** to add spice to life.

pimpant, e [pɛ̃pɑ̃, ɑ̃t] *adj* [net] spruce, neat, smart; [frais] fresh, bright; **elle est arrivée toute** ~**e** she turned up all bright-eyed and bushy tailed.

pimprenelle [pɛ̃prənɛl] *nf* salad burnet.

pin [pɛ̃] *nm* -**1.** BOT pine; ~ **parasol** OU **pignon** stone pine; ~ **noir/d'Alep** Austrian/Aleppo pine; ~ **maritime** maritime pine; ~ **d'Oregon** Douglas fir; ~ **sylvestre** Scots OU Scotch pine. -**2.** MENUIS pine, pinewood.

pinacée [pinase] *nf* member of the Pinaceae.

pinacle [pinakl] *nm* -**1.** ARCHIT pinnacle. -**2.** *fig* zenith, acme; **être au** ~ to be at the top; **mettre** OU **porter qqn au** ~ to praise sb to the skies, to put sb on a pedestal.

pinacothèque [pinakɔtɛk] *nf* art gallery.

pinaillage *fam* [pinajaʒ] *nm* nitpicking, hair-splitting.

pinailler *fam* [3] [pinaje] *vi* to quibble, to nitpick.

pinailleur, euse *fam* [pinajœr, øz] ◇ *adj* fussy, nitpicking, quibbling.

◇ *nm, f* nitpicker.

pinard▽ [pinar] *nm* vino, plonk *Br*, jug wine *Am*.

pinardier [pinardje] *nm* -**1.** [navire] wine tanker. -**2.** ▽ [marchand] wine merchant.

pinasse [pinas] *nf* (flat-bottomed) pinnace.

pinastre [pinastr] *nm* maritime pine, pinaster.

pinçage [pɛ̃saʒ] *nm* nipping off, pinching out.

pince [pɛ̃s] *nf* -**1.** [outil] (pair of) pliers OU pincers; [pour un âtre] (fire) tongs; ~ **à glaçons/sucre** ice/sugar tongs; ~ **ampèremétrique** ÉLECTR grip current tester; ~ **à cheveux** hair clip; ~ **coupante** wire cutters; ~ **à dénuder** wire-strippers; ~ **à dessin** bulldog clip; ~ **à épiler** (pair of) tweezers; ~ **à linge** clothes peg OU pin *Am*; ~ **multiprise** multiple pliers; ~ **à ongles** (nail) clippers; ~ **à palettes** pallet pusher; ~ **plate** flat (nose) pliers; ~ **universelle** universal OU all-purpose pliers; ~ **à vélo** bicycle clip. -**2.** BIOL & MÉD: ~ **(à disséquer)** (dissecting) forceps. -**3.** ZOOL claw, pincer; [d'un sabot de cheval] front part (of a horse's hoof). -**4.** COUT dart, tuck; **ouvrir** OU **retirer des** ~**s** to take out tucks ☐ ~ **de poitrine** dart. -**5.** *fam* [main] paw, mitt.

◆ **à pinces** ◇ *loc adj* COUT pleated; **pantalon à** ~**s** front-pleated trousers.

◇ *loc adv fam* [à pied] on foot, on shanks's pony *Br* OU mare *Am*; **j'irai à** ~**s** I'll hoof OU leg it.

pincé, e¹ [pɛ̃se] *adj* -**1.** [dédaigneux]: **un sourire** ~ a thin-lipped smile; **il avait un air** ~ he had a stiff OU starchy manner. -**2.** [serré] tight; **aux lèvres** ~**es** tight-lipped.

pinceau, x [pɛ̃so] *nm* -**1.** [brosse - de peintre] paintbrush, brush; [- de maquillage] brush. -**2.** [style] brushwork; **on reconnaît bien là le** ~ **d'Utrillo** this is obviously Utrillo's brushwork; **il a un bon coup de** ~ he paints rather well. -**3.** OPT: ~ **lumineux** light pencil. -**4.** *fam* [jambe] gam, pin.

pincée² [pɛ̃se] ◇ *f* → **pincé**.

◇ *nf* pinch.

pincement [pɛ̃smɑ̃] *nm* -**1.** [émotion] twinge, pang; **avoir un** ~ **au cœur** to have a lump in one's throat; **j'ai eu un** ~ **au cœur** it tugged at my heartstrings. -**2.** MUS plucking. -**3.** HORT nipping off, deadheading *Br*. -**4.** AUT toe-in.

pince-monseigneur [pɛ̃smɔ̃sɛɲœr] (*pl* **pinces-monseigneur**) *nf* jemmy.

pince-nez [pɛ̃sne] *nm inv* pince-nez.

pincer [16] [pɛ̃se] *vt* -**1.** [serrer] to pinch, to nip; **se faire** ~ **par un crabe** to get nipped by a crab; **arrête de** ~ **ton frère** stop pinching your brother; **pince-moi, je rêve!** pinch me, I must be dreaming!; ~ **les lèvres** to go tight-lipped. -**2.** [suj: vent, froid] to nip at *(insép)*; **le vent pinçait mes joues** the wind nipped at my cheeks. -**3.** MUS to pluck. -**4.** HORT to pinch out *(sép)*, to nip off *(sép)*, to deadhead *Br*. -**5.** VÊT: **une veste/robe qui pince la taille** a fitted jacket/dress. -**6.** *fam* [arrêter] to nick *Br*, to pinch, to bust; **se faire** ~ : **un jour, tu vas te faire** ~ **par les flics** one day, you'll get nicked *Br* OU you'll be busted *Am*; **elle s'est fait** ~ **en sortant du magasin** she got collared as she was about to leave the store. -**7.** *fam loc*: **en** ~ **pour qqn** to be crazy about sb, to be gone on sb ‖ *(en usage abs)*: **ça pince** it's nippy, there's a nip in the air; **ça pince (dur), aujourd'hui!** it's bitterly OU freezing cold today!

◆ **se pincer** ◇ *vp* *(emploi réfléchi)* to pinch o.s.; **se** ~ **le nez** to hold OU to pinch one's nose.

◇ *vpt* [par accident]: **je me suis pincé le doigt dans le tiroir** I caught my finger in the drawer, my finger got caught in the drawer.

pince-sans-rire [pɛ̃ssɑ̃rir] ◇ *nmf inv* person with a deadpan OU dry sense of humour.

◇ *adj inv*: **elle est très** ~ she's got a very dry sense of humour.

pincette [pɛ̃sɛt] *nf* -**1.** [d'horloger] (pair of) tweezers. -**2.** *Helv* [pince à linge] clothespeg.

◆ **pincettes** *nfpl* [pour attiser] (fireplace) tongs; **il n'est pas à prendre avec des** ~**s** [très énervé] he's like a bear with a sore head.

pinçon [pɛ̃sɔ̃] *nm* pinch mark.

pinçure [pɛ̃syr] *nf* pinch-ache.

Pindare [pɛ̃dar] *npr* Pindar.

pindarique [pɛ̃darik] *adj* Pindaric.

pine▼ [pin] *nf* [pénis] prick, cock, schlong *Am*.

pineau [pino] *nm* -**1.** [cépage] pineau wine. -**2.** [vin] Pineau aperitif.

pinède [pinɛd] *nf* pinewood, pine grove.

pineraie [pinrɛ] = **pinède**.

pingouin [pɛ̃gwɛ̃] *nm* penguin, auk; **grand** ~ great auk; **petit** ~ razorbill.

ping-pong [piŋpɔ̃g] *nm* table tennis, ping-pong.

pingre [pɛ̃gr] *péj* ◇ *adj* [avare] stingy, mean, tight-fisted.

◇ *nmf* skinflint, penny-pincher.

pingrerie [pɛ̃grəri] *nf* [avarice] stinginess, meanness.

pinne [pin] *nf* pinna (mollusc).

pinnipède [pinipɛd] *nm* pinniped, pinnipedian.

pinnothère [pinɔtɛr] *nm* pinnothere, pea-crab.

Pinocchio [pinɔkjo] *npr* Pinocchio.

pinocytose [pinɔsitoz] *nf* pinocytosis.

pinot [pino] *nm* pinot.

pin-pon [pɛ̃pɔ̃] *interj langage enfantin noise made by a fire engine's two-tone siren.*

pinscher [pinʃɛr] *nm small smooth-haired breed of dog.*
pinson [pɛ̃sɔ̃] *nm* chaffinch; ~ **des neiges** snow finch; ~ **du Nord** brambling.
pintade [pɛ̃tad] *nf* guinea fowl.
pintadeau, x [pɛ̃tado] *nm* young guinea fowl.
pintadine [pɛ̃tadin] *nf* pearl oyster.
pinte [pɛ̃t] *nf* -**1.** [mesure - française] quart; [- anglo-saxonne] pint; [- canadienne] quart. -**2.** [verre] pint; **une ~ de bière** a pint of beer. -**3.** *Helv* bar. -**4.** *fam loc*: **s'offrir** OU **se faire** OU **se payer une ~ de bon sang** to have a good laugh.
pinté, e▽ [pɛ̃te] *adj* [saoul] pie-eyed, blotto *Br*, pissed *Br*.
pinter▽ [3] [pɛ̃te] ◇ *vi* [se saouler] to booze.
◇ *vt* [boire] to swill, to knock back *(sép)*.
◆ **se pinter** *vpi* to booze.
pin-up [pinœp] *nf inv* pinup.
pinyin [pinjin] *nm* Pinyin.
piochage [pjɔʃaʒ] *nm* digging (up).
pioche [pjɔʃ] *nf* -**1.** [outil] pick, pickaxe, mattock; **ils ont démoli le mur à coups de ~** they demolished the wall with a pick. -**2.** JEUX [aux dominos] stock; [aux cartes] talon, stock.
piocher [3] [pjɔʃe] ◇ *vt* -**1.** [creuser] to dig (up). -**2.** [tirer] to draw; ~ **une carte/un domino** to draw a card/domino (from stock); ~ **des prunes dans un compotier** to dig into a bowl for plums. -**3.** *fam* [étudier] to cram, to swot at *Br (insép)*, to grind away at *Am (insép)*.
◇ *vi* [puiser] to dig; **les cerises sont fameuses, vas-y, pioche (dans le tas)** the cherries are delicious, go ahead, dig in.
piocheur, euse [pjɔʃœr, øz] *nm, f* -**1.** [ouvrier] digger. -**2.** *fam* [étudiant] swot *Br*, grind *Am*.
piolet [pjɔlɛ] *nm* ice-axe.
pion¹ [pjɔ̃] *nm* -**1.** JEUX [de dames] draughtsman, checker *Am*; [d'échecs] pawn. -**2.** *fig* [personne]: **n'être qu'un ~ sur l'échiquier** to be just a cog in the machine OU a pawn in the game. -**3.** PHYS pion.
pion², **pionne** *fam* [pjɔ̃, pjɔn] *nm, f* SCOL (paid) prefect OU monitor.

PION:
In French lycées, the "pions" (officially called "surveillants") are responsible for supervising pupils outside class hours; they are often university students who do the job to make a little extra money.

---

pioncer *fam* [16] [pjɔ̃se] *vi* to snooze, to (have a) kip *Br*.
pionnier, ère [pjɔnje, ɛr] *nm, f* -**1.** [inventeur] pioneer; **une pionnière de la physique nucléaire** a pioneer of nuclear physics. -**2.** [colon] pioneer; **les ~s de l'Ouest américain** the pioneers of the Wild West.
◆ **pionnier** *nm* MIL sapper.
piorner *fam* [3] [pjɔrne] *vi Helv* to snivel.
pioupiou *fam* [pjupju] *nm vieilli* soldier, squaddie *Br*, GI (Joe) *Am*.
pipe [pip] *nf* -**1.** [à fumer - contenant] pipe; [- contenu] pipe, pipeful; **une ~ de bruyère** a briar pipe. -**2.** TECH pipe. -**3.** ŒNOL wine cask. -**4.** ▼ [fellation] blow-job. -**5.** *fam* [cigarette] fag *Br*, butt *Am*.
pipeau, x [pipo] *nm* -**1.** MUS (reed) pipe; **c'est du ~** *fig* it's all fibs. -**2.** CHASSE bird call.
◆ **pipeaux** *nmpl* [pour les oiseaux] birdlimed OU limed twigs.
pipelet, ette *fam* [piplɛ, ɛt] *nm, f vieilli* concierge, doorman *Am nm*.
◆ **pipelette** *fam nf* gossip (monger); **mon oncle est une vraie ~te** my uncle loves a good chin-wag.
pipe-line (*pl* pipe-lines), **pipeline** [pajplajn, piplin] *nm* pipeline.
piper [3] [pipe] *vt* -**1.** [truquer - dés] to load; [- cartes] to mark; **les dés sont pipés** *fig* the dice are loaded. -**2.** *loc*: **ne pas ~ (mot)** to keep mum; **je te conseille de ne pas ~ mot** mum's the word, you'd better keep your mouth shut. -**3.** CHASSE to hunt with a bird call.
pipéracée [piperase] *nf* member of the Piperaceae OU pepper family.
piperade [piperad] *nf* piperade *(cooked tomatoes, sweet peppers and ham served with scrambled eggs)*.
pipette [pipɛt] *nf* pipette.
pipi *fam* [pipi] *nm* [urine] (wee) wee, pee; **faire ~** to do a (wee) wee, to have a pee, to pee; **faire ~ au lit** to wet the bed □ **c'est du ~ de chat** [sans goût] it's tasteless, it's like dishwater; [sans intérêt] it's a load of bilge OU tripe.
pipier, ère [pipje, ɛr] ◇ *adj* pipe-making *(modif)*.
◇ *nm, f* pipe-maker.
pipistrelle [pipistrɛl] *nf* pipistrelle.
piquage [pikaʒ] *nm* -**1.** COUT stitching. -**2.** TEXT punching.
piquant, e [pikɑ̃, ɑ̃t] *adj* -**1.** [plante] thorny; **sa barbe est ~e** his beard's all prickly. -**2.** CULIN [moutarde, radis] hot. -**3.** *sout* [excitant - récit, détail] spicy, juicy. -**4.** *fam* [pétillant - eau] fizzy.
◆ **piquant** *nm* -**1.** [de plante] thorn, prickle; [d'oursin, de hérisson] spine; [de barbelé] barb, spike. -**2.** *sout* [intérêt]: **le ~ de l'histoire, c'est qu'elle n'est même pas venue!** the best part of it is that OU to crown it all she didn't even show up!; **des détails qui ne manquent pas de ~** juicy details.
pique [pik] ◇ *nf* -**1.** [arme] pike; [de picador] pic. -**2.** [propos] barb, carping remark; **lancer des ~s à qqn** to make cutting remarks to sb.
◇ *nm* -**1.** [carte] spade; **le roi de ~** the king of spades. -**2.** [couleur] spades.
piqué, e [pike] *adj* -**1.** [abîmé - vin] sour; [- miroir] mildewed; [- bois] wormeater; [- papier] foxed. -**2.** *fam* [fou] nutty, screwy, cracked. -**3.** MUS staccato; **note ~e** dotted note. -**4.** CULIN [de lard] larded, piqué; [d'ail] studded with garlic, piqué.
◆ **piqué** *nm* -**1.** TEXT piqué. -**2.** AÉRON nose dive. -**3.** DANSE piqué.
pique-assiette *fam* [pikasjɛt] (*pl inv* OU **pique-assiettes**) *nmf* sponger, scrounger.
pique-feu [pikfø] (*pl inv* OU **pique-feux**) *nm* poker.
pique-fleurs [pikflœr] *nm inv* flower holder *(vase)*.
pique-nique [piknik] (*pl* **pique-niques**) *nm* picnic; **faire un ~** to go on OU for a picnic.
pique-niquer [3] [piknike] *vi* to picnic, to go on OU for a picnic; **un bon endroit pour ~** a nice place to have OU for a picnic.
pique-niqueur, euse [piknikœr, øz] (*mpl* **pique-niqueurs**, *fpl* **pique-niqueuses**) *nm, f* picnicker.
piquer [3] [pike] ◇ *vt* -**1.** MÉD [avec une seringue]: ~ **qqn** to give sb an injection. -**2.** VÉTÉR [tuer]: ~ **un animal** to put an animal down, to put an animal to sleep; **faire ~ un chien** to have a dog put down. -**3.** [avec une pointe] to prick; ~ **un morceau de viande avec une fourchette/la pointe d'un couteau** to stick a fork/the tip of a knife into a piece of meat; ~ **un bœuf avec un aiguillon** to goad an ox; ~ **qqn avec une épingle** to prick sb with a pin. -**4.** [suj: animal, plante] to sting, to bite; **être piqué** OU **se faire ~ par une abeille** to get stung by a bee; **se faire ~ par un moustique** to get bitten by a mosquito; **être piqué par des orties/méduses** to get stung by nettles/jellyfish □ **pas piqué des hannetons** *fam* OU **vers** *fam*: **un alibi pas piqué des hannetons** the perfect alibi; **il est pas piqué des hannetons ton frangin!** your brother is really something else! -**5.** [enfoncer] to stick; ~ **une aiguille dans une pelote** to stick a needle into a ball; ~ **une fleur dans ses cheveux** to put a flower in OU to stick a flower in one's hair; ~ **une fourchette dans un steak** to stick a fork into a steak; ~ **une photo sur le mur** to pin a picture on OU onto the wall; ~ **une broche sur un chemisier** to pin a brooch on OU onto a blouse. -**6.** [brûler] to tickle, to tingle, to prickle; **ça pique la gorge** it gives you a tickle in your OU the throat; **le poivre pique la langue** pepper burns the tongue; **la fumée me pique les yeux** the smoke is making my eyes smart; **le vent me pique les joues** the wind is biting OU stinging my cheeks; **un tissu rêche qui pique la peau** a rough material which chafes the skin. -**7.** [stimuler - curiosité, jalousie] to arouse, to awaken; [- amour-propre] to pique; [- intérêt] to stir (up); ~ **qqn au vif** to touch sb on a raw nerve, to cut sb to the quick. -**8.** *fam* [faire de manière soudaine]: ~ **un cent mètres** OU **un sprint** *pr* to put on a sprint; *fig* to take off in a flash; ~ **une colère** to throw a fit (of anger); ~ **une crise (de nerfs)** to get hysterical; ~ **un galop** to gallop off; ~ **un somme** OU **un roupillon** *fam* to grab a nap OU some shuteye □ ~ **un fard** to turn red OU crimson; ~ **une tête** to dive head first. -**9.** *fam* [dérober] to steal, to pinch, to grab *Am*; ~ **une voiture** to steal a car; ~ **un porte-monnaie** to snatch a wallet; **il a piqué la femme de son copain** he ran off with his friend's wife; ~ **une phrase dans un livre/à un auteur** to lift a sentence from a book/an author. -**10.** *fam* [arrêter] to nab, to collar, to nick *Br*; **la police l'a piqué la main dans le sac** he was caught red-handed; **se faire ~** [arrêter] to get nabbed OU nailed *Am*; [surprendre] to get caught. -**11.** MUS: ~ **une note** to dot a note, to play a note staccato. -**12.** COUT to sew; [cuir] to stitch. -**13.** CULIN: ~ **un rôti d'ail** to stick garlic into a roast; ~ **une viande de lardons** to lard a piece of meat. -**14.** DANSE: ~ **la pointe** to prick the pointe. -**15.** TECH [rouille] to hammer off *(sép)*. -**16.** PÊCHE to gaff, to strike (with a gaff). -**17.** NAUT: ~ **l'heure** to strike the hour.
◇ *vi* -**1.** [brûler - barbe] to prickle; [- désinfectant, alcool] to sting; [- yeux] to burn, to smart; **radis/moutarde qui pique** hot radish/mustard; **eau qui pique** *fam* fizzy water; **vin qui pique** sour wine; **odeur qui pique** pungent smell; **gorge qui pique** sore throat. -**2.** [descendre - avion] to (go into a) dive; [- oiseau] to swoop down; [- personne] to head straight towards; ~ **(droit) vers** to head (straight) for. -**3.** *loc*: ~ **du nez** [avion] to go into a nosedive; [bateau] to tilt forward; [fleur] to droop; [personne] to (begin to) drop off; **tu es fatigué, tu commences à ~ du nez** you're tired, you keep nodding off; ~ **des deux** ÉQUIT to spur; *fig* to run away full tilt.
◆ **se piquer** ◇ *vp (emploi réfléchi)* -**1.** [avec une seringue - malade] to inject o.s. -**2.** [drogué] to take drugs *(intravenously)*; **il se pique à l'héroïne** he shoots OU does heroin.
◇ *vpi* -**1.** [par accident] to prick o.s. -**2.** [s'abîmer - papier, linge] to turn mildewy, to go mouldy; [- métal] to pit OU to get pitted; [- vin] to turn sour. -**3.** *loc*: **se ~ au jeu**: **elle s'est piquée au jeu** it grew on her.
◇ *vpt*: **se ~ le nez** *fam* to hit the bottle, to tipple
◆ **se piquer de** *vp + prép* to pride o.s. on; **il se pique de connaissances médicales** he prides himself on his knowledge of medicine.
piquet [pikɛ] *nm* -**1.** [pieu] post, stake, picket; **planter un ~ dans le sol** to drive a stake into the ground □ **droit** OU **raide comme un ~** as stiff as a poker. -**2.** [groupe - de soldats, de grévistes] picket; ~ **d'incendie** fire fighting squad; ~ **de grève** picket. -**3.** [coin]: **mettre un enfant au ~** to send a child to stand in the corner; **au ~!** *hum* go to the back of the class! -**4.** JEUX piquet.
piquetage [piktaʒ] *nm* -**1.** [marquage] staking (out). -**2.** *Can* picketing.
piqueter [27] [pikte] ◇ *vt* -**1.** [route, chemin] to stake OU to peg (out). -**2.** *litt* [parsemer] to stud, to dot; **un ciel piqueté d'étoiles** a sky studded with stars, a star-studded sky.
◇ *vi Can* to picket.
piqueteur, euse [piktœr, øz] *nm, f Can* picketer.
piquette [pikɛt] *nf* -**1.** [vin] (cheap) wine. -**2.** *fam* [défaite] thrashing, beating; **prendre** OU **ramasser une ~** to get a good drubbing OU hammering OU shellacking *Am*. -**3.** *fam loc*: **c'est de la ~** it's a mere trifle.
piqueur, euse [pikœr, øz] ◇ *adj* ENTOM stinging *(avant n)*.

◇ *nm, f* -**1.** COUT stitcher; [dans l'industrie de la chaussure] upper stitcher. -**2.** *fam* [voleur] thief; **un ~ d'idées** a stealer of ideas.

◆ **piqueur** *nm* -**1.** TRAV PUBL overseer. -**2.** MIN hewer, getter.

piqûre [pikyr] *nf* -**1.** [d'aiguille] prick; **~ d'épingle** pinprick. -**2.** [d'insecte] sting, bite; **~ de guêpe/d'abeille** wasp/bee sting; **~ de moustique/puce** mosquito/flea bite. -**3.** [de plante] sting; **~ d'orties** nettle sting. -**4.** MÉD injection, shot; **~ antitétanique** antitetanus OU tetanus shot; **faire une ~ à qqn** to give sb an injection. -**5.** COUT [point] stitch; [rangs, couture] stitching *(U)*. -**6.** [altération - du papier] foxing; [- du métal] pitting; [- du bois] wormhole; [- du vin] souring. -**7.** [saleté]: **~s de mouches** fly specks.

piranha [pirana] *nm* piranha.

piratage [pirataʒ] *nm* pirating *(U)*, piracy; INF hacking.

pirate [pirat] *nm* -**1.** [sur les mers] pirate; **~ de l'air** hijacker. -**2.** [escroc] swindler, thief; **c'est tous des ~s, dans la grand-rue** the traders in the high street are a bunch of thieves. -**3.** [de logiciels, de cassettes] pirate. -**4.** *(comme adj; avec ou sans trait d'union)* pirate *(modif)*; **radio ~** pirate (radio) station.

pirater [3] [pirate] ◇ *vt* -**1.** *fam* [escroquer] to rip off *(sép)*, to rob; **le plombier nous a piratés** the plumber ripped us off OU robbed us; **~ des idées** to pinch OU to steal ideas. -**2.** [copier illégalement] to pirate; **~ un film/une cassette** to make a pirate copy of a film/a cassette.
◇ *vi litt* to pirate.

piraterie [piratri] *nf* -**1.** [sur les mers] piracy; **~ aérienne** air piracy, hijacking. -**2.** [escroquerie] swindle, sharp practice. -**3.** [plagiat] piracy, pirating; **~ commerciale** industrial piracy.

piraya [piraja] = **piranha**.

pire [pir] ◇ *adj* -**1.** *(compar)* worse; **si je dors, c'est ~ encore** if I sleep, it's even worse; **les conditions sont ~s que jamais** the conditions are worse than ever; **ça ne pourrait pas être ~** it couldn't be worse; **c'est de ~ en ~** it's getting worse and worse ❑ **il n'est ~ eau que l'eau qui dort** *prov* still waters run deep *prov*; **il n'est ~ sourd que celui qui ne veut pas entendre** *prov* there's none so deaf as he who will not hear. -**2.** *(superl)* worst; **mon ~ ennemi** my worst enemy; **se livrer aux ~s horreurs** to commit the worst OU foulest abominations; **c'est la ~ chose qui pouvait lui arriver** it's the worst thing that could happen to him.
◇ *nm*: **le ~** the worst; **je m'attends au ~** I expect the worst; **le ~ est qu'elle en aime un autre** the worst (part) of it is that she's in love with someone else; **dans le ~ des cas, (en mettant les choses) au ~** at worst.

Pirée [pire] *npr*: **Le ~** Piraeus; **prendre Le ~ pour un homme** *allusion La Fontaine* to make a crude mistake.

piriforme [pirifɔrm] *adj* pyriform, pear-shaped.

pirogue [pirɔg] *nf* pirogue, dugout; **~ à balancier** outrigger.

piroguier [pirɔgje] *nm* pirogue boatman.

pirouette [pirwɛt] *nf* -**1.** [tour sur soi-même] pirouette, body spin; **faire une ~** to pirouette, to spin (on one's heels). -**2.** DANSE & ÉQUIT pirouette. -**3.** [changement d'opinion] about-face, about-turn. -**4.** [dérobade]: **répondre** OU **s'en tirer par une ~** to answer flippantly.

pirouettement [pirwɛtmɑ̃] *nm litt* (succession of) pirouettes, pirouetting *(U)*.

pirouetter [4] [pirwete] *vi* -**1.** [pivoter] to pivot; **~ sur ses talons** to turn on one's heels. -**2.** [faire une pirouette - danseur] to pirouette.

pis[1] [pi] *nm* ZOOL udder.

pis[2] [pi] *litt* ◇ *adj* worse; **c'est ~ que jamais** it's worse than ever.
◇ *nm*: **le ~** [le pire] the worst ❑ **dire ~ que pendre de qqn** to vilify sb, to drag sb's name through the mud; **le nouveau musée? on en dit ~ que pendre** the new museum? nobody has a good word to say for it.
◇ *adv* worse; **il a fait ~ encore** he's done worse things still.

◆ **au pis** *loc adv litt* if the worst comes to the worst.

◆ **qui pis est** *loc adv* what's OU what is worse.

pis-aller [pizale] *nm inv* [expédient] last resort; **disons lundi, mais ce serait un ~** let's say Monday, but that's if the worst comes to the worst.

piscicole [pisikɔl] *adj* fish-farming *(modif)*, piscicultural *spéc*.

pisciculteur, trice [pisikyltœr, tris] *nm, f* fish-farmer, pisciculturist *spéc*.

pisciculture [pisikyltyr] *nf* fish-farming, pisciculture *spéc*.

pisciforme [pisifɔrm] *adj* fish-shaped, piscine *spéc*.

piscine [pisin] *nf* -**1.** [de natation] (swimming) pool OU baths *Br*; **~ couverte/découverte** indoor/outdoor (swimming) pool; **~ municipale** public (swimming) pool OU baths. -**2.** RELIG piscina. -**3.** *fam* POL: **la ~** *the French secret service*.

piscivore [pisivɔr] ◇ *adj* fish-eating.
◇ *nmf* fish-eating animal.

Pise [piz] *npr* Pisa; **la tour de ~** the Leaning Tower of Pisa.

pisé [pize] *nm* pisé, rammed clay.

pissaladière [pisaladjɛr] *nf onion, olive and anchovy tart (from Nice)*.

pissat [pisa] *nm* urine *(of certain animals)*.

pisse▽ [pis] *nf* piss, pee.

pisse-froid *fam* [pisfrwa] *nm inv* wet blanket, killjoy.

pissement▽ [pismɑ̃] *nm* pissing.

pissenlit [pisɑ̃li] *nm* dandelion.

pisser▽ [3] [pise] ◇ *vi* -**1.** [uriner] to piss, to (have a) pee; **je dois aller ~** I've got to have a piss OU a leak; **le chien a pissé sur le tapis** the dog peed on the carpet; **~ au lit** to wet the bed ❑ **je lui pisse dessus**▼ *fig* he can get stuffed *Br*, screw him; **c'est comme si on pissait dans un violon** it's a bloody waste of time, it's like pissing into the wind; **laisse ~ (le mérinos)** forget it; **ça ne pisse pas** OU **ne va pas ~ loin** it's no big deal OU great shakes; **il ne se sent plus ~** he's too big for his boots. -**2.** [fuir] to leak; **le tonneau/réservoir pisse** the barrel/tank is leaking.
◇ *vt* -**1.** [uriner] to pass; **~ du sang** to pass blood. -**2.** [laisser s'écouler]: **ça pissait le sang** there was blood gushing OU spurting everywhere; **mon nez pissait le sang** I had blood pouring from my nose; **le moteur commençait à ~ de l'huile** oil started to gush from the engine. -**3.** *loc*: **~ de la copie** to churn it out, to write reams.

pisseur, euse[1]▽ [pisœr, øz] *nm, f* pisser; **~ de copie** hack *(who writes a lot)*.

◆ **pisseuse**▽ *nf* little girl.

pisseux, euse[2] *fam* [pisø, øz] *adj* -**1.** [imprégné d'urine] urine-soaked; **des draps ~** sheets soaked with pee; **les couloirs sont ~** the corridors reek of pee. -**2.** [délavé] washed-out; **les papiers peints ont fini par devenir ~** time has faded the wall paper; **un vert ~** a washed-out shade of green. -**3.** [jauni] yellowing.

pisse-vinaigre *fam* [pisvinɛgr] *nm inv* -**1.** [avare] skinflint, miser. -**2.** [rabat-joie] wet blanket.

pissoir▽ [piswar] *nm* bog *Br*, john *Am*.

pissotière *fam* [pisɔtjɛr] *nf* public urinal.

pistache [pistaʃ] ◇ *nf* pistachio (nut).
◇ *adj inv*: **(vert) ~** pistachio (green).

pistachier [pistaʃje] *nm* pistachio (tree).

pistage [pistaʒ] *nm* tracking, trailing, tailing.

pistard [pistar] *nm* track cyclist.

piste [pist] *nf* -**1.** [trace] track, trail; **être sur la ~ de qqn** to be on sb's track; **les policiers sont sur sa ~** the police are on his trail; **ils sont sur la bonne/une fausse ~** they're on the right/wrong track ❑ **jeu de ~** treasure hunt. -**2.** [indice] lead; **la police cherche une ~** the police are looking for leads. -**3.** SPORT [de course à pied] running track; [de ski] ski-run, run; [en hippisme - pour la course] track; [- pour les chevaux] bridle path; [de patinage] rink; [de course cycliste] cycling track; [de course automobile] racing track; [d'athlétisme] lane; [d'escrime] piste; **~ de danse** dance floor; **~ de cirque** circus ring. -**4.** [chemin, sentier] trail, track; **~ cyclable** [sur la route] cycle lane; [à côté] cycle track. -**5.** AÉRON runway; **en bout de ~** at the end of the runway ❑ **~ d'envol/d'atterrissage** take-off/landing runway. -**6.** AUDIO, CIN & INF track; **~ sonore** soundtrack; **~ de travail** working track. -**7.** CHASSE trail. -**8.** JEUX [de dés] dice run OU baize.

◆ **en piste** ◇ *interj* off you go.
◇ *loc adv*: **entrer en ~** to come into play, to join in.

pister [3] [piste] *vt* [suivre - personne] to tail, to trail; [- animal] to trail, to track.

pisteur [pistœr] *nm* SKI [pour entretien] ski slope maintenance man; [pour surveillance] ski patrolman.

pistil [pistil] *nm* pistil.

pistolet [pistɔlɛ] *nm* -**1.** ARM pistol, gun; **~ à air comprimé** air pistol; **~ d'alarme** alarm pistol; **~ d'arçon** horse pistol; **~ automatique** pistol; **~ de starter** SPORT starting pistol; **~ mitrailleur** submachine-gun. -**2.** [instrument]: **~ agrafeur** staple gun; **~ à peinture** spray gun; **~ de scellement** cartridge-operated hammer. -**3.** [jouet]: **~ à bouchon** popgun; **~ à eau** water pistol. -**4.** *fam* MÉD bottle. -**5.** BX-ARTS template. -**6.** *Belg* [petit pain] bread roll.

pistolet-mitrailleur [pistɔlɛmitrajœr] (*pl* **pistolets-mitrailleurs**) *nm* sub-machine-gun.

pistoleur [pistɔlœr] *nm* spray gun painter.

piston [pistɔ̃] *nm* -**1.** MÉCAN piston; **~ de frein** brake piston. -**2.** MUS valve. -**3.** *fam* [recommandation, protection] string-pulling, connections; **il est rentré par ~** he got in by knowing the right people; **elle a fait marcher le ~ pour se faire embaucher** she got somebody to pull a few strings for her to get the job. -**4.** *arg scol* [élève] *student of the École centrale des arts et manufactures*; **Piston** [l'ECAM] *nickname of the École centrale des arts et manufactures*.

pistonner *fam* [3] [pistɔne] *vt* to pull strings for; **elle s'est fait ~ pour entrer au ministère** she used her connections to get into the Ministry.

pistou [pistu] *nm Provençal vegetable soup (with garlic and basil)*.

pitance [pitɑ̃s] *nf litt* sustenance, daily bread; **gagner sa ~** to earn a crust *Br* OU living.

pitchoun, e [pitʃun], **pitchounet, ette** [pitʃunɛ, ɛt] *nm, f dial* little'un; **où il est, le ~?** where's the little'un?

pitchpin [pitʃpɛ̃] *nm* pitch pine.

piteusement [pitøzmɑ̃] *adv* miserably, pathetically.

piteux, euse [pitø, øz] *adj* -**1.** [pitoyable] pitiful, piteous; **être en ~ état** to be in a pitiful condition; **un manteau en ~ état** a shabby coat. -**2.** [mauvais, médiocre] poor, mediocre; **des résultats ~** poor results. -**3.** [triste]: **faire piteuse mine** to look sad. -**4.** [honteux] sheepish; **il a un air plutôt ~** he doesn't look too pleased with himself; **elle s'est excusée de façon piteuse** she apologized shamefacedly.

pithécanthrope [pitekɑ̃trɔp] *nm* pithecanthropus.

pithiviers [pitivje] *nm* puff-pastry cake *(filled with almond cream)*.

pitié [pitje] ◇ *nf* -**1.** [compassion] pity; **elle l'a fait par ~ pour lui** she did it out of pity for him; **avoir ~ de qqn** to feel pity for OU to pity sb; **faire ~ à qqn**: **elle me fait ~** I feel sorry for her; **vous me faites ~!** you look awful!; [avec mépris] you're pitiful!; **la pièce? c'était à faire ~** the play? it was a wretched OU pitiful performance; **prendre qqn en ~** to take pity on sb. -**2.** [désolation] pity; **quelle ~!, c'est une ~!** what a pity!; **elle est si pauvre que c'en est ~** *litt* she's so poor it is a pity to behold. -**3.** [clémence] mercy, pity; **il a eu ~ de ses ennemis** he showed mercy to his enemies.
◇ *interj*: **(par) ~!** (have) mercy!; [avec agace-

ment] for pity's sake!; par —, taisez-vous! for pity's sake, be quiet!; — pour ma pauvre carcasse! *hum* have mercy on my poor old bones!

◆ **sans pitié** *loc adj* ruthless, merciless; **ils ont été sans —** [jurés] they showed no mercy; [terroristes] they were ruthless.

piton [pitɔ̃] *nm* -**1.** [clou - gén] eye OU eye-headed nail; [- d'alpiniste] piton. -**2.** GÉOG [dans la mer] submarine mountain; [pic] piton, needle.

pitonnage [pitɔnaʒ] *nm* hammering (in) pitons.

pitonner [3] [pitɔne] ◇ *vt* to hammer (in) pitons.

◇ *vi Can* to zap, to channel-hop.

pitoyable [pitwajabl] *adj* -**1.** [triste - destin] pitiful; **c'est — à voir** it's a pitiful OU pathetic sight. -**2.** [mauvais - effort, résultat] pitiful, deplorable, dismal.

pitoyablement [pitwajabləmɑ̃] *adv* -**1.** [tristement] pitifully. -**2.** [médiocrement] pitifully, deplorably.

pitre [pitr] *nm* -**1.** [plaisantin] clown; **faire le —** to clown OU to fool around. -**2.** *arch* [bouffon] clown.

pitrerie [pitrəri] *nf* piece of tomfoolery OU buffoonery.

pittoresque [pitɔrɛsk] ◇ *adj* picturesque, colourful.

◇ *nm* picturesqueness.

Pittsburgh [pitsbœrg] *npr* Pittsburgh.

pituitaire [pitɥitɛr] *adj* pituitary; **fosse —** pituitary fossa.

pituite [pitɥit] *nf* gastrorrhoea.

pityriasis [pitirjazis] *nm* pityriasis; **— capitis/rosé** pityriasis capitis/rosea.

pive [piv] *nf Helv* pine cone.

pivert [pivɛr] *nm* (green) woodpecker.

pivoine [pivwan] *nf* peony.

pivot [pivo] *nm* -**1.** [axe] pivot; **— de fusée** AUT kingpin, kingbolt. -**2.** [centre] pivot, hub; **le — de toute son argumentation** the crux of his argument. -**3.** SPORT centre. -**4.** BOT taproot. -**5.** CEE: **cours —** ECU value; **taux —** designated (ECU) rate.

pivotant, e [pivɔtɑ̃, ɑ̃t] *adj* revolving, swivelling.

pivotement [pivɔtmɑ̃] *nm* revolving, swivelling.

pivoter [3] [pivɔte] *vi* -**1.** [autour d'un axe - porte] to revolve; [- fauteuil] to swivel. -**2.** [personne] to turn; **— sur ses talons** to spin round, to pivot on one's heels; **faire — qqch** to swing sthg (round) || [véhicule] to swing; **la voiture pivota sur la gauche** the car swung to the left. -**3.** MIL to wheel round.

pixel [piksɛl] *nm* pixel.

pizza [pidza] *nf* pizza.

pizzeria [pidzerja] *nf* pizzeria.

pizzicato [pidzikato] (*pl* **pizzicati** [-ti]) *nm* pizzicato.

PJ ◇ *npr f* (*abr de* **police judiciaire**) ≃ CID *Br*, ≃ FBI *Am*.

◇ (*abr écrite de* **pièces jointes**) Encl.

pK *nm* pK.

PL (*abr écrite de* **poids lourd**) HGV.

pl. (*abr écrite de* **planche**) pl.

Pl., pl. *abr écrite de* **place**.

PL/1 (*abr de* **Programming Language One**) *nm* PL/1.

placage [plakaʒ] *nm* -**1.** [revêtement - de bois] veneering; [- de pierre, marbre] facing; [- de métal] cladding, coating; **bois de —** veneer. -**2.** SPORT tackle.

placard [plakar] *nm* -**1.** [armoire] cupboard, closet *Am*; **— à balais** broom cupboard; **— de cuisine** kitchen cupboard; **— de salle de bains** bathroom cabinet; **— à vêtements** wardrobe *Br*, closet *Am*; **avoir un cadavre dans le —** to have a skeleton in the cupboard; **mettre qqn au —** *fam* [l'écarter, le mettre de côté] to put sb on the sidelines, to sideline sb *Am*; **mettre qqch au —** *fam* [le retirer de la circulation] to put sthg in cold storage OU in mothballs. -**2.** IMPR galley (proof); **— publicitaire** [grand] large display advertisement; [de pleine page] full-page advertisement. -**3.** NAUT patch. -**4.** ▽ [prison] nick *Br*, hoosegow *Am*. -**5.** *fam* [couche épaisse - de maquillage] dollop. -**6.** *vieilli* [avis écrit] proclamation.

placarder [3] [plakarde] *vt* -**1.** [couvrir]: **— qqch** de to cover sthg with. -**2.** [afficher] to plaster; **j'ai placardé des photos sur les murs** I plastered the walls with photos. -**3.** IMPR: **— un ouvrage** to set a book in galleys.

place [plas] *nf* -**1.** [espace disponible] space *(U)*, room *(U)*; **je n'ai pas la — pour un piano** I haven't got enough room OU space for a piano; **faire de la —** to make room OU space; **fais une — sur le bureau pour l'ordinateur** make some room OU clear a space on the desk for the computer; **faites-lui une petite —** give her a bit of room; **il reste de la — pour quatre personnes** there's enough space OU room left for four people; **il y a encore de la — au dernier rang** there's still some room in the back row; **prendre de la —** to take up a lot of space OU room; **ne prends pas toute la —** [à table, au lit] don't take up so much room; [sur la page] don't use up all the space; **laisser la** OU **faire — à** to make room OU way for; **la machine à écrire a fait — au traitement de texte** wordprocessors have taken over from OU superseded typewriters; **ce travail ne laisse aucune — à la créativité** there's no place OU room for creativity in this kind of work; **les anciens font — aux jeunes** older people give way to the young generation; **— aux jeunes!** make room for the younger generation!; **tenir une grande/petite — dans**: **la musique tient une grande — dans ma vie** music is very important in OU is an important part of my life; **sa famille ne tient qu'une petite — dans son emploi du temps** she devotes very little time to her family ❑ **faire — nette** *pr* to tidy up; *fig* to clear up, to make a clean sweep; **j'ai fait — nette dans la cuisine** I cleared up the kitchen; **j'ai fait — nette dans mes tiroirs** I cleared out my drawers. -**2.** [endroit précis] place, spot; **changer les meubles/la cuisinière de —** to move the furniture around/the stove; **mets/remets les clefs à leur —** put the keys/put the keys back where they belong; **la statue est toujours à la même —** the statue is still in the same place OU spot; **être à sa —**: **ce plateau n'est pas à sa —** this tray isn't in its proper place OU doesn't belong here; **est-ce que tout est à sa —?** is everything in order OU in its proper place? || [d'une personne]: **savoir rester à sa —** to know one's place; **je ne me sens pas à ma — parmi eux** I feel out of place among them; **ta — n'est pas ici** you're out of place here; **trouver sa — dans l'existence** to find one's niche in life; **avoir une** OU **sa — quelque part** *fig* to have one's place somewhere; **tu auras toujours une — dans mon cœur** there'll always be a place in my heart for you; **reprendre sa —** [sa position] to go back to one's place; [son rôle] to go back to where one belongs; **notre collègue ne pourra pas reprendre sa — parmi nous** our colleague is unable to resume his post with us; **donner sa —**: **pour rien au monde je ne donnerais ma —** I wouldn't swop places for anything in the world ❑ **remettre qqn à sa —** to put sb in his/her place; **te voilà remis à ta —!** that's put you in your place!; **se faire une — au soleil** to make a success of things, to find one's place in the sun; **une — pour chaque chose et chaque chose à sa —** a place for everything and everything in its place. -**3.** [siège] seat; [fauteuil au spectacle] seat; [billet] ticket; **retourne à ta —** go back to your seat; **céder** OU **laisser sa — à qqn** to give up OU to offer one's seat to sb; **avoir la — d'honneur** [sur l'estrade] to sit at the centre of the stage; [à table] to sit at the top OU head of the table; **à la — du conducteur** in the driver's seat; **une voiture à deux —s** a two-seater car; **une caravane à quatre —s** a caravan that sleeps four; **une salle de 500 —s** a room that can seat 500 people; **un autobus de 46 —s** a 46-seater bus; **réserver une — d'avion/de train** to make a plane/train reservation; **payer — entière** to pay (the) full fare; **il a pris le train sans payer sa —** he got on the train without buying a ticket; **j'ai trois —s de concert** I have three tickets for the concert; **toutes les —s sont à 100 F** all tickets OU seats are 100 F; **ça vous ennuierait de changer de —?** would you mind swopping places? ❑ **— assise** seat; **— debout** standing room; **il ne reste plus que des —s debout** it's now standing room only; **à la — du mort** in the (front) passenger seat; **dans le monde du spectacle, les —s sont chères** it's difficult to gain a foothold in show business; **la — est toute chaude** *pr* & *fig* the seat's still warm. -**4.** [dans un parking] (parking) space; **un parking de 1 000 —s** a car park with space for 1,000 cars. -**5.** [espace urbain] square; **la — du marché** the market place, the market square; **la — du village** the village square ❑ **sur la — de Paris**: **médecin connu sur la — de Paris** doctor well-known in Paris; **le plus cher sur la — de Paris** the most expensive in Paris; **sur la — publique** in public; **porter le débat sur la — publique** to make the debate public. -**6.** [poste, emploi] position, post; **une bonne —** a good job; **il y a peu de —s libres** there are few situations vacant; **je cherche une — de secrétaire** I'm looking for a job as a secretary. -**7.** [rang - dans une compétition] place, rank; **avoir la première —** to come first OU top; **avoir la dernière —** to come bottom *Br* OU last; **elle est en bonne — au dernier tour** she's well placed on the last lap; **être** OU **partir en bonne — pour gagner** to be (all) set to win; **les filles occupent les meilleures —s en biologie** girls get the best grades in biology. -**8.** BOURSE: **— financière** financial centre; **— financière internationale** money market; **le dollar est à la hausse sur la — financière de New York** the dollar has risen on the New York exchange. -**9.** MIL: **— d'armes** parade ground, parade *Am*; **— (forte)** fortress, stronghold; **nous voici dans la —** *pr* [ville assiégée] here we are, inside the walls (of the city); [endroit quelconque] here we are; *fig* we've now gained a foothold. -**10.** *Belg* [pièce d'habitation] room.

◆ **à la place** *loc adv* instead; **on ira en Espagne à la —** we'll go to Spain instead; **j'ai rapporté la jupe et j'ai pris un pantalon à la —** I returned the skirt and exchanged it for a pair of trousers; **je préfère travailler le dimanche et avoir des heures libres en semaine à la —** I prefer to work Sundays and have time off during the week instead.

◆ **à la place de** *loc prép* -**1.** [au lieu de] instead of; **à la — du documentaire, on a eu un vieux feuilleton** instead of the documentary, we were shown an old series; **j'irai à sa —** I'll go instead of him. -**2.** [dans la situation de]: **à ma/sa —** in my/his place; **à ta —, j'irais** if I were you I'd go; **mettez-vous à ma —** put yourself in my place OU shoes; **je ne voudrais pas être à sa —** rather him than me.

◆ **de place en place** *loc adv* here and there.

◆ **en place** ◇ *loc adj* -**1.** [important] established; **un homme politique en —** a well-established politician; **les gens en — disent que...** the powers that be say that... -**2.** MIN in situ.

◇ *loc adv* -**1.** [là] in position; **les forces de police sont déjà en —** the police have already taken up their position; **est-ce que tout est en —?** is everything in order OU in its proper place? -**2.** *loc*: **mettre en —** [équipement] to set up *(sép)*, to install; [plan] to set up *(sép)*, to put into action; [réseau] to set up *(sép)*; **la méthode sera mise en — progressivement** the method will be phased in (gradually); **ça va lui mettre/remettre les idées en —** it'll give him a more realistic view of things/set him thinking straight again; **tenir en —**: **il ne tient pas en —** [il est turbulent] he can't keep still; [il est anxieux] he's nervous; [il voyage beaucoup] he's always on the move.

◆ **par places** *loc adv* here and there.

◆ **sur place** *loc adv* there, on the spot; **je serai déjà sur ~** I'll already be there; **tué sur ~** killed on the spot.

PLACES:
la place Beauvau square in Paris (also refers to the Ministry of the Interior, whose offices are situated there);
la place du Colonel-Fabien square in Paris (also refers to the Communist party headquarters, which are situated there);
la place Rouge Red Square;
la place Saint-Marc Saint Mark's Square;
la place Tian'anmen Tiananmen Square;
la place Vendôme square in Paris (the name evokes opulence and luxury because of the Ritz hotel and the jewellery shops situated on the square).

---

placé, e [plase] *adj* -**1.** [aux courses]: **cheval ~** placed horse ‖ *(comme adv)*: **arriver ~** to be placed. -**2.** [situé]: **bien ~** [magasin, appartement] well-situated; [fermeture, bouton, couture] well-positioned; **mal ~** [magasin, appartement] badly-located; [fermeture, bouton, couture] poorly-positioned; [coup] below the belt; [abcès] in an awkward spot; *euph* in an embarrassing place; [orgueil] misplaced; **être bien/mal ~ pour** *fig* to be in a/no position to; **il est mal ~ pour en parler** he's in no position to talk (about it). -**3.** [socialement]: **haut ~** well up OU high up in the hierarchy; **des gens haut ~s** people in high places.

placebo [plasebo] *nm* placebo.

placement [plasmɑ̃] *nm* -**1.** [investissement] investment; **un bon/mauvais ~** a sound/bad investment; **faire un ~** to make an investment, to invest; **nous avons acheté la maison pour faire un ~** we bought the house as an investment; **un ~ de père de famille** a safe OU sound investment. -**2.** [de chômeurs] placing. -**3.** [d'enfants] placing *(U)*; **je m'occupe du ~ des jeunes dans les familles** my job is finding homes for young people. -**4.** [installation]: **le ~ des invités autour de la table** the seating of the guests around the table. -**5.** [internement]: **~ d'office** hospitalization order; **~ volontaire** ≃ voluntary admission *(including detention for observation)*.

placenta [plasɛ̃ta] *nm* placenta.

placentaire [plasɛ̃tɛr] ◇ *adj* placental.
◇ *nm* placental mammal; **les ~s** Eutheria.

placentation [plasɛ̃tasjɔ̃] *nf* placentation.

placer¹ [plasɛr] *nm* placer (deposit).

placer² [16] [plase] *vt* -**1.** [mettre dans une position précise] to place; **~ un patron sur du tissu** to lay a pattern on OU over a piece of fabric; **~ ses doigts sur le clavier** to place one's fingers on the keyboard; **~ la balle** SPORT to place the ball; **~ sa voix** MUS to pitch one's voice. -**2.** [faire asseoir] to seat; **l'ouvreuse va vous ~** the usherette will show you to your seats; **~ des convives à table** to seat guests around a table; **pourvu qu'ils ne me placent pas à côté d'Anne!** I hope they don't put me next to Anne! -**3.** [établir - dans une position, un état] to put, to place; **~ qqn devant ses responsabilités** to force sb to face up to his/her responsibilities; **être bien/mal placé pour faire qqch** to be in a (good)/in no position to do sthg. -**4.** [établir - dans une institution] to place; **~ les jeunes chômeurs** to find jobs for unemployed young people; **~ un enfant à l'Assistance publique** to place OU to put a child in care; **elle a été placée à la direction commerciale** she was named OU appointed as head of the sales department; **~ qqn à l'hospice** to put sb in an old people's home. -**5.** [classer] to put, to place; **~ la loi au-dessus de tout** to set the law above everything else; **moi, je le placerais parmi les grands écrivains** I would rate OU rank him among the great writers. -**6.** [situer dans le temps]: **plaçons-nous un instant au début du siècle** let's go back for a moment to the turn of the century; **il a placé l'action du film en l'an 2000** he set the film in the year 2000. -**7.** [situer dans l'espace] to locate; **je n'arrive pas à ~ Nice sur la carte** I can't tell you where Nice is on the map. -**8.** [mettre] to put; **orchestre placé sous la direction de...** orchestra conducted by...; **~ sa confiance en qqn** to put one's trust in sb; **elle a placé tous ses espoirs dans ce projet** she's pinned all her hopes on this project. -**9.** [dans la conversation]: **il essaie toujours de ~ quelques boutades** he always tries to slip in a few jokes; **je n'ai pas pu ~ un mot** I couldn't get a word in edgeways ❑ **je peux en ~ une?** *fam* can I get a word in? -**10.** [vendre] to sell; **nous aurons du mal à ~ notre stock invendu** it will be hard to get rid of our excess stocks; **les enfants sont chargés de ~ les billets de loterie** the children are to sell the lottery tickets; **j'essaie désespérément de ~ mon vieux canapé!** *hum* I'm desperately trying to find a home for my old sofa! -**11.** FIN to invest; **~ ses économies en Bourse** to invest one's savings on the stock market; **le banquier s'est chargé de ~ mon argent** the banker helped me invest my money.
◆ **se placer** *vpi* -**1.** [spatialement]: **place-toi près de la fenêtre** [debout] stand near the window; [assis] sit near the window; **placez-vous en cercle** get into a circle; **venez vous ~ autour du conférencier** come and sit around the speaker; **plaçons-nous plus près de l'écran** let's move closer to the screen ‖ [dans un jugement, une analyse] to look at OU to consider things; **si l'on se place de son point de vue** if you look at things from his point of view. -**2.** [occuper un rang] to rank, to finish; **se ~ premier/troisième** to finish first/third. -**3.** [trouver un emploi]: **elle s'est placée comme infirmière** she found OU got a job as a nurse. -**4.** *fam* [se présenter avantageusement]: **se ~ auprès du patron** to butter up OU sweet-talk the boss.

placeur, euse [plasœr, øz] *nm, f* -**1.** [dans une salle de spectacle] usher (*f* usherette). -**2.** [dans une agence pour l'emploi] employment agent.

placide [plasid] *adj* placid, calm.

placidement [plasidmɑ̃] *adv* placidly, calmly.

placidité [plasidite] *nf* placidness, calmness.

placier [plasje] *nm* -**1.** [forain] market pitch agent. -**2.** [représentant] travelling salesman, drummer *Am*.

Placoplâtre® [plakoplatr] *nm* plasterboard.

plafond [plafɔ̃] *nm* -**1.** CONSTR ceiling; **faux ~** false ceiling; **~ à caissons** caisson ceiling; **~ flottant** OU **suspendu** drop OU suspended ceiling; **bas de ~** *pr*: **la pièce est basse de ~** the room has got a low ceiling; **il est un peu bas de ~** *fig* he's a bit slow on the uptake. -**2.** BX-ARTS ceiling painting. -**3.** AÉRON ceiling. -**4.** MÉTÉO: **~ (nuageux)** (cloud) ceiling. -**5.** [limite supérieure]: **le ~ des salaires** the wage ceiling, the ceiling on wages. **6.** *(comme adj: avec ou sans trait d'union)* ceiling *(modif)*; **vitesse ~** maximum speed; **prix ~** ceiling OU top prices. -**7.** [au bridge] ceiling.

plafonnage [plafɔnaʒ] *nm* ceiling installation.

plafonnement [plafɔnmɑ̃] *nm*: **~ des salaires** top-grading of wages.

plafonner [3] [plafɔne] ◇ *vt* -**1.** [pièce, maison] to put a ceiling in OU into. -**2.** [impôts] to set a ceiling for.
◇ *vi* -**1.** [avion] to reach maximum altitude OU absolute ceiling *spéc*; [voiture] to reach maximum speed. -**2.** [ventes, salaires] to level off; [taux d'intérêt, prix] to peak; **je plafonne à 10 000 francs depuis un an** my monthly income hasn't exceeded 10,000 francs for over a year.

plafonneur [plafɔnœr] *nm* ceiling plasterer.

plafonnier [plafɔnje] *nm* -**1.** [d'appartement] ceiling light. -**2.** AUT (overhead) courtesy OU guide light.

plage [plaʒ] *nf* -**1.** GÉOG beach; **~ de galets/de sable** pebble/sandy beach. -**2.** [espace de temps]: **~ horaire** (allotted) slot; **~ musicale** musical intermission; **~ publicitaire** commercial break. -**3.** [écart] range; **~ de prix** price range. -**4.** *litt* [surface] zone, area; **une ~ d'ombre** an area of shadow; **une ~ de lumière** a sunny area. -**5.** NAUT: **~ avant** foredeck; **~ arrière** quarterdeck, after deck. -**6.** AUT: **~ arrière** back shelf. -**7.** [d'un disque] track.
◆ **de plage** *loc adj* beach *(modif)*; **serviette de ~** beach towel; **vêtements de ~** beachwear.

plagiaire [plaʒjɛr] *nmf* plagiarizer, plagiarist.

plagiat [plaʒja] *nm* plagiary, plagiarism.

plagier [9] [plaʒje] *vt* [œuvre] to plagiarize; **~ qqn** to plagiarize sb's work.

plagiste [plaʒist] *nmf* beach attendant.

plaid¹ [plɛ] *nm* HIST [assemblée] court; [jugement] finding, judgement.

plaid² [plɛd] *nm* TEXT [pièce de tissu] plaid; [couverture] car rug.

plaidable [plɛdabl] *adj* pleadable.

plaidant, e [plɛdɑ̃, ɑ̃t] *adj*: **l'avocat ~** the court lawyer *Br*, the trial attorney *Am*; **les parties ~es** the litigants.

plaider [4] [plede] ◇ *vi* -**1.** JUR to plead; **ce matin, je plaide** I'm pleading this morning; **~ pour qqn** to defend sb; **c'est lui qui plaide pour les Taylor** he's the Taylors' lawyer, he's counsel for the Taylors; **~ contre qqn** to plead the case against sb *(in court)*. -**2.** [présenter des arguments]: **~ en faveur de qqn/qqch** *pr* & *fig* to speak in sb's/sthg's favour; **~ contre qqn/qqch** *pr* & *fig* to speak against sb/sthg; **ton attitude ne plaide guère en ta faveur** your attitude hardly speaks for you OU is hardly a strong point in your favour; **nous plaidons ici pour le respect des droits de l'homme** we are here to defend human rights.
◇ *vt* to plead; **~ une cause** JUR to plead a case; *fig* to speak (up) for OU to plead a cause; **l'affaire sera plaidée en juin** the case will be heard in June; **~ coupable/non coupable** to plead guilty/not guilty, to make a plea of guilty/not guilty; **plaidez-vous coupable ou non coupable?** how do you plead (guilty or not guilty)?; **~ la légitime défense** to plead self-defence ❑ **~ le faux pour savoir le vrai** to get at the truth by telling a lie.

plaideur, euse [plɛdœr, øz] *nm, f* litigant.

plaidoirie [plɛdwari] *nf* -**1.** [exposé] *pr* speech for the defence; *fig* defence. -**2.** [action de plaider] pleading.

plaidoyer [plɛdwaje] *nm* -**1.** JUR speech for the defence. -**2.** [supplication] plea.

plaie [plɛ] *nf* -**1.** [blessure] wound; **~ pénétrante** perforating wound; **~ profonde** deep wound; **~ superficielle** surface wound; **une ~ vive** *pr* an open wound; **le départ de sa femme est resté pour lui une ~ vive** his wife's departure scarred him for life. -**2.** *litt* [tourment] wound *fig*; **~ d'argent n'est pas mortelle** *prov* it's only money, money isn't everything. -**3.** BIBLE: **les sept ~s d'Égypte** the seven plagues of Egypt. -**4.** *fam* [personne ou chose ennuyeuse]: **quelle ~!** what a pain!

plaignant, e [plɛɲɑ̃, ɑ̃t] ◇ *adj* JUR: **la partie ~e** the plaintiff.
◇ *nm, f* plaintiff.

plain-chant [plɛ̃ʃɑ̃] (*pl* **plains-chants**) *nm* plainchant, plainsong.

plaindre [80] [plɛ̃dr] *vt* -**1.** [avoir pitié de] to feel sorry for, to pity; **je plains celle qui l'épousera!** I feel sorry for whoever's going to marry him!; **comme je vous plains** I do feel sorry for you; **il adore se faire ~** he's always looking for sympathy; **elle est bien à ~ avec des enfants pareils** with children like that, you can't help but feel sorry for her!; **avec tout l'argent qu'ils gagnent, ils ne sont vraiment pas à ~** with all the money they're making, they've got nothing to complain about. -**2.** *fam vieilli* [donner parcimonieusement] to give grudgingly, to spare; **ne pas ~ sa peine** to be unstinting in one's efforts; **je n'ai jamais plaint mon temps passé auprès des enfants** I never begrudged the time I spent with the children.
◆ **se plaindre** *vpi* [protester] to complain, to moan; **arrête de te ~ tout le temps** stop complaining all the time; **plains-toi donc!** *iron* my heart bleeds for you!; **se ~ de** to complain of; **le patient se plaint de manquer** OU **de son manque d'appétit** the patient is complaining of

loss of appetite; **il est venu se ~ à moi de sa femme** he came and complained to me about his wife; **ce n'est pas moi qui m'en plaindrai!** I'm not complaining!

plaine [plɛn] *nf* -**1.** [en surface] plain. -**2.** [sous-marine]: **~ abyssale/bathyale** abyssal/bathial zone.

plain-pied [plɛ̃pje]

◆ **de plain-pied** *loc adv* -**1.** [au même niveau]: **une maison construite de ~** [avec le sol extérieur] a bungalow *Br*, a ranch-house *Am*; **la chambre et le salon sont de ~** the bedroom and the living room are on the same level. -**2.** [d'emblée]: **entrons de ~ dans le sujet** let's get straight down to the subject. -**3.** [sur un pied d'égalité]: **être de ~ avec qqn** to be on the same wavelength as sb.

plainte [plɛ̃t] *nf* -**1.** [gémissement] moan, groan; **les ~s du vent** *litt* the howling of the wind. -**2.** [protestation] complaining, moaning. -**3.** JUR complaint; **déposer une ~** to lodge OU to file a complaint; **retirer une ~** to withdraw a complaint; **porter ~ contre qqn** to bring an action against sb; **désirez-vous porter ~?** do you wish to begin proceedings? ❑ **~ contre X** action against person or persons unknown.

plaintif, ive [plɛ̃tif, iv] *adj* -**1.** [de douleur] plaintive, mournful; **un cri ~** a plaintive cry. -**2.** *litt* plaintive.

plaintivement [plɛ̃tivmɑ̃] *adv* plaintively, mournfully.

plaire [110] [plɛr]

◆ **plaire à** *v + prép* -**1.** [être apprécié par]: **cela me plaît** I like it; **l'album m'a plu** I liked the album; **le potage ne vous a pas plu?** didn't you like the soup?; **ça vous plaît, le commerce?** how do you like business life?; **elle vous plaît, la maison?** how do you like the house?; **si le karaté me plaît, je continuerai** if I like karate, I'll keep it up; **le nouveau professeur ne me plaît pas du tout** I really don't like OU care for the new teacher; **rien ne lui plaît** there's no pleasing him; **cette idée ne me plaît pas du tout** I'm not at all keen on this idea || *(en usage abs)*: **il a vraiment tout pour ~!** he's got everything going for him!; *iron* he's so marvellous!; **offre du parfum, ça plaît toujours** give perfume, it's always appreciated. -**2.** [convenir à]: **si ça me plaît** if I feel like it; **quand ça me plaît** whenever I feel like it; **elle ne lit que ce qui lui plaît** she only reads what she feels like (reading). -**3.** [séduire] to be appealing OU attractive; **il cherche à ~ aux femmes** he tries hard to make himself attractive to women; **c'est le genre de fille qui plaît aux hommes** she's the kind of girl that men find attractive || *(en usage abs)*: **aimer ~** to take pleasure in being attractive; **une robe doit ~ avant tout** a dress must above all be appealing.

◆ **il plaît** *v impers* -**1.** *sout* [il convient]: **il lui plaît de croire que...** she likes to think that...; **te plairait-il de nous accompagner?** would you like to come with us? ❑ **comme** OU **tant qu'il te plaira, comme** OU **tant qu'il vous plaira** [exprime l'indifférence] see if I care; **tu le prends sur ce ton? comme il te plaira** if you choose to take it like that, see if I care; **plaise à Dieu** OU **au ciel que...** [souhait] please God that...; **plût à Dieu** OU **au ciel que...** [regret] if only...; **plaise au tribunal de déclarer mon client innocent** JUR I ask the court to pronounce my client innocent. -**2.** *loc*: **s'il te plaît, s'il vous plaît** please; **s'il vous plaît!** [dit par un client] excuse me!; *Belg* [dit par un serveur] here you are!; **prête-moi un stylo, s'il te plaît** lend me a pen, please; **sors d'ici, et plus vite que ça, s'il te plaît!** get out of here and please be quick about it!; **du caviar, s'il vous plaît, on ne se refuse rien!** *fam* caviar! my, my, we're splashing out a bit, aren't we?; **plaît-il?** I beg your pardon?

◆ **se plaire** ◇ *vp (emploi réciproque)*: **ces deux jeunes gens se plaisent, c'est évident** it's obvious that those two like each other.

◇ *vpi* [dans un endroit]: **je me plais (bien) dans ma nouvelle maison** I enjoy living in my new house, I like it in my new house; **alors, vous vous plaisez à Paris?** so, how do you like living in OU like it in Paris?; **mes plantes se plaisent ici** my plants are happy here.

◆ **se plaire à** *vp + prép sout*: **il se plaît à la contredire** he loves contradicting her; **je me plais à penser que tu as fait tes devoirs avant de sortir** *iron* I suppose you've done your homework before going out.

plaisamment [plɛzamɑ̃] *adv* -**1.** [agréablement] pleasantly, agreeably. -**2.** [de façon amusante] amusingly. -**3.** [risiblement] ridiculously, laughably.

plaisance [plɛzɑ̃s] *nf* (pleasure) boating.

◆ **de plaisance** *loc adj* pleasure *(modif)*.

Plaisance [plɛzɑ̃s] *npr* Piacenza.

plaisancier, ère [plɛzɑ̃sje, ɛr] *nm, f* amateur yachtsman (*f* yachtswoman).

plaisant, e [plɛzɑ̃, ɑ̃t] *adj* -**1.** [agréable] pleasant, nice. -**2.** [drôle] funny, amusing. -**3.** [ridicule] ridiculous, laughable.

◆ **plaisant** *nm* -**1.** *sout*: **le ~ de l'histoire** the funny part of it; **le ~ de cette aventure** the funny thing about this adventure. -**2. mauvais ~** joker; **un mauvais ~ avait débranché la télé** some joker had unplugged the TV.

plaisanter [3] [plɛzɑ̃te] ◇ *vi* -**1.** [faire de l'esprit] to joke; [- une plaisanterie] to (crack a) joke; **assez plaisanté, au travail!** enough horsing around, back to work!; **elle n'était pas d'humeur à ~** she wasn't in a joking mood; **~ sur** to make fun of; **~ sur le nom de qqn** to make fun of sb's name. -**2.** [parler à la légère] to joke; **c'est vrai, je ne plaisante pas** it's true, I'm not joking; **je ne plaisante pas, obéis!** I'm not joking, do as I say!; **tu plaisantes, ou quoi?** you can't be serious!, you've got to be joking! -**3. ne pas ~ avec qqch** [prendre qqch très au sérieux]: **on ne plaisante pas avec ces choses-là** you mustn't joke about such things; **le patron ne plaisante pas avec la discipline** the boss takes discipline very seriously OU is a stickler for discipline; **on ne plaisante pas avec la loi** you shouldn't fool around with the law.

◇ *vt* to make fun of, to tease; **ils n'arrêtent pas de le ~ sur son accent** they're always teasing him about his accent.

plaisanterie [plɛzɑ̃tri] *nf* -**1.** [parole amusante] joke; [acte amusant] joke, hoax; **lancer une ~** to make a joke; **faire une ~ à qqn** to play a joke on sb; **c'est une ~ j'espère?** I trust OU hope you're joking; **la ~ a assez duré** this has gone far enough; **une ~ de mauvais goût** a joke in bad OU poor taste. -**2.** [parole, action non sérieuse] joke; **je l'ai dit par ~** I meant it as a joke; **~ à part** joking apart; **tourner qqch en ~** to make a joke of sthg; **c'est une** OU **ça a l'air d'une ~!** [ça ne peut être sérieux] it must be a joke! -**3.** [raillerie] joke, jibe; **faire des ~s sur le nom/l'allure de qqn** to make fun of sb's name/appearance; **elle est en butte aux ~s de ses collègues** she's the laughing stock of her colleagues; **il comprend** OU **entend** *sout* **la ~** he can take a joke ❑ **mauvaise ~** cruel joke. -**4.** [chose facile] child's play *(U)*; **c'est une ~, cet exercice!** there's nothing to this exercise!, this exercise is child's play!

plaisantin [plɛzɑ̃tɛ̃] *nm* -**1.** [farceur] joker, clown; **quel est le petit ~ qui m'a donné un faux numéro?** which joker gave me a wrong number? -**2.** [fumiste]: **ce n'est qu'un ~** he's nothing but a fly-by-night.

plaisir [plezir] *nm* -**1.** [joie] pleasure; **j'éprouve toujours du ~ à écouter du jazz** I always get pleasure out of listening to jazz; **avoir (du) ~** OU **prendre (du) ~ à faire qqch** to take pleasure in doing sthg; **j'ai eu grand ~ à voyager avec vous** it was a real pleasure travelling with you; **faire ~ à qqn** to please sb; **ça va lui faire ~** he'll be pleased OU delighted (with this); **on prend son ~ où on le trouve!** you only live once! ❑ **le bon ~ de qqn** *sout* sb's wish OU desire; **on ne déciderait jamais rien s'il fallait attendre son bon ~!** we'd never make any decisions if we always had to wait until he felt like it!; **ce n'est pas une partie de ~** [pas réjouissant] it's no fun; [pas facile] it's no picnic. -**2.** [dans des formules de politesse]: **vous me feriez ~ en restant dîner** I'd be delighted if you stayed for dinner; **cela fait ~ de vous voir en bonne santé** it's a pleasure to see you in good health; **faites-moi le ~ d'accepter** won't you grant me the pleasure of accepting?; **tu me feras le ~ de ne plus revoir ce garçon** I don't want you to see that boy again; **fais-moi le ~ d'éteindre cette télévision** do me a favour, will you, and turn off the television; **elle se fera un ~ de vous raccompagner** she'll be (only too) glad to take you home; **je me ferai un ~ de vous renseigner** I'll be delighted OU happy to give you all the information; **cette chipie se fera un ~ de répandre la nouvelle** *fam* that little minx will take great pleasure in spreading the news; **aurai-je le ~ de vous avoir parmi nous?** will I have the pleasure of your company?; **j'ai le ~ de vous informer que...** I am pleased to be able to inform you that...; **tout le ~ est pour moi** the pleasure is all mine, (it's) my pleasure. -**3.** [agrément] pleasure; **le caviar est un ~ coûteux** caviar is an expensive pleasure; **les ~s de la vie** life's pleasures ❑ **elle aime les ~s de la table** she loves good food. -**4.** [sexualité] pleasures; **les ~s de la chair** pleasures of the flesh; **les ~s défendus** forbidden pleasures; **~ solitaire** *euph* self-abuse.

◆ **à plaisir** *loc adv* -**1.** [sans motif sérieux]: **il se tourmente à ~** he's a natural worrier. -**2.** [sans retenue] unrestrainedly; **elle ment à ~** she lies through her teeth.

◆ **au plaisir (de vous revoir)** *loc adv* see you again OU soon.

◆ **avec plaisir** *loc adv* with pleasure; **pourrez-vous m'aider? – avec ~!** will you be able to help me? – delighted (to) OU with pleasure!

◆ **par plaisir, pour le plaisir** *loc adv* for its own sake, just for the fun of it; **il joue aux cartes par ~, non pas pour l'argent** he doesn't play cards for money, just for the fun of it.

plan[1] [plɑ̃] *nm* **A.** -**1.** [surface plane] plane. -**2.** CONSTR [surface] surface; **~ de cuisson** hob; **~ de travail** [d'une cuisine] worktop, working surface. -**3.** BX-ARTS & PHOT plane. -**4.** CIN shot; **gros ~, ~ serré** close-up; **~ américain** close-medium shot; **~ général/moyen/rapproché** long/medium/close shot. -**5.** GÉOM plane; **~ horizontal/incliné/médian/tangent** level/inclined/median/tangent plane. -**6.** AÉRON: **~ de sustentation** aerofoil.

B. -**1.** [projet] plan, project; **ne vous inquiétez pas, j'ai un ~** don't worry, I've got a plan ❑ **un ~ d'action** a plan of action; **un ~ de bataille** a battle plan; **un ~ de carrière** a career strategy. -**2.** [structure] plan, framework, outline; **le ~ d'un roman** the plan OU the narrative framework of a novel; **je veux un ~ détaillé de votre thèse** I want a detailed outline OU a synopsis of your thesis. -**3.** ADMIN plan, project; **~ d'aménagement rural** rural development plan OU scheme; **~ de modernisation** modernization project OU scheme; **~ de sauvegarde** zoning plan; **~ d'urbanisme** town planning scheme. -**4.** ÉCON plan; **~ comptable** FIN ≃ Statement of Standard Accounting Practices; **~ d'échantillonnage** [en statistique] sample survey; **~ d'épargne** BANQUE savings plan; **~ d'épargne logement** *savings scheme offering low-interest mortgages*; **~ d'épargne retraite** *former personal pension plan*; **~ financier** financial plan; **~ quinquennal** five-year plan.

C. -**1.** [carte] map, plan; **un ~ de Paris** a map OU plan of Paris ❑ **~ de métro** underground *Br* OU subway *Am* map. -**2.** ARCHIT [dessin] plan, blueprint *Am*; **acheter un appartement sur ~s** to buy a flat from the plans *Br* OU an apartment as shown on the blueprint *Am*; **lever un ~** to make a survey ❑ **~ de masse** overall plan; **tirer des ~s sur la comète** to build castles in the air. -**3.** TECH plan, blueprint; **~ d'une machine/voiture** blueprint of a machine/car.

◆ **en plan** *fam loc adv* in the lurch; **laisser qqn en ~** to leave sb in the lurch; **laisser qqch en ~** to drop sthg; **j'ai tout laissé en ~ et j'ai filé** à l'hôpital I dropped everything and rushed to the hospital; **il m'a laissée en ~** he left me in the lurch; **rester en ~**: **je suis resté en ~** [seul] I was left stranded OU high and dry; **tous mes projets sont restés en ~** none of my plans came to anything.

◆ **en plan incliné** *loc adv* sloping.

◆ **sur le plan de** *loc prép* as regards, as far as... is concerned; **sur le ~ du salaire, ça me convient** as far as the salary is concerned, it suits me fine; **sur le ~ de la conduite** as far as behaviour goes; **sur le ~ intellectuel** intellectually speaking; **c'est le meilleur sur tous les ~s** he's the best whichever way you look at it.

◆ **plan d'eau** *nm* [naturel] stretch of water; [artificiel] reservoir; [ornemental] (ornamental) lake.

plan², **e** [plɑ̃, plan] *adj* -**1.** [miroir] plane; [surface] flat. -**2.** MATH plane, planar; **surface ~e** plane.

planage [planaʒ] *nm* [d'une surface] planing; [d'un métal] planishing; [pour rendre la forme] straightening, flattening (out).

planaire [planɛr] *nf* planarian.

planant, e *fam* [planɑ̃, ɑ̃t] *adj* [qui met dans un état second]: **leur musique est complètement ~e** their music really sends you.

planche [plɑ̃ʃ] *nf* -**1.** [de bois] plank, board; **~ à découper** chopping board; **~ à dessin** drawing board; **~ à laver** washboard; **~ à pain** *pr* breadboard; **c'est une ~ à pain** *fam* she's (as) flat as a board OU a pancake; **~ à pâtisserie** pastry board; **~ à repasser** ironing board; **~ de salut** last hope; **recourir à** OU **faire marcher la ~ à billets** *fam* to pump (more) money into the economy; **c'est une ~ pourrie** *fam* he can't be relied on. -**2.** NAUT gangplank; **jour de ~** lay day. -**3.** *fam* [ski] ski. -**4.** IMPR plate. -**5.** HORT [de légumes] patch; [de plantes, fleurs] bed. -**6.** AÉRON: **~ de bord** instrument panel. -**7.** LOISIRS & SPORT: **faire la ~** to float on one's back.

◆ **planches** *nfpl* -**1.** THÉÂT: **les ~s** the boards, the stage; **monter sur les ~s** to go on the stage; **remonter sur les ~s** to go back on the stage. -**2.** [chemin] promenade *Br*, boardwalk *Am*; **les ~s de Deauville** the promenade at Deauville.

◆ **planche à roulettes** *nf* skateboard.

◆ **planche à voile** *nf* sail board; **faire de la ~ à voile** to go windsurfing.

planchéiage [plɑ̃ʃejaʒ] *nm* -**1.** [parquetage] flooring. -**2.** [lambrissage] planking, boarding.

planchéier [4] [plɑ̃ʃeje] *vt* -**1.** [parqueter] to floor. -**2.** [lambrisser] to board.

plancher¹ [plɑ̃ʃe] *nm* -**1.** ARCHIT & CONSTR floor; **refaire le ~ d'une pièce** to refloor a room *(with floorboards)* □ **~ creux/plein** hollow/solid floor; **le ~ des vaches** *fam* dry land; **débarrasse le ~!** *fam* clear off!, get lost! -**2.** AUT floorboard. -**3.** *Can* [étage] floor, story. -**4.** ANAT floor; **le ~ buccal** OU **de la bouche** the floor of the mouth; **~ pelvien** pelvic floor. -**5.** [limite inférieure] floor; **une augmentation de 3 % avec un ~ de 200 francs** a 3 % rise with a lower limit OU a floor of 200 francs □ **~ des salaires** wage floor. -**6.** *(comme adj; avec ou sans trait d'union)* minimum; **prix ~** minimum OU bottom price.

plancher² [3] [plɑ̃ʃe] *vi arg scol*: **demain on planche en maths** we've got a maths test tomorrow.

◆ **plancher sur** *fam v + prép* [travailler sur] to work on.

planchette [plɑ̃ʃɛt] *nf* -**1.** [petite planche] small board. -**2.** [topographique] plane-table.

planchiste [plɑ̃ʃist] *nmf* wind-surfer.

plan-concave [plɑ̃kɔ̃kav] (*pl* **plan-concaves**) *adj* plano-concave.

plan-convexe [plɑ̃kɔ̃vɛks] (*pl* **plan-convexes**) *adj* plano-convex.

plancton [plɑ̃ktɔ̃] *nm* plankton; **~ aérien** aerial plankton.

planctonique [plɑ̃ktɔnik] *adj* planktonic.

planctonivore, [plɑ̃ktɔnivɔr], **planctophage** [plɑ̃ktɔfaʒ] *adj* plankton-eating.

planéité [planeite] *nf* planeness, flatness, evenness.

planelle [planɛl] *nf Helv* ceramic tile.

planer [3] [plane] ◇ *vi* -**1.** [oiseau] to soar; [avion] to glide; [fumée, ballon] to float; **laisser son regard** OU **ses regards ~ sur** to gaze out over. -**2.** [danger, doute, mystère] to hover, to hang over; **le danger planait sur l'Europe** danger hung OU hovered over Europe; **le doute plane encore sur cette affaire** this affair is still shrouded in mystery. -**3.** [être en dehors des réalités] to be (way) above; **il plane au-dessus de ces petits détails** he's way above such insignificant details. -**4.** *fam* [être dans un état second]: **il plane complètement** [il est drogué] he's high; [il n'est pas réaliste] he's got his head in the clouds □ **ça plane pour moi!** *fam* everything's hunky-dory!

◇ *vt* [surface] to make smooth; [métal] to planish.

planétaire [planetɛr] ◇ *adj* -**1.** ASTRON planetary. -**2.** [mondial] worldwide, global.

◇ *nm* -**1.** ASTRON orrery. -**2.** MÉCAN planetary gear OU gear-wheel, (axle drive) bevel wheel.

planétairement [planetɛrmɑ̃] *adv* worldwide *adv*.

planétarium [planetarjɔm] *nm* planetarium.

planète [planɛt] *nf* planet; **la ~** [la Terre]: **sur la ~ tout entière** all over the Earth OU world.

planétoïde [planetɔid] *nm* planetoid.

planétologie [planetɔlɔʒi] *nf* planetology.

planeur, euse [planœr, øz] *nm, f* [de métal] planisher; [d'orfèvrerie] chaser.

◆ **planeur** *nm* AÉRON glider.

planifiable [planifjabl] *adj* which can be planned.

planificateur, trice [planifikatœr, tris] ◇ *adj* planning *(modif)*, relating to (economic) planning.

◇ *nm, f* planner.

planification [planifikasjɔ̃] *nf* ÉCON (economic) planning.

planifier [9] [planifje] *vt* [gén & ÉCON] to plan.

planimétrie [planimetri] *nf* planimetry.

planimétrique [planimetrik] *adj* planimetric.

planipenne [planipɛn] *nm* planipennine, member of the Planipennia.

planisme [planism] *nm* over-reliance on planning.

planisphère [planisfɛr] *nm* planisphere.

planiste [planist] *nmf* supporter of economic planning.

plan-masse [plɑ̃mas] (*pl* **plans-masses**) *nm* overall plan.

planning [planiŋ] *nm* [programme] programme, schedule; **le ~ de la semaine** the week's schedule.

◆ **planning familial** *nm* [méthode] family planning; [organisme] family planning clinic; **je vais au ~** *fam* I'm going to the family planning.

planque *fam* [plɑ̃k] *nf* -**1.** [cachette] hide-out, hideaway. -**2.** [travail - gén] cushy job; [- en temps de guerre] safe job. -**3.** [guet]: **faire une ~** to stake a place out.

planqué, e *fam* [plɑ̃ke] *nm, f person who has landed himself a cushy job.*

◆ **planqué** *nm arg mil* draft dodger.

planquer *fam* [3] [plɑ̃ke] ◇ *vt* [cacher] to hide; **planque ton bouquin, voilà le prof** hide your book, the teacher's coming; **on a planqué son frère chez nous pendant une semaine** we hid his brother at our place for a week.

◇ *vi* [surveiller] to keep watch.

◆ **se planquer** *fam vpi* [se cacher] to hide out OU up.

plan-relief [plɑ̃rəljɛf] (*pl* **plans-reliefs**) *nm* street model.

plant [plɑ̃] *nm* -**1.** [jeune végétal] seedling, young plant; **~ de vigne** young vine; **~ de tomate** tomato plant. -**2.** [ensemble - de légumes] patch; [- de plantes, de fleurs] bed.

Plantagenêt [plɑ̃taʒnɛ] *npr* Plantagenet.

plantain [plɑ̃tɛ̃] *nm* [herbe, bananier] plantain.

plantaire [plɑ̃tɛr] *adj* plantar.

plantation [plɑ̃tasjɔ̃] *nf* -**1.** [opération] planting. -**2.** [culture] plant, crop. -**3.** [exploitation agricole] plantation.

plante¹ [plɑ̃t] *nf* -**1.** BOT plant; **~ verte/à fleurs** green/flowering plant; **~ textile/fourragère** fibre/fodder plant; **~ grasse/vivace** succulent/perennial plant; **~ d'appartement** house OU pot plant; **~ grimpante** creeper, climbing plant; **~ médicinale** medicinal herb. -**2.** *loc*: **c'est une belle ~** *fam* she's a fine figure of a woman; **~ de serre** *sout* fragile person.

plante² [plɑ̃t] *nf* ANAT: **la ~ du pied** the sole of the foot.

planté, e [plɑ̃te] *adj*: **bien ~** *fam* [enfant] lusty, robust; **bien ~** [dent] well-positioned, well-placed; **avoir les dents mal ~es** to have uneven teeth; **avoir les cheveux ~s bas/haut** to have a low/receding hairline.

planter [3] [plɑ̃te] *vt* -**1.** AGR & HORT to plant; **~ des choux** to plant cabbages; **allée plantée d'acacias** avenue lined with acacia trees. -**2.** [enfoncer] to stick OU to drive in *(sép)*; [avec un marteau] to hammer in *(sép)*; **il ne sait même pas ~ un clou** he can't even hammer a nail in properly; **~ un couteau dans le dos de qqn** to stab sb in the back, to stick a knife in sb's back; **le lion lui a planté ses griffes dans la cuisse** the lion dug its claws into his thigh. -**3.** [tente] to pitch, to put up *(sép)*; **il a fini par ~ sa tente en Provence** *fig* he finally settled in Provence. -**4.** [poser résolument]: **~ un baiser sur les lèvres de qqn** to kiss sb full on the lips; **il a planté ses yeux dans les miens** he stared into my eyes. -**5.** [dépeindre - personnage] to sketch (in); **les personnages sont plantés dès la page 20** the characters have all been sketched in by page 20; **~ le décor** THÉÂT to set up the scenery; LITTÉRAT to set the scene. -**6.** *fam* [abandonner] to dump; **je l'ai planté là** I just left OU dumped him there; **je crois que je vais tout ~ là** I think I'll pack it all in OU ditch the whole thing.

◆ **se planter** *vpi* -**1.** [s'enfoncer] to become stuck OU embedded, to embed o.s.; **l'écharde s'est plantée dans la chair** the splinter embedded itself in the flesh. -**2.** *fam* [se tenir immobile] to stand; **j'irai me ~ sous leur nez** I'll go and stand right in front of them; **ne reste pas planté là comme une souche** don't just stand there like a lemon *Br* OU fool. -**3.** *fam* [se tromper] to get it wrong; **j'ai dû me ~** I must have boobed *Br* OU got it wrong; **on s'est complètement plantés, c'est infaisable** we've completely screwed up, it can't be done. -**4.** *fam* [dans un accident] to (have a) crash; **se ~ contre un arbre** to smash into a tree. -**5.** *fam* [échouer] to go wrong, to screw up; **je me suis complètement planté en biologie** I made a pig's ear of the biology paper. -**6.** *fam* [ordinateur] to crash.

planteur, euse [plɑ̃tœr, øz] *nm, f* planter; **des ~s de pommes de terre** potato planters.

◆ **planteur** *nm* -**1.** AGR planter. -**2.** [cocktail]: (punch) **~** planter's punch.

◆ **planteuse** *nf* planter, planting machine.

plantigrade [plɑ̃tigrad] *adj* & *nm* plantigrade.

plantoir [plɑ̃twar] *nm* dibble.

planton [plɑ̃tɔ̃] *nm* -**1.** MIL orderly; **faire le ~** *fam* to stand about OU around (waiting). -**2.** *Helv* seedling, young plant. -**3.** *Afr* [garçon de bureau] office boy.

plantule [plɑ̃tyl] *nf* (plant) germ.

plantureusement [plɑ̃tyrøzmɑ̃] *adv litt* copiously, lavishly.

plantureux, euse [plɑ̃tyrø, øz] *adj* -**1.** [aux formes pleines - femme] buxom; [- poitrine] full, generous; **une beauté plantureuse** a buxom beauty. -**2.** *litt* [fertile] fertile; **la plantureuse province** the lush province. -**3.** [copieux - repas] sumptuous.

plaquage [plakaʒ] *nm* -**1.** [revêtement] cladding, coating. -**2.** SPORT tackling *(U)*, tackle. -**3.** *fam* [abandon - d'une personne] ditching, jilting; [- d'une activité] dropping.

plaque [plak] *nf* -**1.** [surface - de métal] plate; [- de marbre] slab; [- de verre] plate, pane; [revêtement] plate; [pour commémorer] plaque;

~ **de blindage** armour plate; ~ **de cheminée** fire back; ~ **d'égout** manhole cover; ~ **d'immatriculation** number plate *Br*, licence plate *Am*; ~ **de propreté** fingerplate; ~ **de verglas** icy patch. -**2.** [inscription professionnelle] nameplate, plaque; [insigne] badge. -**3.** JEUX [au casino] chip; **une** ~ *fam* [dix mille francs] *ten thousand francs*. -**4.** ÉLECTR plate; ~ **d'accumulateur** accumulator plate ‖ ÉLECTRON plate, anode; ~ **de déviation** deflector plate. -**5.** PHOT plate. -**6.** CULIN [d'une cuisinière] hotplate; [de four] baking tray; *Helv* [moule] cake tin. -**7.** ANAT & MÉD [sur la peau] patch; **des** ~**s rouges dues au froid** red blotches due to the cold ❑ ~ **dentaire** (dental) plaque; ~ **muqueuse** mucous plaque; ~**s d'eczéma** eczema patches. -**8.** GÉOG: ~ **à vent** wind slab. -**9.** GÉOL: ~ **(lithosphérique)** plate; ~ **mince** thin section.

◆ **en plaques, par plaques** *loc adv*: **sa peau part par** ~**s** his skin is flaking.

◆ **plaque tournante** *nf* -**1.** RAIL turntable. -**2.** *fig* nerve centre; **la** ~ **tournante du trafic de drogue** the nerve centre of the drug-running industry.

plaqué, e [plake] *adj* JOAILL plated; ~ **d'or** OU **or** gold-plated; ~ **d'argent** OU **argent** silver-plated.

◆ **plaqué** *nm* -**1.** JOAILL: **c'est du** ~ [or] it's gold-plated; [argent] it's silver-plated. -**2.** MENUIS veneer.

plaquemine [plakmin] *nf* (Japanese) persimmon, kaki.

plaqueminier [plakminje] *nm* (Japanese) persimmon (tree).

plaquer [3] [plake] *vt* -**1.** MENUIS to veneer. -**2.** JOAILL to plate. -**3.** MÉTALL to clad. -**4.** [mettre à plat] to lay flat; **le vent plaquait son écharpe/ses cheveux sur sa figure** the wind blew her scarf/hair flat against her face; **la sueur plaquait sa chemise contre son corps** his shirt was stuck to his chest with sweat; **les cheveux plaqués sur le front** hair plastered down on the forehead; **je l'ai plaqué contre le mur/au sol** I pinned him to the wall/ground; **le dos plaqué contre la porte** standing flat against the door; ~ **sa cavalière contre soi** to clasp one's partner to one; ~ **un baiser sur la joue de qqn** to give sb a smacking kiss on the cheek; ~ **sa main sur la bouche de qqn** to put one's hand over sb's mouth. -**5.** [ajouter]: **la conclusion semble plaquée** the conclusion reads like an afterthought OU feels as though it's just been tacked on. -**6.** *fam* [abandonner - personne, travail, situation] to dump, to ditch; [- amant, conjoint] to jilt; **j'ai envie de tout** ~ I feel like packing OU chucking it all in. -**7.** SPORT to tackle; *fig* [personne en fuite] to rugby-tackle. -**8.** MUS [accord] to strike, to play; ~ **un accord** to strike a chord; **je ne sais que** ~ **quelques accords** I only know a few chords.

◆ **se plaquer** *vp (emploi réfléchi)*: **se** ~ **au sol** to throw o.s. flat on the ground; **se** ~ **contre un mur** to flatten o.s. against a wall.

plaquette [plakɛt] *nf* -**1.** [livre] booklet. -**2.** PHYSIOL blood-platelet, platelet, thrombocyte. -**3.** [petite plaque]: ~ **commémorative** commemorative plaque. -**4.** COMM: ~ **de beurre** pack of butter; ~ **de chocolat** bar of chocolate; ~ **de pilules** blister-pack of pills; ~ **insecticide** insecticide diffuser. -**5.** AUT: ~ **de frein** brake pad.

plaqueur [plakœr] *nm* -**1.** MENUIS veneerer. -**2.** MÉTALL plater.

plasma [plasma] *nm* -**1.** BIOL plasma; ~ **sanguin** blood plasma. -**2.** PHYS plasma; **jet de** ~ plasma jet.

plasmaphérèse [plasmaferɛz] *nf* plasmapheresis.

plasmatique [plasmatik] *adj* plasmatic.

plasmide [plasmid] *nm* plasmid.

plasmique [plasmik] *adj* plasmic.

plasmocytaire [plasmɔsitɛr] *adj* plasmocyte *(modif)*.

plasmocyte [plasmɔsit] *nm* plasmocyte.

plasmode [plasmɔd] *nm* plasmodium ZOOL.

plasmodium [plasmɔdjɔm] *nm* plasmodium MÉD.

plasmolyse [plasmɔliz] *nf* plasmolysis.

plaste [plast] *nm* plastid.

plastic [plastik] *nm* plastic explosive.

plasticage [plastikaʒ] = **plastiquage**.

plasticien, enne [plastisjɛ̃, ɛn] *nm, f* -**1.** BX-ARTS (plastic) artist. -**2.** MÉD plastic surgeon. -**3.** TECH plastics technician.

plasticité [plastisite] *nf* -**1.** [d'un matériau] plasticity. -**2.** *sout* [du caractère] pliability, malleability. -**3.** BX-ARTS plastic quality, plasticity.

plastie [plasti] *nf* plastic surgery.

plastifiant [plastifjɑ̃] *nm* -**1.** CHIM plasticizer. -**2.** CONSTR (mortar) plasticizer.

plastification [plastifikasjɔ̃] *nf* -**1.** [revêtement] plastic-coating. -**2.** [ajout d'un plastifiant] plasticization. -**3.** [d'un document] lamination.

plastifier [9] [plastifje] *vt* -**1.** [recouvrir de plastique] to cover in OU with plastic; **une couverture plastifiée** a plastic-coated cover. -**2.** [ajouter un plastifiant à] to plasticize.

plastiquage [plastikaʒ] *nm* bombing; **après le** ~ **de l'ambassade** after the embassy was blown up, after the bombing of the embassy.

plastique [plastik] ◇ *adj* -**1.** [malléable] plastic; **matière** ~ plastic. -**2.** BX-ARTS plastic.

◇ *nm* -**1.** [matière] plastic. -**2.** [explosif] plastic explosive.

◇ *nf* -**1.** BX-ARTS (art of) modelling OU moulding; **la** ~ **grecque** Greek sculpture. -**2.** [forme du corps]: **une belle** ~ a beautiful figure.

◆ **en plastique** *loc adj* plastic.

plastiquer [3] [plastike] *vt* to blow up *(sép)*, to bomb; **ils ont plastiqué l'ambassade cette nuit** they bombed the embassy last night.

plastiqueur, euse [plastikœr, øz] *nm, f* bomber.

plastisol [plastisɔl] *nm* plastisol.

plastron [plastrɔ̃] *nm* -**1.** VÊT [non amovible] shirtfront; [amovible] plastron, dickey; **chemise à** ~ dinner shirt. -**2.** ARM [de cuirasse] plastron, breastplate. -**3.** ESCRIME plastron. -**4.** ZOOL [de tortue] plastron.

plastronner [3] [plastrɔne] *vi* -**1.** [se rengorger] to throw out one's chest. -**2.** [parader] to swagger OU to strut around.

plat[1] [pla] *nm* -**1.** [contenant] dish; ~ **ovale/à poisson** oval/fish dish; ~ **à barbe** shaving dish. -**2.** [préparation culinaire] dish; **c'est mon** ~ **préféré** it's my favourite dish ❑ **un** ~ **froid/chaud** a cold/hot dish; ~ **cuisiné** precooked OU ready-cooked dish; ~ **garni** main dish served with vegetables; **le** ~ **du jour** the dish of the day, today's special; **un** ~ **en sauce** a dish cooked OU made with a sauce; **un petit** ~ a delicacy; **elle aime les bons petits** ~**s** she enjoys good food; **je t'ai préparé un bon petit** ~ I've cooked something special for you; **vendre qqch contre un** ~ **de lentilles** *allusion Bible* to sell something for very little; **quel** ~ **de nouilles!**▽ what a berk *Br* OU meathead *Am*! -**3.** [partie du menu] course; **deux** ~**s au choix** a choice of two main courses ❑ **le** ~ **principal** OU **de résistance** the main course OU dish; **mettre les petits** ~**s dans les grands** to put on a big spread; **faire (tout) un** ~ **de qqch** *fam* to make a big deal out of OU a great fuss about sthg; **il n'y a pas de quoi en faire tout un** ~ it's not worth getting all worked up about.

plat[2], **e** [pla, plat] *adj* -**1.** [plan, horizontal] flat, level; **en terrain** ~ on level ground; **un** ~ **pays** [plaine] plain. -**2.** [non profond] flat, shallow; **bateau** ~ shallow OU shallow-bottomed boat. -**3.** [non saillant] flat; **avoir un ventre** ~ to have a flat stomach; **avoir la poitrine** ~**e** to be flat-chested ❑ **elle est** ~**e comme une planche à pain** OU **comme une limande** *fam* she's (as) flat as a board OU pancake. -**4.** [non épais - disque, calculatrice] thin, flat. -**5.** [sans hauteur - casquette] flat; **ma coiffure est trop** ~**e** my hair lacks body ❑ **chaussures** ~**es** OU **à talons** ~**s** flat shoes. -**6.** [médiocre - style] flat, dull, unexciting; [sans saveur - vin] insipid; **une** ~**e imitation** a pallid imitation; **sa vie a été bien** ~**e** she had rather a dull existence. -**7.** [obséquieux] cringing, fawning; **être** ~ **devant ses supérieurs** to cringe before OU to kow-tow to one's superiors; **je vous fais mes plus** ~**es excuses** please accept my most humble apologies; **elle a dû faire de** ~**es excuses** she was forced to make abject apologies ❑ ~ **comme une punaise** spineless. -**8.** [non gazeux] still, non-sparkling. -**9.** LITTÉRAT: **rimes** ~**es** rhyming couplets, couplet rhymes. -**10.** GÉOM [angle, dièdre] straight.

◆ **plat** *nm* -**1.** [partie plate] flat (part); **le** ~ **de la main/d'une épée** the flat of the hand/a sword. -**2.** [lieu plan]: **sur le** ~ on the flat OU level ‖ ÉQUIT [course] flat race; **le** ~ the flat; **spécialiste du** ~ flat-racing specialist. -**3.** *fam* [plongeon] belly-flop; **faire un** ~ to belly-flop. -**4.** *fam loc*: **faire du** ~ **à qqn** [à une femme] to chat sb up *Br*, to give sb a line *Am*; [à un patron] to butter sb up *Br*, to sweet-talk sb. -**5.** [de bœuf]: ~ **de côtes** best *Br* OU short *Am* rib. -**6.** IMPR: ~**s** boards. -**7.** MÉTALL (small) flat (bar).

◆ **plate** *nf* monkey-boat.

◆ **à plat** ◇ *loc adj* -**1.** *fam* [fatigué] (all) washed out; **je suis complètement à** ~ I've had it, I feel totally washed out. -**2.** *fam* [déprimé] down *adj*; **il est très à** ~ he's feeling very low OU down. -**3.** [pneu, batterie, pile] flat.

◇ *loc adv* -**1.** [horizontalement] flat *adv*; **couché à** ~ lying flat on his back; **les mains à** ~ **sur la table** hands flat on the table; **mettre qqch à** ~ [robe] to unpick (and lay out the pieces); [projet, problème] to examine from all angles; **tomber à** ~ [journal, coussin] to fall flat (on the ground); [plaisanterie] to fall flat. -**2.** [rouler] with a flat (tyre).

◆ **à plat ventre** *loc adv* flat on one's stomach; **couché à** ~ **ventre** lying face downwards; **se mettre à** ~ **ventre** [après avoir été allongé] to flop over onto one's stomach; [après avoir été debout] to go down on one's stomach; **tomber à** ~ **ventre** to fall flat on one's face; **ils sont tous à** ~ **ventre devant elle** *fig* they all bow down to her.

platane [platan] *nm* plane tree; **faux** ~ sycamore.

plat-bord [plabɔr] (*pl* **plats-bords**) *nm* gunwale, gunnel.

plateau, x [plato] *nm* -**1.** [présentoir] tray; **j'ai fait monter un** ~ **dans ma chambre pour le dîner** I had a dinner tray brought up to my room; ~ **de viandes froides** selection of cold meats ❑ ~ **à fromages** cheeseboard; **en entrée, notre** ~ **de fruits de mer** as a starter, our seafood platter; ~ **d'argent** silver salver; **il attend que tout lui soit apporté sur un** ~ **(d'argent)** *fig* he expects everything to be handed to him on a (silver) plate. -**2.** THÉÂT stage; CIN set; TV panel; **sur le** ~ THÉÂT on stage; CIN on set; **nous avons un beau** ~ **ce soir** TV we have some wonderful guests in the studio tonight. -**3.** MÉCAN & TECH [d'un électrophone] turntable; [d'une balance] plate, pan; [d'un véhicule] platform; ~ **de chargement** platform trolley; ~ **de frein** brake backing plate; ~ **d'embrayage** pressure plate; ~ **de pédalier** front chain wheel; **mettre qqch sur les** ~**x de la balance** to weigh sthg up. -**4.** [d'une courbe] plateau; **faire un** OU **atteindre son** ~ to reach a plateau, to level off. -**5.** GÉOG plateau, tableland; **hauts** ~**x** high plateau; **le** ~ **continental** continental shelf. -**6.** ANTHR plate, labret. -**7.** [d'une table] top. -**8.** SPORT clay pigeon.

plateau-repas [platorəpa] (*pl* **plateaux-repas**) *nm* [à la maison] TV dinner; [dans un avion] in-flight meal.

plate-bande [platbɑ̃d] (*pl* **plates-bandes**) *nf* -**1.** HORT [pour fleurs] flowerbed, bed; [pour arbustes, herbes] bed. -**2.** *fam loc*: **marcher sur** OU **piétiner les plates-bandes de qqn** to tread on sb's toes; **ne marche pas sur mes plates-bandes** keep off my patch. -**3.** ARCHIT [linteau] platband; [moulure] frieze.

platée [plate] *nf* -**1.** [pleine assiette] plate, plateful; [plein plat] dish, dishful; [portion] *fam*big helping. -**2.** CONSTR continuous foundation.
plate-forme [platfɔrm] (*pl* plates-formes) *nf* -**1.** TRANSP [d'un train, d'un bus] platform. -**2.** GÉOG shelf; ~ **continentale** OU **insulaire** continental shelf; ~ **de glace** ice shelf. -**3.** PÉTR rig; ~ **de forage** drilling rig; ~ **de forage en mer** off-shore oil rig; ~ **de production** production platform. -**4.** POL platform; ~ **électorale** election platform. -**5.** ASTRONAUT & GÉOL platform. -**6.** ARM (gun) platform. -**7.** TRAV PUBL road level (width). -**8.** INDUST: ~ **élévatrice** elevator platform. -**9.** CONSTR [terrassement] subgrade.
platement [platmɑ̃] *adv* -**1.** [banalement] dully, stolidly, bluntly. -**2.** [servilement] cringingly, fawningly; **s'excuser** ~ to give a cringing apology.
platinage [platinaʒ] *nm* platinization.
platine [platin] ◇ *adj inv* platinum; **une blonde** ~ a platinum blonde; **(d'un) blond** ~ platinum blond.
◇ *nm* platinum; ~ **iridié** platiniridium; **éponge** OU **mousse de** ~ platinum sponge.
◇ *nf* -**1.** TECH [d'une serrure, d'une horloge] plate; [d'une machine à coudre] sinker. -**2.** ACOUST: ~ **cassette** cassette deck; ~ **disque** OU **tourne-disque** record deck; ~ **double cassette** twin cassette deck; ~ **laser** CD player. -**3.** OPT stage. -**4.** IMPR platen. -**5.** ARM (gun) lock. -**6.** [dans une tuyauterie] (insert) washer.
platiné, e [platine] *adj* platinum *(modif)*; **une blonde** ~**e** a platinum blonde.
platiner [3] [platine] *vt* [recouvrir de platine] to platinize.
platinite [platinit] *nf* platinite.
platitude [platityd] *nf* -**1.** [absence d'originalité] dullness, flatness, triteness. -**2.** [lieu commun] platitude, commonplace, trite remark. -**3.** [obséquiosité] obsequiousness, grovelling; **elle ne reculera devant aucune** ~ **pour avoir ce poste** she'd stoop to anything to get this job.
Platon [platɔ̃] *npr* Plato.
platonicien, enne [platɔnisjɛ̃, ɛn] ◇ *adj* Platonic.
◇ *nm, f* Platonist.
platonique [platɔnik] *adj* -**1.** *vieilli* & PHILOS Platonic. -**2.** [amour] platonic. -**3.** [de pure forme] token; **la France a formulé une protestation** ~ France has made a token protest.
platoniquement [platɔnikmɑ̃] *adv* -**1.** [aimer, admirer] platonically. -**2.** [sans produire d'effet] futilely, to no effect.
platonisme [platɔnism] *nm* Platonism.
plâtrage [plɑtraʒ] *nm* CONSTR [action] plastering; [ouvrage] plasterwork.
plâtras [plɑtra] *nm* -**1.** [débris] (plaster) rubble *(U)*. -**2.** CONSTR rubblework *(U)*.
plâtre [plɑtr] *nm* -**1.** CONSTR plaster; **plafond en** ~ plastered ceiling; **ton camembert, c'est du vrai** ~ *fam fig* your camembert really tastes like chalk (it's so unripe). -**2.** MÉD [matériau] plaster; **ils lui ont mis un bras dans le** ~ they put his arm in plaster; **être dans le** ~ to be in plaster ‖ [appareil] plaster cast; **il devra garder son** ~ he'll have to keep his cast on ❑ ~ **de marche** walking cast. -**3.** BX-ARTS [matériau] plaster; [objet] plaster cast OU model; ~ **de Paris** OU **à modeler** plaster of Paris; ~ **à mouler** moulding plaster.
◆ **plâtres** *nmpl*: **les** ~**s** the plaster-work.
plâtrer [3] [plɑtre] *vt* -**1.** MÉD [accidenté] to plaster (up); [membre] to put in plaster *Br* OU a cast; **être plâtré de la taille jusqu'aux pieds** to be in a cast from the waist down; **aura-t-il besoin d'être plâtré?** will he have to have a cast? -**2.** CONSTR [couvrir] to plaster (over); [colmater] to plaster over OU up *(sép)*.
plâtreux, euse [plɑtrø, øz] *adj* -**1.** [fromage] unripe, tasteless. -**2.** [mur] plastered, covered with plaster.
plâtrier [plɑtrije] *nm* -**1.** [maçon] plasterer. -**2.** [commerçant] builder's merchant. -**3.** [industriel] plaster manufacturer.
plâtrière [plɑtrijɛr] ◇ *nf* -**1.** [carrière] gypsum OU lime quarry. -**2.** [usine] plaster works.
◇ *adj f*: **brique** ~ moulded brick.
platyrhinien [platirinjɛ̃] *nm* platyrrhine.
plausibilité [plozibilite] *nf* plausibility.
plausible [plozibl] *adj* plausible, credible, believable; **pas très** OU **peu** ~ implausible.
Plaute [plot] *npr* Plautus.
play-back [plɛbak] *nm inv*: **il chante en** ~ he's miming (to a tape).
play-boy [plɛbɔj] (*pl* play-boys) *nm* playboy.
plèbe [plɛb] *nf* -**1.** *litt* & *péj*: **la** ~ the hoi polloi. -**2.** ANTIQ: **la** ~ the plebs.
plébéien, enne [plebejɛ̃, ɛn] ◇ *adj* -**1.** *litt* & *péj* [du bas peuple] plebeian; **des manières** ~**nes** plebeian manners. -**2.** ANTIQ plebeian.
◇ *nm, f* -**1.** *litt* & *péj* [personne vulgaire] plebeian. -**2.** ANTIQ plebeian.
plébiscitaire [plebisitɛr] *adj* plebiscitary.
plébiscite [plebisit] *nm* -**1.** [scrutin] plebiscite. -**2.** *Helv* POL referendum.
plébisciter [3] [plebisite] *vt* -**1.** [élire] to elect by (a) plebiscite. -**2.** [approuver] to approve (by a large majority); **les spectateurs plébiscitent notre émission** viewers overwhelmingly support our programme.
plectre [plɛktr] *nm* plectrum.
pléiade [plejad] *nf* -**1.** *sout* [grand nombre de] group, pleiad *litt*; **une** ~ **de vedettes** a glittering array of stars. -**2.** LITTÉRAT: **la Pléiade** [poètes] the poets of the Pléiade; [édition] *prestigious edition of literary classics.*
Pléiades [plejad] *npr fpl* ASTRON & MYTH Pleiades.
plein, e [plɛ̃, plɛn] *adj* -**1.** [rempli] full; **avoir l'estomac** OU **le ventre** ~ to have a full stomach; **avoir les mains** ~**es** to have one's hands full; **avoir le nez** ~ to have a blocked nose; **verre à demi** ~ half full glass; ~ **à ras bord** full to the brim; ~ **à ras bord de** brimming with; ~ **de** full of; **la casserole est** ~**e d'eau** the pan is full of water; **une pièce** ~**e de livres** a room full of books; **un roman** ~ **d'intérêt** a very interesting novel; **être** ~ **d'enthousiasme/de bonne volonté** to show great enthusiasm/willingness ❑ ~ **aux as** *fam* loaded, stinking rich; ~ **à craquer** full to bursting; **un gros** ~ **de soupe** *fam* a tub of lard, a fat slob; **être** ~ **comme un œuf** *fam* [valise, salle] to be chock-a-block; [personne repue] to be stuffed; **être** ~ **(comme une barrique** OU **une outre)** *fam* to be (well) tanked up. -**2.** [massif] solid; **une porte** ~**e** a solid door; **des briques** ~**es** solid bricks; **en bois** ~ solid wood; **mur** ~ blind wall. -**3.** [complet] full; **année** ~**e** full (calendar) year; **mois** ~ full (calendar) month ❑ ~ **temps, temps** ~ full-time; **être** OU **travailler à temps** ~ to work full-time; ~**e page** [gén] full page; [en publicité, sur une page] full-page ad; [en publicité, sur deux pages] spread; ~**s pouvoirs** (full) power of attorney; **avoir les** ~**s pouvoirs** to have full powers. -**4.** [chargé] busy, full; **j'ai eu une journée** ~**e** I've had a busy day; **ma vie a été** ~**e** I've led a full life. -**5.** [en intensif]: **une** ~**e carafe de** a jugful of; **une** ~**e valise de** a suitcase full of; ~ **gré**: **de son** ~ **gré** of his own volition OU free will; **obtenir un** ~ **succès** to achieve complete success; **j'ai** ~**e conscience de ce qui m'attend** I know exactly what to expect; **être en** ~**e forme** to be on top form; **ramasser qqch à** ~**s bras** to pick armfuls of sthg; **embrasser qqn à** ~**e bouche** to kiss sb full on the mouth; **manger des mûres à** ~**e bouche** to eat mouthfuls of blackberries; **rire à** ~**e gorge** to laugh one's head off; **chanter/crier à** ~ **gosier** to sing/to shout at the top of one's voice; **ramasser qqch à** ~**es mains** to pick up handfuls of sthg; **sentant qqch à** ~ **nez** reeking of sthg; **respirer à** ~**s poumons** to take deep breaths; **couler à** ~**s bords** to be overflowing ❑ ~ **cintre** semicircular ARCHIT; ~ **régime**: **moteur à** ~ **régime** engine running at full throttle; **travailler/fonctionner à** ~ **régime** to work/to function at full capacity; ~ **tube** *fam*, ~**s tubes** *fam*: **mettre la radio (à)** ~**s tubes** to put the radio on full blast; **foncer/rouler (à)** ~ **tube** to go/drive flat out; ~**e charge moteur** full throttle; ~**e peau**: **livre relié** ~**e peau** book bound in full leather; **fourrure** ~**e peau** solid fur; ~**s feux sur** spotlight on; ~**s gaz** *fam*, ~**s pots** *fam* full throttle; **allez, vas-y** ~**s gaz!** go on, put your foot down OU step on it!; ~**s phares** full beam *Br*, high beams *Am*. -**6.** [arrondi] full; **avoir des formes** ~**es** to have a well-rounded OU full figure; **avoir des joues** ~**es** to be chubby-cheeked; **avoir le visage** ~ to be moon-faced. -**7.** ZOOL [vache] in calf; [jument] in foal; [chatte] pregnant. -**8.** *litt* [préoccupé]: **ses lettres sont** ~**es de vous** she talks about nothing but you in her letters; **être** ~ **de soi-même/son sujet** to be full of o.s./one's subject. -**9.** JEUX [couleur] full; **main** ~**e** full house. -**10.** ASTRON & MÉTÉO full; **la lune est** ~**e** the moon is full ❑ ~**e lune** full moon; **attendre que ce soit la** ~**e mer** to wait for high tide.
◆ **plein** ◇ *nm* -**1.** [de carburant] full tank; **un** ~ **te mènera jusqu'à Versailles** you'll get as far as Versailles on a full tank; **faire le** ~ to fill up; **le** ~**, s'il vous plaît** fill her OU it up, please; **faire le** ~ **de vitamines/soleil** *fig* to stock up on vitamins/sunshine; **il a fait le** ~ **de ses voix** he got as many votes as he's ever likely to get. -**2.** [maximum]: **donner son** ~ [personne] to give one's best, to give one's all ❑ **le** ~ **de la lune** the moon at its full; **le** ~ **de la mer** the tide at its highest. -**3.** [en calligraphie] downstroke; **les** ~**s et les déliés** the downstrokes and the upstrokes. -**4.** CONSTR solid OU massive parts; **le** ~ **d'un mur** the solid section of a wall.
◇ *adv* -**1.** *fam* **tout** ~ [très] really; **il est mignon tout** ~**, ce bébé** what a cute little baby. -**2.** [non creux]: **sonner** ~ to sound solid.
◇ *prép* [partout dans] all over; **j'ai des plantes** ~ **ma maison** my house is full of plants, I have plants all over the house; **il a de la boue** ~ **son pantalon** his trousers are covered in mud, he's got mud all over his trousers; **avoir de l'argent** ~ **les poches** *fig* to have loads of money ❑ **il en a** ~ **la bouche, de sa nouvelle voiture** *fam* he keeps on about OU he's full of his new car; **en avoir** ~ **les bottes de qqch** *fam* to be fed up with sthg; **j'en ai** ~ **les bottes** OU **pattes** *fam* I'm bushed; **j'en ai** ~ **le dos** *fam* OU **le cul**▽ I've had it up to here; **s'en mettre** ~ **la lampe** *fam* to stuff one's face; **en mettre** ~ **la vue à qqn** *fam* to put on a show for sb; **en prendre** ~ **les dents** OU **les gencives** *fam* OU **la gueule**▽ [se faire reprendre] to get a right rollocking *Br*, to get bawled out *Am*; [être éperdu d'admiration] to be bowled over.
◆ **à plein** *loc adv*: **les moteurs/usines tournent à** ~ the engines/factories are working to full capacity; **utiliser des ressources à** ~ to make full use of resources.
◆ **de plein droit** *loc adv*: **exiger/réclamer qqch de** ~ **droit** to demand sthg as of right OU as one's right.
◆ **de plein fouet** *loc adv* full on; **les deux véhicules se sont heurtés de** ~ **fouet** the vehicles hit each other full on.
◆ **en plein** *loc adv* -**1.** [en entier] in full, entirely; **le soleil éclaire la pièce en** ~ the sun lights up the entire room. -**2.** [complètement, exactement]: **en** ~ **dans/sur** right in the middle of/on top of; **j'ai mis le pied en** ~ **dans une flaque** I stepped right in the middle of a puddle; **donner en** ~ **dans un piège** to fall right into a trap ❑ **mettre en** ~ **dans le mille** *pr* & *fig* to hit the bull's eye.
◆ **en plein, en pleine** *loc prép* [au milieu de, au plus fort de]: **en** ~ **air** in the open (air); **en** ~**e campagne** right out in the country; **en** ~ **cœur de la ville** right in the heart of the city; **une industrie en** ~ **essor** a booming OU fast-growing industry; **en** ~**e figure** OU *fam* **poire** right in the face; **en** ~ **jour** in broad daylight; **en** ~**e mer** (out) in the open sea; **en** ~ **midi** at twelve (noon) on the dot; **en** ~**e nuit** in the middle of the night; **en** ~**e rue** (right) in the middle of the street; **en** ~ **soleil** in full sun-

light; en ~e terre in the open ground; en ~ vent in the open air; en ~ vol in mid-flight.
◆ **plein de** *fam loc prép* lots of; il y avait ~ de gens dans la rue there were crowds OU masses of people in the street; **tu veux des bonbons/de l'argent? j'en ai ~** do you want some sweets/money? I've got lots; **j'ai (~, ~,) ~ d'argent** I've got lots (and lots) OU loads (and loads) of money.

plein-air [plɛnɛr] *nm inv* SCOL games.

pleinement [plɛnmɑ̃] *adv* wholly, fully, entirely; **vivre ~ sa passion** to live one's passion to the full; **je suis ~ convaincu** I'm fully convinced; **profiter ~ de qqch** to make the most of sthg.

plein(-)emploi [plɛnɑ̃plwa] *nm* full employment.

plein-temps [plɛ̃tɑ̃] (*pl* **pleins-temps**) ◇ *adj inv* full-time.
◇ *nm* full-time job; **faire un ~** to work full-time, to have a full-time job.

plein-vent [plɛ̃vɑ̃] (*pl* **pleins-vents**) *nm* isolated OU exposed tree.

pléistocène [pleistɔsɛn] *nm* Pleistocene (period).

plénier, ère [plenje, ɛr] *adj* plenary.

plénipotentiaire [plenipɔtɑ̃sjɛr] *adj & nmf* plenipotentiary.

plénitude [plenityd] *nf* -**1.** *litt* [des formes] fullness; **être dans la ~ de son talent** to be at the peak of one's talent. -**2.** [satisfaction totale] fulfilment; **un sentiment de ~** a feeling of fulfilment.

plénum [plenɔm] *nm* plenum POL.

pléonasme [pleɔnasm] *nm* pleonasm.

pléonastique [pleɔnastik] *adj* pleonastic.

pléthore [pletɔr] *nf sout* excess, plethora *litt*; ~ **de** an excess of; **il y a ~ de candidats à ce poste** far too many candidates have applied for the post.

pléthorique [pletɔrik] *adj* excessive, overabundant, plethoric *litt*.

pleur [plœr] *nm litt* tear; **répandre** OU **verser des ~s** to shed tears, to weep; **en ~s** in tears; **il y aura des ~s et des grincements de dents** there will be a great wailing and gnashing of teeth.

pleurage [plœraʒ] *nm* [basse fréquence] wow; [haute fréquence] flutter.

pleural, e, aux [plœral, o] *adj* pleural.

pleurant [plœrɑ̃] *nm* weeping figure, weeper ART.

pleurard, e *fam* [plœrar, ard] ◇ *adj* [sanglotant] whimpering; [plaintif] whining, whingeing *Br*.
◇ *nm, f* [qui sanglote] whimperer; [qui se plaint] whinger *Br*, whiner.

pleurer [5] [plœre] ◇ *vi* -**1.** PHYSIOL to cry; **avoir un œil qui pleure** to have a weepy OU watery eye ‖ [verser des larmes] to cry, to weep; **le bébé pleure** the baby's crying; ~ **de joie/rage** to cry for joy/with rage; **j'en pleurais de rire!** I laughed so much that I cried!; **j'en aurais pleuré** I could have wept OU cried; **à ~** enough to make you weep OU cry; **l'histoire est bête/triste à ~** the story is so stupid/sad you could weep ❑ ~ **à chaudes larmes** OU **comme une Madeleine** *fam* OU **comme un veau** *fam* OU **comme une fontaine** to cry OU to bawl one's eyes out; **il ne lui reste** OU **il n'a plus que les yeux pour ~** he has nothing left to his name; **aller ~ dans le gilet de qqn** *fam* to go crying to sb; **elle pleurait d'un œil et riait de l'autre** she didn't know whether to laugh or cry; **elle n'avait pas assez de ses yeux pour ~** she was grief-stricken. -**2.** *fam* [réclamer] to beg; **il est allé ~ auprès du directeur pour avoir une promotion** he went cap in hand to the boss OU went and begged the boss for a promotion; ~ **après** to beg for; ~ **après des subventions** to go begging for subsidies. -**3.** [se lamenter]: ~ **sur** to lament, to bemoan, to bewail; ~ **sur soi-même** OU **son sort** to bemoan one's fate. -**4.** *litt* [vent] to wail, to howl; [animal] to wail.
◇ *vt* -**1.** [répandre] to cry, to shed, to weep; ~ **des larmes de joie** to cry OU to shed tears of joy; **pleurant des larmes de honte** weeping tears of shame ❑ ~ **toutes les larmes de son corps** to cry one's eyes out. -**2.** *sout* [être en deuil de] to mourn; **nous pleurons notre cher père** we're mourning (for) our dear father ‖ [regretter] to lament, to bemoan; ~ **une occasion perdue** to lament a lost opportunity. -**3.** *fam* [se plaindre de] to begrudge; **il ne pleure pas sa peine** he doesn't mind putting himself out; **tu ne vas pas ~ les quelques francs que tu lui donnes par mois?** surely you don't begrudge her the few francs you give her a month?; **elle est allée ~ qu'on l'avait trompée** she went complaining that she'd been deceived. -**4.** *loc*: ~ **misère** to cry over OU to bemoan one's lot; **il est allé ~ misère chez ses parents** he went to his parents asking for money.

pleurésie [plœrezi] *nf* pleurisy.

pleurétique [plœretik] ◇ *adj* pleuritic.
◇ *nmf* pleurisy sufferer, pleuritic.

pleureur, euse [plœrœr, øz] ◇ *adj*: **enfant ~** child who cries a lot.
◇ *nm, f* child who cries a lot.
◆ **pleureuse** *nf* [dans un cortège funèbre] (professional) mourner.

pleurite [plœrit] *nf* dry pleurisy.

pleurnichard, e [plœrniʃar, ard] = **pleurnicheur**.

pleurnicher [3] [plœrniʃe] *vi* [sangloter] to whimper; [se plaindre] to whine, to whinge *Br*; **et après, ne viens pas ~!** and don't come crying to me!; ~ **auprès de qqn** to go crying to sb.

pleurnicherie [plœrniʃri] *nf* whining *(U)*, whingeing *(U) Br*; **lui, on l'aura toujours avec quelques ~s** you can always get round him if you whine a bit.

pleurnicheur, euse [plœrniʃœr, øz] ◇ *adj* [sanglotant] whimpering; [plaintif] whining, whingeing.
◇ *nm, f* [qui sanglote] whimperer; [qui se plaint] whiner, whinger *Br*.

pleurote [plœrɔt] *nm* oyster mushroom.

pleurotomie [plœrɔtɔmi] *nf* pleurotomy.

pleutre [pløtr] *litt* ◇ *adj* cowardly, faint-hearted, lily-livered; **il est trop ~ pour se battre** he's too lily-livered to put up a fight.
◇ *nm* coward.

pleutrerie [pløtrəri] *nf litt* -**1.** [caractère lâche] cowardice, pusillanimity *litt*. -**2.** [acte] act of cowardice.

pleuvasser *fam* [3] [pløvase] *v impers* to drizzle.

pleuviner [3] [pløvine] *v impers* to drizzle.

pleuvoir [68] [pløvwar] ◇ *v impers* -**1.** MÉTÉO to rain; **il pleut** it's raining; **il a plu toute la journée** it's been raining all day; **il pleut à grosses gouttes** it's raining heavily; **il pleut quelques gouttes** there's a spatter of rain; **on dirait qu'il va ~** it looks like rain ❑ **il pleut à seaux** OU **à verse** OU *fam* **des cordes** OU *fam* **des hallebardes** it's raining cats and dogs OU stair rods *Br*; **il pleut comme vache qui pisse** *fam* it's pouring; **qu'il pleuve ou qu'il vente** come rain come shine. -**2.** *loc*: **comme s'il en pleuvait**: **des récompenses comme s'il en pleuvait** rewards galore; **elle dépense de l'argent comme s'il en pleuvait** she's spending money like there was no tomorrow; **il pleut, il mouille (c'est la fête à la grenouille)** ≃ it's raining, it's pouring (the old man is snoring).
◇ *vi* [coup] to rain down, to fall like rain; [insulte] to shower down; **les punitions pleuvaient sur les élèves** punishments were showering down upon OU on the pupils; **les coups pleuvaient sur sa tête** blows were raining down upon OU on his head; **faire ~ les malédictions sur qqn** to rain curses upon OU on sb's head.

pleuvoter *fam* [3] [pløvɔte] *v impers* to drizzle.

plèvre [plɛvr] *nf* pleura.

Plexiglas® [plɛksiglas] *nm* Plexiglas®.

plexus [plɛksys] *nm* plexus; ~ **solaire** solar plexus.

pli [pli] *nm* -**1.** [repli - d'un éventail, d'un rideau, du papier] fold; [- d'un pantalon] crease; **le drap fait des ~s** the sheet is creased OU rumpled; **un tissu qui ne fait pas de ~s** a material that doesn't crease ❑ ~ **d'aisance** inverted pleat; ~ **plat** flat pleat; **faux ~** crease; **ça ne fait pas un ~** *fam* it goes without saying; **il va la virer, ça ne fait pas un ~** he'll fire her, it's as good as done (already). -**2.** [habitude] habit; **c'est un ~ à prendre** you've (just) got to get into the habit; **il a pris le ~ de marcher tous les jours** he got into the habit of going for a walk everyday; **ses enfants ont pris un mauvais ~ dès le début** her children got into a bad habit right from the start. -**3.** [ride] wrinkle, line, crease; [bourrelet] fold; **des petits ~s apparaissent autour de ses yeux** little lines are showing around her eyes; **les ~s de son ventre** [petits] the creases in his belly; [gros] the rolls of fat on his belly ❑ ~ **du bras** bend of the arm; ~ **de l'aine** crease OU fold of the groin. -**4.** *sout* [enveloppe] envelope; [lettre] letter; **veuillez trouver sous ce ~ le document demandé** please find enclosed the required document; **sous ~ cacheté** in a sealed envelope; **la copie vous sera envoyée sous ~ séparé** the copy will be sent to you under separate cover. -**5.** JEUX trick; **faire un ~** to win OU to take a trick. -**6.** GÉOG fold; ~ **couché** recumbent fold. -**7.** COUT pleat; ~ **creux** box pleat. -**8.** MENUIS ply.
◆ **à plis** *loc adj* pleated.

pliable [plijabl] *adj* foldable; **difficilement ~** hard to fold.

pliage [plijaʒ] *nm* folding; **à ~ accordéon** fan-fold, Z-fold *Am*.

pliant, e [plijɑ̃, ɑ̃t] *adj* folding, collapsible.
◆ **pliant** *nm* folding stool.

plie [pli] *nf* plaice.

plié [plije] *nm* plié.

plier [10] [plije] ◇ *vt* -**1.** [mettre en plusieurs épaisseurs] to fold; ~ **bagage** to pack up and go; **forcer qqn à ~ bagage** to send sb packing. -**2.** [tordre - fil de fer, doigt, genou] to bend; ~ **les jambes/bras** to bend one's legs/arms; **la douleur le plia en deux** he was doubled up in pain ❑ **plié en deux** *fam* OU **en quatre** *fam* **(de rire)** doubled up (with laughter). -**3.** [soumettre]: **je n'ai jamais pu la ~ à mes désirs/pu ~ sa volonté** I never managed to get her to submit to my desires/to bend her will.
◇ *vi* -**1.** [se courber] to bend (over), to bow; **les branches pliaient sous le poids des fruits/de la neige** the branches were weighed down with fruit/snow; ~ **sous le poids des responsabilités/de lourds travaux** *fig* to be weighed down by responsibility/onerous tasks. -**2.** [se soumettre] to yield, to give in, to give way; **tu ne me feras pas ~** I won't give in (to you); **tu plieras!** you'll just have to knuckle under!; ~ **devant qqn** to submit OU to yield to sb; **faire ~ qqn** to subdue sb, to make sb give in.
◆ **se plier** *vpi* [meuble, appareil] to fold up OU away; [personne, corps] to bend, to stoop; **il fallait presque se ~ en deux pour entrer dans la grotte** we had to bend almost double to get into the cave.
◆ **se plier à** *vp + prép* [se soumettre à] to submit to; [s'adapter à] to adapt to; **il faut se ~ aux usages locaux** you have to respect local customs; **se ~ à des méthodes nouvelles** to adapt to OU to accept new methods; **c'est une discipline à laquelle il faut se ~** you have to accept the discipline.

plieur, euse [plijœr, øz] *nm, f* -**1.** [en bonneterie] folder. -**2.** [de papier] folder *(worker)*.
◆ **plieuse** *nf* IMPR folder, folding machine OU unit.

Pline [plin] *npr*: ~ **l'Ancien/le Jeune** Pliny the Elder/Younger.

plinthe [plɛ̃t] *nf* -**1.** CONSTR [en bois] skirting (board), baseboard *Am*, mopboard *Am*; [en pierre] skirting; ~ **chauffante** skirting fan convector. -**2.** ARCHIT plinth.

pliocène [plijɔsɛn] ◇ *adj* Pliocene *(modif)*.
◇ *nm* Pliocene (period).

plissage [plisaʒ] *nm* pleating.

plissé, e [plise] *adj* -1. VÊT pleated; **une jupe ~e** a pleated skirt. -2. [ridé - front, visage] wrinkled, creased; **une petite figure toute ~e** a wrinkled little face. -3. GÉOL [terrain] folded.
◆ **plissé** *nm* [plis] pleats; **~ soleil** sunray pleat.

plissement [plismɑ̃] *nm* -1. GÉOG folding; **~ (de terrain)** fold; **montagnes formées par ~s** fold mountains. -2. [d'un front, d'un visage] wrinkling *(U)*.

plisser [3] [plise] ◇ *vt* -1. [faire des plis à - volontairement] to fold; [- involontairement] to crease. -2. [froncer - yeux] to screw up *(sép)*; [- nez] to wrinkle; **la contrariété plissait son front** his brow was furrowed with worry. -3. GÉOG to fold. -4. COUT to pleat.
◇ *vi* [faire des plis - pantalon, robe, nappe] to crease, to become creased; [- collant] to wrinkle.
◆ **se plisser** *vpi* -1. [se rider] to crease, to wrinkle; **son front se plissa** she frowned. -2. COUT to pleat.

pliure [plijyr] *nf* -1. [marque] fold. -2. [pliage] folding.

ploc [plɔk] *onomat* plop; **entendre le ~ des gouttes d'eau dans l'évier** to hear water dripping into the sink.

ploiement [plwamɑ̃] *nm litt* bending.

plomb [plɔ̃] *nm* -1. MÉTALL lead; **j'ai du ~ dans l'estomac** I feel as though I have a knot in my stomach; **il n'a pas de ~ dans la tête** OU **cervelle** *fam* he's featherbrained, he's got nothing between the ears; **ça te mettra un peu de ~ dans la tête** OU **cervelle** that will knock some sense into you; **avoir du ~ dans l'aile** [entreprise] to be in a sorry state OU bad way; [personne] to be in bad shape OU on one's last legs. -2. ARM leadshot, shot; **un ~** a piece of shot ❑ **du gros ~** buckshot; **du petit ~** small shot. -3. ÉLECTR fuse; **un ~ a sauté** a fuse has blown; **faire sauter les ~s** to blow the fuses. -4. PÊCHE sinker. -5. COUT lead (weight). -6. [de vitrail] lead, came. -7. [sceau] lead seal. -8. CONSTR plumb, bob, plummet. -9. IMPR type; **lire sur le ~** to read from the metal. -10. NAUT lead.
◆ **à plomb** *loc adv*: **mettre à ~** to plumb; **le mur n'est pas/est à ~** the wall is off plumb/is plumb.
◆ **de plomb** *loc adj* lead *(modif)*; **un ciel de ~** a leaden sky.

plombage [plɔ̃baʒ] *nm* -1. [d'une dent] filling; **faire un ~ à qqn** to fill sb's tooth; **se faire faire un ~** to have a tooth filled OU a filling (put in). -2. [d'un colis] sealing (with lead). -3. PÊCHE leading. -4. AGR & HORT tamping down.

plombaginacée [plɔ̃baʒinase] *nf* member of the Plumbaginaceae.

plombagine [plɔ̃baʒin] *nf* graphite, plumbago.

plombe▽ [plɔ̃b] *nf* hour.

plombé, e [plɔ̃be] *adj* -1. [blafard - teint] leaden, pallid; **un ciel ~** a leaden OU heavy sky. -2. [scellé - colis, wagon] sealed (with lead). -3. PÊCHE weighted (with lead OU with a sinker). -4. [dent] filled.

plomber [3] [plɔ̃be] *vt* -1. [dent] to fill, to put a filling in. -2. [colis] to seal with lead. -3. PÊCHE to weight (with lead), to lead. -4. AGR & HORT to tamp down *(sép)*. -5. CONSTR to plumb. -6. [toit] to lead. -7. *litt* [rendre gris]: **~ qqch** to turn sthg the colour of lead.
◆ **se plomber** *vpi sout* [ciel] to turn leaden OU the colour of lead.

plomberie [plɔ̃bri] *nf* -1. [installation] plumbing; **toute la ~ est à refaire** all the plumbing in the house must be redone. -2. [profession] plumbing.

plombier [plɔ̃bje] *nm* -1. [artisan] plumber. -2. *fam* [espion] mole.

plombières [plɔ̃bjɛr] *nf* tutti-frutti OU plombières *(ice cream)*.

plombifère [plɔ̃bifɛr] *adj* plumbiferous.

plonge [plɔ̃ʒ] *nf* washing-up, washing the dishes; **faire la ~** to do the washing-up *(in a restaurant)*.

plongeant, e [plɔ̃ʒɑ̃, ɑ̃t] *adj* plunging; **il y a une vue ~e jusqu'à la mer** the view plunges down to the sea.

plongée [plɔ̃ʒe] *nf* -1. LOISIRS & SPORT (underwater) diving; **faire de la ~** to go diving; **il fait de la ~ depuis deux ans** he has been diving for two years; **~ sous-marine** skin OU scuba diving. -2. CIN high angle shot. -3. [descente rapide] swoop, plunge, dive.

plongeoir [plɔ̃ʒwar] *nm* diving board.

plongeon [plɔ̃ʒɔ̃] *nm* -1. [dans l'eau] dive; **faire un ~ en arrière** to do a back dive OU a back flip ❑ **faire le ~** *fam* to take a tumble, to come a cropper *Br fig*; **son entrepôt a brûlé, il a fait le grand ~** his warehouse burned down and he lost everything. -2. FTBL dive; **faire un ~** to dive. -3. ZOOL diver *Br*, loon *Am*.

plonger [17] [plɔ̃ʒe] ◇ *vi* -1. LOISIRS & SPORT to dive; [en profondeur] to dive, to go skin OU scuba diving; **il plongea du haut du rocher** he dived off the rock ‖ FTBL to dive. -2. [descendre - avion] to dive; [- sous-marin] to dive; [- oiseau] to dive, to swoop; [- racine] to go down; **le roman plonge dans le suspense dès la première page** *fig* the novel plunges (the reader) into suspense from the very first page; **depuis le balcon, la vue plonge dans le jardin des voisins** there's a bird's-eye view of next door's garden from the balcony. -3. **~ dans** [s'absorber dans] to plunge into, to absorb o.s. in; **elle plongea dans la dépression** she plunged into depression. -4. *sout*: **~ dans** [avoir ses sources dans] to go back to; **cette tradition plonge dans la nuit des temps** this tradition goes back to the dawn of time. -5. *fam* [échouer] to decline, to fall off; **beaucoup d'élèves plongent au deuxième trimestre** a lot of pupils' work deteriorates in the second term ‖ [faire faillite] to go bankrupt, to fold; **de nombreux petits commerçants ont plongé** a lot of small businesses folded. -6. ▽ [être arrêté] to get nabbed; **il a plongé** he got nicked *Br* OU busted *Am*.
◇ *vt* -1. [enfoncer] to plunge, to thrust; **~ la main dans l'eau** to plunge one's hand into the water; **il plongea la main dans sa poche** he thrust his hand deep into his pocket; **elle lui plongea un couteau entre les épaules** she thrust a knife between his shoulder blades. -2. [mettre] to plunge; **la panne a plongé la pièce dans l'obscurité** the power failure plunged the room into darkness; **~ son regard** OU **ses regards dans** to look deep OU deeply into; **~ qqn dans l'embarras** to put sb in a difficult spot; **la remarque nous plongea tous dans la consternation** the remark appalled us all; **être plongé dans** to be deep in; **j'étais plongé dans mes pensées/comptes** I was deep in thought/in my accounts; **être plongé dans le désespoir** to be deep in despair; **je suis plongé dans Proust pour l'instant** at the moment, I'm completely immersed in Proust; **il est plongé dans ses dossiers** he's engrossed in his files; **plongé dans un sommeil profond, il ne nous a pas entendus** as he was sound asleep, he didn't hear us.
◆ **se plonger dans** *vp + prép* [bain] to sink into; [études, travail] to throw o.s. into; [livre] to bury o.s. in.

plongeur, euse [plɔ̃ʒœr, øz] *nm, f* -1. LOISIRS & SPORT diver; **~ sous-marin** skin OU scuba diver. -2. [dans un café] washer-up *Br*, dishwasher *Am*.

plot [plo] *nm* -1. ÉLECTR contact; [dans un commutateur] contact block. -2. [bille de bois] block. -3. SPORT block. -4. *Helv* [billot] wooden block.

plouc *fam* [pluk] *nm péj* yokel, bumpkin, hick *Am*; **ça fait ~** it's vulgar.

plouf [pluf] *interj* splash; **elle a fait ~ dans l'eau** *fam* she went splash into the water.

ploutocrate [plutɔkrat] *nmf* plutocrat.

ploutocratie [plutɔkrasi] *nf* plutocracy.

ploutocratique [plutɔkratik] *adj* plutocratic.

ployer [13] [plwaje] ◇ *vt* -1. *litt* [courber] to bend, to bow; **le vent ploie la cime des arbres** the wind bends the tops of the trees. -2. [fléchir] to bend, to flex; **~ les genoux** *pr* to bend one's knees; *fig* to toe the line, to submit.
◇ *vi litt* -1. [arbre] to bend; [étagère, poutre] to sag; **les étagères ploient sous le poids des livres** the shelves are sagging under the weight of the books. -2. *fig*: **~ sous le poids des ans** to be weighed down by age; **~ sous le joug** to bend beneath the yoke, to be subjugated *litt*.

pluches *fam* [plyʃ] *nfpl* -1. [épluchage] peeling; **faire les ~** to peel the veg *Br* OU veggies *Am*. -2. [épluchures] vegetable peelings.

pluie [plɥi] *nf* -1. MÉTÉO rain; **le temps est à la ~** it looks like rain; **~ battante** driving rain; **~ diluvienne** OU **torrentielle** pouring rain; **(petite) ~ fine** drizzle ❑ **~s acides** ÉCOL acid rain; **ennuyeux comme la ~** deadly boring; **triste comme la ~** terribly sad; **faire la ~ et le beau temps** to be powerful; **il fait la ~ et le beau temps dans l'entreprise** he dictates what goes on in the company; **parler de la ~ et du beau temps** to talk of this and that; **après la ~, le beau temps** *prov* every cloud has a silver lining *prov*; **petite ~ abat grand vent** *prov* a soft answer turneth away wrath *prov*. -2. [retombée] shower; **une ~ de cendres s'échappa du volcan** the volcano sent out a shower of ashes; **une ~ d'étoiles filantes** a meteoric shower. -3. [série] shower, stream.
◆ **en pluie** *loc adv*: **les cendres tombaient en ~ sur la ville** ashes rained OU showered down on the town; **verser la farine en ~ dans le lait** sprinkle the flour into the milk.

plumage [plymaʒ] *nm* plumage, feathers.

plumaison [plymɛzɔ̃] *nf* plucking.

plumard▽ [plymar] *nm* bed, sack; **aller au ~** to hit the hay OU sack.

plume[1] [plym] *nf* -1. [d'oiseau] feather; **j'y ai laissé des ~s** *fam* I didn't come out of it unscathed. -2. [pour écrire] quill; [de stylo] nib; **dessiner à la ~** to draw in pen and ink; **je prends la ~ pour te dire que...** I take up my pen to tell you that...; **je passe la ~ à ton frère pour qu'il te donne tous les détails** I'll hand over to your brother who'll give you all the details; **j'ai pris ma plus belle ~ pour écrire aux Réclamations/à la Direction du personnel** *hum* I wrote the Complaints/the Personnel Department a very nice letter *iron*; **c'est un critique à la ~ acérée** he's a scathing critic ❑ **~ d'oie** goose quill; **laisser aller** OU **courir sa ~** to write as the ideas come; **avoir la ~ facile** to have a gift for writing. -3. *sout* [écrivain] pen. -4. MÉD: **~ à vaccin** vaccine point. -5. [d'un mollusque] pen.
◆ **à plumes** *loc adj* 1. ZOOL pennaceous. -2. VÊT (decorated) with feathers.
◆ **en plumes** *loc adj* [édredon, éventail] feather *(modif)*, feathered.

plume[2]▽ [plym] = **plumard**.

plumeau, x [plymo] *nm* feather duster.

plumer [3] [plyme] *vt* -1. [oiseau] to pluck. -2. *fam* [escroquer] to fleece.

plumet [plymɛ] *nm* plume.

plumetis [plymti] *nm* -1. [broderie] raised satin stitch; **collant (à) ~** dot OU dotted tights. -2. TEXT Swiss muslin.

plumeux, euse [plymø, øz] *adj litt* feathery.
◆ **plumeuse** *nf* plucking machine.

plumier [plymje] *nm* pencil box OU case.

plumitif [plymitif] *nm* -1. *péj* [employé] penpusher. -2. *péj* [journaliste] hack. -3. JUR [registre] (written) court record, court minute-book.

plupart [plypar]
◆ **la plupart** *nf* most; **quelques-uns sont partis mais la ~ ont attendu** some left but most (of them) waited.
◆ **la plupart de** *loc prép* most (of); **la ~ des enfants** the majority of OU most children; **la ~ des chanteurs étaient Anglais** most of the singers were English, the singers were mostly English; **la ~ du temps** most of the time; **dans la ~ des cas** in the majority of OU in most cases.

◆ **pour la plupart** *loc adv* mostly, for the most part; **les clients sont pour la ~ satisfaits** the customers are mostly satisfied OU for the most part satisfied; **ils te croient? — oui, pour la ~** do they believe you? — most of them do OU for the most part, yes.

plural, e, aux [plyral, o] *adj* plural; **vote ~** plural voting.

pluralisme [plyralism] *nm* pluralism.

pluraliste [plyralist] ◇ *adj* pluralist, pluralistic.
◇ *nmf* pluralist.

pluralité [plyralite] *nf* plurality.

pluriannuel, elle [plyrianɥɛl] *adj* -**1.** JUR running over several years. -**2.** BOT perennial.

pluricellulaire [plyriselylɛr] *adj* multicellular.

pluridimensionnel, elle [plyridimɑ̃sjɔnɛl] *adj* multidimensional.

pluridisciplinaire [plyridisiplinɛr] *adj* multidisciplinary, joint *(modif)*; **cursus ~** joint OU interdisciplinary course.

pluridisciplinarité [plyridisiplinarite] *nf*: **la ~ de notre formation** the interdisciplinary nature of our training programme.

pluriel, elle [plyrjɛl] *adj* -**1.** GRAMM plural. -**2.** [diversifié] diverse, multifarious; **une société ~le** a pluralist society.
◆ **pluriel** *nm* plural; **la troisième personne du ~** the third person plural; **le mot a** OU **prend un « s » au ~** the word has OU takes an "s" (when) in the plural; **être au ~** to be in the plural; **mettre au ~** to put in OU into the plural; **prendre le ~** to take the plural; **quand le mot est au ~** when the word is in the plural; **quel est le ~ de « carnaval »?** what's the plural of "carnaval"? ❑ **le ~ de majesté** the royal "we".

plurilatéral, e, aux [plyrilateral, o] *adj* multilateral.

plurilingue [plyrilɛ̃g] *adj* multilingual, polyglot.

pluripartisme [plyripartism] *nm* pluralist (party) OU multi-party system.

plurivalent, e [plyrivalɑ̃, ɑ̃t] *adj* multivalent, polyvalent.

plurivoque [plyrivɔk] *adj* equivocal, ambiguous.

plus [ply(s)] ◇ *adv* **A.** COMPARATIF DE SUPÉRIORITÉ -**1.** [suivi d'un adv, d'un adj] : **viens ~ souvent** (do) come more often; **~ tôt** earlier; **~ tard** later; **c'est ~ loin** it's further OU farther; **maniez-le ~ doucement** handle it more gently OU with more care; **c'est ~ court/petit** it's shorter/smaller; **sois ~ modeste** be humbler OU more humble; **elle est ~ intéressante/sophistiquée** she's more interesting/sophisticated; **tu es ~ patient que moi** you're more patient than I am OU than me; **c'est ~ fatigant qu'on ne le croit** it's more tiring than it seems; **c'est ~ rouge qu'orange** it's red rather than OU it's more red than orange; **elle est ~ réservée que timide** she's reserved rather than shy; **elle a eu le prix mais elle n'en est pas ~ fière pour ça** she got the award, but it didn't make her any prouder for all that; **je veux la même, en ~ large** I want the same, only bigger; **c'est sa mère mais en ~ mince** she looks exactly like her mother, only slimmer; **bien ~ beau** much more handsome; **bien ~ gros** much fatter; **encore ~ beau** more handsome still, even more handsome; **ça ira infiniment ~ vite** it'll be infinitely faster; **il est autrement ~ calme que son père** he's certainly much calmer than his father; **cinq fois ~ cher** five times dearer OU as dear OU more expensive; **deux fois ~ cher** twice as expensive; **il l'a fait deux fois ~ vite (qu'elle)** he did it twice as quickly (as she did). -**2.** [avec un v] more; **j'apprécie ~ son frère** I like his brother more OU better; **je m'intéresse à la question ~ que tu ne penses** I'm more interested in the question than you think; **elle travaille ~ qu'elle ne réussit** she puts more work into it that she gets results; **je ne peux vous en dire ~** I can't tell you any more; **la verte coûtait ~** the green one was more expensive.
B. SUPERLATIF DE SUPÉRIORITÉ -**1.** [suivi d'un adv, d'un adj] : **le ~ loin** the furthest OU farthest; **la montagne la ~ haute** the highest mountain; **sur la branche la ~ haute** on the topmost OU highest branch; **l'homme le ~ riche du monde** the richest man in the world, the world's richest man; **j'ai répondu le ~ gentiment que j'ai pu** I answered as kindly as I could; **j'y vais le ~ rarement possible** I go there as seldom as possible; **le ~ souvent** most of the time; **le ~ rouge/laid** the reddest/ugliest; **la ~ amusante** the most amusing one; **tu es le ~ gentil de tous** you're the kindest of all; **le festival le ~ populaire de France** the most popular festival in France; **un de ses tableaux les ~ connus** one of her best-known paintings; **le ~ gros des deux** the bigger of the two; **le ~ gros des trois** the biggest of the three; **c'est ce qu'il y a de ~ original dans sa collection d'été** it's the most original feature of his summer collection; **c'est en hiver que les fleurs sont le ~ chères** *sout* in winter, flowers are at their dearest OU most expensive; **choisis les fruits les ~ mûrs possible** select the ripest possible fruit; **faites au ~ vite** do it the quickest possible way OU as quickly as possible; **aller au ~ pressé** OU **urgent** to deal with the most urgent priority first. -**2.** [précédé d'un v] most; **c'est moi qui travaille le ~** I'm the one who works most OU the hardest; **dans le groupe, c'est lui qui y croyait le ~** of all the group, he was the one who believed in it most; **ce qui me tourmente le ~** what worries me (the) most; **serrez-vous le ~ possible** get as close to each other as possible OU as you can.
C. ADVERBE DE NÉGATION -**1.** [avec 'ne'] : **je n'y retournerai ~** I won't go back there any more; **je ne m'en souviens ~** I don't remember (any more); **je ne les vois ~** I don't see them any more ‖ [avec omission du 'ne'] *fam*not... any longer OU more, no... longer OU more; **j'ai ~ faim** I'm not hungry any more; **t'as ~ de voiture?** haven't you got a car any more?; **l'église existe ~** the church isn't there any more; **je veux ~ y aller** I don't want to go there any more; **y a ~ de pain** there's no bread left; **ça fait ~ que deux heures à attendre** it's only another two hours (to) wait. -**2.** [tour elliptique] : **~ de** no more; **~ de glace pour moi, merci** no more ice cream for me, thanks; **~ de tergiversations!** let's not shilly-shally any longer!; **~ un mot!** not another word!
◇ *adj* SCOL: **B ~** B plus; **H ~** CHIM H plus.
◇ *conj* -**1.** MATH plus; **3 ~ 3 égale 6** 3 plus 3 is OU makes 6; **~ 4 moins ~ 3 égale ~ 1** plus 4 minus plus 3 is OU makes plus 1; **il fait ~ 5°** it's 5° above freezing, it's plus 5°. -**2.** [en sus de] plus; **le transport, ~ le logement, ~ la nourriture, ça revient cher** travel, plus OU and accommodation, plus OU then food, (all) work out quite expensive; **ça fait 1 000 francs, ~ la TVA** it's 1,000 francs plus VAT; **~ le fait que...** plus OU together with the fact that...
◇ *nm* -**1.** MATH plus (sign); **mets un ~ avant le chiffre 4** write in a plus sign in front of the figure 4. -**2.** [avantage, atout] plus, bonus, asset; **la connaissance de l'anglais est toujours un ~** knowledge of English is always a plus; **la proximité de la gare est un ~** the closeness of the station is an advantage OU a plus (factor).
◆ **au plus** *loc adv* [au maximum] at the most OU outside; **il a au ~ 20 ans** he's 20 at the most, he can't be more than 20; **ça coûtera au ~ 300 francs** it'll cost a maximum of 300 francs OU 300 francs at most; **il y a 15 km au ~** it's 15 km at the outside.
◆ **de plus** *loc adv* -**1.** [en supplément] extra, another, more; **mets deux couverts de ~** lay two extra OU more places; **raison de ~ pour y aller** all the more reason for going; **je ne veux rien de ~** I don't want anything more; **tu n'auras rien de ~** you'll have nothing more; **il est content, que te faut-il de ~?** he's happy, what more do you want?; **un mot/une minute de ~ et je m'en allais** another word/minute and I was going (to leave). -**2.** [en trop] too many; **en recomptant, je trouve trente points de ~** on adding it up again, I get thirty points too many. -**3.** [en outre] furthermore, what's more, moreover; **elle fait mal son travail et de ~ elle prend trop cher** she doesn't do her work properly, and what's more her fees are too high; **de ~, il m'a menti** what's more, he lied to me.
◆ **de plus en plus** *loc adv* -**1.** [suivi d'un adv ou d'un adj] more and more, increasingly; **de ~ en ~ souvent** more and more often; **de ~ en ~ dangereux** more and more OU increasingly dangerous; **ça devient de ~ en ~ facile/compliqué** it's getting simpler and simpler/more and more complicated; **le ciel devenait de ~ en ~ sombre** the sky was growing darker and darker. -**2.** [précédé d'un v] : **les prix augmentent de ~ en ~** prices are increasing all the time. -**3. de ~ en ~ de** *(suivi d'un n comptable)* more and more, a growing number of; *(suivi d'un n non comptable)* more and more; **de ~ en ~ de gens** more and more people, an increasing number of people; **il y a de ~ en ~ de demande pour ce produit** demand for this product is increasing, there is more and more demand for this product; **elle a de ~ en ~ de fièvre** her temperature is rising.
◆ **des plus** *loc adv* most; **son attitude est des ~ compréhensibles** her attitude is most OU quite understandable; **un juge des ~ impartiaux** a most unbiased judge.
◆ **en plus** *loc adv* -**1.** [en supplément] extra *(avant n)*; **c'est le même appartement avec un balcon en ~** it's the same flat with a balcony as well; **les boissons sont en ~** drinks are extra, you pay extra for the drinks ‖ [en trop] spare; **tu n'as pas des tickets en ~?** do you have any spare tickets?; **j'ai une carte en ~** [à la fin du jeu] I've got one card left over; [en distribuant] I've got one card too many; **ça fait 45 minutes de transport en ~** it adds 45 minutes to the journey ‖ [en cadeau] as well, on top of that; **et vous emportez une bouteille de champagne en ~!** and you get a bottle of Champagne as well OU on top of that OU into the bargain! -**2.** [en outre] further, furthermore, what's more; **elle a une excellente technique et en ~, elle a de la force** her technique's first-class and she's got strength; **mais c'est qu'elle est méchante en ~!** *fam* and she's nasty to boot *hum* OU to cap it all!; **et elle m'avait menti, en ~!** not only that but she'd lied to me (as well)!; **c'est lui qui s'est trompé, et en ~, il se plaint!** he makes the mistake and, to crown it all, complains about it! -**3.** [d'ailleurs] besides, what's more, moreover; **je ne tiens pas à le faire (et), en ~, je n'ai pas le temps** I'm not too keen on doing it, (and) besides OU what's more, I've no time.
◆ **en plus de** *loc prép* -**1.** [en supplément de] besides, on top of, in addition to; **en ~ du squash, elle fait du tennis** besides (playing) squash, she plays tennis. -**2.** [quantitatif] in more than, in over; **elle a parcouru la distance en un peu ~ de deux heures** she covered the distance in just over two hours; **ça n'était jamais arrivé en ~ de 20 ans** it had never happened in over 20 years.
◆ **et plus** *loc adv* over; **deux ans et ~** over two years; **45 kilos et ~** over 45 kilos, 45 odd kilos; **les gens de 30 ans et ~** people aged 30 and over; **des chemisiers à 200 francs et ~** blouses at 200 francs and over OU more.
◆ **ni plus ni moins** *loc adv* no more no less; **c'est un enfant gâté, ni ~ ni moins** he's just a spoilt child, no more no less; **tu t'es trompé, ni ~ ni moins** you were mistaken, that's all.
◆ **non plus** *loc adv*: **moi non ~ je n'irai pas** I won't go either; **je n'en ai pas moi non ~** I haven't got any either; **je ne sais pas — moi non ~!** I don't know — neither do I OU nor do I OU me neither!
◆ **on ne peut plus** *loc adv*: **je suis on ne peut ~ désolé de vous voir partir** I'm ever so sorry you're leaving; **c'est on ne peut ~ compliqué** it couldn't be more complicated; **il était on ne**

peut ~ heureux de te voir he couldn't have been more delighted to see you; des gens on ne peut ~ charmants the most charming people you could ever wish to meet.

◆ **plus de** *loc dét* -**1.** [comparatif, suivi d'un n] more; **nous voulons ~ d'autonomie!** we want more autonomy!; **tu as fait ~ de fautes que moi** you made more mistakes than I did OU than me; **je n'ai pas ~ de courage qu'elle** I'm no braver than she is OU her; **c'est ~ de l'insouciance que de l'incompétence** it's more (a matter of) carelessness than incompetence; **elle a ~ de facilité que son frère pour apprendre** she's better at learning than her brother || *(suivi d'un num)* more than, over; **il y a ~ de 15 ans de cela** it's more than 15 years ago now; **elle a bien ~ de 40 ans** she's well over 40; **elle roulait à ~ de 150 km/h** she was driving at more than 150 km/h OU doing over 150 km/h; **vous avez un peu ~ du kilo** *fam* you've got OU that's a bit over one kilo; **il y en a ~ d'un qui s'est plaint** more than one person complained; **il est ~ de 5 h** it's past 5 o'clock OU after 5. -**2.** [superlatif, suivi d'un n]: **le ~ de** the most; **c'est ce qui m'a fait le ~ de peine** that's what hurt me (the) most; **c'est notre équipe qui a le ~ de points** our team has (the) most points; **celui qui a le ~ de chance de réussir** the one (who's the) most likely to succeed; **le ~ possible de**: **le ~ possible de cerises** as many cherries as possible; **le ~ d'argent possible** as much money as possible || *(comme n)*: **les ~ de 20 ans** people over 20, the over-20s; **les ~ de 10 tonnes** vehicles over 10 tons.

◆ **plus... moins** *loc corrél* the more... the less; **~ il vieillit, moins il a envie de sortir** the older he gets, the less he feels like going out; **~ ça va, moins je la comprends** I understand her less and less (as time goes on).

◆ **plus... plus** *loc corrél* the more... the more; **~ je réfléchis, ~ je me dis que...** the more I think (about it), the more I'm convinced that...; **~ j'attendais, ~ j'étais en colère** the longer I waited, the angrier I got; **~ j'avançais, ~ la forêt s'épaississait** the further OU the deeper I went into the forest, the thicker it got; **~ ça va, ~ il est agressif** he's getting more and more aggressive (all the time); **~ ça va, ~ je me demande si...** the longer it goes on, the more I wonder if...

◆ **plus ou moins** *loc adv* more or less; **c'est ~ ou moins cher, selon les endroits** it's more or less expensive OU prices vary according to where you are; **j'ai ~ ou moins compris ce qu'elle disait** I understood more or less what she was talking about; **je ne l'ai que ~ ou moins cru** I only half believed him; **tous ces partis, c'est ~ ou moins la même chose** all these parties amount to more or less the same thing; **c'était ~ ou moins prévu** it was more or less expected.

◆ **plus que** *loc adv* -**1.** *(suivi d'un adj)* more than; **c'est ~ que gênant** it's embarrassing, to say the least; **on a obtenu des résultats ~ qu'encourageants** our results were more than encouraging. -**2.** *(suivi d'un n)*: **cela représente ~ qu'une simple victoire** it means more than just a victory; **c'est ~ qu'un problème, c'est une catastrophe!** it's more than just a problem, it's a disaster!

◆ **qui plus est** *loc adv* what's OU what is more.

◆ **sans plus** *loc adv* nothing more; **c'était bien, sans ~** it was nice, but nothing more; **une fille assez sympathique, sans ~** quite a nice girl, but nothing more OU no more than that.

◆ **tout au plus** *loc adv* at the most; **c'est une mauvaise grippe, tout au ~** it's a bad case of flu, at the most; **c'est tout au ~ si je connais son nom** I hardly even know his surname.

plusieurs [plyzjœr] ◇ *adj indéf pl* several; **il y a eu ~ témoins** there were several witnesses; **en ~ endroits** in several places; **~ fois, à ~ reprises** several times.

◇ *pron indéf pl* -**1.** [désignant des personnes] several people; **ils s'y sont mis à ~** several people got together; **vous venez à ~?** will there be several of you coming?; **nous serons ~ à la réunion** there will be several of us at the meeting; **~ (d'entre eux) ont refusé** several of them refused; **~ parmi les enfants avaient envie de rentrer** several of the children wanted to go back. -**2.** [reprenant le substantif] several; **il n'y a pas une seule solution mais ~** there is no single solution, but several; **n'utilisez pas une seule couleur, mais ~** don't use just one colour, but several; **il ne sera pas le seul intervenant, il y en aura ~** he won't be the only contributor, there will be several of them.

plus-que-parfait [plyskəparfɛ] *nm* LING pluperfect, past perfect.

plus-value [plyvaly] (*pl* **plus-values**) *nf* -**1.** [augmentation de la valeur] increase (in value), appreciation. -**2.** [excédent d'impôts] (tax) budget surplus. -**3.** [surcoût] surplus value. -**4.** [somme ajoutée au salaire] bonus.

Plutarque [plytark] *npr* Plutarch.

pluton [plytɔ̃] *nm* pluton GEOL.

Pluton [plytɔ̃] *npr* ASTRON & MYTH Pluto.

plutonique [plytɔnik] *adj* plutonic.

plutonium [plytɔnjɔm] *nm* plutonium.

plutôt [plyto] *adv* -**1.** [de préférence] rather; [à la place] instead; **~ mourir!** I'd rather die!; **mets mon manteau ~, tu auras plus chaud** put my coat on instead, you'll be warmer; **n'y va pas en voiture, prends ~ le train** don't go by car, take the train instead; **demande ~ à un spécialiste** you'd better ask a specialist; **~ que** rather than, instead of; **~ que de travailler, je vais aller faire des courses** I'm going to do some shopping instead of working; **~ mourir que de céder!** I'd rather die than give in! -**2.** [plus précisément] rather; **la situation n'est pas désespérée, disons ~ qu'elle est délicate** the situation is not hopeless, let's say rather that it is delicate; **ce n'était pas une maison de campagne, mais bien ~ un manoir** it wasn't a country house, it was more of a country manor; **elle a l'air sévère ou ~ austère** she looks severe, or rather austere; **elle le méprise ~ qu'elle ne le hait** she doesn't so much hate as despise him. -**3.** [assez, passablement] rather; **il s'est montré ~ aimable** he was rather nice, he behaved rather nicely; **elle est ~ jolie** she's rather pretty; **sa vie est ~ monotone** her life is rather dull; **comment va-t-il? — ~ bien** how is he? – quite well; **c'est ~ mieux que la dernière fois** it's rather better than last time. -**4.** [en intensif]: **il est ~ collant ce type!** *fam* that guy's a bit of a leech!; **ce n'est pas sympa ce qu'il a fait! — ~, oui!** that wasn't very nice what he did! – you can say that again OU you're telling me!

pluvial, e, aux [plyvjal, o] *adj* pluvial *spéc*, rainy.

pluvier [plyvje] *nm* plover; **~ argenté/doré** grey/golden plover.

pluvieux, euse [plyvjø, øz] *adj* [temps] rainy, wet; [climat] wet, damp; **la journée va encore être pluvieuse** it's going to be rainy again today.

pluviomètre [plyvjɔmɛtr] *nm* pluviometer *spéc*, rain gauge.

pluviométrie [plyvjɔmetri] *nf* pluviometry.

pluviométrique [plyvjɔmetrik] *adj* pluviometric.

pluviôse [plyvjoz] *nm* *fifth month of the French Revolutionary calendar (from January 20th, 21st or 22nd to February 18th, 19th or 20th).*

pluviosité [plyvjozite] *nf* (average) rainfall.

PM ◇ *nf* -**1.** *abr de* **préparation militaire**. -**2.** (*abr de* **police militaire**) MP MIL.

◇ *nm abr de* **pistolet mitrailleur**.

◇ *abr écrite de* **petit modèle**.

PMA ◇ *nf abr de* **procréation médicalement assistée**.

◇ *nmpl* (*abr de* **pays les moins avancés**) LDCs.

PME (*abr de* **petite et moyenne entreprise**) *nf* small business; **les ~** small and medium-sized firms.

PMI *nf* -**1.** (*abr de* **petite et moyenne industrie**) small industrial firm. -**2.** *abr de* **protection maternelle et infantile**.

PMO *abr de* **pièces et main-d'œuvre**.

PMU (*abr de* **Pari mutuel urbain**) *npr m* *French betting authority*, ≃ tote *Br*, ≃ pari-mutuel *Am*.

> **PMU:**
> These initials, often posted outside bars in France, indicate that there is a counter inside where bets on horse races can be placed.

PNB (*abr de* **produit national brut**) *nm* GNP.

pneu [pnø] *nm* -**1.** AUT tyre *Br*, tire *Am*; **~ à carcasse biaise** OU **croisée** crossply tyre; **~ à carcasse radiale** radial (ply) tyre; **~ à chambre à air** tubetyre; **~ sans chambre à air** tubeless tyre; **~ clouté** spiked tyre; **~ neige** snow tyre. -**2.** *fam* [lettre] message *(sent through a compressed air tube system)*, pneumatic (dispatch).

pneumallergène [pnømalɛrʒɛn] *nm* respiratory allergen.

pneumatique [pnømatik] ◇ *adj* -**1.** [gonflable] inflatable, blow-up *(avant n)*. -**2.** PHYS & RELIG pneumatic.

◇ *nm* -**1.** AUT tyre. -**2.** [lettre] message *(sent through a compressed air tube system)*, pneumatic (dispatch).

pneumocoque [pnømɔkɔk] *nm* pneumococcus.

pneumogastrique [pnømɔgastrik] ◇ *adj m* pneumogastric, vagal.

◇ *nm* vagus nerve.

pneumologie [pnømɔlɔʒi] *nf* pneumology.

pneumologue [pnømɔlɔg] *nmf* pneumologist.

pneumonectomie [pnømɔnɛktɔmi] *nf* pneumectomy, pneumonectomy.

pneumonie [pnømɔni] *nf* pneumonia.

pneumonique [pnømɔnik] *adj* pneumonic.

pneumopathie [pnømɔpati] *nf* lung disease.

pneumopéritoine [pnømɔperitwan] *nm* pneumoperitoneum.

pneumo-phtisiologue [pnømɔftizjɔlɔg] (*pl* **pneumo-phtisiologues**) *nmf* lung specialist.

pneumothorax [pnømɔtɔraks] *nm* pneumothorax.

Pnud, PNUD [pnyd] (*abr de* **Programme des Nations unies pour le développement**) *npr m* UNDP.

Pnue, PNUE [pny] (*abr de* **Programme des Nations unies pour l'environnement**) *npr m* UNEP.

PO (*abr écrite de* **petites ondes**) MW.

Pô [po] *npr m*: **le ~** the (River) Po.

pochade [pɔʃad] *nf* -**1.** [peinture] (quick) sketch, thumbnail sketch. -**2.** [écrit] sketch.

pochard, e *fam* [pɔʃar, ard] *nm, f* drunk.

poche [pɔʃ] ◇ *nf* -**1.** VÊT pocket; [d'un sac] pocket, pouch; **je n'ai même pas 10 francs en ~** I don't even have 10 francs on me; **il a de l'argent plein les ~s** *fam* he's rolling in money ❑ **~ intérieure** inside (breast) pocket; **~ plaquée** patch pocket; **~ à rabat** flapped pocket; **~ revolver** hip pocket; **avoir les ~s percées** to be a spendthrift; **j'ai les ~s percées** money just burns a hole in my pockets; **s'en mettre plein les** OU **se remplir les ~s** *fam* to line one's pockets; **faire les ~s à qqn** to go through OU to rifle (through) sb's pockets; **j'en ai été de ma ~** I was out of pocket; **c'est dans la ~!** *fam* it's in the bag!; **il a mis tout le monde dans sa ~** he twisted everyone round his little finger, he took everyone in; **mets ça dans ta ~ et ton mouchoir par-dessus** *fam* keep it under your hat. -**2.** [boursouflure] bag; **avoir des ~s sous les yeux** to have bags under one's eyes; **faire des ~s aux genoux/coudes** to go baggy at the knees/elbows. -**3.** [amas] pocket; **~ d'air** air pocket; **~ d'eau/de gaz** pocket of water/gas; **~ de grisou** MIN pocket of firedamp. -**4.** MÉD sac; **~ des eaux** (sac of) waters; **la ~ des eaux s'est rompue** her waters broke; **~ de pus** pus sac. -**5.** ZOOL [d'un kangourou] pouch; [d'un poulpe] sac; [d'un oiseau] crop; **~ marsupiale**

marsupium. -**6.** MIL: ~ **de résistance** pocket of resistance. -**7.** [contenant]: ~ **plastique** plastic bag; ~ **à douille** CULIN piping bag. -**8.** MÉTALL: ~ **de coulée** foundry ladle. -**9.** *Helv* [louche] ladle.

◇ *nm* [livre] paperback (book); **en** ~ in paperback.

◆ **de poche** *loc adj* [collection, édition] pocket *(modif)*; [cuirassé, théâtre] pocket *(modif)*, miniature *(avant n)*.

poché, e [pɔʃe] *adj* -**1.** [œuf] poached. -**2.** [meurtri]: **avoir un œil** ~ to have a black eye.

pocher [3] [pɔʃe] ◇ *vt* -**1.** CULIN [œuf, poisson] to poach. -**2.** [meurtrir]: ~ **un œil à qqn** to give sb a black eye. -**3.** BX-ARTS [peinture] to dash off *(sép)*.

◇ *vi* [vêtement] to go baggy.

pochetée▽ [pɔʃte] *nf* idiot, dumbo.

pochette [pɔʃɛt] *nf* -**1.** VÊT (breast) pocket handkerchief. -**2.** [sac - de femme] (small) handbag; [- d'homme] clutch bag. -**3.** [sachet] wallet, envelope; ~ **d'allumettes** book of matches. -**4.** [d'un disque] sleeve, cover. -**5.** MUS [violon] kit *(violin)*.

pochette-surprise [pɔʃɛtsyrpriz] *(pl* **pochettes-surprises)** *nf* lucky bag *Br*, surprise pack *Am*; **tu l'as trouvé dans une** ~, **ton permis de conduire?** *hum* find your driving licence in a Christmas cracker, did you?

pochoir [pɔʃwar] *nm* -**1.** [plaque évidée] stencil; **décor au** ~ stencilled ornamentation. -**2.** TEXT printing block.

pochon [pɔʃɔ̃] *nm* -**1.** [poche] belt pouch; [sachet] (small) bag. -**2.** *Helv* [louche] ladle.

podagre [pɔdagr] *arch* ◇ *adj* gouty.

◇ *nmf* gout sufferer, gouty person.

◇ *nf* gout.

podium [pɔdjɔm] *nm* -**1.** [plate-forme] podium; **monter sur le** ~ SPORT to mount the podium; [à la télévision, dans un jeu] to step onto the platform. -**2.** ARCHIT podium.

podologie [pɔdɔlɔʒi] *nf* chiropody.

podologue [pɔdɔlɔg] *nmf* chiropodist.

podomètre [pɔdɔmɛtr] *nm* pedometer.

podzol [pɔdzɔl] *nm* podzol.

poêle [pwal] ◇ *nm* -**1.** [chauffage] stove; [en céramique] furnace; ~ **à accumulation** storage heater; ~ **à mazout** oil OU oil-fired stove. -**2.** [drap] pall.

◇ *nf* [ustensile]: ~ **(à frire)** frying pan; ~ **à marrons** pan *(with holes in the bottom)* for toasting chestnuts.

poêlée [pwale] *nf*: **une** ~ **de pommes de terre** a frying pan full of potatoes.

poêler [3] [pwale] *vt* -**1.** [frire] to fry. -**2.** [braiser] to braise *(in a shallow pan)*.

poêlon [pwalɔ̃] *nm* casserole.

poème [pɔɛm] *nm* -**1.** LITTÉRAT poem; **un** ~ **en prose** a prose poem; **un** ~ **en vers** a poem. -**2.** *fam loc*: **c'est (tout) un** ~: **ça a été un** ~, **pour venir de l'aéroport jusqu'ici!** what a to-do OU business getting here from the airport!; **ta fille, c'est un** ~! your daughter's really something else! -**3.** MUS: ~ **symphonique** symphonic OU tone poem.

poésie [pɔezi] *nf* -**1.** [genre] poetry; **écrire de la** ~ to write poems OU poetry. -**2.** [poème] poem; **des** ~**s pour enfants** poems OU verse for children. -**3.** *litt* [charme] poetry; **la** ~ **du vieux Montmartre** the poetic charm of old Montmartre.

poète [pɔɛt] ◇ *nm* [auteur] poet; **femme** ~ (woman) poet; **comme l'a dit le** ~ in the words of the poet.

◇ *adj* [allure, air] poetic, of a poet; **il est** ~ **à ses heures** he writes the occasional poem.

poétesse [pɔetɛs] *nf* poetess.

poétique [pɔetik] ◇ *adj* poetic, poetical.

◇ *nf* poetics *(sg)*.

poétiquement [pɔetikmɑ̃] *adv* poetically.

poétisation [pɔetizasjɔ̃] *nf litt* poetization, poeticization.

poétiser [3] [pɔetize] *vt* to poetize, to poeticize.

pogne▽ [pɔɲ] *nf* hand, big paw.

pognon *fam* [pɔɲɔ̃] *nm* dough *Am*, readies *Br*; **ils ont plein de** ~ they're rolling in it *Br* OU dough *Am*.

pogrom(e) [pɔgrɔm] *nm* pogrom.

poids [pwa] *nm* -**1.** PHYS weight; **son** ~ **est de 52 kilos** she weighs 52 kilos; **faire attention à** OU **surveiller son** ~ to watch one's weight; **prendre/perdre du** ~ to gain/to lose weight; **reprendre du** ~ to put weight back on OU on again; **je suis tombé de tout mon** ~ **sur le bras** I fell on my arm with all my weight ❑ ~ **brut/net** gross/net weight; ~ **adhérent** RAIL adhesive weight; ~ **en charge** (fully) loaded weight; ~ **spécifique** unit weight; ~ **utile** AÉRON useful load; ASTRONAUT payload; ~ **à vide** unladen weight, tare; **faire bon** ~ COMM to give good weight; **il y a un kilo de cerises bon** ~ there's a little more than OU just over a kilo of cherries; **faire le** ~ COMM to make up the weight; *fig* to hold one's own; **il ne fait pas le** ~ **face aux spécialistes** he's no match for OU not in the same league as the experts; **j'ai peur de ne pas faire le** ~ I'm afraid of being out of my depth. -**2.** [objet] weight; **soulever des** ~ to lift weights; **un** ~ **de 10 kilos** a 10 kilo weight; **les** ~ **de l'horloge** the clock weights; **avoir un** ~ **sur l'estomac** *fig* to feel bloated; **ça m'a enlevé un** ~ it's taken a weight off my mind ❑ **les** ~ **et mesures** *fam* the weights and measures administration. -**3.** SPORT: ~ **et haltères** weightlifting ‖ [lancer] shotputting, shot; [instrument] shot; **lancer le** ~ to put the shot ‖ BOXE [catégorie]: ~ **coq** bantamweight; ~ **léger** lightweight; ~ **lourd** heavyweight; ~ **mi-lourd** light heavyweight; ~ **mi-moyen** light middleweight; ~ **mouche** flyweight; ~ **moyen** middleweight; ~ **plume** featherweight; **c'est un** ~ **plume, cette petite!** *fig* that little one weighs next to nothing! ‖ [aux courses] weight. -**4.** TRANSP: ~ **lourd** heavy (goods) vehicle OU lorry *Br* OU truck *Am*. -**5.** [importance] influence; **son avis a du** ~ **auprès du reste du groupe** her opinion carries weight with the rest of the group; **donner du** ~ **à un argument** to lend weight to an argument.

◆ **au poids** *loc adv* [vendre] by weight.

◆ **au poids de** *loc prép* by the weight of; **au** ~ **de l'or** by the weight of gold.

◆ **de poids** *loc adj* [alibi, argument] weighty; **un homme de** ~ an influential man.

◆ **sous le poids de** *loc prép* -**1.** [sous la masse de] under the weight of; **l'étagère ploie sous le** ~ **des livres** the shelf is sagging under the weight of the books. -**2.** *fig* under the burden of; **écrasé sous le** ~ **des responsabilités** weighed down by responsibilities.

◆ **poids mort** *nm* -**1.** MÉCAN dead weight. -**2.** *fig*: **le neveu du patron est un** ~ **mort** the boss's nephew is nothing but a dead weight.

poignant, e [pwaɲɑ̃, ɑ̃t] *adj* heartbreaking, poignant; **le souvenir** ~ **de leur dernière rencontre** the poignant memory of the last time they met.

poignard [pwaɲar] *nm* dagger; **coup de** ~ stab; **recevoir un coup de** ~ to get stabbed; **sa lettre a été comme un coup de** ~ **dans le dos** *fig* her letter was like a stab in the back.

poignarder [3] [pwaɲarde] *vt* to stab, to knife; ~ **qqn dans le dos** *pr & fig* to stab sb in the back; **c'est comme si on me poignardait** [douleur, angoisse] it feels as if I were being stabbed.

poigne [pwaɲ] *nf* grip; **avoir de la** ~ *pr* to have a strong grip; *fig* to rule with a firm hand.

◆ **à poigne** *loc adj* [personne, gouvernement] firm, authoritarian, iron-handed.

poignée [pwaɲe] *nf* -**1.** [contenu] handful, fistful; **une** ~ **de riz** a handful of rice. -**2.** [petit nombre] handful; **une** ~ **de manifestants** a handful of demonstrators. -**3.** [pour saisir - gén] handle; [- un sabre] hilt; [- une épée] handle; ~ **d'un tiroir/d'une valise** drawer/suitcase handle; ~ **de porte** door handle; **c'est la** ~ **qui a lâché** the handle broke.

◆ **à poignées** *loc adv* -**1.** [en quantité] in handfuls OU fistfuls; **prendre des bonbons à** ~**s** to take handfuls of sweets. -**2.** [avec prodigalité] hand over fist; **dépenser l'argent à** ~**s** to spend money hand over fist.

◆ **par poignées** *loc adv* in handfuls; **je perds mes cheveux par** ~**s** my hair's coming out in handfuls.

◆ **poignée de main** *nf* handshake; **distribuer des** ~**s de main à la foule** to shake hands with people in the crowd; **donner une** ~ **de main à qqn** to shake hands with sb, to shake sb's hand.

poignet [pwaɲɛ] *nm* -**1.** ANAT wrist. -**2.** VÊT cuff; [bande de tissu] wrist band.

poil [pwal] *nm* -**1.** ANAT hair; **le lavabo était plein de** ~**s** the washbasin was full of hairs; **avoir le** ~ **dur/dru** [barbe] to have a rough beard; **je n'ai plus un** ~ **de sec** *fam* [mouillé] I'm soaked through; [en sueur] I'm sweating like a pig; [mort de peur] I'm in a cold sweat; **il n'a plus un** ~ **sur le caillou** *fam* he's bald as a coot *esp Br* OU an egg ❑ ~ **pubien** pubic hair; **avoir un** ~ **dans la main** *fam* to be bone-idle; **elle a vraiment un** ~ **dans la main** she never does a stroke of work; **avoir du** ~ **au menton** to have grown up; **même pas encore de** ~ **au menton et monsieur se permet d'avoir un avis!** hardly a hair on his lip and he thinks he can have an opinion!; **être de bon/mauvais** ~ *fam* to be in a good/foul mood; **reprendre du** ~ **de la bête** *fam* [guérir] to perk up again; [reprendre des forces] to regain some strength for a fresh onslaught; **tomber sur le** ~ **à qqn** *fam* to go for OU to lay into sb; **d'un seul coup, elle m'est tombée sur le** ~ she came down on me like a ton of bricks. -**2.** *fam* [infime quantité]: **un** ~ **de**: **il n'a pas un** ~ **d'intégrité** he doesn't have one ounce OU a shred of integrity; **il n'y a pas un** ~ **de vrai dans ce qu'il dit** there's not an ounce of truth in what he says ❑ **à un** ~ **près, il était tué** he missed being killed by a hair's breadth, he came within an inch of his life; **manquer son train d'un** ~ OU **à un poil près** to miss one's train by a hair's breadth OU a whisker. -**3.** [pelage - long] hair, coat; [- court] coat; **il a le** ~ **luisant** his coat is shiny; **chien à** ~ **ras/long** smooth-haired/long-haired dog ❑ **manteau en** ~ **de chameau** camel-hair coat; **en** ~**s de sanglier** made of bristle. -**4.** [d'une brosse] bristle; [d'un pinceau] hair, bristle; [d'un tapis] pile; [d'un pull angora] down. -**5.** BOT hair; ~**s absorbants** root hairs; ~ **à gratter** itching powder.

◆ **à poil** *fam* ◇ *loc adj* stark naked, starkers.

◇ *loc adv* starkers *Br*, in the altogether; **se mettre à** ~ to strip (off); **aller se baigner à** ~ to go skinny-dipping; **à** ~, **à** ~! [huées] get'em off!

◆ **au poil** *fam* ◇ *loc adj* terrific, great; **il est au** ~, **ton copain!** your friend's terrific!; **tu peux venir samedi, au** ~! you can come on Saturday, great!

◇ *loc adv* terrifically; **ils avaient tout préparé au** ~ they'd done everything to a T.

◆ **au petit poil** *fam*, **au quart de poil** *fam loc adv* terrifically; **ça a marché au petit** ~ it's all gone exactly according to plan.

◆ **de tout poil** *fam loc adj hum* of all kinds; **voleurs et escrocs de tout** ~ all manner of thieves and crooks.

poilant, e *fam* [pwalɑ̃, ɑ̃t] *adj* hilarious, side-splitting.

poil-de-carotte [pwaldəkarɔt] *adj inv* [cheveux] red; [enfant] red-haired; **être** ~ to be red-haired, to have carroty-red hair.

poiler [3] [pwale]

◆ **se poiler** *fam vpi* [rire] to laugh fit to burst; [s'amuser] to have a ball.

poilu, e [pwaly] *adj* hairy.

◆ **poilu** *nm* HIST poilu; **les** ~**s de 14** OU **de 1914** (French) soldiers in the 1914-18 war.

poinçon [pwɛ̃sɔ̃] *nm* -**1.** JOAILL [marque] hallmark; **marquer une bague au** ~ to hallmark a ring. -**2.** [outil - de brodeuse, de couturière] bodkin; [de graveur] stylus; [- de sculpteur] chisel. -**3.** IMPR (matrice) punch. -**4.** MÉTALL die, stamp. -**5.** MENUIS point, awl. -**6.** [pièce de charpente] king post *Br*, joggle post *Am*.

poinçonnage [pwɛ̃sɔnaʒ], **poinçonnement** [pwɛ̃sɔnmɑ̃] *nm* -**1.** [d'un ticket] punching. -**2.** JOAILL hallmarking. -**3.** MÉTALL stamping, diestamping. -**4.** IMPR drive, strike.

poinçonner [3] [pwɛ̃sɔne] *vt* -**1.** [ticket] to punch. -**2.** JOAILL to hallmark. -**3.** MÉTALL to stamp.

poinçonneur, euse [pwɛ̃sɔnœr, øz] *nm, f* -**1.** [employé] ticket puncher. -**2.** MÉTALL punching machine operator.
◆ **poinçonneuse** *nf* [machine] punching machine.

poindre [82] [pwɛ̃dr] *litt* ◇ *vi* -**1.** [lumière] to break, to dawn; **dès que le jour poindra** as soon as dawn breaks, at daybreak. -**2.** [mouvement, idée] to dawn; **alors je vis ~ un sourire sur son visage** then I saw the beginnings of a smile on her face; **une idée commençait à ~ dans son esprit** an idea was growing in his mind.
◇ *vt* -**1.** [tourmenter] to stab *fig*; **ce souvenir le poignait parfois** the memory would stab him painfully from time to time. -**2.** [stimuler] to prick, to spur on *(sép)*; **le désir de vérité et de justice ne cessait de la ~** she was forever spurred on by the desire for truth and justice.

poing [pwɛ̃] *nm* fist; **le ~ levé** with one's fist raised; **lever le ~** to raise one's fist; **les ~s sur les hanches** with arms akimbo; **donner du ~ sur la table** to bang one's fist on OU to thump the table; **mettre son ~ dans la figure à qqn** *fam* to punch OU to smack sb in the face; **tu veux (prendre) mon ~ dans la gueule?**▽ fancy a knuckle sandwich OU a bunch of fives *Br*, do you? □ **ils sont entrés, revolvers/armes au ~** they came in, guns/arms at the ready; **gros comme le ~** (as) big as your fist.
◆ **coup de poing** *nm* punch; **les coups de ~ pleuvaient** it was raining blows OU punches; **donner un coup de ~ à qqn** to give sb a punch, to punch sb; **faire le coup de ~** to brawl, to be fighting, to be fistfighting.

point[1] [pwɛ̃] *nm* -**1.** [marque] point, dot, spot; [sur un dé, un domino] pip, spot; **un corsage à petits ~s bleus** a blouse with blue polka dots; **elle a des petits ~s blancs dans la gorge** she's got small white spots in her throat; **je t'ai fait un ~ sur la carte pour indiquer où c'est** I put a dot on the map to show you where it is; **la voiture n'était plus qu'un ~ à l'horizon** the car was now no more than a speck on the horizon □ **~ lumineux** spot OU point of light; **~ de rouille** speck OU spot of rust. -**2.** [touche] spot, dab, blob; **un ~ de soudure** a spot OU blob of solder; **mets-y un ~ de colle** put a dab of glue on it. -**3.** [symbole graphique - en fin de phrase] full stop, period *Am*; [- sur un i ou un j] dot; [- en morse, en musique] dot; MATH point; **deux ~s, trois traits** two dots three dashes; **a - b a point b** □ **~ d'exclamation** exclamation mark OU *Am* point; **~ d'interrogation** *pr* & *fig* question mark; **~ typographique** point; **~s de conduite** (dot) leaders; **~s de suspension** ellipsis, suspension points *Am*; **~ final** full stop, period *Am (at the end of a piece of text)*; **j'ai dit non, ~ final!** *fig* I said no and that's that OU that's final OU there's an end to it!; **mettre un ~ final à une discussion** to terminate a discussion, to bring a discussion to an end; **~, à la ligne!** *pr* new paragraph!; **il a fait une bêtise, ~ à la ligne!** *fig* he did something stupid, let's leave it at that!; **un ~ c'est tout: je ne le ferai pas, un ~ c'est tout!** I won't do it and that's that OU that's final OU that's the end of it! -**4.** AÉRON & NAUT [position] position; **donner/recevoir le ~** to give/to be given one's position; **porter le ~ sur la carte** to mark one's position on the map □ **~ estimé/observé** estimated/observed position; **~ fixe** run-up; **faire le ~** NAUT to take a bearing, to plot one's position; *fig* to take stock (of the situation); **à 40 ans, on s'arrête et on fait le ~** when you reach 40, you stand back and take stock of your life; **nous ferons le ~ sur les matches à Wimbledon à 11 h** we'll bring you a round-up of play at Wimbledon at 11 o'clock. -**5.** GÉOM point; **le ~ B** point B; **par deux ~s distincts ne passe qu'une seule droite** only one line passes through two distinct points □ **~ d'intersection/de tangence** intersection/tangential point; **~ double** double point. -**6.** [endroit] point, spot, place; **en plusieurs ~s de la planète** in different places OU spots on the planet □ **~ aveugle** ANAT blind spot; **~ chaud** hot spot; **~ de contrôle** checkpoint; **~ névralgique** MÉD nerve centre; *fig* sensitive spot; **~ de rencontre** meeting point; **~ de vente** retail outlet; **~s lacrymaux** puncta lacrimalia. -**7.** [douleur] twinge, sharp pain; MÉD pressure point; **j'ai un ~ au poumon** I can feel a twinge (of pain) in my chest □ **~ de côté** stitch. -**8.** [moment, stade] point, stage; **à ce ~ de la discussion** at this point in the discussion; **à ce ~ de nos recherches** at this point OU stage in our research; **nous nous retrouvons au même ~ qu'avant** we're back to where we started; **les pourparlers en sont toujours au même ~** the negotiations haven't got any further. -**9.** [degré] point; **porter qqch à son plus haut ~** to carry sthg to extremes; **si tu savais à quel ~ je te méprise!** if you only knew how much I despise you!; **il est radin, mais à un ~!** *fam* you wouldn't believe how tight-fisted he is! □ **~ de congélation/d'ébullition** freezing/boiling point; **~ de fusion/liquéfaction** melting/liquefaction point; **~ de saturation** *pr* & *fig* saturation point. -**10.** [élément - d'un texte, d'une théorie] point; [- d'un raisonnement] point, item; [- d'une description] feature, trait; **il reste quelques ~s obscurs dans votre thèse** a few points in your thesis still need clarifying; **le second ~ à l'ordre du jour** the second item on the agenda; **un programme social en trois ~s** a three-point social programme; **voici un ~ d'histoire que je souhaiterais éclaircir** I'd like to make clear what happened at that particular point in history; **c'est au moins un ~ d'acquis** we all agree on at least one point □ **~ d'entente/de désaccord** point of agreement/of disagreement; **~ commun** common feature; **nous n'avons aucun ~ commun** we have nothing in common; **un ~ de droit** JUR a point of law. -**11.** [unité de valeur - dans un sondage, à la Bourse] point; [- de retraite] unit; [- du salaire de base] (grading) point; ENS mark *Br*, point; JEUX & SPORT point; **sa cote de popularité a gagné/perdu trois ~s** his popularity rating has gone up/down by three points; **il me manquait 12 ~s pour avoir l'examen** I was 12 marks short of passing the exam; **une faute d'orthographe, c'est 4 ~s de moins** 4 marks are taken off for each spelling mistake; **la dame rapporte 6 ~s** the Queen's worth 6 points; **avoir plus de ~s que qqn** to outpoint sb, to have more points than sb; **battu aux ~s** BOXE beaten on points; **elle est à deux ~s du set** she's two points from winning the set; **faire le ~** [le gagner] to win the point; **faire un ~ gagnant** to play a winner □ **~s d'annonce** points in hand; **marquer un ~** to score a point; **rendre des ~s à qqn** to be way above sb. -**12.** ASTRON: **~ gamma** OU **vernal** First Point of Aries, vernal equinox. -**13.** COUT: **faire un ~ à** to put a stitch OU a few stitches in; **bâtir à grands ~s** to tack; **coudre à grands ~s** to sew using a long stitch □ **~ de couture/crochet/tricot** sewing/crochet/knitting stitch; **~ arrière** backstitch; **~ de devant** front stitch; **~ de jersey** stocking stitch; **~ mousse** moss stitch; **petit ~: tapisserie au petit ~** petit point tapestry; **c'est un travail au petit ~** *fig* it's a highly demanding piece of work. -**14.** INF [unité graphique] dot; [emplacement]: **~ d'accès/de retour** entry/reentry point; **~ de branchement** branch-point; **~ de sonde** probing-point. -**15.** TÉLÉC dot. -**16.** BX-ARTS & JOAILL point.
◆ **à ce point, à un tel point** *loc adv* [tellement] so, that; **ton travail est dur à ce ~?** is your job so (very) OU that hard?; **comment peux-tu être maladroit/paresseux à un tel ~?** how can you be so clumsy/lazy?; **j'en ai tellement assez que je vais démissionner – à ce ~?** I'm so fed up that I'm going to resign – that bad, is it?
◆ **à ce point que, à (un) tel point que** *loc conj* so much so that, to such a point that; **il faisait très chaud, à tel ~ que plusieurs personnes se sont évanouies** it was very hot, so much so that several people fainted; **les choses en étaient arrivées à un tel ~ que...** things had reached such a pitch that...; **elle est déprimée, à ce ~ qu'elle ne veut plus voir personne** she's so depressed that she won't see anyone anymore.
◆ **à point** ◇ *loc adj* [steak] medium; [rôti] done to a turn; [fromage] ripe, just right; [poire] just OU nicely ripe; **ton bonhomme est à ~, tu n'as plus qu'à enregistrer ses aveux** *fam fig* your man's nice and ready now, all you've got to do is get the confession down on tape.
◇ *loc adv* -**1.** CULIN: **le gâteau est cuit à ~** the cake is cooked (through). -**2.** [au bon moment]: **tomber à ~** [personne] to come (just) at the right time; [arrivée, décision] to be very timely.
◆ **à point nommé** *loc adv*: **faire qqch à ~ nommé** to do sthg (just) at the right time OU on time; **arriver à ~ nommé** to arrive (just) at the right moment OU when needed, to arrive in the nick of time.
◆ **au plus haut point** *loc adv* [énervé, généreux, irrespectueux] extremely, most; [méfiant] highly, extremely; **je le respecte/déteste au plus haut ~** I couldn't respect/hate him more; **elle m'inquiète au plus haut ~** I'm really worried about her.
◆ **au point** ◇ *loc adj* PHOT in focus; [moteur] tuned; [machine] in perfect running order; [technique] perfected; [discours, plaidoyer] finalized; [spectacle] ready; **ton revers n'est pas encore au ~** your backhand isn't good enough OU up to scratch yet; **le son/l'image n'est pas au ~** the sound/the image isn't right; **quand ma technique sera au ~** when my technique has been refined OU polished; **mes élèves sont maintenant au ~ pour l'examen** my students are now ready for the exam.
◇ *loc adv*: **mettre au ~** [texte à imprimer] to edit; [discours, projet, rapport] to finalize, to put the finishing touches to; [spectacle] to perfect; [moteur] to tune; [appareil photo] to (bring into) focus; [affaire] to settle, to finalize; **mettre les choses au ~: mettons les choses au ~** let's make things clear; **après cette discussion, j'ai tenu à mettre les choses au ~** following that discussion, I insisted on putting the record straight; **tu devrais mettre les choses au ~ avec lui** you two should have a long talk, you should sort things out between you.
◆ **au point de** *loc prép*: **méticuleux au ~ d'en être agaçant** meticulous to the point of being exasperating; **il n'est pas stupide au ~ de le leur répéter** he's not so stupid as to tell them.
◆ **au point du jour** *loc adv litt* at dawn OU daybreak.
◆ **au point où** *loc conj*: **nous sommes arrivés au ~ où...** we've reached the point OU stage where...; **au ~ où j'en suis, autant que je continue** having got this far, I might as well carry on; **au ~ où en sont les choses** as things stand, the way things are now.
◆ **au point que** *loc conj* so much that, so... that; **il était très effrayé, au ~ qu'il a essayé de se sauver** he was so frightened that he tried to run away; **ils maltraitaient leur enfant, au ~ qu'on a dû le leur retirer** they mistreated their child so much that he had to be taken away from them.
◆ **de point en point** *loc adv* point by point, punctiliously, to the letter; **le programme a été exécuté de ~ en ~** the programme was followed point by point.
◆ **point par point** *loc adv* [expliquer, questionner] point by point.
◆ **sur le point de** *loc prép*: **sur le ~ de faire qqch** about to do OU on the point of doing OU on the verge of doing sthg; **j'étais sur le ~ de**

partir I was about to OU going to leave; sur le ~ de pleurer on the verge of tears OU of crying.
◆ **bon point** *nm* -**1.** SCOL [image] *cardboard card or picture given to schoolchildren as a reward*; [appréciation] mark *(for good behaviour)*. -**2.** *fig*: **un bon ~ pour toi!** *hum* good on *Br* OU for *Am* you!, you get a brownie point!
◆ **mauvais point** *nm* -**1.** SCOL black mark *(against sb's name)*. -**2.** *fig*: **un mauvais ~ pour toi!** *hum* go to the back of the class!
◆ **point faible** *nm* weak spot; **son ~ faible, c'est sa susceptibilité** his touchiness is his weak spot OU point.
◆ **point fort** *nm* [d'une personne, d'une entreprise] strong point; [d'un joueur de tennis] best shot; **les coups francs/les pénalités ne sont pas son ~ fort** he's not very good at free kicks/penalties; **les maths n'ont jamais été mon ~ fort** I was never any good at maths, maths was never my strong point.
◆ **point mort** *nm* AUT neutral; **au ~ mort** AUT in neutral; *fig* at a standstill.
◆ **point noir** *nm* -**1.** MÉD blackhead. -**2.** [difficulté] difficulty, headache *fig*; **un ~ noir de la circulation** [encombré] a heavily congested area; [dangereux] an accident blackspot.
◆ **point sensible** *nm* -**1.** [endroit douloureux] tender OU sore spot. -**2.** MIL key OU strategic target. -**3.** *fig*: **toucher un ~ sensible** [chez qqn] to touch on a sore spot; [dans un problème] to touch on a sensitive area.

point[2] [pwɛ̃] *adv litt* -**1.** [en corrélation avec 'ne']: **je ne l'ai ~ encore vu** I haven't seen him yet; **~ n'est besoin de** there's no need to; **~ n'était besoin de partir de si bonne heure** there was no need OU it was unnecessary to leave so early. -**2.** [employé seul]: **du vin il y en avait, mais de champagne ~** there was wine, but no champagne OU not a drop of champagne; **il eut beau chercher, ~ de John** he searched in vain, John was nowhere to be found; **~ de démocratie sans liberté de critiquer** (there can be) no democracy without the freedom to criticize. -**3.** [en réponse négative]: **~ du tout!** not at all!, not in the least!; **cela vous dérange? — ~ du tout!** do you mind? – not in the least!

pointage [pwɛ̃taʒ] *nm* -**1.** [d'une liste, d'un texte] ticking off *(U)*, checking *(U)*, marking *(U)*. -**2.** [d'un fusil] aiming, laying. -**3.** [des ouvriers - à l'arrivée] clocking in; [- à la sortie] clocking out. -**4.** TECH tack welding.

point de vue [pwɛ̃dvy] *(pl* **points de vue***)* *nm* -**1.** [panorama] vista, view; **là-haut, le ~ est magnifique** the view from up there is magnificent. -**2.** [opinion] point of view, standpoint; **quel est ton ~?** what is your opinion?, where do you stand on this?; **du ~ des prix, du ~ prix** pricewise, as far as prices are concerned; **de ce ~, il n'a pas tort** from that point of view OU viewed in this light, he's right; **adopter un ~ différent** to view things from a different angle.

pointe [pwɛ̃t] *nf* -**1.** [extrémité] point, pointed end, tip; **la ~ et la racine d'un cheveu** the tip and the root of a hair; **la ~ du sein** the nipple; **mets-toi sur la ~ des pieds** stand on tiptoe OU on the tips of your toes; **elle traversa la pièce/monta l'escalier sur la ~ des pieds** she tiptoed across the room/up the stairs; **allons jusqu'à la ~ de l'île** let's go to the farthest point of the island ❑ **~ d'asperge** asparagus tip. -**2.** SPORT spike. -**3.** VÊT headscarf *(folded so as to form a triangle)*. -**4.** MIL [avancée] advanced party; **faire** OU **pousser une ~ jusqu'au village suivant** *fig* to push OU to press on as far as the next village. -**5.** [accès] peak, burst; **~ (de vitesse)** burst of speed; **faire une ~ à plus de 200 km/h** to put on a burst of speed of over 200 km/h. -**6.** *sout* [moquerie] barb, taunt; [mot d'esprit] witticism; **lancer des ~s à qqn** to taunt sb. -**7.** [petite quantité - d'ail] hint; [- d'ironie, de jalousie] trace, hint, note; **il a une ~ d'accent** he's got a slight accent; **il n'a pas une ~ d'accent** he hasn't got the slightest trace of an accent. -**8.** ACOUST: **~ de lecture** stylus. -**9.** BX-ARTS: **~ sèche** dry point; **compas à ~s sèches** (pair of) dividers. -**10.** ÉLECTR surge; **pouvoir des ~s** point effect. -**11.** INDUST [d'un tour] (lathe) centre; [d'une machine-outil] cone. -**12.** [clou] nail, sprig, brad. -**13.** PÊCHE point.
◆ **pointes** *nfpl* DANSE points; **faire des ~s** to dance on points.
◆ **à la pointe de** *loc prép* to the forefront of; **à la ~ du combat** *pr* & *fig* in the front line of battle; **à la ~ de l'actualité** right up to date; **à la ~ du progrès** in the vanguard (of progress).
◆ **à la pointe du jour** *loc adv litt* at daybreak OU dawn, at break of day *litt*.
◆ **de pointe** *loc adj* -**1.** [puissance, période] peak *(avant n)*; **heure de ~** rush hour; **vitesse de ~** maximum OU top speed. -**2.** [secteur, industrie] key *(avant n)*, leading, growth *(modif)*; **technologie de ~** state-of-the-art technology.
◆ **en pointe** ◇ *loc adj* [menton] pointed; [décolleté] plunging.
◇ *loc adv* -**1.** [en forme de pointe] to a point; **s'avancer en ~** to taper (to a point); **tailler en ~** [barbe] to shape to a point; [diamant] to cut to a point. -**2.** [à grande vitesse] at top speed; **je fais plus de 200 en ~** *fam* I can do 200 plus top whack *Br*, I can do over 200.

pointé, e [pwɛ̃te] *adj* MUS dotted.

pointeau, x [pwɛ̃to] *nm* -**1.** [d'un carburateur] needle. -**2.** [pour trouer] punch. -**3.** [pour régler une ouverture] nozzle valve. -**4.** [surveillant] timekeeper.

pointer[1] [pwɛ̃tœr] *nm* [chien] pointer.

pointer[2] [3] [pwɛ̃te] ◇ *vt* -**1.** [dresser]: **l'animal pointa les oreilles** the animal pricked up its ears ‖ [montrer]: **~ son nez** OU **sa tête quelque part** *fig* to show one's face somewhere. -**2.** [diriger - arme] to aim; [- doigt] to point; **~ son fusil vers le plafond** to aim one's rifle at the ceiling. -**3.** [à la pétanque]: **~ une boule** to make a draw shot. -**4.** [marquer] to check (off), to tick off *(sép)*; **~ la liste des participants** to check OU to tick off the list of participants. -**5.** [contrôler - à l'arrivée] to check in *(sép)*; [- à la sortie] to check out *(sép)*.
◇ *vi* -**1.** [monter en pointe - jeune pousse] to come up OU through; **~ vers le ciel** [arbre, oiseau] to rise (up) towards the sky. -**2.** [faire saillie] to stick OU to jut out, to protrude. -**3.** [apparaître - aube, jour] to be dawning; [- jalousie, remords] to be breaking OU seeping through; **j'ai vu une lueur d'effroi ~ dans son regard** I saw fear flashing in his eyes. -**4.** [à la pétanque] to draw (the jack). -**5.** [ouvrier - arrivant] to clock in; [- sortant] to clock out.
◆ **se pointer** *fam vpi* to show (up), to turn up; **il s'est pas pointé** he never showed; **alors, tu te pointes?** are you coming or aren't you?

pointeur, euse [pwɛ̃tœr, øz] *nm, f* -**1.** [surveillant] timekeeper. -**2.** [à la pétanque] drawer (of the jack).
◆ **pointeur** *nm* INF & MIL pointer.
◆ **pointeuse** *nf* -**1.** [machine-outil] jig borer. -**2.** [horloge] time clock.

pointillage [pwɛ̃tijaʒ] *nm* -**1.** [d'une surface] stippling. -**2.** [d'une ligne] marking out with dots, dotting.

pointillé [pwɛ̃tije] *nm* -**1.** [trait] dotted line; **découper suivant le ~** cut along the dotted line. -**2.** [coloration] stipple, stippling.
◆ **en pointillé** ◇ *loc adj*: **les frontières sont en ~ sur la carte** the frontiers are drawn as dotted lines on the map.
◇ *loc adv fig* in outline; **une solution lui apparaissait en ~** he was beginning to see the outline of a solution.

pointiller [3] [pwɛ̃tije] ◇ *vt* [surface] to stipple; [ligne] to dot, to mark with dots.
◇ *vi* to draw in stipple.

pointilleux, euse [pwɛ̃tijø, øz] *adj* fussy, fastidious; **des commentaires ~ sur mon style** nitpicking criticisms of my style; **il est très ~ sur l'horaire** he's very particular about OU he's a stickler for time-keeping.

pointillisme [pwɛ̃tijism] *nm* [style] pointillism; [mouvement] Pointillism.

pointilliste [pwɛ̃tijist] *adj* & *nmf* pointillist.

pointu, e [pwɛ̃ty] *adj* -**1.** [effilé] sharp, pointed. -**2.** [perspicace] sharp, astute; **une lecture ~e de l'œuvre** an astute OU in-depth interpretation of the work; **elle avait un esprit très ~** her mind was razor-sharp. -**3.** [revêche - air, caractère] querulous, petulant. -**4.** [aigu - voix, ton] shrill, sharp; **il avait une voix ~e** he had a shrill voice; **un accent ~** [parisien] a clipped Parisian accent. -**5.** [spécialisé - formation, marché] (very) narrowly-specialized, narrowly-targeted. -**6.** [aux courses]: **arrivée ~e** bunched finish.
◆ **pointu** *adv*: **parler ~** to talk in a clipped (Parisian) way.

pointure [pwɛ̃tyr] *nf* -**1.** [de chaussures] size; **quelle est ta ~?** what size do you take? -**2.** *fam fig*: **lui, c'est une petite ~!** he's small fry!

point-virgule [pwɛ̃virgyl] *(pl* **points-virgules***)* *nm* semicolon.

poire [pwar] ◇ *nf* -**1.** [fruit] pear; **nous en avons parlé entre la ~ et le fromage** we talked idly about it at the end of the meal. -**2.** [alcool] pear brandy. -**3.** [objet en forme de poire]: **~ en caoutchouc** rubber syringe; **~ électrique** (pear-shaped) switch; **~ à injections** douche; **~ à lavement** enema; **~ à poudre** powder horn OU flask. -**4.** ▽ [visage] mug; **prendre qqch en pleine ~** to get smacked in the face OU between the eyes with sthg; **il s'est pris le ballon/la remarque en pleine ~** the ball/remark hit him right between the eyes. -**5.** *fam* [imbécile] sucker, mug, dope; **une bonne ~** a real mug. -**6.** JOAILL pear, pear-shaped jewel. -**7.** [morceau de viande] *pear-shaped end of the round of beef*.
◇ *adj fam*: **ce que tu peux être ~!** you're such a sucker!
◆ **en poire** *loc adj* [sein, perle] pear-shaped.
◆ **poire d'angoisse** *nf* -**1.** HIST (iron) gag. -**2.** *fig* & *litt* awful obligation to say nothing.

poiré [pware] *nm* perry.

poireau, x [pwaro] *nm* leek; **faire le ~** *fam* to be hanging around, to be kicking OU cooling one's heels.

poireauter *fam* [3] [pwarote] *vi* to be cooling OU kicking one's heels, to hang around.

poirier [pwarje] *nm* -**1.** BOT pear tree. -**2.** MENUIS pear, pearwood. -**3.** SPORT: **faire le ~** to do a headstand.

pois [pwa] *nm* -**1.** BOT & CULIN pea; **petits ~** (green OU garden) peas; [extra fins] petit pois; **~ cassé** split pea; **~ chiche** chickpea. -**2.** [motif] dot, spot; **tissu blanc à ~ rouges** white material with red spots; **un corsage à ~ blancs** a blouse with white polka-dots.
◆ **pois de senteur** *nm* sweet pea.

poison [pwazɔ̃] ◇ *nm* -**1.** [substance] poison; **ils avaient mis du ~ dans son café** they had poisoned his coffee. -**2.** *fam* [corvée] drag, hassle. -**3.** *litt* [vice] poison; **le ~ de l'oisiveté** the poison of idleness.
◇ *nmf* [enfant, personne insupportable] pest.

poissard, e [pwasar, ard] *adj vieilli* & *péj* [faubourien] coarse, common, vulgar.
◆ **poissarde** *nf vieilli* & *péj* fishwife.

poisse *fam* [pwas] *nf* bad OU rotten luck; **quelle ~!** what rotten luck!

poisser [3] [pwase] *vt* -**1.** [rendre poisseux] to make sticky. -**2.** ▽ [attraper] to nail, to nab; **se faire ~** to get nailed. -**3.** [enduire de poix] to (cover with) pitch.

poisseux, euse [pwasø, øz] *adj* sticky.

poisson [pwasɔ̃] *nm* -**1.** ZOOL fish; **attraper des ~s** to catch fish ❑ **~ d'eau douce** freshwater fish; **~s osseux** bony fish; **les ~s plats** flatfish; **~ rouge** goldfish; **~ volant** flying fish; **être comme un ~ dans l'eau** to be in one's element; **être heureux comme un ~ dans l'eau** to be as happy as a sandboy *Br* OU as a lark; **engueuler qqn comme du ~ pourri**▽ to scream at sb; **petit ~ deviendra grand** *prov* tall oaks from little acorns grow *prov*. -**2.** CULIN fish; **en entrée, nous avons du ~** we have fish OU a fish dish as a starter.

◆ **poisson d'avril** *nm* -**1.** [farce] April fool; ~ d'avril! April fool! -**2.** [papier découpé] *cut-out paper fish placed on someone's back as a prank on April 1st.*

poisson-chat [pwasɔ̃ʃa] (*pl* poissons-chats) *nm* catfish.

poisson-épée [pwasɔ̃epe] (*pl* poissons-épées) *nm* swordfish.

poisson-lune [pwasɔ̃lyn] (*pl* poissons-lunes) *nm* moonfish.

poissonnerie [pwasɔnri] *nf* -**1.** [magasin] fishmonger's *Br* OU (fresh) fish shop; [au marché] fish stall. -**2.** [industrie] fish industry.

poissonneux, euse [pwasɔnø, øz] *adj* full of fish; **des eaux poissonneuses** waters rich in fish.

poissonnier, ère [pwasɔnje, ɛr] *nm, f* [personne] fishmonger *Br*, fish merchant *Am*.
◆ **poissonnière** *nf* [ustensile] fish-kettle.

poisson pilote [pwasɔ̃pilɔt] (*pl* poissons pilotes) *nm* pilotfish.

Poissons [pwasɔ̃] *npr mpl* -**1.** ASTRON Pisces. -**2.** ASTROL Pisces; **elle est ~** she's Pisces.

poisson-scie [pwasɔ̃si] (*pl* poissons-scies) *nm* sawfish.

poitevin, e [pwatvɛ̃, in] *adj* -**1.** [du Poitou] from Poitou. -**2.** [de Poitiers] from Poitiers.
◆ **Poitevin, e** *nm, f* -**1.** [du Poitou] *inhabitant of or person from Poitou.* -**2.** [de Poitiers] *inhabitant of or person from Poitiers.*

Poitiers [pwatje] *npr* Poitiers.

Poitou [pwatu] *npr m*: **le ~** Poitou.

poitrail [pwatraj] *nm* -**1.** ZOOL breast. -**2.** [partie de harnais] breastplate. -**3.** *hum* chest.

poitrinaire [pwatrinɛr] *adj & nmf vieilli* phtisic *vieilli*, consumptive.

poitrine [pwatrin] *nf* -**1.** [thorax] chest; [seins] bust, chest; **elle a une ~ opulente** she's got a big bust; **avoir de la ~** to have a big bust; **elle n'a pas beaucoup de ~** she's flat-chested. -**2.** [poumons] chest, lungs; **être fragile de la ~** to have weak lungs OU a weak chest. -**3.** CULIN: **~ de bœuf** beef brisket, brisket of beef; **~ fumée** ≃ smoked bacon; **~ de porc** belly (of) pork; **~ salée** ≃ salt belly pork *Br*, ≃ salt pork *Am*; **~ de veau** breast of veal.

poivrade [pwavrad] *nf* [sauce] pepper sauce.
◆ **à la poivrade** *loc adj* CULIN with a peppery vinaigrette sauce.

poivre [pwavr] *nm*: **~ noir** OU **gris** black pepper, pepper; **~ blanc** white pepper; **~ de Cayenne** Cayenne (pepper); **~ en grains** peppercorns, whole pepper; **~ moulu** ground pepper.
◆ **poivre et sel** *loc adj inv* pepper-and-salt; **cheveux/barbe ~ et sel** pepper-and-salt hair/beard.

poivré, e [pwavre] *adj* -**1.** CULIN peppery. -**2.** [parfum] peppery, spicy. -**3.** [chanson, histoire] spicy, racy.

poivrer [3] [pwavre] *vt* CULIN to pepper; **tu devrais ~ un peu plus ta sauce** you should put a little more pepper in your sauce.
◆ **se poivrer**▽ *vpi* to get plastered.

poivrier [pwavrije] *nm* -**1.** BOT pepper plant. -**2.** [ustensile] pepper pot.

poivrière [pwavrijɛr] *nf* -**1.** ARCHIT pepper box (fortification). -**2.** [ustensile] pepper pot. -**3.** [plantation] pepper plantation.

poivron [pwavrɔ̃] *nm* sweet pepper, capsicum; **~ vert/jaune/rouge** green/yellow/red pepper.

poivrot, e *fam* [pwavro, ɔt] *nm, f* drunkard.

poix [pwa] *nf* pitch.

poker [pɔkɛr] *nm* JEUX poker; **jouer au ~** to play poker; **faire un ~** OU **une partie de ~** to have a game of poker □ **~ d'as** [dés] poker dice; [cartes] four aces.
◆ **coup de poker** *nm* (bit of a) gamble; **on peut tenter la chose, mais c'est un coup de ~** we can try it but it's risky.

polaire [pɔlɛr] ◇ *adj* MATH, SC & TECH polar.
◇ *nf* -**1.** PHYS polar curve. -**2.** MATH polar axis.

Polaire [pɔlɛr] *npr f*: **la ~** Polaris, the Pole Starthe North Star.

polar *fam* [pɔlar] *nm* [livre, film] thriller, whodunnit.

polard, e *fam* [pɔlar, ard] ◇ *adj*: **être complètement ~** to be a total swot *Br* OU grind *Am*.
◇ *nm, f* swot *Br*, grind *Am*.

polarimétrie [pɔlarimetri] *nf* polarimetry.

polarisation [pɔlarizasjɔ̃] *nf* -**1.** SC polarization. -**2.** *sout* [de l'intérêt, des activités] focusing, concentrating.

polariser [3] [pɔlarize] *vt* -**1.** SC to polarize. -**2.** [attention, énergie, ressources] to focus; **il a polarisé l'attention de l'auditoire** he made the audience sit up and listen. -**3.** [faire se concentrer]: **~ qqn sur** to make sb concentrate (exclusively) on; **le programme polarise trop les élèves sur les mathématiques** the syllabus forces the students to concentrate too much on mathematics; **être polarisé sur ses ennuis personnels/ses études** to be obsessed by one's personal problems/one's studies; **être polarisé sur un seul aspect de qqch** to focus on a single aspect of sthg.
◆ **se polariser** *vpi* -**1.** SC to polarize. -**2.** [se concentrer]: **se ~ sur qqch** to focus on sthg; **il s'est trop polarisé sur sa carrière** he was too wrapped up in his career.

polariseur [pɔlarizœr] *nm* polarizer.

polarité [pɔlarite] *nf* polarity.

polarographie [pɔlarɔgrafi] *nf* polarography.

Polaroid® [pɔlarɔid] *nm* -**1.** [appareil] Polaroid® (camera). -**2.** [photo] Polaroid® (picture).

polder [pɔldɛr] *nm* polder.

poldérisation [pɔlderizasjɔ̃] *nf* reclamation (of land from the sea).

pôle [pol] *nm* -**1.** SC, GÉOG & MATH pole; **le ~ Nord/Sud** the North/South Pole; **le ~ Nord/Sud magnétique** the magnetic North/South pole; **~ (d'attraction): Toulouse est devenue le ~ (d'attraction) économique de la région** Toulouse has become the focus OU hub of economic development in the region. -**2.** [extrême] pole; **le gouvernement a réussi à concilier les deux ~s de l'opinion sur cette question** the government managed to reconcile the two poles of opinion on this subject. -**3.** ÉCON: **~ de conversion** special economic zone. -**4.** ÉLECTR pole; **~ saillant** salient pole. -**5.** ANAT pole *(of an organ).*

polémique [pɔlemik] ◇ *adj* -**1.** [article] polemic, polemical, provocative; [attitude] polemic, polemical, embattled. -**2.** [journaliste, écrivain] provocative.
◇ *nf* polemic, controversy.

polémiquer [3] [pɔlemike] *vi* to be polemical; **sans vouloir ~, je pense que...** I don't want to be controversial, but I think that...

polémiste [pɔlemist] *nmf* polemist, polemicist.

polémologie [pɔlemɔlɔʒi] *nf* polemology *spéc*, war studies.

polémologue [pɔlemɔlɔg] *nmf* polemologist *spéc*, war studies expert.

polémoniacée [pɔlemɔnjase] *nf* member of the Polemoniaceae.

polenta [pɔlɛnta] *nf* polenta.

pole position [polpozisjɔ̃] (*pl* pole positions) *nf* pole position.

poli, e [pɔli] *adj* -**1.** [bien élevé] polite, courteous, well-bred; **ce n'est pas ~ de répondre!** it's rude to answer back!; **vous pourriez être ~!** keep a civil tongue in your head!; **il est trop ~ pour être honnête** he's too sweet to be wholesome. -**2.** [pierre] smooth; [métal] polished; [marbre] glassed.
◆ **poli** *nm* [éclat] shine, sheen; **la table a un beau ~** the table has a nice shiny finish OU a high polish OU a rich sheen.

police [pɔlis] *nf* -**1.** [institution] police; **la ~ est alertée** OU **prévenue** the police have been called; **entrer dans la ~** to join the police, to go into the police force; **il est recherché par toutes les ~s d'Europe** he's being sought by police all over Europe; **je vais à la ~** *fam* I'm going to the police □ **~ administrative** law enforcement; **~ de l'air et des frontières** airport and border police; **~ judiciaire** ≃ Criminal Investigation Department; **~ militaire** Military Police; **~ mondaine** OU **des mœurs** Vice Squad; **~ municipale** ≃ local police; **la Police nationale** the police force *(excluding "gendarmes")*; **~ parallèle** paramilitary police; **~ secours** (police) emergency services; **~ secrète** secret police; **la ~ des ~s** *fam* ≃ police complaints committee. -**2.** [maintien de l'ordre] (enforcement of) law and order; **faire la ~ dans les centres commerciaux** to maintain security in shopping centres; **il n'a jamais voulu faire la ~ chez lui** he never tried to keep his family in order. -**3.** IMPR: **~ (de caractères)** bill (of fount). -**4.** JUR: **~ d'assurance** insurance policy.
◆ **de police** *loc adj* police *(modif)*.

POLICE NATIONALE:
The "Police nationale" operates under the authority of the Ministry of the Interior, unlike the "Gendarmerie", which is an army corps. Gendarmes are usually to be found in rural areas.

---

policé, e [pɔlise] *adj litt* highly civilized, urbane.

polichinelle [pɔliʃinɛl] *nm* -**1.** [pantin] (Punch) puppet. -**2.** *fam* [personne] puppet *péj*, clown, buffoon; **arrête de faire le ~** stop clowning around □ **avoir un ~ dans le tiroir**▽ to have a bun in the oven.

Polichinelle [pɔliʃinɛl] *npr* [aux marionnettes] Punchinello; [à la commedia dell'arte] Pulcinella; **aller voir ~** to go to a Punch-and-Judy show □ **c'était un secret de ~** it was supposed to be a secret but everyone knew about it.

policier, ère [pɔlisje, ɛr] *adj* -**1.** [de la police] police *(modif)*. -**2.** [roman, film] detective *(modif)*.
◆ **policier** *nm* -**1.** [agent] policeman, police officer; **une femme ~** a policewoman, a woman police officer; **~ en civil** detective; **une femme ~ en civil** a woman detective; **plusieurs ~s sont entrés dans l'immeuble** several police officers went into the building. -**2.** [livre] detective story; [film] detective thriller.

policlinique [pɔliklinik] *nf* outpatient clinic.

policologie [pɔlikɔlɔʒi] *nf* police procedure.

poliment [pɔlimɑ̃] *adv* politely; **il s'effaça ~ pour la laisser passer** he politely stepped aside to let her pass.

polio [pɔljo] ◇ *nmf* polio victim.
◇ *nf* polio; **avoir la ~** to have polio.

poliomyélite [pɔljɔmjelit] *nf* poliomyelitis.

poliomyélitique [pɔljɔmjelitik] ◇ *adj* suffering from polio.
◇ *nmf* polio victim.

polir [32] [pɔlir] *vt* -**1.** [métal] to polish (up), to burnish; [meuble] to polish; [chaussures] to polish, to clean, to shine; [ongles] to buff. -**2.** *sout* [parfaire] to polish, to refine; **~ ses phrases** to polish one's sentences.

polissable [pɔlisabl] *adj* [métal] polishable, burnishable.

polissage [pɔlisaʒ] *nm* -**1.** [d'un meuble] polishing; [des ongles] buffing. -**2.** MÉTALL polishing, burnishing; **~ électrolytique** electrolytic polishing, electropolishing.

polisseur, euse [pɔlisœr, øz] *nm, f* polisher.
◆ **polisseur** *nm* [de riz] rice-polishing machine.
◆ **polisseuse** *nf* -**1.** [pour la pierre] glassing OU polishing machine. -**2.** MÉTALL polishing head OU stick.

polissoir [pɔliswar] *nm* [machine] polishing machine; [outil] polishing stick; **~ à ongles** (nail) buffer.

polisson, onne [pɔlisɔ̃, ɔn] ◇ *adj* -**1.** [taquin] mischievous, cheeky. -**2.** [égrillard] saucy, naughty; **une chanson ~ne** a racy OU saucy song.
◇ *nm, f* [espiègle] little devil OU rogue OU scamp.

polissonner [3] [pɔlisɔne] *vi vieilli* -**1.** [badiner] to fool around. -**2.** [faire des sottises] to get up to mischief.

polissonnerie [pɔlisɔnri] *nf* -**1.** [facétie] piece of mischief. -**2.** [parole grivoise] risqué OU saucy remark; **dire des ~s** to make risqué remarks. -**3.** [acte grivois]: **des ~s** naughty goings-on.

poliste [pɔlist] *nm* paper wasp.

politesse [pɔlitɛs] *nf* -**1.** [bonne éducation] politeness, courteousness; **faire/dire qqch par ~** to do/to say sthg out of politeness; **brûler la ~ à qqn** to leave s.o. abruptly. -**2.** [propos] polite remark; **échanger des ~s** *pr* to exchange polite small-talk; *iron* to trade insults. -**3.** [acte] polite gesture; **rendre la ~ à qqn** *pr* to pay sb back for a favour; *iron* to give sb a taste of his/her own medicine.

◆ **de politesse** *loc adj* [lettre, visite] courtesy *(modif).*

politicaillerie *fam* [pɔlitikajri] *nf péj* backroom politics.

politicard, e *fam* [pɔlitikar, ard] *péj* ◇ *adj* careerist.

◇ *nm, f* careerist politician.

politicien, enne [pɔlitisjɛ̃, ɛn] ◇ *adj* -**1.** [d'habile politique] political; **une manœuvre ~ne** a successful political move. -**2.** *péj* scheming.

◇ *nm, f* politician.

politicologie [pɔlitikɔlɔʒi] = **politologie.**

politicologue [pɔlitikɔlɔg] = **politologue.**

politique [pɔlitik] ◇ *adj* -**1.** [du pouvoir de l'État] political; **carte ~** political map; **institutions ~s** political institutions. -**2.** [de la vie publique] political; **quelles sont ses opinions ~s?** what are his politics?; **une carrière ~** a career in politics; **dans les milieux ~s** in political circles ❑ **homme ~, femme ~** politician; **les partis ~s** the political parties. -**3.** [diplomate] diplomatic, politic; **ce n'était pas très ~ de le licencier** it wasn't a very wise move to fire him.

◇ *nf* -**1.** [activité] politics; **faire de la ~** to be involved in politics; **je ne fais pas de ~!** [je refuse de prendre parti] I don't want to bring politics into this!, no politics please!; **elle se destine à la ~** she wants to go into politics; **la ~ politicienne** *péj* party politics. -**2.** [stratégie] policy; **~ intérieure/extérieure** domestic/foreign policy; **une ~ de gauche** a left-wing policy; **une ~ des prix** a prices policy; **c'est de bonne ~** POL it's good political practice; *fig* it's good practice ❑ **la ~ agricole commune** the common agricultural policy; **pratiquer la ~ de l'autruche** to bury one's head in the sand; **la ~ du pire** *deliberately worsening the situation to further one's ends.*

◇ *nmf* -**1.** [politicien] politician. -**2.** [prisonnier] political prisoner.

◇ *nm* politics; **faire passer le ~ avant le social** to accord more importance to politics than to welfare.

politique-fiction [pɔlitikfiksjɔ̃] (*pl* **politiques-fictions**) *nf* (futuristic) political fiction writing; **un roman de ~** a political novel.

politiquement [pɔlitikmɑ̃] *adv* -**1.** POL politically. -**2.** [adroitement] judiciously, diplomatically.

politisation [pɔlitizasjɔ̃] *nf* politicization; **la ~ du sport** the politicization of sport, bringing politics into sport.

politiser [3] [pɔlitize] *vt* to politicize; **ils sont moins/plus politisés** they are less/more interested in politics; **~ une grève** to give a political dimension to a strike.

◆ **se politiser** *vpi* to become political.

politologie [pɔlitɔlɔʒi] *nf* political science.

politologue [pɔlitɔlɔg] *nmf* political scientist.

polka [pɔlka] *nf* polka.

pollen [pɔlɛn] *nm* pollen.

pollinisation [pɔlinizasjɔ̃] *nf* pollination.

polluant, e [pɔlɥɑ̃, ɑ̃t] *adj* polluting.

◆ **polluant** *nm* polluting agent, pollutant.

polluer [7] [pɔlɥe] *vt* -**1.** ÉCOL to pollute. -**2.** *sout* [souiller] to pollute, to sully; **la presse à scandale pollue toute la profession** the gutter press is a disgrace to the whole profession.

pollueur, euse [pɔlɥœr, øz] ◇ *adj* [industrie] polluting.

◇ *nm, f* polluter; **les ~s devront payer les dégâts** the polluters will have to pay for the damage.

pollution [pɔlysjɔ̃] *nf* ÉCOL pollution.

◆ **pollutions** *nfpl* MÉD: **~s nocturnes** nocturnal emissions.

polo [pɔlo] *nm* -**1.** SPORT polo. -**2.** VÊT polo shirt.

polochon *fam* [pɔlɔʃɔ̃] *nm* bolster.

Pologne [pɔlɔɲ] *npr f*: **(la) ~** Poland.

polonais, e [pɔlɔnɛ, ɛz] *adj* Polish; **notation ~e** INF Polish notation.

◆ **Polonais, e** *nm, f* Pole.

◆ **polonais** *nm* LING Polish.

◆ **polonaise** *nf* -**1.** MUS [danse] polonaise. -**2.** CULIN polonaise *(sponge cake with candied fruit).* -**3.** VÊT polonaise.

◆ **à la polonaise** *loc adj* CULIN à la polonaise.

polonium [pɔlɔnjɔm] *nm* polonium.

poltron, onne [pɔltrɔ̃, ɔn] ◇ *adj* cowardly, faint-hearted, lily-livered.

◇ *nm, f* coward, poltroon *litt.*

poltronnerie [pɔltrɔnri] *nf* cowardice, faint-heartedness.

polyacide [pɔliasid] *adj* & *nm* polyacid.

polyaddition [pɔliadisjɔ̃] *nf* polyaddition.

polyalcool [pɔlialkɔl] *nm* polyalcohol.

polyamide [pɔliamid] *nm* polyamide.

polyandre [pɔljɑ̃dr] *adj* polyandrous.

polyandrie [pɔliɑ̃dri] *nf* polyandry.

polyarchie [pɔliarʃi] *nf* polyarchy.

polyarthrite [pɔliartrit] *nf* polyarthritis.

polycarpique [pɔlikarpik] *adj* polycarpous.

polycentrique [pɔlisɑ̃trik] *adj* polycentric.

polycentrisme [pɔlisɑ̃trism] *nm* polycentrism.

polychlorure de vinyle [pɔliklɔryrdəvinil] *nm* polyvinyl chloride.

polychroïsme [pɔlikrɔism] *nm* pleochroism.

polychrome [pɔlikrom] *adj* polychrome.

polychromie [pɔlikrɔmi] *nf* polychromy.

polyclinique [pɔliklinik] *nf* polyclinic.

polycondensat [pɔlikɔ̃dɑ̃sa] *nm* polycondensate, condensation polymer.

polycondensation [pɔlikɔ̃dɑ̃sasjɔ̃] *nf* polycondensation, condensation polymerization.

polycopie [pɔlikɔpi] *nf* duplication; **envoyer un texte à la ~** to send a text to be duplicated.

polycopié [pɔlikɔpje] *nm* [gén] (duplicated) notes; UNIV lecture handout.

polycopier [9] [pɔlikɔpje] *vt* to duplicate.

polyculture [pɔlikyltyr] *nf* polyculture, mixed farming.

polycyclique [pɔlisiklik] *adj* BIOL & CHIM polycyclic.

polydactyle [pɔlidaktil] ◇ *adj* polydactyl, polydactylous.

◇ *nmf* polydactyl.

polydactylie [pɔlidaktili] *nf* polydactyly, polydactylism.

polyèdre [pɔliɛdr] ◇ *adj* polyhedral.

◇ *nm* polyhedron.

polyédrique [pɔliedrik] *adj* polyhedral.

polyembryonie [pɔliɑ̃brijɔni] *nf* polyembryony.

polyester [pɔliɛstɛr] *nm* polyester.

polyéthylène [pɔlietilɛn] *nm* polythene, polyethylene *Am.*

polygala [pɔligala] *nm* polygala.

polygame [pɔligam] ◇ *adj* polygamous.

◇ *nm* polygamist.

polygamie [pɔligami] *nf* polygamy.

polygénique [pɔliʒenik] *adj* -**1.** BIOL polygenic. -**2.** GÉOL polygenetic.

polygénisme [pɔliʒenism] *nm* polygenism.

polyglobulie [pɔliglɔbyli] *nf* polycythaemia.

polyglotte [pɔlyglɔt] *adj* & *nmf* polyglot.

polygonal, e, aux [pɔlygɔnal, o] *adj* polygonal; **sol ~ arctique** GÉOL patterned ground.

polygone [pɔligɔn] *nm* -**1.** MATH polygon. -**2.** MIL: **~ de tir** shooting range. -**3.** [dans des statistiques]: **~ des fréquences** frequency polygon.

polygynie [pɔliʒini] *nf* polygyny.

polyholoside [pɔliɔlɔsid] *nm* polysaccharide.

polylobé, e [pɔlilɔbe] *adj* ARCHIT multifoiled.

polymère [pɔlimɛr] ◇ *adj* polymeric.

◇ *nm* polymer.

polymérie [pɔlimeri] *nf* polymerism.

polymérisable [pɔlimerizabl] *adj* polymerizable.

polymérisation [pɔlimerizasjɔ̃] *nf* polymerization.

polymériser [3] [pɔlimerize] *vt* to polymerise.

polymorphe [pɔlimɔrf] *adj* -**1.** [gén & BIOL] polymorphous, polymorphic. -**2.** CHIM polymorphic.

polymorphisme [pɔlimɔrfism] *nm* polymorphism.

Polynésie [pɔlinezi] *npr f*: **(la) ~** Polynesia; **(la) ~ française** French Polynesia.

polynésien, enne [pɔlinezjɛ̃, ɛn] *adj* Polynesian.

◆ **Polynésien, enne** *nm, f* Polynesian.

◆ **polynésien** *nm* LING Polynesian.

polynévrite [pɔlinevrit] *nf* polyneuritis.

polynôme [pɔlinom] *nm* polynomial.

polynomial, e, aux [pɔlinɔmjal, o] *adj* polynomial.

polynucléaire [pɔlinykleɛr] ◇ *adj* polynuclear, polynucleate.

◇ *nm* polymorphonuclear leucocyte.

polype [pɔlip] *nm* -**1.** MÉD polyp, polypus. -**2.** ZOOL polyp.

polypeptide [pɔlipɛptid] *nm* polypeptide.

polypeptidique [pɔlipɛptidik] *adj* polypeptide *(modif).*

polypeux, euse [pɔlipø, øz] *adj* polypous.

polyphasé, e [pɔlifaze] *adj* polyphase.

polyphonie [pɔlifɔni] *nf* polyphony.

polyphonique [pɔlifɔnik] *adj* polyphonic.

polyphoniste [pɔlifɔnist] *nmf* polyphonist.

polypier [pɔlipje] *nm* polypary.

polypode [pɔlipɔd] *nm* BOT polypody.

polypore [pɔlipɔr] *nm* polypore; **~ écailleux** dryad's saddle.

polypropène [pɔliprɔpɛn], **polypropylène** [pɔliprɔpilɛn] *nm* polypropylene.

polyptère [pɔliptɛr] *nm* polypterid.

polyptyque [pɔliptik] *nm* polyptych.

polysaccharide [pɔlisakarid] *nm* polysaccharide.

polysémie [pɔlisemi] *nf* polysemy.

polysémique [pɔlisemik] *adj* polysemous.

polystyrène [pɔlistirɛn] *nm* polystyrene; **~ expansé** expanded polystyrene.

polysulfure [pɔlisylfyr] *nm* polysulphide.

polysyllabe [pɔlisilab], **polysyllabique** [pɔlisilabik] ◇ *adj* polysyllabic.

◇ *nm* polysyllable.

polysynthétique [pɔlisɛ̃tetik] *adj* polysynthetic.

polytechnicien, enne [pɔlitɛknisjɛ̃, ɛn] *nm, f student or ex-student from the École Polytechnique.*

polytechnique [pɔlitɛknik] *adj* -**1.** [polyvalent] polytechnic. -**2.** ENS polytechnic; **l'École Polytechnique** *grande école for engineers.*

ÉCOLE POLYTECHNIQUE:

This prestigious engineering college has close connections with the Ministry of Defence. Formerly situated in the heart of the Fifth Arrondissement, the college moved to Palaiseau, near Paris, in the 1970s. It is popularly known as "l'X".

---

polythéisme [pɔliteism] *nm* polytheism.

polythéiste [pɔliteist] ◇ *adj* polytheistic.

◇ *nmf* polytheist.

polytonal, e, aux [pɔlitɔnal, o] *adj* polytonal.

polytonalité [pɔlitɔnalite] *nf* polytonality, polytonalism.

polytransfusé, e [pɔlitrɑ̃sfyze] *nm, f person who has received multiple blood transfusions.*

polytraumatisé, e [pɔlitromatize] ◇ *adj* suffering from multiple trauma.
◇ *nm, f* multiple trauma sufferer.

polyuréthane [pɔliyretan] *nm* polyurethan, polyurethane.

polyvalence [pɔlivalɑ̃s] *nf* [gén] versatility, adaptability; SC polyvalence.

polyvalent, e [pɔlivalɑ̃, ɑ̃t] ◇ *adj* [gén] versatile, adaptable; SC polyvalent.
◇ *nm, f* -**1.** FIN & JUR tax inspector. -**2.** [dans les services sociaux] social worker.
◆ **polyvalente** *nf Can secondary school giving both general and vocational courses.*

polyvinyle [pɔlivinil] *nm* polyvinyl.

polyvinylique [pɔlivinilik] *adj* polyvinyl *(modif).*

pomelo [pɔmelo] *nm* pomelo, pink grapefruit.

Poméranie [pɔmerani] *npr f*: **(la) ~** Pomerania.

poméranien, enne [pɔmeranjɛ̃, ɛn] *adj* Pomeranian.
◆ **Poméranien, enne** *nm, f* Pomeranian.

pomerol [pɔmrɔl] *nm* Pomerol (wine).

pommade [pɔmad] *nf* -**1.** MÉD [pour brûlures] ointment; [pour foulures] liniment; [cosmétique] *vieilli* cream; **~ pour les lèvres** lip salve ❑ **passer de la ~ à qqn** *fam* to butter sb up. -**2.** CULIN cream, paste *(made from pounding certain ingredients together).*

pommader [3] [pɔmade] *vt* [cheveux] to put cream on, to pomade.

pommard [pɔmar] *nm* Pommard (wine).

pomme [pɔm] *nf* -**1.** [fruit] apple; **~ d'api** *kind of small apple*; **~ à cidre** cider apple; **~ à couteau** dessert OU eating apple; **~ de reinette** pippin; **la ~ de discorde** the bone of contention; **tomber dans les ~s** *fam fig* to pass out. -**2.** [légume] potato; **~s dauphine/duchesse** dauphine/duchesse potatoes; **~s frites** chips *Br*, French fries *Am*; **~s noisettes** deep-fried potato balls. -**3.** [cœur - du chou, de la salade] heart. -**4.** ▽ [figure] face, mug; **t'en fais une drôle de ~!** you're looking funny OU weird! -**5.** ▽ [personne]: **ma ~** myself; **ta ~** yourself; **sa ~** himself, herself; **et l'addition, c'est encore pour ma ~!** and muggins *Br* OU yours truly has to fork out again!; **et les papiers à remplir, ce sera pour sa ~!** and he can damn well cope with the paperwork himself!; **être bonne ~** to be too accommodating; **t'es trop bonne ~!** you're such a soft touch OU a pushover! -**6.** [objet rond]: **~ d'une canne** knob of a (walking) stick ❑ **~ d'arrosoir** rose *(of a watering can)*; **~ de douche** shower head.◇
◆ **aux pommes** *loc adj* -**1.** CULIN apple *(modif)*, with apple. -**2.** ▽ [extraordinaire] terrific, great.
◆ **pomme d'Adam** *nf* Adam's apple.
◆ **pomme d'amour** *nf* -**1.** [tomate] tomato. -**2.** [friandise] toffee apple.
◆ **pomme de pin** *nf* pine OU fir cone.

pommé, e [pɔme] *adj* [salade, chou] hearty, firm.

pommeau, x [pɔmo] *nm* [d'une canne] knob, pommel; [d'une selle, d'une épée] pommel; [d'un fût de pistolet] pommel, cascabel.

pomme de terre [pɔmdətɛr] (*pl* **pommes de terre**) *nf* potato; **des pommes de terre frites** chips *Br*, French fries *Am*.

pommelé, e [pɔmle] *adj* -**1.** [cheval] dappled. -**2.** [ciel] mackerel *(modif)*, dappled.

pommeler [24] [pɔmle]
◆ **se pommeler** *vpi*: **le ciel se pommelait** the sky was becoming dappled with clouds.

pommelle [pɔmɛl] *nf* drain grating OU cover.

pommer [3] [pɔme] *vi* [chou, laitue] to heart.

pommeraie [pɔmrɛ] *nf* apple orchard.

pommette [pɔmɛt] *nf* cheekbone; **avoir les ~s saillantes** to have high cheekbones.

pommier [pɔmje] *nm* -**1.** BOT apple tree. -**2.** MENUIS apple wood.

pomologie [pɔmɔlɔʒi] *nf* pomology.

pompage [pɔ̃paʒ] *nm* pumping (out).

pompe [pɔ̃p] *nf* -**1.** [machine] pump; **va prendre de l'eau à la ~** go and get some water from the pump ❑ **~ à air/chaleur** air/heat pump; **~ centrifuge/volumétrique** centrifuge/displacement pump; **~ à vide/d'injection** vacuum/injection pump; **~ aspirante** suction pump; **~ à bicyclette** OU **à vélo** *fam* bicycle pump; **~ à essence** petrol pump *Br*, gas pump *Am*; **~ foulante** force pump; **s'arrêter à une ~ (à essence)** to stop at a petrol *Br* OU gas *Am* station; **les prix à la ~** pump prices; **~ à incendie** water pump *(on a fire engine)*; **coup de ~** *fam fig* sudden feeling of exhaustion; **j'ai un coup de ~** I suddenly feel shattered *Br* OU beat *Am*. -**2.** ▽ [chaussure] shoe; **il est** OU **il marche à côté de ses ~s aujourd'hui** *fam* he's not quite with it today. -**3.** PHYSIOL: **~ membranaire** (membrane) pump. -**4.** [apparat] pomp; **la ~ des mariages princiers** the pomp (and circumstance) of royal weddings; **en grande ~** with great pomp and ceremony.
◆ **pompes** *nfpl* SPORT press-ups *Br*, push-ups *Am*.
◆ **à toute(s) pompe(s)** *fam loc adv* [courir] flat out; [s'enfuir] like a shot; **il est parti à toutes ~s** he was off like a shot!
◆ **pompes funèbres** *nfpl*: **(entreprise de) ~s funèbres** funeral parlour; **les ~s funèbres sont venues à 9 h pour la levée du corps** the undertakers came to take away the corpse at 9 o'clock.

pompé, e *fam* [pɔ̃pe] *adj* fagged out *Br*, pooped *Am*; **je suis ~!** I've had it!, I'm just about ready to drop!

Pompée [pɔ̃pe] *npr* Pompey.

Pompéi [pɔ̃pei] *npr* Pompeii.

pompéien, enne [pɔ̃pejɛ̃, ɛn] *adj* Pompeiian, Pompeian.
◆ **Pompéien, enne** *nm, f* Pompeiian, Pompeian.

pomper [3] [pɔ̃pe] ◇ *vt* -**1.** [aspirer - pour évacuer] to pump (out); [- pour boire] to suck (up); **il va falloir ~ l'eau du bateau** we'll have to pump the water out of the boat ❑ **tu me pompes l'air** *fam* you're being a real pain in the neck. -**2.** [absorber - suj: éponge] to soak up *(sép)*; [- suj: sol] to soak OU to drink up *(sép)*. -**3.** *fam* [prélever] to take up *(insép)*, to eat *fig*; **notre voyage aux Seychelles a pompé toutes nos économies** our trip to the Seychelles just ate up all our savings. -**4.** *fam* [fatiguer] to wear out *(sép)*, to do in *(sép)*; **ce déménagement m'a pompé** that move's done me in. -**5.** ▽ [boire] to knock back *(sép)*. -**6.** *arg scol* [copier] to crib; **il a tout pompé sur sa voisine** he cribbed the lot from his neighbour.
◇ *vi* -**1.** [appuyer] to pump; **~ sur la pédale du frein** to pump the brake pedal. -**2.** *fam arg scol* [copier] to crib; **j'ai pompé sur Anne** I cribbed from Anne. -**3.** PÊCHE to pump.

pompette *fam* [pɔ̃pɛt] *adj* tipsy, tiddly; **elle était complètement/un peu ~** she was far gone/a bit tipsy.

pompeusement [pɔ̃pøzmɑ̃] *adv* pompously, bombastically.

pompeux, euse [pɔ̃pø, øz] *adj* pompous, bombastic.

pompier, ère [pɔ̃pje, ɛr] *adj* BX-ARTS pompier; *péj* [style, décor] pretentious, pompous.
◆ **pompier** *nm* -**1.** [sapeur] fireman; **les ~s** the fire brigade. -**2.** [style] pompier (style). -**3.** [artiste] pompier. -**4.** ▼ *loc*: **faire un ~ à qqn** to give sb a blow job.

pompiérisme [pɔ̃pjerism] *nm* pompier style OU genre.

pompiste [pɔ̃pist] *nm* petrol OU pump attendant *Br*, gas station attendant *Am*.

pompon [pɔ̃pɔ̃] *nm* -**1.** TEXT & VÊT pompom. -**2.** *fam loc*: **dans le genre désagréable, il tient le ~!** *fam* when it comes to unpleasantness, he certainly takes the biscuit *Br* OU cake *Am*!; **ça, c'est le ~!** *fam* that's just about the limit!

pomponner [3] [pɔ̃pɔne] *vt*: **~ qqn** to do sb up nicely, to doll sb up *(sép)*.
◆ **se pomponner** *vp (emploi réfléchi)* to do o.s. up nicely, to doll o.s. up.

ponant [pɔnɑ̃] *nm litt* West.

ponçage [pɔ̃saʒ] *nm* -**1.** [à l'abrasif] sanding (down), sandpapering; [à la pierre ponce] pumicing. -**2.** BX-ARTS pouncing.

ponce [pɔ̃s] *nf* -**1.** MINÉR: **(pierre) ~** pumice (stone). -**2.** BX-ARTS pounce bag, pouncer.

ponceau, x [pɔ̃so] *nm* small bridge.

Ponce Pilate [pɔ̃spilat] *npr* Pontius Pilate.

poncer [16] [pɔ̃se] *vt* -**1.** [polir avec un abrasif - mur] to sandpaper, to sand (down); [- peinture] to rub down *(sép)*; [polir avec une machine] to sand (down); [polir à la pierre ponce] to pumice (off). -**2.** BX-ARTS to pounce, to pounce in.

ponceur, euse [pɔ̃sœr, øz] *nm, f* -**1.** [de murs] sander. -**2.** BX-ARTS pouncer.
◆ **ponceuse** *nf* sander.

poncho [pɔ̃tʃo] *nm* -**1.** [cape] poncho. -**2.** [chausson] Afghan-style sock.

poncif [pɔ̃sif] *nm* -**1.** *péj* [cliché] cliché, commonplace, old chestnut. -**2.** BX-ARTS pouncing pattern. -**3.** MÉTALL parting compound.

ponction [pɔ̃ksjɔ̃] *nf* -**1.** MÉD puncture; **~ lombaire/du ventricule** lumbar/ventricular puncture. -**2.** [retrait] withdrawal; **faire une grosse ~ sur un compte** to withdraw a large sum from an account; **c'est une ~ importante sur mes revenus** it makes quite a big hole OU dent in my income.

ponctionner [3] [pɔ̃ksjɔne] *vt* -**1.** MÉD [poumon] to tap; [région lombaire] to puncture. -**2.** [compte en banque] to withdraw money from; [économies] to make a hole OU dent in; **on nous ponctionne un tiers de notre salaire en impôts** a third of our salary goes in tax.

ponctualité [pɔ̃ktɥalite] *nf* [exactitude] punctuality, promptness.
◆ **avec ponctualité** *loc adv* promptly, on time.

ponctuation [pɔ̃ktɥasjɔ̃] *nf* punctuation.

ponctuel, elle [pɔ̃ktɥɛl] *adj* -**1.** [exact] punctual; **être ~** to be on time. -**2.** [limité]: **ses interventions ~les étaient vitales pour le projet** the contributions he made at various stages of the project were invaluable; **l'État accorde une aide ~le aux entreprises en difficulté** the state gives backing to companies to see them through periods of financial difficulty; **nous avons une action ~le dans les entreprises** we visit companies on an irregular basis. -**3.** LING, MATH & PHYS punctual.

ponctuellement [pɔ̃ktɥɛlmɑ̃] *adv* -**1.** [avec exactitude] punctually. -**2.** [de façon limitée] on an ad hoc basis, **agir ~** to take action as the need arises.

ponctuer [7] [pɔ̃ktɥe] *vt* -**1.** GRAMM to punctuate; *(en usage abs)*: **savoir ~** to know how to use punctuation. -**2.** *fig* to punctuate; **ses conférences étaient toujours ponctuées de plaisanteries** his lectures were always punctuated OU peppered with jokes; **elle ponctuait les mots importants d'un hochement de tête** she emphasized OU stressed the important words with a nod. -**3.** MUS to phrase.

pondaison [pɔ̃dɛzɔ̃] *nf* laying season.

pondérable [pɔ̃derabl] *adj* weighable, ponderable.

pondéral, e, aux [pɔ̃deral, o] *adj* weight *(modif).*

pondérateur, trice [pɔ̃deratœr, tris] *adj* stabilizing.

pondération [pɔ̃derasjɔ̃] *nf* -**1.** [sang-froid] level-headedness; **agir avec ~** to act with sound judgment. -**2.** BOURSE & ÉCON [de variables] weighting. -**3.** POL [de pouvoirs] balance, equilibrium.

pondéré, e [pɔ̃dere] *adj* -**1.** [personne] level-headed, steady. -**2.** [indice, moyenne] weighted.

pondérer [18] [pɔ̃dere] *vt* -**1.** [pouvoirs] to balance (out), to counterbalance. -**2.** BOURSE & ÉCON to weight.

pondéreux, euse [pɔ̃derø, øz] *adj* heavy INDUST.
◆ **pondéreux** *nm* heavy material; les ~ heavy goods.
pondeuse [pɔ̃døz] *nf* -**1.** [poule]: (poule)~ laying hen, layer; c'est une bonne ~ she's a good layer. -**2.** ▽ *fig* & *péj*: c'est une vraie ~ [d'enfants] she breeds like a rabbit.
Pondichéry [pɔ̃diʃeri] *npr* Pondicherry.
pondoir [pɔ̃dwar] *nm* laying place.
pondre [75] [pɔ̃dr] ◇ *vt* -**1.** [oiseau] to lay. -**2.** *fam* [femme] to produce. -**3.** [créer - gén] to come up with; [- en série] to churn out *(sép)*; **il pond un article tous les jours** he churns out an article every day; **je n'ai pondu que trois pages sur le sujet** I could only produce three pages on the subject.
◇ *vi* [poule] to lay (an egg); [moustique, saumon etc] to lay its eggs.
poney [pɔnɛ] *nm* pony.
pongé [pɔ̃ʒe] *nm* pongee.
pongiste [pɔ̃ʒist] *nmf* table tennis player.
pont [pɔ̃] *nm* -**1.** TRAV PUBL bridge; **dormir** OU **vivre sous les ~s** to sleep under the arches *Br*, to be homeless ❑ ~ **mobile/suspendu** movable/suspension bridge; ~ **autoroutier** (motorway *Br* OU freeway *Am*) flyover; ~ **basculant** bascule OU balance bridge; ~ **ferroviaire** railway bridge; ~ **à haubans** cable-stayed bridge; ~ **levant** lift bridge; ~ **à péage** toll-bridge; ~ **routier** road bridge; ~ **tournant** [routier] swing bridge; [ferroviaire] turntable; **faire/promettre un ~ d'or à qqn** to offer/to promise sb a fortune *(so that they'll take on a job)*; **jeter un ~** to build bridges *fig*; **se porter** OU **être solide comme le Pont-Neuf** to be as fit as a fiddle; **de quoi vous plaignez-vous, vous êtes solide comme le Pont-Neuf!** what are you complaining about, you'll bury us all!; **'le Pont de la rivière Kwaï'** *Lean* 'Bridge On The River Kwai'. -**2.** NAUT deck; **elle prend le soleil sur le ~** she's sunbathing on the sun deck; **bateau à deux/trois ~s** two/three decker ❑ ~ **inférieur/principal** lower/main deck; ~ **arrière** aft OU after deck; ~ **avant** foredeck; ~ **d'envol** flight deck; ~ **supérieur** upper OU top deck; **tout le monde sur le ~!** [levez-vous] everybody up!; [mettez-vous au travail] let's get down to business! -**3.** [week-end] long weekend; [jour] *day off granted by an employer to fill the gap between a national holiday and a weekend*; **faire le ~** [employé] *to take the intervening working day or days off*; **le 11 novembre tombe un jeudi, je vais faire le ~** the 11th of November is on Thursday, I'll take Friday off (and have a long weekend). -**4.** [structure de manutention]: ~ **élévateur** OU **de graissage** garage ramp, car lift, elevator platform; ~ **de chargement** loading platform; ~ **roulant** gantry OU travelling crane. -**5.** AUT: ~ **arrière** rear axle (and drive). -**6.** AÉRON: ~ **aérien** airlift. -**7.** ANAT: ~ (de Varole) pons (Varolii). -**8.** ÉLECTR: ~ **de Wheatstone** Wheatstone bridge. -**9.** GÉOM: ~ **aux ânes** *pr* pons asinorum; *fig* old chestnut. -**10.** MIL: ~ **d'assaut** assault bridge; ~ **Bailey** Bailey bridge; ~ **de bateaux** pontoon bridge. -**11.** MUS bridge. -**12.** SPORT bridge; **faire le ~** to do the crab. -**13.** THÉÂT: ~ **de service** catwalk bridge.
◆ **Ponts et Chaussées** *nmpl*: **les Ponts et Chaussées** ADMIN department of Civil Engineering; ENS college of Civil Engineering.
pontage [pɔ̃taʒ] *nm* -**1.** MÉD bypass (operation). -**2.** TRAV PUBL (gantry) bridging. -**3.** CHIM bridging.
pont-bascule [pɔ̃baskyl] (*pl* **ponts-bascules**) *nm* weighbridge.
pont-canal [pɔ̃kanal] (*pl* **ponts-canaux**) *nm* canal (carrying) bridge.
ponte[1] [pɔ̃t] *nm* -**1.** *fam* [autorité]: **un (grand) ~** a bigwig; **ce sont tous de grands ~s de l'université/de la médecine** they're all top-flight academics/high-up in the medical profession. -**2.** JEUX punter.
ponte[2] [pɔ̃t] *nf* -**1.** ZOOL [action] laying (of eggs); [œufs - d'un oiseau] clutch, eggs; [- d'un insecte, d'un poisson] eggs. -**2.** PHYSIOL: ~ **ovulaire** ovulation.
ponté, e [pɔ̃te] *adj* [à un pont] single-deck *(avant n)*; [à plusieurs ponts] multi-deck *(avant n)*.
◆ **pontée** *nf* deck load.
ponter [3] [pɔ̃te] ◇ *vi* JEUX to punt.
◇ *vt* -**1.** [miser] to bet. -**2.** NAUT to deck.
Pont-Euxin [pɔ̃tøksɛ̃] *npr m*: **le ~** the Euxine Sea.
pontife [pɔ̃tif] *nm* -**1.** *fam* [autorité] pundit, bigwig, big shot. -**2.** ANTIQ pontifex, pontiff. -**3.** RELIG pontiff.
pontifiant, e [pɔ̃tifjɑ̃, ɑ̃t] *adj* pontificating.
pontifical, e, aux [pɔ̃tifikal, o] *adj* -**1.** RELIG [insignes, cérémonie] pontifical; [États, trône] papal. -**2.** ANTIQ pontifical.
pontificat [pɔ̃tifika] *nm* pontificate.
pontifier [9] [pɔ̃tifje] *vi* to pontificate; **arrête de ~** stop pontificating.
pont-l'évêque [pɔ̃levɛk] *nm inv* Pont l'Évêque cheese.
pont-levis [pɔ̃ləvi] (*pl* **ponts-levis**) *nm* drawbridge.
ponton [pɔ̃tɔ̃] *nm* -**1.** [d'un port de commerce] pontoon, floating dock; [d'un port de plaisance] landing stage, jetty; [pour nageurs] (floating) platform. -**2.** [chaland] hulk, lighter; [vieux vaisseau] hulk.
ponton-grue [pɔ̃tɔ̃gry] (*pl* **pontons-grues**) *nm* floating crane.
pontonnier [pɔ̃tɔnje] *nm* pontonier.
pont-promenade [pɔ̃prɔmnad] (*pl* **ponts-promenade** OU **ponts-promenades**) *nm* promenade deck.
pont-rail [pɔ̃raj] (*pl* **ponts-rails**) *nm* railway *Br* OU railroad *Am* bridge.
pont-route [pɔ̃rut] (*pl* **ponts-routes**) *nm* road bridge.
pool [pul] *nm* pool ECON; ~ **de dactylos** typing pool.
Poona [puna] *npr* Poona.
pop [pɔp] ◇ *adj inv* [art, chanteur, mouvement] pop; **musique ~** pop (music).
◇ *nm* OU *nf* pop (music).
pop art [pɔpart] (*pl* **pop arts**) *nm* pop art.
pop-corn [pɔpkɔrn] *nm inv* popcorn.
pope [pɔp] *nm* (Eastern Orthodox Church) priest.
popeline [pɔplin] *nf* poplin; **en ~** poplin *(modif)*.
pop music [pɔpmyzik] (*pl* **pop musics**) *nf* = **pop** *nm* OU *nf*.
popote [pɔpɔt] ◇ *nf* -**1.** *fam* [repas]: **faire la ~** to do the cooking. -**2.** [matériel] mess kit. -**3.** MIL improvised mess.
◇ *adj inv fam*: **elle est très ~** she's very much the stay-at-home type.
popotin *fam* [pɔpɔtɛ̃] *nm* bottom; **se magner** OU **se remuer le ~** to get a move on.
populace [pɔpylas] *nf péj* rabble, hoi polloi, plebs.
populacier, ère [pɔpylasje, ɛr] *adj* vulgar, common.
populage [pɔpylaʒ] *nm* marsh marigold.
populaire [pɔpylɛr] *adj* -**1.** SOCIOL [du peuple] working-class; **les quartiers ~s** the working-class areas. -**2.** [tradition, croyance] popular; **bon sens ~** popular wisdom. -**3.** POL [gouvernement] popular; [démocratie, tribunal] people's; [soulèvement] mass *(modif)*; **la volonté ~** the will of the people. -**4.** [destiné au peuple] popular; **art ~** popular art; **romans ~s** popular fiction. -**5.** [qui a du succès - chanteur, mesures] popular; **elle s'est rendue très ~ auprès des étudiants** she made herself very popular with the students; **la voile devient très ~** sailing is growing in popularity OU becoming more and more popular. -**6.** LING [étymologie] popular; [niveau de langue] colloquial.
populairement [pɔpylɛrmɑ̃] *adv* LING [très familièrement] colloquially; **comme on dit ~** as the popular phrase goes.
populariser [3] [pɔpylarize] *vt*: ~ **qqch** to popularize sthg, to make sthg available to all.
popularité [pɔpylarite] *nf* popularity; **elle jouit d'une grande ~ parmi les étudiants** she's very popular with the students; **le président a perdu de sa ~** there's been a decline in the president's popularity.
population [pɔpylasjɔ̃] *nf* -**1.** SOCIOL population; ~ **mondiale** world population; ~ **active/civile** working/civilian population; ~ **canine** dog OU canine population. -**2.** [peuple] people; **la ~ locale est satisfaite** the local people OU the locals are happy. -**3.** ASTRON & PHYS population.
populationniste [pɔpylasjɔnist] ◇ *adj* encouraging population growth.
◇ *nmf supporter of measures encouraging population growth.*
populeux, euse [pɔpylø, øz] *adj* [quartier] heavily OU densely populated, populous *litt*; [place, rue] crowded, very busy.
populisme [pɔpylism] *nm* -**1.** HIST Populism. -**2.** LITTÉRAT Naturalism.
populiste [pɔpylist] ◇ *adj* -**1.** HIST Populist. -**2.** LITTÉRAT Naturalist.
◇ *nmf* -**1.** HIST Populist. -**2.** LITTÉRAT Naturalist (writer).
populo *fam* [pɔpylo] *nm* -**1.** [foule]: **du ~** a crowd; **il y toujours du ~ dans ce magasin** this shop is always jam-packed. -**2.** [peuple]: **le ~** the plebs OU hoi polloi.
porc [pɔr] *nm* -**1.** ZOOL pig *Br*, hog *Am*. -**2.** CULIN pork. -**3.** [peau] pigskin. -**4.** *fam* [personne] pig, swine.
◆ **de porc** *loc adj* -**1.** CULIN pork *(modif)*. -**2.** [en peau] pigskin *(modif)*.
porcelaine [pɔrsəlɛn] *nf* -**1.** [produit] china, porcelain; ~ **dure/tendre** hard-paste/softpaste porcelain; ~ **phosphatique** OU **tendre naturelle** bone china. -**2.** [pièce] piece of china OU porcelain. -**3.** [ensemble]: **la ~** china, chinaware, porcelain ❑ ~ **de Limoges** Limoges porcelain; ~ **de Sèvres** Sèvres china. -**4.** ZOOL cowrie.
◆ **de porcelaine** *loc adj* -**1.** [tasse, objet] china *(modif)*, porcelain *(modif)*. -**2.** [teint] peaches-and-cream *(avant n)*.
porcelainier, ère [pɔrsəlenje, ɛr] ◇ *adj* china *(modif)*, porcelain *(modif)*.
◇ *nm, f* porcelain OU china manufacturer.
porcelet [pɔrsəlɛ] *nm* piglet.
porc-épic [pɔrkepik] (*pl* **porcs-épics**) *nm* -**1.** ZOOL porcupine; **poisson ~** porcupine fish. -**2.** [personne revêche] prickly person. -**3.** *fam* [homme mal rasé]: **c'est un vrai ~** he's really bristly.
porche [pɔrʃ] *nm* porch.
porcher, ère [pɔrʃe, ɛr] *nm, f* swineherd.
porcherie [pɔrʃəri] *nf pr* & *fig* pigsty.
porcin, e [pɔrsɛ̃, in] *adj* -**1.** [industrie, production] pig *(modif)*. -**2.** [yeux, figure] pig-like, piggy.
◆ **porcin** *nm* member of the pig family; **les ~s** the pig family, the suidians *spéc*.
pore [pɔr] *nm* pore; **elle sue la suffisance par tous les ~s** *fig* she exudes OU oozes self-importance.
poreux, euse [pɔrø, øz] *adj* porous.
porno *fam* [pɔrno] ◇ *adj* [film, magazine, scène] porn, porno; **des photos ~s** dirty pictures.
◇ *nm* -**1.** **le ~** [genre] porn; [industrie] the porn industry. -**2.** [film] porno film *Br*, blue movie.
pornographe [pɔrnɔgraf] *nmf* pornographer.
pornographie [pɔrnɔgrafi] *nf* pornography.
pornographique [pɔrnɔgrafik] *adj* pornographic.
porophore [pɔrɔfɔr] *nm* porofacient *spéc*, pore-producing.
porosité [pɔrozite] *nf* porosity.
porphyre [pɔrfir] *nm* porphyry.
porphyroïde [pɔrfirɔid] *adj* porphyroid.
port[1] [pɔr] *nm* -**1.** [infrastructure] port *Br*, harbour; [ville] port; **dans le ~ de Dunkerque** in Dunkirk harbour; **sur le ~** on the quayside;

entrer au ~ to come into port OU harbour; quitter le ~ to leave port OU harbour ❑ ~ maritime OU de mer sea port; ~ d'attache NAUT port of registry, home port; *fig* home base; ~ de commerce commercial port; ~ d'embarquement [de marchandises] port of shipment; [de personnes] port of embarkation; ~ d'entrée port of entry; ~ fluvial river port; ~ franc free port; ~ militaire naval base; ~ naturel natural harbour; ~ de pêche fishing port; ~ de plaisance marina; nous touchons OU arrivons au ~ we're on the home straight; faire naufrage (en arrivant) au ~, échouer en vue du ~ *sout* to fall at the last fence. -2. *litt* [havre, refuge] haven.

◆ **à bon port** *loc adv* safely, safe and sound; nous sommes arrivés à bon ~ we got there safe and sound; les verres sont arrivés à bon ~ the glasses got there in one piece OU without mishap; le chauffeur les a conduits à bon ~ the driver brought them safely to the right place.

port² [pɔr] *nm* -1. [d'une lettre, d'un colis postal] postage; frais de ~ (cost of) postage; (en) ~ dû/payé postage due/paid. -2. TRANSP [de marchandises] carriage; franco de ~ carriage paid OU included. -3. [possession - d'une arme] carrying; [- d'un uniforme, d'un casque] wearing; ~ d'armes prohibé illegal carrying of weapons; se mettre au ~ d'armes MIL to shoulder arms; le ~ de lunettes est obligatoire goggles must be worn. -4. *sout* [maintien] bearing, deportment; elle a un ~ de tête très gracieux she holds her head very gracefully ❑ avoir un ~ de reine to have a queenly bearing. -5. MUS: ~ de voix port de voix, appogiatura. -6. NAUT: ~ en lourd dead weight.

port³ [pɔr] *nm dial* pass *(in the Pyrenees)*.

portabilité [pɔrtabilite] *nf* portability COMPUT.

portable [pɔrtabl] *adj* -1. [téléviseur, machine à écrire, ordinateur] portable. -2. [vêtement] wearable. -3. FIN to be paid in person.

portage [pɔrtaʒ] *nm* -1. [d'équipement] porterage. -2. NAUT portage.

portail [pɔrtaj] *nm* [d'une église] portal; [d'un jardin, d'une école] gate.

portance [pɔrtɑ̃s] *nf* -1. AÉRON lift. -2. TRAV PUBL bearing capacity.

portant, e [pɔrtɑ̃, ɑ̃t] *adj* -1. AÉRON: surface ~e aerofoil *Br*, airfoil *Am*. -2. NAUT: vent ~ fair wind. -3. *loc*: bien/mal ~ in good/poor health.

◆ **portant** *nm* -1. [poignée] handle. -2. NAUT outrigger. -3. THÉÂT upright, support *(for flats)*.

portatif, ive [pɔrtatif, iv] *adj* [machine à écrire] portable; [ordinateur] laptop *(modif)*.

Port-au-Prince [pɔroprɛ̃s] *npr* Port-au-Prince.

porte [pɔrt] ◇ *nf* -1. [d'une maison, d'un véhicule, d'un meuble] door; [d'un passe-plat] hatch; on vient de sonner, tu vas ouvrir la ~? someone's just rung the bell, could you answer OU open the door?; le piano est resté coincé dans la ~ the piano got stuck in the door OU doorway; fermer OU interdire OU refuser sa ~ à qqn to bar sb from one's house; fermer ses ~s [magasin] to close down; fermer la ~ au nez de qqn to shut the door in sb's face; ouvrir sa ~ à qqn to welcome sb; ouvrir la ~ toute grande à qqn to welcome sb with open arms; ouvrir ses ~s [magasin] to open; un père ministre, ça ouvre pas mal de ~s a father who happens to be a minister can open quite a few doors ❑ ~ de derrière/devant back/front door; ~ dérobée hidden door; ~ d'entrée front door; ~ de secours emergency exit; ~ de service tradesmen's entrance; ~ de sortie *pr* way out, exit; *fig* way out, let-out; trouver une ~ de sortie to find a way out; ménager à qqn une ~ de sortie to leave sb a way out; à ma/sa ~ *pr* & *fig* at my/his door, on my/his doorstep; l'hiver est à nos ~s winter is at the door; entrer par la grande/petite ~: elle est entrée dans l'entreprise par la grande ~ she went straight in at the top of the company; maintenant, on ne peut plus entrer dans la profession par la petite ~ it's now impossible to get into the profession by the back door; ouvrir la ~ à qqch *fig* to pave the way for sthg; ouvrir la ~ à l'espoir to allow a measure of hope; cette décision ouvre toute grande la ~ à l'injustice this decision throws the door wide open to injustice; sortir par la grande/petite ~: l'équipe quitte le tournoi par la grande ~ the team is leaving the tournament in style; après le scandale, il est sorti par la petite ~ after the scandal, he made a discreet exit; prendre la ~ to leave; il lui a dit de prendre la ~ he showed him the door; trouver ~ close: j'y suis allé mais j'ai trouvé ~ close I went round but nobody was in OU at home; il a essayé tous les éditeurs, mais partout il a trouvé ~ close he tried all the publishers, but without success; il faut qu'une ~ soit ouverte ou fermée *prov* it's either yes or no, one can't sit on the fence forever. -2. [passage dans une enceinte] gate; les ~s de Paris *the old city gates around Paris* ❑ ~ d'écluse lock gate; ~ d'embarquement (departure) gate; ~ triomphale triumphal arch; les ~s de l'enfer the gates of hell; les ~s du paradis heaven's gates, the pearly gates; la Porte d'Orléans/de Clichy Porte d'Orléans/de Clichy; la Porte OU Sublime-Porte the (Sublime) Porte; la ~ de Versailles *site of a large exhibition complex in Paris where major trade fairs take place*. -3. [panneau] door (panel); ~ basculante/battante up-and-over/swing door; ~ coulissante OU roulante sliding door; ~ à deux battants double door; ~ coupée half-door, stable door; ~ escamotable folding door; ~ palière landing door; ~ tournante revolving door; ~ vitrée glass door. -4. SPORT gate. -5. INF gate.

◇ *adj* portal PHYSIOL.

◆ **à la porte** *loc adv* out; à la ~! out of here!; ne reste pas à la ~ don't stay on the doorstep; je suis à la ~ de chez moi [sans clefs] I'm locked out; [chassé] I've been thrown out (of my home); mettre qqn à la ~ [importun] to throw sb out; [élève] to expel sb; [employé] to fire OU to dismiss sb.

◆ **de porte à porte** *loc adv* door-to-door; je mets 40 minutes de ~ à ~ it takes me 40 minutes door-to-door.

◆ **de porte en porte** *loc adv* from door to door.

◆ **la porte à côté** *fam loc adv*: Lyon, ce n'est pas la ~ à côté it's a fair way to Lyons; il n'habite pas la ~ à côté he doesn't exactly live round the corner.

porté [pɔrte] *nm* porté.

porte-aéronefs [pɔrtaerɔnɛf] *nm inv* aircraft carrier.

porte-à-faux [pɔrtafo] *nm inv* overhang.

◆ **en porte(-)à(-)faux** *loc adv*: être en ~ [mur] to be out of plumb, to be out of true; [roche] to be in a precarious position; *fig* to be in an awkward position; mettre qqn en ~ to put sb in an awkward position.

porte-affiches [pɔrtafiʃ] *nm inv* noticeboard.

porte-aiguilles [pɔrtegɥij] *nm inv* COUT needle case.

porte-amarre [pɔrtamar] *nm inv* line-throwing machine; fusil ~ line-throwing gun.

porte-à-porte [pɔrtapɔrt] *nm inv*: faire du ~ to sell from door-to-door, to be a door-to-door salesman (*f* saleswoman).

porte-autos [pɔrtoto] *adj inv* car-carrying, transporter *(modif)*.

porte-avions [pɔrtavjɔ̃] *nm inv* aircraft carrier.

porte-bagages [pɔrtbagaʒ] *nm inv* [d'un vélo] rack; [d'une voiture, d'un train] (luggage) rack.

porte-bannière [pɔrtbanjɛr] (*pl inv* OU porte-bannières) *nmf* banner bearer.

porte-barge [pɔrtəbarʒ] (*pl inv* OU porte-barges) *nm* container barge.

porte-bébé [pɔrtbebe] (*pl inv* OU porte-bébés) *nm* -1. [nacelle] carry-cot. -2. [harnais] baby sling.

porte-billets [pɔrtbijɛ] *nm inv* wallet, billfold *Am*.

porte-bonheur [pɔrtbɔnœr] *nm inv* lucky charm; une patte de lapin ~ a lucky rabbit's foot.

porte-bouteilles [pɔrtbutɛj] *nm inv* -1. [châssis] wine rack. -2. [panier] bottle-carrier. -3. [d'un réfrigérateur] bottle rack.

porte-cartes [pɔrtəkart] *nm inv* -1. [portefeuille] card-holder, wallet, billfold *Am (with spaces for cards, photos etc)*. -2. [de cartes géographiques] map holder.

porte-cigares [pɔrtsigar] *nm inv* cigar case.

porte-cigarettes [pɔrtsigarɛt] *nm inv* cigarette case.

porte-clefs, **porte-clés** [pɔrtəkle] *nm inv* -1. [anneau] key ring. -2. [étui] key case. -3. *vieilli* [gardien] turnkey.

porte-conteneurs [pɔrtkɔ̃tnœr] *nm inv* container ship.

porte-couteau [pɔrtkuto] (*pl inv* OU porte-couteaux) *nm* knife rest.

porte-cravate [pɔrtkravat] (*pl inv* OU porte-cravates) *nm* tie rack.

porte-crayon [pɔrtkrɛjɔ̃] (*pl inv* OU porte-crayons) *nm* pencil holder.

porte-documents [pɔrtdɔkymɑ̃] *nm inv* document case.

porte-drapeau [pɔrtdrapo] (*pl inv* OU porte-drapeaux) *nm pr* & *fig* standard bearer.

portée [pɔrte] *nf* -1. MIL & OPT range; à OU de faible ~ short-range; à OU de grande ~ long-range; à OU de longue ~ long-range; à OU de moyenne ~ medium-range. -2. [champ d'action - d'une mesure, d'une loi] scope; [impact - d'une décision] impact, significance; [- d'un événement] consequences, repercussions; l'incident a eu une ~ considérable the incident had far-reaching consequences; ces idées furent sans grande ~ jusqu'en 1940 these ideas had very little impact until 1940. -3. ZOOL litter. -4. MUS staff, stave. -5. CONSTR & TRAV PUBL [dimension] span; [charge] load. -6. ÉLECTR span. -7. MÉCAN area of bearing.

◆ **à la portée de** *loc prép* -1. [près de] close OU near to; 'ne pas laisser à la ~ des enfants' 'keep out of the reach of children'. -2. [pouvant être compris par]: son livre est à la ~ de tous her book is easily accessible to the ordinary reader; l'article n'est pas à ma ~ the article is beyond me; un jeu à la ~ des 10-12 ans a game suitable for 10-12 year olds. -3. *loc*: à la ~ de toutes les bourses easily affordable, to suit all pockets; ce n'est pas à la ~ de toutes les bourses not everyone can afford it.

◆ **à portée de** *loc prép* within reach of; à ~ de fusil within (firing) range, within gunshot; à ~ de (la) main within (easy) reach; avoir OU garder qqch à ~ de (la) main to keep sthg handy OU close at hand OU within (easy) reach; gardez la trousse de secours à ~ de la main keep the first-aid kit in a handy place; à ~ de voix within earshot.

porte-étendard [pɔrtetɑ̃dar] (*pl inv* OU porte-étendards) *nm* -1. [officier] standard bearer. -2. [étui] standard pocket.

portefaix [pɔrtəfɛ] *nm inv* [porteur] porter.

porte-fanion [pɔrtəfanjɔ̃] (*pl inv* OU porte-fanions) *nm* pennant bearer.

porte-fenêtre [pɔrtfənɛtr] (*pl* portes-fenêtres) *nf* French window.

portefeuille [pɔrtəfœj] *nm* -1. [étui] wallet *Br*, billfold *Am*; avoir le ~ bien rembourré *fam* to be comfortably off. -2. BOURSE portfolio; ~ de titres portfolio of securities. -3. POL portfolio; on lui a confié le ~ des Affaires étrangères he has been given OU he holds the foreign affairs portfolio.

porte-greffes [pɔrtəgrɛf] *nm inv* stock.

porte-hauban [pɔrtəobɑ̃] (*pl inv* OU porte-haubans) *nm* chainwale, channel.

porte-hélicoptères [pɔrtelikɔptɛr] *nm inv* helicopter carrier OU ship.

porte-jarretelles [pɔrtʒartɛl] *nm inv* suspender belt *Br*, garter belt *Am*.

porte-lame [pɔrtəlam] (*pl inv* OU **porte-lames**) *nm* blade holder.

porte-malheur [pɔrtmalœr] *nm inv* **-1.** [personne] jinx, Jonah *litt.* **-2.** [objet] jinx.

portemanteau, x [pɔrtmɑ̃to] *nm* **-1.** [sur pied] hat stand; [mural] coat rack. **-2.** [cintre] coathanger.

portement [pɔrtəmɑ̃] *nm*: ~ **de croix** (Christ's) bearing of the Cross.

porte-menu [pɔrtməny] (*pl inv* OU **porte-menus**) *nm* menu holder.

portemine [pɔrtəmin] *nm* propelling pencil.

porte-monnaie [pɔrtmɔnɛ] *nm inv* purse *Br*, change purse *Am*; **avoir le ~ bien garni** to be well off.

porte-objet [pɔrtɔbʒɛ] (*pl inv* OU **porte-objets**) *nm* **-1.** [lame] slide. **-2.** [platine] stage.

porte-outil [pɔrtuti] (*pl inv* OU **porte-outils**) *nm* [gén] tool holder; [d'une perceuse] chuck; [d'une raboteuse] stock; [d'un tour] slide rest.

porte-papier [pɔrtpapje] *nm inv* toilet roll holder.

porte-paquet [portpakɛ] (*pl* **porte-paquets**) *nm Belg* luggage carrier *(on a bicycle)*.

porte-parapluies [pɔrtparaplɥi] *nm inv* umbrella stand.

porte-parole [pɔrtparɔl] *nm inv* **-1.** [personne] spokesperson, spokesman (*f* spokeswoman); **se faire le ~ de qqn** to speak on sb's behalf. **-2.** [périodique] mouthpiece, organ.

porte-plume [pɔrtəplym] (*pl inv* OU **porte-plumes**) *nm* pen holder.

porter[1] [pɔrte] = **porté**.

porter[2] [pɔrtɛr] *nm* [bière] porter.

porter[3] [3] [pɔrte] ◇ *vt* **A.** TENIR, SUPPORTER **-1.** [soutenir - colis, fardeau, meuble] to carry; [- bannière, pancarte, cercueil] to carry, to bear; **aide-moi à ~ le sac jusqu'à la cuisine** help me to carry the bag to the kitchen; **j'ai porté sa malle jusqu'au grenier** I carried her trunk up to the attic; **tu peux ~ combien?** how much can you carry?; **son cheval portera 56 kilos** his horse will carry 56 kilos; **deux piliers portent le toit** two pillars take the weight of OU support the roof; **la glace n'est pas assez épaisse pour nous ~** the ice is too thin to bear our weight; **celui qui porte le ballon** SPORT the player with OU in possession of the ball; **portez armes!** MIL shoulder arms!; **~ qqn sur son dos/dans ses bras** to carry sb on one's back/in one's arms; **le kangourou porte son petit dans une poche** the kangaroo carries its young in a pouch; **ses jambes ne la portaient plus** her legs couldn't carry her anymore; **se laisser ~ par le courant** to let o.s. be carried (away) by the current; **~ son cheval** ÉQUIT to carry one's horse, to keep one's horse together || *(en usage abs)*: **l'eau de mer porte plus que l'eau douce** sea water is more buoyant than fresh water || *fig*: **~ la responsabilité de** to bear (the) responsibility for; **devenue veuve, j'ai trouvé la liberté bien lourde à ~** when I became a widow my new-found freedom weighed heavily on me. **-2.** [soutenir moralement - suj: foi, religion] to give strength to, to support; **c'est l'espoir de le retrouver qui la porte** the hope of finding him again keeps her going.

B. METTRE, AMENER **-1.** [amener] to take, to bring; **~ qqch à qqn** to take sthg to sb; **~ un message à qqn** to take OU to convey a message to sb; **porte-lui ce colis** take her this parcel, deliver this parcel to her; **~ des fleurs sur la tombe de qqn** to take flowers to sb's grave; **portez-le sur le canapé** take OU carry him to the settee; **se faire ~ un repas** to have a meal brought (to one) || [mettre]: **~ une œuvre à l'écran/à la scène** to adapt a work for the screen/the stage; **~ le débat sur la place publique** to make the debate public; **~ une affaire devant les tribunaux** to take OU to bring a matter before the courts; **elle a porté sa requête jusqu'au Président de la République** she took her petition as far as the President; **~ qqn/qqch à**: **~ qqn au pouvoir** to bring sb to power; **~ une émotion/crise à son paroxysme** to bring an emotion to a peak/a crisis to a head; **~ son art à la perfection** to perfect one's art; **cela porte le total à 506 francs** that brings the total (up) to 506 francs; **les frais d'inscription ont été portés à 125 francs** the registration fees have been increased OU raised to 125 francs; **il vient de ~ le score de 110 à 123** he's just raised the score from 110 to 123; **~ qqch à ébullition** CULIN to bring sthg to the boil; **~ qqch au rouge** MÉTALL to heat sthg to red-heat. **-2.** [diriger]: **~ sa** OU **la main à sa tête** to raise one's hand to one's head; **~ sa** OU **la main à son chapeau** to raise one's hand to one's hat; **il porta la main à sa poche** he put his hand to his pocket; **il porta la main à son revolver** he reached for his gun; **~ une tasse à ses lèvres** to lift OU to raise a cup to one's lips; **~ le buste en avant** to lean forward; **~ son regard vers** OU **sur** to look towards OU in the direction of; **~ ses pas vers** to make one's way towards, to head for; **~ des troupes en avant** MIL to move troops forward. **-3.** [enregistrer - donnée] to write OU to put down *(sép)*; **~ sa signature sur un registre** to sign a register; **porte ce point sur le graphique** plot that point onto the graph; **~ qqn absent** to report sb absent; **se faire ~ absent/malade** to go absent/sick; **~ qqn disparu** to report sb missing; **~ qqn déserteur** to report OU to declare sb a deserter; **portez le vin à mon compte** put the wine on my account; **~ une somme au compte clients** FIN to post a sum to accounts receivable; **~ 200 francs au crédit de qqn** to credit sb's account with 200 francs, to credit 200 francs to sb's account; **~ 200 francs au débit de qqn** to debit 200 francs from sb's account. **-4.** [appliquer - effort, énergie] to direct, to bring, to bear; **~ son attention sur** to focus one's attention on, to turn one's attention to; **~ son choix sur** to choose; **~ une accusation contre qqn** to bring a charge against sb; **il a fait ~ tout son effort** OU **ses efforts sur la réussite du projet** he did his utmost to make the project successful; **~ une attaque contre qqn** to direct an attack at OU to attack sb ❑ **~ ses vues sur qqn** [pour accomplir une tâche] to have sb in mind *(for a job)*; [pour l'épouser] to have one's eye on sb; **~ un coup à qqn** *pr* to deal sb a blow, to hit sb; *fig* to shock sb. **-5.** [inciter]: **~ qqn à qqch**: **mon intervention l'a portée à plus de clémence** my intervention made her inclined OU prompted her to be more lenient; **le paysage portait à la mélancolie** the scenery elicited feelings of melancholy; **l'alcool peut ~ les gens à des excès/à la violence** alcohol can drive people to excesses/induce people to be violent; **qu'est-ce qui vous a porté à faire du théâtre?** what made you take up acting?; **tout porte à croire que...** everything leads one to believe that...; **tous les indices portent à penser que c'est lui le coupable** all the evidence suggests he is the guilty one; **être porté à faire** to be inclined to do; **être porté sur**: **il est porté sur la boisson** OU *fam* **bouteille** he likes a drink; **être porté sur la chose** *fam euph* to have a one-track mind. **-6.** [éprouver]: **~ de l'intérêt à qqn/qqch** to be interested in sb/sthg; **~ de l'admiration à qqn** to admire sb; **je lui porte beaucoup d'amitié** I hold him very dear; **l'amour qu'il lui portait** the love he felt for her; **la haine qu'il lui portait** the hatred he felt towards her OU bore her.

C. AVOIR SUR SOI, EN SOI **-1.** [bijou, chaussures, lunettes, vêtement] to wear, to have on *(sép)*; [badge, décoration] to wear; [barbe, couettes, moustache, perruque] to have; [cicatrice] to bear, to have, to carry; [pistolet] to carry; **je porte toujours sur moi de quoi écrire** I always carry something to write with; **il porte le dossard numéro 12** he's wearing number 12; **son cheval porte le numéro 5** his horse is number 5; **elle porte toujours du noir** she always dresses in OU wears black; **~ les cheveux longs/courts/relevés** to wear one's hair long/short/up; **je porte bien/mal les pantalons** trousers look good/don't look good on me ❑ **elle porte bien son âge** she looks young for her age; **~ beau** *litt* to be sprightly. **-2.** [laisser voir - trace] to show, to bear; [- emblème, devise] to bear; **l'étui portait ses initiales gravées** the case was engraved with his initials; **la lettre porte la date du 13 mars** the letter is dated March 13th OU bears the date March 13th; **le couteau ne porte aucune empreinte** there are no fingerprints on the knife; **la signature que porte le tableau n'a pas été identifiée** the signature (which appears OU is) on the painting has not been identified; **le rapport portait le nom de plusieurs hauts fonctionnaires** the report bore OU carried the names of several senior officials; **elle portait la résignation sur son visage** resignation was written all over OU on her face; **la syllabe portant l'accent tonique** LING the stressed syllable. **-3.** [nom, prénom, patronyme] to have; **nous portons le même nom** we have OU bear the same name; **il porte le nom de Legrand** he's called Legrand; **elle porte le nom de son mari** she has taken her husband's name; **c'est un nom difficile à ~** it's not an easy name to be called by; **le roman et la pièce portent le même titre** the novel and the play have the same title. **-4.** [en soi] to carry, to bear; **~ qqch en soi** to carry OU to bear sthg within o.s.; **l'espoir/la rancune que je portais en moi** the hope/resentment I bore within me; **la vérité porte en elle sa propre force** truth carries its own weight ❑ **je ne le porte pas dans mon cœur** I'm not particularly fond of him. **-5.** MÉD [virus] to carry; **tous ceux qui portent le virus** all carriers of the virus || VÉTÉR [chiot, portée] to carry; **~ un enfant** to be expecting a baby; **la truie peut ~ jusqu'à 10 petits** the sow can carry OU have up to 10 piglets || AGR & HORT [fruits] to bear; **la tige porte trois feuilles** there are three leaves on the stem; **lorsque l'arbre porte ses fleurs** when the tree's in bloom; **~ ses fruits** *fig* to bear fruit.

◇ *vi* **-1.** [son, voix] to carry; **sa voix ne porte pas assez** his voice doesn't carry well; **aussi loin que porte la vue** as far as the eye can see || [canon, fusil]: **~ à** to have a range of; **le coup de feu a porté à plus de 2 km** the shot carried more than 2 km. **-2.** [faire mouche - critique, mot, plaisanterie] to hit OU to strike home; [- observation] to be heard OU heeded; [- coup] to hit home, to tell. **-3.** [cogner]: **c'est le crâne qui a porté** the skull took the impact OU the full force; **~ sur** OU **contre** to hit; **sa tête a porté sur** OU **contre le pilier** her head hit the pillar. **-4.** NAUT: **laisser ~** to bear away, to let (her) go; **~ à la terre** to stand in for the shore; **~ (bon) plein** to sail clean full; **~ au vent** to stand to windward. **-5.** [dans l'habillement masculin]: **~ à droite/gauche** to dress on the right/left.

◆ **porter de** *v + prép* HÉRALD to bear.

◆ **porter sur** *v + prép* **-1.** [concerner - suj: discussion, discours, chapitre, recherches] to be about, to be concerned with; [- suj: critiques] to be aimed at; [- suj: loi, mesures] to concern; [- suj: dossier, reportage] to be about OU on; **le détournement porte sur plusieurs millions de francs** the embezzlement concerns several million francs. **-2.** [reposer sur - suj: charpente] to rest on; **l'accent porte sur la deuxième syllabe** LING the accent falls on the second syllable, the second syllable is stressed.

◆ **se porter** ◇ *vp* *(emploi passif)* [bijou, chaussures, vêtement] to be worn; **je veux une veste qui se porte avec tout** I want a jacket which can be worn OU which goes with anything; **c'est une robe qui se porte avec une ceinture** this dress is worn with a belt; **les manteaux se porteront longs cet hiver** coats will be (worn) long this winter.

◇ *vpi* **-1.** [personne]: **comment vous portez-vous?** how do you feel?, how are you (feeling)?; **il se porte très bien maintenant** he's (feeling) fine now; **à bientôt, portez-vous bien!** see you soon, look after yourself! ❑ **s'en ~ mieux/plus mal**: **il va bientôt s'en aller, je ne m'en porterai que mieux** he's going to leave soon and I'll feel all the better for it; **nos parents ne prenaient pas de congés et ne s'en portaient**

pas plus mal our parents never took time off and they were none the worse for it. -**2.** [se proposer comme]: **se ~ acquéreur de qqch** to offer to buy sthg; **se ~ candidat** to put o.s. up OU to stand *Br* OU to run *Am* as a candidate; **se ~ caution** to stand security; **se ~ garant de** [gén] to answer for; JUR to act as surety for; **se ~ volontaire pour faire** to volunteer to do; **se ~ fort pour qqn** *sout* to act as a guarantor for sb; **se ~ fort de qqch** *sout* to guarantee sthg, to vouch for sthg. -**3.** [aller]: **se ~ au-devant de qqn** to go to meet sb; **se ~ en tête d'une procession/course** to take the lead in a procession/race; **se ~ en avant** MIL to move forward, to advance; **il s'est porté à l'avant du peloton** he went to the head of the pack; **tout son sang s'est porté à sa tête** the blood rushed to his head.

◆ **se porter à** *vp + prép sout* [se livrer à] to give o.s. over to, to indulge in; **se ~ à des actes de violence** to indulge in violent acts; **comment a-t-il pu se ~ à de telles extrémités?** how could he go to such extremes?

◆ **se porter sur** *vp + prép* [choix, soupçon] to fall on; [conversation] to turn to; **tous les regards se portèrent sur elle** all eyes turned towards her.

porte-revues [pɔrtəvy] *nm inv* magazine rack.

porte-savon [pɔrtsavɔ̃] (*pl inv* OU **porte-savons**) *nm* soap dish.

porte-serviettes [pɔrtsɛrvjɛt] *nm inv* towel rail.

porteur, euse [pɔrtœr, øz] ◇ *adj* -**1.** [plein d'avenir] flourishing; **l'informatique est un secteur ~** computing is a flourishing OU booming industry; **une idée porteuse** an idea with great potential. -**2.** [chargé]: **~ de: un vaccin ~ d'espoir** a vaccine which brings new hope; **un livre ~ de doutes** a book expressing doubt. -**3.** TECH [essieu] loadbearing; [roue] carrying. -**4.** PHYS: **onde/fréquence porteuse** carrier wave/frequency. -**5.** ASTRONAUT [fusée] booster (*modif*). -**6.** CONSTR [mur] load-bearing. -**7.** MÉD → **mère**.

◇ *nm, f* -**1.** MÉD carrier; **~ sain** (unaffected) carrier. -**2.** [de bagages] porter; [d'un cercueil, d'un brancard, d'un étendard] bearer; [d'eau] carrier; [de nouvelles, d'une lettre] bearer; **le ~ du message attend votre réponse** the bearer of the message OU the messenger is waiting for your answer. -**3.** SPORT: **le ~ du ballon** the player in possession of OU with the ball.

◆ **porteur** *nm* BANQUE & BOURSE bearer; **chèque/obligations au ~** bearer cheque/bonds; **payable au ~** payable to bearer.

porte-voix [pɔrtəvwa] *nm inv* [simple] megaphone; [électrique] loud-hailer *Br*, bullhorn *Am*; **parler dans un ~** to talk through a megaphone.

portier, ère [pɔrtje, ɛr] ◇ *adj* RELIG: **(frère) ~** porter; **sœur portière** portress.

◇ *nm, f* doorman (*f* doorwoman).

◆ **portière** *nf* -**1.** [d'un véhicule] door. -**2.** [tenture] portière, door curtain.

portillon [pɔrtijɔ̃] *nm* [d'une porte cochère] wicket; [dans le métro]: **~ automatique** ticket barrier.

portion [pɔrsjɔ̃] *nf* -**1.** [part - de nourriture] portion, helping; [- d'argent] share, cut; **~ congrue** (income providing) a meagre living. -**2.** [segment - de ligne, d'autoroute] stretch.

◆ **en portions** *loc adj* in individual helpings.

portique [pɔrtik] *nm* -**1.** ARCHIT portico. -**2.** SPORT crossbeam. -**3.** [dispositif de sécurité] security gate. -**4.** INDUST gantry crane.

portland [pɔrtlɑ̃d] *nm*: **(ciment) ~** Portland cement.

Port-Louis [pɔrlwi] *npr* Port Louis.

porto [pɔrto] *nm* port (wine).

Porto [pɔrto] *npr* Porto.

portor [pɔrtɔr] *nm* yellow-veined black marble.

portoricain, e [pɔrtɔrikɛ̃, ɛn] *adj* Puerto Rican.

◆ **Portoricain, e** *nm, f* Puerto Rican.

Porto Rico [pɔrtoriko] *npr* Puerto Rico; **à ~** in Puerto Rico.

portrait [pɔrtrɛ] *nm* -**1.** [dessin, peinture, photo] portrait; **le ~ n'est pas très ressemblant** it is not a very good likeness; **faire le ~ de qqn** [dessinateur] to draw sb's portrait; [peintre] to paint sb's portrait; **'votre ~ en 5 minutes'** [photo] 'your photo in 5 minutes' ❑ **~ de famille** family portrait; **être tout le ~** OU **le ~ vivant de qqn** to be the spitting image of sb. -**2.** BX-ARTS: **le ~** portraiture. -**3.** *fam* [figure] mug, face; **il lui a abîmé le ~** he rearranged his face (for him) *hum*; **elle s'est fait arranger le ~** she got her face rearranged. -**4.** [description] portrayal, description, portrait; **faire** OU **tracer le ~ de qqn** to portray sb. -**5.** JEUX ≃ Botticelli; **~ chinois** ≃ animal, vegetable or mineral.

portraitiste [pɔrtrɛtist] *nmf* portraitist.

portrait-robot [pɔrtrɛrɔbo] (*pl* **portraits-robots**) *nm* -**1.** [d'un criminel] Photofit® OU Identikit® picture. -**2.** [caractéristiques] typical profile.

portraiturer [3] [pɔrtrɛtyre] *vt litt* to portray, to depict.

Port-Saïd [pɔrsaid] *npr* Port Said.

portuaire [pɔrtɥɛr] *adj* port (*modif*), harbour (*modif*).

portugais, e [pɔrtygɛ, ɛz] *adj* Portuguese.

◆ **Portugais, e** *nm, f* Portuguese; **les Portugais** the Portuguese.

◆ **portugais** *nm* LING Portuguese.

◆ **portugaise** *nf* [huître] Portuguese oyster.

◆ **portugaises** *nfpl arg crime* lugholes *Br*, ears; **avoir les ~es ensablées** to be deaf as a post.

Portugal [pɔrtygal] *npr m*: **le ~** Portugal; **au ~** in Portugal.

portulan [pɔrtylɑ̃] *nm* portolano.

POS, Pos [pɔs] *nm abr de* **plan d'occupation des sols**.

pose [poz] *nf* -**1.** [mise en place] putting in, installing; **la ~ de la fenêtre vous coûtera 1 000 F** it will cost you 1,000 F to have the window put in; **la ~ d'un carrelage** laying tiles; **la ~ d'une moquette** fitting OU laying (wall-to-wall) carpet; **train de ~** track-laying train. -**2.** [attitude] position, posture; **dans une ~ peu élégante** in a rather inelegant position OU posture; **prendre une ~ avantageuse** to strike a flattering pose ‖ [pour un artiste] pose; **prendre la ~** to start posing, to take up a pose; **garder** OU **tenir la ~** to hold the pose. -**3.** PHOT [cliché, durée] exposure; **24/36 ~s** 24/36 exposures; **temps de ~** exposure time. -**4.** *sout* [affectation] affectation.

posé, e [poze] *adj* -**1.** [mesuré - personne] self-possessed, collected, composed; [- manières, ton] calm, cool, tranquil. -**2.** MUS: **voix bien/mal ~e** steady/unsteady voice.

Poséidon [pɔzeidɔ̃] *npr* Poseidon.

posément [pozemɑ̃] *adv* calmly, coolly.

posemètre [pozmɛtr] *nm* exposure meter.

poser[1] [poze] *nm* MIL landing (*of a helicopter*).

poser[2] [3] [poze] ◇ *vt* -**1.** [mettre] to put, to lay, to place; **~ ses coudes sur la table** to rest OU to put one's elbows on the table; **je ne sais plus où j'ai posé la clef** I can't remember where I've put OU left the key; **~ un sac par terre** to put a bag (down) on the floor; **elle avait posé sa bicyclette contre la palissade** she'd leant OU put her bike against the fence; **ne pose pas ton chapeau sur le lit** don't put your hat (down) on the bed; **elle a posé le pied sur la première marche** she placed OU put her foot on OU onto the first step; **j'ai tellement mal que je ne peux plus ~ le pied par terre** my foot hurts so much, I can't put my weight on it any longer; **dès que je pose la tête sur l'oreiller, je m'endors** I fall asleep as soon as my head touches the pillow; **il posa un baiser sur ses paupières** he kissed her on the eyelids; **je ne sais pas où ~ mes fesses** *fam hum* I don't know where to sit ‖ (*en usage abs*): **à toi de ~!** [aux dominos] your turn! ‖ [cesser d'utiliser] to put away OU down (*sép*); **pose ton ballon et viens dîner** put away your ball and come and have dinner; **posez vos stylos et écoutez-moi** put your pens down and listen to me. -**2.** [installer - papier peint, cadre, tentures, affiche] to put up (*sép*); [- antenne] to put up (*sép*), to install; [- radiateur, alarme] to put in (*sép*), to install; [- verrou] to fit; [- cadenas] to put on (*sép*); [- moquette] to fit, to lay; [- carrelage, câble, mine, rail, tuyau] to lay; [- vitre] to put in; [- placard] to put in, to install; [- prothèse] to fit, to put in; [- enduit] to put on; **faire ~ l'électricité** to have a house wired; **faire ~ un double vitrage** to have double-glazing put in OU fitted; **se faire ~ une couronne** to have a crown fitted. -**3.** [énoncer - question] to ask; [- devinette] to ask, to set; **~ une question à qqn** to ask sb a question, to put a question to sb; **je peux ~ la question autrement** I can put OU ask the question another way; **~ un problème** [le soulever] to raise OU to pose a problem; [l'énoncer] to state a problem; **de la façon dont il m'avait posé le problème...** the way he'd put OU outlined the problem to me...; **sa mort va ~ le problème de l'héritage** his death will pose OU raise the problem of the inheritance. -**4.** [établir - condition] to state, to lay down; [- principe, règle] to lay OU to set down (*sép*), to state; **une fois posées les bases du projet** once the foundations of the project have been laid down; **~ qqch comme condition/principe** to lay sthg down as a condition/principle; **si l'on pose que...** if we assume OU suppose that...; **si l'on pose comme hypothèse que...** if we take as a hypothesis that...; **cela posé, nous pouvons dire que...** taking this as read, we can say that...; **posons cela comme acquis** let's take that as read. -**5.** *fam* [mettre en valeur] to establish the reputation of, to give standing to; **il n'y a rien qui pose un chercheur comme le Nobel** there's nothing quite like the Nobel prize to get a scientist noticed OU to boost a scientist's reputation; **une voiture comme ça, ça vous pose** that kind of car gives you a certain status. -**6.** MATH to put down (*sép*); **je pose 2 et je retiens 1** put down 2, carry 1; **~ une opération** to set out a sum. -**7.** MUS: **~ sa voix** to pitch one's voice. -**8.** SPORT to place; **il a bien posé sa volée** he placed his volley perfectly. -**9.** AÉRON [avion, hélicoptère] to land, to set down (*sép*).

◇ *vi* -**1.** [pour un peintre, un photographe] to pose, to sit; **j'ai souvent posé pour elle** I used to pose OU to sit for her regularly; **~ pour une photo/un magazine** to pose for a photo/magazine; **et maintenant, tout le monde va ~ pour la photo souvenir** let's have everyone together now for the souvenir photograph ❑ **faire ~ qqn** *fam* [le faire attendre] to keep sb hanging around. -**2.** [fanfaronner] to put on airs, to show off, to pose; **regardez-le ~ devant ces dames!** just look at him showing off in front of those ladies!; **il adore ~** he can't resist showing off ‖ [faire semblant] to put on airs, to strike a pose OU an attitude; **elle n'est pas vraiment malheureuse, elle pose** she's not really unhappy, it's just a façade OU it's all show; **~ à** [se faire passer pour] to pretend to be, to act, to play; **~ au justicier** to act the avenger.

◆ **se poser** ◇ *vp* (*emploi passif*): **se ~ facilement** [chaudière] to be easy to install; [moquette] to be easy to lay.

◇ *vpt* [faire surgir]: **se ~ la question** OU **le problème de savoir si...** to ask o.s. OU to wonder whether...; **il va finir par se ~ des questions** he's going to start having doubts.

◇ *vpi* -**1.** [descendre - avion, hélicoptère] to land, to touch down; [- papillon] to land, to alight; [- oiseau] to land, to perch; **se ~ en catastrophe** to make an emergency landing; **se ~ en douceur** to make a smooth landing; **les hirondelles se posent sur les fils électriques** the swallows land OU perch on the electric wires; **une plume est venue se ~ sur sa tête** a feather floated down onto his head; **tous les regards se posèrent sur elle** all eyes turned to her; **il sentit leurs yeux se ~ sur lui** he could feel their eyes on him; **sa main se posa sur la mienne** she put her hand on mine. -**2.** *fam* [s'asseoir]: **pose-toi là** sit (yourself) down here. -**3.** [surgir - question, problème] to arise, to come up; **la question s'est déjà posée plusieurs fois** the question has come up several times already; **la question ne se pose** plus maintenant the question is irrelevant now; la question qui se pose maintenant est la suivante the question which must now be asked is the following; le problème qui se pose à moi the problem I've got to face OU to solve; le problème se pose de savoir si l'on doit négocier there's the problem of whether or not we should negotiate; le problème ne se pose pas exactement en ces termes that's not exactly where the problem lies. -4. se ~ en OU comme [se faire passer pour] to pass o.s. off as; il veut se ~ comme arbitre du goût he wants to pass himself off as OU to pose as an arbiter of taste; je ne me suis jamais posé en expert I never set myself up to be OU I never pretended I was an expert. -5. *fam loc*: se ~ là: pour l'intelligence, son frère se pose là! [il est brillant] her brother's got quite a brain!; elle se pose là, leur bagnole! [avec admiration] their car's an impressive bit of machinery!; comme plombier, tu te poses là! call yourself a plumber, do you?; comme enquiquineuse, elle se pose un peu là! she's such a pain in the neck!; comme gaffe, ça se pose là! that's what you might call a blunder!

poseur, euse [pozœr, øz] ◇ *adj* [prétentieux] affected, pretentious, mannered; elle est très poseuse she's terribly pretentious.
◇ *nm, f* -1. [m'as-tu-vu] poseur, show-off. -2. [installateur]: ~ de: ~ de parquet/carrelage floor/tile layer; ~ de mines mine layer; les ~s de bombes se sont enfuis those responsible for planting the bombs OU the bombers ran away.

positif, ive [pozitif, iv] *adj* -1. [constructif - mesures, suggestion, attitude] positive, constructive. -2. [réaliste] pragmatic, practical-minded. -3. [affirmatif - réponse] positive. -4. MATH, MÉD, PHOT & PHYS positive.
◆ **positif** *nm* -1. [quelque chose de constructif]: il nous faut du ~ we need something positive. -2. LING, MATH & PHOT positive. -3. MUS [orgue] positive organ; [clavier secondaire] choir OU positive organ.

position [pozisjɔ̃] *nf* -1. MIL [lieu d'où l'on mène une action] position; une ~ dominante a commanding position ❑ ~ avancée/défensive advanced/defensive position; ~ clef key position; être en ~ de combat to be ready to attack; des ~s fortifiées a fortified position; ~ de repli MIL & *fig* fall-back position. -2. [lieu où l'on se trouve] position; donnez-nous votre ~ what is your position?; déterminer sa ~ to find one's bearings; déterminer la ~ de qqch to locate sthg. -3. [dans un sondage, une course] position, place; nous sommes en dernière/première ~ dans le championnat we're bottom of the league/in the lead in the championship; arriver en première/dernière ~ [coureur] to come first/last; [candidat] to come top/be last; elle est en sixième ~ she's in sixth position OU place, she's lying sixth; ils ont rétrogradé en quatrième ~ au hit-parade they went down to number four in the charts. -4. [posture] posture, position; changer de ~ to change (one's) position, to shift; tu as une mauvaise ~ your posture is poor; tu as une mauvaise ~ à cheval/lorsque tu fais le stem your posture on horseback/when doing the stem turn is incorrect ❑ la ~ debout est inconfortable standing up is uncomfortable; dans la OU en ~ verticale when standing up; dans la OU en ~ allongée when lying down; dans la OU en ~ assise when sitting, in a sitting position; la ~ du missionnaire the missionary position. -5. [angle, orientation] position, setting; quelle est la ~ de l'aiguille? where is the needle pointing?, what's the position of the needle?; mettez le siège en ~ inclinée tilt the seat back; éclairage à plusieurs ~s lamp with several settings. -6. [opinion] position, stance, standpoint; prendre ~ (sur qqch) to take a stand OU to take up a position (on sthg); prendre ~ pour OU en faveur de qqch to come down in favour of sthg; prendre ~ contre qqch to come out against sthg; rester sur ses ~s *pr* & *fig* to stand one's ground, to stick to one's guns; quelle est la ~ de la France dans ce conflit? what's France's position on this conflict?; ~ commune POL common stance. -7. [situation] position; vous me mettez dans une ~ délicate you're putting me in a difficult situation OU position; en ~ de: en ~ de force in a strong position OU a position of strength; être en ~ de faire qqch to be in a position to do sthg ‖ [dans une entreprise] position, post; dans sa ~, elle devrait se sentir responsable a woman in her position should feel responsible; j'ai une ~ à tenir I have my position to think of ❑ ~ sociale social standing. -8. BANQUE balance (of account); j'aimerais avoir ma ~, s'il vous plaît could you tell me my balance, please? ❑ ~ de place BOURSE market position; feuille de ~ interim statement. -9. LING [d'un terme, d'une syllabe, d'une voyelle] position; phonème en ~ forte/faible stressed/unstressed phoneme. -10. DANSE position. -11. MUS [accord, doigté] position. -12. GÉOM & PSYCH position. -13. JUR status.
◆ **de position** *loc adj* [balise] position *(modif)*.

positionnement [pozisjɔnmɑ̃] *nm* -1. COMM positioning. -2. MÉCAN positioning.

positionner [3] [pozisjɔne] *vt* -1. COMM [produit] to position. -2. MÉCAN to position. -3. SPORT [joueur] to place. -4. [localiser] to locate, to determine the position of.
◆ **se positionner** *vp (emploi réfléchi)* to position o.s., to get into position.

positionneur [pozisjɔnœr] *nm* positioner.

positivement [pozitivmɑ̃] *adv* positively.

positivisme [pozitivism] *nm* positivism; ~ logique logical positivism.

positiviste [pozitivist] *adj* & *nmf* positivist.

positivité [pozitivite] *nf* positivity.

posit(r)on [pozit(r)ɔ̃] *nm* positron.

posologie [pozɔlɔʒi] *nf* -1. [instructions] dosage; respectez la ~ use as directed. -2. [science] posology.

possédant, e [pɔsedɑ̃, ɑ̃t] *adj* propertied, property-owning.
◆ **possédants** *nmpl*: les ~s people with property, property owners.

possédé, e [pɔsede] *nm, f*: comme un ~ like a man possessed.

posséder [18] [pɔsede] *vt* -1. [détenir - demeure, collection, fortune, terres] to own, to possess, to have; [- colonies] to have; [- preuve, document, titre, ticket] to hold, to have; les gens qui ne possèdent rien those who have nothing; le pays ne possédait pas d'armée puissante the country did not possess a powerful army. -2. [être doté de] to possess, to have; étant jeune, il possédait un vrai talent d'orateur in his youth, he had a real talent for public speaking; cette région possède de grandes réserves d'eau this region has large water reserves. -3. [maîtriser - art, langue] to have mastered; (bien) ~ son sujet to be master OU on top of one's subject; un conférencier qui possède parfaitement son sujet a lecturer who knows exactly what he's talking about; être possédé par to be possessed by OU with; le démon qui le possède the devil within him. -4. *fam* [tromper - suj: escroc] to con, to have; je me suis fait ~ I've been conned OU had. -5. *litt* [sexuellement] to possess, to have carnal knowledge of; quand il la posséda enfin when finally she was his.
◆ **se posséder** *vpi* [se dominer]: je ne me possédais plus I was not myself any more, I was no longer master of myself.

possesseur [pɔsesœr] *nm* -1. [propriétaire - d'une maison, d'une collection, d'une fortune] owner, possessor; [- d'un hôtel, d'une ferme] owner, proprietor; [- d'une charge, d'un ticket] holder; [- d'un titre] incumbent, holder; [- de documents] possessor, holder; être le ~ d'une propriété to own OU to possess a property. -2. [détenteur - d'une preuve] possessor.

possessif, ive [pɔsesif, iv] *adj* LING & PSYCH possessive.
◆ **possessif** *nm* GRAMM possessive (form).

possession [pɔsesjɔ̃] *nf* -1. [détention - d'une maison, d'un hôtel, d'une collection, d'une fortune] ownership, possession; [- d'informations] possession; [- d'actions, d'un diplôme] holding; [- d'une charge, d'un titre] possession, holding; [- d'un poste] tenure; avoir qqch en sa ~ to have sthg in one's possession; être en ~ de to be in possession of; prendre ~ de [maison] to take possession of; [fonctions] to take up; entrer en ~ de to come into possession of, to come by; comment êtes-vous entré en ~ de ces documents? how did you come to have OU come by these documents?; tomber en la ~ de qqn to come into sb's possession. -2. JUR possession; ~ utile quiet possession. -3. [territoire] possession, dominion. -4. [contrôle] control; une force étrange a pris ~ de lui a strange force has gained possession of him. -5. PSYCH & RELIG possession.

possessivité [pɔsesivite] *nf* possessiveness.

possessoire [pɔseswar] ◇ *adj* possessory.
◇ *nm* -1. [droit] (right of) possession. -2. [action] possessory action.

possibilité [pɔsibilite] *nf* -1. [chose envisageable ou faisable] possibility. -2. [moyen] possibility; il n'a pas vraiment la ~ de refuser he can't really refuse; mon travail me donne la ~ de voyager my job gives me the opportunity of travelling. -3. [éventualité] possibility; le syndicat n'a pas nié la ~ d'une reprise des négociations the trade union has not ruled out the possible re-opening of negotiations.
◆ **possibilités** *nfpl* [financières] means; 100 F, c'est dans mes ~s 100 F, that's within my means; la maison était au-dessus de nos ~s we couldn't afford the house ‖ [intellectuelles, physiques] possibilities, potential; c'est un pianiste qui a de grandes ~s this pianist has got great possibilities OU potential; écrire une thèse serait au-dessus de mes ~s I couldn't cope with writing a thesis ‖ [techniques] facilities; machine qui offre de multiples ~s d'utilisation machine with many features.

possible [pɔsibl] ◇ *adj* -1. [réalisable - gén] possible; [- construction] feasible; est-il ~ de vivre sur Mars? is life possible on Mars?; une opération rendue ~ par le fibroscope an operation made possible by the fibrescope; il est ~ de dire/de faire it is possible to say/to do; il est toujours ~ d'annuler la réunion the meeting can always be cancelled; il ne m'est financièrement pas ~ de partir pour l'étranger I cannot afford to go abroad; j'ai fait tout ce qu'il m'était humainement/techniquement ~ de faire I did everything that was humanly/technically possible ‖ [par exagération]: ce n'est pas ~ d'être aussi maladroit! how can anyone be so clumsy!; il faut qu'on divorce, ce n'est pas ~ autrement we've got to get a divorce, it's the only solution; on a dû le pousser, ce n'est pas ~ autrement! somebody MUST have pushed him!; il est pas ~, ce mec! *fam* this guy's just too much! -2. [probable] possible; il est ~ que je vous rejoigne plus tard I may OU might join you later; serait-il ~ qu'il m'ait menti? could he (possibly) have lied to me?; il t'aime — c'est bien ~, mais moi pas! he loves you — quite possibly OU that's as may be, but I don't love him!; tu devrais lui écrire — c'est ~, mais je n'en ai pas envie you should write to him — maybe (I should), but I don't feel like it. -3. [pour exprimer l'étonnement]: elle est morte hier — c'est pas ~! *fam* she died yesterday — I can't believe it!; pas ~! c'est ta fille? *fam* is this your daughter? well, I never!; Noël c'est le 25 — pas ~! *iron* Christmas is on the 25th — you don't say! -4. [envisageable - interprétation, explication, option] possible; le 24 février serait une date ~ the 24th of February would be a possible date OU a possibility; voici la sélection ~ pour le match de demain here is the possible selection for tomorrow's match. -5. [potentiel] possible; je l'ai cherché dans tous les endroits ~s I looked for it everywhere imaginable OU in every possible place; as-tu considéré tous les cas ~s? have you considered every possible ou conceivable explanation?; il a eu tous les problèmes ~s et imaginables pour récupérer son argent he had all kinds of problems getting his money back; bougez le moins ~ move as little as possible; roulez le plus lentement ~ drive as slowly as possible; je veux un rapport aussi détaillé que ~ I want as detailed a report as possible; j'ai acheté les moins chers ~ I bought the cheapest I could find; il mange le plus/le moins de gâteaux ~(s) he eats as many/as few cakes as possible.

◇ *nm*: le ~ the possible; c'est dans le domaine du ~ it's within the bounds of possibility, it's quite possible ❑ faire (tout) son ~ to do one's best ou all one (possibly) can ou one's utmost.

◆ **au possible** *loc adv* in the extreme; ennuyeux au ~ extremely boring; elle a été désagréable/serviable au ~ she couldn't have been more unpleasant/helpful.

postal, e, aux [pɔstal, o] *adj* [colis] (sent) by post *Br* ou mail; [frais, service, tarif] postal.

postchèque [pɔstʃɛk] *nm* Post Office traveller's cheque.

postclassique [pɔstklasik] *adj* postclassical.

postcombustion [pɔstkɔ̃bystjɔ̃] *nf* -**1.** [combustion] reheat, after-burning. -**2.** [dispositif] afterburner.

postcure [pɔstkyr] *nf* rehabilitation; foyer de ~ rehabilitation centre.

postdater [3] [pɔstdate] *vt* to postdate.

poste[1] [pɔst] *nm* -**1.** RAD & TV: ~ (de radio/télévision) (radio/television) set; ~ émetteur/récepteur transmitting/receiving set. -**2.** TÉLÉC [appareil] telephone; [d'un standard] extension; passez-moi le ~ 1421 give me extension 1421. -**3.** [métier] post, job, position; un ~ à pourvoir a post to be filled, a vacancy; elle a un ~ très élevé au ministère she has a very senior position ou post in the ministry; il a obtenu le ~ de directeur financier he was given the post of ou he was appointed financial director. -**4.** [local, installation]: ~ d'aiguillage signal box; ~ de douane customs post; ~ d'équipage crew's quarters; ~ d'essence petrol *Br* ou gas *Am* ou filling station; ~ d'incendie fire point; ~ de pilotage flight deck; ~ de police police station; ~ de ravitaillement service station; ~ de secours first-aid post. -**5.** MIL: être/rester à son ~ *pr* & *fig* to be/to stay at one's post ❑ ~ de combat action ou battle station; ~ de commandement command post; ~ de garde guardroom; ~ d'observation/d'écoute/de surveillance *pr* & *fig* observation/listening/look-out post. -**6.** FIN [d'un compte] item, entry; [d'un budget] item. -**7.** INDUST [division du temps] shift; ~ de 10 heures 10-hour shift ❑ ~ de nuit nightshift; ~ de travail [emplacement] workplace. -**8.** CHASSE hide.

poste[2] [pɔst] *nf* -**1.** [établissement] post office; ~ restante poste restante. -**2.** [moyen d'acheminement] post *Br*, mail *Am*; envoyer qqch par la ~ to send sthg by post *Br*, to mail sthg *Am*; mettre une lettre à la ~ to post *Br* ou to mail *Am* a letter; je venais de la mettre à la ~ quand je m'aperçus que j'avais oublié le timbre I'd just dropped it in the letter *Br* ou mail *Am* box when I realized I hadn't put a stamp on it; ~ aérienne air-mail. -**3.** ADMIN: la ~ ≃ the Post Office; travailler à la ~ ≃ to work for the Post Office ❑ les Postes et Télécommunications *the French postal and telecommunications service.* -**4.** HIST [relais] post.

◆ **postes** *nfpl* ARCHIT wave moulding.

posté, e [pɔste] *adj* INDUST shift *(modif)*; travailleur ~ shift worker.

poste-frontière [pɔst(ə)frɔ̃tjɛr] (*pl* postes-frontières) *nm* customs post.

poster[1] [pɔstɛr] *nm* poster.

poster[2] [3] [pɔste] *vt* -**1.** [envoyer - colis, courrier] to post *Br*, to mail *Am*; la lettre a été postée le 2 mai the letter was sent ou was posted *Br* ou was mailed *Am* on the 2nd of May. -**2.** [placer - garde, complice] to post, to station.

◆ **se poster** *vpi* [sentinelle] to station ou to post ou to position o.s.; se ~ sur le parcours d'une course/d'un cortège to go and stand on the route of a race/procession.

postérieur, e [pɔsterjœr] *adj* -**1.** [ultérieur - date, époque] later; [- fait, invention] subsequent, later; le tableau est ~ à 1930 the picture was painted after 1930. -**2.** [de derrière - pattes] hind, rear, back *(modif)*; [- partie] back, posterior. -**3.** PHON [voyelle, articulation] back *(modif)*.

◆ **postérieur** *fam nm* behind, bottom, posterior.

postérieurement [pɔsterjœrmɑ̃] *adv* later, subsequently, at a later date; ~ à later than, after.

posteriori → **a posteriori**.

postériorité [pɔsterjɔrite] *nf sout* posteriority.

postérité [pɔsterite] *nf* -**1.** *litt* [lignée] posterity, descendants. -**2.** [générations futures] posterity; passer à la ~ [artiste] to become famous, to go down in history; [mot, œuvre] to be handed down to posterity ou to future generations.

postface [pɔstfas] *nf* postcript, afterword.

postglaciaire [pɔstglasjɛr] *adj* postglacial.

posthume [pɔstym] *adj* [enfant, ouvrage] posthumous; médaille décernée à titre ~ posthumously awarded medal.

posthypophyse [pɔstipɔfiz] *nf* posthypophysis.

postiche [pɔstiʃ] ◇ *adj* -**1.** [cheveux, barbe, chignon] false. -**2.** *sout* [fictif] sham, spurious.
◇ *nm* hairpiece.

postier, ère [pɔstje, ɛr] *nm, f* postal worker.

postillon [pɔstijɔ̃] *nm* -**1.** [salive] fleck of spittle; ~s spluttering. -**2.** HIST postilion.

postillonner [3] [pɔstijɔne] *vi* to splutter; «...», dit-il en postillonnant "...", he spluttered.

postimpressionnisme [pɔstɛ̃presjɔnism] *nm* Postimpressionism.

postimpressionniste [pɔstɛ̃presjɔnist] *adj* & *nmf* Postimpressionist.

postindustriel, elle [pɔstɛ̃dystrijɛl] *adj* postindustrial.

postmoderne [pɔstmɔdɛrn] *adj* postmodern.

postmodernisme [pɔstmɔdɛrnism] *nm* postmodernism.

postnatal, e, als ou **aux** [pɔstnatal, o] *adj* postnatal.

postopératoire [pɔstɔperatwar] *adj* postoperative.

post-partum [pɔstpartɔm] *nm inv* postpartum period.

postposer [3] [pɔstpoze] *vt* to place after; un adjectif postposé a postpositive adjective, an adjective that comes after the noun.

postposition [pɔstpozisjɔ̃] *nf* -**1.** [particule] postposition. -**2.** [fait de postposer]: la ~ de l'adjectif placing the adjective after the noun.

postprandial, e, aux [pɔstprɑ̃djal, o] *adj* postprandial.

postromantique [pɔstrɔmɑ̃tik] *adj* post-Romantic.

postscolaire [pɔstskɔlɛr] *adj* postschool *(modif)*.

post-scriptum [pɔstskriptɔm] *nm inv* postscript.

postsynchronisation [pɔstsɛ̃krɔnizasjɔ̃] *nf* postsynchronization.

postsynchroniser [3] [pɔstsɛ̃krɔnize] *vt* to post-synchronize.

postulant, e [pɔstylɑ̃, ɑ̃t] *nm, f* -**1.** [à un emploi] applicant, candidate. -**2.** RELIG postulant.

postulat [pɔstyla] *nm* -**1.** LOGIQUE & MATH postulate; nous partons du ~ que... we take it as axiomatic that... -**2.** [principe de base] postulate. -**3.** RELIG postulancy.

postulation [pɔstylasjɔ̃] *nf* JUR representation, proxy.

postuler [3] [pɔstyle] ◇ *vt* -**1.** [poste] to apply for. -**2.** LOGIQUE & MATH to postulate, to assume.
◇ *vi* JUR to represent.

◆ **postuler à** *v + prép* to apply for.

postural, e, aux [pɔstyral, o] *adj* postural PHYSIOL.

posture [pɔstyr] *nf* -**1.** [position du corps] posture, position; être dans une ~ comique to strike a comic pose ou attitude; dans une ~ inconfortable in an uncomfortable position. -**2.** [situation] position; être en bonne/en mauvaise ~ to be in a good/in an awkward position; être en ~ de faire qqch to be in a position to do sthg.

pot [po] *nm* -**1.** [contenant] pot; ~ en étain/verre/terre tin/glass/earthenware pot; mettre en ~ [plantes] to pot; [fruits, confitures] to put into jars ❑ ~ à eau/lait water/milk jug; ~ à ou de yaourt yoghurt pot; ~ de chambre (chamber) pot; [pour enfant] pot, potty; mets-le sur son ~ put him on his potty; ~ à confiture ou à confitures jam jar; ~ de fleurs [vide] flowerpot, plant pot; [planté] flowers in a pot, potted flowers; ~ à moutarde mustard pot; ~ à tabac *pr* tobacco jar; *fig* tubby little person; tourner autour du ~ to beat around the bush; c'est le ~ de terre contre le ~ de fer *allusion La Fontaine* that's the danger of confronting someone more powerful than oneself; c'est dans les vieux ~s qu'on fait les bonnes ou les meilleures soupes *prov* experience always wins the day *prov*. -**2.** [contenu] pot, potful; ~ de confiture/miel jar of jam/honey; ~ de peinture pot ou can of paint; petit ~ (pour bébé) (jar of) baby food; elle ne lui donne que des petits ~s she only feeds him prepared baby foods. -**3.** *fam* [boisson] drink, jar *Br*, snort *Am*; viens, je t'offre un ~ come on, I'll buy you a drink ‖ [fête]: ils font un ~ pour son départ à la retraite they're having a little get-together for his retirement; je suis invité à un ~ ce soir I've been invited out for drinks tonight. -**4.** *fam* [chance] luck; avoir du ~ [souvent] to be lucky; [à un certain moment] to be in luck; il n'a pas de ~ [jamais] he's unlucky; [en ce moment] he's out of luck; pas de ~! hard ou tough luck!; coup de ~ stroke of luck. -**5.** *fam* [derrière] backside, bottom, bum *Br*. -**6.** CARTES [talon] stock; [enjeux] pot. -**7.** AUT: ~ d'échappement exhaust (pipe) *Br*, tail pipe *Am*; ~ catalytique catalytic converter. -**8.** NAUT: ~ au noir doldrums.

◆ **en pot** *loc adj* [plante] pot *(modif)*, potted; [confiture, miel] in a jar.

◆ **pot de colle** *nm fig* & *péj fam* nuisance; elle est ~ de colle she sticks to you like glue, you just can't get rid of her.

potable [pɔtabl] *adj* -**1.** [buvable]: eau ~ drinking water; eau non ~ water unsuitable for drinking. -**2.** *fam* [acceptable - travail] passable, reasonable; [- vêtement] wearable.

potache *fam* [pɔtaʃ] *nm* schoolkid; blague de ~ schoolboy joke.

potage [pɔtaʒ] *nm* -**1.** CULIN soup. -**2.** *litt* & *vieilli*: n'ayant pour tout ~ que son diplôme de masseur with only his masseur's diploma to his name.

potager, ère [pɔtaʒe, ɛr] *adj* [culture] vegetable *(modif)*; [plante] grown for food, food *(modif)*.

◆ **potager** *nm* kitchen garden, vegetable plot.

potard *fam* [pɔtar] *nm vieilli* [pharmacien] chemist *Br*, druggist *Am*; [étudiant] pharmacy student.

potasse [pɔtas] *nf* -**1.** [hydroxyde] potassium hydroxide, (caustic) potash. -**2.** [carbonate] (impure) potassium carbonate, potash.

potasser *fam* [3] [pɔtase] *vt* [discipline, leçon] to swot up *Br*, to bone up on *Am*; [examen] to cram for.

potassique [pɔtasik] *adj* potassic.

potassium [pɔtasjɔm] *nm* potassium.

pot-au-feu [pɔtofø] ◇ *nm inv* CULIN pot-au-feu, beef and vegetable stew.
◇ *adj inv fam* [popote, prosaïque]: être ~ to be a homebody.

pot-de-vin [podvɛ̃] (*pl* pots-de-vin) *nm* bribe; verser des pots-de-vin à qqn to grease sb's palm, to bribe sb.

pote *fam* [pɔt] *nm* pal, mate *Br*, buddy *Am*.

poteau, x [pɔto] *nm* -**1.** [mât] post, pole; **~ indicateur** signpost; **~ télégraphique** telegraph pole OU post; **~ (d'exécution)** (execution) stake; **envoyer qqn au ~** to sentence sb to execution by firing squad; **le proviseur, au ~!** *fam* down with the headmaster! -**2.** SPORT [support de but] post, goal-post; **entre les ~x** between the goal posts OU the uprights ‖ [dans une course]: **~ d'arrivée** winning post; **~ de départ** starting post; **rester au ~** [cheval] to be left at the starting post; **se faire coiffer au** OU **battre sur le ~ (d'arrivée)** *pr* to be beaten at the (finishing) post; *fig* to be pipped at the post *Br*, to be beaten by a nose *Am*.

potée [pɔte] *nf* -**1.** CULIN pork hotpot *(with cabbage and root vegetables)*. -**2.** MÉTALL [pour mouler] moulding clay. -**3.** TECH [d'étain] putty powder; [de fer] crocus, jeweller's rouge.

potelé, e [pɔtle] *adj* plump, chubby; **une petite bonne femme ~e** a dumpy little woman.

potence [pɔtɑ̃s] *nf* -**1.** [supplice, instrument] gallows. -**2.** CONSTR [d'une charpente] post and braces; [pour une lanterne, une enseigne] support. -**3.** [d'une grue] crane jib. -**4.** [pour panneaux de signalisation] overhead signpost.

potentat [pɔtɑ̃ta] *nm* -**1.** *sout* [monarque] potentate. -**2.** [despote] despot; **il se comporte en vrai ~ avec ses employés** he's a real despot as far as his employees are concerned.

potentialité [pɔtɑ̃sjalite] *nf* potentiality.

potentiel, elle [pɔtɑ̃sjɛl] *adj* potential.

◆ **potentiel** *nm* -**1.** ÉLECTR, MATH, PHYS & PHYSIOL potential. -**2.** [possibilités] potential, potentiality; **avoir un certain ~** [personne] to have promising qualities, to have potential ❑ **~ de croissance** growth potential. -**3.** LING potential (mood).

potentiellement [pɔtɑ̃sjɛlmɑ̃] *adv* potentially.

potentiomètre [pɔtɑ̃sjɔmɛtr] *nm* potentiometer.

poterie [pɔtri] *nf* -**1.** [art] pottery. -**2.** [article] piece of pottery; **des ~s grecques** Greek pottery.

poterne [pɔtɛrn] *nf* [porte] postern.

potestatif, ive [pɔtɛstatif, iv] *adj*: **condition potestative** potestative condition.

potiche [pɔtiʃ] *nf* -**1.** [vase] rounded vase. -**2.** *fam* [personne] figurehead *fig*, puppet *fig*.

potier, ère [pɔtje, ɛr] *nm, f* potter.

potin *fam* [pɔtɛ̃] *nm* [bruit] racket, rumpus; **faire du ~** [machine, personne] to make a racket; [scandale, affaire] to cause a furore.

◆ **potins** *nmpl* [ragots] gossip, idle rumours; **(rubrique des) ~s mondains** society gossip (column).

potiner *fam* [3] [pɔtine] *vi* to gossip, to spread rumours.

potinier, ère *fam* [pɔtinje, ɛr] *adj* gossipy, scandal-mongering.

potion [posjɔ̃] *nf* PHARM potion, draft; **~ magique** magic potion.

potiquet [pɔtikɛ] *nm Belg* pot.

potiron [pɔtirɔ̃] *nm* pumpkin.

pot-pourri [popuri] (*pl* **pots-pourris**) *nm* -**1.** MUS potpourri, medley. -**2.** LITTÉRAT potpourri. -**3.** [fleurs séchées] potpourri.

potron-jaquet [pɔtrɔ̃ʒakɛ], **potron-minet** [pɔtrɔ̃minɛ] *nm inv hum* OU *vieilli*: **dès ~** at the crack of dawn.

Potsdam [pɔtsdam] *npr* Potsdam.

pou, x [pu] *nm* -**1.** [parasite de l'homme] louse; **~ de tête/du corps** head/body louse; **~x du pubis** crab OU pubic lice, crabs. -**2.** ENTOM: **~ collant** OU **des serres** cochineal (insect); **~ des livres** (common) book louse. -**3.** *loc*: **être laid** OU **moche** *fam* **comme un ~** to be as ugly as sin; **être fier** OU **orgueilleux comme un ~** to be as proud as a peacock.

pouah [pwa] *interj* ugh, yuck.

poubelle [pubɛl] *nf* -**1.** [récipient à déchets] dustbin *Br*, trash OU garbage can *Am*; **mettre** OU **jeter qqch à la ~** to put OU to throw sthg in the dustbin; **je vais mettre ces vieilles chaussures à la ~** I'm going to throw these old shoes out; **bon pour la ~** fit for the dustbin; **faire les ~s** to go scavenging (from the dustbins); **les ~s de l'histoire** *fig* the scrap heap of history. -**2.** [dépotoir] dumping-ground, rubbish *Br* OU garbage *Am* dump; **ne prenez pas la mer pour une ~** don't use the sea as a dumping-ground.

pouce [pus] *nm* -**1.** ANAT [doigt] thumb; [orteil] big toe; **se tourner les ~s** *fam* to twiddle one's thumbs; **et le ~!** *fam* and a bit more besides! -**2.** [dans un jeu]: **~!** pax! *Br*, time out! *Am*. -**3.** [mesure] inch; **on n'avançait pas d'un ~ sur la route** the traffic was solid; **je ne changerai pas d'un ~ les dispositions de mon testament** I won't change one jot OU iota of my will. -**4.** *Can loc*: **faire du ~, voyager sur le ~** to hitchhike.

◆ **coup de pouce** *nm* bit of help; **donner un coup de ~ à qqn** to pull (a few) strings for sb; **donner un coup de ~ à qqch** to give sthg a bit of a boost; **il nous faudrait de la publicité pour donner un petit coup de ~ à nos ventes** we need some advertising to give our sales a bit of a boost.

pouce-pied [puspje] (*pl* **pouces-pieds**) *nm* goose barnacle.

Pouchkine [puʃkin] *npr* Pushkin.

poudrage [pudraʒ] *nm* -**1.** [gén] (light) powdering OU sprinkling. -**2.** AGR dusting, crop-dusting.

poudre [pudr] *nf* -**1.** [aliment, médicament] powder; [de craie, d'os, de diamant, d'or] dust, powder; **mettre** OU **réduire qqch en ~** to reduce sthg to powder, to pulverize OU to powder sthg ❑ **~ à éternuer** sneezing powder; **~ à laver** washing *Br* OU soap powder; **~ à récurer** scouring powder. -**2.** ARM powder, gunpowder; **~ à canon** gunpowder; **faire parler la ~** to settle the argument with guns; **ça sent la ~** there's talk of war. -**3.** [cosmétique - pour le visage] (face) powder; [- pour une perruque] powder; **~ de riz** face powder; **~ compacte/libre** pressed/loose powder; **se mettre de la ~** to powder one's face OU nose. -**4.** *loc*: **prendre la ~ d'escampette** to decamp; **jeter de la ~ aux yeux à qqn** to try to dazzle OU to impress sb; **tout ça c'est de la ~ aux yeux** all that's just for show; **~ de perlimpinpin** [faux remède] quack remedy; **leur politique, c'est de la ~ de perlimpinpin** their policy is just a magic cure-all. -**5.** *arg drogue* [héroïne] smack.

◆ **en poudre** *loc adj* [amandes, lait] powdered; **chocolat en ~** drinking chocolate; **noix de muscade en ~** ground nutmeg.

poudrer [3] [pudre] *vt* -**1.** [maquiller] to powder. -**2.** *litt* [saupoudrer]: **la neige poudrait les arbres** the trees had a light powdering OU sprinkling of snow.

◆ **se poudrer** *vp* *(emploi réfléchi)* to powder one's nose OU face.

poudrerie [pudrəri] *nf* -**1.** ARM gun-powder factory. -**2.** *Can* [neige] flurry of snow.

poudreux, euse [pudrø, øz] *adj* [terre] dusty; [substance] powdery.

◆ **poudreuse** *nf* -**1.** [neige] powdery snow, powder. -**2.** AGR sprinkler, powder-sprinkler.

poudrier [pudrije] *nm* (powder) compact.

poudrière [pudrijɛr] *nf* ARM (gun) powder store; **la maison était une vraie ~** the house was packed with explosives ‖ *fig* power keg.

poudroiement [pudrwamɑ̃] *nm litt* [de la neige] sparkle; [de la poussière] fine cloud.

poudroyer [13] [pudrwaje] *vi litt* [sable, neige] to rise in clouds; [soleil, lumière] to shine hazily; **au loin, la route poudroyait** in the distance, fine clouds of dust could be seen rising up from the road.

pouf[1] [puf] *nm* pouf, pouffe.

pouf[2] [puf] *onomat* [dans une chute] bang, wallop; **faire ~** to go crash (bang, wallop); **et ~, par terre!** whoops-a-daisy!

pouffer [3] [pufe] *vi*: **~ (de rire)** to titter.

pouf(f)iasse▽ [pufjas] *nf péj* -**1.** [femme vulgaire] cow. -**2.** *vieilli* [prostituée] tart.

Pouille [puj] *npr f*: **la ~, les ~s** Apulia.

pouilleux, euse [pujø, øz] ◇ *adj* -**1.** [couvert de poux] covered in lice, lousy, verminous. -**2.** [pauvre et sale - individu] grubby, filthy; [- restaurant, quartier] shabby, seedy.

◇ *nm, f péj* grubby person; **sur ce, arrive une espèce de ~** in comes a scruffy wretch.

pouillot [pujo] *nm*: **~ fitis/siffleur** willow/wood warbler; **~ véloce** chiffchaff.

pouilly [puji] *nm* Pouilly (wine).

poujadisme [puʒadism] *nm* POL & *fig*: **le ~** Poujadism.

LE POUJADISME:
A short-lived right-wing political movement drawing support from craftsmen, small shopkeepers and small farmers, led by Pierre Poujade. Over 50 deputies were elected in 1956. The term typifies a still prevalent attitude of resistance to change amongst traditionalist groups threatened by economic developments.

---

poulailler [pulaje] *nm* -**1.** [hangar] hen house; [cour] hen-run. -**2.** *fam* THÉÂT: **le ~** the gods *Br*, the peanut gallery *Am*; **nous avons des places au ~** we've got seats up in the gods.

poulain [pulɛ̃] *nm* -**1.** ZOOL colt. -**2.** [protégé] (young) protégé; **il avait plusieurs ~s** he had several young people under his patronage.

poulaine [pulɛn] *nf* -**1.** [chaussure] poulaine. -**2.** NAUT head.

poularde [pulard] *nf* fattened hen, poulard, poularde.

poulbot [pulbo] *nm* (Montmartre) urchin.

poule [pul] *nf* -**1.** ZOOL hen; **~ d'eau** moorhen; **la ~ aux œufs d'or** the goose that laid the golden eggs; **se coucher avec les ~s** to go to bed very early; **se lever avec les ~s** to be an early riser; **~ mouillée** drip; **quand les ~s auront des dents: ton argent, tu le reverras quand les ~s auront des dents** you can kiss your money good-bye; **une ~ n'y retrouverait pas ses poussins** it's an awful mess; **être comme une ~ qui a trouvé un couteau** to be all flustered; **la ~ ne doit pas chanter devant le coq** *prov* it's the man who should wear the trousers. -**2.** CULIN (boiling) fowl; **~ au riz** boiled chicken with rice; **~ au pot** *casseroled chicken with vegetables*. -**3.** *fam* [maîtresse] mistress; *vieilli* [prostituée] whore, tart; **~ de luxe** high-class call girl. -**4.** *fam* [terme d'affection]: **ma ~** (my) pet, (my) love. -**5.** *(comme adj)*: **c'est une mère ~** she's a real mother hen; **c'est un papa ~** he's a real mother hen *hum*. -**6.** SPORT pool *(in a round robin)*; **en ~ A, Metz bat Béziers** in group OU pool A Metz beat Béziers ‖ ÉQUIT: **~ d'essai 1 600 m** maiden race.

poulet [pulɛ] *nm* -**1.** CULIN & ZOOL chicken; **~ de grain** corn-fed chicken; **~ fermier** free-range chicken. -**2.** ▽ [policier] cop, copper *Br*. -**3.** *fam* [terme d'affection]: **mon ~** my pet, (my) love. -**4.** *fam* [lettre galante] love letter.

poulette [pulɛt] *nf* -**1.** ZOOL pullet. -**2.** *fam* [terme d'affection]: **ma ~** (my) pet, (my) love. -**3.** *fam* [femme] bird *Br*, chick *Am*.

◆ **à la poulette** *loc adj* CULIN with a poulette sauce *(made from butter, cream and egg yolks)*.

pouliche [puliʃ] *nf* filly.

poulie [puli] *nf* [roue] pulley; [avec enveloppe] block; **~ folle** idler; **~ simple/double/fixe** single/double/fixed block; **~ trapézoïdale** V-belt pulley.

pouliner [3] [puline] *vi* to foal.

poulinière [pulinjɛr] ◇ *nf* brood mare.

◇ *adj f*: **jument ~** brood mare.

poulpe [pulp] *nm* octopus.

pouls [pu] *nm* MÉD pulse; **prendre le ~ de** [malade] to feel OU to take the pulse of ❑ **~ veineux** venous pulse; **prendre** OU **tâter le ~ de** [électorat] to feel the pulse of, to sound out; [entreprise, secteur] to feel the pulse of.

poumon [pumɔ̃] *nm* lung; **~ artificiel** OU **d'acier** artificial OU iron lung.

poupard [pupar] *nm* [bébé] chubby-cheeked baby.

poupe [pup] *nf* stern.

poupée [pupe] *nf* -**1.** [figurine] doll; jouer à la ~ to play with dolls ❑ ~ de chiffon/cire/porcelaine rag/wax/china doll; ~ qui parle/marche talking/walking doll; ~ de son stuffed doll; ~ gonflable blow-up doll; des ~s russes a nest of Russian dolls. -**2.** *fam* [jolie femme] doll, looker. -**3.** *fam* [bandage] (large) finger bandage. -**4.** MÉCAN [gén] headstock; [d'un tour] poppet.
◆ **de poupée** *loc adj*: une chambre de ~ a doll's bedroom; un visage de ~ a doll-like face.

poupin, e [pupɛ̃, in] *adj* [visage] chubby.

poupon [pupɔ̃] *nm* -**1.** [bébé] little baby. -**2.** [jouet] baby doll.

pouponner [3] [pupɔne] *vi* to look after babies OU a baby.

pouponnière [pupɔnjɛr] *nf* nursery *(for babies and toddlers who can neither stay with their parents nor be fostered)*.

pour [pur] ◇ *prép* -**1.** [indiquant le lieu où l'on va] for; partir ~ l'Italie to leave for Italy; un billet ~ Paris a ticket for OU to Paris; ~ Granville, prendre à gauche turn left for Granville; le train ~ Séville the train for Seville, the Seville train; je m'envole ~ Rome I'm flying to Rome; partir ~ la campagne to go to the country. -**2.** [dans le temps - indiquant le moment] for; pourriez-vous avoir fini ~ lundi/demain? could you have it finished for Monday/tomorrow?; ~ dans une semaine for a week's time; ~ le 10 mai for May 10th; vous partez en Italie ~ Pâques? are you going to Italy for Easter?; ~ la première fois for the first time; ~ le moment for the moment; tu organises quelque chose ~ ton anniversaire? are you doing anything for your birthday?; j'ai repeint la chambre ~ quand tu viendras I've redecorated the room for when you visit ‖ [indiquant la durée] for; partir ~ 10 jours to go away for 10 days; elle est absente ~ une semaine she's away for a week; il n'en a plus ~ longtemps he won't be long now; [à vivre] he hasn't got long to live; j'en ai bien ~ cinq heures it'll take me at least five hours. -**3.** [exprimant la cause]: je l'ai remercié ~ son amabilité I thanked him for his kindness; il a été grassement récompensé ~ son aide he was handsomely rewarded for his help; 'fermé ~ travaux' 'closed for repairs'; un restaurant apprécié ~ ses fruits de mer a restaurant famous for its seafood; ils se querellent ~ des broutilles they quarrel over trifles; il est tombé malade ~ avoir mangé trop d'huîtres he fell ill after eating OU because he ate too many oysters; condamné ~ vol found guilty of theft; elle a obtenu un prix ~ son premier film she won an award for her first film ❑ y être ~ quelque chose: sa bonne constitution y est ~ quelque chose his strong constitution had something to do with OU played a part in it; elle est ~ beaucoup dans le succès de la pièce the success of the play is to a large extent due to her, she has had a great deal to do with the success of the play; n'y être ~ rien: ne me remerciez pas, je n'y suis ~ rien don't thank me, I didn't have anything to do with it. -**4.** [exprimant la conséquence] to; ~ son malheur to his misfortune; ~ la plus grande joie des enfants to the children's great delight; il a erré trois heures en forêt ~ se retrouver à son point de départ he wandered for three hours in the forest, only to find he was back where he'd started from; ses paroles n'étaient pas ~ me rassurer his words were far from reassuring to me; ce n'est pas ~ me déplaire I can't say I'm displeased with it. -**5.** [capable de]: je me suis trompé et il ne s'est trouvé personne ~ me le dire I made a mistake and nobody was capable of telling me; il y a toujours des gens ~ rire du malheur des autres there will always be people who'll laugh at other people's misfortune. -**6.** [par rapport à] for; il est en avance ~ son âge he's advanced for his age; pas mal ~ un début not bad for a start; il fait froid ~ un mois de mai it's cold for May; c'est cher ~ ce que c'est it's expensive for what it is. -**7.** [avec une valeur emphatique]: mot ~ mot word for word; ~ un champion, c'est un champion! that's what I call a (real) champion!; ~ une surprise, c'est une surprise! well, talk about (a) surprise!; perdre ~ perdre, autant que ce soit en beauté if we are going to lose, we might as well do it in style; ~ être en colère, je l'étais! I was so angry! -**8.** [indiquant une proportion, un pourcentage] per; cinq ~ cent five per cent; ~ mille per thousand; il faut 200 g de farine ~ une demi-livre de beurre take 200 g of flour to OU for half a pound of butter. -**9.** [moyennant]: ~ 500 francs for 500 francs; ~ la somme de for the sum of; ~ rien for nothing; il y en a bien ~ 800 francs de réparation the repairs will cost at least 800 francs. -**10.** [à la place de] for; prendre un mot ~ un autre to mistake a word for another; on l'a prise ~ sa fille they mistook her for her daughter. -**11.** [au nom de] for, on behalf of; parler ~ qqn to speak on sb's behalf OU for sb; remercie-le ~ moi thank him from me OU for me OU on my behalf; son tuteur prend toutes les décisions ~ lui his guardian makes all the decisions for him OU on his behalf; ~ le directeur [dans la correspondance] pp Director. -**12.** [en guise de, en qualité de]: prendre qqn ~ époux/épouse to take sb to be one's husband/wife; avoir qqn ~ ami/professeur to have sb as a friend/teacher; j'ai son fils ~ élève his son is one of my pupils; ~ tout remerciement voilà ce que j'ai eu that's all the thanks I got; avoir ~ conséquence to have as a consequence; j'ai ~ principe que... I believe on principle that...; il se fait passer ~ un antiquaire he claims to be an antique dealer; le livre a ~ titre... the book's title is..., the book is entitled... -**13.** [indiquant l'attribution, la destination, le but] for; acheter un cadeau ~ qqn to buy a present for sb; il y a qqn ~ vous au téléphone there's someone on the phone for you; j'ai beaucoup d'admiration ~ lui I've got a lot of admiration for him; son amour ~ moi his love for me; mes sentiments ~ elle my feelings towards OU for her; tant pis ~ lui! that's too bad (for him)!; c'est ~ quoi faire, ce truc? what's that thing for?; sirop ~ la toux cough mixture; un journal ~ enfants a newspaper for children; des vêtements chauds ~ l'hiver warm clothes for winter; tout est bon ~ son ambition everything feeds his ambition; il est mort ~ la patrie he died for his country; voyager ~ son plaisir to travel for pleasure; l'art ~ l'art art for art's sake; la discipline ~ la discipline c'est idiot discipline (just) for the sake of discipline is stupid; ~ 4 personnes [recette] serves 4; [couchage] sleeps 4 ❑ c'est fait ~ that's what it's (there) for. -**14.** *(suivi de l'infinitif)* [afin de] (in order) to; je suis venu ~ vous voir I'm here OU I've come to see you; nous sommes là ~ vous informer we're here to inform you; ~ mieux comprendre in order to understand more clearly; ~ bien faire, il faudrait tout recommencer in order to do the job properly, it would be better to start again; ~ en finir avec toutes ces rumeurs... in order to put a stop to these rumours... ‖ *(elliptiquement)*: si tu veux réussir, il faut tout faire ~ if you want to succeed you have to do everything possible. -**15.** [en faveur de] for, in favour of; voter ~ qqn to vote for OU in favour of sb; manifester ~ les droits de l'homme to demonstrate for OU in favour of human rights; il a ~ lui de nombreuses qualités he has a number of qualities in his favour ❑ être ~ to be for OU in favour (of); qui est ~? who's in favour?; on est ~ ou contre you're either for or against (it); ceux qui sont ~ cette solution the supporters of this solution, those who are in favour of this solution; je suis ~ qu'on s'y mette tout de suite I'm in favour of getting down to it immediately. -**16.** [du point de vue de]: ça compte peu ~ toi, ~ moi c'est tellement important it matters little to you but to OU for me it's so important; ~ moi, il a dû se réconcilier avec elle if you ask me, he must have made it up with her; ~ moi, c'est comme s'il était toujours là to me, it's as though he's still here OU around. -**17.** [en ce qui concerne]: et ~ le salaire? and what about the salary?; ne t'en fais pas ~ moi don't worry about me; ~ certains de nos collègues, la situation est inchangée as far as some of our colleagues are concerned, the situation has not changed; ~ ce qui est de: ~ ce qui est de l'avancement, voyez avec le responsable du personnel as far as promotion is concerned, see the personnel officer. -**18.** *sout* [exprimant la concession]: ~ être gentil il n'en est pas moins bête he may be kind but he's still stupid, for all his kindness he's no less stupid; ~ être jeune, elle n'en est pas moins compétente young though she is she's very able ‖ [en corrélation avec 'que']: ~ patient qu'il soit, il ne supportera pas cette situation for all his patience, he won't put up with this situation. -**19.** *litt (suivi de l'infinitif)* [sur le point de] about to, on the point of; il était ~ partir he was about to leave OU on the point of leaving.
◇ *nm inv*: il y a du ~ et du contre there are things to be said on both sides (of the argument); peser le ~ et le contre to weigh up the pros and cons; les ~ l'emportent the argument in favour is overwhelming, the ayes have it POL OU *hum*.
◆ **pour que** *loc conj* -**1.** [exprimant le but] so that, in order that *fml*; venez tôt ~ que nous ayons le temps de faire connaissance come early so that we have time to get to know each other; j'ai pris des places non-fumeurs ~ que vous ne soyez pas incommodés par la fumée I've got non-smoking seats so that you won't be bothered by the smoke. -**2.** [exprimant la conséquence]: il est assez malin ~ qu'on ne l'arrête pas he is cunning enough to avoid being caught; mon appartement est trop petit ~ qu'on puisse tous y dormir my flat is too small for us all to be able to sleep there.

pourboire [purbwar] *nm* tip; donner un ~ à qqn to give a tip to sb, to tip sb; j'ai laissé 20 francs de ~ I left a 20 francs tip.

pourceau, x [purso] *nm litt* -**1.** [porc] pig, hog *Am*. -**2.** [homme - sale] pig; [- vicieux] animal.

pourcent [pursɑ̃] *nm*: quelques ~s d'électeurs se sont abstenus quite a few voters abstained.

pour-cent [pursɑ̃] *nm inv* FIN [intérêts, commission] percentage.

pourcentage [pursɑ̃taʒ] *nm* -**1.** FIN & MATH percentage; ça fait combien, en ~? what's the percentage figure? -**2.** COMM percentage, commission; travailler au ~ to work on commission OU on a percentage basis; être payé au ~ to be paid by commission.

pourchasser [3] [purʃase] *vt* -**1.** [criminel] to chase, to pursue; pourchassé par ses créanciers pursued OU hounded by his creditors. -**2.** *sout* [erreur, abus] to track down *(sép)*; nous pourchasserons les injustices we'll root out injustice wherever we find it.

pourfendeur, euse [purfɑ̃dœr, øz] *nm, f litt*: ~ d'idées reçues/de l'hypocrisie declared OU sworn enemy of received ideas/of hypocrisy.

pourfendre [73] [purfɑ̃dr] *vt litt* -**1.** [avec une épée - ennemi] to kill (by the sword). -**2.** [hypocrisie, préjugés] to combat.

pourlécher [18] [purleʃe]
◆ **se pourlécher** ◇ *vpi* to lick one's lips.
◇ *vpt*: je m'en pourlèche les babines à l'avance *hum* my mouth is watering already.

pourparlers [purparle] *nmpl* negotiations, talks; être/entrer en ~ avec qqn to have/to enter into talks OU negotiations with sb; les ~ vont reprendre negotiations will be resumed.

pourpier [purpje] *nm* purslane.

pourpoint [purpwɛ̃] *nm* doublet, pourpoint; des personnages en ~ characters wearing doublet and hose.

pourpre [purpr] ◇ *adj* crimson; son visage devint ~ he went OU turned crimson.
◇ *nm* -**1.** [couleur] crimson. -**2.** [mollusque] murex, purple fish. -**3.** MÉD: ~ rétinien visual purple.

◇ *nf* -1. [teinte] purple (dye). -2. RELIG: la ~ [robe] the purple; **revêtir la ~ cardinalice** to don the red hat.

pourpré, e [purpre] *adj* -1. *litt* crimson. -2. MÉD & *vieilli*: **fièvre ~e** hives.

pourquoi [purkwa] ◇ *adv* why; **~ pars-tu?, ~ est-ce que tu pars?** why are you going?; **~ m'avoir menti?** why did you lie to me?; **~ cet air triste?** why are you looking so sad?; **~ chercher des difficultés?** why make things more complicated?; **~ lutter?** what's the use of fighting?; **~ tant d'efforts?** why so much effort?; **~ tant de simagrées?** what's the point of all this play-acting?; **mais ~?** but why?; **~ pas?** why not?; **elle a bien réussi l'examen, ~ pas moi?** she passed the exam, why shouldn't I?; **~ ça?** why?; **et ~ donc?** but why?; **et ~, s'il vous plaît?** and why, may I ask?; **~ je n'ai rien dit? parce que ça ne me regarde pas!** why didn't I say anything? because it's none of my business!; **je ne sais pas ~ tu dis ça** I don't know why you're saying that; **voilà ~ je démissionne** that's (the reason) why I am resigning, that's the reason for my resignation; **c'est ~ je n'y suis pas allée** that's why I didn't go; **personne ne m'a dit ~** nobody has told me why; **il boude, va savoir** OU **comprendre ~!** he's sulking, don't ask me why!; **je l'ai fait sans savoir ~** I did it without knowing why; **c'est une opération délicate, et voici ~** it is a tricky operation and this is why.

◇ *nm inv*: **nous ne saurons jamais le ~ de cette affaire** we'll never get to the bottom of this affair; **il s'interroge toujours sur le ~ et le comment des choses** he's always bothered about the whys and wherefores of everything; **dans sa lettre, il explique le ~ de son suicide** in his letter, he explains the reason OU reasons for his suicide; **les ~ des enfants** children's questions.

pourri, e [puri] ◇ *adj* -1. [nourriture] rotten, bad; [planche, arbre, plante] rotten; [dent] rotten, decayed; [chairs] decomposed, putrefied; **complètement ~** rotten to the core. -2. *fam* [pluvieux - climat, saison] rotten; **quel temps ~!** what rotten OU lousy weather! || [en mauvais état - carrosserie] rusty; **elle est complètement ~e ta voiture!** your car is a wreck OU is nothing but a pile of rust! -3. [corrompu - individu, système] stinking, rotten; **votre société est ~e!** your society is rotten!; **vous pouvez le garder, votre boulot ~!** *fam* you can keep your stinking job! -4. [trop gâté - enfant] spoilt. -5. *fam* ~ de [plein de]: **il est ~ de fric** he's stinking rich OU loaded; **être ~ d'orgueil/d'ambition** to be eaten up with pride/ambition.

◇ *nm, f fam* [terme d'injure] swine; **tas de ~s!** you rotten swine!

◆ **pourri** *nm* [partie pourrie] rotten OU bad part; **enlève le ~** cut off the bits that have gone bad ❑ **ça sent le ~** *fam* it stinks.

pourrir [32] [purir] ◇ *vi* -1. [se gâter - fruit, légume, viande, œuf] to go rotten, to go bad OU off *Br*; [- planche, arbre] to rot; [- végétation, dent] to decay, to rot; [- chairs] to decay, to putrefy; **~ sur pied** to rot on the stalk. -2. *fig*: **laisser ~ une situation** to let a situation deteriorate. -3. *fam* [croupir - personne] to rot; **~ en prison** to rot in prison.

◇ *vt* -1. [putréfier - nourriture] to rot, to putrefy; [- végétation, dent] to decay. -2. [gâter - enfant] to spoil. -3. [pervertir - individu] to corrupt, to spoil; [- société] to corrupt.

pourrissage [purisaʒ] *nm* ageing *(of clay, in humid caves)*.

pourrissant, e [purisɑ̃, ɑ̃t] *adj* [chairs] putrescent, putrefying, decaying; **des fruits ~s** rotting fruit.

pourrissement [purismɑ̃] *nm* -1. [de fruits, du bois, de la viande] rotting; [de chairs] putrefaction; [d'une dent, de la végétation] decay, rotting, decaying. -2. [d'une situation] deterioration.

pourriture [purityr] *nf* -1. [partie pourrie] rotten part OU bit. -2. [état] rottenness. -3. [corruption] rottenness, corruption. -4. *fam* [personne] rotten swine. -5. ŒNOL: **~ noble** noble rot, pourriture noble.

pour-soi [purswa] *nm inv* pour-soi.

poursuite [pursɥit] *nf* -1. [pour rattraper - animal, fugitif] chase; **~ en voiture** car chase; **les voilà partis dans une ~ effrénée** off they go in hot pursuit; **ils sont à la ~ des voleurs** [ils courent] they're chasing the thieves; [ils enquêtent] they're on the trail of the thieves; **se mettre** OU **se lancer à la ~ de qqn** to set off in pursuit of sb, to give chase to sb. -2. [prolongation - de pourparlers, d'études, de recherches] continuation; **la panne d'électricité a empêché la ~ de l'opération** the power cut prevented the operation from going on OU being carried out; **ils ont décidé la ~ de la grève** they've decided to carry on OU to continue with the strike. -3. [recherche - du bonheur, d'un rêve] pursuit. -4. ASTRONAUT tracking. -5. SPORT pursuit.

◆ **poursuites** *nfpl* JUR: **~s (judiciaires)** [en droit civil] legal proceedings; [en droit pénal] prosecution; **entamer** OU **engager des ~s contre qqn** [en droit civil] to institute legal proceedings OU to take legal action against sb; [en droit pénal] to prosecute sb; **vous pouvez faire l'objet de ~s** you're liable to prosecution.

poursuiteur, euse [pursɥitœr, øz] *nm, f* pursuit rider.

poursuivant, e [pursɥivɑ̃, ɑ̃t] ◇ *adj* JUR: **la partie ~e** the plaintiff.

◇ *nm, f* -1. [dans une course] pursuer. -2. JUR plaintiff.

poursuivre [89] [pursɥivr] *vt* -1. [courir après - animal, voleur, voiture] to chase (after), to pursue; **je me suis fait ~ par une bande de voyous/une voiture de police** I was chased by a gang of hoodlums/a police car; **il sentait leurs regards qui le poursuivaient** he could feel their eyes pursuing OU following him. -2. [s'acharner contre - suj: créancier, rival] to hound, to harry, to pursue; [- suj: image, passé, remords] to haunt, to hound, to pursue; **~ qqn de ses assiduités** to pester sb with one's attentions; **~ qqn de sa haine** to hound sb through hatred; **il est poursuivi par la malchance** he is dogged OU pursued by misfortune. -3. [continuer - interrogatoire, récit, recherche, voyage] to go OU to carry on with *(insép)*, to continue; [- lutte] to continue, to pursue; **elle poursuivit sa lecture** she carried on reading, she read on; **ils poursuivirent la discussion jusqu'à une heure tardive** they went on talking till late at night; **poursuivez votre travail** get on with your work; **«quelques années plus tard», poursuivit-il** "a few years later", he went on || *(en usage abs)*: **veuillez ~, Monsieur** please proceed, Sir; **bien, poursuivons** right, let's go on OU continue. -4. [aspirer à - objectif] to pursue, to strive towards *(insép)*; [- rêve] to pursue; [- plaisirs] to pursue, to seek. -5. JUR: **~ qqn (en justice)** [en droit civil] to institute (legal) proceedings against OU to sue sb; [en droit pénal] to prosecute sb; **être poursuivi pour détournement de fonds** to be prosecuted for embezzlement; **être poursuivi en diffamation** to be sued for libel.

◆ **se poursuivre** ◇ *vp (emploi réciproque)* [se courir après] to chase one another OU each other.

◇ *vpi* [se prolonger - pourparlers, recherches] to go on, to continue; [- opération] to go on.

pourtant [purtɑ̃] *adv* -1. [malgré tout] yet, even so, all the same; **elle est ~ bien gentille** and yet she's very nice; **il faut ~ bien que quelqu'un le fasse** somebody has to do it all the same; **cette histoire est ~ vraie** and yet this story is true; **et ~** and yet; **c'est une avenue résidentielle, et ~ bruyante** it's a residential street and yet it's still noisy; **et ~, toutes les conditions étaient réunies!** and yet, all the conditions were right! -2. [emploi expressif]: **c'est ~ simple!** but it's quite simple!; **ce n'est ~ pas compliqué!** it's not exactly complicated!; **il n'est pas bête, ~!** he's not exactly stupid!; **je t'avais ~ prévenu...!** I did warn you...!; **ma montre ne s'est ~ pas envolée!** my watch didn't just vanish into thin air!; **c'est ~ vrai qu'il est déjà midi!** 12 o'clock already!

pourtour [purtur] *nm* -1. [délimitation - d'un terrain] perimeter; [- d'un globe] circumference. -2. [bordure - d'un plat] edge, rim; [- d'une feuille] edge; [- d'une baignoire] surround.

pourvoi [purvwa] *nm* JUR appeal; **il a présenté un ~ en cassation** he has taken his case to the Appeal Court; **~ en révision** review.

pourvoir [64] [purvwar] *vt* -1. [équiper]: **~ qqn de** OU **en** [outils] to equip OU to provide sb with; [vivres, documents] to provide sb with; **~ qqch de** to equip OU to fit sthg with; **la salle est pourvue d'un excellent système acoustique** the auditorium has been fitted with an excellent sound system. -2. [doter]: **~ de** to endow with; **la nature l'a pourvue d'une remarquable intelligence** nature has endowed OU graced her with extraordinary intelligence; **ses parents l'ont pourvu d'une solide éducation** his parents provided him with a sound education; **la cigogne est pourvue d'un long bec** storks have OU possess long beaks. -3. [remplir - emploi] to fill; **le poste est toujours à ~** the post is still vacant OU is still to be filled.

◆ **pourvoir à** *v + prép* [besoin] to provide OU to cater for; [dépense] to pay for; **nous pourvoirons au transport des médicaments** we will provide for OU deal with the transport of medicine.

◆ **se pourvoir** *vpi* JUR to appeal; **se ~ en cassation** to take one's case to the Supreme Court of Appeal.

◆ **se pourvoir de** *vp + prép* [se munir de]: **se ~ d'outils** to equip o.s. with tools; **se ~ de vivres** to provide o.s. with food.

pourvoyeur, euse [purvwajœr, øz] *nm, f* -1. [d'armes, de marchandises] supplier; [de drogue] dealer. -2. *litt*: **~ de fausses nouvelles** rumour monger.

◆ **pourvoyeur** *nm* MIL ammunition server.

pourvu, e [purvy] *adj*: **bien ~** well-off, well-provided for.

pourvu que [purvykə] *(devant voyelle ou h muet* **pourvu qu'** [purvyk]) *loc conj* -1. [exprimant un souhait]: **pourvu qu'il vienne!** I hope OU let's hope he's coming!; **~ ça dure!** let's hope it lasts!; **pourvu qu'il ne pleuve pas!** let's hope it doesn't rain! -2. [exprimant une condition] provided (that), so OU as long as; **tout ira bien ~ vous soyez à l'heure** everything will be fine so long as you're on time.

poussah [pusa] *nm* -1. [figurine] tumbler (toy). -2. [homme] portly (little) man.

pousse [pus] ◇ *nf* -1. ANAT growth. -2. BOT [bourgeon] (young) shoot, sprout; [début de croissance] sprouting; [développement] growth; **ma plante fait des ~s** my plant is sprouting new leaves ❑ **~s de bambou** bamboo shoots; **~s de soja** beansprouts. -3. [de la pâte à pain] proving. -4. ŒNOL *undesired fermentation of wine, which can spoil a batch.* -5. VÉTÉR broken wind.

◇ *nm inv* = **pousse-pousse 1.**

poussé, e[1] [puse] *adj* -1. [fouillé - interrogatoire] thorough, probing, searching; [- recherche, technique] advanced; [- description] thorough, extensive, exhaustive; **d'une efficacité très ~e** highly efficient; **elle fera des études ~es** she'll go on to advanced studies; **je n'ai pas fait d'études ~es** I didn't stay in education very long. -2. [exagéré] excessive; **350 F pour une coupe, c'est un peu ~!** 350 F for a haircut is a bit steep! -3. AUT [moteur] customized.

pousse-café *fam* [puskafe] *nm inv* liqueur, pousse-café; **voulez-vous un ~?** would you like a liqueur with your coffee?

poussée[2] [puse] *nf* -1. CONSTR, GÉOL & PHYS thrust; **~ d'Archimède** upthrust buoyancy. -2. [pression] push, shove, thrust; **la barrière a cédé sous la ~ des manifestants** the barrier gave way under the pressure of the demonstrators. -3. MÉD eruption, outbreak; **le bébé fait une petite ~ de boutons rouges** the baby has a red rash; **faire une ~ de fièvre** to have a sudden rise in temperature; **une ~ d'adréna-**

line a surge of adrenalin. -**4.** BOT: **~ radiculaire** root pressure. -**5.** [progression] upsurge, rise; **une ~ de racisme** an upsurge of racism; **une ~ de l'inflation** a rise in inflation. -**6.** [attaque] thrust; **la ~ des troupes hitlériennes contre la Pologne** the thrust OU offensive of Hitler's troops against Poland. -**7.** AÉRON & ASTRONAUT thrust.

pousse-pousse [puspus] *nm inv* -**1.** [en Extrême-Orient] rickshaw. -**2.** *Helv* [poussette] pushchair *Br*, baby carriage *Am*.

pousser [3] [puse] ◇ *vt* -**1.** [faire avancer - caddie, fauteuil roulant, landau] to push, to wheel (along); [- moto en panne] to push, to walk; [- caisse] to push (along OU forward); [- pion] to move forward; **j'ai dû ~ mon vélo jusqu'à la maison** I had to push OU to wheel my bike home; **on va ~ la voiture** [sur une distance] we'll push the car (along); [pour la faire démarrer] we'll push-start the car, we'll give the car a push (to start it); **il poussait son troupeau devant lui** he was driving his flock before him; **ils essayaient de ~ les manifestants vers la place** they were trying to drive OU to push the demonstrators towards the square; **le vent pousse le radeau loin de la côte** the wind is pushing the raft away from the coast; **le courant poussait le canot** the stream was carrying OU pushing the canoe along; **des rafales de vent poussaient les nuages** gusts of wind sent the clouds scudding across the sky; **je me sentais irrésistiblement poussé vers elle** I was irresistibly attracted to her. -**2.** [enclencher, appuyer sur - bouton, interrupteur] to push (in) *(sép)*, to press on *(insép)*; **~ un levier vers le haut/bas** to push a lever up/down; **le ressort pousse le percuteur** the spring pushes the hammer in OU home; **~ un verrou** [pour ouvrir] to slide a bolt out; [pour fermer] to slide a bolt in OU home; **pousse le volet** [pour l'ouvrir] push the shutter open OU out; [pour le fermer] push the shutter to; **~ une porte** [doucement, pour l'ouvrir] to push a door open; [doucement, pour la fermer] to push a door to OU shut; **la porte à peine poussée, il me racontait ce qu'il avait fait dans la journée** no sooner was he inside the door, than he began telling me all about his day. -**3.** [bousculer] to push, to shove; **~ qqn du coude** [pour l'alerter, accidentellement] to nudge sb with one's elbow; **j'ai été obligé de ~ plusieurs personnes pour pouvoir sortir** I had to push past several people to get out; **elle l'a poussé par-dessus bord** she pushed him overboard. -**4.** [enlever] to push (away), to push OU to shove aside *(sép)*; **pousse le vase/ton pied, je ne vois pas la télévision** move the vase/your foot out of the way, I can't see the television; **pousse ton derrière de là!** *fam* shift up! *Br*, shove over!; **pousse le journal, je vais mettre la table** move OU shift the paper, I'm going to lay the table. -**5.** [inciter, entraîner - personne] to spur on *(sép)*, to drive; **c'est l'orgueil qui le pousse** he is spurred on OU driven by pride; **on n'a pas eu à le ~ beaucoup pour qu'il accepte** he didn't need much pressing OU persuasion to accept; **~ qqn à qqch** to drive OU to prompt sb to do sthg; **~ qqn à la consommation** to encourage sb to buy OU to consume; **~ qqn à la dépense** to encourage sb to spend more; **~ qqn au désespoir/suicide** to drive sb to despair/suicide; **ici, tout pousse à la paresse** this place encourages idleness; **sa curiosité l'a poussé à l'indiscrétion** his curiosity made him indiscreet; **~ qqn à faire qqch** [suj: curiosité, jalousie] to drive sb to do sthg; [suj: pitié soudaine] to prompt sb to do sthg; [suj: personne] to incite sb to do OU to push sb into doing OU to prompt sb to do sthg; **~ qqn à se droguer** to push sb into taking drugs; **~ qqn à boire** to drive sb to drink; **sa tyrannie les avait poussés à se révolter** his tyranny had driven them to revolt; **un désir inexplicable me poussa à y retourner** I was mysteriously compelled to go back there; **mes parents ne m'ont jamais poussé à faire des études** my parents never encouraged me to study; **elle le pousse à divorcer** [elle l'en persuade] she's talking him into getting a divorce; **mais qu'est-ce qui a bien pu te pousser à lui dire la vérité?** what on earth possessed you to tell him the truth? -**6.** [poursuivre - recherches] to press on OU to carry on with *(insép)*; [- discussion, études, analyse] to continue, to carry on (with); [- argumentation] to carry on (with) *(insép)*, to push further; [- comparaison, interrogatoire] to take further; [- avantage] to press home *(insép)*; **en poussant plus loin l'examen de leur comptabilité** by probing deeper into their accounts; **vous auriez dû ~ un peu plus votre réflexion sur ce point** you should have developed that point further; **~ la plaisanterie un peu loin** to take OU to carry the joke a bit too far; **tu pousses un peu loin le cynisme** you're being a bit too cynical; **~... jusqu'à: ~ la promenade jusqu'à** to push on to, to walk as far as; **~ la sévérité jusqu'à la cruauté** to carry severity to the point of cruelty; **elle a poussé l'audace jusqu'à...** she was bold enough to...; **il a poussé le vice jusqu'à ne pas la saluer** his spite was such that he refused even to greet her || [aux enchères]: **~ un tableau** to push up the price of a painting. -**7.** [forcer - moteur] to push; [- voiture] to drive hard OU fast; [- chauffage] to turn up *(sép)*; [- son] to turn up *(sép)*; **je suis à 130, je préfère ne pas ~ le moteur** I'm doing 130, I'd rather not push the engine any further; **~ la sono à fond** *fam* to turn the sound up full (blast) || [exiger un effort de - étudiant, employé] to push; [- cheval] to urge OU to spur on *(sép)*; **on ne m'a pas assez poussé quand j'étais à l'école** I wasn't pushed hard enough when I was at school || [encourager - candidat, jeune artiste] to push; **elle a poussé son fils pour qu'il entre dans l'enseignement** she pushed her son towards a teaching career; **si tu la pousses un peu sur le sujet, tu verras qu'elle ne sait pas grand-chose** if you push her a bit on the subject, you'll see that she doesn't know much about it. -**8.** [émettre]: **~ un cri** [personne] to cry, to utter OU to let out a cry; [oiseau] to call; **~ une exclamation** to cry out; **~ un gémissement** to groan; **~ une plainte** to moan; **~ un soupir** to sigh, to heave a sigh; **~ des cris/hurlements de douleur** to scream/to yell with pain ❑ **~ la chansonnette** *fam* OU **la romance** *fam* to sing a song; **en ~ une** *fam* to sing a song; **allez, grand-père, tu nous en pousses une?** come on, grandpa, give us a song. -**9.** AGR & BOT [plante, animal] to force; **les fermiers poussent les veaux** farmers force calves. -**10.** PHOT to push-process. -**11.** MIL [troupes] to push forward *(sép)*, to drive on *(sép)*; **~ une charge** to charge; **~ une reconnaissance** to go on a (wide-ranging) reconnaissance ❑ **~ une attaque** *pr* & *fig* to drive an attack home.

◇ *vi* -**1.** [grandir - arbre, poil, ongle] to grow; [- dent] to come through; **le banian ne pousse qu'en Inde** banyans only grow OU are only found in India; **pour empêcher les mauvaises herbes de ~** to stop weeds from growing; **des mauvaises herbes poussées entre les pierres** weeds which have sprung up between the stones; **les plants de tomates poussent bien** the tomato plants are doing well; **ses dents commencent à ~** he's cutting his teeth, he's teething; **il a poussé trop vite** *fig* he's grown too fast; **et les enfants, ça pousse?** *fam* how're the kids (then), growing OU shooting up?; **des tours poussent partout dans mon quartier** there are high-rise blocks springing up all over the place where I live; **faire ~** [légumes] to grow; **faire ~ du blé** to grow OU to cultivate wheat; **on fait ~ de la vigne dans la région** they grow grapes in this region; **mets de l'engrais, ça fera ~ tes laitues plus vite** use fertilizer, it'll make your lettuces grow faster; **laisser ~** to grow; **et si tu laissais ~ ta barbe?** what about growing OU why don't you grow a beard?; **elle a laissé ~ ses cheveux** she's let her hair grow. -**2.** [avancer] to push on; **ils ont poussé jusqu'au manoir** they went OU pushed OU carried on as far as the manor house; **poussons un peu plus loin** let's go OU push on a bit further. -**3.** *fam* [exagérer]: **deux heures de retard, tu pousses!** you're two hours late, that's a bit much!; **500 francs par personne, ils poussent un peu!** 500 francs per person, that's a bit much OU steep!; **je veux 25 % d'augmentation — tu ne trouves pas que tu pousses un peu?** I want a 25% pay rise – don't you think that's pushing it a bit?; **faut pas ~!** enough's enough! -**4.** [bousculer] to push, to shove; **ne poussez pas, il y en aura pour tout le monde!** stop shoving OU pushing, there's plenty for everyone!; **ça poussait dans la file d'attente** *fam* there was a lot of shoving OU jostling in the queue. -**5.** [appuyer] to push; **on a tous poussé en même temps pour désembourber la voiture** we all pushed together to get the car out of the mud; **~ sur: ~ sur un bouton** to push a button; **~ sur ses pieds/jambes** to push with one's feet/legs; **poussez sur vos bâtons dans la descente** use your poles as you go downhill; **'poussez'** 'push'; **~ dans le sens de qqn** to push sb's cause. -**6.** PHYSIOL [à la selle] to strain; [dans l'enfantement] to push. -**7.** ŒNOL to undergo secondary fermentation *(in the spring)*.

◆ **se pousser** ◇ *vp (emploi passif)* to be pushed; **la manette se pousse d'un seul doigt** the lever can be pushed with a single finger.

◇ *vpi* -**1.** [se déplacer] to move; **tu peux te ~ un peu?** [dans une rangée de chaises] could you move along a bit OU a few places?; [sur un canapé, dans un lit] could you move over slightly?; **la foule s'est poussée pour laisser passer l'ambulance** the crowd moved out of the way of the ambulance; **pousse-toi de là, tu vois bien que tu gênes!** *fam* move over OU shove over, can't you see you're in the way?; **pousse-toi de devant la télé!** *fam* stop blocking the TV! -**2.** [se bousculer]: **les gens se poussaient pour voir arriver le Président** people were pushing and shoving to get a look at the President. -**3.** *fam* [pénétrer]: **se ~ dans une entreprise** to make one's way up (the ladder) in a firm; **il faut une fortune pour se ~ dans la finance** you need a private fortune to get ahead in the world of finance.

poussette [pusɛt] *nf* -**1.** [pour enfant] pushchair *Br*, stroller *Am*; [à provisions] shopping trolley *Br* OU cart *Am*. -**2.** *fam* SPORT: **faire la ~ à un coureur cycliste** to give a rider a little push OU shove.

poussette-canne [pusɛtkan] *(pl* **poussettes-cannes***)* *nf* folding pushchair *Br* OU stroller *Am*.

pousseur [pusœr] *nm* -**1.** NAUT push tug. -**2.** ASTRONAUT booster.

poussier [pusje] *nm* coal dust.

poussière [pusjɛr] *nf* -**1.** [terre sèche, salissures] dust; **la voiture souleva un nuage de ~** the car raised a cloud of dust; **tu en fais de la ~ en balayant!** you're making OU raising a lot of dust with your broom!; **prendre la ~** to collect dust; **les tapisseries prennent facilement la ~** the wall-hangings are dust traps; **recouvert de ~** dusty, covered with dust; **essuie la ~ sur les meubles/dans ta chambre** dust the furniture/your room; **mettre** OU **réduire qqch en ~** to smash sthg to smithereens; **tomber en ~** to crumble into dust; **les parchemins/os tombent en ~** the pieces of parchment/the bones are crumbling into dust. -**2.** [dans l'œil] mote *litt*, piece of grit. -**3.** [particules - de roche, de charbon, d'or] dust; **~ cosmique/interstellaire** cosmic/interstellar dust; **~ industrielles** industrial dust; **~ lunaire** lunar dust; **~ radioactive** radioactive particles OU dust.

◆ **poussières** *fam nfpl*: **50 francs et des ~s** just over 50 francs; **ça fait 3 kilos et des ~s** it's a little over 3 kilos.

poussiéreux, euse [pusjerø, øz] *adj* -**1.** [couvert de poussière] dusty, dust-covered; **vitres poussiéreuses** grimy windows; **de vieux grimoires tout ~** old volumes all covered with dust. -**2.** *sout* [dépassé - législation, théorie] outmoded, outdated.

poussif, ive [pusif, iv] *adj* -**1.** [essoufflé - cheval] broken-winded; [- vieillard] short-winded, wheezy; [- locomotive] puffing, wheezing.

-**2.** [laborieux - prose] dull, flat, laboured; [- campagne électorale, émission] sluggish, dull.

poussin [pusɛ̃] *nm* -**1.** ZOOL chick; COMM poussin. -**2.** *fam* [terme d'affection]: **mon ~** my pet OU darling; **pauvre petit ~!** poor little thing! -**3.** SPORT under-eleven *(member of junior team or club).* -**4.** *arg mil first-year student in the French Air Force training school.*

poussine [pusin] *nf Helv* pullet.

poussinière [pusinjɛr] *nf* chick house.

poussivement [pusivmɑ̃] *adv*: **monter ~** to puff OU to wheeze (one's way) up; **le train avançait ~** the train was wheezing OU puffing along.

poussoir [puswar] *nm* -**1.** [d'une montre] button. -**2.** MÉCAN tappet.

poutargue [putarg] *nf salted and pressed mullet roe.*

poutraison [putrɛzɔ̃] *nf* (framework of) beams.

poutre [putr] *nf* -**1.** CONSTR [en bois] beam; [en fer] girder; **~ armée/en treillis** lattice/trussed girder; **~ apparente** exposed beam; **~ de faîte** ridge beam. -**2.** SPORT beam; **exercices à la ~** beam exercises.

poutrelle [putrɛl] *nf* -**1.** CONSTR [en bois] small beam; [en fer] small girder. -**2.** MÉTALL I-beam.

poutser *fam* [3] [putse] *vt Helv* to clean.

pouvoir¹ [puvwar] *nm* -**1.** [aptitude, possibilité] power; **avoir un grand ~ de concentration/de persuasion** to have great powers of concentration/persuasion; **avoir un grand ~ d'adaptation** to be very adaptable; **je n'ai pas le ~ de lire l'avenir!** I cannot predict the future!; **il n'est plus en notre ~ de décider de la question** we're no longer in a position to decide on this matter; **je ferai tout ce qui est en mon ~ pour t'aider** I'll do everything OU all in my power to help you ❑ **~ d'achat** ÉCON purchasing power; **~ libératoire** FIN legal tender. -**2.** ADMIN & JUR [d'un président, d'un tuteur] power; **le ~ décisionnaire des actionnaires** the decision-making powers of shareholders; **le roi avait un ~ absolu** the king had absolute power; **avoir ~ de: avoir ~ de décision** to have the authority to decide; **je n'ai pas ~ de vous libérer** I have no authority OU it is not in my power to release you; **je lui ai donné ~ de décider à ma place par-devant notaire** I gave him power of attorney OU proxy ❑ **~ disciplinaire** disciplinary powers. -**3.** POL: **le ~** [exercice] power; [gouvernants] government; **elle est trop proche du ~ pour comprendre** she's too close to the seat of power to understand; **arriver au ~** to come to power; **être au ~** [parti élu] to be in power OU office; [junte] to be in power; **les gens au ~ ne connaissent pas nos problèmes** those in power OU the powers that be don't understand our difficulties; **prendre le ~** [élus] to take office; [dictateur] to seize power; **exercer le ~** to exercise power, to govern, to rule ❑ **le ~ central** central government; **le ~ exécutif** executive power, the executive; **le ~ judiciaire** judicial power, the judiciary; **le ~ législatif** legislative power, the legislature; **le ~ local** local government, the local authorities. -**4.** [influence] power, influence; **avoir du ~ sur qqn** to have power OU influence over sb; **il a beaucoup de ~ au sein du comité** he's very influential OU he has a lot of influence within the committee; **avoir qqn en son ~** to have sb in one's power; **la ville est tombée en leur ~** the town has fallen into their hands; **le ~ de la télévision/des sens** the power of television/the senses. -**5.** PHYS & TECH power, quality; **~ absorbant** absorbency; **~ calorifique (inférieur/supérieur)** (net/gross) calorific value; **~ couvrant (d'une peinture)** opacity (of a paint); **~ isolant** insulating capacity.

◆ **pouvoirs** *nmpl* -**1.** [fonctions] powers, authority; **outrepasser ses ~s** to overstep OU to exceed one's authority; **avoir tous ~s pour faire qqch** [administrateur] to have full powers to do sthg; [architecte, animateur] to have carte blanche to do sthg ❑ **~s exceptionnels** POL special powers *(available to the President of the French Republic in an emergency).* -**2.** [gouvernants]: **les ~s constitués** the legally constituted government; **les ~s publics** the authorities. -**3.** [spirituels, magnétiques]: **elle a des ~s surnaturels** she has supernatural powers.

pouvoir² [58] [puvwar] ◇ *v aux* -**1.** [avoir la possibilité, la capacité de]: **je peux revenir en France** I'm able to OU I can return to France; **comme vous pouvez le voir sur ces images** as you can see on these pictures; **on peut toujours s'arranger** some sort of an arrangement can always be worked out; **si seulement je pouvais me souvenir de son nom** if only I could remember his name; **pourriez-vous m'indiquer la gare?** could you tell me the way to the station?; **comment as-tu pu lui mentir!** how could you lie to him!; **je te l'apporte dès que je peux** I'll bring it to you as soon as I can OU as soon as possible; **quand il pourra de nouveau marcher** when he's able to walk again; **c'est plus que je ne peux payer** it's more than I can afford (to pay); **je ne peux (pas) m'empêcher de penser que...** I can't help thinking that...; **ce modèle peut se ranger dans une valise** this model packs OU can be packed into a suitcase; **l'argument peut aisément être retourné** the argument cuts both ways OU can easily be turned around; **je ne peux pas dormir** I'm unable to OU I can't sleep; **jamais plus elle ne pourra chanter** she'll never be able to sing again; **tout le monde ne peut pas le faire/en dire autant!** not everybody can do it/say that!; **c'est construit de telle manière que l'on ne puisse pas s'échapper** it's built in such a way that it's impossible to escape OU as to make escape impossible; **le projet ne pourra pas se faire sans sa collaboration** the project can't be carried out without her collaboration; **il ne peut pas suivre d'études universitaires** [il n'est pas assez brillant] he's not up to going to university; **fais ce que tu veux, je ne peux pas mieux te dire!** do as you please, that's all I can say!; **tu ne peux pas ne pas l'aider** you MUST help her, you can't refuse to help her ❑ **il ne peut pas la voir (en peinture)** *fam* he can't stand (the sight of) her; **je n'ai jamais pu le voir (en peinture)** *fam* I never could abide him. -**2.** [parvenir à] to manage OU to be able to; **avez-vous pu entrer en contact avec lui?** did you succeed in contacting OU manage to contact him? -**3.** [avoir la permission de]: **vous pouvez disposer** you may OU can go now; **si je peux OU si je puis** *sout* **m'exprimer ainsi** if I may use the phrase; **vous pouvez dire ce que vous voulez, on ne vous croira pas** say what you will OU you can say whatever you like, nobody'll believe you; **si on ne peut plus plaisanter, maintenant!** it's a pretty sad thing if you can't have a laugh anymore! ‖ [avoir des raisons de]: **on ne peut que s'en féliciter** one can't but feel happy about it; **je suis désolé — ça, tu peux (l'être)!** *fam* I'm so sorry — so you should be OU and with good reason OU and I should think so too! -**4.** [exprime une éventualité, un doute, un risque]: **la maladie peut revenir** the disease can OU may recur; **attention, tu pourrais glisser** careful, you might OU could slip; **ça peut exploser à tout moment** it could OU may OU might explode at any time; **un accident peut toujours se produire** accidents do happen; **il a pu les oublier dans le bus** he could OU may have left them on the bus; **où ai-je bien pu laisser mes lunettes?** what on earth can I have done with my glasses?; **qu'a-t-elle (bien) pu leur dire pour les mettre dans cet état?** what can she possibly have said for them to be in such a state!; **ce ne peut être déjà les invités!** (surely) it can't be the guests already!; **j'aurais pu l'attendre longtemps, elle n'arrive que demain!** I could have waited a long time, she's not coming until tomorrow!; **la gauche pourrait bien ne pas être élue** the left could well not get OU be elected; **après tout, il pourrait bien ne pas avoir menti** he may well have been telling the truth after all; **d'aucuns pourront mettre sa sincérité en doute** some people might question his sincerity; **c'est plus facile qu'on ne pourrait le croire** it's easier than you might think; **elle a très bien pu arriver entre-temps** she may well have arrived in the meantime; **je peux toujours m'être trompé** it's possible I might have got it wrong; **ça aurait pu être pire** it could have been worse; **on a pu dire de lui qu'il était le précurseur du romantisme** some consider him to be the precursor of the Romantic movement ‖ *(tournure impersonnelle)*: **il pourrait** it could OU may (possibly); **il pourrait s'agir d'un suicide** it could OU may OU might be a suicide; **il peut arriver que...** it may (so) OU can happen that...; **il ne peut pas y avoir d'erreur** there can't (possibly) be a mistake. -**5.** [exprime une approximation]: **elle pouvait avoir entre 50 et 60 ans** she could have been between 50 and 60 (years of age); **il pouvait être 2 h quand nous sommes sortis** it could OU might have been 2 o'clock when we came out. -**6.** [exprime une suggestion, une hypothèse]: **tu peux toujours essayer de lui téléphoner** you could always try phoning him; **tu pourrais te lever pour donner ta place à la dame, quand même!** you might get up and let the lady have your seat!; **tu pourrais au moins t'excuser!** you could at least apologize!, the least you could do is (to) apologize!; **il aurait pu me prévenir!** he could've OU might've warned me!; **on peut s'attendre à tout avec elle** anything's possible with her ❑ **tu peux toujours attendre!** *fam iron* don't hold your breath!; **tu peux toujours courir!** *fam* you must be joking! -**7.** *litt* [exprime le souhait]: **puisse ce fléau nous épargner!** let us hope OU pray we may be spared this plague!; **puisse-t-il vous entendre!** let us hope he can hear you!; **puissé-je ne jamais revivre des moments pareils!** may I never have to live through that again!

◇ *vt* [être capable de faire]: **qu'y puis-je?** what can I do about it?; **vous seul y pouvez quelque chose** only you can do anything about it; **tu y peux quelque chose, toi?** can YOU do anything about it?; **on n'y peut rien** it can't be helped, nothing can be done about it; **que puis-je pour vous?** what can I do for you?; **elle peut beaucoup pour notre cause** she can do a lot for our cause; **j'ai fait tout ce que j'ai pu** I did my level best OU all I could; **je fais ce que je peux et je peux peu** *fam hum* I do what I can and that's not a lot ❑ **je n'en peux plus** [physiquement] I'm exhausted; [moralement] I can't take anymore OU stand it any longer; [je suis rassasié] I'm full (up); **ma voiture n'en peut plus** *fam* my car's had it; **je n'en peux plus de l'entendre se plaindre sans cesse** I just can't take his continual moaning any more; **regarde-le danser avec elle, il n'en peut plus!** *fam hum* just look at him dancing with her, he's in seventh heaven!

◆ **se pouvoir** *v impers*: **ça se peut** it may OU could be; **ça se peut, mais...** that's as may be, but...; **il va pleuvoir — ça se pourrait bien!** it's going to rain — that's quite possible!; **est-ce qu'ils vont se marier? — cela se pourrait** are they going to get married? — they might OU it's possible; **sois calme, et s'il se peut, diplomate** keep calm and, if (at all) possible, be tactful; **il OU ça se peut que: il se peut qu'il soit malade** he might be ill, maybe he's ill; **il se peut que je vienne** I might come, maybe I'll come; **il se pourrait bien qu'il n'y ait plus de places** it might OU could well be fully booked.

pouzzolane [puzɔlan] *nf* pozzuolana, pozzolana.

Poznan [pɔznan] *npr* Poznan.

pp *(abr écrite de* **pages***)* pp.

PP *(abr de* **préventive de la pellagre***) adj*: **vitamine ~** niacin.

ppcm *(abr de* **plus petit commun multiple***) nm* LCM.

PQ ◇ *nm* ▽ *(abr de* **papier-cul***)* bog paper.
◇ -**1.** *(abr écrite de* **province de Québec***)* PQ. -**2.** *(abr écrite de* **premier quartier (de lune)***) first quarter.*

PQR *nf abr de* **presse quotidienne régionale**.

Pr (*abr écrite de* **professeur**) Prof.

PR ◇ *npr m* (*abr de* **parti républicain**) *right-wing French political party.*
◇ (*abr écrite de* **poste restante**) PR.

Prado [prado] *npr m*: **le (musée national du) ~** the Prado.

praesidium [prezidjɔm] *nm* praesidium, presidium.

pragmatique [pragmatik] ◇ *adj* [politique] pragmatic; [personne, attitude] pragmatic, practical.
◇ *nf* pragmatics *(sg)*.

pragmatisme [pragmatism] *nm* pragmatism.

pragmatiste [pragmatist] *adj* & *nmf* pragmatist.

pragois, e [pragwa, az] = **praguois**.

Prague [prag] *npr* Prague.

praguois, e [pragwa, az] *adj* from Prague.
◆ **Praguois, e** *nm, f inhabitant of or person from Prague.*

praire [prɛr] *nf* clam.

prairie [preri] *nf* -**1.** [terrain] meadow. -**2.** [formation végétale] grassland. -**3.** [aux États-Unis et au sud du Canada]: **la Prairie, les Prairies** the Prairie, the Prairies.

pralin [pralɛ̃] *nm* CULIN praline *(toasted almonds in caramelized sugar)*.

praline [pralin] *nf* -**1.** CULIN [amande] praline, sugared almond; *Belg* [chocolat] (filled) chocolate. -**2.** ▽ [balle d'arme à feu] slug.

praliné, e [praline] *adj* [glace, entremets] almond-flavoured; [amande] sugared; [chocolat] with (toasted) sugared almonds.
◆ **praliné** *nm* chocolate with (toasted) sugared almonds.

praticable [pratikabl] ◇ *adj* -**1.** [sentier] passable, practicable. -**2.** [réalisable - suggestion, solution] practicable, feasible.
◇ *nm* -**1.** CIN (tray) dolly. -**2.** THÉÂT prop. -**3.** INDUST cradle. -**4.** SPORT (floor) mat.

praticien, enne [pratisjɛ̃, ɛn] *nm, f* practitioner.

pratiquant, e [pratikɑ̃, ɑ̃t] ◇ *adj* practising; **je ne suis pas ~** I don't attend church regularly, I'm not a (regular) churchgoer.
◇ *nm, f* -**1.** RELIG churchgoer. -**2.** [adepte] adherent.

pratique¹ [pratik] *adj* -**1.** [utile - gadget, outil, voiture, dictionnaire] practical, handy; [- vêtement] practical; **quand on a des invités, c'est bien ~ un lave-vaisselle!** when you've got guests, a dishwasher comes in handy! -**2.** [facile]: **il faut changer de bus trois fois, ce n'est pas ~!** you have to change buses three times, it's very inconvenient!; **ce n'est pas ~ de courir avec une jupe étroite** it's not easy to run in a tight skirt. -**3.** [concret - application, conseil, formation] practical; **régler les détails ~s d'une excursion** to sort out the practical details of an excursion. -**4.** [pragmatique] practical; **avoir le sens** OU **l'esprit ~** to have a practical turn of mind, to be practical.

pratique² [pratik] *nf* -**1.** [application - d'une philosophie, d'une politique] practice; [- de l'autocritique, d'une vertu] exercise; [- d'une technique, de la censure] application; **mettre en ~** [conseils, préceptes] to put into practice; [vertu] to exercise; **en** OU **dans la ~** in (actual) practice. -**2.** [d'une activité] practice; **la ~ régulière du tennis/vélo** playing tennis/cycling on a regular basis; **~ illégale de la médecine** illegal practice of medicine; **la ~ religieuse** religious observance. -**3.** [expérience] practical experience; **on voit que tu as de la ~** you've obviously done this before; **j'ai plusieurs années de ~** I have several years' practical experience. -**4.** [usage] practice; **des ~s religieuses** religious practices; **une ~ courante** common practice; **le marchandage est une ~ courante là-bas** over there, it's common practice to barter.

pratiquement [pratikmɑ̃] *adv* -**1.** [presque] practically, virtually; **il n'y avait ~ personne** there was hardly anybody OU practically nobody. -**2.** [en fait] in practice OU (actual) fact.

pratiquer [3] [pratike] ◇ *vt* -**1.** [faire - entaille] to make, to cut; [- ouverture] to make; [- passage] to open up; [- intervention chirurgicale, tests] to carry out *(sép)*; **des marches avaient été pratiquées dans la roche** steps had been carved out in the rock; **~ un trou** [à la vrille] to bore OU to drill a hole; [aux ciseaux] to cut (out) a hole. -**2.** [appliquer - préceptes, politique] to practise; [- autocritique, vertu] to practise, to exercise; [- technique] to use, to apply; [- censure] to apply; [- sélection] to make; **je ne pratiquerai jamais ce genre de chantage** I will never resort to OU use this kind of blackmail; **la vivisection est encore pratiquée dans certains laboratoires** vivisection is still carried out OU practised in some laboratories. -**3.** [s'adonner à - jeu de ballon] to play; [- art martial, athlétisme, natation] to do; [- art, médecine, religion] to practise; [- langue] to speak. -**4.** COMM [rabais] to make, to give; **ce sont les prix pratiqués dans tous nos supermarchés** these are the current prices in all our supermarkets.
◇ *vi* RELIG to attend church (regularly), to be a (regular) churchgoer; **il est catholique, mais il ne pratique pas** he is not a practising Catholic.
◆ **se pratiquer** *vp (emploi passif)*: **cette coutume se pratique encore dans certains pays** this custom still exists in certain countries; **cela se pratique couramment dans leur pays** it is common practice in their country.

Pravda [pravda] *npr f*: **la ~** Pravda.

praxie [praksi] *nf* praxis PSYCH.

praxis [praksis] *nf* praxis PHILOS.

Praxitèle [praksitɛl] *npr* Praxiteles.

pré [pre] *nm* -**1.** AGR meadow. -**2.** *loc*: **~ carré** domain, preserve; **aller sur le ~** *litt* to fight a duel.

préadaptation [preadaptasjɔ̃] *nf* preadaptation.

préadolescence [preadɔlesɑ̃s] *nf* preadolescence, preteen years.

préadolescent, e [preadɔlesɑ̃, ɑ̃t] *nm, f* preadolescent, preteen, pre-teenager.

préalable [prealabl] ◇ *adj* [discussion, entrevue, sélection] preliminary; [travail, formation] preparatory; [accord] prior; **faites un essai ~ sur un bout de tissu** test first OU beforehand on a piece of cloth; **sans avertissement ~** without prior notice.
◇ *nm* prerequisite, precondition.
◆ **au préalable** *loc adv* first, beforehand.

préalablement [prealabləmɑ̃] *adv* first, beforehand; **appliquer sur la plaie ~ nettoyée** apply after cleansing the wound.
◆ **préalablement à** *loc prép* prior to, before.

Préalpes [prealp] *npr fpl*: **les** the Pre-Alps.

préalpin, e [prealpɛ̃, in] *adj* of the Pre-Alps

préambule [preɑ̃byl] *nm* -**1.** [d'une constitution, d'une conférence] preamble; **épargnez-nous les ~s!** spare us the preliminaries!, get straight to the point! -**2.** [prémices]: **cet incident a été le ~ d'une crise grave** this incident was the prelude to a serious crisis.
◆ **sans préambule** *loc adv* without warning.

préamplificateur [preɑ̃plifikatœr] *nm* preamplifier.

préapprentissage [preaprɑ̃tisaʒ] *nm* -**1.** [en alternance avec des cours] ≃ sandwich course. -**2.** [stade préliminaire] apprenticeship.

préau, x [preo] *nm* [d'une école] covered part of the playground; [d'un pénitencier] yard; [d'un cloître] inner courtyard.

préavis [preavi] *nm* (advance) notice; **mon propriétaire m'a donné un mois de ~** my landlord gave me a month's notice (to move out) ❑ **~ de grève** strike notice; **déposer un ~ de grève** to give strike notice; **~ (de licenciement)** notice (of dismissal).
◆ **sans préavis** *loc adv* ADMIN without prior notice OU notification.

prébende [prebɑ̃d] *nf* -**1.** HIST prebend. -**2.** *litt* [emploi] sinecure; [argent] handsome payment OU emolument *litt*.

prébendier [prebɑ̃dje] *nm* prebendary.

précaire [prekɛr] *adj* [équilibre] fragile, precarious; [vie, situation] precarious; [santé] delicate, frail; **il a un emploi ~** he's got no job security.

précairement [prekɛrmɑ̃] *adv* precariously.

précambrien, enne [prekɑ̃brijɛ̃, ɛn] *adj* Precambrian.
◆ **précambrien** *nm* Precambrian (era).

précancéreux, euse [prekɑ̃serø, øz] *adj* precancerous.

précarité [prekarite] *nf* precariousness; **la ~ de l'emploi** the lack of job security.

précaution [prekosjɔ̃] *nf* -**1.** [disposition préventive] precaution; **prendre la ~ de faire qqch** to take the precaution of doing OU to be especially careful to do sthg; **prendre des** OU **ses ~s** *pr* & *euph* to take precautions; **prenez des ~s avant de vous engager dans cette affaire** take all necessary precautions before getting involved; **avec beaucoup de ~s oratoires** in carefully chosen phrases ❑ **~s d'emploi** caution (before use). -**2.** [prudence] caution, care.
◆ **avec précaution** *loc adv* cautiously, warily.
◆ **par (mesure de) précaution** *loc adv* as a precaution OU precautionary measure.
◆ **pour plus de précaution** *loc adv* to be on the safe side, to make absolutely certain.
◆ **sans précaution** *loc adv* carelessly, rashly; **elle manipule les produits toxiques sans la moindre ~** she handles toxic substances without taking the slightest precaution.

précautionner [3] [prekosjɔne]
◆ **se précautionner contre** *vp* + *prép litt* to guard against.

précautionneusement [prekosjɔnøzmɑ̃] *adv* -**1.** [avec circonspection] cautiously, warily. -**2.** [avec soin] carefully, with care.

précautionneux, euse [prekosjɔnø, øz] *adj* -**1.** [circonspect] cautious, wary. -**2.** [soigneux] careful.

précédemment [presedamɑ̃] *adv* before (that), previously; **comme je l'ai dit ~** as I have said OU mentioned before.

précédent, e [presedɑ̃, ɑ̃t] *adj* previous; **la semaine ~e** the week before, the previous week; **lors de rencontres ~es** during previous OU earlier meetings.
◆ **précédent** *nm* precedent.
◆ **sans précédent** *loc adj* without precedent, unprecedented.

précéder [18] [presede] ◇ *vt* -**1.** [marcher devant] to precede; **je vais vous ~ dans le tunnel** I'll go into the tunnel first; **le groupe, précédé par le guide** the group, led OU preceded by the guide. -**2.** [être placé avant] to precede, to be in front of; **l'adresse doit ~ le numéro de téléphone** the address should come before the telephone number. -**3.** [avoir lieu avant] to precede; **le film sera précédé par un** OU **d'un documentaire** the film will be preceded by OU will follow a documentary; **le jour qui précéda son arrestation** the day before OU prior to his arrest; **celui qui vous a précédé à ce poste** the person who held the post before you, your predecessor. -**4.** [arriver en avance sur] to precede, to arrive ahead of OU before; **elle m'a précédé sur le court de quelques minutes** she got to the court a few minutes before me; **il avait été précédé de sa mauvaise réputation** his bad reputation had preceded him; **il précède le favori de trois secondes** he has a three second lead over the favorite.
◇ *vi* to precede; **as-tu lu ce qui précède?** have you read what comes before?; **les semaines qui précédèrent** the preceding weeks.

précepte [presɛpt] *nm* precept.

précepteur [presɛptœr] *nm* private OU home tutor.

préceptorat [presɛptɔra] *nm* private OU home tutorship.

préceptrice [presɛptris] *nf* governess.

précession [presesjɔ̃] *nf* precession; **~ des équinoxes** precession of the equinoxes.

préchambre [preʃɑ̃br] *nf* precombustion chamber.

préchauffage [preʃofaʒ] *nm* preheating.

préchauffer [3] [preʃofe] *vt* to preheat.

prêche [prɛʃ] *nm* sermon.

prêcher [4] [preʃe] ◇ *vt* -**1.** RELIG [Évangile, religion] to preach; [carême, retraite] to preach for *(insép)*; [personne] to preach to *(insép)*; **vous prêchez un converti** you're preaching to the converted. -**2.** [recommander - doctrine, bonté, vengeance] to preach; ~ **le faux pour savoir le vrai** to make false statements in order to discover the truth.
◇ *vi* [prêtre] to preach; [moralisateur] to preach; ~ **d'exemple** OU **par l'exemple** to practise what one preaches; ~ **dans le désert** *allusion Bible* & *fig* to preach in the wilderness; ~ **pour son saint** OU **son clocher** OU **sa paroisse** to look after one's own interests.

prêcheur, euse [prɛʃœr, øz] ◇ *adj* -**1.** *fam péj* [ennuyeux] moralizing, preachy. -**2.** RELIG: **frères** ~**s** preaching friars.
◇ *nm, f* -**1.** *fam péj* [sermonneur] moralizer. -**2.** RELIG preacher.

prêchi-prêcha [preʃipreʃa] *nm inv péj* sermonizing, lecturing.

précieusement [presjøzmɑ̃] *adv* -**1.** [soigneusement] preciously; **conserver qqch** ~ to keep sthg safe, to look after sthg. -**2.** [avec affectation]: **c'est écrit un peu** ~ the style is a little bit precious.

précieux, euse [presjø, øz] *adj* -**1.** [de valeur - temps, santé] precious; [- objet, trésor, bijou] precious, priceless. -**2.** [très utile] invaluable; **c'était un** ~ **conseiller** he was an invaluable OU irreplaceable adviser; **elle m'a été d'un** ~ **secours** her help was invaluable to me. -**3.** [maniéré] mannered, affected, precious. -**4.** BX-ARTS & LITTÉRAT precious.
◆ **précieuse** *nf* précieuse.

préciosité [presjozite] *nf* -**1.** [maniérisme] affectedness, mannered style. -**2.** BX-ARTS & LITTÉRAT preciosity.

précipice [presipis] *nm* -**1.** [gouffre] precipice. -**2.** [catastrophe] abyss; **être au bord du** ~ to be on the brink of disaster.

précipitamment [presipitamɑ̃] *adv* [annuler, changer] hastily, hurriedly; **monter/traverser** ~ to dash up/across.

précipitation [presipitasjɔ̃] *nf* -**1.** [hâte] haste; **les ouvriers ont quitté l'usine avec** ~ the workers rushed OU hurried out of the factory; **dans ma** ~, **j'ai oublié l'adresse** in the rush, I forgot the address; **tout s'est fait dans la plus grande** ~ everything was done in a great hurry. -**2.** [irréflexion] rashness; **agir avec** ~ to act rashly. -**3.** CHIM precipitation.
◆ **précipitations** *nfpl* MÉTÉO precipitation; **fortes** ~**s sur l'ouest du pays demain** tomorrow, it will rain heavily in the west.

précipité, e [presipite] *adj* -**1.** [pressé - pas] hurried; [- fuite] headlong. -**2.** [rapide - respiration] rapid; **tout cela a été si** ~ it all happened so fast. -**3.** [hâtif - retour] hurried, hasty; **c'est une décision un peu** ~**e** it's a bit of a hasty OU rash decision.
◆ **précipité** *nm* precipitate.

précipiter [3] [presipite] ◇ *vt* -**1.** [faire tomber] to throw OU to hurl (down); **ils ont précipité leur voiture dans la mer** they hurled their car into the sea; **le choc précipita les passagers vers l'avant** the shock sent the passengers flying OU hurtling to the front. -**2.** *fig* [plonger] to plunge; ~ **un pays dans la guerre/crise** to plunge a country into war/a crisis. -**3.** [faire à la hâte]: **il ne faut rien** ~ we mustn't rush (into) things OU be hasty; **nous avons dû** ~ **notre départ/mariage** we had to leave/get married sooner than planned. -**4.** [accélérer - pas, cadence] to quicken, to speed up *(sép)*; [- mouvement, mort] to hasten. -**5.** CHIM to precipitate (out).
◇ *vi* CHIM to precipitate (out).
◆ **se précipiter** *vpi* -**1.** [d'en haut] to hurl o.s.; **il s'est précipité du septième étage** he threw OU hurled himself from the seventh floor; **se précipiter dans le vide** to hurl o.s. into space. -**2.** [se ruer] to rush; **on s'est tous précipités dehors** we all rushed out; **il s'est précipité dans l'escalier pour la rattraper** [vers le bas] he rushed downstairs after her; [vers le haut] he rushed upstairs after her; **il s'est précipité dans l'ascenseur** he rushed into the lift; **se** ~ **vers** OU **au-devant de qqn** to rush to meet sb; **se** ~ **sur qqn** to rush at sb; **ils se sont tous précipités sur moi** they all crowded round me. -**3.** [s'accélérer - pouls, cadence] to speed up, to quicken; **depuis peu, les choses** OU **événements se précipitent** things have been moving really fast recently. -**4.** [se dépêcher] to rush, to hurry; **on a tout notre temps, pourquoi se** ~ ? we've got plenty of time, what's the rush?; **ne te précipite pas pour répondre** take your time before answering.

précis, e [presi, iz] *adj* -**1.** [exact - horloge, tir, instrument] precise, exact; **les dimensions** ~**es de la maison** the exact measurements of the house; **le signalement** ~ **du meurtrier** a precise OU an accurate description of the murderer; **à 20 h** ~**es** at precisely 8 p.m., at 8 p.m. sharp; **à cet instant** ~ at that precise OU very moment; **il arriva à l'instant** ~ **où je partais** he arrived just as I was leaving. -**2.** [clair, net] precise, specific; **instructions** ~**es** precise orders; **je voudrais une réponse** ~**e** I'd like a clear answer; **je n'ai aucun souvenir** ~ **de cette année-là** I don't remember that year clearly at all; **le geste** ~ **du chirurgien** the surgeon's sure hand. -**3.** [particulier] particular, specific; **sans raison** ~**e** for no particular reason; **sans but** ~ with no specific aim in mind; **tu penses à quelqu'un de** ~ ? do you have a specific person in mind?
◆ **précis** *nm* -**1.** [manuel] handbook. -**2.** [résumé] précis, summary.

précisément [presizemɑ̃] *adv* -**1.** [exactement] precisely; **il nous reste très** ~ **52 francs** we've got precisely OU exactly 52 francs left; **ce n'est pas** ~ **ce à quoi je pensais** that's not exactly what I had in mind. -**2.** [justement, par coïncidence] precisely, exactly; **c'est** ~ **le problème** that's exactly OU precisely what the problem is; **M. Lebrun? c'est** ~ **de lui que nous parlions** Mr. Lebrun? that's precisely who we were talking about. -**3.** [oui] that's right.

préciser [3] [presize] *vt* -**1.** [clarifier] to make clear; ~ **ses intentions** to make one's intentions clear; **vous avez de bonnes idées, mais il faudrait les** ~ you have good ideas, but you should state them more clearly OU with more precision. -**2.** [spécifier]: **l'invitation ne précise pas si l'on peut venir accompagné** the invitation (card) doesn't specify OU say whether you can bring somebody with you; ~ **qqch à qqn** to make sthg clear to sb; **j'ai oublié de leur** ~ **le lieu du rendez-vous** I forgot to tell them where the meeting is taking place; **vous dites avoir vu quelqu'un, pourriez-vous** ~ ? you said you saw somebody, could you be more specific?; **la Maison-Blanche précise que la rencontre n'est pas officielle** the White House has made it clear that this is not an official meeting; **«cela s'est fait sans mon accord», précisa-t-il** "this was done without my agreement", he pointed out.
◆ **se préciser** *vpi* [idée, projet] to take shape; [situation] to become clearer; **la menace se précise** the threat is becoming clearer.

précision [presizjɔ̃] *nf* -**1.** [exactitude] preciseness, precision; **tout avait été calculé avec une** ~ **mathématique** everything had been planned with mathematical precision. -**2.** [netteté] precision, distinctness; **les visages sont peints avec une extraordinaire** ~ the faces are painted with extraordinary precision OU attention to detail. -**3.** [explication] point; **apporter une** ~ **à qqch** to add a point to sthg; **nous y reviendrons dès que nous aurons plus de** ~**s** we'll come back to that as soon as we have further information OU details; **je vous remercie de vos** ~**s** thank you for your informative comments; **raconter qqch avec maintes** ~**s** to tell sthg with a wealth of detail. -**4.** ARM accuracy.
◆ **de précision** *loc adj* precision *(modif)*; **instrument de** ~ precision instrument; **horlogerie de haute** ~ high-precision watchmaking.

précité, e [presite] *adj* [oralement] aforesaid, aforementioned; [par écrit] above-mentioned, aforesaid; **les auteurs** ~**s** the authors quoted above.

préclassique [preklasik] *adj* preclassical.

précoce [prekɔs] *adj* -**1.** [prématuré - surdité, mariage] premature. -**2.** [en avance - intellectuellement] precocious, mature (beyond one's years); [- sexuellement] precocious; **les enfants** ~**s** precocious children; **j'étais un garçon** ~ **pour mon âge** I was advanced for a boy of my age. -**3.** BOT & MÉTÉO early; **les gelées** ~**s** early frost; **poire** ~ early OU early-fruiting pear.

précocement [prekɔsmɑ̃] *adv* prematurely, precociously; **marié/vieilli** ~ prematurely married/aged.

précocité [prekɔsite] *nf* -**1.** [d'un enfant] precociousness, precocity; [d'une faculté, d'un talent] early manifestation. -**2.** BOT & MÉTÉO early arrival, earliness.

précolombien, enne [prekɔlɔ̃bjɛ̃, ɛn] *adj* pre-Columbian.

précombustion [prekɔ̃bystjɔ̃] *nf* precombustion.

précompte [prekɔ̃t] *nm* -**1.** [retenue] tax deduction (from one's salary) *Br*, withholding tax *Am*; ~ **mobilier** (withholding) tax on company income. -**2.** [estimation] (deduction) schedule.

précompter [3] [prekɔ̃te] *vt* -**1.** [déduire] to deduct; **vos cotisations sont précomptées sur votre salaire** your contribution is deducted automatically from your salary. -**2.** [estimer] to schedule, to estimate.

préconception [prekɔ̃sɛpsjɔ̃] *nf* preconception, prejudice.

préconçu, e [prekɔ̃sy] *adj* set, preconceived; **idée** ~**e** preconceived idea; **agir sans plan** ~ to act without a preconceived OU set plan.

préconisation [prekɔnizasjɔ̃] *nf* -**1.** [d'un remède] recommendation; [d'une méthode] advocacy. -**2.** RELIG preconization.

préconiser [3] [prekɔnize] *vt* -**1.** [recommander] to advocate; ~ **un remède** to recommend a remedy; **il préconise d'augmenter les tarifs douaniers** he advocates OU is an advocate of higher trade tariffs. -**2.** RELIG to preconize.

préconscient, e [prekɔ̃sjɑ̃, ɑ̃t] *adj* preconscious.
◆ **préconscient** *nm* preconscious.

précontraint, e [prekɔ̃trɛ̃, ɛ̃t] *adj* prestressed.
◆ **précontraint** *nm* prestressed concrete.
◆ **précontrainte** *nf* prestress.

précuit, e [prekɥi, it] *adj* precooked, ready-cooked.

précurseur [prekyrsœr] ◇ *adj m* warning.
◇ *nm* forerunner, precursor; **faire figure** OU **œuvre de** ~ to break new ground.

prédateur, trice [predatœr, tris] *adj* BOT & ZOOL predatory.
◆ **prédateur** *nm* BOT & ZOOL predator.

prédation [predasjɔ̃] *nf* predation.

prédécesseur [predesesœr] *nm* [devancier] predecessor.
◆ **prédécesseurs** *nmpl* [ancêtres] forebears.

prédécoupé, e [predekupe] *adj* precut, ready-cut.

prédélinquant, e [predelɛ̃kɑ̃, ɑ̃t] *nm, f* predelinquent.

prédestination [predɛstinasjɔ̃] *nf* predestination.

prédestiné, e [predɛstine] ◇ *adj* [voué à tel sort] fated.
◇ *nm, f* RELIG chosen OU predestined one.

prédestiner [3] [predɛstine] *vt* -**1.** [vouer] to prepare, to predestine; **rien ne me prédestinait à devenir acteur** nothing marked me out to become an actor OU for an acting career. -**2.** RELIG to predestine, to predestinate.

prédétermination [predeterminasjɔ̃] *nf* predetermination.

prédéterminer [3] [predetɛrmine] *vt* to predetermine.

prédicable [predikabl] *adj* predicable.

prédicat [predika] *nm* -**1.** LING [verbe] predicator; [adjectif] predicate. -**2.** LOGIQUE predicate.

prédicateur, trice [predikatœr, tris] *nm, f* preacher.

prédicatif, ive [predikatif, iv] *adj* -**1.** LING & LOGIQUE predicative. -**2.** RELIG predicatory, predicant.

prédication [predikasjɔ̃] *nf* -**1.** RELIG: **la ~** preaching; [prêche] sermon. -**2.** LING & LOGIQUE predicate.

prédiction [prediksjɔ̃] *nf* [prophétie] prediction; **tes ~s se sont accomplies** OU **réalisées** what you predicted came true.

prédigéré, e [prediʒere] *adj* predigested.

prédilection [predilɛksjɔ̃] *nf* predilection, partiality; **avoir une ~ pour qqch** to be partial to sthg, to have a predilection for sthg.

◆ **de prédilection** *loc adj* favourite.

prédiquer [3] [predike] *vt* to predicate.

prédire [103] [predir] *vt* to predict, to foretell; **ils avaient prédit la guerre** they'd predicted the war OU that there would be a war; **~ l'avenir** [par hasard ou estimation] to predict the future; [voyant] to tell fortunes; **je lui prédis des jours difficiles** I can see difficult times ahead for her.

prédisposer [3] [predispoze] *vt* -**1.** [préparer] to predispose; **sa taille la prédisposait à devenir mannequin** her height made modelling an obvious choice for her. -**2.** [incliner]: **être prédisposé en faveur de qqn** to be favourably disposed to sb; **cette époque-là ne prédisposait pas à la frivolité** that period was not conducive to frivolity.

prédisposition [predispozisjɔ̃] *nf* -**1.** [tendance] predisposition; **avoir une ~ au diabète** to have a predisposition to diabetes. -**2.** [talent] gift, talent.

prédominance [predɔminɑ̃s] *nf* predominance.

prédominant, e [predɔminɑ̃, ɑ̃t] *adj* [principal - couleur, trait] predominant, main; [- opinion, tendance] prevailing; [- souci] chief, major.

prédominer [3] [predɔmine] *vi* [couleur, trait] to predominate; [sentiment, tendance] to prevail; **le soleil va ~ sur presque tout le pays** the weather will be sunny in most parts of the country; **c'est ce qui prédomine dans tous ses romans** that's the dominant feature of all his novels.

préélectoral, e, aux [preelɛktɔral, o] *adj* preelectoral.

préélémentaire [preelemɑ̃tɛr] *adj* preprimary *Br*, preelementary *Am*.

préemballé, e [preɑ̃bale] *adj* prepacked.

prééminence [preeminɑ̃s] *nf* preeminence, dominance; **donner la ~ à qqch** to put sthg first.

prééminent, e [preeminɑ̃, ɑ̃t] *adj* preeminent; **occuper un rang ~** to hold a prominent position.

préemption [preɑ̃psjɔ̃] *nf* preemption.

préencollé, e [preɑ̃kɔle] *adj* prepasted.

préenregistré, e [preɑ̃rəʒistre] *adj* prerecorded.

préétabli, e [preetabli] *adj* preestablished.

préétablir [32] [preetablir] *vt*: **~ qqch** to preestablish sthg, to establish sthg in advance.

préexistant, e [preɛgzistɑ̃, ɑ̃t] *adj* existing; **les immeubles ~s seront détruits** existing buildings will be torn down.

préexistence [preɛgzistɑ̃s] *nf* preexistence.

préexister [3] [preɛgziste]

◆ **préexister à** *v + prép* to go before, to preexist; **toutes les civilisations qui ont préexisté à la nôtre** all the civilizations that came before ours.

préfabrication [prefabrikasjɔ̃] *nf* prefabrication.

préfabriqué, e [prefabrike] *adj* prefabricated.

◆ **préfabriqué** *nm* -**1.** [construction] prefab. -**2.** [matériau] prefabricated material; **en ~** prefabricated.

préface [prefas] *nf* preface.

préfacer [16] [prefase] *vt* [livre, texte] to preface; **~ un ouvrage** to write a preface to OU to preface a book.

préfacier [prefasje] *nm* prefacer, preface writer.

préfectoral, e, aux [prefɛktɔral, o] *adj* prefectorial, prefectural; **par arrêté ~, par mesure ~e** by order.

préfecture [prefɛktyr] *nf* -**1.** ADMIN [chef-lieu] prefecture; [édifice] prefecture building; [services] prefectural office; [emploi] post of préfet; **briguer la ~** to aspire to the prefecture ❑ **~ maritime** port prefecture; **~ de police** (Paris) police headquarters. -**2.** ANTIQ prefecture.

préférable [preferabl] *adj* preferable; **cette solution est nettement ~** that solution is preferable OU to be preferred; **ne va pas trop loin, c'est ~** it'd be better if you didn't go too far away; **~ à** preferable to, better than; **tout est ~ à cette vie de reclus** anything is better than this hermit's life.

préférablement [preferabləmɑ̃] *adv litt*: **~ à** [de préférence à] in preference to.

préféré, e [prefere] ◇ *adj* favourite; **quel est ton passe-temps ~?** what is your favourite hobby?

◇ *nm, f* favourite; **la petite dernière est la ~e de mon mari** our youngest child is my husband's favourite.

préférence [preferɑ̃s] *nf* -**1.** [prédilection] preference; **donner la ~ à** to give preference to; **avoir une ~ pour** to have a preference for; **ma ~ va aux tissus unis** I prefer OU have a preference for plain fabrics; **ça m'est égal, je n'ai pas de ~** it doesn't matter to me, I've no particular preference; **avoir la ~ sur qqn** to have preference over sb; **sur 200 candidates, c'est elle qui a eu la ~** she was chosen out of 200 candidates. -**2.** JUR: **droit de ~** right to preferential treatment. -**3.** ÉCON: **~ douanière** preferential duties.

◆ **de préférence** *loc adv* preferably; **donne-moi un verre de vin, et du bon de ~** give me a glass of wine, preferably a good one; **'à consommer de ~ avant fin 94'** 'best before end 94'.

◆ **de préférence à** *loc prép* in preference to, rather than.

préférentiel, elle [preferɑ̃sjɛl] *adj* -**1.** [traitement, tarif, vote] preferential. -**2.** BOURSE: **actions ~les** preference shares *Br*, preferred stock *Am*.

préférentiellement [preferɑ̃sjɛlmɑ̃] *adv* preferentially.

préférer [18] [prefere] *vt* to prefer; **la bruyère préfère une terre tourbeuse** heather does better in OU prefers peaty soil; **ils préfèrent les échecs aux cartes** they prefer chess to playing cards; **préférez-vous du vin ou de la bière?** would you rather have wine or beer?; **je me préfère avec un chignon** I think I look better with my hair in a bun; **il préférait mourir plutôt que (de) partir** he would rather die than leave; **il y a des moments où l'on préfère rester seul** there are times when one would rather be alone; **je préfère que tu n'en dises rien à personne** I'd prefer it if OU I'd rather you didn't tell anybody ‖ *(en usage abs)*: **si tu préfères, nous allons rentrer** if you'd rather, we'll go home.

préfet [prefɛ] *nm* -**1.** ADMIN préfet, prefect; **elle était ~ du Lot** she used to be prefect OU préfet of the Lot department ❑ **le ~ de Paris** the prefect of Paris; **~ de police** [en France] prefect OU chief of police; [en Grande-Bretagne] ≃ chief constable, ≃ head of the constabulary; **~ de région** regional prefect OU préfet. -**2.** RELIG prefect; **~ apostolique** prefect apostolic; **~ des études** master of studies *(in a religious school)*. -**3.** NAUT: **~ maritime** *port admiral overseeing the defence of certain maritime departments*. -**4.** *Belg* principal *Am* OU head teacher *Br* *(of a secondary school)*. -**5.** ANTIQ prefect.

préfète [prefɛt] *nf* -**1.** [épouse] prefect's OU préfet's wife. -**2.** [titulaire] préfète, woman prefect. -**3.** *Belg* headmistress *Br* OU principal *Am (of a secondary school)*.

préfiguration [prefigyrasjɔ̃] *nf sout* prefiguration, foreshadowing; **ce rêve était-il la ~ de mon avenir?** was this dream a premonition?

préfigurer [3] [prefigyre] *vt sout* [annoncer] to prefigure; **cette nouvelle ne préfigure rien de bon** this news bodes ill for the future.

préfinancement [prefinɑ̃smɑ̃] *nm* bridging loan.

préfixal, e, aux [prefiksal, o] *adj* prefixal, prefix *(modif)*.

préfixation [prefiksasjɔ̃] *nf* prefixing, prefixation; **la ~ d'un morphème** the use of a morpheme as a prefix.

préfixe [prefiks] *nm* prefix.

préfixé, e [prefikse] *adj* -**1.** LING prefixed. -**2.** JUR [date, délai] prescribed, set.

préfixer [3] [prefikse] *vt* to prefix.

préformage [prefɔrmaʒ] *nm* preforming.

préformation [prefɔrmasjɔ̃] *nf* preformation.

préformer [3] [prefɔrme] *vt* to preform.

prégénital, e, aux [preʒenital, o] *adj* pregenital.

préglaciaire [preglasjɛr] *adj* preglacial.

prégnance [preɲɑ̃s] *nf* -**1.** *litt* significance, meaningfulness. -**2.** PSYCH pregnance, Prägnanz.

prégnant, e [preɲɑ̃, ɑ̃t] *adj litt* significant, pregnant (with meaning).

préhellénique [preelenik] *adj* pre-Hellenic.

préhenseur [preɑ̃sœr] *adj m* prehensile.

préhensile [preɑ̃sil] *adj* prehensile.

préhension [preɑ̃sjɔ̃] *nf* prehension; **doué de ~** able to grip.

préhistoire [preistwar] *nf* prehistory.

préhistorien, enne [preistɔrjɛ̃, ɛn] *nm, f* prehistorian.

préhistorique [preistɔrik] *adj* -**1.** [ère, temps] prehistoric, prehistorical. -**2.** *fam* [dépassé] ancient, prehistoric; **elle est ~, sa bagnole!** his car's virtually an antique!

préhominien [preɔminjɛ̃] *nm* prehominid.

préindustriel, elle [preɛ̃dystrijɛl] *adj* preindustrial.

préinscription [preɛ̃skripsjɔ̃] *nf* preregistration.

préjudice [preʒydis] *nm* harm *(U)*, wrong *(U)*; **subir un ~ matériel/financier** to sustain damage/financial loss; **subir un ~ moral** to suffer mental distress; **causer un** OU **porter ~ à qqn** to harm sb, to do sb harm; **les magnétoscopes ont-ils porté ~ au cinéma?** have videorecorders been detrimental to the cinema?

◆ **au préjudice de** *loc prép* to the detriment OU at the expense of; **on développe le tourisme au ~ des traditions locales** tourism is being developed at the expense of local traditions.

◆ **sans préjudice de** *loc prép* without prejudice to; **vous devez payer un million de francs sans ~ de vos dettes antérieures** you must pay a million francs, without prejudice to the money previously owed.

préjudiciable [preʒydisjabl] *adj sout* prejudicial, detrimental; **de telles déclarations seraient ~s à votre candidature** such statements would be harmful OU injurious to your candidature.

préjudiciel, elle [preʒydisjɛl] *adj* [question] interlocutory; [action] prejudicial.

préjugé [preʒyʒe] *nm* prejudice; **avoir un ~ contre qqn** to be prejudiced OU biased against sb; **avoir un ~ favorable pour qqn** to be prejudiced in sb's favour, to be biased towards sb; **c'est difficile de n'avoir aucun ~** it's hard to be totally unprejudiced OU unbiased.

préjuger [17] [preʒyʒe] *vt litt* to prejudge; **autant qu'on puisse ~** as far as one can judge beforehand.

◆ **préjuger de** *v + prép litt*: **~ de qqch** to judge sthg in advance, to prejudge sthg; **son attitude** ne laisse rien ~ de sa décision his attitude gives us no indication of what he is going to decide; je crains d'avoir préjugé de mes forces I'm afraid I've overestimated my strength.

prélasser [3] [prelase]
◆ **se prélasser** *vpi* to be stretched out, to lounge (around), to laze around.

prélat [prela] *nm* prelate.

prélatin, e [prelatɛ̃, in] *adj* pre-Latin.

prélavage [prelavaʒ] *nm* prewash.

prélaver [3] [prelave] *vt* to prewash.

prêle, prèle [prɛl] *nf* horsetail.

prélegs [prelɛg] *nm* preference legacy.

prélèvement [prelɛvmɑ̃] *nm* -**1.** MÉD [de sang] sample; [sur les tissus] swab; il faut faire un ~ dans la partie infectée we have to take a swab of the infected area; faire des ~s à qqn to do tests on sb. -**2.** BANQUE [retrait]: ~ automatique OU bancaire banker's OU standing order; ~ en espèces cash withdrawal. -**3.** FIN [retenue - sur le salaire] deduction; [- sur les biens] levy; ~ sur le capital capital levy; les cotisations sont payées par ~ à la source contributions are deducted at source; ~s obligatoires tax and social security contributions.

prélever [19] [prelәve] *vt* -**1.** MÉD [sang, échantillon] to take; ~ du sang to take a blood sample. -**2.** FIN [somme - d'un compte] to withdraw; [- sur un salaire] to deduct, to withdraw; la somme sera prélevée sur votre compte tous les mois the sum will be deducted OU debited from your account every month; aller à la banque ~ de l'argent to go to the bank and withdraw some money.

préliminaire [prelimінɛr] *adj* preliminary, early; remarque ~ preliminary OU prefatory remark.
◆ **préliminaires** *nmpl* [préparatifs] preliminaries; [discussions] preliminary talks.

prélogique [prelɔʒik] *adj* prelogical.

prélude [prelyd] *nm* -**1.** MUS prelude. -**2.** *sout* [préliminaire] prelude; cette première rencontre fut le ~ de bien d'autres this was the first of many meetings.

préluder [3] [prelyde] *vi* MUS to warm up, to prelude; ~ par des vocalises to warm up by doing vocal exercises.
◆ **préluder à** *v + prép* to be a prelude to.

prématuré, e [prematyre] ◇ *adj* -**1.** [naissance, bébé] premature. -**2.** [décision] premature; [décès] untimely; il est ~ de dresser un bilan de la situation it is too early to assess the situation.
◇ *nm, f* premature baby OU infant.

prématurément [prematyremɑ̃] *adv* prematurely; il nous a quittés ~ his was an untimely death.

prématurité [prematyrite] *nf* prematurity.

prémédication [premedikasjɔ̃] *nf* premedication.

préméditation [premeditasjɔ̃] *nf* premeditation; avec ~ with malice aforethought; être accusé de meurtre avec ~ to be accused of premeditated murder; si on ne peut pas prouver la ~ if proof of intent cannot be shown.

prémédité, e [premedite] *adj* -**1.** JUR [crime] premeditated, wilful. -**2.** [insulte, réponse] deliberate.

préméditer [3] [premedite] *vt* [crime, vol] to premeditate; ~ de faire qqch to plan to do sthg; ils avaient bien prémédité leur coup they'd thought the whole thing out really well.

prémenstruel, elle [premɑ̃stryɛl] *adj* premenstrual.

prémices [premis] *nfpl* -**1.** *litt* [début] beginnings; les ~ de l'été the first OU early signs of summer; les ~ d'un grand talent the first OU early stirrings of a great talent. -**2.** ANTIQ [récolte] premices, primices, first fruits; [animaux] premices, primices.

premier, ère [prәmje, ɛr] ◇ *adj* -**1.** *(souvent avant le n)* [initial] early; les ~s hommes early man; ses premières œuvres her early works; dans les ~s temps at the beginning, early on; il n'est plus de la première jeunesse he's not as young as he used to be; un Matisse de la première période an early Matisse. -**2.** [proche] nearest; je réussis à attraper les premières branches I managed to grasp the nearest branches; au ~ rang CIN & THÉÂT in the first OU front row; SCOL in the first row ❑ ~ balcon, ~s balcons THÉÂT dress circle; première loge box in the first tier; aux premières loges THÉÂT in the first-tier boxes; être aux premières loges *fig*: de notre fenêtre, on est aux premières loges pour les défilés we have a grandstand view of processions from our window. -**3.** [à venir] next, first; à la première occasion as soon as possible, at the first (possible) opportunity; remerciez-le à la première occasion thank him at the earliest opportunity; il a recommencé à chaparder à la première occasion he went back to thieving as soon as he got the chance; le ~ venu the first person who comes along; ce n'est pas le ~ venu he's not just anybody; le ~ imbécile venu pourrait le faire any idiot could do it; on s'est arrêtés dans le ~ hôtel venu we stopped at the first hotel we came to OU happened to come to. -**4.** [dans une série] first; chapitre ~ Chapter One; à la première heure first thing, at first light; à première vue at first (sight); au ~ abord at first; au ~ abord, on le prendrait pour un prêtre on first meeting him you'd think he was a priest; au ~ chant du coq *litt* when the cock crows, at cock crow; dans un ~ temps (at) first, to start with, to begin with; de la première à la dernière ligne from top to bottom *(of a text)*; de la première à la dernière page from cover to cover; de ~ ordre first-rate; d'un ~ mariage OU lit (born) of OU by a first marriage; j'ai deux fils d'un ~ lit I've got two sons from my first marriage; du ~ coup *fam* first off, at the first attempt; faire ses premières armes to try out one's strength; il a fait ses premières armes à la «Gazette du Nord» he cut his teeth at the "Gazette du Nord"; j'ai fait mes premières armes dans le métier comme apprenti cuisinier I started in the trade as a cook's apprentice; il s'en moque OU s'en soucie comme de sa première chemise he couldn't care less about it; la Première Guerre (mondiale) the First World War, World War I; le ~ âge infancy; le premier Empire the First Empire, the Napoleonic era; robe premier Empire Empire-style dress; ~ amour first love; le ~ arrivé the first person to arrive; ~ choix best OU top quality; de ~ choix top quality; je n'achète que de la viande OU des morceaux de ~ choix I only buy prime cuts; première prise CIN first take OU shot; ~ cycle SCOL lower secondary school years *Br*, junior high school *Am (age 11 to 14)*; UNIV first half of first degree course; ~ jet (first OU rough OU initial) draft; ~ pas: faire ses ~s pas to learn to walk; il a fait ses ~s pas de comédien dans un film de Chaplin he made his debut as an actor in a Chaplin picture; faire le ~ pas [s'excuser] to apologize first; [dans une rencontre amoureuse] to make the first move; il n'y a que le ~ pas qui coûte the first step is the hardest; ~ rôle [acteur] leading actor (*f* actress); [personnage] lead; ~ quartier (de la lune) first quarter (of the Moon); la lune en est à son ~ quartier the Moon is in its first quarter; ~s secours [personnes et matériel] emergency services; [soins] first aid; première classe TRANSP first class; première communion: faire sa première communion to make one's first communion; première fois: c'est la première fois que... it's the first time that...; il y a toujours une première fois there's always a first time; première nouvelle! *fam* it's the first I've heard of it!; première page PRESSE front page; mets-le en première page put it on the front page; faire la première page des journaux to be headline news; première partie [gén] first part; [au spectacle] opening act; qui va (lui) jeter OU lancer la première pierre? *allusion Bible* who will cast the first stone?; poser la première pierre d'un bâtiment to lay the first OU foundation stone of a building. -**5.** [principal] main; de (toute) première nécessité/urgence (absolutely) essential/urgent; c'est vous le ~ intéressé you're the main person concerned OU the one who's got most at stake; au ~ chef principally; leur décision me concerne au ~ chef their decision has immediate implications for me; le ~ pays producteur de vin au monde the world's leading wine-producing country; la première collection de fossiles au monde the world's greatest OU foremost collection of fossils. -**6.** [haut placé - clerc, commis] chief; [- danseur] leading; le ~ personnage de l'État the country's Head of State; le ~ nom d'une liste the top name on a list; sortir ~ d'une grande école to be first on the pass list *(in the final exam of a Grande École)* ❑ ~ maître chief petty officer; Premier ministre Prime Minister, Premier; ~ secrétaire (du parti) first secretary (of the party); ~ violon first violin; ~ violon (solo) leader *Br*, concertmaster *Am*; il se prend pour le ~ moutardier du pape *hum* he thinks he's God's gift to humanity. -**7.** *(tjrs après le n)* [originel] first, original, initial; il n'a jamais retrouvé son inspiration première he never recovered his initial inspiration; l'idée première était de... the original idea was to... ❑ de première main [information] first-hand; [érudition, recherche] original; nous tenons de première main que... we have it on the best authority that... -**8.** [spontané] first; son ~ mouvement his first OU spontaneous impulse; quelles sont vos premières réactions? what are your first OU initial reactions? -**9.** *(tjrs après le n)* [fondamental] first; cause première first cause; principe ~ first OU basic principle ‖ MATH [nombre] prime; [polynôme] irreducible. -**10.** [moindre] slightest; et ta récitation, tu n'en connais pas le ~ mot! you haven't a clue about your recitation, have you?; la robe coûte 3 000 F et je n'en ai pas le ~ sou the dress costs 3,000 F and I haven't a penny *Br* OU cent *Am* to my name. -**11.** GRAMM: première personne (du singulier/pluriel) first person (singular/plural). -**12.** CULIN: côte/côtelette première prime rib/cutlet.
◇ *nm, f* -**1.** [personne]: le ~ the first; entre la première go in first; elle a fini dans les cinq premières she finished amongst the top five; elle est la première de sa classe/au hit-parade she's top of her class/the charts; si c'est moi qui pars le ~ if I go first; mon ~ m'a fait une rougeole *fam* my eldest has had measles ❑ jeune ~ CIN & THÉÂT young male lead; jeune première young female lead; le Premier (britannique) POL the (British) Prime Minister OU Premier; les ~s seront les derniers *allusion Bible* the first shall be last. -**2.** [chose]: le ~ the first (one); de toutes les maisons où j'ai vécu, c'est la première que je regrette le plus of all the houses in which I have lived, I miss the first (one) most of all; plantez des roses ou des tulipes, mais les premières durent plus longtemps plant roses or tulips, but the former last longer.
◆ **premier** *nm* -**1.** [dans une charade]: mon ~ sent mauvais my first has a nasty smell. -**2.** [étage] first floor *Br*, second storey *Am*; la dame du ~ the lady on the first floor. -**3.** [dans des dates]: le ~ du mois the first of the month; tous les ~s du mois every first (day) of the month; Aix, le ~ juin Aix, June 1st; le ~ avril April Fool's OU All Fools Day; le ~ Mai May Day; le ~ janvier OU de l'an New Year's Day.
◆ **première** *nf* -**1.** CIN & THÉÂT first night, opening night; c'est la première mondiale CIN & THÉÂT it's the world première; [exploit] it's a world first; c'est une (grande) première chirurgicale it's a first for surgery; la première des Grandes Jorasses the first ascent of the Grandes Jorasses. -**2.** SCOL lower sixth (form) *Br*, eleventh grade *Am*; première supérieure *class leading to the entrance exam for the École normale supérieure.* -**3.** AUT first (gear); être/passer en première to be in/to go into first. -**4.** TRANSP first

class; voyager en première to travel first class; billet/wagon de première first-class ticket/carriage. -5. COUT head seamstress. -6. DANSE first (position). -7. IMPR [épreuve] first proof; [édition - d'un livre] first edition; [- d'un journal] early edition. -8. [d'une chaussure] insole.

◆ **de première** *fam loc adj* first-rate; un imbécile de première *iron* a prize idiot.

◆ **en premier** *loc adv* first, in the first place, first of all; je dois m'occuper en ~ de mon visa the first thing I must do is to see about my visa.

◆ **premier de cordée** *nm* SPORT leader *(of a roped climbing team)*.

◆ **premier degré** *nm* -1. SCOL primary *Br* OU elementary *Am* education. -2. [phase initiale] first step; brûlure au ~ degré first-degree burn. -3. *fig*: des gags à ne pas prendre au ~ degré jokes which musn't be taken at face value.

◆ **premier jour** *nm* -1. BX-ARTS first OU opening day; PHILATÉLIE first day cover. -2. *loc*: comme au ~ jour as it was in the beginning; amoureux comme au ~ jour as much in love as when they first met; dès le ~ jour from the very first day.

◆ **premier plan** *nm* -1. CIN foreground; au ~ plan in the foreground. -2. *fig*: au ~ plan de l'actualité in the forefront of today's news; de (tout) ~ plan [personnage] leading, prominent; jouer un rôle de (tout) ~ plan dans to play a leading OU major part in.

◆ **premier prix** *nm* -1. COMM lowest OU cheapest price; dans les ~s prix at the cheaper OU lower end of the scale. -2. [récompense] first prize; elle a eu le ~ prix d'interprétation she's won the award for best actress.

premièrement [prəmjɛrmɑ̃] *adv* -1. [dans une énumération] in the first place, first; ~ il faut de l'argent, deuxièmement il faut du temps first you need the money, then you need the time. -2. [pour objecter] first, firstly, in the first place; ~, ça ne te regarde pas! to begin OU to start with, it's none of your business!

premier-né, première-née [prəmjene, prəmjɛrne] (*mpl* premiers-nés, *fpl* premières-nées) *adj* & *nm, f* first-born.

prémisse [premis] *nf* premise.

prémolaire [premɔlɛr] *nf* premolar.

prémonition [premɔnisjɔ̃] *nf* premonition.

prémonitoire [premɔnitwar] *adj* premonitory; j'ai fait un rêve ~ I had a premonition in my dream.

Prémontrés [premɔ̃tre] *nm pl*: les ~ the Premonstratensians.

prémunir [32] [premynir] *vt sout*: ~ qqn contre to protect sb against.

◆ **se prémunir contre** *vp + prép* to protect o.s. OU to guard against sthg.

prenable [prənabl] *adj* pregnable *litt*.

prenant, e [prənɑ̃, ɑ̃t] *adj* -1. [captivant] engrossing, gripping. -2. [qui prend du temps] time-consuming. -3. [préhensile] prehensile.

prénatal, e, als OU **aux** [prenatal, o] *adj* prenatal, antenatal.

prendre [79] [prɑ̃dr] ◇ *vt* **A.** SAISIR, ACQUÉRIR -1. [ramasser] to pick up *(sép)*; la chatte prend ses chatons par la peau du cou the cat picks up her kittens by the scruff of the neck; elle prit sa guitare sur le sol she picked her guitar up off the floor; quand il prend son saxophone, tout le monde se tait when he picks OU takes up his saxophone, everybody quietens down; prends la casserole par le manche pick the pan up by the handle; il prit son manteau à la patère he took his coat off the hook; où as-tu pris ce couteau? where did you get that knife (from)?; ~ qqch des mains de qqn to take sthg off sb; va ~ du persil/des fleurs dans le jardin go and pick some parsley/flowers in the garden; ~ un peigne dans sa poche/dans un tiroir to take a comb out of one's pocket/a drawer; prends le bébé pick the baby up ‖ [saisir et garder] to take (hold of), to hold; tu peux ~ mon sac un instant? could you hold on to OU take my bag for a minute?; ~ sa tête entre ses mains to hold one's head in one's hands; il m'a pris par les épaules et m'a secoué he took (hold of) me by the shoulders and shook me; prenez cette médaille qui vous est offerte par tous vos collègues accept this medal as a gift from all your colleagues; ~ un siège to take a seat, to sit down. -2. [emporter - lunettes, document, en-cas] to take; tu as pris tes papiers (avec toi)? have you got your papers (with you)?; inutile de ~ un parapluie there's no need to take OU no need for an umbrella; ~ des vivres pour un mois to take one month's supply of food; quand prendrez-vous le colis? when will you collect the parcel? ‖ [emmener] to take (along); l'inspecteur prit trois hommes avec lui the inspector took three men with him; (passer) ~ qqn: je l'ai prise chez elle à midi I picked her up at OU collected her from her home at 12 noon; ~ qqn en voiture to give sb a lift; ~ un autostoppeur to give a hitchhiker a lift, to pick up a hitchhiker. -3. [trouver] to get; où as-tu pris cette idée/cette citation/ces manières? where did you get that idea/this quotation/those manners?; où as-tu pris qu'on est plus heureux à la campagne? where did you get the idea that people are happier in the country? -4. [se procurer]: ~ des nouvelles de qqn to ask after sb; ~ des renseignements to get some information. -5. [acheter - nourriture, billet de loterie] to get, to buy; [- abonnement, assurance] to take out *(sép)*; [réserver - chambre d'hôtel, place de spectacle] to book; j'ai pris des artichauts pour ce soir I've got OU bought some artichokes for tonight; je vais vous ~ un petit poulet aujourd'hui I'll have OU take a small chicken today; je ne prends plus de fruits au supermarché I don't buy fruit at the supermarket any more. -6. [demander - argent] to take; je prends une commission de 3 % I take a 3% commission; mon coiffeur ne prend pas cher *fam* my hairdresser isn't too expensive OU doesn't charge too much; je prends 100 F de l'heure I charge 100 F per hour; elle l'a réparé sans rien nous ~ she fixed it free of charge OU without charging us (anything) for it. -7. [retirer]: les impôts sont pris à la source tax is deducted at source; ~ de l'argent sur son compte to withdraw money from one's account.

B. AVOIR RECOURS À, SE SERVIR DE -1. [utiliser - outil] to use; prends un marteau, ce sera plus facile use a hammer, you'll find it's easier; je ne prends jamais de dé pour coudre I never use a thimble when I'm sewing; ne prends pas ça, ça raye l'émail don't use that, it scratches the enamel ‖ [emprunter] to take, to borrow; je peux ~ ta voiture? can I take OU borrow your car?; tu peux ~ ma jupe you can take OU borrow my skirt. -2. [consommer - nourriture] to eat; [- boisson] to drink, to have; [- médicament] to take; [- sucre] to take; je ne prends jamais de somnifères I never take sleeping pills; nous en discuterons en prenant le café we'll discuss it over a cup of coffee; tu prends du lait? do you take milk?; je prendrais bien une bière I could do with a beer; elle prend de la cocaïne she takes cocaine; à ~ matin, midi et soir to be taken three times a day; elle n'a rien pris depuis trois jours she hasn't eaten anything for three days ‖ [comme ingrédient] to take; ~ 50 g de beurre et 200 g de farine take 50 g of butter and 200 g of flour. -3. [se déplacer en] to take, to go OU to travel by *(insép)*; ~ l'avion to take the plane, to fly; ~ le bateau to take the boat, to sail; ~ le bus to take the bus, to go by bus; ~ un taxi to take OU to use a taxi; ~ le train to take the train, to go by train; je ne prends jamais la voiture I never use the car; elle prend sa bicyclette pour aller au travail she goes to work on a bike, she cycles to work. -4. [monter dans - bus, train] to catch, to get on *(insép)*; elle a pris le vol suivant/le mauvais avion she caught the next plane/got on the wrong plane. -5. [suivre - voie] to take; prends la première à droite take the first (on the) right; prenez la direction de Lille follow the signs for Lille; j'ai pris un sens interdit I drove down a one-way street.

C. PRENDRE POSSESSION DE, CONTRÔLER -1. [retenir par la force - fugitif] to capture; [- prisonnier] to take; [- animal] to capture, to catch; MIL [ville, position] to take; ~ qqn en otage to take sb hostage; ~ du poisson dans un filet to catch OU to take fish in a net. -2. [voler - bijou] to take; il a tout pris dans la maison he took everything in the house; ~ une citation dans un livre [sans permission] to lift OU to poach a quotation from a book; ~ qqch à qqn: combien vous a-t-on pris? how much was taken OU stolen from you?; elle m'a pris mon tour she took my turn; elle m'a pris mon idée/petit ami she stole my idea/boyfriend. -3. [occuper - temps] to take (up), to require; [- place] to take (up); il prenait le banc à lui tout seul he was taking up all the space on the bench; ça prend combien de temps pour y aller? how long does it take to get there?; ça m'a pris deux heures it took me two hours; ça va te ~ des heures de le coudre à la main! it's going to take you ages to sew it by hand!; chercher un appartement prend du temps flat-hunting is time-consuming; ses fonctions le prennent beaucoup his responsibilities take up a lot of his time OU keep him very busy. -4. [envahir - suj: malaise, rage] to come over *(insép)*; [- suj: peur] to seize, to take hold of; quand ses quintes de toux le prennent when he has a bout of coughing; l'orage/la pluie nous a pris en rase campagne the storm/rain crept up on us OU caught us unawares in the open countryside; la fièvre du jeu la prit she was gripped by gambling fever; une douleur le prit dans le dos he suddenly felt a twinge of pain in his back; quand le doute me prend when doubt gets a hold of me, when I am seized by doubt; l'envie le OU lui prit d'aller nager he felt like going for a swim; qu'est-ce qui te prend? what's wrong with OU what's the matter with OU what's come over you?; qu'est-ce qui le OU lui prend de ne pas répondre? why on earth isn't he answering?; ça te prend souvent? *fam iron* do you make a regular habit of this?; quand ça le OU lui prend, il casse tout *fam* when he gets into this state, he just smashes everything in sight ‖ *(tournure impersonnelle)*: il me prend parfois le désir de tout abandonner I sometimes feel like giving it all up ❑ il est rentré chez lui et bien lui en a pris he went home and it was just as well he did; il est rentré chez lui et mal lui en a pris he went home, but he'd have done better to stay where he was; ~ la tête à qqn[▽]: ça me prend la tête it's a real hassle; arrête de me ~ la tête stop being such a pain. -5. [surprendre - voleur, tricheur] to catch; si tu veux le voir, il faut le ~ au saut du lit if you want to see him, you must catch him as he gets up; ~ qqn à faire qqch to catch sb doing sthg; que je ne te prenne plus à écouter aux portes! don't let me catch you listening at keyholes again!; on ne me prendra plus à l'aider! you'll never catch me helping him again!; je t'y prends, petit galopin! caught OU got you, you little rascal!; il se jura qu'on ne l'y prendrait plus he swore to himself he'd never get caught again. -6. JEUX [pion, dame] to take; le roi prend la dame the King is higher than OU takes the Queen; demain, je te prends aux échecs *fam* tomorrow I'll take you on at OU play you at chess ‖ CARTES *(en usage abs)*: je prends I'll try it; j'ai pris à cœur I went hearts. -7. SPORT: ~ le service de qqn to break sb's service; il est venu ~ la deuxième place [pendant la course] he moved into second place; [à l'arrivée] he came in second.

D. ADMETTRE, RECEVOIR -1. [recevoir]: le docteur ne pourra pas vous ~ avant demain the doctor won't be able to see you before tomorrow. -2. [cours] to take. -3. [accueillir - pensionnaire, locataire] to take in *(sép)*; [- passager] to take; [admettre par règlement] to take, to allow; [engager - employé, candidat] to take on *(sép)*; le lycée prend des pensionnaires the school takes boarders; le ferry/train ne prend que les passagers qui ont réservé the ferry/train only takes passengers with reservations;

nous ne pouvons pas ~ votre chien à bord we can't allow your dog on board; **nous ne prenons pas les cartes de crédit/les bagages en cabine** we don't take credit cards/cabin baggage; **après son opération, je le prendrai dans mon service** after his operation, I'll have him transferred to my department; **~ un comptable** to take on OU to hire an accountant; **ils ne prennent que des gens qui ont de l'expérience** they only take OU employ OU use experienced people; **~ qqn à titre d'essai** OU **à l'essai** to take sb (on) OU to employ sb on a trial basis; **~ qqn comme stagiaire** to take sb on as a trainee; **on l'a prise comme assistante de direction** she's been taken on as (an) executive assistant. -**4.** [acquérir, gagner]: **~ de l'avance/du retard** to be earlier/later than scheduled; **j'ai pris trois centimètres de tour de taille** I've put on three centimetres round the waist; **quand le gâteau commence à ~ une jolie couleur dorée** when the cake starts to take on a nice golden colour; **le projet commence à ~ forme** OU **tournure** the project's starting to take shape; **avec lui, tout prend des proportions énormes** he always blows everything up out of proportion || [terminaison] to take; **«gaz» ne prend pas d's au pluriel** "gaz" doesn't take an s in the plural; **ça prend un e au féminin** it takes an e in the feminine (form); **le a prend un accent circonflexe** there's a circumflex on the a. -**5.** [subir] to get; **~ un coup de soleil** to get sunburnt; **~ froid** OU *vieilli* **du mal** to catch OU to get a cold; **tu vas ~ une fessée/claque!** *fam* you'll get a smack/a clout!; **~ des coups de pied** to get kicked; **il prend bien les coups** SPORT & *fig* he can take a lot of punishment; **j'ai pris la tuile en plein sur la tête** the tile hit me right on the head; **c'est elle qui a tout pris** *fam* [coups, reproches] she got the worst OU took the brunt of it; [éclaboussures] she got most OU the worst of it; **qu'est-ce qu'on a pris!** *fam*, **on a pris quelque chose!** *fam* [averse] we got soaked OU drenched!; [réprimande] we got a real dressing down!; [critique] we got panned!; [défaite] we got thrashed!; **qu'est-ce que le gouvernement a pris dans les journaux du matin!** *fam* the government got a roasting in the morning papers! || *(en usage abs)*: **quand les deux frères font une bêtise, c'est toujours l'aîné qui prend** *fam* when the two brothers have been up to some mischief, the eldest always gets the blame OU gets it in the neck; **c'est toujours les mêmes qui prennent!** *fam* they always pick on the same ones, it's always the same ones who get it in the neck! ❑ **en ~ pour** *fam*: **il en a pris pour 15 ans** he got 15 years, he got put away for 15 years.

E. CONSIDÉRER DE TELLE MANIÈRE -**1.** [accepter] to take; **il faut ~ les choses comme elles viennent/sont** you've got to take things as they come/are; **il a essayé de le ~ avec le sourire** OU **en souriant** he tried to pass it off with a smile; **elle a pris sa défaite avec le sourire** she accepted her defeat with a smile; **je lui ai dit ce que je pensais d'elle et elle l'a très bien/mal pris** I told her what I thought of her and she took it very well/badly; **elle prend très mal la critique** she doesn't take kindly to being criticized || [interpréter]: **ne prends pas ça pour toi** [ne te sens pas visé] don't take it personally; **~ qqch en bien** to take sthg as a compliment; **~ qqch en mal** to take sthg badly; **elle a pris mon silence pour de la désapprobation** she took my silence as a criticism; **c'est ce qu'il a dit, prends-le pour ce que ça vaut** that's what he said, (take it) for what it's worth. -**2.** [considérer] to take, to consider; **prenons un exemple** let's take OU consider an example; **prends Pierre, il n'est pas brillant, et pourtant il a réussi** take Pierre, he's not very bright but he's got on in life; **~ qqn/qqch en**: **~ qqn en amitié** to grow fond of sb; **~ qqn en pitié** to take pity on sb; **j'ai pris cette maison en horreur** I grew to loathe that house; **~ qqch/qqn pour** [par méprise] to mistake sthg/sb for; [le considérer, volontairement, comme] to take sthg/sb for, to consider sthg/sb to be; **on me prend souvent pour ma sœur** I'm often mistaken for my sister; **je vous avais pris pour Robert** I thought you were Robert; **de dos, on pourrait le ~ pour mon mari** seen from behind, you could mistake him for my husband; **pour qui me prenez-vous?** what do you take me for?, who do you think I am?; **tu me prends pour ta bonne?** do you think I'm your maid?; **elle va me ~ pour un idiot** she'll think I'm a fool; **~ qqch/qqn comme** to take sthg/sb as; **~ qqch comme excuse** to use OU to take sthg as an excuse; **~ un monument comme point de repère** to use a monument as a landmark ❑ **à tout ~** all in all, by and large, all things considered; **à tout ~, je préférerais le faire moi-même** all things being considered I'd rather do it myself. -**3.** [traiter - qqn] to handle, to deal with *(insép)*; **~ qqn par la douceur** to use gentle persuasion on sb; **elle sait très bien ~ les enfants** she knows how to handle children; **~ l'ennemi de front/à revers** MIL & *fig* to tackle the enemy head on/from the rear.

F. ENREGISTRER -**1.** [consigner - notes] to take OU to write down *(sép)*; [- empreintes, mesures, température, tension] to take; **je n'ai pas eu le temps de ~ son numéro** I didn't have time to take (down) his number; **je peux ~ jusqu'à 90 mots par minute** I can take down up to 90 words per minute; **~ les dimensions d'une pièce** to measure a room; **~ les mensurations d'un client** to take a customer's measurements. -**2.** PHOT: **~ qqch/qqn (en photo)** to take a picture OU photo OU photograph of sthg/sb; **ne prends pas la tour, elle est affreuse** don't take (a picture of) the tower, it's hideous.

G. DÉCIDER DE, ADOPTER -**1.** [s'octroyer - vacances] to take, to have; [- bain, douche] to have, to take; **~ un jour de congé** to take OU to have the day off; **~ un congé maternité** to take maternity leave; **~ du repos** to rest, to have a rest; **~ du bon temps** to have fun OU a good time; **~ le temps de faire qqch** to take the time to do sthg; **~ son temps** to take one's time; **~ un amant** to take a lover; **tu n'as pas le droit! — je le prends!** you've no right! — that's what you think! -**2.** [adopter - mesure, risque] to take; **~ une décision** [gén] to make a decision; [après avoir hésité] to make up one's mind, to come to a decision; **~ la décision de** to make up one's mind to, to decide to; **~ l'initiative** to take the initiative; **~ l'initiative de qqch** to initiate sthg; **~ l'initiative de faire qqch** to take the initiative in doing sthg, to take it upon o.s. to do sthg; **~ une (bonne) résolution** to make a (good) resolution; **~ de bonnes résolutions pour l'avenir** to resolve to do better in the future; **~ la résolution de** to resolve to. -**3.** [choisir - sujet d'examen, cadeau] to take, to choose, to have; **j'ai pris le docteur Valiet comme médecin** I chose Dr Valiet to be OU as my GP; **je prends la cravate rouge** I'll take OU have the red tie; **je ne sais pas quel poster ~ pour elle** I don't know which poster to choose OU to buy for her; **qu'est-ce qu'on lui prend comme glace?** which ice cream shall we get him?; **ils n'ont pris que les 20 premiers** they only took OU selected the top 20 ❑ **c'est à ~ ou à laisser** (you can) take it or leave it; **il y a à ~ et à laisser**: **il y a à ~ et à laisser dans son livre** his book is a bit of a curate's egg *Br* OU is good in parts. -**4.** [se charger de - poste] to take, to accept; **quand prend-elle ses fonctions?** when does she start work?; **j'ai fini par ~ des ménages** *fam* in the end I took on some cleaning jobs; **j'ai un appel pour toi, tu le prends?** I've got a call for you, will you take it? -**5.** [afficher] to put on *(sép)*, to assume; **elle a pris de grands airs pour me le dire** she told me very condescendingly; **il avait pris une voix doucereuse** he'd assumed a suave tone.

◇ *vi* -**1.** [se fixer durablement - végétal] to take (root); [- bouture, greffe, vaccin] to take; [- mode] to catch on; **la peinture ne prend pas sur le plastique** the plastic won't take the paint; **le slogan a pris** the slogan caught on ❑ **ça ne prendra pas avec elle** [plaisanterie] she won't be amused; [mensonge] it won't work with her, she won't be taken in. -**2.** [durcir - crème, ciment, colle] to set; [- lac, étang] to freeze (over); **faire ~ la mayonnaise** to get the mayonnaise to thicken. -**3.** [passer]: **prends à gauche** [tourne à gauche] turn left; **tu peux ~ par Le Mans** you can go via Le Mans; **~ à travers bois/champs** to cut through the woods/fields. -**4.** [commencer] to start, to get going; **le feu a pris dans la grange** the fire started in the barn; **je n'arrive pas à faire ~ le feu/les brindilles** I can't get the fire going/the twigs to catch; **le sapin prend bien** pine is easy to get going OU to light. -**5.** MUS & THÉÂT: **prenons avant la sixième mesure/à la scène 2** let's take it from just before bar six/from scene 2.

◆ **prendre sur** *v + prép* -**1.** [entamer] to use (some of); **désolé d'avoir pris sur votre temps d'antenne** sorry to have encroached on OU cut into your air time; **~ sur son capital pour payer qqch** to use some of OU to dig into one's capital to pay for sthg; **je ne prendrai pas sur mon week-end pour finir le travail!** I'm not going to give up OU to sacrifice part of my weekend to finish the job!; **après quelques jours sans nourriture, l'organisme prend sur ses réserves** after a few days without food, the body starts using up its reserves. -**2.** *loc*: **~ sur soi** to grin and bear it; **~ sur soi de faire qqch** to take (it) upon o.s. to do sthg.

◆ **se prendre** ◇ *vp (emploi passif)* to be taken; **ces cachets se prennent avant les repas** the tablets should be taken before meals.

◇ *vp (emploi réciproque)*: **ils se sont pris pour époux** they were united in matrimony.

◇ *vpi* to get caught OU trapped; **le foulard s'est pris dans la portière** the scarf got caught OU shut in the door.

◇ *vpt* -**1.** [se coincer]: **attention, tu vas te ~ les doigts dans la charnière!** careful, you'll trap your fingers OU get your fingers caught in the hinge! -**2.** *fam* [choisir]: **se ~ qqch** to get sthg for o.s.; **va acheter du pain et prends-toi un gâteau** go and buy some bread and get yourself a cake; **elle s'est pris un nouvel amant** she's taken a new lover.

◆ **se prendre à** *vp + prép* -**1.** [se laisser aller à]: **se ~ à qqch** to get (drawn) into sthg; **on se prend au charme de sa musique** you gradually succumb to the charm of his music; **se ~ à faire qqch** to find o.s. starting to do sthg; **se ~ à rêver** to find o.s. dreaming; **je me pris à l'aimer/le haïr** I found myself falling in love with him/starting to hate him. -**2.** *loc*: **s'y ~**: **comment pourrions-nous nous y ~?** how could we go about it?; **tu t'y prends un peu tard pour t'inscrire!** you've left it a bit late to enrol!; **il faut s'y ~ deux mois à l'avance pour avoir des places** you have to book two months in advance to be sure of getting seats; **elle s'y est prise à trois fois pour faire démarrer la tondeuse** she made three attempts before the lawn mower would start; **s'y ~ bien/mal**: **s'y ~ bien/mal avec qqn** to handle sb the right/wrong way; **elle s'y prend bien** OU **sait s'y ~ avec les enfants** she's good with children; **si tu t'y prends bien avec lui** if you get on the right side of him; **je n'arrive pas à repasser le col — c'est parce que tu t'y prends mal** I can't iron the collar properly — that's because you're going about it the wrong way OU doing it wrong.

◆ **se prendre de** *vp + prép*: **se ~ d'amitié pour qqn** to feel a growing affection for sb.

◆ **se prendre pour** *vp + prép*: **elle se prend pour une artiste** she likes to think she's an artist; **il ne se prend pas pour rien** OU **pour n'importe qui** he thinks he's God's gift to humanity; **tu te prends pour qui pour me parler sur ce ton?** who do you think you are, talking to me like that?

◆ **s'en prendre à** *vp + prép*: **s'en ~ à qqn** [l'attaquer] to attack sb; [le rendre responsable] to lay OU to put the blame on sb; **pourquoi faut-il toujours que tu t'en prennes à moi?** why do you always take it out on me?; **l'équipe perd un match et l'on s'en prend tout de suite à l'entraîneur** the team loses a match and the coach automatically gets the blame; **ne t'en prends qu'à toi-même** you've only (got) yourself to blame; **s'en ~ à une institution/un système** [l'accuser] to put the blame on an institution/a system; [le critiquer] to attack an institution/a system.

preneur, euse [prənœr, øz] *nm, f* -**1.** [acheteur] buyer; **trouver ~ pour qqch** to find someone (willing) to buy sthg OU to find a buyer for sthg; **si vous me le laissez à 100 F, je suis ~** I'll buy it if you'll take 100 F for it. -**2.** [locataire] potential tenant. -**3.** [ravisseur]: **~ d'otages** hostage-taker.

◆ **preneur, euse de son** *nm, f* sound engineer.

prénom [prenɔ̃] *nm* first OU Christian *Br* OU given *Am* name.

prénommé, e [prenɔme] ◇ *adj*: **un garçon ~ Julien** a boy called Julien; **la ~e Maria** the said Maria *aussi hum.*

◇ *nm, f* JUR above-named (person); **le ~** the above-named.

prénommer [3] [prenɔme] *vt* to call; **si c'est une fille, nous la prénommerons Léa** if it's a girl, we'll call her Léa.

◆ **se prénommer** *vpi*: **comment se prénomme-t-il?** what's his first name?; **il se prénomme Robin** his first name is Robin.

prénuptial, e, aux [prenypsjal, o] *adj* premarital, antenuptial; **la visite ~e obligatoire** the compulsory pre-marriage medical check *(in French law).*

préoccupant, e [preɔkypɑ̃, ɑ̃t] *adj* worrying; **la situation est ~e** the situation gives cause for concern OU is worrying.

préoccupation [preɔkypasjɔ̃] *nf* -**1.** [souci] concern, worry; **le chômage reste notre ~ première** unemployment remains our major cause for concern; **ceux pour qui l'argent n'est pas une ~** those who don't have to worry about money OU who don't have money worries; **j'ai été un sujet de ~ pour mes parents** I was a worry to my parents; **~s d'ordre moral/esthétique** moral/aesthetic considerations. -**2.** [priorité] concern, preoccupation; **ma seule ~ est de divertir le public** my only concern OU sole preoccupation is keeping the audience entertained; **depuis qu'elle est partie, il n'a plus qu'une ~, la retrouver** since she left his one thought is to find her again.

préoccupé, e [preɔkype] *adj* [inquiet] worried, preoccupied, concerned; **elle avait l'air ~** she looked worried, there was a look of concern on her face.

préoccuper [3] [preɔkype] *vt* -**1.** [tracasser] to worry; **son avenir professionnel n'a pas l'air de la ~** she doesn't seem to be concerned about her career, her career doesn't seem to worry her. -**2.** [obséder] to preoccupy, to concern, to be of concern to; **l'environnement est un sujet qui nous préoccupe beaucoup** we are deeply concerned with environmental issues; **il est trop préoccupé de sa petite personne** he's too wrapped up in himself.

◆ **se préoccuper de** *vp + prép* to be concerned with, to care about; **se ~ de l'avenir** to care about the future; **se ~ de ses enfants** to worry about one's children; **ne te préoccupe donc pas de ça!** don't you worry OU bother about that!

préœdipien, enne [preødipjɛ̃, ɛn] *adj* pre-Oedipal.

préopératoire [preɔperatwar] *adj* preoperative, presurgical.

prépa *fam* [prepa] (*abr de* **classe préparatoire**) *nf class preparing for the competitive entrance exam to a Grande École.*

préparateur, trice [preparatœr, tris] *nm, f* -**1.** ENS *assistant to a professor of science.* -**2.** PHARM: **~ en pharmacie** assistant to a pharmacist *Am* OU dispensing chemist *Br.*

préparatifs [preparatif] *nmpl* preparations; **~ de départ/guerre** preparations for leaving/war; **commencer les ~ du voyage** to start preparing for the trip.

préparation [preparasjɔ̃] *nf* -**1.** [réalisation - d'un plat, d'un médicament] preparation; **les moules ne demandent pas une longue ~** mussels don't take long to prepare ‖ [apprêt - d'une peau, de la laine] dressing. -**2.** [organisation - d'un voyage, d'une fête, d'un attentat] preparation; **la randonnée avait fait l'objet d'une soigneuse ~** the ramble had been carefully thought out OU prepared. -**3.** [entraînement - pour un examen] preparation; [- pour une épreuve sportive] training, preparation; **la ~ d'un examen** preparing OU working for an exam; **faire une ~ à une grande école** to attend preparatory classes for the entrance exam to a grande école; **manquer de ~** to be insufficiently prepared ❑ **~ d'artillerie** MIL initial artillery bombardment; **~ militaire** pre-call-up training. -**4.** [chose préparée] preparation; **~ culinaire** dish; **~ (pharmaceutique)** (pharmaceutical) preparation. -**5.** *vieilli* [exercice] exercise; [fait à la maison] homework; **as-tu fait ta ~ latine?** did you do your Latin homework OU *Br* prep? -**6.** MIN: **~ mécanique** mechanical processing. -**7.** BX-ARTS primer.

◆ **en préparation** *loc adv* being prepared, in hand; **avoir un livre/disque en ~** to have a book/record in the pipeline.

◆ **sans préparation** *loc adv* [courir] without preparation, cold *(adv)*; [parler] extempore, ad lib.

préparatoire [preparatwar] *adj*: **~ à** preparatory to, in preparation for.

préparer [3] [prepare] *vt* -**1.** [réaliser - plat] to prepare, to make; [- en-cas, sandwich] to prepare, to make; [- médicament, cataplasme] to prepare; **qu'est-ce que tu nous as préparé de bon?** what delicious dish have you cooked for us? -**2.** [rendre prêt - valise] to pack; [- repas, chambre, champ] to prepare, to get ready; [- peaux, laine] to dress; [- document] to prepare, to draw up *(sép)*; **préparez la monnaie, s'il vous plaît** please have change ready; **plats tout préparés** precooked OU ready-cooked meals; **poulet tout préparé** oven-ready OU dressed chicken; **on dirait qu'il nous prépare une rougeole** *fam* (it) looks like he's getting the measles ❑ **~ le terrain (pour)** *pr* to prepare the ground OU to lay the ground (for); *fig* to pave the way (for). -**3.** [organiser - attentat, conférence] to prepare, to organize; [- complot] to prepare, to hatch; **elle avait bien préparé son histoire** she'd got her story off to a T; **elle avait préparé sa réponse** she'd got her OU an answer ready; **~ une surprise à qqn** to have a surprise in store for sb. -**4.** [travailler à - œuvre] to be preparing, to be working on; [- examen] to be preparing for; [- épreuve sportive] to be in training for; **tu as préparé quelque chose en géographie?** *fam* did you prepare OU revise any geography?; **~ (sa) médecine** to do medicine; **~ son droit** to be reading Law. -**5.** [former - élève] to prepare; [- athlète] to train; **~ qqn à qqch** to prepare sb for sthg; **on les prépare intensivement à l'examen** they're being coached for the exam; **rien ne m'avait préparé à l'indépendance** nothing had prepared me for independence; **nous avons préparé les enfants à l'idée qu'ils vont changer d'école** we've accustomed the children to the idea of changing schools.

◆ **se préparer** ◇ *vp (emploi réfléchi)* -**1.** [s'apprêter] to get ready; **le temps qu'elle se prépare, on aura raté la séance** by the time she's ready, we'll have missed the show. -**2.** [s'entraîner] to train; **se ~ pour Roland-Garros** to train OU to prepare for the French Open tennis tournament.

◇ *vpi*: **un orage se prépare** there's a storm brewing ‖ *(tournure impersonnelle)*: **je sens qu'il se prépare quelque chose** I can feel there's something afoot OU in the air.

◇ *vpt*: **se ~ des déceptions** to prepare o.s. for disappointment.

◆ **se préparer à** *vp + prép* -**1.** [être disposé à] to be ready OU prepared for; **préparez-vous à vous faire tremper!** be ready OU prepared to get soaked!; **je ne m'étais pas préparé à un tel accueil** I wasn't prepared for such a welcome. -**2.** [être sur le point de] to be about to; **on se préparait à passer à table** we were about to sit down to eat.

prépondérance [prepɔ̃derɑ̃s] *nf* [supériorité] predominance, preponderance, primacy.

prépondérant, e [prepɔ̃derɑ̃, ɑ̃t] *adj* prominent; **jouer un rôle ~** to play a prominent part OU role ❑ **voix ~e** casting vote.

préposé, e [prepoze] *nm, f* -**1.** [employé]: **~ des douanes** customs official OU officer; **~ au vestiaire** cloakroom attendant. -**2.** ADMIN: **~ (aux postes)** postman *Br*, mailman *Am*. -**3.** JUR agent.

préposer [3] [prepoze] *vt* [affecter]: **~ qqn à** to place OU to put sb in charge of.

prépositif, ive [prepozitif, iv] = **prépositionnel.**

préposition [prepozisjɔ̃] *nf* preposition.

prépositionnel, elle [prepozisjɔnɛl] *adj* prepositional.

prépositivement [prepozitivmɑ̃] *adv* prepositionally; **adverbe employé ~** adverb used as a preposition.

prépsychose [prepsikoz] *nf* prepsychosis.

prépsychotique [prepsikɔtik] *adj & nmf* prepsychotic.

prépuce [prepys] *nm* foreskin, prepuce *spéc.*

préraphaélisme [prerafaelism] *nm* Pre-Raphaelism.

préraphaélite [prerafaelit] *adj & nmf* Pre-Raphaelite.

préréglage [prereglaʒ] *nm* TECH preselection, presetting.

prérégler [18] [preregle] *vt* TECH to preselect, to preset.

prérentrée [prerɑ̃tre] *nf* SCOL *start of the new school year for teachers (a few days before the pupils).*

préretraite [prerətrɛt] *nf* -**1.** [allocation] early retirement allowance. -**2.** [période]: **partir en ~** to take early retirement; **être mis en ~** to be retired early.

préretraité, e [prerətrete] *nm, f person who takes or has been given early retirement.*

prérogative [prerɔgativ] *nf* prerogative, privilege.

préroman, e [prerɔmɑ̃, an] *adj* pre-Romanesque.

préromantique [prerɔmɑ̃tik] ◇ *adj* pre-Romantic.

◇ *nmf* pre-Romantic *(poet or artist).*

préromantisme [prerɔmɑ̃tism] *nm* pre-Romanticism.

près [prɛ] ◇ *adv* -**1.** [dans l'espace] near, close; **cent mètres plus ~** one hundred metres nearer OU closer; **aussi ~ que** as near OU close as; **le bureau est tout ~** the office is very near OU just around the corner. -**2.** [dans le temps] near, close, soon; **Noël, c'est tout ~ maintenant** it'll be Christmas very soon now, Christmas will be here very soon now; **jeudi c'est trop ~, disons plutôt samedi** Thursday is too soon, let's say Saturday.

◇ *prép sout*: **ambassadeur ~ le Saint-Siège** ambassador to the Holy See; **expert ~ la chambre de commerce** expert (appointed) to the Chamber of Commerce.

◆ **à... près** *loc corrél*: **ta démonstration est parfaite, à un détail ~** your demonstration is flawless but for OU except for one thing; **j'ai raté mon train à quelques secondes ~** I missed my train by a few seconds ❑ **vous n'en êtes plus à un scandale/procès ~** what's one more scandal/trial to you?; **on n'est pas à 50 francs ~** we can spare 50 francs; **tu n'es plus à cinq minutes ~** another five minutes won't make much difference.

◆ **à cela près que** *loc conj* except that; **tout s'est bien passé, à cela ~ que j'ai perdu mon portefeuille** everything went well except that I lost my wallet.

◆ **à peu de choses près** *loc adv* more or less; **à peu de choses ~, il y en a cinquante** there are fifty of them, more or less OU give or take a few.

◆ **à peu près** *loc adv* -**1.** [environ] about, around; **il habite à peu ~ à 10 km** he lives about OU around 10 km away; **il est à peu ~ 5 h** it's about OU around 5 o'clock; **on était à peu ~ cinquante** there were about OU around fifty of us. -**2.** [plus ou moins] more or less; **il sait à peu ~ comment y aller** he knows more or less OU roughly how to get there. -**3.** [emploi substantivé] approximation; **il ne se contentera pas d'à peu ~** he won't be satisfied with approximations.

◆ **de près** *loc adv* at close range OU quarters; **elle y voit mal de ~** she can't see very well close up OU at close range; **il est rasé de ~** he's clean-shaven; **surveiller qqn de ~** to keep a close watch OU eye on sb; **frôler qqch de ~** to come within an inch of sthg; **les explosions se sont suivies de très ~** the explosions took place within seconds of each other; **ses enfants se suivent de ~** her children are close together in age; **regarder qqch de (très) ~** *pr* to look at sthg very closely; *fig* to look (very) closely into sthg; **avant de donner de l'argent pour la recherche, il faut y regarder de ~** before giving money away for research, you must look into it carefully; **étudions la question de plus ~** let's take a closer look at the problem; **de ~ ou de loin** however OU whichever way you look at it; **cela ressemble, de ~ ou de loin, à une habile escroquerie** however OU whichever way you look at it, it's a skilful piece of fraud.

◆ **près de** *loc prép* -**1.** [dans l'espace] near; **il habite ~ de Paris** he lives near Paris; **ils habitent ~ d'ici** they live near here; **il vit ~ de chez moi** he lives near me; **assieds-toi ~ de lui** sit near him OU next to him; **naviguer ~ du vent** NAUT to sail close to the wind; **vêtements ~ du corps** close-fitting OU tight-fitting clothes || [affectivement, qualitativement] close to; **il a toujours été ~ de ses parents** he's always been close to his parents; **les premiers candidats sont très ~ les uns des autres** there's very little difference between the first few candidates; **ce comportement est plus ~ de la bêtise que de la méchanceté** this behaviour is more like OU closer to stupidity than malice ❑ **être ~ de ses sous** OU **de son argent** to be tightfisted. -**2.** [dans le temps]: **Noël est trop ~ du jour de l'an** Christmas is too close to New Year's Day; **on est ~ des vacances** it's nearly the holidays; **il doit être ~ de la retraite** he must be about to retire; **nous étions ~ de partir** we were about to leave; **vous êtes ~ d'avoir deviné** you've nearly guessed; **je ne suis pas ~ d'oublier ça** I'm not about to OU it'll be a long time before I forget that; **je ne suis pas ~ de me remarier** I'm not about OU in no hurry to get married again; **ils ne sont pas ~ de me revoir dans leur restaurant!** I shan't visit their restaurant again in a hurry! -**3.** [environ, presque] nearly, almost; **cela fait ~ d'un mois qu'il est absent** he's been gone for almost a month; **il est ~ de midi** it's nearly midday; **on était ~ de cinquante** there were almost OU nearly fifty of us; **ça nous a coûté ~ de 1 000 francs** it cost us nearly 1,000 francs.

présage [prezaʒ] *nm* -**1.** [signe] omen, portent *litt*, presage *litt*; **heureux/mauvais ~** good/bad omen; **j'y ai vu le ~ d'un avenir meilleur** I viewed it as a sign of better days to come. -**2.** [prédiction] prediction; **tirer un ~ de qqch** to make a prediction on the basis of sthg.

présager [17] [prezaʒe] *vt* -**1.** [être le signe de] to be a sign of, to portend *litt*; **cela ne présage rien de bon** that's an ominous sign, nothing good will come of it. -**2.** [prévoir] to predict; **je n'aurais pu ~ qu'il en arriverait à cette extrémité** I would never have guessed that he would go so far; **laisser ~ qqch** to be a sign of sthg.

présalaire [presalɛr] *nm allowance paid to students to replace earnings lost while studying.*

pré-salé [presale] (*pl* **prés-salés**) *nm* [mouton] salt-meadow sheep; [viande] salt-meadow OU pré-salé lamb; **un gigot de ~** a salt-meadow leg of lamb.

presbyophrénie [prɛsbjɔfreni] *nf* presbyophrenia.

presbyte [prɛsbit] ◇ *adj* longsighted *Br*, farsighted *Am*, presbyopic *spéc*.

◇ *nmf* longsighted *Br* OU farsighted *Am* person, presbyope *spéc*.

presbytéral, e, aux [prɛsbiteral, o] *adj* presbyteral, presbyterial, priestly.

presbytère [prɛsbitɛr] *nm* presbytery.

presbytérianisme [prɛsbiterjanism] *nm* Presbyterianism.

presbytérien, enne [prɛsbiterjɛ̃, ɛn] *adj* & *nm, f* Presbyterian.

presbytie [prɛsbisi] *nf* longsightedness *Br*, farsightedness *Am*, presbyopia *spéc*.

prescience [presjɑ̃s] *nf* -**1.** [pressentiment] prescience *litt*, foreknowledge, foresight. -**2.** RELIG prescience.

préscolaire [preskɔlɛr] *adj* preschool.

prescripteur [prɛskriptœr] *nm* prescriber.

prescriptible [prɛskriptibl] *adj* JUR prescriptible.

prescription [prɛskripsjɔ̃] *nf* -**1.** JUR prescription; **~ de la peine** lapse OU lapsing of the sentence; **y a-t-il ~ pour les crimes de guerre?** is there a statutory limitation relating to war crimes? ❑ **~ acquisitive** positive OU acquisitive prescription; **~ extinctive** negative prescription. -**2.** [instruction]: **se conformer aux ~s** to conform to instructions OU regulations; **les ~s de la morale** moral dictates. -**3.** [MÉD - gén] orders, instructions; [- ordonnance] prescription; **il ne doit pas y avoir ~ d'antibiotiques dans ce cas** antibiotics should not be prescribed in this case.

prescrire [99] [prɛskrir] *vt* -**1.** [recommander] to prescribe; **~ qqch à qqn** to prescribe sthg for sb; **on lui a prescrit du repos** she was ordered to rest; **~ à qqn de faire qqch** to order sb to do sthg. -**2.** [stipuler] to prescribe, to stipulate; **accomplir les formalités que prescrit le règlement** to go through the procedures stipulated in the regulations. -**3.** JUR [propriété] to obtain by prescription; *(en usage abs)*: **on ne prescrit pas contre les mineurs** one cannot obtain property from minors by prescription || [sanction, peine] to lapse; **il faut 20 ans pour ~ la peine** the sentence only lapses after 20 years.

◆ **se prescrire** *vp (emploi passif)* JUR [s'acquérir] to be obtained by prescription; [se périmer] to lapse; **la peine se prescrit par cinq ans** the penalty lapses after five years.

prescrit, e [prɛskri, it] *adj* -**1.** [conseillé - dose] prescribed, recommended; **agir dans les limites ~es** to act within prescribed limits. -**2.** [fixé]: **au jour ~** on the set day; **à l'heure ~e** at the agreed hour; **dans le délai ~** within the agreed time.

préséance [preseɑ̃s] *nf* -**1.** [priorité] precedence, priority; **avoir la ~ sur qqn** to have precedence over sb. -**2.** *sout* [ordre dû au rang]: **la ~ veut qu'on le serve avant vous** according to (the rules of) etiquette, he should be served before you.

présélecteur [preselɛktœr] *nm* preselector.

présélection [preselɛksjɔ̃] *nf* -**1.** [choix] preselection, short-listing. -**2.** AUT: **boîte de vitesses à ~** preselector gearbox. -**3.** RAD: **poste avec/sans ~** radio with/without preset.

présélectionné, e [preselɛksjɔne] *nm, f* short-listed candidate.

présélectionner [3] [preselɛksjɔne] *vt* -**1.** [candidat] to preselect, to short-list. -**2.** [heure, programme] to preset.

présence [prezɑ̃s] *nf* -**1.** [fait d'être là] presence; **si ma ~ vous gêne, je peux partir** if my presence disturbs you, I can leave; **j'ignorais ta ~** I didn't know you were here; **je sentais une ~ derrière moi** I could feel a presence behind me; **merci de nous avoir honorés de votre ~** thank you for honouring us with your presence; **cela s'est passé hors de ma ~** I wasn't present when it happened; **faire acte de ~** to put in an appearance; **réunion à 9 h, ~ obligatoire** meeting at 9 o'clock, attendance compulsory; **~ assidue aux cours** regular attendance in class. -**2.** THÉÂT [personnalité] presence; **il n'a aucune ~ sur scène** he has no stage presence whatsoever. -**3.** [influence] presence; **la ~ française en Afrique** the French presence in Africa. -**4.** RELIG: **~ réelle** real presence.

◆ **en présence** ◇ *loc adj* -**1.** [en opposition]: **les armées/équipes en ~** the opposing armies/teams. -**2.** JUR: **les parties en ~** the opposing parties, the litigants *spéc*.

◇ *loc adv*: **mettre deux personnes en ~** to bring two people together OU face-to-face.

◆ **en présence de** *loc prép*: **la lecture du testament s'est faite en ~ de toute la famille** the will was read out in the presence of the entire family; **je ne parlerai qu'en ~ de mon avocat** I refuse to talk unless my lawyer is present; **en ma ~** in my presence.

◆ **présence d'esprit** *nf* presence of mind; **mon voisin a eu la ~ d'esprit de me prévenir** my neighbour had the presence of mind to warn me; **conserver sa ~ d'esprit** to keep one's presence of mind OU one's wits about one.

présénescence [presenesɑ̃s] *nf* presenility.

présénile [presenil] *adj* presenile.

présent, e [prezɑ̃, ɑ̃t] ◇ *adj* -**1.** [dans le lieu dont on parle] present; **les personnes ici ~es** the people here present; **qui était ~ quand la bagarre a éclaté?** who was present when the fight broke out?; **le racisme est ~ à tous les niveaux** racism can be found at all levels; **croyez bien que je suis ~ en pensée** OU **par le cœur** I can assure you I am with you in spirit OU that my thoughts are with you; **être ~ à une conférence** to be present at OU to attend a conference; **étaient ~s à la cérémonie les amis et proches du défunt** present at OU attending the ceremony were the friends and relatives of the deceased; **être ~ à l'appel** MIL to be present at roll call; **Duval? — ~! Duval?** — here OU present!; **avoir qqch ~ à l'esprit** to bear OU to keep sthg in mind; **je n'ai pas ~ à l'esprit le terme exact qu'il a employé** I can't bring OU call to mind the precise word he used; **des images que nous garderons longtemps ~es à l'esprit** images which will linger in our minds ❑ **répondre ~** SCOL to answer to one's name, to be present at roll call; *fig* to rise to the challenge; **des centaines de jeunes ont répondu ~ à l'appel du pape** hundreds of young people answered the Pope's call. -**2.** [actif]: **il a été très ~ après la mort de mon mari** he was very supportive after my husband died; **les Français ne sont pas du tout ~s dans le jeu** the French team is making no impact on the game at all || THÉÂT: **on a rarement vu un chanteur aussi ~ sur scène** seldom has one seen a singer with such stage presence. -**3.** [en cours] *(après le n)*: **dans le cas ~** in the present case || *(avant le n)*: **la ~e convention** *sout* this agreement.

◇ *nm, f*: **il y avait 20 ~s à la réunion** 20 people were present at OU attended the meeting.

◆ **présent** *nm* -**1.** [moment] present; **vivre dans le ~** to live in the present; **pour le ~** for the time being, for the moment. -**2.** GRAMM present (tense); **le ~ historique** OU **de narration** the historic present; **~ de l'indicatif/du subjonctif** present indicative/subjunctive; **~ progressif** present progressive; **~ simple** simple present. -**3.** *litt* [cadeau] gift, present; **faire ~ de qqch à qqn** to present sb with sthg.

◆ **présente** *nf* ADMIN [lettre] the present (letter), this letter; **le porteur de la ~** the bearer of this letter; **je vous informe par la ~e que...**

I hereby inform you that...; **je joins à la ~e un chèque à votre nom** I herewith enclose a cheque payable to you.

◆ **à présent** *loc adv* -**1.** [après ce qui s'est passé] now; **tu peux t'en aller à ~** you may go now. -**2.** [maintenant] at present; **je travaille à ~ dans une laiterie** I'm working in a dairy at present.

◆ **à présent que** *loc conj* now that.

◆ **d'à présent** *loc adj* modern-day, present-day; **les hommes politiques d'à ~** today's OU present-day politicians, the politicians of today.

présentable [prezɑ̃tabl] *adj* -**1.** [décent] presentable; **ta tenue n'est pas ~** you're not fit to be seen in that outfit. -**2.** [correct]: **griffonnés comme ça, les documents ne sont pas ~s** these hastily scribbled documents are not fit to be seen.

présentateur, trice [prezɑ̃tatœr, tris] *nm, f* RAD & TV [des programmes] announcer, presenter; [du journal] newscaster, anchorman (*f* anchorwoman) *Am*; [de variétés] host, compere *Br*.

présentation [prezɑ̃tasjɔ̃] *nf* -**1.** [dans un cercle, dans un groupe] introduction; **faire la ~ de qqn à la Cour** to present sb at Court; **faire les ~s** to do the introductions; **Robert, faites donc les ~s** [entre plusieurs personnes] Robert, could you introduce everybody?; **venez par ici, vous deux, je vais faire les ~s** come over here, you two, I want to introduce you; **maintenant que les ~s sont faites** now that everybody's been introduced. -**2.** RAD & TV [des informations] presentation, reading; [des variétés, d'un jeu] hosting, compering *Br*; **assurer la ~ d'une séquence** to present a news story. -**3.** COUT fashion show; **aller à une ~ de collection** OU **couture** OU **mode** to attend a fashion show. -**4.** [exposition] presenting, showing; **la ~ des modèles a d'abord provoqué une vive controverse** there was fierce controversy when the models were first presented OU unveiled; **la ~ du projet gagnant aura lieu devant la presse** the winning project will be presented to OU unveiled before the press || COMM [à un client potentiel] presentation. -**5.** [aspect formel] presentation; **bon devoir mais soignez davantage la ~** a good piece of work, but take more care with the presentation; **l'idée de départ est bonne mais la ~ des arguments n'est pas convaincante** the original idea is good but the arguments are not presented in a convincing manner || COMM presentation, packaging; **~ d'un produit** presentation of a product; **~ en vrac** bulk display; **leurs chocolats sont vendus dans une ~ originale** the packaging of their chocolates is very unusual. -**6.** [allure]: **il a une mauvaise/bonne ~** he doesn't look/he looks very presentable. -**7.** [d'un document, d'un laissez-passer] showing; [d'un compte, d'une facture] presentation; **la ~ de la facture a lieu un mois après** the bill is presented a month later. -**8.** MÉD: **~ du sommet/siège** head/breech presentation; **~ céphalique/transversale** cephalic/transverse presentation. -**9.** RELIG: **la Présentation du Seigneur/de la Vierge** the Presentation of Christ (in the Temple)/of the Virgin Mary.

◆ **sur présentation de** *loc prép* on presentation of; **vous n'entrerez que sur ~ d'une invitation/de ce coupon** you'll only be admitted on presentation of an invitation/this coupon.

présentement [prezɑ̃tmɑ̃] *adv* at present, presently *Am*.

présenter [3] [prezɑ̃te] ◇ *vt* -**1.** [faire connaître] to introduce; **je te présente ma sœur Blanche** this is OU let me introduce my sister Blanche; **nous n'avons pas été présentés** we haven't been introduced; **on ne vous présente plus** [personne célèbre] you need no introduction from me; **~ qqn à la Cour/au Roi** to present sb at Court/to the King. -**2.** [décrire] to describe, to portray; **on me l'a présenté comme un homme de parole** he was described to me as a man of his word; **on vous présente souvent comme une mélomane** you're often spoken of OU portrayed as a music lover; **je présente mon héros sous les traits d'un jeune banquier** I have portrayed my hero as a young banker. -**3.** [remettre - ticket, papiers] to present, to show; [- facture, devis] to present; **vous pouvez ~ la note** you may bring OU present the bill. -**4.** [montrer publiquement] to present; **le nouveau musée sera présenté à la presse demain** the new museum will be presented OU opened to the press tomorrow; **les Ballets de la Lune (vous) présentent...** the Moon Ballet Company presents... -**5.** COMM to present, to package; **c'est aussi présenté en granulés** it also comes in granules; **bouteille/vitrine joliment présentée** attractively packaged bottle/dressed window. -**6.** RAD & TV [informations] to present, to read; [variétés, jeu] to host, to compere *Br*; **les informations vous sont présentées par Claude Mart** the news is presented OU read by Claude Mart; **l'émission de ce soir est présentée par Margot Collet** your host for tonight's programme is Margot Collet. -**7.** [soumettre - démission] to present, to submit, to hand in *(sép)*; [- pétition] to put in *(sép)*, to submit; [- projet de loi] to present, to introduce; **~ sa candidature à un poste** to apply for a position || [dans un festival] to present; [dans un concours] to enter; **pourquoi présentez-vous votre film hors festival?** why aren't you showing your film as part of the festival?; **~ l'anglais à l'oral** SCOL & UNIV to take English at the oral exam; **il a présenté un de ses élèves au Conservatoire** he has entered one of his pupils for the Conservatoire entrance exam. -**8.** [expliquer - dossier] to present, to explain; [- rapport] to present, to bring in *(sép)*; **vous avez présenté votre cas de manière fort convaincante** you have set out OU stated your case most convincingly; **présentez-leur la chose gentiment** put it to them nicely; **tout dépend de la façon dont on présentera la décision à la réunion** it all depends on the way the decision is put OU explained to the meeting; **présentez vos objections** state your objections. -**9.** [dans des formules de politesse] to offer; **~ ses condoléances à qqn** to offer one's condolences to sb, to offer sb one's condolences; **je vous présente mes condoléances** please accept OU I'd like to offer my condolences; **~ ses hommages à qqn** to pay one's respects to sb; **~ ses excuses** to offer (one's) apologies; **~ ses félicitations à qqn** to congratulate sb. -**10.** [comporter] to present, to have; **la colonne vertébrale présente une déviation** the spine presents OU shows curvature; **la cuisine est petite, mais elle présente l'avantage d'être équipée** the kitchen may be small, but it has the advantage of being fully equipped; **les deux systèmes présentent peu de différences** the two systems present OU display very few differences; **votre compte présente un découvert de 5 000 francs** your account shows a 5,000 franc overdraft OU is overdrawn by 5,000 francs. -**11.** [offrir]: **~ son bras à une dame** to offer one's arm to a lady; **~ sa main à qqn** to hold out one's hand to sb; **~ des petits fours** to offer OU to pass round petit fours. -**12.** MIL [armes] to present; **présentez armes!** present arms!

◇ *vi fam* to present; **il présente bien, ton ami** your friend looks good; **le type présentait plutôt mal** the guy didn't look too presentable.

◆ **se présenter** ◇ *vp (emploi réfléchi)* [décliner son identité] to introduce o.s.

◇ *vp (emploi passif)*: **ça se présente sous forme de poudre ou de liquide** it comes as a powder or a liquid.

◇ *vpi* -**1.** [se manifester] to appear; **se ~ au QG** to report to HQ; **aucun témoin ne s'est encore présenté** no witness has come forward as yet; **vous devez vous ~ au tribunal à 14 h** you are required to be in court at 2 p.m.; **elle s'est présentée à son entretien avec une heure de retard** she arrived one hour late for the interview; **se ~ chez qqn** to call on sb, to go to sb's house || *(tournure impersonnelle)*: **il ne s'est présenté aucun acheteur/volontaire** no buyer/volunteer has come forward; **'ne pas écrire, se ~'** 'applicants should apply in person', 'no letters please'. -**2.** [avoir telle tournure]: **les choses se présentent plutôt mal** things aren't looking too good; **ça se présente mal pour qu'on ait fini mardi** it doesn't look as if we'll have finished by Tuesday; **tout cela se présente fort bien** it all looks very promising; **l'affaire se présente sous un jour nouveau** the matter can be seen OU appears in a new light. -**3.** [être candidat]: **se ~ aux présidentielles** to run for president; **se ~ à un examen** to take an exam; **se ~ à un concours de beauté** to go in for OU to enter a beauty contest; **se ~ pour un poste** to apply for a job. -**4.** [survenir] to arise; **une image terrible se présenta à mon esprit** a ghastly vision came into OU sprang into my mind; **si l'occasion se présente** if an opportunity arises; **si une difficulté se présente** if any difficulty should arise; **elle a épousé le premier qui s'est présenté** she married the first man that came along; **j'attends que quelque chose d'intéressant se présente** I'm waiting for something interesting to turn up OU to come my way. -**5.** MÉD to present; **le bébé se présente par le siège** the baby is in a breech position, it's a breech baby; **le bébé se présente par la tête** the baby's presentation is normal, the baby's in a head position.

présentoir [prezɑ̃twar] *nm* [étagère] (display) shelf; [support] (display) stand, display unit.

préservatif, ive [prezɛrvatif, iv] *adj litt* preventive, protective.

◆ **préservatif** *nm* condom, sheath; **~ féminin** female condom; [diaphragme] diaphragm.

préservation [prezɛrvasjɔ̃] *nf* preservation, protection; **la ~ de l'espèce/de la faune** the preservation of the species/of wildlife; **la ~ de l'emploi** safeguarding jobs.

préserver [3] [prezɛrve] *vt* -**1.** [maintenir] to preserve, to keep; **notre peuple tient à ~ son identité culturelle** our people want to preserve their cultural identity; **pour ~ l'intégrité de notre territoire** in order to retain our territorial integrity. -**2.** [protéger]: **~ de** to protect OU to preserve from; **'à ~ de l'humidité/la chaleur'** 'to be kept in a dry/cool place'; **Dieu** OU **le ciel me préserve de tomber jamais aussi bas!** God OU Heaven forbid that I should ever fall so low!

◆ **se préserver de** *vp + prép* to guard against; **pour se ~ du froid** to guard against OU to protect o.s. from the cold; **tu apprendras à te ~ des dangers** you'll learn to guard against OU to keep yourself safe from danger.

présidence [prezidɑ̃s] *nf* -**1.** [fonction] POL presidency; UNIV principalship, vice-chancellorship *Br*, presidency *Am*; COMM [d'un homme] chairmanship, directorship, ADMIN chairmanship; **la ~ du jury** UNIV the chief examinership; **une femme a été nommée à la ~** POL a woman was made President; ADMIN a woman was appointed to the chair OU made chairperson. -**2.** [durée - prévue] term of office; [- effectuée] period in office; **sa ~ aura duré un an** she'll have been in office for a year. -**3.** [lieu] presidential residence OU palace. -**4.** [services] presidential office; **vous avez la ~ en ligne** you're through to the President's OU the Presidential office; **à la ~, on ne dit rien** presidential aides are keeping silent.

président [prezidɑ̃] *nm* -**1.** POL president; **~ élu** president-elect; **le ~ de la République française** the French President. -**2.** ADMIN [homme] chairman, chairperson; [femme] chairwoman, chairperson. -**3.** COMM [homme] chairman, director; [femme] chairwoman, director; **~-directeur général** chairman and managing director, chief executive officer *esp Am*; **~ du conseil d'administration** Chairman of the Board. -**4.** JUR: **~ d'audience** presiding magistrate OU judge; **~ de section** head of division *Br*; **~ du tribunal** vice-chancellor *Br*. -**5.** UNIV principal, vice-chancellor *Br*, president *Am*; **~ (d'examen)** chief examiner. -**6.** SPORT: **~ d'un club de football** president of a football club; **le ~ du comité olympique** the chairman of the

Olympic Committee ❑ ~ du jury chairman of the panel of judges.

présidente [prezidɑ̃t] *nf* -**1.** POL [titulaire] (woman) president; *vieilli* [épouse du président] president's wife. -**2.** COMM [titulaire] chairwoman; *vieilli* [épouse du président] chairman's wife. -**3.** JUR presiding judge.

présidentiable [prezidɑ̃sjabl] *nmf* would-be presidential candidate.

présidentialisme [prezidɑ̃sjalism] *nm* presidential (government) system.

présidentiel, elle [prezidɑ̃sjɛl] *adj* -**1.** [du président] presidential, president's; **dans l'entourage ~** among the president's close associates. -**2.** [centralisé - régime] presidential.

◆ **présidentielles** *nfpl* [élections] presidential election OU elections.

présider [3] [prezide] *vt* [diriger - séance] to preside at OU over *(insép)*; [- œuvre de bienfaisance, commission] to preside over, to be the president of; [table] to be at the head of the table.

◆ **présider à** *v + prép sout*: **~ aux destinées d'un pays** to rule over a country, to steer the ship of state; **un réel esprit de coopération a présidé à nos entretiens** a genuine spirit of cooperation prevailed during our talks; **les règles qui président à cette cérémonie** the rules governing this ceremony.

présidium [prezidjɔm] = **praesidium**.

présomptif, ive [prezɔ̃ptif, iv] *adj* presumptive.

présomption [prezɔ̃psjɔ̃] *nf* -**1.** [prétention] presumption, presumptuousness. -**2.** [supposition] presumption, assumption; **il s'agit là d'une simple ~ de votre part** you're only assuming this (to be the case). -**3.** JUR presumption; **~ absolue** OU **irréfragable** irrefutable presumption; **~ légale** presumption of law; **~ de paternité** presumption of legitimacy; **~ simple** rebuttable presumption.

présomptueux, euse [prezɔ̃ptɥø, øz] *adj* [prétentieux] presumptuous.

présonorisation [presɔnɔrizasjɔ̃] *nf* playback.

présonoriser [3] [presɔnɔrize] *vt* to play back.

presque [prɛsk] *(devant voyelle ou h muet* **presqu'** [prɛsk]) *adv* -**1.** [dans des phrases affirmatives] almost, nearly; **les cerises sont ~ mûres** the cherries are almost OU nearly ripe; **il a ~ tout perdu au jeu** he gambled away almost OU nearly all his money; **l'espèce a ~ entièrement disparu** the species is virtually OU all but extinct; **l'ambulance est arrivée ~ aussitôt** the ambulance arrived almost immediately OU at once; **il est ~ minuit** it's almost OU nearly midnight; **de l'avis de ~ tous les collègues,...** in the opinion of almost all of our colleagues...; **il termine ~** he's just finishing; **nous y sommes ~** we're almost there; **il a ~ terminé** he has nearly OU almost finished; **c'est ~ de l'inconscience!** it's little short of madness! -**2.** [dans des phrases négatives]: **ils ne se sont ~ pas parlé** they hardly spoke to each other; **je n'avais ~ pas mangé de la journée** I'd eaten next to OU almost nothing all day; **tu fumes beaucoup en ce moment? — non, ~ pas** do you smoke much at the moment? — no, hardly at all; **est-ce qu'il reste des gâteaux? — non, ~ pas** are there any cakes left? — hardly any; **je n'ai ~ rien fait de la journée** I've done virtually OU almost nothing all day; **c'est ~ rien** *fam* it's hardly anything; **il n'y a ~ plus de café** there's hardly any coffee left. -**3.** *sout* [quasi]: **avoir la ~ certitude de qqch** to be almost OU practically certain of sthg; **la ~ totalité des électeurs** almost OU nearly all the voters.

◆ **ou presque** *loc adv*: **des écrivains ignorés ou ~** writers who are unknown or almost unknown; **c'est sûr, ou ~** it's almost OU practically certain.

presqu'île [prɛskil] *nf* peninsula.

pressage [prɛsaʒ] *nm* -**1.** [d'un vêtement, d'un tissu] pressing; **~ à la vapeur** steam pressing. -**2.** [d'un disque] pressing. -**3.** TECH press moulding. -**4.** [du fromage] draining OU pressing of curds.

pressant, e [prɛsɑ̃, ɑ̃t] *adj* -**1.** [urgent] urgent; **un travail ~** an urgent piece of work; **avoir un ~ besoin d'argent** to be pressed for money ❑ **avoir une envie ~e** OU **un besoin ~** *euph* to have to go (and answer the call of nature). -**2.** [insistant - question, invitation] pressing, insistent; **elle se faisait de plus en plus ~e** she was becoming more and more insistent.

presse [prɛs] *nf* -**1.** [journaux, magazines etc] : **la ~ (écrite)** the press, the papers; **que dit la ~?** what do the papers say? ❑ **~ féminine/financière/sportive** women's/financial/sports magazines; **~ à sensation** OU **à scandale** popular press, gutter press, ≃ tabloids; **la ~ du cœur** romantic fiction (magazines); **la ~ d'opinion** the quality newspapers; **~ quotidienne régionale** local daily press; **avoir bonne/mauvaise ~** *pr* to have a good/bad press; *fig* to be well/badly thought of; **le nucléaire n'a pas très bonne ~** nuclear power has a bad image. -**2.** IMPR press; **être mis sous ~** to go to press; **au moment où nous mettons sous ~** at the time of going to press; **sortir de ~** to come out ❑ **~ rotative** rotary press; **~ typographique** printing press OU machine; **~ à rogner** plough. -**3.** AGR, MÉCAN & TEXT press; MENUIS bench vice; **~ à balancier** (mechanical) fly press; **~ à forger** forging machine; **~ hydraulique/mécanique** hydraulic/power press; **~ à main** OU **à serrer** hand OU screw press; **~ monétaire** coining press. -**4.** ŒNOL winepress. -**5.** *litt* [foule, bousculade] press, throng; **au moment de Noël, il y a toujours ~** it's always busy at Christmas.

◆ **de presse** *loc adj* -**1.** [campagne, coupure, attaché] press *(modif)*. -**2.** *sout* [moment, période] peak *(avant n)*; **nous avons des moments de ~** we get very busy at times.

PRESSE:
The main newspapers in France are:
l'Équipe: popular daily sports newspaper;
le Figaro: quality broadsheet newspaper. Predominantly conservative readership;
France-Dimanche: popular weekend broadsheet with a tendency to sensationalism;
France-Soir: conservative broadsheet newspaper;
l'Humanité ("l'Huma"): quality daily broadsheet. The organ of the French Communist Party;
Libération ("Libé"): quality daily tabloid. Predominantly left-of-centre readership;
le Monde: quality broadsheet newspaper which appears in the evening. Predominantly left-of-centre readership.

---

pressé, e [prese] *adj* -**1.** [personne] : **être ~** to be pressed for time, to be in a hurry; **je suis horriblement ~** I'm in an awful hurry OU rush; **ils ne sont jamais ~s** they're never in a hurry; **tu n'as pas l'air ~ de la revoir** you seem in no hurry OU you don't seem eager to see her again; **je suis ~ d'en finir** I'm anxious to get the whole thing over with; **je ne suis pas ~e de me remarier!** I'm in no rush to get married again! -**2.** [précipité - démarche, geste] hurried. -**3.** [urgent] urgent; **cette réparation, c'est ~?** is this repair urgent?; **il n'a rien trouvé de plus ~ que d'aller tout raconter à sa femme** he wasted no time in telling his wife the whole story. -**4.** CULIN freshly squeezed. -**5.** TECH pressed.

◆ **pressé** *nm*: **le plus ~, c'est de prévenir son mari** the first thing to do is to tell her husband.

presse-agrumes [prɛsagrym] *nm inv* electric (orange or lemon) squeezer.

presse-bouton [prɛsbutɔ̃] *adj inv*: **la guerre ~** push-button warfare.

presse-citron [prɛssitrɔ̃] *(pl inv* OU **presse-citrons)** *nm* lemon squeezer.

pressentiment [presɑ̃timɑ̃] *nm* premonition, feeling, hunch; **avoir le ~ de malheurs à venir** to have a premonition of disaster; **avoir le ~ que la mort est proche** to have a feeling of impending death, to have a foreboding of death; **j'ai eu le curieux ~ que je reviendrais ici un jour** I had the odd feeling OU a hunch that I'd be back again some day.

pressentir [37] [presɑ̃tir] *vt* -**1.** [prévoir] to sense (in advance), to have a premonition of; **~ un danger/des difficultés** to sense danger/trouble; **rien ne laissait ~ qu'elle allait démissionner** there was nothing to hint at her resignation OU that she would resign. -**2.** [contacter] to approach, to contact; **il a été pressenti pour jouer le Christ à l'écran** he's been approached about portraying Christ on the screen; **toutes les personnes pressenties** all the people who were contacted.

presse-papier [prɛspapje] *nm inv* paperweight.

presse-purée [prɛspyre] *nm inv* potato masher.

presser [4] [prese] ◇ *vt* -**1.** [extraire le jus de] to squeeze; **~ le jus d'un citron** to squeeze the juice out of OU from a lemon; **~ le raisin** to press grapes ❑ **~ le citron à qqn** *fam*, **~ qqn comme un citron** *fam* to exploit sb to the full, to squeeze sb dry; **on presse l'orange et on jette l'écorce** *allusion Frédéric II* you use people and then cast them aside. -**2.** [faire se hâter] to rush; **j'ai horreur qu'on me presse** I hate being rushed; **qu'est-ce qui te presse?** what's the hurry?, what's (all) the rush for?; **~ le pas** to speed up; **nous presserons notre départ** *litt* we shall hasten our departure. -**3.** [serrer] to squeeze; **elle pressait sa poupée dans ses bras** she was hugging her doll; **il pressait sur son cœur la photo de sa fille** he was clasping a picture of his daughter to his heart; **~ la main de qqn** to squeeze sb's hand, to give sb's hand a squeeze; **nous étions pressés contre les barrières** we were pressed OU crushed against the gates. -**4.** **~ qqn de faire qqch** [l'inciter à faire] to urge sb to do sthg; **je le pressai de quitter le pays** I urged him to leave the country; **il m'a pressé de lui donner la combinaison du coffre** he pressured me into giving him the combination of the safe. -**5.** [accabler] : **~ qqn de questions** to ply OU to bombard sb with questions; **être pressé par le temps/l'argent** to be pressed for time/money. -**6.** TECH [disque, pli] to press.

◇ *vi*: **le temps presse** time is short; **l'affaire presse** it's an urgent matter; **rien ne presse, ça ne presse pas** there's no (need to) rush OU hurry.

◆ **se presser** ◇ *vpi* -**1.** [se dépêcher] to hurry; **il n'est que 2 h, il n'y a pas de raison de se ~** it's only 2 o'clock, there's no point in rushing OU no need to hurry; **allons les enfants, pressons-nous un peu** come on children, get a move on; **se ~ de faire qqch** to be in a hurry to do sthg; **je ne me pressai pas de répondre** I was in no hurry to reply. -**2.** [se serrer] : **il se pressait contre moi tant il avait peur** he was pressing up against me from fright; **les gens se pressaient au guichet** there was a crush at the box office; **on se pressait pour entrer** people were pushing to get in; **le temps où les photographes se pressaient à ma porte** the days when photographers would crowd OU press round my door.

◇ *vpt*: **se ~ le citron** *fam* to rack one's brains.

presse-raquette [prɛsrakɛt] *(pl inv* OU **presse-raquettes)** *nm* racket press.

presse-viande [prɛsvjɑ̃d] *nm inv* juice extractor (for meat).

pressing [presiŋ] *nm* -**1.** [repassage] pressing; **~ à la vapeur** steam-pressing. -**2.** [boutique] dry cleaner's. -**3.** *fam* SPORT: **faire le ~** to put OU to pile on the pressure.

pression [prɛsjɔ̃] *nf* -**1.** [action] pressure; **une simple ~ de la main suffit** you just have to press lightly. -**2.** PHYS pressure; **la ~ de l'eau** water pressure; **mettre sous ~** to pressurize; **récipient sous ~** pressurized container ❑ **~ acoustique** ACOUST sound pressure; **~ artérielle** MÉD blood pressure; **~ atmosphérique** MÉTÉO atmospheric pressure; **être sous ~** to be stressed OU under pressure; **entre midi et deux heures, on est sous ~** we're always under pressure between twelve and two. -**3.** [contrainte morale] pressure; **céder à la ~ populaire/familiale** to give in to popular/

family pressure; **faire ~ sur qqn** to put pressure on sb; **on a fait ~ sur lui pour qu'il démissionne** they put pressure on him to resign, they pressured him into resigning; **il faut exercer une ~ sur la classe politique** we must put pressure on OU bring pressure to bear on the political community; **il y a une forte ~ sur le dollar/l'équipe belge** the dollar/the Belgian team is under heavy pressure ❑ **~ fiscale** tax burden. -**4.** VÊT press stud *Br*, snap (fastener) *Am*. -**5.** [bière] draught *Br* OU draft *Am* (beer); **garçon, trois ~s!** waiter, three draught beers!

◆ **à la pression** *loc adj* [bière] draught *Br*, draft *Am*.

pressoir [prɛswar] *nm* -**1.** [appareil] winepress; **~ à cidre/huile** cider/oil press. -**2.** [lieu] presshouse.

pressostat [prɛsɔsta] *nm* manostat, pressure controller.

presspahn [prɛspan] *nm* press board.

pressurage [presyraʒ] *nm* ŒNOL pressing.

pressurer [3] [presyre] *vt* -**1.** [raisin] to press; [citron] to squeeze. -**2.** *fig* [exploiter] to squeeze, to extort, to exploit.

pressurisation [presyrizasjɔ̃] *nf* pressurization.

pressuriser [3] [presyrize] *vt* to pressurize.

prestance [prɛstɑ̃s] *nf*: **un jeune homme de belle/noble ~** a handsome/noble-looking young man; **il a de la ~** he is a fine figure of a man; **son costume anglais lui donne une certaine ~** his English suit gives him a certain air of elegance.

prestataire [prɛstatɛr] *nmf* -**1.** [bénéficiaire] recipient *(of an allowance)*; **depuis la majorité de mes enfants, je ne suis plus ~ des allocations familiales** since my children came of age, I have not been able to claim child benefit. -**2.** [fournisseur]: **~ de service** provider OU deliverer of a service.

prestation [prɛstasjɔ̃] *nf* -**1.** [allocation] allowance, benefit; **les diverses ~s auxquelles vous avez droit** the various benefits to which you are entitled ❑ **~ en nature/deniers** MIL allowance in kind/money; **~s familiales** family benefits *(such as child benefit, rent allowance etc)*; **~ d'invalidité** (industrial) disablement benefit; **~s sociales** social security benefits; **~ de vieillesse** old-age pension. -**2.** COMM: **~ de service** provision OU delivery of a service. -**3.** [d'un artiste, d'un sportif etc] performance; **faire une bonne/mauvaise ~** to play well/badly; **faire une bonne ~ scénique/télévisuelle** to put on a good stage/television performance. -**4.** JUR & HIST: **~ de serment** taking the oath; **sa ~ de serment aura lieu mardi** she will be sworn in on Tuesday. -**5.** JUR & ADMIN: **~s locatives** service charge *(paid by the tenant to the landlord)*.

preste [prɛst] *adj* swift, nimble; **avoir la main ~** [être adroit] to have a light touch.

prestement [prɛstəmɑ̃] *adv* [se faufiler] swiftly, nimbly; [travailler] swiftly, quickly.

prestesse [prɛstɛs] *nf litt* swiftness, nimbleness.

prestidigitateur, trice [prɛstidiʒitatœr, tris] *nm, f* conjuror, magician.

prestidigitation [prɛstidiʒitasjɔ̃] *nf* conjuring, prestidigitation; **faire de la ~** [en amateur] to do conjuring (tricks); [en professionnel] to be a conjuror.

prestige [prɛstiʒ] *nm* prestige; **les cuisiniers jouissent d'un grand ~ en France** in France, chefs enjoy great prestige; **redonner du ~ à une institution** to restore prestige to an institution; **le ~ de l'uniforme** the glamour of the uniform.

◆ **de prestige** *loc adj* [politique] prestige *(modif)*; [résidence] luxury *(modif)*.

◆ **pour le prestige** *loc adv* for the sake of prestige; **collectionner les œuvres d'art pour le ~** to collect works of art for their prestige value.

prestigieux, euse [prɛstiʒjø, øz] *adj* -**1.** [magnifique] prestigious, glamorous; **notre prestigieuse collection «Histoire»** our magnificent History collection. -**2.** [célèbre] renowned, famous, world-famous; **la Californie exporte ses ~ produits** California exports its world-famous products.

presto [prɛsto] *adv* -**1.** MUS presto. -**2.** *fam* [vite] at OU on the double, double-quick; **il faudra que tu me rembourses ~** you'll have to repay me double-quick.

présumable [prezymabl] *adj sout* presumable; **il est ~ que...** it is to be presumed that...

présumé, e [prezyme] *adj* -**1.** [considéré comme] presumed; **tout accusé, en l'absence de preuves, est ~ innocent** in the absence of proof, all defendants are presumed innocent. -**2.** [supposé] presumed, putative; **Max Dalbon est l'auteur ~ du pamphlet** Max Dalbon is presumed to be the author of this pamphlet.

présumer [3] [prezyme] *vt* [supposer] to presume, to assume; **je présume que vous êtes sa sœur** I take it OU presume you're his sister.

◆ **présumer de** *v + prép* [surestimer]: **j'ai un peu présumé de mes forces** I overdid things somewhat, I rather overtaxed myself; **sans ~ de son intelligence** without overrating his intelligence; **~ de qqn** to rely on sb too much.

présupposé [presypoze] *nm* presupposition.

présupposer [3] [presypoze] *vt* to presuppose; **la question présuppose une grande culture historique** the question calls for OU presupposes a thorough grasp of history.

présupposition [presypozisjɔ̃] *nf* presupposition.

présure [prezyr] *nf* rennet.

présurer [3] [prezyre] *vt* to curdle with rennet.

prêt[1] [prɛ] *nm* -**1.** [action] lending, loaning; **c'est seulement un ~** it's only a loan; **le ~ de livres est réservé aux étudiants** the lending of books is restricted to students; **conditions de ~** lending conditions. -**2.** [bancaire] loan ❑ **solliciter un ~** to apply for a loan; **obtenir un ~ d'une banque** to secure a bank loan; **~ bancaire** bank loan; **~ gagé** OU **garanti** secured loan; **~ à la construction** building loan; **~ sur l'honneur** loan on trust; **~ hypothécaire** mortgage loan; **~ à intérêt** loan at OU with interest; **~ relais** bridging loan. -**3.** JUR & NAUT: **~ à la grosse** bottomry loan. -**4.** MIL pay; **~ franc** (subsistence) allowance *(paid in money)*. -**5.** [dans une bibliothèque] loan, issue, book issued; **allez aux ~s** *fam* go to the issuing desk.

prêt[2], **e** [prɛ, prɛt] *adj* -**1.** [préparé] ready; **le dîner/votre costume est ~** dinner/your suit is ready; **je suis ~, on peut partir** I'm ready, we can go now; **mes valises sont ~es** my bags are packed; **~ à· ~ à l'envoi** ready for dispatch, **~ à emporter** take-away *(avant n)*; **poulet ~ à cuire** OU **rôtir** ovenready OU dressed chicken; **être (fin) ~ au départ** to be all set to go; **l'armée se tient ~e à intervenir** the army is ready to step in OU to intervene; **~ pour: vous n'êtes pas encore ~ pour la compétition** you're not ready for competition yet; **tout est (fin) ~ pour la cérémonie** everything is ready for the ceremony; **j'ai toujours une cassette de ~e** *fam* I always have a tape ready. -**2.** [disposé]: **~ à** ready OU willing to; **ils ne sont pas ~s à vendre** they aren't ready OU willing to sell; **être ~ à tout** to be game for anything; **pour l'argent il est ~ à tout (faire)** he'd do anything OU stop at nothing for money; **Paul est tout ~ à te remplacer** Paul is ready and willing to stand in for you.

prêt-à-coudre [prɛtakudr] (*pl* **prêts-à-coudre**) *nm* ready-to-sew garment, garment in kit form.

prêt-à-manger [prɛtamɑ̃ʒe] (*pl* **prêts-à-manger**) *nm* -**1.** [nourriture] fast food. -**2.** [restaurant] fast-food restaurant.

prêt-à-monter [prɛtamɔ̃te] (*pl* **prêts-à-monter**) *nm* kit.

prétantaine [pretɑ̃tɛn] *nf*: **courir la ~** *vieilli* to go gallivanting.

prêt-à-porter [prɛtapɔrte] (*pl* **prêts-à-porter**) *nm* ready-to-wear; **le salon du ~** the ready-to-wear fashion fair; **une collection de ~ féminin** a women's ready-to-wear show; **elle n'achète que du ~** she only buys ready-to-wear OU off-the-peg *Br* clothes.

prêté [prete] *nm loc*: **c'est un ~ pour un rendu** it's tit for tat.

prétendant, e [pretɑ̃dɑ̃, ɑ̃t] *nm, f*: **~ au trône** pretender to the throne.

◆ **prétendant** *nm hum* [soupirant] suitor, wooer *vieilli*.

prétendre [73] [pretɑ̃dr] *vt* -**1.** [se vanter de] to claim; **il prétend qu'il peut rester 10 minutes sans respirer** he claims he can stay 10 minutes without breathing; **je n'ai jamais prétendu détenir la clé de la sagesse** I never claimed to hold the key to wisdom. -**2.** [affirmer] to claim, to say, to maintain; **il prétendait être un descendant de Napoléon** he claimed to be descended from Napoleon; **elle prétend avoir quelque chose d'important à te dire** she claims to have OU she says she has something important to tell you; **~ que: je ne prétends pas que ce soit** OU **que c'est de ta faute** I'm not saying OU I don't say it's your fault; **on la prétend folle** she's said OU alleged to be mad; **à ce qu'elle prétend, son mari est ambassadeur** according to her, her husband is an ambassador; **ce n'est pas le chef-d'œuvre qu'on prétend** it's not the masterpiece it's made out to be. -**3.** [avoir l'intention de] to intend, to mean; **qui prétendez-vous choisir comme successeur?** whom do you intend to choose as your successor?; **mon père prétend être respecté de tous** my father means to be respected by all.

◆ **prétendre à** *v + prép* -**1.** [revendiquer] to claim; **vous pouvez ~ à une indemnisation** you can claim compensation. -**2.** *litt* [aspirer à] to aspire to; **~ aux honneurs** to aspire to honours; **il prétend au titre de champion** he is aiming for the championship.

◆ **se prétendre** *vpi* [se dire] to claim to be; **il se prétend avocat** he claims to be a lawyer; **elle se prétend infirme** she claims to be disabled; **et ça se prétend original en plus!** *fam* and what's more it claims to be original!

prétendu, e [pretɑ̃dy] ◇ *adj* [par soi-même] so-called, self-styled; [par autrui] so-called, alleged; **le ~ professeur était en fait un espion** the so-called professor was in fact a spy.

◇ *nm, f dial* [fiancé, fiancée] betrothed, intended.

prétendument [pretɑ̃dymɑ̃] *adv* [par soi-même] supposedly; [par autrui] supposedly, allegedly.

prête-nom [prɛtnɔ̃] (*pl* **prête-noms**) *nm* figurehead, man of straw; **servir de ~ à qqch** to act as a figurehead for sthg.

pretentaine [prətɑ̃tɛn] = **prétantaine**.

prétentieusement [pretɑ̃sjøzmɑ̃] *adv* pretentiously, self-importantly.

prétentieux, euse [pretɑ̃sjø, øz] ◇ *adj* [personne] pretentious; [style, remarque] pretentious; **mauvaise langue, et en plus prétentieuse!** she's a scandalmonger and pretentious into the bargain!

◇ *nm, f* conceited OU self-important person, poseur.

prétention [pretɑ̃sjɔ̃] *nf* -**1.** [orgueil] pretentiousness, conceit, self-conceit; **il est plein de ~** he's so conceited. -**2.** [ambition] pretension, pretence; **avoir la ~ de faire qqch: tu n'as tout de même pas la ~ de te représenter?** do you really have the nerve to run again?; **je n'ai pas la ~ d'avoir été complet sur ce sujet** I don't claim to have fully covered the subject; **avoir une ~ à la sagesse** to pretend to wisdom; **l'article a des ~s littéraires** the article has literary pretensions.

◆ **prétentions** *nfpl* -**1.** [exigences] claims; **avoir des ~s sur un héritage/une propriété** to lay claim to an inheritance/a property. -**2.** [financières] expected salary; **vos ~s sont trop élevées** you're asking for too high a salary; **envoyez une lettre spécifiant vos ~s** send a letter specifying your salary expectations.

◆ **sans prétention** *loc adj* unpretentious; **un écrivain sans ~** an unassuming writer; **c'est un scénario sans ~** it's an unpretentious script.

prêter [4] [prete] ◇ *vt* **-1.** [argent, bien] to lend; **peux-tu me ~ ta voiture?** can you lend me OU can I borrow your car?; **je lui avais prêté 300 francs/mes livres d'art** I had lent her 300 francs/my art books || *(en usage abs)*: **la banque prête à 9 %** the bank lends at 9%; **~ sur gages** to lend (money) against security ❑ **~ à la petite semaine** to make short-term loans *(at a high interest rate)*; **on ne prête qu'aux riches** *prov* to those who have shall be given. **-2.** [attribuer] to attribute, to accord; **~ de l'importance à qqch** to attach importance to sthg; **on lui a parfois prêté des pouvoirs magiques** he was sometimes alleged OU claimed to have magical powers; **on me prête des talents que je n'ai malheureusement pas** I am credited with skills that I unfortunately do not possess; **l'opposition vous prête l'intention d'organiser un coup d'État** the opposition claims OU alleges that you intend to stage a coup; **ce sont les propos prêtés au sénateur** these are the words attributed to the senator. **-3.** [offrir]: **~ asile à qqn** to give OU to offer sb shelter; **~ assistance** OU **secours à qqn** to give OU to lend assistance to sb; **~ attention à** to pay attention to; **~ l'oreille** to listen; **~ une oreille attentive à qqn** to listen attentively to sb; **~ une oreille distraite à qqn** to listen to sb with only half an ear; **~ sa voix à** [chanter] to sing the part of; [parler] to speak the part of; [soutenir] to speak on behalf OU in support of; **~ serment** to take the oath; POL to be sworn in; **faire ~ serment à qqn** to put sb under oath; **~ son nom à une cause** to lend one's name to a cause ❑ **~ la main à qqch** to be involved in OU to take part in sthg; **les villageois ont prêté la main à cette restauration** the villagers were involved in OU took part in the restoration work; **~ le flanc à**: **~ le flanc à la critique** to lay o.s. open to OU to invite criticism; **~ le flanc à l'adversaire** to give the adversary an opening; **~ main-forte à qqn** to lend sb a (helping) hand.
◇ *vi* [tissu, cuir] to give, to stretch.
◆ **prêter à** *v + prép* [donner lieu à] to give rise to, to invite; **le texte prête à confusion** the text is open to misinterpretation; **la déclaration prête à équivoque** the statement is ambiguous; **il est d'une naïveté qui prête à rire** he is ridiculously naive.
◆ **se prêter à** *vp + prép* **-1.** [consentir à] to lend o.s. to; **se ~ à un arrangement** to lend o.s. to OU to consent to an arrangement; **se ~ à une fraude** to countenance a fraud; **se ~ au jeu** to enter into the spirit of the game. **-2.** [être adapté à] to be suitable for; **si le temps s'y prête** weather permitting; **les circonstances ne se prêtaient guère aux confidences** it was no time for confidences; **ma petite maison ne se prête pas à une grande réception** my little house is hardly the (ideal) place for a big party.

prétérit [preterit] *nm* preterite.

prétériter [3] [preterite] *vt Helv* [personne] to wrong.

prétérition [preterisjɔ̃] *nf* preterition.

prêteur, euse [prɛtœr, øz] ◇ *adj*: **elle n'est pas prêteuse** she doesn't like lending, she's very possessive about her belongings.
◇ *nm, f* lender, moneylender; **~ sur gages** pawnbroker; **~ sur hypothèque** mortgagee.

prétexte [pretɛkst] ◇ *adj f* ANTIQ [toge] praetexta.
◇ *nm* **-1.** [excuse] pretext, excuse; **trouver un bon ~** to come up with a good excuse; **un mauvais ~** a lame OU feeble excuse; **mon absence lui a servi de ~ pour sécher l'école** *fam* my absence provided him with a pretext OU an alibi for skipping school; **prendre ~ de qqch** to use sthg as an excuse; **pour toi, tous les ~s sont bons pour ne pas travailler** any excuse is good for avoiding work as far as you are concerned. **-2.** [occasion]: **pour toi, tout est ~ à rire/au sarcasme** you find cause for laughter/sarcasm in everything.
◆ **sous aucun prétexte** *loc adv* on no account; **vous ne quitterez cette pièce sous aucun ~** on no account OU under no circumstances will you leave this room, you will not leave this room on any account.
◆ **sous prétexte de, sous prétexte que** *loc conj*: **il est sorti sous ~ d'aller acheter du pain** he ostensibly went out to buy some bread, he went out on the pretext of buying some bread; **sous ~ qu'elle a été malade, on lui passe tous ses caprices** just because she's been ill, she can get away with anything she wants.

prétexter [4] [pretɛkste] *vt* to give as a pretext, to use as an excuse; **j'ai prétexté un rendez-vous chez le dentiste** I used a dental appointment as an excuse; **tu n'aurais pas pu ~ autre chose?** couldn't you have found another excuse?; **~ que** to pretend (that); **elle va sûrement ~ qu'elle n'a pas trouvé de taxi** she'll certainly pretend OU come up with the excuse that she couldn't find a taxi.

pretium doloris [presjɔmdɔlɔris] *nm inv* JUR (financial) compensation.

prétoire [pretwar] *nm* **-1.** JUR court. **-2.** ANTIQ [tente, palais] praetorium.

Pretoria [pretɔrja] *npr* Pretoria.

prétorien, enne [pretɔrjɛ̃, ɛn] *adj* ANTIQ [d'un préteur] pretorian, praetorian; [d'un garde] Praetorian.
◆ **prétorien** *nm* Praetorian Guard.

prétraité, e [pretrete] *adj* pretreated.

prétraitement [pretrɛtmɑ̃] *nm* **-1.** INF preprocessing. **-2.** TECH pretreatment.

prêtre [prɛtr] *nm* **-1.** RELIG priest; **les ~s** the clergy ❑ **grand ~** *pr* & *fig* high priest. **-2.** ZOOL sand smelt.

prêtre-ouvrier [prɛtruvrije] (*pl* **prêtres-ouvriers**) *nm* worker-priest.

prêtresse [prɛtrɛs] *nf* RELIG priestess; **grande ~** *pr* & *fig* high priestess.

prêtrise [pretriz] *nf* priesthood; **recevoir la ~** to be ordained a priest.

preuve [prœv] *nf* **-1.** [indice] proof, (piece of) evidence; **avoir la ~ que...** to have proof that...; **avez-vous des ~s de ce que vous avancez?** can you produce evidence of OU can you prove what you're saying?; **c'est à nous de fournir la ~** it's up to us to show proof, the onus of proof is on us; **un cadeau peut être une ~ d'amour** a gift may be a token of love ❑ **~ littérale** OU **par écrit** written evidence; **~ par commune renommée** hearsay evidence; **~ recevable** admissible evidence; **~ tangible** hard evidence; **~ testimoniale** testimony. **-2.** [démonstration] proof; **mon avocat fera la ~ de mon innocence** my lawyer will prove that I'm innocent, my lawyer will prove my innocence; **la ~ de son inexpérience, c'est qu'il n'a pas demandé de reçu** his not asking for a receipt goes to show OU proves that he lacks experience; **on ne peut jamais compter sur lui, la ~, il a déjà deux heures de retard** *fam* you can never rely on him, look, he's already two hours late; **faire ~ de**: **faire ~ d'un grand sang-froid** to show OU to display great presence of mind ❑ **faire ses ~s**: **c'est un produit qui a fait ses ~s** it's a tried and tested product; **la mission exige des gens ayant fait leurs ~s** the mission calls for experienced people; **il avait fait ses ~s dans le maquis** he'd won his spurs OU proved himself in the Maquis. **-3.** TECH *test measuring the alcohol content of a liquid.* **-4.** MATH: **~ par neuf** casting out nines; **faire une ~ par neuf** to cast out nines, to test it by casting out nines.
◆ **à preuve** *fam loc adv*: **tout le monde peut devenir célèbre, à ~ moi-même** anybody can become famous, take me for instance OU just look at me.
◆ **à preuve que** *fam loc conj* which goes to show that; **il m'a trahi, à ~ qu'on ne peut se fier à personne** he betrayed me, which (just) goes to show that you can't trust anybody.
◆ **preuves en main** *loc adv* with cast-iron proof available; **affirmer qqch ~s en main** to back up a statement with cast-iron evidence OU proof.

preux [prø] *arch* ◇ *adj m* valiant, gallant.
◇ *nm* valiant knight.

prévaloir [61] [prevalwar] *vi* [prédominer] to prevail; **l'optimisme prévaut encore dans les milieux financiers** optimism still prevails in financial circles; **nous lutterons pour faire ~ nos droits légitimes** we will fight for our legitimate rights; **~ sur** to prevail over OU against; **en l'occurrence, mon avis a prévalu sur le sien** in the event, my opinion prevailed over OU against hers; **~ contre** to prevail against, to overcome; **rien ne prévalut contre son obstination** nothing could prevail against OU overcome his obstinacy.
◆ **se prévaloir de** *vp + prép* **-1.** [profiter de]: **elle se prévalait de son ancienneté pour imposer ses goûts** she took advantage of her seniority to impose her preferences. **-2.** [se vanter de]: **il se prévalait de ses origines aristocratiques** he boasted of OU about his aristocratic background.

prévaricateur, trice [prevarikatœr, tris] JUR ◇ *adj* corrupt.
◇ *nm, f* corrupt official.

prévarication [prevarikasjɔ̃] *nf* JUR [corruption] breach of trust, corrupt practice.

prévenance [prevnɑ̃s] *nf* kindness, consideration, thoughtfulness; **être plein de ~ à l'égard de qqn** to show consideration for OU to be considerate towards sb; **entourer qqn de ~s** to do OU to show sb many kindnesses.

prévenant, e [prevnɑ̃, ɑ̃t] *adj* **-1.** [attentionné] kindly, considerate, thoughtful; **des manières ~es** attentive manners; **être ~ à l'égard de qqn** to be considerate OU thoughtful towards sb. **-2.** *vieilli* [engageant]: **un homme à l'air ~** a man of engaging appearance.

prévenir [40] [prevnir] *vt* **-1.** [informer]: **~ qqn** to inform sb, to let sb know; **si tu m'avais prévenu, j'aurais préparé à dîner** if you'd let me know, I'd have prepared something for dinner; **préviens-moi s'il y a du nouveau** let me know if anything new comes up; **en cas d'accident, qui dois-je ~?** who should I inform OU notify in case of an accident?; **~ la police** to call OU to notify the police. **-2.** [mettre en garde] to warn, to tell; **on m'avait prévenu de n'ouvrir à personne** I had been warned OU told not to open to anybody; **je te préviens, si tu recommences, c'est la fessée!** I'm warning you, if you do that again I'll spank you! || *(en usage abs)*: **partir sans ~** to leave without warning OU notice. **-3.** [empêcher] to prevent, to avert; **~ une rechute** to prevent a relapse; **~ un danger** to ward OU to stave off a danger; **comment ~ d'autres tragédies de ce genre?** how can we prevent other such disasters from happening? **-4.** [anticiper]: **~ les désirs/besoins de qqn** to anticipate sb's desires/needs; **j'ai écrit cette préface pour ~ toute accusation de parti pris politique** I've written this preface in order to forestall any charges of political prejudice. **-5.** *sout* [influencer]: **~ qqn en faveur de/contre** to prejudice OU to bias sb in favour of/against.

préventif, ive [prevɑ̃tif, iv] *adj* preventive, preventative; **prendre des mesures préventives** to take preventive OU precautionary measures; **prenez ce médicament à titre ~** take this medicine as a precaution.
◆ **préventive** *nf* custody *(pending trial)*; **faire de la préventive** to be remanded in custody; **ils ont fait trois mois de préventive** they were imprisoned without trial for three months.

prévention [prevɑ̃sjɔ̃] *nf* **-1.** [ensemble de mesures] prevention; **nous nous attachons à la ~ des accidents** we endeavour to prevent accidents; **la ~ joue un grand rôle dans la lutte contre le SIDA** prevention plays an important role in the fight against AIDS □ **la ~ routière** the road safety administration, ≃ Royal Society for the Prevention of Accidents *Br.* -**2.** *sout* [parti pris] prejudice, bias; **avoir des ~s à l'égard de** OU **contre qqn** to be prejudiced OU biased against sb; **toute innovation dans ce domaine se heurte aux ~s du public** any innovation in this domain meets with public resistance. -**3.** JUR custody; **il a fait un an de ~ avant d'être jugé** he was remanded in custody for one year before being tried.

préventivement [prevɑ̃tivmɑ̃] *adv* [comme précaution] preventatively, preventively.

préventologie [prevɑ̃tɔlɔʒi] *nf* preventative OU preventive medicine.

préventorium [prevɑ̃tɔrjɔm] *nm* preventorium.

prévenu, e [prevny] ◇ *adj* -**1.** *sout* [partial] biased; **je crois qu'elle est ~e pour le dernier candidat** I think she's biased in favour of the last candidate; **forcément! tu es ~ contre moi!** of course! you're biased against me. -**2.** JUR [poursuivi judiciairement] charged; **il est ~ de meurtre avec préméditation** he is charged with premeditated murder.
◇ *nm, f* [à un procès] defendant; [en prison] prisoner; **le ~ nie toute participation aux faits** the defendant denies being involved.

préverbe [prevɛrb] *nm* preverb.

prévisibilité [previzibilite] *nf* foreseeability.

prévisible [previzibl] *adj* foreseeable, predictable; **ses réactions ne sont pas toujours ~s** his reactions are sometimes unexpected OU unpredictable; **son échec était ~** it was to be expected that he'd fail.

prévision [previzjɔ̃] *nf* -**1.** *(gén pl)* [calcul] expectation; **le coût de la maison a dépassé nos ~s** the house cost more than we expected. -**2.** ÉCON [processus] forecasting; **~ budgétaire** budget forecast OU projections; **~ économique** economic forecasting. -**3.** MÉTÉO [technique] (weather) forecasting; **~s météorologiques** [bulletin] weather forecast.
◆ **en prévision de** *loc prép* in anticipation of; **isoler une maison en ~ du froid** to insulate a house in anticipation of cold weather.

prévisionnel, elle [previzjɔnɛl] *adj* [analyse, étude] forward-looking; [coût] estimated; [budget] projected.

prévoir [63] [prevwar] *vt* -**1.** [prédire] to foresee, to expect, to anticipate; MÉTÉO to forecast; **~ une augmentation du trafic** to anticipate OU to expect an increase in traffic; **j'avais prévu que ça arriverait** I anticipated it would happen; **on ne peut pas toujours tout ~** you can't always think of everything in advance; **sa maladie n'était pas prévue au programme** *fam* we never expected him to be sick; **et maintenant, le temps prévu pour demain** and now, tomorrow's weather; **rien ne laissait ~ pareil accident** nothing indicated that such an accident could happen; **rien ne laissait ~ qu'il nous quitterait si rapidement** we never expected him to pass away so soon. -**2.** [projeter] to plan; **tout s'est passé comme prévu** everything went according to plan OU smoothly; **on a dîné plus tôt que prévu** we had dinner earlier than planned; **tout est prévu pour les invités** everything has been laid on OU arranged for the guests; **le repas est prévu pour 100 personnes** a meal for 100 people has been planned; **j'ai prévu d'apporter des boissons chaudes pour tout le monde** I'm planning to bring hot drinks for everyone; **l'ouverture du centre commercial est prévue pour le mois prochain** the opening of the shopping centre is scheduled for next month. -**3.** [préparer] to allow, to provide; **prévoyez un peu d'argent de poche pour les enfants** make sure the children have some pocket money. -**4.** JUR to provide for; **dans tous les cas prévus par la loi** in all cases provided for by law.

prévôt [prevo] *nm* -**1.** HIST provost. -**2.** MIL provost marshal.

prévôté [prevote] *nf* -**1.** HIST provostship. -**2.** MIL military police.

prévoyance [prevwajɑ̃s] *nf* foresight, foresightedness, forethought; **faire preuve de ~** to be provident.

prévoyant, e [prevwajɑ̃, ɑ̃t] *adj* provident, prudent; **ses parents ont été ~s** his parents made provision for the future.

Priam [prijam] *npr* Priam.

priant [prijɑ̃] *nm* kneeling statue.

prie-Dieu [pridjø] *nm inv* prie-dieu, prayer stool.

prier [10] [prije] ◇ *vt* -**1.** [ciel, Dieu] to pray to; **~ la Vierge Marie** to pray to the Virgin Mary; **je prie Dieu et tous ses saints que...** I pray (to) God and all his saints that... -**2.** [supplier] to beg, to beseech *litt*; **je vous en prie, emmenez-moi** I beg you to take me with you; **je te prie de me pardonner** I beg you to forgive me; **les enfants, je vous en prie, ça suffit!** children, please, that's enough!; **se faire ~**: **il adore se faire ~** he loves to be coaxed; **elle ne s'est pas fait ~ pour venir** she didn't need any persuasion to come along; **j'ai accepté sans me faire ~** I said yes without any hesitation; **je vous prie de croire qu'il m'a écouté cette fois!** believe (you) me, he listened to me this time! -**3.** [enjoindre] to request; **vous êtes priés d'arriver à l'heure** you're requested to arrive on time. -**4.** [dans des formules de politesse orales]: **je vous en prie** (please) don't mention it; **je vous remercie d'être venu — je vous en prie** thank you for coming — you're welcome OU (please) don't mention it; **puis-je entrer? — je vous en prie** may I come in? — please do; **pourriez-vous m'indiquer où est le commissariat, je vous prie?** could you please tell me OU would you be kind enough to tell me where the police station is? ‖ [par écrit]: **M. et Mme Lemet vous prient de bien vouloir assister au mariage de leur fille** Mr and Mrs Lemet request the pleasure of your company at their daughter's wedding; **je vous prie de croire à mes sentiments distingués** OU **les meilleurs** yours sincerely. -**5.** *litt* [inviter]: **~ qqn à** to ask OU to invite sb for, to request sb to *litt*; **il nous a priés à déjeuner** he asked OU invited us to lunch.
◇ *vi* to pray; **elle a prié longtemps** she prayed for a long time; **~ de toute son âme** to pray with all one's soul; **~ pour qqn** to pray for sb; **prions pour la paix** let us pray for peace.

prière [prijɛr] *nf* -**1.** RELIG prayer; **dire** OU **faire** OU **réciter ses ~s** to pray, to say one's prayers; **être en ~** to be praying; **je l'ai trouvé en ~** I found him at prayer; **pensez à moi dans vos ~s** remember me in your prayers; **tu peux faire tes ~s** [menace] say your prayers. -**2.** [requête] request, plea, entreaty; **elle a fini par céder aux ~s de ses enfants** she finally gave in to her children's pleas; '**~ de ne pas ouvrir la fenêtre**' 'please keep the window closed'; '**~ de ne pas fumer**' 'no smoking (please)'.
◆ **prière d'insérer** *nm* OU *nf* insert *(publisher's blurb for press release)*.

prieur, e [prijœr] *nm, f*: (père) ~ prior; (mère) ~e prioress.

prieuré [prijœre] *nm* [communauté] priory; [église] priory (church).

prima donna [primadɔna] (*pl* **prime donne** [primedɔne]) *nf* prima donna.

primaire [primɛr] ◇ *adj* -**1.** [premier - d'une série] primary; **élection ~** primary election; **école/enseignement ~** primary school/education; **ère ~** GÉOL Palaeozoic (age). -**2.** [fondamental] primary. -**3.** [borné - personne] simpleminded; [- attitude] simplistic, unsophisticated; **faire de l'anticommunisme ~** to be a dyed-in-the-wool anticommunist; **il est plutôt ~ dans ses raisonnements** his arguments are rather simplistic.
◇ *nmf* [personne bornée] simpleton; **ces gens sont des ~s, ils voteront pour n'importe quel démagogue** these people aren't very sophisticated, they'll vote for any rabble-rouser.
◇ *nm*: **le ~** ENS primary education; GÉOL the Palaeozoic age; ÉCON the primary sector.
◇ *nf* POL primary (election); **les ~s** the primaries.

primal, e, aux [primal, o] *adj* primal; **cri ~** primal scream.

primarité [primarite] *nf* simplemindedness.

primat [prima] *nm* -**1.** RELIG primate; **le ~ des Gaules** the Archbishop of Lyons. -**2.** *litt* [supériorité] sway, primacy; **le ~ des émotions sur l'esprit** the preeminence of emotions over the mind.

primate [primat] *nm* -**1.** ZOOL primate; **les ~s** the Primates. -**2.** *fam* [homme grossier] ape, brute.

primauté [primote] *nf* -**1.** [supériorité] primacy; **donner la ~ à la théorie sur la pratique** to accord more importance to theory than to practice. -**2.** RELIG primacy; **la ~ du pape** the primacy of the Pope.

prime [prim] ◇ *adj* -**1.** MATH prime; **m ~** m prime. -**2.** *litt* [premier]: **dès sa ~ enfance** OU **jeunesse** from her earliest childhood; **elle n'est plus vraiment dans la ~ jeunesse** she's not that young anymore.
◇ *nf* -**1.** [gratification] bonus; **~ d'objectif** incentive bonus; **~ de rendement** productivity bonus. -**2.** [indemnisation - par un organisme] allowance; [- par l'État] subsidy; **~ à l'arrachage (des pommiers)** subsidy for uprooting (apple trees) □ **~ de transport/déménagement** travel/relocation allowance; **~ de vie chère** cost-of living allowance. -**3.** [incitation] subsidy; **cette mesure est une ~ à la délation** *fig* this measure will only encourage people to denounce others □ **~ à l'exportation** export subsidy; **~ au retour** repatriation allowance. -**4.** FIN [cotisation] premium; [indemnité] indemnity; **~ d'assurance** insurance premium; **ils ne toucheront pas la ~** they will not qualify for the no-claims bonus. -**5.** BOURSE [taux] option rate; [somme] option money; **réponse des ~s** declaration of options □ **~ d'émission** premium on option to buy shares. -**6.** *loc*: **faire ~** to be at a premium; **les films d'horreur font ~ dans les salles parisiennes** horror films are at a premium in Paris cinemas.
◆ **de prime abord** *loc adv* at first sight OU glance.
◆ **en prime** *loc adv* as a bonus; **en ~ vous gagnez trois tasses à café** as a bonus, you get a free gift of three coffee cups; **non seulement elle le quitte mais en ~ elle emmène les enfants!** not only is she leaving him, but she's taking the children into the bargain!

primé, e [prime] *adj* [qui a obtenu un prix - film] award-winning; [- animal] prizewinning; **un vin/fromage ~** an award-winning wine/cheese.

primer [3] [prime] ◇ *vt* -**1.** [récompenser - animal, invention]: **~ qqn** to award sb a prize; **les races traditionnelles ne sont plus souvent primées** awards are seldom given OU seldom go to the traditional breeds nowadays; **elle a été primée au concours du plus beau bébé** she won a prize in the beautiful baby contest; **un film primé à Cannes l'année dernière** a film which won an award at Cannes last year. -**2.** *sout* [prédominer sur] to take precedence over.
◇ *vi* [avoir l'avantage] to be dominant; **c'est généralement la main droite qui prime** generally speaking, the right hand is dominant; **~ sur** to take precedence over; **le salaire élevé a primé sur tous les autres avantages** the high salary took precedence over all the other advantages; **son dernier argument a primé sur tous les autres** her final argument won out over all the others.

primerose [primroz] *nf* hollyhock, rose mallow.

primesautier, ère [primsotje, ɛr] *adj sout* -**1.** [spontané] impulsive, spontaneous. -**2.** [vif] jaunty.

primeur [primœr] *nf* -**1.** *sout* [exclusivité]: **notre chaîne a eu la ~ de l'information** our channel was first with the news; **je vous réserve la ~**

de mon reportage you'll be the first one to have OU you'll have first refusal of my article; **merci de me donner la ~** thank you for letting me know first. -**2.** ŒNOL: vin (de) ~ young wine.

◆ **primeurs** *nfpl* [fruits, légumes] early fruit and vegetables.

primeuriste [primœrist] *nmf* early fruit and vegetable grower.

primevère [primvɛr] *nf* [sauvage] primrose; [cultivée] primula; **~ officinale** cowslip.

primipare [primipar] ◇ *adj* primiparous.

◇ *nf* primipara.

primitif, ive [primitif, iv] ◇ *adj* -**1.** [initial] primitive, original; **voici notre projet dans sa forme primitive** here is our project in its original form; **mes gants ont perdu leur teinte primitive** my gloves have lost their original colour; **le sens ~ du mot a disparu** the original meaning of the word has disappeared ❑ **l'Église primitive** the early OU primitive Church; **l'homme ~** primitive OU early man; **langage ~** primitive language; **temps ~** LING basic tense; **terrain ~** GÉOL primeval OU primitive formations. -**2.** [non industrialisé - société] primitive; **leur technologie est plus que primitive** their technology is definitely primitive OU archaic; **la vie dans ces montagnes est restée très primitive** life in these mountains is still very primitive; **ton installation électrique est plutôt primitive!** *fig* the wiring in your place is a bit primitive! -**3.** [fruste] primitive, unsophisticated; **il est gentil mais un peu ~** he's nice but a bit unsophisticated. -**4.** BX-ARTS primitive; **la peinture primitive flamande/italienne** primitive Flemish/Italian painting. -**5.** OPT: **couleurs primitives** major colours. -**6.** MATH: **fonction primitive** primitive (function).

◇ *nm, f* -**1.** ANTHR (member of a) primitive (society). -**2.** BX-ARTS primitive (painter).

◆ **primitive** *nf* INF & MATH primitive.

primitivement [primitivmɑ̃] *adv* originally, in the first place; **~, mon intention était de rester une semaine** I originally intended to stay for one week.

primitivisme [primitivism] *nm* primitivism ART.

primo [primo] *adv* first (of all), firstly; **~, je n'en ai pas envie, (et) secundo je n'ai pas le temps** first of all, I don't feel like it, (and) second, I haven't got (the) time.

primogéniture [primɔʒenityr] *nf* primogeniture.

primo-infection [primɔɛ̃fɛksjɔ̃] (*pl* **primo-infections**) *nf* primary infection.

primordial, e, aux [primɔrdjal, o] *adj* -**1.** [essentiel] fundamental, essential; **elle a eu un rôle ~ dans la signature du traité** she played a crucial role in the signing of the treaty; **il est ~ que tu sois présent** it's essential for you to be there; **il est ~ de leur faire parvenir de la nourriture** it's essential OU vital to get food to them. -**2.** *sout* [originel - élément, molécule] primordial, primeval; **les instincts primordiaux de l'homme** man's primal instincts.

primulacée [primylase] *nf* member of the Primula OU Primulaceae.

prince [prɛ̃s] *nm* -**1.** [souverain, fils de roi] prince; **le ~ consort** the prince consort; **le ~ héritier** the crown prince; **le ~ de Galles** the Prince of Wales; **le Prince Noir** the Black Prince; **le ~ régent** the Prince Regent; **les ~s du sang** princes of royal blood; **les ~s qui nous gouvernent** *allusion Debré* the powers that be; **le Prince Charmant** Prince Charming; **être** OU **se montrer bon ~** to behave generously; **je suis bon ~, je vous pardonne** I'll be magnanimous OU generous and forgive you; **tu as été bon ~** that was generous of you; **comme un ~, en ~** like royalty OU a prince; **il a agi en ~** he behaved royally; **cet enfant est traité/vêtu comme un ~** that child is treated/dressed like a prince; **'le Petit Prince'** *Saint-Exupéry* 'The Little Prince'. -**2.** [personnage important] prince; **les ~s de l'Église** princes of the Church *(cardinals and bishops)* ❑ **le ~ des enfers** OU **des ténèbres** Satan, the prince of darkness; **le ~ des Apôtres** [saint Pierre] the prince of the Apostles. -**3.** *sout* [sommité] prince; **le ~ des poètes** the prince of poets. -**4.** *fam* [homme généreux] real gent *Br* OU gem; **merci, mon ~!** thanks, squire *Br* OU buddy *Am*!

prince-de-galles [prɛ̃sdəgal] ◇ *adj inv* Prince-of-Wales check *(modif)*.

◇ *nm inv* (Prince-of-Wales) check material.

princeps [prɛ̃sɛps] *adj inv*: **édition ~** first edition.

princesse [prɛ̃sɛs] *nf* -**1.** [souveraine, fille de roi] princess; **habillée comme une ~** dressed like a princess; **arrête de faire la ~, tu veux!** stop giving yourself airs! -**2.** VÊT princess dress. -**3.** *Belg* [haricot] *(very thin)* string bean.

princier, ère [prɛ̃sje, ɛr] *adj* -**1.** [du prince] prince's, royal; **dans la loge princière** in the royal box. -**2.** [luxueux] princely; **ils ont donné un cadeau ~/une somme princière** they gave a princely gift/sum.

princièrement [prɛ̃sjɛrmɑ̃] *adv* princely; **nous avons été accueillis ~** we were given a (right) royal welcome.

principal, e, aux [prɛ̃sipal, o] *adj* -**1.** [essentiel] main; **les principaux intéressés** the main parties involved; **la porte/l'entrée ~e** the main gate/entrance ❑ **c'est lui l'acteur ~** he's the leading man; **plat ~** main course; **résidence ~e** permanent OU main residence. -**2.** GRAMM [verbe, proposition] main. -**3.** [supérieur] principal, chief; **clerc ~** chief clerk.

◆ **principal, aux** *nm* -**1.** SCOL (school) principal. -**2.** FIN [capital] principal.

◆ **principal** *nm*: **le ~** the most important thing; **le ~, c'est que tu ne sois pas blessé** what is most important is that you're not hurt; **tout s'est bien passé, c'est le ~** everything went all right, that's the main thing.

◆ **principale** *nf* LING main clause.

principalement [prɛ̃sipalmɑ̃] *adv* chiefly, mostly, principally; **nous avons besoin ~ d'un nouveau directeur** what we need most is a new manager.

principauté [prɛ̃sipote] *nf* principality.

principe [prɛ̃sip] *nm* -**1.** [règle morale] principle, rule of conduct; **j'ai des ~s** I've got principles; **cela ne fait pas partie de mes ~s** it's against my principles; **j'ai toujours eu pour ~ d'agir honnêtement** I have always made it a principle to act with honesty; **vivre selon ses ~s** to live in accordance with one's principles; **manquer à tous ses ~s** to fail to live up to one's principles; **elle est sans ~s** she has no principles. -**2.** [axiome] principle, law, axiom; **les ~s de la philosophie/physique** the principles of philosophy/physics; **je pars du ~ que...** I start from the principle OU I assume that...; **posons comme ~ que nous avons les crédits nécessaires** let us assume that we get the necessary credits ❑ **le ~ d'Archimède** Archimedes' principle; **c'est le ~ des vases communicants** *pr* it's the principle of communicating vessels; *fig* it's a knock-on effect. -**3.** [notion] principle; **enseigner les ~s de la biologie** to teach the basic principles of biology. -**4.** [fonctionnement] principle; **ces deux appareils sont construits selon le même ~** these two appliances are built according to the same principle; **le ~ de la vente par correspondance, c'est...** the (basic) principle of mail-order selling is... -**5.** [élément constitutif] principle, constituent; **votre déclaration contredit le ~ même de notre Constitution** your statement goes against the very principle OU basis of our Constitution; **le fromage est riche en ~s nutritifs** cheese has a high nutritional value. -**6.** [fondement] origin; **le ~ de la vie** the origin of life; **remonter au ~ des choses** to go back to first principles. -**7.** CHIM [extrait] principle.

◆ **de principe** *loc adj* [accord, approbation] provisional; **donner son accord de ~** to agree in principle.

◆ **en principe** *loc adv* [en théorie] in principle, in theory, theoretically; **en ~, je devrais pouvoir venir** in principle, I should be able to come ‖ [d'habitude]: **en ~, nous nous arrêtons à l'hôtel** we usually stop at a hotel.

◆ **par principe** *loc adv* on principle; **il refuse de l'écouter par ~** he refuses to listen to her on principle.

◆ **pour le principe** *loc adv* on principle; **je viendrai juste pour le ~** I'll come just on principle; **tu refuses de signer pour le ~ ou pour des raisons personnelles?** are you refusing to sign for reasons of principle or for personal reasons?

printanier, ère [prɛ̃tanje, ɛr] *adj* -**1.** [du printemps] spring; **il fait un temps ~** the weather feels like spring, spring is in the air; **une température printanière** springlike weather. -**2.** [gai et jeune] springlike; **vêtue de couleurs printanières** dressed in springlike colours. -**3.** CULIN [potage, salade] printanier *(garnished with early mixed vegetables, diced)*.

printanisation [prɛ̃tanizasjɔ̃] *nf* vernalization.

printemps [prɛ̃tɑ̃] *nm* -**1.** [saison] spring; **au ~** in (the) springtime; **~ précoce/tardif** early/late spring; **le Printemps de Bourges** *annual music festival held in Bourges* ❑ **'le Printemps'** *Botticelli* 'Spring'. -**2.** *litt* [année] summer *litt*, year; **une jeune fille de vingt ~** a young girl of twenty summers OU years. -**3.** *litt* [commencement] spring; **au ~ de la vie** in the springtime of life.

priodonte [prijɔdɔ̃t] *nm* giant armadillo.

priorat [prijɔra] *nm* priorate.

priori → **a priori**.

prioritaire [prijɔritɛr] ◇ *adj* -**1.** TRANSP priority *(modif)*, having priority; **ce véhicule est ~ lorsqu'il quitte son arrêt** this vehicle has (the) right of way when leaving a stop. -**2.** [privilégié - usager, industrie] priority *(modif)*; **notre projet est ~ sur tous les autres** our project has priority over all the others; **mon souci ~, c'est de trouver un logement** my main OU first problem is to find somewhere to live.

◇ *nmf* person with priority; **cette place est réservée aux ~s titulaires d'une carte** this seat is reserved for priority cardholders.

prioritairement [prijɔritɛrmɑ̃] *adv* as a priority, as a matter of urgency.

priorité [prijɔrite] *nf* -**1.** [sur route] right of way; **avoir la ~** to have the right of way; **tu as la ~** it's your right of way; **'~ à droite'** 'give way' *Br*, 'yield to right' *Am (in France, principle that gives right of way to vehicles coming from the right)*. -**2.** [en vertu d'un règlement] priority; **les handicapés ont la ~ pour monter à bord** disabled people are entitled to board first. -**3.** [antériorité] priority, precedence. -**4.** [primauté] priority; **la ~ sera donnée à la lutte contre le cancer** top priority will be given to the fight against cancer. -**5.** BOURSE: **action de ~** preference share *Br*, preferred stock *Am*.

◆ **en priorité, par priorité** *loc adv* as a priority, as a matter of urgency; **nous discuterons en ~ des droits de l'homme** we'll discuss human rights as a priority.

pris, e [pri, iz] *adj* -**1.** [occupé] busy; **une femme très ~e** a very busy woman; **aide-moi, tu vois bien que j'ai les mains ~es** help me, can't you see my hands are full? -**2.** MÉD [gorge] sore; [nez] blocked. -**3.** [crème, colle, ciment] set; [eau, rivière] frozen. -**4.** [envahi]: **~ de: ~ de pitié/peur** stricken by pity/fear; **~ de panique** panic-stricken; **~ d'une violente douleur** seized with a terrible pain; **~ de boisson** *sout* under the influence of alcohol.

◆ **prise** *nf* -**1.** [point de saisie] hold; **trouve une ~e et dis-moi quand tu es prêt à soulever (le piano)** get a grip (on the piano) and tell me when you're ready to lift it ❑ **avoir ~e sur qqn** to have a hold over sb; **je n'ai aucune ~e sur mes filles** I can't control my daughters at all; **donner ~e à la critique** [personne] to lay o.s. open to attack; [idée, réalisation] to be open to attack; **lâcher ~e** *pr* & *fig* to let go. -**2.** [absorption - d'un médicament] taking; **la ~e d'insuline doit se faire aux heures prescrites** insulin must be injected at the prescribed times. -**3.** [dose - de tabac] pinch; [- de cocaïne] snort. -**4.** [capture - de contrebande, de drogue] seizure, catch; JEUX capture; PÊCHE catch; MIL: **la ~e de la Bastille/du Palais d'Hiver** the storming of the Bastille/Winter Palace; **~es de guerre** spoils of war. -**5.** TECH: **~e d'air** [ouverture] air inlet; [introduction d'air] ventilation; **~e d'eau** water point; **~e (de courant** OU **électrique)** [mâle] plug; [femelle] socket; **~e multiple** adaptor; **~e de terre** earth *Br*, ground *Am*; **l'appareil n'a pas de ~e de terre** the appliance is not earthed *Br* OU grounded *Am*; **~e de vapeur** steam outlet. -**6.** [durcissement - du ciment, de la colle] setting; [- d'un fromage] hardening; **à ~e rapide** [ciment, colle] quick-setting. -**7.** [dans des expressions]: **~e de commandement** taking command (of a regiment); **~e de conscience** realization; **ma première ~e de conscience de la souffrance humaine** the first time I became aware of human suffering; **~e en considération** taking into account; **nous insistons sur la ~e en considération des circonstances individuelles** we stress that personal circumstances must be taken into account; **~e de contact** meeting; **ce ne sont que les premières ~es de contact entre nous** we're just meeting to get to know each other better; **~e de contrôle** ÉCON takeover; **~e de corps** *vieilli* arrest (by warrant); **~e d'habit** [action] taking the habit; [cérémonie] profession; **~e de mousse** secondary champagne fermentation; **~e d'otages** hostage-taking; **~e de parole: encore trois ~es de parole avant la fin de la session** three more speeches to go before the end of the session; **~e de participation** ÉCON acquisition of holdings; **~e de position** opinion, stand; **à l'origine, vos ~es de position étaient moins libérales** originally, your position was less liberal OU you took a less liberal stand; **~e de possession** [d'un héritage] acquisition; [d'un territoire] taking possession; **~e de pouvoir** [légale] (political) takeover; [illégale] seizure of power; **~e de sang** blood test; **~e de tête**▽ hassle; **~e de voile** taking the veil; **à sa ~e de voile** when she took the veil.

◆ **aux prises avec** *loc prép* fighting OU battling against, grappling with; **je l'ai laissé aux ~es avec un problème de géométrie** I left him grappling OU wrestling with a geometry problem.

◆ **en prise** ◇ *loc adv* AUT in gear; **mets-toi en ~** put the car in OU into gear.

◇ *loc adj*: **être en ~ (directe) avec la réalité** *fig* to have a good hold on OU to have a firm grip on reality.

◆ **prise d'armes** *nf* (military) parade.

◆ **prise de bec** *nf* dispute; **des petites ~es de bec** petty squables.

◆ **prise directe** *nf* AUT direct drive.

◆ **prise à partie** *nf* JUR *civil action against a judge or magistrate.*

◆ **prise de son** *nf* sound (recording); **la ~e de son est de Raoul Fleck** sound (engineer), Raoul Fleck.

◆ **prise de vues** *nf* CIN & TV [technique] shooting; [image] (camera) shot; **~e de vues:** Marie Vilmet camera: Marie Vilmet.

◆ **prise en charge** *nf* -**1.** [par la Sécurité sociale] refunding *(of medical expenses through the social security system).* -**2.** [par un taxi] minimum (pick-up) charge.

prisé, e [prize] *adj* valued; **des qualités très ~es** highly valued qualities.

priser [3] [prize] ◇ *vt* -**1.** *litt* [estimer] to prize, to value highly; **je ne prise guère sa compagnie** I don't particularly relish his company. -**2.** [tabac] to snuff; [cocaïne] to snort.

◇ *vi* to take snuff.

priseur, euse [prizœr, øz] *nm, f* [de tabac] snuff-taker.

prismatique [prismatik] *adj* prismatic.

prisme [prism] *nm* -**1.** SC prism. -**2.** *fig*: **tu vois toujours la réalité à travers un ~** you always distort reality; **la vie se présente à elle à travers le ~ de son égoïsme** her ego distorts her view of life. -**3.** GÉOL: **~s basaltiques** (basalt) columnar structure.

prison [prizɔ̃] *nf* -**1.** [lieu] prison, jail; **envoyer/mettre qqn en ~** to send sb to/to put sb in jail; **sortir de ~** to get out (of jail); **l'otage a raconté sa vie dans sa ~** the hostage told of (her) life in captivity; **pour lui, la pension a été une véritable ~** boarding school was like a prison for him. -**2.** [peine] imprisonment; **faire de la ~** to be in prison OU jail, to serve time; **elle a fait de la ~ dans sa jeunesse** she was jailed in her youth; **il a été condamné à cinq ans de ~** he was sentenced to five years in jail ❑ **~ à vie** life sentence; **~ ferme** imprisonment. -**3.** *fig* prison; **son amour était une ~** I felt caged in by his love.

prisonnier, ère [prizɔnje, ɛr] ◇ *adj* -**1.** [séquestré] captive; **plusieurs mineurs sont encore ~s au fond de la mine** several miners are still trapped at the bottom of the shaft; **je ne sortais pas et restais ~ dans mon petit studio** I shut myself away in my little bedsit and never went out; **il gardait ma main prisonnière** he wouldn't let go of my hand. -**2.** *fig*: **~ de: ~ de ses promesses** prisoner of OU trapped by one's promises; **on est ~ de son éducation** we're prisoners of our upbringing.

◇ *nm, f* prisoner; **il a été fait ~** he was taken prisoner; **se constituer ~** to give oneself up, to turn oneself in; **les ~s sont montés sur le toit pour protester** the inmates staged a rooftop protest ❑ **les ~s de droit commun et les ~s politiques** common criminals and political prisoners; **~ de guerre** prisoner of war, POW.

◆ **prisonnier** *nm* -**1.** [tige filetée] stud (bolt). -**2.** [pièce sertie] insert.

privatif, ive [privatif, iv] *adj* -**1.** [privé] private; **avec jardin ~** with a private garden. -**2.** [réservé à une personne] exclusive. -**3.** JUR: **peine privative de liberté** detention. -**4.** LING [élément, préfixe] privative.

privation [privasjɔ̃] *nf* [perte] loss, deprivation; **pour moi, arrêter de boire n'a pas été une ~** giving up drinking was no deprivation for me; **la ~ de tout contact avec ses enfants lui a été insupportable** it was unbearable for her to be deprived of all contact with her children ❑ **~ des droits civiques** loss OU deprivation of civil rights.

◆ **privations** *nfpl* [sacrifices] hardship, hardships; **les ~s de la guerre** the hardships of war; **à force de ~s** through constant sacrifice, by constantly doing without; **affaibli par les ~s** weakened by deprivation.

privatique [privatik] *nf* stand-alone system.

privatisation [privatizasjɔ̃] *nf* privatization, privatizing.

privatiser [3] [privatize] *vt* to privatize.

privatiste [privatist] *nmf* private law specialist.

privauté [privote] *nf* [familiarité]: **~ de langage** crude OU coarse language; **une telle ~ de langage n'est pas de mise** there's no call for that sort of language.

◆ **privautés** *nfpl* [libertés déplacées] liberties; **avoir** OU **se permettre des ~s avec une jeune fille** to take liberties with a young girl.

privé, e [prive] *adj* -**1.** [personnel] private; **ma correspondance ~e** my private correspondence; **ma vie ~e ne regarde que moi** my private life is my own business. -**2.** [non public] private; **projection ~e d'un film** private screening of a film; **le pape lui a accordé une audience ~e** the Pope granted him a private audience. -**3.** [officieux] unofficial; **nous avons appris sa démission de source ~e** we've learned unofficially that he has resigned. -**4.** [non géré par l'État] private; **dans le secteur ~** INDUST in the private sector; **clinique ~e** private clinic; **enseignement ~** private education.

◆ **privé** *nm* -**1.** INDUST private sector; **travailler dans le ~** to work for the private sector OU a private company; **elle est médecin à l'hôpital mais elle fait aussi du ~** *fam* she works as a doctor in a hospital but she also has OU takes private patients. -**2.** [intimité] private life; **dans le ~, c'est un homme très agréable** in private life, he's very pleasant. -**3.** *fam* [détective] sleuth, private detective.

◆ **en privé** *loc adv* in private; **pourrais-je vous parler en ~?** could I talk to you privately OU in private?; **intimidante en public, elle est pourtant charmante en ~** she may be intimidating in public, but in private life she's charming.

priver [3] [prive] *vt* -**1.** [démunir] to deprive; **prenez mon écharpe, ça ne me prive guère** have my scarf, I won't miss OU don't need it; **ça la prive beaucoup de ne plus fumer** she misses smoking a lot; **être privé de** to be deprived of, to have no; **nous avons été privés de trains pendant quatre semaines à cause de la grève** we had no trains for four weeks because of the strike; **nous sommes privés de voiture depuis une semaine** we've been without a car for a week; **privé d'eau/d'air** deprived of water/air; **privé de connaissance** *litt* unconscious, bereft of conciousness *litt*; **le cancer/la guerre m'a privé de mon meilleur ami** I lost my best friend to cancer/in the war, cancer/war took my best friend (away) from me; **j'ai été privé de sommeil pendant deux nuits** I was deprived of sleep for two nights. -**2.** [comme sanction] to deprive; **~ qqn de qqch** to make sb go OU do without sthg; **tu seras privé de dessert/télévision** no dessert/television for you; **il a été privé de ses droits de citoyen** he was deprived OU stripped of his civil rights.

◆ **se priver de** *vp* + *prép* -**1.** [renoncer à] to deprive o.s. of, to do without; **il se prive d'alcool** he cuts out drink, he goes without drink ‖ *(en usage abs)*: **elle s'est privée pour leur payer des études** she made great sacrifices to pay for their education; **il n'aime pas se ~** he hates denying himself anything; **ne pas se ~** to deny o.s. nothing; **un jour de congé supplémentaire, il ne se prive pas!** another day off, he certainly looks after himself! -**2.** [se gêner pour]: **il ne s'est pas privé de se moquer de toi en public** he didn't hesitate at making fun of you in public; **je ne vais pas me ~ de le lui dire!** I'll make no bones about telling him!

privilège [privilɛʒ] *nm* -**1.** [avantage] privilege; **l'éducation est un droit, non un ~** education is a right, not a privilege; **le ~ de l'âge** the prerogative of old age; **j'ai eu le ~ de la voir sur scène** I was privileged (enough) to see her perform; **j'ai le triste ~ de vous annoncer...** it is my sad duty to inform you...; **j'ai eu le triste ~ de connaître cet individu** it was once my misfortune to be acquainted with this individual. -**2.** [exclusivité]: **l'homme a le ~ de la parole** man is unique in being endowed with the power of speech. -**3.** [faveur] privilege, favour; **accorder des ~s à qqn** to grant sb favours. -**4.** HIST: **les ~s** privileges. -**5.** FIN & JUR: **~ de créancier** creditor's preferential claim; **~ général/spécial** general/particular lien. -**6.** BANQUE: **~ d'émission** right to issue (banknotes).

privilégié, e [privileʒje] ◇ *adj* -**1.** [avantagé] privileged; **l'île jouit d'un climat ~** the island enjoys an excellent climate; **appartenir aux classes ~es** to belong to the privileged classes; **la minorité ~e** the privileged few. -**2.** [choisi - client, partenaire] favoured. -**3.** FIN: **action ~e** preference share *Br*, preferred stock *Am*. -**4.** JUR: **créancier ~** preferential creditor.

◇ *nm, f* privileged person; **quelques ~s ont assisté à la représentation** a privileged few attended the performance.

privilégier [9] [privileʒje] *vt* -**1.** [préférer] to privilege; **nous avons privilégié cette méthode pour l'enseignement de la langue** we've singled out this method for language teaching; **je ne veux pas ~ telle lecture de «Tartuffe» plutôt que telle autre** I don't wish to favour this particular interpretation of "Tartuffe" over any other. -**2.** [avantager] to favour; **les basketteurs adverses sont privilégiés par leur haute taille** the basketball players in the opposing team are helped by the fact that they're taller; **les aug-**

mentations en pourcentage privilégient les hauts salaires percentage increases work in favour of high salaries.

prix [pri] *nm* -**1.** [tarif fixe] price, cost; '~ écrasés OU sacrifiés!' 'prices slashed!'; ~ et conditions de transport d'un produit freight rates and conditions for a product; le ~ de l'essence à la pompe the cost of petrol *Br* OU gas *Am* to the motorist; six yaourts pour le ~ de quatre six yoghurts for the price of four; ça coûte un ~ fou it costs a fortune OU the earth; mes bottes, dis un ~ pour voir! how much do you think my boots cost?; le ~ du voyage comprend le repas de midi the cost of the trip includes lunch; laissez-moi au moins régler le ~ des places let me at least pay for the tickets; à bas OU *sout* vil ~ very cheaply; j'ai acheté le lot à vil ~ I bought the lot for practically nothing; à ce ~-là [cher] given how expensive it is; [bon marché] for what it costs; à ce ~-là, ce serait bête de se le refuser at that price, it would be silly not to buy it; dans mes/ses ~ within my/his (price) range; c'est tout à fait dans mes ~ it's well within what I can afford OU within my price range; ce n'est déjà plus tout à fait dans ses prix that's already a little more than he wanted to spend; le ~ fort [maximal] top OU maximum price; [excessif] high price; j'ai payé le ~ fort pour ma promotion I was promoted but I payed a high price for it OU it cost me dear; un bon ~ : je l'ai acheté un bon ~ I bought it for a very reasonable price; je l'ai vendu un bon ~ I got a good price for it ❑ ~ imposé/libre fixed/deregulated price; ~ d'achat purchase price; ~ d'appel loss leader; ~ courant going OU market price; ~ comptant cash price; ~ coûtant cost price; à ~ coûtant at cost price; ~ de détail retail price; ~ de gros wholesale price; ~ hors taxes price before tax OU duties; ~ d'intervention CEE intervention price; ~ au kilo price per kilo; ~ marqué marked price; ~ net net price; ~ de revient cost price; ~ à l'unité unit price; ~ de vente selling price; à ~ d'or: on achète aujourd'hui ses esquisses à ~ d'or his sketches are now worth their weight in gold OU now cost the earth; je l'ai acheté à ~ d'or I paid a small fortune for it; au ~ où sont les choses OU où est le beurre *fam* seeing how expensive everything is; y mettre le ~ : j'ai fini par trouver le cuir que je voulais mais j'ai dû y mettre le ~ I finally found the type of leather I was looking for, but I had to pay top price for it; elle a été reçue à son examen, mais il a fallu qu'elle y mette le ~ *fig* she passed her exam, but she really had to work hard for it. -**2.** [étiquette] price (tag OU label); il n'y avait pas de ~ dessus it wasn't priced, there was no price tag on it. -**3.** [barème convenu] price; votre ~ sera le mien name your price; faire un ~ (d'ami) à qqn to do a special deal for sb; c'était la fin du marché, elle m'a fait un ~ pour les deux cageots the market was nearly over, so she let me have both boxes cheap; mettre qqch à ~ [aux enchères] to set a reserve *Br* OU an upset *Am* price on sthg; les deux chandeliers mis à ~ the two chandeliers with a reserve *Br* OU an upset *Am* price; sa tête a été mise à ~ *fig* there's a price on his head OU a reward for his capture. -**4.** [valeur] price, value; le ~ de la vie/liberté the price of life/freedom; j'ai pris conscience du ~ de mon indépendance I realized how valuable my independence was to me; donner du ~ à qqch to make sthg worthwhile; attacher OU donner plus de ~ à qqch to rate OU to rank sthg higher; on attache plus de ~ à la vie quand on a failli la perdre life is more precious to you when you have nearly lost it; ça n'a pas de ~ you can't put a price on it; le sourire d'un enfant, ça n'a pas de ~ a child's smile is the most precious thing in the world. -**5.** [contrepartie] : à ce ~ at that OU such a price; il fallait céder tous ses droits d'auteur, et à ce ~ j'ai refusé giving up the copyright was too high a price to pay, so I refused (to do it); oui, mais à quel ~ ! yes, but at what cost! -**6.** [dans un concours commercial, un jeu] prize; premier/deuxième ~ first/second prize. -**7.** [dans un concours artistique, un festival] prize, award; ~ littéraire literary prize; elle a eu le ~ de la meilleure interprétation she got the award for best actress ❑ le Grand Prix (automobile) SPORT the Grand Prix; le ~ Femina *annual literary prize whose winner is chosen by a jury of women*; le ~ Goncourt the Goncourt Prize (for literature); le ~ Louis-Delluc the Louis Delluc film *Br* OU movie *Am* award; le ~ Nobel the Nobel prize; le ~ Pulitzer the Pulitzer Prize. -**8.** [œuvre primée - livre] award-winning book OU title; [- disque] award-winning record; [- film] award-winning film *Br* OU movie *Am*. -**9.** [lauréat] prizewinner; il a été Prix de Rome he won the Prix de Rome; Cannes rend hommage à ses Prix d'interprétation féminine Cannes salutes its award-winning actresses; nous recevons aujourd'hui le Prix Nobel de la Paix we welcome today the Nobel Peace prizewinner ❑ ~ de vertu paragon of virtue; je n'ai jamais été un ~ de vertu I was never a paragon of virtue. -**10.** SCOL [distinction] : jour de la distribution des ~ prize OU prizegiving day ❑ ~ de consolation consolation prize; ~ d'excellence first prize; ~ d'honneur second prize.

◆ **à aucun prix** *loc adv* not at any price, not for all the world, on no account; je ne quitterais le pays à aucun ~ ! nothing in the world would induce me to leave the country!; il ne se séparera de son chien à aucun ~ nothing would ever make him part with his dog.

◆ **à n'importe quel prix** *loc adv* at any price, no matter what (the cost); son obsession: se faire un nom à n'importe quel ~ he'll stop at nothing to make a name for himself.

◆ **à tout prix** *loc adv* -**1.** [obligatoirement] at all costs; tu dois à tout ~ être rentré à minuit you must be back by midnight at all costs. -**2.** [coûte que coûte] at any cost, no matter what (the cost); nous voulons un enfant à tout ~ we want a child no matter what (the cost).

◆ **au prix de** *loc prép* at the cost of; ma mère m'a élevé au ~ de grands sacrifices my mother made great sacrifices to bring me up; je ne veux pas du succès au ~ de ma santé/notre amitié I don't want success at the cost OU expense of my health/our friendship; collaborer avec eux au ~ d'une trahison, jamais! if collaborating with them means becoming a traitor, never!; qu'est-ce qu'un peu de temps perdu, au ~ de ta santé? what's a little wasted time when your health is at stake?

◆ **de prix** *loc adj* [bijou, objet] valuable.

◆ **pour prix de** *loc prép* in return for; pour ~ de sa patience as a reward for OU in return for her patience.

◆ **sans prix** *loc adj* invaluable, priceless; sa flûte du dix-huitième siècle est sans ~ his eighteenth-century flute is priceless; l'estime de mes amis est sans ~ I value the esteem of my friends above all else.

pro *fam* [pro] (*abr de* professionnel) ◇ *adj* -**1.** [émission, film] professional. -**2.** SPORT professional; il est joueur ~ maintenant he's now a pro.

◇ *nmf* pro; c'est une vraie ~ she's a real pro; passer ~ to turn pro; ils ont fait un vrai travail de ~ they did a really professional job.

probabilisme [prɔbabilism] *nm* probabilism.

probabiliste [prɔbabilist] ◇ *adj* probabilist, probabilistic.

◇ *nmf* probabilist.

probabilité [prɔbabilite] *nf* -**1.** [vraisemblance] probability, likelihood; selon toute ~, nous y serons vendredi in all probability OU likelihood, we'll be there on Friday. -**2.** [supposition] probability; je ne dis pas qu'il l'a volé, c'est une ~ I'm not saying he stole it, but it's probable; la ~ qu'il gagne est plutôt faible there's little chance of him winning. -**3.** MATH & PHYS probability.

probable [prɔbabl] *adj* -**1.** [vraisemblable] likely, probable; il est peu ~ qu'elle soit sa sœur it's not very likely that she's his sister; il est peu ~ qu'il réussisse there is little chance of his succeeding. -**2.** [possible] probable; est-il à Paris? – c'est ~ is he in Paris? – quite probably (he is); je parie qu'elle va refuser – ~ ! *fam* I bet she'll say no – more than likely!

probablement [prɔbabləmɑ̃] *adv* probably; tu as ~ raison you're probably right; tu viendras demain? – très ~ will you come tomorrow? – very probably OU quite likely; ~ qu'il acceptera *fam* he's likely to accept, he'll probably say yes.

probant, e [prɔbɑ̃, ɑ̃t] *adj* -**1.** [convaincant - argument, fait, expérience] convincing. -**2.** JUR [pièce] probative.

probation [prɔbasjɔ̃] *nf* JUR & RELIG probation; être en ~ to be on probation.

probationnaire [prɔbasjɔnɛr] *nmf* probationer.

probatoire [prɔbatwar] *adj* probationary; examen ~ probationary examination.

probe [prɔb] *adj litt* upright, endowed with integrity.

probité [prɔbite] *nf* probity, integrity, uprightness.

problématique [prɔblematik] ◇ *adj* problematic, problematical.

◇ *nf* problematics *(U)*.

problématiquement [prɔblematikmɑ̃] *adv* problematically.

problème [prɔblɛm] *nm* -**1.** MATH problem; ~ de géométrie geometry problem; résoudre un ~ d'algèbre to solve an algebraic problem; ~s de robinet *mathematical problems for schoolchildren, typically about the volume of water in a container.* -**2.** [difficulté] problem, difficulty; pas de ~, viens quand tu veux no problem, you can come whenever you want; le ~ posé par le chômage/la circulation the problem of unemployment/traffic; nous avons un gros ~ we have a major problem, we're in big trouble here; il a toujours eu des ~s d'argent he always had money troubles OU problems; dis donc, c'est ton ~, pas le mien *fam* listen, it's your problem, not mine; avoir des ~s psychologiques to be psychologically disturbed; elle me pose de gros ~s she's a great problem OU source of worry to me. -**3.** [question] problem, issue, question; soulever un ~ to raise a question OU an issue; la clé du ~ the key to the problem; faux ~ red herring *fig*; pour l'instant, nous discutons d'un faux ~ for the moment, we're going around in circles. -**4.** JEUX problem.

◆ **à problèmes** *loc adj* problem *(modif)*; ma cousine, c'est une femme à ~s *fam* my cousin's always got problems.

procédé [prɔsede] *nm* -**1.** *sout* [comportement] conduct, behaviour; vos ~s sont indignes your behaviour is shameful; je n'ai pas du tout apprécié son ~ I wasn't very impressed with what he did. -**2.** [technique] process; mettre un ~ au point to perfect a process; ~ de fabrication manufacturing process. -**3.** *péj* [artifice] : toute la pièce sent le ~ the whole play seems contrived. -**4.** JEUX [billard] tip.

procéder [18] [prɔsede] *vi* -**1.** [progresser] to proceed; ~ méthodiquement/par tâtonnements to proceed methodically/by trial and error; procédons par ordre let's do one thing at a time. -**2.** [se conduire] to behave; j'apprécie sa manière de ~ avec nous I like the way he deals with us.

◆ **procéder à** *v + prép* -**1.** [effectuer] to conduct; ~ à une étude to conduct a study; ~ à un examen approfondi de la situation to examine the situation thoroughly; ~ à l'élection du bureau national du parti to elect the national executive of the party. -**2.** JUR: ~ à l'arrestation d'un criminel to arrest a criminal; ~ à l'ouverture d'un testament to open a will.

◆ **procéder de** *v + prép* -**1.** *litt* [provenir de] to proceed OU to come from, to originate in; tous ses problèmes procèdent d'une mauvaise administration all his problems spring OU derive from poor management. -**2.** RELIG to proceed from.

procédure [prɔsedyr] *nf* -**1.** [démarche] procedure, way to proceed; **nous suivrons la ~ habituelle** we'll follow the usual procedure; **voici la ~ à suivre** this is the way to proceed. -**2.** JUR [ensemble des règles] procedure, practice; **Code de ~ civile/pénale** civil law/criminal law procedure ‖ [mise en œuvre] proceedings; **entamer une ~ contre qqn** to start proceedings against sb ❑ **~ de divorce** divorce proceedings. -**3.** INF subroutine, procedure. -**4.** SC: **~ scientifique** scientific procedure.

procédurier, ère [prɔsedyrje, ɛr] ◇ *adj* -**1.** *péj* [personne] pettifogging, quibbling; **être ~** to be a pettifogger OU a nitpicker. -**2.** [action, démarche] litigious; **formalités procédurières** procedural formalities, red tape.
◇ *nm, f* pettifogger, quibbler.

procès [prɔsɛ] *nm* -**1.** JUR [au tribunal] trial; **faire** OU **intenter un ~ à qqn** to institute legal proceedings against sb; **entreprendre** OU **engager un ~ contre qqn** to take sb to court; **instruire un ~** to prepare a lawsuit; **il a gagné/perdu son ~ contre nous** he won/lost his case against us; **un ~ pour meurtre** a murder trial ❑ **'le Procès'** *Kafka* 'The Trial'. -**2.** [critique]: **faire le ~ de qqn/qqch** to put sb/sthg on trial ❑ **~ d'intention: vous me faites un ~ d'intention** you're assuming too much about my intentions; **pas de ~ d'intention, s'il vous plaît!** don't put words in my mouth, please!; **faire un mauvais ~ à qqn** to make groundless accusations against sb; **tu lui fais un mauvais ~** you're being unfair to him. -**3.** ANAT process; **~ ciliaire** ciliary process. -**4.** LING process.

processeur [prɔsesœr] *nm* INF -**1.** [organe] (hardware) processor; [unité centrale] central processing unit. -**2.** [ensemble de programmes] (language) processor; **~ entrée/sortie** input/output processor, I/O processor; **~ frontal/graphique/maître/matriciel** front-end/display/master/array processor.

processif, ive [prɔsesif, iv] *adj litt* litigious.

procession [prɔsesjɔ̃] *nf* -**1.** RELIG procession; **~ rituelle** religious procession. -**2.** [cortège] procession; **une ~ de voitures devant le ministère** a motorcade outside the ministry; **les manifestants s'avançaient en ~ vers la place** the demonstrators were marching towards the square in procession.

processionnaire [prɔsesjɔnɛr] ◇ *adj* ENTOM processionary.
◇ *nf* processionary moth.

processus [prɔsesys] *nm* -**1.** [procédé] process; **le ~ d'acquisition de la lecture** learning how to read; **~ de fabrication** manufacturing process; **~ industriel** industrial processing. -**2.** PSYCH: **~ primaire/secondaire** primary/secondary process. -**3.** ANAT process.

procès-verbal, aux [prɔsɛvɛrbal, o] *nm* -**1.** JUR [acte - d'un magistrat] (official) report, record; [- d'un agent de police] (police) report. -**2.** [pour une contravention] parking ticket. -**3.** [résumé] minutes, proceedings; **le ~ de la dernière réunion** the minutes of the last meeting.

prochain, e [prɔʃɛ̃, ɛn] *adj* -**1.** [dans le temps] next; **je te verrai la semaine ~e** I'll see you next week; **à samedi ~!** see you next Saturday!; **au mois de novembre ~** next November, this coming November; **ça sera pour une ~e fois** we'll do it some other time; **la ~e fois, fais attention** next time, be careful. -**2.** [dans l'espace] next; **je descends au ~ arrêt** I'm getting off at the next stop; **tourne à gauche au ~ carrefour** turn left at the next crossroads. -**3.** [imminent] imminent, near; **on se reverra dans un avenir ~** we will see each other again in the near future; **leur ~ départ** their imminent departure. -**4.** *sout* [immédiat - cause, pouvoir] immediate.
◆ **prochain** *nm*: **son ~** one's fellow man; **aime ton ~ comme toi-même** love your neighbour as yourself.
◆ **prochaine** *fam nf* -**1.** [arrêt] next stop; **je descends à la ~e** I'm getting off at the next stop. -**2.** *loc*: **à la ~e!** see you (soon)!, be seeing you!, so long! *Am*.

prochainement [prɔʃɛnmɑ̃] *adv* shortly, soon; **il revient ~** he'll be back soon; **'~ sur vos écrans'** 'coming soon'.

proche [prɔʃ] ◇ *adj* -**1.** [avoisinant] nearby, neighbouring; **elle entra dans une église proche** she went into a nearby church; **le bureau est tout ~** the office is close at hand OU very near; **le village le plus ~ est Pigny** Pigny's the nearest village. -**2.** [dans l'avenir] near, imminent; [dans le passé] in the recent past; **dans un avenir ~** in the near future; **le dénouement est ~** the end is in sight; **Noël est ~** we're getting close to Christmas; **lampions et drapeaux dans les rues, la fête est ~** there are lanterns and bunting in the streets, the celebrations are about to begin; **la fin du monde est ~** the end of the world is nigh; **la dernière guerre est encore ~ de nous** the last war belongs to the not too distant past. -**3.** [cousin, parent] near; **adresse de votre plus ~ parent** address of your next of kin. -**4.** [intime] close; **nous sommes plus ~s depuis ce deuil** we've grown closer since we were bereaved; **l'un des ~s conseillers du président** one of the president's trusted OU close advisors. -**5.** [semblable] similar; **nos goûts sont très ~s** we have very similar tastes.
◇ *nm* close relative OU relation; **perdre un ~** to lose a close relative; **ses ~s** his close relations, his immediate family.
◆ **de proche en proche** *loc adv* gradually, step by step; **l'infection gagne de ~ en ~** the infection is spreading gradually; **de ~ en ~, j'ai fini par reconstituer les événements** step by step, I finally reconstructed the events.
◆ **proche de** *loc prép* -**1.** [dans l'espace] near (to), close to, not far from; **la villa est ~ de la mer** the villa is close to OU near the sea; **plus ~ de chez lui** closer to his home. -**2.** [dans le temps] close; **la guerre est encore ~ de nous** the war is still close to us. -**3.** [en contact avec] close to; **il est resté ~ de son père** he remained close to his father; **elle est très ~ de ses élèves/malades** she's close to her pupils/patients; **être ~ de la nature** to be close to OU in touch with nature; **d'après des sources ~s de la Maison-Blanche** according to sources close to the White House. -**4.** [semblable à - langage, espèce animale] closely related to; [- style, solution] similar to; **la haine est ~ de l'amour** hatred is akin to love; **portrait ~ de la réalité** accurate OU lifelike portrait; **une obsession ~ de la névrose** an obsession verging on the neurotic; **ils sont ~s de nous par la religion et la culture** religiously and culturally they have a lot in common with us. -**5.** [sans différence de rang, d'âge avec] close to; **les candidats sont ~s les uns des autres** there's little to choose between the candidates; **mes frères et moi sommes ~s les uns des autres** my brothers and I are close together (in age).

Proche-Orient [prɔʃɔrjɑ̃] *npr m*: **le ~** the Near East.

proclamation [prɔklamasjɔ̃] *nf* -**1.** [annonce] (official) announcement OU statement; **~ du résultat des élections à 20 h** the results of the election will be announced at 8 p.m. -**2.** [texte] proclamation; **la ~ sera affichée dans toutes les mairies** the proclamation will be displayed in every town hall.

proclamer [3] [prɔklame] *vt* -**1.** [déclarer - innocence, vérité] to proclaim, to declare; **~ que** to declare that; **nous proclamons que la paix sera bientôt là** we declare that we will soon be at peace. -**2.** [rendre public] to publicly announce OU state, to proclaim; **~ la république** to proclaim the republic; **~ le résultat des élections** to announce the outcome of the election; **il a été proclamé empereur par la foule** he was proclaimed emperor by the crowd, the crowd proclaimed him emperor.

proclitique [prɔklitik] *adj* & *nm* proclitic.

proconsul [prɔkɔ̃syl] *nm* proconsul.

procréateur, trice [prɔkreatœr, tris] ◇ *adj litt* procreant, procreative.
◇ *nm, f litt* procreator.

procréation [prɔkreasjɔ̃] *nf* procreation; **~ artificielle** artificial reproduction.

procréer [15] [prɔkree] *vt litt* to procreate.

proctalgie [prɔktalʒi] *nf* proctalgia.

proctologie [prɔktɔlɔʒi] *nf* proctology.

proctologue [prɔktɔlɔg] *nmf* proctologist.

procuration [prɔkyrasjɔ̃] *nf* -**1.** JUR [pouvoir - gén] power OU letter of attorney; [- pour une élection] proxy (form); **donner ~ à qqn** to authorize OU to empower sb. -**2.** BANQUE mandate; **il a une ~ sur mon compte** he has a mandate to operate my account.
◆ **par procuration** *loc adv* -**1.** [voter] by proxy. -**2.** *fig* vicariously; **vivre/voyager par ~** to live/to travel vicariously.

procure [prɔkyr] *nf* procuracy.

procurer [3] [prɔkyre] *vt* -**1.** [fournir] to provide; **~ de l'argent à qqn** to provide sb with money, to obtain money for sb; **je lui ai procuré un emploi** I found her a job; **les places qu'il m'a procurées étaient excellentes** the seats he found OU obtained for me were superb. -**2.** [occasionner] to bring; **la lecture me procure beaucoup de plaisir** reading brings me great pleasure, I get a lot of pleasure out of reading; **les joies procurées par les sens** pleasures afforded by the senses.
◆ **se procurer** *vpt* to get, to obtain; **essaye de te ~ son dernier livre** try to get his latest book; **il faut que je me procure un visa** I must obtain a visa.

procureur [prɔkyrœr] *nm* -**1.** JUR prosecutor; **~ général** ≃ Director of Public Prosecutions *Br*, ≃ district attorney *Am*; **~ de la République** ≃ Attorney General. -**2.** HIST [syndic] procurer. -**3.** RELIG procurator *arch*.

prodigalité [prɔdigalite] *nf* -**1.** [générosité] prodigality *sout*, profligacy *sout*, extravagance. -**2.** [dépenses] prodigality, extravagance; **connu pour ses ~s** well-known for his extravagance (in spending) OU for his extravagant spending habits. -**3.** *litt* [surabondance] (lavish) abundance, prodigality.

prodige [prɔdiʒ] ◇ *nm* -**1.** [miracle] marvel, wonder; **faire des ~s** to work wonders, to achieve miracles; **ton médicament a fait des ~s** your medicine worked wonders; **tenir du ~** to be nothing short of miraculous OU a miracle; **cela tient du ~ que personne ne soit mort** it's nothing short of a miracle that nobody was killed; **un ~ de** a wonder of; **cet appareil est un ~ de la technique** this machine is a wonder of modern technology; **il nous a fallu déployer des ~s d'ingéniosité pour tout ranger** we had to use boundless ingenuity to find space for everything. -**2.** [personne] prodigy; **à 10 ans, on la considérait comme un ~ en mathématiques** at 10 years of age she was considered a mathematical genius.
◇ *adj*: **enfant/musicien ~** child/musical prodigy.

prodigieusement [prɔdiʒjøzmɑ̃] *adv* -**1.** [beaucoup] enormously, tremendously; **je me suis ~ amusé** I enjoyed myself tremendously. -**2.** [magnifiquement] fantastically, magnificently; **elle dessine ~ bien** she draws fantastically well.

prodigieux, euse [prɔdiʒjø, øz] *adj* -**1.** [extrême] huge, tremendous; **sa chanson a eu un succès ~** her song was hugely successful; **être d'une bêtise prodigieuse** to be prodigiously stupid; **être d'une force prodigieuse** to be tremendously strong; **une quantité prodigieuse** a huge amount. -**2.** [peu commun] prodigious, astounding, amazing; **une connaissance prodigieuse du jazz** an astounding knowledge of jazz. -**3.** *litt* [miraculeux] prodigious, miraculous; **guérison prodigieuse** miracle cure.

prodigue [prɔdig] ◇ *adj* -**1.** [dépensier] extravagant, profligate; **le fils ~** *allusion Bible* the prodigal son. -**2.** *fig*: **~ de** generous OU overgenerous with; elle n'est guère ~ de détails she doesn't go in much for detail; ~ de compliments lavish with compliments; tu es toujours ~ de bons conseils you're always full of good advice.

◇ *nmf* spender, spendthrift.

prodiguer [3] [prɔdige] *vt* -**1.** [faire don de] to be lavish with; **la nature nous prodigue ses bienfaits** nature is profuse OU lavish in its bounty; **elle a prodigué des soins extraordinaires à son fils** she lavished endless care on her son; **j'ai prodigué tous mes efforts pour te voir réussir** I did all I could to see you succeed; **prodiguant des sourires à tous** smiling bountifully on everybody *aussi péj*. -**2.** [manifester] to show; **elle ne sait pas comment lui ~ son affection** she simply doesn't know how to show him her affection.

◆ **se prodiguer** *vpi litt*: **il se prodigue sans compter** he gives generously of himself.

pro domo [prodomo] *loc adj inv*: **faire un plaidoyer ~** to defend o.s. OU one's own cause.

prodrome [prɔdrom] *nm* -**1.** MÉD prodrome *spéc*, warning symptom. -**2.** *litt* [signe] forerunner, early sign.

prodromique [prɔdrɔmik] *adj* prodromal.

producteur, trice [prɔdyktœr, tris] ◇ *adj* producing; **les pays ~s de pétrole** oil-producing countries; **zone productrice de betteraves** beetroot-producing OU beetroot-growing area.

◇ *nm, f* CIN, RAD, THÉÂT & TV [personne] producer; [société] production company.

◆ **producteur** *nm* AGR & ÉCON producer; **directement du ~ au consommateur** directly from the producer to the consumer; **les ~s sont mécontents** the farmers are up in arms; **les ~s de melons** melon growers OU producers.

productibilité [prɔdyktibilite] *nf* maximum energy yield *(from a hydroelectric power station)*.

productible [prɔdyktibl] *adj* [marchandise] producible.

productif, ive [prɔdyktif, iv] *adj* -**1.** ÉCON productive; **c'est l'un de nos auteurs les plus ~s** he is one of our most prolific OU productive authors. -**2.** FIN: **capital ~** interest-bearing OU interest-yielding capital. -**3.** AGR & MIN productive; **le sol est peu ~** the yield from the soil is poor.

production [prɔdyksjɔ̃] *nf* -**1.** [activité économique]: **la ~** production; **la ~ ne suit plus la consommation** supply is failing to keep up with demand; **à ce stade de la ~, nous perdons de l'argent** at this stage of production, we're losing money. -**2.** [rendement] INDUST output; AGR yield; **la ~ a augmenté/diminué** INDUST output has risen/dropped; AGR the yield is higher/lower; **l'usine a une ~ de 10 000 voitures par an** the factory turns out OU produces 10,000 cars a year. -**3.** [produits] AGR produce *(U)*, production *(U)*; INDUST products, production; **les ~s maraîchères de la région** the market garden *Br* OU truck garden *Am* produce of the area; **le pays veut écouler sa ~ de maïs** the country wants to sell off its maize crop OU the maize it has produced. -**4.** [fabrication] production, manufacturing; **le pays devait sa prospérité à sa ~ textile** the country owed its prosperity to its textile manufacturing. -**5.** [d'une œuvre d'art] production, creation; **la ~ littéraire a toujours été hautement considérée dans notre pays** creative writing has always been highly valued in our country || CIN, THÉÂT & TV production; **assurer la ~ de** to produce ❑ **assistant/directeur de ~** production assistant/manager. -**6.** [œuvres]: **la ~ contemporaine** contemporary works; **la ~ dramatique/romanesque du XVIIIe siècle** 18th-century plays/novels; **les ~s de l'esprit** intellectual work || CIN production, film *Br*, movie *esp Am*; RAD production, programme; THÉÂT production, play. -**7.** [présentation] presentation; **sur ~ d'un acte de naissance** on presentation of a birth certificate. -**8.** [fait d'occasionner] production, producing, making; **la ~ d'un son** making a sound. -**9.** TECH: **~ combinée** heat and power (generation).

productique [prɔdyktik] *nf* computer-aided OU computer-integrated manufacturing.

productivité [prɔdyktivite] *nf* -**1.** [fertilité - d'un sol, d'une région] productivity, productiveness. -**2.** [rentabilité] productivity; **~ de l'impôt** FIN (net) tax revenue. -**3.** ÉCOL productivity, production.

produire [98] [prɔdɥir] *vt* -**1.** [fabriquer - bien de consommation] to produce, to manufacture; [- énergie, électricité] to produce, to generate; AGR [faire pousser] to produce, to grow. -**2.** [fournir - suj: usine] to produce; [- suj: sol] to produce, to yield; *(en usage abs)*: **tes arbres ne produiront jamais** your trees will never bear fruit || FIN [bénéfice] to yield, to return. -**3.** [causer - bruit] to make, to produce; [- moisissure, vapeur] to produce, to make, to cause; [- douleur, démangeaison] to produce, to cause; [- changement] to effect, to bring about *(sép)*; [- résultat] to produce; **la lumière produit une illusion spectaculaire** the light creates a spectacular illusion; **l'effet produit par son discours a été catastrophique** the effect of her speech was disastrous ❑ **~ son petit effet** to cause quite a stir. -**4.** [créer - suj: artiste] to produce, to write; **il a produit quelques bons romans** he has written a few good novels || *(en usage abs)*: **il produit beaucoup** [écrivain] he writes a lot; [musicien] he writes OU composes a lot; [cinéaste] he makes a lot of films. -**5.** CIN, RAD, THÉÂT & TV to produce, to be the producer of. -**6.** [engendrer] to produce; **combien le XIXe siècle/Mexique a-t-il produit de romancières?** how many women novelists did 19th century produce/has Mexico produced? -**7.** [présenter - passeport] to produce, to show; [- preuve] to adduce, to produce; [- témoin] to produce.

◆ **se produire** *vpi* -**1.** [événement] to happen, to occur; **ça peut encore se ~** it may happen again; **il s'est produit un très grave accident près d'ici** there was a very serious accident nearby. -**2.** [personne] to appear, to give a performance; **se ~ sur scène** to appear on stage; **se ~ en public** to give a public performance.

produit [prɔdɥi] *nm* -**1.** INDUST product, article; AGR produce; **~ brut/fini** raw/finished product; **~s de grande consommation** OU **de consommation courante** consumer goods; **~s alimentaires** food, foodstuffs; **~ de beauté** beauty product; **les ~s de beauté** cosmetics, beauty products; **~s chimiques** chemicals; **garanti sans ~s chimiques** guaranteed no (chemical) additives; **~ colorant** colouring agent; **~ dérivé** by-product; **~ d'entretien** (household) cleaning product; **~s exotiques** exotic goods; **~ générique** own-brand product; **~s de luxe** luxury goods OU articles; **~ manufacturé** manufactured product; **~s manufacturés** manufactured goods; **~s naturels** natural produce; **~s pharmaceutiques** drugs, pharmaceuticalspharmaceutical products; **~ de synthèse** synthetic product. -**2.** [résultat] product, outcome; **le ~ d'une matinée de travail** the result OU product of a morning's work; **c'est un pur ~ de ton imagination** it's a mere product OU figment of your imagination. -**3.** [bénéfice] profit; **le ~ de la vente** the profit made on the sale; **il vit du ~ de ses terres** he lives off his land; **vivre du ~ de son travail** to work for a living ❑ **~ de l'impôt** tax revenue. -**4.** FIN: **~s financiers** financial services. -**5.** ÉCON: **le ~ industriel** industrial earnings; **~ intérieur brut** gross (domestic) product; **~ national brut** gross national product. -**6.** CHIM & MATH product; **~ cartésien** Cartesian product; **~ vectoriel** vector product. -**7.** ZOOL offspring. -**8.** PÉTR: **~s blancs/noirs** white/black products.

proéminence [prɔeminɑ̃s] *nf* -**1.** *litt* [caractère] prominence, conspicuousness. -**2.** [saillie] protuberance; **la montagne présente une ~ à gauche du pic** the mountain juts out OU protrudes left of the peak.

proéminent, e [prɔeminɑ̃, ɑ̃t] *adj* prominent.

prof *fam* [prɔf] *nmf* -**1.** SCOL teacher. -**2.** UNIV [sans chaire] lecturer *Br*, instructor *Am*; [titulaire de chaire] prof; **les ~s de fac descendent dans la rue** lecturers take to the streets *Br*. -**3.** [hors d'un établissement scolaire] teacher; **ma ~ de piano** my piano teacher.

profanateur, trice [prɔfanatœr, tris] *litt*

◇ *adj* blasphemous, sacrilegious.

◇ *nm, f* profaner.

profanation [prɔfanasjɔ̃] *nf* -**1.** [sacrilège] blasphemy, sacrilege, profanation; **~ de sépultures** desecration of graves. -**2.** *sout* [avilissement] defilement, debasement; **une ~ de la justice** a travesty of justice.

profane [prɔfan] ◇ *adj* -**1.** [ignorant] uninitiated; **je suis ~ en matière de papillons** I know nothing about OU I'm completely ignorant when it comes to butterflies. -**2.** [non religieux] non-religious, secular, profane *litt*.

◇ *nmf* -**1.** [ignorant] lay person, layman (*f* laywoman); **pour le ~** to the layman OU uninitiated. -**2.** [non religieux] lay person, non-initiate.

◇ *nm*: **le ~** the secular, the profane *litt*; **le ~ et le sacré** the profane and the sacred.

profaner [3] [prɔfane] *vt* -**1.** RELIG [tombe, église, hostie] to desecrate, to violate the sanctity of, to profane. -**2.** [dégrader - justice, talent] to debase, to defile, to profane.

proférer [18] [prɔfere] *vt* [insultes, menaces] to utter; **~ des injures contre qqn** to heap insults on sb.

professer [4] [prɔfese] *vt* -**1.** *litt* [déclarer] to affirm, to claim, to profess; **~ des opinions révolutionnaires** to profess revolutionary opinions; **il a toujours professé qu'il haïssait la religion** he has always professed hatred for OU claimed that he hated religion. -**2.** *vieilli* [enseigner] to teach; **~ l'anglais/l'histoire à l'université** to teach English/history at university.

professeur [prɔfɛsœr] *nm* -**1.** [du primaire, du secondaire] teacher, schoolteacher; **~ certifié** qualified schoolteacher *(who has passed the CAPES)*; **~ principal** ≃ form tutor *Br*, ≃ homeroom teacher *Am*. -**2.** [de l'enseignement supérieur - assistant] ≃ lecturer; [- au grade supérieur] professor; **elle est ~ à Lyon** she teaches at Lyons University ❑ **~ agrégé** SCOL qualified teacher *(who has passed the agrégation)*; MÉD *professor qualified to teach medicine*. -**3.** *Can*: **~ adjoint** assistant professor; **~ agrégé** associate professor; **~ titulaire** SCOL staff teacher, member of (teaching) staff; UNIV full professor. -**4.** [hors d'un établissement scolaire] teacher, tutor.

profession [prɔfɛsjɔ̃] *nf* -**1.** [métier] occupation, job, profession; [d'un commerçant, d'un artisan] trade; [d'un artiste, d'un industriel] profession; **quelle est votre ~?** what is your occupation?, what do you do (for a living)?; **de ~** professional; **je suis mécanicien de ~** I'm a mechanic by trade; **cambrioleur/rebelle de ~** *hum* professional burglar/rebel ❑ **les ~s libérales** the professions. -**2.** [corporation - de commerçants, d'artisans] trade; [- d'artistes, d'industriels] profession. -**3.** [déclaration]: **faire ~ de** to profess, to declare; **faire ~ de libéralisme/socialisme** to declare o.s. a liberal/socialist. -**4.** RELIG: **~ religieuse** profession; **~ de foi** profession of faith.

◆ **sans profession** *loc adj* ADMIN unemployed; *(comme n)*: **les sans ~ recevront une indemnité** the unemployed will receive benefit.

professionnalisation [prɔfɛsjɔnalizasjɔ̃] *nf* professionalization.

professionnaliser [3] [prɔfɛsjɔnalize] *vt* [joueur, sportif]: **~ qqn** to make sb into a professional.

professionnalisme [prɔfɛsjɔnalism] *nm* professionalism.

professionnel, elle [prɔfɛsjɔnɛl] ◇ *adj* -**1.** [lié à une profession - maladie, risque] occupational; [- enseignement] vocational; **avoir des soucis ~s** to have work problems ❑ **école ~le** ≃ technical college. -**2.** [qualifié] professional; musicien/sportif ~ professional musician/ sportsman. -**3.** [compétent] professional, accomplished; **elle a réagi d'une manière très ~** le she reacted in a very professional way; **les jeunes acteurs ont eu un jeu très ~** the young actors performed like real professionals.

◇ *nm, f* -**1.** SPORT professional; **les ~s de la boxe** professional boxers; **passer ~** to turn professional. -**2.** [personne expérimentée] professional; **c'est l'œuvre d'un ~** this is the work of a professional; **ce n'est pas digne d'un ~** it's unworthy of a professional.

◆ **professionnelle** *fam nf* [prostituée] pro *(prostitute)*.

professionnellement [prɔfɛsjɔnɛlmɑ̃] *adv* professionally; **~, il a plutôt réussi** he did rather well in his professional life; **je n'ai affaire à elle que ~** I only have a professional relationship with her, my relations with her are strictly business.

professoral, e, aux [prɔfɛsɔral, o] *adj* -**1.** [de professeur] professorial. -**2.** [pédant] patronizing, lecturing.

professorat [prɔfɛsɔra] *nm* teaching; **il a choisi le ~** he chose teaching as a OU his profession.

profil [prɔfil] *nm* -**1.** [côté du visage] profile; **mon meilleur ~** my best profile; **avoir un ~ de médaille** to have very regular features. -**2.** [silhouette] profile, outline; **on devinait le ~ du volcan dans la brume** the volcano was silhouetted in the mist ❑ **conserver** OU **maintenir un ~ bas** to keep a low profile. -**3.** [aptitude] profile; **elle a le ~ de l'emploi** she seems right for the job; **il a le ~ parfait pour être président** he's ideal presidential material ❑ **son ~ de carrière** her career profile; **~ psychologique** PSYCH psychological profile. -**4.** GÉOG profile; **~ d'équilibre** profile of equilibrium; **~ fluvial en long** long profile of a river; **~ fluvial en travers** river section. -**5.** COMM: **le ~ des ventes montre une augmentation** the sales outline OU profile shows a definite increase. -**6.** ARCHIT (perpendicular) section.

◆ **de profil** *loc adv* in profile; **être de ~** to be in profile; **mettez-vous de ~ par rapport à la caméra** show your profile to the camera.

profilage [prɔfilaʒ] *nm* streamlining.

profilé, e [prɔfile] *adj* AUT streamlined.

◆ **profilé** *nm* MÉTALL section.

profiler [3] [prɔfile] *vt* -**1.** MENUIS to profile, to mould; MÉTALL to form. -**2.** *litt* [laisser voir] to show in outline; **les montagnes au loin profilaient leur silhouette** the mountains were silhouetted in the distance.

◆ **se profiler** *vpi* -**1.** [se découper] to stand out, to be silhouetted; **l'église se profile en haut de la colline** the church stands out on top of the hill. -**2.** *sout* [s'ébaucher] to emerge; **une solution se profile enfin** a solution is finally emerging; **des périodes difficiles/des ennuis se profilent à l'horizon** a difficult time/trouble is looming on the horizon.

profit [prɔfi] *nm* -**1.** [avantage] profit, advantage; **tirer ~ de ses lectures** to benefit from one's reading; **tirer ~ de l'expérience des autres** to profit from other people's experience; **j'ai lu ton livre avec ~** reading your book taught me a lot; **il a étudié avec ~** he gained a lot from his studies; **vous étudierez avec ~ la préface** you will find it enlightening to study the preface; **mettre qqch à ~** to take advantage of OU to make the most of sthg; **essayez de mettre à ~ les connaissances acquises** try to make the most of what you already know; **ta veste t'aura fait du ~** *fam* you certainly got your money's worth out of that jacket; **il y a trouvé son ~, sinon il ne l'aurait pas fait** he got something out of it otherwise he wouldn't have done it. -**2.** COMM & FIN [bénéfice] profit; **faire** OU **réaliser des ~s** to make profits OU a profit; **le ~ réalisé sur la vente de la propriété** the return on OU the revenue from the sale of the property; **l'exploitation de la mine ne rapporte que de faibles ~s** working the mine brings in only small profits ❑ **~ brut/net** gross/net profit; **~ minimal** minimum trading profit; **~ pur** pure profit. -**3.** JUR: **~ du défaut** *(legal) advantage accruing to the appearing party when the other party is in default.*

◆ **au profit de** *loc prép* in aid of; **à son/mon seul ~** for his/my sole benefit.

profitabilité [prɔfitabilite] *nf* profitability.

profitable [prɔfitabl] *adj* profitable; **ce séjour en Italie lui a été ~** the time she spent in Italy did her a lot of good.

profiter [3] [prɔfite] *vi fam* to thrive, to do well; **cet enfant profite (bien)** this child is thriving.

◆ **profiter à** *v + prép* to benefit, to be beneficial to; **cet argent ne profite à personne** this money's not doing anyone any good; **les études ne t'ont guère profité** studying didn't do you much good.

◆ **profiter de** *v + prép* -**1.** [financièrement] to profit from; **tous n'ont pas profité de l'expansion** not everybody gained by the expansion. -**2.** [jouir de] to enjoy; **il n'aura pas profité longtemps de sa retraite** he didn't enjoy his retirement for long; **vivement Noël que je puisse ~ de mes petits-enfants!** *fam* I can't wait for Christmas so as I can be with my grandchildren! -**3.** [tirer parti de] to take advantage of; **~ du beau temps pour aller se promener** to take advantage of the good weather to go for a walk; **il profite de ce qu'elle est absente** he's taking advantage of the fact that she's away; **~ de la situation** to take advantage of the situation. -**4.** [exploiter] to exploit; **elle a profité de nous tant qu'elle a pu** she exploited us as long as she could; **tu profites de moi, c'est tout!** you're taking advantage of me OU using me, that's all!

profiterole [prɔfitrɔl] *nf*: **~ (au chocolat)** (chocolate) profiterole.

profiteur, euse [prɔfitœr, øz] *nm, f* profiteer.

profond, e [prɔfɔ̃, ɔ̃d] *adj* -**1.** [enfoncé - lac, racine, blessure] deep; **peu ~** shallow; **un puits ~ de 10 mètres** a well 10 metres deep; **dans les couches ~es du sol** deep in OU in the deepest layers of the earth; **des préjugés dont l'origine est ~e** deep-rooted OU deep-seated prejudices; **la haine de l'ennemi est ~e** hatred of the enemy runs deep; **absorbé dans de ~es pensées** deep in thought. -**2.** [plongeant - révérence, salut] deep, low; [- regard] penetrating; [- décolleté] plunging. -**3.** [intense - respiration] deep; [- soupir, sommeil] deep, heavy; [- silence] profound, utter; **dans une solitude ~e** in extreme isolation; **ma surprise fut ~e** I was extremely surprised; **de ~s changements** OU **bouleversements** profound changes. -**4.** [grave - voix] deep. -**5.** [obscur] deep, dark; **dans la nuit ~e** at dead of night. -**6.** [foncé - couleur] dark. -**7.** [sagace] deep, profound, shrewd; **avoir un esprit ~** to have profound insight. -**8.** [véritable - cause] deep, underlying, primary; **la raison ~e de son acte** his basic OU primary OU underlying motivation ❑ **la France ~e** grass-roots France. -**9.** LING deep.

◆ **profond** ◇ *adv* [aller, creuser] deep.

◇ *nm*: **au plus ~ de** in the depths of; **au plus ~ de la terre** in the depths OU bowels of the earth; **au plus ~ de mon cœur** deep in my heart.

profondément [prɔfɔ̃demɑ̃] *adv* -**1.** [creuser, enfouir] deep; **il salua ~ la foule** he greeted the crowd with a deep bow. -**2.** [respirer] deeply; [soupirer] heavily, deeply; **dormir ~** to be sound asleep; **d'habitude, je dors très ~** I usually sleep very heavily, I'm usually a sound sleeper. -**3.** [en intensif] profoundly, deeply; **je suis ~ choqué** I'm deeply shocked; **elle est ~ convaincue de son bon droit** she's utterly convinced she's right; **ce que je ressens pour lui est ~ différent** what I feel for him is completely different; **je regrette ~!** I'm deeply sorry!

profondeur [prɔfɔ̃dœr] *nf* -**1.** [dimension] depth; **quelle est la ~ du puits?** how deep is the well?; **un trou de trois mètres de ~** a hole three metres deep; **on s'est arrêtés à huit mètres de ~** we stopped eight metres down; **une armoire de 60 centimètres de ~** a wardrobe 60 centimetres deep. -**2.** [intensité] depth, profundity *sout*; **la ~ de ses sentiments** the depth of his feelings. -**3.** [perspicacité] profoundness, profundity; **la ~ de ses vues, sa ~ d'esprit** her insight. -**4.** OPT & PHOT: **~ de champ** depth of field. -**5.** AÉRON [d'une aile] chord (length).

◆ **profondeurs** *nfpl litt* depths.

◆ **en profondeur** ◇ *loc adj* [étude] in-depth, thorough; **il nous faut des changements en ~** we need fundamental OU root-and-branch changes.

◇ *loc adv* [creuser] deep; **notre crème antirides agit en ~** our anti-wrinkle cream works deep into the skin; **agir en ~ pour changer l'environnement** to work intensively to change the environment.

profusion [prɔfyzjɔ̃] *nf* -**1.** *sout* [abondance] profusion, abundance. -**2.** [excès] excess; **avec une ~ de détails** with too much detail.

◆ **à profusion** *loc adv* galore, plenty; **il y avait à boire et à manger à ~** there was food and drink galore, there was plenty to eat and drink.

progéniture [prɔʒenityr] *nf* offspring, progeny, issue; **que fais-tu de ta nombreuse ~ le dimanche?** *fam hum* what do you do with all your offspring on Sundays?

progestatif, ive [prɔʒɛstatif, iv] *adj* progestational.

progestérone [prɔʒɛsterɔn] *nf* progesterone.

progiciel [prɔʒisjɛl] *nm* package COMPUT.

prognathe [prɔgnat] ◇ *adj* prognathous, prognathic.

◇ *nmf* prognathous subject.

prognathisme [prɔgnatism] *nm* prognathism.

programmable [prɔgramabl] *adj* programmable.

programmateur, trice [prɔgramatœr, tris] *nm, f* RAD & TV programme planner.

◆ **programmateur** *nm* [d'une cuisinière] programmer, autotimer; [d'une machine à laver] programme selector.

programmation [prɔgramasjɔ̃] *nf* -**1.** RAD & TV programme planning. -**2.** INF programming; **~ absolue/dynamique/linéaire** absolute/dynamic/linear programming. -**3.** ÉCON programming.

programmatique [prɔgramatik] *adj* programmatic.

programme [prɔgram] *nm* -**1.** [contenu - d'une cérémonie, d'un spectacle] programme; **qu'est-ce qu'il y a au ~ ce soir à l'Opéra?** what's on tonight at the Opera?; **un court morceau de Ravel a été donné hors ~ en bis** a short piece by Ravel not listed on the programme was given as an encore; **présentation des nouveaux ~s d'été** presentation of our new summer schedule OU programmes ❑ **~ minimum** RAD & TV minimum programme schedule *(provided during strike actions by journalists and technicians)*. -**2.** [brochure - d'un concert, d'une soirée] programme; [- de cinéma, de télévision] listings, guide; **demandez le ~!** programmes on sale here!; **le ~ de télévision est en page 4** the TV guide is on page 4. -**3.** [emploi du temps] schedule; **notre ~ est très chargé cette semaine** we have a busy schedule this week; **qu'avons-nous au ~ aujourd'hui?** what's on (our schedule) today?; **remplir son ~** to fulfil (the requirements of) one's schedule ❑ **quel est le ~ des réjouissances?** *hum* what exciting things lie in store for us today? -**4.** SCOL [d'une année] curriculum; [dans une matière] syllabus; **Shakespeare figure au ~ cette année** Shakespeare is on this year's syllabus; **le ~ de première année à l'université** the first-year course at college. -**5.** POL [plate-forme] manifesto *Br*, platform *Am*; **~ commun** common OU joint manifesto; **~ de gouvernement** government manifesto. -**6.** [projet] programme; **~ économique** economic programme OU plan; **lancer un ~ de réformes** to launch a package OU programme of reforms; **~ d'investissements à long terme** long-term investment programme; **le ~ nu-**

cléaire/spatial français the French nuclear/ space programme ❑ ton voyage, c'est tout un ~! *fam* this trip sounds like it's quite something!; je voudrais l'intéresser à l'actualité – tout un ~! *hum* I'd like to get him interested in current affairs – that's a tall order! -**7.** INF program; ~ objet/source object/source program; ~ amorce initial program loader, bootstrap; ~ d'assemblage assembler; ~ de chargement loader; ~ de service utility program; ~ de test check program.

programmé, e [prɔgrame] *adj* computerized.

programmer [3] [prɔgrame] ◇ *vt* -**1.** CIN, RAD, THÉÂT & TV to bill, to programme; le débat n'a jamais été programmé the debate was never shown OU screened; les deux chaînes programment la même émission both channels are running the same programme. -**2.** [planifier] to plan; j'ai programmé tout le week-end I planned the entire weekend. -**3.** ÉLECTRON to set, to programme; ~ un magnétoscope pour qu'il enregistre une émission to set (up) a video-recorder to record a programme. -**4.** INF to program.
◇ *vi* INF to (write a) program.

programmeur, euse [prɔgramœr, øz] *nm, f* programmer COMPUT.

progrès [prɔgrɛ] *nm* -**1.** [amélioration] progress; faire des ~ to make progress; être en ~ to (make) progress, to improve; il y a du ~, continuez that's better, keep it up; le ~ progress; croire au ~ to believe in progress; tu vois, ça c'est le ~! that's progress for you! *aussi iron.* -**2.** [avancée] breakthrough, advance; le XXe siècle a connu de grands ~ scientifiques the 20th century has witnessed some great scientific breakthroughs. -**3.** [développement - d'un incendie] progress; les ~ de la criminalité the upsurge OU increase in criminal activity; les ~ de sa maladie the progress OU progression of his disease. -**4.** MIL advance.

progresser [4] [prɔgrese] *vi* -**1.** [s'améliorer] to improve, to (make) progress; vous avez bien progressé depuis le début de l'année you've improved a lot OU made great strides since the beginning of the year; elle a progressé en français mais pas en musique she has made some progress in French but not in music. -**2.** [gagner du terrain] to progress, to advance; l'ennemi progresse the enemy's advancing OU progressing; je progresse lentement dans ma lecture I'm getting on OU progressing slowly in my reading; malheureusement, le mal progresse unfortunately, the disease is gaining ground OU worsening; l'inflation progresse de nouveau inflation is creeping up OU rising again; nos bénéfices ont progressé de 2% l'année dernière our profits rose by 2% last year; la recherche scientifique progresse de jour en jour/à grands pas scientific research is making progress every day/is advancing by leaps and bounds.

progressif, ive [prɔgresif, iv] *adj* -**1.** [graduel] gradual, progressive. -**2.** LING progressive.

progression [prɔgresjɔ̃] *nf* -**1.** [avancée] progress, advance; l'ennemi a poursuivi sa ~ vers l'intérieur des terres the enemy advanced OU progressed inland; la ~ du racisme the development of racism. -**2.** [développement] progression, progress; la ~ du mal est inévitable the progression of the disease in unavoidable; notre chiffre d'affaires est en constante ~ our turnover is constantly increasing OU improving. -**3.** MATH & MUS progression.

progressisme [prɔgresism] *nm* belief in the possibility of (social) progress, progressivism.

progressiste [prɔgresist] ◇ *adj* [politique, parti] progressive.
◇ *nmf* progressive.

progressivement [prɔgresivmɑ̃] *adv* progressively, gradually.

progressivité [prɔgresivite] *nf* progressiveness.

prohibé, e [prɔibe] *adj* -**1.** [interdit] prohibited, banned, illegal. -**2.** JUR: temps ~ proscribed OU prohibited period.

prohiber [3] [prɔibe] *vt* to prohibit, to ban.

prohibitif, ive [prɔibitif, iv] *adj* [prix, tarif] prohibitive; pareil prix, c'est ~ en ce qui me concerne it's just too expensive for me.

prohibition [prɔibisjɔ̃] *nf* -**1.** [interdiction] prohibition, ban, banning. -**2.** HIST: la Prohibition Prohibition.

prohibitionnisme [prɔibisjɔnism] *nm* prohibitionism.

prohibitionniste [prɔibisjɔnist] *adj* & *nmf* prohibitionist.

proie [prwa] *nf* -**1.** [animal] prey. -**2.** [victime] prey; vu son grand âge, il est une ~ facile pour les cambrioleurs being so old makes him an easy prey for burglars; la ville devint rapidement la ~ des flammes the city rapidly became engulfed in flames.
◆ **en proie à** *loc prép* in the grip of; en ~ au doute racked with OU beset by doubt; être en ~ à des hallucinations to suffer from hallucinations.

projecteur [prɔʒɛktœr] *nm* -**1.** [pour illuminer - un spectacle] spotlight; [- un édifice] floodlight; [pour surveiller] searchlight; sous les ~s de l'actualité *fig* in the spotlight. -**2.** [d'images] projector. -**3.** AUT headlight.

projectif, ive [prɔʒɛktif, iv] *adj* GÉOM & PSYCH projective.

projectile [prɔʒɛktil] *nm* -**1.** ARM projectile. -**2.** [objet lancé] projectile, missile.

projection [prɔʒɛksjɔ̃] *nf* -**1.** CIN & PHOT projection, showing; ils durent interrompre la ~ they had to stop the film; on va encore avoir droit à la ~ de ses diapos de Grèce we'll have to endure his slides of Greece again ❑ ~ privée private showing. -**2.** [jet] splash, spatter; sali par des ~s de boue spattered with mud; quand vous cuisinez, attention aux ~s d'huile when cooking, be careful of the hot oil splashing ❑ ~ de cendres GÉOL ash fall; ~s volcaniques ejecta, volcanic debris. -**3.** PSYCH projection; tu fais une ~ *fam* you're projecting. -**4.** MATH projection; ~ orthogonale orthogonal projection. -**5.** GÉOM: ~ (cartographique) (map) projection; ~ de Mercator Mercator OU Mercator's projection.

projectionniste [prɔʒɛksjɔnist] *nmf* projectionist.

projet [prɔʒɛ] *nm* -**1.** [intention] plan; faire OU former le ~ de to plan to; faire des ~s to make plans; j'ai fait le ~ de me rendre en Italie I'm planning on going to Italy; j'ai formé le ~ de m'arrêter de travailler dès que possible I'm planning on stopping work as soon as possible; quels sont tes ~s de spectacle? what are your plans for new shows?; je n'ai pas de ~ pour ce soir I have no plans for tonight. -**2.** [esquisse] plan, outline; tous les ~s doivent nous parvenir le 4 décembre au plus tard all outlines to be in by December 4th at the latest; ma pièce n'est encore qu'à l'état de ~ my play is still only a draft OU at the planning stage ❑ ~ d'accord/de contrat JUR draft agreement/contract; avoir des ~s dans ses cartons *pr* to have some outline plans in one's folder; *fig* to have plans for the future. -**3.** ARCHIT & TECH plan.
◆ **projet de loi** *nm* bill.
◆ **en projet** *loc adv*: qu'avez-vous en ~ pour le printemps? what are your plans for the spring?; nous avons un nouveau modèle d'avion en ~ we're working on (the plans for) a new design of aircraft.

projeter [27] [prɔʃte] *vt* -**1.** [prévoir] to plan, to arrange; j'ai projeté un voyage pour cet été I've planned a trip for this summer; je n'ai pas projeté de sortir ce soir I haven't planned OU arranged to go out tonight; nous avons projeté de monter une affaire ensemble we're planning on setting up a business together; nous avons dû abandonner la promenade projetée we had to abandon our plans for a walk. -**2.** [lancer] to throw, to hurl; être projeté au sol to be hurled to the ground; elle a été projetée hors de la voiture she was thrown out of the car; le volcan projette des cendres the volcano throws up ashes. -**3.** [faire apparaître] to project, to cast, to throw; son chapeau projette une ombre légère sur son visage her hat is casting a slight shadow on her face. -**4.** CIN & PHOT to show, to project; si tu nous projetais tes photos d'Italie! why don't you show us your slides OU pictures of Italy! -**5.** PSYCH to project; ~ ses fantasmes sur qqn to project one's fantasies onto sb. -**6.** MATH to project; ~ un cercle/une droite sur un plan to project a circle/a straight line onto a plane.
◆ **se projeter** *vpi* [ombre] to be outlined OU silhouetted; son ombre se projetait sur l'écran he was silhouetted against the screen.

projeteur [prɔʃtœr] *nm* -**1.** [technicien] design engineer. -**2.** [dessinateur] industrial (design) draughtsman.

Prokofiev [prɔkɔfjɛf] *npr* Prokofiev.

prolactine [prɔlaktin] *nf* prolactin.

prolamine [prɔlamin] *nf* prolamin, prolamine.

prolapsus [prɔlapsys] *nm* prolapse; ~ de l'utérus prolapse of the womb.

prolégomènes [prɔlegɔmɛn] *nmpl* prolegomena.

prolétaire [prɔletɛr] ◇ *adj* -**1.** *vieilli* [masse, parti] proletarian. -**2.** [quartier] working-class.
◇ *nmf* proletarian, member of the proletariat.

prolétariat [prɔletarja] *nm* proletariat.

prolétarien, enne [prɔletarjɛ̃, ɛn] *adj* proletarian; solidarité ~ne solidarity of the working class.

prolétarisation [prɔletarizasjɔ̃] *nf* proletarianization.

prolétariser [3] [prɔletarize] *vt* to proletarianize.

prolifération [prɔliferasjɔ̃] *nf* -**1.** [gén] proliferation, multiplication; la ~ des industries mushrooming of industry. -**2.** BIOL & NUCL proliferation.

prolifère [prɔlifɛr] *adj* proliferous BOT.

proliférer [18] [prɔlifere] *vi* to proliferate; les insectes prolifèrent dans le marécage insects proliferate in the swamp; les clichés prolifèrent dans ses derniers poèmes *fig* his later poems abound in clichés.

prolifique [prɔlifik] *adj* -**1.** [fécond] prolific. -**2.** *fig* [auteur, peintre] prolific, productive.

prolixe [prɔliks] *adj* -**1.** [description, style] wordy, verbose, prolix *sout*. -**2.** [écrivain] verbose, prolix *sout*; il n'est pas ~ he's a man of few words.

prolixité [prɔliksite] *nf sout* -**1.** [d'un discours] wordiness, verbosity. -**2.** [d'un auteur] verbosity, prolixity.

prolo *fam* [prɔlo] *nmf*: nous, les ~s us workers.

PROLOG, prolog [prɔlɔg] *nm* prolog COMPUT.

prologue [prɔlɔg] *nm* -**1.** LITTÉRAT, MUS & THÉÂT prologue. -**2.** [début] prologue, prelude, preamble; en ~ à la réunion as a prologue OU prelude OU preamble to the meeting.

prolongateur [prɔlɔ̃gatœr] *nm* extension ELEC.

prolongation [prɔlɔ̃gasjɔ̃] *nf* -**1.** [allongement] extension; obtenir une ~ de congé to get an extension of leave. -**2.** SPORT extra time *Br*, overtime *Am*; jouer les ~s *pr* to play OU to go into extra time.

prolongé, e [prɔlɔ̃ʒe] *adj* -**1.** [long - applaudissements] lengthy, protracted. -**2.** [trop long] protracted, overlong; le séjour ~ au soleil abîme la peau prolonged exposure to the sun is harmful to the skin; en cas d'arrêt ~ entre deux stations in the event of unduly long halts between stations; attention à la station debout/assise ~e be careful not to spend too much time standing/sitting. -**3.** [attardé]: un adolescent ~ a man who won't grow up; une jeune fille ~e *vieilli* a spinster.

prolongement [prɔlɔ̃ʒmɑ̃] *nm* [extension - d'une route] continuation; [- d'un mur, d'une période] extension.

◆ **prolongements** *nmpl* [conséquences] effects, consequences, repercussions; **cette affaire aura des ~s** this matter will have significant repercussions; **les ~s du scandale se font encore sentir** the effects of OU ripples from the scandal can still be felt.

◆ **dans le prolongement de** *loc prép* in the same line as; **la maison que vous cherchez se trouve dans le ~ du parc** the house you're looking for is just past the park on the same side of the road; **c'est tout à fait dans le ~ de mes préoccupations actuelles** it's directly related to what I'm concerned with at the moment.

prolonger [17] [prɔlɔ̃ʒe] *vt* **-1.** [dans le temps] to extend, to prolong; **~ son séjour** to extend one's stay, to stay longer than planned; **~ un délai** to extend a deadline; **comment ~ la vie** how to live longer. **-2.** [dans l'espace] to extend, to continue; **~ une route de deux kilomètres** to extend a road by two kilometres; **la ligne de métro nº 7 a été prolongée jusqu'en banlieue** the nº 7 underground line was extended to the suburbs; **~ le fil de la télévision** to extend the lead for the television set. **-3.** MUS [note] to hold.

◆ **se prolonger** *vpi* **-1.** [dans le temps] to persist, to go on; **la guerre semble se ~ indéfiniment** the war seems to be going on forever; **notre discussion s'est prolongée tard** our conversation went on until late; **sa maladie se prolonge** his disease is persisting. **-2.** [dans l'espace] to go on, to continue; **le sentier se prolonge dans la forêt** the path continues through the forest.

promenade [prɔmnad] *nf* **-1.** [à pied] walk, stroll; [à bicyclette, à cheval] ride; **~ en voiture** ride, drive; **aller faire une ~** [à pied] to go for a walk OU stroll; [à bicyclette, à cheval] to go for a ride; **et si on faisait une ~ en mer?** shall we go for a sail?; **je lui ai fait faire une ~** I took her out for a walk; **aller en Angleterre de nos jours, c'est presque devenu une ~** going to England nowadays is almost like going next door ❑ **ça a été une vraie ~** *fam* [victoire facile] it was a real walkover. **-2.** [allée] walk. **-3.** DANSE promenade.

◆ **en promenade** *loc adv* out walking, out for a walk.

promener [19] [prɔmne] *vt* **-1.** [sortir - à pied] to take (out) for a walk OU stroll; [- en voiture] to take (out) for a drive; **j'ai passé le week-end à ~ un ami étranger dans Paris** I spent the weekend showing a foreign friend around Paris; **~ le chien** to walk the dog, to take the dog for a walk. **-2.** *fig* [emmener - personne]: **j'en ai assez d'être promené de poste en poste** I've had enough of being sent from job to job || [mentir]: **~ qqn** *fam*: **il m'a promené pendant trois semaines et finalement ne m'a pas accordé d'augmentation** he kept me hanging on for three weeks and then he didn't give me my rise. **-3.** [déplacer]: **elle promène son regard sur la foule** her eyes scan the crowd; **~ ses doigts sur le piano** [en jouant] to run one's fingers over the piano keyboard; [pour le toucher] to finger the piano; **~ une lampe électrique sur une fresque** to scan a fresco with a torch. **-4.** *sout* [traîner]: **~ son ennui/désespoir** to go around looking bored/disconsolate. **-5.** [transporter] to take around; **le roman nous promène dans la France du XIXᵉ siècle** the novel takes us for a stroll round 19th-century France; **ses récits de voyage nous ont promenés dans le monde entier** her travel stories have taken us all around the world.

◆ **se promener** *vpi* **-1.** [à pied] to go for a walk OU stroll; [en voiture] to go for a drive; [à bicyclette, à cheval] to go for a ride; [en bateau] to go for a sail; **viens te ~ avec moi** come for OU on a walk with me; **va te ~!** *fam* (go) get lost! **-2.** [mains, regard]: **ses doigts se promenaient sur le clavier** her fingers wandered over the keyboard. **-3.** *fam* [traîner]: **j'en ai assez que tes affaires se promènent dans toute la maison!** I've had enough of your things lying about all over the house!; **où sont-elles encore allées se ~, ces lunettes?** where have those glasses got to this time?

promeneur, euse [prɔmnœr, øz] *nm, f* walker, stroller.

promenoir [prɔmnwar] *nm* **-1.** THÉÂT promenade. **-2.** [dans un parc] covered walk. **-3.** CONSTR gallery, arcade, walkway.

promesse [prɔmɛs] *nf* **-1.** [engagement] promise, assurance; **faire une ~** to (make a) promise; **faire des ~s** to make promises; **manquer à/tenir sa ~** to break/to keep one's promise; **je ne vous fais pas de ~** I won't promise anything; **rappelle-toi, j'ai ta ~** remember, you promised (me) OU gave your word; **il m'a fait la ~ de revenir** he promised me he would come back ❑ **encore une ~ en l'air** OU **d'ivrogne** OU **de gascon!** promises, promises! **-2.** FIN commitment; **~ (unilatérale) d'achat/de vente** (unilateral) commitment OU undertaking to buy/to sell; **~ d'action** (debenture) scrip. **-3.** *litt* [espoir] promise; **la ~ d'une journée magnifique/d'un avenir meilleur** the promise of a beautiful day/a better future.

◆ **promesses** *nfpl* [avenir] promise; **un jeune joueur plein de ~s** a young player showing great promise, a very promising young player.

prométhazine [prɔmetazin] *nf* promethazine.

Prométhée [prɔmete] *npr* Prometheus.

prométhéen, enne [prɔmeteɛ̃, ɛn] *adj* Promethean.

prométhéum [prɔmeteɔm] *nm* promethium.

prometteur, euse [prɔmɛtœr, øz] *adj* **-1.** [début, situation] promising, encouraging; **un sourire ~** an inviting smile; **voilà qui est ~!** *aussi iron* that's a good sign! **-2.** [musicien, acteur] promising, of promise.

promettre [84] [prɔmɛtr] ◇ *vt* **-1.** [jurer] to promise; **je te l'ai promis** I promised (you); **je ne peux rien vous ~** I can't promise anything; **je te promets de ne pas lui en parler** I promise I won't say a word to him about it; **je te promets que je ne dirai rien** I promise (you) I won't say anything; **on nous a promis de l'aide** we were promised help; **~ une récompense** to offer a reward ❑ **~ la lune, ~ monts et merveilles** to promise the moon OU the earth OU the sun, moon and stars. **-2.** [annoncer] to promise; **la météo nous promet du beau temps pour toute la semaine** the weather forecast promises nice weather for the whole week; **tout cela ne promet rien de bon** it doesn't look OU sound too good; **voilà une émission qui promet d'être intéressante** this programme should be interesting, it sounds like an interesting programme. **-3.** [destiner] to destine; **ses récents succès le promettent à une brillante carrière** considering his recent successes, he has a brilliant career ahead of him. **-4.** *fam* [affirmer] to assure; **je te promets qu'il s'en souviendra de ce dîner!** I can assure you OU you can take my word for it that he'll remember that dinner!
◇ *vi* **-1.** [faire naître des espérances] to promise; **un jeune auteur qui promet** a promising young author; **des débuts qui promettent** a promising start ❑ **promettre et tenir sont deux** *prov* it's easier to make a promise than to keep one. **-2.** *fam* [laisser présager des difficultés]: **ce gamin promet!** that kid's got a great future ahead of him!; **eh bien, ça promet!** that's a good start! *iron.*

◆ **se promettre** ◇ *vp* (emploi réciproque): **ils se sont promis de se revoir** they promised (each other) that they would meet again.
◇ *vpt* **-1.** [espérer] to look forward to; **je m'étais promis beaucoup de joie de cette rencontre** I'd been looking forward to the meeting. **-2.** [se jurer à soi-même] to swear, to promise (to) o.s.; **je me suis bien promis de ne jamais recommencer** I swore never to do it again, I promised myself I would never do it again; **je me suis promis d'aller lui rendre visite un de ces jours** I mean to visit him one of these days.

◆ **se promettre à** *vp + prép vieilli*: **se ~ à qqn** to plight one's troth to sb *arch* OU *hum*; **elle s'était promise à un médecin de province** she was promised OU betrothed to a provincial doctor.

promis, e [prɔmi, iz] ◇ *adj* promised; **voici le document ~** here is the promised document.
◇ *nm, f vieilli* OU *dial* betrothed.

promiscuité [prɔmiskɥite] *nf* promiscuity; **vivre dans la ~** to have no privacy; **la ~ des plages en été/de l'hôpital** the overcrowding of beaches in summer/lack of privacy in hospital.

promo *fam* [prɔmo] *nf* **-1.** MIL, SCOL & UNIV year *Br*, class *Am*; **la ~ 64** the class of 64. **-2.** TV promotional video.

promontoire [prɔmɔ̃twar] *nm* **-1.** GÉOG headland, promontory. **-2.** ANAT promontory.

promoteur, trice [prɔmɔtœr, tris] ◇ *adj*: **société promotrice privée** development company.
◇ *nm, f* **-1.** *litt* [créateur] promoter, instigator; **le ~ de la réforme** the instigator of the reform. **-2.** CONSTR developer.

◆ **promoteur** *nm* promoter CHEM.

promotion [prɔmɔsjɔ̃] *nf* **-1.** [avancement] promotion; **j'ai eu une ~** I've been promoted; **fêter la ~ de qqn** to celebrate sb's promotion; **~ au mérite/à l'ancienneté** promotion on merit/by seniority ❑ **~ sociale** upward mobility. **-2.** COMM promotion; **voyez plutôt la ~ du jour** see today's special offer instead ❑ **~ des ventes** sales promotion. **-3.** MIL, SCOL & UNIV year *Br*, class *Am*; **ils étaient camarades de ~** they were in the same class. **-4.** CONSTR: **~ immobilière** property development. **-5.** [aux échecs, aux dames] queening.

◆ **en promotion** *loc adj* COMM on special offer.

promotionnel, elle [prɔmɔsjɔnɛl] *adj* [article, prix] promotional; **tarifs ~s sur ce voyage en Israël!** special offer on this trip to Israel!

promouvoir [56] [prɔmuvwar] *vt* **-1.** [faire monter en grade] to promote; **il a été promu capitaine** he was promoted (to the rank of) captain. **-2.** [encourager - réforme] to advocate, to push for.

prompt, e [prɔ̃, prɔ̃t] *adj* prompt, quick, swift; **~ à répondre** quick with an answer; **vous avez été trop ~ à agir** you acted rashly; **~ à la colère** easily moved to anger; **avoir l'esprit ~** to be quick-witted ❑ **~ comme l'éclair** OU **la foudre** (as) quick as lightning.

promptement [prɔ̃tmɑ̃] *adv* quickly, swiftly; **répondre ~** to give a prompt reply; **exécuter ~ des ordres** to waste no time in carrying out orders.

prompteur [prɔ̃ptœr] *nm* autocue, teleprompt.

promptitude [prɔ̃tityd] *nf* quickness, swiftness.

promu, e [prɔmy] *nm, f* promoted person; **voici la liste des ~s dans l'ordre de la Légion d'honneur** here is the list of those decorated with the Legion of Honour.

promulgation [prɔmylgasjɔ̃] *nf* promulgation.

promulguer [3] [prɔmylge] *vt* to promulgate.

promyélocyte [prɔmjelɔsit] *nm* promyelocyte.

prône [pron] *nm* RELIG (Sunday) sermon.

prôner [3] [prone] *vt sout* [méthode, pratique] to advocate, to extol.

pronom [prɔnɔ̃] *nm* pronoun; **~ indéfini/interrogatif/personnel/relatif** indefinite/interrogative/personal/relative pronoun.

pronominal, e, aux [prɔnɔminal, o] *adj* [adjectif, adverbe] pronominal; [verbe] reflexive.

◆ **pronominal, aux** *nm* reflexive verb.

pronominalement [prɔnɔminalmɑ̃] *adv*: **adjectif fonctionnant ~** adjective functioning as a pronoun OU pronominally; **verbe employé ~** verb employed pronominally OU reflexively.

prononçable [prɔnɔ̃sabl] *adj* pronounceable; **un nom qui n'est pas ~** an unpronounceable name.

prononcé, e [prɔnɔ̃se] *adj* pronounced, strongly marked.
◆ **prononcé** *nm* (announcement of) decision JUR.

prononcer [16] [prɔnɔ̃se] ◇ *vt* -**1.** [dire - parole] to utter; [- discours] to make, to deliver; **sans ~ un mot** without a word ❑ **il a prononcé son nom entre ses dents** OU **dans sa barbe** he mumbled her name. -**2.** [proclamer - jugement] to pronounce; **~ un divorce** to issue a divorce decree, to pronounce a couple divorced; **~ la sentence** to pronounce OU to pass sentence; **~ le huis clos de l'audience** to order that the case be heard in camera; **il a prononcé lui-même sa condamnation** he's condemned himself. -**3.** RELIG: **~ ses vœux** to take one's vows. -**4.** [articuler - mot, langue] to pronounce; [- phonème] to articulate; **je ne sais pas le ~** I don't know how to pronounce OU say it; **c'est un mot que je prononce toujours de travers** I always mispronounce that word ‖ *(en usage abs)*: **il prononce mal** his pronunciation is poor; **c'est la mode chez certains acteurs de ne pas ~ clairement** it is the fashion among certain actors to slur their speech.
◇ *vi* -**1.** JUR to deliver OU to give a verdict; **le tribunal a prononcé** the court delivered its verdict. -**2.** *litt* & *vieilli* [choisir] to pronounce; **il prononça en faveur de/contre son fils aîné** he pronounced in favour of/against his eldest son.
◆ **se prononcer** ◇ *vp* *(emploi passif)* [mot] to be pronounced; **le «a» se prononce en ouvrant la bouche** "a" is pronounced by opening the mouth; **le deuxième «i» ne se prononce pas** the second "i" isn't sounded OU is silent; **comment ça se prononce?** *fam* how do you say it?; **ça s'écrit comme ça se prononce** it's spelled as it sounds.
◇ *vpi* [personne] to come to a decision, to decide; **je ne peux pas encore me ~** I can't decide yet; **ils se sont prononcés pour/contre la peine de mort** they pronounced themselves in favour of/against the death penalty.

prononciation [prɔnɔ̃sjasjɔ̃] *nf* -**1.** [d'un mot] pronunciation; **un mot avec deux ~s différentes** a word with two different pronunciations; **la ~ du «th» anglais est difficile pour un Français** pronouncing the English "th" is difficult for a French person; **la ~ du «t» final est facultative** the final "t" doesn't have to be sounded. -**2.** [d'une personne] pronunciation; **elle a une bonne/mauvaise ~ en allemand** her German pronunciation is good/bad; **étant petit, j'ai eu des leçons particulières pour corriger ma mauvaise ~** when I was young, I had private tuition to improve my speech. -**3.** [d'un jugement] pronouncing; **j'attends la ~ du divorce** I'm waiting for the divorce to be made final OU to come through.

pronostic [prɔnɔstik] *nm* -**1.** SPORT forecast; [pour les courses] forecast, tip; **vos ~s sur le match Bordeaux-Marseille?** what is your prediction for the Bordeaux-Marseilles match? -**2.** [conjecture] forecast; **les ~s économiques** economic forecasts. -**3.** MÉD prognosis.

pronostique [prɔnɔstik] *adj* [gén & MÉD] prognostic.

pronostiquer [3] [prɔnɔstike] *vt* -**1.** [prévoir] to forecast, to prognosticate. -**2.** *sout* [être signe de] to be a sign OU forerunner of; **le vent d'ouest pronostique la pluie** westerly winds are a sign OU harbinger of rain.

pronostiqueur, euse [prɔnɔstikœr, øz] *nm, f* -**1.** ÉCON forecaster. -**2.** SPORT tipster.

pronunciamiento [prɔnunsjamjɛnto] *nm* [gén] military coup; [en pays de langue espagnole] pronunciamento.

propagande [prɔpagɑ̃d] *nf* -**1.** [politique] propaganda; **~ électorale** electioneering. -**2.** [publicité] publicity, plugging; **faire de la ~ à qqn/qqch** to advertise sb/sthg; **tu me fais de la ~!** you're a good advert for my cause!
◆ **de propagande** *loc adj* [film, journal] propaganda *(modif)*.

propagandiste [prɔpagɑ̃dist] *adj* & *nmf* propagandist.

propagateur, trice [prɔpagatœr, tris] *nm, f* propagator *(person)*.

propagation [prɔpagasjɔ̃] *nf* -**1.** *litt* [reproduction] propagation, spreading; **la ~ de l'espèce humaine** the propagation of the human race. -**2.** [diffusion] spreading; **la ~ des idées révolutionnaires** the spreading of revolutionary ideas; **ils n'ont pu empêcher la ~ de l'incendie** they couldn't stop the fire (from) spreading. -**3.** ÉLECTR & PHYS propagation; **~ en espace libre** propagation in free space, free-space propagation; **~ guidée** guided (wave) propagation.

propager [17] [prɔpaʒe] *vt* -**1.** [répandre - foi, idées] to propagate, to disseminate, to spread; [- épidémie, feu] to spread; **la télévision a propagé la nouvelle très rapidement** television spread the news very quickly; **sa spécialité c'est de ~ des rumeurs scandaleuses** she's a specialist in spreading gossip; **le vent a propagé l'incendie jusqu'à la pinède voisine** the wind spread the fire to the nearby pine wood; **~ une maladie** to transmit OU to spread a disease. -**2.** BOT & ZOOL to propagate; **~ des fleurs par semis** to propagate flowers by sowing seed.
◆ **se propager** *vpi* -**1.** [s'étendre] to spread; **la nouvelle de l'accident s'est propagée à toute allure** the news of the accident spread like wildfire; **l'épidémie se propage dans les bidonvilles** the epidemic is spreading in the slums. -**2.** PHYS [onde, son] to be propagated.

propane [prɔpan] *nm* propane.

propanier [prɔpanje] *nm* propane tanker OU carrier.

propène [prɔpɛn] = **propylène**.

propension [prɔpɑ̃sjɔ̃] *nf* -**1.** [tendance] proclivity, propensity; **avoir une forte ~ à faire qqch** to have a strong tendency to do sthg. -**2.** ÉCON propensity; **~ à consommer/épargner** propensity to spend/to save.

propergol [prɔpɛrgɔl] *nm* propellant; **~ liquide/solide** liquid/solid propellant.

propharmacien, enne [prɔfarmasjɛ̃, ɛn] *nm, f* dispensing doctor.

prophase [prɔfaz] *nf* prophase.

prophète [prɔfɛt] *nm* prophet; **grands/petits ~s** major/minor prophets; **le Prophète** the Prophet ❑ **~ de malheur** prophet of doom; **faux ~** false prophet.

prophétesse [prɔfetɛs] *nf* prophetess.

prophétie [prɔfesi] *nf* prophecy; **faire une ~** to prophesy; **ses ~s sur l'imminence d'une guerre** her prophecies about a war being imminent.

prophétique [prɔfetik] *adj* -**1.** RELIG prophetic. -**2.** *fig* & *sout* prophetic, premonitory; **il a eu une vue ~ de la catastrophe** he had a premonition of the catastrophe.

prophétiquement [prɔfetikmɑ̃] *adv* prophetically.

prophétiser [3] [prɔfetize] ◇ *vt* -**1.** RELIG to prophesy. -**2.** *fig* & *sout* to foretell, to predict, to prophesy.
◇ *vi sout* [prédire] to make pompous predictions.

prophylactique [prɔfilaktik] *adj* [mesure] prophylactic.

prophylaxie [prɔfilaksi] *nf* prophylaxis.

propice [prɔpis] *adj* -**1.** *sout* [temps, période] favourable; **un vent ~** a favourable wind; **les cieux n'ont pas l'air bien ~s** the sky looks rather menacing; **l'automne est ~ à la méditation** autumn is conducive to OU is an appropriate time for meditation. -**2.** [opportun] suitable; **au moment ~** at the right moment; **un endroit plus ~** a more suitable place. -**3.** *sout* [personne] kindly, favourable; **que les dieux vous soient ~s!** may the gods smile upon you!

propitiatoire [prɔpisjatwar] ◇ *adj* RELIG propitiatory; **offrande/sacrifice ~** propitiatory gift/sacrifice.
◇ *nm* BIBLE: **le ~** the mercy seat.

proportion [prɔpɔrsjɔ̃] *nf* -**1.** [rapport] proportion, ratio; **une égale ~ de oui et de non dans les deux échantillons** the same ratio OU proportion of yeses to noes in both samples; **dans la ~ de 15%** in the ratio of 15%; **dans la ~ de cent contre un** in the ratio of a hundred to one; **dans la même ~** in equal proportions; **dans l'exacte ~ où...** to the exact degree that...; **dans une juste ~** in the correct proportion; **tu n'as pas respecté les ~s dans le dessin** your drawing isn't in proportion; **la ~ des maisons individuelles est stationnaire** the proportion OU comparative number of detached houses remains stable. -**2.** CHIM: **loi des ~s définies** law of constant OU definite proportions; **loi des ~s multiples** law of multiple proportions.
◆ **proportions** *nfpl* -**1.** [importance] (great) importance; **prendre des ~s énormes** to get (dramatically) bigger; **pourquoi un incident aussi minime a-t-il pris de telles ~s?** why was such a trivial incident blown out of all proportion? -**2.** [dimensions] dimensions, size; **tout dépendra des ~s de l'armoire** it will all depend on the size of the wardrobe ❑ **c'est le même modèle, toutes ~s gardées** it's the identical model, on a different scale.
◆ **à proportion de, en proportion de** *loc prép*: **son succès est en ~ de son talent** his success is proportional to his talent; **il est payé en ~ des risques qu'il court** he is payed in proportion to the risks he takes.
◆ **en proportion** ◇ *loc adj* commensurate.
◇ *loc adv* proportionately, at the same rate; **il a de gros frais, mais il touche un salaire en ~** he has a lot of expenses, but he has a correspondingly high salary; **vous serez récompensé en ~** you'll be rewarded accordingly.

proportionnalité [prɔpɔrsjɔnalite] *nf* -**1.** MATH proportionality. -**2.** [rapport] balance, (good) proportions. -**3.** [répartition] equal distribution.

proportionné, e [prɔpɔrsjɔne] *adj* -**1.** [harmonieux]: **bien ~** well-proportioned; **mal ~** out of proportion. -**2.** [adapté]: **~ à** commensurate with, in proportion to, proportional to.

proportionnel, elle [prɔpɔrsjɔnɛl] *adj* -**1.** **~ à** [en rapport avec] proportional to, in proportion with, commensurate with; **ils gagnent un salaire ~ à leur travail** they earn a salary in proportion to the work they do; **directement/inversement ~ (à)** directly/inversely proportional (to). -**2.** COMM & ÉCON ad valorem; **droits ~s** ad valorem tariff; **impôt ~** ad valorem tax. -**3.** MATH & POL proportional.
◆ **proportionnelle** *nf* POL: **la ~le** [processus] proportional system; [résultat] proportional representation.

proportionnellement [prɔpɔrsjɔnɛlmɑ̃] *adv* [gén] proportionately; MATH & ÉCON proportionally, in direct ratio; **~ à une valeur donnée** proportionally to OU in ratio to a given value.

proportionner [3] [prɔpɔrsjɔne] *vt* to match; **il est juste de ~ le délit et la sanction** the punishment must fit the crime; **il faudrait ~ la note à l'effort fourni par l'élève** the mark should reflect OU match the amount of effort put in by the pupil.

propos [prɔpo] *nm* -**1.** [sujet] subject, topic; **à ce ~** in this respect OU connection; **à ce ~, que penses-tu de ma suggestion?** which reminds me, what do you think of my suggestion?; **c'est à quel ~?** what's it about?; **à quel ~ a-t-elle téléphoné?** what was the reason for her telephone call? -**2.** [but] intention; **mon ~ n'est pas de vous convaincre** my intention is not to convince you; **là n'est pas le/mon ~** that is not the/my point.
◆ **propos** *nmpl* [paroles] words, talk; **tenir des ~ injurieux** to make offensive remarks; **elle tient des ~ sibyllins** she talks in riddles; **il était si fatigué que ses ~ étaient à peine audibles** he was so tired that his words could hardly be heard.
◆ **à propos** ◇ *loc adj* appropriate; **il serait à ~ de changer de cap** it would be appropriate OU timely to change course; **elle n'a pas trouvé à ~ de nous le dire** she didn't think it appropriate to tell us.

◇ *loc adv* -**1.** [opportunément] at the right moment; **arriver** OU **tomber à ~** to occur at the right time; **répondre à ~** [pertinemment] to answer appropriately; [au bon moment] to answer at the right moment; **mal à ~** at the wrong moment; **très mal à ~** at the worst possible moment. -**2.** [au fait] by the way, incidentally; **à ~, as-tu reçu ma carte?** by the way OU incidentally, did you get my postcard?

◆ **à propos de** *loc prép* about, concerning, regarding; **j'ai quelques remarques à faire à ~ de votre devoir** I have a few things to say to you about your homework; **dis donc, à ~ d'argent** hey, (talking) about money OU on the subject of money; **à ~ de tout** OU **de rien** for no reason at all; **elle se met en colère à ~ d'un rien** she gets angry for no reason at all.

◆ **à tout propos** *loc adv* constantly, at the slightest provocation.

◆ **de propos délibéré** *loc adv* deliberately, on purpose.

proposer [3] [prɔpoze] *vt* -**1.** [suggérer] to suggest; **qu'est-ce que tu proposes?** what would OU do you suggest?; **je propose d'aller au cinéma** I suggest going to the cinema; **je vous propose de rester dîner** I suggest (that) you stay for dinner; **l'agence nous a proposé un projet original** the agency submitted an original project to us; **proposez vos idées** put forward your ideas; **le chef vous propose sa quiche au saumon** the chef's suggestion is salmon quiche || [dire]: **asseyons-nous, propo-sa-t-elle** let's sit down, she said. -**2.** [offrir] to offer; **il a proposé sa place à la vieille dame** he offered the old lady his seat; **on m'a proposé une vieille horloge** I have been offered an old clock; **on m'en propose un bon prix** I've been offered a good price for it. -**3.** [personne] to recommend, to put forward *(sép)*; **~ qqn pour un oscar** to nominate sb for an Oscar. -**4.** ENS to set *Br*, to assign *Am*; **proposez-leur des exercices gradués** set them increasingly difficult exercises; **si les classifications proposées ne suffisent pas** if the available categories are not sufficient. -**5.** ADMIN & POL: **~ une loi** to introduce a bill; **~ un ordre du jour** to move an agenda; **~ la suspension de la séance** to move that the session be suspended.

◆ **se proposer** *vpi* [être volontaire] to offer one's services; **je me propose pour coller les enveloppes** I'm volunteering to stick the envelopes; **se ~ pour un poste** to apply for a post.

◆ **se proposer de** *vp + prép* [avoir l'intention de] to intend to; **ils se proposaient de passer ensemble une semaine tranquille** they intended to spend a quiet week together.

proposition [prɔpozisjɔ̃] *nf* -**1.** [suggestion] suggestion; **quelqu'un a-t-il une autre ~ à faire?** has anyone any other suggestion OU anything else to suggest?; **vos ~s ne sont pas recevables** what you're suggesting OU proposing is unacceptable; **je vais te faire une ~, partons dimanche!** I tell you what, why don't we leave on Sunday! -**2.** [offre] offer; **refuser une ~** to turn down an offer; **j'ai déjà eu quelques ~s de tournage** I've already had one or two film offers ❑ **faire des ~s à qqn** *euph* to proposition sb. -**3.** LOGIQUE & PHILOS proposition; **calcul des ~s** propositional calculus. -**4.** [recommandation] recommendation; **sur ~ du comité** on the committee's recommendation. -**5.** POL: **~s et contre-propositions** proposals and counterproposals; **la ~ est votée** the motion is passed; **~ de loi** private member's bill *Br*, private bill *Am*; **~s de paix** peace proposals. -**6.** GRAMM clause; **~ consécutive** OU **de conséquence** consecutive OU result clause.

propositionnel, elle [prɔpozisjɔnɛl] *adj* propositional; **calcul ~** propositional calculus.

propre [prɔpr] ◇ *adj* **A.** -**1.** [nettoyé, lavé] clean; [rangé] neat, tidy; **chez eux c'est bien ~** their house is neat and tidy; **gardez votre ville ~** don't drop litter! *Br*, don't litter! *Am* ❑ **~ sur lui** *hum* neat and proper; **nous voilà ~s!** *iron* now we're in a fine mess!; **~ comme un sou neuf** spick and span, clean as a new pin. -**2.** *euph* [éduqué - bébé] toilet-trained, potty-trained; [- chiot] house-trained. -**3.** [honnête] honest; **il n'a jamais rien fait de ~** he's never done anything honest; **une affaire pas très ~** a shady business. -**4.** [bien exécuté] neat, well done; **un travail ~** a good job well done. -**5.** ÉCOL clean, non-polluting, non-pollutant; NUCL clean.

B. -**1.** *(avant le n)* [en intensif] own; **ma ~ maison/fille** my own house/daughter; **de mes ~s yeux** with my own eyes; **de sa ~ main** personally; **de son ~ chef** on his own initiative OU authority; **les ~s paroles du Prophète** the Prophet's very OU own words || [privé] own, private; **son ~ hélicoptère** his own helicopter, a helicopter of his own, his private helicopter. -**2.** [légitime] proper, legitimate; **l'objet ~ de la diplomatie** the proper OU legitimate purpose of diplomacy; **~ à** [caractéristique de] specific OU peculiar to; **sa méthode de travail lui est ~** he has his own particular way of working; **une habitude ~ à notre génération** a habit peculiar to OU specific to our generation. -**3.** [adapté] proper; **le mot ~** the proper OU correct term; **~ à** suited to, fit for, appropriate to; **~ à la consommation humaine** fit for human consumption; **mesures ~s à stimuler la production** appropriate measures for boosting production. -**4.** LING [nom] proper; [sens] literal. -**5.** ASTRON: **mouvement ~** proper motion. -**6.** PHYS: **oscillation ~** natural oscillation. -**7.** INF: **erreur ~** inherent error. -**8.** MATH [nombre, valeur] characteristic; [partie] proper. -**9.** FIN: **capitaux** OU **fonds ~s** capital stock. -**10.** JUR: **biens ~s** separate property (of each spouse).

◇ *nm* -**1.** [propreté] cleanliness, tidiness; **sentir le ~** to smell clean; **c'est du ~!** *fam iron* [gâchis] what a mess!; [action scandaleuse] shame on you! -**2.** [caractéristique] peculiarity, distinctive feature; **la raison est le ~ de l'homme** reason is unique to man. -**3.** RELIG proper.

◆ **propres** *nmpl* JUR separate property (of each spouse).

◆ **au propre** *loc adv* -**1.** [en version définitive]: **mettre qqch au ~** to copy sthg out neatly, to make a fair copy of sthg. -**2.** LING literally; **le mot peut s'employer au ~ et au figuré** the word can be used both literally and figuratively.

◆ **en propre** *loc adv* by rights; **avoir en ~** to possess (by rights); **la fortune qu'il a en ~** his own fortune, the fortune that's his by rights.

propre-à-rien [prɔprarjɛ̃] *(pl* **propres-à-rien)** *nmf* good-for-nothing; **ce sera toujours un ~** he'll never amount to anything.

proprement [prɔprəmɑ̃] *adv* **A.** -**1.** [sans salir] cleanly, tidily; **l'enfant/l'hôtel est très ~ tenu** the child/hotel is spotlessly clean; **coupe ta viande ~!** [sans salir] cut your meat without making a mess!; [selon les convenances] cut your meat properly!; **elle rangea ~ ses affaires** she set her things out neatly. -**2.** [convenablement] decently, properly, honourably; **elle ne s'est pas conduite très ~** she didn't behave very properly.

B. -**1.** [absolument] truly, totally, absolutely; **elle est ~ insupportable!** she's absolutely unbearable!; **il s'est fait ~ éjecter** *fam* he was thrown out unceremoniously OU well and truly thrown out. -**2.** [spécifiquement] specifically, strictly; **l'aspect ~ éducatif du projet leur a échappé** they missed the specifically educational significance of the project.

◆ **à proprement parler** *loc adv* strictly speaking.

◆ **proprement dit, proprement dite** *loc adj* actual; **la maison ~ dite** the house proper, the actual house, the house itself.

propret, ette [prɔprɛ, ɛt] *adj* neat and tidy; **elle est toujours bien ~te** she's always neat and tidy; **un petit jardin bien ~** a neat little garden.

propreté [prɔprəte] *nf* -**1.** [absence de saleté] cleanness, cleanliness; [fait d'être rangé] tidiness; [hygiène] hygiene. -**2.** ÉCOL cleanness, absence of pollution. -**3.** *euph*: **l'apprentissage de la ~** [chez l'enfant] toilet-training; [chez l'animal] house-training.

propriétaire [prɔprijetɛr] *nmf* -**1.** [celui qui possède] owner; **ce sont eux les ~s du club/de l'hôtel** they are the owners OU proprietors of the club/hotel; **c'est moi le ~** I am the owner; **ils ont voulu être ~s** they wanted to own their (own) place; **tous les ~s seront soumis à la taxe** all householders OU homeowners will be liable to tax; **qui est le ~ de cette valise?** to whom does this case belong?; **vous êtes maintenant l'heureux ~ d'une machine à laver** your are now the proud owner OU possessor of a washing machine ❑ **~ foncier** property owner; **~ terrien** landowner. -**2.** [celui qui loue] landlord *(f* landlady).

propriétaire-éleveur [prɔprijetɛrelvœr] *(pl* **propriétaires-éleveurs)** *nm* AGR & SPORT owner-breeder.

propriétaire-récoltant [prɔprijetɛrrekɔltɑ̃] *(pl* **propriétaires-récoltants)** *nm* wine grower.

propriété [prɔprijete] *nf* -**1.** [biens] estate, property; **une très belle/une grande/une petite ~** an excellent/a large/a small property; **~ foncière/immobilière** landed/real estate; **~ de l'État** government OU state property; **~ mobilière** personal property, movables JUR; **~ privée** private (property). -**2.** [fait de posséder] ownership. -**3.** JUR ownership; **posséder en toute ~** to hold in fee simple ❑ **~ collective des moyens de production** collective ownership of the means of production; **~ commerciale** leasehold ownership *(covenant to extend lease)*; **~ individuelle** personal OU private property; **~ indivise** joint ownership; **~ industrielle** patent rights; **~ littéraire et artistique** copyright. -**4.** [propriétaires] property owners; **la grande/petite ~** the big/small landowners. -**5.** [caractéristique] property, characteristic, feature; **la codéine a des ~s antitussives** codeine suppresses coughing; **ce plastique a la ~ d'être souple** this plastic has the characteristic of being flexible. -**6.** [exactitude] aptness, appropriateness; **sans ~ dans les termes, pas de clarté** if the correct terms are not used, clarity is lost.

proprio *fam* [prɔprijo] *nmf* landlord *(f* landlady).

propriocepteur [prɔprijosɛptœr] *nm* proprioceptor.

proprioceptif, ive [prɔprijosɛptif, iv] *adj* proprioceptive.

proprioception [prɔprijosɛpsjɔ̃] *nf* proprioception.

propulser [3] [prɔpylse] *vt* -**1.** AUT to drive; ASTRONAUT to propel; MÉCAN to propel, to drive; **propulsé par un moteur puissant** driven by a powerful engine. -**2.** [pousser] to push, to fling; **il s'est trouvé propulsé sur le devant de la scène** he was pushed towards the front of the stage; **le vélo a été propulsé sous le camion** the bicycle was flung OU thrown under the lorry; **elle s'est trouvée propulsée à la tête de l'entreprise** *fig* she suddenly found herself in charge of the business.

◆ **se propulser** *fam vpi* to go OU to toddle along.

propulseur [prɔpylsœr] *nm* -**1.** MÉCAN & NAUT [hélice] (screw) propeller; [moteur] power unit; [carburant] propellant; **~ d'étrave** bow propeller. -**2.** ASTRONAUT rocket engine; **~ auxiliaire** booster.

propulsif, ive [prɔpylsif, iv] *adj* propellant, propelling, propulsive; **roue propulsive** driving wheel.

propulsion [prɔpylsjɔ̃] *nf* -**1.** AÉRON, MÉCAN & NAUT [phénomène] propulsion, propelling force; [résultat] propulsion, propulsive motion, drive; **fusée à ~ atomique/nucléaire** atomic-powered/nuclear-powered rocket. -**2.** ÉLECTR: **~ électrique** electric drive; **~ turbo-électrique** turbo-electric propulsion; **~ par photons** photonic drive.

propylée [prɔpile] *nm* propylaeum; les ~s de l'Acropole the Propylaea.

propylène [prɔpilɛn] *nm* [hydrocarbure] propylene, propene.

prorata [prɔrata] *nm inv* proportion; en respectant le ~ in due ratio.
◆ **au prorata** *loc adv* proportionally, pro rata.
◆ **au prorata de** *loc prép* in proportion to; **bénéfices au ~ du nombre d'actions** profits shared out pro rata to (the number of) shares held.

prorogatif, ive [prɔrɔgatif, iv] *adj* JUR prorogating.

prorogation [prɔrɔgasjɔ̃] *nf* -**1.** ADMIN & JUR [d'un délai] extension; [d'un visa] renewal; ~ **de compétence** OU **de juridiction** extension of jurisdiction. -**2.** POL adjournment, prorogation *spéc.*

proroger [17] [prɔrɔʒe] *vt* -**1.** ADMIN & JUR [délai, compétence] to extend; [traité] to renew; [échéance] to defer. -**2.** POL [suspendre - assemblée] to prorogue *spéc*, to adjourn.

prosaïque [prozaik] *adj* [banal, commun] mundane, pedestrian, prosaic; **pour en revenir à des préoccupations plus ~s, qu'est-ce qu'on mange ce soir?** *hum* to get back to more mundane matters, what are we having for dinner?

prosaïquement [prozaikmɑ̃] *adv* mundanely, prosaically.

prosaïsme [prozaism] *nm sout* ordinariness, prosaicness; **quel ~!** how romantic! *iron.*

prosateur, trice [prozatœr, tris] *nm, f* prose writer.

proscenium [prɔsenjɔm] *nm* -**1.** THÉÂT apron, proscenium. -**2.** ANTIQ proscenium.

proscripteur [prɔskriptœr] *nm* proscriber.

proscription [prɔskripsjɔ̃] *nf* -**1.** HIST [exil] exiling, banishment; ANTIQ proscription. -**2.** [interdiction] prohibition, banning, proscription.

proscrire [99] [prɔskrir] *vt* -**1.** [exiler] to banish, to proscribe. -**2.** [interdire - gén] to forbid; [- par la loi] to outlaw; [déconseiller] to advise against; **cet usage est à ~** this expression is to be avoided.

proscrit, e [prɔskri, it] ◇ *adj sout* -**1.** [exilé] proscribed. -**2.** [interdit] forbidden; **c'est un usage ~** [déconseillé] the expression is to be avoided; [tabou] the expression is taboo.
◇ *nm, f* outlaw.

prose [proz] *nf* -**1.** LITTÉRAT prose. -**2.** *fam* [style] (writing) style; **sa ~ se lit sans déplaisir** her work reads quite well. -**3.** *fam hum* [écrit] work, masterpiece *iron*; **vous, au fond de la classe, apportez-moi votre ~!** you there, in the back row, bring me over your masterpiece!
◆ **en prose** *loc adj* prose *(modif)*; **écrire en ~** to write (in) prose ❑ **poème en ~** prose poem.

prosélyte [prɔzelit] *nmf* -**1.** *sout* [adepte] proselyte; **l'idée a fait de nombreux ~s** there were many converts to the idea, many people espoused the idea. -**2.** HIST & RELIG convert, proselyte.

prosélytisme [prɔzelitism] *nm* -**1.** RELIG proselytism. -**2.** *sout* [propagande] proselytism, missionary zeal; **faire du ~** to proselytize *Br*, to proselyte *Am*.

Proserpine [prɔzɛrpin] *npr* Proserpina.

prosodie [prɔzɔdi] *nf* -**1.** LITTÉRAT prosody. -**2.** MUS rules of musical arrangement.

prosodique [prɔzɔdik] *adj* prosodic.

prosopopée [prɔzɔpɔpe] *nf* prosopopoeia.

prospect[1] [prɔspɛ] *nm* COMM prospect, potential customer OU client.

prospect[2] [prɔspɛkt] *nm* CONSTR & JUR minimum distance between buildings.

prospecter [4] [prɔspɛkte] ◇ *vt* -**1.** COMM & ÉCON [région] to comb; [clientèle] to canvass; [marché] to explore, to investigate. -**2.** MIN to prospect; **~ une région pour trouver de l'or** to prospect an area for gold; **on prospecte la région pour trouver du pétrole** they're looking for oil in the area.
◇ *vi* to comb an area.

prospecteur, trice [prɔspɛktœr, tris] ◇ *adj* prospecting, investigating.
◇ *nm, f* -**1.** COMM canvasser. -**2.** MIN prospector.

prospecteur-placier [prɔspɛktœrplasje] (*pl* **prospecteurs-placiers**) *nm* employment officer.

prospectif, ive [prɔspɛktif, iv] *adj* prospective.
◆ **prospective** *nf* -**1.** ÉCON (long-term) forecasting. -**2.** [science] futurology.

prospection [prɔspɛksjɔ̃] *nf* -**1.** MIN prospecting; **~ minière/pétrolière** mining/oil exploration. -**2.** COMM [de la clientèle] canvassing; [des tendances] exploring; **~ du marché** surveying OU exploring the market.

prospective [prɔspɛktiv] *f* → **prospectif**.

prospectrice [prɔspɛktris] *f* → **prospecteur**.

prospectus [prɔspɛktys] *nm* -**1.** COMM [feuillet publicitaire] leaflet, handout; **il n'y a rien que des ~ dans la boîte aux lettres** there's nothing but advertising leaflets in the letter box; **nous avons envoyé des ~ à tous nos clients** we have sent a mailshot to OU we have circularized all our customers; **mode d'emploi détaillé sur le ~** directions for use are set out in the enclosed leaflet ❑ **~ de publicité directe** fly sheet. -**2.** JUR: **~ d'émission** (pathfinder) prospectus.

prospère [prɔspɛr] *adj* -**1.** [fructueux] flourishing, thriving; **les affaires sont ~s** business is booming. -**2.** [riche] prosperous.

prospérer [18] [prɔspere] *vi* [entreprise] to flourish, to thrive; [personne] to fare well, to thrive; [plante] to thrive.

prospérité [prɔsperite] *nf* prosperity, success; **une période de (grande) ~** a boom; **(santé et) ~ à tous!** here's to health and prosperity!

prostaglandine [prɔstaglɑ̃din] *nf* prostaglandin.

prostate [prɔstat] *nf* prostate (gland); **se faire opérer de la ~** to have a prostate operation.

prostatectomie [prɔstatɛktɔmi] *nf* prostatectomy.

prostatique [prɔstatik] ◇ *adj* prostatic; **calcul ~** prostatic calculus, prostatolith.
◇ *nm* prostate sufferer.

prostatite [prɔstatit] *nf* prostatitis.

prosternation [prɔstɛrnasjɔ̃] *nf*, **prosternement** [prɔstɛrnəmɑ̃] *nm* -**1.** RELIG bowing-down, prosternation. -**2.** *fig* & *litt* toadying.

prosterner [3] [prɔstɛrne]
◆ **se prosterner** *vpi* RELIG to bow down; **se ~ devant qqn** *fig* to grovel to sb.

prostitué, e [prɔstitɥe] *nm, f* [femme] prostitute; [homme] male prostitute.

prostituer [7] [prɔstitɥe] *vt* -**1.** [personne] to make a prostitute of, to prostitute. -**2.** *fig* & *sout*: **~ ses talents** to sell OU to prostitute one's talent.
◆ **se prostituer** *vp* *(emploi réfléchi) pr* & *fig* to prostitute o.s.

prostitution [prɔstitysjɔ̃] *nf pr* & *fig* prostitution.

prostration [prɔstrasjɔ̃] *nf* -**1.** MÉD & RELIG prostration. -**2.** ÉCON collapse, crash.

prostré, e [prɔstre] *adj* -**1.** [accablé] prostrate, despondent. -**2.** MÉD prostrate.

protagoniste [prɔtagɔnist] *nmf* -**1.** [principal participant] protagonist; **les ~s du conflit vont entamer des pourparlers** the protagonists in the conflict are to start negotiations. -**2.** CIN & LITTÉRAT (chief) protagonist, main character. -**3.** ANTIQ protagonist.

protamine [prɔtamin] *nf* protamine.

protéase [prɔteaz] *nf* protease.

protecteur, trice [prɔtɛktœr, tris] ◇ *adj* -**1.** [qui protège] protective; **une crème protectrice** a barrier cream. -**2.** [condescendant] patronizing. -**3.** ÉCON protectionist.
◇ *nm, f* -**1.** [gardien] custodian, guardian, guarantor. -**2.** [mécène] patron.
◆ **protecteur** *nm* [d'une prostituée] procurer.

protection [prɔtɛksjɔ̃] *nf* -**1.** [défense] protection; **assurer la ~ de qqn** to protect sb; **demander la ~ des services de police** to ask for police protection; **prendre qqn sous sa ~** to take sb under one's wing ❑ **~ aérienne** MIL aerial protection; **~ civile** [en temps de guerre] civil defence; [en temps de paix] disaster management; **~ contre les rayonnements** NUCL radiological protection; **~ diplomatique** diplomatic protection; **~ de l'emploi** personal security, job protection; **~ de l'enfance** child welfare; **~ des espèces menacées** protection of endangered species; **~ judiciaire** (court) supervision (of a minor), wardship; **~ maternelle et infantile** mother and child care *(including antenatal and postnatal clinics and family planning)*; **~ de la nature** nature conservation OU conservancy; **~ rapprochée** [d'une personne] personal security; [d'un lieu] security. -**2.** [prévention] protection, preservation, conservation; **c'est une bonne ~ contre la rouille/les fraudes** it's a good protection against rust/fraud. -**3.** [soutien]: **solliciter la ~ de qqn** to ask for sb's support, to ask sb to use their influence on one's behalf; **par ~** through (personal) influence. -**4.** BX-ARTS & SPORT patronage. -**5.** [serviette hygiénique]: **~ (féminine)** sanitary towel *Br*, sanitary napkin *Am*. -**6.** INF security; **~ de fichier** protected file access; **~ mémoire** protected location. -**7.** MÉTALL coating; **~ cathodique** cathodic protection.
◆ **de protection** *loc adj* protection *(modif)*, protective, safety *(modif)*; **gaine de ~** protective cover; **couche/vernis de ~** protective coating/varnish.

protectionnisme [prɔtɛksjɔnism] *nm* protectionism.

protectionniste [prɔtɛksjɔnist] *adj* & *nmf* protectionist.

protectorat [prɔtɛktɔra] *nm* protectorate.

protectrice [prɔtɛktris] *f* → **protecteur**.

protégé, e [prɔteʒe] ◇ *adj* -**1.** AÉRON: **espace aérien ~** protected airspace. -**2.** ÉCOL [espèce, zone] protected. -**3.** ÉLECTRON protected.
◇ *nm, f* protégé.

protège-cahier [prɔtɛʒkaje] (*pl* **protège-cahiers**) *nm* exercise-book cover.

protège-dents [prɔtɛʒdɑ̃] *nm inv* gum-shield.

protéger [22] [prɔteʒe] *vt* -**1.** [assurer - la sécurité de] to protect, to defend; [- la santé, la survie de] to protect, to look after *(insép)*, to shield against; **~ qqch contre le** OU **du froid** to protect OU to insulate sthg against the cold; **~ qqch contre** OU **de la chaleur** to heat-proof sthg, to protect sthg against heat; **~ qqch contre les radiations** to shield sthg from radiation ❑ **~ ses arrières** to leave o.s. an escape route *fig*. -**2.** COMM & ÉCON to protect; **~ par un brevet** JUR to patent. -**3.** [favoriser] to encourage, to protect. -**4.** [faire du racket] to protect. -**5.** *euph* [prostituée] to act as a procurer (*f* procuress) for.
◆ **se protéger** *vp* *(emploi réfléchi)* to protect o.s.; **protégez-vous contre la grippe** protect yourself against the flu; **se ~ contre le** OU **du soleil** to shield o.s. from the sun; **elle a su se ~ grâce à des relations haut placées** she was able to protect herself thanks to friends in high places.

protège-slip [prɔtɛʒslip] (*pl* **protège-slips**) *nm* mini (sanitary) pad.

protège-tibia [prɔtɛʒtibja] (*pl* **protège-tibias**) *nm* shin pad.

protéide [prɔteid] *nm* protein.

protéiforme [prɔteifɔrm] *adj* multiform, protean *litt*.

protéine [prɔtein] *nf* protein; **~ plasmatique/spécifique** plasma/specific protein; **~s animales/végétales** animal/vegetable proteins.

protéinurie [prɔteinyri] *nf* proteinuria.

protéique [prɔteik] *adj* proteinic, protein *(modif)*.

protèle [prɔtɛl] *nm* aardwolf.

protéolyse [prɔteoliz] *nf* proteolysis.

protéolytique [prɔteɔlitik] *adj* proteolytic.

protestable [prɔtɛstabl] *adj* BANQUE & JUR protestable.

protestant, e [prɔtɛstɑ̃, ɑ̃t] *adj & nm, f* Protestant.

protestantisme [prɔtɛstɑ̃tism] *nm* Protestantism.

protestataire [prɔtɛstatɛr] ◇ *adj* [délégué] protesting; [mesure] protest *(modif)*.
◇ *nmf* protester, protestor.

protestation [prɔtɛstasjɔ̃] *nf* -**1.** [mécontentement] protest, discontent; **grand mouvement/grande manifestation de ~ demain à 14 h** a big protest rally/demonstration will be held tomorrow at 2 p.m. -**2.** [opposition] protest; **sans ~** without protest; **en signe de ~** as a protest; **sans une ~** without a murmur. -**3.** JUR protesting, protestation.
◆ **protestations** *nfpl litt* [déclarations]: **~s d'amitié** protestations OU assurances of friendship; **faire à qqn des ~s d'amour/de loyauté** to profess one's love/loyalty to sb.

protester [3] [prɔtɛste] ◇ *vi* [dire non] to protest; **je proteste!** I protest!, I object!; **~ contre** to protest against OU about; **~ mollement** to make a feeble protest; **~ de son innocence** *litt* to protest one's innocence.
◇ *vt* -**1.** JUR to protest. -**2.** *vieilli* [affirmer] to protest, to declare; **je proteste avec la dernière énergie que je n'ai pas reçu votre convocation** I strongly protest that OU I solemnly declare that I didn't receive your notification.

protêt [prɔtɛ] *nm* JUR protest; **faire dresser un ~** to (make a) protest ❑ **~ faute d'acceptation/faute de paiement** protest for non-acceptance/non-payment.

prothèse [prɔtɛz] *nf* -**1.** [technique] prosthetics *(sg)*; **~ dentaire** prosthodontics *(sg)*. -**2.** [dispositif] prosthesis; **~ dentaire totale** dentures; **une ~ dentaire fixe** a bridge, a fixed dental prosthesis *spéc.*

prothésiste [prɔtezist] *nmf* prosthetist; **~ dentaire** prosthodontist, dental prosthetist.

prothorax [prɔtɔraks] *nm* prothorax.

prothrombine [prɔtrɔ̃bin] *nf* prothrombin.

protide [prɔtid] *nm* protein.

protidique [prɔtidik] *adj* protein *(modif)*, proteinic.

protiste [prɔtist] *nm* protist.

proto- [prɔto] *préf* proto, proto-.

protocolaire [prɔtɔkɔlɛr] *adj* [respectueux des usages] formal; [conforme à l'étiquette] mindful of OU conforming to etiquette; **le prince dans une attitude peu ~** the Prince in a relaxed pose.

protocole [prɔtɔkɔl] *nm* -**1.** JUR & POL protocol; **~ d'accord** draft agreement. -**2.** INF protocol; **~ multivoie/univoie** multi-channel/single-channel protocol. -**3.** IMPR style sheet. -**4.** [cérémonial]: **le ~** protocole, etiquette; **le bain de foule n'était pas prévu par le ~** the walkabout was not part of the (prearranged) schedule. -**5.** SC: **~ d'une expérience** experimental procedure. -**6.** MÉD: **~ opératoire** protocol.

protoétoile [prɔtoetwal] *nf* protostar.

protogalaxie [prɔtogalaksi] *nf* protogalaxy.

protohistoire [prɔtɔistwar] *nf* protohistory.

protohistorien, enne [prɔtɔistɔrjɛ̃, ɛn] *nm, f* protohistorian.

protohistorique [prɔtɔistɔrik] *adj* protohistoric.

proton [prɔtɔ̃] *nm* proton.

protonique [prɔtɔnik] *adj* protonic.

protophyte [prɔtɔfit] *nm* protophyte; **les ~s** the Protophyta.

protoplanète [prɔtoplanɛt] *nf* protoplanet.

protoplasma [prɔtɔplasma], **protoplasme** [prɔtɔplasm] *nm* protoplasm.

protoplasmique [prɔtɔplasmik] *adj* protoplasmic.

prototype [prɔtɔtip] *nm* -**1.** INDUST prototype. -**2.** [archétype] standard; **c'est le ~ du vieil imprimeur** he's the archetypal old printer. -**3.** *(comme adj; avec ou sans trait d'union)* prototype *(modif)*.

protoxyde [prɔtɔksid] *nm* protoxide.

protozoaire [prɔtɔzɔɛr] *nm* protozoan, protozoon; **les ~s** the Protozoa.

protractile [prɔtraktil] *adj* protractile.

protubérance [prɔtyberɑ̃s] *nf* -**1.** [bosse] bump; [enflure] bulge, protuberance *spéc.* -**2.** ANAT protuberance; **~ cérébrale** mesencephalon. -**3.** ASTRON: **~ solaire** solar prominence.

protubérant, e [prɔtyberɑ̃, ɑ̃t] *adj* [muscle] bulging; [menton, front] prominent; [œil, ventre] protruding, bulging.

protubérantiel, elle [prɔtyberɑ̃sjɛl] *adj* ASTRON prominence *(modif)*.

prou [pru] *adv* → **peu**.

proudhonien, enne [prudɔnjɛ̃, ɛn] ◇ *adj* Proudhonian.
◇ *nm, f* follower of Proudhon.

proue [pru] *nf* NAUT bow, bows, prow.
◆ **en proue** *loc adj* projecting.

prouesse [pruɛs] *nf* exploit, feat; **le convaincre était une ~** *fig* convincing him was quite a feat; **faire des ~s** [briller] to perform outstandingly; [faire des efforts] to do one's utmost; **j'ai fait des ~s pour finir dans les délais** I did my utmost to finish on time; **il n'a pas/je n'ai pas fait de ~** *hum* he/I didn't exactly shine; **calomnier et diviser, voilà toutes les ~s dont il est capable** spreading slander and dividing people, that's what he excels at.

prouvable [pruvabl] *adj* provable; **ce n'est pas ~** it can't be proved (or disproved).

prouver [3] [pruve] *vt* -**1.** [faire la preuve de] to prove; **cela n'est pas encore prouvé** it remains to be proved; **les faits ont prouvé qu'elle était bel et bien absente** the facts proved her to have indeed been absent; **prouve-moi le contraire!** give me proof of OU to the contrary!; **il t'a menti – prouve-le-moi!** he lied to you – prove it!; **~ le bien-fondé d'une accusation** JUR to substantiate a charge ❑ **il m'a prouvé par A + B que j'avais tort** he demonstrated that I was wrong in a very logical way. -**2.** [mettre en évidence] to show; **cela prouve bien que j'avais raison** it shows that I was right; **tous les tests ont prouvé la supériorité du nouveau système** all the tests showed OU demonstrated the superiority of the new system; **son désintéressement n'est plus à ~** her impartiality is no longer open to question. -**3.** [témoigner] to demonstrate; **~ à qqn son amitié/sa reconnaissance** to demonstrate one's friendship/gratitude to sb, to give sb proof of one's friendship/gratitude.
◆ **se prouver** *vpt*: **se ~ qqch (à soi-même)** to prove sthg (to o.s.).

provenance [prɔvnɑ̃s] *nf* [d'un mot] origin; [d'une rumeur] source; **des marchandises de ~ étrangère** imported goods; **quelle est la ~ de ces légumes?** where do these vegetables come from?
◆ **en provenance de** *loc prép* (coming) from; **le train en ~ de Genève** the train from Geneva, the Geneva train; **les voyageurs en ~ de Montréal** passengers (recently arrived) from Montreal.

provençal, e, aux [prɔvɑ̃sal, o] *adj* Provençal.
◆ **Provençal, e, aux** *nm, f* Provençal.
◆ **provençal** *nm* LING Provençal.
◆ **à la provençale** *loc adj* CULIN à la provençale.

Provence [prɔvɑ̃s] *npr f*: **(la) ~** Provence; **herbes de ~** ≃ mixed herbs.

provenir [40] [prɔvnir]
◆ **provenir de** *v + prép* -**1.** [avoir pour origine] to come from *(insép)*; **d'où provient cette statuette?** where does this statuette come from? -**2.** [résulter de] to arise OU to result from, to arise out of.

proverbe [prɔvɛrb] *nm* proverb, adage; **comme dit le ~** as the proverb goes; **passer en ~** to become proverbial.
◆ **Proverbes** *nmpl* Proverbs.

proverbial, e, aux [prɔvɛrbjal, o] *adj* -**1.** [de proverbe] proverbial. -**2.** [connu] well-known, proverbial; **au lycée, son talent d'imitateur est ~** he's become well-known throughout the school for his impersonations.

providence [prɔvidɑ̃s] *nf* -**1.** RELIG Providence; **les voies de la Providence** the ways of Providence. -**2.** [aubaine] salvation, piece of luck. -**3.** [personne]: **tu es ma ~!** you're my saviour!; **vous rentrez à Nice en voiture? vous êtes ma ~!** you're driving back to Nice? you've saved my life!

providentiel, elle [prɔvidɑ̃sjɛl] *adj* providential, miraculous; **c'est l'homme ~!** he's the man we need!; **sans cette grève ~le, nous n'aurions jamais fait connaissance** if it hadn't been for that timely strike, we'd never have met.

providentiellement [prɔvidɑ̃sjɛlmɑ̃] *adv* providentially, miraculously.

provin [prɔvɛ̃] *nm* layered runner, sucker.

province [prɔvɛ̃s] *nf* -**1.** [régions en dehors de la capitale]: **la ~** [en France] provincial France; [dans d'autres pays] the provinces; **il doit bientôt partir en ~** he'll soon be leaving town; **un week-end en ~** a weekend out of town; **arriver OU débarquer tout droit de sa ~** to be fresh from the country OU the provinces; **une petite ville de ~** a small country town; **Bordeaux est une grande ville de ~** Bordeaux is a major provincial town; **nous avons également des bureaux en ~** we also have provincial branches. -**2.** HIST province; **la Gaule cisalpine était ~ romaine** Cisalpine Gaul was a Roman province ❑ **la ~ de Bourgogne** the province of Burgundy; **la Belle Province** *Can* Quebec. -**3.** *(comme adj inv)*: **notre quartier est encore très ~** there's still a small-town feeling to our area; **sa famille est restée un peu ~** her family's kept up a rather provincial way of life.

Provinces Maritimes [prɔvɛ̃smaritim] *npr fpl* [au Canada]: **les ~** the Maritime Provinces, the Maritimes.

Provinces-Unies [prɔvɛ̃syni] *npr fpl* HIST [aux Pays-Bas]: **les ~** the United Provinces.

provincial, e, aux [prɔvɛ̃sjal, o] ◇ *adj* -**1.** [en dehors de Paris] provincial; **sa tournée ~e** her tour of the provinces. -**2.** *péj* [personne, comportement] provincial, parochial.
◇ *nm, f* provincial.
◆ **provincial, aux** *nm* -**1.** RELIG provincial. -**2.** *Can*: **le Provincial** the Provincial Government.

provincialisme [prɔvɛ̃sjalism] *nm* -**1.** LING provincialism. -**2.** *péj* [étroitesse d'esprit] small-town OU village-pump mentality, parochialism.

proviseur [prɔvizœr] *nm* -**1.** [directeur] head teacher *Br*, headmaster (*f* headmistress) *Br*, principal *Am*. -**2.** *Belg* [adjoint] deputy head *(with overall responsibility for discipline within the school)*.

provision [prɔvizjɔ̃] *nf* -**1.** [réserve] stock, store, supply; **~ d'eau** supply of water; **une ~ de pommes de terre** a stock of potatoes; **avoir une bonne ~ de chocolat/patience** to have a good supply of chocolate/amazing reserves of patience; **ma grand-mère avait une ~ de boutons de nacre** my grandmother had plenty of spare mother-of-pearl buttons; **faire ~ de sucre/d'enveloppes** to build up a stock of sugar/envelopes; **les écureuils font ~ de noix pour l'hiver** squirrels store up nuts for the winter; **faire des ~s** to stock up on food, to lay in stocks of food. -**2.** [acompte] advance OU down payment; BANQUE (sufficient) funds; **je n'ai pas de ~** I don't have sufficient funds OU enough money in my account. -**3.** [d'un bilan comptable] provision; [couverture] cover. -**4.** [honoraires] retainer. -**5.** JUR interim payment, interlocutory relief; **par ~** [décision, acte] provisional, interim ❑ **~ ad litem** security OU provision for costs *(during divorce proceedings)*.
◆ **provisions** *nfpl* [courses]: **~s (de bouche)** shopping, groceries; **qu'est-ce que tu as fait des ~s?** what have you done with the groceries?
◆ **à provisions** *loc adj* [filet, sac] shopping *(modif)*; [placard] food *(modif)*; **c'est mon étagère à ~s** it's the shelf where I keep my food.

provisionnel, elle [prɔvizjɔnɛl] *adj* provisional; **acompte OU versement ~** [gén] instalment; [d'une dette] interim payment.

provisionner [3] [prɔvizjɔne] *vt* BANQUE [compte] to deposit funds into; **son compte n'a pas été provisionné depuis plusieurs mois** there has been no money paid into his account for several months.

provisoire [prɔvizwar] ◇ *adj* -**1.** [momentané] temporary, provisional; **c'est une solution ~** it's a temporary solution OU a stopgap. -**2.** [précaire] makeshift; **une réparation ~** a makeshift repair. -**3.** [intérimaire - gouvernement] provisional; [- directeur] acting. -**4.** JUR [jugement] provisional, interlocutory; [mise en liberté] conditional.
◇ *nm*: **le ~** that which is temporary.

provisoirement [prɔvizwarmɑ̃] *adv* temporarily, provisionally; **la piscine est ~ fermée** the swimming-pool is temporarily closed; **je fais repeindre la chambre et, ~, je couche dans le salon** I'm having the bedroom redecorated and I'm sleeping in the living-room provisionally OU in the meantime; **~, je fais des ménages** provisionally OU for the time being, I do cleaning for people.

provisorat [prɔvizɔra] *nm* headship *Br*, principalship *Am*.

provitamine [prɔvitamin] *nf* provitamin.

provo [prɔvo] *nm* -**1.** *arg scol* [proviseur] head *(of a school)*. -**2.** [aux Pays-Bas] provo.

provoc [prɔvɔk] *nf* provocation; **tu fais de la ~ ou quoi?** are you trying to wind me up *Br* OU tick me off *Am*?

provocant, e [prɔvɔkɑ̃, ɑ̃t] *adj* -**1.** [agressif] aggressive, provoking; **une remarque ~e** an aggressive remark. -**2.** [osé] blatant; **un modernisme ~** blatant modernism. -**3.** [excitant] exciting, provocative, teasing.

provocateur, trice [prɔvɔkatœr, tris] ◇ *adj* [discours, propagande] inflammatory; [argument, propos] provocative; **geste ~** offensive gesture.
◇ *nm, f* POL provocateur.

provocation [prɔvɔkasjɔ̃] *nf* -**1.** [stratégie] provocation, incitement; [acte] provocation; **c'est une ~!** it's an act of provocation!; **faire qqch par ~** to do sthg as an act of provocation; **se livrer à des ~s à l'égard de qqn** to provoke sb; **les ~s policières** police provocation; **il a dit ça par pure ~** he only said it to try and shock people. -**2.** *litt* [séduction] teasing, provocativeness.

provoquer [3] [prɔvɔke] *vt* -**1.** [défier] to provoke, to push (to breaking point); **arrête de me ~!** *fam* don't push me!; **c'est lui qui m'a provoqué!** he started it!; **il semblait vouloir ~ le policier** he seemed to be trying to provoke the policeman; **~ le destin** to tempt fate; **~ qqn en duel** to challenge sb to a duel. -**2.** [sexuellement] to tease. -**3.** [occasionner - maladie, sommeil] to cause, to induce; **les vapeurs d'essence peuvent ~ des migraines** petrol fumes can cause migraines; **on lui a fait une piqûre qui provoque le sommeil** they gave him a sleep-inducing injection; **pouvant ~ la mort** potentially fatal || [sentiment] to arouse, to stir up *(sép)*, to give rise to; **il ne se doutait pas qu'il allait ~ sa jalousie** he didn't realize that he would make her jealous; **il disait cela pour ~ les rires de ses camarades** he said that to make his school-friends laugh; **ses dénégations ne provoquèrent aucune réaction chez le juge** his denials brought no reaction from the judge; **l'explosion provoqua la panique générale** the explosion caused general panic || [événement] to cause, to be the cause of, to bring about *(sép)*; **le krach a provoqué de nombreuses faillites** the stock exchange crash caused a great number of bankruptcies; **elle fit cette déclaration pour ~ une nouvelle enquête** she made that statement so that there would be a new enquiry.

prox. *(abr écrite de* **proximité**): '**~ commerces**' 'near shops'.

proxénète [prɔksenɛt] *nmf* [entremetteur] procurer (*f* procuress).

proxénétisme [prɔksenetism] *nm* procuring.

proximité [prɔksimite] *nf* -**1.** [dans l'espace] closeness, nearness, proximity; **la ~ du casino est une grande tentation** having the casino so close (by) is very tempting. -**2.** [dans le temps] closeness, imminence; **la ~ de Noël** Christmas being near; **la ~ du départ les rend fébriles** the approaching departure is making them excited. -**3.** *vieilli* [parenté] kinship; **~ du sang** blood kinship.
◆ **à proximité** *loc adv* near by, close at hand; **ses parents habitent à ~** her parents live near OU close by.
◆ **à proximité de** *loc prép* near, close to, not far from; **la maison est à ~ de la mer** the house is not far from the sea.
◆ **de proximité** *loc adj* -**1.** TECH proximity *(modif)*. -**2.** COMM local.

pruche [pryʃ] *nf Can* hemlock spruce.

prude [pryd] ◇ *adj* prudish, prim and proper; **et pourtant, je ne suis pas ~** and yet I'm not afraid to call a spade a spade.
◇ *nf* prude, puritan.

prudemment [prydamɑ̃] *adv* -**1.** [avec précaution] carefully, cautiously, prudently; **regarde ~ des deux côtés avant de traverser** be careful to look right and left before crossing. -**2.** [avec sagesse] wisely, prudently; **il préféra ~ battre en retraite** he was wise enough to retreat.

prudence [prydɑ̃s] *nf* -**1.** [précaution] caution, carefulness; **elle conduit avec la plus grande ~** she's a very careful driver; **la ~ avant tout!** safety first! ❑ **~ est mère de sûreté** *prov* look before you leap *prov*. -**2.** [méfiance] wariness, caginess; [ruse] cunning; **avoir la ~ du serpent** to be a sly fox. -**3.** *vieilli* [sagesse] wisdom, good judgment, prudence.
◆ **prudences** *nfpl litt* wariness, caginess; **ses ~s en matière de musique contemporaine** his wariness of modern music.
◆ **avec prudence** *loc adv* [avec attention] cautiously, carefully.
◆ **par prudence** *loc adv* as a precaution; **prends ton parapluie par ~** take your umbrella just in case.

prudent, e [prydɑ̃, ɑ̃t] *adj* -**1.** [attentif] careful, prudent; **sois ~!** be careful!; **tu peux lui confier tes enfants, elle est très ~e** you can safely leave your children with her, she's very sensible. -**2.** [mesuré] discreet, circumspect, cautious; **une réponse ~e** a diplomatic OU circumspect answer; **on doit se montrer ~ en matière d'investissements** one should be cautious when investing money. -**3.** [prévoyant] judicious, wise; **un homme de loi ~** a wise lawyer; **tu sors sans écharpe, ce n'est pas ~** you're going out without a scarf, it's not very sensible; **ses parents s'étaient montrés ~s et avaient mis de l'argent de côté pour lui** his parents had looked ahead OU had been provident and had put aside some money for him. -**4.** [préférable] advisable, better; **il serait ~ de partir avant la nuit** it would be better for us to leave before nightfall; **il est ~ de réserver ses places** advance booking is advisable.

pruderie [prydri] *nf* prudishness, prudery.

prud'homal, e, aux [prydɔmal, o] *adj*: **conseiller ~** *member of an elected industrial tribunal*; **élections ~es** industrial tribunal election.

prud'homme [prydɔm] *nm* -**1.** [conseiller] *member of an elected industrial tribunal*. -**2.** *(comme adj)*: **conseiller ~** *member of an elected industrial tribunal*.
◆ **prud'hommes** *nmpl* [tribunal]: **les ~s, le conseil de ~s** the elected industrial tribunal.

prune [pryn] ◇ *nf* -**1.** BOT plum. -**2.** *fam loc*: **des ~s!** no way!, nothing doing!; **pour des ~s** for nothing; **je suis allé en classe pour des ~s, le prof n'était pas là** I went to school for nothing, the teacher wasn't there; **aux ~s** *vieilli*: **elle aura 15 ans aux ~s** she'll be 15 next summer. -**3.** [alcool] plum brandy. -**4.** ▽[balle] bullet, slug; [coup] clout, sock.
◇ *adj inv* plum-coloured.

pruneau, x [pryno] *nm* -**1.** [fruit sec] prune. -**2.** *Helv* [prune] red plum. -**3.** *fam* [personne hâlée]: **c'est un vrai ~** he's as brown as a berry. -**4.** *arg crime* [balle] bullet, slug; **il s'est pris un ~ dans le buffet** someone filled his belly with lead.

prunelle [prynɛl] *nf* -**1.** BOT sloe. -**2.** [alcool] sloe gin. -**3.** ANAT pupil; **je tiens à ce livre comme à la ~ de mes yeux** I wouldn't give this book up OU away for the world. -**4.** [regard] eye; **jouer de la ~** *fam* to make eyes at sb.

prunellier [prynelje] *nm* sloe, blackthorn.

prunier [prynje] *nm* plumtree; **~ myrobolan** cherry plum, myrobalan; **~ du Japon** Japanese cherry.

prurigineux, euse [pryriʒinø, øz] *adj* pruritic.

prurigo [pryrigo] *nm* prurigo.

prurit [pryrit] *nm* pruritus.

Prusse [prys] *npr f*: **(la) ~** Prussia.

prussiate [prysjat] *nm vieilli* cyanide; **~ jaune** potassium ferrocyanide.

prussien, enne [prysjɛ̃, ɛn] *adj* Prussian.
◆ **Prussien, enne** *nm, f* Prussian.

prussique [prysik] *adj* prussic.

prytanée [pritane] *nm* -**1.** ANTIQ prytaneum. -**2.** [école]: **le Prytanée militaire de La Flèche** the La Flèche military academy *(free school for sons of members of the armed forces)*.

PS ◇ *npr m* *(abr de* **parti socialiste**) *French socialist party*.
◇ *nm* *(abr de* **post-scriptum**) PS, ps.

psalliote [psaljɔt] *nf*: **~ des forêts** pine wood mushroom.

psalmodie [psalmɔdi] *nf* -**1.** RELIG psalmody, intoning. -**2.** *fig & litt* drone.

psalmodier [9] [psalmɔdje] ◇ *vi* -**1.** RELIG to chant. -**2.** *fig & litt* to drone (on).
◇ *vt* -**1.** RELIG to chant. -**2.** *fig* to intone, to drone (out).

psaume [psom] *nm* psalm; **le livre des Psaumes** Psalms; **~s pénitentiaux** Penitential Psalms; **Psaume 27** Psalm XXVII.

psautier [psotje] *nm* psalter.

pseudarthrose [psødartroz] *nf* pseudoarthrosis, nearthrosis.

pseudo- [psødo] *préf* pseudo-, false; **méfie-toi de leur ~contrat** beware of their so-called contract; **ses ~excuses** her fake apologies; **le ~démarcheur attaquait les vieilles dames** the bogus salesman preyed on old ladies; **c'est du ~style anglais** it's in pseudo-English style.

pseudonyme [psødɔnim] *nm* [nom d'emprunt - gén] assumed name; [- d'un écrivain] pen name, pseudonym; [- d'acteur] stage name; [- de criminel] alias; **il m'a écrit sous le ~ de Christophe Colomb** he wrote me a letter signing himself Christopher Columbus.

pseudopode [psødɔpɔd] *nm* pseudopod, pseudopodium.

PS-G *(abr de* **Paris St-Germain**) *npr m Paris football team*.

psi [psi] *nm* -**1.** [lettre grecque] psi. -**2.** NUCL psi (particle), J.

PSIG *(abr de* **Peloton de surveillance et d'intervention de la gendarmerie**) *npr m gendarmerie commando squad*.

psitt [psit] *interj* psst, hey.

psittacidé [psitaside] *nm* psittacine.

psittacisme [psitasism] *nm* parrotlike repetition, psittacism PSYCH.

psittacose [psitakoz] *nf* psittacosis.

psoriasis [psɔrjazis] *nm* psoriasis.

pst [psit] = **psitt**.

PSU *(abr de* **parti socialiste unifié**) *npr m former French socialist party*.

psy *fam* [psi] ◇ *nmf* [psychanalyste] psychoanalyst, shrink.
◇ *nf* [psychanalyse]: **il est très branché ~** *fam* he's really into psychoanalysis.

psychanalyse [psikanaliz] *nf* analysis, psychoanalysis.

psychanalyser [3] [psikanalize] *vt* to psychoanalyse, to analyse; **elle se fait ~** she's undergoing psychoanalysis, she's in therapy; **je me suis fait ~ pendant cinq ans** I went to see an analyst for five years.

psychanalyste [psikanalist] *nmf* analyst, psychoanalyst.

psychanalytique [psikanalitik] *adj* analytical, psychoanalytical.

psychasthénie [psikasteni] *nf* psychastenia, psychastheny.

psychasthénique [psikastenik] *adj* & *nmf* psychasthenic.

psyché [psiʃe] *nf* -**1.** PSYCH psyche. -**2.** [miroir] cheval glass.

Psyché [psiʃe] *npr* Psyche.

psychédélique [psikedelik] *adj* psychedelic.

psychédélisme [psikedelism] *nm* psychedelic state.

psychiatre [psikjatr] *nmf* psychiatrist.

psychiatrie [psikjatri] *nf* psychiatry; **~ infantile** child psychiatry.

psychiatrique [psikjatrik] *adj* psychiatric.

psychique [psiʃik] ◇ *adj* -**1.** MÉD [blocage] mental; [troubles] mental, psychic *spéc*; **les maux de tête peuvent être d'origine ~** headaches may be psychosomatic. -**2.** *fam* [psychologique] psychological; **je ne peux pas voir une souris sans défaillir, c'est ~** I feel faint whenever I see a mouse, I know it's all in the mind but I can't help it.
◇ *nm fam* mind, psychological side; **chez lui, c'est le ~ qui va mal** he's got a psychological problem.

psychisme [psiʃism] *nm* psyche, mind; **son ~ est perturbé** the balance of her mind is disturbed.

psycho *fam* [psiko] *nf* [psychologie]: **il a fait des études de ~** he studied psychology; **il t'a plu, le cours de ~?** did you like the psychology lecture?

psycho- [psiko] *préf* psycho-.

psychoanaleptique [psikɔanalɛptik] *adj* & *nm* psychoanaleptic.

psychochirurgie [psikɔʃiryrʒi] *nf* psychosurgery.

psychocritique [psikɔkritik] *nf* psychological criticism.

psychodramatique [psikɔdramatik] *adj* psychodramatic.

psychodrame [psikɔdram] *nm* -**1.** [thérapie] role-play techniques, psychodrama. -**2.** [séance] (psychotherapeutic) role-play session.

psychodysleptique [psikɔdislɛptik] *adj* & *nm* psychodysleptic.

psychogène [psikɔgɛn] *adj* psychogenic.

psychogenèse [psikɔgənɛz] *nf* psychogenesis.

psycholeptique [psikɔlɛptik] ◇ *adj* psycholeptic.
◇ *nm* psycholeptic drug, tranquillizer.

psycholinguiste [psikɔlɛ̃gɥist] *nmf* psycholinguist.

psycholinguistique [psikɔlɛ̃gɥistik] ◇ *adj* psycholinguistic.
◇ *nf* psycholinguistics *(sg)*.

psychologie [psikɔlɔʒi] *nf* -**1.** [étude] psychology; **~ appliquée/comparative** applied/comparative psychology; **~ expérimentale/sociale** experimental/social psychology. -**2.** [intuition] perception; **tu manques de ~** you're not very perceptive. -**3.** [mentalité] psychology; **la ~ des citadins** the psychology of the town-dweller ❑ **~ des foules** crowd psychology. -**4.** [dimension psychologique] psychology, mind; **étudiez la ~ des personnages** study the psychological make-up of the characters; **la ~ de son dernier film est tout à fait sommaire** the psychological content of his last film leaves a lot to be desired.

psychologique [psikɔlɔʒik] *adj* -**1.** [méthode, théorie] psychological. -**2.** MÉD [état, troubles] psychological, mental; **il a des problèmes ~s** he has psychological problems; **on leur injecte de l'eau et ils guérissent, c'est ~** *fam* they recover after being injected with water, it's all in the mind. -**3.** [dimension] psychological; **la vérité ~ d'un personnage** the true psychology of a character ❑ **roman ~** psychological novel. -**4.** [propice]: **le moment** OU **l'instant ~** the right OU appropriate moment.

psychologiquement [psikɔlɔʒikmɑ̃] *adv* psychologically.

psychologisme [psikɔlɔʒism] *nm* psychologism.

psychologue [psikɔlɔg] ◇ *adj* insightful, perceptive.
◇ *nmf* psychologist; **~ scolaire** educational psychologist.

psychométricien, enne [psikɔmetrisjɛ̃, ɛn] *nm, f* psychometrist.

psychométrie [psikɔmetri] *nf* psychometrics *(sg)*.

psychométrique [psikɔmetrik] *adj* psychometric.

psychomoteur, trice [psikɔmɔtœr, tris] *adj* psychomotor.

psychomotricité [psikɔmɔtrisite] *nf* psychomotricity.

psychopathe [psikɔpat] *nmf* psychopath.

psychopathie [psikɔpati] *nf* psychopathy, psychopathic personality.

psychopathologie [psikɔpatɔlɔʒi] *nf* psychopathology.

psychopédagogie [psikɔpedagɔʒi] *nf* educational psychology.

psychopédagogique [psikɔpedagɔʒik] *adj*: **centre ~** centre for educational psychology.

psychopharmacologie [psikɔfarmakɔlɔʒi] *nf* psychopharmacology.

psychophysiologie [psikɔfizjɔlɔʒi] *nf* psychophysiology.

psychophysiologique [psikɔfizjɔlɔʒik] *adj* psychophysiological.

psychoprophylactique [psikɔprɔfilaktik] *adj*: **méthode ~** psychoprophylaxis.

psychorigide [psikɔriʒid] ◇ *adj* resisting to change.
◇ *nmf* resister.

psychorigidité [psikɔriʒidite] *nf* resistance to change or progress, pathological conservatism.

psychose [psikoz] *nf* -**1.** PSYCH psychosis. -**2.** [angoisse - individuelle] (obsessive) fear; [- collective] fear; **il a la ~ du cambriolage** he has an obsession about being burgled; **il règne ici une véritable ~ de guerre** people here are in the grip of war hysteria.

psychosensoriel, elle [psikɔsɑ̃sɔrjɛl] *adj* psychosensory.

psychosocial, e [psikɔsɔsjal] *adj* psychosocial.

psychosociologie [psikɔsɔsjɔlɔʒi] *nf* psychosociology.

psychosociologique [psikɔsɔsjɔlɔʒik] *adj* psychosociological.

psychosociologue [psikɔsɔsjɔlɔg] *nmf* psychosociologist.

psychosomatique [psikɔsɔmatik] ◇ *adj* [médecine, trouble] psychosomatic.
◇ *nf* psychosomatics *(sg)*.

psychotechnicien, enne [psikɔtɛknisjɛ̃, ɛn] *nm, f* psychotechnician.

psychotechnique [psikɔtɛknik] *nf* psychotechnology.

psychothérapeute [psikɔterapøt] *nmf* psychotherapist.

psychothérapeutique [psikɔterapøtik] = **psychothérapique**.

psychothérapie [psikɔterapi] *nf* psychotherapy.

psychothérapique [psikɔterapik] *adj* psychotherapeutic.

psychotique [psikɔtik] *adj* & *nmf* psychotic.

psychotonique [psikɔtɔnik] ◇ *adj* psychotonic.
◇ *nm* psychotonic (substance).

psychotrope [psikɔtrɔp] ◇ *adj* psychotropic, psychoactive.
◇ *nm* psychotropic (drug).

PTA (*abr écrite de* **peseta**) Pta, P.

PTCA (*abr de* **poids total en charge autorisé**) *nm maximum authorized load.*

Pte -**1.** *abr écrite de* **porte**. -**2.** *abr écrite de* **pointe**.

ptérodactyle [pterodaktil] *nm* pterodactyl.

ptolémaïque [ptɔlemaik] *adj* Ptolemaic.

Ptolémée [ptɔleme] *npr* Ptolemy.

ptôse, ptose [ptoz] *nf* ptosis.

PTT (*abr de* **Postes, télécommunications et télédiffusion**) *nfpl former French post office and telecommunications network.*

puant, e [pɥɑ̃, ɑ̃t] *adj* -**1.** [nauséabond] stinking, foul-smelling. -**2.** *fam* [prétentieux] insufferably conceited; **tu es vraiment ~!** you really think you're something special!

puanteur [pɥɑ̃tœr] *nf* foul smell, stench.

pub[1] *fam* [pyb] *nf* -**1.** [publicité] advertising; **il travaille dans la ~** he's in advertising; **faire de la ~ pour un produit** to plug OU to push a product ❑ **un coup de ~** a plug. -**2.** [annonce - gén] ad, advertisement; RAD & TV commercial.

pub[2] [pœb] *nm* [bar] bar *(in the style of an English pub)*.

pubère [pybɛr] *adj* pubescent; **il est ~** he's reached (the age of) puberty.

pubertaire [pybɛrtɛr] *adj* pubertal.

puberté [pybɛrte] *nf* puberty.

pubescent, e [pybesɑ̃, ɑ̃t] *adj* BOT pubescent, puberulent.

pubien, enne [pybjɛ̃, ɛn] *adj* pubic.

pubis [pybis] *nm* [os] pubis; [bas-ventre] pubis, pubes *spéc*.

publiable [pyblijabl] *adj* publishable; **ce n'est guère ~** it's hardly fit for publication OU to be printed.

public, ique [pyblik] *adj* -**1.** [ouvert à tous] public; **chemin ~** public footpath; **la séance est publique** it's an open session. -**2.** [connu] public, well-known; **sa nomination a été rendue publique ce matin** his nomination was officially announced OU was made public this morning; **l'homme ~** the man the public sees. -**3.** [de l'État] public, state *(modif)*.
◆ **public** *nm* -**1.** [population] public; **le grand ~** the general public, the public at large. -**2.** [audience - d'un spectacle] public, audience; [- d'un écrivain] readership, readers; [- d'un match] spectators; **~ féminin/familial** female/family audience; **s'adresser à un vaste ~/à un ~ restreint** to address a vast/limited audience; **c'est un excellent livre, mais qui n'a pas encore trouvé son ~** although the book is excellent, it hasn't yet found the readership it deserves ❑ **~ cible** target audience; **être bon ~** to be easy to please. -**3.** [secteur]: **le ~** public sector.
◆ **en public** *loc adv* publicly, in public; **les livres ont été brûlés en ~** the books were publicly burnt; **faire honte à qqn en ~** to show sb up in public.
◆ **grand public** *loc adj*: **produits grand ~** consumer goods; **émission grand ~** programme designed to appeal to a wide audience; **film grand ~** blockbuster; **l'électronique grand ~** consumer electronics.

publication [pyblikasjɔ̃] *nf* -**1.** [d'un livre, d'un journal] publication, publishing; **le journal a dû cesser sa ~** the paper had to cease publication OU to fold; **j'attends la ~ pour consulter mon avocat** I'm waiting for publication OU for the book to be published before I consult my lawyer; **interdire la ~ de qqch** to stop sthg coming out OU being published ❑ **~ assistée par ordinateur** → **PAO**. -**2.** JUR [d'un arrêté, d'une loi] promulgation, publication; **la ~ des**

bans announcement of OU publishing the banns. -**3.** [document] publication, magazine; ~ **scientifique** scientific publication OU journal; ~ **spécialisée** specialist review.

publiciste [pyblisist] *nmf* -**1.** JUR specialist in public law. -**2.** [publicitaire] advertiser, advertising man *nm*.

publicitaire [pyblisitɛr] ◇ *adj* advertising, promotional; **budget** ~ advertising budget; **documents** ~**s** advertising OU promotional material.
◇ *nmf*: **c'est un** ~ he's an advertising man, he's in advertising; **c'est une** ~ she's in advertising.

publicité [pyblisite] *nf* -**1.** [action commerciale] advertising; [profession]: la ~ advertising ❑ ~ **audiovisuelle/par affichage** audiovisual/poster advertising; ~ **de marque/produit** brand/product advertising; ~ **aérienne** sky writing; ~ **clandestine** underhand advertising; ~ **comparative** comparative advertising; ~ **rédactionnelle** promotional article OU advertorial; ~ **subliminale** subliminal advertising; ~ **sur le lieu de vente** point-of-sale advertising. -**2.** [annonce commerciale] advertisement; RAD & TV commercial; [pour une association] publicity; **en ce moment, ils font de la** ~ **pour les banques** there are a lot of advertisements for banks at the moment; **passer une** ~ **à la télévision** to advertise on TV; **faire sa propre** ~ to sell o.s.; **faire de la** ~ **pour** to publicize ❑ ~ **mensongère** deceptive OU misleading advertising. -**3.** [caractère public] publicity; **la** ~ **de cette déclaration ne lui laisse pas la possibilité de se rétracter** the fact that she made the statement publicly leaves her no room to retract; **la** ~ **des débats parlementaires garantit-elle la démocratie?** is democracy safeguarded by the fact that debates in Parliament are (held in) public? -**4.** JUR [en droit civil] public announcement.

publier [10] [pyblije] *vt* -**1.** [éditer - auteur, texte] to publish; **elle a été publiée aux États-Unis** [journaliste] her articles were published OU came out in the States; **dans un article qui n'a jamais été publié** in an unpublished article. -**2.** [rendre public - communiqué] to make public, to release; [- brochure] to publish, to issue, to release; [- bans] to publish, to announce; [- décret, loi] to promulgate, to publish; **le journal publie les cours de l'or** the paper publishes gold prices.

Publiphone® [pyblifɔn] *nm* cardphone.

publipostage [pyblipɔstaʒ] *nm* mailing; ~ **d'essai** test OU cold mailing; ~ **massif** blanket mailing.

publiquement [pyblikmɑ̃] *adv* publicly, in public; **il s'est confessé** ~ he admitted his fault in public; **sa mère lui a fait honte** ~ her mother showed her up in front of everybody.

publireportage [pyblirəpɔrtaʒ] *nm* special advertising section, advertorial *Am*.

puce [pys] ◇ *nf* -**1.** ZOOL flea; ~ **de mer** sandflea, sandhopper; ~ **d'eau** water flea; **mettre la** ~ **à l'oreille de qqn** to alert sb about sthg; **ce nom m'a mis la** ~ **à l'oreille** the name gave me a clue OU set me thinking; **il est excité comme une** ~ *fam* he's so excited he can't sit still. -**2.** *fam* [par affection]: **ma** ~ sweetie; **tu veux quelque chose, ma** ~? do you want something, (my) pet?; **où elle est, la petite** ~? where's my little girl then? -**3.** ÉLECTRON chip; ~ **mémoire** memory chip.
◇ *adj inv* [couleur] puce.
◆ **puces** *nfpl* -**1.** JEUX tiddly-winks. -**2.** [marché] flea market; **elle s'habille aux** ~**s** she wears secondhand clothes.

puceau, elle *fam* [pyso, ɛl] *adj*: **il est** ~ he's a virgin.
◆ **puceau** *nm* virgin.
◆ **pucelle** *nf* virgin, maid *litt*.

pucelage *fam* [pyslaʒ] *nm* [d'un homme] virginity; [d'une femme] maidenhead *arch* OU *litt*, virginity; **perdre son** ~ to lose one's virginity.

pucelle [pysɛl] *f* → **puceau**.

Pucelle [pysɛl] *npr f*: **la** ~ **d'Orléans, Jeanne la** ~ the Maid of Orléans, Joan of Arc.

puceron [pysrɔ̃] *nm* greenfly, aphid, plant louse.

pucier▽ [pysje] *nm* bed; **tu vas me refaire ce** ~! make that fleabag of a bed!

pudeur [pydœr] *nf* -**1.** [décence] modesty, decency, propriety; **avec** ~ modestly; **manquer de** ~ to have no sense of decency. -**2.** [délicatesse] tact, sense of propriety; **il aurait pu avoir la** ~ **de se taire** he could have been tactful enough to keep quiet.

pudibond, e [pydibɔ̃, ɔ̃d] ◇ *adj* prudish, prim.
◇ *nm, f* prude.

pudibonderie [pydibɔ̃dri] *nf* prudishness.

pudicité [pydisite] *nf litt* modesty.

pudique [pydik] *adj* -**1.** [chaste] chaste, modest; **une jeune fille très** ~ a very demure young lady. -**2.** [discret] discreet; **quelques remarques** ~**s sur ses difficultés financières** a few discreet remarks about her financial difficulties.

pudiquement [pydikmɑ̃] *adv* -**1.** [avec pudeur] modestly; **elle tira** ~ **sa jupe sur ses genoux** she modestly drew her skirt over her knees. -**2.** [avec tact] discreetly.

Pueblo [pweblo] *nmf*: **les** ~**s** the Pueblo.

puer [7] [pɥe] ◇ *vi* to stink; **ça pue ici!** what a stink OU stench in here!
◇ *vt* -**1.** [répandre - odeur] to stink of; ~ **le vin/l'éther** to stink of wine/ether; **il pue l'ail à quinze pas!** he OU his breath reeks of garlic!; **tu pues des pieds** your feet stink. -**2.** [laisser paraître - défaut]: ~ **la méchanceté/l'hypocrisie** to be oozing spitefulness/hypocrisy; **il pue l'arriviste** you can smell the social climber (in him) a mile off.

puéricultrice [pɥerikyltris] *nf* -**1.** [dans une crèche] nursery nurse. -**2.** [à l'hôpital] pediatric nurse.

puériculture [pɥerikyltyr] *nf* -**1.** [gén] child care OU welfare. -**2.** ENS nursery nursing. -**3.** [à l'hôpital] pediatric nursing.

puéril, e [pɥeril] *adj* -**1.** [enfantin] childlike; **un enthousiasme** ~ a childish excitement. -**2.** [immature, naïf] childish, infantile, puerile.

puérilement [pɥerilmɑ̃] *adv* childishly.

puérilisme [pɥerilism] *nm* puerilism.

puérilité [pɥerilite] *nf* [non-maturité] childishness, puerility.
◆ **puérilités** *nfpl* childish OU petty trifles.

puerpéral, e, aux [pɥɛrperal, o] *adj* puerperal; **fièvre** ~**e** childbed OU puerperal fever.

pugilat [pyʒila] *nm* -**1.** [bagarre] brawl, scuffle, (bout of) fisticuffs *hum*. -**2.** ANTIQ boxing.

pugiliste [pyʒilist] *nm* -**1.** *litt* [boxeur] boxer, pugilist. -**2.** ANTIQ boxer.

pugilistique [pyʒilistik] *adj sout* boxing *(modif)*, pugilistic.

pugnace [pygnas] *adj litt* -**1.** [combatif] combative, belligerent *litt*. -**2.** [dans la discussion] argumentative, pugnacious *litt*.

pugnacité [pygnasite] *nf litt* -**1.** [combativité] combativeness, belligerence *litt*. -**2.** [dans la discussion] argumentativeness, pugnacity *litt*.

puîné, e [pɥine] *vieilli* ◇ *adj* [de deux enfants] younger; [de plusieurs enfants] youngest.
◇ *nm, f any child born after the eldest*: **les** ~**s n'avaient pas droit à l'héritage paternel** the younger children had no right to their father's inheritance.

puis [pɥi] *adv* -**1.** [indiquant la succession] then; **il a regardé un moment,** ~ **a semblé s'en désintéresser** he looked for a while, then seemed to lose interest; **il sortit** ~ **se mit à courir** he went out and (then) started to run; **prenez à gauche** ~ **à droite** turn left then right; **vous verrez une grande ferme à droite,** ~ **un groupe de maisons** you'll see a big farm on the right, then a group of houses. -**2.** [dans une énumération] then; **elle a mangé une cerise,** ~ **une autre,** ~ **une troisième** she ate a cherry, and then another, and then a third one.
◆ **et puis** *loc adv* -**1.** [indiquant la succession]: **il a dîné rapidement et** ~ **il s'est couché** he ate quickly and then he went to bed; **en tête du cortège le ministre et** ~ **les conseillers** at the head of the procession the minister followed by the counsellors ❑ **et** ~?, **et** ~ **après?** [pour solliciter la suite] what then?, what happened next?; *fam* [pour couper court] it's none of your business!; *fam* [exprimant l'indifférence] so what!; **oui, je vais vendre ma voiture, et** ~ **après?** yes, I'll sell my car, if it's any of your business!; **et** ~ **c'est tout!, et** ~ **voilà!** and that's all!, and that's that!, and that's all there's to it!; **tu n'iras pas, et** ~ **c'est tout!** you're not going, and that's that! -**2.** [dans une énumération] then; **on a mangé un gâteau, et** ~ **une glace** we had a cake and then an ice cream. -**3.** [d'ailleurs]: **je n'ai pas envie de sortir, et** ~ **il fait trop froid** I don't feel like going out, and anyway OU and what's more it's too cold.

puisage [pɥizaʒ] *nm* drawing (of water).

puisard [pɥizar] *nm* -**1.** [pour l'évacuation] sump; ~ **de rue** catch pit. -**2.** [pour l'épuration] cesspool, drainage well. -**3.** NAUT bilge well. -**4.** MIN sump.

puisatier [pɥizatje] *nm* -**1.** [terrassier] well sinker. -**2.** MIN sumpman.

puisement [pɥizmɑ̃] = **puisage**.

puiser [3] [pɥize] ◇ *vt* -**1.** [eau] to draw; ~ **l'eau d'un puits/d'une citerne** to draw water from a well/a tank. -**2.** *sout* [extraire] to get, to derive; **où a-t-il puisé le courage de parler ainsi?** where did he get the nerve to say such things?; ~ **sa force dans** to draw one's strength from; ~ **son inspiration dans** to take OU to draw one's inspiration from. -**3.** [prélever] to draw, to take; **tu peux** ~ **de l'argent sur mon compte si tu en as besoin** you can draw some money from my account if you need any.
◇ *vi* [avoir recours à] to draw; ~ **dans ses économies** to draw on OU upon one's savings; **j'ai trop puisé dans mes économies** I've depleted my savings; **est-ce que je peux** ~ **dans ta réserve de crayons?** can I dip into OU help myself from your stock of pencils?; ~ **dans son expérience** to draw on one's experience; **ils n'ont pas puisé dans la même documentation** they didn't use the same source material.

puisque [pɥiskə] (*devant voyelle ou h muet* **puisqu'** [pɥisk]) *conj* -**1.** [parce que] since, because; **tu ne peux pas acheter de voiture,** ~ **tu n'as pas d'argent** you can't buy a car because OU since you don't have any money; **la terrasse est très ensoleillée puisqu'exposée au sud** because OU since the terrace faces south it gets a lot of sun. -**2.** [étant donné que] since; **je viendrai dîner,** ~ **vous insistez** I will come to dinner, since you insist; **je ne sortirai pas,** ~ **ça t'inquiète** since it worries you, I won't go out; ~ **vous voulez me parler, allons dans mon bureau** since you wish to speak to me, let's go into my office; **bon,** ~ **tu le dis/y tiens** alright, if that's what you say/want; ~ **c'est comme ça, je m'en vais!** if that's how it is, I'm leaving!; **puisqu'il en est ainsi** since that's the way things are; **ce chantage, puisqu'il faut l'appeler ainsi...** this blackmail, since there's no other word for it...; **cette erreur, puisqu'erreur il y a...** this mistake, since there is a mistake... -**3.** [emploi exclamatif]: **mais** ~ **je te dis que je ne veux pas!** but I'm telling you that I don't want to!; **mais puisqu'il m'attend!** but I'm telling you he's waiting for me!; ~ **je te dis que je vais le faire!** I've told you I'm going to do it!; **tu vas vraiment y aller?** — ~ **je te le dis!** so are you really going? — isn't that what I said?

puissamment [pɥisamɑ̃] *adv* -**1.** [avec efficacité] greatly; **ils ont** ~ **contribué à la victoire** their part in the victory was decisive; ~ **raisonné!** *iron* brilliant thinking! -**2.** [avec force] powerfully, mightily; **un corps ~ musclé** a powerfully muscular body.

puissance [pɥisɑ̃s] *nf* -**1.** [force physique] power, force, strength. -**2.** [pouvoir, autorité] power; **un État au sommet de sa ~** a state at the height of its power. -**3.** [capacité] power, capacity; **une grande ~ de travail** a great capacity for work; **une grande ~ de séduction** great powers of seduction. -**4.** [d'un appareil] power, capacity, capability; **~ d'une arme nucléaire** ARM yield of a nuclear weapon; **augmenter/diminuer la ~** AUDIO to turn the volume up/down ❑ **~ active/instantanée/réactive** ÉLECTR active/instantaneous/reactive power; **~ d'entrée/de sortie** ÉLECTR input/output (power); **~ de feu** ARM fire power; **~ fiscale** AUT engine rating; **~ nominale/au frein** AUT nominal/brake horsepower. -**5.** COMM power; **~ commerciale** sales power; **~ publicitaire** OU **de vente** selling power. -**6.** MATH: **~ d'un nombre** power of a number; **six ~ cinq** six to the power (of) five; **deux (à la) ~ trois égale huit** two cubed OU two to the power (of) three is eight; **c'est comme une étincelle, mais à la ~ n** *fig* it's like a spark, but to the nth power OU degree. -**7.** JUR authority; **~ paternelle** paternal authority; **~ maritale** authority of husband over wife; **être en ~ de mari** to be under a husband's authority OU control. -**8.** ADMIN: **la ~ publique** the authorities. -**9.** OPT (optical) power. -**10.** ÉQUIT puissance. -**11.** GÉOL thickness, depth.

◆ **puissances** *nfpl* powers; **les ~s de l'argent** the moneyed classes; **les ~s** BIBLE the powers; **les ~s des ténèbres** the powers of darkness ❑ **les grandes ~s** POL the great powers.

◆ **en puissance** *loc adj* [virtuel] potential, prospective; **un candidat en ~** a potential candidate; **un client en ~** a prospective customer; **c'est un fasciste en ~** he's got latent fascist tendencies.

puissant, e [pɥisɑ̃, ɑ̃t] *adj* -**1.** [efficace - remède] powerful, potent, efficacious; [- antidote, armée, ordinateur] powerful; [- membre, mouvement] strong, powerful, mighty *litt*; **une théorie qui soit assez ~e pour expliquer l'évolution** a theory powerful enough to explain evolution. -**2.** [intense] strong; **une ~e odeur de goudron** a strong smell of tar; **sa voix ~e** her strong OU powerful voice. -**3.** [influent] powerful, mighty *litt*; **riche et ~** rich and powerful; **ils craignent leurs ~s voisins** they fear their powerful neighbours. -**4.** [profond] powerful; **un ~ instinct de conservation** a powerful instinct of self-preservation. -**5.** GÉOL thick.

◆ **puissants** *nmpl*: **les ~s** the powerful.

puits [pɥi] *nm* -**1.** [pour l'eau] well; **~ à ciel ouvert** open well; **~ perdu** cesspool; **~ artésien** artesian well. -**2.** PÉTR: **~ de pétrole** oil well; **~ d'exploration** exploration OU wild cat well; **~ d'intervention** relief OU killer well; **~ sec** OU **improductif** duster. -**3.** MIN shaft, pit; **~ d'aérage** ventilation OU ventilating shaft; **~ d'extraction** extraction shaft. -**4.** CONSTR: **~ d'amarrage** OU **d'ancrage** anchor block (hole). -**5.** *fig*: **un ~ de science** a walking encyclopedia, a fount of knowledge, a mine of information. -**6.** GÉOG pothole.

◆ **puits d'amour** *nm* CULIN cream puff.

pull [pyl] = **pull-over**.

pullman [pulman] *nm* -**1.** RAIL Pullman® (car). -**2.** [autocar] luxury coach *Br*, luxury touring bus.

pull-over [pylɔvɛr] (*pl* **pull-overs**) *nm* sweater, pullover, jumper *Br*.

pullulation [pylylasjɔ̃] *nf* pullulation.

pullulement [pylylmɑ̃] *nm* -**1.** [processus] proliferation; **empêcher le ~ des bactéries** to stop bacteria from proliferating. -**2.** *sout* [grand nombre]: **un ~ d'insectes** swarms of insects; **un ~ de touristes** hordes of tourists.

pulluler [3] [pylyle] *vi* -**1.** [abonder] to congregate, to swarm; **au lever du jour, les mouettes pullulent sur la falaise** seagulls congregate OU swarm on the cliffs at dawn; **égouts où les rats pullulent** sewers overrun by rats. -**2.** [se multiplier] to multiply, to proliferate; **les mauvaises herbes pullulaient dans le jardin abandonné** weeds were taking over the abandoned garden. -**3.** **~ de** [fourmiller de] to swarm OU to be alive with; **la plage pullule de baigneurs** the seashore is swarming with bathers; **votre rapport pullule d'inexactitudes** your report is riddled with inaccuracies.

pulmonaire [pylmɔnɛr] ◇ *adj* -**1.** ANAT pulmonary. -**2.** MÉD pulmonary, lung *(modif)*.

◇ *nmf* lung patient.

◇ *nf* BOT lungwort.

pulpaire [pylpɛr] *adj* pulpal.

pulpe [pylp] *nf* -**1.** [de fruit] pulp; **~ d'agrumes** citrus pulp; **yaourt/boisson à la ~ de fruit** yoghurt/drink with real fruit. -**2.** ANAT pulp; [des doigts] pad, digital pulp *spéc*; **~ dentaire** tooth OU dental pulp.

pulpeux, euse [pylpø, øz] *adj* -**1.** ANAT & BOT pulpy. -**2.** [charnu - lèvres, formes] fleshy, voluptuous; **une blonde pulpeuse** a curvaceous blonde.

pulpite [pylpit] *nf* pulpitis.

pulsant, e [pylsɑ̃, ɑ̃t] *adj* pulsating ASTRON.

pulsatif, ive [pylsatif, iv] *adj* pulsatory, pulsatile.

pulsation [pylsasjɔ̃] *nf* -**1.** ANAT: **~s cardiaques** heartbeats. -**2.** ASTRON pulsation. -**3.** ÉLECTR pulsatance, angular frequency. -**4.** PHYS (mechanical) pulsation. -**5.** MUS beat.

pulser [3] [pylse] ◇ *vt* [air] to extract, to pump out *(sép)*.

◇ *vi* -**1.** MÉD & MUS to throb. -**2.** ASTRON to pulsate.

pulsion [pylsjɔ̃] *nf* -**1.** [motivation] impulse, unconscious motive; **mû par des ~s inexplicables** spurred on OU driven by mysterious impulses. -**2.** PSYCH drive, urge; **~s sexuelles** sexual desire, sexual urge.

pulsionnel, elle [pylsjɔnɛl] *adj* drive *(modif)*.

pulsoréacteur [pylsɔreaktœr] *nm* pulse-jet (engine).

pulvérisateur [pylverizatœr] *nm* -**1.** [vaporisateur] spray. -**2.** AGR sprayer; **~ rotatif/va-et-vient** rotary/travelling sprayer.

pulvérisation [pylverizasjɔ̃] *nf* -**1.** [action] spraying. -**2.** [médicament] spray; **prendre un médicament en ~** to take a medicine in the form of a spray.

pulvériser [3] [pylverize] *vt* -**1.** [broyer] to pulverise, to turn into powder. -**2.** *fig* [détruire] to demolish, to smash to pieces; **les bombes ont pulvérisé la ville** the bombs reduced the town to ashes OU to a heap of rubble; **~ un record** to smash a record; **je vais le ~, ce type!** *fam* I'm going to flatten OU make mincemeat out of this guy! -**3.** [vaporiser] to spray.

pulvériseur [pylverizœr] *nm* disc harrow.

pulvérulence [pylverylɑ̃s] *nf* powderiness, dustiness.

pulvérulent, e [pylverylɑ̃, ɑ̃t] *adj* powdery, dusty.

puma [pyma] *nm* puma, cougar, mountain lion.

punaise [pynɛz] ◇ *nf* -**1.** ZOOL bug; **~ des lits** bed bug; **~ des bois** [pentatome] forest bug. -**2.** [clou] tack, drawing pin *Br*, thumbtack *Am*; **~ d'architecte** three-pointed tack. -**3.** *fam* [personne] vixen. -**4.** *fam péj*: **~ de sacristie** sanctimonious person.

◇ *interj fam*: **~!** blimey! *Br*, gee whizz! *Am*.

punaiser [4] [pyneze] *vt* to pin up *(sép)*, to put up *(sép)* with drawing pins.

punch[1] [pɔ̃ʃ] *nm* [boisson] punch.

punch[2] [pœnʃ] *nm inv* -**1.** *fam* [dynamisme] pep, get-up-and-go; **avoir du ~** to be full of get-up-and-go; **une politique qui a du ~** a hard-hitting policy. -**2.** SPORT [d'un boxeur]: **il a le ~** he's got a knock-out OU devastating punch.

puncheur [pœnʃœr] *nm* SPORT powerful boxer.

punching-ball [pœnʃiŋbol] (*pl* **punching-balls**) *nm* punch OU speed ball.

puni, e [pyni] *nm, f* punished pupil; **les ~s resteront dans la classe pendant la récréation** those who have been punished will stay in during break.

punique [pynik] ◇ *adj* [civilisation] Carthaginian, Punic; [guerre] Punic.

◇ *nm* LING Punic.

punir [32] [pynir] *vt* -**1.** [élève, enfant] to punish. -**2.** JUR to punish, to penalize; **~ qqn de qqch** to punish sb for sthg; **être puni par la loi** to be punished by law, to be prosecuted; **être puni de prison** to be sentenced to prison; **'tout abus sera puni'** 'penalty for improper use'; **tu seras puni par où tu as péché** *allusion Bible* as you sow, so you shall reap; **le kidnapping est puni de la prison à vie** kidnapping is punishable by life imprisonment; **elle est bien punie de sa méchanceté** she's paying the price for her spitefulness ❑ **c'est le ciel** OU **le bon Dieu qui t'a puni** *fam* it serves you right.

punissable [pynisabl] *adj* punishable, deserving (of) punishment; **~ de trois mois de prison** [délit] carrying a penalty of three months imprisonment; [criminel] liable to three months in jail.

punitif, ive [pynitif, iv] *adj* punitive; **en agissant ainsi, je n'ai pas d'intentions punitives** I do not intend this as punishment.

punition [pynisjɔ̃] *nf* -**1.** [sanction] punishment; **en guise de ~** as (a) punishment ❑ **~ corporelle** corporal punishment; **~ de Dieu** OU **du ciel** divine retribution. -**2.** *fam* [défaite] thrashing; **les Bordelais ont infligé une rude ~ aux Parisiens** the Bordeaux team wiped the floor with OU thrashed the Paris club. -**3.** [conséquence] punishment, penalty; **la ~ est lourde** it's a heavy price to pay.

◆ **en punition** *fam loc adj & adv* in detention; **il est en ~** he is being kept in *(by a teacher)*.

◆ **en punition de** *loc prép* as a punishment for.

Punjab [pœndʒab] = **Pendjab**.

punk [pœnk] *adj inv & nmf* punk.

pupillaire [pypilɛr] *adj* -**1.** JUR pupillary. -**2.** ANAT pupillary.

pupille [pypij] ◇ *nmf* -**1.** [en tutelle] ward (of court). -**2.** [orphelin] orphan; **~ de l'État** child in care; **~s de la Nation** war orphans.

◇ *nf* ANAT pupil.

pupitre [pypitr] *nm* -**1.** AÉRON, AUDIO & INF console; [clavier] keyboard; **~ de commande** control console OU desk; **~ de mélange** mixing-desk, mixing console, audio-mixer; **~ de poursuite** tracking console. -**2.** MUS [support - sur pied] music stand; [- sur un instrument] music rest; [groupe] section; **le ~ des violons** the violin section, the violins ❑ **~ d'orchestre** orchestra stand. -**3.** [tablette de lecture] (table) lectern. -**4.** *vieilli* [bureau d'écolier] desk.

pupitreur, euse [pypitrœr, øz] *nm, f* console operator; [claviste] keyboarder.

pur, e [pyr] ◇ *adj* -**1.** [limpide - eau] pure, clear, uncontaminated; [- ciel] pure, clear; **respirez l'air ~!** breathe in the clean OU pure air!; **l'air est ~ dans nos montagnes** the air is pure OU clean OU unpolluted up in our mountains. -**2.** [sans mélange - liquide] undiluted; [- race] pure; [- bonheur, joie] unalloyed, pure; [- note, voyelle, couleur] pure; **il parle un anglais très ~** he speaks very refined OU polished English; **du lait ~** unadulterated milk; **le cognac se boit ~** cognac should be taken straight OU neat; **~ style dorique** pure Doric style; **~e laine (vierge)** pure (new) wool; **biscuits ~ beurre** (100 %) butter biscuits; **c'est un ~ produit de la bourgeoisie** he's a genuine middle-class product; **ce n'est pas un ~ esprit** *euph* he's made of flesh and blood; **à l'état ~** pure, unalloyed, unadulterated ❑ **~ et dur** [fidèle] strict; [intransigeant] hard-line; **les amateurs de café ~s et durs** *hum* serious OU dedicated coffee drinkers. -**3.** [sans défaut] faultless, perfect; **des lignes ~es** neat OU perfect lines; **l'ovale ~ de son visage** the faultless OU perfect oval of her face; **un style ~** an unaffected style. -**4.** [innocent] pure, clean; **être ~** to be pure at heart; **ses pensées sont ~es** his thoughts are clean OU pure; **une conscience ~e** a clear conscience; **le regard ~ d'un enfant** a child's innocent gaze; **une jeune fille ~e** a young innocent girl. -**5.** [théorique] pure, theoretical; **mathématiques/sciences ~es** pure mathematics/science. -**6.** [en intensif] sheer, utter, pure; **c'est de la folie ~e!** it's utter lunacy!; **par ~e méchanceté** out of sheer malice; **c'était un ~ hasard de le trouver là** I found him there purely by chance □ **~ et simple** pure and simple; **c'est de la lâcheté ~e et simple** it's sheer cowardice, it's cowardice pure and simple. -**7.** AUDIO, CHIM & OPT pure. -**8.** MINÉR flawless.

◇ *nm, f* -**1.** POL [fidèle] dedicated follower; [intransigeant] hardliner. -**2.** RELIG true believer.

◆ **en pure perte** *loc adv* for nothing, to no avail; **il a couru en ~e perte, il a quand même manqué le train** it was absolutely no use running, he missed the train all the same.

purée [pyre] ◇ *nf* -**1.** CULIN [de pommes de terre] mashed potatoes; [de légumes] purée; **~ de tomates/carottes** tomato/carrot purée; **réduire qqch en ~** CULIN to purée sthg; *fig* to smash sthg to a pulp; **j'ai retrouvé mes coquillages en ~ au fond du sac** my shells were all crushed at the bottom of the bag. -**2.** ▽ [misère]: **être dans la ~** to be broke.

◇ *interj* *fam* crumbs, crikey.

◆ **purée de pois** *fam nf* [brouillard] peasouper.

purement [pyrmɑ̃] *adv* -**1.** [uniquement] purely, only, solely; **ses connaissances sont ~ techniques** his knowledge is purely technical. -**2.** [entièrement] purely, wholly; **une existence ~ mystique** a purely mystical life □ **~ et simplement** purely and simply; **le contrat est ~ et simplement annulé** the contract is purely and simply cancelled; **non, c'est ~ et simplement impossible!** no, it's quite simply out of the question!

pureté [pyrte] *nf* -**1.** [propreté] cleanness, purity; **la ~ de l'eau** the cleanness of the water. -**2.** AUDIO, CHIM & OPT purity; MINÉR purity, flawlessness; **la ~ de l'or** the purity of gold; **une émeraude d'une grande ~** a perfect OU flawless emerald. -**3.** [harmonie parfaite - d'un contour] neatness, purity; [- d'une langue, d'un style] purity, refinement; **la ~ de ses traits** the perfection in her face OU of her features. -**4.** [innocence] purity, chastity; **je doute de la ~ de ses intentions** I doubt whether his intentions are honourable.

purgatif, ive [pyrgatif, iv] *adj* purgative.

◆ **purgatif** *nm* purgative.

purgation [pyrgasjɔ̃] *nf* -**1.** MÉD [remède] purgative; [processus] purging, cleansing. -**2.** RELIG purgation.

purgatoire [pyrgatwar] *nm* -**1.** RELIG purgatory; **au ~** in purgatory. -**2.** *fig* purgatory; **faire son ~ sur terre** to live a life of purgatory.

purge [pyrʒ] *nf* -**1.** TECH [processus] draining, bleeding; [d'un radiateur] bleeding; [dispositif] bleed key. -**2.** MÉD purge, purgative. -**3.** *fig* [au sein d'un groupe] purge. -**4.** JUR: **~ d'hypothèque** redemption of mortgage. -**5.** TEXT cleaning.

purger [17] [pyrʒe] *vt* -**1.** TECH [radiateur] to bleed; [réservoir] to drain; [tuyau à gaz] to allow to blow off, to blow off *(sép)*. -**2.** CHIM [métal] to refine; [substance] to purify. -**3.** JUR [peine] to serve, to purge; **il a purgé six mois de prison** he served six months in prison; **~ sa peine** to serve one's sentence. -**4.** [dette] to pay off *(sép)*; [hypothèque] to redeem. -**5.** MÉD to purge, to give a laxative to. -**6.** [débarrasser] to rid of *(sép)*; **~ un quartier** to clean up an area; **le parti a été purgé de ses contestataires** the party has been purged of disloyal elements. -**7.** *sout* [nettoyer, purifier]: **ils ont purgé le texte de toute allusion politique** they removed all political references from the text.

◆ **se purger** *vp (emploi réfléchi)* to take a purgative.

purgeur [pyrʒœr] *nm* [vidange] draincock; [trop-plein] bleed tap; **~ d'air** air cock; **~ de vapeur** pet cock.

purifiant, e [pyrifjɑ̃, ɑ̃t] *adj* -**1.** [crème, lotion] cleansing, purifying. -**2.** [air] healthy.

purificateur, trice [pyrifikatœr, tris] *adj* purifying.

◆ **purificateur** *nm*: **~ (d'air)** (air) purifier.

purification [pyrifikasjɔ̃] *nf* -**1.** CHIM purifying; **~ de l'air/l'eau** air/water purifying ‖ *fig* cleansing. -**2.** RELIG purification; **la Purification** Candlemas, the Purification.

purificatoire [pyrifikatwar] ◇ *adj* purificatory.

◇ *nm* RELIG purificator (napkin).

purifier [9] [pyrifje] *vt* -**1.** [rendre pur - air] to purify, to clear; **la pluie a purifié l'atmosphère** the rain has cleared the air. -**2.** [âme] to cleanse. -**3.** [corriger] to purify. -**4.** CHIM [filtrer] to purify, to decontaminate; **eau purifiée** purified OU decontaminated water. -**5.** MÉTALL to refine; **or purifié** refined gold.

◆ **se purifier** *vpi sout* -**1.** [devenir propre] to become clean OU pure; **plus on monte, plus l'air se purifie** the higher you go, the purer the air becomes. -**2.** RELIG to be cleansed OU purified; **l'âme se purifie dans la prière** the soul is purified by prayer.

purin [pyrɛ̃] *nm* liquid manure.

purisme [pyrism] *nm* -**1.** [gén & LING] purism. -**2.** BX-ARTS Purism.

puriste [pyrist] *adj & nmf* -**1.** [gén & LING] purist. -**2.** BX-ARTS Purist.

puritain, e [pyritɛ̃, ɛn] ◇ *adj* -**1.** [strict] puritan, puritanical. -**2.** HIST Puritan.

◇ *nm, f* -**1.** [personne stricte] puritan. -**2.** HIST: **les ~s** the Puritans.

puritanisme [pyritanism] *nm* -**1.** [austérité] puritanism, austerity. -**2.** HIST Puritanism.

purpura [pyrpyra] *nm* purpura.

purpurin, e [pyrpyrɛ̃, in] *adj litt* crimson, purpurine *litt*.

pur-sang [pyrsɑ̃] *nm inv* ZOOL thoroughbred.

purulence [pyrylɑ̃s] *nf* purulence, purulency.

purulent, e [pyrylɑ̃, ɑ̃t] *adj* MÉD [plaie] suppurating; [sinusite] purulent.

pus [py] *nm* pus.

push-pull [puʃpul] *adj inv & nm inv* push-pull.

pusillanime [pyzilanim] *adj sout* pusillanimous, spineless.

pusillanimité [pyzilanimite] *nf sout* pusillanimity, spinelessness.

pustule [pystyl] *nf* -**1.** MÉD pustule *spéc*, pimple; **~ maligne** malignant pustule *spéc*. -**2.** BOT & ZOOL pustule.

putain [pytɛ̃] ◇ *nf* ▽ [prostituée] whore; **faire la ~** [être prostituée] to be on the game *Br*, to hustle *Am*; [renoncer à ses principes] to sell out.

◇ *adj* ▽: **il est très ~** he's a real bootlicker.

◇ *interj* ▼ shit; **~, j'ai oublié mon portefeuille!** shit, I've forgotten my wallet!; **~ de voiture!** that bloody *Br* OU goddam *Am* car!; **~ d'autobus, encore en retard!** that bloody *Br* OU goddam *Am* bus is always turning up late!

putassier, ère▼ [pytasje, ɛr] *adj péj* -**1.** [qui concerne la prostitution] whorish. -**2.** [servile, obséquieux] ingratiating.

putatif, ive [pytatif, iv] *adj* -**1.** JUR putative. -**2.** [supposé] assumed, supposed.

pute▼ [pyt] *nf* whore; **aller chez les** OU **aux ~s** to go (out) whoring; **fils** OU **enfant de ~!** you son of a bitch!

putois [pytwa] *nm* -**1.** ZOOL polecat. -**2.** [fourrure] fitch.

putréfaction [pytrefaksjɔ̃] *nf* putrefaction, decomposition.

putréfiable [pytrefjabl] *adj* putrefiable.

putréfié, e [pytrefje] *adj* putrefied, putrid, rotten.

putréfier [9] [pytrefje]

◆ **se putréfier** *vpi* to putrify, to become putrid.

putrescibilité [pytresibilite] *nf* putrescibility.

putrescible [pytresibl] *adj* putrescible, putrefiable.

putride [pytrid] *adj* -**1.** *sout* [pourri - viande, cadavre] decomposed, putrid; [- eau] putrid, contaminated. -**2.** [nauséabond] foul, putrid; **odeur ~** putrid smell, foul stench. -**3.** *sout* [immoral - lettre, pièce] depraved, offensive.

putridité [pytridite] *nf litt* rottenness, putridness.

putsch [putʃ] *nm* military coup, putsch.

putschiste [putʃist] *nmf* putschist, author of a military coup.

putt [pœt] *nm* putt.

putter [pœtœr] *nm* putter (club).

putting [pœtiŋ] = **putt**.

puy [pɥi] *nm* puy, mountain *(in the Auvergne)*.

puzzle [pœzl] *nm* -**1.** JEUX (jigsaw) puzzle. -**2.** [énigme] puzzle, puzzling question, riddle; **je commence à rassembler les morceaux du ~** I'm beginning to fit the pieces of the puzzle together; **il ne lui restait plus qu'à placer la dernière pièce du ~** he just had the last piece of the jigsaw to put into place.

P-V *fam (abr de* **procès-verbal***)* *nm* (parking) ticket.

PVC *(abr de* **polyvinyl chloride***)* *nm* PVC.

PVD *nm abr de* **pays en voie de développement**.

px *(abr écrite de* **prix***)*: **~ à déb.** offers.

Pygmalion [pigmaljɔ̃] *npr* MYTH Pygmalion.

pygmée [pigme] ◇ *adj* Pygmy.

◇ *nmf* -**1.** *arch & péj* [nain] pygmy, dwarf. -**2.** *litt & péj* [personne insignifiante] nobody, pygmy *litt*.

◆ **Pygmée** *nmf* ANTHR & MYTH Pygmy.

pyjama [piʒama] *nm*: **un ~** (a pair of) pyjamas; **encore en ~ à cette heure-ci?** still in your OU wearing pyjamas at this time of day?

pylône [pilon] *nm* -**1.** ÉLECTR & TÉLÉC pylon. -**2.** ARCHIT monumental column, pylon. -**3.** ANTIQ pylon. -**4.** TRAV PUBL tower.

pylore [pilɔr] *nm* pylorus.

pylorique [pilɔrik] *adj* pyloric.

Pyongyang [pjɔ̃gjɑ̃g] *npr* Pyongyang.

pyorrhée [pjɔre] *nf* pyorrhoea.

pyralène [piralɛn] *nm* Pyralene.

pyramidal, e, aux [piramidal, o] *adj* -**1.** ARCHIT, ÉCON, GÉOM & MÉD pyramidal. -**2.** [forme] pyramid-shaped. -**3.** ANAT: **muscle ~ de l'abdomen** pyramidalis; **voie ~e** pyramidal tract.

pyramide [piramid] *nf* -**1.** ARCHIT & GÉOM pyramid; **la ~ de Kheops** the (Great) Pyramid of Cheops. -**2.** [empilement]: **une ~ de fruits** a pyramid of fruit □ **~ humaine** human pyramid. -**3.** SOCIOL: **~ des âges** population pyramid. -**4.** ÉCOL: **~ alimentaire** food pyramid. -**5.** ANAT pyramid; **~ de Malpighi** pyramid of Malpighi.

pyranne [piran] *nm* pyran.

pyrénéen, enne [pireneɛ̃, ɛn] *adj* Pyrenean.

◆ **Pyrénéen, enne** *nm, f person from the Pyrenees.*

Pyrénées [pirene] *npr fpl*: **les ~** the Pyrenees.

Pyrex® [pirɛks] *nm* Pyrex®.

pyrite [pirit] *nf* pyrite; **~ cuivreuse** copper pyrite OU pyrites; **~ blanche** marcasite.

pyroélectricité [pirɔelɛktrisite] *nf* pyroelectricity.

pyrogénation [pirɔʒenasjɔ̃] *nf* pyrogenation.

pyrogène [pirɔʒɛn] *adj* MÉD pyrogenic.

pyrograver [3] [pirɔgrave] *vt*: **~ qqch** to work sthg with a hot poker, to pyrograph sthg *spéc*.

pyrogravure [pirɔgravyr] *nf* pyrography *spéc*, poker-work.

pyrolyse [pirɔliz] *nf* pyrolysis.

pyromane [pirɔman] *nmf* arsonist, pyromaniac.

pyromanie [pirɔmani] *nf* pyromania.

pyrométrie [pirɔmetri] *nf* pyrometry.

pyrosis [pirɔzis] *nm* heartburn, pyrosis *spéc*.

pyrotechnicien, enne [pirɔtɛknisjɛ̃, ɛn] *nm, f* pyrotechnician.

pyrotechnie [pirɔtɛkni] *nf* pyrotechnics *(U)*, pyrotechny, fireworks.
pyrotechnique [pirɔtɛknik] *adj* pyrotechnic, pyrotechnical; **un spectacle ~** a firework display.
pyroxène [pirɔksɛn] *nm* pyroxene.
pyroxyle [pirɔksil] *nm vieilli* pyroxilin, guncotton.
pyrrhonisme [pirɔnism] *nm* Pyrrhonism.
Pyrrhus [pirys] *npr* Pyrrhus.
Pythagore [pitagɔr] *npr* Pythagoras; **le théorème de ~** Pythagoras' theorem.
pythagoricien, enne [pitagɔrisjɛ̃, ɛn] ◇ *adj* Pythagorean; **la gamme ~ne** the Pythagorean scale.
◇ *nm, f* Pythagorean.
pythagorique [pitagɔrik] *adj*: **nombres ~s** Pythagorean numbers.
pythie [piti] *nf* **-1.** ANTIQ: **la ~** Pythia. **-2.** *litt* [prophétesse] pythoness.
python [pitɔ̃] *nm* ZOOL python.
pythonisse [pitɔnis] *nf* **-1.** ANTIQ pythoness. **-2.** *litt* [prophétesse] prophetess, (female) soothsayer.

Q

q, Q [ky] *nm* q, Q; **fièvre Q** Q fever.

q *abr écrite de* **quintal.**

Qatar [katar] *npr m*: **le ~** Qatar, Katar.

QCM (*abr de* **questionnaire à choix multiple**) *nm* multiple-choice questionnaire.

QG (*abr de* **quartier général**) *nm* HQ.

QHS *nm abr de* **quartier de haute sécurité.**

QI (*abr de* **quotient intellectuel**) *nm* IQ.

Qom [kɔm] *npr* Qom, Qum.

qqch (*abr écrite de* **quelque chose**) sthg.

qqe *abr écrite de* **quelque.**

qqes *abr écrite de* **quelques.**

qqf *abr écrite de* **quelquefois.**

qqn (*abr écrite de* **quelqu'un**) sb.

QSR *nm abr de* **quartier de sécurité renforcée.**

quadragénaire [kwadraʒenɛr] ◇ *adj* forty-year-old, quadragenarian; **elle est ~** she's over forty OU in her forties.
◇ *nmf* forty-year-old man (*f* woman), quadragenarian; **un sémillant ~** a dashing forty-year old.

quadragésime [kwadraʒezim] *nf* Quadragesima Sunday.

quadrangulaire [kwadrɑ̃gylɛr] *adj* quadrangular, four-angled; **une tour ~** a four-sided tower.

quadrant [kwadrɑ̃] *nm* ANAT & GÉOM quadrant.

quadratique [kwadratik] *adj* quadratic; **système ~** tetragonal system.

quadrature [kwadratyr] *nf* -**1.** GÉOM quadrature, squaring; **~ du cercle** squaring the circle; **c'est la ~ du cercle** it's like trying to square a circle OU to get a quart into a pint pot. -**2.** ASTRON quadrature. -**3.** MATH integration.

quadriceps [kwadrisɛps] *nm* quadriceps.

quadrichromie [kwadrikrɔmi] *nf* four-colour processing OU printing.

quadriennal, e, aux [kwadrijenal, o] *adj* quadrennial, four-year (*avant n*).

quadrifide [kwadrifid] *adj* quadrifid.

quadrilatéral, e, aux [kwadrilateral, o] *adj* quadrilateral, four-sided.

quadrilatère [kwadrilatɛr] ◇ *adj* quadrilateral.
◇ *nm* GÉOM & MIL quadrilateral.

quadrillage [kadrijaʒ] *nm* -**1.** [réseau] grid; **~ international** standard grid; **~ des rues** grid arrangement OU layout of streets. -**2.** [tracé] grid OU criss-cross pattern; **pour dessiner, tu peux utiliser le ~ de ton cahier** you can use the squares on your exercise-book to make your drawing. -**3.** [division] division; **~ administratif** division into administrative areas; **~ hospitalier** hospital area division. -**4.** [contrôle] surveillance; **les gangsters se sont enfuis malgré le ~ mis en place par la police** the gangsters got away despite the tight police controls. -**5.** [sur une carte] grid, graticule.

quadrille [kadrij] *nm* quadrille; **le ~ des lanciers** the lancers.

quadrillé, e [kadrije] *adj* squared, cross-ruled.

quadriller [3] [kadrije] *vt* -**1.** [papier] to criss-cross, to mark into squares. -**2.** [surveiller] to surround; **la police quadrille le quartier** police presence is heavy in the district. -**3.** [être réparti sur] to be scattered about OU dotted over; **les pylônes quadrillent la région** pylons criss-cross OU are dotted all over the area.

quadrimoteur [kwadrimɔtœr] ◇ *adj m* four-engined.
◇ *nm* four-engined plane.

quadripartite [kwadripartit] *adj* -**1.** BOT quadripartite. -**2.** [conférence, commission] quadripartite; **réunion ~** [de groupements] quadripartite meeting; [de pays] meeting between four countries; [de partis] four-party meeting.

quadriphonie [kwadrifɔni] *nf* quadraphony, quadraphonics (*sg*).

quadriplégie [kwadripleʒi] *nf* quadriplegia, tetraplegia.

quadripolaire [kwadripɔlɛr] *adj* quadripolar.

quadripôle [kwadripol] *nm* quadripole.

quadriréacteur [kwadrireaktœr] ◇ *adj m* four-engined.
◇ *nm* four-engined plane OU jet.

quadrisyllabe [kwadrisilab] *nm* quadrisyllable, tetrasyllable.

quadrisyllabique [kwadrisilabik] *adj* quadrisyllabic, tetrasyllabic.

quadrivalent, e [kwadrivalɑ̃, ɑ̃t] *adj* quadrivalent, tetravalent.

quadrumane [k(w)adryman] ◇ *adj* quadrumanous.
◇ *nm* quadrumane; **les ~s** the quadrumana.

quadrupède [k(w)adrypɛd] ◇ *adj* quadruped, four-footed.
◇ *nm* quadruped.

quadruple [k(w)adrypl] ◇ *adj* quadruple.
◇ *nm* quadruple; **j'ai gagné 100 francs et le vendeur le ~** I earned 100 francs and the seller four times that.

quadrupler [3] [k(w)adryple] ◇ *vi* to quadruple, to increase fourfold; **ses revenus ont quadruplé depuis l'année dernière** her income has increased fourfold OU quadrupled since last year, she earns four times more than she did last year.
◇ *vt* to increase fourfold, to quadruple.

quadruplés, ées [k(w)adryple] *nm, f pl* quadruplets, quads.

quadruplex [kwadryplɛks] ◇ *adj inv* quadruplex.
◇ *nm inv* quadruplex system.

quai [kɛ] *nm* -**1.** [d'une gare] platform; **le train est à ~** the train is in; **arrivée du train au ~ numéro cinq** train arriving on platform five. -**2.** NAUT quay, wharf; **arriver à ~** to berth; **le navire est à ~** the ship has berthed. -**3.** [berge] bank, embankment; **sur les ~s de la Seine** on the banks of the Seine. -**4.** [rue bordant un fleuve] street; **prendre les ~s** to drive along the river (*in a town*); **le Quai** [le Quai d'Orsay] the (French) Foreign Ministry; [le Quai des Orfèvres] Police Headquarters (*in Paris*). -**5.** TECH platform.

QUAI:
Note that the names "Quai d'Orsay" and "Quai des Orfèvres" are often used to refer to the government departments situated on the streets of the same name (the foreign office and the police department respectively). "Le quai de Conti" is sometimes used to refer to the Académie française.

---

quaker, eresse [kwɛkœr, kwɛkrɛs] *nm, f* Quaker (*f* Quakeress); **les ~s** the Quakers, the Society of Friends.

qualifiable [kalifjabl] *adj* -**1.** SPORT [athlète, concurrent] liable to qualify. -**2.** [descriptible]: **son attitude n'est pas ~** his attitude can't be justified; **les atrocités qu'ils ont commises ne sont pas ~s** there are no words to describe the atrocities they committed.

qualificatif, ive [kalifikatif, iv] *adj* qualifying.
◆ **qualificatif** *nm* -**1.** [mot] term, word; **ce ~ suave ne lui convient guère!** she hardly deserves to be described in such a pleasant way! -**2.** LING qualifier, modifier.

qualification [kalifikasjɔ̃] *nf* -**1.** [formation] qualification, skill; **elle n'a aucune ~ pour s'occuper d'enfants** she's not qualified to look after children; **sans ~** unskilled; **il n'a pas les ~s requises pour ce poste** he's not qualified OU he hasn't got the right qualifications for this job ❑ **~ professionnelle** professional qualifications. -**2.** SPORT preliminary, qualifying; **obtenir sa ~** to qualify ❑ **épreuves/match de ~** qualifying heats/match. -**3.** [appellation] name; **la ~ de faussaire paraît exagérée** the term forger seems a bit extreme. -**4.** JUR legal definition.

qualifié, e [kalifje] *adj* -**1.** [compétent] skilled, qualified; **elle est ~e pour remplir cette tâche** she's qualified to do this task; **un professeur ~** a qualified teacher. -**2.** SPORT [choisi] qualifying; **les joueurs ~s** the qualifying players. -**3.** JUR aggravated.

qualifier [9] [kalifje] *vt* -**1.** [appeler]: **~ qqn/qqch de...** to describe sb/sthg as...; **il qualifie tout le monde de snob** he calls OU dubs everybody a snob; **un incident que l'ambassade qualifie de grave** an incident described as serious by the embassy. -**2.** [apprécier] to consider; **je ne sais comment ~ son attitude** I don't know what to think of his attitude. -**3.** [conférer la capacité de] to qualify; **son expérience la qualifie parfaitement pour ce poste** her experience qualifies her perfectly for this job. -**4.** SPORT to qualify. -**5.** LING to qualify, to modify.

◆ **se qualifier** ◇ *vp (emploi réfléchi)*: **se ~ de** [se dire] to call o.s.; **elle se qualifie volontiers d'artiste** she likes to call herself an artist.

◇ *vpi* [être choisi] to qualify; **se ~ pour une finale** to qualify for OU to get through to a final.

qualitatif, ive [kalitatif, iv] *adj* qualitative; **d'un point de vue ~** from a qualitative point of view.

qualitativement [kalitativmɑ̃] *adv* qualitatively.

qualité [kalite] *nf* -**1.** [caractéristique d'une personne] quality, virtue; **elle a beaucoup de ~s** she has many (good) qualities; **les ~s et les défauts** good and bad qualities; **~s morales/intellectuelles** moral/intellectual qualities; **avoir des ~s de cœur** to have a good heart. -**2.** [propriété d'une chose] quality, property; **cette plante a des ~s laxatives** this plant has laxative properties; **leur nouvelle maison a beaucoup de ~s** their new house has many good points OU positive features. -**3.** [niveau] quality, grade; **~ ordinaire** standard OU regular grade; **~ médiocre** poor quality; **~ inférieure** low grade; **la ~ de l'impression est insuffisante/bonne** the quality of the printing is inadequate/good; **de ~ inférieure** low-quality, shoddy; **10 points pour la ~ artistique** 10 points for artistic merit; **un pneumologue de sa ~** a lung specialist of his calibre ❑ **~ de vie** quality of life. -**4.** [statut] position; JUR quality, capacity; **nom, prénom, âge et ~** name, first name, age and occupation; **avoir ~ pour faire qqch** to be entitled to do sthg; **je n'ai pas ~ pour vous soigner** [je ne suis pas médecin] I'm not qualified to treat you; [je n'y suis pas autorisé] I am not authorized to treat you; **qui a ~ pour décider, ici?** who's entitled OU empowered to decide around here? -**5.** [supériorité qualitative] quality; **la ~ et la quantité** quality and quantity; **la ~ se paie** you get what you pay for. -**6.** PHILOS quality. -**7.** ÉLECTR & TÉLÉC: **facteur de ~** quality factor.

◆ **qualités** *nfpl* [mérites] skills, qualifications; **pensez-vous avoir les ~s requises?** do you think you've got the required skills?

◆ **de qualité** *loc adj* -**1.** [de luxe] quality *(modif)*, high-standard; **vêtements de ~** quality clothes; **un immeuble de ~ dans un cadre agréable** a luxury residence in pleasant surroundings. -**2.** *vieilli* [noble] noble.

◆ **en qualité de** *loc prép*: **en ~ de tuteur, je peux interdire à ma pupille de se marier** in my capacity as guardian, I can forbid my ward to marry; **en ma ~ de chef de l'opposition, je...** as leader of the opposition, I...

◆ **ès qualités** *loc adv* ADMIN & JUR in one's official capacity; **le ministre n'est pas intervenu ès ~s, mais à titre personnel** the minister intervened in a personal rather than an official capacity.

quand [kɑ̃] ◇ *conj* -**1.** [lorsque] when; **réveille-moi ~ tu partiras** wake me when you leave; **~ tu le verras, demande-lui de me téléphoner** when you see him, ask him to ring me; **elle venait de partir ~ il arriva** she had just left when he arrived; **je te donnerai une réponse ~ j'aurai reçu sa lettre** I'll give you a reply when I get his/her letter; **je le préfère ~ il est de bonne humeur** I prefer him when he is in a good mood; **~ j'ai le temps, j'aime bien aller au cinéma** when I have the time, I like to go to the cinema; **~ je te disais qu'il serait en retard!** I TOLD you he'd be late!; **~ je pense à l'argent que j'ai dépensé!** when I think OU to think of the money I spent! ❑ **~ il n'y en a plus il y en a encore** *fam* there's plenty more where that came from; **~ le vin est tiré, il faut le boire** *prov* you've made your bed and must lie in it. -**2.** [alors que] when; **elle se promène ~ elle doit garder la chambre** she's up and about when she should be in bed; **pourquoi rester enfermé ~ il fait si beau dehors?** why stay cooped up when it's so lovely outside?; **pourquoi rester ici ~ on pourrait partir en week-end?** why stay here when we could go away for the weekend? -**3.** [introduisant une hypothèse] even if; **~ il serait le plus riche des hommes, elle n'en voudrait pas** even if he were the richest man in the world, she wouldn't want to have anything to do with him; **et ~ ce serait, j'ai bien le droit de rêver** even if that is the case, I'm allowed to dream, aren't I?

◇ *adv* when; **~ travaille-t-il?** when does he work?; **~ viendras-tu nous voir?** when will you come and visit us?; **je ne sais pas encore ~ je pars** I don't know when I'm leaving yet; **depuis ~ es-tu là?** how long have you been here?; **à ~ le mariage?** when's the wedding?; **jusqu'à ~ restez-vous?** until when OU how long are you staying?; **c'est pour ~, ce mariage?** when is this wedding going to happen?; **~ est-ce que tu y vas?** *fam* when are you going there?

◆ **quand bien même** *loc conj* even if; **j'irai, ~ bien même je devrais y aller à pied!** I'll go, even if I have to go on foot!

◆ **quand même** ◇ *loc conj sout* even though, even if; **~ même tu lui dirais vingt fois, elle oublierait toujours** even if you told her twenty times, she would still forget.

◇ *loc adv*: **c'était ~ même bien** it was still good, it was good all the same; **je pense qu'il ne viendra pas, mais je l'inviterai ~ même** I don't think he'll come but I'll invite him all the same; **tu pourrais faire attention ~ même!** you really should be more careful!

quant [kɑ̃]

◆ **quant à** *loc prép* as for OU to; **~ aux photos, je ne les ai même jamais vues** as for the photographs, I never even saw them; **~ à la publication de l'ouvrage, elle devrait avoir lieu en juin** as for OU regarding the publication of the work, it should take place in June; **je partage votre opinion ~ à ses capacités** I share your opinion about his ability; **~ à lui** as for him; **~ à vous, tenez-vous tranquilles** as for you, just keep quiet; **~ à ce que vous nous proposez...** as for your proposal...

quanta [kwɑ̃ta] *pl* → **quantum**.

quant-à-soi [kɑ̃taswa] *nm inv*: **rester** OU **se tenir sur son ~** to remain distant OU aloof; **chacun reste sur son ~** everyone remains aloof.

quantième [kɑ̃tjɛm] *nm* day (and date) of the month; **la lettre ne spécifie pas le ~ du mois pour la livraison** the letter doesn't specify what day of the month delivery is to be made; **dû le jour ayant le même ~** JUR due on the same day and date.

quantifiable [kɑ̃tifjabl] *adj* quantifiable.

quantificateur [kɑ̃tifikatœr] *nm* quantifier.

quantification [kɑ̃tifikasjɔ̃] *nf* -**1.** PHILOS quantification. -**2.** PHYS quantization.

quantifier [9] [kɑ̃tifje] *vt* -**1.** PHILOS to quantify. -**2.** PHYS to quantize.

quantique [kwɑ̃tik] ◇ *adj* quantic; **nombre ~** quantic number.

◇ *nf* quantum mechanics.

quantitatif, ive [kɑ̃titatif, iv] *adj* -**1.** [concernant la quantité] quantitative; **évaluation quantitative des résultats des tests** quantitative analysis of test results. -**2.** [reposant sur des statistiques] quantitative; **l'histoire quantitative** quantitative history. -**3.** LING quantitative; **terme ~** quantifier.

quantitativement [kɑ̃titativmɑ̃] *adv* quantitatively.

quantité [kɑ̃tite] *nf* -**1.** [mesure] amount, quantity; **quelle ~ de lessive faut-il mettre?** how much detergent do you have to put in?; **petites ~s de peinture/vitamines** small amounts of paint/doses of vitamins; **une ~ de** lots of, a lot of, a great many; **il y a une ~ de boîtes en carton dans le couloir** there are a lot of cardboard boxes in the corridor; **une ~ industrielle de** *fam* masses and masses of, heaps and heaps of. -**2.** SC [grandeur] quantity; **~ constante/variable** constant/variable quantity; **~ d'électricité** quantity OU charge of electricity; **~ de lumière** quantity of light; **~ de mouvement** linear momentum. -**3.** *loc*: **~ négligeable**: **tenir qqn/qqch pour ~ négligeable** to disregard sb/sthg; **traiter qqn/qqch comme une ~ négligeable** to treat sb/sthg as unworthy of consideration; **il considère mon avis comme ~ négligeable** he doesn't care a jot for my opinion. -**4.** PHILOS & LING quantity.

◆ **en quantité** *loc adv* in abundance, in great amounts; **du vin/des prix en ~** lots of wine/prizes; **il y avait du saumon en ~ dans le torrent** there was plenty of salmon in the stream.

◆ **quantité de** *loc dét sout* a great many, lots of; **~ de femmes vous diront que...** a large number of women will tell you that...; **elle trouve ~ de raisons pour ne pas le faire** she finds any amount OU lots of reasons not to do it.

quantum [kwɑ̃tɔm] (*pl* quanta [-ta]) *nm* -**1.** MATH & PHYS quantum; **théorie des quanta** quantum theory. -**2.** [montant] amount; **~ des dommages et intérêts** sum of damages. -**3.** [proportion] proportion, ratio.

quarantaine [karɑ̃tɛn] *nf* -**1.** [nombre] about forty; **une ~ de chevaux** about forty OU forty or so horses. -**2.** [âge]: **avoir la ~** to be in one's forties; **elle frise la ~** she's pushing forty. -**3.** [isolement] quarantine. -**4.** BOT annual OU hairy stock.

◆ **en quarantaine** ◇ *loc adj* -**1.** MÉD & VÉTÉR in quarantine. -**2.** *fig* excluded, ostracized.

◇ *loc adv*: **mettre en ~** MÉD & VÉTÉR to quarantine; *fig* to ostracize, to exclude.

quarante [karɑ̃t] ◇ *adj num card inv* forty; **elle a ~ de fièvre** her temperature is 40° C; **en ~** [en 1940] in 1940.

◇ *nm inv* -**1.** [numéro] forty; **ils habitent au ~** they live at number 40; **les Quarante** the French Academy. -**2.** TENNIS forty; **~ partout** deuce.

quarante-cinq-tours [karɑ̃tsɛ̃tur] *nm inv* 45 (rpm), single.

quarantenaire [karɑ̃tnɛr] ◇ *adj* -**1.** [qui dure quarante ans] forty-year *(avant n)*. -**2.** MÉD: **maladie ~** notifiable *Br* OU quarantinable *Am* disease.

◇ *nm* [lieu] quarantine.

◇ *nf* [maladie] notifiable *Br* OU quarantinable *Am* disease.

quarantième [karɑ̃tjɛm] ◇ *adj num ord* fortieth.

◇ *nmf* fortieth; **la ~ a été déclassée** the fortieth (one) was relegated.

◇ *nm* -**1.** [fraction] fortieth; **le ~ de cette somme ne représente pas grand-chose** the fortieth (part) of that sum doesn't amount to much. -**2.** NAUT: **les ~s rugissants** the roaring forties.

quart[1] [kar] *nm* -**1.** [quatrième partie] quarter; **5 est le ~ de 20** 5 is a quarter of 20; **un ~ de beurre** a quarter (of a pound) of butter; **un ~ de la tarte** one quarter of the tart; **un ~ de cidre** a quarter (of a litre) of cider; **un kilo et ~, un kilo un ~** a kilo and quarter, one and a quarter kilos ❑ **un ~ de cercle** [gén] a quarter (of a) circle; GÉOM a quadrant; **~ de finale** quarter final; **un ~ de tour** a quarter turn; **au ~ de poil** *fam* perfectly; **le frigo rentre au ~ de poil** the fridge just fits; **démarrer** OU **partir au ~ de tour** *pr & fig* to start first go; **notre prof a démarré au ~ de tour avec les sous-ensembles** *fam* the teacher wasted no time and got us going on subsets. -**2.** MUS: **~ de soupir** semiquaver *Br* OU sixteenth *Am* rest; **~ de ton** quarter tone. -**3.** [période de quinze minutes] quarter of an hour, quarter hour *Am*; **l'horloge sonne tous les ~s** the clock chimes on the quarter of every hour; **c'est le ~ qui sonne** that's the bell for quarter past; **une heure et ~** a quarter past one; **une heure moins le ~** a quarter to one; **viens au ~** *fam* get here at a quarter past; **j'étais là à moins**

le ~ *fam* I was there at a quarter to. -**4.** [petite quantité] fraction; **il dit cela mais il n'en pense pas le ~** that's what he says but he doesn't really mean it. -**5.** NAUT [garde] watch; [aire de vent] rhumb; **prendre le ~** to take the watch; **être de ~** to be on watch OU duty □ **petit ~** dogwatch; **grand ~** six hour (evening) watch. -**6.** [bouteille ou pichet] quarter litre. -**7.** [gobelet] (quarter litre) mug OU beaker. -**8.** *fam* **~ de brie** [nez] conk *Br*, schnoz *Am*.

quart², **e¹** [kar, kart] *adj vieilli* fourth.

quart-de-finaliste [kardəfinalist] (*pl* **quart-de-finalistes**) *nmf* quarterfinalist.

quart d'heure [kardœr] (*pl* **quarts d'heure**) *nm* -**1.** [quinze minutes] quarter of an hour; **je suis resté un ~ devant la porte** I stood at the door for a quarter of an hour; **cela va te prendre au moins trois quarts d'heure** it'll take you at least three quarters of an hour. -**2.** *loc*: **le ~ américain** *the time when the girls can invite the boys to dance (at a party)*; **passer un mauvais ~** *fam* to have a bad time of it; **le ~ de Rabelais** the hour of reckoning, the dreaded moment *hum*; **le dernier ~** the very last minutes.

quarte² [kart] *nf* -**1.** TÉLÉC quad; **câble à ~s** quad cable. -**2.** MUS fourth. -**3.** ESCRIME quarte. -**4.** CARTES quart.

quarté [karte] *nm* forecast *(of the first four horses)*.

quarteron, onne [kartərɔ̃, ɔn] *nm, f* [métis] quadroon.
◆ **quarteron** *nm péj* [petit nombre] bunch, gang; **un ~ de politiciens véreux** a bunch of shady politicians.

quartet [kwartɛ] *nm* INF fourbit byte.

quartette [kwartɛt] *nm* MUS quartet, quartette.

quartier [kartje] *nm* -**1.** [division d'une ville] district, area; **le ~ des affaires** the business district; **le ~ juif** the Jewish quarter OU area; **le ~ chinois** Chinatown; **le ~** the neighbourhood; **je ne suis pas du ~** I'm not from around here; **c'est un garçon du ~** he's a local boy □ **les beaux ~s** fashionable districts; **les bas ~s** the less salubrious parts of town; **les vieux ~s** the old town OU quarter (of town); **le Quartier latin** the Latin Quarter *(area on the Left Bank of the Seine traditionally associated with students and artists)*. -**2.** MIL quarters; **le ~ est à l'autre bout de la ville** the barracks are on the other side of the town □ **~ général** *pr & fig* headquarters; **la bande a établi son ~ général près de la gare** the gang set up its headquarters near the station; **grand ~ général** General Headquarters; **~s d'hiver** winter quarters; **prendre ses ~s d'hiver à...** to winter at...; **avoir ~ libre** MIL to be off duty; *fig* to be free. -**3.** [partie d'une prison] wing; **~ de haute sécurité** OU **de sécurité renforcée** high- OU top-security wing. -**4.** [quart] quarter; **un ~ de pomme** a quarter of an apple ‖ [morceau] portion, section; **un ~ d'orange** an orange segment; **un ~ de bœuf** a quarter of beef. -**5.** ASTRON quarter; **la Lune est dans son premier/dernier ~** the Moon is in its first/last quarter. -**6.** HÉRALD quarter. -**7.** [degré de descendance noble]: **un prince à seize ~s** a prince of noble descent through all of his great-great-grandparents □ **~s de noblesse** degree of noble descent; **avoir ses ~s de noblesse** to be well established. -**8.** [pitié] mercy, quarter; **l'armée victorieuse n'a pas fait de ~** the victorious army gave no quarter; **pas de ~!** no quarter! -**9.** [d'une chaussure] quarter; [d'une selle] (half) panel. -**10.** ZOOL [partie du sabot] quarter. -**11.** MIN (overseers) district. -**12.** *Belg* [appartement] one-bedroom flat.
◆ **de quartier** *loc adj* [médecin, cinéma] local.

quartier-maître [kartjemɛtr] (*pl* **quartiers-maîtres**) *nm* -**1.** HIST & MIL quartermaster. -**2.** NAUT leading seaman.

quartile [kwartil] *nm* quartile.

quart(-)monde [karmɔ̃d] (*pl* **quarts mondes** OU **quarts-mondes**) *nm*: **le ~** [ensemble de pays] the least developed countries, the Fourth World; [dans un pays] the poor.

quarto [kwarto] *adv* fourthly.

quartz [kwarts] *nm* quartz.
◆ **à quartz** *loc adj* quartz *(modif)*.

quartzifère [kwartsifɛr] *adj* quartziferous.

quasar [kwazar] *nm* quasar.

quasi [kazi] ◇ *adv* = **quasiment**.
◇ *nm* chump end.

quasi- [kazi] *préf* quasi-, near, almost; **j'en ai la ~certitude** I'm virtually certain; **la ~totalité de...** almost the whole...

quasi-contrat [kazikɔ̃tra] (*pl* **quasi-contrats**) *nm* quasi-contract, implied contract.

quasi-délit [kazideli] (*pl* **quasi-délits**) *nm* criminal negligence.

quasiment [kazimɑ̃] *adv* almost, practically; **attends-moi, j'ai ~ fini** wait for me, I've nearly finished; **c'est ~ la même chose** it's more or less the same.

Quasimodo [kazimɔdo] ◇ *nf* RELIG Quasimodo, Low Sunday.
◇ *npr* LITTÉRAT Quasimodo, the hunchback of Notre-Dame.

quasi-monnaie [kazimɔnɛ] (*pl* **quasi-monnaies**) *nf* near money, quasi-money.

quaternaire [kwatɛrnɛr] ◇ *adj* -**1.** GÉOL Quaternary; **ère ~** Quaternary era. -**2.** CHIM & MATH quaternary.
◇ *nm* GÉOL Quaternary (period).

quaterne [kwatɛrn] *nm* *group of four winning numbers on the same line (of a loto ticket)*.

quaternion [kwatɛrnjɔ̃] *nm* quaternion MATH.

quatorze [katɔrz] ◇ *adj num card inv* -**1.** fourteen. -**2.** [quatorzième] fourteenth; **à ~ heures** at 2 p.m.; **en ~** during World War I □ **le 14 Juillet** Bastille Day, the fourteenth of July; **la guerre de ~** World War I, the First World War; **c'est parti comme en ~!** *fam hum* off we go, lads!; **c'est reparti comme en ~!** *hum* once more into the breach! *hum*.
◇ *nm inv* (number) fourteen.

quatorzième [katɔrzjɛm] ◇ *adj num ord* fourteenth.
◇ *nmf* fourteenth.
◇ *nm* [fraction d'un tout] fourteenth.

quatorzièmement [katɔrzjɛmmɑ̃] *adv* in (the) fourteenth place.

quatrain [katrɛ̃] *nm* quatrain.

quatre [katr] ◇ *adj num card inv* -**1.** four; **les ~ vertus cardinales** the cardinal virtues. -**2.** AUT: **4 x 4** = **quatre-quatre**. -**3.** *loc*: **il lui fallait se tenir à ~ pour ne pas rire/parler** he had to bite his lip not to laugh/to bite his tongue not to speak; **faire les ~ cents coups**: **il a fait les ~ cents coups dans sa jeunesse** he sowed his wild oats when he was young; **cet enfant fait les ~ cents coups** that child's a bit of a handful; **il n'y est pas allé par ~ chemins** he came straight to the point OU didn't beat about the bush; **aux ~ coins de la chambre** in the four corners of the room; **ils viennent des ~ coins du monde** they come from the four corners of the world; **jouer aux ~ coins** JEUX *to run from one corner of a room to another trying to reach a corner before the player standing in the middle*; **être tiré à ~ épingles** to be immaculately dressed OU dressed to the nines; **les ~ fers en l'air** *fam* flat on one's back; **il s'est retrouvé les ~ fers en l'air** he fell flat on his back; **un de ces ~ matins** one of these days; **être enfermé entre ~ murs** to be shut away indoors; **être entre ~ planches** *fam* to be six foot under; **~ sous** *fam*: **il a eu vite dépensé ses ~ sous** he soon spent the little money he had; **ça ne vaut pas ~ sous** it's not worth tuppence *Br* OU a red cent *Am*; **bague de ~ sous** cheap ring; **hôtel de ~ sous** cut-price OU low-rate hotel; **les ~ vents** *litt* [les quatre points cardinaux] the four points of the compass; **être logé aux ~ vents** to live in a draughty old place; **dire ses ~ vérités à qqn** to give sb a piece of one's mind; **faire les ~ volontés de qqn** to pander to sb's every whim; **se mettre en ~ pour qqn** to go to no end of trouble OU to bend over backwards for sb; **se mettre en ~ pour faire qqch** to go out of one's way to do sthg.
◇ *nm inv* -**1.** [nombre] four. -**2.** NAUT four; **~ avec/sans barreur** coxed/coxless four.
◆ **à quatre mains** MUS ◇ *loc adj*: **morceau à ~ mains** piece for four hands.
◇ *loc adv*: **jouer à ~ mains** to play a duet.
◆ **à quatre pattes** *loc adv* on all fours; **marcher à ~ pattes** to walk on all fours; **se mettre à ~ pattes** to go down on all fours.
◆ **comme quatre** *loc adv*: **boire/manger/parler comme ~** to eat/to drink/to talk a lot; **avoir de l'esprit comme ~** to be a bit of a wit.

Quatre-Cantons [katrkɑ̃tɔ̃] *npr mpl*: **le lac des ~** lake Lucerne.

quatre-cent-vingt-et-un [kat(rə)sɑ̃vɛ̃teœ̃] *nm inv* *simple dice game usually played in cafés: the loser pays for a round of drinks*.

quatre-épices [katrepis] *nm inv* allspice.

quatre-feuilles [katrəfœj] *nm inv* quatrefoil.

quatre-mâts [katrəma] *nm inv* four-master.

quatre-quarts [katkar] *nm inv* ≃ pound cake *(without fruit)*.

quatre-quatre [katkatr] ◇ *adj inv* four-wheel drive.
◇ *nm inv* OU *nf inv* four-wheel drive (vehicle).

quatre-saisons [kat(rə)sɛzɔ̃] *nf inv* [légume] second-crop OU second-cropping vegetable; [fruit] second-crop OU second-cropping fruit; **une fraise ~** a second-crop OU second-cropping strawberry, a perpetual-fruiting strawberry.

quatre-vingt [katrəvɛ̃] *adj num ord inv* eighty; **page ~** page eighty.

quatre-vingt-dix [katrəvɛ̃dis] ◇ *adj num card inv* ninety.
◇ *nm inv* -**1.** [nombre] ninety. -**2.** *fam* [sur une voiture] *sticker showing the maximum speed at which a new licence holder can drive a car*; **pas étonnant, c'est un ~!** no wonder, he's only just passed his test!

quatre-vingtième [katrəvɛ̃tjɛm] ◇ *adj num ord* eightieth.
◇ *nmf & nm* eightieth.

quatre-vingts [katrəvɛ̃] ◇ *adj num card* eighty; **~ personnes** eighty people.
◇ *nm inv* eighty.

quatrième [katrijɛm] ◇ *adj num ord* fourth.
◇ *nmf* fourth.
◇ *nf* -**1.** ENS ≃ third form *Br*, ≃ ninth grade *Am*. -**2.** DANSE fourth position.
◆ **en quatrième vitesse** *fam loc adv* in a hurry, at breakneck speed; **rapporte ce livre à la bibliothèque, et en ~ vitesse!** take this book back to the library and be quick about it!; **j'ai bu mon café en ~ vitesse** I drank my coffee in a rush.

quatrièmement [katrijɛmmɑ̃] *adv* fourthly, in (the) fourth place.

quatrillion [katriljɔ̃] *nm* quadrillion *Br*, septillion *Am*.

quatuor [kwatɥɔr] *nm* -**1.** MUS quartet; **~ à cordes/vent** string/wind quartet. -**2.** *fam* [groupe] foursome.

que [kə] (*devant voyelle ou h muet* **qu'** [k]) ◇ *adv* -**1.** [combien]: **~ tu es naïf!** you're so naive!, aren't you naive!; **~ de bruit ici!** it's so noisy here!, what a lot of noise there is in here!; **~ d'assurance chez une femme si jeune!** so much self-confidence in such a young woman!; **~ de choses à faire dans une maison!** there are so many things to do in a house!; **qu'il a un grand nez!** he's got such a big nose!; **qu'est-ce ~ tu es bête!** *fam* you're (ever) so stupid!; **qu'est-ce ~ c'est bon!** it's delicious!, it's so good!; **qu'est-ce qu'il m'a déçu!** he really disappointed me! -**2.** [combiné avec une interr]: **~ m'importent ses états d'âme!** what do I care about what he feels! ‖ *sout* [pourquoi] why; **~ ne l'as-tu (pas) dit plus tôt!** why didn't you say so earlier?, I wish you had said so OU that earlier!; **~ viens-tu parler de rendement?** why on earth are you talking about productivity?
◇ *pron rel* -**1.** [représente une personne] whom, that, which; **la fille qu'il a épousée** the girl

(whom) he married; **sa sœur, ~ je n'avais pas vue depuis 10 ans, était là aussi** her sister, whom OU who I hadn't seen for 10 years, was there too; **le responsable ~ j'ai vu** the official (whom OU that) I saw; **la femme qu'elle était devenue** the woman (that) she'd become. -**2.** [représente un animal] which, that, whom; **les chenilles ~ les enfants ont rapportées** the caterpillars (which OU that) the children brought back; **et voici Pozo, ~ j'ai eu quand c'était un chiot** and this is Pozo, whom I've had since he was a puppy. -**3.** [représente une chose, une idée] which, that; **le contrat ~ j'ai signé** the contract (which OU that) I signed; **la dernière lettre qu'il a écrite** the last letter (which OU that) he wrote; **la chose la plus drôle ~ j'aie jamais entendue** the funniest thing I've ever heard ❑ **je ne suis pas la seule, ~ je sache** I'm not the only one as far as I know. -**4.** [pour souligner une caractéristique]: **malheureux ~ vous êtes!** you unfortunate man!; **fatiguée qu'elle était, elle continuait à l'aider** [malgré sa fatigue] tired though OU as she was, she carried on helping him; **de timide qu'il était, il est devenu expansif** once a shy man, he's now an extrovert; **toute jaune qu'elle était, l'eau!** *fam* the water was all yellow, really it was!; **en bon père/électricien qu'il était** being the good father/electrician he was; **bel exploit ~ le sien!** what he's done is quite a feat!; **drôles de gens ~ ces gens-là!** strange people, those!; **une chance, ~ cette panne!** very lucky, this breakdown! -**5.** [dans des expressions de temps, de durée]: **voici 3 mois ~ je ne joue plus** it's 3 months since I stopped playing, I haven't played for 3 months; **ça fait deux heures ~ j'attends** I've been waiting for two hours; **un jour ~...** one day when...; **un soir qu'il faisait très chaud** one very hot evening, one evening when the weather was very hot; **le temps ~ tu te prépares, il sera trop tard** by the time you're ready it'll be too late; **il n'y a pas longtemps qu'elle l'a vendu** it wasn't long ago that she sold it; **il y a bien longtemps ~ je le sais** I've known for a long time; **chaque fois que je m'absente, il téléphone** every time I'm out he phones.

◇ *pron interr* -**1.** [dans le discours direct] what; **~ se passe-t-il?** what's happening?; **qu'y a-t-il?** what's the matter?; **~ dis-tu?** what are you saying?; **~ devient-elle?** what's become of her?; **qu'est-ce ~ ça veut dire?** what does it mean?; **qu'est-ce ~ tu lis/fais?** what are you reading/doing?; **qu'est-ce ~ je vois/j'entends?** [ton menaçant ou hum] what is this I see/hear?; **qu'est-ce ~ la liberté?** what is freedom?; **qu'est-ce ~ c'est que cette horreur?** what's that monstrosity? -**2.** [dans le discours indirect] what; **je ne sais plus ~ penser** I don't know what to think anymore; **je ne sais ~ devenir** I don't know what to do with myself.

◇ *conj* -**1.** [après des v déclaratifs ou des v d'évaluation] that; **je sais ~ je peux le faire** I know (that) I can do it; **crois-tu qu'il se serait excusé?** do you think he'd have apologized?; **ne crains-tu pas qu'il oublie** OU **qu'il n'oublie?** aren't you afraid (that) he might forget?; **il est possible ~ je revienne** I may come back; **il est surprenant qu'elle n'ait pas téléphoné** it's strange (that) she hasn't phoned; **il est fort dommage ~ vous n'ayez pas été là** it's a real shame (that) you weren't there; **exigez qu'on vous indemnise** demand compensation OU to be compensated; **je préférerais qu'on me laisse à l'écart de tout cela** I'd rather be left out of all this; **il dit qu'il était déçu** he said (that) he was disappointed; **elle murmura qu'elle devait s'en aller** she whispered that she had to go; **où il est dit ~ la nature se suffit à elle-même** in which the reader learns that nature is sufficient unto itself || [en début de proposition]: **~ leur fils ait fugué, cela ne devrait pas nous surprendre** the fact that their son ran away shouldn't come as a surprise to us; **~ vous ayez raison, c'est bien évident** it's quite obvious (that) you're right; **~ tu pleures ne changera rien** your OU you crying won't change anything. -**2.** *(à valeur circonstancielle)* [et déjà] than; **il n'a pas fini de lire un roman qu'il en commence un autre** no sooner has he finished one novel than he starts reading another || [afin que] so than; **approche-toi, ~ je te voie mieux** come closer so that I can see you better; **parle plus fort, ~ l'on t'entende** speak up so that we can hear you || [à tel point que]: **elle tousse ~ ça réveille tout le monde** *fam* she coughs so much (that) she wakes everybody up; **il est têtu ~ ça en devient un vrai problème** *fam* he's so OU that stubborn (that) it's a real problem; **êtes-vous fou ~ vous risquiez votre vie pour un inconnu?** *litt* are you so crazy that you're willing to risk your life for a stranger? || *dial* [parce que]: **ne viens pas, ~ si je te vois je te tue!** don't come, 'coz if I see you I'll kill you! -**3.** *(suivi du subj)* [pour formuler un ordre, un souhait, une éventualité]: **qu'elle parle!** [faites-la parler] make her talk!; [laissez-la parler] let her speak!; **~ l'on apporte à boire!** bring some drinks!; **~ le bal commence!** let the dancing begin!; **eh bien, qu'il s'en aille s'il n'est pas content!** he can leave if he doesn't like it!; **~ Dieu nous pardonne** may God forgive us; **qu'il m'attaque et je dis tout** just let him (try and) attack me, and I'll reveal everything. -**4.** *sout* [dans une double hypothèse]: **il me l'interdirait ~ je le ferais quand même** I would do it even if he forbade me to; **aurais-je le moyen d'y aller ~ je n'en aurais pas envie** even had I the means of going, I still would not have the will. -**5.** [répète la conj précédente]: **quand je serai grande et ~ j'aurai un métier** when I'm grown up and (I) have a job; **comme il l'aime/s'il l'aime et qu'elle l'aime...** as/if he loves her and she loves him...; **comme/puisque j'ai horreur de cuisiner et ~ Pierre aussi...** as/since I hate cooking and Pierre (does) too... -**6.** [formule de présentation et d'insistance]: **voici ~ le bus dépasse son arrêt!** lo and behold, the bus goes on past its stop!; **je croyais l'affaire faite et voilà qu'elle n'est pas d'accord** I thought the deal was clinched and now I find she disagrees; **si je n'ai rien dit, c'est ~ je craignais de te vexer** if I said nothing, it was because I was afraid of upsetting you; **~ oui!** oh yes indeed!; **~ non!** certainly not!; **tu n'iras pas — ~ si!** you won't go — oh yes I will OU I will too!; **tu ne le savais pas? — ~ si!** didn't you know? — oh yes, I did!; **~ tu crois/dis!** *fam* that's what YOU think/say! -**7.** [dans une formule interr]: **est-ce ~ tu viendras?** will you come?; **comment qu'il a fait?** *fam* how did he manage?; **où qu'elle est partie?** *fam* where did she go (to)?

◆ **que... ne** *loc conj* without; **aucune décision n'est prise ~ je ne sois préalablement consulté** no decision is made without my being consulted first.

◆ **que... ou non** *loc conj* whether... or not; **~ tu me croies ou non** whether you believe me or not.

◆ **que... (ou) que** *loc conj* whether... or; **~ je parte ou ~ je reste** whether I go or (whether I) stay; **qu'il fasse beau, qu'il pleuve, je sors me promener** come rain or come shine, I go out for a walk.

Québec [kebɛk] *npr m* -**1.** [province]: **le ~** Quebec; **au ~** in Quebec; **la province de** OU **du ~** Quebec State. -**2.** [ville] Quebec; **à ~** in (the city of) Quebec.

LE QUÉBEC:
Founded by Champlain in 1608, this Canadian province remained predominantly French-speaking after Canada became a British possession in 1763. Today, with French as its official language, it is an active centre of French-Canadian culture.

---

québécisme [kebesism] *nm* Quebec French (turn of) phrase.

québécois, e [kebekwa, az] *adj* from Quebec.

◆ **Québécois, e** *nm, f* Québecois, Quebecker.

◆ **québécois** *nm* LING Canadian French.

Queensland [kwinslɑ̃d] *npr m*: **le ~** Queensland.

quel [kɛl] (*f* **quelle**, *mpl* **quels**, *fpl* **quelles**) ◇ *adj interr* [personne] which; [animal, chose] which, what; **quelle actrice serait capable de jouer ce rôle?** which actress could play this part?; **de ~ côté es-tu?** which OU whose side are you on?; **je ne sais ~s sont ses projets** I don't know what his plans are; **quelle heure est-il?** what's the time?, what time is it?; **quelle sorte d'homme est-ce?** what kind of man is he?

◇ *adj exclam* what; **~ dommage!** what a pity!; **~ idiot!** what a fool!; **~ sale temps!** what terrible weather!; **~ talent chez ce peintre!** what talent this painter has!, what a talented painter!; **il s'est exprimé en japonais, et avec quelle aisance!** he spoke in Japanese, and so fluently too!

◇ *adj rel* [en corrélation avec 'que' - personne] whoever; [- animal] whichever; [- chose] whichever, whatever; **il a refusé de recevoir les nouveaux arrivants, ~s qu'ils fussent** he refused to see the new arrivals, whoever they were; **les mammifères ~s qu'ils soient** all mammals; **quelle que soit l'assurance que vous choisissiez...** whichever the insurance policy you choose...; **il se baigne ~ que soit le temps** he goes swimming whatever the weather.

◇ *pron interr* which (one); **~ est le plus jeune des deux?** which one is the younger of the two?; **de tous vos matches, ~ fut le plus difficile?** of all the matches you've played, which (one) was the most difficult OU which was the most difficult one?

quelconque [kɛlkɔ̃k] ◇ *adj indéf* -**1.** [quel qu'il soit] any, some or other; **si, pour une raison ~, tu ne pouvais pas venir** if, for some reason or other OU if, for any reason, you can't come; **je trouverai bien une excuse ~** I'll find some excuse or other; **une ~ de ses connaissances** some acquaintance of his; **as-tu une ~ idée du prix?** have you got any idea of the price?; **a-t-il une chance ~ de gagner?** has he got any chance OU does he stand the slightest chance of winning? -**2.** MATH & SC any; **un quadrilatère ~** any quadrilateral figure.

◇ *adj* [insignifiant, banal - nourriture, visage] ordinary, plain; [- personne] average, ordinary; [- comédien, film, spectacle] run-of-the-mill, second-rate, (pretty) average; [- exécution, réalisation] mediocre, lacklustre; **moi, je le trouve très ~** I don't think there's anything special about him.

quelle [kɛl] *f* → **quel**.

quelles [kɛl] *fpl* → **quel**.

quel que [kɛlkə] → **quel**.

quelque [kɛlk(ə)] ◇ *adj indéf* -**1.** [un peu de] some; **j'ai eu ~ peine à le reconnaître** I had some difficulty (in) recognizing him; **elle est bizarre depuis ~ temps** she's been acting strangely for a OU some time now. -**2.** *sout* [n'importe quel] some; **je trouverai bien ~ prétexte** no doubt I'll think of some excuse (or other); **~ passant aura ramassé l'argent** some passer-by will have picked up the money; **il trouvera bien une ~ autre excuse** he's bound to find some new excuse or other. -**3.** [en corrélation avec 'que']: **dans ~ pays que tu sois** whichever OU whatever country you may be in; **à ~ heure que ce soit** whatever the time, at whatever time.

◇ *adv sout* -**1.** [approximativement] around, about; **il y a ~ 40 ans de cela** that was about 40 years ago, that was 40 or so years ago. -**2.** [en corrélation avec 'que']: **nous y arriverons, ~ difficile que ce soit** we will manage, however difficult it may be.

◆ **quelques** *adj indéf pl* -**1.** *(sans déterminant)* a few, some; **~s jours plus tard** a few days later; **amène ~s amis** bring some OU a few friends along; **~s dizaines de journalistes** a few dozen journalists ❑ **et ~s** *fam* [et un peu plus] and a bit; ça pèse deux kilos et ~s it's a little OU a bit over two kilos; il était cinq heures et ~s it was just after five o'clock; 250 francs et ~s just over 250 francs. -**2.** *(avec déterminant)* few; les ~s millions de téléspectateurs qui nous regardent the few million viewers watching us; elle n'a laissé que ces ~s vêtements she only left these few clothes.

◆ **en quelque sorte** *loc adv* -**1.** [en un sens] as it were, so to speak, in a manner of speaking; c'est en ~ sorte un cheval avec un buste d'homme it is, as it were OU so to speak, a horse with the head and shoulders of a man. -**2.** [en résumé] in a nutshell, in fact; tu veux, en ~ sorte, refaire le monde in a nutshell OU in fact, you want to set the world to rights.

◆ **quelque chose** *pron indéf* -**1.** [dans une affirmation] something; elle a ~ chose aux poumons she's (got) something wrong with her lungs; ~ chose me dit que... something tells me that..., I've got the feeling that...; ça m'a fait ~ chose de le revoir 20 ans plus tard I found it really strange seeing him 20 years later; quand il est parti, ça m'a vraiment fait ~ chose when he left, it really affected me; ~ chose de blanc/rouge something white/red; ~ chose de beau something beautiful; elle a fait ~ chose de bien she did a very good thing, she did something very good; il trouvera encore ~ chose de pire à faire he'll find (still) worse to do OU something even worse to do □ je vais te corriger, ~ chose de bien! *fam* I'm going to give you a good OU proper hiding! -**2.** [dans une question, une négation, une hypothèse] anything, something; tu veux ~ chose à manger? do you want something OU anything to eat?; s'il m'arrivait ~ chose, contactez mon notaire if anything OU something should happen to me, contact my solicitor; ~ chose ne va pas? is there anything wrong?, is there something wrong?, is anything the matter?; ça te ferait vraiment ~ chose si je partais? would it really matter to you OU would you feel anything if I left?; tu n'as pas ~ chose d'autre? haven't you got something OU anything else? -**3.** *fam* [dans une approximation]: elle a ~ chose comme 80 ans she's about 80 OU 80 or so; c'était une Renault 5 ou ~ chose comme ça it was a Renault 5 or something (of the kind OU like that); elle est ~ chose au parti socialiste she's something in the Socialist Party; Anne ~ chose a téléphoné *fam* Anne something phoned. -**4.** *fam* [emploi expressif]: tu vas recevoir ~ chose! you're asking for it! □ c'est ~ chose! [ton exaspéré] that's a bit much!; [ton admiratif] that's quite something!; je t'ai dit trois fois de ranger ta chambre, c'est ~ chose! I've told you three times to tidy up your room, for God's sake!; partie de rien, elle dirige l'entreprise, c'est ~ chose, non? she started from nothing and now runs the firm, quite something, eh?

◆ **quelque part** *loc adv* -**1.** [dans un lieu] somewhere; tu vas ~ part à Noël? are you going anywhere (special) for Christmas? -**2.** *fam euph* [aux toilettes]: elle est allée ~ part she went to wash her hands OU to powder her nose *euph.* -**3.** *fam euph* [au derrière]: il a mal ~ part he's got a pain in his you-know-what; c'est mon pied ~ part que tu veux? do you want a kick up the backside?

◆ **quelque part que** *loc conj litt*: ~ part qu'elle regardât wherever she looked.

quelquefois [kɛlkəfwa] *adv* sometimes, from time to time; je vais ~ au concert sometimes OU from time to time I go to the concerts; ~, je me demande si j'ai raison d'insister sometimes I wonder if I'm right to insist.

quelques-uns, quelques-unes [kɛlkəzœ̃, yn] *pron indéf pl* -**1.** [certains] some; ~ parmi eux avaient beaucoup lu some of them had read a lot; ~ de ses collaborateurs étaient au courant some of his colleagues knew about it; il y en a toujours ~ pour se plaindre certain people always complain. -**2.** [un petit nombre] a few; tu connais ses pièces? — seulement quelques-unes do you know his plays? — only a few of them.

quelqu'un, e [kɛlkœ̃, yn] *pron indéf litt*: ~ de one of; ~e de ces demoiselles va vous conduire one of these young ladies will show you the way.

◆ **quelqu'un** *pron indéf m* -**1.** [dans une affirmation] someone, somebody; ~ devra le faire! somebody OU someone will have to do it!; ~ te demande au téléphone there's someone OU somebody on the phone for you; demande à ~ du village ask one of the villagers, ask someone from the village; ~ de très grand est venu somebody very tall called; ~ de frisé/barbu somebody with curly hair/a beard; c'est ~ de bien, mon frère! my brother's a good bloke *Br* OU guy!; tu peux lui parler, c'est ~ de sûr you can talk to him, he's a reliable person; il faut ~ de plus one more (person) is needed; c'est ~! [ton admiratif] she's quite somebody!; elle veut devenir ~ (dans le monde de l'art) she wants to become someone famous (in the world of art); il se prend pour OU se croit ~ *péj* he thinks he's really something, he thinks he's it. -**2.** [dans une question, une négation, une hypothèse] anybody, anyone; il y a ~? is (there) anybody in?; si ~ me demande if somebody OU anybody asks for me; ~ parmi vous le connaît-il? do any of you know him?

quels [kɛl] *mpl* → **quel**.

quémander [3] [kemɑ̃de] *vt* [aide, argent, nourriture] to beg for *(insép)*; [compliment] to fish OU to angle for *(insép)*; ton chien est toujours à ~ des caresses your dog is always wanting to be stroked.

quémandeur, euse [kemɑ̃dœr, øz] *nm, f litt* [mendiant] beggar.

qu'en-dira-t-on [kɑ̃diratɔ̃] *nm inv* gossip; elle a peur du ~ she's afraid of what people will say.

quenelle [kənɛl] *nf*: ~ (de poisson) (fish) quenelle.

quenotte *fam* [kənɔt] *nf* toothy (peg).

quenouille [kənuj] *nf* -**1.** TEXT distaff; tomber en ~ HIST to fall to the distaff; [échouer] to go to rack and ruin. -**2.** [d'un lit] bedpost. -**3.** MÉTALL stopper. -**4.** BOT [tige] bulrush.

quéquette▽ [kekɛt] *nf* willy *Br*, peter *Am*.

quercinois, e [kɛrsinwa, az] *adj* from Quercy.

◆ **Quercinois, e** *nm, f inhabitant of or person from Quercy.*

Quercy [kɛrsi] *npr m*: le ~ (the) Quercy (region).

quercynois, e [kɛrsinwa, az] = **quercinois**.

querelle [kərɛl] *nf* quarrel; [verbale] quarrel, argument; une vieille ~ a long-standing quarrel; ce n'est qu'une ~ d'amoureux it's only a lovers' tiff; ~ de famille [brouille] family squabble; [sérieuse] family feud; la ~ déclenchée au sein du gouvernement the row sparked off within the cabinet; vaines ~s pointless squabbles □ ~ d'Allemand, mauvaise ~ quarrel for quarrelling's sake; ~ de personnes ad personam quarrel.

quereller [4] [kərele] *vt sout* to reprimand.

◆ **se quereller** *vp (emploi réciproque)* to quarrel (with one another); elles se querellent pour des riens they quarrel OU squabble over nothing.

◆ **se quereller avec** *vp + prép* to have an argument OU to quarrel with.

querelleur, euse [kərəlœr, øz] ◇ *adj* quarrelsome, belligerent; il est très ~ he's always picking fights OU looking for arguments.

◇ *nm, f* quarrelsome person.

quérir [kerir] *vt (infinitif seulement) litt*: envoyer OU faire ~ qqn to summon sb; le roi le fit ~ the king bade him come *arch*; venir/aller ~ qqn to come/to go and fetch sb.

quérulence [kerylɑ̃s] *nf* querulousness, whining.

quérulent, e [kerylɑ̃, ɑ̃t] *adj* querulous, whining.

qu'est-ce que [kɛskə] → **que** *pron interr.*

questeur [kɛstœr] *nm* -**1.** ANTIQ quaestor. -**2.** POL parliamentary administrator.

question [kɛstjɔ̃] *nf* -**1.** [interrogation] question; je ferme la porte à clé? — bien sûr, quelle OU cette ~! shall I lock the door? — of course, what a question!; y a-t-il des ~s? are there any questions OU queries?; peut-on lui faire confiance, toute la ~ est là OU voilà la ~! can she be trusted, that's the question!; poser une ~ à qqn to ask sb a question; c'est moi qui pose les ~s! I'm (the one) asking the questions!, I do the asking!; poser une ~ POL to table a question; c'est une ~ que je me pose depuis longtemps that's something OU a question I've been asking myself for a long time; je commence à me poser des ~s sur sa compétence I'm beginning to have (my) doubts about OU to wonder how competent he is; se poser la ~ de savoir si to ask o.s. whether □ ~ écrite/orale POL written/oral question; poser la ~ de confiance POL to ask for a vote of confidence; ~ piège JEUX trick question; [dans un interrogatoire] loaded OU leading question; ~ subsidiaire JEUX tiebreaker. -**2.** [sujet] question, topic; j'en connais un bout sur la ~! *fam* I know quite a bit about this (topic)! □ être ~ de: de quoi est-il ~ dans ce paragraphe? what is this paragraph about?; il a beaucoup été ~ d'échanges culturels à la réunion during the meeting they talked a lot about cultural exchanges OU the overriding topic was cultural exchanges; dans notre prochaine émission, il sera ~ de l'architecture romane in our next programme, we will examine Roman architecture; il n'est jamais ~ de la répression dans son livre repression is never mentioned in his book; prête-moi 1 000 francs — pas ~! *fam* lend me 1,000 francs — no way OU nothing doing!; il ne saurait être ~ que vous régliez l'addition there's no question of your settling the bill; il n'en est pas ~! it's out of the question!; avec mon salaire, une voiture c'est hors de ~ with my salary, a car is out of the question; je veux sortir ce soir — hors de ~! I want to go out tonight — you can forget it OU it's out of the question!; il n'est pas ~ OU il est hors de ~ que je le voie! there's no way I'll see him!, there's no question of my seeing him!; ~ salaire, je ne me plains pas *fam* as far as the salary is concerned OU salarywise, I'm not complaining; ~ cuisine, il est imbattable *fam* as a cook OU in the kitchen, he's unbeatable. -**3.** [affaire, difficulté] question, matter, point (at issue); la ~ du nucléaire the nuclear energy question OU issue; les grèves sont interdites mais là n'est pas la ~ strikes are illegal but that's not the point (at issue) OU the issue; (une) ~ de a question of; ce n'est plus qu'une ~ de temps it's only a question OU matter of time; c'est une ~ d'habitude/de politesse it's a question of habit/of politeness; c'est une ~ de vie ou de mort it's a matter of life and death; ils se sont disputés pour des ~s d'argent they had an argument over OU about money; je ne lis pas les critiques, ~ de principe! I don't read reviews on principle!; ça c'est une autre ~! that's another problem OU story! -**4.** *sout*: faire ~ [être douteux]: son talent ne fait pas (de) ~ her talent is beyond (all) question OU (any) doubt; c'est son passé qui fait ~ what's doubtful is his past. -**5.** HIST question; mettre OU soumettre qqn à la ~ to put sb to the question.

◆ **en question** ◇ *loc adj* in question, concerned; la personne en ~ veut garder l'anonymat the person in question wishes to remain anonymous.

◇ *loc adv*: mettez-vous mon honnêteté en ~? are you questioning my honesty?; remettre en ~ [mettre en doute] to (call into) question, to challenge; [compromettre] to call into question; la moindre querelle et leur couple est remis en ~ the slightest argument and their relationship is put in jeopardy; se remettre en ~ to do some soul searching.

questionnaire [kɛstjɔnɛr] *nm* questionnaire; ~ à choix multiple → **QCM**.

questionner [3] [kɛstjɔne] *vt* [interroger]: ~ **qqn** to question sb, to ask sb questions; **elle m'a questionné sur mon emploi du temps** she asked me questions about OU questioned me on my timetable.

questionneur, euse [kɛstjɔnœr, øz] *nm, f litt* questioner; **les enfants sont souvent des** ~**s** children often ask a lot of questions.

questure [kɛstyr] *nf* -**1.** ANTIQ quaestorship. -**2.** POL treasury and administrative department of the French Parliament.

quête [kɛt] *nf* -**1.** [d'argent] collection; **faire la** ~ [à l'église] to take (the) collection; [dans la rue] to go round with the hat, to pass the hat round; **ils font la** ~ **pour la fête de l'école** they're collecting money OU making a collection for the school fete. -**2.** *litt* [recherche] quest; **la** ~ **du Graal** the Quest for the Holy Grail. -**3.** CHASSE search. -**4.** NAUT rake.

◆ **en quête de** *loc prép sout* in search OU pursuit of, searching for, questing for *litt*; **le poète en** ~ **de la beauté** the poet in search OU pursuit of beauty; **se mettre en** ~ **de** to go in search of; **elle est en** ~ **d'un travail** she's job-hunting.

quêter [4] [kete] ◇ *vi* [à l'église] to take (the) collection; [parmi un groupe] to collect money, to make a collection; [dans la rue] to pass the hat round, to go round with the hat; ~ **pour les pauvres/handicapés** to collect money for the poor/handicapped.

◇ *vt litt* [pitié, regard approbateur] to beg for (*insép*).

quêteur, euse [kɛtœr, øz] *nm, f* collector.

quetsche [kwɛtʃ] *nf* -**1.** BOT quetsch (plum). -**2.** [eau-de-vie] quetsch brandy.

queue [kø] *nf* -**1.** ZOOL tail; ~ **de poisson** AUT: **faire une** ~ **de poisson à qqn** to cut in front of sb; **il est parti la** ~ **basse** *fam* OU **entre les jambes** *fam* he left with his tail between his legs. -**2.** BOT [d'une cerise, d'une feuille] stalk; [d'une fleur] stalk, stem. -**3.** [extrémité - d'une poêle] handle; [- d'un avion, d'une comète, d'un cerf-volant] tail; [- d'une étoile filante] trail; [- d'un cortège] back, tail (end); [- d'un orage, d'un tourbillon] tail (end); [d'une procession, d'un train] rear; **les voitures de** ~ the rear carriages; **je monte toujours en** ~ I always get on at the rear (of the train); **il est en** ~ **de peloton** SPORT he is at the back OU rear of the bunch ❑ **pas la** ~ **d'un** *fam* OU **d'une** *fam*: **on pourrait prendre un taxi — je n'en ai pas encore vu la** ~ **d'un** we could get a taxi — I haven't seen hide nor hair of one yet; **je n'en ai pas la** ~ **d'un** [argent] I'm broke; **n'avoir ni** ~ **ni tête**: **ce que tu dis n'a ni** ~ **ni tête** you make no sense at all, you're talking nonsense; **la pièce n'avait ni** ~ **ni tête** you couldn't make head or OU nor tail of the play. -**4.** [dans un classement] bottom; **être à la** ~ **de la classe/du championnat** to be at the bottom of the class/league. -**5.** [file d'attente] queue *Br*, line *Am*; **faire la** ~ to queue (up) (*insép*) *Br*, to stand in line *Am*; **vous faites la** ~? are you queuing up? *Br*, are you in line? *Am*; **allez à la** ~! go to the back of the queue *Br* OU line *Am*! -**6.** ▼ [pénis] cock, prick. -**7.** JEUX: ~ **(de billard)** (billiard) cue; **(faire une) fausse** ~ (to) miscue. -**8.** CONSTR [d'une marche] tail; [d'une pierre] (inner) tail; ~ **d'aronde** dovetail. -**9.** PÉTR tails, bottoms. -**10.** IMPR [d'une lettre] stem, tail, descender *spéc*; [d'une note de musique] stem; [d'une page] tail, foot; **tranche de** ~ tail edge.

◆ **à la queue leu leu** *loc adv* in single OU Indian file.

queue-de-cheval [køtʃəval] (*pl* queues-de-cheval) *nf* -**1.** [cheveux] ponytail. -**2.** ANAT cauda equina.

queue-de-cochon [kødkɔʃɔ̃] (*pl* queues-de-cochon) *nf* -**1.** [vrille] auger. -**2.** [ornement] wrought iron twist.

queue-de-morue [kødmɔry] (*pl* queues-de-morue) *nf* flat (paint) brush.

queue-de-pie [kødpi] (*pl* queues-de-pie) *nf* tail coat.

queue-de-rat [kødra] (*pl* queues-de-rat) *nf* MENUIS rat-tail file.

queue-de-renard [kødrənar] (*pl* queues-de-renard) *nf* BOT [amarante] love lies bleeding; [mélampyre] cow-wheat; [vulpin] foxtail fescue.

queuter [3] [køte] *vi* -**1.** [au billard] to hit through the ball. -**2.** ▽ [rater] to screw up. -**3.** ▼ [forniquer] to fuck.

queux [kø] *nm* → **maître**.

qui [ki] ◇ *pron rel* -**1.** [représente une personne] who, that; **il y a des gens** ~ **aiment ça** there are people who like that; **toi** ~ **connais le problème, tu pourras m'aider** you who OU as you are acquainted with the problem, you can help me out; **c'est Pierre** ~ **me l'a dit** Pierre told me, it was Pierre who told me ‖ (*après une prép*) whom, who; **la personne à** ~ **je l'ai prêté** the person to whom I lent it, the person I lent it to; **il ne peut résister à** ~ **lui fait des compliments** he can't resist anyone who pays him compliments; **c'est à** ~ **aura le dernier mot** each tries OU they all try to have the last word; **c'était à** ~ **crierait le plus fort** it was down to who could shout the loudest; **le collègue avec** ~ **j'ai déjeuné** the colleague with whom I had lunch, the colleague I had lunch with; **les personnes au nom de** ~ **ils ont agi** the people in whose name they acted; **l'homme en** ~ **j'avais confiance** the man (whom) I trusted; **l'amie par** ~ **j'ai eu cette adresse** the friend from whom I got this address, the friend I got this address from; **le couturier pour** ~ **elle travaille** the designer she works for OU whom she works for OU for whom she works; **c'est rebutant pour** ~ **n'est pas habitué** it's disconcerting for somebody who isn't OU for whoever isn't used to it; **la personne sans** ~ **nous n'aurions jamais pu écrire ce livre** the person without whom this book would never have been written; **le peintre sur** ~ **a été faite cette monographie** the painter whom this monography was written OU this monography was written about; **je ne sais plus sur** ~ **compter** I don't know whom OU who to rely on anymore ‖ [sans antécédent] whoever, anyone (who); **vienne** ~ **voudra** anyone who wants to, can come; **emmenez** ~ **vous voulez** take whoever you like with you; **j'ai peur de négliger** ~ **j'aime** I worry about neglecting those (whom) I love; **faites-vous aider par** ~ **vous voulez** get help from anyone OU whoever you like; ~ **tu sais**, ~ **vous savez** [sujet] you know who; [objet] you know who OU whom; ~ **tu sais doit venir ce soir** you know who is coming tonight; **nous avons contacté** ~ **vous savez** we contacted you know who OU whom; **il est allé chez** ~ **tu sais hier soir** he went to you know who's last night; **c'est la responsabilité de** ~ **vous savez** it's you know who's responsibility. -**2.** [représente un animal] which, who, that; **les animaux** ~ **parcourent la jungle** the animals which OU that roam the jungle. -**3.** [représente une chose, une idée] which, that; **le festival,** ~ **débutera en mai** the festival, which will start in May; **donne-moi le magazine** ~ **est sur la table** give me the magazine (that OU which is) on the table; **elle veut une poupée** ~ **marche** she wants a walking doll, she wants a doll which OU that can walk; **l'année** ~ **suivit son divorce** the year following OU after her divorce; **la seule** ~ **me plaise** the only one (that) I like. -**4.** [après des v de perception]: **je l'ai entendu** ~ **se plaignait** I heard him moaning; **tu ne la vois pas** ~ **descend?** can't you see her coming down? -**5.** [formule de présentation]: **le voilà** ~ **pleure, maintenant!** now he's crying!; **voilà** ~ **ne m'aide pas beaucoup** that doesn't help me much; **voilà** ~ **est bien** that is a good thing. -**6.** [en corrélation avec 'que']: ~ **que tu sois/vous soyez** whoever you are OU you may be ❑ ~ **que ce soit** [sujet] whoever; [objet] anybody, anyone; ~ **que ce soit qui téléphone, répondez que je suis absent** whoever phones, tell them I'm not here; **je défie** ~ **que ce soit de faire mieux que je n'ai fait** I challenge anybody to improve on what I did. -**7.** *loc*: ~ **aime bien châtie bien** spare the rod and spoil the child; ~ **a bu boira** a leopard never changes its spots; ~ **ne dit mot consent** silence is consent; ~ **sème le vent récolte la tempête** he who sows the wind shall reap the whirlwind; ~ **vole un œuf vole un bœuf** he that will steal a penny will steal a pound.

◇ *pron interr* -**1.** [sujet ou attribut dans le discours direct] who; ~ **m'appelle?** who's calling (me)?; ~ **sait?** who knows?; ~ **va là?** who goes there?; ~ **suis-je?** who am I?; ~ **est votre médecin?** who's your doctor?; **on me l'a donné** — ~ **donc?** I was given it — by who OU who by OU by whom?; ~ **donc t'a frappé?** who hit you?; ~ **est-ce qui** who; ~ **est-ce qui en veut?** who wants some?; **c'est** ~ **qui** *fam*, ~ **c'est qui** *fam* who; **c'est** ~ **qui** OU ~ **c'est qui te l'a dit?** *fam* who told you? ‖ [obj dans le discours direct] who, whom; ~ **cherchez-vous?** who are you looking for?; **c'est à** ~? whose is it, to whom does it belong?; **à** ~ **le tour?** whose turn (is it)?; **à** ~ **mens-tu?** who are you lying to?; **de** ~ **parles-tu?** who OU whom are you talking about?; **chez** ~ **dors-tu ce soir?** whose place are you staying at tonight?, who OU whom are you staying with tonight?; **vers** ~ **me tourner?** to whom can I turn?, who OU whom can I turn to?; ~ **est-ce que** who, whom; ~ **est-ce que tu connais ici?** who do you know around here?; **à** ~ **est-ce que je dois de l'argent?** who do I owe money to?, to whom do I owe money? -**2.** [suj dans le discours indirect] who; **je ne vois pas** ~ **pourrait t'aider** I can't see who could OU I can't think of anyone who could help you ‖ [obj dans le discours indirect] who, whom; **sais-tu** ~ **j'ai rencontré ce matin?** do you know who I met this morning?; **je ne me souviens pas à** ~ **je l'ai donné** I can't remember who I gave it to; **sais-tu à** ~ **ça appartient?** do you know who it belongs to OU to whom it belongs?; **tu ne m'as pas dit pour** ~ **tu travaillais** you haven't told me who you work for.

◆ **qui... qui** *loc corrél sout*: **ils étaient déguisés,** ~ **en Pierrot,** ~ **en bergère** they were in fancy dress, some as Pierrots, others as shepherdesses.

quia [kɥija]

◆ **à quia** *loc adv sout*: **être à** ~ to be at a loss for an answer; **mettre** OU **réduire qqn à** ~ to confound sb.

quiche [kiʃ] *nf* quiche; ~ **lorraine** quiche lorraine.

quiconque [kikɔ̃k] ◇ *pron rel indéf* whoever; ~ **frappera par l'épée périra par l'épée** BIBLE he who lives by the sword shall die by the sword.

◇ *pron indéf* anyone OU anybody (else); **il connaît les volcans mieux que** ~ he knows volcanoes better than anybody else OU than anyone alive.

Quid [kwid] *npr m annually updated one-volume encyclopedia of facts and figures.*

quidam [kidam] *nm hum* OU *sout* fellow, individual.

qui est-ce que [kiɛskø], **qui est-ce qui** [kiɛski] → **qui** *pron interr.*

quiet, ète [kjɛ, ɛt] *adj litt* calm, tranquil *litt.*

quiétisme [kjetism] *nm* quietism.

quiétiste [kjetist] *adj & nmf* quietist.

quiétude [kjetyd] *nf litt* -**1.** [d'une demeure] quiet, tranquillity, quietude *litt.* -**2.** [d'esprit] peace of mind; **elle attendait les résultats en toute** ~ she was calmly waiting for the results.

quignon [kiɲɔ̃] *nm*: ~ **(de pain)** [morceau] (crusty) chunk of bread; [extrémité] heel (of the loaf).

quille [kij] *nf* -**1.** JEUX skittle; **jouer aux** ~**s** to play ninepins OU skittles. -**2.** *fam* [jambe] pin *esp Br*, leg. -**3.** *arg mil* [fin du service] demob *Br*, discharge; **vivement la** ~! *fig* I can't wait to get out of here! -**4.** NAUT keel.

quilleur, euse [kijœr, øz] *nm, f Can* skittle player.

quincaillerie [kɛ̃kajri] *nf* -**1.** [articles, commerce] hardware. -**2.** [boutique] ironmonger's *Br*, hardware store *Am.* -**3.** *fam* [bijoux, décorations] (cheap) baubles *péj*; [armes] guns; **il ne sort jamais sans toute sa ~** he's always armed to the teeth when he goes out. -**4.** *fam* INF hardware.

quincaillier, ère [kɛ̃kaje, ɛr] *nm, f* hardware dealer, ironmonger *Br*.

quinconce [kɛ̃kɔ̃s] *nm* HORT quincunx; **en ~** quincuncial, arranged in a quincunx.

quinine [kinin] *nf* quinine.

quinquagénaire [kɛ̃kaʒenɛr] ◇ *adj*: **être ~** [avoir de 50 à 60 ans] to be in one's fifties; [avoir 50 ans] to be fifty.
◇ *nmf* [de 50 à 60 ans] person in his/her fifties; [de 50 ans] 50 year old person.

Quinquagésime [kɛ̃kaʒezim] *nf* Quinquagesima Sunday.

quinquennal, e, aux [kɛ̃kenal, o] *adj* [plan] five-year *(avant n)*; [élection, foire] five-yearly, quinquennial.

quinquennat [kɛ̃kena] *nm* five-year period, quinquennium, lustrum.

quinquet [kɛ̃kɛ] *nm* (Argand) oil lamp.
◆ **quinquets**▽ *nmpl* [yeux] peepers.

quinquina [kɛ̃kina] *nm* -**1.** BOT & PHARM cinchona. -**2.** [boisson] quinine tonic wine.

quint, e¹ [kɛ̃, kɛ̃t] *adj* -**1.** **Quint** [dans les n pr] Fifth; **Charles Quint** Charles the Fifth. -**2.** MÉD: **fièvre ~e** quintan fever.

quintal, aux [kɛ̃tal, o] *nm* (metric) quintal.

quinte² [kɛ̃t] *nf* -**1.** MÉD: **~ (de toux)** coughing fit, fit of coughing. -**2.** MUS fifth; **~ juste** perfect fifth. -**3.** JEUX quint. -**4.** ESCRIME quinte.

quintessence [kɛ̃tesɑ̃s] *nf litt* quintessence; **la ~ du romantisme** the epitome OU quintessence OU very essence of Romanticism.

quintet [kɛ̃tɛt] *nm* jazz quintet.

quintette [kɛ̃tɛt] *nm* quintet, quintette; **~ à cordes/vent** string/wind quintet.

quinteux, euse [kɛ̃tø, øz] *adj* -**1.** MÉD [toux] fitful. -**2.** *litt* [acariâtre] crotchety, testy.

Quintillien [kɛ̃tiljɛ̃] *npr* Quintilian.

quintillion [kɛ̃tiljɔ̃] *nm* quintillion *Br*, nonillion *Am*.

quinto [kɥɛ̃to] *adv* in (the) fifth place, fifthly.

quintuple [kɛ̃typl] ◇ *adj* [somme, quantité] quintuple, five-fold.
◇ *nm* quintuple; **le ~ de sa valeur** five times its value.

quintupler [3] [kɛ̃typle] *vi & vt* to quintuple, to increase fivefold.

quintuplés, ées [kɛ̃typle] *nm, f pl* quintuplets, quins.

quinzaine [kɛ̃zɛn] *nf* -**1.** [durée]: **une ~ de jours** a fortnight, two weeks; **venez me voir dans une ~** come and see me in a couple of weeks OU in two weeks OU in a fortnight's time. -**2.** [quantité]: **une ~** de about fifteen; **une ~ de crayons** about fifteen pencils, fifteen pencils or so. -**3.** COMM: **~ commerciale** two-week sale; **la grande ~ des prix littéraires** the literary prize season *(two-week period in November and December when all the major French literary prizes are awarded)*. -**4.** [salaire] fortnight's pay, two-week's pay OU wages.

quinze [kɛ̃z] ◇ *adj num card inv* fifteen; **~ jours** two weeks, a fortnight.
◇ *nm inv* -**1.** [nombre] fifteen; **lundi en ~** a fortnight on *Br* OU two weeks from Monday. -**2.** SPORT: **le ~ de France** the French Fifteen.

1515:
This is the date of the Battle of Marignan; it is a date that every French person is supposed to know (cf 1066 for the English): 'moi, à part 1515, je ne connais rien à l'histoire de France'.

quinzième [kɛ̃zjɛm] ◇ *adj num ord* fifteenth.
◇ *nmf* [dans un classement] fifteenth.
◇ *nm* [fraction d'un tout] fifteenth.

quinzièmement [kɛ̃zjɛmmɑ̃] *adv* in (the) fifteenth place.

quiproquo [kiprɔko] *nm* [sur l'identité d'une personne] mistake; **l'intrigue est fondée sur un ~** the plot revolves round a case of mistaken identity; **il croyait que j'étais ton frère, j'ai entretenu le ~** he mistook me for your brother and I didn't let on || [sur le sujet d'une conversation] misunderstanding; **il y a ~, nous ne parlons pas du même étudiant** there is a misunderstanding, we're not talking about the same student.

Quirinal [kirinal] *npr m*: **le (palais du) ~** the Quirinal (palace).

Quito [kito] *npr* Quito.

quittance [kitɑ̃s] *nf*: **~ de gaz/d'électricité** gas/electricity bill; **~ de loyer** rent receipt.

quittancer [16] [kitɑ̃se] *vt* to give a receipt for.

quitte [kit] *adj* -**1.** [libéré - d'une dette, d'une obligation]: **être ~ envers qqn** to be even OU quits OU (all) square with sb; **être ~ d'une dette** to be rid OU clear of a debt; **donne-moi seulement 500 francs, tu es ~ du reste** just give me 500 francs, let's not worry about the rest OU I'll let you off the rest; **considérer** OU **estimer qqn ~ de** to consider sb to be rid OU clear of; **vous êtes tenu ~ de ce que vous me devez** consider your debt to me (to be) paid; **être ~ envers la société** [après une peine de prison] to have paid one's debt to society; **je ne te tiens pas ~ de ta promesse!** I don't consider that you have fulfilled your promise! -**2.** [au même niveau]: **être ~s** to be quits OU all square. -**3. en être ~ pour qqch** [s'en tirer avec qqch] to get away with sthg; **il en a été ~ pour quelques égratignures/la peur** he got away with a few scratches/a bit of a fright. -**4. en être ~ pour faire** [devoir faire]: **j'ai oublié mes papiers à la banque, j'en suis ~ pour y retourner** I've left my papers at the bank, so I have to go back there now. -**5.** JEUX: **~ ou double** double or quits *Br* OU nothing; **c'est jouer à ~ ou double** *fig* it's a big gamble OU risk.
◆ **quitte à** *loc prép* -**1.** [au risque de, même si]: **je lui dirai, ~ à me faire renvoyer** I'll tell him, even if it means being fired. -**2.** [puisqu'il faut] since it is necessary to; **~ à les inviter, autant le faire dans les règles** since we have to invite them, we may as well do things properly.

quitter [3] [kite] *vt* -**1.** [lieu] to leave; [ami, époux] to leave, to split up with *(insép)*; [emploi] to leave, to quit, to give up *(sép)*; [habitude] to drop, to get rid of *(insép)*; **je quitte (le bureau) à 5h** I leave the office OU I finish at 5 o'clock; **~ le port** NAUT to leave port; **~ les rails** RAIL to be derailed, to derail, to leave the track; **la voiture a quitté la route** the car came off OU ran off OU left the road; **il ne peut pas encore ~ son lit** he can't leave his bed yet, he's still confined to bed; **elle ne quitte pratiquement pas son atelier** she hardly ever sets foot outside OU leaves her workshop; **il faut que je te quitte** I must be going, I must go; **je ne te quitterai jamais** I'll never leave OU forsake *litt* you; **il ne la quitta pas des yeux** OU **du regard** he never took his eyes off her, he watched her every move; **il suffit que je la quitte des yeux une seconde pour qu'elle fasse des bêtises** if I let her out of my sight OU if I take my eyes off her for a second, she gets up to some mischief ❑ **ne la quitte pas d'un pas** OU **d'une semelle** don't lose track of her, keep on her tail; **le détective ne le quittait pas d'une semelle** the detective was dogging his every footstep. -**2.** *euph* [mourir]: **il nous a quittés hier** he passed away yesterday; **elle a quitté ce monde** she has departed this world OU this life. -**3.** *sout* [abandonner - suj: courage, force] to leave, to forsake, to desert; **son optimisme ne l'a jamais quitté** he remained optimistic throughout; **son bon sens semblait l'avoir quitté** he seemed to have taken leave of his senses; **la vie le quittait lentement** his life was slowly ebbing away. -**4.** [retirer - habit] to take off *(sép)*; **il ne quitte jamais son chapeau** he never takes his hat off, he always has his hat on; **~ le deuil** to come out of mourning ❑ **~ l'uniforme** to leave the service. -**5.** [au téléphone]: **ne quittez pas** hold on, hold the line.
◆ **se quitter** *vp (emploi réciproque)* [amis] to part; [époux] to part, to break OU to split up; **quittons-nous bons amis** let's part on good terms; **elle et le chiot ne se quittent pas** she and the puppy are inseparable OU are always together.

quitus [kitys] *nm* JUR (full) discharge, quietus JUR; **donner ~ à qqn** to discharge sb.

qui vive [kiviv] *loc interj*: **~?** who goes there?

qui-vive [kiviv] *nm inv*: **être sur le ~** [soldat] to be on the alert OU the qui vive; [animal] to be on the alert; **je la sentais sur le ~** I felt she was on edge, I felt she was waiting for something to happen.

quoi [kwa] ◇ *pron rel* what, which; **c'est ce à ~ je voulais en venir** that's what I was coming to; **c'est ce à ~ je me suis intéressée** that's what I was interested in; **il a refusé, ce en ~ il a eu raison** he refused, which was quite right of him; **on est allés au jardin, après ~ il a fallu rentrer** we went to the garden, and then we had to come back in; **de ~: prends de ~ boire/écrire/payer** get something to drink/to write/to pay with; **il y a de ~ nourrir au moins 10 personnes** there's enough to feed at least 10 people; **il n'y a pas de ~ se faire du souci** there's nothing to worry about; **il y a de ~ être satisfait** there are good grounds for satisfaction; **je suis en colère – il y a de ~!** *fam* I'm angry – it's no wonder OU with good reason!; **merci! – il n'y a pas de ~** thank you! – not at all OU you're welcome OU don't mention it.
◇ *adv interr* -**1.** [quelle chose] what; **c'est ~?** what's that?; **c'est ~ ton nom?** *fam* what's your name?; **tu fais ~ ce soir?** *fam* what are you doing this evening?; **à ~ penses-tu?** what are you thinking about?; **elle est à ~ ta glace?** *fam* what flavour is your ice cream?; **en ~ puis-je vous être utile?** how can I help you?; **par ~ se sent-il concerné?** what does he feel concerned about?; **je voudrais parler au directeur – c'est pour ~?** I'd like to talk to the manager – what (is it) about?; **sur ~ va-t-elle travailler?** what is she going to work on?; **je me demande à ~ ça sert/il pense** I wonder what it's for/what he's thinking about; **elle ne sait plus ~ lui dire** she doesn't know what to say to him any more; **salut, alors ~ de neuf?** *fam* hi, what have you been up to OU what's new?; **~ de plus naturel?** what could be more natural?; **à ~ bon?** what's the use?; **à ~ bon l'attendre?** what's the use of waiting for him?; **~ encore?** what else?; [ton irrité] what is it now? -**2.** *fam* [pour faire répéter]: **~?** what?; **~, qu'est-ce que tu dis?** what did you say? -**3.** [emplois expressifs]: **eh bien ~, qu'est-ce que tu as?** well, what's the matter with you?; **enfin ~,** OU **eh bien ~, tu pourrais regarder où tu vas!** come on now, watch where you're going!; **de ~? tu n'es pas d'accord?** what's that, you don't agree?; **tu viens (oui) ou ~?** are you coming or not?; **décide-toi, ~!** well make up your mind!; **mais puisque je l'ai vue, ~!** but I saw her, I'm telling you!; **si je comprends bien, tu es fauché, ~!** if I've understood you, you're broke, aren't you?; **je vais lui acheter ce livre, pour lui faire un petit cadeau, ~** I'm going to buy her this book... you know, just as a little present.
◆ **quoi que** *loc conj*: **~ qu'il arrive** whatever happens; **~ qu'il en soit** be that as it may, however that may be; **~ qu'il dise** whatever he may say; **~ que vous en pensiez** whatever you may think of it; **je te défends de lui dire ~ que ce soit!** I forbid you to tell her/him anything (whatsoever)!; **trouve un moyen, ~ que ce soit qui nous tire d'affaire** find a way, any way that will get us out of this mess ❑ **~ qu'il en ait** *sout* whatever he feels about it.

quoique [kwakə] *(devant voyelle ou h muet* quoiqu' [kwak]) *conj* -**1.** [bien que] though, although; **quoiqu'il fût déjà minuit** though OU although it was already midnight; **~ riche, il**

n'était guère généreux although rich, he was hardly generous; ~ **née en France, elle a passé sa vie en Angleterre** though OU although born in France, she spent her life in England. -**2.** [introduisant une restriction] : **bien sûr 2 000 F c'est cher,** ~ **tu sais, ce n'est pas exagéré** of course 2,000 francs is a lot of money, although you know OU but mind you it's not excessive; **je vous installerais bien dans cette chambre...** ~ **vous seriez mieux dans celle qui donne sur la cour** I'd like to put you in this room... although you'd be better off in the one which overlooks the courtyard; **il a l'air compétent...** ~... he seems competent... mind you...

quolibet [kɔlibɛ] *nm sout* gibe, jeer, taunt; **les enfants le poursuivaient de leurs** ~**s** the children jeered at him OU taunted him relentlessly.

quorum [k(w)ɔrɔm] *nm sout* quorum; **nous avons atteint le** ~ we're quorate, we have a quorum.

quota [k(w)ɔta] *nm* quota.

quote-part [kɔtpar] (*pl* **quotes-parts**) *nf* share.

quotidien, enne [kɔtidjɛ̃, ɛn] *adj* -**1.** [de chaque jour - entraînement, promenade, repas] daily; [- préoccupations] everyday; **leurs disputes étaient devenues presque** ~**nes** they'd got to the stage where they were arguing almost every day. -**2.** [routinier - tâche] run-of-the-mill, humdrum.

◆ **quotidien** *nm* daily (paper); **un grand** ~ a (major) national daily.

◆ **au quotidien** *fam loc adv* on a day-to-day basis; **vivre sa vie au** ~ to live from day to day.

quotidiennement [kɔtidjɛnmɑ̃] *adv* daily, every OU each day.

quotidienneté [kɔtidjɛnte] *nf* everyday nature; **la** ~ **de leur existence** the routine of their everyday life.

quotient [kɔsjɑ̃] *nm* -**1.** MATH quotient. -**2.** PSYCH: ~ **intellectuel** intelligence quotient. -**3.** JUR: ~ **électoral** electoral quota; ~ **familial** tax code. -**4.** PHYSIOL: ~ **respiratoire** respiratory quotient.

quotité [kɔtite] *nf* -**1.** FIN quota. -**2.** JUR: ~ **disponible** disposable portion (of estate).

R

r, R [ɛr] *nm* r, R.

r *abr écrite de* **rue**.

R -**1.** *abr écrite de* **roentgen**. -**2.** (*abr écrite de* **rand**) R.

Râ [ra] = **Rê**.

rab *fam* [rab] *nm*: **qui veut du ~?** [à table] anyone for seconds?; **alors, on fait du ~?** [au travail] doing some overtime, are we?; **j'ai eu deux heures de ~ au lit** I had an extra two hours in bed.
◆ **en rab** *fam loc adj*: **il y a des patates en ~** there are some spuds left (over); **un ticket en ~** a spare ticket; **du tissu en ~** some spare material.

rabâchage [rabaʃaʒ] *nm*: **son cours, c'est vraiment du ~** he's always going over the same old things in class.

rabâcher [3] [rabaʃe] ◇ *vt* -**1.** [conseils] to keep (on) repeating; [malheurs] to keep harping on about; **tu n'arrêtes pas de ~ la même chose** you're like a record that's got stuck, you do go on; **des arguments rabâchés** the same old arguments. -**2.** [leçon] to go over (and over) *(insép)*.
◇ *vi* to keep repeating o.s., to keep harping on.

rabâcheur, euse *fam* [rabaʃœr, øz] *nm, f* drone, bore.

rabais [rabɛ] *nm* reduction, discount; **avec un ~ de 15 %, avec 15 % de ~** with a 15 % discount OU reduction; **faire un ~ de 10% sur le prix** to knock 10% off the price; **il m'a fait un ~ de 20 %** he gave me 20 % off.
◆ **au rabais** ◇ *loc adj* [vente] cut-price; *péj* [formation] second-rate; [travail] underpaid.
◇ *loc adv*: **vendre/acheter au ~** to sell/to buy at a reduced price OU discount; **elle travaille au ~** she works for a pittance.

rabaissant, e [rabɛsɑ̃, ɑ̃t] *adj* degrading, debasing.

rabaissement [rabɛsmɑ̃] *nm* -**1.** [d'un prix] lowering. -**2.** *sout* [de l'être humain] debasement.

rabaisser [4] [rabɛse] *vt* -**1.** [diminuer - prétentions] to moderate, to reduce; [- niveau] to lower; [- orgueil] to humble; [- prix] to reduce, to lower. -**2.** [dévaloriser - mérites, personne] to devalue, to belittle; **de tels actes rabaissent l'homme au niveau des animaux** such actions reduce man to the level of an animal. -**3.** [voilette, jupe] to pull (back) down *(sép)*.
◆ **se rabaisser** *vp* *(emploi réfléchi)* -**1.** [se dévaloriser] to belittle o.s., to sell o.s. short. -**2.** [s'avilir] to degrade o.s.

raban [rabɑ̃] *nm* NAUT (short) rope OU line.

rabane [raban] *nf* raffia fabric.

rabat [raba] *nm* [d'un sac, d'une poche] flap; [de toge] bands.

Rabat [raba] *npr* Rabat.

rabat-joie [rabajwa] ◇ *nmf inv* killjoy, spoilsport.
◇ *adj inv*: **ce qu'ils sont ~!** what a bunch of killjoys they are!

rabattage [rabataʒ] *nm* CHASSE beating.

rabattement [rabatmɑ̃] *nm* GÉOM rabatment.

rabatteur, euse [rabatœr, øz] *nm, f* -**1.** CHASSE beater. -**2.** COMM tout. -**3.** POL canvasser.
◆ **rabatteur** *nm* AGR reel.

rabattre [83] [rabatr] ◇ *vt* -**1.** [toit ouvrant, strapontin - pour baisser] to pull down *(sép)*; [- pour lever] to pull up *(sép)*; [couvercle] to shut down *(sép)*, to close; [chapeau] to pull down *(sép)*; [col, visière] to turn down *(sép)*; **rabats le drap sur la couverture** fold the sheet back over the blanket; **rabattez le tissu avant de coudre** fold the material over before sewing; **les cheveux rabattus sur le front** hair brushed forward OU down over the forehead; **rabats le capot de la voiture** close the bonnet of the car; **une bourrasque rabattit le volet contre le mur** a gust of wind blew the shutter back against the wall; **de la fumée rabattue par le vent** smoke blown back by the wind; **le vent rabattait la pluie contre son visage** the wind was driving the rain against his face; **l'oiseau se posa et rabattit ses ailes** the bird landed and folded back its wings. -**2.** CHASSE to drive; **la police rabattait les manifestants vers** OU **sur la place** the police were driving the demonstrators (back) towards the square || [racoler]: **~ des clients** *fam* to tout for customers. -**3.** [déduire] to take off *(sép)*, to deduct; **il a rabattu 5 % sur le prix affiché** he took OU knocked 5 % off the marked price. -**4.** [diminuer]: **~ l'orgueil de qqn** to humble sb; **il ne rabat rien de ses prétentions** he won't budge an inch ☐ **en ~** *sout* [modérer ses exigences] to climb down *(insép)*, to lower one's sights. -**5.** COUT to stitch down *(sép)*; **~ une couture** to fell a seam || [en tricot]: **~ deux mailles** to decrease two stitches; **~ toutes les mailles** to cast off. -**6.** GÉOM to rabat. -**7.** HORT to cut (down), to prune away *(sép)*. -**8.** TEXT to tone down *(sép)*.
◇ *vi sout* [quitter la direction suivie]: **nous rabattîmes sur le château** we turned off towards the castle.
◆ **se rabattre** *vpi* [véhicule - graduellement] to move back into position; [- brusquement] to cut in; **le car s'est rabattu juste devant moi** the bus cut in just in front of me.
◆ **se rabattre sur** *vp + prép* -**1.** [se contenter de] to fall back on, to make do with; **il a dû se ~ sur un emploi de veilleur de nuit** he had to make do with a night watchman's job. -**2.** [se fermer - volet] to slam shut; [- table] to fold away; **le portail se rabattit sur eux** the gate slammed shut OU closed behind them. -**3.** [oiseau] to land.

rabbi [rabi] *nm* rabbi HIST.

rabbin [rabɛ̃] *nm* rabbi; **grand ~** Chief Rabbi.

rabbinat [rabina] *nm* rabbinate.

rabbinique [rabinik] *adj* rabbinical.

rabbinisme [rabinism] *nm* rabbinism.

rabe *fam* [rab] = **rab**.

rabelaisien, enne [rablɛzjɛ̃, ɛn] *adj* Rabelaisian.

rabibocher *fam* [3] [rabibɔʃe] *vt* -**1.** [réconcilier] to patch things up between, to bring together again. -**2.** *vieilli* [réparer] to fix OU to patch up.
◆ **se rabibocher** *vpi* to make up; **se ~ avec qqn** to patch things up with sb.

rabiot *fam* [rabjo] = **rab**.

rabioter *fam* [3] [rabjɔte] *vt* -**1.** [obtenir en supplément] to wangle; **elle a réussi à ~ une semaine de congé de maladie** she managed to wangle a week's sick leave. -**2.** [s'octroyer]: **il m'a rabioté 20 francs sur la monnaie** he pocketed 20 francs when he gave me my change.

rabique [rabik] *adj* rabies *(modif)*, rabic.

râble [rabl] *nm* -**1.** ZOOL back; **~ de lièvre** CULIN saddle of hare; **tomber** OU **sauter sur le ~ de qqn** *fam* [attaquer] to lay into sb, to go for sb; [critiquer] to go for sb. -**2.** MÉTALL rabble, rake; TECH rake.

râblé, e [rable] *adj* -**1.** [animal] broad-backed. -**2.** [personne] stocky.

râbler [3] [rable] *vt* MÉTALL to rabble; TECH to rake (out).

rabot [rabo] *nm* MENUIS plane; **dent ~** straight tooth *(in raker set)*.

rabotage [rabɔtaʒ], **rabotement** [rabɔtmɑ̃] *nm* planing (down).

raboter [3] [rabɔte] *vt* to plane (down).
◆ **se raboter** *vpt*: **je me suis raboté le genou contre le mur** I scraped my knee on the wall.

raboteur [rabɔtœr] *nm* [ouvrier] planer.

raboteux, euse [rabɔtø, øz] *adj* -**1.** [sentier] bumpy, rugged; [plancher] uneven, rough. -**2.** *litt* [style] rugged, unpolished, rough.
◆ **raboteuse** *nf* [outil] planing machine, planer.

rabougri, e [rabugri] *adj* -**1.** [étiolé] scraggy; [desséché] shrivelled. -**2.** *fam* [chétif] stunted; [ratatiné] shrivelled, wizened.

rabougrir [32] [rabugrir] *vt* [dessécher] to shrivel (up); [entraver la croissance de] to stunt (the growth of).
◆ **se rabougrir** *vpi* -**1.** [plante] to shrivel (up). -**2.** *fam* [personne] to become wizened, to become shrivelled (with age).

rabouter [3] [rabute] *vt* [tuyaux] to join, to put end to end; [cordes] to tie together *(sép)*, to put end to end; **ce n'est pas une anthologie, seulement quelques textes raboutés** *fig* it's not an anthology, only a few bits of prose thrown OU stuck together.

rabrouer [3] [rabrue] *vt* to send packing; **se faire ~ par qqn** to feel the sharp end of sb's tongue.

racage [rakaʒ] *nm* NAUT parrel, parral.

racaille [rakaj] *nf péj* rabble, riff-raff.

raccard [rakar] *nm Helv grain store typical of the Valais region.*

raccommodable [rakɔmɔdabl] *adj* mendable, repairable.

raccommodage [rakɔmɔdaʒ] *nm* [de linge, d'un filet] mending, repairing; [d'une chaussette] darning, mending; **j'ai du ~ à faire** I've got some mending to do; **un ~ bien fait** a neat bit of mending.

raccommodement *fam* [rakɔmɔdmɑ̃] *nm* reconciliation.

raccommoder [3] [rakɔmɔde] *vt* -**1.** [réparer - linge, filet] to repair, to mend; [- chaussette] to darn, to mend; **peux-tu ~ mon pantalon/mes chaussettes?** can you mend my trousers/darn my socks? -**2.** *fam* [réconcilier] to bring together (again); **je suis raccommodé avec elle** I've made it up with her, I'm back with her again.
◆ **se raccommoder** *fam vpi* [se réconcilier] to be reconciled, to get together (again); **ils finiront bien par se ~** they're bound to get back together again.

raccommodeur, euse [rakɔmɔdœr, øz] *nm, f* mender.

raccompagner [3] [rakɔ̃paɲe] *vt* -**1.** [reconduire à la porte]: **~ qqn** to show OU to see sb out. -**2.** [accompagner]: **je vais te ~ chez toi** [à pied] I'll walk OU take you back home; [en voiture] I'll give you a lift home, I'll drive OU run you home; **tu me raccompagnes jusqu'au bout de la rue?** will you walk me OU see me to the end of the street?; **~ qqn à la gare/à l'aéroport** to see sb off at the station/airport.

raccord [rakɔr] *nm* -**1.** [en décoration] join; **papier avec ~** wallpaper with pattern match; **tissu sans ~** random match material; **compte 33 cm pour le ~** allow 33 cm for pattern match. -**2.** CIN [liaison de scènes] continuity; [plan] link shot; **scène de ~** link scene ‖ LITTÉRAT link. -**3.** [retouche] touch-up; **la peinture de la cuisine a besoin de quelques ~s** the kitchen paint needs some touching up; **elle s'est fait un petit ~ devant la glace** *fam* she touched up her make-up in front of the mirror. -**4.** TECH [pour tuyaux différents] adaptor; [joint] connector; **~ en T** T-union.

raccordement [rakɔrdəmɑ̃] *nm* -**1.** [opération de connexion] RAIL linking, joining; TRAV PUBL connecting, linking, joining; ÉLECTR joining, connecting; **faire le ~ (au réseau)** TÉLÉC to connect the phone. -**2.** [voie ferrée] junction.

raccorder [3] [rakɔrde] *vt* -**1.** [route, chemin de fer] to link OU to join up *(sep)*; **la ville nouvelle est raccordée à l'autoroute** the new town is linked up to the motorway OU has a motorway link-up. -**2.** [morceaux cassés, papier peint] to align, to join (up); [bandes magnétiques] to splice; **les motifs ne sont pas raccordés** the pattern doesn't line up. -**3.** ÉLECTR [au secteur] to couple; [à un circuit] to join. -**4.** TÉLÉC: **~ qqn au réseau** to connect (up) sb's phone. -**5.** *fig* [indices, faits] to link up *(sép)*, to connect. -**6.** CIN [scènes] to link up *(sép)*.
◆ **se raccorder à** *vp + prép* -**1.** [route, voie ferrée] to join up with. -**2.** [être lié à] to tie in with; **le dernier paragraphe ne se raccorde pas au reste** the last paragraph doesn't tie in with the rest.

raccourci [rakursi] *nm* -**1.** [trajet] shortcut. -**2.** [énoncé]: **un ~ (saisissant)** a pithy turn of phrase. -**3.** BX-ARTS foreshortening *(U)*.
◆ **en raccourci** *loc adv* [en résumé] in brief, in a nutshell; [en miniature] on a small scale, in miniature.

raccourcir [32] [rakursir] ◇ *vt* -**1.** [vêtement, rideau] to shorten, to take up *(sép)*; [cheveux, barbe] to trim; [discours] to shorten; [film] to shorten; **j'ai raccourci la robe de 3 cm** I've shortened the dress by 3 cm, I've taken the dress up by 3 cm; **tu as trop raccourci les manches** you've made the sleeves too short ‖ [trajet] to shorten; **le sentier raccourcit le trajet de deux kilomètres** the path shortens the trip by two kilometres ‖ [séjour] to cut short; **elle a dû ~ ses vacances d'une semaine** she had to come back from her holidays a week early. -**2.** *fam* [décapiter]: **~ qqn** to chop sb's head off.
◇ *vi* -**1.** [durée]: **les jours raccourcissent** the days are growing shorter OU drawing in. -**2.** [mode]: **les manteaux vont ~ à l'automne prochain** coats will be shorter next autumn. -**3.** [distance]: **ça raccourcit** it's shorter.
◆ **se raccourcir** *vpi* [diminuer]: **les délais de livraison se sont considérablement raccourcis** delivery times have been considerably shortened OU reduced.

raccourcissement [rakursismɑ̃] *nm* [des jours] shortening, drawing in; [des robes] shortening; [des délais] shortening, reducing.

raccroc [rakro]
◆ **par raccroc** *loc adv* by a stroke of good luck.

raccrocher [3] [rakrɔʃe] ◇ *vt* -**1.** [remettre en place - habit, rideau] to hang back up; [- tableau] to put back on the hook, to hang OU to put back up; [- téléphone] to put down, to hang up; **~ les gants** *fam* [boxeur] to hang up one's gloves, to retire. -**2.** [relier - wagons] to couple, to hitch together; **la remorque a été mal raccrochée à la voiture** the trailer wasn't properly hitched up to the car; **c'est la seule chose qui la raccroche à la vie** *fig* it's the only thing which keeps her going, it's her only lifeline. -**3.** [rattraper - affaire] to save at the last minute; **ils ont raccroché les négociations** they managed to rescue the negotiations at the last minute. -**4.** *fam* [obtenir par chance - commande] to pull OU to bring off *(sép)*.
◇ *vi* -**1.** [au téléphone] to hang up, to put the receiver down; **elle m'a raccroché au nez** *fam* she hung up OU put the phone down on me. -**2.** *fam* [prendre sa retraite - boxeur] to hang up one's gloves.
◆ **se raccrocher à** *vp + prép* -**1.** [se rattraper à] to grab OU to catch hold of; **il n'a personne à qui se ~** *fig* he has nobody to turn to. -**2.** [être relié à] to be linked OU related to.

raccrocheur, euse [rakrɔʃœr, øz] *adj* [publicité] eye-catching.

raccuser *fam* [3] [rakyze] *vt Belg* to snitch on *(insep)*.

raccusette *fam* [rakyzɛt] *nf Belg* snitch.

race [ras] *nf* -**1.** ANTHR race; **la ~ blanche/noire** the white/black race; **de ~ blanche** white; **de ~ noire** black; **il est de ~ asiatique** he's of Asian origin. -**2.** [catégorie]: **la ~ des honnêtes gens est en voie de disparition** decent people are a dying breed; **il est de la ~ des gens qui se plaignent tout le temps** he's one of those people who are always moaning. -**3.** ZOOL breed. -**4.** *litt* [lignée] line; **être de ~ noble** to be of noble stock OU blood. -**5.** [distinction]: **avoir de la ~** to have breeding.
◆ **de race** *loc adj* purebred, pedigree *(modif)*; **cheval de ~** thoroughbred (horse).

racé, e [rase] *adj* -**1.** ZOOL [chien] purebred, pedigree *(modif)*; [cheval] thoroughbred. -**2.** [personne] wellbred. -**3.** [voilier, voiture] handsome.

racer [rɛsœr] *nm* racer *(car, boat)*.

rachat [raʃa] *nm* -**1.** [de ce qu'on avait vendu] repurchase, buying back. -**2.** [achat]: **'nous vous proposons le ~ de votre ancienne voiture!'** COMM 'we offer to take your old car in part-exchange *Br* OU as a trade-in *Am*!' -**3.** FIN [d'actions, d'obligations] buying up OU in; [d'une affaire] take over; **~ de l'entreprise par ses salariés** management buyout ‖ [d'une franchise, d'une rente] redemption. -**4.** *sout* [des péchés] redemption.

Rachel [raʃɛl] *npr* Rachel.

rachetable [raʃtabl] *adj* -**1.** *fam* [remplaçable]: **un vase, c'est ~** you can always buy another vase. -**2.** *litt* [dette, rente, péché] redeemable.

racheter [28] [raʃte] *vt* -**1.** [en plus] to buy some more (of); **rachète du pain** buy some more bread; **~ des actions** [en supplément] to buy some more shares; [pour remplacer celles qu'on a vendues] to buy back OU to repurchase shares; **je vais ~ un service à café** I'm going to buy another OU a new coffee set. -**2.** [acheter] to buy; **~ qqch à qqn** [à un particulier] to buy sthg from sb; **'on vous rachète vos anciens meubles'** COMM your old furniture taken in part-exchange *Br* OU as a trade-in *Am*; **j'ai racheté sa part/son affaire** FIN I've bought him out (of the business)/bought him up; **~ une entreprise** to take over a company. -**3.** [rente, cotisations] to redeem. -**4.** [erreur, défaut] to make up for *(insép)*, to compensate for *(insép)*; [péché] to atone for *(insép)*, to expiate; [vie dissolue] to make amends for, to make up for *(insép)*; [pécheur] to redeem; **il n'y en a pas un pour ~ l'autre** one's as bad as the other. -**5.** CONSTR to modify, to compensate. -**6.** HIST [soldat] to buy out *(sép)*; [prisonnier, esclave] to ransom, to buy the freedom of. -**7.** ENS: **~ un candidat** to pass a candidate *(in spite of insufficient marks)*; **~ une (mauvaise) note** to make up for a (poor) grade.
◆ **se racheter** *vp (emploi réfléchi)* [gén] to make amends, to redeem o.s.; [pécheur] to redeem o.s.; **ce n'est pas en m'offrant des fleurs que tu vas te ~!** it'll take more than flowers to bring me around!

rachialgie [raʃjalʒi] *nf* rachialgia.

rachianalgésie [raʃianalʒezi], **rachianesthésie** [raʃianɛstezi] *nf* rachianesthesia.

rachidien, enne [raʃidjɛ̃, ɛn] *adj* rachidian, rachidial.

rachis [raʃis] *nm* rachis.

rachitique [raʃitik] ◇ *adj* -**1.** MÉD suffering from rickets, rachitic *spéc*. -**2.** [chétif - plante] stunted; [- chien, personne] puny, scrawny.
◇ *nmf* person suffering from rickets.

rachitisme [raʃitism] *nm* rickets *(U)*, rachitis *spéc*.

Rachmaninov [rakmaninɔf] *npr* Rachmaninoff.

racial, e, aux [rasjal, o] *adj* racial, race *(modif)*; **attiser la haine ~e** to stir up racial hatred; **émeute ~e** race riot.

racinal, aux [rasinal, o] *nm* -**1.** CONSTR purlin. -**2.** TRAV PUBL member.

racine [rasin] *nf* -**1.** BOT root; **~ aérienne** aerial root; **~ pivotante** taproot; **~s alimentaires** root crops; **~s (comestibles)** root vegetables; **~ de gingembre** root ginger; **il prend ~** *fam* [il s'installe] he's getting a bit too comfortably settled; **tu vas prendre racine!** *fam* [l'attente est longue] you'll take root! -**2.** ANAT [d'un cheveu, d'un poil, d'une dent] root; [du nez] base. -**3.** LING & MATH root; **~ carrée/cubique/énième** square/cube/nth root.
◆ **racines** *nfpl* [origines] roots; **elle a ses ~s en Écosse** her roots are in Scotland; **je suis sans ~s** I don't have any roots, I don't belong anywhere; **retrouver ses ~s** to go back to one's roots; **cette croyance a ses ~s dans le folklore breton** this belief is rooted in Breton folklore.

racinien, enne [rasinjɛ̃, ɛn] *adj* Racinian.

racisme [rasism] *nm* racism, racial prejudice; **c'est du ~ anti-vieux** that's ageism; **c'est du ~ anti-jeunes** that's prejudice against young people.

raciste [rasist] ◇ *adj* racist, prejudiced.
◇ *nmf* racist.

rack [rak] *nm* AUDIO (stereo) rack.

racket [rakɛt] *nm* (protection) racket; **la lutte contre les ~s** the fight against racketeering.

racketter [4] [rakɛte] *vt* to racketeer, to run a (protection) racket.

racketteur, euse [rakɛtœr, øz] *nm, f* racketeer.

raclage [raklaʒ] *nm* scraping.

racle [rakl] *nf* [instrument] squeegee.

raclée *fam* [rakle] *nf* -**1.** [coups] thrashing, hiding; **donner une ~ à qqn** to give sb a good thrashing OU hiding; **prendre** OU **recevoir une ~** to get a good hiding. -**2.** [défaite] thrashing, hammering; **il a pris sa ~ en finale** he got thrashed OU hammered in the final.

raclement [rakləmɑ̃] *nm* scraping (noise); **on entendit quelques ~s de gorge** some people could be heard clearing their throats.

racler [3] [rakle] *vt* -**1.** [frotter] to scrape; **~ la semelle de ses souliers** to scrape the soles of one's shoes; **un petit vin blanc qui racle le gosier** a white wine that is rough on OU that burns your throat ❑ **~ les fonds de tiroir** *fam* to scrape some money together. -**2.** *péj* [instrument]: **~ du violon** to scrape away at the fiddle.
◆ **se racler** *vpt*: **se ~ la gorge** to clear one's throat.

raclette [raklɛt] *nf* -**1.** CULIN *Swiss speciality consisting of melted cheese prepared at the table using a special heater or grill, served with potatoes and cold meats.* -**2.** [grattoir] scraper. -**3.** [pour vitres] squeegee.

racleur, euse [raklœr, øz] *nm, f*: **ce n'est qu'un ~ de violon** he's a third-rate fiddler.

racloir [raklwar] *nm* -**1.** MIN scraper. -**2.** MENUIS scraper plane. -**3.** MÉTALL strickle. -**4.** ARCHÉOL racloir, side scraper.

raclure [raklyr] *nf* -**1.** [résidu] scraping. -**2.** ▽ [personne] the bottom of the barrel *(U)*.

racolage [rakɔlaʒ] *nm* [par une prostituée] soliciting; [par un vendeur] touting (for customers); [par un militant] canvassing; **faire du ~** [prostituée] to solicit; [commerçant] to tout (for customers); [militant] to canvass (support).

racoler [3] [rakɔle] *vt* -**1.** [clients - suj: prostituée] to accost; [- suj: vendeur] to tout *(for customers)*, to drum up *(business)*; [électeurs] to canvass. -**2.** HIST [soldat] to press-gang.

racoleur, euse [rakɔlœr, øz] *adj* [sourire] enticing; [affiche] eye-catching; [titre, journal] sensationalist; [campagne électorale] vote-catching.
◆ **racoleur** *nm* tout.
◆ **racoleuse** *nf* street walker.

racontable [rakɔ̃tabl] *adj*: **ce n'est pas ~ devant des enfants** I can't say it in front of children; **alors que s'est-il passé? – ce n'est pas ~!** so what happened? – it defies description!

racontar [rakɔ̃tar] *nm* piece of gossip; **n'écoute pas les ~s** don't listen to gossip; **tout ça, c'est des ~s** that's just gossip OU talk.

raconter [3] [rakɔ̃te] *vt* -**1.** [conte, histoire] to tell; **la tapisserie de Bayeux raconte la conquête de l'Angleterre** the Bayeux tapestry tells (the story) of the conquest of England; **il a raconté l'histoire à son voisin** he told his neighbour the story, he told the story to his neighbour. -**2.** [événement, voyage] to relate; **il a raconté l'accident à sa mère** he told his mother about the accident; **~ ses malheurs à qqn** to tell sb all one's troubles, to pour one's heart out to sb ❑ **~ sa vie** *fam* to tell one's (whole) life story; **nous raconte pas ta vie!** *fam* we don't want to hear your life history! -**3.** [dire] to tell; **ne crois pas tout ce qu'on raconte** don't believe everything people tell you; **on raconte beaucoup de choses sur lui** you hear all sorts of stories about him; **on m'avait raconté que vous étiez malade** I heard that you were ill; **on raconte qu'il a été marié plusieurs fois** people say he's been married several times; **à ce qu'on raconte, elle était la maîtresse du docteur** she was the doctor's mistress, at least that's what people say; **elle est allée tout lui ~** she went and told him everything; **mais enfin qu'est-ce que tu racontes?** what (on earth) are you on about?; **ne raconte pas de bêtises** don't be silly || *(en usage abs)*: **vite, raconte!** go on!, quick, tell me! ❑ **~ des histoires** to tell stories, to spin yarns; **allez, tu me racontes des histoires** come on, you're pulling my leg; **qu'est-ce que tu racontes (de beau)?** so, what's new?
◆ **se raconter** ◇ *vp (emploi passif)* [événement]: **des choses pareilles ne se racontent pas** such things are best left unsaid; **il faut l'avoir vécu, ça ne se raconte pas** I couldn't describe what it was like.
◇ *vpi* [personne] to talk about o.s.

raconteur, euse [rakɔ̃tœr, øz] *nm, f* storyteller; **c'est un bon ~** he tells a good story.

racorni, e [rakɔrni] *adj* -**1.** [vieillard] wizened, shrivelled; [mains] gnarled; [plante] shrivelled; [parchemin] dried-up. -**2.** *sout* [esprit] hardened.

racornir [32] [rakɔrnir] *vt* -**1.** [peau, mains] to toughen; [cœur] to harden. -**2.** [plante] to shrivel up *(sép)*.
◆ **se racornir** *vpi* -**1.** [plante] to shrivel up *(insép)*, to become shrivelled up. -**2.** *sout* [personne] to become hardened OU hardhearted.

rad [rad] *nm* rad.

radar [radar] *nm* radar; **~ de veille** military surveillance radar; **écran/système ~** radar screen/system; **contrôle-~** [sur la route] radar (speed) trap *(on a road)*; **aujourd'hui je suis** OU **je marche au ~** *fam* I'm on automatic pilot today.

radarastronomie [radarastrɔnɔmi] *nf* radar astronomy.

radariste [radarist] *nmf* radar specialist OU engineer.

rade [rad] ◇ *nf* -**1.** [bassin] harbour *Br*, harbor *Am*; **en ~ de San Francisco** in San Francisco harbour. -**2.** *fam loc*: **laisser qqn en ~** [l'abandonner] to leave sb in the lurch; **on est restés en ~** we were left stranded.
◇ *nm arg crime* [bar] joint.

radeau, x [rado] *nm* raft; **~ de sauvetage** life raft; **~ pneumatique** inflatable raft; **'le Radeau de la Méduse'** *Géricault* 'The Raft of the Medusa'.

radial, e, aux [radjal, o] *adj* MATH & ANAT radial.
◆ **radiale** *nf* [autoroute urbaine] urban expressway *(leading out from the city centre)*.

radian [radjɑ̃] *nm* radian.

radiant, e [radjɑ̃, ɑ̃t] *adj* radiant.
◆ **radiant** *nm* radiant.

radiateur [radjatœr] *nm* [à eau, d'un véhicule] radiator; [à gaz] heater; **~ électrique** electric radiator OU heater.

radiatif, ive [radjatif, iv] *adj* radiative.

radiation [radjasjɔ̃] *nf* -**1.** BIOL & PHYS radiation. -**2.** [élimination] removal, striking off; **ils ont demandé sa ~ de l'ordre des médecins/du barreau** they asked that he should be struck off the register/that he should be struck off.

radical, e, aux [radikal, o] ◇ *adj* -**1.** [complet] radical, drastic; **un changement ~** a drastic OU radical change; **une réorganisation ~e** a thoroughgoing OU root and branch reorganization. -**2.** [efficace]: **l'eucalyptus c'est ~ contre le rhume** eucalyptus is just the thing for colds; **il s'endort quand je mets cette cassette, c'est ~** *fam* he goes to sleep as soon as I play this tape, it works like a dream. -**3.** BOT radical, root *(modif)*. -**4.** LING root *(modif)*.
◇ *nm, f* POL Radical.
◆ **radical** *nm* -**1.** LING radical, stem. -**2.** CHIM radical. -**3.** MATH radical (sign).

radicalaire [radikalɛr] *adj* CHIM free radical *(modif)*.

radicalement [radikalmɑ̃] *adv* radically, completely; **~ faux** completely untrue; **il a ~ changé** he's completely different, he's a different person.

radicalisation [radikalizasjɔ̃] *nf* radicalization; **il est pour la ~ des revendications** he wants the demands to be made more radical; **la ~ du conflit** the heightening of the conflict.

radicaliser [3] [radikalize] *vt* to radicalize, to make more radical.
◆ **se radicaliser** *vpi*: **le mouvement étudiant s'est radicalisé** the student movement has become more radical.

radicalisme [radikalism] *nm* radicalism.

radical-socialisme [radikalsɔsjalism] *nm* radical-socialism.

radical-socialiste [radikalsɔsjalist] (*pl* **radicaux-socialistes** [radikosɔsjalist]) *adj* & *nmf* radical-socialist.

radicant, e [radikɑ̃, ɑ̃t] *adj* radicant.

radicelle [radisɛl] *nf* radicel *spéc*, rootlet.

radicotomie [radikɔtɔmi] *nf* radicotomy.

radiculaire [radikylɛr] *adj* radicular.

radicule [radikyl] *nf* radicle.

radié, e [radje] *adj* -**1.** [cadran] marked in rays, radiate *spéc*. -**2.** BOT radiate, rayed.
◆ **radiée** *nf* radiate plant.

radier[1] [radje] *nm* -**1.** CONSTR [dalle] concrete slab; [revêtement] apron. -**2.** MIN sill.

radier[2] [9] [radje] *vt* to strike off *(sép)*; **elle a été radiée du barreau/de l'ordre des médecins** she was struck off the register/struck off.

radiesthésie [radjɛstezi] *nf* divination, divining.

radiesthésiste [radjɛstezist] *nmf* diviner.

radieux, euse [radjø, øz] *adj* [matinée, temps] glorious; [soleil, beauté] brilliant, radiant; [visage] radiant, glowing (with happiness); [sourire] radiant; **elle était radieuse à son retour de vacances** she was positively glowing when she got back from her holidays.

radin, e [radɛ̃, in] ◇ *adj* tightfisted, stingy.
◇ *nm, f* skinflint.

radiner▽ [3] [radine] *vi* [arriver] to turn OU to show up *(insép)*.
◆ **se radiner**▽ *vpi*: **allez, vite, radine-toi!** come on, get a move on!

radinerie [radinri] *nf* stinginess, tightfistedness.

radio [radjo] ◇ *nf* -**1.** [récepteur] radio. -**2.** [diffusion]: **la ~** radio (broadcasting); **à la ~** on the radio; **passer à la ~** [personne] to be on the radio; [chanson] to be played on the radio; [jeu, concert] to be broadcast (on the radio), to be radiocast *Am*. -**3.** [station] radio station; **sur toutes les ~s** on all stations; **écoutez ~ TSW!** tune in to TSW! ❑ **~ locale privée** OU **libre** independent local radio station; **Radio France** *state-owned radio broadcasting company*; **Radio France Internationale** ≃ BBC World Service; **~ périphérique** *radio station broadcasting from outside national territory*; **~ pirate** pirate radio station; **~ privée** independent OU commercial radio station. -**4.** *(comme adj inv)* MIL: **message ~** radio message. -**5.** MÉD X-ray (photograph); **passer une ~** OU **à la ~** *fam* to have an X-ray (done), to be X-rayed.
◇ *nm* radio operator.

radioactif, ive [radjɔaktif, iv] *adj* radioactive.

radioactivation [radjɔaktivasjɔ̃] *nf* radioactivation.

radioactivité [radjɔaktivite] *nf* radioactivity.

radioalignement [radjɔaliɲmɑ̃] *nm* [méthode] radio navigation; [dispositif] radio direction finder.

radioaltimètre [radjɔaltimɛtr] *nm* radio altimeter.

radioamateur [radjɔamatœr] *nm* radio ham.

radioastronome [radjɔastrɔnɔm] *nm* radio astronomer.

radioastronomie [radjɔastrɔnɔmi] *nf* radio astronomy.

radiobalisage [radjɔbalizaʒ] *nm* radio beacon signalling.

radiobalise [radjɔbaliz] *nf* radio beacon.

radiobaliser [3] [radjɔbalize] *vt* to equip with a radio beacon signalling system.

radiobiologie [radjɔbjɔlɔʒi] *nf* radiobiology.

radiocarbone [radjɔkarbɔn] *nm* radiocarbon.

radiocassette [radjɔkasɛt] *nf* radio cassette player.

radiocobalt [radjɔkɔbalt] *nm* radiocobalt.

radiocommande [radjɔkɔmɑ̃d] *nf* radio control.

radiocommunication [radjɔkɔmynikasjɔ̃] *nf* radiocommunication.

radiocompas [radjɔkɔ̃pa] *nm* radio compass.

radioconducteur [radjɔkɔ̃dyktœr] *nm* coherer.

radiocristallographie [radjɔkristalɔgrafi] *nf* radio crystallography.

radiodermite [radjɔdɛrmit] *nf* radiodermatitis.

radiodiagnostic [radjɔdjagnɔstik] *nm* radiodiagnosis.

radiodiffusé, e [radjɔdifyze] *adj* radio *(modif)* RAD.

radiodiffuser [3] [radjɔdifyze] *vt* to broadcast (on radio), to radiocast *Am*.

radiodiffusion [radjɔdifyzjɔ̃] *nf* radio broadcasting.

radioélectricien, enne [radjɔelɛktrisjɛ̃, ɛn] *nm, f* radio engineer.

radioélectricité [radjɔelɛktrisite] *nf* radio engineering.

radioélectrique [radjɔelɛktrik] *adj* radio *(modif)* ELEC.

radioélément [radjɔelemɑ̃] *nm* radioelement.

radiofréquence [radjɔfrekɑ̃s] *nf* radio frequency.

radiogalaxie [radjɔgalaksi] *nf* radio galaxy.

radiogoniomètre [radjɔgɔnjɔmɛtr] *nm* (radio) direction finder, radiogoniometer.

radiogoniométrie [radjɔgɔnjɔmetri] *nf* (radio) direction finding, radiogoniometry.

radiogramme [radjɔgram] *nm* radiogram TELEC.

radiographie [radjɔgrafi] *nf* [technique] radiography; [image] X-ray, radiograph.

radiographier [9] [radjɔgrafje] *vt* to X-ray.

radioguidage [radjɔgidaʒ] *nm* **-1.** AÉRON radio direction finding, radio guidance. **-2.** AUT traffic news.

radioguidé, e [radjɔgide] *adj* [avion] radio-controlled; [projectile, missile] guided.

radioguider [3] [radjɔgide] *vt* to radio-control.

radio-immunologie [radjɔimynɔlɔʒi] *nf* radioimmunology.

radio-isotope [radjɔizɔtɔp] (*pl* **radio-isotopes**) *nm* radioisotope.

radiolésion [radjɔlezjɔ̃] *nf* radiation injury, radiolesion.

radiolocalisation [radjɔlɔkalizasjɔ̃] *nf* radiolocation.

radiologie [radjɔlɔʒi] *nf* radiology.

radiologique [radjɔlɔʒik] *adj* radiological; **examen ~** X-ray examination.

radiologiste [radjɔlɔʒist], **radiologue** [radjɔlɔg] *nmf* radiologist.

radiolyse [radjɔliz] *nf* radiolysis.

radiométallographie [radjɔmetalɔgrafi] *nf* radio metallography.

radiomètre [radjɔmɛtr] *nm* radiometer.

radionavigant [radjɔnavigɑ̃] *nm* radio officer OU operator.

radionavigation [radjɔnavigasjɔ̃] *nf* radio navigation; **aide à la ~** radio navigational aid; **techniques de ~** radio navigational techniques.

radiophare [radjɔfar] *nm* radio beacon.

radiophonie [radjɔfɔni] *nf* broadcasting.

radiophonique [radjɔfɔnik] *adj* [émission, feuilleton] radio *(modif)*; [studio] broadcasting *(modif)*.

radiophotographie [radjɔfɔtɔgrafi] *nf* [image] X-ray photograph; [procédé] radiophotography.

radioprotection [radjɔprɔtɛksjɔ̃] *nf* defence against radiation.

radiorécepteur [radjɔresɛptœr] *nm* radio receiver.

radioreportage [radjɔrəpɔrtaʒ] *nm* [émission] (radio) report; [commentaire] (radio) commentary.

radioreporter [radjɔrəpɔrtɛr] *nm* (radio) reporter OU correspondent.

radiorésistance [radjɔrezistɑ̃s] *nf* radioresistance.

radioréveil [radjɔrevɛj] *nm* radio alarm (clock).

radioscopie [radjɔskɔpi] *nf* **-1.** MÉD radioscopy. **-2.** [étude] in-depth analysis.

radiosensibilité [radjɔsɑ̃sibilite] *nf* radiosensitivity.

radiosondage [radjɔsɔ̃daʒ] *nm* radiosondage, radiosonde sounding; **station de ~** radiosonde station.

radiosonde [radjɔsɔ̃d] *nf* MÉTÉO radiosonde, radiometeorograph.

radiosource [radjɔsurs] *nf* radio-source, radio star, star source.

radio-taxi [radjɔtaksi] (*pl* **radio-taxis**) *nm* radio cab, radio-taxi.

radiotechnique [radjɔtɛknik] ◇ *adj* radiotechnical.
◇ *nf* radiotechnics *(U)*, radio technology.

radiotélégramme [radjɔtelegram] *nm* radiotelegram.

radiotélégraphie [radjɔtelegrafi] *nf* radiotelegraphy, wireless telegraphy.

radiotélégraphiste [radjɔtelegrafist] *nmf* radio operator, radiotelegrapher.

radiotéléphone [radjɔtelefɔn] *nm* radiotelephone.

radiotéléphonie [radjɔtelefɔni] *nf* radiotelephony.

radiotéléphoniste [radjɔtelefɔnist] *nmf* radiotelephonist.

radiotélescope [radjɔteleskɔp] *nm* radio telescope.

radiotélévisé, e [radjɔtelevize] *adj* broadcast simultaneously on radio and TV, simulcast.

radiotélévision [radjɔtelevizjɔ̃] *nf* radio and television.

radiothérapeute [radjɔterapøt] *nmf* radiotherapist.

radiothérapie [radjɔterapi] *nf* radiotherapy.

radis [radi] *nm* **-1.** BOT radish; **~ noir** black radish. **-2.** ▽ *loc*: **je n'ai plus un ~** I haven't got a bean *esp Br* OU a red cent *Am*.

radium [radjɔm] *nm* radium.

radius [radjys] *nm* radius.

radjah [radʒa] = **raja(h)**.

radôme [radom] *nm* radome.

radotage [radɔtaʒ] *nm* drivel.

radoter [3] [radɔte] ◇ *vi* to witter on; **excuse-moi si je radote, mais...** sorry to go on and on about it, but...; **là, il radote!** he's going soft in the head!
◇ *vt* **-1.** [raconter]: **qu'est-ce que tu radotes?** *fam* what are you wittering *Br* OU drivelling on about? **-2.** [répéter]: **il radote cent fois les mêmes histoires** he's always going on about the same old things.

radoteur, euse [radɔtœr, øz] *nm, f* drivelling fool.

radoub [radu] *nm* **-1.** [réparation] repair, refitting; **le voilier est en ~** the yacht is being refitted. **-2.** [cale sèche] dry dock.

radouber [3] [radube] *vt* **-1.** [bateau] to repair, to refit. **-2.** [filet] to mend.

radoucir [32] [radusir] *vt* **-1.** [caractère] to soften; [personne] to calm down *(sép)*, to mollify. **-2.** MÉTÉO to make milder; **les chutes de neige ont radouci le temps** there's been a slight rise in temperature due to the snowfall.
◆ **se radoucir** *vpi* **-1.** [voix] to soften, to become gentler; [personne] to yield, to soften; **elle a fini par se ~ devant leurs prières** her attitude softened in the face of their pleas. **-2.** [température] to get milder; **le temps s'est radouci** the weather's milder.

radoucissement [radusismɑ̃] *nm* **-1.** MÉTÉO (slight) rise in temperature; **net ~ des températures ce matin** a marked rise in temperature this morning. **-2.** [d'une personne] softening.

rafale [rafal] *nf* **-1.** MÉTÉO blast, gust; **le vent souffle en ~s** it's blustery. **-2.** ARM burst; **tir par ~s** firing in bursts; **une ~ de mitraillette** a burst of machine-gun fire. **-3.** *fig* burst; **par** OU **en ~s** intermittently ‖ INF burst.

raffermir [32] [rafɛrmir] *vt* **-1.** [muscle, peau] to tone OU to firm up *(sép)*. **-2.** [consolider] to strengthen, to reinforce; **~ sa position** to consolidate one's position; **~ le courage de qqn** to bolster up sb's courage.
◆ **se raffermir** *vpi* **-1.** [muscle, peau] to tone OU to firm up. **-2.** [se consolider] to get stronger; **se ~ dans ses intentions** to stiffen one's resolve. **-3.** FIN [monnaie, prix] to strengthen.

raffermissement [rafɛrmismɑ̃] *nm* [de la peau] firming up; [de la voix] steadying; [d'une autorité] strengthening, consolidation; **~ des tendances à la Bourse** strengthening of trends on the Stock Exchange.

raffinage [rafinaʒ] *nm* refining.

raffinat [rafina] *nm* refined product.

raffiné, e [rafine] ◇ *adj* **-1.** INDUST refined; **pétrole ~** refined oil. **-2.** [élégant] refined, sophisticated. **-3.** [subtil - raisonnement] subtle; [- politesse] extreme, exquisite; [- goût] refined, discriminating.
◇ *nm, f* person of taste.

raffinement [rafinmɑ̃] *nm* **-1.** [élégance] refinement, sophistication. **-2.** [détail élégant] subtlety, refinement. **-3.** [surenchère]: **avec un ~ de cruauté** with exquisite OU refined cruelty.

raffiner [3] [rafine] *vt* **-1.** INDUST to refine. **-2.** [rendre plus délicat] to polish, to refine.
◆ **raffiner sur** *v + prép* to be overparticular about; **elle raffine beaucoup sur la toilette** she's overparticular about her appearance; **je n'ai pas eu le temps de ~ sur les détails** I didn't have time to pay that much attention to the details.

raffinerie [rafinri] *nf* refinery; **~ de pétrole/sucre** oil/sugar refinery.

raffineur, euse [rafinœr, øz] *nm, f* refiner PETR.
◆ **raffineur** *nm* (paper) refiner.

raffoler [3] [rafɔle]
◆ **raffoler de** *v + prép* to be crazy OU mad OU wild about; **il raffole de ses petits-enfants** he's mad about his grandchildren; **chic, des glaces, j'en raffole!** ooh, ice cream, I LOVE ice cream!

raffut *fam* [rafy] *nm* **-1.** [bruit] racket; **pourquoi tout ce ~?** [voix] what's all this shouting about? **-2.** [esclandre] to-do; **faire du ~ à propos de qqch** to make a big to-do about sthg.

raffûter [3] [rafyte] *vt* RUGBY to hand off *(sép)*.

rafiot *fam* [rafjo] *nm* [vieux bateau] old tub.

rafistolage *fam* [rafistɔlaʒ] *nm* patching up; **c'est le roi du ~** he's always making do.

rafistoler *fam* [3] [rafistɔle] *vt* to patch up *(sép)*, to fix temporarily.

rafle [rafl] *nf* **-1.** [arrestation] raid; **une ~ de police** a police raid ❑ **la ~ du Vel' d'Hiv** HIST *the rounding up of Jews in the Paris Vélodrome d'Hiver in 1942*. **-2.** *fig*: **il y a eu une ~ de tout le sucre disponible dans les magasins** all the sugar available in the shops was snatched up. **-3.** BOT stalk; [du maïs] cob.

rafler *fam* [3] [rafle] *vt* **-1.** [voler] to nick *Br*, to swipe. **-2.** [saisir] to grab; COMM to buy up *(sép)*; **les clients ont tout raflé en moins de deux heures** the customers cleared the shelves in less than two hours. **-3.** [remporter - prix] to walk off with; **le film a raflé toutes les récompenses** the film made a clean sweep of the awards.

rafraîchir [32] [rafrɛʃir] ◇ *vt* **-1.** [refroidir] to cool (down); **ces averses ont rafraîchi le temps** the weather's a bit cooler because of the showers; **un verre d'eau te rafraîchira** a glass of water will cool you down. **-2.** [remettre en état - vêtement] to smarten OU to brighten up *(sép)*; [- barbe, coupe de cheveux] to trim; [- peintures] to freshen up *(sép)*; **la cuisine a besoin d'être rafraîchie** the kitchen needs a lick of paint; 'à ~'[logement] 'needs some redecoration'. **-3.** *fam fig* [raviver]: **~ la mémoire à qqn** to refresh OU to jog sb's memory.
◇ *vi* **-1.** MÉTÉO to get cooler OU colder; **le temps rafraîchit** it's getting colder. **-2.** CULIN to chill; **mettre qqch à ~** to chill sthg; **fruits rafraîchis** chilled fruit salad.
◆ **se rafraîchir** *vpi* **-1.** [se refroidir] to get colder. **-2.** [faire sa toilette] to freshen up. **-3.** [boire] to have a cool drink.

rafraîchissant, e [rafrɛʃisɑ̃, ɑ̃t] *adj* **-1.** [froid] cool, refreshing; [tonique] refreshing, invigorating; **une boisson ~e** a refreshing drink. **-2.** [charmant] refreshing.

rafraîchissement [rafrɛʃismɑ̃] *nm* **-1.** [refroidissement] cooling; **net ~ des températures sur tout le pays** temperatures are noticeably cooler throughout the country. -**2.** [boisson] cool OU cold drink. -**3.** INF refreshing *(U)*, refresh; **cycle/vitesse de ~** refresh cycle/rate.

ragaillardir [32] [ragajardir] *vt* to buck OU to perk up *(sép)*; **ragaillardi par une nuit de sommeil** refreshed after a good night's sleep.

rage [raʒ] *nf* -**1.** MÉD & VÉTÉR: **la ~** rabies ❑ **~ de dents** toothache. -**2.** [colère - d'adulte] rage, fury; [- d'enfant] tantrum; **être fou de ~** to be absolutely furious; **elle est repartie la ~ au cœur** she went off boiling OU seething with rage; **j'ai accepté, mais la ~ au cœur** I accepted, but actually I was furious about it. -**3.** [passion] passion, mania; **ils ont la ~ du jeu** they're mad on gambling; **avoir la ~ de vivre** to have an insatiable lust for life. -**4.** *loc*: **faire ~** [feu, ouragan] to rage; [mode] to be all the rage.

rageant, e [raʒɑ̃, ɑ̃t] *adj* infuriating, exasperating; **c'est ~!** it makes you mad!

rager [17] [raʒe] *vi*: **~ contre qqn** to be furious with sb; **je rage de la voir se pavaner** it makes me mad OU it infuriates me to see her strutting about; **ça (vous) fait ~!** it's absolutely infuriating!; **je rageais!** I was fuming OU furious!

rageur, euse [raʒœr, øz] *adj* -**1.** [irrité - ton] angry, enraged; [- geste, réponse] bad-tempered, angry. -**2.** [coléreux] hot-tempered.

rageusement [raʒøzmɑ̃] *adv* angrily, furiously; **il claqua ~ la porte** he slammed the door angrily.

raglan [raglɑ̃] ◇ *adj inv* raglan; **des manches ~** raglan sleeves.
◇ *nm* raglan coat.

ragondin [ragɔ̃dɛ̃] *nm* -**1.** ZOOL coypu. -**2.** [fourrure] nutria.

ragot [rago] *nm* piece of gossip; **des ~s** gossip; **les ~s ne m'intéressent pas** I'm not interested in gossip.

ragougnasse *fam* [raguɲas] *nf* pigswill *fig.*

ragoût [ragu] *nm* stew, ragout.
◆ **en ragoût** *loc adj* stewed.

ragoûtant, e [ragutɑ̃, ɑ̃t] *adj*: **peu ~** [mets] unappetizing; [personne] unsavoury *Br*, unsavory *Am*; [lieu] insalubrious.

ragtime [ragtajm] *nm* ragtime.

rahat-loukoum [raatlukum] *(pl* rahat-loukoums), **rahat-lokoum** [raatlɔkum] *(pl* rahat-lokoums) *nm* Turkish delight *(U)*.

rai [rɛ] *nm* -**1.** *litt* [rayon]: **un ~ de lumière** a shaft of light. -**2.** [d'une roue] spoke.

raid [rɛd] *nm* -**1.** MIL raid, surprise attack; **~ aérien** air raid. -**2.** SPORT [avec des véhicules] long-distance rally; [à pied] trek. -**3.** BOURSE raid.

raide [rɛd] ◇ *adj* -**1.** [rigide - baguette, matériau] stiff, rigid; [tendu - fil, ficelle] taut, tight; [droit] straight; **avoir une jambe ~** to have a stiff leg; **assis tout ~ sur un tabouret/dans son lit** sitting stiffly on a stool/bolt upright in his bed ❑ **avoir les cheveux ~s (comme des baguettes de tambour)** to have straight hair; **se tenir ~ comme un piquet** to stand as stiff as a pole OU a poker. -**2.** [guindé - personne] stiff, starchy; [- style, jeu de scène] wooden; [inébranlable - personne, comportement] rigid, inflexible; **être ~ comme la justice** *litt* to be totally unbending OU inflexible. -**3.** [abrupt] steep; **la côte est (en pente) ~** the hill climbs steeply; **la descente est en pente ~** [piste de ski] the slope is very steep; [route] the way down is very steep. -**4.** *fam* [fort - café] strong; [- alcool] rough; **vraiment ~, cette vodka!** that vodka's really rough! -**5.** *fam* [osé - détail, récit] risqué; [- scène] explicit, daring; **le vieux canapé a dû en voir de ~s** the old sofa has seen a thing or two. -**6.** *fam* [surprenant]: **elle est ~, celle-là!** that's a bit far-fetched OU hard to believe!; **je vais t'en raconter une ~** I'll tell you an amazing story. -**7.** ▽ [désargenté] broke, skint *Br*; **être ~ comme un passe-lacet** to be dead broke OU cleaned out.
◇ *adv* -**1.** [à pic] steeply; **ça descend/monte ~ derrière chez eux** the ground slopes steeply downward/upward behind their house. -**2.** [en intensif]: **tomber ~** to drop dead; **~ mort** stone dead *Br*, dead as a doornail.

raider [rɛdœr] *nm* raider.

raideur [rɛdœr] *nf* -**1.** [d'une étoffe, d'une attitude] stiffness; [d'une baguette] stiffness, rigidity; [d'une corde] tautness; [des cheveux] straightness; [d'un sentier] steepness; [d'un style, d'un jeu de scène] woodenness; **elle répondit avec ~** she answered sharply. -**2.** [d'un muscle] stiffness; **avoir une ~ dans la nuque/l'épaule** to have a stiff neck/shoulder.

raidillon [rɛdijɔ̃] *nm* steep path OU climb; **juste avant le ~** just before the road starts climbing.

raidir [32] [rɛdir] *vt* -**1.** [tendre] to stiffen. -**2.** [faire perdre sa souplesse à] to stiffen; **l'eau calcaire raidit le tissu** hard water stiffens fabric.
◆ **se raidir** *vpi* -**1.** [perdre sa souplesse] to stiffen, to go stiff, to become stiffer. -**2.** [se tendre - muscle, corps] to tense (up), to stiffen; [- cordage] to tighten, to grow taut. -**3.** [rassembler sa volonté] to steel OU to brace o.s.; **se ~ contre l'adversité** to stand firm in the face of adversity.

raidissement [rɛdismɑ̃] *nm* -**1.** [physique] tensing, stiffening. -**2.** [moral]: **face au ~ des patrons** faced with the tougher line taken by the employers.

raidisseur [rɛdisœr] *nm* -**1.** [tendeur] tightener. -**2.** AÉRON stiffener, stringer. -**3.** CONSTR & NAUT stringer.

raie [rɛ] *nf* -**1.** [trait] line; [rayure] stripe; [griffure] scratch, mark; **~s creusées dans le bois** marks cut into the wood; **une ~ de lumière** a ray of light. -**2.** [dans les cheveux] parting *Br*, part *Am*; **une ~ sur le côté** a side parting; **se coiffer avec la ~ à gauche/droite** to part one's hair on the left/right. -**3.** ANAT slit; **~ des fesses** cleft of the buttocks. -**4.** AGR furrow. -**5.** OPT & PHYS line; **~s spectrales** spectrum lines; **~ d'absorption/d'émission** absorption/emission spectrum. -**6.** ZOOL ray, skate; CULIN skate; **~ cornue** devilfish, manta ray; **~ électrique/venimeuse** electric/sting ray.

raifort [rɛfɔr] *nm* horseradish.

rail [raj] *nm* -**1.** [barre d'acier] rail; **les ~s** [la voie] the tracks, the rails; **les ~s s'arrêtent en rase campagne** the track comes to an end in the middle of the countryside; **poser des ~s** to lay track ❑ **~ conducteur** live rail; **~ fixe** main rail; **~ mobile** switch (rail); **sortir des ~s** to leave the rails, to go OU to come off the rails; **remettre qqch/qqn sur les ~s** *fig* to put sthg/sb back on the rails; **elle a remis l'entreprise sur ses** OU **les ~s** she put OU set the firm (back) on the rails again. -**2.** [moyen de transport]: **le ~** rail; **une grève du ~** a rail strike; **les usagers du ~** rail users; **transport par ~** rail transport. -**3.** [glissière] track ❑ **~ d'éclairage** lighting track; **~ de travelling** dolly (tracks). -**4.** NAUT shipping lane.

railler [3] [raje] *litt* ◇ *vt* to mock, to laugh OU to scoff at *(insép)*.
◇ *vi* to jest; **vous raillez?** *hum* you jest?
◆ **se railler de** *vp + prép litt*: **se ~ de qqn/qqch** to scoff at sb/sthg.

raillerie [rajri] *nf* -**1.** [attitude] mocking, raillery *litt.* -**2.** [remarque] jibe, jest *arch* OU *hum.*

railleur, euse [rajœr, øz] ◇ *adj* mocking, scoffing.
◇ *nm, f* mocker, scoffer; **faire taire les ~s** to silence the scoffers.

rail-route [rajrut] *adj inv* road-rail *(modif)*.

rainette [renɛt] *nf* tree frog.

rainurage [rɛnyraʒ] *nm* [sur route]: **'rainurage'** 'grooved surface'.

rainure [rɛnyr] *nf* -**1.** [sillon] groove; [guide] channel, slot; **les ~s du parquet** the gaps between the floorboards. -**2.** ANAT groove.

rainurer [3] [rɛnyre] *vt* to (cut a) groove (in).

raisin [rɛzɛ̃] *nm* -**1.** [en grappes] grapes; **grain de ~** grape; **acheter du ~** to buy grapes ❑ **~ blanc/noir** white/black grapes; **~ de cuve/table** wine/eating grapes; **'les Raisins de la colère'** *Steinbeck* 'The Grapes of Wrath'. -**2.** CULIN: **~s de Corinthe** currants; **~s secs** raisins; **~s de Smyrne** sultanas.

raisiné [rɛzine] *nm* -**1.** [confiture] grape jelly. -**2.** *arg crime* [sang] blood.

raisinet [rezinɛ] *nm Helv* redcurrant.

raison [rɛzɔ̃] *nf* -**1.** [motif] reason; **j'aurais cent ~s de vous mettre à la porte** I could think of a thousand reasons why I should dismiss you; **il n'y a aucune ~ pour que vous partiez** there's no reason for you to leave; **y a-t-il une ~ de s'inquiéter?** is there any reason to worry?; **quelle est la ~ de...?** what's the reason for...?; **quelle est la ~ de son départ?** why is she leaving?; **la ~ pour laquelle je vous écris** the reason (why OU that) I'm writing to you; **la ~ en est que...** the reason is (that)..., it's because...; **pour quelle ~?** why?; **pour des ~s familiales/de santé** for family/health reasons; **pour ~s de santé** for reasons of ill-health; **pour des ~s personnelles** for personal reasons; **avoir de bonnes ~s** OU **des ~s (de faire qqch)** to have good reasons (for doing sthg); **avoir ses ~s** to have one's reasons; **je n'ai pas de ~s à te donner!** I don't have to tell you why!; **avec ~** with good reason; **sans ~** for no reason (at all); **pour une ~ ou pour une autre** for one reason or another; **pour la (bonne et) simple ~ que** for the simple reason that; **elle n'est pas venue, pour la (bonne et) simple ~ qu'elle était malade** the reason she didn't come was simply that she was ill; **ce n'est pas une ~!** that's no excuse!; **ce n'est pas une ~ pour vous fâcher** there's no need for you to get angry ❑ **~ de vivre** reason to live; **cet enfant c'est sa ~ de vivre** he lives for that child; **à plus forte ~** all the more so; **~ de plus: mais je suis malade! - ~ de plus!** but I'm not feeling well! - all the more reason!; **~ de plus pour le faire** that's one more reason for doing so; **c'est pas une ~!** *fam* that's no excuse!; **y a pas de ~** *fam*: **qu'elle se débrouille toute seule, y a pas de ~!** *fam* there's no reason why she shouldn't sort it out for herself!; **le cœur a ses ~s que la ~ ne connaît point** *allusion Pascal* the heart has its reasons that reason ignores; **se rendre aux ~s de qqn** to yield to sb's arguments. -**2.** [lucidité]: **il n'a pas/plus toute sa ~** he's not/he's no longer in his right mind; **il n'a plus toute sa ~ depuis la catastrophe** the disaster affected his mind; **perdre la ~** to lose one's mind; **recouvrer la ~** to recover one's faculties; **troubler la ~ de qqn** to affect sb's mind. -**3.** [bon sens] reason; **agir contre toute ~** to behave quite unreasonably; **faire entendre ~ à qqn, ramener qqn à la ~** to make sb see reason; **revenir à la ~** to come to one's senses ❑ **plus que de ~** to excess, more than is reasonable; **elle boit plus que de ~** she drinks more than is good for her; **il faut ~ garder** one must keep one's head. -**4.** [faculté de penser] reason; **l'homme est un être doué de ~** man is a thinking being. -**5.** MATH proportion; **en ~ inverse/directe (de)** in inverse/direct proportion (to). -**6.** *loc*: **avoir ~** to be right; **avoir (bien) ~ de faire qqch** to be (quite) right to do OU justified in doing sthg; **donner ~ à qqn** [personne] to agree that sb is right; [événement] to prove sb right; **se faire une ~** to resign o.s.; **fais-toi une ~, tu l'as cassé** you'll just have to put up with OU to accept the fact that you've broken it; **avoir ~ de qqn/qqch** *sout* to get the better of sb/sthg, to overcome sb/sthg; **le traitement a finalement eu ~ de son eczéma** the treatment finally cured his eczema; **demander ~ à qqn (de)** *sout* to demand satisfaction from sb (for); **rendre ~ de qqch à qqn** to justify sthg to sb; **la ~ du plus fort est toujours la meilleure** *prov* might is right *prov.*
◆ **à raison de** *loc prép* at the rate of.
◆ **comme de raison** *loc adv* and rightly so.
◆ **en raison de** *loc prép* -**1.** [à cause de] on account of, because of; **le vol est annulé en ~ du mauvais temps** the flight has been cancelled because of bad weather. -**2.** [en proportion de] according to.

◆ **raison d'État** *nf*: le gouvernement a invoqué la ~ d'État pour justifier cette mesure the government said that it had done this for reasons of State.

◆ **raison d'être** *nf* raison d'être; **sa présence n'a plus aucune ~ d'être** there's no longer any reason for him to be here.

◆ **raison sociale** *nf* corporate OU company name.

raisonnable [rɛzɔnabl] *adj* -**1.** [sensé - personne, solution, décision] sensible; **sois ~!** be reasonable!; **tu n'es (vraiment) pas ~ de boire autant** it's not sensible to drink so much; **à cet âge ils sont ~s** when they get to that age they know how to behave sensibly; **soyez ~s, les enfants, je reviens dans une minute** behave yourselves children, I'll be back in a minute; **il devrait être plus ~** he should know better; **c'est ~** it makes sense; **est-ce bien ~?** *hum* is that wise? -**2.** [normal, naturel] reasonable; **il est ~ de penser que...** it's reasonable to think that... -**3.** [acceptable - prix, taux, tarif] reasonable; [- salaire] decent; **à une heure ~** at a reasonable time; **un appartement de taille ~** a reasonably OU fairly large flat; **leurs exigences restent très raisonnables** they're very moderate in their demands. -**4.** [doué de raison] rational.

raisonnablement [rɛzɔnabləmɑ̃] *adv* -**1.** [de manière sensée] sensibly, properly; **quand donc te conduiras-tu ~?** when are you going to behave sensibly OU properly? -**2.** [normalement] reasonably; **elle peut ~ espérer une augmentation** she can reasonably expect a pay rise. -**3.** [modérément] in moderation; **vous pouvez boire, mais ~** you may drink, but in moderation.

raisonné, e [rɛzɔne] *adj* -**1.** [analyse, projet, décision] reasoned. -**2.** [grammaire, méthode] structured.

raisonnement [rɛzɔnmɑ̃] *nm* -**1.** [faculté, réflexion]: **le ~** reasoning ❑ **~ par l'absurde** reductio ad absurdum; **~ par analogie** analogical reasoning; **~ déductif/inductif** deductive/inductive reasoning. -**2.** [argumentation] reasoning; **mon ~ est le suivant** my reasoning is as follows; **la conclusion de mon ~ est la suivante** after careful thought, I have come to the following conclusion; **je ne suis pas bien votre ~** I don't follow your line of argument OU thought; **son ~ est assez convaincant** her arguments are quite convincing; **tenir un ~**: **il ne faudra pas tenir ce ~ avec lui** we mustn't use that argument with him; **ce n'est pas un ~!** you're wrong to think like that!

◆ **raisonnements** *nmpl litt* (endless) arguing *(U)*.

raisonner [3] [rɛzɔne] ◇ *vi* -**1.** [penser] to think; **~ avant d'agir** to think before doing something ❑ **~ comme un tambour** OU **une pantoufle** to talk nonsense, to talk through one's hat. -**2.** [enchaîner des arguments]: **non, là vous raisonnez mal!** no, your reasoning isn't sound there!; **~ par analogie** to use analogy as the basis of one's argument; **~ par induction/déduction** to use inductive/deductive reasoning. -**3.** [discuter]: **~ sur** to argue about; **~ avec qqn** to reason with sb; **~ avec lui, c'est perdre son temps** it's a waste of time trying to reason with him.

◇ *vt* -**1.** [faire appel à la raison de] to reason with *(insép)*; **j'ai essayé de le ~, rien à faire** I tried to reason with him OU to make him see reason, but it was no use. -**2.** *sout* [examiner par la raison] to think out OU through *(sép)*; **~ ses choix** to make reasoned choices.

◆ **se raisonner** ◇ *vp (emploi réfléchi)*: **raisonne-toi, essaie de manger moins** be reasonable and try not to eat so much.

◇ *vp (emploi passif)*: **la passion ne se raisonne pas** there's no reasoning with passion, passion knows no reason.

raisonneur, euse [rɛzɔnœr, øz] ◇ *adj* argumentative.

◇ *nm, f* arguer, quibbler.

raja(h) [raʒa] *nm* rajah.

rajeunir [32] [raʒœnir] ◇ *vi* -**1.** [redevenir jeune] to grow young again; **elle voudrait ~** she'd like to be younger. -**2.** [paraître plus jeune] to look OU to seem younger; **je le trouve rajeuni** he looks younger to me; **nous n'avons pas rajeuni** we're not getting any younger; **il a rajeuni de plusieurs années depuis son mariage** he looks years younger since he got married; **elle rajeunit de jour en jour, on dirait!** she seems to get younger every day! -**3.** [retrouver de l'éclat - façade] to look like new.

◇ *vt* -**1.** [rendre jeune]: **~ qqn** *pr* to rejuvenate sb, to make sb younger; *fig* to make sb look younger; **cette coiffure/robe la rajeunit** that hairstyle/dress makes her look younger; **il a perdu des kilos, ça le rajeunit** he's lost weight, it takes years off him; **~ le personnel d'une société** to bring new blood into a company. -**2.** [attribuer un âge moins avancé à]: **très aimable à vous, mais vous me rajeunissez!** that's very kind of you but you're making me younger than I am!; **vous me rajeunissez de cinq ans** I'm five years older than you said. -**3.** [faire se sentir plus jeune]: **cette soirée m'a rajeuni de dix ans!** this party's made me feel ten years younger!; **ça me rajeunit!** it makes me feel younger!; **ça ne nous rajeunit pas!** it makes you realize how old we are!, it makes you feel your age! -**4.** [moderniser - mobilier, équipement] to modernize.

◆ **se rajeunir** *vp (emploi réfléchi)* -**1.** [se faire paraître plus jeune] to make o.s. look younger. -**2.** [se prétendre plus jeune] to lie about one's age; **elle se rajeunit de cinq ans/d'au moins cinq ans** she claims to be five years younger/at least five years younger than she really is.

rajeunissant, e [raʒœnisɑ̃, ɑ̃t] *adj* rejuvenating.

rajeunissement [raʒœnismɑ̃] *nm* -**1.** BIOL & PHYSIOL rejuvenation; **elle a fait une cure de ~** she went to a health farm. -**2.** [modernisation - d'un équipement, d'une entreprise] modernization. -**3.** [abaissement de l'âge]: **le ~ de la population** the decreasing average age of the population; **il y a aujourd'hui un net ~ des amateurs de musique classique** there has been a marked drop in the average age of classical music lovers.

rajout [raʒu] *nm* addition; **faire des ~s à qqch** to make additions to sthg, to add things to sthg.

rajouter [3] [raʒute] *vt* -**1.** [ajouter]: **~ qqch (à)** to add sthg (to). -**2.** [dire en plus]: **~ qqch (à)** to add sthg (to); **je n'ai rien à ~** I have nothing to add, I have nothing more to say; **~ que** to add that. -**3.** *loc*: **en ~** *fam* to lay it on a bit thick; **je t'en prie, n'en rajoute pas!** oh, for God's sake, give it a rest!

rajustement [raʒystəmɑ̃] *nm* adjustment; **un ~ des salaires** a wage adjustment.

rajuster [3] [raʒyste] *vt* -**1.** [prix, salaires, vêtements] to adjust. -**2.** [rectifier]: **~ le tir** to adjust OU to correct one's aim.

◆ **se rajuster** *vpi* to tidy o.s. up; **il avait oublié de se ~** he'd forgotten to do up his fly OU to adjust his dress *hum*.

râlant, e *fam* [ralɑ̃, ɑ̃t] *adj* infuriating, exasperating; **c'est ~!** it's enough to drive you mad!

râle [ral] *nm* -**1.** [d'un agonisant]: **~ (d'agonie)** death rattle. -**2.** MÉD rale. -**3.** [oiseau] rail; **~ d'eau** water rail; **~ des genêts** corncrake.

ralenti, e [ralɑ̃ti] *adj*: **mener une vie ~e** to live quietly; **depuis son infarctus, il mène une vie ~e** since his coronary, he's been taking things easy.

◆ **ralenti** *nm* -**1.** CIN slow motion. -**2.** AUT & MÉCAN idling speed; **régler le ~** to adjust the idling speed.

◆ **au ralenti** *loc adv* -**1.** CIN: **passer une scène au ~** to show a scene in slow motion. -**2.** [à vitesse réduite]: **tourner au ~** [moteur] to idle; **l'usine tourne au ~** the factory is running under capacity; **vivre au ~**: **depuis qu'il est à la retraite, il vit au ~** now that he's retired, he doesn't do as much as he used to; **travailler au ~**: **ils travaillent au ~** [pour protester] they're on a go-slow *Br* OU a slowdown *Am*; [par nécessité] they're working at a slower pace.

ralentir [32] [ralɑ̃tir] ◇ *vi* to slow down; **l'autobus n'a même pas ralenti** the bus didn't even slow down; **'attention, ~'** 'reduce speed now'; **'~, travaux'** 'slow, roadworks ahead'.

◇ *vt* -**1.** [mouvement, effort] to slow down; **~ sa course** OU **l'allure** to reduce speed, to slow down; **~ le pas** to slow down. -**2.** [processus] to slow down *(sép)*.

◆ **se ralentir** *vpi* to slow down.

ralentissement [ralɑ̃tismɑ̃] *nm* -**1.** [décélération] decrease in speed; **un ~ de 10 km sur la N10** slow-moving traffic for 6 miles on the N10. -**2.** [diminution] reduction; **un ~ des ventes** a falloff in sales; **un ~ des fonctions cérébrales** a reduction in brain activity.

ralentisseur [ralɑ̃tisœr] *nm* -**1.** [sur une route] speed bump, sleeping policeman *Br*. -**2.** AUT & MÉCAN idler, speed reducer. -**3.** PHYS moderator; **~ de particules/neutrons** particle/neutron moderator.

râler [3] [rale] *vi* -**1.** [agonisant] to give a death rattle. -**2.** *fam* [se plaindre] to grumble, to moan; **~ contre qqch** to moan about sthg; **ça me fait ~!** it makes me so mad OU furious!; **juste pour la faire ~** just to make her angry. -**3.** [tigre] to growl.

râleur, euse *fam* [ralœr, øz] ◇ *adj* bad-tempered, grumpy.

◇ *nm, f* grouch, moaner; **quel ~!** he never stops moaning!

ralingue [ralɛ̃g] *nf* bolt rope; **voile en ~** shivering sail *spéc*.

ralinguer [3] [ralɛ̃ge] ◇ *vt* to rope.

◇ *vi* to shiver NAUT.

rallié, e [ralje] *nm, f* new supporter.

ralliement [ralimɑ̃] *nm* -**1.** [adhésion]: **lors de son ~ à notre parti/notre cause** when he came over to our party/cause. -**2.** [rassemblement] rally, gathering; **signe/cri de ~** rallying sign/cry; **point de ~** rallying point.

rallier [9] [ralje] *vt* -**1.** [rejoindre - groupe, poste] to go back to; **des permissionnaires qui rallient leur régiment** soldiers on their way back to their units. -**2.** [adhérer à] to join; **c'est pour cela que j'ai fini par ~ ce parti** that's why I ended up joining this party. -**3.** [rassembler - autour de soi, d'un projet] to win over *(sép)*; [- des troupes] to gather together, to rally; **~ les indécis** to win over OU to persuade the undecided; **il a su ~ la majorité des actionnaires à son projet** he managed to convince the majority of the shareholders that his project was a good idea; **~ tous les suffrages** to meet with general approval; **~ qqn à sa cause** to win sb over. -**4.** NAUT: **~ la terre** to haul in for the coast; **~ le bord** to rejoin ship.

◆ **se rallier à** *vp + prép* -**1.** [se joindre à]: **se ~ à qqn** to join forces with sb; **se ~ à un parti** to join a party ‖ *(en usage abs)*: **il a fini par se ~** he ended up joining ❑ **ralliez-vous à mon panache blanc!** *allusion Henri IV* follow me! -**2.** [se montrer favorable à]: **se ~ à un avis/un point de vue** to come round to an opinion/a point of view; **se ~ à l'avis général** to come round to OU to rally to the opinion of the majority.

rallonge [ralɔ̃ʒ] *nf* -**1.** [électrique] extension (cable). -**2.** [planche] extension. -**3.** [tuyau] extension tube *(of a vacuum cleaner)*. -**4.** *fam* [délai] extra time *(U)*; **une ~ de quelques jours** a few extra days. -**5.** *fam* [supplément] extra money *(U)*; **il nous a donné une ~ de cent francs** he gave us an extra hundred francs.

◆ **à rallonge(s)** *loc adj* -**1.** **table à ~** OU **~s** extending table. -**2.** [week-end] long; [histoire] never-ending; [nom] double-barrelled.

rallongement [ralɔ̃ʒmɑ̃] *nm* [gén] lengthening, extension; [d'un vêtement] letting down.

rallonger [17] [ralɔ̃ʒe] ◇ *vt* -**1.** [gén] to extend; [durée, liste] to lengthen, to make longer, to extend; **~ un article de quelques lignes** to extend an article by a few lines. -**2.** [vêtement - en défaisant l'ourlet] to let down *(sép)*; [- en ajoutant du tissu] to make longer. -**3.** *fam* [suj: trajet, itinéraire]: **ça nous rallonge** it's taking us out of our way; **en passant par Lille, ça te rallonge d'une heure** if you go via Lille, it'll add an hour to your journey time.

◇ *vi*: **les jours rallongent** the days are getting longer; **la mode rallonge** hemlines are coming down again.

rallumer [3] [ralyme] *vt* -**1.** [feu] to rekindle, to light again; [lampe, télévision] to put back on, to switch on again; [électricité] to turn on again; ~ **une cigarette** [éteinte] to relight a cigarette; [une nouvelle cigarette] to light up another cigarette || *(en usage abs)*: **rallume!** put the light back on! -**2.** *sout* [faire renaître - haine, passion] to rekindle; **cet événement a rallumé la guerre** this event sparked the war off again.

◆ **se rallumer** ◇ *vpi* -**1.** [feu, incendie] to flare up again; [lampe] to come back on. -**2.** *sout* [espoir] to be revived; [conflit] to break out again; [passion] to flare up.

◇ *vpt*: **elle se ralluma une énième cigarette** she lit yet another cigarette.

rallye [rali] *nm*: ~ **(automobile)** rally, car-rally.

RAM, Ram [ram] (*abr de* **Random Access Memory**) *nf* Ram, ram.

ramadan [ramadɑ̃] *nm* Ramadan, Ramadhan; **faire** OU **observer le** ~ to observe Ramadan.

ramage [ramaʒ] *nm litt* [d'un oiseau] song.

◆ **ramages** *nmpl* floral pattern; **un tissu à grands** ~**s** material with a bold floral pattern.

ramassage [ramasaʒ] *nm* -**1.** [cueillette - du bois, des fruits] gathering; [- des pommes de terre] picking, digging up; [- des champignons] picking, gathering; ~ **manuel** hand picking. -**2.** [collecte]: ~ **du lait** milk collection; ~ **des ordures** rubbish *Br* OU garbage *Am* collection. -**3.** [transport] picking up; **ils se chargent du** ~ **des ouvriers** they pick up the workers ❑ **point/ zone de** ~ pick-up point/area; ~ **scolaire** school bus service.

ramassé, e [ramase] *adj* -**1.** [homme, corps] stocky, squat; [bâtisse, forme] squat. -**2.** [style] terse.

ramasse-miettes [ramasmjɛt] *nm inv* brush and pan *(for sweeping crumbs off a table)*.

ramasser [3] [ramase] *vt* -**1.** [objet à terre] to pick up *(sép)*; ~ **qqch à la pelle** *fam*: **ils ramassent des fraises à la pelle dans leur jardin** they get loads of strawberries from their garden; **des mauvaises notes, il en a ramassé à la pelle cette année** he's been getting bad marks by the dozen this year; ~ **qqn dans le ruisseau** to pick sb up out of the gutter; **il était à** ~ **à la petite cuillère** *fam* [épuisé] he was all washed out; [blessé] you could have scraped him off the ground; **encore un pas et je serai bon à** ~ **à la petite cuillère!** one more step and I'll fall to bits! -**2.** [cueillir - champignons] to pick, to gather; [- pommes de terre] to dig; [- marrons] to gather. -**3.** [rassembler - copies] to collect, to take in *(sép)*; [- cartes à jouer] to gather up *(sép)*; [- feuilles mortes] to sweep up *(sép)*; ~ **du bois** to gather wood; ~ **les débris d'une armée** *fig* to rally the remnants of an army; ~ **pas mal d'argent** *fam* to pick up OU to make quite a bit of money ❑ ~ **ses forces** to gather one's strength; ~ **la monnaie** to pick up the change; ~ **le paquet** *fam* to hit the jackpot. -**4.** [collecter] to collect; ~ **les ordures** to collect the rubbish *Br* OU garbage *Am*; **un bus ramasse les enfants à 11 h** a bus picks up OU collects the children at 11 a.m. -**5.** [résumer] to condense; **ramassez vos idées en quelques lignes** condense your ideas into just a few lines. -**6.** *fam* [trouver] to pick up, to dig up; **où as-tu ramassé cet affreux roquet?** where did you pick up OU dig up that ugly mutt? -**7.** *fam* [arrêter] to collar, to nab; **se faire** ~ to get nabbed, to be collared. -**8.** *fam* [recevoir -mauvais coup, gifle] to get; **qu'est-ce que tu vas** ~! you're in for it! ❑ ~ **une pelle** *fam* OU **une bûche** *fam* OU **un gadin** *fam* [tomber] to come a cropper *Br*, to fall flat on one's face. -**9.** *fam* [attraper - maladie] to catch. -**10.** *fam arg scol*: **se faire** ~ to fail.

◆ **se ramasser** ◇ *vp (emploi passif)* to be picked (up); **les cèpes se ramassent en automne** ceps are picked in the autumn ❑ **se** ~ **à la pelle** *fam*: **les truffes se ramassent à la pelle dans cette région** there are loads of truffles around here.

◇ *vp (emploi réfléchi) fam* [se relever] to pick o.s. up.

◇ *vpi* -**1.** [avant de bondir] to crouch. -**2.** *fam* [tomber] to come a cropper *Br*, to fall flat on one's face; [échouer] to fail.

◇ *vpt*: **se** ~ **une veste**▽ to come a cropper.

ramassette [ramasɛt] *nf Belg* dustpan.

ramasseur, euse [ramasœr, øz] *nm, f* gatherer; ~ **de balles** [au tennis] ball boy; ~ **de lait** milk collector.

◆ **ramasseur** *nm* [machine] pick-up AGR.

ramasseuse-presse [ramasøzprɛs] (*pl* ramasseuses-presses) *nf* pick-up baler.

ramassis [ramasi] *nm péj* [d'objets] jumble; [de personnes] bunch; **un** ~ **de petits voyous** a bunch of young louts; **un** ~ **de mensonges** a tissue of lies.

ramassoire [ramaswar] *nf Helv* dustpan.

rambarde [rɑ̃bard] *nf* rail, guardrail.

ramdam *fam* [ramdam] *nm* racket; **faire du** ~ to make a racket.

rame [ram] *nf* -**1.** [aviron] oar. -**2.** [de papier] ream. -**3.** [train] train; ~ **(de métro)** (underground *Br* OU subway *Am*) train. -**4.** [branche] prop, stake. -**5.** *loc*: **il n'en a pas fichu une** ~ *fam* he hasn't done a stroke (of work).

rameau, x [ramo] *nm* -**1.** [branche] (small) branch; ~ **d'olivier** olive branch. -**2.** *fig* [division] branch, subdivision. -**3.** ANAT ramification.

◆ **Rameaux** *nmpl*: **les Rameaux, le dimanche des Rameaux** Palm Sunday.

ramée [rame] *nf* -**1.** *litt* [feuillage] foliage; **sous la** ~ under the leafy boughs. -**2.** *loc*: **il n'en a pas fichu une** ~ *fam* he hasn't done a stroke (of work).

ramender [3] [ramɑ̃de] *vt* -**1.** AGR to add more manure to. -**2.** [réparer - filet] to mend. -**3.** [redorer] to gild, to regild.

ramener [19] [ramne] *vt* -**1.** [personne, véhicule - au point de départ] to take back *(sép)*; [- d'un endroit] to bring back *(sép)*; **je vous ramène?** [chez vous] shall I give you a lift home?; [à votre point de départ] shall I give you a lift back?; **son chauffeur le ramène tous les soirs** his chauffeur drives him back every evening; **je te ramènerai la voiture lundi** I'll bring the car back on Monday; ~ **à** [un endroit] to take back to; ~ **les enfants à l'école** to take the children back to school; **il a fallu le** ~ **à l'hôpital** he had to be taken back to the hospital. -**2.** [rapporter]: **ramène-moi un journal** bring me back a newspaper; **je te ramènerai un souvenir d'Italie** I'll bring you back a souvenir from Italy; **elle a vécu dix ans en Inde et en a ramené mari et enfants** she lived in India for ten years, returning with a husband and children; **il faut que je ramène les clefs à l'agence** I've got to take the keys back to the estate agent. -**3.** [rétablir] to bring back *(sép)*, to restore; ~ **la paix** to restore peace; ~ **l'espérance** to bring back OU to revive hope. -**4.** [placer]: **elle ramena le châle sur ses épaules** she pulled the shawl around her shoulders; ~ **ses cheveux en arrière** to draw one's hair back; ~ **ses genoux sous son menton** to pull one's knees up under one's chin. -**5.** [faire revenir]: **l'été a ramené les visiteurs** the summer has brought back the tourists; **l'orage le ramena chez lui** the storm obliged him to return home; **le film m'a ramené dix ans en arrière** the film took me back ten years; ~ **à**: ~ **le débat au sujet principal** to lead OU to steer the discussion back to the main subject; ~ **la conversation à** OU **sur qqch** to bring the conversation back (round) to sthg; ~ **qqn à la vie** to bring sb back to life, to revive sb; ~ **un malade à lui** to bring a patient round; ~ **qqn à la raison** to bring sb back to his senses; ~ **qqn à de meilleurs sentiments** to bring sb round to a more generous point of view; ~ **qqn dans le rang** to pull sb back into line *fig*. -**6.** [réduire]: **cela ramène le problème à sa dimension financière** it reduces the problem to its purely financial aspects; **ne ramenons pas son attitude à de la jalousie** let's not reduce his attitude to simple jealousy; ~ **tout à soi** to bring everything back to OU to relate everything to o.s. -**7.** *loc*: **la** ~, ~ **sa fraise** *fam* [vouloir s'imposer] to stick one's oar in; [faire l'important] to show off.

◆ **se ramener** *fam vpi* [arriver] to turn OU to show up; **ramène-toi en vitesse!** come on, hurry up!

◆ **se ramener à** *vp + prép* [se réduire à] to boil down to; **toute l'affaire se ramenait finalement à une querelle de famille** in the end the whole business boiled down to OU was nothing more than a family quarrel.

ramequin [ramkɛ̃] *nm* -**1.** [récipient] ramekin (mould). -**2.** [tartelette] (small) cheese tart.

ramer [3] [rame] ◇ *vi* -**1.** [pagayer] to row; ~ **en couple** to scull. -**2.** *fam* [peiner]: **j'ai ramé trop longtemps, maintenant je veux un vrai boulot** I've been slaving away for too long, now I want a decent job; **qu'est-ce qu'on a ramé pour trouver cet appartement!** it was such a hassle finding this flat!

◇ *vt* HORT to stick, to stake.

ramette [ramɛt] *nf* ream *(of 125 sheets)*, five quires.

rameur, euse [ramœr, øz] *nm, f* rower, oarsman (*f* oarswoman); ~ **en couple** sculler.

rameuter [3] [ramøte] *vt* -**1.** [regrouper - foule] to draw; **son manège avait rameuté les gens autour de lui** his antics had attracted OU drawn a crowd of people around him. -**2.** [mobiliser - militants, partisans] to rouse; ~ **les populations** to stir people into action. -**3.** [chiens] to round up *(sép)*.

rami [rami] *nm* rummy; **faire** ~ to go rummy.

ramier [ramje] *adj m* & *nm*: **(pigeon)** ~ ring-dove, wood pigeon.

ramification [ramifikasjɔ̃] *nf* -**1.** BOT ramification *spéc*, offshoot. -**2.** ANAT ramification; ~**s nerveuses** nerve plexus. -**3.** [d'un fleuve] ramification, distributary; [d'une voie ferrée] branch line; [d'un réseau, d'une organisation] branch.

ramifier [9] [ramifje]

◆ **se ramifier** *vpi* -**1.** ANAT & BOT to ramify, to divide. -**2.** [se subdiviser - réseau] to split; **la famille s'est ramifiée en trois branches** the family split into three branches.

ramille [ramij] *nf* twig, branchlet.

ramolli, e [ramɔli] ◇ *adj* -**1.** [mou] soft; **beurre** ~ soft butter; **le beurre est tout** ~ the butter's (gone) all soft. -**2.** *fam* [gâteux] soft; **il est un peu** ~ **du cerveau** he's gone a bit soft (in the head) OU soft-headed. -**3.** *fam* [sans énergie]: **se sentir tout** ~ to feel washed out.

◇ *nm, f fam*: **un vieux** ~ an old dodderer.

ramollir [32] [ramɔlir] ◇ *vt* -**1.** [rendre mou] to soften. -**2.** [affaiblir] to weaken. -**3.** *fam* [rendre gâteux]: **l'âge l'a ramolli** he's gone soft in the head with age.

◇ *vi* to go soft.

◆ **se ramollir** *vpi* -**1.** [devenir mou] to go soft. -**2.** *fam* [perdre son tonus]: **depuis que j'ai arrêté le sport, je me suis ramolli** I've been out of condition since I stopped doing sport. -**3.** *fam* [devenir gâteux]: **j'ai l'impression que je me ramollis** I feel like I'm going senile.

ramollissant, e [ramɔlisɑ̃, ɑ̃t] *adj* -**1.** PHARM emollient. -**2.** [climat] debilitating.

ramollissement [ramɔlismɑ̃] *nm* [du beurre, de la cire] softening; ~ **cérébral** softening of the brain.

ramollo *fam* [ramɔlo] *adj* -**1.** [mou] sluggish; **se sentir tout** ~ to feel like a wet rag. -**2.** [gâteux] doddery.

ramonage [ramɔnaʒ] *nm* -**1.** [d'une cheminée] chimney-sweeping; [d'une machine] cleaning. -**2.** SPORT [en alpinisme] chimneying.

ramoner [3] [ramɔne] *vt* -**1.** [cheminée] to sweep; [machine] to clean; [pipe] to clean (out). -**2.** SPORT [en alpinisme] to climb *(using chimneying method)*.

ramoneur [ramɔnœr] *nm* chimney sweep.

rampant, e [rɑ̃pɑ̃, ɑ̃t] *adj* -**1.** [animal] creeping, crawling; **insecte ~** flightless insect. -**2.** BOT creeping; **fraisiers ~s** creeping strawberries; **plante ~e** creeper. -**3.** [évoluant lentement]: **inflation ~e** creeping inflation. -**4.** HÉRALD rampant; **lion/dragon ~** lion/dragon rampant. -**5.** ARCHIT [arc] rampant; [pièce] raked.
◆ **rampant** *nm* -**1.** *fam* AÉRON member of the ground staff; **les ~s** the ground staff. -**2.** ARCHIT pitch.

rampe [rɑ̃p] *nf* -**1.** [balustrade] banisters, bannisters; [main courante] handrail, bannister; **tiens bon la ~!** *fam* hang in there!, don't give in!; **lâcher la ~** *fam euph* to peg out *esp Br*, to kick the bucket. -**2.** [plan incliné] slope, incline; **~ d'un échangeur** sloping approach to an interchange ❑ **~ d'accès** approach ramp. -**3.** THÉÂT footlights; **passer la ~** to get across to the audience; **il passe mal la ~** he doesn't come across well. -**4.** AÉRON: **~ (de balisage)** marker OU runway lights. -**5.** TECH: **~ de chargement** loading ramp; **~ de graissage** lubricating rack; **~ de lancement** ASTRONAUT launchpad, launching pad; *fig* launchpad.

ramper [3] [rɑ̃pe] *vi* -**1.** [lierre] to creep; [personne] to crawl; [serpent] to slither, to crawl; [doute, inquiétude] to lurk. -**2.** *fig* [s'abaisser] to grovel; **~ devant qqn** to grovel before sb.

rampon [rɑ̃pɔ̃] *nm Helv* lamb's lettuce.

rampon(n)eau, x *fam* [rɑ̃pɔno] *nm* [coup] clout; **recevoir un ~** to get a clout.

Ramsès [ramsɛs] *npr* Ramses, Rameses.

ramure [ramyr] *nf* -**1.** BOT: **la ~** the branches, the tree tops. -**2.** ZOOL: **la ~** the antlers.

rancard▽ [rɑ̃kar] *nm* -**1.** [rendez-vous - gén] meeting; [- amoureux] date; **j'ai ~ avec lui à 15 h** I'm meeting him at 3; **filer (un) ~ à qqn** to arrange to meet sb. -**2.** *arg crime* [renseignement] info *(U)*, gen *(U) Br*; [tuyau] tip, tip-off.

rancarder [3] [rɑ̃karde] *vt* -**1.** *arg crime* [renseigner] to fill in *(sép)*, to clue up *(sép)*; **qui t'a rancardé?** who tipped you off?; **~ qqn sur qqch** to give sb the lowdown on sthg. -**2.** ▽[donner un rendez-vous à]: **~ qqn** to arrange to meet sb.
◆ **se rancarder** *vp (emploi réfléchi) arg crime* to get information.

rancart▽ [rɑ̃kar] *nm* -**1.**▽ = **rancard**. -**2.** *loc*: **mettre qqch au ~** *fam* to chuck sthg out, to bin sthg *Br*; **on a mis le projet au ~** we scrapped the project.

rance [rɑ̃s] ◇ *adj* [beurre, huile] rancid; [noix] stale.
◇ *nm*: **odeur/goût de ~** rancid smell/taste; **sentir le ~** to smell rancid.

ranch [rɑ̃tʃ] (*pl* **ranchs** OU **ranches**) *nm* ranch.

rancı [rɑsı] *nm*: **enlève le ~** take off the rancid bit; **sentir le ~** to have a rancid smell.

rancir [32] [rɑ̃sir] *vi* -**1.** [beurre, huile] to go rancid; [noix] to go stale. -**2.** *fig & litt* to become stale.

rancœur [rɑ̃kœr] *nf sout* resentment, rancour *Br*, rancor *Am*; **avoir de la ~ envers qqn** to feel resentful towards sb.

rançon [rɑ̃sɔ̃] *nf* -**1.** [somme d'argent] ransom. -**2.** [contrepartie]: **la ~ de**: **c'est la ~ de la gloire/du succès** that's the price you have to pay for being famous/successful.

rançonner [3] [rɑ̃sɔne] *vt* -**1.** [exiger une rançon de] to hold to ransom; **ils ont rançonné la ville** they held the town to ransom. -**2.** *fam* [exploiter] to fleece, to swindle.

rancune [rɑ̃kyn] *nf* grudge; **garder ~ à qqn** to bear OU to harbour a grudge against sb; **elle garde ~ à son frère de son refus** she has a grudge against her brother because of his refusal; **sans ~?** no hard feelings?; **sans ~!** let's shake hands and forget it!

rancunier, ère [rɑ̃kynje, ɛr] ◇ *adj* spiteful; **être ~** to bear grudges.
◇ *nm, f* spiteful person.

randomisation [rɑ̃dɔmizasjɔ̃] *nf* randomization.

randomiser [3] [rɑ̃dɔmize] *vt* to randomize.

randonnée [rɑ̃dɔne] *nf*: **faire une ~** [à pied] to go for a hike; **faire une ~ à bicyclette** to go for a (long) bike ride; **faire une ~ à skis** to go cross-country skiing; **la ~ (pédestre)** walking, hiking; **grande ~** long-distance hiking.

randonner [3] [rɑ̃dɔne] *vi* to walk, to hike.

randonneur, euse [rɑ̃dɔnœr, øz] *nm, f* hiker.

rang [rɑ̃] *nm* -**1.** [rangée - de personnes] row, line; [- de fauteuils] row; [- de crochet, de tricot] row (of stitches); **sur un ~** in one row; **un collier à double ~ de perles** a double string of pearls; **le premier/dernier ~** the front/back row; **on était au premier ~** we were in the front row. -**2.** [dans une hiérarchie] rank; **elle occupe le premier ~ dans sa profession** she's ranked first in her profession; **mettre un problème au premier ~ de ses préoccupations** to put a problem at the top of one's list of priorities; **venir au deuxième/troisième ~** to rank second/third; **par ~ d'âge** according to age; **par ~ d'ancienneté** in order of seniority; **il a pris ~ parmi les meilleurs** he ranks among the best; **avoir ~ d'ambassadeur** to hold the office of ambassador ❑ **de premier ~** high ranking, first-class, top-class; **de second ~** second-rate. -**3.** [condition sociale] (social) standing; **le respect qui est dû à son ~** the respect which his position commands; **un homme du meilleur ~** a man of the highest standing; **elle a épousé quelqu'un d'un ~ plus élevé** she married above her station ❑ **tenir son ~** to maintain one's position in society; **être digne de son ~** to live up to one's birth. -**4.** MIL: **le ~** the ranks; **les militaires du ~** the rank and file ❑ **sortir du ~** *pr* to come up through the ranks; *fig* to stand out; **un officier sorti du ~** an officer who came up through OU was promoted from the ranks; **rentrer dans le ~** *pr* to return to the ranks; *fig* to give in, to submit. -**5.** *Can* long strip of farmland *(at right angles to a road or a river)*.
◆ **rangs** *nmpl* ranks; **à vos ~s fixe!** MIL fall in!; **en ~s serrés** MIL in close order ❑ **être** OU **se mettre sur les ~s** to line up; **trois candidats sont sur les ~s** three candidates are lined up for OU are in the running for the job; **servir dans les ~s d'une armée** to serve in the ranks of an army; **servir dans les ~s d'un parti/syndicat** to be a member OU to serve in the ranks of a party/union; **grossir** OU **rejoindre les ~s de** to join OU to swell the ranks of; **grossir les ~s des mécontents** to join the growing number of discontented people.
◆ **au rang de** *loc prép* -**1.** [dans la catégorie de]: **une habitude élevée** OU **passée au ~ de rite sacré** a habit which has been raised to the status of a sacred rite. -**2.** [au nombre de]: **mettre qqn au ~ de ses amis** to count sb among one's friends. -**3.** [à la fonction de]: **élever qqn au ~ de ministre** to raise OU to promote sb to the rank of minister.
◆ **de rang** *loc adv*: **trois heures de ~** three hours in a row.
◆ **en rang** *loc adv* in a line OU row; **entrez/sortez en ~** go in/out in single file; **se mettre en ~** to line up, to form a line ❑ **en ~ d'oignons** in a line OU row.

rangé, e[1] [rɑ̃ʒe] *adj* -**1.** [en ordre - chambre, vêtements] tidy. -**2.** [raisonnable] steady, level-headed; **une jeune personne ~e** a very sober OU well-behaved young person; **il mène une petite vie bien ~e** he leads a very settled existence. -**3.** *fam* [assagi] settled; **être ~ des voitures** to have settled down.

rangée[2] [rɑ̃ʒe] *nf* row.

rangement [rɑ̃ʒmɑ̃] *nm* -**1.** [mise en ordre - pièce] tidying (up); **faire du ~** to do some tidying up. -**2.** [d'objets, de vêtements à leur place] putting away. -**3.** [agencement] arrangement, classification. -**4.** [meuble] storage unit; [cagibi] storage room; [espace] storage space; **quelques solutions de ~ pour la chambre d'enfants** a few storage ideas for the children's room.

ranger[1] [rɑ̃dʒœr] *nm* MIL ranger.
◆ **rangers** *nmpl* combat boots.

ranger[2] [17] [rɑ̃ʒe] *vt* -**1.** [mettre en ordre - pièce] to tidy (up). -**2.** [mettre à sa place - vêtement, objets] to put away *(sép)*; [- document] to file away *(sép)*; **peux-tu ~ les verres?** can you put the glasses away?; **où range-t-on les photocopies?** where do you keep OU file the photocopies?; **j'ai rangé la voiture au garage** I've put the car in the garage. -**3.** [classer] to sort (out); **je vais ~ mes cartes postales** I'm going to sort (out) my postcards; **~ des dossiers par année** to file documents according to year || *fig*: **~ qqn parmi** to rank sb amongst; **peut-on le ~ parmi les grands?** can he be ranked OU does he rank amongst the greats? -**4.** *litt* [faire adhérer]: **~ un auditoire à son avis** to win an audience over.
◆ **se ranger** ◇ *vp (emploi passif)*: **où se rangent les serviettes?** where do the towels go?, where are the towels kept?
◇ *vpi* -**1.** [s'écarter] to stand aside; **rangez-vous!** stand aside! -**2.** [se mettre en rang - élèves, coureurs] to line up; **rangez-vous deux par deux** get into rows of two, line up in twos; **les concurrents se rangent sur la ligne de départ** the competitors are lining up at the start || [s'arrêter]: **se ~ contre** to pull up next to. -**3.** [s'assagir] to settle down; **se ~ des voitures** *fam* to settle down. -**4.** NAUT: **se ~ à quai** to berth.
◆ **se ranger à** *vp + prép* [adhérer à]: **se ~ à l'avis/au choix de qqn** to go along with sb's opinion/decision; **ils se sont finalement rangés à mon avis** they ended up coming round to my point of view.

Rangoon [rɑ̃gun] *npr* Rangoon.

rani [rani] *nf inv* rani, ranee.

ranidé [ranide] *nm* member of the frog family; **les ~s** the frogs.

ranimer [3] [ranime] *vt* -**1.** [feu] to rekindle, to relight. -**2.** [conversation] to bring back to life; [haine, passion] to rekindle, to revive; [douleur] to bring back; **~ le moral des troupes** to restore the morale of the troops; **on ne peut ~ le passé** you can't bring back the past; **~ le débat** to revive the controversy. -**3.** [malade] to revive, to bring round *(sép)*.
◆ **se ranimer** *vpi* [conversation] to pick up again; [personne] to come round; [haine, passion] to flare up again, to be rekindled; **leurs espoirs se ranimèrent** their hopes were revived.

raout [raut] *nm arch* (social) gathering.

rap [rap] *nm* MUS rap.

rapace [rapas] ◇ *adj* -**1.** ORNITH predatory. -**2.** *litt* [avare] grasping, avaricious.
◇ *nm* ORNITH bird of prey.

rapacité [rapasite] *nf litt* **1.** [avarice] rapaciousness, rapacity. -**2.** [d'un animal] rapacity.

rapatriable [rapatrijabl] *adj*: **est-il ~ dans l'état où il est?** can he be repatriated in his present state?

rapatrié, e [rapatrije] *nm, f* repatriate; **les ~s d'Algérie** *French settlers in Algeria who were repatriated as a result of Algerian independence in 1962.*

rapatriement [rapatrimɑ̃] *nm* repatriation; **le ~ des bénéfices** repatriation of profits.

rapatrier [10] [rapatrije] *vt* [personnes, capitaux] to repatriate; [objets] to send OU to bring home; **son corps a été rapatrié le mois dernier** his body was sent home last month.

râpe [rap] *nf* -**1.** [de cuisine] grater; **~ à fromage/muscade** cheese/nutmeg grater. -**2.** TECH [en distillerie] rotary peeler; [en outillage] rasp OU rough file. -**3.** BOT rape. -**4.** *fam Helv* [avare] miserly person; **quelle ~!** he's such a miser!

râpé, e [rape] *adj* -**1.** [carotte, fromage etc] grated. -**2.** [vêtement] worn out, threadbare. -**3.** *fam loc*: **c'est ~!** that's the end of that!; **avec cette pluie, c'est ~ pour la promenade** with all this rain, we might as well forget about going for a walk; **moi qui voulais lui faire une surprise, c'est ~!** to think that I wanted to surprise him, I might as well not have bothered!
◆ **râpé** *nm* -**1.** [fromage] grated cheese. -**2.** [tabac] scraped tobacco.

râper [3] [rape] *vt* -**1.** [carotte, fromage etc] to grate. -**2.** TECH to file down *(sép)*. -**3.** *fig*: **un vin qui râpe la gorge** a rough wine.

rapercher [3] [rapɛrʃe] *vt Helv* -**1.** [dénicher] to discover. -**2.** [récupérer] to get back, to recover.

rapetassage *fam* [raptasaʒ] *nm* patching up.

rapetasser *fam* [3] [raptase] *vt* to patch up *(sép)*, to mend.

rapetissement [raptismɑ̃] *nm* -**1.** [réduction]: **il observa le ~ de l'image sur l'écran** he watched the picture get smaller and smaller on the screen. -**2.** *fig* & *sout* belittling.

rapetisser [3] [raptise] ◇ *vt* -**1.** [rendre plus petit] to make smaller. -**2.** [faire paraître plus petit]: **~ qqn/qqch** to make sb/sthg seem smaller. -**3.** [dévaloriser] to belittle.
◇ *vi* to get smaller; **la piste rapetissait à vue d'œil** the runway looked smaller and smaller by the minute.
◆ **se rapetisser** ◇ *vp* *(emploi réfléchi)* [se dévaloriser]: **se ~ aux yeux de qqn** to belittle o.s. in front of sb.
◇ *vpi* [devenir plus petit] to get smaller.

râpeux, euse [rapø, øz] *adj* rough; **vin ~** rough wine.

Raphaël [rafaɛl] *npr* Raphael.

raphaélesque [rafaelɛsk], **raphaélique** [rafaelik] *adj* Raphaelesque.

raphia [rafja] *nm* -**1.** BOT raffia OU raphia palm. -**2.** TEXT raffia, raphia.

rapiat, e▽ [rapja, at] *nm, f* skinflint, meany *Br*.
◆ **rapiat**▽ *adj* [avare] tightfisted, stingy; **qu'est-ce qu'elle est ~!** she's so stingy!

rapide [rapid] ◇ *adj* -**1.** [véhicule, sportif] fast; [cheval] fast; [courant] fast flowing; **approche ~** AÉRON fast approach; **décélération/descente ~** AÉRON rapid deceleration/descent; **une piste ~** SPORT a quick OU fast track; **piste ~ aujourd'hui sur l'hippodrome d'Auteuil** the going is good today at Auteuil ❑ **voie ~** fast lane; **~ comme l'éclair** quick as lightning; **~ comme une flèche** swift as an arrow. -**2.** [esprit, intelligence, travail] quick; [progrès, réaction] rapid; **c'est l'homme des décisions ~s** he's good at reaching quick decisions; **une réponse ~** a quick OU speedy reply; **il n'a pas l'esprit très ~** he's a bit slow on the uptake ❑ **être ~ à la détente** to be quick off the mark. -**3.** [rythme] quick, fast; **marcher d'un pas ~** to walk at a brisk OU quick pace; **battements de cœur ~s** MÉD rapid heartbeat. -**4.** TECH: **acier ~** high-speed steel; **colle à prise ~** quick-setting adhesive; **déblocage ~** quick release; **imprimante/lecteur ~** INF high-speed printer/drive; **pellicule ~** PHOT fast film. -**5.** [court, sommaire] quick; **le chemin le plus ~** the shortest OU quickest way; **un examen ~ des dossiers** a quick OU cursory glance through the documents; **jeter un coup d'œil ~ sur qqch** to have a quick glance at sthg. -**6.** [hâtif] hurried, hasty; **une visite ~** a hurried visit; **un jugement un peu ~** a rather hasty judgment. -**7.** [facile - recette] quick.
◇ *nmf fam* [personne qui comprend vite]: **c'est un ~** he's really quick on the uptake; **ce n'est pas un ~** he's a bit slow on the uptake.
◇ *nm* -**1.** [cours d'eau] rapid. -**2.** [train] express (train), fast train.

rapidement [rapidmɑ̃] *adv* -**1.** [vite] quickly, rapidly; **aussi ~ que possible** as quickly as possible; **la situation se détériore ~** the situation is deteriorating rapidly; **il faut que je réponde ~** I must reply quickly. -**2.** [superficiellement] briefly; **j'ai lu ~ les journaux de ce matin** I had a quick look at OU I briefly glanced at the papers this morning.

rapidité [rapidite] *nf* -**1.** [vitesse - d'une course, d'une attaque] speed; [- d'une réponse] quickness; **avec ~** quickly, speedily, rapidly; **le chat a une ~ de détente remarquable** the speed with which the cat is able to pounce is remarkable; **la ~ de son geste m'étonna** I was surprised at how quickly his hand moved; **la ~ avec laquelle elle faisait des progrès** the speed OU rapidity with which she progressed ❑ **avec la ~ de l'éclair** in a flash, with lightning speed. -**2.** [d'une piste]: **la ~ de cette piste favorisait les coureurs** the fast surface of the track helped the runners. -**3.** [du pouls] rapidity.

rapido *fam* [rapido] *adv* pronto.

rapiècement [rapjɛsmɑ̃], **rapiéçage** [rapjesaʒ] *nm* -**1.** [raccommodage] patching (up). -**2.** [pièce de tissu, de cuir] patch.

rapiécer [20] [rapjese] *vt* to patch up *(sép)*.

rapière [rapjɛr] *nf* rapier.

rapin [rapɛ̃] *nm* -**1.** *arch* [apprenti chez un artiste] artist's apprentice. -**2.** *péj* [peintre sans talent] dauber.

rapine [rapin] *nf litt* -**1.** [pillage] pillage, plunder. -**2.** [butin] plunder.

raplapla *fam* [raplapla] *adj inv* -**1.** [fatigué] whacked *Br*, bushed *Am*. -**2.** [plat] flat; **il est ~, ton ballon!** your ball's as flat as a pancake!

raplatir [32] [raplatir] *vt* to make flatter, to flatten.

rappareiller [4] [rapareje] *vt* to match up *(sép)* again.

rappariement [raparimɑ̃] *nm* matching up, pairing up.

rapparier [9] [raparje] *vt* to match OU to pair up *(sép)*; **~ des gants** to pair gloves.

rappel [rapɛl] *nm* -**1.** [remise en mémoire] reminder; **le ~ de ces événements tragiques la bouleversait** being reminded of those tragic events upset her deeply; **commençons par un ~ historique** let's start with a historical reminder; **~ des titres de l'actualité** a summary of today's news; **'~! défense de stationner'** 'no parking'; **'~! défense de doubler'** 'no overtaking' *Br*, 'no passing' *Am* ❑ **~ d'échéance** reminder of due date; **~ à l'ordre** [gén] call to order; POL ≃ naming *Br*; **il a fallu trois ~s à l'ordre pour qu'il se taise** he had to be called to order three times before he stopped talking. -**2.** [d'un ambassadeur] recalling; [de produits défectueux] recalling; [de réservistes]: **~ sous les drapeaux** (reservists') call-up OU recall. -**3.** THÉÂT curtain call. -**4.** [répétition - dans un tableau, une toilette]: **~ de couleur** colour repeat. -**5.** MÉD booster; **dose/vaccination de ~** booster dose/injection; **piqûre de ~** booster (shot); **ne pas oublier le ~ l'an prochain** don't forget to renew the vaccination next year. -**6.** [arriéré]: **~ de salaire** back pay; **~ de cotisation** payment of contribution arrears. -**7.** TÉLÉC: **~ automatique** recall. -**8.** MÉCAN [retour] return; **ressort/vis de ~** return spring/screw. -**9.** SPORT [en voile]: **faire du ~** to sit OU to lean out ‖ [en alpinisme] abseiling; **descendre en ~** to rope OU to abseil down; **faire un** to abseil. **10.** MATH: **ligne de ~** line of projection.

rappelable [raplabl] *adj* MIL recallable.

rappelé, e [raple] ◇ *adj* recalled.
◇ *nm, f* MIL reservist *(who has been recalled)*.

rappeler [24] [raple] *vt* -**1.** [remettre en mémoire]: **~ qqch à qqn** to remind sb of sthg; **est-il nécessaire de ~ le talent qu'il a?** do I need to remind you how talented he is?; **rappelez-moi votre nom** what was your name again, please?; **rappelle-moi de lui écrire** remind me to write to him; **rappelle-moi que c'est son anniversaire** remind me it's her birthday; **il faut ~ que...** it should be borne in mind OU remembered that...; **les portes ferment à 8 h, je vous le rappelle** let me remind you that the doors are closed at 8; **le premier mouvement n'est pas sans ~ Brahms** the first movement is somewhat reminiscent of Brahms; **ça m'a rappelé mes vacances en Grèce** it reminded me of my holiday in Greece; **ça me rappelle quelque chose** that rings a bell; **veuillez me ~ au bon souvenir de votre père** [dans une lettre] please give my best regards to OU please remember me to your father; **'numéro à ~ dans toute correspondance'** 'please quote this number in all correspondence'. -**2.** [faire revenir] to recall, to call back *(sép)*; **rappelez donc votre chien!** call your dog off!; **~ un ambassadeur** to recall an ambassador; **~ des réservistes** MIL to recall reservists; **le Seigneur a rappelé à lui son serviteur** *euph* & *sout* he has been called to a better OU higher place; **l'acteur a été rappelé plusieurs fois** the actor had several curtain calls; **la mort de sa mère l'a rappelé à Aix** the death of his mother took him back to Aix. -**3.** [au téléphone] to call back *(sép)*, to ring *Br* OU to phone back *(sép)*; **rappelez-moi plus tard** call me back later. -**4.** [faire écho à]: **son collier de turquoise rappelle la couleur de ses yeux** her turquoise necklace echoes the colour of her eyes; **les rideaux rappellent la couleur de la moquette** the curtains pick out the colour of the carpet. -**5.** INF to call up *(sép)*; **~ un sous-programme/une procédure** to call up a subroutine/a procedure. -**6.** SPORT [en alpinisme] to fly back *(sép)*. -**7.** *loc*: **~ qqn à la raison** to bring sb back to his/her senses; **~ qqn à la vie** to bring sb back to life; **~ qqn à l'ordre** to call sb to order; **se faire ~ à l'ordre** [dans une assemblée] to be called to order; [dans une classe] to get told off.
◆ **se rappeler** ◇ *vp* *(emploi réciproque)*: **on se rappelle demain?** shall we talk again tomorrow?
◇ *vp* *(emploi réfléchi)*: **se ~ au bon souvenir de qqn** *sout* to send sb one's best regards.
◇ *vpt* [se souvenir de] to remember; **tu te rappelles mon frère?** do you remember my brother?; **rappelle-toi que je t'attends!** remember OU don't forget (that) I'm waiting for you!; **elle se rappelle avoir reçu une lettre** she remembers receiving a letter; **je me rappelle bien que tu étais là** I'm sure OU I well remember that you were here.

rapper [3] [rape] *vi* to rap.

rappeur, euse [rapœr, øz] *nm, f* rapper.

rappliquer▽ [3] [raplike] *vi* to show OU to turn up (again).

rapport [rapɔr] *nm* -**1.** [compte rendu - gén] report; MIL briefing; **faire un ~ sur les conditions de travail** to report on working conditions; **~ détaillé** item-by-item report, full rundown ❑ **~ d'activité** OU **annuel** annual report; **~ d'expert** audit report; **~ financier** annual (financial) report OU statement; **~ de police** police report; **~ quotidien** MIL (daily) briefing; **~ de recherche** research paper; **au ~!** *pr* read!; *fig* & *hum* let's hear it then! -**2.** [profit] profit; **il vit du ~ de son capital** he lives on the income from his investments; **d'un bon ~** profitable; **cette terre est d'un bon ~** this land gives a good yield. -**3.** [ratio] ratio; **dans le ~ de 1 à 5** in a ratio of 1 to 5 ❑ **~ du changement de vitesse** AUT gear ratio; **~ profit-ventes** profit-volume OU profit-to-volume ratio; **~ qualité-prix** value for money; **un bon ~ qualité-prix** good value for money; **~ signal-bruit** signal-to-noise ratio. -**4.** [relation] connection, link; **n'avoir aucun ~ avec qqch** to have no connection with OU to bear no relation to sthg; **son dernier album n'a aucun ~ avec les précédents** her latest record is nothing like her earlier ones; **c'est sans ~ avec le sujet** that's beside the point, that's irrelevant; **je ne vois pas le ~** I don't see the connection; **où est le ~?** what's that got to do with it?; **cette décision n'est pas sans ~ avec les récents événements** this decision isn't totally unconnected with recent events; **établir un ~ entre deux événements** to establish a link OU connection between two events ❑ **~ de forces**: **le ~ de forces entre les deux pays** the balance of power between the two countries; **il y a un ~ de forces entre eux** they are always trying to see who can get the upper hand. -**5.** JUR: **~ à succession** hotchpot.
◆ **rapports** *nmpl* [échanges] relationship, relations; **des ~s sociaux/culturels** social/cultural relations; **~s entre l'Est et l'Ouest** East-West relations; **cesser tous ~s avec qqn** to break off all relations with sb; **nous n'avons plus de ~s avec cette société** we no longer deal with that company; **entretenir de bons ~s avec qqn** to

be on good terms with sb ❑ ~s sexuels (sexual) intercourse; avoir des ~s (avec qqn) to have sex (with sb).

◆ **de rapport** *loc adj*: immeuble de ~ block of flats *Br* OU apartments *Am* for renting; maison de ~ house for renting.

◆ **en rapport avec** *loc prép* -1. [qui correspond à] in keeping with. -2. [en relation avec]: mettre qqn en ~ avec qqn to put sb in touch with sb; mettre qqch en ~ avec to link sthg to; se mettre en ~ avec qqn to get in touch OU contact with sb.

◆ **par rapport à** *loc prép* -1. [en ce qui concerne] regarding. -2. [comparativement à] compared with, in comparison to; on constate un retrait du franc par ~ aux autres monnaies européennes the franc has dropped sharply against other European currencies.

◆ **rapport à** *loc prép* *(tournure critiquée)* [en ce qui concerne] about; ~ à notre affaire, tu as du nouveau? about our little business, any news?

◆ **sous le rapport de** *loc prép* as regards; sous le ~ des prix as far as prices are concerned, as regards prices; sous ce ~ in this respect.

◆ **sous tous (les) rapports** *loc adv* in every respect; 'jeune homme bien sous tous ~s' 'respectable young man'.

rapporté, e [rapɔrte] *adj* added on; sans élément ~ plain ❑ poche ~e patch OU sewn-on pocket; poignée ~e detachable handle; terre ~e made ground.

rapporter [3] [rapɔrte] ◇ *vt* -1. [remettre à sa place] to bring OU to put back; tu rapporteras la clé bring back the key. -2. [apporter avec soi] to bring; j'ai rapporté des fleurs du jardin I brought some flowers in from the garden; as-tu rapporté le journal? did you get OU buy the paper?; le chien rapporte la balle the dog brings back the ball; je rapporte une impression favorable de cet entretien I came away with a favourable impression of that meeting || [apporter de nouveau ou en plus]: rapporte-nous un peu plus de vin bring us a little more wine || CHASSE to retrieve. -3. [rendre] to take back *(sép)*, to return; pouvez-vous ~ ces livres à la bibliothèque? could you take these books back OU return these books to the library?; quelqu'un a rapporté le sac que tu avais oublié somebody has brought back OU returned the bag you left behind. -4. [ajouter] to add; COUT to sew on *(sép)*; ~ un angle MATH to plot an angle. -5. [produire] to produce, to yield; ~ des bénéfices to yield a profit; ~ des intérêts to yield interest; le compte d'épargne vous rapporte 3,5 % the savings account has a yield of 3.5 % OU carries 3.5 % interest; sa boutique lui rapporte beaucoup d'argent her shop brings in a lot of money; et qu'est-ce que ça t'a rapporté en fin de compte? what did you get out of it in the end?; ça pourrait ~ gros! it could make you a lot of money! -6. [dire] to tell, to say; on m'a rapporté que les travaux n'étaient pas terminés I was told that the work was not finished; ce n'est pas ce qui a été rapporté that's not quite what was said; ils ont tout rapporté à la directrice they told the headmistress everything. -7. [faire le compte rendu de] to report (on); ~ les décisions d'une commission POL to report on the decisions of a committee. -8. ADMIN & JUR [annuler] to cancel, to revoke; ~ un projet de loi to throw out a bill. -9. ~ qqch à [rattacher qqch à] to relate sthg to; elle rapporte tout à elle she always brings everything back to herself.

◇ *vi* -1. [être rentable] to yield a profit; ça rapporte *fam* it pays. -2. CHASSE to retrieve; rapporte, mon chien! fetch, boy! -3. *fam* [enfant] to tell tales, to sneak; je n'aime pas les enfants qui rapportent! I don't like children who tell tales!

◆ **se rapporter à** *vp + prép* -1. [avoir un lien avec] to refer OU to relate to; l'affiche ne se rapporte pas au sujet de la pièce the poster bears no relation to the play itself. -2. GRAMM to relate to. -3. *sout*: s'en ~ à [s'en remettre à] to rely on; je m'en rapporterai à votre expérience I'll rely on OU trust your experience.

rapporteur, euse [rapɔrtœr, øz] ◇ *adj* telltale, sneaky *Br*.

◇ *nm, f* telltale, sneak *Br*, tattletale *Am*.

◆ **rapporteur** *nm* -1. ADMIN & POL [porte-parole] rapporteur, reporter; ~ officiel official recorder; ~ de la commission *committee member who acts as spokesman*. -2. GÉOM protractor.

rapprendre [raprɑ̃dr] = **réapprendre**.

rapproché, e [raprɔʃe] *adj* close; protection ~e police protection.

rapprochement [raprɔʃmɑ̃] *nm* -1. [réconciliation] rapprochement, reconciliation; des tentatives de ~ attempts at reconciliation; le ~ avec les socialistes rapprochement with the socialists. -2. [comparaison] link, connection; elle fait un ~ saisissant entre Mao et Jung she draws a striking parallel between Mao and Jung; tu n'avais pas fait le ~? hadn't you made the connection?; quand j'ai eu fait le ~ once I made the connection OU put two and two together; le ~ de ces deux textes établit le plagiat comparing the two texts provides proof of plagiarism. -3. [convergence] coming together; on assiste à un ~ des thèses des deux parties the arguments of the two parties are coming closer together.

rapprocher [3] [raprɔʃe] *vt* -1. [approcher] to bring closer OU nearer; il a rapproché son tabouret du piano he brought OU moved his stool closer to the piano; rapprochez les deux toiles bring the two canvases closer together; ~ les morceaux bord à bord COUT to put the two pieces edge to edge; 'à ~' IMPR 'close up'. -2. [temporellement]: chaque minute le rapprochait du moment fatidique every minute brought the fateful moment closer; l'émission/la fête a été rapprochée à cause des événements the programme/party has been brought forward because of what's happened; je vais ~ mes rendez-vous I'm going to group my appointments together. -3. [faire paraître proche] to bring closer; le dessin japonais rapproche les différents plans Japanese drawing techniques foreshorten perspective || *(en usage abs)*: mon nouveau zoom rapproche quinze fois my new zoom lens magnifies fifteen times. -4. ~ qqn [de sa destination] to take OU to bring sb closer; je te dépose à Concorde, ça te rapprochera I'll drop you off at Concorde, that'll get you a bit closer to where you're going. -5. [affectivement] to bring (closer) together; cette naissance n'a pas suffi à les ~ that baby wasn't enough to bring them together; ça m'a rapproché de mon père it's brought me closer to my father, it's brought my father and me closer together; qu'est-ce qui vous rapproche? what do you have in common? -6. [comparer] to compare.

◆ **se rapprocher** ◇ *vp* *(emploi réciproque)*: les deux pays cherchent à se ~ the two countries are seeking a rapprochement.

◇ *vpi* [venir près] to come close OU closer; la date du mariage/le vacarme des moteurs se rapproche the wedding day/the roar of the engines is getting closer; rapprochez-vous de moi come closer (to me); rapprochez-vous de l'estrade move closer to the stage.

◆ **se rapprocher de** *vp + prép* -1. [se réconcilier avec]: j'ai essayé sans succès de me ~ d'elle avant sa mort I tried in vain to get closer to her before she died; il se rapproche actuellement des catholiques he's now moving closer to Catholicism. -2. [être comparable à] to be similar to; le style se rapproche du reggae the style is similar to OU resembles reggae.

rapsodie [rapsɔdi] = **rhapsodie**.

rapt [rapt] *nm* [kidnapping] abduction, kidnapping; ~ d'enfant abduction of a child.

raquer▽ [3] [rake] ◇ *vt* to cough up *(insép)*.

◇ *vi* to foot the bill.

raquette [rakɛt] *nf* -1. TENNIS racket; PING-PONG bat; c'est une bonne ~ *fam* he's a good tennis player. -2. [pour la neige] snowshoe. -3. BOT prickly pear.

raquetteur, euse [rakɛtœr, øz] *nm, f Can* snowshoer.

rare [rar] *adj* -1. [difficile à trouver] rare, uncommon; ce qui est ~ est cher anything that is in short supply is expensive; l'amour vrai est un sentiment si ~ true love is such a rare feeling; un musicien d'un ~ talent an exceptionally talented musician; plantes/timbres ~s rare plants/stamps. -2. [peu fréquent] rare; à de ~s intervalles at rare OU infrequent intervals; on le voyait chez nous à de ~s intervalles once in a (very long) while, he'd turn up at our house; tes visites sont trop ~s you don't visit us nearly often enough; il est ~ qu'elle veuille bien venir avec moi she rarely OU seldom agrees to come with me; il n'est pas ~ de le voir ici it's not uncommon OU unusual to see him here; tu te fais ~ ces derniers temps *fam* you've become quite a stranger lately, where have you been hiding lately?; c'est un mot ~ that's a rare word. -3. [peu nombreux] few; les ~s électeurs qui ont voté pour lui the few who voted for him; les ~s amis qu'elle s'est faits the few friends she made; ~s sont ceux qui l'apprécient not many people like him; à de ~s exceptions près with only OU apart from a few exceptions; elle est une des ~s personnes que je connaisse à aimer le jazz she's one of the very few people I know who enjoys jazz; les visiteurs se font ~s there are fewer and fewer visitors; les bons pâtissiers se font ~s good bakers are hard to find nowadays || [peu abondant] scarce; la nourriture était ~ pendant la guerre food was scarce during the war. -4. [clairsemé] thin, sparse; une herbe ~ sparse clumps of grass; elle a toujours eu le cheveu ~ she never had much hair; maintenant, il a le cheveu ~ his hair is thinning now. -5. [étonnant] unusual; c'est bien ~ de ne pas le voir au moins une fois dans la semaine it's unusual not to see him at least once a week. -6. PHYS [raréfié] rare.

raréfaction [rarefaksjɔ̃] *nf* -1. PHYS [de l'air] rarefaction. -2. [des denrées, de l'argent] increasing scarcity.

raréfiable [rarefjabl] *adj* rarefiable.

raréfier [9] [rarefje] *vt* -1. PHYS [air, oxygène] to rarefy, to rarify. -2. [denrées] to make scarce.

◆ **se raréfier** *vpi* -1. PHYS [air] to rarefy, to rarify. -2. [argent, denrées] to become scarce; [visites] to become less frequent.

rarement [rarmɑ̃] *adv* rarely, seldom; elle téléphone ~, pour ne pas dire jamais she seldom, if ever, calls.

rareté [rarte] *nf* -1. [d'un fait, d'un phénomène] rarity; [d'une denrée] scarcity; une poterie d'une très grande ~ an extremely rare piece of pottery. -2. [objet - rare] rarity, rare object; [- bizarre] curio.

rarissime [rarisim] *adj* extremely rare, most unusual.

ras¹ [ra] *nm* [radeau] raft.

ras² [ras] *nm* [titre éthiopien] ras.

ras³, **e** [ra, raz] *adj* -1. [cheveux] close-cropped, very short; [barbe] very short. -2. [végétation] short; pelouse ~e closely-mown lawn. -3. [plein]: mesure ~e full measure. -4. TEXT short-piled. -5. *loc*: en ~e campagne in the open countryside; la voiture est tombée en panne en ~e campagne the car broke down in the middle of nowhere.

◆ **ras** *adv* -1. [très court] short; avoir les ongles coupés ~ to keep one's nails cut short; une haie taillée ~ a closely-clipped hedge. -2. *loc*: en avoir ~ le bol *fam* OU ~ le cul▼ de qqch to be fed up to the (back) teeth with sthg, to have had it up to here with sthg; ~ le bol! *fam* enough is enough!

◆ **à ras** *loc adv*: coupé à ~ cut short.

◆ **à ras bord(s)** *loc adv* to the brim OU top.

◆ **à ras de** *loc prép* level with; à ~ de terre level with the ground.

◆ **au ras de** *loc prép*: **au ~ de l'eau** just above water level, level with the water ❑ **ses remarques étaient au ~ des pâquerettes** *fam* he came out with some very uninspired comments; **le débat est au ~ des pâquerettes** *fam* the discussion isn't exactly highbrow.

RAS *abr de* **rien à signaler**.

rasade [razad] *nf* glassful.

rasage [razaʒ] *nm* -**1.** [de la barbe] shaving. -**2.** TEXT shearing. -**3.** MÉTALL (machine) shaving.

rasant, e [razɑ̃, ɑ̃t] *adj* -**1.** [bas]: **vue ~e** panoramic view; **un soleil ~** a low sun. -**2.** MIL: **tir ~** grazing fire. -**3.** *fam* [assommant] boring; **il est vraiment ~!** he's so boring!, he's such a bore!

rascasse [raskas] *nf* scorpion fish.

ras(-)du(-)cou [radyku] ◇ *adj inv* round neck *(modif)*; **un pull ~** a round neck sweater.
◇ *nm inv* round neck sweater.

rase-mottes [razmɔt] *nm inv* -**1.** AÉRON hedgehopping; **voler en** OU **faire du ~** to hedgehop. -**2.** *péj* runt, shortie.

raser [3] [raze] *vt* -**1.** [cheveux, poils] to shave off *(sép)*; [crâne] to shave; **~ qqn** to give sb a shave, to shave sb; **être rasé de près** to be close-shaven. -**2.** [détruire] to raze; **la vieille église a été rasée** the old church was razed to the ground. -**3.** [frôler]: **l'hirondelle rase le sol** the swallow is skimming the ground; **la balle lui rasa l'épaule** the bullet grazed his shoulder ❑ **~ les murs** to hug the walls. -**4.** *fam* [lasser] to bore; **tu nous rases!** you're boring us to tears! -**5.** TEXT to shear.

◆ **se raser** ◇ *vp (emploi réfléchi)* to shave; **se ~ de près** to shave closely; **se ~ les jambes** to shave one's legs; **se ~ la barbe** to shave off one's beard.
◇ *vpi fam* [s'ennuyer] to get bored; **on se rase ici, allons-nous-en** it's deadly boring here, let's go.

◆ **à raser** *loc adj* shaving *(modif)*; **mousse à ~** shaving foam.

raseur, euse *fam* [razœr, øz] *nm, f*: **c'est un ~** he's a real drag OU pain.

rash [raʃ] *(pl* **rashs** OU **rashes***) nm* rash MÉD.

rasibus *fam* [razibys] *adv* very close.

ras-le-bol *fam* [ralbɔl] *nm inv*: **il y a un ~ général dans la population** people in general are sick and tired of OU fed up with the way things are going.

rasoir [razwar] ◇ *nm* razor; **~ électrique** (electric) shaver; **~ mécanique** OU **de sûreté** safety razor; **demander une coupe au ~** to ask for a razor cut; **coupé au ~** cut with a razor ❑ **être sur le fil du ~** to be on a knife edge.
◇ *adj fam* boring; **il est tellement ~!** he's so boring!, he's such a bore!

Raspoutine [rasputin] *npr* Rasputin.

rassasiement [rasazimɑ̃] *nm sout* satisfaction.

rassasier [9] [rasazje] *vt* -**1.** [faim] to satisfy; **je suis rassasié** I'm full. -**2.** [désirs]: **alors, vous êtes rassasiés de plein air?** so, have you had your fill of fresh air?; **il n'est jamais rassasié de la voir** he never tires of seeing her.

◆ **se rassasier** *vpi* -**1.** [apaiser sa faim] to eat one's fill. -**2.** [assouvir son désir]: **se ~ de qqch** to get one's fill of sthg.

rassemblement [rasɑ̃bləmɑ̃] *nm* -**1.** [réunion sur la voie publique] gathering, group; **disperser un ~** to break up OU to disperse a gathering; **tous les ~s sont strictement interdits** all rallies OU gatherings are strictly forbidden || [en politique] rally; **~ pour la paix** peace rally. -**2.** [dans un nom de parti] party, union, alliance; **votez pour le Rassemblement écologiste** vote for the Green party. -**3.** [fait de se rassembler] gathering; **vous devez empêcher le ~ des élèves dans le hall** you must prevent the pupils from gathering in the hall. -**4.** MIL: **sonner le ~** to sound the assembly; **~!** fall in!

rassembler [3] [rasɑ̃ble] *vt* -**1.** [objets, idées] to collect, to gather; **elle rassembla tous les journaux de la semaine passée** she gathered together all the previous week's newspapers; **~ des preuves pour une inculpation** to gather OU to collect evidence for a charge; **il a rassemblé des documents pour écrire une biographie** he has collected OU assembled documents to write a biography; **faites ~ toutes mes affaires et envoyez-les moi** have all my belongings collected together and send them to me; **j'eus à peine le temps de ~ quelques affaires** I hardly had enough time to gather OU to put a few things together; **~ ses forces** to gather OU to muster one's strength; **~ ses esprits** to gather OU to collect one's wits; **~ ses idées** to gather one's thoughts; **~ son courage** to summon up one's courage. -**2.** [personnes] to gather together *(sép)*; [animaux] to round up *(sép)*; **puisque nous voici ici rassemblés** since we are (gathered) here together; **leur manifestation a rassemblé des milliers de personnes** their demonstration drew OU attracted thousands of people. -**3.** ÉQUIT to collect.

◆ **se rassembler** *vpi* to gather together, to assemble; **ils se sont rassemblés devant chez moi** they gathered together OU assembled outside my home; **rassemblez-vous!** assemble!

rassembleur, euse [rasɑ̃blœr, øz] *nm, f sout*: **ce fut un grand ~** he had the gift of bringing people together in a common cause.

rasseoir [65] [raswar] *vt* -**1.** [asseoir de nouveau]: **~ qqn** to sit sb down (again); **veuillez ~ le malade** [dans son lit] please sit the patient up again; **je vous en prie, faites ~ tout le monde** please, have everybody sit down again. -**2.** [replacer] to put back *(sép)*; **~ une statue sur son socle** to put a statue back on its plinth.

◆ **se rasseoir** *vpi* to sit down again; **il a fait se ~ tous les invités** he made all the guests sit down again; **allez vous ~** go back to your seat, go and sit down again.

rasséréner [18] [raserene] *vt litt* to make calm; **ses déclarations m'ont complètement rasséréné** what he said put my mind completely at rest.

◆ **se rasséréner** *vpi litt* to become calm OU serene again.

rassir [32] [rasir] *vi* [gâteau, pain] to go stale; [viande]: **laisser ~ un morceau de bœuf** to let a piece of beef hang.

◆ **se rassir** *vpi* to go stale.

rassis, e [rasi, iz] *adj* -**1.** [gâteau, pain] stale; [viande] properly hung. -**2.** *litt* [calme] calm, composed; [pondéré] balanced.

rassortiment [rasɔrtimɑ̃] = **réassortiment**.

rassortir [rasɔrtir] = **réassortir**.

rassurant, e [rasyrɑ̃, ɑ̃t] *adj* -**1.** [personne] reassuring; **le président n'a pas été très ~ dans ses dernières déclarations** the president's most recent statements were not very reassuring; **elle a été ~e pour tout le monde** she comforted everybody. -**2.** [nouvelle, déclaration, ton, voix] reassuring, comforting; **voilà qui est ~!** well, that's reassuring! *aussi iron.*

rassurer [3] [rasyre] *vt* to reassure; **j'aimerais pouvoir te ~** I wish I could reassure you OU put your mind at ease; **va vite ~ ta mère** go and tell your mother she has nothing to worry about, go and set your mother's mind at ease; **je n'étais pas très rassuré** I felt rather worried.

◆ **se rassurer** ◇ *vp (emploi réfléchi)* to reassure o.s.; **j'essaie de me ~ en me disant que tout n'est pas fini** I try to reassure myself by saying it's not all over; **rassure-toi** don't worry.
◇ *vpi*: **elle a mis longtemps à se ~ (pleinement)** it took her a while to calm down.

rasta [rasta] ◇ *adj inv* Rasta *(inv)*.
◇ *nmf* Rasta.
◇ *nm* ▼ = **rastaquouère**.

rastafari [rastafari] *adj & nmf* Rastafarian.

rastaquouère▼ [rastakwɛr] *nm dated and racist term used with reference to wealthy foreigners.*

rat [ra] ◇ *nm* -**1.** ZOOL rat; **faire la chasse aux ~s** to go ratting ❑ **~ des champs** field mouse; **~ d'eau** water vole OU rat; **~ d'égout** sewer rat; **~ musqué** OU **d'Amérique** muskrat, musquash. -**2.** *fig*: **~ de bibliothèque** bookworm; **~ d'hôtel** hotel thief; **les ~s quittent le navire** the rats are leaving the sinking ship; **être fait comme un ~** *fam* to have no escape, to be cornered; **vous êtes faits comme des ~s!** you're caught like rats in a trap!; **il s'est fait prendre comme un ~** he got caught out; **être comme un ~ dans un fromage** *fam* to be in clover. -**3.** DANSE: **petit ~ de l'Opéra** ballet student *(at the Opéra de Paris)*. -**4.** *fam péj* [avare] miser, skinflint. -**5.** [par affection]: **mon (petit) ~** my darling.
◇ *adj m fam péj* [avare] stingy, tightfisted; **il est tellement ~!** he's so stingy!, he's such a miser OU skinflint!

rata *fam* [rata] *nm arg mil & vieilli* grub, nosh.

ratafia [ratafja] *nm* ratafia (liqueur).

ratage [rataʒ] *nm* failure; **un ~ complet** a complete failure; **après un ou deux ~s, il a réussi son soufflé à la perfection** after one or two disastrous attempts, he got the soufflé just right.

rataplan [rataplɑ̃] *onomat* rat-a-tat.

ratatiné, e [ratatine] *adj* -**1.** [fruit] shrivelled (up). -**2.** [visage] wrinkled, wizened. -**3.** *fam* [voiture, vélo] smashed up; [soufflé] flat.

ratatiner [3] [ratatine] *vt* -**1.** *fam* [démolir]: **le bâtiment a été ratatiné en quelques secondes** the building was reduced to a pile of rubble within seconds; **la voiture a été complètement ratatinée** the car was completely wrecked. -**2.** [flétrir]: **l'âge l'a complètement ratatiné** he has become wizened with age. -**3.** *fam* [battre]: **je me suis fait ~ au tennis/aux échecs** I got thrashed at tennis/chess || [assassiner]: **il s'est fait ~** he got done in.

◆ **se ratatiner** *vpi* -**1.** [se dessécher] to shrivel; **son visage s'est ratatiné** her face has become all wizened. -**2.** *fam* [rapetisser] to shrink; **elle se ratatine en vieillissant** she's shrinking with age. -**3.** *fam* [s'écraser] to crash; **la voiture s'est ratatinée contre un mur** the car crashed OU smashed into a wall.

ratatouille [ratatuj] *nf* -**1.** CULIN: **~ (niçoise)** ratatouille. -**2.** *fam péj* [ragoût grossier]: **ils ont servi une affreuse ~** they served up some ghastly mess. -**3.** *fam* [raclée] walloping, hammering.

rate [rat] *nf* -**1.** ZOOL she-rat, female rat. -**2.** ANAT spleen.

raté, e [rate] ◇ *adj* -**1.** [photo, sauce] spoilt; [coupe de cheveux] disastrous; **il est complètement ~, ce gâteau** this cake is a complete disaster. -**2.** [attentat] failed; [vie] wasted; [occasion] missed; [tentative] failed, abortive, unsuccessful; **un musicien ~** a failed musician.
◇ *nm, f* failure, loser.

◆ **raté** *nm* -**1.** [bruit] misfiring *(U)*; **le moteur a des ~s** the engine is misfiring. -**2.** [défaut] hitch. -**3.** ARM misfire.

râteau, x [rato] *nm* rake; **~ faneur** tedder.

râteler [24] [ratle] *vt* -**1.** [ratisser] to rake up *(sép)*. -**2.** [niveler] to rake (over).

râtelier [ratəlje] *nm* -**1.** [support] rack; **~ à fusils/outils/pipes** gun/tool/pipe rack. -**2.** [mangeoire] rack. -**3.** *fam* [dentier] dentures, (set of) false teeth.

rater [3] [rate] ◇ *vi* -**1.** *fam* [échouer] to fail; **je t'avais dit qu'elle serait en retard, et ça n'a pas raté!** I told you she'd be late, and sure enough she was!; **ça ne rate jamais** it never fails; **tais-toi, tu vas tout faire ~!** shut up or you'll ruin everything! -**2.** ARM: **le coup a raté** the gun failed to go off.
◇ *vt* -**1.** [but] to miss; **vous avez de la chance, la balle a bien failli ne pas vous ~** you're lucky, that bullet missed you by a fraction of an inch OU a hair's breadth; **elle a raté la marche** she missed the step ❑ **j'ai raté mon coup** *fam* I made a mess of it; **s'il recommence, je te jure que je ne le raterai pas!** *fam* if he does it again, I swear I'll get him! -**2.** [avion, train, rendez-vous, visiteur] to miss; [occasion] to miss; **je n'ai pas vu le concert – tu n'as rien raté/tu as raté quelque chose!** I didn't see the concert – you didn't miss anything/you really missed something!; **c'est une émission à ne pas ~** this programme is a must; **tu vas nous faire ~ la**

séance! you're going to make us miss the film! ❑ **tu n'en rates pas une!** *fam* you're always putting your foot in it! -**3.** [ne pas réussir]: **il a complètement raté son oral** he made a complete mess of his oral; **il a raté son effet** he didn't achieve the desired effect; **il a raté sa sortie** his exit didn't quite come off; **il rate toujours les mayonnaises** his mayonnaise always goes wrong; ~ **sa vie** to make a mess of one's life.

◆ **se rater** *fam vp (emploi réfléchi)*: **elle s'est ratée pour la troisième fois** that's her third (unsuccessful) suicide attempt.

ratiboiser *fam* [3] [ratibwaze] *vt* -**1.** [voler] to pinch, to nick *esp Br.* -**2.** [ruiner] to clean out *(sép)*; **je suis ratiboisé!** I'm cleaned out! -**3.** [tuer] to bump off *(sép)*, to do in *(sép)*; **les critiques l'ont ratiboisé** *fig* the critics tore him to shreds, he was slated *esp Br* by the critics. -**4.** [cheveux] to scalp; **je suis ressorti ratiboisé de chez le coiffeur** I got scalped at the hairdresser's.

raticide [ratisid] *nm* rat poison.

ratier [ratje] *adj m* & *nm* ratter.

ratière [ratjɛr] *nf* -**1.** [piège] rat trap. -**2.** TEXT dobby.

ratification [ratifikasjɔ̃] *nf* ratification.

ratifier [9] [ratifje] *vt* -**1.** JUR to ratify. -**2.** *litt* [confirmer] to confirm.

ratine [ratin] *nf* ratine.

rating [ratiŋ] *nm* ÉCON & NAUT rating.

ratio [rasjo] *nm* ÉCON & FIN ratio.

ratiocination [rasjɔsinasjɔ̃] *nf sout* quibble; **ce sont des ~s!** you're just splitting hairs!

ratiociner [3] [rasjɔsine] *vi sout* to quibble, to split hairs.

ration [rasjɔ̃] *nf* -**1.** [portion] ration; **~s de guerre** war rations; **sa ~ de problèmes** *fig* his share of problems; **non merci, j'ai eu ma ~!** *hum* no thanks, I've had my fill (of it)! -**2.** [quantité nécessaire] daily intake; ~ **alimentaire** food (intake); ~ **d'entretien** maintenance ration. -**3.** MIL rations; ~ **de combat** combat rations; **avoir une ~ réduite** to be on short rations.

rationalisation [rasjɔnalizasjɔ̃] *nf* rationalization.

rationaliser [3] [rasjɔnalize] *vt* to rationalize.

rationalisme [rasjɔnalism] *nm* rationalism.

rationaliste [rasjɔnalist] *adj* & *nmf* rationalist.

rationalité [rasjɔnalite] *nf* rationality.

rationnel, elle [rasjɔnɛl] *adj* -**1.** MATH & PHILOS rational. -**2.** [sensé] rational; **il n'a pas une attitude très ~le** his attitude is not very rational.

rationnellement [rasjɔnɛlmɑ̃] *adv* -**1.** MATH & PHILOS rationally. -**2.** [avec bon sens] rationally, sensibly, logically.

rationnement [rasjɔnmɑ̃] *nm* rationing.

rationner [3] [rasjɔne] *vt* -**1.** [quelque chose] to ration; **on nous rationne même l'électricité!** they're even rationing electricity! -**2.** [quelqu'un] to put on rations, to ration; **je vais vous ~ à deux tasses de café par jour** I'm going to ration you to two cups of coffee a day; **il va bientôt falloir le ~!** *hum* we'll have to put him on (short) rations OU on a diet soon!

◆ **se rationner** *vp (emploi réfléchi)* to ration o.s.

Ratisbonne [ratizbɔn] *npr* Ratisbon.

ratissage [ratisaʒ] *nm* -**1.** [nettoyage] raking. -**2.** [fouille] combing, thorough search.

ratisser [3] [ratise] ◇ *vt* -**1.** [gravier, allée] to rake; [feuilles, herbe coupée] to rake up *(sép)*. -**2.** *fam* [voler] to pinch, to nick *esp Br*; **je me suis fait ~ mon sac** I got my bag nicked || [ruiner] to clean out *(sép)*; **il s'est fait ~ au poker** he got cleaned out playing poker. -**3.** [fouiller] to comb. -**4.** SPORT to heel.

◇ *vi*: ~ **large** *fam* to cast one's net wide *fig*.

raton [ratɔ̃] *nm* -**1.** ZOOL young rat; ~ **laveur** raccoon. -**2.** [par affection]: **mon ~!** my darling! -**3.** ▼*racist term used with reference to North African Arabs.*

ratonnade [ratɔnad] *nf violent racist attack on North African Arab immigrants.*

RATP (*abr de* **Régie autonome des transports parisiens**) *npr f Paris transport authority.*

rattachement [rataʃmɑ̃] *nm*: **le ~ de la Savoie à la France** the incorporation of Savoy into France; **opérer le ~ de territoires à la métropole** to bring territories under the jurisdiction of the home country; **demander son ~ à un service** to ask to be attached to a department.

rattacher [3] [rataʃe] *vt* -**1.** [paquet] to tie up *(sép)* again, to do up *(sép)* again; [ceinture, lacet] to do up *(sép)* again; [chien] to tie up *(sép)* again; [plante grimpante] to tie back *(sép)*. -**2.** ADMIN & POL: ~ **plusieurs services à une même direction** to bring several departments under the same management; ~ **un territoire à un pays** to bring a territory under the jurisdiction of a country; **les abonnés ont été rattachés à un nouveau central** the subscribers were connected to a new exchange. -**3.** [établir un lien]: ~ **qqch à** to connect OU to link sthg with, to relate sthg to.

◆ **se rattacher à** *vp + prép* -**1.** [découler de] to derive from; **des dialectes qui se rattachent à une langue** dialects which derive from the same language. -**2.** [avoir un lien avec] to be connected OU linked with, to be related to; **laissez de côté tout ce qui ne se rattache pas au problème central** put everything that isn't (directly) related to the key issue to one side.

rattrapable [ratrapabl] *adj*: **une telle erreur ne serait pas ~** a mistake like that couldn't be put right.

rattrapage [ratrapaʒ] *nm* -**1.** [d'un étudiant] passing, letting through; **le ~ d'un candidat** letting a candidate through (an exam) || [remise à niveau]: ~ **scolaire** ≃ remedial teaching; **cours de ~** *extra class for pupils who need to catch up*; **je dois passer l'oral de ~** I've got to resit the oral; **session de ~** resit. -**2.** [d'une maille] picking up. -**3.** ÉCON: ~ **des salaires** wage adjustment.

rattraper [3] [ratrape] *vt* -**1.** [animal, prisonnier] to recapture, to catch again. -**2.** [objet qui tombe] to catch (hold of); **je l'ai rattrapé de justesse** I caught (hold of) it just in time; ~ **la balle au vol/bond** to catch the ball in the air/on the bounce. -**3.** [quelqu'un parti plus tôt] to catch up with; **passe devant, je te rattraperai** go on ahead, I'll catch up with you OU catch you up. -**4.** [compenser]: ~ **le temps perdu** OU **son retard** to make up for lost time; **il a rattrapé les cours manqués** he has caught up on the lessons he missed; ~ **du sommeil** to catch up on one's sleep; **pour ~ nos pertes** to make good our losses. -**5.** [erreur, maladresse] to put right. -**6.** [étudiant] to let through. -**7.** [maille] to pick up *(sép)*.

◆ **se rattraper** ◇ *vp (emploi passif)*: **le temps perdu ne se rattrape jamais** *prov* you can never make up for lost time.

◇ *vpi* -**1.** [éviter la chute] to catch o.s. (in time); **heureusement il s'est rattrapé** luckily he managed to avoid falling; **se ~ à qqn/qqch** to grab OU to catch hold of sb/sthg to stop o.s. falling. -**2.** [compenser]: **j'ai l'intention de me ~!** I'm going to make up for it!; **la limonade est en promotion, mais ils se rattrapent sur le café** lemonade is on special offer, but they've put up the price of coffee to make up for it; **enfant, c'était un ange, mais elle s'est bien rattrapée depuis!** *hum* she used to be an angel when she was a child, but she's certainly made up for it since! -**3.** [élève] to catch up.

raturage [ratyraʒ] *nm* crossing out, scoring out *(U)*.

rature [ratyr] *nf* crossing out, deletion; **tu as fait trop de ~s** you've crossed too many things out; **'sans ~s ni surcharges'** 'without deletions or alterations'.

raturer [3] [ratyre] *vt* to cross out *(sép)*, to delete.

RAU (*abr de* **République Arabe Unie**) *npr f* UAR, United Arab Republic.

rauque [rok] *adj* -**1.** [voix] husky. -**2.** [cri] raucous.

ravage [ravaʒ] *nm* [destruction] devastation; **les ~s de la maladie/du temps** the ravages of disease/of time; **faire des ~s** *pr* to wreak havoc; **l'alcoolisme faisait des ~s** *fig* alcoholism was rife; **notre cousin fait des ~s (dans les cœurs)!** our cousin is a heartbreaker!

ravagé, e [ravaʒe] *adj* -**1.** [par la fatigue, le désespoir] haggard; [par la maladie] ravaged. -**2.** *fam* [fou] loopy, barmy *esp Br,* nuts; **c'est un mec complètement ~!** he's completely loopy!

ravager [17] [ravaʒe] *vt* [région, ville] to ravage, to lay waste *(insép)*, to devastate; **la guerre a ravagé leur vie** the war wreaked havoc upon their lives; **elle avait les traits ravagés par la douleur** her features were ravaged by pain.

ravageur, euse [ravaʒœr, øz] ◇ *adj* -**1.** [destructeur] destructive; **des insectes ~s** insect pests. -**2.** [séducteur]: **un sourire ~** a devastating smile.

◇ *nm, f* ravager.

raval, als [raval] *nm* (shaft) deepening MIN.

ravalement [ravalmɑ̃] *nm* -**1.** [d'une façade] cleaning. -**2.** ▽ *fig*: **se faire un ~ (de façade)** [opération] to have a facelift; [maquillage] to put on one's warpaint.

ravaler [3] [ravale] *vt* -**1.** CONSTR to clean; **ils ont ravalé la façade de la mairie** they've given the front of the town hall a clean ❑ **se faire ~ la façade**▽ OU **le portrait**▽ to have a facelift. -**2.** [salive] to swallow; [larmes] to hold OU to choke back; [colère] to stifle, to choke back; [fierté] to swallow; **faire ~ ses paroles à qqn** *fam* to make sb eat his words; **je lui ferai ~ ses insultes!** *fam* I'll make him choke on his insults! -**3.** [abaisser] to lower; **de tels sentiments nous ravalent au niveau de la bête** such feelings lower OU reduce us to the level of animals. -**4.** MIN to deepen.

◆ **se ravaler** ◇ *vp (emploi réfléchi)* [s'abaisser] to debase OU to lower o.s.; **se ~ aux pires bassesses** to stoop to the meanest acts; **se ~ au rang de la brute** to be reduced to the level of animals.

◇ *vpt* ▽: **se ~ la façade** [se maquiller] to slap some make-up on, to put on one's warpaint.

ravaleur [ravalœr] *nm* cleaner, stone-cleaner.

ravaudage [ravodaʒ] *nm vieilli* [de chaussettes] darning; [de vêtements] mending, repairing.

ravauder [3] [ravode] *vt vieilli* [chaussettes] to darn; [vêtements] to sew up *(sép)*, to mend.

rave [rav] *nf* rape.

ravenelle [ravnɛl] *nf* -**1.** [radis sauvage] wild radish. -**2.** [giroflée] wallflower, gillyflower.

Ravenne [ravɛn] *npr* Ravenna.

ravi, e [ravi] *adj* delighted; **il n'a pas eu l'air ~** he didn't look too pleased; **être ~ de qqch** to be delighted with sthg; ~ **(de faire votre connaissance)** (I'm) delighted OU very pleased to meet you.

ravier [ravje] *nm* hors-d'œuvres dish.

ravigotant, e *fam* [ravigɔtɑ̃, ɑ̃t] *adj* [vent] invigorating, bracing; [soupe, vin] warming.

ravigote [ravigɔt] *nf* ravigote sauce *(vinaigrette with herbs and hard-boiled eggs)*.

◆ **à la ravigote** *loc adj* with a ravigote sauce.

ravigoter *fam* [3] [ravigɔte] *vt* to buck up *(sép)*; **la voilà toute ravigotée** she's full of life again; **ravigoté par une nuit de repos** refreshed OU restored by a night's sleep.

ravin [ravɛ̃] *nm* gully, ravine.

ravine [ravin] *nf* gully.

ravinement [ravinmɑ̃] *nm* -**1.** [action] gullying. -**2.** [résultat]: **~s** gullies.

raviner [3] [ravine] *vt* -**1.** GÉOG to gully. -**2.** *fig* & *sout* to furrow; **un visage raviné** a deeply lined face.

ravioli [ravjɔli] (*pl inv* OU **raviolis**) *nm* ravioli *(U)*.

ravir [82] [ravir] *vt* -**1.** [enchanter] to delight; **cette naissance les a ravis** they were thrilled with the new baby; **nous avons été ravis de vous connaître** we were delighted OU very pleased to meet you. -**2.** *litt* [enlever]: ~ **qqch à qqn** to rob sb of sthg; **prématurément ravi à l'affection des siens** taken too early from (the bosom of) family and friends.

◆ **à ravir** *loc adv* [merveilleusement]: **la robe lui va à ~** the dress looks lovely on her; **il dessine à ~** he draws beautifully; **elle est belle à ~** she's ravishing.

raviser [3] [ravize]
◆ **se raviser** *vpi* to change one's mind; **il s'est ravisé** he changed his mind, he thought better of it, he had second thoughts.

ravissant, e [ravisɑ̃, ɑ̃t] *adj* [vêtement] gorgeous, beautiful; [endroit, maison] delightful, beautiful; **une femme ~e** a strikingly OU ravishingly beautiful woman.

ravissement [ravismɑ̃] *nm* -**1.** [enchantement]: **c'est un véritable ~ (pour les yeux)** it is an enchanting sight; **avec ~** delightedly; **mettre** OU **plonger qqn dans le ~** to send sb into raptures; **dans le plus grand ~ (de tous les sens)** totally enraptured. -**2.** *litt* OU *arch* [enlèvement] abduction. -**3.** RELIG rapture.

ravisseur, euse [ravisœr, øz] ◇ *adj* ZOOL: **patte ravisseuse** grasping tibia.
◇ *nm, f* [personne] abductor, kidnapper.

ravitaillement [ravitajmɑ̃] *nm* -**1.** MIL & NAUT supplying; **assurer le ~ de qqn en munitions/carburant/vivres** to supply sb with ammunition/fuel/food ❑ **bateau/véhicule de ~** supply ship/vehicle. -**2.** AÉRON refuelling; **~ en vol** in-flight OU mid-air refuelling. -**3.** [denrées] food supplies; **je vais au ~** *fam* I'm off to buy some food, I'm going for fresh supplies.

ravitailler [3] [ravitaje] *vt* -**1.** MIL & NAUT to supply; **~ un régiment en vivres** to supply a regiment with food, to supply food to a regiment. -**2.** AÉRON to refuel; **~ un avion en vol** to refuel a plane in flight. -**3.** [famille, campement]: **~ qqn en** to supply sb with, to give sb fresh supplies of.
◆ **se ravitailler** *vp* *(emploi réfléchi)* -**1.** [en nourriture] to get (fresh) supplies. -**2.** [en carburant] to refuel.

ravitailleur, euse [ravitajœr, øz] ◇ *adj*: **avion ~** supply plane, (air) tanker; **véhicule/navire ~** supply vehicle/ship.
◇ *nm, f* MIL quartermaster; NAUT supply officer.
◆ **ravitailleur** *nm* -**1.** AÉRON [avion] tanker aircraft; **~ d'avions** [camion-citerne] (airport) supply tanker. -**2.** MIL supply vehicle. -**3.** NAUT [d'escadre, de sous-marin] supply ship; [pour travaux en mer] refurbishment ship.

ravivage [ravivaʒ] *nm* -**1.** MÉTALL [gén] cleaning; [à l'abrasif] scouring; [à l'acide] pickling; [au chalumeau] burning off. -**2.** TEXT [d'une couleur] brightening up, reviving.

raviver [3] [ravive] *vt* -**1.** [feu] to rekindle, to revive; [couleur] to brighten up *(sép)*. -**2.** [sensation, sentiment] to rekindle, to revive; **le procès va ~ l'horreur/les souffrances de la guerre** the trial will bring back the horrors/sufferings of the war. -**3.** MÉTALL [gén] to clean; [à l'abrasif] to scour; [à l'acide] to pickle; [au chalumeau] to burn off *(sép)*.
◆ **se raviver** *vpi* [sentiment] to return; **sa haine se ravivait dès qu'il le voyait** every time he saw him, his hatred flared up again.

ravoir [ravwar] *vt* *(à l'infinitif seulement)* -**1.** [récupérer] to get back. -**2.** *fam* [vêtement]: **~ une chemise** to get a shirt clean. -**3.** [maladie]: **je ne veux pas ~ la grippe** I don't want to get flu again.
◆ **se ravoir** *vpi Belg* [reprendre haleine] to get one's breath back; [retrouver ses esprits] to come to one's senses.

rayage [rɛjaʒ] *nm* -**1.** [éraflement] scratching. -**2.** [rature] scoring. -**3.** ARM rifling.

rayé, e [rɛje] *adj* -**1.** [à raies - papier] lined, ruled; [- vêtement] striped; **tissu ~ bleu et rouge** blue and red striped fabric, fabric with blue and red stripes. -**2.** [éraflé - verre, disque] scratched. -**3.** ARM rifled.

rayer [11] [rɛje] *vt* -**1.** [abîmer] to scratch; **les branches avaient rayé la peinture** the branches had scratched the paintwork. -**2.** [éliminer - faute, coquille] to cross OU to score out *(sép)*; [- clause, codicille] to cancel; [- avocat, médecin] to strike off *(sép)*; **j'ai rayé son souvenir de ma mémoire** I've erased his memory from my mind; **rayé, balayé, je n'existe plus!** out of sight, out of mind, it's as if I'd never existed!; **'~ la mention inutile'** 'delete where inapplicable' ❑ **rayé de la carte** wiped off the face of the earth. -**3.** ARM to rifle.

ray-grass [rɛgras] *nm inv* rye grass.

rayon [rɛjɔ̃] *nm* **A.** -**1.** OPT & PHYS ray; **~ laser** laser beam; **~ lumineux** (light) ray; **~ vert** green flash. -**2.** [de lumière] beam, shaft; [du soleil] ray; **un ~ de lune** a moonbeam; **un ~ de soleil** a ray of sunshine, a sunbeam; MÉTÉO a brief sunny spell; *fig* a ray of sunshine. -**3.** MATH [vecteur] radius vector; [d'un cercle] radius. -**4.** [de roue] spoke. -**5.** [distance] radius; **dans un ~ de vingt kilomètres** within (a radius of) twenty kilometres. -**6.** AUT: **~ de braquage** turning circle. -**7.** MIL: **~ d'action** range; **à grand ~ d'action** long-range; **étendre son ~ d'action** *fig* to increase OU to widen the scope of one's activities. -**8.** BX-ARTS: **~ visuel principal** line of vision.
B. -**1.** [étagère - gén] shelf; [- à livres] shelf, bookshelf. -**2.** COMM department; **le ~ des jouets/des surgelés** the toy/the frozen food department; **nous n'en avons plus en ~** we're out of stock. -**3.** *fam* [domaine]: **demande à ton père, c'est son ~** ask your father, that's his department; **ce n'est pas mon ~** [cela ne me regarde pas] that is none of my concern; **il en connaît un ~ en électricité** he really knows a thing or two about electricity. -**4.** ZOOL comb; [d'abeilles] honeycomb. -**5.** HORT small furrow, drill.
◆ **rayons** *nmpl* -**1.** MÉD X-ray treatment *(U) (for cancer)*; **on lui fait des ~s** *fam* he's having radiotherapy OU radiation treatment; **mal** OU **maladie des ~s** radiation sickness. -**2.** PHYS: **~s bêta/gamma** beta/gamma rays; **~s infrarouges/ultraviolets** infrared/ultraviolet light; **~s cosmiques** cosmic rays; **~s X** X-rays; **passer qqch aux ~s X** to X-ray sthg.

rayonnage [rɛjɔnaʒ] *nm* -**1.** [étagères] shelving *(U)*, shelves; **sur les ~s** on the shelves. -**2.** HORT drilling.

rayonnant, e [rɛjɔnɑ̃, ɑ̃t] *adj* -**1.** [radieux] radiant; **un visage ~ de joie** a face radiant with joy; **~ de santé** glowing OU blooming with health. -**2.** ARCHIT & BX-ARTS radiating; **chapelles ~es** radiating chapels; **motif ~** radiating pattern ❑ **gothique ~** High Gothic. -**3.** PHYS: **chaleur/énergie ~e** radiant heat/energy. -**4.** MÉD: **douleur ~e** radiating pain.

rayonne [rɛjɔn] *nf* rayon.

rayonnement [rɛjɔnmɑ̃] *nm* -**1.** [influence] influence; **le ~ de la France au siècle des Lumières** the influence of France during the Enlightenment. -**2.** *litt* [éclat] radiance. -**3.** [lumière - d'une étoile, du feu] radiance. -**4.** SC radiation; **~ électromagnétique/optique/visible** electromagnetic/optical/visible radiation; **chauffage par ~** radiant heating; **énergie de ~** radiant energy.

rayonner [3] [rɛjɔne] ◇ *vi* -**1.** [personne, physionomie] to be radiant; **~ de joie** to be radiant with joy; **~ de santé** to be blooming with health; **son visage rayonnait/ses yeux rayonnaient d'allégresse** he was beaming/his eyes were shining with joy. -**2.** *litt* [soleil] to shine. -**3.** [circuler - influence] to spread; [- touriste] to tour around; [- chaleur] to radiate; **nos cars rayonnent dans toute la région** our coaches cover every corner of the region. -**4.** [être disposé en rayons] to radiate; **sept avenues rayonnent à partir de la place** seven avenues radiate (out) from the square. -**5.** OPT & PHYS to radiate. -**6.** MÉD: **douleur qui rayonne** radiating pain.
◇ *vt* HORT to furrow.

rayonneur [rɛjɔnœr] *nm* drill (tool).

rayure [rɛjyr] *nf* -**1.** [ligne] line, stripe; [du pelage] stripe; **papier à ~s** lined OU ruled paper; **tissu à ~s** striped fabric; **une chemise à ~s bleues** a blue-striped shirt; **un drapeau à ~s bleues** a flag with blue stripes. -**2.** [éraflure] score, scratch. -**3.** ARM groove, rifling.

raz [ra] *nm* -**1.** [détroit] strait *(run by fast tidal races, in Brittany)*. -**2.** [courant] race.

raz(-)de(-)marée [radmare] *nm inv* -**1.** GÉOG tidal wave, tsunami *spéc.* -**2.** *fig* tidal wave; **~ électoral** landslide victory.

razzia [razja] *nf* -**1.** MIL foray, raid. -**2.** *fam fig* raid; **faire une ~ sur qqch** to raid sthg.

razzier [9] [razje] *vt* -**1.** MIL to raid. -**2.** *fam fig* [en prenant] to raid; [en achetant] to buy up *(insép)*.

RBE *nm abr de* **revenu brut d'exploitation**.

RBL *(abr écrite de* **rouble)** R, Rub.

R-C *abr écrite de* **rez-de-chaussée**.

r.d. *abr écrite de* **rive droite**.

R-D *(abr de* **recherche-développement)** *nf* R & D.

RDA *(abr de* **République démocratique allemande)** *npr f* GDR; **en ~** in the GDR.

RDB *nm abr de* **revenu disponible brut**.

RdC *abr écrite de* **rez-de-chaussée**.

ré [re] *nm inv* D; [chanté] re, ray.

Rê [rɛ] *npr* Râ.

réa [rea] *nm* pulley (wheel).

réabonnement [reabɔnmɑ̃] *nm* [à un cinéma, théâtre etc] renewal of one's season ticket; [à une revue] subscription renewal; [à un club] membership renewal; **de ~** renewal *(modif)*.

réabonner [3] [reabɔne] *vt*: **~ qqn à une revue/un club** to renew sb's subscription to a magazine/membership of a club.
◆ **se réabonner** *vp* *(emploi réfléchi)* [à un cinéma, théâtre etc] to renew one's season ticket; [à une revue] to renew one's subscription; [à un club] to renew one's membership.

réabsorber [3] [reapsɔrbe] *vt* to reabsorb; **elle commence à ~ un peu de nourriture** she has started to take a little food again.

réabsorption [reapsɔrpsjɔ̃] *nf* reabsorption.

réac *fam* [reak] *adj* & *nmf péj* reactionary.

réaccoutumer [3] [reakutyme] *vt sout* to reaccustom; **~ qqn à qqch** to reaccustom sb to sthg, to get sb used to sthg again.
◆ **se réaccoutumer à** *vp + prép* to reaccustom o.s. to, to become reaccustomed to.

réactance [reaktɑ̃s] *nf* reactance; **bobine de ~** reaction coil.

réacteur [reaktœr] *nm* -**1.** AÉRON jet (engine). -**2.** CHIM, NUCL & PHYS reactor; **~ à eau sous pression** pressurized water reactor; **~ à neutrons rapides** fast (neutron) reactor; **~ nucléaire** nuclear reactor.

réactif, ive [reaktif, iv] *adj* CHIM & PHYS reactive; **papier ~** reagent paper; **peinture primaire réactive** primer; **substance réactive** reactant.
◆ **réactif** *nm* -**1.** CHIM reactant. -**2.** PSYCH reactive.

réaction [reaksjɔ̃] *nf* -**1.** [réponse] reaction, response; **la nouvelle l'a laissée sans ~** she showed no reaction to the news; **il a eu une ~ très violente** he reacted very violently; **~ à un stimulus** stimulus response, response to a stimulus; **~ affective** emotional response ❑ **~ motrice/tactile** motor/tactile response; **temps de ~** MÉD reaction time; PSYCH latent period OU time. -**2.** [riposte] reaction; **en ~ contre** as a reaction against. -**3.** POL reaction; **gouvernement/vote de ~** reactionary government/vote. -**4.** AÉRON, ASTRONAUT, CHIM & PHYS reaction; **propulsion par ~ atomique** atomic-powered propulsion; **~ en chaîne** *pr* chain reaction; *fig* chain reaction, domino effect. -**5.** ÉLECTRON: **~ négative** negative feedback.

réactionnaire [reaksjɔnɛr] *adj* & *nmf* reactionary.

réactionnel, elle [reaksjɔnɛl] *adj* -**1.** CHIM & PHYSIOL reactional; **formation ~le** reaction formation. -**2.** PSYCH reactive.

réactivation [reaktivasjɔ̃] *nf* reactivation.

réactiver [3] [reaktive] *vt* -**1.** [feu] to rekindle; [circulation sanguine] to restore; [système] to reactivate; **~ les négociations** to revive negotiations. -**2.** CHIM to reactivate.

réactivité [reaktivite] *nf* -**1.** CHIM reactivity. -**2.** BIOL reactivity, excitability.

réactogène [reaktɔʒɛn] ◇ *adj* reactogenic.
◇ *nm* reactogen, (general) allergen.

réactualisation [reaktɥalizasjɔ̃] *nf* -**1.** [ajustement] adapting, readjustment. -**2.** [modernisation] updating, bringing up to date.

réactualiser [3] [reaktɥalize] *vt* -**1.** [adapter - système] to adapt, to readjust. -**2.** [moderniser - dictionnaire] to update, to bring up to date.

réadaptation [readaptasjɔ̃] *nf* -**1.** [rééducation] reeducation. -**2.** BIOL readaptation.

réadapter [3] [readapte] *vt* [handicapé] to reeducate, to rehabilitate; [muscle] to reeducate.
◆ **se réadapter** *vpi* [handicapé] to readjust; **après vingt ans d'exil, ils ont du mal à se ~** after twenty years in exile they have found it hard to adjust OU to readjust OU to adapt; **se ~ à qqch** to readjust to sthg.

réadmettre [84] [readmɛtr] *vt* to readmit.

réadmission [readmisjɔ̃] *nf* readmission, readmittance.

réaffecter [4] [reafɛkte] *vt* -**1.** [personne - à une fonction] to reappoint, to renominate; [- à une région, un pays] to post back *(sép)*. -**2.** [crédits] to reallocate.

réaffirmer [3] [reafirme] *vt* to reaffirm, to reassert.

réagir [32] [reaʒir] *vi* -**1.** CHIM, PHOT & PHYS to react. -**2.** [répondre] to react; **il a bien/mal réagi à son départ** he reacted well/badly to her leaving; **il faut absolument ~** we really have to do something; **et tu restes là sans ~?** how can you just sit there (and do nothing)? -**3.** MÉD to respond.

réajustement [reaʒystəmɑ̃] = **rajustement**.

réajuster [reaʒyste] = **rajuster**.

réalésage [realezaʒ] *nm* [action] reboring; [résultat] rebore.

réaléser [18] [realeze] *vt* to rebore.

réalisable [realizabl] *adj* -**1.** [projet] feasible, workable; [rêve] attainable; **tu sais bien que ce n'est pas ~!** you know it can't OU it won't work! -**2.** FIN realizable.

réalisateur, trice [realizatœr, tris] *nm, f* -**1.** CIN director, film-maker; RAD & TV producer. -**2.** [maître d'œuvre]: **il a été le ~ du projet** he was the one who brought the project to fruition.

réalisation [realizasjɔ̃] *nf* -**1.** [d'un projet] carrying out, execution; [d'un rêve] fulfilment; [d'un exploit] achievement. -**2.** [chose réalisée] achievement; **le nouveau centre commercial est une ~ remarquable** the new shopping centre is a major achievement; **être en cours de ~** to be under way. -**3.** JUR [d'un contrat] fulfilment; COMM [d'une vente] clinching, closing; FIN [liquidation] realization. -**4.** CIN & TV [mise en scène] directing, filmmaking; [film] production, film *Br*, movie *Am*; '**~ (de) George Cukor**' 'directed by George Cukor'; **beaucoup de comédiens se lancent dans la ~ (de films)** many actors are taking up film directing; **la ~ de ce film coûterait trop cher** making this film would cost too much. -**5.** RAD [émission] production; [enregistrement] recording; **à la ~, Fred X** sound engineer, Fred X. -**6.** MUS realization.

réaliser [3] [realize] *vt* -**1.** [rendre réel - projet] to carry out *(sép)*; [- rêve] to fulfil, to realize; [- espoir] to realize. -**2.** [accomplir - œuvre] to complete, to carry out *(sép)*; [- exploit] to achieve, to perform; **les efforts réalisés** the efforts that have been made. -**3.** COMM [vente] to make; FIN [capital, valeurs] to realize; [bénéfice] to make. -**4.** CIN, RAD & TV to direct. -**5.** MUS to realize. -**6.** [comprendre] to realize; **as-tu réalisé que la situation est grave?** do you realize how serious the situation is? || *(en usage abs)*: **elle est encore sous le choc, mais quand elle va ~!** she's still in a state of shock, but wait till it hits her!
◆ **se réaliser** *vpi* -**1.** [s'accomplir - projet] to be carried out; [- rêve, vœu] to come true, to be fulfilled; [- prédiction] to come true. -**2.** [personne] to fulfil o.s.

réalisme [realism] *nm* -**1.** [gén] realism; **faire preuve de ~** to be realistic. -**2.** BX-ARTS & LITTÉRAT realism.

réaliste [realist] ◇ *adj* -**1.** [gén] realistic. -**2.** BX-ARTS & LITTÉRAT realist.
◇ *nmf* realist.

réalité [realite] *nf* -**1.** [existence] reality; **douter de la ~ d'un fait** to doubt the reality of a fact. -**2.** [univers réel]: **la ~** reality; **regarder la ~ en face** to face up to reality; **la dure ~ quotidienne** the harsh reality of everyday existence; **ça ne se passe jamais comme ça dans la ~** it never happens like that in real life; **quand la ~ dépasse la fiction** when fact is stranger than fiction. -**3.** [fait]: **n'en doutez pas, c'est une ~!** you'd better believe it, it's a fact!; **prendre conscience des ~s (de la vie)** to face facts; **les ~s de ce monde** the realities of this world.
◆ **en réalité** *loc adv* -**1.** [en fait] in (actual) fact; **on m'en avait dit beaucoup de mal, mais en ~ c'est une personne charmante** I'd heard a lot of bad things about him, but in (actual) fact he is charming. -**2.** [vraiment] in real life; **à la scène, elle paraît plus jeune qu'elle n'est en ~** on stage, she looks younger than she does in real life.

réaménagement [reamenaʒmɑ̃] *nm* -**1.** [modification - d'un bâtiment] refitting *(U)*; [- d'un projet] reorganization, replanning *(U)*; **~ urbain** urban redevelopment. -**2.** FIN readjustment.

réaménager [17] [reamenaʒe] *vt* -**1.** [espace, salle] to refit, to refurbish. -**2.** [horaire] to replan, to readjust; [politique] to reshape. -**3.** FIN [dette] to reschedule.

réamorcer [16] [reamɔrse] *vt* -**1.** TECH [pompe] to prime again; **~ la pompe** *fig* to get things rolling again. -**2.** [discussion] to begin OU to start again, to reinitiate.

réanimateur, trice [reanimatœr, tris] *nm, f* resuscitator.

réanimation [reanimasjɔ̃] *nf* [action] resuscitation; **service de ~ (intensive)** intensive care unit; **admis en ~** [service] put in intensive care.

réanimer [3] [reanime] *vt* -**1.** [malade] to resuscitate, to revive. -**2.** [conversation, intérêt] to revive.

réapparaître [91] [reaparɛtr] *vi (aux être ou avoir)* to come back, to reappear, to appear again.

réapparition [reaparisjɔ̃] *nf* -**1.** [du soleil] reappearance. -**2.** [d'une vedette] comeback.

réapprendre [79] [reaprɑ̃dr] *vt* to learn again.

réapprovisionnement [reaprɔvizjɔnmɑ̃] *nm* COMM [d'un magasin] restocking; [d'un commerçant] re-supplying.

réapprovisionner [3] [reaprɔvizjɔne] *vt* COMM [magasin] to restock; [commerçant] to resupply.

réargenter [3] [rearʒɑ̃te] *vt* to resilver.

réarmement [rearməmɑ̃] *nm* -**1.** MIL rearmament, rearming; POL rearmament. -**2.** NAUT refitting. -**3.** ARM cocking.

réarmer [3] [rearme] ◇ *vt* -**1.** MIL & POL to rearm. -**2.** NAUT to refit. -**3.** ARM to cock.
◇ *vi* [pays] to rearm.

réarrangement [rearɑ̃ʒmɑ̃] *nm* -**1.** [processus] rearranging, rearrangement; [résultat] rearrangement. -**2.** CHIM rearrangement.

réarranger [17] [rearɑ̃ʒe] *vt* to rearrange, to redo.

réassignation [reasiɲasjɔ̃] *nf* JUR resummons *(sg)*.

réassigner [3] [reasiɲe] *vt* JUR to resummon.

réassort [reasɔr] *nm* new stock.

réassortiment [reasɔrtimɑ̃] *nm* -**1.** COMM [d'un magasin] restocking; [d'un stock] renewing; [de marchandises] new stock, fresh supplies. -**2.** [de pièces d'un service] matching (up); [d'une soucoupe] replacing.

réassortir [32] [reasɔrtir] *vt* COMM [magasin] to restock; [stock] to renew.
◆ **se réassortir** *vp (emploi réfléchi)* to replenish one's stock; **se ~ en** to renew one's stock of.

réassurance [reasyrɑ̃s] *nf* reinsurance.

réassurer [3] [reasyre] *vt* to reinsure.
◆ **se réassurer** *vp (emploi réfléchi)* to reinsure.

réassureur [reasyrœr] *nm* reinsurer.

rebaisser [4] [rəbese] ◇ *vi* to go down again, to drop OU to fall again.
◇ *vt* [prix] to bring down *(sép)* again, to lower again; [chauffage, feu, son] to turn down *(sép)* again, to turn down low again.

rebaptiser [3] [rəbatize] *vt* to rename.

rébarbatif, ive [rebarbatif, iv] *adj* -**1.** [personne] cantankerous, surly. -**2.** [idée] off-putting *esp Br*, daunting.

rebâtir [32] [rəbatir] *vt* to rebuild.

rebattre [83] [rəbatr] *vt* -**1.** [cartes] to reshuffle. -**2.** *loc*: **elle m'a rebattu les oreilles de son divorce** she went on and on OU she kept harping on about her divorce.

rebattu, e [rəbaty] *adj* hackneyed, worn out.

Rébecca [rebeka] *npr* BIBLE Rebecca.

rebelle [rəbɛl] ◇ *adj* -**1.** POL rebel *(modif)*. -**2.** [indomptable - cheval] rebellious; [- cœur, esprit] rebellious, intractable; [- enfant] rebellious, wilful; [- mèche] unruly, wild. -**3.** **~ à** [réfractaire à] impervious to; **~ à tout conseil** unwilling to heed advice, impervious to advice. -**4.** [acné, fièvre] stubborn, refractory *spéc*.
◇ *nmf* rebel.

rebeller [4] [rəbɛle]
◆ **se rebeller** *vpi* to rebel; **se ~ contre** to rebel against; **la jeune génération de cinéastes qui se rebellent contre les conventions** the younger generation of filmmakers who flout established conventions.

rébellion [rebɛljɔ̃] *nf* -**1.** [révolte] rebellion. -**2.** [les rebelles]: **la ~** the rebels.

rebelote [rəbəlɔt] *nf* -**1.** JEUX rebelote *(said when playing the second card of a pair of king and queen of trumps while playing belote)*. -**2.** *fam loc*: **~!** here we go again!

rebiffer [3] [rəbife]
◆ **se rebiffer** *fam vpi*: **quand je lui fais une remarque, il se rebiffe** when I say anything to him he reacts really badly; **se ~ contre qqch** to kick out against sthg.

rebiquer *fam* [3] [rəbike] *vi* to stick up.

reblanchir [32] [rəblɑ̃ʃir] *vt* [gén] to rewhiten; [à la chaux] to rewhitewash.

reblochon [rəblɔʃɔ̃] *nm* Reblochon (cheese).

reboisement [rəbwazmɑ̃] *nm* reafforestation.

reboiser [3] [rəbwaze] *vt* to reafforest.

rebond [rəbɔ̃] *nm* bounce, rebound; **je l'ai attrapé au ~** I caught it on the rebound.

rebondi, e [rəbɔ̃di] *adj* [joue, face] chubby, plump; [formes] well-rounded; **à la poitrine ~e** buxom.

rebondir [32] [rəbɔ̃dir] *vi* -**1.** [balle, ballon] to bounce; **le ballon rebondit mal** the ball doesn't bounce well. -**2.** [conversation] to get going again; [intérêt] to be revived OU renewed; [procès, scandale] to get new impetus; **faire ~ qqch** to give sthg a fresh start OU a new lease of life. -**3.** [intrigue] to take off again.

rebondissement [rəbɔ̃dismɑ̃] *nm* -**1.** [d'une balle] bouncing. -**2.** [d'une affaire] (new) development.

rebord [rəbɔr] *nm* [d'un fossé, d'une étagère] edge; [d'une assiette, d'un verre] rim; [d'une cheminée] mantelpiece; [d'une fenêtre] (window) ledge OU sill; **le savon est sur le ~ de la baignoire** the soap is on the side OU edge of the bath; **pose-le sur le ~ du buffet** put it on top of the sideboard.

reborder [3] [rəbɔrde] *vt* -**1.** [chapeau] to renew the edging on. -**2.** [enfant, drap] to tuck in *(sép)* again.

rebouchage [rəbuʃaʒ] *nm* -**1.** [d'un trou] filling (in). -**2.** CONSTR [d'une surface] stopping, making good. -**3.** [d'un puits] stopping (up).

reboucher [3] [rəbuʃe] *vt* -**1.** [bouteille de vin] to recork; [flacon, carafe] to restopper; '**~ après usage**' 'replace lid after use'. -**2.** CONSTR [trou] to fill, to plug; [fissure] to fill, to stop.
◆ **se reboucher** *vpi* [évier] to get blocked again.

rebours [rəbur]
◆ **à rebours** *loc adv* -**1.** [dans le mauvais sens] the wrong way; **il ne faut pas le prendre à ~!** you mustn't rub him up the wrong way!; **tu prends tout à ~!** you're always getting the wrong idea!, you're always getting the wrong end of the stick! *Br*. -**2.** TEXT against the nap OU the pile.
◆ **à rebours de** *loc prép*: **aller à ~ de tout le monde** to go OU to run counter to the general trend; **elle fait tout à ~ de ce qu'on lui dit** she does the exact opposite of what people tell her.

rebouteux, euse [rəbutø, øz], **rebouteur, euse** [rəbutœr, øz] *nm, f* bonesetter.

reboutonner [3] [rəbutɔne] *vt* to button up *(sép)* again, to rebutton.
◆ **se reboutonner** *vp (emploi réfléchi)* to do o.s. up again.

rebrousse-poil [rəbruspwal]
◆ **à rebrousse-poil** *loc adv* -**1.** TEXT against the nap OU the pile. -**2.** [maladroitement] the wrong way; **mieux vaut ne pas prendre le patron à ~** better not rub the boss up the wrong way.

rebrousser [3] [rəbruse] *vt* -**1.** [cheveux] to ruffle. -**2.** [poil] to brush the wrong way; **~ le poil à qqn** *fam* to rub sb up the wrong way. -**3.** TEXT [drap] to brush against the nap. -**4.** *loc*: **~ chemin** to turn back, to retrace one's steps.

rebuffade [rəbyfad] *nf* rebuff; **essuyer une ~** to suffer a rebuff.

rébus [rebys] *nm* rebus; **ce texte est un ~ pour moi** *fig* this text is a real puzzle for me.

rebut [rəby] *nm* -**1.** [article défectueux] second, reject; **cette boutique leur sert à écouler les ~s de fabrication** they use that shop to sell off all their seconds OU rejects. -**2.** [poubelle, casse]: **mettre** OU **jeter au ~** to throw away, to discard; **bon à mettre au ~** [vêtement] only fit to be thrown out; [véhicule] ready for the scrapheap. -**3.** *fig* & *litt*: **le ~ de la société** the dregs of society. -**4.** [envoi postal] dead letter.
◆ **de rebut** *loc adj* -**1.** [sans valeur]: **meubles de ~** unwanted furniture; **vêtements de ~** cast-offs. -**2.** [défectueux]: **marchandises de ~** seconds, rejects.

rebutant, e [rəbytɑ̃, ɑ̃t] *adj* -**1.** [repoussant] repulsive; **un visage ~** a repulsive face. -**2.** [décourageant] off-putting *esp Br*, disheartening; **mon travail est ~** my work is very disheartening.

rebuter [3] [rəbyte] *vt* -**1.** [décourager] to discourage, to put off *(sép)*; **ses façons ont de quoi vous ~** his manners are enough to put you off. -**2.** [dégoûter] to put off *(sép)*; **cette nourriture rebuterait un homme affamé** even a starving man would be put off by that food. -**3.** [choquer]: **ses manières me rebutent** I find his behaviour quite shocking.
◆ **se rebuter** *vpi* [se lasser]: **il était plein d'ardeur mais il s'est vite rebuté** he used to be very keen but he soon lost heart OU his enthusiasm.

recacheter [27] [rəkaʃte] *vt* to reseal.

recalcification [rəkalsifikasjɔ̃] *nf* recalcification.

recalcifier [9] [rəkalsifje] *vt* to recalcify.

récalcitrant, e [rekalsitrɑ̃, ɑ̃t] ◇ *adj* [animal] stubborn; [personne] recalcitrant, rebellious.
◇ *nm, f* recalcitrant.

recalculer [3] [rəkalkyle] *vt* to work out *(sép)* again, to recalculate.

recalé, e *fam* [rəkale] ◇ *adj*: **~e en juin, j'ai réussi en septembre** I failed in June but passed in September.
◇ *nm, f* failed candidate.

recaler [3] [rəkale] *vt* [candidat] to fail.

récapitulatif, ive [rekapitylatif, iv] *adj* -**1.** [note] summarizing; [tableau] summary *(modif)*. -**2.** BANQUE: **tableau ~ (d'un compte)** (summary) statement.
◆ **récapitulatif** *nm* summary, recapitulation, résumé.

récapitulation [rekapitylasjɔ̃] *nf* -**1.** [résumé] recapitulation, summary, résumé; [liste] recapitulation, summary. -**2.** BANQUE (summary) statement.

récapituler [3] [rekapityle] *vt* -**1.** [résumer] to summarize, to recapitulate. -**2.** [énumérer] to go OU to run over *(insép)*; **récapitulons vos arguments** let's run over OU go over your arguments.

recarreler [24] [rəkarle] *vt* to retile.

recaser *fam* [3] [rəkaze] *vt* [personne] to find a new job for.
◆ **se recaser** *fam vp (emploi réfléchi)* [retrouver un emploi] to get fixed up with a new job; [se remarier] to get hitched again.

recéder [18] [rəsede] *vt* -**1.** [à l'ancien propriétaire] to sell back. -**2.** [vendre] to resell; **les circonstances l'ont obligé à ~ sa maison** circumstances forced him to resell his house.
◆ **recéder à** *v + prép*: **~ à qqch** to give o.s. up to sthg again.

recel [rəsɛl] *nm* JUR -**1.** [d'objets] possession of stolen goods; **faire du ~** to deal in stolen goods; **condamné pour ~ de bijoux volés** convicted for possession of stolen jewels. -**2.** [de personnes]: **~ de cadavre/naissance** concealment of a death/birth; **~ de déserteur/malfaiteur** harbouring a deserter/a (known) criminal.

receler [25] [rəsəle] *vt* -**1.** [bijoux, trésor] to receive; [personne] to harbour. -**2.** [mystère, ressources] to hold; **la maison recèle un secret** the house holds a secret; **le sous-sol recèle beaucoup de pétrole** the subsoil holds a great deal of oil.

receleur, euse [rəsəlœr, øz] *nm, f* receiver (of stolen goods).

récemment [resamɑ̃] *adv* -**1.** [dernièrement] recently, not (very) long ago; **un journaliste ~ rentré d'Amérique du Sud** a journalist just back from South America; **ils ont emménagé ~** they moved in recently OU not (very) long ago; **tout ~** encore just recently; **l'as-tu rencontrée ~?** have you met her lately? -**2.** [nouvellement] recently, newly; **membres ~ inscrits** newly registered members.

recensement [rəsɑ̃smɑ̃] *nm* -**1.** [de population] census; **faire le ~ de la population** to take a census of the population; **employé au ~** census taker. -**2.** POL: **~ des votes** registering OU counting of the votes. -**3.** MIL [des futurs conscrits] *registering men for military service*; [des équipements] inventorying.

recenser [3] [rəsɑ̃se] *vt* -**1.** [population] to take OU to make a census of; [votes] to count, to register. -**2.** [biens] to inventory, to make an inventory of; [marchandises] to check, to take stock of; **~ les marchandises en magasin** to do the stock-taking. -**3.** MIL [futurs conscrits] to register; [équipements] to inventory; **se faire ~** to register for military service.

recenseur, euse [rəsɑ̃sœr, øz] *nm, f* census taker.

récent, e [resɑ̃, ɑ̃t] *adj* -**1.** [événement] recent; **leur mariage est tout ~** they've just OU recently got married; **ils sont de noblesse ~e** they're of recent nobility; **jusqu'à une date ~e** until recently; **c'est une mode ~e** it's a recent fashion. -**2.** [nouveau] new; **les immigrés ~s** new immigrants.

recentrage [rəsɑ̃traʒ] *nm* -**1.** AUT recentring; MÉCAN realigning. -**2.** ÉCON streamlining, rationalization. -**3.** POL adoption of a moderate stance.

recentrer [3] [rəsɑ̃tre] *vt* -**1.** AUT to recentre; MÉCAN to realign. -**2.** ÉCON to streamline. -**3.** POL to revise, to realign. -**4.** SPORT to centre again.
◆ **se recentrer** *vpi* to become refocussed.

recepage [rəsəpaʒ], **recépage** [rəsepaʒ] *nm* AGR (severe) pruning, lopping.

receper [19] [rəsəpe], **recéper** [18] [rəsepe] *vt* AGR to prune (severely), to cut OU to lop back.

récépissé [resepise] *nm* (acknowledgment of) receipt.

réceptacle [resɛptakl] *nm* -**1.** [réservoir] container, vessel, receptacle. -**2.** *fig* & *litt* [lieu de rendez-vous] meeting place. -**3.** BOT receptacle.

récepteur, trice [resɛptœr, tris] *adj* RAD, TÉLÉC & TV receiving, receiver *(modif)*.
◆ **récepteur** *nm* -**1.** ÉLECTRON receiver; **~ électroacoustique** electroacoustic transducer OU receiver. -**2.** RAD & TV (receiving) set, receiver; **~ de contrôle** TV monitor. -**3.** [téléphonique] receiver. -**4.** MÉD receptor; [en neurologie] receptor (molecule). -**5.** LING receiver.

réceptif, ive [resɛptif, iv] *adj* -**1.** [ouvert] receptive; **~ à** open OU receptive to. -**2.** MÉD susceptible (to infection).

réception [resɛpsjɔ̃] *nf* -**1.** [du courrier] receipt; **dès ~ de la présente** on receipt of this letter; **acquitter** OU **payer à la ~** to pay on receipt OU delivery. -**2.** RAD & TV reception; **ma télévision a une bonne/mauvaise ~** I get good/bad reception on my TV set. -**3.** [accueil] welcome, reception; **une ~ chaleureuse** a warm welcome; **une ~ glaciale** an icy reception. -**4.** [fête, dîner] party, reception; **~ mondaine** fashionable party; **pour toutes vos ~s** for whenever you have guests. -**5.** [d'un hôtel, d'une société - lieu] reception area OU desk; [- personnel] reception staff; **demandez à la ~** ask at reception. -**6.** [cérémonie d'admission] admission. -**7.** CONSTR: **~ des travaux** acceptance (of work done). -**8.** SPORT [d'un sauteur] landing; [du ballon - avec la main] catch; [- avec le pied]: **bonne ~ de Pareta qui passe à Loval** Pareta traps the ball well and passes to Loval.

réceptionnaire [resɛpsjɔnɛr] *nmf* -**1.** [dans un hôtel] head of reception. -**2.** COMM [de marchandises] receiving clerk. -**3.** NAUT receiving agent, receiver, consignee.

réceptionner [3] [resɛpsjɔne] *vt* -**1.** [article] to check and sign for. -**2.** SPORT [balle - avec la main] to catch; [- avec le pied] to trap.
◆ **se réceptionner** *fam vpi* to land; **il s'est bien/mal réceptionné** he made a good/poor landing.

réceptionniste [resɛpsjɔnist] *nmf* receptionist.

réceptivité [resɛptivite] *nf* -**1.** [sensibilité] receptiveness, responsiveness. -**2.** MÉD susceptibility (to infection). -**3.** PSYCH receptiveness.

recercler [3] [rəsɛrkle] *vt* [tonneau] to rehoop.

récessif, ive [resesif, iv] *adj* -**1.** BIOL [gène] recessive. -**2.** ÉCON recessionary.

récession [resesjɔ̃] *nf* -**1.** [crise économique] recession. -**2.** ASTRON & GÉOG receding.

récessivité [resesivite] *nf* recessiveness.

recette [rəsɛt] *nf* -**1.** COMM takings *Br*, take *Am*; **on a fait une bonne/mauvaise ~** the takings were good/poor; **la ~ était meilleure la semaine dernière** takings were up last week ❑ **faire ~** [idée] to catch on; [mode] to be all the rage; [personne] to be a great success, to be a hit. -**2.** JUR & FIN tax (collector's) office; **~ fiscale** [administration] revenue service, Inland Revenue *Br*; **~ municipale** local tax office; **~ principale** [de la poste] main post office; [des impôts] main tax office. -**3.** CULIN recipe; **elle m'a donné la ~ des crêpes** she gave me the recipe for pancakes ❑ **livre de ~s** cookbook, cookery book *Br*. -**4.** *fig* [méthode]: **elle a une ~ pour enlever les taches** she's got a formula for getting rid of stains; **la ~ du bonheur** the secret of OU recipe for happiness. -**5.** MIN landing; **~ de fond/jour** bottom/top landing.
◆ **recettes** *nfpl* [sommes touchées] income *(U)*, receipts, incomings; **~s et dépenses** [gén] income and expenses, incomings and outgoings; [en comptabilité] credit and debit; **~s en devises** foreign currency earnings ❑ **~s publiques** public revenue OU income.

recevabilité [rəsəvabilite] *nf* JUR admissibility.

recevable [rəsəvabl] *adj* -**1.** [offre, excuse] acceptable. -**2.** JUR [témoignage] admissible; [demande] allowable; **témoignage non ~** inadmissible evidence‖ [personne] entitled; **être déclaré ~ dans une demande** to be declared entitled to proceed with a claim.

receveur, euse [rəsəvœr, øz] *nm, f* -**1.** TRANSP conductor. -**2.** [des postes] postmaster (*f* postmistress). -**3.** [des impôts] tax collector OU officer; **~ des contributions** income tax collector. -**4.** MÉD recipient; **~ universel** universal recipient.

recevoir [52] [rəsəvwar] ◇ *vt* -**1.** [courrier, coup de téléphone, compliments] to receive, to get; [salaire, somme] to receive, to get, to be paid; [cadeau] to get, to receive, to be given; [prix, titre] to receive, to get, to be awarded; [déposition, réclamation] to receive; **nous n'avons toujours rien reçu** we still haven't received anything; **voilà longtemps que je n'ai pas reçu de ses nouvelles** it's a long time since I last heard from him; **nous avons bien reçu votre courrier du 12 mai** we acknowledge receipt OU confirm receipt of your letter dated May 12th; **je reçois une livraison chaque semaine** I get weekly deliveries; **c'est le nom que j'ai reçu de mes parents** it's the name I was given by my parents; **la rose a reçu le nom de la cantatrice** the rose took its name from OU was named after the singer; **cette hypothèse n'a pas encore reçu de confirmation** that hypothesis has yet to receive confirmation OU to be confirmed; **je n'ai de conseils à ~ de personne!** I don't have to take advice from anybody!; **~ un ordre** to receive OU to take an order; **je n'ai pas l'habitude de ~ des ordres** I'm not in the habit of taking orders; **veuillez ~, Madame, l'expression de mes sentiments les meilleurs** OU **mes salutations distinguées** yours sincerely; **ma requête n'a pas été reçue** my request was turned down. -**2.** [attention] to receive, to get; [affection, soins] to receive. -**3.** [subir - coups] to get, to receive; **il a reçu un choc terrible** he got OU had OU received a terrible shock; **~ un coup sur la tête** to receive a blow to OU to get hit on the head; **elle a reçu plusieurs coups de couteau** she was stabbed several times; **la bouteille est tombée et c'est lui qui a tout reçu** the bottle fell over and it went all over him. -**4.** [chez soi - accueillir] to greet, to welcome; [- inviter] to entertain; [- héberger] to take in *(sép)*, to put up *(sép)*; **je reçois quelques amis lundi, serez-vous des nôtres?** I'm having a few friends round on Monday, will you join us?; **~ qqn à dîner** [avec simplicité] to have sb round for dinner, to invite sb to dinner; [solennellement] to entertain sb to dinner; **ils m'ont reçu à bras ouverts** they welcomed me with open arms; **j'ai été très bien reçu** I was made (to feel) most welcome; **j'ai été mal reçu** I was made to feel unwelcome; **elle est reçue partout** she's on visiting terms with all the top people; **ils ont reçu la visite de cambrioleurs** they were visited by burglars; **ils ont reçu la visite de la police** they received a visit from the police; **je reçois mes parents pour une semaine** I'm having my parents to stay for a week; **nous ne pouvons guère ~ plus de deux personnes** we can hardly have more than two people ❑ **se faire ~** *fam* to get told off. -**5.** [à son lieu de travail - client, représentant] to see; **crois-tu qu'elle va nous ~?** do you think she'll see us?; **ils furent reçus par le Pape** they had an audience with OU were received by the Pope. -**6.** [dans un club, une société - nouveau membre] to admit; **Livot a été reçu à l'Académie française** Livot has been admitted to the Académie Française. -**7.** [abriter]: **le chalet peut ~ six personnes** the chalet sleeps six (people); **ce port peut ~ les gros pétroliers** the port can handle large oil tankers; **le stade peut ~ jusqu'à 75 000 personnes** the stadium can hold up to 75,000 people OU has a capacity of 75,000. -**8.** [eaux de pluie] to collect; [lumière] to receive. -**9.** *(surtout au passif)* [candidat] to pass; **elle a été reçue à l'épreuve de français** she passed her French exam; **je ne suis pas reçu** I didn't pass; **cette année on a reçu 60 % des candidats** this year we passed 60% of the candidates. -**10.** RAD & TV to receive, to get; **vous recevez la huitième chaîne?** do you get the eighth channel? ❑ **je te reçois cinq sur cinq** *pr* & *fig* I'm reading OU receiving you loud and clear. -**11.** RELIG [sacrement, vœux] to receive; [confession] to hear.

◇ *vi* -**1.** [donner une réception] to entertain; **elle sait merveilleusement ~** she's marvellous at entertaining, she's a marvellous hostess ‖ [tenir salon]: **la comtesse recevait le mardi** the countess used to be at home (to visitors) on Tuesdays. -**2.** [avocat, conseiller, médecin] to be available (to see clients); **le médecin reçoit/ne reçoit pas aujourd'hui** the doctor is/isn't seeing patients today.

◆ **se recevoir** ◇ *vp (emploi réciproque)* [s'inviter] to visit each other.

◇ *vpi* SPORT to land; **elle s'est mal reçue** she landed badly OU awkwardly.

réchampir [32] [reʃɑ̃pir], **rechampir** [32] [rəʃɑ̃pir] *vt* BX-ARTS & CONSTR to set off *(sép)*.

rechange [rəʃɑ̃ʒ]

◆ **de rechange** *loc adj* -**1.** [de secours] spare; [pour se changer] extra; **elle n'avait même pas de linge de ~** she didn't even have a change of clothes; **apporte un maillot de ~** bring an extra OU a spare swimming costume. -**2.** [de remplacement] alternative; **une solution de ~** an alternative OU a fallback solution.

rechanger [17] [rəʃɑ̃ʒe] *vt* to change (again), to exchange (again).

rechanter [3] [rəʃɑ̃te] *vt* to sing again.

rechapage [rəʃapaʒ] *nm* retreading AUT.

rechaper [3] [rəʃape] *vt* to retread AUT.

réchapper [3] [reʃape]

◆ **réchapper à, réchapper de** *v + prép* to come OU to pull through; **en ~** [rester en vie] to come through, to escape alive.

recharge [rəʃarʒ] *nf* -**1.** [d'arme] reload; [de stylo, briquet, parfum] refill. -**2.** [action] ARM reloading; ÉLECTR recharging.

rechargeable [rəʃarʒabl] *adj* [briquet, stylo] refillable; [batterie] rechargeable.

rechargement [rəʃarʒəmɑ̃] *nm* [d'une arme, d'un appareil photo] reloading; [d'une batterie] recharging; [d'un briquet, d'un stylo] refilling; [d'un poêle - à mazout] refuelling; [- à bois, à charbon] refilling.

recharger [17] [rəʃarʒe] *vt* -**1.** [réapprovisionner - arme, appareil photo] to reload; [- briquet, stylo] to refill; [- poêle à bois, à mazout, à charbon] to refill; [- batterie] to recharge; **~ ses accus** *fam fig* to recharge one's batteries. -**2.** [voiture, camion] to load again; **il a fallu ~ les bagages dans la voiture** we had to load the bags back into the car. -**3.** TRAV PUBL to remetal; RAIL to reballast, to relay. -**4.** INDUST to strengthen, to consolidate. -**5.** INF to reload.

réchaud [reʃo] *nm* -**1.** [de cuisson] (portable) stove; **~ à alcool** spirit stove; **~ de camping** [à gaz] camping stove; [à pétrole] Primus® (stove); **~ à gaz** (portable) gas stove. -**2.** [chauffe-plats] plate warmer, chafing dish.

réchauffage [reʃofaʒ] *nm* reheating.

réchauffé, e [reʃofe] *adj* -**1.** [nourriture] reheated, warmed-up, heated-up. -**2.** *fig* [plaisanterie] stale.

◆ **réchauffé** *nm* reheated OU warmed-up food; **ça a un goût de ~** it tastes like it's been heated up again ❑ **c'est du ~** *péj* that's old hat.

réchauffement [reʃofmɑ̃] *nm* warming up *(U)*; **~ de l'atmosphère** global warming; **on annonce un léger ~ pour le week-end** temperatures will rise slightly this weekend.

réchauffer [3] [reʃofe] *vt* -**1.** [nourriture] to heat OU to warm up *(sép)* (again). -**2.** [personne, salle] to warm up *(sép)*; **il frappait ses mains l'une contre l'autre pour les ~** he was clapping his hands together to warm them up; **le soleil commençait à nous ~** we were beginning to feel warmer in the sun; **tu as l'air** OU **tu es bien réchauffé!** don't you feel the cold? -**3.** *fig* [ambiance] to warm up *(sép)*; [ardeur] to rekindle; **ça vous réchauffe le cœur de les voir** it warms (the cockles of) your heart to see them; **ses bonnes paroles m'avaient réchauffé le cœur** his kind words had warmed my heart.

◆ **se réchauffer** ◇ *vp (emploi passif)*: **un soufflé ne se réchauffe pas** you can't reheat a soufflé.

◇ *vpi* -**1.** [personne] to warm (up); **je n'arrive pas à me ~ aujourd'hui** I just can't get warm today; **alors, tu te réchauffes?** well now, are you feeling a bit warmer? -**2.** [pièce, sol, température] to warm up, to get warmer; **ça ne se réchauffe guère!** the weather isn't exactly getting warmer!

◇ *vpt*: **se ~ les pieds/mains** to warm one's feet/hands (up).

réchauffeur [reʃofœr] *nm* heater; **~ d'air/d'eau/d'huile** air/water/oil heater; **~ à mélange** (liquid) mixture preheater; **~ à surface** surface preheater.

rechaussement [rəʃosmɑ̃] *nm* -**1.** AGR & HORT earthing OU banking up. -**2.** CONSTR consolidating.

rechausser [3] [rəʃose] *vt* -**1.** [personne]: **~ qqn** to put sb's shoes back on for him/her. -**2.** AGR & HORT to earth OU to bank up *(sép)*. -**3.** CONSTR to consolidate (the base of).

◆ **se rechausser** *vp (emploi réfléchi)* to put one's shoes back on.

rêche [rɛʃ] *adj* -**1.** [matière, vin] rough; [fruit] bitter. -**2.** *fig* [voix, ton] harsh, rough.

recherche [rəʃɛrʃ] *nf* -**1.** [d'un objet, d'une personne, d'un emploi etc] search; [du bonheur, de la gloire, du plaisir] pursuit; [d'informations] research; **la ~ du virus devrait être plus systématique** tests to detect the virus should be more systematic; **la ~ d'un bon avocat m'a déjà pris deux mois** I've already spent two months looking for OU searching for a good lawyer ❑ **~ documentaire** documentary research. -**2.** INF search, searching *(U)*. -**3.** JUR search; **~ de paternité** paternity proceedings OU suit *Am*. -**4.** [prospection]: **~ minière** mining; **~ pétrolière** oil prospecting. -**5.** SC & UNIV: **la ~** research; **le budget de la ~** the research budget; **bourse/travaux de ~** research grant/work; **faire de la ~** to do research; **elle fait de la ~ en chimie** [spécialiste] she's a research chemist; [étudiante] she's a chemistry research student ❑ **~ fondamentale** fundamental research; **~ opérationnelle** operational *Br* OU operations *Am* research; **~ scientifique** scientific research. -**6.** [raffinement] sophistication, refinement; **vêtu avec ~** elegantly dressed; **s'exprimer avec ~** to be highly articulate; **sans ~** simple, plain ‖ [affectation] affectation, ostentatiousness; **trop de ~ nuit à la clarté du style** an overelaborate style works against OU undermines clarity.

◆ **recherches** *nfpl* [enquête] search; **les ~s de la police pour rattraper le fuyard sont restées vaines** despite a police search, the runaway has not been found; **faire faire des ~s pour retrouver un parent disparu** to have a search carried out for a missing relative ‖ [travaux - gén] work, research; [- de médecine] research; **une équipe d'archéologues mène déjà des ~s sur le site** a team of archeologists is already working on OU researching the site.

◆ **à la recherche de** *loc prép* in search of, looking OU searching for; **être/partir/se mettre à la ~ de** to be/to set off/to go in search of; **nous sommes toujours à la ~ d'un remède** we're still looking for a cure; **je suis toujours à la ~ d'un prétexte pour ne pas y aller** I'm always looking for an excuse not to go; **depuis combien de temps êtes-vous à la ~ d'un emploi?** how long have you been looking for a job?; **une vie passée à la ~ des plaisirs/de la fortune** a life spent in pursuit of pleasure/riches.

recherché, e [rəʃɛrʃe] *adj* -**1.** [prisé]: **la chair délicate de ce poisson en fait un mets très ~** because of its delicate flavour, this fish is highly sought-after; **plus un comédien est ~, plus il est cher** the more an actor is in demand, the more expensive he becomes. -**2.** [raffiné - langage] studied; [- tenue] elegant; [- style] ornate; **dans sa toilette la plus ~e** in her best finery.

rechercher [3] [rəʃɛrʃe] *vt* -**1.** [document, objet] to look OU to search for *(insép)*; [disparu] to search for *(insép)*; [assassin] to look for *(insép)*; **~ un passage dans un livre** to try and find a passage in a book; **nous recherchons votre correspondant** TÉLÉC we're trying to connect you; **il est recherché par la police** the police are looking for him; **'on recherche pour meurtre homme brun, 32 ans'** 'wanted for murder brown-haired, 32 year-old man'; **la police recherche les témoins de l'accident** the police are appealing for witnesses of the accident to come forward. -**2.** [dans une annonce]: **(on) recherche jeunes gens pour travail bien rémunéré** young people wanted for well-paid job. -**3.** [cause] to look into *(insép)*, to investigate; **on recherche toujours la cause du sinistre** the cause of the fire is still being investigated. -**4.** [compliment, pouvoir, gloire] to seek (out); [sécurité] to look for *(insép)*; [fortune, plaisirs] to be in search of; [beauté, pureté] to strive for *(insép)*, to aim at *(insép)*; **~ l'affection/la compagnie de qqn** to seek out sb's affection/company. -**5.** [récupérer - une personne] to collect, to fetch back (again); **je viendrai te ~** I'll come and fetch you. -**6.** [chercher à nouveau] to search OU to look for *(insép)* again; [prendre, acheter à nouveau]: **va me ~ du pain chez le boulanger/à la cuisine** go and get me some more bread from the baker's/kitchen. -**7.** INF to search.

rechigner [3] [rəʃiɲe] *vi litt* -**1.** [montrer sa mauvaise humeur] to grimace, to frown. -**2.** [protester] to grumble; **fais-le sans ~** do it without making a fuss.

◆ **rechigner à** *v + prép*: **elle rechigne à faire cette vérification** she's reluctant to carry out this check; **la vieille Marie, en voilà une qui ne rechignait pas à l'ouvrage!** old Mary didn't mind a bit of hard work!

rechristianiser [3] [rəkristjanize] *vt* to reconvert to Christianity.

rechute [rəʃyt] *nf* -**1.** MÉD relapse; **avoir** OU **faire une ~** to (have a) relapse. -**2.** [d'une mauvaise habitude] relapse.

rechuter [3] [rəʃyte] *vi* -**1.** MÉD to (have a) relapse. -**2.** [dans une mauvaise habitude] to relapse.

récidivant, e [residivɑ̃, ɑ̃t] *adj* recurring.

récidive [residiv] *nf* -**1.** JUR [après première condamnation] second offence; [après deuxième condamnation] subsequent offence; **il y a ~** this is a second offence; **en cas de ~** in the event of a subsequent offence; **elle n'en est pas à sa première ~** this is the latest in a long line of offences for her; **à la première ~, je confisque ton vélo!** *fig* if you do that once more, I'll confiscate your bike! -**2.** MÉD recurrence.

récidiver [3] [residive] *vi* -**1.** JUR [après première condamnation] to commit a second offence; [après deuxième condamnation] to commit a subsequent offence. -**2.** [recommencer]: **il récidive dans ces plaintes** he's bringing up the same complaints again. -**3.** MÉD to recur, to be recurrent.

récidivisme [residivism] *nm* recidivism *spéc*, habitual offending.

récidiviste [residivist] ◇ *adj* recidivist.
◇ *nmf* [pour la première fois] second offender, recidivist *spéc*; [de longue date] habitual offender, recidivist *spéc*.

récif [resif] *nm* reef; **~ corallien** OU **de corail** coral reef; **~ frangeant** fringing reef.

récif-barrière [resifbarjɛr] (*pl* **récifs-barrières**) *nm* barrier reef.

Recife [resif] *npr* Recife.

récipiendaire [resipjɑ̃dɛr] *nmf* -**1.** [nouveau venu] member elect. -**2.** [d'une médaille, d'un diplôme] recipient.

récipient [resipjɑ̃] *nm* container, receptacle *sout*, vessel *litt*.

réciprocité [resiprosite] *nf* reciprocity; **mais à titre de ~, laissez-moi vous inviter à déjeuner** but allow me to repay you by inviting you to lunch.

réciproque [resiprɔk] ◇ *adj* -**1.** [mutuel] mutual; **des sentiments ~s** mutual feelings; **je vous hais! – c'est ~!** I hate you! – I hate you too OU the feeling's mutual!; **l'affection qu'elle portait au jeune homme n'était pas ~** her affectionfor the young man was not reciprocated OU returned. -**2.** [bilatéral] reciprocal; **convention ~** reciprocal agreement. -**3.** LOGIQUE converse; **proposition ~** converse (proposition). -**4.** GRAMM & MATH reciprocal.
◇ *nf* -**1. la ~** [l'opposé] the reverse, the opposite; **pourtant la ~ n'est pas vraie** though the reverse isn't true, but not vice versa. -**2. la ~** [la même chose] the same; **ils vous ont invités, à vous de leur rendre la ~** they invited you, now it's up to you to do the same OU to invite them in return; **la ~ est vraie** the same goes for me/them *etc.* -**3.** MATH reciprocal function.

réciproquement [resiprɔkmɑ̃] *adv* -**1.** [mutuellement]: **ils ont le devoir de se protéger ~** it is their duty to protect each other OU one another, they must provide each other with mutual protection. -**2.** [inversement] vice versa; **ce qui est blanc ici est noir là-bas et ~** what is white here is black over there and vice versa.

réciproquer [3] [resiprɔke] *Belg* ◇ *vi*: **je vous souhaite une bonne année! – je réciproque!** happy New Year! – same to you!
◇ *vt* [voeux] to return.

récit [resi] *nm* -**1.** [histoire racontée] story, tale, narration; **le ~ de ses aventures** the story of her adventures; **vous ferez le ~ de vos dernières vacances** write an account of your last holidays; **nous avons tous frémi au ~ de cette histoire** we all shivered when we heard this tale. -**2.** [exposé] account; **le ~ chronologique des faits** a chronological account of the facts; **un ~ circonstancié** a blow-by-blow account. -**3.** LITTÉRAT & THÉÂT narrative. -**4.** MUS [dans un opéra] recitative; [solo] solo; [clavier d'orgue] third manual, choir (organ).

récital, als [resital] *nm* recital; **~ de piano** piano recital.

récitant, e [resitɑ̃, ɑ̃t] ◇ *adj* MUS solo.
◇ *nm, f* CIN, RAD, THÉÂT & TV narrator.

récitatif [resitatif] *nm* recitative.

récitation [resitasjɔ̃] *nf* -**1.** [d'un texte] recitation. -**2.** SCOL [poème] recitation piece; **on leur a fait apprendre une belle ~** they were given a beautiful poem to learn (by heart).

réciter [3] [resite] *vt* -**1.** [dire par cœur - leçon] to repeat, to recite; [- discours] to give; [- poème, prière] to say, to recite; [- formule] to recite. -**2.** [dire sans sincérité]: **elle avait l'air de ~ un texte** she sounded as if she was reading from a book; **le témoin a récité sa déposition** the witness reeled off his statement.

réclamation [reklamasjɔ̃] *nf* -**1.** ADMIN [plainte] complaint; **pour toute ~, s'adresser au guichet 16** all complaints should be addressed OU referred to desk 16; **faire une ~** to lodge a complaint ❑ **service/bureau des ~s** complaints department/office. -**2.** JUR [demande] claim, demand; **faire une ~** to lodge a claim; **faire droit à une ~** to allow OU to satisfy a claim ❑ **~ d'état** claim of status. -**3.** [récrimination] complaining *(U)*; **les ~s continuelles des enfants** the children's incessant complaining. -**4.** [dans le domaine fiscal] tax adjustment claim.

◆ **réclamations** *nfpl* TÉLÉC [service]: **appeler les ~s** to call the (telephone) engineer.

réclame [reklam] *nf vieilli* -**1. la ~** [la publicité] advertising *(U)*; **faire de la ~ pour qqch** to advertize sthg. -**2.** [annonce] advertisement; **j'ai vu la ~ de cette voiture à la télé** *fam* I saw the advert *Br* OU commercial *Am* for this car on TV.

◆ **en réclame** ◇ *loc adj* on (special) offer; **le café est en ~ cette semaine** there's a special offer on coffee OU coffee's on special offer this week.
◇ *loc adv* at a discount.

réclamer [3] [reklame] ◇ *vt* -**1.** [argent, augmentation] to demand; [attention, silence] to call for *(insép)*, to demand; [personne] to ask OU to clamour for *(insép)*; **l'enfant ne cesse de ~ sa mère** the child is continually asking for his mother; **je réclame le silence!** silence, please!; **elle me doit encore de l'argent mais je n'ose le lui ~** she still owes me money but I daren't ask for it back; **~ le secours de qqn** to ask sb for assistance; **ils réclament la semaine de 35 heures** they demand a 35 hour week || *(en usage abs)*: **le chien est toujours à ~** *fam* the dog's always begging; **le bébé est toujours à ~** *fam* the baby's always wanting to be fed. -**2.** [revendiquer - droit] to claim; [- somme due] to put in for *(insép)*, to claim; **~ des dommages et intérêts** to claim compensation OU damages; **~ sa part d'héritage** to claim one's share of the inheritance. -**3.** [nécessiter - précautions] to call for *(insép)*; [- soins] to require; [- explication] to require, to demand; **la situation réclame des mesures d'exception** the situation calls for special measures.
◇ *vi* -**1.** [se plaindre]: **~ auprès de qqn** to complain to sb. -**2.** [protester]: **~ contre qqch** to cry out against sthg.

◆ **se réclamer de** *vp + prép*: **se ~ de qqn** [utiliser son nom] to use sb's name; [se prévaloir de lui] to invoke sb's name; **elle ne se réclame d'aucun mouvement politique** she doesn't identify with any political movement; **les organisations se réclamant du marxisme** organizations calling OU labelling themselves Marxist.

reclassement [rəklasmɑ̃] *nm* -**1.** [de données - alphabétiques] reordering; [- numériques] reordering, resequencing; [d'un dossier - remise en place] refiling; [- nouveau classement] reclassifying. -**2.** ADMIN [d'un fonctionnaire] regrading; **~ de la fonction publique** restructuring of public services. -**3.** [d'un chômeur] placement; [d'un handicapé, d'un ex-détenu] rehabilitation.

reclasser [3] [rəklase] *vt* -**1.** [par ordre alphabétique] to reorder; [par ordre numérique] to reorder, to resequence. -**2.** [ranger] to put back, to refile; [réorganiser] to reclassify, to reorganize; **~ les dossiers par ordre chronologique** to reclassify the files in chronological order. -**3.** ADMIN [salaires] to restructure; [fonctionnaire] to regrade. -**4.** [chômeur] to place; [handicapé, ex-détenu] to rehabilitate.

reclouer [3] [rəklue] *vt* to nail back together.

reclus, e [rəkly, yz] ◇ *adj* solitary, secluded; **mener une vie ~e** to lead a secluded existence.
◇ *nm, f* recluse; **vivre en ~** to live like a hermit OU recluse.

réclusion [reklyzjɔ̃] *nf* -**1.** *litt* reclusion, seclusion. -**2.** JUR imprisonment; **~ criminelle** imprisonment with labour; **condamné à la ~ criminelle à perpétuité** sentenced to life (imprisonment), given a life sentence.

réclusionnaire [reklyzjɔnɛr] *nmf* prisoner.

récognitif, ive [rekɔgnitif, iv] *adj* JUR recognitive, recognitory; **acte ~** deed of recognition.

récognition [rekɔgnisjɔ̃] *nf* recognition.

recoiffer [3] [rəkwafe] *vt*: **~ ses cheveux** to do OU to redo one's hair; **~ qqn** to do sb's hair (again).

◆ **se recoiffer** *vp (emploi réfléchi)* -**1.** [se peigner] to do OU to redo one's hair. -**2.** [remettre son chapeau] to put one's hat on again OU back on.

recoin [rəkwɛ̃] *nm* -**1.** [coin] corner, nook; **elle a dû le cacher dans quelque ~** she must have hidden it in some corner or other; **chercher dans le moindre ~** OU **dans tous les (coins et) ~s** to search every nook and cranny. -**2.** *fig* [partie secrète] recess; **les ~s de l'inconscient** the (hidden) recesses of the unconscious.

recollage [rəkɔlaʒ] *nm* resticking.

récollection [rekɔlɛksjɔ̃] *nf* recollection RELIG.

recollement [rəkɔlmɑ̃] = **recollage**.

recoller [3] [rəkɔle] *vt* -**1.** [objet brisé] to stick OU to glue back together; [timbre] to stick back on; [enveloppe] to stick back down, to restick; **j'ai fait ~ la semelle** I had the sole stuck OU glued back on ❑ **~ les morceaux** [avec de la colle] to stick OU to glue the pieces back together (again); [avec de l'adhésif] to tape the pieces back together (again); *fig* to patch things up. -**2.** *fam* [redonner]: **on m'a recollé une amende** I've been landed with another fine; **on nous a recollé un prof nul** we've been landed with another useless teacher. -**3.** *fam* [renvoyer] to stick OU to shove back; **ils l'ont recollé à l'hôpital** they stuck him back in hospital.

◆ **recoller à** *v + prép* SPORT: ~ **au peloton** to catch up with the bunch.

◆ **se recoller** ◇ *vp (emploi passif)*: **ça se recolle très facilement** it can easily be stuck back together.

◇ *vpi* -**1.** [se ressouder - os] to knit (together), to mend; [- objet] to stick (together). -**2.** *fam fig*: **se ~ avec qqn** [se réinstaller avec qqn] to move back in with sb.

récoltant, e [rekɔltɑ̃, ɑ̃t] *nm, f* grower.

récolte [rekɔlt] *nf* -**1.** [des céréales] harvest *(U)*; [des fruits, des choux] picking *(U)*; [des pommes de terre] lifting *(U)*; [du miel] gathering, collecting *(U)*; **ils ont déjà commencé à faire la ~** they've already started harvesting. -**2.** [quantité récoltée] harvest; [denrées récoltées] crop. -**3.** [de documents, d'information] gathering, collecting.

récolter [3] [rekɔlte] *vt* -**1.** [céréales] to harvest, to gather; [légumes, fruits] to pick; [miel] to collect, to gather; [tubercules] to lift, to pick. -**2.** [informations, argent] to collect, to gather; **la police a pu ~ quelques indices** the police were able to gather a few clues; **~ une somme importante** to collect a large sum ‖ [voix]: **~ des voix** to get sb's votes *(in a transferable vote system)*. -**3.** *fam* [ennuis, maladie etc] to get; **tout ce que j'ai récolté, c'est un bon rhume** all I got (out of it) was a streaming cold; **depuis qu'il a acheté cette maison, il n'a récolté que des ennuis** he's had nothing but trouble since he bought that house.

recombinaison [rəkɔ̃binɛzɔ̃] *nf* BIOL & CHIM recombination.

recommandable [rəkɔmɑ̃dabl] *adj* commendable; **un individu peu ~** a rather disreputable character; **le procédé est peu ~** that isn't a very commendable thing to do.

recommandataire [rəkɔmɑ̃datɛr] *nmf* case of need, referral drawee COMM.

recommandation [rəkɔmɑ̃dasjɔ̃] *nf* -**1.** [conseil] advice, recommendation; **tout ira bien si tu suis mes ~s** everything will be all right if you follow my advice; **faire qqch sur la ~ de qqn** to do sthg on sb's recommendation; **je lui ai fait mes dernières ~s** I gave him some last-minute advice; '**~ importante, ne pas dépasser la dose prescrite**' 'caution: do not exceed the stated dose'. -**2.** [appui] recommendation, reference; **je me suis procuré des ~s** I've got some people to give me a reference. -**3.** [d'un courrier - sans avis de réception] registering *Br*, certifying *Am*; [- avec avis de réception] recording. -**4.** POL: **~ de l'ONU** UN recommendation.

recommandé, e [rəkɔmɑ̃de] *adj* -**1.** [conseillé] advisable; **dans votre cas le sport n'est pas ~** in your case sport isn't advisable OU recommended, **il est ~ de...** it is advisable to...; **il est ~ aux visiteurs de se munir de leurs passeports** visitors are advised to take their passports; **ce n'est pas (très) ~ d'être constamment en retard** *euph* it's not the done thing to be late all the time. -**2.** [courrier - avec avis de réception] recorded *Br*, certified *Am*; [- à valeur assurée] registered.

◆ **recommandé** *nm* [courrier - avec avis de réception] recorded *Br* OU certified *Am* delivery item; [- à valeur assurée] registered item; **en ~** [avec avis de réception] by recorded delivery *Br* OU certified mail *Am*; [à valeur assurée] by registered post *Br* OU mail *Am*.

recommander [3] [rəkɔmɑ̃de] *vt* -**1.** [conseiller - produit, personne] to recommend; **cet hôtel est recommandé par tous les guides** this hotel is recommended in all the guides; **je te recommande vivement mon médecin** I (can) heartily recommend my doctor to you; **un homme que ses états de service recommandent** a man with a very commendable service record OU whose service record commends him. -**2.** [exhorter à] to recommend, to advise; **je vous recommande la prudence** I recommend OU I advise you to be cautious, I advise caution; **je ne saurais trop vous ~ d'être vigilant** I cannot advise you too strongly to be watchful. -**3.** [confier]: **~ qqn à qqn** to place sb in sb's care; **~ son âme à Dieu** RELIG to commend one's soul OU o.s. to God. -**4.** [courrier - pour attester sa réception] to record; [- pour l'assurer] to register.

◆ **se recommander à** *vp + prép* [s'en remettre à] to commend o.s. to; **recommandons-nous à Dieu** let us commend our souls to God.

◆ **se recommander de** *vp + prép*: **se ~ de qqn** [postulant] to give sb's name as a reference; **tu peux te ~ de moi** [chez un marchand] you can say I sent you; [à un postulant] you can quote me as a referee.

recommencement [rəkɔmɑ̃smɑ̃] *nm* renewal, resumption; **la vie est un éternel ~** every day is a new beginning.

recommencer [16] [rəkɔmɑ̃se] ◇ *vt* -**1.** [refaire - dessin, lettre, travail etc] to start OU to begin again; [- attaque] to renew, to start again; [- expérience] to repeat; [- erreur] to repeat, to make again; **recommence ta phrase depuis le début** start your sentence again from the beginning; **ne recommence pas tes bêtises** don't start being silly again; **recommençons la scène 4** let's do scene 4 again; **si seulement on pouvait ~ sa vie!** if only one could start one's life afresh OU begin one's life all over again!; **c'est la quatrième fois que je recommence cette rangée de tricot** that's the fourth time I've had to start this row of knitting; **tout est à ~, il faut tout ~** we have to start OU to begin all over again ‖ *(en usage absolu)*: **ne recommence pas!** don't do that again! -**2.** [reprendre - histoire, conversation] to resume, to carry on *(insép)* with; [- lecture, travail] to resume, to go back *(insép)* to; [- campagne, lutte] to resume, to take up *(sép)* again; **la vie est une lutte toujours recommencée** life is an ongoing OU continuous struggle.

◇ *vi* -**1.** [depuis le début] to start OU to begin again; [après interruption] to resume; **les cours ne recommencent qu'en octobre** term doesn't begin OU start again until October; **pour moi, la vie va ~** my life is about to begin anew, a new life is beginning for me; **tenez-vous tranquilles, ça ne va pas ~ comme hier, non?** calm down, you're not going to start behaving like you did yesterday, are you?; **ça y est, ça recommence!** here we go again! -**2.** [se remettre]: **~ à faire qqch** to start doing OU to do sthg again; **elle a recommencé à danser deux mois après son accident** she started dancing again OU she went back to dancing two months after her accident; **depuis quand a-t-il recommencé à boire?** when did he start drinking again OU go back to drinking?; **mon genou recommence à me faire mal** my knee's started aching again ‖ *(tournure impersonnelle)*: **il a recommencé à neiger dans la nuit** it started snowing again during the night; **il recommence à faire froid** it's beginning OU starting to get cold again; **il recommence à y avoir des moustiques** the mosquitoes are back (again).

recomparaître [91] [rəkɔ̃parɛtr] *vi* to appear again JUR.

récompense [rekɔ̃pɑ̃s] *nf* -**1.** [d'un acte] reward, recompense; **en ~ de** as a reward OU in return for; **en ~ OU pour ta ~, accepte ce cadeau** please accept this gift as a reward; **il a trimé toute sa vie, et voilà sa ~!** *fam iron* he's slaved away all his life and that's all the thanks OU the reward he gets!; **qu'il soit heureux, ce serait là toute ma ~** as long as he is happy, that will be ample recompense OU reward for me; '**forte ~ à qui me permettra de retrouver mon chien**' 'handsome reward for information on the whereabouts of OU leading to the recovery of my dog'. -**2.** [prix] award, prize; **la remise des ~s** the presentation of awards. -**3.** JUR financial provision. -**4.** MIL award.

récompenser [3] [rekɔ̃pɑ̃se] *vt* -**1.** [pour un acte] to reward, to recompense; **tu mérites d'être récompensé** you deserve a reward OU to be rewarded; **voilà comment je suis récompensé de ma peine!** *iron* that's all the reward I get for my troubles! -**2.** [primer] to give an award OU a prize to, to reward; **le scénario a été récompensé à Cannes** the script won an award at Cannes.

recomposer [3] [rəkɔ̃poze] *vt* -**1.** [reconstituer] to piece OU to put together *(sép)* (again), to reconstruct; **son esprit recomposait peu à peu la scène** he gradually reconstructed the scene in his mind. -**2.** IMPR [page] to reset; [texte] to rekey. -**3.** [réarranger - chanson] to rewrite; [- photo] to compose again. -**4.** CHIM to recompose. -**5.** TÉLÉC: **~ un numéro** to dial a number again.

recomposition [rəkɔ̃pozisjɔ̃] *nf* -**1.** [reconstitution] reconstruction. -**2.** IMPR [d'une page] resetting; [d'un texte] rekeying. -**3.** [d'une chanson] rewriting; [d'une photo] recomposition. -**4.** CHIM & LING recomposition.

recompter [3] [rəkɔ̃te] *vt* to count again.

réconciliation [rekɔ̃siljasjɔ̃] *nf* -**1.** [entente] reconciliation; **leur ~ a été de courte durée** their reconciliation didn't last long. -**2.** JUR & RELIG reconciliation.

réconcilier [9] [rekɔ̃silje] *vt* -**1.** [deux personnes] to reconcile; **nous devons les ~** we have to reconcile them with each other. -**2.** *fig*: **~ qqn avec qqch** to reconcile sb to OU with sthg; **~ qqch avec qqch** to reconcile sthg with sthg; **il voulait ~ classicisme et romantisme** he wanted to bridge the gap between classicism and romanticism. -**3.** RELIG to reconcile.

◆ **se réconcilier** *vpi* [personnes] to make up; [pays] to make peace; **se ~ sur l'oreiller** *hum* to make up in bed; **se ~ avec soi-même** to come to terms with oneself.

recondamner [3] [rəkɔ̃dane] *vt* to sentence again.

reconductible [rəkɔ̃dyktibl] *adj* JUR renewable.

reconduction [rəkɔ̃dyksjɔ̃] *nf* [d'un contrat, d'un budget] renewal; [d'un bail] renewal, extension.

reconduire [98] [rəkɔ̃dɥir] *vt* -**1.** [accompagner]: **~ qqn** to see sb home; **laisse-moi te ~** let me see you home; **~ qqn à pied/en voiture** to walk/to drive sb home ‖ [vers la sortie] to show to the door; **inutile de me ~, je connais le chemin** please don't trouble yourself, I know the way. -**2.** [expulser] to escort; **les terroristes ont été reconduits à la frontière sous bonne escorte** the terrorists were escorted (back) to the border by the police OU were taken (back) to the border under police escort. -**3.** [renouveler - contrat, budget, mandat] to renew; [- bail] to renew, to extend.

réconfort [rekɔ̃fɔr] *nm* comfort; **tu m'es d'un grand ~** you're a great comfort to me.

réconfortant, e [rekɔ̃fɔrtɑ̃, ɑ̃t] *adj* -**1.** [rassurant] comforting, reassuring. -**2.** [revigorant] fortifying, invigorating, stimulating.

réconforter [3] [rekɔ̃fɔrte] *vt* -**1.** [consoler] to comfort, to reassure; **tes bonnes paroles m'ont réconfortée** your kind words comforted me OU gave me hope. -**2.** [revigorer]: **bois ça, ça va te ~** drink this, it'll make you feel better.

reconnaissable [rəkɔnɛsabl] *adj* recognizable; **après trois mois de prison il était à peine ~** after three months in prison he was hardly recognizable OU you could hardly recognize him; **~ à** identifiable by.

reconnaissance [rəkɔnɛsɑ̃s] *nf* -**1.** [gratitude] gratitude; **avoir/éprouver de la ~ envers qqn** to be/to feel grateful to OU towards sb; **je lui en ai une vive ~** I am most grateful to her; **témoigner de la ~ à qqn** to show gratitude to sb; **vous avez toute ma ~** I'm most grateful to you; **avec ~** gratefully, with gratitude; **en ~ de votre dévouement** as a token of our gratitude for OU in recognition of your devotion ❑ **il n'a même pas la ~ du ventre!** *fam* he'd bite the hand that fed him!; **le chat vient vers toi mais c'est la ~ du ventre** the cat comes to you but it's only cupboard love. -**2.** [exploration] reconnaissance; **envoyer des hommes en ~** to send men out on reconnaissance; **faire une ~** to go on reconnaissance; **elle est partie en ~ OU est allée faire une ~ des lieux** *fig* she went to check the place out □ **patrouille de ~** reconnaissance patrol; **vol de ~** reconnaissance flight. -**3.** [identification] recognition. -**4.** [aveu] admission; **la ~ de ses torts lui a valu l'indulgence du jury** his admission of his wrongs won him the leniency of the jury. -**5.** POL [d'un gouvernement] recognition; **~ d'un État** recognition (of statehood). -**6.** JUR [d'un droit] recognition, acknowledgment □ **~ de dette** acknowledgment of a debt; **~ d'enfant** legal recognition of a child; **~ d'utilité publique** ADMIN official approval. -**7.** [reçu]: **acte de ~ (du mont-de-piété)** pawn ticket. -**8.** INF recognition; **~ de la parole/de formes/de caractères** speech/pattern/character recognition. -**9.** PSYCH recognition.

reconnaissant, e [rəkɔnɛsɑ̃, ɑ̃t] *adj* grateful; **tu aurais dû te montrer un peu plus ~** you should have shown a bit more gratitude; **je te suis ~ de ta patience** I'm most grateful to you for your patience; **je vous serais ~ de me fournir ces renseignements dans les meilleurs délais** I would be (most) obliged OU grateful if you would provide me with this information as soon as possible.

reconnaître [91] [rəkɔnɛtr] *vt* -**1.** [air, personne, pas] to recognize; **je t'ai reconnu à ta démarche** I recognized you OU I could tell it was you by your walk; **je ne l'aurais pas reconnue, elle a vieilli de dix ans!** I wouldn't have known (it was) her, she looks ten years older!; **on ne le reconnaît plus** you wouldn't recognize OU know him now; **je te reconnais bien (là)!** that's just like you!, that's you all over!; **tu veux fonder une famille? je ne te reconnais plus!** you want to start a family? that's not like you at all OU you've changed your tune!; **il a été reconnu par plusieurs témoins** he was identified by several witnesses; **on reconnaît bien là la marque du génie** you can't fail to recognize the stamp of genius; **je reconnais bien là ta mauvaise foi!** that's just typical of your bad faith!; **la presse a reconnu en lui le futur chef du parti** the press acknowledged him as the future leader of the party. -**2.** [admettre - torts] to recognize, to acknowledge, to admit; [- aptitude, talent, vérité] to acknowledge, to recognize; **il faut au moins lui ~ cette qualité** you have to say this for him; **l'accusé reconnaît-il les faits?** does the accused acknowledge the facts?; **il est difficile de lui faire ~ ses erreurs** it's hard to get him to acknowledge OU see he's wrong; **sa prestation fut décevante, il faut bien le ~** it has to be admitted that his performance was disappointing; **elle est douée, il faut le ~!** she's clever, you've got to admit it OU give her that!; **je reconnais que j'ai eu tort** I admit I was wrong; **elle refuse de ~ qu'elle est malade** she won't admit OU acknowledge that she's ill; **il n'a jamais reconnu avoir falsifié les documents** he never admitted to having falsified the documents. -**3.** JUR & POL [État, chef de file] to recognize; [enfant] to recognize legally; [dette, document, signature] to authenticate; **tous le reconnaissent comme leur maître** they all acknowledge him as their master; **~ la compétence d'un tribunal** JUR to acknowledge the competence of a court; **être reconnu coupable** to be found guilty; **organisme reconnu d'utilité publique** officially approved organization; **~ un droit à qqn** to recognize OU to acknowledge sb's right; **je ne reconnais à personne le droit de me juger** nobody has the right to judge me. -**4.** [explorer] to reconnoitre; **il envoya dix hommes ~ le terrain** he ordered ten men to go and reconnoitre the ground; **l'équipe de tournage est allée ~ les lieux** the film crew went to have a look round (the place).

◆ **se reconnaître** ◇ *vp (emploi réfléchi)* [physiquement, moralement] to see o.s.; **je me reconnais dans la réaction de ma sœur** I can see myself reacting in the same way as my sister; **je ne me reconnais pas dans votre description** I don't see myself as fitting your description.
◇ *vp (emploi réciproque)* to recognize each other.
◇ *vp (emploi passif)* to be recognizable; **un poisson frais se reconnaît à l'odeur** you can tell a fresh fish by the smell.
◇ *vpi* -**1.** [se retrouver]: **je ne me reconnais plus dans ma propre ville** I can't even find my way about OU around my own home town any more; **mets des étiquettes sur tes dossiers, sinon comment veux-tu qu'on s'y reconnaisse?** label your files, otherwise we'll get completely confused; **la situation est trop embrouillée, je ne m'y reconnais plus** the situation is too complicated, I'm totally confused. -**2.** [s'avouer]: **se ~ coupable** to admit OU to confess to being guilty.

reconnecter [rəkɔnɛkte] *vt* to reconnect.
◆ **se reconnecter** *vpi* INF to reconnect o.s., to get back on line.

reconnu, e [rəkɔny] *adj* -**1.** [admis] recognized, accepted; **c'est un fait ~** it's a recognized OU an accepted fact; **ce diplôme n'est pas ~ dans tous les pays** this diploma is not recognized in all countries. -**2.** [célébré] famous, well-known.

reconquérir [39] [rəkɔ̃kerir] *vt* -**1.** [territoire, peuple] to reconquer, to recapture. -**2.** [honneur, avantage] to win back *(sép)*, to recover. -**3.** [personne] to win back *(sép)*.

reconquête [rəkɔ̃kɛt] *nf* -**1.** [d'un territoire, d'un peuple] reconquest, recapture. -**2.** [de l'honneur, d'un avantage] winning back *(U)*, recovery.

reconsidérer [18] [rəkɔ̃sidere] *vt* to reconsider.

reconstituant, e [rəkɔ̃stitɥɑ̃, ɑ̃t] *adj* [aliment, boisson] fortifying; [traitement] restorative.
◆ **reconstituant** *nm* restorative.

reconstituer [7] [rəkɔ̃stitɥe] *vt* -**1.** [reformer - groupe] to bring together *(sép)* again, to reconstitute; [- capital] to rebuild, to build up *(sép)* again; [- fichier] to recreate; [- histoire, meurtre] to reconstruct; **ils ont reconstitué un décor d'époque** they created a period setting □ **bois reconstitué** chipboard; **lait reconstitué** reconstituted milk. -**2.** [réparer] to piece together *(sép)* (again).

reconstitution [rəkɔ̃stitysjɔ̃] *nf* -**1.** [d'un groupe] reconstituting *(U)*, bringing together *(sép)* again *(U)*; [d'un capital] rebuilding, building up *(sép)* again; [d'un fichier] recreating *(U)*; [d'une histoire, d'un meurtre] reconstruction. -**2.** [réparation] piecing together (again).

reconstruction [rəkɔ̃stryksjɔ̃] *nf* -**1.** [gén] reconstruction, rebuilding; **en ~** being rebuilt. -**2.** LING reconstruction.

reconstruire [98] [rəkɔ̃strɥir] *vt* -**1.** [bâtiment] to reconstruct, to rebuild; [fortune, réputation] to rebuild, to build up *(sép)* again. -**2.** LING to reconstruct.

reconvention [rəkɔ̃vɑ̃sjɔ̃] *nf* counterclaim JUR.

reconventionnel, elle [rəkɔ̃vɑ̃sjɔnɛl] *adj*: **demande ~le** counterclaim JUR.

reconventionnellement [rəkɔ̃vɑ̃sjɔnɛlmɑ̃] *adv* by counterclaim.

reconversion [rəkɔ̃vɛrsjɔ̃] *nf* [d'une usine] reconversion; [d'un individu] retraining.

reconvertir [32] [rəkɔ̃vɛrtir] *vt* -**1.** [usine] to reconvert. -**2.** [armes] to convert.
◆ **se reconvertir** *vpi* to retrain; **il s'est reconverti dans l'informatique** he retrained and went into computing.

recopier [9] [rəkɔpje] *vt* -**1.** [mettre au propre] to write up *(sép)*, to make OU to take a fair copy of. -**2.** [copier à nouveau] to copy again, to make another copy of.

record [rəkɔr] *nm* -**1.** SPORT & *fig* record; **battre un ~ de vitesse** to break a speed record; **~ de hauteur/longueur** high/long jump record; **tu bats tous les ~s d'idiotie!** *fam* you've broken all the records OU won first prize for stupidity!; **ça bat tous les ~s** *fam* that beats everything OU the lot. -**2.** *(comme adj)* record *(modif)*; **l'inflation a atteint le chiffre ~ de 200 %** inflation has risen to a record OU record-breaking 200%; **en un temps ~** in record time.

recordage [rəkɔrdaʒ] *nm* [d'une raquette] restringing.

recorder [3] [rəkɔrde] *vt* [raquette] to restring.

recordman [rəkɔrdman] (*pl* **recordmans** OU **recordmen** [-mɛn]) *nm* (men's) record holder; **le ~ du 5 000 m** the record holder for the (men's) 5,000 m.

recordwoman [rəkɔrdwuman] (*pl* **recordwomans** OU **recordwomen** [-mɛn]) *nf* (women's) record holder.

recorriger [17] [rəkɔriʒe] *vt* [erreur] to recorrect, to correct again; [dissertation] to mark again.

recoucher [3] [rəkuʃe] *vt* [personne] to put back to bed; [objet] to lay down again.
◆ **se recoucher** *vpi* to go back to bed.

recoudre [86] [rəkudr] *vt* -**1.** [bouton, badge etc] to sew on *(sép)* again; [accroc, ourlet etc] to sew up *(sép)* again. -**2.** MÉD to sew OU to stitch up *(sép)* (again).

recoupe [rəkup] *nf* -**1.** [boisson] diluted spirits. -**2.** AGR [de fourrage] aftermath; [en meunerie] middlings.

recoupement [rəkupmɑ̃] *nm* -**1.** [vérification] crosschecking; **procéder par ~s** to crosscheck. -**2.** CONSTR [action] stepping; [résultat] retreat. -**3.** GÉOM resection.

recouper [3] [rəkupe] ◇ *vt* -**1.** [couper à nouveau]: **~ de la viande** to cut OU to carve some more meat. -**2.** COUT to cut again, to alter the cut of. -**3.** [concorder avec] to tally with *(insép)*, to match up with *(insép)*.
◇ *vi* JEUX to cut again.
◆ **se recouper** ◇ *vp (emploi réfléchi)* [personne] to cut o.s. again.
◇ *vp (emploi réciproque)* -**1.** [ensembles, routes] to intersect. -**2.** [statistiques, témoignages] to tally, to confirm one another; **les deux versions ne se recoupent pas** the two stories don't tally.

recourbé, e [rəkurbe] *adj* [cils] curved; [nez] hooked.

recourbement [rəkurbəmɑ̃] *nm sout* [état] curve; [action] curving.

recourber [3] [rəkurbe] *vt* to bend, to curve.

recourbure [rəkurbyr] *nf* bend, curve.

recourir [45] [rəkurir] ◇ *vt* to run again; **~ une course** to (run a) race again.
◇ *vi* SPORT to run OU to race again; **il n'a pas pu ~ après sa chute** he wasn't able to run again after his fall.
◆ **recourir à** *v + prép* -**1.** [personne]: **~ à qqn** to appeal OU to turn to sb; **en cas de désaccord, il faudra ~ à un expert** in case of disagreement you will have to turn to OU to seek the help of an expert. -**2.** [objet, méthode etc]: **~ à qqch** to resort to sthg.

recours [rəkur] *nm* -**1.** [ressource] recourse, resort; **c'est notre dernier ~** this is our last resort OU the last course left open to us; **c'est sans ~** there's nothing we can do about it; **avoir ~ à** to resort to; **nous n'aurons ~ à l'expulsion qu'en dernière limite** we shall only resort to OU have recourse to eviction if absolutely necessary; **je me vois contraint d'avoir ~ à vous** I am forced to turn to you. -**2.** JUR appeal; **~ en cassation** appeal (to the appellate court); **~ pour excès de pouvoir** (demand for) remedy of ultra vires; **~ en grâce** [pour une remise de peine] petition for pardon; [pour une commutation de peine] petition for clemency OU remission; **~ gracieux** application for an ex gratia settlement.

recouvrable [rəkuvrabl] *adj* collectable, payable.

recouvrage [rəkuvraʒ] *nm* recovering, re-upholstering.

recouvrement [rəkuvrəmɑ̃] *nm* -**1.** [récupération - d'une somme] collecting, collection; [- de la santé, des forces etc] recovering, recovery. -**2.** FIN [perception] collection; [d'une créance] recovery; **l'impôt est mis en ~ après le 31 octobre** payment of tax is due from October 31st □ **date de mise en ~** date due, due date; **modalités de ~** methods of payment. -**3.** [d'une surface] covering (over). -**4.** CONSTR & MENUIS lap. -**5.** INF & MATH overlap. -**6.** GÉOL overlap, overthrust.

recouvrer [3] [rəkuvre] *vt* -**1.** [récupérer] to recover; **elle n'a pas recouvré tous ses moyens**

she hasn't recovered OU regained the full use of her faculties; **il a recouvré l'usage de sa jambe** he got back OU recovered the use of his leg; **laissez-lui le temps de ~ ses esprits** give her time to recover her wits OU to get her wits back; **~ la liberté** to regain one's freedom. -**2.** FIN [percevoir] to collect, to recover.

recouvrir [34] [rəkuvrir] *vt* -**1.** [couvrir] to cover; **~ un gâteau de chocolat** to coat a cake with chocolate; **ajouter suffisamment d'eau pour ~ les légumes** add enough water to cover the vegetables; **le mot ne recouvre pas les mêmes notions dans les deux langues** the word doesn't cover the same concepts in both languages. -**2.** [couvrir à nouveau - personne] to cover (up) *(sép)* again; [- siège] to re-cover, to reupholster; [- livre] to re-cover.

◆ **se recouvrir** ◇ *vp (emploi réfléchi)*: **recouvre-toi, le soleil s'est caché** cover yourself up again, the sun's gone in.

◇ *vpi* -**1.** [temps] to get cloudy again. -**2.** [surface]: **se ~ de moisissure** to become covered with OU in mould; **la glace s'est recouverte de buée** the mirror steamed up.

recracher [3] [rəkraʃe] ◇ *vt* -**1.** [cracher] to spit out *(sép)* (again); **~ un noyau** to spit out a stone; **le distributeur de billets a recraché** *fam* **ma carte** the cash dispenser rejected my card. -**2.** *fam* [cours, leçon] to regurgitate.

◇ *vi* to spit again.

récré *fam* [rekre] *nf* [dans le primaire] playtime *Br*, recess *Am*; [dans le secondaire] break.

récréatif, ive [rekreatif, iv] *adj sout* recreational; **une journée récréative** a day of recreation OU relaxation.

recréation [rəkreasjɔ̃] *nf* INF: **la ~ de tous les fichiers me prendra des heures** it will take me hours to recreate all the files.

récréation [rekreasjɔ̃] *nf* -**1.** SCOL [dans le primaire] playtime *esp Br*, recess *Am*; [dans le secondaire] break. -**2.** [délassement] recreation, leisure activity.

recréer [15] [rəkree] *vt* -**1.** [suivant un modèle] to recreate. -**2.** [créer] to create; **il recrée un décor à son goût** he is creating a decor more to his liking.

récréer [15] [rekree] *vt litt* to entertain, to amuse, to divert.

◆ **se récréer** *vpi* to entertain OU to amuse OU to divert o.s.

recrépir [32] [rəkrepir] *vt* to roughcast CONSTR.

recrépissage [rəkrepisaʒ] *nm* resurfacing OU redoing with roughcast.

recreuser [3] [rəkrøze] *vt* [creuser - davantage] to dig deeper; [- un nouveau trou] to dig again.

récrier [10] [rekrije]

◆ **se récrier** *vpi* -**1.** [protester]: **se ~ contre qqch** to cry out OU to protest against sthg. -**2.** *litt* [s'exclamer]: **se ~ de surprise/joie** to cry out OU to exclaim in surprise/joy.

récriminateur, trice [rekriminatœr, tris]

◇ *adj* recriminative, recriminatory.

◇ *nm, f* recriminator.

récrimination [rekriminasjɔ̃] *nf* recrimination, protest.

récriminer [3] [rekrimine] *vi* [critiquer]: **~ (contre qqn)** to recriminate (against sb).

récrire [rekrir] = **réécrire**.

recristallisation [rəkristalizasjɔ̃] *nf* recrystallization.

recristalliser [3] [rəkristalize] *vi* & *vt* to recrystallize.

recroquevillé, e [rəkrɔkvije] *adj* -**1.** [confortablement] curled up; [dans l'inconfort] hunched OU huddled up. -**2.** [feuille, pétale] curled OU shrivelled up.

recroqueviller [3] [rəkrɔkvije]

◆ **se recroqueviller** *vpi* -**1.** [confortablement] to curl up; [dans l'inconfort] to hunch OU to huddle up. -**2.** [feuille, pétale] to shrivel OU to curl (up).

recru, e[1] [rəkry] *adj litt*: **être ~ de fatigue** to be exhausted.

recrudescence [rəkrydɛsɑ̃s] *nf* -**1.** [aggravation - d'une maladie] aggravation, worsening; [- de la fièvre] new bout; [- d'une épidémie] fresh OU new outbreak; **la ~ du terrorisme** the new wave OU outbreak of terrorism. -**2.** [réapparition]: **~ du froid** a new spell of cold weather; **nous nous attendons à une ~ des pluies** we are expecting a new spell of even rainier weather.

recrudescent, e [rəkrydɛsɑ̃, ɑ̃t] *adj litt* increasing, mounting, recrudescent.

recrue[2] [rəkry] *nf* -**1.** MIL recruit. -**2.** *fig* recruit, new member.

recrutement [rəkrytmɑ̃] *nm* recruiting, recruitment *(U)*; **le ~ du personnel s'effectue par concours** staff are recruited by competitive examination.

recruter [3] [rəkryte] *vt* -**1.** [engager] to recruit; **l'entreprise recrute des ingénieurs en informatique** the firm is recruiting computer engineers; **nous recrutons des bonnes volontés pour déménager** *hum* do we have any volunteers to help with the move? -**2.** MIL & POL to recruit, to enlist.

◆ **se recruter** *vp (emploi passif)* -**1.** [être engagé] to be recruited; **les ingénieurs se recrutent sur diplôme** engineers are recruited on the basis of their qualifications. -**2.** [provenir de] to come from; **les délinquants se recrutent généralement dans les classes les plus défavorisées** delinquents generally come from the most underprivileged sections of society.

recruteur, euse [rəkrytœr, øz] *nm, f* recruiter; *(comme adj; avec ou sans trait d'union)* recruiting; **sergent ~** recruiting officer.

recta *fam* [rɛkta] *adv* [ponctuellement]: **payer ~** to pay on the nail.

rectal, e, aux [rɛktal, o] *adj* rectal.

rectangle [rɛktɑ̃gl] ◇ *nm* -**1.** [forme] rectangle, oblong. -**2.** GÉOM rectangle.

◇ *adj*: **triangle ~** right-angled triangle.

rectangulaire [rɛktɑ̃gylɛr] *adj* -**1.** [forme] rectangular, oblong. -**2.** GÉOM rectangular.

recteur [rɛktœr] *nm* -**1.** ENS [d'académie] *chief administrative officer of an education authority*, ≃ (Chief) Education Officer *Br*; [d'une université catholique] ≃ rector; [chez les jésuites]: **père ~** rector. -**2.** RELIG [d'un sanctuaire] ≃ rector; [en Bretagne] priest, rector.

rectifiable [rɛktifjabl] *adj* -**1.** [réparable] rectifiable; **les erreurs ne sont pas ~s après coup** mistakes cannot be rectified afterwards. -**2.** CHIM rectifiable.

rectificatif, ive [rɛktifikatif, iv] *adj* correcting; **mention rectificative** correction.

◆ **rectificatif** *nm* correction, rectification.

rectification [rɛktifikasjɔ̃] *nf* -**1.** [action] rectification, correction. -**2.** [rectificatif] correction; **apporter une ~ à une déclaration** to correct a statement ❑ **droit de ~** PRESSE ≃ right of reply. -**3.** CHIM & MATH rectification. -**4.** MÉCAN precision grinding.

rectifier [9] [rɛktifje] *vt* -**1.** [rajuster] to adjust, to rectify. -**2.** [corriger] to correct, to rectify; **~ le tir** to change one's angle of attack. -**3.** ▽ [tuer] to bump off *(sép)*. -**4.** CHIM & MATH to rectify. -**5.** MÉCAN to precision grind.

rectifieuse [rɛktifjøz] *nf* grinding machine TECH.

rectiligne [rɛktiliɲ] ◇ *adj* [droit] rectilinear.

◇ *nm* MATH rectilinear angle.

rectilinéaire [rɛktilineɛr] *adj* rectilinear.

rectite [rɛktit] *nf* proctitis.

rectitude [rɛktityd] *nf* -**1.** [justesse] (moral) rectitude, uprightness. -**2.** *litt* [d'une ligne] straightness.

recto [rɛkto] *nm* first side OU front of a page, recto; **n'écrivez qu'au ~** write on this side only.

◆ **recto verso** *loc adv* on both sider.

recto-colite [rɛktɔkɔlit] (*pl* **recto-colites**) *nf* proctocolitis.

rectoral, e, aux [rɛktɔral, o] *adj* ≃ of the (Chief) Education Officer *Br*; **décision ~e** ≃ decision by OU emanating from the Education Office *Br*.

rectorat [rɛktɔra] *nm* ENS [d'une académie - administration] ≃ Education Office *Br*; [- bâtiment] ≃ Education offices *Br*; [chez les jésuites] rectorship.

rectoscope [rɛktɔskɔp] *nm* proctoscope.

rectoscopie [rɛktɔskɔpi] *nf* proctoscopy.

rectrice [rɛktris] *nf* rectrix ORNITH.

rectum [rɛktɔm] *nm* rectum.

reçu, e [rəsy] *nm, f* [candidat] pass; **les ~s** the successful candidates, the passes.

◆ **reçu** *nm* [quittance] receipt.

recueil [rəkœj] *nm* collection; **un ~ de poèmes** a collection OU a selection OU an anthology of poems.

recueillement [rəkœjmɑ̃] *nm* contemplation, meditation; **écouter qqch avec ~** to listen reverently to sthg.

recueilli, e [rəkœji] *adj* contemplative, meditative; **un public très ~** a very attentive audience; **un visage ~** a composed expression.

recueillir [41] [rəkœjir] *vt* -**1.** [récolter] to gather, to pick; **les abeilles recueillent le pollen** bees collect OU gather pollen; **il a recueilli les félicitations du jury** *fig* he was congratulated by the board of examiners; **~ le fruit de son travail** to reap the fruit of one's labour; **elle espère ~ plus de la moitié des suffrages** she hopes to win more than half the votes; **~ les eaux de pluie** to collect rainwater. -**2.** [renseignements] to collect, to obtain; [argent] to collect; **~ les traditions locales** to collect OU to record local traditions; **j'ai recueilli ses dernières paroles** *fig* & *litt* I received his last words. -**3.** [personne] to take in *(sép)*; **~ un oiseau tombé du nid** to take care of a bird which has fallen from its nest.

◆ **se recueillir** *vpi* [penser] to spend some moments in silence; [prier] to pray; **recueillons-nous un instant avant de nous séparer** before we go our separate ways let us pray for a moment; **le chef de l'État s'est recueilli devant le cénotaphe** the head of state reflected a while in front of the cenotaph; **aller se ~ sur la tombe de qqn** to spend some moments in silence at sb's graveside.

recuire [98] [rəkɥir] ◇ *vt* -**1.** CULIN [à l'eau] to cook longer; [au four] to cook longer in the oven. -**2.** MÉTALL to anneal; [lingot] to soak.

◇ *vi*: **faire ~ un rôti** to recook a joint; **faire ~ un gâteau** to rebake a cake.

recuit [rəkɥi] *nm* MÉTALL annealing; **~ de normalisation/recristallisation** full normalizing/annealing.

recul [rəkyl] *nm* -**1.** [mouvement] moving back, backward movement; ARM recoil, kick; **il eut un mouvement de ~** he stepped back. -**2.** [distance]: **as-tu assez de ~ pour juger du tableau/prendre la photo?** are you far enough away to judge the painting/to take the photograph? -**3.** [réflexion]: **avec le ~** retrospectively, with (the benefit of) hindsight; **prendre du ~ par rapport à un événement** to stand back (in order) to assess an event; **nous n'avons pas assez de ~ pour juger des effets à long terme** it's too early OU there's not been enough time to assess what long-term effects there might be. -**4.** [baisse] fall, drop; **le ~ de l'industrie textile** the decline of the textile industry; **le ~ du yen par rapport au dollar** the fall of the yen against the dollar; **un ~ des valeurs morales** a falling off of moral values.

reculade [rəkylad] *nf* [d'une armée] retreat; [politique] climb-down, back-tracking *(U)*.

reculé, e [rəkyle] *adj* -**1.** [à l'écart] remote, far-off; **ils habitent dans un coin ~** they live in an out-of-the-way place. -**2.** [ancien] remote, far-off, distant; **les temps les plus ~s** the distant past.

◆ **reculée** *nf* blind valley GEOG.

reculer [3] [rəkyle] ◇ *vt* -**1.** [dans l'espace] to push OU to move back *(sép)*; **~ une clôture d'un mètre** to move a fence back by one metre; **~ les limites du possible** *fig* to push back the frontiers of what is considered possible. -**2.** [dans le temps - rendez-vous] to delay, to postpone, to defer; [- date] to postpone, to put back *(sép)*; [- décision] to defer, to postpone, to put off *(sép)*; ~ **la date de son départ** to postpone one's departure.

◇ *vi* -**1.** [aller en arrière - à pied] to step OU to go OU to move back; [- en voiture] to reverse, to move back; **recule d'un pas!** take one step backwards!; **mets le frein à main, la voiture recule!** put the handbrake on, the car is rolling backwards!; **il a heurté le mur en reculant** he backed OU reversed into the wall. -**2.** [céder du terrain - falaise, forêt] to recede. -**3.** [renoncer] to retreat, to shrink (back), to draw back; **il n'est pas homme à ~ devant les difficultés** he is not the kind of man to shrink back in the face of difficulties; ~ **devant l'ennemi** to retreat in the face of the enemy; ~ **devant le danger** to retreat in the face of danger; **le prix m'a fait ~** I backed down when I saw the price ❑ **c'est ~ pour mieux sauter** that's just putting off the inevitable. -**4.** [faiblir - cours, valeur] to fall, to weaken; [- épidémie, criminalité, mortalité] to recede, to subside; **le yen recule par rapport au dollar** the yen is losing ground OU falling against the dollar. -**5.** ARM to recoil.

reculons [rəkylɔ̃]

◆ **à reculons** *loc adv* -**1.** [en marche arrière] backwards; **descendre un escalier à ~** to go downstairs backwards ❑ **avancer à ~** *hum* to be getting nowhere. -**2.** [avec réticence] under protest; **faire qqch à ~** to do sthg unwillingly OU under protest.

reculotter [3] [rəkylɔte] *vt*: ~ **un enfant** to put a child's trousers *Br* OU pants *Am* back on.

récupérable [rekyperabl] *adj* -**1.** [objet] salvageable, worth rescuing; **vêtements ~s** (still) serviceable clothes. -**2.** [personne] redeemable; **les récidivistes sont-ils ~s?** are second-time offenders beyond redemption OU past saving? -**3.** [temps] recoverable; **ce jour férié est ~** you can make up for that day.

récupérateur, trice [rekyperatœr, tris] ◇ *adj* -**1.** [qui recycle]: **industrie récupératrice** *industry based on reclaimed or recycled materials.* -**2.** [qui repose]: **sommeil ~** refreshing OU restorative sleep.

◇ *nm, f industrialist or builder working with reclaimed materials.*

◆ **récupérateur** *nm* ARM & TECH recuperator.

récupération [rekyperasjɔ̃] *nf* -**1.** [après séparation, perte] recovery; **la ~ de sa voiture à la fourrière lui a coûté cher** it cost him a lot to get his car out of the pound. -**2.** ÉCOL recycling, reclaiming; **matériau de ~** scrap *(U)*. -**3.** PÉTR: ~ **assistée** enhanced recovery; **taux de ~** (rate of) recovery. -**4.** INDUST: **chaudière à ~** recuperative OU regenerative heater. -**5.** POL takeover; **il y a eu ~ du mouvement par les extrémistes** the extremists have taken over and manipulated the movement. -**6.** [au travail] making up; **quand je fais des heures supplémentaires, j'ai des jours de ~** when I work overtime, I get time off in exchange OU in lieu. -**7.** ASTRON recovery.

récupérer [18] [rekypere] *vt* -**1.** [retrouver] to get back *(sép)*; **il doit ~ son chien au chenil** he's got to pick up OU to collect his dog from the kennels; **je passe te ~ en voiture** I'll come and pick you up; **je n'ai jamais pu ~ mon livre** I never managed to get my book back; **veux-tu ~ ton anorak?** do you want your anorak back?; **j'ai récupéré l'usage de ma main gauche** I recovered the use of my left hand; **il a récupéré toutes ses forces** [il s'est reposé] he has recuperated, he's back to normal; **tout a brûlé, ils n'ont rien pu ~** everything was destroyed by the fire, they didn't manage to salvage anything; ~ **sa mise** to recoup one's outlay. -**2.** [pour utiliser - chiffons, papier, verre, ferraille] to salvage; [- chaleur, énergie] to save; **j'ai récupéré des chaises dont personne ne voulait** I've rescued some chairs no one wanted; **regarde si tu peux ~ quelques pommes** see if you can save a few apples. -**3.** [jour de congé] to make up for, to compensate for; **on récupère ce jour férié samedi prochain** we are making up for this public holiday by working next Saturday ‖ [jour de travail]: **les jours fériés travaillés seront récupérés** employees will be allowed time off in lieu to compensate for working on public holidays. -**4.** POL to take over *(sép)*; **le mouvement a été récupéré par le gouvernement** the movement has been taken over by the government for its own ends. -**5.** *(en usage abs)* [se remettre] to recover, to recuperate; **il en a pour plusieurs jours à ~, avec le décalage horaire** with the time lag it will take him a few days to get back to normal OU to recover OU to recuperate.

récurage [rekyraʒ] *nm* [nettoyage] scouring; [avec une brosse] scrubbing.

récurant, e [rekyrɑ̃, ɑ̃t] *adj* scouring.

◆ **récurant** *nm* scouring cream OU agent, cleaning cream.

récurer [3] [rekyre] *vt* [baignoire, casserole, évier] to scour, to scrub.

récurrence [rekyrɑ̃s] *nf* -**1.** [gén & MÉD] recurrence. -**2.** MATH [d'une décimale] recurrence; [induction] induction.

récurrent, e [rekyrɑ̃, ɑ̃t] *adj* -**1.** [à répétition] recurrent, recurring. -**2.** MÉD [fièvre] recurrent, relapsing. -**3.** ANAT: **nerf ~** nervus laryngeus recurrens. -**4.** INF & MATH: **suite** OU **série ~e** recursion series. -**5.** ÉCON: **chômage ~** periodic OU recurrent unemployment; **coûts ~s** recurrent OU running costs.

récursif, ive [rekyrsif, iv] *adj* recursive.

récursivité [rekyrsivite] *nf* recursiveness.

récursoire [rekyrswar] *adj*: **action ~** cross claim.

récusable [rekyzabl] *adj* impugnable, challengeable.

récusation [rekyzasjɔ̃] *nf* challenge, recusal JUR; **droit de ~** right to challenge.

récuser [3] [rekyze] *vt* -**1.** JUR [juge, juré, expert] to challenge. -**2.** [décision, témoignage] to challenge, to impugn.

◆ **se récuser** *vpi* -**1.** [lors d'un procès] to declare o.s. incompetent. -**2.** [lors d'une entrevue, d'un débat] to refuse to give an opinion, to decline to (make any) comment.

recyclable [rəsiklabl] *adj* recyclable.

recyclage [rəsiklaʒ] *nm* -**1.** INDUST recycling. -**2.** ENS [perfectionnement] refresher course; [reconversion] retraining. -**3.** [stage - pour employés] retraining course; [- pour chômeurs] retraining course, restart (course) *Br*.

recycler [3] [rəsikle] *vt* -**1.** INDUST to recycle; **papier recyclé** recycled paper. -**2.** [perfectionner] to send on a refresher course; [reconvertir] to retrain.

◆ **se recycler** *vpi* [pour se perfectionner] to go on a refresher course; [pour se reconvertir] to retrain; **le vocabulaire des jeunes change, j'ai dû me ~** *hum* young people speak differently nowadays, I've had to bring myself up to date.

rédacteur, trice [redaktœr, tris] *nm, f* -**1.** [auteur - d'un livre] writer; [- d'un guide] compiler; **les ~s de l'encyclopédie** the contributors to the encyclopedia; **le ~ du contrat n'a pas prévu cela** the person who drew up the contract didn't foresee this. -**2.** PRESSE writer, contributor; ~ **en chef** [d'une revue] (chief) editor; [du journal télévisé] television news editor.

rédaction [redaksjɔ̃] *nf* -**1.** [écriture] writing; **il vient d'achever la ~ de son roman** he's just finished writing his novel; **la ~ de la thèse a pris moins de temps que la recherche** writing up the thesis took less time than researching it; **équipe chargée de la ~ d'un guide/dictionnaire** team responsible for compiling a guide/dictionary; **la ~ d'un projet de loi/d'un contrat d'assurance** the drafting of a bill/of an insurance contract. -**2.** PRESSE [lieu] editorial office; TV newsdesk, newsroom; [équipe] editorial staff; **la ~ est en grève** the editorial staff is OU are on strike. -**3.** SCOL [composition] ≃ essay, ≃ composition.

rédactionnel, elle [redaksjɔnɛl] *adj* editorial; **publicité ~le** promotional article, advertorial *Am*.

reddition [redisjɔ̃] *nf* -**1.** MIL surrender. -**2.** FIN & JUR rendering; ~ **de compte** presentation of account.

redécoupage [rədekupaʒ] *nm* POL: ~ **électoral** redrawing of electoral OU constituency boundaries.

redécouvrir [34] [rədekuvrir] *vt* to rediscover.

redéfaire [109] [rədefɛr] *vt* [nœud] to undo again; [tricot, couture] to unstitch again; [lit, coiffure] to mess up *(sép)* again.

redéfinir [32] [rədefinir] *vt* to redefine; ~ **la politique du logement** to lay down new housing policy guidelines.

redemander [3] [rədəmɑ̃de] *vt* -**1.** [demander à nouveau] to ask again; **je lui ai redemandé son nom** I asked him his name again. -**2.** [demander davantage]: **il a redemandé de la soupe** he asked for some more soup; **en ~** *fig* to cry out for more; **sa correction ne lui a pas suffi, il en redemande** the first hiding wasn't enough for him, now he's asking for more. -**3.** [après un prêt] to ask for *(insép)*; **redemande ton vélo dès que tu en as besoin** ask for your bike back as soon as you need it.

redémarrage [rədemaraʒ] *nm* -**1.** [d'une machine] starting up again *(U)*. -**2.** [économique] resurgence.

redémarrer [3] [rədemare] *vi* -**1.** [moteur] to start up *(sép)* again. -**2.** [processus] to get going OU to take off again; **l'économie redémarre** the economy is taking off again; **les cours redémarrent fin octobre** classes start again at the end of October.

rédempteur, trice [redɑ̃ptœr, tris] ◇ *adj* redeeming, redemptive; **œuvre rédemptrice** redemptive act, act of redemption.

◇ *nm, f* redeemer; **le Rédempteur** the Redeemer.

rédemption [redɑ̃psjɔ̃] *nf* RELIG: **la Rédemption** Redemption.

redéploiement [rədeplwamɑ̃] *nm* -**1.** MIL redeployment. -**2.** ÉCON reorganization, restructuring.

redéployer [13] [rədeplwaje] *vt* -**1.** MIL to redeploy. -**2.** ÉCON to reorganize, to restructure.

redescendre [73] [rədesɑ̃dr] ◇ *vt* -**1.** [colline, montagne etc - en voiture] to drive (back) down; [- à pied] to walk (back) down; [alpiniste] to climb back down *(insép)*. -**2.** [passager, fret] to take OU to drive (back) down *(sép)*; **je redescendrai les cartons plus tard** [je suis en haut] I'll take the cardboard boxes back down later; [je suis en bas] I'll bring the cardboard boxes back down later.

◇ *vi (aux être)* -**1.** [descendre] to go OU to come OU to get (back) down; **la température/le niveau de l'eau redescend** the temperature/the water level is falling (again); **je suis redescendu en chasse-neige** I snowploughed (back) down; **et maintenant, comment ~?** and now, how do we get back down? -**2.** [descendre à nouveau] to go down again.

redevable [rədəvabl] *adj* -**1.** FIN: **être ~ d'une somme d'argent à qqn** to owe sb a sum of money; **vous êtes ~ d'un acompte provisionnel** you are liable for an interim payment. -**2.** *fig*: **être ~ de qqch à qqn** to be indebted to sb for sthg; **je lui suis ~ de ma promotion** I owe him my promotion, I owe it to him that I was promoted.

redevance [rədəvɑ̃s] *nf* -**1.** TV licence fee *Br*; TÉLÉC rental charge. -**2.** COMM & FIN [pour un service] dues, fees; [royalties] royalties. -**3.** HIST tax.

redevenir [40] [rədəvnir] *vi (aux être)* to become again; **le ciel redevient nuageux** the sky is clouding over again; ~ **amis** to become friends again.

redevoir [53] [rədəvwar] *vt (seulement aux temps simples)*: **il redoit cinquante mille francs** he still owes fifty thousand francs.

rédhibitoire [redibitwar] *adj* -**1.** JUR: **action ~** remedy for latent defect; **vice ~** latent (principal) defect. -**2.** *fig*: **le prix est élevé mais pas ~** the price is high but not prohibitive; **une mauvaise note à l'écrit, c'est ~** a bad mark in the written exam is enough to fail the candidate.

rediffuser [3] [rədifyze] *vt* to rebroadcast, to repeat, to rerun; **nous rediffuserons ces images** we'll be showing these scenes again, we'll be rebroadcasting these scenes.

rediffusion [rədifyzjɔ̃] *nf* repeat, rerun, rebroadcast.

rédiger [17] [rediʒe] *vt* [manifeste, contrat] to write, to draw up *(sép)*; [thèse, rapport] to write up *(sép)*; [lettre] to write, to compose; [guide, manuel] to write, to compile; **il a rédigé sa lettre en termes énergiques** he wrote a strongly worded letter ‖ *(en usage abs)*: **il rédige bien** he writes well.

redingote [rədɛ̃gɔt] *nf* -**1.** [de femme] tailored OU fitted coat. -**2.** [d'homme] frock coat.

redire [102] [rədir] *vt* -**1.** [répéter] to say OU to tell again, to repeat; **je tiens à vous ~ combien j'ai été heureux de vous voir** I'd like to tell you again how happy I was to see you; **redites lentement les mots après moi** repeat slowly after me ‖ [rabâcher] to keep saying, to repeat; **on lui a dit et redit** he's been told again and again; **elle a redit la même chose tout au long de son discours** throughout her speech she repeated the same thing. -**2.** [rapporter] to (go and) tell, to repeat; **surtout, n'allez pas le lui ~** whatever you do, don't go and tell him. -**3.** *loc*: **quelque chose/rien à ~** something/nothing to object to; **elle ne voit rien à ~ aux nouvelles mesures** she can't see anything wrong with the new measures; **il n'y avait rien à ~ à cela** there was nothing wrong with OU nothing to object to in that; **trouver à ~ (à)** to find fault (with); **l'organisation était parfaite, je n'y ai pas trouvé à ~** the organization was perfect, there was nothing I could find fault with OU I had no complaint to make.

rediscuter [3] [rədiskyte] *vt* to discuss again, to have further discussion about.

◆ **rediscuter de** *v + prép* to talk about OU to discuss again.

redistribuer [7] [rədistribɥe] *vt* [cartes] to deal (out) *(sép)* again; [fortune] to redistribute; [emplois] to reallocate; **~ les rôles** *pr* to recast the show; *fig* to reallocate the tasks.

redistribution [rədistribysjɔ̃] *nf* [des revenus, des terres] redistribution.

redite [rədit] *nf* superfluous OU needless repetition; **son texte est plein de ~s** his text is very repetitive.

redondance [rədɔ̃dɑ̃s] *nf* -**1.** [répétition] redundancy. -**2.** INF, LING & TÉLÉC redundancy; **vérification par ~** redundancy check.

redondant, e [rədɔ̃dɑ̃, ɑ̃t] *adj* -**1.** [mot] redundant, superfluous; [style] redundant, verbose, wordy. -**2.** INF, LING & TÉLÉC redundant.

redonner [3] [rədɔne] *vt* -**1.** [donner de nouveau] to give more; **redonnez-lui du sirop** give him some more cough mixture; **~ à manger/de l'argent/du travail à qqn** to give sb some more food/money/work; **j'ai redonné les chaussures au cordonnier** I took the shoes back OU returned the shoes to the cobbler's; **ma promenade m'a redonné faim** that walk has made me hungry again. -**2.** [rendre] to give back *(sép)*; **ça m'a redonné confiance** it restored my confidence in myself; **la lessive qui redonne l'éclat du neuf à tout votre linge** the powder that puts a new brightness into your washing. -**3.** THÉÂT to stage again; **~ «Hamlet» au théâtre** to stage "Hamlet" again.

◆ **redonner dans** *v + prép sout* to lapse OU to fall back into.

redorer [3] [rədɔre] *vt* -**1.** TECH to regild. -**2.** *fig*: **~ son blason** [financièrement] to restore the family fortune *(by marrying into money)*; [rétablir son prestige] to polish OU to spruce up one's image, to give one's image a face-lift.

redormir [36] [rədɔrmir] *vi* [plus longtemps] to sleep some more; [à nouveau] to sleep again.

redoublant, e [rədublɑ̃, ɑ̃t] *nm, f* pupil repeating a year *Br* OU grade *Am*; **combien y a-t-il de ~s?** how many pupils are repeating their year?

redoublement [rədubləmɑ̃] *nm* -**1.** SCOL repeating a year *Br* OU grade *Am*; **son ~ l'a fait progresser** she's doing much better at school since she was held back a year. -**2.** LING reduplication. -**3.** [accroissement] increase, intensification; **seul un ~ d'efforts lui permettra de réussir** he will only succeed if he works much harder.

redoubler [3] [rəduble] ◇ *vt* -**1.** [rendre double]: **~ une consonne** to double a consonant; **frapper à coups redoublés** [plus fort] to knock even harder OU with renewed vigour; [plus vite] to knock even more urgently. -**2.** SCOL: **~ une classe** to repeat a year *Br* OU grade *Am* ‖ *(en usage abs)*: **ils l'ont fait ~** they made him do the year again.

◇ *vi* [froid, tempête] to increase, to intensify, to become more intense.

◆ **redoubler de** *v + prép* to increase in; **les coups redoublèrent de violence** the blows increased in violence; **~ d'efforts** to strive doubly hard, to redouble one's efforts; **~ de patience** to be doubly OU extra patient; **~ de ruse** to be doubly OU extra cunning.

redoutable [rədutabl] *adj* -**1.** [dangereux] formidable; **un ennemi ~** a fearsome OU formidable enemy; **une maladie ~** a dreadful illness; **la compagnie d'assurances a des enquêteurs ~s** the insurance company has very able investigators; **elle a un revers ~** she has a lethal backhand. -**2.** [effrayant - aspect, réputation] awesome, fearsome, awe-inspiring.

redoute [rədut] *nf* [fortification] redoubt.

Redoute [rədut] *npr f*: **la ~** *French mail order firm.*

redouter [3] [rədute] *vt* to dread; **il redoute de te rencontrer** he dreads meeting you.

redoux [rədu] *nm* mild spell *(during winter)*.

redox [rədɔks] *adj*: **couple ~** redox couple.

redresse [rədrɛs]

◆ **à la redresse**▽ *loc adj*: **un type à la ~** a tough guy.

redressement [rədrɛsmɑ̃] *nm* -**1.** [du corps, d'une barre] straightening up. -**2.** [d'un véhicule]: **son pneu a explosé juste après un ~ dans un virage** his tyre burst just after he straightened up coming out of a bend. -**3.** COMM & ÉCON recovery; **plan de ~** recovery programme. -**4.** FIN: **~ fiscal** payment of back taxes. -**5.** ÉLECTRON rectification.

redresser [4] [rədrese] *vt* -**1.** [arbre, poteau] to straighten (up), to set upright; [véhicule, volant] to straighten (up); [bateau] to right; **~ la tête** [la lever] to lift up one's head; [avec fierté] to hold one's head up high. -**2.** AUT *(en usage abs)* to straighten up, to recover; **il n'a pas redressé assez vite à la sortie du virage** he didn't straighten up quickly enough after the bend. -**3.** [corriger - courbure] to put right, to straighten out *(sép)*; [- anomalie] to rectify, to put right; [- situation] to sort out *(sép)*, to put right, to put back on an even keel. -**4.** ÉLECTRON to rectify.

◆ **se redresser** *vpi* -**1.** [personne assise] to sit up straight; [personne allongée] to sit up; [personne voûtée ou penchée] to straighten up; **redresse-toi!** [personne assise] sit up straight!; [personne debout] stand up straight! -**2.** *fig* [remonter] to recover; **les résultats se redressent depuis mai** output figures have been looking up OU have been recovering since May; **la situation se redresse un peu** the situation is on the mend.

redresseur, euse [rədrɛsœr, øz] *adj* -**1.** ÉLECTR rectifying. -**2.** OPT erecting.

◆ **redresseur** *nm* ÉLECTR rectifier.

◆ **redresseur de torts** *nm* HIST OU *hum* righter of wrongs.

réducteur, trice [redyktœr, tris] *adj* -**1.** [limitatif] simplistic; **une analyse réductrice** an over-simplistic analysis. -**2.** MÉCAN reduction *(modif)*. -**3.** CHIM reducing.

◆ **réducteur** *nm* -**1.** MÉCAN reduction gear. -**2.** CHIM reducer, reductant, reducing agent. -**3.** ANTHR: **~ de têtes** headshrinker.

réductibilité [redyktibilite] *nf* reducibility.

réductible [redyktibl] *adj* -**1.** [dépenses, dimensions] which can be reduced; [théorie] which can be reduced OU simplified. -**2.** CHIM, MATH & MÉD reducible.

réduction [redyksjɔ̃] *nf* -**1.** [remise] discount, rebate; **accorder une ~ de 10 %/de 50 francs sur le prix total** to give a 10%/a 50-franc discount on the overall cost; **carte de ~** discount card. -**2.** [baisse] cut, drop; **ils nous ont imposé une ~ des dépenses/salaires/effectifs** they've cut our expenditure/wages/numbers; **ils ont promis une ~ des impôts** they promised to reduce OU to lower taxes. -**3.** [copie plus petite] (scale) model; **cette sculpture est une ~ de la Vénus de Milo** this sculpture is a scale model OU scaled-down copy of the Venus de Milo. -**4.** BIOL, CHIM & MÉTALL reduction. -**5.** MÉD setting, reducing; **la ~ d'une fracture** setting a broken bone. -**6.** MATH, MUS & PHILOS reduction. -**7.** LOGIQUE: **~ à l'absurde** reductio ad absurdum. -**8.** JUR: **~ de peine** mitigation (of sentence); **il a eu une ~ de peine** he got his sentence cut OU reduced.

◆ **en réduction** *loc adj* scaled-down.

réductionnisme [redyksjɔnism] *nm* reductionism.

réductionniste [redyksjɔnist] *adj & nmf* reductionist.

réduire [98] [redɥir] ◇ *vt* -**1.** [restreindre - consommation] to reduce, to cut down on; [- inflation] to reduce, to bring down *(sép)*, to lower; [- dépenses, effectifs] to reduce, to cut back on; [- distance] to reduce, to decrease; [- chauffage] to lower, to turn down *(sép)*; **réduis la flamme** turn down the gas; **il a réduit le prix de 10 %** he cut OU reduced the price by 10%; **j'ai réduit mon budget vêtements à 200 francs par mois/mon texte à trois pages** I've cut down my spending on clothes to 200 francs a month/my text to three pages; **ils ont réduit leurs délais de deux jours** they've cut the waiting time by two days; **~ qqch de moitié** to cut sthg by half, to halve sthg. -**2.** [refaire en petit - photo] to reduce; [- schéma] to scale down *(sép)*. -**3.** [changer]: **~ qqch à néant**: **il a réussi à ~ à néant le travail de dix années** he managed to reduce ten years' work to nothing; **~ qqch en miettes** to smash sthg to bits OU pieces; **~ qqch en cendres** to reduce sthg to ashes; **~ qqch à sa plus simple expression** to reduce sthg to its simplest expression. -**4.** [forcer]: **~ qqn à** to reduce sb to; **~ la presse/l'opposition au silence** to silence the press/the opposition; **~ à la clandestinité** to drive underground; **en être réduit à des expédients/au suicide** to be driven to using expedients/to suicide; **ils en sont réduits aux dernières extrémités** they are in dire straits; **~ qqn à faire** to force OU to compel OU to drive sb to do. -**5.** [vaincre] to quell, to subdue, to crush; **~ les poches de résistance** to crush the last pockets of resistance; **une armée que rien n'a pu ~** an army which no one OU nothing has been able to beat. -**6.** CHIM & CULIN to reduce. -**7.** MÉD to set, to reduce. -**8.** MATH & MUS to reduce. -**9.** *Helv* [ranger] to put away *(sep)*.

◇ *vi* CULIN: **faire ~** to reduce.

◆ **se réduire** *vpi* [économiser] to cut down; **il va falloir se ~ sur les sorties au restaurant** we're going to have to cut down on eating out.

◆ **se réduire à** *vp + prép* [consister en] to amount to; **la rencontre s'est réduite à un échange poli** the meeting amounted to nothing more than a polite exchange of views; **son influence se réduit à peu de chose** her influence amounts to very little.

réduit, e [redɥi, it] *adj* -**1.** [diminué - échelle, format etc] scaled-down, small-scale; **(avion/voiture en) modèle ~** model (aeroplane/car). -**2.** [petit - taille] small; [- tarif] reduced, cut; **à vitesse ~e** at reduced OU low speed; **à prix ~** cut price; **la fréquentation est ~e l'hiver**

attendance is lower in the winter. -**3.** [peu nombreux - débouchés] limited, restricted.

◆ **réduit** *nm* -**1.** *péj* [logement] cubbyhole; **il vit dans un ~ mal chauffé** he lives in a badly heated little cubbyhole. -**2.** [recoin] recess; [placard] cupboard. -**3.** [fortification] reduit.

rééchelonnement [reeʃlɔnmɑ̃] *nm* rescheduling.

réécouter [3] [reekute] *vt*: **~ qqch** to listen to sthg again.

réécrire [99] [reekrir] *vt* to rewrite; **~ l'histoire** to rewrite history.

réécriture [reekrityr] *nf* rewriting.

réédification [reedifikasjɔ̃] *nf* reconstruction, re-erection.

réédifier [9] [reedifje] *vt* to reconstruct, to re-erect.

rééditer [3] [reedite] *vt* -**1.** IMPR to republish; **son livre a été réédité chez Leroux** his book has been republished by Leroux OU brought out again by Leroux. -**2.** *fam* [refaire] to repeat; **~ la même erreur** to make OU to repeat the same mistake.

réédition [reedisjɔ̃] *nf* -**1.** IMPR [nouvelle édition] new edition; [action de rééditer] republishing, republication. -**2.** [répétition] repeat, repetition.

rééducation [reedykasjɔ̃] *nf* -**1.** MÉD [d'un membre] reeducation; [d'un malade] rehabilitation, reeducation; **faire de la ~** to undergo physiotherapy *esp Br* OU physical therapy *Am* ❑ **~ motrice** motor reeducation. -**2.** [morale] reeducation; JUR [d'un délinquant] rehabilitation.

rééduquer [3] [reedyke] *vt* -**1.** MÉD [malade] to give physiotherapy *esp Br* OU physical therapy *Am* to, to reeducate; [membre] to reeducate. -**2.** [délinquant] to rehabilitate.

réel, elle [reɛl] *adj* -**1.** [concret] real; **besoins ~s** genuine needs; **dans la vie ~le, c'est différent** it's different in real life || [prix, profit, salaire] real; [date] effective; **résultats ~s** actual results. -**2.** *(avant le n)* [appréciable] genuine, real; **une ~le amélioration** real OU genuine progress; **elle a fait preuve d'un ~ talent** she's shown true OU genuine talent.

◆ **réel** *nm*: **le ~** reality, the real.

réélection [reelɛksjɔ̃] *nf* reelection.

rééligible [reeliʒibl] *adj* reeligible; **ils sont/ne sont pas ~s** they are/aren't entitled to stand for election again.

réélire [106] [reelir] *vt* to reelect.

réellement [reɛlmɑ̃] *adv* really; **ces faits ont ~ eu lieu** these events really did take place.

réembaucher [3] [reɑ̃boʃe] ◇ *vt* to take back on, to take on *(sép)* again, to reemploy; **sa société l'a réembauché** his company took him on again.

◇ *vi* to hire again; **l'entreprise réembauche** the company is taking people on again.

réémetteur [reemetœr] *nm* relay transmitter.

réemploi [reɑ̃plwa] = **remploi**.

réemployer [reɑ̃plwaje] = **remployer**.

réemprunter [reɑ̃prœ̃te] = **remprunter**.

réengagement [reɑ̃gaʒmɑ̃] = **rengagement**.

réengager [reɑ̃gaʒe] = **rengager**.

réensemencement [reɑ̃smɑ̃smɑ̃] *nm* resowing.

réensemencer [16] [reɑ̃smɑ̃se] *vt* to sow again, to resow.

réenvisager [17] [reɑ̃vizaʒe] *vt* [de nouveau] to consider again, to think about *(insép)* again; [différemment] to rethink, to review.

rééquilibrage [reekilibraʒ] *nm* readjustment, rebalancing; **le ~ des forces européennes** the rebalancing OU restabilizing of power in Europe; **~ du budget** balancing the budget again.

rééquilibrer [3] [reekilibre] *vt* -**1.** [budget] to balance again; [situation] to restabilize. -**2.** [personne]: **son séjour à l'étranger l'a rééquilibré** his stay abroad has helped him (to) find his feet again.

réescompte [reɛskɔ̃t] *nm* rediscount.

réescompter [3] [reɛskɔ̃te] *vt* to rediscount.

réessayer [11] [reesɛje] *vt* [voiture, produit, méthode] to try again; [vêtement] to try on *(sép)* again.

réétudier [9] [reetydje] *vt* -**1.** [discipline] to study again; **se mettre à ~ le grec** to go back to studying Greek. -**2.** [projet, idée] to study OU to examine again; **on va ~ la question** we're going to give the question some more thought.

réévaluation [reevalɥasjɔ̃] *nf* -**1.** [d'une devise] revaluation. -**2.** [d'un budget, d'un salaire - gén] reappraisal, reassessment; [- à la hausse] upgrade, upgrading; [- à la baisse] downgrade, downgrading.

réévaluer [7] [reevalɥe] *vt* -**1.** FIN [devise, monnaie] to revalue; [salaire, taux] to reappraise; [à la hausse] to upgrade; [à la baisse] to downgrade. -**2.** [qualité, travail] to reassess, to reevaluate.

réexamen [reɛgzamɛ̃] *nm* reexamination, reassessment.

réexaminer [3] [reɛgzamine] *vt* to reexamine, to reassess.

réexpédier [9] [reɛkspedje] *vt* -**1.** [courrier - à l'expéditeur] to return (to sender), to send back *(sép)*; [- au destinataire] to forward. -**2.** *fam* [personne] to throw out *(sép)*; **je l'ai réexpédié vite fait** I got rid of him in no time.

réexpédition [reɛkspedisjɔ̃] *nf* [pour renvoyer] sending back, returning (to sender); [pour faire suivre] forwarding, redirecting; **service de ~ du courrier** mail forwarding OU redirecting service.

réexportation [reɛkspɔrtasjɔ̃] *nf* reexport.

réexporter [3] [reɛkspɔrte] *vt* to reexport.

réf. *(abr écrite de* **référence***)* ref.

refaçonner [3] [rəfasɔne] *vt* to reshape, to remodel.

réfaction [refaksjɔ̃] *nf* -**1.** COMM reimbursement, allowance. -**2.** FIN adjustment.

refaire [109] [rəfɛr] *vt* -**1.** [à nouveau] to redo, to do again; **~ une addition** to add a sum up again; **~ une opération pour la vérifier** to do a calculation again to check it; **~ un pansement** to redo a bandage; **~ une piqûre** to give another injection; **j'ai dû ~ le trajet en sens inverse** I had to make the same journey again in the other direction; **quand pourras-tu ~ du sport?** when will you be able to do some sport again?; **je vais ~ quelques longueurs de bassin** I'm going to swim a few more lengths; **il a refait le dessin en tenant compte de nos remarques** he redid the drawing taking our comments into account || *fig*: **vous ne la referez pas** you won't change her; **~ sa vie** to start a new life, to make a fresh start (in life); **si c'était à ~, je ne l'épouserais pas** if I could start all over again, I wouldn't marry him; **si c'était à ~? - je suis prête à recommencer** and if you had to do it all again? - I would do the same thing. -**2.** [réparer] to redo; **~ la toiture** to redo the roof; **~ la peinture** to repaint, to redo the paintwork; **ils refont la route** they are resurfacing the road; **le moteur a été complètement refait à neuf** the engine has had a complete overhaul. -**3.** *fam* [berner] to take in *(sép)*; **il m'a refait de cent francs** he did me out of a hundred francs; **tu as été refait** you've been taken in OU had.

◆ **se refaire** ◇ *vp* *(emploi réfléchi)* [se changer]: **on ne se refait pas** you can't change the way you are.

◇ *vpi* *fam* [financièrement] to recoup one's losses; **j'ai besoin de me ~** I need to get hold of some more cash.

◇ *vpt*: **se ~ une tasse de thé** to make o.s. another cup of tea ❑ **se ~ une beauté** to powder one's nose; **se ~ une santé** to recuperate, to get back into shape.

◆ **se refaire à** *vp + prép*: **se ~ à qqch** to get used to sthg again; **il a du mal à se ~ à la vie urbaine** he's finding it hard getting used to city life again OU getting reaccustomed to city life.

réfection [refɛksjɔ̃] *nf* [gén] redoing; [d'une pièce] redecorating; [d'une maison] redoing, doing up; [d'une route] repairs; **pendant les travaux de ~** [d'une maison] while the house is being done up; [d'une route] during repairs to the road, while there are roadworks.

réfectoire [refɛktwar] *nm* [dans une communauté] refectory; SCOL dining hall, canteen; UNIV (dining) hall.

refend [rəfɑ̃] *nm* ARCHIT & CONSTR: **bois de ~** (wood in) planks; **pierre de ~** corner stone; **mur de ~** partition (wall).

refendre [78] [rəfɑ̃dr] *vt* -**1.** [ardoise] to split. -**2.** MENUIS: **scie à ~** pitsaw.

référé [refere] *nm* [procédure] special hearing; [arrêt] temporary ruling; [ordonnance] temporary injunction; **introduire un ~** to issue a temporary injunction.

référence [referɑ̃s] *nf* -**1.** [renvoi] reference. -**2.** ADMIN & COMM reference number; **'~ à rappeler dans toute correspondance'** 'reference number to be quoted when replying OU in all correspondence'. -**3.** [base d'évaluation] reference; **un prix littéraire, c'est une ~** to have won a literary prize is a good reference OU recommendation; **ton ami n'est pas une ~** your friend is nothing to go by; **faire ~ à: la biographie fait plusieurs fois ~ à son éthylisme** the biography makes several references to his alcoholism; **dans ce passage il fait ~ à Platon** in this passage he is referring to Plato. -**4.** LING reference.

◆ **références** *nfpl* [pour un emploi - témoignages] references, credentials *fig*; [- document] reference letter, testimonial; **'sérieuses ~s exigées'** 'good references required'; **quelles sont les ~s de votre société?** what are your company's credentials?

◆ **de référence** *loc adj* reference *(modif)*; **année de ~** FIN base year; **groupe de ~** PSYCH reference group; **prix de ~** reference price.

référencer [16] [referɑ̃se] *vt* to reference.

référendaire [referɑ̃dɛr] *adj* referendum *(modif)*; **conseiller ~** ≃ public auditor.

référendum [referɛ̃dɔm] *nm* referendum.

référent [referɑ̃] *nm* referent.

référentiel, elle [referɑ̃sjɛl] *adj* referential.

◆ **référentiel** *nm* frame of reference.

référer [18] [refere]

◆ **en référer à** *v + prép* [consulter] to refer back to; **il ne peut rien décider sans en ~ à son supérieur** he can't decide anything without referring back to his boss.

◆ **se référer à** *vp + prép* to refer to; **l'article se réfère à l'affaire Dreyfus** the article refers to the Dreyfus affair; **nous nous référons à la définition ci-dessus** the reader is referred to the above definition.

refermer [3] [rəfɛrme] *vt* to close OU to shut again; **~ ses mâchoires sur qqch** to clamp one's jaws on sthg.

◆ **se refermer** *vpi* [porte] to close OU to shut again; [blessure] to close OU to heal up; [piège] to snap shut; **la porte s'est refermée sur mes doigts** the door closed on my fingers.

refiler *fam* [3] [rəfile] *vt* to give; **il m'a refilé sa grippe/son vieux blouson** he gave me the flu/his old jacket ❑ **~ le bébé à qqn** to unload a problem onto sb.

refinancement [rəfinɑ̃smɑ̃] *nm* refinancing.

réfléchi, e [refleʃi] *adj* -**1.** [caractère, personne] reflective, thoughtful; **une analyse ~e** a thoughtful OU well thought-out analysis; **un enfant très ~ pour son âge** a child who thinks very seriously for his age. -**2.** LING reflexive.

réfléchir [32] [refleʃir] ◇ *vt* PHOT & PHYS to reflect.

◇ *vi* to think, to reflect; **as-tu bien réfléchi?** have you thought about it carefully?; **j'ai demandé à ~ avant de répondre** I've asked for time to think it over OU to think about it before giving my answer; **parler sans ~** to speak without thinking; **il fallait ~ avant de parler!** you should have thought before you spoke!; **j'ai longuement réfléchi** I gave it a lot of thought; **~ vite** to think quickly; **tes mésaventures m'ont donné à ~** your mishaps have given me food for thought; **~ à** to think about *(insép)*, to reflect on *(insép)*, to consider; **réflé-**

chissez à ma proposition do think about my offer; as-tu réfléchi aux conséquences de ton départ? have you thought about OU considered the consequences of your going?; as-tu réfléchi (au fait) que tu n'étais pas libre demain? have you forgotten OU haven't you realized you aren't free tomorrow?; tout bien réfléchi all things considered, after careful consideration; c'est tout réfléchi it's all settled, my mind's made up; c'est tout réfléchi, je refuse! that's easy, the answer is no!

◆ **se réfléchir** *vpi* [lumière, son] to be reflected.

réfléchissant, e [refleʃisɑ̃, ɑ̃t] *adj* reflecting PHYS.

réflecteur, trice [reflɛktœr, tris] *adj* reflecting.

◆ **réflecteur** *nm* -**1.** ASTRON reflector, reflecting telescope. -**2.** PHYS reflector.

réflectif, ive [reflɛktif, iv] *adj* reflexive PHYSIOL.

reflet [rəflɛ] *nm* -**1.** [lumière] reflection, glint, light; les ~s du soleil sur l'eau the reflection of the sun on the water. -**2.** [couleur] tinge, glint, highlight; des cheveux châtains avec des ~s dorés brown hair with tints of gold; se faire faire des ~s to have highlights put in; avoir des ~s changeants to shimmer. -**3.** [image] reflection; je vois ton ~ dans la vitre I can see your reflection in the window; on voit le ~ du flash dans la fenêtre you can see the reflection of the flashlight on the windowpane; ses lettres sont le ~ de son caractère her letters reflect OU mirror her character.

refléter [18] [rəflete] *vt* -**1.** [renvoyer - lumière] to reflect; [- image] to reflect, to mirror. -**2.** [représenter] to reflect, to mirror; son air perplexe reflétait son trouble intérieur his puzzled look indicated OU betrayed his inner turmoil; ce qu'il dit ne reflète pas ce qu'il pense/mon opinion his words are not a fair reflection of what he thinks/of my opinion.

◆ **se refléter** *vpi* -**1.** [lumière, rayon] to be reflected. -**2.** [se manifester] to be reflected in; son éducation religieuse se reflète dans sa manière de vivre his religious education is reflected in the way he lives; le bonheur se reflète sur son visage happiness shines in his face.

refleurir [32] [rəflœrir] *vi* -**1.** [plante] to flower again, to blossom again. -**2.** *fig* & *litt* to blossom OU to flourish again.

reflex [reflɛks] ◇ *adj inv* reflex *(modif)*.

◇ *nm inv* reflex (camera).

réflexe [reflɛks] ◇ *nm* -**1.** BIOL & PHYSIOL reflex; avoir de bons ~s to have good reflexes ❑ ~ inné/conditionné instinctive/conditioned reflex. -**2.** [réaction] reaction; il a eu/n'a pas eu le ~ de tirer le signal d'alarme he instinctively pulled/he didn't think to pull the alarm; son premier ~ a été d'appeler à l'aide her immediate reaction was to call for help; ses ~s de conducteur sont émoussés his reflexes when he's behind the wheel aren't what they used to be.

◇ *adj* reflex *(modif)*.

réflexible [reflɛksibl] *adj* reflexible.

réflexif, ive [reflɛksif, iv] *adj* MATH & PHILOS reflexive.

réflexion [reflɛksjɔ̃] *nf* -**1.** [méditation] thought; après mûre ~ after careful consideration, after much thought; leur proposition demande ~ their offer will need thinking over; s'absorber dans ses ~s to be deep OU lost in thought ❑ ~ faite, à la ~ on reflection. -**2.** [discernement]: agir sans ~ to act without thinking, to act thoughtlessly; son rapport manque de ~ his report hasn't been properly thought out OU through; elle manque de ~ she doesn't think things out (sufficiently); un homme de ~ a man of intellect. -**3.** [remarque] remark, comment, reflection; faire des ~ à qqn to make comments to sb; elle a fait d'amères ~s sur son passé she made bitter reflections about OU she commented bitterly on her past life; sa ~ ne m'a pas plu I didn't like his remark OU what he said; elle a eu des ~s de la direction the management have had a word with her *euph*. -**4.** TECH [de la lumière] reflection; angle de ~ angle of reflection.

réflexivité [reflɛksivite] *nf* reflexivity.

réflexologie [reflɛksɔlɔʒi] *nf* reflexology.

refluer [3] [rəflye] *vi* -**1.** [liquide] to flow back; [marée] to ebb; [foule, public] to surge back; faire ~ les manifestants to push back the demonstrators. -**2.** *fig* & *litt* [pensée, souvenir] to come flooding OU rushing back.

reflux [rəfly] *nm* -**1.** [de la marée] ebb. -**2.** [d'une foule] backward surge. -**3.** MÉD reflux.

refondre [75] [rəfɔ̃dr] *vt* -**1.** [métal] to remelt, to melt down *(sép)* again; [cloche] to recast. -**2.** *fig* [remanier] to recast, to reshape, to refashion; ~ un projet de loi to redraft OU to recast a bill; la 3e édition a été entièrement refondue the third edition has been entirely revised.

refonte [rəfɔ̃t] *nf* -**1.** MÉTALL [nouvelle fonte] remelting; [nouvelle coulée] recasting. -**2.** *fig* [remaniement] recasting, reshaping, refashioning; il y a eu ~ de l'ouvrage the work has been completely OU entirely revised.

réformable [refɔrmabl] *adj* -**1.** MIL *liable for exemption from military service*. -**2.** [modifiable] reformable, capable of being modified.

reformage [rəfɔrmaʒ] *nm* reforming; ~ catalytique/à la vapeur catalytic/steam reforming.

réformateur, trice [refɔrmatœr, tris] ◇ *adj* reforming; idées réformatrices ideas of reform.

◇ *nm, f* reformer.

réformation [refɔrmasjɔ̃] *nf* -**1.** *litt* [action] reform, reformation. -**2.** RELIG & *vieilli*: la Réformation the Reformation. -**3.** JUR reversal.

réforme [refɔrm] *nf* -**1.** [modification] reform; demander la ~ de l'orthographe to call for spelling reform; ~s sociales social reforms; nous choisirons la voie des ~s we shall opt for reformism OU a policy of reform OU reforms. -**2.** MIL [de matériel] scrapping; [d'un soldat] discharge; [d'un appelé] declaration of unfitness for service; commission de ~ ≃ Army Medical Board. -**3.** RELIG: la Réforme the Reformation.

réformé, e [refɔrme] ◇ *adj* [religion] Reformed, Protestant.

◇ *nm, f* [calviniste] Protestant; [moine] member of a Reformed Order.

◆ **réformé** *nm* MIL [recrue] *conscript declared unfit for service*; [soldat] discharged soldier.

reformer [3] [rəfɔrme] *vt* -**1.** [à nouveau] to re-form, to form again; ~ un groupe to bring a group back together; reformez les groupes! get back into your groups! -**2.** PÉTR to reform.

◆ **se reformer** *vpi* to re-form, to form again; la fissure se reforme tous les hivers the crack reappears every winter; l'association va se ~ autour d'une nouvelle équipe the association will be set up again OU re-formed around a new team.

réformer [3] [refɔrme] *vt* -**1.** [modifier] to reform. -**2.** *litt* [supprimer] to put an end to; ~ les abus to put an end to injustice. -**3.** [mettre au rebut] to scrap, to discard. -**4.** MIL [recrue] to declare unfit for service; [soldat] to discharge; [tank, arme] to scrap. -**5.** RAIL to overhaul.

réformette *fam* [refɔrmɛt] *nf péj* petty reform.

réformisme [refɔrmism] *nm* reformism.

réformiste [refɔrmist] *adj* & *nmf* reformist.

reformuler [3] [rəfɔrmyle] *vt* to rephrase, to reword; je ne comprends pas votre question, pouvez-vous la ~? I don't understand your question, could you rephrase it?

refouiller [3] [rəfuje] *vt* to carve out *(sép)*.

refoulant, e [rəfulɑ̃, ɑ̃t] *adj* pumping *(avant n)*; pompe ~e force pump.

refoulé, e [rəfule] ◇ *adj* [instinct, sentiment] repressed; [ambition] frustrated; [personne] inhibited.

◇ *nm, f* inhibited person.

◆ **refoulé** *nm* PSYCH: le ~ repressed content.

refoulement [rəfulmɑ̃] *nm* -**1.** [d'assaillants] pushing OU forcing back; [d'immigrants] turning back OU away. -**2.** PSYCH repression. -**3.** RAIL backing.

refouler [3] [rəfule] ◇ *vt* -**1.** [assaillants] to drive OU to push back *(sép)*, to repulse; [immigrants] to turn back OU away *(sép)*; les forces de police ont refoulé les manifestants hors de la place the police drove the demonstrators out of the square. -**2.** [liquide] to force to flow back; [courant] to stem; [air] to pump out *(sép)*. -**3.** [retenir]: ~ ses larmes to hold OU to choke back one's tears; ~ sa colère to keep one's anger in check. -**4.** PSYCH to repress. -**5.** RAIL to back.

◇ *vi* -**1.** [pieu, cheville] to balk. -**2.** [mal fonctionner]: l'égout refoule a stench is coming up from the sewer; la cheminée refoule the fire is blowing back.

réfractaire [refraktɛr] ◇ *adj* -**1.** [matériau] refractory, heat-resistant. -**2.** [personne]: ~ à resistant OU unamenable to; je suis ~ aux mathématiques I'm incapable of understanding mathematics, mathematics is a closed book to me; ~ aux charmes de la nature impervious to nature's charms. -**3.** MÉD resistant. -**4.** PHYSIOL: période ~ refractory period OU phase.

◇ *nm* -**1.** TECH refractory (material). -**2.** HIST *French citizen refusing to work in Germany during World War II.*

réfracter [3] [refrakte] *vt* to refract.

◆ **se réfracter** *vpi* to be refracted.

réfracteur, trice [refraktœr, tris] *adj* refracting.

◆ **réfracteur** *nm* refracting telescope, refractor.

réfraction [refraksjɔ̃] *nf* refraction; indice de ~ refractive index.

réfractomètre [refraktɔmɛtr] *nm* -**1.** OPT refractometer. -**2.** MÉD optometer.

refrain [rəfrɛ̃] *nm* -**1.** [d'une chanson] chorus, refrain; [chanson] tune, song. -**2.** *péj* [sujet]: change de ~ can't you talk about something else?; avec toi c'est toujours le même ~ it's always the same old story with you.

réfrangibilité [refrɑ̃ʒibilite] *nf* refrangibility, refrangibleness.

réfrangible [refrɑ̃ʒibl] *adj* refrangible.

refrènement [rəfrɛnmɑ̃], **réfrènement** [refrɛnmɑ̃] *nm litt* repressing, curbing.

refréner [rəfrene], **réfréner** [refrene] *vt* to hold back *(sép)*, to hold in check, to curb; ~ sa colère to stifle one's anger.

réfrigérant, e [refriʒerɑ̃, ɑ̃t] *adj* -**1.** [liquide] cooling, refrigerant *spéc*; mélange ~ refrigerant. -**2.** *fig* [comportement, individu] frosty, icy.

◆ **réfrigérant** *nm* INDUST & SC cooler.

réfrigérateur [refriʒeratœr] *nm* refrigerator, fridge, icebox *Am.*

réfrigérateur-congélateur [refriʒeratœrkɔ̃ʒelatœr] (*pl* réfrigérateurs-congélateurs) *nm* fridge-freezer.

réfrigération [refriʒerasjɔ̃] *nf* refrigeration.

réfrigéré, e [refriʒere] *adj* -**1.** *fam* [personne] frozen. -**2.** [véhicule] refrigerated.

réfrigérer [18] [refriʒere] *vt* -**1.** [denrée] to cool, to refrigerate. -**2.** *fig*: son abord glacial m'a réfrigéré his icy manner cut me dead.

réfringence [refrɛ̃ʒɑ̃s] *nf* refringence, refringency.

réfringent, e [refrɛ̃ʒɑ̃, ɑ̃t] *adj* refringent.

refroidir [32] [rəfrwadir] ◇ *vt* -**1.** TECH to cool. -**2.** *fig* [personne] to cool (down); [sentiment] to dampen, to put a damper on; cet échec l'a refroidi this failure has dampened his enthusiasm. -**3.** ▽ [assassiner] to bump off.

◇ *vi* -**1.** [devenir froid] to cool (down), to get cold OU colder; faites ~ pendant deux heures dans le réfrigérateur cool OU leave to cool in the refrigerator for two hours; viens manger, le potage va ~! come and eat, the soup's getting cold! -**2.** *fam fig*: laisser ~ qqch to leave OU to keep OU to put sthg on ice.

◆ **se refroidir** *vpi* -**1.** [devenir froid] to get cold OU colder, to cool down; le temps va se ~ [légèrement] it'll get cooler; [sensiblement] it'll get cold OU colder; **attendez que le métal se soit refroidi** wait till the metal has cooled (down); **ne laissez pas vos muscles se ~** don't let your muscles get cold. **-2.** [diminuer] to cool off; **sa passion s'est refroidie** her love has lost some of its fire.

refroidissement [rəfrwadismɑ̃] *nm* **-1.** TECH cooling; **à ~ par circulation d'eau** water-cooled; **à ~ par ventilation** air-cooled; **plaque/tour de ~** cooling plate/tower. **-2.** [rhume] chill; **elle a pris un ~** she caught a chill. **-3.** *fig* [dans une relation] cooling (off); **il y a eu un net ~ dans leurs relations** there's been a definite cooling off in their relationship.

refroidisseur [rəfrwadisœr] *nm* TECH cooler.

refuge [rəfyʒ] *nm* **-1.** [abri] refuge; **servir de ~ à qqn** to offer refuge to sb, to provide a roof for sb; **chercher/trouver ~ dans une grange** to seek/to find shelter in a barn; **donner ~ à** to give shelter to, to shelter ‖ [en montagne] (mountain) refuge; **l'hébergement est en ~** accommodation is provided at the mountain refuge. **-2.** *sout* [réconfort] haven; **chercher ~ dans la religion/les livres** to seek refuge in religion/books; **ce quartier est le ~ des artistes** this area is a haven for artists. **-3.** [dans une rue] refuge, (traffic) island. **-4.** *(comme adj; avec ou sans trait d'union)* [sûr]: **valeur ~** [gén] sound investment; BOURSE currency-safe investment.

réfugié, e [refyʒje] *nm, f* refugee.

réfugier [9] [refyʒje]

◆ **se réfugier** *vpi* **-1.** [s'abriter] to take refuge OU shelter; **ils se sont réfugiés dans une grotte** they took refuge in a cave; **ils se sont réfugiés sous un arbre** they sheltered under a tree. **-2.** *fig*: **elle se réfugie dans ses livres** she takes refuge in her books.

refumer [3] [rəfyme] *vi* to start smoking again.

refus [rəfy] *nm* **-1.** [réponse négative] refusal, rebuff; **s'exposer à un ~** to run the risk of a refusal OU of being turned down; **opposer un ~ catégorique à qqn** to give an outright refusal to sb; **~ de vente/de priorité/d'obéissance** refusal to sell/to give way/to comply ❑ **ce n'est pas de ~!** *fam* I wouldn't say no!, I don't mind if I do! **-2.** ÉQUIT refusal.

refusable [rəfyzabl] *adj* [gén] refusable; [offre] which can be rejected.

refusé, e [rəfyze] *nm, f* ENS failed candidate.

refuser [3] [rəfyze] ◇ *vt* **-1.** [don, livraison] to refuse to accept, to reject; **~ une marchandise pour non-conformité** to refuse to accept an unfit OU a faulty product; **il a refusé tous les cadeaux** he's refused to accept any present, he's turned down every gift ‖ [offre, proposition] to turn down, to refuse; **~ une invitation** to turn down OU to decline an invitation; **je suis obligé de ~ du travail** I have to turn jobs down OU to refuse work; **le restaurant refuse du monde tous les soirs** the restaurant turns people away every evening. **-2.** [autorisation] to refuse, to turn down; [service] to refuse, to deny; **je lui ai refusé l'accès au jardin** I denied him access to the garden; **je lui ai refusé la visite du jardin** I wouldn't allow him to visit the garden; **il refuse de sortir de sa chambre** he refuses to leave his room; **il ne peut rien lui ~** he can refuse him nothing; **comment peux-tu lui ~ ça?** how can you deny him that?; **le tiroir refuse de s'ouvrir** the drawer refuses to OU won't open. **-3.** ÉQUIT to refuse. **-4.** [combat, maladie, responsabilité] to refuse, to reject; **je refusais tout à fait cette idée** I wouldn't accept that idea at all; **~ le combat** to refuse battle OU to fight; **~ de lutter contre la maladie/d'utiliser la force** to refuse to combat illness/to use force; **~ les responsabilités** to shun responsibilities, to refuse to take on responsibilities; **on ne peut lui ~ une réelle maîtrise du sujet** *sout* there's no denying he really knows the subject.

◇ *vi* **-1.** CONSTR & TRAV PUBL to resist, to balk. **-2.** NAUT to haul, to turn.

◆ **se refuser** ◇ *vp (emploi passif; à la forme nég)*: **une telle offre ne se refuse pas** such an offer is not to be refused OU can't be turned down; **un séjour au bord de la mer, ça ne se refuse pas** a stay at the seaside, you can't say no to that. ◇ *vpt* to deny o.s.; **des vacances au Brésil, on ne se refuse rien!** *fam hum* a holiday in Brazil, no less!

◆ **se refuser à** *vp + prép*: **je me refuse à croire de pareilles sornettes!** I refuse to believe such twaddle!; **l'avocat se refuse à tout commentaire** the lawyer is refusing to make any comment OU is declining to comment.

réfutable [refytabl] *adj* refutable; **arguments qui ne sont pas ~s** arguments which cannot be refuted.

réfutation [refytasjɔ̃] *nf* refutation.

réfuter [3] [refyte] *vt* **-1.** [en prouvant] to refute, to disprove. **-2.** [contredire] to contradict.

refuznik [rəfyznik] *nmf* refusnik, refusenik.

reg [rɛg] *nm* reg GEOG.

regagner [3] [rəgaɲe] *vt* **-1.** [gagner - à nouveau] to win back *(sép)*, to regain; [- après perte] to win back; **le dollar regagne quelques centimes sur le marché des changes** the dollar has regained a few cents on the foreign exchange market; **~ la confiance de ses électeurs** to win back the voters' trust; **~ le temps perdu** to make up for lost time; **~ du terrain** to recover lost ground. **-2.** [retourner à] to go back OU to return to; **~ la ville/la France** to return to (the) town/to France; **il a regagné la côte à la nage** he swam (back) to the shore; **~ sa place** to get back to one's seat OU place.

regain [rəgɛ̃] *nm* **-1.** [retour, accroissement] renewal, revival; **un ~ de vie** a new lease of life; **avec un ~ de bonne humeur** with renewed cheerfulness; **un ~ d'énergie** fresh energy. **-2.** AGR aftermath.

régal, als [regal] *nm* **-1.** [délice] delight, treat; **ce repas est un vrai ~** this meal is a real treat. **-2.** [plaisir] delight; **la mousse au chocolat est son ~** chocolate mousse is his favourite; **c'est un ~ pour les yeux** it's a sight for sore eyes.

régalade [regalad] *nf*: **boire à la ~** *to drink without letting the bottle touch one's lips.*

régale [regal] *adj f* CHIM: **eau ~** aqua regia.

régalement [regalmɑ̃] *nm* (tax) apportioning.

régaler [3] [regale] *vt* **-1.** [offrir à manger, à boire] to treat; **~ ses amis d'un excellent vin** to treat one's friends to an excellent wine; **aujourd'hui, c'est moi qui régale** *fam* today it's on me OU I'm treating you OU it's my treat. **-2.** *fig* to regale; **elle régalait ses collègues d'anecdotes croustillantes** she regaled her colleagues with OU treated her colleagues to spicy anecdotes. **-3.** [terrain] to level. **-4.** FIN to apportion (a tax).

◆ **se régaler** *vpi* **-1.** [en mangeant]: **je me suis régalé** it was a real treat, I really enjoyed it. **-2.** *fig*: **je me régale en l'écoutant** OU **à l'écouter** it's a real treat for me to listen to her.

régalien, enne [regaljɛ̃, ɛn] *adj* kingly, royal; **droit ~** royal prerogative.

regard [rəgar] *nm* **-1.** [expression] look, expression; **son ~ était haineux** he had a look of hatred in his eye OU eyes, his eyes were full of hatred; **il a un ~ doux/torve** he has a gentle/menacing look in his eyes; **un ~ vitreux** a glassy stare; **un ~ de concupiscence** a leer; **un ~ de méfiance** a suspicious look. **-2.** [coup d'œil] look, glance, gaze; **mon ~ s'arrêta sur une fleur** my eyes fell on a flower; **attirer les ~s** to be the centre of attention; **nos ~s se croisèrent** our eyes met; **il a détourné le ~** he averted his gaze, he looked away; **ils échangèrent un ~ de connivence** they exchanged knowing OU conspiring looks; **un ~ qui en disait long** an eloquent look; **chercher du ~** to look (around) for; **interroger qqn du ~** to give sb a questioning look; **il est parti sans même un ~** he left without even a backward glance; **lancer un ~ à qqn** to look at sb; **il lançait aux visiteurs des ~s mauvais** he glared at the visitors OU gave the visitors nasty looks; **caché aux ~s du public** out of the public eye; **loin des ~s curieux** far from prying eyes; **porter un ~ nouveau sur qqn/qqch** *fig* to look at sb/sthg in a new light; **couver qqch/qqn du ~** to stare at sthg/sb with greedy eyes ❑ **suivez mon ~** *hum* mentioning no names. **-3.** [d'égout] manhole; [de colonne, de four] peephole.

◆ **au regard de** *loc prép* **-1.** [aux termes de] in the eyes of; **mes papiers sont en règle au ~ de la loi** my papers are in order from a legal point of view. **-2.** [en comparaison avec] in comparison with, compared to; **ce n'est pas grand-chose au ~ de ce que je dois au percepteur** that's not much compared to what I owe the taxman.

◆ **en regard** *loc adv*: **un texte latin avec la traduction en ~** a Latin text with a translation on the opposite page.

◆ **en regard de** *loc prép*: **en ~ de la colonne des chiffres** facing OU opposite the column of figures.

regardant, e [rəgardɑ̃, ɑ̃t] *adj* **-1.** [avare] careful with money *euph*, sparing, grudging. **-2.** [pointilleux] demanding; **elle n'est pas très ~e sur la propreté** she's not very particular when it comes to cleanliness.

regarder [3] [rəgarde] ◇ *vt* **-1.** [voir] to look at *(insép)*, to see; [observer] to watch, to see; **regarde s'il arrive** see if he's coming; **si tu veux t'instruire, regarde-le faire** if you want to learn something, watch how he does it; **as-tu regardé le match?** did you watch OU see the match?; **regarde voir dans la chambre** *fam* go and look OU have a look in the bedroom; **regarde voir si ton petit frère dort** *fam* look OU check and see if your little brother is sleeping, will you?; **regarde-moi ça!** *fam* just look at that!; **regarde-moi ce travail!** *fam* just look at this mess! ❑ **tu ne m'as pas regardé!** *fam* what do you take me for?, who do you think I am?; **tu veux que j'y aille à ta place? non mais, tu m'as bien regardé?** *fam* you want me to go instead of you? what sort of a sucker do you take me for? **-2.** [examiner - moteur, blessure] to look at *(insép)*, to check; [- notes, travail] to look over OU through *(sép)*; [- causes] to examine, to consider, to look into *(insép)*; **as-tu eu le temps de ~ le dossier?** did you have time to look at OU to examine the file?; **regarde avant tout les conséquences possibles** above all you must weigh up OU consider the possible consequences. **-3.** [consulter] to look up *(sép)*; **regarde son prénom dans le dictionnaire** look up her first name in the dictionary; **regarde à la lettre D** look through the D's, look at the letter D; **tu regardes constamment la pendule!** you're always looking at OU watching the clock!; **non mais, tu as regardé l'heure?** *fam* [il est tard] have you seen the time?, do you realize what time it is?; **je vais ~ quelle heure il est** OU **l'heure** I'm going to see OU to check what time it is. **-4.** [concerner] to concern; **bien sûr que ça me regarde!** of course it concerns me!; **ceci ne regarde que toi et moi** this is (just) between you and me; **ça ne te regarde pas!** that's OU it's none of your business!; **cette affaire ne me regarde plus** this affair is no longer any concern OU business of mine; **cela ne les regarde en rien** it's absolutely no business of theirs; **en quoi est-ce que ça me regarde?** what's that got to do with me? **-5.** [considérer - sujet, situation] to look at *(insép)*, to view; **elle ne regarde pas les choses de la même façon que moi** she looks at OU sees things differently from me; **si l'on regarde la situation de son point de vue** if you look at OU view the situation from his standpoint; **un projet que l'on regardait alors avec suspicion** a project which was regarded OU viewed with suspicion at the time; **nous regardons l'avenir avec confiance** we look to the future with confidence; **il regarde avec envie la réussite de son frère** he casts an envious eye upon his brother's success, he looks upon his brother's success with envy; **ne ~ que** [ne penser qu'à] to be concerned only with, to think only about; **il ne regarde que ses intérêts** he thinks only about his own interests; **~ qqn comme** to consider sb as, to regard sb as, to look upon sb as; **je l'ai toujours regardé comme un frère** I've always looked upon him as a brother; **on le regarde comme un futur champion** he is seen

OU regarded as a future champion; ~ **qqch comme** to regard sthg as, to look upon sthg as, to think of sthg as.

◇ *vi* -**1.** [personne] to look; **nous avons regardé partout** we looked OU searched everywhere; **il passe des heures à ~ dans son télescope** he spends hours peering into his telescope; **tu ne sais pas ~** you should learn to use your eyes; **ne reste pas là à ~, fais quelque chose!** don't just stand there (staring), do something! -**2.** [bâtiment, pièce] to face, to look (out) onto; **~ à l'ouest** to face West; **le balcon regarde vers la mer** the balcony looks out over OU faces the sea; **la cuisine regarde sur la cour** the kitchen (window) looks out onto the courtyard.

◆ **regarder à** *v + prép* [morale, principes] to think of OU about, to take into account; [apparence, détail] to pay attention to; **je regarde avant tout à la qualité** I'm particularly OU primarily concerned with quality; **nous regardons d'abord au bien-être de nos patients** we are primarily concerned with the welfare of our patients; **regarde à ne pas faire d'erreur** watch you don't make a mistake; **~ à la dépense** to be careful with one's money; **ne regardons pas à la dépense!** let's not think about the money!; **acheter sans ~ à la dépense** to buy things regardless of the expense; **tu ne vas pas ~ à trente francs, non!** you're not going to worry about thirty francs, are you? ❑ **y ~ à deux** OU **à plusieurs fois avant de faire qqch** to think twice before doing sthg; **à y bien ~, à y ~ de plus près** when you think it over, on thinking it over; **il ne faut pas y ~ de trop près** *pr* don't look too closely; *fig* don't be too fussy.

◆ **se regarder** ◇ *vp (emploi réfléchi) pr & fig* to look at oneself; **se ~ dans un miroir** to look at o.s. in a mirror; **elle se regardait sans complaisance** she examined herself critically ❑ **tu ne t'es pas regardé!** *fam* you should take a (good) look at yourself!

◇ *vp (emploi réciproque)* [personnes] to look at each other OU at one another; [bâtiments] to be opposite one another, to face each other; **elles se regardaient dans les yeux** they were looking OU staring into each other's eyes.

◇ *vp (emploi passif)* [spectacle]: **cette émission se regarde en famille** this is a family show, this show is family viewing; **ça se regarde volontiers** it's quite pleasant to watch.

regarnir [32] [rəgarnir] *vt* [rayons] to refill, to restock, to stock up *(sép)* again; [maison] to refurnish.

régate [regat] *nf* NAUT regatta; **faire une régate** to sail in a regatta.

régater [3] [regate] *vi* to race OU to sail in a regatta; **~ avec qqn** to race sb in a regatta.

régatier [regatje] *nm* entrant OU competitor in a regatta.

regeler [25] [rəʒəle] ◇ *vi & vt* to freeze again.
◇ *v impers*: **il regèle** it's freezing again.

régence [reʒɑ̃s] *nf* regency.

◆ **Régence** ◇ *nf*: **la Régence** the Regency of Philippe II *(in France)*.
◇ *adj inv* (French) Regency; **un fauteuil Régence** a Regency armchair.

Regency [reʒɑ̃nsi] *adj inv* [style britannique] Regency.

régendat [reʒɑ̃da] *nm Belg teacher training course for 'régents'.*

régénérateur, trice [reʒeneratœr, tris] *adj* regenerative.

◆ **régénérateur** *nm* regenerator.

régénération [reʒenerasjɔ̃] *nf* regeneration.

régénérer [18] [reʒenere] *vt* -**1.** BIOL & CHIM to regenerate; **caoutchouc régénéré** regenerated rubber (fibres). -**2.** *litt* [rénover] to regenerate, to restore.

régent, e [reʒɑ̃, ɑ̃t] *nm, f* regent.

◆ **régent** *nm Belg qualified secondary school teacher.*

régenter [3] [reʒɑ̃te] *vt* to rule over *(insép)*, to run; **il veut ~ tout le monde** he wants everybody to be at his beck and call.

reggae [rege] *nm* reggae (music).

régicide [reʒisid] *adj, nmf & nm* regicide.

régie [reʒi] *nf* -**1.** [d'une entreprise publique]: **(société) en ~** [par l'État] state-controlled (corporation); [par le département] local authority controlled (company); [par la commune] ≃ local district controlled (company); **il travaille à la ~ municipale des eaux** he works for the local water board. -**2.** RAD & TV [pièce] control room. -**3.** CIN, THÉÂT & TV [équipe] production team. -**4.** ÉCON: **travaux en ~** (net) timework. -**5.** FIN excise.

regimber [3] [rəʒɛ̃be] *vi* -**1.** [cheval] to rear up, to jib. -**2.** [personne] to rebel, to grumble; **faire qqch sans ~** to do sthg without complaining; **inutile de ~** it's no use grumbling.

régime [reʒim] *nm* -**1.** POL [système] regime, (system of) government; **~ militaire/parlementaire/totalitaire** military/parliamentary/totalitarian regime ‖ [gouvernement] regime; **la chute du ~** the fall of the regime OU the government. -**2.** ADMIN & JUR [système] system, scheme; [règlement] rules, regulations; **le ~ des visites à l'hôpital** hospital visiting hours and conditions; **~ de Sécurité sociale** *subdivision of the French social security system applying to certain professional groups* ❑ **être marié sous le ~ de la communauté** to opt for a marriage based on joint ownership of property; **~ complémentaire** additional retirement cover; **~ douanier** customs regulations; **le ~ général de la Sécurité sociale** the social security system; **~ matrimonial** marriage settlement; **~ pénitentiaire** prison system; **~ de retraite** retirement scheme. -**3.** ÉCON: **~ préférentiel** special arrangements. -**4.** MÉD: **faire un ~** to go on a diet; **être au ~** to be on a diet, to be dieting ❑ **~ (alimentaire)** diet; **~ amaigrissant** slimming *Br* OU reducing *Am* diet; **~ lacté** milk diet; **~ sec** *fam*: **je suis au ~ sec** *hum* I'm on an alcohol-free diet; **~ sans sel** salt-free diet; **se mettre au ~ jockey** to go on a starvation diet. -**5.** INDUST & MÉCAN engine speed; **fonctionner à plein ~** *pr & fig* to be OU to go at full speed; **à ce ~ vous ne tiendrez pas longtemps** at this rate you won't last long ❑ **~ de croisière** economic OU cruising speed; **~ de production** production rate. -**6.** GÉOG: **~ glaciaire/nivo-glaciaire/nivo-pluvial** glacial/snow and ice/snow and rain regime; **~ d'un fleuve** rate of flow, regimen of a river; **~ des pluies** rainfall pattern; **le ~ des vents** the prevailing winds OU wind system. -**7.** LING: **~ direct/indirect** direct/indirect object. -**8.** PHYS regimen, flow rate; **~ laminaire/turbulent** laminary/turbulent flow. -**9.** BOT: **un ~ de bananes** a hand OU stem OU bunch of bananas; **un ~ de dattes** a bunch OU cluster of dates.

RÉGIME DE SÉCURITÉ SOCIALE:
The French social security system is divided into the following types of "régimes": 1. "Le régime général des salariés", which provides social security cover for people in paid employment. 2. "Les régimes spéciaux", which provide tailor-made cover for certain socioprofessional groups (civil servants, miners, students etc). 3. "Les régimes particuliers", designed for the self-employed. 4. "Les régimes complémentaires", which provide additional retirement cover for wage-earners.

régiment [reʒimɑ̃] *nm* -**1.** MIL [unité de l'armée] regiment. -**2.** *fam vieilli* [service militaire]: **faire son ~ dans l'infanterie** ≃ to do one's military service in the infantry *Br*, ≃ to be drafted into the infantry *Am*; **un de mes camarades de ~** a friend from my military service days. -**3.** *fam* [grande quantité]: **il a tout un ~ de cousins** he's got a whole army of cousins.

régimentaire [reʒimɑ̃tɛr] *adj* regimental MIL.

région [reʒjɔ̃] *nf* -**1.** GÉOG region; **~ industrielle/agricole** industrial/agricultural region; **les ~s tempérées/polaires** the temperate/polar regions; **la Sologne est une ~ marécageuse** the Sologne is a marshy area OU region; **les habitants de Paris et sa ~** the inhabitants of Paris and of the Paris area; **le nouveau médecin n'est pas de la ~** the new doctor isn't from the area OU from around here ❑ **la ~ parisienne** the Paris area, the area around Paris. -**2.** ANAT: **~ cervicale/lombaire** cervical/lumbar region; **une douleur dans la ~ du foie** a pain somewhere around OU near the liver.

◆ **Région** *nf* ADMIN region *(French administrative area made up of several departments).*

régional, e, aux [reʒjɔnal, o] *adj* -**1.** [de la région] regional; [de la localité] local. -**2.** [sur le plan international] local, regional; **un conflit ~** a regional conflict.

régionalisation [reʒjɔnalizasjɔ̃] *nf* regionalization.

régionaliser [3] [reʒjɔnalize] *vt* to regionalize.

régionalisme [reʒjɔnalism] *nm* regionalism.

régionaliste [reʒjɔnalist] *adj & nmf* regionalist.

régir [32] [reʒir] *vt* to govern.

régisseur [reʒisœr] *nm* -**1.** [d'un domaine] steward. -**2.** CIN & TV assistant director; THÉÂT stage manager. -**3.** ÉCON comptroller.

registraire [rəʒistrɛr] *nmf Can* SCOL registrar.

registre [rəʒistr] *nm* -**1.** ADMIN & JUR register; **noter qqch dans un ~** to write sthg down in OU to enter sthg into a register ❑ **~ d'audience** record JUR; **s'inscrire au ~ du commerce** to register one's company; **~ de l'état civil** ≃ register of births, marriages and deaths. -**2.** IMPR & INF register. -**3.** MUS [d'un orgue] stop; [d'une voix] range, register; **avoir un ~ étendu** to have a wide range; **un ~ aigu/grave** a high/low pitch. -**4.** LING register, level of language; **le livre est écrit dans un ~ plaisant** *fig* the book is written in a humorous style. -**5.** TECH damper.

réglable [reglabl] *adj* -**1.** [adaptable] adjustable; **position/hauteur ~** adjustable position/height; **le dossier est ~** the seat back is adjustable; **température/intensité ~** adjustable temperature/intensity. -**2.** [payable] payable; **~ par mensualités** payable in monthly instalments.

réglage [reglaʒ] *nm* -**1.** [mise au point] adjustment, regulation; **procéder au ~ des phares** to adjust the headlights; **~ d'un thermostat** thermostat setting ❑ **levier de ~** adjusting lever. -**2.** AUT, RAD & TV tuning; **~ de la luminosité de l'écran** brightness control; **le ~ de l'appareil est automatique** PHOT the camera is fully automatic. -**3.** MIL: **~ du tir** range finding OU adjustment. -**4.** [du papier] ruling.

règle [rɛgl] *nf* -**1.** [instrument] ruler, rule; **~ à calcul** slide rule. -**2.** [principe, code] rule; **se plier à une ~** to abide by a rule; **les ~s de l'honneur** the rules OU code of honour; **enfreindre la ~** to break the rule OU rules; **il est de ~ de porter une cravate ici** it's usual to wear a tie here; **les ~s de base en grammaire** the basic rules of grammar; **les ~s des échecs** the rules of chess ❑ **la ~ du jeu** the rules of the game; **respecter la ~ du jeu** to play by the rules; **~ de trois** rule of three; **dans les ~s (de l'art)** according to the (rule) book.

◆ **règles** *nfpl* PHYSIOL [en général] periods; [d'un cycle] period; **je n'ai plus de** OU **mes ~s depuis trois mois** I haven't had a period for three months; **avoir des ~s douloureuses** to suffer from period pain OU pains *Br*, to suffer from menstrual cramps *Am*, to have painful periods.

◆ **en règle** *loc adj*: **être en ~** [document] to be in order; [personne] to have one's papers in order, to be in possession of valid papers; **se mettre en ~** to sort out one's situation; **recevoir un avertissement en ~** to be given an official warning.

◆ **en règle générale** *loc adv* generally, as a (general) rule.

réglé, e [regle] *adj* -**1.** [organisé] regular, well-ordered; **une vie bien ~e** a well-ordered existence. -**2.** [rayé ou quadrillé]: **papier ~** ruled OU lined paper ❑ **c'est ~ comme du papier à musique** it's completely predictable.

◆ **réglée** *adj f*: être ~e [avoir ses règles]: **depuis combien de temps êtes-vous ~e?** how long have you been having your periods?; **est-elle ~e?** has she started to menstruate (yet)?

règlement [rɛgləmɑ̃] *nm* -**1.** ADMIN regulation, rules; **observer le ~** to abide by the rules; **d'après le ~, il est interdit de...** it's against the regulations to...; **afficher le ~ dans chaque classe** to have the rules pinned up in each classroom ❑ **~ administratif** ≃ statutory policy; **~ d'administration publique** ≃ statutory decree OU declaration; **~ intérieur** house rules; **~ de police municipale** ≃ by-law; **~ sanitaire** health regulations. -**2.** [paiement] payment, settlement; **~ par carte de crédit** payment by credit card. -**3.** [résolution] settlement, settling; **~ de compte** OU **comptes** settling of scores; **il y a eu des ~s de comptes** some old scores were settled; **~ judiciaire** JUR compulsory liquidation, winding-up *Br*.

réglementaire [rɛgləmɑ̃tɛr] *adj* -**1.** [conforme] regulation *(modif)*; **longueur ~** regulation length; **modèle de chaudière ~** approved OU standard type of boiler; **il a passé l'âge ~** he's above the statutory age limit; **sa tenue n'était pas des plus ~s** *fam* her outfit was somewhat unorthodox. -**2.** JUR: **pouvoir ~** statutory OU regulative power. -**3.** ADMIN [décision] statutory.

réglementairement [rɛgləmɑ̃tɛrmɑ̃] *adv* according to regulations, statutorily.

réglementation [rɛgləmɑ̃tasjɔ̃] *nf* -**1.** [mesures] regulations. -**2.** [limitation] control, regulation; **la ~ des prix** price controls.

réglementer [3] [rɛgləmɑ̃te] *vt* to regulate, to control; **la vente des boissons alcoolisées est très réglementée** the sale of alcoholic drinks is under strict control OU is strictly controlled.

régler [18] [regle] *vt* -**1.** [résoudre - litige] to settle, to resolve; [- problème] to solve, to iron out *(sép)*, to sort out *(sép)*; **alors c'est réglé, nous irons au bord de la mer** it's settled then, we'll go to the seaside; **c'est une affaire réglée** it is (all) settled now. -**2.** [payer - achat] to pay (for); [- facture, mensualité] to settle; [- créancier] to settle up *(insép)* with; **mon salaire ne m'a pas été réglé** my salary hasn't been paid (in); **~ l'addition** to pay OU settle the bill; **~ qqch en espèces** to pay cash for sthg; **~ qqch par chèque/par carte de crédit** to pay for sthg by cheque/by credit card; **désirez-vous ~ par chèque ou par carte de crédit?** cash or credit card? *Br*, cash or charge? *Am* ❑ **~ ses comptes (avec qqn)** *pr* to settle up *(insép)* (with sb); *fig* to settle (one's) scores (with sb); **~ quelques comptes** to settle a few scores; **j'ai un compte à ~ avec toi** I've got a bone to pick with you; **~ son compte à qqn** *fam* [se venger de lui] to get even with sb; [le tuer] to take care of sb *euph*. -**3.** [mettre au point - volume, allumage, phare etc] to adjust; [- vitesse, thermostat] to set; [- température] to regulate; [- circulation] to control; [- moteur] to tune; **j'ai réglé mon réveil sur 7 h/le four à 200°** I've set my alarm for seven o'clock/the oven at 200 degrees; **comment ~ la radio sur France-Musique?** how do you tune in to France-Musique?; **~ qqch sur** [accorder par rapport à] to set sthg by; **~ sa montre sur l'horloge parlante** to set one's watch by the speaking clock; **~ son rythme sur celui du soleil** to model one's rhythm of life on the movement of the sun. -**4.** [déterminer] to decide (on), to settle; **quelques détails à ~** a few details to be settled; **~ les pas d'un ballet** to set (down) the steps for a ballet. -**5.** [papier] to rule.

◆ **se régler** *vp (emploi passif)* [mécanisme] to be set OU regulated; [luminosité, phare] to be adjusted; [récepteur] to be tuned.

◆ **se régler sur** *vp + prép* [imiter] to model o.s. on, to follow (the example of); **elle a tendance à se ~ sur (l'exemple de) sa mère** she has a tendency to model herself on her mother.

réglette [reglɛt] *nf* -**1.** [petite règle] short ruler, straightedge. -**2.** IMPR lead, reglet.

régleur, euse [reglœr, øz] ◇ *adj* adjusting.
◇ *nm, f* setter.

◆ **régleur** *nm* [dans l'industrie du froid] regulator *(of freezing mixture)*.

◆ **régleuse** *nf* INDUST ruling machine.

réglisse [reglis] *nf* liquorice; **bâton de ~** stick of liquorice.

réglo▽ [reglo] *adj inv* regular, OK, on the level; **un type ~** an OK OU a regular guy; **il trempe toujours dans des affaires pas très ~** he's always mixed up in some kind of shady business.

régnant, e [reɲɑ̃, ɑ̃t] *adj* -**1.** [qui règne] reigning. -**2.** *sout* [qui prédomine] prevailing, reigning, dominant; **la mode ~e** prevailing fashion.

règne [rɛɲ] *nm* -**1.** [gouvernement] reign; **sous le ~ de Catherine II** in the reign of Catherine II. -**2.** [domination - de la bêtise, de la justice] rule, reign. -**3.** BIOL: **~ animal/végétal** animal/plant kingdom.

régner [8] [reɲe] *vi* -**1.** [gouverner] to reign, to rule. -**2.** [dominer - idée] to predominate, to prevail; [- ordre, silence] to reign, to prevail; **le chaos règne** chaos reigns OU prevails; **la courtoisie qui règne dans nos rapports** the courtesy which prevails in our dealings with each other; **~ sur** to rule over; **~ en maître (sur)** to rule supreme (over); **faire ~ la paix** to keep the peace; **faire ~ le silence** to keep everybody quiet; **faire ~ l'ordre** to keep things under control; **la confiance règne!** *iron* there's trust OU confidence for you! || *(tournure impersonnelle)*: **il règne enfin une paix profonde** a great peace reigns at last; **il règne dans la famille une atmosphère de haine** an atmosphere of hatred reigns in the family.

regonflage [rəgɔ̃flaʒ], **regonflement** [rəgɔ̃fləmɑ̃] *nm* blowing OU pumping up again, reinflating.

regonfler [3] [rəgɔ̃fle] ◇ *vt* -**1.** [gonfler de nouveau - ballon, bouée] to blow up *(sép)* (again), to reinflate; [- matelas pneumatique] to pump up *(sép)* (again), to reinflate; **son séjour à la mer l'a regonflée à bloc** *fam fig* her stay at the seaside has bucked her up (no end). -**2.** [gonfler davantage] to put more air in OU into; **faites le plein et regonflez les pneus avant** fill her up and put some air in the front tyres.
◇ *vi* [gén & MÉD] to swell (up) again.

◆ **se regonfler** *fam vp (emploi réfléchi)*: **je me suis regonflé en allant passer un week-end à la mer** I spent a week-end at the seaside and it really did me good.

regorgement [rəgɔrʒəmɑ̃] *nm litt* overflow, overflowing.

regorger [17] [rəgɔrʒe] *vi litt* [liquide] to overflow.

◆ **regorger de** *v + prép* to overflow with *(insép)*, to abound in *(insép)*; **la terre regorge d'eau** the ground is waterlogged; **les vitrines regorgent de marchandises** the shop windows are packed with goods; **les cafés regorgent de clients** the cafés are packed with customers.

regratter [3] [rəgrate] *vt* to scrape again.

regréer [15] [rəgree] *vt* to rig again.

regreffer [4] [rəgrefe] *vt* to regraft.

régresser [4] [regrese] *vi* -**1.** [baisser - chiffre, population] to drop; **le chiffre d'affaires a régressé** there has been a drop in turnover || [civilisation] to regress. -**2.** [s'atténuer - maladie] to improve. -**3.** PSYCH to regress.

régressif, ive [regresif, iv] *adj* regressive; **impôt ~** degressive tax.

régression [regresjɔ̃] *nf* -**1.** [recul] decline, decrease, regression. -**2.** PSYCH & SC regression. -**3.** GÉOG: **~ (marine)** (marine) regression.

regret [rəgrɛ] *nm* -**1.** [remords] regret; **elle m'a fait part de ses ~s** she expressed her regret to me; **tu l'achètes, pas de ~s?** so you're buying it, no regrets?; **sans un ~** without a single regret; **'~s éternels'** 'deeply regretted', 'greatly lamented'. -**2.** [tristesse] regret; **je vous quitte avec beaucoup de ~** I leave you with great regret, I'm sorry I have to leave you; **nous sommes au** OU **nous avons le ~ de vous annoncer que...** we are sorry OU we regret to have to inform you that...; **j'ai le ~ de te le dire** I'm sorry OU I regret to have to tell you this.

◆ **à regret** *loc adv* [partir, sévir] regretfully, with regret; **il s'éloigna comme à ~** he walked away as though reluctant to do so.

regrettable [rəgrɛtabl] *adj* regrettable, unfortunate; **il est ~ que...** it's unfortunate that...; **il est ~ que tu n'aies pas été informée à temps** it is unfortunate OU a pity (that) you were not informed in time.

regretter [4] [rəgrɛte] *vt* -**1.** [se remémorer - personne, pays] to miss; [- jeunesse, passé] to be nostalgic for; **son regretté mari** her late lamented husband. -**2.** [se reprocher] to be sorry about, to regret; **tu n'as rien à ~** you've got nothing to feel sorry about OU to regret; **je ne regrette pas le temps passé là-dessus/l'argent que ça m'a coûté** I'm not sorry I spent time/money on it; **je ne regrette rien** I've no regrets. -**3.** [dans des expressions de menace] to be sorry, to regret; **je saurai te faire ~ ta plaisanterie** I'll make you regret that joke OU sorry for that joke; **vous regretterez vos paroles!** you'll be sorry that you said that!, you'll regret those words!

◆ **regretter de** *v + prép* -**1.** [se reprocher de]: **tu ne regretteras pas de m'avoir écoutée** you won't be sorry you listened to me. -**2.** [dans des expressions de politesse] *(en usage abs)*: **nous regrettons de ne pouvoir donner suite à votre appel** we regret OU we are sorry we are unable to connect you; **pouvez-vous venir? — non, je regrette!** will you be able to come? — no, I'm afraid not OU — sorry, no!

regrimper [3] [rəgrɛ̃pe] ◇ *vt* to climb (up) again.
◇ *vi* to go up OU to rise again.

regrossir [32] [rəgrosir] *vi* to put on weight again.

regroupement [rəgrupmɑ̃] *nm*: **~ de troupes** gathering OU grouping together of troops; **le ~ des différentes tendances politiques** the rallying (together) of various shades of political opinion.

regrouper [3] [rəgrupe] *vt* -**1.** [rassembler] to bring together *(sép)*, to group OU to gather together *(sép)*. -**2.** [contenir] to contain; **le centre culturel regroupe sous un même toit un cinéma et un théâtre** the arts centre accommodates OU has a cinema and a theatre (under the same roof).

◆ **se regrouper** *vpi* -**1.** [institutions] to group together; [foule] to gather; **les sociétés se sont regroupées pour mieux faire face à la concurrence** the companies have joined forces to deal more effectively with the competition; **les manifestants se regroupent devant la mairie** demonstrators are gathering OU assembling in front of the town hall. -**2.** MIL to regroup.

régularisation [regylarizasjɔ̃] *nf* -**1.** [d'une situation] straightening out, regularization. -**2.** FIN: **paiement de dix mensualités avec ~ annuelle** ten monthly payments with end-of-year adjustments. -**3.** GÉOG grading.

régulariser [3] [regylarize] *vt* -**1.** [rendre légal] to regularize; **il a fait ~ son permis de séjour** he got his residence permit sorted out OU put in order; **ils ont régularisé leur situation** they've regularized OU legalized their situation, they've made their situation legal. -**2.** [rendre régulier] to regulate; **des pilules qui régularisent le rythme cardiaque** pills which regulate the heartbeat.

régularité [regylarite] *nf* -**1.** [dans le temps] regularity, steadiness; **la ~ des battements de son cœur** the regularity of her heartbeat; **un emploi du temps d'une parfaite ~** a schedule that is (as) regular as clockwork; **les factures tombent avec ~** there's a steady flow of bills to pay; **les lettres me parvenaient sans aucune ~** letters would reach me fairly erratically. -**2.** [dans l'espace - de la dentition] evenness; [- d'une surface] smoothness; [- de plantations] straightness. -**3.** [en valeur, en intensité] consistency; **élève d'une grande ~** very consistent pupil; **travailler avec ~** to work steadily OU consistently. -**4.** [légalité] lawfulness, legality.

régulateur, trice [regylatœr, tris] *adj* regulating, control *(modif)*.
◆ **régulateur** *nm* -**1.** [dispositif, horloge] regulator. -**2.** BIOL [gène] regulator OU regulatory gene. -**3.** ÉLECTRON controller.
régulation [regylasjɔ̃] *nf* -**1.** [contrôle] control, regulation; [réglage] regulation, correction; ~ **de la circulation** traffic control; ~ **de la consommation électrique** regulation OU control of electricity consumption. -**2.** BIOL regulation; ~ **thermique** (body) temperature control. -**3.** ÉLECTRON regulation. -**4.** RAIL control.
réguler [3] [regyle] *vt* to control.
régulier, ère [regylje, ɛr] *adj* -**1.** [fixe] regular; **des revenus ~s** a regular OU steady income; **manger à heures régulières** to eat regularly OU at regular intervals ‖ [permanent] regular; **liaisons régulières** [en avion] regular flights; **les vols ~s** scheduled flights ❑ **armée régulière** regular OU standing army. -**2.** [dans l'espace - gén] regular, even; [- plantations] evenly distributed; **des espacements ~s** regular intervals; **une écriture régulière** regular OU neat handwriting. -**3.** [montée, déclin] steady; [distribution] even. -**4.** [harmonieux - traits] regular. -**5.** [conforme à la règle - transaction] legitimate; [- procédure] correct, fair; **l'expulsion n'était pas régulière** the eviction wasn't legal; **c'est un procédé pas très ~** that's not quite above board. -**6.** *fam* [honnête] on the level, straight; **ils sont ~s en affaires** they're straight OU honest in business. -**7.** BOT, GÉOM, LING & ZOOL regular.
◆ **régulier** *nm* MIL & RELIG regular.
◆ **régulière** *fam nf hum*: **ma régulière** [épouse] my missus, my old lady; [maîtresse] my girlfriend.
◆ **à la régulière** *fam loc adv* fair and square, above board; **ça a été fait à la régulière** it was all (done) above board, there was nothing shady about it.
régulièrement [regyljɛrmɑ̃] *adv* -**1.** [dans l'espace - disposer] evenly, regularly, uniformly; **les arbres sont plantés ~** the trees are evenly OU regularly spaced. -**2.** [dans le temps - progresser] steadily; ~ **révisé** updated regularly OU at regular intervals; **donne de tes nouvelles ~** write often OU regularly OU on a regular basis; **elle avait ~ de bonnes notes** she got consistently good marks; **je la vois assez ~** I see her quite regularly OU quite frequently. -**3.** [selon la règle] lawfully; **assemblée élue ~** lawfully OU properly elected assembly. -**4.** *fam* [normalement] in principle, normally; **~, c'est lui qui devrait gagner** ordinarily OU in principle, he should win.
régurgitation [regyrʒitasjɔ̃] *nf* regurgitation.
régurgiter [3] [regyrʒite] *vt* to regurgitate.
réhabilitable [reabilitabl] *adj* [condamné] who can be rehabilitated.
réhabilitation [reabilitasjɔ̃] *nf* -**1.** JUR rehabilitation; ~ **d'un failli** discharge of a bankrupt; ~ **judiciaire** judicial discharge. -**2.** [d'une personne] rehabilitation, clearing the name of. -**3.** [d'un quartier] rehabilitation.
réhabilité, e [reabilite] ◇ *adj* rehabilitated.
◇ *nm, f* JUR rehabilitated person.
réhabiliter [3] [reabilite] *vt* -**1.** JUR [condamné] to rehabilitate; [failli] to discharge; ~ **la mémoire de qqn** to clear sb's name. -**2.** [revaloriser - profession] to rehabilitate, to restore to favour; [- quartier] to rehabilitate.
réhabituer [7] [reabitɥe] *vt*: ~ **qqn à qqch** to get sb used to sthg again; **il va falloir ~ les enfants à un peu plus de discipline** the children are going to have to get used to a little more discipline again.
◆ **se réhabituer à** *vp + prép* to get used to again; **j'ai eu du mal à me ~ à la vie à Paris** I had a hard time getting used to life in Paris again OU getting reaccustomed to life in Paris; **se ~ à faire qqch** to get back into the habit of doing sthg.
rehaussement [rəosmɑ̃] *nm* -**1.** CONSTR [d'un mur] raising, building up OU higher; [d'un plafond] raising. -**2.** FIN upward adjustment, increment.
rehausser [3] [rəose] *vt* -**1.** [surélever - plafond] to raise; [- mur] to make higher; **nous avons rehaussé la clôture** we made the fence higher. -**2.** [faire ressortir - goût] to bring out; [- beauté, couleur] to emphasize, to enhance; **un rouge rehaussé par un orangé** a red set off by OU brought out by an orange. -**3.** [revaloriser] to enhance, to increase; **une nouvelle victoire pour ~ le prestige de l'équipe** a further victory which will increase OU enhance the team's prestige.
réhydratation [reidratasjɔ̃] *nf* moisturizing, rehydration *spéc*; **pour une meilleure ~ de votre peau** to ensure that your skin retains its moisture.
réhydrater [3] [reidrate] *vt* [peau] to moisturize, to rehydrate *spéc.*
réification [reifikasjɔ̃] *nf* reification.
réifier [9] [reifje] *vt* to reify.
réimperméabiliser [3] [reɛ̃pɛrmeabilize] *vt* to re-proof.
réimplantation [reɛ̃plɑ̃tasjɔ̃] *nf* -**1.** MÉD reimplantation. -**2.** [d'une entreprise] reestablishment; [d'une tribu] resettling.
réimplanter [3] [reɛ̃plɑ̃te] *vt* -**1.** MÉD to reimplant. -**2.** [industrie, usine] to set up *(sép)* again, to reestablish; [tribu] to resettle.
réimportation [reɛ̃pɔrtasjɔ̃] *nf* reimportation.
réimporter [3] [reɛ̃pɔrte] *vt* to reimport.
réimposer [3] [reɛ̃poze] *vt* -**1.** [taxer à nouveau] to tax again. -**2.** IMPR to reimpose.
réimposition [reɛ̃pozisjɔ̃] *nf* -**1.** [taxe] further taxation. -**2.** IMPR reimposition.
réimpression [reɛ̃prɛsjɔ̃] *nf* [processus] reprinting; [résultat] reprint; **ce livre est en cours de ~** this book is being reprinted.
réimprimer [3] [reɛ̃prime] *vt* to reprint.
Reims [rɛ̃s] *npr* Reims, Rheims.
rein [rɛ̃] *nm* -**1.** ANAT kidney; ~ **artificiel** artificial kidney, kidney machine; **coup de ~** heave; **il donna un violent coup de ~ pour soulever l'armoire** he heaved the wardrobe up. -**2.** CONSTR springer.
◆ **reins** *nmpl* [dos] back, loin; *litt* [taille] waist; **avoir mal aux ~s** to have (a) backache; **avoir mal dans le bas des** OU **au creux des ~s** to have a pain in the small of one's back ❑ **avoir les ~s solides** to have good financial backing; **je lui briserai** OU **casserai les ~s** I'll break him.
réincarcération [reɛ̃karserasjɔ̃] *nf* reimprisonment; **après sa ~** after he was sent back to jail.
réincarcérer [18] [reɛ̃karsere] *vt*: ~ **qqn** to send sb back to jail, to reimprison sb.
réincarnation [reɛ̃karnasjɔ̃] *nf* RELIG reincarnation.
réincarner [3] [reɛ̃karne]
◆ **se réincarner** *vpi* to be reincarnated; **il voulait se ~ en oiseau** he wanted to be reincarnated as a bird.
réincorporer [3] [reɛ̃kɔrpɔre] *vt* [militaire, soldat] to reenlist.
reine [rɛn] *nf* -**1.** [femme du roi] queen (consort); [souveraine] queen; **la ~ de Suède/des Pays-Bas** the Queen of Sweden/of the Netherlands; **la ~ de Saba** the Queen of Sheba ❑ **la ~ mère** the Queen Mother; **s'habiller comme une ~** to be dressed up to the nines OU like a princess; **elle est heureuse comme une ~** she is as happy as a lark. -**2.** JEUX queen; **la ~ de cœur/pique** the queen of hearts/spades. -**3.** *fig* queen; **la ~ de la soirée** the belle of the ball, the star of the party; **tu es vraiment la ~ des imbéciles** you're the most stupid woman I've ever come across ❑ ~ **de beauté** beauty queen; **la petite ~** *vieilli* the bicycle. -**4.** ZOOL queen; **la ~ des abeilles/termites** the queen bee/termite. -**5.** HORT: ~ **des reinettes** rennet.
reine-claude [rɛnklod] (*pl* **reines-claudes**) *nf* (Reine Claude) greengage.
reine-des-prés [rɛndepre] (*pl* **reines-des-prés**) *nf* meadowsweet *(U)*.
reine-marguerite [rɛnmargərit] (*pl* **reines-marguerites**) *nf* (China OU annual) aster.
reinette [rɛnɛt] *nf* ≃ pippin; ~ **grise** russet (apple).
réinfecter [4] [reɛ̃fɛkte] *vt* to reinfect.
◆ **se réinfecter** *vpi* to become reinfected.
réinfection [reɛ̃fɛksjɔ̃] *nf* reinfection.
réinscription [reɛ̃skripsjɔ̃] *nf* reregistration.
réinscrire [99] [reɛ̃skrir] *vt* [étudiant] to reregister, to reenrol; [électeur] to reregister; [sur un agenda] to put down *(sép)* again.
◆ **se réinscrire** *vp (emploi réfléchi)* to reregister, to reenrol; **je me suis réinscrit pour la poterie** I put my name down for OU I joined the pottery class again; **se ~ au chômage** to reregister as unemployed.
réinsérer [18] [reɛ̃sere] *vt* -**1.** [paragraphe] to reinsert. -**2.** [détenu, drogué] to rehabilitate, to reintegrate.
◆ **se réinsérer** *vp (emploi réfléchi)* to rehabilitate o.s., to become rehabilitated.
réinsertion [reɛ̃sɛrsjɔ̃] *nf* -**1.** [d'un paragraphe] reinsertion. -**2.** [d'un détenu] rehabilitation; **la ~ sociale** social rehabilitation, reintegration into society; **pour eux, la ~ sociale est très difficile** they find it very difficult to get back into the community (again).
réinstallation [reɛ̃stalasjɔ̃] *nf*: **notre ~ en Europe a été facile** settling in Europe again OU moving back to Europe was easy.
réinstaller [3] [reɛ̃stale] *vt* [chauffage, électricité, téléphone] to reinstall, to put back *(sép)*; **j'ai réinstallé mon bureau au premier étage** I've moved my office back to the first floor.
◆ **se réinstaller** *vpi* -**1.** [retourner] to go back, to settle again; **il s'est réinstallé dans son ancien bureau** he's gone OU moved back to his old office. -**2.** [se rasseoir] to settle (back) down in one's seat.
réintégrable [reɛ̃tegrabl] *adj*: **il est difficilement ~** he cannot be easily reinstated.
réintégration [reɛ̃tegrasjɔ̃] *nf* -**1.** [d'un fonctionnaire] reinstatement. -**2.** [d'un évadé] reimprisonment. -**3.** [recouvrement d'un droit] reintegration.
réintégrer [18] [reɛ̃tegre] *vt* -**1.** [employer à nouveau] to reinstate; **il a été réintégré dans l'Administration** he was reinstated in the Civil Service. -**2.** [regagner] to go back OU to return to; ~ **le domicile conjugal** to return to the marital home.
réintroduction [reɛ̃trɔdyksjɔ̃] *nf* reintroduction.
réintroduire [98] [reɛ̃trɔdɥir] *vt* [dans un texte]: ~ **qqch** to reintroduce sthg, to put sthg back in ‖ [projet de loi] to put up *(sép)* again, to reintroduce.
réinventer [3] [reɛ̃vɑ̃te] *vt* to reinvent; **il a su ~ la mise en scène** he has a totally new approach to production.
réinvestir [32] [reɛ̃vɛstir] *vt* to reinvest.
réinviter [3] [reɛ̃vite] *vt* to reinvite; **il faudra les ~** we'll have to ask OU invite them (round) again.
réitératif, ive [reiteratif, iv] *adj sout* reiterative.
réitération [reiterasjɔ̃] *nf sout* reiteration.
réitérer [18] [reitere] *vt sout* [interdiction, demande] to reiterate, to repeat.
rejaillir [32] [rəʒajir] *vi* -**1.** [gicler - gén] to splash (back); [- violemment] to spurt (up); **le champagne lui a rejailli à la figure** champagne spurted up into his face; **avec le vent, l'eau de la fontaine rejaillit sur la place** because of the wind, the water from the fountain is splashing on to the square. -**2.** *sout* [se répercuter]: ~ **sur** to reflect on OU upon; **sa notoriété a rejailli sur nous tous** his fame reflected on OU was shared by all of us; **la honte rejaillit sur lui** he was covered in shame.
rejaillissement [rəʒajismɑ̃] *nm litt* -**1.** [d'une fontaine] splashing up. -**2.** *fig* [retombées] repercussion, reflection.

rejet [rəʒɛ] *nm* -**1.** [physique] throwing back OU up, driving back; **interdire le ~ de substances polluantes** to prohibit the discharge of pollutants. -**2.** [refus] rejection; **elle a été très déçue par le ~ de son manuscrit/de son offre** she was very disappointed when her manuscript/her offer was turned down; **il y a eu ~ de toutes les accusations par le juge** the judge dismissed all charges; **on constate un ~ des idées modernes** a rejection of modern ideas is apparent □ **phénomène de ~: les enfants handicapés sont parfois victimes d'un phénomène de ~ à l'école** handicapped children are sometimes rejected by other children at school. -**3.** LITTÉRAT [enjambement] run-on; **il y a ~ du verbe à la fin de la proposition subordonnée** GRAMM the verb is put OU goes at the end of the subordinate clause. -**4.** MÉD rejection; **~ d'une greffe** rejection of a transplant. -**5.** GÉOL throw; **~ horizontal** heave. -**6.** BOT shoot. -**7.** INF reject. -**8.** ZOOL cast (swarm).

rejetable [rəʒtabl] *adj* which can be rejected OU dismissed JUR.

rejeter [27] [rəʒte] ◇ *vt* -**1.** [relancer] to throw back *(sép)*; [violemment] to hurl back *(sép)*; *fig*: **les cahots les ont rejetés à l'arrière de la camionnette** they were thrown to the back of the van by the jolting; **avec un petit chapeau rejeté en arrière** with a little hat tilted back on the head; **elle rejeta ses cheveux en arrière** she tossed her hair back; **~ la tête en arrière** to throw one's head back; **~ les épaules en arrière** to put one's shoulders back; **~ un verbe en fin de phrase** to put a verb at the end of a sentence. -**2.** [repousser - ennemi] to drive OU to push back *(sép)*; **~ une armée au-delà des frontières** to drive an army back over the border ‖ [bannir] to reject, to cast out *(sép)*, to expel; **la société les rejette** society rejects them OU casts them out. -**3.** [rendre - nourriture] to spew out *(sép)*, to throw up *(sép)*, to reject; [- déchets] to throw out *(sép)*, to expel; **son estomac rejette tout ce qu'elle absorbe** she can't keep anything down; **~ de la bile/du sang** to throw up OU to bring bile/blood; **la mer a rejeté plusieurs épaves** several wrecks were washed up OU cast up by the sea. -**4.** [refuser] to reject, to turn down *(sép)*; **~ une offre/une demande** to reject an offer/a request; **ne rejette pas d'emblée cette idée/hypothèse** don't dismiss this idea/hypothesis out of hand. -**5.** [déplacer]: **~ la faute/la responsabilité sur qqn** to shift the blame/responsibility on to sb. -**6.** INF to reject.
◇ *vi* BOT to shoot.
◆ **se rejeter** ◇ *vpi*: **se ~ en arrière** to jump backwards.
◇ *vpt* [se renvoyer]: **ils se rejettent mutuellement la responsabilité de l'accident** they blame each other for the accident.

rejeton [rəʒtɔ̃] *nm* -**1.** *fam péj* OU *hum* [enfant] kid; **que fais-tu de tes ~s cet été?** what will you do with your offspring OU kids this summer? -**2.** BOT offshoot, shoot.

rejoindre [82] [rəʒwɛ̃dr] *vt* -**1.** [retrouver] to meet up OU to join up OU to catch up with *(insép)*; **tu me rejoins au café en bas?** can you meet (up with) me in the café downstairs?; **je viendrai vous ~ dans le Midi dès que je pourrai** I'll come and meet up with you OU join you in the Midi as soon as I can; **il est parti ~ sa femme** he went to meet up with OU join OU rejoin his wife; **il a rejoint le gros du peloton** he's caught up with the pack. -**2.** [retourner à] to get back OU to return to; **elle a rejoint Paris** she got back OU she returned to Paris; **l'ambassadeur a rejoint son poste à Moscou** the ambassador has returned to his post in Moscow; **il a reçu l'ordre de ~ son régiment** he was ordered to rejoin his regiment. -**3.** [aboutir à] to join OU to meet (up with); **le chemin rejoint la route à la hauteur de la borne** the path meets OU joins (up with) the road at the milestone. -**4.** [être d'accord avec] to agree with; **mon point de vue rejoint entièrement le vôtre** my point of view is much the same as OU very similar to yours; **je ne peux vous ~ sur ce point** I cannot agree OU see eye to eye with you (on this matter); **elle rejoint un peu les vues du parti socialiste** to some extent she agrees with the views held by the socialist party ‖ POL [adhérer à] to join; **elle a fini par ~ l'opposition** she ended up joining the opposition.
◆ **se rejoindre** *vp (emploi réciproque)* -**1.** [se réunir] to meet again OU up; **nous nous rejoindrons à Marseille** we'll meet up in Marseilles. -**2.** [concorder]: **nos opinions se rejoignent entièrement** our views concur perfectly, we are in total agreement; **nous avons voulu faire se ~ différents témoignages** we aimed to bring together different accounts.

rejointoyer [13] [rəʒwɛ̃twaje] *vt* to repoint.

rejouer [6] [rəʒwe] ◇ *vt* -**1.** [refaire - jeu] to play again; [- match] to replay, to play again; **~ le même cheval** to bet on the same horse again; **elle a rejoué toute sa fortune sur le 7** she gambled her whole fortune on the 7 again; **tu devrais ~ atout** you should lead trumps again. -**2.** [pièce de théâtre] to perform again; [morceau] to play again.
◇ *vi* JEUX to start gambling again; SPORT to play again.

réjoui, e [reʒwi] *adj* joyful, happy, pleased; **avoir OU prendre un air ~** to look cheerful.

réjouir [32] [reʒwir] *vt* to delight; **la nouvelle a réjoui tout le monde** everyone was delighted at the news; **ça ne me réjouit guère d'y aller** I'm not particularly keen on OU thrilled at going; **ça lui a réjoui le cœur** it gladdened her heart.
◆ **se réjouir** *vpi* to be delighted; **je me réjouis de vous accueillir chez moi** I'm delighted to welcome you to my home; **se ~ du malheur des autres** to gloat over other people's misfortunes; **je me réjouis de votre succès** I'm glad to hear of your success; **je me réjouis à la pensée de les retrouver** I'm thrilled at the idea of meeting them again.

réjouissance [reʒwisɑ̃s] *nf* [gaieté] rejoicing; **les occasions de ~ manquent** opportunities for rejoicing are scarce.
◆ **réjouissances** *nfpl* [fête] festivities; **quel est le programme des ~s?** *hum* what's on the menu OU agenda for today?

réjouissant, e [reʒwisɑ̃, ɑ̃t] *adj* joyful, cheerful; **peu ~** rather grim; **c'est ~!** *iron* that's just great!; **je ne vois pas ce que tu trouves de si ~ à cette histoire** I don't see what you find so funny OU amusing about this story.

relâche [rəlaʃ] *nf* -**1.** *sout* [pause] respite, rest; **accordons-nous un peu de ~** let's rest a while OU take a short break. -**2.** CIN & THÉÂT [fermeture]: **le dimanche est notre jour de ~** there is no performance on Sundays; **nous ferons ~ en août** no performances in August; **'~ le mardi'** 'no performance on Tuesdays'. -**3.** NAUT: **le navire a fait ~ à Nice** the boat called in at Nice □ **(port de) ~** port of call.
◆ **sans relâche** *loc adv* without respite, continuously; **travailler sans ~** to work continuously OU without respite; **il écrit sans ~ jusqu'à l'aube** he writes without letting up OU without any break till dawn.

relâché, e [rəlaʃe] *adj* -**1.** [négligé - discipline, effort] lax, loose; [- style] flowing, loose *péj*; **la surveillance était plutôt ~e** surveillance was a bit lax. -**2.** [détendu - muscle, corde] lax, relaxed; **intestin ~** MÉD lax bowels.

relâchement [rəlaʃmɑ̃] *nm* -**1.** [laisser-aller] laxity, loosening; **il y a du ~ dans votre travail** you're letting your work slide; **le ~ des mœurs** the laxity of OU decline in moral standards. -**2.** MÉD [de l'intestin] loosening; [d'un muscle] relaxation. -**3.** [d'une corde, d'un lien] loosening, slackening.

relâcher [3] [rəlaʃe] ◇ *vt* -**1.** [libérer] to let go *(sép)*, to release, to set free *(sép)*; **les otages ont été relâchés** the hostages have been released OU set free; **il a relâché l'oiseau** he let the bird go, he freed the bird. -**2.** [diminuer] to relax, to slacken; **~ son attention** to let one's attention wander; **ne relâchons pas nos efforts** we must not relax OU slacken our efforts; **elle a relâché son étreinte** she relaxed OU loosened her grip. -**3.** [détendre - câble] to loosen, to slacken; [- muscle] to relax. -**4.** *litt* [abandonner] to give up *(sép)*; **il n'a rien relâché de ses exigences** he didn't let up in OU didn't give up any of his demands. -**5.** MÉD [intestin] to loosen.
◇ *vi* NAUT to put into port; **nous avons relâché à Cannes** we put in at Cannes.
◆ **se relâcher** *vpi* -**1.** [muscle] to relax, to loosen; [câble] to loosen, to slacken. -**2.** [devenir moins rigoureux] to become lax OU laxer; **se ~ dans son travail** to become lax about one's work; **elle se relâche en tout** she's letting things slide; **son attention se relâche** his attention is flagging.

relais [rəlɛ] *nm* -**1.** [succession] shift; **travail par ~** shift work; **prendre le ~ (de qqn)** to take over (from sb); **j'ai commencé le travail, tu n'as plus qu'à prendre le ~** I started the job, just carry on OU take over; **il m'a déjà réprimandé, ne prends pas le ~!** he's already told me off, don't you start as well! -**2.** SPORT relay; **courir le ~ 4 x 400 mètres** to run the 4 x 400 metres relay. -**3.** HIST [lieu] coaching inn; [chevaux] relay. -**4.** [auberge] inn; **~ autoroutier** motorway café *Br*, truck stop *Am*; **ce restaurant est donné comme ~ gastronomique dans le guide** this restaurant is recommended in the guide as an excellent place to eat. -**5.** *(comme adj; avec ou sans trait d'union)* ÉLECTR [appareil, station] relay *(modif)*; [processus] relaying. -**6.** SC: **~ statique/de mesure/de tout ou rien** static/measuring/all-or-nothing relay. -**7.** TÉLÉC: **~ hertzien** radio relay. -**8.** BANQUE: **(crédit) ~** bridging loan.

relance [rəlɑ̃s] *nf* -**1.** [nouvelle impulsion] revival, boost. -**2.** ÉCON: **il y a une ~ de la production sidérurgique** steel production is being boosted OU increased; **politique de ~** reflationary policy □ **~ économique** reflation. -**3.** [sollicitation]: **des ~s téléphoniques** follow-up calls; **lettre de ~** follow-up letter. -**4.** JEUX raise; **faire une ~** to raise (the stakes); **limiter la ~** to limit the raise.

relancer [16] [rəlɑ̃se] ◇ *vt* -**1.** [donner un nouvel essor à] to relaunch, to revive; **~ l'économie d'un pays** to give a boost to OU to boost OU to reflate a country's economy. -**2.** [solliciter] to chase up *Br*, to chase after *fig*; **il faudra le ~ pour obtenir un rendez-vous** you'll have to chase him up *Br* OU chase after him if you want an appointment; **c'est à lui de ~ ses clients** it's his job to chase up *Br* OU follow up on his clients; **arrête de me ~!** stop badgering me! -**3.** [jeter à nouveau] to throw again. -**4.** CHASSE to start again.
◇ *vi* JEUX: **~ (de): je relance de 1 000 francs** I raise (the bid) by 1,000 francs.
◆ **se relancer dans** *vp + prép*: **se ~ dans le tissage** to take up weaving again; **se ~ dans de longues explications** to reembark on a long explanation.

relaps, e [rəlaps] ◇ *adj* relapsed.
◇ *nm, f* relapsed person, backslider RELIG.

relater [3] [rəlate] *vt* -**1.** *sout* [raconter] to relate, to recount; **les faits ont été relatés dans la presse** the facts were reported OU detailed in the papers. -**2.** JUR [consigner] to record.

relatif, ive [rəlatif, iv] *adj* -**1.** [gén, GRAMM & MATH] relative; **donner une valeur relative** to give a relative value; **comparer les mérites ~s de...** to compare the relative merits of...; **tout est ~** everything is relative. -**2.** **~ à** [concernant] relating to, concerning. -**3.** [approximatif]: **les élèves sont rentrés dans un ordre ~** the pupils went back inside in a more or less orderly fashion; **nous avons goûté un repos tout ~** we enjoyed a rest of sorts; **un isolement ~** relative OU comparative isolation. -**4.** MUS relative.
◆ **relatif** *nm* -**1.** GRAMM relative pronoun. -**2.** [proportions]: **avoir le sens du ~** to have a sense of proportion.
◆ **relative** *nf* relative clause.

relation [rəlasjɔ̃] *nf* -**1.** [corrélation] relationship, connection; **~ de cause à effet** relation OU relationship of cause and effect; **mettre**

deux questions en ~ l'une avec l'autre, faire la ~ entre deux questions to make the connection between OU to connect two questions; c'est sans ~ avec..., il n'y a aucune ~ avec... there's no connection with..., it's nothing to do with... -**2.** [rapport] relationship; **nouer des ~s professionnelles** to form professional contacts; **les ~s sino-japonaises** relations between China and Japan, Sino-Japanese relations; **en ~** OU **~s: nous sommes en ~ d'affaires depuis des années** we've had business dealings OU a business relationship for years; **en excellentes/mauvaises ~s avec ses collègues** on excellent/bad terms with one's colleagues; **entrer en ~ avec qqn** [le contacter] to get in touch OU to make contact with sb; [commencer à le fréquenter] to start (up) OU to strike up a relationship with sb; **mettre qqn en ~ avec un ami/une organisation** to put sb in touch with a friend/an organization ❑ **~s diplomatiques** diplomatic relations OU links; **~s humaines** [gén] dealings between people; SOCIOL human relations; **~s internationales** international relations; **~s publiques** public relations; **~s sexuelles** sexual relations. -**3.** [connaissance] acquaintance; **une ~ d'affaires** a business acquaintance OU connection; **avoir de nombreuses ~s** to know a lot of people; **utilise tes ~s** use your connections; **heureusement que j'ai des ~s!** it's a good thing I'm well connected OU I know the right people!; **j'ai trouvé à me loger par ~s** I found a place to live through knowing the right people OU through the grapevine. -**4.** MATH relation. -**5.** *sout* [compte-rendu] relation, narration; **sa ~ des faits** his account of the story. -**6.** JUR account.

relationnel, elle [rəlasjɔnɛl] *adj* -**1.** PSYCH relationship *(modif)*; **avoir des difficultés ~les avec qqn** to have trouble relating to OU getting on with sb. -**2.** LING relational, relation *(modif)*.

relationniste [rəlasjɔnist] *nmf Can* public relations officer.

relativement [rəlativmɑ̃] *adv* -**1.** [passablement] relatively, comparatively, reasonably. -**2.** *sout* [de façon relative] relatively, contingently.

◆ **relativement à** *loc prép* -**1.** [par rapport à] compared to, in relation to. -**2.** [concernant] concerning; **entendre un témoin ~ à une affaire** to hear a witness in relation to a case.

relativisation [rəlativizasjɔ̃] *nf* relativization.

relativiser [3] [rəlativize] *vt*: **~ qqch** to consider sthg in context, to relativize sthg *spéc*; **il faut ~ tout ceci, ça pourrait être pire** you've got to keep things in perspective, it could be worse.

relativisme [rəlativism] *nm* relativism.

relativiste [rəlativist] ◇ *adj* **1.** PHYS relativistic. -**2.** PHILOS relativist, relativistic.

◇ *nmf* PHILOS relativist.

relativité [rəlativite] *nf* -**1.** [gén] relativity; **la ~ des connaissances humaines** the relative nature OU relativeness of human knowledge. -**2.** PHYS relativity; **(théorie de) la ~ générale/restreinte** general/special (theory of) relativity.

relaver [3] [rəlave] *vt* -**1.** [laver de nouveau] to wash again, to rewash. -**2.** *Helv* [vaisselle] to wash.

relax *fam* [rəlaks] *adj inv* [personne, ambiance] easy-going, laid back; [activité, vacances] relaxing; **c'est une fille plutôt ~** she's an easy-going sort of girl ❑ **fauteuil ~** reclining chair.

relaxant, e [rəlaksɑ̃, ɑ̃t] *adj* relaxing, soothing.

relaxation [rəlaksasjɔ̃] *nf* -**1.** [détente] relaxation, relaxing; **faire de la ~** to do relaxation exercises. -**2.** PHYS & PSYCH relaxation.

relaxe [rəlaks] ◇ *adj fam* = **relax**.

◇ *nf* JUR discharge, release.

relaxer [3] [rəlakse] *vt* -**1.** [relâcher - muscle] to relax. -**2.** JUR [prisonnier] to discharge, to release.

◆ **se relaxer** *vpi* to relax.

relayer [11] [rəlɛje] *vt* -**1.** [suppléer] to relieve, to take over from; **il l'a relayée au chevet du malade** he took over from her at the patient's bedside. -**2.** RAD & TV to relay. -**3.** SPORT to take over, to take the baton.

◆ **se relayer** *vp (emploi réciproque)* to take turns; **se ~ auprès d'un malade** to take turns at a sick person's bedside; **se ~ au volant** to take turns at the wheel.

relayeur, euse [rəlɛjœr, øz] *nm, f* SPORT relay runner.

releasing factor [rəliziŋfaktɔr] (*pl* **releasing factors**) *nm* releasing factor PHYSIOL.

relecture [rəlɛktyr] *nf*: **une ~ de sa lettre m'a donné l'impression que quelque chose n'allait pas** a closer (second) reading of his letter gave me the impression something was wrong; **la ~ du manuscrit a pris une heure** it took an hour to reread the manuscript; **à la ~, j'ai trouvé que...** on reading it again OU when I reread it, I found that...; **le metteur en scène nous propose une véritable ~ de la pièce** the director gives us a totally new approach to the play ❑ **~ d'épreuves** proofreading PRINT.

relégation [rəlegasjɔ̃] *nf* -**1.** SPORT relegation. -**2.** HIST & JUR banishment, relegation.

relégué, e [rəlege] ◇ *adj* -**1.** SPORT relegated. -**2.** HIST & JUR banished, relegated.

◇ *nm, f* -**1.** SPORT relegated team. -**2.** JUR relegated person. -**3.** HIST banished person.

reléguer [18] [rəlege] *vt* -**1.** [cantonner] to relegate; **~ qqn au second plan** to put sb in the background; **leur équipe a été reléguée en deuxième division cette année** SPORT their team went down into the second division this year. -**2.** HIST & JUR to banish, to relegate.

relent [rəlɑ̃] *nm* -**1.** *(gén pl)* [mauvaise odeur] stink *(U)*, stench *(U)*; **des ~s de tabac froid** a stench of stale tobacco. -**2.** *sout* [trace] residue, hint, trace.

relevable [rələvabl] *adj* (vertically) adjustable; **siège à dossier ~** reclinable seat.

relevailles [rələvaj] *nfpl* churching.

relevé, e [rəlve] *adj* -**1.** [redressé - col, nez] turned-up; **ses manches étaient ~es jusqu'au coude** his sleeves were rolled up to the elbows; **elle portait un chapeau à bords ~s** she wore a hat with a turned-up brim. -**2.** CULIN [assaisonné] seasoned, well-seasoned; [pimenté] spicy, hot; **plats ~s** spicy food. -**3.** *sout* [distingué] elevated, refined.

◆ **relevé** *nm* -**1.** [de recettes, de dépenses] summary, statement; [de gaz, d'électricité] reading; [de noms] list; **~ mensuel** BANQUE monthly statement ❑ **demander son ~ (de compte)** to ask for one's bank statement; **~ d'identité bancaire** ≃ bank and account number, particulars of one's bank account; **~ de notes** SCOL examination results. -**2.** GÉOG survey. -**3.** ARCHIT layout. -**4.** DANSE relevé.

relève [rəlɛv] *nf* -**1.** [manœuvre] relieving, changing; **prendre la ~ (de qqn)** to take over (from sb) ❑ **la ~ de la garde** the changing of the guard. -**2.** [groupe] replacement, stand-in; **la ~** [au travail] the relief team; MIL the relief troops; [garde] the relief guard.

relèvement [rəlɛvmɑ̃] *nm* -**1.** [rétablissement] recovery, restoring; **mesures prises pour favoriser le ~ d'une société** measures adopted to help put a company back on its feet OU to help a company recover. -**2.** [fait d'augmenter] raising; [résultat] increase, rise; **le ~ des impôts/des salaires** tax/salary increase. -**3.** [reconstruction] reerecting, rebuilding. -**4.** [rehaussement] raising, increase; **le ~ du niveau des eaux** the rise in the water level. -**5.** JUR release. -**6.** NAUT bearing *(U)*; **faire un ~ (de sa position)** to plot OU to chart one's position. -**7.** RAD (radio) direction finding. -**8.** TRAV PUBL: **station de ~** pumping station.

relever [19] [rəlve] ◇ *vt* -**1.** [redresser - lampe, statue] to stand up *(sép)* again; [- chaise] to pick up *(sép)*; [- tête] to lift up *(sép)* again; **ils m'ont relevé** [vers la position debout] they helped me (back) to my feet; [vers la position assise] they sat me up OU helped me to sit up. -**2.** [remonter - store] to raise; [- cheveux] to put up *(sép)*; [- col, visière] to turn up *(sép)*; [- pantalon, manches] to roll up *(sép)*; [- rideaux] to tie back *(sép)*; [- strapontin] to tie up *(sép)*; **le virage est trop relevé** the banking on the bend has been made too steep. -**3.** [augmenter - prix, salaires] to increase, to raise, to put up *(sép)*; **ils ont relevé les notes d'un point** they put up OU raised the marks by one point. -**4.** [ramasser, recueillir] to pick up *(sép)*; **~ les copies** SCOL to collect the papers. -**5.** [remettre en état - mur] to rebuild, to re-erect; [- pylône] to re-erect, to put up *(sép)* again; **~ des ruines** [ville] to reconstruct OU to rebuild a ruined city; [maison] to rebuild a ruined house; **c'est lui qui a relevé la nation** *fig* he's the one who put the country back on its feet (again) OU got the country going again; **~ l'économie** to rebuild the economy; **~ le moral des troupes** to boost the troops' morale. -**6.** [mettre en valeur] to enhance. -**7.** CULIN to season, to spice up *(sép)*; **relevez l'assaisonnement** make the seasoning more spicy. -**8.** [remarquer] to notice; **~ des fautes** to notice OU to pick out mistakes; **elle n'a pas relevé l'allusion** [car elle ne l'a pas comprise] she didn't notice the hint; [elle l'a sciemment ignorée] she pretended not to notice the hint || *(en usage abs)*: **ce ne sont que des ragots, il vaut mieux ne pas ~** it's just gossip, (best) ignore it; **je ne relèverai pas!** I'll ignore that! -**9.** [enregistrer - empreinte digitale] to record; [- cote, mesure] to take down *(sép)*, to plot; [- informations] to take OU to note down; [- plan] to sketch; **on a relevé des traces de boue sur ses chaussures** traces of mud were found OU discovered on his shoes; **~ l'eau** *fam* OU **le compteur d'eau** to read the water meter; **~ le gaz** *fam* OU **le compteur de gaz** to read the gas meter; **ayant relevé les détails dans son carnet...** having noted down OU recorded the details in his notebook...; **les faits relevés ne plaident pas en ta faveur** the facts as they have been recorded do not help your case; **températures relevées à 16 h** MÉTÉO temperatures recorded at 4 p.m.; **~ sa position** to plot OU to chart one's position; **~ un point** to take a bearing. -**10.** [relayer - garde] to relieve; [- coéquipier] to take over *(insép)* from; **~ qqn de: ~ qqn de ses vœux** to release sb from his/her vows; **~ qqn de ses fonctions** to relieve sb of his/her duties. -**11.** JUR [prisonnier] to release. -**12.** [en tricot] to pick up *(sép)*. -**13.** CONSTR [parquet] to lift, to raise. -**14.** JEUX to pick up (one's cards). -**15.** NAUT: **~ un navire** to refloat a ship.

◇ *vi* [remonter] to ride up; **ta jupe relève derrière** your skirt rides up at the back.

◆ **relever de** *v + prép* -**1.** [être de la compétence de - juridiction] to fall OU to come under; [- spécialiste] to be a matter for; [- magistrat] to come under the jurisdiction of; **cela relève des tribunaux/de la psychiatrie** it's a matter for the courts/the psychiatrists. -**2.** [tenir de]: **cela relève du miracle** it's truly miraculous. -**3.** *sout* [se rétablir de]: **~ de couches** to come out of confinement; **elle relève d'une grippe** she is recovering from flu.

◆ **se relever** ◇ *vp (emploi passif)* [être inclinable] to lift up.

◇ *vpi* -**1.** [se remettre - debout] to get OU to stand up again; [- assis] to sit up again; **aider qqn à se ~: il l'aida à se ~** he helped her to her feet again; **se ~ la nuit** to get up in the night; **je ne veux pas avoir à me ~!** I don't want to have to get up (again)! -**2.** [remonter]: **les commissures de ses lèvres se relevèrent** the corners of his mouth curled up.

◆ **se relever de** *vp + prép* to recover from, to get over; **le parti se relève de ses cendres** OU **ruines** the party is rising from the ashes; **je ne m'en relèverai/ils ne s'en relèveront pas** I'll/they'll never get over it.

releveur, euse [rəlvœr, øz] ◇ *adj* ANAT: **muscle ~** levator muscle.

◇ *nm, f* [employé] meter reader.

◆ **releveur** *nm* -**1.** ANAT levator. -**2.** [sur une moissonneuse] elevator.

relief [rəljɛf] *nm* -**1.** BX-ARTS, GÉOG & OPT relief; **la région a un ~ accidenté** the area is hilly;

pays sans (aucun) ~ flat country; un ~ calcaire limestone relief. -**2.** [contraste] relief, highlight; **donner du ~ à qqch** to highlight sthg; **son discours manquait de ~** his speech was a rather lacklustre affair; **le personnage est brossé avec beaucoup de ~** the character is brought out OU stands out very well. -**3.** ACOUST: **~ acoustique** spatial effect (of a sound).

◆ **reliefs** *nmpl litt*: les ~s [d'un repas] the remnants OU leftovers.

◆ **en relief** ◇ *loc adj* BX-ARTS & IMPR relief *(modif)*, raised; **impression en ~** relief printing; **motif en ~** raised design, design in relief.
◇ *loc adv* [en valeur]: **mettre qqch en ~** to bring sthg out; **le jus de citron met en ~ le goût des fraises** lemon juice brings out OU accentuates the taste of strawberries.

relier [9] [rəlje] *vt* -**1.** [faire communiquer] to link up *(sép)*, to link (together), to connect; **les deux pièces sont reliées par un long couloir** the two rooms are linked (together) OU connected by a long corridor; **un vol quotidien relie Paris à Lourdes** a daily flight links Paris to Lourdes; **la route qui relie Bruxelles à Ostende** the road running from OU linking Brussels to Ostend. -**2.** [mettre en rapport] to connect, to link (together), to relate; **les deux paragraphes ne sont pas reliés** there is no link OU connection between the two paragraphs. -**3.** [livre] to bind; **livre relié** hardback (book); **relié en cuir** leather-bound; **relié toile** cloth-bound. -**4.** [tonneau] to hoop.

relieur, euse [rəljœr, øz] *nm, f* bookbinder.

religieusement [rəliʒjøzmɑ̃] *adv* -**1.** [pieusement] religiously; **se marier ~** to get married in church. -**2.** [soigneusement] religiously, rigorously, scrupulously; [avec vénération] reverently, devoutly.

religieux, euse [rəliʒjø, øz] *adj* -**1.** [cérémonie, éducation, ordre, vie] religious; **l'état ~** the religious state; **un mariage ~** a church wedding; **s'intéresser à l'art ~/à la musique religieuse** to be interested in religious art/music. -**2.** [personne] religious; **il n'a jamais été très ~** he was never very religious. -**3.** [empreint de gravité] religious; **un silence ~ se fit dans la salle** a reverent silence fell on the room.

◆ **religieux** *nm* member of a religious order.

◆ **religieuse** *nf* -**1.** RELIG nun. -**2.** CULIN cream puff; **~ au chocolat/au café** chocolate/coffee cream puff.

religion [rəliʒjɔ̃] *nf* -**1.** [croyance] religion; **l'histoire de la ~** the history of religion; **la ~ juive** the Jewish religion OU faith; **être sans** OU **n'avoir pas de ~** to have no religion, to be of no religious faith; **se convertir à la ~ catholique/musulmane** to be converted to Catholicism/Islam ❑ **entrer en ~** to join a religious order; **la ~ est l'opium du peuple** *allusion Marx* religion is the opium of the people. -**2.** [piété] religious faith; **avoir de la ~** *litt* to be religious OU devout; **connu pour sa ~** well-known for the strength of his religious faith ❑ **se faire une ~ de qqch** *arch* to be obsessed with sthg.

religiosité [rəliʒjozite] *nf* religiosity, religiousness.

reliquaire [rəlikɛr] *nm* reliquary.

reliquat [rəlika] *nm* remainder, balance; **un ~ de vacances** outstanding leave; **~ d'impôts** outstanding taxes; **après apurement des comptes, il n'y a plus aucun ~** after balancing the accounts, there is nothing left over OU there is no surplus.

relique [rəlik] *nf* RELIG relic; **conserver qqch comme une ~** to treasure sthg.

relire [106] [rəlir] *vt* to read again, to reread.

◆ **se relire** *vp (emploi réfléchi)* to read (over) what one has written; **j'ai du mal à me ~** I have difficulty reading my own writing.

reliure [rəljyr] *nf* -**1.** [technique] binding, bookbinding. -**2.** [couverture] binding; **~ d'amateur** amateur OU threequarter binding; **~ à nerfs** band OU banded binding; **~ pleine** full binding; **~ sans couture** perfect binding.

relogement [rəlɔʒmɑ̃] *nm* rehousing.

reloger [17] [rəlɔʒe] *vt* to rehouse.

relouer [6] [rəlwe] *vt* [suj: propriétaire] to rent out *(sép)* again, to relet; [suj: locataire] to rent again.

réluctance [relyktɑ̃s] *nf* reluctance PHYS.

reluire [97] [rəlɥir] *vi* [casque, casserole] to gleam, to shine; [pavé mouillé] to glisten; **faire ~ ses cuivres** to do OU to polish the brasses.

reluisant, e [rəlɥizɑ̃, ɑ̃t] *adj* -**1.** *fam (gén nég)*: **peu** OU **pas ~** [médiocre] shabby; **un individu peu ~** an unsavoury character; **notre avenir n'apparaît guère ~** our future hardly looks bright. -**2.** [brillant] shining, shiny, gleaming.

reluquer *fam* [3] [rəlyke] *vt* [personne] to ogle, to eye up; [objet] to have one's eyes on, to covet.

rem [rɛm] *nm* rem.

remâcher [3] [rəmaʃe] *vt* -**1.** [mâcher de nouveau] to chew again; [suj: ruminant] to ruminate. -**2.** [ressasser] to brood over *(insép)*.

remaillage [rəmajaʒ] *nm* [d'un filet] mending; [d'une chaussette, d'un bas] darning.

remailler [3] [rəmaje] *vt* [filet] to mend; [bas, chaussette] to darn.

remake [rimɛk] *nm* CIN remake; **à quand le ~?** when are you doing the remake?

rémanence [remanɑ̃s] *nf* -**1.** PHYS remanence, retentivity. -**2.** PHYSIOL [durabilité] persistence.

rémanent, e [remanɑ̃, ɑ̃t] *adj* -**1.** PHYS [aimantation] remanent, retentive; [magnétisme] residual. -**2.** [gén & CHIM] persistent; **image ~e** after-image.

remanger [17] [rəmɑ̃ʒe] ◇ *vt* to have OU to eat again; **je n'ai plus jamais remangé d'huîtres depuis** I've never eaten oysters since.
◇ *vi* to eat again.

remaniable [rəmanjabl] *adj* [discours, projet, texte] revisable, amendable; **son plan sera difficilement ~** his plan is going to be hard to revise OU to rework.

remaniement [rəmanimɑ̃] *nm* -**1.** [d'un projet de loi] redrafting, altering, amending; [d'un discours] revision, altering; [d'un programme] modification. -**2.** [d'un gouvernement, d'un ministère] reshuffle.

remanier [9] [rəmanje] *vt* -**1.** [texte, discours] to revise; [projet de loi] to draft again, to redraft. -**2.** [gouvernement, ministère] to reshuffle; **l'équipe a été complètement remaniée** the team was completely reshuffled.

remaquiller [3] [rəmakije] *vt* to make up *(sép)* again.

◆ **se remaquiller** *vp (emploi réfléchi)* [entièrement] to make o.s. up again; [partiellement] to touch up one's make-up.

remarcher [3] [rəmarʃe] *vi* -**1.** [accidenté, handicapé] to walk again. -**2.** [mécanisme] to work again.

remariage [rəmarjaʒ] *nm* remarriage; **son ~ avec...** his remarriage to...

remarier [9] [rəmarje] *vt* to remarry; **finalement, il a réussi à ~ son fils** he eventually managed to marry off his son again.

◆ **se remarier** *vpi* to get married OU to marry again, to remarry.

remarquable [rəmarkabl] *adj* -**1.** [marquant] striking, notable, noteworthy; **un événement ~** a noteworthy event. -**2.** [émérite] remarkable, outstanding, exceptional; **un travail ~** a remarkable OU an outstanding piece of work. -**3.** [particulier] conspicuous, prominent; **la girafe est ~ par la longueur de son cou** the giraffe is notable for its long neck.

remarquablement [rəmarkabləmɑ̃] *adv* remarkably, strikingly, outstandingly; **elle joue ~ du violon** she plays the violin outstandingly well.

remarque [rəmark] *nf* -**1.** [opinion exprimée] remark, comment; **je l'ai trouvée insolente et je lui en ai fait la ~** I thought she was insolent and (I) told her so || [blâme] (critical) remark; **j'en ai assez de tes ~s** I've had enough of your criticisms; **faire une ~ à qqn sur qqch** to pass a remark to sb about sthg; **si le service n'est pas assez rapide, fais-en la ~ au garçon** if service isn't fast enough, have a word with OU complain to the waiter about it. -**2.** [commentaire écrit] note; **j'ai ajouté quelques ~s grammaticales en fin de chapitre** I have added a few grammatical notes at the end of the chapter. -**3.** *litt & vieilli*: **digne de ~** noteworthy, (worthy) of note.

remarqué, e [rəmarke] *adj* conspicuous, noticeable, striking; **il a fait une intervention très ~e** the speech he made attracted a great deal of attention; **une entrée ~e** a conspicuous entrance.

remarquer [3] [rəmarke] *vt* -**1.** [constater] to notice; **faire ~ qqch à qqn** to point sthg out to sb; **on m'a fait ~ que...** it's been pointed out to me OU it's been drawn to my attention that...; **je n'ai même pas remarqué que tu étais parti** I didn't even notice you had left; **puis-je vous faire ~ que nous sommes en retard?** may I point out to you that we're late?; **remarque, je m'en moque éperdument** mind you, I really couldn't care less; **remarque qu'elle** OU **remarque, elle a sûrement raison** mind you, she's most probably right || [distinguer] to notice; **il l'avait déjà remarquée la semaine précédente** he'd already noticed OU spotted her the week before; **se faire ~** to draw attention to o.s.; **elle partit sans se faire ~** she left unnoticed OU without drawing attention to herself. -**2.** [dire] to remark; **«il ne viendra pas», remarqua-t-il** "he won't come", he remarked. -**3.** [marquer de nouveau - date, adresse] to write OU to note down *(sép)* again; [- linge] to tag OU to mark again.

◆ **se remarquer** *vp (emploi passif)* [être visible] to be noticed, to show; **le défaut du tissu se remarque à peine** the flaw in the material is scarcely noticeable OU can hardly be seen; **si elle continue à bouder, ça va se ~** if she keeps (on) sulking, people are going to notice.

remastiquer [3] [rəmastike] *vt* [vitre] to reapply putty to.

remballage [rɑ̃balaʒ] *nm* [d'affaires personnelles] packing up again; [d'un paquet] rewrapping.

remballer [3] [rɑ̃bale] *vt* -**1.** [marchandise] to pack up *(sép)* again. -**2.** *fam fig*: **tu peux ~ tes compliments** you can keep your compliments to yourself.

rembarquement [rɑ̃barkəmɑ̃] *nm* [de passagers] reembarkation; [de produits] reloading.

rembarquer [3] [rɑ̃barke] ◇ *vt* [produits] to reload.
◇ *vi* [passagers] to reembark.

◆ **se rembarquer** *vpi* -**1.** [passagers] to reembark. -**2.** *fig*: **se ~ dans qqch** to get involved in sthg again; **tu ne vas pas te ~ dans une histoire pareille** you're not going to get mixed up in a mess like that again.

rembarrer *fam* [3] [rɑ̃bare] *vt*: **~ qqn** to put sb in his place, to tell sb where to get off; **je me suis fait (drôlement) ~!** I was told (in no uncertain terms) where to get off!

remblai [rɑ̃blɛ] *nm* -**1.** RAIL & TRAV PUBL embankment; [terre rapportée] ballast; **terre de ~** backfill. -**2.** MIN packing, backfill.

remblaiement [rɑ̃blɛmɑ̃] *nm* depositing GEOL.

remblayage [rɑ̃blɛjaʒ] *nm* -**1.** TRAV PUBL banking up. -**2.** MIN backfilling, stowing.

remblayer [11] [rɑ̃bleje] *vt* -**1.** TRAV PUBL to bank up *(sép)*; **~ un fossé** to fill up a ditch. -**2.** MIN to backfill, to pack.

rembobiner [3] [rɑ̃bɔbine] *vt* [film, bande magnétique] to rewind, to spool back *(sép)*.

remboîtage [rɑ̃bwataʒ], **remboîtement** [rɑ̃bwatmɑ̃] *nm* -**1.** MÉD [d'une articulation, d'un os] repositioning, resetting. -**2.** IMPR [d'un livre] recasing.

remboîter [3] [rɑ̃bwate] *vt* -**1.** MÉD [articulation, os] to reposition, to reset. -**2.** IMPR [livre] to recase.

rembourrage [rɑ̃buraʒ] *nm* [d'un vêtement] padding; [d'un siège] stuffing.

rembourrer [3] [rɑ̃bure] *vt* [coussin, manteau] to pad; [siège] to stuff; **il est plutôt bien rem-**

bourré *fam hum* he's a bit podgy OU a bit on the plump side; **rembourré avec des noyaux de pêches** *hum* as hard as iron.

rembourrure [rɑ̃buryr] *nf* = **rembourrage**.

remboursable [rɑ̃bursabl] *adj* [ticket] refundable; [prêt] repayable; ~ **en 20 mensualités** repayable in 20 monthly instalments.

remboursement [rɑ̃bursəmɑ̃] *nm* [d'un ticket, d'un achat] refund; [d'un prêt] repayment, settlement; [d'une dépense] reimbursement; **le ~ de ses dettes lui a pris deux ans** it took her two years to pay off her debts ❑ **envoi** OU **expédition contre ~** cash on delivery.

rembourser [3] [rɑ̃burse] *vt* [argent] to pay back OU off *(sép)*, to repay; [dépense, achat] to reimburse, to refund; [personne] to pay back, to reimburse; **les billets non utilisés seront remboursés** unused tickets will be reimbursed OU refunded; **frais de port remboursés** postage refunded; **tous les délégués seront remboursés de leurs frais** we will refund all delegates' expenses; **est-ce que tu peux me ~?** can you pay me back?; **remboursez, remboursez!** we want a refund!, give us our money back!; **ce médicament n'est remboursé qu'à 40 % (par la Sécurité sociale)** only 40% of the price of this drug is refunded (by the Health Service).

Rembrandt [rɑ̃brɑ̃] *npr* Rembrandt.

rembrunir [32] [rɑ̃brynir]

◆ **se rembrunir** *vpi* -**1.** *litt* [s'assombrir] to darken, to cloud (over); **le ciel s'est rembruni** the sky has clouded over. -**2.** [se renfrogner] to darken; **son visage s'est rembruni à l'annonce de la nouvelle** his face darkened when he heard the news.

remède [rəmɛd] *nm* -**1.** [solution] remedy, cure, solution; **trouver un ~ au désespoir/à l'inflation** to find a cure for despair/for inflation; **le chômage est-il sans ~?** *fig* is there no cure for OU no answer to unemployment?; **porter ~ à qqch** to cure OU to find a cure for sthg. -**2.** [thérapeutique] cure, remedy; **un ~ contre le cancer/le SIDA** a cure for cancer/for AIDS; **le ~ est pire que le mal** *fig* the remedy is worse than the disease; **c'est un (vrai) ~ contre l'amour** *fam* he's/she's a real turn-off. -**3.** *vieilli* [médicament] remedy; **un ~ de bonne femme** a traditional OU an old-fashioned remedy; **un ~ de cheval** a drastic remedy; **aux grands maux les grands ~s** *prov* desperate situations call for drastic remedies.

remédiable [rəmedjabl] *adj* curable, remediable *litt*.

remédier [9] [rəmedje]

◆ **remédier à** *v + prép* -**1.** [maladie] to cure; [douleur] to alleviate, to relieve. -**2.** *sout* [problème] to remedy, to find a remedy OU solution for; **nous ne savons pas comment ~ à la situation** we don't know how to remedy the situation; **~ à ses défauts** to make up for OU to compensate for one's shortcomings; **~ à une erreur** to put right a mistake.

remembrement [rəmɑ̃brəmɑ̃] *nm* land consolidation OU reallotment.

remembrer [3] [rəmɑ̃bre] *vt* [terres] to redistribute OU to reallot.

remémoration [rəmemɔrasjɔ̃] *nf litt* recalling.

remémorer [3] [rəmemɔre] *vt sout*: **~ qqch à qqn** to remind sb of sthg, to bring sthg to sb's mind.

◆ **se remémorer** *vpt sout* to recollect, to recall, to remember.

remerciement [rəmɛrsimɑ̃] *nm* -**1.** [action] thanks, thanking; **une lettre de ~** a letter of thanks, a thank-you letter; **un geste/un mot de ~** a gesture/a word of thanks. -**2.** [parole] thanks; **(je vous adresse) tous mes ~s pour ce que vous avez fait** (I) thank you for what you did; **il a balbutié quelques ~s et s'est enfui** he mumbled a few words of thanks and ran off; **avec mes ~s** with (many) thanks.

remercier [9] [rəmɛrsje] *vt* -**1.** [témoigner sa gratitude à] to thank; **je te remercie** thank you; **comment vous ~ pour ce que vous avez fait?** I don't know how to thank you for what you did; **tu peux ~ le Ciel!** you can count yourself lucky!; **elle nous a remerciés par un superbe bouquet de fleurs** she thanked us with a beautiful bunch of flowers; **je te remercie de m'avoir aidé** thank you for helping me OU for your help; **et c'est comme ça que tu me remercies!** and that's all the thanks I get! -**2.** [pour décliner une offre]: **encore un peu de thé? — je vous remercie** would you like some more tea? — no, thank you; **je te remercie mais je n'ai que faire de ton aide** I can do without your help, thanks all the same; **je te remercie du conseil** *iron* thanks for the advice. -**3.** *euph* [licencier] to dismiss, to let go; **ils ont décidé de la ~** they decided to dispense with her services.

réméré [remere] *nm* repurchase (clause); **vente à ~** sale with option of repurchase.

remettre [84] [rəmɛtr] ◇ *vt* -**1.** [replacer - gén] to put back *(sép)*; [- horizontalement] to lay, to put; **remets le livre où tu l'as trouvé** put the book back where you found it; **je l'ai remis en pension** I sent him back to boarding school; **je ne remettrai plus les pieds ici!** I will never set foot in here again!; **~ qqn sur la voie** to put sb back on the right track; **~ qqn sur le droit chemin** to set sb on the straight and narrow again; **remets les cartes face dessous** lay OU place the cards face down again; **il remit son fusil par terre** he laid OU put his gun down on the floor again; **~ qqch à plat** to lay sthg flat again OU back (down) flat; **l'oiseau remit sa tête sous son aile** the bird put OU tucked its head back under its wing; **~ qqn debout** to stand sb up again OU sb back up; **~ qqch à: ~ qqch à cuire** to put sthg back on to cook; **~ qqch à sécher/tremper** to put sthg back up to dry/back in to soak ‖ [pour remplacer]: **il faut simplement lui ~ des piles** you just have to put new batteries in (it); **faire ~ un verre à ses lunettes** to have a lens replaced OU to have a new lens put in one's glasses. -**2.** [rétablir dans un état]: **~ qqch en marche** to get sthg going again; **~ qqch en état** to repair sthg; **~ qqch à neuf** to restore sthg; **~ une pendule à l'heure** to set a clock right (again); **ces mots me remirent en confiance** those words restored my faith; **elle a remis la pagaille dans toute la maison** *fam* she plunged the whole household into chaos again ❑ **~ les pendules à l'heure** to set the record straight; **~ qqn à sa place** to put sb in his/her place. -**3.** [rajouter] to add; **remets un peu de sel** put in a bit more salt, add some (more) salt ❑ **en ~** *fam* [exagérer]: **il est assez puni comme ça, n'en remets pas** he's been punished enough already, no need to rub it in. -**4.** [se vêtir, se coiffer, se chausser de] to put on *(sép)* again, to put back on *(sép)*; **remets tes skis/ta casquette** put your skis/cap back on. -**5.** [recommencer]: **la balle est à ~** TENNIS play a let ❑ **~ ça** *fam*: **voilà qu'elle remet ça!** there she goes again!, she's at it again!; **tu ne vas pas ~ ça avec ma mère!** don't you start going on again about my mother!; **les voilà qui remettent ça avec leur grève!** here they go striking again!; **je n'ai pas envie de ~ ça!** I don't want to go through that again!; **allez, on remet ça!** [au café] come on, let's have another round OU another one!; **remettez-nous ça!** same again please! -**6.** [donner - colis, lettre, message] to deliver, to hand over *(sép)*; [- objet, dossier à régler, rançon] to hand over *(sép)*, to give; [- dossier d'inscription, dissertation] to hand OU to give in *(sép)*; [- pétition, rapport] to present, to hand in; [- démission] to hand in, to tender; *sout* [- médaille, récompense] to present, to give; **on nous a remis 100 francs à chacun** we were each given 100 francs; **~ qqn aux autorités** to hand OU to turn sb over to the authorities; **on lui a remis le prix Nobel** he was presented with OU awarded the Nobel prize. -**7.** [confier] to place; **~ son sort/sa vie entre les mains de qqn** to place one's fate/life into sb's hands; **~ son âme à Dieu** to commit one's soul to God, to place one's soul in God's keeping. -**8.** [rendre - copies] to hand OU to give back *(sép)*; [- clés] to hand back *(sép)*, to return; **l'enfant a été remis à sa famille** the child was returned to his family. -**9.** [ajourner - entrevue] to put off *(sép)*, to postpone, to put back *(sép) esp Br*; [- décision] to put off *(sép)*, to defer; **~ qqch à huitaine** to postpone sthg OU to put sthg off for a week; **la réunion a été remise à lundi** the meeting has been put off OU postponed until Monday; **~ qqch à plus tard** to put sthg off until later ❑ **il ne faut jamais ~ au lendemain ce que l'on peut faire le jour même** *prov* never put off till tomorrow what you can do today. -**10.** MÉD [replacer - articulation, os] to put back *(sép)* in place; **sa cheville n'est pas vraiment encore remise** her ankle isn't reset yet ‖ [rétablir - personne]: **être remis** to be well again; **une semaine de repos et me voilà remise** a week's rest and I'm back on my feet (again); **être remis de** to have recovered from, to have got over; **il n'est pas encore remis de sa frayeur/son cauchemar** he hasn't yet got over his fright/nightmare. -**11.** [reconnaître] to remember; **je ne la remets pas** I don't remember her, I can't place her. -**12.** [faire grâce de - peine de prison] to remit; **~ une dette à qqn** to let sb off a debt ‖ [pardonner - péché] to forgive, to remit; [- offense] to forgive, to pardon. -**13.** *Belg* [vomir] to vomit; [monnaie]: **il m'a remis trois francs** he gave me three francs change ‖ [céder]: **ils ont remis leur boutique** they gave up their shop.

◇ *vi* NAUT: **~ à la route** to get back on course; **~ à la voile** to hoist sail again.

◆ **se remettre** ◇ *vp (emploi réfléchi)* [se livrer]: **se ~ à la police** to give o.s. up to the police; **se ~ entre les mains de qqn** to put OU to place o.s. in sb's hands.

◇ *vpt vieilli*: **se ~ qqn** [reconnaître qqn] to remember OU to place sb.

◇ *vpi* -**1.** [se replacer - dans une position, un état]: **se ~ au lit** to go back to bed; **se ~ debout** to stand up again, to get back up; **se ~ en route** to get started OU going again; **tu ne vas pas te ~ en colère!** don't go getting angry again!; **se ~ avec qqn** [se réconcilier] to make it up with sb; [se réinstaller] to go OU to be back with sb again. -**2.** [guérir] to recover, to get better; **je vais me ~, c'est simplement que je suis encore sous le choc** I'll be all right, it's just that I'm still in shock; **elle se remettra, ne t'inquiète pas** [d'un choc] she'll get over it, don't worry; [d'une dépression] she'll pull out of it, don't worry; **se ~ de qqch** to get over sthg; **se ~ d'un accident** to recover from OU to get over an accident; **il ne s'est pas encore complètement remis de son opération** he's not fully recovered from his operation yet; **allons, remets-toi!** come on, pull yourself together OU get a grip on yourself!; **je ne m'en remets pas** I can't get over it; **elle va s'en ~** she'll get over it.

◆ **se remettre à** *vp + prép* -**1.** [recommencer à]: **se ~ à (faire) qqch** to start (doing) sthg again, to take up (doing) sthg again; **il s'est remis à fumer** he started smoking again; **je me suis remis à l'espagnol** I've taken up Spanish again. -**2.** MÉTÉO: **la pluie se remet à tomber, il se remet à pleuvoir** the rain's starting again, it's started raining again; **le temps se remet au beau** it's brightening up; **le temps se remet à la neige** it looks like snow again.

◆ **s'en remettre à** *vp + prép* [se fier à] to rely on, to leave it (up) to; **tu peux t'en ~ à moi** you can rely on me OU leave it (up) to me; **je m'en remets à lui pour tout ce qui concerne le financement du projet** I'm leaving the financial arrangements of the plan to him OU in his hands; **s'en ~ à la décision de qqn** to leave it (up) to sb to decide; **s'en ~ au bon sens de qqn** to rely on sb's common sense.

remeubler [5] [rəmøble] *vt* [meubler de nouveau] to refurnish; [mettre de nouveaux meubles] to put new furniture into.

rémige [remiʒ] *nf* remex; **les ~s** remiges.

remilitarisation [rəmilitarizasjɔ̃] *nf* remilitarization.

remilitariser [3] [rəmilitarize] *vt* to remilitarize.

réminiscence [reminisɑ̃s] *nf* -**1.** [souvenir] reminiscence, recollection; **quelques ~s de ce qu'elle avait appris à l'école** a few vague memories of what she'd learned at school; **des ~s de mon enfance** reminiscences OU recollections of my childhood. -**2.** [influence] overtone; **il y a des ~s de Mahler dans ce morceau** there are some echoes of Mahler in this piece, this piece is reminiscent of Mahler. -**3.** PHILOS & PSYCH reminiscence.

remisage [rəmizaʒ] *nm* [gén] putting away, storing (away).

remise [rəmiz] *nf* -**1.** [dans un état antérieur]: **la ~ en place des meubles/en ordre des documents nous a pris du temps** putting all the furniture back into place/sorting out the papers again took us some time; **la ~ en marche du moteur** restarting the engine ❑ **~ en cause** OU **question** calling into question; **~ en jeu** OU **en touche** HOCKEY put-in; RUGBY line-out; FTBL throw-in; **~ à neuf** restoration; **il a besoin d'une ~ à niveau** he needs to be brought up to scratch; **~ à zéro** INF [effacement] core flush; [réinitialisation] resetting; **la ~ à zéro du compteur kilométrique a été faite récemment** AUT the mileometerhas recently been put back to zero. -**2.** [livraison] delivery; **~ d'une lettre/d'un paquet en mains propres** personal delivery of a letter/package; **la ~ des clés sera faite par l'agence** the agency will be responsible for handing over the keys; **la ~ de la rançon aura lieu derrière le garage** the ransom will be handed over OU paid behind the garage ❑ **~ des prix** SCOL prize-giving. -**3.** COMM [réduction] discount, reduction, remittance *spéc*; **une ~ de 15 %** a 15 % discount; **vous pouvez bien me faire une ~, je suis bonne cliente** you might consider giving me a discount OU a reduction, I'm a regular customer. -**4.** FIN [d'un impôt] allowance. -**5.** JUR remission; **faire ~ d'une dette** to discharge a debt; **faire ~ d'une amende** to remit OU to reduce a fine ❑ **~ de peine** reduction of (the) sentence. -**6.** *sout* [ajournement] putting off, postponement; **la ~ à huitaine de l'ouverture du procès** the postponement OU deferment of the opening of the trial for a week. -**7.** [resserre] shed. -**8.** AUT: **voiture de grande ~** chauffeur-driven hire limousine. -**9.** CHASSE covert.

remiser [3] [rəmize] ◇ *vt* -**1.** [ranger] to store away *(sép)*, to put away *(sép)*. -**2.** *fam vieilli* [rabrouer]: **~ qqn** to send sb packing.
◇ *vi* JEUX to place another bet.

remisier [rəmizje] *nm* intermediate broker ST. EX.

rémissible [remisibl] *adj litt* [crime, faute, péché] remissible, subject to remission.

rémission [remisjɔ̃] *nf* -**1.** RELIG remission, forgiveness; **la ~ des péchés** the remission of sins. -**2.** JUR remission; **la ~ d'une peine** the remission of a sentence. -**3.** MÉD remission; **la ~ fut de courte durée** the remission didn't last.
◆ **sans rémission** *sout* ◇ *loc adj* [implacable] merciless, pitiless; **ses jugements sont sans ~** her judgments are merciless.
◇ *loc adv* -**1.** [sans pardon possible] mercilessly, without mercy; **tu seras puni sans ~** you will be mercilessly punished. -**2.** [sans relâche] unremittingly; **travailler sans ~** to work unremittingly OU relentlessly.

rémittence [remitɑ̃s] *nf* [d'une fièvre, d'un mal] remission.

rémittent, e [remitɑ̃, ɑ̃t] *adj* [fièvre] remittent.

remmaillage [rɑ̃majaʒ] = **remaillage**.

remmailler [rɑ̃maje] = **remailler**.

remmailloter [3] [rɑ̃majɔte] *vt* [bébé] to wrap in swaddling clothes again.

remmancher [3] [rɑ̃mɑ̃ʃe] *vt* to put a handle back on.

remmener [19] [rɑ̃mne] *vt* to take OU to bring back *(sép)*; **je te remmènerai chez toi en voiture** I'll drive you back home.

remmoulage [rɑ̃mulaʒ] *nm* mould assembly OU reassembly.

remodelage [rəmɔdlaʒ] *nm* -**1.** [d'une silhouette] remodelling. -**2.** [d'un quartier] replanning; [d'une institution] reorganization; [d'un projet] redesigning, revising.

remodeler [25] [rəmɔdle] *vt* -**1.** [silhouette, traits] to remodel. -**2.** [quartier] to replan. -**3.** [institution] to reorganize; [projet] to redesign, to revise.

rémois, e [remwa, az] *adj* from Rheims OU Reims.
◆ **Rémois, e** *nm, f inhabitant of or person from Rheims.*

remontage [rəmɔ̃taʒ] *nm* -**1.** [d'une pendule] winding up, rewinding. -**2.** [d'une étagère] reassembly, reassembling.

remontant, e [rəmɔ̃tɑ̃, ɑ̃t] *adj* -**1.** BOT [fraisier] double-cropping, remontant *spéc*; [rosier] remontant. -**2.** [fortifiant] invigorating.
◆ **remontant** *nm* tonic.

remonte [rəmɔ̃t] *nf* -**1.** MIL remount. -**2.** NAUT sailing upstream OU upriver.

remonté, e *fam* [rəmɔ̃te] *adj* -**1.** [plein d'énergie] full of beans. -**2.** [irrité]: **~ contre qqn/qqch** up in arms against sb/sthg.
◆ **remontée** *nf* -**1.** [d'une côte] ascent, climb; **la ~ du fleuve** the trip upriver OU upstream; **la ~ des mineurs a lieu à 4 h** the miners are brought back up at 4 o'clock. -**2.** [rattrapage] catching up; **~ du coureur colombien face à ses adversaires** the Colombian competitor is catching up with his opponents; **belle ~ du groupe canadien à la septième place** spectacular recovery by the Canadian group up to seventh place; **brusque ~ de la cote du président dans les sondages** the popularity of the President has shot up OU suddenly gone up according to the polls. -**3.** GÉOG upwelling.
◆ **remontée mécanique** *nf* ski lift.

remonte-pente [rəmɔ̃tpɑ̃t] (*pl* **remonte-pentes**) *nm* ski tow.

remonter [3] [rəmɔ̃te] ◇ *vt* -**1.** [côte, étage] to go OU to climb back up; **~ l'escalier** to go OU to climb back up the stairs. -**2.** [porter à nouveau] to take back up; **~ une valise au grenier** to take a suitcase back up to the attic. -**3.** [parcourir - en voiture, en bateau etc] to go up *(insép)*; **~ le Nil** to sail up the Nile; **les saumons remontent le fleuve** the salmon are swimming upstream; **nous avons remonté la Seine en voiture jusqu'à Rouen** we drove along the Seine (upriver) to Rouen; **~ le défilé** [aller en tête] to work one's way to the front of the procession; **~ la rue** to go OU to walk back up the street; **en remontant le cours des siècles** OU **du temps** going back several centuries. -**4.** [relever - chaussette] to pull up *(sép)*; [- manche] to roll up *(sép)*; [- col, visière] to raise, to turn up *(sép)*; [- robe] to raise, to lift; [- store] to roll up, to raise; **~ qqch** to put sthg higher up, to raise sthg; **remonte ton pantalon** pull your trousers *Br* OU pants *Am* up; **elle a remonté la vitre** she wound the window up || [augmenter - salaire, notation] to increase, to raise, to put up *(sép)*; **tous les résultats des examens ont été remontés de 2 points** all exam results have been put up OU raised by 2 marks. -**5.** [assembler à nouveau - moteur, kit] to reassemble, to put back *(sép)* together (again); [- étagère] to put back *(sép)* up; CIN [film] to reedit. -**6.** COMM [rouvrir] to set up *(sép)* again; **à sa sortie de prison, il a remonté une petite affaire de plomberie** when he came out of prison he reopened a small plumbing business || [faire prospérer à nouveau]: **il a su ~ l'entreprise** he managed to set OU to put the business back on its feet; **elle a remonté la scierie après la mort de son père** she got the sawmill going again after her father died. -**7.** [renouveler] to restock, to stock up again; **~ sa cave** to stock up one's cellar again, to restock one's cellar; **~ son stock (de cassettes vidéo)** to stock up again (on video cassettes); **il faut que je remonte ma garde-robe pour l'hiver** I must buy myself some new clothes OU I must restock my wardrobe for the winter. -**8.** [mécanisme, montre] to wind (up); **pas besoin de la ~, elle est à piles** no need to wind it (up), it's battery-operated; **continue à la ~** keep on winding it (up). -**9.** [ragaillardir - physiquement] to pick up *(sép)*; [- moralement] to cheer up *(sép)*; **prends un whisky, ça te remontera** *fam* have a whisky, it'll make you feel better; **~ le moral à qqn** to cheer sb up. -**10.** SPORT [concurrent] to catch (up with). -**11.** THÉÂT to stage again, to put on (the stage) again; **une pièce oubliée que personne n'avait jamais remontée** a forgotten play which had never been revived.
◇ *vi (surtout aux être, parfois aux avoir)* -**1.** [monter de nouveau] to go back up, to go up again; **l'enfant remonta dans la brouette/sur l'escabeau** the child got back into the wheelbarrow/up onto the stool; **remonte dans ta chambre** go back up to your room; **~ au troisième étage** to go back up to the third floor; **~ à Paris** to go back to Paris. -**2.** [dans un moyen de transport]: **~ dans** [bateau, bus, train] to get back onto; [voiture] to get back into; **~ à cheval** [se remettre en selle] to remount; [refaire de l'équitation] to take up riding again. -**3.** [s'élever - route] to go back up, to go up again; **le sentier remonte jusqu'à la villa** the path climbs again to the villa || [avoir un niveau supérieur]: **la rivière a remonté cette nuit** the level of the river rose again last night; **la mer remonte** the tide's coming in (again); **le baromètre remonte** the barometer is rising; **le prix du sucre a remonté** [après une baisse] the price of sugar has gone back up again; **sa fièvre remonte de plus belle** his temperature is going up even higher; **tu remontes dans mon estime** you've gone up in my esteem; **sa cote remonte** *fig* he's becoming more popular; **ses actions remontent** *fig* things are looking OU picking up for him. -**4.** [jupe] to ride OU to go up. -**5.** [faire surface - mauvaise odeur] to come back up; **~ à la surface** [noyé] to float back (up) to the surface; [plongeur] to resurface; [scandale] to reemerge, to resurface; **un sentiment de culpabilité remontait à sa conscience de temps en temps** a guilty feeling used to well up in him from time to time. -**6.** [retourner vers l'origine]: **~ dans le temps** to go back in time; **il avait beau ~ dans ses souvenirs, il ne la reconnaissait pas** however far back he tried to remember, he couldn't place her; **il est remonté très loin dans l'histoire de sa famille** he delved back a long way into his family history; **si l'on remonte encore plus loin dans le passé** looking OU going back even further into the past; **~ à** [se reporter à] to go back to, to return to; **~ à la cause première/à l'origine de qqch** to go back to the primary cause/the origins of sthg; **le renseignement qui nous a permis de ~ jusqu'à vous** the piece of information which enabled us to trace you; **~ de l'effet à la cause** to trace the effect back to the cause; **~ à: cela remonte à plusieurs mois** this goes OU dates back several months; **cela remonte à 1958** this goes OU dates back to 1958; **les recherches font ~ sa famille à 1518** research shows that his family goes back to 1518. -**7.** HORT [framboisier] to crop twice; [dahlia] to reflower. -**8.** THÉÂT to go upstage. -**9.** NAUT [navire] to sail north; [vent] to come round the north; **~ au vent** to tack into the wind.
◆ **se remonter** ◇ *vp (emploi passif)*: **ces nouvelles montres ne se remontent pas** these new watches don't have to be wound up; **ça se remonte avec une clé** you wind it up with a key.
◇ *vp (emploi réfléchi)* [physiquement] to recover one's strength; [moralement] to cheer o.s. up; **elle dit qu'elle boit pour se ~** she says she drinks to cheer herself up OU to make herself feel better; **il s'est bien remonté depuis hier** he's cheered up a lot since yesterday; **se ~ le moral** to cheer o.s. up.
◆ **se remonter en** *fam vp + prép* [se réapprovisionner en] to replenish one's stock of; **il s'est remonté en cravates/chaussettes** he's replenished his stock of ties/socks.

remontoir [rəmɔ̃twar] *nm* [en horlogerie] winder.

remontrance [rəmɔ̃trɑ̃s] *nf* -**1.** *sout (gén pl)* [reproche] remonstrance, reproof; **faire des ~s à qqn** to remonstrate with OU to reprimand OU to admonish sb. -**2.** HIST remonstrance.

remontrer [3] [rəmɔ̃tre] *vt* -**1.** [montrer de nouveau] to show again; **tu peux me ~ ton livre?** can you show me your book again?; **j'aimerais que tu me remontres comment tu as fait** I'd like you to show me again OU once more how you did it. -**2.** *litt* [faute, tort] to point out *(sép)*. -**3.** *loc*: **en ~ à qqn**: **crois-tu vraiment pouvoir m'en ~?** do you really think you have anything to teach me?; **il veut toujours en ~ à tout le monde** he's always trying to show off to people.

◆ **se remontrer** *vpi* to show up again; **et ne t'avise pas de te ~ ici!** and don't ever show your face (around) here again!

rémora [remɔra] *nm* remora.

remords [rəmɔr] *nm* -**1.** [repentir] remorse; **avoir des ~** to be full of remorse; **être bourrelé de** OU **torturé par le ~** to be stricken with remorse; **elle est rongée par le ~** she is consumed with remorse; **sans aucun ~** without a qualm, without any compunction, without (the slightest) remorse. -**2.** [regret]: **tu ne veux vraiment pas l'acheter, c'est sans ~?** you're sure you won't regret not buying it?

remorquage [rəmɔrkaʒ] *nm* [d'un bateau, d'un véhicule] towing.

remorque [rəmɔrk] *nf* -**1.** [traction – d'une voiture] towing; [– d'un navire] tugging, towing; **câble de ~** towline, towrope; **prendre une voiture en ~** to tow a car; **être en ~** to be on tow *Br* OU in tow *Am*; **'véhicule accidenté en ~'** 'on tow'. -**2.** [voiture] trailer. -**3.** *fig*: **il est toujours à la ~** he always lags behind; **être à la ~ de qqn** to tag (along) behind sb; **toujours à la ~ de ton frère!** always tagging (along) behind your brother!

remorquer [3] [rəmɔrke] *vt* -**1.** [voiture] to tow; [navire] to tug, to tow; [masse] to haul; **se faire ~ jusqu'au garage** to get a tow to the garage. -**2.** *fam* [traîner – enfant, famille] to drag along *(sép)*.

remorqueur, euse [rəmɔrkœr, øz] *adj* [avion, bateau, train] towing.

◆ **remorqueur** *nm* -**1.** NAUT towboat, tug. -**2.** ASTRONAUT space tug.

remouiller [3] [rəmuje] *vt* -**1.** [éponge, linge] to wet again. -**2.** NAUT: **nous avons remouillé l'ancre à Nice** we anchored in Nice again.

rémoulade [remulad] *nf* rémoulade (sauce).

remoulage [rəmulaʒ] *nm* -**1.** [du café] regrinding. -**2.** [en meunerie – action] remilling; [– résultat] middlings.

rémouleur [remulœr] *nm* (itinerant) knife grinder.

remous [rəmu] *nm* -**1.** [tourbillon] swirl, eddy; [derrière un bateau] wash, backwash. -**2.** [mouvement] ripple, stir; **un ~ parcourut la foule** a ripple OU stir went through the crowd. -**3.** *sout* [réaction] stir, flurry; **l'article va sûrement provoquer quelques ~ dans la classe politique** the article will doubtless cause a stir OU raise a few eyebrowsin the political world; **sa nomination n'a pas provoqué de ~** his appointment didn't cause a stir.

rempaillage [rɑ̃pajaʒ] *nm* [d'une chaise] reseating (with straw).

rempailler [3] [rɑ̃paje] *vt* [chaise] to reseat (with straw).

rempailleur, euse [rɑ̃pajœr, øz] *nm, f* chair-caner.

rempaqueter [27] [rɑ̃pakte] *vt* to wrap (up) again, to rewrap.

rempart [rɑ̃par] *nm* -**1.** [enceinte] rampart, bulwark; **les ~s** [d'une ville] ramparts, city walls. -**2.** *fig & litt* bulwark, bastion; **elle lui fit un ~ de son corps** she shielded him with her body.

rempiètement [rɑ̃pjɛtmɑ̃] *nm* underpinning CONSTR.

rempiler [3] [rɑ̃pile] ◇ *vt* to pile (up) again.

◇ *vi arg mil* to re-enlist, to sign up again.

remplaçable [rɑ̃plasabl] *adj* replaceable; **difficilement ~** hard to replace.

remplaçant, e [rɑ̃plasɑ̃, ɑ̃t] *nm, f* -**1.** [gén] replacement, stand-in; [d'un enseignant] supply *Br* OU substitute *Am* teacher; [d'un médecin] replacement, locum *Br*. -**2.** SPORT reserve; [au cours du match] substitute. -**3.** MUS, THÉÂT & TV understudy.

remplacement [rɑ̃plasmɑ̃] *nm* -**1.** [substitution] replacement; **le juge a procédé au ~ de deux jurés** the judge has replaced two members of the jury; **il y a eu quelques ~s dans le personnel** some members of staff have been replaced; **le ~ des pneus va me coûter cher** it's going to cost me a lot to replace the tyres. -**2.** [suppléance]: **je ne trouve que des ~s** I can only find work standing in for other people; **faire un ~** to stand in *(insép)*, to fill in *(insép)*; **faire des ~s** [gén] to do temporary replacement work; [comme secrétaire] to do temporary work; [comme enseignant] to work as a supply *Br* OU substitute *Am* teacher.

◆ **de remplacement** *loc adj*: **un avion arrive avec du matériel de ~** a plane is arriving with replacement equipment OU with spares; **produit de ~** substitute product; **solution de ~** alternative OU fallback (solution).

remplacer [16] [rɑ̃plase] *vt* -**1.** [renouveler] to replace, to change; **~ une tuile cassée/un fusible** to replace a broken tile/a fuse; **il va falloir ~ les poignées de porte** we'll have to replace the door handles. -**2.** [mettre à la place de] to replace; **nous avons remplacé les vieux bâtiments par un grand jardin** we have made a big garden where the old buildings used to be; **remplacez les adjectifs par d'autres expressions** replace the adjectives with other phrases. -**3.** [prendre la place de] to replace, to take the place of; **dans de nombreuses tâches, la machine remplace maintenant l'homme** in a lot of tasks, machines are now taking over from men; **le pétrole a remplacé le charbon** oil has replaced coal. -**4.** [suppléer] to stand in OU to substitute for; **tu dois absolument trouver quelqu'un pour le ~** you must find someone to replace him; **rien ne peut ~ une mère** there is no substitute for a mother; **personne ne peut la ~** she's irreplaceable; **si vous ne pouvez pas venir, faites-vous ~** if you can't come, get someone to stand in for you; **il l'a remplacé deux fois comme capitaine de l'équipe nationale** he's stood in for him twice as captain of his country's team; **on l'a remplacé pendant la seconde mi-temps** he was taken off OU substituted during the second half; **tu as l'air épuisé, je vais te ~** you look exhausted, I'll take over from you.

◆ **se remplacer** *vp (emploi passif)* to be replaced; **une sœur, ça ne se remplace pas** there's no substitute for a sister; **une secrétaire comme ça, ça ne se remplace pas** you won't find another secretary like her.

remplir [32] [rɑ̃plir] *vt* -**1.** [emplir] to fill; **il a rempli mon verre d'un excellent vin** he filled my glass with an excellent wine; **remplissez votre casserole d'eau** fill your saucepan with water; **le vase est rempli à ras bord** the vase is full to the brim; **la foule a rapidement rempli la rue** the crowd quickly filled the street; **on ne remplit plus les salles avec des comédies** comedy doesn't pull audiences OU fill the house anymore; **la cave est remplie de bons vins** the cellar is filled OU stocked with good wines; **j'ai eu une journée bien remplie** I've had a very full OU busy day; **un emploi du temps très** OU **bien rempli** a very busy schedule; **l'accident a rempli les premières pages des journaux** the front pages of the newspapers were full of news about the accident; **j'ai le ventre bien rempli, ça va mieux!** *fam* I feel a lot better for that meal! -**2.** [compléter – formulaire] to fill in OU out *(sép)*; [– chèque] to fill OU to make out *(sép)*; **je n'ai pas rempli le formulaire** I didn't fill in the form; **elle a rempli des pages et des pages** she wrote pages and pages. -**3.** [combler] to fill in *(sép)*; **~ un trou/un fossé** to fill in a hole/a ditch. -**4.** [accomplir – engagement] to fulfil; [– fonction, mission] to carry out *(sép)*; **dès que j'aurai rempli mes obligations, je vous rejoindrai** as soon as I've fulfilled my obligations I'll join you. -**5.** [satisfaire – condition] to fulfil, to satisfy; [– besoin] to meet, to satisfy; **elle ne remplit pas les conditions nécessaires** she doesn't fulfil OU meet the necessary conditions. -**6.** [d'émotion]: **~ qqn de joie/d'espoir** to fill sb with joy/with hope; **être rempli de colère/de désespoir** to be filled with anger/with despair; **être rempli de soi-même/de son importance** to be full of o.s./of one's own importance.

◆ **se remplir** ◇ *vpi* to fill (up); **le ciel s'est rapidement rempli de nuages noirs** the sky quickly filled with dark clouds; **le fossé s'est rempli d'eau en quelques minutes** the ditch filled (up) with water within a few minutes.

◇ *vpt*: **se ~ les poches** *fam* to line one's pockets; **se ~ l'estomac** *fam* OU **la panse** *fam* to stuff o.s. OU one's face.

remplissage [rɑ̃plisaʒ] *nm* -**1.** [d'une fosse, d'un récipient] filling (up). -**2.** *fig* [d'un texte] padding; **faire du ~** to pad. -**3.** CONSTR studwork; **~ en briques** nogging. -**4.** MUS filling-in.

remploi [rɑ̃plwa] *nm* -**1.** [d'un travailleur] reemployment. -**2.** [d'une machine, de matériaux] reuse. -**3.** FIN reinvestment.

remployer [13] [rɑ̃plwaje] *vt* -**1.** [travailleur] to take on *(sép)* again, to re-employ. -**2.** [machine] to reuse, to use again. -**3.** FIN to reinvest.

remplumer [3] [rɑ̃plyme]

◆ **se remplumer** *fam vpi* -**1.** [physiquement] to fill out again; **elle s'est bien remplumée depuis l'année dernière** she's put a bit of weight back on since last year. -**2.** [financièrement] to improve one's cash flow, to straighten out one's cash situation; **il a réussi à se ~ en vendant ses tableaux** he managed to improve his cash flow situation by selling his paintings.

rempocher [3] [rɑ̃pɔʃe] *vt* to pocket again, to put back in one's pocket.

rempoissonnement [rɑ̃pwasɔnmɑ̃] *nm* restocking (with fish).

rempoissonner [3] [rɑ̃pwasɔne] *vt* to restock (with fish).

remporter [3] [rɑ̃pɔrte] *vt* -**1.** [reprendre] to take back *(sép)*; **n'oublie pas de ~ ton disque** don't forget to take your record with you. -**2.** [obtenir] to win, to get; **~ un prix** to carry off OU to win a prize; **~ un succès** to be successful; **~ la palme** to win the prize, to be victorious. -**3.** SPORT to win.

rempotage [rɑ̃pɔtaʒ] *nm* repotting.

rempoter [3] [rɑ̃pɔte] *vt* to repot.

remprunter [3] [rɑ̃prœ̃te] *vt* -**1.** [emprunter – de nouveau] to borrow again; [– en supplément] to borrow more. -**2.** [route]: **le même chemin** to take the same road again.

remuage [rəmɥaʒ] *nm* -**1.** AGR [du blé] turning (over). -**2.** ŒNOL turning *(of Champagne bottles)*, remuage.

remuant, e [rəmɥɑ̃, ɑ̃t] *adj* -**1.** [agité] restless, fidgety; **que cet enfant est ~!** that kid is a fidget OU never sits still! -**2.** [entreprenant] energetic, active, lively; **son parti trouve qu'il est un peu trop ~** parfois his party finds him somewhat over-enthusiastic at times *euph*.

remue-ménage [rəmymenaʒ] *nm inv* -**1.** [dérangement d'objets] jumble, disorder; **il a fallu tout déménager, tu aurais vu le ~ dans le bureau hier** we had to move out all the furniture, you should've seen the mess OU shambles in the office yesterday. -**2.** [agitation bruyante] commotion, hurly-burly, rumpus; **les gens du dessus font leur ~ habituel** the people upstairs are making their usual rumpus.

remue-méninges [rəmymenɛ̃ʒ] *nm inv* brainstorming.

remuement [rəmymɑ̃] *nm litt* movement, moving, stirring.

remuer [7] [rəmɥe] ◇ *vt* -**1.** [agiter] to move, to shift; **je l'entends ~ ses livres/son tabouret** I can hear her shifting her books/her stool (about); **~ les lèvres** to move one's lips; **~ les**

bras to wave one's arms (about); **la brise remue les branches/les herbes** the breeze is stirring the branches/the grass; **le chien remuait la queue** the dog was wagging its tail. -**2.** [déplacer] to move, to shift; **il faudrait pouvoir ~ ces meubles** it would be better if we could move the furniture. -**3.** [retourner - cendres] to poke; [- terre, compost] to turn over *(sép)*; [- salade] to toss; [- boisson, préparation] to stir; **remuez délicatement le chocolat et les blancs d'œufs** gently fold the chocolate into the egg whites; **~ des fortunes** OU **de grosses sommes** to handle huge amounts of money ❑ **~ l'or à la pelle** *fam* to be rolling in money; **~ ciel et terre** to move heaven and earth, to leave no stone unturned. -**4.** *sout* [ressasser] to stir up *(sép)*, to brood over *(sép)*; **à quoi bon ~ le passé?** what's the good of stirring up OU mulling over the past?; **~ des souvenirs** to turn OU to go over memories. -**5.** [troubler] to move; **être (tout/profondément) remué** to be (very/deeply) moved; **ton histoire m'a remué** your story moved me.

◇ *vi* -**1.** [s'agiter - nez, oreille] to twitch; **la queue du chien/du chat/du cheval remuait** the dog was wagging/the cat was wagging/the horse was flicking its tail. -**2.** [branler - dent, manche] to be loose. -**3.** [bouger] to move; [gigoter] to fidget; **les gosses, ça remue tout le temps** *fam* kids can't stop fidgeting OU never keep still; **qu'est-ce qui remue dans le panier?** what's moving about in the basket? -**4.** *fig* to get restless; **les mineurs commencent à ~** the miners are getting restless.

◆ **se remuer** *vpi* -**1.** [bouger] to move; **j'ai besoin de me ~ un peu** *pr* I need to move OU to walk around a bit; *fig* I need to wake myself up a bit. -**2.** [se démener] to put o.s. out; **il a fallu que je me remue pour t'inscrire** I had to go to a lot of trouble to get you on the course.

remueur, euse [rəmɥœr, øz] *nm, f litt*: **un ~ d'idées** an ideas man.

remugle [rəmygl] *nm litt* mustiness, fustiness.

rémunérateur, trice [remyneratœr, tris] *adj* remunerative, income-generating; **un emploi ~** a lucrative job.

rémunération [remynerasjɔ̃] *nf* remuneration, payment; **sa ~** his income OU earnings; **la ~ de ses services** payment for her services.

rémunératoire [remyneratwar] *adj* JUR remunerative; **legs ~** legacy in consideration of service rendered.

rémunérer [18] [remynere] *vt* to remunerate, to pay; **travail bien/mal rémunéré** well-paid/badly-paid work.

renâcler [3] [rənakle] *vi* -**1.** [cheval] to snort. -**2.** [personne] to grumble, to moan; **il a un peu renâclé** he dragged his feet a bit *fig*; **il a accepté en renâclant** he reluctantly accepted; **~ à: ~ à faire qqch** to be (very) loath OU reluctant to do sthg; **~ à une tâche** to recoil from a task.

renaissance [rənɛsɑ̃s] *nf* -**1.** [réincarnation] rebirth. -**2.** [renouveau] revival, rebirth.

Renaissance [rənɛsɑ̃s] ◇ *nf*: **la ~** the Renaissance (period).

◇ *adj inv* ARCHIT & BX-ARTS Renaissance *(modif)*.

renaissant, e [rənɛsɑ̃, ɑ̃t] *adj* -**1.** [enthousiasme] returning; [intérêt] renewed; [douleur] recurring; **l'économie ~e de ces pays** the reviving economy of those countries; **leur amour ~** their newfound love; **sans cesse ~** [espoir] ever renewed; [problème] ever recurring. -**2.** ARCHIT & BX-ARTS Renaissance *(modif)*; **l'art ~** Renaissance art, the art of the Renaissance.

renaître [92] [rənɛtr] *vi (inusité aux temps composés)* -**1.** [naître de nouveau - gén] to come back to life, to come to life again; [- végétation] to spring up again; **se sentir ~** to feel like a new person; **~ par le baptême/la pénitence** RELIG to be born again through baptism/repentance; **~ à** *litt*: **~ à la vie** to come alive again; **~ à l'espoir/l'amour** to find hope again/a new love ❑ **~ de ses cendres** to rise from one's ashes. -**2.** [revenir - jour] to dawn; [- courage, économie] to revive, to recover; [- bonheur, espoir] to return; **faire ~ le passé/un antagonisme** to revive the past/an antagonism; **l'espoir renaît dans l'équipe/le village** the team/the village has found fresh hope; **l'espoir** OU **l'espérance renaît toujours** hope springs eternal.

rénal, e, aux [renal, o] *adj* kidney *(modif)*, renal *spéc*.

renard [rənar] *nm* -**1.** ZOOL fox; **~ argenté/bleu** silver/blue fox; **~ roux** common OU red fox. -**2.** [fourrure] fox fur; **un manteau en ~ argenté** a silver fox fur coat. -**3.** *fig*: **vieux ~** (sly) old fox, cunning old devil. -**4.** TRAV PUBL [brèche] breach, leakage.

renarde [rənard] *nf* vixen ZOOL.

renardeau, x [rənardo] *nm* fox cub.

renardière [rənardjɛr] *nf* -**1.** [tanière] fox's earth OU den. -**2.** *Can* [élevage] fox farm.

rencaissage [rɑ̃kɛsaʒ] *nm* [d'une plante] reboxing.

rencaissement [rɑ̃kɛsmɑ̃] *nm* FIN cashing (in) again.

rencaisser [4] [rɑ̃kɛse] *vt* -**1.** [plante] to rebox. -**2.** FIN [toucher] to cash again; [remettre en caisse] to put back in the till.

rencard▽ [rɑ̃kar] = **rancard**.

rencarder▽ [rɑ̃karde] = **rancarder**.

renchérir [32] [rɑ̃ʃerir] ◇ *vi* -**1.** [devenir plus cher] to become more expensive, to go up. -**2.** [faire une surenchère] to make a higher bid, to bid higher; **~ sur** [obj: personne] to outbid; [obj: enchère] to bid higher than; [en actes ou en paroles] to go further than, to outdo; **il renchérit toujours sur ce que dit sa femme** he always goes further OU one better than his wife.

◇ *vt* [rendre plus cher]: **la crise a renchéri les produits courants** the crisis has pushed up the price of everyday goods.

renchérissement [rɑ̃ʃerismɑ̃] *nm* increase, rise; **un ~ des produits laitiers** an increase OU a rise in the price of dairy products.

renchérisseur, euse [rɑ̃ʃerisœr, øz] *nm, f* [aux enchères] outbidder.

rencogner *fam* [3] [rɑ̃kɔɲe] *vt* to corner.

rencontre [rɑ̃kɔ̃tr] *nf* -**1.** [entrevue] meeting, encounter; **une ~ de hasard** a chance meeting OU encounter; **c'était une ~ tout à fait inattendue** it was a completely unexpected encounter; **faire la ~ de qqn** to meet sb; **faire beaucoup de ~s** to meet a lot of people; **faire une ~** to meet someone; **faire une mauvaise ~** to have an unpleasant encounter; **faire des mauvaises ~s** to meet the wrong kind of people; **aller** OU **marcher à la ~ de qqn** to go to meet sb; **je pars à sa ~** I'm going to go and meet him ❑ **'Rencontres du troisième type'** *Spielberg* 'Close Encounters of the Third Kind'. -**2.** [conférence] meeting, conference; **une ~ internationale sur l'énergie nucléaire** an international meeting OU conference on nuclear energy ❑ **~ au sommet** summit meeting. -**3.** SPORT match, game, fixture *Br*; **une ~ de tennis** a tennis fixture *Br* OU match; **une ~ d'athlétisme** an athletics meeting. -**4.** [combat] engagement, encounter; HIST duel. -**5.** [jonction - de deux fleuves] confluence; [- de deux routes] junction.

◆ **de rencontre** *loc adj* [liaison] passing, casual; [amitié] chance *(modif)*.

rencontrer [3] [rɑ̃kɔ̃tre] *vt* -**1.** [croiser] to meet, to encounter; [faire la connaissance de] to meet; **je l'ai rencontré (par hasard) au marché** I met him (by chance) OU ran into him at the market. -**2.** [donner audience à] to meet, to have a meeting with; **il ne peut pas vous ~ avant lundi** he can't meet you before Monday. -**3.** [affronter] to meet; SPORT to play against *(insép)*, to meet; **attention, vous allez ~ les meilleurs** watch out, you're going to be up against the best; **Nantes rencontre Bordeaux samedi** Nantes are *Br* OU is *Am* playing against Bordeaux on Saturday. -**4.** [heurter] to strike, to hit; **la fourche rencontra une grosse pierre** the fork struck OU hit a big stone. -**5.** [trouver] to meet with, to come across; **~ l'assentiment de tous** to meet with everyone's approval; **sans ~ la moindre résistance** without meeting with OU experiencing the least resistance; **l'une des plus belles villes qu'il m'ait été donné de ~** one of the most beautiful cities I've had the opportunity to visit; **~ l'amour/Dieu** to find love/God. -**6.** *Belg* [opinion, objection] to agree with.

◆ **se rencontrer** ◇ *vp (emploi réciproque)* -**1.** [se trouver en présence] to meet; **c'est ma sœur qui les a fait se ~** my sister arranged for OU got them to meet; **où vous êtes-vous rencontrés?** where did you meet? ❑ **comme on se rencontre!** it's a small world! -**2.** SPORT to play (against), to meet. -**3.** [se rejoindre - fleuves] to meet, to join; [- routes] to meet, to merge; **leurs yeux** OU **regards se sont rencontrés** their eyes met.

◇ *vp (emploi passif)*: **un homme intègre, ça ne se rencontre pas souvent** it's not often you come across OU meet an honest man ‖ *(tournure impersonnelle)*: **il se rencontrera toujours des gens pour nier la vérité** you will always find people who deny the truth.

◆ **se rencontrer avec** *vp + prép litt & fig* to see eye to eye with.

rendement [rɑ̃dmɑ̃] *nm* -**1.** [production] output; **le ~ d'un puits de pétrole** the output of an oil well. -**2.** [rentabilité] productivity; **le ~ de cette machine est supérieur** this machine is more productive. -**3.** [efficacité] efficiency; **mon ~ s'en est trouvé affecté** I'm not as efficient because of it. -**4.** AGR yield; **le ~ de ces champs est faible** those fields give a low yield; **une terre sans aucun ~** a land that yields no return. -**5.** FIN yield, return; **acheter des actions à gros ~** to buy shares yielding a high return OU high-interest shares. -**6.** CHIM yield. -**7.** ÉLECTR & PHYS efficiency.

rendez-vous [rɑ̃devu] *nm inv* -**1.** [rencontre] appointment; **j'ai ~ chez le médecin** I have an appointment with the doctor; **donner ~ à qqn** to make an appointment with sb; **avez-vous ~?** do you have an appointment?; **le réceptionniste m'a pris ~ pour 11 h** the receptionist made an appointment for me for 11 o'clock; **~ chez mes parents à 10 h** let's meet at 10 o'clock at my parents' (house); **un ~ manqué** a missed meeting; **c'était un ~ manqué** we/they didn't meet up; **son premier ~** [amoureux] her first date ❑ **~ spatial** ASTRONAUT docking in space. -**2.** [endroit] meeting place; **j'étais le premier au ~** I was the first one to turn up OU to arrive; **ici, c'est le ~ des étudiants** this is where all the students meet ❑ **~ de chasse** [lieu de rassemblement] meet; [bâtiment] hunting lodge.

rendormir [36] [rɑ̃dɔrmir] *vt* to put OU to send back to sleep.

◆ **se rendormir** *vpi* to go back to sleep, to fall asleep again; **je n'arrive pas à me ~** I can't get back to sleep.

rendre [73] [rɑ̃dr] ◇ *vt* -**1.** [restituer - objet prêté ou donné] to give back *(sép)*, to return; [- objet volé] to give back *(sép)*, to return, to restore; [- objet défectueux] to take back *(sép)*, to return; [- somme] to pay back *(sép)*; [- réponse] to give; **il est venu ~ la chaise** he brought the chair back; **donne-moi trente francs, je te les rendrai demain** give me thirty francs, I'll pay you back OU I'll give it back to you tomorrow; **~ un devoir** [élève] to hand OU to give in a piece of work; [professeur] to hand OU to give back a piece of work; **le professeur nous a rendu nos dissertations** the teacher gave us our essays back OU returned our essays; **l'enfant a été rendu à sa famille** the child was handed back OU returned to his family; **~ un otage** to return OU to hand over a hostage. -**2.** [donner en retour] to return; **~ un baiser à qqn** to kiss sb back; **~ le bien pour le mal/coup pour coup** to return good for evil/blow for blow; **rends-moi trois francs** give me three francs back OU three francs change; **elle m'a rendu cinq francs de trop** she gave me five francs (change) too much; **~ la monnaie (sur)** to give change (out of OU from); **elle me méprise, mais je le lui rends bien** she despises me, but the feeling's mutual ❑ ~ **la pareille à qqn** to repay sb in kind; ~ **la politesse** *pr* to return the compliment; *iron* to return the compliment, to give as good as one gets. -**3.** *(suivi d'un adj)* [faire devenir] to make; ~ **qqch public** to make sthg public; **la nouvelle n'a pas encore été rendue publique** the news hasn't been made public OU been released yet; ~ **qqn aveugle** *pr* to make sb (go) blind, to blind sb; *fig* to blind sb; ~ **qqn célèbre** to make sb famous; ~ **qqn fou** [dément, exaspéré, amoureux] to drive OU to make sb mad; ~ **qqn heureux/idiot/malade** to make sb happy/stupid/ill; **rien que de penser aux examens, ça me rend malade** just thinking about the exams makes me (feel) ill; ~ **qqn responsable** to make OU to hold sb responsible; ~ **qqn sourd** to make sb (go) deaf; **l'absence de ponctuation rend le texte incompréhensible** the lack of punctuation makes the text incomprehensible; **ils veulent ~ la Loire navigable** they want to make the river Loire navigable. -**4.** [faire recouvrer]: ~ **l'ouïe/la santé/la vue à qqn** to restore sb's hearing/health/sight, to give sb back his hearing/health/sight; **l'opération ne lui a pas rendu l'usage de la parole/de son bras** the operation did not give him back the power of speech/the use of his arm; **tu m'as rendu l'espoir** you've given me new hope; ~ **son honneur à qqn** to restore sb's honour; ~ **sa forme à un chapeau** to pull a hat back into shape; **Brillax rend à vos sols l'éclat du neuf** Brillax puts the shine back into your floors. -**5.** [exprimer - personnalité] to portray, to capture; [- nuances, pensée] to convey, to render, to express; **la traduction rend bien sa pensée** the translation successfully conveys OU renders his thought; **voyons comment il a rendu cette scène à l'écran** [metteur en scène] let's see how he transferred this scene to the screen; **l'enregistrement ne rend pas la qualité de sa voix** the recording doesn't do justice to the quality of her voice. -**6.** [produire]: ~ **un son métallique/cristallin** to sound metallic/like glass; **ici le mur rend un son creux** the wall sounds hollow here; **ça ne rend rien** OU **pas grand-chose** [décor, couleurs] it doesn't look much; **les photos n'ont pas rendu grand-chose** the pictures didn't come out very well; **mes recherches n'ont encore rien rendu** my research hasn't come up with anything yet OU hasn't produced any results yet. -**7.** CULIN to give out *(sép)*; **quand les champignons ont rendu toute leur eau** when the mushrooms have released all their juices. -**8.** [vomir - repas] to vomit, to bring up *(sép)*; **il a tout rendu** he's brought everything back up. -**9.** SPORT: ~ **du poids** to have a weight handicap; ~ **150 m** to have a 150 m handicap; ~ **5 kg** to give OU to carry 5 kg. -**10.** [prononcer - jugement, arrêt] to pronounce; ~ **un verdict** to deliver OU to return a verdict; ~ **une sentence** to pass OU to pronounce sentence; ~ **un oracle** to prophesy. -**11.** AGR [produire] to yield, to have a yield of; **cette terre rend peu de blé à l'hectare** this land doesn't yield much wheat per hectare; **ce blé rend beaucoup de farine** this wheat has a high flour yield.

◇ *vi* -**1.** AGR & HORT to be productive; **les vignes ont bien rendu** the vineyards have given a good yield OU have produced well; **cette terre ne rend pas** this land is unproductive OU yields no return; **le verger rend peu** the orchard is not very productive. -**2.** [ressortir] to be effective; **ce tapis rend très bien/ne rend pas très bien avec les rideaux** this carpet looks really good/doesn't look much with the curtains; **le tableau rendrait mieux sous un autre éclairage** the picture would be more effective OU would look better in different lighting. -**3.** [vomir] to vomit, to be sick; **j'ai envie de ~** I want to be OU I feel sick; **il a rendu la nuit dernière** he was sick last night.

◆ **se rendre** *vpi* -**1.** [cesser le combat - criminel] to give o.s. up, to surrender; [- ville] to surrender; **se ~ à la police** to give o.s. up to the police; **rendez-vous!** give yourself up!, surrender!; **il a fini par se ~** *fig* he finally gave in. -**2.** *(suivi d'un adj)* [devenir] to make o.s.; **elle sait se ~ indispensable** she knows how to make herself indispensable; **rends-toi utile!** make yourself useful!; **tu vas te ~ malade** you'll make yourself ill; **ne te rends pas malade pour ça!** it's not worth making yourself ill about OU over it! -**3.** [aller]: **se ~ à** to go to; **je me rends à l'école à pied/à vélo/en voiture** I walk/ride (my bike)/drive to school, I go to school on foot/by bike/by car; **il s'y rend en train** he goes OU gets OU travels there by train; **je me rendais chez elle quand je l'ai vue** I was going to OU I was on my way to her place when I saw her; **les pompiers se sont rendus sur les lieux** the fire brigade went to OU arrived on the scene.

◆ **se rendre à** *vp + prép* [accepter] to yield to; **se ~ à l'avis de ses supérieurs** to bow to the opinion of one's superiors; **se ~ à la raison** to give in to reason; **il ne s'est pas rendu à leurs raisons** he didn't give in to their arguments; **se ~ à l'évidence** [être lucide] to face facts; [reconnaître les preuves] to acknowledge OU to recognize the facts; **se ~ aux prières de qqn** to give way OU to yield to sb's entreaties.

rendu, e [rɑ̃dy] *adj* -**1.** [harassé] exhausted, worn OU tired out; **les chevaux étaient ~s** the horses were on their last legs OU were worn out. -**2.** [arrivé]: **nous/vous voilà ~s** here we/you are.

◆ **rendu** *nm* -**1.** COMM return. -**2.** BX-ARTS rendering.

rêne [rɛn] *nf* [courroie] rein; *fig*: **lâcher les ~s** to slacken the reins; **prendre les ~** to take over the reins; **c'est lui qui tient les ~s (à la direction)?** he's the one who's really in charge (up in management)?

renégat, e [rənega, at] *nm, f sout* renegade.

renégociation [rənegɔsjasjɔ̃] *nf* [d'un contrat] renegotiation; [d'une dette] rescheduling.

renégocier [9] [rənegɔsje] *vt* [contrat] to renegotiate; [dette] to reschedule.

reneiger [23] [rəneʒe] *v impers* to snow again; **il reneige** it's snowing again.

renfermé, e [rɑ̃fɛrme] *adj* uncommunicative, withdrawn, silent; **elle est du genre ~** she's the uncommunicative type.

◆ **renfermé** *nm*: **une odeur de ~** a stale OU musty smell; **ça sent le ~ ici** it smells musty in here.

renfermer [3] [rɑ̃fɛrme] *vt* to hold, to contain; **son histoire renferme une part de vérité** there's some truth in what he says.

◆ **se renfermer** *vpi* to withdraw (into o.s.).

renfiler [3] [rɑ̃file] *vt* [aiguille] to rethread, to thread again; [perles] to restring; [vêtement] to slip back into.

renflé, e [rɑ̃fle] *adj* [colonne, forme] bulging, bulbous.

renflement [rɑ̃fləmɑ̃] *nm* [d'une colonne, d'un vase] bulge; **la poche forme un ~ à hauteur de la hanche** the pocket bulges (out) at the hip.

renfler [3] [rɑ̃fle] *vt*: **le pigeon renfla ses plumes** the pigeon fluffed up its feathers.

◆ **se renfler** *vpi* to bulge out *(insép)*.

renflouage [rɑ̃fluaʒ], **renflouement** [rɑ̃flumɑ̃] *nm* -**1.** NAUT refloating. -**2.** ÉCON bailing out, refloating.

renflouer [3] [rɑ̃flue] *vt* -**1.** NAUT to refloat. -**2.** [entreprise, projet] to bail out *(sép)*; **ça va ~ nos finances** that will bail us out.

renfoncement [rɑ̃fɔ̃smɑ̃] *nm* -**1.** [dans un mur] recess, hollow. -**2.** IMPR indentation.

renfoncer [rɑ̃fɔ̃se] *vt* [bouchon] to push further in; [clou] to knock further in; [chapeau] to pull down.

renforçateur [rɑ̃fɔrsatœr] *nm* -**1.** PHOT intensifier. -**2.** [de mise en pli] setting lotion. -**3.** PSYCH reinforcer.

renforcement [rɑ̃fɔrsəmɑ̃] *nm* -**1.** [augmentation] reinforcement; **le ~ des pouvoirs du président** the strengthening of the President's powers. -**2.** PHOT intensification. -**3.** PSYCH reinforcement.

renforcer [16] [rɑ̃fɔrse] *vt* -**1.** CONSTR & COUT to reinforce. -**2.** [grossir - effectif, service d'ordre] to reinforce, to strengthen; **le candidat choisi viendra ~ notre équipe de chercheurs** the ideal candidate will join our team of researchers. -**3.** [affermir - conviction] to reinforce, to strengthen, to intensify; **sa méchanceté a renforcé ma détermination** his nastiness made me all the more OU even more determined; **il m'a renforcé dans mon opinion** he confirmed me in my belief. -**4.** [mettre en relief] to set off *(sép)*, to enhance; **utilisez un adverbe pour ~ l'adjectif** use an adverb to reinforce OU underline the adjective. -**5.** PSYCH to reinforce.

◆ **se renforcer** *vpi* [devenir plus fort] to become stronger, to be consolidated; **sa popularité s'est beaucoup renforcée** his popularity has greatly increased OU has grown considerably; **notre équipe se renforce maintenant de plusieurs jeunes ingénieurs** our team has now been strengthened by the arrival of several young engineers.

renfort [rɑ̃fɔr] *nm* -**1.** [aide] reinforcement; **nous avons reçu le ~ de bénévoles** we were aided by volunteers, we had backup from a team of volunteers; **j'ai besoin de ~ pour faire la cuisine** *hum* I need some extra pairs of hands to help me do the cooking; **il amène toujours sa sœur en ~** he always brings his sister along to back him up. -**2.** [pièce de tissu] lining; **collant avec ~s aux talons/à l'entrejambe** tights with lined heels/a gusseted crotch. -**3.** TECH reinforcement.

◆ **renforts** *nmpl* MIL [soldats] reinforcements; [matériel] (fresh) supplies.

◆ **à grand renfort de** *loc prép* with a lot of, with much; **ils ont fait sortir tout le monde à grand ~ de hurlements** they got everyone out with much yelling (and shouting); **il s'expliquait à grand ~ de gestes** he expressed himself with the help of a great many gestures.

◆ **de renfort** *loc adj* reinforcement *(modif)*.

renfrogné, e [rɑ̃frɔɲe] *adj* [air, visage] sullen, dour; [personne] sulky, dour; **il est toujours ~** he's always sulking.

renfrogner [3] [rɑ̃frɔɲe]

◆ **se renfrogner** *vpi* to scowl, to frown, to grimace; **elle se renfrognait quand on parlait de lui** she became sullen whenever his name was mentioned.

rengagé [rɑ̃gaʒe] *nm* re-enlisted man.

rengagement [rɑ̃gaʒmɑ̃] *nm* [d'un soldat] reenlistment; [d'un combat] re-engagement; [d'argent] reinvestment; **la banque a annoncé son ~** [employé] the bank announced it was taking him on again.

rengager [17] [rɑ̃gaʒe] *vt* [combat] to re-engage; [conversation] to start again, to take up *(sép)* again; [employé] to re-engage, to take on *(sép)* again; [argent] to reinvest, to plough back *(sép)*.

◆ **se rengager** *vpi* MIL to re-enlist, to join up again.

rengaine [rɑ̃gɛn] *nf* -**1.** [refrain] (old) tune, (old) song. -**2.** *fig*: **avec eux, c'est toujours la même ~** they never change their tune, with them it's always the same (old) story; **tais-toi, je la connais, ta ~!** save your breath, I know what you're going to say!

rengainer [4] [rɑ̃gɛne] *vt* -**1.** [arme]: ~ **un revolver** to put a revolver back in its holster; ~ **une épée** to resheathe a sword. -**2.** *fig* to hold back *(sép)*, to contain; **tu peux ~ tes compliments** you can keep your compliments to yourself.

rengorger [17] [rɑ̃gɔrʒe]

◆ **se rengorger** *vpi* -**1.** [volatile] to puff out its throat. -**2.** [personne] to puff o.s. up; **il se rengorge quand on lui parle de sa pièce** he puffs up with pride when you talk to him about his play.

rengraisser [4] [rɑ̃grɛse] *vi* to put weight back on, to put on weight again.

rengréner [18] [rɑ̃grene], **rengrener** [19] [rɑ̃grəne] *vt* [pignon] to re-engage, to put into gear again.

reniement [rənimɑ̃] *nm* [d'une promesse] breaking; [de sa famille] disowning, repudiation; [d'un principe] renouncing, abandonment, giving up.

renier [9] [rənje] *vt* [promesse] to break; [famille, patrie] to disown, to repudiate; [religion] to renounce; **il a renié ses engagements** he's reneged on OU broken his promises; **Pierre a renié Jésus par trois fois** Peter denied Christ three times.
◆ **se renier** *vpi* to retract.

reniflard [rəniflar] *nm* AUT breather; [dans une canalisation] breather, vent.

reniflement [rənifləmɑ̃] *nm* [action - en pleurant] sniffing, sniffling; [- à cause d'un rhume] snuffling; [bruit] sniff, sniffle, snuffle.

renifler [3] [rənifle] ◇ *vt* -**1.** [humer] to sniff at *(insép)*; ~ **le bouquet d'un vin** to smell a wine's bouquet. -**2.** [aspirer par le nez]: ~ **de la cocaïne** to sniff cocaine. -**3.** *fam fig* to sniff out *(sép)*; ~ **une histoire louche** to smell a rat *loc*.
◇ *vi* [en pleurant] to sniffle; [à cause d'un rhume] to snuffle, to sniff; **arrête de** ~ stop sniffling OU snuffling.

renifleur, euse *fam* [rəniflœr, øz] ◇ *adj* sniffing, sniffling, snuffling.
◇ *nm, f* sniffer, sniffler, snuffler.

réniforme [renifɔrm] *adj* reniform *spéc*, kidney-shaped.

rénine [renin] *nf* renin.

rennais, e [rɛnɛ, ɛz] *adj* from Rennes.
◆ **Rennais, e** *nm, f inhabitant of or person from Rennes.*

renne [rɛn] *nm* reindeer.

Rennes [rɛn] *npr* Rennes.

renom [rənɔ̃] *nm* -**1.** [notoriété] fame, renown; **il doit son** ~ **à son invention** he became famous thanks to his invention. -**2.** *litt* [réputation] reputation; **votre attitude est préjudiciable à votre** ~ your attitude is detrimental to your reputation.
◆ **de renom, en renom** *loc adj* famous, renowned; **un musicien de (grand)** ~ a musician of high renown OU repute; **une école en** ~ a famous OU renowned school.

renommé, e [rənɔme] *adj* [célèbre] famous, renowned, celebrated; **chez un fourreur** ~ at a celebrated OU famous furrier's; ~ **pour: elle est** ~**e pour ses omelettes** she's famed for her omelettes.
◆ **renommée** *nf* -**1.** [notoriété] fame, repute; **un musicien de** ~ **internationale** a world-famous musician, a musician of international repute; **ce vin est digne de sa** ~ this wine is worthy of its reputation; **de bonne/fâcheuse** ~ of good/ill repute ❑ **bonne** ~ **vaut mieux que ceinture dorée** *prov* a good name is worth more than wealth. -**2.** *litt* [rumeur publique] public opinion.

renommer [3] [rənɔme] *vt* -**1.** [à un poste] to reappoint, to renominate. -**2.** INF to rename.

renon [rənɔ̃] *nm Belg* lease cancellation; **il a donné son** ~ he has terminated his lease.

renonce [rənɔ̃s] *nf* JEUX: **je fais une** ~ I can't follow suit.

renoncement [rənɔ̃smɑ̃] *nm* renunciation; **vivre dans le** ~ to live a life of renunciation OU abnegation.

renoncer [16] [rənɔ̃se] ◇ *vi* JEUX to give up OU in.
◇ *vt Belg* [bail] to cancel.
◆ **renoncer à** *v + prép* to renounce, to give up, to abandon; **il a renoncé au trône** he renounced OU gave up the throne; **elle ne veut à aucun prix** ~ **à son indépendance** nothing would make her give up her independence; **renonce à ton projet** give up OU abandon your plan; ~ **au tabac** to give up smoking; ~ **au monde** RELIG to renounce the world || *(en usage abs)*: **je ne renoncerai jamais** I'll never give up.

renonciataire [rənɔ̃sjatɛr] *nmf person in favour of whom a right has been renounced.*

renonciateur, trice [rənɔ̃sjatœr, tris] *nm, f* renouncer JUR.

renonciation [rənɔ̃sjasjɔ̃] *nf* -**1.** *sout* [renoncement] renunciation. -**2.** JUR release.

renonculacée [rənɔ̃kylase] *nf* member of the Ranunculaceae *spéc* OU buttercup family.

renoncule [rənɔ̃kyl] *nf* buttercup, ranunculus *spéc*; ~ **des marais** marsh marigold, kingcup; **fausse** ~ lesser celandine.

renouer [6] [rənwe] ◇ *vt* -**1.** [rattacher - ruban, cravate] to retie, to tie again, to reknot. -**2.** [reprendre - discussion] to resume, to renew; ~ **une liaison** to rekindle OU to revive an old affair.
◇ *vi* to get back together again; ~ **avec: j'ai renoué avec mes vieux amis** I've taken up with my old friends again; ~ **avec la tradition/l'usage** to revive traditions/customs.

renouveau, x [rənuvo] *nm* -**1.** [renaissance] revival; **connaître un** ~ to undergo a revival. -**2.** [recrudescence]: **un** ~ **de succès** renewed success. -**3.** *litt* [retour du printemps] springtime, springtide.

renouvelable [rənuvlabl] *adj* -**1.** [faisable à nouveau] repeatable; **l'expérience est facilement** ~ the experience is easy to repeat; **l'offre ne sera pas** ~ it's an unrepeatable offer; **l'abonnement n'est pas** ~ **par téléphone** the subscription cannot be renewed by phone. -**2.** ADMIN & POL: **le comité est** ~ **tous les ans** the committee must stand *Br* OU run *Am* for office each year; **mon mandat est** ~ I am eligible to stand *Br* OU run *Am* (for office) again. -**3.** ÉCOL & JUR renewable.

renouveler [24] [rənuvle] *vt* -**1.** [prolonger] to renew; ~ **un abonnement/un permis de séjour** to renew a subscription/a residence permit; **le crédit a été renouvelé pour six mois** the credit arrangement was extended for a further six months; **ordonnance à** ~ repeat prescription, prescription to be renewed. -**2.** [répéter] to renew, to repeat; ~ **un exploit/une tentative** to repeat a feat/an attempt; ~ **une question** to repeat a question, to ask a question again; ~ **une promesse/une plainte** to repeat a promise/a complaint; **il nous a renouvelé ses vœux pour la nouvelle année** he wished us all a happy New Year again; **je vous renouvelle mes félicitations** I congratulate you once more OU again; **il faudra** ~ **votre candidature** you'll have to apply again OU to reapply; **avec une ardeur renouvelée** with renewed vigour; **j'ai préféré ne pas** ~ **l'expérience** I chose not to repeat the experience. -**3.** [changer] to renew, to change; ~ **l'eau de l'aquarium** to change the water in the aquarium; ~ **l'air d'une pièce** to let some fresh air into a room; **elle a renouvelé son stock de confitures** she renewed OU replenished her stock of jams; ~ **sa garde-robe** to get OU to buy some new clothes; **on a renouvelé mon plâtre** they gave me a new plaster; ~ **la composition d'un groupe** to change the line-up of a band; **il nous revient avec un répertoire entièrement renouvelé** he's back with an entirely new repertoire; **elle a renouvelé le genre policier** she gave the detective story new life. -**4.** [réélire - groupe, assemblée] to reelect.
◆ **se renouveler** *vpi* -**1.** [se reproduire] to recur, to occur again and again; **les appels anonymes se sont renouvelés pendant un mois** the anonymous phone calls persisted for a month; **je te promets que cela ne se renouvellera pas** I promise you it won't happen again. -**2.** [changer de style] to change one's style; **c'est un bon acteur mais il ne se renouvelle pas assez** he's a good actor but he doesn't vary his roles enough. -**3.** [groupe, assemblée] to be reelected OU replaced.

renouvellement [rənuvɛlmɑ̃] *nm* -**1.** [reconduction] renewal; ~ **d'une traite/d'un passeport** renewal of a draft/of a passport; **solliciter le** ~ **d'un mandat** to stand *Br* OU to run *Am* for re-election. -**2.** [répétition] repetition, recurrence. -**3.** [changement]: **procéder au** ~ **d'une équipe** to change the line-up of a team; **procéder au** ~ **de sa garde-robe** to buy some new clothes; **la marée assure le** ~ **de l'eau dans les viviers** the water in the tanks is changed by the action of the tide; **dans la mode actuelle, il n'y a aucun** ~ there are no new ideas in (the world of) fashion today ❑ ~ **de stock** restocking. -**4.** RELIG: **faire son** ~ to undergo confirmation.

rénovateur, trice [renɔvatœr, tris] ◇ *adj* reformist, reforming.
◇ *nm, f* reformer; **les grands** ~**s de la science** the people who revolutionized OU radically transformed science.
◆ **rénovateur** *nm* [pour nettoyer] restorer.

rénovation [renɔvasjɔ̃] *nf* -**1.** [d'un meuble, d'un immeuble] renovation; [d'un quartier] redevelopment, renovation; **la maison est en** ~ the house is being done up OU is having a complete facelift ❑ ~ **urbaine** urban renewal. -**2.** *fig* [rajeunissement] updating.

rénover [3] [renɔve] *vt* -**1.** [remettre à neuf - meuble] to restore, to renovate; [- immeuble] to renovate, to do up *(sép)*; [- quartier] to redevelop, to renovate; [- salle de bains] to modernize; **toute la façade ouest a été rénovée** the whole of the west front has been done up OU has been given a facelift. -**2.** [transformer en améliorant]: ~ **des méthodes pédagogiques** to update teaching methods; ~ **les institutions politiques** to reform political institutions.

renseignement [rɑ̃sɛɲəmɑ̃] *nm* -**1.** [information] piece of information, information *(U)*; **un précieux** ~ an invaluable piece of information, some invaluable information; **de précieux** ~**s** (some) invaluable information; **pour avoir de plus amples** ~**s, s'adresser à...** for further information OU details, apply to...; **demander un** ~ OU **des** ~**s à qqn** to ask sb for information; **prendre des** ~**s sur** to make enquiries about; **avoir pris des** ~**s sur** to have found out about; ~**s pris, elle était la seule héritière** after making some enquiries it turned out (that) she was the sole heir; **tu n'obtiendras aucun** ~ you won't get any information; **merci pour le** ~ thanks for letting me know *aussi iron*; **aller aux** ~**s** to go and (see what one can) find out. -**2.** *fam* [surveillance]: **être/travailler dans le** ~ to be/to work in intelligence.
◆ **renseignements** *nmpl* -**1.** ADMIN [service] enquiries (department); [réception] information OU enquiries (desk); **appeler les** ~**s** TÉLÉC to phone directory enquiries *Br* OU information *Am*. -**2.** [espionnage]: **agent/services de** ~**s** intelligence agent/services; **les Renseignements généraux** ≃ Special Branch *Br*, ≃ the FBI *Am*.

renseigner [4] [rɑ̃seɲe] *vt* -**1.** [mettre au courant - étranger, journaliste] to give information to, to inform; [- automobiliste] to give directions to; **elle vous renseignera sur les prix** she'll tell you the prices, she'll give you more information about the prices; **pardon, Monsieur, pouvez-vous me** ~? excuse me Sir, could you help me, please?; ~ **qqn sur** to tell sb about; **bien renseigné** well-informed; **mal renseigné** misinformed; **je suis mal renseigné sur l'horaire des marées** I don't have much information about the times of the tides. -**2.** [donner des indices à]: **ça ne me renseigne pas sur ses motivations** that doesn't tell me anything about her motives; **seule sa biographie peut nous** ~ **sur son passé militaire** only his biography can tell us something of OU about his military career; **nous voilà bien renseignés!** *iron* that doesn't get us very far!, that doesn't give us much to go on! -**3.** *Belg* [indiquer]: **pouvez-vous me** ~ **le chemin?** could you show me the way? || [conseiller]: **pouvez-vous me** ~ **un livre?** could you recommend a book?
◆ **se renseigner** *vpi* to make enquiries; **se** ~ **sur qqn/qqch** to find out about sb/sthg; **il aurait fallu se** ~ **sur son compte** you should have made (some) enquiries about him; **renseignez-vous auprès de votre agence de voyages** ask your travel agent for further information.

rentabilisation [rɑ̃tabilizasjɔ̃] *nf*: **la** ~ **de l'affaire prendra peu de temps** it will not be long before the business becomes profitable OU starts to make a profit.

rentabiliser [3] [rɑ̃tabilize] *vt* to make profitable.

rentabilité [rɑ̃tabilite] *nf* profitability; **taux de ~** rate of profit.

rentable [rɑ̃tabl] *adj* profitable; **l'opération s'est avérée ~** the operation turned out to be profitable OU has paid off; **si je les vends moins cher, ce n'est plus ~** if I sell them any cheaper, I no longer make a profit OU any money; **c'est plus ~ d'acheter que de louer en ce moment** *fam* you're better off buying than renting at the moment.

rentamer [3] [rɑ̃tame] *vt* [recommencer] to start OU to begin again.

rente [rɑ̃t] *nf* -**1.** [revenu] private income; **avoir des ~s** to have a private income, to have independent means; **vivre de ses ~s** to live on OU off one's private income ❑ **~ de situation** secure income. -**2.** [pension] pension, annuity, rente *spéc*; **servir une ~ à qqn** to pay sb an allowance ❑ **~ viagère** life annuity. -**3.** ÉCON rent; **~ foncière** ground rent. -**4.** BOURSE (government) bond; **~s amortissables** redeemable securities OU bonds; **~s consolidées** BANQUE consols; **~s perpétuelles** undated OU irredeemable securities.

rentier, ère [rɑ̃tje, ɛr] *nm, f* person of private means; **mener une vie de ~** to live a life of ease ❑ **~ viager** life annuitant.

rentrage [rɑ̃traʒ] *nm* -**1.** [du bois, du foin] taking OU bringing in. -**2.** TEXT looming, healding.

rentrant, e [rɑ̃trɑ̃, ɑ̃t] *adj* -**1.** MATH: **angle ~** re-entring OU re-entrant angle. -**2.** AÉRON: **train d'atterrissage ~** retractable undercarriage. -**3.** INF re-entrant.

rentré, e[1] [rɑ̃tre] *adj* -**1.** [refoulé] suppressed; **colère/jalousie ~e** suppressed anger/jealousy. -**2.** [creux]: **des joues ~es** hollow OU sunken cheeks; **des yeux ~s** sunken OU deep-set eyes.
◆ **rentré** *nm* COUT turn in.

rentrée[2] [rɑ̃tre] *nf* -**1.** ENS: **~ (scolaire** OU **des classes)** start of the (new) academic year; **depuis la ~ de Noël/Pâques** since the spring/summer term began, since the Christmas/Easter break; **la ~ est fixée au 6 septembre** school starts again OU schools reopen on September 6th; **j'irai le mardi de la ~** I'll go on the first Tuesday of the (new) term; **c'est quand, la ~, chez vous?** when do you go back? *(to school, college etc)*; **les vitrines de la ~** back-to-school window displays. -**2.** [au Parlement] reopening (of Parliament), new (parliamentary) session; **les députés vont devoir avancer leur ~** Parliament will have to start the new session earlier than usual ❑ **à la prochaine ~ parlementaire** at the beginning of the new parliamentary session; **faire sa ~ politique** [après les vacances] to start the new political season *(after the summer)*; [après une absence] to make one's (political) comeback. -**3.** [saison artistique]: **la ~ musicale/théâtrale** the new musical/theatrical season *(after the summer break)*; **le disque sortira à la ~** the record will be released in the autumn *Br* OU fall *Am*; **pour votre ~ parisienne** [après les vacances] for the start of your autumn *Br* OU fall *Am* season in Paris; [après une absence] for your Parisian comeback. -**4.** [retour - des vacances d'été] (beginning of the) autumn *Br* OU fall *Am*; [- de congé ou de week-end] return to work; **la ~ a été dure** it was hard to get back to work after the summer holidays *Br* OU vacation *Am* ‖ TRANSP city-bound traffic; **grosses ~s prévues ce soir** in-bound traffic will be heavy tonight. -**5.** ASTRONAUT: **~ (atmosphérique)** re-entry (into the atmosphere). -**6.** JEUX pick-up. -**7.** [des foins] bringing OU taking in.
◆ **rentrées** *nfpl* FIN income, money coming in; **avoir des ~s (d'argent) régulières** to have a regular income OU money coming in regularly ❑ **~s de caisse** cash receipts; **~s fiscales** tax receipts OU revenue.

LA RENTRÉE:
The time of the year when children go back to school has considerable cultural significance in France; coming after the long summer break or "grandes vacances", it is the time when academic, political, social and commercial activity begins again in earnest.

rentrer [3] [rɑ̃tre] ◇ *vi* -**1.** [personne - vue de l'intérieur] to come in; [- vue de l'extérieur] to go in; [chose] to go in; **une souris essayait de ~ dans le placard** a mouse was trying to get into the cupboard; **tu es rentré dans Lyon par quelle route?** which road did you come to Lyons?, which road did you take into Lyons?; **impossible de faire ~ ce clou dans le mur** I can't get this nail into the wall; **la clé ne rentre pas dans la serrure** the key won't go in; **tu n'arriveras pas à tout faire ~ dans cette valise** you'll never fit everything in this case; **c'est par là que l'eau rentre** that's where the water is coming OU getting in ‖ [s'emboîter] to go OU to fit in; **les rallonges rentrent sous la table** the leaves fit in under the table; **~ dans** [poteau] to crash into; [véhicule] to collide with; **les deux voitures sont rentrées l'une dans l'autre** the two cars crashed into each other ❑ **~ dans qqn** [physiquement, verbalement] to lay into sb; **rentre-lui dedans!** *fam* [frappe-le] smack him one!; **il n'a pas arrêté de me ~ dedans** *fam* [verbalement] he was constantly knocking me OU having a go at me *esp Br*. -**2.** [faire partie de] to be part of, to be included in; **la mesure en question ne rentre pas dans le cadre de la réforme** the measure under discussion is not part of the reform; **cela ne rentre pas dans mes attributions** that is not part of my duties. -**3.** [pour travailler]: **~ dans les affaires/la police** to go into business/join the police; **il est rentré dans la société grâce à son oncle** he got a job with the company thanks to his uncle. -**4.** [retourner - gén] to return, to come OU to get back; [revenir chez soi] to come OU to get (back) home; [aller chez soi] to go (back) OU to return home; **nous rentrerons dimanche** we'll come OU be back home on Sunday; **je rentre tout de suite!** I'm on my way home!, I'm coming home straightaway!; **les enfants, rentrez!** children, get OU come back in!; **il n'est pas encore rentré de (faire) ses commissions** he hasn't got back from shopping yet; **je ne rentrerai pas dîner** I won't be home for dinner; **je rentre chez moi pour déjeuner** [tous les jours] I have lunch at home; **je suis inquiète, elle n'est pas rentrée hier soir** I'm worried, she didn't come home last night; **les élèves sont rentrés au lycée enchantés de leur visite** the students got back to school thrilled by their visit; **il est rentré à cinq heures** he got in at five o'clock; **je vous laisse, il faut que je rentre** I'll leave you now, I must go home OU get (back) home; **en rentrant de l'école** on the way home OU back from school; **~ dans son pays** to go back OU to return home (to one's country); **le bateau n'est pas rentré au port** the boat hasn't come (back) in. -**5.** [reprendre ses occupations - lycéen] to go back to school, to start school again; [- étudiant] to go back, to start the new term; [- école] to start again, to go back; [- parlementaire] to start the new session, to return to take one's seat; [- parlement] to reopen, to reassemble; [- cinéaste] to start the season. -**6.** [être perçu - argent] to come in; **l'argent rentre mal** there isn't much money coming in; **faire ~ l'argent/les devises** to bring in money/foreign currency; **faire ~ l'impôt/les cotisations** to collect taxes/dues; **faire ~ ses créances** to collect one's money OU debts; **la commande n'est pas encore rentrée** COMM the order isn't in OU hasn't come in yet. -**7.** *fam* [explication, idée, connaissances] to sink in; **ça rentre, l'informatique?** are you getting the hang of computing?; **le russe, ça rentre tout seul avec Sophie!** [elle apprend bien] Sophie is having no trouble picking up Russian!; [elle enseigne bien] Sophie makes learning Russian easy; **je le lui ai expliqué dix fois, mais ça n'est toujours pas rentré** I've told him ten times but it hasn't gone OU sunk in yet; **faire ~ qqch dans la tête de qqn** to get sthg into sb's head, to drum sthg into sb; **tu ne lui feras jamais ~ dans la tête que c'est impossible!** you'll never get it into his head OU convince him that it's impossible! -**8.** JEUX & SPORT: **~ dans la mêlée** RUGBY to scrum down; **faire ~ le ballon dans les buts** FTBL to get the ball into the back of the net; **faire ~ une bille** BILLARD to pot a ball.
◇ *vt* -**1.** [mettre à l'abri - linge, moisson] to bring OU to get in *(sép)*; [- bétail] to bring OU to take in *(sép)*; [- véhicule] to put away *(sép)*; [- chaise] to carry OU to take in *(sép)*; **il faut ~ les plantes avant les grands froids** we must bring the plants in before it gets really cold; **rentre ta moto au garage** put your motorbike (away) in the garage; **~ les foins** to bring in the hay. -**2.** [mettre - gén] to put in *(sép)*; [faire disparaître - antenne] to put down *(sép)*; [- train d'atterrissage] to raise, to retract; [- griffes] to draw in *(sép)*, to retract; **~ une clé dans une serrure** to put a key in a lock; **~ son chemisier dans sa jupe** to tuck one's blouse into one's skirt; **elle rentra ses mains sous sa cape/dans son manchon** she put her hands under her cloak/into her muff; **rentre ton ventre/tes fesses!** pull your stomach/bottom in!; **~ la tête dans les épaules** to hunch (up) one's shoulders; **avec la tête rentrée dans les épaules** with hunched shoulders. -**3.** [réprimer - colère] to hold back *(sép)*, to curb, to suppress; **~ ses larmes/son humiliation** to swallow one's tears/humiliation. -**4.** INF to input, to key in *(sép)*. -**5.** IMPR: **~ une ligne** to indent a line. -**6.** NAUT: **~ le pavillon** to lower the colours; **rentrez!** ship oars!
◆ **rentrer dans** *v + prép* [recouvrer] to recover; **~ dans son argent/ses dépenses** to recover one's money/expenses, to get one's money/expenses back; **~ dans ses fonds** to recoup (one's) costs; **~ dans ses droits** to recover one's rights; **~ dans la légalité** [criminel] to reform; [opération, manœuvre] to become legal.
◆ **rentrer en** *v + prép*: **~ en grâce auprès de qqn** to get back into sb's good graces OU books; **~ en faveur auprès de qqn** to regain favour with sb; **~ en possession de** to regain possession of.
◆ **se rentrer** *vp (emploi passif)*: **les foins ne se rentrent pas avant juillet** the hay isn't brought in until July; **les rallonges se rentrent sous la table** the extension leaves fit in under the table.
◆ **se rentrer dedans** *fam vp (emploi réciproque)*: **ils se sont rentrés dedans** [heurtés] they smashed OU banged into one another; [disputés] they laid into one another.

renuméroter [3] [rənymerɔte] *vt* to renumber, to reserialize TECH.

renversant, e [rɑ̃vɛrsɑ̃, ɑ̃t] *adj* [nouvelle] astounding, amazing, staggering; [personne] amazing, incredible.

renverse [rɑ̃vɛrs] *nf* NAUT [du vent] change; [du courant] turn (of tide).
◆ **à la renverse** *loc adv*: **tomber à la ~** [sur le dos] to fall flat on one's back; **j'ai failli tomber à la ~** I almost fell over backwards; **il y a de quoi tomber à la ~** *fig* it's amazing OU staggering.

renversé, e [rɑ̃vɛrse] *adj* -**1.** [image] reverse *(modif)*, reversed, inverted; [objet] upside down, overturned. -**2.** [penché]: **le corps ~ en arrière** with the body leaning OU tilted back. -**3.** [stupéfait]: **être ~** to be staggered.

renversement [rɑ̃vɛrsəmɑ̃] *nm* -**1.** [inversion] reversal; **~ d'une image** inversion of an image. -**2.** [changement]: **~ des alliances** reversal OU switch of alliances; **il y eut un brusque ~ du vent/du courant** the wind/the current changed direction suddenly ❑ **~ de situation** reversal of the situation; **~ de tendance** shift OU swing (in the opposite direction). -**3.** [chute - d'un régime] overthrow. -**4.** [inclinaison - du buste, de la tête] tipping OU tilting back. -**5.** MUS inversion.

renverser [3] [rɑ̃vɛrse] *vt* -**1.** [répandre - liquide] to spill; [faire tomber - bouteille, casserole] to spill, to knock over *(sép)*, to upset; [- table, voiture] to overturn; [retourner exprès] to turn upside down. -**2.** [faire tomber - piéton] to knock down *(sép)*; **être renversé par qqn** to be knocked down OU run over by sb; **il m'a renversé de mon tabouret** he tipped me off my stool. -**3.** [inverser] to reverse; **~ l'ordre des mots** to reverse the word order; **~ une fraction** to invert a fraction; **le Suédois renversa la situation au cours du 3ᵉ set** the Swedish player managed to turn the situation round during the third set ❑ **~ les rôles** to reverse the roles; **~ la vapeur** *pr* to reverse engines; *fig* to turn the tables. -**4.** [détruire - obstacle] to overcome; [- valeurs] to overthrow; [- régime] to overthrow, to topple; **le président a été renversé** the President was thrown out of OU removed from office; **~ un gouvernement** [par la force] to overthrow OU to topple a government; [par un vote] to bring down OU to topple a government. -**5.** [incliner en arrière] to tilt OU to tip back *(sép)*. -**6.** [stupéfier] to amaze, to astound; **la nouvelle de leur divorce m'a renversé** I was thoroughly taken aback OU amazed when I heard they'd got divorced.

◆ **se renverser** *vpi* -**1.** [bouteille] to fall over; [liquide] to spill; [véhicule] to overturn; [bateau] to overturn, to capsize; [marée] to turn. -**2.** [personne] to lean over backwards; **l'acrobate se renverse en arrière et touche le sol avec ses mains** the acrobat bends over backwards and touches the floor with his hands; **se ~ sur sa chaise** to tilt back on one's chair; **se ~ dans un fauteuil** to lie back in an armchair.

renvoi [rɑ̃vwa] *nm* -**1.** [d'un colis - gén] return, sending back; [- par avion] flying back; [- par bateau] shipping back; **'~ à l'expéditeur'** 'return to sender'. -**2.** TÉLÉC: **~ automatique** call forwarding. -**3.** SPORT: **~ (de la balle)** return; **~ aux 22 mètres** 22 metre drop-out; **~ en touche** touch kick, kick for touch. -**4.** [congédiement - d'un employé] dismissal, sacking *Br*; [- d'un élève] expulsion; **demander le ~ d'un élève/d'un employé** to ask for a pupil to be expelled/an employee to be dismissed. -**5.** [ajournement] postponement; **le tribunal décida le ~ du procès à huitaine** the court decided to put off OU to adjourn the trial for a week. -**6.** [transfert] transfer; **ordonnance de ~ aux assises** order of transfer to the assizes; **après le ~ du texte en commission** after the text was sent to a committee. -**7.** [indication] cross-reference; [note au bas du texte] footnote; **faire un ~ à** to make a cross-reference to, to cross-refer to. -**8.** [éructation] belch, burp; **avoir un ~** to belch, to burp; **ça me donne des ~s** it makes me belch OU burp, it repeats on me. -**9.** JUR amendment; **~ des fins de poursuite** discharge of case; **demande de ~** application for removal of action. -**10.** MUS repeat mark. -**11.** MÉCAN: **levier de ~** reversing lever; **poulie de ~** return pulley.

renvoyer [30] [rɑ̃vwaje] *vt* -**1.** [colis, formulaire] to send back *(sép)*; [cadeau] to return, to give back *(sép)*; [importun] to send away *(sép)*; [soldat, troupes] to discharge; **on les a renvoyés chez eux** they were sent (back) home OU discharged; **je le renvoie chez sa mère demain** I'm sending him back OU off to his mother's tomorrow. -**2.** [lancer de nouveau - ballon] to send back *(sép)*, to return; **j'étais renvoyé de vendeur en vendeur** I was being passed OU shunted around from one salesman to the next ❑ **~ la balle à qqn** FTBL to kick OU to pass the ball back to sb; RUGBY to throw OU to pass the ball back to sb; TENNIS to return to sb; *fig* to answer sb tit for tat; **savoir ~ la balle** *fig* to give as good as one gets; **~ l'ascenseur à qqn** *pr* to send the lift back to sb; *fig* to return sb's favour. -**3.** [congédier] to dismiss; **tu vas te faire ~** [de ton travail] you're going to lose your job; [de ton lycée] you're going to get yourself expelled. -**4.** [différer] to postpone, to put off *(sép)*; **~ une affaire** to postpone a case; **la réunion est renvoyée à mardi prochain** the meeting has been put off until OU put back to next Tuesday. -**5.** [transférer] to refer; **l'affaire a été renvoyée en cour d'assises** the matter has been referred to the assize court. -**6.** [faire se reporter] to refer; **je vous renvoie à l'article publié dans « La Tribune »** I refer you to the article published in "La Tribune"; **les numéros renvoient aux notes de fin de chapitre** the numbers refer to notes at the end of each chapter. -**7.** [refléter] to reflect; **la glace lui renvoyait son image** she saw her reflection in the mirror ‖ [répercuter]: **la falaise nous renvoyait nos cris** the cliff echoed our cries.

◆ **se renvoyer** *vp (emploi réciproque) loc*: **se ~ la balle: on peut se ~ la balle comme ça longtemps!** we could go on forever blaming each other like this!; **dans cette affaire d'évasion, Français et Suisses se renvoient la balle** in this escape business, the French and Swiss authorities are trying to make each other carry the can.

réoccupation [reɔkypasjɔ̃] *nf* [action militante] reoccupation; [réinstallation] moving (back) in again; **nous envisageons la ~ immédiate du bâtiment** [pour y vivre] we expect people to move straight back into the building.

réoccuper [3] [reɔkype] *vt* [lieu - pour protester] to reoccupy; [- pour y vivre] to move back into; [emploi] to take up *(sép)* again.

réopérer [18] [reɔpere] *vt* to reoperate (on); **il va falloir vous ~** you're going to require further surgery, you'll have to have another operation.

réorchestration [reɔrkɛstrasjɔ̃] *nf* reorchestration.

réorchestrer [3] [reɔkɛstre] *vt* to reorchestrate.

réorganisation [reɔrganizasjɔ̃] *nf* reorganization.

réorganiser [3] [reɔrganize] *vt* to reorganize.

◆ **se réorganiser** *vpi* to reorganize o.s., to get reorganized.

réorientation [reɔrjɑ̃tasjɔ̃] *nf* -**1.** POL redirecting. -**2.** ENS changing to a different course.

réorienter [3] [reɔrjɑ̃te] *vt* -**1.** POL to reorientate, to redirect. -**2.** ENS to put onto a different course.

réouverture [reuvɛrtyr] *nf* -**1.** [d'un magasin, d'un guichet, d'un musée, d'une route, d'un col] reopening; **'~ du cabinet médical à 14 h'** 'surgery reopens at 2 p.m'. -**2.** [reprise - d'un débat] resumption; **à la ~ des marchés ce matin** BOURSE when trading resumed this morning.

repaire [rəpɛr] *nm* -**1.** [d'animaux] den, lair. -**2.** [d'individus] den, haunt; **un ~ d'espions/de malfaiteurs** a den of spies/of criminals.

repairer [4] [rəpere] *vi* [animal] to hide in its den OU lair.

repaître [91] [rəpɛtr] *vt litt* [nourrir] to feed; **~ son esprit de connaissances nouvelles** to feast one's mind on knowledge.

◆ **se repaître de** *vp + prép* -**1.** *litt* [manger] to feed on *(insép)*. -**2.** *fig* [savourer]: **se ~ de bandes dessinées** to feast on comic strips; **se ~ de sang** to wallow in blood.

répandre [74] [repɑ̃dr] *vt* -**1.** [renverser - liquide] to spill; [verser - sable, sciure] to spread, to sprinkle, to scatter; **~ des larmes** to shed tears; **~ le sang** to spill OU to shed blood. -**2.** [propager - rumeur, terreur, usage] to spread. -**3.** [dégager - odeur] to give off *(insép)*; [- lumière] to shed, to give out *(insép)*; [- chaleur, fumée] to give out OU off *(insép)*. -**4.** [dispenser - bienfaits] to pour out *(sép)*, to spread (around).

◆ **se répandre** *vpi* -**1.** [eau, vin] to spill; **les eaux se sont répandues dans toute la ville** the water spread throughout the town ‖ [se disperser]: **les supporters se sont répandus sur le terrain** the fans spilled (out) OU poured onto the field. -**2.** [se propager - nouvelle, mode, coutume] to spread, to become widespread; **les boutons rouges se répandent ensuite sur tout l'abdomen** the red pimples then spread to the whole abdominal area; **l'usage de la carte de crédit s'est répandu parmi les jeunes** credit card use has become widespread among young people ❑ **se ~ comme une traînée de poudre** to spread like wildfire. -**3.** [se dégager - odeur] to spread, to be given off; **la fumée se répandit dans la carlingue** smoke spread through the cabin ‖ *(tournure impersonnelle)*: **il se répandit une odeur de brûlé** the smell of burning filled the air.

◆ **se répandre en** *vp + prép sout*: **se ~ en compliments/en propos blessants** to be full ofcompliments/hurtful remarks; **se ~ en invectives/en louanges contre qqn** to heap abuse/praise on sb; **inutile de se ~ en commentaires là-dessus** no need to keep on (making comments) about it.

répandu, e [repɑ̃dy] *adj* widespread; **un préjugé (très) ~** a very widespread OU widely-held prejudice; **une vue (très) ~e** a commonly held OU widely found view; **la technique n'est pas encore très ~e ici** the technique isn't widely used here yet.

réparable [reparabl] *adj* -**1.** [appareil] repairable; **j'espère que c'est ~** I hope it can be mended OU repaired, I hope it's not beyond repair; **la voiture n'est pas ~** [après un accident] the car is a write-off; [à cause de sa vétusté] the car isn't worth repairing. -**2.** [erreur, perte] reparable; **une maladresse difficilement ~** a blunder which will be hard to correct OU to put right.

reparaître [91] [rəparɛtr] *vi* -**1.** [journal, revue] to be out again, to be published again. -**2.** = **réapparaître**.

réparateur, trice [reparatœr, tris] ◇ *adj* [reposant]: **un sommeil ~** restorative OU refreshing sleep.

◇ *nm, f* repairer, repairman (*f* repairwoman); **~ de radios** radio repairman; **~ d'antiquités** antiques restorer.

réparation [reparasjɔ̃] *nf* -**1.** [processus] repairing, fixing, mending; [résultat] repair; **pendant les ~s** during (the) repairs; **toutes les ~s sont à la charge du locataire** the tenant is liable for all repair work OU all repairs ❑ **atelier/service de ~** repair shop/department. -**2.** [compensation] redress, compensation; **en ~ des dégâts occasionnés** in compensation for OU to make up for the damage caused; **demander/obtenir ~** *litt* to demand/to obtain redress; **demander/obtenir ~ par les armes** to demand/to obtain satisfaction by a duel. -**3.** JUR damages, compensation; **les ~s** HIST (war) reparations. -**4.** [correction - d'une négligence] correction; [- d'une omission] rectification.

◆ **de réparation** *loc adj* SPORT penalty *(modif)*; **surface de ~** penalty area; **point de ~** penalty spot; **coup de pied de ~** penalty (kick).

◆ **en réparation** *loc adj* under repair, being repaired.

réparer [3] [repare] *vt* -**1.** [appareil, chaussure] to repair, to mend; [défaut de construction] to repair, to make good; [meuble, porcelaine] to restore; **faire ~ qqch** to get sthg repaired OU put right ‖ *(en usage abs)*: **aujourd'hui, les gens ne réparent plus, ils jettent** people today don't mend things, they just throw them away. -**2.** [compenser] to make up for *(insép)*, to compensate for *(insép)*; **il est encore temps de ~ le mal qui a été fait** there's still time to make up for OU to undo the harm that's been done ❑ **~ les dégâts** *pr* to repair the damage; *fig* to pick up the pieces. -**3.** [corriger - omission] to rectify, to repair; **c'était une négligence qu'il ne pouvait plus ~** it was too late to correct the mistake. -**4.** *sout* [santé, forces] to restore.

◆ **se réparer** *vp (emploi passif)* to mend; **ça ne se répare pas** it can't be mended.

reparler [3] [rəparle] ◇ *vt* [langue]: **ce voyage m'a donné l'occasion de ~ arabe** this trip gave me the opportunity to speak Arabic again.

◇ *vi* to speak again; **~ de: il a reparlé de son roman** he talked about his novel again; **retenez bien son nom, c'est un chanteur dont on reparlera** remember this singer's name, you'll be hearing more of him; **je laisse là les Incas, nous allons en ~** I won't say any more about the Incas now, we'll come back to them later; **il n'en a plus reparlé** he never mentioned it again; **~ à: ~ à qqn (de qqch)** to speak to sb (about sthg) again.

◆ **se reparler** *vp (emploi réciproque)* to get back on speaking terms.

repartager [17] [rəpartaʒe] *vt* to share out *(sép)* again.

repartie [rəparti] *nf* [réplique] retort, repartee; une ~ adroite/spirituelle a clever/witty retort; avoir de la ~ to have a good sense of repartee.

repartir1 [43] [rəpartir] *vt (aux avoir) litt* [répliquer] to retort, to reply, to rejoin; on me repartit que le maître serait bientôt de retour I received the reply that the master would soon be back.

repartir2 [43] [rəpartir] *vi (aux être)* -1. [se remettre en route] to start OU to set off again; quand repars-tu? when are you off OU leaving again?; l'économie est bien repartie the economy has picked up again; votre carrière semble être bien repartie your career seems to have taken off well again; c'est reparti, encore une hausse de l'électricité! here we go again, another rise in the price of electricity! ❑ ~ à l'assaut OU à l'attaque *pr* to mount a fresh assault; *fig* to try again; ~ à zéro to start again from scratch, to go back to square one; ~ du bon pied to make a fresh start. -2. HORT to start growing OU to sprout again.

répartir [32] [repartir] *vt* -1. [distribuer - encouragements, sanctions] to give; [- héritage, travail] to share out *(sép)*, to divide up *(sép)*; les bénéfices seront répartis entre les actionnaires profits will be shared out OU distributed amongst the shareholders; le tout, c'est de bien ~ les livres dans les cartons the important thing is for the books to be evenly OU properly distributed in the boxes; répartissez les enfants en trois groupes get OU split up the children into three groups. -2. [étaler - confiture, cirage] to spread; [- soldats, policiers] to deploy, to spread out *(sép)*; [- chaleur, ventilation] to distribute; ~ des remboursements to pay back in instalments; ~ des paiements to spread out the payments. -3. INF: être réparti to be distributed *(over a network)*.

◆ **se répartir** ◇ *vpi* [se diviser] to split, to divide (up); répartissez-vous en deux équipes get yourselves OU split into two teams; les dépenses se répartissent en trois catégories expenditure falls under three headings.

◇ *vpt* [partager]: se ~ le travail/les responsabilités to share out the work/the responsibility.

répartiteur, trice [repartitœr, tris] *nm, f* -1. *litt* distributor, apportioner. -2. FIN tax assessor.

répartition [repartisjɔ̃] *nf* -1. [partage - de l'impôt, des bénéfices] distribution; [- d'un butin] sharing out, dividing up; [- d'allocations, de prestations] allotment, sharing out; comment se fera la ~ des frais? how will the expenses be shared out?; comment se fera la ~ des tâches? how will the tasks be shared out OU allocated?; la ~ des portefeuilles ministériels the distribution of ministerial posts. -2. [agencement] layout; la ~ des pièces est la suivante the layout of the rooms is as follows, the rooms are laid out as follows. -3. [étalement - dans l'espace] distribution; la ~ géographique des gisements the geographical distribution of the deposits. -4. ÉCON assessment.

reparution [rəparysjɔ̃] *nf* [d'un journal] republishing, reappearance; le jour de sa ~, le quotidien s'est vendu à un million d'exemplaires on the day the paper was back on the newstands OU resumed publication, it sold a million copies.

repas [rəpa] *nm* -1. [gén] meal; [d'un nourrisson, d'un animal] feed *Br*, feeding *Am*; faire un bon ~ to have a square OU good meal; faire quatre ~ par jour to have four meals a day, to eat four times a day; prendre ses ~ à la cantine [de l'école] to have school lunches OU dinners *Br*; [de l'usine] to eat in the (works) canteen; à l'heure des ~ at mealtimes ❑ ~ à la carte à la carte meal; ~ livrés à domicile meals on wheels; ~ de midi lunch, midday *Br* OU noon *Am* meal; ~ de noces wedding meal; ~ du soir dinner, evening meal. -2. *(comme adj; avec ou sans trait d'union)*: plateau-~ lunch OU dinner tray; ticket-~ luncheon voucher *Br*, meal ticket *Am*.

repassage [rəpasaʒ] *nm* -1. [du linge] ironing; faire un premier ~ avant de bâtir la couture go over it with the iron before tacking the seam; '~ superflu' 'wash and wear', 'non-iron'. -2. [aiguisage - gén] sharpening; [- avec une pierre] whetting.

repasser [3] [rəpase] ◇ *vi* -1. [passer à nouveau dans un lieu] to go (back) again; elle repassera she'll drop by again; je suis repassé la voir à l'hôpital I went to see her in the hospital again; je ne suis jamais plus repassé dans cette rue I never again went down OU visited that street; si tu repasses à Berlin, fais-moi signe if you're in OU passing through Berlin again, let me know; ~ par le même chemin to go back the way one came; il passait et repassait sous l'horloge de la gare he kept walking up and down under the station clock; faire ~ le fromage to pass the cheese round again; ~ sur un dessin to go over a drawing again, to go back over a drawing; j'ai horreur qu'on repasse derrière moi I hate to have people go over what I've done; le dollar est repassé au-dessous des 6 francs the dollar has fallen OU dropped below 6 francs again ❑ tu peux toujours ~! *fam* no chance!, nothing doing!, not on your life!; si c'est de l'argent qu'il veut, il repassera! *fam* if it's money he wants, he's got another think coming! -2. CIN & TV to be on OU to be shown again.

◇ *vt* -1. [défriper] to iron; ~ les plis to iron out the creases. -2. [aiguiser - gén] to sharpen; [- avec une pierre] to whet. -3. [réviser]: ~ ses leçons/le programme de physique/la tirade d'Elvire SCOL to go over one's homework/the physics course/Elvire's soliloquy; ~ des comptes to reexamine a set of accounts. -4. *fam* [donner]: elle m'a repassé sa tunique she let me have her smock. -5. [traverser à nouveau]: ~ un fleuve to go back across a river, to cross a river again. -6. [subir à nouveau]: ~ un examen to resit an exam *Br*, to take an exam again; je dois ~ l'allemand/le permis demain I have to retake German/my driving test tomorrow; ~ une échographie to go for another ultrasound scan. -7. [donner à nouveau] to pass again; repasse-moi la confiture pass me (over) the jam again; voulez-vous ~ la salade? would you hand OU pass the salad round again?; repasse-moi mon mouchoir hand me back my handkerchief. -8. [remettre]: ~ une couche de vernis to put on another coat of varnish; ~ un manteau [le réessayer] to try a coat on again; ~ un poisson sur le gril to put a fish back on the grill, to give a fish a bit more time on the grill; repasse ta sauce au mixer put your sauce through the blender again; repasse les chaussettes en machine stick the socks in the washing machine again; repasse-moi la diapo 3 show me slide 3 again; repasse-moi la face A du disque play me the A-side of the record again. -9. [au téléphone]: je te repasse Paul I'll put Paul on again, I'll hand you back to Paul; repassez-moi le standard put me through to the switchboard again.

◆ **se repasser** *vp (emploi passif)* to iron; le voile ne se repasse pas [ne doit pas être repassé] the veil mustn't be ironed; [n'a pas besoin de repassage] the veil doesn't need ironing.

repasseur, euse [rəpasœr, øz] *nm, f* -1. [de linge] ironer. -2. [rémouleur] knife-grinder, knife-sharpener.

◆ **repasseuse** *nf* [machine] ironing machine.

repavage [rəpavaʒ] *nm* repaving.

repaver [3] [rəpave] *vt* to repave.

repayer [11] [rəpeje] *vt* [payer à nouveau] to pay again; [payer en plus] to pay more for; si l'on veut visiter la maison des reptiles, il faut ~ if you wish to visit the reptile house, you have to pay extra.

repêchage [rəpeʃaʒ] *nm* -1. [d'un objet] fishing out; [d'un corps] recovery. -2. ENS letting through. -3. SPORT repechage.

repêcher [4] [rəpeʃe] *vt* -1. [noyé] to fish out *(sép)*, to recover; ~ un corps/une voiture dans le fleuve to fish a body/a car out of the river. -2. ENS to let through *(sép)*; j'ai été repêché à deux points I was let through though I was two points short of the pass mark; j'ai été repêché à l'oral I passed on my oral. -3. SPORT to let through on the repechage.

repeindre [81] [rəpɛ̃dr] *vt* to repaint, to paint again.

rependre [73] [rəpɑ̃dr] *vt* to rehang, to hang again.

repenser [3] [rəpɑ̃se] *vt* to reconsider, to rethink; l'entrepôt a été entièrement repensé the layout of the warehouse has been completely redesigned; il faudra ~ notre stratégie we'll have to rethink our strategy.

◆ **repenser à** *v + prép* to think about again; en y repensant thinking back on it all; je n'ai plus jamais repensé à elle I never thought of her again OU gave her another thought; ah mais oui, j'y repense, elle t'a appelé ce matin oh yes, now I come to think of it, she phoned you this morning.

repentant, e [rəpɑ̃tɑ̃, ɑ̃t] *adj* repentant, penitent; pécheur ~ repentant sinner.

repenti, e [rəpɑ̃ti] ◇ *adj* repentant, penitent; alcoolique/fumeur ~ reformed alcoholic/smoker.

◇ *nm, f* penitent; les ~s du terrorisme repentant terrorists.

repentir1 [rəpɑ̃tir] *nm* -1. [remords] remorse; verser des larmes de ~ to shed tears of remorse OU regret. -2. RELIG repentance; mener une vie de ~ to live a life of repentance OU penance. -3. [correction] alteration. -4. BX-ARTS reworking, retouching.

repentir2 [37] [rəpɑ̃tir]

◆ **se repentir** *vpi* to repent.

◆ **se repentir de** *vp + prép* to regret, to be sorry for; elle se repent d'avoir été trop sévère she's sorry for having been too harsh; il s'en repentira, crois-moi believe me, he'll regret that OU he'll be sorry for that; j'ai refusé son offre et je m'en suis amèrement repenti I turned down his offer and I've lived to rue the day OU I bitterly regret it; se ~ d'une faute/d'avoir péché to repent of a fault/of having sinned.

repérable [rəperabl] *adj* [maison] easily found; [changement, signe] easily spotted; le bar est facilement ~ the bar is easy to find; les oiseaux de cette espèce sont ~s à leur bec coloré birds of this species are recognizable OU identifiable by their coloured beaks.

repérage [rəperaʒ] *nm* -1. [gén] spotting, pinpointing. -2. MIL location. -3. CIN: être en ~ to be looking for locations OU choosing settings. -4. IMPR registry, laying.

répercussion [repɛrkysjɔ̃] *nf* -1. [conséquence] repercussion, consequence, side-effect. -2. [renvoi - d'un son] repercussion, echo. -3. FIN: le coût final est aggravé par la ~ de l'impôt the final cost is increased because taxes levied are passed on (to the buyer).

répercuter [3] [repɛrkyte] *vt* -1. [renvoyer - son] to echo, to reflect; un coup de feu répercuté par l'écho the sound of an echoing shot. -2. FIN: ~ l'impôt sur le prix de revient to pass a tax on in the selling price. -3. [transmettre] to pass on OU along *(sép)*.

◆ **se répercuter** *vpi* [bruit] to echo.

◆ **se répercuter sur** *vp + prép* to have an effect on OU upon, to affect; les problèmes familiaux se répercutent sur le travail scolaire family problems have repercussions on OU affect children's performance at school.

reperdre [77] [rəpɛrdr] *vt* to lose again; j'ai reperdu 2 kilos my weight's gone back down by 2 kilos.

repère [rəpɛr] *nm* -1. [gén] line, mark; [indice - matériel] landmark; [- qui permet de juger] benchmark, reference mark; verser le liquide jusqu'au ~ pour in the liquid until it reaches the mark ❑ point de ~ landmark. -2. TECH (index) mark; ~ de montage assembly OU match mark. -**3.** [référence] reference point, landmark; **servir de ~ à qqn** to serve as a (guiding) light to sb; **j'ai l'impression de n'avoir plus aucun (point de) ~** I've lost my bearings. -**4.** MATH: **~ projectif** projective point. -**5.** *(comme adj; avec ou sans trait d'union)* reference *(modif)*; **date/point ~** reference date/point.

repérer [18] [rəpere] *vt* -**1.** [indiquer par un repère] to mark; TECH to mark out OU off *(sép)*. -**2.** [localiser] to locate, to pinpoint; **~ d'abord l'église sur la carte** first locate the church on the map. -**3.** [remarquer] to spot, to pick out *(sép)*, to notice; **je l'avais repéré au premier rang** I'd noticed OU spotted him in the first row; **tu vas nous faire ~ avec tes éternuements** you'll get us caught OU spotted with your sneezing. -**4.** [dénicher] to discover; **j'ai repéré un très bon petit restaurant** I've discovered a really nice little restaurant.

◆ **se repérer** *vpi* -**1.** [déterminer sa position] to find OU to get one's bearings; **on n'arrive jamais à se ~ dans un aéroport** you can never find your way about OU around in an airport. -**2.** *fig*: **beaucoup de jeunes ont du mal à se ~ dans la jungle universitaire** many young people find it difficult to get OU to find their bearings in the jungle of the university; **je n'arrive plus à me ~ dans ses mensonges** I don't know where I am any more with all those lies she tells.

répertoire [repɛrtwar] *nm* -**1.** [liste] index, list; **~ alphabétique/thématique** alphabetical/thematic index. -**2.** [livre] notebook, book; **ils notent le vocabulaire dans un ~** they write down the vocabulary in a notebook ❑ **~ d'adresses** address book; **~ à onglets** thumb-index notebook OU book; **~ des rues** street index. -**3.** DANSE & MUS repertoire; THÉÂT repertoire, repertory; **jouer une pièce du ~** [acteur] to be in rep; [théâtre] to put on a play from the repertoire OU a stock play; **elle a joué tout le ~ classique** she's played every part in the classical repertory; **on a inscrit une pièce de Brecht à notre ~** we have put a play by Brecht on OU in our repertoire; **tu devrais ajouter ça à ton ~** *fig* that could be another string to your bow. -**4.** JUR: **~ civil** civil register; **~ général** record of cases. -**5.** INF directory.

répertorier [9] [repɛrtɔrje] *vt* -**1.** [inventorier] to index, to list; **~ les erreurs** to list OU to pick out the mistakes. -**2.** [inscrire dans une liste] to list; **répertorié par adresses/professions** listed under addresses/professions.

répéter [18] [repete] *vt* -**1.** [dire encore] to repeat; **répétez après moi** repeat after me; **je n'arrête pas de vous le ~** that's what I've been trying to tell you; **elle ne se l'est pas fait ~ (deux fois)** she didn't need telling twice; **répète un peu pour voir?** let's hear you repeat that (if you dare)! -**2.** [révéler par indiscrétion - fait] to repeat; [- histoire] to retell, to relate; **ne lui répète pas** don't tell her, don't repeat this to her; **ne va pas le ~ (à tout le monde)** don't go telling everybody. -**3.** [recommencer] to repeat, to do again; **des tentatives répétées de chantage** repeated attempts to blackmail people. -**4.** [mémoriser - leçon] to go over *(insép)*, to practise; [- morceau de musique] to practise; [- pièce, film] to rehearse; **répétons la séquence une dernière fois** let's run through the sequence one more time ‖ *(en usage abs)*: **on ne répète pas demain** there's no rehearsal tomorrow. -**5.** [reproduire - motif] to repeat, to duplicate; [- refrain] to repeat; **l'écho répétait nos rires à l'infini** our laughter echoed OU reverberated endlessly. -**6.** JUR to obtain recovery of.

◆ **se répéter** *vpi* -**1.** [redire la même chose] to repeat o.s.; **au risque de me ~** at the risk of repeating myself; **depuis son premier roman, elle se répète** since her first novel, she's just been rewriting the same thing. -**2.** [se reproduire] to recur, to reoccur, to be repeated; **et que ça ne se répète plus!** don't let it happen again!; **la disposition des locaux se répète à tous les étages** the layout of the rooms is the same on every floor; **l'histoire se répète** history repeats itself.

répéteur [repetœr] *nm* repeater TELEC.

répétiteur, trice [repetitœr, tris] *nm, f vieilli* coach *(at home or in school)*.

répétitif, ive [repetitif, iv] *adj* repetitive, repetitious.

répétition [repetisjɔ̃] *nf* -**1.** [d'un mot, d'un geste] repetition. -**2.** [séance de travail] rehearsal; **être en ~** to be rehearsing ❑ **~ générale** dress rehearsal. -**3.** JUR: **~ de l'indu** recovery of payment made in error.

◆ **à répétition** *loc adj* -**1.** [en armurerie, en horlogerie] repeater *(modif)*. -**2.** *fam* [renouvelé]: **il fait des bêtises à ~** he keeps doing stupid things.

répétitivité [repetitivite] *nf* repetitiveness, repetitiousness.

repeuplement [rəpœpləmɑ̃] *nm* [par des hommes] repopulation; [par des animaux] restocking; [par des plantes] replantation, replanting *(U)*; [par des arbres] reafforestation *Br*, reforestation *Am*.

repeupler [5] [rəpœple] *vt* [secteur] to repopulate; [étang] to restock; [forêt] to reafforest *Br*, to reforest *Am*.

◆ **se repeupler** *vpi*: **cette région commence à se ~** people are starting to move back to the area; **la rivière se repeuple** life is coming back to the river.

repiquage [rəpikaʒ] *nm* -**1.** AGR planting OU bedding out. -**2.** AUDIO [sur bande] rerecording, taping; [sur disque] transfer.

repiquer [3] [rəpike] ◇ *vt* -**1.** [planter - riz, salades] to plant OU to pick OU to bed out. -**2.**▽ [attraper de nouveau] to catch OU to nab again. -**3.** [enregistrer - sur cassette] to rerecord, to tape; [- sur disque] to transfer. -**4.** COUT to restitch. -**5.** *arg scol* [classe] to repeat. -**6.** [repaver] to repave. -**7.** PHOT to touch up.

◇ *vi fam* [recommencer] to start again; **~ à un plat** to have a second helping.

répit [repi] *nm* respite, rest; **mes enfants ne me laissent pas un instant de ~** my children never give me a minute's rest; **s'accorder quelques minutes de ~** to give o.s. a few minutes' rest; **lutter sans ~** to struggle perseveringly OU tirelessly OU relentlessly; **interrogé sans ~ pendant toute la nuit** interrogated non-stop OU without a break throughout the night.

replacer [16] [rəplase] *vt* -**1.** [remettre] to replace, to put back *(sép)*; **replace ça là où tu l'as trouvé** put that back where you found it; **~ les événements dans leur contexte** to put events into their context. -**2.** *fam* [réutiliser] to put in *(sép)* again; **elle est bonne, celle-là, je la replacerai!** *fam* that's a good one, I must remember it OU use it myself sometime! -**3.** [trouver un nouvel emploi pour - domestique] to find a new position for; [- employé] to reassign.

◆ **se replacer** *vpi* -**1.** [se remettre en place] to take up one's position again; **les joueurs se replacent sur le terrain** the players are taking up their positions again on the field. -**2.** [domestique] to find (o.s.) a new job. -**3.** [dans une situation déterminée] to imagine o.s., to visualize o.s.; **il faut se ~ dans les conditions de l'examen pour comprendre son échec** you have to imagine yourself in the exam situation to understand why she failed.

replantation [rəplɑ̃tasjɔ̃] *nf* replanting *(U)*.

replanter [3] [rəplɑ̃te] *vt* to replant; **~ une forêt en sapins** to replant a forest with firs; **après le phylloxéra, ils ont replanté en blé** after the phylloxera epidemic they planted the area with wheat.

replat [rəpla] *nm* sloping ledge, shoulder GEOG.

replâtrage [rəplatraʒ] *nm* -**1.** CONSTR replastering. -**2.** *fam* [réconciliation] patching-up; [réarrangement] tinkering.

replâtrer [3] [rəplatre] *vt* -**1.** CONSTR to replaster. -**2.** *fam fig* to patch up *(sép)*; **ces capitaux ne suffiront pas à ~ les finances de l'entreprise** this capital won't be sufficient to paper over the cracks in the company's finances; **ils n'ont fait que ~ le texte** they just rejigged *Br* OU doctored the text a bit.

replet, ète [rəplɛ, ɛt] *adj* [grassouillet - personne] plump, podgy, portly; [- visage] plump, chubby; [- ventre] full, rounded.

repleuvoir [68] [rəpløvwar] *v impers*: **il repleut** it's (started) raining again; **il n'a pas replu depuis** it hasn't rained (again) since.

repli [rəpli] *nm* -**1.** [pli - du terrain] fold; [courbe - d'une rivière] bend, meander. -**2.** MIL withdrawal, falling back *(U)*; **solution** OU **stratégie de ~** fallback option. -**3.** *fig & litt* [recoin] recess; **les sombres ~s de l'âme** the dark recesses OU reaches of the soul. -**4.** [baisse] fall, drop; **on note un léger ~ de la livre sterling** sterling has fallen slightly OU has eased (back). -**5.** [introversion]: **un ~ sur soi** a turning in on o.s.

repliable [rəplijabl] *adj* folding.

réplication [replikasjɔ̃] *nf* replication BIOL.

repliement [rəplimɑ̃] *nm sout* [introversion] withdrawal; **~ sur soi-même** withdrawal (into o.s.), turning in on o.s., self-absorption.

replier [10] [rəplije] *vt* -**1.** [plier - journal] to fold up *(sép)* again; [- couteau] to close again; **replie le bas de ton pantalon** turn up the bottom of your trousers. -**2.** [ramener - ailes] to fold; [- jambes] to tuck under *(sép)*. -**3.** MIL: **~ des unités derrière le fleuve** to withdraw units back to the other side of the river; **~ les populations civiles** to move the civilian population back.

◆ **se replier** ◇ *vp (emploi passif)* to fold back; **la lame se replie dans le manche** the blade folds back into the handle.

◇ *vpi* MIL to withdraw, to fall back.

◆ **se replier sur** *vp + prép*: **se ~ sur soi-même** to withdraw into o.s., to turn in on o.s.; **la secte s'est repliée sur elle-même** the sect has cut itself off from the outside world.

réplique [replik] *nf* -**1.** [réponse] reply, retort, rejoinder; **ce gamin a la ~ facile** this kid is always ready with OU is never short of an answer; **je cite toujours la ~ de de Gaulle le jour où...** I like to quote the reply made by de Gaulle when...; **avoir le sens de la ~** to be always ready with an answer; **argument sans ~** irrefutable OU unanswerable argument; **c'est sans ~!** what can you say to that!, there's no answer to that!; **quand elle a décidé quelque chose, c'est sans ~!** when she's made up her mind about something, she's quite adamant!; **obéissez, et pas de ~!** do as you're told and no argument!; **un échange de ~s assez vives** a rather lively exchange. -**2.** [dans une pièce, un film] line, cue; **manquer une ~** to miss a cue; **oublier sa ~** to forget one's lines; **donner la ~ à un acteur** [en répétition] to give an actor his cues; [dans une distribution] to play opposite an actor. -**3.** [reproduction] replica, studio copy; **il est la ~ vivante de son père** he's the spitting image of OU a dead ringer for his father; **réaliser la ~ de qqch** to design a replica of sthg. -**4.** GÉOL aftershock.

répliquer [3] [replike] *vt* [répondre] to reply, to retort; **elle répliqua que ça ne le regardait pas** she replied OU retorted that it was none of his business; **il n'y a rien à ~ à un tel argument** there's no answer to an argument like that; **que ~ à ça?** how can you reply to that?; **il n'en est pas question, répliqua-t-il** it's out of the question, he replied OU retorted.

◆ **répliquer à** *v + prép* -**1.** [répondre à] to reply to; **~ à une insulte** to reply to an insult; **~ à une critique** to reply to OU to answer criticism; **ne t'avise plus de me ~!** don't you ever dare answer me back again! ‖ *(en usage abs)*: **monte te coucher et ne réplique pas!** go upstairs to bed and no argument! -**2.** [contre-attaquer] to respond to; **la France a répliqué à cette déclaration en rappelant son ambassadeur** France has responded to this declaration by recalling her ambassador ‖ *(en usage abs)*: **le pays a été attaqué et a répliqué immédiatement** the country was attacked and immediately retaliated.

replisser [3] [rəplise] *vt* [tissu] to pleat again.

replonger [17] [rəplɔ̃ʒe] ◇ *vt* -**1.** [plonger à nouveau] to dip back *(sép)*; ~ **la louche dans la marmite** to dip the ladle back into the pot; **l'enfant replongea ses doigts dans la confiture** the child plunged OU stuck his fingers back into the jam. -**2.** *fig* [faire sombrer à nouveau] to plunge back *(sép)*, to push back; **le choc la replongea dans la démence** the shock pushed OU tipped her back into madness.
◇ *vi* -**1.** [plonger à nouveau] to dive again; **on replonge?** shall we dive in again OU have another dive? -**2.** *fig*: ~ **dans l'alcool/la délinquance** to relapse into drinking/delinquency; ~ **dans la dépression** to sink back OU to relapse into depression. -**3.** *arg crime* [retourner en prison] to go back inside.
◆ **se replonger dans** *vp* + *prép* to go back to; **se ~ dans son travail** to immerse o.s. in work again, to go back to one's work; **se ~ dans ses recherches** to get involved in one's research again.

repolir [32] [rəpɔlir] *vt* to polish up *(sép)* again.

repolissage [rəpɔlisaʒ] *nm* repolishing, polishing up again.

répondant, e [repɔ̃dɑ̃, ɑ̃t] *nm, f* [garant] guarantor, surety; **être le ~ de qqn** [financièrement] to stand surety for sb, to be sb's guarantor; [moralement] to answer OU to vouch for sb.
◆ **répondant** *nm* -**1.** RELIG & *vieilli* server. -**2.** ARCHÉOL shawabti. -**3.** *fam loc*: **avoir du ~** to have money.

répondeur, euse [repɔ̃dœr, øz] *adj* [insolent] who answers back; **il est déjà ~ à son âge** he's got a lot of cheek *Br* OU he's very sassy *Am* for his age.
◆ **répondeur** *nm*: ~ **(téléphonique)** (telephone) answering machine; ~ **enregistreur** Ansafone® *Br*, answering machine; ~ **interrogeable à distance** remote-control (telephone) answering machine.

répondre [75] [repɔ̃dr] ◇ *vi* -**1.** [répliquer] to answer, to reply; **réponds quand je t'appelle!** answer (me) when I call you!; **ma sœur a répondu pour moi** my sister answered for me OU in my place; **bien répondu!** well said OU spoken!; **répondez par oui ou par non** answer OU say yes or no; **il n'a répondu que par des grognements** his only answer OU reply was a series of grunts; **elle répondit en riant** she answered OU replied with a laugh; **il lui a répondu par un crochet du gauche** he answered OU replied with a left hook; ~ **par un clin d'œil/hochement de tête** to wink/to nod in reply; ~ **par l'affirmative/la négative** to answer in the affirmative/negative; **seul l'écho lui répondit** the only reply was an echo; ~ **à qqn** to answer sb; **réponds à la dame** answer the lady; ~ **à qqch** to answer sthg; **vous ne répondez pas à ma question** you haven't answered my question; **je ne répondrai pas à cet interrogatoire** I refuse to answer these questions OU to undergo this interrogation. -**2.** [être insolent] to answer back; ~ **à ses parents/professeurs** to answer one's parents/teachers back; **et ne réponds pas!** and no answering back!, and no backchat *Br* OU backtalk *Am*! -**3.** [à une lettre] to answer, to reply, to write back; ~ **par écrit** to answer OU to reply in writing; **je n'ai jamais répondu** I never wrote back OU answered OU replied; **il faut leur ~ par écrit** you must give them a written answer OU reply; **il ne m'a pas encore répondu** he hasn't written back to me yet, I still haven't had a reply from him; ~ **à une note** to answer OU to reply to a note; **répondez au questionnaire suivant** answer the following questions, fill in the following questionnaire; **je réponds toujours aux vœux qu'on m'envoie** I always reply to any messages of goodwill that people send me; ~ **à une invitation** [dire qu'on l'a reçue] to reply to OU to answer an invitation; **je suis ravie que vous ayez pu ~ à mon invitation** [que vous soyez venu] I'm delighted that you were able to accept my invitation; **vous devez ~ à la convocation** [dire que vous l'avez reçue] you must acknowledge receipt of the notification; ~ **à une citation à comparaître** JUR [témoin] to comply with a subpoena, to answer a court summons; [inculpé] to attend a summons. -**4.** [à la porte, au téléphone] to answer; **ne réponds pas!** don't answer!; **je vais ~** [à la porte] I'll go; [au téléphone] I'll answer it, I'll get it; **ça ne répond pas** nobody's answering, there's no answer; ~ **au téléphone** to answer the phone OU telephone. -**5.** [réagir - véhicule, personne, cheval] to respond; **les gens répondent par milliers** people are responding in their thousands; **le public répond mal** there is a low level of public response; **les freins répondent bien** the brakes respond well; **une voiture qui répond bien** a car that responds well; ~ **à** to respond to; **son organisme ne répond plus au traitement** her body isn't responding to treatment any more; ~ **à l'amitié de qqn** to respond to OU to return sb's friendship; **elle répondit à son accueil par un sourire glacial** she responded to OU met his welcome with an icy smile; ~ **à un coup** OU **à une attaque** to fight back, to retaliate; ~ **à une accusation/critique** to counter an accusation/a criticism; ~ **à la force par la force** to meet OU to answer force with force; ~ **aux aides** ÉQUIT to respond (well) to aids.
◇ *vt* -**1.** [gén] to answer, to reply; [après une attaque] to retort; ~ **(que) oui/non** to say yes/no in reply, to answer yes/no; **à trois heures et demie, répondit-elle** at half past three, she answered OU replied; **qu'as-tu répondu?** what did you say?, what was your answer?; **je n'ai rien trouvé à ~** I could find no answer OU reply; **est-ce qu'elle a répondu quelque chose?** did she give any answer?, did she say anything in reply?; **si on me demande pourquoi, je répondrai ceci** if I'm asked the reason why, this is what I'll say OU answer; **ils m'ont répondu des bêtises** they answered me with a lot of nonsense; **j'ai répondu à Joseph que je ne le ferais pas** I told Joseph I wouldn't do it; **je me suis vu ~ que cela ne me regardait pas** I was told it was none of my business; **elle m'a répondu de le faire moi-même** she told me to do it myself; **que ~ à cela?** there's no answer to that (,is there?); **il répondit ne pas s'en soucier** *sout* he answered OU replied that he did not care about it. -**2.** [par lettre] to answer OU to reply (in writing OU by letter); ~ **que...** to write (back) that... -**3.** RELIG: ~ **la messe** to give the responses (at Mass).
◆ **répondre à** *v* + *prép* -**1.** [satisfaire - besoin, demande] to answer, to meet; [- attente, espoir] to come OU to live up to, to fulfil; [correspondre à - norme] to meet; [- condition] to fulfil; [- description, signalement] to answer, to fit; **nos produits répondent à ces exigences de qualité** our products meet these quality requirements; **les dédommagements ne répondent pas à l'attente des sinistrés** the amount offered in compensation falls short of the victims' expectations. -**2.** [s'harmoniser avec] to match; **au bleu du ciel répond le bleu de la mer** the blue of the sky matches the blue of the sea; **la frise de la nef répond à celle du transept** the frieze in the nave harmonizes with the one in the transept. -**3.** ~ **au nom de** [s'appeler] to answer to the name (of).
◆ **répondre de** *v* + *prép* -**1.** [cautionner - filleul, protégé] to answer for; ~ **de l'exactitude de qqch/de l'intégrité de qqn** to vouch for the accuracy of sthg/sb's integrity; **je réponds de lui comme de moi-même** I can fully vouch for him; **je ne réponds plus de rien** I am no longer responsible for anything; **elle répond des dettes de son mari jusqu'au divorce** she's responsible OU answerable for her husband's debts until the divorce. -**2.** *sout* [assurer]: **elle cédera, je vous en réponds!** she'll give in, you can take it from me OU take my word for it!; **je vous réponds que cela ne se renouvellera pas!** I guarantee (you) it won't happen again! -**3.** [expliquer] to answer OU to account for, to be accountable for; **je n'ai pas à ~ de mes décisions** I do not have to account for my decisions; **les ministres répondent de leurs actes devant le Parlement** ministers are accountable for their actions before Parliament; ~ **d'un crime** JUR to answer for a crime; **il lui faudra ~ de plusieurs tentatives de viol** he'll have to answer several charges of attempted rape.
◆ **se répondre** *vp (emploi réciproque)* [instruments de musique] to answer each other; [sculptures, tableaux] to match each other; [couleurs, formes, sons] to harmonize.

répons [repɔ̃] *nm* RELIG response.

réponse [repɔ̃s] *nf* -**1.** [réplique] answer, reply; **avoir (toujours) ~ à tout: elle a toujours ~ à tout** [elle sait tout] she has an answer for everything; [elle a de la repartie] she's never at a loss for OU she's always ready with an answer; **pour toute ~, elle me claqua la porte au nez** her only answer was to slam the door in my face ❑ **une ~ de Normand** an evasive answer; **c'est la ~ du berger à la bergère** it's tit for tat. -**2.** [à un courrier] reply, answer, response; **en ~ à votre courrier du 2 mai** in reply OU response to your letter dated May 2nd; **leur lettre est restée sans ~** their letter remained OU was left unanswered; **leur demande est restée sans ~** there was no reply OU response to their request; ~ **par retour du courrier** reply by return of post ❑ ~ **payée** TÉLÉC reply paid; **télégramme avec ~ payée** reply-paid telegram; **bulletin-~** reply slip; **coupon-~** reply coupon. -**3.** [réaction] response; **la ~ du gouvernement fut d'imposer le couvre-feu** the government's response was to impose a curfew. -**4.** SCOL & UNIV [solution] answer; **la ~ à la question n° 5 est fausse** the answer to number 5 is wrong. -**5.** TECH response; **temps de ~ d'un appareil** response time of a device. -**6.** MUS answer. -**7.** PSYCH response, reaction.

repopulation [rəpɔpylasjɔ̃] *nf* repopulation.

report [rəpɔr] *nm* -**1.** [renvoi à plus tard] postponement, deferment; ~ **du jugement sine die** deferment of the verdict to an unspecified date ❑ ~ **d'échéance** FIN extension of due date. -**2.** COMPTA carrying forward OU over; **faire le ~ d'une somme** to carry forward OU over an amount ❑ ~ **d'écritures** posting; ~ **à nouveau** balance (carried forward); [en haut de colonne] brought forward; [en bas de colonne] carried forward. -**3.** [au turf] rebetting. -**4.** [transfert]: ~ **des voix** transfer of votes. -**5.** BOURSE contango, carry over. -**6.** PHOT transfer. -**7.** IMPR: **papier à ~** transfer paper.

reportage [rəpɔrtaʒ] *nm* -**1.** [récit, émission] report; ~ **télévisé/photo** television/photo report; **faire un ~ sur qqch** to do a report on sthg; **j'ai fait mon premier grand ~ pour Nice-Matin** I covered my first big story for Nice-Matin. -**2.** [métier] (news) reporting, reportage; **faire du ~** to be a news reporter; **être en ~** to be on an assignment ❑ **faire du grand ~** to do international reporting, to cover stories from all over the world.

reporter¹ [rəpɔrtɛr] *nm* (news) reporter; **grand ~** international reporter; ~ **sportif** sports commentator; **sac (de) ~** organizer bag.

reporter² [3] [rəpɔrte] *vt* -**1.** [rapporter] to take back *(sép)*; ~ **un livre à la bibliothèque** to take a book back to the library. -**2.** [transcrire - note, insertion] to transfer; ~ **votre appréciation sous la photo du candidat** copy out your assessment under the candidate's photograph ‖ COMPTA to carry forward *(sép)*; **tu dois ~ le total à la page suivante** you must carry the total forward to the next page; ~ **à nouveau** to carry forward (to new account); ~ **le montant des exportations dans le livre des comptes** to post exports (to the ledger). -**3.** [retarder - conférence, rendez-vous] to postpone, to put off *(sép)*; [- annonce, verdict] to put off, to defer; [- date] to defer, to put back *esp Br*; ~ **qqch à une prochaine fois** to put sthg off until another time ‖ [en arrière dans le temps] to take back *(sép)*; **ces photos me reportent à l'été 43** these photographs take me back to the summer of '43. -**4.** [transférer] to shift, to transfer; ~ qqch sur: **les votes ont été reportés sur le candidat communiste** the votes were transferred to the communist candidate; **il a reporté toute son amertume sur sa fille** he's transferred OU shifted all his bitterness onto his daughter. -**5.** [miser] to put, to place, to transfer; ~ **tous ses gains sur le 8** to put OU to place all one's winnings on the 8. -**6.** BOURSE to carry over *(sép)*; **faire ~ des titres** to give on OU to lend stock.

◆ **se reporter à** *vp + prép* [se référer à] to turn OU to refer to; **reportez-vous à notre dernier numéro** see our last issue.

◆ **se reporter sur** *vp + prép* [se transférer sur] to be transferred to; **tout son amour s'est reporté sur sa fille** all his love was switched to his daughter.

reporter-cameraman [rəpɔrtɛrkameraman] (*pl* **reporters-cameramans** OU **reporters-cameramen** [rəpɔrtɛrkameramɛn]) *nm* television news reporter.

reporter-photographe [rəpɔrtɛrfɔtɔgraf] (*pl* **reporters-photographes**) *nm* news photographer, photojournalist.

reporteur [rəpɔrtœr] *nm* -**1.** BOURSE taker (of stock). -**2.** IMPR transfer printer (person). -**3.** PRESSE: ~ **d'images** television news reporter.

repos [rəpo] *nm* -**1.** [détente] rest; **prendre quelques jours de ~** to take OU to have a few days' rest; **j'ai besoin d'un peu de ~** I need a bit of a rest, I need to rest a little; **mon médecin m'a conseillé le ~** my doctor has advised me to take a rest. -**2.** [période d'inactivité] rest (period), time off; **trois jours de ~, un ~ de trois jours** three days off ❑ ~ **compensateur** ≃ time off in lieu; ~ **dominical** Sunday rest; ~ **hebdomadaire** weekly time off. -**3.** *litt* [tranquillité - de la nature] peace and quiet; [- intérieure] peace of mind; **la peur d'être expulsé lui ôtait tout ~** fear of expulsion took away his peace of mind; **je n'aurai pas de ~ tant que...** I won't rest as long as... -**4.** *litt* [sommeil] sleep, rest; **respecte le ~ des autres** let other people sleep (in peace); ~ **éternel** eternal rest; **le ~ de la tombe** OU **de la mort** the sleep of the dead. -**5.** MUS cadence; LITTÉRAT break. -**6.** MIL: ~! at ease! -**7.** CONSTR (small) landing. -**8.** GÉOL dormancy. -**9.** PHYS rest. -**10.** SPORT break.

◆ **au repos** ◇ *loc adj* [moteur, animal] at rest; [volcan] dormant, inactive; [muscle, corps] relaxed.

◇ *loc adv* -**1.** AGR: **laisser un champ au ~** to let a field lie fallow. -**2.** MIL: **mettre la troupe au ~** to order the troops to stand at ease.

◆ **de tout repos** *loc adj*: **le voyage n'était pas de tout ~** it wasn't exactly a restful journey; **des placements de tout ~** gilt-edged investments.

◆ **en repos** *loc adj* -**1.** [inactif]: **l'imagination de l'artiste ne reste jamais en ~** an artist's imagination never rests OU is never at rest. -**2.** [serein]: **elle a la conscience en ~** she has an easy OU a clear conscience.

reposant, e [rəpozɑ̃, ɑ̃t] *adj* [vacances] relaxing; [ambiance, lumière, musique] soothing.

repose [rəpoz] *nf* [d'une serrure, d'une porte] refitting *(U)*; [d'un tissu, d'une moquette] relaying *(U)*, putting (back) down again *(U)*.

reposé, e [rəpoze] *adj* fresh, rested; **on repartira quand tu seras bien ~** we'll set off again once you've had a good rest; **tu as l'air ~** you look rested.

repose-pieds [rəpozpje] *nm inv* footrest.

reposer [3] [rəpoze] ◇ *vt* -**1.** [question] to ask again, to repeat; [- problème] to raise again, to bring up *(sép)* again. -**2.** [objet] to put down (again) OU back down; **on a dû faire ~ de la moquette** we had to have the carpet relaid; ~ **une serrure** to refit a lock. -**3.** [personne, corps, esprit] to rest; ~ **ses jambes** to rest one's legs; **la peinture me repose les nerfs** painting rests my nerves; **ça le repose de tous ses soucis** it gives him a rest from all his worries. -**4.** MIL: **reposez armes!** order arms!

◇ *vi* -**1.** [être placé] to rest, to lie; **sa tête reposait sur l'oreiller** her head rested OU lay on the pillow. -**2.** *litt* [dormir] to sleep; [être allongé] to rest, to be lying down; ~ **sur son lit de mort** to be lying on one's deathbed ‖ [être enterré]: **elle repose non loin de son village natal** she rests OU she's buried not far from her native village; **ici reposent les victimes de la guerre** here lie the victims of the war; **qu'il/que son âme repose en paix** may he/his soul rest in peace. -**3.** [être posé] to rest, to lie, to stand; **l'épave reposait par cent mètres de fond** the wreck lay one hundred metres down. -**4.** [liquide, mélange]: **laissez le vin ~** leave the wine to settle, let the wine stand; **laissez ~ la pâte/colle** leave the dough to stand/glue to set. -**5.** AGR: **laisser la terre ~** to let the land lie fallow.

◆ **reposer sur** *v + prép* -**1.** [être posé sur] to rest on, to lie on, to stand on; **la statue repose sur un socle de marbre** the statue stands OU sits on a marble pedestal ‖ CONSTR to be built OU to rest on. -**2.** [être fondé sur - suj: témoignage, conception] to rest on; **sur quelles preuves repose votre affirmation?** what evidence do you have to support your assertion?, on what evidence do you base your assertion?; **l'ordre social repose sur la famille** social order hinges OU is based on the family.

◆ **se reposer** *vpi* [se détendre] to rest; **va te ~ une heure** go and rest OU go take a rest for an hour; **se ~ des fatigues de la journée** to rest after a tiring day ❑ **se ~ sur ses lauriers** to rest on one's laurels.

◆ **se reposer sur** *vp + prép* [s'en remettre à] to rely on; **le Président se repose trop sur ses conseillers** the President relies OU depends too much on his advisers; **je me repose sur elle pour les histoires d'argent** I rely on her as far as money matters are concerned.

repose-tête [rəpoztɛt] *nm inv* headrest.

repositionner [3] [rəpozisjɔne] *vt* -**1.** [remettre en position] to reposition. -**2.** COMM: ~ **un produit** to reposition a product.

◆ **se repositionner** *vpi*: **se ~ sur le marché** to reposition o.s. in the market.

reposoir [rəpozwar] *nm* [dans une église] repository; [dans une maison] (temporary) altar.

repourvoir [64] [rəpurvwar] *vt Helv* to entrust with responsibility.

repoussage [rəpusaʒ] *nm* -**1.** BX-ARTS repoussé (work) *(U)*, chasing *(U)*, embossing *(U)*; [travail du cuir] embossing *(U)*. -**2.** MÉTALL repoussé.

repoussant, e [rəpusɑ̃, ɑ̃t] *adj* repulsive, repellent; **être d'une laideur ~e** to be repulsively OU horribly ugly.

repousse [rəpus] *nf* new growth; **des pilules qui facilitent la ~ des cheveux** hair-restoring pills.

repoussé [rəpuse] ◇ *adj m* repoussé *(modif)*.

◇ *nm* [technique - gén] repoussé (work); [- au marteau] chasing; [relief] repoussé.

repousser [3] [rəpuse] ◇ *vt* -**1.** [faire reculer - manifestants] to push OU to drive back *(sép)*; ~ **un agresseur** to drive off OU to beat off OU to repel an attacker; ~ **une attaque** to drive back OU to repel an attack; ~ **les frontières de l'imaginaire/l'horreur** to push back the frontiers of imagination/horror. -**2.** [écarter] to push aside OU away *(sép)*; **elle repoussa violemment l'assiette** she pushed the plate away violently; ~ **qqn d'un geste brusque** to push OU to shove sb out of the way roughly; **il repoussa du pied la bouteille vide** [violemment] he kicked the empty bottle away; [doucement] he nudged OU edged the empty bottle out of the way with his foot; **repoussons les meubles** let's push back the furniture. -**3.** [refuser - offre, mesure, demande en mariage] to turn down *(sép)*, to reject; [- solution, thèse] to reject, to dismiss, to rule out *(sép)*; [- tentation, idées noires] to resist, to reject, to drive away *(sép)*; ~ **un projet de loi** to throw out OU to reject a bill; ~ **les avances de qqn** to reject sb's advances. -**4.** [éconduire - mendiant] to turn away *(sép)*; [- prétendant] to reject. -**5.** [dégoûter] to repel, to put off *(sép)*; **il me repousse** he repels me. -**6.** [retarder - conférence, travail] to postpone, to put off *(sép)*; [- date] to defer, to put back *(sép) Br*; [- décision, jugement] to defer; **repoussé au 26 juin** postponed until the 26th of June. -**7.** TECH [cuir] to emboss; [métal] to chase, to work in repoussé.

◇ *vi* -**1.** [barbe, plante] to grow again OU back. -**2.** ▽ *loc*: **il repousse du goulot** his breath stinks, he's got foul breath.

◆ **se repousser** *vp (emploi réciproque)* [particules] to repel each other.

repoussoir [rəpuswar] *nm* -**1.** [faire-valoir] foil; **servir de ~ à (la beauté de) qqn** to act as a foil to sb's beauty. -**2.** [laideron] ugly duckling; **sa sœur est un véritable ~** his sister's really ugly. -**3.** BX-ARTS repoussoir. -**4.** CONSTR [ciseau] drift (chisel). -**5.** [spatule de manucure] orange stick.

répréhensible [repreɑ̃sibl] *adj* reprehensible, blameworthy; **un acte ~** a reprehensible OU an objectionable deed; **je ne vois pas ce que ma conduite a de ~** I don't see what's reproachable about my behaviour.

reprendre [79] [rəprɑ̃dr] ◇ *vt* -**1.** [saisir à nouveau - objet] to pick up *(sép)* again, to take again; **reprenez vos crayons et notez** pick up your pencils again and write ❑ ~ **les rênes** *pr* to take in the reins; *fig* to resume control. -**2.** [s'emparer à nouveau de - position, ville] to retake, to recapture; [- prisonnier] to recapture, to catch again. -**3.** [assaillir - suj: maladie, doutes] to take hold of again; **quand la douleur me reprend** when the pain comes back; **l'angoisse me reprit** anxiety took hold of me again; **ça y est, ça le reprend!** there he goes again! -**4.** [aller rechercher - personne] to pick up *(sép)*; [- objet] to get back *(sép)*, to collect; [remporter] to take back *(sép)*; **va ~ ton argent** go and collect your money OU get your money back; **je (te) reprendrai mon écharpe demain** I'll get my scarf back (from you) tomorrow; **ils reprennent aux uns ce qu'ils donnent aux autres** they take away from some in order to give to others; **tu peux ~ ton cadeau, je n'en ai que faire** you can keep your present, I don't want it; **tu peux ~ ton parapluie, je n'en ai plus besoin** I don't need your umbrella anymore, you can take it back; **je te reprendrai à la sortie de l'école** I'll pick you up OU I'll collect you OU I'll come and fetch you after school; **je suis venu ~ Nathalie** I've come to pick Nathalie up, I've come to fetch Nathalie; ~ **ses bagages à la consigne** to collect OU to pick up one's luggage from the left-luggage office; **vous pouvez (passer) ~ votre montre demain** you can come (by) and collect OU pick up your watch tomorrow; **je laisserai la voiture à l'aéroport et je la reprendrai en revenant** I'll leave the car at the airport and I'll pick it up OU collect it on the way back. -**5.** [réengager - employé] to take OU to have back *(sép)*; [réadmettre - élève] to take OU to have back; **nous ne pouvons ~ votre enfant en septembre** we can't take OU have your child back in September. -**6.** [retrouver - un état antérieur] to go back to; **elle a repris son nom de jeune fille** she went back to her maiden name; **il a repris sa bonhomie coutumière** he has recovered his usual good spirits; **je n'arrivais plus à ~ ma respiration** I couldn't get my breath back; ~ **son sang-froid** to calm down; ~ **courage** to regain OU to recover courage; **si tu le fais sécher à plat, il reprendra sa forme** if you dry it flat, it'll regain its shape OU it'll get its shape back. -**7.** [se resservir de - à table]: **reprends un biscuit** have another biscuit; **reprenez-en (un peu)** have some more OU a little more; **reprends un comprimé dans deux heures** take another tablet in two hours' time ‖ [chez un commerçant] to have OU to take more (of); **j'ai changé d'avis, je vais en ~ trois** I've changed my mind, I'll have another three; **votre poulet était bon la dernière fois, je vais en ~** your chicken was good last time, I'll have some again OU more. -**8.** [recommencer, se remettre à - recherche, combat] to resume; [- projet] to take up again; [- enquête] to restart, to reopen; [- lecture] to go back to, to resume; [- hostilités] to resume, to reopen; [- discussion, voyage] to resume, to carry on (with), to continue; ~ **ses études** to take up one's studies again, to resume one's studies; **je reprends l'école le 15 septembre** I start school again OU I go back to school on September 15th; ~ **le travail** [après des vacances] to go back to work, to start work again; [après une pause] to get back to work, to start work again; [après une grève] to go back to work; ~ **contact avec qqn** to get in touch with sb again; ~ **la plume/la caméra/le pinceau** to take up one's pen/movie camera/brush once more; **les évadés ont repris leur course vers la mer** the fugitives have resumed their flight towards the coast; ~ **la route** OU **son chemin** to set off again, to resume one's journey; **elle a repris le volant après quelques heures** she took the wheel again after a few hours; **je reprends des antibiotiques depuis une semaine** I've been taking antibiotics again for a week; ~ **la mer** [marin] to go back to sea; [navire] to (set) sail again; **Dupin reprendra sa chronique en janvier** PRESSE Dupin will resume his regular column again in January; ~ **une instance** JUR to resume a hearing. -**9.** [répéter - texte] to read again; [- argument, passage musical] to repeat; [- refrain] to take up *(sép)*; **il reprend toujours les mêmes thèmes** he always repeats the same themes, he always harps on the same themes *péj*; **j'ai inlassablement repris mes arguments** I repeated OU used the same arguments over and over again; **elle leur a fait** ~ **en chœur les trois dernières mesures** she made them repeat the last three bars in chorus; **on reprend tout depuis le** OU **au début** [on répète] let's start (all over) again from the beginning; **reprends la lecture depuis le début du paragraphe** start reading again from the beginning of the paragraph; **un sujet repris par tous vos hebdomadaires** an issue taken up by all your weeklies || TV to repeat; CIN to rerun; THÉÂT to revive, to put on again, to put back on the stage; **quand j'ai repris le rôle de Tosca** [que j'avais déjà chanté] when I took on the part of Tosca again; [que je n'avais jamais chanté] when I took on OU over the part of Tosca || [récapituler - faits] to go over *(insép)* again; **il faut** ~ **les événements bien plus loin** we have to take up the story much earlier. -**10.** [dire] to go OU to carry on; «**et lui?**» **reprit-elle** "what about him?" she went on. -**11.** COMM [article refusé] to take back *(sép)*; **les vêtements ne sont ni repris ni échangés** clothes cannot be returned or exchanged; **nous vous reprenons votre vieux salon pour tout achat de plus de 5 000 francs** your old lounge suite accepted in part exchange for any purchase over 5,000 francs; **je me suis engagé à** ~ **la cuisine/les moquettes** [à la location, à l'achat] I agreed to accept the kitchen/fitted carpets (as part of the deal); **ils m'ont repris ma voiture pour 5 000 francs** I traded my car in for 5,000 francs || [prendre à son compte - cabinet, boutique] to take over *(sép)*; **après l'accident de son père, elle a repris l'entreprise/le stock** she took over the firm/stock after her father's accident. -**12.** [adopter - idée, programme politique] to take up *(sép)*; **j'ai repris leur devise** I've taken up their motto, I've made their motto mine; ~ **à son compte les idées de qqn** to take up sb's ideas. -**13.** [modifier - texte] to rework, to go over *(insép)* again; [- peinture] to touch up *(sép)*; **il a fallu tout** ~ it all had to be gone over OU done again; **c'était parfait, je n'ai rien eu à** ~ it was perfect, I didn't have to make a single correction OU alteration; **il faudra que tu reprennes le début du premier paragraphe** you'll have to rework the beginning of the first paragraph; **il faudra** ~ **le projet de fond en comble** the plan has to be completely reviewed || COUT [gén] to alter; [rétrécir] to take in; **je vais** ~ **le pantalon à la taille** I'll take in the trousers at the waist || [en tricot]: ~ **une maille** to pick up a stitch || CONSTR to repair; ~ **un mur en sous-œuvre** to underpin a wall || MÉCAN [pièce] to rework, to machine. -**14.** [réprimander] to pull up, to reprimand, to tell off *(sép)*; [corriger] to correct, to pull up *(sép)*; **j'ai été obligée de la** ~ **en public** I had to put her straight in front of everybody; **sa femme est toujours en train de le** ~ his wife is always telling him off. -**15.** [surprendre]: ~ **qqn à voler/fumer** to catch sb stealing/smoking again; **que je ne t'y reprenne plus!** don't let me catch you at it again!; **on ne m'y reprendra plus!** that's the last time you'll catch me doing that! -**16.** SPORT to return; ~ **la balle en revers** to take OU to return the ball on one's backhand; ~ **un cheval** ÉQUIT to rein in a horse; ~ **la voie** CHASSE [chien] to pick up the scent again.

◇ *vi* -**1.** [s'améliorer - affaires] to improve, to recover, to pick OU to look up; **les affaires reprennent** business is picking OU looking up; **avec le nouveau gérant, le restaurant a bien repris** with the new manager, the restaurant is picking up well || [repousser - plante] to pick up, to recover. -**2.** [recommencer - lutte] to start (up) again, to resume; [- pluie, vacarme] to start (up) again; [- cours, école] to start again, to resume; [- feu] to rekindle; [- fièvre, douleur] to return, to start again; **si la fièvre reprend, donnez-lui un comprimé** if his temperature goes up again OU if the fever returns give him a tablet; **le feu ne veut pas** ~ the fire just won't get going again OU rekindle; **je n'arrive pas à faire** ~ **le feu** I can't get the fire going again; **l'incendie a repris au dernier étage** the fire has started again on the top floor; **la tempête reprit de plus belle** the storm started again with renewed ferocity; **le froid a repris** the cold weather has set in again OU has returned || [retourner au travail - employé] to start again; **je reprends à 2 h** I'm back (at work) at 2, I start again at 2.

◆ **se reprendre** *vpi* -**1.** [recouvrer ses esprits] to get a grip on o.s., to pull o.s. together; [retrouver son calme] to settle down; **ils ne nous laissent pas le temps de nous** ~ **entre deux questions** they don't give us time to take a breather between questions. -**2.** SPORT [au cours d'un match] to make a recovery, to rally; **après un mauvais début de saison, il s'est très bien repris** he started the season badly but has come back strongly OU has staged a good comeback. -**3.** [se ressaisir - après une erreur] to correct o.s.; **se** ~ **à temps** [avant une bévue] to stop o.s. in time.

◆ **se reprendre à** *vp + prép*: **elle se reprit à divaguer** she started rambling again; **je me repris à l'aimer** I started to fall in love with her again ❑ **s'y** ~ [recommencer]: **je m'y suis reprise à trois fois** I had to start again three times OU to make three attempts.

repreneur [rəprənœr] *nm* ÉCON buyer; **les** ~**s de la chaîne** the people who bought up OU acquired the channel.

représailles [rəprezaj] *nfpl* reprisals, retaliation *(U)*; **user de** ~ **contre un pays** to take retaliatory measures OU to retaliate against a country; **exercer des** ~ **contre** OU **envers qqn** to take reprisals against sb; **en (guise de)** ~ **contre** in retaliation for, as a reprisal for; **nos** ~ **seront militaires et économiques** we shall retaliate both militarily and economically.

représentable [rəprezɑ̃tabl] *adj* representable.

représentant, e [rəprezɑ̃tɑ̃, ɑ̃t] *nm, f* -**1.** POL (elected) representative; **les** ~**s du peuple** the people's representatives. -**2.** [porte-parole] representative; **un des derniers** ~**s de la Nouvelle Vague** one of the last representatives of New Wave cinema. -**3.** [délégué] delegate, representative; **le** ~ **de la France à l'ONU** France's OU the French representative at the U.N.; **où sont les** ~**s des élèves?** where are the class OU student delegates? ❑ ~ **du personnel** staff delegate OU representative; ~ **syndical** shop steward *esp Br*, union representative. -**4.** COMM: ~ **(de commerce)** (sales) representative, commercial traveller, travelling salesman; **je suis** ~ **en électroménager** I'm a sales representative for an electrical appliances firm.

représentatif, ive [rəprezɑ̃tatif, iv] *adj* representative; **vous ne pouvez prétendre être** ~ you cannot claim to represent anybody; **être** ~ **de qqn/qqch** to be representative of sb/sthg; **un échantillon** ~ **de la population** a representative sample of the population; **c'est assez** ~ **de la mentalité des jeunes** it's fairly typical of the way young people think.

représentation [rəprezɑ̃tasjɔ̃] *nf* -**1.** [image] representation, illustration; **c'est une** ~ **très fidèle des lieux** it's a very accurate description of the place. -**2.** THÉÂT performance; ~ **en matinée** matinee (performance); ~ **en soirée** evening performance; **il y aura 150** ~**s** there will be 150 performances. -**3.** [évocation] description, portrayal; **une** ~ **féroce des milieux d'affaires** a vitriolic portrayal of the business world. -**4.** [matérialisation par un signe] representing *(U)*; **l'écriture est un système de** ~ **de la langue** writing is a way of representing language. -**5.** ADMIN & POL representation; **assurer la** ~ **d'un pays** to represent a country, to act as a country's representative; **réduire sa** ~ **diplomatique dans un pays** to cut down on OU to reduce one's diplomatic representation in a country ❑ ~ **proportionnelle** proportional representation. -**6.** JUR: ~ **en justice** legal representation. -**7.** COMM sales representation, agency; **avoir la** ~ **exclusive de X** to be sole agents for X; **avoir une** ~ **à l'étranger** to have an office abroad; **faire de la** ~ to be a sales representative; **je fais de la** ~ **en chaussures** I'm a footwear salesman. -**8.** PSYCH representation. -**9.** BX-ARTS representation; **une** ~ **de la Vierge** a representation of the Virgin. -**10.** GÉOG: ~ **plane** projection.

◆ **représentations** *nfpl arch*: **faire des** ~**s à qqn** to make representations to sb.

◆ **en représentation** *loc adj* -**1.** [personne]: **il est toujours en** ~ he's always trying to project a certain image of himself. -**2.** [pièce de théâtre] in performance.

représentativité [rəprezɑ̃tativite] *nf* representativeness; **quelle est la** ~ **de cet exemple?** how representative OU typical is this example?

représenter [3] [rəprezɑ̃te] ◇ *vt* -**1.** [montrer] to depict, to show, to represent; ~ **qqch par un graphique** to show sthg with a diagram; **le tableau représente une femme assise** the picture shows a seated woman; **la scène représente un intérieur bourgeois** the scene is OU represents a middle-class interior; **je ne vois pas ce que cette sculpture est censée** ~ I can't see what this sculpture is supposed to be OU to represent. -**2.** [incarner] to represent; **elle représentait pour lui l'idéal féminin** she represented OU symbolized OU embodied the feminine ideal for him; **tu ne représentes plus rien pour moi** you don't mean anything to me anymore || [symboliser] to represent, to stand for *(insép)*; **chaque signe représente un son** each sign stands for OU represents a sound. -**3.** [constituer] to represent, to account for *(insép)*; **les produits de luxe représentent 60 % de nos exportations** luxury items account for OU make up 60% of our exports; **le loyer représente un tiers de mon salaire** the rent amounts OU comes to one third of my salary; **les immigrés représentent 10 % de l'échantillon** immigrants account for OU make up OU represent 10% of the sample; **cela représente 200 heures de travail** 200 hours of work went into this, this represents 200 hours' work. -**4.** THÉÂT [faire jouer] to stage, to put on *(sép)*; [jouer] to play, to perform. -**5.** [être le représentant de] to represent; **120 athlètes représentent la France aux jeux Olympiques** 120 athletes are representing France in the Olympic Games; **le maire s'est fait** ~ **par son adjoint** the mayor was represented by his deputy, the mayor sent his deputy to represent him; **si vous n'êtes pas disponible, faites-vous** ~ if you are not available, have someone stand in for you OU delegate someone. -**6.** COMM to be a representative of OU for. -**7.** *litt* [faire remarquer] to explain, to outline; [mettre en garde quant à]

to point out *(sép)*; **elle me représenta les avantages fiscaux de son plan** she pointed out to me the tax benefits of her plan. -**8.** [traite] to present for payment again.
◇ *vi litt* [présenter]: **il représente bien** he certainly has presence.
◆ **se représenter** ◇ *vpi* -**1.** [à une élection] to stand *Br* OU to run *Am* (for election) again; [à un examen] to sit *Br* OU to take an examination again. -**2.** [se manifester à nouveau - problème] to crop OU to come up again; **une occasion qui ne se représentera sans doute jamais** an opportunity which doubtless will never again present itself; **la même pensée se représenta à mon esprit** the same thought crossed my mind once more.
◇ *vpt* [imaginer] to imagine, to picture; **j'essaie de me la ~ avec 20 ans de moins** I try to imagine OU picture her (as she was) 20 years ago; **le métier d'actrice n'est pas comme je me l'étais représenté** being an actress isn't what I imagined OU thought it would be; **représentez-vous le scandale que c'était à l'époque!** just imagine OU think how scandalous it was in those days!

répresseur [represœr] *nm* repressor BIOL.

répressif, ive [represif, iv] *adj* repressive; **par des moyens ~s** through coercion.

répression [represjɔ̃] *nf* -**1.** [punition]: **ils exigent une ~ plus sévère des actes terroristes** they are demanding a crackdown on terrorist activities. -**2.** [étouffement - d'une révolte] suppression, repression; **la ~ ne mène à rien** coercive methods are no use. -**3.** PSYCH repression.

réprimande [reprimɑ̃d] *nf* [semonce - amicale] scolding, rebuke; [- par un supérieur hiérarchique] reprimand; **faire** OU **adresser une ~ à qqn** to rebuke OU to reprimand sb; **face aux ~s de toute la famille** reprimanded by the whole family.

réprimander [3] [reprimɑ̃de] *vt* [gronder] to reprimand, to rebuke; **il s'est fait ~** [par son père] he was told off; [par son patron] he was given a reprimand.

réprimer [3] [reprime] *vt* -**1.** [étouffer - rébellion] to suppress, to quell, to put down *(sép)*. -**2.** [punir - délit, vandalisme] to punish; **~ le banditisme/terrorisme** to crack down on crime/terrorism. -**3.** [refouler - sourire, colère] to suppress; [- larmes] to hold OU to choke back *(sép)*; [- bâillement] to stifle; **des rires réprimés** repressed OU stifled laughter.

repris [rəpri] *nm*: **~ de justice** ex-convict.

reprisage [rəprizaʒ] *nm* darning, mending.

reprise [rəpriz] *nf* -**1.** [recommencement - d'une activité, d'un dialogue] resumption; **~ des hostilités hier sur le front oriental** hostilities resumed on the eastern front yesterday; **la ~ du travail a été votée à la majorité** the majority voted in favour of going back OU returning to work; **à la ~ des cotations** when trading resumed; **une ~ des affaires** an upturn OU a recovery in business activity ❑ **~ économique** (economic) recovery. -**2.** RAD & TV repeat, rerun; CIN rerun, reshowing; THÉÂT revival, reprise; MUS [d'un passage] repeat, reprise; **une ~ d'une chanson des Beatles** a cover (version) of a Beatles' song. -**3.** [rachat]: **deux hommes sont candidats à la ~ de la chaîne** two men have put in an offer to take over OU to buy out the channel. -**4.** COMM [action - de reprendre] taking back; [- d'échanger] trade-in, part exchange *Br*; **nous ne faisons pas de ~** goods cannot be returned OU exchanged; **il m'offre une ~ de 2 000 francs pour ma vieille voiture** he'll give me 2,000 francs as a trade-in OU in part exchange *Br* for my old car. -**5.** [entre locataires] *payment made to an outgoing tenant (when renting property)*; **la ~ comprend l'équipement de la cuisine** the sum due to the former tenant includes the kitchen equipment; **ils demandent une ~ de 8 000 francs** they're asking 8,000 francs for furniture and fittings *Br* OU for the furnishings. -**6.** AUT speeding up, acceleration; **une voiture qui a de bonnes ~s** a car with good acceleration; **je n'ai plus de ~** I've got no acceleration. -**7.** SPORT [à la boxe] round; ÉQUIT [leçon] riding lesson; [cavaliers] riding team; **~ de volée** TENNIS return volley; **à la ~, la Corée menait 2 à 0** FTBL Korea was leading 2-0 when the game resumed after halftime OU at the start of the second half. -**8.** COUT [dans la maille] darn; [dans le tissu] mend; **faire une ~ à une chemise** to mend a shirt. -**9.** CONSTR [des fondations] consolidation. -**10.** JUR: **droit de ~** right of repossession OU reentry; **~ des propres** recovery of personal property. -**11.** HORT regrowth. -**12.** INDUST overhauling, repairing; **~ d'usinage** remachining. -**13.** MÉTALL misrun, scabling. -**14.** TEXT: **taux de ~** regain.
◆ **reprises** *nfpl*: **à diverses/multiples ~s** on several/numerous occasions; **à maintes ~s** on several OU many occasions; **à trois ou quatre ~s** three or four times, on three or four occasions.

repriser [3] [rəprize] *vt* [raccommoder - bas, moufle] to darn, to mend; [- imperméable] to mend.

réprobateur, trice [reprɔbatœr, tris] *adj* reproving, reproachful; **jeter un regard ~ à qqn** to give sb a reproving look, to look at sb reprovingly OU reproachfully; **..., dit-elle sur un ton ~** ..., she said reproachfully OU in a reproving tone.

réprobation [reprɔbasjɔ̃] *nf* -**1.** [blâme] reprobation, disapproval; **soulever la ~ générale** to give rise to general reprobation, to be unanimously reproved; **encourir la ~ générale** to meet with general disapproval. -**2.** RELIG reprobation.

reproche [rəprɔʃ] *nm* -**1.** [blâme] reproach; **accabler qqn de ~s** to heap reproaches on sb; **faire un ~ à qqn** to reproach sb; **les ~s qu'on lui fait sont injustifiés** the reproaches levelled OU directed at him are unjustified; **il y avait un léger ~ dans sa voix/remarque** there was a hint of reproach in her voice/remark; **faire ~ à qqn de qqch** *sout* to upbraid sb for sthg; **je ne vous fais pas ~ de vous être trompé, mais d'avoir menti** what I hold against you is not the fact that you made a mistake, but the fact that you lied. -**2.** [critique]: **le seul ~ que je ferais à la pièce, c'est sa longueur** the only thing I'd say against the play OU my only criticism of the play is that it's too long.
◆ **sans reproche** ◇ *loc adj* [parfait] above OU beyond reproach, irreproachable; [qui n'a pas commis d'erreur] blameless.
◇ *loc adv*: **soit dit sans ~, tu n'aurais pas dû y aller** I don't mean to blame OU to reproach you, but you shouldn't have gone.

reprocher [3] [rəprɔʃe] *vt* -**1.** **~ qqch à qqn** [erreur, faute] to blame OU to reproach sb for sthg; **on ne peut pas ~ au gouvernement son laxisme** you can't criticize the government for being too soft; **~ à qqn de faire qqch** to blame sb for doing sthg; **il lui a toujours reproché de l'avoir quitté** he always blamed her for leaving him. -**2.** **~ qqch à qqch** [défaut] to criticize sthg for sthg; **ce que je reproche à ce beaujolais, c'est sa verdeur** the criticism I would make of this Beaujolais is that it's too young; **je n'ai rien à ~ à son interprétation** in my view her interpretation is faultless, I can't find fault with her interpretation; **tu lui reproches quelque chose à ma moto?** *fam* something wrong with my bike is there?; **~ à qqch d'être...** to criticize sthg for being...; **on a reproché à ma thèse d'être trop courte** my thesis was criticized for being too short.
◆ **se reprocher** *vpt*: **n'avoir rien à se ~** to have nothing to feel guilty about; **tu n'as pas à te ~ son départ** you shouldn't blame yourself for her departure.

reproducteur, trice [rəprɔdyktœr, tris] ◇ *adj* [organe, cellule] reproductive; **cheval ~** studhorse, stallion; **poule reproductrice** breeder hen.
◇ *nm, f* [poule] breeder; [cheval] stud.
◆ **reproducteur** *nm* MÉCAN template.
◆ **reproductrice** *nf* [machine]: **reproductrice de cartes** (card) reproducer.

reproductibilité [rəprɔdyktibilite] *nf* reproducibility, repeatability.

reproductible [rəprɔdyktibl] *adj* reproducible, repeatable.

reproductif, ive [rəprɔdyktif, iv] *adj* reproductive.

reproduction [rəprɔdyksjɔ̃] *nf* -**1.** BIOL & BOT reproduction; AGR breeding; **cycle/organes de la ~** reproductive cycle/organs ❑ **~ sexuée/asexuée** sexual/asexual reproduction. -**2.** [restitution] reproduction, reproducing; **techniques de ~ des sons** sound reproduction techniques. -**3.** IMPR [nouvelle publication] reprinting, reissuing; [technique] reproduction, duplication; **'~ interdite'** 'all rights reserved'. -**4.** [réplique] reproduction, copy; **la qualité des ~s dans un ouvrage d'art** the quality of the reproduction OU reproductions in an art book; **une ~ du Baiser de Rodin/de Guernica** a copy of Rodin's Kiss/of Guernica; **une ~ en couleur** a colour print; **une ~ en plâtre** a plaster cast; **une ~ en résine** a resin replica. -**5.** [département] reprographic department; **les documents sont partis à la ~** the documents have gone off to repro.

reproduire [98] [rəprɔdɥir] *vt* -**1.** [faire un autre exemplaire de] to copy; **~ une médaille par moulage** to copy a medal by taking a mould of it; **~ une clé** to cut a key. -**2.** [renouveler] to repeat; **cette expérience peut être reproduite** this experiment can be repeated. -**3.** [imiter] to reproduce, to copy; **les enfants reproduisent les attitudes des adultes** children copy OU mimic adult attitudes; **peintre qui reproduit le réel** painter who reproduces reality. -**4.** [représenter] to show, to depict, to portray; **la tapisserie reproduit une scène de chasse** the tapestry depicts a hunting scene. -**5.** [restituer - son] to reproduce. -**6.** IMPR [republier - texte] to reissue; [- livre] to reprint; [photocopier] to photocopy; [reprographier] to duplicate, to reproduce; [polycopier] to duplicate. -**7.** HORT to reproduce; **plantes reproduites en serre** plants propagated in a greenhouse.
◆ **se reproduire** *vpi* -**1.** BIOL & BOT to reproduce, to breed. -**2.** [se renouveler] to recur; **ces tendances se reproduisent de génération en génération** these trends recur OU are repeated with each successive generation; **que cela ne se reproduise plus!** don't let it happen again!

reprogrammer [3] [rəprɔgrame] *vt* -**1.** CIN & TV to reschedule. -**2.** INF to reprogramme.

reprographie [rəprɔgrafi] *nf* reprography, repro.

reprographier [9] [rəprɔgrafje] *vt* [polycopier] to duplicate; [photocopier] to photocopy.

réprouvé, e [repruve] ◇ *adj* RELIG reprobate.
◇ *nm, f* -**1.** RELIG reprobate. -**2.** *sout* [personne rejetée]: **vivre en ~** to live as an outcast.

réprouver [3] [repruve] *vt* -**1.** [condamner] to reprove; **~ l'attitude de qqn** to reprove OU to condemn sb's attitude; **nous réprouvons l'usage qui a été fait de cet argent** we disapprove of OU condemn the way this money has been used; **des pratiques/tendances que la morale réprouve** morally unacceptable practices/tendencies. -**2.** RELIG to reprobate, to damn.

reps [rɛps] *nm* rep, repp.

reptation [rɛptasjɔ̃] *nf* crawling, reptation *spéc.*

reptile [rɛptil] *nm* reptile.

reptilien, enne [rɛptiljɛ̃, ɛn] *adj* reptilian.

repu, e [rəpy] *adj* [rassasié] sated, satiated; **être ~** to be full (up), to have eaten one's fill; **je suis ~ de films policiers** I've had my fill of detective films.

républicain, e [repyblikɛ̃, ɛn] ◇ *adj* [esprit, système] republican.
◇ *nm, f* [gén] republican; [aux États-Unis, en Irlande] Republican.

républicanisme [repyblikanism] *nm* republicanism.

république [repyblik] *nf* -**1.** [régime politique] republic; vivre en ~ to live in a republic; je fais ce que je veux; on est en ~, non? *fam* I'll do as I like, it's a free country, isn't it? ❑ 'la République' *Platon* 'The Republic'. -**2.** République [État] Republic; la République française the French Republic; la République arabe unie the United Arab Republic; la République d'Irlande the Irish Republic, the Republic of Ireland; la République démocratique allemande HIST the German Democratic Republic; la République fédérale d'Allemagne the Federal Republic of Germany; la République islamique d'Iran the Islamic Republic of Iran; la République populaire de Chine the People's Republic of China; ~ bananière *péj* banana republic. -**3.** [confrérie]: dans la ~ des lettres in the literary world, in the world of letters.

répudiation [repydjasjɔ̃] *nf* -**1.** [d'une épouse] repudiation, disowning. -**2.** [d'un principe, d'un devoir] renunciation, renouncement.

répudier [9] [repydje] *vt* -**1.** [renvoyer - épouse] to repudiate, to disown. -**2.** [renoncer à - nationalité, héritage] to renounce, to relinquish; [- foi] to renounce; ~ ses anciennes convictions to go back on OU to renounce one's former beliefs.

répugnance [repyɲɑ̃s] *nf* -**1.** [dégoût] repugnance, disgust, loathing; avoir de la ~ pour qqch/qqn to loathe sthg/sb. -**2.** [mauvaise volonté] reluctance; éprouver une certaine ~ à faire qqch to be somewhat reluctant OU loath to do sthg; je m'attelai à la tâche avec ~ I set about the task reluctantly OU unwillingly; la ~ du syndicat à relancer le dialogue the union's reluctance to resume talks.

répugnant, e [repyɲɑ̃, ɑ̃t] *adj* -**1.** [physiquement] repugnant, loathsome, disgusting; avoir un physique ~ to be repulsive; odeur ~e disgusting smell; tâche ~e revolting task; une chambre d'une saleté ~e a revoltingly OU disgustingly filthy room. -**2.** [moralement - individu, crime] repugnant; [- livre, image] disgusting, revolting.

répugner [3] [repyɲe]

◆ **répugner à** *v + prép* -**1.** [être peu disposé à]: ~ à faire qqch to be reluctant to do sthg; elle répugnait à le revoir she was reluctant to see him again; je répugne à accuser un ami I am reluctant OU loath to accuse a friend; il ne répugnait pas à faire ce voyage he didn't hesitate to make this trip. -**2.** [dégoûter]: ~ à qqn to repel sb, to be repugnant to sb; tout ce qui est tâche domestique me répugne I can't bear anything to do with housework; ça ne te répugne pas, l'idée de manger du serpent? doesn't the idea of eating snake disgust you OU put you off?; tout en cet homme me répugne everything about that man is repulsive (to me) || *(tournure impersonnelle) sout*: il me répugne de travailler avec lui I hate OU loathe working with him.

répulsif, ive [repylsif, iv] *adj* -**1.** PHYS repulsive. -**2.** *litt* [répugnant] repulsive, repugnant, repellent.

répulsion [repylsjɔ̃] *nf* -**1.** [dégoût] repulsion, repugnance; éprouver de la ~ pour qqch to feel repulsion for sthg, to find sthg repugnant; leurs méthodes m'inspirent une grande ~ I find their methods repugnant. -**2.** PHYS repulsion.

réputation [repytasjɔ̃] *nf* -**1.** [renommée] reputation, repute; jouir d'une bonne ~ to have OU to enjoy a good reputation; se faire une ~ to make a reputation OU name for o.s.; un hôtel de bonne/mauvaise ~ a hotel of good/ill repute; il n'a pas volé sa ~ de frimeur *fam* they don't call him a show-off for nothing; elle a la ~ de noter sévèrement she has a reputation OU she's well-known for being a tough marker; marque de ~ mondiale OU internationale world-famous brand, brand of international repute; tu me fais une sale ~ *fam* you're giving me a bad name; leur ~ n'est plus à faire their reputation is well-established; je vous présente un restaurateur dont la ~ n'est plus à faire here is someone who has built up a fine reputation as a restaurant owner; connaître qqn de ~ to know sb by repute OU reputation. -**2.** [honorabilité] reputation, good name; je suis prêt à mettre ma ~ en jeu I'm willing to stake my reputation on it; porter atteinte à la ~ de qqn to damage OU to blacken sb's good name.

réputé, e [repyte] *adj* -**1.** [illustre - orchestre, restaurant] famous, renowned; l'un des musiciens les plus ~s de son temps one of the most famous musicians of his day; des vins très ~s wines of great repute; un écrivain pas très ~ a little-known writer; elle est ~e pour ses colères she's famous OU renowned for her fits of rage; il est ~ pour être un avocat efficace he has the reputation of being OU he's reputed to be a good lawyer. -**2.** [considéré comme] reputed; elle est ~e intelligente she has a reputation for intelligence, she's reputed to be intelligent.

requérant, e [rəkerɑ̃, ɑ̃t] ◇ *adj* claiming JUR; la partie ~e the claimant, the petitioner.

◇ *nm, f* claimant, petitioner JUR.

requérir [39] [rəkerir] *vt* -**1.** [faire appel à] to call for, to require; ce travail requiert beaucoup d'attention the work requires OU demands great concentration; ~ la force publique to ask the police to intervene; ~ les civils to call upon civilian help; ~ de l'aide to request help. -**2.** JUR to call for, to demand; le juge a requis une peine de deux ans de prison the judge recommended a two-year prison sentence || *(en usage abs)*: pendant qu'il requérait during his summing up. -**3.** *sout* [sommer]: ~ qqn de faire qqch to request that sb do sthg.

requête [rəkɛt] *nf* -**1.** [demande] request, petition; soumettre une ~ à un service to put in OU to submit a request to a department; à la OU sur la ~ de qqn *sout* at sb's request OU behest; elle est venue à ma ~ she came at my request. -**2.** JUR petition; adresser une ~ au tribunal to petition the court, to apply for legal remedy ❑ ~ en cassation application for appeal; ~ civile extraordinary petition *(against a judgment)*; ~ conjointe joint petition.

requiem [rekɥijɛm] *nm inv* requiem.

requin [rəkɛ̃] *nm* -**1.** ZOOL shark; ~ bleu blue shark; (grand) ~ blanc (great) white shark. -**2.** [forban] shark; les ~s du show-business the sharks of the show business world.

requin-baleine [rəkɛ̃balɛn] (*pl* requins-baleines) *nm* whale shark.

requin-marteau [rəkɛ̃marto] (*pl* requins-marteaux) *nm* hammerhead (shark).

requin-pèlerin [rəkɛ̃pɛlrɛ̃] (*pl* requins-pèlerins) *nm* basking shark.

requinquer *fam* [3] [rəkɛ̃ke] *vt* [redonner des forces à] to pep OU to buck up *(sép)*.

◆ **se requinquer** *vpi* to recover, to perk up; il a eu du mal à se ~ it took him a while to recover OU to get back to his old self again.

requis, e [rəki, iz] *adj* -**1.** [prescrit] required, requisite; remplir les conditions ~es to meet the required OU prescribed conditions; les conditions ~es sont simples the requirements are simple; avoir l'âge ~ to meet the age requirements; avoir les qualifications ~es to have the requisite OU necessary qualifications. -**2.** [réquisitionné] commandeered, requisitioned; fonctionnaire ~ commandeered civil servant; gréviste ~ requisitioned striker.

◆ **requis** *nm* commandeered civilian; les ~ du travail (obligatoire) labour conscripts.

réquisit [rekwizit] *nm* necessary condition, requisite PHILOS.

réquisition [rekizisjɔ̃] *nf* -**1.** MIL & *fig* requisition, requisitioning, commandeering; on a annoncé la ~ des ouvriers grévistes it has been announced that the striking workers are to be requisitioned; ~ de tous les véhicules par l'armée the army has requisitioned OU commandeered all vehicles. -**2.** JUR: ~ d'audience petition to the court. -**3.** FIN: ~ de paiement demand for payment.

◆ **réquisitions** *nfpl* JUR [conclusions] closing speech (for the prosecution); [réquisitoire] charge.

réquisitionner [3] [rekizisjɔne] *vt* -**1.** [matériel, troupe, employé] to requisition, to commandeer. -**2.** [faire appel à]: ~ qqn pour faire qqch to rope sb into doing sthg.

réquisitoire [rekizitwar] *nm* -**1.** JUR [dans un procès] prosecutor's arraignment OU speech OU charge. -**2.** *fig*: ces résultats constituent un véritable ~ contre la politique du gouvernement these results are an indictment of the government's policy.

réquisitorial, e, aux [rekizitɔrjal, o] *adj* accusatorial.

RER (*abr de* Réseau express régional) *nm Paris metropolitan and regional rail system.*

RES (*abr de* rachat de l'entreprise par ses salariés) *nm* MBO.

resaler [3] [rəsale] *vt* to put more salt in, to add more salt to.

resalir [32] [rəsalir] *vt*: j'ai resali le tailleur que je viens de faire nettoyer I've just got my suit back from the cleaners and I've got it dirty again; évitez de ~ des assiettes try not to dirty any more plates.

◆ **se resalir** *vp (emploi réfléchi)* to get o.s. dirty again.

rescapé, e [rɛskape] ◇ *adj* surviving.

◇ *nm, f* -**1.** [d'un accident] survivor; les ~s de la catastrophe the survivors of the catastrophe. -**2.** *fig*: les quelques ~s du Tour de France the few remaining participants in the Tour de France.

rescindable [rəsɛ̃dabl] *adj* rescindable.

rescindant, e [rəsɛ̃dɑ̃, ɑ̃t] *adj* rescissory.

rescinder [3] [rəsɛ̃de] *vt* to rescind.

rescousse [rɛskus]

◆ **à la rescousse** *loc adv*: aller/venir à la ~ de qqn to go/to come to sb's rescue *fig*; nous avons appelé quelques amis à la ~ we called on a few friends for help; tout le monde à la ~! rally round, everybody!

réseau, x [rezo] *nm* -**1.** TRANSP network; ~ aérien/ferroviaire/routier air/rail/road network ❑ Réseau express régional → RER. -**2.** TÉLÉC & TV network; ~ téléphonique telephone network; ~ de télévision television network. -**3.** [organisation] network; développer un ~ commercial to develop OU to expand a sales network; ~ de distribution distribution network; ~ d'espionnage spy ring, network of spies; ~ de résistance HIST resistance network OU group. -**4.** *litt* network, web; je suis pris dans un ~ de contraintes I'm caught in a network OU web of constraints. -**5.** ARCHIT tracery. -**6.** ÉLECTR grid; ~ bouclé ring main. -**7.** GÉOG: ~ fluvial river system. -**8.** INF network; ~ étoilé/maillé star/mesh network; ~ à commutation par paquets packet-switching network. -**9.** OPT (diffraction) grating.

résection [resɛksjɔ̃] *nf* resection.

réséda [rezeda] *nm* reseda.

réséquer [18] [reseke] *vt* to resect.

réserpine [rezɛrpin] *nf* reserpine.

réservataire [rezɛrvatɛr] ◇ *adj* JUR: elle est ~ pour un tiers a third of the legacy devolves to her by law ❑ héritier ~ heir who cannot be totally disinherited.

◇ *nmf* heir who cannot be totally disinherited.

réservation [rezɛrvasjɔ̃] *nf* -**1.** [d'un billet, d'une chambre, d'une table] reservation, booking; faire une ~ [à l'hôtel] to make a reservation; [au restaurant] to reserve a table; faut-il faire une ~? is it necessary to reserve OU to book?; souhaitez-vous un billet avec ou sans ~? do you wish to reserve a seat with your ticket or not? -**2.** JUR reservation.

réserve [rezɛrv] *nf* -**1.** [stock] reserve, stock; nous ne disposons pas d'une ~ suffisante d'eau potable we do not have sufficient reserves of drinking water; **faire des ~s de** to lay in supplies OU provisions of; **il a des ~s!** *fam hum* he's got plenty of fat in reserve! □ **~ légale** ÉCON reserve assets. -**2.** [réticence] reservation; **permettez-moi de formuler quelques ~s** I have some reservations which I should like to express; **avoir des ~s au sujet d'un projet** to have (some) reservations about a project; **faire** OU **émettre des ~s** to express reservations. -**3.** [modestie, retenue] reserve; **une jeune femme pleine de ~** a very reserved young woman; **elle est** OU **demeure** OU **se tient sur la ~** she's being OU remaining reserved (about it); **il a accueilli mon frère avec une grande ~** he welcomed my brother with great restraint. -**4.** ANTHR reservation; ÉCOL reserve; **~ de chasse/pêche** hunting/fishing preserve; **~ naturelle** nature reserve; **~ ornithologique** OU **d'oiseaux** bird sanctuary. -**5.** [resserre – dans un magasin] storeroom; [collections réservées – dans un musée, une bibliothèque] reserve collection. -**6.** JUR [clause] reservation; **~ (héréditaire)** *that part of a legacy legally apportioned to a rightful heir.* -**7.** MIL: **la ~** the reserve. -**8.** NAUT: **~ de flottabilité** reserves buoyancy. -**9.** PHYSIOL: **~ alcaline (du sang)** concentration of alkaline substance (in the blood). -**10.** TEXT resist.

◆ **réserves** *nfpl* FIN reserves; **~s monétaires/de devises** monetary/currency reserves; **les ~s de charbon d'un pays** MIN [gisements] a country's coal reserves; [stocks] a country's coal stocks □ **~s obligatoires** FIN statutory reserves; **~s prouvées** PÉTR proven reserves.

◆ **de réserve** *loc adj* -**1.** [conservé pour plus tard] reserve *(modif)*; **nous avons un stock de ~** we have a reserve supply. -**2.** FIN: **monnaie de ~** reserve currency. -**3.** MIL: **officier de ~** officer of the reserve; **régiment de ~** reserve regiment.

◆ **en réserve** *loc adv* -**1.** [de côté] in reserve; **avoir de la nourriture en ~** to have food put by, to have food in reserve; **mettre de la nourriture en ~** to put food aside; **je tiens en ~ quelques bouteilles pour notre anniversaire** I've put a few bottles aside OU to one side for our anniversary. -**2.** COMM in stock; **avoir qqch en ~** to have sthg in stock; **nous avons du papier en ~ pour un mois** we have one month's supply OU stock of paper in reserve.

◆ **sans réserve** ◇ *loc adj* [admiration] unreserved; [dévotion] unreserved, unstinting; [approbation] unreserved, unqualified.

◇ *loc adv* without reservation, unreservedly.

◆ **sous réserve de** *loc prép* subject to; **sous ~ de vérification** subject to verification, pending checks; **le départ aura lieu à 8 heures sous ~ d'annulation** departure (subject to cancellation) will be at 8 o'clock.

◆ **sous toute réserve** *loc adv* with all proper reserves; **attention, c'est sous toute ~!** there's no guarantee as to the accuracy of this!; **la nouvelle a été publiée sous toute ~** the news was published with no guarantee as to its accuracy.

réservé, e [rezɛrve] *adj* -**1.** [non public]: **'chasse ~e'** private hunting; **cuvée ~e** reserved vintage, vintage cuvée □ **quartier ~** *euph* red-light district. -**2.** [retenu] reserved, booked *Br*; **désolé Monsieur, cette table est ~e** I'm sorry, Sir, this table is reserved; **'réservé'** 'reserved'. -**3.** [distant] reserved; **une jeune fille très ~e** a very reserved OU demure young girl; **il a toujours eu une attitude très ~e à mon égard** he was always very reserved towards me. -**4.** JUR reserved.

réserver [3] [rezɛrve] *vt* -**1.** [retenir à l'avance] to reserve, to book; **on vous a réservé une chambre** a room has been reserved for you; **~ une place de concert** to book OU to reserve a ticket for a concert; **nous réservons toujours cette table à nos meilleurs clients** we always reserve this table for our best customers; **Mesdames, bonsoir, avez-vous réservé?** good evening, ladies, have you booked *Br* OU do you have a reservation? -**2.** [garder – pour un usage particulier] to save, to keep, to set OU to put aside; **il a réservé une partie de sa maison pour peindre** he keeps OU he's set aside part of his house to paint in; **il a promis de nous ~ une partie de sa récolte** he promised to put aside OU to keep part of his crop for us; **j'avais réservé des fonds pour l'achat d'une maison** I had put OU set some money aside to buy a house; **~ qqn pour une mission spéciale** to keep sb for a special mission; **les nouvelles installations seront réservées aux superpétroliers** the new installations will be reserved for the use of supertankers || [conserver] to reserve, to keep; **~ le meilleur pour la fin** to keep OU to save the best till last; **~ sa réponse** to delay one's answer; **~ son opinion** to reserve one's opinion; **être réservé à qqn** to be reserved for sb; **un privilège/sport réservé aux gens riches** a privilege/sport enjoyed solely by rich people; **toilettes réservées aux handicapés** toilets (reserved) for the disabled; **emplacements réservés aux médecins** parking (reserved) for doctors only. -**3.** [destiner] to reserve, to have in store; **~ une surprise à qqn** to have a surprise (in store) for sb; **~ un accueil glacial/chaleureux à qqn** to reserve an icy/a warm welcome for sb; **que nous réserve l'avenir?** what does the future have in store for us?

◆ **se réserver** ◇ *vpi* -**1.** [par prudence] to hold back; **je me réserve pour le fromage** I'm keeping some room OU saving myself for the cheese. -**2.** SPORT & *fig* to save one's strength.

◇ *vpt*: **se ~ qqch** to reserve OU to keep sthg (for o.s.); **je me suis réservé le blanc du poulet/la chambre du haut** I've saved the chicken breast/I've kept the top bedroom for myself; **se ~ un droit de regard sur** to retain the right to inspect sthg; **se ~ le droit de faire/ne pas faire qqch** to reserve the right to do/not to do sthg.

réserviste [rezɛrvist] *nm* reservist.

réservoir [rezɛrvwar] *nm* -**1.** [d'essence, de mazout] tank; AUT [petrol *Br* OU fuel) tank; [d'eau] (water) tank; [des W.-C.] cistern; **~ d'eau chaude** hot water tank. -**2.** [étang, lac] reservoir; **un ~ de jeunes talents** *fig* a breeding ground for young talent. -**3.** BIOL [de virus] reservoir.

résidanat [rezidana] *nm* housemanship *Br*, internship *Am*.

résidant, e [rezidɑ̃, ɑ̃t] *adj & nm, f* resident.

résidence [rezidɑ̃s] *nf* -**1.** [domicile] residence; **établir sa ~ à Nice** to take up residence in Nice; **~ d'été** summer quarters □ **~ principale/secondaire** main/second home; **~ officielle** official residence. -**2.** [bâtiment] block of flats *Br*, apartment block *Am*; **~ universitaire** UNIV hall of residence *Br*, dormitory *Am*. -**3.** [maison] residential property; **il a acheté une jolie petite ~ pas trop loin de Paris** he bought a nice little place not too far from Paris. -**4.** JUR residence; **assigner qqn à ~** to put sb under house arrest; **être en ~ surveillée** to be under house arrest.

résident, e [rezidɑ̃, ɑ̃t] ◇ *nm, f* resident, (foreign) national; **tous les ~s français de Londres** all French nationals living in London.

◇ *adj* INF resident.

résidentiel, elle [rezidɑ̃sjɛl] *adj* residential.

résider [3] [rezide] *vi* -**1.** [habiter]: **~ à** to reside OU to live in; **~ à l'étranger/à Genève** to live abroad/in Geneva. -**2.** *fig*: **~ dans** to lie in; **sa force réside dans son influence sur l'armée** his strength lies in OU is based on his influence over the army; **c'est là que réside tout l'intérêt du film** that is where the strength of the film lies.

résidu [rezidy] *nm* -**1.** [portion restante] residue; **~s de raffinage** waste oil. -**2.** [détritus] residue, remnants.

résiduaire [rezidɥɛr] *adj* residuary.

résiduel, elle [rezidɥɛl] *adj* -**1.** [qui constitue un résidu – huile, matière] residual. -**2.** [persistant – chômage] residual; **fatigue ~le** the constant tiredness.

résignation [reziɲasjɔ̃] *nf* -**1.** [acceptation] resignation, resignedness; **accepter son destin avec ~** to accept one's fate resignedly OU with resignation. -**2.** JUR abandonment (of a right).

résigné, e [reziɲe] ◇ *adj* resigned; **prendre un air ~** to look resigned; **parler d'un ton ~** to speak in a resigned OU philosophical tone of voice.

◇ *nm, f* resigned person; **les ~s** people who have accepted their fate.

résigner [3] [reziɲe] *vt sout* [se démettre de] to resign, to relinquish.

◆ **se résigner à** *vp + prép* to resign o.s. to; **il s'est résigné à vivre dans la pauvreté** he has resigned himself to living in poverty; **se ~ à une perte** to resign o.s. to a loss || *(en usage abs)*: **il n'a jamais voulu se ~** he would never give up OU in, he would never submit; **il faut se ~** you must resign yourself to it OU accept it.

résiliable [reziljabl] *adj* [bail, contrat, marché] cancellable, terminable, voidable JUR.

résiliation [reziljasjɔ̃] *nf* [d'un bail, d'un contrat, d'un marché – en cours] cancellation, avoidance JUR; [– arrivant à expiration] termination.

résilience [reziljɑ̃s] *nf* MÉTALL resilience; **~ d'impact** impact toughness OU strength.

résilier [9] [rezilje] *vt* [bail, contrat, marché – en cours] to cancel; [– arrivant à expiration] to terminate.

résille [rezij] *nf* -**1.** [à cheveux] hairnet. -**2.** [d'un vitrail] cames.

résine [rezin] *nf* BOT & TECH resin; **~ synthétique** synthetic resin; **~ thermodurcissable** thermosetting resin.

résiné, e [rezine] *adj* resinated.

◆ **résiné** *nm* resinated wine.

résiner [3] [rezine] *vt* -**1.** [enduire] to resin. -**2.** [gemmer] to tap.

résineux, euse [rezinø, øz] *adj* -**1.** [essence, odeur] resinous. -**2.** [arbre, bois] resiniferous.

◆ **résineux** *nm* resiniferous tree.

résinier, ère [rezinje, ɛr] ◇ *adj* [industrie] resin *(modif)*; [produit] resin-based.

◇ *nm, f* (resin) tapper.

résinifère [reziniféɛr] *adj* [arbre] resiniferous; **canal ~** resin duct OU canal.

résipiscence [resipisɑ̃s] *nf litt* resipiscence; **venir à ~** to see the error of one's ways.

résistance [rezistɑ̃s] *nf* -**1.** [combativité] resistance; **la ~ de l'armée** resistance by the troops, the troops' resistance; **elle a opposé une ~ farouche à ses agresseurs** she put up a fierce resistance to her attackers; **il s'est laissé emmener sans ~** he let himself be taken away quietly OU without resistance. -**2.** [rébellion] resistance; **~ active/passive** active/passive resistance; **la Résistance** HIST the (French) Resistance; **il est entré dans la Résistance dès 1940** he joined the Resistance as early as 1940. -**3.** [obstacle] resistance; **son projet n'a pas rencontré de ~** her project met no opposition OU was unopposed; **venir à bout de toutes les ~s** to overcome all obstacles OU all resistance; **en fermant le tiroir j'ai senti une ~** when I shut the drawer I felt some resistance. -**4.** [robustesse] resistance, stamina; **elle a survécu grâce à sa ~ exceptionnelle** she survived thanks to her great powers of resistance; **~ à la fatigue/au froid** resistance to tiredness/cold; **les limites de la ~ humaine** the limits of human resistance OU endurance. -**5.** TECH resistance, strength; **~ aux chocs** resilience; **la ~ d'un pont/d'une poutre** the resistance of a bridge/beam; **~ des matériaux** strength of materials. -**6.** ÉLECTR resistance; [dispositif chauffant] element; **quelle est l'unité de ~ en électricité?** what's the unit of electrical resistance? -**7.** PSYCH resistance.

LA RÉSISTANCE:
This underground anti-German movement was created after the French-German armistice, in 1940, and gained in momentum after General de Gaulle's radio call from London on 18 June of the same year. The movement won the active support of the French Communist Party after German troops invaded the USSR. In his ambition to impose himself as the leader of a united resistance movement, General de Gaulle integrated all major clandestine groups into the "Conseil national de la Résistance". In May 1943, he created the French Committee of National Liberation in Algeria, which later became the provisional government for France in 1944.

résistant, e [rezistɑ̃, ɑ̃t] ◇ *adj* -**1.** [personne] resistant, tough; [emballage] resistant, strong, solid; [couleur] fast; **c'est une enfant peu ~e** she's not a very strong child; **nos soldats sont ~s, bien entraînés** our soldiers are tough and well-trained. -**2.** ÉLECTR & PHYS resistant; **~ au froid/gel** cold/frost resistant; **~ aux chocs** shockproof; **~ à la chaleur** heatproof, heat-resistant.
◇ *nm, f* HIST (French) Resistance fighter.

résister [3] [reziste]
◆ **résister à** *v + prép* -**1.** [dans un conflit entre personnes - agresseur, attaquant] to resist, to hold out against; [- autorité] to resist, to stand up to; [- gendarme, huissier] to put up resistance to; **il a résisté aux officiers venus l'arrêter** he resisted arrest; **j'ai toujours résisté à ses caprices** I've always stood up to OU opposed his whims; **je ne peux pas lui ~, il est si gentil** I can't resist him, he's so nice. -**2.** [fatigue, faim] to withstand, to put up with; [solitude, douleur] to stand, to withstand; **~ à la tentation** to resist temptation; **~ à ses désirs/penchants** to fight against one's desires/inclinations. -**3.** [à l'usure, à l'action de l'homme ou des éléments] to withstand, to resist, to be proof against; **qui résiste au feu** fire proof; **qui résiste à la chaleur** heatproof; **qui résiste aux chocs** shockproof; **couleurs qui résistent au lavage** fast colours; **la porte a résisté à ma poussée** the door wouldn't open when I pushed it ‖ *(en usage abs)*: **la serrure résiste** the lock is sticking; **la toiture/théière n'a pas résisté** the roof/teapot didn't stand up to the shock. -**4.** [suj: livre, projet] to stand up; **~ à l'analyse/l'examen** to stand up to analysis/investigation; **son œuvre ne résistera pas à la critique** his work won't stand up to criticism.

résistivité [rezistivite] *nf* resistivity, specific resistance.

résolu, e [rezɔly] *adj* -**1.** [personne] resolute, determined; **il m'a paru plutôt ~** he looked quite determined to me; **je suis ~ à ne pas céder** I'm determined not to give in. -**2.** [attitude]: **une foi ~e en l'avenir** an unshakeable faith in the future.

résoluble [rezɔlybl] *adj* -**1.** [question, situation] soluble, solvable; **le problème est aisément ~** the problem is easy to solve OU can be solved easily. -**2.** JUR [bail, contrat] annulable, cancellable.

résolument [rezɔlymɑ̃] *adv* -**1.** [fermement] resolutely, firmly, determinedly; **je m'oppose ~ à cette décision** I'm strongly OU firmly opposed to this decision. -**2.** [vaillamment] resolutely, steadfastly, unwaveringly.

résolutif, ive [rezɔlytif, iv] *adj* [médicament, substance] resolvent.
◆ **résolutif** *nm* resolvent.

résolution [rezɔlysjɔ̃] *nf* -**1.** [décision] resolution; **prendre une ~** to make a resolution; **prendre la ~ de faire qqch** to make up one's mind OU to resolve to do sthg; **sa ~ est prise** her mind is made up; **bonnes ~s** [gén] good intentions; [du nouvel an] New Year resolutions. -**2.** [solution] solution, resolution; **la ~ d'une énigme/d'un problème** the solution to an enigma/a problem. -**3.** [texte] resolution; **la ~ a été votée à l'unanimité par l'Assemblée** the resolution was unanimously adopted by the Assembly. -**4.** JUR annulment, cancellation. -**5.** [d'un écran] resolution; **mauvaise/bonne ~** poor/high resolution. -**6.** CHIM & MUS resolution. -**7.** MÉD resolution; **~ des membres** muscular relaxation. -**8.** OPT: **pouvoir de ~** resolving power.

résolutoire [rezɔlytwar] *adj* resolutive JUR.

résolvante [rezɔlvɑ̃t] *nf* resolvant equation.

résonance [rezɔnɑ̃s] *nf* -**1.** ÉLECTR, NUCL, PHYS & TÉLÉC resonance; **entrer en ~** to start resonating; **avoir une ~** OU **des ~s (dans)** *fig* to find an echo (in); **sa déclaration a eu quelque ~ dans la classe politique** his statement found an echo OU had a certain effect amongst politicians ❑ **~ magnétique** magnetic resonance; **~ magnétique nucléaire** nuclear magnetic resonance. -**2.** [style] connotation, colouring *(U)*; **un poème de Donne aux ~s très modernes** a poem by Donne with very modern overtones.

résonant, e [rezɔnɑ̃, ɑ̃t] = **résonnant.**

résonateur [rezɔnatœr] *nm* resonator.

résonnant, e [rezɔnɑ̃, ɑ̃t] *adj* resonant.

résonner [3] [rezɔne] *vi* -**1.** [sonner] to resonate, to resound; **la cloche résonne faiblement** the bell rings feebly. -**2.** [renvoyer le son] to resound, to be resonant; **la pièce résonne** sound reverberates OU echoes in the room; **la halle résonnait des cris des vendeurs** the hall resounded with the cries of the traders.

résorbable [rezɔrbabl] *adj* -**1.** MÉD resorbable. -**2.** [qui peut être éliminé]: **un surplus difficilement ~** a surplus (which is) difficult to reduce OU to absorb.

résorber [3] [rezɔrbe] *vt* -**1.** [éliminer - chômage, déficit] to reduce, to bring down *(sép)*, to curb. -**2.** MÉD to resorb.
◆ **se résorber** *vpi* -**1.** [chômage, inflation] to be reduced; **la crise ne va pas se ~ toute seule** the crisis isn't going to just disappear. -**2.** MÉD to be resorbed.

résorption [rezɔrpsjɔ̃] *nf* -**1.** [de l'inflation, du chômage] curbing, reduction; **la ~ des dépenses** bringing down OU curbing spending; **la ~ des excédents prendra plusieurs années** it will take several years for the surplus to be absorbed. -**2.** MÉD resorption.

résoudre [88] [rezudr] *vt* -**1.** [querelle] to settle, to resolve; [énigme, mystère] to solve; [difficulté] to resolve, to sort out *(sép)*; **le problème a été résolu en cinq minutes/après des années** the problem was solved in five minutes/was resolved over the years. -**2.** MATH to resolve; **~ une équation** to solve an equation; **~ une parenthèse** to remove the brackets. -**3.** *sout* [décider] to decide (on); **ils ont résolu sa perte** they decided on his ruin; **je résolus finalement de rentrer chez moi** in the end I decided to go back home. -**4.** *sout* [entraîner]: **~ qqn à faire qqch** to induce OU to move sb to do sthg. -**5.** CHIM, MÉD & MUS to resolve. -**6.** JUR [bail, contrat] to annul, to avoid.
◆ **se résoudre** *vpi* MÉD to resolve; **la tumeur s'est résolue lentement** the tumor slowly resolved itself.
◆ **se résoudre à** *vp + prép* -**1.** [accepter de] to reconcile o.s. to; **il faudra te ~ à voir tout le monde** you will have to reconcile yourself to seeing everyone; **je ne peux m'y ~** I can't reconcile myself to doing it. -**2.** [consister en] to amount to, to result in; **son aide se résout à peu de chose** his help amounts to little (in the end).

respect [rɛspɛ] *nm* [estime] respect; **avec ~** with respect, respectfully; **elle m'inspire beaucoup de ~** I have a great deal of respect for her; **élevé dans le ~ des traditions/de la loi** brought up to respect traditions/the law; **manquer de ~ à qqn** to be disrespectful to sb; **marquer son ~ à qqn** to show respect to sb; **avec (tout) le ~ que je vous dois** with all due respect; **tenir qqn en ~** to keep sb at bay OU at a (respectful) distance; **il nous tenait en ~ avec un couteau** he kept us back OU at bay with a knife.
◆ **respects** *nmpl* [hommages] respects, regards; **présenter ses ~s à qqn** to present one's respects to sb; **mes ~s à madame votre mère** please give my respects to your mother.

respectabilité [rɛspɛktabilite] *nf* respectability, respectableness.

respectable [rɛspɛktabl] *adj* -**1.** [estimable] respectable, deserving of respect; *hum* respectable; **c'est une dame fort ~!** *hum* she's a real pillar of society! -**2.** [important] respectable; **un nombre ~ de manifestants** a respectable OU fair number of demonstrators; **avec une avance ~** SPORT with an impressive lead; **une calvitie ~** *hum* a fair-sized bald patch.

respecter [4] [rɛspɛkte] *vt* -**1.** [honorer] to respect, to have OU to show respect for; **dans le pays, tout le monde le respecte** everyone respects him in our country; **il a un nom respecté dans notre ville** his name is held in respect in our city; **elle sait se faire ~** she commands respect. -**2.** [se conformer à] to respect, to keep to *(insép)*; **si les formes sont respectées, vous obtiendrez ce que vous voulez** if the conventions are adhered to OU respected, you'll get what you want; **~ les dernières volontés de qqn** to abide by sb's last wishes; **~ l'ordre alphabétique** to keep to alphabetical order; **~ la parole donnée** to keep one's word; **~ les lois** to respect OU to obey the law. -**3.** [ne pas porter atteinte à] to show respect for; **les jeunes d'aujourd'hui ne respectent plus rien** today's young people do not show any respect for anything; **~ la tranquillité/le repos de qqn** to respect sb's need for peace and quiet/rest; **~ une femme** *vieilli* to respect a woman's honour.
◆ **se respecter** *vp (emploi réfléchi)* to respect o.s.; **il s'est toujours respecté** he's always had self-respect OU self-esteem; **elle ne se respecte plus** she's lost all her self-respect; **une chanteuse qui se respecte ne prend pas de micro** no self-respecting singer would use a microphone.

respectif, ive [rɛspɛktif, iv] *adj* respective; **nous sommes rentrés dans nos foyers ~s** we went back to our respective homes.

respectivement [rɛspɛktivmɑ̃] *adv* respectively; **Paul et Jean sont âgés ~ de trois et cinq ans** Paul and John are three and five years old respectively.

respectueusement [rɛspɛktɥøzmɑ̃] *adv* respectfully, with respect; **puis-je vous faire ~ remarquer que vous vous êtes trompé?** may I respectfully point out that you have made a mistake?

respectueux, euse [rɛspɛktɥø, øz] *adj* -**1.** [personne] respectful; **se montrer ~ envers qqn** to be respectful to sb; **~ de** respectful of; **~ des lois** law-abiding. -**2.** [lettre, salut] respectful; **prendre un ton ~ pour parler à qqn** to adopt a respectful tone towards sb. -**3.** [dans des formules de politesse]: **je vous prie d'agréer mes respectueuses salutations** yours faithfully.
◆ **respectueuse** *fam nf euph* lady of the night.

respirable [rɛspirabl] *adj* -**1.** [qu'on peut respirer] breathable; **l'air est difficilement ~ ici** it's hard to breathe in here. -**2.** *fig* [supportable]: **l'ambiance du bureau est à peine ~** the atmosphere at the office is almost unbearable.

respirateur [rɛspiratœr] *nm* -**1.** [masque] gas mask, respirator. -**2.** MÉD [poumon d'acier] iron lung; [à insufflation] positive-pressure respirator.

respiration [rɛspirasjɔ̃] *nf* -**1.** PHYSIOL [action] breathing, respiration *spéc*; [résultat] breath; **reprendre sa ~** to get one's breath back; **retenir sa ~** to hold one's breath; **avoir une ~ bruyante** to breathe noisily OU heavily; **j'en ai eu la ~ coupée** it took my breath away ❑ **~ artificielle** artificial respiration. -**2.** MUS phrasing.

respiratoire [rɛspiratwar] *adj* breathing, respiratory *spéc*.

respirer [3] [rɛspire] ◇ *vi* -**1.** PHYSIOL to breathe; **ça l'empêche de ~** it prevents him from breathing; **il a du mal à ~** he has difficulty breathing, he's breathing with difficulty; **~**

par la bouche/le nez to breathe through one's mouth/nose; **respirez à fond, expirez!** breathe in, and (breathe) out! -**2.** [être rassuré] to breathe again; **il est sauf, je respire** he's safe, I can breathe again; **ouf, je respire!** phew, thank goodness for that! -**3.** [marquer un temps d'arrêt]: **du calme, laissez-moi ~!** give me a chance!; **on n'a jamais cinq minutes pour ~** you can't even take a breather for five minutes.
◇ *vt* -**1.** PHYSIOL to breathe (in), to inhale *spéc*; [sentir] to smell. -**2.** [exprimer] to radiate, to exude; **elle respire la santé** she radiates good health; **il respire le bonheur** he's the very picture of happiness; **la maison respire la douceur de vivre** the whole house is bathed in OU alive with the joy of living.

resplendir [32] [rɛsplɑ̃dir] *vi litt* -**1.** [étinceler - casque, chaussure] to gleam, to shine; **~ de propreté** to be spotlessly clean; **la mer resplendit au soleil** the sea is glinting in the sun. -**2.** [s'épanouir]: **son visage resplendit de bonheur** her face is shining OU radiant with happiness; **les jeunes mariés resplendissent de joie** the newly-weds are radiant with joy.

resplendissant, e [rɛsplɑ̃disɑ̃, ɑ̃t] *adj* -**1.** [éclatant - meuble, parquet] shining; [- casserole, émail] gleaming; [- soleil, temps] glorious. -**2.** [radieux] radiant, shining, resplendent *litt*; **tu as une mine ~e** you look radiant; **~ de santé** radiant OU blooming with health.

resplendissement [rɛsplɑ̃dismɑ̃] *nm litt* resplendence *litt*, radiance, brilliance.

responsabilisation [rɛspɔ̃sabilizasjɔ̃] *nf*: **développer la ~ des jeunes** to make young people aware of their responsibilities.

responsabiliser [3] [rɛspɔ̃sabilize] *vt* -**1.** [donner des responsabilités à]: **tu ne le responsabilises pas assez** you don't give him enough responsibility. -**2.** [rendre conscient de ses responsabilités]: **~ qqn** to make sb aware of their responsibilities.

responsabilité [rɛspɔ̃sabilite] *nf* -**1.** [obligation morale] responsibility; **nous déclinons toute ~ en cas de vol** we take no responsibility in the event of theft; **c'est une grosse ~!** it's a big responsibility!; **prends tes ~s!** face up to your responsibilities!; **faire porter la ~ de qqch à qqn** to hold sb responsible for sthg; **ils ont une ~ morale vis-à-vis de nous** they have a moral obligation towards us; **assumer entièrement la ~ de qqch** to take on OU to shoulder the entire responsibility for sthg. -**2.** [charge administrative] function, position; **des ~s gouvernementales/ministérielles** a post in the government/cabinet; **il a accepté de nouvelles ~s au sein de notre compagnie** he took on new responsibilities within our company; **démis de ses ~s** relieved of his responsibilities OU position; **elle a la ~ du département publicité** she's in charge of the advertising department. -**3.** JUR liability, responsibility; [acte moral] responsibility; **~ civile** [d'un individu] civil liability, strict liability; [d'une société] business liability; **~ contractuelle/délictuelle** contractual/negligence liability; **~ du fait d'autrui** ≃ parental liability; **~ collective** collective responsibility; **~ pénale** legal responsibility. -**4.** [rapport causal]: **la ~ du tabac dans les affections respiratoires a été démontrée** it has been proved that tobacco is the main contributing factor in respiratory diseases.

responsable [rɛspɔ̃sabl] ◇ *adj* -**1. ~ de** [garant de] responsible (for); **j'en suis ~** I'm responsible for it; **les parents sont légalement ~s de leurs enfants** parents are legally responsible for their children; **il n'est pas ~ de ses actes** JUR he cannot be held responsible for his (own) actions. -**2. ~ de** [chargé de] in charge of, responsible for; **il est ~ du service après-vente** he's in charge of the after-sales department. -**3. ~ de** [à l'origine de]: **on l'a toujours considéré comme ~ de nos problèmes** he has always been considered responsible for our problems; **l'abus des graisses animales est largement ~ des affections cardiaques** the main contributing factor to heart disease is over-consumption of animal fats; **il est ~ de l'accident** he is responsible for (causing) the accident. -**4.** JUR liable; **~ civilement** liable in civil law. -**5.** [réfléchi] responsible; **ce n'est pas très ~ de sa part** that isn't very responsible of him; **elle s'est toujours comportée en personne ~** she has always acted responsibly.
◇ *nmf* -**1.** [coupable]: **le ~, la ~** the person responsible OU to blame; **qui est le ~ de l'accident?** who's responsible for the accident?; **nous retrouverons les ~s** we will find the people OU those responsible; **il n'y a jamais de ~s!** nobody is ever to blame! -**2.** [dirigeant - politique] leader; [- administratif] person in charge; **parler avec les ~s politiques** to speak with the political leaders; **réunion avec les ~s syndicaux** meeting with the union representatives; **je veux parler au ~** I want to speak to the person in charge.

resquille *fam* [rɛskij] *nf*, **resquillage** *fam* [rɛskijaʒ] *nm* [sans payer] sneaking in; TRANSP fare-dodging; [sans attendre son tour] queue-jumping *Br*, line-jumping *Am*.

resquiller *fam* [3] [rɛskije] ◇ *vi* [ne pas payer] to sneak in; TRANSP to dodge the fare *Br*; [ne pas attendre son tour] to push in, to jump the queue *Br*, to cut in the line *Am*.
◇ *vt*: **~ une place pour le concert** to fiddle OU to wangle o.s. a seat for the concert.

resquilleur, euse *fam* [rɛskijœr, øz] *nm, f* [qui ne paie pas] person who sneaks in without paying; TRANSP fare-dodger *Br*; [qui n'attend pas son tour] queue-jumper *Br*, line-jumper *Am*.

ressac [rəsak] *nm* backwash (of a wave).

ressaisir [32] [rəsezir] *vt* -**1.** [agripper de nouveau] to catch OU to grab again, to seize again; **le chien ressaisit sa proie** the dog got hold of OU caught his prey again. -**2.** *fig* [occasion] to seize again. -**3.** INF to rekey.
◆ **se ressaisir** *vpi* [se calmer] to pull o.s. together; **ressaisis-toi!** pull yourself together!, get a hold of OU a grip on yourself!; **il s'est ressaisi et a finalement gagné le deuxième set** he recovered OU rallied and finally won the second set.

ressasser [3] [rəsase] *vt* -**1.** [rabâcher] to turn over *(sép)*; **~ les exploits de sa jeunesse** to go OU to harp on about one's youthful exploits; **les mêmes histoires ressassées l'amusent toujours** he's still amused by the same worn-out old stories. -**2.** [revoir en esprit] to dwell on *(sép)*, to mull over *(sép)*.

ressaut [rəso] *nm* -**1.** GÉOG rise; ALPINISME step, projection. -**2.** CONSTR [en saillie] step; [en recul] offset; **faire ~** to jut out. -**3.** [niveau des eaux] jump.

ressauter [3] [rəsote] ◇ *vt* [barrière] to jump again; **le cavalier revint sur ses pas et ressauta l'obstacle** the rider retraced his steps and jumped over the fence again.
◇ *vi* to jump again; **tous les enfants ont ressauté dans l'eau en même temps** all the children jumped into the water again at the same time.

ressayer [reseje] = **réessayer**.

ressemblance [rəsɑ̃blɑ̃s] *nf* -**1.** [entre êtres humains] likeness, resemblance; **la ~ entre la mère et la fille est étonnante** mother and daughter look amazingly alike; **il y a une ~ entre les deux cousins** the two cousins look alike; **'toute ~ avec des personnages réels ne peut être que fortuite'** 'any resemblance to persons living or dead is purely accidental'. -**2.** [entre choses] similarity; **il existe une certaine ~ entre les deux livres** both books are somehow similar; **il n'y a aucune ~ entre ta situation et la mienne** there's no similarity OU comparison between your situation and mine.

ressemblant, e [rəsɑ̃blɑ̃, ɑ̃t] *adj* [photo, portrait] true to life, lifelike; **ta photo n'est pas très ~e** your photo doesn't look like you; **elle est très ~e sur le dessin** the drawing really looks like her.

ressembler [3] [rəsɑ̃ble]
◆ **ressembler à** *v + prép* -**1.** [avoir la même apparence que] to resemble, to look like; **il ressemble à sa mère** he looks like his mother, he favours his mother; **elle me ressemble un peu** she looks a bit like me; **ça ne ressemble en rien à une maison** that doesn't look like a house at all. -**2.** [avoir la même nature que] to resemble, to be like; **il a toujours cherché à ~ à son père** he always tried to be like his father; **je n'ai rien qui ressemble à une tenue de soirée** I have nothing that you could even vaguely call evening wear. -**3.** *loc*: **ça ne ressemble à rien** *fam* it makes no sense at all; **son tableau ne ressemble à rien** *fam* her painting looks like nothing on earth; **ça ne ressemble à rien de ne pas vouloir venir** *fam* there's no sense in not wanting to come; **à quoi ça ressemble de quitter la réunion sans même s'excuser?** *fam* what's the idea OU meaning of leaving the meeting without even apologizing?; **cela ne me/te/leur ressemble pas** that's not like me/you/them; **ça lui ressemble bien d'oublier mon anniversaire** it's just like him to forget my birthday.
◆ **se ressembler** ◇ *vp (emploi réciproque)* to look alike, to resemble each other; **ils se ressemblent** they look alike OU like each other; **tous les amoureux se ressemblent** all lovers are alike, lovers are all alike ❑ **se ~ comme deux gouttes d'eau** to be as like as two peas (in a pod); **qui se ressemble s'assemble** *prov* birds of a feather flock together *prov*.
◇ *vpi sout*: **depuis sa maladie, il ne se ressemble plus** he's not been himself since his illness.

ressemelage [rəsəmlaʒ] *nm* [action] soling, resoling; [nouvelle semelle] new sole.

ressemeler [24] [rəsəmle] *vt* to sole, to resole.

ressemer [19] [rəsəme] *vt* [graine, champ] to resow, to sow again.

ressentiment [rəsɑ̃timɑ̃] *nm sout* resentment, ill will; **éprouver un profond ~ à l'égard de qqn** to feel deep resentment against sb, to feel deeply resentful towards sb; **je n'ai aucun ~ à ton égard** I don't bear you any resentment OU ill will; **c'est un homme aigri, plein de ~** he's embittered and full of resentment.

ressentir [37] [rəsɑ̃tir] *vt* -**1.** [éprouver - bienfait, douleur, haine] to feel; **j'ai ressenti la même impression que vous quand je l'ai vu** I felt the same way you did OU I had the same feeling as you when I saw him. -**2.** [être affecté par] to feel, to be affected by; **il a ressenti très vivement la perte de son père** he was deeply affected by his father's death; **j'ai ressenti ses propos comme une véritable insulte** I felt OU was extremely insulted by his remarks.
◆ **se ressentir de** *vp + prép* to feel the effect of; **je me ressens encore des suites de mon accident** I still feel OU I'm still suffering from the effects of my accident; **la production a été accélérée et la qualité s'en ressent** production has been speeded up at the expense of quality.

resserre [rəsɛr] *nf* [à outils] shed, outhouse; [à produits] storeroom; [à provisions] store cupboard, larder.

resserré, e [rəsere] *adj* [étroit] narrow.

resserrement [rəsɛrmɑ̃] *nm* -**1.** [passage étroit] narrow part; **il y a un ~ de la route après le pont** the road narrows after the bridge. -**2.** [limitation] tightening; **le ~ du crédit** the credit squeeze, the tightening of credit controls. -**3.** [consolidation - d'un lien affectif] strengthening. -**4.** [des pores] closing.

resserrer [4] [rəsere] *vt* -**1.** [boulon, nœud - serrer de nouveau] to retighten, to tighten again; [- serrer davantage] to tighten up *(sép)*; **resserre-le** tighten it (up). -**2.** [renforcer] to strengthen; **pour ~ les liens d'amitié entre nos deux pays** to strengthen the bonds of friendship between our two countries. -**3.** [fermer] to close (up); **pour ~ les pores** to close the pores. -**4.** [diminuer - texte, exposé] to condense, to compress.
◆ **se resserrer** *vpi* -**1.** [devenir plus étroit] to narrow; **la route se resserre après le village** the road narrows past the village. -**2.** [se refermer] to

tighten; **les mailles du filet se resserrent** *fig* the police are closing in. -**3.** [devenir plus fort]: **nos relations se sont resserrées depuis l'année dernière** we have become closer (to each other) OU our relationship has grown stronger since last year.

resservir [38] [rəsɛrvir] ◇ *vt* -**1.** [donner de nouveau] to serve again; **elle nous a resservi les pâtes d'hier en gratin** she served up yesterday's pasta in a gratin. -**2.** [servir davantage] to serve (out) some more OU another helping; **donne-moi ton assiette, je vais te ~** give me your plate, I'll give you another helping. -**3.** *fam* [répéter]: **il nous ressert la même excuse tous les ans** he comes out with OU he trots out the same (old) excuse every year.

◇ *vi* -**1.** [être utile]: **j'ai une vieille robe longue qui pourra bien ~ pour l'occasion** I have an old full-length dress which would do for this occasion; **garde-le, ça pourra toujours ~** keep it, it might come in handy OU useful again (one day). -**2.** MIL & TENNIS to serve again.

◆ **se resservir** *vp (emploi réfléchi)* [reprendre à manger] to help o.s. to some more OU to a second helping; **ressers-toi** help yourself to (some) more; **puis-je me ~?** may I help myself to some more OU take a second helping?

◆ **se resservir de** *vp + prép* [réutiliser] to use again.

ressort [rəsɔr] *nm* -**1.** [mécanisme] spring; **faire ~** to act as a spring ❑ **~ hélicoïdal/spiral** helical/spiral spring; **~ à boudin** coil spring; **~ à lames** leaf OU coach spring; **~ de montre** watch spring, hairspring. -**2.** [force morale] spirit, drive; **manquer de ~** to lack drive. -**3.** [mobile] motivation; **les ~s de l'âme humaine** the deepest motivations of the human soul OU spirit. -**4.** PHYS [propriété] springiness, elasticity *spéc.* -**5.** [compétence]: **les problèmes qui sont de mon ~** problems I am qualified to deal with; **ce n'est pas de mon/son ~** it is not my/his responsibility. -**6.** JUR jurisdiction; **juger en premier ~** to judge (a case) in the first instance.

◆ **à ressort(s)** *loc adj* spring-loaded; **matelas à ~s** spring mattress.

ressortir¹ [43] [rəsɔrtir] ◇ *vt (avec aux avoir)* -**1.** [vêtement, ustensile] to take out *(sép)* again. -**2.** [film] to rerelease, to bring out *(sép)* again; [pièce de théâtre] to rerun. -**3.** *fam* [répéter] to trot out *(sép)* again; **tu ne vas pas ~ cette vieille histoire?** you're not going to come out with that old story again, are you?

◇ *vi (avec aux être)* -**1.** [sortir de nouveau] to go out OU to leave again; **je n'ai pas envie de ~, il fait trop froid** I don't feel like going out again, it's too cold ‖ [sortir] to go out, to leave; **je suis ressorti de la maison vers minuit** I left the house around midnight; **il n'est pas encore ressorti de chez le médecin** he hasn't left the doctor's yet. -**2.** [se détacher] to stand out; **le rouge ressortira mieux** red will stand out better; **le foulard qu'elle porte fait ~ ses yeux bleus** the scarf she's wearing brings out the blue of her eyes; **faire ~ les avantages d'une solution** to stress OU to highlight the advantages of a solution. -**3.** [réapparaître]: **la pointe est ressortie de l'autre côté du mur** the tip came through the other side of the wall. -**4.** [film] to show again, to be rereleased; **ses films viennent de ~ à Paris** her movies have just started showing again in Paris OU have just been rereleased in Paris. -**5.** JEUX [chiffre, carte] to come up *(insép)* again.

◆ **ressortir de** *v + prép* to emerge OU to flow from; **il ressort de votre analyse que les affaires vont bien** according to your analysis, business is good; **il ressort de tout cela qu'il a menti** the upshot of all this is that he's been lying.

ressortir² [32] [rəsɔrtir]

◆ **ressortir à** *v + prép* -**1.** JUR: **~ à la juridiction de** to come under the jurisdiction of. -**2.** *litt* [relever de] to pertain to; **pareil sujet ressortit au roman plutôt qu'à l'essai** such a subject pertains to the novel rather than to the essay (genre).

ressortissant, e [rəsɔrtisɑ̃, ɑ̃t] *nm, f* national; **~ d'un État membre de la CEE** EC national.

ressouder [3] [rəsude] *vt* -**1.** [tuyau] to resolder, to reweld, to weld together *(sép)* again. -**2.** *fig* [alliance, couple] to bring OU to get together *(sép)* again, to reunite.

ressource [rəsurs] *nf* -**1.** [secours] recourse, resort; **tu es mon unique ~** you're the only person who can help me OU my only hope; **elle n'a eu d'autre ~ que la mendicité** there was no other course (of action) open OU left to her but to become a beggar; **en dernière ~** as a last resort. -**2.** [présence d'esprit]: **un homme/une femme de ~(s)** a resourceful man/woman. -**3.** [endurance, courage]: **avoir de la ~** to have strength in reserve.

◆ **ressources** *nfpl* -**1.** [fonds] funds, resources, income; **25 ans et sans ~s** 25 years old and no visible means of support ❑ **~s personnelles** private means. -**2.** [réserves] resources; **~s naturelles/minières d'un pays** natural/mineral resources of a country; **des ~s en hommes** manpower resources. -**3.** [moyens] resources, possibilities; **nous mobilisons toutes nos ~s pour retrouver les marins disparus** we're mobilizing all our resources OU all the means at our disposal to find the missing sailors; **toutes les ~s de notre langue** all the possibilities OU resources of our language.

ressourcer [16] [rəsurse]

◆ **se ressourcer** *vpi* to go back to one's roots.

ressouvenir [40] [rəsuvnir]

◆ **se ressouvenir de** *vp + prép litt* to remember, to recall; **à chaque retour dans son village natal, il se ressouvenait de son enfance** each time he returned to his home village, he would recall his childhood.

ressurgir [32] [rəsyrʒir] *vi* -**1.** [source] to reappear. -**2.** [problème] to arise again, to reoccur; **faire ~ de vieux souvenirs** to bring back old memories.

ressuscité, e [resysite] *nm, f* -**1.** RELIG resurrected person; **les ~s** those who have risen again, the risen. -**2.** *fig*: **tu as l'air d'un ~** you look like death warmed up.

ressusciter [3] [resysite] ◇ *vt* -**1.** RELIG to resurrect, to raise from the dead; **le Christ ressuscitera les morts** Christ will raise the dead to life. -**2.** [ranimer] to resuscitate; MÉD to bring back to life, to revive; **vos piqûres m'ont littéralement ressuscité** your injections literally brought me back to life; **un whisky à ~ les morts** *fam* whisky strong enough to bring the dead back to life. -**3.** *litt* [faire resurgir] to revive, to resurrect; **~ le passé** to summon up OU to revive the past.
◇ *vi* -**1.** *(avec aux être)* RELIG to rise again OU from the dead; **le Christ est ressuscité** Christ has risen (from the dead). -**2.** *(avec aux avoir)* [revivre - sentiment, nature] to come back to life, to revive.

restant, e [rɛstɑ̃, ɑ̃t] *adj* remaining; **ils se sont partagé les chocolats ~s** they shared the chocolates that were left; **c'est le seul héritier ~** he's the sole remaining heir.

◆ **restant** *nm* [reste] rest, remainder; **dépenser le ~ de son argent** to spend the rest of one's money OU one's remaining money; **pour le ~ de mes/ses jours** until my/his dying day.

restau *fam* [rɛsto] *nm* restaurant.

restaurant [rɛstɔrɑ̃] *nm* restaurant; **manger au ~** to eat out; **ce soir, on dîne au ~** we're dining out tonight ❑ **~ d'entreprise** (staff) canteen; **~ universitaire** ≃ university cafeteria OU refectory.

restaurateur, trice [rɛstɔratœr, tris] *nm, f* -**1.** [d'œuvres d'art] restorer. -**2.** [qui tient un restaurant] restaurant owner, restaurateur.

restauration [rɛstɔrasjɔ̃] *nf* -**1.** [d'œuvres d'art] restoration; **la ~ des vitraux a pris plusieurs années** it took several years to restore the stained-glass windows. -**2.** [rétablissement] restoration; **la Restauration** HIST the Restoration. -**3.** [hôtellerie] catering; **dans la ~** in the restaurant trade OU the catering business ❑ **la ~ rapide** the fast-food business.

restaurer [3] [rɛstɔre] *vt* -**1.** [édifice, œuvre d'art] to restore. -**2.** *litt* [rétablir] to restore, to reestablish; **~ la paix** to restore peace. -**3.** *litt* [nourrir] to feed.

◆ **se restaurer** *vp (emploi réfléchi)* to have something to eat; **on s'arrêtera vers midi pour se ~ un peu** we'll stop around noon to have a bite to eat.

reste [rɛst] *nm* -**1.** [restant] rest; **il en a mangé une partie et a jeté le ~** he ate part of it and threw the rest away; **puis-je vous payer le ~ à la fin du mois?** can I pay you the rest at the end of the month?; **il a dormi le ~ de la journée** he slept for the rest of the day; **le ~ de ta vie** the rest of your life; **si vous êtes sages, je vous raconterai le ~ demain** if you're good, I'll tell you the rest of the story tomorrow; **et (tout) le ~!** and so on (and so forth)!; **tout le ~ n'est que littérature/qu'illusion** everything else is just insignificant/an illusion ❑ **sans attendre** OU **demander son ~** without (any) further ado; **elle s'est enfuie sans demander son ~** she left without further ado; **j'irai encaisser le chèque sans attendre mon ~** I'll go and cash in the cheque and have done with it; **être** OU **demeurer en ~** to be outdone, to be at a loss. -**2.** [résidu - de nourriture] food left over, leftovers (of food); [- de boisson] drink left over; [- de tissu, de papier] remnant, scrap; CIN outtakes; **un ~ de jour** OU **de lumière** a glimmer of daylight; **un ~ de sa gloire passée** a vestige OU remnant of his past glory. -**3.** MATH remainder; **le ~ égale cinq** the remainder is five.

◆ **restes** *nmpl* -**1.** [d'un repas] leftovers; **on mangera les ~s ce soir** we'll have the leftovers tonight; **je ne veux pas de ses ~s!** *fig* I don't want his leftovers! -**2.** [de beautés]: **avoir de beaux ~s: elle a de beaux ~s** she's still beautiful despite her age. -**3.** [vestiges] remains. -**4.** [ossements] (last) remains.

◆ **au reste, du reste** *loc adv* besides, furthermore, moreover; **inutile de discuter, du ~, ça ne dépend pas de moi** there's no point in arguing and, besides, it's not up to me to decide; **du ~, je ne suis pas d'accord avec toi** what's more, I don't agree with you.

◆ **de reste** *loc adj* surplus *(modif)*, spare; **passez me voir demain, j'aurai du temps de ~** come and see me tomorrow, I'll have some spare time; **il a de la patience de ~** he has patience to spare.

rester [3] [rɛste] *vi* -**1.** [dans un lieu, une situation] to stay, to remain; **le dard est resté dans son doigt** the sting is still OU has stayed in her finger; **c'est mieux si la voiture reste au garage** it's better if the car stays in the garage; **malgré mes efforts, la tache est restée** despite my efforts, the stain wouldn't go; **ceci doit ~ entre nous** this is strictly between me and you, this is for our ears only; **restez donc à déjeuner/dîner** do stay for lunch/dinner; **je ne reste pas** I'm not staying OU stopping; **savoir ~ à sa place** *fig* to know one's place; **~ debout/assis** to remain standing/seated; **elle est restée debout toute la nuit** she stayed up all night; **~ paralysé** to be left paralysed; **~ fidèle à qqn** to be OU to stay faithful to sb; **~ en fonction** to remain in office; **~ dans l'ignorance** to remain in ignorance; **~ célibataire** to remain single; **elle ne reste pas en place** she never keeps still; **tu veux bien ~ tranquille!** will you keep still!; **~ en contact avec qqn** to keep OU to stay in touch with sb; **je reste sur une impression désagréable** I'm left with an unpleasant impression; **je n'aime pas ~ sur un échec** I don't like to stop at failure; **~ dans les mémoires** OU **les annales** to go down in history; **en ~ à: nous en sommes restés à la page 160** we left off at OU got as far as page 160; **nous en resterons à cet accord** we will limit ourselves to OU go no further than this agreement; **restons-en là!** let's leave it at that! ❑ **~ en rade** *fam* OU **en plan** *fam* OU **en chemin** *fam* OU **en carafe** *fam* to be left high and dry OU stranded; ça m'est resté sur le cœur it still rankles with OU galls me; ça m'est resté en travers de la gorge *pr* it (got) stuck in my throat; *fig* I couldn't swallow it; ça m'est resté sur l'estomac *fam pr* I couldn't digest it; *fig* I still feel pretty peeved about it; il est resté sur sa faim *pr* he was still hungry; *fig* he was left unsatisfied OU frustrated; j'y suis, j'y reste! here I am and here I stay! -**2.** [subsister] to be left; c'est tout ce qui me reste that's all I have left; cette mauvaise habitude lui est restée he still has that bad habit; restent les deux dernières questions à traiter the last two questions still have to be dealt with; reste à savoir qui ira there still remains the problem of deciding who is to go. -**3.** *Afr* [habiter] to live. -**4.** *euph* [mourir] to meet one's end; il est resté sur le champ de bataille he died on the battlefield ❑ y ~ *fam* to kick the bucket. -**5.** [durer] to live on *(insép)*, to endure; son souvenir restera his memory will live on.

◆ **il reste** *v impers*: il me reste une bague de ma grand-mère I still have a ring my grandmother left me; il nous reste un peu de pain et de fromage we have a little bit of bread and cheese left; il me reste la moitié à payer I (still) have half of it to pay; il nous reste de quoi vivre we have enough left to live on; lisez beaucoup, il en restera toujours quelque chose do a lot of reading, there will always be something to show for it OU there's always something to be got out of it; cinq ôté de quinze, il reste dix five (taken away) from fifteen leaves ten; il reste un doute a doubt still remains; il reste encore à examiner les points a et c points a and c still remain to be examined; il ne reste plus rien à faire there's nothing left to be done; il reste à faire l'ourlet the hem is all that remains OU that's left to be done; il reste encore 12 km/40 jours à faire there's still 12 km/40 days to go; il reste que, il n'en reste pas moins que: il reste que le problème de succession n'est pas réglé the fact remains that the problem of the inheritance hasn't been solved; il n'en reste pas moins que vous avez tort you are nevertheless wrong ❑ il ne lui restera que les yeux pour pleurer he stands to lose everything; et s'il n'en reste qu'un, je serai celui-là *allusion Victor Hugo* and if anyone will be there at the finish, it will be me.

restituable [rɛstitɥabl] *adj* [somme] repayable.

restituer [7] [rɛstitɥe] *vt* -**1.** [rendre - bien] to return, to restore; [- argent] to refund, to return; ~ qqch à qqn to return sthg to sb; elle dut ~ les fonds détournés she had to pay back OU to return the embezzled funds. -**2.** [reconstituer - œuvre endommagée] to restore, to reconstruct; [- ambiance] to reconstitute, to render; ~ fidèlement les sons to reproduce sounds faithfully. -**3.** [vomir] to bring up *(sép)*; ~ son repas to bring up one's meal.

restitution [rɛstitysjɔ̃] *nf* -**1.** [d'un bien] return, restitution; [d'argent] refund. -**2.** [d'un son, d'une couleur] reproduction.

resto *fam* [rɛsto] *nm* restaurant; les ~s du cœur *charity food distribution centres.*

LES RESTOS DU CŒUR:
Set up by the comedian Coluche, the "restos du cœur" (full name, "les Restaurants du Cœur") are run by volunteers who distribute free meals to the poor and homeless, especially at Christmas time.

Restoroute® [rɛstorut] *nm* [sur autoroute] ≃ motorway *Br* OU freeway *Am* restaurant; [sur route] roadside restaurant.

resto-U *fam* [rɛstoy] *nm abr de* restaurant universitaire.

restreindre [81] [rɛstrɛ̃dr] *vt* [ambition, dépense] to restrict, to limit, to curb; [consommation] to cut down *(sép)*; ~ les libertés to restrict liberties; en raison de son âge, il a dû ~ ses activités he had to limit his activities because of his age; elle a dû ~ ses recherches à un domaine précis she had to limit her research to a precise field.

◆ **se restreindre** *vpi* -**1.** [se rationner] to cut down; tu ne sais pas te ~ you don't know when to stop. -**2.** [s'amenuiser]: le champ d'activités de l'entreprise s'est restreint the company's activities have become more limited; son cercle d'amis s'est restreint his circle of friends has got smaller.

restreint, e [rɛstrɛ̃, ɛ̃t] *adj* -**1.** [réduit] limited; l'espace est ~ there's not much room ❑ édition à tirage ~ limited edition. -**2.** [limité] restricted; la distribution de ces produits est ~e à Paris et à sa région these products are sold exclusively in the Paris area.

restrictif, ive [rɛstriktif, iv] *adj* restrictive.

restriction [rɛstriksjɔ̃] *nf* -**1.** [réserve] reservation; émettre quelques ~s à l'égard d'un projet to express some reservations about a project ❑ ~ mentale mental reservation. -**2.** [limitation] restriction, limitation; ~ de crédit restriction on credit, credit squeeze.

◆ **restrictions** *nfpl* restrictions; les ~s en temps de guerre wartime restrictions OU austerity.

◆ **sans restriction** *loc adv* [entièrement]: je vous approuve sans ~ you have my unreserved approval.

restructuration [rəstryktyrasjɔ̃] *nf* -**1.** [d'un quartier, d'une ville] redevelopment. -**2.** [d'une société, d'un service] restructuring, reorganization.

restructurer [3] [rəstryktyre] *vt* to restructure, to reorganize.

resucée *fam* [rəsyse] *nf* -**1.** [de boisson]: une ~ de another swig OU slug of. -**2.** [répétition] rehash; ils ne montrent que des ~s à la télévision all they ever show on TV is (old) repeats.

résultant, e [rezyltɑ̃, ɑ̃t] *adj* resulting.

◆ **résultante** *nf* -**1.** [résultat] result, outcome. -**2.** PHYS resultant.

résultat [rezylta] *nm* -**1.** [réalisation positive] result; ne donner aucun ~ to have no effect; il n'y a pas que le ~ qui compte the (end) result is not the only important thing. -**2.** [aboutissement] result, outcome; voici le ~ de nombreuses années de recherche this is the result of several years of research; son attitude a eu pour ~ de rapprocher le frère et la sœur her attitude led to OU resulted in closer ties between brother and sister. -**3.** *fam* [introduisant une conclusion]: il a voulu trop en faire, ~, il est malade he tried to do too much and sure enough he fell ill; ~, je n'ai toujours pas compris so I'm still none the wiser. -**4.** MATH result; peux-tu me donner le ~ de la soustraction? can you give me the result of OU the answer to the subtraction?; j'ai le même ~ que toi I get the same result as you. -**5.** POL & SPORT result; nous avons un dernier ~ en tennis here is the latest tennis score; ~ partiel pour la Corse et les Alpes-Maritimes by-election result for Corsica and the Alpes-Maritimes ❑ le ~ des courses SPORT the racing results; *fig* the outcome (of the situation).

◆ **résultats** *nmpl* FIN, POL & SPORT results; SCOL results, marks; les ~s de l'exercice en cours sont mauvais the results are poor for the current (financial) year; les ~s du Loto the winning lottery numbers.

résulter [3] [rezylte]

◆ **résulter de** *v + prép* to result OU to ensue from; il est difficile de dire ce qui en résultera at the moment it's difficult to say what the result OU outcome will be; je ne sais pas ce qui en résultera I don't know what the end result will be OU what's going to come out of this; le travail/souci qui en résulte the ensuing work/ worry ‖ *(tournure impersonnelle)*: il résulte de l'enquête que... the result of the investigation shows that...; il en a résulté que... the result OU the outcome was that...

résumé [rezyme] *nm* -**1.** [sommaire] summary, résumé; faites un ~ du passage suivant write a summary OU a précis of the following passage; ~ des épisodes précédents the story so far. -**2.** [bref exposé] summary; faites-nous le ~ de la situation sum up OU summarize the situation for us. -**3.** [ouvrage] summary, précis.

◆ **en résumé** *loc adv* in short, in brief, briefly; en ~, nous ne sommes d'accord sur aucun des points soulevés in short, we do not agree on any of the points raised.

résumer [3] [rezyme] *vt* -**1.** [récapituler] to summarize, to sum up *(sép)*; je vais vous ~ notre conversation let me summarize our conversation; voici le problème résumé en quelques chiffres here is the problem summed up in a few figures; résume-lui l'histoire en quelques mots sum up the story for him in a few words. -**2.** [symboliser] to typify, to symbolize; ce cas résume tous les autres du même genre this case sums up all others of the same type.

◆ **se résumer** *vpi* [reprendre] to sum up; pour me ~, je dirai que nous devons être vigilants to sum up, I would say that we must be vigilant.

◆ **se résumer à** *vp + prép* to come down to; cela se résume à peu de chose it doesn't amount to much.

resurchauffer [3] [rəsyrʃofe] *vt* to reheat, to resuperheat *spéc.*

résurgence [rezyrʒɑ̃s] *nf* -**1.** GÉOG resurgence. -**2.** *sout* [réapparition] resurgence, revival.

resurgir [rəsyrʒir] = **ressurgir**.

résurrection [rezyrɛksjɔ̃] *nf* -**1.** RELIG resurrection; la Résurrection (du Christ) the Resurrection (of Christ); ~ de la chair resurrection of the body. -**2.** [renaissance] revival; nous attendons la ~ du cinéma français we're waiting for French cinema to take on a new lease of life. -**3.** [guérison]: depuis qu'il sait que sa fille est saine et sauve, c'est une véritable ~! now he knows his daughter is safe, he's made a miraculous recovery!

retable [rətabl] *nm* [sur l'autel] retable; [derrière l'autel] reredos.

rétablir [32] [retablir] *vt* -**1.** [établir de nouveau] to restore; le courant a été rétabli dans l'après-midi the power was reconnected OU restored in the afternoon; ~ le calme/l'ordre/une vieille coutume to restore calm/order/an old custom; ~ l'équilibre to redress the balance; nous prendrons les mesures nécessaires pour ~ la situation we'll take the measures required to restore the situation to normal; ~ un texte to restore a text *(to its original form)*; ~ qqn dans son emploi to reinstate sb; elle a été rétablie dans tous ses droits all her rights were restored. -**2.** [guérir]: ~ qqn to restore sb to health; c'est un traitement assez long mais il vous rétablira it's a rather long treatment but it will restore you to health; son séjour l'a complètement rétabli his holiday brought about his complete recovery. -**3.** [rectifier] to reestablish; rétablissons les faits let's reestablish the facts, let's get down to what really happened.

◆ **se rétablir** *vpi* -**1.** [guérir] to recover; il ne se rétablit pas très vite he's not recovering very quickly; elle est partie se ~ à la campagne she went to the country to recuperate OU to recover. -**2.** [revenir] to be restored; l'ordre s'est rétabli lentement order was gradually restored. -**3.** [reprendre son équilibre] to get one's balance back.

rétablissement [retablismɑ̃] *nm* -**1.** [action] restoration; [résultat] restoration, reestablishment; le ~ du courant prendra deux heures it will be two hours before the power comes back on; nous souhaitons tous le ~ de la paix we all want peace to be restored. -**2.** [guérison] recovery; nous vous souhaitons un prompt ~ we wish you a speedy recovery. -**3.** SPORT: faire un ~ à la barre fixe to do a pull-up on the horizontal bar.

retailler [3] [rətaje] *vt* [rosier, vigne] to reprune; [diamant, vêtement] to recut; [crayon] to resharpen; [haie] to retrim; [cartes à jouer] to shuffle and cut again.

rétamage [retamaʒ] *nm* retinning.

rétamé, e [retame] *adj* -**1.** [étamé de nouveau] retinned. -**2.** ▽ [épuisé] worn out, knackered *Br*;

[ivre] pissed *Br*, wrecked; [démoli] wrecked, smashed up.

rétamer [3] [retame] *vt* -**1.** [étamer de nouveau] to retin. -**2.** ▽ [enivrer] to knock out *(sép)*; **un verre de champagne suffit à me ~** one glass of champagne is enough to knock me out. -**3.** ▽ [battre au jeu] to clean out; **je me suis fait ~ au casino** I got cleaned out at the casino. -**4.** ▽ [fatiguer] to wreck. -**5.** ▽ [démolir] to wreck; **il a complètement rétamé sa voiture** he wrote his car off *Br*, he totalled his car *Am*. -**6.** ▽ [refuser - candidat] to fail; **ils ont rétamé la moitié des candidats** they failed half the candidates.

◆ **se rétamer** *vpi* -**1.** *fam* [tomber] to come a cropper *Br*, to take a tumble; **je me suis drôlement rétamé au ski** I took a real tumble when I went skiing. -**2.** [échouer] to mess up; **je me suis rétamée à l'oral** I messed up my oral exam.

rétameur [retamœr] *nm* tinker.

retapage *fam* [rətapaʒ] *nm* [d'un lit] straightening, making; [d'une maison, d'une voiture] doing up.

retape▽ [rətap] *nf* -**1.** [racolage]: **faire (de) la ~** to hustle *Am*, to be on the game *Br*. -**2.** [publicité] loud advertising, hyping (up), plugging.

retaper [3] [rətape] *vt* -**1.** [lit] to straighten, to make. -**2.** *fam* [maison] to do up *(sép)*; [voiture] to fix OU to do up *(sép)*. -**3.** *fam* [malade] to buck up *(sép)*; **mon séjour à la montagne m'a retapé** my stay in the mountains set me back on my feet again. -**4.** [lettre] to retype, to type again.

◆ **se retaper** *fam* ◇ *vp* *(emploi réfléchi)* -**1.** [physiquement] to get back on one's feet again; **elle a grand besoin de se ~** she badly needs to recharge her batteries. -**2.** [financièrement] to sort out one's finances, to get straightened out (financially).

◇ *vpt*: **j'ai dû me ~ la lecture du rapport** I had to read through the blasted report again.

retard [rətar] ◇ *nm* -**1.** [manque de ponctualité] lateness; **il ne s'est même pas excusé pour son ~** he didn't even apologize for being late; **mon ~ est dû à...** I'm late because of...; **j'avais plus d'une heure de ~** I was more than an hour late; **avoir du ~** to be late; **l'avion Londres-Paris est annoncé avec deux heures de ~** a two-hour delay is expected on the London to Paris flight; **rapportez vos livres sans ~** return your books without delay; **tout ~ dans le paiement des intérêts sera sanctionné** all late payments of interest OU any delay in paying interest will incur a penalty. -**2.** [intervalle de temps, distance]: **il a un tour de ~ sur son principal adversaire** he's a lap behind his main opponent; **le peloton est arrivé avec cinq minutes de ~ sur le vainqueur** the pack arrived five minutes after OU behind the winner. -**3.** [d'une horloge]: **ma montre a plusieurs minutes de ~** my watch is several minutes slow. -**4.** [d'un élève] backwardness *péj*; **il a du ~ en allemand** he's behind in German; **il doit combler son ~ en physique** he's got to catch up in physics ❑ **~ scolaire** learning difficulties. -**5.** [handicap]: **nous avons comblé notre ~ industriel en quelques années** we caught up on OU we closed the gap in our industrial development in a few years; **nous avons des années de ~ (sur eux)** we're years behind (them). -**6.** MÉCAN: **~ à l'allumage** retarded ignition.

◇ *adj inv* delayed (-action), retarded; **insuline/pénicilline ~** slow-release insulin/penicillin.

◆ **en retard** ◇ *loc adj*: **j'ai des lettres/du tricot en ~** I'm behind with my mail/knitting; **un élève en ~ dans ses études** a pupil who is behind in his studies ❑ **paiement en ~** [qui n'est pas fait] arrears, overdue payment; [qui est fait] late payment.

◇ *loc adv*: **être/arriver en ~** to be/to arrive late; **il est en ~ dans ses paiements** he's behind OU in arrears with (his) payments; **elle s'est mise en ~** she made herself late; **elle est très en ~ pour son âge** PSYCH she's rather immature OU slow for her age; ENS she's rather behind for her age; **nous avons rendu nos épreuves en ~** we were late handing in our tests; **être en ~ sur son époque** OU **son temps** to be behind the times.

retardataire [rətardatɛr] ◇ *adj* -**1.** [qui n'est pas à l'heure] late; [qui a été retardé] delayed. -**2.** [désuet] obsolete, old-fashioned; **vous avez vraiment des méthodes ~s** your methods are completely obsolete OU outdated.

◇ *nmf* latecomer.

retardateur, trice [rətardatœr, tris] *adj* retarding; **action retardatrice** MIL delaying tactics; **frottement ~** SC & TECH (friction) drag.

◆ **retardateur** *nm* -**1.** CHIM retarder, negative catalyst. -**2.** CONSTR retarding agent, retarder. -**3.** PHOT (camera) self-timer.

retardé, e [rətarde] ◇ *adj* *fam* [arriéré] retarded, backward *péj*, slow.

◇ *nm, f* (mentally) retarded person.

retardement [rətardəmɑ̃]

◆ **à retardement** ◇ *loc adj* [mécanisme] delayed-action *(modif)*.

◇ *loc adv*: **comprendre à ~** to understand after the event.

retarder [3] [rətarde] ◇ *vt* -**1.** [ralentir - visiteur, passager] to delay, to make late; **la pluie/grève m'a retardé** the rain/strike made me late ‖ [entraver - enquête, progrès, travaux] to delay, to hamper, to slow down *(sép)*; **les problèmes financiers l'ont retardé dans ses études** financial problems slowed him down OU hampered him in his studies. -**2.** [ajourner] to postpone, to put back *(sép)*; **nous avons dû ~ la date d'ouverture du congrès** we had to put back the date for OU postpone the start of the congress; **elle retarde par tous les moyens le moment de le rencontrer** she's using every opportunity to put off OU to postpone OU to delay meeting him. -**3.** [montre] to put back *(sép)*; **j'ai retardé la pendule de quelques minutes** I put the clock back a few minutes.

◇ *vi* -**1.** [montre] to be slow; **la pendule retarde** the clock is slow; **mon réveil retarde de cinq minutes** my alarm (clock) is five minutes slow; **je retarde de quelques minutes** *fam* I'm OU my watch is a few minutes slow. -**2.** *fam* [personne] to be out of touch; **~ sur son temps** OU **son siècle** to be behind the times; **il retarde de vingt ans sur notre époque** OU **temps** he's twenty years behind the times ❑ **~ (d'un métro)** to be out of touch.

◆ **se retarder** *vpi* to make o.s. late; **ne te retarde pas pour ça** don't let this hold you up OU delay you.

retâter [3] [rətate] *vt* [étoffe] to feel again.

◆ **retâter de** *fam* *v + prép*: **il n'a pas envie de ~ de la prison** he doesn't want to sample the delights of prison life again.

reteindre [81] [rətɛ̃dr] *vt* to dye again, to redye.

retendre [73] [rətɑ̃dr] *vt* [corde, câble] to retighten, to tauten (again); [ressort] to reset; [muscle] to brace OU to tense again; [corde de raquette] to tauten (again).

retenir [40] [rətənir] *vt* -**1.** [immobiliser] to hold, to keep; **retiens le chien, il va sauter!** hold the dog back, it's going to jump!; **j'ai retenu la chaise juste à temps** I caught the chair just in time; **le mur est retenu par un échafaudage** the wall is held up by scaffolding; **~ le regard de qqn** to arrest sb's gaze; **~ l'attention de qqn** to hold sb's attention; **votre CV a retenu toute mon attention** I studied your CV with great interest; **~ qqn prisonnier** to hold sb prisoner; **~ qqn en otage** to hold sb hostage; **~ qqn à dîner** to invite sb for dinner; **je ne vous retiens pas, je sais que vous êtes pressé** I won't keep you, I know you're in a hurry. -**2.** [empêcher d'agir] to hold back *(sép)*; **quand il est en colère, personne ne peut le ~** when he's angry, there's no holding him OU nobody can stop him; **je ne sais pas ce qui me retient de l'envoyer promener** *fam* I don't know what's stopping OU keeping me from telling him to go to hell; **retiens-moi ou je fais un malheur** *fam* hold me back or I'll do something desperate. -**3.** [refouler] to curb, to hold in check, to hold back *(sép)*; **elle ne pouvait ~ ses larmes/un sourire** she couldn't hold back her tears/a smile; **~ un geste d'impatience** to hold back OU to check a gesture of impatience; **~ un cri** to stifle a scream; **~ son souffle** OU **sa respiration** to hold one's breath. -**4.** [réserver] to book, to reserve; **~ une chambre dans un hôtel** to book a room in a hotel; **retiens la date du 20 juin pour notre réunion** keep June the 20th free for our meeting. -**5.** [se rappeler] to remember; **~ qqch** to remember OU to recall sthg; **et surtout, retiens bien ce qu'on t'a dit** and above all, remember OU don't forget what you've been told ❑ **je te retiens, toi et tes soi-disant bonnes idées!** *fam* I'll remember you and your so-called good ideas! -**6.** [prendre en considération - candidature, suggestion] to retain, to accept; **~ une accusation contre qqn** to uphold a charge against sb. -**7.** [décompter] to deduct, to keep back *(sép)*; **j'ai retenu 1 500 francs sur votre salaire** I've deducted 1,500 francs from your salary; **sommes retenues à la base** OU **source** sums deducted at source. -**8.** [conserver - chaleur] to keep in *(sép)*, to retain, to conserve; [- eau] to retain; [- lumière] to reflect; **un filtre retient les impuretés** a filter retains the impurities. -**9.** MATH to carry; **je pose 5 et je retiens 4** I put down 5 and carry 4.

◆ **se retenir** ◇ *vp* *(emploi réfléchi)* -**1.** [se contrôler] to restrain o.s.; **se ~ de pleurer** to stop o.s. crying. -**2.** *fam euph* to hold on; **il n'a pas pu se ~** he couldn't wait (to go to the toilet).

◇ *vpi* [s'agripper] to hold on; **retiens-toi à la branche** hold on to the branch.

rétention [retɑ̃sjɔ̃] *nf* -**1.** MÉD retention; **faire de la ~ d'urines/d'eau** to suffer from urine/water retention. -**2.** JUR reservation. -**3.** PSYCH retention.

retentir [32] [rətɑ̃tir] *vi* -**1.** [résonner] to resound, to ring; **de bruyants applaudissements retentirent dans la salle** loud applause burst forth in the hall; **la voix des enfants retentissait dans l'escalier** the children's voices were ringing out in the stairway; **la maison retentit du bruit des ouvriers** the house is filled with the noise of the workers. -**2.** [avoir des répercussions]: **~ sur** to have an effect on; **l'accident de sa femme a retenti sur son moral** his wife's accident shook him a great deal.

retentissant, e [rətɑ̃tisɑ̃, ɑ̃t] *adj* -**1.** [éclatant - cri, bruit, gifle] resounding, ringing; [- voix] ringing; [- sonnerie] loud. -**2.** [remarquable] tremendous; **un succès ~** resounding success; **un bide ~** *fam* a resounding flop; **faire une découverte ~e** to make a tremendous OU sensational discovery.

retentissement [rətɑ̃tismɑ̃] *nm* -**1.** [contrecoup] repercussion; **ça n'a aucun ~ sur notre pouvoir d'achat** it doesn't affect our purchasing power in any way. -**2.** [impact] effect, impact; **le ~ dans l'opinion publique a été considérable/nul** there was considerable/no effect on public opinion; **cette déclaration devrait avoir un certain ~** this statement should create quite a stir. -**3.** *litt* [bruit] ringing, resounding.

retenue [rətəny] *nf* -**1.** [déduction] deduction; **opérer une ~ de 9 % sur les salaires** to deduct OU to stop 9 % from salaries; **on a fait une ~ de 200 francs sur son salaire** 200 francs have been docked from his wages; **moins 5,6 % en ~s diverses** less 5.6 % in deductions OU stoppages *Br* ❑ **~ à la source** payment (of income tax) at source, ≃ PAYE *Br*. -**2.** [réserve] reserve, self-control, restraint; **se confier à qqn sans ~** to confide in sb unreservedly OU freely; **c'est une jeune femme pleine de ~** she's a very reserved young woman; **un peu de ~!** show some restraint!, keep a hold of yourself! -**3.** SCOL [punition] detention; **mettre qqn en ~** to keep sb in after school, to put sb in detention; **j'ai 4 heures de ~ la semaine prochaine** I've got 4 hours detention next week. -**4.** MATH: **reporter la ~** to carry over; **la ~, c'est combien?** how much is there to carry over?

-**5.** CONSTR [d'une poutre] pinning. -**6.** NAUT [entre écluses] reach. -**7.** TRAV PUBL damming up *(U)*; ~ **d'eau** volume of water *(in dam)*.

réticence [retisɑ̃s] *nf* reluctance, reticence; **avec quelque ~** with some reticence OU reservations; **avoir des ~s (sur qqch)** to feel reticent OU to have reservations (about sthg); **j'ai remarqué un peu de ~ dans son accord** I noticed she agreed somewhat reluctantly; **parler avec ~** to speak reticently; **parlez sans ~** don't be reticent, feel free to speak quite openly.

réticent, e [retisɑ̃, ɑ̃t] *adj* -**1.** [hésitant] reticent, reluctant, reserved; **je suis un peu ~ à l'égard de votre proposition** I feel slightly reluctant about your proposal. -**2.** *litt* [discret] reticent.

réticulaire [retikylɛr] *adj* reticular.

réticulation [retikylasjɔ̃] *nf* CHIM cross-linkage.

réticule [retikyl] *nm* -**1.** [sac] reticule. -**2.** OPT reticle.

réticulé, e [retikyle] *adj* -**1.** ARCHIT reticulated, reticular. -**2.** ANAT & BOT reticulate.

réticulocyte [retikylɔsit] *nm* reticulocyte.

rétif, ive [retif, iv] *adj* -**1.** [cheval] stubborn. -**2.** [enfant] restive, fractious, recalcitrant.

rétine [retin] *nf* retina.

rétinien, enne [retinjɛ̃, ɛn] *adj* retinal.

rétinite [retinit] *nf* -**1.** MINÉR retinite. -**2.** MÉD retinitis.

retirage [rətiraʒ] *nm* reprint; **je voudrais faire un ~ de ces photos** I'd like prints of these photos.

retiré, e [rətire] *adj* -**1.** [isolé] remote, secluded, out-of-the-way; **ils cherchent une maison ~e** they're looking for a secluded house; **elle habite un quartier ~** she lives in an out-of-the-way neighbourhood. -**2.** [solitaire] secluded; **mener une vie ~e à la campagne** to live a secluded life in the country; **vivre ~ du monde** to live in seclusion. -**3.** [à la retraite] retired.

retirer [3] [rətire] ◇ *vt* -**1.** [ôter] to take off OU away *(sép)*, to remove; **retire tes gants** take off your gloves; **aider un enfant à ~ son manteau** to help a child off with his coat. -**2.** [ramener à soi]: **retire ta main** take your hand away; **retire tes jambes** move your legs back. -**3.** [faire sortir] to take out *(sép)*, to remove; **on a retiré de nombreux corps du bâtiment** a large number of bodies were removed from OU taken out of the building; **elle a été obligée de ~ son fils de l'école** she had to remove her son from the school. -**4.** [annuler - droit] to take away *(sép)*; [- plainte, offre] to withdraw; [- accusation] to take back *(sép)*; ~ **sa candidature** to withdraw one's candidature, to stand down; **d'accord, je retire tout ce que j'ai dit sur lui** OK, I take back all I said about him; ~ **des billets/un magazine de la circulation** to withdraw banknotes/a magazine (from circulation); **la pièce a été retirée de l'affiche après une semaine** the play came off OU closed after a week. -**5.** [confisquer]: ~ **qqch à qqn** to take sthg away from sb; **retire-lui le verre des mains** take the glass away from him; **on lui a retiré la garde des enfants** he lost custody of the children; **on lui a retiré son permis de conduire** he's been banned from driving; ~ **son emploi à qqn** to take away sb's job; ~ **sa confiance à qqn** to no longer trust sb. -**6.** [récupérer - argent] to withdraw, to take out *(sép)*, to draw; [- bagage, ticket] to pick up *(sép)*, to collect; **j'ai retiré un peu d'argent de mon compte** I drew OU withdrew some money from my bank account; **retire 1 000 francs, ça suffira** take OU get 1,000 francs out, that will be enough. -**7.** [obtenir] to gain, to get; ~ **un bénéfice important d'une affaire** to make a large profit out of a deal; **je n'ai retiré que des désagréments de cet emploi** I got nothing but trouble from that job. -**8.** [coup de feu] to fire again. -**9.** IMPR to reprint; ~ **une photo** to make a new OU fresh print (from a photo).
◇ *vi* -**1.** ARM to fire again. -**2.** SPORT to shoot again.

◆ **se retirer** *vpi* -**1.** [s'éloigner] to withdraw; **il est tard, je vais me ~** *sout* it's late, I'm going to retire OU to withdraw; **ils se sont retirés discrètement pour pouvoir parler entre eux** they withdrew discreetly so that they could talk together; **les manifestants se sont retirés** the demonstrators withdrew; **se ~ de** to withdraw from; **se ~ de la politique/compétition** to withdraw from politics/the competition; **se ~ de la vie active** to retire ❑ **se ~ dans ses appartements** *hum* to retire OU to withdraw to one's room. -**2.** [s'établir] to retire; **il s'est retiré dans le Midi** he retired to the South of France ‖ [se cloîtrer] to retire, to withdraw; **se ~ du monde** to cut o.s. off from the world. -**3.** [mer] to recede, to ebb. -**4.** [disparaître] to disappear, to vanish; **toute joie s'est retirée de leur maison à la mort de leur fille** joy vanished from their home when their daughter died.

retisser [3] [rətise] *vt* to weave again, to reweave.

retombant, e [rətɔ̃bɑ̃, ɑ̃t] *adj* hanging, trailing, drooping *péj*.

retombé [rətɔ̃be] *nm* landing DANCE.

retombée [rətɔ̃be] *nf* -**1.** *litt* [déclin]: **la ~ de l'enthousiasme populaire** the decline in popular enthusiasm. -**2.** ARCHIT & CONSTR springing.
◆ **retombées** *nfpl* NUCL fallout; *fig* [répercussions] repercussions, effects.

retomber [3] [rətɔ̃be] *vi* *(aux être)* -**1.** [bouteille, balai] to fall over again; [mur, livres empilés] to fall down again OU back down; [ivrogne, bambin] to fall over OU down again; **se laisser ~ par terre/sur une chaise** to fall OU to drop back onto the ground/onto a chair; **se laisser ~ sur son lit** to flop OU to fall back onto one's bed; **se laisser ~ sur son oreiller** to sink back into one's pillow; ~ **de cheval** to fall off a horse again; **le savon est retombé dans l'eau** the soap has fallen into the water again. -**2.** [atterrir - chat, sauteur, parachutiste, missile] to land; [- balle] to come (back) down; [redescendre - couvercle, rideau de fer, clapet] to close; [- soufflé, mousse] to collapse; **laissez ~ votre main droite** let your right hand come down OU drop down ❑ **elle est retombée sur ses pieds** *pr* & *fig* she landed on her feet. -**3.** [devenir moins fort - fièvre, prix] to drop; [- agitation] to fall, to tail off, to die away; [- enthousiasme] to fall, to wane; **le dollar est retombé** the dollar has fallen OU dropped again. -**4.** [dans un état, une habitude] to fall back, to lapse; ~ **dans la pénurie/l'ennui** to fall back into poverty/boredom; ~ **dans les mêmes erreurs** to make the same mistakes again. -**5.** MÉTÉO [vent] to fall (again), to drop, to die down; [brume] to disappear, to be dispelled; *(tournure impersonnelle)*: **il retombe de la pluie/neige/grêle** it's raining/snowing/hailing again. -**6.** [pendre -drapé, guirlande, ourlet] to hang; **les fleurs retombent en lourdes grappes** the flowers are hanging in heavy clusters. -**7.** [redevenir]: ~ **amoureux** to fall in love again; ~ **d'accord** to come to OU to reach an agreement again; ~ **enceinte** to get pregnant again; ~ **malade** to become OU to fall ill again; ~ **en enfance** to go into one's second childhood. -**8.** [dans l'expression des dates]: **mon anniversaire retombe un lundi cette année** my birthday falls on a Monday again this year.
◆ **retomber sur** *v + prép* -**1.** [rejaillir]: **la responsabilité retombe sur moi** the blame for it falls on me; **tous les torts sont retombés sur elle** she had to bear the brunt of all the blame; **la malédiction retombera sur votre tête** the curse shall be visited upon you *litt* OU will fall on your head ❑ **un de ces jours ça va te ~ sur le nez!** *fam* one of these days you'll get your come-uppance OU what's coming to you! -**2.** *fam* [rencontrer à nouveau]: ~ **sur qqn** to bump into OU to come across sb again; ~ **sur qqch** to come across sthg again; **je suis retombé sur le même prof/sujet à l'oral** *fam* I got the same examiner/question for the oral exam; **en tournant à droite, vous retombez sur l'avenue** if you turn right you're back on the avenue again.

retordre [76] [rətɔrdr] *vt* -**1.** TEXT to twist. -**2.** [linge] to wring out *(sép)* again.

rétorquer [3] [retɔrke] *vt* to retort; **certainement pas! rétorqua-t-elle vivement** certainly not! she snapped back.

retors, e [rətɔr, ɔrs] *adj* -**1.** [machiavélique] crafty, tricky; **méfie-toi, il est ~** be careful, he's a wily customer OU he knows all the tricks of the trade. -**2.** TEXT: **fil ~** twisted OU warp yarn.

rétorsion [retɔrsjɔ̃] *nf* -**1.** [représailles] retaliation; **par ~** in retaliation; **user de ~ envers** to retaliate against. -**2.** JUR retortion.

retouche [rətuʃ] *nf* -**1.** [correction] alteration; **je dois apporter quelques ~s à mon texte** I need to make a few alterations to my text; **sans ~s** unaltered. -**2.** BX-ARTS retouching *(U)*; **je veux faire des ~s à cette sculpture avant de l'exposer** I want to work a little more on this sculpture before exhibiting it. -**3.** COUT alteration. -**4.** PHOT touching up *(U)*; **l'agrandissement demande quelques ~s** the enlargement needs a little touching up.

retoucher [3] [rətuʃe] *vt* [modifier - texte, vêtement] to alter; [- œuvre] to retouch; [- photo] to retouch, to touch up *(sép)*; **j'ai seulement retouché les ombres** I just touched up the shadows.
◆ **retoucher à** *v + prép* [se remettre à] to go back to; **et depuis, tu n'as plus jamais retouché à une cigarette?** and since then you haven't touched a OU another cigarette?; **il n'a plus jamais retouché à son piano** he never touched OU played his piano again; **n'avez-vous pas envie de ~ à la peinture, à présent?** don't you feel like doing a bit of painting again, now?

retoucheur, euse [rətuʃœr, øz] *nm, f* -**1.** COUT alterer. -**2.** PHOT retoucher.

retour [rətur] ◇ *nm* -**1.** [chez soi, au point de départ] return; **à ton ~** when you return home OU get back; **à son ~ de l'hôpital nous l'inviterons au restaurant** when he gets out of hospital we'll take him out for a meal; **à son ~ de l'usine il prenait le temps de lire le journal** when he got back from the factory he would take the time to read the newspaper; **nous comptons sur ton ~ pour Noël** we expect you back (home) for Christmas; **après dix années d'exil, c'est le ~ au pays** after a ten-year exile he's coming home; ~ **à un stade antérieur** reverting OU returning to an earlier stage ❑ ~ **à la normale** back to normal; ~ **aux sources** return to one's roots; **c'est un ~ aux sources qu'il fait en se rendant à Varsovie** he's going back to his roots on this trip to Warsaw; ~ **à la terre** return to the land; **être sur le ~** *pr* to be about to return, to be on the point of returning; *fig* to be past one's prime; **ils doivent être sur le ~ à présent** they must be on their way back now; **un don Juan sur le ~** an ageing Don Juan; **une beauté sur le ~** a waning beauty. -**2.** [nouvelle apparition - d'une célébrité] return, reappearance; **ses ~s répétés sur la scène londonienne** her regular reappearances on the London stage ‖ [récurrence - d'une mode, d'un thème] return, recurrence; **on note un ~ des jupes longues** long skirts are back (in fashion); **le ~ d'un thème** the recurrence of a theme. -**3.** [mouvement inverse]: **faire un ~ sur soi-même** to review one's past life ❑ ~ **arrière** IMPR backspace; ~ **de bâton** kickback; ~ **(de) chariot** carriage return; ~ **de flamme** TECH & *fig* backfire; ~ **offensif** renewed outbreak; ~ **par la terre** ÉLECTR earthing *Br*, grounding *Am*; ~ **à la case départ** JEUX back to the start; *fig* back to square one OU to the drawing board; **par un juste ~ des choses il a été licencié** he was sacked, which seemed fair enough under the circumstances. -**4.** [réexpédition] return; ~ **à l'envoyeur** OU **à l'expéditeur** return to sender; **par ~ du courrier** by return of post. -**5.** TRANSP [trajet] return (journey), journey back; **combien coûte le ~?** how much is the return fare? ❑ **un aller (et) ~** [trajet] a round trip; [billet] a return (ticket) *Br*, a round-trip ticket *Am*. -**6.** JUR reversion; **faire ~ à** to revert to. -**7.** TENNIS return; ~ **de service** return of serve, service return. -**8.** INF: ~ **(d'information)** (information) feedback. -**9.** ARCHIT return, (corner) angle; **en ~ d'équerre** right-angle *(modif)*. -**10.** FIN: ~ **sur investissements** return on investments. -**11.** COMM return; **avec possibilité de ~** on a sale or return basis. -**12.** [meuble]: **bureau avec ~** desk with a right-angled extension unit.

◇ *adj inv* SPORT: **match ~** return match.

◆ **retours** *nmpl* [de vacances] return traffic *(from weekends etc)*; **il y a beaucoup de ~s ce soir** many people are driving back to the city tonight.

◆ **de retour** *loc adv* back; **je serai de ~ demain** I'll be back tomorrow; **les hirondelles sont de ~** the swallows are back (again) OU with us again; **de ~ chez lui, il réfléchit** (once he was) back home, he thought it over.

◆ **de retour de** *loc prép* back from; **de ~ de Rio, je tentai de la voir** on my return from Rio, I tried to see her.

◆ **en retour** *loc adv* in return.

◆ **sans retour** *loc adv litt* [pour toujours] forever, irrevocably.

◆ **retour d'âge** *nm* change of life.

◆ **retour de manivelle** *nm* -**1.** MÉCAN kickback. -**2.** [choc en retour] backlash; [conséquence néfaste] backlash, repercussion.

◆ **retour en arrière** *nm* -**1.** CIN & LITTÉRAT flashback. -**2.** [régression] step backwards *fig*.

retournage [rəturnaʒ] *nm* turning inside out *(and repairing)*.

retourne [rəturn] *nf* CARTES: **la ~ est à cœur** hearts are trumps.

retournement [rəturnəmɑ̃] *nm* -**1.** [revirement]: **un ~ de situation** a turnaround OU a reversal (of the situation). -**2.** GÉOM turning (over).

retourner [3] [rəturne] ◇ *vt (aux avoir)* -**1.** [orienter dans le sens contraire] to turn round OU around *(sép)*; **retourne le plan** turn the map round OU around OU the other way round; ~ **une arme contre** OU **sur qqn** to turn a weapon on sb; **puis il a retourné son arme contre lui-même** then he turned his weapon on himself, then he shot himself || [renverser - situation] to reverse, to turn inside out OU back to front; **je lui ai retourné son** OU **le compliment** I returned the compliment. -**2.** [renvoyer - colis, lettre] to send back *(sép)*. -**3.** [mettre à l'envers - literie] to turn round OU around; [- carte à jouer] to turn up *(sép)*; [- champ, paille] to turn over *(sép)*; [- verre] to turn upside down; [- grillade] to turn over *(sép)*; [- gant, poche] to turn inside out; **il a retourné la photo contre le mur** he turned the photo against the wall ❑ ~ **sa veste** to turn one's coat, to go over to the other side; **il te retournera comme une crêpe** OU **un gant** he'll twist you round his little finger. -**4.** [mélanger - salade] to toss. -**5.** [fouiller - maison, pièce] to turn upside down. -**6.** [examiner - pensée]: **tourner et ~ une idée dans sa tête** to mull over an idea (in one's head). -**7.** *fam* [émouvoir]: **j'en suis encore tout retourné!** I'm still reeling from the shock!

◇ *vi (aux être)* -**1.** [aller à nouveau] to return, to go again OU back; **jamais je ne retournerai là-bas** I will never go there again OU go back there; **je n'y étais pas retourné depuis des années** I had not been back there for years; **si tu étais à ma place, tu retournerais le voir?** if you were me, would you (ever) go and see him again?; **je retournai la voir une dernière fois** I paid her one OU my last visit; **la pièce m'a tellement plu que je suis retourné la voir** I liked the play so much that I went (back) to see it again. -**2.** [revenir] to go back, to return; ~ **chez soi** to go (back) home; ~ **sur ses pas** to retrace one's steps, to turn back; ~ **à sa place** [sur son siège] to go back to one's seat.

◇ *v impers*: **peut-on savoir de quoi il retourne?** what is it all about?, what exactly is going on?

◆ **retourner à** *v + prép* [reprendre, retrouver] to return to, to go back to; ~ **à l'ouvrage** to go back to work; ~ **à un stade antérieur** to revert to an earlier stage; ~ **à ses premières amours** to go back to one's first loves.

◆ **se retourner** ◇ *vpi* -**1.** [tourner la tête] to turn round; **partir sans se ~** to leave without looking back; **tout le monde se retournait sur eux** everybody turned round to look at them. -**2.** [se mettre sur l'autre face] to turn over; **se ~ sur le dos/ventre** to turn over on one's back/stomach; **je me suis retourné dans mon lit toute la nuit** I tossed and turned all night ❑ **elle doit se ~ dans sa tombe** she must be turning in her grave. -**3.** [se renverser - auto, tracteur] to overturn, to turn over. -**4.** [réagir] to sort things out; **ils ne me laissent pas le temps de me ~** [de décider] they won't give me time to make a decision; [de me reprendre] they won't give me time to sort things out. -**5.** [changer totalement] to be reversed OU turned around; **le lendemain, la situation s'était retournée** the following day, the situation had changed beyond recognition. -**6. s'en ~** [partir] to depart, to leave; [rentrer] to make one's way back.

◇ *vpt*: **se ~ un ongle/doigt** to twist a nail/finger.

◆ **se retourner contre** *vp + prép* -**1.** [agir contre]: **se ~ contre qqn** to turn against sb; **tout cela finira par se ~ contre toi** all this will eventually backfire on you. -**2.** JUR to take (legal) action against.

retracer [16] [rətrase] *vt* -**1.** [relater] to relate, to recount, to tell of *(insép)*; **retraçons les faits** let's go back over the facts. -**2.** [dessiner à nouveau] to draw again, to redraw.

rétractable [retraktabl] *adj* -**1.** JUR retractable, revocable. -**2.** [emballage]: **film ~** shrink wrap OU film.

rétractation [retraktasjɔ̃] *nf* withdrawal, retraction *spéc*, retractation *spéc*.

rétracter [3] [retrakte] *vt* -**1.** ZOOL [griffes] to retract, to draw back *(sép)*; [cornes] to retract, to draw in *(sép)*. -**2.** *sout* [aveux, témoignage] to retract, to withdraw.

◆ **se rétracter** *vpi* -**1.** [griffes] to draw back, to retract *spéc*. -**2.** [témoin] to recant, to retract; **il lui a fallu se ~** he had to withdraw his statement.

rétractif, ive [retraktif, iv] *adj* retractive.

rétractile [retraktil] *adj* retractile.

rétractilité [retraktilite] *nf* retractility.

rétraction [retraksjɔ̃] *nf* -**1.** MÉD retraction. -**2.** [en emballage] shrink-wrapping.

retraduction [rətradyksjɔ̃] *nf* -**1.** [d'un texte traduit d'une autre langue] retranslation. -**2.** [nouvelle traduction] new translation.

retraduire [98] [rətradɥir] *vt* -**1.** [texte traduit d'une autre langue] to retranslate. -**2.** [à nouveau] to make a new translation of.

retrait [rətrɛ] *nm* -**1.** [annulation - d'une licence] cancelling; [- d'un mot d'ordre] calling off; ~ **de candidature** [par un prestataire] withdrawal of application; [par un député] standing down, withdrawal; ~ **de permis (de conduire)** revocation of driving licence JUR. -**2.** BANQUE withdrawal; **faire un ~** to withdraw money; **je veux faire un ~ de 3 000 francs** I want to take out OU to withdraw 3,000 francs. -**3.** [récupération]: **le ~ des billets/bagages se fera dès 11 h** tickets/luggage may be collected from 11 o'clock onwards. -**4.** [départ - d'un joueur, du contingent] withdrawal. -**5.** [recul - des eaux d'inondation] subsiding, receding; [- de la marée] ebbing; [- des glaces] retreat. -**6.** JUR [d'un acte administratif] revocation; [d'un acte de vente] redemption; ~ **successoral** redemption of an estate. -**7.** TECH shrinkage.

◆ **en retrait** *loc adv* set back; **en ~ par rapport au mur** [clôture] set back from the wall; [étagère] recessed; **rester en ~** *pr* to stand back; *fig* to remain in the background; **vivre en ~** to lead a quiet life.

◆ **en retrait de** *loc prép* below, beneath; **son offre est en ~ de ce qu'il avait laissé entendre** his offer doesn't come up to what he'd led us to expect.

retraite [rətrɛt] *nf* -**1.** [pension] superannuation ADMIN, pension; ~ **des fonctionnaires/des non-salariés** public service/self-employed pension; **toucher** OU **percevoir sa ~** to get OU to draw one's pension ❑ ~ **complémentaire** supplementary pension. -**2.** [cessation d'activité] retirement; **il est à la** OU **en ~** he has retired; **prendre sa ~** to retire; **être mis à la ~** to be retired; **l'âge de la ~** retirement age ❑ ~ **anticipée** early retirement; ~ **d'office** compulsory retirement. -**3.** MIL & RELIG retreat; **suivre** OU **faire une ~** RELIG to go on a retreat ❑ ~ **aux flambeaux** torchlight procession. -**4.** *litt* [cachette] hiding place, refuge, shelter. -**5.** CONSTR tapering, offsetting.

retraité, e [rətrete] ◇ *adj* [qui est à la retraite] retired.

◇ *nm, f* ADMIN pensioner; [personne ne travaillant plus] retired person.

retraitement [rətrɛtmɑ̃] *nm* reprocessing; **centre** OU **usine de ~ (des déchets nucléaires)** (nuclear) reprocessing plant.

retraiter [4] [rətrete] *vt* INDUST & NUCL to reprocess.

retranchement [rətrɑ̃ʃmɑ̃] *nm* MIL retrenchment, entrenchment; *fig*: **pousser qqn dans ses derniers ~s** to force sb to the wall.

retrancher [3] [rətrɑ̃ʃe] *vt* -**1.** MATH to subtract; ~ **10 de 20** to take 10 away from 20, to subtract 10 from 20. -**2.** *sout* [enlever] to remove, to excise; ~ **un passage d'un livre** to remove OU to excise a passage from a book. -**3.** [déduire - pour des raisons administratives] to deduct; [- par sanction] to deduct, to dock.

◆ **se retrancher** *vpi* -**1.** [se protéger]: **se ~ derrière** [se cacher] to hide behind; [se réfugier] to take refuge behind; **ils se sont retranchés derrière la raison d'État/les statistiques** they hid behind the public interest/statistics; **se ~ sur ses positions** to remain entrenched in one's position. -**2.** MIL to entrench o.s.

retranscription [rətrɑ̃skripsjɔ̃] *nf* -**1.** [processus] retranscription. -**2.** [résultat] new transcript.

retranscrire [99] [rətrɑ̃skrir] *vt* to retranscribe.

retransmettre [84] [rətrɑ̃smɛtr] *vt* RAD to broadcast; TV to broadcast, to screen, to show; **concert retransmis en direct** live concert; ~ **une émission en direct/différé** to broadcast a programme live/a recorded programme.

retransmission [rətrɑ̃smisjɔ̃] *nf* RAD broadcast; TV broadcast, screening, showing; ~ **en direct/différé** live/recorded broadcast.

retravailler [3] [rətravaje] ◇ *vt* to work on *(insép)* again.

◇ *vi* to (start) work again.

retraverser [3] [rətravɛrse] *vt* -**1.** [à nouveau] to cross again, to recross; **là où la voie ferrée retraverse la route** where the railway crosses the road again. -**2.** [en sens inverse] to go OU to cross back over; **l'ayant saluée, il retraversa la rue** once he'd said hello to her, he crossed back over the road; **elle a retraversé l'estuaire à la nage** she swam back across the estuary.

rétrécir [32] [retresir] ◇ *vt* TEXT & VÊT to shrink; ~ **une jupe** COUT to take in a skirt.

◇ *vi* TEXT & VÊT to shrink; ~ **au lavage** to shrink in the wash.

◆ **se rétrécir** *vpi* [allée, goulot] to narrow, to get narrower; [cercle, diaphragme] to contract, to get smaller; [budget] to shrink, to dwindle.

rétrécissement [retresismɑ̃] *nm* -**1.** [d'un couloir, d'un diaphragme] narrowing *(U)*; **en haut de la ruelle, il y a un ~** the lane narrows at the top. -**2.** MÉD stricture. -**3.** TEXT & VÊT shrinkage.

retrempe [rətrɑ̃p] *nf* MÉTALL requenching.

retremper [3] [rətrɑ̃pe] *vt* -**1.** MÉTALL to requench. -**2.** [doigt] to dip again; [linge] to soak again. -**3.** *sout* & *fig*: **cette épreuve lui a retrempé le caractère** this experience gave him new strength.

◆ **se retremper** *vpi*: **se ~ dans** *pr* to have another dip into; *fig* to go back into; **se ~ aux sources** *litt* to go back to basics.

rétribuer [7] [retribɥe] *vt* [employé] to pay, to remunerate; [travail, service rendu] to pay for *(insép)*.

rétribution [retribysjɔ̃] *nf* - **1.** [salaire] remuneration, salary. - **2.** *sout* [récompense] recompense, reward.

retriever [retrivœr] *nm* retriever (dog).

rétro [retro] ◇ *adj inv* retro; **mode ~** retro fashion.
◇ *nm* - **1.** *fam abr de* **rétroviseur**. - **2. le ~** retro style. - **3.** [au billard] screw shot.

rétroactes [retrɔakt] *nmpl Belg* antecedents; **j'ignore tout des ~ de cette affaire** I know nothing of the events which gave rise to this situation.

rétroactif, ive [retrɔaktif, iv] *adj* retroactive; **avec effet ~ au 1er janvier** backdated to January 1st; **la loi a été votée, avec effet ~ à dater de mars** the bill was passed, retroactive OU retrospective to March.

rétroaction [retrɔaksjɔ̃] *nf* - **1.** *sout* [action en retour] retrospective effect. - **2.** BIOL feedback.

rétroactivement [retrɔaktivmɑ̃] *adv* retrospectively, with retrospective OU retroactive effect.

rétroactivité [retrɔaktivite] *nf* retroactivity; JUR retrospectiveness.

rétrocéder [18] [retrɔsede] *vt* to cede back *(sép)*, to retrocede.

rétrocession [retrɔsɛsjɔ̃] *nf* retrocedence, retrocession.

rétrocontrôle [retrɔkɔ̃trol] *nm* negative feedback control *(of endocrine system)*.

rétroflexe [retrɔflɛks] ◇ *adj* retroflex.
◇ *nf* retroflex consonant.

rétrofusée [retrɔfyze] *nf* retrorocket.

rétrogradation [retrɔgradasjɔ̃] *nf* - **1.** ADMIN demotion, downgrading; MIL demotion. - **2.** AUT changing down *Br* OU shifting down *Am* (to a lower gear). - **3.** ASTRON retrogradation, retrograde motion.

rétrograde [retrɔgrad] *adj* - **1.** [passéiste - esprit] reactionary, backward; [- mesure, politique] reactionary, backward-looking, retrograde. - **2.** [de recul] backward, retrograde; **mouvement ~** backward motion. - **3.** ASTRON, GÉOL, MÉD & MUS retrograde. - **4.** BILLARD: **effet ~** screw.

rétrograder [3] [retrɔgrade] ◇ *vt* [fonctionnaire] to downgrade, to demote; [officier] to demote; **il a été rétrogradé** he was demoted.
◇ *vi* - **1.** AUT to change down *Br*, to shift down *Am*. - **2.** [régresser - dans une hiérarchie] to move down. - **3.** ASTRON to retrograde.

rétrogression [retrɔgrɛsjɔ̃] *nf* retrogression.

rétropédalage [retrɔpedalaʒ] *nm* backpedalling *literal*.

rétroprojecteur [retrɔprɔʒɛktœr] *nm* overhead projector.

rétropropulsion [retrɔprɔpylsjɔ̃] *nf* reverse thrust.

rétrospectif, ive [retrɔspɛktif, iv] *adj* [étude] retrospective; **examen ~** retrospective study.
◆ **rétrospective** *nf* BX-ARTS retrospective; CIN season; **une rétrospective Richard Burton** a Richard Burton season.

rétrospectivement [retrɔspɛktivmɑ̃] *adv* in retrospect, retrospectively, looking back.

retroussé, e [rətruse] *adj* - **1.** [jupe] bunched OU pulled up; [manches, pantalon] rolled OU turned up. - **2.** [nez] turned up. - **3.** [babines] curled up; [moustache] curled OU twisted up.

retrousser [3] [rətruse] *vt* - **1.** [jupe] to bunch OU to pull up *(sép)*; [pantalon] to roll OU to turn up *(sép)*; [manches] to roll up *(sép)*; **il va falloir ~ nos manches** *pr & fig* we'll have to roll our sleeves up. - **2.** [babines] to curl up *(sép)*; [moustache] to curl OU to twist up *(sép)*.
◆ **se retrousser** ◇ *vp (emploi réfléchi)* to pull OU to hitch up one's skirt/trousers *etc*; **j'ai dû me ~ jusqu'aux genoux pour ne pas mouiller ma robe** I had to pull my dress up around my knees to stop it getting wet.
◇ *vpi* [bords, feuille] to curl up.

retroussis [rətrusi] *nm* [revers] lapel; [d'un uniforme] lappet; **chapeau à ~** cocked hat.

retrouvailles [rətruvaj] *nfpl* - **1.** [après une querelle] getting back on friendly terms again; [après une absence] reunion, getting together again. - **2.** [retour - dans un lieu] rediscovery, return; [- à un travail] return; **mes ~ avec mon roman/le train-train quotidien** getting back to my novel/into my daily routine.

retrouver [3] [rətruve] *vt* - **1.** [après recherches - clés, lunettes] to find (again); **je ne le retrouve plus** I can't find it; **il a retrouvé ma bague** he found my ring; **a-t-elle retrouvé sa clef?** [elle-même] did she find her key?; [grâce à autrui] did she get her key back?; **elle n'a toujours pas retrouvé de travail** she still hasn't found any work; **~ un poste** to find a (new) job; **~ son (ancien) poste** to get one's (old) job back; **~ son chemin** to find one's way (again); **là vous retrouvez la Nationale** that's where you join up with the main road; **~ la trace de qqch** to find trace of sthg; **on n'a rien retrouvé après l'explosion** there was nothing left after the blast || [après un changement] to find; **~ tout propre/sens dessus dessous** to find everything clean/upside down; **~ qqn affaibli/changé** to find sb weaker/a different person. - **2.** [revoir - ami, parent] to be reunited with, to meet up with *(insép)* (again); [- voleur] to catch up with *(insép)* (again), to find; **et que je ne vous retrouve pas ici!** don't let me catch you (around) here again!; **celle-là, je la retrouverai** I'll get even with her (one day) || [revoir par hasard] to come across *(insép)* (again), to run into *(insép)* again; [rejoindre] to meet up with again; **retrouve-moi en bas** meet me downstairs. - **3.** [se rappeler] to remember, to recall; **ça y est, j'ai retrouvé le mot!** that's it, the word's come back to me now! - **4.** [redécouvrir - secret, parchemin, formule] to uncover. - **5.** [jouir à nouveau de] to enjoy again; **à partir de la semaine prochaine nous allons ~ nos émissions littéraires** our book programmes will be back on as from next week; **nous avons retrouvé notre petite plage/maison** here we are back on our little beach/in our little house; **~ son calme** to regain one's composure; **~ l'appétit/ses forces/sa santé** to get one's appetite/strength/health back; **~ la forme** to get fit again, to be back on form; **~ la foi** to find (one's) faith again; **~ la mémoire** to get one's memory back again; **~ le sommeil** to go back to sleep; **il a retrouvé le sourire** he's smiling again now, he's found his smile again; **j'avais retrouvé mes vingt ans** I felt twenty years old again; **le bonheur/l'amour retrouvé** new-found happiness/love. - **6.** [reconnaître] to recognize, to trace; **on retrouve dans le premier mouvement des accents mozartiens** the influence of Mozart is recognizable OU noticeable in the first movement; **on retrouve les mêmes propriétés dans les polymères** the same properties are to be found in polymers; **je n'ai pas retrouvé la jeune fille gaie d'autrefois** she's not the happy young girl I used to know; **enfin, je te retrouve!** you're back to normal, you're your old self again at last!
◆ **se retrouver** ◇ *vp (emploi réciproque)* - **1.** [avoir rendez-vous] to meet (one another); **on se retrouve demain** see you tomorrow; **retrouvons-nous sous l'horloge** let's meet under the clock. - **2.** [se réunir de nouveau] to meet again; **ils aiment se ~ entre eux** they like to get together; **on se retrouve entre gourmets/jeunes au Cheval Blanc** food-lovers/young people get together at the Cheval Blanc; **on se retrouvera, mon bonhomme!** *fam* I'll get even with you, chum! ❑ **comme on se retrouve!** fancy meeting you here!, well, well, well, look who's here!
◇ *vpi* - **1.** [être de nouveau] to find o.s. back (again); **se ~ dans la même situation (qu'avant)** to find o.s. back in the same situation (as before). - **2.** [par hasard] to end up; **je me suis retrouvé de l'autre côté de la frontière** I ended up on the other side of the border; **se ~ dans la même situation (que quelqu'un d'autre)** to find o.s. in OU to end up in the same situation (as someone else); **à quarante ans, il s'est retrouvé veuf** he (suddenly) found himself a widower at forty; **tu vas te ~ à l'hôpital** you'll end up in hospital. - **3.** [se repérer] to find one's way; **je ne m'y retrouve plus dans tous ces formulaires à remplir** I can't make head or tail of all these forms to fill in ❑ **s'y ~** [résoudre un problème] to sort things out; [faire un bénéfice] to make a profit; **il s'y retrouve (largement)!** he does more than break even! - **4.** [se ressourcer] to find o.s. again, to go back to one's roots.

rétroversion [retrɔvɛrsjɔ̃] *nf* retroversion.

rétrovirus [retrɔvirys] *nm* retrovirus.

rétroviseur [retrɔvizœr] *nm*: **~ central** (rear-view) mirror; **~ latéral** wing mirror *Br*, side-view mirror *Am*.

rets [rɛ] *nm* - **1.** *(gén pl) litt* [piège] snare; **attraper OU prendre qqn dans ses ~** to ensnare sb; **tomber dans les ~ de qqn** to be caught in sb's trap. - **2.** [filet - de chasse] net, snare; [- de pêche] (fishing) net.

retsina [retsina] *nm* retsina.

réunification [reynifikasjɔ̃] *nf* reunification.

réunifier [9] [reynifje] *vt* to reunify, to reunite.

réunion [reynjɔ̃] *nf* - **1.** [rassemblement] gathering, get-together; **~ de famille** family reunion OU gathering; **c'est l'occasion d'une ~ familiale** it's an opportunity to bring the family together. - **2.** [fête] gathering, party; **j'organise une petite ~ entre amis** I'm having a small party for my friends, I'm entertaining a few friends. - **3.** [retrouvailles] reunion; **~ d'anciens élèves** reunion of former pupils. - **4.** [congrès] meeting; **~ publique** public OU open meeting; **dites que je suis en ~** say that I'm at OU in a meeting || [séance] session, sitting; **~ de la Cour** court session; **~ du Parlement** Parliamentary session *Br*. - **5.** [regroupement - de faits, de preuves] bringing together, assembling, gathering; [- de sociétés] merging; [- d'États] union; **la ~ de ces territoires à la France a eu lieu en 1823** these territories were united with France in 1823. - **6.** SPORT meeting; **~ (sportive)** sports meeting; **~ d'athlétisme** athletics meeting; **~ hippique** horse show. - **7.** MATH union.

Réunion [reynjɔ̃] *npr f*: **(l'île de) la ~** Réunion; **à la ~** in Réunion.

réunionnais, e [reynjɔnɛ, ɛz] *adj* from Réunion.
◆ **Réunionnais, e** *nm, f inhabitant of or person from Réunion.*

réunionnite [reynjɔnit] *nf* meeting mania.

réunir [32] [reynir] *vt* - **1.** [relier - pôles, tuyaux] to join (together); [- brins, câbles] to tie together. - **2.** [mettre ensemble - objets] to collect together *(sép)*; [- bétail] to round up *(sép)*; **le spectacle réunit ses meilleures chansons** the show is a collection of her best hits || [province]: **~ à** to join to; **propriétés réunies au domaine royal en 1823** land acquired by the crown in 1823. - **3.** [combiner - goûts, couleurs] to combine. - **4.** [recueillir - statistiques, propositions] to put OU to collect together; [- preuves] to put together; [- fonds] to raise. - **5.** [rassembler - personnes] to bring together, to reunite; **nous sommes enfin réunis** [après rendez-vous manqué] at last we are together; [après querelle] we are reunited at last; **le séminaire réunira des chercheurs émérites** the conference will bring together some of the most talented researchers; **réunissez les élèves par groupes de dix** gather OU put the pupils into groups of ten.
◆ **se réunir** *vpi* - **1.** [se retrouver ensemble] to meet, to get together. - **2.** [fusionner] to unite, to join (together).

réunis, ies [reyni] *adj pl* - **1.** [rassemblés] combined; **les influences lunaire et solaire réunies** the combined influence of the Moon and the Sun. - **2.** [dans un titre commercial]: **les Cavistes/Mareyeurs Réunis** United Vintners/Fisheries.

réussi, e [reysi] *adj* successful; ton tricot/soufflé est très ~ your sweater/soufflé is a real success; **ce fut un retour** ~ the homecoming was a success; **comme fête, c'était** ~! *iron* call that a party!

réussir [32] [reysir] ◇ *vt* [manœuvre, œuvre, recette] to make a success of, to carry off *(sép)*; [exercice] to succeed in doing; [examen] to pass; **il a réussi son saut périlleux/sa nature morte** his somersault/still life was a success; **j'ai bien réussi mon coup** *fam* it worked out (well) for me, I managed to pull it off; ~ **sa vie** to make a success of one's life; ~ **son effet** to achieve the desired effect; **avec ce concert, il réussit un tour de force** his concert is a great achievement.
◇ *vi* -**1.** [dans la vie, à l'école] to do well, to be successful; **je veux** ~ I want to succeed OU to be a success OU to be successful; **il a réussi dans la vie** he's done well in life, he's a successful man; **un jeune acteur qui va** ~ an up-and-coming young actor; ~ **à un examen** to pass an exam. -**2.** [affaire, entreprise] to succeed, to be a success; **l'opération n'a pas vraiment réussi** the operation wasn't rreally a success. -**3.** [parvenir] to pass; ~ **à faire qqch** to manage to do sthg, to succeed in doing sthg; **j'ai réussi à le réparer/à me couper** I managed to mend it/to cut myself; **il réussit finalement à s'échapper** he finally managed to escape. -**4.** [convenir] : ~ **à qqn** [climat, nourriture] to agree with sb, to do sb good; **le café lui réussit/ne lui réussit pas** coffee agrees/doesn't agree with him; **on dirait que ça te réussit, le mariage!** being married seems to make you thrive OU to suit you!; **il a essayé de les rouler, mais ça ne lui a pas réussi** he tried to swindle them but it didn't do him any good OU it didn't get him very far; **rien ne lui réussit** he can't do anything right. -**5.** AGR & HORT to thrive, to do well.

réussite [reysit] *nf* -**1.** [affaire, entreprise] success; **c'est une** ~! it's a (real) success!; **son premier album est une** ~ his first album is a success; **à quoi attribuez-vous votre** ~? what is the secret of your success?; ~ **à un examen** exam pass. -**2.** JEUX patience; **faire une** ~ to have a game of patience.

réutilisable [reytilizabl] *adj* reusable; **non** ~ disposable, throwaway.

réutilisation [reytilizasjɔ̃] *nf* reuse, reutilization TECH.

réutiliser [3] [reytilize] *vt* to reuse, to use again.

revaccination [rəvaksinasjɔ̃] *nf* revaccination.

revacciner [3] [rəvaksine] *vt* to revaccinate.

revaloir [60] [rəvalwar] *vt*: **je te revaudrai ça** [en remerciant] I'll repay you some day; [en menaçant] I'll get even with you for that, I'll pay you back for that.

revalorisation [rəvalɔrizasjɔ̃] *nf* -**1.** [d'une monnaie] revaluation. -**2.** [des salaires] raising, revaluation, increment. -**3.** [d'une théorie, d'une fonction] upgrading, reassertion; **on assiste à une** ~ **du rôle des pères** the role of the father is becoming more important.

revaloriser [3] [rəvalɔrize] *vt* -**1.** [monnaie] to revaluate. -**2.** [salaires] to raise, to revalue. -**3.** [théorie, fonction] to improve the status OU prestige OU standing of, to upgrade.

revanchard, e [rəvɑ̃ʃar, ard] *péj* ◇ *adj* [attitude, politique] of revenge, revengeful, revanchard *spéc*; [personne] revengeful, set on revenge, revanchist *spéc*.
◇ *nm, f* revanchist.

revanche [rəvɑ̃ʃ] *nf* -**1.** [sur un ennemi] revenge; **prendre sa** ~ **(sur qqn)** to take OU to get one's revenge (on sb). -**2.** JEUX & SPORT return game; **donner sa** ~ **à qqn** to give sb his revenge.
◆ **en revanche** *loc adv* on the other hand.

revanchisme [rəvɑ̃ʃism] *nm* revanchism, spirit of revenge.

revascularisation [rəvaskylarizasjɔ̃] *nf* revascularization.

revasculariser [3] [rəvaskylarize] *vt* to revascularize.

rêvasser [3] [rɛvase] *vi* to daydream, to dream away, to muse; **arrête de** ~! stop daydreaming!

rêvasserie [rɛvasri] *nf* daydream; **des** ~**s sans fin** endless musing OU daydreaming.

rêvasseur, euse [rɛvasœr, øz] ◇ *nm, f sout* daydreamer.
◇ *adj* dreamlike, dreamy.

rêve [rɛv] *nm* -**1.** [d'un dormeur] dream; **un mauvais** ~ a nightmare, a bad dream; **faire un** ~ to have a dream; **je l'ai vu en** ~ I saw him in my OU in a dream; **comme dans un** ~ as if in a dream; **bonne nuit, fais de beaux** ~**s!** good night, sweet dreams!; **le** ~ PSYCH dreams, dreaming. -**2.** [d'un utopiste] dream, fantasy, pipe dream; **mon** ~, **ce serait d'aller au Japon** my dream is to go to Japan, I dream of going to Japan; **tout ça, ce sont des** ~**s** that's all (just) fantasy OU cloud-cuckoo-land; **dans mes** ~**s les plus fous** in my wildest dreams OU imaginings; **perdu dans son** ~ OU **ses** ~**s** lost in his dream world. -**3.** *fam* **le** ~ [l'idéal] the ideal thing; **c'est/ce n'est pas le** ~ it's/it isn't ideal; **c'est le** ~ **pour un pique-nique, ici!** this place is just perfect for a picnic!; **ce n'est pas le** ~ **mais il faudra faire avec** it's not exactly what I'd dreamt of but it'll have to do.
◆ **de mes rêves, de ses rêves** *etc loc adj* of my/his *etc* dreams; **j'ai le métier de mes** ~**s** I've got the job I always dreamed of having; **la maison de leurs** ~**s** the house of their dreams, their dream house; **la femme de ses** ~**s** the woman of his dreams.
◆ **de rêve** *loc adj* ideal; **une vie de** ~ a sublime OU an ideal existence; **un mariage de** ~ a perfect marriage; **il fait un temps de** ~ the weather is perfect.

rêvé, e [rɛve] *adj* perfect, ideal; **c'est l'endroit** ~ **pour camper** this is the ideal place OU just the place to camp.

revêche [rəvɛʃ] *adj* [personne] surly, cantankerous, tetchy; [voix, air] surly, grumpy.

réveil [revɛj] *nm* -**1.** [après le sommeil] waking (up), awakening *litt*; **je déteste l'heure du** ~ I hate waking up OU having to wake up (in the morning); **j'attendrai ton** ~ **pour partir** I'll wait until you have woken up OU until you are awake before I leave; **j'ai des** ~**s difficiles** OU **le** ~ **difficile** I find it hard to wake up; **à mon** ~ **il était là** when I woke up he was there. -**2.** [prise de conscience] awakening. -**3.** MIL reveille; ~ **au clairon** (bugle) reveille; **j'ai eu droit à un** ~ **en fanfare, ce matin!** *fig* I was treated to a very noisy awakening this morning! -**4.** [réactivation - de la mémoire, de la nature] reawakening; [- d'une douleur] return, new onset; [- d'un volcan] (new) stirring, fresh eruption. -**5.** [pendule] alarm (clock); **j'ai mis le** ~ **(à 7 h)** I've set the alarm (for 7 o'clock).

réveille-matin [revɛjmatɛ̃] *nm inv vieilli* alarm (clock).

réveiller [4] [reveje] *vt* -**1.** [tirer - du sommeil, de l'évanouissement] to wake (up) *(sép)*; [- d'une réflexion, d'une rêverie] to rouse, to stir; **un bruit/une explosion à** ~ **les morts** a noise/an explosion loud enough to wake the dead; **le soleil réveillait peu à peu la nature** nature gradually began to stir under the sun's rays ❑ **il ne faut pas** ~ **le chat qui dort** *prov* let sleeping dogs lie *prov*. -**2.** [faire renaître - enthousiasme, rancœur, envie] to reawaken, to revive.
◆ **se réveiller** *vpi* -**1.** [sortir - du sommeil, de l'évanouissement] to wake (up), to awake *litt*, to awaken *litt*; [- d'une réflexion, de la torpeur] to wake up, to stir OU to rouse o.s.; **se** ~ **en sursaut** to wake up with a start; **il faut vous** ~! you'd better pull yourself together! -**2.** [se ranimer - passion, souvenir] to revive, to be stirred up OU aroused (again); [- volcan] to stir OU to erupt again; [- maladie, douleur] to start up again, to return.

réveillon [revɛjɔ̃] *nm family meal eaten on Christmas Eve or New Year's Eve*; ~ **(de Noël)** [fête] Christmas Eve party; [repas] Christmas Eve supper; ~ **de la Saint-Sylvestre** OU **du Jour de l'An** [fête] New Year's Eve party; [repas] New Year's Eve supper.

réveillonner [3] [revɛjɔne] *vi* [faire une fête - à Noël] to have a Christmas Eve party; [- pour la Saint-Sylvestre] to have a New Year's Eve party; [faire un repas - à Noël] to have a Christmas Eve supper; [- pour la Saint-Sylvestre] to have a New Year's Eve supper; **nous avons trop bien réveillonné** we had too much to eat and drink *(on Christmas Eve or New Year's Eve)*.

révélateur, trice [revelatœr, tris] ◇ *adj* [détail] revealing, indicative, significant; [lapsus, sourire] revealing, telltale; **une interview révélatrice** a revealing interview; **les chiffres sont** ~**s** the figures speak volumes; **ce sondage est très** ~ **de la tendance actuelle** this poll tells us OU reveals a lot about the current trend; **c'est tout à fait** ~ **de notre époque** it says a lot about our times; **un décolleté** ~ a plunging neckline.
◇ *nm, f* revealer.
◆ **révélateur** *nm* -**1.** *sout* [indice] telltale sign. -**2.** PHOT developer.

révélation [revelasjɔ̃] *nf* -**1.** [information] revelation, disclosure; **faire des** ~**s à la presse/police** to give the press a scoop/the police important information; **Mylène Jauvert nous fait ses** ~**s!** Mylène Jauvert tells OU reveals all (her secrets)! -**2.** [personne] revelation; **le jeune Kahim pourrait bien être la** ~ **musicale de l'année** young Kahim could well turn out to be this year's musical revelation OU discovery. -**3.** [prise de conscience] revelation; **ce voyage en Égypte a été une** ~ that trip to Egypt was an eye-opener OU a revelation; **avoir une** ~ to have a brainwave. -**4.** [divulgation] disclosure, revealing; **la** ~ **d'un complot** the revealing OU uncovering of a plot. -**5.** RELIG revelation.

révélé, e [revele] *adj* revealed; **religion** ~**e** revealed religion.

révéler [18] [revele] *vt* -**1.** [dévoiler - secret, information, intention] to reveal; [- état de fait] to reveal, to bring to light; [- vérité] to reveal, to tell; **j'ai des choses importantes à** ~ **à la police** I have important information to give to the police; **qui sait ce que ces murs révéleraient s'ils pouvaient parler!** who knows what these walls would tell if they could speak!; **elle a révélé mon secret** [intentionnellement] she revealed my secret; [involontairement] she gave away my secret; **le nom de la victime n'a toujours pas été révélé** the victim's name has still not been disclosed OU released; **il refuse de** ~ **son identité** he's refusing to disclose his identity OU to say who he is; **le monde de corruption révélé par cette enquête** the world of corruption brought to light by this investigation. -**2.** [montrer - don, qualité, anomalie] to reveal, to show; **ce comportement révèle une nature violente** this behaviour reveals a violent temperament; **la mauvaise gestion révélée par ces chiffres** the bad management brought to light OU evidenced by these results; **une grosseur que les radios n'avaient pas révélée** a growth which hadn't shown up on the X rays; **l'actrice révèle dans cette scène un talent prometteur** the actress shows promising talent in this scene. -**3.** [faire connaître] : ~ **qqn** to make sb famous; **révélé par un important metteur en scène** discovered by an important director; **dans l'album qui l'a révélé (au public)** on the album which brought him fame. -**4.** PHOT to develop.
◆ **se révéler** *vpi* -**1.** [s'avérer] : **se** ~ **coûteux/utile** to prove (to be) expensive/useful; **il s'est révélé d'un égoïsme effrayant** he proved to be dreadfully selfish; **l'expérience ne s'est pas révélée concluante** the experiment wasn't conclusive OU turned out to be inconclusive; **elle se révéla piètre vendeuse** she turned out OU proved to be a poor salesgirl. -**2.** [se faire connaître] to be revealed OU discovered, to come to light; **tu t'es révélé sous ton vrai jour** you've showed yourself in your true colours; **elle s'est révélée (au grand public) dans Carmen** she had her first big success in Carmen.

revenant, e *fam* [rəvnɑ̃, ɑ̃t] *nm, f hum*: tiens, un ~! hello, stranger!, long time no see! *hum*.
◆ **revenant** *nm* [fantôme] ghost, spirit.

revendeur, euse [rəvɑ̃dœr, øz] *nm, f* -1. [détaillant] retailer, dealer; vous trouverez le dernier modèle chez votre ~ habituel you'll find the latest model at your local dealer. -2. [de billets, de tickets] tout *Br*, scalper *Am*; [d'articles d'occasion] (secondhand) dealer; ~ de drogue drug dealer; ~ de voitures secondhand car dealer.

revendicateur, trice [rəvɑ̃dikatœr, tris]
◇ *adj*: des discours ~s speeches setting out demands OU claims.
◇ *nm, f*: les ~s demandaient une augmentation de salaire the claimants OU protestors were pushing for a wage increase.

revendicatif, ive [rəvɑ̃dikatif, iv] *adj* protest *(modif)*; un mouvement ~ a protest movement.

revendication [rəvɑ̃dikasjɔ̃] *nf* -1. [réclamation] demand; journée de ~ day of action OU of protest; ~s salariales wage demands OU claims. -2. JUR claim; mener une action en ~ contre qqn to set up OU to lodge a claim against sb.

revendiquer [3] [rəvɑ̃dike] *vt* -1. [réclamer - dû, droit, part d'héritage] to claim; [- hausse de salaire] to demand; il revendique le droit de s'exprimer librement he claims the right to express himself freely || *(en usage abs)*: le personnel revendique the staff are making demands OU have put in a claim. -2. [assumer] to lay claim to, to claim; ~ la responsabilité de qqch to claim responsibility for sthg; l'attentat n'a pas été revendiqué nobody has claimed responsibility for the attack; c'est un nom que je revendique it's a name I am proud to carry; il n'a jamais revendiqué cette paternité he never claimed this child as his; j'ai eu ma part de misère et je la revendique! I've known what it is to be poor and I'm not ashamed of it! -3. JUR to lay claim to, to claim.

revendre [73] [rəvɑ̃dr] *vt* -1. [vendre] to sell; j'ai revendu ma maison plus cher que je ne l'avais achetée I sold my house for more than what I paid for it; revends ta voiture, si tu as besoin d'argent if you need money sell your car. -2. *fam loc*: des crayons, j'en ai à ~ I've got loads of pencils; elle a du talent/de l'ambition à ~ she's got masses of talent/ambition.
◆ **se revendre** *vp (emploi passif)*: ce genre d'appareil ne se revend pas facilement this sort of equipment isn't easy to resell; dans cinq ans, cette maison se revendra beaucoup plus cher in five years this house will be worth far more than it is now.

revenez-y [rəvnezi] *nm inv* -1. *litt* [retour vers le passé] reversion, throwback. -2. *fam loc*: un goût de ~: ce vin a un petit goût de ~! this wine is moreish!

revenir [40] [rəvnir] *vi* -1. [venir à nouveau - gén] to come back; [- chez soi] to come back, to come (back) home, to return home; [- au point de départ] to return, to come OU to get back; pouvez-vous ~ plus tard? could you come back later?; elle est passée ce matin et a dit qu'elle reviendrait she popped in this morning and said she would be OU come back; une fois revenue chez elle once she'd got (back) OU returned home; je suis revenue de Rome hier I came OU I got back from Rome yesterday; passe me voir en revenant du bureau call in to see me on your way back OU home from the office; je reviens (tout de suite) I'll be (right) back; les gens sont revenus à leur place people are back in OU have returned to their seats; il n'est pas encore revenu de faire ses commissions he hasn't come OU got back from the shops yet; je suis revenue déçue de la visite I came back disappointed after the visit; le boomerang revient vers celui qui l'a lancé boomerangs return to the thrower; la lettre m'est revenue the letter was returned to me; ~ à qqn [renouer le contact avec] to come back to sb; enfin tu me reviens! at last, you've come back to me!; d'où nous revenez-vous? and where have you been?; nous aimons ~ ici we like coming (back) here; je ne reviendrai jamais chez ce coiffeur I'll never come back to this hairdresser again; je suis très satisfaite de mes achats, je reviendrai I'm very pleased with what I've bought, I'll be back; ~ en arrière [dans le temps] to go back (in time); [dans l'espace] to retrace one's steps, to go back; revenons en arrière, au début de l'année 1914 let's go back to the beginning of (the year) 1914 ❑ ~ au point de départ to go back to the starting point; *fig* to be back to square one; ~ de loin: elle revient de loin! [elle a failli mourir] it was touch and go (for her)! *euph*; [elle a eu de graves ennuis] she's had a close shave!; ~ sur ses pas to retrace one's steps; ~ à la charge MIL & *fig* to mount a fresh attack; je t'ai déjà dit que non, tu ne vas pas ~ à la charge! I've already said no, don't keep on at me! -2. [se manifester à nouveau - doute, inquiétude] to return, to come back; [- calme, paix] to return, to be restored; [- symptôme] to recur, to return, to reappear; [- problème] to crop up OU to arise again; [- occasion] to crop up again; [- thème, rime] to recur, to reappear; [- célébration] to come round again; [- saison] to return, to come back; [- soleil] to come out again, to reappear; le temps des fêtes est revenu the festive season is with us again OU has come round again; la question qui revient le plus fréquemment dans les entretiens the most commonly asked question OU the question that crops up most often in interviews; la question revient toujours sur le tapis that question always comes up for discussion; c'est un thème qui revient toujours dans ses romans it's a recurring theme in his novels; c'est une erreur qui revient souvent dans vos devoirs you often make this mistake in your homework; ses crises reviennent de plus en plus souvent her fits are becoming more and more frequent; j'ai désherbé, mais les orties reviennent de plus belle I've weeded, but the nettles are even worse than before. -3. SPORT [dans une course] to come back, to catch up; le peloton est en train de ~ sur les échappés the pack is catching up with OU gaining on the breakaway group; et voici Bapow qui revient pour prendre la 3ᵉ place! and it's Bapow who comes back to take the 3rd place! -4. [coûter]: ~ cher to be expensive; elle a dû te ~ cher, ta petite sortie! your little night out must have cost you a lot!; ~ à to cost, to amount to, to come to; le voyage nous est revenu à 1 500 francs the trip cost us 1,500 francs; le tout ne reviendra pas à plus de 2 000 francs it won't come to OU cost any more than 2,000 francs for everything. -5. CULIN: faire ~ to brown; une fois les oignons revenus once the onions have browned OU are brown. -6. *fam* [retrouver son état normal - tissu]: les draps sont bien revenus au lavage the sheets came up like new in the wash.
◆ **revenir à** *v + prép* -1. [équivaloir à] to come down to, to amount to; cela reviendrait à une rupture de contrat that would amount to OU mean a breach of contract; cela revient toujours à une question de relations it always boils OU comes down to having the right connections; ce qui revient à dire que... which amounts to saying that...; ça revient au même! (it amounts to OU comes to the) same thing!; pour moi, ça revient au même, il faudra que j'y aille it's all the same to me, I'll have to go anyway. -2. [reprendre - mode, procédé, thème] to go back to, to revert to, to return to; le gouvernement veut ~ à la liberté des prix the government wants to return to price deregulation; on revient aux OU à la mode des cheveux courts short hair is coming back OU on its way back; ~ à une plus juste vision des choses to come round to a more balanced view of things; ~ à de meilleures dispositions OU à de meilleurs sentiments to return to a better frame of mind; (en) ~ à: on (en) revient à des formes d'énergie naturelles natural sources of energy are coming back into use, we're reverting to natural sources of energy; mais revenons OU revenons-en à cette affaire but let's get OU come back to this matter; bon, pour (en) ~ à notre histoire... right, to get back to OU to go on with our story...; j'en OU je reviens à ma question, où étiez-vous hier? I'm asking you again, where were you yesterday?; et si nous (en) revenions à vous, M. Lebrun? now what about you, Mr Lebrun? ❑ y ~: voilà cent francs, et n'y reviens plus! here's a hundred francs, and don't ask me again!; il n'y a pas OU plus à y ~! and that's final OU that's that!; ~ à la vie to come back OU to be restored to life; ~ à soi to come to, to come round; ~ à la raison to see reason. -3. [suj: part, récompense] to go OU to fall to, to devolve on OU upon; [suj: droit, tâche] to fall to; à chacun ce qui lui revient to each his due; avec les honneurs qui lui reviennent with the honours (which are) due to her; ses terrains sont revenus à l'État his lands passed OU went to the State; il devrait encore me ~ 200 francs I should still get 200 francs; si, il m'est quand même revenu un rang de perles yes, I was left a string of pearls all the same; la charge de son père/ce titre lui revient de droit his father's position/this title is his by right; tout le mérite t'en revient the credit is all yours, you get all the credit for it; la décision nous revient, il nous revient de décider it's for us OU up to us to decide. -4. [suj: faculté, souvenir] to come back to; l'appétit lui revient she's recovering her appetite OU getting her appetite back; l'usage de son bras gauche ne lui est jamais revenu he never recovered the use of his left arm; la mémoire lui revient her memory is coming back; son nom ne me revient pas (à la mémoire) his name escapes me OU has slipped my mind; attends, ça me revient! wait, I've got it now OU it's coming back to me now!; ça me revient seulement maintenant, ils ont divorcé I've just remembered, they got divorced; tu ne te souviens pas de cet article? — si, ça me revient maintenant! don't you remember that article? — yes, I'm with you now OU it's coming back to me now!; il me revient que tu étais célibataire à l'époque *sout* as I recall, you were a bachelor at the time; ~ à qqn OU aux oreilles de qqn to get back to sb, to reach sb's ears; il m'est revenu que... word has got back to me OU has reached me that... -5. *fam* [plaire à]: ses manières ne me reviennent pas her manners aren't to my liking; elle a une tête qui ne me revient pas I don't really like the look of her.
◆ **revenir de** *v + prép* -1. [émotion, étonnement, maladie] to get over, to recover from; [évanouissement] to come round from, to come to after; alors, tu es revenue de ta grande frayeur? so, are you less frightened now OU have you got over the fright now?; en ~ [guérir] to come OU to pull through it, to recover; [échapper à un danger] to come through (it) ❑ je n'en reviens pas! I can't get over it!; je n'en reviens pas qu'il ait dit ça! it's amazing he should say that!, I can't get over him saying that!; quand je vais te le raconter, tu n'en reviendras pas when I tell you the story you won't believe your ears. -2. [idée, préjugé] to put OU to cast aside *(sép)*, to throw over *(sép)*; [illusion] to shake off *(sép)*; [principe] to give up *(sép)*, to leave behind; ~ de ses erreurs to realize OU to recognize one's mistakes; moi, l'homéopathie, j'en suis revenu! *fam* as far as I'm concerned, I've done OU I'm through with homeopathy!; ce type-là, j'en suis bien revenue! *fam* I couldn't care less for that guy now!; il est revenu de tout he's seen it all (before).
◆ **revenir sur** *v + prép* -1. [question] to go back over, to hark back to; elle ne peut s'empêcher de ~ sur cette triste affaire she can't help going OU mulling over that sad business; la question est réglée, ne revenons pas dessus the matter's settled, let's not discuss it any longer. -2. [décision, déclaration, promesse] to go back on; ma décision est prise, je ne reviendrai pas dessus my mind is made up and I'm not going to

change it; ~ sur sa parole OU sur la parole donnée to go back on one's word, to break one's promise.

◆ **s'en revenir** *vpi sout* to be on one's way back; **nous nous en revenions tranquillement lorsque...** we were slowly making our way home when...

revente [rəvɑ̃t] *nf* resale; **la ~ d'un tableau** the resale of a painting.

revenu [rəvəny] *nm* -**1.** [rétribution - d'une personne] income *(U)*; **elle a de gros/petits ~s** she has a large/small income; **sans ~s** without any income ❑ **~ disponible** disposable income; **~ par habitant** per capita income; **~ minimum d'insertion** minimum guaranteed income *(for people with no other source of income)*. -**2.** [recettes - de l'État] revenue; **~ national** national income; **~s publics** OU **de l'État** public revenue. -**3.** [intérêt] income, return; **un investissement produisant un ~ de 7 %** an investment with a 7 % rate of return ‖ [dividende] yield; **le ~ d'une action** the yield on a share ❑ **valeurs à ~ fixe/variable** fixed/variable income securities. -**4.** [bénéfice]: **~ brut d'exploitation** gross profit. -**5.** MÉTALL tempering.

rêver [4] [reve] ◇ *vi* -**1.** [en dormant] to dream; **~ tout haut** to talk in one's sleep; **j'ai l'impression d'avoir rêvé!** I feel as if I've been dreaming!; **elle rêve (tout) éveillée** she's a daydreamer, she's lost in a dream OU daydream; **c'est ce qu'il m'a dit, je n'ai pas rêvé!** that's what he said, I didn't dream it up OU imagine it!; **toi ici? (dites moi que) je rêve!** you here? I must be dreaming!; **~ de** to dream of; **j'ai rêvé d'un monstre** I dreamed of OU had a dream about a monster ❑ **on croit ~!** [ton irrité] is this a joke?; **elle en rêve la nuit** *pr* she has dreams about it at night; *fig* she's obsessed by it. -**2.** [divaguer] to be imagining things, to be in cloud-cuckoo-land; **dis-moi aussi que je rêve!** go ahead, tell me I'm imagining things!; **toi, gagner ta vie tout seul, non mais tu rêves!** you, earn your own living? you must be joking!; **ça fait ~!** that's the stuff that dreams are made of!; **13 % d'intérêt, ça fait ~, hein?** 13 % interest, isn't that just great?; **des plages/salaires à faire ~** dream beaches/wages; **on peut toujours ~!** there's no harm in dreaming!, there's no harm in a little fantasizing! ❑ **faut pas ~!** let's not get carried away!; **la semaine de 25 heures? faut pas ~!** the 25 hour week? that'll be the day! -**3.** [songer] to dream, to daydream; **aide-nous, au lieu de ~!** give us a hand instead of dreaming OU daydreaming!; **~ à** to dream of *(insép)*, to muse over *(insép)*; **j'étais en train de ~ à ma jeunesse** I was lost in thoughts of my youth.
◇ *vt* -**1.** [suj: dormeur] to dream; **~ que...** to dream that... -**2.** [souhaiter] to dream of *(insép)*; **on ne saurait ~ (un) coin plus agréable/(une) occasion plus propice** you couldn't wish for a more delightful place/appropriate occasion; **je n'ai jamais rêvé mariage/fortune!** I've never dreamed of marriage/being wealthy!; **il ne rêve que plaies et bosses** he's always spoiling for a fight ‖ [inventer de toutes pièces] to dream up *(sép)*; **il a dû ~ toute cette histoire** he must have dreamt up the whole story.

◆ **rêver de** *v + prép* [espérer] to dream of; **j'avais tellement rêvé de ton retour** I so longed for your return; **l'homme dont toutes les femmes rêvent** the man every woman dreams about OU desires; **je n'avais jamais osé ~ d'un bonheur pareil!** I'd never have dared dream of such happiness!; **~ de faire qqch** to be longing to do sthg.

réverbérant, e [reverberɑ̃, ɑ̃t] *adj* reverberating, reverberant.

réverbération [reverberasjɔ̃] *nf* -**1.** [du son] reverberation; [de la chaleur, de la lumière] reflection; **à cause de la ~ du soleil sur la neige** because of the glare of the sun on the snow. -**2.** ACOUST: **durée** OU **temps de ~** reverberation time.

réverbère [reverber] *nm* -**1.** [lampe] street lamp, streetlight. -**2.** [réflecteur] reflector.

réverbérer [18] [reverbere] *vt* [chaleur, lumière] to reflect; [son] to reverberate, to send back *(sép)*.

reverdir [32] [rəverdir] *vi* to grow OU to turn green again.

révérence [reverɑ̃s] *nf* -**1.** *litt* [déférence] reverence; **traiter qqn avec ~** to treat sb with reverence OU reverently ❑ **~ parler** saving your reverence *arch*, begging your pardon. -**2.** [salut] bow, curtsy, curtsey; **elle fit une ~ à Son Altesse** she curtseyed to Her Highness ❑ **tirer sa ~ à qqn** to walk out on sb; **tirer sa ~ à qqch** to bow out of sthg. -**3.** RELIG: **Votre Révérence** Your Reverence.

révérencieux, euse [reverɑ̃sjø, øz] *adj litt* reverent, respectful.

révérend, e [reverɑ̃, ɑ̃d] *adj* reverend; **la Révérende Mère Supérieure** the Reverend Mother (Superior); **le Révérend Père Thomas** (the) Reverend Father Thomas.

◆ **révérend** *nm* reverend.

révérendissime [reverɑ̃disim] *adj* [archevêque] Most Reverend.

révérer [18] [revere] *vt sout* to revere, to reverence; **il révère son frère** he's devoted to OU he reveres his brother.

rêverie [revri] *nf* -**1.** [réflexion] daydreaming *(U)*, reverie; **plongé dans ses ~s** OU **sa ~** deep in thought. -**2.** [chimère] dream, daydream, delusion.

revérifier [9] [rəverifje] *vt* to check again, to double-check.

revers [rəver] *nm* -**1.** [d'une blouse, d'un veston] lapel; [d'un pantalon] turn-up *Br*, cuff *Am*; [d'une manche] (turned-back) cuff; [d'un uniforme] facing; **peignoir à ~ de soie** dressing gown with silk lapels; **col/bottes à ~** turned-down collar/boots. -**2.** [d'une feuille, d'un tissu, d'un tableau, de la main] back; **essuyant d'un ~ de main la sueur qui coulait de son front** wiping the sweat from his forehead with the back of his hand ‖ [d'une médaille, d'une pièce] reverse (side); **c'est le ~ de la médaille** that's the other side of the coin, there's the rub. -**3.** [échec, défaite] setback; **~ économiques** economic setbacks ❑ **~ de fortune** reverse of fortune, setback (in one's fortunes). -**4.** TENNIS backhand (shot); **faire un ~** to play a backhand shot; **jouer en ~** to play backhand.

◆ **à revers** *loc adv* MIL from OU in the rear.

reversement [rəversəmɑ̃] *nm* FIN transfer.

reverser [3] [rəverse] *vt* -**1.** [verser - de nouveau] to pour again, to pour (out) more (of); [- dans le récipient d'origine] to pour back *(sép)*. -**2.** FIN [reporter] to transfer; **~ des intérêts sur un compte** to pay interest on an account; **la prime d'assurance vous sera intégralement reversée au bout d'un an** the total premium will be paid back to you after one year.

reversi [reversi] *nm* [avec des cartes] reversis; [avec des pions] reversi.

réversibilité [reversibilite] *nf* JUR revertibility.

réversible [reversibl] *adj* -**1.** [vêtement] reversible. -**2.** JUR [bien, pension] revertible; **annuité ~** reversionary annuity. -**3.** CHIM & PHYS reversible.

réversion [reversjɔ̃] *nf* BIOL, JUR & MÉTALL reversion.

revêtement [rəvetmɑ̃] *nm* -**1.** CONSTR [intérieur - peinture] covering *(C)*; [- enduit] coating *(C)*; [extérieur - gén] facing; [- crépi] rendering. -**2.** TRAV PUBL: **refaire le ~ d'une route** to resurface a road. -**3.** TECH [gaine - d'un câble électrique] housing, sheathing *(C ou U)*; [- d'un pneu] casing *(C)*; [- d'un conduit] lining *(C)*; **~ calorifuge** lagging; **~ galvanique** electroplating. -**4.** AÉRON skin. -**5.** ARCHIT revetment. -**6.** MIN lining.

revêtir [44] [rəvetir] *vt* -**1.** *sout* [endosser] to don, to array o.s. in, to put on; **~ ses plus beaux atours** to array o.s. in OU to don one's finest attire; **la montagne a revêtu son habit de bruyère** the mountain is clad in its cloak of heather. -**2.** *sout* [habiller]: **~ qqn de** to dress OU to array sb in, to clothe sb in OU with; **on l'avait revêtue d'une lourde cape** she had been arrayed OU garbed in a heavy cloak; **un mur revêtu de lierre** an ivy-clad OU ivy-hung wall. -**3.** *sout* [importance, signification] to take on *(insép)*, to assume; [forme] to appear in, to take on, to assume; **ses propos revêtent un caractère dangereux** there's something dangerous in what he says; **Merlin revêtit l'aspect d'une souris** Merlin took on OU assumed the appearance of a mouse. -**4.** ARCHIT, CONSTR & TRAV PUBL [rue - asphalter] to surface; [- paver] to pave; **~ une surface de** to cover a surface with. -**5.** TECH [chaudière] to line, to lag; [puits de mine] to line. -**6.** JUR: **~ un contrat de signatures** to append signatures to a contract; **laissez-passer revêtu du tampon obligatoire** authorization bearing the regulation stamp.

rêveur, euse [revœr, øz] ◇ *adj* -**1.** [distrait] dreamy; **avoir un caractère ~** to be a daydreamer. -**2.** [perplexe]: **laisser qqn ~** to leave sb baffled OU in a state of bafflement; **cette dernière phrase me laissa ~** these last words puzzled OU baffled me; **ça laisse ~!** it makes you wonder!
◇ *nm, f* dreamer, daydreamer.

rêveusement [revøzmɑ̃] *adv* dreamily; **regarder ~ par la fenêtre** to gaze absentmindedly out of the window.

revient [rəvjɛ̃] *nm*: **prix de ~** cost price.

revigorer [3] [rəvigɔre] *vt* -**1.** [stimuler] to invigorate, to liven up *(sép)*; **une petite promenade pour vous ~?** how about a bracing little walk? -**2.** [relancer] to boost, to give a boost to; **les subventions ont revigoré l'entreprise** the subsidies gave the company a new lease of life.

revirement [rəvirmɑ̃] *nm* [changement - d'avis] about-face, change of mind; [- de situation] turnaround, about-face, sudden turn; **un ~ dans l'opinion publique** a complete swing OU turnaround in public opinion; **un ~ de la tendance sur le marché des valeurs** a sudden reversal of stock market trends.

révisable [revizabl] *adj* -**1.** [gén] revisable. -**2.** JUR reviewable.

réviser [3] [revize] *vt* -**1.** SCOL & UNIV to revise, to go over *(insép)* (again). -**2.** [réévaluer - jugement, situation] to review, to reexamine, to reappraise; **~ à la baisse/hausse** to downgrade/upgrade, to scale down/up; **il a fallu ~ à la baisse les prévisions pour l'an prochain** the projected figures for next year have had to be scaled down. -**3.** JUR: **~ un procès** to rehear a trial; **~ le procès de qqn** to retry sb; **~ un jugement** to review a judgment. -**4.** [voiture] to service; [machine] to overhaul; **faire ~ une voiture** to have a car serviced; **la voiture a été révisée récemment** the car was serviced not long ago, **faire ~ les freins** to have the brakes checked. -**5.** [clause] to revise; [liste électorale] to update, to revise; [manuscrit] to check, to go over *(insép)*; [épreuves] to revise, to line edit *spéc*.

réviseur, euse [revizœr, øz] *nm, f* -**1.** ÉCON: **~ comptable** auditor. -**2.** IMPR reviser, checker.

révision [revizjɔ̃] *nf* -**1.** SCOL & UNIV revision *(U)*, revising *(U)*; **actuellement, où en es-tu de tes ~s?** how much have you revised so far? -**2.** [modification - d'une clause] revision; [- d'une liste électorale] updating, revision; [- d'un manuscrit] checking; [- d'épreuves] checking, revising. -**3.** [d'une voiture] service; [d'une machine] overhaul, overhauling. -**4.** [fait de réestimer] reevaluation, reappraisal; **la ~ à la baisse/hausse des prévisions** the downgrading/upgrading of the forecast figures. -**5.** JUR [d'un procès] rehearing; [d'un jugement] reviewing.

révisionnel, elle [revizjɔnel] *adj* revisionary, review *(modif)*.

révisionnisme [revizjɔnism] *nm* revisionism.

révisionniste [revizjɔnist] *adj & nmf* revisionist.

revisser [3] [rəvise] *vt* to screw back again.

revitalisant, e [rəvitalizɑ̃, ɑ̃t] *adj* revitalizing.

revitalisation [rəvitalizasjɔ̃] *nf* revitalization.

revitaliser [3] [rəvitalize] *vt* -**1.** [ranimer] to bring new life to; **ce nouveau plan économi-**

que est destiné à ~ la région this new economic programme is designed to bring new life to the area. -**2.** [régénérer] to revitalize; **cette crème revitalisera votre épiderme** this cream will revitalize your skin.

revivifiant, e [rəvivifjɑ̃, ɑ̃t] *adj* bracing, revivifying.

revivifier [9] [rəvivifje] *vt* -**1.** [personne] to revivify, to revitalize. -**2.** *litt* [souvenir] to bring back to life, to revive.

reviviscence [rəvivisɑ̃s] *nf* -**1.** BIOL anabiosis, reviviscence. -**2.** *litt* revival, reappearance.

reviviscent, e [rəvivisɑ̃, ɑ̃t] *adj* BIOL anabiotic, reviviscent.

revivre [90] [rəvivr] ◇ *vi* -**1.** [guérir, renaître] to come alive (again); **les examens sont terminés, je revis!** the exams are over, I can breathe again OU what a weight off my mind!; **quel calme, je me sens ~!** how quiet it is around here, I feel like a new person! -**2.** [nature, campagne] to come alive again. -**3.** [personne ou animal mort] to come back to life; **~ dans** OU **par qqn** *sout* to live again in OU through sb. -**4.** [redevenir actuel]: **faire ~ qqch: faire ~ la tradition** to restore OU to revive tradition; **faire ~ les années de guerre** to bring back the war years.

◇ *vt* -**1.** [se souvenir de] to relive, to live OU to go through *(insép)* (again); **toutes les nuits je revis l'accident** I relive the accident every night. -**2.** [vivre à nouveau] to relive; **avec lui, elle revit un grand amour** with him, she's reliving a grand passion.

révocabilité [revɔkabilite] *nf* -**1.** ADMIN [d'un fonctionnaire] dismissibility. -**2.** JUR [d'un acte juridique] revocability. -**3.** POL [d'un élu] recallability.

révocable [revɔkabl] *adj* -**1.** ADMIN [fonctionnaire] dismissible. -**2.** JUR [acte juridique] revocable, subject to repeal. -**3.** POL [élu] recallable, subject to recall.

révocation [revɔkasjɔ̃] *nf* -**1.** ADMIN [d'un fonctionnaire] dismissal; [d'un dirigeant] removal. -**2.** JUR [d'un acte juridique] repeal, revocation; [d'un testament] revocation; [d'un ordre] rescinding; **la ~ de l'édit de Nantes** the Revocation of the Edict of Nantes. -**3.** POL [d'un élu] removal, recall.

révocatoire [revɔkatwar] *adj* revocatory.

revoici [rəvwasi] *prép*: **me ~!** here I am again!, it's me again!

revoilà [rəvwala] *prép*: **~ le printemps!** it looks like spring's here again!; **enfin, te ~!** you're back at last!; **les ~!** there they are again! ❑ **nous y ~, je m'y attendais!** here we go again! I just knew it.

revoir[1] [rəvwar] *nm* -**1.** *litt*: **le charme du ~** the delights of meeting again. -**2.** CHASSE trail.

◆ **au revoir** ◇ *interj* goodbye.

◇ *nm*: **ce n'est qu'un au ~** we'll meet again.

revoir[2] [62] [rəvwar] *vt* -**1.** [rencontrer à nouveau] to see OU to meet again; **il y a longtemps que tu le revois?** is it a long time since you started seeing him again?; **tu ne croyais pas me ~ de sitôt, hein?** you didn't expect to see me again so soon, did you?; **et que je ne te revoie plus ici, compris?** and don't let me see OU catch you around here again, is that clear? || [retourner à] to see again, to go back to; **c'est bon de ~ son pays** it's good to be back in OU to see one's country (again); **elle ne devait plus ~ sa terre natale** she was never to see her native land again. -**2.** [examiner à nouveau - images] to see again, to have another look at; [- exposition, spectacle] to see again; [- dossier] to reexamine, to look at *(insép)* again; [- vidéocassette] to watch again; **c'est un documentaire qu'il faut ~** the documentary is well worth seeing a second time; **je l'ai revu trois fois à la télévision** I've seen it three times on television. -**3.** [assister de nouveau à - incident] to see OU to witness again; **nous ne voulons plus jamais ~ ces scènes sur nos écrans** we never want to witness OU to see such scenes on our screens again. -**4.** [par l'imagination]: **je nous revois encore, autour du feu de camp** I can still see OU picture us around the campfire; **quand je revois ces moments de bonheur** when I think back to those happy times. -**5.** [vérifier - installation, mécanisme, moteur] to check, to look at *(insép)* again; [- texte] to reexamine, to revise; [- opinion] to modify, to revise; **la première partie de ta thèse est à ~** the first part of your thesis will have to be gone over again OU revised; **'édition revue et corrigée'** 'revised edition'. -**6.** SCOL [cours] to go over *(insép)* (again), to revise *Br*, to review *Am*; **revoyez les racines carrées pour demain** go over the section on square roots for tomorrow; **tu ferais bien de ~ ta physique!** [réviser] you'd better revise your physics!; [réapprendre] you'd better study OU learn your physics again!

◆ **se revoir** ◇ *vp (emploi réciproque)* to meet again; **nous reverrons-nous?** will we see each other OU meet again?

◇ *vp (emploi réfléchi)* to see OU to picture o.s. again; **je me revois enfant, chez ma grand-mère** I can still see myself as a child at my grandmother's.

révoltant, e [revɔltɑ̃, ɑ̃t] *adj* [violence, lâcheté] appalling, shocking; [grossièreté] revolting, outrageous, scandalous.

révolte [revɔlt] *nf* -**1.** [sédition] revolt, rebellion; **la ~ fut durement réprimée** the revolt was harshly repressed. -**2.** [insoumission] rebellion, revolt; **être en ~ contre qqn** to be in revolt against sb; **elle est en ~ contre ses parents** she's rebelling OU revolting against her parents. -**3.** [réprobation] outrage; **nous manifestons notre ~ contre la vivisection** we're expressing our outrage against vivisection.

révolté, e [revɔlte] ◇ *adj* -**1.** [rebelle] rebellious, rebel *(avant n)*. -**2.** [indigné] outraged. -**3.** MIL mutinous.

◇ *nm, f* -**1.** [gén] rebel. -**2.** MIL rebel, mutineer.

révolter [3] [revolte] *vt* [scandaliser] to appal, to revolt, to shock; **ça ne te révolte pas, toi?** don't you think that's disgusting OU revolting OU shocking?; **révolté par la misère/tant de violence** outraged by poverty/at so much violence.

◆ **se révolter** *vpi* -**1.** [gén] to revolt; **les mineurs se révoltent contre leurs syndicats** the miners are revolting OU are in revolt against their unions; **adolescent, il s'est révolté contre ses parents** he rebelled against his parents when he was a teenager. -**2.** [marin, soldat] to mutiny.

révolu, e [revɔly] *adj* -**1.** *litt* [d'autrefois]: **aux jours ~s de ma jeunesse** in the bygone days of my youth; **en des temps ~s** in days gone by. -**2.** [fini] past; **l'époque des hippies est ~e** the hippie era is over. -**3.** ADMIN: **âgé de 18 ans ~s** over 18 (years of age); **au bout de trois années ~es** after three full years.

révolution [revɔlysjɔ̃] *nf* -**1.** POL revolution; **la ~ industrielle** the industrial revolution; **une ~ de palais** a palace coup OU revolution; **la première/seconde ~ d'Angleterre** the English/Glorious Revolution; **la Révolution culturelle** the Cultural Revolution; **la Révolution (française)** the French Revolution; **la ~ d'octobre** the October Revolution. -**2.** [changement] revolution, upset; **une ~ dans** a revolution in; **faire** OU **causer une ~ dans qqch** to revolutionize sthg. -**3.** [agitation] turmoil; **tous ces cambriolages ont mis la ville en ~** the town is up in arms OU in uproar because of all these burglaries. -**4.** ASTRON & MATH revolution.

LA RÉVOLUTION FRANÇAISE:

The most important event in the history of modern France, from which it emerged as a Republic with an egalitarian constitution. Precipitated by the social and financial abuses of the Ancien Régime monarchy, it was a turbulent period lasting from the Fall of the Bastille in 1789 until the end of the century, marked by the Declaration of Human Rights, the execution of Louis XVI and the Terror (1793), and war against the other European powers.

---

révolutionnaire [revɔlysjɔnɛr] ◇ *adj* -**1.** POL revolutionary. -**2.** HIST revolutionary. -**3.** *fig* revolutionary; **une découverte ~** a revolutionary discovery.

◇ *nmf* -**1.** POL revolutionary, revolutionist *Am*. -**2.** HIST: **un ~** a revolutionary. -**3.** *fig* innovator.

révolutionnairement [revɔlysjɔnɛrmɑ̃] *adv* in a revolutionary manner, revolutionarily.

révolutionnarisation [revɔlysjɔnarizasjɔ̃] *nf* revolutionizing, revolutionization.

révolutionnarisme [revɔlysjɔnarism] *nm* revolutionism.

révolutionnariste [revɔlysjɔnarist] *adj* & *nmf* revolutionist.

révolutionner [3] [revɔlysjɔne] *vt* -**1.** [changer - système, domaine] to revolutionize; [- vie] to change radically. -**2.** *fam* [bouleverser - personne] to upset (deeply); **cette nouvelle l'a révolutionnée** the news made a deep impression on her.

revolver [revɔlvɛr] *nm* -**1.** ARM revolver; **un coup de ~** a gunshot. -**2.** OPT revolving nose piece. -**3.** TECH capstan, turret.

revolving [revɔlviŋ] *adj inv* revolving BANK; **crédit ~** revolving credit.

révoquer [3] [revɔke] *vt* -**1.** ADMIN [fonctionnaire] to dismiss; [dirigeant] to remove (from office). -**2.** JUR [acte juridique] to revoke, to repeal; [testament] to revoke; [ordre] to revoke, to rescind. -**3.** POL [élu] to recall.

revoter [3] [rəvɔte] ◇ *vi* to vote again.

◇ *vt* to vote for again.

revouloir *fam* [57] [rəvulwar] *vt* to want some more; **j'en reveux!** I want some more!

revoyure▽ [rəvwajyr] *nf*: **à la ~!** see you (around)!, so long!, toodle-oo!

revue [rəvy] *nf* -**1.** [publication - gén] magazine; [- spécialisée] journal, review; **~ économique** economic journal OU review; **~ financière** financial review; **~ de linguistique** review of linguistics; **~ de mode** fashion magazine; **~ porno** *fam* porno OU porn magazine; **~ scientifique** science journal. -**2.** [de music-hall] variety show; [de chansonniers] revue; **~ à grand spectacle** big show, spectacular. -**3.** MIL [inspection] inspection, review; [défilé] review, march-past; **la ~ du 14 juillet** the 14th of July (military) parade ❑ **~ de détail/d'armement** kit/arms inspection; **passer en ~** [troupes] to hold a review of, to review; [uniformes] to inspect. -**4.** [inventaire]: **faire la ~ de, passer en ~** [vêtements, documents] to go OU to look through; [solutions] to go over in one's mind, to review.

◆ **revue de presse** *nf* review of the press OU of what the papers say.

revuiste [rəvyist] *nmf* revue OU sketch writer.

révulsé, e [revylse] *adj* [traits, visage] contorted; **~ de douleur** [visage] contorted with pain; **les yeux** [illegible] with his eyes rolled upwards.

révulser [3] [revylse] *vt* -**1.** [dégoûter] to revolt, to fill with loathing, to disgust. -**2.** [crisper] to contort.

◆ **se révulser** *vpi* [traits, visage] to contort, to become contorted; [yeux] to roll upwards.

révulsif, ive [revylsif, iv] *adj* revulsant.

◆ **révulsif** *nm* revulsant, revulsive.

révulsion [revylsjɔ̃] *nf* -**1.** MÉD revulsion. -**2.** [dégoût] revulsion, loathing.

rewriter[1] [rirajtœr] *nm* rewriter.

rewriter[2] [3] [rirajte] *vt* to rewrite.

rewriting [rirajtiŋ] *nm* rewriting.

rexisme [rɛksism] *nm* rexism.

Reykjavik [rɛkjavik] *npr* Reykjavik.

rez-de-chaussée [redʃose] *nm inv* ground floor *Br*, first floor *Am*; **au ~** on the ground floor; **habiter un ~** to live in a ground floor flat *Br* OU first floor apartment *Am*.

rez-de-jardin [redʒardɛ̃] *nm inv* ground OU garden level; **pièces en ~** ground-level rooms.

RF *abr écrite de* **République française.**

RFA (*abr de* **République fédérale d'Allemagne**) *npr f* FRG, West Germany.

RFI (*abr de* **Radio France Internationale**) *npr French World Service radio station.*

RFO (*abr de* **Radio-télévision française d'outre-mer**) *npr French overseas broadcasting service.*

r.g. *abr écrite de* rive gauche.

RG *npr mpl abr de* **Renseignements généraux.**

Rh (*abr écrite de* **Rhésus**) Rh.

rhabillage [rabijaʒ] *nm* -**1.** [d'une meule] dressing; [d'une montre] overhaul. -**2.** [d'une personne]: **le ~ des enfants après la gymnastique prend beaucoup de temps** the children take a long time getting dressed again after gym.

rhabiller [3] [rabije] *vt* -**1.** [habiller à nouveau] to dress again; **rhabille-le** put his clothes back on (for him). -**2.** ARCHIT to revamp, to refurbish; **on a rhabillé tout le foyer du théâtre** the entire foyer of the theatre has been refurbished. -**3.** TECH [montre] to overhaul; [meule] to dress.
◆ **se rhabiller** *vp (emploi réfléchi)* -**1.** [s'habiller à nouveau] to put one's clothes back on, to dress OU to get dressed again. -**2.** *fam loc*: **tu peux aller te/il peut aller se ~!** you've/he's got another think coming!

rhapsodie [rapsɔdi] *nf* MUS rhapsody.

rhénan, e [renɑ̃, an] *adj* -**1.** [du Rhin] of the Rhine, Rhenish; **le pays ~** the Rhineland. -**2.** [de la Rhénanie] of the Rhineland.

Rhénan [renɑ̃] *npr m*: **le ~** the Rhineland (Mountains).

Rhénanie [renani] *npr f*: **(la) ~** the Rhineland.

Rhénanie-du-Nord-Westphalie [renanidynɔrvɛsfali] *npr f*: **(la) ~** North Rhine-Westphalia.

Rhénanie-Palatinat [renanipalatina] *npr f*: **(la) ~** Rhineland-Palatinate.

rhénium [renjɔm] *nm* rhenium.

rhéobase [reɔbaz] *nf* rheobase.

rhéologie [reɔlɔʒi] *nf* rheology.

rhéologique [reɔlɔʒik] *adj* rheological.

rhéologue [reɔlɔg] *nmf* rheologist.

rhéomètre [reɔmɛtr] *nm* rheometer.

rhéophile [reɔfil] *adj* rheophilic.

rhéostat [reɔsta] *nm* rheostat; **~ de glissement** slip regulator.

rhésus [rezys] *nm* ZOOL rhesus monkey.

Rhésus [rezys] *nm* [système sanguin]: **facteur ~** Rhesus OU Rh factor; **~ positif/négatif** Rhesus positive/negative.

rhéteur [retœr] *nm* -**1.** ANTIQ rhetor. -**2.** *litt* rhetorician.

rhétoricien, enne [retɔrisjɛ̃, ɛn] ◇ *adj* rhetorical.
◇ *nm, f* -**1.** [spécialiste] rhetorician. -**2.** *Belg* SCOL ≃ lower sixth former *Br*, ≃ student in sixth grade *Am*.

rhétorique [retɔrik] ◇ *adj* rhetoric, rhetorical.
◇ *nf* -**1.** [art] rhetoric. -**2.** *péj* [affectation]: **ce n'est que de la ~** that's just posturing. -**3.** *Belg* SCOL ≃ lower sixth form *Br*, ≃ sixth grade *Am*.

Rhin [rɛ̃] *npr m*: **le ~** the Rhine.

rhinanthe [rinɑ̃t] *nm* yellow rattle, rhinanthus *spéc*.

rhinencéphale [rinɑ̃sefal] *nm* rhinencephalon.

rhinite [rinit] *nf* rhinitis.

rhinocéros [rinɔserɔs] *nm* -**1.** ZOOL rhinoceros, rhino. -**2.** ENTOM rhinoceros beetle.

rhino-pharyngien, enne [rinɔfarɛ̃ʒjɛ̃, ɛn] (*mpl* **rhino-pharyngiens**, *fpl* **rhino-pharyngiennes**), **rhino-pharyngé, e** [rinɔfarɛ̃ʒe] (*mpl* **rhino-pharyngés**, *fpl* **rhino-pharyngées**) *adj* rhinopharyngal, rhinopharyngeal.

rhino-pharyngite [rinɔfarɛ̃ʒit] (*pl* **rhino-pharyngites**) *nf* rhinopharyngitis.

rhinopharynx [rinɔfarɛ̃ks] *nm* rhinopharynx.

rhinoplastie [rinɔplasti] *nf* rhinoplasty.

rhinoscopie [rinɔskɔpi] *nf* rhinoscopy.

rhizome [rizom] *nm* rhizome.

rhodanien, enne [rɔdanjɛ̃, ɛn] *adj* [du Rhône] from the Rhone; **le couloir ~** the Rhone corridor.
◆ **rhodanien** *nm* LING *Rhone valley variety of Provençal.*

Rhode Island [rɔdajlɑ̃d] *npr m*: **le ~** Rhode Island.

Rhodes [rɔd] *npr* Rhodes.

Rhodésie [rɔdezi] *npr f*: **(la) ~** Rhodesia; **~ du Nord** Northern Rhodesia; **~ du Sud** Southern Rhodesia.

rhodésien, enne [rɔdezjɛ̃, ɛn] *adj* Rhodesian.
◆ **Rhodésien, enne** *nm, f* Rhodesian.

rhodien, enne [rɔdjɛ̃, ɛn] *adj* Rhodian.
◆ **Rhodien, enne** *nm, f* Rhodian.

rhodium [rɔdjɔm] *nm* rhodium.

rhododendron [rɔdɔdɛ̃drɔ̃] *nm* rhododendron.

Rhodoïd® [rɔdɔid] *nm* Rhodoid®.

rhombencéphale [rɔ̃bɑ̃sefal] *nm* rhombencephalon.

rhombique [rɔ̃bik] *adj* rhombic.

rhomboèdre [rɔ̃bɔɛdr] *nm* rhombohedron.

rhomboïdal, e, aux [rɔ̃bɔidal, o] *adj* rhomboid, rhomboidal.

rhomboïde [rɔ̃bɔid] *nm* -**1.** GÉOM rhomboid. -**2.** ANAT rhomboideus.

Rhône [ron] *npr m*: **le ~** the (River) Rhone.

Rhovyl® [rɔvil] *nm man-made fibre used for making warm clothing.*

rhubarbe [rybarb] *nf* rhubarb.

rhum [rɔm] *nm* rum; **au ~** [dessert] rum-flavoured; [boisson] rum-based.

rhumatisant, e [rymatizɑ̃, ɑ̃t] *adj & nm, f* rheumatic.

rhumatismal, e, aux [rymatismal, o] *adj* rheumatic.

rhumatisme [rymatism] *nm* rheumatism *(U)*; **avoir un ~** OU **des ~s au genou** to have rheumatism in one's knee ❑ **~ articulaire aigu** rheumatic fever; **~ déformant** polyarthritis.

rhumatoïde [rymatɔid] *adj* rheumatoid.

rhumatologie [rymatɔlɔʒi] *nf* rheumatology.

rhumatologique [rymatɔlɔʒik] *adj* rheumatological.

rhumatologue [rymatɔlɔg] *nmf* rheumatologist.

rhume [rym] *nm* cold; **je tiens un bon ~!** *fam* I've got a nasty cold!; **tu vas attraper un ~** you're going to catch (a) cold ❑ **~ de cerveau** head cold; **~ des foins** hay fever.

rhumerie [rɔmri] *nf* rum distillery.

rhynchite [rɛ̃kit] *nm* rhynchites.

rhythm and blues [ritmɛ̃dbluz] *nm* rhythm and blues.

RI ◇ *nm abr de* **régiment d'infanterie.**
◇ *npr mpl abr de* **Républicains indépendants.**

ria [rija] *nf* ria.

Riad [rijad] = **Riyàd.**

Rialto [rialto] *npr m*: **le (pont du) ~** the Rialto Bridge.

riant, e [rijɑ̃, ɑ̃t] *adj* -**1.** [visage, yeux] smiling. -**2.** [nature, paysage] pleasant; **une ~e vallée** a pleasant valley. -**3.** *litt* [heureux] happy.

RIB, Rib [rib] *nm abr de* **relevé d'identité bancaire.**

ribambelle [ribɑ̃bɛl] *nf* -**1.** [quantité] flock, swarm; **suivie d'une ~ de gamins** *fam* followed by a long string of OU a swarm of kids. -**2.** [papier découpé] paper dolls.
◆ **en ribambelle** *loc adv*: **les enfants sortent de l'école en ~** the children stream out of the school.

ribaud, e [ribo, od] *arch* ◇ *adj* ribald.
◇ *nm, f*: **un ~** a ribald fellow; **une ~e** a brazen wench.

riboflavine [riboflavin] *nf* riboflavin, riboflavine.

ribonucléase [ribonykleaz] *nf* ribonuclease.

ribonucléique [ribonykleik] *adj* ribonucleic.

ribose [riboz] *nm* ribose.

ribosome [ribozom] *nm* ribosome.

ribote [ribɔt] *nf arch* high living; **en ~** [ivre] drunk; **faire ~** [s'enivrer] to go drinking.

ribouldingue *fam* [ribuldɛ̃g] *nf vieilli*: **une sacrée ~** a real do OU shindig.

ricain, e▽ [rikɛ̃, ɛn] *nm, f pejorative or humorous term used with reference to Americans,* ≃ Yank.

ricanant, e [rikanɑ̃, ɑ̃t] *adj* sniggering.

ricanement [rikanmɑ̃] *nm* [rire - méchant] sniggering *(U)*, snigger; [- nerveux] nervous OU jittery laugh; [- bête] giggle, giggling *(U)*.

ricaner [3] [rikane] *vi* [rire - méchamment] to snigger; [- nerveusement] to laugh nervously; [- bêtement] to giggle.

ricaneur, euse [rikanœr, øz] ◇ *adj* [riant - méchamment] sniggering; [- bêtement] giggling.
◇ *nm, f* [méchant] sniggerer; [sot] giggler; **les ~s en seront pour leurs frais** anybody who laughs OU sniggers gets it.

riccie [riksi] *nf* riccia.

RICE, Rice (*abr de* **relevé d'identité de caisse d'épargne**) *nm savings account identification slip.*

richard, e *fam* [riʃar, ard] *nm, f péj* rich person; **un gros ~** a fat cat.

Richard [riʃar] *npr*: **~ Cœur de Lion** Richard the Lion-Heart, Richard Cœur de Lion.

riche [riʃ] ◇ *adj* -**1.** [fortuné - famille, personne] rich, wealthy, well-off; [- nation] rich, wealthy; **une ~ héritière** a wealthy heiress; **ils ont l'air ~** they look wealthy; **elle a fait un ~ mariage** she's married into a rich family OU into money; **on n'est pas bien ~ chez nous** we're not very well-off; **je te paie le restaurant, aujourd'hui, je suis ~** I'll treat you to a meal, I'm feeling rich today; **je suis plus ~ de 5 000 francs maintenant** I'm 5,000 francs better off now ❑ **être ~ comme Crésus** OU **à millions** to be as rich as Croesus OU Midas; **elle est ~ à millions** she's extremely wealthy. -**2.** *(avant n)* [de valeur - demeure, décor] lavish, sumptuous, luxurious; [- étoffe, enluminure] magnificent, splendid; **un ~ cadre doré** a heavy gilt frame; **elle le couvre de ~s présents** she lavishes fabulous OU expensive gifts on him. -**3.** [plein d'éléments bénéfiques] rich; **un sol ~** a rich soil; **une végétation ~** lush OU luxuriant OU profuse vegetation; **ces terres sont ~s** these lands are fertile OU productive || [nourrissant] rich; **ce qu'il vous faut, c'est une alimentation ~** what you need is a nutritious diet; **le gâteau est un peu trop ~** the cake is a little too rich || [intéressant] rich; **c'est une ~ nature** *fam* he is a hearty OU an exuberant person; **la ville a une histoire très ~** the town has had a very varied history; **vous y trouverez une documentation très ~ sur Proust** you'll find a wide range of documents on Proust there; **c'est une ~ idée que tu as eue là** *fam aussi iron* that's a wonderful OU great idea you've just had. -**4.** [complexe] rich; **des tons ~s** rich hues; **elle a un vocabulaire/une langue ~** she has a rich vocabulary/a tremendous command of the language; **une imagination ~** a fertile imagination. -**5.** **~ en** [vitamines, minerais] rich in; [événements] full of; **~ en lipides** with a high lipid content; **régime ~ en calcium** calcium-rich diet; **texte ~ en superlatifs** text overflowing with superlatives; **la journée fut ~ en émotions** the day was packed full of excitement; **la journée fut ~ en rebondissements** spectacular things happened all day; **leur bibliothèque n'est pas ~ en livres d'art** they don't have a very large collection OU choice of art books; **je ne suis pas ~ en papier/farine!** *fam* I'm not very well-off for paper/flour! -**6.** **~ de** [qualités, possibilités]: **un livre ~ d'enseignements** a very informative book; **un magazine féminin ~ d'idées** a women's magazine packed full of OU teeming with ideas; **son premier roman est ~ de promesses** his first novel is full of promise OU shows great promise.
◇ *nmf* rich person; **les ~s** the rich, the wealthy; **voiture de ~** rich man's car.
◇ *adv fam*: **ça fait ~** it looks posh.

richelieu [riʃəljø] (*pl inv* OU **richelieus**) *nm* lace-up shoe.

richement [riʃmɑ̃] *adv* -**1.** [luxueusement] richly, handsomely; **cette pièce est ~ meublée** this room is richly OU handsomely furnished.

-**2.** [abondamment] lavishly, sumptuously, richly; **~ illustré** lavishly illustrated. -**3.** [de manière à rendre riche]: **il a ~ marié sa fille** OU **marié sa fille ~** he married his daughter into a wealthy family.

richesse [riʃɛs] *nf* -**1.** [fortune - d'une personne] wealth; [- d'une région, d'une nation] wealth, affluence, prosperity; **ses livres sont sa seule ~** his books are all he has; **ces traditions ancestrales font la ~ de ce peuple** these ancestral traditions make up the rich cultural heritage of this people. -**2.** [d'un décor] luxuriousness, lavishness, sumptuousness; [d'un tissu] beauty, splendour. -**3.** [luxuriance - de la végétation] richness, lushness, profuseness, luxuriance; **la ~ du sous-sol** the wealth of (underground) mineral deposits; **~ en: la ~ en fer d'un légume** the high iron content of a vegetable; **pour préserver notre ~ en forêts** in order to protect our many forests. -**4.** [complexité - du vocabulaire, de la langue] richness; [- de l'imagination] creativeness, inventiveness; **la ~ culturelle de notre capitale** the cultural wealth of our capital city. -**5.** *sout* [réconfort] blessing; **avoir un ami fidèle est une grande ~** to have a faithful friend is to be rich indeed.

◆ **richesses** *nfpl* [biens, capital] riches, wealth *(U)*; [articles de valeur] treasures, wealth; [ressources] resources; **~s minières/naturelles** mining/natural resources; **les ~s que recèle ce site archéologique** the treasures contained in this archeological site.

richissime [riʃisim] *adj* fantastically wealthy.

Richter [riʃtɛr] *npr*: **échelle de ~** Richter scale.

ricin [risɛ̃] *nm* castor oil plant, ricinus *spéc.*

riciné, e [risine] *adj* containing castor oil.

rickettsie [rikɛtsi] *nf* rickettsia.

ricocher [3] [rikɔʃe] *vi* -**1.** [caillou] to ricochet, to bounce, to rebound, to glance; **les enfants font ~ des pierres sur l'eau** the children are skimming stones across the water OU are playing ducks and drakes. -**2.** [balle] to ricochet; **la balle a ricoché sur le mur** the bullet ricochetted OU glanced off the wall.

ricochet [rikɔʃɛ] *nm* -**1.** [d'un caillou] bounce, rebound; **j'ai fait trois ~s!** I made the pebble bounce three times!; **faire des ~s** to skim pebbles, to play ducks and drakes; **par ~** *fig* indirectly; **les épargnants ont perdu de l'argent par ~** savers lost money as an indirect consequence; **faire ~** *fig*: **ces mesures feront ~** these measures will have a knock-on effect. -**2.** [d'une balle] ricochet.

ric-rac *fam* [rikrak] *adv* -**1.** [très exactement]: **il nous a payés ~** he paid us right down to the last penny. -**2.** [de justesse]: **avec mon petit salaire, à la fin du mois c'est ~ pour manger** on my salary, money for food gets a bit tight at the end of the month.

rictus [riktys] *nm* grimace, rictus; **un affreux ~ déformait son visage** his face was twisted into a hideous grimace; **un ~ de colère** an angry scowl OU grimace.

ridage [ridaʒ] *nm* tightening, hauling taut.

ride [rid] *nf* -**1.** [d'un visage] line, wrinkle; **creusé de ~s** furrowed with wrinkles; **prendre des ~s** to age; **le documentaire n'a pas pris une ~** *fig* the documentary hasn't dated in the slightest. -**2.** [sur l'eau, sur le sable] ripple, ridge; **les dunes où le vent traçait ses ~s** the dunes ridged by the wind. -**3.** NAUT: **~ de hauban** shroud lanyard.

ridé, e [ride] *adj* -**1.** [visage] wrinkled, lined; [pomme] wrinkled; **un front ~** a deeply lined forehead ❑ **~ comme une vieille pomme** wrinkled like a prune. -**2.** [eau, sable] ridged, rippled.

rideau, x [rido] *nm* -**1.** [en décoration intérieure] curtain, drape *Am*; **fermé par un ~** curtained off; **mettre des ~x aux fenêtres** to put curtains up; **tirer** OU **ouvrir les ~x** to draw OU to open the curtains; **tirer** OU **fermer les ~x** to draw OU to close the curtains ❑ **doubles ~x** thick curtains; **~x bonne femme** tieback curtains; **tirer le ~ sur qqch** to draw a veil over sthg. -**2.** THÉÂT curtain; **le ~ se lève sur un jardin japonais** the curtain rises on a Japanese garden ❑ **~ à la guillotine/à la grecque** drop/draw curtain; **~!** curtain!; **ça suffit, ~!** *fam* (that's) enough!, lay off! -**3.** [écran] screen, curtain; **~ de bambou** bamboo curtain; **~ de cyprès** screen of cypress trees; **~ de fumée** smoke screen; **~ de pluie** sheet of rain ❑ **~ de feu** MIL covering fire; **~ de troupes** MIL screen of troops.

◆ **rideau de fer** *nm* -**1.** [d'un magasin] (metal) shutter. -**2.** THÉÂT safety curtain. -**3.** HIST & POL Iron Curtain. -**4.** CONSTR [de cheminée] damper, flue shutter. -**5.** PHOT shutter. -**6.** GÉOG embankment.

ridelle [ridɛl] *nf* [d'un camion] side panel.

rider [3] [ride] *vt* -**1.** [peau] to wrinkle, to line, to furrow *litt.* -**2.** [eau, sable] to ripple, to ruffle the surface of. -**3.** NAUT to tighten.

◆ **se rider** *vpi* -**1.** [fruit] to shrivel, to go wrinkly; [visage] to become wrinkled. -**2.** [eau] to ripple, to become rippled.

ridicule [ridikyl] ◇ *adj* -**1.** [risible - personne] ridiculous, laughable; [- tenue] ridiculous, ludicrous; **se sentir ~** to feel ridiculous; **tu es ~ avec cette perruque** you look ridiculous with that wig on. -**2.** [absurde] ridiculous, ludicrous, preposterous; **c'est ~ d'avoir peur de l'avion** it's ridiculous to be afraid of flying. -**3.** [dérisoire] ridiculous, laughable, derisory; **un salaire ~** [trop bas] a ridiculously low salary.

◇ *nm* ridicule; **se couvrir de ~** to make o.s. a laughing stock, to make a complete fool of o.s.; **couvrir qqn de ~** to heap ridicule on sb; **tourner qqn/qqch en ~** to ridicule sb/sthg, to hold sb/sthg up to ridicule; **c'est d'un ~ (achevé** OU **fini)!** it's utterly ridiculous!, it's a farce!; **s'exposer au ~** to lay o.s. open to ridicule; **tomber** OU **donner dans le ~** to become ridiculous ❑ **le ~ ne tue pas** ridicule never did anyone any real harm.

◆ **ridicules** *nmpl litt* ridiculous ways.

ridiculement [ridikylmɑ̃] *adv* -**1.** [dérisoirement] ridiculously, ludicrously; **~ petit/bas/grand** ridiculously small/low/big. -**2.** [risiblement] ridiculously, laughably.

ridiculiser [3] [ridikylize] *vt* to ridicule, to hold up to ridicule.

◆ **se ridiculiser** *vp (réfléchi)* to make o.s. (look) ridiculous, to make a fool of o.s.

ridule [ridyl] *nf* small wrinkle.

rien [rjɛ̃] ◇ *pron indéf* -**1.** [quelque chose] anything; **y a-t-il ~ d'autre?** is there anything else?; **y a-t-il ~ que je puisse faire?** is there nothing I can do?; **y a-t-il eu jamais ~ de plus beau?** was there ever anything more beautiful?; **je me demande s'il y entend ~** *sout* I wonder whether he actually knows anything about it; **j'ai compris sans qu'il dise ~** I understood without him having to say anything; **j'ai compris avant qu'il dise ~** I understood before he said anything; **on ne peut pas vivre sans ~ faire** you can't live without doing anything; **appelle-moi avant de ~ faire** call me before you do OU before doing anything; **il fait trop chaud pour ~ manger** it's too hot to eat anything. -**2.** [nulle chose] nothing; **créer qqch à partir de ~** to create something out of nothing; **passer son temps à ~ faire** to spend one's time doing nothing; **réduire à ~** to reduce to nothing; **la tisane, ~ de tel pour dormir!** there's nothing like herbal tea to help you sleep!; **~ de tel qu'un bon (roman) policier** there's nothing like a good detective story; **~ de cassé/grave, j'espère?** nothing broken/serious, I hope?; **~ d'autre** nothing else; **~ de nouveau** no new developments; **~ de plus** nothing else OU more; **j'ai fait mon devoir, ~ de plus** I've done my duty, nothing more; **~ de moins** nothing less; **il veut le poste de directeur, ~ de moins** he wants the post of director, nothing less OU no less ‖ [en réponse négative à une question]: **qu'est-ce qui ne va pas? — ~!** what's wrong? — nothing!; **à quoi tu penses? — à ~!** what are you thinking about? — nothing!; **il viendra? — ~ de moins sûr** will he come? — nothing could be less certain; **qu'est-ce que tu lui laisses? — ~ de ~!** what are you leaving him — not a thing!; **~ du tout** nothing at all ❑ **je vous remercie — de ~!** thanks — you're welcome OU not at all OU don't mention it; **une fille de ~** *péj* a worthless girl; **une affaire de ~ du tout** a trifling OU trivial matter; **une égratignure de ~ du tout** a little scratch; **c'est ça ou ~** take it or leave it; **c'est tout ou ~** it's all or nothing; **avec lui c'est toujours tout ou ~** with him it's always all or nothing; **~ à dire, c'est parfait!** what can I say, it's perfect!; **~ à faire, il n'entend pas** it's no good, he can't hear; **~ à faire, la voiture ne veut pas démarrer** it's no good, the car (just) won't start; **~ à déclarer/signaler** nothing to declare/report; **j'en ai ~ à faire** *fam* OU **à cirer**▽ I don't give a damn OU a toss. -**3.** [en corrélation avec 'ne']: **~ n'est plus beau que...** there's nothing more beautiful than...; **~ ne la fatigue** nothing tires her OU makes her tired; **plus ~ n'a d'importance** nothing matters any more; **~ de grave n'est arrivé** nothing serious happened; **~ n'y a fait, elle a refusé** (there was) nothing doing, she said no; **ce n'est ~, ça va guérir** it's nothing, it'll get better; **ce n'est pas ~** it's no small thing OU matter; **repeindre la cuisine, ce n'est pas ~** redecorating the kitchen is no small thing OU no easy task; **ce n'est ~ en comparaison de** OU **à côté de...** it's nothing compared to...; **je croyais avoir perdu, il n'en est ~** I thought I'd lost, but not at all OU quite the contrary; **ils se disaient mariés, en fait il n'en est ~** they claimed they were married but they're nothing of the sort; **sans elle il n'est ~** without her he's nothing; **je ne suis ~ sans mes livres** I'm lost without my books; **il n'est (plus) ~ pour moi** he's OU he means nothing to me (anymore); **cela ne paraît ~, mais c'est une lourde tâche** it doesn't look much, but it's quite a big job; **et moi alors, je ne suis ~ (dans tout ça)?** and what about me (in all this), don't I count for anything OU don't I matter?; **je ne comprends ~** I don't understand anything; **je n'ai ~ compris** I haven't understood anything, I've understood nothing; **je ne me souviens de ~** I remember nothing, I don't remember anything; **on ne voit ~ avec cette fumée** you can't see anything OU a thing with all this smoke; **il ne croit à ~** he doesn't believe in anything; **ce soupçon ne repose sur ~** the suspicion is without foundation OU based on nothing; **il n'y a ~ entre nous** there is nothing between us; **cela** OU **ça ne fait ~** it doesn't matter; **ça ne (te) fait ~ si je te dépose en dernier?** would you mind if I dropped you off last?, is it OK with you if I drop you off last?; **cela ne fait ~ à l'affaire** that makes no difference (to the matter in hand); **dis-lui — je n'en ferai ~** tell him — I shall do nothing of the sort; **ça n'a ~ à voir** it's got nothing to do with it; **ça n'a ~ à voir avec toi** it's got nothing to do with you, it doesn't concern you; **Paul et Fred n'ont ~ à voir l'un avec l'autre** there's no connection between Paul and Fred; **n'avoir ~ contre qqn/qqch** to have nothing against sb/sthg; **je n'ai ~ contre lui** I have nothing against him, I don't have anything against him; **elle veut déménager, je n'ai ~ contre** she wants to move, I've got nothing against it; **n'y être pour ~: ne t'inquiète pas, tu n'y es pour ~** don't worry, it's not your fault; **ça n'a ~ d'un chef-d'œuvre** it's far from being a masterpiece; **il n'a ~ du séducteur** there's nothing of the lady-killer about him; **il n'y a ~ de moins sûr** there's nothing less certain; **~ de moins que** nothing less than; **elle n'est ~ de moins qu'une sotte** she's nothing less than an idiot; **ils ne veulent ~ de moins que sa démission** they want nothing less than her resignation; **~ tant que** nothing so much as; **je ne méprise ~ tant que le mensonge** I despise nothing so much as lying; **elle n'aime ~ tant qu'à rester à lire sur le balcon** she likes nothing better than sitting

reading on the balcony; elle n'a ~ fait que ce qu'on lui a demandé she only did what she was asked to do; il n'y a plus ~ à faire there's nothing more to be done; pour ne ~ vous cacher... to be completely open with you...; elle n'avait jamais ~ vu de semblable she had never seen such a thing OU anything like it; faire semblant de ~ to pretend that nothing happened ❑ ~ ne sert de courir (il faut partir à point) *allusion La Fontaine* slow and steady wins the race *prov*. -**4.** JEUX: ~ ne va plus rien ne va plus. -**5.** [au tennis] love; ~ partout love all; 40 à ~ 40 love. -**6.** *loc*: ~ moins que: elle est ~ moins que décidée à le poursuivre en justice [bel et bien] she's well and truly determined to take him to court; elle est ~ moins que sotte [nullement] she is far from stupid.
◇ *adv* ▽ really; elle est ~ moche she's really ugly; ils sont ~ riches they really are rolling in it *Br*, they sure as hell are rich *Am*.
◇ *nm* -**1.** [néant]: le ~ nothingness. -**2.** [chose sans importance]: un ~ the merest trifle OU slightest thing; un ~ la met en colère the slightest thing OU every little thing makes her angry; un ~ l'habille she looks good in anything; on se faisait gronder pour un ~ we used to be scolded for the merest trifle OU the slightest thing; il se fâche pour un ~ he loses his temper over the slightest little thing; il a passé son examen comme un ~ he took the exam in his stride; perdre son temps à des ~s to waste one's time over trivia OU trifles; les petits ~s dont la vie est faite the little things in life. -**3.** un ~ de [très peu de] a touch of; un ~ de cannelle a touch OU pinch of cinnamon; un ~ de canard/vin a taste of duck/wine; un ~ de frivolité a touch OU tinge OU hint of frivolity ❑ en un ~ de temps in (next to) no time; tout a été exécuté en un ~ de temps everything was done in next to no time; un/une ~ du tout a nobody.
◆ **en rien** *loc adv*: ça ne me dérange en ~ that doesn't bother me at all OU in the least; il ne ressemble en ~ à son père he looks nothing like his father; ça n'a en ~ affecté ma décision it hasn't influenced my decision at all OU in the least OU in any way.
◆ **pour rien** *loc adv*: ne le dérange pas pour ~ don't disturb him for no reason; il est venu pour ~ he came for nothing; ça compte pour ~ that doesn't mean anything; j'ai acheté ça pour ~ chez un brocanteur I bought it for next to nothing in a second hand shop ❑ pour deux/trois fois ~ for next to nothing.
◆ **rien que** *loc adv*: ~ que pour toi just OU only for you; ~ que cette fois just this once; ~ qu'une fois just OU only once; viens, ~ qu'un jour do come, (even) if only for a day; ~ que le billet coûte une fortune the ticket alone costs a fortune; ~ que d'y penser, j'ai le frisson the mere thought of it OU just thinking about it makes me shiver; la vérité, ~ que la vérité the truth and nothing but the truth; ~ que ça? *iron* is that all?
◆ **un rien** *loc adv* a touch, a shade, a tiny bit; sa robe est un ~ trop étroite her dress is a touch OU a shade OU a tiny bit too tight; c'est un ~ trop sucré pour moi it's a trifle OU shade OU tiny bit too sweet for me; elle est un ~ farce! *fam* she's a bit of a clown!

riesling [rislin] *nm* Riesling.

rieur, euse [rijœr, øz] ◇ *adj* [enfant] cheery, cheerful; [visage, regard] laughing.
◇ *nm, f* laugher; les ~s those who laugh ❑ avoir les ~s de son côté to have the last laugh.
◆ **rieuse** *nf* ORNITH black-headed gull.

Rif [rif] *npr m*: le ~ Er Rif.

rififi [rififi] *nm arg crime* [bagarre] aggro *Br*.

riflard [riflar] *nm* -**1.** CONSTR paring chisel. -**2.** MENUIS jack (plane). -**3.** MÉTALL coarse file. -**4.** *fam vieilli* [parapluie] umbrella, brolly *Br*.

rifle [rifl] *nm* rifle; carabine (de) 22 long ~ 22 calibre (rifle).

Rift Valley [riftvalɛ] *npr m*: le ~ the Rift Valley.

rigide [riʒid] *adj* -**1.** [solide] rigid. -**2.** [intransigeant] rigid, inflexible, unbending. -**3.** [austère] rigid, strict; nous recevions une éducation ~ we had a strict upbringing.

rigidement [riʒidmɑ̃] *adv* rigidly, inflexibly, strictly.

rigidifier [9] [riʒidifje] *vt* to rigidify, to stiffen.

rigidité [riʒidite] *nf* -**1.** [raideur] rigidity, stiffness; ~ cadavérique rigor mortis. -**2.** [austérité] strictness, inflexibility.

rigolade *fam* [rigɔlad] *nf* -**1.** [amusement] fun; il n'y a pas que la ~ dans la vie there's more to life than just having fun OU a good laugh; prendre qqch à la ~ to make a joke of sthg; chez eux, l'ambiance n'est pas/est franchement à la ~ it isn't exactly/it's a laugh a minute round their place; la vie n'est qu'une vaste ~ life is one big joke OU farce; élever quatre enfants, ce n'est pas une (partie de) ~ raising four children is no laughing matter; soulever des poids est une ~ pour elle lifting weights is child's play for her; c'est de la ~! [ce n'est pas sérieux] it's a joke!; [c'est sans importance] it's nothing!; [c'est très facile] it's a piece of cake! -**2.** [fou rire] fit of laughter; t'aurais vu la ~! it was a right *Br* OU good laugh!

rigolard, e *fam* [rigɔlar, ard] ◇ *adj* joking, laughing.
◇ *nm, f*: c'est un ~ he likes a good laugh.

rigole [rigɔl] *nf* -**1.** [fossé] rivulet, rill. -**2.** CONSTR [d'un mur] ditch; [d'une fenêtre] drainage groove. -**3.** HORT [sillon] furrow; [conduit] trench, channel; ~ d'irrigation irrigation channel.

rigoler *fam* [3] [rigɔle] *vi* -**1.** [rire] to laugh; moi, il ne me fait pas ~ du tout I don't find him funny OU he doesn't make me laugh at all; tu me fais ~ avec tes remords you, sorry? don't make me laugh! -**2.** [plaisanter] to joke; il a dit ça pour ~ he said that in jest, he meant it as a joke; tu rigoles! you're joking OU kidding! -**3.** [s'amuser] to have fun; on a bien rigolé cette année-là we had some good laughs OU great fun that year; avec lui comme prof, tu ne vas pas ~ tous les jours it won't be much fun for you having him as a teacher.

rigolo, ote *fam* [rigɔlo, ɔt] ◇ *adj* -**1.** [amusant] funny; (je trouve qu') il est ~, ce gosse! that kid is so funny!; elle a des copains très ~s her friends are a scream; ce serait ~ que tu aies des jumeaux wouldn't it be funny if you had twins; c'est pas ~ de bosser avec lui working with him is no joke. -**2.** [étrange] funny, odd; c'est ~, mais est-ce pratique? it's certainly funny, but is it useful?
◇ *nm, f* -**1.** [rieur] laugh, scream; c'est une ~te she's a hoot. -**2.** [incompétent] joker, clown, comedian *péj*; c'est un (petit) ~ ton électricien, trois heures pour faire un branchement! your electrician is some comedian - three hours to instal one appliance!

rigorisme [rigɔrism] *nm* rigorism.

rigoriste [rigɔrist] ◇ *adj* rigid, rigoristic.
◇ *nmf* rigorist.

rigotte [rigɔt] *nf* ≃ cottage cheese *(made from cow's and goat's milk)*.

rigoureusement [rigurøzmɑ̃] *adv* -**1.** [sévèrement] harshly, severely. -**2.** [scrupuleusement] rigorously; son classement est ~ fait his filing system is very thorough. -**3.** [complètement]: les deux portraits sont ~ identiques the two portraits are exactly the same OU absolutely identical; c'est ~ vrai it's perfectly true.

rigoureux, euse [rigurø, øz] *adj* -**1.** [sévère - personne] severe, rigorous; [- sanction] harsh, severe; [- principe] strict. -**2.** [scrupuleux - analyse, définition] rigorous; observer une rigoureuse neutralité to remain strictly neutral; soyez plus ~ dans votre travail be more thorough in your work. -**3.** [rude - climat] harsh, severe.

rigueur [rigœr] *nf* -**1.** [sévérité] harshness, severity, rigour; tenir ~ à qqn de qqch to hold sthg against sb; elle me tient ~ d'avoir oublié son anniversaire I forgot her birthday, and now she holds it against me. -**2.** [austérité - d'une gestion] austerity, stringency; [- d'une morale] rigour, strictness, sternness; politique de ~ austerity (measures). -**3.** [âpreté - d'un climat, d'une existence] rigour, harshness, toughness; l'hiver a été d'une ~ exceptionnelle the winter has been exceptionally harsh. -**4.** [précision - d'un calcul] exactness, precision; [- d'une logique, d'un esprit] rigour.
◆ **rigueurs** *nfpl litt* rigours; les ~s de l'hiver/de la vie carcérale the rigours of winter/of prison life.
◆ **à la rigueur** *loc adv* -**1.** [peut-être]: il a bu deux verres à la ~, mais pas plus he may possibly have had two drinks but no more. -**2.** [s'il le faut] at a pinch, if need be; à la ~, on pourrait y aller à pied at a pinch OU if need be OU if the worst comes to the worst we could walk there.
◆ **de rigueur** *loc adj*: la ponctualité est de ~ punctuality is insisted upon, it's de rigueur to be on time *sout*; tenue de soirée de ~ dress formal.

rikiki *fam* [rikiki] = **riquiqui**.

rillettes [rijɛt] *nfpl* rillettes *(potted meat)*.

Rilsan® [rilsɑ̃] *nm* Rilsan®.

rimailler *fam* [3] [rimaje] *vi vieilli & péj* to write poetry of a sort, to dabble in writing poetry.

rimailleur, euse *fam* [rimajœr, øz] *nm, f vieilli & péj* rhymester, versifier, poetaster.

rime [rim] *nf* -**1.** LITTÉRAT rhyme; créer un mot pour la ~ to coin a word for the sake of rhyme ❑ ~ masculine/féminine masculine/feminine rhyme; ~ pour l'œil eye rhyme; ~ pour l'oreille rhyme for the ear; ~ pauvre poor rhyme; ~ riche rich OU perfect rhyme; ~s croisées OU alternées alternate rhymes; ~s embrassées abba rhyme scheme; ~s plates rhyming couplets; ~s tiercées terzarima. -**2.** *loc*: il me tenait des propos sans ~ ni raison what he was telling me had neither rhyme nor reason to it, there was neither rhyme nor reason in what he was telling me.

rimer [3] [rime] ◇ *vt* to versify, to put into verse.
◇ *vi* -**1.** *litt* [faire de la poésie] to write poetry OU verse. -**2.** [finir par le même son] to rhyme; les premier et dernier vers riment the first and last lines rhyme. -**3.** *sout*: ~ avec [équivaloir à]: amour ne rime pas toujours avec fidélité love and fidelity don't aways go together OU hand in hand.
◆ **rimer à** *v + prép*: à quoi rime cette scène de jalousie? what's the meaning of this jealous outburst?; tout cela ne rime à rien none of this makes any sense, there's no sense in any of this.

rimeur, euse [rimœr, øz] *nm, f péj* versifier, rhymester, poetaster.

Rimmel® [rimɛl] *nm* mascara.

Rimski-Korsakov [rimskikɔrsakɔf] *npr* Rimsky-Korsakov.

rinçage [rɛ̃saʒ] *nm* -**1.** [au cours d'une lessive] rinse, rinsing; les draps ont besoin d'un ~ the sheets need rinsing (out) OU a rinse. -**2.** [pour les cheveux] (colour) rinse.

rinceaux [rɛ̃so] *nmpl* rinceau *(sg)*, foliated pattern.

rince-bouteilles [rɛ̃sbutɛj] *nm inv* -**1.** [brosse] bottlebrush. -**2.** [machine] bottle-washing machine.

rince-doigts [rɛ̃sdwa] *nm inv* finger bowl.

rincée *fam* [rɛ̃se] *nf* -**1.** *vieilli* [défaite] licking, hammering, thrashing. -**2.** [averse] downpour; prendre une ~ to get caught in a downpour.

rincer [16] [rɛ̃se] *vt* -**1.** [passer à l'eau] to rinse; ~ qqch abondamment to rinse sthg thoroughly, to give sthg a thorough rinse. -**2.** *fam* [mouiller]: se faire ~ to get soaked OU drenched. -**3.** *fam* [ruiner]: il s'est fait ~ au jeu he got cleaned out at the gambling table.
◆ **se rincer** *vpt*: se ~ la bouche/les mains to rinse one's mouth (out)/one's hands ❑ se ~ le bec *fam* OU la dalle *fam* OU le gosier *fam* [boire]

to wet one's whistle; se ~ l'œil *fam* [regarder] to get an eyeful; **alors, on se rince l'œil?** seen enough, have you?

rincette *fam* [rɛ̃sɛt] *nf* [eau-de-vie] nip of brandy, brandy chaser *(after coffee)*.

rinceuse [rɛ̃søz] *nf* bottle-washing machine.

rinçure [rɛ̃syr] *nf* -**1.** [eau de vaisselle] dishwater. -**2.** *fam vieilli* [mauvaise boisson] : **leur vin, c'est de la ~** their wine tastes like dishwater.

ring [riŋ] *nm* -**1.** [estrade] (boxing) ring; **monter sur le ~** [au début d'un combat] to get into the ring; **quand il est monté sur le ~** [quand il a débuté] when he took up boxing. -**2.** [boxe] : **le ~** the ring; **une légende du ~** a boxing legend, a legend of the ring. -**3.** *Belg* [rocade] ring road.

ringard¹ [rɛ̃gar] *nm* MÉTALL poker, rabble.

ringard², **e** [rɛ̃gar, ard] ◇ *adj fam péj* [démodé - gén] corny, naff *Br*; [- chanson] corny; [- décor] naff *Br*, tacky *Am*; **elle est ~e** she's so out of it. ◇ *nm, f fam* -**1.** [acteur] second-rate actor. -**2.** [individu démodé] has-been.

Rio de Janeiro [rijodʒanɛro] *npr* Rio de Janeiro.

Rio de la Plata [rijodlaplata] *npr m*: **le ~** the River Plate.

Rio Grande [rijogrɑ̃de] *npr m*: **le ~** the Rio Grande.

Rio Negro [rijonegro] *npr m*: **le ~** the Rio Negro.

ripage [ripaʒ] *nm* -**1.** CONSTR scraping. -**2.** NAUT cargo displacement.

ripaille *fam* [ripaj] *nf arch*: **faire ~** to have a feast.

ripailler *fam* [3] [ripaje] *vi arch* to have a feast.

ripailleur, euse *fam* [ripajœr, øz] *arch* ◇ *nm, f* reveller. ◇ *adj* revelling, feasting.

ripaton *fam* [ripatɔ̃] *nm arg crime* foot; **attention les ~s!** mind your feet!

ripe [rip] *nf* scraper CONSTR.

riper [3] [ripe] ◇ *vt* -**1.** CONSTR to scrape. -**2.** NAUT : **~ un cordage** to let a rope out OU slip. -**3.** RAIL : **~ une voie** to shift a track. ◇ *vi* -**1.** [glisser] to slip. -**2.** ▽ [s'en aller] to clear off.

Ripolin® [ripɔlɛ̃] *nm* enamel paint, Ripolin®.

ripoliner [3] [ripɔline] *vt* to paint *(with enamel paint)*; **murs ripolinés** walls painted with enamel paint OU with Ripolin®.

riposte [ripɔst] *nf* -**1.** [réplique] retort, riposte; **avoir la ~ rapide** to be good at repartee; **elle a été prompte à la ~** she was quick to retort, she was ready with an answer. -**2.** [réaction] reaction; **quand on l'attaque, la ~ ne se fait pas attendre** when he's attacked, he doesn't take long to react. -**3.** MIL [contre-attaque] counterattack, reprisal; **~ graduée** flexible response. -**4.** ESCRIME riposte.

riposter [3] [ripɔste] ◇ *vi* -**1.** [rétorquer] to answer back. -**2.** [réagir] to respond; **il a riposté à son insulte par une gifle** he countered his insult with a slap; **ils ont riposté par une rafale de mitraillette** they responded with a burst of machine-gun fire; **nous riposterons immédiatement** we will take immediate retaliatory action. -**3.** [contre-attaquer] to counterattack; **~ à un assaut** to counterattack; **~ à une agression** to counter an aggression. -**4.** ESCRIME to riposte. ◇ *vt*: **elle riposta que ça ne le regardait pas** she retorted that it was none of his business.

ripou *fam* [ripu] (*pl* **ripoux** OU **ripous**) ◇ *adj* rotten; **ce monde ~** this rotten lousy world. ◇ *nm*: **ce flic est un ~** he's a bent copper *Br* OU a crooked cop *Am*.

ripper [ripɛr] *nm* ripper CIV ENG.

riquiqui *fam* [rikiki] *adj inv* -**1.** [minuscule] tiny; **une portion ~** a minute OU minuscule helping; **une natte ~** a dinky little plait. -**2.** [étriqué - mobilier] shabby, grotty; [- vêtement] skimpy.

rire¹ [rir] *nm* laugh, laughter *(U)*; **j'adore son ~** I love her laugh OU the way she laughs; **le ~ est une bonne thérapie** laughter is the best medicine; **j'entends des ~s** I hear laughter OU people laughing; **~ jovial** hearty laugh; **gros ~** guffaw; **~ gras** coarse laugh, cackle; **un petit ~ sot** a silly giggle; **un petit ~ méchant** a wicked little laugh; **ce n'est pas avec des ~s que vous me ferez taire** I won't be laughed down ❑ **~s préenregistrés** OU **en boîte** *fam* RAD & TV prerecorded OU canned laughter.

rire² [95] [rir] *vi* -**1.** [de joie] to laugh; **ta lettre nous a beaucoup fait ~** your letter made us all laugh a lot; **ça ne me fait pas ~** that's not funny; **c'est vrai, dit-il en riant** that's true, he said with a laugh; **sa gêne/tenue prêtait à ~** his embarrassment/outfit was really funny; **~ de bon cœur** to laugh heartily; **~ bruyamment** to guffaw; **~ de** to laugh OU to scoff at; **il n'y a pas de quoi ~** this is no joke OU no laughing matter; **un jour nous rirons de tout cela** we'll have a good laugh over all this some day; **je ris de voir que toi aussi tu t'es trompé** it makes me laugh to see that OU I find it funny that you made a mistake too; **je n'en pouvais plus de ~** I was helpless with laughter; **j'étais morte de ~** *fam* I nearly died laughing, I was doubled up with laughter; **c'est à mourir** OU **crever** *fam* **de ~** it's a hoot OU a scream ❑ **il vaut mieux en ~ qu'en pleurer** you have to laugh or else you cry; **~ aux éclats** OU **à gorge déployée** to howl with laughter; **~ aux larmes**: **il m'a fait ~ aux larmes avec ses histoires** his jokes made me laugh until I cried; **~ du bout des dents** OU **des lèvres** to force a laugh; **~ dans sa barbe** OU **sous cape** to laugh up one's sleeve, to laugh to o.s.; **~ au nez** OU **à la barbe de qqn** to laugh in sb's face; **~ comme un bossu** *fam* OU **une baleine** *fam* to laugh like a drain *Br*, to laugh o.s. silly; **se tenir les côtes** OU **se tordre de ~** to split one's sides (with laughter), to be in stitches; **~ aux anges** [bébé] to chuckle happily in one's sleep; **~ jaune** to give a hollow laugh; **tu me fais ~!, laisse-moi ~!** *iron* don't make me laugh!; **rira bien qui rira le dernier** *prov* he who laughs last laughs longest *Br* OU best *Am prov*. -**2.** [plaisanter] : **j'ai dit ça pour ~** OU **pour de ~** *fam* I (only) said it in jest, I was only joking; **elle a pris ça en riant** it just made her laugh ❑ **tu veux ~!** you must be joking!, you've got to be kidding!; **sans ~, tu comptes y aller?** joking apart OU aside, do you intend to go? -**3.** [se distraire] to have fun; **qu'est-ce qu'on a pu ~ pendant ses cours** we had such fun in his lessons. -**4.** *litt* [yeux] to shine OU to sparkle (with laughter); [visage] to beam (with happiness).

◆ **se rire de** *vp + prép* -**1.** [conseil, doute] to laugh off *(sép)*, to make fun of *(insép)*; [danger, maladie, difficultés] to make light of *(insép)*. -**2.** *litt* [se moquer de] to laugh OU to scoff at.

ris [ri] *nm* -**1.** CULIN sweetbread; **des ~ de veau** calves' sweetbreads. -**2.** NAUT reef; **prendre/larguer un ~** to take in/to shake out a reef; **prendre les ~** to reef the sails. -**3.** *arch* [rire] laughter; **aimer les jeux et les ~** [les amusements] to enjoy the pleasures of life .

risée [rize] *nf* -**1.** [moquerie] : **être un objet de ~** to be a laughing stock; **devenir la ~ du village/de la presse** to become the laughing stock of the village/the butt of the press's jokes; **tu t'exposerais à la ~ de tout le monde** you'd lay yourself open to public ridicule. -**2.** [brise] flurry (of wind).

riser [rajzœr] *nm* riser PETR.

risette *fam* [rizɛt] *nf* -**1.** [sourire d'enfant] : **allez, fais ~ à mamie** come on, give grandma a nice little smile. -**2.** [flagornerie] : **faire ~** OU **des ~s à qqn** to smarm up *Br* OU to play up *Am* to sb.

risible [rizibl] *adj* -**1.** [amusant] funny, comical. -**2.** [ridicule] ridiculous, laughable.

risotto [rizɔto] *nm* risotto.

risque [risk] *nm* -**1.** [danger] risk, hazard, danger; **il y a un ~ de contagion/d'explosion** there's a risk of contamination/of an explosion; **au ~ de te décevoir/de le faire souffrir** at the risk of disappointing you/of hurting him ❑ **~ professionnel** occupational hazard; **zone/population à haut ~** high-risk area/population; **à mes/tes ~s et périls** at my/your own risk; **ce sont les ~s du métier** it's an occupational hazard. -**2.** [initiative hasardeuse] risk, chance; **il y a une part de ~** there's an element of risk; **courir** OU **prendre un ~** to run a risk, to take a chance; **ne prenez pas de ~s inutiles** don't take any unnecessary risks OU chances; **courir le ~ de se faire prendre** to run the risk of getting caught; **j'ai toujours gagné en ne prenant pas de ~s** I've always won by playing safe; **avoir le goût du ~, aimer le ~** to enjoy taking chances ❑ **~ calculé** calculated risk. -**3.** [préjudice] risk; **~ d'incendie** fire hazard OU risk; **~ de cambriolage** risk of burglary ❑ **~ de change** FIN foreign exchange risk; **~ locatif** tenant's thirdparty risk; **capitaux à ~s** FIN risk OU venture capital; **la délégation aux Risques majeurs** the commission on natural disasters.

risqué, e [riske] *adj* -**1.** [dangereux] risky, dangerous; **c'est une entreprise ~e** it's a risky business. -**2.** [osé] risqué, racy.

risquer [3] [riske] *vt* -**1.** [engager - fortune, crédibilité] to risk; **~ sa peau** *fam* OU **sa vie** to risk one's neck OU life; **~ le tout pour le tout, ~ le paquet** *fam* to chance one's arm, to stake one's all; **on risque le coup** OU **la partie?** shall we have a shot at it?, shall we chance it?; **qui ne risque rien n'a rien** *prov* nothing ventured nothing gained *prov*. -**2.** [s'exposer à] to risk; **elle risque la mort/la paralysie** she runs the risk of dying/of being left paralysed; **on ne risque rien à essayer** we can always try; **tu ne risques rien avec ce masque/avec moi à tes côtés** you'll be safe with this mask/with me beside you; **tu peux laisser ça dehors, ça ne risque rien** you can leave it outside, it'll be safe; **ne t'en fais pas, ces gants ne risquent rien** don't worry, I'm not bothered about those gloves ❑ **~ gros** to take OU to run a big risk, to stick one's neck out. -**3.** [oser] to venture; **~ une comparaison** to risk drawing a comparison, to venture a comparison; **risquerai-je la question?** shall I be bold enough to put OU shall I risk putting the question?; **~ un regard** OU **un œil** *fam* to venture a look OU a peep.

◆ **risquer de** *v + prép* to risk; **ton idée risque de ne pas marcher** there's a chance your idea mightn't work; **ils risquent d'être renvoyés** they run the risk of being sacked; **le plafond risquait de s'écrouler d'une minute à l'autre** the ceiling was likely to collapse at any minute; **ne m'attends pas, je risque d'être en retard** don't wait for me, I'm likely to be late OU the chances are I'll be late; **je ne risque pas de me remarier!** *hum* (there's) no danger of my getting married again!; **ça ne risque pas de se faire!** there's no chance of that happening!; **ça ne risque pas!** no chance!

◆ **se risquer** *vpi*: **se ~ dehors** to venture outside; **se ~ à faire qqch** to venture OU to dare to do sthg; **je ne m'y risquerais pas si j'étais toi** I wouldn't take a chance on it if I were you.

risque-tout [riskətu] *nmf inv* daredevil.

riss [ris] *nm* Riss.

rissole [risɔl] *nf* -**1.** CULIN rissole. -**2.** PÊCHE *close-meshed fishing net for sardine and anchovy fishing.*

rissoler [3] [risɔle] ◇ *vt* to brown; **pommes rissolées** sauté OU sautéed potatoes. ◇ *vi*: **faire ~** to brown.

ristourne [risturn] *nf* -**1.** [réduction] discount, reduction; **j'ai eu une ~ de 20 % sur la moto** I got a 20% discount on the motorbike. -**2.** [remboursement] refund, reimbursement. -**3.** JUR cancellation *(of a maritime policy)*. -**4.** COMM [versement] bonus.

ristourner [3] [risturne] *vt* -**1.** [réduire] to give a discount on. -**2.** [rembourser] to refund, to give a refund of. -**3.** JUR to cancel *(a maritime* *policy)*. -**4.** COMM *(en usage abs)*: ~ **à qqn** to give a bonus to sb.

ristrette [ristrɛt], **ristretto** [ristrɛto] *nm Helv* very strong black coffee *(served in a small cup)*.

rital, als▼ [rital] *nm péj offensive term used with reference to Italians,* ≃ Eyetie *Br,* ≃ Macaroni *Am*.

rite [rit] *nm* -**1.** ANTHR & RELIG rite; ~ **de passage** rite of passage. -**2.** [coutume] ritual.

ritournelle [riturnɛl] *nf* -**1.** *fam* [histoire]: **avec lui c'est toujours la même** ~ he's always giving us the same old story. -**2.** MUS ritornello.

ritualisation [ritɥalizasjɔ̃] *nf* ritualization.

ritualiser [3] [ritɥalize] *vt* to ritualize.

ritualisme [ritɥalism] *nm* ritualism.

ritualiste [ritɥalist] ◇ *adj* ritualistic.
◇ *nmf* ritualist.

rituel, elle [ritɥɛl] *adj* -**1.** [réglé par un rite] ritual. -**2.** [habituel] ritual, usual, customary.
◆ **rituel** *nm* -**1.** [ensemble de règles] ritual, rite. -**2.** RELIG [livre] ceremonial.

rituellement [ritɥɛlmɑ̃] *adv* -**1.** [selon un rite] ritually. -**2.** [invariablement] invariably.

riv. *abr écrite de* **rivière**.

rivage [rivaʒ] *nm* -**1.** [littoral] shore. -**2.** [plage]: ~ **de sable/de galets** sand/pebble beach.

rival, e, aux [rival, o] ◇ *adj* [antagonique] rival *(avant n)*.
◇ *nm, f* -**1.** [adversaire] rival, opponent; ~ **politique** political rival OU opponent. -**2.** [concurrent] rival; **elle n'a pas eu de** ~**e en son temps** she was unrivalled in her day.
◆ **sans rival, e** *loc adj* unrivalled.

rivaliser [3] [rivalize] *vi*: ~ **avec** to compete with, to vie with, to rival; **ils rivalisent avec nous pour la conquête du marché** they're competing OU vying with us for domination of the market; **nos vins peuvent** ~ **avec les meilleurs crus français** our wines can compare with OU hold their own against OU rival French vintages; ~ **de: elles rivalisent d'élégance** they are trying to outdo each other in elegance; **ne rivalise pas de vitesse avec lui** don't try to match his pace.

rivalité [rivalite] *nf* [en amour, en politique] rivalry; [en affaires] rivalry, competition; **des** ~**s d'intérêts** conflicting interests.

rive [riv] *nf* -**1.** [bord - d'un lac, d'une mer] shore; [- d'une rivière] bank; ~ **droite/gauche** [gén] right/left bank; **mode/intellectuels** ~ **gauche** [à Paris] Left Bank fashion/intellectuals *(in Paris)*. -**2.** TRAV PUBL: **poutre de** ~ continuous girder OU beam. -**3.** MÉTALL face; ~ **d'un four** lip of an oven.

RIVE DROITE, RIVE GAUCHE:

The Right (north) Bank of the Seine is traditionally associated with business and trade, and has a reputation for being more conservative than the Left Bank. The Left (south) Bank includes districts traditionally favoured by artists, students and intellectuals, and has a reputation for being Bohemian and unconventional.

---

river [3] [rive] *vt* -**1.** [joindre - plaques] to rivet; [- clou] to clinch; ~ **son clou à qqn** *fam* to shut sb up. -**2.** *fig* [fixer] to rivet; **il avait les yeux rivés sur elle/les diamants** he couldn't take his eyes off her/the diamonds; **être rivé à la télévision/à son travail** to be glued to the television/chained to one's work; **rester rivé sur place** to be riveted OU rooted to the spot; **ils étaient rivés au sol par une force invisible** an invisible force held OU pinned them to the ground.

riverain, e [rivrɛ̃, ɛn] ◇ *adj* [d'un lac] lakeside, waterside; [d'une rivière] riverside, waterside, riparian; **les restaurants** ~**s de la Seine** the restaurants along the banks of the Seine; **les maisons** ~**es de la grande route** the houses stretching along OU bordering the main road.
◇ *nm, f* [qui vit au bord - d'un lac] lakeside resident; [- d'une rivière] riverside resident; **les** ~**s du parc s'opposent au concert** residents living near the park are against the concert; '**interdit sauf aux** ~**s**' 'residents only', 'no entry except for access'.

riveraineté [rivrɛnte] *nf* riparian rights JUR.

rivesaltes [rivzalt] *nm* Rivesaltes (wine).

rivet [rivɛ] *nm* rivet; ~ **bifurqué/fendu** slotted/split rivet.

rivetage [rivtaʒ] *nm* riveting.

riveter [27] [rivte] *vt* to rivet.

riveteuse [rivtøz] *nf* riveting machine, rivet gun.

riveur, euse [rivœr, øz] *nm, f* riveter.

Riviera [rivjera] *npr f*: **la** ~ the (Italian) Riviera.

rivière [rivjɛr] *nf* -**1.** [cours d'eau] river; **remonter/descendre une** ~ to go up/down a river; **une** ~ **de feu coule du Vésuve** *fig* a river of fire is flowing from Vesuvius. -**2.** JOAILL: ~ **de diamants** (diamond) rivière. -**3.** ÉQUIT water jump.

rivulaire [rivylɛr] *nf* rivularia.

rivure [rivyr] *nf* -**1.** [tête de rivet] rivet head. -**2.** [opération] riveting; ~ **simple/double** single/double riveting.

rixe [riks] *nf* brawl, scuffle.

Riyad [rijad] *npr* Riyadh.

riz [ri] *nm* rice; ~ **court/long** short-grain/long-grain rice; ~ **pilaf/cantonnais/créole** pilaff/Cantonese/Creole rice; ~ **complet** brown rice; ~ **au lait** rice pudding; ~ **rond** pudding rice.

rizerie [rizri] *nf* rice-processing plant.

rizicole [rizikɔl] *adj* [région] rice-producing, rice-growing; [production] rice *(modif)*.

riziculteur, trice [rizikyltœr, tris] *nm, f* rice grower.

riziculture [rizikyltyr] *nf* [processus] rice-growing; [secteur] rice production.

rizière [rizjɛr] *nf* rice field, paddyfield.

riz-pain-sel [ripɛ̃sɛl] *nm inv arg mil* quartermaster *Br*, commissary *Am*.

RMC (*abr de* Radio Monte-Carlo) *npr independent radio station*.

RMI *nm abr de* **revenu minimum d'insertion**.

RMiste [ɛrɛmist] *nmf person receiving the 'RMI'*.

RN (*abr de* **route nationale**) *nf* ≃ A-road *Br*, ≃ state highway *Am*.

RNIS (*abr de* **réseau numérique à intégration de services**) *nm* ISDN.

ro *abr écrite de* recto.

roadster [rodstœr] *nm* roadster AUT.

rob [rɔb] *nm* -**1.** PHARM syrup. -**2.** JEUX rubber.

robe [rɔb] *nf* -**1.** VÊT dress; **je me mets en** ~ **ou en jupe?** shall I wear a dress or a skirt? ❑ ~ **de bal** ballgown; **de baptême** christening robe; ~ **de chambre** dressing gown, bathrobe *Am*; **pomme de terre en** ~ **de chambre** jacket potato; ~**-chasuble** pinafore dress; ~**-chemisier** shirtwaister *Br*, shirtwaist *Am*; ~ **de grossesse** maternity dress; ~ **d'intérieur** housecoat; ~ **de mariée** wedding dress, bridal gown; **une** ~ **à paniers** a dress with panniers; ~ **de plage** sundress; ~**-sac** sack-dress; ~ **du soir** evening dress. -**2.** [tenue - d'un professeur] gown; [- d'un cardinal, d'un magistrat] robe; **la** ~ *sout* the legal profession. -**3.** [pelage] coat. -**4.** [enveloppe - d'un fruit] skin; [- d'une plante] husk. -**5.** [feuille de tabac] wrapper leaf. -**6.** ŒNOL colour *(general aspect of wine in terms of colour and clarity)*.

roberts▽ [rɔbɛr] *nmpl* tits, boobs.

robin [rɔbɛ̃] *mn litt* & *péj* lawyer, gownsman.

Robin des Bois [rɔbɛ̃debwa] *npr* Robin Hood.

robinet [rɔbinɛ] *nm* -**1.** [à eau, à gaz] tap *Br*, faucet *Am*; [à pétrole, de tonneau] spigot; ~ **d'eau chaude/froide** hot/cold water tap; ~ **d'arrivée d'eau** stopcock; ~ **mélangeur/mitigeur** mixer tap; ~ **à tournant** plug cock. -**2.** *fam* [sexe masculin] willy *Br*, peter *Am*.

robinetier [rɔbintje] *nm* -**1.** [fabricant] tap *Br* OU faucet *Am* manufacturer. -**2.** [commerçant] *supplier of taps and plumbing accessories*.

robinetterie [rɔbinɛtri] *nf* -**1.** [dispositif] plumbing. -**2.** [usine] tap *Br* OU faucet *Am* factory; [commerce] tap *Br* OU faucet *Am* trade.

robinier [rɔbinje] *nm* acacia; ~ **faux acacia** false acacia, robinia.

Robinson Crusoé [rɔbɛ̃sɔ̃kryzɔe] *npr* Robinson Crusoe.

roboratif, ive [rɔbɔratif, iv] *adj litt* [activité] invigorating; [mets] hearty; [climat] bracing.

robot [rɔbo] *nm* robot; **comme un** ~ robot-like, like an automaton ❑ ~ **ménager** OU **de cuisine, Robot Marie**® food processor; **avion-**~ robot plane.

robotique [rɔbɔtik] *nf* robotics *(sg)*.

robotisation [rɔbɔtizasjɔ̃] *nf* robotizing.

robotiser [3] [rɔbɔtize] *vt* -**1.** [atelier, usine, travail] to automate, to robotize. -**2.** [personne] to robotize.

robre [rɔbr] = **rob 2**.

robusta [rɔbysta] *nm* robusta (coffee).

robuste [rɔbyst] *adj* -**1.** [personne] robust, sturdy, strong; **des jambes** ~**s** sturdy legs. -**2.** [santé] sound; **doté d'une** ~ **constitution** blessed with a robust OU sound constitution. -**3.** [arbre, plante] hardy. -**4.** [meuble] sturdy; [voiture, moteur] rugged, heavy-duty. -**5.** *sout* [conviction] firm, strong.

robustesse [rɔbystɛs] *nf* [d'une personne] robustness; [d'un meuble] sturdiness; [d'un arbre] hardiness.

roc [rɔk] *nm* -**1.** [pierre] rock; **dur** OU **ferme comme un** ~ solid OU firm as a rock. -**2.** JEUX [pièce] rook, castle; [action] castling.

rocade [rɔkad] *nf* -**1.** TRAV PUBL bypass. -**2.** MIL communications line.

rocaille [rɔkaj] *nf* -**1.** [pierraille] loose stones; [terrain] stony ground. -**2.** [jardin] rock garden, rockery. -**3.** ARCHIT rocaille; **style** ~ rocaille style; **grotte/fontaine en** ~ rocaille grotto/fountain.

rocailleux, euse [rɔkajø, øz] *adj* -**1.** [terrain] rocky, stony. -**2.** [voix] gravelly. -**3.** *sout* [style] rough, rugged.

rocambole [rɔkɑ̃bɔl] *nf* rocambole, sand leek.

rocambolesque [rɔkɑ̃bɔlɛsk] *adj* [aventures] fantastic; [histoire] incredible; **le scénario est** ~ the script is all thrills and spills.

rochage [rɔʃaʒ] *nm* MÉTALL spitting.

roche [rɔʃ] *nf* -**1.** GÉOL rock; ~ **ignée/métamorphique/sédimentaire** igneous/metamorphic/sedimentary rock; ~ **mère** parent rock. -**2.** [pierre] rock, boulder; **sculpté à même la** ~ OU **dans la** ~ [bas-relief] carved in the rock, [statue] carved out of the rock ❑ **la** ~ **Tarpéienne** ANTIQ the Tarpeian Rock.

roche-magasin [rɔʃmagazɛ̃] (*pl* **roches-magasins**) *nf* reservoir rock.

rocher¹ [rɔʃe] *nm* -**1.** GÉOL rock; **grimper/pousser à flanc de** ~ to climb up/to grow on the rock face; **côte hérissée de** ~**s** rocky coast ❑ ~ **branlant** rocking OU logan stone; **le Rocher** *the town of Monaco*; **le** ~ **de Gibraltar** the Rock of Gibraltar; **le** ~ **de Sisyphe** MYTH the rock of Sisyphus. -**2.** SPORT: **faire du** ~ to go rock-climbing. -**3.** ANAT petrous bone. -**4.** [en chocolat] rocher *(rock-shaped chocolate)*.

rocher² [3] [rɔʃe] *vi* -**1.** MÉTALL to spit. -**2.** [bière] to froth.

roche-réservoir [rɔʃrezɛrvwar] (*pl* **roches-réservoirs**) = **roche-magasin**.

rochet [rɔʃɛ] *nm* -**1.** TEXT spool. -**2.** MÉCAN: **roue à** ~ ratchet wheel.

Rocheuses [rɔʃøz] *npr fpl*: **les (montagnes)** ~ the (Great) Rocky Mountains, the Rockies.

rocheux, euse [rɔʃø, øz] *adj* rocky.

Roch ha-Shana [rɔʃaʃana] *nm* Rosh Hashana OU Hashanah.

rock [rɔk] ◇ *adj inv* MUS rock.
◇ *nm* -**1.** MUS rock. -**2.** LITTÉRAT roc.

rock and roll [rɔkɛnrɔl] *nm inv* rock and roll, rock'n'roll; **danser le** ~ to jive, to rock (and roll).

rocker [rɔkœr] *nm* -**1.** [artiste] rock singer OU musician. -**2.** *fam* [fan] rocker.

rocket [rɔkɛt] = **roquette 1**.

rockeur, euse [rɔkœr, øz] *nm, f* -**1.** [artiste] rock singer OU musician; **les plus grands ~s** the greatest rock stars. -**2.** *fam* [fan] rocker.

rocking-chair [rɔkiŋtʃɛr] (*pl* **rocking-chairs**) *nm* rocking chair.

rococo [rɔkoko] ◇ *adj inv* -**1.** BX-ARTS rococo. -**2.** *péj* [tarabiscoté] over-ornate, rococo; [démodé] antiquated, rococo.
◇ *nm* BX-ARTS rococo.

rodage [rɔdaʒ] *nm* -**1.** [d'un moteur, d'une voiture] running in *Br*, breaking in *Am*; **tant que la voiture est en ~** while the car is being run in *Br* OU broken in *Am*. -**2.** *fig* [mise au point]: **la démocratie est récente et demande un certain ~** democracy is in its infancy and needs time to get over its teething troubles; **le ~ de ce service va prendre plusieurs mois** it'll take several months to get this new service running smoothly. -**3.** TECH grinding; **~ de soupape** valve grinding.

rôdailler *fam* [3] [rodaje] *vi* [traînasser] to roam OU to wander about.

rodéo [rɔdeo] *nm* -**1.** [à cheval] rodeo. -**2.** *fam* [en voiture]: **les policiers et les gangsters ont fait un ~ dans le quartier** the police and the gangsters had a high-speed car chase through the streets.

roder [3] [rɔde] *vt* -**1.** [moteur, voiture] to run in *Br (sép)*, to break in *Am (sép)*. -**2.** *fig* [mettre au point]: **~ un service/une équipe** to get a department/a team up and running; **il est rodé maintenant** he knows the ropes now; **tout est bien rodé** everything is running smoothly. -**3.** TECH [surface] to grind.

rôder [3] [rode] *vi* [traîner - sans but] to hang around, to roam OU to loiter about; [- avec une mauvaise intention] to lurk OU to skulk around; **il rôdait autour du magasin** he was lurking OU loitering around the shop; **l'animal rôde toujours** the animal is still on the prowl OU prowling about; **arrêtez de ~ autour de ma fille** stop hanging round my daughter.

rôdeur, euse [rodœr, øz] *nm, f* prowler.

rodomontade [rɔdɔmɔ̃tad] *nf litt* bragging *(U)*, swaggering *(U)*; **il est connu pour ses ~s** he's notorious for being a braggart; **faire des ~s** to brag, to bluster.

rœsti [røsti] *nmpl Helv* rœsti, potato pancake.

rogations [rɔgasjɔ̃] *nfpl* rogations.

rogatoire [rɔgatwar] *adj* rogatory.

rogaton *fam* [rɔgatɔ̃] *nm arch* [objet de rebut] rubbish *(U)*.
◆ **rogatons** *fam nmpl* [restes de nourriture] scraps (of food), leftovers.

rogne *fam* [rɔɲ] *nf* anger; **être/se mettre en ~ (contre qqn)** to be/to get hopping mad (with sb); **mettre qqn en ~** to make sb hopping mad.

rogner [3] [rɔɲe] ◇ *vt* -**1.** [couper - métal] to pare, to clip; [- cuir] to pare, to trim; [- papier] to trim; [- livre] to guillotine, to trim; **~ les griffes à un oiseau** to clip OU to pare a bird's claws ❑ **~ les ailes à qqn** to clip sb's wings. -**2.** [réduire - budget, salaire] to cut (back); **~ sur** to cut back OU down on; **~ sur la nourriture** to cut back OU to skimp on food.
◇ *vi fam* [être en colère] to be hopping mad.

rognon [rɔɲɔ̃] *nm* -**1.** CULIN kidney. -**2.** GÉOL nodule.

rognonnade [rɔɲɔnad] *nf*: **~ de veau** *loin of veal cooked with kidneys*.

rognonner *fam* [3] [rɔɲɔne] *vi vieilli* to grumble, to grouse.

rognures [rɔɲyr] *nfpl* [de métal, de carton, d'étoffe] clippings, trimmings; [d'ongles] clippings, parings; [de viande] scraps, offcuts.

rogomme *fam* [rɔgɔm] *nm*: **voix de ~** hoarse OU gruff voice.

rogue [rɔg] ◇ *adj sout* [arrogant] arrogant, haughty.
◇ *nf* ZOOL roe.

roi [rwa] *nm* -**1.** [monarque] king; **~ constitutionnel** constitutional monarch; **~ de droit divin** king by divine right; **le ~ de Rome** the King of Rome; **le Roi des ~s** the King of Kings; **le Roi Très Chrétien** the King of France; **les ~s fainéants** *the last Merovingian kings*; **les Rois mages** the Magi, the Three Wise Men; **les Rois, la fête des Rois** Twelfth Night; **tirer les Rois** to eat Twelfth Night cake; **morceau de ~** OU **digne d'un ~** dish fit for a king; **être heureux comme un ~** to be as happy as a sandboy *Br* OU a king; **vivre comme un ~** to live like a king OU a lord; **le ~ n'est pas son cousin** he's terribly stuck-up; **le ~ dit «nous voulons»** "I want" doesn't get; **je vais où le ~ va à pied** *euph* I'm going to the toilet OU to sit on the throne; **le ~ est mort, vive le ~!** the King is dead, long live the King!; **le ~ est nu** the emperor has no clothes. -**2.** *fig*: **le ~ de notre petite fête** the prince of our little gathering; **le ~ des animaux** the king of beasts; **les ~s du pétrole** the oil tycoons OU magnates; **le ~ du surgelé** *hum* the leading name in frozen food, the frozen food king; **tu es vraiment le ~ de la gaffe!** you're an expert at putting your foot in it!; **c'est vraiment le ~ des imbéciles** he's a prize idiot. -**3.** JEUX king; **~ de carreau/pique** king of diamonds/spades.

TIRER LES ROIS:
The French traditionally celebrate Epiphany with a round, almond-flavoured pastry ("la galette des Rois") containing a small porcelain figurine ("la fève" - originally a dried bean). The pastry is shared out and the person who finds the "fève" is appointed "king" or "queen" and given a cardboard crown to wear. This tradition is called "tirer les Rois".

---

roiller *fam* [3] [rɔje] *v impers Helv* to pour with rain.

Roi-Soleil [rwasɔlɛj] *npr m*: **le ~** the Sun King.

roitelet [rwatlɛ] *nm* -**1.** *péj* [roi] kinglet. -**2.** [oiseau] wren *Br*, winter wren *Am*; **~ huppé** gold-crest.

Roland [rɔlɑ̃] *npr*: **'la Chanson de ~'** 'The Chanson de Roland'.

Roland-Garros [rɔlɑ̃garos] *npr*: (le stade) ~ *stadium in Paris where international tennis championships are held.*

rôle [rol] *nm* -**1.** CIN, THÉÂT & TV role, part; **apprendre son ~** to learn one's part OU lines; **il joue le ~ d'un espion** he plays (the part of) a spy; **distribuer les ~s** to do the casting, to cast; **il a toujours des ~s de névropathe** he's always cast as a neurotic, he always gets to play neurotics; **avec Jean Dumay dans le ~ du Grand Inquisiteur** starring Jean Dumay as the Inquisitor General ❑ **~ de composition** character part OU role; **~ muet** non-speaking part; **petit ~** walk-on part; **avoir le premier ~** OU **le ~ principal** to have the starring role, to play the leading role; **second ~** secondary OU supporting role; **jouer les seconds ~s (auprès de qqn)** to play second fiddle (to sb); **meilleur second ~ masculin/féminin** best supporting actor/actress; **jeu de ~** role play; **avoir le beau ~** to have it OU things easy. -**2.** [fonction] role; **jouer un ~ important dans qqch** to play an important part in sthg; **le ~ du cœur dans la circulation du sang** the role OU the part played by the heart in blood circulation; **le ~ de l'exécutif** the role OU function of the executive; **prendre à cœur son ~ de père** to take one's role as father OU one's paternal duties seriously; **ce n'est pas mon ~ de m'occuper de ça** it's not my job OU it's not up to me to do it. -**3.** [liste] roll; **~ d'équipage** muster roll, crew list; **~ des malades** sick list. -**4.** JUR: **mettre une affaire au** OU **sur le ~** to put a case on the cause list ❑ **~ nominatif** FIN income tax (units) list. -**5.** SOCIOL role.

rôle-titre [roltitr] (*pl* **rôles-titres**) *nm* title role.

rollmops [rɔlmɔps] *nm* rollmop (herring).

rom [rɔm] *adj* Romany *(modif)*.

ROM, Rom [rɔm] (*abr de* **read only memory**) *nf* ROM, Rom.

romain, e [rɔmɛ̃, ɛn] *adj* Roman.
◆ **Romain, e** *nm, f* Roman.
◆ **romaine** *nf* -**1.** [salade] cos lettuce *Br*, ≃ romaine *Am*. -**2.** *fam loc*: **être bon comme la ~** to be too kind-hearted for one's own good; **on est bons comme la ~** [on a perdu] we've had it; [on va supporter les conséquences] we're in for it.

roman[1] [rɔmɑ̃] *nm* -**1.** LITTÉRAT novel; **il n'écrit que des ~s** he only writes novels OU fiction; **on dirait un mauvais ~** it sounds like something out of a cheap novel; **sa vie est un vrai ~** you could write a book about his life; **tout ça c'est du ~** it's all fantasy OU make-believe ❑ **~ d'aventures/d'amour** adventure/love story; **~ didactique** OU **d'initiation** didactic OU educational novel; **~ d'anticipation** science-fiction novel; **~ de cape et d'épée** swashbuckling tale; **~ de chevalerie** tale of chivalry; **~ à clef** roman à clef; **~ d'épouvante** horror novel; **~ d'espionnage** spy story; **~ de gare** *péj* airport OU dime *Am* novel; **~ historique** historical novel; **~ de mœurs** social novel; **~ noir** Gothic novel; **~ policier** detective story OU novel; **~ psychologique** psychological novel; **~ de science-fiction** science fiction OU sci-fi novel; **~ à thèse** roman à thèse, novel of ideas. -**2.** [genre médiéval] romance; **'le Roman de la Rose'** 'The Romance of the Rose'.

roman[2], **e** [rɔmɑ̃, an] *adj* -**1.** LING Romance *(modif)*. -**2.** ARCHIT Romanesque.
◆ **roman** *nm* -**1.** LING Romance. -**2.** ARCHIT: **le ~** the Romanesque.

romance [rɔmɑ̃s] *nf* [poème, musique] romance; [chanson sentimentale] sentimental love-song OU ballad.

romancer [16] [rɔmɑ̃se] ◇ *vt* [histoire] to novelize; **~ une biographie** to write a biography in the form of a novel.
◇ *vi fig*: **tu as tendance à ~** you have a tendency to embroider the facts.

romancero [rɔmɑ̃sero] *nm*: **le ~ du Cid** the romances of El Cid.

romanche [rɔmɑ̃ʃ] *adj & nm* Romansh.

romancier, ère [rɔmɑ̃sje, ɛr] *nm, f* novelist, novel OU fiction writer.

romand, e [rɔmɑ̃, ɑ̃d] *adj* of French-speaking Switzerland; **la Suisse ~e** French-speaking Switzerland.
◆ **Romand, e** *nm, f* French-speaking Swiss; **les Romands** the French-speaking Swiss.

romanesque [rɔmanɛsk] ◇ *adj* -**1.** LITTÉRAT [héros] fiction *(modif)*, fictional; [technique, style] novelistic. -**2.** *fig* [aventure] fabulous, fantastic; [imagination, amour] romantic.
◇ *nm* LITTÉRAT: **les règles du ~** the rules of fiction writing.

roman-feuilleton [rɔmɑ̃fœjtɔ̃] (*pl* **romans-feuilletons**) *nm* serialized novel, serial; **sa vie est un vrai ~** his life is a real adventure story.

roman-fleuve [rɔmɑ̃flœv] (*pl* **romans-fleuves**) *nm* roman-fleuve, saga; **il m'a écrit un ~** the letter he sent me was one long OU endless saga.

romani [rɔmani] *nm* Romany.

romanichel, elle [rɔmaniʃɛl] *nm, f péj* -**1.** [Tsigane] Romany, Gipsy. -**2.** [nomade] Gipsy.

romanisation [rɔmanizasjɔ̃] *nf* romanization.

romaniser [3] [rɔmanize] *vt* to romanize.

romaniste [rɔmanist] *nmf* -**1.** JUR & LING Romanist. -**2.** BX-ARTS romanist.

romanité [rɔmanite] *nf* -**1.** [civilisation] the (Ancient) Roman civilization OU way of life. -**2.** [pays] Roman Empire.

roman-photo [rɔmɑ̃fɔto] (*pl* **romans-photos**) *nm* photo novel, photo romance.

romantique [rɔmɑ̃tik] ◇ *adj* -**1.** BX-ARTS & LITTÉRAT Romantic. -**2.** [sentimental] romantic.
◇ *nmf* -**1.** BX-ARTS & LITTÉRAT Romantic; **les ~s** the Romantics. -**2.** [personne] romantic.

romantisme [rɔmɑ̃tism] *nm* -**1.** BX-ARTS & LITTÉRAT Romanticism. -**2.** [sentimentalisme] romanticism.

romarin [rɔmarɛ̃] *nm* rosemary.

rombière *fam* [rɔ̃bjɛr] *nf*: une vieille ~ a stuck-up old bat.

Rome [rɔm] *npr* Rome; la ~ antique Ancient Rome.

Roméo [rɔmeo] *npr*: '~ et Juliette' *Shakespeare* 'Romeo and Juliet'.

rompre [78] [rɔ̃pr] ◇ *vt* -**1.** [mettre fin à - jeûne, silence, contrat] to break; [- fiançailles, relations] to break off *(sép)*; [- marché] to call off *(sép)*; [- équilibre] to upset; ~ **le charme** to break the spell; **prenez des vacances pour ~ la monotonie quotidienne!** take a holiday to break the monotony of everyday life!; **désolé de ~ ce doux entretien** *hum* sorry to break in on your tête-à-tête. -**2.** [briser] to break; **le fleuve a rompu ses digues** the river has burst its banks; ~ **ses chaînes** OU **fers** *litt* to break one's chains; ~ **les amarres** NAUT to break (free from) the moorings ❑ ~ **le pain** to break bread; ~ **le pain avec qqn** *litt* to break bread with sb; ~ **la glace** *pr* & *fig* to break the ice; ~ **des lances contre qqn** to cross swords with sb; ~ **en visière avec qqn** *litt* to quarrel openly with sb. -**3.** *sout* [accoutumer] to break in *(sép)*; ~ **qqn à qqch** to break sb in to sthg; ~ **qqn à une discipline** to initiate sb into OU to train sb in a discipline; **sa vie à la ferme l'a rompu aux travaux pénibles** life on the farm has inured him to hard labour. -**4.** MIL to break; ~ **les rangs** to break ranks; **rompez (les rangs)!** dismiss!, fall out!
◇ *vi* -**1.** [se séparer] to break up; ~ **avec** to break with; ~ **avec ses amis/son milieu** to break with one's friends/one's milieu; ~ **avec l'étiquette/la tradition** to break with etiquette/tradition. -**2.** *sout* [se briser - corde] to break, to snap; [- digue] to break, to burst. -**3.** SPORT [reculer] to break.
◆ **se rompre** ◇ *vpi* [se briser - branche] to break OU to snap (off); [- digue] to burst, to break.
◇ *vpt*: **se ~ le cou** OU **les os** to break one's neck.

rompu, e [rɔ̃py] *adj* -**1.** [épuisé]: ~ **(de fatigue)** tired out, worn out, exhausted; **j'ai les jambes ~es** my legs are giving way under me. -**2.** *sout* [habitué]: ~ **à**: ~ **aux affaires/à la diplomatie** experienced in business/in diplomacy; **il est ~ à ce genre d'exercice** he's accustomed OU used to this kind of exercise; **je suis peu ~ au droit anglais** I'm not well-grounded in OU I have little experience of English law; ~ **aux rigueurs de** accustomed OU inured to the rigours of.
◆ **rompu** *nm* BOURSE fraction.

romsteck [rɔmstɛk] *nm* [partie du bœuf] rump-steak; [morceau coupé] slice of rumpsteak.

Romulus [rɔmylys] *npr*: ~ **et Rémus** Romulus and Remus.

ronce [rɔ̃s] *nf* -**1.** BOT blackberry bush; **les ~s** [buissons] the brambles ❑ ~ **artificielle** barbed wire. -**2.** [nœud dans le bois] burr, swirl *spéc*; ~ **de noyer** figured walnut, walnut burr.

ronceraie [rɔ̃srɛ] *nf* bramble patch, brambles.

ronceux, euse [rɔ̃sø, øz] *adj* -**1.** [bois] knotty. -**2.** *litt* [chemin] brambly, thorny.

Roncevaux [rɔ̃svo] *npr* Roncesvalles.

> **RONCEVAUX:**
> Site of a surprise attack (15 August 778) on Charlemagne's rear guard by Basque mountain dwellers. The event was romanticized in "la Chanson de Roland", a 12th-century epic ballad extolling the heroism of Roland, one of the unfortunate victims.

ronchon, onne *fam* [rɔ̃ʃɔ̃, ɔn] ◇ *adj* crotchety, grumpy, grouchy.
◇ *nm, f* grumbler, grouse, grouch *Am*.

ronchonnement *fam* [rɔ̃ʃɔnmɑ̃] *nm* grousing *(U)*, grouching *(U)*, griping *(U)*.

ronchonner *fam* [3] [rɔ̃ʃɔne] *vi*: ~ **(après qqn)** to grouse OU to gripe OU to grouch (at sb).

ronchonneur, euse *fam* [rɔ̃ʃɔnœr, øz] = **ronchon**.

roncier [rɔ̃sje] *nm*, **roncière** [rɔ̃sjɛr] *nf* bramble (bush).

rond, e[1] [rɔ̃, rɔ̃d] *adj* -**1.** [circulaire] round, circular; **faire** OU **ouvrir des yeux ~s** to stare in disbelief. -**2.** [bien en chair] round, full, plump; **un petit bébé tout ~** a chubby little baby; **un petit nez ~** a button nose; **de jolies épaules bien ~es** well-rounded OU well-turned shoulders; **des seins ~s** full breasts; **un visage tout ~** a round face, a moon face *péj*; **un petit homme ~** a podgy *Br* OU pudgy *Am* little man. -**3.** *fam* [ivre] tight, well-oiled; ~ **comme une queue de pelle** three sheets to the wind. -**4.** [franc] straightforward, straight; **il est ~ en affaires** he's very direct OU straightforward OU up front when it comes to business; **elle me l'a dit de façon très ~e** she told me straight (out). -**5.** [chiffre, somme] round.
◆ **rond** ◇ *nm* -**1.** [cercle] circle, ring; **faire des ~s de fumée** to blow OU to make smoke rings ❑ **faire des ~s dans l'eau** *pr* to make rings in the water; *fig* to fritter away one's time. -**2.** [anneau] ring; ~ **de serviette** napkin ring; ~ **central** FTBL centre circle. -**3.** *fam* [sou]: **je n'ai plus un ~** I'm flat broke, I'm skint *Br*; **je n'ai pas un ~ sur moi** I don't have a penny *Br* OU cent *Am* on me; **ils ont des ~s** they're rolling in it, they're loaded. -**4.** BOT: ~ **de sorcière** fairy ring *(on ground)*. -**5.** DANSE: ~ **de jambe** rond de jambe; **faire des ~s de jambe** *fig* to bow and scrape.
◇ *adv fam loc*: **tourner ~** to go well, to run smoothly; **qu'est-ce qui ne tourne pas ~?** what's the matter?, what's the problem?; **ça ne tourne pas ~** things aren't going (very) well; **il ne tourne pas ~** he's got a screw loose; **tout ~** [exactement] exactly; **tu me dois 100 francs tout ~** you owe me exactly 100 Francs.
◆ **en rond** *loc adv* [se placer, s'asseoir] in a circle; [danser] in a ring; **tourner en ~** *pr* & *fig* to go round (and round) in circles.

rondade [rɔ̃dad] *nf* run-up SPORT.

rond-de-cuir [rɔ̃dkɥir] (*pl* **ronds-de-cuir**) *nm péj* penpusher.

ronde[2] [rɔ̃d] *nf* -**1.** [inspection - d'un vigile] round, rounds, patrol; [- d'un soldat] patrol; [- d'un policier] beat, round, rounds; **faire sa ~** [veilleur] to make one's round OU rounds; [policier] to be on patrol OU on the beat; **croiser une ~ de police** to come across a police patrol ❑ **'la Ronde de nuit'** *Rembrandt* 'The Night Watch'. -**2.** [mouvement circulaire] circling, turning; **nous regardions la ~ incessante des voitures** we were watching the cars go round and round. -**3.** MUS semibreve *Br*, whole note *Am*. -**4.** [danse] round (dance), ronde; **faire la ~** to dance round in a circle OU ring; **allez les enfants, on fait la ~!** come on children, let's join hands in a ring! -**5.** [écriture] round hand.
◆ **à la ronde** *loc adv*: **il n'y a pas une seule maison à 20 km à la ~** there's no house within 20 km, there's no house within OU in a 20-km radius; **boire à la ~** to pass the bottle round; **répétez-le à la ~** go round and tell everybody.
◆ **rondes** *nf pl Helv* jacket potatoes.

rondeau, x [rɔ̃do] *nm* -**1.** LITTÉRAT rondeau. -**2.** MUS rondo.

ronde-bosse [rɔ̃dbɔs] (*pl* **rondes-bosses**) *nf* sculpture in the round.

rondelet, ette *fam* [rɔ̃dlɛ, ɛt] *adj* -**1.** [potelé] chubby, plump, plumpish. -**2.** [important]: **une somme ~te** a tidy OU nice little sum.

rondelle [rɔ̃dɛl] *nf* -**1.** [de salami, de citron] slice; **couper qqch en ~s** to slice sthg, to cut sthg into slices. -**2.** TECH disc; [d'un écrou] washer; [d'une canette] ring.

rondement [rɔ̃dmɑ̃] *adv* -**1.** [promptement] briskly, promptly, quickly and efficiently; **des négociations ~ menées** competently conducted negotiations. -**2.** [franchement] frankly, outspokenly; **il me l'a dit ~** he told me straight out.

rondeur [rɔ̃dœr] *nf* -**1.** [forme - d'un visage, d'un bras] roundness, plumpness, chubbiness; [- d'un sein] fullness; [- d'une épaule] roundness. -**2.** [franchise] straightforwardness, directness.
◆ **rondeurs** *nfpl euph* curves; ~**s disgracieuses** unsightly bulges.

rondin [rɔ̃dɛ̃] *nm* [bois] round billet, log.

rondo [rɔ̃do] *nm* rondo.

rondouillard, e *fam* [rɔ̃dujar, ard] *adj* tubby, podgy *Br*, pudgy *Am*.

rond-point [rɔ̃pwɛ̃] (*pl* **ronds-points**) *nm* roundabout *Br*, traffic circle *Am*.

Ronéo® [rɔneo] *nf* Roneo®.

ronéoter [rɔneɔte], **ronéotyper** [3] [rɔneɔtipe] *vt* to Roneo®, to duplicate.

ronflant, e [rɔ̃flɑ̃, ɑ̃t] *adj* -**1.** [moteur] purring, throbbing; [feu] roaring. -**2.** *péj* [discours] bombastic, high-flown; [promesses] grand; **titre ~** grand-sounding title.

ronflement [rɔ̃fləmɑ̃] *nm* -**1.** [d'un dormeur] snore, snoring *(U)*. -**2.** [bruit - sourd] humming *(U)*, droning *(U)*; [- fort] roar, roaring *(U)*, throbbing *(U)*.

ronfler [3] [rɔ̃fle] *vi* -**1.** [en dormant] to snore; ~ **comme un soufflet de forge** to snore like anything. -**2.** *fam* [dormir] to snooze, to snore away. -**3.** [vrombir] to roar, to throb; **faire ~ le moteur** to rev up the engine.

ronfleur, euse [rɔ̃flœr, øz] *nm, f* snorer.
◆ **ronfleur** *nm* ÉLECTR & TÉLÉC buzzer.

rongement [rɔ̃ʒmɑ̃] *nm litt* gnawing.

ronger [17] [rɔ̃ʒe] *vt* -**1.** [mordiller] to gnaw (away) at *(insép)*, to eat into *(insép)*; ~ **un os** to gnaw at a bone; **rongé par les vers/mites** worm-/moth-eaten ❑ ~ **son frein** *pr* & *fig* to champ at the bit. -**2.** [corroder - suj: mer] to wear away *(sép)*; [- suj: acide, rouille] to eat into *(insép)*; **rongé par la rouille** eaten away with rust, rusted away; **être rongé par la maladie** to be wasted by disease; **le mal qui ronge la société** the evil that eats away at society; **le chagrin qui me ronge le cœur** *litt* the sorrow that eats away OU gnaws at my heart.
◆ **se ronger** *vpt* -**1.** [se mordiller]: **se ~ les ongles** to bite one's nails. -**2.** *loc*: **se ~ les sangs** to worry o.s. sick.

rongeur, euse [rɔ̃ʒœr, øz] *adj* gnawing.
◆ **rongeur** *nm* rodent.

ronron [rɔ̃rɔ̃], **ronronnement** [rɔ̃rɔnmɑ̃] *nm* -**1.** [d'un chat] purr, purring *(U)*; **faire ~** *fam* to purr. -**2.** *fam* [d'une machine] drone, whirr, droning *(U)*, whirring *(U)*. -**3.** [routine] routine; **le ~ de la vie quotidienne** the daily routine.

ronronner [3] [rɔ̃rɔne] *vi* -**1.** [chat] to purr; [machine] to drone, to hum. -**2.** *fig* to tick over, to chug along.

röntgen [rœntgɛn] *nm* roentgen, rontgen, röntgen.

roof [ruf] = **rouf**.

roque [rɔk] *nm* JEUX castling; **petit/grand ~** king's/queen's side castling.

roquefort [rɔkfɔr] *nm* Roquefort (cheese).

roquer [3] [rɔke] *vi* JEUX to castle.

roquet [rɔkɛ] *nm* -**1.** [chien] yappy OU noisy dog. -**2.** *fam péj* [personne] pest; **espèce de petit ~!** you little runt!

roquette [rɔkɛt] *nf* -**1.** [projectile] rocket. -**2.** BOT rocket; ~ **blanche/de mer** wall/sea rocket.

rorqual, als [rɔrkwal] *nm* rorqual, fin whale.

rosace [rozas] *nf* ARCHIT [moulure] (ceiling) rose; [vitrail] rose window, rosace; [figure] rosette.

rosacée [rozase] *nf* -**1.** BOT rosaceous plant, rosacean; **les ~s** the Rosaceae. -**2.** MÉD rosacea.

rosaire [rozɛr] *nm* -**1.** [chapelet] rosary; **égrener un ~** to count OU to tell one's beads. -**2.** [prières]: **dire** OU **réciter le ~** to recite the rosary.

rosâtre [rozatr] *adj* pinkish, roseate *litt.*

rosbif [rɔzbif] *nm* -**1.** [cru] roasting beef *(U)*, joint OU piece of beef *(for roasting)*; [cuit] roast beef *(U)*, joint of roast beef. -**2.** *fam* [Anglais] *pejorative or humorous term used with reference to British people.*

rose [roz] ◇ *adj* -**1.** [gén] pink; [teint, joue] rosy; ~ **bonbon/saumon** candy/salmon pink; ~ **fluo** *fam* fluorescent OU dayglo pink; ~ **thé** tea rose; **vieux** ~ old rose. -**2.** [agréable] : **la vie d'un athlète n'est pas toujours** ~ an athlete's life isn't all roses; **ce n'est pas (tout)** ~ it isn't exactly a bed of roses. -**3.** [érotique] erotic, soft-porn *(modif)*.
◇ *nf* -**1.** BOT rose; ~ **blanche/rouge** white/red rose ❑ ~ **de Jéricho** rose of Jericho, resurrection plant; ~ **de Noël** Christmas rose; ~ **pompon** fairy rose; ~ **sauvage** wild rose; **une** ~ **trémière** a hollyhock *Br*, a rose mallow; **ça ne sent pas la** ~ **ici** *euph* it's a bit smelly in here; **il n'y a pas de** ~ **sans épines** *prov* there's no rose without a thorn *prov.* -**2.** ARCHIT rose window, rosace. -**3.** JOAILL : **(diamant en)** ~ rose (diamond).
◇ *nm* -**1.** [couleur] pink. -**2.** *loc* : **voir la vie** OU **les choses en** ~ to see things through rose-tinted spectacles *Br* OU glasses *Am.*
◆ **rose des sables, rose du désert** *nf* gypsum flower.
◆ **rose des vents** *nf* wind rose.

ROSE:
The symbol of the French socialists is a rose, and this word is sometimes used to suggest socialist leanings. ("Ce maire est un peu moins rose que son prédécesseur").
The word "rose" can also suggest soft pornography ("les messageries roses" and "le Minitel rose" refer to erotic call lines available on Minitel).
"Les villes roses" (Albi, Montauban and Toulouse) are so called because they are largely built of pink stone.
"Le carnet rose" is the list of births and marriages in a newspaper.

---

rosé, e[1] [roze] *adj* -**1.** [teinte] pinkish, rosy. -**2.** [vin] rosé.
◆ **rosé** *nm* rosé (wine).

roseau, x [rozo] *nm* reed; **le** ~ **plie mais ne rompt pas** *allusion La Fontaine* the reed bends but does not break; **l'homme est un** ~ **pensant** *allusion Pascal* man is a thinking reed.

rose-croix [rozkrwa] *nm inv* Rosicrucian; **les** ~ the Rosicrucians.

rosé-des-prés [rozedepre] (*pl* **rosés-des-prés**) *nm* [champêtre] field mushroom; [des jachères] horse mushroom.

rosée[2] [roze] *nf* dew.

roséole [rozeɔl] *nf* roseola.

roseraie [rozrɛ] *nf* rose garden, rosery.

rosette [rozɛt] *nf* -**1.** [nœud] bow; **faire une** ~ to tie a bow. -**2.** [cocarde] rose, rosette; **avoir/recevoir la** ~ to be/to be made an officer *(of an order of knighthood or merit)*. -**3.** CULIN : ~ **(de Lyon)** *broad type of salami.* -**4.** BOT rosette; **en** ~ rosulate.

Rosette [rozɛt] *npr* : **la pierre de** ~ the Rosetta Stone.

rosicrucien, enne [rozikrysjɛ̃, ɛn] *adj* Rosicrucian.

rosier [rozje] *nm* rosebush, rose tree; ~ **grimpant/nain** climbing/dwarf rose.

rosière [rozjɛr] *nf young girl traditionally awarded a crown of roses and a prize for virgin purity*; **quelle** ~, **celle-là!** *fam vieilli* she's pure as the driven snow!

rosiériste [rozjerist] *nmf* rose grower, rosarian.

rosir [32] [rozir] ◇ *vt* to give a pink hue to; **l'air de la montagne avait rosi ses joues** the mountain air had tinged OU suffused her cheeks with pink.
◇ *vi* to turn pink; **son visage rosit à la première gorgée de champagne** her face went pink as she took her first mouthful of champagne.

rossard, e *fam* [rɔsar, ard] *nm, f péj* rotter *Br*, blighter *Br*, cad.

rosse *fam* [rɔs] ◇ *adj* [chanson, portrait] nasty, vicious; [conduite] rotten, lousy, horrid; [personne] nasty, horrid, catty; **être** ~ **envers** OU **avec qqn** to be horrid OU nasty to sb; **un professeur** ~ a hard OU tough teacher.
◇ *nf* -**1.** [personne] rotter *Br*, rotten beast. -**2.** *vieilli* [cheval] nag, jade.

rossée *fam* [rɔse] *nf* thrashing; **flanquer une** ~ **à qqn** to give sb a good hiding OU thrashing.

rosser [3] [rɔse] *vt* -**1.** [frapper] to thrash. -**2.** [vaincre] to thrash, to hammer; **se faire** ~ to get thrashed, to get hammered.

rosserie *fam* [rɔsri] *nf* -**1.** [remarque] nasty remark; [acte] dirty trick; **dire des** ~**s sur qqn** to say nasty OU rotten things about sb. -**2.** [caractère] horridness, nastiness, rottenness.

rossignol [rɔsiɲɔl] *nm* -**1.** [oiseau] nightingale; ~ **des murailles** redstart. -**2.** [clef] picklock, skeleton key. -**3.** *fam* [objet de pacotille] piece of junk; **on t'a refilé un** ~ they've sold you a dud OU a piece of junk.

rossinante [rɔsinɑ̃t] *nf litt* scrag, nag.

rösti [røsti] = **rœsti.**

Rostov-sur-le-Don [rɔstɔfsyrlədɔ̃] *npr* Rostov.

rostre [rɔstr] *nm* ANTIQ & ZOOL rostrum.
◆ **rostres** *nmpl* [tribune] rostrum.

rot[1] [rɔt] *nm* BOT rot.

rot[2] [ro] *nm* [renvoi] belch, burp; **faire** OU **lâcher un** ~ to (let out a) belch OU burp; **il a fait son** ~ ? [bébé] has he burped?; **faire faire son** ~ **à un bébé** to burp a baby.

rôt [ro] *nm arch* roast.

rotang [rɔtɑ̃g] *nm* rattan.

rotary [rɔtari] *nm* -**1.** PÉTR rotary drill. -**2.** TÉLÉC uniselector system. -**3.** **Rotary-Club** Rotary Club.

rotateur [rɔtatœr] ◇ *adj m* : **muscle** ~ rotator.
◇ *nm* rotator.

rotatif, ive [rɔtatif, iv] *adj* rotary, rotating; **moteur** ~ rotary engine; **mouvement** ~ rotary OU rotating motion.
◆ **rotative** *nf* IMPR (rotary) press; **faire tourner** OU **marcher les** ~**s** *fig* to give the newspapers something to write about.

rotation [rɔtasjɔ̃] *nf* -**1.** [mouvement] rotation; [sur un axe] spinning; **angle/sens/vitesse de** ~ angle/direction/speed of rotation; **mouvement de** ~ rotational *spéc* OU rotary motion; **masse en** ~ rotating mass ‖ SPORT turn, turning *(U)*. -**2.** [renouvellement] turnover; ~ **des stocks/du personnel** inventory/staff turnover; ~ **des postes** job rotation. -**3.** FIN turnover. -**4.** TRANSP turnround *Br*, turnaround *Am.* -**5.** AGR : **la** ~ **des cultures** crop rotation.

rotatoire [rɔtatwar] *adj* -**1.** [mouvement] rotatory, rotary. -**2.** CHIM : **pouvoir** ~ rotatory power.

rote [rɔt] *nf* Rota.

roter [3] [rote] *vi* to belch, to burp.

rôti [roti] *nm* -**1.** [viande - crue] joint *(of meat for roasting)*; [- cuite] joint, roast; ~ **de porc** [cru] joint OU piece of pork for roasting; [cuit] piece of roast pork; **une tranche de** ~ a cut off the joint OU roast. -**2.** [poisson] : ~ **de lotte** baked monkfish *(U)*.

rôtie [roti] *nf* [pain grillé] slice of toast; [pain frit] slice of fried bread.

rotin [rɔtɛ̃] *nm* rattan; **chaise en** ~ rattan chair.

rôtir [32] [rotir] ◇ *vt* -**1.** [cuire] to roast; **faire** ~ **une viande** to roast a piece of meat; **dinde rôtie** roast turkey; **quand la viande est bien rôtie** when the meat is done to a turn. -**2.** *fam* [dessécher] to parch.
◇ *vi* -**1.** [cuire] to roast; **mettre une oie à** ~ to roast a goose. -**2.** *fam fig* to roast; **baisse le thermostat, on va** ~ lower the thermostat or we'll roast.
◆ **se rôtir** *fam vp (emploi réfléchi)* : **se** ~ **au soleil** to bask OU to fry in the sun; **se** ~ **les jambes devant le feu** to roast one's legs in front of the fire.

rôtissage [rotisaʒ] *nm* CULIN roasting.

rôtisserie [rotisri] *nf* -**1.** [restaurant] grillroom, steakhouse, rotisserie. -**2.** [magasin] rotisserie.

rôtisseur, euse [rotisœr, øz] *nm, f* -**1.** [restaurateur] grillroom OU steakhouse owner; [commis de cuisine] roaster (chef). -**2.** [vendeur] seller of roast meat.

rôtissoire [rotiswar] *nf* [appareil] roaster; [broche] (roasting) spit, rotisserie.

rotogravure [rɔtɔgravyr] *nf* rotogravure.

rotonde [rɔtɔ̃d] *nf* -**1.** ARCHIT rotunda; **disposition en** ~ circular layout. -**2.** [dans les autobus] semicircular bench seat *(at rear)*.

rotondité [rɔtɔ̃dite] *nf* -**1.** [forme sphérique] rotundity, roundness. -**2.** [corpulence] plumpness, roundness.

rotor [rɔtɔr] *nm* AÉRON & ÉLECTR rotor.

Rotterdam [rɔtɛrdam] *npr* Rotterdam.

rotule [rɔtyl] *nf* -**1.** ANAT kneecap, patella *spéc*; **être sur les** ~**s** *fam* to be on one's last legs. -**2.** TECH ball-and-socket joint.

rotulien, enne [rɔtyljɛ̃, ɛn] *adj* patellar; **réflexe** ~ knee jerk.

roture [rɔtyr] *nf litt* commonalty; **né dans la** ~ born a commoner; **elle a épousé quelqu'un de la** ~ she married a commoner.

roturier, ère [rɔtyrje, ɛr] ◇ *adj* -**1.** HIST [non noble] common; **être d'origine roturière** to be of common birth OU stock. -**2.** *sout* [vulgaire] low, common, vulgar; **des façons roturières** plebeian manners.
◇ *nm, f* HIST commoner, plebeian.

rouage [rwaʒ] *nm* -**1.** TECH moving part, movement; [engrenage] cogwheel; **les** ~**s d'une horloge** the works OU movement of a clock. -**2.** *fig* cog; **il n'était qu'un** ~ **dans la vaste machine politique** he was only a cog in the huge political machine; **les** ~**s de la Justice** the wheels of Justice.

rouan, anne [rwɑ̃, an] *adj* roan.
◆ **rouan** *nm* roan (horse).

roublard, e *fam* [rublar, ard] ◇ *adj* [rusé] sly, wily, crafty.
◇ *nm, f* dodger; **c'est un fin** ~ he's a sly (old) fox OU devil, he's an artful dodger.

roublardise *fam* [rublardiz] *nf* -**1.** [habileté] slyness, craftiness, wiliness. -**2.** [manœuvre] clever OU crafty trick, dodge.

rouble [rubl] *nm* rouble.

roucoulade [rukulad] *nf* -**1.** [d'un pigeon] (billing and) cooing *(U)*. -**2.** *fam* [d'un amoureux] cooing, sweet nothings.

roucoulement [rukulmɑ̃] *nm* -**1.** [cri du pigeon] (billing and) cooing *(U)*. -**2.** *fam* [propos tendres] cooing, sweet nothings. -**3.** *péj* [d'un chanteur] crooning *(U)*.

roucouler [3] [rukule] ◇ *vi* -**1.** [pigeon] to (bill and) coo. -**2.** *fam* [amoureux] to coo, to whisper sweet nothings. -**3.** *péj* [chanteur] to croon.
◇ *vt* -**1.** [suj: amoureux] to coo. -**2.** *péj* [suj: chanteur] to croon.

roudoudou *fam* [rududu] *nm* hard sweet *Br*, candy *Am (licked out of a small round box or shell)*.

roue [ru] *nf* -**1.** TRANSP wheel; **véhicule à deux/trois** ~**s** two-wheeled/three-wheeled vehicle; **j'étais dans sa** ~ I was right behind him ❑ ~ **directrice** guiding OU leading wheel; ~ **motrice** drive OU driving wheel; ~ **de secours** spare (wheel); **pousser à la** ~ to give a helping hand; **je voudrais les empêcher de s'engager dans l'armée mais leur père pousse à la** ~ I'd like to stop them joining up but their father is egging them on. -**2.** MÉCAN (cog OU gear) wheel; ~ **d'angle** bevel gear wheel; ~ **crantée** toothed wheel; ~ **dentée** cogwheel; ~ **folle** idle wheel; ~ **de friction** friction gear wheel; ~ **à godets** bucket wheel; ~ **hydraulique** waterwheel; ~ **libre** freewheel; **en** ~ **libre** *pr & fig* freewheeling; **j'ai descendu la côte en** ~ **libre** I freewheeled down the hill; ~ **à réaction** reaction wheel. -**3.** [objet circulaire] wheel; **une** ~ **de gruyère** a large round Gruyere cheese ❑ **la grande** ~ the big wheel *Br*, the Ferris wheel *Am*; **la ~ de la Fortune** the wheel of Fortune; **la ~ tourne** the wheel of Fortune is turning; **faire la ~** [paon] to spread OU to fan its tail; [gymnaste] to do a cartwheel; [séducteur] to strut about *péj*. -**4.** HIST: **(le supplice de) la ~** the wheel. -**5.** IMPR: **~ à caractères** OU **d'impression** print OU type wheel. -**6.** NAUT: **~ à aubes** OU **à palettes** paddle wheel; **~ du gouvernail** helm.

roué, e [rwe] ◇ *adj* sly, tricky, wily.
◇ *nm, f* -**1.** [fripon] sly dog, tricky customer; [friponne] sly OU tricky customer. -**2.** HIST [homme] roué, rake; [femme] hussy, trollop, jezebel.

rouelle [rwɛl] *nf* -**1.** CULIN: **~ (de veau)** thick round of veal. -**2.** [rondelle] (round) slice.

Rouen [rwɑ̃] *npr* Rouen.

rouennais, e [rwanɛ, ɛz] *adj* from Rouen.
◆ **Rouennais, e** *nm, f inhabitant of or person from Rouen.*

roue-pelle [rupɛl] (*pl* **roues-pelles**) *nf* bucket dredge OU dredger.

rouer [6] [rwe] *vt* -**1.** *loc*: **~ qqn de coups** [le frapper] to pummel sb. -**2.** HIST: **~ qqn** to break sb on the wheel.

rouerie [ruri] *nf litt.* -**1.** [caractère] cunning, foxiness, wiliness. -**2.** *sout* [manœuvre] sly OU cunning trick.

rouet [rwɛ] *nm* -**1.** [pour filer] spinning wheel. -**2.** [de serrure] key plate.

rouf [ruf] *nm* deckhouse.

rouflaquette *fam* [ruflakɛt] *nf* [accroche-cœur] kiss *Br* OU spit *Am* curl.
◆ **rouflaquettes** *fam nfpl* [favoris] sideburns, sidewhiskers, sideboards *Br*.

rouge [ruʒ] ◇ *adj* -**1.** [gén] red; **être ~** [après un effort] to be flushed, to be red in the face; [de honte] to be red in the face (with shame), to be red-faced; [de plaisir, de colère] to be flushed ❑ **~ brique** brick-red; **~ sang** bloodred; **~ vermillon** vermilion; **être ~ comme un coq** OU **un coquelicot** OU **une écrevisse** OU **un homard** OU **une pivoine** OU **une tomate** to be as red as a beetroot *Br* OU a lobster; **la place Rouge** Red Square; **'le Rouge et le noir'** *Stendhal* 'Scarlet and Black'. -**2.** [pelage, cheveux] red, ginger, carroty *péj*. -**3.** MÉTALL red-hot. -**4.** *péj* [communiste] red.
◇ *nmf péj* [communiste] Red.
◇ *nm* -**1.** [couleur] red; **le ~ lui monta au visage** he went red in the face, his face went red. -**2.** TRANSP: **le feu est passé au ~** the lights turned to OU went red; **la voiture est passée au ~** the car went through a red light; **c'est ~!** it's red! -**3.** RAD & TV: **le ~ est mis!** you're on (the) air! -**4.** *fam* [vin] red wine; **du gros ~** rough red wine; **du gros ~ qui tache** (red) plonk. -**5.** [cosmétique]: **~ (à joues)** blusher, rouge. -**6.** MÉTALL: **porté au ~** red-hot; **portez le métal au ~** heat the metal until it's red-hot. -**7.** JEUX red; **tout miser sur le ~** to stake all on the red; **le ~ est mis** *fam* the die is cast. -**8.** BANQUE red; **je suis dans le ~** I'm in the red OU overdrawn; **sortir du ~** [cesser d'être en déficit] to get out of the red, to get rid of one's overdraft.
◇ *nf* [au billard] red (ball).
◇ *adv* -**1.** *loc*: **se fâcher tout ~** to get really angry; **voir ~** to see red. -**2.** POL: **voter ~** *péj* to vote communist.
◆ **rouge à lèvres** *nm* lipstick.

rougeâtre [ruʒatr] *adj* reddish, reddy.

rougeaud, e [ruʒo, od] ◇ *adj* red-faced, ruddy, ruddy-cheeked.
◇ *nm, f* red-faced OU ruddy OU ruddy-faced person.

rouge-gorge [ruʒgɔrʒ] (*pl* **rouges-gorges**) *nm* (robin) redbreast, robin.

rougeoiement [ruʒwamɑ̃] *nm* reddish glow.

rougeole [ruʒɔl] *nf* MÉD measles *(sg)*; **avoir la ~** to have (the) measles.

rougeoyant, e [ruʒwajɑ̃, ɑ̃t] *adj* glowing (red); **lueur ~e** flush of red, red glow.

rougeoyer [13] [ruʒwaje] *vi* to turn red, to redden, to take on a reddish hue.

rouge-queue [ruʒkø] (*pl* **rouges-queues**) *nm* redstart.

rouget [ruʒɛ] *nm* -**1.** ZOOL: **~ barbet (de vase)** red mullet; **~ grondin** red gurnard; **~ de roche** surmullet. -**2.** VÉTÉR swine erysipelas.

rougeur [ruʒœr] *nf* -**1.** [couleur - du ciel] redness, glow; [- des joues] redness, ruddiness. -**2.** [rougissement] flush, blush; **sa ~ l'a trahie** her blush gave her away. -**3.** MÉD red patch OU blotch; **être sujet aux ~s** to be prone to developing red patches *(on one's skin)*.

rough [rœf] *nm* -**1.** SPORT: **le ~** the rough. -**2.** [avant-projet] mock-up.

rougir [32] [ruʒir] ◇ *vt* -**1.** [colorer en rouge]: **un dernier rayon de soleil rougissait le firmament** one last ray of sun spread a red glow across the skies; **~ son eau** to put a drop of (red) wine in one's water; **des yeux rougis par les larmes/la poussière** eyes red with weeping/with the dust. -**2.** MÉTALL to heat to red heat OU until red-hot. -**3.** *fig & litt*: **mes mains sont rougies de (son) sang** my hands are stained with (his) blood.
◇ *vi* -**1.** [chose, personne - gén] to go OU to turn red; [personne - de gêne] to blush; **les pommes/ses joues rougissent** the apples/his cheeks are turning red; **au moment où rougit l'horizon** *litt* when the horizon reddens OU becomes suffused with red; **menteur, tu rougis!** you liar, you're blushing!; **~ de plaisir** to flush with pleasure; **~ de honte** to blush with shame; **il se rassit en rougissant de honte** red-faced with shame, he sat down again; **je vous aime, dit-il en rougissant** I love you, he said, blushing OU with a blush; **je me sentais ~** I could feel myself going red (in the face); **faire ~ qqn** to make sb blush; **arrête, tu vas me faire ~** *hum* spare my blushes, please ❑ **~ jusqu'au blanc des yeux** OU **jusqu'aux oreilles** to blush to the roots of one's hair. -**2.** *fig*: **~ de** [avoir honte de] to be ashamed of; **j'en ai rougi pour elle** I felt ashamed for her; **tu n'as pas/il n'y a pas à en ~** there's nothing for you/nothing to be ashamed of; **je n'ai pas à ~ de ma conduite** I'm not ashamed of what I did; **ne ~ de rien** to be shameless. -**3.** MÉTALL to become red-hot.

rougissant, e [ruʒisɑ̃, ɑ̃t] *adj* -**1.** [de honte] blushing; [d'excitation] flushing. -**2.** [horizon, forêt] reddening.

rougissement [ruʒismɑ̃] *nm sout* [gén] reddening; [de honte] blushing; [d'excitation] flushing.

rouille [ruj] ◇ *nf* -**1.** [corrosion d'un métal] rust; **couche de ~** layer of rust; **tache de ~** spot of rust; **traiter une surface contre la ~** to rustproof a surface. -**2.** BOT: **~ blanche** white rust; **~ du blé** wheat rust; **~ des feuilles** leaf mould. -**3.** CULIN rouille sauce *(served with fish soup and bouillabaisse)*.
◇ *adj inv* rust, rust-coloured.

rouillé, e [ruje] *adj* -**1.** [grille, clef] rusty, rusted; **la serrure est complètement ~e** the lock is rusted up. -**2.** *fig* [muscles] stiff; **être ~** [physiquement] to feel stiff; [intellectuellement] to feel a bit rusty; **mes réflexes au volant sont un peu ~s** my driving reflexes are a bit rusty. -**3.** BOT [blé] affected by rust, rusted; [feuille] mouldy.

rouiller [3] [ruje] ◇ *vt* -**1.** [métal] to rust. -**2.** [intellect, mémoire] to make rusty.
◇ *vi* to rust, to go rusty.
◆ **se rouiller** *vpi* -**1.** [machine] to rust up, to get rusty. -**2.** [esprit] to become OU to get rusty. -**3.** [muscle] to grow OU to get stiff; [athlète] to get rusty.

rouillure [rujyr] *nf* -**1.** CHIM rustiness. -**2.** BOT rust, rusting *(U)*. -**3.** MIN kerf.

rouir [32] [rwir] *vt* to ret.

rouissage [rwisaʒ] *nm*: **~ à l'eau/à terre** water/ground retting.

roulade [rulad] *nf* -**1.** MUS roulade, run. -**2.** [d'un oiseau] trill. -**3.** CULIN rolled meat, roulade; **~ de bœuf** rolled (piece of) beef, beef roulade. -**4.** [culbute] roll; **~ avant/arrière** forward/backward roll.

roulage [rulaʒ] *nm* -**1.** AGR & MÉTALL rolling. -**2.** MIN haulage, hauling. -**3.** NAUT: **manutention par ~** roll-on roll-off.

roulant, e [rulɑ̃, ɑ̃t] *adj* -**1.** [surface] moving; [meuble] on wheels; **trottoir ~** moving pavement *Br*, travolator. -**2.** RAIL: **matériel ~** rolling stock; **personnel ~** train crews.
◆ **roulant** *fam nm* TRANSP crewman.
◆ **roulante** *nf* field OU mobile kitchen.

roulé, e [rule] *adj* -**1.** COUT rolled; **foulard ~ main** hand-rolled scarf. -**2.** LING: **r ~** rolled OU trilled R. -**3.** *fam loc*: **elle est bien ~e** she's got curves in all the right places. -**4.** CULIN [gâteau, viande] rolled.
◆ **roulé** *nm* -**1.** CULIN [gâteau] Swiss roll; [viande] rolled meat. -**2.** CONSTR rolled pebbles.

rouleau, x [rulo] *nm* -**1.** [de papier, de tissu etc] roll; **~ de parchemin** roll OU scroll of parchment; **~ de papier hygiénique** toilet roll *Br*, roll of toilet paper; **~ de pièces** roll of coins. -**2.** [outil - de peintre, de jardinier, de relieur] roller; **~ imprimeur** OU **encreur** (press) cylinder; **~ de machine à écrire** barrel, platen; **~ à pâtisserie** rolling pin. -**3.** [bigoudi] roller, curler. -**4.** CULIN: **~ de printemps** spring roll. -**5.** SPORT: **~ costal** western roll; **~ ventral** straddle. -**6.** [vague] roller. -**7.** BX-ARTS [vase] rouleau. -**8.** CONSTR arch moulding. -**9.** TRAV PUBL roller; **~ compresseur** *pr* [à gazole] roadroller; [à vapeur] steamroller; *fig* steamroller.

roulé-boulé [rulebule] (*pl* **roulés-boulés**) *nm* [culbute] roll; **faire des roulés-boulés** to roll.

roulement [rulmɑ̃] *nm* -**1.** [mouvement]: **un ~ d'yeux** a roll of the eyes; **un ~ de hanches** a swing of the hips. -**2.** [grondement] rumble, rumbling *(U)*; **le ~ du tonnerre** the rumble OU roll OU peal of thunder; **le ~ des canons** the rumble OU roar of the cannons; **~ de tambour** drum roll. -**3.** [rotation] rotation; **établir un ~** to set up a rota *Br* OU a rotation system *Am*. -**4.** MÉCAN [déplacement] rolling; **~ à billes/à rouleaux/à aiguilles** ball/roller/needle bearings; **frottement de ~** rolling friction. -**5.** FIN: **~ des capitaux** circulation of capital. -**6.** TRANSP rolling motion. -**7.** ARM [d'un char] bogie and tread, tracking. -**8.** MÉD: **~ diastolique** diastolic murmur.

rouler [3] [rule] ◇ *vt* -**1.** [faire tourner] to roll; **~ les yeux** to roll one's eyes; **les graviers que roulait le fleuve** the gravel that was being rolled along by the river; **~ de sombres pensées** to turn dark thoughts over in one's mind ❑ **~ un patin**▽ OU **une pelle**▽ **à qqn** to snog *Br* OU to neck *Am* sb; **~ qqn dans la farine** to pull the wool over sb's eyes. -**2.** [enrouler - poster, tapis, bas de pantalon] to roll up *(sép)*; [- corde, câble] to roll up, to wind up *(sép)*, [- cigarette] to roll; **aide-moi à ~ la laine en pelote** help me to wind the wool up into a ball; **~ du fil sur une bobine** to spool OU to wind thread around a reel; **~ un blessé dans une couverture** to wrap an injured person in a blanket. -**3.** [déplacer - Caddie] to push (along); [- balle, tronc, fût] to roll (along); **il a roulé le rocher jusqu'en bas de la colline** he rolled the rock right down the hill ❑ **~ carrosse** *vieilli* to have an expensive lifestyle; **j'ai roulé ma bosse** I've been around, I've seen it all. -**4.** *fam* [escroquer - lors d'un paiement] to diddle; [- dans une affaire] to swindle; **elle m'a roulé de 30 francs** she diddled OU did me out of 30 francs; **ce n'est pas du cuir, je me suis fait ~** it's not genuine leather, I've been done OU had. -**5.** [balancer]: **~ des** OU **les épaules** to sway one's shoulders; **~ des** OU **les hanches** to swing one's hips ❑ **~ des mécaniques** *fam pr* to sway one's shoulders; *fig* to come OU to play the hard guy. -**6.** [aplatir - gazon, court de tennis] to roll; CULIN [pâte] to roll out *(sép)*. -**7.** LING: **~ les r** to roll one's r's. -**8.** MÉTALL to roll.
◇ *vi* -**1.** [véhicule] to go, to run; [conducteur] to drive; **une voiture qui a peu/beaucoup roulé** a car with a low/high mileage; **et ta Renault, elle roule toujours?** is your Renault still going OU running?; **la moto roulait au milieu de la route**

the motorbike was going OU driving down the middle of the road; **à quelle vitesse rouliez-vous?** what speed were you travelling at?, what speed were you doing?, how fast were you going?; **il est interdit de ~ sur la bande d'arrêt d'urgence** do not drive on the hard shoulder; **j'ai beaucoup roulé quand j'étais jeune** I did a lot of driving when I was young; **seulement deux heures? tu as bien roulé!** only two hours? you've made good time!; **~ au pas** to go at a walking pace, to crawl along; **'roulez au pas'** 'dead slow'; **roule moins vite** slow down, drive more slowly; **elle roule en Jaguar** she drives (around in) a Jaguar; **~ à moto/à bicyclette** to ride a motorbike/a bicycle; **ça roule mal/bien dans Anvers** there's a lot of traffic/there's no traffic through Antwerp ❑ **ça roule!** *fam* everything's going alright!; **salut! ça roule?** hi, how's life? **-2.** [balle, dé, rocher] to roll; **ses billes allèrent ~ dans le caniveau** his marbles rolled down into the gutter; **des larmes roulaient sur sa joue** tears were rolling down her cheeks; **faire ~** [balle] to roll; [chariot] to wheel (along); [roue] to roll along; **il a roulé jusqu'en bas du champ** he rolled OU tumbled down to the bottom of the field ❑ **~ sous la table** to end up (dead drunk) under the table. **-3.** NAUT to roll. **-4.** [gronder - tonnerre] to roll, to rumble; [- tambour] to roll. **-5.** [se succéder] to take turns; **nous ferons ~ les équipes dès janvier** as from January, we'll start the teams off on a rota system *Br* OU rotation *Am*. **-6.** [argent] to circulate; **il sait faire ~ l'argent** he knows how to make money work. **-7. ~ sur** [conversation] to be centred upon; **la conversation a d'abord roulé sur la politique** we started off talking about politics. **-8.** *loc*: **~ pour qqn** *fam* to be for sb, to back sb; **~ sur l'or** *fam* to be rolling in money OU in it; **mon salaire est correct, mais je ne roule pas sur l'or** I've got a decent salary, but I'm not exactly well-off OU rolling in it.

◆ **se rouler** *vpi* [se vautrer]: **se ~ par terre** [de colère] to have a fit; [de douleur] to be doubled up with pain; [de rire] to be doubled up with laughter; **c'était à se ~ par terre** [de rire] it was hysterically funny; [de douleur] it was so painful.

roulette [rulɛt] *nf* **-1.** [roue - libre] wheel; [- sur pivot] caster; **à ~s** on wheels ❑ **marcher** OU **aller comme sur des ~s** *fam* [opération] to go off without a hitch; [organisation, projet] to proceed smoothly, to go like clockwork; **et ton entrevue? — ça a marché comme sur des ~s** *fam* what about your interview? — it all went off very smoothly OU without a hitch. **-2.** [ustensile - de relieur] fillet (wheel); [- de graveur] roulette; COUT tracing wheel; **~ de dentiste** dentist's drill; **~ à pâte** pastry cutting wheel. **-3.** JEUX [jeu] roulette; [roue] roulette wheel; **~ russe** Russian roulette; **jouer à la ~ russe** *pr* & *fig* to play Russian roulette.

rouleur [rulœr] *nm* **-1.** SPORT flat racer. **-2.** *fam* **~ de mécaniques** [fanfaron] poser.

roulier [rulje] *nm* **-1.** HIST cart driver. **-2.** NAUT roll-on roll-off ship.

roulis [ruli] *nm* AÉRON & NAUT roll, rolling; **il y a du ~** the ship is rolling ❑ **coup de ~** strong roll; **il y eut un grand coup de ~** the ship started to roll violently.

roulotte [rulɔt] *nf* **-1.** [tirée par des chevaux] horse-drawn caravan. **-2.** [caravane] caravan, mobile home.

roulotté, e [rulɔte] *adj* [ourlet] rolled.

roulure▽ [rulyr] *nf péj* slut, slag *Br*.

roumain, e [rumɛ̃, ɛn] *adj* Romanian, Rumanian, Roumanian.

◆ **Roumain, e** *nm, f* Romanian, Rumanian, Roumanian.

◆ **roumain** *nm* LING Romanian.

Roumanie [rumani] *npr f*: **(la) ~** Romania, Rumania, Roumania.

round [rawnd] *nm* [à la boxe, dans un débat] round.

roupie [rupi] *nf* **-1.** [monnaie] rupee. **-2.** *loc*: **c'est de la ~ de sansonnet** that's (worthless) rubbish; **ce n'est pas de la ~ de sansonnet** it's not to be sniffed at.

roupiller *fam* [3] [rupije] *vi* to have a kip *Br*, to get some shut-eye *Am*; **c'est pas le moment de ~!** *fam* this is no time for lying down on the job!

roupillon *fam* [rupijɔ̃] *nm*: **faire** OU **piquer un ~** to have a snooze OU a nap OU a kip *Br*.

rouquette [rukɛt] = **roquette 2**.

rouquin, e *fam* [rukɛ̃, in] ◇ *adj* [personne] red-haired; [chevelure] red, ginger *(modif)*, carroty *péj*; **elle est ~e** she has red OU ginger OU carroty hair.

◇ *nm, f fam* redhead.

◆ **rouquin**▽ *nm* [vin] (red) plonk *Br*, cheap red wine.

rouscailler▽ [3] [ruskaje] *vi* to bellyache, to whinge; **arrête de ~!** stop moaning OU bellyaching!

rouspétance *fam* [ruspetɑ̃s] *nf* grumbling, moaning (and groaning); **et vous, pas de ~!** and no backchat *Br* OU backtalk *Am* from you!

rouspéter *fam* [18] [ruspete] *vi* to grumble, to complain, to make a fuss.

rouspéteur, euse *fam* [ruspetœr, øz] *nm, f* grumbler, moaner, groucher; **il n'y a que les ~s qui obtiennent satisfaction** you only get what you want if you complain.

roussâtre [rusatr] *adj* [eau] reddish; [feuilles] reddish-brown, russet.

rousse [rus] ◇ *f* → **roux**.

◇ *nf arg crime* & *vieilli*: **la ~** the fuzz.

rousseau, x [ruso] *nm* (common OU red) sea bream.

roussette [rusɛt] *nf* **-1.** [requin] large spotted dogfish, rock salmon CULIN. **-2.** [chauve-souris] flying fox.

rousseur [rusœr] *nf sout* [teinte] redness, gingery colour.

◆ **rousseurs** *nfpl* [pigmentation] freckles.

roussi [rusi] *nm*: **ça sent le ~** *pr* something's burning; *fig fam*there's trouble ahead OU brewing; **il a démissionné quand ça a commencé à sentir le ~** he resigned when things started going wrong.

roussir [32] [rusir] ◇ *vt* **-1.** [rendre roux]: **~ qqch** to turn sthg brown. **-2.** [brûler] to scorch, to singe; **la gelée a roussi l'herbe** the grass has turned brown with the frost.

◇ *vi* **-1.** [feuillage, arbre] to turn brown OU russet. **-2.** CULIN: **faire ~** to brown.

rouste▽ [rust] *nf* thrashing, walloping; **flanquer une ~ à qqn** to give sb a good hiding.

routage [rutaʒ] *nm* **-1.** IMPR sorting and mailing. **-2.** NAUT steering.

routard, e *fam* [rutar, ard] *nm, f* [auto-stoppeur] hitchhiker; [marcheur] trekker; [touriste avec sac à dos] backpacker.

route [rut] *nf* **-1.** [voie de circulation] road; **les petites ~s (de campagne)** small country roads; **c'est la ~ de Genève** it's the road to Geneva; **sur ~, la voiture consomme moins** when cruising OU on the open road, the car's fuel consumption is lower; **il va y avoir du monde sur la ~** OU **les ~s** there'll be a lot of cars on the roads OU a lot of traffic; **je n'aime pas le savoir sur la ~** I don't like the idea of him driving; **tenir la ~** [voiture] to hold the road; **cette politique ne tient pas la ~** *fig* there's no mileage in that policy ❑ **~ départementale** secondary road; **~ nationale** major road, trunk road *Br*; **~ de montagne** mountain road. **-2.** [moyen de transport]: **par la ~** by road; **les transports sur ~** road transport; **les accidents de la ~** road accidents; **les victimes de la ~** road casualties. **-3.** [itinéraire] way; **chercher sa ~** to try and find one's way; **c'est sur ma ~** it's on my way; **faire ~ vers** [bateau] to be headed for, to be en route for, to steer a course for *spéc*; [voiture, avion] to head for OU towards; [personne] to be on one's way to, to head for; **en** OU **faisant ~ vers** [bateau, avion] bound for, heading for, on its way to; [personne] on one's way to, heading for; **prendre la ~ des vacances/du soleil** to set off on holiday/to the south ❑ **~ aérienne** air route; **~ maritime** shipping OU sea route; **la ~ des épices** the spice trail OU route; **la ~ des Indes** the road to India; **la ~ de la soie** the silk road; **faire fausse ~** [conducteur] to go the wrong way, to take the wrong road; [dans un raisonnement] to be on the wrong track. **-4.** [trajet] journey; **j'ai fait la ~ à pied** I did the journey on foot; **il y a six heures de ~** [en voiture] it's a six-hour drive OU ride OU journey; [à bicyclette] it's a six-hour ride OU journey; **il y a une bonne heure de ~** it takes at least an hour to get there; **(faites) bonne ~!** have a good OU safe journey!; **faire ~ avec qqn** to travel with sb; **faire de la ~** to do a lot of driving OU mileage; **en ~** on the way; **j'ai dû perdre ma montre en ~** I must have lost my watch on the way; **prendre la** OU **se mettre en ~** to set off, to get going; **reprendre la ~, se remettre en ~** to set off again, to resume one's journey; **allez, en ~!** come on, let's go! ❑ **en ~ mauvaise troupe!** *fam hum* c'mon you lot, we're off! **-5.** *fig* [voie] road, way, path; **la ~ du succès** the road to success; **la ~ est toute tracée pour lui** the path is all laid out for him. **-6. en ~** [en marche]: **mettre en ~** [appareil, véhicule] to start (up) *(sép)*; [projet] to set in motion, to get started OU under way; **se mettre en ~** [machine] to start (up); **j'ai du mal à me mettre en ~ le matin** *fam* I find it hard to get started OU going in the morning.

router [3] [rute] *vt* **-1.** IMPR to sort and mail. **-2.** NAUT [navire] to plot a course for.

routier, ère [rutje, ɛr] *adj* road *(modif)*.

◆ **routier** *nm* **-1.** [chauffeur] (long-distance) lorry *Br* OU truck *Am* driver; **c'est un vieux ~ du journalisme** *fig* he's a veteran journalist. **-2.** *fam* [restaurant] transport café *Br*, truck-stop *Am*. **-3.** SPORT [cycliste] road racer OU rider. **-4.** NAUT (plotting) chart.

◆ **routière** *nf* AUT touring car; **c'est une excellente routière** it's an ideal car for long-distance trips, it's an excellent touring car.

routine [rutin] *nf* **-1.** [habitude] routine; **la ~ quotidienne** the daily routine OU grind *péj*; **se laisser enfermer dans la ~** to get into a rut. **-2.** INF routine.

◆ **de routine** *loc adj* [contrôle, visite] routine *(avant n)*; **c'est une procédure de ~** it's routine procedure; **une vérification de ~** a routine check.

routinier, ère [rutinje, ɛr] ◇ *adj* [tâche, corvée] routine *(avant n)*, humdrum *péj*; [vérification, méthode] routine *(avant n)*; [personne] routine-minded, conventional; **de façon routinière** routinely.

◇ *nm, f*: **c'est un ~** he's a creature of habit, he's tied to his routine.

rouvre [ruvr] *nm* robur.

rouvrir [34] [ruvrir] ◇ *vt* **-1.** [livre, hôtel, débat, dossier] to reopen. **-2.** *fig* [raviver]: **~ une blessure** OU **plaie** to open an old wound.

◇ *vi* [magasin] to reopen, to open again.

◆ **se rouvrir** *vpi* [porte, fenêtre] to reopen; [blessure] to reopen, to open up again.

roux, rousse [ru, rus] ◇ *adj* [feuillage, fourrure] reddish-brown, russet; [chevelure, moustache] red, ginger.

◇ *nm, f* redhead.

◆ **rousse** *nf arg crime* & *vieilli*: **la rousse** [la police] the Old Bill *Br*, the fuzz.

◆ **roux** *nm* **-1.** [teinte - d'un feuillage] reddish-brown (colour), russet; [- d'une chevelure, d'une moustache] reddish OU gingery colour. **-2.** CULIN roux.

royal, e, aux [rwajal, o] *adj* **-1.** HIST & POL [puissance] royal, regal; [bijoux, insignes, appartements, palais, académie] royal; **la famille ~e** [en Grande-Bretagne] the Royal Family; [ailleurs] the royal family; **prince ~** crown prince, heir apparent. **-2.** [somptueux - cadeau] magnificent, princely; [- pourboire] lavish; [- salaire] princely; [- accueil] royal; **un train de vie ~** a sumptuous lifestyle. -**3.** [extrême - mépris] total; **il m'a fichu une paix ~e** *fam* he left me in total peace. -**4.** CARTES: **quinte ~e** royal flush.

◆ **royale** *nf* -**1.** [barbe] royale, imperial. -**2.** *fam* [marine]: **la Royale** the French Navy.

◆ **à la royale** *loc adj* CULIN: **lièvre à la ~e** hare royale.

royalement [rwajalmɑ̃] *adv* -**1.** [avec magnificence] royally, regally; **ils nous ont reçus ~** they treated us like royalty; **il l'a ~ payé** he paid him a princely sum. -**2.** *fam* [complètement] totally; **je m'en fiche** OU **moque ~!** I really couldn't care less!, I don't give a damn!

royalisme [rwajalism] *nm* royalism.

royaliste [rwajalist] ◇ *adj* royalist; **il ne faut pas être plus ~ que le roi** one mustn't try to out-Herod Herod OU to be more Catholic than the Pope.

◇ *nmf* royalist.

royalties [rwajalti] *nfpl* royalties *(for landowner or owner of patent)*.

royaume [rwajom] *nm* -**1.** HIST & POL kingdom. -**2.** RELIG: **le ~ céleste** OU **des cieux** the kingdom of Heaven; **le ~ des morts** *litt* the kingdom of the dead. -**3.** *fig* [domaine] realm; **le ~ de l'imagination** the realm of the imagination; **le cinéaste nous fait entrer dans le ~ de la fantaisie** the filmmaker takes us into the realm of fantasy; **mon atelier, c'est mon ~** my workshop is my private world OU domain ❑ **le ~ éternel** the here after; **le ~ des ombres** the nether world. -**4.** *loc*: **je ne le ferais pas/je n'en voudrais pas pour un ~** I wouldn't do it/have it for all the tea in China.

Royaume-Uni [rwajomyni] *npr m*: **le ~ (de Grande-Bretagne et d'Irlande du Nord)** the United Kingdom (of Great Britain and Northern Ireland), the UK.

royauté [rwajɔte] *nf* -**1.** [monarchie] monarchy. -**2.** [rang] royalty, kingship; **il aspirait à la ~** he had designs on the throne.

RP ◇ *nfpl* (*abr de* **relations publiques**) PR.

◇ *nf* -**1.** *abr de* **recette principale**. -**2.** *abr de* **région parisienne**.

◇ (*abr écrite de* **Révérend Père**) Rev.

RPR (*abr de* **Rassemblement pour la République**) *npr m right-wing French political party.*

RSFSR (*abr de* **République socialiste fédérative soviétique de Russie**) *npr f*: (la) ~ RSFSR.

RSVP (*abr de* **répondez s'il vous plaît**) RSVP.

RTB (*abr de* **Radio-télévision belge**) *npr f Belgian broadcasting company.*

rte *abr écrite de* **route**.

RTL ◇ (*abr de* **Radio-télévision Luxembourg**) *npr Luxembourg broadcasting company.*

◇ (*abr de* **résistance transistor logique**) *nf* RTL.

RTVE (*abr de* **Radio-télévision espagnole**) *npr f Spanish broadcasting company.*

ru [ry] *nm litt* OU *dial* rill *litt*, brook.

RU [ry] *nm abr de* **restaurant universitaire**.

ruade [ryad] *nf* kick; **lancer** OU **décocher une ~ à** to kick OU to lash out at.

Ruanda [rwɑ̃da] *npr m*: **le ~** Rwanda; **au ~** in Rwanda.

ruandais, e [rwɑ̃dɛ, ɛz] *adj* Rwandan.

◆ **Ruandais, e** *nm, f* Rwandan.

ruban [rybɑ̃] *nm* -**1.** [ornement] ribbon; [liseré] ribbon, tape; [bolduc] tape; [sur chapeau] band; **le ~ bleu** *sout* the blue ribbon; **le ~ rouge** *fam* the ribbon of the Légion d'honneur; **le ~ violet** *fam decoration for services to education in France.* -**2.** *litt*: **la rivière déroule son long ~** the river winds before us like a long ribbon. -**3.** [de cassette] tape; [de machine à écrire] ribbon; **~ adhésif** adhesive tape; **~ isolant** insulating tape; **~ perforé** INF perforated tape.

rubéfaction [rybefaksjɔ̃] *nf* MÉD rubefaction.

rubéfier [9] [rybefje] *vt* to rubefy.

rubéole [rybeɔl] *nf* German measles *(U)*, rubella *spéc.*

rubéoleux, euse [rybeɔlø, øz] ◇ *adj* rubella *(modif)*; [patient] suffering from German measles; [symptômes] of German measles.

◇ *nm, f* German measles sufferer.

rubiacée [rybjase] *nf* rubiacea; **les ~s** the Rubiaceae.

rubican [rybikɑ̃] *adj m* & *nm* roan.

Rubicon [rybikɔ̃] *npr m* Rubicon; **franchir** OU **passer le ~** to cross the Rubicon; **le passage du ~** the crossing of the Rubicon.

rubicond, e [rybikɔ̃, ɔ̃d] *adj litt* rubicund *litt*, ruddy, rosy-cheeked.

rubidium [rybidjɔm] *nm* rubidium.

rubigineux, euse [rybiʒinø, øz] *adj litt* -**1.** [couvert de rouille] rust-covered. -**2.** [couleur de rouille] rust-coloured.

rubis [rybi] *nm* -**1.** JOAILL ruby. -**2.** [couleur] ruby (colour). -**3.** [d'une montre] jewel, ruby. -**4.** ORNITH red colibri.

rubrique [rybrik] *nf* -**1.** [dans la presse] column; **la ~ scientifique** the science column; **la ~ littéraire** the book page; **la ~ nécrologique** the obituaries; **elle tient la ~ cinéma** [critiques] she writes the film *Br* OU movie *Am* pages. -**2.** [catégorie] heading; **la somme se trouve dans la ~ frais généraux** the sum comes under the heading of overheads OU is entered as an overhead. -**3.** [d'un livre liturgique] rubric; [d'un dictionnaire] field label.

ruche [ryʃ] *nf* -**1.** ENTOM [abri - en bois] beehive; [- en paille] beehive, skep *spéc*; [colonie d'abeilles] hive. -**2.** *fig* hive of activity.

ruché [ryʃe] *nm* ruche, rouche; **des ~s** ruching.

rucher [ryʃe] *nm* apiary.

rude [ryd] *adj* -**1.** [rugueux - surface, vin] rough; [- toile] rough, coarse; [- peau] rough, coarse; [- voix, son] rough, harsh; [- manières, paysan] rough, uncouth, unrefined; [- traits] rugged. -**2.** [difficile - climat, hiver] harsh, severe; [- conditions, concurrent] tough; [- concurrence] severe, tough; [- vie, tâche] hard, tough; [- côte] hard, stiff; **être mis à ~ épreuve** [personne] to be severely tested, to be put through the mill; [vêtement, matériel] to get a lot of wear and tear; **ma patience a été mise à ~ épreuve** it was a severe strain on my patience ❑ **être à ~ école** to learn life the hard way. -**3.** [sévère - ton, voix] rough, harsh, hard; [- personne] harsh, hard, severe. -**4.** *fam* [important, remarquable]: **avoir un ~ appétit** to have a hearty appetite; **un ~ gaillard** a hearty fellow; **ça a été un ~ coup pour lui** it was a hard blow for him.

rudement [rydmɑ̃] *adv* -**1.** *fam* [diablement]: **c'est ~ bon** it's really good; **c'est ~ beau** it's really lovely; **c'est ~ cher** it's incredibly OU awfully expensive; **elle est ~ culottée!** she's got some cheek *Br* OU gall!; **ça m'a fait ~ mal!** it was awfully painful!; **ils étaient ~ nombreux** there were a heck of a lot of them. -**2.** [sans ménagement] roughly, harshly; **tu lui parles trop ~** you talk to him too roughly. -**3.** [brutalement] hard; **il a frappé à la porte ~** he banged hard on the door.

rudesse [rydɛs] *nf* -**1.** [rugosité - d'une surface, de la peau] roughness; [- d'une toile] roughness, coarseness; [- d'une voix, d'un son] roughness, harshness. -**2.** [rusticité - des manières] roughness, uncouthness; [- des traits] ruggedness. -**3.** [sévérité - d'un ton, d'une voix] roughness, harshness, hardness; [- d'un maître] severity, harshness. -**4.** [dureté - d'un climat, d'un hiver] hardness, harshness, severity; [- d'une concurrence, d'une tâche] toughness.

rudiment [rydimɑ̃] *nm* -**1.** *litt* [début, ébauche] rudiment; **il en est encore au ~** he's still learning the basics; **je n'ai encore acquis qu'un ~ de technique** my technique is still rudimentary. -**2.** BIOL rudiment; **un ~ de queue** a rudimentary tail.

◆ **rudiments** *nmpl* [d'un art, d'une science] basics, rudiments; **tu apprendras vite les ~s** you'll soon learn the basics; **apprendre les ~s de la grammaire** to learn some basic grammar, to get a basic (working) knowledge of grammar; **je n'ai que des ~s d'informatique** I have only a rudimentary knowledge of computing.

rudimentaire [rydimɑ̃tɛr] *adj* -**1.** [élémentaire] rudimentary, basic; **des notions ~s d'informatique** basic notions of computing. -**2.** [commençant] rudimentary, undeveloped; **cette technique est encore ~** the technique is still in its infancy. -**3.** [succinct] basic; **des informations trop ~s** inadequate information. -**4.** BIOL rudimentary.

rudoiement [rydwamɑ̃] *nm litt* harsh treatment.

rudoyer [13] [rydwaje] *vt* to treat harshly; **il les a un peu rudoyés** he was a bit harsh with them.

rue [ry] *nf* -**1.** [voie] street; **de la ~, des ~s** street *(modif)*; **c'est la ~ qui dicte sa loi aujourd'hui** *fig* it's mob rule these days; **~ pavée** paved street *(with small, flat paving stones)* ❑ **~ piétonnière** pedestrian street; **~ à sens unique** one-way street; **la grande ~** the high *Br* OU main street; **les petites ~s** the side streets; **être à la ~** to be on the streets; **mettre** OU **jeter qqn à la ~** to turn OU to put sb out into the street. -**2.** BOT rue.

RUE:
The names of some Paris streets are used to refer to the establishments situated there:
"la rue de Grenelle" the Ministry of Education; "la rue de Valois" the Ministry of Culture; "la rue de Rivoli" (formerly) the Ministry of Finance; "la rue de Solferino" the (headquarters of the) Socialist Party.

---

ruée [rɥe] *nf* rush; **à l'heure de la ~ hors des bureaux** during the evening rush hour; **il y a eu une ~ vers le buffet** everybody made a mad dash for the buffet ❑ **la ~ vers l'or** HIST the gold rush; **'la Ruée vers l'or'** *Chaplin* 'The Goldrush'.

ruelle [rɥɛl] *nf* -**1.** [voie] lane, narrow street, alley. -**2.** [de lit] space between bed and wall, ruelle *arch*. -**3.** HIST [pour réception] ruelle.

ruer [7] [rɥe] *vi* -**1.** [animal] to kick (out). -**2.** *fam loc*: **~ dans les brancards** [verbalement] to kick up a fuss; [par ses actions] to kick OU to lash out.

◆ **se ruer** *vpi*: **se ~ sur qqn** [gén] to rush at sb; [agressivement] to hurl OU to throw o.s. at sb; **se ~ vers la sortie** to dash OU to rush towards the exit; **ils se sont tous rués sur le buffet** they made a mad dash for the buffet; **dès qu'une chambre se libère, tout le monde se rue dessus** as soon as a room becomes vacant, everybody pounces on it; **on se rue pour aller voir son dernier film** people are flocking to see his latest film; **se ~ à l'attaque** SPORT to rush into the attack.

ruf(f)ian [ryfjɑ̃] *nm* -**1.** *arch* [souteneur] whoremonger. -**2.** [aventurier] adventurer.

rugby [rygbi] *nm* rugby (football); **~ à quinze** Rugby Union; **~ à treize** Rugby League.

rugbyman [rygbiman] (*pl* **rugbymen** [mɛn]) *nm* rugby player.

rugir [32] [ryʒir] ◇ *vi* -**1.** [fauve] to roar. -**2.** [personne] to bellow.

◇ *vt* [insultes, menaces] to bellow OU to roar out *(sép)*.

rugissant, e [ryʒisɑ̃, ɑ̃t] *adj* -**1.** [fauve, moteur] roaring. -**2.** *litt* [flots] roaring; [vent, tempête] roaring, howling.

rugissement [ryʒismɑ̃] *nm* -**1.** [d'un lion, d'un moteur] roar, roaring. -**2.** *litt* [des flots] roar, roaring; [du vent, de la tempête] roar, roaring, howling. -**3.** [d'une personne] roar; **~ de fureur** roar OU howl of anger; **~ de douleur** howl of pain.

rugosité [rygozite] *nf* [d'une écorce, d'un plancher, de la peau] roughness; [d'une toile] roughness, coarseness.

◆ **rugosités** *nfpl* bumps, rough patches; **de petites ~s sur la main** little rough patches (of skin) on the hand.

rugueux, euse [rygø, øz] *adj* [écorce, planche, peau] rough; [toile] rough, coarse.

Ruhr [rur] *npr f*: la ~ the Ruhr.

ruine [rɥin] *nf* -**1.** [faillite financière] ruin; **le jeu a causé sa ~** gambling ruined him OU caused his ruin; **courir à la ~** to head for ruin. -**2.** *fam* [dépense exorbitante] ruinous expense; **200 F, ce n'est pas la ~!** 200 F won't break OU ruin you!; **l'entretien du bateau est une ~** maintaining the boat is ruinously expensive. -**3.** [bâtiment délabré] ruin. -**4.** [personne usée] wreck; **c'est une vraie ~** he's a real wreck. -**5.** [destruction - d'une institution] downfall, ruin; [- d'espérances] ruin; **ce fut la ~ de notre mariage** it wrecked OU ruined our marriage; **il veut ma ~** he wants to ruin OU finish me; **le scandale fut la ~ de sa carrière politique** the scandal ruined his political career.

◆ **ruines** *nfpl* ruins; **les ~s d'un vieux château** the ruins OU remains of an old castle.

◆ **en ruine** *loc adj* & *adv* in ruins; **la ferme est en ~** the farmhouse is in ruins; **il y a beaucoup de moulins en ~ dans la région** there're a lot of ruined windmills in the area; **tomber en ~** to go to ruin.

ruine-de-Rome [rɥindərɔm] (*pl* **ruines-de-Rome**) *nf* ivy-leaved toadflax.

ruiner [3] [rɥine] *vt* -**1.** [financièrement] to ruin, to cause the ruin of, to bring ruin upon; **les études de mes enfants me ruinent** my children's education is ruining me; **ça ne va pas te ~!** it won't break OU ruin you!; **tu vas me ~!** you'll be the ruin OU the ruination of me! -**2.** *litt* [endommager - architecture, cultures] to ruin, to destroy; [- espérances] to ruin, to dash; [- carrière, santé] to ruin, to wreck; **cet échec ruine tous ses espoirs** this failure wrecks all his hopes.

◆ **se ruiner** ◇ *vpi* [perdre sa fortune] to ruin OU to bankrupt o.s.; [dépenser beaucoup] to spend a fortune; **il s'est ruiné aux courses** he ruined OU bankrupted himself at the races; **je me ruine à te payer des études** I'm bleeding myself white OU ruining myself paying for your studies; **se ~ en** to spend a fortune on; **elle se ruine en vêtements/disques** she spends a fortune on clothes/records.

◇ *vpt*: **se ~ la santé** to ruin one's health; **se ~ la vue** to destroy one's eyesight.

ruineux, euse [rɥinø, øz] *adj* extravagantly expensive, ruinous; **100 F, ce n'est pas ~** 100 F is hardly extravagant.

ruiniforme [rɥinifɔrm] *adj* ruiniform.

ruisseau, x [rɥiso] *nm* -**1.** [ru] brook, stream. -**2.** [lit du cours d'eau] bed of a stream; **un ~ à sec** a dried-up stream. -**3.** *litt* [torrent] stream; **~x de sang/sueur** streams of blood/sweat; **~x de larmes** floods of tears ❑ **les petits ~x font les grandes rivières** *prov* tall oaks from little acorns grow *prov*. -**4.** [rigole] gutter. -**5.** *péj* gutter; **tirer qqn du ~** to pull OU to drag sb out of the gutter.

ruisselant, e [rɥislɑ̃, ɑ̃t] *adj* -**1.** [inondé]: **~ (d'eau)** [imperméable, personne] dripping (wet); [paroi] streaming OU running with water; **le visage ~ de sueur** her face streaming OU dripping with sweat; **les joues ~es de larmes** his cheeks streaming with tears; **une pièce ~e de lumière** a room bathed in OU flooded with light. -**2.** [qui ne cesse de couler]: **eaux ~es** running waters.

ruisseler [24] [rɥisle] *vi* -**1.** [couler - eau, sang, sueur] to stream, to drip; **la sueur ruisselait sur son front** his brow was streaming OU dripping with sweat; **la lumière ruisselait par la fenêtre** *fig* light flooded in through the window. -**2.** *litt*: **~ sur** [suj: chevelure] to flow over; [suj: air, lumière] to stream.

◆ **ruisseler de** *vp + prép* [être inondé de]: **~ de sang/sueur** to stream with blood/sweat; **les murs ruisselaient d'humidité** the walls were streaming OU oozing with damp; **le palais ruisselait de lumière** *fig* the palace was bathed in OU flooded with OU awash with light.

ruisselet [rɥislɛ] *nm* little stream, brook.

ruissellement [rɥisɛlmɑ̃] *nm* -**1.** [écoulement]: **le ~ de la pluie sur les vitres** the rain streaming OU running down the window panes. -**2.** *litt*: **~ de lumière** stream of light. -**3.** GÉOL: **~ pluvial, eaux de ~** (immediate) runoff.

rumba [rumba] *nf* rumba.

rumen [rymɛn] *nm* rumen.

rumeur [rymœr] *nf* -**1.** [information] rumour; **il y a des ~s de guerre** there's talk of war; **selon certaines ~s, le réacteur fuirait toujours** rumour has it OU it's rumoured that the reactor is still leaking. -**2.** *sout* [bruit - d'un stade, d'une classe] hubbub, hum; [- de l'océan] murmur; [- de la circulation] rumbling, hum. -**3.** [manifestation]: **~ de mécontentement** rumblings of discontent. -**4.** [opinion]: **la ~ publique**: **la ~ publique le tient pour coupable** rumour has it that he is guilty.

ruminant [ryminɑ̃] *nm* ruminant.

rumination [ryminasjɔ̃] *nf* rumination.

ruminer [3] [rymine] ◇ *vi* ZOOL to ruminate *spéc*, to chew the cud.

◇ *vt* -**1.** [ressasser - idée] to ponder, to chew over *(sép)*; [- malheurs] to brood over *(insép)*; [- vengeance] to ponder. -**2.** ZOOL to ruminate.

rumsteck [rɔmstɛk] = **romsteck**.

runabout [rœnabawt] *nm* runabout NAUT.

rune [ryn] *nf* rune.

Rungis [rœ̃ʒis] *npr* *large wholesale food market in the Paris suburbs.*

runique [rynik] *adj* runic.

ruolz [rɥɔlts] *nm* *gold or silver plating.*

rupestre [rypɛstr] *adj* -**1.** ARCHÉOL & BX-ARTS [peinture] rock *(modif)*; [art] rupestrian *spéc*. -**2.** BOT rock *(modif)*, rupestrine *spéc*.

RUPI (*abr écrite de* **roupie indienne**) Re.

rupicole [rupikɔl] *nm* rock cock.

rupin, e[▽] [rypɛ̃, in] ◇ *adj* [quartier] posh; [intérieur] ritzy, posh; [famille] well-heeled, posh.

◇ *nm, f*: **c'est des ~s** they're rolling in money OU rolling in it; **les ~s** the rich.

RUPP (*abr écrite de* **roupie du Pakistan**) Re, Pre.

rupteur [ryptœr] *nm* -**1.** ÉLECTR [d'une bobine] circuit breaker. -**2.** AUT: **~ (d'allumage)** (contact) breaker.

rupture [ryptyr] *nf* -**1.** MÉD [dans une membrane] breaking, tearing, splitting; [dans un vaisseau] bursting; **il y a eu ~ du ligament** the ligament tore ❑ **~ d'anévrysme** aneurysmal rupture. -**2.** TECH: **~ de circuit** circuit break. -**3.** [cessation - de négociations, de fiançailles] breaking off; **la ~ des pourparlers était inévitable** the talks were bound to break down; **une ~ avec le passé** a break with the past; **la ~ est complète avec ma famille** I've broken off OU severed all ties with my family. -**4.** [dans un couple] break-up; **leur couple semble toujours au bord de la ~** they always seem on the verge of splitting OU breaking up. -**5.** [changement] break; **~ de cadence** sudden break in rhythm; **~ de ton** sudden change in OU of tone. -**6.** COMM: **~ de stock**: **être en ~ de stock** to be out of stock. -**7.** JUR: **~ de ban** illegal return (from banishment); **être en ~ de ban avec son milieu/sa famille** *fig* to be at odds with one's environment/one's family; **~ de contrat** breach of contract; **~ prolongée de la vie commune** estrangement; **~ abusive (de contrat)** ≃ illegal dismissal. -**8.** POL: **~ des relations diplomatiques** breaking off of diplomatic relations. -**9.** INDUST: **~ de charge** break of load. -**10.** MIL breakthrough.

rural, e, aux [ryral, o] ◇ *adj* [droit, population] rural; [vie, paysage] country *(modif)*, rural; **en milieu ~** in rural areas; **le score du parti socialiste a augmenté en milieu ~** the socialist party vote went up in the countryside OU in rural areas.

◇ *nm, f* country person; **les ruraux** country people, countryfolk.

◇ *nm Helv* farm building.

ruse [ryz] *nf* -**1.** [trait de caractère] cunning, craftiness, slyness; **s'approprier qqch par ~** to obtain sthg through OU by trickery; **elle a dû recourir à la ~ pour s'échapper** she had to resort to cunning to escape. -**2.** [procédé] trick, ruse, wile; **~ de guerre** *pr* tactics, stratagem; *fig* good trick; **~s de Sioux** *fam* crafty tactics, fox's cunning.

rusé, e [ryze] ◇ *adj* [personne] crafty, sly, wily; [air, regard] sly; **il est ~ comme un renard** he's as sly OU cunning OU wily as a fox.

◇ *nm, f*: **tu es une petite ~e!** you're a crafty one OU a sly one, my girl!

ruser [3] [ryze] *vi* to use cunning OU trickery OU guile; **il va falloir ~!** we'll have to be clever!; **~ avec qqn** to outsmart sb; **~ avec qqch** to get round sthg by using cunning.

rush [rœʃ] (*pl* **rushs** OU **rushes**) *nm* -**1.** [ruée] rush, stampede. -**2.** SPORT [effort soudain] spurt.

rushes [rœʃ] *nmpl* [épreuves, projection] rushes.

russe [rys] *adj* Russian.

◆ **Russe** *nmf* Russian; **Russe blanc** White Russian.

◆ **russe** *nm* LING Russian.

◆ **à la russe** *loc adv* Russian-style; **boire à la ~** to drink Russian-style.

Russie [rysi] *npr f*: (la) ~ Russia; **la ~ soviétique** Soviet Russia.

russification [rysifikasjɔ̃] *nf* russification, russianization.

russifier [9] [rysifje] *vt* to russianize, to russify.

russkof[▽] [ryskɔf] *nmf* *offensive term used with reference to Russian people*, ≃ Russky.

russophile [rysɔfil] *adj* & *nmf* Russophile.

russophone [rysɔfɔn] ◇ *adj* Russian-speaking.

◇ *nmf* Russian speaker.

russule [rysyl] *nf* russula; **~ émétique** sickener.

rustaud, e [rysto, od] *péj* ◇ *adj* yokelish.

◇ *nm, f* yokel, rustic; **les ~s du coin** *fam* the locals.

rusticité [rystisite] *nf* -**1.** [d'un comportement, d'une personne] uncouthness, boorishness. -**2.** [d'un mobilier] rusticity. -**3.** AGR hardiness.

Rustine® [rystin] *nf* *(bicycle tyre) rubber repair patch.*

rustique [rystik] ◇ *adj* -**1.** *sout* [de la campagne - vie] rustic, rural. -**2.** [meubles] rustic; [poterie] rusticated. -**3.** *litt* [fruste - manières, personne] country *(épith)*, rustic. -**4.** AGR hardy. -**5.** ARCHIT rusticated.

◇ *nm*: **le ~** [style] rustic style; [mobilier] rustic furniture.

rustre [rystr] ◇ *adj* boorish, uncouth.

◇ *nmf* boor, lout.

rut [ryt] *nm* rut; **au moment du ~** during the rutting season; **être en ~** to (be in) rut.

rutabaga [rytabaga] *nm* swede, rutabaga *Am*.

rutacée [rytase] *nf* rutaceous plant; **les ~s** the Rutaceae.

ruthène [rytɛn] *adj* Ruthenian.

◆ **Ruthène** *nmf* Ruthenian.

Ruthénie [ryteni] *npr f*: (la) ~ Ruthenia.

ruthénium [rytenjɔm] *nm* ruthenium.

rutilant, e [rytilɑ̃, ɑ̃t] *adj* -**1.** [propre - carrosserie, armure] sparkling, gleaming. -**2.** *litt* [rouge - cuivre] rutilant *litt*; [- visage] ruddy.

rutile [rytil] *nm* rutile.

rutiler [3] [rytile] *vi* *sout* [étinceler] to gleam, to shine.

rutine [rytin] *nf*, **rutoside** [rytɔzid] *nm* rutin.

R-V *abr écrite de* **rendez-vous**.

Rwanda [rwɑ̃da] = **Ruanda**.

rythme [ritm] *nm* -**1.** MUS rhythm; **ils dansaient sur/à un ~ endiablé** they were dancing to/at a furious rhythm; **avoir du ~** [musique] to have a good (strong) beat OU rhythm; **avoir le sens du ~** [personne] to have rhythm; **marquer le ~** to mark time; **suivre le ~** to keep up. -**2.** CIN, THÉÂT & LITTÉRAT rhythm; **le ~ du film est trop lent** the film is too slow-moving. -**3.** [allure - d'une production] rate; [- des battements du cœur] rate, speed; [- de vie] tempo, pace; **travailler à un ~ soutenu** to work at a sustained pace; **au ~ auquel il écrit ses romans** at the rate at which he writes novels; **à ce ~-là** at that rate.

-**4.** [succession - de marées, de saisons] rhythm. -**5.** ANAT & BIOL: ~ **biologique** biorhythm; ~ **cardiaque** heartbeat, cardiac rhythm *spéc*; ~ **respiratoire** breathing OU respiratory *spéc* rhythm.

◆ **au rythme de** *loc prép* -**1.** [au son de] to the rhythm of; **ils défilaient au ~ d'une marche militaire** they paraded to the rhythm of a military march. -**2.** [à la cadence de] at the rate of; **au ~ d'un milliard d'habitants en plus par décennie** at the rate of an extra one billion inhabitants per decade.

rythmé, e [ritme] *adj* [musique] rhythmic, rhythmical; [prose] rhythmical; **musique très ~e** music with a good rhythm OU beat.

rythmer [3] [ritme] *vt* -**1.** [mouvements de danse, texte] to put rhythm into, to give rhythm to; **il rythmait l'air avec son pied** he was beating out the rhythm of the tune with his foot. -**2.** *sout* [ponctuer]: **ces événements ont rythmé sa vie** these events gave a certain rhythm to OU punctuated his life.

rythmicité [ritmisite] *nf sout* rhythmicity.

rythmique [ritmik] ◇ *adj* rhythmic, rhythmical.

◇ *nf* -**1.** LITTÉRAT rhythmics *(U)*. -**2.** [gymnastique] rhythmic gymnastics *(U)*.

S

s, S [ɛs] *nm inv* -**1.** [lettre] s, S. -**2.** [forme] S-shape; **faire des S** [voiture] to zigzag; [sentier] to twist and turn; **à cet endroit, la route fait un S** at this point, there's a double OU an S bend in the road.
◆ **en S** *loc adj* [crochet] S-shaped; [voie] winding, zigzagging; [rivière] meandering.

s (*abr écrite de* **seconde**) s.

s' [s] → **se, si** *conj*.

S (*abr écrite de* **Sud**) S.

sa [sa] *f* → **son**.

S.A. (*abr écrite de* Son Altesse) HH.

SA (*abr de* **société anonyme**) *nf* ≃ plc *Br*, ≃ Inc *Am*; **une SA** a limited company.

Saba [saba] *npr* Sheba.

sabayon [sabajɔ̃] *nm* [entremets] zabaglione; [sauce] sabayon sauce.

sabbat [saba] *nm* -**1.** RELIG Sabbath; **que faites-vous le jour du ~?** what do you do on the Sabbath? -**2.** [de sorciers, de sorcières] (witches') sabbath. -**3.** *fam vieilli* [raffut] din, racket.

sabbatique [sabatik] *adj* -**1.** RELIG sabbatical. -**2.** UNIV sabbatical; **demander une année ~** to ask for a sabbatical (year). -**3.** *litt* [digne d'un sabbat, très agité] chaotic, tumultuous.

Sabin, e [sabɛ̃, in] *nm, f* Sabine; **l'enlèvement des ~es** the rape of the Sabine women.

sabine [sabin] *nf* savin (bush).

sabir [sabir] *nm* -**1.** LING lingua franca. -**2.** *fam* [jargon] gobbledygook, mumbo-jumbo; **dans leur ~** in their lingo.

sablage [sablaʒ] *nm* -**1.** TRAV PUBL gritting. -**2.** CONSTR sandblasting.

sable [sabl] ◇ *nm* -**1.** GÉOL sand; **~ fin** fine sand ❑ **~ de construction** coarse sand; **être sur le ~** *fam fig* [sans argent] to be skint *Br* OU broke OU strapped; [sans emploi] to be out of a job; **mettre qqn sur le ~** [le ruiner]: **ils m'ont mis sur le ~** they've ruined OU bankrupted me. -**2.** MÉTALL (moulding) sand. -**3.** HÉRALD sable.
◇ *adj inv* sand-coloured, sandy.
◆ **sables** *nmpl*: **les ~s (du désert)** the desert sands; **~s mouvants** quicksand *(U)*.
◆ **de sable** *loc adj* [château] sand *(modif)*; [dune] sand *(modif)*, sandy; [fond] sandy.

sablé, e [sable] *adj* [allée] sandy.
◆ **sablé** *nm* (shortbread-type) biscuit *Br* OU cookie *Am*.

sabler [3] [sable] *vt* -**1.** TRAV PUBL to grit. -**2.** CONSTR to sandblast. -**3.** *loc*: **~ le champagne** to crack a bottle of champagne.

sableur [sablœr] *nm* -**1.** TRAV PUBL sander (person). -**2.** CONSTR sandblaster operator. -**3.** MÉTALL (sand) moulder *Br*.

sableux, euse [sablø, øz] *adj* -**1.** [mêlé de sable - eau, terrain] sandy; [- champignons, moules] gritty; **alluvions sableuses** sandy alluvium. -**2.** [rugueux - pâte] grainy.
◆ **sableuse** *nf* -**1.** TRAV PUBL sander, sand-spreader. -**2.** CONSTR sandblaster.

sablier, ère [sablije, ɛr] *adj* [industrie, commerce] sand *(modif)*.
◆ **sablier** *nm* -**1.** [gén] hourglass, sand glass; [de cuisine] egg timer. -**2.** [pour sécher l'encre] sandbox. -**3.** BOT sandbox tree.
◆ **sablière** *nf* -**1.** [lieu] sand quarry, sandpit. -**2.** CONSTR [de toiture] inferior purlin; [dans un mur] wall plate; **sablière haute** head rail.

sablonneux, euse [sablɔnø, øz] *adj* sandy.

sablonnière [sablɔnjɛr] *nf* sand quarry, sandpit.

sabord [sabɔr] *nm* port *(square opening in ship's side)*.

sabordage [sabɔrdaʒ], **sabordement** [sabɔrdəmɑ̃] *nm* NAUT & *fig* scuttling.

saborder [3] [sabɔrde] *vt* -**1.** NAUT to scuttle, to sink. -**2.** [stopper - entreprise, journal] to scuttle, to sink, to wind up *(sép)*. -**3.** [faire échouer - plans, recherche] to scuttle, to put paid to *Br* to scupper *Br*.
◆ **se saborder** *vp (emploi réfléchi)* -**1.** [navire] to go down *(by the deliberate actions of the crew)*. -**2.** [entreprise] to fold, to close down; [parti] to wind (o.s.) up.

sabot [sabo] *nm* -**1.** [soulier] clog, sabot; **je te vois venir avec tes gros ~s** *fam* I know what you're after, I can see you coming a mile off; **comme un ~** *fam*: **elle danse comme un ~** she's got two left feet; **je chante comme un ~** I can't sing to save my life. -**2.** ZOOL hoof; **animaux à ~s** hoofed animals. -**3.** [baignoire]: **(baignoire) ~** hip bath. -**4.** *fam péj* [instrument, machine] pile of junk. -**5.** JEUX shoe *(for cards)*. -**6.** MÉCAN: **~ de frein** brake shoe; **~ de Denver** wheel clamp *Br*, Denver boot *Am*; **mettre le ~ de Denver à une voiture** to clamp OU to (Denver) boot *Am* a car. -**7.** [d'un meuble] metal shoe; [d'un tube] ferrule. -**8.** [jouet] whipping top. -**9.** TRAV PUBL [d'un pilot] shoe.

sabotage [sabɔtaʒ] *nm* -**1.** [destruction - de matériel] sabotage; **cette nouvelle loi sur l'enseignement primaire, c'est du ~!** *fig* the new primary education law is sheer sabotage! -**2.** [acte organisé]: **un ~** an act OU a piece of sabotage. -**3.** [travail bâclé] botched job. -**4.** RAIL chairing. -**5.** TRAV PUBL shoeing.

sabot-de-Vénus [sabodvenys] (*pl* **sabots-de-Vénus**) *nm* lady's slipper.

saboter [3] [sabɔte] *vt* -**1.** [détruire volontairement] to sabotage; **~ une voie ferrée** to sabotage a train line; **des manifestants sont venus ~ l'émission** demonstrators came to sabotage OU to disrupt the programme. -**2.** [bâcler] to bungle; *(en usage abs)*: **tu sabotes!** you're making a mess of the whole thing! -**3.** RAIL to chair. -**4.** TRAV PUBL to shoe.

saboteur, euse [sabɔtœr, øz] *nm, f* -**1.** [destructeur] saboteur. -**2.** [mauvais travailleur] bungler.

sabotier, ère [sabɔtje, ɛr] *nm, f* -**1.** [fabricant] clog-maker. -**2.** [vendeur] clog seller.

sabre [sabr] *nm* -**1.** ARM & SPORT sabre; **tirer son ~** to draw one's sword ❑ **~ d'abattis** machete; **~ d'abordage** cutlass; **~ de cavalerie** cavalry sabre; **~ au clair: aller/charger ~ au clair** to go/to charge with drawn sword; **le ~ et le goupillon** the Army and the Church. -**2.** ZOOL scabbard-fish.

sabre-baïonnette [sabrəbajɔnɛt] (*pl* **sabres-baïonnettes**) *nm* sword-bayonet.

sabrer [3] [sabre] *vt* -**1.** [texte] to make drastic cuts in; [paragraphe, phrases] to cut, to axe; **~ tout un passage dans un chapitre** to slash OU to hack a whole section out of a chapter ‖ *(en usage abs)*: **je vais devoir ~** I'll have to do some drastic editing. -**2.** *fam* [critiquer - étudiant, copie] to savage, to lay into *(insép)*; [- projet] to lay into. -**3.** *fam* [renvoyer - employé] to fire, to sack *Br*, to can *Am*; **se faire ~** to get the chop OU sack *Br* OU boot. -**4.** [frapper] to slash; **la toile avait été sabrée à coups de crayon** *fig* great pencil slashes marked the canvas. -**5.** [bâcler] to botch, to bungle.

sabreur [sabrœr] *nm* -**1.** ESCRIME fencer (specializing in the sabre). -**2.** MIL swordsman (using a sabre).

sac [sak] *nm* -**1.** [contenant - petit, léger] bag; [- grand, solide] sack ❑ **~ de billes** bag of marbles; **~ de classe** OU **d'école** *vieilli* satchel, school bag; **~ de couchage** sleeping bag; **~ à dos** rucksack, knapsack; **~ à main** [à poignée] handbag *Br*, purse *Am*; [à bandoulière] shoulder bag; **~ de marin** kitbag; **~ à ouvrage** workbag, sewing bag; **~ à pain** bread bag *(made of cloth)*; **~ en papier** paper bag; **~ de plage** beach bag; **~ (en) plastique** [petit] plastic bag; [solide et grand] plastic carrier (bag) *Br*, large plastic bag *Am*; **~ à pommes de terre** potato sack; **~ poubelle** dustbin *Br* OU garbage can *Am* liner; **~ à provisions** shopping bag; **~ de sable** MIL sandbag; SPORT punchbag; **~ à viande** *fam* inner sheet (of a sleeping bag); **~ de voyage** overnight OU travelling bag; **je ne prendrai pas de valise, juste un ~** I won't pack a suitcase, just an overnight bag. -**2.** [contenu - petit, moyen] bag, bagful; [- grand] sack, sackful. -**3.** *fam fig*: **~ d'embrouilles** OU **de nœuds: méfie-toi, c'est un ~ de nœuds, leur affaire** be careful, that business of theirs is a real hornets' nest; **voyons un peu ce ~ d'embrouilles!** let's just open that can of worms!; **~ à malices** bag of tricks; **~ d'os: c'est un ~ d'os** he's all skin and bones OU a bag of bones; **~ à puces** [chien] fleabag; **~ à vin** drunk, lush; **homme de ~ et de corde** *litt* rogue, jailbird; **être fagoté** OU **ficelé comme un ~** to look like a feather bed tied in the middle; **ça y est, l'affaire est** OU **c'est dans**

le ~! it's as good as done!, it's in the bag!; **dans le même ~: ils sont tous à mettre dans le même ~** they're all tarred with the same brush; **attention, ne mettons pas le racisme et le sexisme dans le même ~!** let's not lump racism and sexism together! -**4.** ▽ [argent]: **dix ~s** a hundred francs. -**5.** ANAT & BOT sac; **~ lacrymal** lacrymal sac. -**6.** RELIG: **le ~ et la cendre** sackcloth and ashes. -**7.** [pillage] sack, pillage; **mettre qqch à ~** to ransack OU to plunder OU to pillage sthg.

saccade [sakad] *nf* jerk, jolt, (sudden) start; **après quelques ~s, le moteur s'arrêta** the engine jolted to a halt.

◆ **par saccades** *loc adv* jerkingly, joltingly, in fits and starts; **la voiture avançait par ~s** the car was lurching OU jerking forward; **elle parlait par ~s** she spoke haltingly OU in a disjointed manner.

saccadé, e [sakade] *adj* [pas] jerky; [mouvement] disjointed; [voix] halting.

saccage [sakaʒ] *nm* (wanton) destruction; **quel ~!** what a mess!

saccager [17] [sakaʒe] *vt* [maison, parc] to wreck, to wreak havoc in, to devastate; [matériel, livres] to wreck, to ruin; [cultures] to lay waste, to devastate; [ville] to lay waste, to sack; **le village a été saccagé par l'inondation/le tourbillon** the village was devastated by the flood/hurricane; **les cambrioleurs ont (tout) saccagé (dans) le salon** the burglars wrecked (everything in) the living room.

saccageur, euse [sakaʒœr, øz] *nm, f sout* vandal.

saccharase [sakaraz] *nf* saccharase.

saccharifère [sakarifɛr] *adj* sacchariferous.

saccharification [sakarifikasjɔ̃] *nf* saccharification, saccharization.

saccharifier [9] [sakarifje] *vt* to saccharify, to saccharize.

saccharimètre [sakarimɛtr] *nm* saccharimeter.

saccharimétrie [sakarimetri] *nf* saccharimetry.

saccharimétrique [sakarimetrik] *adj* saccharimetric.

saccharin, e [sakarɛ̃, in] *adj* sugar *(modif)*.

◆ **saccharine** *nf* saccharin.

sacchariné, e [sakarine] *adj* saccharined.

saccharose [sakaroz] *nm* saccharose.

SACEM, Sacem [sasɛm] (*abr de* **Société des auteurs, compositeurs et éditeurs de musique**) *npr f body responsible for collecting and distributing royalties,* ≃ Performing Rights Society *Br*, ≃ Copyright Royalty Tribunal *Am*.

sacerdoce [sasɛrdɔs] *nm* -**1.** RELIG priesthood. -**2.** [vie de dévouement] vocation OU calling *(requiring the utmost dedication)*; **la vie d'un militant est un ~** being a militant calls for great dedication.

sacerdotal, e, aux [sasɛrdɔtal, o] *adj* priestly, sacerdotal.

sachem [saʃɛm] *nm* sachem.

sachet [saʃɛ] *nm* -**1.** [petit sac] (small) bag. -**2.** [dose - de soupe, d'entremets] packet, sachet; [- d'herbes aromatiques] sachet; **un ~ d'aspirine** a dose of aspirin; **du thé en ~s** tea bags.

sacoche [sakɔʃ] *nf* -**1.** [de facteur] bag, post bag *Br*, mail bag. -**2.** [de vélo] pannier. -**3.** [d'encaisseur] money bag. -**4.** *Belg* handbag, purse *Am*.

sacquer▽ [3] [sake] *vt* -**1.** [employé]: **~ qqn** to give sb the sack *Br* OU ax *Am*, to sack *Br* OU to can *Am* sb; **se faire ~** to get the sack *Br* OU axe *Am*. -**2.** [étudiant] to fail, to flunk; **elle va se faire ~ à l'examen** she'll get slaughtered in the exam. -**3.** *loc*: **ne pas (pouvoir) ~ qqn: il ne peut pas te ~** he can't stand (the sight of) you.

sacral, e, aux [sakral, o] *adj* sacred.

sacralisation [sakralizasjɔ̃] *nf* -**1.** [d'une chose profane]: **notre époque voit la ~ de la liberté individuelle** today, individual freedom is considered to be sacred; **la ~ des ancêtres permet à cette société de faire face à la mort** the sacred value they attach to their ancestors is this society's way of coping with death. -**2.** MÉD sacralization.

sacraliser [3] [sakralize] *vt* to regard as sacred.

sacramental, aux [sakramɑ̃tal, o] *nm* sacramental.

sacramentel, elle [sakramɑ̃tɛl] *adj* -**1.** RELIG sacramental. -**2.** *fig* & *litt* [moment, paroles] ritual, sacramental.

sacre [sakr] *nm* -**1.** [d'un empereur] coronation and anointment; [d'un évêque] consecration. -**2.** MUS: **'le Sacre du printemps'** *Stravinski* 'The Rite of Spring'. -**3.** ORNITH saker. -**4.** *Can* [juron] expletive *(usually the name of a religious object)*.

sacré, e [sakre] *adj* -**1.** RELIG [édifice] sacred, holy; [art, textes, musique] sacred, religious; [animal] sacred; **dans l'enceinte ~e** within the place of worship ❑ **le Sacré Collège** the Sacred College (of Cardinals). -**2.** [devoir, promesse] sacred, sacrosanct; [droit] sacred, hallowed; **les lois ~es de l'hospitalité** the sacred laws of hospitality; **son nounours/sa voiture, c'est ~!** her teddy bear/car is sacred!; **rien de plus ~ que sa promenade après le repas** his after-dinner walk is sacrosanct. -**3.** *fam (avant le n)* [en intensif]: **j'ai un ~ mal de dents!** I've got (an) awful toothache!; **j'ai un ~ boulot en ce moment!** I've got a hell of a lot of work on at the moment!; **c'est un ~ cuisinier, ton mari!** your husband is a damn good cook OU a terrific cook!; **~ Marcel, toujours le mot pour rire!** good old Marcel, never a dull moment with him! *aussi iron*; **~ farceur!** you old devil!; **t'as eu une ~e veine!** you were damn lucky! -**4.** ▽ *(avant le n)* [satané] damned, blasted; **~ nom de nom!** damn and blast it!; **~ nom de Dieu!** bloody hell!; **~ nom d'un chien!** damn it! *Br*, goddamn! *Am*. -**5.** ANAT sacral; **plexus ~** sacral plexus.

◆ **sacré** *nm*: **le ~** the sacred.

sacrebleu [sakrəblø] *interj arch* zounds *arch*, hell's bells *hum*.

Sacré-Cœur [sakrekœr] *npr m* -**1.** [édifice]: **le ~, la basilique du ~** Sacré-Cœur. -**2.** [fête]: **le ~, la fête du ~** the (Feast of the) Sacred Heart.

sacredieu [sakrədjø] *arch* = **sacrebleu**.

sacrement [sakrəmɑ̃] *nm* sacrament; **les derniers ~s** the last rites.

sacrément [sakremɑ̃] *adv vieilli*: **c'est ~ bon!** it's jolly *Br* OU damn good!; **il était ~ furieux!** he was awfully angry.

sacrer [3] [sakre] ◇ *vt* -**1.** [empereur] to crown and anoint, to sacre *arch*; [évêque] to consecrate. -**2.** [nommer, instituer] to consecrate; **on l'a sacré le plus grand architecte du siècle** he was acclaimed OU hailed as the greatest architect of the century.

◇ *vi vieilli* to swear, to curse.

sacrificateur, trice [sakrifikatœr, tris] *nm, f* sacrificer ANTIQ.

sacrifice [sakrifis] *nm* -**1.** RELIG sacrifice, offering; **offrir qqch en ~ à Dieu** to offer sthg as a sacrifice to God, to sacrifice sthg to God; **offrir qqn en ~ aux divinités** to sacrifice sb to the gods ❑ **le ~ de la Croix** the Sacrifice of the Cross. -**2.** [effort, compromis] sacrifice; **faire des ~s/un ~** to make sacrifices/a sacrifice; **~s financiers** financial sacrifices; **elle a fait de grands ~s pour monter la pièce/pour ses enfants** she's sacrificed a lot to put on the play/for her children; **faire le ~ de sa vie pour qqn** to lay down OU to sacrifice one's life for sb.

◆ **au sacrifice de** *loc prép* at the cost of; **au ~ de sa vie** at the cost of her own life; **au ~ de mon bien-être personnel** to the detriment of OU at the cost of my personal well-being.

sacrificiel, elle [sakrifisjɛl] *adj* MÉTALL & RELIG sacrificial.

sacrifié, e [sakrifje] ◇ *adj* sacrificed, lost; **la génération ~e** the lost generation.

◇ *nm, f* (sacrificial) victim.

sacrifier [9] [sakrifje] *vt* -**1.** RELIG to sacrifice; **c'est toute une génération qui a été sacrifiée** *fig* a whole generation was sacrificed. -**2.** [renoncer à - carrière, santé] to sacrifice; [- loisirs] to give up *(sép)*; **~ sa vie** to make the ultimate sacrifice; **il a sacrifié sa vie pour sa patrie** he sacrificed OU laid down his life for his country; **~ ses amis à sa carrière** to sacrifice one's friends to one's career. -**3.** COMM [articles] to sell at rockbottom prices; **je les sacrifie, Mesdames!** Ladies, I'm giving them away!

◆ **sacrifier à** *v + prép* -**1.** RELIG to sacrifice to; **~ aux idoles** to sacrifice to idols. -**2.** *sout* [se conformer à] to conform to; **~ à la mode** to conform to OU to go along with (the dictates of) fashion; **à Noël, sacrifiez à la tradition** keep tradition alive at Christmas.

◆ **se sacrifier** *vpi* to sacrifice o.s.; **se ~ pour son pays/ses enfants** to sacrifice o.s. for one's country/children; **il reste des frites — allez, je me sacrifie!** *fam hum* there are some chips left over — oh well, I suppose I'll have to eat them myself!

sacrilège [sakrilɛʒ] ◇ *adj* sacrilegious.

◇ *nmf* profaner.

◇ *nm* -**1.** RELIG sacrilege, profanation. -**2.** *fig* [crime] sacrilege, crime *fig*; **ce serait un ~ de retoucher la photo** it would be criminal OU a sacrilege to touch up the photograph; **je mets toujours un peu d'eau dans mon vin — ~!** *hum* I always put a drop of water in my wine — that's sacrilege!

sacripant [sakripɑ̃] *nm vieilli* scoundrel, rogue, scallywag.

sacristain [sakristɛ̃] *nm* -**1.** RELIG [d'une sacristie - catholique] sacristan; [- protestante] sexton. -**2.** CULIN *small puff pastry cake in the shape of a paper twist.*

sacristi [sakristi] *vieilli* = **sapristi**.

sacristie [sakristi] *nf* [d'une église - catholique] sacristy; [- protestante] vestry.

sacro-iliaque [sakrɔiljak] (*pl* **sacro-iliaques**) *adj* sacroiliac.

sacro-saint, e [sakrɔsɛ̃, ɛ̃t] (*mpl* **sacro-saints**, *fpl* **sacro-saintes**) *adj* -**1.** *vieilli* sacrosanct. -**2.** *fam* [intouchable] sacred, sacrosanct.

sacrum [sakrɔm] *nm* sacrum.

sadique [sadik] ◇ *adj* sadistic.

◇ *nmf* sadist.

sadique-anal, e [sadikanal, o] (*mpl* **sadiques-anaux**, *fpl* **sadiques-anales**) *adj* anal, anal-sadistic.

sadiquement [sadikmɑ̃] *adv* sadistically.

sadisme [sadism] *nm* sadism.

sado *fam* [sado] ◇ *adj* sadistic; **il est un peu ~** he's a bit of a sadist.

◇ *nmf* sadist.

sadomaso *fam* [sadɔmazo] ◇ *adj* sadomasochistic.

◇ *nmf* sadomasochist.

sadomasochisme [sadɔmazɔʃism] *nm* sadomasochism.

sadomasochiste [sadɔmazɔʃist] ◇ *adj* sadomasochistic.

◇ *nmf* sadomasochist.

saducéen, enne [sadyseɛ̃, ɛn] ◇ *adj* Sadducean.

◇ *nm, f* Sadducee.

SAE (*abr de* Society of Automotive Engineers) *npr f* SAE.

safari [safari] *nm* safari; **faire un ~** to go on (a) safari.

safari-photo [safarifɔto] (*pl* **safaris-photos**) *nm* photographic OU camera safari.

SAFER, Safer [safɛr] (*abr de* **Société d'aménagement foncier et d'établissement rural**) *npr f agency entitled to buy land and earmark it for agricultural use.*

safran [safrɑ̃] ◇ *nm* -**1.** BOT & CULIN saffron. -**2.** NAUT rudder blade.

◇ *adj inv* saffron *(modif)*, saffron-yellow.

safrané, e [safrane] *adj* -**1.** [teinte] saffron *(modif)*, saffron-yellow. -**2.** CULIN saffron-flavoured.

saga [saga] *nf* saga.

sagace [sagas] *adj* sharp, acute, sagacious.

sagacité [sagasite] *nf* sagacity, judiciousness, wisdom; **avec ~** shrewdly, judiciously.

sagaie [sagɛ] *nf* assagai, assegai.

sage [saʒ] ◇ *adj* -**1.** [tranquille, obéissant] good, well-behaved; **sois ~, Paul!** [recommandation] be a good boy, Paul; [remontrance] behave yourself, Paul; **les enfants ont été ~s** the children behaved themselves ❑ **être ~ comme une image** to be as good as gold. -**2.** [sensé, raisonnable - personne] wise, sensible; [- avis, conduite, décision] wise, sensible, reasonable; **le plus ~ serait de...** the most sensible thing (to do) would be...; **il serait plus ~ que tu prennes une assurance** it would be wiser for you to take out insurance. -**3.** [sobre - tenue] modest, sober; [- vie sentimentale] quiet; [- film, livre] restrained, understated; [- goûts] tame, unadventurous *péj*; **elle était habillée de façon très ~** she was very soberly dressed. -**4.** *euph* [chaste]: **elle est ~** she's a good girl.
◇ *nmf* -**1.** [personne] wise person. -**2.** POL: **une commission de ~s** an advisory committee.
◇ *nm* ANTIQ sage.

sage-femme [saʒfam] (*pl* sages-femmes) *nf* midwife; **homme ~** male midwife.

sagement [saʒmɑ̃] *adv* -**1.** [tranquillement] quietly, nicely; **attends-moi ~ ici, Marie** wait for me here like a good girl, Marie; **il est en train de dessiner bien ~!** he's drawing nice and quietly! -**2.** [raisonnablement] wisely, sensibly; **il a ~ refusé** he quite wisely OU sensibly refused. -**3.** [pudiquement]: **elle baissa ~ les yeux** she modestly lowered her eyes.

sagesse [saʒɛs] *nf* -**1.** [discernement - d'une personne] good sense, insight, wisdom; [- d'une décision, d'une suggestion] good sense, wisdom; **la ~ voudrait que tu refuses** you'd be better advised OU it'd be wiser to refuse; **elle n'a pas eu la ~ d'attendre** she wasn't sensible enough OU didn't have the good sense to wait; **agir avec ~** to act wisely OU sensibly ❑ **la ~ des nations** popular wisdom. -**2.** [obéissance] good behaviour; **elle n'a pas été d'une grande ~ aujourd'hui!** she wasn't particularly well behaved today! -**3.** [sobriété - d'une toilette, d'un livre] soberness, tameness; [- d'une vie sentimentale] quietness; **la trop grande ~ de son projet lui fera du tort** the unimaginativeness of his project will be to his disadvantage. -**4.** *euph* [chasteté] proper behaviour.

sagittaire [saʒitɛr] *nf* arrowhead.

Sagittaire [saʒitɛr] *npr m* -**1.** ASTRON Sagittarius. -**2.** ASTROL Sagittarius; **elle est ~** she's Sagittarius OU a Sagittarian.

sagittal, e, aux [saʒital, o] *adj* ANAT & MATH sagittal.

sagitté, e [saʒite] *adj* sagittate.

sagou [sagu] *nm* sago.

sagouin, e *fam* [sagwɛ̃, in] *nm, f* [personne - malpropre] filthy pig; [- incompétente] fathead, numskull.
◆ **sagouin** *nm* ZOOL sagoin, marmoset.

Sahara [saara] *npr m*: **le ~** the Sahara; **au ~** in the Sahara; **le ~ occidental** the Western Sahara.

saharien, enne [saarjɛ̃, ɛn] *adj* Saharan.
◆ **Saharien, enne** *nm, f* Saharan.
◆ **saharien** *nm* LING Saharan.
◆ **saharienne** *nf* VÊT safari jacket.

Sahel [saɛl] *npr m*: **le ~** the Sahel.

sahélien, enne [saeljɛ̃, ɛn] *adj* Sahelian.
◆ **Sahélien, enne** *nmf* Sahelian.

sahraoui, e [sarawi] *adj* Sahrawi, from Western Sahara, of Western Sahara.
◆ **Sahraoui, e** *nm, f* Sahrawi, Western Saharan.

Saïda [saida] *npr* Saida.

saignant, e [sɛɲɑ̃, ɑ̃t] *adj* -**1.** CULIN [steak] rare. -**2.** [blessure] bleeding.

saignée [seɲe] *nf* -**1.** MÉD bleeding *(U)*, bloodletting *(U)*; **faire une ~ à qqn** to bleed sb, to let sb's blood. -**2.** *sout* [pertes humaines]: **la terrible ~ de la Première Guerre mondiale** the terrible slaughter of the First World War. -**3.** ANAT: **à la ~ du bras** at the crook of the arm. -**4.** [dépenses] drain; **des ~s dans le budget** drains on the budget. -**5.** [entaille] notch; **faire une ~ sur un pin** to tap a pine tree. -**6.** TECH [de tournage] sideways kerf. -**7.** MIN kerf, undercut. -**8.** TRAV PUBL (surface) drainage channel.

saignement [sɛɲmɑ̃] *nm* bleeding; **~ de nez** nosebleed.

saigner [4] [seɲe] ◇ *vi* -**1.** [plaie, blessé] to bleed; **je saigne du nez** my nose is bleeding, I've got a nosebleed; **il saigne de la bouche** [coupure superficielle] his mouth is bleeding; [hémorragie interne] he's bleeding from the mouth ❑ **~ comme un bœuf** to bleed profusely; **ça va ~!**▽: **c'est France-All Blacks aujourd'hui, ça va ~!** France are playing the All Blacks today, the fur's going to fly! -**2.** *fig & litt*: **un cœur qui saigne** a bleeding heart.
◇ *vt* -**1.** [malade, animal] to bleed. -**2.** [faire payer - contribuable] to bleed, to fleece; [épuiser - pays] to drain the resources of, to drain OU to suck the lifeblood from ❑ **~ qqn à blanc** to bleed sb dry, to clean sb out. -**3.** TRAV PUBL [fossé] to cut.
◆ **se saigner** *vp (emploi réfléchi)*: **se ~ pour qqn** to work one's fingers to the bone for sb ❑ **se ~ aux quatre veines pour qqn** to bleed o.s. dry for sb.

saillant, e [sajɑ̃, ɑ̃t] *adj* -**1.** [en relief - veines] prominent; [- os, tendon, menton] protruding; [- muscle, yeux] bulging, protruding; [- rocher] protruding; [- corniche] projecting; **avoir les pommettes ~es** to have prominent OU high cheekbones. -**2.** [remarquable - trait, fait] salient, outstanding; **l'ouvrage est plein de traits ~s** the work is full of worth.
◆ **saillant** *nm* -**1.** [de fortification] salient. -**2.** [angle] salient angle.

saillie [saji] *nf* -**1.** [avancée - d'un mur, d'une montagne] ledge; [- d'un os] protuberance; **faire ~, être en ~** [balcon, roche] to jut out, to project; **une des briques faisait ~** one of the bricks was jutting OU sticking out. -**2.** CONSTR projection. -**3.** *litt* [trait d'esprit] sally, witticism, flash of wit. -**4.** ZOOL covering, serving.

saillir[1] [32] [sajir] *vt* ZOOL to cover, to serve.

saillir[2] [50] [sajir] *vi* [rocher, poutre] to project, to jut out; [menton, muscle] to protrude; [os] to protrude, to stick out; [yeux] to bulge, to protrude; **l'effort faisait ~ les veines de son cou** the veins on his neck were swelling OU bulging with the strain.

sain, e [sɛ̃, sɛn] *adj* -**1.** [robuste - enfant] healthy, robust; [- cheveux, peau] healthy; [- dent] sound, healthy; **être ~ d'esprit** to be sane; **~ de corps et d'esprit** sound in mind and body; **des dents très ~es** teeth in perfect condition, healthy teeth. -**2.** [en bon état - charpente, fondations, structure] sound; [- situation financière, entreprise, gestion] sound, healthy; [- viande] good; **ne gardez que les parties ~es de l'ananas** keep only the unblemished parts of the pineapple; **la gestion de l'entreprise n'était pas ~e** the company was mismanaged. -**3.** [salutaire - alimentation, mode de vie] wholesome, healthy; [- air, climat] healthy, invigorating; **tu ne devrais pas rester enfermé toute la journée, ce n'est pas ~** you shouldn't stay in all day long, it's not good for you OU it's unhealthy. -**4.** [irréprochable - opinion] sane, sound; [- lectures] wholesome; **son rapport avec sa fille n'a jamais été très ~** her relationship with her daughter was never very healthy. -**5.** NAUT safe.
◆ **sain et sauf, saine et sauve** *loc adj* safe and sound, unhurt, unharmed; **j'en suis sorti ~ et sauf** I escaped unharmed OU without a scratch.

saindoux [sɛ̃du] *nm* lard.

sainement [sɛnmɑ̃] *adv* -**1.** [hygiéniquement] healthily; **se nourrir ~** to eat wholesome OU healthy food; **vivre ~** to lead a healthy life. -**2.** [sagement] soundly; **juger ~ (de)** to make a sound judgment (on).

sainfoin [sɛ̃fwɛ̃] *nm* sainfoin.

saint, e [sɛ̃, sɛ̃t] ◇ *adj* -**1.** *(après le n)* [sacré - lieu, livre, image, guerre] holy; **la semaine ~e** Holy Week‖ *(avant le n)*: **le ~ chrême** chrism; **la Sainte Croix** the Holy Cross; **la Sainte Famille** the Holy Family; **les ~es huiles** the holy oils; **les Saintes Écritures** the Scriptures; **les ~s Innocents** the Innocents; **leur ~ patron** their patron saint; **le ~ sacrement** the sacrament of Holy Communion, the Eucharist; **le ~ sacrifice de la messe** the Holy Sacrifice of the Mass; **le ~ suaire (de Turin)** the Turin Shroud. -**2.** [canonisé] Saint; **~ Pierre/Paul** Saint Peter/Paul; **prions ~e Édith** let us pray to Saint Edith ❑ **l'Évangile selon ~ Jean/Matthieu** the Gospel according to (Saint) John/Matthew. -**3.** *(avant le n)* [exemplaire] holy; **le curé est un ~ homme** the priest is a holy man; **sa mère était une ~e femme** his mother was a real saint. -**4.** [en intensif]: **toute la ~e journée** the whole blessed day; **j'ai une ~e horreur des araignées** I have a holy horror of spiders.
◇ *nm, f* -**1.** RELIG saint; **le ~ du jour** the Saint of the day ❑ **les ~s de glace** *the three Saints (Mamert, Gervase and Pancras) on whose name days (11th, 12th and 13th May) late frosts often occur according to tradition*; **les ~s du dernier jour** the Latter-Day Saints, the Mormons; **il lasserait la patience d'un ~** he'd try the patience of a saint; **je ne sais (plus) à quel ~ me vouer** I don't know which way to turn (any more); **comme on connaît ses ~s on les honore** *prov* treat each person according to OU on his merits. -**2.** BX-ARTS *(statue or effigy of a)* saint. -**3.** *fig* saint; **vous êtes une ~e** you're a saint; **les promoteurs ne sont pas des petits ~s** property developers are no angels.
◆ **saint** *nm*: **le ~ des ~s** RELIG the Holy of Holies; *fig* the inner sanctum.
◆ **Saint, e** *adj* -**1.** RELIG: **la Sainte Vierge** the Blessed Virgin, the Virgin Mary. -**2.** *(avec trait d'union)* [dans des noms de lieux, de fêtes]: **c'est la Saint-Marc aujourd'hui** it's Saint Mark's day today, it's the feast of Saint Mark today; **ils vont à la messe à Saint-Augustin** they attend Mass at Saint Augustine's (church).

saint-amour [sɛ̃tamur] *nm inv* Saint-Amour (wine).

Saint-Barthélemy [sɛ̃bartelemi] ◇ *npr f*: **(le massacre de) la ~** the Saint Bartholomew's Day Massacre.
◇ *npr* GÉOG Saint Bart's.

saint-bernard [sɛ̃bɛrnar] *nm inv* -**1.** ZOOL Saint Bernard (dog). -**2.** *hum* [personne généreuse]: **c'est un vrai ~** he's a good Samaritan.

saint-cyrien, enne [sɛ̃sirjɛ̃, ɛn] (*mpl* saint-cyriens, *fpl* saint-cyriennes) *nm, f* [élève] *cadet training at the Saint-Cyr military academy.*

Saint-Cyr-l'École [sɛ̃sirlekɔl] *npr military school near Versailles.*

Saint-Domingue [sɛ̃dɔmɛ̃g] *npr* Santo Domingo.

Sainte-Catherine [sɛ̃tkatrin] *npr*: **coiffer ~** *to be 25 and still unmarried on Saint Catherine's Day (25th November).*

Sainte-Hélène [sɛ̃telɛn] *npr* St Helena; **à ~** on St Helena.

Sainte-Lucie [sɛ̃tlysi] *npr* St Lucia; **à ~** in St Lucia.

saintement [sɛ̃tmɑ̃] *adv*: **vivre ~** to lead a saintly life; **mourir ~** to die a saintly death.

saint-émilion [sɛ̃temiljɔ̃] *nm inv* Saint Emilion (wine).

Saint Empire romain germanique [sɛ̃tɑ̃pirrɔmɛ̃ʒɛrmanik] *npr m* Holy Roman Empire.

sainte-nitouche [sɛ̃tnituʃ] (*pl* saintes-nitouches) *nf péj* hypocrite; **elle m'énerve avec ses airs de ~** she gets on my nerves, always looking as if butter wouldn't melt in her mouth.

Saintes [sɛ̃t] *npr fpl*: **les (îles des) ~** the Îles des Saintes.

Saint-Esprit [sɛ̃tɛspri] *npr m*: **le ~** the Holy Spirit OU Ghost.

sainteté [sɛ̃tte] *nf* -**1.** [d'une personne] saintliness, godliness; [d'une action, d'une vie] saintliness; [d'un édifice, des Écritures, de la Vierge] holiness, sanctity; [du mariage] sanctity. -**2.** [titre]: **Sa/Votre Sainteté** His/Your Holiness.

Saint-Étienne [sɛ̃tetjɛn] *npr* Saint-Étienne.

Sainte-Trinité [sɛttrinite] *npr f* RELIG: **la ~** the Holy Trinity.

saint-florentin [sɛ̃flɔrɑ̃tɛ̃] *nm inv* Saint-Florentin cheese.

saint-frusquin *fam* [sɛ̃fryskɛ̃] *nm inv*: **elle a débarqué hier avec tout son ~** she turned up yesterday with all her worldly goods ❑ **j'ai jeté la vaisselle, les meubles et tout le ~** I've thrown away the plates, the furniture, the whole lot OU caboodle.

Saint-Gall [sɛ̃gal] *npr* Saint Gall.

Saint-Germain-des-Prés [sɛ̃ʒɛrmɛ̃depre] *npr* Saint-Germain-des-Prés *(area of Paris)*.

SAINT-GERMAIN-DES-PRÉS:
The literary centre of Paris on the left bank of the Seine, famous for its bookshops, publishing houses, literary cafés and nightclubs. Its heyday was in the years following the Second World War, when Sartre and other existentialist intellectuals met regularly in its cafés.

---

saint-glinglin [sɛ̃glɛ̃glɛ̃]

◆ **à la saint-glinglin** *fam loc adv*: **je t'écrirai — c'est ça, à la ~!** I'll write to you – and pigs might fly!; **elle te remboursera à la ~** she'll never pay you back in a month of Sundays; **je ne vais pas attendre jusqu'à la ~!** I'm not hanging around all day!

Saint-Gothard [sɛ̃gɔtar] *npr* → **col**.

Saint-Graal [sɛ̃gral] = **Graal**.

Saint-Guy [sɛ̃gi] *npr*: **danse de ~** Saint Vitus's dance.

saint-honoré [sɛ̃tɔnɔre] *nm inv* Saint Honoré gateau.

Saint-Jacques [sɛ̃ʒak] *npr*: **coquille ~** scallop.

Saint-Jacques-de-Compostelle [sɛ̃ʒakdəkɔ̃pɔstɛl] *npr* Santiago de Compostela.

Saint-Jean [sɛ̃ʒɑ̃] *npr f*: **la ~** Midsummer's Day.

Saint-Laurent [sɛ̃lɔrɑ̃] *npr m* -**1.** [fleuve]: **le ~** the St Lawrence (River). -**2.** [golfe]: **le (golfe du) ~** the St Lawrence Seaway.

Saint-Malo [sɛ̃malo] *npr* Saint-Malo.

Saint-Marc [sɛ̃mar] *npr* → **place**.

saint-marcellin [sɛ̃marsəlɛ̃] *nm inv* Saint Marcellin cheese.

Saint-Marin [sɛ̃marɛ̃] *npr* San Marino; **à ~** in San Marino.

saint-marinais, e [sɛ̃marinɛ, ɛz] *adj* San Marinese.

◆ **Saint-Marinais, e** *nm, f* San Marinese; **les Saint-Marinais** the San Marinese.

Saint-Médard [sɛ̃medar] *npr f prov*: **s'il** OU **quand il pleut à la ~, il pleut quarante jours plus tard** if it rains on Saint Medard's day it will rain for forty days and forty nights.

saint-nectaire [sɛ̃nɛktɛr] *nm inv* Saint Nectaire cheese.

Saint-Nicolas [sɛ̃nikɔla] *npr f*: **la ~** Saint Nicholas' Day *(December 6th, celebrated especially in Belgium and the north of France)*.

Saint-Office [sɛ̃tɔfis] *npr m* HIST: **le ~** the Holy Office.

saintpaulia [sɛ̃polja] *nm* African violet, saintpaulia.

saint-paulin [sɛ̃polɛ̃] *nm inv* Saint Paulin cheese.

Saint-Père [sɛ̃pɛr] (*pl* **Saints-Pères**) *nm* Holy Father.

Saint-Pétersbourg [sɛ̃petɛrsbur] *npr* St Petersburg.

saint-pierre [sɛ̃pjɛr] *nm inv* John Dory, dory.

Saint-Pierre [sɛ̃pjɛr] *npr*: **la basilique ~** Saint Peter's Basilica.

Saint-Pierre-et-Miquelon [sɛ̃pjɛremiklɔ̃] *npr* St Pierre and Miquelon.

Saint-Sébastien [sɛ̃sebastjɛ̃] *npr* San Sebastian.

Saint-Sépulcre [sɛ̃sepylkr] *npr m*: **le ~** the Holy Sepulchre.

Saint-Siège [sɛ̃sjɛʒ] *npr m*: **le ~** the Holy See.

saint-simonien, enne [sɛ̃simɔnjɛ̃, ɛn] (*mpl* **saint-simoniens**, *fpl* **saint-simoniennes**) *nm, f & adj* Saint-Simonian.

saint-simonisme [sɛ̃simɔnism] *nm* Saint-Simonism.

Saint-Sylvestre [sɛ̃silvɛstr] *npr f*: **la ~** *New Year's Eve*; **le réveillon de la ~** *traditional French New Year's Eve celebration*.

Saint-Valentin [sɛ̃valɑ̃tɛ̃] *npr f*: **la ~** Saint Valentine's Day.

saisi, e [sezi] *nm, f* distrainee.

◆ **saisie** *nf* -**1.** INF: **~e de données** keyboarding of data. -**2.** IMPR [clavetage] keyboarding. -**3.** JUR [d'une propriété, d'un bien mobilier] seizure, distraint, distress; [de produits d'une infraction] seizure, confiscation; [d'un bien pour non-paiement des traites] repossession; **~e conservatoire** sequestration OU seizure of goods *(to prevent sale)*; **~e immobilière** seizure of property; **~e mobilière** seizure OU distraint of goods; **faire** OU **opérer une ~e** to levy a distress. -**4.** NAUT seizure, embargo.

saisie-arrêt [seziarɛ] (*pl* **saisies-arrêts**) *nf* distraint, attachment.

saisie-exécution [seziɛgzekysjɔ̃] (*pl* **saisies-exécutions**) *nf* distraint (for an auction).

saisine [sezin] *nf* -**1.** JUR [d'un héritier] seisin; **~ d'un tribunal** referral (of a case) to a court. -**2.** NAUT lashing.

saisir [32] [sezir] *vt* -**1.** [avec brusquerie] to grab (hold of), to seize, to grasp; [pour porter, déplacer] to catch (hold of), to take hold of, to grip; [pour s'approprier] to snatch; **~ qqch au vol** to catch sthg in mid-air; **~ un outil par le manche** to take (hold of) a tool by the handle; **~ qqn aux épaules** to grab OU to grip sb by the shoulders; **il m'a saisi par la manche** he grabbed me by the sleeve; **elle saisit ma main** she gripped my hand ❑ **~ la balle au bond** *pr* to catch a ball on the rebound; *fig* to seize the opportunity. -**2.** [mettre à profit] to seize, to grab; **~ l'occasion de faire qqch** to seize OU to grasp the opportunity to do sthg; **~ sa chance** to seize an opportunity; **je n'ai pas su ~ ma chance** I missed (out on) my chance, I didn't seize the opportunity. -**3.** [envahir - suj: colère, terreur, dégoût] to take hold of, to seize, to grip; **elle a été saisie d'un malaise, un malaise l'a saisie** she suddenly felt faint; **le froid m'a saisi** I was stunned by the cold. -**4.** [impressionner] to strike, to stun; **la ressemblance entre les deux frères nous a saisis** we were struck by the resemblance between the two brothers; **quand j'ai vu le mort je suis resté saisi** when I saw the dead man, I was (quite) overcome. -**5.** [percevoir - bribes de conversation, mot] to catch, to get; **je n'ai pas bien saisi son nom** I didn't quite catch her name. -**6.** [comprendre - explications, sens d'une phrase] to understand, to get, to grasp; **as-tu saisi l'allusion?** did you get the hint? -**7.** JUR [débiteur, biens] to seize, to levy distress (upon); [articles prohibés] to seize, to confiscate; [tribunal] to submit OU to refer a case to; **la justice, saisie de l'affaire, annonce que...** the judicial authorities, apprised of the case, have indicated that...; **la juridiction compétente a été saisie** the case was referred to the appropriate jurisdiction. -**8.** INF to capture; **~ des données (sur clavier)** to keyboard data. -**9.** CULIN to seal, to sear.

◆ **se saisir de** *vp + prép* -**1.** [prendre] to grab (hold of), to grip, to seize; **saisissez-vous de votre arme** grab (hold of) your weapon; **se ~ du pouvoir/d'une ville** to seize power/a town. -**2.** *sout* [étudier] to examine; **le conseil doit se ~ du dossier** the council will put the file on its agenda.

saisissable [sezisabl] *adj* -**1.** JUR distrainable. -**2.** *sout* [perceptible] perceptible.

saisissant, e [sezisɑ̃, ɑ̃t] ◇ *adj* -**1.** [vif - froid] biting, piercing. -**2.** [surprenant - ressemblance] striking, startling; [- récit, spectacle] gripping; [- contraste] startling. -**3.** JUR [qui opère ou fait opérer une saisie] seizing.

◇ *nm, f* [opérant une saisie] distrainer, distrainor.

saisissement [sezismɑ̃] *nm* -**1.** [surprise] astonishment, amazement; **tous étaient sous le coup du ~** all were rooted to the spot in amazement; **je suis resté muet de ~ devant tant de beauté** I was dumbfounded by so much beauty. -**2.** [sensation de froid] sudden chill; **il éprouva un ~ au contact de l'eau glacée** he shivered as he entered the icy water.

saison [sɛzɔ̃] *nf* -**1.** [période de l'année] season; **en cette ~** at this time of (the) year; **en toutes ~s** all year round; **la ~ n'est pas très avancée cette année** the season's a bit late this year ❑ **la belle ~** [printemps] the spring months; [été] the summer months; **la mauvaise ~, la ~ froide** the winter months; **la nouvelle ~** *litt* springtime, springtide *litt*; **la ~ sèche** the dry season; **la ~ des pluies** the rainy season, the rains. -**2.** [époque pour certains travaux, certains produits]: **ce n'est pas encore la ~ des jonquilles** the daffodils aren't out yet; **ce n'est pas encore la ~ des aubergines** aubergines aren't in season yet; **la ~ des cerises** the cherry season; **la ~ des vendanges** grape-harvesting time ❑ **la ~ des amours** the mating season; **la ~ de la chasse** [à courre] the hunting season; [à tir] the shooting season; **la ~ de la pêche** the fishing season. -**3.** [temps d'activité périodique] season; **la ~ théâtrale** the theatre season; **la ~ touristique** the tourist season; **une ~ sportive** a season; **il a fait deux ~s au club de Nice** he played two seasons for Nice‖ COMM season; **les restaurateurs ont fait une bonne ~** restaurateurs had a good season; **ici la ~ commence en juin** the season starts in June here ❑ **en basse** OU **morte ~** off season; **en haute ~** during the high season; **la pleine ~** the busy season; **en pleine ~** at the height of the season. -**4.** [cure] season; **le médecin lui a recommandé une ~ dans une station thermale** the doctor recommended that he spend a season at a spa. -**5.** *litt* [âge de la vie] age, time of life; **quarante ans est une ~ cruelle** forty is a cruel age.

◆ **de saison** *loc adj* -**1.** [adapté à la saison] seasonal; **ce n'est pas un temps de ~** this weather's unusual for the time of the year; **être de ~** [fruit] to be in season; [vêtement] to be seasonable. -**2.** *sout* [opportun] timely; **tes critiques ne sont pas de ~** your criticism is out of place.

saisonnier, ère [sɛzɔnje, ɛr] *adj* seasonal, seasonable; **nous avons un temps bien ~** this is just the (right) sort of weather for the time of year.

◆ **saisonnier** *nm* [employé] seasonal worker; **les ~s** seasonal staff.

sajou [saʒu] = **sapajou 1**.

saké [sake] *nm* sake.

Sakhaline [sakalin] *npr* Sakhalin.

sal, s [sal] *nm* sal (tree).

salace [salas] *adj* [histoire, allusion] salacious, lewd, lascivious; [individu] salacious, lecherous, lewd.

salacité [salasite] *nf litt* salaciousness, lewdness.

salade [salad] *nf* -**1.** BOT lettuce; **acheter une ~** to buy a (head of) lettuce. -**2.** CULIN salad; **~ de concombre/haricots** cucumber/bean salad; **en ~: champignons en ~** mushroom salad ❑ **~ composée** mixed salad; **~ de fruits** fruit salad; **~ niçoise** salade niçoise, niçoise salad; **~ russe** Russian salad. -**3.** *fam* [embrouillamini] muddle, tangle; **il fait une de ces ~s en calcul!** he gets his sums into a total muddle!

◆ **salades** *fam nfpl* [mensonges] tall stories, fibs; **dis-moi tout, et ne me raconte pas de ~s!** tell me everything and spare me the fairy tales!; **c'est des ~s tout ça!** all that's a load of tripe!

saladier [saladje] *nm* -**1.** [récipient] (salad) bowl. -**2.** [contenu]: **un ~ de haricots** a bowlful of beans.

salage [salaʒ] *nm* CULIN & TRAV PUBL salting.

salaire [salɛr] *nm* -**1.** ÉCON [au mois] salary, pay; [à la semaine, journalier] wages pay; **un ~ de famine** starvation wages ❑ **~ à la tâche** OU **aux pièces** pay for piece work, piece rate; **~ de base** basic salary OU pay; **~ brut** gross pay; **~ horaire** hourly wage; **~ mensuel** monthly pay; **~ minimum interprofessionnel de croissance** → **SMIC**; **~ net** take-home pay, net salary; **à ~ unique** single-income; **je n'ai pas droit au ~ unique** I'm not entitled to supplementary benefit *Br* OU the welfare benefit *Am* for single-income families. -**2.** *fig* [dédommagement] reward; [punition] retribution; **nous touchons maintenant le ~ des années d'inflation** this is the price we have to pay for years of inflation.

salaison [salɛzɔ̃] *nf* [opération] salting.
◆ **salaisons** *nfpl* [gén] salted foods; [viande, charcuterie] salt OU salted meat.

salamalecs *fam* [salamalɛk] *nmpl*: **faire des ~ à qqn** to kowtow to sb, to bow and scrape before sb; **épargnez-moi tous ces ~** spare me the soft soap.

salamandre [salamɑ̃dr] *nf* -**1.** ZOOL salamander. -**2.** [poêle]: **Salamandre**® slow combustion stove.

Salamanque [salamɑ̃k] *npr* Salamanca.

salami [salami] *nm* salami.

salangane [salɑ̃gan] *nf* salangane.

salant [salɑ̃] ◇ *adj m* salt *(modif)*; **puits ~** brine well.
◇ *nm* salt marsh.

salarial, e, aux [salarjal, o] *adj* [politique, revendications] pay *(modif)*, wage *(modif)*, salary *(modif)*; **revenus salariaux** income from salaries.

salariat [salarja] *nm* -**1.** [personnes] wage earners. -**2.** [mode de rémunération - à la semaine] (weekly) wages; [- au mois] (monthly) salary. -**3.** [état]: **le ~ ne lui convient pas** being an employee doesn't suit her.

salarié, e [salarje] ◇ *adj* -**1.** [au mois] salaried; [à la semaine] wage-earning; **êtes-vous ~?** [opposé à chômeur] are you in paid employment?; [opposé à libéral] are you paid a salary? -**2.** [travail] paid; [emploi, poste] salaried.
◇ *nm, f* [au mois] salaried employee; [à la semaine] wage-earner; **les ~s** the employees; **les ~s de ce pays** this country's workforce.

salarier [9] [salarje] *vt* to put on one's salaried staff; **je voudrais me faire ~** I'd like to get a permanent (salaried) job; **nous préférons ne pas les ~** we'd rather they didn't go on the payroll.

salaud▽ [salo] ◇ *nm* bastard, swine; **c'est un beau ~** he's a real bastard; **je pars à Tahiti – ben mon ~!** I'm off to Tahiti – you lucky sod *Br* OU bastard!
◇ *adj m*: **il est ~** he's a bastard OU a swine.

sale [sal] ◇ *adj* -**1.** [malpropre - visage] dirty, filthy; [- eau] dirty, murky; [- mur] dirty, grimy; **les rues de la ville sont ~s** the city streets are dirty; **blanc ~** dirty white; **la façade est blanc ~** the façade is dirty white; **oh que tu es ~!** [à un enfant] you mucky pup!; **elle est ~ dans son travail** she's messy in her work, she's a messy worker ❑ **il est ~ comme un cochon** OU **peigne** OU **porc** he's filthy dirty. -**2.** [salissant] dirty; **un travail ~** dirty work. -**3.** [obscène] filthy, dirty; **raconter des histoires ~s** to tell dirty stories. -**4.** *fam (avant le n)* [mauvais, désagréable] nasty; **c'est une ~ affaire** it's a nasty business; **elle a un ~ caractère** she has a filthy OU rotten temper; **quel ~ temps!** what rotten OU foul weather!; **il m'a joué un ~ tour** he played a dirty trick on me ❑ **~ bête** [insecte] nasty creature, creepy crawly *hum*; [personne] nasty character OU piece of work *Br*; **c'est un ~ coup pour la fanfare!** *fam* it's a bit of a blow!; **avoir une ~ tête** OU **gueule**▽ [à faire peur] to look evil, to be nasty-looking; **il a une ~ tête ce matin** [malade] he looks under the weather OU *Br* off-colour this morning; [renfrogné] he's got a face like a thundercloud this morning; **faire une ~ tête: quand je vais lui dire, il va faire une ~ tête** he's not going to be very pleased when I tell him; **ce n'est pas ~** [c'est appréciable] it's not to be sneezed at.
◇ *nmf* [personne malpropre] dirty person.
◇ *nm*: **au ~** *fam* in OU with the dirty washing; **ton pantalon est au ~** your trousers are with the dirty washing.

salé, e [sale] *adj* -**1.** CULIN [beurre, cacahuètes, gâteaux secs] salted; [non sucré - mets] savoury; [- goût] salty; [conservé dans le sel - morue, porc] salt *(modif)*, salted; **ta soupe est trop ~e** your soup's too salty. -**2.** [salin - lac] salt *(modif)*; **eau ~e** salt water. -**3.** *fam* [exagéré - condamnation] stiff, heavy; [- addition] steep, stiff; **on a eu une addition ~e** the bill was a bit steep. -**4.** *fam* [osé - histoire, plaisanterie] spicy, risqué.
◆ **salé** ◇ *nm* -**1.** **le ~** [non sucré] savoury food; [avec adjonction de sel] salt OU salty food; **il vaut mieux manger le ~ avant le sucré** it's better to eat savoury dishes before sweet ones. -**2.** CULIN salt pork; **petit ~** salted (flank end of) belly pork.
◇ *adv*: **je ne mange pas ~** I don't like too much salt in my food; **je mange ~** I like my food well salted.

salement [salmɑ̃] *adv* -**1.** [malproprement] dirtily; **qu'il mange ~!** he's such a messy eater! -**2.** ▽ [en intensif]: **je suis ~ embêté** I'm in a bloody *Br* OU a hell of a *Am* mess; **ça m'a fait ~ mal** it hurt like hell, it was damn OU *Br* bloody painful.

saler [3] [sale] *vt* -**1.** CULIN [assaisonner] to salt, to add salt to; [en saumure] to pickle, to salt (down); *(en usage abs)*: **je ne sale presque pas** I hardly use any salt. -**2.** TRAV PUBL [chaussée] to salt. -**3.** *fam* [inculpé] to throw the book at. -**4.** *fam* [facture] to inflate; **c'était bon, mais ils ont salé l'addition!** it was good but the bill was a bit steep! ❑ **je me suis fait ~!** I paid through the nose!, I've been stung OU fleeced!

Salerne [salɛrn] *npr* Salerno.

salésien, enne [salezjɛ̃, ɛn] *adj* & *nm, f* Salesian.

saleté [salte] *nf* -**1.** [manque de propreté] dirtiness; **les rues sont d'une ~ incroyable** the streets are incredibly dirty OU filthy; **rajoutez de la lessive en fonction de la ~ des vêtements** add more washing powder according to how dirty OU soiled the clothes are. -**2.** [tache, crasse] speck OU piece of dirt; **il y a des petites ~s dans l'eau** there's some dirt in the water; **tu as une ~ sur ta veste** you've got some dirt on your jacket; **il y a des ~s qui bloquent le tuyau** the pipe is blocked up with muck; **faire des ~s** to make a mess; **ne rentre pas avec tes bottes, tu vas faire des ~s** don't come in with your boots on, you'll get dirt everywhere. -**3.** *fam* [chose de mauvaise qualité] rubbish *Br*, trash *Am*; **c'est de la ~** it's rubbish, **c'est de la vraie ~, ces chaussures en plastique** these plastic shoes are really rubbish; **à la récréation, ils ne mangent que des ~s** all they eat at break is junk food. -**4.** [chose nuisible] foul thing, nuisance; **le liseron, c'est de la ~, ça étouffe toutes les fleurs** bindweed is a damned nuisance, it chokes all the flowers; **j'ai attrapé cette ~ à la piscine** I caught this blasted thing at the swimming pool; **je dois prendre cette ~ avant chaque repas!** I must take this foul stuff before every meal! -**5.** ▽ [en injure]: **~!** [à un homme] swine!, bastard!; [à une femme] bitch!, cow! *Br*; **c'est une vraie ~** he's a real louse; **~ de chien!** damned dog!; **quelle ~ de temps!** what foul OU lousy weather!; **cette ~ de voiture ne veut pas démarrer** this blasted OU damned car won't start. -**6.** [calomnie] (piece of) dirt; **tu as encore raconté des ~s sur mon compte** you've been spreading filthy rumours about me again. -**7.** [acte] dirty OU filthy trick; **il m'a fait une ~** he played a dirty trick on me.
◆ **saletés** *nfpl* [grossièretés] dirt, filth, smut; **raconter des ~s** to say dirty things || *euph*: **les chiens font leurs ~s dans les jardins publics** dogs do their business in the parks.

saleur, euse [salœr, øz] *nm, f* CULIN salter.
◆ **saleuse** *nf* TRAV PUBL salt spreader.

salicorne [salikɔrn] *nf* glasswort.

salicylate [salisilat] *nm* salicylate.

salicylé, e [salisile] *adj* containing salicylic acid.

salicylique [salisilik] *adj* salicylic.

salière [saljɛr] *nf* -**1.** [petit bol] saltcellar; [avec trous] salt cellar, salt shaker *Am*; [à couvercle] salt box, salt pot. -**2.** *fam* [d'une personne maigre] saltcellar.

salifère [salifɛr] *adj* saliferous.

salifiable [salifjabl] *adj* salifiable.

salification [salifikasjɔ̃] *nf* salification.

salifier [9] [salifje] *vt* to salify, to form into a salt.

saligaud, e▽ [saligo, od] *nm, f* -**1.** [homme méprisable] swine; [femme méprisable] cow *Br*, bitch *Am*. -**2.** *vieilli* [homme sale] filthy pig; [femme sale] slut.

salin, e [salɛ̃, in] *adj* saline.
◆ **salin** *nm* -**1.** GÉOG salt marsh. -**2.** CHIM saline.
◆ **saline** *nf* -**1.** [établissement] saltworks, saltpan. -**2.** [marais] salt marsh.

salinier, ère [salinje, ɛr] ◇ *adj* salt *(modif)*, salt-producing.
◇ *nm, f* salt producer.

salinité [salinite] *nf* -**1.** [degré] (degree of) salinity. -**2.** [fait d'être salé] salinity.

salique [salik] *adj* salic.

salir [32] [salir] *vt* -**1.** [eau, surface] to (make) dirty; [vêtements] to (make) dirty, to mess up *(sép)*, to soil; **tu as sali beaucoup de vaisselle** you've dirtied a lot of dishes; **~ ses draps** OU **son lit** *euph* to soil one's bed. -**2.** [honneur, amitié] to besmirch *litt*; [réputation] to smear, to besmirch, to sully *litt*; **ils cherchent à ~ le leader de l'opposition** they're trying to smear OU to sully the reputation of the leader of the opposition.
◆ **se salir** ◇ *vpi* to get soiled OU dirty; **ne prends pas un manteau beige, ça se salit vite** don't buy a beige coat, it shows the dirt OU it gets dirty very quickly.
◇ *vp (emploi réfléchi)* to get dirty, to dirty o.s.; *fig* to lose one's reputation; **se ~ les mains** *pr* & *fig* to get one's hands dirty; **c'est lui qui décide des licenciements, à moi de me ~ les mains** he decides who'll get fired and I do the dirty work.

salissant, e [salisɑ̃, ɑ̃t] *adj* -**1.** [qui se salit]: **c'est une teinte ~e** this shade shows the dirt. -**2.** [qui salit - travail] dirty, messy.

salissure [salisyr] *nf* [restée en surface] speck of dirt, piece of grime; [ayant pénétré le tissu] dirty mark, stain; **le papier peint est couvert de ~s** the wallpaper's stained all over; **l'abat-jour est couvert de ~s** the lampshade is covered in dirt.

salivaire [salivɛr] *adj* salivary.

salivation [salivasjɔ̃] *nf* salivation.

salive [saliv] *nf* -**1.** PHYSIOL saliva, spit. -**2.** *fam loc*: **gaspiller sa ~** to waste one's breath; **n'usez pas** OU **ne gaspillez pas** OU **épargnez votre ~** save OU don't waste your breath; **avant d'obtenir les subventions, j'ai dû dépenser** OU **user beaucoup de ~** before getting the subsidies, I had to do a lot of (fast) talking; **avaler** OU **ravaler sa ~** [se taire] to keep quiet.

saliver [3] [salive] *vi* -**1.** PHYSIOL to salivate. -**2.** [avoir l'eau à la bouche]: **le menu me fait ~** the menu makes my mouth water; **le chien salivait devant sa pâtée** the dog was drooling OU dribbling at the sight of his food. -**3.** *fam* [d'envie] to drool; **il salivait devant les voitures de sport** he was drooling over the sports cars.

salle [sal] *nf* -**1.** [dans une habitation privée] room; **~ de bains** [lieu] bathroom; [mobilier] bathroom suite; **~ d'eau** shower room; **~ de jeu** [d'une maison] playroom *Br*, rumpus room *Am*; [d'un casino] gaming room; **~ à manger** [lieu] dining room; [mobilier] dining room suite; **~ de séjour** living room. -**2.** [dans un édifice public] hall, room; [dans un café] room; [dans un musée] room, gallery; **~ d'armes** MIL arms room; ESCRIME fencing hall; **~ d'attente** waiting room; **~ d'audience** courtroom; **~ de bal** ballroom; **~ des banquets** banqueting hall; **~ capitulaire** chapter house; **~ de classe** classroom; **~ des coffres** strongroom; **~ de**

concert concert hall, auditorium; ~ **de conférences** UNIV lecture theatre *Br* OU hall *Am*; [pour colloques] conference room; ~ **d'embarquement** departure lounge; ~ **d'études** prep room *Br*, study hall *Am*; ~ **des fêtes** village hall; ~ **de garde** (hospital) staffroom; ~ **d'hôpital**, ~ **commune** *vieilli* hospital ward; ~ **des machines** engine room; ~ **d'opération** [à l'hôpital] operating theatre *Br* OU room *Am*; MIL operations room; ~ **paroissiale** church hall; ~ **des pas perdus** RAIL (station) concourse; [au tribunal] waiting room OU hall; ~ **de police** guardroom MIL; ~ **des professeurs** SCOL (school) staffroom; UNIV senior common room *Br*, professors' lounge *Am*; ~ **de projection** projection room; ~ **de réanimation** resuscitation unit; ~ **de restaurant** (restaurant) dining room; ~ **de réception** [dans un hôtel] function room; [dans un palais] stateroom; ~ **de réunion** assembly room; ~ **de spectacle** auditorium; ~ **du trône** stateroom, throne room; ~ **des tortures** torture chamber; ~ **des ventes** auction room *Br*, auction gallery *Am*. -**3**. CIN & THÉÂT [lieu] theatre, auditorium; [spectateurs] audience; **faire** ~ **comble** to pack the house; **le cinéma a cinq** ~**s** it's a five-screen cinema *Br* OU movie theater *Am*; **sa dernière production sort en** ~ **en septembre** her latest production will be released OU out in September; **dans les** ~**s d'art et d'essai** OU **les petites** ~**s** in art cinemas *Br* OU movie theaters *Am* ❑ **dans les** ~**s obscures** in the cinemas *Br* OU movie theaters *Am*. -**4**. SPORT: **athlétisme en** ~ indoor athletics; **jouer en** ~ to play indoors.

salmigondis [salmigɔ̃di] *nm* -**1**. *sout* [embrouillamini] mish-mash, hotchpotch *Br*, hodgepodge *Am*. -**2**. *arch* & CULIN hotchpotch *Br*, hodgepodge *Am*.

salmis [salmi] *nm* salmi, salmis; ~ **de pintade, pintades en** ~ salmi of guinea fowl.

salmonelle [salmɔnɛl] *nf* salmonella.

salmonellose [salmɔneloz] *nf* salmonellosis.

salmoniculture [salmɔnikyltyr] *nf* salmon farming.

salmonidé [salmɔnide] *nm* salmonid; **les** ~**s** the Salmonidiae.

saloir [salwar] *nm* -**1**. [récipient] salting OU brine tub. -**2**. [pièce] salting room.

Salomé [salɔme] *npr* Salome.

Salomon [salɔmɔ̃] ◇ *npr* BIBLE (King) Solomon.

◇ *npr fpl* GÉOG: **les (îles)** ~ the Solomon Islands.

salon [salɔ̃] *nm* -**1**. [chez un particulier - pièce] living OU sitting room, lounge *Br*; [- meubles] living room suite; ~ **en cuir** leather suite ❑ ~ **de jardin** garden set; ~ **de réception** reception room. -**2**. [dans un hôtel] lounge; [pour réceptions, fêtes] function room; [d'un paquebot] saloon, lounge; ~ **d'attente** waiting room. -**3**. [boutique]: ~ **de beauté** beauty parlour OU salon; ~ **de coiffure** hairdressing salon; ~ **de thé** tearoom; ~ **d'essayage** fitting room, changing room. -**4**. COMM [exposition]: **Salon des Arts ménagers** ≃ Ideal Home Exhibition *Br*, ≃ home crafts exhibition OU show *Am*; **Salon de l'Automobile** Motor *Br* OU Car OU Automobile *Am* Show; **Salon du Prêt-à-porter** ready-to-wear fashion show; **Salon nautique** OU **de la navigation** Boat Show. -**5**. BX-ARTS salon. -**6**. LITTÉRAT salon; **tenir** ~ to hold a salon; **alors, mesdemoiselles, on fait** OU **tient** ~? *fig* busy discussing important matters, are we, young ladies?; **conversation de** ~ idle chatter.

Salonique [salɔnik] = **Thessalonique**.

salonnard, e [salɔnar, ard] *nm, f péj* lounge lizard, socialite.

saloon [salun] *nm* saloon *(bar in the Wild West)*.

salopard▽ [salɔpar] *nm* bastard, swine, sod *Br*; ~! bastard!

salope▼ [salɔp] ◇ *nf* -**1**. [femme de mauvaise vie] slut, slag *Br*. -**2**. [femme méprisable] bitch, cow *Br*.

◇ *adj f*: **tu as été** ~ **avec moi** you were a bitch to me.

saloper▽ [3] [salɔpe] *vt* -**1**. [réparation, travail] to make a mess OU hash of, to cock up *Br (sép)*. -**2**. [souiller - vêtements, mur] to mess up *(sép)*.

saloperie▽ [salɔpri] *nf* -**1**. [camelote] rubbish *Br*, trash *Am*; **c'est de la** ~, **ces ouvre-boîtes** these can-openers are absolute rubbish OU trash; **toutes ces** ~**s vous détraquent l'estomac** all this rubbish OU junk food upsets your stomach. -**2**. [chose désagréable, nuisible]: **c'est de la** ~ **à poser, ce papier peint** this wallpaper's a real pain to put on; **quelles** ~**s, ces taupes!** these moles are a damn nuisance!; **le chien a avalé une** ~ the dog has eaten something nasty; **depuis que j'ai cette** ~ **au poumon...** since I've had this blasted thing on my lung...; ~ **de neige!** damn OU bloody *Br* OU blasted snow!; ~ **de voiture, elle ne veut pas démarrer!** the damn OU bloody *Br* OU blasted car won't start! -**3**. [chose sale]: **tu as une** ~ **sur ta manche** you've got something dirty on your sleeve; **j'ai une** ~ **dans mon verre** I've got some crap in my drink. -**4**. [calomnie] nasty OU catty remark; [action méprisable] nasty OU dirty trick; **faire une** ~ **à qqn** to play a dirty OU nasty trick on sb.

◆ **saloperies** *nfpl* [grossièretés] smut *(U)*.

salopette [salɔpɛt] *nf* [de ville] dungarees, salopette, salopettes; [de ski] salopette; [d'un plombier] overalls.

Salouen [salwɛn] *npr*: **le** OU **la** ~ the (River) Salween.

salpêtre [salpɛtr] *nm* saltpetre; ~ **du Chili** Chile saltpetre.

salpêtrer [4] [salpetre] *vt* -**1**. [champ] to treat with saltpetre; [fromage] to cover with saltpetre. -**2**. [humidité] to treat with saltpetre.

Salpêtrière [salpetrijɛr] *npr f*: **la** ~ *hospital in Paris.*

salpicon [salpikɔ̃] *nm* CULIN salpicon.

salpingite [salpɛ̃ʒit] *nf* salpingitis.

salsa [salsa] *nf* salsa.

salsepareille [salsəparɛj] *nf* sarsaparilla.

salsifis [salsifi] *nm* salsify.

SALT [salt] *(abr de* **Strategic Arms Limitations Talks**) *npr* SALT.

saltation [saltasjɔ̃] *nf* saltation.

saltatoire [saltatwar] *adj* -**1**. ZOOL [organe] saltatorial; [mouvement] saltatory. -**2**. DANSE: **art** ~ dance.

saltimbanque [saltɛ̃bɑ̃k] *nmf* -**1**. [acrobate] acrobat. -**2**. [forain] fairground OU travelling entertainer. -**3**. [professionnel du spectacle] entertainer.

salubre [salybr] *adj* -**1**. [climat] salubrious, hygienic, wholesome; [logement] salubrious. -**2**. *fig* & *sout* [mesures] salubrious, hygienic.

salubrité [salybrite] *nf* -**1**. [d'un local] salubrity; [d'un climat] salubriousness, salubrity, healthiness. -**2**. JUR: ~ **publique** public health.

saluer [7] [salɥe] ◇ *vt* -**1**. [par politesse]: ~ **qqn** [de la main] to wave at sb; [de la tête] to nod at sb; [en arrivant] to greet sb; [en partant] to take one's leave of sb; **l'acteur salue le public** the actor bows to the audience OU takes his bow; **il m'a demandé de vous** ~ he asked me to give you his regards; **comment doit-on** ~ **le pape?** how should one address the Pope?; **Messieurs, je vous salue (bien)!** good day (to you), gentlemen! -**2**. MIL to salute. -**3**. RELIG: **je vous salue Marie** Hail Mary. -**4**. [accueillir] to greet, to hail; **son film a été unanimement salué par la presse** her film was unanimously acclaimed by OU met with unanimous acclaim from the press; **sa suggestion fut saluée par des cris de joie** his suggestion was greeted with cheers; **des protestations ont salué sa nomination** her appointment met with protests. -**5**. [rendre hommage à - courage, génie] to salute, to pay homage OU tribute to; [reconnaître en tant que] to hail; **on a salué en elle le chef de file du mouvement** she was hailed as the leader of the movement; ~ **la mémoire** OU **le souvenir de qqn** to salute sb's memory.

◇ *vi* NAUT: ~ **du pavillon** OU **des pavillons** to dip a flag (in salute).

salure [salyr] *nf* [état] saltness; [teneur en sel] salinity.

salut [saly] ◇ *nm* -**1**. [marque de politesse]: **faire un** ~ **de la main à qqn** to wave (one's hand) to sb; **faire un** ~ **de la tête à qqn** to nod to sb; **il lui retourna son** ~ [en paroles] he returned her greeting; [de la main] he waved back at her; **répondre au** ~ **de qqn** to return sb's greeting; **en guise** OU **signe de** ~ as a greeting. -**2**. MIL salute; **faire le** ~ to (give the military) salute ❑ ~ **au drapeau** saluting the colours. -**3**. [survie - d'une personne, d'un pays] salvation, safety; [- d'une entreprise, d'une institution] salvation; **je dois mon** ~ **à son arrivée** I was saved by his arrival, his arrival was my salvation; **chercher/trouver le** ~ **dans la fuite** to seek/to find safety in flight. -**4**. *litt* [sauveur] saviour; **Jeanne d'Arc fut le** ~ **de la France** Joan of Arc was the saviour of France. -**5**. RELIG salvation; **prions pour le** ~ **de son âme** let us pray for the salvation of his soul; **faire son** ~ **(sur la terre)** to earn one's salvation on earth. -**6**. NAUT [du pavillon] dipping the flag.

◇ *interj* -**1**. *fam* [en arrivant] hi OU hello OU hullo (there); [en partant] bye, see you, so long *Am*; ~ **la compagnie!** [en partant] bye everybody! -**2**. *litt*: ~ **à vous, noble ami!** hail to thee, noble friend!

salutaire [salytɛr] *adj* -**1**. [physiquement - air] healthy; [- remède] beneficial; [- exercice, repos] salutary, beneficial; **cette semaine dans les Alpes m'a été** ~ that week in the Alps did my health a power of good. -**2**. [moralement - conseil, épreuve] salutary; [- lecture, effet] beneficial.

salutations [salytasjɔ̃] *nfpl* greetings, salutation; **elle t'envoie ses** ~ she sends you her regards, she sends her regards to you; **les** ~ **d'usage** the usual greetings; **je vous prie d'agréer mes** ~ **distinguées** yours sincerely OU faithfully *Br*, sincerely OU truly yours *Am*.

salutiste [salytist] *adj* & *nmf* Salvationist.

Salvador [salvadɔr] *npr m*: **le** ~ El Salvador; **au** ~ in El Salvador.

salvadorien, enne [salvadɔrjɛ̃, ɛn] *adj* Salvadorian, Salvadorean.

◆ **Salvadorien, enne** *nm, f* Salvadorian, Salvadorean.

salvagnin [salvaɲɛ̃] *nm Helv red wine from the Vaud region.*

salvateur, trice [salvatœr, tris] *adj litt* saving *(avant n)*; **mesures salvatrices** safeguards.

salve [salv] *nf* -**1**. MIL salvo, volley. -**2**. *fig*: ~ **d'applaudissements** round OU burst of applause.

Salzbourg [salzbur] *npr* Salzburg.

Sam [sam] *npr*: **Oncle** ~ [citoyen, gouvernement des USA] Uncle Sam.

SAM [sam] *(abr de* **Sol-Air Missile**) *nm* surface-to-air missile, SAM.

Samarie [samari] *npr f*: **(la)** ~ Samaria.

samaritain, e [samaritɛ̃, ɛn] *adj* Samaritan.

◆ **samaritain** *nm Helv* [secouriste] *person qualified to give first aid.*

◆ **Samaritain, e** *nm, f* Samaritan; **le bon** ~ the good Samaritan; **les Samaritains** the Samaritans.

◆ **Samaritaine** *nf* RELIG: **la Samaritaine** the Samaritan woman.

samba [sɑ̃ba] *nf* samba.

samedi [samdi] *nm* Saturday; **Samedi saint** Holy OU Easter Saturday.

samit [samit] *nm* samite.

samizdat [samizdat] *nm* samizdat.

Samoa [samɔa] *npr fpl* Samoa; **les** ~ **occidentales/orientales** Western/Eastern Samoa.

samoan, e [samɔɑ̃, an] *adj* Samoan.

◆ **Samoan, e** *nm, f* Samoan.

Samothrace [samɔtras] *npr* Samothrace; **la Victoire de** ~ the Victory of Samothrace.

samouraï [samuraj] *nm* samurai.

samovar [samɔvar] *nm* samovar.

Samoyèdes [samɔjɛd] *npr mpl*: **les** ~ the Samoyed, the Samoyeds.

◆ **samoyède** *nm* LING Samoyed.

sampan(g) [sɑ̃pɑ̃] *nm* sampan.

Samson [sɑ̃sɔ̃] *npr*: ~ et Dalila Samson and Delilah.

SAMU, Samu [samy] (*abr de* Service d'aide médicale d'urgence) *npr m* *French ambulance and emergency service*, ≃ ambulance service *Br*, ≃ Paramedics *Am*.

samurai [samuraj] *nm inv* = samouraï.

sana *fam* [sana] = sanatorium.

Sana'a [sanaa] *npr* Sana'a.

sanatorium [sanatɔrjɔm] *nm* sanatorium *Br*, sanatarium *Am*.

san-benito [sɑ̃benito] (*pl* san-benitos) *nm* HIST [casaque] sanbenito.

sancerre [sɑ̃sɛr] *nm* Sancerre (wine).

sanctification [sɑ̃ktifikasjɔ̃] *nf* sanctification.

sanctifier [9] [sɑ̃ktifje] *vt* -1. RELIG [rendre sacré] to sanctify; [célébrer] to hallow. -2. *fig* [patrie, valeurs] to hold sacred.

sanction [sɑ̃ksjɔ̃] *nf* -1. [mesure répressive] sanction; imposer des ~s à to apply sanctions against, to impose sanctions on; lever des ~s (prises) contre to raise (the) sanctions against; prendre des ~s contre to take sanctions against ❑ ~s diplomatiques/économiques diplomatic/economic sanctions. -2. SCOL & SPORT punishment, disciplinary action *(U)*; prendre des ~s contre un élève to punish a pupil; prendre des ~s contre un sportif to take disciplinary action against an athlete. -3. JUR sanction, penalty; ~ pénale penal sanction. -4. [approbation] sanction, ratification; l'expression a reçu la ~ de l'usage the expression has been given the sanction of usage. -5. *sout* [conséquence] result, outcome; l'échec est la ~ de la paresse failure is the result of laziness.

sanctionner [3] [sɑ̃ksjɔne] *vt* -1. [punir - délit, élève] to punish; [- sportif, haut fonctionnaire] to take disciplinary action against; [- pays] to impose sanctions on; il s'est fait ~ pour sa grossièreté envers l'arbitre he was penalized for being rude to the umpire. -2. [ratifier - loi] to sanction, to ratify; [- décision] to sanction, to agree with *(insép)*; sa théorie a été sanctionnée par le temps time has proved her theory to be correct.

sanctuaire [sɑ̃ktɥɛr] *nm* -1. RELIG sanctuary. -2. *sout* [asile] sanctuary; l'île est un ~ pour les oiseaux the island is a favorite haunt for birds. -3. [foyer, centre vital] hub, centre; un ~ de la civilisation inca a centre of Inca civilization. -4. *litt* [tréfonds] innermost part; dans le ~ de mon cœur in my innermost being. -5. POL territory under the nuclear umbrella.

sanctus [sɑ̃ktus] *nm* Sanctus.

sandale [sɑ̃dal] *nf* sandal.

sandalette [sɑ̃dalɛt] *nf* (light) sandal.

sandiniste [sɑ̃dinist] *adj & nmf* Sandinista.

Sandow® [sɑ̃do] *nm* -1. [tendeur] elastic luggage strap. -2. AÉRON catapult.

sandre [sɑ̃dr] *nm* zander.

sandwich [sɑ̃dwitʃ] (*pl* sandwichs OU sandwiches) *nm* sandwich; ~ au fromage cheese sandwich ❑ prendre qqn en ~ *fam* to sandwich sb; j'étais pris en ~ entre eux I was sandwiched between them.

San Francisco [sɑ̃frɑ̃sisko] *npr* San Francisco.

sang [sɑ̃] *nm* -1. BIOL blood; à ~ froid/chaud cold-/warm-blooded; fais un garrot pour arrêter le ~ make a tourniquet to stop the bleeding; ça se transmet par le ~ it's transmitted in the blood; du ~ à la une gory front-page news ❑ ~ artériel/veineux arterial/venous blood; avoir du ~ sur les mains to have blood on one's hands; répandre OU verser OU faire couler le ~ *sout* to spill blood; le ~ a coulé OU a été répandu blood was spilt; noyer une révolte dans le ~ to put down a revolt ruthlessly; en ~: être en ~, nager OU baigner dans son ~ to be covered in blood; se mordre les lèvres jusqu'au ~ to bite one's lips until one draws blood; il m'a griffé jusqu'au ~ he scratched me and drew blood; avoir du ~ dans les veines to have courage OU guts; ne pas avoir de ~ dans les veines, avoir du ~ de poulet *fam*, avoir du ~ de navet *fam* to have no guts, to be a complete wimp; avoir le ~ chaud [colérique] to be OU to have a short fuse; [impétueux] to be hot-headed; [sensuel] to be hot-blooded; avoir qqch dans le ~: avoir la chanson dans le ~ to be a born singer; il a ça dans le ~ it's in his blood; mon ~ s'est glacé OU figé dans mes veines my blood ran cold OU turned to ice in my veins; le ~ lui est monté au visage OU à la tête the blood rushed to her cheeks; mon ~ n'a fait qu'un tour [d'effroi] my heart missed OU skipped a beat; [de rage] I saw red; se faire du mauvais ~ OU un ~ d'encre, se manger OU se ronger les ~s to worry o.s. sick, to be worried stiff, to fret; je me fais du mauvais ~ pour lui I'm worried sick about him; ça m'a tourné les ~s it gave me quite a turn. -2. *litt* [vie, existence] (life) blood; donner son ~ pour son pays to shed one's blood OU to sacrifice one's life for one's country; payer de son ~ to pay with one's life ❑ du ~ frais OU nouveau [personnes] new blood; [argent] new OU fresh money. -3. *sout* [race, extraction] blood; épouser qqn de son ~ to marry sb of the same blood OU a blood relative; de ~ royal of royal blood ❑ ~ bleu blue blood; lorsque l'on a du ~ bleu dans les veines... when one is blue-blooded...; bon ~ ne saurait mentir *prov* blood is thicker than water *prov*. -4. *loc*: bon ~ (de bonsoir)! *fam* damn and blast it!

◆ **coup de sang** *nm* -1. MÉD stroke. -2. *fig* angry outburst; elle a eu un coup de ~ she exploded (with rage).

◆ **au sang** *loc adj* CULIN [canard] *served with a sauce incorporating its own blood.*

◆ **du sang** *loc adj* [princier] of the blood (royal).

sang-froid [sɑ̃frwa] *nm inv* composure, calm, sang-froid; garder OU conserver son ~ to stay calm, to keep one's cool; perdre son ~ to lose one's self-control OU cool.

◆ **de sang-froid** *loc adv*: tuer qqn de ~ to kill sb in cold blood OU cold-bloodedly; commis de ~ cold-blooded.

sanglant, e [sɑ̃glɑ̃, ɑ̃t] *adj* -1. [blessure, bataille, règne] bloody; [bras, mains] covered in blood, bloody; [linge] bloody, blood-soaked; [spectacle] gory. -2. [dur, blessant - critiques] scathing; [- affront] cruel. -3. *litt* [couleur de sang] blood-red.

sangle [sɑ̃gl] *nf* -1. [lanière - gén] strap; [- d'un lit, d'une chaise] webbing; [- d'un cheval] girth; [- d'un parachute]: ~ d'ouverture automatique static line. -2. ANAT: ~ abdominale abdominal muscles.

sangler [3] [sɑ̃gle] *vt* -1. [cheval] to girth. -2. [paquet, valise] to strap up *(sép)*. -3. *fig* [serrer]: sanglée dans son corset tightly corseted.

sanglier [sɑ̃glije] *nm* ZOOL (wild) boar.

sanglot [sɑ̃glo] *nm* -1. [hoquet, pleurs] sob; non, dit-il dans un ~ no, he sobbed; avec des ~s dans la voix with a sob in one's voice. -2. *litt* [bruit plaintif] lamentation; les ~s de l'océan the sighing of the deep; les ~s du vent the moaning of the wind.

sangloter [3] [sɑ̃glɔte] *vi* -1. [pleurer] to sob; elle s'endormit en sanglotant she cried herself to sleep. -2. *litt* [océan, vent] to sob, to sigh; [accordéon] to sigh.

sang-mêlé [sɑ̃mele] *nmf inv vieilli* half-caste.

sangria [sɑ̃grija] *nf* sangria.

sangsue [sɑ̃sy] *nf* -1. ZOOL leech. -2. *sout & vieilli* [profiteur] bloodsucker. -3. *fam* [importun] leech; son frère est une véritable ~! her brother sticks OU clings to you like a leech!

sanguin, e [sɑ̃gɛ̃, in] ◇ *adj* -1. PHYSIOL [groupe, plasma, transfusion, vaisseau] blood *(modif)*; [système] circulatory. -2. [rouge] blood-red. -3. [humeur, tempérament] sanguine.

◇ *nm, f* fiery person.

◆ **sanguine** *nf* -1. BX-ARTS [crayon] red chalk, sanguine; [dessin] red chalk drawing, sanguine. -2. GÉOL haematite. -3. BOT blood orange.

sanguinaire [sɑ̃ginɛr] ◇ *adj* -1. [assoiffé de sang] bloodthirsty; une foule ~ réclamait la mort de l'accusé the bloodthirsty crowd screamed for the death of the accused. -2. *litt* [féroce - bataille, conquête] bloody, sanguinary.

◇ *nf* bloodroot, sanguinaria *spéc*.

Sanguinaires [sɑ̃ginɛr] *npr fpl*: les (îles) ~ the Sanguinaires islands.

sanguinolent, e [sɑ̃ginɔlɑ̃, ɑ̃t] *adj* -1. [sécrétion] spotted OU streaked with blood, sanguinolent *litt*; [linge, pansement] soiled OU tinged with blood, sanguinolent; [personne] covered in blood, blood-streaked. -2. *litt* [rouge - lèvres] blood-red.

sanhédrin [sanedrɛ̃] *nm* Sanhedrin.

Sanisette® [sanizɛt] *nf* superloo.

sanitaire [sanitɛr] ◇ *adj* -1. ADMIN & MÉD [conditions] sanitary, health *(modif)*; [règlement] health. -2. CONSTR sanitary, plumbing *(U)*; l'équipement ~ the plumbing.

◇ *nm* -1. [installations] plumbing (for bathroom and toilet). -2. [profession] sanitary ware (dealing).

◆ **sanitaires** *nmpl* (bathroom and) toilet; les ~s du camp sont tout à fait insuffisants the sanitary arrangements in the camp are totally inadequate.

sans [sɑ̃] ◇ *prép* -1. [indiquant l'absence, la privation, l'exclusion] without; il est parti ~ argent he left without any money; avec ou ~ sucre? with or without sugar?; le jus d'orange, avec de la glace ou ~? do you want the orange juice with ice or without?; j'ai trouvé ~ problème I found it without any difficulty OU with no difficulty; on ira ~ elle we'll go without her; ne partez pas ~ moi don't leave without me; je voudrais te parler ~ témoins I'd like to speak to you alone; son comportement est ~ reproche his behaviour is beyond reproach; être ~ scrupules to have no scruples, to be unscrupulous; tu as oublié le rendez-vous? tu es ~ excuse! you forgot the appointment? that's unforgivable!; homme ~ cœur/pitié heartless/pitiless man; couple ~ enfants childless couple; mur ~ fenêtre blind wall; ~ additif additive-free; essence ~ plomb unleaded OU lead-free petrol; bonbons ~ sucre sugar-free sweets; régime ~ sel salt-free diet; marcher ~ but to walk aimlessly; ~ commentaire! no comment!; c'est 150 francs ~ les frais de transport it's 150 francs, exclusive of transport charges; la chambre fait 200 francs, ~ le petit déjeuner the room costs 200 francs, breakfast not included OU exclusive of breakfast; nous y sommes arrivés ~ difficultés OU mal we managed it without any difficulty; il n'est pas ~ charme he's not without charm, he's not lacking in charm ❑ être ~ un▽ to be skint OU broke. -2. [exprimant la condition] but for; ~ toi, je ne l'aurais jamais fait if it hadn't been for you OU but for you, I would never have done it; ~ la pluie, tout aurait été parfait had it not been raining OU but for the rain, everything would have been perfect; ~ son entêtement, l'affaire serait déjà réglée if he were not so stubborn OU but for his stubbornness, the matter would have been settled by now. -3. [avec un infinitif] without; elle a réussi ~ travailler beaucoup she passed without doing much work; ~ être vu without being seen; venir ~ être invité to come without being invited; partons ~ plus attendre come on, let's not wait any more; ~ plus attendre, je passe la parole à M. Blais without further ado, I'll hand you over to Mr Blais; cette découverte n'est pas ~ l'inquiéter she's somewhat worried by this discovery; tu n'es pas ~ savoir qu'il est amoureux d'elle you must be aware that he's in love with her; je ne suis pas ~ avoir de craintes *sout* I am somewhat anxious; il est responsable ~ l'être tout à fait it's his responsibility, but only to a certain extent; je comprends ~ comprendre I understand, but only up to a point.

◇ *adv* without; il faudra faire ~! we'll have to go without!; passe-moi mon manteau, je ne peux pas sortir ~ hand me my coat, I can't go out without it ❑ **c'est un jour ~** there's none today.

◆ **non sans** *loc prép* not without; **il l'a persuadé, mais non ~ mal** he persuaded her, but not without difficulty, he had quite a job persuading her; **on est arrivés non ~ peine** we got there, not without difficulty; **non ~ protester** not without protesting; **je suis parti non ~ leur dire ma façon de penser** I didn't leave without telling them what I thought.

◆ **sans cela, sans ça** *fam loc adv*: **je serai absente; ~ cela, j'aurais accepté votre invitation** I won't be here, otherwise I would have accepted your invitation; **il a intérêt à le faire, ~ ça...!** he'd better do it, otherwise...!

◆ **sans que** *loc conj*: **ils ont réglé le problème ~ que nous ayons à intervenir** they dealt with the problem without us having to intervene; **le projet était passé ~ que personne (ne) s'y opposât** the bill was passed without any opposition.

◆ **sans quoi** *loc adv*: **soyez ponctuels, ~ quoi vous ne pourrez pas vous inscrire** be sure to be on time, otherwise you won't be able to register.

sans-abri [sɑ̃zabri] *nmf inv* homeless person; **les ~** the homeless.

San Salvador [sɑ̃salvadɔr] *npr* San Salvador.

sans-cœur [sɑ̃kœr] ◇ *adj inv* heartless; **ne sois pas ~!** have a heart!

◇ *nmf inv* heartless person; **donne-lui le chocolat, espèce de ~!** give her the chocolate, you heartless monster!

sanscrit, e [sɑ̃skri, it] = **sanskrit**.

sans-culotte [sɑ̃kylɔt] (*pl* **sans-culottes**) *nm* sans-culotte; **les ~s** HIST the sans-culottes.

LES SANS-CULOTTES:
The name given to the Republican revolutionaries during the Convention (1792-1795) because, instead of the short breeches ("culotte") worn by the upper classes, they adopted the trousers of the ordinary people. The term now stands for an extreme revolutionary attitude.

---

sans-emploi [sɑ̃zɑ̃plwa] *nmf inv* unemployed OU jobless person; **les ~** the unemployed.

sans-façon [sɑ̃fasɔ̃] *nm inv litt* casualness, offhandedness.

sans-faute [sɑ̃fot] *nm inv*: **faire un ~** ÉQUIT to do OU to have a clear round; ENS to get a series of answers right; **pour l'instant c'est un ~!** [dans un jeu] so far so good!

sans-fil [sɑ̃fil] *nm inv* cordless telephone.

sans-filiste [sɑ̃filist] (*pl* **sans-filistes**) *nmf* radio ham.

sans-gêne [sɑ̃ʒɛn] ◇ *nm inv* lack of consideration, casualness.

◇ *nmf inv* ill-mannered person; **en voilà une ~!** well, she's a cool customer!

sans-grade [sɑ̃grad] *nmf inv* underling, minion; **nous sommes les ~ ici!** we're the small fry around here!; **tous les ~ de l'hôtellerie provinciale** all the unsung heroes of provincial hotelkeeping.

sanskrit, e [sɑ̃skri, it] *adj* Sanskrit.

◆ **sanskrit** *nm* LING Sanskrit.

sans-le-sou *fam* [sɑ̃lsu] *nmf inv* pauper, penniless person; **les ~** the have-nots.

sans-logis [sɑ̃lɔʒi] *nmf inv* homeless person; **les ~** the homeless.

sansonnet [sɑ̃sɔnɛ] *nm* starling.

sans-papiers [sɑ̃papje] *nmf inv* illegal immigrant worker.

sans-parti [sɑ̃parti] *nmf inv* POL [gén] independent member *(of an assembly or a Parliament)*; [dans un système de parti unique] non-party member.

sans-souci [sɑ̃susi] *nmf inv litt* happy-go-lucky person.

Santa Fé [sɑ̃tafe] *npr* Santa Fe.

santal, als [sɑ̃tal] *nm* BOT sandal; **bois de ~** sandalwood.

santé [sɑ̃te] *nf* -**1.** [de l'esprit, d'une économie, d'une entreprise] health, soundness; [d'une personne, d'une plante] health; **comment va la ~?** *fam* how are you keeping?; **c'est mauvais pour la ~** it's bad for your health OU for you; **en bonne ~** [animal, personne] healthy, in good health; [plante] healthy; [économie] healthy, sound; [monnaie] strong; **je vous espère en bonne ~** I hope you're quite well, I hope you're in good health; **vous êtes en parfaite ~, lui dit le médecin** you're perfectly healthy OU there's nothing wrong with you, the doctor told him; **meilleure ~!** hope you're better soon OU you get well soon!; **en mauvaise ~** [animal, personne] in bad OU poor health; [plante] unhealthy; [économie, monnaie] weak; **le bon air lui a rendu OU redonné la ~** the fresh air has restored him to health ❑ **état de ~** health; **~ mentale** mental health; **avoir la ~** *fam* [être infatigable] to be a bundle of energy; **avoir une ~ de fer** to have an iron constitution, to be (as) strong as a horse; **avoir une petite ~** to be very delicate; **se refaire une ~** *fam* to get back on one's feet, to recover; **crever**▽ OU **péter**▽ **de ~**, **respirer la ~** to be bursting with health. -**2.** ADMIN: **la ~ publique** public health; **services de ~** health services. -**3.** NAUT: **la ~** the quarantine service. -**4.** MIL: **service de ~ des armées** medical corps.

◆ **Santé** *npr f*: **la Santé** [prison] *men's prison in Paris.*

◆ **à la santé de** *loc prép* [en portant un toast]: **à votre ~!, à ta ~!** cheers!, your (good) health!; **à la ~ de ma femme!** (here's) to my wife!; **je lève mon verre à la ~ de la mariée!** I raise my glass to the bride!

santiag [sɑ̃tjag] *nf* cowboy boot.

Santiago [sɑ̃tjago] *npr*: **~ (du Chili)** Santiago.

santon [sɑ̃tɔ̃] *nm* crib OU manger figurine.

Santorin [sɑ̃tɔrɛ̃] *npr* Santorini.

Saône [son] *npr f*: **la ~** the (River) Saône.

São Paulo [saopolo] *npr* -**1.** [ville] Sao Paulo. -**2.** [État]: **l'État de ~** Sao Paulo (State).

São Tomé et Príncipe [saotɔmeeprɛ̃sip] *npr* São Tomé and Principe.

saoudien, enne [saudjɛ̃, ɛn] *adj* Saudi (Arabian).

◆ **Saoudien, enne** *nm, f* Saudi (Arabian).

saoudite [saudit] *adj* Saudi (Arabian).

saoul, e [su, sul] = **soûl**.

saouler [sule] = **soûler**.

sapajou [sapaʒu] *nm* -**1.** ZOOL sapajou. -**2.** *fam vieilli* [homme petit et laid] troglodyte *fig*.

sape [sap] *nf* -**1.** MIL & TRAV PUBL [travaux] sapping; [tranchée] sap; **la ~** *arg mil* [les hommes du génie] sappers. -**2.** *fig*: **travail de ~** (insidious) undermining; **par un patient travail de ~, ils ont fini par avoir raison de sa résistance** they chipped away at him until he gave in. -**3.** *fam (gén pl)* [vêtement] rig-out *Br*, gear.

saper [3] [sape] *vt* -**1.** [miner] to sap, to undermine; **la mine lui a sapé la santé** working down the mines undermined his health. -**2.** *fam* [habiller] to dress; **il est toujours bien sapé** he's always really smartly dressed.

◆ **se saper** *fam* ◇ *vp (emploi réfléchi)* to do OU to tog o.s. up, to rig o.s. out *Br*.

◇ *vpi*: **où est-ce que tu te sapes?** where do you buy your togs OU gear?

saperlipopette *fam* [sapɛrlipɔpɛt] *interj vieilli* zounds *arch*, struth *arch* OU *hum*.

sapeur [sapœr] *nm* sapper.

sapeur-pompier [sapœrpɔ̃pje] (*pl* **sapeurs-pompiers**) *nm* fireman; **les sapeurs-pompiers** the fire brigade *Br*, the fire department *Am*.

saphique [safik] *adj* Sapphic; **vers ~** Sapphic metre.

saphir [safir] ◇ *adj inv litt* sapphire *(modif)*.

◇ *nm* -**1.** JOAILL sapphire. -**2.** [d'un tourne-disque] needle, stylus. -**3.** *litt* [bleu] sapphire.

saphisme [safism] *nm litt* sapphism, lesbianism.

Sapho [safo] = **Sappho**.

sapide [sapid] *adj* sapid.

sapidité [sapidite] *nf* sapidity.

sapience [sapjɑ̃s] *nf arch* wisdom, sapience *litt*.

sapin [sapɛ̃] *nm* -**1.** BOT fir (tree). -**2.** MENUIS fir, deal; **en ~** fir *(modif)*, deal *(modif)* ❑ **~ blanc** OU **pectiné** (common) silver fir; **sentir le ~** *fam* to have one foot in the grave.

◆ **sapin de Noël** *nm* Christmas tree; **faire un ~ de Noël** [chez soi] to have a Christmas tree; [dans une collectivité] to have a Christmas party for the staff's children *(with presents)*.

sapine [sapin] *nf* -**1.** [planche] fir plank. -**2.** CONSTR jib crane. -**3.** NAUT flat-bottomed deal boat.

sapinette [sapinɛt] *nf* -**1.** BOT: **~ blanche/noire/rouge** white/black/red spruce. -**2.** *Can* [boisson] spruce beer. -**3.** NAUT flat-bottomed deal boat.

sapinière [sapinjɛr] *nf* -**1.** [plantation] fir plantation. -**2.** [forêt] fir forest.

saponacé, e [sapɔnase] *adj* saponaceous.

saponaire [sapɔnɛr] *nf* soapwort.

saponifiable [sapɔnifjabl] *adj* saponifiable.

saponification [sapɔnifikasjɔ̃] *nf* saponification.

saponifier [9] [sapɔnifje] *vt* to saponify.

saponite [sapɔnit] *nf* saponite, bowlingite.

sapotacée [sapɔtase] *nf* member of the Sapotaceae, sapota *spéc*.

sapote [sapɔt] *nf* sapota plum.

sapotier [sapɔtje] *nm* sapota.

sapotille [sapɔtij] *nf* sapodilla plum.

sapotillier [sapɔtilje] *nm* sapodilla.

Sappho [safo] *npr* Sappho.

sapristi [sapristi] *interj vieilli*: **~!** [exprime l'étonnement] Heavens!; [exprime la colère] Great Scot! *vieilli*.

saprophyte [saprɔfit] ◇ *adj* saprophytic.

◇ *nm* saprophyte.

saquer▽ [sake] = **sacquer**.

SAR (*abr écrite de* Son Altesse Royale) HRH.

sarabande [sarabɑ̃d] *nf* -**1.** DANSE & MUS saraband. -**2.** *fam* [tapage] racket, row *Br*; **les enfants font la ~ dans la salle de jeux** the children are raising merry hell in the playroom. -**3.** *sout* [ribambelle] string, succession.

Saragosse [saragɔs] *npr* Saragossa.

Sarajevo [sarajevo] *npr* Sarajevo.

Sarawak [sarawak] *npr* Sarawak.

sarbacane [sarbakan] *nf* blowpipe.

sarcasme [sarkasm] *nm* -**1.** [ironie] sarcasm; **tu n'arriveras à rien par le ~** being sarcastic won't get you anywhere. -**2.** [remarque] sarcastic remark; **essuyer les ~s de qqn** to put up with sb's sarcasm.

sarcastique [sarkastik] *adj* sarcastic.

sarcastiquement [sarkastikmɑ̃] *adv* sarcastically.

sarcelle [sarsɛl] *nf*: **~ d'été** gargancy; **~ d'hiver** teal.

sarclage [sarklaʒ] *nm* weeding.

sarcler [3] [sarkle] *vt* -**1.** [mauvaises herbes - à la main] to pull up *(sép)*, to weed out *(sép)*; [- avec une houe] to hoe; [- avec une bêche] to spud. -**2.** [betteraves, champ - à la main] to weed; [- avec une houe] to hoe.

sarcloir [sarklwar] *nm* (Dutch) hoe, spud.

sarcomateux, euse [sarkɔmatø, øz] *adj* sarcomatous.

sarcome [sarkom] *nm* sarcoma.

sarcophage [sarkɔfaʒ] *nm* -**1.** [cercueil] sarcophagus. -**2.** ENTOM fleshfly.

sarcopte [sarkɔpt] *nm* itch mite, sarcoptid *spéc*.

Sardaigne [sardɛɲ] *npr f*: **(la) ~** Sardinia.

sardane [sardan] *nf* sardana.

sarde [sard] *adj* Sardinian.

◆ **Sarde** *nmf* Sardinian.

◆ **sarde** *nm* LING Sardinian.

sardine [sardin] *nf* -**1.** [poisson] sardine; **~s à l'huile** sardines in oil. -**2.** *arg mil* stripe.

sardinerie [sardinri] *nf* sardine cannery.

sardinier, ère [sardinje, ɛr] *nm, f* -**1.** [pêcheur] sardine fisher. -**2.** [ouvrier] sardine canner.

◆ **sardinier** *nm* -**1.** [bateau] sardine boat OU fisher. -**2.** [filet] sardine net.

sardoine [sardwan] *nf* sard; ~ **rubanée** sardonyx.

sardonique [sardɔnik] *adj* sardonic.

sardoniquement [sardɔnikmɑ̃] *adv* sardonically.

sargasse [sargas] *nf* sargasso, gulfweed.

Sargasses [sargas] *npr fpl* → **mer.**

sari [sari] *nm* sari, saree.

sarigue [sarig] *nf* possum, opossum.

SARL, Sarl (*abr de* **société à responsabilité limitée**) *nf*: Balacor, ~ ≃ Balacor Ltd *Br*, ≃ Balacor Inc. *Am*; **une** ~ a limited liability company.

sarment [sarmɑ̃] *nm* [tige] twining OU climbing stem, bine; ~ **de vigne** vine shoot.

sarmenteux, euse [sarmɑ̃tø, øz] *adj* climbing (*avant n*), sarmentous.

sarong [sarɔ̃g] *nm* sarong.

saroual [sarwal] *nm wide-legged canvas trousers (worn generally in North Africa).*

sarrasin[1] [sarazɛ̃] *nm* BOT buckwheat.

sarrasin[2], **e** [sarazɛ̃, in] *adj* Saracen.

◆ **Sarrasin, e** *nm, f* Saracen.

sarrau, s [saro] *nm* -**1.** [d'artiste] smock. -**2.** [de paysan] smock frock. -**3.** [d'écolier] overalls.

Sarre [sar] *npr f* -**1.** [région]: **la** ~ Saarland, the Saar. -**2.** [rivière]: **la** ~ the (River) Saar.

Sarrebruck [sarbryk] *npr* Saarbrücken.

sarriette [sarjɛt] *nf* savory; ~ **commune** wild basil.

sarrois, e [sarwa, az] *adj* from the Saar.

◆ **Sarrois, e** *nm, f inhabitant of or person from the Saar.*

sas [sas] *nm* -**1.** [crible] sieve, screen. -**2.** AÉRON airlock. -**3.** NAUT [d'écluse] lock (chamber); [passage] airlock. -**4.** [d'une banque] security (double) door.

SAS (*abr écrite de* Son Altesse Sérénissime) HSH.

Saskatchewan [saskatʃewan] *npr m*: **le** ~ Saskatchewan.

sassafras [sasafra] *nm* sassafras.

Satan [satɑ̃] *npr* Satan.

satané, e *fam* [satane] *adj (avant le n)* -**1.** [détestable]: **faites donc taire ce** ~ **gosse!** shut that blasted kid up!; ~ **temps!** what dreadful weather! -**2.** [en intensif]: **c'est un** ~ **menteur** he's a downright liar.

satanique [satanik] *adj* -**1.** [de Satan] satanic. -**2.** [démoniaque, pervers] fiendish, diabolical, satanic; **avoir l'œil** ~ to have an evil glint in one's eye.

satanisme [satanism] *nm* -**1.** [culte] satanism. -**2.** [méchanceté] fiendishness, evil.

satellisable [satelizabl] *adj* which can be put into orbit.

satellisation [satelizasjɔ̃] *nf* -**1.** ASTRONAUT [d'une fusée] putting OU launching into orbit. -**2.** *fig* [d'une nation, d'une ville, d'une organisation] satellization.

satelliser [3] [satelize] *vt* -**1.** ASTRONAUT: ~ **qqch** to put OU to launch sthg into orbit, to orbit sthg; **fusée satellisée** orbiting rocket. -**2.** *fig* [pays, ville] to satellize.

satellite [satelit] ◇ *nm* -**1.** ASTRON, ASTRONAUT & TÉLÉC satellite; **en direct par** ~ live via satellite ❑ ~ **artificiel/météorologique/de télécommunications** artificial/meteorological/communications satellite; ~ **espion/antisatellite** MIL spy/killer satellite; ~ **lunaire/terrestre** moon-orbiting/earth-orbiting satellite; **transmission par** ~ satellite transmission. -**2.** POL [personne, pays, ville] satellite; **les** ~**s du bloc socialiste** the satellite countries of the socialist bloc. -**3.** [d'une aérogare] satellite. -**4.** MÉCAN bevel (wheel); **engrenage à** ~ planetary gear; ~ **de différentiel** differential gear. -**5.** BIOL satellite.

◇ *adj* [ville, pays] satellite (*modif*); **ordinateur** ~ satellite computer.

sati [sati] ◇ *nm inv* suttee (rite).

◇ *nf inv* suttee (woman).

satiété [sasjete] *nf* satiety; **à** ~, **jusqu'à** ~: **manger à** ~ to eat one's fill; **redire jusqu'à** ~ to repeat ad nauseam.

satin [satɛ̃] *nm* -**1.** TEXT satin; ~ **de coton** satin cotton, sateen; **de** ~ satin (*modif*); **une peau de** ~ *fig* a satin-smooth skin. -**2.** [douceur - gén] softness, silkiness; [- de la peau] silky softness.

satinage [satinaʒ] *nm* -**1.** TEXT satining. -**2.** IMPR calandering. -**3.** [en peausserie] (satin) glazing.

satiné, e [satine] *adj* [étoffe, reflets] satiny, satin (*modif*); [papier] calandered; [peau] satin (*modif*), satin-smooth; **un fini** ~ a satin finish ❑ **peinture** ~**e** silk finish emulsion.

◆ **satiné** *nm* [d'une peinture] silk finish; [d'un papier, d'un tissu] satin finish; **la lumière mettait en valeur le** ~ **de sa peau** the light showed off her satin-like complexion.

satiner [3] [satine] *vt* [tissu] to give a satin finish to, to put a satin finish on; [papier] to surface, to glaze; [peau] to make smooth.

satinette [satinɛt] *nf* [en coton] sateen; [en soie et coton] (silk and cotton) satinet.

satire [satir] *nf* -**1.** LITTÉRAT satire. -**2.** [critique] satire, send up *Br*, spoof; **sa** ~ **du Premier ministre est excellente** he's good at taking off the Prime Minister.

satirique [satirik] ◇ *adj* satirical.

◇ *nmf* satirist.

satiriquement [satirikmɑ̃] *adv* satirically.

satiriste [satirist] *nmf* satirist.

satisfaction [satisfaksjɔ̃] *nf* -**1.** [plaisir] satisfaction, gratification; **éprouver de la** ~**/une grande** ~ **à faire qqch** to feel satisfaction/great satisfaction in doing sthg; **il a la** ~ **d'être utile** he has the satisfaction of being useful, he can rest assured that he's being useful; **donner (entière** OU **toute)** ~ **à qqn** [personne] to give sb (complete) satisfaction; [travail] to fulfil *Br* OU to fulfill *Am* sb completely, to give sb a lot of (job) satisfaction; **donner de la** ~ **à qqn** to be a source of satisfaction OU gratification for sb; **mon travail me donne peu de** ~ my work is not very satisfying OU fulfilling OU gratifying; **à ma grande** ~ to my great satisfaction, to my gratification; **le problème fut résolu à la** ~ **générale** the problem was solved to everybody's satisfaction; **je constate/vois avec** ~ **que...** I am pleased to note/to see that... -**2.** [sujet de contentement] source OU cause for satisfaction; **mon travail m'apporte de nombreuses** ~**s** my job gives me great satisfaction; **mon fils m'apporte de nombreuses** ~**s** my son is a great satisfaction to me; **avoir des** ~**s professionnelles/financières** to be rewarded professionally/financially. -**3.** [assouvissement - d'un désir] satisfaction, gratification, fulfilment; [- d'ambitions, d'un besoin] satisfying, fulfilment; [- de la faim] appeasement, satisfying; [- de la soif] quenching, slaking; **c'est pour elle une** ~ **d'amour-propre** it gratifies OU flatters her self-esteem. -**4.** [gain de cause] satisfaction; **accorder** OU **donner** ~ **à qqn** to give sb satisfaction; **obtenir** ~ to obtain satisfaction. -**5.** [réparation] satisfaction; **exiger** ~ **(de qqch)** *sout* to demand satisfaction (for sthg); **obtenir** ~ **d'un affront** *sout* to obtain satisfaction for an affront. -**6.** RELIG: ~ **sacramentelle** (penitential) satisfaction.

satisfaire [109] [satisfɛr] *vt* -**1.** [contenter - suj: résultat, travail] to satisfy, to give satisfaction to; [- suj: explication] to satisfy; **rien ne le satisfait** nothing satisfies him, he's never satisfied; **elle est difficile à** ~ she's hard to please; **votre rapport ne me satisfait pas du tout** I'm not satisfied at all with your report, I don't find your report at all satisfactory; **ce que j'ai me satisfait pleinement** I'm quite content with what I've got; **j'espère que cet arrangement vous satisfera** I hope (that) you'll find this arrangement satisfactory OU to your satisfaction; **la réunion a été fixée au 3 mars, pour** ~ **tout le monde** the date for the meeting has been fixed for March 3rd, so as to satisfy OU to accommodate everybody || [sexuellement] to satisfy. -**2.** [répondre à - attente] to come OU to live up to; [- désir] to satisfy, to fulfil *Br*, to fulfill *Am*; [- besoin] to satisfy, to answer; [- curiosité] to satisfy; [- demande] to meet, to satisfy, to cope with *(insép)*, to keep up with *(insép)*; [- faim] to satisfy, to appease; [- soif] to satisfy, to quench, to slake; **il reste des revendications non satisfaites** there are still a few demands which haven't been met; ~ **un besoin naturel** *euph* to relieve o.s.

◆ **satisfaire à** *v + prép* [conditions] to fulfil *Br*, to fulfill *Am*, to meet, to satisfy; [besoin, exigences] to meet, to fulfil; [désir] to satisfy, to gratify; [attente] to live OU to come up to; [promesse] to fulfil, to keep; [goût] to satisfy; [norme] to comply with *(insép)*, to satisfy; **avoir satisfait à ses obligations militaires** to have fulfilled one's national service commitments.

◆ **se satisfaire** ◇ *vp (emploi réfléchi)* [sexuellement] to have one's pleasure.

◇ *vpi*: **se** ~ [uriner] to relieve o.s.

◆ **se satisfaire de** *vp + prép* to be satisfied OU content with; **tu te satisfais de peu!** you're content with very little!, it doesn't take much to make you happy!; **il ne se satisfait pas de promesses** he's not content with promises, promises aren't good enough for him.

satisfaisant, e [satisfəzɑ̃, ɑ̃t] *adj* [réponse, travail, devoir scolaire] satisfactory; **en quantité** ~**e** in sufficient quantities; **ce n'est pas une excuse/raison** ~**e** it's not a good enough excuse/reason; **peu** ~ [résultat, travail] unsatisfactory; SCOL poor; **cette solution n'était** ~**e pour personne** this solution pleased nobody.

satisfait, e [satisfɛ, ɛt] *adj* [air, personne, regard] satisfied, happy; **être** ~ **de qqn** to be satisfied OU happy with sb; **es-tu** ~ **de ta secrétaire?** are you satisfied with your secretary?; **être** ~ **de soi** OU **de soi-même** to be satisfied with o.s., to be self-satisfied; **être** ~ **de** [arrangement, résultat] to be satisfied with, to be happy with OU about; [voiture, service] to be satisfied with; **je suis très** ~ **de ma prestation** I'm quite satisfied OU pleased with my performance; **elle est partie maintenant, tu es** ~**?** now she's gone, are you satisfied?; **d'accord, j'ai menti, tu es** ~**?** OK, I've lied, are you satisfied now?

satisfecit [satisfesit] *nm inv* -**1.** SCOL star, credit. -**2.** *sout* full credit; **décerner un** ~ **à qqn pour qqch** to congratulate sb for (having done) sthg.

satisfiable [satisfjabl] *adj* satisfiable LOGIC.

satrape [satrap] *nm* -**1.** HIST satrap. -**2.** *litt* [tyran] satrap, despot; [homme riche] nabob.

saturabilité [satyrabilite] *nf* saturability.

saturable [satyrabl] *adj* saturable.

saturant, e [satyrɑ̃, ɑ̃t] *adj* saturating, saturant.

saturateur [satyratœr] *nm* -**1.** CHIM saturator, saturater. -**2.** [pour radiateur] humidifier.

saturation [satyrasjɔ̃] *nf* -**1.** SC saturation; **en eau** water saturation; ~ **magnétique** (magnetic) saturation. -**2.** [d'une autoroute, d'un aéroport] saturation, paralysis, gridlocking; [d'un circuit] saturation, overloading; [d'un marché] saturation (point); **arriver** OU **parvenir à** ~ [marché, aéroport] to reach saturation point; [marcheur, travailleur] to reach saturation point, to be unable to take anymore; **nous arrivons à la** ~ **totale du réseau** the network has reached saturation point.

saturé, e [satyre] *adj* -**1.** [imprégné - gén] impregnated; [- d'un liquide] saturated; **sol** ~ **de sel** very salty soil. -**2.** [encombré - marché] saturated, glutted. -**3.** [rassasié, écœuré]: ~ **de** sated with; **des enfants** ~**s de télévision** children who have had too much television. -**4.** [engorgé - autoroute] saturated, blocked, gridlocked; [- circuit de communication] saturated. -**5.** SC & TECH saturated.

saturer [3] [satyre] ◇ *vt* -**1.** CHIM to saturate; ~ **qqch de** to saturate sthg with. -**2.** [surcharger, remplir en excès] to saturate, to glut; ~ **un marché de produits agricoles** to glut OU to saturate a market with agricultural products; **nous sommes saturés de publicités pour des lessives** we're swamped with washing powder adverts; **être saturé de travail** to be up to one's eyes in work, to be swamped with work;

saturé d'eau/de sang saturated with water/with blood; le jardin est saturé d'eau the garden is waterlogged OU saturated with water.
◇ *vi fam* [marché] to become saturated; [lignes téléphoniques] to overload; [sonorisation]: ça sature we're getting distortion || [personne]: deux heures d'informatique et je sature after two hours of computer science, I can't take anything in any more.

saturnales [satyrnal] *nfpl* -**1.** *litt* [débauche] saturnalia *(pl)*, (wild) orgies. -**2.** ANTIQ saturnalia *(pl)*.

saturne [satyrn] *nm* Saturn *(in alchemy)*.

Saturne [satyrn] *npr* Saturn ASTRON & MYTH.

saturnie [satyrni] *nf* emperor moth.

saturnien, enne [satyrnjɛ̃, ɛn] *adj* -**1.** ASTRON Saturnian. -**2.** *litt* [morose] saturnine, gloomy, glum, taciturn.

saturnin, ine [satyrnɛ̃, in] *adj* -**1.** CHIM lead *(modif)*. -**2.** MÉD saturnine.

saturnisme [satyrnism] *nm* (chronic) lead poisoning, saturnism *spéc*.

satyre [satir] *nm* -**1.** MYTH & ENTOM satyr. -**2.** [homme lubrique] lecher. -**3.** BOT: ~ puant stinkhorn.

satyriasis [satirjazis] *nm* satyriasis.

satyrique [satirik] *adj* satyric, satyrical.

sauce [sos] *nf* -**1.** CULIN sauce; [de salade] salad dressing; [vinaigrette] French dressing; [jus de viande] gravy; ~ aux champignons/à la moutarde/aux câpres mushroom/mustard/caper sauce ❑ ~ béarnaise/hollandaise béarnaise/hollandaise sauce; ~ madère/piquante Madeira/hot sauce; ~ béchamel béchamel OU white sauce; ~ bordelaise sauce bordelaise; ~ mousseline sauce mousseline; ~ au soja soy sauce; ~ suprême sauce suprême; ~ tartare tartar sauce; pâtes à la ~ tomate pasta with tomato sauce; mettre OU servir qqch à toute les ~s to make sthg fit every occasion; mettre une citation/théorie à toutes les ~s to make a quotation/theory fit every (available OU possible) occasion; une expression qui a été mise à toutes les ~s a hackneyed phrase; je me demande à quelle ~ nous allons être mangés I wonder what lies in store for us OU what they're going to do to us; la ~ fait passer le poisson *prov* a spoonful of sugar helps the medicine go down; allonger OU rallonger la ~ *fam* to pad sthg out. -**2.** *fam* [pluie]: prendre OU recevoir la ~ to get soaked OU drenched. -**3.** *fam* [courant électrique] juice; il n'y a pas assez de ~ there's not enough juice OU power; envoie la ~! turn on the power OU juice! -**4.** BX-ARTS soft black crayon.
◆ **en sauce** *loc adj* with a sauce; viande/poisson en ~ meat/fish served in a sauce.

saucée *fam* [sose] *nf* downpour; prendre OU recevoir la ~ to get drenched OU soaked (to the skin); il va y avoir une ~ it's going to bucket down.

saucer [16] [sose] *vt* -**1.** *vieilli* [tremper]: ~ son pain to dip one's bread in sauce. -**2.** [essuyer]: ~ son assiette (avec un morceau de pain) to wipe (off) one's plate (with a piece of bread). -**3.** *fam loc*: se faire ~ to get soaked (to the skin) OU drenched.

saucier [sosje] *nm* -**1.** [employé] sauce cook OU chef. -**2.** [appareil] sauce-maker.

saucière [sosjɛr] *nf* [pour sauce] sauce boat; [pour jus] gravy boat.

sauciflard▽ [sosiflar] *nm* sausage.

saucisse [sosis] *nf* -**1.** CULIN sausage; ~ de Francfort frankfurter; ~ de Strasbourg Strasbourg (pork) sausage, knack-wurst. -**2.** *arg mil* [ballon captif] sausage. -**3.** *fam* [imbécile]: espèce de grande ~! you great lump!, you numbskull!

saucisson [sosisɔ̃] *nm* -**1.** CULIN: ~ (sec) (dry) sausage; ~ à l'ail garlic sausage. -**2.** [pain] sausage-shaped loaf. -**3.** [charge de poudre] powder hose.

saucissonner *fam* [3] [sosisɔne] ◇ *vi* to picnic, to have a snack.
◇ *vt* -**1.** [attacher - personne] to tie up *(sép)*; ils ont saucissonné le gardien sur la chaise they trussed up the caretaker and tied him to a chair. -**2.** [diviser]: le film a été saucissonné pour la télévision the film was divided up into episodes when it was shown on television.

sauf¹ [sof] *prép* -**1.** [à part] except, apart from, save; tout le monde ~ Paul everyone except (for) OU apart from Paul; ils y ont tous cru, ~ moi they all believed it, except me; nous avons parlé de tout, ~ de ce point précis we spoke about everything except OU apart from this one particular point; j'ai voyagé partout en Allemagne, ~ en Bavière I've been everywhere in Germany except (for) Bavaria; il a pensé à tout, ~ à ça he thought of everything, except that; il sait tout faire ~ cuisiner he can do everything except OU but cook; il s'arrête toujours ici ~ s'il n'a pas le temps he always stops here except if OU unless he's in a hurry; j'y vais régulièrement ~ quand il ne fait pas beau I go there regularly except when the weather's bad. -**2.** [à moins de] unless; ~ avis contraire unless otherwise instructed; ~ indications contraires unless otherwise stated; ~ erreur ou omission errors and omissions excepted; ~ accord ou convention contraire JUR unless otherwise agreed. -**3.** *loc*: ~ le respect que je vous dois *litt* OU *hum* with all due respect; ~ votre respect *litt* OU *hum* with respect.
◆ **sauf à** *loc prép sout*: il a pris cette décision, ~ à changer plus tard he took this decision, but reserved the right to change it later.
◆ **sauf que** *loc conj* except (for the fact) that, apart from the fact that; il n'a pas changé, ~ que ses cheveux ont blanchi he hasn't changed, except (for the fact) that he has gone grey.

sauf², **sauve** [sof, sov] *adj* -**1.** [indemne] safe; elle est sauve she's safe, she escaped unhurt OU unharmed. -**2.** *fig* [intact]: au moins, les apparences sont sauves at least appearances have been kept up OU saved.

sauf-conduit [sofkɔ̃dɥi] (*pl* sauf-conduits) *nm* safe-conduct.

sauge [soʒ] *nf* -**1.** BOT salvia; ~ officinale sage. -**2.** CULIN sage.

saugrenu, e [sogrəny] *adj* peculiar, weird; en voilà une idée ~e! what a cranky OU daft idea!

Saül [sayl] *npr* Saul.

saulaie [solɛ] *nf* willow plantation.

saule [sol] *nm* willow; ~ cassant/marsault crack/goat willow; ~ pleureur/blanc weeping/white willow.

saumâtre [somatr] *adj* -**1.** [salé] brackish, briny. -**2.** *fam* [désagréable] bitter, nasty; il l'a trouvée ~! he wasn't amused!, he was unimpressed! *euph.*

saumon [somɔ̃] ◇ *nm* -**1.** ZOOL salmon. -**2.** [couleur] salmon-pink. -**3.** MÉTALL pig.
◇ *adj inv* salmon *(modif)*, salmon-pink.

saumoné, e [somɔne] *adj* [rose] salmon, salmon-pink.

saumoneau, x [somɔno] *nm* young salmon, parr.

saumur [somyr] *nm* Saumur (wine).

Saumur [somyr] *npr* *town in western France with a military academy famous as a centre for cavalry training.*

saumure [somyr] *nf* brine; conserver du poisson/des cornichons dans la ~ to pickle fish/gherkins (in brine).

saumurer [3] [somyre] *vt* to pickle (in brine).

sauna [sona] *nm* [cabine] sauna (bath); [établissement] sauna.

saunage [sonaʒ] *nm*, **saunaison** [sonɛzɔ̃] *nf* -**1.** [fabrication] salt making. -**2.** [saison] salt (making) season. -**3.** [vente] salt trade.

sauner [3] [sone] *vi* to yield salt.

saunier [sonje] *nm* -**1.** [ouvrier] salt worker. -**2.** [marchand] salt merchant; faux ~ HIST contraband salt merchant.

saupoudrage [sopudraʒ] *nm* -**1.** CULIN sprinkling, dusting. -**2.** FIN & POL [de crédits] *allocation of small amounts of finance to numerous posts.*

saupoudrer [3] [sopudre] *vt* -**1.** CULIN to dust, to sprinkle; ~ un gâteau de sucre to sprinkle OU to dust sugar over a cake. -**2.** FIN & POL: ~ des crédits to allocate small amounts of finance to numerous posts. -**3.** *fig* & *litt* [parsemer] to scatter, to sprinkle; ~ un discours de citations to pepper a speech with quotations.
◆ **se saupoudrer** *vpt*: se ~ les mains de talc to dust one's hands with talcum powder.

saupoudreuse [sopudrøz] *nf* sprinkler.

saur [sɔr] *adj m* smoked, cured.

saurage [sɔraʒ] *nm* smoking, curing.

saurer [3] [sɔre] *vt* to smoke, to cure.

saurien [sɔrjɛ̃] *nm* saurian; les ~s the saurians, the Sauria *spéc.*

saut [so] *nm* -**1.** SPORT jump; le ~ jumping; championnat/épreuves de ~ jumping championship/events ❑ ~ en hauteur/longueur high/long jump; ~ de l'ange swallow *Br* OU swan *Am* dive; ~ de carpe jack-knife dive; ~ en chute libre free fall; ~ en ciseaux scissors jump; ~ à la corde skipping, jumproping *Am*; ~ de haies hurdling; ~ de la mort death jump; ~ en parachute [discipline] parachuting, skydiving; [épreuve] parachute jump; ~ à la perche [discipline] pole vaulting; [épreuve] pole vault; ~ périlleux somersault; ~ à pieds joints standing jump; ~ en rouleau western roll; ~ à skis [discipline] skijumping; [épreuve] (ski) jump. -**2.** [bond] leap; se lever d'un ~ to leap OU to jump to one's feet ❑ ~ de puce step; au ~ du lit [en se levant] on OU upon getting up; [tôt] first thing in the morning. -**3.** [chute] drop; elle a fait un ~ de cinq mètres dans le vide she fell OU plunged five metres into the void. -**4.** [brève visite] flying visit; elle a fait un ~ chez nous hier she dropped by (our house) yesterday; je ne fais qu'un ~ [quelques instants] I'm only passing, I'm not staying; [quelques heures] I'm only on a flying visit; fais un ~ chez le boucher pop over OU along OU across to the butcher's. -**5.** *fig* leap; faire un ~ dans l'inconnu to take a leap in the dark; faire un ~ dans le passé to go back into the past; faire un ~ d'un siècle to jump a century ❑ le grand ~ [la mort] the big sleep; faire le ~ to take the plunge. -**6.** GÉOG falls, waterfall; le ~ du Doubs the Doubs falls. -**7.** INF & MATH jump.

saut-de-lit [sodli] (*pl* sauts-de-lit) *nm* dressing-gown, light robe.

saut-de-mouton [sodmutɔ̃] (*pl* sauts-de-mouton) *nm* flyover *Br*, overpass *Am*.

saute [sot] *nf* -**1.** MÉTÉO: ~ de vent shift (of the wind); ~ de température sudden change in temperature. -**2.** *fig*: ~ d'humeur mood swing; sujet à de fréquentes ~s d'humeur prone to frequent changes of mood.

sauté [sote] *nm* sauté; ~ d'agneau/de veau sauté of lamb/of veal.

saute-mouton [sotmutɔ̃] *nm inv* leapfrog; jouer à ~ to play leapfrog; il jouait à ~ par-dessus les tréteaux he was leapfrogging over the trestles.

sauter [3] [sote] ◇ *vi* -**1.** [bondir - personne] to jump, to spring up; [- chat] to jump, to leap; [- oiseau, insecte] to hop; [- grenouille, saumon] to leap; [- balle, curseur] to bounce, to jump; ~ dans une tranchée/dans un puits to jump into a trench/down a well; ~ en selle to jump OU to leap into the saddle; ~ d'une branche/falaise to leap off a branch/cliff; ~ par-dessus une corde/un ruisseau to leap over a rope/across a stream; il faut ~ pour atteindre l'étagère you've got to jump up to reach the shelf; ~ par la fenêtre to jump out of the window ❑ ~ comme un cabri to frolic. -**2.** JEUX & SPORT: ~ à cloche-pied to hop; ~ à la corde to skip (with a rope) *Br*, to skip OU to jump rope *Am*; ~ en parachute to (parachute) jump, to parachute; ~ en hauteur/longueur to do the high/long jump; ~ à la perche to pole-vault; ~ à skis to ski-jump; ~ en ciseaux to do a scissors jump. -**3.** [se ruer] to jump , to pounce; ~ **(à bas) du lit** to jump OU to spring out of bed; ~ **dans un taxi** to jump OU to leap into a taxi; **il sauta sur le malheureux passant** he pounced on the wretched passer-by || *fig*: ~ **de joie** to jump for joy; **je lui sauterai dessus dès qu'il reviendra** *fam* I'll grab him as soon as he gets back; ~ **sur l'occasion** *fam* to jump at the chance; **c'est une excellente occasion, je saute dessus** it's a great opportunity, I'll grab it ❑ ~ **au plafond** *fam*, ~ **en l'air** *fam* [de colère] to hit the roof; [de joie] to be thrilled to bits; ~ **à la gorge** OU **au collet de qqn** to jump down sb's throat; ~ **au cou de qqn** to fly into sb's arms; **et que ça saute!** *fam*: **va te laver les mains, et que ça saute!** go and wash your hands and get a move on OU get your skates on *Br*!; **ça saute aux yeux** it's plain for all to see OU as the nose on your face. -**4.** [exploser] to blow up, to explode, to go off; **faire** ~ **un pont/char** to blow up a bridge/tank; **faire** ~ **une mine** to explode a mine; **les plombs ont sauté** ÉLECTR the fuses have blown; **faire** ~ **les plombs** to blow the fuses; **la lampe/le circuit a sauté** the lamp/circuit has fused *Br*, the lamp fuse/the circuit has blown *Am* ❑ **se faire** ~ **la cervelle** *fam* OU **le caisson** *fam* to blow one's brains out. -**5.** [changer sans transition] to jump; ~ **du coq à l'âne** to jump from one topic to the next, to go from one thing to the other. -**6.** [cesser de fonctionner - chaîne, courroie] to come off; [- image de télévision] to flicker; [- serrure] to snap; **les boutons ont sauté** the buttons flew off OU popped off; **faire** ~ **le bouchon d'une bouteille** to pop a cork; **faire** ~ **la banque** JEUX to break the bank. -**7.** *fam* [être renvoyé] to fall; **le gouvernement a sauté** the government has fallen; **le ministre a sauté** the minister got fired OU got the sack *Br*; **faire** ~ **un directeur** to kick out OU to fire a manager. -**8.** CULIN: **faire** ~ **des pommes de terre** to sauté potatoes; **faire** ~ **une crêpe** to toss a pancake. -**9.** NAUT [vent] to change.

◇ *vt* -**1.** [obstacle] to jump OU to leap over *(insép)*; ~ **le pas** *fig* to take the plunge. -**2.** [omettre] to skip, to leave out *(sép)*; ~ **une danse** to sit out a dance. -**3.** ▽ *loc*: **la** ~ to be starving. -**4.** ▼ [sexuellement]: ~ **qqn** to lay sb.

sauterelle [sotrɛl] *nf* -**1.** ENTOM grasshopper; [criquet] locust. -**2.** *fam* [femme osseuse]: **grande** ~ beanpole. -**3.** [en manutention] travelling *Br* OU traveling *Am* belt, conveyor (belt). -**4.** MENUIS bevel (square).

sauterie [sotri] *nf hum* party; **donner une petite** ~ to throw a party.

sauternes [sotɛrn] *nm* Sauternes *Br* OU Sauterne *Am* (wine).

saute-ruisseau [sotrɥiso] *nm inv vieilli* errand boy.

sauteur, euse [sotœr, øz] ◇ *adj* jumping, hopping.

◇ *nm, f* SPORT jumper; ~ **en hauteur/longueur** high/long jumper; ~ **à la perche** polevaulter.

◆ **sauteuse** *nf* -**1.** CULIN high-sided frying pan. -**2.** MENUIS jigsaw.

sautillant, e [sotijɑ̃, ɑ̃t] *adj* -**1.** [démarche, oiseau] hopping, skipping; **d'un pas** ~ with a dancing step. -**2.** *fig* [style] light; [refrain] gay, bouncy.

sautillement [sotijmɑ̃] *nm* -**1.** [petit saut] hop, skip, skipping *(U)*. -**2.** [changement constant] jumping around, chopping and changing.

sautiller [3] [sotije] *vi* -**1.** [faire de petits sauts] to hop, to skip; **marcher en sautillant** to skip along; ~ **sur un pied** to hop. -**2.** [papillonner] to flit; **sa pensée sautille sans cesse** her mind flits from one thing to another, she has a butterfly mind *Br*.

sautoir [sotwar] *nm* -**1.** JOAILL chain; **en** ~ on a chain ❑ ~ **de perles** string of pearls. -**2.** SPORT jumping pit. -**3.** CULIN high-sided frying pan. -**4.** HÉRALD saltire.

sauvage [sovaʒ] ◇ *adj* -**1.** ZOOL [non domestique] wild; [non apprivoisé] untamed; **il est redevenu** ~ [chat] he's gone feral OU wild; [jeune fauve] he's gone back to the wild. -**2.** [non cultivé] wild; **le jardin est redevenu** ~ **depuis leur départ** since they left the garden has become overgrown. -**3.** [peu fréquenté] wild, remote; **les régions** ~**s du nord de l'Écosse** the wilds OU the remote regions of northern Scotland. -**4.** *vieilli* & ANTHR savage, uncivilized; **une peuplade** ~ an uncivilized people. -**5.** [féroce] savage, vicious, brutal; **une attaque** ~ a savage attack. -**6.** [spontané et illégal - camping, vente] unauthorized; [- urbanisme] unplanned; [non officiel - psychanalyse] unofficial, alternative.

◇ *nmf* -**1.** *vieilli* & ANTHR savage; **leurs premiers contacts avec les** ~**s des îles** their first contacts with the island savages; **le bon** ~ the noble savage. -**2.** [personne fruste, grossière] boor, brute; **comme un** ~: **il se conduit comme un** ~ he's a real brute. -**3.** [personne farouche] unsociable person, recluse.

sauvagement [sovaʒmɑ̃] *adv* savagely, viciously; ~ **assassiné** savagely OU brutally murdered.

sauvageon, onne [sovaʒɔ̃, ɔn] *nm, f* wild child.

◆ **sauvageon** *nm* [arbre] wildling.

sauvagerie [sovaʒri] *nf* -**1.** [méchanceté] viciousness, brutality. -**2.** [misanthropie] unsociableness.

sauvagine [sovaʒin] *nf* -**1.** CHASSE wildfowl *(U)*. -**2.** [fourrure] common pelts, fur skins.

sauvegarde [sovgard] *nf* -**1.** [protection] safeguard, safeguarding *(U)*; ~ **des ressources naturelles** conservation of natural resources; **sous la** ~ **de la justice** JUR under the protection of the Court. -**2.** [sécurité] safety. -**3.** INF saving *(U)*; **faire une** ~ to save. -**4.** NAUT safety rope.

sauvegarder [3] [sovgarde] *vt* -**1.** [protéger - bien] to safeguard, to watch over *(insép)*; [- honneur, réputation] to protect. -**2.** INF to save.

sauve-qui-peut [sovkipø] *nm inv* panic; **ce fut un** ~ **général** there was a general stampede.

sauver [3] [sove] *vt* -**1.** [personne - gén] to save, to rescue; [- dans un accident, une catastrophe] to rescue; ~ **la vie à qqn** to save sb's life; ~ **qqn de la noyade/faillite** to rescue sb from drowning/bankruptcy; **être sauvé** [sain et sauf] to be safe; [par quelqu'un] to have been saved OU rescued; **ils ont atteint la côte, ils sont sauvés!** they've reached the shore, they're safe! || *fig*: **il y a une banque ouverte, je suis sauvé!** there's a bank open, saved again!; **tout est prêt pour la kermesse demain, nous sommes sauvés!** everything is ready for tomorrow's fete, we're home and dry *Br* OU home free *Am*! ❑ ~ **sa peau** *fam* to save one's skin OU hide; ~ **sa tête** to save one's skin. -**2.** [protéger]: ~ **les apparences** to keep up appearances; **pour** ~ **l'honneur** so that honour may be saved; ~ **la situation** to save OU to retrieve the situation; **la musique sauve le film** the music saves the film ❑ ~ **la face** to save face; **je lui ai sauvé la mise** *fam* I've got him out of trouble, I've bailed him out. -**3.** [préserver] to salvage, to save; **on n'a pu** ~ **qu'un morceau du toit** only part of the roof survived OU could be salvaged; ~ **qqch de l'oubli** to rescue sthg from oblivion ❑ ~ **les meubles** *fam* to salvage something from the situation. -**4.** RELIG to save.

◆ **se sauver** ◇ *vp (emploi réfléchi)* RELIG to be saved.

◇ *vpi* -**1.** [s'enfuir - animal] to escape; [- pensionnaire] to run away; [- prisonnier] to escape, to break out *(insép)*; [- matelot] to jump ship; **se** ~ **à toutes jambes** to take to one's heels (and run). -**2.** *fam* [lait] to boil over. -**3.** *fam* [s'en aller] to leave, to split *Am*; **il est l'heure, il faut que je me sauve** it's time, I must get going; **sauve-toi!** run along now!; **bon, je me sauve!** right, I'm off OU on my way!

◆ **sauve qui peut** *interj* run for your life, every man for himself.

sauvetage [sovtaʒ] *nm* -**1.** [d'un accidenté] rescue; **opérer** OU **effectuer le** ~ **d'un équipage** to rescue a crew; ~ **d'une entreprise** *fig* financial rescue of a company ❑ ~ **aérien/en montagne** air/mountain rescue. -**2.** NAUT [de l'équipage] life saving, sea rescue; [de la cargaison] salvage.

◆ **de sauvetage** *loc adj* life *(modif)*; **canot de** ~ lifeboat.

sauveteur [sovtœr] *nm* rescuer.

sauvette [sovɛt]

◆ **à la sauvette** ◇ *loc adj*: **marchand** OU **vendeur à la** ~ (illicit) street peddler OU hawker; **vente à la** ~ (illicit) street peddling OU hawking.

◇ *loc adv* -**1.** [illégalement]: **vendre qqch à la** ~ to hawk OU to peddle sthg (without authorization). -**2.** [discrètement]: **faire qqch à la** ~ to do sthg stealthily; **il m'a glissé un mot à la** ~ he slipped me a note.

sauveur [sovœr] ◇ *nm* -**1.** [bienfaiteur] saviour; **tu es mon** ~! *hum* you've saved my life! -**2.** RELIG: **le Sauveur** Our Saviour.

◇ *adj m* saving *(avant n)*.

sauvignon [soviɲɔ̃] *nm* -**1.** BOT Sauvignon plant. -**2.** ŒNOL Sauvignon (wine).

SAV *nm abr de* **service après-vente**.

savamment [savamɑ̃] *adv* -**1.** [avec érudition] learnedly. -**2.** [habilement] cleverly, cunningly; **des tresses** ~ **enroulées** cleverly arranged tresses. -**3.** [par expérience]: **j'en parle** ~ I know what I'm talking about, I have first-hand experience (in this matter).

savane [savan] *nf* -**1.** [dans les pays chauds] bush, savanna, savannah. -**2.** *Can* [marécage] swamp.

savant, e [savɑ̃, ɑ̃t] ◇ *adj* -**1.** [érudit - livre, moine, société] learned; [- traduction, conversation] scholarly; **être** ~ **en peinture/grec** to be well-versed in painting/Greek; **c'est trop** ~ **pour lui!** that's (totally) beyond his grasp! -**2.** [habile] skilful, clever; **un** ~ **édifice de paquets de lessive** a cleverly constructed tower of soap powder packs. -**3.** [dressé - chien, puce] performing.

◇ *nm, f* [lettré] scholar.

◆ **savant** *nm* [scientifique] scientist; **Marie Curie fut un grand** ~ Marie Curie was a great scientist.

savarin [savarɛ̃] *nm* savarin (cake).

savate [savat] *nf* -**1.** [chaussure] worn-out (old) shoe; [pantoufle] old slipper; **il est en** ~**s toute la journée** he pads around in his old slippers all day long ❑ **comme une** ~ appallingly badly; **chanter/peindre comme une** ~ to be a lousy singer/painter. -**2.** SPORT: **la** ~ French boxing.

savetier [savtje] *nm arch* [cordonnier] cobbler.

saveur [savœr] *nf* -**1.** [goût] savour, flavour; **ce fruit est sans** ~ this fruit is tasteless OU has no flavour; **une poire pleine de** ~ a tasty pear; **quelle** ~! very tasty! -**2.** [trait particulier] fragrance, savour; **il y a toute la** ~ **de l'Italie dans son accent** there is all the flavour of Italy in his accent. -**3.** [attrait]: **la** ~ **du péché** the sweet taste of sin.

Savoie [savwa] *npr f*: **(la)** ~ Savoy, Savoie.

savoir[1] [savwar] *nm* knowledge.

savoir[2] [59] [savwar] ◇ *vt* -**1.** [connaître - donnée, réponse, situation] to know, to be aware of; **nous ne savons toujours pas le nom du vainqueur** we still don't know the winner's name; **que savez-vous de lui?** what do you know about OU of him?; **tu sais la nouvelle?** have you heard the news?; **on le savait malade** we knew he was ill, he was known to be ill; **on le savait alcoolique** he was known to be an alcoholic, he was a known alcoholic; **je ne te savais pas si susceptible** I didn't know OU I didn't realize OU I never thought you were so touchy; **je sais un moyen d'y parvenir** *sout* I know a way to do it; **je ne sais rien de plus apaisant que la musique** *sout* I don't know anything more soothing than music. -**2.** [être informé de]: **comment sais-tu que j'habite ici?** how do you know I live here?; **que va-t-il arriver à Tintin? pour le** ~, **lisez notre prochain numéro!** what's in store for Tintin? find out in our next issue!; **c'est toujours bon à** ~ it's (always) worth knowing; **je sais des cho-**

ses... *fam* [sur un ton taquin] I know a thing or two, I know what I know!; **c'est sa maîtresse – tu en sais des choses!** she's his mistress – you seem well informed!; **je sais ce que je sais!** *fam* I know what I know!; **je sais ce que je dis/j'ai vu** I know what I'm saying/I saw; **je n'en sais pas plus que toi** I don't know any more than you do; **pour en ~ plus, composez le 34 15** for more information OU (if you want) to know more, phone 34 15; **il en savait trop** he knew too much; **ce n'est pas elle qui l'a dénoncé – qu'en savez-vous?** she wasn't the one who turned him in – what do you know about it OU how do you know?; **je n'en sais rien du tout** I don't know anything about it, I haven't got a clue; **après tout, tu n'en sais rien!** after all, what do YOU know about it!; **il est venu ici, mais personne n'en a rien su** he came here, but nobody found out about it; **chercher à en ~ davantage** to try and find out more; **en ~ long sur qqn/qqch** to know a great deal about sb/sthg; **j'en sais long sur lui** I know a lot about him; **on n'en sait pas long sur son enfance** we don't know much about her childhood; **en ~ quelque chose** to have some knowledge (of a subject); **oh oui ça fait mal, j'en sais quelque chose!** yes, it's very painful, I can tell you!; **il n'aime pas les cafardeurs – tu dois en ~ quelque chose!** he doesn't like sneaks – you'd know all about that!; **pour ce que j'en sais** for all I know; **je sais à quoi m'en tenir sur lui** I know what kind of (a) person he is; **je ne sais si elle a eu mon message** I don't know whether she got my message; **sais-tu où/pourquoi il est parti?** do you know where/why he went?; **je crois ~ qu'ils ont annulé la conférence** I have reason OU I'm led to believe that they called off the conference; **tout le monde sait que...** it's a well-known fact OU everybody knows that...; **je ne sais combien, on ne sait combien** [d'argent] who knows how much; **ça a coûté je ne sais combien** it cost who knows OU I don't know how much; **il y a je ne sais combien de temps** a very long time ago; **il a fallu je ne sais combien de soldats** God knows how many soldiers were needed; **je ne sais comment, on ne sait comment** God knows how; **elle y est arrivée on ne sait comment** she managed God knows how OU somehow or other; **je ne sais où, on ne sait où** God knows where; **il est je ne sais où** God knows where he is; **je ne sais pourquoi, on ne sait pourquoi** God OU who knows why; **je ne sais quel..., je ne sais quelle...** some... or other; **retenu par je ne sais quelle affaire** held up by some business or other; **je ne sais qui, on ne sait qui** somebody or other; **je ne sais quoi, on ne sait quoi**: **il y a je ne sais quoi de bizarre chez lui** there's something a bit weird about him; **sachant que x = y, démontrez que...** MATH if x = y, show that... || *(en usage abs)*: **ceux qui savent** informed people OU sources; **oui, oui, je sais!** yes, yes, I'm aware of that OU I know OU I realize!; **où est-elle? – est-ce que je sais, moi?** *fam* where is she? – search me OU don't ask me OU how should I know?; **s'il savait, s'il avait su**: **si j'avais su, je ne t'aurais rien dit** if I'd known, I wouldn't have said a word (to you) || *(au subjonctif)*: **on ne sache pas que, que l'on sache** *sout* OU *hum*: **je ne sache pas qu'on ait modifié le calendrier, on n'a pas modifié le calendrier, que je sache** the calendar hasn't been altered that I know of OU as far as I know; **a-t-elle la permission? – pas que je sache** has she got permission? – not to my knowledge OU not as far as I know; **Napoléon, qu'on sache, n'avait pas demandé leur reddition** Napoleon had not asked them to surrender, as far as is known ❑ **va/allez ~**: **va ~ ce qui lui a pris!** who knows what possessed her?; **pourquoi est-elle partie? – allez ~!** why did she leave? – who knows? **-3.** [être convaincu de] to know, to be certain OU sure of; **je savais bien que ça ne marcherait pas!** I knew it wouldn't work!; **je sais parfaitement qu'il est innocent** I know for sure he's innocent; **je ne sais pas si ça en vaut la peine** I don't know if it's worth it; **je n'en sais trop rien** I'm not too sure, I don't really know || *(en usage abs)*: **comment ~?** how can you tell OU know?; **qui sait?** who knows?; **peut-être guérira-t-il, qui sait?** he might recover, who knows? OU you never can tell!; **on ne sait jamais, sait-on jamais** you never know; **prends un parapluie, on ne sait jamais** take an umbrella, just in case OU you never know. **-4.** [apprendre]: **~ qqch par qqn** to hear sthg from sb; **je l'ai su par son frère** I heard it from her brother; **on a fini par ~ qu'un des ministres était compromis** it finally leaked out that one of the ministers was compromised; **faire ~ qqch à qqn** to inform sb OU to let sb know of sthg; **si elle arrive, faites-le moi ~** if she comes, let me know. **-5.** [se rappeler] to know, to remember; **je ne sais plus la fin de l'histoire** I can't remember the end of the story; **le jour de l'examen, je ne savais plus rien** on the day of the exam I'd forgotten everything; **est-ce que tu sais ton rôle?** THÉÂT do you know your lines?; *fig* do you know what you are supposed to do? **-6.** [pouvoir] to know how to, to be able to; **~ faire qqch** to know how to OU to be able to do sthg; **tu sais plonger/conduire?** can you dive/drive?; **elle ne sait ni lire ni écrire** she can't read or write; **j'ai su danser le charleston** I used to know how to OU I used to be able to dance the charleston; **elle sait (parler) cinq langues** she can speak OU she knows five languages; **il ne sait pas/sait bien faire la cuisine** he's a bad/good cook; **si je sais bien compter/lire** if I count/read right; **il sait parler/vendre** he's a good talker/salesman; **quand on lui a demandé qui était président à l'époque, il n'a pas su répondre** when asked who was President at the time, he didn't know (what the answer was); **je ne sais pas mentir** I can't (tell a) lie; **il ne sait pas se faire obéir de ses enfants** he can't get his children to do as they are told; **il sait se contenter de peu** he can make do with very little; **elle ne savait que faire pour le rassurer** she didn't know what to do to reassure him; **je n'ai pas su la réconforter** I wasn't able to comfort her; **il faut ~ écouter le patient** you have to be able to listen to your patient; **je sais être discret** I can be OU I know when to be discreet; **elle ne sait pas se reposer** [elle travaille trop] she doesn't know when to stop; **il a su rester jeune/modeste** he's managed to remain young/modest; **~ s'y prendre**: **~ s'y prendre avec les enfants** to know how to handle children, to be good with children; **je n'ai jamais su m'y prendre avec les filles** I've never known how to behave with girls!; **~ y faire**: **laisse-moi découper le poulet, tu ne sais pas y faire** let me carve the chicken, you don't know how to do it; **~ y faire avec qqn** to know how to handle sb; **elle sait y faire avec le patron!** she knows how to get round OU to handle the boss!; **il sait y faire avec les filles!** he knows how to get his (own) way with girls!; **on ne saurait tout prévoir** you can't think of everything; **je ne saurais te le dire** I couldn't tell you; **on ne saurait être plus aimable/déplaisant** you couldn't be nicer/more unpleasant. **-7.** [être conscient de] to know, to be aware of; **si tu savais combien j'ai souffert!** if you knew how much I suffered!; **je sais que c'est un escroc** I know he's a crook; **sachez-le bien** make no OU let there be no mistake about this; **il faut ~ que le parti n'a pas toujours suivi Staline** you've got to remember that the Party didn't always toe the Stalinist line; **sache qu'en fait, c'était son idée** you should know that in fact, it was his idea; **sachez que je le fais bénévolement** for your information, I do it for nothing; **elle ne sait plus ce qu'elle fait ni ce qu'elle dit** [à cause d'un choc, de la vieillesse] she's become confused; [sous l'effet de la colère] she's beside herself (with anger); **il est tellement soûl qu'il ne sait plus ce qu'il dit** he's so drunk he doesn't know what he's saying; **elle sait ce qu'elle veut** she knows (exactly) what she wants; **tu ne sais pas ce que tu rates** you don't know what you're missing; **tu ne sais pas ce que tu veux/dis** you don't know what you want/what you're talking about; **il faudrait ~ ce que tu dis, l'autre jour tu l'as accusé, aujourd'hui tu le défends!** make up your mind, the other day you were accusing him, and today, you're sticking up for him!; **il faudrait ~ ce que tu dis, c'est demain ou c'est après-demain?** (come on), which is it to be, tomorrow or the day after?; **laisse-la, elle sait ce qu'elle fait** let her be, she knows what she's doing; **sais-tu au moins pourquoi tu pleures?** do you even know why you're crying? || *(en usage abs)*: **faudrait ~!** make up your mind! **-8.** [imaginer]: **ne (plus) ~ que** OU **quoi faire** to be at a loss as to what to do, not to know what to do; **les médecins ne savent plus quoi faire pour la sauver** the doctors don't know what to do to save her; **je ne sais (plus) que faire avec ma fille** I just don't know what to do with my daughter; **il ne sait plus quoi faire pour se rendre intéressant** he'd stop at nothing OU there's nothing he wouldn't do to attract attention to himself; **je ne savais plus où me mettre** OU **me fourrer** *fam* [de honte] I didn't know where to put myself. **-9.** *Belg*: **il ne sait pas venir demain** [il ne peut pas venir demain] he can't make it tomorrow; **je ne sais pas l'attraper** I can't reach it; **ses résultats ne sont pas brillants, savez-vous?** [n'est-ce pas] his results aren't very good, are they OU am I right?; **sais-tu, cette petite fête était charmante** it was a delightful little party, wasn't it? **-10.** [pour prendre l'interlocuteur à témoin]: **ce n'est pas toujours facile, tu sais!** it's not always easy, you know!; **tu sais, je ne crois pas à ses promesses** to tell you the truth, I don't believe in her promises; **tu sais que tu commences à m'énerver?** *fam* you're getting on my nerves, you know that OU d'you know that?

◇ *adv* namely, specifically, i.e.; **le personnel se compose de 200 hommes, ~ 160 employés et 40 cadres** the staff is made up of 200 people, i.e. 160 employees and 40 executives.

◆ **se savoir** ◇ *vp (emploi passif)* [nouvelle] to become known; **tout se sait dans le village** news travels fast in the village; **ça finira par se ~, qu'elle a été licenciée** it's bound to come to light that she's been sacked; **je ne veux pas que ça se sache** I don't want it to be publicised OU to get around ❑ **cela** OU **ça** *fam* **se saurait**: **ça se saurait s'il était si doué que ça** if he was that good, you'd know about it.
◇ *vpi* [personne]: **il se sait malade** he knows he's ill.

◆ **à savoir** *loc adv* namely, that is, i.e.; **son principal prédateur, à ~ le renard** its most important predator, namely the fox.

◆ **à savoir que** *loc conj* meaning OU to the effect that; **il nous a donné sa réponse, à ~ qu'il accepte** he's given us his answer, that is, he accepts OU to the effect that he accepts.

◆ **que sais-je** *loc pron* God knows what; **il vendait des tapis, des bracelets et que sais-je encore** he was selling carpets, bracelets and goodness knows what else OU I don't know what else.

◆ **savoir si** *fam loc conj* but who knows whether; **elle a bien affirmé que oui, ~ si elle était réellement informée** she did say yes, but who knows whether OU but it remains to be seen whether she really knew what she was talking about.

savoir-faire [savwarfɛr] *nm inv* savoir faire, (practical) knowledge; **elle a du ~** she knows how to go about it.

savoir-vivre [savwarvivr] *nm inv* good manners, savoir vivre, breeding; **avoir du ~** to have (good) manners; **manquer de ~** to have no manners.

savon [savɔ̃] *nm* soap; **un (morceau de) ~** a bar of soap ❑ **~ blanc/liquide** white/liquid soap; **~ en paillettes/poudre** soap flakes/powder; **~ à barbe** shaving soap; **~ de Marseille** ≃ household soap; **~ noir** soft soap; **passer un (bon) ~ à qqn** *fam* to give sb a (good) telling-off; **il lui a passé un bon ~!** he tore him off a strip!, he gave him a good dressing-down!; **tu vas encore recevoir** OU **te faire passer un ~!** you'll get it in the neck again!

SAVON DE MARSEILLE:
The soap industry has existed in Marseille since the 16th century, and soap from Marseille, usually sold in large square bricks, is renowned for its purity.

savonnage [savɔnaʒ] *nm* [de linge] washing (with soap).
savonnée [savɔne] *nf Belg* soapy water.
savonner [3] [savɔne] *vt* -**1.** [linge, surface] to soap. -**2.** [barbe] to lather. -**3.** *fam loc*: **~ la tête de qqn** to give sb the rough edge of one's tongue.
◆ **se savonner** *vp (emploi réfléchi)* to soap o.s. (down); **se ~ le visage/les mains** to soap (up) one's face/one's hands.
savonnerie [savɔnri] *nf* -**1.** [usine] soap factory. -**2.** [tapis] Savonnerie (carpet); **la Savonnerie** *historic carpet manufacturing centre (now part of the Manufacture des Gobelins).*
savonnette [savɔnɛt] *nf* -**1.** [savon] (small) bar of soap, bar of toilet soap. -**2.** *fam* [pneu usagé] bald tyre. -**3.** [montre] hunter.
savonneux, euse [savɔnø, øz] *adj* soapy.
savonnier, ère [savɔnje, ɛr] *adj* soap *(modif).*
◆ **savonnier** *nm* BOT soapberry (tree).
savourer [3] [savure] *vt* -**1.** [vin, mets, repas] to enjoy, to savour. -**2.** *fig* [moment, repos etc] to relish, to savour; **elle savoure sa vengeance** she savours her vengeance.
savoureux, euse [savurø, øz] *adj* -**1.** [succulent] tasty, flavoursome, full of flavour. -**2.** *fig* [anecdote, plaisanterie] good, delightful; **je vais te raconter une histoire savoureuse** let me tell you a really lovely story.
savoyard, e [savwajar, ard] *adj* from Savoie.
◆ **Savoyard, e** *nm, f inhabitant of or person from Savoie*; **petit Savoyard** *arch* boy chimney sweep *(from Savoie).*
saxe [saks] *nm* -**1.** [matière] Dresden china *(U)*, Meissen porcelain. -**2.** [objet] piece of Dresden china OU of Meissen porcelain.
Saxe [saks] *npr f*: **(la) ~** Saxony; **(la) Basse-~** Lower Saxony.
saxhorn [saksɔrn] *nm* saxhorn.
saxicole [saksikɔl] *adj* saxicolous.
saxifragacée [saksifragase] *nf* member of the Saxifragaceae.
saxifrage [saksifraʒ] *nf* saxifrage.
saxo *fam* [sakso] *nm* -**1.** [instrument] sax. -**2.** [musicien] sax (player).
saxon, onne [saksɔ̃, ɔn] *adj* Saxon.
◆ **Saxon, onne** *nm, f* Saxon; **les Saxons** the Saxons.
◆ **saxon** *nm* LING Saxon.
saxophone [saksɔfɔn] *nm* saxophone.
saxophoniste [saksɔfɔnist] *nmf* saxophone player, saxophonist.
Sayda [saida] = **Saïda**.
saynète [sɛnɛt] *nf* playlet, sketch.
SBB *(abr de* **Schweizerische Bundesbahn)** *npr f Swiss federal railways.*
sbire [sbir] *nm* henchman.
sc. *(abr écrite de* **scène)** sc.
scabieux, euse [skabjø, øz] *adj* scabious.
scabinal [skabinal] *adj Belg of the 'échevin'.*
scabreux, euse [skabrø, øz] *adj* -**1.** [indécent] obscene. -**2.** *litt* [dangereux] risky, tricky.
scaferlati [skafɛrlati] *nm* (semi-fine) cut tobacco.
scalaire [skalɛr] ◇ *adj* MATH scalar.
◇ *nm* -**1.** MATH scalar. -**2.** ZOOL angel fish, scalare *spéc.*
scalène [skalɛn] ◇ *adj* -**1.** ANAT scalenus *(modif).* -**2.** MATH scalene.
◇ *nm* ANAT scalenus (muscle).
scalp [skalp] *nm* -**1.** [chevelure] scalp. -**2.** [action] scalping *(U).*
scalpel [skalpɛl] *nm* scalpel.
scalper [3] [skalpe] *vt* to scalp; **se faire ~** to get scalped.
scampi [skɑ̃pi] *nmpl* scampi.
scandale [skɑ̃dal] *nm* -**1.** [indignation] scandal; **au grand ~ de...** to the indignation of...; **faire ~: son discours a fait ~** his speech caused a scandal. -**2.** [scène] scene, fuss *(C)*; **il va encore faire un ~** he's going to make a fuss again. -**3.** [honte]: **c'est un ~!** (it's) outrageous!, it's an outrage! -**4.** JUR: **pour ~ sur la voie publique** for causing a public disturbance, for disturbing the peace.
◆ **à scandale** *loc adj* [journal, presse] sensationalist.
scandaleusement [skɑ̃daløzmɑ̃] *adv* scandalously, outrageously; **~ riche** outrageously rich.
scandaleux, euse [skɑ̃dalø, øz] *adj* [attitude, mensonge] disgraceful, outrageous, shocking; [article, photo] sensational, scandalous; **vie scandaleuse** life of scandal, scandalous life || [prix] outrageous, shocking; **les loyers ont atteint des prix ~** rents have reached outrageously high levels.
scandaliser [3] [skɑ̃dalize] *vt* to shock, to outrage; **elle a scandalisé tout le monde par sa grossièreté** she shocked everyone by her vulgarity; **son cynisme a scandalisé la classe politique** his cynicism scandalized the politicians; **Picasso a scandalisé le public de son époque** Picasso shocked the public of his day.
◆ **se scandaliser** *vpi*: **se ~ de qqch** to be shocked OU scandalized by sthg; **elle ne se scandalise de rien** nothing shocks her, she's unshockable.
scander [3] [skɑ̃de] *vt* -**1.** LITTÉRAT to scan. -**2.** [slogan] to chant; [mots, phrases] to stress.
scandinave [skɑ̃dinav] *adj* Scandinavian.
◆ **Scandinave** *nmf* [personne] Scandinavian.
◆ **scandinave** *nm* LING Scandinavian, Northern Germanic.
Scandinavie [skɑ̃dinavi] *npr f*: **(la) ~** Scandinavia.
Scanie [skani] *npr f*: **(la) ~** Scandia.
scanner[1] [skanɛr] *nm* -**1.** IMPR scanner. -**2.** MÉD scanner; **passer au ~** to have a scan (done).
scanner[2] [3] [skane] *vt* to scan.
scanographe [skanɔgraf] = **scanner** *nm* **2.**
scanographie [skanɔgrafi] *nf* -**1.** [technique] scanning *(U)*, computerized (axial) tomography *spéc.* -**2.** [image] scan, scanner image, tomogram *spéc.*
scansion [skɑ̃sjɔ̃] *nf* scanning *(U)*, scansion.
scaphandre [skafɑ̃dr] *nm* -**1.** NAUT diving gear, frogman suit; **~ autonome** aqualung. -**2.** ASTRONAUT spacesuit.
scaphandrier [skafɑ̃drije] *nm* NAUT (deep-sea) diver.
scapulaire [skapylɛr] *adj & nm* scapular.
scapulo-huméral, e, aux [skapylɔymeral, o] *adj* scapulohumeral.
scarabée [skarabe] *nm* -**1.** ENTOM beetle, scarabaeid *spéc.* -**2.** ARCHÉOL scarab, scarabaeus.
Scaramouche [skaramuʃ] *npr* Scaramouche.
scare [skar] *nm* parrot fish, scar *spéc*, scarus *spéc.*
scarieux, euse [skarjø, øz] *adj* scarious.
scarifiage [skarifjaʒ] *nm* scarifying AGR & HORT.
scarificateur [skarifikatœr] *nm* -**1.** MÉD scarificator. -**2.** AGR & HORT scarifier.
scarification [skarifikasjɔ̃] *nf* -**1.** MÉD scarring *(U)*, scarification *spéc.* -**2.** [d'un arbre] scarifying.
scarifier [9] [skarifje] *vt* to scarify.
scarlatine [skarlatin] *nf* scarlet fever, scarlatina *spéc.*
scarole [skarɔl] *nf* endive *(broad-leaved variety).*
scat [skat] *nm* scat MUS.
scatol(e) [skatɔl] *nm* skatol, skatole.
scatologie [skatɔlɔʒi] *nf* scatology.
scatologique [skatɔlɔʒik] *adj* [goûts, écrit] scatological; [humour] lavatorial.
scatophile [skatɔfil] *adj* coprophilous.
sceau, x [so] *nm* -**1.** [cachet] seal; **apposer** OU **mettre son ~ sur un document** to affix one's seal on OU to a document □ **Grand Sceau** Great Seal, Broad Seal HIST. -**2.** *litt* [empreinte] mark; **le ~ du génie** the mark OU stamp of genius.
◆ **sous le sceau du secret** *loc adv* under the seal of secrecy.
scélérat, e [selera, at] *litt* ◇ *adj* heinous, villainous.
◇ *nm, f* villain, scoundrel, rogue.
scélératesse [seleratɛs] *nf litt* -**1.** [caractère] villainy *litt*, wickedness. -**2.** [action] villainy *litt*, evil OU wicked deed, heinous crime.
scellage [sɛlaʒ] *nm* embedding, setting.
scellement [sɛlmɑ̃] *nm* embedding, sealing.
sceller [4] [sele] *vt* -**1.** [officialiser] to seal; **le mariage scella leur alliance** *fig* the marriage set the seal on their alliance. -**2.** [fermer] to put seals on, to seal up *(sép).* -**3.** [fixer] to fix, to set, to embed; **~ une couronne sur une dent** to crown a tooth.
scellés [sele] *nmpl* seals; **mettre les ~ sur qqch** to seal sthg off.
◆ **sous scellés** *loc adv* under seal.
scénario [senarjo] *(pl* **scénarios** OU **scenarii** [senarii]) *nm* -**1.** CIN [histoire, trame] screenplay, scenario; [texte] (shooting) script, scenario; **tout s'est déroulé selon le ~ prévu** *fig* everything went as scheduled OU according to plan. -**2.** THÉÂT scenario. -**3.** [d'une bande dessinée] story, storyboard, scenario. -**4.** ÉCON [cas de figure] case, scenario.
scénariste [senarist] *nmf* scriptwriter.
scène [sɛn] *nf* -**1.** [plateau d'un théâtre, d'un cabaret etc] stage; **la ~ de l'Opéra de Paris** the stage of the Paris Opera; **(tout le monde) en ~, s'il vous plaît!** the whole cast on stage, please!; **monter sur ~** to go on the stage; **remonter sur ~** to go back on the stage; **sortir de ~** to come off stage, to exit; **Arlequin sort de ~** exit Harlequin; **il sera sur la ~ du Palladium à partir du 3 mars** [chanteur, comique] he'll be appearing at the Palladium from March 3rd onwards □ **~ tournante** revolving stage; **entrer en ~** THÉÂT to come on stage; *fig* to come OU to step in; **le Duc entre en ~** enter the Duke; **c'est là que tu entres en ~** *fig* that's where you come in. -**2.** [art dramatique]: **la ~** the stage; **il a beaucoup écrit pour la ~** he's written a lot of plays OU pieces for the stage; **adapter un livre pour la ~** to adapt a book for the stage OU theatre; **mettre «Phèdre» en ~** [monter la pièce] to stage "Phèdre"; [diriger les acteurs] to direct "Phèdre"; **la façon dont il met Polonius en ~** the way he presents Polonius. -**3.** CIN & THÉÂT [séquence] scene; **la première ~** the first OU opening scene; **la ~ finale** the last OU closing scene; **dans la ~ d'amour/du balcon** in the love/balcony scene; **~ de violence** scene of violence; **la ~ se passe à Montréal** the action takes place in OU the scene is set in Montreal. -**4.** [décor] scene; **la ~ représente une clairière** the scene represents a clearing. -**5.** [événement] scene; **ce fut une ~ déchirante** it was a heartbreaking scene; **une ~ de la vie quotidienne** a scene of everyday life. -**6.** [dispute] scene; **faire une ~ (à qqn)** to make a scene □ **~ de ménage** domestic scene OU fight; **~ de rupture** break-up scene. -**7.** BX-ARTS scene; **~ de genre** genre painting. -**8.** *fig*: **la ~ internationale/politique** the international/political scene; **un nouveau venu sur la ~ politique** a newcomer on the political scene. -**9.** PSYCH: **~ primitive** OU **originaire** primal scene.
scénique [senik] *adj* theatrical.
scéniquement [senikmɑ̃] *adv* theatrically.
scénographe [senɔgraf] *nmf* -**1.** [peintre] scenographer. -**2.** THÉÂT theatre designer.
scénographie [senɔgrafi] *nf* -**1.** [peinture] scenography. -**2.** THÉÂT theatre designing.
scepticisme [sɛptisism] *nm* scepticism; **avec ~** sceptically.

sceptique [sɛptik] ◇ *adj* [incrédule] sceptical. ◇ *nmf* [personne qui doute] sceptic; PHILOS Sceptic.

sceptre [sɛptr] *nm* -**1.** [d'un roi] sceptre. -**2.** *litt* [autorité] authority, royalty; **disputer son ~ à qqn** to try to usurp sb's authority.

SCH (*abr écrite de* **schilling**) S, Sch.

Schaffhouse [ʃafuz] *npr* Schaffhausen.

Schéhérazade [ʃeerazad] *npr* Sheherazade.

schéma [ʃema] *nm* -**1.** TECH diagram; [dessin] sketch; **faire un ~** to make OU to draw a diagram; **comme le montre le ~** as shown in the diagram ❑ **~ de câblage/montage** wiring/set-up diagram. -**2.** ADMIN & JUR: **~ directeur** urban development plan. -**3.** [aperçu] (broad) outline. -**4.** [système] schema, model; **il se comporte selon un ~ relativement simple** his behaviour follows a relatively simple pattern. -**5.** PHYS: **~ fonctionnel** block diagram. -**6.** LING schema.

schématique [ʃematik] *adj* -**1.** TECH diagrammatical, schematic. -**2.** [simplificateur] schematic, simplified; **présenter un projet de façon ~** to present a project in a simplified form; **un peu trop ~** oversimplified, simplistic.

schématiquement [ʃematikmɑ̃] *adv* -**1.** TECH diagrammatically, schematically. -**2.** [en simplifiant]: **décrire un projet/une opération ~** to give the basic outline of a project/an operation; **~, voici comment nous allons nous y prendre** in broad outline, this is how we're planning to handle it.

schématisation [ʃematizasjɔ̃] *nf* -**1.** TECH schematization, presenting as a diagram. -**2.** [simplification] simplification, simplifying (*U*), oversimplification *péj*.

schématiser [3] [ʃematize] *vt* -**1.** TECH to schematize, to present in diagram form. -**2.** [simplifier] to simplify; (*en usage abs*): **il schématise à l'extrême** he's being much too oversimplistic.

schématisme [ʃematism] *nm* -**1.** PHILOS schema. -**2.** [simplification] simplification.

schème [ʃɛm] *nm* -**1.** PHILOS & PSYCH schema. -**2.** BX-ARTS scheme.

schismatique [ʃismatik] *adj* & *nmf* schismatic.

schisme [ʃism] *nm* -**1.** RELIG schism; **le grand ~ d'Occident** the Great (Western) Schism. -**2.** *fig* schism, split.

schiste [ʃist] *nm* -**1.** MINÉR schist; **~ bitumineux** oil shale. -**2.** MIN [déchets] deads.

schisteux, euse [ʃistø, øz] *adj* schistose, schistous.

schistosité [ʃistɔzite] *nf* schistosity; **plan de ~** schistosity plane.

schistosomiase [ʃistɔzɔmjaz] *nf* schistosomiasis.

schizo *fam* [skizo] (*abr de* **schizophrène**) *adj* schizo.

schizogamie [skizɔgami] *nf* schizogamy.

schizogonie [skizɔgɔni] *nf* schizogony.

schizoïde [skizɔid] *adj* schizoid PSYCH.

schizophasie [skizɔfazi] *nf* schizophasia.

schizophrène [skizɔfrɛn] *adj* & *nmf* schizophrenic.

schizophrénie [skizɔfreni] *nf* schizophrenia.

schizophrénique [skizɔfrenik] *adj* schizophrenic.

schizothyme [skizɔtim] = **schizothymique**.

schizothymie [skizɔtimi] *nf* schizothymia.

schizothymique [skizɔtimik] ◇ *adj* schizothymic.
◇ *nmf* schizothyme.

schlague [ʃlag] *nf* -**1.** HIST flogging. -**2.** *fam* [autorité brutale]: **elle mène son personnel à la ~** she rules her staff with an iron hand.

Schleswig-Holstein [ʃlɛsvigɔlstɛn] *npr m*: **le ~** Schleswig-Holstein.

schlitte [ʃlit] *nf* sledge (*for carrying lumber*).

schmilblik *fam* [ʃmilblik] *nm*: **ça ne fait pas avancer le ~** it's no good to anyone *fam*.

schnaps [ʃnaps] *nm* schnapps.

schnock▽ [ʃnɔk] ◇ *adj inv* [cinglé] nuts.
◇ *nm* [imbécile] blockhead; **espèce de vieux ~!** you old fogey OU duffer!; **alors, tu viens, du ~?** are you coming, dumbo?

schnorchel [ʃnɔrkɛl] *nm* snorkel (*of submarine*).

schnouf [ʃnuf] *nf arg drogue* dope.

schooner [ʃunœr] *nm* schooner NAUT.

schorre [ʃɔr] *nm* salt meadow.

schuss [ʃus] ◇ *nm* schuss.
◇ *adv*: **descendre (tout) ~** to schuss down.

SCI (*abr de* **société civile immobilière**) *nf* property investment partnership.

sciable [sjabl] *adj* that can be sawed OU sawn.

sciage [sjaʒ] *nm* sawing; **(bois de) ~** sawn timber.

Scialytique® [sjalitik] *nm* operating light.

sciant, e *fam* [sjɑ̃, ɑ̃t] *adj* [étonnant] staggering; [drôle] hilarious.

sciatique [sjatik] ◇ *adj* sciatic; **nerf petit/grand ~** small/great sciatic nerve.
◇ *nf* sciatica.

scie [si] *nf* -**1.** TECH saw; **~ à bois** wood saw; **~ à chaîne** chainsaw; **~ à chantourner** fretsaw; **~ circulaire** circular saw; **~ égoïne** (carpenter's) handsaw; **~ électrique** power saw; **~ à guichet** compass OU keyhole saw; **~ à métaux** hacksaw; **~ à ruban** bandsaw, ribbon saw; **~ sabre** OU **sauteuse** jigsaw, scroll saw; **~ universelle** OU **à refendre** frame OU bow OU turning saw. -**2.** MUS: **~ musicale** musical saw. -**3.** ZOOL sawfish. -**4.** *fam* [chanson] song played ad nauseam; [message] message repeated again and again. -**5.** *fam péj* [personne ou chose ennuyeuse] bore, drag.

sciemment [sjamɑ̃] *adv* -**1.** [consciemment] knowingly. -**2.** [délibérément] deliberately, on purpose.

science [sjɑ̃s] *nf* -**1.** [connaissances]: **la ~** science; **dans l'état actuel de la ~** in the current state of (our) knowledge. -**2.** (*gén pl*) [domaine spécifique] science; **les ~s appliquées/physiques** the applied/physical sciences; **les ~s économiques** economics; **les ~s exactes** exact sciences; **les ~s humaines** [gén] human sciences, the social sciences; UNIV ≃ Arts; **les ~s mathématiques, la ~ mathématique** *sout* mathematics, the mathematical sciences; **les ~s naturelles** [gén] the natural sciences; ENS biology; **~ occulte, ~s occultes** the occult (sciences); **les ~s politiques** politics, political sciences; **les ~s sociales** UNIV social studies. -**3.** [technique] science, art; [habileté] skill; **la ~ militaire** OU **de la guerre** the art OU science of war; **sa ~ des effets dramatiques** her skill in producing dramatic effects. -**4.** [érudition] knowledge; **il croit qu'il a la ~ infuse** he thinks he's a fount of knowledge OU he's omniscient, **je n'ai pas la ~ infuse!** I don't know everything!; **étaler sa ~: il faut toujours qu'il étale sa ~** he's always trying to impress everybody with what he knows. -**5.** RELIG: **Science chrétienne** Christian Science.
◆ **sciences** *nfpl* UNIV [par opposition aux lettres] science, sciences; **être bon en ~s** to be good at science OU sciences; **une université réputée pour les ~s** a university famous for its science departments OU for science.
◆ **de science certaine** *loc adv litt*: **savoir qqch de ~ certaine** to know sthg for certain OU for a fact.

science-fiction [sjɑ̃sfiksjɔ̃] (*pl* **sciences-fictions**) *nf* science fiction; **livre/film de ~** science fiction book/film.

Sciences Po [sjɑ̃spo] *npr grande école for political sciences.*

scientificité [sjɑ̃tifisite] *nf* scientificity, scientific quality.

scientifique [sjɑ̃tifik] ◇ *adj* scientific; **une importante découverte ~** an important scientific discovery; **une expédition ~ au pôle Sud** a scientific expedition to the South pole.
◇ *nmf* scientist.

scientifiquement [sjɑ̃tifikmɑ̃] *adv* scientifically.

scientisme [sjɑ̃tism] *nm* -**1.** PHILOS scientism. -**2.** RELIG Christian Science.

scientiste [sjɑ̃tist] ◇ *adj* PHILOS & RELIG scientistic.
◇ *nmf* -**1.** PHILOS proponent of scientism. -**2.** RELIG (Christian) Scientist.

scier [9] [sje] ◇ *vt* -**1.** [couper] to saw; **~ une planche en deux** to saw through a plank, to saw a plank in two; **~ la branche d'un arbre** to saw a branch off a tree; **~ un tronc en rondins** to saw up a tree trunk (into logs). -**2.** [s'enfoncer dans] to cut into (*insép*); **la ficelle du paquet me scie les doigts** the string around the parcel is cutting into my fingers. -**3.** *fam* [surprendre]: **sa réponse m'a scié** I couldn't believe my ears when I heard his answer.
◇ *vi* NAUT to row backwards, to back water.

scierie [siri] *nf* sawmill.

scieur [sjœr] *nm* -**1.** [ouvrier] sawyer; **~ de long** pit sawyer. -**2.** [patron] sawmill owner.

Scilly [sili] *npr* = **Sorlingues**.

scinder [3] [sɛ̃de] *vt* to divide, to split (up); **~ qqch en deux** to divide OU to split sthg (up) into two.
◆ **se scinder** *vpi* to split; **le parti s'est scindé en deux tendances** the party split into two.

scintigraphie [sɛ̃tigrafi] *nf* scintigraphy.

scintillant, e [sɛ̃tijɑ̃, ɑ̃t] *adj* [yeux] sparkling, twinkling; [bijoux, reflet] glittering, sparkling, scintillating; [étoile] twinkling.

scintillateur [sɛ̃tijatœr] *nm* scintillator.

scintillation [sɛ̃tijasjɔ̃] *nf* -**1.** [éclat lumineux] scintillation. -**2.** NUCL: **compteur** OU **détecteur à ~** scintillation counter.

scintillement [sɛ̃tijmɑ̃] *nm* -**1.** [des yeux] sparkling, twinkling; [de bijoux, d'un reflet] glittering, scintillating; [d'une étoile] twinkling. -**2.** TV: **écran sans ~** flicker-free screen.

scintiller [3] [sɛ̃tije] *vi* [lumière, bijoux, eau, reflet] to sparkle, to glitter; [yeux] to sparkle, to twinkle; [étoile] to twinkle; **le ciel tout entier scintillait** the whole of the sky was aglitter *litt*.

scion [sjɔ̃] *nm* -**1.** BOT [pousse] (year's) shoot; [à greffer] scion. -**2.** PÊCHE tip (of rod).

Scipion [sipjɔ̃] *npr* Scipio; **~ l'Africain** Scipio Africanus.

scission [sisjɔ̃] *nf* -**1.** POL & RELIG scission, split, rent; **faire ~** to split off (*insép*), to secede. -**2.** BIOL & PHYS fission, splitting.

scissionniste [sisjɔnist] *adj* & *nmf* secessionist.

scissipare [sisipar] *adj* fissiparous.

scissiparité [sisiparite] *nf* fissiparousness, scissiparity, schizogenesis.

scissure [sisyr] *nf* [du cerveau] fissure, sulcus; [du foie] scissura, scissure; **~ de Sylvius** fissure of Sylvius.

sciure [sjyr] *nf* sawdust.

sciuridé [sjyride] *nm* sciurine (rodent), member of the Sciuridae.

scléral, e, aux [skleral, o] *adj* sclerotic.

sclérenchyme [sklerɑ̃ʃim] *nm* sclerenchyma.

scléreux, euse [sklerø, øz] *adj* sclerotic.

sclérodermie [sklerɔdɛrmi] *nf* scleroderma.

sclérogène [sklerɔʒɛn] *adj* sclerogenic.

scléromètre [sklerɔmɛtr] *nm* sclerometer.

sclérophylle [sklerɔfil] *adj* sclerophyllous.

scléroprotéine [sklerɔprɔtein] *nf* scleroprotein.

sclérosant, e [sklerozɑ̃, ɑ̃t] *adj* -**1.** MÉD sclerosing, sclerosis-causing. -**2.** *fig* paralyzing.

sclérose [skleroz] *nf* -**1.** MÉD sclerosis; **~ artérielle** arteriosclerosis; **~ en plaques** multiple sclerosis. -**2.** *fig* ageing.

sclérosé, e [skleroze] ◇ *adj* -**1.** MÉD sclerotic. -**2.** *fig* antiquated, ossified, creaky (with age); **avoir l'esprit ~** to have become set in one's ways.
◇ *nm, f* sclerosis sufferer.

scléroser [3] [skleroze] *vt* -**1.** MÉD to cause sclerosis of; **molécule qui sclérose les tissus** tissue-sclerosing molecule. -**2.** *fig* [figer - système] to ossify, to paralyze; [- esprit] to make rigid; **le parti a été sclérosé par des années**

d'inactivité years of inertia have brought the party to a political standstill.
◆ **se scléroser** *vpi* -1. MÉD to sclerose. -2. *fig* [se figer] to ossify, to become paralyzed; **se ~ dans ses habitudes** to become set in one's ways.
sclérote [sklerɔt] *nm* sclerotium.
sclérotique [sklerɔtik] *nf* sclerotic, sclera.
scolaire [skɔlɛr] ◇ *adj* -1. [de l'école] school *(modif)*; [du cursus] school, academic; **le milieu ~** the school environment; **niveau/succès ~** academic standard/achievement; **livre** OU **manuel ~** (school) text book. -2. *péj* [écriture, raisonnement] dry, tedious; **il a un style très ~** his style is very uninspired; **à l'université, il faut être moins ~ et organiser soi-même son travail** university students shouldn't expect to be spoon-fed like they were at school.
◇ *nmf* [enfant] schoolchild; **les ~s rentrent demain** schoolchildren go back tomorrow.
scolarisable [skɔlarizabl] *adj*: **population ~** school-age population.
scolarisation [skɔlarizasjɔ̃] *nf* -1. [éducation] schooling, (formal) education; **l'histoire de la ~** the history of schooling. -2. ADMIN & JUR school attendance, schooling; **la ~ est obligatoire à partir de six ans** (attendance at) school OU schooling is compulsory from the age of six. -3. [d'une région, d'un pays] school-building programme.
scolariser [3] [skɔlarize] *vt* -1. [enfant] to send to school, to provide with formal education; **l'enfant est-il déjà scolarisé?** is the child already at school? -2. [région, pays] to equip with schools.
scolarité [skɔlarite] *nf* -1. ADMIN & JUR school attendance, schooling; **la ~ est gratuite et obligatoire** schooling is free and compulsory. -2. [études] school career; [période] schooldays; **j'ai eu une ~ difficile** I had a difficult time at school.
scolasticat [skɔlastika] *nm* -1. [bâtiment] theological college. -2. [études] theological course.
scolastique [skɔlastik] ◇ *adj* -1. HIST scholastic. -2. *sout* [formaliste] scholastic, pedantic *péj*.
◇ *nf* PHILOS & RELIG scholasticism.
◇ *nm* -1. HIST Scholastic, Schoolman. -2. RELIG theology student.
scoliose [skɔljoz] *nf* scoliosis.
scoliotique [skɔljɔtik] ◇ *adj* scoliotic.
◇ *nmf* scoliosis sufferer.
scolopendre [skɔlɔpɑ̃dr] *nf* -1. BOT hart's-tongue, scolopendrium *spéc*. -2. ZOOL centipede, scolopendra *spéc*.
sconse [skɔ̃s] *nm* -1. ZOOL skunk. -2. [fourrure] skunk (fur).
scoop [skup] *nm* scoop; **faire un ~** to get a scoop.
scooter [skutœr] *nm* (motor) scooter.
scootériste [skuterist] *nmf* scooter rider.
scopie *fam* [skɔpi] *nf* X-ray.
scorbut [skɔrbyt] *nm* scurvy.
scorbutique [skɔrbytik] ◇ *adj* scorbutic.
◇ *nmf* scurvy sufferer.
score [skɔr] *nm* -1. SPORT score; **où en est** OU **quel est le ~?** what's the score? -2. [résultat]: **faire un bon ~ aux élections** to get a good result in the election.
scoriacé, e [skɔrjase] *adj* scoriaceous.
scorie [skɔri] *nf* -1. MÉTALL slag; [laitier] cinders; [de fer] (iron) clinker OU dross. -2. GÉOL: **~s (volcaniques)** scoria. -3. *litt* [déchet]: **toutes les ~s d'une vie** the waste OU dregs of a lifetime.
scorpion [skɔrpjɔ̃] *nm* -1. ZOOL scorpion; **~ d'eau** water scorpion; **~ de mer** scorpion fish. -2. ARM scorpion.
Scorpion [skɔrpjɔ̃] *npr m* -1. ASTRON Scorpio. -2. ASTROL Scorpio; **être ~** to be Scorpio OU a Scorpian.
scorsonère [skɔrsɔnɛr] *nf* -1. BOT scorzoneral; **~ basse** viper's grass. -2. CULIN black salsify.
scotch [skɔtʃ] (*pl* **scotchs** OU **scotches**) *nm* Scotch (whisky).
Scotch® [skɔtʃ] *nm* adhesive tape, Sellotape® *Br*, Scotchtape® *Am*.
scotcher [3] [skɔtʃe] *vt* to tape, to sellotape *Br*, to scotchtape *Am*.
scotomiser [3] [skɔtɔmize] *vt* to scotomize.
scottish-terrier [skɔtiʃterje] (*pl* **scottish-terriers**) *nm* Scottish terrier, Scottie.
scoumoune▽ [ʃkumun] *nf* rotten luck; **avoir la ~** to be jinxed.
scout, e [skut] ◇ *adj* -1. [relatif au scoutisme] scout *(modif)*; **camp/mouvement ~** scout camp/movement. -2. *fig* boy scout *(modif)*; **il a un petit côté ~** he's a boy scout at heart.
◇ *nm, f* [personne] (Boy) Scout (*f* (Girl) Guide); **des ~s** (a troop of) Boy Scouts; **des ~es** (a troop of) Girl Guides; **~, toujours prêt!** [devise des scouts] be prepared!; *hum* always at your service!
scoutisme [skutism] *nm* -1. [activité] scouting. -2. [association - pour garçons] Boy Scouts movement; [- pour filles] Girl Guides movement.
Scrabble® [skrabl] *nm* Scrabble®.
scrabbleur, euse [skrablœr, øz] *nm, f* Scrabble® player.
scraper [skrapœr] *nm* scraper.
scratch [skratʃ] *adj inv* SPORT scratch *(modif)*.
scratcher [3] [skratʃe] *vt* SPORT to scratch, to withdraw.
scribe [skrib] *nm* -1. ANTIQ & RELIG scribe. -2. [écrivain public] copyist, public writer. -3. *péj* & *vieilli* [gratte-papier] pen pusher *péj*.
scribouillard, e *fam* [skribujar, ard] *nm, f péj* pen pusher.
scribouilleur, euse *fam* [skribujœr, øz] *nm, f péj* hack, scribbler.
script [skript] *nm* -1. [écriture] script *(modif)*; **écrire en ~** to write in block letters, to print (in block letters). -2. CIN & RAD script. -3. BOURSE scrip.
scripte [skript] *nmf* continuity man (*f* continuity girl OU script girl).
scripteur [skriptœr] *nm* -1. RELIG composer of Papal Bulls. -2. LING writer.
script-girl [skriptgœrl] (*pl* **script-girls**) *nf* continuity OU script girl.
scripturaire [skriptyrɛr] *adj* RELIG OU *sout* scriptural; **exégèse ~** scriptural exegesis.
scriptural, e, aux [skriptyral, o] *adj* scriptural.
scrofulaire [skrɔfylɛr] *nf* figwort; **~ noueuse** common figwort.
scrofule [skrɔfyl] *nf* scrofula.
scrotal, e, aux [skrɔtal, o] *adj* scrotal.
scrotum [skrɔtɔm] *nm* scrotum.
scrupule [skrypyl] *nm* -1. [cas de conscience] scruple, qualm (of conscience); **avoir des ~s** to have scruples; **n'aie pas de ~s** don't have any qualms; **elle n'a aucun ~** she has no scruples; **ce ne sont pas les ~s qui l'étouffent** *fam* he's completely unscrupulous; **se faire ~ de qqch** *sout* to have scruples OU qualms about doing sthg; **il ne s'est pas embarrassé de ~s pour le renvoyer** he didn't have any misgivings about firing him, he didn't scruple to fire him; **avoir ~ à faire qqch** to have scruples OU qualms about doing sthg; **n'ayez aucun ~ à faire appel à moi** don't hesitate to ask for my help; **vos ~s vous honorent** your scruples do you credit. -2. [minutie] punctiliousness; **exact jusqu'au ~** scrupulously OU punctiliously exact.
◆ **sans scrupules** *loc adj* [individu] unscrupulous, unprincipled, without scruples; **il est vraiment sans ~s** he's totally unprincipled.
scrupuleusement [skrypyløzmɑ̃] *adv* scrupulously, punctiliously.
scrupuleux, euse [skrypylø, øz] *adj* -1. [honnête] scrupulous, scrupulously honest; **il est très ~ dans le remboursement de ses dettes** when it comes to paying off his debts, he's scrupulously honest; **d'une honnêteté scrupuleuse** scrupulously honest. -2. [minutieux] scrupulous, meticulous; **sa secrétaire est très scrupuleuse** his secretary is very meticulous in all she does.
scrutateur, trice [skrytatœr, tris] ◇ *adj* searching *(avant n)*; **d'un air ~** searchingly.
◇ *nm, f* ADMIN scrutineer *Br*, teller *Am*.
scruter [3] [skryte] *vt* -1. [examiner] to scrutinize, to examine; **~ qqn du regard** to give sb a searching look; **il scruta son visage** he searched her face. -2. [fouiller] to scan, to search; **elles scrutaient l'horizon** they scanned OU searched the horizon; **tous les matins, il scrute les petites annonces** every morning he scans OU scours the small ads.
scrutin [skrytɛ̃] *nm* -1. [façon d'élire] vote, voting *(U)*, ballot; **procéder au ~** to take a ballot; **dépouiller le ~** to count the votes ❑ **~ plurinominal** OU **de liste** voting for a list OU ticket; **~ d'arrondissement** district election system; **~ majoritaire** first past the post election *Br*, election on a majority basis; **~ proportionnel** OU **à la proportionnelle** (voting using the system of) proportional representation; **~ secret** secret ballot; **voter au ~ secret** to have a secret ballot; **~ uninominal** voting for a single candidate. -2. [fait de voter] ballot; **par (voie de) ~** by ballot ❑ **~ de ballotage** second ballot, run-off election *Am*. -3. [consultation électorale] election; **le dernier ~ a été favorable à la gauche** the last election showed a swing to the left.
sculpter [3] [skylte] *vt* -1. BX-ARTS to sculpt; [orner de sculptures] to sculpture; **~ qqch dans le marbre** to sculpt sthg out of marble; **escalier sculpté** sculptured staircase. -2. [bois] to carve; [bâton] to scrimshaw. -3. *sout* [façonner] to sculpt, to carve, to fashion; **la mer a sculpté la falaise** the cliff has been sculpted by the sea.
sculpteur [skyltœr] *nm* sculptor.
sculptural, e, aux [skyltyral, o] *adj* -1. BX-ARTS sculptural. -2. [beauté, formes] statuesque.
sculpture [skyltyr] *nf* -1. BX-ARTS sculpture *(U)*, sculpting *(U)*; **faire de la ~** to sculpt; **il fait de la ~** he's a sculptor; **~ sur bois** woodcarving. -2. [œuvre] sculpture *(C)*, piece of sculpture.
◆ **sculptures** *nfpl* AUT [d'un pneu] tread pattern.
scyphozoaire [sifɔzɔɛr] *nm* scyphozoan; **les ~s** the Scyphozoa.
sdb *abr écrite de* salle de bains.
SDECE [sdɛk] (*abr de* **Service de documentation extérieure et de contre-espionnage**) *npr m* French Intelligence Service *(until 1982)*.
SDF (*abr de* **sans domicile fixe**) *nmf* homeless person; **les ~** the homeless.
SDN *npr f abr de* **Société des Nations**.
se [sə] (*devant voyelle ou h muet* **s'** [s]) *pron pers réfléchi (3e pers sg et pl, masculin et féminin)* -1. [avec un verbe pronominal réfléchi]: **se salir** to get dirty; **s'exprimer** to express o.s.; **elle se coiffe** she's doing her hair; **le chat s'est brûlé** the cat burnt itself; **elles s'en sont persuadées** they've convinced themselves of it; **il s'écoute parler** he listens to his own voice; **il s'est acheté une voiture** he bought himself a car; **elle s'est donné une heure pour le faire** she gave herself one hour to do it; **il s'attribuera tout le mérite de l'affaire** he'll take all the credit for it || [se substituant à l'adjectif possessif]: **elle se lave les mains** she washes her hands; **il s'est fracturé deux côtes** he broke two ribs; **se mordre la langue** to bite one's tongue. -2. [avec un verbe pronominal réciproque]: **pour s'aider, ils partagent le travail** to help each other OU one another, they share the work; **ils ne se supportent pas** they can't stand each other OU one another; **ils s'aiment profondément** they love each other deeply; **ils se rendent des services** they help each other; **elles se sont envoyé des lettres** they sent letters to each other, they exchanged letters. -3. [avec un verbe pronominal passif]: **cette décision s'est prise sans moi** this decision has been taken without me; **ce modèle se vend bien** this model sells well; **le champagne se sert frappé** Champagne should be served well chilled; **ça se mange?** can you eat it?; **ça se trouve où?** where can you find that? -4. [avec un verbe pronominal intransitif]: **ils s'en vont** they're leaving; **ils s'enfuient** they're running away; **elle s'est évanouie** she fainted; **elles se sont écriées** they cried out; **ils s'en sont**

emparés they grabbed OU snatched it; il se sentit défaillir he felt himself becoming faint; ils s'y voient contraints they find themselves forced to do it; il se laisse convaincre trop facilement he is too easily persuaded; il s'est fait avoir! *fam* he's been had!; il se croyait lundi he thought it was Monday today; elle se croyait en sécurité she thought she was safe; elle se sait perdue she knows (that) she's incurable; il se dit médecin he claims to be a doctor. -**5.** [dans des tournures impersonnelles]: il s'en est vendu plusieurs millions d'exemplaires several million copies have been sold; il se fait tard it's getting late; il s'est mis à neiger it started to snow; il se peut qu'ils arrivent plus tôt it's possible that they'll arrive earlier, they might arrive earlier; il s'est glissé une erreur dans la dernière page a mistake slipped into the last page ❑ comme il se doit as is proper OU right; il s'en est fallu de peu qu'on ait un accident we very nearly had an accident. -**6.** *fam* [emploi expressif]: il se fait 50 000 francs par mois he's got 50,000 francs coming in per month; elle se l'est écouté au moins trente fois, ce disque she listened to this record at least thirty times.

SE (*abr écrite de* Son Excellence) HE.

S-E (*abr écrite de* Sud-Est) SE.

sea-line [silajn] (*pl* sea-lines) *nm* undersea pipeline.

séance [seɑ̃s] *nf* -**1.** [réunion] session; être en ~ [comité, Parlement] to be sitting OU in session; [tribunal] to be in session; lever la ~ [groupe de travail] to close the meeting; [comité] to end OU to close the session; [Parlement] to adjourn; la ~ est levée! [au tribunal] the court will adjourn!; on lève la ~? *fam* [après une période de travail] shall we call it a day?; suspendre la ~ [au Parlement, au tribunal] to adjourn; la ~ est ouverte! [au tribunal] this court is now in session!; en ~ publique [au tribunal] in open court. -**2.** BOURSE: ce fut une bonne/mauvaise ~ aujourd'hui à la Bourse it was a good/bad day today on the Stock Exchange; en début/fin de ~, les actions Roman étaient à 800 F the Roman shares opened/closed at 800 F. -**3.** [période - d'entraînement, de traitement] session; ~ de pose sitting; ~ de projection slide show; ~ de rééducation (session of) physiotherapy; ~ de spiritisme seance; ~ de travail working session; ~ d'information briefing session. -**4.** CIN showing; ~ à 19 h 10, film à 19 h 30 program 7.10, film starts 7.30; je vais à la ~ de 20 h I'm going to the 8 o'clock showing; la dernière ~ the last showing. -**5.** *fam* [crise] scene, fuss, tantrum; il nous a fait une de ces ~s! he made such a scene!

◆ **séance tenante** *loc adv* forthwith, right away, without further ado; il l'épousa ~ tenante he married her without further ado.

séant, e [seɑ̃, ɑ̃t] *adj litt* [convenable] becoming, seemly; il n'est pas ~ de partir sans un mot de remerciement it's not done to leave without a word of thanks.

◆ **séant** *nm* [postérieur]: se mettre sur son ~ to sit up; tomber sur son ~ to sit down heavily.

seau, x [so] *nm* -**1.** [récipient] bucket, pail; ~ à champagne Champagne bucket; ~ à charbon coal scuttle; ~ d'enfant child's bucket; ~ à glace ice-bucket *Br*, ice-pail *Am*; ~ hygiénique sanitary bucket. -**2.** [contenu] bucketful; un ~ de lait a bucket of milk.

◆ **à seaux** *fam loc adv*: il pleut à ~x, la pluie tombe à ~x it's pouring OU bucketing *Br* down.

sébacé, e [sebase] *adj* sebaceous.

Sébastopol [sebastɔpɔl] *npr* Sebastopol.

sébile [sebil] *nf litt* begging bowl.

séborrhée [sebɔre] *nf* seborrhoea.

sébum [sebɔm] *nm* sebum.

sec, sèche[1] [sɛk, sɛʃ] *adj* -**1.** [air, bois, endroit, vêtement etc] dry; il fait un froid ~ it's cold and dry, there's a crisp cold air; avoir l'œil ~ OU les yeux ~s MÉD to have dry eyes; *fig* to be dry-eyed; ma jupe n'est pas tout à fait sèche my skirt isn't quite dry. -**2.** [légume, fruit] dried; [alcool] neat; shampooing ~ dry shampoo. -**3.** [non gras - cheveux, peau, mine de crayon] dry; [maigre - personne] lean; être ~ comme un coup de trique *fam* to be all skin and bone OU as thin as a rake. -**4.** [désagréable - ton, voix] harsh, curt, terse; [- explication, refus, remarque] curt, terse; [- rire] dry; avoir le cœur ~ terse, to be hard-hearted OU cold-hearted; un bruit ~ a snap OU crack; ouvrir/fermer qqch avec un bruit ~ to snap sthg open/shut; d'un coup ~ smartly, sharply; retire le sparadrap d'un coup ~ pull the sticking plaster off smartly ❑ l'avoir ~ *fam* [être déçu] to be cut up OU miffed. -**5.** BX-ARTS [graphisme, style] dry. -**6.** ŒNOL [champagne, vin] dry. -**7.** CARTES: atout/roi ~ singleton trumps/king; ma dame était sèche my queen was a singleton.

◆ **sec** ◇ *adv* -**1.** MÉTÉO: il fera ~ toute la semaine the weather will be dry for the whole week. -**2.** [brusquement] hard; démarrer ~ [conducteur] to shoot off at top speed; [course] to get a flying start; il a pris son virage assez ~ he took the bend rather sharply.

◇ *nm* AGR dry feed.

◆ **à sec** ◇ *loc adj* -**1.** [cours d'eau, source etc] dry, dried-up; [réservoir] empty; le ruisseau est à ~ the brook has dried up OU is dry. -**2.** *fam* [sans argent - personne] hard up, broke, cleaned out; [- caisse] empty. -**3.** CONSTR: maçonnerie à ~ dry-stone (work).

◇ *loc adv* -**1.** [sans eau]: on met la piscine à ~ chaque hiver the pool's drained (off) every winter; l'ingénieur a mis le réservoir à ~ the engineer has drained the reservoir; le soleil a mis le marais à ~ the sun has dried up the marsh. -**2.** *fam* [financièrement]: mettre une entreprise à ~ to ruin a firm.

◆ **au sec** *loc adv*: garder OU tenir qqch au ~ to keep sthg in a dry place, to keep sthg dry; rester au ~ to stay dry.

sécable [sekabl] *adj* -**1.** PHARM breakable. -**2.** GÉOM divisible.

SECAM, Secam [sekam] (*abr de* séquentiel à mémoire) *nm* SECAM.

sécant, e [sekɑ̃, ɑ̃t] *adj* intersecting, secant.

◆ **sécante** *nf* secant.

sécateur [sekatœr] *nm*: un ~ [pour les fleurs] (a pair of) secateurs; [pour les haies] pruning shears.

sécession [sesesjɔ̃] *nf* secession; faire ~ to secede.

sécessionniste [sesesjɔnist] *adj* & *nmf* secessionist.

séchage [seʃaʒ] *nm* -**1.** [du linge, des cheveux, du foin] drying. -**2.** [du bois] seasoning.

sèche[2] [sɛʃ] ◇ *f* → **sec**.

◇ *nf fam* cig, fag *Br*.

sèche-cheveux [sɛʃʃəvø] *nm inv* hair dryer.

sèche-linge [sɛʃlɛ̃ʒ] *nm inv* [à tambour] tumble-drier; [placard] airing cupboard.

sèche-mains [sɛʃmɛ̃] *nm inv* hand-dryer.

sèchement [sɛʃmɑ̃] *adv* -**1.** [durement] dryly, curtly, tersely; ne comptez pas sur moi, répondit-elle ~ don't count on me, she snapped back. -**2.** [brusquement] sharply; prendre un virage un peu ~ to take a bend rather sharply. -**3.** [sans fioritures] dryly; il expose toujours ses arguments un peu ~ he always sets out his arguments rather unimaginatively.

sécher [18] [seʃe] ◇ *vt* -**1.** [gén] to dry; [avec un torchon, une éponge] to wipe dry; sèche tes larmes OU tes yeux dry your tears OU your eyes; ~ les larmes OU les pleurs de qqn *sout* to console sb. -**2.** VÊT to dry; ~ ses vêtements devant le feu to dry one's clothes in front of the fire; 'ne pas ~ près d'une source de chaleur' 'dry away from direct heat'; 'ne pas ~ en machine' 'do not tumble dry'. -**3.** [suj: chaleur, soleil - terrain, plante] to dry up (*sép*); [déshydrater - fruits] to dry (up); figues séchées au soleil sun-dried figs. -**4.** *arg scol* [manquer]: ~ les cours SCOL to play truant *Br* OU hooky *Am*; UNIV to cut lectures *Br* OU class *Am*. -**5.** *fam* [boire]: il a séché trois cognacs he knocked back three brandies.

◇ *vi* -**1.** [surface] to dry (off); [linge] to dry; [éponge] to dry (out); [sol, puits] to dry up; [cours d'eau] to dry up, to run dry. -**2.** VÊT: faire ~ du linge to leave clothes to dry, to let linen dry; mettre le linge à ~ to put the washing out to dry; 'faire ~ sans essorer' do not spin dry, dry flat; 'faire ~ à plat' dry flat. -**3.** [plante] to dry up OU out; [bois] to dry out; [fruits, viande] to dry; faire ~ du bois to season wood; faire ~ du poisson/des haricots to dry fish/beans; ~ sur pied [plante] to wilt, to wither; on a séché sur pied tout l'été *fam* we've been bored out of our minds all summer. -**4.** *fam loc*: j'ai séché en physique/sur la deuxième question I drew a blank in the physics exam/on the second question.

◆ **se sécher** *vp* (*emploi réfléchi*) to dry o.s.; se ~ avec une serviette/au soleil to dry o.s. with a towel/in the sun; sèche-toi bien derrière les oreilles dry (yourself) carefully behind your ears; se ~ les mains/cheveux to dry one's hands/hair.

sécheresse [sɛʃrɛs] *nf* -**1.** [d'un climat, d'un terrain, d'un style] dryness; [d'un trait] dryness, harshness; [d'une réplique, d'un ton] abruptness; répondre avec ~ to answer curtly OU abruptly OU tersely; la ~ de sa remarque the curtness OU terseness of his remark; montrer une grande ~ de cœur to show great heartlessness. -**2.** MÉTÉO drought; pendant la OU les mois de ~ during the dry months.

sécherie [sɛʃri] *nf* -**1.** [lieu] drying room; [d'une machine] dryer; [industrie] drying plant. -**2.** IMPR dry end.

sécheur [seʃœr] *nm* [à tabac] dryer.

sécheuse [seʃøz] *nf* [de linge] tumble-drier.

séchoir [seʃwar] *nm* -**1.** AGR & TECH [salle] drying room; [hangar] drying shed; [râtelier] drying rack. -**2.** [machine] dryer; ~ à cheveux hair dryer; ~ à linge [à tambour] tumble-drier; [à cordage] dryer; [mural] airing cupboard. -**3.** IMPR: ~ à plat sheet dryer.

second, e[1] [səgɔ̃, ɔ̃d] ◇ *adj* -**1.** [dans l'espace, le temps] second; c'est la ~e rue à droite it's the second street on the right; pour la ~e fois for the second time; en ~ lieu secondly, in the second place ❑ le Second Empire HIST the French Second Empire; meubles/style Second Empire (French) Second Empire furniture/style; la Seconde Guerre mondiale World War II. -**2.** [dans une hiérarchie] second; [éclairagiste, maquilleur] assistant (*modif*); la ~e ville de France France's second city ❑ ~e classe TRANSP second class; le ~ degré ENS secondary education; dans le ~ degré in secondary classes; ~ maître NAUT petty officer; ~ rôle CIN supporting OU secondary role, jouer les ~s rôles *fig* to play second fiddle; ~ violon MUS second violin; à nul autre ~ *litt* [sans pareil] second to none, unparalleled. -**3.** [autre - chance, jeunesse, vie] second; l'Angleterre, c'est une ~e patrie pour elle England's a second home for her; c'est une ~e nature chez lui it's second nature to him; elle a été une ~e mère pour moi she was like a mother to me ❑ trouver son ~ souffle [coureur, conférencier] to get OU to find one's second wind; [entreprise] to get a new lease of life; ~e vue clairvoyance, second sight; être doué de ~e vue to be clairvoyant. -**4.** MATH: a ~e, a'' a double point, a''.

◇ *nm, f* -**1.** [dans l'espace, le temps] second; je lis le premier paragraphe, et toi le ~ I read the first paragraph, and you the second one OU the next one. -**2.** [dans une hiérarchie] second; la ~e de ses filles his second daughter; arriver le ~ [dans une course, une élection] to come second.

◆ **second** *nm* -**1.** [assistant - d'un directeur] right arm; [- dans un duel] second; NAUT first mate; MIL second in command. -**2.** [dans une charade]: mon ~ est... my second is... -**3.** [étage] second floor *Br*, third floor *Am*.

◆ **seconde** *nf* -**1.** AUT second gear; passe en ~e change into OU to second gear. -**2.** TRANSP [classe] second class; [billet] second-class ticket; les ~es, les wagons de ~e second-class carriages; voyager en ~e to travel second class. -**3.** SCOL ≃ fifth form *Br*, ≃ tenth grade *Am*. -**4.** ESCRIME seconde. -**5.** DANSE second position. -**6.** MUS second.

◆ **secondes** *nfpl* IMPR second proofs.

◆ **de seconde catégorie** *loc adj* [hôtel] second-class.

◆ **de second choix** *loc adj* [fruits, légumes] standard, grade 2; [viande] standard; **articles de ~ choix** COMM second OU inferior products.

◆ **de seconde main** *loc adj* [information, voiture] secondhand.

◆ **de second ordre, de second plan** *loc adj* [question] of secondary importance; [artiste, personnalité] second-rate.

◆ **en second** ◇ *loc adj*: **capitaine en ~** first mate.

◇ *loc adv* second, secondly; **passer en ~** to be second.

secondaire [səgɔ̃dɛr] ◇ *adj* -**1.** [question, personnage, route] secondary; **c'est ~** it's of secondary importance OU of minor interest. -**2.** ENS & SC secondary; **ère ~** GÉOL Mesozoic era.

◇ *nm* -**1.** GÉOL: **le ~** the Mesozoic. -**2.** ENS secondary OU high *Am* school *(U)*. -**3.** ÉLECTR secondary winding. -**4.** ÉCON: **le ~** secondary production.

secondairement [səgɔ̃dɛrmɑ̃] *adv* secondarily.

seconde[2] [səgɔ̃d] *nf* -**1.** [division horaire] second. -**2.** [court instant]: **(attendez) une ~!** just a second!; **je reviens dans une ~** I'll be back in a second, I'll be right back; **une ~ d'inattention** a momentary lapse in concentration; **à une ~ près, je ratais le train** I was within a second of missing the train; **à la ~** instantly, there and then; **avec lui, il faut que ce soit fait à la ~** he wants things done instantly.

secondement [səgɔ̃dmɑ̃] *adv* second, secondly.

seconder [3] [səgɔ̃de] *vt* -**1.** [assister] to assist, to back up *(sép)*. -**2.** *sout* [action, dessein] to second.

secouement [səkumɑ̃] *nm litt* shaking.

secouer [6] [səkwe] *vt* -**1.** [remuer - arbre, bouteille, personne] to shake; [- tapis] to shake (out); **il/le vent secouait l'arbre** he/the wind was shaking the tree; **les trous d'air/les cahots secouaient les passagers** the air pockets/the bumps were shaking the passengers around; **l'explosion secoua l'immeuble** the explosion shook OU rocked the building; **~ la tête** [acquiescer] to nod one's head; [refuser] to shake one's head ❑ **~ qqn comme un prunier** *fam* to shake sb like a rag doll; **~ le cocotier** to get rid of the dead wood *fig*. -**2.** [pour se débarrasser de - poussière, sable, miettes] to shake off *(sép)*, *fig* [- paresse, torpeur etc] to shake off. -**3.** *fam* [houspiller - personne] to shake up *(sép)*; **il a besoin d'être secoué pour travailler** he needs to be jolted out of his inertia before he gets down to work ❑ **~ les puces** OU **le paletot** *fam* **à qqn** [le gronder] to tell sb off, to give sb a good ticking-off *Br* OU chewing out *Am*. -**4.** [bouleverser - personne] to shake up *(sép)*, to give a jolt OU shock to; **la nouvelle l'a beaucoup secoué** the news really shook him up.

◆ **se secouer** *fam vp (emploi réfléchi)* to shake o.s. up, to snap out of it; **il serait grand temps de te ~!** it's high time you pulled yourself together!

secoueur [səkwœr] *nm* -**1.** MÉTALL formbreaker. -**2.** AGR: **~ de paille** straw shaker.

secourable [səkurabl] *adj* helpful; **un automobiliste ~** a helpful driver.

secourir [45] [səkurir] *vt* -**1.** [blessé] to help; [personne en danger] to rescue; **les skieurs avaient perdu tout espoir d'être secourus** the skiing party had lost all hope of being rescued OU of a rescue. -**2.** *sout* [pauvre, affligé] to aid, to help. -**3.** *litt* [misères] to relieve, to ease.

secourisme [səkurism] *nm* first aid.

secouriste [səkurist] *nmf* -**1.** [d'une organisation] first-aid worker. -**2.** [personne qualifiée] *person who is qualified in first aid.*

secours [səkur] *nm* -**1.** [assistance] help, assistance, aid; **appeler** OU **crier au ~** to call out for help; **appeler qqn à son ~** [blessé, entreprise] to call upon sb for help, to call sb to the rescue; **allez chercher du ~!** go and get (some) help!; **porter ~ à qqn** to give sb assistance; **porter ~ à un blessé** to give first aid to an injured person; **personne ne s'est arrêté pour me porter ~** nobody stopped to (come and) help me; **venir au ~ de qqn** to come to sb's aid; **venir au ~ d'une entreprise** to rescue a company ❑ **le Secours catholique, le Secours populaire (français)** *charity organizations giving help to the poor.* -**2.** [sauvetage] aid, assistance; **le** OU **les ~ aux brûlés** aid OU assistance for burn victims; **envoyer des ~ à qqn** to send relief to sb; **les ~ ne sont pas encore arrivés** aid OU help hasn't arrived yet ❑ **le ~ en montagne/en mer** sea/mountain rescue; **le** OU **les ~ d'urgence** emergency aid. -**3.** [appui] help; **être d'un grand ~ à qqn** [amitié, personne, outil] to be of great help to sb; **la calculette ne m'a pas été d'un grand ~** the calculator was of (very) little help OU use to me; **avec le ~ du dictionnaire, je devrais me débrouiller** with the help OU aid of the dictionary, I should be able to get by. -**4.** JUR emergency payment OU allowance.

◆ **au secours** *loc interj* help.

◆ **de secours** *loc adj* [équipement, porte, sortie] emergency *(modif)*; [équipe, poste] rescue *(modif)*.

secousse [səkus] *nf* -**1.** [saccade] jerk, jolt; **la ~ du train qui démarrait la réveilla** she was woken by the jolt when the train started; **elle se dégagea d'une ~** she shook OU jerked herself free. -**2.** *fig* [bouleversement] jolt, shock, upset; **toutes ces ~s ont fini par ébranler sa santé** all these upsets finished by weakening his health. -**3.** GÉOL: **~ (sismique** OU **tellurique)** (earth) tremor.

◆ **par secousses** *loc adv* -**1.** [par à-coups]: **elle réussit à déplacer la malle par ~s** she managed to jerk the trunk along. -**2.** [irrégulièrement] spasmodically.

secret, ète [səkrɛ, ɛt] *adj* -**1.** [inconnu - accord, code, document etc] secret; **cela n'a rien de ~** it's no secret; **garder** OU **tenir qqch ~** to keep sthg secret. -**2.** [caché - escalier, passage, tiroir] secret; **une vie secrète** a secret life. -**3.** [intime - ambition, désir, espoir, pensée] secret, innermost; **ses sentiments les plus ~s** his innermost feelings. -**4.** [personne] secretive, reserved; **il est assez ~** he's fairly reserved, he keeps himself to himself.

◆ **secret** *nm* -**1.** [confidence] secret; **c'est un ~!** it's a secret!; **ce n'est un ~ pour personne** it's no secret, everybody knows about it; **c'est un bien lourd ~** it's a weighty secret indeed; **confier un ~ à qqn** to let sb into a secret; **être dans le ~** to be in on the secret; **ne pas avoir de ~s pour qqn** [personne] to have no secrets from sb; [question, machine] to hold no secret for sb; **faire un ~ de tout** *sout* to be secretive about everything ❑ **~ d'État** state secret; **être dans le ~ des dieux** to have privileged information; **c'est un ~ de Polichinelle** it's an open secret OU not much of a secret. -**2.** [mystère - d'un endroit, d'une discipline] secret; **les ~s du cœur/de la nature** secrets of the heart/of nature. -**3.** [recette] secret, recipe; **le ~ du bonheur** the secret of OU recipe for happiness; **ses ~s de beauté** her beauty secrets OU tips; **un soufflé dont lui seul a le ~** a soufflé for which he alone knows the secret ❑ **~ de fabrication** COMM trade secret. -**4.** [discrétion] secrecy *(U)*; **exiger/promettre le ~ (absolu)** to demand/to promise (absolute) secrecy; **je vous demande le ~ sur cette affaire** I want you to keep silent about this matter ❑ **~ professionnel** professional confidence; **trahir le ~ professionnel** to commit a breach of (professional) confidence. -**5.** RELIG: **le ~ de la confession** the secret of the confessional.

◆ **à secret** *loc adj* [cadenas] combination *(modif)*; [tiroir] with a secret lock; [meuble] with secret drawers.

◆ **au secret** *loc adv*: **être au ~** to be (detained) in solitary confinement; **mettre qqn au ~** to detain sb in solitary confinement.

◆ **en secret** *loc adv* -**1.** [en cachette - écrire, économiser] in secret, secretly. -**2.** [intérieurement - croire, espérer] secretly, privately.

secrétaire [səkretɛr] ◇ *nmf* -**1.** [dans une entreprise] secretary; **ma ~, mon ~** my (private) secretary OU personal assistant ❑ **~ du conseil d'administration** secretary to the Board of Directors; **~ de direction** executive secretary, personal assistant; **~ général** company secretary; **~ juridique** legal secretary; **~ médicale** medical secretary; **~ de rédaction** [dans l'édition] desk OU assistant editor; PRESSE subeditor. -**2.** POL: **~ général** [auprès d'un ministre] ≃ permanent secretary *Br*; [dans un parti] general-secretary; **~ général de l'ONU** Secretary OU Secretary-General of the UN; **~ général de l'Assemblée** ≃ Clerk of the House *Br*; **~ général du Sénat** ≃ Clerk of the House *Br*; **~ d'État** [en France] ≃ Junior Minister *Br*; [en Grande-Bretagne] Secretary of State; [aux États-Unis] State Secretary, Secretary of State; **~ perpétuel** Permanent Secretary. -**3.** ADMIN: **~ de mairie** ≃ chief executive *Br*, ≃ town clerk *Br vieilli*.

◇ *nm* [meuble] secrétaire, writing desk.

secrétariat [səkretarja] *nm* -**1.** [fonction] secretaryship; **apprendre le ~** to learn to be a secretary, to do a secretarial course; **pendant son ~** during her term of office as secretary ❑ **~ de rédaction** [dans l'édition] desk OU assistant editorship; PRESSE post of subeditor. -**2.** [employés] secretarial staff; **tout le ~ est en grève** all the secretarial staff are on strike; **le budget du ~** budgeting for secretarial services; **faire partie du ~** to be a member of the secretariat. -**3.** [bureau] secretariat; **aller au ~** to go to the secretariat OU secretary's office. -**4.** [tâches administratives] secretarial work; **le ~ est assuré par dix personnes** the administrative OU secretarial work is carried out by ten people. -**5.** POL: **~ d'État** [fonction en Fance] post of Junior Minister; [ministère français] Junior Minister's Office; [fonction en Grande-Bretagne] post of Secretary of State; [ministère britannique] Secretary of State's Office; [fonction aux États-Unis] post of State Secretary; **~ général de l'ONU** UN Secretary-Generalship. -**6.** ADMIN: **~ de mairie** [fonction] function of chief executive; [bureau] chief executive's office.

secrètement [səkrɛtmɑ̃] *adv* -**1.** [en cachette] secretly, in secret; **elle avait vendu ses bijoux ~** she had sold her jewels in secret. -**2.** [intérieurement] secretly; **je souhaite ~ qu'il échoue** I secretly wish that he'll fail.

sécréter [18] [sekrete] *vt* -**1.** BOT & PHYSIOL to secrete. -**2.** *fig* & *sout* [ennui] to exude, to ooze; [passion, désir] to cause, to release.

sécréteur, euse OU **trice** [sekretœr, øz, tris] *adj* secretory.

sécrétion [sekresjɔ̃] *nf* secretion.

sécrétoire [sekretwar] *adj* secretory.

sectaire [sɛktɛr] *adj* & *nmf* sectarian.

sectarisme [sɛktarism] *nm* sectarism.

sectateur, trice [sɛktatœr, tris] *nm, f* -**1.** *litt* [partisan d'une doctrine] partisan. -**2.** [membre d'une secte] follower, adept.

secte [sɛkt] *nf* sect.

secteur [sɛktœr] *nm* -**1.** ÉCON area; **le ~ de l'élevage** livestock breeding sector ❑ **~ primaire** primary sector OU production; **~ privé** private sector OU enterprise; **~ public** public sector; **~ secondaire** secondary production; **~ tertiaire** tertiary production OU activities. -**2.** [zone d'action - d'un policier] beat; [- d'un représentant] area, patch; [- de l'urbanisme] district, area; MIL & NAUT sector; ADMIN *local area covered by the French health and social services department*; **~ sauvegardé** area of listed buildings, buildings zoned for preservation. -**3.** *fam* [quartier]: **c'est dans le ~** it's around here; **je ne l'ai pas vu dans le ~** I haven't seen him anywhere about OU in this neck of the woods;

changer de ~ to make o.s. scarce; **tu ferais mieux de changer de** ~ [partir] you'd better make yourself scarce. -**4.** ÉLECTR: **le** ~ the mains (supply). -**5.** MATH: ~ **(angulaire)** sector; ~ **sphérique** sector of a sphere. -**6.** INF sector.

section [sɛksjɔ̃] *nf* -**1.** [d'une autoroute, d'une rivière] section, stretch; [de ligne de bus, de tramway] fare stage; [d'un livre] part, section; [d'une bibliothèque] section; [d'un service] branch, division, department. -**2.** ENS department; **il a changé de** ~ he has transferred to another department ❑ ~ **économique/scientifique/littéraire** courses in economics/science/arts. -**3.** [d'un parti] local branch; ~ **syndicale** *local branch of a union*; [dans l'industrie de la presse et du livre] (union) chapel. -**4.** MATH & GÉOM section; **un câble de 12 mm de** ~ a 12 mm (section) cable; **dessiner la** ~ **de qqch** to draw the section of sthg OU sthg in section ❑ ~ **conique/plane** conic/plane section. -**5.** NUCL: ~ **efficace** cross section. -**6.** [coupure] cutting *(U)*, severing *(U)*; MÉD amputation. -**7.** BIOL [groupe, coupe] section. -**8.** ÉLECTR: ~ **morte** dummy coil. -**9.** MIL section. -**10.** MUS: ~ **rythmique** rhythm section. -**11.** NAUT: ~ **mouillée** wetted section. -**12.** POL: ~ **électorale** ward.

sectionnement [sɛksjɔnmɑ̃] *nm* -**1.** [coupure] cutting *(U)*, severing *(U)*. -**2.** ÉLECTR sectioning (and isolation).

sectionner [3] [sɛksjɔne] *vt* -**1.** [tendon, câble, ligne] to sever, to cut; MÉD to amputate; **la lame avait sectionné le ligament** the blade had cut through the ligament. -**2.** [diviser] to section, to divide OU to split (into sections).

sectionneur [sɛksjɔnœr] *nm* section switch.

sectoriel, elle [sɛktɔrjɛl] *adj* sector-based; **revendications** ~**les** sector-based demands; **application** ~**le d'une mesure** the application of a measure to a certain sector (only).

sectorisation [sɛktɔrizasjɔ̃] *nf* [gén] division into sectors; [des services de santé] *division into areas of responsibility for health and social services.*

sectoriser [3] [sɛktɔrize] *vt* [gén] to sector, to divide into areas OU sectors; [services de santé] to divide into areas of health and social services responsibility.

sécu *fam* [seky] (*abr de* **Sécurité sociale**) *nf* [système] ≃ Social Security; [organisme de remboursement] ≃ DSS *Br*, ≃ Social Security *Am*.

séculaire [sekylɛr] *adj* -**1.** [vieux] age-old; **un chêne** ~ an ancient oak || [de cent ans] a hundred years' old. -**2.** [cyclique] secular. -**3.** ASTRON secular.

sécularisation [sekylarizasjɔ̃] *nf* secularization, secularizing *(U)*.

séculariser [3] [sekylarize] *vt* to secularize.

séculier, ère [sekylje, ɛr] *adj* secular.
◆ **séculier** *nm* secular.

secundo [səgɔ̃do] *adv* in the second place, second, secondly.

sécurisant, e [sekyrizɑ̃, ɑ̃t] *adj* -**1.** [qui rassure] reassuring. -**2.** PSYCH security *(modif)*.

sécurisation [sekyrizasjɔ̃] *nf*: **la** ~ **des citoyens est du ressort de la police** it is the responsibility of the police to make the public feel safe.

sécuriser [3] [sekyrize] *vt* -**1.** [rassurer]: ~ **qqn** to make sb feel secure OU safe, to reassure sbto give sb a feeling of security. -**2.** [stabiliser] to (make) secure; **des mesures visant à** ~ **l'emploi** employment-conserving measures.

Securit® [sekyrit] *nm*: (verre) ~ Triplex glass®.

sécuritaire [sekyritɛr] *adj*: **programme** ~ security-conscious programme; **mesures** ~**s** drastic security measures; **idéologie** ~ law-and-order ideology.

sécurité [sekyrite] *nf* -**1.** [protection d'une personne - physique] safety, security; [- économique, affective etc] security; **assurer la** ~ **de qqn** to ensure the safety of sb; **l'installation offre une** ~ **totale** the plant is completely safe; **un bon contrat d'assurance, c'est une** ~ a good insurance policy makes you feel safe OU puts your mind at rest OU gives you peace of mind; **j'ai la** ~ **matérielle** my material needs are provided for; **la** ~ **de l'emploi** job security ❑ ~ **civile** civil defence; ~ **publique** public safety; ~ **routière** road safety. -**2.** [surveillance - de bâtiments, d'installations] security. -**3.** ARM [d'un tank, d'un navire] safety catch OU mechanism.
◆ **Sécurité sociale** *nf* -**1.** [système] *French social security system*. -**2.** [organisme] ≃ DSS *Br*.
◆ **de sécurité** *loc adj* [dispositif, mesure] safety *(modif)*.
◆ **en sécurité** ◇ *loc adj* safe; **être/se sentir en** ~ to be/to feel safe.
◇ *loc adv* in a safe place; **mettre qqch en** ~ **dans un coffre** to keep sthg in a safe.
◆ **en toute sécurité** *loc adv* in total safety, completely safely.

SÉCURITÉ SOCIALE:
The "Sécu", as it is popularly known, created in 1945-46, provides public health benefits, pensions, maternity leave etc. These benefits are paid for by obligatory insurance contributions ("cotisations") made by employers ("cotisations patronales") and employees ("cotisations salariales"). Many French people have complementary health insurance provided by a "mutuelle", which guarantees payment of all or part of the expenses not covered by the "Sécurité sociale".

---

sédatif, ive [sedatif, iv] *adj* sedative.
◆ **sédatif** *nm* sedative.

sédation [sedasjɔ̃] *nf* sedation, sedating *(U)*.

sédentaire [sedɑ̃tɛr] ◇ *adj* -**1.** [travail, habitude] sedentary; [employé] desk-bound. -**2.** ANTHR settled, non-nomad, sedentary.
◇ *nmf* [personne] sedentary person.

sédentarisation [sedɑ̃tarizasjɔ̃] *nf*: **la** ~ **d'une population** a people's adoption of a sedentary lifestyle.

sédentariser [3] [sedɑ̃tarize] *vt* [tribu] to turn into a sedentary population, to settle.

sédentarité [sedɑ̃tarite] *nf* sedentary lifestyle.

sédiment [sedimɑ̃] *nm* -**1.** GÉOL sediment, deposit. -**2.** MÉD & ŒNOL sediment.

sédimentaire [sedimɑ̃tɛr] *adj* sedimentary.

sédimentation [sedimɑ̃tasjɔ̃] *nf* sedimentation.

sédimentologie [sedimɑ̃tɔlɔʒi] *nf* sedimentology.

séditieux, euse [sedisjø, øz] ◇ *adj sout* -**1.** [propos] seditious, rebellious. -**2.** [troupe, armée] insurrectionary, insurgent.
◇ *nm, f* insurgent, rebel.

sédition [sedisjɔ̃] *nf sout* rebellion, revolt, sedition.

séducteur, trice [sedyktœr, tris] ◇ *adj* [personne, sourire etc] seductive, irresistible.
◇ *nm, f* seducer (*f* seductress); **c'est un grand** ~ he's a real lady's man; **c'est une grande séductrice** she's a real seductress OU a femme fatale.

séduction [sedyksjɔ̃] *nf* -**1.** [d'une personne] charm; [d'une musique, d'un tableau] appeal, captivating power; **elle est pleine de** ~ she's very seductive; **pouvoir de** ~ powers of seduction. -**2.** JUR: ~ **de mineur** corruption of a minor; ~ **dolosive** *obtaining sexual favours by deceit*. -**3.** [d'une chose] attraction, attractiveness; **le pouvoir de** ~ **de l'argent** the seductive power of money.

séduire [98] [sedɥir] *vt* -**1.** [charmer - suj: personne] to attract, to charm; [- suj: beauté, gentillesse, sourire] to win over *(sép)*; [- suj: livre, tableau] to appeal to *(insép)*; **la ferme m'a tout de suite séduit** I immediately fell in love with the farmhouse. -**2.** [tenter - suj: idée, projet, style de vie] to appeal to *(insép)*, to be tempting to; **sa proposition ne me séduit pas beaucoup** her proposal doesn't tempt me OU appeal to me very much. -**3.** [tromper - suj: politicien, promesses, publicité] to lure, to seduce; **se laisser** ~ to be led astray; **ne vous laissez pas** ~ **par leurs beaux discours!** don't let yourselves be led astray by their fine words! -**4.** [sexuellement] to seduce.

séduisant, e [sedɥizɑ̃, ɑ̃t] *adj* -**1.** [charmant - personne] attractive; [- beauté] seductive, enticing; [- sourire, parfum, mode etc] appealing, seductive. -**2.** [alléchant - offre, idée, projet] attractive, appealing, tempting; **la proposition était** ~**e** the offer was appealing.

séfarade [sefarad] ◇ *adj* Sephardic.
◇ *nmf* Sephardi; **les** ~**s** the Sephardim.

sefardi [sefardi] (*pl* sefardim [-dim]) = **séfarade**.

segment [sɛgmɑ̃] *nm* -**1.** ANAT, MATH & ZOOL segment. -**2.** MÉCAN ring; ~ **de piston** piston ring; ~ **racleur** scraperring; ~ **de frein** AUT (segmental) brake shoe. -**3.** INF segment; ~ **de programme** program segment.

segmentaire [sɛgmɑ̃tɛr] *adj* segmental.

segmentation [sɛgmɑ̃tasjɔ̃] *nf* -**1.** BIOL & PHYSIOL segmentation. -**2.** INF segmentation.

segmenter [3] [sɛgmɑ̃te] *vt* [diviser] to segment.
◆ **se segmenter** *vpi* to segment, to break into segments.

Ségovie [segɔvi] *npr* Segovia.

ségrégatif, ive [segregatif, iv] *adj* segregative; **lois/mesures ségrégatives** laws/measures aimed at maintaining segregation.

ségrégation [segregasjɔ̃] *nf* -**1.** [discrimination] segregation; **une** ~ **au niveau des salaires** a discriminatory wage policy; ~ **raciale/sociale** racial/social segregation. -**2.** BIOL, MÉTALL & TECH segregation.

ségrégationnisme [segregasjɔnism] *nm* racial segregation.

ségrégationniste [segregasjɔnist] ◇ *adj* [personne] segregationist; [politique] segregationist, segregational, discriminatory.
◇ *nmf* segregationist.

ségrégé, e [segreʒe] *adj* segregated METALL.

séguedille [segədij], **seguidilla** [segidija] *nf* seguidilla.

seguia [segja] *nf* open channel *(for bringing water to Saharan oases)*.

seiche [sɛʃ] *nf* -**1.** ZOOL cuttlefish; **os de** ~ cuttlebone. -**2.** GÉOG seiche.

séide [seid] *nm litt* [partisan] zealot, fanatically dedicated henchman.

seigle [sɛgl] *nm* rye.

seigneur [sɛɲœr] *nm* -**1.** HIST feudal lord OU overlord, seigneur. -**2.** [maître] lord; **le** ~ **de ces lieux** *aussi hum* the lord of the manor; **mon** ~ **et maître** *hum* my lord and master ❑ **grand** ~: **agir en grand** ~ to play the fine gentleman; **vivre en grand** ~ to live like a lord; **comme un** ~, **en grand** ~ [avec luxe] like a lord; [avec noblesse] nobly; **être grand** ~, **faire le grand** ~ to spend money like water OU as if there were no tomorrow; **à tout** ~ **tout honneur** *prov* give honour where honour is due. -**3.** [magnat] tycoon, baron; **les** ~**s de l'industrie** captains of industry; **les** ~**s de la guerre** the war lords. -**4.** RELIG: **le Seigneur** the Lord; **Notre-Seigneur Jésus-Christ** Our Lord Jesus Christ; **Seigneur (Dieu)!** *litt* Good Lord!; **le jour du Seigneur** the Lord's Day.

seigneuriage [sɛɲœrjaʒ] *nm* seigniorage.

seigneurial, e, aux [sɛɲœrjal, o] *adj* -**1.** HIST seigniorial. -**2.** *litt* [digne d'un seigneur] stately, lordly.

seigneurie [sɛɲœri] *nf* -**1.** HIST [propriété] seigneury, lord's domain OU estate; [pouvoir, droits] seigneury. -**2.** [titre]: **Votre Seigneurie** Your Lordship.

sein [sɛ̃] *nm* -**1.** ANAT breast; **elle se promène les** ~**s nus** she walks about topless; **le** ~ [pour allaiter] the breast; **donner le** ~ to breast-feed; **être au** ~ [en ce moment] to be at the breast; [comme mode de nutrition] to be breast-fed; **prendre le** ~ to take the breast ❑ **ça me ferait mal aux** ~**s**▽ it would really piss me off. -**2.** *litt* [ventre] womb; **porter un enfant dans son** ~ to carry a child in one's womb. -**3.** *litt* [buste] bosom; **serrer qqch/qqn contre son ~** to press sthg/sb against one's bosom; **dans le ~ de** [au centre de] in OU at the heart of, in the bosom of *litt*; **s'épancher dans le ~ d'une amie** [auprès de] to open one's heart to a friend.

◆ **au sein de** *loc prép sout* within; **au ~ du parti** within the party; **au ~ de la famille** in the bosom OU midst of the family.

seine [sɛn] = **senne**.

Seine [sɛn] *npr f*: **la ~** the (River) Seine.

seing [sɛ̃] *nm* [signature] signature.

◆ **sous seing privé** *loc adj*: **acte sous ~ privé** private agreement, simple contract.

séismal, e, aux [seismal, o] *adj* seismic.

séisme [seism] *nm* -**1.** GÉOL earthquake, seism *spéc*; **le ~ a atteint sept degrés sur l'échelle de Richter** the earthquake reached seven on the Richter scale. -**2.** *fig* [bouleversement] upheaval.

séismicité [seismisite] = **sismicité**.

séismique [seismik] = **sismique**.

séismographe [seismɔgraf] = **sismographe**.

séismologie [seismɔlɔʒi] = **sismologie**.

SEITA, Seita [seita] (*abr de* **Société nationale d'exploitation industrielle des tabacs et allumettes**) *npr f French government tobacco and matches monopoly.*

seize [sɛz] *adj num card inv* & *nm inv* sixteen.

seizième [sɛzjɛm] ◇ *adj num ord* sixteenth.

◇ *nmf* sixteenth.

◇ *nm* -**1.** *fam* [arrondissement] sixteenth arrondissement *(wealthy district of Paris)*. -**2.** [partie]: **le ~ de la somme globale** the sixteenth part of the total sum.

◆ **seizièmes** *nmpl* SPORT: **les ~s de finale** the first round *(of a 4-round knockout competition)*, the second round *(of a 5-round knockout competition)*.

SEIZIÈME:

This term often refers to the upper class social background, lifestyle, way of dressing etc associated with the sixteenth arrondissement in Paris: "elle est très seizième".

---

seizièmement [sɛzjɛmmɑ̃] *adv* in the sixteenth place.

séjour [seʒur] *nm* -**1.** [durée] stay, sojourn *litt*; **il a fait un ~ de deux mois à la mer** he spent two months at the seaside; **il fait un ~ linguistique aux États-Unis** he is spending some time in the United States learning the language; **je te souhaite un bon ~ à Venise** I hope you have a nice time OU I hope you enjoy your stay in Venice; **il a fait plusieurs ~s en hôpital psychiatrique** he's been in a psychiatric hospital several times; **il a fait un ~ à l'ombre** *fam fig* he's been inside, he's been at Her Majesty's pleasure *Br*. -**2.** [pièce]: (salle de) ~ living OU sitting room, lounge *Br*. -**3.** *litt* [habitation] abode, dwelling place.

séjourner [3] [seʒurne] *vi* -**1.** [habiter] to stay, to sojourn *litt*; **~ à l'hôtel/chez un ami** to stay at a hotel/with a friend. -**2.** [rester] to lie; **le brouillard séjourne dans la vallée** the fog lies in the valley.

sel [sɛl] *nm* -**1.** CULIN salt; **mettre du ~ dans une sauce** to add salt to a sauce; **vous devriez supprimer le ~** you should cut out salt altogether ❑ **gros ~** coarse salt; **~ de céleri** celery salt; **~ de cuisine** kitchen salt; **~ de table, ~ fin** table salt; **~ de mer** sea salt. -**2.** CHIM salt; **~ acide/basique** acid/basic salt. -**3.** GÉOL salt; **~ gemme** rock salt; **le ~ de la terre** BIBLE & *litt* the salt of the earth. -**4.** PHARM salt; **~ d'Epsom** OU **d'Angleterre** Epsom salts; **~ de Vichy** sodium bicarbonate. -**5.** [piquant] wit *(U)*; **~ attique** *litt* Attic salt, wit; **une remarque pleine de ~** a witty remark; **une coïncidence qui ne manque pas de ~** quite a remarkable coincidence.

◆ **sels** *nmpl* PHARM (smelling) salts; **respirer des ~s** to smell salts ❑ **~s de bain** bath salts.

◆ **sans sel** *loc adj* [régime, biscotte] salt-free; [beurre] unsalted.

sélacien [selasjɛ̃] *nm* selachian; **les ~s** the Selachii.

sélect, e *fam* [selɛkt] *adj* select, highclass, posh *Br*.

sélecteur [selɛktœr] *nm* -**1.** RAD & TÉLÉC selector; **~ de programmes** program selector. -**2.** MÉCAN gear shift; [d'une moto] (foot) gearshift control.

sélectif, ive [selɛktif, iv] *adj* [mémoire, herbicide, poste de radio] selective.

sélection [selɛksjɔ̃] *nf* -**1.** [fait de choisir] selection; **opérer une ~ parmi 200 candidats** to make a selection OU to choose from 200 candidates; **~ à l'entrée** UNIV selective entry *Br* OU admission *Am* ❑ **~ professionnelle** professional recruitment. -**2.** [échantillon] selection, choice; **une ~ des meilleurs fromages de la région** a choice of cheeses, a cheese selection. -**3.** SPORT [équipe] team, squad. -**4.** BIOL: **~ naturelle** natural selection; **~ artificielle** artificial selection. -**5.** RAD (signal) separation.

sélectionné, e [selɛksjɔne] ◇ *adj* [choisi] selected; **~ pour les jeux Olympiques** selected for the Olympics; **des vins ~s** selected OU choice wines.

◇ *nm, f* -**1.** [candidat] selected candidate OU contestant. -**2.** SPORT squad member, team member.

sélectionner [3] [selɛksjɔne] *vt* -**1.** [gén] to select. -**2.** *(en usage abs)* UNIV: **ils sélectionnent à l'entrée** they have a selection process for admission.

sélectionneur, euse [selɛksjɔnœr, øz] *nm, f* SPORT selector.

sélectivement [selɛktivmɑ̃] *adv* selectively.

sélectivité [selɛktivite] *nf* ÉLECTR, OPT & RAD selectivity.

séléniate [selenjat] *nm* selenate.

sélénieux [selenjø] *adj m* selenious.

sélénique [selenik] *adj m* selenic.

sélénium [selenjɔm] *nm* selenium.

séléniure [selenjyr] *nm* selenide.

sélénographie [selenɔgrafi] *nf* selenography.

sélénographique [selenɔgrafik] *adj* selenographic.

sélénologie [selenɔlɔʒi] *nf* selenology.

self [sɛlf] ◇ *nf* ÉLECTR self inductance.

◇ *nm* -**1.** PSYCH self. -**2.** *fam* = **self-service**.

self-control [sɛlfkɔ̃trol] (*pl* **self-controls**) *nm* self-control, self-command.

self-inductance [sɛlfɛ̃dyktɑ̃s] (*pl* **self-inductances**) *nf* self-inductance.

self-induction [sɛlfɛ̃dyksjɔ̃] (*pl* **self-inductions**) *nf* self-induction.

self-service [sɛlfsɛrvis] (*pl* **self-services**) *nm* -**1.** [restaurant] self-service (restaurant), cafeteria. -**2.** [service] self-service.

◆ **en self-service** *loc adj* self-service; **beaucoup de pompes à essence sont en ~** a lot of petrol pumps are self-service.

selle [sɛl] *nf* -**1.** [de cheval] saddle; **monter sans ~** to ride bareback ❑ **être bien en ~** *pr* & *fig* to be firmly in the saddle; **mettre qqn en ~** *pr* to put sb in the saddle; *fig* to give sb a leg up; **remettre qqn en ~** to put sb back on the rails; **se mettre en ~** *pr* to get into the saddle, to mount; *fig* to get down to the job; **se remettre en ~** to get back in OU into the saddle. -**2.** [de bicyclette] saddle. -**3.** CULIN saddle; **~ de mouton/chevreuil** saddle of mutton/venison. -**4.** [escabeau] turntable. -**5.** ANAT: **~ turcique** sella turcica. -**6.** MÉD: **aller à la ~** to have a bowel movement; **allez-vous à la ~ régulièrement?** are you regular? -**7.** RAIL bearing OU sole plate. -**8.** ZOOL [d'un lombric] saddle.

◆ **selles** *nfpl* [excréments] faeces, stools MED.

seller [4] [sele] *vt* to saddle (up).

sellerie [sɛlri] *nf* -**1.** [équipement] saddlery. -**2.** [lieu] saddle room, tack-room. -**3.** [commerce] saddlery trade.

sellerie-bourrellerie [sɛlriburɛlri] (*pl* **selleries-bourrelleries**) *nf* manufacture and repair of saddlery.

sellerie-maroquinerie [sɛlrimarɔkinri] (*pl* **selleries-maroquineries**) *nf* -**1.** [articles] (fine) leather goods. -**2.** [magasin] leather-goods shop *Br* OU store *Am*.

sellette [sɛlɛt] *nf* -**1.** HIST [siège] (high) stand OU table ❑ **mettre qqn sur la ~** to put sb in the hot seat; **être sur la ~** [critiqué] to be in the hot seat, to come under fire; [examiné] to be undergoing reappraisal. -**2.** CONSTR slung cradle. -**3.** [pour sculpteur] turntable ART.

sellier [selje] *nm* [fabricant, marchand] saddler.

sellier-maroquinier [seljemarɔkinje] (*pl* **selliers-maroquiniers**) *nm* -**1.** [fabricant] fancy leather goods manufacturer. -**2.** [commerçant] dealer in fancy leather goods.

selon [səlɔ̃] *prép* -**1.** [conformément à] in accordance with; **agir ~ les vœux de qqn** to act in accordance with sb's wishes; **agir ~ les règles** to act OU to go by the rules; **~ toute apparence** by OU from OU to all appearances; **~ toute vraisemblance** in all probability. -**2.** [en fonction de] according to; **dépenser ~ ses moyens** to spend according to one's means; **à chacun ~ ses besoins** to each according to his needs; **~ le cas** as the case may be; **~ les circonstances/les cas** depending on the circumstances/each individual case ❑ **on se reverra? — c'est ~!** *fam* shall we see each other again? — it all depends!; **elle y allait à pied ou en voiture, c'était ~** *fam* she went on foot or used the car, depending. -**3.** [d'après] according to; **~ les experts** according to the experts; **~ moi/vous** in my/your opinion, to my/your mind; **l'Évangile ~ saint Matthieu** the Gospel according to Saint Matthew; **~ vos propres termes** in your own words; **~ l'expression consacrée** as the hallowed expression has it.

◆ **selon que** *loc conj*: **~ qu'on est étudiant ou non** depending on whether one is a student or not; **~ qu'il fera beau ou qu'il pleuvra** depending on whether it's fine or rainy.

S.Em. (*abr écrite de* **Son Éminence**) H.E.

semailles [səmaj] *nfpl* -**1.** [action] sowing. -**2.** [graines] seeds. -**3.** [période] sowing season; **les ~ d'automne** autumn sowing.

semaine [səmɛn] *nf* -**1.** [sept jours] week; **toutes les ~s** [nettoyer, recevoir] every OU each week; [publier, payer] weekly, on a weekly basis; **deux visites par ~** two visits a week OU per week; **dans une ~** in a week's time; **je serai de retour dans une ~** I'll be back in a week OU in a week's time; **faire des ~s de 50 heures** to work a 50-hour week ❑ **la ~ anglaise** the five-day (working) week; **la ~ de 39 heures** the 39-hour working week; **il te remboursera la ~ des quatre jeudis** he'll never pay you back in a month of Sundays. -**2.** RELIG week; **la ~ sainte** Holy Week; **la ~ pascale** Easter week. -**3.** COMM: **la ~ du tapis d'Orient** Oriental carpet week; **la promotion de la ~** this week's special offer; **la ~ de la photo** photography week ❑ **~ commerciale** week-long promotion OU sale; **c'est sa ~ de bonté** *hum* he's been overcome by a fit of generosity. -**4.** [argent de poche]: **il est allé demander sa ~ à son père** he went to ask his father for his pocket money; **je lui donne 50 francs pour sa ~** I give her 50 francs a week pocket money. -**5.** JOAILL [bracelet] seven-band bangle.

◆ **à la petite semaine** *fam loc adj* [politique] short-sighted, day-to-day.

◆ **à la semaine** *loc adv* [payer] weekly, on a weekly basis, by the week.

◆ **de semaine** *loc adj*: **qui est de ~?** who's on duty this week?

◆ **en semaine** *loc adv* during the week, on weekdays, on a weekday.

semainier, ère [səmenje, ɛr] *nm, f* [personne] weekly worker.

◆ **semainier** *nm* -**1.** [calendrier] page-a-week diary. -**2.** [meuble] semainier (chest). -**3.** INDUST weekly time sheet. -**4.** JOAILL seven-band bangle.

sémanticien, enne [semɑ̃tisjɛ̃, ɛn] *nm, f* semanticist.

sémantique [semɑ̃tik] ◇ *adj* semantic.

◇ *nf* semantics *(sg)*.

sémantiquement [semɑ̃tikmɑ̃] *adv* semantically.
sémaphore [semafɔr] *nm* -**1.** RAIL semaphore signal. -**2.** NAUT [poste] signal station.
sémasiologie [semazjɔlɔʒi] *nf* semasiology.
semblable [sɑ̃blabl] ◇ *adj* -**1.** [pareil] similar, alike; **nous avons un cas ~** we have a similar case; **ils sont ~s** they are similar OU alike; **je n'ai rien dit de ~** I said nothing of the sort OU no such thing; **je n'avais jamais rien vu de ~** I had never seen anything like it OU the like of it; **~ à** similar to, like. -**2.** GÉOM & MATH similar.
◇ *nmf (avec poss)* -**1.** [être humain] : **vous et vos ~s** you and your kind; **partager le sort de ses ~s** to share the lot of one's fellow man. -**2.** [animal] related species.
semblablement [sɑ̃blabləmɑ̃] *adv* similarly, likewise.
semblant [sɑ̃blɑ̃] *nm* -**1.** [apparence] : **un ~ de** : **un ~ d'intérêt/d'affection** a semblance of interest/affection; **offrir un ~ de résistance** to put on a show of OU to put up a token resistance; **j'ai un ~ de bronzage** I have a semblance of a tan OU an apology for a tan. -**2. faire ~** [feindre] to pretend; **il ne dort pas, il fait ~** he's not asleep, he's just pretending; **ne fais pas ~ d'avoir oublié** don't pretend to have forgotten OU (that) you've forgotten; **faire ~ d'être malade** to sham illness, to malinger ❑ **ne faire ~ de rien** to pretend not to notice.
sembler [3] [sɑ̃ble] *vi* to seem, to appear; **son histoire semble (être) vraie** his story seems OU appears to be true; **elle semble plus âgée que lui** she seems (to be) OU she looks older than him; **ils semblaient bien s'entendre** they seemed OU appeared to be getting on well; **tu sembles préoccupé** you look OU seem worried; **ça peut ~ drôle à certains** this may seem OU sound funny to some.
◆ **il semble** *v impers* -**1. il semble que...** [on dirait que] it seems...; **il semble qu'il y a** OU **ait eu un malentendu** it seems that OU it looks as if there's been a misunderstanding, there seems to have been a misunderstanding; **il semblait pourtant que tout allait bien** and yet everything seemed to be all right. -**2. il me/te semble (que)** [je/tu crois que] : **cela ne te semble-t-il pas injuste?** don't you find this unfair?, doesn't this strike you as being unfair?; **c'est bien ce qu'il m'a semblé** I thought as much; **il ne me semblait pas te l'avoir dit** I didn't think I'd told you about it; **il était, me semblait-il, au courant de tout** it seemed OU appeared to me that he was aware of everything; **il me semble qu'on s'est déjà vus** I think we've met before; **ce me semble** *sout* : **je vous l'ai déjà dit, ce me semble** it would seem to me that I have already told you that; **comme/quand/si bon me semble** : **faites comme bon vous semble** do as you think fit OU best, do as you please; **je sors quand/avec qui bon me semble** I go out whenever/with whoever I please.
◆ **à ce qu'il semble, semble-t-il** *loc adv* seemingly, apparently; **ils sont blessés, semble-t-il** they seem to be hurt, it seems (as though) they're hurt, apparently, they're hurt.
sème [sɛm] *nm* seme.
séméiologie [semejɔlɔʒi] = **sémiologie**.
séméiologique [semejɔlɔʒik] = **sémiologique**.
semelle [səmɛl] *nf* -**1.** [d'une chaussure, d'un ski] sole; **bottes à ~s fines/épaisses** thin-soled/thick-soled boots; **chaussures à ~s compensées** platform shoes ❑ **~ intérieure** insole, inner sole. -**2.** *fam* [viande dure] : **c'est de la ~, ce steak!** this steak is like (shoe) leather OU old boots *Br*. -**3.** *loc* : **(pas) d'une ~** : **ne la lâchez pas d'une ~** don't let her out of your sight; **on n'a pas avancé** OU **bougé d'une ~** we haven't moved a single inch, we haven't made any progress whatsoever; **je ne reculerai pas d'une ~** I won't give an inch. -**4.** CONSTR [de plancher] sill OU sole plate; [de toiture] inferior (roof) purlin; [d'une marche] tread; **~ filante** (wall) footing. -**5.** MIN [élément] sole (piece); [banc] sole. -**6.** RAIL : **~ de frein** brake shoe (insert); **~ de crosse** crosshead slipper OU shoe. -**7.** TECH bedplate. -**8.** [d'un fer à repasser] base, sole.
sémème [semɛm] *nm* sememe.
semence [səmɑ̃s] *nf* -**1.** [graine] seed; **pomme de terre/blé de ~** seed potato/corn. -**2.** *litt* [germe] : **les ~s d'une révolte** the seeds of a revolt. -**3.** *litt* [sperme] semen, seed *litt*. -**4.** JOAILL : **~ de perles** seed pearls; **~ de diamants** diamond sparks. -**5.** [clou] tack.
semer [19] [səme] *vt* -**1.** AGR & HORT to sow; **~ un champ** to sow a field || *(en usage abs)* : **~ à la volée** to sow broadcast; **~ en ligne** to drill. -**2.** *fig* [disperser - fleurs, paillettes] to scatter, to strew; **semé de** scattered OU strewn with; **parcours semé d'embûches** course littered with obstacles. -**3.** *fam* [laisser tomber] to drop; **il a semé tous ses papiers dans l'escalier** he dropped all his papers on the stairs. -**4.** [distancer] to lose, to shake off *(sép)*; **~ le peloton** to leave the pack behind. -**5.** [propager] to bring; **~ le désordre** to wreak havoc; **~ la discorde** to sow the seeds of discord; **~ la terreur/mort** to bring terror/death; **~ le doute dans l'esprit de qqn** to sow OU to plant a seed of a doubt in sb's mind.
semestre [səmɛstr] *nm* -**1.** [dans l'année civile] half-year, six-month period; **pour le premier ~** for the first half of the year OU six months of the year. -**2.** UNIV half-year, semester. -**3.** [rente] half-yearly pension; [intérêt] half-yearly interest.
semestriel, elle [səmɛstrijɛl] *adj* -**1.** [dans l'année civile] half-yearly. -**2.** UNIV semestral.
semestriellement [səmɛstrijɛlmɑ̃] *adv* -**1.** [dans l'année civile] half-yearly, every six months. -**2.** UNIV per OU every semester.
semeur, euse [səmœr, øz] *nm, f* -**1.** AGR sower. -**2.** *fig* [propagateur] : **~ de trouble** troublemaker.
semi- [səmi] *préf* semi-.
semi-aride [səmiarid] *adj* semiarid.
semi-automatique [səmiotɔmatik] *adj* semiautomatic.
semi-chenillé, e [səmiʃənije] *adj* half-tracked.
◆ **semi-chenillé** *nm* half-track.
semi-circulaire [səmisirkylɛr] *adj* semicircular.
semi-conducteur, trice [səmikɔ̃dyktœr, tris] *adj* semiconducting.
◆ **semi-conducteur** *nm* semiconductor.
semi-conserve [səmikɔ̃sɛrv] *nf* semipreserve.
semi-consonne [səmikɔ̃sɔn] *nf* semiconsonant, semivowel.
semi-convergente [səmikɔ̃vɛrʒɑ̃t] *adj f* semiconvergent.
semi-durable [səmidyrabl] *adj* semiperishable.
semi-fini, e [səmifini] *adj* semifinished, semimanufactured.
semi-grossiste [səmigrosist] *nmf wholesaler who also deals in retail.*
semi-liberté [səmilibɛrte] *nf* temporary release *(from prison)*.
sémillant, e [semijɑ̃, ɑ̃t] *adj* sprightly, spirited.
sémillon [semijɔ̃] *nm* Sémillon.
semi-lunaire [səmilynɛr] *adj* half-moon shaped, semilunar; **os ~** semi-lunar.
séminaire [seminɛr] *nm* -**1.** [réunion] seminar, workshop. -**2.** RELIG seminary; **grand/petit ~** major/minor seminary.
séminal, e, aux [seminal, o] *adj* seminal.
séminariste [seminarist] *nm* seminarist, seminarian *Am*.
séminifère [seminifɛr] *adj* seminiferous; **conduits ~s** seminiferous tubules.
Séminole [seminɔl] *npr mpl* : **les ~** the Seminole.
semi-nomade [səminɔmad] ◇ *adj* seminomadic.
◇ *nmf* seminomad.
semi-nomadisme [səminɔmadism] *nm* seminomadism.
séminome [seminom] *nm* seminoma.
semi-officiel, elle [səmiɔfisjɛl] *adj* semiofficial.
sémiologie [semjɔlɔʒi] *nf* semiology, semeiology.
sémiologique [semjɔlɔʒik] *adj* semiological, semeiological.
sémiologue [semjɔlɔg] *nmf* semiologist.
sémioticien, enne [semjɔtisjɛ̃, ɛn] *nm, f* semiotician.
sémiotique [semjɔtik] *nf* semiotics *(sg)*.
semi-ouvert, e [səmiuvɛr, ɛrt] *adj* : **intervalle ~** half-open interval.
semi-ouvré, e [səmiuvre] *adj* semimanufactured, semifinished.
semi-perméable [səmipɛrmeabl] *adj* semipermeable.
semi-polaire [səmipɔlɛr] *adj* semipolar.
semi-public, ique [səmipyblik] *adj* semipublic.
sémique [semik] *adj* semic.
Sémiramis [semiramis] *npr* Semiramis.
semi-remorque [səmirəmɔrk] ◇ *nf* semitrailer.
◇ *nm* articulated lorry *Br*, trailer truck *Am*.
semi-rigide [səmiriʒid] *adj* semirigid.
semis [səmi] *nm* -**1.** [action] sowing; **~ à la volée** broadcast sowing. -**2.** [terrain] seedbed. -**3.** *fig* : **un ~ de** : **c'était un tissu à fond blanc avec un ~ de petites fleurs bleues** the material had a pattern of small blue flowers on a white background.
semi-submersible [səmisybmɛrsibl] *adj* semisubmersible.
sémite [semit] *adj* Semitic.
◆ **Sémite** *nmf* Semite; **les Sémites** the Semites.
sémitique [semitik] *adj* Semitic.
sémitisant, e [semitizɑ̃, ɑ̃t] *nm, f* Semitist.
sémitisme [semitism] *nm* [études] Semitics *(sg)*; [phénomène] Semitism.
semi-voyelle [səmivwajɛl] *(pl* **semi-voyelles)** *nf* semivowel, semiconsonant.
semnopithèque [sɛmnɔpitɛk] *nm* semnopithecus.
semoir [səmwar] *nm* -**1.** [panier] seed-bag. -**2.** [machine] sower, seeder.
semonce [səmɔ̃s] *nf* -**1.** *sout* [réprimande] reprimand, rebuke. -**2.** NAUT : **coup de ~** warning shot.
semoule [səmul] *nf* semolina; **~ de riz** rice flour; **~ de maïs** cornflour; **~ blanche** rice flour; **~ de blé dur** durum wheat flour.
semoulerie [səmulri] *nf* -**1.** [usine] semolina processing factory. -**2.** [commerce] semolina industry.
sempiternel, elle [sɑ̃pitɛrnɛl] *adj* neverending, endless.
sempiternellement [sɑ̃pitɛrnɛlmɑ̃] *adv* eternally, forever.
sénat [sena] *nm* -**1.** [assemblée] senate; **le Sénat** the (French) Senate. -**2.** [lieu] senate (house).

SÉNAT:
The Sénat is the upper house of the French Parliament. Its members are elected for a nine-year mandate by the Deputies of the Assemblée nationale and certain other government officials. The President of the Senate may deputise for the President of the Republic. The powers of the Senate are almost as extensive as those of the Assemblée nationale, although the latter is empowered to override the decisions of the Senate in cases where the two houses disagree.

---

sénateur [senatœr] *nm* senator.
sénatorial, e, aux [senatɔrjal, o] *adj* senatorial, senate *(modif)*.
◆ **sénatoriales** *nfpl* senatorial elections.
sénéchal, aux [seneʃal, o] *nm* seneschal.
séneçon [sɛnsɔ̃] *nm* : **~ commun** groundsel; **~ cinéraire** silver ragwort.

Sénégal [senegal] *npr m*: le ~ Senegal; au ~ in Senegal.

sénégalais, e [senegalɛ, ɛz] *adj* Senegalese.
◆ **Sénégalais, e** *nm, f* Senegalese; les Sénégalais the Senegalese.

Sénèque [senɛk] *npr* Seneca.

sénescence [senesɑ̃s] *nf* senescence.

sénescent, e [senesɑ̃, ɑ̃t] *adj* senescent.

sénevé [senve] *nm* (wild) mustard, charlock.

sénile [senil] *adj* senile.

sénilité [senilite] *nf* senility.

senior [senjɔr] *adj* & *nmf* senior SPORT.

senne [sɛn] *nf* seine.

señorita [seɲɔrita] *nm* [cigare] *French-made cigarillo.*

sens [sɑ̃s] ◇ *nm* -**1.** PHYSIOL sense; **le ~ du toucher** the sense of touch ❑ **sixième ~** sixth sense; **reprendre ses ~** *pr* to come to; *fig* to come to one's senses. -**2.** [instinct] sense; **~ moral/pratique** moral/practical sense; **avoir le ~ de la nuance** to be subtle; **elle n'a pas le ~ de la nuance** she's rather unsubtle; **le ~ de l'humour** a sense of humour; **avoir le ~ de l'orientation** to have a good sense of direction; **avoir le ~ des affaires** to have a good business sense OU a good head for business; **ne pas avoir le ~ des réalités** to have no grasp of reality; **avoir le ~ du rythme** to have natural rhythm OU a natural sense of rhythm ❑ **bon ~, ~ commun** common sense; **gros bon ~** horse sense, (good) common sense; **avec son gros bon ~, il avait tout de suite vu que...** he had the good sense to see straightaway that...; **ça tombe sous le ~** it's obvious, it stands to reason. -**3.** [opinion]: **à mon/son ~** according to me/him; **à mon ~, c'est impossible** as I see it OU to my mind, it's impossible. -**4.** [signification - d'un mot, d'une phrase] meaning *(C)*, sense; [- d'une allégorie, d'un symbole] meaning *(C)*; **le ~** LING meaning *(U)*, signification; **quel est le ~ de ce mot?** what does this word mean?; **le mot a plusieurs ~** the word has several senses OU meanings; **ce que tu dis n'a pas de ~** [c'est inintelligible, déraisonnable] what you're saying doesn't make sense; **porteur de ~** meaningful; **vide de ~** meaningless; **au ~ propre/figuré** in the literal/figurative sense; **au ~ strict** strictly speaking; **le ~ caché des choses** the hidden meaning of things; **chercher/trouver un ~ à la vie** to look for/to find a meaning to life. -**5.** [direction] direction; **dans tous les ~** in all directions, all over the place; **en ~ inverse** the other way round OU around; **pose l'équerre dans ce ~-là/l'autre ~** lay the set square down this way/the other way round; **scier une planche dans le ~ de la largeur/longueur** to saw a board widthwise/lengthwise; **dans le ~ nord-sud/est-ouest** in a southerly/westerly direction; **installer qqch dans le bon ~** to fix sthg the right way up; **fais demi-tour, on va dans le mauvais ~!** turn round, we're going the wrong way OU in the wrong direction!; **il n'y a plus de trains dans le ~ Paris-Lyon** there are no more trains from Paris to Lyons; **la circulation est bloquée dans le ~ Paris-province** traffic leaving Paris is at a standstill; **dans le ~ de la marche** facing the front *(of a vehicle)*; **dans le ~ contraire de la marche** facing the rear *(of a vehicle)*; **dans le ~ du courant** with the current; **dans le ~ des aiguilles d'une montre** clockwise; **dans le ~ contraire des aiguilles d'une montre** anticlockwise *Br*, counterclockwise *Am*; **dans le ~ du bois** with the grain (of the wood); **dans le ~ du tissu** along the weave (of the cloth) ❑ **~ giratoire** TRANSP roundabout *Br*, traffic circle *Am*; **~ interdit** [panneau] no-entry sign; [rue] one-way street; **être** OU **rouler en ~ interdit** to be going the wrong way up/down a one-way street; (rue à) **~ unique** one-way street; **à ~ unique** *fig* [amour] unrequited; [décision] unilateral, one-sided; **caresser dans le ~ du poil** to rub sb up the right way. -**6.** *fig* [orientation] line; **nous agirons dans le même ~** we'll move along the same lines, we'll take the same sort of action; **des mesures allant dans le ~ d'une plus grande justice** measures directed at greater justice; **nous avons publié une brochure dans ce ~** we have published a brochure along those (same) lines OU to that effect; **leur politique ne va pas dans le bon ~** their policy's going down the wrong road.
◇ *nmpl* [sensualité] (carnal) senses; **pour le plaisir des ~** for the gratification of the senses.
◆ **dans le sens où, en ce sens que** *loc conj* in the sense that, in so far as.
◆ **dans un certain sens** *loc adv* in a way, in a sense, as it were.
◆ **sens dessus dessous** *loc adv* upside down.
◆ **sens devant derrière** *loc adv* back to front, the wrong way round.

sensass *fam* [sɑ̃sas] *adj inv* [sensationnel] terrific, sensational.

sensation [sɑ̃sasjɔ̃] *nf* -**1.** [impression] sensation, feeling; **~ de fraîcheur** feeling of freshness, fresh sensation; **j'avais la ~ qu'on reculait** I had the feeling we were going backwards; **privé de ~** numb, insensate *litt*; **~s fortes**: **les amateurs de ~s fortes** people who like thrills. -**2.** [impact]: **faire ~** to cause a stir OU sensation. -**3.** PHYSIOL sensation.
◆ **à sensation** *loc adj* sensational; **un reportage à ~** a shock OU sensation-seeking report; **un titre à ~** a sensational headline.

sensationnalisme [sɑ̃sasjɔnalism] *nm* sensationalism.

sensationnel, elle [sɑ̃sasjɔnɛl] *adj* -**1.** [spectaculaire - révélation, image] sensational. -**2.** *fam* [remarquable] sensational, terrific, great.
◆ **sensationnel** *nm*: **le ~** the sensational; **journal qui donne dans le ~** sensationalist newspaper.

sensé, e [sɑ̃se] *adj* sensible, well-advised, wise; **dire des choses ~es** to talk sense; **ce qu'il a dit n'est pas très ~** what he said doesn't make much sense.

sensément [sɑ̃semɑ̃] *adv litt* sensibly, wisely.

sensibilisateur, trice [sɑ̃sibilizatœr, tris] *adj* sensitizing.
◆ **sensibilisateur** *nm* PHOT sensitizer.

sensibilisation [sɑ̃sibilizasjɔ̃] *nf* -**1.** [prise de conscience] awareness; **il y a une plus grande ~ des jeunes aux dangers du tabagisme** young people are more alert to OU aware of the dangers of smoking; **la ~ de l'opinion publique à l'environnement** public awareness of the environment; **campagne/techniques de ~** consciousness-raising campaign/techniques. -**2.** MÉD & PHOT sensitization.

sensibiliser [3] [sɑ̃sibilize] *vt* -**1.** [gén]: **~ qqn à qqch** to make sb conscious OU aware of sthg; **il faudrait essayer de ~ l'opinion** we'll have to try and make people aware. -**2.** MÉD & PHOT to sensitize.

sensibilité [sɑ̃sibilite] *nf* -**1.** [physique] sensitiveness, sensitivity; **~ à la douleur/au soleil** sensitivity to pain/to the sun ‖ [intellectuelle] sensibility; **avoir une ~ littéraire** to have a literary sensibility ‖ [émotive] sensitivity; **elle est d'une ~ maladive** she's painfully OU excruciatingly sensitive; **tu manques totalement de ~** you're utterly insensitive. -**2.** ÉCON: **la ~ du marché des changes** the sensitivity of the foreign exchange market. -**3.** PHOT, PHYSIOL & RAD sensitivity.

sensible [sɑ̃sibl] ◇ *adj* -**1.** [physiquement, émotivement] sensitive; **avoir l'ouïe ~** to have sensitive hearing; **~ à** sensitive to; **être ~ au chaud** to be sensitive to OU to feel the heat; **être ~ aux souffrances d'autrui** to be sensitive to other people's sufferings; **sera-t-il ~ à cette preuve d'amour?** will he be touched by this proof of love?; **~ à la beauté de qqn** susceptible to sb's beauty; **c'est une nature ~** he's the sensitive kind, he's easily affected by things; **personnes ~s s'abstenir** not recommended for people of a nervous disposition ❑ **point ~** sore spot. -**2.** [peau, gencive] delicate, sensitive; [balance, microphone] sensitive, responsive; [direction de voiture] responsive. -**3.** [phénomène - perceptible] perceptible; [- notable] noticeable, marked, sensible; **~ à l'ouïe** perceptible to the ear; **la crise est le plus ~ dans le Nord** the crisis is most acutely felt in the North; **hausse/baisse ~** marked rise/fall; **il n'y a pas eu de progrès ~** there's been no appreciable OU noticeable progress. -**4.** PHILOS sensory; **un être ~** a sentient being ❑ **le monde ~** the world as perceived by the senses. -**5.** MUS [note] leading. -**6.** PHOT sensitive.
◇ *nf* MUS leading note, subtonic.

sensiblement [sɑ̃sibləmɑ̃] *adv* -**1.** [beaucoup] appreciably, noticeably, markedly. -**2.** [à peu près] about, approximately, more or less.

sensiblerie [sɑ̃sibləri] *nf* oversensitiveness, squeamishness.

sensitif, ive [sɑ̃sitif, iv] ◇ *adj* -**1.** ANAT sensory. -**2.** PSYCH oversensitive.
◇ *nm, f* PSYCH oversensitive subject; **c'est un ~** he's oversensitive.
◆ **sensitive** *nf* BOT sensitive plant.

sensitomètre [sɑ̃sitɔmɛtr] *nm* sensitometer.

sensitométrie [sɑ̃sitɔmetri] *nf* sensitometry.

sensoriel, elle [sɑ̃sɔrjɛl] *adj* [organe, appareil] sense *(modif)*; [nerf, cortex] sensory.

sensorimétrique [sɑ̃sɔmetrik] *adj* sensorimetric.

sensorimoteur, trice [sɑ̃sɔrimɔtœr, tris] *adj* sensorimotor, sensomotor.

sensualisme [sɑ̃sɥalism] *nm* sensualism.

sensualiste [sɑ̃sɥalist] ◇ *adj* sensual.
◇ *nmf* sensualist.

sensualité [sɑ̃sɥalite] *nf* sensuality.

sensuel, elle [sɑ̃sɥɛl] ◇ *adj* -**1.** [plaisir, personne] sensual, sybaritic *litt*; **elle le couvait de son regard ~** she was gazing at him seductively. -**2.** [musique] sensuous, voluptuous.
◇ *nm, f* sensualist, sybarite *litt*.

sente [sɑ̃t] *nf litt* path, footpath, track.

sentence [sɑ̃tɑ̃s] *nf* -**1.** [jugement] sentence; **prononcer une ~** to pass OU to give OU to pronounce sentence. -**2.** [maxime] maxim, saying.

sentencieusement [sɑ̃tɑ̃sjøzmɑ̃] *adv* sententiously, moralistically.

sentencieux, euse [sɑ̃tɑ̃sjø, øz] *adj* sententious, moralistic, moralizing.

senteur [sɑ̃tœr] *nf litt* fragrance, scent, aroma.

senti, e [sɑ̃ti] *adj* [exprimé avec conviction] heartfelt; **bien ~** [mot] appropriate, well-chosen; [lecture, interprétation] appropriate, apposite; [vérité] from the heart.

sentier [sɑ̃tje] *nm* -**1.** [allée] path, footpath. -**2.** SPORT: **~ de grande randonnée** long-distance hiking path. -**3.** *fig* & *litt* path, way; **les ~s de la gloire** the paths of glory ❑ **être sur le ~ de la guerre** *fig* to be on the warpath; **suivre les ~s battus** to keep to well-trodden paths; **sortir des ~s battus** to get OU to wander off the beaten track. -**4.** **le Sentier** *predominantly Jewish district of Paris famous as a centre for the clothing trade.* -**5.** POL: **le Sentier lumineux** the Shining Path, the Sendero Luminoso.

sentiment [sɑ̃timɑ̃] *nm* -**1.** [émotion] feeling; **un ~ de honte** a feeling of shame ❑ **prendre qqn par les ~s** to appeal to sb's feelings; **si tu me prends par les ~s!** *hum* if you go for the heartstrings! -**2.** [sensibilité] feeling *(U)*; **le ~ religieux** religious feeling OU fervour; **chanter avec ~** to sing with feeling ‖ *(tjrs sg)* [sensiblerie] (silly) sentimentalism ❑ **faire du ~**: **ce n'est pas le moment de faire du ~** this is no time to get sentimental; **avoir qqn au ~** to get around sb; **n'essaie pas de m'avoir** OU **de me la faire au ~** *fam* don't try to get around me by appealing to my better nature. -**3.** [opinion] feeling; **si vous voulez savoir mon ~** if you want to know what I think OU feel; **mon ~ est que la guerre ne va pas durer** my feeling is that the war won't last; **j'ai ce ~-là aussi** my feelings exactly. -**4.** [conscience]: **avoir le/un ~ de** to have the/a feeling of; **avoir le ~ de sa solitude** to have a feeling of loneliness; **j'ai le ~ très net de m'être trompé/qu'il m'a menti** I have a distinct feeling that I made a mistake/that he lied to me. -**5.** CHASSE scent.

◆ **sentiments** *nmpl* -**1.** [disposition] : faire appel aux bons ~s de qqn to appeal to sb's better OU finer feelings; revenir à de meilleurs ~s to be in a better frame of mind. -**2.** [dans la correspondance] : veuillez agréer l'expression de mes ~s distingués yours faithfully *esp Br*, sincerely yours *esp Am*; nos ~s les meilleurs kindest regards.

sentimental, e, aux [sɑ̃timɑ̃tal, o] ◇ *adj* -**1.** [affectif] sentimental; la valeur ~e d'une broche the sentimental value of a brooch; vie ~e love life; la pièce ne compte que pour l'intrigue ~e the play's only saved by its love interest. -**2.** *péj* sentimental, mawkish *péj*.

◇ *nm, f*: c'est un grand ~ he's a sentimentalist, he's very sentimental; pourtant, je ne suis pas un ~ yet I'm not given to sentimentality.

sentimentalement [sɑ̃timɑ̃talmɑ̃] *adv* sentimentally, mawkishly *péj*.

sentimentalisme [sɑ̃timɑ̃talism] *nm* emotionalism, sentimentalism.

sentimentalité [sɑ̃timɑ̃talite] *nf* sentimentality, mawkishness *péj*.

sentinelle [sɑ̃tinɛl] *nf* MIL sentinel, sentry; faire ~ *vieilli* to keep watch, to stand guard, to be on the lookout; en ~ on guard; être en ~ to stand sentinel OU sentry, to be on sentry duty; les cambrioleurs ont mis un homme en ~ à la sortie de la banque the robbers have put a lookout in front of the bank.

sentir [37] [sɑ̃tir] ◇ *vt* **A.** AVOIR UNE IMPRESSION DE -**1.** [par l'odorat] to smell; [par le toucher] to feel; [par le goût] to taste; avec mon rhume, je ne sens rien with this cold, I can't smell anything OU I've no sense of smell (left); sens-moi cette soupe! *fam* just smell this soup!; je sens le gaz I can smell gas; as-tu senti le goût du romarin? did you taste the rosemary?; ~ un caillou dans sa chaussure to feel a stone in one's shoe; il marche sur les braises sans paraître rien ~ he walks on burning coals without showing any sign of pain; je n'ai rien senti! I didn't feel a thing!; je ne sens plus mon nez [de froid] my nose has gone numb; je ne sens plus ma main [d'ankylose] my hand's gone numb OU dead; je ne sens plus mes bras/jambes [de fatigue] my arms/legs are killing me; quand je monte l'escalier, je sens mon genou *fam* [douleur ancienne] my knee plays up when I walk up the stairs; je sens une lourdeur dans mes jambes my legs feel heavy; elle commence à ~ son âge she's starting to feel her age; ~ son visage s'empourprer to feel o.s. blushing; il sentit les larmes lui monter aux yeux he could feel tears coming to his eyes; elle sentait le sommeil la gagner she felt sleepier and sleepier; je sentais battre mon cœur I could feel my heart beating; je n'ai pas senti l'après-midi/les années passer the afternoon/years just flashed by; j'ai senti qu'on essayait de mettre la main dans ma poche I was aware OU I felt that someone was trying to reach into my pocket; fais ~ que les consonnes sont doublées [entendre] bring out the double consonants ❑ le ~ passer, la ~ passer *fam*: je l'ai sentie passer [douleur, claque] that really hurt; je l'ai sentie passer, la piqûre! I really felt that jab!; vous allez la ~ passer, l'amende! you'll certainly know about it when you get the fine!; c'est lui qui a payé le repas, il a dû le ~ passer! he paid for the meal, it must have cost him an arm and a leg! -**2.** [avoir l'intuition de - mépris, présence, réticence] to feel, to sense, to be aware of; [- danger, menace] to be aware OU conscious of, to sense; on ne m'a pas dit qu'il était mort, mais je l'ai senti I wasn't told he was dead but I sensed it OU I had a feeling he was; tu ne sens pas ta force you don't know your own strength; j'ai senti qu'on me suivait I felt OU sensed (that) I was being followed; elle finirait par pleurer, je le sentais venir de loin *fam* I could see a mile off that it was all going to end in tears; je sens bien qu'il m'envie I can feel OU tell that he envies me; ils n'ont pas senti venir le danger they didn't smell OU sense (the) danger; elle sentait le pouvoir lui échapper she could feel (that) power was slipping away from her; je le sentais venir (de loin) avec son petit air innocent! *fam* I could see him coming (a mile off) with that innocent look on his face!; je le sentais prêt/résolu I could feel OU tell he was ready/determined; sens-tu à quel point il t'aime? do you realize how much he loves you?; faire ~ qqch à qqn to make sb aware of sthg, to show sb sthg; il m'a fait ~ que j'étais de trop he made me understand OU he hinted that I was in the way; elle nous le fait ~, qu'elle est le chef! *fam* she makes sure we know who's the boss!; se faire ~ : les conséquences de votre décision se feront ~ tôt ou tard the implications of your decision will be felt sooner or later ❑ tu fais comme tu sens, coco! *fam hum* just do your own thing, pal! -**3.** *sout* [éprouver - joie, chagrin, remords] to feel; je ne sens rien pour lui I feel nothing for him ‖ (*en usage abs*): un animal, même intelligent, est-il apte à ~ ? can an animal have feelings, even an intelligent one? -**4.** [apprécier - art, musique] to feel, to have a feeling for. -**5.** *fam* [être convaincu par] : je ne la sens pas pour le rôle my feeling is that she's not right for the part; je ne sens pas ton projet I can't quite get what you're trying to do in your project. -**6.** [maîtriser - instrument, outil] to have the feel for; [- rôle, mouvement à exécuter] to feel at ease with; ~ sa monture to feel good in the saddle; je ne sentais pas bien mon service aujourd'hui [au tennis] my service wasn't up to scratch today; tu ne pourras pas sculpter tant que tu ne sentiras pas la pierre you won't become a sculptor until you have the right feeling for stone; cet acteur n'est pas convaincant, il ne sent pas son texte this actor isn't very convincing, he doesn't get inside the role. -**7.** *fam* [tolérer] : je ne peux pas ~ sa sœur I can't bear the sight of OU stand her sister; je ne peux pas ~ ses blagues sexistes I can't stomach OU I just can't take his sexist jokes.

B. EXHALER, DONNER UNE IMPRESSION -**1.** [dégager - odeur, parfum] to smell (of), to give off a smell of; qu'est-ce que ça sent? what's this smell?; ~ le gaz to smell of gas; ça sent le poisson it smells fishy OU of fish; les roses ne sentent rien the roses don't smell (of anything) OU have no smell; ça sent bon le lilas, ici there's a nice smell of lilac in here. -**2.** [annoncer] : ça sent l'automne there's a hint OU trace of autumn in the air; ça sent la pluie/neige it feels like rain/snow; ça sentait la mutinerie there was mutiny in the air; ses propositions sentent le traquenard there must be a catch in what he's proposing; se faire ~ [devenir perceptible] to be felt, to become obvious; la fatigue se fait ~ chez les coureurs the runners are showing signs of tiredness; l'hiver commençait à se faire ~ winter was coming on OU making its approach felt. -**3.** [laisser deviner] to smack of (*insép*), to savour of (*insép*); son livre sent la morale catholique his book smacks of Catholic morality; son interprétation/style sent un peu trop le travail her performance/style is rather too constrained; il sent le policier à des kilomètres *fam* you can tell he's a policeman a mile off; ce n'est pas un acte de vandalisme, ça sentirait plutôt la vengeance it's not pure vandalism, it feels more like revenge; ça sent sa province/les années trente! *fam* it smacks of provincial life/the thirties!; son accent sentait bon le terroir he had a wonderfully earthy accent.

◇ *vi* [puer] to smell, to stink, to reek; la viande commence à ~ the meat is starting to smell; il sent des pieds his feet smell, he's got smelly feet; le fromage sent fort the cheese smells strong; ça sent bon [fleur, parfum] it smells nice; [nourriture] it smells good OU nice; tu sens bon you smell nice OU lovely ❑ ça sent mauvais *pr* it smells nasty, it stinks; *fig fam* there's something very fishy about this.

◆ **se sentir** ◇ *vp* (*emploi réciproque*) *fam*: ils ne peuvent pas se ~ [se supporter] they can't stand each other.

◇ *vp* (*emploi passif*) to show; lorsqu'elle est déprimée, cela se sent dans ses lettres when she's depressed, you can sense it OU it shows in her letters; il ne l'aime pas — ça se sent he doesn't like her – you can tell (he doesn't) OU you can sense it; il était de langue maternelle russe, mais cela ne se sent pas dans ses romans his mother tongue was Russian but you wouldn't know it from his novels.

◇ *vpi* to feel; se ~ fatigué/bafoué to feel tired/the object of ridicule; est-ce que tu te sens visé? do you feel this was meant for you?; je me sens rajeuni de 20 ans I feel 20 years younger; se ~ en sécurité/danger to feel safe/threatened; se ~ de trop to feel that one is unwelcome; elle se sentait revivre she felt (she'd been) born again; je me sentais glisser I could feel myself slipping; se ~ mal [s'évanouir] to feel faint; [être indisposé] to feel ill; il se sent mal dans sa peau he's not at peace with himself; se ~ bien to feel good OU all right; je me sens mieux maintenant I feel better now; je ne m'en sens pas capable I don't feel up to it OU equal to it ❑ non mais, tu te sens bien? *fam* have you gone mad?, are you off your rocker?; se ~ de *fam* [avoir le courage de] : tu te sens d'y aller? do you feel up to going?; ne plus se ~ : elle ne se sent plus depuis qu'elle a eu le rôle *fam* she's been really full of it since she landed the part; du caviar? tu te sens plus, toi! *fam* caviar? hey, steady on!; ne plus se ~ de joie to be bursting OU beside o.s. with joy.

◇ *vpt*: je ne me sens pas le courage/la force de marcher I don't feel up to walking/have the strength to walk; te sens-tu le cœur d'y aller? do you feel up to going?

seoir [67] [swar]

◆ **seoir à** *v* + *prép litt* -**1.** [être seyant] to become, to suit; le noir ne te sied pas black doesn't become you. -**2.** [convenir] to suit; cet air de gravité seyait à sa personne this solemn air suited her OU went well with her personality ‖ (*tournure impersonnelle*): il sied de *litt* [il convient de] it is right OU proper to; il sied d'envoyer un mot de remerciement it is proper OU fitting to send a note of thanks; il sied à qqn de... it is proper for sb to..., it behoves sb to...; il ne vous sied pas OU il vous sied mal de protester it ill becomes OU befits you to complain; comme il sied as is proper OU fitting.

Séoul [seul] *npr* Seoul.

SEP (*abr de* sclérose en plaques) *nf* MS.

sépale [sepal] *nm* sepal.

séparable [separabl] *adj*: ~ de separable from; l'intelligence n'est pas ~ de la sensibilité intelligence cannot be separated OU divorced from the emotions.

séparateur, trice [separatœr, tris] *adj* separating, separative.

◆ **séparateur** *nm* -**1.** ÉLECTR & TECH separator; ~ d'eau et de vapeur water trap; ~ d'huile oil separator. -**2.** INF separator, delimiter.

séparation [separasjɔ̃] *nf* -**1.** [éloignement] separation, parting; elle n'a pas supporté la ~ d'avec ses enfants she couldn't bear to be parted OU separated from her children; quand arriva le jour de notre ~ when the day of our separation arrived, when the day came for us to part. -**2.** [rupture] break-up, split-up; leur ~ est imminente they are on the brink of splitting OU breaking up. -**3.** JUR separation (agreement); ~ amiable OU de fait voluntary separation; le régime de la ~ de biens (marriage settlement based on) separate ownership of property; ~ de biens judiciaire judicial separation of property; ~ de corps divorce a mensa et thoro *vieilli*. -**4.** POL: la ~ des pouvoirs the separation of powers; la ~ de l'Église et de l'État the separation of Church and State. -**5.** [cloison] partition, division. -**6.** CHIM separating, isolating. -**7.** NUCL: ~ isotopique OU des isotopes isotope separation.

séparatisme [separatism] *nm* separatism.

séparatiste [separatist] *adj* & *nmf* separatist.

séparé, e [separe] *adj* -**1.** [éléments, problèmes, courrier] separate. -**2.** [époux] separated; **nous sommes ~s depuis un an** we've been separated for a year; **époux ~s de biens/corps** couple living under a judicial separation order/a decree of divorce a mensa et thoro *vieilli*.

séparément [separemɑ̃] *adv* separately; **vivre ~** to live apart OU separately; **c'est un problème à traiter ~** this problem must be dealt with separately.

séparer [3] [separe] *vt* -**1.** [isoler] to separate; **~ des gaz/isotopes** to separate gases/isotopes; **~ le blanc et le jaune d'un œuf** to separate the yolk and OU from the white; **~ qqch de: ~ les raisins gâtés des raisins sains** to separate the bad grapes from the good ones, to pick the bad grapes out from amongst the good ones ❑ **~ le bon grain de l'ivraie** *allusion Bible* to separate the wheat from the chaff. -**2.** [éloigner - gens] to part, to separate, to pull apart *(sép)*; **rien ne peut nous ~, mon amour** nothing can come between us, my love; **la guerre a séparé beaucoup de familles** many families were separated OU broken up by the war; **séparez-les, ils vont se tuer!** pull them apart or they'll kill each other!; **~ qqn de: on les a séparés de leur père** they were separated from OU taken away from their father. -**3.** [différencier]: **~ l'amour et l'amitié amoureuse** to distinguish between love and a loving friendship; **tout les sépare** they're worlds apart, they have nothing in common. -**4.** [diviser] to separate, to divide; **la piste de ski est séparée en deux** the ski slope is divided into two; **le coin travail est séparé du lit par un paravent** a screen provides a partition between the work area and the bed; **le Nord est séparé du Sud** OU **le Nord et le Sud sont séparés par un désert** the North is separated from the South by a desert; **deux heures/cinq kilomètres nous séparaient de la frontière** we were two hours/five kilometres away from the border.

◆ **se séparer** ◇ *vp (emploi réciproque)* [se quitter] to break up; **les Beatles se sont séparés en 1970** the Beatles split up OU broke up in 1970; **on se sépara sur le pas de la porte** we parted on the doorstep.

◇ *vpi* to divide, to branch (off); **le fleuve se sépare en plusieurs bras** the river divides OU splits into several channels.

◆ **se séparer de** *vp + prép* -**1.** [se priver de] to part with; **j'ai dû me ~ de mes disques de jazz/de mon jardinier** I had to part with my jazz records/let my gardener go; **je ne me sépare jamais de mon plan de Paris** I'm never without my Paris street map; **il ne se sépare pas si facilement de son argent** he and his money are not so easily parted. -**2.** [quitter]: **se ~ de son mari** to separate OU to part from one's husband.

sépia [sepja] ◇ *nf* -**1.** ZOOL cuttlefish ink. -**2.** BX-ARTS [couleur] sepia; [dessin] sepia (drawing).

◇ *adj inv* sepia, sepia-coloured.

sept [sɛt] ◇ *adj num card inv* -**1.** *(avant le n)* [chiffre] seven; **les Sept Merveilles du monde** the Seven Wonders of the World; **les ~ péchés capitaux** the seven deadly sins. -**2.** *(après le n)* [septième] seventh; **le tome ~** volume seven. -**3.** JEUX: **le jeu des ~ familles** Happy Families.

◇ *nm inv* -**1.** [numéro] seven. -**2.** JEUX [carte] seven. -**3.** TV: **les Sept d'or** *annual television awards.*

◇ *nf*: **la Sept** *former French television channel.*

septal, e, aux [sɛptal, o] *adj* ANAT septal.

septantaine [sɛptɑ̃tɛn] *nf Belg & Helv* about seventy; **il a la ~** he's about seventy.

septante [sɛptɑ̃t] *adj num card inv Belg & Helv* seventy.

Septante [sɛptɑ̃t] *npr f*: **la (version des) ~** the Septuagint.

septantième [sɛptɑ̃tjɛm] *nmf & adj Belg & Helv* seventieth.

septembre [sɛptɑ̃br] *nm* September.

septennal, e, aux [sɛptenal, o] *adj* -**1.** [qui a lieu tous les sept ans] septennial. -**2.** [qui dure sept ans] septennial, seven-year *(avant n).*

septennat [sɛptena] *nm* -**1.** POL (seven year) term of office; **pendant son premier ~** during his first term of office; **la plus belle gaffe du ~** the most spectacular blunder of his presidency. -**2.** [période] seven-year period.

septentrion [sɛptɑ̃trijɔ̃] *nm litt* north, septentrion *arch.*

septentrional, e, aux [sɛptɑ̃trijɔnal, o] *adj* northern, septentrional *arch.*

septicémie [sɛptisemi] *nf* blood poisoning, septicaemia *spéc.*

septicémique [sɛptisemik] *adj* septicaemic.

septicité [sɛptisite] *nf* septicity.

septième [sɛtjɛm] ◇ *adj num ord* seventh; **le ~ art** the cinema; **être au ~ ciel** to be in seventh heaven; **'le Septième Sceau'** *Bergman* 'The Seventh Seal'.

◇ *nmf* seventh.

◇ *nm* -**1.** [partie] seventh (part). -**2.** [étage] seventh floor *Br*, sixth storey *Am.*

◇ *nf* -**1.** SCOL senior form *Br* OU fifth grade *Am (in primary school).* -**2.** MUS seventh.

septièmement [sɛtjɛmmɑ̃] *adv* seventhly, in the seventh place.

septique [sɛptik] *adj* septic.

septuagénaire [sɛptɥaʒenɛr] ◇ *adj* seventy-year-old *(avant n)*, septuagenarian.

◇ *nmf* septuagenarian, seventy-year-old man/woman.

septuagésime [sɛptɥaʒezim] *nf* Septuagesima.

septuor [sɛptɥɔr] *nm* septet, septette.

septuple [sɛptypl] ◇ *adj* septuple, sevenfold.

◇ *nm* septuple.

septupler [3] [sɛptyple] ◇ *vt*: **~ qqch** to increase sthg sevenfold, to septuple sthg.

◇ *vi* to increase sevenfold, to septuple.

sépulcral, e, aux [sepylkral, o] *adj litt* sepulchral; **un silence ~** the silence of the grave; **une voix ~e** a cavernous OU sepulchral voice.

sépulcre [sepylkr] *nm litt* sepulchre.

sépulture [sepyltyr] *nf* -**1.** [lieu] burial place. -**2.** *litt* [enterrement] burial, sepulture *litt.*

séquelles [sekɛl] *nfpl* [d'une maladie] aftereffects; [d'un bombardement, d'une guerre] aftermath, consequence, sequel; **sa bronchite n'a pas laissé de ~** she suffered no aftereffects from her bronchitis.

séquence [sekɑ̃s] *nf* -**1.** CIN, GÉOL, MUS & RELIG sequence. -**2.** JEUX: **~ de cartes** run, sequence of cards. -**3.** INF sequence; **~ d'appel** call sequence.

séquenceur [sekɑ̃sœr] *nm* sequencer.

séquentiel, elle [sekɑ̃sjɛl] *adj* -**1.** [ordonné] sequential. -**2.** INF [accès] sequential, serial; [traitement] sequential.

séquestration [sekɛstrasjɔ̃] *nf* -**1.** JUR [d'une personne] illegal confinement OU restraint; [de biens] sequestration (order). -**2.** CHIM & MÉD sequestration.

séquestre [sekɛstr] *nm* -**1.** JUR [saisie] sequestration; [personne] sequestrator. -**2.** MÉD sequestrum.

◆ **sous séquestre** *loc adj & loc adv*: **biens mis** OU **placés sous ~** sequestrated property.

séquestrer [3] [sekɛstre] *vt* -**1.** [personne] to confine illegally. -**2.** JUR [bien] to sequestrate.

sequin [səkɛ̃] *nm* sequin.

séquoia [sekɔja] *nm* sequoia wellingtonia, giant sequoia.

sérac [serak] *nm* serac.

sérail [seraj] *nm* -**1.** [harem] seraglio, harem. -**2.** [palais d'un sultan] seraglio; **nourri dans le ~, j'en connais les détours** *allusion Racine* I've been around long enough to know what I'm talking about; **fils de ministre, il a été élevé dans le ~ (politique)** as a cabinet minister's son, he was brought up in a political atmosphere.

séraphin [serafɛ̃] *nm* seraph.

séraphique [serafik] *adj* seraphic, seraphical.

serbe [sɛrb] *adj* Serbian.

◆ **Serbe** *nmf* Serb, Serbian.

◆ **serbe** *nm* LING Serb, Serbian.

Serbie [sɛrbi] *npr f*: **(la) ~** Serbia.

serbo-croate [sɛrbɔkrɔat] *(pl* **serbo-croates***)*

◇ *adj* Serbo-Croat, Serbo-Croatian.

◇ *nm* LING Serbo-Croat, Serbo-Croatian.

Sercq [sɛrk] *npr* (isle of) Sark.

séré [sere] *nm Helv* fromage frais.

serein, e [sərɛ̃, ɛn] *adj* -**1.** [esprit, visage] serene, peaceful. -**2.** *litt* [eau, ciel] serene, clear, tranquil. -**3.** *sout* [jugement] unbiased, dispassionate; [réflexion] undisturbed, unclouded.

sereinement [sərɛnmɑ̃] *adv* -**1.** [tranquillement] serenely, peacefully. -**2.** *sout* [impartialement] dispassionately.

sérénade [serenad] *nf* -**1.** MUS serenade; [concert] serenade; **donner une ~ à qqn** to serenade sb. -**2.** *fam* [scène] row, din; **il fait une de ces ~s à chaque fois!** he kicks up such a fuss every time!

sérénissime [serenisim] *adj*: **la Sérénissime République** La Serenissima, the Venetian Republic.

sérénité [serenite] *nf* -**1.** [d'une personne] serenity, peacefulness; [d'un jugement] dispassionateness; [des pensées] clarity. -**2.** *litt* [du ciel] serenity, tranquillity, clarity.

séreux, euse [serø, øz] *adj* serous.

serf, serve [sɛrf, sɛrv] ◇ *adj* -**1.** *litt* [soumis] serflike, servile. -**2.** HIST: **la condition serve** serfdom.

◇ *nm, f* HIST serf; **le ~ attaché à la glèbe** the serf bound to the land.

serfouette [sɛrfwɛt] *nf* hoe-fork.

serfouir [32] [sɛrfwir] *vt* to hoe.

serge [sɛrʒ] *nf* serge; **tailleur en ~** serge suit.

sergent [sɛrʒɑ̃] *nm* -**1.** MIL sergeant; **~ instructeur** drill sergeant. -**2.** *vieilli* [agent de police]: **~ de ville** police constable *esp Br*, police officer.

sergent-chef [sɛrʒɑ̃ʃɛf] *(pl* **sergents-chefs***)* *nm* [de l'armée - de terre] staff sergeant; [- de l'air] flight sergeant *Br*, senior master sergeant *Am.*

sergent-major [sɛrʒɑ̃maʒɔr] *(pl* **sergents-majors***)* *nm* quartermaster sergeant, sergeant major.

sérialisme [serjalism] *nm* serialism.

séricicuIteur, trice [serisikyltœr, tris] *nm, f* silkworm breeder, sericulturist *spéc.*

sériciculture [serisikyltyr] *nf* silkworm breeding, sericulture *spéc.*

séricigène [serisiʒɛn] *adj* [insecte] silk-producing; [glande] silk *(modif).*

série [seri] *nf* -**1.** [suite - de questions, d'articles] series *(sg)*; [- d'attentats] series, spate, string; [- d'échecs] series, run, string; [- de tests] series, battery; **il y a eu récemment une ~ de descentes de police** there's been a spate of police raids recently. -**2.** [ensemble - de clefs, de mouchoirs] set; [- de poupées russes, de tables gigognes] nest; COMM & INDUST (production) batch; **~ limitée** limited run; **~ de prix** rates, list of charges. -**3.** [catégorie] class, category; **classé dans la ~ des récidivistes/chefs-d'œuvre** belonging to the class of recidivists/masterpieces. -**4.** CIN: **(film de) ~ B** B-movie. -**5.** TV: **~ (télévisée)** television series. -**6.** SPORT [classement] series; [épreuve] qualifying heat OU round. -**7.** GÉOL, MATH, MUS & NUCL series *(sg).*

◆ **de série** *loc adj* -**1.** INDUST mass-produced. -**2.** COMM [numéro] serial *(modif).* -**3.** AUT [modèle] production *(modif).*

◆ **en série** ◇ *loc adj* -**1.** INDUST [fabrication] mass *(modif).* -**2.** ÉLECTR [couplage, enroulement] series *(modif).*

◇ *loc adv* -**1.** INDUST: **fabriquer qqch en ~** to mass-produce sthg. -**2.** ÉLECTR: **monté en ~** connected in series. -**3.** [à la file] one after the other; **en ce moment les malheurs arrivent en ~** it's just one disaster after another at the moment.

◆ **série noire** *nf* -**1.** LITTÉRAT crime thriller; **c'est un vrai personnage de ~ noire** he's like something out of a detective novel. -**2.** *fig* catalogue of disasters.

sériel, elle [serjɛl] *adj* serial; **musique ~le** serial music.

sérier [9] [serje] *vt* to arrange, to classify, to grade.

sérieusement [serjøzmɑ̃] *adv* -**1.** [consciencieusement] seriously; **as-tu étudié la question ~?** have you looked at the matter thoroughly? -**2.** [sans plaisanter] seriously, in earnest; **tu ne dis pas ça ~?** you don't actually mean it?, you're not saying this in earnest?; **je pense me présenter aux élections — ~?** I think I'll stand in the election – really? -**3.** [gravement] seriously, gravely; **~ blessé** seriously OU severely injured. -**4.** [vraiment]: **ça commençait à bouchonner ~** traffic was really building up.

sérieux, euse [serjø, øz] *adj* -**1.** [grave - ton, visage] serious, solemn; **être ~ comme un pape** to look as solemn as a judge || [important - lecture, discussion] serious; **on a discuté de choses sérieuses** we discussed serious topics, we had a serious discussion; **entre elle et moi, c'est ~** we have a serious relationship. -**2.** [consciencieux - employé] serious, responsible; [- élève] serious, serious-minded, earnest; **être ~ dans son travail** to be serious about one's work, to take one's work seriously; **être ~ pour son âge** to be serious for one's age; **arriver au bureau à midi, ça ne fait pas très ~** turning up at the office just before lunch isn't very responsible. -**3.** [digne de foi - partenaire, offre, candidature, revue] serious, reliable, dependable; [- analyse, enquête] serious, thorough, in-depth; **c'est l'ouvrage le plus ~ sur la question** it's the most thorough work on the subject. -**4.** [dangereux - situation, maladie] grave, serious; [- blessure] severe. -**5.** [sincère] serious; **c'est ~, cette histoire d'augmentation?** *fam* is this talk about getting a rise serious?; **'pas ~ s'abstenir'** 'only genuine inquirers need apply', 'no timewasters'. -**6.** *(avant le n)* [important]: **il a de sérieuses chances de gagner** he stands a good chance of winning; **on a de sérieuses raisons de le penser** we have good reasons to think so; **de ~ progrès techniques** considerable technical advances.

◆ **sérieux** *nm* -**1.** [gravité - d'une personne] seriousness; [- d'une situation] gravity; **garder son ~** to keep a straight face. -**2.** [application] seriousness, serious-mindedness; **elle fait son travail avec ~** she's serious about her work. -**3.** [fiabilité - d'une intention] seriousness, earnestness; [- d'une source de renseignements] reliability, dependability.

◆ **au sérieux** *loc adv*: **prendre qqch/qqn au ~** to take sthg/sb seriously; **se prendre (trop) au ~** to take o.s. (too) seriously.

sérigraphie [serigrafi] *nf* -**1.** [procédé] silk-screen OU screen process printing. -**2.** [ouvrage] serigraph *spéc*, silk-screen print.

serin, e [sərɛ̃, in] *nm, f* -**1.** ZOOL canary. -**2.** *fam* [personne] nitwit.

◆ **serin** *adj m inv* [couleur]: **jaune ~** bright OU canary yellow.

seriner [3] [sərine] *vt* -**1.** *fam* [répéter]: **~ qqch à qqn** to drill OU to drum OU to din sthg into sb; **il m'a seriné ça toute la soirée** he kept telling me the same thing all evening. -**2.** [instruire]: **~ un oiseau** to teach a bird to sing *(using a bird-organ)*.

seringa(t) [sərɛ̃ga] *nm* mock orange, syringa.

seringue [sərɛ̃g] *nf* -**1.** MÉD needle, syringe; **~ hypodermique** hypodermic needle. -**2.** HORT garden syringe, (garden) pump spray. -**3.** CULIN syringe. -**4.** ▽ *vieilli* [pistolet] pistol, gat *Am*.

serment [sɛrmɑ̃] *nm* -**1.** [parole solennelle] oath; **témoigner sous ~** to testify under oath; **déclarer sous la foi du ~** to declare on OU upon oath; **faire un ~ sur l'honneur** to pledge one's word of honour ❑ **~ d'Hippocrate** MÉD Hippocratic oath; **~ judiciaire** oath OU affirmation *(in a court of law)*; **~ politique** oath of allegiance; **le ~ du Jeu de paume** HIST the Tennis Court Oath. -**2.** [promesse] pledge; **des ~s d'amour** pledges OU vows of love; **on a fait le ~ de ne pas se quitter** we've pledged OU sworn never to part; **j'ai fait le ~ de ne rien dire** I'm pledged OU sworn to secrecy ❑ **~ d'ivrogne** OU **de joueur** vain promise; **tout ça, c'est des ~s d'ivrogne!** *fam* I'll believe that when I see it!

sermon [sɛrmɔ̃] *nm* -**1.** RELIG sermon; **faire un ~** to deliver OU to preach a sermon; **le ~ sur la montagne** BIBLE the Sermon on the Mount. -**2.** *fig & péj* lecture; **épargne-moi tes ~s** spare me the lecture.

sermonner [3] [sɛrmɔne] *vt* [morigéner] to lecture, to sermonize, to preach at.

sermonneur, euse [sɛrmɔnœr, øz] ◇ *adj* sermonizing, lecturing.

◇ *nm, f* sermonizer.

SERNAM, Sernam® [sɛrnam] (*abr de* **Service national des messageries**) *npr m rail delivery service*, ≃ Red Star® *Br*.

sérodiagnostic [serɔdjagnɔstik] *nm* serodiagnosis, serum diagnosis.

sérologie [serɔlɔʒi] *nf* serology.

sérologique [serɔlɔʒik] *adj* serologic, serological.

sérologiste [serɔlɔʒist] *nmf* serologist.

séronégatif, ive [serɔnegatif, iv] ◇ *adj* -**1.** [gén] seronegative. -**2.** [HIV] HIV negative.

◇ *nm, f*: **les ~s** HIV negative people.

séropositif, ive [serɔpozitif, iv] ◇ *adj* -**1.** [gen] seropositive. -**2.** [HIV] HIV positive.

◇ *nm, f*: **les ~s** HIV positive people.

séropositivité [serɔpozitivite] *nf* MED [gen] seropositivity; [HIV] HIV infection.

sérosité [serozite] *nf* serous fluid.

sérothérapie [serɔterapi] *nf* serotherapy.

sérotonine [serɔtɔnin] *nf* serotonin.

sérovaccination [serɔvaksinasjɔ̃] *nf* serovaccination.

serpe [sɛrp] *nf* bill, billhook; **un visage fait** OU **taillé à la ~** a rough-hewn face.

serpent [sɛrpɑ̃] *nm* -**1.** ZOOL snake; **avec la ruse du ~** with fox's cunning ❑ **~ cracheur** spitting snake; **~ d'eau** water snake; **~ à lunettes** Indian cobra; **~ de mer** MYTH sea monster OU serpent; PRESSE silly-season story *Br*, flupp story *Am*; **le vieux ~ de mer de la nationalisation** the old chestnut of nationalization; **~ à plumes** ANTIQ plumed serpent; **~ à sonnette** rattlesnake; **c'est (comme) le ~ qui se mord la queue** it's a vicious circle. -**2.** *litt* [personne] viper; **réchauffer un ~ dans son sein** to nourish a viper in one's bosom. -**3.** [forme sinueuse]: **~ de fumée** ribbon of smoke; **le long ~ des véhicules sur la route** the long trail of vehicles winding up the road. -**4.** FIN: **le ~ monétaire européen** the (European currency) Snake. -**5.** MUS serpent.

serpentaire [sɛrpɑ̃tɛr] ◇ *nm* ORNITH secretary bird.

◇ *nf* BOT snakeroot.

serpenteau, x [sɛrpɑ̃to] *nm* -**1.** ZOOL young snake. -**2.** [feu d'artifice] serpent.

serpentement [sɛrpɑ̃tmɑ̃] *nm* meandering, winding course.

serpenter [3] [sɛrpɑ̃te] *vi* to wind along, to meander.

serpentin, e [sɛrpɑ̃tɛ̃, in] *adj litt* twisting, winding, sinuous.

◆ **serpentin** *nm* -**1.** [de papier] (paper) streamer. -**2.** PHYS coil; **~ de réchauffage** heating coil.

◆ **serpentine** *nf* MINÉR serpentine.

serpette [sɛrpɛt] *nf* pruning hook OU knife.

serpigineux, euse [sɛrpiʒinø, øz] *adj* serpiginous.

serpillière [sɛrpijɛr] *nf* [torchon] floorcloth; **il faudrait passer la ~ dans la cuisine** the kitchen floor needs cleaning.

serpolet [sɛrpɔlɛ] *nm* mother-of-thyme, wild thyme.

serrage [sɛraʒ] *nm* [d'une vis] screwing down, tightening; [d'un joint] clamping.

serran [sɛrɑ̃] *nm* sea perch, serran *spéc*.

serre [sɛr] *nf* -**1.** HORT & AGR [en verre] greenhouse, glasshouse *Br*; [en plastique] greenhouse; **cultures en ~** greenhouse plants; **légumes poussés en ~** vegetables grown under glass ❑ **~ chaude** hothouse; **effet de ~** greenhouse effect. -**2.** ORNITH claw, talon. -**3.** TECH [d'une substance] pressing, squeezing. -**4.** MÉTALL ramming. -**5.** NAUT stringer.

◆ **en serre** *loc adv fig* [mettre, élever] in a protective cocoon, in a hothouse atmosphere.

serré, e [sere] *adj* -**1.** [nœud, ceinture] tight. -**2.** VÊT: **~ à la taille** fitted at the waist, tight-waisted. -**3.** [contracté]: **les lèvres/dents ~es** with set lips/clenched teeth; **avoir la gorge ~e** to feel a lump in one's throat; **c'est le cœur ~ que j'y repense** when I think of it, it gives me a lump in my throat. -**4.** [dense - style] tight, concise; [- emploi du temps] tight, busy; [- réseau] dense; [- débat] closely-conducted, closely-argued; [- écriture] cramped. -**5.** [fort - café] strong; **je bois mon café très ~** I like my coffee very strong. -**6.** SPORT [arrivée, peloton] close; [match] tight, close-fought; **on a eu une fin de course ~e** it was a close finish; **jouer** OU **mener un jeu ~** to play a tight game.

◆ **serré** *adv*: **tricoter ~** to knit a tight stitch; **jouer ~** to play a tight game.

serre-file [sɛrfil] (*pl* **serre-files**) *nm* -**1.** MIL serrefile. -**2.** NAUT rear ship *(of a line ahead)*.

serre-fils [sɛrfil] *nm inv* [vis] binding screw; [pince] wire grip.

serre-joint(s) [sɛrʒwɛ̃] *nm inv* (builder's) clamp.

serre-livres [sɛrlivr] *nm inv* bookend; **deux ~** a pair of bookends.

serrement [sɛrmɑ̃] *nm* -**1.** *sout* [action]: **~ de cœur** pang of anguish, tug at the heartstrings; **~ de main** handshake. -**2.** MIN dam.

serrer [4] [sere] ◇ *vt* -**1.** [presser] to hold tight; **il serrait la clé dans sa main** he was holding the key tight OU he was clutching the key in his hand; **serre-moi fort dans tes bras** hold me tight in your arms; **~ qqch contre son cœur** to clasp sthg to one's breast; **~ qqn contre son cœur** to clasp sb to one's bosom; **~ qqn à la gorge** to grab sb by the throat; **~ le kiki à qqn** *fam* to try to strangle sb; **~ la main** OU **la pince** *fam* **à qqn** to shake hands with sb, to shake sb's hand. -**2.** [suj: vêtement] to be tight; **la chaussure droite/le col me serre un peu** the right shoe/the collar is a bit tight; **ton jean te serre trop aux cuisses** your jeans are too tight round the thighs. -**3.** [bien fermer - nœud, lacets] to tighten, to pull tight; [- joint] to clamp; [- écrou] to tighten (up); [- frein à main] to put on tight; **~ la vis à qqn** *fam* to crack down hard on sb. -**4.** [contracter] to clench; **~ les lèvres** to set OU to tighten one's lips; **~ les dents** to clench OU to set OU to grit one's teeth; **~ les mâchoires** to clench one's jaws; **en serrant les poings** *pr* clenching one's fists; *fig* barely containing one's anger; **des images qui vous serrent le cœur** heart-rending images; **avoir la gorge serrée par l'émotion** to be choked with emotion ❑ **~ les fesses** *fam* to have the jitters. -**5.** [rapprocher]: **en les serrant bien, une boîte suffira** if we pack them in tight, one box will do; **~ les rangs** *fig* & MIL to close ranks; **~ le jeu** SPORT to play a tight game ❑ **être serrés comme des sardines** OU **des harengs** to be squashed up like sardines. -**6.** [suivre]: **~ le trottoir** AUT to hug the kerb; **~ qqn de près** to follow close behind sb, to follow sb closely; **~ un problème de plus près** to study a problem more closely. -**7.** NAUT: **~ le vent** to sail close to OU to hug the wind; **~ une voile** to take in (and reef) a sail. -**8.** *litt* [enfermer] to put away; **serrez bien vos bijoux** put your jewels away in a safe place.

◇ *vi* AUT: **~ à droite/gauche** to keep to the right/left.

◆ **se serrer** ◇ *vpi* -**1.** [se rapprocher] to squeeze up; **si on se serre un peu, on pourra tous entrer** if we squeeze up a bit, we can all get in; **se ~ contre qqn** [par affection] to cuddle OU to snuggle up to sb; [pour se réchauffer, se protéger] to huddle up against sb. -**2.** [se contracter] to tighten up; **je sentais ma gorge se ~** I could feel a lump in my throat; **mon cœur se serra en les voyant** my heart sank when I saw them. ◇ *vpt*: **se ~ la main** to shake hands ❑ **se ~ la ceinture** *fam* to tighten one's belt; **se ~ les coudes** *fam* to stick together.

serre-tête [sɛrtɛt] *nm inv* -**1.** [accessoire] headband, hairband. -**2.** SPORT [d'athlète] headband; [de rugbyman] scrum cap.

serriste [serist] *nmf* greenhouse gardener.

serrure [seryr] *nf* lock; **laisser la clef dans la ~** to leave the key in the lock OU door ❑ **~ encastrée** mortice lock; **~ à pompe** high security lock *(with pump action mechanism)*; **~ à ressort** spring lock; **~ de sécurité** AUT childproof lock; **~ de sûreté** safety lock.

serrurerie [seryrri] *nf* -**1.** [métier] locksmithing, locksmithery. -**2.** [ferronnerie] ironwork; **grosse ~** heavy ironwork; **~ d'art** decorative ironwork.

serrurier [seryrje] *nm* -**1.** [qui pose des serrures] locksmith. -**2.** [en ferronnerie] iron manufacturer.

sertão [sɛrtɑ̃] *nm* sertão.

sertir [32] [sɛrtir] *vt* -**1.** JOAILL to set; **couronne sertie de diamants** crown set with diamonds. -**2.** MÉTALL [tôles] to crimp over *(sép)*; [rivet] to clinch. -**3.** ARM to crimp.

sertissage [sɛrtisaʒ] *nm* -**1.** JOAILL setting. -**2.** MÉTALL [de tôles] crimping together; [d'un rivet] clinching.

sertisseur, euse [sɛrtisœr, øz] *nm, f* -**1.** JOAILL (jewel) setter. -**2.** MÉTALL crimper.

◆ **sertisseur** *nm* [appareil] closing OU sealing OU double seaming machine.

sérum [serɔm] *nm* -**1.** PHYSIOL: **~ (sanguin)** (blood) serum. -**2.** PHARM serum; **~ antivenimeux** antivenin serum; **~ antilymphocytaire** antilymphocytic serum, ALS; **~ physiologique** saline; **~ de vérité** truth drug.

servage [sɛrvaʒ] *nm* -**1.** HIST serfdom. -**2.** *litt* [esclavage] bondage, thraldom.

serval, als [sɛrval] *nm* serval.

servant [sɛrvɑ̃] ◇ *adj m* RELIG: **frère ~** lay brother *(with domestic tasks)*.

◇ *nm* -**1.** RELIG: **~ (de messe)** server. -**2.** MIL: **~ (de canon)** gunner.

servante [sɛrvɑ̃t] *nf* -**1.** *vieilli* [domestique] servant, maidservant. -**2.** MENUIS vice; **~ d'établi** bench vice. -**3.** [table] dumbwaiter *Br*, serving table. -**4.** THÉÂT [éclairage] small lamp.

serve [sɛrv] *f* → **serf**.

serveur [sɛrvœr] *nm* -**1.** [de restaurant] waiter; [de bar] barman. -**2.** SPORT server. -**3.** JEUX dealer. -**4.** INDUST [ouvrier] feeder (worker). -**5.** INF: (centre) **~** information retrieval centre; **~ de données** on-line data service.

serveuse [sɛrvøz] *nf* waitress.

serviabilité [sɛrvjabilite] *nf* helpfulness, obligingness, willingness to help.

serviable [sɛrvjabl] *adj* helpful, obliging, accommodating.

service [sɛrvis] *nm* -**1.** [travail] duty, shift; **mon ~ commence à 18 h** I go on duty OU I start my shift OU I start work at 6 p.m.; **l'alcool est interdit pendant le ~** drinking is forbidden while on duty; **il n'a pu assurer son ~** he wasn't able to go to work; **être de ~**: **qui est de ~ ce soir?** who's on duty tonight?; **elle a 22 ans de ~ dans l'entreprise** she's been with the company for 22 years; **finir son ~** to come off duty; **prendre son ~** to go on OU to report for duty; **il ne plaisante pas avec le ~** he sticks to the rule book; **reprendre du ~** to be employed for a supplementary period; **mon vieux manteau a repris du ~** *fam hum* my old coat has been saved from the bin || [pour la collectivité] service, serving; **le ~ de l'État** public service, the service of the state; **ses états de ~** his service record. -**2.** [pour un client, un maître] service; **prendre qqn à son ~** to take sb into service; **elle a deux ans de ~ comme femme de chambre** she's been in service for two years as a chambermaid; **à votre ~** at your service; **qu'y a-t-il pour votre ~?** what can I do for you?; **entrons ici, le ~ est rapide** let's go here, the service is quick; **le ~ laissait plutôt à désirer** the service left a lot to be desired; **demander 15 % pour le ~** to impose a 15% service charge; '**~ compris/non compris**' 'service included/not included'; **faire le ~**: **prends ces cacahuètes et fais le ~** take these peanuts and hand them round ❑ **entrée de ~** tradesmen's entrance; **escalier de ~** servants' OU service stairs. -**3.** [série de repas] sitting; **nous irons au premier/deuxième ~** we'll go to the first/second sitting. -**4.** [département - d'une entreprise, d'un hôpital] department; **~ du contentieux** [département] legal department; [personnes] legal experts; **les ~s commerciaux** the sales department OU division; **~ du personnel** personnel department OU division; **~ de presse** [département] press office; [personnes] press officers, press office staff; **je les ai eus par le ~ de presse** [livres] I got them free as review copies; [places de spectacle] they're complimentary tickets I got for reviewing purposes; **~ de réanimation** intensive care unit; **~ des urgences** casualty department *Br*, emergency room *Am*. -**5.** [aide - apportée par une personne] favour; **puis-je te demander un petit/grand ~?** could I ask you to do me a small/big favour?; **rendre un ~ à qqn** [suj: personne] to help sb out, to do sb a favour; **tu m'as bien rendu ~** you were a great help to me; **rendre un mauvais ~ à qqn** to do sb a disservice; **lui faire tous ses devoirs, c'est un mauvais ~ à lui rendre!** it won't do her any good if you do all her homework for her!; **le congélateur me rend de grands ~s** I find the freezer very useful; **ton dictionnaire m'a bien rendu ~** your dictionary was of great use to me; **ça peut encore/toujours rendre ~** it can still/it'll always come in handy. -**6.** [assortiment - de linge, de vaisselle] set; **un ~ (de table) de 20 pièces** a 20-piece dinner set OU service; **acheter un ~ de 6 couverts en argent** to buy a 6-place canteen of silver cutlery ❑ **~ à café/thé** coffee/tea set; **son ~ trois pièces**▽ *hum* his equipment OU wedding tackle. -**7.** TRANSP service; **le ~ de nuit des autobus** the night bus service; **~ d'été/d'hiver** summer/winter timetable; **~ non assuré le dimanche** no service on Sundays, no Sunday service; **le ~ a été interrompu** the service has been suspended. -**8.** MIL: **le ~ de l'aide technique** OU **de la coopération** *organization providing technical assistance to developing countries*; **~ militaire** OU **national** national service *Br*, military service; **faire son ~ (militaire)** to do one's military service; **bon pour le ~** fit for military duties; **allez, bon pour le ~!** *fam fig & hum* come on, you'll do!; **en ~ commandé** on an official assignment; **tué en ~ commandé** killed in action OU whilst on active duty; **le ~ de santé** the (army) medical corps; **le ~ des transmissions** signals. -**9.** SPORT service, serve; **avoir un bon/mauvais ~** to have a good/poor service, to serve well/badly; **Pichot au ~!**, **~ Pichot!** Pichot to serve!; **prendre le ~ de qqn** to break sb's serve OU service. -**10.** ÉLECTR duty; **facteur de ~** duty factor. -**11.** FIN servicing; **~ de la dette extérieure** servicing the foreign debt; **assurer le ~ de la dette** to service the debt. -**12.** RELIG: **~ (divin)** service; **~ funèbre** funeral service. -**13.** [d'un étalon] serving, mating. -**14.** NAUT: **~ à la mer** service before the mast HIST.

◆ **services** *nmpl* -**1.** ÉCON services, service industries, tertiary sector; **biens et ~s** goods and services. -**2.** [collaboration] services; **se passer des ~s de qqn** to do without sb's help; *euph* [le licencier] to dispense with sb's services; **offrir ses ~s à qqn** to offer one's services to sb, to offer to help sb out. -**3.** ADMIN: **~s sociaux** social services. -**4.** POL: **~s secrets** OU **spéciaux** secret service; **~s de renseignements** intelligence. -**5.** *Helv* [couverts] knives and forks *(for laying at table)*.

◆ **en service** *loc adv*: **mettre un appareil en ~** to put a machine into service; **cet hélicoptère/cette presse entrera en ~ en mai** this helicopter will be put into service/this press will come on stream in May.

◆ **service après-vente** *nm* -**1.** [prestation] after-sales service. -**2.** [département] after-sales department; [personnes] after-sales staff.

◆ **service d'ordre** *nm* -**1.** [système] policing; **assurer le ~ d'ordre dans un périmètre** to police a perimeter; **mettre en place un ~ d'ordre dans un quartier** to establish a strong police presence in an area. -**2.** [gendarmes] police (contingent); [syndiqués, manifestants] stewards.

◆ **service public** *nm* public service OU utility; **~ public de l'audiovisuel** the publicly-owned channels *(on French television)*; **la poste est un ~ public** postal services are state-controlled; **la distribution des eaux est un ~ public** water is a public utility.

SERVICE MILITAIRE:

Military service (now reduced to ten months) is compulsory for French men as soon as they reach eighteen, unless they are declared unfit for service ("réformé"). Some do their military service overseas, often in developing countries as teachers, as part of a voluntary aid scheme known as "la coopération".

---

serviette [sɛrvjɛt] *nf* -**1.** [linge]: **~ de bain** bath towel; **~ hygiénique** sanitary towel *Br* OU napkin *Am*; **~ en papier** paper napkin; **~ de table** table napkin; **~ de toilette** towel; [pour s'essuyer les mains] (hand) towel. -**2.** [cartable] briefcase.

serviette-éponge [sɛrvjɛtepɔ̃ʒ] (*pl* **serviettes-éponges**) *nf* (terry) towel.

servile [sɛrvil] *adj* -**1.** [esprit, attitude] servile, subservient, sycophantic; [manières] servile, cringing, fawning. -**2.** *vieilli* [d'esclave] servile.

servilement [sɛrvilmɑ̃] *adv* -**1.** [bassement] obsequiously, subserviently. -**2.** *sout* [sans originalité] slavishly.

servilité [sɛrvilite] *nf* -**1.** [bassesse] obsequiousness, subservience. -**2.** [manque d'originalité] slavish imitativeness.

servir [38] [sɛrvir] ◇ *vt* -**1.** [dans un magasin] to serve; **on vous sert?** [dans un café, une boutique] are you being attended to *sout* OU served?; **~ qqn de** OU **en qqch** to serve sb with sthg, to serve sthg to sb; **c'est une bonne cliente, sers-la bien** [en poids] be generous, she's a good customer; [en qualité] give her the best, she's a good customer; **c'est difficile de se faire ~ ici** it's difficult to get served here; **il y a une cliente, allez la ~** here comes a customer, go and see OU attend to her; **tu voulais du changement, tu es** OU **te voilà servi!** *fig* you wanted some changes, now you've got more than you bargained for OU now how do you like it? || [approvisionner]: **~ qqn en** to supply sb with; **c'est toujours lui qui me sert en huîtres** I always get my oysters from him. -**2.** [donner - boisson, mets] to serve; [dans le verre] to pour (out) *(sép)*; [dans l'assiette] to dish out OU up *(sép)*, to serve up *(sép)*; **sers le café** pour the coffee; **le dîner est servi!** dinner's ready OU served!; **Monsieur est servi** *sout* [au dîner] dinner is served, Sir; **on nous a servi le petit déjeuner dans la chambre** our breakfast was brought up to OU served in our room; **une collation sera servie dans le hall** light refreshments will be served in the hall; **~ qqch à qqn** to serve sb with OU to help sb to sthg; **sers-moi à boire** give OU pour me a drink; **vous nous servirez le thé au salon** we'll take tea in the drawing room || *(en usage abs)*: **servez chaud** serve hot; **démoulez juste avant de ~** turn out just before serving; '**(à) ~ frais/frappé**' 'serve cool/chilled'. -**3.** *fam* [raconter] to give; **si tu avais entendu les injures qu'il nous a servies!** you should have heard the way he insulted us!; **si tu n'as que cette excuse à lui ~, tu ferais mieux de ne rien**

dire if that's the only excuse you can give him OU come up with, you'd better keep quiet; ils nous servent toujours les mêmes histoires aux informations they always dish out the same old stories on the news. -4. [travailler pour - famille] to be in service with; [- communauté, pays, parti] to serve; [- cause, justice] to be at the service of; à la fin de la guerre, la grande bourgeoisie dut renoncer à se faire ~ by the end of the war the upper classes had to give up having servants; j'aime bien me faire ~ I like to be waited on; vous avez bien/mal servi votre entreprise you have served your company well/haven't given your company good service; ~ l'intérêt public [loi, mesure] to be in the public interest; [personne] to serve the public interest; ~ l'État POL to serve the state; [être fonctionnaire] to be employed by the state; ~ Dieu to serve God, to be a servant of God; Charles Alexandre, pour vous ~ *hum* Charles Alexandre, at your service ❑ on n'est jamais si bien servi que par soi-même *prov* if you want something doing, do it yourself. -5. [aider - suj: circonstances] to be of service to, to be OU to work to the advantage of; ~ les ambitions de qqn to serve OU to aid OU to further sb's ambitions; le mauvais temps l'a servi the bad weather served him well OU worked to his advantage OU was on his side; si la chance nous sert, nous réussirons if our luck is in OU if luck is on our side, we'll succeed; sa mémoire la sert beaucoup her memory's a great help to her; finalement, son culot ne l'a pas servi *fam* his cheek didn't get him anywhere in the end. -6. [payer - pension, rente] to pay (out) *(sép)*; ~ les intérêts d'une dette to service a debt. -7. SPORT to serve; ~ une deuxième balle to serve a second ball, to second-serve; ~ un ace to serve an ace. -8. [préparer - arme] to serve. -9. RELIG: ~ la messe to serve mass. -10. JEUX [cartes] to deal (out) *(sép)*; [joueur] to serve, to deal to *(sép)*; c'est à toi de ~ it's your turn to deal; servi! POKER stick! -11. CHASSE to dispatch. -12. VÉTÉR & ZOOL [saillir] to cover, to serve. -13. *Helv* [utiliser] to use; c'est un manteau que je ne sers plus I don't wear this coat any more.

◇ *vi* -1. [être utile - outil, vêtement, appareil] to be useful OU of use, to come in handy; garde la malle, ça peut toujours ~ keep the trunk, you might need it OU it might come in handy one day; le radiateur électrique peut encore ~ the electric heater can still be of use; ça me servira pour ranger mes lettres I can use it to put my letters in; il a servi, ce manteau! I got a lot of use out of this coat!; cet argument a beaucoup servi this argument has been put forward many times; cela fait longtemps que cette gare ne sert plus this station has been out of use OU been disused for a long time. -2. [travailler]: elle sert au château depuis 40 ans she's worked as a servant OU been in service at the castle for 40 years; ~ comme cuisinière/jardinier to be in service as a cook/gardener; ~ dans un café/restaurant [homme] to be a waiter (in a café/restaurant); [femme] to be a waitress (in a café/restaurant); nous ne servons plus après 23 h we don't take orders after 11 p.m., last orders are at 11 p.m. ‖ MIL to serve; être fier de ~ to be proud to serve (one's country); il a servi sous MacArthur he served under MacArthur; il a servi sous l'Empire/la République he served under the Empire/the Republic. -3. SPORT to serve; à toi de ~! your serve OU service!; elle sert bien [gén] she has a good service OU serve; [dans ce match] she's serving well; à Dancy de ~ Dancy to serve.

◆ **servir à** *v + prép* -1. [être destiné à] to be used for; ça sert à quoi, cette machine? what's this machine (used) for?; le sonar sert à repérer les bateaux the sonar is used to locate ships. -2. [avoir pour conséquence]: ~ à qqch: ça ne sert à rien it's useless OU of no use; à quoi servirait de le tuer? what would be the good OU point of killing him?; à quoi ça sert que je parle si personne ne m'écoute? *fam* what's the point OU use of me talking if nobody listens?; ne pleure pas, ça ne sert à rien don't cry, it won't make any difference; crier ne sert à rien there's no point in shouting; tu vois bien que ça a servi de faire une pétition! as you see, getting up a petition did serve some purpose!; ça n'a servi qu'à le rendre encore plus furieux it only served to make him OU it only made him even more furious. -3. [être utile à]: ~ à qqn: sa connaissance du russe lui a servi dans son métier her knowledge of Russian helped her OU was of use to her in her job; ce recoin sert la nuit aux clochards du quartier this corner is used at night by the local tramps; ça me servira à couper la pâte I'll use it to cut the dough.

◆ **servir de** *v + prép* [article, appareil] to be used as; [personne] to act as, to be; le coffre me sert aussi de table I also use the trunk as a table; et qu'est-ce qui te sert de lit? and what do you use for a bed?; un vieux sac lui servait de manteau he was wearing an old bag as a coat; le proverbe qui sert d'exergue au chapitre the proverb which heads the chapter; les principes qui me servent de règles de conduite the principles which dictate my conduct; je lui ai servi d'interprète I acted as OU was his interpreter; il lui a servi de père he was like a father to her.

◆ **se servir** ◇ *vp (emploi réfléchi)* [à table, dans un magasin] to help o.s.; servez-vous de OU en légumes help yourself to vegetables; elle se servit de la soupe she helped herself to (some) soup; je me suis servi un verre de lait I poured myself a glass of milk; sers-toi! help yourself!; il s'est servi dans la caisse *euph* he helped himself to the money in the till; je l'ai surpris à se ~ dans la caisse I caught him with his fingers in the till ‖ [s'approvisionner]: je me sers chez le boucher de l'avenue I buy my meat at the butcher's on the avenue; où te sers-tu en fromage? where do you shop for OU buy your cheese?

◇ *vp (emploi passif)* CULIN to be served; ça se sert chaud ou froid it can be served OU you can serve it either hot or cold; le vin rouge se sert chambré red wine should be served at room temperature.

◆ **se servir de** *vp + prép*: se ~ de qqch to use sthg; il ne peut plus se ~ de son bras droit he can't use his right arm anymore; c'est une arme dont on ne se sert plus it's a weapon which is no longer used OU in use; quand tu auras fini de te ~ du sèche-cheveux when you've finished using OU with the hairdryer; je ne sais pas me ~ de la machine à coudre I don't know how to work OU to use the sewing machine; j'ai appris le chinois, mais je ne m'en sers jamais I learnt Chinese but I never use it OU put it to any use; elle se sert toujours des mêmes arguments she always uses the same old arguments; l'opportunisme est l'art de se ~ des circonstances opportunism is the art of turning circumstances to one's own advantage; se ~ de qqch comme to use sthg as; il s'est servi de sa grippe comme prétexte he used flu as an excuse; tu te sers de ta raquette comme d'une poêle à frire! *hum* you hold OU handle your racket like a frying pan!; se ~ de qqn to make use of OU to use sb; on s'est servi de vous (comme appât)! you've been used (as bait)!

serviteur [sɛrvitœr] *nm* (male) servant; votre (humble) ~! *hum* your (humble) servant!, at your service!; si vous n'êtes pas satisfait, adressez-vous à votre ~! if you're not happy, please complain to yours truly!

servitude [sɛrvityd] *nf* -1. [soumission] servitude. -2. [contrainte] constraint; se plier aux ~s de la mode to be a slave to fashion. -3. JUR easement; ~ de passage right of way; ~ de vue easement of light.

servocommande [sɛrvɔkɔmɑ̃d] *nf* servocontrol, power-assisted control, power booster *Am.*

servodirection [sɛrvɔdirɛksjɔ̃] *nf* servo steering, power steering.

servofrein [sɛrvɔfrɛ̃] *nm* servo brake, servo-assisted brake.

servomécanisme [sɛrvɔmekanism] *nm* servomechanism, servosystem.

servomoteur [sɛrvɔmɔtœr] *nm* servomotor.

ses [se] *pl* → **son**.

sésame [sezam] *nm* -1. BOT & CULIN sesame; huile de ~ sesame oil. -2. *loc*: Sésame, ouvre-toi! open, Sesame!; le ~ (ouvre-toi) de la réussite the key to success.

session [sesjɔ̃] *nf* -1. [réunion - d'une assemblée] session, sitting; pendant la ~ de printemps du Parlement during Parliament's spring session. -2. UNIV exam period; il a été collé à la ~ de juin he failed the June exams; la ~ de repêchage the repeat examinations, the resits *Br.*

set [sɛt] *nm* -1. [objet]: ~ (de table) table mat; six ~s de table a set of six table mats. -2. SPORT set; balle de ~ set point.

setter [setɛr] *nm* setter ZOOL; ~ anglais/irlandais English/Irish setter.

seuil [sœj] *nm* -1. [dalle] doorstep; [entrée] doorway, threshold; il était debout sur le ~ he was standing in the doorway. -2. *sout* [début] threshold, brink; être au ~ d'une nouvelle ère to be on the brink of a new era; être au ~ de la mort to be on the verge of death. -3. SC [limite] threshold; ~ de tolérance threshold of tolerance. -4. PSYCH threshold, limen *spéc.* -5. PHYSIOL: ~ absolu/différentiel absolute/difference threshold; ~ d'élimination renal threshold. -6. ÉCON: la dette a atteint le ~ critique des deux milliards debt has reached the critical level OU threshold of two billion ❑ ~ de rentabilité/saturation break-even/saturation point; le ~ de pauvreté the poverty line. -7. GÉOG sill.

seul, e [sœl] ◇ *adj* -1. [sans compagnie] alone, on one's own; ~ au monde OU sur la terre (all) alone in the world; laissons-le ~ let's leave him alone OU on his own OU by himself; il n'est bien que ~ he prefers his own company; enfin ~s! alone at last!; nous nous sommes retrouvées ~es we found ourselves alone (together OU with each other); ~ à ~ [en privé] in private, privately; je voudrais te parler ~ à ~ I'd like to talk to you in private; se retrouver ~ à ~ avec qqn to find o.s. alone with sb; elle vit ~e avec sa mère she lives alone with her mother; un homme ~ a peu de chances de réussir [sans aucune aide] it's unlikely that anybody could succeed on their own; je dois d'abord y aller ~e, tu entreras après I must go in alone OU on my own first and then you can come in; agir ~ to act alone OU on one's own; tu seras ~ à défendre le budget you'll be the only one speaking for the budget; prends donc un verre, je n'aime pas boire ~ have a drink, I don't like drinking on my own; je préfère me promener ~ I prefer solitary walks OU to walk on my own; tout ~, toute ~e: elle parle toute ~e she's talking to herself; il a bâti sa maison tout ~ he built his house all by himself; leur entrevue ne s'est pas passée toute ~e! their meeting didn't go smoothly!; le dîner ne se préparera pas tout ~! dinner isn't going to make itself!; tu voudrais t'arrêter de travailler? t'es pas tout ~! *fam* you'd like to stop work? you're not the only one!; laisse des pommes de terre, t'es pas tout ~! *fam* leave some potatoes, what about the rest of us! -2. [abandonné, esseulé] lonely, lonesome *Am*; se sentir ~ to feel lonely; on se sent si ~ dans le phare it's so lonely OU you're so cut off in the lighthouse. -3. [sans partenaire, non marié] alone, on one's own; un homme ~ [sans partenaire] a man on his own; [célibataire] a single man, a bachelor; elle s'est retrouvée ~e à 30 ans she found herself on her own at 30; elle est ~e avec trois enfants she's bringing up three children on her own; les personnes ~es ne toucheront pas l'allocation single OU unmarried people will not be eligible for the allowance; un club pour personnes ~es a singles club. -4. *(avant le n)* [unique] only, single, sole; une ~e pensée l'obsédait he was obsessed by one idea (and one idea alone) OU by one sole idea; c'est l'homme d'une ~e passion he's a man with one overriding OU ruling passion; c'est l'homme d'une ~e femme he's a one-woman man; une ~e erreur et tout est à refaire a single OU one mistake and you have to start all over again; un ~ mot et tu es mort one word and you're dead; il n'a qu'un ~ défaut he's only got one fault; le ~ problème OU la ~e chose, c'est que... the only problem OU thing is that...; la ~e fois que je l'ai vue the only OU one time I saw her; je n'ai été en retard qu'une ~e fois I was late only once; pas un ~..., pas une ~e... not one..., not a single...; pas un ~ élève ne l'a oublié not one pupil has forgotten him; un ~ et même..., une ~e et même... one and the same...; il s'agit d'une ~e et même personne it is one and the same person; un ~ et unique..., une ~e et unique... only one (and one only)...; vous avez droit à un ~ et unique essai you may have only one attempt; je l'ai vue une ~e et unique fois I saw her only once; le ~ et unique exemplaire the one and only copy; c'est la ~e possibilité it's the only possibility, there's no other possibility; c'est la ~e clef qui ouvre cette porte it's the one OU only key that opens this door; mon ~ passe-temps my only OU sole OU one hobby. -5. [sans autre chose]: le numéro ~ OU *sout* le ~ numéro permet de retrouver le dossier the number alone is enough to trace the file; mon salaire ~ OU *sout* mon ~ salaire ne suffit pas à faire vivre ma famille my salary alone is not enough to support my family; le vase ~ vaut combien? how much is it for just the vase?; la propriété à elle ~e leur donne de quoi vivre the property alone brings in enough for them to live on. -6. *(comme adv)* only; ~ Pierre a refusé only Pierre refused, Pierre was the only one to refuse; ~ l'écho lui répondit only the echo answered him; ~s les nouveaux n'ont pas été interrogés only the newcomers weren't questioned. -7. *(avant le n)* [simple] mere; la ~e évocation de la scène lui donnait des frissons the mere mention of OU merely talking about the scene gave him goose pimples.

◇ *nm, f* -1. [personne] only one (person); tu es la ~e à qui je puisse me confier you're the only one I can confide in; je te crois mais je dois être la ~e! I believe you, but thousands wouldn't!; il est le ~ en France qui connaisse encore cette recette he's the only person in France who still knows this recipe; tout dépend des caprices d'un ~ *litt* everything hinges on one person's whims; pas un ~: pas un ~ de ses camarades n'était prêt à l'épauler not a single one of her friends was prepared to help her; pas un ~ n'a survécu not one (of them) lived; pas une ~e n'a voté pour lui not one (of them) voted for him. -2. [animal, objet] only one; prends le chaton noir, c'est le ~ qui me reste have the black kitten, it's the only one I've got left.

◆ **d'un seul coup** *loc adv* -1. [soudainement] all of a sudden, all at once; d'un ~ coup, la porte s'ouvrit all of a sudden, the door flew open OU the door opened. -2. [en une seule fois] at one go, all at once; tu peux mettre toute la farine d'un ~ coup you can add all the flour at once; et d'un ~ coup d'un ~, je fais sortir le lapin du chapeau! *fam* and hey presto, with one wave of my wand, I pull the rabbit out of the hat!

seulement [sœlmɑ̃] *adv* -1. [uniquement] only; il y avait ~ deux personnes there were only two people; j'ai dit ça ~ pour rire I only meant it as a joke; il ne s'agit pas ~ d'argent it's not only OU just a question of money. -2. [dans le temps]: il arrive ~ ce soir he won't arrive before this evening; il est arrivé ~ ce matin he only arrived this morning; je viens ~ de finir I've only just finished; le télex vient ~ de partir the telex has (only) just been sent. -3. [même] even; sais-tu ~ de quoi tu parles? do you even know what you're talking about?; il est parti sans ~ dire au revoir à ses hôtes he left without even saying goodbye to his hosts. -4. [mais] only, but; je veux y aller, ~ voilà, avec qui? I'd love to go, but OU only the problem is who with?

◆ **non seulement..., mais encore** *loc corrél* not only... but also; nous voulons conquérir non ~ le marché européen, mais encore des parts du marché mondial we want not only to capture the European market, but also part of the world market (too).

seulet, ette *fam* [sœlɛ, ɛt] *adj vieilli* OU *hum* (all) on one's own; j'étais toute ~te ce jour-là I was all by myself OU all alone that day.

sève [sɛv] *nf* -1. BOT sap; sans ~ sapless; plein de ~ full of sap, sappy ❑ ~ ascendante OU brute rising OU ascending OU crude sap; ~ descendante OU élaborée falling OU descending OU elaborated sap. -2. [énergie]: la ~ de la jeunesse the vigour of youth.

sévère [sevɛr] *adj* -1. [personne, caractère, règlement] strict, stern, severe. -2. [critique, verdict] severe, harsh; ne sois pas trop ~ avec lui don't be too hard on him. -3. [style, uniforme] severe, austere, unadorned; une coiffure trop ~ a rather severe hairstyle.

sévèrement [sevɛrmɑ̃] *adv* severely, harshly, strictly.

sévérité [severite] *nf* -1. [d'un parent, d'un juge] severity, harshness. -2. [d'un verdict, d'un code, d'une éducation] severity, rigidness, strictness. -3. [d'une tenue, d'un style] severity, austerity.

sévices [sevis] *nmpl*: exposer qqn à des ~ to expose sb to ill-treatment OU physical cruelty; être victime de ~ to suffer cruelty, to be ill-treated; exercer des ~ sur qqn to ill-treat sb.

sévillan, e [sevijɑ̃, an] *adj* from Seville.

◆ **Sévillan, e** *nm, f inhabitant of or person from Seville.*

Séville [sevij] *npr* Seville.

sévir [32] [sevir] *vi* -1. [personne] to punish; si tu continues à tricher, je vais devoir ~ if you keep on cheating, I'll have to do something about it; ~ contre la fraude fiscale to deal ruthlessly with tax evasion. -2. [fléau, épidémie] to rage, to be rampant OU rife, to reign supreme; Morin ne sévira pas longtemps comme directeur à la comptabilité *hum* Morin won't reign long as head of accounts; c'est une idée qui sévit encore dans les milieux économiques unfortunately the idea still has currency among economists.

sevrage [səvraʒ] *nm* -1. [d'un bébé] weaning. -2. [d'un drogué] coming off (drugs); quand je me suis retrouvé en prison, le ~ a été brutal when I found myself in prison, I had to come off drugs suddenly.

sevrer [19] [səvre] *vt* -1. [bébé] to wean. -2. [drogué]: ~ qqn to get sb off drugs. -3. *fig*: ~ qqn de to deprive sb of; on a été sevrés de musique/liberté we were deprived of music/freedom. -4. HORT to sever *(a layer)*.

sèvres [sɛvr] *nm* -1. [matière] Sèvres (china); un service de ~ a Sèvres china service. -2. [objet] piece of Sèvres china.

sévrienne [sevrijɛn] *nf* UNIV *student or ex-student of the École Normale Supérieure de Jeunes Filles (formerly situated in Sèvres).*

sexage [sɛksaʒ] *nm* [des poussins] sexing.

sexagénaire [sɛksaʒenɛr] ◇ *adj* sixty-year-old *(avant n)*, sexagenarian.

◇ *nmf* sexagenarian, sixty-year-old person.

sexagésimal, e, aux [sɛgzaʒezimal, o] *adj* sexagesimal.

sexagésime [sɛgzaʒezim] *nf* Sexagesima (Sunday).

sex-appeal [sɛksapil] (*pl* sex-appeals) *nm* sex appeal; avoir du ~ to be sexy, to have sex appeal.

S. Exc. (*abr écrite de* Son Excellence) HE.

sexe [sɛks] *nm* -1. [caractéristique] sex; enfant du ~ masculin/féminin male/female child ❑ le (beau) ~ the fair OU gentle sex; le ~ fort/faible the stronger/weaker sex. -2. ANAT sex (organs), genitals. -3. le ~ [sexualité] sex; il ne pense qu'au ~ all he ever thinks of is sex.

sexisme [sɛksism] *nm* -1. [idéologie] sexism. -2. [politique] sexual discrimination.

sexiste [sɛksist] *adj* & *nmf* sexist.

sexologie [sɛksɔlɔʒi] *nf* sexology.

sexologue [sɛksɔlɔg] *nmf* sexologist.

sextant [sɛkstɑ̃] *nm* sextant.

sextet [sɛkstɛt] *nm* six-bit byte.

sexto [sɛksto] *adv* sixthly, in the sixth place.

sextuor [sɛkstɥɔr] *nm* sextet, sextette.

sextuple [sɛkstypl] ◇ *adj* sextuple, sixfold.

◇ *nm* sextuple.

sextupler [3] [sɛkstyple] ◇ *vt*: ~ qqch to sextuple sthg, to increase sthg sixfold.

◇ *vi* to sextuple, to increase sixfold.

sextuplés, es [sɛkstyple] *nm, f pl* sextuplets.

sexualisation [sɛksɥalizasjɔ̃] *nf* sexualization.

sexualiser [3] [sɛksɥalize] *vt* to sexualize; ~ la publicité to put sex into advertising.

sexualité [sɛksɥalite] *nf* sexuality.

sexué, e [sɛksɥe] *adj* [animal] sexed; [reproduction] sexual.

sexuel, elle [sɛksɥɛl] *adj* [comportement] sexual; [organes, objet, éducation, hormone] sex *(modif)*; l'acte ~ the sex OU sexual act.

sexuellement [sɛksɥɛlmɑ̃] *adv* sexually.

sexy *fam* [sɛksi] *adj inv* sexy.

seyant, e [sɛjɑ̃, ɑ̃t] *adj* becoming; peu ~ unbecoming; sa nouvelle coiffure est peu ~e his new hairstyle doesn't suit him.

Seychelles [sɛʃɛl] *npr fpl*: les (îles) ~ the Seychelles; aux ~ in the Seychelles.

sézigue▽ [sezig] *pron pers* [soi] his nibs.

SFIO (*abr de* Section française de l'Internationale ouvrière) *npr f the French Socialist Party between 1905 and 1971.*

SG *nm abr de* secrétaire général.

SGA *nm abr de* secrétaire général adjoint.

SGBD (*abr de* système de gestion de base de données) *nm* DBMS.

SGEN (*abr de* Syndicat général de l'Éducation nationale) *npr m teachers' trade union.*

Shaba [ʃaba] *npr* Shaba.

shah [ʃa] *nm* shah, Shah.

shaker [ʃɛkœr] *nm* (cocktail) shaker.

shakespearien, enne [ʃɛkspirjɛ̃, ɛn] *adj* Shakespearean, Shakespearian.

shako [ʃako] *nm* shako, shacko.

shampooing [ʃɑ̃pwɛ̃] *nm* -1. [produit] shampoo; ~ crème/liquide cream/liquid shampoo; ~ traitant medicated shampoo; ~ pour moquettes carpet shampoo. -2. [lavage] shampoo; se faire un ~ to shampoo OU to wash one's hair.

shampouiner [3] [ʃɑ̃pwine] *vt* to shampoo.

shampouineur, euse [ʃɑ̃pwinœr, øz] *nm, f* [personne] shampooer.

◆ **shampouineur** *nm*, **shampouineuse** *nf* [machine] carpet cleaner OU shampooer.

Shanghai [ʃɑ̃gaj] *npr* Shanghai.

shantung [ʃɑ̃tuŋ] *nm* shantung (silk).

shérif [ʃerif] *nm* -1. [aux États-Unis] sheriff. -2. [en Grande-Bretagne] sheriff *(representative of the Crown).*

sherpa [ʃɛrpa] *nm* [guide] sherpa.

◆ **Sherpas** *npr mpl* Sherpas.

sherry [ʃeri] (*pl* sherrys OU sherries) *nm* sherry.

shetland [ʃɛtlɑ̃d] *nm* -1. TEXT Shetland (wool). -2. VÊT Shetland jumper. -3. ZOOL Shetland pony.

Shetland [ʃɛtlɑ̃d] *npr fpl*: les (îles) ~ the Shetland (Islands); les (îles) ~ du Sud the South Shetland Islands.

shilling [ʃiliŋ] *nm* shilling.

shingle [ʃiŋgœl] *nm* (roofing) shingle.

shinto [ʃinto], **shintoïsme** [ʃintɔism] *nm* Shinto.

shintoïste [ʃintɔist] *adj* & *nmf* Shintoist.

shipchandler [ʃipʃɑ̃dlœr] *nm* ship's chandler.

shirting [ʃœrtiŋ] *nm* shirting (material).

shog(o)un [ʃɔgun] *nm* shogun.

shoot [ʃut] *nm* -1. SPORT shot. -2. ▽ [injection] fix.

shooter [3] [ʃute] *vi* SPORT to shoot.
◆ **se shooter**▽ *vpi* [drogué] to shoot up, to fix; se ~ à l'héroïne to shoot OU to mainline heroin; il se shoote au café/à la télé *hum* he has to have his fix of coffee/telly.

shopping [ʃɔpiŋ] *nm* shopping; faire du ~ to go shopping; je fais toujours mon ~ chez eux I always shop there.

short [ʃɔrt] *nm* (pair of) shorts; être en ~ to be in OU wearing shorts; un petit garçon en ~ a little boy wearing shorts.

shorthorn [ʃɔrtɔrn] *nm* shorthorn, Durham (breed).

short ton [ʃɔrttɔn] (*pl* short tons) *nf* [unité] short OU net ton, ton *Am*.

show [ʃo] *nm* -**1.** [variétés] show. -**2.** [d'un homme politique] performance; le ~ télévisé du Premier ministre the Prime Minister's TV performance.

show-business [ʃobiznɛs] *nm inv* show business.

shrapnel(l) [ʃrapnɛl] *nm* shrapnel (shell).

shunt [ʃœt] *nm* -**1.** ÉLECTR shunt; moteur ~ shunt motor. -**2.** MÉD shunt.

shunter [3] [ʃœte] *vt* to shunt ELEC.

si1 [si] *nm inv* MUS B; [chanté] si, ti.

si2 [si] ◇ *adv* -**1.** [tellement - avec un adj attribut, un adv, un nom] so; [- avec un adj épithète] such; elle est si belle she's so beautiful; il est si mignon! he's (ever) so sweet!; tout cela est si inattendu all this is so unexpected; il a un langage si vulgaire his language is so crude; elle est si femme she's so womanly; je la vois si peu I see so little of her, I see her so rarely; ça fait si mal! it hurts so much!; elle a de si beaux cheveux! she has such beautiful hair!; il est prétentieux — oh, si peu! *iron* he's pretentious — oh isn't he just OU I don't know what you mean! || *(en corrélation avec 'que')*: si... que so... that; c'est si petit qu'on ne peut le voir à l'œil nu it's so small that it can't be seen with the naked eye; tu n'es pas si timide que tu n'oses lui parler! surely you're not so shy that you daren't talk to her!; elle travaille si bien qu'on l'a augmentée she works so well that she got a rise. -**2.** [exprimant la concession] however; si aimable soit-il... however nice he may be...; si occupé soit-il, il n'en reste pas moins aimable however busy he is, he's always friendly || *(en corrélation avec 'que')*: si dur que ça puisse paraître, je ne céderai pas however hard it may seem OU hard as it may seem I won't give way; si incroyable que ce soit, il nous a menti however unbelievable it may be OU unbelievable as it may be, he lied to us; si vous le vexez si peu que ce soit, il fond en larmes if you upset him even the slightest bit, he bursts into tears. -**3.** [dans une comparaison]: si... que as... as; elle n'est pas si blonde que sa sœur she's not as blonde as her sister; il n'est pas si malin que tu le disais he's not as sharp as you said; il n'est pas si bête qu'il en a l'air he's not as stupid as he seems. -**4.** [en réponse affirmative] yes; ce n'est pas fermé? — si isn't it closed? — yes (it is); tu ne me crois pas? — si (,je te crois) don't you believe me? — yes (I do); ça n'a pas d'importance — si, ça en a! it doesn't matter — it DOES OU yes it does!; tu n'aimes pas ça? — si, si! don't you like that? — oh yes I DO!; je ne veux pas que tu me rembourses — si, si, voici ce que je te dois I don't want you to pay me back — no, I insist, here's what I owe you; si, si, acceptez! DO accept!, oh but you MUST accept!; je te dérange, si, si, je le vois bien! I'm disturbing you, don't say I'm not, I can tell!; tu ne l'as pas jeté tout de même? — eh si! you didn't throw it away, did you? — yes I did!; je n'y arriverai jamais — mais si! I'll never manage — of course you will!; le spectacle n'est pas gratuit — il paraît que si the show isn't free — apparently it is; vous n'allez pas me disqualifier? — que si! you're not going to disqualify me, are you? — oh yes we are!; tu ne vas quand même pas lui dire? — oh que si! still, you're not going to tell him, are you? — oh yes I am!; ne voyez-vous pas un moyen de parvenir à vos fins? — si fait! *litt* can you not see a way whereby you might succeed? — indeed I can!
◇ *conj* *(devant 'il' ou 'ils' s' [s])* -**1.** [exprimant une condition] if; si tu veux, on y va we'll go if you want; si vous approchez, je crie if you come near me I'll scream; si tu l'as cru, tu as eu tort if you believed it you were mistaken; si vous avez joué le 4, vous avez gagné if you played the 4 you've won; si je m'en sors, je te revaudrai ça if I get out of this, I'll repay you for it; si tu ne réfléchis pas par toi-même et si ou que tu crois tout ce qu'on te dit... if you don't think for yourself and you believe everything people tell you...; je ne lui dirai que si tu es d'accord I'll tell him only if you agree, I won't tell him unless you agree; s'il est d'accord, qu'il signe if he agrees, let him sign; s'ils ont quelque chose à dire, qu'ils le disent if they have something to say, let them say it; si tu oses...! [ton menaçant] don't you dare!; tu viendras? si oui, prends ta voiture will you come? if so take your car. -**2.** [exprimant une hypothèse] if; si tu venais de bonne heure, on pourrait finir avant midi if you came early we would be able to finish before midday; s'il m'arrivait quelque chose, prévenez John should anything happen to me OU if anything should happen to me, call John; si j'étais toi, je ne m'en vanterais pas if I were you I wouldn't boast about it; si j'avais le temps, je viendrais volontiers avec vous if I had the time I'd love to come with you; ah toi, si je ne me retenais pas...! just count yourself lucky I'm restraining myself!; si l'on croyait tout ce qu'on lit dans les journaux! if we believed everything we read in the papers!; si j'avais su, je me serais méfié if I had known OU had I known, I would have been more cautious; si tu étais arrivé plus tôt, tu en aurais eu had you arrived OU if you'd arrived earlier, you would've got some. -**3.** [exprimant une éventualité] what if; et si tu te trompais? what if you were wrong? -**4.** [exprimant une suggestion] what about; et si on jouait aux cartes? what about playing cards? -**5.** [exprimant un souhait, un regret]: ah, si j'étais plus jeune! I wish OU if only I were younger!; si ça pouvait marcher! if only it worked!; si seulement il avait accepté! if only he'd accepted! -**6.** [dans l'interrogation indirecte] if, whether; dites-moi si vous venez tell me if OU whether you're coming; je ne t'ai pas demandé si tu étais d'accord I didn't ask you if OU whether you agreed or not; peux-tu me dire s'ils seront nombreux? can you tell me if OU whether there will be a lot of them? -**7.** [introduisant une complétive] if, that; je dois vérifier si tout est en ordre I must check if OU whether OU that everything is in order; ne sois pas surprise s'il a échoué don't be surprised that OU if he failed. -**8.** [introduisant une explication] if; si quelqu'un a le droit de se plaindre, c'est bien moi! if anyone has reason to complain, it's me!; c'est de ta faute si ça a raté *fam* it's your fault if it didn't work; si ça ne répond pas, c'est qu'il n'est pas là if there's no answer, it's because he's not there; si je me répète, c'est pour que tu comprennes bien if I'm repeating myself it's so that you understand properly OU it's because I want you to understand properly. -**9.** [exprimant la répétition] if, when; si l'on excite le nerf, le muscle se contracte if OU when the nerve is stimulated, the muscle contracts; si je prends une initiative, elle la désapprouve whenever OU every time I take the initiative, she disapproves (of it). -**10.** [exprimant la concession, l'opposition]: comment faire des économies si je gagne le salaire minimum? how can I save if I'm only earning the minimum wage?; si elle fut exigeante avec nous, elle l'était encore plus avec elle-même if she was demanding with us, she was still more so with herself; si son premier roman a été bien accueilli, le second a été éreinté par la critique though her first novel was well received, the second was slated by the critics. -**11.** [emploi exclamatif]: tu penses s'il était déçu/heureux! you can imagine how disappointed/happy he was!; tu as l'intention de continuer? — si j'ai l'intention de continuer? bien sûr! do you intend to go on? — of course I do OU I certainly do OU I do indeed!; si ce n'est pas mignon à cet âge-là! aren't they cute at that age!; si je m'attendais à te voir ici! well, I (certainly) didn't expect to meet you here OU fancy meeting you here!
◇ *nm inv*: avec des si, on mettrait Paris en bouteille *prov* if ifs and buts were pots and pans, there'd be no trade for tinkers *prov*.
◆ **si bien que** *loc conj* [de telle sorte que] so; elle travaille, si bien qu'elle est aujourd'hui indépendante she works, and so she is now independent; il ne sait pas lire une carte, si bien qu'on s'est perdus he can't read a map, and so we got lost.
◆ **si ce n'est** *loc prép* -**1.** [introduisant une rectification] if not; ça a duré une bonne heure, si ce n'est deux it lasted at least an hour, if not two. -**2.** [excepté] apart from, except; tout vous convient? — oui, si ce n'est le prix is everything to your satisfaction? — yes, apart from OU except the price; si ce n'était sa timidité, c'est un garçon très agréable he's a nice young man, if a little shy; qui aurait pu écrire cela, si ce n'est elle? who could have written that, apart from her?, who but her could have written that?; si ce n'est toi, c'est donc ton frère *allusion La Fontaine* if it's not you, then it must be your double OU your twin brother *hum*.
◆ **si ce n'est que** *loc conj* apart from the fact that, except (for the fact) that; il n'a pas de régime, si ce n'est qu'il ne doit pas fumer he has no special diet, except that he mustn't smoke.
◆ **si tant est que** *loc conj* provided that; on se retrouvera à 18 h, si tant est que l'avion arrive à l'heure we'll meet at 6 p.m. that is if OU provided (that) OU if the plane arrives on time; essaie, si tant est que tu en as le courage try, if you've got the courage (that is); si tant est qu'il nous ait OU a vus if he saw us at all; je l'aiderai, si tant est qu'il en ait besoin I'll help him, that is OU provided (that) OU if he needs help.

SI [si] *nm* -**1.** *abr de* syndicat d'initiative. -**2.** (*abr de* Système International) SI.

sial [sjal] *nm* sial.

Sialkot [sialkɔt] *npr* Sialkot.

Siam [sjam] *npr m*: le ~ Siam; au ~ in Siam.

siamois, e [sjamwa, az] *adj* -**1.** GÉOG Siamese. -**2.** MÉD Siamese; frères ~ (male) Siamese twins; sœurs ~es (female) Siamese twins.
◆ **Siamois, e** *nm, f* Siamese; les Siamois the Siamese.
◆ **siamois** *nm* -**1.** LING Siamese. -**2.** ZOOL Siamese (cat).

Sibérie [siberi] *npr f*: (la) ~ Siberia.

sibérien, enne [siberjɛ̃, ɛn] *adj* Siberian.
◆ **Sibérien, enne** *nm, f* Siberian.

sibilant, e [sibilɑ̃, ɑ̃t] *adj* sibilant, hissing.

sibylle [sibil] *nf* sibyl.

sibyllin, e [sibilɛ̃, in] *adj* -**1.** *litt* [mystérieux] enigmatic, cryptic. -**2.** MYTH sibylic, sibyllic. -**3.** ANTIQ: livres ~s Sibylline Books; oracles ~s Sibylline Prophecies.

sic [sik] *adv* sic.

SICAV, Sicav [sikav] (*abr de* société d'investissement à capital variable) *nf* -**1.** [société] *open-ended investment trust*, ≃ unit trust. -**2.** [action] *share in an open-ended investment trust*.

siccatif, ive [sikatif, iv] *adj* siccative.
◆ **siccatif** *nm* (paint) dryer, siccative.

Sicile [sisil] *npr f*: (la) ~ Sicily.

sicilien, enne [sisiljɛ̃, ɛn] *adj* Sicilian.
◆ **Sicilien, enne** *nm, f* Sicilian.
◆ **sicilien** *nm* LING Sicilian.
◆ **sicilienne** *nf* MUS siciliano.

SICOB, Sicob [sikɔb] *npr m* (*abr de* Salon des industries du commerce et de l'organisation du bureau): le ~ *annual information technology trade fair in Paris*.

SIDA, Sida [sida] (*abr de* syndrome immuno-déficitaire acquis) *nm* AIDS, Aids.

side-car [sidkar] (*pl* side-cars) *nm* -**1.** [habitacle] sidecar. -**2.** [moto] motorbike and sidecar.

sidéen, enne [sideɛ̃, ɛn] ◇ *adj* suffering from Aids.
◇ *nm, f* Aids sufferer.

sidéral, e, aux [sideral, o] *adj* sidereal.

sidérant, e *fam* [siderɑ̃, ɑ̃t] *adj* staggering, amazing, stunning; **c'est ~!** it's mind-blowing!

sidération [siderasjɔ̃] *nf* sideration.

sidérer [18] [sidere] *vt* -**1.** *fam* [abasourdir] to stagger; **j'étais sidéré d'apprendre cela** I was staggered to hear that, you could have knocked me down with a feather when I heard that. -**2.** MÉD to siderate.

sidérographie [siderɔgrafi] *nf* siderography, steel engraving.

sidérolit(h)ique [siderɔlitik] *adj* siderolithic.

sidérose [sideroz] *nf* siderosis.

sidérostat [siderɔsta] *nm* siderostat.

sidérurgie [sideryrʒi] *nf* -**1.** [technique] (iron and) steel metallurgy. -**2.** [industrie] (iron and) steel industry.

sidérurgique [sideryrʒik] *adj* (iron and) steel *(modif)*; **usine ~** steelworks, steel factory.

sidérurgiste [sideryrʒist] *nmf* -**1.** [ouvrier] steel worker. -**2.** [industriel] steelworks owner.

sidologue [sidɔlɔg] *nmf* Aids specialist.

Sidon [sidɔ̃] *npr* Sidon.

siècle [sjɛkl] *nm* -**1.** [100 ans] century; **l'église a plus de quatre ~s** the church is more than four centuries old; **au début du ~** at the turn of the century; **au IIe ~ avant/après J.-C.** in the 2nd century BC/AD; **les écrivains du seizième ~** sixteenth-century writers. -**2.** [époque] age; **vivre avec son ~** to keep up with the times, to be in tune with one's age; **le ~ de Périclès** the age of Pericles; **ça fait des ~s que je ne suis pas allé à la patinoire** *fam* I haven't been to the ice-rink for ages; **l'affaire du ~** the bargain of the century ❑ **le ~ des Lumières** the Enlightenment, the Age of Reason; **le Grand Siècle, le ~ de Louis XIV** the Grand Siècle, the age of Louis XIV. -**3.** RELIG: **le ~** worldly life, the world; **abandonner le ~** to leave one's worldly life behind.
◆ **de siècle en siècle** *loc adv* through the ages, from age to age, down the ages.

siège [sjɛʒ] *nm* -**1.** [chaise] seat; **prenez donc un ~** (do) take a seat, do sit down; **une chaise à ~ en cuir** a leather-seated chair ❑ **~ avant/arrière/baquet** AUT front/back/bucket seat; **~ éjectable** AÉRON ejector seat; **~ de voiture pour bébé** baby car seat. -**2.** POL seat; **perdre/gagner des ~s** to lose/to win seats ❑ **~ vacant** OU **à pourvoir** vacant seat. -**3.** [centre] seat; **le ~ de la vie culturelle/du gouvernement** the seat of cultural life/of government; **localiser le ~ de la douleur** to locate the seat of the pain; **au ~ du RPR** POL at (the) RPR headquarters ❑ **~ d'exploitation** COMM (company) works; **~ social** registered OU head office; **la société a son ~ (social) à Nanterre** the company's head office is in Nanterre. -**4.** MIL siege; **faire le ~ d'une ville** to lay siege to OU to besiege a town; **lever le ~** to raise a siege; **déclarer l'état de ~** to declare martial law; **guerre de ~** siege warfare; **engin de ~** engine of war. -**5.** MÉD: **l'enfant s'est présenté par le ~** it was a breech birth. -**6.** JUR: **le ~** the bench. -**7.** RELIG: **~ épiscopal** (episcopal) see.

siéger [22] [sjeʒe] *vi* -**1.** [député] to sit; **~ au Parlement** to have a seat OU to sit in Parliament; **~ à un comité/au Politburo** to sit on a committee/on the Politburo. -**2.** [organisme] to be based in; **l'UNESCO siège à Paris** UNESCO's headquarters are in Paris. -**3.** *sout* [se trouver] to be located in; **chercher où siège la difficulté/l'infection** to seek to locate the difficulty/the infection.

siemens [sjemɛ̃s] *nm* siemens.

sien [sjɛ̃] (*f* sienne [sjɛn], *mpl* siens [sjɛ̃], *fpl* siennes [sjɛn]) *adj poss*: **il a fait sienne cette maxime** *sout* he made this maxim his own; **une sienne cousine** *litt* a cousin of his/hers.
◆ **le sien** (*f* **la sienne**, *mpl* **les siens**, *fpl* **les siennes**) *pron poss* his *m* (*f* hers); [en se référant à un objet, un animal] its; **il préfère mon rôle au ~** he likes my part better than his (own); **j'ai pris ma voiture et lui la sienne** I took my car and he took his; **elle est partie avec une valise qui n'était pas la sienne** she left with a suitcase that wasn't hers OU that didn't belong to her ‖ *(emploi nominal)*: **les ~s** one's family and friends ❑ **y mettre du ~** [faire un effort] to make an effort; [être compréhensif] to be understanding; **faire des siennes** *fam*: **Jacques a encore fait des siennes** Jacques has (gone and) done it again; **ma voiture ne cesse de faire des siennes!** my car's always playing up!

Sienne [sjɛn] *npr* Sienna.

siennes [sjɛn] *fpl* → **sien**.

siens [sjɛ̃] *mpl* → **sien**.

sierra [sjera] *nf* sierra; **la ~ Madre** the Sierra Madre; **la ~ Nevada** the Sierra Nevada.

Sierra Leone [sjeraleɔn] *npr f*: **(la) ~** Sierra Leone.

sieste [sjɛst] *nf* [repos] (afternoon) nap OU rest; **faire la ~** to have OU to take a nap (in the afternoon); **faire une petite ~** to have a little nap; **dans les pays chauds, à l'heure de la ~** in hot countries, at siesta time.

sieur [sjœr] *nm* -**1.** JUR: **le ~ Pichard** Mr Pichard Esquire. -**2.** *fam hum*: **le ~ Dupond** old Dupond.

sifflant, e [siflɑ̃, ɑ̃t] *adj* -**1.** [respiration] hissing, whistling, wheezing. -**2.** LING sibilant.
◆ **sifflante** *nf* LING sibilant.

sifflement [sifləmɑ̃] *nm* -**1.** [action - gén] whistling *(U)*; [- d'un serpent] hiss, hissing; **entendre le ~ du vent dans les arbres** to hear the wind whistling through the trees; **j'évite de me retourner sur les ~s des maçons** I don't turn round when I hear builders wolf-whistling at me. -**2.** [bruit] whistle; **~ d'oreilles** ringing in the ears.

siffler [3] [sifle] ◇ *vi* -**1.** [serpent] to hiss; [oiseau] to whistle; **~ comme un merle** OU **un pinson** *fig* to sing like a lark. -**2.** [personne] to whistle; [gendarme, arbitre] to blow one's whistle. -**3.** [respirer difficilement] to wheeze. -**4.** [vent, train, bouilloire] to whistle; **les balles sifflaient de tous côtés** bullets were whistling all around us.
◇ *vt* -**1.** [chanson] to whistle. -**2.** [chien, personne] to whistle for; **~ les filles** to whistle at girls. -**3.** [suj: gendarme] to blow one's whistle at; [suj: arbitre] to whistle for; **~ la mi-temps** to blow the half-time whistle, to whistle for half-time; **~ un penalty** to whistle for a penalty. -**4.** [orateur, pièce] to hiss, to boo, to catcall. -**5.** *fam* [boire] to swill down *(sép)*, to swig, to knock back *(sép)*; **il a sifflé toute la bouteille** he knocked back the whole bottle.

sifflet [siflɛ] *nm* [instrument] whistle; **donner un coup de ~** to (blow the) whistle; **donner le coup de ~ final** SPORT to blow the final whistle ❑ **~ à roulette** (pea) whistle; **~ à vapeur** steam whistle.
◆ **sifflets** *nmpl* [huées] hisses, catcalls; **quitter la scène sous les ~s** to be booed off the stage.

siffleur, euse [siflœr, øz] ◇ *adj* [oiseau] whistling; [serpent] hissing; **merle ~** whistling blackbird.
◇ *nm, f* [à un spectacle] catcaller, heckler.
◆ **siffleur** *nm* ORNITH wigeon, widgeon.

siffleux [siflø] *nm Can* [marmotte] groundhog, woodchuck.

sifflotement [siflɔtmɑ̃] *nm* whistling.

siffloter [3] [siflɔte] ◇ *vt*: **~ qqch** [doucement] to whistle sthg to o.s.; [gaiement] to whistle sthg happily.
◇ *vi* [doucement] to whistle to o.s.; [gaiement] to whistle away happily.

sigillographie [siʒilɔgrafi] *nf* sigillography.

sigisbée [siʒizbe] *nm litt* escort; **ses ~s** her gallant retinue *litt*.

sigle [sigl] *nm* acronym, initials.

sigma [sigma] *nm* -**1.** [lettre] sigma. -**2.** CHIM sigma bond.

signal, aux [siɲal, o] *nm* -**1.** [signe] signal; **trois coups de pistolet servaient de ~** three pistol shots served as the signal ❑ **donner le ~ du départ** to give the signal for departure; SPORT to give the starting signal; **envoyer un ~ de détresse** to send out a distress signal OU an SOS. -**2.** [annonce]: **cette loi a été le ~ d'un changement de politique** this law signalled OU was the signal for a shift in policy. -**3.** [dispositif] signal; **~ d'alarme/d'incendie** alarm/fire signal; **actionner le ~ d'alarme** to pull the alarm cord; **~ sonore/lumineux** sound/light signal; **~ d'arrêt** stop sign; **~ à bras** hand signal; **signaux lumineux** AUT traffic signals OU lights. -**4.** NAUT signal; **signaux de port** port OU harbour signals. -**5.** RAIL signal; **~ fermé/ouvert** on/off signal. -**6.** INF & TÉLÉC signal; **~ analogique/numérique** analog/digital signal.

signalé, e [siɲale] *adj litt* [marquant, remarquable] signal, notable.

signalement [siɲalmɑ̃] *nm* description, particulars; **donner le ~ de son agresseur** to describe one's attacker.

signaler [3] [siɲale] *vt* -**1.** [faire remarquer - faute, détail] to point out *(sép)*, to indicate, to draw attention to; [- événement important] to draw attention to; [- accident, cambriolage] to report; [- changement d'adresse] to notify; **la serrure est cassée, il faudra le ~** the lock's broken, we'll have to report it; **~ qqch à la police** to report sthg to the police; **on signale des secousses telluriques dans la région** there are reports of earth tremors in the area; **à ~ encore, une exposition à Beaubourg** another event worth mentioning is an exhibition at Beaubourg; **la qualité de la gravure est à ~** the quality of the print is well worth noting OU worthy of note; **permettez-moi de vous ~ qu'il est interdit de...** allow me to draw your attention to the fact that OU to point out that it's forbidden to...; **il est déjà 11 h, je te signale!** for your information, it's already 11 o'clock!; **son ouvrage n'est signalé nulle part dans votre thèse** his book is not mentioned anywhere in your thesis. -**2.** [suj: drapeau, sonnerie] to signal; [suj: panneau indicateur] to signpost, to point to *(insép)*; **passage à niveau non signalé** unsignalled level crossing; **le village n'est même pas signalé au croisement** the village is not even signposted OU there's not even a signpost for the village at the junction; **la chapelle n'est pas signalée sur le plan** the chapel isn't indicated OU marked OU shown on the map; **il n'a pas signalé qu'il tournait** he didn't signal OU indicate that he was turning. -**3.** [dénoter] to indicate, to be the sign of; **c'est le symptôme qui nous signale la présence du virus** this symptom tells us that the virus is present.
◆ **se signaler à** *vp + prép*: **se ~ à l'attention de qqn** to draw sb's attention to o.s.; **je me permets de me ~ à votre attention** I would like to draw your attention to my case.
◆ **se signaler par** *vp + prép* to stand out because of; **le mâle se signale par son long bec** the male is recognizable by its long beak; **elle ne s'est jamais signalée par quoi que ce soit** she's never done anything remarkable; **elle se signale surtout par son absence** she's remarkable mostly by her absence; **elle se signale surtout par sa bonne volonté** what sets her apart is her willingness to cooperate.

signalétique [siɲaletik] *adj* [plaque] descriptive, identification *(modif)*.

signaleur [siɲalœr] *nm* -**1.** MIL signaller. -**2.** RAIL signalman.

signalisateur, trice [siɲalizatœr, tris] *adj* signalling.

signalisation [siɲalizasjɔ̃] *nf* -**1.** [matériel]: **~ aérienne** markings and beacons; **~ maritime** naval signalling; **~ routière** [sur la chaussée] (road) markings; [panneaux] roadsigns. -**2.** [aménagement]: **faire la ~ d'une section de route** to provide a stretch of road with signs and markings; **faire la ~ d'une section de voie ferrée** to put signals along a stretch of railway line. -**3.** PSYCH signals. -**4.** RAIL signals; **~ automatique** automatic signalling.

signaliser [3] [siɲalize] *vt* [route] to provide with roadsigns and markings; [voie ferrée] to equip with signals; [piste d'aéroport] to provide with markings and beacons; **c'est bien/mal signalisé** [route] it's been well/badly signposted.

signataire [siɲatɛr] ◇ *adj* signatory.
◇ *nmf* signatory; **les ~s du traité** the signatories of the treaty.

signature [siɲatyr] *nf* -**1.** [signe] signature; **elle a apposé sa ~ au bas de la lettre** she signed the letter at the bottom of the page; **il ne manque plus que votre ~ sur le contrat** it only remains for you to put your signature to OU to sign the contract; **avoir la ~** JUR to be an authorized signatory *(on behalf of a company)*. -**2.** [marque distinctive] signature; **cet attentat à la bombe porte leur ~** this bomb attack bears their mark OU imprint. -**3.** [artiste]: **les plus grandes ~s de la mode sont représentées dans le défilé** the greatest fashion houses OU designers are represented on the catwalk. -**4.** [acte] signing; **le courrier est parti à la ~** the letters have been sent for signing OU for signature; **vous serez payé à la ~ du contrat** you'll be paid once the contract has been signed. -**5.** PHYS: **~ spectrale** (characteristic) spectral signature. -**6.** IMPR signature, quire.

signe [siɲ] *nm* -**1.** [geste] sign, gesture; **parler par ~s** to communicate by sign language OU signs; **faire un ~ à qqn** to make a sign OU to signal to sb; **faire un ~ de tête à qqn** [affirmatif] to nod to sb; [négatif] to shake one's head at sb; **faire un ~ de la main à qqn** [pour saluer, attirer l'attention] to wave to sb, to wave one's hand at sb; **agiter la main en ~ d'adieu** to wave goodbye; **elle me fit approcher d'un ~ du doigt** she beckoned to me to come nearer; **faire ~ à qqn** to signal to sb; **il m'a fait ~ d'entrer** he beckoned me in; **il m'a fait ~ de sortir** he signalled to me to go out; **le douanier nous a fait ~ de passer** the customs officer waved us through; **fais-lui ~ de se taire** signal (to) him to be quiet; **faire ~ que oui** to nod (in agreement); **faire ~ que non** [de la tête] to shake one's head (in refusal); [du doigt] to wave one's finger in refusal; **quand vous serez à Paris, faites-moi ~** *fig* when you're in Paris, let me know ❑ **~ de la croix** RELIG sign of the cross; **faire un ~ de croix** OU **le ~ de la croix** to cross o.s., to make the sign of the cross. -**2.** [indication] sign; **c'est un ~** [mauvais] that's ominous, [bon] that's a good sign; **c'est ~ de: c'est ~ de pluie/de beau temps** it's a sign of rain/of good weather; **c'est ~ de grands fléaux à venir** it portends OU signals evil days ahead; **c'est ~ que...** it's a sign that...; **il ne nous a pas téléphoné, c'est ~ que tout va bien** he hasn't phoned us, it means OU it's a sign that everything's all right; **c'est ~ qu'il est coupable** it shows OU it's a sign that he's guilty; **c'est bon ~** it's a good sign, it augurs well; **c'est mauvais ~** it's a bad sign, it's ominous; **(un) ~ de: il n'y a aucun ~ d'amélioration** there's no sign of (any) improvement; **c'est un ~ des temps/des dieux** it's a sign of the times/from the Gods; **il n'a pas donné ~ de vie depuis janvier** there's been no sign of him since January; **présenter des ~s d'essoufflement** to show signs of being out of breath; **donner des ~s d'impatience** to give OU to show signs of impatience; **la voiture donne des ~s de fatigue** the car is beginning to show its age ❑ **~ annonciateur** OU **avant-coureur** OU **précurseur** forerunner, portent *litt*; **~s extérieurs de richesse** JUR outward signs of wealth. -**3.** [marque] mark; **~ cabalistique** cabalistic sign; **~s particuliers** ADMIN distinguishing marks, special peculiarities; '**~s particuliers: néant**' 'distinguishing marks: none'. -**4.** LING, MATH, MÉD & MUS sign; **le ~ moins/plus** the minus/plus sign. -**5.** IMPR: **~ de correction** proofreading mark OU symbol; **~ de ponctuation** punctuation mark. -**6.** ASTROL: **tu es de quel ~?** what sign are you? ❑ **~ (du Zodiaque)** sign (of the zodiac); **~ d'air/de terre/d'eau/de feu** air/earth/water/fire sign.

◆ **en signe de** *loc prép* as a sign OU mark of; **en ~ de respect** as a sign OU mark of respect; **mettre un brassard en ~ de deuil** to wear an armband as a sign of mourning.

◆ **sous le signe de** *loc prép* -**1.** ASTROL under the sign of; **je suis né sous le ~ du Cancer** I was born under the sign of Cancer. -**2.** *fig*: **la réunion s'est tenue sous le ~ de la bonne humeur** the atmosphere at the meeting was good-humoured.

signé, e [siɲe] *adj* [exemplaire] signed.

signer [3] [siɲe] ◇ *vt* -**1.** [chèque, formulaire, lettre] to sign; [pétition] to sign, to put one's name to; **~ son nom** to sign one's name; **n'oubliez pas de ~ le chèque** don't forget to sign the cheque; '**~ ici**' '(please) sign here'; **~ son arrêt de mort** *fig* to sign one's (own) death warrant. -**2.** [laisser sa marque personnelle] to sign, to put one's signature to; **en étranglant sa victime, il a signé son crime** by strangling his victim, he put his signature to the crime ❑ **c'est signé!** it's easy to guess who did that!; **cette pagaille, c'est signé Maud!** *fam* this mess is obviously Maud's handiwork! -**3.** [officialiser - contrat, traité] to sign; **nous allons ~ un accord commercial avec Dandy** we're going to sign a commercial agreement with Dandy; **il a signé un contrat de deux ans avec Marseille** FTBL he's signed up with Marseilles for two years. -**4.** [être l'auteur de - argenterie] to hallmark; [- pièce, film] to be the author of; [- tableau] to sign; **elle a signé les meilleures chansons de l'époque** she wrote all the best songs of that era; **il a signé ses derniers tableaux d'un pseudonyme** he signed his latest pictures with a pseudonym; **c'est un bronze signé Degas** it's one of Degas' bronzes. -**5.** [dédicacer - livre] to sign copies of; **X signera son livre demain** tomorrow, X will be signing copies of his book.
◇ *vi* -**1.** [tracer un signe] to sign; **~ d'une croix/de son sang** to sign with a cross/in one's blood; **c'est écrit «je reviens» et c'est signé Paul** it says "I'll be back" and it's signed Paul; **elle signe toujours «Julie B»** she always signs herself "Julie B". -**2.** [établir un acte officiel] to sign; **nous signons demain pour la maison** we're signing (the papers) for the house tomorrow.

◆ **se signer** *vpi* to cross o.s., to make the sign of the cross.

signet [siɲɛ] *nm* [d'un livre] bookmark.

signifiant [siɲifjɑ̃] *nm* signifier.

significatif, ive [siɲifikatif, iv] *adj* -**1.** [riche de sens - remarque, geste, symbole] significant; [- regard] significant, meaningful; **il est ~ que la radio n'en parle pas** it's significant that the radio's kept quiet about it. -**2.** [révélateur]: **~ de** revealing OU suggestive of; **c'est très ~ de son caractère/ses goûts** it says a lot about her character/her taste. -**3.** [important - écart, différence, changement] significant. -**4.** MATH: **chiffre ~** significant figure.

signification [siɲifikasjɔ̃] *nf* -**1.** [sens - d'un terme, d'une phrase, d'un symbole] meaning, signification; [- d'une action] meaning; **lourd de ~** pregnant with meaning. -**2.** [importance - d'un événement, d'une déclaration] import, significance; **il n'y a eu que des changements sans ~** there were only inconsequential changes; **c'est une mesure sans ~ pour la suite du travail** this measure has no significance for the rest of the work. -**3.** JUR (official) notification; **~ à domicile** service to an address. -**4.** LING: **la ~** signifying, the signifying processes.

signifié [siɲifje] *nm*: **le ~** the signified.

signifier [9] [siɲifje] *vt* -**1.** [avoir tel sens - suj: mot, symbole] to mean, to signify; **que signifie ce dicton?** what does this saying mean?; **les statistiques ne signifient rien pour moi** figures don't mean anything OU a thing to me; **le signe x signifie «multiplié par»** the x sign means "multiplied by". -**2.** [indiquer - suj: mimique, geste, acte] to mean; **que signifie ce sourire?** what does that smile mean?; **il y a peu d'espoir de le retrouver, mais cela ne signifie pas que l'on va abandonner** there's little hope of finding him, but it doesn't mean OU imply that we're giving up; **il ne m'a pas encore téléphoné – cela ne signifie rien** he hasn't phoned me yet – that doesn't mean anything; **de telles menaces ne signifient rien de sa part** such threats mean nothing coming from him || [pour exprimer l'irritation]: **que signifie ceci?** what's the meaning of this?; **ils donnent de l'argent d'une main et le reprennent de l'autre, qu'est-ce que ça signifie?** what do they think they're doing giving out money with one hand and taking it back with the other? -**3.** [être le signe avant-coureur de] to mean, to betoken; **les brumes matinales signifient que l'automne approche** the morning mists mean that autumn will soon be here; **cela signifierait sa ruine** that would spell ruin for her. -**4.** [impliquer] to mean, to imply; **sa promotion signifie un surcroît de travail pour moi** her promotion means a lot more work for me. -**5.** *sout* [notifier] to notify; **~ ses intentions à qqn** to make one's intentions known OU to state one's intentions to sb; **il m'a signifié son départ/son accord** he has informed me that he is leaving/that he agrees; **j'ai écrit au ministre pour lui ~ mon indignation** I've written to the Minister to express my indignation; **~ son congé à qqn** to give sb notice of dismissal, to give sb his/her notice. -**6.** JUR [jugement] to notify; **~ à qqn que...** to serve notice on OU upon sb that...

sikh [sik] *adj & nm* Sikh.

sil [sil] *nm* ochreous clay.

silence [silɑ̃s] *nm* -**1.** [absence de bruit] silence; **un peu de ~, s'il vous plaît!** [avant un discours] (be) quiet please!; [dans une bibliothèque, une salle d'étude] quiet OU silence, please!; **mais papa, je... – ~!** but Daddy, I... – (be) quiet OU not another word (out of you)!; **demander** OU **réclamer le ~** to call for silence; **à son arrivée, tout le monde fit ~** there was a hush OU everyone fell silent when she arrived; **garder le ~** to keep silent OU quiet; **faire** OU **obtenir le ~** to make everyone keep quiet; **~ on tourne!** CIN quiet on the set!; **dans le ~ de la nuit** in the still OU silence of the night; **le ~ de la mer** the stillness OU calm of the sea; **il régnait un ~ de mort** it was as quiet OU silent as the grave. -**2.** [secret]: **acheter le ~ de qqn** to buy sb's silence, to pay sb to keep quiet; **garder le ~ sur qqch** to keep quiet about sthg; **gardez le ~ là-dessus** keep this very quiet; **imposer le ~ à qqn** to shut sb up; **passer qqch sous ~** to pass over sthg in silence, to keep quiet about sthg. -**3.** [lacune]: **le ~ de la loi en la matière** the absence of legislation regarding this matter. -**4.** [pause] silence; **une lettre vint enfin rompre son ~** a letter came, thus breaking his silence; **après 15 ans de ~, elle publia un roman** after a 15-year silence OU break, she published a novel; **son récit était entrecoupé de nombreux ~s** his story was interrupted by numerous pauses. -**5.** MUS rest.

◆ **en silence** *loc adv* [se regarder] in silence, silently; [se déplacer] silently, noiselessly; [souffrir] in silence, uncomplainingly.

silencieusement [silɑ̃sjøzmɑ̃] *adv* [se regarder] silently, in silence; [se déplacer] in silence, noiselessly; [souffrir] in silence, uncomplainingly.

silencieux, euse [silɑ̃sjø, øz] *adj* -**1.** [où règne le calme - trajet, repas, salle] quiet, silent. -**2.** [qui ne fait pas de bruit - pendule, voiture] quiet, noiseless; [- mouvement] noiseless. -**3.** [qui ne parle pas] silent, quiet; **la majorité silencieuse** the silent majority || [taciturne] quiet, silent, uncommunicative *péj*.

◆ **silencieux** *nm* -**1.** ARM silencer. -**2.** AUT silencer *Br*, muffler *Am*.
silène [silɛn] *nm* BOT: ~ acaule bladder campion.
Silésie [silezi] *npr f*: (la) ~ Silesia; (la) basse/haute ~ Lower/Upper Silesia.
silex [silɛks] *nm* -**1.** GÉOL flint, flintstone. -**2.** ARCHÉOL flint, flint tool.
silhouette [silwɛt] *nf* -**1.** [ligne générale – du corps] figure; [– d'un véhicule] lines; **elle a une jolie ~** she's got a nice OU good figure. -**2.** [contours] silhouette, outline; [forme indistincte] (vague) form; **leurs ~s se détachaient sur le soleil couchant** they were silhouetted against the sunset; **je vis une ~ dans le brouillard/derrière les rideaux** I saw a shape in the fog/behind the curtains. -**3.** MIL: ~ **de tir** figure OU silhouette target. -**4.** BX-ARTS silhouette.
silhouetter [4] [silwete] *vt* BX-ARTS [dessiner les contours de] to outline; [découper dans du papier] to silhouette.
◆ **se silhouetter sur** *vp + prép litt* to stand out OU to be silhouetted against.
silicate [silikat] *nm* silicate.
silice [silis] *nf* silica; **verre de ~** silica glass, vitreous silica.
siliceux, euse [silisø, øz] *adj* siliceous; **roches siliceuses** siliceous deposits.
silicium [silisjɔm] *nm* silicon.
siliciure [silisjyr] *nm* silicide.
silicone [silikon] *nf* silicone.
silicose [silikoz] *nf* silicosis.
silicosé, e [silikoze] ◇ *adj* silicotic.
◇ *nm, f* silicosis sufferer.
sillage [sijaʒ] *nm* -**1.** NAUT [trace] wake; [remous] wash. -**2.** [d'une personne, d'un véhicule] wake; **il y avait toujours deux ou trois gamins dans son ~** she always had two or three kids following her around; **les troupes n'avaient laissé que désolation dans leur ~** the troops had left total devastation in their wake; **cette mesure entraîne dans son ~ une refonte de nos structures hospitalières** this decision carries along with it a restructuring of our hospital system ❑ **marcher dans le ~ de qqn** *pr & fig* to follow in sb's footsteps OU wake. -**3.** AÉRON [trace] (vapour) trail; [remous] wake. -**4.** PHYS wake.
sillon [sijɔ̃] *nm* -**1.** AGR [de gros labours] furrow; [petite rigole] drill. -**2.** *litt* [ride] furrow. -**3.** [d'un disque] groove. -**4.** ANAT [du cerveau] fissure, sulcus; ~ **fessier** anal cleft.
sillonner [3] [sijɔne] *vt* -**1.** [parcourir – suj: canaux, voies] to cross, to criss-cross; **des éclairs sillonnaient le ciel** flashes of lightning were streaking the sky; **j'ai sillonné la Bretagne** I've visited every corner of OU I've travelled the length and breadth of Brittany; **il sillonnait les mers depuis 20 ans** he'd been ploughing the (ocean) waves for 20 years; **le pays est sillonné de rivières** the country is criss-crossed by rivers. -**2.** *sout* [marquer] to furrow, to groove; **son visage sillonné de rides** his furrowed OU deeply lined face. -**3.** AGR to furrow.
silo [silo] *nm* -**1.** AGR silo; **mettre en ~** to silo. -**2.** MIL silo.
silotage [silɔtaʒ] *nm* ensilage.
silt [silt] *nm* silt.
silure [silyr] *nm* [glane] sheatfish; [poisson-chat] catfish.
silurien, enne [silyrjɛ̃, ɛn] *adj* Silurian.
◆ **silurien** *nm* Silurian.
sima [sima] *nm* sima.
simagrées [simagre] *nfpl*: **faire des ~** [minauder] to put on airs; **tu l'aurais vue faire ses ~ quand on lui a remis le prix!** you should've seen her simpering when she was awarded the prize!
simien, enne [simjɛ̃, ɛn] *adj* ZOOL simian.
◆ **simien** *nm* simian, ape.
simiesque [simjɛsk] *adj* monkey-like, ape-like, apish.
similaire [similɛr] *adj* similar.
similarité [similarite] *nf sout* similarity, likeness.
simili [simili] ◇ *préf* -**1.** [imitation]: ~ **marbre** imitation marble; ~ **pierre** artificial stone.
◇ *nm* -**1.** **c'est du ~** it's artificial OU an imitation. -**2.** [cliché] half-tone engraving.
◇ *nf* [procédé] half-tone process.
similicuir [similikɥir] *nm* imitation leather, Leatherette®.
similigravure [similigravyr] *nf* -**1.** [procédé] half-tone process. -**2.** [cliché] half-tone engraving.
similitude [similityd] *nf* -**1.** [d'idées, de style] similarity, similitude; [de personnes] similarity, likeness; **leur ~** the likeness between them. -**2.** MATH similarity.
simonie [simɔni] *nf* simony.
simoun [simun] *nm* simoon.
simple [sɛ̃pl] ◇ *adj* -**1.** [facile – exercice, système] straightforward, simple, easy; **pour aller à Paris, c'est tout ce qu'il y a de plus ~** the way to Paris is very straightforward OU extremely simple; **ce n'est pas ~ d'élever des enfants!** bringing up children isn't easy!; **c'est très ~ à utiliser** it's very easy OU simple to use ❑ **c'est ~ comme bonjour** it's as simple as ABC, it's as easy as pie. -**2.** *(avant le n)* [avec une valeur restrictive] mere; **c'est une ~ question d'argent** it's simply OU only a matter of money; **pour la ~ raison que...** for the simple reason that...; **réduit à sa plus ~ expression** reduced to its simplest form; **vous aurez une démonstration gratuite sur ~ appel** all you need do is (to) OU simply phone this number for a free demonstration; **ce n'est qu'une ~ formalité** it's merely a OU it's a mere formality; **ça s'ouvre d'une ~ pression du doigt** it opens simply by pressing on it; **d'un ~ bond, il franchit le fossé** with one bound, he was on the other side of the ditch; **ce n'est qu'un ~ employé de bureau** he's just an ordinary office worker. -**3.** [non raffiné – gens] unaffected, uncomplicated; [– objets, nourriture, goûts] plain, simple; **ils ont des goûts très ~s** they have very simple tastes ❑ **elle est apparue dans le plus ~ appareil** she appeared in her birthday suit *hum*. -**4.** [ingénu] simple, simple-minded; **il est un peu ~** d'esprit he's a bit simple. -**5.** [non composé – mot, élément, fleur, fracture] simple; [– chaînette, nœud] single. -**6.** CHIM: **liaison ~** single bond.
◇ *nmf* -**1.** [naïf] simpleton; ~ **d'esprit** simpleton, halfwit. -**2.** [personne de condition modeste] ordinary man (*f* woman).
◇ *nm* -**1.** [ce qui est facile]: **aller du ~ au complexe** to progress from the simple to the complex. -**2.** [proportion]: **augmenter du ~ au double** to double; **les prix varient du ~ au double** prices can double; **passer du ~ au triple** to triple. -**3.** SPORT singles; **jouer en ~** to play a singles match ❑ ~ **messieurs/dames** men's/ladies' singles.
◆ **simples** *nmpl* medicinal herbs OU plants.
simplement [sɛ̃pləmɑ̃] *adv* -**1.** [seulement] simply, merely, just; **je l'ai ~ touchée et elle s'est mise à crier** I simply OU merely touched her and she started to scream; **je te demande ~ de me dire la vérité** I'm simply OU just asking you to tell me the truth. -**2.** [sans apprêt – parler] unaffectedly, simply; [– s'habiller] simply, plainly; **elle nous a reçus très ~** she received us simply OU without ceremony; **la chambre est décorée très ~** the room is plainly decorated; **nous avons déjeuné très ~** we had a very simple OU plain lunch. -**3.** [clairement]: **expliquer qqch ~** to explain sthg in simple OU straightforward terms.
simplet, ette [sɛ̃plɛ, ɛt] *adj* -**1.** [personne – peu intelligente] simple, simple-minded; [– ingénue] naïve; **elle est un peu ~te** she's a bit simple. -**2.** [sans finesse – jugement, réponse, scénario] simplistic, black-and-white.
simplicité [sɛ̃plisite] *nf* -**1.** [facilité] simplicity, straightforwardness; **l'exercice est d'une ~ enfantine** the exercise is child's play; **l'opération est d'une grande ~** the operation is very straightforward; **cette machine est la ~ même** this machine is simplicity itself. -**2.** [manque de raffinement – de vêtements, d'un décor, d'un repas] plainness, simplicity; **avec ~** simply, plainly; **nous avons dîné en toute ~** we had a very simple dinner. -**3.** [naturel] unaffectedness, lack of affectation; **j'aimais sa ~** her lack of affectation appealed to me. -**4.** [naïveté] naivety; **il fallait être d'une grande ~ pour y croire** it would have taken a great deal of naivety to believe it.
simplifiable [sɛ̃plifjabl] *adj* -**1.** MATH reducible. -**2.** [procédé] which can be simplified OU made simpler.
simplificateur, trice [sɛ̃plifikatœr, tris] *adj* simplifying.
simplification [sɛ̃plifikasjɔ̃] *nf* -**1.** MATH reduction. -**2.** [d'un système] simplification, simplifying.
simplifier [9] [sɛ̃plifje] *vt* -**1.** [procédé] to simplify; [explication] to simplify, to make simpler; **en simplifiant le texte à outrance** by oversimplifying the text; **si tu me disais la vérité, cela simplifierait les choses** it would make things easier if you told me the truth. -**2.** MATH [fraction] to reduce, to simplify; [équation] to simplify.
◆ **se simplifier** ◇ *vpi* to become simplified OU simpler; **avec l'automatisation, les procédés de fabrication se simplifient** automation has simplified manufacturing processes.
◇ *vpt* to simplify; **elle se simplifie l'existence en refusant de prendre des responsabilités** she makes her life simpler by refusing to take any responsibility.
simplisme [sɛ̃plism] *nm* simplism.
simpliste [sɛ̃plist] *adj* simplistic, oversimple.
Simplon [sɛ̃plɔ̃] *npr m*: **le ~** the Simplon Pass.
simulacre [simylakr] *nm* -**1.** [imitation – par jeu, comme méthode] imitation. -**2.** [imitation – pour tromper]: **un ~ de négociations** mock OU sham negotiations; **un ~ de résistance** a (poor) show of resistance; **ce n'était qu'un ~ de procès** it was a mockery of a trial.
simulateur, trice [simylatœr, tris] *nm, f* -**1.** [imitateur] simulator; ~, **va!** *hum* you're such a fraud! -**2.** [faux malade] malingerer.
◆ **simulateur** *nm* AÉRON, INF & MIL simulator; ~ **de vol** flight simulator.
simulation [simylasjɔ̃] *nf* -**1.** [d'un sentiment] feigning, faking, simulation; [d'une maladie] malingering. -**2.** MIL & TECH simulation; ~ **sur ordinateur** computer simulation. -**3.** JUR nondisclosure OU concealment of contract.
simulé, e [simyle] *adj* -**1.** [pitié, douleur] faked, feigned. -**2.** AÉRON, INF & MIL simulated. -**3.** JUR: **acte ~** bogus deed *(concealing a contract)*.
simuler [3] [simyle] *vt* -**1.** [feindre – douleur, ivresse, folie] to feign; ~ **l'innocence** to put on an air OU a show of innocence; **il simule la cécité** he feigns blindness; ~ **la maladie** [appelé, employé] to malinger; [enfant] to pretend to be ill; **l'animal simule la mort** the animal is playing dead || *(en usage abs)*: **je ne pense pas qu'elle simule** I don't think she's pretending. -**2.** MIL & TECH to simulate. -**3.** JUR [acte] to deceive *(by nondisclosure of a contract)*.
simultané, e [simyltane] *adj* simultaneous.
◆ **simultanée** *nf* JEUX simultaneous game (of chess).
simultanéisme [simyltaneism] *nm* LITTÉRAT use of simultaneous narratives.
simultanéité [simyltaneite] *nf* simultaneity, simultaneousness.
simultanément [simyltanemɑ̃] *adv* simultaneously.
Sinaï [sinaj] *npr m*: **le ~** Sinai.
sinanthrope [sinɑ̃trɔp] *nm* Sinanthropus, Peking Man.
sinapisme [sinapism] *nm* sinapism, mustard plaster.
sincère [sɛ̃sɛr] *adj* -**1.** [amitié, chagrin, remords] sincere, genuine, true; [personne] sincere, genuine; [réponse] honest, sincere; **tu n'es pas ~**

quand tu dis cela you're being insincere in saying that. -**2.** [dans les formules de politesse]: **nos vœux les plus ~s** our very best wishes; **je vous présente mes ~s condoléances** please accept my sincere OU heartfelt condolences; **veuillez agréer mes ~s salutations** yours sincerely, yours truly *Am.* -**3.** JUR [acte] genuine, authentic.

sincèrement [sɛ̃sɛrmɑ̃] *adv* -**1.** [franchement] sincerely, genuinely, truly; **je crois ~ en son repentir** I genuinely believe she has repented. -**2.** *(en tête de phrase)* [réellement] honestly, frankly; **~, tu me déçois** you really disappoint me; **~, ça ne valait pas le coup** *fam* to tell you the truth, it wasn't worth it.

sincérité [sɛ̃serite] *nf* -**1.** [franchise] sincerity; **je ne remets pas en cause sa ~** I'm not saying she wasn't sincere OU genuine; **en toute ~** in all sincerity, to be quite honest. -**2.** [authenticité - d'une amitié, de remords] genuineness; [- d'une réponse] honesty. -**3.** [absence de truquage - d'une élection, d'un document] honesty, genuineness.

sinécure [sinekyr] *nf* sinecure; **ce n'est pas une ~** *fam* it's no picnic.

sine die [sinedje] *loc adv* sine die; **remettre qqch ~** to postpone sthg indefinitely.

sine qua non [sinekwanɔn] *loc adj inv*: **condition ~** essential condition; **c'est la condition ~ de ma participation** it's an essential condition if I am to take part at all.

Singapour [sɛ̃gapur] *npr* Singapore; **à ~** in Singapore.

singapourien, enne [sɛ̃gapurjɛ̃, ɛn] *adj* Singaporean.

◆ **Singapourien, enne** *nm, f* Singaporean.

singe [sɛ̃ʒ] *nm* -**1.** ZOOL [à longue queue] monkey; [sans queue] ape; **les grands ~s** the (great) apes; **faire le ~** [faire des grimaces] to make faces; [faire des pitreries] to clown OU to monkey around; **le ~ imite l'homme!** copy cat! -**2.** ▽ [chef] boss. -**3.** ▽ [bœuf en conserve] corned beef.

singer [17] [sɛ̃ʒe] *vt* -**1.** [personne] to ape, to mimic. -**2.** [manières distinguées, passion] to feign, to fake.

singerie [sɛ̃ʒri] *nf* [section d'un zoo] monkey OU ape house.

◆ **singeries** *nfpl* [tours et grimaces] clowning; [d'un clown] antics; *péj* [manières affectées] affectedness, airs and graces; **faire des ~s** to clown OU to monkey around.

single [siŋgəl] *nm* -**1.** [disque] single. -**2.** RAIL single sleeper. -**3.** SPORT singles (game). -**4.** [dans un hôtel] single (room).

singlet [sɛ̃glɛ] *nm Belg* singlet.

singleton [sɛ̃glətɔ̃] *nm* -**1.** CARTES singleton. -**2.** MATH singleton (set).

singulariser [3] [sɛ̃gylarize] *vt*: **qqn** to make sb conspicuous OU stand out.

◆ **se singulariser** ◇ *vp (emploi réfléchi)* [se faire remarquer] to make o.s. conspicuous; **il faut toujours que tu te singularises!** you always have to be different from everyone else, don't you?

◇ *vpi* [être remarquable]: **se ~ par: il s'est singularisé par son courage** he stood out thanks to his courage.

singularité [sɛ̃gylarite] *nf* -**1.** [étrangeté - d'un comportement, d'idées, d'une tenue] oddness, strangeness. -**2.** [trait distinctif - d'une personne] peculiarity; [- d'un système] distinctive feature, peculiarity; **la boîte présentait cette ~ de s'ouvrir par l'arrière** the box was unusual in that it opened at the back. -**3.** *litt* [unicité] uniqueness. -**4.** MATH & PHYS singularity.

singulier, ère [sɛ̃gylje, ɛr] *adj* -**1.** [étrange - comportement, idées] odd, strange, singular; **je trouve ~ que...** I find it odd OU strange that... -**2.** [rare - courage, beauté] remarkable, rare, unique. -**3.** LING singular. -**4.** [d'un seul] singular, single.

◆ **singulier** *nm* LING singular.

singulièrement [sɛ̃gyljɛrmɑ̃] *adv* -**1.** [beaucoup] very much; **il m'a ~ déçu** I was extremely disappointed in him; **~ beau** extremely OU remarkably handsome; **~ réussi** hugely successful. -**2.** [bizarrement] oddly, in a strange OU peculiar way. -**3.** [notamment] especially, particularly.

siniser [3] [sinize] *vt* to bring under Chinese influence.

sinistre [sinistr] ◇ *adj* -**1.** [inquiétant - lieu, bruit] sinister; [- personnage] sinister, evil-looking; **un ~ présage** an ill omen. -**2.** [triste - personne, soirée] dismal; **comment c'était, Noël avec tes parents? — ~!** how was Christmas with your parents? — gruesome! *hum.* -**3.** *(avant le n)* [en intensif]: **c'est un ~ imbécile/une ~ canaille** he's a total idiot/crook.

◇ *nm* -**1.** [incendie] fire, blaze; [inondation, séisme] disaster; **les pompiers se sont rendus maîtres du ~** the firemen have the fire under control. -**2.** JUR [incendie] fire; [accident de la circulation] accident; **déclarer un ~** to put in a claim; **évaluer un ~** to estimate a claim.

sinistré, e [sinistre] ◇ *adj* [bâtiment, village, quartier - gén] damaged, stricken; [- brûlé] burnt-out; [- bombardé] bombed-out; [- inondé] flooded; **la ville est ~e** [après un tremblement de terre] the town has been devastated by the earthquake; **les personnes ~es** the disaster victims; [après des inondations] the flood victims ❑ **région** OU **zone (déclarée) ~e** ADMIN disaster area.

◇ *nm, f* disaster victim.

sinistrement [sinistrəmɑ̃] *adv* sinisterly, in a sinister way; **rire ~** to give a sinister laugh.

sinistrose [sinistroz] *nf* (systematic) pessimism; **le pays est en proie à la ~** the country's morale is very low.

Sinn Féin [sinfɛjn] *nprm* Sinn Féin.

sinn-feiner [sinfɛjnœr] (*pl* **sinn-feiners**) *nmf* Sinn Feiner.

sinologie [sinɔlɔʒi] *nf* sinology.

sinologue [sinɔlɔg] *nmf* specialist in Chinese studies, sinologist.

sinon [sinɔ̃] *conj* -**1.** [sans cela] otherwise, or else; **je ne peux pas me joindre à vous, ~ je l'aurais fait avec plaisir** I can't join you, otherwise I would have come with pleasure; **j'essaierai d'être à l'heure, ~ partez sans moi** I'll try to be on time, but if I'm not go without me; **tiens-toi tranquille, ~ je me fâche** keep still, or else OU otherwise I'll get angry; **tais-toi, ~...!** be quiet or else...! -**2.** [si ce n'est] if not; **elle était, ~ jolie, du moins gracieuse** she was, if not pretty, at least graceful; **faites-le, ~ avec plaisir, du moins de meilleure grâce** if you can't do it with pleasure, at least do it with better grace; **elle l'a, ~ aimé, du moins apprécié** although OU if she didn't like it she did at least appreciate it; **elle est une des rares, ~ la seule, à y avoir cru** she was one of the few, if not the only one, who believed it. -**3.** [excepté] except, other than; **que faire, ~ attendre?** what can we do other than OU except wait?

◆ **sinon que** *loc conj* except that; **je ne sais rien, ~ qu'il est parti** I don't know anything, except that OU only that he's left.

sinoque▽ [sinɔk] *adj* nutty, loony; **t'es ~!** you're off your rocker!

sino-tibétain, e [sinɔtibetɛ̃, ɛn] (*mpl* **sino-tibétains**, *fpl* **sino-tibétaines**) *adj* Sino-Tibetan.

◆ **sino-tibétain** *nm* LING Sino-Tibetan.

sinueux, euse [sinɥø, øz] *adj* -**1.** [chemin] winding, sinuous; [fleuve] winding, meandering; **rivière au cours ~** meandering OU sinuous river. -**2.** [raisonnement, pensée] convoluted, tortuous.

sinuosité [sinɥozite] *nf* -**1.** [fait d'être courbé - chemin] winding; [- rivière] winding, meandering. -**2.** [courbe - d'un chemin] curve, bend; [- d'une rivière] meander.

◆ **sinuosités** *nfpl* [d'une affaire, d'un raisonnement] tortuousness, convolutions.

sinus [sinys] *nm* -**1.** ANAT sinus; **~ du cœur** sinus venosus; **~ veineux** venous sinuses. -**2.** MATH sine.

sinusal, e, aux [sinyzal, o] *adj* sinoauricular.

sinusien, enne [sinyzjɛ̃, ɛn] *adj* sinus *(modif)*, sinusal.

sinusite [sinyzit] *nf* sinusitis.

sinusoïdal, e, aux [sinyzɔidal, o] *adj* sinusoidal.

sinusoïde [sinyzɔid] ◇ *nm* ANAT sinusoid.

◇ *nf* MATH sine curve.

sionisme [sjɔnism] *nm* Zionism.

sioniste [sjɔnist] *adj* & *nmf* Zionist.

sioux [sju] *adj* -**1.** ANTHR Siouan. -**2.** *fam* [astucieux] sharp.

◆ **Sioux** *nmf* Sioux; **les Sioux** the Sioux (Indians).

◆ **sioux** *nm* LING Sioux.

siphoïde [sifɔid] *adj* siphon-shaped, siphonal.

siphon [sifɔ̃] *nm* -**1.** MÉD, PHYS & ZOOL siphon. -**2.** [d'appareils sanitaires] trap, U-bend. -**3.** [carafe] soda siphon *Br*, siphon bottle *Am.* -**4.** TRAV PUBL (inverted) siphon.

siphonner [3] [sifɔne] *vt* to siphon; **~ de l'eau/un réservoir** to siphon off water/a reservoir.

sire [sir] *nm* -**1.** [seigneur] lord. -**2.** [titre]: **Sire** [roi] Sire *arch*, Your Majesty; [empereur] Sire *arch*, Your Imperial Majesty.

sirène [sirɛn] *nf* -**1.** [des pompiers] fire siren; [d'une voiture de police, d'une ambulance, d'une usine] siren; [d'un navire] siren, (fog) horn. -**2.** MYTH siren. -**3.** [femme séduisante] siren.

sirénien [sirenjɛ̃] *nm* sirenian; **les ~s** the Sirenia.

Sirius [sirjys] *npr* ASTRON Sirius.

sirocco [sirɔko] *nm* sirocco.

sirop [siro] *nm* -**1.** CULIN [concentré] syrup, cordial; [dilué] (fruit) cordial OU drink; **~ d'érable** maple syrup; **~ de fraise/de menthe** strawberry/mint cordial; **~ d'orgeat** barley water. -**2.** PHARM syrup; **~ pour** OU **contre la toux** cough mixture. -**3.** *fig* & *péj* mawkishness, schmaltz; **son film, c'est du ~** his film is pure schmaltz. -**4.** *Belg* CULIN *thick apple or pear syrup.*

siroperie [sirɔpri] *nf Belg place where 'sirop' is made.*

siroter [3] [sirɔte] ◇ *vt* to sip, to take sips of.

◇ *vi fam* to booze; **il sirote bien** he likes a drop of the hard stuff.

SIRPA, Sirpa [sirpa] (*abr de* **Service d'information et de relations publiques des armées**) *npr m French army public information service.*

sirupeux, euse [sirypø, øz] *adj* -**1.** [visqueux et sucré] syrupy. -**2.** *sout* & *péj* [sentiment] schmaltzy *péj*, syrupy *péj*.

sis, e [si, siz] *adj sout* OU JUR: **~ à** located OU situated at.

sisal, als [sizal] *nm* sisal.

sismal, e, aux [sismal, o] = **séismal.**

sismicité [sismisite] *nf* seismicity.

sismique [sismik] *adj* seismic.

sismogramme [sismɔgram] *nm* seismogram.

sismographe [sismɔgraf] *nm* seismograph.

sismologie [sismɔlɔʒi] *nf* seismology.

sismologique [sismɔlɔʒik] *adj* seismological.

sismologue [sismɔlɔg] *nmf* seismologist.

sismométrie [sismɔmetri] *nf* seismometry.

sismothérapie [sismɔterapi] *nf* shock therapy.

sistre [sistr] *nm* sistrum.

Sisyphe [sizif] *npr* Sisyphus; **le mythe de ~** the myth of Sisyphus ❑ **le rocher de ~** the rock of Sisyphus; **un travail de ~** a never-ending task.

sitar [sitar] *nm* sitar.

sitariste [sitarist] *nmf* sitar player, sitarist.

site [sit] *nm* -**1.** [panorama] beauty spot; **il y a plusieurs ~s touristiques dans la région** there are several tourist spots OU places of interest for tourists in the area ❑ **~ classé** ADMIN conservation area, ≃ National Trust area *Br*; **~ historique** historical site. -**2.** [environnement] setting. -**3.** [emplacement] site, siting; **le choix du ~ de la centrale a posé problème** the siting of the power station has caused problems

❑ ~ archéologique [gén] archeological site; [en cours d'excavation] archeological dig; ~ de lancement launch area. -4. CHIM & ÉCON site. -5. TRANSP: ~ propre bus lane.
◆ **de site** *loc adj* MIL: angle/ligne de ~ angle/ line of sight.

sit-in [sitin] *nm inv* sit-in; faire un ~ to stage a sit-in.

sitôt [sito] ◇ *adv* -1. [avec une participiale] as soon as; ~ **levé, je me mettais au travail** no sooner was I up than I'd start work, I'd start work as soon as I was up; ~ **le dîner fini, il partit** as soon as dinner was over, he left ❑ ~ **dit,** ~ fait no sooner said than done. -2. *litt* [aussitôt] immediately; ~ **après l'orage** immediately after the storm; ~ **après la gare** just OU immediately past the station. -3. *litt* [si rapidement]: **une rose épanouie et** ~ **fanée** a rose in full bloom and yet so quick to wither.
◇ *prép litt*: ~ **son élection...** as soon as she was elected..., no sooner was she elected...
◆ **pas de sitôt** *loc adv*: **on ne se reverra pas de** ~ we won't be seeing each other again for a while; **je n'y retournerai pas de** ~! I won't go back there OU you won't catch me going back there in a hurry!; **la société idéale n'existera pas de** ~ the ideal society is a long way off.
◆ **sitôt que** *loc conj litt* as soon as; ~ **qu'il la vit, il se mit à rire** as soon as he saw her he started to laugh.

situation [sitɥasjɔ̃] *nf* -1. [circonstances] situation; ~ **économique/politique** economic/ political situation; **quelle est votre** ~ **financière exacte**? what is your precise OU exact financial position?; **ma** ~ **financière n'est pas brillante!** my financial situation is OU my finances are none too healthy!; **se trouver dans une** ~ **délicate** to find o.s. in an awkward situation OU position; **je n'aimerais pas être dans ta** ~ I wouldn't like to be in your position; **tu vois un peu la** ~? do you get the picture?; **c'est l'homme de la** ~ he's the right man for the job ❑ ~ **de famille** ADMIN marital status. -2. [emploi rémunéré] job; **chercher/ trouver une** ~ to look for/to find a job; **avoir une bonne** ~ [être bien payé] to have a well-paid job; [être puissant] to have a high-powered job; **elle s'est fait une belle** ~ she worked her way up to a very good position; **être sans** ~ to have no job; **la** ~ **que je vous offre** the post I'm offering you; ~ **sociale** [d'une personne] social position, standing in society. -3. [lieu] situation, position, location; **le manoir jouit d'une magnifique** ~ the manor house is beautifully situated. -4. FIN report of assets; ~ **de trésorerie** cash budget. -5. LITTÉRAT & THÉÂT situation; **comique de** ~ situation comedy.
◆ **en situation** *loc adv* in real life; **voyons comment elle va aborder les choses en** ~ let's see how she gets on in real life OU when faced with the real thing.
◆ **en situation de** *loc prép*: **être en** ~ **de faire qqch** to be in a position to do sthg; **je ne suis pas en** ~ **de décider** I'm not in a position to decide.

situationnisme [sitɥasjɔnism] *nm* situationism.

situationniste [sitɥasjɔnist] *adj* & *nmf* situationist.

situé, e [sitɥe] *adj*: **maison bien/mal** ~**e** well/ poorly-situated house.

situer [7] [sitɥe] *vt* -1. [attribuer une place - dans l'espace, dans le temps] to place; **je connais la ville mais je ne saurais pas la** ~ I know the name of the town but I wouldn't be able to place it OU to say where it is; **à quelle époque situez-vous l'action de votre roman**? in what period have you set your novel? -2. [par la pensée] to locate. -3. [classer] to place, to situate; **il est difficile de le** ~ **dans l'architecture/la politique française** it's difficult to know where to place him in French architecture/politics; **sa prise de position le situe dans l'opposition** the stand he has taken places him amongst the opposition. -4. *fam* [cerner - personne] to define; **on a du mal à la** ~ it's difficult to know what makes her tick.
◆ **se situer** ◇ *vp (emploi réfléchi)*: **se** ~ **par rapport à qqn/qqch** to place o.s. in relation to sb/sthg; **où vous situez-vous dans ce conflit**? where do you stand in this conflict?
◇ *vpi* [gén] to be situated OU located; [scène, action] to take place; **leur groupe se situe très à gauche** their group is on the far left; **où se situe-t-elle dans le mouvement expressionniste**? where would you place her in the expressionist movement?; **l'augmentation de salaire se situera aux alentours de 3 %** the pay increase will be in the region of 3%.

SIVOM, Sivom [sivɔm] (*abr de* **Syndicat intercommunal à vocation multiple**) *npr m group of local authorities pooling public services.*

SIVP *nm abr de* **stage d'initiation à la vie professionnelle.**

six [*en fin de phrase* sis, *devant consonne ou h aspiré* si, *devant voyelle ou h muet* siz]◇ *adj num card* -1. six; **les Six Jours** SPORT the Six Day Race. -2. [sixième]: **tout le chapitre** ~ all of chapter six.
◇ *nm inv* [nombre, numéro] six.

sixain [sizɛ̃] = **sizain**.

sixième [sizjɛm] *adj num ord, nmf* & *nm* sixth.

sixièmement [sizjɛmmɑ̃] *adv* sixthly, in the sixth place.

six-quatre-deux [siskatdø]
◆ **à la six-quatre-deux** *fam loc adv*: **faire qqch à la** ~ to do sthg in a slapdash way, to bungle sthg; **encore une dissertation faite à la** ~ another slapdash OU rushed essay.

sixte [sikst] *nf* -1. MUS sixth. -2. ESCRIME sixte.

Sixte [sikst] *npr* [pape] Sixtus.

Sixtine [sikstin] *npr*: **la chapelle** ~ the Sistine Chapel.

sixtus [sikstys] *nm inv Helv* hairpin.

sizain [sizɛ̃] *nm* -1. LITTÉRAT sextain. -2. CARTES set of six packs of cards.

Skaï® [skaj] *nm* Skaï®, Leatherette®.

skate [skɛt], **skateboard** [skɛtbɔrd] *nm* skateboard; **faire du** ~ to skateboard.

sketch [skɛtʃ] (*pl* **sketches**) *nm* sketch CIN, THEAT & TV.

ski [ski] *nm* -1. LOISIRS & SPORT [activité] skiing; **faire du** ~ to go skiing ❑ ~ **alpin/nordique** Alpine/Nordic skiing; ~ **artistique** freestyle skiing; ~ **de descente** downhill skiing; ~ **de fond** cross-country skiing; ~ **nautique** water-skiing; **faire du** ~ **nautique** to water-ski; ~ **de randonnée** ski-touring; ~ **sauvage** OU **hors piste** off-piste skiing. -2. [matériel] ski; ~ **compact** OU **court** short ski; ~ **évolutif** [technique] (graduated) short-ski method. -3. AÉRON landing skid.
◆ **de ski** *loc adj* [chaussures, lunettes] ski *(modif)*; [vacances, séjour] skiing *(modif)*.

skiable [skjabl] *adj* skiable; **la piste noire n'est plus** ~ it's now impossible to ski down OU to use the black run.

ski-bob [skibɔb] (*pl* **ski-bobs**) *nm* skibob; **faire du** ~ to go skibobbing.

skier [10] [skje] *vi* to ski; **je vais** ~ **tous les dimanches** I go skiing every Sunday.

skieur, euse [skjœr, øz] *nm, f* skier.

skiff [skif] *nm* skiff.

skip [skip] *nm* skip INDUST.

skipper [skipœr] *nm* skipper NAUT.

skunks [skɔ̃s] = **sconse**.

skye-terrier [skajtɛrje] (*pl* **skye-terriers**) *nm* Skye terrier.

slalom [slalɔm] *nm* -1. SPORT [course] slalom; **descendre qqch en** ~ to slalom down sthg ❑ ~ **nautique** water-ski slalom; ~ **spécial/ géant** special/giant slalom. -2. *fam* [zigzags] zigzagging; **faire du** ~ **entre** to zigzag between; **la moto faisait du** ~ **entre les voitures** the motorbike was dodging in and out among the cars OU dodging through the traffic.

slalomer [3] [slalɔme] *vi* -1. SPORT to slalom. -2. *fam* [zigzaguer]: ~ **entre** to zigzag OU to weave OU to dodge in and out of; **il est dangereux de** ~ **entre les voitures** weaving in and out of the traffic is dangerous.

slalomeur, euse [slalɔmœr, øz] *nm, f* slalom skier.

slave [slav] *adj* Slavonic, Slavic *Am.*
◆ **Slave** *nmf* Slav; **les Slaves** the Slavs.
◆ **slave** *nm* LING Slavonic, Slavic.

slavisant, e [slavizɑ̃, ɑ̃t] *nm, f* Slavicist, Slavist.

slaviser [3] [slavize] *vt* to submit to a Slavonic influence, to Slavonicize.

slaviste [slavist] = **slavisant**.

slavistique [slavistik] *nf* Slavistics *(sg)*.

slavon [slavɔ̃] *nm* Slavic, Slavonic.

Slavonie [slavɔni] *npr f*: (la) ~ Slavonia.

slavophile [slavɔfil] *adj* & *nmf* Slavophil, Slavophile.

SLBM (*abr de* **Submarine Launched Ballistic Missile**) *nm* SLBM.

SLCM (*abr de* **Submarine Launched Cruise Missile**) *nm* SLCM.

slip [slip] *nm* -1. VÊT [d'homme] (pair of) underpants, shorts *Am*; [de femme] briefs *Br*, panties, knickers; **où est mon** ~? where are my underpants? ❑ ~ **de bain** [d'homme] bathing OU swimming trunks. -2. NAUT slip, slipway.

s.l.n.d. (*abr écrite de* **sans lieu ni date**) *date and origin unknown.*

slogan [slɔgɑ̃] *nm* slogan.

sloop [slup] *nm* sloop.

sloughi [slugi] *nm* saluki.

slovaque [slɔvak] *adj* Slovak, Slovakian.
◆ **Slovaque** *nmf* Slovak, Slovakian.
◆ **slovaque** *nm* LING Slovak.

Slovaquie [slɔvaki] *npr f*: (la) ~ Slovakia.

slovène [slɔvɛn] *adj* Slovene, Slovenian.
◆ **Slovène** *nmf* Slovene, Slovenian.
◆ **slovène** *nm* LING Slovene.

Slovénie [slɔveni] *npr f*: (la) ~ Slovenia.

slow [slo] *nm* -1. [gén] slow number; **le** ~ **de l'été** the slow number everyone's dancing to this summer; **danser un** ~ **avec qqn** to dance (to) a slow number with sb. -2. [fox-trot] slow fox trot.

SM ◇ (*abr écrite de* **Sa Majesté**) HM.
◇ *nm* (*abr de* **sado-masochisme**) S&M.

SMAG, Smag [smag] (*abr de* **salaire minimum agricole garanti**) *nm guaranteed minimum agricultural wage.*

smala(h) [smala] *nf* -1. [d'un chef arabe] retinue. -2. *fam* [famille]: **avec toute sa** ~ with her whole tribe.

smart *fam* [smart] *adj inv vieilli* chic, smart.

smash [smaʃ] (*pl* **smashs** OU **smashes**) *nm* smash SPORT; **faire un** ~ to smash (the ball).

smasher [3] [smaʃe] *vi* & *vt* to smash SPORT.

SME (*abr de* **Système monétaire européen**) *npr m* EMS.

SMIC, Smic [smik] (*abr de* **salaire minimum interprofessionnel de croissance**) *nm index-linked guaranteed minimum wage.*

smicard, e *fam* [smikar, ard] *nm, f* minimum-wage earner; **les** ~**s** people earning OU on the minimum wage.

smocks [smɔk] *nmpl* smocking SEW; **faire des** ~ **sur une robe** to smock a dress.

smog [smɔg] *nm* smog.

smoking [smɔkiŋ] *nm* dinner suit *Br*, tuxedo *Am*; **veste de** ~ dinner jacket.

SMUR, Smur [smyr] (*abr de* **Service médical d'urgence et de réanimation**) *npr m French ambulance and emergency unit.*

smurf [smœrf] *nm* break-dancing.

smurfer [3] [smœrfe] *vi* to break-dance.

Smyrne [smirn] *npr* Smyrna.

snack-bar [snakbar] (*pl* **snack-bars**), **snack** [snak] *nm* snack bar, self-service restaurant, cafeteria.

SNC *abr écrite de* **service non compris**.

SNCB (*abr de* **Société nationale des chemins de fer belges**) *npr f Belgian railways board.*

SNCF (*abr de* **Société nationale des chemins de fer français**) *npr f French railways board*; **la ~ est en grève** the (French) railwaymen are on strike; **il travaille à la ~** he works for the (French) railways.

SNES, Snes [snɛs] (*abr de* **Syndicat national de l'enseignement secondaire**) *npr m secondary school teachers' union.*

Sne-sup [snɛsyp] (*abr de* **Syndicat national de l'enseignement supérieur**) *npr m university teachers' union.*

SNI (*abr de* **Syndicat national des instituteurs**) *npr m primary school teachers' union.*

sniff [snif] ◇ *interj* boo hoo.
◇ *nm* ▽[de cocaïne] snort.

sniffer▽ [3] [snife] ◇ *vi* to snort.
◇ *vt* [cocaïne] to snort; **~ de la colle** to gluesniff, to sniff glue.

SNJ (*abr de* **Syndicat national des journalistes**) *npr m national union of journalists.*

snob [snɔb] ◇ *adj* snobbish, snobby.
◇ *nmf* snob.

snober [3] [snɔbe] *vt* [personne] to snub; [chose] to turn one's nose up at; **certains libraires snobent les bandes dessinées** some booksellers think it beneath them to stock comics.

snobinard, e *fam* [snɔbinar, ard] ◇ *adj* snobbish, hoity-toity.
◇ *nm, f* snob.

snobisme [snɔbism] *nm* snobbery, snobbishness; **il joue au golf par ~** he plays golf out of snobbery OU purely for the snob value.

snow-boot [snobut] (*pl* **snow-boots**) *nm* snow boot.

SNSM (*abr de* **Société nationale de sauvetage en mer**) *npr f national sea-rescue association.*

s.o. (*abr écrite de* **sans objet**) na.

S-O (*abr écrite de* **Sud-Ouest**) SW.

sobre [sɔbr] *adj* **-1.** [personne - tempérante] sober, temperate, abstemious; [- non ivre] sober; **tu es ~ maintenant?** have you sobered up?, are you sober now? ❑ **être ~ comme un chameau** to be as sober as a judge. **-2.** [modéré, discret - architecture, décoration, mode, tenue, style] sober, restrained; **elle est toujours ~ dans ses déclarations** she always speaks with restraint.

sobrement [sɔbrəmɑ̃] *adv* **-1.** [avec modération] temperately, soberly. **-2.** [avec discrétion, retenue] soberly.

sobriété [sɔbrijete] *nf* **-1.** [tempérance] soberness, temperance. **-2.** [discrétion, retenue] soberness; **il mit de la ~ dans ses félicitations** he was restrained in his congratulations. **-3.** [dépouillement - d'un style, d'un décor] bearness.

sobriquet [sɔbrikɛ] *nm* nickname; **un petit ~ affectueux** a pet name.

soc [sɔk] *nm* ploughshare *esp Br*, plowshare *Am*.

Sochaux [sɔʃo] *npr site of the Peugeot car factory.*

sociabiliser [1] [sɔsjabilize] *vt* to make sociable.

sociabilité [sɔsjabilite] *nf* sociableness, sociability.

sociable [sɔsjabl] *adj* **-1.** [individu, tempérament] sociable, gregarious; **j'ai été un enfant très ~** I was a very outgoing child; **je ne suis pas d'humeur ~ ce soir** I don't feel very sociable this evening. **-2.** [vivant en société] social.

social, e, aux [sɔsjal, o] *adj* **-1.** [réformes, problèmes, ordre, politique] social; **c'est une menace ~e** it represents a threat to society. **-2.** ADMIN social, welfare *(modif)*; **avantages sociaux** welfare benefits; **logements sociaux** public housing; **services sociaux** social services. **-3.** ENTOM & ZOOL social. **-4.** JUR company *(modif)*; **un associé peut être tenu responsable des dettes ~es** a partner may be liable for company debts.
◆ **social** *nm*: **le ~** social issues OU matters.
◆ **Sociale** *nf vieilli*: **la Sociale** socialism.

social-démocrate [sɔsjaldemɔkrat] (*pl* **sociaux-démocrates** [sɔsjodemɔkrat]) ◇ *adj* social democratic.
◇ *nmf* [gén] social democrat; [adhérent d'un parti] Social Democrat.

social-démocratie [sɔsjaldemɔkrasi] (*pl* **social-démocraties**) *nf* social democracy.

socialement [sɔsjalmɑ̃] *adv* socially.

social-impérialisme [sɔsjalɛ̃perjalism] *nm* social imperialism.

socialisant, e [sɔsjalizɑ̃, ɑ̃t] ◇ *adj* **-1.** POL left-leaning, with left-wing tendencies. **-2.** [préoccupé de justice sociale] socialistic.
◇ *nm, f* **-1.** POL socialist sympathizer. **-2.** [contestataire social] advocate of social equality.

socialisation [sɔsjalizasjɔ̃] *nf* **-1.** ÉCON collectivization. **-2.** POL: **depuis la ~ du pays** since the country went socialist. **-3.** PSYCH socialization.

socialiser [3] [sɔsjalize] *vt* **-1.** ÉCON to collectivize. **-2.** PSYCH to socialize.

socialisme [sɔsjalism] *nm* socialism; **~ d'État** State socialism.

socialiste [sɔsjalist] *adj* & *nmf* socialist.

socialité [sɔsjalite] *nf* social instinct.

social-révolutionnaire [sɔsjalrevɔlysjɔnɛr] (*pl* **sociaux-révolutionnaires** [sɔsjo-revɔlysjɔnɛr]) *adj* & *nmf* social-revolutionary.

sociétaire [sɔsjetɛr] *nmf* [d'une association] member; **~ de la Comédie-Française** *actor co-opted as a full member of the Comédie-Française.*

sociétariat [sɔsjetarja] *nm* membership.

société [sɔsjete] *nf* **-1.** SOCIOL: **la ~** society; **vivre en ~** to live in society; **les insectes qui vivent en ~** social insects ❑ **la ~ d'abondance** the affluent society; **la ~ de consommation** the consumer society. **-2.** *litt* [présence] company, society; **rechercher la ~ de qqn** to seek (out) sb's company; **je me plais dans sa ~** I enjoy (being in) her company; **être dans la ~ de qqn** to be in company with OU the society of sb. **-3.** *fam* [personnes réunies] company, gathering. **-4.** [catégorie de gens] society; **cela ne se fait pas dans la bonne ~** it's not done in good company OU in the best society; **la haute ~** high society. **-5.** [association - de gens de lettres, de savants] society; [- de sportifs] club; **~ littéraire/savante** literary/learned society; **~ secrète** secret society; **~ de tempérance** temperance society; **la Société des Amis** the Society of Friends, the Quakers; **la Société de Jésus** the Society of Jesus; **la Société de Marie** the Society of Mary; **la Société des Nations** the League of Nations; **la Société protectrice des animaux** → **SPA**. **-6.** COMM, JUR & ÉCON company, firm; **le matériel appartient à la ~** the equipment belongs to the firm OU company ❑ **~ anonyme** (public) limited company; **~ à capital variable** company with variable capital; **~ de capitaux (à responsabilité limitée)** limited liability company; **~ (de capitaux) par actions (à responsabilité limitée)** (limited liability) joint-stock company; **~ civile professionnelle** professional OU non-trading partnership; **~ en commandite** limited partnership; **~ en commandite simple** ≃ general partnership; **~ d'économie mixte** government-controlled corporation; **~ d'intérêt collectif agricole** agricultural cooperative; **~ d'investissement à capital variable** → **SICAV**; **~ en nom collectif** ≃ (unlimited) private company; **~ de personnes** partnership; **~ de prévoyance** provident society; **~ à responsabilité limitée** ≃ limited liability company; **~ de services** service company; **Société nationale des chemins de fer français** → **SNCF**. **-7.** BANQUE: **~ financière/de crédit** finance/credit company; **~ de crédit immobilier** building society *Br*, savings and loan association *Am*. **-8.** JUR: **~ d'acquêts** joint (matrimonial) assets. **-9.** INF: **~ de services et d'ingénierie informatique** services and software organization. **-10.** LOISIRS: **jeux de ~** games *(for playing indoors, often with boards or cards)*.

sociobiologie [sɔsjɔbjɔlɔʒi] *nf* sociobiology.

sociocentrisme [sɔsjɔsɑ̃trism] *nm* sociocentrism.

sociocritique [sɔsjɔkritik] *nf* sociocriticism.

socioculturel, elle [sɔsjɔkyltyrɛl] *adj* sociocultural.

sociodramatique [sɔsjɔdramatik] *adj* sociodramatic.

sociodrame [sɔsjɔdram] *nm* sociodrama.

socio-économique [sɔsjɔekɔnɔmik] (*pl* **socio-économiques**) *adj* socioeconomic.

socio-éducatif, ive [sɔsjɔedykatif, iv] (*mpl* **socio-éducatifs**, *fpl* **socio-éducatives**) *adj* socioeducational.

sociogramme [sɔsjɔgram] *nm* sociogram.

sociolinguistique [sɔsjɔlɛ̃gɥistik] *nf* sociolinguistics *(U)*.

sociologie [sɔsjɔlɔʒi] *nf* sociology; **~ religieuse** sociology of religion.

sociologique [sɔsjɔlɔʒik] *adj* sociological.

sociologiquement [sɔsjɔlɔʒikmɑ̃] *adv* sociologically.

sociologisme [sɔsjɔlɔʒism] *nm* sociologism.

sociologiste [sɔsjɔlɔʒist] *adj* sociologistic.

sociologue [sɔsjɔlɔg] *nmf* sociologist.

sociométrie [sɔsjɔmetri] *nf* sociometry.

sociométrique [sɔsjɔmetrik] *adj* sociometric.

socioprofessionnel, elle [sɔsjɔprɔfɛsjɔnɛl] *adj* socio-professional.

sociothérapie [sɔsjɔterapi] *nf* sociotherapy.

socle [sɔkl] *nm* **-1.** ARCHIT [piédestal] pedestal, base; [stylobate] stylobate. **-2.** CONSTR [d'un bâtiment] plinth, socle; [d'un mur] footing; **~ de béton** base course, (concrete) sole. **-3.** GÉOL (large) block. **-4.** MENUIS [de chambranle] skirting, capping; [de marche] string, stairstring.

socque [sɔk] *nm* **-1.** ANTIQ sock; **le ~ et le cothurne** *litt* sock and buskin. **-2.** [chaussure] clog, sock *litt*.

socquette [sɔkɛt] *nf* ankle sock, bobby sock *Am*.

Socrate [sɔkrat] *npr* Socrates.

socratique [sɔkratik] *adj* Socratic.

soda [sɔda] *nm* **-1.** [boisson - gazeuse] fizzy drink, soda *Am*; [- non gazeuse] (fruit) drink; **~ à l'orange** orangeade, orange soda *Am*. **-2.** [eau de Seltz] soda (water); **whisky ~** whisky and soda.

sodé, e [sɔde] *adj* sodium *(modif)*.

sodique [sɔdik] *adj* sodic, sodium *(modif)*.

sodium [sɔdjɔm] *nm* sodium.

Sodome [sɔdɔm] *npr* Sodom; **~ et Gomorrhe** Sodom and Gomorrah.

sodomie [sɔdɔmi] *nf* sodomy.

sodomiser [3] [sɔdɔmize] *vt* to sodomize, to bugger.

sodomite [sɔdɔmit] *nm* Sodomite.

sœur [sœr] *nf* **-1.** [parente] sister; **c'est une vraie ~ pour moi** *fig* she's like a sister to me; **nous étions comme des ~s** we were like sisters; **l'envie et la calomnie sont ~s** envy and slander are sisters; **je n'ai qu'une chaussette, où est sa ~?** *hum* I've got only one sock, where's its partner? ❑ **ma grande ~** my big sister; **ma petite ~** my little sister; **ma ~ aînée** my elder OU older sister; **ma ~ cadette** my younger sister; **les ~s filandières** the Fates; **~ de lait** foster sister; **et ta ~?**▽ mind your own (damn) business! **-2.** RELIG sister, nun; **chez les ~s** with the nuns, in a convent; **bien, ma ~** very well, sister; **~ Thérèse** Sister Theresa ❑ **bonne ~** *fam* nun; **les Petites Sœurs des pauvres** the Little Sisters of the Poor.

sœurette [sœrɛt] *nf* (little) sister; **ça va, ~?** alright, sis?

sofa [sɔfa] *nm* sofa.

Sofia [sɔfja] *npr* Sofia.

SOFRES, Sofres [sɔfrɛs] (*abr de* **Société française d'enquêtes par sondages**) *npr f French market research company.*

soft [sɔft] ◇ *nm inv fam* INF software.
◇ *adj inv* [film, roman] softcore.

software [sɔftwɛr] *nm* software.

soi [swa] ◇ *pron pers* -**1.** [représentant un sujet indéterminé] : **n'aimer que ~** to love only oneself; **être content de ~** to be pleased with oneself; **il ne faut pas penser qu'à ~** one shouldn't think only of oneself; **marmonner qqch pour ~ seul** to mumble sthg to oneself OU under one's breath; **ne pas regarder derrière ~** not to look back; **prendre sur ~** to get a grip on oneself; **prendre sur ~ de faire qqch** to take it upon oneself to do sthg. -**2.** [représentant un sujet déterminé] : **on ne pouvait lui reprocher de ne penser qu'à ~** he couldn't be reproached for thinking only of himself. -**3.** *loc*: **en ~** in itself, per se; **ce geste en ~ n'est pas condamnable** the gesture is not blameworthy in itself; **cela va de ~** that goes without saying; **tu lui diras? — cela va de ~!** will you tell her? — of course OU that goes without saying!; **il va de ~ que...** it goes without saying that...
◇ *nm*: **le ~** the self.

soi-disant [swadizɑ̃] ◇ *adj inv* -**1.** [qu'on prétend tel - liberté, gratuité] so-called; [- coupable, responsable] alleged. -**2.** [qui se prétend tel - aristocrate] self-styled; [- ami, héritier, génie] so-called; **ce ~ plombier était en fait un espion** the so-called plumber turned out to be a spy.
◇ *adv fam* [à ce qu'on prétend] supposedly; **elle l'a ~ tué** they say she killed OU she's alleged to have killed him; **tu étais ~ absent!** you were supposed to be out!; **elle est sortie, ~ pour acheter du fromage** she went out, ostensibly to get some cheese OU to get some cheese, she said.
◆ **soi-disant que** *fam loc conj* apparently; **~ qu'il ne nous aurait pas vus!** he didn't see us, or so he said!

soie [swa] *nf* -**1.** TEXT silk; **~ grège/naturelle/sauvage** raw/natural/wild silk; **dormir** OU **vivre dans la ~** *fig* to live in the lap of luxury. -**2.** ZOOL [de sanglier, de chenille] bristle; [de bivalves] byssus; **blaireau en ~s de sanglier** bristle shaving brush. -**3.** [d'un couteau] tang. -**4.** *litt* [douceur] : **la ~ de sa peau** the silken texture of her skin.
◆ **de soie** *loc adj* [étoffe, tapis] silk *(modif)*; [chevelure, peau] silky.

soierie [swari] *nf* -**1.** [étoffe] silk. -**2.** [activité] silk trade.

soif [swaf] *nf* -**1.** [envie de boire] thirst; **avoir ~** to be thirsty; **avoir grand-~** to be parched; **ça m'a donné ~** it made me thirsty; **ça donne ~ de bêcher au soleil** digging away in the sun works up a thirst ❑ **jusqu'à plus ~** [boire] till one's thirst is quenched; *fig* till one can take no more. -**2.** *fig*: **~ de**: **~ de pouvoir/de richesses/d'affection** craving for power/wealth/love; **~ de connaissances** thirst for knowledge; **avoir ~ de sang** to thirst for blood.

soiffard, e *fam* [swafar, ard] *nm, f* boozer, alkie.

soignant, e [swaɲɑ̃, ɑ̃t] *adj* caring; **le personnel ~ est en grève** the nursing staff are on strike.

soigné, e [swaɲe] *adj* -**1.** [propre - apparence, personne] neat, tidy, well-groomed; [- vêtements] neat; [- ongles] well kept; [- mains] well cared for; **être très ~ de sa personne** to be very well-groomed; **peu ~** [apparence, personne, tenue] untidy; [coiffure] unkempt; **très peu ~** slovenly. -**2.** [fait avec soin - décoration] carefully done; [- style] polished; [- écriture, coiffure] neat, tidy; [- travail] neat, careful; [- dîner] carefully prepared; [- jardin] neat, well-kept; **peu ~** [jardin] badly kept; [dîner] carelessly put together; [écriture] untidy; [travail] careless, shoddy; **les acteurs évoluent dans des décors très ~s** the set for the play is highly sophisticated. -**3.** *fam* [en intensif] : **elle lui a passé une correction ~e!** she thrashed him black and blue!; **j'ai un mal de tête ~!** I've got a splitting headache!; **le devoir de chimie était ~!** the chemistry paper was a real stinker!

soigner [3] [swaɲe] *vt* -**1.** [malade] to treat, to nurse, to look after *(insép)*; [maladie] to treat; **à l'hôpital où on la soignait pour une anorexie** at the hospital where she was being treated for anorexia; **il ne veut pas se faire ~** he refuses (any) treatment; **ils m'ont soigné aux antibiotiques** they treated me with antibiotics; **c'est le docteur Jean qui la soigne** [d'habitude] she's under OU in the care of Dr. Jean; **je n'arrive pas à ~ mon rhume** I can't get rid of my cold; **il faut te faire ~!** *fam* you need (to get) your head examined! -**2.** [bien traiter - ami, animal, plantes] to look after *(insép)*, to take care of; [- jardin] to look after; **elle soigne son petit mari** *fam* she takes good care of OU looks after her hubbie. -**3.** [être attentif à - apparence, tenue, présentation, prononciation] to take care OU trouble over; [- écriture, style] to polish (up); [- image de marque] to take good care of, to nurse; [- repas] to prepare carefully, to take trouble over (the preparation of); **~ sa mise** to dress with care. -**4.** *fam* [exagérer] : **ils ont soigné l'addition!** the bill's a bit steep! -**5.** [frapper] : **tu aurais vu ses bleus, le mec l'a soigné!** you should've seen his bruises, the guy made mincemeat of him!
◆ **se soigner** ◇ *vp (emploi réfléchi)*: **il se soigne à l'homéopathie** he relies on homeopathic treatment when he's ill; **quand j'ai un rhume, je ne me soigne jamais** when I've got a cold, I never take anything for it; **je suis timide mais je me soigne!** *hum* I'm shy but I'm doing my best to get over it!
◇ *vp (emploi passif)* to be susceptible to treatment; **ça se soigne bien** it can be easily treated; **ça se soigne difficilement** it's difficult to treat (it); **ça se soigne, tu sais!** *fam hum* they have a cure for that these days, you know!

soigneur [swaɲœr] *nm* [d'un boxeur] second; [d'un cycliste] trainer; [d'une équipe de football, de rugby] physiotherapist *Br*, physical therapist *Am*.

soigneusement [swaɲøzmɑ̃] *adv* [écrire, plier] neatly, carefully; [rincer, laver] carefully; **elle ferma très ~ la porte** she closed the door very carefully OU with great care; **sa chambre est toujours rangée très ~** his room is always very neat (and tidy); **il a ~ omis de me le dire** he was very careful not to tell me.

soigneux, euse [swaɲø, øz] *adj* -**1.** [propre et ordonné] tidy; **il n'est pas du tout ~ dans son travail** he's quite untidy OU messy in his work; **tu n'es pas assez ~ de tes habits** you're not careful enough with OU you don't take enough care of your clothes. -**2.** [consciencieux - employé] meticulous; [- recherches, travail] careful, meticulous; **elle est très soigneuse dans ce qu'elle fait** she's very careful in what she does, she takes great care over her work. -**3.** **~ de** [soucieux de] : **~ de sa réputation** mindful of his reputation.

soi-même [swamɛm] *pron pers* oneself; **être/rester ~** to be/to remain oneself; **il faut tout faire ~ ici** you have to do everything yourself around here; **c'est Antoine? — ~!** *fam hum* is it Antoine? — in person OU none other!; **faire qqch de ~** to do sthg spontaneously; **par ~** by oneself, on one's own; **se replier sur ~** to withdraw into oneself.

soin [swɛ̃] *nm* -**1.** [attention] care; **avoir** OU **prendre ~ de qqch** to take care of sthg; **prendre ~ de qqn** to look after OU to take care of sb; **avoir** OU **prendre ~ de faire qqch** to take care to do OU to make a point of doing sthg; **ne vous en faites pas, j'aurai bien** OU **grand ~ de vos plantes** don't worry, I'll take good care of your plants; **prends ~ de fermer toutes les portes à clé** take care to OU make sure that you lock all the doors; **elle a bien pris ~ de lui cacher son identité** she took great care to conceal OU went to a great deal of trouble concealing her identity from him; **on dirait qu'elle met un ~ tout particulier à m'agacer** it's as if she was making a point of annoying me; **avec ~** carefully, with care; **nettoyez la plaie avec le plus grand ~** clean the wound very carefully; **être sans ~ (dans son travail)** to be careless (in one's work); **faire qqch sans ~** to do sthg carelessly. -**2.** *sout* [souci] care, concern; **mon premier ~ fut de tout ranger** my first concern OU the first thing I did was to put everything back into place. -**3.** [propreté] neatness; **avoir beaucoup de ~** to be very tidy OU orderly; **elle n'a aucun ~** she's totally untidy OU messy; **avec ~** neatly, tidily; **sa maison est toujours rangée avec ~** his house is always very neat OU tidy; **être sans ~** to be untidy; **il a peint le cadre sans aucun ~** he made a mess of painting the frame. -**4.** [responsabilité] task; **je te laisse le ~ de la convaincre** I leave it (up) to you to convince her; **confier à qqn le ~ de faire qqch** to entrust sb with the task of doing sthg; **il lui a confié le ~ de gérer son garage** he entrusted her with the management of his garage.
◆ **soins** *nmpl* -**1.** [de routine] care; [médicaments] treatment; **cela ne requiert pas de ~s particuliers** it doesn't require any special medical attention OU care; **donner** OU **dispenser des ~s à** [médicaux] to give medical care to; **prodiguer des ~s à un nouveau-né** to care for a newborn baby ❑ **premiers ~s, ~s d'urgence** first aid; **~s de beauté** beauty care; **~s dentaires** dental treatment OU care; **~s intensifs** intensive care; **~s (médicaux)** medical care OU treatment. -**2.** [attention] care, attention; **nous apporterons tous nos ~s au règlement de cette affaire** we'll do our utmost to settle this matter; **confier qqn aux (bons) ~s de qqn** to leave sb in the care of sb; **ils avaient confié l'enfant aux bons ~s de sa tante** they had placed the child in the care of his aunt; **aux bons ~s de** [dans le courrier] care of ❑ **être aux petits ~s pour** *fam*: **sa grand-mère est aux petits ~s pour lui** his grandma waits on him hand and foot.

soir [swar] *nm* -**1.** [fin du jour] evening; [début de la nuit] night; **les ~s d'été** summer evenings; **le ~ tombe** night is falling, the evening is drawing in; **le ~ de ses 20 ans** on the evening of her 20th birthday; **au ~ de sa vie** *litt* in the evening of her life ❑ **quand le grand ~ sera arrivé** when the revolution comes. -**2.** [dans des expressions de temps] : **ce ~** tonight, this evening; **lundi ~** Monday evening OU night; **hier ~** yesterday evening, last night; **le 11 au ~** on the 11th in the evening, on the evening of the 11th; **le ~** in the evening, in the evenings; **tous les ~s, chaque ~** every evening; **vers 6 h du ~** around 6 (o'clock) in the evening, around 6 p.m.; **à 10 h du ~** at 10 (o'clock) at night, at 10 p.m. -**3.** PRESSE: **Le Soir** *Belgian daily newspaper.*
◆ **du soir** *loc adj* -**1.** [journal] evening *(modif)*; [prière] night *(modif)*. -**2.** *fam* [personne] : **il est du ~** he's a night owl.

soirée [sware] *nf* -**1.** [moment de la journée] evening; **les longues ~s d'hiver** the long winter evenings; **viens dans la ~** [aujourd'hui] come this evening; [un jour quelconque] come in the evening; **bonne ~!** have a nice evening!, enjoy your evening! -**2.** [fête, réunion] party; **~ dansante** (evening) dance; **~ de gala** gala evening; **~ musicale** musical evening. -**3.** CIN & THÉÂT evening performance; **elle n'a pas joué en ~** she didn't play in the evening performance.

soit [swa] ◇ *conj* -**1.** [c'est-à-dire] that is to say; **il a perdu toute sa fortune, ~ plusieurs millions de francs** he has lost his entire fortune, that is to say several million francs; **ça fait 15 francs plus 15 francs, ~ 30 francs** that's 15 francs plus 15 francs, that makes 30 francs. -**2.** [introduisant une hypothèse] : **~ une droite AB** let AB be a line, given a line AB. -**3.** *loc*: **~ dit en passant** it must be said; **il n'est guère aimable, ~ dit en passant** he's not very likable, it must OU has to be said.
◇ *adv*: **~, j'accepte vos conditions** very well then, I accept your conditions; **tu préfères cela? eh bien ~!** all right OU very well then, if that's what you prefer!; **puisque vous y tenez, ~, mais je vous aurai prévenu** very well, since you're so determined, but don't say I didn't warn you.
◆ **soit que... ou que** *loc corrél* either... or; **~ que le train ait eu du retard ou qu'il y ait eu des**

embouteillages, ils arrivèrent après minuit either the train was late or they were held up in traffic, but they arrived after midnight.

◆ **soit que..., soit que** *loc corrél* either... or; ~ que vous veniez chez moi, ~ que j'aille chez vous, nous nous retrouverons demain either you come to my place or I'll go to yours, but we'll meet up tomorrow.

◆ **soit..., soit** *loc corrél* either... or; ~ toi, ~ moi either you or me; c'est ~ l'un, ~ l'autre it's (either) one or the other; ~ distraction, ~ malveillance, il avait omis de les avertir either through absent-mindedness or carelessness he had forgotten to warn them.

soixantaine [swasɑ̃tɛn] *nf*: une ~ about sixty; avoir la ~ to be about sixty.

soixante [swasɑ̃t] *adj num card inv* & *nm inv* sixty.

soixante-dix [swasɑ̃tdis] *adj num card inv* & *nm inv* seventy.

soixante-dix-huit tours [swasɑ̃tdizɥitur] *nm inv* 78 rpm, seventy-eight (record).

soixante-dixième [swasɑ̃tdizjɛm] *adj num ord, nmf* & *nm* seventieth.

soixante-huitard, e *fam* [swasɑ̃tɥitar, ard] ◇ *adj* [réforme] *brought about by the French students' revolt of 1968*; [tendance] antiestablishment.

◇ *nm, f* veteran of the 1968 students' revolt.

soixantième [swasɑ̃tjɛm] *adj num ord, nmf* & *nm* sixtieth.

soja [sɔʒa] *nm* -1. BOT soya. -2. CULIN soya *Br*, soya beans *Br*, soybeans *Am*.

sol [sɔl] ◇ *nm inv* MUS G; [chanté] sol, so, soh.

◇ *nm* -1. AGR & HORT [terre] soil; ~ calcaire chalky soil; le ~ est détrempé par les pluies the soil is soaked with rainwater. -2. [surface - de la Terre] ground; [- d'une planète] surface; l'avion s'est écrasé au ~ the plane crashed; le ~ lunaire the surface of the Moon. -3. [surface aménagée - à l'intérieur] floor; le ~ du hangar the floor of the shed; pour l'entretien des ~s for cleaning floors; spécialiste des ~s flooring specialist. -4. *litt* [patrie] soil; sur le ~ américain on American soil; son ~ natal her native soil. -5. GÉOL soil, solum *spéc*. -6. SPORT floor. -7. CHIM sol. -8. *arch* [sou] sol.

◆ **au sol** *loc adj* -1. SPORT [exercice] floor *(modif)*. -2. AÉRON [vitesse, ravitaillement] ground *(modif)*.

sol-air [sɔlɛr] *adj inv* ground-to-air.

solaire [sɔlɛr] ◇ *adj* -1. ASTRON solar; le rayonnement ~ the Sun's radiation. -2. [qui a trait au soleil] solar; les symboles ~s dans l'Égypte ancienne the solar symbols of Ancient Egypt. -3. [qui utilise le soleil - capteur, four] solar; [- habitat] solar, solar-heated. -4. [qui protège du soleil] sun *(modif)*; crème/huile ~ suntan lotion/oil. -5. ANAT → **plexus**.

◇ *nm*: le ~ solar energy.

solanacée [sɔlanase] *nf* member of the Solanacea.

solarigraphe [sɔlarigraf] *nm* solarimeter, pyranometer.

solarium [sɔlarjɔm] *nm* solarium.

soldat [sɔlda] *nm* -1. MIL soldier, serviceman; simple ~, ~ de deuxième classe [armée de terre] private; [armée de l'air] aircraftman *Br*, airman basic *Am*; ~ de première classe [armée de terre] lance corporal *Br*, private first class *Am*; [armée de l'air] leading aircraftman *Br*, airman third class *Am*; le Soldat inconnu the Unknown Soldier OU Warrior. -2. JEUX: (petits) ~s de plomb tin OU lead OU toy soldiers; jouer aux petits ~s to play with toy soldiers; jouer au petit ~ *fam* to swagger. -3. ENTOM soldier (ant).

soldate *fam* [sɔldat] *nf* woman soldier, servicewoman.

soldatesque [sɔldatɛsk] *litt* ◇ *adj*: des manières ~s rough soldierly manners.

◇ *nf péj*: la ~ army rabble.

solde[1] [sɔld] *nf* -1. MIL pay. -2. *Afr* [salaire] salary, wages.

◆ **à la solde de** *loc prép péj* in the pay of; il était à la ~ de l'ennemi he was in the pay of the enemy; avoir qqn à sa ~ to be sb's paymaster.

solde[2] [sɔld] *nm* -1. FIN [d'un compte] (bank) balance; [à payer] outstanding balance; vous serez remboursés du ~ en janvier you'll be paid the balance in January ❑ ~ créditeur credit balance, balance in hand; ~ débiteur debit balance, balance owed; ~ à reporter balance carried forward; pour ~ de tout compte in (full) settlement. -2. COMM [vente] sale, sales, clearance sale; [marchandise] sale item OU article; acheter OU avoir qqch en ~ to buy sthg in the sales *Br* OU on sale *Am* OU at sale price; le bonnet était en ~ the hat was reduced; mettre qqch en ~ to sell sthg at sale price.

◆ **soldes** *nmpl* sale, sales; au moment des ~s during the sales, when the sales are on; il y a de belles affaires pendant les ~s chez eux they have really good bargains in their sales; ils font des ~s toute l'année they have sales OU a sale on all year round.

solder [3] [sɔlde] *vt* -1. COMM to sell (off) at sale price OU at a reduced price; toutes nos chemises sont soldées all our shirts are at a reduced OU at sale price; elle me l'a soldé pour 100 F she knocked the price down to 100 F, she let me have it for 100 F; tout est soldé à 30 F everything is reduced to 30 F; on solde! the sales are on!, there's a sale on! -2. [dette] to settle. -3. BANQUE [compte] to close.

◆ **se solder par** *vp* + *prép* -1. [se terminer par] to result in; se ~ par un échec to result in failure, to come to nothing; encore une soirée qui se solde par une querelle yet again, the party's ended in an argument; leurs cinq derniers matches se sont soldés par une défaite their last five matches ended in defeat. -2. COMM, ÉCON & FIN: se ~ par un excédent/un déficit de to show a surplus/a deficit of.

solderie [sɔldəri] *nf* discount store.

soldeur, euse [sɔldœr, øz] *nm, f* discount trader.

sole [sɔl] *nf* -1. [d'un four] hearth. -2. AGR break (field). -3. MIN sill, sole. -4. [d'un cheval] sole. -5. MÉCAN sole piece. -6. CONSTR (trowel) throw. -7. CULIN & ZOOL sole.

solécisme [sɔlesism] *nm* solecism.

soleil [sɔlɛj] *nm* -1. [étoile qui éclaire la Terre]: le Soleil the Sun; se lever avec le ~ to be up with the lark ❑ le ~ levant/couchant the rising/setting sun; au ~ levant/couchant at sunrise/sunset; le ~ de minuit the midnight sun; le ~ brille pour tout le monde *prov* the sun shines for everyone. -2. [étoile quelconque] sun. -3. [chaleur] sun, sunshine; [clarté] sun, sunlight, sunshine; quelques brèves apparitions du ~ some sunny spells; il y aura beaucoup de ~ sur le sud de la France it'll be very sunny in OU over southern France; une journée sans ~ a day with no sunshine; un ~ de plomb a blazing sun; ma chambre manque de ~ my room doesn't get enough sun OU sunlight; on a le ~ sur le balcon jusqu'à midi the balcony gets the sun until noon; c'est une plante qui adore le ~ this plant thrives in sunlight; au ~ in the sun; tu es en plein ~ you're right in the sun; prendre le ~ to sunbathe ❑ coup de ~ [brûlure] sunburn; [insolation] sunstroke; elle a pris OU attrapé un coup de ~ [brûlure] she got sunburnt; [insolation] she got sunstroke. -4. BOT sunflower. -5. SPORT (backward) grand circle. -6. [feu d'artifice] Catherine wheel. -7. HÉRALD sol.

solen [sɔlɛn] *nm* razor (shell), Solen *spéc*.

solennel, elle [sɔlanɛl] *adj* -1. [obsèques, honneurs, silence] solemn. -2. [déclaration, occasion, personne, ton] solemn, formal. -3. JUR [contrat] solemn.

solennellement [sɔlanɛlmɑ̃] *adv* -1. [en grande pompe] formally, ceremoniously. -2. [cérémonieusement] solemnly, in a solemn voice. -3. [officiellement] solemnly.

solenniser [3] [sɔlanize] *vt* to solemnize.

solennité [sɔlanite] *nf* -1. [apparat d'une réception] solemnity. -2. [d'un ton, d'une personne] solemnity, formality. -3. *sout* [fête] solemn ceremony OU celebration; la ~ de Pâques the solemn celebration of Easter. -4. JUR solemnity.

solénoïdal, e, aux [sɔlenɔidal, o] *adj* solenoidal.

solénoïde [sɔlenɔid] *nm* solenoid.

Soleure [sɔlœr] *npr* Solothurn.

Solex® [sɔlɛks] *nm* ≃ moped.

solfatare [sɔlfatar] *nf* solfatara.

solfège [sɔlfɛʒ] *nm* -1. [notation] musical notation; [déchiffrage] sight-reading; faire du ~ to study musical notation. -2. [manuel] music primer.

solfier [9] [sɔlfje] *vt* to sol-fa; solfiez correctement le morceau suivant sol-fa the following piece of music accurately.

solidaire [sɔlidɛr] *adj* -1. [personnes]: être ~s [les uns des autres] to stand OU to stick together; [l'un de l'autre] to show solidarity with each other; nous sommes ~s de nos camarades we support OU stand by our comrades; ne cherchez pas à diviser les dockers, ils sont tous ~s don't try to split the dockers, they're in complete solidarity; deux syndicats peu ~s two unions showing little solidarity. -2. [reliés - processus, pièces mécaniques] interdependent; être ~ de to interact with. -3. [interdépendants] interdependent; ces deux questions sont ~s (l'une de l'autre) these two questions are interdependent. -4. JUR joint and several.

solidairement [sɔlidɛrmɑ̃] *adv* -1. [conjointement] jointly, in solidarity with each other. -2. *fig*: les processus fonctionnent ~ the processes are interdependent. -3. MÉCAN [par engrenage] in a mesh; [directement] locked (together). -4. JUR jointly and severally.

solidariser [3] [sɔlidarize] *vt* -1. [faire partager les mêmes intérêts] to unify, to bring together. -2. [relier - processus] to make interdependent. -3. MÉCAN [par engrenage] to mesh; [directement] to lock (together), to interlock.

◆ **se solidariser avec** *vp* + *prép* to show solidarity with.

solidarité [sɔlidarite] *nf* -1. [entre personnes] solidarity; par ~ avec out of a fellow-feeling for, in order to show solidarity with ❑ ~ ministérielle ministerial responsibility; Solidarité [syndicat polonais] Solidarity. -2. [entre des processus] interdependence. -3. MÉCAN [engrenage] meshing; [entraînement] locking, interlocking. -4. JUR joint and several liability.

solide [sɔlid] ◇ *adj* -1. [résistant - meubles, matériel] solid, sturdy, strong; [- papier] tough, strong; [- vêtements] hard-wearing; [- bâtiment] solid, strong; [- verrou, nœud] secure; attention, cette chaise n'est pas très ~ careful, that chair's not very safe. -2. [établi, stable - formation, culture, technique] sound; [- institution, argument, raisons] solid, sound; [- professionnalisme, réputation] solid; [- bases] solid, sound, firm; [- foi] firm, staunch; [- principes, qualités] staunch, sound, sterling *(modif)*; [- monnaie] strong, firm; attitude empreinte d'un ~ bon sens nononsense attitude, attitude based on sound common sense; elle s'est entourée d'une ~ équipe de chercheurs she's surrounded herself with a reliable OU strong research team. -3. [robuste - personne, membre] sturdy, robust; [- santé] sound; le poulain n'est pas encore très ~ sur ses pattes the foal isn't very steady on its legs yet; le cœur n'est plus très ~ the heart's getting weaker; la tête n'est plus très ~ his/her mind's going. -4. *fam (avant le n)* [substantiel] substantial, solid; un ~ petit déjeuner a substantial OU solid breakfast; avoir une ~ constitution to have an iron constitution; un ~ coup de poing a mighty punch; avoir une ~ avance sur ses concurrents to enjoy a secure OU comfortable lead over one's rivals ❑ avoir un ~ coup de fourchette to have a hearty appetite. -5. [non liquide - aliments, corps, état] solid; la lave devient ~ en refroidissant lava solidifies OU hardens as it cools down; elle ne peut rien manger de ~ she can't eat solid foods OU solids. -6. TEXT [tissu] resistant; [teinture] fast. -7. MATH solid.

◇ *nm* -**1.** [ce qui est robuste]: **les voitures suédoises, c'est du ~** Swedish cars are built to last; **son dernier argument, c'est du ~!** *fam* her last argument is rock solid! -**2.** [sol ferme] solid ground; **marcher sur du ~** to walk on solid ground. -**3.** [aliments solides] solids, solid food. -**4.** MATH & PHYS solid.

solidement [sɔlidmɑ̃] *adv* -**1.** [fortement] securely, firmly; **attache-le ~ à cet arbre** tie it securely to this tree. -**2.** [profondément] firmly; **c'est une croyance ~ ancrée** it's a deeply-rooted OU deep-seated idea. -**3.** *fam* [en intensif] seriously; **je l'ai ~ grondé** I gave him a good talking-to.

solidification [sɔlidifikasjɔ̃] *nf* solidification.

solidifier [9] [sɔlidifje] *vt* to solidify, to harden.

◆ **se solidifier** *vpi* to solidify, to harden.

solidité [sɔlidite] *nf* -**1.** [d'un meuble] solidity, sturdiness; [d'un vêtement] sturdiness, durability; [d'un bâtiment] solidity. -**2.** [d'une institution, de principes, d'arguments] solidity, soundness; [d'une équipe] reliability; [d'une monnaie] strength; **la ~ technique de son jeu** the soundness of her playing technique. -**3.** [force d'une personne] sturdiness, robustness. -**4.** TEXT [d'un tissu] resistance; [d'une teinture] fastness.

soliflore [sɔliflɔr] *nm* bud vase.

soliloque [sɔlilɔk] *nm* soliloquy.

soliloquer [3] [sɔlilɔke] *vi* to soliloquize.

Soliman [sɔlimɑ̃] *npr*: **~ Ier** OU **le Magnifique** Suleiman the Magnificent.

solipsisme [sɔlipsism] *nm* solipsism.

soliste [sɔlist] *nmf* soloist.

solitaire [sɔlitɛr] ◇ *adj* -**1.** [personne, existence, activité] solitary, lonely. -**2.** [isolé - île, quartier, retraite] solitary, lone; **une maison ~ dans la forêt** a solitary house in the forest. -**3.** ARCHIT [colonne] isolated. -**4.** BOT & ZOOL solitary; **ver ~** tapeworm.

◇ *nmf* -**1.** [misanthrope] loner, lone wolf; **c'est une ~** she is a loner, she enjoys her own company. -**2.** [navigateur, voyageur]: **c'est une course de ~s** it's a single-handed race.

◇ *nm* -**1.** [anachorète] hermit, recluse. -**2.** JEUX & JOAILL solitaire. -**3.** CHASSE old boar.

◆ **en solitaire** ◇ *loc adj* [course, vol] solo *(modif)*; [navigation] single-handed.

◇ *loc adv* [vivre, travailler] on one's own; [naviguer] single-handed; **il vit en ~ dans sa vieille maison** he lives on his own in his old house.

solitairement [sɔlitɛrmɑ̃] *adv*: **se promener ~** to walk alone; **vivre ~** to lead a solitary life.

solitude [sɔlityd] *nf* -**1.** [d'une personne - momentanée] solitude; [- habituelle] loneliness; **la ~ lui pèse** solitude weighs heavily upon her; **j'aime la ~** I like to be alone OU on my own; **dans une grande ~ morale** morally isolated; **la ~ à deux** the loneliness of a couple *(when the two stop communicating with each other)*. -**2.** [d'une forêt, d'un paysage] loneliness, solitude. -**3.** *litt* [lieu solitaire]: **les grandes ~s désertiques** the vast lonely expanses of the desert.

solive [sɔliv] *nf* CONSTR joist; **~ apparente** exposed joist.

soliveau, x [sɔlivo] *nm* small joist.

Soljenitsyne [sɔlʒenitsin] *npr* Solzhenitsyn.

sollicitation [sɔlisitasjɔ̃] *nf* -**1.** [requête] request, entreaty; **j'ai fini par céder à leurs ~s** I ended up giving in to their requests. -**2.** [tentation] temptation. -**3.** [poussée, traction]: **les freins répondent à la moindre ~** the brakes are extremely responsive. -**4.** CONSTR stress; **~ de compression/torsion/traction** compressive/torsion/tensile stress.

solliciter [3] [sɔlisite] *vt* -**1.** [requérir - entrevue] to request, to solicit, to beg the favour of; [- aide, conseils] to solicit, to seek (urgently); [- emploi] to apply for *(insép)*; **~ qqch de qqn** to request sthg from sb; **je me permets de ~ votre bienveillance** may I appeal to your kindness. -**2.** [mettre en éveil - curiosité, attention] to arouse; [- élève] to spur OU to urge on *(sép)*; **le problème qui nous sollicite** OU **qui sollicite notre attention actuellement** the problem currently before us. -**3.** [texte] to overinterpret. -**4.** [faire appel à] to approach, to appeal to *(insép)*; **être très sollicité** to be (very much) in demand; **sollicité par les chasseurs de tête** head-hunted; **on m'a déjà sollicité pour une séance de pose** I've already been approached for a photocall. -**5.** [faire fonctionner - mécanisme] to put a strain on; **dès que les freins sont sollicités** as soon as you touch the brakes. -**6.** ÉQUIT [cheval] to spur OU to urge on *(sép)*.

solliciteur, euse [sɔlisitœr, øz] *nm, f* [quémandeur] suppliant, supplicant.

sollicitude [sɔlisityd] *nf* [intérêt - affectueux] (excessive) care, solicitude; [- soucieux] concern, solicitude; **il m'écoutait avec ~** he was listening to me with solicitude; **plein de ~** solicitous, attentive; **être plein de ~ envers qqn** to be very attentive to OU towards sb.

solo [sɔlo] (*pl* **solos** OU **soli** [-li]) *nm* -**1.** MUS solo; **~ de piano/harpe** piano/harp solo; **elle joue/chante en ~** she plays/sings solo; **une escalade en ~** *fig* a solo climb. -**2.** THÉÂT [spectacle] one-man-show.

Sologne [sɔlɔɲ] *npr f*: **(la) ~** the Sologne.

Solon [sɔlɔ̃] *npr* Solon.

sol-sol [sɔlsɔl] *adj inv* ground-to-ground.

solstice [sɔlstis] *nm* solstice; **~ d'été/d'hiver** summer/winter solstice.

solsticial, e, aux [sɔlstisjal, o] *adj* solsticial.

solubilisation [sɔlybilizasjɔ̃] *nf* solubilization.

solubiliser [3] [sɔlybilize] *vt* to solubilize.

solubilité [sɔlybilite] *nf* solubility; **produit de ~** solubility product.

soluble [sɔlybl] *adj* -**1.** CHIM soluble. -**2.** [problème] solvable, soluble.

soluté [sɔlyte] *nm* solute; **~ physiologique** saline solution, (artificial) serum.

solution [sɔlysjɔ̃] *nf* -**1.** [résolution, clé] solution, answer; **la ~ d'un exercice** SCOL the solution OU answer to an exercise; **la ~ d'une énigme** the key to an enigma OU a mystery; **l'envoyer en prison ne serait pas une ~** sending him to prison wouldn't solve anything OU wouldn't be a solution; **apporter une ~ à un problème** to find a solution to OU to solve a problem ❑ **une ~ de facilité** an easy way out. -**2.** [terme - d'une crise] resolution, settling; [- d'une situation complexe] resolution. -**3.** HIST: **la ~ finale** the Final Solution. -**4.** MATH solution. -**5.** *sout* [gén & MÉD]: **~ de continuité** solution of continuity. -**6.** CHIM & PHARM solution; **en ~** dissolved, in (a) solution.

solutionner [3] [sɔlysjɔne] *vt* [tour critiqué] to solve, to resolve.

solutréen, enne [sɔlytreɛ̃, ɛn] *adj* Solutrean.

◆ **Solutréen** *nm* Solutrean (period).

solvabilité [sɔlvabilite] *nf* solvency.

solvable [sɔlvabl] *adj* solvent.

solvant [sɔlvɑ̃] *nm* solvent.

soma [sɔma] *nm* BIOL soma.

somali, e [sɔmali] *adj* Somalian, Somali.

◆ **Somali, e** *nm, f* Somali.

◆ **somali** *nm* LING Somali.

Somalie [sɔmali] *npr f*: **(la) ~** [république] Somalia; [bassin] Somaliland.

somalien, enne [sɔmaljɛ̃, ɛn] = **somali**.

somatique [sɔmatik] *adj* somatic; **affection ~** somatic disorder.

somatisation [sɔmatizasjɔ̃] *nf* somatization.

somatiser [3] [sɔmatize] *vt* to somatize.

somatotrope [sɔmatɔtrɔp] *adj* somatotropic, somatotrophic; **hormone ~** growth OU somatotrophic hormone.

somatotrophine [sɔmatɔtrɔfin] *nf* somatotropin, somatotrophin.

sombre [sɔ̃br] *adj* -**1.** [pièce, ruelle, couleur, robe] dark; **il fait très ~** it's very dark. -**2.** [personne, caractère, humeur, regard] gloomy, melancholy, sombre; [avenir, perspectives] gloomy; **de ~s réflexions** sombre OU gloomy thoughts; **les jours les plus ~s de notre histoire** the gloomiest OU darkest days of our history. -**3.** *fam (avant le n)* [en intensif]: **c'est une ~ crapule/un ~ crétin** he's the scum of the earth/a prize idiot; **il m'a raconté une ~ histoire de fraude fiscale** he told me some murky story about tax evasion; **ce ~ individu reparut deux jours plus tard** that unsavoury character was seen again two days later. -**4.** LING [voyelle] dark.

sombrement [sɔ̃brəmɑ̃] *adv* gloomily, sombrely; **«rien», fit-il ~** "nothing", he said gloomily.

sombrer [3] [sɔ̃bre] *vi* -**1.** [bateau] to sink, to founder. -**2.** *sout* [être anéanti - civilisation] to fall, to decline, to collapse; [- entreprise] to go bankrupt, to fail, to collapse; [- projet] to collapse, to fail; [- espoir] to fade, to be dashed; **sa raison a sombré** he lost his reason. -**3. ~ dans** [s'abandonner à] to sink into; **~ dans le sommeil** to sink into sleep; **~ dans la folie/l'alcoolisme** to sink into insanity/alcoholism; **~ dans le désespoir/l'oubli** to sink into despair/oblivion.

sombrero [sɔ̃brero] *nm* sombrero.

sommaire [sɔmɛr] ◇ *adj* -**1.** [succinct] brief, succinct; **voici une description ~ des lieux** here is a brief description of the premises. -**2.** [rudimentaire - réparation] makeshift; **il n'a reçu qu'une éducation ~** his education was rudimentary, to say the least. -**3.** [superficiel - analyse] summary, basic; [- examen] perfunctory; **son analyse est trop ~** his analysis is too superficial OU doesn't go far enough. -**4.** [expéditif - procès] summary; **après un jugement ~** after a summary trial.

◇ *nm* [d'un magazine] summary; [d'un livre] summary, synopsis; **au ~ de notre journal ce soir** our main news stories tonight.

sommairement [sɔmɛrmɑ̃] *adv* -**1.** [brièvement] briefly; **analysez ~ ce texte** make a brief analysis of this text. -**2.** [rudimentairement] basically; **leur appartement est très ~ meublé** their flat is very basic. -**3.** [rapidement] hastily, rapidly; **il a ~ inventorié le contenu des poches de la victime** he made a rapid inventory of the contents of the victim's pockets. -**4.** [expéditivement] summarily; **les prisonniers ont été ~ exécutés** the prisoners were summarily executed.

sommation [sɔmasjɔ̃] *nf* -**1.** MIL [avant de tirer] warning, challenge; **faire une ~** to challenge; **après les ~s d'usage** after the standard warning (had been given). -**2.** JUR summons; **~ de se présenter au tribunal** summons to appear (in court); **~ sans frais** (tax) reminder. -**3.** *sout* [requête] demand; **je me rendis à ses ~s courtoises mais pressantes** I gave in to his polite but insistent demands. -**4.** MATH summation. -**5.** PHYSIOL convergence.

somme[1] [sɔm] *nm* nap; **faire un ~** to have a nap.

somme[2] [sɔm] *nf* -**1.** FIN: **~ (d'argent)** sum OU amount (of money); **pour la ~ de 200 francs** for (the sum of) 200 francs; **elle me doit une ~ importante** she owes me quite a large sum OU quite a lot of money; **j'ai dépensé des ~s folles** I spent huge amounts of money; **c'est une ~!** that's a lot of money!; **le papier peint, la peinture, ça fait des ~s tout ça!** wallpaper, paint, it all adds up! -**2.** MATH sum; **la ~ totale** the grand total; **faire une ~** to add up (figures); **faire la ~ de 15 et de 16** to add (up) 15 and 16 ❑ **~ algébrique** algebraic sum. -**3.** [quantité]: **~ de travail/d'énergie** amount of work/energy; **ça représente une ~ de sacrifices/d'efforts importante** it means great sacrifices/a lot of effort; **quand on fait la ~ de tout ce que j'ai remué comme archives** when you add up the number of archive documents I've handled. -**4.** [œuvre] general survey; **son «Histoire de France», c'est une ~** his "French History" is an essential reference work; **~ philosophique** general survey of philosophy ❑ **la Somme Théologique** RELIG the Summa Theologica.

◆ **bête de somme** *nf* [animal] beast of burden; **je ne veux pas être la bête de ~ du service** *fam fig* I don't want to do all the dirty work in this department.

◆ **en somme** *loc adv* -**1.** [en bref] in short; **en ~, tu refuses** in short, your answer is no. -**2.** [en définitive] all in all; **c'est assez simple en ~** all in all, it's quite easy.

◆ **somme toute** *loc adv* all things considered, when all is said and done; **~ toute, tu as eu de la chance** all things considered, you've been lucky.

Somme [sɔm] *npr f* -**1.** [fleuve]: **la ~** the (River) Somme. -**2.** [département]: **la ~** the Somme. -**3.** HIST: **la bataille de la ~** the (battle of the) Somme.

sommeil [sɔmɛj] *nm* -**1.** PHYSIOL [repos] sleep, slumber *litt*; **je manque de ~** I haven't been getting enough sleep; **il cherchait le ~** he was trying to sleep; **j'ai le ~ léger/profond** I'm a light/heavy sleeper; **tu as les yeux pleins de ~** *fam* your eyes are all sleepy OU full of sleep; **une nuit sans ~** a sleepless night, a night without sleep; **trois jours sans ~** three days without sleep; **avoir ~** to be OU to feel sleepy; **tomber de ~** to be ready to drop, to be falling asleep (on one's feet) ❑ **le premier ~** the first hours of sleep; **le ~ éternel, le dernier ~** *litt* eternal rest; **le ~ lent** slow-wave sleep; **le ~ paradoxal** paradoxical sleep, rapid eye movement sleep; **dormir d'un ~ de plomb** [d'habitude] to be a heavy sleeper, to sleep like a log; [ponctuellement] to be sleeping like a log OU fast asleep. -**2.** *fig* [inactivité] inactivity, lethargy, sluggishness; **il a tiré l'artisanat de son profond ~** he's given the stagnant arts and crafts market a new impetus.

◆ **en sommeil** ◇ *loc adj* [volcan, économie] inactive, dormant.

◇ *loc adv*: **rester en ~** to remain dormant OU inactive; **mettre un secteur économique en ~** to put an economic sector in abeyance.

sommeiller [4] [sɔmeje] *vi* -**1.** [personne] to doze; **je commençais à ~ au volant** I was falling asleep at the wheel. -**2.** [affaire, passion, volcan] to lie dormant.

sommelier, ère [sɔməlje, ɛr] *nm, f* sommelier, wine waiter (*f* waitress).

◆ **sommelière** *nf Helv* waitress.

sommer [3] [sɔme] *vt* -**1.** JUR: **~ qqn de faire qqch** to summon sb to do sthg. -**2.** *sout* [ordonner à]: **~ qqn de faire qqch** to order sb to do sthg. -**3.** ARCHIT to crown, to top. -**4.** MATH to add up *(sép)*.

sommet [sɔmɛ] *nm* -**1.** [plus haut point - d'un mont] summit, highest point, top; [- d'un bâtiment, d'un arbre] top. -**2.** [partie supérieure - d'un arbre, d'une colline] crown; [- d'une montagne] top, summit; [- d'une vague] crest; [- de la tête] crown, vertex *spéc*; **les ~s neigeux** the snowy heights OU summits OU mountain tops; **leurs émissions n'atteignent pas des ~s** *fig* their programmes don't aim very high OU aren't exactly intellectually ambitious. -**3.** [degré suprême - d'une hiérarchie] summit, top; [- d'une carrière] top, summit, acme; **une décision prise au ~** a decision taken from the top; **le ~ de la perfection** the acme of perfection; **le ~ de la gloire** the pinnacle of fame; **elle est au ~ de son talent** she's at the height of her talent. -**4.** ÉLECTR node. -**5.** MATH [d'un angle, d'une hyperbole] vertex. -**6.** POL summit (meeting); **conférence/rencontre au ~** summit conference/meeting.

sommier [sɔmje] *nm* -**1.** [de lit] (bed) base; **~ à lattes** slatted base; **~ métallique** wire mattress; **~ tapissier (à ressorts)** (sprung) bed base. -**2.** ARCHIT [d'une voûte - poutre] springer, skewback; [- pierre] impost; [d'un clocher] stock. -**3.** CONSTR [d'une porte] lintel; [d'une grille] crossbar. -**4.** MUS [d'un orgue] windchest; [d'un piano] frame; **~ de chevilles** pinblock. -**5.** [de comptabilité] register, ledger; **~ de police technique** central register of criminal records.

sommité [sɔmite] *nf* authority; **les ~s de la médecine** leading medical experts; **ce n'est pas une ~!** he's no genius!

somnambule [sɔmnɑ̃byl] ◇ *adj*: **être ~** to sleepwalk, to be a sleepwalker.

◇ *nmf* sleepwalker, somnambulist *spéc*.

somnambulique [sɔmnɑ̃bylik] *adj* sleepwalking, somnambulistic *spéc*.

somnambulisme [sɔmnɑ̃bylism] *nm* sleepwalking, somnambulism *spéc*.

somnifère [sɔmnifɛr] ◇ *adj* soporific, sleep-inducing.

◇ *nm* [substance] soporific; [comprimé] sleeping pill OU tablet.

somnolence [sɔmnɔlɑ̃s] *nf* -**1.** [d'une personne] drowsiness, sleepiness, somnolence. -**2.** [d'une économie] lethargy, sluggishness.

somnolent, e [sɔmnɔlɑ̃, ɑ̃t] *adj* -**1.** [personne] drowsy, sleepy, somnolent. -**2.** [village] sleepy; [voix] droning; [esprit] dull, lethargic, apathetic; [économie] lethargic, sluggish; [faculté intellectuelle] dormant.

somnoler [3] [sɔmnɔle] *vi* -**1.** [personne] to doze. -**2.** [ville] to be sleepy; [économie] to be lethargic OU in the doldrums; [faculté intellectuelle] to lie dormant, to slumber.

somptuaire [sɔ̃ptɥɛr] *adj* -**1.** [dépenses] extravagant. -**2.** BX-ARTS: **arts ~s** decorative arts. -**3.** ANTIQ & HIST sumptuary.

somptueusement [sɔ̃ptɥøzmɑ̃] *adv* [décorer, illustrer] sumptuously, lavishly, richly; [vêtir] sumptuously, magnificently.

somptueux, euse [sɔ̃ptɥø, øz] *adj* -**1.** [luxueux - vêtements, cadeau] sumptuous, splendid; [- décor, salon, palais] magnificent, splendid. -**2.** [superbe - banquet] sumptuous, lavish; [- illustration] lavish; **la pièce a une somptueuse distribution** the play has a glittering cast.

somptuosité [sɔ̃ptɥozite] *nf litt* [d'une toilette] sumptuousness, magnificence; [d'un décor, d'une pièce, d'illustrations] sumptuousness, splendour, lavishness.

son[1] [sɔ̃] *nm* -**1.** LING, MUS & PHYS sound; **un ~ pur** a pure sound; **un ~ étouffé** a muffled sound; **un ~ sourd** a thump, a thud; **un ~ strident** [klaxon, trompette] a blast; **émettre** OU **produire un ~** to give out a sound; **les ~s inarticulés qui sortaient de sa bouche** the inarticulate sounds he was uttering; **le mur rend un ~ creux** the wall has a hollow sound; **ça ressemble au ~ de la harpe** it sounds like a harp ❑ **~ de cloche: c'est un autre ~ de cloche** that's (quite) another story; **j'ai entendu plusieurs ~s de cloche** I've heard several variants OU versions of that story; **à ~ de trompe: clamer** OU **annoncer qqch à ~ de trompe** to trumpet sthg abroad; **spectacle ~ et lumière** son et lumière. -**2.** AUDIO sound, volume; **baisser/monter le ~** to turn the sound up/down; **on a le ~ mais pas l'image** we've got sound but no picture; **~ seul** sound only, wild track; **le ~ était épouvantable** CIN the soundtrack was terrible; **au ~, Marcel Blot** sound (engineer), Marcel Blot. -**3.** AGR bran; **~ d'avoine** oat bran; **flocons de ~** bran flakes; **pain au ~** bran loaf.

◆ **au son de** *loc prép* to the sound of; **danser au ~ de l'accordéon** to dance to the music OU sound OU sounds of the accordeon; **ils défilèrent aux ~s** OU **au ~ des tambours** they marched to the beat OU sound OU sounds of drums; **ils se lèvent tous les matins au ~ du clairon** every morning, they wake to the sound OU call of the bugle.

son[2] [sɔ̃] (*f* **sa** [sa], *devant nf ou adj f commençant par voyelle ou h muet* **son** [sɔn], *pl* **ses** [se]) *adj poss* -**1.** [d'un homme] his; [d'une femme] her; [d'une chose] its; [d'un bateau, d'une nation] its, her; **~ frère et sa sœur, ses frère et sœur** his/her brother and sister; **un de ses amis** a friend of his/hers, one of his/her friends; **donne-lui ~ biberon** [à un petit garçon] give him his bottle; [à une petite fille] give her her bottle; **le bébé, dès ses premiers contacts avec le monde** the baby, from its first experience of the world; **ce n'est pas ~ genre** he/she isn't like that, that's not his/her style; **ce n'est pas ~ travail** it's not his/her job; **la police est à sa recherche** the police are looking for him/her/it; **à sa vue, elle s'évanouit** on seeing him/her, she fainted; **~ propre fils** his/her own son; **dans sa maison à lui** *fam* in HIS house, in his own house. -**2.** [d'un sujet indéfini]: **il faut faire ses preuves** one has to show one's mettle, you have to show your mettle; **tout le monde a ses problèmes** everybody has (his OU their) problems. -**3.** [dans des titres]: **Son Altesse Royale** His/Her Royal Highness; **Sa Majesté** His/Her Majesty; **Sa Sainteté le Pape** His Holiness the Pope. -**4.** [d'une abstraction]: **avant de prendre une décision, il faut penser à ses conséquences** before taking a decision, one OU you must think about the consequences (of it); **dans cette affaire, tout a ~ importance** in this affair everything is of importance. -**5.** [emploi expressif]: **ça a ~ charme** it's got its own charm OU a certain charm; **il fait ~ intéressant** *fam* he's trying to draw attention to himself; **elle fait sa timide** *fam* she's being all shy; **elle se fait ses 30 000 francs par mois** *fam* she brings in 30,000 francs a month; **il va encore piquer sa colère!** he's going to have another one of his outbursts!; **il a réussi à avoir ~ samedi** *fam* he managed to get Saturday off.

sonar [sɔnar] *nm* sonar.

sonate [sɔnat] *nf* sonata.

sonatine [sɔnatin] *nf* sonatina.

sondage [sɔ̃daʒ] *nm* -**1.** [enquête] poll, survey; **faire un ~ auprès d'un groupe** to poll a group, to carry out a survey among a group; **j'ai fait un petit ~ parmi mes amis** I sounded out some of my friends ❑ **~ d'opinion** opinion poll. -**2.** [d'un terrain] sampling, sounding. -**3.** MÉD probe, probing; **~ vésical** urethral catheterization. -**4.** MIN & PÉTR [puits] bore hole. -**5.** NAUT sounding. -**6.** GÉOL: **~ sismique** sonoprobing.

sonde [sɔ̃d] *nf* -**1.** ASTRON & MÉTÉO sonde; **~ aérienne** balloon sonde; **~ spatiale** ASTRONAUT (space) probe. -**2.** NAUT: **(ligne de) ~** lead (line), sounding line; **être sur les ~s** to be on soundings. -**3.** MÉD probe, sound; **~ (d'alimentation)** feeding tube; **~ (creuse)** catheter; **~ œsophagienne** probing. -**4.** COMM [pour les liquides, le beurre] taster; [pour les grains] sampler; [de douanier] probe; **~ à fromage** cheese taster. -**5.** TECH: **~ pyrométrique** OU **thermométrique** thermometer probe. -**6.** PÉTR drill.

Sonde [sɔ̃d] *npr f* → **archipel, île**.

sondé, e [sɔ̃de] *nm, f* person (who has been) polled.

sonder [3] [sɔ̃de] *vt* -**1.** [personne - gén] to sound out *(sép)*; [- dans une enquête] to poll; **je vais tâcher de la ~ là-dessus** I'll try and sound her out on that; **nous n'avons sondé que des étudiants** we polled students only; **~ l'opinion** to make a survey of public opinion. -**2.** NAUT to sound; **~ la côte** to take soundings along the coast. -**3.** MÉTÉO to probe. -**4.** MÉD [plaie] to probe; [malade, vessie] to catheterize. -**5.** PÉTR to bore, to drill; **~ le terrain** *fig* to test the ground OU the waters. -**6.** [bagages] to probe; [fromage, liquides] to taste; [grains] to sample. -**7.** [âme] to sound out *(sép)*, to probe.

sondeur, euse [sɔ̃dœr, øz] *nm, f* -**1.** [pour une enquête] pollster. -**2.** GÉOL probe.

◆ **sondeur** *nm* -**1.** NAUT depth finder, sounder. -**2.** MÉTÉO: **~ acoustique** echo sounder; **~ ionosphérique** ionosonde.

◆ **sondeuse** *nf* PÉTR boring OU drilling machine.

songe [sɔ̃ʒ] *nm litt* -**1.** [rêve] dream; **voir qqch/qqn en ~** to see sthg/sb in one's dreams ❑ **~s, mensonges** *prov*, **~ est mensonge** *prov* dreams never tell the truth; **'le Songe d'une nuit d'été'** *Shakespeare* 'A Midsummer Night's Dream'. -**2.** [chimère] dream, daydream, illusion.

songe-creux [sɔ̃ʒkrø] *nm inv* dreamer, daydreamer.

songer [17] [sɔ̃ʒe] *sout* ◇ *vt* to muse, to reflect, to think; **il est charmant, songeait-elle** he's charming, she mused OU reflected; **comment aurais-je pu ~ qu'ils nous trahiraient?** how could I have imagined that they'd betray us?

◇ *vi* [rêver] to dream.

◆ **songer à** *v + prép sout* -**1.** [penser à] to think about *(insép)*; **à quoi songes-tu?** what are you thinking about?, what's on your mind? || [en se souvenant] to muse over *(insép)*, to think back to; **je songeais aux Noëls passés** I was musing over OU thinking back to Christmases past. -**2.** [prendre en considération - carrière, personne] to think of *(insép)*, to have regard for; **songe un peu plus à toi-même!** think of yourself more!; **songe un peu plus aux autres!** be a bit more considerate (of others)! -**3.** [envisager] to contemplate, to think of *(insép)*; **voyons, vous n'y songez pas!** come now, you can't mean it OU be serious!; **il songe sérieusement à se remarier** he's seriously considering OU contemplating remarriage. -**4.** [supposer] to think of, to expect; **la seule issue à laquelle nous n'avions pas songé** the only outcome we never expected. -**5.** [s'occuper de] to remember; **as-tu songé aux réservations?** did you remember to make reservations? -**6.** [réfléchir à - offre, suggestion] to think over *(sép)*, to consider.

songerie [sõʒri] *nf litt* daydreaming.

songeur, euse [sõʒœr, øz] *adj* pensive, thoughtful, reflective; **ça vous laisse ~** it makes you wonder.

sonnaille [sɔnaj] *nf* -**1.** [pour le bétail] cowbell. -**2.** [bruit] jangling.

sonnant, e [sɔnɑ̃, ɑ̃t] *adj* sharp; **à trois heures ~es** at three (o'clock) sharp, at three on the dot, at the stroke of three (o'clock).

sonné, e [sɔne] *adj* -**1.** [annoncé par la cloche] gone, past; **il est midi ~** it's gone *Br* OU past twelve. -**2.** *fam* [révolu]: **elle a la cinquantaine bien ~e** she's on the wrong side of fifty. -**3.** *fam* [fou] cracked, nuts. -**4.** *fam* [assommé] groggy, punch-drunk; **un boxeur ~** a punch-drunk boxer.

sonner [3] [sɔne] ◇ *vi* -**1.** [téléphone, cloche] to ring; [minuterie, réveil] to go off; [carillon, pendule] to chime; [glas, tocsin] to toll, to sound; **la cloche n'a pas encore sonné** [à l'école] the bell hasn't gone OU rung yet; **j'ai mis le réveil à ~ pour** OU **à 8 h** I've set the alarm for 8 o'clock; **~ à toute volée** to peal OU to ring (out). -**2.** [instrument en cuivre] to sound; [clefs, pièces métalliques] to jingle, to jangle; [pièces de monnaie] to jingle, to chink; [enclume, marteau] to ring, to resound; [rire] to ring, to peal (out); [voix] to resound, to ring; [personne]: **~ de** [clairon, trompette] to sound; **~ du cor** to sound the horn; **il faisait ~ des pièces dans sa poche** he was jingling coins in his pocket; **~ clair** [monnaie] to ring true; [marteau] to give OU to have a clear ring; **~ creux** to sound hollow, to give a hollow sound; *fig* to have a hollow ring; **~ faux** *pr* & *fig* to ring false. -**3.** [heure] to strike; **4 h ont sonné** it has struck 4 o'clock, 4 o'clock has struck; **attendez que la fin du cours sonne!** wait for the bell!, wait till the bell goes OU rings!; **l'heure de la vengeance a sonné** *fig* the time for revenge has come. -**4.** [personne] to ring; **on a sonné** there's someone at the door; **~ chez qqn** to ring sb's doorbell; **j'ai sonné plusieurs fois (à ta porte)** I rang your doorbell OU at your door several times; **'(prière de) ~ ici'** 'ring here (for attention)'; **~ puis entrer** please ring before entering. -**5. faire ~** [accentuer]: **faire ~ une consonne** to sound a consonant; **«pour la gloire» dit-il en faisant ~ le dernier mot** "for glory" he said, making the last word ring out.
◇ *vt* -**1.** [cloche] to ring, to chime; [glas, toscin] to sound, to toll; **~ les cloches à qqn** *fam* to give sb a telling-off OU roasting; **tu vas te faire ~ les cloches!** *fam* you'll catch it! -**2.** [pour faire venir - infirmière, valet] to ring for; **je ne t'ai pas sonné!** *fam* who asked you? || *(en usage abs)*: **Madame a sonné?** you rang, Madam? -**3.** [pour annoncer - messe, vêpres] to ring (the bells) for; MIL [- charge, retraite, rassemblement] to sound; **sonnez le dîner** ring the bell for dinner, ring the dinner-bell; **~ le réveil** MIL to sound the reveille. -**4.** [suj: horloge] to strike; **l'horloge sonne les heures/demi-heures** the clock strikes the hours/every half-hour; **la pendule vient de ~ 2 h** the clock has just struck two. -**5.** *fam* [assommer] to knock out *(sép)*, to stun; [abasourdir] to stun, to stagger, to knock (out); **ça l'a sonné!** he was reeling under the shock! -**6.** TECH [sonder - installation, monnaie] to sound. -**7.** *Belg* [appeler] to telephone.

sonnerie [sɔnri] *nf* -**1.** [son] ring; **la ~ du téléphone/réveil la fit sursauter** the telephone/alarm clock gave her a start; **~ de clairon** bugle call. -**2.** MIL call; **la ~ du réveil** the sounding of reveille. -**3.** [mécanisme - d'un réveil] alarm, bell; [- d'une pendule] chimes; [- d'une sonnette] bell. -**4.** [alarme] alarm (bell).

sonnet [sɔnɛ] *nm* sonnet.

sonnette [sɔnɛt] *nf* -**1.** [avertisseur] bell; **~ d'alarme** alarm bell; **tirer la ~ d'alarme** RAIL to pull the communication cord; *fig* to blow the whistle. -**2.** [son]: **(coup de) ~** ring (of the bell). -**3.** TRAV PUBL piledriver.

sonneur [sɔnœr] *nm* -**1.** [de cloches] bell-ringer. -**2.** MUS player. -**3.** TECH pile-driver operator.

sono [sɔno] *nf* [d'un groupe, d'une discothèque] sound system, sound; [d'une salle de conférences] public-address system, PA (system).

sonomètre [sɔnɔmɛtr] *nm* sound-level meter.

sonore [sɔnɔr] ◇ *adj* -**1.** ACOUST [signal] acoustic, sound *(modif)*; [onde] sound. -**2.** [bruyant - rire, voix] loud, ringing, resounding; [- claque, baiser] loud, resounding. -**3.** [résonnant - escalier, voûte] echoing; **le vestibule est ~** sound reverberates OU echoes in the hall. -**4.** LING [phonème] voiced; **le «d» est ~** the "d" is voiced.
◇ *nf* LING voiced consonant.

sonorisation [sɔnɔrizasjõ] *nf* -**1.** [action] wiring for sound. -**2.** [équipement] sound system. -**3.** CIN: **la ~ d'un film** dubbing a film. -**4.** LING voicing.

sonoriser [3] [sɔnɔrize] *vt* -**1.** [discothèque] to fit with a sound system; [salle de conférences] to fit with a PA system; [film] to (add the) sound track (to). -**2.** LING to voice.

sonorité [sɔnɔrite] *nf* -**1.** [d'un instrument de musique] tone; [de la voix] sonority, tone; [d'une langue] sonority. -**2.** [résonance - de l'air] resonance, sonority; [- d'une pièce] acoustics *(U)*; [- d'un lieu] sonority. -**3.** LING voicing.

sonothèque [sɔnɔtɛk] *nf* sound (effects) library.

sophisme [sɔfism] *nm* sophism.

sophiste [sɔfist] *nmf* -**1.** [raisonneur] sophist. -**2.** ANTIQ Sophist.

sophistication [sɔfistikasjõ] *nf* -**1.** [raffinement] refinement, sophistication. -**2.** [affectation] affectation, sophistication. -**3.** [complexité technique] sophistication, complexity.

sophistique [sɔfistik] ◇ *adj* sophistic.
◇ *nf* sophistry.

sophistiqué, e [sɔfistike] *adj* -**1.** [raffiné] sophisticated, refined. -**2.** [affecté] affected, sophisticated. -**3.** [complexe] complex, sophisticated.

sophistiquer [3] [sɔfistike] *vt* -**1.** [raffiner à l'extrême] to refine. -**2.** [perfectionner] to make more sophisticated, to perfect.

Sophocle [sɔfɔkl] *npr* Sophocles.

sophrologie [sɔfrɔlɔʒi] *nf* sophrology *(form of autogenic relaxation)*.

sophrologue [sɔfrɔlɔg] *nmf* sophrologist *(practitioner of sophrology)*.

soporifique [sɔpɔrifik] ◇ *adj* -**1.** PHARM soporific. -**2.** [ennuyeux] boring, soporific.
◇ *nm vieilli* soporific.

sopraniste [sɔpranist] *nm* male soprano.

soprano [sɔprano] (*pl* **sopranos** OU **soprani** [-ni]) ◇ *nm* [voix - de femme] soprano; [- d'enfant] soprano, treble.
◇ *nmf* soprano.

sorbe [sɔrb] *nf* sorb.

sorbet [sɔrbɛ] *nm* sorbet *Br*, sherbet *Am*.

sorbetière [sɔrbətjɛr] *nf* [de glacier] ice-cream churn; [de ménage] ice-cream maker.

sorbier [sɔrbje] *nm* sorb; **~ domestique** OU **cultivé** service (tree); **~ des oiseleurs** rowan tree, mountain ash.

sorbitol [sɔrbitɔl] *nm* sorbitol.

sorbonnard, e *fam* [sɔrbɔnar, ard] ◇ *adj* [esprit] niggling, pedantic.
◇ *nm, f* [professeur] Sorbonne academic; [étudiant] Sorbonne student.

Sorbonne [sɔrbɔn] *npr f*: **la ~** the Sorbonne.

LA SORBONNE:
The Sorbonne is the oldest university in Paris, and includes the arts and law faculties. It is also known as "Paris-IV".

sorcellerie [sɔrsɛlri] *nf* -**1.** [pratique] sorcery, witchcraft. -**2.** *fam* [effet surprenant] bewitchment, magic; **c'est de la ~!** it's magic!

sorcier, ère [sɔrsje, ɛr] *nm, f* -**1.** [magicien] wizard (*f* witch); **il ne faut pas être (grand) ~ pour comprendre cela** *fam* you don't need to be a genius to understand that. -**2.** ANTHR sorcerer (*f* sorceress).
◆ **sorcier** *fam adj m*: **ce n'est pourtant pas ~** you don't need to be a genius to understand.
◆ **sorcière** *nf* [mégère] harpy, witch.

sordide [sɔrdid] *adj* -**1.** [misérable - taudis, vêtements] wretched, squalid. -**2.** [vil - égoïsme] petty; [- crime] foul, vile. -**3.** [mesquin - motif] squalid, sordid; **de ~s bagarres autour de l'héritage** sordid arguments over the legacy.

sordidement [sɔrdidmɑ̃] *adv* sordidly, squalidly.

sorgho [sɔrgo] *nm* sorghum.

Sorlingues [sɔrlɛ̃g] *npr fpl*: **les ~** the Scilly Islands.

sornettes [sɔrnɛt] *nfpl* balderdash *(U)*, twaddle *(U)*; **débiter** OU **raconter des ~s** to talk nonsense.

sororal, e, aux [sɔrɔral, o] *adj* sororal.

sororat [sɔrɔra] *nm* sororate.

sort [sɔr] *nm* -**1.** [condition] fate, lot; **être content de son ~** to be happy with one's lot; **tu n'es jamais content de ton ~!** you're never happy with your lot OU what you've got!; **des mesures ont été prises pour améliorer le ~ des immigrés** steps were taken to improve the lot OU status of immigrants; **je n'envie pas son ~!** I wouldn't like to be in her shoes!; **abandonner quelqu'un à son triste ~**: **tu m'abandonnes à mon triste ~!** you've left me to my fate! ❑ **faire un ~ à** *fam* [gigot, gâteau] to make short work of, to polish off; [bouteille] to polish off, to drink up. -**2.** [destin] fate, destiny; **mon ~ est entre vos mains** my future depends on you, my fate is in your hands; **toutes les demandes d'emploi subissent le même ~** all letters of application meet with the same fate OU receive the same treatment. -**3.** [puissance surnaturelle]: **le ~** Fate, Fortune, Destiny; **le ~ lui fut enfin favorable** Fate OU Fortune smiled upon him at last; **je me demande ce que le ~ nous réserve** I wonder what fate has in store for us; **mais le ~ en a décidé autrement** but fate decided otherwise ❑ **coup du ~** [favorable] stroke of luck; [défavorable] stroke of bad luck; **le mauvais ~** misfortune; **le ~ en est jeté** the die is cast. -**4.** [sortilège - gén] spell; [- défavorable] curse; **jeter un ~ à qqn** to cast a spell on sb.
◆ **au sort** *loc adv*: **tirer au ~** to draw OU to cast lots; **le gagnant sera tiré au ~** lots will be drawn for the winner.

sortable [sɔrtabl] *adj*: **tu n'es vraiment pas ~!** I can't take you anywhere!

sortant, e [sɔrtɑ̃, ɑ̃t] ◇ *adj* -**1.** POL outgoing; **le maire ~** the outgoing mayor. -**2.** JEUX: **les numéros ~s** the numbers chosen. -**3.** INF output *(modif)*.
◇ *nm, f* -**1.** POL incumbent; **tous les ~s ont été réélus au premier tour** all the incumbents were re-elected in the first round. -**2.** [personne qui sort]: **on contrôle également les ~s** those leaving are also screened.

sorte [sɔrt] *nf* -**1.** [genre] sort, kind; **vous n'avez que cette ~ de jupes?** is that the only style of skirt you have?; **on a souvent cette ~ de temps en automne** we often get this kind OU sort of weather in autumn; **pour moi, il y a deux ~s de gens** in my opinion, there are two kinds OU sorts OU types of people; **toutes ~s de** all kinds OU sorts OU manner of. -**2.** [pour exprimer une approximation] : **une ~ de** a sort OU kind of; **c'est une ~ de gelée** it's a sort of jelly; **une ~ de grand dadais** *péj* a big clumsy oaf. -**3.** IMPR sort.

◆ **de la sorte** *loc adv* that way; **comment osez-vous me traiter de la ~?** how dare you treat me in that way OU like that!; **je n'ai jamais été humiliée de la ~!** I've never been so humiliated!

◆ **de sorte à** *loc conj* in order to, so as to.

◆ **de (telle) sorte que** *loc conj* -**1.** *(suivi du subj)* [de manière à ce que] so that, in such a way that; **disposez vos plantes de telle ~ qu'elles reçoivent beaucoup de lumière** arrange your plants so that they receive maximum light. -**2.** *(suivi de l'indic)* [si bien que] so that; **elle m'a montré la ville, de ~ que le temps a passé très vite** she showed me round the town, so the time just flew by.

◆ **en aucune sorte** *loc adv litt* not in the least; **en avez-vous parlé à quelqu'un? — en aucune ~** did you tell anyone? — not at all OU by no means.

◆ **en (quelque) sorte** *loc adv* as it were, in a way, somewhat; **immobile, pétrifié en quelque ~** motionless, as it were paralysed; **alors, on repart à zéro? — oui, en quelque ~** so, we're back to square one? — yes, in a manner of speaking.

◆ **en sorte de** *loc conj* so as to; **fais en ~ d'arriver à l'heure** try to be there on time.

◆ **en sorte que** *loc conj litt & vieilli* = **de (telle) sorte que**.

sortie [sɔrti] *nf* -**1.** [action] exit; THÉÂT exit; **sa ~ fut très remarquée** her exit OU departure did not go unnoticed; **essaie de faire une ~ discrète** try to make a discreet exit OU to leave discreetly; **faire sa ~** THÉÂT to leave the stage, to exit. -**2.** [moment] : **à ma ~ de prison/d'hôpital** on my release from prison/discharge from hospital; **les journalistes l'ont assaillie dès sa ~ de l'hôtel** the journalists thronged round her as soon as she stepped OU came out of the hotel; **à la ~ des bureaux/usines, la circulation est infernale** when the offices/factories come out, the traffic is hell; **retrouvons-nous à la ~ du travail/spectacle** let's meet after work/the show; **le voilier a heurté la bouée à la ~ du port** the yacht hit the buoy as she was leaving port; **il s'est retourné à la ~ du virage** he rolled (his car) over just after OU as he came out of the bend. -**3.** [fin] end; **à la ~ de l'hiver** when winter was (nearly) over; **à ma ~ de l'école** [à la fin de mes études] when I left school. -**4.** [excursion, promenade] outing; [soirée en ville] evening OU night out; **on a organisé une petite ~ en famille/à vélo** we've organized a little family outing/cycle ride; **ils m'ont privé de ~ trois dimanches de suite** they kept me in for three Sundays in a row ❑ **~ éducative** OU **scolaire** school outing. -**5.** AÉRON & MIL sortie; **faire une ~** to make a sortie; **les pompiers font jusqu'à vingt ~s par semaine** the firemen are called out up to twenty times a week ❑ **~ offensive** sally. -**6.** [porte, issue - d'une école, d'une usine] entrance, gates; [- d'une salle de spectacles] exit, way out; **par ici la ~!** this way out, please!; **poussé vers la ~** pushed towards the exit; **attends-moi à la ~** wait for me outside; **gagner la ~** to reach the exit; **il gagna la ~ sans encombre** he made his way out unimpeded; **le supermarché se trouve à la ~ de la ville** the supermarket is on the outskirts of the town; **'attention, ~ de garage/véhicules'** 'caution, garage entrance/vehicle exit' ❑ **~ de secours** emergency exit; **~ de service** service entrance; **~ des artistes** stage door. -**7.** [sur route] exit; **j'ai raté la ~** I've missed the exit; **à toutes les ~s de Paris** at every major exit from Paris. -**8.** BANQUE & ÉCON [de produits, de devises] export; [de capital] outflow; [sujet de dépense] item of expenditure; [dépense] outgoing; **la ~ de devises est limitée à 5 000 francs par personne** currency export is limited to 5,000 francs per person. -**9.** [d'un disque, d'un film] release; [d'un roman] publication; [d'un modèle] launch; **au moment de sa ~ dans les salles parisiennes** when released in Parisian cinemas; **à sa ~, cette voiture paraissait révolutionnaire** when first launched, this car seemed revolutionary. -**10.** INF [de données] output, readout; [option sur programme] exit; **~ sur imprimante** printout. -**11.** SPORT [aux jeux de ballon] : **~ en touche** (going into) touch; **il y a ~ en touche!** the ball's gone into touch!; **faire une ~** [gardien de but] to come out of goal, to leave the goalmouth ‖ [en gymnastique] exit; **préparer sa ~** to prepare one's exit. -**12.** ÉQUIT [d'un cheval] outing; **c'est sa première ~ de la saison** it's his first race OU outing of the season. -**13.** *fam* [remarque] quip, sally; [emportement] outburst; **elle a parfois de ces ~s!** she sometimes comes out with the most amazing stuff! -**14.** [d'eau, de gaz] outflow, outlet. -**15.** BX-ARTS [gravure] fading, tailing off. -**16.** IMPR [des presses] delivery.

◆ **de sortie** *loc adj* : **c'est son jour de ~** [d'un domestique] it's his/her day off; **être de ~** [domestique] to have one's day off; **la cuisinière est de ~ le lundi** Monday is the cook's day off; **je suis de ~ demain** *fam* [au restaurant, au spectacle] I'm going out tomorrow.

sortie-de-bain [sɔrtidbɛ̃] (*pl* **sorties-de-bain**) *nf* bathrobe.

sortie-de-bal [sɔrtidbal] (*pl* **sorties-de-bal**) *nf* evening wrap, opera cloak.

sortilège [sɔrtilɛʒ] *nm* charm, spell.

sortir[1] [sɔrtir] *nm litt* [fin] : **dès le ~ de l'enfance, il dut apprendre à se défendre** he was barely out of his childhood when he had to learn to fend for himself.

◆ **au sortir de** *loc prép* -**1.** [dans le temps] : **au ~ de l'hiver** as winter draws to a close; **au ~ de la guerre** towards the end of the war. -**2.** [dans l'espace] : **je vis la cabane au ~ du bois** as I was coming out of the woods, I saw the hut.

sortir[2] [32] [sɔrtir] ◇ *vi* -**1.** [quitter un lieu - vu de l'intérieur] to go out; [- vu de l'extérieur] to come out; **ne sors pas sans manteau** don't go out without a coat (on); **il vient de ~** [d'ici] he's just gone out; [d'un autre endroit] he's just come out; **vous trouverez la boîte aux lettres en sortant** you'll find the letter box on your way out; **~ par la fenêtre** to get out OU to leave by the window; **sors!** get out (of here)!; **fais ~ la guêpe** get the wasp out (of here); **Madame, je peux ~?** please Miss, may I leave the room?; **une méchante grippe l'empêche de ~** a bad bout of flu is keeping him indoors OU at home; **le médecin lui a dit de ne pas ~** the doctor told him to stay indoors OU not to go out; **je commence à pouvoir ~ un peu** I can go out OU outdoors a little now, **vivement que je puisse ~!** I can't wait to get out!; **elle est sortie déjeuner/se promener** she's gone (out) for lunch/for a walk; **être sorti** [ne pas être chez soi] to be out; **si elle se présente, dites-lui que je suis sorti** if she calls, tell her I'm out OU I've gone out OU I'm not in; **il était si mauvais que le public est sorti** he was so bad that the audience walked out (on him); **il y a trop d'encombrements, on va essayer de ~ par le pont Bouvier** there's too much traffic, we'll try to get out via Bouvier bridge; **~ de** : **~ d'une pièce** to leave a room; **il est sorti de son examen avant la fin** he left his exam before the end; **les gens sortaient du théâtre** people were coming out of OU leaving the theatre; **~ d'une voiture** to get out of a car; **je l'ai vu qui sortait de l'hôpital/l'école vers 16 h** I saw him coming out of the hospital/school at about 4 p.m.; **fais ~ ce chien de la voiture** get that dog out of the car; **sors de ta cachette!** come out wherever you are!; **~ de l'eau** to emerge from the water; **sors de l'eau!** get out of the water!; **~ du lit** to get out of bed; **~ du bain** to get out of the bath; **alors que l'express sortait de la gare** as the express train was pulling out of OU leaving the station; **les bolides sortent du virage à 150 km/h** the racing cars come out of the bend at 150 km/h ❑ **il est sorti de sa vie** he's out of her life; **ça me sort par les yeux** *fam* I'm sick and tired of it, I've had it up to here. -**2.** [marquant la fin d'une activité, d'une période] : **~ de table** to leave the table; **elle sort de l'hôpital demain** she's coming out of hospital tomorrow; **laisser qqn ~ de l'hôpital** to let sb out of OU to discharge sb from hospital; **~ de l'école/du bureau** [finir sa journée] to finish school/work; **à quelle heure sors-tu?** [du bureau, du lycée] what time do you finish?; **~ de prison** to come out of OU to be released from prison. -**3.** [pour se distraire] : **je sors très peu** I hardly ever go out; **ils sortent au restaurant tous les soirs** they eat out every night; **~ avec qqn** to go out with sb; **tu sors avec quelqu'un demain?** are you going out with someone tomorrow?; **je ne sors plus avec lui** *fam* I'm not going out with him OU I'm not seeing him anymore; **ils sortent ensemble depuis trois ans** *fam* they've been going out together for three years. -**4.** [apparaître - dent, bouton] to come through; [- pousse] to come up, to peep through; **l'antenne sort quand on appuie sur le bouton** the aerial comes out when you press the button. -**5.** [se répandre] to come out; **le son sort par là** the sound comes out here; **des flammes sortaient de la gueule du dragon** flames were coming out of the dragon's mouth; **c'est pour que la fumée sorte** it's to let the smoke out OU for the smoke to escape. -**6.** [s'échapper] to get out; **des pensionnaires réussissaient parfois à ~** some boarders would manage to get out OU to escape from time to time; **~ de** : **aucun dossier ne doit ~ de l'ambassade** no file may be taken out of OU leave the embassy; **faire ~ qqn/des marchandises d'un pays** to smuggle sb/goods out of a country; **je vais te confier quelque chose, mais cela ne doit pas ~ d'ici** I'm going to tell you something, but it mustn't go any further than these four walls. -**7.** [être mis en vente - disque, film] to be released, to come out; [- livre] to be published, to come out; **le film sortira (sur les écrans) en septembre** the film will be released OU will be out in September; **à l'heure où les journaux sortent** when the papers come off the presses; **ce nouveau type de revêtement devrait bientôt ~** this new type of flooring material should be on the market fairly soon; **ça vient de ~!** it's just (come) out!, it's (brand) new! -**8.** [être révélé au public - sujet d'examen] to come up; [- numéro de loterie] to be drawn; [- numéro à la roulette] to turn OU to come up; [- tarif, barême] to be out; **je ne révise pas la crise de 29, ça ne sortira pas** *fam* I'm not going to revise the Wall Street crash, it won't come up. -**9.** [être promulgué] : **la loi a été votée mais le décret d'application ne sortira qu'en septembre** the bill has been passed, but it won't become law until September. -**10.** *fam* [être dit] to come out; **il fallait que ça sorte!** it had to come out OU to be said!; **c'est sorti comme ça, je n'ai pas pu m'en empêcher** I just came out with it OU blurted it out, I couldn't help myself. -**11.** INF : **~ (d'un système)** to exit (from a system). -**12.** NAUT & AÉRON : **~ du port** to leave harbour; **~ en mer** to put out to sea; **aujourd'hui, les avions/bateaux ne sont pas sortis** the planes were grounded/the boats stayed in port today. -**13.** SPORT [balle] to go out; **la balle est sortie (du court)** the ball was out; **le ballon est sorti en corner/touche** the ball went out for a corner/went into touch; **on a fait ~ le joueur (du terrain)** [pour faute] the player was sent off; [il est blessé] the player had to go off because of injury; **et voilà le dernier Français qui sort du tournoi!** now the last Frenchman's out of the tournament! -**14.** THÉÂT : **le roi sort** exit the King; **les sorcières sortent** exeunt (the) witches. -**15.** IMPR : **faire ~ une ligne** to run on a line.

◇ *vt* -**1.** [mener dehors - pour se promener, se divertir] to take out *(sép)*; **~ un enfant** to take a child out for a walk; **sors le chien** take the dog out (for a walk); **il faut ~ les chiens régulièrement** dogs have to be walked regularly; **viens** avec nous au concert, ça te sortira come with us to the concert, that'll get you out (of the house). -2. [mettre dehors - vu de l'intérieur] to put out OU outside; [- vu de l'extérieur] to bring out OU outside *(sép)*; ~ la poubelle to take out the rubbish bin *Br* OU the trash *Am*. -3. [présenter - crayon, outil] to take out *(sép)*; [- pistolet] to pull out; [- papiers d'identité] to produce; on va bientôt pouvoir ~ les vêtements d'été we'll soon be able to get out our summer clothes; sors le jeu d'échecs take OU get the chess set out; l'escargot sort ses cornes the snail is putting out its horns ❑ les ~ *fam* to put one's hand in one's pocket; il a toujours du mal à les ~ he's never too keen to put his hand in his pocket. -4. [extraire]: ~ qqch de to take OU to get sthg out of; sors un verre du placard get a glass out of OU from the cupboard; il a sorti quelque chose de sa poche he drew OU took OU got sthg out of his pocket; sors les mains de tes poches! take OU get your hands out of your pockets!; ils ont eu du mal à ~ le car du lac they had problems getting OU pulling OU hauling the coach out of the lake; des mesures ont été prises pour ~ le pays de la crise measures have been taken in order to get the country out of OU to rescue the country from the present crisis; ~ qqn de to get OU to pull sb out of; ils ont sorti les blessés des décombres they pulled the injured out of the rubble; j'ai eu du mal à le ~ de son lit [le faire lever] I had trouble getting him out of bed ❑ je vais te ~ d'affaire OU d'embarras OU de là I'll get you out of it. -5. *fam* [expulser] to get OU to throw out *(sép)*; sortez-le ou je fais un malheur! get him out of here before I do something I'll regret!; sortez l'arbitre! get off, ref!; elle a sorti la Suédoise en trois sets she disposed of OU beat the Swedish player in three sets. -6. [mettre sur le marché] to launch, to bring out; ~ un disque/film [auteur] to bring out a record/film; [distributeur] to release a record/film; ~ un livre to bring out OU to publish a book; nous devons ~ un produit nouveau chaque mois we have to bring out a new product every month. -7. *fam* [dire] to say, to come out with; elle n'a sorti que des banalités she just came out with a load of clichés; tu sais ce qu'elle m'a sorti? you know what she came out with?; il m'a sorti que j'étais trop vieille! he told me I was too old, just like that!; vas-y, sors tout ce que tu as sur le cœur! come on, out with it, what's bothering you? -8. [roue, train d'atterrissage] to drop; [volet] to raise.

◆ **sortir de** *v + prép* -1. [d'un emplacement, d'une position] to come out of, to come off; la porte coulissante est sortie de la rainure the sliding door has come out of the groove; ~ des rails to go off OU to jump the rails; ~ de la piste [voiture] to come off OU to leave the track; [skieur] to come off the piste ❑ ça m'était complètement sorti de la tête OU de l'esprit it had gone right out of my head OU mind; l'incident est sorti de ma mémoire OU m'est sorti de la mémoire I've forgotten the incident. -2. [venir récemment de] to have (just) come from; elle sort de chez moi she's just left my place; je sortais de chez le coiffeur I was just coming out of the hairdresser's; d'où sors-tu? *fam* where have you been?; il sort de son entretien/examen he has just got out of his interview/exam; je sors d'une grippe I'm just recovering from a bout of flu; ~ de faire qqch *fam* to have just done sthg; je sors de lui parler I was just this minute talking to him ❑ je sors d'en prendre *fam* I've had quite enough of that, thank you. -3. [venir à bout de] to come out of; nous avons eu une période difficile mais heureusement nous en sortons we've had a difficult time but fortunately we're now emerging from it OU we're seeing the end of it now ❑ en ~ *fam*: est-ce qu'on va enfin en ~? when are we going to see an end to all this?; on n'en sortira pas we'll be there till kingdom come OU the cows come home. -4. [se tirer de, se dégager de]: elle est sortie indemne de l'accident she came out of the accident unscathed; le président n'est pas sorti indemne de ce face à face the president didn't emerge unscathed from this encounter; elle est sortie première de sa promotion she came out first in her class; qui sortira victorieux de ce match? who will win this match?; le linge sort tout blanc de la machine the washing is really white when it comes out of the machine; ~ de sa rêverie to emerge from one's reverie; ~ du sommeil to emerge from OU to wake from sleep; lorsqu'on sort de l'adolescence pour entrer dans l'âge adulte when one leaves adolescence (behind) to become an adult. -5. [se départir de]: il est sorti de sa réserve après quelques verres de vin he opened OU loosened up after a few glasses of wine; elle est sortie de son silence pour écrire son second roman she broke her silence to write her second novel. -6. [s'écarter de]: attention à ne pas ~ du sujet! be careful not to get off OU to stray from the subject!; cela sort de mes compétences that's not my field; ~ de l'ordinaire to be out of the ordinary; enfin une collection de mode qui sort de l'ordinaire! at last a fashion show with a difference! ❑ il ne veut pas ~ OU il ne sort pas de là he won't budge; il n'y a pas à ~ de là [c'est inévitable] there's no way round it, there's no getting away from it. -7. *(tournure impersonnelle)* [résulter de]: que sortira-t-il de tout cela? what will come of all this?; il n'est rien sorti de son interrogatoire his interrogation revealed nothing; il ne sortira rien de bon de toutes leurs manigances no good will come of all their schemes. -8. [être issu de]: ~ d'une bonne famille to come from OU to be of a good family; pour ceux qui sortent des grandes écoles for those who have studied at OU are the products of the grandes écoles; il ne faut pas être sorti de Polytechnique pour savoir ça you don't need a PhD to know that ❑ mais d'où sors-tu? [tu es mal élevé] where did you learn such manners?, where were you brought up?; [tu ne connais rien] where have you been all this time? -9. [être produit par] to come from; la veste sortait de chez un grand couturier the jacket was made by a famous designer; mes personnages sortent tout droit de mon imagination my characters are straight out of my imagination.

◆ **se sortir de** *vp + prép* to get out of; j'ai du mal à me ~ du lit le matin I find it difficult to get out of bed in the morning; se ~ d'une situation embarrassante to get (o.s.) out of OU to extricate o.s. from an embarrassing situation ❑ s'en ~ *fam*: aide-moi à finir, je ne m'en sortirai jamais seul! give me a hand, I'll never get this finished on my own; donne-lui une fourchette, il ne s'en sort pas avec des baguettes give him a fork, he can't manage with chopsticks; tu t'en es très bien sorti you did very well; la voiture a fait un tonneau mais il s'en est sorti sans une égratignure his car turned right over but he escaped without a scratch; elle s'en est sortie avec quelques bleus she got away with a few bruises; s'en ~ à peu près [financièrement] to get by; s'en ~ très bien to manage very well; on ne s'en sort pas avec une seule paie it's impossible to manage on OU to get by on a single wage; malgré les allocations, on ne s'en sort pas in spite of the benefit, we're not making ends meet; s'en ~ pour *fam* [avoir à payer] to be stung for; tu t'en es sorti pour combien? *fam* how much were you stung for?; on s'en est sortis pour 900 francs à quatre *fam* we had to cough up 900 francs among the four of us.

SOS (*abr de* save our souls) *nm* -1. [signal de détresse] SOS; lancer un ~ to put OU to send out an SOS. -2. *fam* [demande d'argent]: envoyer un ~ à ses parents to send an urgent request for money to one's parents. -3. [dans des noms de sociétés]: ~ médecins/dépannage emergency medical/repair service.

sosie [sɔzi] *nm* double, doppelganger; c'est ton ~! he's the spitting image of you!

sot, sotte [so, sɔt] ◇ *adj* -1. [idiot] stupid; il n'est pas ~ he's no fool ❑ il n'y a pas de ~ métier (, il n'y a que de ~tes gens) *prov* there's no such thing as a worthless trade. -2. *litt* [embarrassé] dumbfounded.

◇ *nm, f* fool, idiot; petite ~te! little fool!

sot-l'y-laisse [solilɛs] *nm inv* oyster *(in poultry)*.

sottement [sɔtmɑ̃] *adv* foolishly, stupidly.

sottise [sɔtiz] *nf* -1. [caractère] stupidity, silliness; a-t-on idée d'une pareille ~? how can anyone be so silly? -2. [acte] stupid OU foolish action; arrête de faire des ~s [à un enfant] stop messing about; je viens de faire une grosse ~ I've just done something very stupid OU silly. -3. [parole] stupid remark; ne dis pas de ~s, le soleil se couche à l'ouest don't be silly OU talk nonsense, the sun sets in the west.

◆ **sottises** *nfpl* [injures] insults; elle m'a dit des ~s she insulted me.

sottisier [sɔtizje] *nm* collection of howlers.

sou [su] *nm* -1. HIST [sol] sol, sou; [5 centimes] five centimes; cent ~s five francs. -2. *fam* [argent] penny, cent *Am*; tu n'auras pas un ~! you won't get a penny!; ça ne vaut pas un ~ *fam* it's not worth tuppence *Br* OU a red cent *Am*; économiser ~ à OU par ~ to save every spare penny; il a dépensé jusqu'à son dernier ~ he's spent every last penny he had ❑ ils n'ont pas le ~ they haven't got a penny (to their name); être sans le ~ to be broke; je suis sans un ~ I haven't got any money (on me); ne pas avoir un ~ vaillant: elle n'a jamais eu un ~ vaillant she never had two pennies to rub together; un ~ est un ~ a penny saved is a penny gained. -3. *loc*: elle n'a pas (pour) un ~ OU deux ~s de jugeote *fam* she hasn't an ounce of sense; elle n'est pas méfiante pour un ~ OU deux ~s she's not in the least suspicious; être propre comme un ~ neuf to be as clean as a new pin.

◆ **sous** *fam nmpl* [argent] cash; donne-moi des ~s pour les courses give me some money OU a bit of cash to do the shopping; des ~s, toujours des ~s! money for this, money for that! ❑ c'est une affaire OU une histoire de gros ~s there's a lot of cash involved.

Souabe [swab] *npr f*: (la) ~ Swabia.

soubassement [subasmɑ̃] *nm* -1. ARCHIT & CONSTR foundation. -2. GÉOL bedrock. -3. [base - d'une théorie] basis, underpinnings.

soubresaut [subrəso] *nm* -1. [secousse] jerk, jolt. -2. [haut-le-corps] shudder, convulsion. -3. [saccade]: les derniers ~s de la bataille the last throes of the battle.

soubrette [subrɛt] *nf* -1. THÉÂT soubrette, maid; jouer les ~s to play minor roles. -2. *litt* [servante] lady's maid.

souche [suʃ] *nf* -1. BOT [d'un arbre en terre] stock, bole; [d'un arbre coupé] stump; [d'une vigne] stock ❑ comme une ~: ne reste pas là planté comme une ~! don't just stand there like a lemon *Br* OU a turkey *Am*! -2. [d'un carnet] stub, counterfoil *Br*. -3. [origine] descent, stock; de ~ paysanne of peasant stock; mot de ~ saxonne word with a Saxon root OU of Saxon origin; faire ~ [ancêtre] to found OU to start a line; un mot de ~ indo-européenne a word with an indo-european root. -4. *fam* [crétin] idiot, dumbo. -5. CONSTR base; ~ de cheminée chimney stack. -6. BIOL strain. -7. JUR stock.

◆ **de souche** *loc adj*: ils sont français de ~ they're of French extraction OU origin.

◆ **de vieille souche** *loc adj* of old stock.

souci [susi] *nm* -1. [inquiétude] worry; se faire du ~ to worry, to fret; se faire du ~ pour to worry OU to be worried about; elle n'a pas le moindre ~ à se faire quant à son avenir she needn't worry in the slightest about her future; ne te fais donc pas tant de ~! don't worry so much!; donner du ~ à qqn to worry sb; mon fils me donne bien du ~! my son is a great worry to me; eh oui, tout ça c'est bien du ~! oh dear, what a worry it all is! -2. [préoccupation] worry; avoir des ~s to have worries; c'est un ~ de moins! that's one thing less to worry about!; des ~s d'argent/de santé money/

health worries; **c'est le dernier** OU **le cadet de mes ~s!** it's the least of my worries!, I couldn't care less!; **avoir le ~ de bien faire** to be concerned OU to care about doing things well. -**3.** BOT marigold; **~ d'eau** marsh marigold; **~ des jardins** garden marigold.

◆ **dans le souci de** *loc conj*: **je l'ai fait dans le ~ de te protéger** I was (only) trying to protect you when I did it.

◆ **sans souci** ◇ *loc adj* [vie, personne - insouciant] carefree; **être sans ~** [sans tracas] to be free of worries.

◇ *loc adv*: **vivre sans ~** [de façon insouciante] to live a carefree life; [sans tracas] to live a life free of worries.

soucier [9] [susje]

◆ **se soucier de** *vp + prép* [s'inquiéter de] to worry about; [s'intéresser à] to care about; **je ne m'en soucie guère** I don't worry much about it ❑ **il s'en soucie comme d'une guigne** *fam* OU **de sa première chemise** *fam* OU **de l'an quarante** *fam* he doesn't give a damn about it.

soucieusement [susjøzmɑ̃] *adv* anxiously, worriedly.

soucieux, euse [susjø, øz] *adj* -**1.** [préoccupé] worried, preoccupied; **elle m'a regardé d'un air ~** she looked at me worriedly; **assis devant le feu, le front ~** sitting in front of the fire with a worried look on his face OU with a furrowed brow *litt*. -**2.** **~ de** [attaché à] concerned about, mindful of *litt*; **peu ~ du qu'en dira-t-on** indifferent to OU unconcerned about what people (may) say; **~ que** [attentif à] anxious that; **elle était soucieuse que tout se passe bien** she was anxious that everything should go well.

soucoupe [sukup] *nf* saucer; **~ volante** flying saucer; **faire** OU **ouvrir des yeux comme des ~s** to open one's eyes wide.

soudabilité [sudabilite] *nf* [par soudage -hétérogène] solderability; [- autogène] weldability.

soudable [sudabl] *adj* [par soudage - hétérogène] solderable; [- autogène] weldable.

soudage [sudaʒ] *nm*: **~ à l'arc/au gaz** arc/gas welding; **~ autogène** welding; **~ par fusion/pression** fusion/pressure welding; **~ hétérogène** soldering.

soudain, e [sudɛ̃, ɛn] *adj* sudden, unexpected; **un revirement ~ de la situation** an unexpected reversal of the situation.

◆ **soudain** *adv* all of a sudden, suddenly; **~ la porte s'ouvrit** all of a sudden OU suddenly, the door opened.

soudainement [sudɛnmɑ̃] *adv* suddenly, all of a sudden; **pourquoi est-il parti si ~?** why did he leave so hurriedly?

soudaineté [sudɛnte] *nf* suddenness; **la ~ de son départ** her hurried OU sudden departure.

Soudan [sudɑ̃] *npr m*: **le ~** the Sudan; **au ~** in the Sudan.

soudanais, e [sudanɛ, ɛz], **soudanien, enne** [sudanjɛ̃, ɛn] *adj* GÉOG Sudanese.

◆ **Soudanais, e, Soudanien, enne** *nm, f* Sudanese (person); **les Soudanais** the Sudanese.

soudant, e [sudɑ̃, ɑ̃t] *adj* welding.

soudard [sudar] *nm* -**1.** HIST ill-disciplined soldier. -**2.** *litt* [individu grossier et brutal] brute.

soude [sud] *nf* -**1.** CHIM soda; **~ caustique** caustic soda; **~ du commerce** sodium carbonate. -**2.** BOT barilla.

souder [3] [sude] *vt* -**1.** TECH [par soudure - hétérogène] to solder; [- autogène] to weld; **~ à l'arc** to arc-weld. -**2.** [unir] to bring OU to bind OU to join together; **le malheur les avait soudés** misfortune had united them; **communautés soudées par la religion** communities solidly linked by religion.

◆ **se souder** *vpi* [vertèbres, mots] to become fused.

soudeur, euse [sudœr, øz] *nm, f* [par soudure - hétérogène] solderer; [- autogène] welder.

◆ **soudeuse** *nf* [machine] welder, welding machine.

soudier, ère [sudje, ɛr] *adj* soda *(modif)*.

soudoyer [13] [sudwaje] *vt* to bribe.

soudure [sudyr] *nf* -**1.** [soudage - autogène] welding; [- hétérogène] soldering. -**2.** [résultat - autogène] weld; [- hétérogène] soldered joint. -**3.** [jonction] join; **ça s'est cassé à (l'endroit de) la ~** it broke along the join ❑ **assurer** OU **faire la ~** to bridge the gap. -**4.** [soudage - autogène] weld; [- hétérogène] solder. -**5.** ANAT & BOT suture.

soufflage [suflaʒ] *nm* -**1.** [modelage - du verre] blowing; [- des polymères] inflation. -**2.** RAIL: **~ mesuré** measured shovel packing. -**3.** NAUT sheathing. -**4.** MIN heave. -**5.** MÉTALL blow. -**6.** ÉLECTR: **~ magnétique** magnetic blowout (phenomenon).

soufflant, e [suflɑ̃, ɑ̃t] *adj* -**1.** [appareil]: **radiateur ~** fan heater. -**2.** *fam* [étonnant] staggering, amazing; **ça alors, c'est ~!** well I never!

◆ **soufflant**▽ *nm* [pistolet] gun.

◆ **soufflante** *nf* -**1.** [dans un haut fourneau] blower. -**2.** [dans un turboréacteur] turbofan.

soufflard [suflar] *nm* GÉOL fumarole (jet).

souffle [sufl] *nm* -**1.** [air expiré - par une personne] blow; **elle dit oui dans un ~** she breathed her assent ❑ **dernier ~** *litt* last breath; **jusqu'à mon dernier ~** as long as I live and breathe, to my dying day. -**2.** [respiration] breath; [rythme respiratoire] breathing; **je sentis un ~ sur ma nuque** I felt a breath on my neck; **avoir du ~** to have a lot of breath; **avoir le ~ court, manquer de ~** to be short-winded; **être à bout de ~, n'avoir plus de ~** [haletant] to be out of breath; **l'entreprise est à bout de ~** *fig* the company is on its last legs; **reprendre son ~** to get one's breath OU wind back; **retenir son ~** *pr & fig* to hold one's breath ❑ **deuxième** OU **second ~** second wind; **le parti est à la recherche de son second ~** *fig* the party is trying to find its second wind. -**3.** [courant d'air]: **~ d'air** OU **de vent** breath of air; **il n'y a pas un ~ de vent** there isn't a breath of air, the air is completely still; **un ~ de vent agita les roseaux** a puff of wind blew through the reeds. -**4.** *litt* [force] breath, spirit; **un ~ épique traverse le poème** the poem is imbued with an epic spirit. -**5.** [d'une explosion] blast; **le magasin a été détruit par le ~** the shop was destroyed by the blast; **le ~ d'un sèche-cheveux/ventilateur** warm air blown by a hairdryer/fan. -**6.** AUDIO (thermal) noise; **~ du signal** modulation noise. -**7.** MÉD: **~ au cœur** heart murmur. -**8.** ZOOL [d'un cétacé] blow.

soufflé, e [sufle] *adj* -**1.** TECH blown. -**2.** *fam* [étonné] amazed, staggered, dumbfounded; **j'étais soufflé!** I was speechless!, you could have knocked me down with a feather! -**3.** CULIN soufflé *(modif)*; **pommes de terre ~es** soufflé potatoes. -**4.** [boursouflé - visage, main] puffy, swollen.

◆ **soufflé** *nm* -**1.** CULIN soufflé; **~ au fromage** cheese soufflé. -**2.** TECH blowing.

souffler [3] [sufle] ◇ *vi* -**1.** [expirer - personne] to breathe out; **inspirez, soufflez!** breathe in, breathe out!; **soufflez dans le ballon** [Alcootest] blow into the bag; **ils m'ont fait ~ dans le ballon** they gave me a breath test; **~ dans un cor/trombone** to blow (into) a horn/trombone; **il soufflait sur ses mains/doigts** he was blowing on his hands/fingers; **souffle sur ton potage si c'est trop chaud** blow on your soup if it's too hot ❑ **ça ne se fait pas en soufflant dessus!** *fam* you can't do it just like that!; **~ sur le feu** *pr* to blow on the fire; *fig* to add fuel to the flames. -**2.** MÉTÉO [vent] to blow; **le vent soufflera sur tout le pays** it'll be windy all over the country; **le vent soufflait en rafales** OU **bourrasques** there were gusts of wind, the wind was gusting; **le vent souffle à plus de 120 km/h par endroits** there are gusts of wind reaching 120 km/h in places; **quand le vent souffle de l'ouest** when the wind blows OU comes from the west. -**3.** [respirer avec difficulté] to blow, to puff, to breathe hard; **suant et soufflant** puffing and blowing; **~ comme un bœuf** OU **un cachalot** OU **une forge** OU **une locomotive** OU **un phoque** *fam* to wheeze like a pair of old bagpipes. -**4.** [retrouver sa respiration - personne] to get one's breath back; [- cheval] to get its breath back; **souffle un peu, avant de soulever l'armoire** get your breath back before you move the cupboard; **laisser ~ son cheval** to blow OU to wind one's horse. -**5.** [se reposer] to have a break; **ça fait trois semaines que je travaille sans arrêt, j'ai besoin de ~ un peu** I've been working for three weeks non-stop, I need a break; **au bureau, on n'a pas le temps de ~!** it's all go at the office!; **tu ne prends donc jamais le temps de ~?** don't you ever let up OU give yourself a break? -**6.** ZOOL [cétacé] to blow.

◇ *vt* -**1.** [bougie] to blow out *(sép)*; **elle a soufflé toutes les bougies d'un seul coup** she blew all the candles out in one go. -**2.** [exhaler]: **va ~ ta fumée de cigarette ailleurs** blow your smoke elsewhere ❑ **~ le chaud et le froid** to blow hot and cold. -**3.** [murmurer - mot, réponse] to whisper; THÉÂT to prompt; **~ qqch à qqn** to whisper sthg to sb; **il a fallu qu'on lui souffle son rôle** she had to have a prompt ‖ *(en usage abs)*: **on ne souffle pas!** no whispering!, don't whisper (the answer)! ❑ **ne pas ~ mot (de qqch)** not to breathe a word (about sthg); **il a juré de n'en ~ mot à personne** he swore not to breathe a word about it to anyone. -**4.** [suggérer - idée, conseil] to whisper, to suggest; **et qui t'a soufflé cette brillante idée?** who did you get that bright idea from? -**5.** *fam* [époustoufler - suj: événement, personne] to take aback, to stagger, to knock out *(sép)*; **son insolence m'a vraiment soufflé!** I was quite staggered at her rudeness!; **ça t'a soufflé, hein, qu'il refuse?** him saying no stumped you, didn't it? -**6.** *fam* [dérober]: **~ qqch à qqn** to pinch sthg from sb; **je me suis fait ~ ma place** someone's pinched my seat. -**7.** JEUX [pion] to huff; **~ n'est pas jouer!** to huff doesn't count as a move! -**8.** [suj: bombe, explosion] to blow up *(sép)*, to blast away *(sép)*; **l'explosion a soufflé la toiture** the blast blew the roof off OU away. -**9.** MÉTALL & TECH to blow.

soufflerie [sufləri] *nf* -**1.** AÉRON wind tunnel. -**2.** INDUST blower; [d'une forge] bellows. -**3.** MUS [d'un orgue] bellows.

soufflet [suflɛ] *nm* -**1.** [instrument] (pair of) bellows; **~ de forge** (forge OU blacksmith's) bellows. -**2.** *litt* [gifle] slap; [affront] snub; **sa remarque lui fit l'effet d'un ~** his remark was like a slap in the face. -**3.** COUT (pocket) gusset. -**4.** PHOT bellows. -**5.** RAIL (wagon) communication bellows.

souffleter [27] [suflәte] *vt litt* to slap in the face.

souffleur, euse [suflœr, øz] *nm, f* -**1.** THÉÂT prompter. -**2.** TECH: **~ de verre** glassblower.

◆ **souffleur** *nm* ZOOL blower dolphin.

◆ **souffleuse** *nf Can* [chasse-neige] snowblower.

soufflure [suflyr] *nf* -**1.** MÉTALL [à la surface] blister; [à l'intérieur] blowhole. -**2.** [dans un enduit, une peinture] blister. -**3.** [dans le verre] blister, bubble.

souffrance [sufrɑ̃s] *nf* -**1.** [fait de souffrir] suffering. -**2.** [mal - physique] pain; [- psychologique] pain, torment; **abréger les** OU **mettre fin aux ~s de qqn** to put an end to sb's suffering ❑ **'les Souffrances du jeune Werther'** *Goethe* 'The Sorrows of Young Werther'.

◆ **en souffrance** *loc adv*: **être** OU **rester en ~** to be held up; **dossiers en ~** files pending.

souffrant, e [sufrɑ̃, ɑ̃t] *adj* -**1.** [malade]: **être ~** to be unwell. -**2.** [malheureux] suffering; **l'humanité ~e** the downtrodden masses.

souffre-douleur [sufrədulœr] *nm inv* scapegoat; **à l'école, c'était toujours lui le ~** at school, he was always the one who got bullied.

souffreteux, euse [sufrətø, øz] *adj* -**1.** [malingre] sickly, puny *péj*; **un enfant ~** a sickly OU delicate child. -**2.** [maladif] sickly; **une mine souffreteuse** an unhealthy OU a sickly complexion. -**3.** [rabougri - plante] stunted, scrubby.

souffrir [34] [sufrir] ◇ *vt* -**1.** [endurer - épreuves] to endure, to suffer; **si tu avais souffert ce que**

j'ai souffert! if you'd suffered as much as I have!, if you had gone through what I have!; ~ le martyre to go through OU to suffer agonies; son dos lui fait ~ le martyre he has terrible trouble with his back; j'ai cru ~ mille morts I felt I was dying a thousand deaths. -2. *litt* [tolérer]: elle ne souffre pas d'être critiquée OU qu'on la critique she can't stand OU take criticism; il ne souffrait pas la contradiction he couldn't stand being contradicted. -3. *litt* [admettre - suj: personne] to allow, to tolerate; [- suj: règlement] to allow (for), to admit of; souffrez au moins que je vous accompagne at least allow me to accompany you; le règlement de son dossier ne peut ~ aucun délai the settlement of his case simply cannot be postponed; cette règle ne souffre aucune exception the rule admits of no exception.

◇ *vi* -1. [avoir mal] to be in pain, to suffer; tu souffres? are you in pain?, does it hurt?; souffre-t-il beaucoup? is he in much pain?, is he suffering a lot?; où souffrez-vous? where is the pain?, where does it hurt?; elle a beaucoup souffert lors de son accouchement she had a very painful delivery; c'est une intervention bénigne, vous ne souffrirez pas it's a very minor operation, you won't feel any pain; ~ en silence to suffer in silence; il est mort sans ~ he felt no pain when he died; elle a cessé de ~ *euph*, elle ne souffrira plus *euph* she's out of pain (now); il faut ~ pour être belle! *hum* one must suffer to be beautiful!; faire ~ [faire mal] to cause pain to, to hurt; mon dos me fait ~ ces temps-ci my back's been hurting (me) lately; si ça vous fait encore ~, revenez me voir if it starts hurting again, come back and see me again. -2. ~ de [avoir mal à cause de]: ~ de la hanche to have trouble with one's hip; pour tous les gens qui souffrent du dos/du diabète for all people with back problems/diabetes sufferers; ~ de la faim/soif to suffer from hunger/thirst; ~ de la chaleur [être très sensible à] to suffer in the heat; [être atteint par] to suffer from the heat; ~ de *fig* [pâtir de]: sa renommée a souffert du scandale his reputation suffered from the scandal; la crédibilité de l'intrigue en souffre it makes the plot less plausible; dût ton amour-propre en ~ even though your pride may be hurt by it || *(en usage abs)*: les récoltes n'ont pas trop souffert the crops didn't suffer too much OU weren't too badly damaged; seule la carrosserie a souffert only the bodywork was damaged; c'est le sud du pays qui a le plus souffert the southern part of the country was the worst hit. -3. *fam* [peiner] to toil, to have a hard time (of it); notre équipe a souffert pendant la première mi-temps our team had a rough time OU was put through the mill during the first half.

◆ **se souffrir** *vp (emploi réciproque) litt*: ils ne peuvent pas se ~ they can't stand OU bear each other.

soufi [sufi] *nm* Sufi.

soufisme [sufism] *nm* Sufism.

soufrage [sufraʒ] *nm* -1. [des allumettes] sulphuring. -2. AGR & TEXT sulphuration.

soufre [sufr] ◇ *nm* -1. CHIM sulphur; ~ octaédrique/prismatique monoclinic/rhombic sulphur. -2. *loc*: sentir le ~ to be highly unorthodox.

◇ *adj inv* sulphur (yellow).

soufrer [3] [sufre] *vt* -1. [allumettes] to sulphur. -2. AGR to (treat OU spray with) sulphur. -3. TEXT to sulphurate.

soufrière [sufrijɛr] *nf* sulphur mine.

souhait [swɛ] *nm* wish; si je pouvais formuler un ~ if I had one wish; tous nos ~s de bonheur all our best wishes for your future happiness; envoyer ses ~s de bonne année to send New Year greetings; à tes ~s, à vos ~s bless you! *(after a sneeze)*.

◆ **à souhait** *loc adv litt* extremely well, perfectly; tout marche à ~ everything's going well OU perfectly; rôti à ~ cooked to perfection OU a turn.

souhaitable [swɛtabl] *adj* desirable; ce n'est guère ~ this is not to be desired.

souhaiter [4] [swete] *vt* -1. [espérer] to wish OU to hope for *(insép)*; il ne reviendra plus – souhaitons-le OU c'est à ~! he won't come back – let's hope not!; ce n'est pas à ~! it's not something we would wish for!; ~ la mort/la ruine/le bonheur de qqn to wish sb dead/for sb's ruin/for sb's happiness; je souhaiterais pouvoir t'aider I wish I could OU I'd like to be able to help (you); ~ que to hope that; souhaitons que tout aille bien let's hope everything goes all right; il est à ~ que... it's to be hoped that... -2. [formuler un vœu de] to wish; en vous souhaitant un prompt rétablissement/un bon anniversaire wishing you a swift recovery/a happy birthday; nous vous souhaitons un joyeux Noël with our best wishes for a happy Christmas; je te souhaite beaucoup de réussite/d'être heureux I wish you every success/happiness; souhaite-moi bonne chance! wish me luck!; je ne leur ai pas encore souhaité la bonne année [par écrit] I haven't sent them my wishes for the New Year yet; [oralement] I haven't wished them a happy New Year yet; je vous souhaite bonne nuit I'll say good night to you; je te souhaite bien du plaisir! *fam*, je t'en souhaite! *iron* best of luck to you!; ~ sa fête/son anniversaire à qqn to wish sb a happy saint's day/a happy birthday ❑ je te la souhaite bonne et heureuse! *fam* all my best wishes for a happy New Year!

◆ **se souhaiter** *vp (emploi réciproque)*: nous nous sommes souhaité la bonne année we wished each other a happy New Year.

souillard [sujar] *nm* CONSTR [trou] sinkhole; [dalle] sink-stone.

souille [suj] *nf* -1. CHASSE (boar's) wallow, soil *arch.* -2. ARM strike. -3. NAUT [d'un navire] bed, impression.

souiller [3] [suje] *vt litt* -1. [maculer] to soil. -2. [polluer] to contaminate, to pollute, to taint. -3. [entacher - réputation] to ruin, to sully *litt*, to tarnish *litt*; [- innocence] to defile *litt*, to taint *litt*.

souillon [sujɔ̃] *nmf* [gén] slob; [femme] slut.

souillure [sujyr] *nf* -1. *litt* [tache] stain. -2. *litt* [flétrissure] blemish, taint; la ~ du péché the stain of sin. -3. CHASSE (boar's) wallow.

souk [suk] *nm* -1. [marché] souk. -2. *fam* [désordre] shambles *(sg)*; c'est le ~ ici! what a mess OU shambles here!

soul [sul] ◇ *adj inv* soul *(modif)* MUS.

◇ *nm* [jazz] hard bop.

◇ *nf* [pop] soul (music).

soûl, e [su, sul] *adj* -1. [ivre] drunk; ~ comme une bourrique OU un cochon OU une grive OU un Polonais *fam* (as) drunk as a lord *esp Br*, stewed to the gills *Am*. -2. *fig*: ~ de [rassasié de] sated with; [étourdi par] drunk OU intoxicated with *fig*.

◆ **soûl** *nm*: tout son ~ to one's heart's content; en avoir tout son ~ to have one's fill; dormir tout son ~ to sleep as much as one wants.

soulagement [sulaʒmɑ̃] *nm* relief, solace; c'est un ~ de le savoir sain et sauf it's a relief to know he's safe and sound; c'est un ~ de t'avoir ici it helps OU it's a comfort to have you around; un soupir/cri de ~ a sigh/cry of relief; le ~ se lisait sur son visage you could see from his face how relieved he was; à mon grand ~, il partit enfin I was greatly relieved when he left at last.

soulager [17] [sulaʒe] *vt* -1. [personne - physiquement] to relieve, to bring relief to; les comprimés ne me soulagent plus the pills don't bring me relief anymore; cela devrait vous ~ de votre mal de tête this should relieve OU help your headache; on l'a soulagée de son chéquier *hum* she was relieved of her chequebook. -2. [personne - moralement] to relieve, to soothe; pleure, ça te soulagera have a good cry, you'll feel better afterwards; ça me soulage de savoir qu'il est bien arrivé it's a relief to know he got there safely; ~ la conscience de qqn to ease sb's conscience. -3. [diminuer - misère, souffrances] to relieve; [- douleur] to relieve, to soothe; j'aimerais pouvoir ~ ta peine I wish I could relieve your sorrow OU bring you some comfort. -4. [décharger] to relieve; nous allons réduire certains impôts pour ~ les entreprises some taxes will be reduced to relieve companies; ~ de: mon collègue me soulage parfois d'une partie de mon travail my colleague sometimes relieves me of part of my work. -5. CONSTR [étayer] to shore up *(sép)*. -6. NAUT [ancre] to weigh.

◆ **se soulager** ◇ *vp (emploi réfléchi)* [d'une charge de travail] to lessen the strain on o.s.; prends un collaborateur pour te ~ take somebody on to take some of the pressure of work off you.

◇ *vpi* -1. [moralement] to get OU to find relief, to take comfort; il m'arrive de crier pour me ~ sometimes I shout to let OU to blow off steam. -2. *fam euph* to relieve o.s.

soûlant, e *fam* [sulɑ̃, ɑ̃t] *adj* exhausting, harrassing; elle parle, elle parle, c'en est ~! she goes on and on, it makes your head spin!

soûlard, e *fam* [sular, ard], **soûlaud, e** *fam* [sulo, od] *nm, f* boozer, drunkard; c'est une vieille ~e she's an old soak; c'était un fameux ~! he was a renowned drunkard!

soûler [3] [sule] *vt* -1. *fam* [rendre ivre]: ~ qqn to get sb drunk. -2. [étourdir] to make dizzy OU giddy; tu me soûles, avec tes questions! you're making me dizzy with all these questions!; le grand air m'a soûlé the fresh air made me dizzy.

◆ **se soûler** *vpi* -1. *fam* [s'enivrer] to get drunk, to booze; je vais me ~ à mort pour oublier! I'm going to get dead drunk to forget! -2. [s'étourdir]: se ~ de to get intoxicated with *fig*; il se soûle de paroles he talks so much that it goes to his head.

soûlerie *fam* [sulri] *nf* bender, drinking session.

soulèvement [sulɛvmɑ̃] *nm* -1. [mouvement]: déclenché par le ~ du clapet triggered by the lifting of the valve. -2. [insurrection] uprising. -3. GÉOL: ~ de terrain upheaval OU uplift (of the ground).

soulever [19] [sulve] *vt* -1. [pour porter, élever - charge] to lift (up); [- couvercle, loquet] to lift; [- capot] to lift, to open; [- personne allongée] to raise (up); [- personne debout] to lift (up); [- voile] to lift; [- chapeau] to raise; [- voiture] to lift; [- voiture sur cric] to jack up *(sép)*; [- avec effort] to heave; ~ le couvercle d'une casserole to lift (up) the lid of a saucepan; de gros sanglots soulevaient sa poitrine his chest was heaving with sobs; ~ qqn/qqch de terre to lift sb/sthg off the ground; le vent m'a presque soulevée de terre! the wind nearly lifted me off the ground OU off my feet! -2. [remuer - poussière, sable] to raise; le vent soulevait les feuilles mortes the wind was stirring up dead leaves. -3. [provoquer - protestations, tollé] to raise; [- enthousiasme, émotion] to arouse; [- difficulté] to bring up *(sép)*, to raise; son imitation souleva une tempête de rires her impersonation caused gales of laughter. -4. [poser - question, objection] to raise, to bring up *(sép)*; je voudrais ~ le point suivant I'd like to raise the following point. -5. [pousser à se révolter - population] to stir up *(sép)*; ils ont tout fait pour ~ le peuple contre la monarchie they did everything they could to stir up the people against the monarchy; une vague de protestation a soulevé le pays tout entier a wave of protest swept the country. -6. [retourner]: ~ le cœur: ça m'a soulevé le cœur it turned my stomach, it made me sick; une puanteur à vous ~ le cœur a sickening stench. -7. ▽ [prendre - chose] to pinch; [- mari, maîtresse] to steal; elle lui a soulevé une bonne partie de sa clientèle she took most of his customers away from him.

◆ **se soulever** *vpi* -1. [se redresser] to lift OU to raise o.s. up; il l'aida à se ~ he helped her to sit up. -2. [mer] to swell (up), to heave; [poitrine] to heave. -3. [peuple] to rise up *(insép)*, to revolt.

soulier [sulje] *nm* -**1.** [chaussure] shoe. -**2.** *fam loc*: **être dans ses petits ~s** to feel (very) small.

soulignage [suliɲaʒ], **soulignement** [suliɲmɑ̃] *nm* underlining.

souligner [3] [suliɲe] *vt* -**1.** [mettre un trait sous] to underline; **~ qqch deux fois** to underline sthg twice. -**2.** [accentuer] to enhance, to emphasize; **~ son regard d'un trait de khôl** to enhance OU to emphasize one's eyes with a touch of kohl; **une robe qui souligne la taille** a dress which emphasizes OU sets off the waist; **volant souligné d'un liséré bleu** flounce trimmed with blue ribbon. -**3.** [faire remarquer] to emphasize, to stress; **je souligne que je n'y suis pour rien** let me stress that I have no responsibility in this business; **soulignons que l'auteur a lui-même connu la prison** let's note OU let's not forget that the author himself spent some time in prison.

soûlographie *fam* [sulɔgrafi] *nf* [ivrognerie] drunkenness.

soûlon *fam* [sulɔ̃] *nm Helv* drunk.

soûlot, ôte *fam* [sulo, ɔt] = **soûlard, e**.

soulte [sult] *nf* adjustment, compensation FIN & JUR.

soumettre [84] [sumɛtr] *vt* -**1.** [se rendre maître de - nation] to subjugate; [- mutins] to take control of, to subdue, to bring to heel; [- passion] to control, to tame. -**2.** [à une épreuve, à un règlement]: **~ qqn à** to subject sb to; **~ qqn à sa volonté** to subject OU to bend sb to one's will; **~ qqn à une règle stricte** to subject sb to a strict rule, to impose a strict rule on sb; **~ qqch à un examen** to subject sthg to an examination; **nos voitures sont soumises à des tests très stricts** our cars have to go through OU are subjected to stringent tests. -**3.** [présenter - loi, suggestion, texte] to submit; **je lui soumettrai votre demande** I'll refer your request to her; **je voulais d'abord le ~ à votre approbation** I wanted to submit it for your approval first; **le projet de loi sera ensuite soumis au Sénat** the bill will then be brought before the Senate OU be submitted to the Senate (for approval).

◆ **se soumettre** *vpi* to give in, to submit, to yield; **les rebelles ont fini par se ~** the rebels finally gave in; **se ~ à** [se plier à] to submit OU to subject o.s. to; [s'en remettre à] to abide by; **se ~ à la décision de qqn** to abide by sb's decision ❑ **il faudra se ~ ou se démettre!** *allusion Gambetta* give in or go!

soumis, e [sumi, iz] *adj* submissive, obedient, dutiful.

soumission [sumisjɔ̃] *nf* -**1.** [obéissance - à un pouvoir] submission, submitting; [- à une autorité] acquiescence, acquiescing; **faire acte de ~** to submit; **il exigeait une totale ~ au règlement** he demanded rigid adherence to the rules. -**2.** [asservissement] submissiveness; **vivre dans la ~** to live a submissive life, to live one's life in a state of submission. -**3.** COMM tender; **par (voie de) ~** by tender ❑ **~ cachetée** sealed-bid tender. -**4.** JUR: **~ cautionnée** customs bond.

soumissionnaire [sumisjɔnɛr] *nmf* tenderer.

soumissionner [3] [sumisjɔne] *vt* to bid OU to tender for *(insép)*.

soupape [supap] *nf* -**1.** AUT & MÉCAN valve; **~ d'admission/d'échappement** inlet/outlet valve; **~ automatique** automatic control; **~ de sécurité** OU **sûreté** *pr* & *fig* safety valve; **~s en tête** overhead valves. -**2.** [bonde] plug. -**3.** ÉLECTR valve, tube. -**4.** MUS pallet.

soupçon [supsɔ̃] *nm* -**1.** [suspicion] suspicion; **de graves ~s pèsent sur lui** grave suspicions hang over him; **éveiller les ~s** to arouse OU to excite suspicion; **avoir des ~s sur qqn/qqch** to be suspicious of sb/sthg; **j'ai eu des ~s dès le début** I suspected something from the beginning; **être à l'abri** OU **au-dessus de tout ~** to be free from OU above all suspicion. -**2.** [idée, pressentiment] suspicion, inkling. -**3.** [petite quantité]: **un ~ de**: **un ~ de crème** a touch OU dash of cream; **un ~ de maquillage** a hint OU touch of make-up; **un ~ d'ironie** a touch OU hint of irony; **un ~ de rhum** a dash OU a (tiny) drop of rum.

soupçonnable [supsɔnabl] *adj* liable to suspicion, suspicious.

soupçonner [3] [supsɔne] *vt* -**1.** [suspecter] to suspect; **~ qqn de meurtre/trahison** to suspect sb of murder/treason; **soupçonné d'avoir fait de l'espionnage** suspected of having been a spy OU of espionage. -**2.** [pressentir - piège] to suspect; **je ne lui aurais jamais soupçonné autant de talent** I would never have suspected OU thought that he was so talented; **~ que** to have a feeling OU to suspect that; **comment pouvais-je ~ qu'il ferait une fugue?** how could I possibly have foreseen OU predicted that he'd run away? -**3.** [douter de] to doubt; **il n'y a aucune raison de ~ sa bonne foi** there's no reason to doubt his good faith. -**4.** [imaginer] to imagine, to suspect.

soupçonneusement [supsɔnøzmɑ̃] *adv* suspiciously, with suspicion.

soupçonneux, euse [supsɔnø, øz] *adj* suspicious; **un mari ~** a suspicious husband; **il la regarda d'un air ~** he looked at her suspiciously.

soupe [sup] *nf* -**1.** CULIN soup; **~ aux choux/au crabe** cabbage/crab soup; **~ au lait** *pr* bread and milk; **c'est une ~ au lait, elle est (très) ~ au lait** *fig* she flies off the handle easily; **il est rentré tard hier soir et a eu droit à la ~ à la grimace** he got home late last night, so now he's in the doghouse; **aller à la ~** *fig* to have an eye to the main chance. -**2.** *fam* [repas] grub, nosh; **~ populaire** soup kitchen; **je suis bon pour la ~ populaire!** *hum* I might as well go and beg on the streets!; **à la ~!** grub's up!, come and get it! -**3.** *fam* [neige] slushy snow.

soupente [supɑ̃t] *nf* -**1.** [dans un grenier] loft; [sous un escalier] cupboard OU closet *Am (under the stairs)*. -**2.** TECH [barre de soutien] supporting bar.

souper[1] [supe] *nm* -**1.** *Belg, Helv* & *Can dial* [dîner] dinner, supper. -**2.** [après le spectacle] (late) supper.

souper[2] [3] [supe] *vi* -**1.** *dial* OU *vieilli* [dîner] to have dinner; **~ de** to dine on; **nous avons soupé d'un peu de pain et de fromage** we dined on a morsel of bread and cheese. -**2.** [après le spectacle] to have a late supper. -**3.** *fam loc*: **en avoir soupé de** to be sick of OU fed up with.

soupeser [19] [supəze] *vt* -**1.** [en soulevant] to feel the weight of, to weigh in one's hand OU hands. -**2.** [juger] to weigh up *(sép)*.

soupeur, euse [supœr, øz] *nm, f* diner *(after a show)*.

soupière [supjɛr] *nf* (soup) tureen.

soupir [supir] *nm* -**1.** [expiration] sigh; **~ de soulagement** sigh of relief; **pousser des ~s** to sigh; **«oui», murmura-t-elle dans un ~** "yes", she sighed ❑ **dernier ~** *litt* last breath; **rendre le dernier ~** to breathe one's last; **elle a recueilli son dernier ~** she was with him when he breathed his last. -**2.** MUS crotchet rest *Br*, quarter OU quarter-note rest *Am*.

◆ **soupirs** *nmpl litt* [désirs]: **l'objet de mes ~s** the one I yearn for.

soupirail, aux [supiraj, o] *nm* [d'une cave] (cellar) ventilator; [d'une pièce] basement window.

soupirant [supirɑ̃] *nm* suitor.

soupirer [3] [supire] ◇ *vi* -**1.** [pousser un soupir] to sigh; **~ d'aise** to sigh with contentment. -**2.** *litt* [être amoureux] to sigh, to yearn; **il soupire pour une jeune beauté** he's sighing for a young beauty.

◇ *vt* [dire] to sigh; **«c'est impossible», soupira-t-elle** "it's impossible", she sighed.

◆ **soupirer après** *v + prép litt* to long OU to sigh OU to yearn for.

souple [supl] *adj* -**1.** [qui plie facilement - lame] flexible, pliable, supple; [- plastique] non-rigid. -**2.** [malléable]: **argile ~** plastic clay. -**3.** [agile - athlète, danseur, corps] supple; [- démarche] fluid, flowing. -**4.** [doux - cuir, peau, brosse à dents] soft; **pour rendre votre linge plus ~** to make your wash softer; **gel fixation ~** light hold hair gel; **voiture dotée d'une suspension ~** car with smooth suspension. -**5.** [aménageable] flexible, adaptable; **la réglementation/l'horaire est ~** the rules/hours are flexible. -**6.** [qui sait s'adapter] flexible, adaptable. -**7.** [docile] docile, obedient; **à cet âge-là, ils sont encore assez ~s** they're still docile at that age. -**8.** [servile] servile; **être ~ comme un gant** to kowtow to one's superiors. -**9.** AÉRON non-rigid.

souplement [supləmɑ̃] *adv* smoothly; **le chat retomba ~ sur ses pattes** the cat landed smoothly on its feet.

souplesse [suplɛs] *nf* -**1.** [d'une personne, d'un félin, d'un corps] suppleness; [d'une démarche] suppleness, springiness; **admirez la ~ du trait chez Degas** observe the easy flow of Degas' lines. -**2.** [douceur - d'un cuir, d'un tissu] softness; [- de la peau] smoothness. -**3.** [malléabilité - d'une matière] flexibility, pliability; **~ d'esprit** [agilité] nimble-mindeness; [adaptabilité] versatility ‖ *péj* [servilité] servility. -**4.** [d'un horaire, d'une méthode] flexibility, adaptability.

◆ **en souplesse** *loc adv* smoothly; **retomber en ~ sur ses jambes** [après une chute] to land nimbly on one's feet; [en gymnastique] to make a smooth landing; **on recommence, et cette fois en ~!** one more time, and smoothly now!

souquer [3] [suke] ◇ *vt* -**1.** [amarrage] to pull taut. -**2.** [bateau] to push to its limits.

◇ *vi* to pull at the oars, to stretch out; **~ ferme** to pull hard at the oars.

sourate [surat] = **surate**.

source [surs] *nf* -**1.** [point d'eau] spring; **la ~ est tarie** the spring has dried up ❑ **eau de ~** spring water. -**2.** [origine] spring, source; **où la Seine prend-elle sa ~?** where is the source of the Seine?, where does the Seine originate?; **remonter jusqu'à la ~** [d'un fleuve] to go upriver until one finds the source; [d'une habitude, d'un problème] to go back to the root; **à la ~** [au commencement] at the source, in the beginning; **retenir les impôts à la ~** to operate a pay-as-you-earn system; **il nous faut aller à la ~ (même) du mal** we must go to the very root OU heart of the trouble; **une tradition qui prend sa ~ dans une culture ancienne** a tradition originating in OU springing from an ancient culture. -**3.** [cause] source; **une ~ de revenus** a source of income; **cette maison n'a été qu'une ~ d'ennuis** this house has been nothing but trouble; **être ~ de** to give rise to; **cette formulation peut être ~ de malentendus** the way it's worded could give rise to misinterpretations. -**4.** PRESSE: **tenir ses renseignements de bonne ~** OU **de ~ sûre** OU **de ~ bien informée** to have information on good authority; **nous savons** OU **tenons de ~ sûre que...** we have it on good authority that...; **de ~ officielle/officieuse, on apprend que...** official/unofficial sources reveal that...; **quelles sont vos ~s?** what sources did you use? -**5.** ASTRON: **~ de rayonnement** radiation source. -**6.** ÉLECTR: **~ de courant** power supply. -**7.** INF source. -**8.** LING *(comme adj)* source *(modif)*. -**9.** MÉTALL: **coulée en ~** bottom casting. -**10.** NUCL: **~ radioactive** radioactive source. -**11.** OPT: **~ lumineuse** OU **de lumière** light source. -**12.** PÉTR oil deposit.

sourcier, ère [sursje, ɛr] *nm, f* dowser, water-diviner.

sourcil [sursi] *nm* eyebrow; **il a des ~s bien fournis** he's beetle-browed.

sourcilier, ère [sursilje, ɛr] *adj* superciliary.

sourciller [3] [sursije] *vi* to frown; **sans ~** without batting an eyelid OU turning a hair.

sourcilleux, euse [sursijø, øz] *adj litt* [pointilleux] pernickety, finicky.

sourd, e [sur, surd] ◇ *adj* -**1.** [personne] deaf; **être ~ de naissance** to be born deaf; **~ de l'oreille gauche** deaf in the left ear; **arrête de crier, je ne suis pas ~!** stop shouting, I'm not deaf OU I can hear (you)!; **grand-père devient ~/est un peu ~** grandpa is losing his hearing/is a bit deaf ❑ **faire la ~e oreille** to pretend not to hear; **être ~ comme un pot** *fam*

to be as deaf as a post; **il vaut mieux entendre ça que d'être ~!** *fam* the things you hear! -**2.** [indifférent] : ~ **à: le gouvernement est resté ~ à leurs revendications** the government turned a deaf ear to their demands. -**3.** [atténué - son, voix] muffled, muted; **il y eut trois coups ~s à la porte** there were three muffled knocks on the door; **la poire tomba avec un bruit ~** the pear fell with a (dull) thud. -**4.** [vague - douleur] dull; [- sentiment] muted, subdued; **j'éprouvais une ~e inquiétude** I felt vaguely worried. -**5.** [clandestin] hidden, secret. -**6.** ACOUST: **chambre** OU **salle ~e** dead room. -**7.** LING unvoiced, voiceless.
◇ *nm, f* deaf person; **les ~s** the deaf; **c'est comme si on parlait à un ~** it's like talking to a brick wall ❑ **crier** OU **hurler comme un ~** to scream OU to shout at the top of one's voice; **frapper** OU **taper comme un ~** to bang with all one's might.
◆ **sourde** *nf* LING unvoiced OU voiceless consonant.

sourdement [surdəmɑ̃] *adv litt* -**1.** [sans bruit] dully, with a muffled noise. -**2.** [secrètement] silently.

sourdine [surdin] *nf* MUS [d'une trompette, d'un violon] mute; [d'un piano] soft pedal; **mettre une ~ à qqch** *fig* to tone sthg down.
◆ **en sourdine** ◇ *loc adj* muted.
◇ *loc adv* -**1.** MUS [jouer] quietly, softly; **mets-la en ~!** *fam fig* shut up! -**2.** [en secret] quietly, on the quiet.

sourdingue▽ [surdɛ̃g] ◇ *adj* clotheared.
◇ *nmf* clothears.

sourd-muet, sourde-muette [surmɥe, surdmɥɛt] (*mpl* sourds-muets, *fpl* sourdes-muettes) ◇ *adj* deaf and dumb.
◇ *nm, f* deaf-mute, deaf-and-dumb person.

sourdre [73] [surdr] *vi litt* -**1.** [liquide] to rise (up). -**2.** [idée, sentiment] to well up; **le mécontentement commençait à ~ dans la population** discontent was beginning to make itself felt among the population.

souriant, e [surjɑ̃, ɑ̃t] *adj* -**1.** [regard, visage] smiling, beaming; [personne] cheerful. -**2.** *sout* [agréable - paysage] pleasant, welcoming; [- pensée] agreeable; **un avenir ~** a bright future.

souriceau, x [suriso] *nm* baby mouse.

souricière [surisjɛr] *nf* -**1.** [ratière] mousetrap. -**2.** [piège] trap; **dresser une ~** to set a trap; **se jeter dans la ~** to fall into a trap.

sourire¹ [surir] *nm* smile; **il a un beau ~** he's got a nice smile; **elle esquissa un ~** she smiled faintly; **il entra, le ~ aux lèvres** he came in with a smile on his lips OU face; **avec un grand** OU **large ~** beaming, with a broad smile; **faire un ~ à qqn** to smile at sb; **fais-moi un petit ~!** give me a smile!; **elle était tout ~** she was wreathed in OU all smiles; **avoir le ~** to have a smile on one's face; **elle n'a pas le ~, aujourd'hui** she doesn't look very happy today; **il a toujours le ~!** he always looks cheerful!; **il a pris la nouvelle avec le ~** he took the news cheerfully; **quand vous répondez aux clients, faites-le avec le ~** when you answer the customers, do it with a smile; **il faut savoir garder le ~** you have to learn to keep smiling.

sourire² [95] [surir] *vi* to smile; **souriez!** [pour une photo] smile!; **je vais lui faire passer l'envie de ~!** I'll knock OU wipe the smile off her face!; **la remarque peut faire ~** this remark may bring a smile to your face OU make you smile; **les dialogues m'ont à peine fait ~** the dialogue hardly even made me smile; **~ à qqn** to smile at sb, to give sb a smile; **elle lui sourit poliment** she gave him a polite smile, she smiled at him politely.
◆ **sourire à** *v + prép* -**1.** [être favorable à] to smile on; **la fortune lui sourit enfin** fortune is smiling on him at last; **la chance ne te sourira pas toujours!** you won't always be (so) lucky! -**2.** [plaire à - suj: idée, perspective] to appeal to; **passer le jour de l'An en famille ne me sourit guère!** the idea of spending New Year's Day with my family doesn't really appeal to me!, I don't relish (the thought of) spending New Year's Day with my family!
◆ **sourire de** *v + prép* [se moquer de] to smile OU to laugh at; **il souriait de mon entêtement** my stubbornness made him smile; **ne souris pas de sa naïveté** don't laugh at her naivety.

souris [suri] ◇ *nf* -**1.** ZOOL mouse; **~ blanche** white mouse; **j'aurais aimé être une petite ~!** I'd like to have been a fly on the wall!; **on entendrait trotter une ~** you could hear a pin drop. -**2.** ▽ [femme] bird, chick. -**3.** CULIN [de gigot] knuckle-joint. -**4.** INF mouse. -**5.** [poisson] : **~ de mer** dragonet.
◇ *adj inv* mousy, mouse-coloured.
◆ **souris d'hôtel** *nf* (female) hotel thief.

sournois, e [surnwa, az] ◇ *adj* -**1.** [personne, regard] cunning, shifty, sly. -**2.** [attaque, procédé] underhand. -**3.** [douleur] dull, gnawing.
◇ *nm, f* sly person.

sournoisement [surnwazmɑ̃] *adv* slyly; **regarder ~ qqn** to look shiftily at sb; **il approcha ~ sa main du tiroir** he slyly reached out his hand towards the drawer.

sournoiserie [surnwazri] *nf* -**1.** [caractère] shiftiness, slyness, underhand manner. -**2.** [acte] sly piece of work; [parole] sly remark.

sous [su] *prép* -**1.** [dans l'espace] under, underneath, beneath; **le plancher grinçait ~ ses pieds** the floor creaked beneath OU under his feet; **se mettre un oreiller ~ la nuque** to put a pillow under one's head; **son journal ~ le bras** (with) her newspaper under her arm; **être ~ la douche** to be in the OU having a shower; **se promener ~ la pluie** to walk in the rain; **un paysage ~ la neige** a snow-covered landscape; **Londres ~ les bombes** London during the air raids; **nager ~ l'eau** to swim underwater; **~ terre** underground, below ground; **assis ~ le parasol** sitting under OU underneath OU beneath the parasol; **il venait chanter ~ sa fenêtre** he'd come and sing under her window; **enlève ça de ~ la table** *fam* get it out from under the table; **~ l'Équateur** at the Equator; **~ les Tropiques** in the Tropics; **ça s'est passé ~ nos yeux** it took place before our very eyes; **les expressions figées sont données ~ le premier mot** set phrases are given under the first word; **~ quel numéro est enregistré son dossier?** what number is her file (registered) under? -**2.** *fig* [derrière] behind, under, beneath; **il cache beaucoup de bienveillance ~ des airs indifférents** he hides a lot of goodwill behind a cold exterior; **~ des dehors taciturnes** behind a stern exterior; **~ son air calme...** beneath his calm appearance... -**3.** [à l'époque de] : **~ Louis XV** during the reign of OU under Louis XV; **~ sa présidence/son ministère** under his presidency/ministry; **~ la Commune** during OU at the time of the Paris Commune. -**4.** [dans un délai de] within; **~ huitaine/quinzaine** within a week/fortnight; **~ peu** before long, shortly. -**5.** [marquant un rapport de dépendance] under; **~ ses ordres** under his command; **il est placé ~ ma responsabilité** I'm in charge of him; **le festival est placé ~ l'égide de l'UNESCO** the festival is held under the auspices of UNESCO; **~ contrat** under contract; **~ serment** under oath; **~ surveillance** under surveillance; **~ escorte** under escort; **~ caution** on bail; **tomber ~ le coup de la loi** to be within the law. -**6.** MÉD: **être ~ anesthésie** to be under anaesthetic; **être ~ antibiotiques/perfusion** to be on antibiotics/a drip. -**7.** [marquant la manière] : **emballé ~ vide** vacuum-packed; **emballé ~ plastique** plastic-wrapped; **~ verre** under glass; **~ globe** in a glass case; **~ pli scellé** in a sealed envelope; **elle a acheté le billet ~ un faux nom** she bought the ticket under an assumed name; **elle se présente aux élections ~ l'étiquette libérale** she's running as a candidate on the liberal ticket; **vu ~ cet angle** seen from this angle; **vu ~ cet éclairage nouveau** considered in this new light; **parfait ~ tous rapports** perfect in every respect. -**8.** [avec une valeur causale] under; **~ la torture/canonnade** under torture/fire; **~ le coup du choc...** with the shock...; **~ le coup de l'émotion** in the grip of the emotion; **~ l'influence de l'alcool** under the influence of alcohol; **elle le tient ~ son charme** she has him under her spell; **~ le poids de** under the weight of; **~ la pression des événements** under the pressure of events.

sous-acquéreur [suzakerœr] *nm* secondhand purchaser.

sous-affrètement [suzafrɛtmɑ̃] *nm* subchartering.

sous-alimentation [suzalimɑ̃tasjɔ̃] *nf* malnutrition, undernourishment.

sous-alimenté, e [suzalimɑ̃te] *adj* undernourished, underfed; **des enfants ~s** children suffering from malnutrition.

sous-alimenter [3] [suzalimɑ̃te] *vt* to undernourish.

sous-amendement [suzamɑ̃dmɑ̃] *nm* amendment to an amendment.

sous-assurer [3] [suzasyre] *vt* to underinsure.

sous-bas [suba] *nm inv* understocking.

sous-bois [subwa] *nm inv* undergrowth, underwood; **se promener dans les ~** to walk in the undergrowth.

sous-brigadier [subrigadje] *nm* deputy sergeant.

sous-catégorie [sukategɔri] *nf* subcategory.

sous-caver [3] [sukave] *vt* MIN to undercut.

sous-chef [suʃɛf] *nm* -**1.** [gén] second-in-command. -**2.** [dans un restaurant] sous-chef, underchef. -**3.** RAIL: **~ de gare** assistant station master.

sous-classe [suklas] *nf* subclass.

sous-comité [sukɔmite] *nm* subcommittee.

sous-commission [sukɔmisjɔ̃] *nf* subcommittee.

sous-consommation [sukɔ̃sɔmasjɔ̃] *nf* underconsumption, underconsuming *(U)*.

sous-continent [sukɔ̃tinɑ̃] *nm* subcontinent; **~ indien** Indian subcontinent.

sous-couche [sukuʃ] *nf* -**1.** [de peinture, de vernis] undercoat. -**2.** GÉOL underlayer. -**3.** NUCL subshell. -**4.** PHOT subbing, substratum; **~ antihalo** antihalation backing. -**5.** PHYS: **~ laminaire** lower boundary layer.

souscripteur [suskriptœr] *nm* subscriber FIN.

souscription [suskripsjɔ̃] *nf* -**1.** [engagement] subscription, subscribing *(U)*. -**2.** [somme] subscription; **lancer** OU **ouvrir une ~** to start a fund. -**3.** [signature] signing *(U)*. -**4.** BOURSE & ÉCON application, subscription.
◆ **en souscription** *loc adv*: **publier une revue en ~** to publish a journal on a subscription basis; **uniquement en ~** available to subscribers only.

souscrire [99] [suskrir] *vt* -**1.** JUR [signer - acte] to sign, to put one's signature to, to subscribe; [- billet, chèque] to draw, to sign. -**2.** [abonnement] to take out *(insép)*.
◆ **souscrire à** *v + prép* -**1.** [approuver] to approve, to subscribe to, to go along with; **je souscris entièrement à ce qui vient d'être dit** I go along totally with what's just been said. -**2.** [suj: lecteur] to take out a subscription to. -**3.** BOURSE & ÉCON [emprunt] to subscribe to; *(en usage abs)*: **pour combien souscrivez-vous?** how much will you subscribe?

sous-cutané, e [sukytane] *adj* subcutaneous.

sous-déclarer [3] [sudeklare] *vt* -**1.** [revenus] to underdeclare. -**2.** [bien] to declare less than the value of.

sous-développé, e [sudevlɔpe] *adj* underdeveloped.

sous-développement [sudevlɔpmɑ̃] *nm* underdevelopment.

sous-diacre [sudjakr] *nm* subdeacon.

sous-directeur, trice [sudirɛktœr, tris] *nm, f* assistant manager (*f* manageress).

sous-dominante [sudɔminɑ̃t] *nf* subdominant.

sous-emploi [suzɑ̃plwa] *nm* underemployment.

sous-employer [13] [suzɑ̃plwaje] *vt* [travailleur] to underemploy; [appareil] to underuse.

sous-ensemble [suzɑ̃sɑ̃bl] *nm* subset.

sous-entendre [73] [suzɑ̃tɑ̃dr] *vt* to imply; **que sous-entendez-vous par là?** what are you hinting OU driving at?, what are you trying to imply?; **sous-entendu, je m'en moque!** meaning I don't care!

sous-entendu [suzɑ̃tɑ̃dy] *nm* innuendo, hint, insinuation; **en fixant sur moi un regard lourd de ~s** giving me a meaningful look.

sous-entrepreneur [suzɑ̃trəprənœr] *nm* subcontractor.

sous-équipé, e [suzekipe] *adj* underequipped.

sous-équipement [suzekipmɑ̃] *nm* underequipment.

sous-espèce [suzɛspɛs] *nf* subspecies.

sous-estimation [suzɛstimasjɔ̃] *nf* **-1.** [jugement] underestimation, underestimating, underrating. **-2.** FIN [d'un revenu] underestimation, underassessment; [d'un bien] undervaluation.

sous-estimer [3] [suzɛstime] *vt* **-1.** [une qualité, un bien] to underestimate, to underrate. **-2.** FIN to undervalue.

sous-évaluation [suzevalɥasjɔ̃] *nf* FIN undervaluation.

sous-évaluer [7] [suzevalɥe] *vt* FIN to undervalue.

sous-exploitation [suzɛksplwatasjɔ̃] *nf* underexploitation, underexploiting *(U)*, underuse.

sous-exploiter [3] [suzɛksplwate] *vt* to underexploit.

sous-exposer [3] [suzɛkspoze] *vt* to underexpose.

sous-exposition [suzɛkspozisjɔ̃] *nf* underexposure.

sous-famille [sufamij] *nf* sub-family.

sous-fifre [sufifr] *nm* underling, minion.

sous-genre [suʒɑ̃r] *nm* subgenus.

sous-glaciaire [suglasjɛr] *adj* sub-glacial.

sous-gouverneur [suguvɛrnœr] *nm* deputy governor, vice-governor.

sous-groupe [sugrup] *nm* subgroup.

sous-homme [suzɔm] *nm* subhuman.

sous-industrialisé, e [suzɛ̃dystrijalize] *adj* under-industrialized.

sous-jacent, e [suʒasɑ̃, ɑ̃t] *adj* **-1.** [caché] underlying; **l'urbanisation et les problèmes ~s** urbanization and its underlying problems. **-2.** GÉOL subjacent.

Sous-le-Vent [sulәvɑ̃] *npr*: **les îles ~** the Leeward Islands.

sous-lieutenant [suljøtnɑ̃] *nm* [dans l'armée de terre] second lieutenant; [dans l'aviation] pilot officer *Br*, second lieutenant *Am*; [dans la marine] sub-lieutenant *Br*, lieutenant junior grade *Am*.

sous-locataire [sulɔkatɛr] *nmf* subtenant.

sous-location [sulɔkasjɔ̃] *nf* **-1.** [action] subletting. **-2.** [bail] subtenancy.

sous-louer [6] [sulwe] *vt* to sublet.

sous-main [sumɛ̃] *nm inv* **-1.** [buvard] desk blotter. **-2.** [carton, plastique] pad.

◆ **en sous-main** *loc adv* secretly; **il y a eu des tractations en ~** some underhand deals were struck.

sous-marin, e [sumarɛ̃, in] *adj* [câble, plante] submarine, underwater; [navigation] submarine; [courant] submarine, undersea; [photographie] underwater, undersea.

◆ **sous-marin** *nm* **-1.** NAUT submarine. **-2.** *fam* [espion] mole. **-3.** *Can* [sandwich] long sandwich, sub *Am*.

sous-marinier [sumarinje] *nm* submariner.

sous-marque [sumark] *nf* sub-brand.

sous-maxillaire [sumaksilɛr] *adj* submaxillary.

sous-médicalisé, e [sumedikalize] *adj* with insufficient medical facilities.

sous-ministre [suministr] *nm Can* undersecretary (of state).

sous-multiple [sumyltipl] *nm* submultiple.

sous-nappe [sunap] *nf* undercloth.

sous-nutrition [sunytrisjɔ̃] *nf* malnutrition.

sous-œuvre [suzœvr] *nm*: **reprendre un bâtiment en ~** to underpin a building; **reprise en ~** underpinning.

sous-off *fam* [suzɔf] *nm* NCO.

sous-officier [suzɔfisje] *nm* non-commissioned officer.

sous-orbitaire [suzɔrbitɛr] *adj* suborbital ANAT.

sous-orbital, e, aux [suzɔrbital, o] *adj* suborbital ASTRONAUT.

sous-ordre [suzɔrdr] *nm* **-1.** ZOOL suborder. **-2.** [subordonné] subordinate, underling, minion.

◆ **en sous-ordre** *loc adj* [opposant, créancier] subsidiary.

sous-payer [11] [supeje] *vt* to underpay.

sous-peuplé, e [supœple] *adj* underpopulated.

sous-peuplement [supœpləmɑ̃] *nm* underpopulation.

sous-pied [supje] *nm* understrap.

sous-plat [supla] *nm Belg* table mat.

sous-préfectoral, e, aux [suprefɛktɔral, o] *adj* subprefectorial.

sous-préfecture [suprefɛktyr] *nf* subprefecture.

sous-préfet [suprefɛ] *nm* subprefect.

sous-préfète [suprefɛt] *nf* **-1.** [fonctionnaire] (female) subprefect. **-2.** [épouse] subprefect's wife.

sous-production [suprɔdyksjɔ̃] *nf* underproduction.

sous-produit [suprɔdɥi] *nm* **-1.** INDUST by-product. **-2.** [ersatz] poor imitation, (inferior) derivative.

sous-programme [suprɔgram] *nm* subroutine; **~ ouvert** open subroutine.

sous-prolétaire [suprɔletɛr] *nmf* member of the urban underclass.

sous-prolétariat [suprɔletarja] *nm* urban underclass.

sous-pull [supyl] *nm* (light-weight) sweater.

sous-refroidi, e [surəfrwadi] *adj* supercooled.

sous-saturé, e [susatyre] *adj* undersaturated GEOL.

sous-secrétaire [susəkretɛr] *nm*: **~ (d'État)** Under-Secretary (of State).

sous-secrétariat [susəkretarja] *nm* **-1.** [bureau] Under-Secretary's office. **-2.** [poste] Under-Secretaryship.

sous-secteur [susɛktœr] *nm* subsection.

soussigné, e [susiɲe] ◇ *adj* undersigned; **je ~ Robert Brand, déclare avoir pris connaissance de l'article 4 I**, the undersigned Robert Brand, declare that I have read clause 4.

◇ *nm, f*: **le ~/les ~s déclarent que...** the undersigned declares/declare that...

sous-sol [susɔl] *nm* **-1.** GÉOL subsoil. **-2.** [d'une maison] cellar; [d'un magasin] basement, lower ground floor; **voir notre grand choix d'affaires au ~!** visit our bargain basement!

sous-système [susistɛm] *nm* subsystem.

sous-tangente [sutɑ̃ʒɑ̃t] *nf* subtangent.

sous-tasse, soutasse [sutas] *nf Belg* saucer.

sous-tendre [73] [sutɑ̃dr] *vt* **-1.** GÉOM to subtend. **-2.** [être à la base de] to underlie, to underpin.

sous-tension [sutɑ̃sjɔ̃] *nf* undervoltage.

sous-titrage [sutitraʒ] *nm* subtitling; **le ~ est excellent** the subtitles are very good.

sous-titre [sutitr] *nm* **-1.** PRESSE subtitle, subheading, subhead. **-2.** CIN subtitle.

sous-titré, e [sutitre] *adj* subtitled, with subtitles.

sous-titrer [3] [sutitre] *vt* **-1.** [article de journal] to subtitle, to subhead; [livre] to subtitle. **-2.** [film] to subtitle.

soustracteur [sustraktœr] *nm* subtracter.

soustractif, ive [sustraktif, iv] *adj* subtractive.

soustraction [sustraksjɔ̃] *nf* **-1.** MATH subtraction; **il ne sait pas encore faire les ~s** he can't subtract yet. **-2.** JUR [vol] removal, removing *(U)*, purloining *(U)*; **~ de documents** abstraction of documents.

soustraire [112] [sustrɛr] *vt* **-1.** MATH to subtract, to take away *(sép)*; **~ 10 de 30** to take 10 away from 30. **-2.** *sout* [enlever]: **~ qqn/qqch à** to take sb/sthg away from; **~ qqn à la justice** to shield sb from justice, to protect sb from the law; **~ qqn/qqch aux regards indiscrets** to hide sb/sthg from prying eyes; **on dut ~ ces tableaux à la vue du public** these pictures have been withdrawn from public view. **-3.** [subtiliser] to remove; **de grosses sommes ont été soustraites du fonds d'entraide** large sums of money have gone missing from the charity fund; **~ un dossier aux archives** to remove a file from the archives.

◆ **se soustraire à** *vp + prép sout*: **se ~ à l'impôt/une obligation/un devoir** to evade tax/an obligation/a duty; **se ~ à la justice** to escape the law.

sous-traitance [sutrɛtɑ̃s] *nf* subcontracting; **donner un travail en ~** to subcontract a job; **je fais ce travail en ~** I'm on this job as subcontractor.

sous-traitant [sutrɛtɑ̃] *nm* subcontractor.

sous-traiter [4] [sutrete] *vt*: **~ un travail** [entrepreneur principal] to subcontract a job, to contract a job out; [sous-entrepreneur] to contract into OU to subcontract a job.

sous-utiliser [3] [suzytilize] *vt* to underuse, to underutilize.

sous-ventrière [suvɑ̃trijɛr] *nf* girth *(for a horse)*.

sous-verre [suvɛr] *nm inv* glass mount.

sous-vêtement [suvɛtmɑ̃] *nm* piece of underwear, undergarment; **en ~s** in one's underwear OU underclothes.

sous-virer [3] [suvire] *vi* to understeer.

soutane [sutan] *nf* cassock; **porter (la) ~** to be in Holy Orders; **prendre la ~** to enter the Church, to take (Holy) Orders.

soute [sut] *nf* hold; **~ à bagages** luggage hold; **~ à charbon** coal hole *Br*, coal bunker; **~ à mazout** oil tank; **~ à voiles** sail locker.

◆ **soutes** *nfpl* [combustible] fuel oil.

soutenable [sutnabl] *adj* **-1.** [défendable] defensible, tenable. **-2.** [supportable] bearable.

soutenance [sutnɑ̃s] *nf*: **~ (de thèse)** *oral examination for thesis*, viva *Br*.

soutènement [sutɛnmɑ̃] *nm* **-1.** CONSTR support. **-2.** MIN timbering.

◆ **de soutènement** *loc adj* support *(modif)*, supporting.

souteneur [sutnœr] *nm* [proxénète] pimp.

soutenir [40] [sutnir] *vt* **-1.** [maintenir - suj: pilier, poutre] to hold up *(sép)*, to support; [- suj: attelle, gaine, soutien-gorge] to support; **il lui tendit la main pour la ~** he gave her his hand for support; **un médicament pour ~ le cœur** a drug to sustain the heart OU to keep the heart going. **-2.** [réconforter] to support, to give (moral) support to; **sa présence m'a beaucoup soutenue dans cette épreuve** his presence was a great comfort to me in this ordeal. **-3.** [être partisan de - candidature, cause, politique etc] to support, to back (up), to stand by *(insép)*; **nous vous soutiendrons!** we'll be right up there with OU we'll stand by you!; **tu soutiens toujours ta fille contre moi!** you always stand up for OU you're always siding with your daughter against me!; **~ une équipe** to be a fan of OU to support a team ❑ **~ qqn comme la corde soutient le pendu** to be more of a hindrance than a help to sb. **-4.** [faire valoir - droits] to uphold, to defend; [- argument, théorie] to uphold, to support. **-5.** [affirmer] to assert, to claim; **je pense que nous sommes libres mais elle soutient le contraire** I think that we are free but she claims (that) the opposite is true; **il soutient que tu mens** he keeps saying that you're a liar; **elle m'a soutenu mordicus qu'il était venu ici** *fam* she swore blind OU she insisted that he'd been here. **-6.** [résister à - attaque] to withstand; [- regard] to bear, to support; ils ont soutenu l'assaut des produits japonais they were able to bear the onslaught of Japanese products; — la comparaison avec to stand OU to bear comparison with; les champignons de culture ne soutiennent pas la comparaison cultivated mushrooms just don't compare; — un siège MIL to last out OU to withstand a siege. -7. [prolonger - attention, discussion, suspense etc] to keep up *(sép)*, to sustain; [- réputation] to maintain, to keep up; il est difficile de — une conversation lorsque les enfants sont présents it's difficult to keep a conversation going OU to keep up a conversation when the children are around. -8. MUS [note] to sustain, to hold. -9. UNIV: — sa thèse to defend one's thesis, to take one's viva *Br*.

◆ **se soutenir** ◇ *vp (emploi réciproque)* to stand by each other, to stick together; entre amis, il faut bien se —! friends must stick together!

◇ *vpi* -1. [se tenir] to hold o.s. up, to support o.s.; le vieillard n'arrivait plus à se — sur ses jambes the old man's legs could no longer support OU carry him; elle se soutenait avec peine she could hardly stay upright; se — dans l'eau to keep (o.s.) afloat. -2. [se prolonger - attention, intérêt, suspense] to be kept up OU maintained.

soutenu, e [sutny] *adj* -1. [sans faiblesse - couleur] intense, deep; [- note de musique] sustained; [- attention, effort] unfailing, sustained, unremitting; [- rythme] steady, sustained. -2. LING formal; en langue —e in formal speech.

souterrain, e [sutɛrɛ̃, ɛn] *adj* -1. [sous la terre] underground, subterranean; câble — underground cable; des eaux —es ground water. -2. [dissimulé] hidden, secret. -3. MIN deep, underground.

◆ **souterrain** *nm* -1. [galerie] underground OU subterranean passage. -2. [en ville] subway *Br*, underpass *Am*.

soutien [sutjɛ̃] *nm* -1. [soubassement] supporting structure, support. -2. [aide] support; apporter son — à qqn to support sb, to back sb up; mesures de — à l'économie measures to bolster the economy. -3. [défenseur] supporter; c'est l'un des plus sûrs —s du gouvernement he's one of the mainstays of the government. -4. JUR: — de famille (main) wage earner; être — de famille to have dependents *(and receive special treatment as regards French National Service)*. -5. ÉCON: — des prix price maintenance. -6. MIL support; — logistique logistic support.

soutien-gorge [sutjɛ̃gɔrʒ] *(pl* soutiens-gorge) *nm* bra, brassiere.

soutier [sutje] *nm* stoker.

soutirage [sutiraʒ] *nm* -1. [action] decanting, decantation. -2. [vin] decanted wine.

soutirer [3] [sutire] *vt* -1. [vin] to draw off *(sép)*, to decant. -2. [extorquer]: — qqch à qqn to get sthg from OU out of sb; — une promesse à qqn to extract a promise from sb; — des renseignements à qqn to get OU to squeeze some information out of sb.

souvenance [suvnɑ̃s] *nf litt*: à ma — as far as I can recall OU recollect; je n'ai pas — de cela I don't recall this, I have no recollection of this; je n'ai pas — que nous ayons signé I don't recall our having signed.

souvenir[1] [suvnir] *nm* -1. [impression] memory, recollection; l'été 89 m'a laissé un — impérissable the summer of 89 has left me with lasting memories; votre opération ne sera bientôt plus qu'un mauvais — your operation will soon be nothing but a bad memory; je garde un excellent — de ce voyage I have excellent memories of that trip; n'avoir aucun — de to have no remembrance OU recollection of; elle n'en a qu'un vague — she has only a dim OU vague recollection of it; cela n'éveille donc aucun — en toi? doesn't it remind you of anything?; mes —s d'enfance my childhood memories; au — de ces événements, il se mit à pleurer when he thought back to the events, he started to cry; avoir le — de to have a memory of, to remember; j'ai le — d'un homme grand et fort I remember a tall strong man; je garderai jusqu'à ma mort le — de cette journée I'll remember that day until I die. -2. [dans des formules de politesse]: avec mon affectueux — yours (ever); mes meilleurs —s à votre sœur (my) kindest regards to your sister; rappelle-moi au bon — de tes parents (kindly) remember me to your parents; meilleurs —s de Rome greetings from Rome. -3. [objet - donné par qqn] keepsake; [- rappelant une occasion] memento; [- pour touristes] souvenir; cette broche est un — de ma grand-mère this brooch is a keepsake from my grandmother; — de Lourdes souvenir of Lourdes; il m'a laissé ses dettes comme — *hum* he left me his debts to remember him by. -4. *(comme adj; avec ou sans trait d'union)* souvenir *(modif)*; poser pour la photo-— to pose for a commemorative photograph.

◆ **en souvenir de** *loc prép* [afin de se remémorer]: prenez ce livre en — de cet été/de moi take this book as a souvenir of this summer/as something to remember me by.

souvenir[2] [40] [suvnir]

◆ **se souvenir de** *vp + prép* [date, événement] to remember, to recollect, to recall; [personne, lieu] to remember; autant que je me souvienne to the best of my recollection, as far as I can recall; on se souviendra d'elle comme d'une grande essayiste she'll be remembered as a great essay-writer; je ne me souviens jamais de son adresse I keep forgetting OU I can never remember his address; je ne me souviens pas de l'avoir lu I can't remember OU I don't recall OU I don't recollect having read it; je m'en souviendrai, de ses week-ends reposants à la campagne! *fam iron* I won't forget his restful weekends in the countryside in a hurry!; je ne veux pas te le prêter — je m'en souviendrai! I don't want you to borrow it — I'll remember that! ‖ *(en usage abs)*: mais si, souviens-toi, elle était toujours au premier rang come on, you must remember her, she was always sitting in the front row; je me souviens que j'ai crié en la voyant I remember (that) I shouted when I saw her.

◆ **il me souvient, il lui souvient** *etc v impers litt*: il me souvient un détail/de l'avoir aperçu I remember a detail/having seen him; du plus loin qu'il m'en souvienne as far as I can remember.

souvent [suvɑ̃] *adv* often; il va —/très — au cinéma he often goes to the cinema, he goes to the cinema very often; on se voit de moins en moins — we see less and less of each other; pas OU peu — not often, seldom; il ne vient pas — nous voir he doesn't often come and see us, he seldom comes to see us; le plus — c'est elle qui conduit most often OU more often than not OU usually, she's the one who does the driving; c'est (bien) — ce qui arrive si l'on va trop vite it's what (very) often happens when you go too fast ❑ plus — qu'à son tour far too often.

souverain, e [suvrɛ̃, ɛn] ◇ *adj* -1. [efficace - remède] excellent, sovereign; c'est — contre les maux de gorge it works like a charm on sore throats, it's perfect for sore throats. -2. POL [pouvoir, peuple] sovereign; la Chambre est —e the House is a sovereign authority. -3. [suprême] supreme; avoir un — mépris pour qqch to utterly despise sthg; avec une —e méconnaissance des faits supremely ignorant of the facts. -4. PHILOS: le — bien the sovereign good. -5. RELIG: le — pontife the Pope, the Supreme Pontiff.

◇ *nm, f* monarch, sovereign; notre —e our Sovereign ❑ — absolu absolute monarch.

◆ **souverain** *nm* [monnaie] sovereign (coin).

souverainement [suvrɛnmɑ̃] *adv* -1. [suprêmement] utterly, totally, intensely; être — indifférent à to be utterly OU supremely indifferent to. -2. [sans appel] with sovereign OU final power.

souveraineté [suvrɛnte] *nf* sovereignty.

soviet [sɔvjɛt] *nm* [assemblée] soviet; le Soviet Suprême the Supreme Soviet.

soviétique [sɔvjetik] *adj* Soviet.

◆ **Soviétique** *nmf* Soviet.

soviétisation [sɔvjetizasjɔ̃] *nf* sovietization, sovietizing *(U)*.

soviétiser [3] [sɔvjetize] *vt* to sovietize.

soviétologue [sɔvjetɔlɔg] *nmf* Sovietologist.

sovkhoze [sɔvkoz] *nm* sovkhoz.

soyeux, euse [swajø, øz] *adj* silky.

◆ **soyeux** *nm dial* -1. [fabricant] silk manufacturer. -2. [négociant] silk merchant.

SPA *(abr de* Société protectrice des animaux) *npr f society for the protection of animals,* ≃ RSPCA *Br*, ≃ SPCA *Am*.

spacieusement [spasjøzmɑ̃] *adv* spaciously; ils sont très — installés they've got a very roomy OU spacious place.

spacieux, euse [spasjø, øz] *adj* spacious, roomy.

spadassin [spadasɛ̃] *nm* -1. *arch* swordsman. -2. *litt* [tueur] (hired) killer; un mafioso et ses —s a Mafia boss and his hit-men.

spaghetti [spagɛti] *(pl inv* OU spaghettis) *nm*: des —, des —s spaghetti; un — a strand of spaghetti.

spahi [spai] *nm* spahi *(native member of the Algerian, Moroccan or Tunisian cavalry in the French Service)*.

sparadrap [sparadra] *nm* (sticking) plaster *Br*, band aid *Am*.

spart [spart] *nm* esparto (grass).

Spartacus [spartakys] *npr* Spartacus.

spartakisme [spartakism] *nm* Spartacism.

spartakiste [spartakist] *adj & nmf* Spartakist.

sparte [spart] = **spart**.

Sparte [spart] *npr* Sparta.

spartiate [sparsjat] *adj* -1. [de Sparte] Spartan *literal*. -2. [austère] Spartan *fig*, ascetic.

◆ **Spartiate** *nmf* Spartan.

◆ **spartiates** *nfpl* [sandales] (Roman) sandals.

◆ **à la spartiate** *loc adv* austerely; élever ses enfants à la — to give one's children a Spartan upbringing.

spasme [spasm] *nm* spasm.

spasmodique [spasmɔdik] *adj* spasmodic.

spasmolytique [spasmɔlitik] *adj & nm* spasmolytic.

spasmophile [spasmɔfil] ◇ *adj* suffering from spasmophilia.

◇ *nmf person suffering from spasmophilia.*

spasmophilie [spasmɔfili] *nf* spasmophilia.

spasmophilique [spasmɔfilik] ◇ *adj* spasmophilic.

◇ *nmf* spasmophilic.

spatangue [spatɑ̃g] *nm* spatangoid.

spath [spat] *nm* spar; — calcaire calcite; — fluor fluor spar, fluorite; — d'Islande Iceland spar; — pesant barytes, barite.

spatial, e, aux [spasjal, o] *adj* -1. [de l'espace] spatial. -2. ASTRONAUT, AUDIO & MIL space *(modif)*.

◆ **spatial** *nm sg* space industry.

spatialité [spasjalite] *nf* spatiality.

spationaute [spasjɔnot] *nmf* spaceman *(f* spacewoman).

spationef [spasjɔnɛf] *nm* spaceship.

spatio-temporel, elle [spasjɔtɑ̃pɔrɛl] *(mpl* spatio-temporels, *fpl* spatio-temporelles) *adj* spatiotemporal, space-and-time *(modif)*.

spatule [spatyl] *nf* -1. CULIN spatula. -2. [d'un ski] tip. -3. BX-ARTS (pallet) knife. -4. CONSTR jointer. -5. ZOOL [poisson] spoonbill, paddle-fish; [oiseau] spoonbill.

spatulé, e [spatyle] *adj* spatulate.

speaker, speakerine [spikœr, spikrin] *nm, f* announcer, link man *(f* woman) *Br*.

◆ **speaker** *nm* POL [en Grande-Bretagne, aux États-Unis]: le — the Speaker.

spécial, e, aux [spesjal, o] *adj* -1. [d'une catégorie particulière] special, particular, specific, distinctive; une clef —e a special key; des

caractéristiques ~**es** distinctive features. -**2.** [exceptionnel - gén] special, extraordinary, exceptional; [- numéro, édition] special; **instituer une procédure** ~**e** to set up a special procedure; **bénéficier d'une faveur** ~**e** to be especially favoured. -**3.** [bizarre] peculiar, odd; **ils ont une mentalité un peu** ~**e** they're a bit eccentric OU strange; **ce livre est** ~, **on aime ou on n'aime pas** this book is very particular, either you like it or you don't; **toi, t'es** ~! you're a bit weird! -**4.** ÉCON: **commerce** ~ import-export trade (balance). -**5.** SPORT [slalom] special.

◆ **spécial, aux** *fam nm* SPORT (special) slalom.

◆ **spéciale** *nf* -**1.** ENS *second year of a two year entrance course for a grande école.* -**2.** [huître] *type of cultivated oyster.* -**3.** SPORT (short) off-road rally.

spécialement [spesjalmɑ̃] *adv* -**1.** [à une fin particulière] specially, especially; **je me suis fait faire un costume** ~ **pour le mariage** I had a suit made specially for the wedding; **parlez-nous de l'Italie et (plus)** ~ **de Florence** tell us about Italy, especially Florence. -**2.** [très] particularly, specially; **ça n'a pas été** ~ **drôle** it wasn't particularly amusing; **pas** ~: **tu veux lui parler?** — **pas** ~ do you want to talk to her? — not particularly.

spécialisation [spesjalizasjɔ̃] *nf* specialization, specializing.

spécialisé, e [spesjalize] *adj* specialized; **notre personnel hautement** ~ our highly specialized staff; **des chercheurs** ~**s dans l'intelligence artificielle** researchers specializing in artificial intelligence.

spécialiser [3] [spesjalize] *vt* -**1.** [étudiant, travailleur] to turn OU to make into a specialist; **nous spécialisons des biochimistes** we train specialists in biochemistry. -**2.** [usine, activité] to make more specialized; **on a décidé de** ~ **les usines de la région** it was decided to make the factories in the area more specialized.

◆ **se spécialiser** *vpi* to specialize; **14 ans, c'est trop tôt pour se** ~ SCOL 14 is too young to start specializing; **se** ~ **dans la dermatologie** to specialize in dermatology.

spécialiste [spesjalist] *nmf* -**1.** [gén & MÉD] specialist. -**2.** *fam* [habitué]: **c'est un** ~ **de l'escroquerie** he's something of a professional conman.

spécialité [spesjalite] *nf* -**1.** CULIN speciality; ~**s de la région** local specialities OU products; **fais-nous une de tes** ~**s** cook us one of your special recipes OU dishes; **'la** ~ **du chef'** '(the) chef's speciality'. -**2.** PHARM: ~ **pharmaceutique** branded pharmaceutical OU (patented) pharmaceutical product. -**3.** SC & UNIV field, area, specialism; ~ **médicale** area of medicine; **quelle est votre** ~? what area do you specialize in?; **ma** ~, **c'est la botanique** I specialize in botany; **le meilleur dans** OU **de sa** ~ the best in his field. -**4.** [manie, habitude]: **le vin, c'est sa** ~ he's the wine expert; **c'est ta** ~ **ma parole!** you seem to be making a habit of it!

spécieusement [spesjøzmɑ̃] *adv* speciously, fallaciously.

spécieux, euse [spesjø, øz] *adj* specious, fallacious.

spécification [spesifikasjɔ̃] *nf* specification; **sans** ~ **de** without specifying, without mention of; **une réunion a été décidée sans** ~ **d'heure ni de lieu** a meeting was arranged, but the time and place were not specified.

spécificité [spesifisite] *nf* specificity.

spécifier [9] [spesifje] *vt* to specify, to state, to indicate; ~ **les conditions d'un prêt** to specify OU to indicate the conditions of a loan; **je lui ai bien spécifié l'heure du rendez-vous** I made sure I told him the time of the appointment; **j'avais pourtant bien spécifié que je voulais une peinture mate!** I had quite specifically asked for matt paint!

spécifique [spesifik] *adj* specific.

spécifiquement [spesifikmɑ̃] *adv* specifically.

spécimen [spesimɛn] *nm* -**1.** [élément typique] specimen; **ce poème est un très beau** ~ **de l'art pour l'art** this poem is a fine example of art for art's sake; **le type était un parfait** ~ **d'avocat véreux** *fam* the man was a perfect example of a OU your typical corrupt lawyer. -**2.** IMPR specimen. -**3.** *fam* [individu bizarre] queer fish *Br*, odd duck *Am*; **méfie-toi, c'est un drôle de** ~! be careful, he's a queer fish!

spectacle [spɛktakl] *nm* -**1.** CIN, DANSE, MUS & THÉÂT show; **aller au** ~ to go to (see) a show; **faire un** ~ to do a show; **monter un** ~ to put on a show; **consulter la page (des)** ~**s** to check the entertainment OU entertainments page; **le** ~ show business ❑ **le** ~ **est dans la salle** the real show's in the auditorium; **le** ~ **continue** the show must go on. -**2.** [ce qui se présente au regard] sight, scene; **le** ~ **qui s'offrait à nous** the sight before our eyes; **sur le port nous attendait un** ~ **affligeant** on the quayside, a heart-breaking scene met our eyes; **elle présentait un bien triste/curieux** ~ she looked a rather sorry/odd sight; **au** ~ **de** at the sight of; **au** ~ **de sa mère blessée, il s'évanouit** at the sight of OU on seeing his injured mother, he fainted.

◆ **à grand spectacle** *loc adj* grandiose; **film à grand** ~ blockbuster.

◆ **en spectacle** *loc adv*: **on nous les donne en** ~ they are paraded in front of us; **se donner** OU **s'offrir en** ~ to make an exhibition OU a spectacle of o.s.

spectaculaire [spɛktakylɛr] *adj* -**1.** [exceptionnel, frappant] spectacular, impressive; **elle a fait une chute** ~ she had a spectacular fall. -**2.** [notable] spectacular; **des progrès** ~**s** spectacular progress.

spectateur, trice [spɛktatœr, tris] *nm, f* -**1.** CIN, DANSE, MUS & THÉÂT spectator, member of the audience; **les** ~**s** the audience; **plusieurs** ~**s ont quitté la salle** several people in the audience walked out. -**2.** [d'un accident, d'un événement] spectator, witness; **les** ~**s finirent par se disperser** the crowd eventually began to disperse. -**3.** [simple observateur] onlooker; **il a participé à nos réunions en** ~ he just came to our meetings as an onlooker.

spectral, e, aux [spɛktral, o] *adj* -**1.** *litt* [fantomatique] ghostly, ghostlike, spectral *litt.* -**2.** PHYS spectral; **analyse** ~**e** spectrum OU spectroscopic analysis.

spectre [spɛktr] *nm* -**1.** [fantôme] ghost, phantom, spectre. -**2.** *fam* [personne maigre] ghostly figure, apparition. -**3.** [représentation effrayante]: **le** ~ **de** the spectre of; **le** ~ **de la famine** the spectre of famine; **agiter le** ~ **de la révolution** to invoke the spectre of rebellion. -**4.** CHIM, ÉLECTR & PHYS spectrum; ~ **visible** visible spectrum; ~ **électrique/magnétique** electric/magnetic spectrum. -**5.** PHARM [d'un antibiotique] spectrum.

spectrochimique [spɛktrɔʃimik] *adj* spectrochemical.

spectrogramme [spɛktrɔgram] *nm* spectrogram.

spectrographe [spɛktrɔgraf] *nm* spectrograph.

spectrographique [spɛktrɔgrafik] *adj* spectrographic.

spectrohéliographe [spɛktrɔeljɔgraf] *nm* spectroheliograph.

spectromètre [spɛktrɔmɛtr] *nm* spectrometer.

spectrométrie [spɛktrɔmetri] *nf* spectrometry; ~ **de masse** mass spectrometry.

spectrométrique [spɛktrɔmetrik] *adj* spectrometric.

spectrophotomètre [spɛktrɔfɔtɔmɛtr] *nm* spectrophotometer.

spectrophotométrie [spɛktrɔfɔtɔmetri] *nf* spectrophotometry.

spectroscope [spɛktrɔskɔp] *nm* spectroscope.

spectroscopie [spɛktrɔskɔpi] *nf* spectroscopy.

spectroscopique [spɛktrɔskɔpik] *adj* spectroscopic.

spéculaire [spekylɛr] ◇ *adj* specular; **image** ~ mirror image.

◇ *nf* BOT Venus's looking glass.

spéculateur, trice [spekylatœr, tris] *nm, f* speculator; ~ **à la baisse** bear; ~ **à la hausse** bull; ~ **sur devises** currency speculator.

spéculatif, ive [spekylatif, iv] *adj* speculative.

spéculation [spekylasjɔ̃] *nf* speculation.

spéculativement [spekylativmɑ̃] *adv* speculatively.

spéculer [3] [spekyle] *vi* -**1.** BOURSE to speculate; ~ **en Bourse** to speculate on the stock exchange; ~ **sur l'or** to speculate in gold. -**2.** *litt* [méditer] to speculate.

◆ **spéculer sur** *v + prép* [compter sur] to count OU to bank OU to rely on *(insép)*; **le gouvernement spécule sur une hausse de la natalité** the government is banking OU relying on a rise in the birthrate.

spéculoos [spekylos] *nm Belg ginger biscuit.*

spéculum [spekylɔm] *nm* speculum MÉD.

speech *fam* [spitʃ] (*pl* **speechs** OU **speeches**) *nm* (short) speech; **il nous a refait son** ~ **sur l'importance des bonnes manières** he made the same old speech about the importance of good manners.

spéléologie [speleɔlɔʒi] *nf* [science et étude] speleology; [sport] potholing *Br*, spelunking *Am.*

spéléologique [speleɔlɔʒik] *adj* speleologic.

spéléologue [speleɔlɔg] *nmf* [savant, chercheur] speleologist; [sportif] potholer *Br*, spelunker *Am.*

spencer [spɛnsœr] *nm* VÊT spencer.

spermaceti [spɛrmaseti] *nm* spermaceti.

spermaphyte [spɛrmafit] = **spermatophyte**.

spermatide [spɛrmatid] *nm* spermatid.

spermatie [spɛrmati] *nf* spermatium.

spermatique [spɛrmatik] *adj* [du sperme] spermatic.

spermatocyte [spɛrmatɔsit] *nm* spermatocyte.

spermatogenèse [spɛrmatɔʒənɛz] *nf* spermatogenesis.

spermatophore [spɛrmatɔfɔr] *nm* spermatophore.

spermatophyte [spɛrmatɔfit] *nm* spermatophyte.

spermatozoïde [spɛrmatɔzɔid] *nm* spermatozoid.

sperme [spɛrm] *nm* sperm.

spermicide [spɛrmisid] ◇ *adj* spermicidal.

◇ *nm* spermicide, spermatocide.

spermogramme [spɛrmɔgram] *nm* sperm count.

spermophile [spɛrmɔfil] *nm* spermophile.

sphénoïde [sfenɔid] *adj* sphenoid.

sphère [sfɛr] *nf* -**1.** ASTRON & GÉOM sphere; ~ **céleste** celestial sphere. -**2.** [zone] field, area, sphere; ~ **d'activité** field OU sphere of activity; ~ **d'influence** sphere of influence; **les hautes** ~**s** the higher realms *litt.*

sphéricité [sferisite] *nf* sphericity.

sphérique [sferik] *adj* spheric, spherical.

sphéroïde [sferɔid] *nm* spheroid.

sphincter [sfɛ̃ktɛr] *nm* sphincter.

sphinctérien, enne [sfɛ̃kterjɛ̃, ɛn] *adj* sphincteral, sphincter *(modif).*

sphingidé [sfɛ̃ʒide] *nm* sphingid.

sphinx [sfɛ̃ks] *nm* -**1.** BX-ARTS & MYTH sphinx; **le Sphinx** the Sphinx. -**2.** [personne énigmatique] sphinx; **son impassibilité de** ~ **me déroutait** his sphinx-like inscrutability disconcerted me. -**3.** ENTOM hawkmoth, sphinx (moth).

spi [spi] = **spinnaker**.

spin [spin] *nm* spin PHYS.

spina-bifida [spinabifida] *nm inv* spina bifida.

spinal, e, aux [spinal, o] *adj* spinal.

spinnaker [spinekər] *nm* spinnaker.

spiral, e, aux [spiral, o] *adj* spiral, helical.
◆ **spiral, aux** *nm* [ressort] spiral, spring; [d'une montre] hairspring.
◆ **spirale** *nf* -**1.** [circonvolution] spiral, helix; des ~s de fumée coils of smoke. -**2.** [hausse rapide] spiral; la ~ des prix et des salaires the wage-price spiral.
◆ **à spirale** *loc adj* [cahier] spiral, spiralbound.
◆ **en spirale** ◇ *loc adj* [escalier, descente] spiral.
◇ *loc adv* in a spiral, spirally; **s'élever/retomber en ~** to spiral upwards/downwards.

spiralé, e [spirale] *adj* spiral, helical.

spire [spir] *nf* [d'un coquillage] whorl; [d'une spirale, d'une hélice] turn, spire.

spirille [spirij] *nm* spirillum.

spirite [spirit] ◇ *adj* spiritualistic.
◇ *nmf* spiritualist.

spiritisme [spiritism] *nm* spiritualism, spiritism.

spiritual, als [spiritwol, olz] *nm* (Negro) spiritual.

spiritualisation [spiritɥalizasjɔ̃] *nf* spiritualization, spiritualizing *(U)*.

spiritualiser [3] [spiritɥalize] *vt* to give a spiritual dimension to, to spiritualize.

spiritualisme [spiritɥalism] *nm* spiritualism.

spiritualiste [spiritɥalist] ◇ *adj* spiritualistic.
◇ *nmf* spiritualist.

spiritualité [spiritɥalite] *nf* spirituality.

spirituel, elle [spiritɥɛl] *adj* -**1.** PHILOS spiritual; **la nature ~le de l'âme** the spiritual nature of the soul. -**2.** [non physique] spiritual; **père ~** spiritual father. -**3.** [plein d'esprit] witty; **elle est très ~le** she's very witty; **une repartie ~le** a witty reply; **comme c'est ~!** how clever! *aussi iron.* -**4.** RELIG spiritual; **chef ~** spiritual head; **pouvoir ~** spiritual power.
◆ **spirituel** *nm* RELIG spiritual.

spirituellement [spiritɥɛlmɑ̃] *adv* -**1.** PHILOS & RELIG spiritually. -**2.** [brillamment] wittily.

spiritueux, euse [spiritɥø, øz] *adj* [boisson] spirituous *spéc*, strong.
◆ **spiritueux** *nm* spirit; **vins et ~** wines and spirits.

spirographe [spirɔgraf] *nm* Spirographa.

spiroïdal, e, aux [spirɔidal, o] *adj* spiroid; **fracture ~e** spiral fracture.

spiromètre [spirɔmɛtr] *nm* spirometer.

spitant, e [spitɑ̃, ɑ̃t] *adj Belg* -**1.** [personne] lively. -**2.** [gazeux]: **eau ~e** carbonated water.

Spitsberg, Spitzberg [spidzbɛrg] *npr* Spitsbergen, Spitzbergen.

spleen [splin] *nm litt* spleen *arch*, melancholy.

splendeur [splɑ̃dœr] *nf* -**1.** [somptuosité] magnificence, splendour. -**2.** [merveille]: **son collier est une ~** her necklace is splendid OU magnificent; **les ~s des églises baroques** the magnificence of baroque churches. -**3.** [prospérité, gloire] grandeur, splendour; **Rome, au temps de sa ~** Rome at her apogee *litt*; **voilà le macho dans toute sa ~** *hum* that's macho man in all his glory. -**4.** *litt* [du soleil] brilliance, splendour.

splendide [splɑ̃did] *adj* -**1.** [somptueux - décor, fête, étoffe] splendid, magnificent. -**2.** [beau] magnificent, wonderful, splendid; **une ~ créature entra** a gorgeous OU magnificent creature entered; **tu es ~ aujourd'hui** you look wonderful today; **elle avait une mine ~** she was blooming. -**3.** [rayonnant - soleil] radiant. -**4.** *litt* [glorieux] splendid.

splendidement [splɑ̃didmɑ̃] *adv* splendidly, magnificently.

splénectomie [splenɛktɔmi] *nf* splenectomy.

splénique [splenik] *adj* splenic.

spoliateur, trice [spɔljatœr, tris] ◇ *adj litt* spoliatory, despoiling.
◇ *nm, f sout* spoliator *litt*, despoiler *litt*.

spoliation [spɔljasjɔ̃] *nf sout* spoliation *litt*, despoilment *litt*.

spolier [9] [spɔlje] *vt sout* to spoliate *litt*, to despoil *litt*; **spoliés de leurs droits/possessions** stripped of their rights/possessions.

spondée [spɔ̃de] *nm* spondee.

spongiaire [spɔ̃ʒjɛr] *nm* sponge, poriferan; **les ~s** the Porifera.

spongieux, euse [spɔ̃ʒjø, øz] *adj* -**1.** ANAT spongy. -**2.** [sol, matière] spongy, sponge-like.

spongiosité [spɔ̃ʒjozite] *nf* sponginess.

sponsor [spɔ̃sɔr] *nm* (commercial) sponsor.

sponsoring [spɔ̃sɔriŋ], **sponsorat** [spɔ̃sɔra] *nm* (commercial) sponsorship.

sponsoriser [3] [spɔ̃sɔrize] *vt* to sponsor (commercially).

spontané, e [spɔ̃tane] *adj* spontaneous.

spontanéisme [spɔ̃taneism] *nm* POL belief in spontaneous political action.

spontanéiste [spɔ̃taneist] *nmf* POL believer in spontaneous political action.

spontanéité [spɔ̃taneite] *nf* spontaneity, spontaneousness.

spontanément [spɔ̃tanemɑ̃] *adv* spontaneously; **elle a avoué ~** she owned up of her own accord.

Sporades [spɔrad] *npr fpl*: **les ~** the Sporades.

sporadicité [spɔradisite] *nf sout* sporadic nature OU character.

sporadique [spɔradik] *adj* [attaque, effort] sporadic, occasional; [symptôme, crise] sporadic, isolated; [averse] scattered.

sporadiquement [spɔradikmɑ̃] *adv* sporadically.

sporange [spɔrɑ̃ʒ] *nm* sporangium.

spore [spɔr] *nf* spore.

sport [spɔr] ◇ *adj inv* -**1.** VÊT [pratique, de détente] casual; **manteau/chaussures ~** casual coat/shoes. -**2.** [fair-play] sporting.
◇ *nm* -**1.** [ensemble d'activités, exercice physique] sport; [activité de compétition] (competitive) sport; **faire du ~** to do sport; **un peu de ~ te ferait du bien** some physical exercise would do you good; **il y a trop de ~ à la télé** there's too much sport on TV; **aller aux ~s d'hiver** to go skiing, to go on a winter sports holiday *Br* OU vacation *Am* ❑ **~ cérébral** OU **intellectuel** brainteasers; **~ de combat** combat sport; **~ équestre** equestrian sport, equestrianism; **~ individuel** individual sport; **~s d'équipe** team sports; **~s d'hiver** winter sports; **~s mécaniques** motor sports *(on land, in the air and on water)*; **~s nautiques** water sports; **le journal des ~s** TV the sports news; **la page des ~s** the sports page. -**2.** *fam loc*: **c'est du ~** it's no picnic; **c'est du ~ de faire démarrer la tondeuse!** getting the mower started is no picnic OU is the devil's own job!; **il va y avoir du ~!** the sparks are going to fly!
◆ **de sport** *loc adj* [terrain, vêtement] sports *(modif)*.
◆ **pour le sport** *fam loc adv* [de façon désintéressée] for the fun OU the hell of it.

sportif, ive [spɔrtif, iv] ◇ *adj* -**1.** [association, club, magazine, reportage] sports *(modif)*; **reporter ~** sports reporter, sportscaster. -**2.** [événement, exploit] sporting. -**3.** [personne] sporty; **elle est très sportive** she does a lot of sport; **je ne suis pas du tout ~** I'm not at all sporty; **avoir une allure sportive** to look athletic. -**4.** [loyal - public] sporting, fair; [- attitude, geste] sporting, sportsmanlike; **avoir l'esprit ~** to show sportsmanship; **ce n'était pas très ~ de sa part** it wasn't very sporting of him.
◇ *nm, f* sportsman (*f* sportswoman); **c'est un ~ en chambre** *hum* his idea of (doing) sport is watching it on TV, he's an armchair sportsman.

sportivement [spɔrtivmɑ̃] *adv* sportingly; **très ~, il l'a aidé à se relever** he helped him up, which was very sporting of him.

sportivité [spɔrtivite] *nf* [d'une personne] sportsmanship; **le match a manqué de ~** it wasn't a very sporting match.

sporulation [spɔrylasjɔ̃] *nf* sporulation, sporulating *(U)*.

spot [spɔt] *nm* -**1.** [projecteur, petite lampe] spotlight. -**2.** PHYS light spot. -**3.** ÉLECTRON spot. -**4.** [publicité]: **~ (publicitaire)** commercial.

SPOT, Spot [spɔt] (*abr de* **satellite pour l'observation de la Terre**) *npr m* earth observation satellite.

Spoutnik [sputnik] *npr m* Sputnik.

sprat [sprat] *nm* sprat ZOOL.

spray [sprɛ] *nm* spray; **parfum en ~** spray OU spray-on perfume.

springbok [spriŋbɔk] *nm* -**1.** ZOOL springbok, springbuck. -**2.** SPORT: **les Springboks** the Springboks.

sprint [sprint] *nm* SPORT [course] sprint (race); [pointe de vitesse - gén] spurt; [- en fin de parcours] final spurt OU sprint; **piquer un ~** to put on a spurt, to sprint; **j'ai dû piquer un ~ pour avoir mon train** *fam* I had to sprint to catch my train.

sprinter[1] [sprintœr] *nm* sprinter.

sprinter[2] [3] [sprinte] *vi* to sprint; [en fin de parcours] to put on a burst of speed.

sq (*abr écrite de* **sequiturque**) f.

sqq (*abr écrite de* **sequunturque**) ff.

squale [skwal] *nm* shark.

squame [skwam] *nm* MÉD scale, squama *spéc.*

squameux, euse [skwamø, øz] *adj* MÉD squamous, scaly.

square [skwar] *nm* -**1.** [jardin] (small) public garden OU gardens. -**2.** [place] square; **il habite ~ Blériot** he lives in Blériot Square.

squash [skwaʃ] *nm* squash; **jouer au ~** to play squash.

squat [skwat] *nm* [habitation] squat.

squatter[1] [skwatœr] *nm* squatter.

squatter[2] [skwate], **squattériser** [3] [skwaterize] *vt* [bâtiment] to squat in.

squaw [skwo] *nf* squaw.

squeezer [3] [skwize] *vt* -**1.** JEUX to squeeze. -**2.** *fam* [mettre en difficulté] to put the squeeze on.

squelette [skəlɛt] *nm* -**1.** ANAT skeleton; **c'est un ~ ambulant** he's nothing but skin and bone, he's a walking skeleton. -**2.** [d'un discours] skeleton, broad outline. -**3.** CHIM skeleton. -**4.** CONSTR & NAUT carcass, skeleton.

squelettique [skəletik] *adj* -**1.** [animal, enfant] skeleton-like, skeletal; [plante] stunted; **elle a des jambes ~s** she's got legs like matchsticks. -**2.** [troupes] decimated; [équipe] skeleton *(modif)*. -**3.** ANAT skeletal.

Sri Lanka [srilɑ̃ka] *npr m*: **le ~** Sri Lanka; **au ~** in Sri Lanka.

sri lankais, e [srilɑ̃kɛ, ɛz] *adj* Sri Lankan.
◆ **Sri Lankais, e** *nm, f* Sri Lankan.

SS ◇ -**1.** (*abr écrite de* **Sécurité sociale**) SS, ≃ DSS *Br*, ≃ SSA *Am*. -**2.** (*abr écrite de* **Sa Sainteté**) HH.
◇ *npr f* (*abr de* **SchutzStaffel**) SS.
◇ *nm* (*abr de* **SchutzStaffel**): **un ~** a member of the SS.

S/S (*abr écrite de* **steamship**) S/S.

SSBS (*abr de* **sol-sol balistique stratégique**) *nm* ≃ MRBM.

S-S-E (*abr écrite de* **sud-sud-est**) SSE.

S-S-O (*abr écrite de* **sud-sud-ouest**) SSW.

SSR (*abr de* **Société suisse de Radiodiffusion et de Télévision**) *npr f French-speaking Swiss broadcasting company.*

st (*abr écrite de* **stère**) st.

St (*abr écrite de* **saint**) St., St.

stabilisant, e [stabilizɑ̃, ɑ̃t] *adj* stabilizing.
◆ **stabilisant** *nm* stabilizing agent, stabilizer.

stabilisateur, trice [stabilizatœr, tris] *adj* stabilizing.
◆ **stabilisateur** *nm* -**1.** [de vélo] stabilizer. -**2.** AÉRON [horizontal] horizontal stabilizer *Am*, tail plane; [vertical] vertical stabilizer *Am*, fin. -**3.** AUT antiroll OU torsion bar. -**4.** CHIM stabilizer. -**5.** ÉLECTR: **~ de tension** voltage regulator OU stabilizer.

stabilisation [stabilizasjɔ̃] *nf* -**1.** AÉRON & ASTRONAUT stabilization, stabilizing *(U)*. -**2.** CHIM stabilization. -**3.** ÉCON supporting *(U)*. -**4.** MÉTALL & TRAV PUBL stabilizing *(U)*.

stabiliser [3] [stabilize] *vt* -**1.** [échafaudage - donner un équilibre à] to stabilize; [- maintenir en place] to hold steady. -**2.** [consolider - situation] to stabilize, to normalize; **le traité devrait ~ les relations entre les deux pays** the treaty should stabilize relationships between the two countries. -**3.** [personne]: **son mariage va le ~** marriage will make him settle down. -**4.** [monnaie, devise, prix] to stabilize. -**5.** [malade, maladie] to stabilize.
◆ **se stabiliser** *vpi* -**1.** [acquérir un équilibre] to stabilize; **la situation militaire semble se ~** the military situation seems to be stabilizing. -**2.** [personne] to settle down; **elle s'est stabilisée depuis qu'elle a un emploi** she's settled down since she got a job.

stabilité [stabilite] *nf* -**1.** [d'un véhicule, d'un échafaudage, d'une monnaie, d'un marché] stability, steadiness. -**2.** [d'un caractère] stability, steadiness. -**3.** CHIM, MÉTÉO & PHYS stability. -**4.** POL: **~ gouvernementale** (governmental) stability.

stable [stabl] *adj* -**1.** [qui ne bouge pas - position, structure] steady, stable; **la table n'est pas très ~** the table's a bit rocky; **tu n'as pas l'air d'être dans une position très ~** you look a bit precarious. -**2.** [constant - personne, marché, emploi] stable, steady; **l'état du malade est ~** the patient's condition is stable. -**3.** CHIM & PHYS stable.

stabulation [stabylasjɔ̃] *nf* -**1.** [entretien] stalling (of cattle). -**2.** [bâtiment] stalls.

stade [stad] *nm* -**1.** SPORT stadium. -**2.** [étape, phase] stage; **à ce ~ de l'enquête** at this stage of the investigation; **j'en suis arrivé au ~ où...** I've reached the stage where... -**3.** ANTIQ stadium. -**4.** PSYCH stage; **le ~ du miroir** the mirror stage; **le ~ oral** the oral stage.

staff [staf] *nm* -**1.** CONSTR staff. -**2.** [personnel] staff.

stage [staʒ] *nm* -**1.** COMM work placement; [sur le temps de travail] in-service training; **un ~ de trois mois** a three-month training period; **faire un ~** [cours] to go on a training course; [expérience professionnelle] to go on a work placement; **~ en entreprise** work experience OU placement; **~ de recyclage** retraining period; **~ d'insertion à la vie professionnelle** training scheme for young unemployed people. -**2.** LOISIRS: **faire un ~ d'équitation/de plongée** [cours] to have riding/scuba diving lessons; [vacances] to go on a riding/scuba diving holiday; **faire un ~ d'espagnol/de traitement de texte** to go on a Spanish/word processing course.

stagflation [stagflasjɔ̃] *nf* stagflation.

stagiaire [staʒjɛr] ◇ *adj* [officier] trainee *(avant n)*; [avocat] pupil; [journaliste] cub; **un instituteur ~** a student teacher.
◇ *nmf* [gén] trainee; **un ~ en comptabilité** a trainee accountant.

stagnant, e [stagnɑ̃, ɑ̃t] *adj* -**1.** [eau] stagnant. -**2.** [affaires] sluggish.

stagnation [stagnasjɔ̃] *nf* stagnation, stagnating.

stagner [3] [stagne] *vi* -**1.** [liquide] to stagnate; **des bancs de brume stagnaient dans la vallée** patches of mist were lying in the valley. -**2.** [économie, affaires] to stagnate, to be sluggish; **l'industrie du textile stagne** the textile industry is stagnating. -**3.** [personne] to stagnate, to get into a rut; **~ dans son ignorance** to be bogged down in one's own ignorance.

stakhanovisme [stakanɔvism] *nm* Stakhanovism.

stakhanoviste [stakanɔvist] *adj* & *nmf* Stakhanovite.

stalactite [stalaktit] *nf* stalactite.

stalag [stalag] *nm* stalag.

stalagmite [stalagmit] *nf* stalagmite.

Staline [stalin] *npr* Stalin.

Stalingrad [stalingrad] *npr* Stalingrad.

stalinien, enne [stalinjɛ̃, ɛn] *adj* & *nm, f* Stalinist.

stalinisme [stalinism] *nm* Stalinism.

stalle [stal] *nf* [de cheval, d'église] stall.

staminé, e [stamine] *adj* staminate.

stance [stɑ̃s] *nf* LITTÉRAT stanza.
◆ **stances** *nfpl* (lyrical poem composed of) stanzas.

stand [stɑ̃d] *nm* -**1.** [d'un exposant] stall, stand. -**2.** JEUX & MIL: **~ (de tir)** (shooting) range. -**3.** SPORT: **~ (de ravitaillement)** pit.

standard [stɑ̃dar] ◇ *adj* -**1.** [normalisé - modèle, pièce, taille] standard *(modif)*. -**2.** [non original - discours, goûts] commonplace, unoriginal, standard. -**3.** LING standard.
◇ *nm* -**1.** COMM & INDUST standard. -**2.** ÉCON: **~ de vie** living standard. -**3.** TÉLÉC switchboard. -**4.** MUS (jazz) standard.

standardisation [stɑ̃dardizasjɔ̃] *nf* standardization, standardizing.

standardiser [3] [stɑ̃dardize] *vt* [normaliser, uniformiser] to standardize.

standardiste [stɑ̃dardist] *nmf* (switchboard) operator.

stand-by [stɑ̃dbaj] ◇ *adj inv* -**1.** AÉRON [billet, passager, siège] standby *(modif)*. -**2.** FIN standby *(modif)*; **crédit ~** standby credit.
◇ *nmf inv* standby.

standing [stɑ̃diŋ] *nm* -**1.** [d'une personne - position sociale] social status OU standing; [- réputation] (good) reputation, standing. -**2.** [confort]: **appartement (de) grand ~** luxury flat.

stannifère [stanifɛr] *adj* [gén] staniferous; [alluvion] tin-bearing.

staphylin [stafilɛ̃] *nm*: **~ diable** devil's coach horse.

staphylococcie [stafilɔkɔksi] *nf* staphylococcia.

staphylocoque [stafilɔkɔk] *nm* staphylococcus; **~ doré** staphylococcus aureus.

star [star] *nf* -**1.** CIN (film) star; MUS & THÉÂT star; **en une semaine, elle était devenue une ~** within one week, she'd risen to stardom. -**2.** [du monde politique, sportif] star; **la ~ du football français** the star of French football. -**3.** [favorite] number one; **la ~ des routières de la décennie** the top touring car of the decade.

stariser [3] [starize] *vt* to make a star of, to bring to stardom.

starking [starkiŋ] *nf* starking (apple).

starlette [starlɛt] *nf* starlet.

star-system [starsistɛm] (*pl* **star-systems**) *nm* star system CIN, MUS & THEAT.

starter [startɛr] *nm* -**1.** AUT choke; **mettre le ~** to pull the choke out; **j'ai roulé avec le ~** I drove with the choke out. -**2.** SPORT starter; **les chevaux sont sous les ordres du ~** the horses are under starter's orders.

starting-block [startiŋblɔk] (*pl* **starting-blocks**) *nm* starting block.

starting-gate [startiŋgɛt] (*pl* **starting-gates**) *nm* OU *nf* starting gate.

stase [staz] *nf* stasis MED.

station [stasjɔ̃] *nf* -**1.** TRANSP: **~ d'autobus** bus stop; **~ de métro** underground *Br* OU subway *Am* station; **~ de taxis** taxi rank *Br* OU stand *Am*. -**2.** [centre, installation]: **~ agronomique** agricultural research station; **~ d'épuration** sewerage plant; **~ de lavage** carwash; **~ météorologique** weather station. -**3.** RAD & TV station; **~ périphérique** private radio station; **~ de télévision** television station. -**4.** [lieu de séjour] resort; **~ balnéaire** sea OU seaside resort; **~ d'altitude** mountain resort; **~ de sports d'hiver** ski resort; **~ thermale** (thermal) spa. -**5.** [position] posture; **~ verticale** upright position; **la ~ debout est déconseillée** standing is not advisable. -**6.** [pause] stop; **j'ai dû faire de longues ~s avant d'arriver au sommet** I had to make long rest stops before reaching the summit ❑ **les ~s du chemin de croix** the Stations of the Cross. -**7.** ASTRON stationary point. -**8.** ASTRONAUT: **~ orbitale** orbital station; **~ spatiale** space station.

station-aval [stasjɔ̃aval] (*pl* **stations-aval**) *nf* down-range station ASTRONAUT.

stationnaire [stasjɔnɛr] ◇ *adj* -**1.** MATH & SC stationary. -**2.** MÉD [état] stable; ASTRON: **théorie de l'état** OU **de l'Univers ~** steady-state theory. -**3.** PHYS [phénomène] stable; [onde] stationary, standing; [état] stationary.
◇ *nm* NAUT station ship.

stationnement [stasjɔnmɑ̃] *nm* -**1.** [arrêt] parking; **~ bilatéral** parking on both sides of the road; **~ unilatéral** parking on one side (only); **~ payant** parking fee payable; '**~ interdit**' 'no parking'; '**~ gênant**' ≃ 'restricted parking'. -**2.** *Can* car park.
◆ **en stationnement** *loc adj* -**1.** [véhicule] parked. -**2.** MIL stationed.

stationner [3] [stasjɔne] *vi* -**1.** [véhicule] to be parked; **une voiture stationnait en double file** a car was double-parked. -**2.** MIL: **les troupes stationnées en Allemagne** troops stationed in Germany. -**3.** [rester sur place - personne] to stay, to remain; **'ne pas ~ devant la sortie'** 'keep exit clear'; **la police empêche les manifestants de ~ devant l'ambassade** the police are making the demonstrators move on from outside the embassy.

station-service [stasjɔ̃sɛrvis] (*pl* **stations-service**) *nf* petrol station *Br*, gas station *(U)*.

statique [statik] ◇ *adj* -**1.** [sans mouvement] static; **tu es trop ~ dans cette scène** you don't move around enough during the scene. -**2.** [inchangé] static, unimaginative; **une politique ~** an unimaginative policy. -**3.** ÉLECTR static.
◇ *nf* statics *(U)*.

statiquement [statikmɑ̃] *adv* statically.

statisme [statism] *nm* static state OU character.

statisticien, enne [statistisjɛ̃, ɛn] *nm, f* statistician.

statistique [statistik] ◇ *adj* statistical.
◇ *nf* -**1.** [étude] statistics *(U)*. -**2.** [donnée] statistic, figure; **des ~s** statistics, a set of figures.

statistiquement [statistikmɑ̃] *adv* statistically.

stator [statɔr] *nm* stator.

statuaire [statyɛr] ◇ *adj* statuary.
◇ *nmf* sculptor (*f* sculptress).
◇ *nf* statuary.

statue [staty] *nf* -**1.** BX-ARTS statue; **~ équestre/en pied** equestrian/standing statue; **droit** OU **raide comme une ~** stiff as a poker. -**2.** *fig*: **son attitude de ~ grecque me glace** her haughty attitude makes me feel uncomfortable ❑ **~ de sel** pillar of salt; **la réponse de son père l'a changée en ~ de sel** her father's reply rooted her to the spot.

statuer [7] [statɥe] *vt* to rule; **le tribunal a statué qu'il y avait eu faute** the court ruled that misconduct had taken place.
◆ **statuer sur** *v + prép*: **~ sur un litige** to rule on a lawsuit; **la cour n'a pas statué sur le fond** the court pronounced no judgement OU gave no ruling on the merits of the case.

statuette [statɥɛt] *nf* statuette.

statufier [9] [statyfje] *vt* -**1.** [représenter en statue] to erect a statue of OU to. -**2.** [faire un éloge excessif de] to lionize. -**3.** *litt* [pétrifier] to petrify; **statufié par la peur** transfixed with fear, petrified.

statu quo [statykwo] *nm inv* [état actuel des choses] status quo; **maintenir le ~** to maintain the status quo.

stature [statyr] *nf* -**1.** [carrure] stature. -**2.** [envergure] stature, calibre; **son frère a une autre ~** his brother is in a different league (altogether).

statut [staty] *nm* JUR & SOCIOL status; **mon ~ de femme mariée** my status as a married woman; **~ social** social status; **il réclame le ~ de réfugié politique** he is asking for political refugee status.
◆ **statuts** *nmpl* [règlements] statutes, ≃ Articles (and Memorandum) of Association.

statutaire [statytɛr] *adj* -**1.** [conforme aux statuts] statutory. -**2.** [désigné par les statuts - gérant] registered.

statutairement [statytɛrmɑ̃] *adv* statutorily.

Stavisky [staviski] *npr m*: **l'affaire ~** the Stavisky case.

STAVISKY:
A known swindler, whose suspicious death, after the discovery of a large-scale fraud involving many highly placed political figures, led to the "Stavisky riots" of 1934. Their inevitable politicization as a conflict between left and right led to the fall of Daladier's government and marked the beginning of the Popular Front.

Ste (*abr écrite de* **sainte**) St., St.

Sté (*abr écrite de* **société**) Co.

steak [stɛk] *nm* steak; **~ au poivre** pepper steak; **~ tartare** steak tartare.

stéarate [stearat] *nm* stearate.

stéarine [stearin] *nf* stearin.

stéarique [stearik] *adj* stearic; **acide ~** stearic OU stearin OU stearine acid.

steeple-chase [stipəltʃɛz] (*pl* **steeple-chases**), **steeple** [stipl] *nm* steeplechase.

stégomyie [stegɔmii] *nf* aëdes.

steinbock [stɛjnbɔk] *nm* steinbok, steenbok.

stèle [stɛl] *nf* stele.

stellaire [stelɛr] ◇ *adj* -**1.** ASTRON stellar. -**2.** ANAT [ganglion] stellate.
◇ *nf* BOT stitchwort.

stem(m) [stɛm] *nm* stem (turn) SPORT.

stencil [stɛnsil] *nm* stencil.

stendhalien, enne [stɛ̃daljɛ̃, ɛn] *adj* Stendhalian.

sténo [steno] ◇ *nmf* = **sténographe**.
◇ *nf* = **sténographie**.

sténodactylo [stenɔdaktilo] ◇ *nmf* [personne] shorthand typist.
◇ *nf* [activité] shorthand typing.

sténodactylographie [stenɔdaktilɔgrafi] *nf* shorthand typing.

sténographe [stenɔgraf] *nmf* stenographer, shorthand note-taker.

sténographie [stenɔgrafi] *nf* shorthand.

sténographier [9] [stenɔgrafje] *vt* to take down in shorthand; **notes sténographiées** shorthand notes, notes in shorthand.

sténographique [stenɔgrafik] *adj* shorthand (*modif*).

sténose [stenoz] *nf* stenosis.

sténotype [stenɔtip] *nf* Stenotype®.

sténotyper [3] [stenɔtipe] *vt* to take down on a Stenotype®.

sténotypie [stenɔtipi] *nf* stenotypy.

sténotypiste [stenɔtipist] *nmf* stenotypist.

stentor [stɑ̃tɔr] *nm* ZOOL stentor.

Stentor [stɑ̃tɔr] *npr* Stentor.

stéphanois, e [stefanwa, az] *adj* from Saint-Étienne.
◆ **Stéphanois, e** *nm, f inhabitant of or person from Saint-Étienne.*

steppe [stɛp] *nf* steppe.

steppique [stepik] *adj* steppe (*modif*).

stercoraire [stɛrkɔrɛr] *nm* -**1.** ENTOM dung beetle. -**2.** ORNITH skua.

stère [stɛr] *nm* stere *(cubic metre of wood)*.

stéréo [stereo] ◇ *adj inv* stereo.
◇ *nf* -**1.** [procédé] stereo. -**2.** *fam* [récepteur] stereo.
◆ **en stéréo** ◇ *loc adj* stereo (*modif*).
◇ *loc adv* in stereo.

stéréochimie [stereɔʃimi] *nf* stereochemistry.

stéréochimique [stereɔʃimik] *adj* stereochemical.

stéréogramme [stereɔgram] *nm* stereogram.

stéréographique [stereɔgrafik] *adj* stereographic, stereographical.

stéréo-isomère [stereɔizɔmɛr] (*pl* **stéréo-isomères**) ◇ *adj* stereoisometric.
◇ *nm* stereoisomer.

stéréo-isomérie [stereɔizɔmeri] (*pl* **stéréo-isoméries**) *nf* stereoisomerism.

stéréométrie [stereɔmetri] *nf* stereometry.

stéréométrique [stereɔmetrik] *adj* stereometric.

stéréophonie [stereɔfɔni] *nf* stereophony.
◆ **en stéréophonie** ◇ *loc adj* stereo (*modif*).
◇ *loc adv* in stereo, in stereophonic sound.

stéréophonique [stereɔfɔnik] *adj* stereophonic.

stéréophotographie [stereɔfɔtɔgrafi] *nf* 3-D photography, stereophotography.

stéréoscope [stereɔskɔp] *nm* stereoscope.

stéréoscopie [stereɔskɔpi] *nf* stereoscopy.

stéréoscopique [stereɔskɔpik] *adj* stereoscopic.

stéréospécifique [stereɔspesifik] *adj* stereospecific.

stéréotaxie [stereɔtaksi] *nf* stereotaxis.

stéréotaxique [stereɔtaksik] *adj* stereotaxic.

stéréotomie [stereɔtɔmi] *nf* stereotomy.

stéréotomique [stereɔtɔmik] *adj* stereotomic.

stéréotype [stereɔtip] *nm* -**1.** [formule banale] stereotype, cliché. -**2.** IMPR stereotype.

stéréotypé, e [stereɔtipe] *adj* [comportement] stereotyped; [tournure] clichéd, hackneyed.

stéréotypie [stereɔtipi] *nf* stereotypy.

stéréovision [stereɔvizjɔ̃] *nf* stereovision.

stérer [18] [stere] *vt* -**1.** [mesurer] to divide into steres. -**2.** [entasser] to stack in steres.

stérile [steril] ◇ *adj* -**1.** [femme] infertile, sterile, barren *litt*; [homme] sterile; [sol] barren; [végétal] sterile. -**2.** [improductif - artiste] unproductive; [- imagination] infertile, barren; [- hypothèse] unproductive, vain; [- rêve] vain, hopeless; [- effort] vain, fruitless. -**3.** MÉD [aseptique] sterile, sterilized. -**4.** MIN & MINÉR dead.
◇ *nm* MIN & MINÉR dead ground.
◆ **stériles** *nmpl* GÉOL deads, waste rock.

stérilet [sterilɛ] *nm* IUD, coil; **se faire poser/enlever un ~** to have a coil put in/taken out.

stérilisant, e [sterilizɑ̃, ɑ̃t] *adj* -**1.** [procédure, technique] sterilizing. -**2.** [idéologie, mode de vie] numbing, brain-numbing.
◆ **stérilisant** *nm* sterilant.

stérilisateur [sterilizatœr] *nm* sterilizer.

stérilisation [sterilizasjɔ̃] *nf* -**1.** [action de rendre infécond] sterilization. -**2.** [désinfection] sterilization. -**3.** *litt* [de la créativité] stifling.

stérilisé, e [sterilize] *adj* sterilized.

stériliser [3] [sterilize] *vt* -**1.** [rendre infécond] to sterilize. -**2.** [rendre aseptique] to sterilize. -**3.** [appauvrir, tuer - créativité] to stifle.

stérilité [sterilite] *nf* -**1.** [d'une femme] sterility, infertility, barrenness *litt*; [d'un homme] infertility, sterility; [d'un sol] barrenness. -**2.** [de l'esprit] barrenness, unproductiveness. -**3.** MÉD [asepsie] sterility.

stérique [sterik] *adj* steric.

sterlet [stɛrlɛ] *nm* sterlet.

sterling [stɛrliŋ] *adj inv* & *nm inv* sterling.

sterne [stɛrn] *nf* tern; ORNITH: **~ naine** little tern.

sternum [stɛrnɔm] *nm* -**1.** ANAT breastbone, sternum *spéc*. -**2.** ZOOL sternum.

stéroïde [sterɔid] ◇ *adj* steroidal.
◇ *nm* steroid.

stérol [sterɔl] *nm* sterol.

stéthoscope [stetɔskɔp] *nm* stethoscope.

steward [stiwart] *nm* steward AERON.

stibine [stibin] *nf* -**1.** [nom générique] stibine. -**2.** [sulfure d'antimoine] stibnite.

stick [stik] *nm* -**1.** [de fard, de colle] stick. -**2.** SPORT [au hockey] (hockey) stick; [de cavalier] (riding) stick; [de parachutistes] stick.
◆ **en stick** *loc adj* [déodorant] stick (*modif*).

stigma [stigma] *nm* eyespot, stigma ZOOL.

stigmate [stigmat] *nm* -**1.** MÉD mark, stigma *spéc*. -**2.** [marque]: **porter les ~s de la guerre/débauche** to bear the cruel marks of war/the marks of debauchery. -**3.** BOT eyespot, stigma. -**4.** ZOOL (respiratory) stigma.
◆ **stigmates** *nmpl* RELIG: **les ~s du Christ** Christ's stigmata.

stigmatique [stigmatik] *adj* stigmatic.

stigmatisation [stigmatizasjɔ̃] *nf* stigmatization, stigmatizing.

stigmatisé, e [stigmatize] ◇ *adj* stigmatized RELIG.
◇ *nm, f* stigmatized person.

stigmatiser [3] [stigmatize] *vt* -**1.** [dénoncer] to stigmatize, to condemn, to pillory *fig*. -**2.** *litt* [marquer - condamné] to brand, to stigmatize.

stigmatisme [stigmatism] *nm* stigmatism.

stilligoutte [stiligut] *nm* dropper.

stimulant, e [stimylɑ̃, ɑ̃t] *adj* -**1.** [fortifiant - climat] bracing, stimulating; [- boisson] stimulant (*modif*). -**2.** [encourageant - résultat, paroles] encouraging.
◆ **stimulant** *nm* -**1.** [remontant, tonique] stimulant. -**2.** [aiguillon] stimulus, spur.

stimulateur, trice [stimylatœr, tris] *adj* stimulative.
◆ **stimulateur** *nm* MÉD stimulator; **~ (cardiaque)** pacemaker.

stimulation [stimylasjɔ̃] *nf* -**1.** CHIM, PHYSIOL & PSYCH stimulation, stimulus; **~s sensorielles** sensory stimulation OU stimuli. -**2.** [d'une fonction organique] stimulation; **pour la ~ de leur appétit** to stimulate OU to whet their appetite. -**3.** [incitation] stimulus; **une parole gentille peut être une ~ efficace** a kind word can be an effective stimulus.

stimuler [3] [stimyle] *vt* -**1.** [activer - fonction organique] to stimulate; **~ l'appétit** to stimulate OU to whet the appetite; **~ la croissance des plantes** to encourage OU to stimulate the growth of plants. -**2.** [enflammer - sentiment] to stimulate; **les difficultés stimulent l'imagination** difficulties stimulate the imagination. -**3.** [encourager - personne] to encourage, to motivate; **~ les élèves par des récompenses** to motivate pupils by a system of rewards. -**4.** [intensifier - activité] to stimulate; **~ l'industrie/l'économie** to stimulate industry/the economy.

stimuline [stimylin] *nf* stimulin.

stimulus [stimylys] (*pl inv* OU **stimuli** [-li]) *nm* stimulus.

stipe [stip] *nm* BOT stipe.

stipendié, e [stipɑ̃dje] *adj litt* & *péj* venal, corrupt.

stipendier [9] [stipɑ̃dje] *vt litt* & *péj* to take into one's pay, to put on one's payroll.

stipulation [stipylasjɔ̃] *nf* -**1.** *sout* stipulation, stipulating. -**2.** JUR stipulation; **~ pour autrui** third-party provision.

stipule [stipyl] *nf* stipule.

stipuler [3] [stipyle] *vt* -**1.** JUR to stipulate. -**2.** [spécifier] to stipulate, to specify; **la circulaire stipule que l'augmentation sera appliquée à partir du mois prochain** the circular stipulates that the rise will be applicable as from next month; **j'avais bien stipulé que j'en voulais deux** I'd made it clear I wanted two of them.

STO (*abr de* **service du travail obligatoire**) *nm* HIST forced labour *(by French workers requisitioned during the Second World War)*.

stock [stɔk] *nm* -**1.** COMM stock; ÉCON stock, supply. -**2.** [réserve personnelle] stock, collection, supply; **tu peux prendre des confitures, j'en ai**

tout un ~ you can take some jam, I've got plenty of it OU a whole stock of it; **faire des ~s (de)** to stock up (on). -**3.** BIOL stock.
◆ **en stock** ◇ *loc adj* [marchandise] in stock.
◇ *loc adv*: **avoir qqch en ~** to have sthg in stock; **nous n'avons plus de shampooing en ~** shampoo is out of stock, we're out of shampoo.

stockage [stɔkaʒ] *nm* -**1.** [constitution d'un stock] stocking (up). -**2.** [conservation - d'énergie, d'informations, de liquides, d'armes] storage. -**3.** TECH storage; **~ dynamique** flow storage.

stock-car [stɔkkar] (*pl* **stock-cars**) *nm* [voiture] stock car; [course] stock car racing; **faire du ~** to go stock car racing.

stocker [3] [stɔke] *vt* [s'approvisionner en] to stock up on OU with; [avoir - en réserve] to (keep in) stock; [- en grande quantité] to stockpile, to hoard.

stockfisch [stɔkfiʃ] *nm* -**1.** [poisson] stockfish. -**2.** [morue] dried cod.

Stockholm [stɔkɔlm] *npr* Stockholm.

stock-outil [stɔkuti] (*pl* **stocks-outils**) *nm* running stock OU stocks.

stoïcien, enne [stɔisjɛ̃, ɛn] ◇ *adj* -**1.** PHILOS Stoic. -**2.** *litt* [courageux, impassible] stoic, stoical.
◇ *nm, f* PHILOS Stoic.

stoïcisme [stɔisism] *nm* stoicism.

stoïque [stɔik] ◇ *adj* stoical.
◇ *nmf* stoic.

stoïquement [stɔikmɑ̃] *adv* stoically.

stolon [stɔlɔ̃] *nm* -**1.** BOT runner, stolon *spéc.* -**2.** ZOOL stolon.

stomacal, e, aux [stɔmakal, o] *adj* stomach *(épith)*, gastric.

stomachique [stɔmaʃik] *adj* stomachic, stomachical.

stomate [stɔmat] *nm* stoma BIOL.

stomatite [stɔmatit] *nf* stomatitis.

stomatologie [stɔmatɔlɔʒi] *nf* stomatology.

stomatologiste [stɔmatɔlɔʒist], **stomatologue** [stɔmatɔlɔg] *nmf* stomatologist.

stomatoplastie [stɔmatɔplasti] *nf* stomatoplasty.

stop [stɔp] ◇ *nm* -**1.** [panneau] stop sign. -**2.** [lumière] brake light, stoplight. -**3.** *fam* [auto-stop] hitchhiking; **faire du ~** to hitch, to thumb a lift OU it; **je suis descendu à Nice en ~** I thumbed it to Nice. -**4.** [dans un télégramme] stop.
◇ *interj* stop (it); **j'ai dit ~!** I said that's enough!; **tu me diras ~ — ~!** [en versant à boire] say when — when!

stop-and-go [stɔpɛndgo] *nm inv* stop-and-go method ECON.

stoppage [stɔpaʒ] *nm* TEXT invisible mending.

stopper [3] [stɔpe] ◇ *vt* -**1.** [train, voiture] to stop, to bring to a halt; [engin, maladie] to stop; [développement, processus, production] to stop, to halt; [pratique] to put a stop to, to stop. -**2.** TEXT to mend *(using invisible mending)*.
◇ *vi* [marcheur, véhicule, machine, processus, production] to stop, to come to a halt OU standstill; **la voiture a stoppé net** the car stopped dead.

stoppeur, euse [stɔpœr, øz] *nm, f* -**1.** *fam* [en voiture] hitchhiker, hitcher. -**2.** TEXT invisible mender.

store [stɔr] *nm* [intérieur] blind; [extérieur - d'un magasin] awning; **~ vénitien** Venitian blind.

stoupa [stupa] = **stupa**.

strabique [strabik] *adj* strabismic, strabismal, strabismical.

strabisme [strabism] *nm* squint, strabismus *spéc*; **elle a un léger ~** she has a slight squint ❑ **~ convergent** esotropia, convergent strabismus; **~ divergent** exotropia, divergent strabismus.

stradivarius [stradivarjys] *nm* Stradivarius.

strangulation [strɑ̃gylasjɔ̃] *nf* strangulation, strangling *(U)*; **il est mort par ~** he died by strangulation, he was strangled to death.

strapontin [strapɔ̃tɛ̃] *nm* -**1.** [siège] jump OU folding seat. -**2.** *loc*: **avoir un ~** to hold a minor position; **elle n'a obtenu qu'un ~ au conseil** she was given only minor responsibilities on the board.

stras [stras] = **strass**.

Strasbourg [strazbur] *npr* Strasbourg.

strasbourgeois, e [strazburʒwa, az] *adj* from Strasbourg.
◆ **Strasbourgeois, e** *nm, f inhabitant of or person from Strasbourg.*

strass [stras] *nm* paste *(U)*, strass.

stratagème [strataʒɛm] *nm* stratagem, ruse.

strate [strat] *nf* -**1.** GÉOL stratum. -**2.** *sout* [niveau] layer; **les ~s de la personnalité** the layers OU strata of the personality. -**3.** BOT zone.

stratège [stratɛʒ] *nm* -**1.** MIL strategist. -**2.** *fig*: **un fin ~** a cunning strategist.

stratégie [strateʒi] *nf* -**1.** JEUX & MIL strategy. -**2.** *fig*: **sa ~ électorale** her electoral strategy.

stratégique [strateʒik] *adj* -**1.** MIL strategic, strategical. -**2.** *fig*: **un repli ~** a strategic retreat; **matières premières ~s** strategic raw materials.

stratégiquement [strateʒikmɑ̃] *adv* strategically.

stratification [stratifikasjɔ̃] *nf* stratification, stratifying *(U)*; **la ~ sociale** social stratification.

stratifié, e [stratifje] *adj* stratified.
◆ **stratifié** *nm* laminate.

stratifier [9] [stratifje] *vt* to stratify.

stratigraphie [stratigrafi] *nf* GÉOL stratigraphy.

stratigraphique [stratigrafik] *adj* stratigraphic, stratigraphical.

stratocumulus [stratɔkymylys] *nm* stratocumulus.

stratoforteresse [stratɔfɔrtərɛs] *nf* flying fortress.

stratopause [stratɔpoz] *nf* stratopause.

stratosphère [stratɔsfɛr] *nf* stratosphere.

stratosphérique [stratɔsferik] *adj* stratospheric.

stratus [stratys] *nm* stratus.

Stravinski [stravinski] *npr* Stravinsky.

strelitzia [strelitzja] *nm* strelitzia.

streptococcie [strɛptɔkɔksi] *nf* streptococcicosis.

streptococcique [strɛptɔkɔksik] *adj* streptococcic, streptococcal.

streptocoque [strɛptɔkɔk] *nm* streptococcus.

streptomycine [strɛptomisin] *nf* streptomycin.

stress [strɛs] *nm inv* stress; **les maladies liées au ~** stress-related illnesses.

stressant, e [strɛsɑ̃, ɑ̃t] *adj* stressful, stress-inducing.

stressé, e [strɛse] *adj* stressed; **les gens ~s** people under stress.

stresser [4] [strɛse] *vt* to put under stress.

striation [strijasjɔ̃] *nf* striation.

strict, e [strikt] *adj* -**1.** [astreignant, précis - contrôle, ordre, règle, principe] strict, exacting; **la loi est très ~e à ce sujet** the law's very strict on that. -**2.** [minimal] strict; **le ~ nécessaire** OU **minimum** the bare minimum; **il a le ~ nécessaire pour vivre** he lives on the bare minimum; **les obsèques seront célébrées dans la plus ~e intimité** the funeral will take place strictly in private. -**3.** [sévère - éducation, personne] strict; [- discipline] strict, rigorous; **tu es trop ~ avec les enfants** you're too hard on OU too strict with the children. -**4.** [austère - intérieur, vêtement] severe, austere; **elle est coiffée de manière très ~e** she wears her hair in a very severe style. -**5.** [rigoureux, absolu] strict, absolute; **c'est ton droit le plus ~** it's your lawful right; **c'est la ~e vérité** it's the simple truth.

strictement [striktəmɑ̃] *adv* -**1.** [rigoureusement] strictly, scrupulously; **vous devez observer ~ le règlement** you must scrupulously obey the rules, you must obey the rules to the letter. -**2.** [absolument] strictly, absolutely; **c'est ~ confidentiel** it's strictly OU highly confidential. -**3.** [sobrement] severely; **sa robe ~ boutonnée jusque sous le cou** her dress severely buttoned right up to the neck.

striction [striksjɔ̃] *nf* -**1.** MÉD stricture. -**2.** MÉTALL contraction, necking (down).

stricto sensu [striktosɛ̃sy] *loc adv* strictly speaking, stricto sensu.

stridence [stridɑ̃s] *nf litt* stridence, stridency.

strident, e [stridɑ̃, ɑ̃t] *adj* [son, voix] strident, shrill, piercing.

stridor [stridɔr] *nm* stridor.

stridulant, e [stridylɑ̃, ɑ̃t] *adj* stridulous, stridulant.

stridulation [stridylasjɔ̃] *nf* stridulation, stridulating.

striduler [3] [stridyle] *vi* to stridulate.

striduleux, euse [stridylø, øz] *adj* stridulous.

strie [stri] *nf* -**1.** [sillon] stria *spéc*, (thin) groove. -**2.** [ligne de couleur] streak. -**3.** ARCHIT stria, fillet. -**4.** GÉOL & MINÉR stria.

strié, e [strije] *adj* -**1.** [cannelé - roche, tige] striated. -**2.** [veiné - étoffe, marbre] streaked. -**3.** ANAT striated; **muscles ~s** striated muscles; **corps ~** (corpus) striatum.

strier [10] [strije] *vt* -**1.** [creuser] to striate, to groove. -**2.** [veiner] to streak; **strié de bleu** streaked with blue.

string [striŋ] *nm* G-string.

strioscopie [strijɔskɔpi] *nf* schlieren photography.

strioscopique [strijɔskɔpik] *adj* schlieric.

strip *fam* [strip] *nm* striptease.

stripage [stripaʒ] *nm* NUCL stripping.

stripping [stripiŋ] *nm* MÉD & PÉTR stripping.

strip-tease [striptiz] (*pl* **strip-teases**) *nm* striptease act; **faire un ~** to do a strip-tease.

strip-teaseur, strip-teaseuse [striptizœr, øz] (*mpl* **strip-teaseurs**, *fpl* **strip-teaseuses**) *nm, f* stripper, striptease artist.

striure [strijyr] *nf* striation.

stroboscope [strɔbɔskɔp] *nm* stroboscope, strobe (light).

stroboscopie [strɔbɔskɔpi] *nf* stroboscopy.

stroboscopique [strɔbɔskɔpik] *adj* stroboscopic.

strombolien, enne [strɔ̃bɔljɛ̃, ɛn] *adj* Strombolian.

strontium [strɔ̃sjɔm] *nm* strontium.

strophe [strɔf] *nf* -**1.** [d'un poème] stanza. -**2.** [de tragédie grecque] strophe.

structurable [stryktyrabl] *adj* which can be structured.

structural, e, aux [stryktyral, o] *adj* structural.

structuralisme [stryktyralism] *nm* structuralism.

structuraliste [stryktyralist] *adj* & *nmf* structuralist.

structurant, e [stryktyrɑ̃, ɑ̃t] *adj* structuring.

structuration [stryktyrasjɔ̃] *nf* [action] structuring; [résultat] structure.

structure [stryktyr] *nf* -**1.** [organisation - d'un service, d'une société, d'un texte] structure; **votre devoir manque de ~** your essay is badly organized OU structured; **réformes de ~** structural reforms. -**2.** [institution] system, organization; **~s administratives/politiques** administrative/political structures. -**3.** [ensemble de services] facility; **~s d'accueil** reception facilities *(for recently arrived tourists, refugees)*. -**4.** CONSTR building, structure. -**5.** LING structure; **~ profonde/superficielle** deep/surface structure.

structuré, e [stryktyre] *adj* structured, organized.

structurel, elle [stryktyrɛl] *adj* structural.

structurellement [stryktyrɛlmɑ̃] *adv* structurally.

structurer [3] [stryktyre] *vt* to structure, to organize; **c'est une ébauche de scénario qu'il**

faudrait ~ it's the idea for a scenario which needs to be given some shape.
◆ **se structurer** *vpi* to take shape; **un parti politique qui se structure** a political party taking shape.

strychnine [striknin] *nf* strychnine.

stuc [styk] *nm* stucco.
◆ **en stuc** *loc adj* stucco *(modif)*.

stud-book [stœdbuk] (*pl* **stud-books**) *nm* studbook.

studette [stydɛt] *nf* small studio flat *Br* OU apartment *Am*, bedsitter *Br*.

studieusement [stydjøzmɑ̃] *adv* studiously.

studieux, euse [stydjø, øz] *adj* -**1.** [appliqué, travailleur - élève] hard-working, studious. -**2.** [consacré à l'étude] studious; **une soirée studieuse** an evening of study, a studious evening; **une retraite studieuse** [endroit] a place of study.

studio [stydjo] *nm* -**1.** [appartement] studio flat *Br*, studio apartment *Am*. -**2.** AUDIO, CIN & TV studio; ~ **d'enregistrement** recording studio. -**3.** PHOT photography OU photographic studio.
◆ **en studio** *loc adv*: **tourné en** ~ shot in studio; **scène tournée en** ~ studio scene.

stupa [stupa] *nm* stupa.

stupéfaction [stypefaksjɔ̃] *nf* stupefaction *litt*, astonishment; **à sa/ma (grande)** ~ to his/my utter amazement.

stupéfaire [109] [stypefɛr] *vt* to amaze, to astound.

stupéfait, e [stypefɛ, ɛt] *adj* [personne] astounded, stunned, stupefied *litt*; **je suis** ~ **de voir qu'il est revenu** I'm amazed to see he came back.

stupéfiant, e [stypefjɑ̃, ɑ̃t] *adj* -**1.** [changement, nouvelle, réaction] astounding, amazing, stupefying *litt*. -**2.** PHARM narcotic.
◆ **stupéfiant** *nm* [drogue] drug, narcotic.

stupéfier [9] [stypefje] *vt* -**1.** [abasourdir] to astound, to stun; **sa décision a stupéfié toute sa famille** his entire family was stunned by his decision. -**2.** *litt* [suj: froid, peur] to stupefy.

stupeur [stypœr] *nf* -**1.** [ahurissement] amazement, astonishment; **le public était plongé dans la** ~ the audience was dumbfounded OU stunned. -**2.** MÉD & PSYCH stupor.

stupide [stypid] *adj* -**1.** [inintelligent - personne, jeu, initiative, réponse, suggestion] stupid, silly, foolish; [- raisonnement] stupid; **ses enfants sont tous un peu** ~**s** her children are all a bit slow-witted; **il eut un rire** ~ he laughed stupidly. -**2.** [absurde - accident, mort] stupid; **ce serait trop** ~ **de rater le début** it'd be stupid OU a shame to miss the beginning. -**3.** [ahuri] stunned, dumbfounded; **je restai** ~ **devant son aveu** his confession left me speechless.

stupidement [stypidmɑ̃] *adv* stupidly, absurdly, foolishly.

stupidité [stypidite] *nf* -**1.** [d'une action, d'une personne, d'un propos] stupidity, foolishness. -**2.** [acte] piece of foolish behaviour. -**3.** [parole] stupid OU foolish remark; **arrête de dire des** ~**s!** stop talking nonsense!

stupre [stypr] *nm litt* depravity.

stups [styp] *nmpl arg crime* narcotics OU drugs squad.

stuquer [3] [styke] *vt* to stucco.

Stuttgart [ʃtutgart] *npr* Stuttgart.

style [stil] *nm* -**1.** [d'un écrivain, d'un journal] style; **dans un** ~ **très pompeux** in a highly pompous OU bombastic style; **c'est écrit dans le plus pur** ~ **administratif/journalistique** it's written in purest bureaucratic jargon *péj* /journalese *péj*; **en** ~ **télégraphique** in a telegraphic style. -**2.** [d'un artiste, d'un sportif] style, (characteristic) approach, touch; **son** ~ **de jeu** his (particular) way of playing, his style. -**3.** BX-ARTS style; **un opéra (de)** ~ **italien** an opera in the Italian style ❑ ~ **gothique/Régence** Gothic/Regency style. -**4.** [genre, ordre d'idée] style; **dis-lui que tu vas réfléchir, ou quelque chose dans** OU **de ce** ~ tell him you'll think about it, or something along those lines OU in that vein. -**5.** *fam* [manière d'agir] style; **tu aurais pu l'avoir dénoncé — ce n'est pas mon** ~ you could have denounced him — it's not my style OU that's not the sort of thing I'd do; **serait-il parti sans nous prévenir? — ce n'est pas son** ~ he may have gone without telling us — it's not like him ❑ ~ **de vie** lifestyle. -**6.** [élégance] style, class; **avoir du** ~ to have style; **elle a beaucoup de** ~ she's very stylish OU chic; **leur maison manque de** ~**/a du** ~ their house lacks/has style. -**7.** BOT & ENTOM style. -**8.** [d'un cadran solaire] style, gnomon; [d'un cylindre enregistreur] needle, stylus; ANTIQ & HIST [poinçon] style, stylus. -**9.** [système chronologique]: **vieux/nouveau** ~ Old/New Style. -**10.** ENTOM [d'une antenne] style, seta. -**11.** LING: ~ **direct/indirect** direct/indirect speech.
◆ **de style** *loc adj* [meuble, objet] period *(modif)*; **un fauteuil de** ~ a period chair.

stylé, e [stile] *adj* [personnel] well-trained.

stylet [stilɛ] *nm* -**1.** MÉD stilet, stylet. -**2.** [dague] stiletto. -**3.** ENTOM stylet.

stylisation [stilizasjɔ̃] *nf* stylization.

styliser [3] [stilize] *vt* to stylize; **oiseau stylisé** stylized (drawing of a) bird.

stylisme [stilism] *nm* fashion design.

styliste [stilist] *nmf* -**1.** [de mode, dans l'industrie] designer. -**2.** [auteur] stylist.

stylistique [stilistik] ◇ *adj* stylistic.
◇ *nf* stylistics *(sg)*.

stylo [stilo] *nm* pen; ~ **(à bille)** ballpoint (pen), Biro® *Br*; ~ **à encre/cartouche** fountain/cartridge pen.

stylo-feutre [stiloføtr] (*pl* **stylos-feutres**) *nm* felt-tip pen.

stylographe [stilɔgraf] *vieilli* = **stylo**.

styrax [stiraks] *nm* storax, styrax.

styrène [stirɛn] *nm* styrene.

Styrie [stiri] *npr f*: **(la)** ~ Styria.

styrolène [stirɔlɛn] = **styrène**.

su [sy] *nm*: **au vu et au** ~ **de tout le monde** in front of everybody, quite openly.

suaire [sɥɛr] *nm* shroud.

suant, e [sɥɑ̃, sɥɑ̃t] *adj* -**1.** *fam* [ennuyeux] dull, boring; [énervant] annoying; **ce que tu peux être** ~! you're a pain (in the neck)! -**2.** [en sueur] sweaty.

suave [sɥav] *adj* [manières, ton] suave, sophisticated; [senteur] sweet; [teintes] subdued, mellow; **de sa voix** ~ in his suave voice, in dulcet tones *hum*.

suavement [sɥavmɑ̃] *adv* suavely, smoothly.

suavité [sɥavite] *nf* [de manières, d'un ton] suaveness, suavity, smoothness; [d'une musique, de senteurs] sweetness; [de teintes] mellowness.

subaigu, ë [sybegy] *adj* [douleur] subacute.

subalpin, e [sybalpɛ̃, in] *adj* subalpine.

subalterne [sybaltɛrn] ◇ *adj* -**1.** [position] secondary; **un rôle** ~ a secondary OU minor role. -**2.** [personne] subordinate, junior *(modif)*; **j'ai eu affaire à un fonctionnaire** ~ I saw a junior clerk.
◇ *nmf* subordinate, subaltern, underling *péj*.

subatomique [sybatɔmik] *adj* subatomic.

subconscient, e [sybkɔ̃sjɑ̃, ɑ̃t] *adj* subconscious.
◆ **subconscient** *nm* subconscious.

subdéléguer [18] [sybdelege] *vt* to subdelegate.

subdésertique [sybdezɛrtik] *adj* semi-desert *(modif)*.

subdiviser [3] [sybdivize] *vt* to subdivide; **chapitre subdivisé en deux parties** chapter subdivided into two parts.
◆ **se subdiviser** *vpi*: **se** ~ **(en)** to subdivide (into).

subdivision [sybdivizjɔ̃] *nf* -**1.** [processus] subdivision, subdividing. -**2.** [catégorie] subdivision.

subdivisionnaire [sybdivizjɔnɛr] *adj* subdivisional.

subduction [sybdyksjɔ̃] *nf* subduction.

subéquatorial, e, aux [sybekwatɔrjal, o] *adj* subequatorial.

subéreux, euse [syberø, øz] *adj* subereous *spéc*, cork *(modif)*.

subir [32] [sybir] *vt* -**1.** [se voir infliger - dommages, pertes] to suffer, to sustain; [- conséquences, défaite] to suffer; [- attaque, humiliation, insultes, sévices] to be subjected to, to suffer; **la maison a subi quelques dégâts pendant les orages** the house sustained some storm damage; **faire** ~ **une punition à qqn** to inflict a punishment on sb; **faire** ~ **une torture à qqn** to subject sb to torture; **après tout ce qu'elle m'a fait** ~ after all she inflicted on me OU made me go through. -**2.** [être passif devant - influence] to be under; **je ne pouvais que** ~ **son envoûtement** I could not free myself of her spell; **il a l'air de** ~ **le match** he looks as though he's just letting the match go on around him. -**3.** [être l'objet de - opération, transformation] to undergo; **le métal subit un traitement avant d'être laminé** the metal undergoes OU is subjected to treatment before it's laminated. -**4.** *fam* [tolérer - personne, situation] to put up with, to endure; **nous allons encore** ~ **ses histoires de guerre!** *hum* we'll be subjected to his war stories yet again!

subit, e [sybi, it] *adj* sudden.

subitement [sybitmɑ̃] *adv* suddenly, all of a sudden.

subito *fam* [sybito] *adv* -**1.** [tout à coup] suddenly, all of a sudden. -**2.** *loc*: ~ **presto** [tout de suite] at once, immediately; **va me chercher le journal, allez,** ~ **presto!** go and get me the paper, chop-chop!

subjacent, e [sybʒasɑ̃, ɑ̃t] *adj* subjacent.

subjectif, ive [sybʒɛktif, iv] *adj* subjective.

subjectivement [sybʒɛktivmɑ̃] *adv* subjectively.

subjectivisme [sybʒɛktivism] *nm* subjectivism.

subjectiviste [sybʒɛktivist] ◇ *adj* subjectivistic.
◇ *nmf* subjectivist.

subjectivité [sybʒɛktivite] *nf* subjectivity, subjectiveness.

subjonctif, ive [sybʒɔ̃ktif, iv] *adj* subjunctive.
◆ **subjonctif** *nm* subjunctive.

subjuguer [3] [sybʒyge] *vt* -**1.** *sout* [suj: discours, lecture] to enthral, to captivate; [suj: beauté, charme, regard] to enthral, to beguile; [suj: éloquence] to enthral; **elle le subjuguait** she held him spellbound; **je restai subjugué devant tant de grâce** I was enthralled by so much grace. -**2.** *vieilli* & *litt* [asservir - esprits, peuple] to subjugate.

sublimation [syblimasjɔ̃] *nf* -**1.** [élévation morale] sublimation, sublimating. -**2.** CHIM & PSYCH sublimation.

sublime [syblim] ◇ *adj* -**1.** *sout* [noble, grand] sublime, elevated; **une beauté** ~ sublime beauty. -**2.** [exceptionnel, parfait] sublime, magnificent; **tu as été** ~ you were magnificent. -**3.** [merveilleux] wonderful, sublime; **un repas** ~ a wonderful meal; **un tableau** ~ a sublime painting.
◇ *nm*: **le** ~ the sublime.

sublimé, e [syblime] *adj* sublimated.
◆ **sublimé** *nm* CHIM sublimate.

sublimement [syblimmɑ̃] *adv* sublimely.

Sublime-Porte [syblimpɔrt] *npr f*: **la** ~ the (Sublime) Porte.

sublimer [3] [syblime] *vt* -**1.** PSYCH to sublimate. -**2.** CHIM to sublimate, to sublime.

subliminal, e, aux [subliminal, o], **subliminaire** [sybliminɛr] *adj* subliminal.

sublimité [syblimite] *nf litt* sublimeness.

sublingual, e, aux [syblɛ̃gwal, o] *adj* sublingual.

sublunaire [syblynɛr] *adj* sublunary.

submergé, e [sybmɛrʒe] *adj* -**1.** [rochers] submerged; [champs] submerged, flooded. -**2.** [surchargé, accablé] inundated; ~ **de travail** snowed under with work; ~ de réclamations inundated with complaints. -3. [incapable de faire face] swamped, up to one's eyes; depuis que ma secrétaire est partie, je suis ~ since my secretary left, I've been up to my eyes in work.

submerger [17] [sybmɛrʒe] *vt* -1. [champ] to flood, to submerge; des villages entiers sont submergés entire villages have been flooded OU are under water. -2. [envahir - suj: angoisse, joie] to overcome, to overwhelm; [- suj: réclamations] to inundate, to swamp; [- suj: dettes] to overwhelm, to swamp; notre standard est submergé d'appels our switchboard's swamped with OU jammed by calls; je suis submergé de travail I'm snowed under with work ‖ *(en usage abs)*: se laisser ~ to allow o.s. to be overcome. -3. [écraser - défenseur] to overwhelm, to overrun; le service d'ordre fut rapidement submergé par les manifestants the police were soon unable to contain the demonstrators.

submersible [sybmɛrsibl] ◇ *adj* submersible, submergible.
◇ *nm* submersible.

submersion [sybmɛrsjɔ̃] *nf litt* submersion, submerging.

subodorer [3] [sybɔdɔre] *vt hum* [danger] to scent, to smell, to sense; je subodore un canular I can smell a hoax.

suborbital, e, aux [sybɔrbital, o] *adj* suborbital ASTRONAUT.

subordination [sybɔrdinasjɔ̃] *nf* -1. [dans une hiérarchie] subordination, subordinating; il a refusé sa ~ au directeur commercial he refused to work under the sales manager. -2. LING & LOGIQUE subordination.
◆ **de subordination** *loc adj*: relation de ~ relation of subordination.

subordonnant [sybɔrdɔnɑ̃] *nm* subordinating word.

subordonné, e [sybɔrdɔne] ◇ *adj* -1. [subalterne] subordinate. -2. LING subordinate, dependent.
◇ *nm, f* [subalterne] subordinate, subaltern.
◆ **subordonnée** *nf* LING subordinate OU dependent clause.

subordonner [3] [sybɔrdɔne] *vt* -1. [hiérarchiquement]: ~ qqn à to subordinate sb to; les statuts subordonnent le directeur au conseil d'administration the director is answerable to the board. -2. [faire dépendre]: ~ qqch à to subordinate sthg to, to make sthg dependent on; il fallait tout ~ à ses désirs her wishes had to come before everything else. -3. [faire passer après]: ~ qqch à to subordinate sthg to; je ne subordonnerai jamais mes devoirs de père à ma carrière I'll never allow my career to come before my duties as a father. -4. LING [proposition] to subordinate.

subornation [sybɔrnasjɔ̃] *nf* subornation; ~ de témoins subornation of witnesses.

suborner [3] [sybɔrne] *vt* -1. JUR [témoin] to suborn. -2. *vieilli* [avec des pots-de-vin] to bribe. -3. *litt* [jeune fille] to seduce.

suborneur, euse [sybɔrnœr, øz] *nm, f* JUR suborner.
◆ **suborneur** *nm litt* seducer.

subreptice [sybrɛptis] *adj* -1. *litt* [manœuvre] surreptitious, stealthy. -2. JUR: acte ~ subreption.

subrepticement [sybrɛptismɑ̃] *adv litt* surreptitiously, stealthily.

subrogateur [sybrɔgatœr] *adj m*: acte ~ subrogation.

subrogatif, ive [sybrɔgatif, iv] *adj* subrogate.

subrogation [sybrɔgasjɔ̃] *nf* subrogation, subrogating *(U)*.

subrogatoire [sybrɔgatwar] *adj* [acte] of subrogation; [action] subrogation *(modif)*.

subrogé, e [sybrɔʒe] *adj* -1. [remplaçant] surrogate. -2. JUR: ~ tuteur deputy OU surrogate guardian.

subroger [17] [sybrɔʒe] *vt* to subrogate.

subséquemment [sybsekamɑ̃] *adv* subsequently, later on.

subséquent, e [sybsekɑ̃, ɑ̃t] *adj* -1. *litt* [qui vient après] subsequent. -2. GÉOG: affluent ~ subsequent stream.

subside [sypsid] *nm* [de l'État] grant, subsidy; il vivait des ~s de ses parents he lived on the allowance he received from his parents.

subsidence [sybzidɑ̃s] *nf* subsidence.

subsidiaire [sybzidjɛr] *adj* subsidiary.

subsidiarité [sybzidjarite] *nf* subsidiarity.

subsidier [9] [sybzidje] *vt Belg* to subsidise.

subsistance [sybzistɑ̃s] *nf* -1. [existence matérielle] subsistence; pourvoir à OU assurer la ~ de qqn to support OU to maintain OU to keep sb; elle arrive tout juste à assurer sa ~ she just manages to survive, she has just enough to keep body and soul together. -2. MIL: mise en ~ secondment.

subsistant, e [sybzistɑ̃, ɑ̃t] ◇ *adj* remaining, subsisting.
◇ *nm, f* [assuré social] transferred (benefit) claimant.
◆ **subsistant** *nm* MIL [soldat] seconded soldier; [officier] seconded officer.

subsister [3] [sybziste] *vi* -1. [demeurer - doute, espoir, rancœur, traces] to remain, to subsist *litt*; [- tradition] to live on; plus rien ne subsiste de ces magnifiques monuments nothing is left OU remains of those magnificent buildings; quelques questions subsistent auxquelles on n'a pas répondu there are still a few questions which remain unanswered. -2. [survivre] to survive; ces nomades trouvent à peine de quoi ~ dans le désert these nomads can barely eke out an existence in the desert; je n'ai que 100 francs par semaine pour ~ I only have 100 francs a week to live on.

subsonique [sypsɔnik] *adj* subsonic.

substance [sypstɑ̃s] *nf* -1. [matière] substance; ~ active active ingredient; ~ biodégradable/solide/liquide biodegradable/solid/liquid substance; ~ organique/vivante organic/living matter; ~ alimentaire food. -2. [essentiel - d'un texte] substance, gist; [- d'une idéologie] substance; je ne peux pas traduire toute la lettre – donne-nous-en juste la ~ I can't translate the whole letter – just give us the gist of it. -3. [profondeur, signification] substance; quelques exemples auraient donné un peu plus de ~ à votre exposé a few examples would've given more substance to your talk; des mots vides de toute ~ words empty of substance, meaningless words. -4. PHILOS & RELIG substance; [matérialité] substance, reality; des créatures sans ~ insubstantial OU ghostly beings.
◆ **en substance** *loc adv* in substance; c'est, en ~, ce qu'elle m'a raconté that's the gist of what she told me.

substantialisme [sypstɑ̃sjalism] *nm* substantialism.

substantialiste [sypstɑ̃sjalist] *adj & nmf* substantialist.

substantialité [sypstɑ̃sjalite] *nf* substantiality, substantialness.

substantiel, elle [sypstɑ̃sjɛl] *adj* -1. [nourriture, repas] substantial, filling. -2. [argument] substantial, sound; je cherche des lectures un peu plus ~les I'm looking for books with a bit more substance (to them). -3. [avantage, différence] substantial, significant, important; [somme] substantial, considerable.

substantiellement [sypstɑ̃sjɛlmɑ̃] *adv* substantially.

substantif, ive [sypstɑ̃tif, iv] *adj* substantive.
◆ **substantif** *nm* substantive.

substantifique [sypstɑ̃tifik] *adj*: la ~ moelle *allusion Rabelais* the pith, the very substance.

substantivation [sypstɑ̃tivasjɔ̃] *nf* substantivization, substantivizing.

substantivement [sypstɑ̃tivmɑ̃] *adv* substantively.

substantiver [3] [sypstɑ̃tive] *vt* to turn into a substantive.

substituer [7] [sypstitɥe] *vt* -1. ~ qqch à [remplacer par qqch] to substitute sthg for, to replace by sthg; le mot «sournois» a été substitué à «rusé» the word "sly" was substituted for "cunning", "cunning" was replaced by the word "sly". -2. CHIM to substitute. -3. JUR: ~ un héritage to entail an estate.
◆ **se substituer à** *vp + prép* [pour aider, représenter] to substitute for, to stand in for, to replace; [de façon déloyale] to substitute o.s. for; personne ne peut se ~ à la mère no one can replace the mother.

substitut [sypstity] *nm* -1. [produit, personne]: ~ de substitute for; un ~ de la graisse de baleine a substitute for whale fat. -2. JUR deputy OU assistant public prosecutor.

substitutif, ive [sypstitytif, iv] *adj* substitutive.

substitution [sypstitysjɔ̃] *nf* -1. [remplacement - d'objets, de personnes] substitution; il y a eu ~ de documents documents have been substituted; il y a eu ~ d'enfant the babies were switched round. -2. CHIM, LING & MATH substitution.
◆ **de substitution** *loc adj* [réaction] substitution *(modif)*.

substrat [sypstra] *nm* -1. CHIM & ÉLECTRON substrate. -2. LING & PHILOS substratum.

substratum [sypstratɔm] *nm* subsoil, substratum.

substructure [sypstryktyr] *nf* substructure.

subterfuge [syptɛrfyʒ] *nm* subterfuge, ruse, trick.

subtil, e [syptil] *adj* -1. [argument, esprit, raisonnement, personne] subtle, discerning; ses plaisanteries ne sont pas très ~es his jokes aren't very subtle OU are a bit heavy-handed. -2. [allusion, différence] subtle; [nuance, distinction] subtle, fine, nice. -3. [arôme, goût, parfum] subtle, delicate. -4. [alambiqué] subtle, over-fine; il recourt toujours à de ~es arguties he always splits hairs.

subtilement [syptilmɑ̃] *adv* subtly.

subtilisation [syptilizasjɔ̃] *nf* spiriting away.

subtiliser [3] [syptilize] ◇ *vt* [voler] to steal, to spirit away *(sép)*; ils lui ont subtilisé sa montre they relieved him of his watch *hum*.
◇ *vi litt & péj* to subtilize.

subtilité [syptilite] *nf* -1. [d'un raisonnement, d'un parfum, d'une nuance] subtlety, subtleness, delicacy. -2. [argutie] subtlety; je ne comprends rien à ces ~s all these fine OU fine-drawn distinctions are beyond me.

subtropical, e, aux [syptrɔpikal, o] *adj* subtropical.

suburbain, e [sybyrbɛ̃, ɛn] *adj* suburban.

subvenir [40] [sybvənir]
◆ **subvenir à** *v + prép* [besoins] to provide for; [dépenses] to meet.

subvention [sybvɑ̃sjɔ̃] *nf* subsidy; notre troupe reçoit une ~ de la mairie our company gets a subsidy from OU is subsidized by the city council.

subventionné, e [sybvɑ̃sjɔne] *adj* [cinéma, théâtre, recherches] subsidized; école privée ~e ≃ grant-aided OU state-aided private school.

subventionner [3] [sybvɑ̃sjɔne] *vt* [entreprise, théâtre] to subsidize, to grant funds to; [recherche] to subsidize, to grant funds towards.

subversif, ive [sybvɛrsif, iv] *adj* subversive.

subversion [sybvɛrsjɔ̃] *nf* subversion, subverting *(U)*.

subvertir [32] [sybvɛrtir] *vt litt* to overthrow, to subvert.

suc [syk] *nm* -1. BOT & PHYSIOL juice; ~s gastriques gastric juices. -2. *litt*: le ~ de la science the essence of scientific knowledge.

succédané [syksedane] *nm* -1. [ersatz] substitute; un ~ de café coffee substitute, ersatz coffee. -**2.** [personne ou chose de second ordre] second rate; un ~ **de comédie musicale** a second-rate musical. -**3.** PHARM substitute.

succéder [18] [syksede]

◆ **succéder à** *v + prép* -**1.** [remplacer dans une fonction] to succeed, to take over from; **qui lui succédera?** who will take over from her, who will be her successor?; **tous ceux qui lui ont succédé** all his successors, all those who came after him; ~ **à qqn sur le trône** to succeed sb to the throne. -**2.** [suivre] to follow; **un épais brouillard a succédé au soleil** the sun gave way to thick fog; **les pleurs avaient succédé aux rires** laughter had given way to tears; **puis les défaites succédèrent aux victoires** after the victories came defeats; **le désert succéda à la steppe** the steppe gave way to desert. -**3.** JUR [hériter de] to inherit from.

◆ **se succéder** *vpi* -**1.** [se suivre] to follow each other; **les crises se succèdent** it's just one crisis after another; **les hypothèses les plus folles se succédaient dans sa tête** the wildest suppositions ran through her head. -**2.** [alterner]: **les Ravit se sont succédé à la tête de l'entreprise depuis 50 ans** the Ravit family has been running the company for 50 years.

succès [syksɛ] *nm* -**1.** [heureux résultat, réussite personnelle] success; **il lui en veut de son** ~ he resents her for being successful OU for her success; **être couronné de** ~ to be crowned with success, to be successful. -**2.** [exploit, performance] success, achievement; [en amour] conquest; **l'opération est un** ~ **total** the operation is a complete success; **aller** OU **voler de** ~ **en** ~ to go from one success to another; **leurs nombreux** ~ **en coupe d'Europe** their many victories in the European Cup. -**3.** [approbation - du public] success, popularity; [- d'un groupe] success; **son film a toutes les chances de** ~ her film has every chance of being a success; **remporter un immense** ~ to achieve great success; **avoir du** ~ [œuvre, artiste] to be successful; [suggestion] to be very well received; **le livre qui aura du** ~ **cet été** this (forthcoming) summer's bestseller; **avoir du** ~ **auprès de qqn: sa pièce a eu beaucoup de** ~ **auprès des critiques mais peu auprès du public** his play was acclaimed by the critics but the public was less than enthusiastic; **il a beaucoup de** ~ **auprès des femmes/jeunes** he's very popular with women/young people; **eh bien, il a du** ~, **mon soufflé!** well, I see you like my soufflé OU my soufflé appears to be a success! -**4.** [chanson] hit; [film, pièce] (box-office) hit OU success; [livre] success, bestseller; ~ **d'estime** succès d'estime; **l'ouvrage a été un** ~ **d'estime** the book was well-received by the critics (but not by the public); ~ **de librairie** bestseller; **sa comédie musicale a été un immense** ~ **commercial** his musical was a box office hit OU a runaway success.

◆ **à succès** *loc adj* [auteur, chanteur] popular; **chanson à** ~ hit record OU song; **romancier à** ~ successful novelist.

◆ **avec succès** *loc adv* successfully, with success; **il a tenté avec** ~ **d'escalader la face nord** he was successful in his attempt to climb the north face.

◆ **sans succès** *loc adv* [essayer] unsuccessfully, without (any) success; **elle s'est présentée plusieurs fois sans** ~ **à ce poste** she made several unsuccessful applications for this job.

successeur [syksesœr] *nm* -**1.** [remplaçant] successor; **ses** ~**s** her successors, the people who succeeded her. -**2.** JUR heir. -**3.** MATH successor.

successibilité [syksesibilite] *nf* -**1.** [droit de succéder] right to inherit. -**2.** [ordre de succession] order of inheriting.

successible [syksesibl] ◇ *adj* -**1.** [qui a droit à la succession] entitled to inherit. -**2.** [qui donne droit à la succession]: **à défaut de parents au degré** ~ in the absence of relations close enough to inherit the estate.

◇ *nmf* eventual heir, remainderman *spéc.*

successif, ive [syksesif, iv] *adj* successive; **trois essais** ~**s** three successive attempts.

succession [syksesjɔ̃] *nf* -**1.** JUR [héritage] succession, inheritance; [biens] estate; **liquider une** ~ to settle a succession; **elle a laissé une** ~ **énorme** she left a large estate. -**2.** [remplacement] succession; **prendre la** ~ **d'un directeur** to take over from OU to succeed a manager; **prendre la** ~ **d'un monarque** to succeed a monarch (to the throne). -**3.** [suite] succession, series *(sg)*; **la** ~ **des événements est difficile à suivre** the succession of events is difficult to follow; **cet hiver-là, il y eut une** ~ **d'accidents aériens** that winter, there was a succession OU series of air disasters.

◆ **de succession** *loc adj* JUR: **droits de** ~ death duties; **ordre de** ~ intestate succession.

successivement [syksesivmɑ̃] *adv* successively, one after the other.

successoral, e, aux [syksesɔral, o] *adj* [accroissement, loi] successoral; **droit** ~ right of succession.

succin [syksɛ̃] *nm* yellow amber.

succinct, e [syksɛ̃, ɛ̃t] *adj* -**1.** [bref, concis] succinct, brief, concise; **un rapport** ~ a brief OU concise report. -**2.** [laconique] brief, laconic; **soyez** ~, **nous n'avons pas beaucoup de temps** be brief, we haven't much time. -**3.** [sommaire, réduit]: **un auditoire** ~ a sparse audience; **un repas** ~ a light meal.

succinctement [syksɛ̃tmɑ̃] *adv* -**1.** [brièvement] briefly, succinctly; **résumer** ~ **une discussion** to sum up a discussion briefly. -**2.** [sommairement] frugally; **déjeuner** ~ to have a light lunch.

succion [syksjɔ̃, sysjɔ̃] *nf* -**1.** [aspiration] sucking, suction; **l'instinct de** ~ **chez le nouveau-né** the sucking instinct of the newborn baby; **des bruits de** ~ sucking noises. -**2.** BOT & MÉCAN suction.

succomber [3] [sykɔ̃be] *vi sout* -**1.** [décéder] to die, to succumb. -**2.** [céder - personne] to succumb; **il a succombé sous le nombre** he was forced to yield to greater numbers OU because he was outnumbered; ~ **sous un fardeau** to collapse under a burden; **l'entreprise a succombé sous la concurrence** the company couldn't hold out against the competition; **le nounours était si adorable, j'ai succombé** the teddy bear was so cute I couldn't resist it; ~ **à** [désir] to succumb to, to yield to; [désespoir, émotion] to succumb to, to give way to; [fatigue, sommeil] to succumb to; [blessures] to die from, to succumb to; **j'ai succombé à ses charmes** I fell (a) victim OU I succumbed to her charms; **ne nous laisse pas** ~ **à la tentation** BIBLE let us not yield to temptation.

succube [sykyb] *nm* succubus.

succulence [sykylɑ̃s] *nf litt* succulence, succulency.

succulent, e [sykylɑ̃, ɑ̃t] *adj* -**1.** [savoureux - mets, viande] succulent; **son autobiographie est remplie d'anecdotes** ~**es** *fig* her autobiography is full of delicious anecdotes. -**2.** BOT succulent.

succursale [sykyrsal] *nf* -**1.** COMM branch. -**2.** RELIG succursal church.

succursalisme [sykyrsalism] *nm* retail chain.

succursaliste [sykyrsalist] ◇ *adj* chain *(modif).*

◇ *nmf* retail (chain) outlet.

succussion [sykysjɔ̃] *nf* succussion MED.

sucement [sysmɑ̃] *nm* sucking.

sucer [16] [syse] *vt* -**1.** [liquide] to suck; [bonbon, glace, sucette] to eat, to suck; ~ **le venin d'une blessure** to suck the venom out of a wound; **pastilles à** ~ lozenges to be sucked. -**2.** [doigt, stylo] to suck (on); ~ **son pouce** to suck one's thumb ❑ **avoir sucé qqch avec le lait** *vieilli*: **la religion, je l'ai sucée avec le lait** I took in religion with my mother's milk. -**3.** ▼ [comme pratique sexuelle] to suck off *(sép).* -**4.** ▽ [boisson] to tipple; **qu'est-ce qu'il suce, son frère!** his brother's a real boozer!

◆ **se sucer** *vpt*: **se** ~ **les doigts** to suck one's fingers ❑ **se** ~ **la pomme**▽ OU **la poire**▽ OU **le museau**▽ to neck, to snog *Br*, to make out *Am*.

sucette [sysɛt] *nf* -**1.** [friandise] lollipop, lolly *Br*. -**2.** [tétine] dummy *Br*, pacifier *Am*.

suceur, euse [sysœr, øz] ◇ *adj* sucking.

◇ *nm, f litt*: ~ **de sang** bloodsucker.

◆ **suceur** *nm* ENTOM sucking insect.

◆ **suceuse** *nf* AGR suction dredger.

suçoir [syswar] *nm* BOT & ENTOM sucker.

suçon [sysɔ̃] *nm* lovebite, hickey *Am*; **faire un** ~ **à qqn** to give sb a lovebite.

suçoter [3] [sysɔte] *vt* to suck (slowly); **il suçotait sa pipe** he was sucking at his pipe.

sucrage [sykraʒ] *nm* -**1.** [gén] sugaring. -**2.** ŒNOL chaptalization.

sucrant, e [sykrɑ̃, ɑ̃t] *adj* sweetening; **agent** ~ sweetener.

sucrase [sykraz] *nf* sucrase, invertase.

sucre [sykr] *nm* -**1.** [produit de consommation] sugar; **enrobé de** ~ sugar-coated; **confiture sans** ~ sugar-free jam ❑ ~ **de betterave/canne** beet/cane sugar; ~ **roux** OU **brun** brown sugar; ~ **candi** candy sugar; ~ **cristallisé** (coarse) granulated sugar; ~ **d'érable** maple sugar; ~ **glace** icing sugar *Br*, confectioner's OU powdered sugar *Am*; ~ **en morceaux** lump OU cube sugar; ~ **d'orge** [produit] barley sugar; [bâton] stick of barley sugar; ~ **en poudre** (fine) caster sugar; ~ **semoule** (fine) caster sugar; ~ **vanillé** vanilla sugar. -**2.** [sucreries]: **évitez le** ~ avoid sugar OU sweet things. -**3.** [cube] sugar lump OU cube; **tu prends ton café avec un ou deux** ~**s?** do you take your coffee with one or two sugars OU lumps?; **je prends toujours mon thé sans** ~ I always take my tea unsweetened OU without sugar. -**4.** BIOL, CHIM & MÉD sugar; ~ **d'amidon** starch sugar. -**5.** *(comme adj)*: **confiture pur** ~ jam made with pure sugar ❑ **il est tout** ~ he's all sweetness and light.

◆ **à sucre** *loc adj* sugar *(modif).*

◆ **au sucre** *loc adj* [fruits, crêpes] (sprinkled) with sugar.

◆ **en sucre** *loc adj* -**1.** [confiserie] sugar *(modif)*, made with sugar. -**2.** *fam fig*: **ne touche pas au bébé – il n'est pas en** ~**!** don't touch the baby – don't worry, he's not made of glass!

sucré, e [sykre] ◇ *adj* -**1.** [naturellement] sweet; [artificiellement] sweetened; **je n'aime pas le café** ~ I don't like sugar in my coffee; **un verre d'eau** ~**e** a glass of sugar water; **non** ~ unsweetened. -**2.** [doucereux - paroles] sugary, sweet, honeyed; [- voix] suave, sugary; **il a son petit air** ~ he looks as if butter wouldn't melt in his mouth.

◇ *nm, f*: **faire le** ~**/la** ~**e** to go all coy.

◆ **sucré** *nm*: **le** ~ sweet things; **j'ai envie de** ~ I'd like something sweet to eat; **c'est une sauce qui combine le** ~ **et le salé** it's a sauce which is sweet and savoury at the same time; **aimer le** ~ to have a sweet tooth.

sucrer [3] [sykre] ◇ *vt* -**1.** [avec du sucre - café, thé] to sugar, to put sugar in; [- vin] to add sugar to, to chaptalize; [- fruits] to sprinkle with sugar; **sucrez à volonté** add sugar to taste; **je ne sucre jamais mon thé** I never put sugar in my tea ❑ ~ **les fraises**▽ to be doddery. -**2.** [avec une matière sucrante] to sweeten; **il sucre son lait avec du miel** he sweetens his milk with honey. -**3.** ▽ [supprimer - prime] to stop; [- réplique, passage] to do away with *(insép)*; **on lui a sucré son permis de conduire après son accident** his driving licence was revoked after the accident.

◇ *vi* [substance]: **le miel sucre moins bien que le sucre** sugar is a better sweetener than honey.

◆ **se sucrer**▽ *vpi* [s'enrichir] to feather one's own nest.

sucrerie [sykrəri] *nf* -**1.** [friandise] sweet thing, sweetmeat; **elle adore les** ~**s** she has a sweet tooth OU loves sweet things. -**2.** [raffinerie] sugar refinery; [usine] sugar house. -**3.** *Can* [forêt d'érables] maple forest. -**4.** *Afr* [boisson] soft drink.

Sucrette ® [sykrɛt] *nf* (artificial) sweetener.

sucrier, ère [sykrije, ɛr] *adj* [industrie, betterave] sugar *(modif)*; [région] sugar-producing.

◆ **sucrier** *nm* -**1.** [pot] sugar basin OU bowl. -**2.** [producteur] sugar producer.

sud [syd] ◇ *nm inv* -**1.** [point cardinal] south; **où est le ~?** which way is south?; **la partie la plus au ~ de l'île** the southernmost part of the island; **aller au** OU **vers le ~** to go south OU southwards; **les trains qui vont vers le ~** trains going south, southbound trains; **rouler vers le ~** to drive south OU southwards; **la cuisine est plein ~** OU **exposée au ~** the kitchen faces due south OU has a southerly aspect; **le vent est au ~** MÉTÉO the wind is blowing from the south, a southerly wind is blowing. -**2.** [partie d'un pays, d'un continent] south, southern area OU regions; **le Sud de l'Italie** Southern Italy; **elle habite dans le Sud** she lives in the south OU down south; **les gens du Sud** Southerners.

◇ *adj inv* -**1.** [qui est au sud - façade de maison] south, southfacing; [- côte, côté, versant] south, southern; [- portail] south; **dans la partie ~ de la France** in the South of France, in southern France; **la chambre est côté ~** the bedroom faces south. -**2.** [dans des noms géographiques]: **Sud** South; **l'hémisphère Sud** the Southern Hemisphere; **le Pacifique Sud** the South Pacific.

◆ **au sud de** *loc prép* to the south of.

sud-africain, e [sydafrikɛ̃, ɛn] (*mpl* **sud-africains**, *fpl* **sud-africaines**) *adj* South African.

◆ **Sud-Africain, e** *nm, f* South African.

sud-américain, e [sydamerikɛ̃, ɛn] (*mpl* **sud-américains**, *fpl* **sud-américaines**) *adj* South American.

◆ **Sud-Américain, e** *nm, f* South American.

sudation [sydasjɔ̃] *nf* sweating, sudation *spéc.*

sudatoire [sydatwar] *adj* sudatory.

sud-coréen, enne [sydkɔreɛ̃, ɛn] (*mpl* **sud-coréens**, *fpl* **sud-coréennes**) *adj* South Korean.

◆ **Sud-Coréen, enne** *nm, f* South Korean.

sud-est [sydɛst] ◇ *adj inv* southeast.

◇ *nm inv* -**1.** [point cardinal] southeast; **au ~ de Lyon** southeast of Lyons; **vent de ~** southeast OU southeasterly wind. -**2.** GÉOG: **le Sud-Est asiatique** South East Asia.

Sudètes [sydɛt] *npr fpl*: **les ~** the Sudetes, the Sudeten Mountains.

sudiste [sydist] *adj* & *nmf* HIST Confederate.

sudoral, e, aux [sydɔral, o] *adj* sudoral.

sudorifère [sydɔrifɛr] = **sudoripare**.

sudorifique [sydɔrifik] *adj* & *nm* sudorific.

sudoripare [sydɔripar] *adj* sudoriferous.

sud-ouest [sydwɛst] ◇ *adj inv* southwest.

◇ *nm inv* southwest; **au ~ de Tōkyō** southwest of Tokyo; **vent de ~** southwest OU southwesterly wind.

sud-sud-est [sydsydɛst] *adj inv* & *nm inv* south-southeast.

sud-sud-ouest [sydsydwɛst] *adj inv* & *nm inv* south-southwest.

Sud Viêt-nam [sydvjɛtnam] *npr m*: **le ~** South Vietnam HIST.

suède [sɥɛd] *nm* suede; **des gants en ~** suede OU kid gloves.

Suède [sɥɛd] *npr f*: **(la) ~** Sweden.

suédois, e [sɥedwa, az] *adj* Swedish.

◆ **Suédois, e** *nm, f* Swede.

◆ **suédois** *nm* LING Swedish.

suée *fam* [sɥe] *nf* [transpiration] sweat; **attraper** OU **prendre une (bonne) ~** [en faisant un effort] to work up quite a sweat.

suer [7] [sɥe] ◇ *vi* -**1.** [transpirer - personne] to sweat, to get sweaty; **~ à grosses gouttes** to be streaming with sweat, to be sweating profusely. -**2.** [bois, plâtres] to ooze, to sweat; **faire ~ des oignons** CULIN to sweat onions. -**3.** *fam* [fournir un gros effort] to slog *Br*, to slave (away); **j'en aurai sué toute ma vie pour rien** I'll have slogged all my life for nothing; **j'en ai sué pour faire démarrer la tondeuse!** I had the devil's own job trying to get the mower started! ❑ **faire ~ le burnous**▽ to use sweated labour. -**4.** *fam loc*: **faire ~** [importuner]: **il nous fait ~!** he's a pain in the neck!; **ça me ferait ~ de devoir y retourner** I'd hate to have to go back there; **elle m'a fait ~ toute la matinée pour que je joue avec elle** she pestered me all morning to play with her; **se faire ~** [s'ennuyer] to get bored (stiff OU to death); **je me suis fait ~ toute la journée** I was bored stiff all day long.

◇ *vt* -**1.** [sueur] to sweat; **~ sang et eau** [faire de grands efforts] to sweat blood; **ils ont sué sang et eau pour restaurer la maison** they sweated blood over the renovation of the house; **en ~ une**▽ [danser au bal] to have a bop. -**2.** [humidité] to ooze. -**3.** *litt* [laisser paraître - bêtise, ennui, égoïsme] to exude, to reek of; **cette banlieue sue la tristesse** this suburb positively exudes dreariness.

Suétone [sɥetɔn] *npr* Suetonius.

sueur [sɥœr] *nf* -**1.** [transpiration] sweat; **sa chemise était mouillée par la ~** his shirt was sweaty OU was damp with sweat ❑ **~s froides: j'en ai eu des ~s froides** I was in a cold sweat; **donner des ~s froides à qqn** to put sb in a cold sweat. -**2.** [effort intense, sacrifice] sweat; **vivre de la ~ du peuple** to live off the sweat of the people; **à la ~ de son front** [en se donnant beaucoup de peine] by the sweat of one's brow.

◆ **en sueur** *loc adj* in a sweat; **être en ~** to be in a sweat, to be sweating.

Suez [sɥɛz] *npr* Suez; **l'isthme de ~** the Isthmus of Suez.

suffire [100] [syfir] *vi* -**1.** [en quantité] to be enough, to be sufficient, to suffice; **quelques gouttes suffisent** a few drops are enough OU sufficient; **deux bouteilles pour cinq, ça ne suffira pas** two bottles for five people won't be enough; **une cuillerée, ça te suffit?** is one spoonful enough for you?; **mon salaire ne nous suffit plus** we can no longer survive on my salary; **la fessée ne semble pas t'avoir suffi!** you obviously want your bottom smacked again!; **~ à** OU **pour faire qqch: deux minutes suffisent pour le cuire** it just takes two minutes to cook; **une heure me suffira pour tout ranger** one hour will be enough for me to put everything away; **je ne lui rendrai plus service, cette expérience m'a suffi** I won't help her again, I've learned my lesson, **y ~: il faut doubler l'effectif – le budget n'y suffira jamais** the staff has to be doubled – the budget won't cover it. -**2.** [en qualité] to be (good) enough; **parler ne suffit pas, il faut agir** words aren't enough, we must act; **des excuses ne me suffisent pas** I'm not satisfied with an apology; **ma parole devrait vous ~** my word should be good enough for you; **l'amitié ne lui suffisait pas** he wanted more than friendship; **pas besoin de tralala, un sandwich me suffit** there's no need for anything fancy, a sandwich will do; **~ à qqch: ~ aux besoins de qqn** to meet sb's needs. -**3.** *(tournure impersonnelle)*: **il suffit de** *(suivi d'un n)*: **je n'avais jamais volé – il suffit d'une fois!** I've never stolen before – once is enough!; **il suffit d'une erreur pour que tout soit à recommencer** one single mistake means starting all over again; **il suffirait de quelques francs** a few francs would suffice OU be enough OU be sufficient; **il suffit de** *(suivi de l'inf)*: **s'il suffisait de travailler pour réussir!** if only work was enough to guarantee success!; **il te suffit de dire que nous arriverons en retard** just say we'll be late; **il suffit que: il suffit qu'on me dise ce que je dois faire** I just have OU need to be told what to do; **il suffit que je tourne le dos pour qu'elle fasse des bêtises** I only have to turn my back and she's up to some mischief; **(ça) suffit!** *fam* (that's) enough!; **ça suffit comme ça!** that's enough now!; **il suffit!** *sout* it's enough!

◆ **se suffire** ◇ *vp* *(emploi réciproque)*: **ils se suffisent l'un à l'autre** they've got each other and that's all they need.

◇ *vpi*: **se ~ à soi-même** [matériellement] to be self-sufficient; [moralement] to be quite happy with one's own company.

suffisamment [syfizamɑ̃] *adv* sufficiently, enough; **le travail n'est pas ~ rémunéré** the work isn't sufficiently well paid, the pay isn't adequate; **je t'ai ~ prévenu** I've warned you often enough.

suffisance [syfizɑ̃s] *nf* -**1.** [vanité] self-importance, self-satisfaction; **c'est un homme plein de ~** he's a very self-satisfied man. -**2.** *litt*: **avoir sa ~ de qqch, avoir qqch à ~** to have plenty of sthg.

◆ **en suffisance** *loc adv litt*: **de l'argent en ~** plenty of OU sufficient money.

suffisant, e [syfizɑ̃, ɑ̃t] *adj* -**1.** [en quantité] sufficient; **sa retraite est ~e pour deux** his pension's sufficient OU enough for two; **trois bouteilles pour cinq, c'est bien** OU **amplement ~** three bottles for five, that's plenty OU that's quite enough. -**2.** [en qualité] sufficient, good enough; **votre accord n'est pas ~, nous avons aussi besoin de celui de son père** your consent isn't enough, we also need his father's; **des excuses ne seront pas ~es, il veut un démenti** apologies won't be sufficient OU won't do, he wants a denial; **tes résultats à l'école sont tout juste ~s** your school results are just about satisfactory; **~ pour: il n'a pas l'envergure ~e pour diriger l'entreprise** he isn't of a high enough calibre to run the company; **c'est une raison ~e pour qu'il accepte** it's a good enough reason OU it's reason enough to make him accept. -**3.** [arrogant - air, personne] self-important, conceited.

suffixal, e, aux [syfiksal, o] *adj* suffixal.

suffixation [syfiksasjɔ̃] *nf* suffixation, suffixing *(U)*.

suffixe [syfiks] *nm* suffix.

suffixer [3] [syfikse] *vt* to suffix.

suffocant, e [syfɔkɑ̃, ɑ̃t] *adj* -**1.** [atmosphère, chaleur, odeur] suffocating, stifling. -**2.** [ahurissant] astounding, staggering, stunning.

suffocation [syfɔkasjɔ̃] *nf* suffocation; **j'ai des ~s** I feel as if I am choking.

suffoquer [3] [syfɔke] ◇ *vi* [étouffer] to suffocate, to choke; **on suffoque ici!** it's stifling in here!; **~ de** to choke OU to suffocate with; **~ de colère** to be choking with anger; **~ de joie** to be overcome with happiness.

◇ *vt* -**1.** [suj: atmosphère, fumée, odeur] to suffocate, to choke; **la chaleur nous suffoquait** the heat was suffocating, it was stiflingly hot; **le fou rire la suffoquait** she was choking with laughter. -**2.** [causer une vive émotion à] to choke; **la colère le suffoquait** he was choking with anger. -**3.** [choquer - suj: attitude, prix] to stagger, to stun, to confound; **ma réponse l'avait suffoqué** my answer left him speechless OU fairly took his breath away.

suffrage [syfraʒ] *nm* -**1.** POL [système] vote; **~ censitaire** HIST suffrage with property qualification OU for householders (only); **être élu au ~ direct/indirect** to be elected by direct/indirect suffrage; **~ restreint** restricted suffrage; **~ universel** universal suffrage. -**2.** [voix] vote; **obtenir beaucoup/peu de ~s** to poll heavily/badly; **c'est leur parti qui a eu le plus de ~s** their party headed the poll. -**3.** *litt* [approbation] approval, approbation, suffrage *litt*; **avoir le ~ de qqn** to win sb's approval; **sa dernière pièce a enlevé** OU **remporté tous les ~s** his last play was an unqualified success; **accorder son ~ à** to give one's approval to.

suffragette [syfraʒɛt] *nf* suffragette.

suffusion [syfyzjɔ̃] *nf* suffusion MED.

suggérer [18] [sygʒere] *vt* -**1.** [conseiller, proposer - acte] to suggest; [- nom, solution] to suggest, to put forward *(sép)*, to propose; **que suggères-tu?** what do you suggest?; **nous lui avons suggéré de renoncer** we suggested he should give up; **je suggère que nous partions tout de suite** I suggest that we go right away. -**2.** [évoquer] to suggest, to evoke; **que vous suggèrent ces images?** what do these pictures suggest to you?; **sa peinture suggère plus qu'elle ne représente** his painting is more evocative than figurative.

suggestibilité [sygʒɛstibilite] *nf* suggestibility.

suggestible [sygʒɛstibl] *adj* suggestible.

suggestif, ive [sygʒɛstif, iv] *adj* -**1.** [évocateur] suggestive, evocative. -**2.** [érotique] suggestive, provocative.

suggestion [sygʒɛstjɔ̃] *nf* -**1.** [conseil, proposition] suggestion; **faire une ~** to make a suggestion; **je vais te faire une ~** let me make a suggestion. -**2.** PSYCH suggestion.

suggestionner [3] [sygʒɛstjɔne] *vt* to influence by suggestion.

suggestivité [sygʒɛstivite] *nf* -**1.** [évocation] evocativeness. -**2.** [érotisme] suggestiveness.

suicidaire [sɥisidɛr] ◇ *adj* -**1.** [instinct, personne, tendance] suicidal. -**2.** [qui conduit à l'échec] suicidal; **de si gros investissements, ce serait ~!** such large investments would be suicidal OU courting disaster!
◇ *nmf* suicidal person, potential suicide.

suicide [sɥisid] *nm* -**1.** [mort] suicide; **faire une tentative de ~** to try to commit suicide, to attempt suicide. -**2.** [désastre] suicide; **ce serait un ~ politique** it would be political suicide; **n'y va pas, c'est du ~!** *fig* don't go, it would be madness OU it's suicide!

suicidé, e [sɥiside] *nm, f* suicide.

suicider [3] [sɥiside] *vt* : **le prisonnier a été suicidé dans sa cellule** the murder of the prisoner in his cell was made to look like suicide.
◆ **se suicider** *vpi* -**1.** [se tuer] to commit suicide, to kill o.s.; **tenter de se ~** to attempt suicide, to try to commit suicide. -**2.** *fig* [causer soi-même sa perte] to commit suicide.

suie [sɥi] *nf* soot; **être couvert** OU **noir de ~** to be all sooty OU black with soot.

suif [sɥif] *nm* -**1.** [de bétail] fat; CULIN suet; [pour chandelle] tallow. -**2.** *fam* [bagarre] : **chercher du ~ à qqn** to try to pick a fight with sb; **il va y avoir du ~** there's going to be a scrap.

sui generis [sɥiʒeneris] *loc adj* sui generis, unique; **une odeur ~** *euph* a rather distinctive smell.

suint [sɥɛ̃] *nm* suint.

suintant, e [sɥɛ̃tɑ̃, ɑ̃t] *adj* sweating, oozing; **des murs ~s** damp walls.

suintement [sɥɛ̃tmɑ̃] *nm* -**1.** [écoulement] sweating *(U)*, oozing *(U)*. -**2.** PÉTR oozing (forth) *(U)*.

suinter [3] [sɥɛ̃te] ◇ *vi* -**1.** [eau] to ooze, to seep; **l'humidité suinte des murailles** the walls are dripping with moisture. -**2.** [plaie] to weep; **ce mur suinte** this wall is running with moisture. -**3.** *litt* [se manifester] to ooze; **l'ennui suinte dans cette petite ville** this little town oozes boredom.
◇ *vt litt* to ooze.

suisse [sɥis] ◇ *adj* Swiss; **~ allemand/romand** Swiss German/French.
◇ *nm* -**1.** CULIN: **petit ~** petit suisse, cream cheese *(shaped into small cylinders)*. -**2.** [au Vatican] Swiss guard. -**3.** [bedeau] beadle. -**4.** *Can* chipmunk.
◆ **Suisse** *nmf* Swiss (person); **Suisse allemand/romand** German-speaking/French-speaking Swiss; **les Suisses** the Swiss.
◆ **en suisse** *loc adv*: **boire/manger en ~** to drink/to eat on one's own.

Suisse [sɥis] *npr f*: **(la) ~** Switzerland; **la ~ allemande/romande** the German-speaking/French-speaking part of Switzerland.

Suissesse [sɥisɛs] *nf* Swiss woman.

suite [sɥit] *nf* -**1.** [prolongation - gén] continuation; [- d'un film, d'un roman] sequel; [- d'une émission] follow-up; **elle a écrit une ~ à «Autant en emporte le vent»** she wrote a sequel to "Gone with the Wind"; **~ page 17** continued on page 17; **la ~ au prochain numéro** to be continued (in our next issue); **ceci n'est qu'un préambule, lis la ~** [le reste] this is just a preamble, read what comes afterwards; **~ et fin** final instalment; **apportez-moi la ~** [pendant un repas] bring me the next course; **écoute la ~** [du discours] listen to what comes next; [de mon histoire] listen to what happened next; **je n'ai pas pu entendre la ~** I couldn't hear the rest; **on entendra demain la ~ des témoignages** further OU more evidence will be heard tomorrow; **attendons la ~ des événements** let's wait to see what happens next; **faire ~ à** to follow; **de violents orages ont fait ~ à la sécheresse** the drought was followed by violent storms; **le logement fait ~ à l'arrière-boutique** the flat is connected to the back of the shop; **prendre la ~ de qqn** to take over from sb, to succeed sb. -**2.** [série] series, succession; **une ~ de malheurs** a run OU series of misfortunes. -**3.** [cortège] suite, retinue. -**4.** [dans un hôtel] suite; **la ~ présidentielle/royale** the presidential/royal suite. -**5.** [répercussion] consequence; **la ~ logique/naturelle de mon adhésion au parti** the logical/natural consequence of my joining the party; **donner ~ à** [commande, lettre, réclamation] to follow up *(sép)*, to deal with *(insép)*; [projet] to carry on with; **avoir des ~s** to have repercussions; **elle est morte des ~s de ses blessures** she died of her wounds. -**6.** [lien logique] coherence; **ses propos n'avaient guère de ~** what he said wasn't very logical; **avoir de la ~ dans les idées** to be coherent OU consistent; **tu as de la ~ dans les idées!** *hum* you certainly know what you want! -**7.** JUR pursuit; **droit de ~** [d'un belligérant] right of (hot) pursuit; [d'un créancier] right to follow property. -**8.** LING & MATH sequence. -**9.** MUS suite.
◆ **à la suite** *loc adv* -**1.** [en succession] one after the other; **nous avons fait plusieurs voyages à la ~** we made several trips one after the other. -**2.** [après]: **un nom avec plusieurs chiffres inscrits à la ~** a name followed by a string of numbers.
◆ **à la suite de** *loc prép* -**1.** [derrière] behind; **il entra et nous à sa ~** he went in and we followed; **à la ~ de chaque nom est dessinée une fleur** a flower is drawn after each name; **cinq chambres les unes à la ~ des autres** five rooms in a row. -**2.** [à cause de] following; **à la ~ de son discours télévisé, sa cote a remonté** following her speech on TV, her popularity rating went up.
◆ **de suite** *loc adv* -**1.** *fam* [immédiatement] straightaway, right away; **il revient de ~** he'll be right back. -**2.** [à la file] in a row, one after the other, in succession; **il a mangé dix œufs durs de ~** he ate ten hard-boiled eggs in a row; **elle est restée de garde 48 heures de ~** she was on duty for 48 hours on end; **on n'a pas eu d'électricité pendant cinq jours de ~** we didn't have any electricity for five whole days OU five days running.
◆ **par la suite** *loc adv* [dans le passé] afterwards, later; [dans le futur] later; **il se l'est beaucoup reproché par la ~** he very much blamed himself for it afterwards OU later; **ils se sont mariés par la ~** they eventually got married.
◆ **par suite** *loc adv* therefore; **c'est encore une enfant, et par ~, elle est impulsive** she's still a child and therefore impulsive.
◆ **par suite de** *loc prép* due to, owing to; **par ~ d'un arrêt de travail des techniciens** due to industrial action by technical staff.
◆ **sans suite** *loc adj* -**1.** [incohérent] disconnected; **il tenait des propos sans ~** his talk was incoherent. -**2.** COMM discontinued; **produit sans ~** discontinued product.
◆ **suite à** *loc prép* ADMIN: **~ à votre lettre** further to OU in response to OU with reference to your letter; **~ à votre appel téléphonique** further to your phone call.
◆ **tout de suite** *loc adv* -**1.** [dans le temps] straightaway, right away, at once; **apporte du pain — tout de ~!** bring some bread — right away! -**2.** [dans l'espace] immediately; **tournez à gauche tout de ~ après le pont** turn left immediately after the bridge.

suivant[1] [sɥivɑ̃] *prép* -**1.** [le long de]: **découper ~ le pointillé** cut out following the dotted line. -**2.** [d'après] according to; **~ son habitude, elle s'est levée très tôt** as is her habit OU wont, she got up very early. -**3.** [en fonction de] according to, depending on; **vous donnerez ~ vos possibilités** you'll give according to your means; **~ votre âge/vos besoins** depending on your age/your needs.
◆ **suivant que** *loc conj* according to whether; **~ que vous parlez avec l'un ou l'autre** according to which one you talk to.

suivant[2], **e** [sɥivɑ̃, ɑ̃t] ◇ *adj* -**1.** [qui vient après - chapitre, mois, semaine] following, next; [- échelon, train] next; **les trois jours ~s** the next three days; **quel est le chiffre ~?** what's the next number?, what number comes next?; **quelle est la personne ~e?** [dans une file d'attente] who's next? -**2.** [qui va être précisé] following; **il m'a raconté l'histoire ~e** he told me the following story; **procédez de la manière ~e** follow these instructions.
◇ *nm, f* -**1.** [dans une succession] next one; **(au) ~, s'il vous plaît** next, please; **son premier roman, et même les ~s** his first novel and even the following ones OU the ones that followed; **pas mardi prochain mais le ~** not this coming Tuesday but the next one OU the one after. -**2.** *(comme adj)* [ce qui va être précisé]: **la raison est la ~e** here is why; **les résultats sont les ~s** here are the results, the results are as follows.
◆ **suivant** *nm* [membre d'une escorte] attendant.
◆ **suivante** *nf* THÉÂT lady's maid.

suiveur, euse [sɥivœr, øz] *adj* [véhicule] following.
◆ **suiveur** *nm* -**1.** [de femmes - gén] skirtchaser; [- en voiture] kerb-crawler. -**2.** SPORT follower, fan. -**3.** [inconditionnel, imitateur] slave, uncritical follower.

suivi, e [sɥivi] *adj* -**1.** [ininterrompu - effort] sustained, consistent; [- correspondance] regular; [- qualité] consistent; [- activité] steady; **nous avons eu une correspondance très ~e pendant des années** we wrote to each other very regularly for years. -**2.** [logique - propos, raisonnement] coherent; [- politique] consistent. -**3.** [qui a la faveur du public]: **mode très ~e** very popular fashion; **conférence peu/très ~e** poorly attended/well-attended conference; **la grève a été peu/très ~e** there was little/a lot of support for the strike.
◆ **suivi** *nm* [d'un cas, d'un dossier] follow-up; **assurer le ~ de** [cas, dossier] to follow through *(sép)*; [commande] to deal with *(insép)*; COMM [article] to continue to stock; **je m'occuperai personnellement du ~ de votre dossier** I'll deal with your case personally; **le travail en petits groupes assure un meilleur ~** working in small groups means that individual participants can be monitored more successfully.

suivisme [sɥivism] *nm* [attitude d'imitation servile] follow-my-leader attitude.

suiviste [sɥivist] ◇ *adj* sheep-like.
◇ *nmf* sheep-like follower.

suivre [89] [sɥivr] ◇ *vt* **A.** -**1.** [pour escorter, espionner, rattraper] to follow; **les enfants suivaient leurs parents en courant** the children were running behind their parents; **suivez-moi** follow me; **suivez le guide** this way (for the guided tour), please; **ils sont entrés suivis de**

leur chien they came in followed by their dog; **la police les a suivis sur plusieurs kilomètres** the police chased them for several kilometres; **il l'a fait ~ par un détective privé** he had her followed by a private detective; **~ qqn de près** [gén] to follow close behind sb; [pour le protéger] to stick close to sb; **le coureur anglais, suivi de très près par le Belge** the English runner, with the Belgian close on his heels; **~ la piste de qqn** to follow sb's trail; **~ qqn à la trace** to follow sb's tracks; **~ qqn comme son ombre** to follow sb like a shadow; **~ qqn des yeux** OU **du regard** to follow sb with one's eyes; **il suivait des yeux ses moindres gestes** he was watching her every move; **suivez mon regard**: **certaines personnes, suivez mon regard, n'ont pas fait leur travail** certain people, who shall be OU remain nameless, haven't done their work; **sa femme est morte, il la suivra sans doute d'ici peu dans la tombe** his wife has died, he won't outlive her long || *(en usage abs)*: **marche moins vite, grand-père ne peut pas ~** slow down, grandpa can't keep up; **ils ne suivent plus** they're not behind (us) any more. -**2.** [se dérouler après] to follow (on from), to come after; **la réunion sera suivie d'une collation** refreshments will be served after the meeting || *(en usage abs)*: **pendant l'heure qui a suivi** during the hour that followed; **le jour qui suivit** (the) next day, the following day || *(tournure impersonnelle)*: **il suit de** it follows from; **il suit de votre déclaration que le témoin ment** it follows from your statement that the witness is lying. -**3.** [être placé après] to follow, to come after; **votre nom suit le mien sur la liste** your name is right after mine on the list; **les conjonctions toujours suivies du subjonctif** the conjunctions always followed by OU that always govern the subjunctive || *(en usage abs)*: **suit un résumé du roman précédent** then comes a summary of the previous novel; **dans les pages qui suivent** in the following pages.
B. -**1.** [emprunter - itinéraire, rue] to follow; **en suivant un long couloir, on arrive au cloître** at the end of a long corridor, one comes to the cloister; **il vous suffit de ~ la grande avenue** just follow the main avenue. -**2.** [longer - à pied] to walk along; [- en voiture] to drive along; [- en bateau] to sail along; **la route suit la rivière sur plusieurs kilomètres** the road runs along OU follows (the course of) the river for several kilometres; **le circuit suit ce tracé** here is the outline of the course; **découper en suivant les pointillés** cut along the dotted line. -**3.** [se soumettre à - traitement] to undergo; **~ des cours de cuisine** to attend a cookery course; **~ un régime** to be on a diet. -**4.** CARTES: **je suis** I'm in. -**5.** COMM [stocker] to stock; [produire] to produce.
C. SE CONFORMER À [conseil, personne, instructions] to follow; [règlement] to comply with *(insép)*; **vous n'avez qu'à ~ les panneaux** just follow the signs; **son exemple n'est pas à ~** he's not a good example; **j'ai toujours suivi la même ligne de conduite** I always followed the same line of conduct; **je préfère ~ mon idée** I prefer to do it my way; **je ne te suivrai jamais sur cette voie** I'll never follow you down that road; **~ le mouvement** *fam* to (just) go OU tag along with the crowd || *(en usage abs)*: **la majorité n'a pas suivi** the majority didn't follow.
D. -**1.** [observer - carrière, progrès, feuilleton] to follow; [- actualité] to keep up with *(insép)*; **il suit le feuilleton à la radio tous les jours** he tunes in to the serial every day; **je ne suis pas les sports** I don't follow sport. -**2.** [se concentrer sur - exposé, messe] to listen to *(insép)*, to pay attention to; **maintenant, suivez-moi bien** now, listen to me carefully OU pay close attention; **suis bien mes gestes** watch my gestures closely || *(en usage abs)*: **encore un qui ne suivait pas!** [distrait] so, someone else wasn't paying attention!; **je vais ~ avec Pierre** [sur son livre] I'll share Pierre's book. -**3.** [comprendre - explications, raisonnement] to follow; **il est difficile parfois de le ~ dans ses divagations** it's sometimes difficult to follow the vagaries of his mind; **je ne te suis plus** I'm not with you any more. -**4.** [s'occuper de - dossier, commande] to deal with *(insép)*; [- élève] to follow the progress of; **elle suit ses patients de près** she follows her patients' progress closely; **je suis suivie par un très bon médecin** I'm with OU under a very good doctor.
◇ *vi* -**1.** SCOL [assimiler le programme] to keep up; **il a du mal à ~ en physique** he's having difficulty keeping up in physics; **elle suit très bien (en classe** OU **à l'école)** she keeps up well with her schoolwork; **il n'arriverait pas à ~ dans la classe supérieure** he wouldn't be able to keep up if he was put in the next class. -**2.** [être acheminé après]: **les bagages vont ~** luggage follows; **'lettre suit'** 'will write soon', 'letter follows'; **faire ~** [lettre] to forward, to send on; **'faire ~'** 'forward please'; **faire ~ son courrier** to have one's mail forwarded; **veux-tu que je fasse ~ les factures?** do you want me to send the bills on to you? -**3.** [être ci-après] to follow; **sont reçus les candidats dont les noms suivent** the names of the successful candidates are as follows.
◆ **se suivre** *vpi* -**1.** [être l'un derrière l'autre - personnes, lettres] to follow one another; **par temps de brouillard, ne vous suivez pas de trop près** in foggy conditions, keep your distance (from other vehicles); **les trois coureurs se suivent de très près** the three runners are very close behind one another OU are tightly bunched. -**2.** [être dans l'ordre - pages] to be in the right order, to follow on from one another. -**3.** [se succéder dans le temps]: **les jours se suivent et ne se ressemblent pas** *prov* who knows what tomorrow holds *loc*, every day is a new beginning OU dawn. -**4.** [s'enchaîner logiquement - raisonnement] to be coherent.
◆ **à suivre** ◇ *loc adj*: **c'est une affaire à ~** it's something to keep an eye on.
◇ *loc adv*: **'à ~'** 'to be continued'.
◆ **comme suit** *loc adv* as follows; **procéder comme suit** proceed as follows.

sujet, ette [syʒɛ, ɛt] ◇ *adj* -**1.** **~ à** [susceptible de]: **~ à des attaques cardiaques/à des migraines** subject to heart attacks/migraines; **~ au mal de mer** liable to become seasick, prone to seasickness; **~ à des crises de larmes** liable to burst into tears; **nous sommes tous ~s à l'erreur** we're all prone to making mistakes. -**2.** **~ à** [soumis à]: **~ à caution** [franchise, honnêteté, moralité] questionable; **leurs informations sont ~tes à caution** their information should be taken warily; **nos prix sont ~s à révision** our prices are subject to revision. -**3.** *litt* [assujetti] subjugated, enslaved; **peuple ~ de Rome** people subject to Rome.
◇ *nm, f* [citoyen] subject.
◆ **sujet** *nm* -**1.** [thème - d'une discussion] subject, topic; [- d'une pièce, d'un roman] subject; [- d'un exposé, d'une recherche] subject; **le ~ de notre débat ce soir est...** the question we'll be debating tonight is...; **quel est le ~ du livre?** what's the book about?; **je tiens le ~ d'une pièce** I have an idea OU a subject for a play; **tu tiens là un bon ~ de thèse** you have a good subject for your PhD; **c'est son ~ de conversation préféré** it's his favourite topic (of conversation); **changeons de ~** let's change the subject; **c'est devenu un ~ de plaisanterie** it has become a standing joke; **~ d'examen** examination question. -**2.** [motif]: **~ de cause** of, ground for, grounds for; **ils ont de nombreux ~s de discorde** they have many reasons to disagree; **leur salaire est leur principal ~ de mécontentement** the main cause of their dissatisfaction is their salary; **sa santé est devenue un gros ~ de préoccupation** her condition is now giving serious grounds for concern OU has become a great source of anxiety; **tu n'as pas ~ de te plaindre** you have no cause OU grounds for complaint. -**3.** BX-ARTS & MUS subject; **peindre des ~s allégoriques** to paint allegorical subjects. -**4.** [figurine] figurine; **des petits ~s en porcelaine** little china figures. -**5.** GRAMM [fonction] subject; LING: **le ~ parlant** the speaker. -**6.** MÉD, PHILOS & PSYCH subject; **~ d'expérience** experimental subject. -**7.** JUR: **~ de droit** possessor of a right. -**8.** HORT stock.
◆ **au sujet de** *loc prép* about, concerning; **c'est au ~ de Martha?** is it about Martha?; **la décision qu'ils ont prise au ~ du projet** the decision they made about OU concerning the project; **j'aimerais vous faire remarquer, à ce ~, que...** concerning this matter, I'd like to point out to you that...; **je voudrais parler au directeur – c'est à quel ~?** I'd like to talk to the manager – what about?

sujétion [syʒesjɔ̃] *nf* -**1.** POL [d'un peuple] subjection, enslavement; **vivre dans la ~** to live in subjection; **tenir en ~** to hold OU to have in one's power. -**2.** *sout* [à une règle] subjection, subjecting *(U)*.

sulfamide [sylfamid] *nm* -**1.** CHIM sulphamide. -**2.** PHARM sulphonamide, sulpha drug.

sulfatage [sylfataʒ] *nm* sulphating.

sulfate [sylfat] *nm* sulphate.

sulfaté, e [sylfate] *adj* sulphated.

sulfater [3] [sylfate] *vt* -**1.** AGR to spray with sulphur. -**2.** ÉLECTR to sulphate.

sulfateuse [sylfatøz] *nf* -**1.** AGR sulphur sprayer. -**2.** *arg mil* [mitrailleuse] typewriter *Br*, submachine OU machine gun.

sulfhydrique [sylfidrik] *adj m*: **acide ~** hydrogen sulphide.

sulfitage [sylfitaʒ] *nm* sulphidizing.

sulfite [sylfit] *nm* sulphite.

sulfurage [sylfyraʒ] *nm* sulphuration.

sulfure [sylfyr] *nm* sulphide.

sulfuré, e [sylfyre] *adj* sulphuret.

sulfurer [3] [sylfyre] *vt* to sulphuret.

sulfureux, euse [sylfyrø, øz] *adj* -**1.** CHIM sulphurous. -**2.** [démoniaque] demonic.

sulfurique [sylfyrik] *adj* sulphuric.

sulfurisé, e [sylfyrize] *adj* sulphurized.

sulky [sylki] *nm* sulky.

sultan [syltɑ̃] *nm* sultan.

sultanat [syltana] *nm* sultanate.

sultane [syltan] *nf* -**1.** [titre] sultana, sultaness. -**2.** [canapé] sultana.

sumac [symak] *nm* sumach (tree).

Sumatra [symatra] *npr* Sumatra; **à ~** in Sumatra.

Sumer [symɛr] *npr* Sumer.

sumérien, enne [symerjɛ̃, ɛn] *adj* Sumerian.
◆ **Sumérien, enne** *nm, f* Sumerian.
◆ **sumérien** *nm* LING Sumerian.

summum [sɔmɔm] *nm* -**1.** [d'une carrière] peak, zenith; [d'une civilisation] acme; [de l'élégance, du luxe, de l'arrogance] height; **au ~ de sa puissance** at the peak of its power; **elle était au ~ de son art quand elle peignit ce tableau** her art was at its peak OU height when she painted this picture. -**2.** *fam loc*: **c'est le ~!** [on ne peut faire mieux] it's the tops!; [on ne peut faire pire] it's the end!

sumo, sumō [sumo] *nm* sumo.

sunlight [sœnlajt] *nm* CIN (artificial) sunlight.

sunna [syna] *nf* Sunna.

sunnisme [synism] *nm* Sunnism.

sunnite [synit] ◇ *adj* Sunni.
◇ *nmf* Sunnit, Sunnite.

sup *fam* [syp] *adj inv* -**1.** [supplémentaire]: **faire des heures ~** to work overtime. -**2.** UNIV: **Lettres/Maths ~** *advanced Arts/Mathematics classes preparing for competitive entry to the Grandes Écoles.*

super *fam* [sypɛr] ◇ *adj inv* [fille, garçon, idée] great, terrific; [maison, moto] fantastic, great; **ce serait ~ si tu pouvais venir!** it'd be great OU super if you could come!; **c'est de la ~ qualité** it's exceptional quality; **~ réductions sur tout le stock!** massive reductions on the whole stock!

◇ *adv* [compliqué, bon, cher, propre] really, amazingly; [gentil] really; **elle est ~ organisée** she's incredibly well-organized.

◇ *nm* [essence] four-star (petrol) *Br*, premium *Am*.

super- [sypɛr] *préf* -**1.** [en intensif] super; **des collants ~fins** extra-fine tights; **~rapide** superfast. -**2.** *fam* [exceptionnel] super; **~flic** supercop; **une ~voiture** a supercar; **un ~cerveau** a superbrain.

superalliage [sypɛraljaʒ] *nm* superalloy.

superamas [sypɛrama] *nm*: **~ local** supergalaxy.

superbe [sypɛrb] ◇ *adj* -**1.** [magnifique - yeux, bijou, ville] superb, beautiful, magnificent; [- bébé, femme] beautiful, gorgeous, fine-looking; [- homme] good-looking, handsome; [- voix] superb, beautiful; [- journée] glorious, beautiful; **tu as une mine ~ aujourd'hui** you look radiant today; **il a fait un temps ~** the weather was wonderful. -**2.** **~ de** [sublime]: **il a été ~ de cynisme/d'indifférence** he was superbly cynical/indifferent. -**3.** *litt* [altier - air] haughty.

◇ *nf litt* haughtiness; **cela va lui faire perdre de sa ~** he won't be quite so proud after this.

superbement [sypɛrbəmɑ̃] *adv* -**1.** [splendidement] superbly, magnificently, beautifully. -**2.** *litt* [arrogamment] arrogantly, haughtily.

superbénéfice [sypɛrbenefis] *nm* enormous profit.

superbombe [sypɛrbɔ̃b] *nf* superbomb.

supercarburant [sypɛrkarbyrɑ̃] *nm* four-star OU high octane petrol *Br*, premium *Am*.

superchampion, onne [sypɛrʃɑ̃pjɔ̃, ɔn] *nm, f* sports superstar.

supercherie [sypɛrʃəri] *nf* [tromperie] deception, trick; [fraude] fraud; **~ littéraire** literary hoax.

supercritique [sypɛrkritik] *adj* supercritical.

supérette [sypɛrɛt] *nf* mini-market, superette *Am*.

superfétatoire [sypɛrfetatwar] *adj litt* superfluous, unnecessary, redundant.

superficie [sypɛrfisi] *nf* -**1.** [d'un champ] acreage, area; [d'une maison] surface area, floor space; **l'entrepôt fait 3 000 m² de ~** OU **a une ~ de 3 000 m²** the warehouse has a surface area of 3,000 m². -**2.** *litt* [apparence] superficial OU external appearance; **s'arrêter à la ~ des choses** to do no more than skim the surface of things. -**3.** AGR: **~ agricole utile** OU **utilisée** utilized agricultural area.

superficiel, elle [sypɛrfisjɛl] *adj* -**1.** [brûlure] superficial, surface *(modif)*. -**2.** [connaissances, personne] shallow, insubstantial; [étude, travail] superficial, perfunctory; [contrôle] superficial, cursory.

superficiellement [sypɛrfisjɛlmɑ̃] *adv* -**1.** [blesser] superficially. -**2.** [inspecter, corriger] cursorily, superficially.

superfin, e [sypɛrfɛ̃, in] *adj* extrafine.

superfinition [sypɛrfinisjɔ̃] *nf* superfinishing.

superflu, e [sypɛrfly] *adj* -**1.** [non nécessaire - biens, excuse, recommandation] superfluous, unnecessary. -**2.** [en trop - détails, exemple] redundant, superfluous; **un grand lessivage ne serait pas ~!** a good scrub wouldn't do any harm!; **pour vous débarrasser de vos poils ~s** to get rid of unwanted hair.

◆ **superflu** *nm*: **le ~** that which is superfluous; **se passer du ~** to do without non-essentials.

superfluide [sypɛrflyid] *adj* & *nm* superfluid.

superfluidité [sypɛrflyidite] *nf* superfluidity.

superforme *fam* [sypɛrfɔrm] *nf*: **être en ~, tenir la ~** to be in great form OU on top form OU bursting with health; **une équipe en ~** a team at the top of its form.

supergrand *fam* [sypɛrgrɑ̃] *nm* superpower.

super-huit [sypɛrɥit] ◇ *adj inv* super eight.

◇ *nm inv* [format] super eight.

◇ *nf inv* [caméra] super-eight (film) camera.

supérieur, e [syperjœr] ◇ *adj* -**1.** [plus haut que le reste - étagère, étage] upper, top; [- ligne] top; **le bord ~ droit de la page** the top right-hand corner of the page; **la partie ~e de l'immeuble** the top OU upper part of the building ‖ [juste au-dessus - étagère, ligne] above; **les jouets sont à l'étage ~** toys are on the next floor OU the floor above. -**2.** [quantitativement - efficacité] higher, greater; [- prix, rendement, vitesse] higher; [- volume] bigger, greater; **j'ai fait une offre ~e** I bid more OU made a higher bid; **~ en nombre**: **troupes ~es en nombre** troops superior in number; **leurs joueurs se retrouvent maintenant ~s en nombre** their players now outnumber the opposition; **~ à** [prix] higher than; [volume] bigger than; **donne-moi un chiffre ~ à huit** give me a number higher than eight; **taux légèrement ~ à 8 %** rate slightly over 8%; **une note ~e à 10** a mark above 10; **d'une longueur/largeur ~e à...** longer/wider than...; **il est d'une taille ~e à la moyenne** he's taller than average. -**3.** [dans une hiérarchie - échelons] upper, topmost; [- classes sociales] upper; **les autorités ~es** the powers above; **Mathématiques/Lettres ~es** *advanced Mathematics/Arts classes preparing for competitive entry to the Grandes Écoles* ‖ [juste au-dessus - niveau] next; [- grade, rang] senior; **en référer à l'autorité ~e** to refer to higher authorities; **vous passerez à l'échelon ~ dans deux mois** you'll move up to the next grade in two months' time; **passer dans la classe ~e** SCOL to move up one class; **je lui suis hiérarchiquement ~** I'm his superior OU senior. -**4.** [dans une échelle de valeurs - intelligence, esprit, être] superior; [- intérêts] higher; **de qualité ~e** top quality; **~ à**: **intelligence ~e à la moyenne** above-average intelligence; **leur lessive est-elle vraiment ~e à toutes les autres?** is their washing powder really better than all the others?; **il est techniquement ~ au Suédois** SPORT his technique is superior to that of the Swedish player. -**5.** [hautain - air, ton] superior; **ne prends pas cet air ~!** don't look so superior! -**6.** ANAT [membre, mâchoire] upper. -**7.** ASTRON [planète] superior. -**8.** BIOL [animal, espèce, végétal] higher. -**9.** GÉOG [en amont] upper. -**10.** MATH superior; **~ ou égal à** superior or equal to, greater than or equal to. -**11.** RELIG: **le Père ~** the father superior; **la Mère ~e** the mother superior.

◇ *nm, f* [dans une hiérarchie]: **~ (hiérarchique)** superior.

◆ **supérieur** *nm* UNIV: **le ~** higher education.

◆ **Supérieur, e** *nm, f* RELIG father (*f* mother) superior.

supérieurement [syperjœrmɑ̃] *adv* exceptionally; **elle est ~ douée** she's exceptionally gifted.

supériorité [syperjɔrite] *nf* -**1.** [en qualité] superiority; **ils vantent la ~ des transports en commun** they praise the superiority of public transport; **découvrez la ~ de notre nouvelle lessive!** see for yourself how much better our new washing powder is! -**2.** [en quantité] superiority; **~ militaire** military superiority; **~ numérique** superiority in numbers; **la ~ que donne l'argent** the power that money confers. -**3.** [arrogance] patronizing attitude, superiority; **un air de ~** a superior air.

superlatif, ive [sypɛrlatif, iv] *adj* superlative.

◆ **superlatif** *nm* LING superlative; **~ relatif/absolu** relative/absolute superlative.

◆ **au superlatif** *loc adv* -**1.** LING in the superlative. -**2.** [très] extremely; **il est paresseux au ~** he's extremely lazy.

superléger [sypɛrleʒe] *nm* light welterweight.

superman *fam* [sypɛrman] (*pl* **supermen** [-mɛn]) *nm* superman.

supermarché [sypɛrmarʃe] *nm* supermarket.

supernova [sypɛrnɔva] *nf* supernova.

superordre [sypɛrɔrdr] *nm* superorder.

superpétrolier [sypɛrpetrɔlje] *nm* supertanker.

superphosphate [sypɛrfɔsfat] *nm* superphosphate.

superplasticité [sypɛrplastisite] *nf* superplasticity.

superplastique [sypɛrplastik] *adj* superplastic.

superposable [sypɛrpozabl] *adj* -**1.** GÉOM superposable. -**2.** [chaise, lit] stacking *(avant n)*.

superposer [3] [sypɛrpoze] *vt* -**1.** [meubles] to stack (up); [images, couleurs] to superimpose; **cette année la mode superpose les épaisseurs** layered fabrics are fashionable this year. -**2.** GÉOM to superpose.

◆ **se superposer** ◇ *vp (emploi passif)* [livres, briques] to stack; **les plateaux se superposent facilement** the trays are easy to stack.

◇ *vpi* -**1.** [se mêler - images, sons, couleurs] to be superimposed; **leurs deux visages se superposent dans ma mémoire** their two faces have become indistinguishable in my memory. -**2.** GÉOM to be superposed.

superposition [sypɛrpozisjɔ̃] *nf* -**1.** [d'étagères, de plats] stacking. -**2.** GÉOM superposition. -**3.** [de photos, de sons] superimposition, superimposing *(U)*; **la ~ de deux images** the superimposing of two images. -**4.** GÉOL: **principe de ~** principle of superposition.

superproduction [sypɛrprɔdyksjɔ̃] *nf* CIN big-budget film *Br* OU movie *Am*.

superprofit [sypɛrprɔfi] *nm* enormous profit.

superpuissance [sypɛrpɥisɑ̃s] *nf* superpower.

supersonique [sypɛrsɔnik] ◇ *adj* supersonic.

◇ *nm* supersonic aircraft.

superstar [sypɛrstar] *nf* superstar.

superstitieusement [sypɛrstisjøzmɑ̃] *adv* superstitiously.

superstitieux, euse [sypɛrstisjø, øz] ◇ *adj* [qui croit aux présages] superstitious; **ils ont un attachement ~ aux traditions** they have an exaggerated respect for tradition.

◇ *nm, f* superstitious person.

superstition [sypɛrstisjɔ̃] *nf* superstition; **j'évite les échelles par pure ~** I walk round ladders simply because I'm superstitious; **la ~ religieuse** religious superstition; **avoir la ~ du passé** to be excessively attached to the past.

superstructure [sypɛrstryktyr] *nf* superstructure.

supertanker [sypɛrtɑ̃kœr] *nm* supertanker.

superviser [3] [sypɛrvize] *vt* to supervise, to oversee.

superviseur [sypɛrvizœr] *nm* -**1.** [personne] supervisor. -**2.** INF supervisor, scheduler.

supervision [sypɛrvizjɔ̃] *nf* supervision; **être sous la ~ de qqn** to be supervised by sb, to be under sb's supervision.

super-welter [sypɛrwɛltœr] (*pl* **super-welters**) *nm* light middleweight.

supin [sypɛ̃] *nm* supine LING.

supination [sypinasjɔ̃] *nf* supination.

supplanter [3] [syplɑ̃te] *vt* -**1.** [rival] to supplant, to displace, to supersede; **un autre l'avait supplanté dans son cœur** another man had supplanted him in her affections; **il s'est fait ~ à la tête de la société** he was replaced at the head of the company. -**2.** [machine, système] to supplant, to take over from *(insép)*; **l'auto va-t-elle ~ le train?** will the car make the train obsolete?

suppléance [sypleɑ̃s] *nf* -**1.** ENS [poste de remplaçant] supply post *Br*, substitute post *Am*; [poste d'adjoint] assistantship; **assurer la ~ de qqn** [le remplacer] to deputize for sb; [l'assister] to assist sb ‖ [activité - de remplaçant] supply *Br* OU substitute *Am* teaching; [- d'adjoint] assistantship. -**2.** JUR & POL deputy. -**3.** LING suppletion.

suppléant, e [sypleɑ̃, ɑ̃t] ◇ *adj* -**1.** ENS [remplaçant] supply *Br*, substitute *Am*; [adjoint] assistant. -**2.** JUR & POL deputy.
◇ *nm, f* -**1.** ENS [remplaçant] supply teacher *Br*, substitute teacher *Am*; [adjoint] assistant teacher. -**2.** JUR & POL deputy.

suppléer [15] [syplee] *vt* -**1.** *litt* [remédier à - manque] to make up for *(insép)*, to compensate for *(insép)*; [- lacune] to fill in *(sép)*. -**2.** *litt* [ajouter - réponse manquante] to provide, to supply. -**3.** [compléter] to complement, to supplement; **là où l'intelligence artificielle peut ~ l'intelligence humaine** the areas where artificial intelligence can take over from human intelligence; **~ qqch par** to complete sthg with. -**4.** ENS to replace, to stand in for *(insép)*. -**5.** JUR & POL to deputize for.
◆ **suppléer à** *v + prép* -**1.** [remédier à - insuffisance] to make up for, to compensate for; **sa curiosité suppléait à son manque de formation** his curiosity made up for his lack of training. -**2.** [remplacer - suj: personne] to replace; **l'énergie nucléaire a peu à peu suppléé aux énergies traditionnelles** nuclear energy has gradually taken over from OU replaced traditional forms of energy.

supplément [syplemɑ̃] *nm* -**1.** [coût] extra OU additional charge; **ils demandent un ~ de 20 francs pour le vin** they charge 20 francs extra for wine; **payer un ~** to pay extra; **prévoyez un ~ pour les valises de plus de 20 kg** please note that there is a charge for luggage weighing over 20 kg. -**2.** RAIL [réservation] supplement; **~ couchette** sleeper charge; **un train à ~** a train with a fare surcharge OU supplement. -**3.** [de nourriture] extra portion; [de crédits] additional facility; **un ~ d'informations** additional OU further information; **le juge a demandé un ~ d'enquête** the judge asked that the investigation be pursued further ❑ **un ~ d'âme** a little extra. -**4.** [à un livre, un journal] supplement. -**5.** JUR: **~ de revenu familial** ≃ family income supplement. -**6.** MATH supplement.
◆ **en supplément** *loc adv* extra; **c'est en ~** it comes as an extra, it's an extra; **menu 35 francs, boisson en ~** menu 35 francs, drinks extra.

supplémentaire [syplemɑ̃tɛr] *adj* -**1.** [crédit, dépense] additional, supplementary, extra; **un délai ~** an extension (of deadline); **nous avons obtenu des rations ~s** we got extra rations; **ce sera une charge ~ pour les contribuables** it will mean even more of a burden to the taxpayer. -**2.** RAIL relief *(modif)*. -**3.** MATH supplementary.

supplétif, ive [sypletif, iv] *adj* -**1.** [gén] auxiliary, additional. -**2.** JUR [loi] supplementary. -**3.** MIL auxiliary. -**4.** LING suppletive.
◆ **supplétif** *nm* MIL auxiliary

supplétoire [sypletwar] *adj*: **serment ~** suppletory oath.

suppliant, e [syplijɑ̃, ɑ̃t] ◇ *adj* begging, imploring, beseeching *litt*.
◇ *nm, f* supplicant.

supplication [syplikasjɔ̃] *nf* entreaty, supplication.

supplice [syplis] *nm* -**1.** HIST torture; **conduire** OU **mener un prisonnier au ~** to take a prisoner to his place of execution; **il va à l'école comme au ~** when he goes to school, it's as if he was going to his own funeral ❑ **~ chinois** *pr* Chinese water torture; *fig* extreme torment; **subir le ~ de la roue** to be broken on the wheel; **le ~ de Tantale** the punishment of Tantalus; **le dernier ~** [la peine de mort] execution. -**2.** [douleur physique] agony, torture; **ce mal de tête est un vrai ~** I'm going through agony OU agonies with this headache || [douleur morale] torture, torment, agony; **la conversation était devenue un ~** the conversation had become sheer torture ❑ **être au ~** to be in agonies; **je suis au ~, quand rentrera-t-il?** this is sheer torture, when will he be back?; **mettre qqn au ~** to torture sb. -**3.** RELIG: **les ~s éternels** the torments of the damned.

supplicié, e [syplisje] *nm, f* [personne - qui a subi la peine de mort] execution victim; [- qui a été torturée] torture victim; **les corps des ~s étaient entassés dans des charrettes** the bodies of those executed were piled onto carts.

supplicier [9] [syplisje] *vt* -**1.** *litt* [exécuter] to execute; [torturer] to torture. -**2.** [tourmenter] to torment, to rack, to plague; **les remords la suppliciaient** she was racked by remorse.

supplier [10] [syplije] *vt* to beg, to implore, to beseech *litt*; **~ qqn (à genoux) de faire qqch** to beg sb (on bended knee) to do sthg; **épargnez-le, je vous en supplie** spare him, I beseech you OU I beg you.

supplique [syplik] *nf* JUR & RELIG petition; **présenter une ~ à qqn** to petition sb.

support [sypɔr] *nm* -**1.** [de colonne, de meuble] base, support; [de statuette] stand, pedestal; [pour un échafaudage] support. -**2.** [de communication] medium; **le gouvernement se sert de la télévision comme ~ pour la campagne électorale** the government is using television to get its election campaign across ❑ **~ publicitaire** advertising medium. -**3.** ACOUST: **~ magnétique** magnetic support. -**4.** CULIN base. -**5.** HÉRALD supporter. -**6.** IMPR support; **~ d'impression** *material on which printing is done*. -**7.** INF medium; **~ d'information** data support; **~ individuel d'information** smart card, individual data support; **sur ~ papier** hard-copy. -**8.** MATH & PHOT support.

supportable [sypɔrtabl] *adj* -**1.** [douleur] bearable; **il fait froid, mais c'est ~** it's cold but not unbearably so. -**2.** [conduite, personne] tolerable; **tu n'es plus ~!** I can't take any more of this from you!

supporter¹ [sypɔrtɛr] *nm* SPORT supporter.

supporter² [3] [sypɔrte] *vt* -**1.** [servir d'assise à] to support, to hold up *(sép)*; **cinq piliers supportent la voûte** the roof is held up by five pillars. -**2.** [assumer - responsabilité, obligation] to assume; [prendre en charge - dépense] to bear; **l'acheteur supporte les frais** the fees are borne by the purchaser; **tu apprendras à ~ les conséquences de tes actes** you'll learn to assume OU to take responsibility for what you do. -**3.** [être assujetti à - impôt] to be subject to; **les articles de luxe supportent de lourdes taxes** luxury goods are subject to heavy taxes. -**4.** [résister à] to stand up to *(insép)*, to withstand; **la porcelaine fine ne supporte pas la chaleur excessive** fine china will not withstand excessive heat; **des plantes qui supportent/ne supportent pas le froid** plants that do well/badly in the cold; **elle a bien supporté la route** [personne] she came through the journey all right; [voiture] it stood up to the journey all right; **bien ~ une opération** to come through an operation in good shape; **mal ~ une opération** to have trouble recovering from an operation; **je ne supporte pas l'alcool/la pilule** drink/the pill doesn't agree with me. -**5.** [subir sans faillir - épreuve, privation] to bear, to endure, to put up with *(insép)*; [- insulte, menace] to bear; **elle supporte bien la douleur** she bears pain well; **elle supporte mal la douleur** she can't cope with pain; **je ne supporte pas son départ** I can't bear OU endure her leaving; **comment ~ tant de misère/d'ineptie?** how can one possibly endure such poverty/stand for such nonsense? -**6.** [tolérer, accepter] to bear, to stand; **je ne supporte pas la fumée** I can't bear OU stand cigarette smoke; **je ne supporte pas de perdre** I can't stand losing; **c'est plus que je ne peux ~** it's more than I can bear || [personne] to put up with *(insép)*, to stand, to bear; **décidément, je ne la supporte pas!** I just can't stand her!; **il faudra le ~ encore deux jours** we'll have to put up with him for two more days; **j'arrive tout juste à les ~** I can just about tolerate them. -**7.** [résister à] to withstand; **leur nouvelle voiture supporte la comparaison avec la concurrence** their new car will stand comparison with anything produced by their competitors; **sa théorie ne supporte pas une critique sérieuse** his theory won't stand up to serious criticism. -**8.** *Afr* [personne, famille] to support. -**9.** SPORT [encourager] to support.
◆ **se supporter** ◇ *vp (emploi réfléchi)*: **je ne me supporte plus en blonde/en noir** blonde hair/black just isn't right for me any more.
◇ *vp (emploi réciproque)* to bear OU to stand each other.
◇ *vp (emploi passif)* to be bearable; **le froid sec se supporte plus facilement** when it's cold and dry, it's more bearable.

supporteur, trice [sypɔrtœr, tris] *nm, f* supporter SPORT.

supposable [sypozabl] *adj* imaginable.

supposé, e [sypoze] *adj* -**1.** [faux - testament] false, forged; [- nom] assumed. -**2.** [admis]: **la vitesse est ~e constante** the speed is assumed to be constant. -**3.** [présumé - vainqueur] supposed, presumed; [- père] putative; [- dimension] estimated; **l'auteur ~ du pamphlet** the supposed author of the pamphlet; **le nombre ~ des victimes** the presumed number of casualties.
◆ **supposé que** *loc conj* supposing (that), assuming that.

supposer [3] [sypoze] *vt* -**1.** [conjecturer, imaginer] to suppose, to assume; **je suppose qu'il t'a emprunté de l'argent** I suppose OU I assume he borrowed money from you; **je suppose que tu n'es pas prêt** I take it OU I suppose you're not ready; **tout laisse ~ qu'il avait été contacté par la CIA** everything points to his having been contacted by the CIA; **en supposant que tu échoues** suppose (that) OU supposing (that) OU let's suppose (that) you fail. -**2.** [estimer, penser]: **et tu la supposes assez bête pour se laisser faire?** so you think she's stupid enough to let it happen?; **~ qqch à qqn** to credit sb with sthg; **vous lui supposez une grandeur d'âme qu'il n'a pas** you credit him with a magnanimity he doesn't possess. -**3.** [impliquer] to imply, to require, to presuppose; **une mission qui suppose de la discrétion** an assignment where discretion is required OU is a must; **la liberté de parole suppose le pluralisme** freedom of speech implies pluralism; **cela suppose la connaissance des mathématiques** it presupposes a knowledge of mathematics.

supposition [sypozisjɔ̃] *nf* -**1.** [hypothèse] supposition, assumption; **des ~s gratuites** mere OU gratuitous suppositions; **dans cette ~** if this is the case; **une ~ (que)** *fam*: **une ~: il s'enfuit** suppose he runs away; **une ~ qu'elle dise la vérité** supposing (that) she's telling the truth. -**2.** JUR: **~ de nom** false personation; **~ d'enfant** OU **de part** setting up of a suppositious child.

suppositoire [sypozitwar] *nm* suppository.

suppôt [sypo] *nm litt* henchman; **~ de Satan** OU **du diable** fiend.

suppression [sypresjɔ̃] *nf* -**1.** [abrogation] abolition; **la ~ de la peine de mort** the abolition of the death penalty. -**2.** [dans un texte] deletion. -**3.** [élimination] elimination; **~ de la douleur par piqûres** elimination of pain by injections. -**4.** [assassinat] elimination, liquidation; **la ~ des témoins gênants** the elimination of awkward witnesses. -**5.** ÉCON: **~ d'emploi: il y a eu beaucoup de ~s d'emploi dans la région** there were many job losses in the area. -**6.** JUR: **~ d'enfant** OU **de part** concealment of birth; **~ d'état** *destruction of proof of somebody's civil status*.

supprimer [3] [syprime] *vt* -**1.** [faire cesser - cause, effet] to do away with *(insép)*; [- habitude, obstacle] to get rid of *(insép)*; [- pauvreté, racisme] to put an end to *(insép)*, to do away with *(insép)*; [- douleur] to kill, to stop; [- fatigue] to eliminate. -**2.** [démolir - mur, quartier] to knock OU to pull down *(sép)*, to demolish. -**3.** [annuler - loi] to repeal, to annul; [- projet, emploi] to do away with *(insép)*; [- allocation, prime] to withdraw, to stop. -**4.** [retirer]: **on va te ~ ton permis de conduire** they'll take away OU they'll withdraw

your driving licence; **j'ai partiellement supprimé le sel** I cut down on salt; **j'ai totalement supprimé le sel** I cut out salt (altogether); **ils vont ~ des trains dans les zones rurales** train services will be cut in rural areas; **le médecin lui a supprimé le tabac** the doctor told him to stop smoking. -**5.** [enlever - opération, séquence] to cut (out), to take out *(sép)*; [- mot, passage] to delete; **~ les étapes/intermédiaires** to do away with the intermediate stages/the middlemen. -**6.** [tuer] to do away with *(insép)*.
◆ **se supprimer** *vp (emploi réfléchi)* to take one's own life.

suppurant, e [sypyrɑ̃, ɑ̃t] *adj* suppurating.

suppuration [sypyrasjɔ̃] *nf* suppuration.

suppurer [3] [sypyre] *vi* to suppurate.

supputation [sypytasjɔ̃] *nf sout* calculation, estimation.

supputer [3] [sypyte] *vt* to estimate; **~ les possibilités d'aboutir à un accord** to assess the likelihood of reaching an agreement.

supra [sypra] *adv* supra; **voir ~** supra, see above.

supraconducteur, trice [syprakɔ̃dyktœr, tris] *adj* superconductive.
◆ **supraconducteur** *nm* superconductor.

supraconduction [syprakɔ̃dyksjɔ̃] *nf* superconduction.

supranational, e, aux [sypranasjɔnal, o] *adj* supranational.

supranationalité [sypranasjɔnalite] *nf* supranationality.

suprasensible [syprasɑ̃sibl] *adj* supersensible.

supraterrestre [sypratɛrɛstr] *adj* superterrestrial.

suprématie [sypremasi] *nf* supremacy.

suprême [syprɛm] ◇ *adj* -**1.** [supérieur] supreme; **le pouvoir ~** the supreme power ❑ **l'Être ~** RELIG the Supreme Being. -**2.** [extrême - importance, bonheur, plaisir] extreme, supreme; [- ignorance] utter, blissful, sublime; [- mépris] sublime; **au ~ degré** to the highest ou greatest degree. -**3.** [dernier] supreme, final; **dans un ~ effort** in a final attempt; **à l'heure** ou **au moment ~** *sout* at the hour of reckoning, at the moment of truth. -**4.** CULIN supreme.
◇ *nm* CULIN suprême; **~ de volaille** chicken suprême.

suprêmement [syprɛmmɑ̃] *adv* supremely.

sur[1] [syr] *prép* -**1.** [dans l'espace - dessus] on; [- par-dessus] over; [- au sommet de] on top of; [- contre] against; **~ la table** on the table; **étendu ~ le lit/le sol** lying on the bed/the floor; **dormir ~ le dos** to sleep on one's back; **un visage est dessiné ~ le sable** a face has been drawn in the sand; **elle avait des bleus ~ tout le visage** she had bruises all over her face, her face was covered in bruises; **~ la place du village** on the village green; **~ le continent** on the continent; **~ l'île** on the island; **~ le bateau** on the boat; **il a jeté ses affaires ~ le lit** he threw his things onto the bed; **monter ~ un escabeau** to climb (up) a stepladder; **monter ~ un manège/une bicyclette** to get on a roundabout/bicycle; **marcher ~ les mains** to walk on one's hands; **mets un châle ~ tes épaules** put a scarf round ou over your shoulders; **versez le rhum ~ le gâteau** pour the rum over the cake; **retire tes pieds de ~ la chaise** *fam* take your feet off the chair; **jeter une passerelle ~ une rivière** to build a footbridge over ou across a river; **demain, du soleil ~ le nord** tomorrow, there will be sunshine in the north; **ouragan ~ la ville** hurricane over the city; **une chambre avec vue ~ la mer** a room with a view of ou over the sea; **des fenêtres qui donnent ~ la rue** windows giving onto ou overlooking the street; **~ le toit** on the roof; **~ pilotis** on stilts; **~ la pile de livres** on (top of) the pile of books; **~ la colline** on the top of the hill; **~ la cime de l'arbre** at the top of the tree; **je lui ai mis les mains ~ les yeux** I put my hands over his eyes; **mettre un doigt ~ sa bouche** to put a finger to one's lips; **il y a des graffiti partout ~ le mur** there's graffiti all over the wall; **la peinture est appliquée directement ~ le plâtre** the paint is applied directly onto the plaster; **sa silhouette se détachait ~ le ciel** he was silhouetted against the sky; **j'ai toujours mon agenda ~ moi** I always have my diary with ou on me; **je n'ai pas d'argent ~ moi** I haven't got any money on me; **s'appuyer ~ un mur** to lean against a wall; **il y avait un monde fou, on était tous les uns ~ les autres** there was a huge crowd, we were all crushed up together ou one on top of the other; **vivre les uns ~ les autres** to live in overcrowded conditions ou on top of one another; **~ la page de garde** on the flyleaf; **~ le journal** in the paper; **les données sont ~ disquette** the data is on disc; **la ville n'est pas ~ la carte** the town isn't on the map; **la clef est ~ la porte** the key's in the door; **je n'ai plus d'argent ~ mon compte** I haven't any money left in my account; **sculpture ~ bois** BX-ARTS wood carving; **sculpture ~ marbre** BX-ARTS marble sculpture; **il est ~ le chantier** he's on the (building) site; **je cherche un logement ~ Paris** I'm looking for somewhere to live in Paris. -**2.** [indiquant la direction] : **~ votre gauche, le Panthéon** on ou to your left, the Pantheon; **en allant ~ Rennes** going towards Rennes; **ils avançaient ~ Moscou** they were advancing towards ou on Moscow; **obliquer ~ la droite** to turn ou to bear right; **diriger son regard ~ qqn** to look in sb's direction; **tirer ~ qqn** to shoot at sb; **les policiers se sont jetés ~ eux** the police charged (at) them; **le malheur s'est abattu ~ cette famille** unhappiness has fallen upon this family; **la porte s'est refermée ~ elle** the door closed behind ou after her. -**3.** [indiquant une distance] over, for; **virages ~ 3 km** bends for 3 km; **il est le plus rapide ~ 400 mètres** he's the fastest over 400 metres; **la foire s'étend ~ 3 000 m^2** the fair covers 3,000 m^2; **~ toute la longueur du parcours** over the whole ou entire length of the course. -**4.** [dans le temps - indiquant l'approximation] towards, around; **~ les quatre heures, quelqu'un a téléphoné** (at) around ou about four, somebody phoned; **~ le soir, un orage éclata** a thunderstorm broke towards evening ‖ [indiquant la proximité] : **~ le moment** ou **le coup, je me suis étonné** at the time ou at first, I was surprised; **être ~ le départ** to be about to leave; **il va ~ ses 40 ans** he's approaching ou nearly 40. -**5.** [indiquant la durée] : **c'est un contrat ~ cinq ans** it's a five-year contract, the contract runs for five years; **les versements sont étalés ~ plusieurs mois** the instalments are spread over several months. -**6.** [indiquant la répétition] after, upon; **il commet gaffe ~ gaffe** he makes blunder after ou upon blunder; **je lui ai envoyé lettre ~ lettre** I sent him letter after ou upon letter; **elle écrit roman ~ roman** she writes one novel after another; **entasser pierre ~ pierre** to pile stone upon stone. -**7.** [indiquant la cause] : **condamné ~ faux témoignage** condemned on false evidence; **juger qqn ~ ses propos/son apparence** to judge sb by his words/appearance; **j'ai agi ~ vos ordres** I acted on your orders; **il est venu ~ votre invitation** he came at your invitation. -**8.** [indiquant la manière, l'état, la situation] : **jurer qqch ~ la Bible** to swear sthg on the Bible; **prendre modèle ~ qqn** to model o.s. on sb; **faire pression ~ qqn** to put pressure on sb; **avoir un effet ~ qqn/qqch** to have an effect on sb/sthg; **être ~ ses gardes/la défensive/le qui-vive** to be on one's guard/the defensive/the look-out; **être ~ des charbons ardents** to be on tenterhooks; **~ la base de 12 000 francs par mois** on the basis of 12,000 francs per month; **danser ~ un air connu** to dance to a well-known tune; **~ le mode majeur/mineur** MUS in the major/minor key; **c'est ~ la première chaîne/France Inter** it's on channel one/France Inter; **~ 100,4 Khz** on 100.4 Khz. -**9.** [indiquant le moyen] : **vivre ~ ses économies/un héritage** to live off one's savings/a legacy; **je n'aime pas choisir ~ catalogue** I don't like choosing from a catalogue; **ça s'ouvre ~ simple pression** you open it by just pressing it; **vous obtiendrez le renseignement ~ (un) simple coup de téléphone** juste phone for information; **fait ~ traitement de texte** done on a word-processor; **le film se termine ~ une vue du Lido** the film ends with ou on a view of the Lido. -**10.** [indiquant le domaine, le sujet] : **on a un dossier ~ lui** we've got a file on him; **je sais peu de choses ~ elle** I don't know much about her; **~ ce point, nous sommes d'accord** we agree on that point; **travailler ~ qqch** to work on sthg; **140 personnes sont ~ le projet** there are 140 people on ou involved in the project; **faire des recherches ~ qqch** to do some research into sthg; **un essai ~ la métaphysique** an essay on metaphysics; **le poème est ~ la solitude** the poem is about solitude; **questionner qqn ~ ses projets** to ask sb about his/her plans; **elle s'est expliquée ~ ses choix politiques** she explained her political choices; **médite ~ ce qu'elle t'a dit** think about what she told you; **elle pleurait ~ ses jeunes années** she was crying over her lost youth; **s'apitoyer ~ soi-même** to feel sorry for oneself; **il y a des réductions ~ les meubles** there are discounts on furniture; **impôt ~ le tabac/l'alcool** tax on tobacco/alcohol. -**11.** [indiquant - une proportion] out of; [- une mesure] by; **un homme ~ deux** one man in two, every second man; **un jour ~ deux** every other day; **un lundi ~ trois** every third Monday; **~ 100 candidats, 15 ont été retenus** 15 out of 100 candidates were shortlisted; **99 fois ~ 100** 99 times out of 100; **tu as une chance ~ deux de gagner** you've got a 50-50 chance of winning; **on peut tailler deux jupes ~ le même patron** you can make two skirts out of ou from the same pattern; **cinq mètres ~ trois** five metres by three; **12 ~ 3 égale 4** MATH 12 divided by ou over 3 equals 4; **noter ~ 20** to mark out of 20; **j'ai eu 12 ~ 20** I got 12 out of 20; **faire une enquête ~ 1 000 personnes** to do a survey of ou involving 1,000 people; **je prends une commission de 12 % ~ les ventes** I take a 12% commission on sales; **prélever un pourcentage ~ une somme** to deduct a percentage from a sum; **les cotisations sont prises ~ le salaire** contributions are deducted from one's salary; **il y a 10 postes ~ ce numéro** there are 10 extensions on this number. -**12.** [indiquant une relation de supériorité] over; **régner ~ un pays** to rule over a country; **avoir de l'autorité ~ qqn** to have authority over sb; **son emprise ~ moi** his influence over me; **c'est une victoire ~ la maladie** it's a victory over illness; **l'emporter ~ qqn** to defeat sb; **son pouvoir s'exerce ~ tous** he has power over everybody; **avoir des droits ~ un héritage** to have rights over ou on an inheritance.

sur[2], **e** [syr] *adj* sour.

sûr, e [syr] *adj* -**1.** [certain, convaincu] sure, certain; **j'en suis tout à fait ~, j'en suis ~ et certain** I'm absolutely sure, I'm positive; **c'est ~ et certain** it's 100% sure; **j'en étais ~ !** I knew it!; **n'en sois pas si ~** don't be so sure; **c'est ~ qu'il pleuvra** it's bound to rain; **c'est ~ qu'ils ne viendront pas** it's certain that they won't come; **une chose est ~e** one thing's for sure; **rien n'est moins ~** nothing is less certain; **être ~ de** to be sure of; **être ~ de son fait** to be positive; **le public est ~ du dénouement** the audience can (confidently) predict the outcome; **elle est ~e du succès** [du sien propre] she's sure she'll succeed; [de celui d'autrui] she's sure it'll be a success; **je suis ~ d'avoir raison** I'm sure I'm right; **je ne suis pas ~ d'avoir gardé un double** [d'un document] I'm not sure (whether) I kept a copy. -**2.** [confiant] sure, confident; **être ~ de qqn** to have (every) confidence in sb; **le général n'était plus ~ de ses hommes** the general had lost confidence in his men; **~ de soi: être ~ de soi** [en général] to be self-assured ou self-confident; [sur un point particulier] to be confident; **il n'est plus ~ de**

ses **réflexes** he has lost confidence in his reflexes. -**3.** [fiable - personne, ami] trustworthy, reliable; [- données, mémoire, raisonnement] reliable, sound; [- alarme, investissement] safe; [- main, pied] steady; [- oreille] keen; **avoir le coup d'œil/de crayon ~** to be good at sizing things up/at capturing a likeness *(in drawing)*; **il a un goût ~** he has reliable taste. -**4.** [sans danger] safe; **l'avion est plus ~ que la voiture** flying is safer than travelling by car; **des rues peu ~es** unsafe streets; **le plus ~ est de...** the safest thing is to...; **cache l'argent, c'est plus ~** it's safer to hide the money; **appelle-moi, c'est plus ~!** call me, just to be on the safe side!

◆ **sûr** *fam adv*: **~ que: ~ qu'il va gagner!** he's bound to win!; **pas ~: il va accepter — pas ~!** he'll accept — don't count on it!

◆ **à coup sûr** *loc adv* definitely, no doubt; **elle sera à coup ~ en retard** she's sure to be late.

◆ **bien sûr** *loc adv* of course; **viendras-tu? — bien ~!** will you come? — of course (I will)!; **c'est vrai? — bien ~ que oui!** is it true? — of course it is!; **je peux? — bien ~!** may I? — of course!

◆ **pour sûr** *fam loc adv* for sure.

surabondamment [syrabɔ̃damɑ̃] *adv* overabundantly, profusely.

surabondance [syrabɔ̃dɑ̃s] *nf* overabundance, profusion, wealth; **une ~ de** a wealth of; **une ~ de céréales** an overabundance of cereals.

surabondant, e [syrabɔ̃dɑ̃, ɑ̃t] *adj* overabundant, profuse.

surabonder [3] [syrabɔ̃de] *vi* to abound in; **les campeurs surabondent dans la région** the area is overrun with campers.

◆ **surabonder de, surabonder en** *v + prép* to abound with.

suraccumulation [syrakymylasjɔ̃] *nf* overaccumulation.

suractivité [syraktivite] *nf* hyperactivity.

suraigu, ë [syregy] *adj* -**1.** [voix, son] very shrill. -**2.** [douleur] intense, acute.

surajouter [3] [syraʒute] *vt* to add; **il surajoute toujours des détails inutiles** he always adds unnecessary details.

◆ **se surajouter** *vpi* to come on top; **une difficulté qui vient se ~ (aux autres)** an extra difficulty.

suralimentation [syralimɑ̃tasjɔ̃] *nf* -**1.** [d'une personne] overeating; [d'un animal] overfeeding. -**2.** MÉCAN boosting, supercharging. -**3.** MÉD superalimentation.

suralimenté, e [syralimɑ̃te] *adj* -**1.** [personne] overfed. -**2.** [moteur] supercharged.

suralimenter [3] [syralimɑ̃te] *vt* -**1.** [personne, animal] to overfeed. -**2.** MÉCAN to supercharge.

suramplificateur [syrɑ̃plifikatœr] *nm* booster.

suranné, e [syrane] *adj* [style, idée] old-fashioned, outmoded; **une mode ~e** an outdated fashion.

surarmement [syrarməmɑ̃] *nm* stockpiling of weapons.

surate [syrat] *nf* sura.

surbaissé, e [syrbese] *adj* -**1.** [plafond] lowered; [arc, voûte] surbased. -**2.** AUT: **voiture à carrosserie ~e** car with a low (wheelbase) clearance.

surbaisser [4] [syrbese] *vt* [plafond] to lower; [arc, voûte] to surbase.

surboum [syrbum] *nf vieilli* party *(amongst adolescents in the sixties)*.

surcapacité [syrkapasite] *nf* overcapacity.

surcapitalisation [syrkapitalizasjɔ̃] *nf* overcapitalization, overcapitalizing *(U)*.

surcharge [syrʃarʒ] *nf* -**1.** [excédent de poids] overload, overloading; **~ de bagages** excess luggage; **la ~ de la voiture est à l'origine de l'accident** the accident occurred because the car was overloaded. -**2.** [excès] overabundance, surfeit; **~ de travail** extra work; **les parents se plaignent de la ~ des programmes scolaires** parents are complaining that the school curriculum is overloaded. -**3.** [sur un mot] alteration; **un acte public ne doit comporter ni rature ni ~** official documents must include neither deletions nor alterations. -**4.** [sur un timbre] surcharge, overprint. -**5.** CONSTR [d'un enduit] overthick coat; [ornementation] frills, overembellishment. -**6.** ÉLECTR overload. -**7.** IMPR overprint. -**8.** [d'un cheval de course] (weight) handicap.

◆ **en surcharge** *loc adj* excess *(avant n)*, extra *(avant n)*.

surcharger [17] [syrʃarʒe] *vt* -**1.** [véhicule] to overload. -**2.** [accabler] to overburden; **surchargé de travail** overworked. -**3.** [alourdir] to weigh down; **un rapport surchargé de chiffres** a report containing too many figures. -**4.** [raturer] to alter.

surchauffe [syrʃof] *nf* -**1.** PHYS superheating. -**2.** [d'un moteur, d'un appareil] overheating. -**3.** ÉCON overheating. -**4.** MÉTALL [technique] superheating; [défaut] overheating.

surchauffé, e [syrʃofe] *adj* -**1.** [trop chauffé] overheated; **l'air était toujours ~ dans l'atelier** the air in the workshop was always too hot. -**2.** [surexcité] overexcited; **un public ~** an overexcited audience; **des esprits ~s** reckless individuals. -**3.** PHYS: **vapeur ~e** superheated steam.

surchauffer [3] [syrʃofe] *vt* -**1.** [pièce, appareil] to overheat. -**2.** PHYS to superheat.

surchauffeur [syrʃofœr] *nm* superheater.

surchoix [syrʃwa] *nm* best OU top quality, choice *(avant n)*.

surclasser [3] [syrklase] *vt* to outclass.

surcompensation [syrkɔ̃pɑ̃sasjɔ̃] *nf* overcompensation.

surcomposé, e [syrkɔ̃poze] *adj* GRAMM which uses an auxiliary twice.

surcompression [syrkɔ̃presjɔ̃] *nf* [procédé] superpressurizing; [état] superpressure.

surcomprimé, e [syrkɔ̃prime] *adj*: **moteur ~** [par modification] supercompression engine; [avec compresseur] supercharged engine.

surcomprimer [3] [syrkɔ̃prime] *vt* to supercharge.

surconsommation [syrkɔ̃sɔmasjɔ̃] *nf* overconsumption, excess OU excessive consumption.

surcontre [syrkɔ̃tr] *nm* redouble CARDS.

surcontrer [3] [syrkɔ̃tre] *vt* to redouble CARDS.

surcoupe [syrkup] *nf* CARTES overtrumping.

surcouper [3] [syrkupe] *vt* CARTES to overtrump.

surcoût [syrku] *nm* surcharge, overcharge.

surcroît [syrkrwa] *nm*: **un ~ de travail** extra OU additional work.

◆ **de surcroît** *loc adv* moreover, what's more; **il est beau, et intelligent de ~** he is handsome, and moreover OU what's more, he's bright.

◆ **en surcroît** *loc adv* [en plus] in addition; **venir** OU **être donné en ~** to come on top; **il y a cinq jours de vacances, le lundi de Pentecôte vient en ~** there are five days' holiday, plus Whit Monday.

◆ **par surcroît** = **de surcroît**.

surcuit [syrkɥi] *nm* overburnt lime.

surdétermination [syrdetɛrminasjɔ̃] *nf* overdetermination.

surdéterminer [3] [syrdetɛrmine] *vt* to overdetermine.

surdéveloppé, e [syrdevlɔpe] *adj* overdeveloped.

surdi-mutité [syrdimytite] *(pl* **surdi-mutités**) *nf* deaf-muteness, deaf-mutism.

surdité [syrdite] *nf* deafness; **~ de perception/transmission** perceptive/conductive deafness.

surdosage [syrdozaʒ] *nm* overdosage, overdosing.

surdose [syrdoz] *nf* overdose.

surdoué, e [syrdwe] ◇ *adj* hyperintelligent *spéc*, gifted.

◇ *nm, f* hyperintelligent *spéc* OU gifted child.

sureau, x [syro] *nm* elder, elderberry tree.

sureffectif [syrefɛktif] *nm* overmanning *(U)*.

surélévation [syrelevasjɔ̃] *nf* CONSTR [action] heightening; [état] additional OU extra height.

surélever [19] [syrelve] *vt* CONSTR [mur] to heighten, to raise; **~ un immeuble de deux étages** to add two floors to a building; **on a surélevé la voie ferrée** the railway has been raised above ground level.

sûrement [syrmɑ̃] *adv* -**1.** [en sécurité] safely. -**2.** [efficacement] efficiently, with a sure hand; **conduire ~ ses affaires** to run one's affairs with a sure hand. -**3.** [certainement] certainly, surely; **ce que tu as dit l'a condamné plus ~ que s'il avait été pris sur le fait** what you said condemned him even more surely than if he'd been caught red-handed; **il sera ~ en retard** he's bound to OU sure to be late; **ils ont ~ été pris dans les embouteillages** they must have been caught in the traffic ❑ **~ que** *fam*: **~ qu'il vaudrait mieux attendre, mais...** sure it's better to wait, but... -**4.** [oui]: **va-t-elle accepter? — ~** will she accept? — she certainly will OU she's bound to; **~ pas!** certainly not! -**5.** *(comme adv indép)* [peut-être bien] no doubt; **oui, ~, il vaudrait mieux le prévenir** yes, no doubt, it would be better to warn him.

suréminent, e [syreminɑ̃, ɑ̃t] *adj* very eminent, egregious *litt.*

surémission [syremisjɔ̃] *nf* overissue.

suremploi [syrɑ̃plwa] *nm* overemployment.

surenchère [syrɑ̃ʃɛr] *nf* -**1.** [prix] higher bid, overbid; **faire une ~** to overbid; **une ~ de 50 francs à ma droite** another 50 francs on my right. -**2.** *fig* overblown promises; **la ~ électorale** exaggerated political promises *(during an election campaign)*; **la ~ publicitaire/médiatique** advertising/media exaggeration ❑ **faire de la ~** to go one better than everybody else; **d'accord, il a été courageux, pas besoin de faire de la ~** *fam* OK, so he was brave, no need to overdo it OU to lay it on so thick.

surenchérir [32] [syrɑ̃ʃerir] *vi* -**1.** [offrir de payer plus] to overbid, to raise one's bid; **si personne ne vient ~** if nobody makes a higher bid; **il y aura un délai pour ~** a period of time will be set aside for any higher bids. -**2.** *fig*: **~ sur** to go one better than; **~ sur une offre** to make a better offer.

surenchérissement [syrɑ̃ʃerismɑ̃] *nm* fresh rise OU increase (in price).

surenchérisseur, euse [surɑ̃ʃerisœr, øz] *nm, f* higher bidder.

surendettement [surɑ̃dɛtmɑ̃] *nm* debt burden.

surentraînement [syrɑ̃trɛnmɑ̃] *nm* overtraining.

surentraîner [4] [syrɑ̃trɛne] *vt* to overtrain.

suréquipement [syrekipmɑ̃] *nm* [action] overequipping; [état] overequipment; [excès] excess equipment.

suréquiper [3] [syrekipe] *vt* to overequip.

surestimation [syrɛstimasjɔ̃] *nf* -**1.** [action] overestimation; COMM overvaluing. -**2.** [résultat] overestimate; COMM overvaluation.

surestimer [3] [syrɛstime] *vt* -**1.** [objet] to overvalue. -**2.** [valeur, personne] to overestimate.

suret, ette [syrɛ, ɛt] *adj* sourish, slightly tart; **un petit vin ~** a wine with a hint of tartness.

sûreté [syrte] *nf* -**1.** [sécurité] safety; **la ~ de l'État** state security; **~ nucléaire** nuclear safety; **par mesure de ~, pour plus de ~** as a precaution. -**2.** [fiabilité - de la mémoire, d'une méthode, d'un diagnostic, des freins] reliability; [- d'une serrure] security. -**3.** [système de protection] safety device; **équiper sa porte d'une ~** to fit one's door with a security system. -**4.** JUR: **~ personnelle** guarantee, surety; **~ indivi-**

duelle (rights of) personal security *(against arbitrary detention)*; ~ **réelle** (valuable) security; **la Sûreté (nationale)** *the French criminal investigation department*, ≃ CID *Br*, ≃ FBI *Am*.
◆ **de sûreté** *loc adj* safety *(modif)*.
◆ **en sûreté** *loc adv*: **mettre qqch en** ~ to put sthg in a safe place OU away for safekeeping.

surévaluation [syrevalɥasjɔ̃] *nf* overvaluation, overestimation.

surévaluer [7] [syrevalɥe] *vt* **-1.** [donner une valeur supérieure à] to overvalue; **le conseil municipal a surévalué les terrains** the council overvalued the land. **-2.** [accorder une importance excessive à] to overestimate; ~ **un joueur de football** to overestimate a football player.

surexcitable [syrɛksitabl] *adj* **-1.** [gén] overexcitable. **-2.** PSYCH hyperexcitable.

surexcitant, e [syrɛksitɑ̃, ɑ̃t] *adj* overexciting.

surexcitation [syrɛksitasjɔ̃] *nf* overexcitement.

surexciter [3] [syrɛksite] *vt* **-1.** [personne] to overexcite. **-2.** [sentiment, faculté] to overexcite, to overstimulate, to inflame; ~ **l'imagination de qqn** to overexcite OU to overstimulate sb's imagination.

surexploitation [syrɛksplwatasjɔ̃] *nf* **-1.** [d'une terre] overfarming. **-2.** [de la main-d'œuvre] exploitation.

surexploiter [3] [syrɛksplwate] *vt* **-1.** [terre] to overexploit. **-2.** [ouvrier] to exploit. **-3.** [thème, idée] to overuse.

surexposer [3] [syrɛkspoze] *vt* to overexpose.

surexposition [syrɛkspozisjɔ̃] *nf* overexposure.

surf [sœrf] *nm* **-1.** [planche] surfboard. **-2.** [sport] surfing; **faire du** ~ to go surfing.

surfaçage [syrfasaʒ] *nm* surfacing.

surface [syrfas] *nf* **-1.** [aire] (surface) area; **calculer la** ~ **d'une pièce** to calculate the (surface) area of a room ❑ ~ **corrigée** JUR surface area *(used in the evaluation of a reasonable rent)*. **-2.** [espace utilisé] surface; **quelle est la** ~ **de l'entrepôt?** how big is the warehouse? **-3.** [partie extérieure] surface, outside; **la** ~ **de la Terre** the Earth's surface; **la** ~ **de l'étang est gelée** the surface of the pond is frozen, the pond is frozen over; **une peau se forme à la** ~ **du lait** skin forms on the surface OU on top of the milk; **faire** ~ [sous-marin, nageur] to surface; **refaire** ~, **revenir à la** ~ [après évanouissement] to come to OU round; [après anesthésie] to come out of anaesthetic, to come round; [après une dépression] to pull out of it; [après une absence] to reappear; **le corps du mineur a été remonté à la** ~ the miner's body was brought up to the surface. **-4.** [apparence] surface, (outward) appearance; **la** ~ **des choses** the surface of things. **-5.** *fam* [position sociale] status; **avoir de la** ~ to be influential. **-6.** AÉRON: ~ **portante** aerofoil *Br*, airfoil *Am*. **-7.** ÉLECTR: ~ **d'onde** wavefront. **-8.** GÉOG, LING & MATH surface. **-9.** PHOT: ~ **sensible** sensitized surface. **-10.** SPORT: ~ **de réparation** penalty area. **-11.** TECH: ~ **de chauffe** heating surface.
◆ **de surface** *loc adj* **-1.** NAUT & PHYS surface *(modif)*. **-2.** [amabilité, regrets] superficial, outward.
◆ **en surface** *loc adv* **-1.** [à l'extérieur] on the surface. **-2.** [superficiellement] on the face of things, superficially.
◆ **grande surface** *nf* hypermarket.

surfacer [16] [syrfase] *vt* to surface.

surfacique [syrfasik] *adj* surface *(modif)*.

surfaire [109] [syrfɛr] *vt* **-1.** [marchandise] to overprice. **-2.** [ouvrage, talent] to overrate, to overvalue.

surfait, e [syrfɛ, ɛt] *adj* **-1.** [exagéré] overrated; **une réputation** ~**e** an inflated reputation; **c'est un peu** ~ it's not what it's cracked up to be. **-2.** [surévalué] overvalued; **leurs prix sont** ~**s** their prices are too high.

surfer [3] [sœrfe] *vi* to surf.

surfeur, euse [sœrfœr, øz] *nm, f* surfer.

surfil [syrfil] *nm* [technique] whipping; [point] overcasting stitch.

surfilage [syrfilaʒ] *nm* COUT whipping.

surfiler [3] [syrfile] *vt* COUT to whip.

surfin, e [syrfɛ̃, in] *adj* superfine.

surfondu, e [syrfɔ̃dy] *adj* superfused, supercooled.

surfusion [syrfyzjɔ̃] *nf* superfusion, supercooling.

surgélateur [syrʒelatœr] *nm* (industrial) deep freeze OU freezer.

surgélation [syrʒelasjɔ̃] *nf* (industrial) deep-freezing.

surgelé, e [syrʒəle] *adj* frozen, deep-frozen.
◆ **surgelé** *nm* frozen food; **j'ai acheté un** ~ **pour ce soir** I've bought a frozen dinner for tonight.

surgeler [25] [syrʒəle] *vt* to deep-freeze *(industrially)*.

surgénérateur [syrʒeneratœr] = **surrégénérateur**.

surgénération [syrʒenerasjɔ̃] = **surrégénération**.

surgeon [syrʒɔ̃] *nm* sucker BOT.

surgir [32] [syrʒir] *vi* **-1.** [personne, animal, objet] to appear OU to materialize suddenly, to loom up; [hors du sol et rapidement] to shoot OU to spring up; **des gens, surgis d'on ne sait où** people who had sprung from nowhere; **l'eau surgit du sol entre deux rochers** the water springs OU gushes out of the ground between two rocks. **-2.** [conflit] to arise; [difficultés] to crop up, to arise.

surgissement [syrʒismɑ̃] *nm litt* sudden appearance, looming up; [hors du sol et rapide] shooting OU springing up.

surhaussé, e [syrose] *adj* stilted CONSTR.

surhaussement [syrosmɑ̃] *nm* raising CONSTR.

surhausser [3] [syrose] *vt* to raise CONSTR.

surhomme [syrɔm] *nm* **-1.** [gén] superman. **-2.** PHILOS übermensch, overman.

surhumain, e [syrymɛ̃, ɛn] *adj* superhuman; **ce qu'on me demande est** ~ I'm being asked to do something beyond human endurance.

surimposer [3] [syrɛ̃poze] *vt* to overtax FIN.

surimposition [syrɛ̃pozisjɔ̃] *nf* **-1.** FIN overtaxation. **-2.** GÉOG superimposition.

surimpression [syrɛ̃presjɔ̃] *nf* superimposition.
◆ **en surimpression** *loc adj* superimposed; **les deux images sont en** ~ the two pictures are superimposed.

surin [syrɛ̃] *nm* **-1.** BOT young appletree stock. **-2.** *arg crime* [couteau] knife.

Surinam(e) [syrinam] *npr m*: **le** ~ Surinam; **au** ~ in Surinam.

suriner [syrine] *vt arg crime* to stab to death.

surinfection [syrɛ̃fɛksjɔ̃] *nf* secondary infection.

surintendant, e [syrɛ̃tɑ̃dɑ̃, ɑ̃t] *nm, f* (in-house) social worker.
◆ **surintendant** *nm* HIST: ~ **général des finances** ≃ Lord High Treasurer; ~ **général des bâtiments du roi** ≃ Surveyor General of the King's Works.
◆ **surintendante** *nf* HIST First Lady-in-Waiting.

surintensité [syrɛ̃tɑ̃site] *nf* (current) overload.

surinvestissement [syrɛ̃vɛstismɑ̃] *nm* FIN & PSYCH overinvestment.

surir [32] [syrir] *vi* to (become OU turn) sour.

surjectif, ive [syrʒɛktif, iv] *adj* surjective; **application surjective** surjection.

surjection [syrʒɛksjɔ̃] *nf* surjection.

surjet [syrʒɛ] *nm* [point] overcast stitch; [couture] overcast seam.

surjeter [27] [syrʒəte] *vt* to overcast.

sur-le-champ [syrləʃɑ̃] *loc adv* immediately, at once, straightaway.

surlendemain [syrlɑ̃dmɛ̃] *nm*: **le** ~ **de la fête** two days after the party; **il m'a appelé le lendemain, et le** ~ he called me the next day, and the day after; **et le** ~**, j'étais à Paris** and two days later, I was in Paris.

surligner [3] [syrliɲe] *vt* to highlight *(with a fluorescent pen)*.

surligneur [syrliɲœr] *nm* highlighter.

surlouer [6] [syrlwe] *vt* [donner ou prendre en location] to rent at an unreasonable OU excessive price.

surloyer [syrlwaje] *nm* additional rental expenses.

surmédicalisation [syrmedikalizasjɔ̃] *nf* overmedicalization.

surmédicaliser [3] [syrmedikalize] *vt* to overmedicalize.

surmenage [syrmənaʒ] *nm* [nerveux] overstrain, overexertion; [au travail] overwork, overworking; **souffrir de** ~ to be overworked, to suffer from overwork ❑ ~ **intellectuel** mental strain.

surmené, e [syrməne] *nm, f* [nerveusement] person suffering from nervous exhaustion; [par le travail] overworked person.

surmener [19] [syrməne] *vt* **-1.** [bête de somme, cheval] to overwork, to drive too hard. **-2.** [personne - physiquement] to overwork; [- nerveusement] to overtax.
◆ **se surmener** *vp (emploi réfléchi)* to overtax o.s., to work too hard.

surmoi [syrmwa] *nm inv* superego.

surmontable [syrmɔ̃tabl] *adj* surmountable, superable, which can be overcome.

surmonter [3] [syrmɔ̃te] *vt* **-1.** [être situé sur] to surmount, to top; **un dôme surmonte l'édifice** the building is surmounted OU crowned by a dome; **une église surmontée d'un clocher** a church with a steeple. **-2.** [triompher de - difficulté] to get over, to surmount, to overcome; [- peur, émotion] to overcome, to get the better of, to master; [- fatigue] to overcome.

surmortalité [syrmɔrtalite] *nf* comparatively high death rate.

surmouler [3] [syrmule] *vt*: ~ **qqch** to cast sthg into a working mould.

surmulet [syrmylɛ] *nm* red mullet, surmullet *Am*.

surmulot [syrmylo] *nm* brown OU Norway rat.

surmultiplication [syrmyltiplikasjɔ̃] *nf* overdrive (device).

surmultiplié, e [syrmyltiplije] *adj*: **vitesse** ~**e** overdrive.
◆ **surmultipliée** *nf* overdrive.

surnager [17] [syrnaʒe] *vi* **-1.** [flotter] to float; **le pétrole surnage à la surface de la mer** oil is floating on the sea. **-2.** [subsister - ouvrage] to remain; [- souvenir] to linger on; **seuls quelques noms surnagent dans ma mémoire** only a few names linger on in my memory.

surnatalité [syrnatalite] *nf* comparatively high birth rate.

surnaturel, elle [syrnatyrɛl] *adj* **-1.** [d'un autre monde] supernatural. **-2.** [fabuleux, prodigieux] uncanny; **le clair de lune donnait au paysage une beauté** ~**le** the landscape was uncannily beautiful in the moonlight. **-3.** [divin] spiritual; **la vie** ~**le** the spiritual life.
◆ **surnaturel** *nm*: **le** ~ the supernatural.

surnom [syrnɔ̃] *nm* **-1.** [appellation] nickname; **Cœur de lion était le** ~ **du roi Richard** King Richard was known as the Lionheart. **-2.** ANTIQ agnomen.

surnombre [syrnɔ̃br] *nm* excessive numbers.
◆ **en surnombre** *loc adj* redundant, excess *(avant n)*; **des ouvriers en** ~ too many workers; **nous étions en** ~ there were too many of us.

surnommer [3] [syrnɔme] *vt* to nickname; **elles l'ont surnommé «le Tombeur»** they nicknamed him "Ladykiller"; **dans sa famille, on la surnomme «Rosita»** her family's pet name for her is "Rosita".

surnuméraire [syrnymerɛr] *adj* & *nmf* supernumerary.
suroffre [syrɔfr] *nf* -**1.** [offre plus avantageuse] higher bid OU offer. -**2.** ÉCON oversupply.
suroît [syrwa] *nm* -**1.** [vent] southwester, southwesterly. -**2.** [chapeau] sou'wester.
suroxygéné, e [syrɔksiʒene] *adj* hyperoxygenated.
surpassement [syrpasmɑ̃] *nm*: **le ~ de soi** OU **de soi-même** excelling o.s.
surpasser [3] [syrpase] *vt* -**1.** [surclasser] to surpass, to outdo; **il a surpassé ses concurrents** he outdid his competitors; **~ qqn en habileté** to be more skilful than sb. -**2.** [aller au-delà de] to surpass, to go beyond; **leur enthousiasme surpasse toutes mes espérances** their enthusiasm is beyond all my expectations, they're far more enthusiastic than I expected.
◆ **se surpasser** *vp* *(emploi réfléchi)* to excel o.s.; **quel gâteau, tu t'es surpassé!** what a cake, you've really surpassed yourself!
surpâturage [syrpatyraʒ] *nm* overgrazing.
surpaye [syrpɛj] *nf* overpayment.
surpayer [11] [syrpeje] *vt* -**1.** [employé] to overpay. -**2.** [marchandise] to be overcharged for.
surpeuplé, e [syrpœple] *adj* overpopulated.
surpeuplement [syrpœpləmɑ̃] *nm* overpopulation.
surpiquer [3] [syrpike] *vt* to oversew.
surpiqûre [syrpikyr] *nf* oversewn seam.
surplace [syrplas] *nm*: **faire du ~** [à vélo] to go dead slow; [en voiture] to come to a standstill OU a complete stop; **l'économie fait du ~** *fig* the economy is marking time OU treading water; **en allemand, je fais du ~** I'm not getting anywhere with German.
surplis [syrpli] *nm* surplice.
surplomb [syrplɔ̃] *nm* overhang.
◆ **en surplomb** *loc adj* overhanging.
surplombant, e [syrplɔ̃bɑ̃, ɑ̃t] *adj* overhanging.
surplombement [syrplɔ̃bmɑ̃] *nm* overhang.
surplomber [3] [syrplɔ̃be] ◇ *vt* to overhang; **des falaises qui surplombent la mer** overhanging cliffs; **de chez elle on surplombe tout Paris** from her window you have a bird's-eye view of the whole of Paris.
◇ *vi* to overhang.
surplus [syrply] *nm* -**1.** [excédent] surplus, extra; **ils ont vendu le ~ de la récolte** they sold the surplus crop. -**2.** [supplément - à une quantité] supplement; [- à un prix] surcharge; **vous paierez le ~ le mois prochain** you'll pay the extra next month. -**3.** ÉCON [stock excédentaire] surplus (stock); [gain] surplus. -**4.** [boutique] (army) surplus (store); **les ~ américains** US army surplus.
◆ **au surplus** *loc adv* moreover, what's more.
surpopulation [syrpɔpylasjɔ̃] *nf* overpopulation.
surprenant, e [syrprənɑ̃, ɑ̃t] *adj* -**1.** [inattendu, étonnant] surprising, odd. -**2.** [exceptionnel] astonishing, amazing.
surprendre [79] [syrprɑ̃dr] *vt* -**1.** [dans un acte délictueux]: **~ qqn** to catch sb in the act; **on l'a surprise à falsifier la comptabilité** she was caught (in the act of) falsifying the accounts. -**2.** [prendre au dépourvu]: **ils sont venus nous ~ à la maison** they paid us a surprise visit at home; **ils réussirent à ~ la sentinelle** they managed to take the sentry by surprise; **~ qqn au saut du lit** to catch sb when he/she has just got up; **la mort l'a surpris dans son sommeil** he died in his sleep; **se laisser ~ par** [orage] to get caught in; [marée] to get caught by; [crépuscule] to be overtaken by. -**3.** [conversation] to overhear; **j'ai surpris leur regard entendu** I happened to see the knowing look they gave each other. -**4.** [déconcerter] to surprise; **être surpris de qqch** to be surprised at sthg; **cela ne surprendra personne** this will come as a surprise to nobody; **cela ne vous surprendra pas d'apprendre que je pars** you won't be surprised OU it will come as no surprise to you to hear that I'm leaving; **là, vous me surprenez!** well, you astound me! -**5.** *litt* [tromper]: **~ la confiance de qqn** to violate sb's trust; **votre bonne foi a été surprise** your good faith was taken advantage of.
◆ **se surprendre à** *vp* + *prép*: **se ~ à faire** to find OU to catch o.s. doing; **je me surprends à en douter** I catch myself having doubts about it.
surpression [syrpresjɔ̃] *nf* very high pressure.
surprime [syrprim] *nf* extra OU additional premium.
surpris, e [syrpri, iz] *adj* -**1.** [pris au dépourvu] surprised; **l'ennemi ~ n'opposa aucune résistance** caught off their guard, the enemy put up no resistance. -**2.** [déconcerté] surprised; **en apercevant son père, elle parut extrêmement ~e** when she saw her father, she looked extremely surprised; **je suis ~ de son absence/de ne pas la voir/qu'elle ne réponde pas/de ce qu'elle ne réagisse pas** I'm surprised (that) she's not here/not to see her/(that) she doesn't reply/(that) she hasn't reacted; **être agréablement/désagréablement ~** to be pleasantly/unpleasantly surprised; **je serais bien ~ si: je serais bien ~ si elle ne demandait pas une augmentation** I'd be surprised if she didn't ask for a rise; **être le premier ~: quand on m'a dit que ma fille se mariait, j'ai été le premier ~** when I heard that my daughter was getting married, it came as a real surprise. -**3.** [vu, entendu par hasard]: **quelques mots ~ entre deux portes** a snatch of overheard conversation.
◆ **surprise** *nf* -**1.** [étonnement, stupéfaction] surprise; **cette information causa une grande ~e** this information was received with amazement OU caused much surprise; **à la grande ~e de** to the great surprise of; **à la grande ~e de toute la famille, il s'est marié** to his family's great surprise, he got married; **à ma grande ~e** to my great surprise, much to my surprise; **à la ~e générale** to everybody's surprise; **regarder qqn avec ~e** to look at sb in surprise; **on va de ~e en ~e avec eux** with them it's just one surprise after another. -**2.** [événement inattendu] surprise; **quelle (bonne) ~e!** what a (nice OU pleasant) surprise!; **avoir une ~e** to be surprised; **tout le monde a eu la ~e d'avoir une prime** everyone was surprised to get a bonus; **faire une ~e à qqn** to spring a surprise on sb; **ne lui dis pas, je veux lui faire la ~e** don't tell him, I want it to be a surprise; **on a souvent de mauvaises ~es avec lui** you often have unpleasant surprises with him ❑ **attaque ~e** surprise attack, **grève ~e** lightning strike; **visite ~e** surprise OU unexpected visit; **voyage ~e** unplanned trip. -**3.** [cadeau] surprise; [pour les enfants] lucky bag; **j'ai une petite ~e pour toi** I brought you a little surprise. -**4.** MIL surprise; **ce qui compte dans une offensive, c'est la ~e** surprise OU the surprise element is the most important thing in an attack.
◆ **par surprise** *loc adv* MIL: **prendre une ville par ~e** to take a town by surprise.
◆ **sans surprise(s)** *loc adj*: **ce fut un voyage sans ~e** it was an uneventful trip; **son père est sans ~e** his father is very predictable.
surprise-partie [syrprizparti] (*pl* surprises-parties) *nf vieilli* party.
surproducteur, trice [syrprɔdyktœr, tris] *adj* overproducing.
surproduction [syrprɔdyksjɔ̃] *nf* overproduction.
surproduire [98] [syrprɔdɥir] *vt* to overproduce.
surprotéger [22] [syrprɔteʒe] *vt* to overprotect.
surpuissant, e [syrpɥisɑ̃, ɑ̃t] *adj* -**1.** MÉCAN ultra-powerful. -**2.** [personne] too powerful.
surréalisme [syrrealism] *nm* surrealism.
surréaliste [syrrealist] ◇ *adj* -**1.** BX-ARTS & LITTÉRAT surrealist. -**2.** [magique] surreal.
◇ *nmf* surrealist.
surrection [syrrɛksjɔ̃] *nf* uplift GEOL.
surréel [syrreɛl] *nm* surreal.
surrégénérateur [syrreʒeneratœr] ◇ *nm* breeder reactor; **~ à neutrons rapides** fast breeder reactor.
◇ *adj m* fast breeder *(modif)*.
surrégénération [syrreʒenerasjɔ̃] *nf* breeding NUCL.
surrénal, e, aux [syrrenal, o] *adj* suprarenal, adrenal.
◆ **surrénale** *nf* suprarenal OU adrenal gland.
surréservation [syrrezɛrvasjɔ̃] *nf* overbooking.
sursalaire [syrsalɛr] *nm* bonus.
sursaturation [syrsatyrasjɔ̃] *nf* -**1.** ÉCON oversaturation. -**2.** PHYS supersaturation.
sursaturer [3] [syrsatyre] *vt* -**1.** ÉCON to oversaturate. -**2.** PHYS to supersaturate.
sursaut [syrso] *nm* -**1.** [tressaillement] start, jump; **elle eut un ~ de peur** she jumped in alarm. -**2.** [regain subit] burst; **un ~ d'énergie** a burst of energy; **après un dernier ~** after a final burst (of activity).
◆ **en sursaut** *loc adv* [brusquement] with a start; **elle se réveilla en ~** she woke up with a start.
sursauter [3] [syrsote] *vi* to start, to jump; **faire ~ qqn** to give sb a start, to make sb start OU jump.
surseoir [66] [syrswar]
◆ **surseoir à** *v* + *prép* -**1.** *litt* [différer - publication, décision] to postpone, to defer. -**2.** JUR: **~ à statuer** to defer a judgment; **~ à une exécution** to stay an execution.
sursimulation [syrsimylasjɔ̃] *nf*: **~ d'une maladie** exaggerating one's symptoms.
sursis [syrsi] *nm* -**1.** [délai] reprieve, extension; **ils bénéficient d'un ~ pour payer leurs dettes** they've been granted an extension of the time limit for paying their debts. -**2.** JUR reprieve; **bénéficier d'un ~** to be granted OU given a reprieve; **~ simple** ≃ conditional discharge; **~ avec mise à l'épreuve** ≃ probation order. -**3.** [ajournement] deferment, extension; **~ à statuer** stay of proceedings; **~ d'incorporation** MIL deferment OU deferral of call-up.
◆ **avec sursis** *loc adj* suspended; **il est condamné à (une peine de) cinq ans avec ~** he's been given a five year suspended (prison) sentence.
◆ **en sursis** *loc adj* -**1.** JUR in remission. -**2.** [en attente]: **c'est un mort en ~** he's living on borrowed time.
sursitaire [syrsitɛr] *nm* MIL provisionally exempted conscript.
surtaux [syrto] *nm* excessively high rate.
surtaxe [syrtaks] *nf* surcharge.
surtaxer [3] [syrtakse] *vt* [frapper d'une taxe - supplémentaire] to surcharge; [- excessive] to overcharge.
surtension [syrtɑ̃sjɔ̃] *nf* (voltage) overload, overvoltage *spéc*.
surtitre [syrtitr] *nm* head PRESS.
surtout[1] [syrtu] *adv* -**1.** [avant tout, par-dessus tout] above all; [plus particulièrement] particularly, especially; **il leur faut naturellement de l'argent, mais ~ de l'aide** they obviously need money, but above all OU but most important of all, they need help; **il y avait ~ des touristes dans la salle** most of the audience were tourists; **elle aime ~ l'art moderne** she particularly likes modern art; **j'adore la viande, ~ bien cuite** I love meat, especially when it's well done; **c'est un endroit merveilleux, ~ l'été** it's a wonderful place, especially in summer; **ils sont pingres, ~ lui!** they're tight-fisted, especially him!; **il est agréable ~ quand il a besoin d'aide!** he's very nice, especially when he needs help! -**2.** [renforçant un conseil, un ordre]: **~, téléphonez-moi dès que vous serez arrivé** you MUST ring OU call me as soon as you get there; **~, dis au médecin que tu as de l'asthme** be sure to tell the doctor that you've got asthma; **~, pas de panique!** whatever you do, don't

panic!; ne faites ~ pas de bruit don't you make ANY noise; je vais lui dire — ~ pas! I'll tell her – you'll do nothing of the sort!

◆ **surtout que** *fam loc conj* especially as; il ne devrait pas fumer ~ qu'il a les poumons fragiles he shouldn't smoke, especially as he has weak lungs.

surtout[2] [syrtu] *nm* -**1.** [décor de table] epergne, centrepiece. -**2.** VÊT & *vieilli* overcoat.

surveillance [syrvɛjɑ̃s] *nf* -**1.** [contrôle] supervision, overseeing; c'est Jane qui est chargée de la ~ des enfants ce matin Jane's looking after the children this morning; tromper OU déjouer la ~ de qqn to evade sb, to give sb the slip; être chargé de la ~ de qqch to be responsible for supervising sthg; chargé de la ~ des travaux/de l'examen responsible for overseeing the work/invigilating *Br* OU proctoring *Am* the examination; cet appareil est destiné à la ~ des contractions/du rythme cardiaque this machine monitors contractions/the heartbeat. -**2.** ADMIN & JUR surveillance; ~ légale sequestration (by the courts); ~ de la pêche fisheries protection service; ~ du territoire counterespionage OU counterintelligence section.

◆ **de surveillance** *loc adj* -**1.** [service, salle] security *(modif)*; [avion, équipe] surveillance *(modif)*; [appareil] supervisory; [caméra] surveillance *(modif)*, closed-circuit *(avant n)*. -**2.** MÉD monitoring.

◆ **en surveillance** *loc adv*: le malade est en ~ à l'hôpital the patient's progress is being monitored in hospital.

◆ **sans surveillance** *loc adj & adv* unattended, unsupervised.

◆ **sous la surveillance de** *loc prép* under the surveillance of, under observation by; sous la ~ de la police under police surveillance.

◆ **sous surveillance** *loc adv* -**1.** [par la police] under surveillance; mettre OU placer qqch sous ~ to put sthg under surveillance; banque sous ~ électronique bank under electronic surveillance. -**2.** MÉD under observation.

surveillant, e [syrvɛjɑ̃, ɑ̃t] *nm, f* -**1.** [de prison] prison guard; [d'une salle d'hôpital] charge nurse *Br*, sister *Br*, head nurse *Am*; [de magasin] store detective; [de chantier] supervisor, overseer. -**2.** ENS (paid) monitor; [d'examen] invigilator *Br*, proctor *Am*; ~ d'internat boarders' supervisor; ~ général *vieilli* head supervisor *(person who was in charge of discipline in a school)*.

surveiller [4] [syrvɛje] *vt* -**1.** [épier] to watch; il fait ~ sa femme par un détective privé he's having his wife watched by a private detective; on nous surveille we're being watched || *(en usage abs)* to keep watch; je surveille, vous pouvez y aller go ahead, I'm keeping watch. -**2.** [contrôler - travaux, ouvriers, études] to oversee, to surpervise; [- cuisson] to watch; surveille le lait, il ne doit pas bouillir watch that the milk doesn't boil; vous devriez ~ les fréquentations de vos enfants you should keep an eye on the company your children keep; voilà ce qui arrive aux adolescents que leurs parents ne surveillent pas that's what happens to unsupervised adolescents. -**3.** [observer] to watch, to keep watch on OU over; ~ les mouvements de troupes à la frontière to keep watch on enemy troop movements along the border; ~ un territoire to keep watch over a territory; ~ qqch de près: l'ambassade est surveillée de près [gén] the embassy is closely watched; [exceptionnellement] the embassy is under strict surveillance; la situation est à ~ de près the situation should be very closely monitored. -**4.** [veiller sur - bébé, bagages] to watch, to keep an eye on; ~ un malade [personne] to watch over a patient; [avec une machine] to monitor a patient; vas-y, je surveille tes affaires go ahead, I'll keep an eye on your things; j'aurais dû le ~ davantage I should have kept a closer watch on him. -**5.** [prendre soin de] to watch; ~ son langage/sa santé/sa ligne to watch one's language/one's health/one's figure.

◆ **se surveiller** *vp (emploi réfléchi)* -**1.** [se contrôler] to be careful what one does; dans ce pays, il faut sans cesse se ~ you have to be very careful in this country. -**2.** [se restreindre] to watch o.s., to keep a watch on o.s.; tu as grossi, tu devrais te ~ you've put on weight, you should watch yourself.

survenance [syrvənɑ̃s] *nf* JUR unexpected arrival OU appearance; ~ d'enfant unforeseen childbirth.

survenir [40] [syrvənir] *vi* -**1.** [problème, complication] to arise, to crop up; [événement, incident] to happen, to occur, to take place. -**2.** *litt* [personne] to appear OU to arrive unexpectedly.

survente [syrvɑ̃t] *nf* -**1.** COMM overcharging. -**2.** NAUT increase of wind force.

survenue [syrvəny] *nf litt* -**1.** [d'une personne] unexpected arrival OU appearance. -**2.** [d'une complication] appearance.

survêt *fam* [syrvɛt] *nm* tracksuit.

survêtement [syrvɛtmɑ̃] *nm* SPORT & LOISIRS tracksuit.

survie [syrvi] *nf* -**1.** [continuation de la vie] survival; quelques jours de ~ a few more days to live; donner à un malade quelques mois de ~ to prolong a patient's life for a few more months; la ~ d'une tradition the continuance OU survival of a tradition; nous luttons pour la ~ de notre entreprise we are fighting for the survival of our company ❑ expérience de ~ survival experiment. -**2.** MÉD [coma dépassé]: un malade en ~ a braindead patient. -**3.** [au-delà de la mort] afterlife. -**4.** JUR: droits OU gains de ~ (stipulated OU contractual) rights of survivorship. -**5.** ÉCOL survival.

survirage [syrviraʒ] *nm* oversteer.

survirer [3] [syrvire] *vi* to oversteer.

survitesse [syrvitɛs] *nf* excessive speed.

survitrage [syrvitraʒ] *nm* double glazing; poser un ~ to fit double glazing.

survivance [syrvivɑ̃s] *nf* -**1.** [d'une coutume] trace, survival; c'est une ~ des rites païens it's a relic OU a survival from pagan rites. -**2.** *litt* [survie] survival; ~ de l'âme the survival of the soul after death. -**3.** LING archaicism.

survivant, e [syrvivɑ̃, ɑ̃t] ◇ *adj* [conjoint, coutume] surviving *(avant n)*.

◇ *nm, f* -**1.** [rescapé] survivor; les ~s du tremblement de terre the survivors of the earthquake; il est le seul ~ he is the sole survivor. -**2.** *fig* survivor; un ~ du surréalisme a survivor from the surrealist era.

survivre [90] [syrvivr] *vi* -**1.** [réchapper] to survive, to live on; ceux qui ont survécu those who survived, the survivors. -**2.** [continuer à exister] to survive; une coutume qui a survécu à travers les siècles a custom that has survived OU endured through the ages; dans le monde des affaires, il faut lutter pour ~ in business, it's a struggle for survival; ~ à to survive; ~ à un accident to survive an accident; elle a survécu à tous ses enfants she has survived OU outlived all her children; il a survécu à sa femme he has outlived his wife; je ne veux pas lui ~ I don't want to live on after his death; l'association n'a pas survécu à son créateur the association did not outlive its founder; le régime a survécu au putsch the government survived the putsch; la statue a survécu aux bombardements the statue has survived the bombing.

◆ **se survivre** *vpi* -**1.** [artiste, célébrité] to outlive one's fame OU success. -**2.** *litt*: se ~ dans qqn/qqch to live through sb/sthg; se ~ dans ses enfants to live on through one's children.

survol [syrvɔl] *nm* -**1.** AÉRON flight over; l'Espagne a refusé le ~ de son territoire Spain refused to allow the aircraft to fly over OU to overfly its territory. -**2.** [d'un texte] skimming through; [d'une question] skimming over; un ~ du roman montre que... a quick look at the novel shows that...

survoler [3] [syrvɔle] *vt* -**1.** AÉRON to overfly, to fly over. -**2.** [texte] to skim through; [question] to skim over; vous ne faites que ~ la question your treatment of the question is (too) cursory OU superficial.

survoltage [syrvɔltaʒ] *nm* voltage overload, overvoltage *spéc.*

survolter [3] [syrvɔlte] *vt* -**1.** ÉLECTR to boost. -**2.** [exciter] to work OU to stir up, to overexcite.

survolteur [syrvɔltœr] *nm* [transformateur] booster, step-up transformer.

survolteur-dévolteur [syrvɔltœrdevɔltœr] (*pl* survolteurs-dévolteurs) *nm* reversible booster.

sus [sy(s)] ◇ *adv litt*: courir ~ à qqn to give chase to sb.

◇ *interj arch*: ~, mes amis! come, my friends!; ~ à l'ennemi! have at them!

◆ **en sus** *loc adv sout* in addition.

◆ **en sus de** *loc prép sout* in addition to.

susceptibilité [sysɛptibilite] *nf* -**1.** [sensibilité] touchiness, sensitiveness; ménager la ~ de qqn to humour sb. -**2.** PHYS: ~ magnétique magnetic susceptibility.

susceptible [sysɛptibl] *adj* -**1.** [sensible] touchy, oversensitive, thinskinned; ne sois pas si ~ don't be so ready to take offence. -**2.** [exprime la possibilité]: ~ de: ce cheval est ~ de gagner that horse is capable of winning; votre offre est ~ de m'intéresser I might be interested in your offer; une situation ~ de se produire a situation likely to occur; projet ~ d'être amélioré project open to improvement; texte ~ de plusieurs interprétations text open to a number of interpretations.

susciter [3] [sysite] *vt* -**1.** [envie, jalousie, haine, intérêt, sympathie] to arouse; [mécontentement, incompréhension, étonnement] to cause, to give rise to *(insép)*; [problèmes] to give rise to *(insép)*, to create. -**2.** [déclencher - révolte] to stir up *(sép)*; [- dispute] to provoke; [- malveillance] to incite.

suscription [syskripsjɔ̃] *nf* -**1.** [adresse] address, superscription. -**2.** [sur un acte diplomatique] superscription. -**3.** JUR: acte de ~ (testamentary) superscription.

sus-dénommé, e [sysdenɔme] *adj & nm, f* JUR above-named, aforenamed.

susdit, e [sysdi, it] *adj & nm, f* aforesaid JUR.

sus-dominante [sysdɔminɑ̃t] *nf* submediant, sixth MUS.

sus-hépatique [syzepatik] *adj* suprahepatic.

sus-jacent, e [syʒasɑ̃, ɑ̃t] *adj* overlying GEOL.

sus-maxillaire [sysmaksilɛr] *adj* supramaxillary.

susmentionné, e [sysmɑ̃sjɔne] *adj* abovementioned, aforementioned JUR.

susnommé, e [sysnɔme] *adj & nm, f* abovenamed, aforenamed JUR.

suspect, e [syspɛ, ɛkt] ◇ *adj* -**1.** [comportement, valise] suspicious, suspect; [viande, lait] liable to be unfit for consumption; un individu ~ a suspicious person; se rendre ~ à qqn to arouse sb's suspicions. -**2.** [dont on peut douter]: je trouve ses progrès soudains très ~s I'm rather suspicious of her sudden progress. -**3.** [suspecté]: être ~ de qqch to be suspected OU under suspicion of sthg || [soupçonnable]: elle était peu ~e de sympathie envers le terrorisme she was hardly likely to approve of terrorism.

◇ *nm, f* suspect.

suspecter [4] [syspɛkte] *vt* -**1.** [soupçonner] to suspect; on le suspecte d'avoir commis un meurtre he's suspected of murder, he's under suspicion of murder; je suspecte un mauvais coup I suspect there's some foul play going on. -**2.** [douter de] to doubt, to have doubts about *(insép)*; je suspecte la véracité de son témoignage I doubt the truth of his testimony; ~ la sincérité de qqn to doubt sb's sincerity.

suspendre [73] [syspɑ̃dr] *vt* -**1.** [accrocher - lustre, vêtement] to hang; suspends ta veste à la patère hang your jacket (up) on the hook; ~ du linge to hang washing out; on suspend les poulets par les pattes chickens are hung (up) by the feet ❑ être suspendu aux lèvres de qqn to be hanging on sb's every word. -**2.** être suspendu à [dépendre de] to depend OU to be dependent on; **l'avenir de l'entreprise est suspendu à votre décision** the future of the firm depends entirely on your decision, your decision holds the key to the future of the firm. -**3.** [interrompre - hostilités] to suspend; [- négociations] to break off *(sép)*; [- séance, audience] to adjourn; [- récit] to interrupt. -**4.** [différer - décision] to defer, to postpone; **~ son jugement** to suspend OU to reserve judgement. -**5.** [interdire - émission, journal] to ban; [révoquer - fonctionnaire, prêtre, juge] to suspend; **l'administration l'a suspendu** he's been suspended.

◆ **se suspendre à** *vp + prép* to hang from.

suspendu, e [syspɑ̃dy] *adj* -**1.** CONSTR hanging *(modif)*. -**2.** TRAV PUBL [pont] suspension *(modif)*. -**3.** AUT: **voiture bien/mal ~e** car with good/bad suspension. -**4.** BOT suspended. -**5.** GÉOG: **vallée ~e** hanging valley.

suspens [syspɑ̃] *adj m* suspended RELIG.

◆ **en suspens** ◇ *loc adj* -**1.** [affaire, dossier] pending, unfinished; [intrigue] unresolved; [lecteur] uncertain. -**2.** [flocons, planeur] suspended, hanging.

◇ *loc adv*: **tenir qqn en ~** to keep sb in suspense; **laisser un dossier en ~** to keep a file pending; **laisser une question en ~** to leave a question unanswered OU unresolved.

suspense¹ [syspɑ̃s] *nf* RELIG suspension.

suspense² [syspɛns] *nm* suspense; **il y a un ~ terrible dans le livre** the book's full of suspense; **prolonger** OU **faire durer le ~** to prolong the suspense; **ne fais pas durer le ~, raconte-nous la fin!** the supense is killing us, do tell us the ending!

◆ **à suspense** *loc adj* suspense *(modif)*; **film à ~** thriller; **roman à ~** thriller, suspense story.

suspenseur [syspɑ̃sœr] ◇ *adj m* ANAT suspensory.

◇ *nm* BOT suspensor.

suspensif, ive [syspɑ̃sif, iv] *adj* JUR suspensive.

suspension [syspɑ̃sjɔ̃] *nf* -**1.** [d'un objet] hanging. -**2.** JUR [interruption] suspension; **~ d'audience** adjournment (of hearing); **~ d'instance** deferment of proceedings; **~ de paiement** suspension OU withholding of payment; **~ de peine** ≃ deferred sentence; **~ de séance** adjournment; **demander une ~ de séance** to ask for an adjournment. -**3.** ADMIN [sanction] suspension. -**4.** AUT, CHIM, GÉOG, MUS & RAIL suspension. -**5.** IMPR: **points de ~** suspension points. -**6.** MIN: **~ dense** dense OU heavy medium. -**7.** [luminaire] ceiling light fitting.

◆ **en suspension** *loc adj* -**1.** [poussière] hanging; **en ~ dans l'air** hanging in the air. -**2.** CHIM in suspension.

suspensoir [syspɑ̃swar] *nm* suspensory bandage.

suspente [syspɑ̃t] *nf* -**1.** NAUT sling. -**2.** [de parachute] suspending ropes. -**3.** CONSTR (wire) support. -**4.** TRAV PUBL suspender.

suspicieux, euse [syspisjø, øz] *adj litt* suspicious, suspecting.

suspicion [syspisjɔ̃] *nf* -**1.** [défiance] suspicion, suspiciousness; **jeter la ~ sur qqn** to cast suspicion on sb. -**2.** JUR [supposition d'un délit] suspicion; **~ de fraude** suspicion of fraud; **~ légitime** *reasonable suspicion that a fair trial will not be given.*

sustentation [systɑ̃tasjɔ̃] *nf* -**1.** AÉRON lift. -**2.** PHYS sustentation.

sustenter [3] [systɑ̃te] *vt* -**1.** *vieilli* [nourrir - personne] to sustain. -**2.** AÉRON to lift.

◆ **se sustenter** *vp (emploi réfléchi) hum* to feed, to take sustenance; **nous nous sustentions de quelques morceaux de pain** we fed on a few pieces of bread.

susurrant, e [sysyrɑ̃, ɑ̃t] *adj* susurrant *litt*, whispering, softly murmuring.

susurrement [sysyrmɑ̃] *nm* whispering.

susurrer [3] [sysyre] ◇ *vt* [chuchoter] to whisper; **~ des mots doux à l'oreille de qqn** to whisper sweet nothings in sb's ear.

◇ *vi* -**1.** [bruire - vent] to whisper. -**2.** [chuchoter] to whisper.

susvisé, e [sysvize] *adj* abovementioned, aforementioned JUR.

sutural, e, aux [sytyral, o] *adj* sutural.

suture [sytyr] *nf* -**1.** BOT, GÉOL & ZOOL suture. -**2.** ANAT & MÉD suture; **point de ~** stitch; **on lui a fait cinq points de ~** he had five stitches (put in).

suturer [3] [sytyre] *vt* to stitch up *(sép)*, to suture *spéc.*

suzerain, e [syzrɛ̃, ɛn] ◇ *adj* suzerain.

◇ *nm, f* suzerain, (feudal) overlord.

suzeraineté [syzrɛnte] *nf* suzerainty.

svastika [zvastika] *nm* swastika.

svelte [zvɛlt] *adj* [membre] slender; [personne] slender, slim.

sveltesse [zvɛltɛs] *nf litt* svelteness, slenderness, slimness.

SVP *abr de* **s'il vous plaît.**

swap [swap] *nm* swap FIN.

swastika [swastika] = **svastika.**

Swazi [swazi] *nmf* Swazi.

Swaziland [swazilɑ̃d] *npr m*: **le ~** Swaziland.

sweater [switœr] *nm* sweater.

sweat-shirt [switʃœrt] (*pl* **sweat-shirts**) *nm* sweat shirt.

sweepstake [swipstɛk] *nm* sweepstake.

swing [swiŋ] *nm* -**1.** MUS [rythme] swing, swinging; [style] swing. -**2.** SPORT swing.

swinguer [3] [swiŋge] *vi* to swing; **quel orchestre, ça swingue!** that band really swings!

sybarite [sibarit] ◇ *adj litt* sybaritic.

◇ *nmf* -**1.** *litt* [hédoniste] hedonist, sybarite *litt*, pleasure-seeker. -**2.** ANTIQ: **Sybarite** Sybarite.

sybaritique [sibaritik] *adj litt* sybaritic.

sybaritisme [sibaritism] *nm litt* sybaritism.

sycomore [sikɔmɔr] *nm* sycamore.

sycophante [sikɔfɑ̃t] *nm* -**1.** *litt* [dénonciateur] informer; [calomniateur] scandal-monger. -**2.** ANTIQ sycophant.

Sydney [sidnɛ] *npr* Sydney.

syllabaire [silabɛr] *nm* -**1.** [livre] (syllabic) spelling-book. -**2.** LING syllabary.

syllabation [silabasjɔ̃] *nf* syllabification.

syllabe [silab] *nf* -**1.** LING syllable. -**2.** [parole]: **elle n'a pas prononcé une ~** she never opened her mouth.

syllabique [silabik] *adj* syllabic.

syllabus [silabys] *nm Belg* [polycopié] handout *(for a university class).*

syllogisme [silɔʒism] *nm* syllogism.

syllogistique [silɔʒistik] ◇ *adj* syllogistic, syllogistical.

◇ *nf* syllogistic.

sylphe [silf] *nm* sylph MYTH.

sylphide [silfid] *nf* MYTH & *litt* sylph.

◆ **de sylphide** *loc adj* [corps, taille] sylph-like.

sylvaner [silvanɛr] *nm* -**1.** BOT Sylvaner grape. -**2.** ŒNOL Sylvaner.

sylve [silv] *nf* GÉOG rainforest.

sylvestre [silvɛstr] *adj litt* sylvan *litt*, forest *(modif)*.

Sylvestre [silvɛstr] *npr*: **saint ~** Saint Sylvester.

sylvicole [silvikɔl] *adj* forestry *(modif)*, silvicultural *spéc.*

sylviculteur, trice [silvikyltœr, tris] *nm, f* forester, silviculturist *spéc.*

sylviculture [silvikyltyr] *nf* forestry, silviculture *spéc.*

symbiose [sɛ̃bjoz] *nf* BIOL & *fig* symbiosis.

◆ **en symbiose** *loc adv* in symbiosis, symbiotically; **ils vivent en ~** *fig* they're inseparable.

symbiote [sɛ̃bjɔt] *nm* symbiont, symbiote.

symbiotique [sɛ̃bjɔtik] *adj* symbiotic.

symbole [sɛ̃bɔl] *nm* -**1.** [signe] symbol; **le drapeau est le ~ de la nation** the flag is the symbol of the nation. -**2.** [personnification] symbol, embodiment; **il est le ~ du respect filial** he's the embodiment of filial duty, he's filial duty personified. -**3.** RELIG: **Symbole** Creed; **le Symbole des Apôtres/de Nicée** the Apostles'/Nicene Creed. -**4.** CHIM, INF & MATH symbol.

symbolique [sɛ̃bɔlik] ◇ *adj* -**1.** [fait avec des symboles] symbolic; **langage/logique ~** symbolic language/logic; **écriture ~** writing in symbols. -**2.** [sans valeur réelle] token, nominal; **une somme ~** a nominal amount; **un geste ~** a symbolic OU token gesture.

◇ *nm*: **le ~** the symbolic.

◇ *nf* -**1.** [ensemble des symboles] symbolic system, symbolism. -**2.** [étude des symboles] interpretation of symbols, symbology.

symboliquement [sɛ̃bɔlikmɑ̃] *adv* symbolically; **on leur a donné ~ un franc à chacun** they each got a token one-franc piece.

symbolisation [sɛ̃bɔlizasjɔ̃] *nf* -**1.** [mise en symboles] symbolization. -**2.** MATH symbolization.

symboliser [3] [sɛ̃bɔlize] *vt* to symbolize; **on symbolise la justice par une balance** justice is symbolized by a pair of scales; **la colombe symbolise la paix** the dove symbolizes peace OU is the symbol of peace.

symbolisme [sɛ̃bɔlism] *nm* -**1.** [système] symbolism. -**2.** BX-ARTS & LITTÉRAT Symbolism.

symboliste [sɛ̃bɔlist] ◇ *adj* -**1.** [relatif aux symboles] symbolistic. -**2.** BX-ARTS & LITTÉRAT Symbolist.

◇ *nmf* Symbolist.

symétrie [simetri] *nf* -**1.** [gén] symmetry; **la parfaite ~ des fenêtres sur la façade** the perfect symmetry of the windows on the front of the building; **son visage manque de ~** his face lacks symmetry. -**2.** GÉOM: **~ de révolution/d'axes** rotational/axial symmetry; **~ à droite/gauche** right/left inverse.

symétrique [simetrik] ◇ *adj* -**1.** [gén] symmetrical; **deux parties ~s** two symmetrical parts; **une rangée ~ de l'autre** one row symmetrical to the other. -**2.** GÉOM symmetrical; MATH symmetric.

◇ *nm* OU *nf* [point] symmetrical point; [figure] symmetrical figure; **x est un ~ de y** x and y are symmetrical.

◇ *nm* symmetrical element.

symétriquement [simetrikmɑ̃] *adv* symmetrically.

sympa *fam* [sɛ̃pa] *adj* [personne, attitude] friendly, nice; [lieu] nice, pleasant; [idée, mets] nice; **merci, c'était une soirée super ~** thank you, that was a really nice evening.

sympathectomie [sɛ̃patɛktɔmi] *nf* sympathectomy.

sympathie [sɛ̃pati] *nf* -**1.** [cordialité] friendship, fellow feeling; **il y a une grande ~ entre eux** they get on very well; **être en ~ avec qqn** to be on friendly terms with sb. -**2.** [penchant] liking *(C)*; **je n'ai aucune ~ pour lui** I don't like him at all, I have no liking for him at all; **inspirer la ~** to be likeable. -**3.** [bienveillance] sympathy *(U)*; **recevoir des témoignages de ~** to receive expressions of sympathy. -**4.** [pour une idée] sympathy; **je n'ai pas beaucoup de ~ pour ce genre d'attitude** I don't have much time for that kind of attitude. -**5.** MÉD sympathy.

◆ **sympathies** *nfpl* [tendances] sympathies; **ses ~s vont vers les républicains** his sympathies are OU lie with the Republicans.

sympathique [sɛ̃patik] ◇ *adj* -**1.** [personne] nice, pleasant, likeable; **c'est vrai, elle est très ~** you're right, she's very nice OU she's a very pleasant person; **je ne le trouve pas spécialement ~** I don't find him particularly friendly; **elle m'est très ~** I like her very much. -**2.** [visage] friendly; [idée] good; [lieu] pleasant, nice; [mets] appetizing; [ambiance, réunion, spectacle] pleasant; [attitude] kind, friendly; **il est bien ~, ce petit vin/fromage!** nice little wine/cheese, this! -**3.** PHYSIOL sympathetic.

◇ *nm* ANAT sympathetic nervous system.

sympathiquement [sɛ̃patikmɑ̃] *adv* nicely, in a kindly way.

sympathisant, e [sɛ̃patizɑ̃, ɑ̃t] ◇ *adj* sympathizing.
◇ *nm, f* sympathizer.

sympathiser [3] [sɛ̃patize] *vi* -**1.** [s'entendre avec] to get on with *esp Br*, to get along with *esp Am*; **il n'a pas sympathisé avec les autres enfants** he didn't get on with the other children ‖ *(en usage abs)*: **nous avons tout de suite sympathisé** we took to OU liked each other right away. -**2.** [être favorable à] to be a sympathizer of; **elle sympathise avec les communistes** she's a communist sympathizer.

sympathomimétique [sɛ̃patɔmimetik] *adj* & *nm* sympathomimetic.

symphonie [sɛ̃fɔni] *nf* -**1.** MUS symphony; **les ~s de Mozart** Mozart's symphonies ❑ **'Symphonie du Nouveau Monde'** *Dvorak* 'New World Symphony'; **~ concertante** sinfonia concertante; **'Symphonie fantastique'** *Berlioz* 'Symphonie fantastique'; **'Symphonie héroïque'** *Beethoven* 'Eroica Symphonie'; **'Symphonie inachevée'** *Schubert* 'Unfinished Symphony'; **'Symphonie pastorale'** *Beethoven* 'Pastoral Symphony'; **'Symphonie pathétique'** *Tchaïkovski* 'Pathétique', 'Tchaikovsky's 6th Symphony'. -**2.** *litt* [harmonie] symphony; **le paysage offrait toute une ~ de verts** the countryside was a harmonious blend of greens.

symphonique [sɛ̃fɔnik] *adj* symphonic.

symphoniste [sɛ̃fɔnist] *nmf* symphonist.

symphyse [sɛ̃fiz] *nf* -**1.** ANAT symphysis; **~ mentonnière** symphisis mandibulae. -**2.** MÉD: **~ cardiaque** cardiac symphisis; **~ pleurale** adherent pleura.

symposium [sɛ̃pozjɔm] *nm* [colloque] symposium.

symptomatique [sɛ̃ptɔmatik] *adj* -**1.** MÉD symptomatic. -**2.** [caractéristique] symptomatic, indicative; **c'est ~ de leurs relations** it's symptomatic of OU it tells you something about their relationship.

symptomatologie [sɛ̃ptɔmatɔlɔʒi] *nf* symptomatology.

symptôme [sɛ̃ptom] *nm* -**1.** MÉD symptom; **quand avez-vous ressenti les premiers ~s?** when did you first notice the symptoms? -**2.** [signe] symptom, sign; **les premiers ~s de qqch** the forerunners OU first signs of sthg.

synagogue [sinagɔg] *nf* synagogue.

synapse [sinaps] *nf* -**1.** ANAT synapse. -**2.** BIOL synapsis.

synaptique [sinaptik] *adj* synaptic.

synarchie [sinarʃi] *nf* synarchy.

synarthrose [sinartroz] *nf* synarthrosis.

synchrone [sɛ̃kron] *adj* synchronous.

synchronie [sɛ̃krɔni] *nf* synchrony.

synchronique [sɛ̃krɔnik] *adj* synchronic.

synchroniquement [sɛ̃krɔnikmɑ̃] *adv* synchronically.

synchronisation [sɛ̃krɔnizasjɔ̃] *nf* synchronization.

synchroniser [3] [sɛ̃krɔnize] *vt* to synchronize.

synchroniseur [sɛ̃krɔnizœr] *nm* -**1.** AUT synchromesh (device). -**2.** CIN, ÉLECTR & PHOT synchronizer. -**3.** ÉCOL biorhythm trigger OU signal.

synchronisme [sɛ̃krɔnism] *nm* [d'oscillation, de date, d'époque] synchronism.

syncinésie [sɛ̃sinezi] *nf* syncinesis, synkinesis.

synclinal, e, aux [sɛ̃klinal, o] *adj* synclinal.
◆ **synclinal, aux** *nm* syncline.

syncopal, e, aux [sɛ̃kɔpal, o] *adj* syncopal.

syncope [sɛ̃kɔp] *nf* -**1.** MÉD syncope faint, fainting; **tomber en ~, avoir une ~** to faint. -**2.** LING syncope. -**3.** MUS syncopation.

syncopé, e [sɛ̃kɔpe] *adj* syncopated.

syncrétique [sɛ̃kretik] *adj* syncretic.

syncrétisme [sɛ̃kretism] *nm* syncretism.

syncrétiste [sɛ̃kretist] *adj* & *nmf* syncretist.

syndactyle [sɛ̃daktil] *adj* syndactyl.

syndactylie [sɛ̃daktili] *nf* syndactyly, syndactylism.

syndic [sɛ̃dik] *nm* -**1.** ADMIN: **~ (d'immeuble)** managing agent. -**2.** JUR [de faillite] (official) receiver *(before 1985)*. -**3.** HIST syndic. -**4.** BOURSE president. -**5.** *Helv* [président de commune] *high-ranking civic official, similar to a mayor, in certain Swiss cantons.*

SYNDIC:
A "syndic" is an administrative body which represents the interests of the owners of all the flats in a building, collectively known as the "syndicat de copropriété". The role of the syndic is to ensure the upkeep of the building and to organize meetings during which a vote is taken on any repairs, improvements etc, that are deemed necessary. The services of the syndic are paid for by the owners of the flats.

---

syndical, e, aux [sɛ̃dikal, o] *adj* -**1.** POL (trade) union *(modif)*. -**2.** ADMIN management *(modif)*; **droit ~** right of association.

syndicalisation [sɛ̃dikalizasjɔ̃] *nf* unionization.

syndicaliser [3] [sɛ̃dikalize] *vt* to unionize.

syndicalisme [sɛ̃dikalism] *nm* -**1.** [mouvement] (trade) unionism. -**2.** [ensemble des syndicats] trade unions. -**3.** [action] union activities; **faire du ~** to be active in a union. -**4.** [doctrine] unionism.

syndicaliste [sɛ̃dikalist] ◇ *adj* -**1.** [mouvement] (trade) union *(modif)*. -**2.** [doctrine] unionist.
◇ *nmf* (trade) unionist.

syndicat [sɛ̃dika] *nm* -**1.** POL [travailleurs] union; **se former** OU **se regrouper en ~** to form a trade union ❑ **~ ouvrier** trade union; **~ patronal** employers' confederation OU association. -**2.** JUR [association] association; **~ de communes** association of communes; **~ interdépartemental** association of regional administrators; **~ de copropriétaires** co-owners' association. -**3.** FIN: **~ d'émission/de garantie** issuing/underwriting syndicate; **~ financier** financial syndicate.
◆ **syndicat d'initiative** *nm* tourist office, tourist information bureau.

syndiqué, e [sɛ̃dike] ◇ *adj* (belonging to a trade) union; **ouvriers ~s/non ~s** union/non-union workers.
◇ *nm, f* (trade) unionist.

syndiquer [3] [sɛ̃dike] *vt* to unionize, to organize; **~ les travailleurs d'un atelier** to organize the workers in a workshop.
◆ **se syndiquer** *vp (emploi réfléchi)* to join a union.

syndrome [sɛ̃drom] *nm* syndrome; **~ immunodéficitaire acquis** acquired immunodeficiency syndrome; **~ prémenstruel** premenstrual tension OU syndrome.

synectique [sinɛktik] *nf* synectics *(sg)*.

synérèse [sinerɛz] *nf* CHIM & PHON synaeresis.

synergie [sinɛrʒi] *nf* -**1.** MÉD & PHYSIOL synergism. -**2.** ÉCON synergy.

synergique [sinɛrʒik] *adj* synergic, synergetic.

synergiste [sinɛrʒist] *adj* synergist.

synesthésie [sinɛstezi] *nf* synaesthesia.

syngnathe [sɛ̃gnat] *nm* pipefish.

synodal, e, aux [sinɔdal, o] *adj* synodal, synodical RELIG.

synode [sinɔd] *nm* RELIG synod.

synodique [sinɔdik] ◇ *adj* ASTRON & RELIG synodic.
◇ *nm* RELIG synodal.

synonyme [sinɔnim] ◇ *adj* synonymous; **être ~ de** to be synonymous with.
◇ *nm* synonym; **cherchez un ~ de «beau»** find another word OU a synonym for "beautiful".

synonymie [sinɔnimi] *nf* synonymy.

synonymique [sinɔnimik] *adj* synonymic, synonymous.

synopsis [sinɔpsis] ◇ *nf* SC & SCOL [bref aperçu] synopsis.
◇ *nm* CIN synopsis.

synoptique [sinɔptik] *adj* synoptic, synoptical.
◆ **synoptiques** *nmpl*: **les ~s** the Synoptic Gospels.

synovectomie [sinɔvɛktɔmi] *nf* synovectomy.

synovial, e, aux [sinɔvjal, o] *adj* synovial.
◆ **synoviale** *nf* synovium, synovial membrane.

synovie [sinɔvi] *nf* synovia, synovial fluid.

synovite [sinɔvit] *nf* synovitis.

syntacticien, enne [sɛ̃taktisjɛ̃, ɛn] *nm, f* syntactician.

syntactique [sɛ̃taktik] *adj* CHIM & LING syntactic.

syntagmatique [sɛ̃tagmatik] ◇ *adj* syntagmatic.
◇ *nf* syntagmatic analysis.

syntagme [sɛ̃tagm] *nm* phrase, syntagm *spéc*; **~ nominal/verbal/adjectival** noun/verb/adjectival phrase.

syntaxe [sɛ̃taks] *nf* INF & LING syntax.

syntaxique [sɛ̃taksik] *adj* INF & LING syntactic.

synthé *fam* [sɛ̃te] *nm* synthesiser.

synthèse [sɛ̃tɛz] *nf* -**1.** [structuration de connaissances] synthesis. -**2.** [exposé, ouvrage] summary, résumé; **écrire une ~ sur l'histoire de l'après-guerre** to write a brief history of the post-war years. -**3.** BIOL, CHIM & PHILOS synthesis. -**4.** INF synthesis; **~ de la parole** speech synthesis.
◆ **de synthèse** *loc adj* -**1.** [non analytique]: **avoir l'esprit de ~** to have a systematic mind. -**2.** [fibre, parole] synthetic.

synthétique [sɛ̃tetik] ◇ *adj* -**1.** [raisonnement, approche] synthetic, synthesizing. -**2.** CHIM [fibre] synthetic, man-made, artificial. -**3.** LING & PHILOS synthetic.
◇ *nm fam* [matière] synthetic OU man-made fibres.

synthétiquement [sɛ̃tetikmɑ̃] *adv* synthetically.

synthétiser [3] [sɛ̃tetize] *vt* -**1.** [idées, résultats, relevés] to synthesize, to bring together. -**2.** CHIM to synthesize.

synthétiseur [sɛ̃tetizœr] *nm* synthesizer.

synthétisme [sɛ̃tetism] *nm* Synthetism.

syntone [sɛ̃tɔn] *adj* syntonic.

syntonie [sɛ̃tɔni] *nf* PSYCH & RAD syntony.

syntoniseur [sɛ̃tɔnizœr] *nm* tuner.

syphilide [sifilid] *nf* syphilid, syphilide.

syphilis [sifilis] *nf* syphilis.

syphilitique [sifilitik] *adj* & *nmf* syphilitic.

Syracuse [sirakyz] *npr* Syracuse.

syriaque [sirjak] *adj* & *nm* Syriac.

Syrie [siri] *npr f*: **(la) ~** Syria.

syrien, enne [sirjɛ̃, ɛn] *adj* Syrian.
◆ **Syrien, enne** *nm, f* Syrian.
◆ **syrien** *nm* LING Syrian.

systématicien, enne [sistematisjɛ̃, ɛn] *nm, f* taxonomist, systematist.

systématique [sistematik] ◇ *adj* -**1.** [méthodique] methodical, orderly, systematic; **de façon ~** systematically. -**2.** [invariable - réaction] automatic, invariable; [- refus] automatic; **c'est ~, quand je dis oui, il dit non** when I say yes, he invariably says no. -**3.** [inconditionnel - soutien] unconditional, solid. -**4.** MÉD systemic.
◇ *nf* SC systematics *(sg)*.

systématiquement [sistematikmɑ̃] *adv* systematically.

systématisation [sistematizasjɔ̃] *nf* systematization.

systématisé, e [sistematize] *adj* PSYCH systematized.

systématiser [3] [sistematize] *vt* -**1.** [organiser en système] to systemize, to systematize. -**2.** *(en usage abs)* [être de parti pris] to systemize, to systematize; **il a trop tendance à ~** he's too inclined to reduce everything to a system; **il ne faut pas ~** we mustn't generalize.

système [sistɛm] *nm* -**1.** [structure] system; ~ **philosophique** philosophical system; **le ~ d'éducation/de santé français** the French educational system/health services; ~ **de production** system of production; ~ **de valeurs** system of values; **il refuse d'entrer dans le ~** he refuses to be part of the system ❑ ~ **solaire** solar system. -**2.** [méthode] way, means; **il faut trouver un ~ pour sortir de là** we've got to find a way of getting out of here; **je connais un bon ~ pour faire fortune** I know a good way of making a fortune; **il a trouvé le ~ pour ne pas être dérangé** he's found a way to avoid being disturbed ❑ ~ **D** resourcefulness. -**3.** [appareillage] system; ~ **de chauffage/d'éclairage** heating/lighting system; ~ **de fermeture/de freinage** locking/braking system. -**4.** ANAT & MÉD system; ~ **nerveux/digestif** nervous/digestive system; ~ **osseux** bone structure; ~ **pileux** hair *(on body and head)*; ~ **végétatif** vegetative system. -**5.** ARM: ~ **d'arme** weapon OU weapons system. -**6.** CONSTR: ~ **de construction** system. -**7.** ÉCON: ~ **monétaire européen** European Monetary System; **analyse de ~** systems analysis. -**8.** GÉOL system. -**9.** INF system; ~ **d'information** information system; ~ **expert** expert system; ~ **d'exploitation** (operating) system. -**10.** MATH: ~ **d'équations** simultaneous equations. -**11.** MÉTÉO: ~ **nuageux** cloud system. -**12.** SC: ~ **international d'unités** SI unit; ~ **métrique** metric system. -**13.** *fam loc*: **il me court** OU **porte** OU **tape sur le ~** he's really getting on my nerves.

◆ **par système** *loc adv* as a matter of principle.

systémique [sistemik] ◇ *adj* systemic.
◇ *nf* systems analysis.

systole [sistɔl] *nf* systole.

systolique [sistɔlik] *adj* systolic.

T

t, T [te] *nm* [lettre] t, T.
◆ **en T** *loc adj* T-shaped; **bandages en ~** T bandage.

t (*abr écrite de* **tonne**) t.

t' [t] → **te, tu**.

t. (*abr écrite de* **tome**) vol.

T -**1.** (*abr écrite de* **tesla**) T. -**2.** (*abr écrite de* **téra**) T.

ta [ta] *f* → **ton.**

TAA (*abr de* **train autos accompagnées**) *nm car sleeper train,* ≃ Motorail *Br.*

TAB *nm* TAB (vaccine).

tabac [taba] ◇ *adj inv* [couleur] tobacco brown, tobacco-coloured.
◇ *nm* -**1.** BOT tobacco plant. -**2.** [produit] tobacco; **elle a les doigts jaunis par le ~** she's got tobacco-stained fingers; **le ~ peut provoquer le cancer** smoking can cause cancer; **campagne contre le ~** anti-smoking campaign ❑ **~ blond/brun** mild/dark tobacco; **~ à chiquer** chewing tobacco; **~ à priser** snuff. -**3.** [magasin] tobacconist's *esp Br,* tobacco store *Am*; **si tu passes devant un ~** if you pass a tobacconist's; **un bar ~, un bar-~** *a bar with a tobacco counter.* -**4.** MÉTÉO: **coup de ~** squall, gale. -**5.** *fam loc*: **c'est toujours le même ~** it's always the same old thing OU story; **faire un ~** to be a smash hit; **passer qqn à ~** to beat sb up, to lay into sb.
◆ **du même tabac** *fam loc adj* of the same kind; **ils sont du même ~** they're tarred with the same brush; **et autres ennuis du même ~** and troubles of that ilk.

tabagie [tabaʒi] *nf* -**1.** [lieu enfumé]: **c'est une vraie ~ ici** you can't see for smoke around here. -**2.** *Can* [magasin] tobacconist's *Br,* tobacco store *Am.*

tabagique [tabaʒik] ◇ *adj* tobacco *(modif),* nicotine-related.
◇ *nmf* tobacco addict, chain-smoker.

tabagisme [tabaʒism] *nm* tobacco addiction, nicotinism *spéc.*

tabasser *fam* [3] [tabase] *vt* to beat OU to rough up *(sép),* to thrash, to beat black and blue.

tabatière [tabatjɛr] *nf* -**1.** [boîte] snuffbox. -**2.** CONSTR skylight (opening), roof light. -**3.** ANAT: **~ anatomique** (anatomical) snuffbox. -**4.** ARCHIT [rosace] (double) rosette.

TABDT *nm vaccine against typhoid, paratyphoid A & B, diphtheria and tetanus.*

tabellaire [tabelɛr] *adj* xylographic, xylographical.

tabelle [tabɛl] *nf Helv* register, list.

tabellion [tabeljɔ̃] *nm* -**1.** HIST scrivener, tabellion. -**2.** *litt* & *péj* [notaire] lawyer.

tabernacle [tabɛrnakl] *nm* -**1.** NAUT & RELIG tabernacle. -**2.** CONSTR (tap) chamber.

tabès [tabɛs] *nm* tabes.

tablar(d) [tablar] *nm Helv* shelf.

tablature [tablatyr] *nf* tablature.

table [tabl] *nf* -**1.** [pour les repas] table; **débarrasser** OU **desservir la ~** to clear the table; **dresser** OU **mettre la ~** to set the table; **une ~ de six couverts** a table set for six; **retenir une ~** to book OU to reserve a table; **qui sera mon voisin de ~?** who will I be sitting next to (for the meal)?; **sortir** OU **se lever de ~** to get up from the table; **nous nous sommes levés de ~ à minuit** we finished dinner at midnight; **propos de ~** table talk ❑ **~ anglaise** gate-leg table; **la ~ d'honneur** the top OU head table; **~ d'hôte** table d'hôte; **nous avons pris notre repas à la ~ d'hôte** we ate with the other guests in the hotel dining room; **vin de ~** table wine; **tenir ~ ouverte** to keep open house. -**2.** [nourriture]: **la ~** food; **sa ~ et sa cave sont bonnes** he serves good food and wine; **aimer la ~** to enjoy OU to like good food ‖ [restaurant]: **une des meilleures ~s de Paris** one of the best restaurants in Paris. -**3.** [tablée] table, tableful; **présider la ~** to preside over the guests *(at a meal)*; **il a fait rire toute la ~** he made the whole table laugh. -**4.** [meuble à usages divers] table; **~ de chevet** OU **de nuit** bedside table; **~ de cuisine/de salle à manger** kitchen/dining-room table; **~ basse** coffee table; **~ de billard** billiard table; **~ de cuisson** hob; **~ à dessin** drawing board; **~ de jeu** gambling table; **~ à langer** baby changing table; **~ de lecture** turntable; **~ de montage** IMPR & PHOT light table; CIN cutting table; **~ d'opération** operating table; **~ d'orientation** viewpoint indicator; **~ à ouvrage** work table; **~ de ping-pong** table-tennis table; **~ à rallonges** extension OU draw table; **~ à repasser** ironing board; **~ ronde** *pr* & *fig* round table; **~ roulante** trolley *Br,* tea wagon *Am*; **~ de toilette** dressing table; **~ tournante** *table used for séances*; **faire tourner les ~s** to hold a séance; **~ de travail** work surface; **~s gigognes** nest of tables. -**5.** [liste, recueil] table; **~ de logarithmes/mortalité/multiplication** log/mortality/multiplication table; **~ alphabétique** alphabetical table OU list; **~ des matières** (table of) contents; **~ de vérité** LOGIQUE truth table; **les Tables de la Loi** BIBLE The Tables of the Law; **~ rase** PHILOS tabula rasa; **faire ~ rase** to wipe the slate clean, to make a fresh start. -**6.** ASTRONAUT: **~ de lancement** launch pad, launching pad OU platform. -**7.** CONSTR [plaque] panel; [panneau] panel, table. -**8.** ÉCOL: **~ de survie** expectation of life table. -**9.** GÉOL table, mesa. -**10.** IMPR table; **~ de réception** delivery table. -**11.** INF table; **~ traçante** plotter; **~ de corrélation/correspondance/décision** correlation/function/decision table. -**12.** JOAILL table; **diamant en ~** table (diamond). -**13.** MUS: **~ d'harmonie** soundboard. -**14.** RAIL: **~ de roulement** running OU rail surface. -**15.** RELIG: **~ d'autel** (altar) table; **la ~ de communion, la sainte ~** the communion OU the Lord's table.
◆ **à table** ◇ *loc adv* at table; **passer à** OU **se mettre à ~** to sit down to a meal; **nous pouvons passer à ~** the meal is ready now; **nous serons dix à ~** there will be ten of us at table; **je te rappelle plus tard, je suis à ~** I'll call you later, I'm eating ❑ **se mettre à ~** ▽ [parler] to spill the beans; **il se tient mieux à ~ qu'à cheval** he's a hearty eater.
◇ *loc interj* [le matin] breakfast (is ready), it's breakfast time; [à midi] lunch (is ready), it's lunch time; [le soir] dinner (is ready), it's dinner time.
◆ **table d'écoute** *nf* wiretapping set OU equipment; **elle est sur ~ d'écoute** her phone is tapped; **mettre qqn sur ~ d'écoute** to tap sb's phone.

tableau, x [tablo] *nm* -**1.** SCOL: **aller au ~** to go to the front of the classroom *(and answer questions or recite a lesson)*; **Paul, au ~!** Paul, please come up to the blackboard OU to the front of the class! ❑ **~ noir** blackboard. -**2.** [support mural] rack, board; **mettre ses clés au ~** to hang one's keys on the rack; **~ pour fusibles** fuseboard. -**3.** [panneau d'information] board; **~ d'affichage** notice board; **~ des arrivées/départs** arrivals/departures board. -**4.** BX-ARTS painting, picture; **un ~ de Goya** a painting by Goya; **un ~ ancien** an old master ❑ **vieux ~** old dear. -**5.** [spectacle] scene, picture; **ils formaient un ~ touchant** they were a touching sight; **vous voyez d'ici le ~!** *fam* you can imagine OU picture the scene! -**6.** [description] picture; **vous nous faites un ~ très alarmant de la situation** you've painted an alarming picture of the situation ❑ **pour achever le ~** to cap it all. -**7.** [diagramme] table; **remplir un ~** to fill in a table; **trois ~x illustrent le texte** the text is illustrated with three tables. -**8.** [liste - gén] list, table; [- d'une profession] roll; **~ d'avancement** promotions roster OU list; **~ des avocats** roll of lawyers; **~ des éléments** CHIM periodic table; **~ de gonflage** tyre-pressure table; **~ horaire** [des trains] timetable. -**9.** CONSTR reveal. -**10.** ÉLECTR: **~ de contrôle** control board; **~ de distribution** distribution board OU switchboard. -**11.** IMPR tabular, table matter. -**12.** INF array. -**13.** MATH table. -**14.** MÉD: **~ clinique** overall clinical picture. -**15.** NAUT transom. -**16.** PHARM (French) drugs classification; **~ A** toxic drugs (list); **~ B** narcotics (list); **~ C** dangerous drugs (list). -**17.** THÉÂT scene; **premier ~ du troisième acte** act three, scene one ❑ **~ de service** [répétitions] rehearsal roster; [représentations] performances roster; **~ vivant** tableau vivant. -**18.** *loc*: **gagner sur les deux/tous les ~x** to win on both/all counts.

◆ **tableau de bord** *nm* -**1.** AUT dashboard. -**2.** AÉRON & NAUT instrument panel. -**3.** ÉCON (list of) indicators.
◆ **tableau de chasse** *nm* -**1.** CHASSE bag. -**2.** AÉRON list of kills. -**3.** *fam* [conquêtes amoureuses] conquests.
◆ **tableau d'honneur** *nm* SCOL roll of honour; **elle a eu le ~ d'honneur ce mois-ci** she was on the roll of honour this month.

tableautin [tablotɛ̃] *nm* [peinture] small painting.

tablée [table] *nf* table; **toute la ~ s'est levée** the whole table OU company stood up; **une ~ de jeunes** a tableful OU party of youngsters.

tabler [3] [table]
◆ **tabler sur** *v + prép* to bank OU to count OU to reckon on; **ne table pas sur une augmentation** don't bank on getting a rise.

tablette [tablɛt] *nf* -**1.** [petite planche] shelf. -**2.** CULIN [de chewing-gum] stick; [de chocolat] bar. -**3.** CONSTR slab; [de radiateur] top; [de cheminée] mantelpiece; [d'une maçonnerie] coping. -**4.** INF: **~ graphique** graphic tablet. -**5.** PHARM tablet.
◆ **tablettes** *nfpl* ANTIQ tablets; **je vais l'inscrire OU le noter dans mes ~s** *fig* I'll make a note of it.

tabletterie [tablɛtri] *nf* -**1.** [fabrication] fancy goods manufacturing. -**2.** [objets] fancy goods. -**3.** [métier] fancy goods trade.

tableur [tablœr] *nm* spreadsheet.

tablier [tablije] *nm* -**1.** VÊT apron; [blouse] overall *Br*, work coat *Am*; [d'enfant] smock; **je mets toujours un ~ pour faire la cuisine** I always put on an apron to do the cooking ❑ **rendre son ~** [démissionner] to hand in one's resignation; *fig* to give up, to throw in the towel; **ça lui va comme un ~ à une vache** *fam* it looks like a sack on him. -**2.** [rideau - de cheminée] register; [- de magasin] steel shutter. -**3.** TRAV PUBL deck and beams, superstructure *(of a bridge)*. -**4.** AUT [d'une voiture] cowl; [d'un scooter] footrest. -**5.** RAIL foot plate. -**6.** TECH [de machine-outil] apron.

tabloïd(e) [tablɔid] *adj* & *nm* tabloid.

tabou, e [tabu] *adj* -**1.** ANTHR & RELIG taboo. -**2.** [à ne pas évoquer] forbidden, taboo. -**3.** *fam* [à ne pas critiquer] untouchable.
◆ **tabou** *nm* ANTHR & RELIG taboo; **ce sont des ~s** these are taboo subjects.

taboulé [tabule] *nm* tabbouleh.

tabouret [taburɛ] *nm* -**1.** [siège] stool; **~ de bar/cuisine/piano** bar/kitchen/piano stool. -**2.** [pour les pieds] foot stool.

Tabriz [tabriz] *npr* Tabriz.

tabulaire [tabylɛr] *adj* tabular.

tabulateur [tabylatœr] *nm* tabulator.

tabulation [tabylasjɔ̃] *nf* -**1.** [positionnement] tabulation. -**2.** [taquets] tabs.

tabulatrice [tabylatris] *nf* tabulator.

tac [tak] *interj* -**1.** [bruit sec] tap, rat-a-tat. -**2.** *loc*: **et ~!** so there!
◆ **du tac au tac** *loc adv* tit for tat; **répondre du ~ au ~** to answer tit for tat.

TAC *abr de* **train auto-couchettes**.

tacaud [tako] *nm* bib, pout.

tachant, e [taʃɑ̃, ɑ̃t] *adj* -**1.** [qui tache] staining. -**2.** [qui se tache] easily soiled.

tache [taʃ] *nf* -**1.** [marque] stain; **~ de graisse** grease stain OU mark; **je me suis fait une ~** I've stained my clothes; **je n'ai pas pu faire partir la ~** I couldn't remove the stain; **la ~ ne partira pas** the stain won't come out ❑ **faire ~** *fam* to jar; **le piano moderne fait ~ dans le salon** the modern piano looks out of place in the living room; **faire ~ d'huile** to spread. -**2.** [partie colorée] patch, spot; **le soleil faisait des ~s de lumière sur le sol** the sun dappled the ground with light; **des ~s bleues dans un ciel gris** patches of blue in a grey sky. -**3.** [sur un fruit] mark, blemish; **les pommes sont pleines de ~s** the apples are all marked. -**4.** [sur la peau] mark, spot; **la rougeole donne des ~s rouges sur la peau** measles causes the skin to come out in red spots ❑ **~ de rousseur** freckle; **~ de vin** strawberry mark *(birthmark)*. -**5.** [souillure morale] blot, stain, blemish; **cette fraude est une ~ à sa réputation** this fraud has stained his reputation ❑ **~ originelle** RELIG stain of original sin. -**6.** ASTRON: **~ solaire** sunspot. -**7.** BX-ARTS patch, tache. -**8.** MÉD [sur une radiographie] opacity; [coloration anormale] spot; **~s auditives** auditory spots, maculae acusticae *spéc*; **~ jaune** yellow spot, macula lutea *spéc*; **~s lenticulaires** rose OU typhoid spots; **~ de Mariotte** blind OU Mariotte's spot. -**9.** ZOOL patch, spot, mark.
◆ **sans tache** *loc adj* -**1.** [fruit] unblemished. -**2.** [réputation] spotless.

tâche [taʃ] *nf* -**1.** [travail] task, job; **remplir une ~** to fulfil a task; **assigner une ~ à qqn** to give sb a task OU a job OU a piece of work to do; **faciliter/compliquer la ~ à qqn** to make things easier/more complicated for sb ❑ **~s ménagères** housework. -**2.** [mission, rôle] task, mission; **faire régner la paix, voilà la ~ qu'il s'est fixée** the task he has set for himself is to bring peace; **la ~ des scientifiques d'aujourd'hui** the mission of today's scientists ❑ **prendre à ~ de faire qqch** *litt* to undertake to do sthg. -**3.** INF task.
◆ **à la tâche** ◇ *loc adj*: **travail à la ~** piecework.
◇ *loc adv* INDUST: **travailler à la ~** to be on piecework; **il est à la ~** he's a pieceworker; **on n'est pas à la ~!** *fam* what's the rush?; **mourir à la ~** to die in harness.

tachéomètre [takeɔmɛtr] *nm* tacheometer, tachymeter GEOG.

tachéométrie [takeɔmetri] *nf* tacheometry, tachymetry GEOG.

tacher [3] [taʃe] ◇ *vt* -**1.** [salir - vêtement, tapis] to stain. -**2.** *sout* [ternir - réputation, nom, honneur] to stain. -**3.** *sout* [colorer] to spot, to dot; **le soleil tache de rose les cimes neigeuses** the sun stains OU tints the snowy mountain tops a rosy hue.
◇ *vi* [encre, sauce, vin etc] to stain.
◆ **se tacher** ◇ *vp (emploi réfléchi)* to get o.s. dirty, to stain one's clothes.
◇ *vp (emploi passif)* [tissu] to soil; [bois, peinture, moquette] to mark; [fruit] to become marked; **le blanc se tache facilement** white soils OU gets dirty easily; **le noir ne se tache pas** black doesn't show the dirt.

tâcher [3] [taʃe] *vt*: **~ que** to make sure that; **tâche qu'elle ne l'apprenne pas** make sure she doesn't hear about it.
◆ **tâcher de** *v + prép* to try to; **tâche d'être à l'heure** try to be on time.

tâcheron [taʃrɔ̃] *nm* -**1.** [petit entrepreneur] jobber; [ouvrier agricole] hired hand, journeyman. -**2.** *péj* [travailleur] drudge, workhorse *péj*; [écrivaillon] hack; **les ~s d'Hollywood** Hollywood hacks.

tacheter [27] [taʃte] *vt* to spot, to speckle, to fleck; **une robe blanche tachetée de vert** a white dress spotted with green; **des champs tachetés de lumière** fields flecked OU dappled with sunlight; **un chat blanc tacheté de noir** a white cat with black markings.

tachisme [taʃism] *nm* tachism, tachisme.

tachiste [taʃist] *adj* & *nmf* tachist, tachiste.

tachycardie [takikardi] *nf* tachycardia.

tachygraphe [takigraf] *nm* tachograph.

tachyphémie [takifemi] *nf* tachyphemia, tachyphrasia.

tachypsychie [takipsiʃi] *nf* tachypsychia.

tacite [tasit] *adj* tacit; **c'était un aveu ~** it was a tacit admission ❑ **(par) ~ reconduction** (by) tacit agreement to renew.

Tacite [tasit] *npr* Tacitus.

tacitement [tasitmɑ̃] *adv* tacitly.

taciturne [tasityrn] *adj* taciturn, silent, uncommunicative.

tacle [takl] *nm* tackle; **~ glissé** sliding tackle.

tacler [3] [takle] *vt* to tackle FTBL.

tacon [takɔ̃] *nm Helv* [pièce en tissu] patch *(for repairing clothes)*.

tacot *fam* [tako] *nm* banger *Br*, (old) heap.

TacOTac® [takɔtak] *npr m public lottery with a weekly prize draw*.

tact [takt] *nm* -**1.** PHYSIOL (sense of) touch. -**2.** [délicatesse] tact, delicacy; **avoir du ~** to be tactful; **manquer de ~** to be tactless; **annoncer la nouvelle avec/sans ~** to break the news tactfully/tactlessly.

tacticien, enne [taktisjɛ̃, ɛn] *nm, f* -**1.** MIL (military) tactician. -**2.** *fig* [stratège] strategist; **en fine ~ne, elle a laissé parler tout le monde avant d'intervenir** she very cunningly allowed everyone else to speak before intervening.

tactile [taktil] *adj* tactile.

tactique [taktik] ◇ *adj* tactical.
◇ *nf* -**1.** MIL tactics *(sg)*. -**2.** [moyens] tactics *(sg ou pl)*.

tactiquement [taktikmɑ̃] *adv* tactically.

tactisme [taktism] *nm* tropism, taxis.

tadjik [tadʒik] *adj* Tadzhiki.
◆ **Tadjik** *nmf* Tadzhik.
◆ **tadjik** *nm* LING Tadzhiki.

Tadjikie [tadʒiki] *npr f* = **Tadjikistan**.

Tadjikistan [tadʒikistɑ̃] *npr m*: **le ~** Tadzhikistan.

Tadj Mahall [tadʒmaal] = **Taj Mahal**.

tadorne [tadɔrn] *nm* [femelle] shelduck; [mâle] sheldrake.

tænia [tenja] = **ténia**.

taffetas [tafta] *nm* -**1.** TEXT taffeta; **une robe en OU de ~** a taffeta dress. -**2.** PHARM: **~ gommé** adhesive bandage.

tafia [tafja] *nm* tafia.

tag [tag] *nm* tag *(graffiti)*.

Tage [taʒ] *npr m*: **le ~** the (River) Tagus.

tagetes [taʒetɛs], **tagète**, **tagette** [taʒɛt] *nm* marigold, tagetes *spéc*.

tagliatelle [tagljatɛl] *(pl inv* OU **tagliatelles***)* *nf* tagliatelle *(U)*.

taguer [3] [tage] *vt* to tag *(with graffiti)*.

tagueur, euse [tagœr, øz] *nm, f* tagger *(graffitist)*.

Tahiti [taiti] *npr* Tahiti; **à ~** in Tahiti.

tahitien, enne [taisjɛ̃, ɛn] *adj* Tahitian.
◆ **Tahitien, enne** *nm, f* Tahitian.
◆ **tahitien** *nm* LING Tahitian.

taïaut [tajo] *interj* tally-ho.

Taibei [tajbɛj] *npr* Taipei, T'ai-pei.

tai-chi(-chuan) [tajʃiʃwan] *nm inv* t'ai chi (ch'uan).

taie [tɛ] *nf* -**1.** [enveloppe]: **~ d'oreiller** pillowcase, pillow slip; **~ de traversin** bolster case. -**2.** MÉD leucoma.

taïga [tajga] *nf* taiga.

taillable [tajabl] *adj* -**1.** HIST subject to tallage. -**2.** *loc*: **être ~ et corvéable à merci** [sujet à l'impôt] to be subject to tallage; [soumis à des travaux] to be a drudge; **je ne suis pas ~ et corvéable à merci, moi!** I won't be treated like a drudge!

taillade [tajad] *nf* -**1.** [estafilade] slash, gash. -**2.** HORT [sur un arbre] gash.

taillader [3] [tajade] *vt* to gash OU to slash (through).
◆ **se taillader** *vpt*: **se ~ les poignets** to slash one's wrists.

taillage [tajaʒ] *nm* milling, cutting INDUST.

taillanderie [tajɑ̃dri] *nf* -**1.** [fabrication, commerce] edge-tool industry. -**2.** [outils] edge-tools.

taillandier [tajɑ̃dje] *nm* edge-tool maker.

taillant [tajɑ̃] *nm* -**1.** [tranchant] (cutting) edge. -**2.** MIN & TRAV PUBL bit.

taille [taj] *nf* **A.** -**1.** HORT [d'un arbre - gén] pruning; [- importante] cutting back; [- légère] trimming; [d'une haie] trimming, clipping; [de la vigne] pruning; **la ~ de la vigne commence en février** the pruning of the vines begins in February ❑ **~ longue** pinching, light pruning. -**2.** ARM [tranchant] edge; **frapper de ~** to strike OU to slash with the edge of one's sword. -**3.** BX-ARTS [du bois, du marbre] carving; [en gravure] etching; **~ au burin** chiselling.

-4. CONSTR [à la carrière] hewing, cutting; [sur le chantier] dressing. -5. HIST [impôt] taille, tallage. -6. INDUST [d'un engrenage] milling, cutting; ~ bâtarde/croisée/simple bastard/crosscut/float cut. -7. JOAILL cutting; ~ à angles step-cut. -8. MÉD & vieilli cystotomy, lithotomy. -9. MIN longwall, working face. -10. MUS tenor (line).
B. -1. [d'une personne, d'un animal] height; une femme de haute ~ a tall woman, a woman of considerable height; un homme de petite ~ a short man; un enfant de ~ moyenne a child of average height; ils ont à peu près la même ~ they're about the same height; un chien de la ~ d'un veau a dog as big as a calf OU the size of a calf. -2. [d'un endroit, d'un objet] size; une pièce de ~ moyenne an average-sized room; il te faudrait un plat d'une ~ plus grande you need a larger-sized dish. -3. [importance] size; une erreur de cette ~ est impardonnable a mistake of this magnitude is unforgivable. -4. VÊT size; quelle est votre ~ ? what size do you take?; ce n'est pas ma ~ it's not my size; donnez-moi la ~ en dessous/au-dessus give me one size down/up; les grandes/petites ~s the large/small sizes; elles font toutes deux la même ~ they both wear the same size; ~ XL size XL; deux ~s de plus/de moins two sizes bigger/smaller; je n'ai plus votre ~ I'm out of your size ❑ elle a la ~ mannequin she's got a real model's figure. -5. [partie du corps] waist; avoir la ~ longue/courte to be long-/short-waisted; avoir la ~ fine to be slim-waisted OU slender-waisted; sa robe est serrée/trop serrée à la ~ her dress is fitted/too tight at the waist; elle avait la ~ prise dans une robe de soie violette her slim waist was set off by a purple silk dress; elle n'a pas de ~ she's shapeless ❑ avoir une ~ de guêpe OU de nymphe to have an hourglass figure; avoir la ~ bien prise to have a nice OU good figure. -6. [partie d'un vêtement] waist; robe à ~ haute/basse high/low-waisted dress; un jean (à) ~ basse low-waisted OU hipster Br OU hip-hugger Am jeans. -7. INF: ~ mémoire storage capacity.

◆ à la taille de loc prép in keeping with; ses moyens ne sont pas à la ~ de ses ambitions his ambitions far exceed his means.

◆ de taille loc adj -1. [énorme] huge, great; le risque est de ~ the risk is considerable; une fraude de ~ a major fraud; une surprise de ~ a big surprise. -2. [capable]: être de ~ to measure up; face à un adversaire comme lui, tu n'es pas de ~ you're no match for an opponent like him; de ~ à capable of, able to; elle n'est pas de ~ à se défendre she's not capable of defending herself; je ne suis pas de ~ à écrire une thèse I'm not up to writing a thesis.

taillé, e [taje] adj -1. [bâti]: un homme bien ~ a well-built man; ~ en OU comme: un gaillard ~ en hercule a great hulk of a man. -2. [apte à]: ~ pour cut out for; tu n'es pas ~ pour ce métier you're not cut out for this job. -3. [coupé - arbre] trimmed, pruned; [- haie] trimmed, clipped; [- cristal] cut; [- crayon] sharpened; [- barbe, moustache] trimmed; une barbe ~e en pointe a goatee (beard); un costume bien/mal ~ a well-cut/poorly-cut suit.

taille-crayon [tajkrɛjɔ̃] (pl inv OU taille-crayons) nm pencil sharpener.

taille-douce [tajdus] (pl tailles-douces) nf line-engraving; une gravure OU impression en ~ a line-engraving.

taille-haie [tajɛ] (pl inv OU taille-haies) nm hedge trimmer.

tailler [3] [taje] ◇ vt -1. [ciseler - pierre] to cut, to hew; [- verre] to engrave; [- bois, marbre] to carve; [- diamant] to cut; ~ en pièces fig: ~ en pièces une armée to cut an army to pieces; la critique l'a taillé en pièces the reviewers made mincemeat out of him ❑ ~ des croupières à qqn vieilli to put difficulties in sb's way. -2. [barbe, moustache] to trim; [crayon] to sharpen; ~ sa barbe en pointe to trim one's beard into a goatee. -3. [façonner] to cut, to hew; il a taillé un escalier dans la pente he cut some steps into the hillside. -4. COUT [vêtement] to cut (out); ~ une jupe dans du velours to cut a skirt out of a piece of velvet ❑ ~ une bavette fam to have a chat OU a chinwag. -5. HORT [arbre] to prune, to cut back (sép); [haie] to trim, to clip; [vigne] to prune. -6. INDUST [engrenage] to mill, to cut.

◇ vi -1. [inciser] to cut; ~ dans les chairs avec un scalpel to cut into the flesh with a scalpel. -2. VÊT: cette robe taille grand/petit this dress is cut esp Br OU runs Am large/small. -3. JEUX & vieilli to keep the bank, to be banker.

◆ se tailler ◇ vpi ▽[partir] to scram; allez, on se taille! come on, let's clear off!; taille-toi! scram!, beat it!

◇ vpt: se ~ un chemin à travers les ronces to hack one's way through the brambles; se ~ un chemin à travers la foule to force one's way through the crowd; se ~ un (beau) succès to be a great success ❑ se ~ la part du lion to take the lion's share.

taillerie [tajri] nf -1. [art] gem-cutting. -2. [atelier] gem-cutting workshop.

tailleur [tajœr] nm -1. COUT [artisan] tailor; ~ pour dames ladies' tailor; ~ à façon bespoke Br OU custom Am tailor. -2. VÊT suit; un ~ sur mesure a tailor-made suit; un ~ Chanel a Chanel suit (the expression is often used to evoke a wealthy, conservative but fashionable lifestyle). -3. [ouvrier]: ~ de diamants diamond OU gem cutter; ~ de pierres/de pavés/de marbre stone/paving stone/marble cutter; ~ de verre glass engraver.

◆ en tailleur loc adv cross-legged.

tailleur-pantalon [tajœrpɑ̃talɔ̃] (pl tailleurs-pantalons) nm trouser suit Br, pantsuit Am.

taillis [taji] nm coppice, copse, thicket; ~ sous futaie coppice with standards.

tailloir [tajwar] nm abacus ARCHIT.

tain [tɛ̃] nm -1. [pour miroir] silvering. -2. MÉTALL [bain] tin bath.

T'ai-pei [tajpɛ] npr = Taibei.

taire [111] [tɛr] vt -1. [passer sous silence - raisons] to conceal, to say nothing about; [- information] to hush up (sép); [- plan, projet] to keep secret, to say nothing about; je tairai le nom de cette personne I won't mention this person's name; il a préféré ~ ses projets he preferred to keep his plans secret; à quoi bon ~ la vérité maintenant? what's the use of concealing OU not telling the truth now?; faire ~ qqn [empêcher qqn de parler] to silence sb, to force sb to be quiet; faites ~ les enfants make the children be quiet; faire ~ qqch to stifle sthg; fais ~ tes scrupules forget your scruples. -2. litt [cacher - sentiment]: elle sait ~ ses émotions she's able to keep her emotions to herself.

◆ se taire vpi -1. [s'abstenir de parler] to be OU to keep quiet; tais-toi! be quiet!; elle sait se ~ et écouter les autres she knows when to be silent and listen to others. -2. [cesser de s'exprimer] to fall silent; l'opposition s'est tue the opposition has gone very quiet. -3. litt [cesser de faire du bruit] to fall litt OU to become silent; les oiseaux/canons se turent the birds/cannon fell silent. -4. fam loc: tais-toi!, taisez-vous! (oh) don't; et quand il t'a invitée à danser? — tais-toi, je ne savais plus où me mettre! and when he asked you to dance? — don't, I felt so embarrassed!

taiseux, euse [tɛzø, øz] adj & nm, f Belg quiet.

Taiwan [tajwan] npr Taiwan; à ~ in Taiwan.

taiwanais, e [tajwanɛ, ɛz] adj Taiwanese.

◆ Taiwanais, e nm, f Taiwanese; les Taiwanais the Taiwanese.

tajine [taʒin] nm -1. [mets] Moroccan lamb (or chicken) stew. -2. [récipient] tajine.

Taj Mahal [taʒmaal] npr m: le ~ the Taj Mahal.

take-off [tɛkɔf] nm inv takeoff ECON.

talc [talk] nm talcum powder, talc.

talé, e [tale] adj [fruit] bruised.

talent [talɑ̃] nm -1. [capacité artistique] talent; avoir du ~ to have talent, to be talented; son second album est plein de ~ his second album is quite inspired. -2. [don, aptitude particulière] talent, skill, gift; essaie de la raisonner — je n'ai jamais eu ce ~! try to make her see reason — that's a skill I've never had!; ses ~s de communicateur his talents as a communicator; elle exerçait ses ~s de dentiste dans une ville de province she practised as a dentist in a provincial town; votre fille a vraiment tous les ~s your daughter is really talented. -3. [personne] talent; il est à la recherche de jeunes/nouveaux ~s he's looking for young/new talent. -4. HIST talent.

◆ de talent loc adj talented; un jeune écrivain de ~ a talented young writer; un styliste de grand ~ a designer of great talent, a highly talented designer.

◆ sans talent loc adj untalented; chanteur sans ~ untalented singer.

talentueux, euse fam [talɑ̃tɥø, øz] adj talented, gifted.

talion [taljɔ̃] nm talion.

talisman [talismɑ̃] nm -1. [amulette] talisman. -2. litt [sortilège] spell, charm; sa beauté est un ~ auquel nul ne résiste nobody can resist the spell of her beauty.

talismanique [talismanik] adj sout talismanic.

talkie-walkie [tɔkiwɔki] (pl talkies-walkies) nm walkie-talkie.

Talmud [talmyd] npr m Talmud.

talmudique [talmydik] adj Talmudic.

talmudiste [talmydist] nmf Talmudist.

taloche [talɔʃ] nf -1. CONSTR float. -2. fam [gifle] cuff, wallop; il s'est pris une belle ~! he got a real wallop!

talocher fam [3] [talɔʃe] vt: ~ qqn to clip OU to cuff sb round the ear.

talon [talɔ̃] nm -1. ANAT heel; accroupi sur ses ~s crouching (on his haunches OU heels) ❑ ~ d'Achille: son ~ d'Achille his Achilles' heel; être OU marcher sur les ~s de qqn to follow close on sb's heels; montrer OU tourner les ~s [s'enfuir] to show a clean pair of heels; tourner les ~s [faire demi-tour] to (turn round and) walk away. -2. [d'une chaussure] heel; mettre un ~ à une chaussure to put a heel on OU to heel a shoe ❑ ~s aiguilles spike OU stiletto Br heels; ~s bottiers medium heels; porter des ~s hauts OU des hauts ~s to wear high heels; chaussures à ~s hauts high-heeled shoes; porter des ~s plats to wear flat heels. -3. [d'une chaussette] heel; tes chaussettes sont trouées au ~ your socks have got holes in the heels. -4. [d'un fromage, d'un jambon] heel. -5. [d'un chèque] stub, counterfoil; [d'un mandat] counterfoil. -6. ARCHIT [moulure] talon OU ogee moulding. -7. CARTES stock, talon. -8. MUS heel, nut. -9. RAIL heel. -10. TECH [de quille, de serrure, de ski] heel.

talonnade [talɔnad] nf FTBL backheel.

talonnage [talɔnaʒ] nm -1. SPORT heeling (U); faire un ~ to heel (the ball). -2. NAUT touching (U).

talonner [3] [talɔne] ◇ vt -1. [poursuivre]: ~ qqn to follow on sb's heels; le coureur marocain, talonné par l'Anglais the Moroccan runner, with the Englishman close on his heels. -2. [harceler - suj: créancier] to hound; [- suj: gêneur] to pester; le directeur me talonne pour que je remette mon rapport the manager's after me to get my report in. -3. [tourmenter - suj: faim] to gnaw at (insép). -4. [cheval] to spur with one's heels. -5. SPORT to heel, to hook.

◇ vi NAUT [navire] to touch the bottom.

talonnette [talɔnɛt] nf -1. [d'une chaussure] heel-piece, heel cap. -2. [d'un pantalon] binding strip.

talonneur [talɔnœr] nm hooker SPORT.

talonnière [talɔnjɛr] nf -1. BX-ARTS block (placed under the heel during a pose). -2. MYTH talaria.

talquer [3] [talke] vt to put talcum powder OU talc on.

talus [taly] ◇ adj m: pied ~ talipes calcaneus (sort of club foot).

◇ nm -1. [d'un chemin] (side) slope. -2. CONSTR

[de mur] batter, talus. -3. MIL talus. -4. GÉOL: ~ d'éboulis scree, talus. -5. IMPR shoulder; ~ de pied beard. -6. TRAV PUBL: ~ de déblai/remblai excavation/embankment slope.

talweg [talvɛg] *nm* talweg, thalweg.

tamanoir [tamanwar] *nm* (great) anteater.

Tamanrasset [tamanrasɛt] *npr* Tamanrasset.

tamarin [tamarɛ̃] *nm* -1. ZOOL tamarin. -2. BOT tamarind.

tamarinier [tamarinje] *nm* tamarind (tree).

tamaris [tamaris], **tamarix** [tamariks] *nm* tamarisk.

tambouille▽ [tɑ̃buj] *nf* grub; faire la ~ to cook (the grub).

tambour [tɑ̃bur] *nm* -1. MUS [instrument] drum; jouer du ~ to play the drum; on entendait les ~s de la fanfare we could hear the drumming of the band ❑ ~ de basque tambourine; au son du ~ [bruyamment] noisily; sans ~ ni trompette discreetly, unobtrusively; il a quitté le parti sans ~ ni trompette he left the party quietly OU without making any fuss; ~ battant briskly; elle a mené l'affaire ~ battant she got it done briskly; 'le Tambour' *Grass* 'The Tin Drum'. -2. [son] drumbeat; le matin on les réveille au ~ they're woken in the morning by the sound of a drum. -3. [joueur] drummer; les ~s battent la retraite the drummers are beating the retreat; ~ de ville town crier. -4. ARCHIT, AUT & ÉLECTR drum. -5. CONSTR [sas] tambour (door). -6. COUT [à broder] tambour. -7. INF: ~ magnétique magnetic drum. -8. PÊCHE: ~ fixe fixed reel. -9. TECH [de lave-linge] drum; [en horlogerie] barrel.

tambourin [tɑ̃burɛ̃] *nm* [de basque] tambourine; [provençal] tambourin.

tambourinage [tɑ̃burinaʒ] *nm* drumming.

tambourinaire [tɑ̃burinɛr] *nm* tambourin player.

tambourinement [tɑ̃burinmɑ̃] = **tambourinage**.

tambouriner [3] [tɑ̃burine] ◇ *vi* -1. [frapper] to drum (on); il est venu ~ à notre porte à six heures du matin he came beating OU hammering on our door at six in the morning; la grêle tambourinait à la fenêtre hailstones were drumming on OU beating against the window pane. -2. MUS & *vieilli* to drum.
◇ *vt* -1. MUS [air, cadence] to drum (out). -2. [proclamer] to cry out *(sép)*.

tambourineur, euse [tɑ̃burinœr, øz] *nm, f* tambourine player.

tambour-major [tɑ̃burmaʒɔr] (*pl* tambours-majors) *nm* drum major.

Tamenghest [tamɛngɛst] = **Tamanrasset**.

Tamerlan [tamɛrlɑ̃] *npr*: ~ le Grand Tamerlane OU Tamburlaine the Great.

tamil [tamil] = **tamoul** *nm*.

tamis [tami] *nm* -1. [à farine] sieve; [en fil de soie, de coton] tammy (cloth), tamis; passer au ~ [farine, sucre] to put through a sieve, to sift, to sieve; [dossier] to go through with a fine-tooth comb. -2. CHIM: ~ moléculaire molecular sieve. -3. CONSTR [à sable] sifter, riddle *spéc*. -4. SPORT [d'une raquette] strings.

tamisage [tamizaʒ] *nm* [de farine] sifting, sieving; [de sable] sifting, riddling *spéc*.

Tamise [tamiz] *npr f*: la ~ the Thames.

tamisé, e [tamize] *adj* -1. [farine, terre] sifted, sieved. -2. [éclairage] soft, subdued; [lumière naturelle] soft.

tamiser [3] [tamize] *vt* -1. [farine, poudre] to sift, to sieve. -2. [lumière naturelle] to filter; [éclairage] to subdue. -3. CONSTR [sable] to sift, to riddle *spéc*.

tamoul, e [tamul] *adj* Tamil.
◆ **Tamoul, e** *nm, f* Tamil.
◆ **tamoul** *nm* LING Tamil.

tamouré [tamure] *nm* tamure.

tampico [tɑ̃piko] *nm* Tampico fibre.

tampon [tɑ̃pɔ̃] ◇ *nm* -1. [pour absorber] wad; ~ périodique tampon. -2. [pour imprégner] pad; ~ encreur ink pad. -3. [pour nettoyer] pad; ~Jex® Brillo pad®; ~ à récurer scouring pad, scourer. -4. [pour obturer] plug, bung; il a bouché la fissure avec un ~ de papier he stopped up the crack with a wad of paper. -5. [plaque gravée] rubber stamp; [oblitération] stamp; faites apposer le ~ de la mairie sur votre certificat have the town hall stamp your certificate; le ~ de la poste the postmark. -6. *fig* buffer; il sert de ~ entre la direction et le personnel he acts as a buffer between the management and the staff. -7. BX-ARTS dabber, dauber. -8. CONSTR [dalle] cover; [cheville] wall plug; ~ d'égout manhole cover. -9. INF & RAIL buffer. -10. MÉCAN plug gauge. -11. MÉD swab, tampon.
◇ *adj inv* -1. POL: État/zone ~ buffer state/zone. -2. CHIM: substance ~ buffer.

tampon-buvard [tɑ̃pɔ̃byvar] (*pl* tampons-buvards) *nm* blotter.

tamponnade [tɑ̃pɔnad] *nf*: ~ du cœur (cardiac) tamponade.

tamponnage [tɑ̃pɔnaʒ] *nm* -1. MÉD dabbing. -2. CHIM buffering.

tamponnement [tɑ̃pɔnmɑ̃] *nm* -1. [accident] collision. -2. MÉD tamponage. -3. [obturation] plugging.

tamponner [3] [tɑ̃pɔne] *vt* -1. [document, passeport] to stamp; [lettre timbrée] to postmark. -2. [télescoper] to collide with *(insép)*, to hit, to bump into *(insép)*; [violemment] to crash into *(insép)*. -3. [sécher - front, lèvres, yeux] to dab (at). -4. [enduire - meuble] to dab. -5. CHIM to buffer. -6. CONSTR [mur] to plug. -7. MÉD [plaie] to tampon.
◆ **se tamponner** ◇ *vp (emploi réciproque)* to collide, to bump into one another; ils se sont tamponnés they collided.
◇ *vp (emploi réfléchi)*▽: je m'en tamponne (le coquillard)! I don't give a damn!

tamponneur, euse [tɑ̃pɔnœr, øz] *adj* colliding; le train ~ the train which crashed into the back of the other one.

tamponnoir [tɑ̃pɔnwar] *nm* pin OU wall bit.

tam-tam [tamtam] (*pl* tam-tams) *nm* -1. MUS [d'Afrique] tom-tom; [gong] tam-tam. -2. *fam* [publicité tapageuse] hype; [vacarme] fuss, to-do; quel ~ pour le divorce de la princesse! what a fuss they're making about the princess's divorce!

tan [tɑ̃] *nm* tanbark.

tanagra [tanagra] *nm* OU *nf* Tanagra figurine.

Tananarive [tananariv] *npr* Antananarivo.

tancer [16] [tɑ̃se] *vt litt* to scold; ~ vertement qqn to berate sb.

tanche [tɑ̃ʃ] *nf* tench.

tandem [tɑ̃dɛm] *nm* -1. [vélo] tandem. -2. [couple] pair; le ~ qu'ils forment est redoutable together, they make a formidable pair.
◆ **en tandem** ◇ *loc adj* [attelage] tandem *(modif)*.
◇ *loc adv* [agir, travailler] in tandem, as a pair.

tandis que [tɑ̃dikə], **tandis qu'** [tɑ̃dik] *loc conj* -1. [pendant que] while, whilst; [au même moment que] as; il l'observait tandis qu'elle parlait he was watching her while she was talking OU as she talked; le téléphone sonna tandis qu'il ouvrait la porte the phone rang as he opened the door. -2. [alors que] whereas; elle aime l'opéra ~ lui préfère le jazz she likes opera whereas he likes jazz.

tangage [tɑ̃gaʒ] *nm* AÉRON & NAUT pitching; il y avait du ~ the boat was pitching.

Tanganyika [tɑ̃ganika] *npr* → **lac**.

tangara [tɑ̃gara] *nm* tanager.

tangence [tɑ̃ʒɑ̃s] *nf* tangency; point de ~ point of tangency *spéc* OU contact.

tangent, e [tɑ̃ʒɑ̃, ɑ̃t] *adj* -1. GÉOM & MATH tangent, tangential. -2. *fam* [limite - cas, candidat] borderline; ses notes sont ~es her grades put her on the borderline; je ne l'ai pas renvoyé, mais c'était ~ I didn't fire him but I was very close to doing so.
◆ **tangente** *nf* -1. GÉOM & MATH tangent; une ~e à la courbe a tangent to the curve. -2. *loc*: prendre la ~e *fam* [se sauver] to make off; [esquiver une question] to dodge the issue.

tangentiel, elle [tɑ̃ʒɑ̃sjɛl] *adj* tangential.

Tanger [tɑ̃ʒe] *npr* Tangier, Tangiers.

tangerine [tɑ̃ʒərin] *nf* tangerine.

tangibilité [tɑ̃ʒibilite] *nf* tangibility, tangibleness.

tangible [tɑ̃ʒibl] *adj* -1. [palpable] tangible, palpable; la réalité ~ tangible reality. -2. [évident] tangible, real; l'amélioration des résultats est ~ there has been a real improvement in the results.

tangiblement [tɑ̃ʒibləmɑ̃] *adv litt* tangibly, palpably.

tango [tɑ̃go] ◇ *adj inv* bright orange.
◇ *nm* tango.

tangue [tɑ̃g] *nf* sea sand.

tanguer [3] [tɑ̃ge] *vi* -1. NAUT to pitch; la tempête faisait ~ le navire the storm was tossing the boat around, the boat was tossed about in the storm. -2. *fam* [tituber] to reel, to sway. -3. *fam* [vaciller - décor] to spin; tout tanguait autour d'elle, elle sentit qu'elle allait s'évanouir everything around her was spinning and she felt she was going to faint.

tanière [tanjɛr] *nf* -1. [d'un animal] den, lair. -2. [habitation] retreat; il ne sort jamais de sa ~ he never leaves his den.

tanin [tanɛ̃] *nm* tannin.

tanisage [tanizaʒ] *nm* adding of tannin VINIC.

taniser [3] [tanize] *vt* -1. [poudre] to add tan to. -2. ŒNOL to add tannin to.

tank [tɑ̃k] *nm* tank INDUST & MIL.

tanker [tɑ̃kœr] *nm* tanker NAUT.

tannage [tanaʒ] *nm* tanning.

tannant, e [tanɑ̃, ɑ̃t] *adj* -1. [produit] tanning. -2. *fam* [importun] annoying; [énervant] maddening; ce que tu peux être ~ avec tes questions! you're a real pain with all these questions!

tanné, e [tane] *adj* -1. [traité - cuir] tanned. -2. [hâlé - peau] weathered, weather-beaten.
◆ **tannée** *nf* -1. [écorce] tanbark. -2. ▽ [correction] hiding, thrashing; prendre une ~ to get a hiding. -3. ▽ [défaite humiliante] drubbing, trouncing; il a pris OU s'est ramassé une ~ aux présidentielles he got well and truly thrashed in the presidential election.

tanner [3] [tane] *vt* -1. [traiter - cuir] to tan; ~ le cuir à qqn *fam* to tan sb's hide, to thrash sb. -2. [hâler - peau] to tan. -3. *fam* [harceler] to pester, to hassle; son fils le tanne pour avoir une moto his son keeps pestering him for a motorbike.

tannerie [tanri] *nf* -1. [établissement] tannery. -2. [industrie, opérations] tanning.

tanneur, euse [tanœr, øz] *nm, f* tanner.

tannin [tanɛ̃] = **tanin**.

tannique [tanik] *adj* tannic.

tannisage [tanizaʒ] = **tanisage**.

tanniser [tanize] = **taniser**.

tant [tɑ̃] ◇ *adv* -1. [avec un verbe]: il l'aime ~ he loves her so much; ne fume pas ~! don't smoke so much!; il a ~ travaillé sur son projet he's worked so hard on his project; j'en ai ~ rêvé I've dreamt about it so much OU often || [en corrélation avec 'que']: ils ont ~ fait qu'ils ont obtenu tout ce qu'ils voulaient they worked so hard that they ended up getting everything they wanted; j'ai ~ crié que je suis enroué I shouted so much that I've lost my voice ❑ ~ va la cruche à l'eau (qu'à la fin elle se casse) *prov* he who plays with fire gets burnt. -2. [avec un participe passé]: le jour ~ attendu arriva enfin the long-awaited day arrived at last. -3. *sout* [introduisant la cause]: les plantes ont gelé ~ il a fait froid it was so cold the plants froze; deux personnes se sont évanouies, ~ il faisait chaud it was so hot (that) two people fainted. -4. [exprimant une quantité imprécise] so much; ce sera ~ par mois that will be so much per month; **tu lui dis simplement «ça fait ~»** just tell him "it costs so much"; **il gagne ~ de l'heure** he earns so much per hour. -**5.** [introduisant une comparaison]: **~... que: le spectacle peut plaire ~ aux enfants qu'aux parents** the show is aimed at children as well as adults; **pour des raisons ~ économiques que politiques** for economic as well as political reasons; **ce n'est pas ~ sa colère qui me fait mal que son mépris** her anger doesn't hurt me so much as her contempt. -**6.** *loc*: **vous m'en direz ~!** *fam*, **tu m'en diras ~!** *fam* you don't say!; **comme il y en a ~: une maison de banlieue comme il y en a ~** one of those suburban houses that you come across so often.

◇ *nm*: **suite à votre lettre du ~** with reference to your letter of such and such a date; **vous serez payé le ~ de chaque mois** you'll be paid on such and such a date every month.

◆ **en tant que** *loc conj* -**1.** [en qualité de] as; **en ~ que directeur, la décision vous revient** as director, the decision is yours; **en ~ que père, tu dois prendre tes responsabilités** you must face up to your responsibilities as a father. -**2.** [dans la mesure où] as long as; **il ne s'intéresse à nous qu'en ~ que nous lui rendons service** *sout* he's only interested in us as long as OU while we can be of use to him.

◆ **tant bien que mal** *loc adv* after a fashion; **je l'ai repassé ~ bien que mal** I've ironed it after a fashion OU as best I could; **le moteur est reparti, ~ bien que mal** somehow, the engine started up again.

◆ **tant de** *loc dét* -**1.** [tellement de] *(suivi d'un n non comptable)* so much, such; *(suivi d'un n comptable)* so many; **il y a ~ de livres à lire** there are so many books to read; **~ de bonheur** such OU so much happiness; **~ de gens** so many people || [en corrélation avec 'que']: **elle a ~ de travail qu'elle n'a plus le temps d'aller au cinéma** she has so much work that she no longer has the time to go to the cinema; **vous m'avez reçu avec ~ de générosité que je ne sais quoi dire** you've made me so welcome that I'm lost for words; **~ d'années ont passé que j'ai oublié** so many years have gone by that I've forgotten. -**2.** [exprimant une quantité imprécise]: **il y a ~ de lignes par page** there are so many lines to a page; **~ de centimètres** so many centimetres; **~ de grammes** so many grammes.

◆ **tant et plus** *loc adv* over and over again, time and time again; **j'ai insisté ~ et plus** I insisted over and over again OU time and time again.

◆ **tant et si bien que** *loc conj*: **ils ont fait ~ et si bien qu'ils ont réussi** they worked so hard that they succeeded; **~ et si bien que je ne lui adresse plus la parole** so much so that we're no longer on speaking terms.

◆ **tant il est vrai que** *loc conj*: **il s'en remettra, ~ il est vrai que le temps guérit tout** he'll get over it, for it's true that time is a great healer.

◆ **tant mieux** *loc adv* good, fine, so much the better; **vous n'avez rien à payer — ~ mieux!** you don't have anything to pay — good OU fine!; **il est parti et c'est ~ mieux** he's left and just as well OU and a good thing too; **~ mieux pour lui** good for him.

◆ **tant pis** *loc adv* never mind, too bad; **il n'est pas là — ~ pis!** he isn't in — never mind!; **je reste, ~ pis s'il n'est pas content** I'm staying, too bad if he doesn't like it; **~ pis pour lui** too bad (for him).

◆ **tant soit peu** *loc adv*: **s'il est ~ soit peu intelligent, il comprendra** if he is even the slightest bit intelligent, he'll understand.

◆ **tant que** *loc conj* -**1.** [autant que] as OU so much as; **elle ne travaille pas ~ que les autres** she doesn't work as much OU as hard as the others; **il sort ~ qu'il peut** he goes out as much OU often as he can; **manges-en ~ que tu veux** have as many OU much as you like ❑ **tu l'aimes ~ que ça?** do you love him that much?; **ça fait mal! — ~ que ça?** it hurts! — that much?; **elle est jolie — pas ~ que ça** she's pretty — not really; **il y a 15 ans — ~ que ça?** that was 15 years ago — that long ago?; **tous ~ que vous êtes, vous irez** every last one of you will go; **tous ~ que nous sommes** all of us, every single one of us; **il pleut ~ que ça peut** it's raining like anything. -**2.** [aussi longtemps que] as long as; [pendant que] while; **tu peux rester ~ que tu veux** you can stay as long as you like; **~ qu'il y aura des hommes** as long as there are men; **~ qu'on y est** while we're at it; **~ que j'y pense, as-tu reçu ma carte?** while I think of it, did you get my card?; **~ que ce n'est pas grave!** *fam* as long as it's not serious! ❑ **sois grossier ~ que tu y es!** be rude (as well) while you're at it!; **pourquoi pas un château avec piscine ~ que tu y es!** why not a castle with a swimming pool while you're at it!; **~ qu'il y a de la vie, il y a de l'espoir** while there's life there's hope.

◆ **tant qu'à** *loc conj*: **~ qu'à partir, autant partir tout de suite** if I/you *etc* must go, I/you *etc* might as well do it right away; **~ qu'à m'expatrier, j'aime mieux que ce soit dans un beau pays** if I have to go and live abroad, I'd rather go somewhere nice ❑ **~ qu'à faire: ~ qu'à faire, je préférerais du poisson** I'd rather have fish if I have the choice; **~ qu'à faire, sortons maintenant** we might as well go out now.

◆ **un tant soit peu** *loc adv* a little bit; **si tu étais un ~ soit peu observateur** if you were the least bit observant; **si elle avait un ~ soit peu de bon sens** if she had the slightest bit of common sense; **s'il voulait être un ~ soit peu plus aimable...** if he would only be just the slightest OU tiniest bit more friendly...

tantale [tɑ̃tal] *nm* -**1.** ORNITH tantalus, wood stock. -**2.** CHIM tantalum.

Tantale [tɑ̃tal] *npr* Tantalus; **le supplice de ~** the punishment of Tantalus.

tante [tɑ̃t] *nf* -**1.** [dans une famille] aunt; **~ Marie** Aunt Marie. -**2.** ▽ [mont-de-piété]: **chez ma ~** at my uncle's, at the pawnshop. -**3.** ▽ [homosexuel] fairy.

tantième [tɑ̃tjɛm] ◇ *adj*: **la ~ partie des bénéfices** so much of the profits.

◇ *nm* [part proportionnelle] proportion; [quote-part de bénéfice] share.

tantine *fam* [tɑ̃tin] *nf* aunty.

tantinet [tɑ̃tinɛ] *nm* tiny bit.

◆ **un tantinet** *loc adv* a tiny (little) bit; **un ~ stupide** a tiny bit stupid.

tantôt [tɑ̃to] *adv* -**1.** *fam* [cet après-midi] this afternoon; **je dois le voir ~** I have to see him this afternoon. -**2.** *dial* [plus tard] later; **à ~** see you later. -**3.** *dial* [plus tôt] earlier; **je l'ai vu ~** I saw him earlier.

◆ **tantôt..., tantôt** *loc corrél* sometimes..., sometimes; **nous passons le week-end ~ chez mes parents, ~ chez les siens** sometimes we spend the weekend with my parents, sometimes with his.

tantouze▽ [tɑ̃tuz] *nf péj* fairy, queen.

Tanzanie [tɑ̃zani] *npr f*: **(la) ~** Tanzania.

tanzanien, enne [tɑ̃zanjɛ̃, ɛn] *adj* Tanzanian.

◆ **Tanzanien, enne** *nm, f* Tanzanian.

tao [tao] *nm* Tao.

TAO (*abr de* **traduction assistée par ordinateur**) *nf* CAT.

taoïsme [taɔism] *nm* Taoism.

taoïste [taɔist] *adj* & *nmf* Taoist.

taon [tɑ̃] *nm* horsefly.

tapage [tapaʒ] *nm* -**1.** [bruit] din, uproar; **faire du ~** to make a racket. -**2.** [scandale] scandal, fuss; **ça a fait tout un ~** there was quite a fuss about it. -**3.** JUR: **~ nocturne** *disturbance of the peace at night.*

tapageur, euse [tapaʒœr, øz] *adj* -**1.** [bruyant] noisy, rowdy; **les enfants sont un peu ~s** the children are a bit rowdy. -**2.** [voyant - vêtement] showy, flashy; [- publicité] obtrusive. -**3.** [dont on parle beaucoup]: **une liaison tapageuse entre deux vedettes** a much-talked-about affair between two stars.

tapageusement [tapaʒøzmɑ̃] *adv* flashily, showily.

tapant, e [tapɑ̃, ɑ̃t] *adj*: **je serai là à dix heures ~es** I'll be there at ten o'clock sharp OU on the dot; **il est rentré à minuit ~** he came home on the stroke of midnight.

tape [tap] *nf* -**1.** [pour punir] (little) slap, tap; **je lui ai donné une petite ~ sur les fesses** I gave him a little smack OU slap on the bottom. -**2.** [amicale] pat; **donner une petite ~ sur le dos/bras de qqn** to pat sb's back/arm.

tapé, e [tape] *adj* -**1.** *fam* [fou] crackers, cracked. -**2.** [fruit - abîmé] bruised. -**3.** *fam* [juste et vigoureux - réplique] well-aimed; **ça c'est une réponse bien ~e!** that's really hit the nail on the head! -**4.** *fam* [marqué par l'âge - visage] aged.

◆ **tapée** *fam nf* [multitude]: **une ~e de dossiers** heaps of files; **il y avait une ~e de photographes** there was a swarm of photographers.

tape-à-l'œil [tapalœj] ◇ *adj inv* [couleur, bijoux, toilette] flashy, showy.

◇ *nm inv*: **c'est du ~** [objets, toilette] it's all show; **il aime le ~** he likes showy things.

tape-cul (*pl* tape-culs), **tapecul** [tapky] *nm* -**1.** [tilbury] gig. -**2.** *fam* [voiture] rattletrap. -**3.** *fam* [balançoire] seesaw. -**4.** *fam* NAUT [voile] jigger; [mât] jigger mast.

tapée [tape] *f* → **tapé**.

tapement [tapmɑ̃] *nm* -**1.** [action] tapping, drumming. -**2.** [bruit] tapping.

taper [3] [tape] ◇ *vt* -**1.** [personne - gén] to hit; [- d'un revers de main] to slap; **ne tape pas ton petit frère** don't hit your little brother. -**2.** [marteler - doucement] to tap; [- fort] to hammer, to bang; **elle tapait rageusement le sol avec son pied** she was stamping her foot angrily ❑ **~ le carton** *fam* to play cards, to have a game of cards. -**3.** [heurter]: **~ un coup à une porte** to knock once on a door; **il est venu ~ plusieurs coups sur ma vitre** he came and knocked (several times) on my window. -**4.** [dactylographier] to type; **~ un document à la machine** to type (out) a document; **~ 40 mots à la minute** to type 40 words per minute. -**5.** TÉLÉC [code] to dial; **tapez le 36 15** dial 36 15. -**6.** *fam* [jouer - air de musique] to thump OU to hammer out *(sép)*; **il tapait une valse sur le piano** he was hammering out a waltz on the piano. -**7.** ▽ [demander de l'argent à]: **il m'a tapé de 300 francs** he touched me for 300 francs, he cadged *esp Br* OU bummed *Am* 300 francs off me. -**8.** *fam* [atteindre]: **sa voiture tape le 200** his car can do 200.

◇ *vi* -**1.** [donner un coup à quelque chose]: **~ sur** [clavier] to bang OU to thump away at; [clou, pieu] to hit; [avec un marteau] to hammer (away at); **elle a tapé du poing sur la table** she banged OU thumped her fist on the table; **~ dans une balle** [lui donner un coup] to kick a ball; [s'amuser avec] to kick a ball around; **~ du pied** OU **des pieds** to stamp one's foot OU feet; **~ des mains** to clap one's hands. -**2.** [battre, frapper]: **~ sur qqn** [une fois] to hit sb; [à coups répétés] to beat sb up; **c'est un bon boxeur et il tape dur** he's a good boxer and he hits hard OU packs a powerful punch ❑ **se faire ~ sur les doigts** to get rapped over the knuckles; **la petite veste rose m'avait tapé dans l'œil** *fam* I was really taken with the little pink jacket; **elle lui a tapé dans l'œil dès le premier jour** *fam* he fancied her from day one. -**3.** [dactylographier] to type; **il tape bien/mal** he types well/badly, he's a good/bad typist; **tape sur cette touche** press this key. -**4.** *fam* [soleil] to beat down; **ça tapait sur la plage cet après-midi** it was scorching hot on the beach this afternoon; **le vin rouge m'a tapé sur la tête** the red wine knocked me out. -**5.** *fam* [critiquer]: **~ sur** [personne, film] to run down *(sép)*, to knock; **elle s'est fait ~ dessus dans la presse** OU **par les journaux** the newspapers really panned her. -**6.** *fam* [puiser]: **~ dans** [réserves, économies] to dig into *(insép)*; [tiroir-caisse] to help o.s. from; **voilà la viande, tapez dedans!** here's the meat, dig OU tuck *esp Br* in!; **elle ne pouvait pas s'empêcher de ~ dans la caisse** she couldn't keep her fingers out of the till. -**7.** ▽ [sentir mauvais] to reek, to stink; **ça tape dans ta chambre!** your room stinks!

-**8.** *fam Afr* [aller à pied] to walk; **elle a manqué le car et a dû ~** she missed the coach and had to walk.

◆ **se taper** ◇ *vp (emploi réciproque)* to hit each other; **ils ont fini par se ~ dessus** eventually, they came to blows ❑ **se ~ sur le ventre**▽ [être en bonnes relations] to be very close; **lui et le ministre se tapent sur le ventre** he and the minister are great buddies.

◇ *vpt* -**1.** *fam* [consommer - dîner, petits fours] to put away *(sép)*, to scoff *Br*; [- boisson] to knock back *(sép)* ❑ **se ~ la cloche** *fam* to have a blow-out *esp Br*, to pig out. -**2.** ▽ [sexuellement] to lay, to have it off with; **lui, je vais me le ~!** I'm going to get this guy into bed! -**3.** *fam* [subir - corvée, travail, gêneur] to get landed *Br* OU lumbered *Br* OU stuck with; **je me suis tapé les cinq étages à pied** I had to walk up the five floors. -**4.** [se cogner]: **se ~ les cuisses** *fam* [de satisfaction, de rire] to slap one's thighs; **c'était à se ~ le derrière** *fam* OU **le cul**▽ **par terre** it was a scream OU hoot; **c'est à se ~ la tête contre les murs** *fam* it's enough to drive you stark raving mad.

◇ *vpi*: **se ~ sur les cuisses** [de satisfaction, de rire] to slap one's thighs; **je m'en tape**▽ I don't give a damn (about it); **tu peux (toujours) te ~!**▽ you can whistle for it!

tapette [tapɛt] *nf* -**1.** [petite tape] pat, tap. -**2.** [piège à souris] mousetrap. -**3.** *fam* [bagou]: **il a une bonne ~** he's a real chatterbox. -**4.** ▽ *péj* [homosexuel] poof *Br*, fag *Am*. -**5.** [contre les mouches] flyswatter; [pour les tapis] carpet beater. -**6.** BX-ARTS [de graveur] dauber, dobber.

tapeur, euse *fam* [tapœr, øz] *nm, f* cadger *esp Br*, scrounger, mooch *Am*.

tapi, e [tapi] *adj* -**1.** [accroupi] crouching, hunched up; [en embuscade] lurking. -**2.** *litt* [blotti, dissimulé] lurking, skulking, lying low; **une chaumière ~e au cœur de la forêt** a cottage hidden OU lying in the heart of the forest. -**3.** [retiré] buried, shut away; **~e chez elle, elle tente de finir son roman** she's shut herself away at home, in an attempt to finish her novel.

tapin▽ [tapɛ̃] *nm*: **faire le ~** to be on the game *Br*, to work the streets *esp Am*; **elle fait le ~ rue Saint-Denis** she works the rue Saint-Denis.

tapiner▽ [3] [tapine] *vi* to be on the game *Br*, to work the streets *esp Am*.

tapinois [tapinwa]

◆ **en tapinois** *loc adv* [entrer, se glisser] sneakily, furtively.

tapioca [tapjɔka] *nm* tapioca; **potage au ~** tapioca soup.

tapir[1] [tapir] *nm* tapir.

tapir[2] [32] [tapir]

◆ **se tapir** *vpi* -**1.** [se baisser] to crouch (down); [se dissimuler - par peur] to hide; [- en embuscade] to lurk; **il se tapit derrière un buisson et l'attendit** he lay in wait for her behind a bush. -**2.** *sout* [se retirer] to hide away; **depuis son accident, elle se tapit dans un petit village à la montagne** since her accident, she's been hiding away in a small mountain village.

tapis [tapi] *nm* -**1.** [pièce de tissu] carpet; **~ chinois/persan** Chinese/Persian carpet ❑ **~ de bain** bath mat; **~ de haute laine** deep-pile carpet; **~ d'Orient** oriental carpet; **~ de prière** prayer mat; **~ rouge** *pr & fig* red carpet; **tu ne veux pas le ~ rouge aussi?** what do you want, the red-carpet treatment?; **~ de selle** saddlecloth; **~ de sol** ground sheet; **~ de table** table cover; **~ volant** flying OU magic carpet. -**2.** *litt* [couche - de feuilles, de neige] carpet; **un ~ d'aiguilles de pin/de fleurs** a carpet of pine needles/of flowers. -**3.** GÉOG: **~ végétal** plant cover. -**4.** HORT: **~ de gazon** smooth, even lawn. -**5.** JEUX [de billard, d'une table de jeu] cloth, baize; **~ vert** [table de jeu] green baize; [de conférence] baize; **Tapis Vert** *game of chance organized by the French national lottery*; **le ~ brûle** OU **crie** there's a stake missing. -**6.** SPORT [dans une salle de sport] mat; [à la boxe] canvas; **aller au ~** [boxeur] to be knocked down; **envoyer son adversaire au ~** to floor one's opponent. -**7.** TECH: **~ roulant** [pour piétons] moving pavement *Br* OU sidewalk *Am*, travolator; **~ transporteur** [pour bagages, pièces de montage] conveyor belt. -**8.** TRAV PUBL (bituminous) carpet.

◆ **sur le tapis** *loc adv* -**1.** JEUX on the table; **il y avait plus de 15 000 francs sur le ~** there were more than 15,000 francs on the table. -**2.** *fig*: **l'affaire est de nouveau sur le ~** the matter is being discussed again; **à quoi bon remettre toutes nos vieilles querelles sur le ~?** what's the use of bringing up OU raking over all our old quarrels again?

tapis-brosse [tapibrɔs] (*pl* **tapis-brosses**) *nm* doormat.

tapisser [3] [tapise] *vt* -**1.** [mur - avec du papier peint] to wallpaper; [- avec du tissu] to hang with material; [- avec des tentures] to hang with curtains OU drapes *Am*; [fauteuil, étagère] to cover; **~ une cloison de posters** to cover a partition with posters. -**2.** CULIN [garnir] to line; **tapissez votre moule de papier d'aluminium** line your tin with foil. -**3.** *litt* [couvrir - suj: bruyère, neige] to cover, to carpet; **le trèfle tapissait le champ** the field was carpeted with clover; **un banc tapissé de mousse/neige** a moss-clad *litt* /snow-covered bench; **un nid tapissé de feuilles** a nest lined with leaves. -**4.** ANAT & BOT to line.

tapisserie [tapisri] *nf* -**1.** [art, panneau] tapestry; **les ~s des Gobelins** the Gobelins tapestries ❑ **la ~ de Bayeux** OU **de la reine Mathilde** the Bayeux tapestry; **faire ~** [dans une réunion] to be left out; [au bal] to be a wallflower. -**2.** [petit ouvrage] tapestry; **faire de la ~** to do tapestry OU tapestry-work ❑ **point de ~** canvas stitch. -**3.** [papier peint] wallpaper *(U)*; **refaire les ~s d'une chambre** to repaper a bedroom. -**4.** [métier] tapestry-making.

tapissier, ère [tapisje, ɛr] *nm, f* -**1.** [fabricant] tapestry-maker. -**2.** [vendeur] upholsterer. -**3.** [décorateur] interior decorator.

tapon [tapɔ̃] *nm vieilli* [bouchon] plug, bung; **rouler qqch en ~** to roll sthg into a ball.

tapotement [tapɔtmɑ̃] *nm* [avec les doigts] tapping; [avec la main] patting.

tapoter [3] [tapɔte] ◇ *vt* -**1.** [dos] to pat; [joue, surface, thermomètre] to tap; **elle lui a tapoté amicalement la joue** she gave his cheek a friendly tap; **il tapota son pupitre avec sa baguette** he tapped the rostrum with his baton. -**2.** [air de musique] to bang out.

◇ *vi* -**1.** [tambouriner] to tap; **elle tapotait sur la table avec un crayon** she was drumming (on) the table with a pencil. -**2.** [jouer médiocrement]: **il tapotait sur le vieux piano** he was banging out a tune on the old piano.

tapuscrit [tapyskri] *nm* typescript.

taque [tak] *nf* -**1.** CONSTR fireback (plate). -**2.** TECH cast iron plate.

taquet [takɛ] *nm* -**1.** [cale - de meuble] wedge; [- de porte] wedge, stop. -**2.** CONSTR [coin en bois] (wood) angle block; [d'une porte] catch; **~ d'échelle** ladder jack. -**3.** IMPR jogger. -**4.** NAUT cleat. -**5.** RAIL: **~ d'arrêt** Scotch block. -**6.** TECH [d'une machine à écrire] tabulator stop. -**7.** TEXT picker.

taquin, e [takɛ̃, in] ◇ *adj* teasing; **il est un peu ~ par moments** he's a bit of a tease sometimes.

◇ *nm, f* [personne] teaser, tease.

◆ **taquin** *nm* JEUX *puzzle consisting of sliding plates in a frame which have to be arranged in a set order.*

taquiner [3] [takine] *vt* -**1.** [faire enrager] to tease; **cesse de la ~** stop teasing her. -**2.** [être légèrement douloureux] to bother; **j'ai une dent qui me taquine** one of my teeth is bothering me OU giving me a bit of bother. -**3.** *loc*: **~ le piano** *fam*/**violon** *fam* to play the piano/violin a bit; **~ le goujon** *fam* to do a bit of fishing; **~ la muse** *litt* to dabble in poetry, to court the Muse.

◆ **se taquiner** *vp (emploi réciproque)* to tease each other.

taquinerie [takinri] *nf* -**1.** [action] teasing; **il m'a dit que j'étais gros — c'était par ~** he said I was fat — he was just teasing (you). -**2.** [parole]: **cesse tes ~s** stop teasing.

tarabiscoté, e *fam* [tarabiskɔte] *adj* -**1.** [bijou] overornate. -**2.** [style, phrases] fussy, affected. -**3.** [explication, récit] complicated, involved, convoluted; **ton histoire est bien ~e!** your story is pretty complicated!

tarabuster *fam* [3] [tarabyste] *vt* -**1.** [houspiller] to pester, to badger; **elle m'a tarabusté jusqu'à ce que j'accepte** she just wouldn't leave me alone until I said yes. -**2.** [tracasser] to bother; **elle doit se faire opérer et ça la tarabuste** she's got to have an operation and it's getting her down.

tarage [taraʒ] *nm* COMM taring.

tarama [tarama] *nm* taramasalata.

taratata *fam* [taratata] *interj* [exprime - la méfiance, l'incrédulité] nonsense, rubbish; [- la contrariété] fiddlesticks; **~, tu as dit que tu viendrais, tu viendras!** no, no, you said you'd come, so come you will!

taraud [taro] *nm* [pour filetage] tap, screwtap.

taraudage [tarodaʒ] *nm* -**1.** [action] tapping. -**2.** [trou] female thread.

tarauder [3] [tarode] *vt* to tap, to thread.

taraudeuse [tarodøz] *nf* tapping machine, tapper.

tarbouch(e) [tarbuʃ] *nm* tarboosh.

tard [tar] *adv* -**1.** [à la fin de la journée, d'une période] late; **il se couche/lève ~** he goes to bed/gets up late; **il est ~** it's late; **il se fait ~** it's getting late; **~ dans la matinée/l'après-midi** late in the morning/afternoon; **il a fait chaud ~ dans la saison** [en retard] the hot weather came late in the season; [longtemps] the weather remained hot until late in the season. -**2.** [après le moment fixé ou opportun] late; **j'ai déjeuné ~ aujourd'hui** I had a late lunch OU had lunch late today; **les magasins restent ouverts ~** the shops stay open late OU keep late opening hours; **il est un peu ~ pour changer d'avis** it's a little late to change your mind; **tu arrives bien ~ aujourd'hui** you're very late today; **c'est trop ~** it's too late; **il est arrivé encore plus ~ que moi** he came in even later than I did; **il ne fallait pas attendre si ~ pour m'en parler** you shouldn't have left it so late before talking to me about it; **elle est venue ~ à la danse classique** she was a latecomer to ballet. -**3.** **plus ~** [après un certain temps] later; **je reviendrai plus ~** I'll come back later; **je m'en occuperai un peu plus ~** I'll deal with it a little later; **nous parlions de lui pas plus ~ que ce matin** we were talking about him only OU just this morning.

◆ **au plus tard** *loc adv* at the latest; **donnez-moi votre réponse lundi au plus ~** give me your answer on Monday at the latest.

◆ **sur le tard** *loc adv* late (on) in life; **elle s'est mariée sur le ~** she married late in life.

tarder [3] [tarde] *vi* -**1.** [être lent à se décider - personne] to delay; **je n'aurais pas dû tant ~** I shouldn't have left it so late OU have put it off so long; **ne pars pas maintenant — j'ai déjà trop tardé** don't go now — I should be gone already. -**2.** [être long à venir - événement] to be a long time coming, to take a long time to come; **sa décision n'a pas tardé** his decision wasn't long coming; **ça ne tardera plus maintenant** it won't be long now; **je t'avais dit qu'on le reverrait, ça n'a pas tardé!** I told you we'd see him again, we didn't have to wait long!; **la réponse tardait à venir** the answer took a long time to come; **aujourd'hui, le soleil tarde à se montrer** it's taking a long time for the sun to come out today; **un conflit ne tardera pas à éclater entre les deux pays** it won't be long before the two countries enter into conflict ‖ [mettre du temps - personne]: **elle devrait être rentrée, elle ne va pas ~** she should be back by now, she won't be long; **il a trop tardé à donner son accord** he waited too long before giving his approval; **ne pas ~ à**: **nous ne**

tarderons pas à le savoir we'll soon know; **elle n'a pas tardé à se rendre compte que...** it didn't take her long to realize that..., she soon realized that...

◆ **il tarde** *v impers*: **il me tarde d'avoir les résultats** I'm longing to get the results; **il nous tarde tant que tu reviennes** we are so longing for your return.

◆ **sans (plus) tarder** *loc adv* without delay; **partons sans plus ~** let's leave without further delay.

tardif, ive [tardif, iv] *adj* -**1.** [en retard] late, belated, tardy *litt*; **l'arrivée tardive des secours sur le lieu de l'accident** the late arrival of the emergency services at the scene of the accident; **tes regrets sont trop ~s pour être sincères** your regrets are too late to be sincere. -**2.** [avancé] late, advanced; **je me suis couché à une heure tardive** I went to bed at a late OU advanced hour. -**3.** AGR late, late-developing.

tardivement [tardivmɑ̃] *adv* -**1.** [à une heure tardive] late. -**2.** [trop tard] belatedly, tardily *litt*.

tardiveté [tardivte], **tardivité** [tardivite] *nf* -**1.** *litt* [d'un développement] lateness; [d'un regret] belatedness, tardiness *litt*. -**2.** AGR lateness.

tare [tar] *nf* -**1.** [défectuosité - physique] (physical) defect; [- psychique] abnormality; **tous les chiots de la portée sont sans ~** all of the puppies in the litter are perfectly normal. -**2.** *fig* defect, flaw; **l'agressivité est la ~ de la société moderne** aggressiveness is the ugliest feature of modern society. -**3.** COMM [perte de valeur] loss, shrinkage. -**4.** VÉTÉR [tumeur du cheval]: **cheval sans ~** sound horse. -**5.** [d'une balance, d'un poids brut, d'un prix] tare; **faire la ~** to allow for the tare.

taré, e [tare] ◇ *adj* -**1.** [gâté - fruit] imperfect. -**2.** [atteint d'une tare] abnormal. -**3.** [corrompu] corrupt; **un politicien ~** a corrupt politician. -**4.** *fam* [imbécile] soft in the head, touched. -**5.** VÉTÉR unsound.

◇ *nm, f* -**1.** MÉD imbecile. -**2.** [vicieux] pervert. -**3.** *fam* [imbécile] moron, cretin.

Tarente [tarɑ̃t] *npr* Taranto.

tarentelle [tarɑ̃tɛl] *nf* tarantella.

tarentule [tarɑ̃tyl] *nf* tarantula.

tarer [3] [tare] *vt* COMM to tare.

targette [tarʒɛt] *nf* [gén] small bolt; [que l'on tourne] (turn) button; [d'une fenêtre] sash bolt.

targuer [3] [targe]

◆ **se targuer de** *vp + prép sout* [se vanter de] to boast about OU of; [s'enorgueillir de] to pride o.s. on; **il se targue de connaître plusieurs langues** he claims he knows OU to know several languages; **un risque que je me targue d'avoir pris** a risk I'm proud to have taken OU I pride myself on having taken.

targui, e [targi] = **touareg** *adj & nm, f.*

tarière [tarjɛr] *nf* -**1.** AGR drill. -**2.** ENTOM terebra. -**3.** MENUIS (centre) auger.

tarif [tarif] *nm* -**1.** [liste de prix] price list; [barème] rate, rates; **~ douanier** customs rate; **~ postal** postal OU postage rates; **il est payé au ~ syndical** he's paid the union rate; **augmentation du ~ horaire** increase in OU of the hourly rate. -**2.** [prix pratiqué]: **quel est votre ~?, quels sont vos ~s?** [femme de ménage, babysitter, mécanicien, professeur particulier] how much do you charge?; [conseiller, avocat] what fee do you charge?, what are your fees?; **les compagnies d'assurances ne communiquent pas leurs ~s au téléphone** insurance companies don't quote premiums over the phone; **quel est le ~ courant pour une traduction?** what's the usual OU going rate for translation? ❑ **le ~ étudiant est de 40 F** the price for students is 40 F; **à plein ~** TRANSP full-fare; LOISIRS full-price; **à ~ réduit** TRANSP reduced-fare; LOISIRS reduced-price; **~ réduit le lundi** reduced price on Mondays; '**~ réduit pour étudiants**' 'concessions for students'. -**3.** *fam* [sanction] fine, penalty; **500 F d'amende? — c'est le ~!** a 500 francs fine? — that's how much it is!; **10 jours de prison, c'est le ~** 10 days in the cooler is what it's usually worth OU what you usually get.

tarifaire [tarifɛr] *adj* [disposition, réforme] tariff *(modif)*.

tarifé, e [tarife] *adj* fixed-price.

tarifer [3] [tarife] *vt* [marchandises] to fix the price of.

tarification [tarifikasjɔ̃] *nf* [de marchandises, de services] pricing.

tarin [tarɛ̃] *nm* -**1.** ORNITH siskin. -**2.** ▽ [nez] hooter *Br*, conk *Br*, shnozz *Am*.

tarir [32] [tarir] ◇ *vi* -**1.** [cesser de couler] to dry up, to run dry; **les torrents de montagne ne tarissent jamais** mountain streams never run dry; **le puits de pétrole a tari** the oil well has run dry. -**2.** *sout* [pleurs] to dry (up). -**3.** [s'épuiser - conversation] to dry up; [- enthousiasme, inspiration] to dry up, to run dry; **son imagination est tarie** his imagination has dried up on him; **ne pas ~ de** to be full of, to bubble with; **ne pas ~ d'éloges sur qqn** to be full of praise for sb; **elle ne tarissait pas de détails** she gave a wealth of detail; **ne pas ~ sur**: **les journaux ne tarissent pas sur la jeune vedette** the papers are full of stories about the young star.

◇ *vt* -**1.** [assécher - puits, source] to dry up *(insép)*. -**2.** *sout* [faire cesser - pleurs] to dry. -**3.** [épuiser - fortune, inspiration] to dry up *(insép)*.

◆ **se tarir** *vpi* -**1.** [mare, puits] to dry up; [rivière] to run dry; **son lait s'est tari** her milk dried up. -**2.** [inspiration, enthousiasme, fortune] to dry up, to peter out.

tarissable [tarisabl] *adj*: **une source ~** a spring which can dry up.

tarissement [tarismɑ̃] *nm* -**1.** [d'une source, d'un puits] drying up; **le ~ des ressources minières a accéléré le déclin de la région** the gradual exhaustion of mining resources hastened the decline of the region. -**2.** [d'une conversation, de l'imagination] running dry, drying up. -**3.** VÉTÉR [d'une vache] petering out.

tarlatane [tarlatan] *nf* tarlatan.

tarmac [tarmak] *nm* tarmac.

Tarn [tarn] *npr m* -**1.** [fleuve]: **le ~** the (River) Tarn. -**2.** [département]: **le ~** the Tarn.

taro [taro] *nm* BOT taro.

tarot [taro] *nm* -**1.** JEUX [carte, jeu] tarot; **jouer au ~** to play tarot. -**2.** [cartomancie] Tarot, tarot.

Tarpéienne [tarpejɛn] *adj f* → **roche**.

tarpon [tarpɔ̃] *nm* tarpon.

Tarquin [tarkɛ̃] *npr* Tarquin.

Tarragone [taragɔn] *npr* Tarragona.

tarse [tars] *nm* tarsus.

tarsien, enne [tarsjɛ̃, ɛn] *adj* tarsal.

tarsier [tarsje] *nm* tarsier.

tartan [tartɑ̃] *nm* tartan.

Tartan® [tartɑ̃] *nm* Tartan®.

tartane [tartan] *nf* NAUT tartan, tartane, tartana.

tartare [tartar] ◇ *adj* -**1.** HIST Tatar, Tartar. -**2.** CULIN tartar, tartare.

◇ *nm* CULIN steak tartare.

◆ **Tartare** *nmf* HIST Tartar.

tartarin *fam* [tartarɛ̃] *nm* braggart; **quel ~!** he's so full of himself!

tarte [tart] ◇ *nf* -**1.** CULIN tart; **~ aux pommes** apple tart OU pie; **~ aux prunes/fraises** plum/strawberry tart ❑ **~ à la crème** CULIN custard pie OU tart; *fam* [cliché] stock reply, cliché; **humour ~ à la crème** custard pie humour *esp Br*, slapstick; **~ Tatin** *upside down apple tart*. -**2.** ▽ [gifle] clip, clout. -**3.** *fam loc*: **c'est pas de la ~** it's easier said than done, it's no picnic; **gagner chez eux, ça n'a pas été de la ~!** winning the away match wasn't exactly a pushover!

◇ *adj fam* -**1.** [ridicule - personne] plain-looking *Br*, plain *Br*, homely *Am*; [- chapeau, robe] naff *Br*, stupid-looking; **ce que tu as l'air ~!** you look a (real) idiot! -**2.** [stupide - personne] dim, dumb *Am*; [- film, histoire, roman] daft, dumb *Am*; **un film ~** a stupid film.

tartelette [tartəlɛt] *nf* tartlet, little tart.

Tartempion *fam* [tartɑ̃pjɔ̃] *npr* so-and-so; **c'est euh, ~, qui me l'a donné** it's er... what's-his-name, who gave it to me.

tartine [tartin] *nf* -**1.** CULIN slice of bread; **une ~ de beurre/pâté** a slice of bread and butter/with pâté. -**2.** *fam fig*: **c'est juste une carte postale, pas la peine d'en mettre une ~** OU **des ~s** it's only a postcard, there's no need to write your life story.

tartiner [3] [tartine] *vt* -**1.** CULIN to spread; **commence à ~ les canapés** start getting the canapés ready; **sors le beurre et tartine les toasts** take the butter out and spread it on the toast; **fromage à ~** cheese spread. -**2.** *fam fig* to churn out; **il a fallu qu'elle tartine des pages et des pages** she had to write page after page.

tartre [tartr] *nm* -**1.** [dans une bouilloire, une machine à laver] fur, scale. -**2.** [sur les dents] tartar. -**3.** [sur un tonneau] tartar, argol. -**4.** CHIM: **crème de ~** cream of tartar.

tartré, e [tartre] *adj* tartarized.

tartreux, euse [tartrø, øz] *adj* tartarous.

tartrique [tartrik] *adj* tartaric.

tartuf(f)e [tartyf] ◇ *adj litt* [hypocrite]: **il est un peu ~** he's a bit of a hypocrite OU Tartuffe *litt*.

◇ *nm* hypocrite, Tartuffe *litt*.

tartuf(f)erie [tartyfri] *nf* -**1.** [caractère] hypocrisy. -**2.** [parole, acte] piece of hypocrisy.

tas [ta] *nm* -**1.** [amoncellement - de dossiers, de vêtements] heap, pile; [- de sable, de cailloux] heap; [- de planches, de foin] stack; **mettre en ~** [feuilles, objets] to pile OU to heap up; **faites des petits ~ de pâte** shape the dough into small mounds; **~ de fumier** dung heap; **~ d'ordures** rubbish *Br* OU garbage *Am* heap; **son vieux ~ de boue** *fam* OU **ferraille** *fam* his rusty old heap ❑ **un ~** OU **des ~ de** [beaucoup de] a lot of; **elle nous a donné des ~ de détails** she gave us a lot of details; **il y a des ~ de vieilleries à la cave** there are piles of old things in the cellar; **~ de paresseux/menteurs!** *fam* you lazy/lying lot! *esp Br*, you bunch of lazybones/liars! -**2.** CONSTR constructed fabric; **~ de charge** springing stones. -**3.** MÉTALL [enclume] (stake) anvil; [pour emboutir, former] dolly.

◆ **dans le tas** *fam loc adv* -**1.** [dans un ensemble]: **il y aura bien quelqu'un dans le ~ qui pourra me renseigner** one of them's bound to be able to tell me; **l'armoire est pleine de vêtements, tu en trouveras bien un ou deux qui t'iront dans le ~** the wardrobe's full of clothes, you're bound to find something there that will fit you. -**2.** [au hasard]: **la police a tiré/tapé dans le ~** the police fired into the crowd/hit out at random.

◆ **sur le tas** *fam* ◇ *loc adj* -**1.** [formation] on-the-job. -**2.** CONSTR on-site.

◇ *loc adv* -**1.** [se former] on the job; **il a appris son métier sur le ~** he learned his trade as he went along. -**2.** CONSTR [tailler] on site.

Tasman [tasman] *npr* → **mer**.

Tasmanie [tasmani] *npr f*: (la) **~** Tasmania.

tasmanien, enne [tasmanjɛ̃, ɛn] *adj* Tasmanian.

◆ **Tasmanien, enne** *nm, f* Tasmanian.

Tass [tas] *npr* TASS.

tasse [tas] *nf* -**1.** [récipient] cup; **~ à café** coffee cup; **~ à thé** teacup. -**2.** [contenu] cup, cupful; **ajouter deux ~s de farine** add two cupfuls of flour; **voulez-vous une ~ de lait?** would you like a cup of milk?

Tasse [tas] *npr m*: **le ~** Tasso.

tassé, e [tase] *adj* -**1.** [serrés - voyageurs] packed OU crammed in. -**2.** [ratatiné, voûté - personne] wizened.

◆ **bien tassé, e** *fam loc adj* -**1.** [café] strong; [scotch, pastis] stiff; [verre] full (to the brim), well-filled. -**2.** [dépassé - âge]: **elle a soixante ans bien ~s** she's sixty if she's a day. -**3.** [féroce - remarque] well-chosen; **il lui a envoyé quelques remarques bien ~es** he came out with a few well-chosen remarks || [grave - maladie] bad, nasty; **je me tenais une grippe bien ~e** I had a nasty bout of flu.

tasseau, x [taso] *nm* -**1.** MENUIS [de lattis] brace, strut; [de tiroir] batten, strip. -**2.** CONSTR [d'une couverture métallique] roll. -**3.** MÉTALL (stake) anvil.

tassement [tasmɑ̃] *nm* -**1.** [affaissement - de neige, de terre] packing down. -**2.** [récession] slight drop, downturn; **l'augmentation de la TVA a provoqué un léger ~ de nos ventes** the rise in VAT has caused a slight drop in our sales; **un ~ des voix de gauche aux dernières élections** a slight fall in the numbers of votes for the left in the last elections. -**3.** BOURSE easing, falling back. -**4.** CONSTR subsidence. -**5.** MÉD: **~ de vertèbres** compression of the vertebrae.

tasser [3] [tase] ◇ *vt* -**1.** [neige, terre] to pack OU to tamp down *(sép)*. -**2.** [entasser] to cram, to squeeze; **tasse les vêtements dans le sac** press the clothes down in the bag; **ils nous ont tassés dans une cellule** they crammed OU packed us into a cell. -**3.** [faire paraître plus petit] to shrink; **l'âge avait tassé son corps** his body was shrunken with age; **cette robe la tasse** that dress makes her look stumpy *esp Br* OU stubby *Am*. -**4.** SPORT to box in *(sép)*.
◇ *vi* HORT to thicken.
◆ **se tasser** ◇ *vpi* -**1.** [s'effondrer - fondations, terrain] to subside. -**2.** [se voûter - personne] to shrink; **elle commence à se ~ avec l'âge** she's beginning to shrink as she gets older. -**3.** [s'entasser - voyageurs, spectateurs] to cram, to squeeze up; **tout le monde s'est tassé dans la salle à manger** everybody crammed into the dining room; **en se tassant on peut tenir à quatre à l'arrière (de la voiture)** if we squeeze up, four of us can get in the back (of the car). -**4.** *fam* [s'arranger - situation] to settle down; **je crois que les choses vont se ~** I think things will settle down. -**5.** [ralentir - demande, vente] to fall, to drop; [- production] to slow down; **le marché des valeurs s'est tassé** the securities market has levelled off.
◇ *vpt* ▽ [aliment, boisson] to down; **ils se sont tassé tous les gâteaux** they've guzzled all the cakes.

tassili [tasili] *nm* sandstone massif *(in the Sahara)*.

taste-vin [tastəvɛ̃] *nm inv* [tasse] taster (cup).

tata [tata] *nf* **1.** *langage enfantin* [tante] aunty, auntie. -**2.** ▽ *péj* [homosexuel] poofter *Br*, fag *Am*.

tatami [tatami] *nm* tatami.

tatane▽ [tatan] *nf* shoe.

Tataouine-les-Bains *fam* [tatawinlebɛ̃] *npr* *archetypal French seaside town.*

tatar, e [tatar] *adj* Tatar, Tartar.
◆ **Tatar, e** *nm, f* Tatar, Tartar.
◆ **tatar** *nm* LING Tatar, Tartar.

Tatarie [tatari] *npr f*: (la) ~ Tartary

tâter [3] [tate] *vt* -**1.** [fruit, membre, tissu] to feel; **ne tâtez pas les tomates** don't handle OU squeeze the tomatoes; **elle avançait en tâtant les objets de la chambre** she was groping her way across the room; **le cheval tâtait le sol du pied** the horse felt the ground with its hoof; **tâte l'eau avec ton coude** test (the temperature of) the water with your elbow. -**2.** *fig* [sonder]: **~ le terrain** to see how the land lies; **tâte le terrain avant de leur faire une proposition** put some feelers out before making them an offer; **tu lui as demandé une augmentation? — non, mais j'ai tâté le terrain** did you ask him for a rise? — no, but I tried to sound him out. -**3.** [tester - personne] to sound out *(sép)*; **~ l'opinion** to sound out attitudes, to put out feelers.
◆ **tâter de** *v + prép* -**1.** *hum* [nourriture, vin] to try, to taste. -**2.** [faire l'expérience de]: **elle a déjà tâté de la prison** she's already had a taste of prison; **il a tâté de plusieurs métiers** he's tried his hand at several jobs.
◆ **se tâter** ◇ *vp (emploi réfléchi)* [après un accident] to feel o.s.; **se ~ la jambe/le bras** to feel one's leg/one's arm.
◇ *vpi* to be in *Br* OU of *Am* two minds; **je ne sais pas si je vais accepter, je me tâte encore** I don't know whether I'll accept, I haven't made up my mind (about it) yet.

tâte-vin [tatvɛ̃] = **taste-vin**.

Tati® [tati] *npr name of a chain of cut-price stores.*

tatillon, onne *fam* [tatijɔ̃, ɔn] ◇ *adj* [vétilleux] pernickety.
◇ *nm, f* [personne] nitpicker, fusspot.

tâtonnant, e [tatɔnɑ̃, ɑ̃t] *adj* -**1.** [personne] groping. -**2.** [style] hesitant; **nos recherches sont encore ~es** our research is still proceeding by trial and error.

tâtonnement [tatɔnmɑ̃] *nm*: **avancer par ~s** *pr* to grope one's way along; *fig* to proceed by trial and error; **nous n'en sommes encore qu'aux ~s** we're still trying to find our way.

tâtonner [3] [tatɔne] *vi* -**1.** [pour marcher] to grope OU to feel one's way (along); [à la recherche de qqch] to grope about OU around. -**2.** [hésiter] to grope around; [expérimenter] to proceed by trial and error; **nous avons beaucoup tâtonné avant de trouver l'explication** we groped around a lot before finding the solution.

tâtons [tatɔ̃]
◆ **à tâtons** *loc adv* -**1.** [à l'aveuglette]: **avancer à ~** to grope OU to feel one's way along; **elle chercha l'interrupteur à ~** she felt OU groped around for the switch. -**2.** *fig*: **c'est un domaine nouveau, nous devons avancer à ~** it's a new field, we have to feel our way (along).

tatou [tatu] *nm* armadillo.

tatouage [tatwaʒ] *nm* -**1.** [action] tattooing; **se faire faire un ~** to get tattooed. -**2.** [dessin] tattoo; **il est couvert de ~s** he's tattooed all over.

tatouer [6] [tatwe] *vt* [dessin, personne] to tattoo.

tatoueur [tatwœr] *nm* tattoo artist, tattooist.

tau [to] *nm inv* -**1.** [lettre grecque] tau. -**2.** HÉRALD tau cross, Saint Anthony's cross.

taud [to] *nm* (rain) awning NAUT.

taudis [todi] *nm* slum, hovel; **c'est un vrai ~ chez lui!** his place is a real slum OU pigsty!

taulard, e [tolar, ard] *nm, f arg crime* convict, jailbird.

taule▽ [tol] *nf* -**1.** [prison] nick *Br*, clink; **elle a fait un an de ~** she did a one year stretch (inside). -**2.** [chambre] pad.
◆ **en taule**▽ *loc adv* inside; **je ne veux pas me retrouver en ~** I don't want to wind up inside.

taulier, ère▽ [tolje, ɛr] *nm, f* owner OU boss *(of a hotel or restaurant)*.

taupe [top] *nf* -**1.** ZOOL [mammifère] mole; [poisson] porbeagle; **vieille ~** *fam* old hag OU bat. -**2.** [fourrure] moleskin. -**3.** *arg scol second year of a two-year entrance course for the Science sections of the Grandes Écoles.* -**4.** *arg mil* sapper. -**5.** *fam* [agent secret] mole. -**6.** TRAV PUBL mole.

taupière [topjɛr] *nf* [piège] mole trap.

taupin [topɛ̃] *nm* -**1.** *arg scol pupil preparing for entry to the Science sections of the Grandes Écoles.* -**2.** ENTOM click beetle, skipjack.

taupinière [topinjɛr], **taupinée** [topine] *nf* [monticule] molehill; [tunnel] (mole) burrow.

taure [tɔr] *nf dial* heifer.

taureau, x [tɔro] *nm* -**1.** ZOOL bull; **~ de combat** fighting bull. -**2.** *loc*: **prendre le ~ par les cornes** to take the bull by the horns.
◆ **de taureau** *loc adj*: **il a un cou de ~** he's got a neck like a bull; **son frère a une force de ~** his brother is as strong as an ox.

Taureau, x [tɔro] *npr m* -**1.** ASTRON Taurus. -**2.** ASTROL Taurus; **elle est ~** she's (a) Taurus OU a Taurean.

taurillon [tɔrijɔ̃] *nm* bull calf.

taurin, e [tɔrɛ̃, in] *adj* taurine.

tauromachie [tɔrɔmaʃi] *nf* bullfighting, tauromachy *spéc*.

tauromachique [tɔrɔmaʃik] *adj* bullfighting, tauromachian *spéc*.

Taurus [tɔrys] *npr m*: **le ~** the Taurus Mountains.

tautologie [totɔlɔʒi] *nf* tautology.

tautologique [totɔlɔʒik] *adj* tautological.

taux [to] *nm* -**1.** [tarif] rate. -**2.** [proportion] rate; **~ d'échec/de réussite** failure/success rate; **~ de mortalité/natalité** death/birth rate; **~ de fréquentation** attendance rate; **~ de fécondité** reproduction rate; **~ d'absentéisme** truancy rate. -**3.** AUT: **~ de compression** compression ratio. -**4.** COMM rate; **~ d'escompte** discount rate; **~ de couverture** margin ratio; **~ de marque** mark-up (percentage). -**5.** ÉCON: **à quel ~ prêtent-ils?** what is their lending rate? ❑ **~ de base bancaire** bank base lending rate; **~ de change** exchange rate; **~ de croissance** growth rate; **~ d'intérêt** interest rate, rate of interest; **~ du marché monétaire** money market rate; **~ effectif global** annualized percentage rate. -**6.** ÉLECTR: **~ de modulation** modulation factor. -**7.** INDUST: **~ horaire** hourly rate. -**8.** MÉD [d'albumine, de cholestérol] level; **son ~ d'invalidité est de 50 %** he's 50% disabled.

tauzin [tozɛ̃] *nm* Pyrenean oak.

tavel [tavɛl] *nm* Tavel (wine).

taveler [24] [tavle] *vt* -**1.** [fruit] to mark. -**2.** [peau] to speckle.
◆ **se taveler** *vpi* [fruit] to become marked.

tavelure [tavlyr] *nf* -**1.** [d'un fruit] mark. -**2.** [sur une main] speckle, (old-age) freckle.

taverne [tavɛrn] *nf* -**1.** HIST inn, public house. -**2.** *Can* [bistrot] tavern.

tavernier, ère [tavɛrnje, ɛr] *nm, f* HIST innkeeper.

tavillon [tavijɔ̃] *nm Helv* [bardeau] *thin, rounded wooden slat used for covering walls and roofs in Switzerland.*

taxable [taksabl] *adj* ÉCON taxable, liable to duty.

taxation [taksasjɔ̃] *nf* -**1.** FIN taxation, taxing *(U)*; **~ d'office** ≃ provisional tax coding. -**2.** JUR [réglementation - des prix] statutory price fixing; [- des salaires] statutory wage fixing.

taxe [taks] *nf* -**1.** FIN tax; **toutes ~s comprises** inclusive of tax ❑ **~ sur le chiffre d'affaires** sales OU turnover tax; **~ de luxe** luxury tax; **~ à la valeur ajoutée** value added tax. -**2.** ADMIN tax; **~ foncière** property tax; **~ d'habitation** *tax paid on residence,* ≃ council tax *Br*; **~ locale** [pour une entreprise] uniform business rate *Br* OU tax *Am*; [pour un particulier] local (property) tax; **~ parafiscale** additional levy; **~ de séjour** visitor's OU tourist tax. -**3.** JUR [montant des dépens] costs.

taxer [3] [takse] *vt* -**1.** ÉCON & FIN to tax; **~ les disques à 10 %** to tax records at 10%, to put a 10% tax on records. -**2.** JUR: **~ les dépens** to fix OU to tax costs. -**3.** [accuser]: **~ qqn de** to accuse sb of, to tax sb with; **vous m'avez taxé d'hypocrisie** you accused me of being a hypocrite. -**4.** [qualifier]: **~ qqn/qqch de**: **on l'a taxé d'opportuniste** he's been called an opportunist; **une politique que je taxerais de rétrograde** a policy I would call backward-looking.

taxi [taksi] *nm* -**1.** [voiture] taxi, cab. -**2.** *fam* [conducteur] cabby, taxi OU cab driver; **il fait le ~ à Paris depuis 20 ans** he has been a taxi driver in Paris for 20 years. -**3.** *(comme adj; avec ou sans trait d'union)*: **avion-~** taxi plane. -**4.** HIST: **les ~s de la Marne** the taxis of the Marne.

taxi-brousse [taksibrus] (*pl* **taxis-brousse**) *nm Afr* bush taxi.

taxidermie [taksidɛrmi] *nf* taxidermy.

taxidermiste [taksidɛrmist] *nmf* taxidermist.

taxie [taksi] *nf* taxis.

taxi-girl [taksigœrl] (*pl* **taxi-girls**) *nf* taxi-dancer, hostess *(hired for dancing)*.

taximan [taksiman] *nm Belg* taxi driver.

taximètre [taksimɛtr] *nm* taximeter.

taxinomie [taksinɔmi] *nf* taxonomy.

taxinomique [taksinɔmik] *adj* taxonomic.

taxinomiste [taksinɔmist] *nmf* taxonomist, taxonomer.

Taxiphone® [taksifɔn] *nm* public phone, payphone.

taxiway [taksiwɛ] *nm* taxiway, taxi strip OU track.
taxonomie [taksɔnɔmi] = **taxinomie**.
taxonomique [taksɔnɔmik] = **taxinomique**.
taxonomiste [taksɔnɔmist] = **taxinomiste**.
tayaut [tajo] = **taïaut**.
taylorisation [tɛlɔrizasjɔ̃] *nf* Taylorization.
tayloriser [3] [tɛlɔrize] *vt* to Taylorize.
taylorisme [tɛlɔrism] *nm* Taylorism.
TB, **tb** (*abr écrite de* **très bien**) vg.
TBE, **tbe** (*abr écrite de* **très bon état**) vgc.
TCA *nf abr de* **taxe sur le chiffre d'affaires**.
TCF (*abr de* **Touring Club de France**) *npr m French motorists' club.*
Tchad [tʃad] *npr m*: **le ~** Chad; **au ~** in Chad; **le lac ~** Lake Chad.
tchadien, enne [tʃadjɛ̃, ɛn] *adj* Chadian.
◆ **Tchadien, enne** *nm, f* Chadian.
◆ **tchadien** *nm* LING Chadic.
tchador [tʃadɔr] *nm* chador, chuddar.
Tchaïkovski [tʃajkɔfski] *npr* Tchaikovsky.
Tchang Kaï-chek [tʃɑ̃ŋkajtʃɛk] *npr* Chiang Kai-shek.
tchao *fam* [tʃao] = **ciao**.
tchécoslovaque [tʃekɔslɔvak] *adj* Czechoslovakian, Czechoslovak.
◆ **Tchécoslovaque** *nmf* Czechoslovakian, Czechoslovak.
Tchécoslovaquie [tʃekɔslɔvaki] *npr f*: **(la) ~** Czechoslovakia.
Tchekhov [tʃekɔf] *npr*: **Anton ~** Anton Chekhov.
tchèque [tʃɛk] *adj* Czech.
◆ **Tchèque** *nmf* Czech.
◆ **tchèque** *nm* LING Czech.
Tchernenko [tʃɛrnɛnko] *npr* Chernenko.
Tchernobyl [tʃɛrnɔbil] *npr* Chernobyl.
tchétchène [tʃetʃɛn] *adj* Chechen.
◆ **Tchétchène** *nmf* Chechen.
tchin-tchin *fam* [tʃintʃin] *interj* cheers.
TCS (*abr de* **Touring Club de Suisse**) *npr m Swiss motorists' club.*
TD (*abr de* **travaux dirigés**) *nmpl* -**1.** SCOL *supervised practical work.* -**2.** UNIV *university class where students do exercises set by the teacher.*

TD:
In French universities, teaching is divided into "cours magistraux" (lectures in a lecture theatre) and "travaux dirigés", which take place in a classroom.

TdF (*abr de* **Télévision de France**) *npr French broadcasting authority.*
te [tə] (*devant voyelle ou h muet* **t'** [t]) *pron pers* (*2e pers sg*) -**1.** [avec un verbe pronominal]: **tu te lèves tard** you get up late; **tu te dépêches un peu?** hurry up, will you?; **tu te prends pour qui?** who do you think you are?; **tu vas te faire mal** you'll hurt yourself. -**2.** [complément] you; **je te crois** I believe you; **elle t'a envoyé un colis** she's sent you a parcel; **le film t'a-t-il plu?** did you like the film?; **elle t'est devenue indispensable** she has become indispensable to you; **il te court après** *fam* he's after you; **ne te laisse pas faire** don't let yourself be pushed around. -**3.** *fam* [emploi expressif]: **je te l'ai envoyé balader, celui-là!** I sent HIM packing!; **je vais te lui dire ce que je pense!** I'm going to give him a piece of my mind!
té [te] ◇ *nm* -**1.** [équerre] T-square. -**2.** MENUIS tee.
◇ *interj dial*: **~! voilà Martin!** hey, here comes Martin!
◆ **en té** *loc adj* T-shaped.
tec [tɛk] (*abr de* **tonne d'équivalent charbon**) *nf* TCE.
technicien, enne [tɛknisjɛ̃, ɛn] ◇ *adj* [esprit, civilisation] technically-oriented.
◇ *nm, f* -**1.** [en entreprise] technician, engineer; **il est ~ en informatique** he's a computer technician. -**2.** [dans un art, un sport]: **c'est une excellente ~ne mais elle gagne peu de matchs** she's got an excellent technique OU technically speaking, she's excellent but she doesn't win many matches.
techniciser [3] [tɛknisize] *vt* [processus] to make technical.
technicité [tɛknisite] *nf* -**1.** [d'un mot, d'un texte] technical nature OU quality, technicality; **la ~ d'une expression/d'un article de journal** the technical nature of an expression/of a newspaper article. -**2.** [avance technologique] technological sophistication; **matériel d'une haute ~** very advanced equipment. -**3.** [savoir-faire] skill; **les ingénieurs ont mis leur ~ au service de l'entreprise** the engineers have put their skills at the company's disposal.
technico-commercial, e [tɛknikokɔmɛrsjal, o] (*mpl* **technico-commerciaux**, *fpl* **technico-commerciales**) *adj*: **notre personnel ~** our technical salesmen ❑ **agent ~** technical salesman.
Technicolor® [tɛknikɔlɔr] *nm* Technicolor®; **en ~** Technicolor (*modif*).
technique [tɛknik] ◇ *adj* -**1.** [pratique] technical, practical; **elle a une certaine habileté ~** she's got a certain knack of doing things. -**2.** [mécanique] technical; **incident ~** technical hitch; **ce n'est qu'un problème ~** it's only a technical problem. -**3.** [technologique] technical; **les progrès ~s en informatique** technical advances in computer science. -**4.** [spécialisé] technical; **le sens ~ d'un mot** the technical sense OU meaning of a word.
◇ *nm* ENS: **le ~** vocational education.
◇ *nf* -**1.** [d'un art, d'un métier] technique; **la ~ de l'aquarelle** the technique of watercolour painting. -**2.** [savoir-faire] technique; **un très jeune joueur de tennis qui doit améliorer sa ~** a very young tennis player who has to improve his technique. -**3.** [méthode] technique; **c'est toute une ~ d'ouvrir les huîtres** to open oysters, you have to have the knack; **répondre à une question par une autre question, c'est sa ~** answering a question by another question is his speciality. -**4.** [de production] technique; **de nouvelles ~s industrielles** new industrial techniques ❑ **~ de pointe** state-of-the-art technique. -**5.** [applications de la science]: **la ~** applied science.
techniquement [tɛknikmɑ̃] *adv* technically; **~ faisable** technically feasible.
technobureaucratique [tɛknɔbyrɔkratik] *adj* technobureaucratic.
technocrate [tɛknɔkrat] *nmf* technocrat.
technocratie [tɛknɔkrasi] *nf* technocracy.
technocratique [tɛknɔkratik] *adj* technocratic.
technocratisation [tɛknɔkratizasjɔ̃] *nf*: **combattre la ~ de notre société** to fight against the spread of technocracy in our society.
technocratiser [3] [tɛknɔkratize] *vt* [pays] to turn into a technocracy; [système, processus] to make technocratic.
technocratisme [tɛknɔkratism] *nm* technocratism.
technologie [tɛknɔlɔʒi] *nf* -**1.** ENS technology, applied science. -**2.** [technique] technology; **la ~ de l'informatique** computer technology ❑ **~s avancées** advanced technology, high technology. -**3.** [théorie] technology, technological theory, technologies.
technologique [tɛknɔlɔʒik] *adj* technological.
technologue [tɛknɔlɔg], **technologiste** [tɛknɔlɔʒist] *nmf* technologist.
technopole [tɛknɔpɔl] *nf large urban centre with teaching and research facilities that can support development of hi-tech industries.*
technopôle [tɛknɔpol] *nm area specially designated to accommodate and foster hi-tech industries.*
technostructure [tɛknostryktyr] *nf* technostructure.
teck [tɛk] *nm* teak.
◆ **en teck** *loc adj* teak (*modif*).
teckel [tekɛl] *nm* dachshund.
tectonique [tɛktɔnik] ◇ *adj* tectonic.
◇ *nf* tectonics (*U*).
tectrice [tɛktris] *nf* tectrix.
Te Deum [tedeɔm] *nm inv* Te Deum.
tee [ti] *nm* SPORT tee; **poser la balle sur le ~** to tee up; **partir du ~** to tee off.
TEE (*abr de* **Trans-Europ-Express**) *nm* TEE.
teen-ager [tinedʒœr] (*pl* **teen-agers**) *nmf* teenager.
tee-shirt [tiʃœrt] (*pl* **tee-shirts**) *nm* tee-shirt, T-shirt.
Téflon® [teflɔ̃] *nm* Teflon®.
TEG (*abr de* **taux effectif global**) *nm* APR.
tégénaire [teʒenɛr] *nf* house spider, Tegenaria *spéc.*
tégument [tegymɑ̃] *nm* BOT & ZOOL tegument.
tégumentaire [tegymɑ̃tɛr] *adj* tegumental, tegumentary.
Téhéran [teerɑ̃] *npr* Tehran, Teheran.
teigne [tɛɲ] *nf* -**1.** ENTOM tineid. -**2.** MÉD ringworm, tinea *spéc*; **~ tondante** ringworm of the scalp, tinea captis *spéc.* -**3.** BOT burdock. -**4.** *fam* [homme] louse; [femme] vixen; **quelle ~, celle-là!** wretched woman! ❑ **être mauvais** OU **méchant comme une ~** to be a nasty piece of work *Br*, to be real ornery *Am*.
teigneux, euse [tɛɲø, øz] ◇ *adj* -**1.** MÉD suffering from ringworm. -**2.** *fam* [hargneux] nasty, ornery *Am*.
◇ *nm, f* -**1.** MÉD ringworm sufferer. -**2.** *fam* [homme] bastard; [femme] cow *Br*, bitch.
teindre [81] [tɛ̃dr] *vt* -**1.** [soumettre à la teinture] to dye; **j'ai fait ~ mon tee-shirt en bleu** I had my T-shirt dyed blue; **se faire ~ les cheveux** to have one's hair dyed. -**2.** *litt* [colorer] to tint; **la lumière du soleil teignait la mer en vert émeraude** the sunlight turned the sea to emerald green.
◆ **se teindre** ◇ *vp* (*emploi passif*): **c'est une étoffe qui se teint facilement** it's a material which is easy to dye OU which takes dye well OU which dyes well.
◇ *vp* (*emploi réfléchi*): **se ~ les cheveux/la barbe en roux** to dye one's hair/beard red; **elle se teint pour paraître plus jeune** she dyes her hair to make herself look younger.
◆ **se teindre de** *vp + prép* -**1.** *litt* [se colorer en]: **au coucher du soleil, les cimes se teignent de rose et d'or** at sunset, the mountaintops are tinted pink and gold. -**2.** *litt* & *fig*: **sa grande courtoisie se teignait d'un peu de condescendance** his excessive politeness smacked somewhat of condescension.
teint [tɛ̃] *nm* [habituel] complexion; [momentané] colour, colouring; **avoir le ~ pâle/jaune/mat** to have a pale/sallow/matt complexion; **avoir le ~ brouillé** to have a greyish complexion.
◆ **bon teint** *loc adj* -**1.** TEXT colour-fast. -**2.** [pur] staunch; **des royalistes bon ~** staunch OU dyed-in-the-wool royalists.
◆ **grand teint** *loc adj* [couleur] fast; [tissu] colour-fast.
teinte [tɛ̃t] *nf* -**1.** [couleur franche] colour; [ton] shade, tint, hue; **une ~ grise** a greyish tinge; **du tissu aux ~s vives** brightly coloured material. -**2.** [petit quantité - de libéralisme, de sadisme] tinge; [- d'ironie, de moquerie] hint; **avec une ~ de mépris dans la voix** with a hint OU touch of scorn in her voice.
teinté, e [tɛ̃te] *adj* -**1.** [lunettes] tinted; [verre] tinted, stained. -**2.** [bois] stained.
teinter [3] [tɛ̃te] *vt* -**1.** [verre] to tint, to stain; [lunettes, papier] to tint; [boiseries] to stain. -**2.** [mêler] to tinge; **son amitié était teintée de pitié** her friendship was tinged with pity, there was a hint of pity in her friendship. -**3.** [colorer] to tint; **le soleil couchant teintait le lac de rose** the setting sun gave the lake a pinkish tinge.
◆ **se teinter de** *vp + prép* -**1.** [se colorer en]: **se ~ d'ocre** to take on an ochre tinge OU hue. -**2.** *fig* [être nuancé de] to be tinged with; [se nuancer de] to become tinged with; **son intérêt se teinte de condescendance** there's a hint of condescension in the interest he's showing.

teinture [tɛ̃tyr] *nf* -**1.** [action] dyeing; **se faire faire une ~** to have one's hair dyed. -**2.** [produit] dye; **~ pour coton** cotton dye. -**3.** PHARM tincture; **~ d'arnica/d'iode** tincture of arnica/of iodine. -**4.** *sout* [connaissance superficielle] smattering; **avoir une vague ~ d'allemand** to have a smattering of German; **elle a une ~ d'histoire** she has a vague knowledge of history.

teinturerie [tɛ̃tyrri] *nf* -**1.** [activité] dyeing. -**2.** [boutique] dry cleaner's.

teinturier, ère [tɛ̃tyrje, ɛr] *nm, f* [qui nettoie] dry cleaner; [qui colore] dyer.

tek [tɛk] = **teck**.

tel [tɛl] (*f* telle, *mpl* tels, *fpl* telles) ◇ *adj indéf*
A. EMPLOYÉ SEUL -**1.** [avec valeur indéterminée]: **~ jour, ~ endroit, à telle heure** on such and such a day, at such and such a place, at such and such a time; **il m'a demandé de lui acheter ~ et ~ livres** he asked me to buy him such and such books; **il m'a dit telle et telle chose mais sans me convaincre** he told me all sorts of things but he didn't convince me; **pourrais-tu me conseiller ~ ou ~ plat?** could you recommend any particular dish?; **cela peut se produire dans telle ou telle circonstance** it can happen under certain circumstances. -**2.** [semblable] such; **je n'ai rien dit de ~** I never said such a thing, I said nothing of the sort; **un ~ homme peut être dangereux** a man like that can be dangerous; **tu ne retrouveras jamais une telle occasion** you'll never have such an opportunity OU an opportunity like that again; **de telles gens sont rares** such people are few; **pourquoi un ~ aveu?** why this confession?; **comme ~/telle** as such; **il était médecin et comme ~, il avait des passe-droits** he was doctor and as such he had special dispensations; **il n'est pas avare, mais il passe pour ~** he's not mean, but people think he is; **en tant que ~** as such; **elle est médecin, en tant que telle elle saura te conseiller** she's a doctor, as such she'll be able to advise you. -**3.** [ainsi]: **telle fut l'histoire qu'il nous raconta** such was the story he told us; **telle avait été sa vie, telle fut sa fin** as had been his/her life, such was his/her death ❑ **pourquoi ça?—parce que ~ est mon bon plaisir!** *hum* and why is that?—because I say so! -**4.** [introduisant un exemple, une énumération, une comparaison] like; **des métaux ~s le cuivre et le fer** metals such as copper and iron; **les révolutionnaires qui, ~ Danton, croyaient à la démocratie** the revolutionaries who, like Danton, believed in democracy; **elle a filé ~ l'éclair** she shot off like a bolt of lightning; **il pleurait, ~ un enfant** he was crying like a child ❑ **~ père, ~ fils** *prov* like father, like son *prov*. -**5.** [en intensif] such; **c'est un ~ honneur pour nous...** it is such an honour for us...; **un ~ génie/une telle gentillesse est rare** such a genius/such kindness is rare; **c'est un ~ pianiste!** he's such a wonderful pianist!; **une telle insolence dépasse les bornes** such insolence is intolerable; **elle est d'une telle générosité!** she's so generous!; **c'est d'un ~ ennui!** it's so boring!
B. EN CORRÉLATION AVEC 'QUE' -**1.** [introduisant une comparaison]: **il est ~ que je l'ai toujours connu** he's just the same as when I knew him; **un homme ~ que lui** a man like him; **la maison était telle qu'il l'avait décrite** the house was exactly how he had described it; **telle que je la connais, elle va être en retard** knowing her, she's bound to be late; **telle que vous me voyez, je reviens de chez lui** I've just been to see him this very minute; **~ que tu me vois, je viens de décrocher un rôle** the person you see before you has just got a part ❑ **tu prends le lot ~ que** *fam* take the batch as it is; **il me l'a dit ~ que!** *fam* he told me just like that! -**2.** [introduisant un exemple ou une énumération]: **~ que** such as, like; **les fauves, ~s que le lion et le tigre** big cats like OU such as lions and tigers; **un philosophe ~ que Descartes** a philosopher such as OU like Descartes. -**3.** [avec une valeur intensive]: **son bonheur était ~ qu'il ne pouvait y croire** his happiness was such that he could hardly believe it; **la douleur fut telle que je faillis m'évanouir** the pain was so bad that I nearly fainted; **il a fait un ~ bruit qu'il a réveillé toute la maisonnée** he made such a noise OU so much noise that he woke the whole house up.
◇ *pron indéf* -**1.** [désignant des personnes ou des choses non précisées]: **telle ou telle de ses idées aurait pu prévaloir** one or other of his ideas might have prevailed; **c'est en manœuvrant ~ et ~ qu'il a réussi à se faire élire** he managed to get himself elected by manipulating various people ❑ **~ est pris qui croyait prendre** *prov* it's the biter bitten; **~ qui rit vendredi, dimanche pleurera** *prov* you can be laughing one day and crying the next. -**2.** [en remplacement d'un nom propre]: **a-t-il rencontré un** OU **Un ~?** did he meet so-and-so?; **une telle m'a dit que...** so-and-so told me that...
◆ **tel quel, telle quelle** *loc adj*: **tout est resté ~ quel depuis son départ** everything is just as he left it; **tu peux manger les huîtres telles quelles ou avec du citron** you can eat oysters on their own or with lemon.

tél. (*abr écrite de* **téléphone**) tel.

Tel-Aviv [tɛlaviv] *npr* Tel Aviv; **~-Jaffa** Tel Aviv-Jaffa.

télé *fam* [tele] *nf* [poste, émissions] TV; **il n'y a rien ce soir à la ~** there's nothing on TV OU telly tonight; **réaliser des documentaires pour la ~** to make TV documentaries OU documentaries for TV.
◆ **de télé** *fam loc adj* [chaîne, émission] TV *(modif)*.

téléachat [teleaʃa] *nm* television shopping *(where articles are offered on television and ordered by telephone or Minitel)*.

téléacheteur, euse [teleaʃtœr, øz] *nm, f* television shopper *(who orders articles offered on television by telephone or Minitel)*.

téléaffichage [teleafiʃaʒ] *nm* telecontrolled signboarding.

téléalarme [telealarm] *nf* telemonitored alarm (system).

télébenne [telebɛn] *nf* ski-lift.

Téléboutique® [telebutik] *nf* ≃ Telecom shop® *Br*, telephone store *Am*.

télécabine [telekabin] *nf* -**1.** [cabine] cable car; **les skieurs montent en ~** skiers go up in a cable car. -**2.** [installation] cableway.

Télécarte® [telekart] *nf* phonecard.

téléchargement [teleʃarʒəmɑ̃] *nm* remote loading COMPUT.

télécinéma [telesinema] *nm* -**1.** [procédé] telecine. -**2.** [appareil] telecamera.

télécommande [telekɔmɑ̃d] *nf* -**1.** AUDIO [procédé, appareil] remote control. -**2.** [par radio] radio-control. -**3.** INF telecommand.

télécommandé, e [telekɔmɑ̃de] *adj* -**1.** TECH [engin, mise à feu] remote-controlled; **la porte du garage est ~e** the garage door is remote-controlled OU works by remote control. -**2.** *fig* [ordonné de loin] masterminded OU manipulated from afar.

télécommander [3] [telekɔmɑ̃de] *vt* -**1.** [engin, mise à feu, télévision] to operate by remote control. -**2.** [ordonner de loin] to mastermind, to manipulate; **ces mouvements ont été télécommandés depuis l'Europe** these movements have been masterminded from Europe.

télécommunication [telekɔmynikasjɔ̃] *nf* telecommunication; **les ~s** telecommunications.

téléconférence [telekɔ̃ferɑ̃s] *nf* -**1.** [procédé] teleconferencing. -**2.** [conférence] teleconference.

télécopie [telekɔpi] *nf* fax; **envoyer qqch par ~** to fax sthg.

télécopier [9] [telekɔpje] *vt* to fax.

télécopieur [telekɔpjœr] *nm* facsimile machine *spéc*, fax (machine).

télédétection [teledetɛksjɔ̃] *nf* remote sensing; **satellite de ~** spy satellite.

télédiagnostic [teledjagnɔstik] *nm* telediagnosis.

télédiffuser [3] [teledifyze] *vt* to broadcast (by television), to televise.

télédiffusion [teledifyzjɔ̃] *nf* (television) broadcasting.

télédistribution [teledistribysjɔ̃] *nf* cable television.

téléécriture [teleekrityr] *nf* telewriting.

télé-enseignement [teleɑ̃sɛɲmɑ̃] (*pl* **télé-enseignements**) *nm* distance learning.

téléfilm [telefilm] *nm* film made for television.

télégénique [teleʒenik] *adj* telegenic; **être ~** to look good on television.

télégestion [teleʒɛstjɔ̃] *nf* remote management.

télégramme [telegram] *nm* telegram, cable; **envoyer un ~ à qqn** to send a telegram to sb.

télégraphe [telegraf] *nm* telegraph.

télégraphie [telegrafi] *nf* telegraphy; **~ optique** visual signalling.

télégraphier [9] [telegrafje] *vt* to cable, to telegraph; **~ qqch à qqn** to cable sb sthg.

télégraphique [telegrafik] *adj* -**1.** TÉLÉC [poteau] telegraph *(modif)*; [message] telegraphic. -**2.** *fig*: **(en) langage** OU **style ~** (in) telegraphic language OU style.

télégraphiquement [telegrafikmɑ̃] *adv* telegraphically.

télégraphiste [telegrafist] *nmf* telegrapher, telegraphist.

téléguidage [telegidaʒ] *nm* radio control.

téléguidé, e [telegide] *adj* -**1.** [piloté à distance - engin, avion] radiocontrolled. -**2.** *fig* [manipulé] manipulated; **révolution ~e de l'extérieur** revolution engineered by foreign elements.

téléguider [3] [telegide] *vt* -**1.** TECH [maquette] to control by radio. -**2.** [inspirer] to manipulate; **c'est lui qui a téléguidé la campagne de presse** he's the one who masterminded the press campaign from behind the scenes.

téléimpression [teleɛ̃presjɔ̃] *nf* teleprinting.

téléimprimeur [teleɛ̃primœr] *nm* teleprinter.

téléinformatique [teleɛ̃fɔrmatik] *nf* remote processing COMPUT.

télékinésie [telekinezi] *nf* telekinesis.

télémaintenance [telemɛ̃tnɑ̃s] *nf* remote maintenance.

télémanipulateur [telemanipylatœr] *nm* remote handling device.

Télémaque [telemak] *npr* Telemachus.

télématique [telematik] ◇ *adj* telematic.
◇ *nf* data communications, telematics *(U)*.

télématiser [3] [telematize] *vt* to provide with telematic facilities.
◆ **se télématiser** *vp* *(emploi réfléchi)* to equip o.s. with telematic facilities.

télémessagerie [telemesaʒri] *nf* electronic mail, e-mail.

télémesure [teleməzyr] *nf* telemetry, telemetering.

télémètre [telemɛtr] *nm* telemeter.

télémétrie [telemetri] *nf* telemetry.

télencéphale [telɑ̃sefal] *nm* telencephalon.

téléobjectif [teleɔbʒɛktif] *nm* telephoto (lens).

téléologie [teleɔlɔʒi] *nf* teleology.

téléologique [teleɔlɔʒik] *adj* teleological.

télépathie [telepati] *nf* telepathy; **communiquer par ~** to communicate via telepathy.

télépathique [telepatik] *adj* telepathic.

téléphérique [teleferik] *nm* cable car.

téléphone [telefɔn] *nm* -**1.** [instrument] phone, telephone; **repose le ~** put down the receiver ❑ **~ à carte** cardphone; **~ intérieur** internal telephone; **~ à manivelle/sans fil/à touches** magneto/cordless/pushbutton telephone; **~ public** public telephone, pay-phone; **le ~ rouge** [entre présidents] the hot line; **coup de ~** (phone) call; **donner un coup de ~** to make a call; **donner** OU **passer un coup de ~ à qqn** to phone OU to call sb; **recevoir un coup de ~** to receive OU to get a phone call; **j'ai eu un coup**

de ~ de Jean I had a call from Jean. -**2.** [installation] phone, telephone; **il a/n'a pas le ~** he's/he isn't on the phone *Br*, he has a/has no phone *Am*; **j'ai demandé à avoir le ~** I asked to have a phone put in; **ils viennent installer le ~** they're coming to connect the phone; **combien payes-tu de ~ par mois?** what's your monthly phone bill? -**3.** [service]: **le ~ marche plutôt mal chez nous** we have a rather bad telephone service. -**4.** *fam* [numéro] (phone) number; **donne-moi ton ~** give me your phone number.

◆ **au téléphone** *loc adv*: **je suis au ~** I'm on the phone; **je l'ai eu au ~** I talked to him on the phone; **je ne peux pas te le dire au ~** I can't tell you over the phone; **appeler qqn au ~** to phone sb, to give sb a call.

◆ **de téléphone** *loc adj* [facture, numéro] phone *(modif)*, telephone *(modif)*.

◆ **par téléphone** *loc adv*: **il a réservé par ~** he phoned (in) his booking; **réservation possible par ~** phone booking available; **faites vos achats par ~** do your shopping by phone.

◆ **téléphone arabe** *nm* grapevine; **j'ai appris par le ~ arabe qu'il était rentré** I heard on the grapevine that he was back.

téléphoné, e [telefɔne] *adj* -**1.** TÉLÉC: **message ~** telephone message; **télégramme ~** *telegram delivered over the phone*, ≃ Telemessage® *Br*. -**2.** *fam* [prévisible] predictable, obvious; **des gags ~s** jokes that you can see coming a mile off. -**3.** SPORT: **sa passe était ~e** he telegraphed his pass.

téléphoner [3] [telefɔne] ◇ *vi* to make a phone call; **puis-je ~?** can I make a phone call?, may I use the phone?; **combien est-ce que ça coûte pour ~ en Angleterre?** how much does it cost to call England?; **ne me dérangez pas quand je téléphone** please do not disturb me when I'm on the phone; **~ à qqn** to phone sb, to call sb. ◇ *vt* to phone; **je te téléphonerai la nouvelle dès que je la connaîtrai** I'll phone and tell you the news as soon as I get it; **elle m'a téléphoné de venir les rejoindre pour dîner** she called to ask me to join them for dinner.

◆ **se téléphoner** *vp (emploi réciproque)* to call each other; **on se téléphone, d'accord?** we'll talk on the phone later, OK?

téléphonie [telefɔni] *nf* telephony.

téléphonique [telefɔnik] *adj* [message, ligne, réseau] telephone *(modif)*, phone *(modif)*; **nous avons eu un entretien ~** we had a discussion over the phone.

téléphoniquement [telefɔnikmɑ̃] *adv* by telephone.

téléphoniste [telefɔnist] *nmf* telephonist *Br*, (telephone) operator *Am*.

téléphotographie [telefɔtɔgrafi] *nf* telephotography.

téléprompteur [teleprɔ̃ptœr] *nm* Teleprompter®, Autocue®.

téléradio [teleradio], **téléradiographie** [teleradjɔgrafi] *nf* teleradiography.

téléreportage [telerəpɔrtaʒ] *nm* -**1.** [émission] television report. -**2.** [activité] television reporting.

téléreporter [telerəpɔrtɛr] *nm* television reporter.

télescopage [teleskɔpaʒ] *nm* -**1.** [de véhicules] collision. -**2.** [d'idées, de souvenirs] intermingling. -**3.** LING telescoping, blending.

télescope [teleskɔp] *nm* telescope; **~ coudé** coudé telescope.

télescoper [3] [teleskɔpe] *vt* [véhicule] to collide with, to crash into *(insép)*.

◆ **se télescoper** *vp (emploi réciproque)* -**1.** [véhicules] to crash into one another. -**2.** [idées, souvenirs] to intermingle.

télescopique [teleskɔpik] *adj* [antenne, observation] telescopic.

téléscripteur [teleskriptœr] *nm* teleprinter; **une nouvelle vient de tomber sur nos ~s** some news has just come through on our teleprinters.

télésiège [telesjɛʒ] *nm* chair OU ski lift; **on y monte en ~** you get there by chair lift, you take the chair lift up there.

téléski [teleski] *nm* drag lift, ski tow.

téléspectateur, trice [telespɛktatœr, tris] *nm, f* television OU TV viewer; **la majorité des ~s** the majority of viewers OU of the viewing audience.

télésurveillance [telesyrvejɑ̃s] *nf* (security) telemonitoring.

Télétel® [teletɛl] *nm (French) public videotex.*

Télétex® [teletɛks] *nm* teletex.

télétexte [teletɛkst] *nm* teletext.

télétraitement [teletrɛtmɑ̃] *nm* teleprocessing.

télétransmission [teletrɑ̃smisjɔ̃] *nf* remote transmission.

télétravail, aux [teletravaj, o] *nm* teleworking, telecommuting.

Télétype [teletip] *nm* Teletype®.

télévente [televɑ̃t] *nf* = **téléachat**.

télévisé, e [televize] *adj* [discours, match] televised; **journal ~** television news.

téléviser [3] [televize] *vt* to broadcast on television, to televise.

téléviseur [televizœr] *nm* television OU TV set.

télévision [televizjɔ̃] *nf* -**1.** [entreprise, système] television; **il regarde trop la ~** he watches too much television; **les ~s européennes** European television companies ❑ **~ câblée** OU **par câble** cable television; **~ en circuit fermé** closed circuit television; **~ cryptée** coded *Br* OU scrambled *Am* television; **la ~ à péage** OU **à accès conditionnel** pay-TV; **~ par satellite** satellite television. -**2.** [appareil] television; **allumer la ~** to turn the television on.

◆ **à la télévision** *loc adv* on television OU TV; **à la ~ ce soir** [annonce orale] tonight on television; [comme titre] tonight's television; **passer à la ~** to go on television.

télévisuel, elle [televizɥɛl] *adj* televisual.

télex [telɛks] *nm* telex; **envoyer un ~** to (send a) telex.

télexer [4] [telekse] *vt* to telex.

télexiste [telɛksist] *nmf* telex operator.

tell [tɛl] *nm* tell ARCHEOL.

tellement [tɛlmɑ̃] *adv* -**1.** [avec un adverbe, un adjectif]: **c'est ~ loin** it's so far; **il parle ~ doucement** he speaks so softly; **je n'ai pas ~ mal** it doesn't hurt that OU so much; **il est ~ têtu** he's so stubborn; **c'est ~ mieux comme ça** it's so much better like that; **tu es ~ plus jolie quand tu souris!** you're so much prettier when you smile!; **ce ne sera pas ~ pire** it won't be so much worse. -**2.** [avec un verbe]: **il l'aime ~** he loves her so much; **j'ai ~ pleuré!** I cried so much!‖ [en corrélation avec 'que']: **j'en ai ~ rêvé que j'ai l'impression d'y être déjà allée** I've dreamt about it so much OU so often that I feel I've been there already; **elle n'est pas ~ malade qu'elle ne puisse se lever** *sout* she's not so ill that she can't get up. -**3.** [introduisant la cause]: **personne ne l'invite plus ~ il est ennuyeux** he's so boring (that) nobody invites him anymore; **j'ai mal aux yeux ~ j'ai lu** my eyes hurt from reading so much. -**4.** *loc*: **pas ~** *fam* not really; **je n'aime pas ~ me presser** I don't really like to hurry; **plus ~** *fam* not any more; **je n'aime plus ~ ça** I don't really like that any more; **des jeunes au chômage, comme on en voit ~ dans la rue** young people on the dole such as you often come across on the street.

◆ **tellement de** *loc dét*: **j'ai ~ de travail/de soucis en ce moment** I've got so much work/so many worries at the moment ‖ [en corrélation avec 'que']: **il y avait ~ de bruit que l'on ne s'entendait plus** there was so much noise that we could no longer hear ourselves speak; **il y a ~ d'hôtels que je ne sais lequel choisir** there are so many hotels that I don't know which one to choose.

tellure [tɛlyr] *nm* tellurium.

tellurien, enne [telyrjɛ̃, ɛn] *adj* tellurian.

tellurique [telyrik] *adj* telluric; **courants ~s** telluric currents.

téloche *fam* [telɔʃ] *nf* telly.

téméraire [temerɛr] *adj* -**1.** [imprudent - personne] foolhardy, rash, reckless; **c'est un jeune homme ~** he is a foolhardy young man. -**2.** [aventuré - tentative] rash, reckless; **l'entreprise est ~, mais elle peut réussir** it's a reckless OU foolhardy venture, but it may (just) succeed. -**3.** [fait à la légère] rash; **voici une remarque bien ~** this is an extremely rash comment.

témérité [temerite] *nf* -**1.** [hardiesse] boldness, temerity *litt*. -**2.** [imprudence - d'une initiative, d'une personne] foolhardiness, recklessness; [- d'un jugement] rashness.

témoignage [temwaɲaʒ] *nm* -**1.** JUR [action de témoigner] testimony, evidence; **les ~s ont duré toute la journée** the hearing went on all day ❑ **faux ~** perjury, false evidence, false witness; **faire un faux ~** to give false evidence; **condamné pour faux ~** found guilty of perjury OU of giving false evidence; **rendre ~ à qqch** [rendre hommage] to pay tribute to OU to hail OU to salute sthg; **je rends ~ à son courage** I salute his courage; **rendre ~ à qqn** [témoigner publiquement en sa faveur] to testify in sb's favour; **la presse unanime a rendu ~ au Premier ministre** all the newspapers testified in the Prime Minister's favour. -**2.** [contenu des déclarations] deposition, (piece of) evidence; **le ~ du chauffeur de taxi est accablant pour elle** the taxi driver's statement is conclusive evidence against her; **un ~ de bonne conduite** a statement of (good) character, a character reference; **porter ~ de qqch** to bear witness to sthg. -**3.** [preuve] gesture, expression, token; **un ~ d'amitié** a token of friendship; **leur comportement est un ~ vivant de leur foi** their conduct is a living expression of OU a living testimony to their faith; **recevoir des ~s de sympathie** [après un deuil] to receive messages of sympathy; [pendant une épreuve] to receive messages of support. -**4.** [récit - d'un participant, d'un observateur] (eyewitness) account; **des ~s sur les conditions de vie des paysans** accounts of the living conditions of peasants; **cette pièce sera un jour considérée comme un ~ sur la vie des années 80** this play will one day be considered as an authentic account of life in the 80s.

témoigner [3] [temwaɲe] ◇ *vi* JUR to testify, to give evidence; **~ en faveur de/contre l'accusé** to give evidence for/against the defendant; **~ contre ses complices** to turn King's OU Queen's evidence *Br*, to turn State's evidence *Am*; **~ par oral/écrit** to give oral/written evidence. ◇ *vt* -**1.** JUR [certifier]: **~ que** to testify that; **j'irai ~ que je ne l'ai pas vu ce soir-là** I'll go and testify that I didn't see him that night; **il a témoigné avoir passé la soirée avec l'accusé** he testified to spending the evening with the defendant. -**2.** [montrer - sympathie] to show; [- dégoût, goût] to show; [- intérêt] to show, to evince; **il ne m'a témoigné que du mépris en retour** he showed me nothing but contempt in return.

◆ **témoigner de** *v + prép* -**1.** JUR to testify to; **je suis prêt à ~ de son innocence** I'm ready to testify OU to swear to his innocence. -**2.** [indiquer - bonté, générosité, intérêt] to show, to indicate; **sa réponse témoigne d'une grande maturité** his answer shows great maturity ‖ [prouver] to show, to bear witness OU to testify to, to attest; **le problème ne fait qu'empirer, comme en témoignent ces statistiques** the problem is only getting worse, witness these statistics OU as these statistics show.

témoin [temwɛ̃] *nm* -**1.** JUR [qui fait une déposition] witness; **il a été cité comme ~** he was called as a witness; **le ~ est à vous** your witness ❑ **~ auriculaire** ear witness; **~ à charge/décharge** witness for the prosecution/defence; **~ de moralité** character reference; **~ oculaire** eyewitness; **un faux ~** a perjurer; **~ instrumentaire** witness to a deed. -**2.** [à un mariage, à la signature d'un contrat] witness; [à un duel] second; **c'est le ~ du marié** he's the best man; **devant ~s** in front of witnesses. -**3.** [spectateur] witness, eyewitness; **l'accident s'est passé sans ~** there were no witnesses to the accident; **elle m'a arraché mon sac – vous avez des ~s?** she grabbed my bag – have you any witnesses?; **être ~ de qqch** to be witness to OU to witness sthg; **j'ai été un ~ involontaire de leur dispute** I was an unwitting witness to their quarrel; **Stendhal, ~ de son temps** Stendhal, a witness of his time; **prendre à ~** to call to witness; **prendre qqn à ~** to call upon sb as a witness; **Dieu/le ciel m'est ~ que j'ai tout fait pour l'en empêcher** as God/heaven is my witness, I did all I could to stop him. -**4.** [preuve] witness; **elle a bien mené sa carrière, ~ sa réussite** she has managed her career well, her success is a testimony to that. -**5.** CONSTR (plaster) telltale. -**6.** RELIG: **Témoin de Jéhovah** Jehovah's Witness. -**7.** SPORT baton; **passer le ~** to hand over OU to pass the baton. -**8.** *(comme adj)*: **appartements ~s** show flats *Br*, model apartments *Am*; **groupe/sujet ~** SC control group/subject.

tempe [tɑ̃p] *nf* temple; **un coup à la ~** a blow to the side of the head; **ses ~s commencent à grisonner** he's going grey at the temples.

tempérament [tɑ̃peramɑ̃] *nm* -**1.** [caractère] temperament, disposition, nature; **ce n'est pas dans mon ~** it's not like me, it's not in my nature; **il est d'un ~ plutôt anxieux** he's the worrying kind; **il est d'un ~ plutôt instable** he's got a rather unstable character; **il a un ~ de vendeur** he's commercially-minded; **elle a un ~ d'artiste** she has an artistic temperament, she's of an artistic disposition. -**2.** [disposition physique] temperament, constitution; **~ bilieux/sanguin** bilious/sanguine temperament; **~ lymphatique/nerveux** lymphatic/nervous disposition ❑ **s'abîmer** *fam* OU **s'esquinter** *fam* OU **se crever**▽ **le ~ à faire qqch** to wreck one's health doing sthg. -**3.** *fam* [sensualité] sexual nature; **être d'un ~ fougueux/exigeant** to be an ardent/a demanding lover; **il a du ~!** *euph* he's hot-blooded! -**4.** *fam* [forte personnalité] strong-willed person; **alors elle, c'est un ~!** she's a force to be reckoned with! -**5.** MUS temperament; **~ égal/inégal** equal/unequal temperament.

◆ **à tempérament** ◇ *loc adj* on deferred payment; **achat à ~** purchase on deferred payment.

◇ *loc adv* on hire purchase *Br*, on an installment *Am*; **acheter qqch à ~** to buy sthg on hire purchase *Br* OU on installments *Am*.

◆ **par tempérament** *loc adv* naturally, by nature; **plus musicien que son frère par ~** more musical than his brother by nature.

tempérance [tɑ̃perɑ̃s] *nf* -**1.** RELIG temperance. -**2.** [sobriété] temperance, moderation.

tempérant, e [tɑ̃perɑ̃, ɑ̃t] ◇ *adj* temperate, sober.

◇ *nm, f* temperate person.

température [tɑ̃peratyr] *nf* -**1.** MÉD & PHYSIOL temperature; **avoir** OU **faire** *fam* **de la ~** to have a temperature; **prendre la ~ de** [patient] to take the temperature of; [assemblée, public] to gauge (the feelings of). -**2.** MÉTÉO temperature; **il y eut une brusque chute de la ~** OU **des ~s** there was a sudden drop in temperature; **on a atteint des ~s de 67° C/40° C** temperatures went down to 67° C/reached 40° C. -**3.** [d'une pièce, d'une serre, d'un bain] temperature; **avant d'aller nager, je prends la ~ de l'eau** before going swimming, I test the water. -**4.** PHYS temperature; **~ absolue/critique/thermodynamique** absolute/critical/thermodynamic temperature; **~ d'ébullition** boiling point.

tempéré, e [tɑ̃pere] *adj* -**1.** GÉOG [climat, région] temperate. -**2.** MUS [gamme] tempered; **'le Clavier bien ~'** *Bach* 'The Well-Tempered Clavier'.

tempérer [18] [tɑ̃pere] *vt* -**1.** *litt* [température excessive] to temper, to ease. -**2.** [atténuer - colère] to soften, to appease; [- ardeurs, passion, sévérité] to soften, to temper; **tempère ton enthousiasme, je n'ai pas encore dit oui** don't get carried away, I haven't said yes yet.

◆ **se tempérer** *vp (emploi réfléchi)* to restrain o.s.; **apprends à te ~!** learn to restrain yourself!

◆ **se tempérer de** *vp + prép* to be softened OU tempered with; **sa colère se tempérait d'un peu de pitié** a hint of pity softened his anger.

tempête [tɑ̃pɛt] *nf* -**1.** MÉTÉO storm, tempest *litt*; **le vent souffle en ~** it's blowing a gale, a gale force wind is blowing ❑ **~ magnétique** magnetic storm; **~ de neige** snowstorm; **~ de sable** sandstorm; **'la Tempête'** *Shakespeare* 'The Tempest'. -**2.** [troubles] storm; **son livre a provoqué une véritable ~ dans les milieux politiques** his book raised quite a storm in political circles; **nous avons traversé la ~** we've managed to weather the storm ❑ **une ~ dans un verre d'eau** a storm in a teacup *Br*, a tempest in a teapot *Am*. -**3.** [déferlement] wave, tempest, storm; **~ d'applaudissements/de critiques/de protestations** storm of applause/criticism/protest; **~ d'insultes** hail of abuse; **une ~ de rires accueillait chaque réplique** each line unleashed gales of laughter.

tempêter [4] [tɑ̃pete] *vi* to rage, to rant (and rave); **il a eu beau ~, elle a maintenu son refus** despite his raving at her, she kept saying no; **ils ne cessent de ~ contre les syndicats** they're always railing against the unions.

tempétueux, euse [tɑ̃petɥø, øz] *adj litt* -**1.** [côte, mer] tempestuous *litt*, stormy; [courant] turbulent. -**2.** [amour, passion] tempestuous, stormy.

temple [tɑ̃pl] *nm* -**1.** RELIG [gén] temple; [chez les protestants] church; **le Temple** the Order of the Temple, the Knights Templar. -**2.** [haut lieu]: **le ~ de la mode/musique** the Mecca of fashion/music.

templier [tɑ̃plije] *nm* HIST (Knight) Templar.

tempo [tɛmpo] *nm* -**1.** MUS tempo. -**2.** [rythme - d'un film, d'un roman] tempo, pace; [- de la vie] pace.

temporaire [tɑ̃pɔrɛr] *adj* temporary; **c'est une employée ~** she's a temporary worker.

temporairement [tɑ̃pɔrɛrmɑ̃] *adv* temporarily.

temporal, e, aux [tɑ̃pɔral, o] *adj* temporal ANAT.

◆ **temporal, aux** *nm* ANAT temporal bone.

◆ **temporale** *nf* ANAT temporal artery.

temporalité [tɑ̃pɔralite] *nf litt* temporality, temporalness.

temporel, elle [tɑ̃pɔrɛl] *adj* -**1.** RELIG [autorité, pouvoir] temporal; [bonheur] temporal, earthly; [biens] worldly, temporal. -**2.** LING temporal.

temporisateur, trice [tɑ̃pɔrizatœr, tris] ◇ *adj* [politique, tendance] temporizing, delaying; [stratégie, tactique] delaying.

◇ *nm, f* temporizer.

◆ **temporisateur** *nm* -**1.** SC retarder. -**2.** INF timer.

temporisation [tɑ̃pɔrizasjɔ̃] *nf* -**1.** [fait de retarder] delaying tactics, temporization. -**2.** ÉLECTR delay time.

temporiser [3] [tɑ̃pɔrize] *vi* to use delaying tactics, to temporize; **notre équipe devrait ~ pour conserver son but d'avance** our team should now play for time to retain its one-goal lead.

temps [tɑ̃] ◇ *nm* **A.** MÉTÉO weather; **le ~ s'améliorera lundi** there will be an improvement in the weather on Monday; **quel ~ fait-il à Nîmes?** what's the weather like in Nîmes?; **avec le ~ qu'il fait, par ce ~** in this weather; **demain, le ~ sera variable** tomorrow, the weather will be changeable OU unsettled; **vous nous amenez le beau/mauvais ~** you've brought the fine/bad weather with you; **il fait un ~ gris** it's overcast, the weather's dull *Br* OU gloomy; **par beau ~, on voit la côte anglaise** when it's fine OU on a clear day, you can see the English coast; **par ~ de pluie/neige/brouillard** in wet/snowy/foggy weather; **par ~ froid** in cold weather, when it's cold; **par gros ~** in rough weather at sea, in rough seas; **par tous les ~** in all weathers.

B. DIMENSION DE L'UNIVERS -**1.** [écoulement des jours]: **le ~** time; **la fuite** OU **course du ~** the passing of time; **comme le ~ passe!, comme** OU **que le ~ passe vite!** how time flies!; **il faut prendre le ~ comme il vient** we must let things take their course; **le Temps** Old Father Time. -**2.** [durée indéterminée] time *(U)*; **c'est du ~ perdu** it's a waste of time; **nous avons gâché un ~ précieux** we've wasted a lot of precious time; **mettre du ~ à faire qqch** to take time to do sthg; **mettre du ~ à se décider** to take a long time deciding OU to decide; **passer son ~ à: je passe mon ~ à lire** I spend (all) my time reading; **pour passer le ~** to while away OU to pass the time; **prendre du ~** to take time; **cela ne m'a pas pris beaucoup de ~ pour apprendre la chanson** it didn't take me long to learn the song; **chercher une maison prend beaucoup de ~** househunting is very time-consuming; **ça prendra le ~ qu'il faudra** OU **que ça prendra** *fam* it'll take as long as is needed OU as it takes; **trouver le ~ long** to feel time dragging by; **je commençais à trouver le ~ long** [d'impatience] I was growing impatient OU restless; [d'ennui] I was getting bored. -**3.** [durée nécessaire] time *(C)*; **le ~ que** *(suivi de l'indic)*: **calculer le ~ que met la lumière pour aller du Soleil à la Terre** to compute the time that light takes to go from the Sun to the Earth; *(suivi du subj)*: **va chercher du lait, le ~ que je fasse du thé** go and get some milk while I make some tea; **le ~ de: le ~ de faire qqch** (the) time to do sthg; **laissez-lui le ~ de répondre/de réfléchir** give her time to answer/to think; **le ~ d'enfiler un manteau et j'arrive** just let me put on a coat and I'll be with you; **juste le ~ de les entendre** just long enough to hear them; **avoir le ~ de faire qqch** to have (the) time to do sthg; **je n'ai même pas eu le ~ de lui dire au revoir** I didn't even have time to say goodbye to him; **auras-tu le ~ de venir me chercher?** will you have time to come and collect me?; **elle voudrait venir te voir mais elle n'a pas le ~** she'd like to come and see you but she hasn't got (the) time; **fais-le quand tu en auras le ~** do it at your leisure OU when you've got (the) time; **prendre son ~** to take one's time; **je dois étudier le dossier – prenez votre ~** I have to take a close look at the file – take your time (over it); **surtout prends ton ~!** *iron* take your time, won't you?, don't hurry, will you?; **prendre le ~ de faire qqch** to take the time to do sthg; **prends le ~ de manger** take the time to eat; **il faut prendre le ~ de vivre** you should take time to enjoy life ❑ **~ de cuisson/préparation** CULIN cooking/preparation time; **~ d'antenne** RAD & TV air time, **un ~ partiel** a part-time job; **un ~ plein** OU **plein ~** a full-time job; **travailler à ~ partiel/plein ~** to work part-time/full-time; **faire un trois quarts (de) ~** ≃ to work 30 h per week; **~ de pose** PHOT exposure time; **~ de réaction** PSYCH response latency, reaction time; **le ~ de la réflexion** time to think; **le ~ de révolution d'une planète** ASTRON the period of a planet's orbit. -**4.** [loisir] time *(C)*; **maintenant qu'elle est à la retraite, elle ne sait plus quoi faire de son ~** now that she's retired, she doesn't know how to fill her time; **les enfants prennent tout mon ~** the children take up all my time; **pour aller à la pêche, il trouve toujours le ~!** if it's a question of going fishing, he can always find time!; **avoir du ~** OU **le ~** to have time; **je n'ai pas beaucoup de/j'ai besoin d'un peu plus de ~** I haven't got much/I need a bit more time; **mon train est à 7 h, j'ai grandement** OU **tout le ~** my train is at 7, I've plenty of time (to spare); **avoir tout son ~** to have all the time in the world; **ne nous pressons pas, on a tout notre ~!** *iron* couldn't you go (just) a little bit slower?; **avoir du ~ devant soi** to have time to spare OU on one's hands ❑ **~ libre** free time; **avoir du ~ libre** to have some spare time. -**5.** [moment favorable]: **il est ~: il est (grand)**

— ! it's high time!, it's about time!; **la voilà — il était —** ! here she is — it's about time OU and not a minute too soon OU and about time too!; **il était —, le bol allait tomber** that was close, the bowl was about to fall; **il n'est plus —** time's run out; **je voulais tout recopier mais il n'est plus —** I wanted to write it all out again but there's no time for that now; **cours vite prendre ton train, il n'est que —** run and catch your train, there's not much time; **il est — de** now's the time for; **il est — d'y penser** now's the time to think about it; **il n'est plus — de discuter, il faut agir** the time for discussion is past OU enough talking, we must act; **il est — que: il est — que tu t'inscrives** you'd better enrol soon, it's time you enrolled; **le — est venu de nous ressaisir** it's time OU the time has come for us to pull ourselves together; **le — était venu pour moi de partir** the time had come for me to OU it was time for me to leave. -**6.** [époque déterminée] time *(C)*; **le — n'est plus aux querelles** we should put quarrels behind us, the time for quarelling is past; **il fut un — où...** there was a time when...; **le — n'est plus où...** gone are the days when...; **la plus grande découverte de notre —** the biggest discovery of our time; **être en avance/en retard sur son —** to be ahead of/behind one's time; **aller** OU **marcher avec son —** to keep up OU to move with the times; **être de son —** to move with the times; **tu es bien de ton —, toi!** you really are a child of the times!; **il n'était pas de son —** [en retard] he was out of step with his time; [en avance] he was ahead of his time; **dans mon jeune —** when I was young, in my younger days; **un —** for a (short) while; **j'ai cru, un —, que...** I thought, for a while, that...; **il y a un — pour tout** there's a time for everything; **n'avoir** OU **ne durer qu'un —** to last but a short time; **elle est fidèle — ça n'aura** OU **ne durera qu'un —** she's faithful — it won't last; **un tel chagrin n'aura qu'un —** such sorrow can't last (for ever); **faire son —** [détenu, soldat] to do OU to serve one's time; **la cafetière/mon manteau a fait son —** *fam* the coffee machine's/my coat's seen better days; **des idées qui ont fait leur —** outmoded ideas; **les diligences ont fait leur —** the days of stagecoaches are gone; **en — normal** OU **ordinaire** usually, in normal circumstances; **en — opportun** at an appropriate time, in due season; **en — voulu** in good time; **en — utile** in due time OU course; **en son —** in due course; **chaque chose en son —** there's a right time for everything. -**7.** [saison, période de l'année] time *(C)*, season; **le — des moissons** harvest (time); **le — des cerises/pêches** the cherry/peach season. -**8.** [phase - d'une action, d'un mouvement] stage; **faire un — de galop** to gallop for a while; **l'épaulé-jeté s'exécute en trois —** the clean and jerk is done in three stages OU movements; **dans un premier —** first; **dans un deuxième —** secondly; **dans un troisième —** thirdly. -**9.** ASTRON: **— astronomique/sidéral** astronomical/sidereal time; **— absolu** absolute time; **— atomique international** international atomic time; **— solaire** solar time, Greenwich Mean Time. -**10.** JUR: **— civil/légal** civil/standard time. -**11.** INF time; **— d'accès/d'amorçage** access/start-up time; **— critique/de connexion** critical/connecting time; **— de libération** clearing time; **— partagé** time sharing; **— réel** real time; **traitement en — réel** real-time processing; **travailler en — réel** to work in real time; **— de retournement** turnaround time; **— total** elapsed time. -**12.** LING tense; **— composé/simple/du passé** compound/simple/past tense. -**13.** MÉCAN stroke; **moteur à deux/quatre —** two-stroke/four-stroke engine. -**14.** MUS beat; **valse à trois —** waltz in three-four time; **mesure à deux/trois/quatre —** two-four/three-four/four-four time. -**15.** RELIG: **le — de l'avent/du carême** (the season of) Advent/Lent; **le — pascal** Easter time, Eastertide. -**16.** SPORT [d'une course] time; **quel est son — sur 100 m?** what's her time over 100 m?; **elle a fait le meilleur — aux essais** hers was the best time OU she was the fastest in the trials || ESCRIME [durée - d'une action] time, temps; [- d'un combat] bout.

◇ *nmpl* [époque] times, days; **les — sont durs** OU **difficiles!** times are hard!; **les — modernes/préhistoriques** modern/prehistoric times; **les — anciens** ancient times OU days; **'les Temps modernes'** *Chaplin* 'Modern Times'.

◆ **à temps** *loc adv* in time; **se ressaisir à —** to pull o.s. together just in time; **ils m'ont fait payer le billet, je ne me suis pas décommandé à —** I had to pay for the ticket since I didn't cancel it early enough; **je n'arriverai/je ne finirai jamais à —!** I'll never make it/I'll never finish in time!

◆ **à temps perdu** *loc adv* in one's spare time, in a spare moment.

◆ **au même temps** = **en même temps**.

◆ **au même temps que** = **en même temps que**.

◆ **au temps de** *loc prép* in OU at the time of, in the days of; **au — de Voltaire** in Voltaire's time, in Voltaire's day; **au — du cinéma muet** in the days of silent movies.

◆ **au temps jadis** *loc adv* in times past, in the old days.

◆ **au temps où, au temps que** *loc conj* in the days when, at the time when.

◆ **avec le temps** *loc adv* with the passing of time; **avec le —, tout s'arrange** time is a great healer.

◆ **ces temps-ci** *loc adv* these days, lately; **il était malade ces —-ci** he's been ill lately.

◆ **dans ce temps-là** *loc adv* in those days, at that time.

◆ **dans le même temps** = **en même temps**.

◆ **dans le même temps que** = **en même temps que**.

◆ **dans le temps** *loc adv* before, in the old days.

◆ **dans les temps** *loc adv* on time; **être dans les —** [pour un travail] to be on schedule OU time; [pour une course] to be within the time (limit); **vous devez finir dans les —** you must finish on time.

◆ **de temps à autre, de temps en temps** *loc adv* from time to time, occasionally, (every) now and then.

◆ **de temps immémorial** *loc adv* from time immemorial.

◆ **du temps de** *loc prép*: **du — de Louis XIV** in the days of Louis the XIVth; **du — de notre père, tu n'aurais pas osé** when our father was (still) alive, you wouldn't have dared; **de mon —, ça n'existait pas** when I was young OU in my day, there was no such thing.

◆ **du temps où, du temps que** = **au temps où**.

◆ **en ce temps-là** = **dans ce temps-là**.

◆ **en même temps** *loc adv* at the same time.

◆ **en même temps que** *loc conj* at the same time as.

◆ **en temps de** *loc prép*: **en — de guerre/paix** in wartime/peacetime; **en — de prospérité/récession** in times of prosperity/recession.

◆ **en temps et lieu** *loc adv* in due course OU time, at the proper time and place.

◆ **en un temps où** *loc conj* at a time when.

◆ **par les temps qui courent** *fam loc adv* (things being as they are) these days OU nowadays.

◆ **tout le temps** *loc adv* all the time, always; **elle est tout le — là** she's always there, she's there all the time; **ne me harcèle pas tout le —!** don't keep on pestering me!

◆ **temps fort** *nm* MUS strong beat; *fig* high point, highlight; **un des — forts du festival** one of the high points OU highlights of the festival; **ce fut un des — forts de ma vie/de la représentation** it was one of the high points of my life/of the performance.

◆ **temps mort** *nm* -**1.** BASKET-BALL & VOLLEY-BALL time-out. -**2.** *fig* lull, slack period; [dans une conversation] lull, pause. -**3.** SC time-out (interval).

tenable [tənabl] *adj* -**1.** [supportable] bearable; **la situation n'est plus —, il faut agir** the situation's become untenable OU unbearable, we must take action; **la chaleur/le froid est à peine —** the heat/the cold is hardly bearable. -**2.** [contrôlable]: **à l'approche de Noël, les enfants ne sont plus —s** as Christmas gets nearer, the children are going wild.

tenace [tənas] *adj* -**1.** [obstiné - travailleur] tenacious, obstinate; [- chercheur] tenacious, dogged; [- ennemi] relentless; [- résistance, volonté] tenacious; [- refus] dogged; [- vendeur] tenacious, insistent. -**2.** [durable - fièvre, grippe, toux] persistent, stubborn; [- parfum, odeur] persistent, lingering; [- tache] stubborn; [- préjugé, impression, superstition] deep-rooted, stubborn, tenacious. -**3.** [qui adhère fortement - colle] strong; [- plante, lierre] clinging.

tenacement [tənasmɑ̃] *adv* tenaciously, persistently, stubbornly, doggedly.

ténacité [tenasite] *nf* -**1.** [d'une personne, d'une volonté] tenacity, tenaciousness; **faire preuve de —** to be persistent. -**2.** [d'une fièvre, d'une toux, d'une odeur] persistence; [d'une tache] stubbornness; [d'un préjugé, d'une superstition] deep-rootedness, persistence. -**3.** TECH resilience.

tenaille [tənaj] *nf* -**1.** —**s** [de charpentier, de menuisier] pincers; [de cordonnier] pincers, nippers; [de forgeron] tongs. -**2.** ARCHIT tenaille.

◆ **en tenaille(s)** *loc adv*: **prendre qqn en —** OU **—s** to catch OU to trap sb in a pincer movement.

tenaillement [tənajmɑ̃] *nm litt* [du doute, du remords] tormenting, gnawing, nagging.

tenailler [3] [tənaje] *vt sout* [faim, soif] to gnaw; [doute, inquiétude, remords] to gnaw (at), to rack, to torment; **être tenaillé par la faim/par le remords** to be racked with hunger/tormented by remorse.

tenancier, ère [tənɑ̃sje, ɛr] *nm, f* -**1.** [d'un café, d'un hôtel, d'une maison de jeu] manager. -**2.** [fermier] tenant farmer. -**3.** HIST (feudal) tenant.

tenant, e [tənɑ̃, ɑ̃t] ◇ *adj*: **chemise à col —** shirt with a collar attached.

◇ *nm, f* SPORT: **— (du titre)** holder, titleholder.

◆ **tenant** *nm* -**1.** [d'une doctrine, d'une idéologie, d'un principe] supporter, upholder. -**2.** HÉRALD supporter.

◆ **tenants** *nmpl* [d'une terre] adjacent parts, abuttals JUR; **les —s et les aboutissants** [d'une affaire] the ins and outs, the full details; **je suis seul à connaître les —s et les aboutissants de leur accord** only I know all the ins and outs of their agreement.

◆ **d'un (seul) tenant** *loc adj* all in one block; **trois hectares d'un seul —** three adjoining hectares.

tendance [tɑ̃dɑ̃s] *nf* -**1.** [disposition, propension] tendency, propensity, leaning; **avoir — à** to tend to, to have a tendency to; **ayant — à l'autoritarisme** tending towards authoritarianism; **elle a — à se laisser aller** she has a tendency OU she's inclined to let herself go; **tu as un peu trop — à croire que tout t'est dû** you're too inclined to think that the world owes you a living. -**2.** [orientation, évolution - gén] trend; [- d'un créateur] leanings; [- d'un livre, d'un discours] drift, tenor; **quelles sont les nouvelles —s de l'art/la mode?** what are the new trends in art/fashion? -**3.** [position, opinion] allegiance, leaning, sympathy; **un parti de — libérale** a party with liberal tendencies; **des partis de toutes —s étaient représentés** the whole spectrum of political opinion was represented || [fraction d'un parti]: **la — centriste au sein du parti** the middle-of-the-road tendency within the party; **le groupe a décidé, toutes —s réunies, de voter l'amendement** all the factions within the group voted in favour of supporting the amendment; **à quelle — appartiens-tu?** what are your political leanings?, where do your (political) sympathies lie? -**4.** BOURSE & ÉCON trend; **quelle est la — du marché?** what's the market trend?; **— inflationniste** inflationary trend; **— haussière/baissière** upward/downward trend. -**5.** PSYCH tendency; **—s affectives/vitales** affective/vital tendencies. -**6.** [résultat d'une étude] trend; **~ générale** (general) trend.

tendanciel, elle [tɑ̃dɑ̃sjɛl] *adj*: **une évolution ~le** a trend-setting development.

tendancieusement [tɑ̃dɑ̃sjøzmɑ̃] *adv* tendentiously, tendenciously.

tendancieux, euse [tɑ̃dɑ̃sjø, øz] *adj* [film, récit, interprétation] tendentious, tendencious; [question] loaded.

tender [tɑ̃dɛr] *nm* PÉTR & RAIL tender.

tendeur [tɑ̃dœr] *nm* -**1.** [pour tendre - un câble] tensioner; [- une toile de tente] guy rope; [- une chaîne de bicyclette] chain adjuster. -**2.** [pour porte-bagages] elastic OU luggage strap. -**3.** RAIL: **~ d'attelage** coupling screw.

tendineux, euse [tɑ̃dinø, øz] *adj* -**1.** ANAT tendinous. -**2.** [viande] stringy.

tendinite [tɑ̃dinit] *nf* tendinitis.

tendon [tɑ̃dɔ̃] *nm* tendon, sinew; **~ d'Achille** Achilles' tendon.

tendre[1] [tɑ̃dr] ◇ *adj* -**1.** [aimant - personne] loving, gentle, tender; [- voix] gentle; [- yeux] gentle, loving; [affectueux - lettre] loving, affectionate; **chanson ~** love song; **elle n'est pas ~ avec lui** she's hard on him; **les critiques n'ont pas été ~s pour son film** the reviewers were very hard on his film; **la presse n'est pas ~ pour elle ce matin** she's been given a rough ride in the papers this morning. -**2.** [moelleux - viande, légumes] tender; **je voudrais quatre steaks bien ~s** I'd like four nice tender steaks ❑ **~ comme la rosée** (as) fresh as the morning dew. -**3.** [mou - roche, mine de crayon, métal] soft; **bois ~** softwood. -**4.** *litt* [délicat - feuillage, bourgeons] tender, delicate; **se coucher dans l'herbe ~** to lie down on the soft grass; **de ~s boutons de rose** tender rosebuds. -**5.** [doux - teinte] soft, delicate; **un tissu rose/vert ~** a soft pink/green material. -**6.** [jeune]: **nos ~s années** our early years; **âge ~, ~ enfance** early childhood; **dès sa plus ~ enfance** since his earliest childhood.
◇ *nmf* tender-hearted person.
◆ **Tendre** *npr m*: **la Carte de Tendre** the Carte de Tendre, the Map of the Land of Love.

tendre[2] [73] [tɑ̃dr] *vt* -**1.** [étirer - câble, corde de raquette] to tighten, to tauten; [- élastique] to stretch; [- corde d'arc] to draw back *(sép)*; [- arc] to bend; [- arbalète] to arm; [- voile] to stretch, to brace; [- peau d'un tambour] to pull, to stretch; **~ fortement une corde** to strain a rope; **~ un ressort** [l'étirer] to stretch a spring; [le mettre en place] to set a spring. -**2.** [disposer - hamac, fil à linge, tapisserie] to hang; [- collet, souricière] to set; **ils ont tendu une corde en travers de la route** they stretched OU tied a rope across the road; **~ des lignes** to put out (fishing) lines; **~ une embuscade** OU **un piège à qqn** to set an ambush OU a trap for sb ❑ **~ ses filets** *pr* to set one's nets; *fig* to set a trap. -**3.** [revêtir - mur] to cover; **~ une pièce de toile de jute** to cover the walls of a room with hessian; **les murs étaient tendus de papier peint à fleurs** there was flowered paper on the walls. -**4.** [allonger - partie du corps]: **~ le cou** to crane OU to stretch one's neck; **il tendit un doigt accusateur vers l'enfant** he pointed an accusing finger at the child; **elle tendit son front/sa joue à sa mère pour qu'elle l'embrasse** she offered her forehead/her cheek for her mother to kiss; **~ les bras (vers qqn)** to stretch out one's arm (towards sb); **il m'a tendu les bras en signe de pardon** he held out his arms to me in forgiveness; **assieds-toi, il y a un fauteuil qui te tend les bras** sit down, there's an armchair waiting for you; **vas-y, le poste de directeur te tend les bras** go ahead, the director's job is yours for the taking; **~ la main** [pour recevoir qqch] to hold out one's hand; **~ la main à qqn** [pour dire bonjour] to hold out one's hand to sb; [pour aider] to offer a helping hand to sb; [pour se réconcilier] to extend a OU the hand of friendship to sb ❑ **~ l'autre joue** *allusion Bible* to turn the other cheek; **~ le dos** OU **l'échine**: **tout ce qu'il sait faire c'est ~ le dos** all he does (in time of trouble) is to lie back and take it all. -**5.** [offrir, présenter] to offer; **il lui tendit la boîte de chocolats/un miroir** he offered her the box of chocolates/held out the mirror to her; **elle tendit une pomme à l'enfant** she offered the child an apple. -**6.** [concentrer - volonté]: **~ sa volonté vers la réussite** to strive for success; **~ ses efforts vers un but** to strive to achieve an aim. -**7.** [détériorer - ambiance, rapports] to strain, to put a strain on; **leur déclaration risque de ~ les relations diplomatiques** their declaration might well put a strain on diplomatic relations.
◆ **tendre à** *v + prép* -**1.** [avoir tendance à]: **c'est une pratique qui tend à disparaître** it's a custom which is dying out. -**2.** [contribuer à]: **cela tendrait à prouver que j'ai raison** this would seem to prove that I'm right. -**3.** [aspirer à]: **~ à la perfection** to aim at perfection. -**4.** [arriver à]: **~ à sa fin** to near an end; **la période de crise tend à sa fin** the end of the crisis is in sight, the crisis is nearing its end.
◆ **tendre vers** *v + prép* -**1.** [viser à]: **~ vers la perfection** to aim at perfection, to strive towards perfection. -**2.** [approcher de]: **le rythme de la production tend vers son maximum** maximum output is close to being reached. -**3.** MATH: **~ vers zéro/l'infini** to tend to zero/infinity.
◆ **se tendre** *vpi* -**1.** [courroie, câble] to tighten (up), to become taut, to tauten. -**2.** [atmosphère, relations] to become strained.

tendrement [tɑ̃drəmɑ̃] *adv* [embrasser, regarder, se sourire] tenderly, lovingly; **ils s'aiment ~** they love each other dearly.

tendresse [tɑ̃drɛs] *nf* -**1.** [attachement - d'un amant] tenderness; [- d'un parent] affection, tenderness; **une enfance sans ~** a childhood deprived of affection, a loveless childhood; **avoir de la ~ pour qqn** to feel affection for sb. -**2.** [inclination, penchant]: **je n'ai aucune ~ pour les menteurs** I have no love for liars, I don't think much of liars.
◆ **tendresses** *nfpl*: **je vous envoie mille ~s ainsi qu'aux enfants** much love to you and to the children.

tendreté [tɑ̃drəte] *nf* [d'un légume, d'une viande] tenderness.

tendron [tɑ̃drɔ̃] *nm* -**1.** CULIN: **~ de veau** middle-cut breast of veal. -**2.** BOT shoot. -**3.** *fam* [jeune fille]: **un ~** a slip of a girl.

tendu, e [tɑ̃dy] *adj* -**1.** [nerveux - de tempérament] tense; [- dans une situation] tense, strained, fraught; [- avant un événement, un match] keyed up, tense; **jamais, dit-il d'une voix ~e** never, he said in a strained voice. -**2.** [atmosphère] strained; [rapports] strained, fraught *Br*; [situation] tense, fraught *Br*. -**3.** [partie du corps, muscle] tensed up; **avoir les nerfs ~s** [habituellement] to be tense; [momentanément] to be tense OU on edge. -**4.** [étiré - corde, courroie] tight, taut; [- corde d'arc] drawn; [- arc] drawn, bent; [- voile, peau de tambour] stretched; **la chaîne est mal ~e** OU **n'est pas assez ~e** the chain isn't tight enough OU is a bit slack; **ma raquette de tennis est trop ~e/n'est pas assez ~e** my tennis racket strings are too tight/too slack. -**5.** [allongé]: **avancer le doigt ~/le poing ~/les bras ~s** to advance with pointed finger/raised fist/outstretched arms. -**6.** LING tense.

ténèbres [tenɛbr] *nfpl* -**1.** [nuit, obscurité] darkness *(U)*, dark *(U)*; **être plongé dans les ~** to be in total darkness. -**2.** [ignorance]: **on m'a longtemps laissé dans les ~ sur les circonstances de ma naissance** the circumstances of my birth were kept from me for a long time. -**3.** RELIG Tenebrae.

ténébreux, euse [tenebrø, øz] ◇ *adj litt* -**1.** [forêt, maison, pièce] dark, gloomy, tenebrous *litt*; [recoin, cachot] dark, murky. -**2.** [inquiétant - intrigue, complot] dark; [- époque, situation] obscure, murky; **de ~ projets** devious plans. -**3.** [incompréhensible] mysterious, unfathomable; **une ténébreuse affaire** a shady business; **le ~ langage de la loi** the obscure language of the legal profession. -**4.** [personne, caractère] melancholic, saturnine *litt*.
◇ *nm, f* -**1.** *litt* [personne mélancolique] melancholic. -**2.** *hum*: **un beau ~** a tall, dark, handsome stranger.

Tenerife, Ténériffe [tenerif] *npr* Tenerife.

teneur[1] [tənœr] *nf* -**1.** [contenu - d'un document] content; [- d'un traité] terms; **quelle est exactement la ~ de son article?** what exactly is her article about? -**2.** CHIM content; **~ en eau/fer** water/iron content; **~ en alcool** alcohol content, alcoholic strength. -**3.** MIN content, grade, tenor; **~ en carbone** percentage of carbon, carbon content; **minerai à forte ~ en plomb** ore with a high lead content. -**4.** NUCL: **~ isotopique** abundance ratio, isotopic abundance.

teneur[2], **euse** [tənœr, øz] *nm, f* -**1.** COMM: **~ de livres** bookkeeper. -**2.** IMPR: **~ de copie** copyholder.

ténia [tenja] *nm* tapeworm, taenia *spéc*.

tenir [40] [tənir] ◇ *vt* **A.** AVOIR DANS LES MAINS -**1.** [retenir] to hold (on to); **~ la main de qqn** to hold sb's hand; **il tenait sa casquette sous le bras** he was holding his cap under his arm; **tiens mon sac deux minutes** hold my bag for a moment; **tiens bien le livre** hold on tight to the book; **je tenais mal la bouteille et elle m'a échappé** I wasn't holding the bottle tightly enough and it slipped. -**2.** [manier] to hold; **tu tiens mal ta raquette/ton arc** you're not holding your racket/your bow properly; **tiens mieux ton verre/pinceau** hold your glass/brush properly; **apprendre à ~ le ciseau** to learn the correct way to hold a chisel; **tenez la lime horizontale** hold the file flat OU horizontal OU horizontally; **tenez la bouteille verticale** hold the bottle up OU vertical OU vertically.
B. CONSERVER -**1.** [maintenir - dans une position] to hold, to keep; [- dans un état] to keep; **enlève les vis qui tiennent le panneau** undo the screws which hold the panel in place; **l'amarre qui tient le bateau** the cable tying up the boat; **tiens-lui la porte, il est chargé** hold the door open for him, he's got his hands full; **il tenait les yeux baissés** he kept his eyes lowered; **cette étoffe ne tient pas le pli** this material won't hold its crease; **tenez-lui la tête hors de l'eau** hold her head above the water; **~ les fenêtres fermées/ouvertes** to keep the windows shut/open; **elle tient ses chiens attachés** she keeps her dogs tied up; **~ chaud** to keep warm; **je veux une robe qui tienne chaud** I'd like a warm dress; **~ un plat au chaud** to keep a dish hot; **tenez le bois au sec** keep the wood in a dry place; **~ une chambre en ordre** to keep a room tidy; **tenez-le prêt (à partir)** make sure he's ready (to leave); **ils tiennent le pont sous le feu de leurs mitraillettes** they're keeping the bridge under machine-gun fire. -**2.** [garder - note] to hold; **~ l'accord** to stay in tune; **'tenez votre droite'** [sur la route] keep (to the) right; [sur un Escalator] keep to the right. -**3.** *vieilli* [conserver - dans un lieu] to keep; **où tenait-il les bijoux?** where did he keep the jewels?; **dans nos nouveaux locaux, nous tenons une plus grande sélection d'articles** we keep a larger selection of goods in our new premises. -**4.** *Belg* [collectionner] to collect.
C. POSSÉDER -**1.** [avoir reçu]: **~ qqch de qqn** [par hérédité] to get sthg from sb; **je tiens mes yeux bleus de mon père** I get my blue eyes from my father; **une passion pour les affaires qu'elle tient de famille** a taste for business which she inherited from her family; **les propriétés que je tenais de ma mère** [par héritage] the properties I'd inherited from my mother. -**2.** [avoir capturé] to have caught, to have got hold of; [avoir à sa merci] to have got; **nous tenons son chien, qu'il vienne le chercher** we've got his dog, let him come and fetch it; **je tiens une truite!** I've caught OU I've got a trout!; **c'est un cul-de-sac, nous le tenons** it's a dead end, he's trapped OU we've got him; **ah, ah, petit coquin, je te tiens!** got you, you little devil!; **si je tenais celui qui a défoncé ma portière!** just let me get OU lay my hands on whoever smashed in my car door!; **la**

police tient un des coupables the police have caught one of the culprits; **vous avez trouvé un nouveau collaborateur? — oui, je tiens mon homme** have you found a new assistant? — yes, I've got the man I need; **elle m'a tenu une heure avec ses histoires de divorce** I had to listen to her going on about her divorce for a whole hour; **pendant que je vous tiens (au téléphone), pourrais-je vous demander un service?** since I'm speaking to you (on the phone), may I ask you a favour? -**3.** [détenir - indice, information, preuve] to have; [- contrat] to have, to have won; [- réponse, solution] to have (found OU got); **ça y est, je tiens la solution!** hurrah, I've found OU got the answer!; **je crois que je tiens un scoop!** I think I've got a scoop!; **je tiens enfin l'édition originale** I finally got my hands on the original edition; **~ qqch de** [l'apprendre] to have (got) sthg from; **il a eu des troubles psychologiques — de qui tenez-vous cela?** he's had psychological problems — who told you that?; **nous tenons de source sûre/soviétique que...** we have it on good authority/we hear from Soviet sources that...; **~ qqch de: je tiens mon autorité de l'État** I derive my power from the state; **d'où la vivisection tient-elle sa légitimité?** where is the justification for live animal experiments?; **qu'est-ce que je tiens comme rhume!** *fam* I've got a stinking *Br* OU horrible cold! ❑ **elle en tient une couche!** *fam* she's as thick as two short planks *Br*, what a dumb bell! *Am*; **il en tient une bonne ce soir** *fam* he's had a skinful *Br* OU he's three sheets to the wind tonight; **qu'est-ce qu'il tient!** *fam* [il est stupide] what a twit *Br* OU blockhead!; [il est ivre] he's really plastered!; [il est enrhumé] he's got a stinking *Br* OU horrible cold! -**4.** [transmettre]: **faire ~ qqch à qqn** *sout*: **nous vous ferons ~ une copie des documents** we will make sure you receive a copy of the documents; **faites-le lui ~ en mains propres** make sure it's handed to him personally.

D. CONTRÔLER, AVOIR LA RESPONSABILITÉ DE -**1.** [avoir prise sur, dominer] to hold; **quand la colère le tient, il peut être dangereux** he can be dangerous when he's angry; **la jalousie le tenait** jealousy had him in its grip, he was gripped by jealousy; **ce rhume me tient depuis deux semaines** I've had this cold for two weeks ‖ MIL to control; **les Anglais tenaient la mer** the English ruled the sea; **qui tient la presse tient le pays** whoever controls the press controls the country ‖ [avoir de l'autorité sur - classe, élève] to (keep under) control; **quand Noël approche, on ne peut plus les ~** when Christmas is near, you just can't control them. -**2.** [diriger, s'occuper de - commerce, maison, hôtel] to run; [- comptabilité, registre] to keep; **~ la caisse** to be at the cash desk, to be the cashier; **~ les livres** to keep the books; **je tiens la maison pendant qu'elle est partie** I look after OU I mind the house while she's away; **elle tient la rubrique artistique à «Madame»** she has a regular Arts column in "Madame"; **le soir, il tenait le bar** at night he used to serve behind the bar; **je tiens l'orgue de l'église** I'm the church organist; **~ la marque** JEUX & SPORT to keep score. -**3.** [donner - assemblée, conférence, séance] to hold, to have; **elle va ~ une conférence de presse** she is going to hold OU to have a press conference; **le tribunal tiendra audience dans le nouveau bâtiment** the court hearings will be held in the new building. -**4.** [prononcer - discours] to give; [- raisonnement] to have; [- langage] to use; **elle m'a tenu tout un discours sur la ponctualité** she gave me a lecture about being on time; **il me tint à peu près ce langage** *allusion La Fontaine* here's roughly what he said to me; **~ des propos désobligeants/élogieux** to make offensive/appreciative remarks; **comment peux-tu ~ un tel raisonnement?** how can you possibly think this way? -**5. être tenu à qqch** [astreint à]: **être tenu au secret professionnel** to be bound by professional secrecy; **nous sommes tenus à la discrétion** we're obliged to be very discreet; **être tenu de faire** to have to; **le conseil n'est pas tenu/est tenu de respecter la recommandation du comité** the committee's recommendation isn't/is binding on the council; **je me sens tenu de la prévenir** I feel morally obliged OU duty-bound to warn her. -**6.** THÉÂT [rôle] to play, to have; **~ des emplois secondaires** to play minor parts; **~ un rôle dans** *fig* to play a part in; **il a bien tenu son rôle de fils** he acted as a son should. -**7.** ÉQUIT [cheval] to keep in hand; **~ un cheval serré** to keep a tight rein on a horse; **~ un cheval court** to ride a horse on a short rein.

E. EXPRIME UNE MESURE -**1.** [occuper] to take up (*sép*), to occupy; **le fauteuil tient trop de place** the armchair takes up too much room; **la barricade tenait toute la rue** the barricade took up the whole width of the street; **~ une place importante** to have OU to hold an important place. -**2.** [contenir] to hold; **le réservoir ne tient pas plus de 40 litres** the tank doesn't hold more than 40 litres.

F. ÊTRE CONSTANT DANS -**1.** [résister à] (to be able) to take; **il tient l'alcool** he can take *esp Br* OU hold his drink; **je ne tiens pas le vin** I can't take wine *esp Br*, wine doesn't agree with me ❑ **~ le coup** *fam* [assemblage, vêtements] to hold out; [digue] to hold (out); [personne] (to be able) to take it; **le soir, je ne tiens pas le coup** I can't take late nights; **elle travaillait trop et n'a pas tenu le coup longtemps** she was overworked and couldn't cope OU take it for long; **sa foi l'a aidé à ~ le coup** his faith helped him to keep going; **~ la mer** to keep the sea (well); **~ la route** [véhicule] to have good road-holding *Br*, to hold the road well; **ton raisonnement ne tient pas la route** *fig* your argument doesn't stand up to scrutiny. -**2.** [respecter] to keep to, to stand by, to uphold; **~ une promesse** to keep OU to fulfil a promise ‖ [s'engager dans - pari]: **je tiens la gageure** OU **le pari!** I'll take up the challenge!; **tenu!, je tiens!** JEUX you're on!

G. CONSIDÉRER *sout* to hold, to consider; **je tiens que les romanciers sont les historiens du présent** it is my belief OU I hold that novelists are the chroniclers of our time; **~ qqn/qqch pour** to consider sb/sthg to be, to look upon sb/sthg as; **on la tenait pour une divinité** she was considered to be OU as a deity; **nous tenons ce procès/cette élection pour une supercherie** we consider this trial/this election (to be) a sham.

◇ *vi* -**1.** [rester en position - attache] to hold; [- chignon] to stay up, to hold; [- bouton, trombone] to stay on; [- empilement, tas] to stay up; **~ en place** to stay in place; **mets du gel, tes cheveux tiendront mieux** use gel, your hair'll hold its shape better; **la porte du placard ne tient pas fermée** the cupboard door won't stay shut; **tout ça tient avec de la colle** all this is held together with glue; **ces sandales ne tiennent pas aux pieds** these sandals keep slipping off OU won't stay on; **le porridge vous tient au corps** OU **à l'estomac** porridge keeps you going; **faire ~ qqch avec de la colle/des clous** to glue/to nail sthg into position; **~ à** [être fixé à] to be fixed on OU to; [être contigu à] to be next to; **s'assurer que les ventouses tiennent bien au mur** make sure that the suction pads are securely fixed to the wall; **les bureaux tenant à l'atelier** the offices next to OU adjoining the workshop ‖ [personne]: **essaie de ~ le plus longtemps possible sur un pied** try to remain standing on one foot as long as possible; **il ne tient pas encore bien sur sa bicyclette/ses skis/ses jambes** he's not very steady on his bike/his skis/his legs yet; **je ne tiens plus sur mes jambes** [de fatigue] I can hardly stand up any more; **cet enfant ne tient pas sur sa chaise** this child can't sit still OU is always fidgeting in his chair; **ne pas ~ en place** [être agité, impatient]: **elle ne tient pas en place** she can't sit still. -**2.** [résister - union] to last, to hold out; [- chaise, vêtements] to hold OU to last out; [- digue] to hold out; [- personne] to hold OU to last out; **leur mariage n'a pas tenu deux ans** their marriage didn't even last two years; **ce manteau a bien tenu** that coat lasted well; **je ne tiens plus au soleil, je rentre** I can't stand the sun any more, I'm going in; **je ne tiendrais pas longtemps sous la torture** I wouldn't hold out very long under torture; **on peut ~ plusieurs jours sans manger** you can survive several days without eating; **le cœur ne tiendra pas** his heart won't take it; **il n'a pas tenu longtemps au gouvernement** he didn't stay OU last long in office; **tes arguments ne tiendront pas longtemps face à la réalité** your arguments won't hold for very long when faced with reality; **malgré une deuxième vague de bombardements, l'armée a tenu** despite a second bombing raid, the troops held out OU stood their ground ❑ **~ bon** OU **ferme** *pr* & *fig* [s'agripper] to hold firm OU tight; [résister, ne pas céder] to hold out; **tenez bon, les secours arrivent** hold fast, rescue's on its way; **il me refusait une augmentation, mais j'ai tenu bon** he wouldn't give me a rise but I held out OU stood my ground; **la défense lyonnaise tient bon** the Lyons defence is holding fast OU is standing firm; **le dollar tient toujours bon** the dollar is still holding firm; **ne pas y ~, ne (pas) pouvoir y ~: n'y tenant plus, je l'appelai au téléphone** unable to stand it any longer, I phoned him; **soudain, elle n'y tint plus et se jeta dans ses bras** suddenly she lost control and threw herself in his arms; **ça sent si bon le chocolat, je ne vais pas pouvoir y ~** there's such a gorgeous smell of chocolate, I just won't be able to resist it; **c'est à n'y pas ~!** [mauvaise odeur, mauvaise ambiance] it's unbearable OU intolerable! -**3.** [durer, ne pas s'altérer - fleurs] to keep, to last; [- tissu] to last (well); [- beau temps] to last, to hold out; [- bronzage] to last; [- neige] to settle, to stay; **les coquelicots ne tiennent pas dans l'eau** poppies don't last in water; **aucun parfum ne tient sur moi** perfumes don't stay on me; **pour que votre rouge à lèvres tienne plus longtemps** so that your lipstick stays on longer. -**4.** [être valable, être d'actualité - offre, pari, rendez-vous] to stand; [- promesse] to hold; **l'invitation tient pour samedi** the invitation for Saturday is still on OU still stands; **ça tient toujours pour demain?** is it still on for tomorrow?; **il n'y a pas de... qui tienne: il n'y a pas de congé qui tienne** there's no question of having leave; **il n'y a pas de «mais ma tante» qui tienne, tu vas te coucher!** there's no "but Auntie" about it, off to bed with you! -**5.** [pouvoir être logé] to fit; **une fois plié, le sac tient dans la poche** when folded up, the bag fits in your pocket; **il ne tiendra pas sur cette chaise** he'll never fit in OU get into that chair; **le compte rendu tient en une page** the report takes up one page; **~ en hauteur/largeur** to fit vertically/widthwise; **quatre enfants peuvent ~ sur la banquette arrière** four children can fit on the back seat; **on tient facilement à cinq dans la barque** the boat sits five in comfort; **on ne tiendra jamais à 30 dans ton salon** you'll never get 30 people into your living-room; **ma conclusion tiendra en deux mots** I will conclude in just two words; **son histoire tient en peu de mots** his story can be summed up in a few words. -**6.** *loc*: **en ~ pour qqn** *fam* to have a crush on sb; **en ~ pour qqch** *fam* [aimer] to be hooked on sthg; [ne considérer que] to stick to sthg; **il en tient pour la varappe** he's really hooked on OU mad about rock climbing; **elle en tient vraiment pour l'hypothèse de l'assassinat** she seems convinced it was murder; **tiens, tenez** [en donnant qqch] here; **tiens, reprends ta bague** here, have your ring back; **tu me passes le sel? — tiens** can you pass me the salt? — here you are; **tiens, tenez** [pour attirer l'attention, pour insister]: **tiens, le tonnerre gronde** listen, it's thundering; **tenez, les voilà justement** look, here they come; **tenez, je vais tout vous raconter** look OU listen, I'll tell you everything; **tiens, rends-toi utile** here, make yourself useful; **tiens, je préférerais le jeter que de lui donner!** see, I'd rather throw it away than give it to him!; **tenez, je ne vous** ferai même pas payer l'électricité look, I won't even charge you for the electricity; s'il est intéressé par le salaire? tiens, bien sûr que oui! is he interested in the salary? you bet he is!; tiens, tenez [exprime la surprise, l'incrédulité]: tiens, Bruno! que fais-tu ici? (hello) Bruno, what are you doing here?; tiens, je n'aurais jamais cru ça de lui well, well, I'd never have expected it of him; tiens, c'est bizarre hmm, that's strange; tiens, tiens, ça serait bien dans son style hmm, that's just the sort of thing he'd do; elle a refusé? tiens donc! *fam iron* she said no? you amaze me! OU surprise, surprise!; un tiens vaut mieux que deux tu l'auras *prov* a bird in the hand is worth two in the bush *prov*.

◆ **tenir à** *v + prép* -**1.** [être attaché à - personne] to care for, to be very fond of; [- objet] to be attached to; [- réputation] to care about; [- indépendance, liberté] to value; je tiens énormément à sa confiance I set great store by OU I greatly value his trust; je ne ferai pas la grève, je tiens à mon emploi I won't go on strike, I want to keep my job; si tu tiens à la vie... if you value your life... -**2.** [vouloir]: ~ à faire qqch to be eager to do OU to be keen on doing sthg; je tiens à être présent à la signature du contrat I insist on being there when the contract is signed; il tenait tellement à monter cette pièce he was so keen on the idea of staging this play; tu veux lui parler? — je n'y tiens pas vraiment would you like to talk to him? — not really OU not particularly; ~ à ce que *(suivi du subj)* to be most concerned that; je ne tiens pas à ce qu'on me reconnaisse I'm not particularly anxious to be recognized; tiens-tu à ce que cela se sache? do you really want it to become known?; je voudrais t'aider — je n'y tiens pas I'd like to help you — I'd rather you didn't; venez dîner, j'y tiens absolument! come and have dinner, I insist! -**3.** [résulter de] to stem OU to result from, to be due to, to be caused by; ses erreurs tiennent surtout à son manque d'expérience his mistakes are mainly due to OU stem mainly from his lack of experience; à quoi tient son charisme? what's the secret of his charisma?; sa défaite aux élections a tenu à trois voix she was defeated in the election by just three votes; le bonheur tient parfois à peu de chose sometimes it's the little things that give people the most happiness; à quoi ça tient? *fam* what's the reason for it?, what's it due to? ❑ qu'à cela ne tienne never mind, fear not *hum*; vous n'avez pas votre voiture? qu'à cela ne tienne, je vais vous reconduire you haven't got your car? never mind, I'll give you a lift. -**4.** *(tournure impersonnelle)* [être du ressort de]: il ne tient qu'à toi de mettre fin à ce désordre it's entirely up to you to sort out this shambles; il ne tient qu'à vous de choisir the choice rests OU lies with you, it's entirely up to you; il tenait à lui seul que ma nomination fût effective it was entirely up to him to validate my appointment; s'il ne tenait qu'à moi, je vous emploierais tout de suite if it was up to me OU my decision, I'd give you the job straightaway; il a tenu à peu de chose que je ne rate mon train I very nearly missed my train.

◆ **tenir de** *v + prép* -**1.** [ressembler à] to look like; elle tient de moi she takes after me; ce chien tient de l'épagneul et du setter this dog is a sort of cross between a spaniel and a setter ❑ elle est vraiment têtue/douée — elle a de qui ~! she's so stubborn/gifted — it runs in the family! -**2.** [relever de]: sa guérison tient du miracle his recovery is something of a miracle; ça tient de l'exploit it's something of OU quite a feat; des propos qui tiennent de l'injure remarks verging on the insulting; le paysage tenait de la féerie the scenery was like something out of a fairytale.

◆ **se tenir** ◇ *vp (emploi réciproque)*: ils marchaient en se tenant la main they were walking hand in hand; se ~ par le cou/la taille to have one's arms round each other's shoulders/waists.

◇ *vp (emploi passif)* [se dérouler - conférence] to be held, to take place; [- festival, foire] to take place; la réunion se tiendra dans la salle de bal the meeting will be held in the ballroom; le festival se tient en plusieurs endroits there are several venues for the festival; le congrès des sidologues se tient deux fois par an the AIDS specialists' convention is held twice a year.

◇ *vpt*: se ~ la tête à deux mains to hold OU to clutch one's head in one's hands.

◇ *vpi* -**1.** [se retenir] to hold on (tight); tenez-vous bien, on démarre! hold on tight OU fast, here we go!; se ~ à to hold on to; [fortement] to cling to, to clutch, to grip; tiens-toi à la rampe pour descendre hold on to the rail on the way down. -**2.** [se trouver - en position debout] to stand, to be standing; [- en position assise] to sit, to be sitting OU seated; il se tenait sur le seuil/dans l'embrasure de la porte he was standing on the doorstep/in the doorway; ne te tiens pas si près de la cheminée don't stand so close to the fireplace; se ~ (légèrement) en retrait to stand back (slightly); se ~ debout to be standing (up); se ~ droit [debout] to stand up straight; [assis] to sit up straight; tiens-toi droit straighten up; tenez-vous droites! [à des personnes assises] sit up (straight OU properly)!; [à des personnes debout] stand up straight!; tiens-toi mieux sur ta chaise sit properly on your chair; c'est parce que tu te tiens mal que tu as mal au dos you get backaches because of bad posture; se ~ aux aguets to be on the lookout, to watch out; se ~ coi to remain silent; se ~ immobile to remain OU to be still. -**3.** [se conduire] to behave; elle ne sait pas se ~ quand il y a des invités she doesn't know how to behave when there are guests; bien se ~ to behave o.s.; mal se ~ to behave o.s. badly; Superman est là, les méchants n'ont qu'à bien se ~! *fam* Superman is around, watch out, all you baddies! -**4.** [être cohérent]: se ~ (bien) [argumentation, intrigue] to hold together; [raisonnement] to hold water, to hold together; l'intrigue du roman ne se tient pas the plot doesn't stand up OU hang together; je voudrais trouver un alibi qui se tienne I'm looking for a plausible excuse ‖ [coïncider - indices, événements] to hang together, to be linked; ça se tient, elle servait au bar et lui était client, c'est comme ça qu'ils se sont rencontrés! but of course, she was a barmaid and he was a customer, that's how they met! -**5.** *loc*: s'en ~ à: tenez-vous-en aux ordres confine yourself to carrying out orders; d'abord ingénieur puis directrice d'usine, elle ne s'en est pas tenue là she started out as an engineer, then became a factory manager, but she didn't stop there; tenons-nous-en là pour aujourd'hui let's leave it at that for today, let's call it a day; je ne m'en tiendrai pas à ses excuses I won't be content with a mere apology from him; ne pas se ~ de [joie, impatience] to be beside o.s. with; la presse ne se tenait plus de curiosité the newspapers were beside themselves with curiosity; on ne se tenait plus de rire we were in absolute fits (of laughter).

◆ **se tenir pour** *vp + prép* -**1.** [se considérer comme]: je ne me tiens pas encore pour battu I don't reckon I'm OU I don't consider myself defeated yet; se ~ pour satisfait to feel satisfied; je ne me tiens pas pour un génie I don't regard myself as OU think of myself as OU consider myself a genius. -**2.** *loc*: se le ~ pour dit: je ne supporterai pas tes insolences, tiens-le-toi pour dit! I'll say this only once, I won't put up with your rudeness!; on lui a ordonné de ne plus revenir et il semble qu'il se le soit tenu pour dit he was told never to come back and he seems to have got the message.

◆ **tiens-toi bien, tenez-vous bien** *loc interj*: ils ont détourné, tiens-toi bien, 25 millions de francs! they embezzled, wait for it, 25 million francs!; elle a battu le record, tenez-vous bien, de plus de deux secondes! she broke the previous record and by over two seconds, would you believe!; et, tiens-toi bien, elle voulait en plus que je lui paie ses frais! and would you believe, she wanted me to pay her expenses as well!

Tennessee [tenesi] *npr m*: le ~ Tennessee.

tennis [tenis] ◇ *nm* -**1.** [activité] tennis; jouer au ~ to play tennis ❑ ~ sur gazon lawn tennis; jouer au ~ sur terre battue to play (tennis) on clay; ~ en salle indoor tennis. -**2.** [court] (tennis) court.

◇ *nmpl* OU *nfpl* [chaussures - pour le tennis] tennis shoes; [- pour la marche] sneakers, trainers.

◆ **tennis de table** *nm* table tennis.

tennis-elbow [tenisɛlbo] (*pl* **tennis-elbows**) *nm* tennis elbow.

tennisman [tenisman] (*pl* **tennismen** [-men]) *nm* (male) tennis player.

tennistique [tenistik] *adj* [exploit, magazine, tournoi] tennis *(modif)*.

tenon [tənɔ̃] *nm* TECH tenon.

◆ **à tenon** ◇ *loc adj*: assemblage à ~ tenon joint.

◇ *loc adv*: assembler à ~ to tenon.

ténor [tenɔr] *nm* -**1.** MUS tenor; ~ léger light tenor; fort ~ operatic tenor. -**2.** [vedette] big name; tous les grands ~s de la politique seront là all the big political names will be there.

tenseur [tɑ̃sœr] ◇ *adj m* ANAT tensor.

◇ *nm* ANAT & MATH tensor.

tensioactif, ive [tɑ̃sjɔaktif, iv] *adj* surface-active.

tensiomètre [tɑ̃sjɔmɛtr] *nm* -**1.** MÉCAN tensometer, tensiometer. -**2.** MÉD sphygmomanometer. -**3.** PHYS & TEXT tensiometer.

tension [tɑ̃sjɔ̃] *nf* -**1.** [étirement] tension, tightness; ça sert à régler la ~ de la courroie it's for adjusting the tension of the drive belt. -**2.** [état psychique]: elle est dans un tel état de ~ qu'un rien la met en colère she's so tense that the slightest thing makes her lose her temper; il bégaie davantage dans les moments de ~ psychologique his stutter gets worse when he's under psychological stress ❑ ~ (nerveuse) tension, strain, nervous stress. -**3.** [désaccord, conflit, difficulté] tension; la ~ monte entre les deux pays tension is mounting between the two countries; des ~s au sein de la majorité tension OU strained relationships within the majority. -**4.** [effort intellectuel intense]: ~ d'esprit mental strain. -**5.** ÉLECTR voltage, tension; ~ de coupure/grille cut-off/grid voltage; basse ~ low voltage; 'danger, haute ~' 'beware, high voltage'. -**6.** MÉD: avoir OU faire *fam* de la ~ to have high blood pressure; prendre la ~ de qqn to check sb's blood pressure ❑ ~ artérielle OU vasculaire blood pressure. -**7.** PHON tenseness. -**8.** PHYS [d'un liquide] tension; [d'un gaz] pressure; ~ de vapeur (saturated) vapour pressure.

◆ **à basse tension** *loc adj* ÉLECTR low-voltage, low-tension.

◆ **à haute tension** *loc adj* ÉLECTR high-tension; câbles à haute ~ high-tension cables.

◆ **sous tension** *loc adj* -**1.** ÉLECTR [fil] live; la télécommande s'utilise quand le récepteur est sous ~ use the remote control switch when the set is in standby mode. -**2.** [nerveux] tense, under stress; tout le monde était sous ~ everybody was under stress.

tensoriel, elle [tɑ̃sɔrjɛl] *adj*: calcul ~ tensor calculus.

tentaculaire [tɑ̃takylɛr] *adj* -**1.** ZOOL tentacular. -**2.** [ville] sprawling; [industrie, structure] gigantic; traverser des banlieues ~s to cross the vast sprawl of the suburbs; une entreprise ~ a massive OU gigantic organization.

tentacule [tɑ̃takyl] *nm* ZOOL tentacle.

tentant, e [tɑ̃tɑ̃, ɑ̃t] *adj* [nourriture] tempting; [projet, pari, idée] tempting; [offre, suggestion] tempting, attractive; il est très ~ de penser que... it is very tempting to think that...; ce que tu me proposes est très ~ I'm very tempted by your offer.

tentateur, trice [tɑ̃tatœr, tris] ◇ *adj* [propos] tempting; [sourire, charme] alluring.
◇ *nm, f* tempter; le Tentateur RELIG the Tempter.

tentation [tɑ̃tasjɔ̃] *nf* -**1.** [attrait, désir] temptation; **céder** OU **succomber à la ~** to yield to temptation; **avoir** OU **éprouver la ~ de faire** to be tempted to do. -**2.** RELIG: **induire qqn en ~** to lead sb into temptation.

tentative [tɑ̃tativ] *nf* -**1.** [essai] attempt; **faire une ~** to make an attempt; **une ~ d'évasion** an escape attempt, an attempted escape; **une ~ de suicide** a suicide attempt, an attempted suicide; **faire une ~ de suicide** to try to commit suicide. -**2.** JUR: **~ de meurtre** attempted murder.

tente [tɑ̃t] *nf* -**1.** [de camping] tent; [à une garden-party] marquee; **monter une ~** to put up OU to pitch a tent; **passer une semaine sous la ~** to go camping for a week; **se retirer sous sa ~** *fig* to retire into splendid isolation ‖ [chapiteau de cirque] (circus) tent; **la grande ~** the big top. -**2.** ANAT: **~ du cervelet** tentorium (cerebelli). -**3.** MÉD: **~ à oxygène** oxygen tent.

tente-abri [tɑ̃tabri] (*pl* tentes-abris) *nf* shelter tent.

tenter [3] [tɑ̃te] *vt* -**1.** [risquer, essayer] to try, to attempt; **tentons une dernière démarche** let's make a last attempt; **~ une expédition de secours** to mount a rescue attempt; **~ une ascension difficile** to attempt a difficult climb; **je vais tout ~ pour la convaincre** I'll try everything to convince her; **~ de faire** [chercher à faire] to try OU to attempt OU to endeavour to do; **elle s'est blessée en tentant de se dégager** she was hurt while trying to free herself; **il a tenté de battre le record/de se donner la mort** he tried to beat the record/to kill himself ❑ **~ Dieu** to embark on a superhuman enterprise; **~ le diable** to tempt fate; **~ (la) fortune** OU **la chance** OU **le sort** to try one's luck. -**2.** [soumettre à une tentation] to tempt; **le serpent tenta Ève** the serpent tempted Eve; **le gâteau me tentait** the cake looked very tempting; **une petite jupe noire m'avait tentée** my eye had been caught by a little black skirt; **le mariage, cela ne te tente pas?** don't you ever feel like getting married?; **se laisser ~** to give in to temptation; **il te propose une sortie, laisse-toi ~** he's offering to take you out, why not accept?; **être tenté de** to be tempted OU to feel inclined to; **je suis tenté de tout abandonner** I feel like dropping the whole thing.

tenture [tɑ̃tyr] *nf* -**1.** [tapisserie] hanging; **~ murale** wall-covering. -**2.** [rideaux] curtain, drape *Am*. -**3.** [pour un service funèbre] funeral hanging.

tenu, e[1] [təny] *adj* -**1.** [soigné, propre]: **bien ~** tidy, well-kept; **une maison mal ~e** an untidy OU a badly kept house; **des enfants bien/mal ~s** well/poorly turned-out children; **des comptes bien ~s** well-kept accounts. -**2.** [soumis à une stricte surveillance]: **les élèves sont très ~s** the pupils are kept on a tight rein. -**3.** BOURSE [actions] firm. -**4.** MUS sustained, held. -**5.** PHON tense.
◆ **tenu** *nm* SPORT play-the-ball.

ténu, e [teny] *adj* -**1.** [mince - fil, pointe] fine, slender; [- voix, air, brume] thin. -**2.** [subtil - raison, distinction] tenuous.

tenue[2] [təny] *nf* **A.** -**1.** [d'une séance, d'un rassemblement]: **ils ont interdit la ~ de la réunion dans nos locaux** they banned the meeting from being held on our premises; **pendant la ~ du concile** while the council was in session. -**2.** [gestion, administration] running; **je ne peux pas m'occuper en plus de la ~ de la maison** I can't look after the running of the house as well; **l'école est réputée pour sa ~** the school is renowned for being well-run. -**3.** AUT: **~ de route** road holding; **avoir une bonne ~ de route** to hold the road well; **avoir une mauvaise ~ de route** to have poor road holding. -**4.** BOURSE [fermeté] firmness; **la bonne/mauvaise ~ des valeurs** the strong/poor performance of the stock market. -**5.** COMM: **~ des livres** bookkeeping. -**6.** ÉQUIT [d'un cheval] stamina. -**7.** MUS holding. -**8.** NAUT [qualité de mouillage] hold, holding. -**9.** PHON tenseness.
B. -**1.** [attitude corporelle] posture, position; **trop d'élèves ont une mauvaise ~ lorsqu'ils écrivent** too many pupils adopt a bad posture when writing. -**2.** [comportement, conduite] behaviour; **manquer totalement de ~** to behave appallingly; **voyons, un peu de ~!** come now, behave yourself!; **puni pour sa mauvaise ~** punished for his bad behaviour OU his misbehaviour. -**3.** [aspect extérieur d'une personne] appearance; **sa ~ négligée/stricte** his slovenly/austere appearance; **ils exigent de leurs employés une ~ correcte** they require their employees to be smartly dressed. -**4.** [habits - gén] clothes, outfit, dress; [- de policier, de militaire, de pompier] uniform; **une ~ de sport** sports gear OU kit; **dans ma ~ de travail** in my work clothes; **'~ correcte exigée'** 'dress code' ❑ **~ de cérémonie, grande ~** full-dress OU dress uniform; **~ de combat** battledress; **~ de soirée** evening dress. -**5.** [rigueur intellectuelle] quality; **un roman d'une haute ~** a fine novel; **un magazine d'une haute ~** a quality magazine. -**6.** ÉQUIT [d'un cavalier] seat. -**7.** TEXT firmness.
◆ **en grande tenue** *loc adj* MIL in full-dress OU dress uniform; **officiers en grande ~** officers in dress uniform; **en grande ~ de demandeur d'emploi** *fig & hum* all dressed up for a job interview.
◆ **en petite tenue** *loc adj* scantily dressed OU clad, in one's underwear; **se promener en petite ~** to walk around with hardly a stitch on.
◆ **en tenue** *loc adj* [militaire, policier] uniformed; **ce jour-là, je n'étais pas en ~** [militaire] I was in civilian clothes that day; [policier] I was in plain clothes that day.
◆ **en tenue légère** = **en petite tenue**.

ténuité [tenɥite] *nf litt* -**1.** [minceur] slenderness, thinness. -**2.** [subtilité] tenuousness.

tep [tɛp] (*abr de* **tonne d'équivalent pétrole**) *nf* TOE.

TEP [tɛp] *npr m* (*abr de* **Théâtre de l'Est parisien**) *theatre in Paris.*

tépale [tepal] *nm* tepal.

tequila [tekila] *nf* tequila.

ter [tɛr] *adv* -**1.** [dans des numéros de rue] b. -**2.** [à répéter trois fois] three times.

tératogène [teratɔʒɛn] *adj* teratogenic.

tératogénie [teratɔʒeni] *nf* (embryological) teratology.

tératologie [teratɔlɔʒi] *nf* teratology.

tératologique [teratɔlɔʒik] *adj* teratological.

tercet [tɛrsɛ] *nm* tercet.

térébenthine [terebɑ̃tin] *nf* turpentine; **essence de ~** turpentine oil.

Teresa [tereza] *npr*: **Mère ~** Mother Teresa.

Tergal® [tɛrgal] *nm* Tergal® *(synthetic fibre made in France).*

tergiversation [tɛrʒivɛrsasjɔ̃] *nf* prevarication; **cessez vos ~s** stop avoiding the issue OU beating about the bush.

tergiverser [3] [tɛrʒivɛrse] *vi* to prevaricate.

terme [tɛrm] *nm* -**1.** [dans l'espace] end, term; **après cinq jours de route, ils arrivèrent au ~ de leur voyage** after five days' travelling, they reached the end of their journey; **le ~ de la course est une île du Pacifique** the race ends on the shores of a Pacific island. -**2.** [dans le temps] end, term; **sa convalescence touche à son ~** his convalescence will soon be over; **parvenir à son ~** [aventure, relation] to reach its conclusion OU term; **aller jusqu'à son ~**: **la restructuration doit aller jusqu'à son ~** the restructuring must be carried through to its conclusion; **mettre un ~ à qqch** to put an end to sthg; **mets un ~ à tes récriminations** stop complaining; **mettre un ~ à l'injustice** to put an end to injustice. -**3.** [date-butoir] term, deadline; **passé ce ~, vous devrez payer des intérêts** after that date, interest becomes due. -**4.** [échéance d'un loyer] date for payment of rent; [montant du loyer] rent; **l'augmentation prendra effet au ~ de janvier** the increase applies to rent paid as from January; **payer à ~ échu** to pay at the end of the rental period; **avoir plusieurs ~s de retard** to be several months behind (with one's rent). -**5.** [date d'un accouchement]: **le ~ est prévu pour le 16 juin** the baby is due on the 16th June; **elle a dépassé le ~** she is overdue. -**6.** BANQUE & BOURSE term, date for payment. -**7.** JUR term; **~ de rigueur** latest due date; **~ de grâce** days of grace. -**8.** [mot] term, word; **employer le ~ propre** to use the right word; **il utilise trop de ~s étrangers** he uses too many foreign terms; **ce furent ses propres ~s** those were her very words; **choisissez les ~s propres** choose the right words; **en ~s simples** in plain OU simple terms; **en d'autres ~s** in other words; **s'exprimer en ~s orduriers** to use filthy language; **parler de qqn en bons/mauvais ~s** to speak well/ill of sb; **~ technique** technical term; **~ argotique** slang expression; **~ de métier** professional OU technical term; **un ~ de médecine/droit** a medical/legal term. -**9.** BX-ARTS, LOGIQUE & MATH term.
◆ **termes** *nmpl* -**1.** [sens littéral d'un écrit] wording *(U)*, terms; **les ~s de la loi sont indiscutables** the wording of the law leaves no room for doubt. -**2.** [relations] terms; **être en bons/mauvais ~s avec qqn** to be on friendly/bad terms with sb; **nous sommes en très bons ~s** we get along splendidly; **en quels ~s êtes-vous?** what kind of terms are you on?
◆ **à court terme** ◇ *loc adj* [prêt, projet] short-term.
◇ *loc adv* in the short term OU run.
◆ **à long terme** ◇ *loc adj* [prêt, projet] long-term.
◇ *loc adv* in the long term OU run.
◆ **à terme** ◇ *loc adj* -**1.** BANQUE: **compte à ~** *deposit account requiring notice for withdrawals*, time deposit *Am*; **compte à ~ de 30 jours** 30-days account; **assurance à ~** term insurance. -**2.** BOURSE: **opérations à ~** forward transactions; **marché à ~** forward market; [change] futures market.
◇ *loc adv* -**1.** [jusqu'à la fin] to the end, to its conclusion; **conduire** OU **mener à ~ une entreprise** to bring an undertaking to a successful conclusion, to carry an undertaking through successfully. -**2.** [tôt ou tard] sooner or later, in the end, in the long run; **sa politique est condamnée à ~** his policy is doomed to failure in the long run. -**3.** COMM [à la date prévue] on credit. -**4.** FIN: **acheter à ~** to buy forward. -**5.** MÉD at term; **bébé né à ~** baby born at full term.
◆ **au terme de** *loc prép* [à la fin de] at the end of, in the final stage of; **parvenir au ~ de son existence/aventure** to reach the end of one's life/adventure.
◆ **aux termes de** *loc prép* [selon] under the terms of; **aux ~s de la loi/du traité** under the terms of the law/of the treaty.
◆ **avant terme** *loc adv* prematurely; **bébé né avant ~** premature baby; **il est né six semaines avant ~** he was six weeks premature.
◆ **en ces termes** *loc adv*: **je ne me suis pas exprimé en ces ~s** that's not (quite) what I said; **puis, elle s'exprima en ces ~s** then she said this.

terminaison [tɛrminɛzɔ̃] *nf* -**1.** [dénouement, fin] end; **la ~ de difficiles négociations** the end of difficult negotiations. -**2.** ANAT: **~s nerveuses** nerve endings. -**3.** LING ending; **mot à ~ en «al»** word ending in "al".

terminal, e, aux [tɛrminal, o] *adj* -**1.** [qui forme l'extrémité] terminal; **un bourgeon ~** a terminal bud. -**2.** [final] last, final; **la phase ~e de la négociation** the final phase of the negotiation. -**3.** MÉD terminal. -**4.** SCOL: **classe ~e** final year *(in a lycée)*, ≃ (upper) sixth form *Br*, ≃ senior year *Am*.

◆ **terminal, aux** *nm* -**1.** INF terminal; ~ **bancaire/industriel** bank/manufacturing terminal; ~ **portable/vocal** portable/voice terminal; ~ **graphique** graphic terminal, graphic display device; ~ **intelligent** smart terminal, remote station; ~ **lourd** high-speed terminal; ~ **point de vente** point of sale terminal. -**2.** PÉTR: ~ **pétrolier** oil terminal. -**3.** TRANSP terminal.

◆ **terminale** *nf* SCOL final year *(in a lycée)*, ≃ (upper) sixth form *Br*, ≃ senior year *Am*.

terminateur [tɛrminatœr] *nm* terminator ASTRON.

terminer [3] [tɛrmine] *vt* -**1.** [mener à sa fin - saison, tâche, lecture] to finish (off), to end; **nous allons ~ le repas avec une glace** we'll finish off OU end the meal with ice cream || *(en usage abs)*: **j'ai presque terminé** I've nearly finished; **c'est terminé, rendez vos copies** time's up, hand in your papers; **pour ~, je remercie tous les participants** finally, let me thank all those who took part; **je terminerai en vous demandant encore une fois d'être très prudents** finally, I'd like to ask you once again to be very careful. -**2.** [stopper - séance, débat] to end, to close, to bring to an end OU a close. -**3.** [être le dernier élément de] to end; **le volume qui termine la série comprend un index** the last volume in the series includes an index; **un clip termine l'émission** the programme ends with a pop video. -**4.** [finir - repas, boisson] to finish (off), to eat up *(sép)*; **termine tes tomates!** eat up your tomatoes!

◆ **(en) terminer avec** *v + prép* to finish with; **je termine avec M. Dubois et je suis à vous** I'll just finish with Mr Dubois and then I'll be with you; **je suis bien soulagé d'en avoir terminé avec cette affaire** I'm really glad to have seen the end of this business.

◆ **se terminer** *vpi* -**1.** [arriver à sa fin - durée, période, saison] to draw to a close; **la chanson/guerre vient de se ~** the song/war has just finished; **heureusement que ça se termine, j'ai hâte de retrouver ma maison** thank God the end is in sight, I can't wait to get back home. -**2.** [se conclure]: **se ~ bien/mal** [film, histoire] to have a happy/an unhappy ending; [équipée, menée] to turn out well/disastrously; **comment tout cela va-t-il se ~?** where's it all going to end?; **leur aventure s'est terminée au poste** the adventure wound up with them down at the (police) station; **se ~ en** [dans l'espace, dans le temps] to end in; **se ~ en pointe/spirale/v** to end in a point/spiral/v; **ça s'est terminé en drame** it ended in a tragedy; **se ~ par** [dans l'espace, le temps] to end in; **la queue du scorpion se termine par un dard** the scorpion's tail has a sting at the end; **l'histoire se termine par la mort du héros** the story ends with the death of the hero.

terminisme [tɛrminism] *nm* terminism, nominalism.

terminologie [tɛrminɔlɔʒi] *nf* terminology.

terminologique [tɛrminɔlɔʒik] *adj* terminological.

terminologue [tɛrminɔlɔg] *nmf* terminologist.

terminus [tɛrminys] *nm* terminus; ~! **tout le monde descend!** last stop! all change!

termite [tɛrmit] *nm* termite.

termitière [tɛrmitjɛr] *nf* termite mound OU hill, termitarium *spéc*.

ternaire [tɛrnɛr] *adj* ternary.

terne [tɛrn] ◇ *adj* -**1.** [sans éclat] dull; **les dorures sont devenues ~s avec le temps** the gilt has become tarnished over the years; **des cheveux ~s** dull hair; **un pelage ~** a dull coat; **un regard ~** a dull look; **un teint ~** a sallow complexion. -**2.** [ennuyeux] dull, drab, dreary; **il a eu une vie bien ~** he led a very dull OU dreary life; **son style est ~** his style is dull OU lacklustre. -**3.** [inintéressant] dull; **un élève ~** a slow pupil; **une intelligence ~** a slow mind. ◇ *nm* -**1.** [à la loterie] tern. -**2.** [au loto] three numbers (on one line). -**3.** [aux dés] two treys OU threes. -**4.** ÉLECTR three-phase transmission line.

ternir [32] [tɛrnir] *vt* -**1.** [métal, argenterie] to tarnish; [glace] to dull. -**2.** [honneur, réputation] to tarnish, to stain, to smear; [souvenir, beauté] to cloud, to dull; **la nouvelle vint ~ l'éclat de cette belle soirée d'été** the news cast a shadow OU a cloud over that fine summer's evening; **un amour que les ans n'ont pu ~** a love undimmed by the passing years.

◆ **se ternir** *vpi* -**1.** [métal] to tarnish; [miroir] to dull; **l'argenterie se ternit si on ne l'entretient pas** silverware loses its shine OU becomes tarnished unless it is regularly cleaned. -**2.** [honneur, réputation] to become tarnished OU stained; [beauté, nouveauté] to fade; [souvenir] to fade, to grow dim.

ternissement [tɛrnismɑ̃] *nm* [d'un métal] tarnishing; [d'une glace] dulling.

ternissure [tɛrnisyr] *nf* -**1.** [condition] tarnish, tarnished appearance. -**2.** [tache] tarnished OU dull spot.

Terpsichore [tɛrpsikɔr] *npr* Terpsichore.

terrain [tɛrɛ̃] *nm* **A.** SOL, TERRE -**1.** GÉOL soil, ground; **~s alluviaux** alluvial land; **~s calcaires** limestone soil OU areas; **~s crétacés** Cretaceous formations; **~ sédimentaire/volcanique** sedimentary/volcanic formations ❑ **être sur un ~ mouvant** *fig* to be on shaky ground. -**2.** AGR soil; **~ meuble** loose soil; **~ gras/humide/sec** sticky/damp/dry soil; **~ argileux/fertile** clayey/fertile soil. -**3.** [relief] ground, terrain; **~ accidenté** uneven terrain; **~ en pente** sloping ground.

B. LIEU À USAGE SPÉCIFIQUE -**1.** CONSTR piece OU plot of land; **le ~ coûte cher à Genève** land is expensive in Geneva ❑ **~ à bâtir** development land *(U)*, building plot; **~ loti** developed site. -**2.** AGR land; **~ cultivé/en friche** cultivated/uncultivated land. -**3.** LOISIRS & SPORT [lieu du jeu] field, pitch *Br*; [moitié défendue par une équipe] half; [installations] ground; **~ de football/rugby** football/rugby pitch *Br* OU field; **notre correspondant sur le ~** SPORT our correspondent on the spot; **~ de golf** golf course OU links ❑ **~ d'aventure** adventure playground; **~ de camping** campsite; **~ de jeux** playground; **~ de sports** sports field OU ground. -**4.** AÉRON field; **~ (d'aviation)** airfield; **~ d'atterrissage** landing field. -**5.** MIL ground; **~ d'exercice** OU **militaire** training ground; **~ miné** minefield || *(tjrs sg)* [d'une bataille] battleground; [d'une guerre] war OU combat zone; **l'armée occupe le ~ conquis** the army is occupying the captured territory; **la prochaine offensive nous permettra de gagner du ~** the next offensive will enable us to gain ground. -**6.** [lieu d'un duel] duelling place.

C. SENS ABSTRAIT -**1.** [lieux d'étude] field; **vous n'êtes pas allé sur le ~, vous ne savez pas de quoi vous parlez** you've not been in the field OU you've no practical experience, you don't know what you're talking about; **les jeunes députés n'hésitent pas à aller sur le ~** young MPs are always ready to go out and meet people ❑ **un homme de ~** a man with practical experience. -**2.** [domaine de connaissances]: **être sur son ~** to be on familiar ground *fig*; **ils discutent de chiffres et je ne peux pas les suivre sur ce ~** they're discussing figures, so I'm out of my depth; **tu n'as pas intérêt à porter le débat sur le ~ financier** it's not in your interest to bring the debate around to financial matters; **situons la discussion sur le ~ juridique/psychologique** let's discuss this from the legal/psychological angle. -**3.** [ensemble de circonstances]: **il a trouvé là un ~ favorable à ses idées** he found there a breeding ground for his ideas; **elle connaît le ~, laissons-la décider** she knows the situation, let her decide; **sonde le ~ avant d'agir** see how the land lies before making a move; **se placer sur un bon/mauvais ~** to argue from a position of strength/weakness; **je ne te suis pas sur ce ~** I'm not with you there; **être en ~ neutre/sur un ~ glissant** to be on neutral/on a dangerous ground. -**4.** [thème, sujet] topic, subject; **trouver un ~ d'entente** to find common ground; **~ brûlant** dangerous ground. -**5.** MÉD ground; **l'enfant présente un ~ favorable aux angines** the child is susceptible to throat infections; **quand le virus trouve un ~ favorable** when the virus finds its ideal breeding conditions.

◆ **terrain vague** *nm* piece of waste ground OU land, empty lot *Am*.

terrarium [tɛrarjɔm] *nm* terrarium.

terrassant, e [tɛrasɑ̃, ɑ̃t] *adj* -**1.** [nouvelle, révélation] staggering, stunning, crushing. -**2.** [coup] staggering, crushing; **elle a des migraines ~es** her migraines lay her flat out.

terrasse [tɛras] *nf* -**1.** [entre maison et jardin] terrace, (raised) patio; [sur le toit] (roof) terrace. -**2.** [d'un café, d'un restaurant]: **être assis à la ~** to sit outside; **elle attendait à la ~ d'un café** she was waiting at a table outside a café. -**3.** [d'un jardin, d'un parc] terrace, terraced garden. -**4.** [d'une pierre, d'un marbre] terrace.

◆ **en terrasse** ◇ *loc adj* AGR terrace *(modif)*. ◇ *loc adv* [consommer] outside; **nous prendrons le café en ~** we'll have our coffee at one of the outside tables.

terrassement [tɛrasmɑ̃] *nm* TRAV PUBL excavation, excavation work, earthworks.

◆ **de terrassement** *loc adj* [travail] excavation *(modif)*; [engin] earth-moving; [outil] digging.

terrasser [3] [tɛrase] *vt* -**1.** [jeter à terre, renverser] to bring OU to strike down *(sép)*; **on y voit un homme terrassant un taureau** it shows a man striking down a bull. -**2.** [foudroyer] to strike down *(sép)*; **être terrassé par une crise cardiaque** to be struck down by a heart attack. -**3.** [atterrer, accabler] to crush, to shatter; **l'annonce de leur mort l'a terrassé** he was shattered by the news of their death. -**4.** TRAV PUBL to excavate, to dig.

terrassier [tɛrasje] *nm* workman *(employed for excavation work)*.

terre [tɛr] *nf* **A.** -**1.** [planète]: **la Terre** the Earth; **la Terre est ronde/tourne autour du Soleil** the Earth is round/moves around the Sun ❑ **sciences de la Terre** earth sciences. -**2.** [monde terrestre] earth; **le bonheur existe-t-il sur la ~?** is there such a thing as happiness on this earth OU in this world?; **si je suis encore sur cette ~** if I am still alive; **sur le point de quitter cette ~** about to give up the ghost.

B. -**1.** [surface du sol] ground; **j'avais l'impression que la ~ se dérobait sous moi** I felt as if the ground was giving way beneath me; **la neige couvrait la ~** the ground was covered in snow; **elle souleva l'enfant de ~** she picked the child up (from the ground) ❑ **~ battue** [dans une habitation] earth OU hard-earth OU mud floor; [dans une cour] bare ground; [sur un court de tennis] clay (surface); **mettre qqn plus bas que ~** to treat sb like dirt; [le dénigrer] to tear sb to shreds. -**2.** [élément opposé à la mer] land *(U)*; **on les transporte par voie de ~** they are transported overland OU by land; **nous sommes en vue de la ~** we are in sight of land; **nous avons navigué sans nous éloigner des ~s** we sailed close to the coast; **~!** NAUT land ahoy!; **prendre ~** to make land ❑ **sur la ~ ferme** on dry land, on terra firma. -**3.** [région du monde] land; **les ~s arctiques** the Arctic regions; **les ~s australes** the Southern lands; **il reste des ~s inexplorées** there are still some unexplored regions. -**4.** [pays] land, country; **la ~ de France** French soil ❑ **(la) ~ Adélie** Adelie Land; **(la) ~ de Baffin** Baffin Island; **~ d'accueil** host country; **~ d'exil** place of exile; **~ natale** native land OU country; **la Terre promise** the Promised Land; **la Terre sainte** the Holy Land. -**5.** [terrain] land *(U)*, estate; **acheter une ~** to buy a piece of land. -**6.** [symbole de la vie rurale]: **la ~** the land, the soil; **homme de la ~** man of the soil; **né pour travailler la ~** born to till the soil; **revenir à/quitter la ~** to return to/to leave the land. -**7.** BX-ARTS: **ligne de ~** ground line. -**8.** ÉLECTR earth *Br*, ground *Am*; **mettre** OU **relier qqch à la ~** to earth *Br* OU to ground *Am* sthg.

C. -**1.** [substance - gén] earth, soil; **ne joue pas avec la ~** don't play in the dirt; **l'odeur de la**

~ fraîchement retournée the smell of freshly-dug earth OU soil; mettre OU porter qqn en ~ to bury sb || AGR earth, soil; ~ à vigne/à blé soil suitable for wine-growing/for wheat; ~ de bruyère peaty soil; ~ grasse heavy OU clayey soil; ~ noire chernozem, black earth; ~ végétale topsoil; ~ vierge virgin soil. -**2.** [matière première] clay, earth; ~ glaise (brick) clay, brickearth *Br*; ~ de pipe pipeclay; ~ à foulon fuller's earth; ~ à polir earth tripolite; ~ rouge terracotta; ~ cuite earthenware; en ~ cuite earthenware *(modif)*; des ~s cuites earthenware *(U)*. -**3.** [pigment] : ~ de Cassel Cassel earth; ~ de Sienne sienna; ~ d'ombre terra ombra, raw umber; ~ verte green earth, terra verde; ~s rares CHIM rare earths.

◆ **terres** *nfpl* [domaine, propriété] estate, estates; vivre sur/de ses ~s to live on/off one's estates.

◆ **à terre** *loc adv* -**1.** [sur le sol] on the ground; poser un fardeau à ~ to put a load down (on the ground); frapper qqn à ~ to strike sb when he's down. -**2.** NAUT on land; descendre à ~ to land; vous pourrez rester à ~ deux heures you may stay ashore for two hours.

◆ **en pleine terre** *loc adv* AGR in the open, in open ground.

◆ **par terre** ◇ *loc adj* [ruiné, anéanti] spoilt, wrecked; avec la pluie, notre promenade est par ~ the rain has put paid to our walk *Br* OU ruined our plans for a walk.

◇ *loc adv* [sur le plancher] on the floor; [sur le sol] on the ground; pose-le par ~ put it (down) on the floor; tomber par ~ to fall down; j'ai lavé par ~ *fam* I've washed the floor.

◆ **sous terre** *loc adv* -**1.** [sous le sol] underground; ils durent établir des abris sous ~ they had to build shelters underground OU underground shelters. -**2.** *loc*: j'aurais voulu être à cent pieds sous ~ OU rentrer sous ~ I wished the earth would swallow me up; je l'ai fait rentrer sous ~ I made him eat humble pie.

◆ **sur terre** *loc adv* -**1.** [ici-bas] on (this) earth; pourquoi sommes-nous sur ~ ? why were we put on this earth? -**2.** *loc*: revenir OU redescendre sur ~ to come back to earth (with a bump).

terre à terre [tɛratɛr] *loc adj inv* [esprit, personne] down-to-earth, matter-of-fact; [pensée, occupation, vie] mundane.

terreau, x [tɛro] *nm* compost *(U)*; ~ de couche garden mould; ~ de feuilles leaf-mould.

terreautage [tɛrotaʒ] *nm* spreading with compost, composting.

terreauter [3] [tɛrote] *vt* to compost.

Terre de Feu [tɛrdəfø] *npr f*: (la) ~ Tierra del Fuego; en ~ in Tierra del Fuego.

terre-neuvas [tɛrnœva] *nm inv* -**1.** [navire] fishing boat (off Newfoundland). -**2.** [marin] fisherman (off Newfoundland).

terre-neuve [tɛrnœv] *nm inv* -**1.** ZOOL Newfoundland terrier. -**2.** [personne dévouée] : avoir une mentalité de ~ to be a Good Samaritan.

Terre-Neuve [tɛrnœv] *npr* Newfoundland; à ~ in Newfoundland.

terre-neuvien, enne [tɛrnœvjɛ̃, ɛn] (*mpl* terre-neuviens, *fpl* terre-neuviennes) *adj* from Newfoundland.

◆ **Terre-Neuvien, enne** *nm, f* Newfoundlander.

terre-neuvier [tɛrnœvje] (*pl* terre-neuviers) = **terre-neuvas**.

terre-plein [tɛrplɛ̃] (*pl* terre-pleins) *nm* -**1.** [sur route] : ~ central central reservation *Br*, center divider strip *Am*. -**2.** CONSTR backing, (relieving) platform. -**3.** MIL terreplein.

terrer [4] [tɛre] *vt* -**1.** AGR & HORT [arbre, plante] to earth up *(sép)*; [recouvrir de terre] to cover over with soil; [semis] to earth over *(sép)*. -**2.** TEXT to full.

◆ **se terrer** *vpi* -**1.** [se mettre à l'abri, se cacher] to go to ground OU to earth, to lie low; [se retirer du monde] to hide away. -**2.** [dans un terrier] to go to ground OU to earth, to burrow.

terrestre [tɛrɛstr] *adj* -**1.** [qui appartient à notre planète] earth *(modif)*, earthly, terrestrial; la croûte OU l'écorce ~ the Earth's crust; l'attraction ~ Earth's gravity; le globe ~ the terrestrial globe. -**2.** [qui se passe sur la terre] earthly, terrestrial; durant notre vie ~ during our life on earth. -**3.** [vivant sur la terre ferme] land *(modif)*; animaux/plantes ~s land animals/plants. -**4.** [établi au sol] land *(modif)*; les transports ~s land transport. -**5.** [d'ici-bas] worldly, earthly; les joies ~s worldly OU earthly pleasures.

terreur [tɛrœr] *nf* -**1.** [effroi] terror, dread; vivre dans la ~ de to live in dread of; avoir la ~ de faire qqch to have a terror of doing sthg; le tremblement de terre a provoqué la ~ dans la population the earthquake caused terror among the population. -**2.** [terrorisme] : la ~ terror (tactics); la Terreur HIST the (Reign of) Terror. -**3.** [voyou] : jouer les ~s to act the bully. -**4.** [personne ou chose effrayante] : le patron est sa ~ she's terrified of the boss; le bac est sa ~ the baccalaureat exam is her greatest fear. -**5.** PSYCH : ~s nocturnes night terrors.

LA TERREUR:
In 1793-94, a period of numerous political arrests, summary trials and executions under the regime of the Montagnards led by Robespierre. The "Grande Terreur" started on 10 June 1794 and ended with the fall of Robespierre, on 9 Thermidor (27 July 1794).

---

terreux, euse [tɛrø, øz] *adj* -**1.** [couvert de terre - chaussure, vêtement] muddy; [- mains] dirty; [- légume] caked with soil. -**2.** [brun - couleur, teint] muddy; avoir le visage ~ to be ashen faced. -**3.** [qui rappelle la terre - odeur, goût] earthy.

terri [tɛri] = **terril**.

terrible [tɛribl] ◇ *adj* -**1.** [affreux - nouvelle, accident, catastrophe] terrible, dreadful. -**2.** [insupportable - chaleur, douleur] terrible, unbearable; [- déception, conditions de vie] terrible. -**3.** [intense - bruit, vent, orage] terrific, tremendous. -**4.** [terrifiant - colère, cri, rage] terrible. -**5.** [pitoyable] terrible, awful, dreadful; c'est ~ de penser que... how dreadful OU it is terrible to think that...; ce qui est ~, c'est de dire que... the terrible thing about it is saying that...; le plus ~, c'est de savoir que... the worst thing OU part of it is knowing that... -**6.** *fam* [fantastique] terrific, great; ~ ! great!, smashing!; son concert? pas ~ ! her concert? it was nothing to write home about!

◇ *adv fam* [très bien] great; son nouveau spectacle marche ~ his new show is going great; ça ne va pas ~ things aren't too great.

terriblement [tɛribləmɑ̃] *adv* terribly, dreadfully.

terricole [tɛrikɔl] *adj* terricolous.

terrien, enne [tɛrjɛ̃, ɛn] ◇ *adj* -**1.** [qui possède des terres] landowning; noblesse ~ne landed aristocracy; propriétaire ~ landowner. -**2.** [rural] rural; les habitudes ~nes rural customs.

◇ *nm, f* -**1.** [habitant de la Terre] inhabitant of the Earth; [dans un récit de science-fiction] earthling. -**2.** [paysan] countryman. -**3.** [opposé au marin] landsman, landlubber *péj*.

terrier [tɛrje] *nm* -**1.** [abri - d'un lapin] (rabbit) hole OU burrow; [- d'un renard] earth, hole, foxhole; [- d'un blaireau] set. -**2.** [chien] terrier.

terrifiant, e [tɛrifjɑ̃, ɑ̃t] *adj* -**1.** [effrayant] terrifying. -**2.** *fam* [extraordinaire] amazing; c'est ~ ce qu'il a grandi en quelques mois! it's amazing how much he's grown in just a few months!

terrifier [9] [tɛrifje] *vt* to terrify; absolument terrifié absolutely terrified.

terrigène [tɛriʒɛn] *adj* terrigenous.

terril [tɛril] *nm* slag heap.

terrine [tɛrin] *nf* -**1.** [récipient] terrine dish. -**2.** CULIN terrine; ~ de lapin rabbit terrine OU pâté.

territoire [tɛritwar] *nm* -**1.** GÉOG territory; sur le ~ français on French territory; en ~ ennemi in enemy territory; le Territoire du Nord Northern Territory; les ~s occupés POL the occupied territories. -**2.** ADMIN area; ~s d'outre-mer (French) overseas territories. -**3.** JUR jurisdiction. -**4.** ZOOL territory; les animaux marquent leur ~ animals mark (out) their territory. -**5.** [secteur, fief] territory; sa chambre, c'est son ~ his room is his kingdom; pour défendre leur ~, les racketteurs n'ont pas hésité à tuer the racketeers did not hesitate to kill in order to defend their patch.

territorial, e, aux [tɛritɔrjal, o] *adj* territorial.

◆ **territorial, aux** *nm* territorial.

◆ **territoriale** *nf* territorial army.

territorialement [tɛritɔrjalmɑ̃] *adv* territorially.

territorialité [tɛritɔrjalite] *nf* JUR territoriality; ~ des lois/de l'impôt *laws/tax regulations applying to all those in a given territory.*

terroir [tɛrwar] *nm* -**1.** [région agricole] region; le ~ de la Beauce the Beauce region; le ~ de Vosne-Romanée the Vosne-Romanée region. -**2.** [campagne, ruralité] country; il a gardé l'accent du ~ he has retained his rural accent; c'est un écrivain du ~ he's a regional author; avoir un goût de ~ *fig* to be evocative OU redolent of the soil; ses livres ont un goût de ~ his books are evocative of rural OU country life; toute son œuvre sent le ~ his entire work is richly evocative of his native soil.

terrorisant, e [tɛrɔrizɑ̃, ɑ̃t] *adj* terrorizing.

terroriser [3] [tɛrɔrize] *vt* -**1.** [martyriser] to terrorize; il terrorisait ses camarades de classe he terrorized his classmates. -**2.** [épouvanter] to terrify; l'idée de la mort la terrorise the idea of death terrifies her.

terrorisme [tɛrɔrism] *nm* terrorism.

terroriste [tɛrɔrist] *adj & nmf* terrorist.

tertiaire [tɛrsjɛr] ◇ *adj* -**1.** CHIM & MÉD tertiary; GÉOL: ère ~ Tertiary era. -**2.** ADMIN & ÉCON: secteur ~ tertiary sector, service industries.

◇ *nm* -**1.** GÉOL: le ~ the Tertiary era. -**2.** ADMIN & ÉCON: le ~ the tertiary sector.

tertiairisation [tɛrsjɛrizasjɔ̃], **tertiarisation** [tɛrsjarizasjɔ̃] *nf* expansion of the tertiary sector.

tertio [tɛrsjo] *adv* third, thirdly; ~, je n'ai pas le temps thirdly, I haven't got time.

tertre [tɛrtr] *nm* -**1.** [monticule] hillock, mound. -**2.** [sépulture] : ~ (funéraire) burial mound.

Tertullien [tɛrtyljɛ̃] *npr* Tertullian.

Térylène® [terilɛn] *nm* Terylene®.

tes [te] *pl* → **ton** *adj poss.*

Tessin [tɛsɛ̃] *npr m* -**1.** [rivière] : le ~ the (River) Ticino. -**2.** [canton] : le ~ Ticino.

tessiture [tɛsityr] *nf* tessitura.

tesson [tɛsɔ̃] *nm* [de verre, de poterie] fragment; un mur hérissé de ~s de bouteille a wall with broken glass all along the top, testa.

test [tɛst] *nm* -**1.** [essai, vérification] test; soumettre qqn à un ~, faire passer un ~ à qqn to give sb a test ❑ ~ statistique OU d'hypothèse statistical test; ~ d'aptitude aptitude test; ~ du lendemain [en publicité] day after recall. -**2.** [épreuve] test; sa réponse sera un ~ de sa bonne volonté her answer will be a test of her good will. -**3.** INF test; ~ automatique automatic testing. -**4.** MÉD test; ~ de grossesse pregnancy test; ~ allergologique allergy test; ~ cutané cutaneous reaction test. -**5.** PSYCH test; ~ projectif response test. -**6.** *(comme adj; avec ou sans trait d'union)* test *(modif)*; population ~ test population; région ~ test region. -**7.** SPORT [test-match] (rugby) test (match). -**8.** ZOOL test.

testable [tɛstabl] *adj* testable.

testacé, e [tɛstase] *adj* shelled, testaceous *spéc.*

testage [tɛstaʒ] *nm* progeny-test.

testament [tɛstamɑ̃] *nm* -**1.** JUR will, testament; faire son ~ to make one's will; léguer qqch à qqn par ~ to leave sthg to sb in one's will; ceci est mon ~ this is my last will and testament; il peut faire son ~ ! *fam fig* he'd better make (out) his will! ❑ ~ authentique OU public executed will; ~ mystique OU secret sealed will; ~ olographe holograph will. -**2.** [ultime message d'un artiste] testament.

testamentaire [tɛstamɑ̃tɛr] *adj* testamental.

testateur, trice [tɛstatœr, tris] *nm, f* testator.

tester [3] [tɛste] ◇ *vt* **-1.** [déterminer les aptitudes de] to test; **nous testerons tous les candidats** we will be testing all the candidates. **-2.** [vérifier le fonctionnement de] to test; **ils testent le nouveau produit auprès des médecins** they're testing the new product with doctors. **-3.** [mettre à l'épreuve] to put to the test; **elle a voulu ~ ma loyauté/sa collègue** she wanted to put my loyalty/her colleague to the test.
◇ *vi* JUR to make out one's will.

testeur [tɛstœr] *nm* [personne, machine] tester.

testiculaire [tɛstikylɛr] *adj* testicular.

testicule [tɛstikyl] *nm* testicle, testis *spéc.*

testimonial, e, aux [tɛstimɔnjal, o] *adj* testimonial; **preuve ~e** testimony.

test-match [tɛstmatʃ] (*pl* **test-matchs** OU **test-matches**) *nm* (rugby) test (match).

testostérone [tɛstɔsterɔn] *nf* testosterone.

têt [tɛ] *nm*: **~ à gaz** beehive shelf; **~ à rôtir** roasting crucible.

tétanie [tetani] *nf* tetany.

tétanique [tetanik] ◇ *adj* tetanic; **bacille ~** tetanus bacillus.
◇ *nmf* tetanus sufferer.

tétanisation [tetanizasjɔ̃] *nf* tetanization.

tétaniser [3] [tetanize] *vt* **-1.** MÉD to tetanize. **-2.** [paralyser - de peur] to petrify; [- d'étonnement] to stun; **la fureur de leur père les avait tétanisés** they were stunned by their father's anger.

tétanos [tetanos] *nm* lockjaw, tetanus *spéc.*

têtard [tɛtar] *nm* **-1.** ZOOL tadpole. **-2.** HORT pollard.

tête [tɛt] *nf* **A.** PARTIE DU CORPS **-1.** ANAT head; **dresser** OU **redresser la ~** to raise one's head; **la ~ haute** with (one's) head held high; **la ~ la première** head first; **de la ~ aux pieds** from head to foot OU toe; **avoir mal à la ~** to have a headache; **avoir la ~ lourde** to have a thick head *Br*, to feel fuzzy; **j'ai la ~ qui tourne** [malaise] my head is spinning; **la ~ me tourne** [panique] I'm in a spin; **ne tourne pas la ~, elle nous regarde** don't look round, she's watching us; **dès qu'il m'a vu, il a tourné la ~** as soon as he saw me, he looked away ❑ **en avoir par-dessus la ~** *fam* to be sick (and tired) of it; **avoir la ~ sur les épaules** to have a good head on one's shoulders; **faire une grosse ~** *fam* OU **la ~ au carré** *fam* **à qqn** to smash sb's head OU face in; **j'en donnerais** OU **j'en mettrais ma ~ à couper** I'd stake my life on it; **être tombé sur la ~** *fam* to have a screw loose; **foncer ~ baissée**: **il ne réfléchit jamais, il fonce ~ baissée** he always charges in OU ahead without think; **se cogner** OU **se taper la ~ contre les murs** to bang one's head against a (brick) wall; **se jeter à la ~ de qqn** to throw o.s. at sb. **-2.** [en référence à la chevelure, à la coiffure]: **se laver la ~** to wash one's hair; **~ nue** bareheaded ❑ **nos chères ~s blondes** [les enfants] our little darlings; **~s rondes** HIST Roundheads. **-3.** [visage, expression] face; **avoir une bonne ~** to look like a nice person; **avoir une sale ~** to look nasty; **tu as une sale ~, ce matin!** you look like you got out of bed the wrong side!; **ne fais pas cette ~!** don't pull *Br* OU make such a long face!; **tu en fais une ~!** what's that look for?; **il a fait une de ces ~s quand je lui ai dit!** you should have seen his face when I told him!; **elle ne savait plus quelle ~ faire** she didn't know how to react; **il a une ~ à se faire rouler** he looks like he could be conned easily; **elle n'a pas une ~ à se laisser faire** she doesn't look the sort to be pushed around; **jeter** OU **lancer qqch à la ~ de qqn** to throw sthg in sb's face ❑ **il a** OU **c'est une ~ à claques** *fam* I could swing for him; **~ de nœud**▼ dickhead; **il a une ~ qui ne me revient pas** I don't like the look of him; **faire la ~** to sulk; **faire la ~ à qqn** to ignore sb. **-4.** [mesure] head; **il a une ~ de plus que son frère** he's a head taller than his brother; **le favori a été battu d'une courte ~** the favourite was beaten by a short head. **-5.** CULIN head; **de la ~ de veau** calf's head; **~ pressée** *Belg* [fromage de tête] pork brawn *Br*, headcheese *Am.* **-6.** SPORT header; **faire une ~** to head the ball.
B. SIÈGE DE LA PENSÉE **-1.** [siège des pensées, de l'imagination, de la mémoire] mind, head; **il a la ~ bourrée de chiffres/dates** his head is stuffed with figures/dates; **il a des rêves plein la ~** he's a dreamer; **une drôle d'idée m'est passée par la ~** a strange idea came into my head; **se mettre qqch dans la ~** to get sthg into one's head; **se mettre dans la ~ que** to get it into one's head that; **se mettre dans la ~** OU **en ~ de faire qqch** to make up one's mind to do sthg; **elle s'est mis en ~ de terminer son livre avant l'automne** she's made up her mind to finish her book before the autumn ❑ **une ~ bien faite** *allusion Montaigne* a good mind; **avoir la grosse ~** *fam* to be big-headed; **avoir toute sa ~** to have all one's faculties; **faire sa mauvaise ~** to dig one's heels in; **ce qu'il a dans la ~ il ne l'a pas aux pieds** OU **aux talons** *fam* when he's made up his mind he wants something there's no stopping him; **avoir la ~ chaude, avoir la ~ près du bonnet** to be quick-tempered; **monter la ~ à qqn** to give sb big ideas; **monter à la ~ de qqn** [succès] to go to sb's head; [chagrin] to unbalance sb; **se monter la ~** to get carried away; **tourner la ~ à qqn** to turn sb's head; **avoir la ~ vide/dure** to be empty-headed/stubborn; **il est ~ en l'air** he's got his head in the clouds; **excuse-moi, j'avais la ~ ailleurs** sorry, I was thinking about something else OU I was miles away; **il n'a pas de ~** [il est étourdi] he is scatterbrained OU a scatterbrain; **ça m'est sorti de la ~** I forgot, it slipped my mind; **ne plus savoir où donner de la ~**: **il ne sait plus où donner de la ~** he doesn't know whether he's coming or going; **n'en faire qu'à sa ~** to do exactly as one pleases; **à ~ reposée**: **je le lirai à ~ reposée** I'll take the time to read it in a quiet moment. **-2.** [sang-froid, présence d'esprit] head; **elle a gardé toute sa ~ devant le danger** she kept her head in the face of danger; **avoir** OU **garder la ~ froide** to keep a cool head.
C. PERSONNE, ANIMAL **-1.** [individu] person; **plusieurs ~s connues** several familiar faces; **prendre un viager sur deux ~s** to buy a property in return for a life annuity for two people; **prendre une assurance sur la ~ de qqn** to take out an insurance policy on sb ❑ **être une ~ de lard** OU **de mule** to be as stubborn as a mule, to be pig-headed; **~ de linotte** OU **d'oiseau** OU **sans cervelle** scatterbrain; **~ brûlée** hothead; **~ de cochon** bloody-minded individual; **~ couronnée** crowned head; **~ de turc** whipping boy, scapegoat; **forte ~** rebel; **une grosse ~** *fam* a brain; **petite ~** *fam* pinhead; **avoir ses ~s** *fam* to have one's favourites. **-2.** [vie d'une personne] head, neck; **le procureur réclame la ~ de l'accusé** the prosecution is demanding the prisoner's execution ❑ **jouer** OU **risquer sa ~** to risk one's neck; **sauver sa ~** to save one's neck. **-3.** [meneur, leader] head, leader; **il est la ~ du mouvement** he's the leader of the movement ❑ **les ~s pensantes du comité** the brains of the committee. **-4.** [animal d'un troupeau] head *inv*; **un cheptel de plusieurs centaines de ~s** several hundred head of cattle; **cinquante ~s de bétail** fifty head of cattle.
D. PARTIE HAUTE, PARTIE AVANT, DÉBUT **-1.** [faîte] top; **la ~ d'un arbre** a treetop; **la ~ d'un mât** the top of a mast. **-2.** [partie avant] front end; **la ~ du train** the front of the train; **mets la ~ du lit vers le nord** turn the head of the bed towards the north; **prendre la ~ du défilé** to head OU to lead the procession; **prendre la ~** [marcher au premier rang] to take the lead; [commander, diriger] to take over; **elle prendra la ~ de l'entreprise** she'll take over the (running of the) firm ❑ **~ de ligne** [gén] terminus, end of the line; RAIL railhead. **-3.** [début]: **faites ressortir les ~s de chapitres** make the chapter headings stand out. **-4.** [dans un classement] top, head; **les dix élèves qui forment la ~ de la classe** the ten best pupils in the class ❑ **~ d'affiche** top of the bill; **être en ~ d'affiche** to top the bill; **~ de liste** leading candidate *Br*, head of the ticket *Am*; **~ de série** SPORT seeded player; **~ de série numéro huit** number eight seed. **-5.** [extrémité - d'un objet, d'un organe] head; [- d'un os] head, caput; **la ~ d'un clou** the head of a nail ❑ **~ d'ail** head of garlic; **~ de bielle** big end; **~ de cylindre** cylinder head; **~ d'épingle** pinhead; **gros comme une ~ d'épingle** the size of a pinhead. **-6.** ACOUST head; **~ de lecture** head; **~ magnétique** magnetic head. **-7.** IMPR head, top. **-8.** INF head; **~ de lecture-écriture** read-write head; **~ d'impression** print head. **-9.** MIL head; **~ de pont** [sur rivière] bridgehead; [sur plage] beachhead. **-10.** NUCL head; **~ chercheuse** homing device; **~ nucléaire** warhead. **-11.** PÉTR: **~ d'injection** swivel.
◆ **à la tête de** *loc prép* **-1.** [en possession de]: **elle s'est trouvée à la ~ d'une grosse fortune** she found herself in possession of a great fortune. **-2.** [au premier rang de] at the head OU front of; **à la ~ du cortège** at the head of the procession; **à la ~ d'un groupe de mécontents** heading a group of protesters. **-3.** [à la direction de] in charge of, at the head of; **il est à la ~ d'un cabinet d'assurances** he runs an insurance firm.
◆ **de tête** ◇ *loc adj* **-1.** [femme, homme] able. **-2.** [convoi, voiture] front *(avant n)*; **être dans le peloton de ~** SPORT & *fig* to be up with the leaders. **-3.** IMPR head *(modif)*; **marge de ~** head margin.
◇ *loc adv* [calculer] in one's head; **de ~, je dirais que ça fait 600** working it out in my head, I'd say it comes to 600.
◆ **en tête** *loc adv* **-1.** [devant]: **monter en ~** to go to the front; **être en ~** [gén] to be at the front; [dans une course, une compétition] to (be in the) lead. **-2.** [à l'esprit]: **avoir qqch en ~** to have sthg in mind; **j'ai encore en ~ le souvenir de notre dernière rencontre** I can still remember our last meeting; **je ne l'ai plus en ~** I can't remember it.
◆ **en tête à tête** *loc adv* alone together; **nous avons passé deux heures en ~ à ~** we spent two hours alone together; **dîner en ~ à ~ avec qqn** to have a quiet dinner (alone) with sb.
◆ **en tête de** *loc prép* **-1.** [au début de] at the beginning OU start of; **tous les mots placés en ~ de phrase** the first word of every sentence. **-2.** [à l'avant de] at the head OU front of; **les dirigeants syndicaux marchent en ~ du défilé** the union leaders are marching at the head of the procession. **-3.** [au premier rang de] at the top of; **en ~ du palmarès** at the top of the hit-parade; **en ~ des sondages** leading the polls.
◆ **par tête** *loc adv* per head, a head, apiece; **ça coûtera 200 F par ~** it'll cost 200 F a head OU per head OU apiece.
◆ **par tête de pipe** *fam* = **par tête**.
◆ **sur la tête de** *loc prép* **-1.** [sur la personne de]: **il réussit à détourner le mécontentement populaire sur la ~ du Premier ministre** he managed to direct popular discontent towards the Prime Minister. **-2.** [au nom de] in the name of; **il a mis tous ses biens sur la ~ de sa femme** he's put all his possessions in his wife's name. **-3.** [en prêtant serment]: **je le jure sur la ~ de mes enfants** I swear on my mother's grave.
◆ **tête de mort** *nf* **-1.** [crâne] skull. **-2.** [emblème] death's head, skull and crossbones.

tête-à-queue [tɛtakø] *nm inv* (180°) spin; **faire un ~** to spin round, to spin 180°.

tête-à-tête [tɛtatɛt] *nm inv* **-1.** [réunion] tête-à-tête, private talk; **avoir un ~ avec qqn** to have a tête-à-tête with sb. **-2.** [sofa] tête-à-tête, vis-à-vis. **-3.** [service - à thé] tea set for two; [- à café] coffee set for two.

tête-bêche [tɛtbɛʃ] ◇ *adv* [lits, personnes] head to foot OU to tail.
◇ *nm inv* tête-bêche stamp.

tête-de-loup [tɛtdəlu] (*pl* **têtes-de-loup**) *nf* ceiling brush.

tête-de-nègre [tɛtdənɛgr] (*pl* **têtes-de-nègre**)
◇ *adj inv* dark brown, chocolate-brown.
◇ *nm inv* [couleur] dark brown.
◇ *nm* CULIN chocolate-coated meringue.
◇ *nf* BOT Boletus aereus.

tétée [tete] *nf* -**1.** [action de téter] feeding, breast-feeding. -**2.** [repas] feed *Br*, feeding *Am*; **six ~s par jour** six feeds *Br* OU feedings *Am* a day; **l'heure de la ~** feeding time *Br*, nursing time *Am*.

téter [8] [tete] *vt* -**1.** [sein, biberon] to suck (at); **~ sa mère** to suck (at) one's mother's breast, to feed OU to breast-feed from one's mother || *(en usage abs)*: **il tète encore** he's still being breast-fed, he's still suckling OU *Am* nursing. -**2.** [crayon] to suck on; [pouce] to suck; **il m'écoutait en tétant sa pipe** he puffed at his pipe as he listened to me.

têtière [tɛtjɛr] *nf* -**1.** [d'un fauteuil, d'un sofa] antimacassar. -**2.** [d'un cheval] headstall, crown-piece. -**3.** NAUT [d'une voile] head. -**4.** [d'une serrure] faceplate.

tétin [tetɛ̃] *nm* -**1.** ZOOL teat. -**2.** *vieilli* & ANAT [d'une femme] nipple.

tétine [tetin] *nf* -**1.** ZOOL [mamelle] teat. -**2.** [d'un biberon] teat *Br*, nipple *Am*; [sucette] dummy *Br*, pacifier *Am*.

téton [tetɔ̃] *nm* -**1.** *fam* [sein] tit. -**2.** MÉCAN stud, nipple.

tétrachlorure [tetraklɔryr] *nm* tetrachloride; **~ de carbone** carbon tetrachloride.

tétracycline [tetrasiklin] *nf* tetracycline.

tétradactyle [tetradaktil] *adj* four-toed, tetradactyl *spéc*, tetradactylous *spéc*.

tétraèdre [tetraɛdr] *nm* tetrahedron.

tétraédrique [tetraedrik] *adj* tetrahedral.

tétralogie [tetralɔʒi] *nf* tetralogy; **'la Tétralogie'** *Wagner* '(The) Ring Cycle'.

tétraplégie [tetrapleʒi] *nf* quadriplegia, tetraplegia.

tétraplégique [tetrapleʒik] ◇ *adj* quadriplegic, tetraplegic.
◇ *nmf* quadriplegic.

tétrapode [tetrapɔd] ◇ *adj* tetrapod.
◇ *nm* ZOOL tetrapod.

Tétrapode® [tetrapɔd] *nm* TRAV PUBL tetrapod.

tétras [tetra] *nm* grouse; **grand ~** capercaillie.

tétrasyllabe [tetrasilab] ◇ *adj* tetrasyllabic.
◇ *nm* tetrasyllable.

tétrasyllabique [tetrasilabik] *adj* tetrasyllabic.

tétratomique [tetratɔmik] *adj* tetratomic.

têtu, e [tety] *adj* stubborn, obstinate; **il a un air ~** he has a stubborn look about him; **~ comme une mule** OU **un âne** OU **une bourrique** stubborn as a mule.
◆ **têtu** *nm* TECH sledgehammer.

teuf-teuf *fam* [tœftœf] (*pl* **teufs-teufs**) ◇ *nm* [train] choo-choo train.
◇ *nm* OU *nf* [vieille voiture] old banger *esp Br*, jalopy.
◇ *onomat* [bruit du train] puff-puff, choo-choo.

teuton, onne [tøtɔ̃, ɔn] *adj* Teutonic.
◆ **Teuton, onne** *nm, f* -**1.** HIST Teuton. -**2.** *péj* [Allemand] Jerry *injur*.

teutonique [tøtɔnik] *adj* Teutonic; **les chevaliers ~s** the Teutonic knights.

texan, e [tɛksɑ̃, an] *adj* Texan.
◆ **Texan, e** *nm, f* Texan.

Texas [tɛksas] *npr m*: **le ~** Texas; **au ~** in Texas.

texte [tɛkst] *nm* -**1.** [écrit] text; **reportez-vous au ~ original** consult the original; **ce n'était pas dans le ~** it was not in the text OU in the original; **commenter/résumer un ~** to do a commentary on/to do a précis of a text. -**2.** [œuvre littéraire] text; **les grands ~s classiques** the great classical texts OU works || [extrait d'une œuvre] passage; **~s choisis** selected passages. -**3.** MUS [paroles d'une chanson] lyrics; CIN & THÉÂT lines; **un jeune chanteur qui écrit lui-même ses ~s** a young singer who writes his own lyrics; **apprendre/savoir son ~** to learn/to know one's lines. -**4.** JUR [teneur d'une loi, d'un traité] text, terms, wording; [la loi elle-même] law, act; [le traité lui-même] treaty; **selon le ~ de la loi/du traité** according to the terms of the law/treaty; **le ~ est paru au Journal officiel** the act was published in the official gazette. -**5.** IMPR [opposé aux marges, aux illustrations] text; **il y a trop de ~ et pas assez de photos** there's too much text and not enough pictures. -**6.** LING [corpus, énoncé] text. -**7.** LITTÉRAT text, work; **elle a proposé son ~ à plusieurs éditeurs** she sent her work to several publishers; **écrire un court ~ d'introduction** to write a short introduction. -**8.** SCOL & UNIV [sujet de devoir] question *(for work in class or homework)*; **je vais vous lire le ~ de la dissertation** I'll give you the essay question ❑ **~ libre** free composition.
◆ **dans le texte** *loc adv* in the original; **lire Platon dans le ~** to read Plato in the original ❑ **en français dans le ~** *pr* in French in the original; *fig* to quote the very words used.

textile [tɛkstil] ◇ *adj* textile; **fibre/verre ~** textile fibre/glass.
◇ *nm* -**1.** [tissu] fabric, material; **elle s'y connaît dans les ~s** she knows her fabrics; **les ~s synthétiques** synthetic OU man-made fibres. -**2.** [industrie]: **le ~, les ~s** the textile industry.

texto *fam* [tɛksto] *adv* word for word, verbatim.

textuel, elle [tɛkstɥɛl] *adj* -**1.** [conforme - à ce qui est écrit] literal, word-for-word; [- à ce qui a été dit] verbatim. -**2.** LITTÉRAT textual; **analyse ~le** textual analysis.
◆ **textuel** *fam adv* quote unquote; **elle m'a dit qu'elle s'en fichait, ~** she told me she didn't care, those were her exact words.

textuellement [tɛkstɥɛlmɑ̃] *adv* word for word.

texturation [tɛkstyrasjɔ̃] *nf* texturizing.

texture [tɛkstyr] *nf* -**1.** [constitution - d'un bois, de la peau] texture. -**2.** GÉOL, MÉTALL & TEXT texture. -**3.** *litt* [structure]: **la ~ du roman est dense/lâche** it's a tightly-structured/loosely-structured novel.

TF1 (*abr de* **Télévision Française 1**) *npr French independent television company.*

TG *npr f abr de* **Trésorerie générale**.

TGI *nm abr de* **tribunal de grande instance**.

TGV (*abr de* **train à grande vitesse**) *nm French high-speed train.*

th *abr écrite de* **thermie**.

thaï, e [taj] *adj* Thai.
◆ **Thaï, e** *nm, f* Thai.
◆ **thaï** *nm* LING Thai.

thaïlandais, e [tajlɑ̃dɛ, ɛz] *adj* Thai; **un restaurant ~** a Thai restaurant; **un ressortissant ~** a Thai (national).
◆ **Thaïlandais, e** *nm, f* Thai; **j'ai rencontré un Thaïlandais** I met someone from Thailand.

Thaïlande [tajlɑ̃d] *npr f*: **(la) ~** Thailand.

thalamique [talamik] *adj* thalamic.

thalamus [talamys] *nm* thalamus.

thalassémie [talasemi] *nf* thalassaemia.

thalasso *fam* [talasɔ] *nf abr de* **thalassothérapie**.

thalassothérapie [talasɔterapi] *nf* seawater therapy, thalassotherapy *spéc*.

Thalès [talɛs] *npr* Thales.

thalidomide [talidɔmid] *nf* thalidomide.

thalle [tal] *nm* thallus.

thallium [taljɔm] *nm* thallium.

thallophyte [talɔfit] *nf* thallophyte.

thalweg [talvɛg] *arch* = **talweg**.

thanatologie [tanatɔlɔʒi] *nf* thanatology.

thanatos [tanatɔs] *nm* Thanatos.

thaumaturge [tomatyrʒ] *nmf* thaumaturge, thaumaturgist.

thaumaturgie [tomatyrʒi] *nf* thaumaturgy.

thé [te] *nm* -**1.** [boisson] tea; **faire du ~** to make (a pot of) tea; **prendre le ~** to have tea; **boire du ~** to drink tea ❑ **~ de Chine/Ceylan** China/Ceylon tea; **~ des jésuites** OU **du Paraguay** maté; **~ noir/vert** black (leaf)/green tea; **~ citron** lemon tea *Br*, tea with lemon; **~ au lait** tea with milk; **~ à la menthe** mint tea; **~ nature** tea without milk. -**2.** [feuilles] tea, tea-leaves; **une cuillerée de ~** a spoonful of tea. -**3.** [réception] tea party; [repas] (afternoon) tea; **~ dansant** tea dance. -**4.** BOT tea, tea-plant. -**5.** *Belg* & *Helv* [infusion] herbal tea.

théâtral, e, aux [teatral, o] *adj* -**1.** [relatif au théâtre] theatrical, stage *(modif)*, theatre *(modif)*; **une représentation ~e** theatrical production; **production ~e** stage production. -**2.** [scénique] stage *(modif)*; **l'adaptation ~e du roman** the stage adaptation of the novel; **il aurait fallu utiliser une écriture ~e** it should have been written in a style more suitable for the stage. -**3.** [spectaculaire] dramatic, theatrical; **faire une entrée ~e** to make a dramatic OU grand entrance; **avec de grands gestes théâtraux** with a lot of histrionics OU drama.

théâtralement [teatralmɑ̃] *adv* [avec affectation] theatrically.

théâtraliser [3] [teatralize] *vt* to theatricalize.

théâtralisme [teatralism] *nm* histrionism PSYCH.

théâtralité [teatralite] *nf* LITTÉRAT stageworthiness.

théâtre [teatr] *nm* **A.** -**1.** [édifice - gén] theatre; ANTIQ amphitheatre; **aller au ~** to go to the theatre; **elle va souvent au ~** she's a regular theatregoer ❑ **~ d'eau** ornamental fountains; **~ lyrique** opera house; **~ d'ombres** shadow theatre; **~ de poche** small theatre; **~ en rond** theatre in the round; **~ de verdure** open-air theatre. -**2.** [compagnie théâtrale] theatre company; **le Théâtre français** the Comédie Française; **~ municipal** local theatre; **~ national** national theatre; **~s subventionnés** state-subsidized theatres. -**3.** [art, profession] drama, theatre; **elle veut faire du ~** she wants to go on the stage OU to become an actress OU to act; **je vis pour le ~** [acteur] I live for the theatre OU stage; **quand j'étais étudiant j'ai fait un peu de ~** when I was a student I did some acting ❑ **~ filmé** film of a play. -**4.** [genre] drama, theatre; **je préfère le ~ au cinéma** I prefer theatre OU plays to films; **le ~ dans le ~** a play within a play ❑ **le ~ élisabéthain/romantique** Elizabethan/Romantic theatre OU drama; **le ~ de l'absurde** the theatre of the absurd; **le ~ de boulevard** mainstream popular theatre *(as first played in theatres on the Paris boulevards)*; **~ musical** musicals; **le ~ de rue** street theatre; **~ total** total theatre. -**5.** [œuvres d'un auteur] works, plays; **le ~ complet d'Anouilh** the complete plays OU dramatic works of Anouilh. -**6.** [attitude pleine d'outrance] histrionics; **tout ça c'est du ~** it's all just histrionics OU a show; **le voilà qui fait son ~** there he goes, putting on his usual act. -**7.** *Afr* [représentation] play; **les étudiants de première année présenteront un ~** the first-year students will put on a play.
B. -**1.** [lieu d'un événement] scene; **le juge a demandé à se rendre sur le ~ du crime** the magistrate asked to go to the scene of the crime; **notre région a été le ~ de nombreuses mutations** our part of the country has seen a lot of changes; **une entreprise en perte de vitesse n'était pas le ~ qui convenait à ses ambitions** he was too ambitious to stay in a company on the decline. -**2.** MIL: **~ d'opérations** OU **des opérations** the theatre of operations; **~ d'opérations extérieur** *theatre of operations situated outside home territory.*
◆ **de théâtre** *loc adj* [critique, troupe] drama *(modif)*, theatre *(modif)*; [cours] drama *(modif)*; [agence] booking; [jumelles] opera *(modif)*; [accessoire, décor] stage *(modif)*; **une femme de ~** a woman of the stage OU theatre; **écrivain de ~** playwright; **metteur en scène de ~** (stage) director.
◆ **coup de théâtre** *nm* THÉÂT coup de théâtre, sudden twist in the action; *fig* sudden turn of events; **et alors, coup de ~, on lui demande de démissionner** and then, out of the blue, he was asked to resign.

théâtreux, euse *fam* [teatrø, øz] *nm, f péj* OU *hum* [comédien amateur] amateur actor, Thespian *hum*.

thébaïde [tebaid] *nf litt* solitary retreat.

thébain, e [tebɛ̃, ɛn] *adj* Theban.
◆ **Thébain, e** *nm, f* Theban.

thébaïne [tebain] *nf* thebaine.

Thèbes [tɛb] *npr* Thebes.

théier, ère [teje, ɛr] *adj* tea *(modif)*; **la production théière** tea production.
◆ **théier** *nm* tea plant.
◆ **théière** *nf* teapot.

théine [tein] *nf* theine.

théisme [teism] *nm* **-1.** [consommation excessive] excessive tea drinking; [empoisonnement] tea poisoning. **-2.** RELIG theism.

théiste [teist] ◇ *adj* theist, theistic.
◇ *nmf* theist.

thématique [tematik] ◇ *adj* thematic.
◇ *nf* **-1.** LITTÉRAT: **la ~ des contes de fées** the themes developed in fairy tales; **la ~ de Kafka** themes in Kafka. **-2.** MUS themes.

thème [tɛm] *nm* **-1.** ART, LITTÉRAT & MUS theme; **sur le ~ de** on the theme of. **-2.** [traduction] translation into a foreign language, prose SCOL; **~ latin/allemand** translation *(from one's language)* into Latin/German; **faire du ~** to translate into a foreign language. **-3.** LING stem, theme.
◆ **thème astral** *nm* ASTROL birth chart.

Thémis [temis] *npr* Themis.

Thémistocle [temistɔkl] *npr* Themistocles.

théocentrisme [teɔsɑ̃trism] *nm* theocentrism.

théocratie [teɔkrasi] *nf* theocracy.

théocratique [teɔkratik] *adj* theocratic.

Théocrite [teɔkrit] *npr* Theocritus.

théodolite [teɔdɔlit] *nm* theodolite.

théogonie [teɔgɔni] *nf* theogony.

théologal, e, aux [teɔlɔgal, o] *adj* theological.

théologie [teɔlɔʒi] *nf* theology.

théologien, enne [teɔlɔʒjɛ̃, ɛn] *nm, f* theologian.

théologique [teɔlɔʒik] *adj* theological.

théologiquement [teɔlɔʒikmɑ̃] *adv* theologically.

Théophraste [teɔfrast] *npr* Theophrastus.

théorématique [teɔrematik] *adj* theorematic.

théorème [teɔrɛm] *nm* theorem; **le ~ de Pythagore** Pythagoras' theorem.

théorétique [teɔretik] *adj* theoretical.

théoricien, enne [teɔrisjɛ̃, ɛn] *nm, f* **-1.** [philosophe, chercheur etc] theorist, theoretician; **un ~ de la mécanique quantique** an expert in quantum theory. **-2.** [adepte] theorist; **les ~s du libéralisme/marxisme** the theorists of the free market/of Marxism.

théorie [teɔri] *nf* **-1.** SC theory; **~ des ensembles** set theory; **la ~ de la relativité** the theory of relativity. **-2.** [ensemble de concepts] theory; **la ~ du surréalisme** the theory of surrealism. **-3.** [définition d'une pratique] theory; **avant de commencer le piano, il faut faire un peu de ~** before playing the piano you have to study a bit of theory; **il possède bien la ~ des échecs** he has a good theoretical knowledge of chess. **-4.** [interprétation] theory; **c'est la ~ du gouvernement mais ce n'est pas prouvé** that's the government's theory OU that's what the government claims, but it remains to be proved. **-5.** [connaissance spéculative] theory; **le fossé qui existe entre la ~ et la pratique** the gap between theory and practice; **tout cela, c'est de la ~** this is all purely theoretical. **-6.** *litt* [défilé] procession; **une longue ~ de fidèles progressait vers le sanctuaire** a long procession of worshippers was moving towards the sanctuary. **-7.** ANTIQ theory.
◆ **en théorie** *loc adv* in theory, theoretically; **en ~, tu as raison, en fait le système est inapplicable** in theory you're right, but in actual fact the system is unworkable.

théorique [teɔrik] *adj* theoretical.

théoriquement [teɔrikmɑ̃] *adv* **-1.** *sout* [d'un point de vue spéculatif] theoretically, in theory; **le principe est ~ acceptable** the principle is acceptable in theory. **-2.** [en toute hypothèse] in theory; **~, je devrais arriver à 21 h** in theory, I ought to arrive at 9 p.m.

théorisation [teɔrizasjɔ̃] *nf* theorization, theorizing.

théoriser [3] [teɔrize] ◇ *vt* to theorize.
◇ *vi* to theorize, to speculate.

théosophe [teɔzɔf] *nmf* theosophist.

théosophie [teɔzɔfi] *nf* theosophy.

théosophique [teɔzɔfik] *adj* theosophic.

thérapeute [terapøt] *nmf* **-1.** [spécialiste des traitements] therapist. **-2.** *litt* [médecin] doctor, physician. **-3.** [psychothérapeute] therapist.

thérapeutique [terapøtik] ◇ *adj* therapeutic.
◇ *nf* **-1.** [traitement] therapy, treatment; **le choix entre plusieurs ~s** the choice between several courses of treatment. **-2.** [discipline médicale] therapeutics *(U)*.

thérapie [terapi] *nf* **-1.** [traitement] therapy, treatment. **-2.** PSYCH therapy; **~ familiale** family therapy; **~ de groupe** group therapy.

Thérèse [terɛz] *npr*: **sainte ~ (d'Avila)** Saint Teresa (of Avila).

thermal, e, aux [tɛrmal, o] *adj* [eau] thermal; [source] thermal, hot.

thermalisme [tɛrmalism] *nm* balneology; **l'argent de la commune provient du ~** the commune derives its revenue from its spa facilities.

thermes [tɛrm] *nmpl* **-1.** [établissement de cure] thermal baths. **-2.** ANTIQ thermae.

thermicien, enne [tɛrmisjɛ̃, ɛn] *nm, f* heat engineer.

thermicité [tɛrmisite] *nf* heat balance.

thermidor [tɛrmidɔr] *nm* *11th month of the French revolutionary calendar (from July 19 to Aug 17).*

THERMIDOR AN II:
Three days during which Robespierre attacked his enemies before the Convention. He was arrested on the second day and executed together with his supporters on the third day.

---

thermidorien, enne [tɛrmidɔrjɛ̃, ɛn] *adj* Thermidorian, of the 9th Thermidor.
◆ **Thermidoriens** *nmpl* revolutionaries of the 9th Thermidor, Thermidorians.

thermie [tɛrmi] *nf* [ancienne unité de mesure] 10^6 calories.

thermique [tɛrmik] ◇ *adj* [réacteur, équilibre, signature, papier] thermal; [énergie] thermic.
◇ *nf* heat sciences.
◇ *nm* thermal.

thermocautère [tɛrmɔkotɛr] *nm* thermocautery.

thermochimie [tɛrmɔʃimi] *nf* thermochemistry.

thermochimique [tɛrmɔʃimik] *adj* thermochemical.

thermocouple [tɛrmɔkupl] *nm* thermocouple.

thermodurcissable [tɛrmɔdyrsisabl] ◇ *adj* thermosetting.
◇ *nm* thermoset (substance).

thermodynamicien, enne [tɛrmɔdinamisjɛ̃, ɛn] *nm, f* thermodynamics specialist.

thermodynamique [tɛrmɔdinamik] ◇ *adj* thermodynamic.
◇ *nf* thermodynamics *(U)*.

thermoélectricité [tɛrmɔelɛktrisite] *nf* thermoelectricity.

thermoélectrique [tɛrmɔelɛktrik] *adj* thermoelectric.

thermoélectronique [tɛrmɔelɛktrɔnik] *adj* thermoelectronic.

thermoformage [tɛrmɔfɔrmaʒ] *nm* thermoforming.

thermogène [tɛrmɔʒɛn] *adj* thermogenous, thermogenetic.

thermogenèse [tɛrmɔʒenɛz] *nf* thermogenesis.

thermographie [tɛrmɔgrafi] *nf* thermography.

thermoïonique [tɛrmɔjɔnik] *adj*: **effet ~** thermionic emission.

thermoluminescence [tɛrmɔlyminesɑ̃s] *nf* thermoluminescence.

thermolyse [tɛrmɔliz] *nf* thermolysis.

thermomètre [tɛrmɔmɛtr] *nm* **-1.** [appareil] thermometer; **le ~ indique 5°** the thermometer stands at OU registers 5°; **le ~ monte/descend** the temperature (on the thermometer) is rising/falling ☐ **~ digital/médical** digital/clinical thermometer; **~ à gaz** (constant volume) gas thermometer; **~ à maximum et minimum** maximum and minimum thermometer. **-2.** [indice] barometer *fig*, gauge; **la Bourse est le ~ de l'activité économique et financière** the Stock Exchange is a barometer of economic and financial activity.

thermométrie [tɛrmɔmetri] *nf* thermometry.

thermométrique [tɛrmɔmetrik] *adj* thermometric.

thermonucléaire [tɛrmɔnykleɛr] *adj* thermonuclear.

thermoplastique [tɛrmɔplastik] *adj* thermoplastic.

thermoplongeur [tɛrmɔplɔ̃ʒœr] *nm* portable immersion heater.

thermopompe [tɛrmɔpɔ̃p] *nf* heat pump.

thermopropulsé, e [tɛrmɔprɔpylse] *adj* thermopropulsion *(modif)*.

thermopropulsif, ive [tɛrmɔprɔpylsif, iv] *adj* thermopropulsive.

thermopropulsion [tɛrmɔprɔpylsjɔ̃] *nf* thermopropulsion.

Thermopyles [tɛrmɔpil] *npr mpl*: **les ~** Thermopylae.

thermorécepteur [tɛrmɔresɛptœr] *nm* thermoreceptor.

thermorégulateur, trice [tɛrmɔregylatœr, tris] *adj* thermoregulator.

thermorégulation [tɛrmɔregylasjɔ̃] *nf* thermoregulation.

thermorésistant, e [tɛrmɔrezistɑ̃, ɑ̃t] *adj* heat-resistant, thermoresistant.

Thermos® [tɛrmos] *nf*: **(bouteille) ~** Thermos® flask *Br* OU bottle *Am*.

thermoscope [tɛrmɔskɔp] *nm* thermoscope.

thermosiphon [tɛrmɔsifɔ̃] *nm* thermosiphon.

thermosphère [tɛrmɔsfɛr] *nf* thermosphere.

thermostat [tɛrmɔsta] *nm* thermostat.

thermotactisme [tɛrmɔtaktism] *nm* thermotaxis.

thésard, e *fam* [tezar, ard] *nm, f* research student, postgrad.

thésaurisation [tezɔrizasjɔ̃] *nf* [gén & ÉCON] hoarding.

thésauriser [3] [tezɔrize] ◇ *vi* to hoard money.
◇ *vt* to hoard (up).

thésauriseur, euse [tezɔrizœr, øz] ◇ *adj* hoarding.
◇ *nm, f* hoarder.

thésaurus [tezɔrys] *nm* **-1.** [lexique] lexicon. **-2.** [outil de classement] thesaurus.

thèse [tɛz] *nf* **-1.** ENS thesis; **~ de doctorat d'État** ≃ PhD, ≃ doctoral thesis *Br*, ≃ doctoral OU PhD dissertation *Am*; **~ de troisième cycle** [en lettres] ≃ MA *Br*, ≃ master's thesis *Am*; [en sciences] ≃ MSc *Br*, ≃ master's thesis *Am*. **-2.** [théorie] argument, thesis, theory; **leur ~ est que...** their argument is that..., they argue that...; **la ~ de l'accident n'est pas écartée** the possibility that it may have been an accident hasn't been ruled out; **la famille rejette la ~ du suicide** the family rejects OU will not countenance the idea of suicide ☐ **roman à ~** novel of ideas.

THÈSE, ANTITHÈSE, SYNTHÈSE:
This is the conventional structure of a rhetorical argument (especially an essay) as traditionally taught to French schoolchildren.

Thésée [teze] *npr* Theseus.

Thessalie [tesali] *npr f*: (la) ~ Thessaly.
thessalien, enne [tesaljẽ, ɛn] *adj* Thessalian.
◆ **Thessalien, enne** *nm, f* Thessalian.
Thessalonique [tesalɔnik] *npr* Salonika, Salonica.
thêta [teta] *nm* theta.
thiamine [tjamin] *nf* thiamin.
thiazole [tjazɔl] *nm* thiazole.
thibaude [tibod] *nf* carpet underlay felt.
thioacide [tjɔasid] *nm* thioacid.
thioalcool [tjɔalkɔl] *nm* thioalcohol.
thiocarbonate [tjɔkarbɔnat] *nm* thiocarbonate.
thiol [tjɔl] = **thioalcool**.
thiosulfate [tjɔsylfat] *nm* thiosulphate.
thiosulfurique [tjɔsylfyrik] *adj* thiosulphuric.
Thomas [tɔma] *npr*: saint ~ Saint Thomas; saint ~ d'Aquin Thomas Aquinas.
thomisme [tɔmism] *nm* Thomism.
thomiste [tɔmist] ◇ *adj* Thomistic, Thomistical.
◇ *nmf* Thomist.
thon [tɔ̃] *nm* tuna (fish), tunny *Br*; ~ **blanc** long-fin OU white-meat tuna; ~ **rouge** (blue fin) tuna, (red) tunny *Br*; ~ **en boîte** tinned tuna fish; ~ **à l'huile** tuna in oil; ~ **au naturel** tuna in brine.
thonier [tɔnje] *nm* tuna boat.
Thor [tɔr] *npr* Thor.
Thora [tɔra] = **Tora(h)**.
thoracentèse [tɔrasẽtez] *nf* thoracentesis, thoracocentesis, pleurocentesis.
thoracique [tɔrasik] *adj* thoracic.
thoracoplastie [tɔrakɔplasti] *nf* thoracoplasty.
thoracotomie [tɔrakɔtɔmi] *nf* thoracotomy.
thorax [tɔraks] *nm* thorax.
Thoune [tun] *npr* Thun.
Thrace [tras] *npr f*: (la) ~ Thrace.
thriller [srilœr, trilœr] *nm* thriller.
thrombine [trɔ̃bin] *nf* thrombin.
thrombocyte [trɔ̃bɔsit] *nm* thrombocyte.
thromboembolique [trɔ̃bɔɑ̃bɔlik] *adj* thromboembolic.
thrombokinase [trɔ̃bɔkinaz] *nf* thrombokinase, thromboplastin.
thrombolyse [trɔ̃bɔliz] *nf* thrombolysis.
thrombophlébite [trɔ̃bɔflebit] *nf* thrombophlebitis.
thromboplastine [trɔ̃bɔplastin] = **thrombokinase**.
thrombose [trɔ̃boz] *nf* thrombosis.
Thucydide [tysidid] *npr* Thucydides.
thune [tyn] *nf* -**1.** *arg crime & vieilli* five franc coin. -**2.** ▽[argent]: **je n'avais pas une** ~ I was broke; **mon père me filera de la** ~ my father will give me some cash OU a few quid *Br*.
Thurgovie [tyrgɔvi] *npr f*: (la) ~ Thurgovia.
thuriféraire [tyriferɛr] *nm* -**1.** RELIG thurifer. -**2.** *litt* flatterer, sycophant *litt*.
Thuringe [tyrɛ̃ʒ] *npr f*: (la) ~ Thuringia.
thuya [tyja] *nm* thuja; ~ **occidental** white cedar.
thym [tɛ̃] *nm* thyme.
thymique [timik] *adj* thymic.
thymol [timɔl] *nm* thymol.
thymus [timys] *nm* thymus.
thyroïde [tirɔid] ◇ *adj* thyroid.
◇ *nf* thyroid (gland).
thyroïdectomie [tirɔidɛktɔmi] *nf* thyroidectomy.
thyroïdien, enne [tirɔidjẽ, ɛn] *adj* thyroid *(modif)*.
thyroïdite [tirɔidit] *nf* thyroiditis.
TI *nm abr de* **tribunal d'instance**.
tiaffe *fam* [tjaf] *nf Helv* -**1.** [chaleur] heatwave. -**2.** [neige fondante] slush.
tiare [tjar] *nf* -**1.** [coiffure] tiara. -**2.** [dignité papale]: **la** ~ the Papal tiara.
Tibère [tibɛr] *npr* Tiberius.
Tibériade [tiberjad] *npr* Tiberias; **le lac de** ~ Lake Tiberias, the Sea of Galilee.
Tibesti [tibɛsti] *npr m*: **le** ~ the Tibesti (Massif).
Tibet [tibɛ] *npr m*: **le** ~ Tibet; **au** ~ in Tibet.
tibétain, e [tibetẽ, ɛn] *adj* Tibetan.
◆ **Tibétain, e** *nm, f* Tibetan.
◆ **tibétain** *nm* LING Tibetan.
tibia [tibja] *nm* -**1.** ANAT [os] shinbone, tibia *spéc*; [devant de la jambe] shin; **donner à qqn un coup de pied dans les** ~**s** to kick sb in the shins. -**2.** ZOOL tibia.
tibial, e, aux [tibjal, o] *adj* tibial.
Tibre [tibr] *npr m*: **le** ~ the (River) Tiber.
tic [tic] *nm* -**1.** [au visage] tic, (nervous) twitch; **il a un** ~ **à la bouche/à l'œil** he has a twitch at the corner of his mouth/in his eye; **son visage était agité de** ~**s** his face twitched nervously. -**2.** [manie gestuelle] (nervous) tic, twitch; **il est bourré de** ~**s** *fam* he's got a lot of nervous tics. -**3.** [répétition stéréotypée] habit; **il a un** ~**, il répète toujours le dernier mot de ses phrases** he has a habit of always repeating the last word of his sentences; **un** ~ **de langage** a (speech) mannerism. -**4.** VÉTÉR [avec déglutition d'air] wind sucking.
tichodrome [tikɔdrɔm] *nm* wall creeper ORNITH.
ticket [tikɛ] *nm* -**1.** [de bus, de métro] ticket; [de vestiaire, de consigne] slip, ticket; **les** ~**s, s'il vous plaît!** tickets please! ❑ ~ **de quai** platform ticket. -**2.** [coupon - de rationnement, de pain] coupon. -**3.** ▽ [10 francs]: **cette montre m'a coûté 100** ~**s** this watch set me back a thousand francs. -**4.** *fam loc*: **tu as le** ~ he fancies you *Br*, he is sweet on you *Am*; **il a un** ~ **avec elle** she fancies him *Br*, she's sweet on him *Am*. -**5.** POL [aux États-Unis] ticket.
◆ **ticket modérateur** *nm* [pour la Sécurité sociale] *proportion of medical expenses payable by the patient.*
Ticket-Restaurant® [tikɛrɛstɔrɑ̃] (*pl* **Tickets-Restaurant**) *nm voucher given to employees to cover part of luncheon expenses,* ≃ Luncheon Voucher® *Br*.
tic-tac [tiktak] *nm inv* [d'une pendule, d'une bombe] ticking *(U)*, tick-tock; **faire** ~ to tick (away), to go tick-tock.
tie-break [tajbrɛk] (*pl* **tie-breaks**) *nm* tie break.
tiédasse [tjedas] *adj* lukewarm, tepid.
tiède [tjɛd] ◇ *adj* -**1.** [ni chaud ni froid] lukewarm, warm, tepid; **délayez la poudre dans de l'eau** ~ mix the powder with warm water; **un vent** ~ **et agréable** a nice warm breeze; **salade** ~ warm salad ‖ [pas suffisamment chaud] lukewarm, not hot enough; **le thé va être** ~**, bois-le vite** drink your tea before it gets cold OU while it's hot. -**2.** *fig* [peu enthousiaste - accueil, réaction] lukewarm, unenthusiastic, half-hearted; [- sentiment] half-hearted; **les syndicalistes sont** ~**s** the union members lack conviction OU are apathetic. -**3.** *(avant le n) sout* [doux, calme] pleasant, sweet.
◇ *nmf fam* [indifférent, mou] wet *Br*, wimp.
◇ *adv*: **je préfère boire/manger** ~ I don't like drinking/eating very hot things; **il fait** ~ **aujourd'hui** it's mild OU warm today; **la tarte Tatin doit se manger** ~ tarte Tatin should be eaten warm.
◇ *nf Helv* heatwave.
tièdement [tjɛdmɑ̃] *adv* [accueillir] coolly, unenthusiastically; [soutenir] half-heartedly.
tiédeur [tjedœr] *nf* -**1.** [d'un liquide] lukewarmness; [d'un solide] warmth; [de l'air] mildness; **la** ~ **d'un matin de juin** the mildness of a June morning. -**2.** *fig* [d'un accueil] lukewarmness, coolness; [d'un sentiment] half-heartedness. -**3.** *sout* [agréable douceur] warmth; **il se réfugia dans la** ~ **de la vie familiale** he took refuge in the warmth of family life.
tiédir [32] [tjedir] ◇ *vi* -**1.** [se refroidir - boisson, métal, air] to cool (down); **laisser** ~ **le gâteau/lait** leave the cake/milk to cool down. -**2.** [se réchauffer] to grow warmer; **faire** ~ **du lait** to warm up some milk. -**3.** *fig & sout* [faiblir - conviction, sentiment] to wane, to weaken, to cool.
◇ *vt* -**1.** [refroidir légèrement] to cool (down); **le vent du soir a tiédi l'air** the evening breeze has cooled the air. -**2.** [réchauffer légèrement] to warm (up); **pose-le un instant sur le radiateur pour le** ~ put it on the radiator for a minute to warm it up; **passez la tarte au four une minute pour la** ~ put the tart in the oven for a minute to warm it through OU up.
tiédissement [tjedismɑ̃] *nm* -**1.** [refroidissement] cooling (down OU off). -**2.** [réchauffement] warming (up).
tien [tjɛ̃] (*f* **tienne** [tjɛn], *mpl* **tiens** [tjɛ̃], *fpl* **tiennes** [tjɛn]) *adj poss litt*: **je suis tienne pour toujours** I am yours forever; **ce devait être un** ~ **cousin** it must have been a cousin of yours.
◆ **le tien** (*f* **la tienne**, *mpl* **les tiens**, *fpl* **les tiennes**) *pron poss* yours; **prends ma voiture, si la tienne est au garage** use my car, if yours is at the garage; **mes enfants sont plus âgés que les** ~**s** my children are older than yours (are); **ce parapluie n'est pas le** ~ this is not your umbrella, this umbrella is not yours OU doesn't belong to you; **je me mêle de mes affaires, mêle-toi des tiennes** I'll mind my business and you mind yours ‖ *(emploi nominal)*: **les** ~**s** your family and friends ❑ **à la tienne!** *fam* [à ta santé] good health!, cheers!; [bon courage] all the best!; **tu comptes la convaincre? eh bien, à la tienne!** so you think you can convince her? well all I can say is, good luck to you OU rather you than me!; **mets-y du** ~ [fais un effort] make an effort; [sois compréhensif] try to be understanding; **tu as encore fait des tiennes!** *fam* you've (gone and) done it again!; **ici il n'y a pas de** ~ **et de mien** it's share and share alike here.
tierce [tjɛrs] *f* → **tiers** *adj*.
tiercé, e [tjɛrse] *adj* -**1.** AGR third ploughed. -**2.** HÉRALD tierced, en tierce.
◆ **tiercé** ◇ *adj m*: **pari** ~ triple forecast.
◇ *nm* -**1.** LOISIRS triple forecast; **gagner le** ~ **(dans l'ordre/le désordre)** to win on three horses (with the right placings/without the right placings); **toucher un gros** ~ to win a lot of money on the horses. -**2.** [gén - trois gagnants]: **le** ~ **gagnant** the first three, the three winners; **son dernier film figure dans le** ~ **gagnant** his latest film is among the winning three OU trio.
tiercelet [tjɛrsəlɛ] *nm* tercel.
tiers¹ [tjɛr] *nm* -**1.** [partie d'un tout divisé en trois] third; **elle en a lu un** ~ she's a third of the way through (reading it); **tu as droit aux deux** ~ **de la somme** you're entitled to two thirds of the sum; **cinq est le** ~ **de quinze** five is a third of fifteen, five goes into fifteen three times; **la maison était brûlée aux deux** ~ two-thirds of the house had been destroyed by fire. -**2.** *sout* [troisième personne] third person; [personne étrangère à un groupe] stranger, outsider, third party; **elle l'a dit devant des** ~ she said it in front of people it had nothing to do with ❑ **il se fiche** OU **se moque du** ~ **comme du quart** he couldn't care less. -**3.** JUR third party; **les dommages causés à un** ~ third party damages ❑ ~ **acquéreur** subsequent purchaser; ~ **opposant** (opposing) third party; ~ **saisi** garnishee. -**4.** COMM: ~ **porteur** holder in due course, (second) endorsee. -**5.** FIN: ~ **provisionnel** *thrice-yearly income tax payment based on estimated tax due for the previous year.* -**6.** HIST: **le Tiers** the Third Estate. -**7.** [pour la Sécurité sociale]: ~ **payant** *system by which a proportion of the fee for medical treatment is paid directly to the hospital, doctor or pharmacist by the patient's insurer,* ~ **responsable** third party (responsible).
◆ **au tiers** *loc adj* JUR third-party *(modif)*.
◆ **en tiers** *loc adv sout* [en tant qu'étranger à un groupe] as an outsider; **assister en** ~ **à un entretien** to attend an interview as an outside observer.
tiers², **tierce** [tjɛr, tjɛrs] *adj* -**1.** [étranger à un groupe] third; **tierce personne** third party; **je n'en parlerai pas devant une tierce personne** I will not speak of it in front of a third party. -**2.** CEE: **pays** ~ third OU non-EC country;

produits ~ non-community products. -**3.** JUR: **tierce collision** third-party *(modif)*. -**4.** ENS: **~ temps pédagogique** *in French nursery and primary schools before 1985, division of the weekly timetable into three parts, each corresponding to a different educational field.* -**5.** HIST: **le ~ état** the Third Estate. -**6.** MATH: **a tierce,** a''' "a" triple dash. -**7.** RELIG: **~ ordre** third order.

◆ **tierce** *nf* -**1.** JEUX tierce; **tierce au roi/à la dame** three-card run with king/queen as the highest card; **tierce majeure** tierce major. -**2.** ESCRIME & HÉRALD tierce. -**3.** IMPR press proof. -**4.** MUS third; **tierce majeure/mineure** major/minor third.

tiers-monde [tjɛrmɔ̃d] (*pl* **tiers-mondes**) *nm* Third World.

tiers-mondisme [tjɛrmɔ̃dism] (*pl* **tiers-mondismes**) *nm* Third-Worldism.

tiers-mondiste [tjɛrmɔ̃dist] (*pl* **tiers-mondistes**) ◇ *adj* -**1.** [du tiers-mondisme] Third Worldist. -**2.** [du tiers-monde] third world *(modif)*.

◇ *nmf* -**1.** [spécialiste du tiers-monde] Third World expert. -**2.** [idéologue du tiers-mondisme] Third Worldist.

tif(fe) *fam* [tif] *nm* hair; **mes ~s** my hair.

TIG (*abr de* **travail d'intérêt général**) *nm* ≃ community service.

tige [tiʒ] *nf* -**1.** BOT [d'une feuille] stem, stalk; [de blé, de maïs] stalk; [d'une fleur] stem; **tulipe à longue ~** long-stemmed tulip; **~ aérienne/souterraine** aerial/underground stem ‖ [arbre]: **haute/basse ~** tall/half standard. -**2.** [axe - d'une épingle, d'une aiguille, d'un clou, d'un candélabre, d'une flèche] shaft; [- d'un cadran solaire] finger, pointer; [- d'un guéridon] pedestal; **une ~ de bois** a wooden shaft, a dowel; **une ~ de fer** an iron rod ❑ **clef à ~ creuse/pleine** key with a hollow/solid shank. -**3.** *fam* [cigarette] fag *Br*, smoke *Am*. -**4.** [d'une chaussure] upper; **la ~ est doublée** the upper is lined; **bottes à ~ basse** ankle boots; **baskets à ~ haute** high tops. -**5.** [origine d'une famille] stock, line; **la ~ des Bourbon-Parme** the Bourbon-Parma line. -**6.** ARCHIT [de colonne] shaft. -**7.** AUT rod; **~ de culbuteur/piston** push/piston rod. -**8.** PÉTR: **~ de forage** drill pipe.

tiglon [tiglɔ̃] = **tigron**.

tignasse [tiɲas] *nf* -**1.** [chevelure mal peignée] mop OU shock (of hair). -**2.** *fam* [chevelure] hair; **il l'a attrapée par la ~** he grabbed (hold of) her by the hair.

tigre [tigr] *nm* -**1.** ZOOL tiger; **un ~ royal** OU **du Bengale** a Bengal tiger. -**2.** *litt* [homme cruel]: **c'est un vrai ~** he's a real ogre ❑ **~ de papier** paper tiger.

Tigre [tigr] *npr m*: **le ~** the (River) Tigris.

tigré, e [tigre] *adj* -**1.** [pelage] striped, streaked; [chat] tabby *(modif)*, tiger *(modif)*. -**2.** [moucheté]: **bananes ~es** (dessert) bananas.

tigresse [tigrɛs] *nf* -**1.** ZOOL tigress. -**2.** *litt* [femme très jalouse] tigress.

tigron [tigrɔ̃] *nm* tigon, tiglon.

tilbury [tilbyri] *nm* tilbury.

tilde [tild] *nm* [en espagnol] tilde; [en phonétique, pour remplacer un mot] swung dash.

tillandsia [tijɑ̃dsja] *nf* tillandsia.

tilleul [tijœl] ◇ *nm* -**1.** BOT lime (tree). -**2.** [feuilles séchées] lime-blossom *(U)*; [infusion] lime OU lime-blossom tea.

◇ *adj inv*: **(vert) ~** lime green.

tilt [tilt] *nm* -**1.** JEUX tilt signal. -**2.** *fam loc*: **faire ~**: **le mot a fait ~** [je me suis souvenu] the word rang a bell; **et soudain, ça a fait ~** [j'ai compris] and suddenly it clicked OU the penny dropped *Br*.

timbale [tɛ̃bal] *nf* -**1.** [gobelet] (metal) cup. -**2.** CULIN [moule] timbale mould; [préparation] timbale; **~ de saumon** salmon timbale; **~ milanaise** *timbale of macaroni, veal sweetbreads and truffles.* -**3.** MUS kettledrum; **une paire de ~s** tympani, a set of kettledrums.

timbalier [tɛ̃balje] *nm* timpanist.

timbrage [tɛ̃braʒ] *nm* -**1.** [action de timbrer] stamping. -**2.** [procédé d'impression] embossing.

timbre [tɛ̃br] *nm* **A.** -**1.** = **timbre-poste**. -**2.** [vignette - au profit d'une œuvre] sticker *(given in exchange for a donation to charity)*; [- attestant un paiement] stamp *(certifying receipt of payment)*. -**3.** [sceau, marque] stamp; **apposer son ~ sur un document** to put one's stamp on OU to rubber-stamp a document. -**4.** [instrument marqueur] stamp; **~ dateur** date stamp; **~ en caoutchouc** rubber stamp; **~ sec** embossing stamp. -**5.** JUR: **~ fiscal** revenue stamp; **soumis au droit de ~** liable to stamp duty. -**6.** MÉD: **~ tuberculinique** tuberculosis patch.

B. -**1.** ACOUST [qualité sonore - d'un instrument] tone, timbre, colour; [- d'une voix] tone, resonance; **un beau ~ de voix** beautiful mellow tones, a beautiful rich voice; **ce n'est pas moi, dit-elle d'une voix sans ~** it wasn't me, she said tonelessly. -**2.** [sonnette] bell; [de porte] doorbell; **~ de bicyclette** bicycle bell. -**3.** MUS [instrument] (small) bell.

TIMBRE FISCAL:
These stamps are sold at most tobacconists and are used to pay fees due for obtaining official documents (driving licence, identity papers etc) and to pay fines (notably for driving and parking offences).

---

timbré, e [tɛ̃bre] *adj* -**1.** *fam* [fou] nuts, cracked. -**2.** JUR stamped. -**3.** [d'une bonne sonorité]: **de sa voix bien ~e** in his mellow OU rich tones.

timbre-amende [tɛ̃bramɑ̃d] (*pl* **timbres-amendes**) *nm* *stamp purchased to certify payment of a fine.*

timbre-poste [tɛ̃brəpɔst] (*pl* **timbres-poste**) *nm* (postage) stamp.

timbre-prime [tɛ̃brəprim] (*pl* **timbres-primes**) *nm* trading (discount) stamp.

timbre-quittance [tɛ̃brəkitɑ̃s] (*pl* **timbres-quittances**) *nm* receipt stamp.

timbrer [3] [tɛ̃bre] *vt* -**1.** [lettre, colis] to stamp, to stick OU to put a stamp on. -**2.** JUR [document] to stamp, to put a stamp on, to affix a stamp to.

timbre-ristourne [tɛ̃brəristurn] (*pl* **timbres-ristournes**) = **timbre-prime**.

time-sharing [tajmʃeriŋ] (*pl* **time-sharings**) *nm* time sharing COMPUT.

timide [timid] ◇ *adj* -**1.** [embarrassé - sourire, air, regard] timid, shy; [- personne] bashful, diffident; **il est ~ avec les femmes** he's shy of OU he shrinks away from women; **faussement ~** coy. -**2.** [faible] slight, feeble, tiny; **~ amélioration du franc** slight improvement in the position of the franc; **l'auteur de quelques ~s réformes** the author of a handful of half-hearted OU feeble reforms.

◇ *nmf* shy person; **c'est un ~** he's a shy person, he's shy of people.

timidement [timidmɑ̃] *adv* -**1.** [avec embarras] timidly, shyly, diffidently; [gauchement] self-consciously, bashfully. -**2.** [de façon peu perceptible] slightly, feebly *péj*, faint-heartedly *péj*; **le franc remonte ~** the franc is rising slightly.

timidité [timidite] *nf* -**1.** [manque d'assurance] timidity, shyness, diffidence; [gaucherie] self-consciousness, bashfulness. -**2.** [d'un projet, d'une réforme] feebleness *péj*, half-heartedness *péj*.

timing [tajmiŋ] *nm* timing *(of a technical process)*.

timon [timɔ̃] *nm* -**1.** AGR [d'une charrette] shaft; [d'une charrue] (draught) beam. -**2.** NAUT & *vieilli* tiller.

timonerie [timɔnri] *nf* -**1.** NAUT [abri] wheelhouse; [service] wheelhouse, steering; [personnel] wheelhouse crew. -**2.** AUT steering and braking gear.

timonier [timɔnje] *nm* -**1.** NAUT helmsman. -**2.** AGR [cheval] wheelhorse, wheeler. -**3.** HIST: **le grand ~** the Great Helmsman; **le grand ~ du parti républicain** *hum* the Grand Panjandrum of the Republican party.

timoré, e [timɔre] ◇ *adj* timorous, fearful, unadventurous.

◇ *nm, f* timorous OU fearful OU unadventurous person.

tinctorial, e, aux [tɛ̃ktɔrjal, o] *adj* tinctorial, dye *(modif)*.

tinette [tinɛt] *nf* [récipient] mobile latrine.

◆ **tinettes**▽ *nfpl* loo *Br*, bog *Br*, john *Am*.

tintamarre [tɛ̃tamar] *nm* [vacarme] racket, din; **écoute-moi ce ~!** listen to this racket OU din!; **on a fait du ~ autour de son livre** there was a lot of hooha OU a big to-do about his book.

tintement [tɛ̃tmɑ̃] *nm* -**1.** [d'une cloche, d'une sonnette] ringing *(U)*; [d'un lustre] tinkling *(U)*; [de clefs, de pièces de monnaie] jingle, jingling *(U)*, chinking *(U)*; [de verres] chink, clinking *(U)*. -**2.** MÉD: **~ d'oreilles** ringing in the ears, tinnitus *spéc*.

tinter [3] [tɛ̃te] ◇ *vi* -**1.** [sonner lentement] to ring (out), to peal; **minuit tinte au clocher** the church bell is ringing midnight. -**2.** [produire des sons clairs] to tinkle, to jingle; **tous les verres tintaient sur le plateau** all the glasses were clinking on the tray; **faire ~ des pièces de monnaie** to jingle coins. -**3.** [siffler - oreille] to ring, to buzz.

◇ *vt* -**1.** [cloche] to chime. -**2.** [coup]: **la cloche du village tintait les coups de midi** the church bell was striking twelve. -**3.** [annoncer - glas, messe] to toll the bell for; **~ le tocsin** to sound the tocsin; **~ l'angélus** to toll the bell for the Angelus.

tintin *fam* [tɛ̃tɛ̃] *interj* no go, no way; **les cadres ont eu une augmentation, et nous ~!** the executives got a rise, and we didn't get a blessed thing! ❑ **faire ~**: **tu peux faire ~ pour tes places gratuites!** as for your free tickets, forget it OU no way!

tintinnabuler [3] [tɛ̃tinabyle] *vi litt* to tinkle, to jingle, to tintinnabulate *litt*.

Tintoret [tɛ̃tɔrɛ] *npr*: **le ~** Tintoretto; **un tableau du ~** a painting by Tintoretto.

tintouin *fam* [tɛ̃twɛ̃] *nm* -**1.** [inquiétude, souci] hassle, (fuss and) bother; **les gosses, ça vous donne bien du ~!** kids can be such a hassle OU headache!; **se faire du ~** to get all worked up. -**2.** [vacarme] racket, din; **quel ~ à côté!** what a racket they're making next door! -**3.** *loc*: **et tout le ~** [et cetera]: **sa canne à pêche, ses bottes, son chapeau et tout le ~** his fishing rod, boots, hat and all the rest of it.

TIP [tip] (*abr de* **titre interbancaire de paiement**) *nm* *payment slip for bills.*

tiper [3] [tipe] *vt Helv* [enregistrer un achat] to ring up *(sép)*; **est-ce que vous l'avez tipé?** have you counted that?, have you rung that up?

tipi [tipi] *nm* tepee, teepee.

tipper [tipe] = **tiper**.

tique [tik] *nf* tick.

tiquer [3] [tike] *vi* [réagir] to flinch; **le prix l'a fait ~** he flinched OU baulked when he saw the price; **~ sur qqch** to baulk at sthg; **j'ai tiqué sur la somme** I baulked at the sum.

tiqueté, e [tikte] *adj* speckled, mottled, dotted.

tir [tir] *nm* -**1.** ARM & MIL [action de lancer au moyen d'une arme] shooting, firing; [projectiles envoyés] fire; **les ~s cessèrent** the firing stopped; **un ~ bien/mal ajusté** a well-aimed/badly-aimed launch OU shot; **un ~ intense/nourri/sporadique** heavy/sustained/sporadic fire; **il y eut des ~s sporadiques puis plus rien** there were occasional bursts of gunfire then the firing stopped altogether ❑ **~ direct/indirect** direct/indirect fire; **~ précis** OU **groupé** grouped fire; **~ d'accompagnement** cover (fire); **~ de barrage** barrage fire; **~ courbe** high-angle fire; **~ instinctif** firing at random; **~ par rafales** firing in bursts; **rectifier le ~**: **les essais étaient décevants et les ingénieurs se sont empressés de rectifier le ~** the results of the trials were disappointing and the engineers were quick to change their approach to the problem. -**2.** [endroit - pour l'entraînement] rifle OU shooting range; [- à la foire] shooting gallery. -**3.** MIN & TRAV PUBL blasting. -**4.** SPORT: **le ~** [discipline olympique] shooting ❑ **~ à la carabine/au pistolet** rifle-/pistol-shooting; **~ à l'arbalète** crossbow archery; **~ à l'arc** archery; **~ aux**

pigeons clay pigeon shooting. -**5.** FTBL shot; ~ (au but) shot at goal.
◆ **de tir** *loc adj* [concours, champion] shooting; [position, vitesse] firing; **angle/ligne de** ~ angle/line of fire.

TIR [teiɛr, tir] (*abr écrite de* **transport international routier**) TIR.

tirade [tirad] *nf* -**1.** CIN & THÉÂT monologue, speech. -**2.** *péj* [discours] speech, tirade *péj.*

tirage [tiraʒ] *nm* -**1.** IMPR [action] printing; [ensemble d'exemplaires] print run, impression; [d'une gravure] edition; **un ~ de 50 000 exemplaires** a print run of 50,000; **écrivain qui fait de gros ~s** bestselling author ☐ ~ **limité/numéroté** limited/numbered edition; ~ **à part** offprint. -**2.** PRESSE [action] printing, running; [exemplaires mis en vente] circulation; **un ~ de 50 000** circulation figures OU a circulation of 50,000; **le ~ a baissé** circulation is down OU has fallen OU has dropped; **à grand ~** with large circulation figures; **la presse à grand ~** the popular press. -**3.** INF [sur imprimante] printout. -**4.** PHOT [action] printing; [copies] prints; **deux ~s sur papier brillant** two sets of prints on gloss paper. -**5.** BANQUE drawing; **droits de ~ spéciaux** ÉCON special drawing rights. -**6.** JEUX [d'une carte] taking, picking; [d'une tombola] draw; ~ **au sort** drawing of lots; **nous t'avons désigné par ~ au sort** we drew lots and your name came up. -**7.** [d'une cheminée, d'un poêle] draught; **le ~ est bon/mauvais** it draws well/doesn't draw well. -**8.** [action de - traîner] dragging; [- haler] hauling. -**9.** MÉTALL drawing. -**10.** TEXT reeling. -**11.** CIN copying. -**12.** ACOUST [d'un disque] pressing. -**13.** *loc:* **il y a du ~** *fam:* **il y a du ~ entre eux** it's not all sweetness and light between the two of them; **il y a du ~ entre les membres du comité** the committee members are at loggerheads.

tiraillement [tirajmɑ̃] *nm* -**1.** [sur une corde] tug. -**2.** [d'estomac] gnawing pain; [de la peau, d'un muscle] tightness; **quand on m'a enlevé les fils, je n'ai senti qu'un ~** when they removed the stitches, I only felt a slight pulling OU tugging; **sentir les ~s de la faim** to feel pangs of hunger.
◆ **tiraillements** *nmpl* [conflit] struggle, conflict; **il y a des ~s dans la famille/le syndicat** there is friction within the family/the union.

tirailler [3] [tiraje] ◇ *vt* -**1.** [tirer sur] to tug at, to pull on, to give little pulls on; **il tiraillait nerveusement sa moustache** he was pulling nervously at his moustache. -**2.** [faire souffrir légèrement] to prick; **la faim lui tiraillait l'estomac** he was feeling pangs of hunger. -**3.** [solliciter] to dog, to plague; **être tiraillé entre l'espoir et l'inquiétude** to be torn between hope and anxiety.
◇ *vi* to fire at random; **on entendait ~ dans les bois** random fire could be heard in the woods, people could be heard firing away in the woods.

tirailleur [tirajœr] *nm* -**1.** [éclaireur] scout. -**2.** HIST & MIL (native) infantryman; **les ~s algériens** the Algerian (Infantry) corps. -**3.** *fig* [personne qui agit isolément]: **dans une grève, il y a toujours quelques ~s** during a strike, there are always some who don't play by the book.
◆ **en tirailleurs(s)** *loc adv* [avancer, progresser] in extended order.

Tirana [tirana] *npr* Tirana, Tiranë.

tirant [tirɑ̃] *nm* -**1.** NAUT: ~ **d'eau** draught; **avoir cinq pieds de ~ d'eau** to draw five feet (of water); **barque à faible ~ d'eau** shallow draught barge. -**2.** [d'une botte] (boot) strap; [d'une chaussure] (heel) strap. -**3.** [d'une bourse] purse string. -**4.** CONSTR [entrait] tie beam; [fer plat] rod. -**5.** MIN strap, tie beam. -**6.** TRAV PUBL: ~ **d'air** (maximum) headroom.

tire [tir] *nf* -**1.** ▽ [voiture] car. -**2.** *Can* [friandise] maple toffee OU taffy; ~ **d'érable** maple candy.
◆ **à la tire** *loc adj*: **vol à la ~** picking pockets; **voleur à la ~** pickpocket.

tiré, e [tire] *adj* -**1.** [fatigué et amaigri - visage] drawn, pinched; **avoir les traits ~s** to look drawn. -**2.** *loc:* ~ **à quatre épingles** smart as a new pin; ~ **par les cheveux** *fam* contrived, far-fetched; **tes arguments sont complètement ~s par les cheveux** your arguments are terribly far-fetched.
◆ **tiré** *nm* -**1.** BANQUE drawee. -**2.** PRESSE: ~ **à part** off-print. -**3.** MUS down-bow.

tire-au-cul▽ [tiroky], **tire-au-flanc** *fam* [tiroflɑ̃] *nm inv* skiver, dodger, shirker.

tire-botte [tirbɔt] (*pl* **tire-bottes**) *nm* -**1.** [pour mettre] boot hook. -**2.** [pour enlever] bootjack.

tire-bouchon [tirbuʃɔ̃] (*pl* **tire-bouchons**) *nm* corkscrew.
◆ **en tire-bouchon** *loc adj* corkscrew *(modif)*; **cochon à la queue en ~** pig with a corkscrew tail; **elle a toujours ses chaussettes en ~** her socks are always twisted round her ankles.

tire-bouchonner [3] [tirbuʃɔne] ◇ *vt* [mèche] to twiddle OU to twist (round and round); [fil de fer] to twist; **chaussettes tire-bouchonnées** socks twisted round the ankles.
◇ *vi* to twist round and round; **ses chaussettes tire-bouchonnent** his socks are all twisted round his ankles.

tire-d'aile [tirdɛl]
◆ **à tire-d'aile** *loc adv* -**1.** [en volant]: **les corbeaux passèrent au-dessus de la maison à ~** the crows flew over the house with strong, regular wingbeats. -**2.** *fig* [à toute vitesse]: **il s'est enfui à ~** he took to his heels.

tire-fesses *fam* [tirfɛs] *nm inv* ski tow.

tire-fond [tirfɔ̃] *nm inv* -**1.** CONSTR [vis] long screw; [anneau] eye bolt. -**2.** RAIL sleeper screw.

tire-jus▽ [tirʒy] *nm inv* snot rag.

tire-laine [tirlɛn] *nm inv litt* & *vieilli* highwayman.

tire-lait [tirlɛ] *nm inv* breast-pump.

tire-larigot *fam* [tirlarigo]
◆ **à tire-larigot** *loc adv*: **boire à ~** to drink OU to have one's fill.

tire-ligne [tirliɲ] (*pl* **tire-lignes**) *nm* drawing pen.

tirelire [tirlir] *nf* -**1.** [en forme de cochon] piggy bank; [boîte] moneybox. -**2.** ▽ [estomac] belly, gut. -**3.** *fam* [tête] mug.

tire-nerf [tirnɛr] (*pl* **tire-nerfs**) *nm* broach *(for extracted tooth)*.

tirer [3] [tire] ◇ *vt* **A.** DÉPLACER -**1.** [traîner - avec ou sans effort] to pull, to drag; [- en remorquant] to draw, to tow; **tire la table au milieu de la pièce** pull the table out to the centre of the room; **un cheval tirait la péniche le long du canal** a horse was towing OU pulling the barge along the canal; **tiré par un cheval** horse-drawn; **tiré par des bœufs** ox-drawn; **le skieur est tiré par un hors-bord** a speed boat pulls OU tows the skier (along); ~ **qqn par le bras/les cheveux/les pieds** to drag sb by the arm/hair/feet. -**2.** [amener à soi] to pull; [étirer - vers le haut] to pull (up); [- vers le bas] to pull (down); **je sentis que quelqu'un tirait ma veste** I felt a tug at my jacket; **elle me tira doucement par la manche** she tugged OU pulled at my sleeve; **tirez doucement le levier de vitesse** pull the gear lever gently (back); ~ **les cheveux à qqn** to pull sb's hair; ~ **ses cheveux en arrière** to draw OU to pull one's hair back; **tire bien le drap** stretch the sheet (taut); ~ **un fil** [accidentellement] to pull a thread; [pour faire un jour] to draw a thread; ~ **une vache** *dial* to milk a cow ☐ ~ **la couverture à soi** to take all the credit. -**3.** [pour actionner - cordon d'appel, élastique] to pull; [- tiroir] to pull (open OU out); ~ **les rideaux** to pull OU to draw the curtains; **tire le portail derrière toi** close the gates behind you, pull the gates to; ~ **un verrou** [pour ouvrir] to slide a bolt open; [pour fermer] to slide a bolt to, to shoot a bolt; ~ **la chasse d'eau** to flush the toilet. -**4.** NAUT to draw; ~ **5 mètres** to draw 5 metres of water.

B. EXTRAIRE, OBTENIR -**1.** [faire sortir]: ~ **qqch de** to pull OU to draw sthg out of; ~ **des billets/un revolver de son sac** to pull banknotes/a gun out of one's bag; **la valise dont il tirait des jouets** the suitcase from which he pulled out toys; ~ **de l'eau d'un puits** to draw water (out of a well); ~ **le vin/cidre (du tonneau)** to draw wine/cider (off from the barrel); ~ **qqn de** [le faire sortir de] to get sb out of; ~ **qqn d'un asile/de prison** to get sb out of an asylum/prison; ~ **qqn d'une voiture en feu** to drag OU to pull sb out of a blazing car; **va le ~ du lit** go and get OU drag him out of bed; ~ **qqn d'un cauchemar** *fig* to rouse sb from a nightmare; ~ **qqn du sommeil** to wake sb up; ~ **qqn du coma** to pull sb out of a coma; ~ **qqn de sa rêverie** to rouse sb from his/her daydream; ~ **qqn de son silence** to draw sb out (of his/her silence); ~ **une œuvre de l'oubli** to rescue a work from oblivion; ~ **qqn d'une situation difficile** to get sb out of a difficult situation; **tire-moi de là** help me out. -**2.** [fabriquer]: ~ **qqch de** to derive OU to get OU to make sthg from; **les produits que l'on tire du pétrole** oil-based products; ~ **des sons d'un instrument** to get OU to draw sounds from an instrument; ~ **un film d'une pièce de théâtre** to adapt a play for the screen; **photos tirées d'un film** movie stills. -**3.** [percevoir - argent]: **elle tire sa fortune de ses terres** she makes her money from her land; **elle savait ce qu'on peut ~ d'un placement judicieux** she knew what could be got out of OU made from a wise investment; **il a bien tiré 5 millions de la vente de l'appartement** he must have made at least 5 million from the sale of the flat; **tu ne tireras pas grand-chose de ta vieille montre** you won't get much (money) for your old watch || [retirer - chèque, argent liquide] to draw; ~ **de l'argent d'un compte** to draw money out of OU to withdraw money from an account. -**4.** [extraire, dégager]: ~ **qqch de** to draw sthg from; **ce vers est tiré d'un poème de Villon** this line is (taken) from a poem by Villon; ~ **une morale/un enseignement/une leçon/une conclusion de qqch** to draw a moral/precept/lesson/conclusion from sthg; **ce que j'ai tiré de ce livre/cet article** what I got out of this book/article; ~ **sa force de sa foi** to derive OU to draw one's strength from one's faith; **ce roman tire son titre d'une chanson populaire** the title of this novel is taken from a popular song; **les mots que le français a tirés du latin** French words taken from Latin; ~ **satisfaction de** to derive satisfaction from; ~ **vanité de** to be proud of; ~ **fierté de** to pride o.s. on OU in; ~ **vengeance de qqch** to avenge sthg. -**5.** [obtenir, soutirer]: ~ **qqch de**: ~ **de l'argent de qqn** to extract money from sb, to get money out of sb; **la police n'a rien pu ~ de lui** the police couldn't get anything out of him; **tu auras du mal à lui ~ des excuses** you'll be hard pressed to get an apology out of her; **tu auras du mal à lui ~ des remerciements** you'll get no thanks from her; **j'ai réussi à lui ~ un sourire** I managed to get a smile out of her; ~ **des larmes à qqn** to make sb cry; **en ~ quelque chose**: **il est rebelle à l'apprentissage, mais je suis sûr qu'on peut en ~ quelque chose** he's a poor learner but I'm sure we can make something of him; **on n'en tirera jamais rien, de ce gosse** *fam* [il n'est bon à rien] we'll never make anything out of this kid; [il ne parlera pas] we'll never get this kid to talk, we'll never get anything out of this kid; **je n'ai pas pu en ~ davantage** I couldn't get any more out of her. -**6.** JEUX [billet, numéro] to draw; [loterie] to draw, to carry out the draw for; [carte] to draw, to take; **tirez une carte postale au hasard** pick any postcard; **qui va ~ le nom du gagnant?** who will draw (out) the name of the winner?

C. PROJETER -**1.** ARM [coup de fusil, missile] to fire; [balle, flèche] to shoot; ~ **un coup de feu** to fire a shot. -**2.** [feu d'artifice] to set off; **ce soir, on tirera un feu d'artifice** there will be a fireworks display tonight. -**3.** CHASSE [lapin, faisan] to shoot; ~ **un animal** to shoot an animal. -**4.** PÉTANQUE [boule en main] to throw; [boule placée] to knock out *(sép)*; FTBL to take; ~ **un corner** to take a corner; ~ **un coup franc** to take a free kick; **le penalty va être tiré par le**

capitaine the penalty will be taken by the captain || TENNIS [passing-shot, volée] to hit; HALTÉROPHILIE to lift; **il tire 150 kilos à l'épaulé-jeté** he can clean and jerk 150 kilos || ESCRIME: **~ des armes** to fence. **-5.** *loc*: **~ un coup▼** [éjaculer] to come; **~ un coup avec qqn▼** to have it off with sb *Br*, to lay sb *Am*.

D. *fam* PASSER to spend, to do, to get through *(insép)*; **il a tiré six ans (en prison) à cause de toi** he did a six-year stretch OU six years (in prison) because of you; **j'ai encore trois semaines à ~ avant mon congé** I've another three weeks to go before my leave.

E. TRACER, IMPRIMER **-1.** [dessiner - ligne] to draw; [- plan] to draw up *(sép)*; **tirez deux traits sous les verbes** underline the verbs twice. **-2.** PHOT to print; **je voudrais que cette photo soit tirée sur du papier mat** I'd like a mat print of this picture. **-3.** IMPR [livre] to print; [estampe, lithographie] to print, to draw; [tract] to print, to run; [gravure] to strike, to pull, to print; **~ un tract à 5 000 exemplaires** to print 5,000 copies of a tract; **ce magazine est tiré à plus de 200 000 exemplaires** this magazine has a print run OU a circulation of 200,000 ❑ **'bon à ~'** 'passed for press'; **un bon à ~** [épreuve] a press proof; **signer le bon à ~** to pass for press. **-4.** *loc Belg*: **~ son plan: tu es assez grand, tu tires ton plan** you're old enough to look after yourself.

◇ *vi* **-1.** MIL [faire feu] to fire, to shoot; **ne tirez pas, je me rends!** don't shoot, I surrender!; **ne tirez plus!** hold your fire!, stop shooting!; **tirez dans les jambes** shoot at OU aim at the legs; **il tire mal** he's a bad shot; **~ à la cible** to aim OU to shoot at the target; **~ à balles/à blanc** to fire bullets/blanks; **~ en l'air/à vue** to shoot in the air/on sight; **~ sur qqn** to take a shot OU to shoot OU to fire at sb; **ils ont l'ordre de ~ sur tout ce qui bouge** they've been ordered to shoot OU to fire at anything that moves; **on m'a tiré dessus** I was fired OU shot at; **cette carabine tire juste** this rifle shoots straight. **-2.** ARM & SPORT: **~ à l'arc/l'arbalète** [activité sportive] to do archery/crossbow archery; [action ponctuelle] to shoot a bow/crossbow; **~ à la carabine/au pistolet** [activité sportive] to do rifle/pistol shooting; [action ponctuelle] to shoot with a rifle/pistol. **-3.** FTBL & GOLF to shoot; **il a tiré dans le mur/petit filet** he sent the ball against the wall/into the side netting || ESCRIME to fence. **-4.** [exercer une traction] to pull; **à mon signal, tirez tous dans le même sens** when I give the signal, all pull in the same direction; **tire!** pull!, heave!; **ça tire dans les genoux à la montée** *fam* going up is tough on the knees; **elle tire bien, ta voiture!** *fam* it goes well, your car!; **la moto tire à droite** the motorbike pulls to the right; **la direction tire d'un côté** the steering pulls to one side; **~ sur un câble** to pull OU to heave on a cable; **~ sur un levier** to pull (back) a lever; **~ sur les rênes** to pull on the reins; **~ sur un élastique** to stretch OU to pull on an elastic band; **ne tire pas sur ton gilet** don't pull your cardigan out of shape; **ne tire pas (sur la laisse), Rex!** stop pulling (on your lead) Rex!; **il tira violemment sur le fil du téléphone** he gave the phone wire a sharp pull; **~ sur** *fig* [délais, budget] to stretch; **elle tire un peu sur sa permission de minuit** she's stretching it a bit with her midnight curfew ❑ **~ sur la ficelle** to go a bit far. **-5.** [aspirer - fumeur]: **~ sur une pipe** to draw on OU to pull at a pipe; **~ sur une cigarette** to puff at OU to draw on a cigarette. **-6.** [avoir un bon tirage - cheminée, poêle]: **~ (bien)** to draw (well); **la cheminée/pipe tire mal** the fireplace/pipe doesn't draw properly. **-7.** [peau] to feel tight; [points de suture] to pull; **ma peau me tire** *fam* my skin feels tight; **aïe, ça tire!** ouch, it's pulling! **-8.** IMPR: **~ à 50 000 exemplaires** to have a circulation of OU to have a (print) run of 50,000 (copies); **à combien le journal tire-t-il?** what are the paper's circulation figures? **-9.** *loc Belg & Helv*: **ça tire** there's a draught.

◆ **tirer à** *v + prép* **-1.** PRESSE: **~ à la ligne** to pad out an article *(because it is being paid by the line)*. **-2.** NAUT: **~ au large** to make for the open sea. **-3.** *loc*: **~ à sa fin** to come to an end.

◆ **tirer sur** *v + prép* [couleur] to verge OU to border on; **ses cheveux tirent sur le roux** his hair is reddish OU almost red.

◆ **se tirer** ◇ *vp (emploi passif)*: **le store se tire avec un cordon** the blind pulls down with a cord.

◇ *vpi* **-1.** *fam* [partir, quitter un endroit] to clear off, to make tracks; [s'enfuir] to beat it, to clear off; **s'il n'est pas là dans 5 minutes, je me tire** if he's not here in 5 minutes I'm going; **tire-toi!** [ton menaçant] beat it!, clear OU push off!; **on se tire, voilà les flics!** it's the cops, let's get out of here!; **il s'est tiré de chez lui** he's left home; **dès que je peux, je me tire de cette boîte** as soon as I can, I'll get out of this dump. **-2.** *fam* [toucher à sa fin - emprisonnement, service militaire] to draw to a close; **plus qu'une semaine, ça se tire quand même!** only a week to go, it's nearly over after all!

◆ **se tirer de** *vp + prép* [se sortir de] to get out of; **elle sait se ~ de situations délicates** she knows how to get out of OU to extricate herself from tricky situations; **il s'est bien/mal tiré de l'entrevue** he did well/badly at the interview ❑ **s'en ~** [s'en sortir]: **avec son culot, elle s'en tirera toujours** *fam* with her cheek, she'll always come out on top; **si tu ne m'avais pas aidé à finir la maquette, je ne m'en serais jamais tiré** if you hadn't given me a hand with the model, I'd never have managed; **les débuts furent difficiles, mais elle s'en tire très bien maintenant** it was difficult for her in the beginning, but she's getting along fine now; **on n'avait qu'un seul salaire, mais on s'en est tirés** *fam* we had just the one salary, but we got by OU scraped by; **rien à faire, je ne m'en tire pas!** *fam* [financièrement] it's impossible, I just can't make ends meet!; **il y a peu de chances qu'il s'en tire** [qu'il survive] the odds are against him pulling through; **s'en ~ avec: je m'en suis tiré avec une suspension de permis** I got away with my licence being suspended; **il s'en tire avec des égratignures** he came through with just a few scratches; **tu ne t'en tireras pas avec de simples excuses** [être quitte] you won't get away OU off with just a few words of apology; **s'en ~ à OU avec OU pour** *fam* [devoir payer] to have to pay; **je m'en suis tiré avec OU pour 5 000 francs de réparations** I had to cough up OU fork out 5,000 francs for the repairs; **à quatre, on ne s'en tirera pas à moins de 1 000 francs le repas** the meal will cost at least 1,000 francs for the four of us; **s'en ~ comme ça** *fam*: **il ne s'en tirera pas comme ça** he won't get off so lightly, he won't get away with it; **bien/mal s'en ~: on n'a encaissé qu'un seul but, on ne s'en est pas trop mal tirés** they scored only one goal against us, we didn't do too badly; **je n'aime pas faire de discours — tu t'en es très bien tiré** I don't like to make speeches — you did very well.

tiret [tirɛ] *nm* **-1.** IMPR [de dialogue] dash; [en fin de ligne] rule. **-2.** [trait d'union] hyphen.

tirette [tirɛt] *nf* **-1.** *vieilli* [cordon - de sonnette] bellpull; [- de stores] cord; [- de rideaux] draw string. **-2.** ÉLECTR pull knob. **-3.** [d'un meuble] (sliding) flap. **-4.** *Belg* [fermeture Éclair] zip.

tireur, euse [tirœr, øz] *nm, f* **-1.** [criminel, terroriste] gunman; [de la police] marksman; **bon/mauvais ~** good/bad shot ❑ **~ isolé** OU **embusqué** sniper; **~ d'élite** sharpshooter. **-2.** [aux boules] driver. **-3.** BANQUE drawer. **-4.** ESCRIME fencer. **-5.** FTBL shooter. **-6.** PHOT printer. **-7. ~ de cartes, tireuse de cartes** fortune-teller *(who reads cards)*.

◆ **tireuse** *nf* **-1.** PHOT printer. **-2.** [pour le vin] bottle filling machine.

tire-veine [tirvɛn] *(pl* **tire-veines***)* *nm* (surgical) stripper.

tiroir [tirwar] *nm* **-1.** [de meuble] drawer. **-2.** RAIL siding. **-3.** MÉCAN slide valve; **~ rond** OU **à pistons** piston valve.

◆ **à tiroirs** *loc adj* **-1.** [à épisodes] *containing episodes independent of the main action*. **-2.** *fam* [à rallonge]: **un nom à ~s** a double-barrelled name.

tiroir-caisse [tirwarkɛs] *(pl* **tiroirs-caisses***)* *nm* till.

tisane [tizan] *nf* **-1.** [infusion] herb tea, herbal tea. **-2.** ▽ [raclée, volée] thrashing, hiding.

tisanière [tizanjɛr] *nf* teapot *(for herbal tea)*.

tison [tizɔ̃] *nm* brand.

tisonner [3] [tizɔne] *vt* to poke.

tisonnier [tizɔnje] *nm* poker; **donner un coup de ~ dans le feu** to give the fire a poke.

tissage [tisaʒ] *nm* **-1.** [procédé] weaving; [entrecroisement de fils] weave; **un ~ serré/lâche** a close/loose weave. **-2.** [bâtiment] cloth mill.

tisser [3] [tise] *vt* **-1.** TEXT [laine, coton, tissu] to weave; **~ le lin/une nappe** to weave linen/a tablecloth; **~ des liens: l'habitude tisse des liens** [entre des personnes] the more you get to know someone, the closer you feel to them. **-2.** [toile d'araignée] to spin. **-3.** *sout* [élaborer] to weave, to construct; **l'auteur a subtilement tissé son intrigue** the playwright subtly wove OU constructed the plot.

tisserand, e [tisrɑ̃, ɑ̃d] *nm, f* weaver.

tisserin [tisrɛ̃] *nm* weaver ORNITH, weaverbird.

tisseur, euse [tisœr, øz] *nm, f* **-1.** [artisan] weaver. **-2.** [industriel] mill owner.

tissu [tisy] *nm* **-1.** TEXT fabric, material, cloth; **une longueur de ~** a length of fabric; **du ~ pour faire des vêtements** dressmaking material OU fabric ❑ **du ~ d'ameublement** furnishing fabric OU material; **le rayon des ~s d'ameublement** the soft furnishings department. **-2.** *fig & sout* [enchevêtrement]: **un ~ de: un ~ de mensonges** a pack OU tissue of lies; **un ~ d'incohérences** a mass of contradictions. **-3.** SOCIOL fabric, make-up; **le ~ culturel de la nation** the cultural make-up OU fabric of our country; **le ~ social** the social fabric; **le ~ urbain** the urban infrastructure. **-4.** BIOL tissue; **~ conjonctif** connective tissue; **~ musculaire** muscle tissue. **-5.** BOT tissue.

◆ **de tissu, en tissu** *loc adj* fabric *(modif)*, cloth *(modif)*.

tissu-éponge [tisyepɔ̃ʒ] *(pl* **tissus-éponges***)* *nm* terry, terry-towelling; **en ~** terry *(modif)*, terry-towelling *(modif)*, terry cloth *Am*.

tissulaire [tisylɛr] *adj* tissual, tissue *(modif)*.

titan [titɑ̃] *nm litt* [colosse] titan; **c'est un ~** he's got superhuman strength.

◆ **de titan** *loc adj* [travail] Herculean.

Titan [titɑ̃] *npr* **-1.** ASTRON Titan. **-2.** MYTH: **les ~s** the Titans. **-3.** ARM: **(missile) ~** Titan missile.

titane [titan] *nm* titanium.

titanesque [titanɛsk], **titanique** [titanik] *adj litt* [force] massive, superhuman; [travail] Herculean; [ouvrage] monumental.

Tite-Live [titliv] *npr* Livy.

titi *fam* [titi] *nm*: **~ parisien** Parisian urchin.

Titicaca [titikaka] *npr*: **le lac ~** Lake Titicaca.

Titien [tisjɛ̃] *npr* Titian.

titillation [titijasjɔ̃] *nf* **-1.** [léger chatouillement] tickling, tickle. **-2.** *fig* [excitation de l'esprit] titillation.

titiller [3] [titije] *vt* **-1.** [chatouiller agréablement] to tickle; **le champagne me titillait le palais** the champagne tickled my palate. **-2.** *fig* [exciter légèrement] to titillate; **l'âme titillée par mille sollicitations** the spirit excited by a thousand enticements. **-3.** [énerver] to pester, to aggravate; **arrête de ~ ta sœur!** stop pestering your sister!

titisme [titism] *nm* Titoism.

titiste [titist] *adj & nmf* Titoist.

titrage [titraʒ] *nm* **-1.** [d'un film] titling. **-2.** CHIM titration, titrating. **-3.** MIN [d'un minerai] assaying. **-4.** TEXT counting.

titre [titr] *nm* **A. -1.** [d'un roman, d'un poème] title; [d'un chapitre] title, heading; **je n'ai pas encore trouvé de ~ pour mon roman** I haven't come

up with a title for my novel yet; il a proposé un ~ pour une nouvelle émission de télévision he suggested a title for a new television programme. -2. IMPR: ~ courant running title; faux ~ half-title; grand ~ full title; (page de) ~ title page. -3. PRESSE headline; ~ sur cinq colonnes à la une five column front page headline ❑ les gros ~s the main headlines; faire les gros ~s des quotidiens to hit OU to make the front page of the daily newspapers.
B. -1. [désignation d'un rang, d'une dignité] title; le ~ de roi/d'empereur the title of king/emperor; porter un ~ to have a title, to be titled; porter le ~ de duc to have the title of duke; il revendique le ~ de libérateur *fig* he insists on being called a liberator ❑ un ~ de noblesse OU nobiliaire a title; avoir des ~s de noblesse to be titled. -2. [nom de charge, de grade] qualification; conférer le ~ de docteur à qqn to confer the title of doctor on OU upon sb. -3. SPORT title; mettre son ~ en jeu to risk one's title; le boxeur défendra son ~ the boxer will defend his title; disputer le ~ de champion du monde à qqn [boxeur] to fight sb for the world championship title.
C. -1. [certificat] credentials; il a produit des ~s authentiques he produced genuine credentials; voici les ~s à présenter à l'appui de votre demande the following documents must accompany your application; décliner ses ~s universitaires to list one's academic OU university qualifications; recruter sur ~s to recruit on the basis of (paper) qualifications ❑ ~ de pension pension book; ~ de permission (leave) pass; ~ de transport: les voyageurs doivent présenter leur ~ de transport à la sortie passengers must show their tickets at the exit. -2. *fig*: il s'est acquis des ~s de reconnaissance du peuple he won the people's gratitude ❑ ~ de gloire: son ~ de gloire est d'avoir introduit l'informatique dans l'entreprise his proudest achievement is to have computerized the company. -3. BANQUE (transferable) security; avance sur ~s advance on OU against securities. -4. BOURSE [certificat] certificate; [valeur] security; les ~s securities, bonds ❑ ~ nominatif registered bond; ~ au porteur [action] bearer share; [obligation] floater OU bearer security. -5. JUR title; ~ de propriété title deed, document of title; juste ~ good title. -6. FIN: ~ budgétaire ≃ budget division *(one of the seven categories into which public spending is divided in the French budget)*.
D. -1. JOAILL fineness, titre *spéc*; le ~ des monnaies d'or et d'argent est fixé par la loi the precious metal content of gold and silver coins is determined by law. -2. PHARM titre; ~ d'une solution titre of a solution. -3. TEXT count.
E. *loc*: à ~ amical as a friend; à ~ consultatif in an advisory capacity; on l'a remboursé à ~ exceptionnel exceptionally, he was reimbursed; à ~ privé/professionnel in a private/professional capacity; décoration attribuée à ~ posthume posthumous award; à ~ provisoire on a provisional basis; présidence accordée à ~ honorifique honorary title of president; à ~ gracieux free of charge, without charge; à ~ onéreux for a fee OU consideration; à ~ de [en tant que]: à ~ de journaliste, vous pourrez entrer you will be allowed in because you are from the press; consulter qqn à ~ d'ami to consult sb as a friend; demander une somme à ~ d'avance to ask for some money by way of an advance; à ~ d'exemple by way of an example, as an example; à ~ indicatif for information only; à quel ~? [en vertu de quel droit] in what capacity?; [pour quelle raison] on what grounds?; à quel ~ vous occupez-vous de ses affaires? [gén] in what capacity are you looking after his affairs?; [avec irritation] who told you you could OU who gave you permission to look after his affairs?; à quel ~ lui fais-tu ces reproches? on what grounds do you criticize him?
◆ **à aucun titre** *loc adv* on no account; il n'est à aucun ~ mon ami he is no friend of mine.
◆ **à ce titre** *loc adv* [pour cette raison] for this reason, on this account; l'accord est signé et à ce ~ je suis satisfait the agreement has been signed and for this reason I am satisfied.
◆ **à de nombreux titres, à divers titres** *loc adv* for several reasons, on more than one account; je me félicite à plus d'un ~ du résultat de ces négociations I have more than one reason to be pleased with the outcome of these negotiations.
◆ **à juste titre** *loc adv* with good reason, justifiably.
◆ **à plus d'un titre** = **à de nombreux titres**.
◆ **au même titre** *loc adv* for the same reasons; elle a obtenu une prime, j'en réclame une au même ~ she got a bonus, I think I should have one too for the same reasons.
◆ **au même titre que** *loc conj* for the same reasons as; je proteste au même ~ que mon voisin I protest for the same reasons as my neighbour.
◆ **en titre** *loc adj* -1. ADMIN titular. -2. [officiel - fournisseur, marchand] usual, appointed; le fournisseur en ~ de la cour de Hollande the official OU appointed supplier to the Dutch Court; son amant en ~ *hum* her official lover.

titré, e [titre] *adj* -1. [anobli] titled. -2. PHARM [liqueur, solution] standard *(modif)*.

titrer [3] [titre] *vt* -1. PRESSE: ~ qqch to run sthg as a headline. -2. PHARM to titrate. -3. MIN to assay. -4. [anoblir] to confer a title upon. -5. [œuvre d'art, roman] to give a title to, to entitle.

titubant, e [titybã, ãt] *adj* [démarche] unsteady, weaving, wobbly; un ivrogne ~ a drunkard staggering about.

tituber [3] [titybe] *vi* [ivrogne] to stagger OU to reel OU to weave (along); [malade] to stagger (along).

titulaire [titylɛr] ◇ *adj* -1. [enseignant] tenured; [évêque] titular; être ~ [professeur d'université] to have tenure; [sportif] to be under contract. -2. [détenteur]: être ~ de [permis, document, passeport] to hold; être ~ d'un compte en banque to have OU to possess a bank account. -3. JUR: être ~ d'un droit to be entitled to a right.
◇ *nmf* -1. ADMIN incumbent. -2. [détenteur - d'un permis] holder; [- d'un passeport] bearer, holder. -3. JUR: le ~ d'un droit the person entitled to a right. -4. SPORT player under contract.

titularisation [titylarizasjɔ̃] *nf* [d'un professeur d'université] granting tenure to; [d'un enseignant] appointment to a permanent post; [d'un sportif] giving a contract to.

titulariser [3] [titylarize] *vt* [enseignant] to appoint to a permanent post; [sportif] to give a contract to; [professeur d'université]: être titularisé to be given OU to be granted tenure; il attend d'être titularisé he's waiting for tenure.

TNP (*abr de* Théâtre national populaire) *npr m* *Parisian theatrical company subsidized by the State.*

TNT (*abr de* trinitrotoluène) *nm* TNT.

TO (*abr écrite de* toit ouvrant) sunroof.

toast [tost] *nm* -1. [en buvant] toast; ~ de bienvenue toast of welcome; porter un ~ to propose a toast; porter un ~ à qqn to drink (a toast) to sb, to toast sb. -2. [pain grillé] piece of toast; des ~s au saumon salmon canapés.

toaster, toasteur [tostœr] *nm* toaster.

toboggan [tɔbɔgã] *nm* -1. [glissière - sur terre] slide; [- dans l'eau] chute; les enfants qui font du ~ the children going down the slide; tu veux faire du ~? do you want to go on the slide? -2. [luge] toboggan; faire du ~ to go tobogganing. -3. Toboggan® [pont] flyover *Br*, overpass *Am*. -4. AUT [armature de pneu] (type) casing reinforcement.

Tobrouk [tɔbruk] *npr* Tobruk.

toc [tɔk] ◇ *nm fam* -1. [imitation sans valeur - d'un matériau] fake, worthless imitation; [- d'une pierre] rhinestone, paste; [- d'un bijou] fake; en ~ fake, imitation; sa bague, c'est du ~ her ring is fake. -2. *fig* [ce qui est factice] sham; sa culture/son amitié, c'est du ~ his so-called education/friendship is just a sham OU is all on the surface.
◇ *adj inv fam* rubbishy *Br*, trashy, tacky; ça fait ~ it looks cheap OU tacky.
◇ *interj* -1. [coups à la porte]: ~ ~! knock knock! -2. *fam* [après une remarque]: et ~! so there!, put that in your pipe and smoke it!; et ~, bien fait pour toi/lui/eux! and (it) serves you/him/them right!

tocade [tɔkad] = **toquade**.

tocante▽ [tɔkãt] *nf* watch.

tocard, e *fam* [tɔkar, ard] *adj* [tableau, décor] naff *Br*, tacky.
◆ **tocard** *fam nm* -1. [cheval] old nag. -2. [personne] dead loss, (born) loser.

toccata [tɔkata] *nf* toccata.

tocsin [tɔksɛ̃] *nm* alarm bell, tocsin; sonner le ~ to ring the alarm, to sound the tocsin.

toge [tɔʒ] *nf* -1. ANTIQ toga; ~ prétexte/virile toga praetexta/virilis. -2. [de magistrat] gown.

Togo [tɔgo] *npr m*: le ~ Togo; au ~ in Togo.

togolais, e [tɔgɔlɛ, ɛz] *adj* Togolese.
◆ **Togolais, e** *nm, f* Togolese; les Togolais the Togolese.

tohu-bohu [tɔybɔy] *nm inv* -1. [désordre et confusion] confusion, chaos; le ~ des correspondances de gare the chaos at the station as everybody tries to catch their connection. -2. [bruit - de voitures, d'enfants] racket, din; [- d'un marché, d'une gare] hustle and bustle; [- d'une foule] hubbub; [- d'une foire] hurly-burly.

toi [twa] *pron pers* -1. [après un impératif]: dis-~ bien que... bear in mind that...; réveille-~! wake up!; rappelle-~! remember!; habille-~! get dressed! -2. [sujet]: qui va le faire? — ~ who's going to do it? — you (are); ~ parti, il ne restera personne when you're gone there'll be nobody left; qu'est-ce que tu en sais, ~? what do YOU know about it?; ~, tu l'as vu! you saw it/him!; tu en veux, ~? do you want some?; tu t'amuses, ~, au moins at least YOU'RE having fun; et ~ qui lui faisais confiance! and you trusted him!; viendrez-vous, Pierre et ~? will you and Pierre come?; ~ et moi... you and I...; ~ et les tiens êtes les bienvenus you and your family are welcome; ~ seul peux la convaincre you're the only one who can persuade her. -3. [avec un présentatif]: c'est ~? is it you?; je veux que ce soit ~ qui y ailles I want it to be you who goes; c'est ~ qui le dis! that's what YOU say! -4. [complément]: il vous a invités, Pierre et ~ he's invited you and Pierre; ~, je te connais! I know you! || [après une préposition]: on lui a parlé de ~ he's heard about you; c'est à ~ qu'on l'a demandé you were the one who was asked, YOU were asked; qui te l'a dit, à ~? who told YOU about it?; je te fais confiance, à ~ I trust you; eh, je te parle, à ~! hey, I'm talking to you!; un ami à ~ *fam* a friend of yours; c'est à ~? is this yours?; à ~ de jouer! your turn!; plus gentil que ~ nicer than you; j'ai d'aussi bonnes raisons que ~ I've got just as good reasons as you. -5. [pronom réfléchi] yourself; tu es content de ~? are you pleased with yourself?

toilage [twalaʒ] *nm* ground SEW.

toile [twal] *nf* -1. TEXT [matériau brut] canvas, (plain) fabric; ~ de coton/lin cotton/linen cloth; ~ anglaise binding cloth; ~ à bâches tarpaulin; ~ de Jouy toile de Jouy; ~ de jute gunny, (jute) hessian; ~ à matelas ticking; ~ métis cotton-linen mix; ~ à sacs sackcloth, sacking; ~ à voiles sailcloth; grosse ~ rough OU coarse canvas || [tissu apprêté] cloth; ~ caoutchoutée rubberized cloth; ~ cirée waxcloth; ~ émeri emery cloth; ~ plastifiée plastic-coated cloth; ~ de tente tent canvas. -2. *fam* [film]: se payer une ~ to go to the flicks. -3. BX-ARTS [vierge] canvas; [peinte] canvas, painting; quelques ~s du jeune peintre some paintings by the young artist. -4. COUT cloth; ~ à patron toile. -5. NAUT [ensemble des voiles d'un navire] sails; bien porter la ~ to bear sail *arch*;

réduire la ~ to take in sail. -**6.** [couverture d'un livre] cloth. -**7.** THÉÂT (painted) curtain; **~ de fond** *pr* & *fig* backdrop. -**8.** ZOOL web; **~ d'araignée** cobweb, spider's web.

◆ **toiles**▽ *nfpl* [draps de lit] sheets; **se mettre dans les ~s** to hit the sack OU the hay.

◆ **de toile, en toile** *loc adj* [robe, pantalon] cotton *(modif)*; [sac] canvas *(modif)*.

toilerie [twalri] *nf* -**1.** [atelier] canvas mill. -**2.** [commerce] canvas trade; [fabrication] canvas manufacturing, canvas-making.

toilettage [twalɛtaʒ] *nm* [d'un chat, d'un chien] grooming.

toilette [twalɛt] *nf* -**1.** [soins de propreté]: **faire sa ~** to have a wash, to get washed; **faire une ~ rapide** to have a quick wash; **faire une ~ de chat** to give o.s. a lick and a promise; **être à sa ~** *sout* to be at one's toilet *litt*; **faire la ~ d'un malade** to wash a sick person; **faire la ~ d'un mort** to lay out a corpse; **produits pour la ~ de bébé** baby care products; **articles** OU **produits de ~** toiletries. -**2.** [lustrage du pelage, des plumes] grooming; **le chat fait sa ~** the cat's washing OU licking itself. -**3.** *sout* [tenue vestimentaire] clothes, outfit, toilette; **changer de ~** to change (one's outfit OU clothes); **encore une nouvelle ~!** ANOTHER new outfit!; **elle est en grande ~** she is (dressed) in all her finery. -**4.** [table] dressing-table. -**5.** TECH reed packaging. -**6.** CULIN veal caul.

◆ **toilettes** *nfpl* [publiques] lavatories, toilets; [chez un particulier] toilet, lavatory; [dans un café] toilet, toilets; [dans un parc] toilets; **aller aux ~s** to go to the toilet; **je cherche les ~s** [pour dames] I'm looking for the ladies *Br* OU ladies room *Am*; [pour hommes] I'm looking for the gents *Br* OU the men's room *Am*.

toiletter [4] [twalɛte] *vt* -**1.** [chien, chat] to groom. -**2.** *fam* [modifier légèrement - texte] to amend, to doctor.

toi-même [twamɛm] *pron pers* yourself; **tu l'as vu ~** you saw it yourself; **il faut que tu le comprennes de ~** you must understand it (for) yourself; **vérifie par ~** check for yourself; **imbécile ~!** *fam* same to you!, look who's talking!

toise [twaz] *nf* -**1.** [règle graduée] height gauge; **passer qqn à la ~** to measure sb's height. -**2.** *arch former French unit of measure equal to 1,949m.*

toiser [3] [twaze] *vt* -**1.** *vieilli* [personne] to measure sb's height. -**2.** *fig*: **~ qqn** to look sb up and down, to eye sb from head to foot.

toison [twazɔ̃] *nf* -**1.** ZOOL fleece. -**2.** [chevelure] mane. -**3.** *fam* [poils] bushy (tuft of) hair. -**4.** MYTH: **la Toison d'or** the Golden Fleece.

toit [twa] *nm* -**1.** ARCHIT & CONSTR roof; **habiter sous les ~s** [dans une chambre] to live in an attic room OU in a garret; [dans un appartement] to live in a top-floor flat *Br* OU top-storey apartment *Am* with a sloping ceiling ❑ **~ plat/en pente** flat/sloping roof; **~ d'ardoises** slate roof; **~ de chaume** thatched roof; **~ en terrasse** terrace roof; **~ de tuiles** tiled roof; **le ~ du monde** the Roof of the World. -**2.** [demeure] roof; **avoir un ~** to have a roof over one's head; **je n'ai plus de ~** I've no longer got a roof over my head, I haven't got anywhere to live anymore; **chercher un ~** to look for somewhere to live; **sous le ~ de qqn** under sb's roof, in sb's house; **vivre sous le même ~** to live under the same roof. -**3.** AUT: **~ ouvrant** sunroof; **une voiture à ~ ouvrant** a car with a sunroof. -**4.** MIN roof.

toiture [twatyr] *nf* -**1.** [ensemble des matériaux] roofing; [couverture] roof; **toute la ~ du manoir** all the roofs of the manor house. -**2.** ARCHIT: **~ à redents** sawtooth roof.

toiture-terrasse [twatyrtɛras] (*pl* **toitures-terrasses**) *nf* cut OU terrace roof.

tokaj [tɔkaj] *nm* (Hungarian) Tokay.

tokamak [tokamak] *nm* tokamak.

tokay [tɔkɛ] *nm* -**1.** ŒNOL (Alsatian) Tokay. -**2.** ZOOL tokay.

Tōkyō [tɔkjo] *npr* Tokyo.

tôlard, e [tolar, ard] *arg crime* = **taulard**.

tôle [tol] *nf* -**1.** MÉTALL [non découpée] sheet metal; [morceau] metal sheet; **~ d'acier/d'aluminium** sheet steel/aluminium; **~ ondulée** corrugated iron; **~ galvanisée/laminée** galvanized/laminated iron. -**2.** *fam* [mauvais revêtement de route] uneven surface. -**3.** ÉLECTR: **~ magnétique** magnetized strip. -**4.** ▽ = **taule**.

tôlé, e [tole] *adj* AUT metal-panelled.

◆ **tôlée** *adj f*: **neige ~e** crusted snow.

Tolède [tɔlɛd] *npr* Toledo.

tolérable [tɔlerabl] *adj* [bruit, chaleur, douleur] bearable, tolerable; [attitude, entorse à une règle] tolerable, permissible; **son impertinence n'est plus ~** her impertinence can no longer be tolerated.

tolérance [tɔlerɑ̃s] *nf* -**1.** [à l'égard d'une personne] tolerance; **sans ~, pas de convivialité** without (a measure of) tolerance, people cannot live in harmony || [à l'égard d'un règlement] latitude; **ce n'est pas un droit, c'est une simple ~** this is not a right, it is merely something which is tolerated ❑ **~ orthographique** permitted variation in spelling. -**2.** BOT & PHYSIOL tolerance; **~ au bruit/à la chaleur/à une drogue** tolerance to noise/to heat/to a drug; **pour étudier la ~ du sujet aux glucides** to study the tolerance of an individual to glucides; **~ des greffes tissulaires** acceptance OU tolerance of tissue grafts ❑ **~ congénitale/acquise** congenital/acquired tolerance; **~ immunitaire** immunological tolerance. -**3.** FIN [d'une monnaie] tolerance. -**4.** MÉCAN tolerance; **affecter une ~ à une cote** to allow a margin of tolerance *(when determining dimensions)*. -**5.** RELIG toleration; **la loi institue une ~ alors presque unique en Europe** the law established a form of toleration which was almost unique in Europe at that time.

tolérant, e [tɔlerɑ̃, ɑ̃t] *adj* -**1.** [non sectaire] tolerant; **il est ~ et éloigné de tout fanatisme** he is tolerant and a stranger to all forms of extremism. -**2.** [indulgent] lenient, indulgent, easygoing; **une mère trop ~e** an overindulgent OU excessively lenient mother.

tolérer [18] [tɔlere] *vt* -**1.** [permettre - infraction] to tolerate, to allow; **ils tolèrent le stationnement bilatéral à certaines heures** you're allowed to park on both sides of the street at certain times of the day; **nous tolérons un petit excédent de bagages** we allow a small amount of excess luggage; **le directeur ne tolère pas les retards** the boss will not have people arriving late. -**2.** [admettre - attitude, personne] to tolerate, to put up with *(insép)*; **je ne tolérerai pas son insolence** I won't stand for OU put up with OU tolerate his rudeness; **la loi peut-elle ~ l'injustice?** can the law tolerate injustice?; **elle ne l'aimait pas, elle tolérait juste sa présence à ses côtés** she didn't like him, she just put up with having him around; **ici, on la tolère, c'est tout** we put up with her and that's about all. -**3.** PHYSIOL [supporter - médicament, traitement] to tolerate; **son foie ne tolère plus l'alcool** his liver can no longer tolerate alcohol; **les femmes enceintes tolèrent bien ce médicament** pregnant women can take this drug without adverse effects.

tôlerie [tolri] *nf* -**1.** [fabrique] sheet metal workshop. -**2.** [technique] sheet metal manufacture. -**3.** [commerce] sheet metal trade. -**4.** [d'un véhicule] panels, bodywork; [d'un réservoir] plates, (steel) cladding.

tôlier, ère▽ [tolje, ɛr] = **taulier**.

◆ **tôlier** ◇ *nm* INDUST sheet metal worker; AUT panel beater.

◇ *adj m*: **ouvrier ~** sheet metal worker.

tollé [tɔle] *nm* general outcry; **sa proposition souleva un ~ général** his proposal provoked a general outcry.

Tolstoï [tɔlstɔj] *npr*: **Léon ~** Leon Tolstoy.

tolu [tɔly] *nm* Tolu balsam.

toluène [tɔlɥɛn] *nm* toluene.

TOM [tɔm] (*abr de* **Territoire d'Outre-Mer**) *nm inv* French overseas territory.

tomahawk [tɔmaok] *nm* tomahawk.

tomate [tɔmat] *nf* -**1.** BOT [plante] tomato (plant); [fruit] tomato; **la sauce a un goût de ~ très prononcé** the sauce tastes strongly of tomatoes ❑ **~s farcies** CULIN stuffed tomatoes; **envoyer des ~s (pourries) à qqn** [conspuer] to boo sb. -**2.** *fam* [boisson] *pastis drink with grenadine.*

◆ **à la tomate** *loc adj* tomato-flavoured.

tombac [tɔ̃bak] *nm* tombac.

tombal, e, als OU **aux** [tɔ̃bal, o] *adj* funerary, tomb *(modif)*, tombstone *(modif)*; **inscription ~e** funerary OU tomb OU tombstone inscription.

tombant, e [tɔ̃bɑ̃, ɑ̃t] *adj* -**1.** [oreille, moustache] floppy; [seins, fesses] sagging; [épaules] sloping; [tentures] hanging. -**2.** [jour] failing, dwindling.

tombe [tɔ̃b] *nf* [fosse] grave; [dalle] tombstone; [monument] tomb; **aller sur la ~ de qqn** [pour se recueillir] to visit sb's grave; **muet** OU **silencieux comme une ~** as silent OU quiet as the grave; **rejoindre** OU **suivre qqn dans la ~** to follow sb to his/her grave.

tombé [tɔ̃be] *nm* -**1.** DANSE tombé. -**2.** SPORT fall.

tombeau, x [tɔ̃bo] *nm* -**1.** [sépulcre] grave, tomb, sepulchre *litt*; **suivre qqn au ~** to follow sb to the grave; **descendre au ~** to go to one's grave; **conduire** OU **mettre qqn au ~** [causer sa mort] to send sb to his/her grave. -**2.** *fig* & *litt* [endroit] morgue; [fin] death, end; **la guerre fut le ~ de la dictature** the war spelt the end for the dictatorship. -**3.** [personne discrète]: **parle sans crainte, c'est un ~** you can speak freely, he's the soul of discretion. -**4.** *loc*: **à ~ ouvert** at breakneck speed.

tombée [tɔ̃be] *nf*: **à la ~ du jour** OU **de la nuit** at nightfall OU dusk.

tomber[1] [3] [tɔ̃be] ◇ *vi* **A.** CHANGER DE NIVEAU - SENS PROPRE ET FIGURÉ -**1.** [de sa propre hauteur - personne] to fall (down); [- meuble, pile de livres] to fall over, to topple over; [- cloison] to fall down, to collapse; **il l'a entraînée en tombant** he dragged her down as he fell; **j'ai buté contre la racine et je suis tombé** I tripped over the root and fell; **~ par terre** to fall on the floor, to fall down; **~ à plat ventre** to fall flat on one's face; **~ dans l'eau** to fall into the water; **~ sous les coups de qqn** to fall under sb's blows; **~ dans un fauteuil** to fall OU to collapse into an armchair; **~ de fatigue** to be ready to drop (from exhaustion); **~ de sommeil** to be asleep on one's feet; **faire ~ qqn** [en lui faisant un croche-pied] to trip sb up; [en le bousculant] to knock OU to push sb over; **le vent a fait ~ des arbres** the wind blew some trees over OU down; **ce n'est pas tombé dans l'oreille d'un sourd** it didn't fall on deaf ears || *sout* [mourir] to fall, to die; **~ sur le champ de bataille** to fall on the battlefield; **ceux qui sont tombés au champ d'honneur** those killed in action; **ceux qui sont tombés pour la France** those who died for France. -**2.** [d'une certaine hauteur - personne] to fall (down); [- avion, bombe, projectile] to fall; **ne monte pas à l'échelle, tu vas ~** don't go up the ladder, you'll fall off; **la tuile tomba à ses pieds** the tile fell at his feet; **le jupon tomba à ses pieds** the petticoat fell round her ankles; **des cascades qui tombent de plusieurs dizaines de mètres** waterfalls dropping hundreds of feet; **~ d'un échafaudage** to fall off some scaffolding; **~ dans l'escalier** to fall down the stairs; **~ dans un ravin** to fall into a ravine; **~ de cheval** to fall off OU from a horse; **~ de moto** to fall off a motorbike; **~ d'un arbre** to fall out of a tree OU from a tree; **faire ~ qqn** to knock sb down OU over; **elle l'a fait ~ de la table** she made him fall off the table; **faire ~ qqch** [en poussant] to push sthg over; [en renversant] to knock sthg over; [en lâchant] to drop sthg; [en donnant un coup de pied] to kick sthg over; **j'ai fait ~ mes lunettes** I've dropped my glasses; **le vent a fait ~ mon chapeau** the wind blew my hat off ❑ **tu es tombé bien bas** *fig* you've sunk very low; **es-tu tombé si bas que tu réclames cet**

argent? have you really sunk so low as to ask for this money back? -**3.** [se détacher - feuille, pétale, fruit] to fall OU to drop off; [- cheveu, dent] to fall OU to come out; **ne ramasse pas les cerises qui sont tombées** don't pick the cherries which are on the ground; **on a le droit de prendre les pommes qui sont tombées** we're allowed to collect windfalls; **du plâtre tombait du plafond** plaster was falling OU peeling off the ceiling; **une boule est tombée du sapin de Noël** a bauble has come OU fallen off the Christmas tree; **des paroles méprisantes tombaient de ses lèvres** *fig* words of contempt fell from his lips. -**4.** [pendre - cheveux, tentures] to fall, to hang; [- moustaches] to droop; [- seins] to sag, to droop; **ses longs cheveux lui tombaient dans le dos** her long hair hung down her back; **une mèche lui tombait sur un œil** a lock of hair hung over one eye; **de lourdes grappes de raisin tombaient de la tonnelle** heavy bunches of grapes were hanging from the bower; **il a les épaules qui tombent** he's got sloping shoulders; **bien ~** VÊT to hang well OU nicely; **la robe tombe bien sur toi** the dress hangs well OU nicely on you. -**5.** [s'abattre, descendre - rayon de soleil, radiations, nuit] to fall; [- brouillard, gifle, coup] to come down; **la neige/pluie tombait** it was snowing/raining; **une petite bruine tombait** it was drizzling; **une goutte est tombée dans mon cou** a drop trickled OU rolled down my neck; **quand la pluie aura fini de ~** when it stops raining, when the rain has stopped || *(tournure impersonnelle)*: **il tombe en moyenne 3 mm d'eau par jour** the average daily rainfall is 3 mm; **il en est tombé, de la pluie!** *fam* it tipped OU threw it down! *Br*, it poured!; **il tombera de la neige sur l'est** there will be snow in the east; **il tombe quelques gouttes** it's spitting; **il tombe de grosses gouttes/gros flocons** big drops/flakes are falling; **il tombe de la grêle** it's hailing; **il tombera de la grêle** hail is expected; **toi, tu as ta paie qui tombe tous les mois** *fam* you have a regular salary coming in (every month); **il lui tombe au moins 30 000 francs par mois** *fam* he has at least 30,000 francs coming in every month; **il m'est tombé deux factures/amendes hier** *fam* I was landed with a couple of bills/fines yesterday □ **ça va ~!** [il va pleuvoir] it's going to pour (with rain)!; *fig* you're going to get OU to cop it!; **son père s'est mis en colère et c'est tombé!** *fam* her father got angry and she didn't half cop it *Br* OU she caught hell *Am*!; **des têtes vont ~!** heads will be rolling!; **~ sous les yeux de qqn** to come to sb's attention. -**6.** [déboucher]: **là où la rue Daneau tombe dans le boulevard Lamain** at the point where Rue Daneau joins OU meets Boulevard Lamain; **~ sur: continuez tout droit et vous tomberez sur le marché/sur la poste** keep going straight on and you'll come to the market/the post office. -**7.** [diminuer - prix, température, voix, ton] to fall, to drop; [- fréquentation] to drop (off); [- fièvre] to drop; [- colère] to die down, to subside; [- inquiétude] to melt away, to vanish; [- enthousiasme, agitation, intérêt] to fall OU to fade away, to subside; [- tempête] to subside, to abate, to die away; [- vent] to drop, to fall, to die down; [- jour] to draw to a close; **la température est tombée de 10 degrés** the temperature has dropped OU fallen (by) 10 degrees; **sa cote de popularité est tombée très bas/à 28 %** his popularity rating has plummeted/has dropped to 28%; **faire ~ la fièvre** to bring down OU to reduce the fever. -**8.** [disparaître - obstacle] to disappear, to vanish; [- objection, soupçon] to vanish, to fade; **sa réticence est tombée devant mes arguments** she gave way in the face of my arguments; **sa joie tomba brusquement** his happiness suddenly vanished OU evaporated; **ses défenses sont tombées** he dropped his guard. -**9.** [s'effondrer - cité] to fall; [- dictature, gouvernement, empire] to fall, to be brought down, to be toppled; [- record] to be broken; [- concurrent] to go out, to be defeated; [- plan, projet] to fall through; **les candidats de droite sont tombés au premier tour** the right-wing candidates were eliminated in the first round; **le chef du gang est tombé hier** the ringleader was arrested yesterday; **le dernier joueur français est tombé en quart de finale** the last French player was knocked out in the quarter final; **faire ~** [cité] to bring down; [gouvernement] to bring down, to topple; [record] to break; [concurrent] to defeat. -**10.** [devenir]: **~ amoureux** to fall in love; **~ enceinte** to become pregnant; **~ malade** to become OU to fall ill; **~ fou** *fam* to go mad; **~ (raide) mort** to drop dead, to fall down dead. -**11.** JEUX [carte]: **tous les atouts sont tombés** all the trumps have been played; **le roi n'est pas encore tombé** the king hasn't been played yet; **faire ~ la dame** to make one's opponent to play the queen.

B. SE PRODUIRE, ARRIVER -**1.** [événement] to fall OU to be on; **mon anniversaire tombe un dimanche** my birthday is OU falls on a Sunday; **~ juste** [calcul] to work out exactly; **bien ~** to come at the right moment OU at a convenient time; **l'héritage n'aurait pas pu mieux ~!** the legacy couldn't have come at a better moment OU more convenient time!; **ton bureau l'intéresse — ça tombe bien, je voulais m'en débarrasser** he's interested in your desk — that's good, I wanted to get rid of it; **mal ~** to come at the wrong moment OU at an inconvenient time; **les jours chômés tombent mal cette année** public holidays fall badly this year; **cette grossesse tombe vraiment mal** this pregnancy comes at a very inconvenient time; **tout le monde peut venir mardi? — le mardi tombe assez mal pour moi** can everybody come on Tuesday? — Tuesday's not a good day OU very convenient for me || [personne]: **je tombe toujours aux heures de fermeture** I always get there when it's closed; **on est tombés en plein pendant la grève des trains** we got there right in the middle of the rail strike; **~ juste** [deviner] to guess right; **bien ~** [opportunément] to turn up at the right moment; [avoir de la chance] to be lucky OU in luck; **ah, vous tombez bien, je voulais justement vous parler** ah, you've come just at the right moment, I wanted to speak to you; **tu ne pouvais pas mieux ~!** you couldn't have come at a better time!; **il est excellent, ce melon, je suis bien tombé** this melon's excellent, I was lucky; **elle est bien tombée avec Hugo, c'est le mari parfait** she was lucky to meet Hugo, he's the perfect husband; **mal ~** [inopportunément] to turn up at the wrong moment; [ne pas avoir de chance] to be unlucky OU out of luck; **tu tombes mal, on doit partir cet après-midi** you've picked a bad time, we're leaving this afternoon; **il ne pouvait pas plus mal ~** he couldn't have picked a worse time; **travailler pour Fanget? tu aurais pu plus mal ~** working for Fanget? it could be worse; **tu tombes à point!** you've timed it perfectly!, perfect-timing! -**2.** [nouvelles] to be OU to come out; **l'édition du soir tombe à cinq heures** the evening edition comes out at five; **les dernières nouvelles qui viennent de ~ font état de 143 victimes** news just out OU released puts the number of victims at 143; **à 20 h, la nouvelle est tombée** the news broke at 8 p.m.

◇ *vt* -**1.** [triompher de - candidat, challenger] to defeat. -**2.** *fam* [séduire] to seduce; **il les tombe toutes** he's got them falling at his feet. -**3.** *fam loc*: **~ la veste: il fait une chaleur épouvantable, je tombe la veste** it's boiling in here, I've got to get out of this jacket.

◆ **tomber dans** *v + prép* [se laisser aller à - découragement, désespoir] to sink OU to lapse into *(insép)*; **elle tombe souvent dans la vulgarité** she often lapses into vulgarity; **comment en parler sans ~ dans le jargon scientifique?** how can we talk about it without lapsing into scientific jargon?; **sans ~ dans l'excès inverse** without going to the other extreme; **des traditions qui tombent dans l'oubli** traditions which are falling into oblivion; **~ dans la dépression** to become depressed; **~ dans l'erreur** to commit an error.

◆ **tomber en** *v + prép*: **~ en lambeaux** to fall to bits OU pieces; **~ en décadence** to fall into decline; **~ en ruine** to go to rack and ruin; **~ en morceaux** to fall to pieces.

◆ **tomber sur** *fam v + prép* -**1.** [trouver par hasard - personne] to come across, to run OU to bump into, to meet up with *Am*; [- objet perdu, trouvaille] to come across OU upon, to stumble across; **je suis tombé sur ton article dans le journal** I came across your article in the newspaper; **je suis tombé sur une arête** I bit on a fishbone; **on a tiré au sort et c'est tombé sur elle** lots were drawn and her name came up. -**2.** [avoir affaire à - examinateur, sujet d'examen] to get; **quand j'ai téléphoné, je suis tombé sur sa mère/un répondeur** when I phoned, it was her mother who answered (me)/I got an answering machine. -**3.** [assaillir - personne] to set about, to go for; **il tombe sur les nouveaux pour la moindre erreur** he comes down on the newcomers (like a ton of bricks) if they make the slightest mistake; **la cavalerie est tombée sur l'ennemi** the cavalry swooped down on the enemy; **ils nous sont tombés dessus au dernier moment** [ils sont arrivés] they dropped in on us at the last minute □ **ça nous est tombé dessus à l'improviste** it was like a bolt out of the blue; **il a fallu que ça me tombe dessus** OU **que ça tombe sur moi!** it had to be me!; **qu'est-ce qui va encore me ~ dessus?** what next? -**4.** [se porter sur - regard] to fall on; [- conversation] to turn to; **les soupçons sont tombés sur la nièce** suspicion fell on the niece; **la conversation est tombée sur la religion** the conversation turned to religion; **mes yeux sont tombés sur un objet qui brillait** my eyes fell on a shiny object.

tomber² [tɔ̃be] *nm litt*: **au ~ du jour** OU **de la nuit** at nightfall OU dusk.

tombereau, x [tɔ̃bro] *nm* -**1.** [benne] dumper, dump truck. -**2.** [contenu] truckload. -**3.** RAIL *high-sided open wagon.*

tombeur [tɔ̃bœr] *nm* -**1.** [séducteur] ladykiller. -**2.** [lutteur] killer. -**3.** SPORT: **le ~ du champion d'Europe** the man who defeated the European champion.

tombola [tɔ̃bɔla] *nf* raffle, tombola.

Tombouctou [tɔ̃buktu] *npr* Timbuktu.

tome [tɔm] ◇ *nm* [section d'un ouvrage] part; [volume entier] volume.
◇ *nf* = **tomme.**

tomette [tɔmɛt] = **tommette.**

tomme [tɔm] *nf* tomme cheese.

tommette [tɔmɛt] *nf red hexagonal floor tile.*

tommy *fam* [tɔmi] *(pl* tommies) *nm* Tommy *(soldier) Br*, doughboy *Am*.

ton¹ [tɔ̃] *nf* [mesure de masse] ton.

ton² [tɔ̃] *nm* **A.** -**1.** [qualité de la voix] tone; **~ monocorde** drone; **sur un ~ monocorde** monotonously. -**2.** [hauteur de la voix] pitch (of voice); **~ nasillard** twang. -**3.** [intonation] tone, intonation; **~ arrogant/amical/implorant** arrogant/friendly/pleading tone; **je voudrais que le ~ reste à la courtoisie** I'd like the (tone of the) discussion to remain courteous; **le ~ des entretiens est resté cordial** the atmosphere of the talks remained cordial; **d'un ~ sec** curtly; **hausser le ~** to up the tone; **pas la peine de prendre un ~ ironique/méchant pour me répondre!** there's no need to be so ironic/spiteful when you answer me!; **ne me parle pas sur ce ~!** don't speak to me like that OU in that tone of voice!; **ne le prends pas sur ce ~!** don't take it like that! -**4.** [style - d'une lettre, d'une œuvre artistique] tone, tenor; **j'aime le ~ badin de ses lettres** I like the playful tone of her letters; **le ~ de ses plaisanteries ne me plaît guère** I don't much like the tone of his jokes; **le ~ général de la pièce est assez optimiste** the overall tone of the play is fairly optimistic. -**5.** [manière de se comporter]: **le ~ des milieux artistiques** the lifestyle of artistic circles; **un ~ provincial** a small-town flavour □ **le bon ~**

good form. -**6.** LING [en phonétique] tone, pitch; [dans une langue tonale] pitch; **les langues à ~** tonal languages.
B. -**1.** ACOUST tone. -**2.** MUS [d'une voix, d'un instrument] tone; [tube] crook, shank; **le ~ d'une sonate** the tone of a sonata; **prendre le ~** to tune (up); **baisser/élever le ~ en chantant** to lower/to raise the pitch while singing || [mode musical] key; **le ~ majeur/mineur** major/minor key; **donner le ~** MUS to give the chord; *fig* to set the tone; **elle a très vite donné le ~ de la conversation** she quickly set the tone of the conversation; **ils donnent le ~ de la vie dans notre petite ville** they set the tone in our little town.
C. -**1.** [couleur] tone, shade; **dans les ~s verts** in shades OU tones of green; **les verts sont en ~s dégradés** the greens are shaded (from dark to light); **être dans le même ~ que...** to tone in with... -**2.** BX-ARTS shade; **les ~s chauds/froids** warm/cold tones.
◆ **dans le ton** *loc adv*: **tu crois que je serai dans le ~?** do you think I'll fit in?; **ici on ne fait pas de manières, il faudra te mettre dans le ~** we don't stand on ceremony here, you'll just have to take us as you find us; **se mettre dans le ~ de qqn** to take on sb's ways.
◆ **de bon ton** *loc adj* in good taste, bon ton *lit*; **il est de bon ~ de mépriser l'argent** it's quite fashionable to despise money.
◆ **sur le ton de** *loc prép*: **sur le ~ de la conversation** conversationally, in a conversational tone; **sur le ~ de la plaisanterie** jokingly, in jest, in a joking tone.
◆ **sur tous les tons** *loc adv* in every possible way; **on nous répète sur tous les ~s que...** we're being told over and over again that..., it's being drummed into us that...
◆ **ton sur ton** *loc adj* [en camaïeu] in matching tones OU shades.

ton³ [tɔ̃] (*f* **ta** [ta], *devant n ou adj commençant par voyelle ou h muet* **ton** [tɔn], *pl* **tes** [te]) *adj poss* -**1.** [indiquant la possession] your; **~ ami/amie** your friend; **ta meilleure amie** your best friend; **~ père et ta mère** your father and mother; **tes frères et sœurs** your brothers and sisters; **un de tes amis** one of your friends, a friend of yours. -**2.** [emploi expressif]: **eh bien regarde-la, TON émission!** *fam* all right then, watch your (damned) programme!; **arrête de faire ~ intéressant!** *fam* stop trying to draw attention to yourself!; **il pleut souvent dans ta Bretagne!** *fam* it rains a lot in your beloved Brittany!; **alors, tu as réussi à avoir ~ lundi?** *fam* so you managed to get Monday off, then? -**3.** RELIG Thy.

tonal, e, als [tɔnal] *adj* -**1.** LING pitch *(modif)*. -**2.** MUS tonal.

tonalité [tɔnalite] *nf* -**1.** BX-ARTS tonality. -**2.** MUS [organisation] tonality; [d'un morceau] key. -**3.** [atmosphère] tone; **le film prend vite une ~ tragique** the film soon becomes tragic in tone. -**4.** ACOUST tonality; [d'une radio] tone. -**5.** TÉLÉC: **~ (d'invitation à numéroter)** dialling tone; **je n'ai pas de ~** I'm not getting a dialling tone, there's no dialling tone; **~ d'appel** ringing tone.

tondeur, euse [tɔ̃dœr, øz] *nm, f* shearer.
◆ **tondeuse** *nf* -**1.** [de jardin]: **~ (à gazon)** (lawn) mower; **~ électrique/à main** electric/hand mower. -**2.** [de coiffeur] (pair of) clippers. -**3.** [pour moutons] (pair of) sheep shears. -**4.** TEXT (pair of) shears.

tondre [75] [tɔ̃dr] *vt* -**1.** [cheveux] to crop; [laine de mouton] to shear (off); **il a les cheveux tondus** he's got close-cropped hair OU a crew cut. -**2.** [mouton] to shear; [chien] to clip; **~ un caniche** to clip a poodle. -**3.** [pelouse] to mow, to cut; [haie] to clip. -**4.** *fam* [dépouiller, voler] to fleece; [exploiter] to fleece, to take to the cleaners; **~ qqn** [au jeu] to clean sb out; **ils se sont laissé ~ sans protester** they got taken to the cleaners and they didn't say a word ❑ **~ la laine sur le dos de qqn** to fleece sb shamelessly, to take the (very) shirt off sb's back; **se laisser ~ la laine sur le dos: elle se laisserait ~ la laine sur le dos** she lets people take advantage of her.

tondu, e [tɔ̃dy] ◇ *adj* -**1.** [crâne] closely cropped. -**2.** [mouton] shorn; [caniche] clipped. -**3.** [pelouse] mowed, mown; [haie] clipped.
◇ *nm, f* [personne tondue] *person with close-cropped hair.*
◆ **tondu** *nm* -**1.** *fam vieilli* [moine] monk. -**2.** HIST: **le Petit Tondu** Napoleon (Bonaparte).
◆ **tondue** *nf* HIST: **les ~es** *women in France who had their heads shaved at the end of World War II for fraternizing with Germans.*

tong [tɔ̃g] *nf* flip-flop; **des ~s** (a pair of) flip-flops.

Tonga [tɔ̃ga] *npr* Tonga; **à ~** in Tonga.

tonicardiaque [tɔnikardjak] *adj & nm* cardiotonic.

tonicité [tɔnisite] *nf* -**1.** PHYSIOL tonicity *spéc*, muscular tone. -**2.** [de l'air, de la mer] tonic OU bracing effect.

tonie [tɔni] *nf* pitch PHYSIOL.

tonifiant, e [tɔnifjɑ̃, ɑ̃t] *adj* -**1.** [air, climat] bracing, invigorating; [promenade] invigorating; [crème, exercice, massage] tonic, toning. -**2.** [influence, conseils, lecture] stimulating, inspiring.

tonifier [9] [tɔnifje] *vt* [corps, peau] to tone up *(sép)*; [cheveux] to give new life to; [esprit] to stimulate; **une marche au grand air tonifie l'organisme** a walk in the open air does wonders for the constitution.

tonique [tɔnik] ◇ *adj* -**1.** [air, climat] bracing; [médicament] tonic, fortifying; [lotion] toning, tonic; [boisson] tonic; [activité] stimulating, invigorating. -**2.** PHYSIOL tonic. -**3.** LING [syllabe] tonic, stressed.
◇ *nm* -**1.** MÉD tonic. -**2.** [lotion] toning lotion, skin tonic.
◇ *nf* MUS tonic, keynote.

tonitruant, e [tɔnitryɑ̃, ɑ̃t] *adj* thundering, resounding, stentorian *litt.*

tonitruer [3] [tɔnitrye] *vi* to thunder, to resound.

tonnage [tɔnaʒ] *nm* -**1.** [d'un bateau]: **~ brut/net** gross/net tonnage. -**2.** [d'un port] tonnage.

tonnant, e [tɔnɑ̃, ɑ̃t] *adj* [voix] thundering.

tonne [tɔn] *nf* -**1.** [unité de masse] ton, tonne; **un bateau de mille ~s** a thousand-ton ship ❑ **~ (métrique)** (metric) ton OU tonne; **~ américaine** short ton; **un (camion de) deux ~s** a two-ton lorry *Br* OU truck *Am*; **~ d'équivalent charbon** tonne of coal equivalent; **~ fret** NAUT rate of freight. -**2.** *fam* **des ~s** [beaucoup] tons, heaps, loads; **j'ai des ~s de choses à vous raconter** I've loads of things to tell you; **en faire des ~s** [en rajouter] to lay it on (really) thick. -**3.** AGR [réservoir] tank; [grand tonneau] large cask OU barrel; [son contenu] cask, barrel.

tonneau, x [tɔno] *nm* -**1.** [contenant pour liquide] cask, barrel; **vin au ~** wine from the barrel OU cask; **vin en ~** wine in the barrel OU cask; **mettre du vin en ~** to pour wine in OU into barrels ❑ **c'est le ~ des Danaïdes** [travail interminable] it's an endless task; [gouffre financier] it's a bottomless pit; **le ~ de Diogène** Diogenes' tub. -**2.** [quantité de liquide] caskful, barrelful. -**3.** [accident] somersault; **faire un ~** to roll over, to somersault; **la voiture a fait quatre ~x** the car rolled over OU turned over four times. -**4.** AÉRON roll. -**5.** NAUT ton; **~ d'affrètement** measurement ton; **~ de jauge** *vieilli* ton, tonnage.
◆ **du même tonneau** *fam loc adj* of the same ilk *péj.*

tonnelet [tɔnlɛ] *nm* keg, small cask.

tonnelier [tɔnəlje] *nm* cooper.

tonnelle [tɔnɛl] *nf* -**1.** [abri] bower, arbour. -**2.** CHASSE tunnel net *(for partridges).*

tonnellerie [tɔnɛlri] *nf* [fabrication] cooperage.

tonner [3] [tɔne] ◇ *vi* [artillerie] to thunder, to roar, to boom; **on entendait ~ les canons** you could hear the thunder OU roar of the cannons.
◇ *v impers*: **il tonne** it's thundering; **il a tonné plusieurs fois aujourd'hui** it's been thundering quite a bit today.
◆ **tonner contre** *v + prép* [suj: personne] to fulminate against.

tonnerre [tɔnɛr] ◇ *nm* -**1.** [bruit de la foudre] thunder; **le ~ gronda dans le lointain** there was a rumble of thunder in the distance; **une voix de ~** a thunderous voice ❑ **coup de ~** *pr* thunderclap; **ce fut un véritable coup de ~** *fig* it caused a real storm; **ses révélations ont eu l'effet d'un coup de ~ dans l'assemblée** the meeting was thunderstruck by her revelations. -**2.** [tumulte soudain] storm, tumult, commotion; **un ~ d'applaudissements** thunderous applause.
◇ *interj fam*: **~ (de Dieu)!** hell and damnation!; **~ de Brest!, mille ~s!** hang OU damn it all!
◆ **du tonnerre (de Dieu)** *fam* ◇ *loc adj* [voiture, fille] terrific, great; [repas, spectacle] terrific, fantastic; **un solo de batterie du ~** a really mean drum solo.
◇ *loc adv* tremendously OU terrifically well; **ça a marché du ~** it went like a dream.

tonographie [tɔnɔgrafi] *nf* tonography.

tonométrie [tɔnɔmetri] *nf* tonometry.

tonométrique [tɔnɔmetrik] *adj* tonometric.

tonsure [tɔ̃syr] *nf* -**1.** RELIG [partie rasée] tonsure; [cérémonie] tonsuring; **porter la ~** to be tonsured. -**2.** *fam* [calvitie] bald patch; **il commence à avoir une petite ~** he's going a bit thin on top.

tonsuré [tɔ̃syre] ◇ *adj m* tonsured.
◇ *nm* monk, cleric.

tonsurer [3] [tɔ̃syre] *vt* to tonsure.

tonte [tɔ̃t] *nf* -**1.** [de moutons - activité] shearing; [- époque] shearing time. -**2.** [laine tondue] fleece. -**3.** [d'une pelouse] mowing.

tontine [tɔ̃tin] *nf* JUR tontine.

tonton [tɔ̃tɔ̃] *nm* -**1.** *fam* [oncle] uncle. -**2.** HIST: **~ macoute** Tonton Macoute, Haitian secret policeman *(under the Duvalier regime).*

tonus [tɔnys] *nm* -**1.** [dynamisme] dynamism, energy; **avoir du ~** to be full of energy. -**2.** PHYSIOL tonus; **~ musculaire** muscle tone.

top [tɔp] *nm* -**1.** [signal sonore] pip *Br*, beep *Am*; **au quatrième ~ il sera exactement 1 h** at the fourth stroke, it will be 1 o'clock precisely. -**2.** [dans une course]: **~, partez!** ready, steady, go!; **donner le ~ de départ** to give the starting signal.

topaze [tɔpaz] *nf* topaz; **couleur ~** topaz.

toper [3] [tɔpe] *vi*: **tope là!** *fam* it's a deal!, you're on!

topinambour [tɔpinɑ̃bur] *nm* Jerusalem artichoke.

topique [tɔpik] ◇ *adj* -**1.** *sout* [argument] relevant; [remarque] pertinent, apposite, relevant. -**2.** PHARM topical.
◇ *nm* -**1.** LING topic. -**2.** PHARM topical remedy.
◇ *nf* PHILOS topics *(sg).*

topless [tɔplɛs] ◇ *adj* topless.
◇ *nm*: **faire du ~** to go topless.

top niveau *fam* [tɔpnivo] (*pl* **top niveaux**) *nm*: **elle est au ~** [sportive] she's a top-level sportswoman; [cadre] she's a top-flight executive.

topo *fam* [tɔpo] *nm* -**1.** [discours, exposé] report; **il a fait un long ~ sur la situation financière** he gave an extensive report on the financial situation ❑ **c'est toujours le même ~!** it's always the same old story!; **tu vois (d'ici) le ~!** (do) you get the picture? -**2.** *vieilli* [croquis] sketch, draft.

topographe [tɔpɔgraf] *nmf* topographer.

topographie [tɔpɔgrafi] *nf* topography.

topographique [tɔpɔgrafik] *adj* topographic, topographical.

topologie [tɔpɔlɔʒi] *nf* topology.

topométrie [tɔpɔmetri] *nf* land surveying.

toponyme [tɔpɔnim] *nm* place name, toponym *spéc.*

toponymie [tɔpɔnimi] *nf* toponymy; elle s'intéresse à la ~ she's interested in place names.
toponymique [tɔpɔnimik] *adj* toponymical.
top secret [tɔpsəkrɛ] *adj inv* top secret, highly confidential.
toquade [tɔkad] *nf* **-1.** [lubie] fad, whim; **les casquettes, c'est sa dernière ~!** caps are his latest fad! **-2.** [passade] crush; **avoir une ~ pour qqn** to have a crush on sb.
toquante [tɔkɑ̃t] = **tocante**.
toquard, e *fam* [tɔkar, ard] = **tocard**.
toque [tɔk] *nf* **-1.** [de femme] pill-box hat, toque; **~ de fourrure** (pill-box shaped) fur-hat. **-2.** [de liftier, de jockey, de magistrat] cap; **~ de cuisinier** chef's hat.
toqué, e *fam* [tɔke] ◇ *adj* **-1.** [cinglé] dotty *Br*, flaky *Am*; **un vieil oncle un peu ~** a slightly dotty old uncle. **-2. ~ de** [passionné de]: **être ~ de qqn** to be mad OU nuts about sb.
◇ *nm, f* loony, nutter *Br*, screwball *Am*; **un ~ d'écologie** an ecology crank OU freak.
toquer [3] [tɔke]
◆ **toquer à** *v + prép vieilli*: **~ à la porte** to tap on OU to knock on the door.
◆ **se toquer de** *fam vp + prép*: **se ~ de qqn** to become besotted with sb; **se ~ de qqch** to have a sudden passion for sthg.
Tora(h) [tɔra] *npr f*: **la ~** the Torah.
torche [tɔrʃ] *nf* **-1.** [bâton résineux] torch; **elle n'était plus qu'une ~ vivante** OU **vive** she'd become a human torch, her whole body was ablaze. **-2.** ÉLECTR & TECH: **~ électrique** (electric) torch *Br*, flashlight; **~ de soudage** soldering torch. **-3.** AÉRON: **le parachute s'est mis en ~** the parachute didn't open properly. **-4.** PÉTR flare.
torcher [3] [tɔrʃe] *vt* **-1.** *fam* [essuyer - plat, casserole] to wipe clean. **-2.** *fam* [vider entièrement]: **ils avaient torché leurs assiettes** they'd scraped their plates clean. **-3.** ▽ [nettoyer - fesses] to wipe; **j'ai envie de faire autre chose que de ~ des mômes** I don't want to spend my life cleaning up after kids. **-4.** *fam* [bâcler - lettre, exposé] to botch; [- réparation] to make a pig's ear of, to botch. **-5.** CONSTR to cob.
◆ **se torcher**▽ *vp (emploi réfléchi)* to wipe one's bottom.
torchère [tɔrʃɛr] *nf* **-1.** PÉTR flare. **-2.** [candélabre] candle-stand, torchère.
torchis [tɔrʃi] *nm* cob CONSTR.
torchon [tɔrʃɔ̃] *nm* **-1.** [pour vaisselle] tea towel; [pour meubles] duster; **passer un coup de ~ sur les meubles** to give the furniture a (quick) dust ❑ **le ~ brûle** [dans un parti, un gouvernement, une entreprise] tempers are getting frayed; [dans un couple, entre des collègues, des amis] there's a bit of friction between them. **-2.** *fam* [écrit mal présenté] mess; **qu'est-ce que c'est que ce ~?** [devoir scolaire] do you call that mess homework? **-3.** *fam* [mauvais journal] rag. **-4.** *Belg* [serpillière] floorcloth.
◆ **coup de torchon** *fam nm* [bagarre] fist-fight; [nettoyage] clear-out *Br*, cleanup.
torchonner *fam* [3] [tɔrʃɔne] *vt* [travail] to make a mess of, to foul up.
tordant, e *fam* [tɔrdɑ̃, ɑ̃t] *adj* [film, spectacle, situation] hilarious; **elle est ~e, ta fille** your daughter's a scream OU riot OU hoot.
tord-boyaux *fam* [tɔrbwajo] *nm inv* rotgut, hooch *Am*.
tordre [76] [tɔrdr] *vt* **-1.** [déformer - en courbant, en pliant] to bend; [- en vrillant] to twist; **tu as tordu le clou en tapant de travers** you've bent the nail by not hitting it straight. **-2.** [linge mouillé] to wring (out); **elle tordait nerveusement son mouchoir** she was playing with OU twiddling her handkerchief nervously. **-3.** [membre] to twist; **~ le bras à qqn** to twist sb's arm; **~ le cou à une volaille** to wring a bird's neck; **~ le cou à qqn** *fam* to wring sb's neck. **-4.** [défigurer]: **le dégoût lui tordait la bouche** he screwed up his mouth in disgust; **les traits tordus par la douleur** his features twisted OU his face contorted with pain. **-5.** [faire mal à]: **les brûlures qui lui tordaient l'estomac** the burning pains which were knotting his stomach; **la peur lui tordait les boyaux** *fam* his stomach was churning with fear. **-6.** TEXT to twist.
◆ **se tordre** ◇ *vpi* [ver] to twist; [pare-chocs] to buckle ❑ **se ~ de douleur** to be doubled up with pain; **se ~ (de rire)** to be doubled OU creased *Br* up with laughter; **tout le monde se tordait derrière moi** they were doubled up with laughter behind me.
◇ *vpt*: **se ~ le pied** to sprain OU to twist one's foot; **se ~ les mains (de désespoir)** to wring one's hands (in despair).
tordu, e [tɔrdy] ◇ *adj* **-1.** [déformé - bouche] twisted; [- doigt] crooked; **un vieil homme tout ~** a crooked old man; **avoir les jambes ~es** to have crooked legs. **-2.** [plié, recourbé - clef] bent; [- roue de vélo, pare-chocs] buckled; [vrillé] twisted. **-3.** *fam* [extravagant - idée, logique] twisted, weird; [- esprit] twisted, warped; **tu es complètement ~!** you're off your head!; **c'est un plan ~** it's a crazy idea. **-4.** *fam* [vicieux]: **coup ~** [acte malveillant] mean OU nasty OU dirty trick; **c'est la spécialiste des coups ~s** she's always playing dirty tricks on people.
◇ *nm, f fam* [personne bizarre ou folle] loony, nutter *Br*, screwball *Am*; **où il va, l'autre ~?** where's that idiot off to?
tore [tɔr] *nm* **-1.** ARCHIT & MATH torus. **-2.** INF: **~ magnétique** magnetic core.
toréador [tɔreadɔr] *nm vieilli* toreador, torero.
toréer [15] [tɔree] *vi* [professionnel] to be a bullfighter; **il doit ~ demain** he'll be bullfighting tomorrow.
torero [tɔrero] *nm* bullfighter, torero.
torgnole▽ [tɔrɲɔl] *nf* wallop.
toril [tɔril] *nm* toril, bull pen.
tornade [tɔrnad] *nf* **-1.** MÉTÉO tornado. **-2.** *litt* [tourmente, catastrophe] catastrophe, disaster; **sa fortune fut engloutie dans la ~ boursière** his fortune was swallowed up in the stock market crash.
toron [tɔrɔ̃] *nm* strand.
Toronto [tɔrɔ̃to] *npr* Toronto.
torpédo [tɔrpedo] *nf* open tourer *Br*, open touring car *Am*.
torpeur [tɔrpœr] *nf* torpor; **sortir de sa ~** to shake o.s. up, to rouse o.s.; **tirer qqn de sa ~** to shake sb out of his/her torpor, to rouse sb.
torpide [tɔrpid] *adj litt* torpid.
torpillage [tɔrpijaʒ] *nm* **-1.** MIL torpedoing. **-2.** *fig* [sabotage] scuppering *Br*, sabotage; **le ~ de la négociation** the wrecking of the negotiations.
torpille [tɔrpij] *nf* **-1.** ARM [projectile sous-marin] torpedo; **~ aérienne** aerial torpedo. **-2.** ZOOL torpedo (ray).
torpiller [3] [tɔrpije] *vt* **-1.** MIL to torpedo. **-2.** [projet] to torpedo, to scupper.
torpilleur [tɔrpijœr] *nm* torpedo boat.
torr [tɔr] *nm* torr.
torrée [tɔre] *nf Helv* barbecue.
torréfacteur [tɔrefaktœr] *nm* **-1.** [machine - pour le café] roaster, coffee-roaster; [- pour le tabac] (tobacco) toaster. **-2.** [commerçant] coffee merchant.
torréfaction [tɔrefaksjɔ̃] *nf* [du café, du cacao] roasting; [du tabac] toasting.
torréfier [9] [tɔrefje] *vt* [café, cacao] to roast; [tabac] to toast; **grains torréfiés** roasted beans.
torrent [tɔrɑ̃] *nm* **-1.** [ruisseau de montagne] torrent, (fast) mountain stream. **-2.** [écoulement abondant] torrent, stream; **un ~** OU **des ~s de** [une profusion de]: **un ~ de lave** a torrent OU stream of lava; **des ~s d'eau** [inondation] a flood; [pluie] torrential rain, a torrential downpour; **des ~s de larmes** floods of tears; **un ~ d'injures** a stream OU torrent of abuse; **des ~s de lumière** a flood of light; **des ~s de musique jaillissaient des haut-parleurs** loud music was booming from the loudspeakers.
◆ **à torrents** *loc adv*: **il pleut à ~s** it's pouring down.
torrentiel, elle [tɔrɑ̃sjɛl] *adj* **-1.** [d'un torrent - eau, allure] torrential. **-2.** [très abondant]: **des pluies ~les** torrential rain.
torrentueux, euse [tɔrɑ̃tɥø, øz] *adj litt* **-1.** [rivière] rushing, onrushing, fast. **-2.** [rythme] frantic; [vie] hectic.
torride [tɔrid] *adj* [chaleur, après-midi] torrid, scorching; [soleil] scorching; [région, climat] torrid.
tors, e[1] [tɔr, tɔrs] *adj* **-1.** [laine, soie] twisted. **-2.** [colonne] wreathed; [pied de meuble] twisted. **-3.** [membre] crooked, bent. **-4.** MENUIS [bois] spiral grained.
◆ **tors** *nm* TEXT twist.
torsade [tɔrsad] *nf* **-1.** [de cordes] twist; **~ de cheveux** twist OU coil of hair; **cheveux en ~s** braided OU twisted hair. **-2.** [en tricot]: **(point) ~** cable stitch. **-3.** ARCHIT cabling, cable moulding.
◆ **à torsades** *loc adj* **-1.** ARCHIT cabled. **-2.** VÊT: **pull à ~s** cable stitch sweater.
torsader [3] [tɔrsade] *vt* **-1.** [fil] to twist; [cheveux] to twist, to coil. **-2.** ARCHIT: **colonne torsadée** cabled column.
torse[2] [tɔrs] ◇ *adj f* → **tors**.
◇ *nm* **-1.** ANAT trunk, torso; **~ nu: mettez-vous ~ nu, s'il vous plaît** strip to the waist, please; **il était ~ nu** he was bare-chested. **-2.** BX-ARTS torso.
torseur [tɔrsœr] *nm* torque.
torsion [tɔrsjɔ̃] *nf* **-1.** [d'un cordage, d'un bras] twisting. **-2.** MATH, PHYS & TECH torsion. **-3.** TEXT twist (level).
tort [tɔr] *nm* **-1.** *(sans art)*: **avoir ~** [se tromper] to be wrong; **j'ai ~, je le reconnais** I admit that I'm (in the) wrong; **tout de même, il n'a pas toujours ~!** he can't be wrong all the time!; **tu as ~ de ne pas la prendre au sérieux** you're making a mistake in not taking her seriously, you're wrong not to take her seriously; **tu n'avais pas tout à fait ~/pas ~ de te méfier** you weren't entirely wrong/you were quite right to be suspicious; **donner ~ à qqn** [désapprouver] to disagree with sb; **elle me donne toujours ~ contre son fils** she always sides with her son against me; **les faits lui ont donné ~** events proved her (to be) wrong OU showed that she was (in the) wrong. **-2.** [défaut, travers] fault, shortcoming; **je reconnais mes ~s** I admit I was wrong; **elle a le ~ d'être trop franche** the trouble OU problem with her is (that) she's too direct; **c'est un ~ (de)** it's a mistake (to); **tu ne fais pas de sport? c'est un ~** you don't do any exercise? you definitely ought to OU should; **c'est un ~ d'agir sans réfléchir** it's a mistake to act without due reflexion; **avoir le ~ de** to make the mistake of; **il a eu le ~ de lui faire confiance** he made the mistake of trusting her. **-3.** [dommage] wrong; **réparer le ~ qu'on a causé** to right the wrong one has caused, to make good the wrong one has done; **réparer un ~** to make amends; **faire du ~ à qqn** to do harm to sb, to wrong sb, to harm sb; **faire du ~ à une cause** [personne] to harm a cause; [initiative] to be detrimental to a cause. **-4.** [part de responsabilité] fault; **avoir tous les ~s** [gén] to be entirely to blame; [dans un accident] to be fully responsible; [dans un divorce] to be the guilty party; **les ~s sont partagés** both parties are equally to blame; **j'ai des ~s envers eux** I have done them wrong.
◆ **à tort** *loc adv* **-1.** [faussement] wrongly, mistakenly; **croire/affirmer qqch à ~** to believe/to state sthg wrongly. **-2.** [injustement] wrongly; **condamner qqn à ~** to blame sb wrongly.
◆ **à tort ou à raison** *loc adv* right or wrong, rightly or wrongly; **on croit à ~ ou à raison que c'est contagieux** it is believed, rightly or wrongly, to be contagious.
◆ **à tort et à travers** *loc adv*: **tu parles à ~ et à travers** you're talking nonsense; **elle dépense**

son argent à ~ et à travers money burns a hole in her pocket, she spends money like water.
◆ **dans son tort** *loc adv*: **être dans son** ~ to be in the wrong; **mettre qqn dans son** ~ to make sb appear to be in the wrong; **se mettre dans son** ~ to put o.s. in the wrong; **en ne la prévenant pas, tu t'es mis dans ton** ~ you put yourself in the wrong by not warning her.
◆ **en tort** *loc adv* in the wrong; **dans cet accident, c'est lui qui est en** ~ he is to blame for the accident.

torticolis [tɔrtikɔli] *nm* stiff neck, torticollis *spéc*; **avoir un** ~ to have a stiff neck.

tortillard [tɔrtijar] *nm* slow (local) train.

tortillement [tɔrtijmã] *nm* [d'un ver] wriggling, squirming; [des hanches] wiggling.

tortiller [3] [tɔrtije] ◇ *vt* -**1.** [mèche, mouchoir, fil, papier] to twist; [doigts] to twiddle; [moustache] to twirl. -**2.** [fesses] to wiggle.
◇ *vi* -**1.** [onduler]: ~ **des fesses/hanches** to wiggle one's bottom/hips. -**2.** *fam loc*: **il n'y a pas à** ~ there's no getting out of OU away from it.
◆ **se tortiller** *vpi* [ver] to wriggle, to squirm; [personne - par gêne, de douleur] to squirm; [- d'impatience] to fidget, to wriggle; **se** ~ **sur sa chaise comme un ver** to wriggle in one's chair like a worm.

tortillon [tɔrtijɔ̃] *nm* -**1.** [de papier] twist; **des** ~**s de pâte à choux** choux pastry twists. -**2.** BX-ARTS [estompe] tortillon, stump.

tortionnaire [tɔrsjɔnɛr] *nmf* torturer.

tortue [tɔrty] *nf* -**1.** ZOOL tortoise; ~ **marine** turtle; ~ **d'eau douce** terrapin. -**2.** *fam* [traînard] slowcoach *Br*, slowpoke *Am*; **avancer comme une** ~ to go at a snail's pace, to crawl along. -**3.** ANTIQ & MIL testudo.

tortueux, euse [tɔrtɥø, øz] *adj* -**1.** [en lacets - sentier] winding, tortuous; [- ruisseau] meandering, winding, sinuous *litt.* -**2.** [compliqué - raisonnement, esprit] tortuous, devious; [- moyens] crooked, devious, tortuous; [- style] convoluted, involved.

torturant, e [tɔrtyrã, ãt] *adj* [pensée] tormenting, agonising.

torture [tɔrtyr] *nf* -**1.** [supplice infligé] torture. -**2.** *fig* [souffrance] torture, torment; **l'attente des résultats fut pour lui une véritable** ~ he suffered agonies waiting for the results.
◆ **à la torture** *loc adv*: **être à la** ~ to suffer agonies; **mettre qqn à la** ~ to put sb through hell.
◆ **sous la torture** *loc adv* under torture; **elle n'a pas parlé, même sous la** ~ she refused to talk, even under torture.

torturé, e [tɔrtyre] *adj* [marqué par la souffrance] tortured, tormented; **les traits** ~**s** tortured OU tormented features; **un regard** ~ a tormented look.

torturer [3] [tɔrtyre] *vt* -**1.** [supplicier - suj: bourreau] to torture. -**2.** [tourmenter - suj: angoisse, faim] to torture, to torment, to rack; [- suj: personne]: ~ **qqn** to put sb through torture; **la jalousie le torturait** he was tortured by jealousy; **torturé par sa conscience** tormented by his conscience. -**3.** [style, texte] to labour.
◆ **se torturer** *vp (emploi réfléchi)* to torture o.s., to worry o.s. sick; **ne te torture pas, ce n'est pas ta faute** don't torture yourself, it isn't your fault; **ne te torture pas l'esprit!** don't rack your brains (too much)!

torve [tɔrv] *adj*: **il m'a lancé un regard** ~ he shot me a murderous sideways look.

toscan, e [tɔskã, an] *adj* Tuscan.
◆ **Toscan, e** *nm, f* Tuscan.
◆ **toscan** *nm* LING Tuscan.

Toscane [tɔskan] *npr f*: (la) ~ Tuscany.

tôt [to] *adv* -**1.** [de bonne heure le matin] early; **se lever** ~ [ponctuellement] to get up early; [habituellement] to be an early riser; **elle part** ~ **le matin** she leaves early in the morning; **je prendrai l'avion** ~ **demain** I'll catch an early plane tomorrow OU a plane early tomorrow ‖ [de bonne heure le soir]: **se coucher** ~ to go to bed early ‖ [au début d'une période]: ~ **dans l'après-midi** early in the afternoon, in the early afternoon; ~ **dans la saison/le mois** early in the season/month. -**2.** [avant le moment prévu ou habituel] soon; **il est trop** ~ **pour le dire** it's too early OU soon to say that; **arrive suffisamment** ~ **ou il n'y aura pas de place** be there in good time or there won't be any seats left; **je suis arrivée plus** ~ **que toi** I arrived earlier than you; **elle a dû partir plus** ~ **que prévu** she had to leave earlier than expected; **ce n'est pas trop** ~**!** at last!, (it's) about time too! -**3.** [rapidement] soon; **je ne m'attendais pas à le revoir si** ~ I didn't expect to see him again so soon; **il fallait y penser plus** ~ you should have thought about it earlier OU before; **je voudrais passer les prendre plus** ~ I would like to come and collect them sooner OU earlier; **le plus** ~ **possible** as early OU as soon as possible; **le plus** ~ **sera le mieux** the sooner, the better ❑ **avoir** ~ **fait de** *sout* to be quick to; **ils eurent** ~ **fait de s'emparer du sac** they lost no time in seizing the bag; **je n'avais pas plus** ~ **raccroché le téléphone qu'il arriva** no sooner had I put the receiver down than he arrived; **je n'y retournerai pas de si** ~**!** I won't go back there in a hurry!; **on ne le verra pas de si** ~ we won't see him for a while.
◆ **au plus tôt** *loc adv* -**1.** [rapidement] as soon as possible; **partez au plus** ~ leave as soon as possible OU as soon as you can. -**2.** [pas avant] at the earliest; **samedi au plus** ~ on Saturday at the earliest, no earlier than Saturday.
◆ **tôt ou tard** *loc adv* sooner or later; ~ **ou tard, quelqu'un se plaindra** sooner or later OU one of these days, someone's bound to complain.

total, e, aux [tɔtal, o] *adj* -**1.** [entier - liberté] total, complete; **un silence** ~ complete OU total OU absolute silence; **j'ai une confiance** ~**e en elle** I trust her totally OU implicitly. -**2.** [généralisé - destruction, échec] total, utter, complete. -**3.** [global - hauteur, poids, dépenses] total; **somme** ~**e** total (amount). -**4.** ASTRON [éclipse] total. -**5.** THÉÂT: **spectacle** ~ total theatre.
◆ **total** *fam adv indép* the net result is that; ~, **je n'ai plus qu'à recommencer** the net result (of all that) is that I've got to start all over again.
◆ **total, aux** *nm* total (amount); **le** ~ **s'élève à 130 francs** the total comes to 130 francs; **faire le** ~ to work out the total; **faire le** ~ **de** to total up, to add up, to reckon up; **fais le** ~ **de ce que je te dois** work out everything I owe you; **le** ~ **d'une vie** *fig* the sum total of one's experiences ❑ ~ **général** sum total, grand total; ~ **partiel** subtotal.
◆ **totale** *fam nf* (total) hysterectomy.
◆ **au total** *loc adv* -**1.** [addition faite] in total; **au** ~, **il vous revient 20 000 francs** in total you are entitled to 20,000 francs. -**2.** [tout bien considéré] all in all, all things (being) considered, on the whole.

totalement [tɔtalmã] *adv* [complètement - ignorant, libre, ruiné] totally, completely; [- détruit] utterly; **il est** ~ **incapable de gagner sa vie** he is totally OU quite incapable of earning a living.

totalisant, e [tɔtalizã, ãt] *adj* synthetic PHILOS.

totalisateur, trice [tɔtalizatœr, tris] *adj* totalizing.
◆ **totalisateur** *nm* -**1.** [appareil] adding machine, totalizer. -**2.** [au turf] totalizator.

totalisation [tɔtalizasjɔ̃] *nf* adding up, addition, totalizing.

totaliser [3] [tɔtalize] *vt* -**1.** [dépenses, recettes] to add up *(sép)*, to total up *(sép)*, to reckon up *(sép)* to totalize. -**2.** [atteindre le total de] to have a total of, to total; **il totalise 15 victoires** he has won a total of 15 times; **qui totalise le plus grand nombre de points?** who has the highest score?

totaliseur [tɔtalizœr] *nm* -**1.** [appareil] adding machine, totalizer. -**2.** [au turf] totalizator.

totalitaire [tɔtalitɛr] *adj* totalitarian.

totalitarisme [tɔtalitarism] *nm* totalitarianism.

totalité [tɔtalite] *nf* -**1.** [ensemble]: **la** ~ **des marchandises** all the goods; **la presque** ~ **des tableaux** almost all the paintings. -**2.** [intégralité] whole; **la** ~ **de la somme** the whole (of the) sum. -**3.** PHILOS totality, wholeness.
◆ **en totalité** *loc adv*: **somme remboursée en** ~ sum paid back in full; **le navire a été détruit en** ~ the ship was completely destroyed, the whole ship was destroyed.

totem [tɔtɛm] *nm* totem.

totémique [tɔtemik] *adj* totemic; **mât** OU **poteau** ~ totem (pole).

totémisme [tɔtemism] *nm* totemism.

toto *fam* [toto] *nm* [pou] louse.

touareg, ègue [twarɛg] *adj* Tuareg.
◆ **Touareg, ègue** *nm, f* Tuareg.
◆ **touareg** *nm* LING Tuareg.

toubib *fam* [tubib] *nm* doctor.

toucan [tukã] *nm* toucan.

touchant[1] [tuʃã] *prép* [concernant] concerning, about.

touchant[2]**, e** [tuʃã, ãt] *adj* [émouvant] touching, moving; **une scène** ~**e** a sight to melt the heart; **être** ~ **de maladresse/sincérité** to be touchingly awkward/earnest.

touche [tuʃ] *nf* **A.** -**1.** [d'un appareil] key; **les** ~**s d'un téléviseur** the buttons on a TV set; **les** ~**s d'une machine à écrire** the keys on a typewriter. -**2.** ÉLECTR [plot de contact] contact. -**3.** MUS [de clavier] key; [d'instrument à cordes] fingerboard.
B. -**1.** ESCRIME hit. -**2.** JOAILL touch. -**3.** PÊCHE bite; **j'ai eu des** ~**s mais je n'ai rien pris** I've had some bites but I haven't caught anything ❑ **avoir une** ~ **avec qqn** *fam* to have something going with sb; **je crois que j'ai une** ~ **avec elle** I think I'm in with her; **faire une** ~ *fam* to score. -**4.** ▽ *loc* & *vieilli*: **la sainte** ~ [le jour de la paie] payday.
C. -**1.** [coup de pinceau] touch, (brush) stroke; **du vert en** ~**s légères** light strokes of green; **quelle finesse de** ~**!** what delicate brushwork!; **en quelques** ~**s** using just a few brush strokes. -**2.** [cachet, style] touch; **il était loin d'avoir la** ~ **d'un Dickens** he lacked the Dickens touch. -**3.** [trace] note, touch; **une** ~ **de**: **une** ~ **de couleur** a touch of colour; **une** ~ **de cynisme** a touch OU tinge OU hint of cynicism. -**4.** *fam* [apparence] look; **on avait une de ces** ~**s avec nos cheveux mouillés!** we did look funny with our hair all wet!; **quelle** ~**!** what a sight!; **ton prof a une drôle de** ~**!** your teacher looks a bit weird!; **il a la** ~ **d'un ancien militaire** he looks like an ex-army man, he has the look of an ex-army man (about him).
D. SPORT [ligne] touchline; [remise en jeu] RUGBY line-out; FTBL throw-in; [sortie de ballon]: **il y a** ~ the ball is out; **jouer la** ~ to play for time *(by putting the ball into touch)*.
◆ **en touche** *loc adv* into touch; **envoyer le ballon en** ~ to kick the ball into touch; **il a mis le ballon en** ~ he kicked the ball into touch; **ils ne prennent aucune balle en** ~ they never win a line-out; **sortir en** ~ to go into touch ❑ **sortie en** ~ FTBL throw-in; RUGBY line-out.
◆ **sur la touche** *loc adv* -**1.** SPORT: **rester sur la** ~ to stay on the bench. -**2.** *fam loc*: **être** OU **rester sur la** ~ *fig* to be left out; **quand il a eu 50 ans, ils l'ont mis sur la** ~ when he was fifty, they put him out to grass OU they threw him on the scrap heap.

touche-à-tout [tuʃatu] *nmf inv* -**1.** [importun] meddler. -**2.** [dilettante] dabbler, Jack-of-all-trades (and master of none).

toucher[1] [tuʃe] *nm* -**1.** [sens] (sense of) touch; [palpation] touch. -**2.** [sensation] feel; **le** ~ **rugueux de l'écorce** the rough feel of bark; **le** ~ **onctueux de l'argile** the smooth feel of clay. -**3.** [manière de toucher] touch; **avoir un** ~ **délicat/vigoureux** [gén & MUS] to have a light/energetic touch. -**4.** MÉD (digital) palpation *spéc*, examination; ~ **buccal/rectal/vaginal** oral/rectal/vaginal examination. -**5.** SPORT touch; **il a un bon** ~ **de balle** he's got a nice touch.

◆ **au toucher** *loc adv*: doux/rude au ~ soft/rough to the touch; c'est facile à reconnaître au ~ it's easy to tell what it is by touching it OU by the feel of it.

toucher[2] [3] [tuʃe] ◇ *vt* **A.** -**1.** [pour caresser, saisir] to touch; [pour examiner] to feel; tu m'as fait mal – je t'ai à peine touché you hurt me – I hardly touched you; ne touchez pas les fruits! don't touch OU handle the fruit!; ne me touche pas! get your hands off me!, don't touch me!; le parchemin s'effrite dès qu'on le touche the parchment crumbles at the first touch; ~ qqch du pied to touch sthg with one's foot; 'prière de ne pas ~' 'please do not touch' ❑ pas touche! *fam* hands off!; touchez avec les yeux! don't touch, just look! -**2.** [entrer en contact avec] to touch; il a touché le filet avec sa raquette he touched the net with his racket, his racket touched OU hit the net; ma main a touché sa main my hand brushed (against) his; sa robe touchait presque le sol her dress reached almost to the ground; au moment où la navette spatiale touche le sol when the space shuttle touches down OU lands; les ailes de la libellule touchaient à peine l'eau the wings of the dragonfly barely skimmed the water. -**3.** *fam* [joindre - suj: personne] to contact, to reach, to get in touch with; où peut-on vous ~ en cas d'urgence? where can you be contacted OU reached in an emergency? ‖ [suj: lettre] to reach; si notre message l'avait touché if our message had got (through) to him OU reached him. -**4.** MÉD to palpate *spéc*, to examine. -**5.** NAUT [port] to put in at, to call at; [rochers, fonds] to hit, to strike; nous toucherons Marseille lundi we'll put in at OU reach Marseilles on Monday. -**6.** JOAILL to touch.

B. -**1.** [se servir de - accessoire, instrument] to touch; il n'a pratiquement pas touché le ballon pendant la première mi-temps he hardly touched OU played the ball during the first half; cela fait des années que je n'ai pas touché une guitare I haven't touched a guitar for years; son service est si puissant que je ne touche pas une balle *fam* his serve is so powerful I can't get anywhere near the ball. -**2.** [consommer] to touch; il n'a même pas touché son repas/la bouteille he never even touched his meal/the bottle. -**3.** [blesser] to hit; la balle l'a touché à la jambe the bullet hit him in the leg; touché à l'épaule hit in the shoulder; touché! ESCRIME touché! ❑ touché, coulé! JEUX hit, sunk!; ~ juste to hit the target *fig*. -**4.** [atteindre - suj: mesure] to concern, to affect, to apply to; [- suj: crise, krach boursier, famine] to affect, to hit; [- suj: incendie, épidémie] to spread to *(insép)*; la marée noire a touché tout le littoral the oil slick spread all along the coast; reste-t-il un secteur que l'informatique n'ait pas touché? are there still any areas untouched by computerization?; les personnes touchées par l'impôt sur les grosses fortunes people in the top tax bracket. -**5.** [émouvoir - suj: film, geste, gentillesse, spectacle] to move, to touch; ses chansons ne me touchent pas her songs leave me indifferent; vos compliments me touchent beaucoup I'm very touched by your kind words; ses prières avaient touché mon cœur her entreaties had moved OU stirred me ‖ [affecter - suj: décès] to affect, to shake; [- suj: critique, propos désobligeants] to affect, to have an effect on; elle a été très touchée par sa disparition she was badly shaken by his death; un nouveau malheur vient de les ~ misfortune has just struck them again. -**6.** *fam* [s'en prendre à - personne] to touch; c'est le plus gros notable du pays, on ne peut pas le ~ he's the most important public figure in the region, we can't touch him. -**7.** [percevoir - allocation, honoraires, pension, salaire] to receive, to get, to draw; [- indemnité, ration] to receive, to get; [- chèque] to cash (in) *(sép)*; combien touches-tu par an? how much do you get a year?, what's your yearly salary?; ~ beaucoup d'argent [salarié] to earn a good wage; [artiste, médecin] to earn large fees; les saisonniers ne touchent presque rien seasonal workers don't get paid much; elle touche 500 000 francs par an she earns 500,000 francs a year; ~ gros *fam* to line one's pockets, to make a packet; touchez-vous les allocations familiales? do you get child benefit?; ~ des droits d'auteur to get royalties; il a dû ~ pas mal d'argent *fam* he must've been slipped a tidy sum; ~ le tiercé to win the tiercé; ~ le chômage to be on the dole *Br*, to be on welfare *Am*.

C. -**1.** [être contigu à] to join on *(insép)* to, to adjoin, to be adjacent to; ma maison touche la sienne my house is adjacent to OU joins onto his. -**2.** [concerner]: il s'occupe de tout ce qui touche le financement he deals with all matters connected with financing OU with all finance-related matters; une affaire qui touche la Défense nationale a matter related to defence, a defence-related matter; en ce qui touche les vacances *sout* concerning OU as regards the holidays. -**3.** [être parent avec] to be related to; elle ne nous touche ni de loin ni de près she is not related to us in any way at all.

◇ *vi* -**1.** NAUT to touch bottom. -**2.** PÊCHE to bite. -**3.** ▽ [exceller]: elle touche en informatique! she's a wizard at OU she knows a thing or two about computers!; ça y est, au saxo, je commence à ~! I'm beginning to get the hang of the sax now! -**4.** *loc*: touchez là! it's a deal!, (let's) shake on it!

◆ **toucher à** *v + prép* -**1.** [porter la main sur - objet] to touch; évitez de ~ aux fruits try not to handle the fruit; que je ne te reprenne pas à ~ aux allumettes! don't let me catch you playing with matches again! ‖ [frapper - adversaire, élève] *fam* to touch, to lay hands OU a finger on; si tu touches à un seul cheveu de sa tête...! if you so much as lay a finger on her...! ‖ [porter atteinte à] to interfere with *(insép)*, to harm, to touch; ils ne veulent pas vraiment ~ au gouvernement their aim isn't really to harm the government; ne touchez pas aux parcs nationaux! hands off the national parks! -**2.** [modifier - appareil, documents, législation] to tamper OU to interfere with; quelqu'un a dû ~ aux freins someone must have tampered with the brakes; ton dessin est parfait, n'y touche plus your drawing is perfect, leave it as it is. -**3.** [utiliser - aliment, instrument] to touch; [- somme d'argent] to touch, to break into; je n'ai jamais touché à la drogue I've never been on OU touched drugs; et la drogue? – elle n'y touche plus what about drugs? – she's given them up; tu n'as pas touché à ton repas/assiette? you haven't touched your meal/what was on your plate, have you?; il ne touche plus à la bouteille *fam* he never touches a drop now; cela fait longtemps que je n'ai pas touché à un volant/piano I haven't touched a steering wheel/a piano for a long time ❑ ~ à tout *pr* to fiddle with OU to touch everything; *fig* to dabble (in everything); je touche un peu à tout [artisan] I'm a Jack-of-all-trades, I do a little bit of everything; [artiste] I'm a man of many parts. -**4.** [être proche de - suj: pays, champ] to adjoin, to border (upon); [- suj: maison, salle] to join on *(insép)* to, to adjoin; notre propriété touche aux salines our property borders on the salt marsh ‖ [confiner à]: ~ à la perfection to be close to perfection; sa prudence touche à la lâcheté *sout* his caution borders on cowardice. -**5.** [concerner, se rapporter à - activité, sujet] to have to do with, to concern; les questions touchant à l'environnement questions related to the environment, environment-related questions; tout ce qui touche au sexe est tabou everything connected OU to do with sex is taboo; pour tout ce qui touche de près ou de loin à... for anything even remotely connected with... -**6.** [aborder - sujet, question] to bring up *(sép)*, to come onto *(insép)*, to broach; vous venez de ~ au point essentiel du débat you've put your finger on the key issue in the debate. -**7.** *sout* [atteindre - un point dans l'espace, dans le temps] to reach; nous touchons au terme du voyage/aux portes de la ville we've reached the end of our trip/the city gates; le navire touche au port ce soir the ship will enter OU reach harbour tonight; le projet touche à son terme the project is nearing its end; ~ à sa fin: notre séjour touche à sa fin our stay is nearing its end.

◆ **se toucher** ◇ *vp (emploi réciproque)* [être en contact] to touch, to be in contact; [entrer en contact] to touch, to come into contact; [jardins, communes] to touch, to be adjacent (to each other), to adjoin each other; à l'endroit où les deux lignes se touchent where the two lines meet; leurs corps se touchèrent à peine their bodies (merely) brushed against each other OU barely touched; ils se touchèrent de l'épaule their shoulders touched.

◇ *vp (emploi réfléchi) euph* [se masturber] to play with o.s.

touche-touche [tuʃtuʃ]

◆ **à touche-touche** *fam loc adv*: être à ~ to be nose to tail OU bumper to bumper.

touffe [tuf] *nf* -**1.** [de cheveux, de poils] tuft. -**2.** [d'arbustes] clump, cluster. -**3.** [d'herbe] clump, tuft; [de fleurs] clump.

touffeur [tufœr] *nf litt* sultry OU sweltering heat.

touffu, e [tufy] *adj* -**1.** [bois, feuillage, haie] thick, dense; [barbe, sourcils] thick, bushy; [arbre] thickly-covered, with dense foliage. -**2.** [texte] dense.

touillage *fam* [tujaʒ] *nm* [d'une sauce] stirring; [d'une salade] tossing.

touille [tuj] *nf* ZOOL porbeagle, mackerel shark.

touiller *fam* [3] [tuje] *vt* [sauce] to stir; [salade] to toss.

toujours [tuʒur] *adv* -**1.** [exprimant la continuité dans le temps] always; je l'ai ~ dit/cru I've always said/thought so; elle regrettera ~ d'avoir dit non she will always regret having said no; il est ~ à se plaindre he's always OU he never stops complaining; ils n'ont pas ~ été aussi riches they haven't always been so rich; ça ne durera pas ~ it won't last forever; le ciel ~ bleu the eternally blue sky; la ~ charmante Sophie the ever charming Sophie; Sophie, ~ plus belle Sophie, ever more beautiful; ~ plus haut, ~ plus vite, ~ plus loin ever higher, ever faster, ever farther; ~ plus more and more, still more; ils sont ~ plus exigeants they are more and more demanding. -**2.** [marquant la fréquence, la répétition] always; elle est ~ en retard she is always late; il termine ~ à 5 h he always finishes at 5 o'clock; c'est ~ moi qu'on punit I'm always the one who gets punished; cette expérience ne réussit pas ~ this experiment is not always successful; les erreurs ne sont pas ~ où on les attend mistakes sometimes occur where we least expect them; elle trouve ~ un bon prétexte she always finds a good excuse; on a presque ~ habité la même ville we have almost always lived in the same town; tu as ~ raison, enfin presque ~! you're always right, well, nearly always! -**3.** [encore] still; tu travailles ~? are you still working?; tu écris ~ des poèmes? do you still write poems?; es-tu ~ décidé à le faire? are you still determined to do it?; il est ~ fâché he's still cross; il fait ~ aussi chaud it is as hot as ever; tu es ~ aussi serviable! *iron* you're just OU still as helpful as ever, (I see)!; il travaillait ~ quand je suis arrivée he was still working when I arrived; ~ pas still not; je ne suis ~ pas satisfait I'm still not satisfied; ta leçon n'est ~ pas sue you still don't know your lesson; elle n'a ~ pas téléphoné she hasn't phoned yet, she still hasn't phoned. -**4.** [de toute façon]: on peut ~ y aller, on verra ce qu'il se passera we can always go and see what happens; on peut ~ lui demander we can always ask him; tu peux ~ essayer you can always try, you might as well try; prends-le, tu peux ~ en avoir besoin take it, you may OU might need it (some day); ça peut ~ servir it might come in handy OU useful; c'est ~ mieux que rien still, it's better than nothing; on trouvera ~ un moyen we're sure OU bound to find a way; tu peux ~ pleurer, je ne céderai pas (you can) cry as much as you like, I won't give in; **tu trouveras ~ quelqu'un à qui demander** you're bound to find somebody you can ask; **tu lui fais confiance? – pas dans le travail, ~!** do you trust him? – not when it comes to work, anyway!; **tu la connais? – pas sous cet angle, ~!** do you know her? – not that side of her, anyway! ❑ **il peut ~ attendre!** he'll be lucky!, he'll have a long wait!; **tu peux ~ courir!** no chance! you haven't a hope OU *Am* a prayer!; **c'est ~ ça de pris** that's something (at least).

◆ **comme toujours** *loc adv* as always; **il a été charmant comme ~** he was charming as always; **comme ~, il est en retard** as always OU as ever, he's late.

◆ **de toujours** *loc adj*: **elle se retrouvait face à son public de ~** she found herself before her faithful audience of old; **une amitié de ~** a lifelong friendship; **ces coutumes sont de ~** these customs date from time immemorial.

◆ **pour toujours** *loc adv* forever; **tu me le donnes pour ~?** can I keep it forever OU for good?

◆ **toujours est-il que** *loc conj* the fact remains that; **j'ignore pourquoi elle a refusé, ~ est-il que le projet tombe à l'eau** I don't know why she refused, but the fact remains that the plan has had to be abandoned.

toulonnais, e [tulɔnɛ, ɛz] *adj* from Toulon.

◆ **Toulonnais, e** *nm, f inhabitant of or person from Toulon.*

toulousain, e [tuluzɛ̃, ɛn] *adj* from Toulouse.

◆ **Toulousain, e** *nm, f inhabitant of or person from Toulouse.*

toundra [tundra] *nf* tundra.

toupet [tupɛ] *nm* -**1.** *fam* [audace] impudence, nerve, cheek *Br*; **elle a du ~ OU un sacré ~!** she's got some nerve OU cheek *Br*!; **il a eu le ~ de...** he had the nerve OU cheek *Br* to... -**2.** [de cheveux] tuft of hair, quiff *Br*; **faux ~** toupee, hairpiece. -**3.** ZOOL [d'un cheval] forelock.

toupie [tupi] *nf* -**1.** JEUX (spinning) top; **~ d'Allemagne** humming top; **tourner comme une ~** to spin like a top; **vieille ~** *fam* [harpie] old ratbag *Br*, old hen *Am*. -**2.** MENUIS spindle moulder. -**3.** PLOMBERIE turnpin, reamer.

tour¹ [tur] *nf* -**1.** ARCHIT & CONSTR tower; **la ~ de Babel** BIBLE the Tower of Babel; **le palais de l'Unesco est une vraie ~ de Babel** you can hear a real mixture of languages at UNESCO headquarters; **~ de bureaux** office (tower) block; **~ de contrôle** AÉRON control tower; **la ~ Eiffel** the Eiffel tower; **~ d'habitation** tower OU high-rise block; **~ d'ivoire** *fig* ivory tower; **s'enfermer dans une ~ d'ivoire** *fig* to remain aloof; **la ~ de Londres** the Tower of London; **la ~ (penchée) de Pise** the Leaning Tower of Pisa; **~ de refroidissement** INDUST cooling tower; **immeuble ~** tower block. -**2.** *fam* [personne grande et corpulente]: **c'est une vraie ~** he's/she's built like the side of a house. -**3.** JEUX castle, rook. -**4.** CHIM: **~ de fractionnement** fractionating column; **~ de Gay-Lussac/Glover** Gay-Lussac/Glover tower. -**5.** PÉTR: **~ de forage** drilling rig.

tour² [tur] *nm* **A.** CERCLE -**1.** [circonférence - d'un fût, d'un arbre] girth; [- d'un objet, d'une étendue] circumference; **mesurer le ~ d'une piscine** to measure round a swimming pool, to measure the circumference of a swimming pool ‖ [bord, contour]: **le ~ de ses yeux était souligné d'un trait** she'd drawn a line round her eyes; **le ~ du lac est planté d'arbres** trees have been planted all round OU around the lake. -**2.** [mensuration]: **~ de taille/hanches** waist/hip measurement; **elle fait 55 cm de ~ de taille** her waist (measurement) is 55 cm; **prends ton ~ de taille** measure (round) your waist; **quel est votre ~ de taille/hanches?** what size waist/hips are you?; **~ de cou** collar size; **il fait (un) 42 de ~ de cou** he takes a size 42 collar; **~ de poitrine** [d'une femme] bust measurement OU size; [d'un homme] chest measurement OU size; **~ de tête** head measurement; **je ne connais pas son ~ de tête** I don't know his hat size. -**3.** [parure]: **~ de cou** JOAILL choker; VÊT [en fourrure] fur collar; **~ de lit** (bed) valance. -**4.** [circuit] tour, circuit; **j'ai fait le grand ~ pour venir ici** I came here the long way round; **faire le ~ de** *pr*: **faire le ~ d'un parc** to go round a park; [à pied] to walk round a park; [en voiture] to drive round a park; **nous avons fait le ~ du vieux quartier** we went round the old part of the town; **faire le ~ du monde** to go round the world; **faire le ~ du monde en auto-stop/voilier** to hitch-hike/to sail round the world; **une jeune Américaine faisant son ~ d'Europe** a young American travelling round Europe; **faire le ~ de** *fig*: **l'anecdote a fait le ~ des bureaux** the story went round the offices OU did the rounds of the offices; **faire le ~ d'une question** to consider a problem from all angles; **j'ai fait le ~ de toutes les options** I've explored all the possibilities; **je sais ce qu'il vaut, j'en ai vite fait le ~** I know what he's worth, it didn't take me long to size him up ❑ **~ de circuit** lap; **le Tour de France** [cycliste] the Tour de France; [des compagnons] the Tour de France *(carried out by an apprentice to become a journeyman)*; **~ d'honneur** lap of honour; **~ de piste** ATHLÉTISME lap; ÉQUIT round; **faire un ~ de piste** ATHLÉTISME to run a lap; **faire un ~ de piste sans faute** ÉQUIT to have a clear round; **le ~ du propriétaire: on a fait le ~ du propriétaire** we went OU looked round the property; **fais-moi faire le ~ du propriétaire** show me round your property; **j'ai fait le ~ du cadran** *fam* I slept round the clock; **faire un ~ d'horizon** to deal with all aspects of a problem. -**5.** [promenade - à pied] walk, stroll; [- en voiture] drive, ride; [- à bicyclette, à cheval, en hélicoptère] ride; [court voyage] trip, outing *(U)*; **faire un ~** [à pied] to go for a walk; [en voiture] to go for a drive OU ride; [à vélo] to go for a ride; **faire un ~ en ville** to go into town; **je vais faire un petit ~ près de la rivière** I'm going for a short walk near the river; **nous irons faire un ~ dans les Pyrénées** we'll go for a trip in the Pyrenees.

B. PÉRIODE, ÉTAPE -**1.** [moment dans une succession] turn; JEUX [gén] turn, go; [aux échecs] move; **c'est (à) ton ~** [gén] it's your turn OU go; [échecs] it's your move; **à qui le ~?** whose turn is it?, who's next?; **chacun son ~** everyone will have his turn; **prendre le ~ de qqn** to take sb's turn; **laisser passer son ~** to miss one's turn; **tu attendras ton ~ pour poser une question** you'll have to wait until it's your turn to ask a question; **c'est à ton ~ de mettre la table** it's your turn to lay OU to set the table; **parler à son ~** to speak in turn; **nous veillons chacun à notre ~** we take turns to be on watch ❑ **~ de garde** [d'un médecin] spell OU turn of duty; **~ de scrutin** ballot; **au premier ~** in the first ballot OU round. -**2.** SPORT [série de matches] round; **le second ~ de la coupe d'Europe** the second round of the European Cup.

C. ACTION HABILE OU MALICIEUSE -**1.** [stratagème] trick; **elle prépare un mauvais ~** she's up to some mischief; **j'en ai fait, des ~s, quand j'étais petit!** I was always up to no good when I was a child!; **jouer un ~ à qqn** to play a trick on sb; **jouer un sale OU mauvais ~ à qqn** to play a nasty OU dirty trick on sb; **jouer un ~ pendable à qqn** to play a really nasty trick on sb; **ça vous jouera un mauvais OU vilain ~!** you'll be sorry for it!, it'll catch up with you (one day)!; **ma mémoire/vue me joue des ~s** my memory/sight is playing tricks on me ❑ **et le ~ est joué!** and there you have it!; **avoir plus d'un ~ dans son sac** to have more than one trick up one's sleeve. -**2.** [numéro, technique]: **~ d'adresse** skilful trick, feat of skill; **~ de cartes** card trick; **~ de passe-passe** sleight of hand; **~ de prestidigitation** conjuring trick.

D. ASPECT -**1.** [orientation] turn; **cette affaire prend un très mauvais ~** this business is going very wrong; **la discussion prend un très mauvais ~** the discussion is taking a nasty turn; **je n'aime pas le ~ qu'a pris la situation** I don't like the turn the situation has taken OU the way the situation is developing; **la manifestation prit un ~ tragique** the demonstration took a tragic turn ❑ **~ d'esprit** turn OU cast of mind; **ce n'était pas dans son ~ d'esprit** this wasn't the way her mind worked; **donner le ~** *Helv* [maladie] to take a turn for the better; [personne] to wrap up. -**2.** LING [expression] expression, phrase; [en syntaxe] construction; **un ~ de phrase maladroit** an awkward turn of phrase.

E. ROTATION -**1.** [d'une roue, d'un cylindre] turn, revolution; [d'un outil] turn; ASTRON revolution; **la Terre fait un ~ sur elle-même en 24 heures** the Earth completes a revolution in 24 hours OU revolves on its axis once every 24 hours; **faire un ~/trois ~s sur soi-même** to spin round once/three times (on o.s.) ❑ **il n'y a qu'un ~ de clef** the key's only been turned once; **donner deux ~s de clef** to give a key two turns, to turn a key twice; **n'oublie pas de donner un ~ de clef (à la porte)** don't forget to lock the door; **~ de manège** ride on a roundabout *Br* OU a merry-go-round; **~ de vis** (turn of the) screw; **il suffit de donner un seul ~ de vis** all it needs is one turn of the screw. -**2.** AUT revolution, rev. -**3.** MÉD: **~ de reins: attraper OU se donner un ~ de reins** to put one's back out, to rick one's back. -**4.** CULIN folding *(U)*; **donner trois ~s à la pâte** fold the pastry over three times.

F. TECH lathe; **~ parallèle** centre lathe; **~ de potier** potter's wheel; **~ vertical** vertical milling machine; **fait au ~** *fig* beautifully made.

◆ **à tour de bras** *loc adv* [frapper] with all one's strength OU might.

◆ **à tour de rôle** *loc adv* in turn; **ils président la réunion à ~ de rôle** they chair the meeting in turn OU turns, they take turns at chairing the meeting; **on peut le faire à ~ de rôle si tu veux** we can take (it in) turns if you like.

◆ **tour à tour** *loc adv* alternately, by turns; **~ à ~ charmant et odieux** alternately OU by turns charming and obnoxious.

◆ **tour de chant** *nm* (song) recital; **au programme de mon ~ de chant ce soir** among the songs I'm going to sing tonight.

◆ **tour de force** *nm* tour de force, (amazing) feat; **il a réussi le ~ de force de la convaincre** he managed to convince her, and it was quite a tour de force OU quite an achievement.

◆ **tour de main** *nm* -**1.** [savoir-faire] knack; **avoir/prendre le ~ de main** to have/to pick up the knack; **c'est un ~ (de main) à prendre** it's just a knack one has to pick up. -**2.** *loc*: **en un ~ de main** in no time (at all), in the twinkling of an eye.

◆ **tour de table** *nm* -**1.** ÉCON core shareholders. -**2.** [débat]: **faisons un ~ de table** I'd like each of you in turn to give his or her comments; **réunir un ~ de table** to organize a brainstorming session.

Touraine [turɛn] *npr f*: (la) ~ the Touraine (region).

tourangeau, elle, x [turɑ̃ʒo, ɛl] *adj* -**1.** [de Touraine] from the Touraine. -**2.** [de Tours] from Tours.

◆ **Tourangeau, elle, x** *nm, f* -**1.** [de Touraine] *inhabitant of or person from the Touraine.* -**2.** [de Tours] *inhabitant of or person from Tours.*

tourbe [turb] *nf* [matière] peat, turf.

tourbeux, euse [turbø, øz] *adj* [sol] peat *(modif)*, peaty, boggy.

tourbière [turbjɛr] *nf* peat bog.

tourbillon [turbijɔ̃] *nm* -**1.** MÉTÉO [vent tournoyant] whirlwind, vortex *litt*. -**2.** [masse d'air, de particules]: **~ de poussière/sable** eddy of dust/sand; **~ de fumée** twist OU coil OU eddy of smoke; **~ de feuilles** flutter of whirling leaves; **~ de neige** snow flurry. -**3.** [dans l'eau - important] whirlpool; [- petit] swirl; **l'eau faisait des ~s** the water was eddying OU swirling. -**4.** [rotation rapide] whirling, spinning; **les ~s de la valse** the whirling motion of a waltz. -**5.** *litt* [vertige, griserie] whirl; **le ~ de la vie moderne** the whirl of modern life; **un ~ de plaisirs** a giddy round of pleasures; **emporté par un ~ de souvenirs** carried away by a rush of memories. -**6.** MÉCAN & PHYS vortex.

◆ **en tourbillons** *loc adv*: **monter/descendre en ~s** to swirl up/down.

tourbillonnaire [turbijɔnɛr] *adj* vortical.

tourbillonnant, e [turbijɔnɑ̃, ɑ̃t] *adj* -**1.** [vent, poussière] whirling; [feuilles, flocons] swirling, whirling, fluttering. -**2.** [existence] whirlwind *(modif)*, hectic.

tourbillonnement [turbijɔnmɑ̃] *nm* [de feuilles, de flocons] whirling, swirling.

tourbillonner [3] [turbijɔne] *vi* -**1.** [eau, rivière] to swirl, to make eddies; **l'eau tourbillonnait autour des piles du pont** the water was swirling around the bridge supports. -**2.** [tournoyer - flocons, feuilles, sable] to whirl, to swirl, to flutter; [- fumée] to whirl, to eddy; [- danseur] to spin OU to whirl OU to twirl (round); **les tracts tombaient en tourbillonnant** the pamphlets were fluttering OU spiralling down (to the ground). -**3.** [défiler rapidement - pensées]: **les idées tourbillonnaient dans sa tête** ideas were whirling OU dancing around in his head.

tourelle [turɛl] *nf* -**1.** ARCHIT turret, tourelle. -**2.** MIL [abri] (gun) turret; [d'un bateau] conning tower. -**3.** CIN (lens) turret. -**4.** MÉCAN [d'un tour] turret.

Tourgueniev [turgenjɛf] *npr* Turgenev.

tourière [turjɛr] *adj f* & *nf*: **(sœur) ~** *sister responsible for a convent's external relations.*

tourillon [turijɔ̃] *nm* -**1.** MÉCAN [d'une pièce] pivot, trunnion. -**2.** ARM trunnion. -**3.** MENUIS (fixing) dowel.

tourisme [turism] *nm* -**1.** [fait de voyager] touring; **faire du ~** [dans un pays] to go touring; [dans une ville] to go sightseeing. -**2.** [commerce]: **le ~** tourism, the tourist industry; **notre région vit du ~** we are a tourist area. -**3.** AUT: **(voiture) grand ~** tourer.

◆ **de tourisme** *loc adj* -**1.** [ville] tourist *(modif)*; [agence] travel *(modif)*. -**2.** [à usage personnel - avion, voiture] private.

tourista *fam* [turista] *nf* traveller's tummy.

touriste [turist] *nmf* -**1.** [gén] tourist; [pour la journée] day-tripper; **il y a trop de ~s ici** there are too many tourists around here. -**2.** *fam* [dilettante, amateur] (outside) observer; **vous allez participer au débat? — non, je suis là en ~** are you going to take part in the discussion? — no, I'm just watching OU just an observer.

touristique [turistik] *adj* -**1.** [pour le tourisme - brochure, guide] tourist *(modif)*; **renseignements ~s** travel OU tourist information ❑ **route ~** scenic route; **pendant la saison ~** in season, during the tourist season. -**2.** [qui attire les touristes] tourist *(modif)*; **c'est un village très ~** this village is very popular with tourists OU is a very popular spot; **cette ville est beaucoup trop ~ à mon goût** there are too many tourists in this town for my taste.

tourmaline [turmalin] *nf* tourmaline.

tourment [turmɑ̃] *nm sout* -**1.** *litt* [physique] intense suffering, agony; **dans les ~s de la soif** suffering the pangs of thirst; **les ~s de la maladie** the torments OU throes of illness. -**2.** [moral] agony, torment; **les ~s de l'incertitude** torments of uncertainty; **en proie aux ~s de la création** in the throes of creation.

tourmente [turmɑ̃t] *nf litt* -**1.** [tempête] tempest *litt*, storm; **~ de neige** blizzard. -**2.** *fig* [bouleversements] turmoil.

tourmenté, e [turmɑ̃te] *adj* -**1.** [angoissé - personne] tormented, troubled, anguished; [- conscience] tormented, troubled. -**2.** [marqué par la souffrance - visage] tormented; **les traits ~s** tormented features; **un regard ~** a haunted OU tormented look. -**3.** [agité - époque] troubled; **la période ~e des guerres de Religion** the troubled period of the Wars of Religion. -**4.** *sout* [accidenté - paysage, côte] wild, rugged, craggy; [changeant - ciel] changing, shifting; **un paysage d'orage sous un ciel ~** a stormy landscape under a shifting sky. -**5.** LITTÉRAT & BX-ARTS tortuous; **un bâtiment aux sculptures ~es** a building with contorted OU convoluted sculptures. -**6.** MÉTÉO & NAUT: **mer ~e** rough OU heavy sea.

tourmenter [3] [turmɑ̃te] *vt sout* -**1.** [martyriser - animal, personne] to torment, to ill-treat; **veux-tu cesser de ~ cette pauvre bête!** will you stop tormenting OU baiting that poor animal! -**2.** [harceler] to harass; **tourmenté par ses héritiers** plagued OU harassed by his heirs. -**3.** [suj: faim, soif, douleur] to torment, to plague, to rack; [suj: incertitude, remords] to torment, to haunt, to rack; [suj: jalousie] to plague, to torment; [suj: obsession] to torment, to haunt; **ses rhumatismes le tourmentent** he's plagued by rheumatism; **les souvenirs le tourmentent** he is tormented by his memories.

◆ **se tourmenter** *vpi sout* [s'inquiéter] to worry o.s., to fret, to be anxious; **elle se tourmente pour son fils** she's worried sick about her son; **ne vous tourmentez pas, nous la raccompagnerons** there's no need to be anxious, we'll take her home.

tourmentin [turmɑ̃tɛ̃] *nm* -**1.** NAUT storm jib. -**2.** ORNITH storm petrel.

tournage [turnaʒ] *nm* -**1.** CIN shooting, filming; **interviewé sur le ~** interviewed during filming. -**2.** BANQUE interbank loan. -**3.** TECH turning. -**4.** RAIL turntabling.

tournailler *fam* [3] [turnaje] *vi* to wander round and round; **~ autour de** to hang OU to prowl around; **les gamins tournaillaient devant l'entrée du bar** the kids were loitering outside the bar.

tournant[1] [turnɑ̃] *nm* -**1.** [virage] bend, turn; **série de ~s dangereux** a series of dangerous bends. -**2.** *fig* turning point, watershed; **elle est à un ~ de sa carrière** she is at a turning point in her career; **le ~ du match** the turning point in OU the decisive moment of the match; **la Révolution est un ~ de notre histoire** the Revolution was a turning point in our history ❑ **marquer un ~** to indicate OU to mark a change of direction; **son discours marque un ~ dans la politique du gouvernement** her speech marks a watershed OU the beginning of a new direction in government policy; **prendre le** OU **un ~** to adapt to changing circumstances; **quand la société s'est informatisée, il a su prendre le ~** when they computerized the company, he took to it really well; **attendre qqn au ~** *fam* to be waiting for a chance to catch sb out *Br* OU to catch sb with their pants down *Am*, to have it in for sb; **avoir** OU **attraper qqn au ~** *fam* to get one's own back on sb, to get even with sb.

tournant[2], **e** [turnɑ̃, ɑ̃t] *adj* -**1.** [dispositif, siège] swivel *(modif)*, swivelling. -**2.** [scène] revolving; [escalier, route] winding. -**3.** MIL [manœuvre] outflanking.

tourné, e[1] [turne] *adj* -**1.** [façonné au tour] turned; **un pied de lampe en bois ~** hand-turned wooden lamp base. -**2.** CULIN [altéré - lait] sour, curdled; [- vin] sour; **ce lait est ~** this milk is off *Br* OU bad *Am* OU has gone off *Br* OU bad *Am*; **ce bouillon est ~** this soup has gone bad OU off *Br*. -**3.** *loc*: **bien ~** [taille] neat; [remarque, missive] well-phrased; **mal ~**: **avoir l'esprit mal ~** to have a dirty mind.

tournebouler *fam* [3] [turnəbule] *vt* [troubler] to confuse, to mix up *(sép)*; **il était tout tourneboulé** he was in a real dither.

tournebroche [turnəbrɔʃ] *nm* -**1.** [gén] roasting jack OU spit; [d'un four] rotisserie; **canard/agneau au ~** spit-roasted duck/lamb. -**2.** *arch* [marmiton] turnspit.

tourne-disque [turnədisk] (*pl* **tourne-disques**) *nm* record-player.

tournedos [turnədo] *nm* tournedos.

tournée[2] [turne] ◇ *f* → **tourné**.

◇ *nf* -**1.** [d'un facteur, d'un représentant, d'un commerçant] round; **faire sa ~** [facteur, livreur] to do OU to make one's round ❑ **~ de conférences** lecture tour; **en ~ de conférences aux États-Unis** on the American (lecture) circuit; **faire une ~ électorale** [candidat député] to canvass one's constituency; [dans une élection présidentielle] to go on the campaign trail; **~ d'inspection** tour of inspection. -**2.** [d'un artiste, d'une troupe] tour; **faire une ~** to go on tour; **il achèvera sa ~ à Biarritz** his tour will finish (up) in Biarritz; **faire une ~ en Europe** to go on a European tour. -**3.** [visite]: **faire la ~ des galeries** to do the rounds of OU to go round the art galleries ❑ **faire la ~ des grands ducs** to go out on the town. -**4.** *fam* [au bar] round; **~ générale!** drinks all round!; **c'est ma ~** it's my round; **c'est la ~ du patron** drinks are on the house. -**5.** *fam* [volée de coups] hiding.

◆ **en tournée** *loc adv*: **être en ~** [facteur, représentant] to be off on one's rounds; [chanteur] to be on tour.

tournemain [turnəmɛ̃]

◆ **en un tournemain** *loc adv* in no time at all.

tourner [3] [turne] ◇ *vi* **A.** DÉCRIRE DES CERCLES -**1.** [se mouvoir autour d'un axe - girouette] to turn, to revolve; [- disque] to revolve, to spin; [- aiguille de montre, manège] to turn, to go round; [- objet suspendu, rouet, toupie] to spin (round); [- aile de moulin] to turn OU to spin round; [- clé, pédale, poignée] to turn; [- hélice, roue, tour] to spin, to rotate; **~ sur soi-même** to turn round; [vite] to spin (round and round); **la Terre tourne sur elle-même** the Earth spins on its axis; **tourne pour que je voie si l'ourlet est droit** turn round, so I can see whether the hem's straight; **je voyais tout ~** everything was spinning OU swimming; **faire ~** [pièce de monnaie, manège, roue] to spin; [clef] to turn; **le croupier fit ~ la roulette** the croupier spun the roulette wheel; **faire ~ les tables** to do table-turning ❑ **~ de l'œil** *fam* to pass out, to faint. -**2.** [se déplacer en cercle - personne] to go round; [- oiseau] to fly OU to wheel round, to circle (round); [- insecte] to fly OU to buzz round; [- avion] to fly round (in circles), to circle (round); [- astre, satellite] to revolve, to go round; **les prisonniers tournaient dans la cour** the prisoners were walking round (and round) the yard; **l'avion a tourné plusieurs fois au-dessus de la piste** the plane circled the runway several times; **j'ai tourné 10 minutes avant de trouver à me garer** I drove round (and round) for 10 minutes before I found a parking space; **les voiliers ont tourné autour de la bouée** the yachts went round OU rounded the buoy. -**3.** *fam* [être en tournée - chanteur] to (be on) tour; **notre représentant tourne dans votre région en ce moment** our representative is in your area at the moment.

B. CHANGER D'ORIENTATION, D'ÉTAT -**1.** [changer de direction - vent] to turn, to veer, to shift; [- personne] to turn (off); [- véhicule] to turn (off), to make a turn; [- route] to turn, to bend; **si le vent tourne, il pleuvra** if there's a change in the wind OU if the wind turns, it'll rain; **tournez à droite** turn (off to the) right; **la rue tourne légèrement après le parc** the road turns OU bends slightly beyond the park; **tourne dans l'allée** turn into the drive; **~ au coin de la rue** to turn the corner (of the street) ❑ **la chance** OU **la fortune a tourné (pour eux)** their luck has changed. -**2.** [faire demi-tour] to turn (round); **tourne dans le parking** turn round in the car park *Br* OU parking lot *Am*. -**3.** *fam* [se succéder - équipes] to rotate; **les médecins tournent pour assurer les urgences** the medical staff rotate to cover emergencies. -**4.** [évoluer] to go, to turn out; **la course aurait tourné autrement si...** the race would've had a different outcome if...; **attends de voir comment les choses vont ~** wait and see how things turn out OU go; **bien ~** [situation, personne] to turn out well OU satisfactorily; **mal ~** [initiative, plaisanterie] to turn out badly, to go wrong; **la révolution est en train de mal ~** the revolution's going badly wrong; **tout ça va mal ~!** no good will come of (all) that!; **la conversation a très mal tourné** the discussion took a very nasty turn; **un jeune qui a mal tourné** a youngster who turned out badly OU went off the straight and narrow. -**5.** [s'altérer - lait] to go off *Br* OU bad *Am*, to turn (sour); [- viande] to go off *Br* OU bad; [- crème, mayonnaise] to curdle; **faire ~ du lait/une mayonnaise** to curdle milk/a mayonnaise.

C. MARCHER, RÉUSSIR - **1.** [fonctionner - compteur] to go round; [- taximètre] to tick away; **le moteur tourne** the engine's running OU going; **faire ~ un moteur (à plein régime)** to run an engine (at full throttle); **l'heure** OU **la pendule tourne** time passes; **l'heure tourne et vous ne faites rien** time's running out and you're not doing anything; **l'usine tourne à plein (rendement)** the factory's working at full capacity; **faire ~ une entreprise** [directeur] to run a business; **ce sont les commandes étrangères qui font ~ l'entreprise** orders from abroad keep the business going; **je ne peux pas sauvegarder pendant que mon programme tourne** INF I can't save while my program's running. - **2.** [réussir - affaire, entreprise, économie] to be running well; **alors, les affaires, ça tourne?** *fam* so, how's business (going)?; **ça ne tourne pas très bien entre eux** *fam* it's not going too well between them.

◇ *vt* **A.** FAIRE CHANGER D'ORIENTATION - **1.** [faire pivoter - bouton, clé, poignée, volant] to turn; **tourne le bouton jusqu'au 7** turn the knob to7; **il faut ~ le couvercle pour ouvrir le bocal** it's a jar with a twist-off top. - **2.** [mélanger -sauce, café] to (give a) stir; [- salade] to toss; **ajoutez la farine tout en tournant** add the flour while stirring. - **3.** [diriger - antenne, visage, yeux] to turn; **~ qqch vers la droite/gauche** to turn sthg to the right/left; **tourne la télévision vers moi** turn the set towards me; **~ son regard** OU **les yeux vers** to turn one's eyes OU to look towards; **~ ses pensées vers** to turn one's thoughts to OU towards; **~ son attention vers** to focus one's attention on. - **4.** [retourner - carte] to turn over OU up *(sép)*; [- page] to turn (over) *(sép)*; [- brochette, grillade] to give a turn, to turn (over) *(sép)*; **tournez la page, s'il vous plaît** please turn (over) the page; **il tournait sa casquette entre ses mains** he was turning his cap round and round between his hands; **~ qqch contre un mur** to turn sthg to face a wall; **~ et retourner, ~ dans tous les sens** [boîte, gadget] to turn over and over; [problème] to turn over and over (in one's mind), to mull over ❑ **~ la mêlée** SPORT to wheel the scrum (round). - **5.** [contourner - cap] to round; [- coin de rue] to turn; [- ennemi] to get round *(insép)*; **ils ont réussi à ~ la cavalerie** they managed to outflank the cavalry; **~ la difficulté/le règlement/la loi** *fig* to get round the problem/regulations/law. - **6.** *loc*: **~ le cœur à qqn** *pr* to nauseate sb, to turn sb's stomach; *fig* to break sb's heart; **ça m'a tourné le cœur quand je l'ai entendu pleurer** my heart went out to him when I heard him crying.

B. CIN & TV: **~ un film** [cinéaste] to shoot OU to make a film *Br* OU movie *Am*; [acteur] to make a film *Br* OU movie *Am*; **~ une scène** [cinéaste] to shoot OU to film a scene; [acteur] to play OU to act a scene; **la dramatique a été tournée au Kenya/en studio/en extérieur** the TV play was shot in Kenya/in studio/on location; **on a tourné la scène du départ plus de 10 fois** the farewell scene was shot over 10 times, there were over 10 takes of the farewell scene || *(en usage abs)*: **elle a tourné plusieurs fois avec Pasolini** she played in several of Pasolini's films *Br* OU movies *Am* ❑ **silence, on tourne!** quiet please, action!

C. METTRE EN FORME - **1.** MENUIS & MÉTALL to turn; **~ le bois** to work wood on the lathe, to turn wood. - **2.** [formuler - compliment] to turn; [- critique] to phrase, to express; **je ne sais pas comment ~ cela** I don't know how to put it; **il tourne bien ses phrases** he's got a neat turn of phrase; **sa demande était bien tournée** his request was well phrased. - **3.** [transformer]: **elle tourne tout au tragique** she's always making a drama out of everything; **~ qqch à son avantage/désavantage** to turn sthg to one's advantage/disadvantage; **~ qqch/qqn en ridicule** to ridicule sthg/sb, to make fun of sthg/sb; **il tourne tout ce que je fais en bien/mal** in his eyes, I can do no wrong/everything I do is wrong.

◆ **tourner à** *v + prép*: **~ au burlesque/drame** to take a ludicrous/tragic turn; **~ à la catastrophe** to take a disastrous turn; **~ à l'horreur/au ridicule** to become horrific/ridiculous; **la retraite a vite tourné à la débâcle** the retreat rapidly turned into a rout; **ça tourne à la farce!** it's turning into a farce!; **le temps tourne à la pluie/neige** it looks like rain/snow; **le ciel commençait à ~ au rouge** the sky was beginning to turn red.

◆ **tourner autour de** *v + prép* - **1.** [axe] to move OU to turn round; **les planètes qui tournent autour du Soleil** the planets revolving round the Sun; **l'escalier tourne autour de l'ascenseur** the staircase spirals OU winds round the lift. - **2.** [rôder]: **~ autour de qqn** [gén] to hang OU to hover round sb; [pour le courtiser] to hang round sb; **les enfants tournaient autour du magasin depuis un moment** [par désœuvrement] the children had been hanging around outside the shop for a while; [avec de mauvaises intentions] the children had been hovering outside the shop for a while ❑ **cessons de ~ autour du pot** OU **de la question** let's stop beating about the bush. - **3.** [valoir environ] to be around OU about, to be in the region of; **les réparations devraient ~ autour de 600 F** the repairs should cost around OU should cost about OU should be in the region of 600 F. - **4.** [concerner - suj: conversation] to revolve round, to centre OU to focus on; [- suj: enquête policière] to centre on; **tout le poème tourne autour de ce souvenir** the whole poem revolves round this memory.

◆ **tourner en** *v + prép* to turn OU to change into; **la neige tourne en gadoue** the snow's turning into slush.

◆ **se tourner** *vpi* - **1.** [faire un demi-tour] to turn round; **tourne-toi, que je voie si l'ourlet est droit** turn round, so that I can see whether the hem's straight; **tourne-toi, je me déshabille** turn round OU turn your back, I'm getting undressed. - **2.** [changer de position] to turn; **il se tournait et se retournait dans son lit** he was tossing and turning in his bed; **tourne-toi sur le ventre** turn over onto your belly || *fig*: **de quelque côté qu'on se tourne** wherever you turn; **je ne sais plus de quel côté me ~** I don't know which way to turn any more.

◆ **se tourner contre** *vp + prép* to turn against; **le peuple ne tarda pas à se ~ contre lui** the people soon turned against him.

◆ **se tourner en** *vp + prép litt* [se changer en] to turn into; **leur amertume se tourna en sédition** their bitterness turned into sedition.

◆ **se tourner vers** *vp + prép* - **1.** [s'orienter vers] to turn towards; **les feuilles se tournent vers la lumière** the leaves turn towards OU follow the light; **tous les regards se tournèrent vers elle** all eyes turned to look at her. - **2.** *fig*: **se ~ vers qqn/Dieu** to turn to sb/God; **se ~ vers une carrière** to take up a career; **se ~ vers la religion** to turn to religion.

tournesol [turnəsɔl] *nm* - **1.** BOT sunflower. - **2.** CHIM [colorant] litmus; **(papier de) ~** litmus (paper).

tourneur, euse [turnœr, øz] *nm, f* turner; **~ sur bois/métal** wood/metal turner.

tournevis [turnəvis] *nm* screwdriver; **~ cruciforme** Phillips screwdriver®.

tournicoter *fam* [3] [turnikɔte], **tourniquer** [3] [turnike] *vi* to flit OU to buzz around.

tourniquet [turnikɛ] *nm* - **1.** [à l'entrée d'un établissement] turnstile. - **2.** [présentoir] revolving (display) stand. - **3.** [pour arroser] rotary sprinkler. - **4.** MÉD tourniquet. - **5.** [de volet] (shutter) winder. - **6.** NAUT roller.

tournis [turni] *nm* - **1.** VÉTÉR turnsick, gid, coenuriasis *spéc.* - **2.** *loc*: **avoir le ~** to feel giddy OU dizzy; **donner le ~ à qqn** to make sb (feel) giddy.

tournoi [turnwa] *nm* - **1.** JEUX & SPORT tournament; **~ de tennis de table** table tennis tournament ❑ **~ open** open (tournament); **le Tournoi des Cinq Nations** the Five Nations Tournament. - **2.** HIST tournament, tourney. - **3.** *litt* [compétition] challenge; **~ d'éloquence** contest of eloquence.

tournoiement [turnwamɑ̃] *nm* [de feuilles, de papiers] whirling, swirling; [d'un danseur] twirling, swirling, whirling.

tournoyer [13] [turnwaje] *vi* [feuilles, fumée, flocons] to whirl, to swirl; [aigle] to wheel OU to circle round; [danseur] to swirl OU to twirl OU to whirl round; **le radeau tournoyait dans les rapides** the raft was tossed round (and round) in the rapids; **il faisait ~ la chaîne au-dessus de sa tête** he was whirling OU swinging the chain above his head.

tournure [turnyr] *nf* - **1.** [allure, aspect] demeanour; **elle avait une ~ un peu gauche** she was of a somewhat awkward demeanour. - **2.** [évolution, tendance] trend, tendency; **d'après la ~ que prend la situation** from the way the situation is developing OU going; **attendons de voir quelle ~ prennent les événements** let's wait and see how the situation develops; **prendre ~** to take shape ❑ **~ d'esprit** turn OU cast of mind. - **3.** LING [expression] turn of phrase, expression; [en syntaxe] form, construction; **~ impersonnelle/interrogative** impersonal/interrogative form; **~ fautive** incorrect construction. - **4.** MÉTALL turning, turnings. - **5.** VÊT bustle.

tour-opérateur [turɔperatœr] (*pl* **tour-opérateurs**) *nm* tour operator.

tourte [turt] *nf* - **1.** [tarte] pie; **~ aux poires/épinards** pear/spinach pie. - **2.** [pain rond] round loaf. - **3.** *fam vieilli* [balourd] dumbo, thicko *Br*, dumbbell *Am*.

tourteau, x [turto] *nm* - **1.** [crabe]: **~ (dormeur)** (edible) crab. - **2.** AGR oilcake, cattle cake. - **3.** CULIN: **~ fromagé** ≃ baked cheesecake.

tourtereau, x [turtəro] *nm* ORNITH young turtledove.

◆ **tourtereaux** *nmpl hum* lovebirds; **où sont les ~x?** [à un mariage] where's the happy couple?

tourterelle [turtərɛl] *nf* turtledove; **~ turque** collared dove.

tourtière [turtjɛr] *nf* - **1.** [plat] pie dish OU plate. - **2.** *Can* CULIN meat pie.

tous [*adj* tu, *pron* tus] *adj & pron indéf mpl* → **tout**.

Toussaint [tusɛ̃] *nf* RELIG: **(le jour de) la ~** All Saints' Day; **un temps de ~** miserable weather.

TOUSSAINT:
All Saints' Day is a public holiday in France. It is the traditional occasion for a visit to the cemetery to lay flowers (usually chrysanthemums) on the graves.

---

tousser [3] [tuse] *vi* - **1.** MÉD to cough; **je tousse beaucoup/un peu** I have a bad/slight cough. - **2.** [moteur] to splutter; **le moteur toussa plusieurs fois puis démarra** the engine spluttered several times then came to life.

toussotement [tusɔtmɑ̃] *nm* (slight) coughing OU cough.

toussoter [3] [tusɔte] *vi* - **1.** MÉD to have a bit of a cough OU a slight cough. - **2.** [pour prévenir] to give a little OU discreet cough.

tout [tu, *devant voyelle ou h muet* tut] (*f* **toute** [tut], *mpl* **tous** [*adj* tu, *pron* tus], *fpl* **toutes** [tut]) ◇ *adj qualificatif (au singulier)* - **1.** [entier] all (the), the whole (of the); **~e la nuit** all night; **elle a parcouru ~e la distance en 2 heures** she covered the full distance in 2 hours; **pendant ~ le concert** throughout the concert, during the whole concert; **il se plaint ~e la journée** he complains all the time OU the whole day long; **~ le village a participé** the whole village took part; **~ le pays était à l'écoute** the whole country was listening; **~ l'intérêt de la pièce réside dans la mise en scène** the whole OU the sole interest of the play is in the production; **la grève a duré ~ un mois** the strike lasted a whole month; ~e une journée a whole day; ~ ceci/cela all (of) this/that; ~e cette histoire this whole story; ~ ce travail pour rien! all this work for nothing!; j'ai ~ mon temps I've plenty of time OU all the time in the world; ~ mon courage/enthousiasme a disparu all my courage/enthusiasm has gone; ~e ma fortune my whole fortune; il doit venir avec ~e sa famille he's supposed to be coming with his whole family; ils se sont aimés ~e leur vie they loved each other all their lives; ~ le monde everyone ❑ avec lui, c'est ~ l'un ou ~ l'autre with him, it's either (all) black or (all) white. -2. [devant un nom propre] all; ~ Vienne l'acclamait she was the toast of all Vienna; j'ai visité ~ Paris en huit jours I saw all OU the whole of Paris in a week; il a lu ~ Racine he's read the whole OU the complete works of Racine; il a lu ~ «les Misérables»/tous les «Mémoires» de Saint-Simon he's read the whole of "Les Misérables"/all of Saint-Simon's "Mémoires". -3. [devant un nom sans article]: on a ~ intérêt à y aller it's in our every interest to go; c'est en ~e liberté que j'ai choisi I made the choice completely of my own free will; rouler à ~e vitesse to drive at full OU top speed; en ~e franchise/simplicité in all sincerity/simplicity; c'est de ~e beauté it's extremely beautiful. -4. [avec une valeur emphatique]: c'est ~e une affaire! it's quite a to-do!; c'est ~e une expédition pour y aller! getting there involves quite a trek!; c'est ~ un travail de le nourrir! feeding him's quite a job! -5. *(comme adv)* [entièrement] completely; elle était ~e à son travail she was completely absorbed in her work; elle était ~e de bleu vêtue she was dressed completely in blue. -6. [unique, seul] only; c'est ~ l'effet que ça te fait? is that all it means to you?; ma fille est ~ mon bonheur my daughter is my sole OU only source of happiness; pour ~ remerciement on m'a renvoyé by way of thanks I got fired; pour ~e indemnité, j'ai reçu 1 500 francs 1,500 francs was the only compensation I got; pour ~e famille il n'avait qu'une cousine éloignée one distant cousin was all the family he had. -7. [suivi d'une relative]: ~ ce qu'on dit everything people say; il représente ~ ce que je déteste he embodies all the things OU everything I hate; ~ ce qui me gêne, c'est la différence d'âge the only thing OU all I'm worried about is the age difference; ~ ce que l'entreprise compte de personnel qualifié the company's entire qualified workforce ❑ ils s'amusaient ~ ce qu'ils savaient they were having a whole of a time; ~ ce qu'il y a de: ses enfants sont ~ ce qu'il y a de bien élevés his children are very well-behaved OU are models of good behaviour; ~ ce qu'il y a de gens honnêtes a signé la pétition all decent and upright people signed the petition; ce projet est ~ ce qu'il y a de plus sérieux this project couldn't be more serious.

◇ *adj indéf* A. AU SINGULIER [chaque, n'importe quel] any, all, every; ~ citoyen a des droits every citizen has rights, all citizens have rights; ~e personne ayant vu l'accident any person who witnessed the accident; ~ changement les inquiète the slightest change worries them; ~e faute sera pénalisée all mistakes will be penalized without exception; pour ~ renseignement, écrivez-nous for further information, write to us; pour éviter ~ tracas to spare you any worries; à ~ âge at any age; à ~e heure at any hour, at any time; à ~e heure du jour et de la nuit at any hour of the day or night; 'sandwiches à ~e heure' 'sandwiches available at all times'; de ~ temps since time immemorial, from the beginning of time; en ~e occasion, il cherche à rendre service he takes any opportunity to be of service, he is always eager to be of service; en ~ temps thoughout OU all through history; ~ autre anybody else; ~ autre que lui aurait refusé anyone other than him OU anybody else would have refused ❑ (voiture) ~ terrain all-terrain vehicle; ~e peine mérite salaire *prov* the labourer is worthy of his hire *prov*.

B. AU PLURIEL -1. [exprimant la totalité] all; tous les hommes all men, the whole of mankind; tous les gens everybody, everyone; pour ~es les personnes concernées for all (the people) concerned; je veux tous les détails I want all the details OU the full details; nous avons essayé tous les traitements we've tried all the treatments OU every (single) treatment available; tous vos commentaires et remarques seront publiés all your comments and remarks will be published; ça se vend maintenant à tous les coins de rue it's now sold on every street corner; tous ceux-ci/ceux-là all (of) these/those. -2. [devant un numéral]: ils viennent tous les deux both of them OU the two of them are coming; quand nous sommes tous les deux when we're on our own, when there's just the two of us; ils nous ont invitées ~es les quatre they've invited the OU all four of us; ~es deux iront both of them will go; nous avons tous deux les mêmes goûts we both have the same tastes; tous trois all three of them. -3. [devant un nom sans article]: ils étaient 150 000, ~es disciplines/races confondues there were 150,000 of them, taking all disciplines/races together; champion ~es catégories overall champion; il roulait tous feux éteints he was driving with his lights off; je dois le rencontrer ~es affaires cessantes I must meet him forthwith; Munich, Mexico, Séoul, ~es villes qui ont reçu les jeux Olympiques Munich, Mexico, Seoul, all (of them) cities which have hosted the Olympic Games; il est mon préféré à tous égards I like him best in every respect. -4. [exprimant la périodicité] every; tous les jours every day; tous les lundis every Monday; le magazine paraît ~es les semaines/tous les mois the magazine comes out every week/month; ~es les deux semaines every other week, every second week, every two weeks; à prendre ~es les quatre heures to be taken every four hours OU at four-hourly intervals; ~es les fois qu'on s'est rencontrés every time we've met; tous les 100 mètres every 100 metres.

◇ *pron indéf* A. AU SINGULIER everything, all; [n'importe quoi] anything; j'ai ~ jeté I threw everything away; c'est moi qui ai ~ fait I did it all; il se plaint toujours de ~ he's always complaining about everything; il me dit ~ he tells me everything, he has no secrets from me; dis-moi ~ tell me all about it; t'as ~ compris! *fam* that's it!, that's right!; c'est ~ dire that says it all; elle est bonne en ~ she's good at everything, she's a good all-rounder; il mange de ~ he eats anything; il est prêt à ~ he's ready for anything; capable de ~ capable of anything; pour lui ~ était prétexte à plaisanter he would make a joke out of anything; c'est ~ that's all; ce sera ~ pour aujourd'hui that will be all for today; ce sera ~? [dans un magasin] will be that all?, anything else?; ce n'est pas ~ that's not all; il a du culot! — attendez, ce n'est pas ~! he's got some nerve! — wait, there's more to come OU that's not all!; ce n'est pas ~ de faire des enfants, il faut les élever ensuite having children is one thing, but then you've got to bring them up; être ~ pour qqn to be everything for sb, to mean everything to sb; et ~ et ~ *fam* and all that (sort of thing); elle t'envoie ses amitiés et ~ et ~ she sends her regards and all that sort of thing; il y avait des bougies, de la musique et ~ et ~ there were candles, music and all that sort of thing OU and the whole works *hum*; on aura ~ vu! now I've OU we've seen everything!; ~ est là [objets] that's everything; [problème] that's the whole point OU the crux of the matter; ~ ou partie all or part; vous serez remboursé ~ ou partie you'll get all or part of your money back; ~ ou rien all or nothing; avec toi c'est ~ ou rien with you, it's all or nothing OU one extreme or the other; c'est ~ sauf du foie gras it's anything but foie gras; il est ~ sauf un génie call him anything but not a genius; ~ se passe comme si... it's as though...; à ~ faire [produit] all-purpose; ~ bien considéré, ~ bien réfléchi all things considered; ~ bien pesé after weighing up the pros and the cons; il a ~ de l'escroc he's your typical crook; il a ~ de son père he's every bit like his father.

B. AU PLURIEL -1. [désignant ce dont on a parlé]: il y a plusieurs points de vue, tous sont intéressants there are several points of view, they are all interesting; j'adore les prunes — prends-les ~es I love plums — take them all OU all of them. -2. [avec une valeur récapitulative] all; Jean, Pierre, Jacques, tous voulaient la voir Jean, Pierre, Jacques, they all wanted to see her; ce sont tous banquiers et gens de finance they're all bankers and financiers; c'est tous feignants et compagnie! *fam* they're just a bunch of idlers! -3. [tout le monde]: vous m'entendez tous? can you all hear me?; à vous tous qui m'avez aidé, merci to all of you who helped me, thank you; écoutez-moi tous! listen to me, all of you!; des émissions pour tous programmes suitable for all (audiences); jeu pour tous game suitable for all ages OU any age-group; tous ensemble all together; tous tant OU autant que nous sommes all of us, every (single) one of us.

◆ **tout** (*f* **toute**, *fpl* **toutes**) *adv* (*s'accorde en genre et en nombre devant un adj f commençant par une consonne ou un h aspiré*) -1. [entièrement, tout à fait] quite, very, completely; ils étaient ~ seuls they were quite OU completely alone; la ville ~ entière the whole town; ~ neuf brand new; ~ nu stark naked; ~ cru (totally) raw; un ~ jeune homme a very young man; elle était ~ émue she was very moved; sa chevelure était ~ hérissée his/her hair was all messy; elle est rentrée ~e contente she came back very happy; ses ~ premiers mots his/her very first words; les ~ premiers temps at the very beginning; une robe ~ en dentelle a dress made of lace; être ~ en sueur to be running with OU bathed in sweat, to be all sweaty; le jardin est ~ en longueur the garden is just one long strip; le porche est ~ en marbre the porch is all in marble OU made entirely of marble; un de nos ~ meilleurs acteurs one of our very best actors; arriver parmi les ~ premiers to be one of the very first to arrive; j'étais ~ gêné I was quite OU most OU very embarrassed; ~ mouillé wet OU soaked through, drenched; être ~ occupé à faire qqch to be very busy doing sthg; elles étaient ~es surprises de le voir they were most OU very surprised to see him; je t'aime ~ autant qu'autrefois I love you just as much as I did before; ~ simplement/autrement quite simply/differently; téléphone-moi, ~ simplement just phone me, that's the easiest (way); une toile ~ coton a 100% cotton cloth, an all cotton material; elle était ~ efficacité she was the very model of efficiency; il est ~e bonté/générosité he is goodness/generosity itself; ça, c'est ~ lui! that's typical of him OU just like him! -2. [en intensif]: ~ en haut/bas right at the top/bottom; ~ au début right at the beginning; c'est ~ près it's very close; il roulait ~ doucement he was driving very OU extremely slowly; ~ à côté de moi right next to me; c'est ~ près d'ici it's very close to here, it's a stone's throw (away) from here; ~ contre le mur right up against the wall; c'est ~ le contraire! it's quite the opposite! -3. [déjà]: ~ prêt OU préparé ready-made; ~ bébé, elle dansait déjà even as a baby, she was already dancing ❑ c'est ~ réfléchi I don't have to think about it, my mind's made up; on verra — c'est ~ vu! we'll see — it's already decided! -4. *(avec un gérondif)* [indiquant la simultanéité]: on mangera ~ en marchant we'll eat while we're walking; ~ en tricotant while knitting || [indiquant la concession]: ~ en avouant son ignorance dans ce domaine, il continuait à me contredire although he'd confessed his ignorance in that field, he kept on contradicting me.

◆ **tout** *nm* -**1.** [ensemble] whole; **former un ~** to make up a whole; **je vous vends le ~ pour 500 francs** you can have the whole lot for 500 francs; **versez le ~ dans un bol** put the whole mixture into a bowl; **mon ~ est un instrument de musique** [dans une charade] my whole OU all is a musical instrument. -**2. le ~** [l'essentiel] the main OU the most important thing; **le ~ c'est de ne pas bafouiller** the most important thing is not to stutter ❑ **ce n'est pas le ~, mais je dois partir** *fam* that's all very well, but I've got to go now; **ce n'est pas le ~ de critiquer, il faut pouvoir proposer autre chose** it's not enough to criticize, you've got to be able to suggest something else; **le ~ pour le ~:** **jouer** OU **risquer le ~ pour le ~** to risk (one's) all; **tenter le ~ pour le ~** to make a (final) desperate attempt OU a last ditch effort; **c'est un ~** it's all the same, it makes no difference; **partir ou rester, pour moi c'est un ~** go or stay, it's all the same to me; **à quand le ~ informatique?** when will everything be computerized?; **la politique du ~ ou rien** an all-or-nothing policy; **changer du ~ au ~** to change completely.

◆ **du tout** *loc adv* not at all; **je vous dérange? – du ~, du ~!** am I disturbing you? – not at all OU not in the least!; **elle finissait son café sans du ~ se soucier de notre présence** she was finishing her coffee without paying any attention to us at all OU whatsoever.

◆ **en tout** *loc adv* -**1.** [au total] in total, in all; **cela fait 95 francs en ~** that comes to 95 francs in all OU in total. -**2.** [exactement] exactly, entirely; **la copie est conforme en ~ à l'original** the copy matches the original exactly.

◆ **en tout et pour tout** *loc adv* (all) in all; **en ~ et pour ~, nous avons dépensé 3 000 francs** all in all, we've spent 3,000 francs.

◆ **tout à coup** *loc adv* all of a sudden, suddenly.

◆ **tout à fait** *loc adv* -**1.** [complètement] quite, fully, absolutely; **je suis ~ à fait rassuré** I'm fully OU quite reassured; **en es-tu ~ à fait conscient?** are you fully aware of it?; **je vous comprends ~ à fait** I understand you perfectly well; **ce n'est pas ~ à fait exact** it's not quite correct; **n'ai-je pas raison? – ~ à fait!** am I right? – absolutely! -**2.** [exactement] exactly; **c'est ~ à fait ce que je cherche/le même** it's exactly what I've been looking for/the same. -**3.** [oui] certainly; **vous faites les retouches? – ~ à fait** do you do alterations? – certainly (we do).

◆ **tout... que** *loc conj*: **~ directeur qu'il est** OU **qu'il soit,...** he may well be the boss,...; **~ policier qu'il est, je n'ai pas peur de lui** I don't care if he is a policeman, I'm still not afraid of him; **~e enthousiaste qu'elle soit, elle n'en devra pas moins attendre** however enthusiastic she is, she'll still have to wait.

tout-à-l'égout [tutalegu] *nm inv* main OU mains drainage, main sewer; **avez-vous le ~?** are you connected to the main sewer?

Toutankhamon [tutɑ̃kamɔ̃] *npr* Tutankhamen, Tutankhamun.

toute [tut] *adj & pron indéf f* → **tout**.

toute-épice [tutepis] (*pl* **toutes-épices** [tutepis]) *nf* allspice.

toutefois [tutfwa] *adv* however, nevertheless; **~, j'ai** OU **j'ai ~ omis un détail important** I have however OU nevertheless omitted an important detail; **c'est un homme généreux, ~ peu l'apprécient** he's a generous man, yet he's disliked by many; **je lui parlerai, si ~ il veut bien me recevoir** I'll talk to him, that is, if he'll see me; **elle n'est guère patiente, sauf, ~, avec ses enfants** she's not exactly patient, except, however, with her children.

toute-puissance [tutpɥisɑ̃s] *nf inv* omnipotence, all-powerful influence.

toutes [tut] *adj & pron indéf fpl* → **tout**.

toutou *fam* [tutu] *nm* -**1.** [chien] doggie, bowwow. -**2.** [personne docile] lapdog; **filer** OU **obéir comme un (petit) ~** to be a lapdog.

Tout-Paris [tupari] *nm*: **le ~** the Parisian smart set; **le ~ y était** everyone who's anyone in Paris was there.

tout-petit [tup(ə)ti] (*pl* **tout-petits**) *nm* [qui ne marche pas] infant; [qui marche] toddler; **une émission pour les ~s** a programme for our very young viewers.

tout-puissant, toute-puissante [tupɥisɑ̃, tutpɥisɑ̃t] (*mpl* **tout-puissants**, *fpl* **toutes-puissantes**) *adj* -**1.** [influent] omnipotent, all-powerful. -**2.** RELIG almighty.

Tout-Puissant [tupɥisɑ̃] *npr m*: **le ~** the Almighty.

tout(-)terrain [tutɛrɛ̃] (*pl* **tous-terrains** OU **tous terrains**) ⋄ *adj* cross-country *(modif)*.
⋄ *nm* dirt-track driving OU riding.
⋄ *nf* cross-country car OU vehicle.

tout-venant [tuvnɑ̃] *nm inv* -**1.** [choses] everyday things; [personnes] ordinary people; **des places d'opéra qui ne sont pas pour le ~** opera tickets that are beyond the means of ordinary people. -**2.** MIN crude ore.

toux [tu] *nf* cough; **~ grasse/nerveuse/sèche** loose/nervous/dry cough.

toxémie [tɔksemi] *nf* toxaemia *Br*, toxemia *Am*.

toxicité [tɔksisite] *nf* toxicity.

toxicologie [tɔksikɔlɔʒi] *nf* toxicology.

toxicologique [tɔksikɔlɔʒik] *adj* toxicological.

toxicologue [tɔksikɔlɔg] *nmf* toxicologist.

toxicomane [tɔksikɔman] ⋄ *adj* drug-addicted.
⋄ *nmf* drug addict.

toxicomaniaque [tɔksikɔmanjak] *adj* drug-addiction-related, toxicomaniac *spéc*.

toxicomanie [tɔksikɔmani] *nf* drug addiction.

toxicose [tɔksikoz] *nf* infant toxicosis.

toxidermie [tɔksidɛrmi] *nf* toxicodermatitis.

toxi-infectieux, euse [tɔksiɛ̃fɛksjø, øz] (*mpl inv*, *fpl* **toxi-infectieuses**) *adj* toxi-infectious.

toxine [tɔksin] *nf* toxin.

toxique [tɔksik] ⋄ *adj* toxic, poisonous.
⋄ *nm* poison, toxin.

toxoplasmose [tɔksɔplasmoz] *nf* toxoplasmosis.

TP ⋄ *nmpl* -**1.** *abr de* **travaux pratiques**. -**2.** *abr de* **travaux publics**.
⋄ *npr m abr de* **Trésor public**.

TPG *nm abr de* **trésorier payeur général**.

tps *abr écrite de* **temps**.

tr (*abr écrite de* **tour**) rev.

trac[1] [trak] *nm* [devant un public] stage fright OU nerves; [à un examen] exam nerves; **avoir le ~** to have the jitters; **j'avais le ~ avant mon entretien** I had butterflies before the interview.

trac[2] [trak]
◆ **tout à trac** *loc adv vieilli* out of the blue, just like that; **elle a dit ça tout à ~** she just came out with it, she blurted it out all of a sudden.

traçage [trasaʒ] *nm* -**1.** [d'un trait, d'une figure] drawing; [d'une inscription] writing OU tracing (out); [d'un itinéraire] plotting (out). -**2.** MIN horizontal working. -**3.** TECH marking, scribing.

traçant, e [trasɑ̃, ɑ̃t] *adj* -**1.** ARM [projectile] tracer *(modif)*. -**2.** BOT running, creeping.

tracas [traka] ⋄ *nm* [ennui, embarras]: **du ~** worry, upset; **cette affaire lui cause bien du ~** this business is causing her a lot of worry OU upset.
⋄ *nmpl* [soucis matériels ou financiers] troubles; **tous les ~ engendrés par le chômage** all the troubles caused by being unemployed.

tracasser [3] [trakase] *vt* [suj: situation] to worry, to bother; [suj: enfant] to worry; **son état de santé actuel me tracasse** I'm worried about the current state of his health.
◆ **se tracasser** *vpi* to worry; **ne te tracasse plus pour cela** don't give it another thought.

tracasserie [trakasri] *nf* *(souvent pl)* petty annoyance; **faire face à des ~s administratives** to put up with a lot of frustrating redtape.

tracassier, ère [trakasje, ɛr] *adj* [administration, fonctionnaire] pettifogging; [personne] awkward, difficult.

trace [tras] *nf* -**1.** [empreinte - d'un animal] track, trail, spoor; [- d'un fugitif] trail; **ils ont relevé des ~s de pas dans l'allée** they have found footprints OU footmarks on the path; **des ~s de pneus** tyre OU wheel marks; **suivre la ~** OU **les ~s de qqn, marcher sur les ~s de qqn** *fig* to follow in sb's footsteps. -**2.** [d'un coup, de brûlures, d'une maladie] mark; **il portait des ~s de coups** his body showed signs of having been beaten; **elle a quelques ~s de varicelle** she's got some chickenpox scars. -**3.** [marque, indice] trace, smear; **mon manteau a des ~s d'usure** my coat is showing signs of wear; **il y a des ~s de doigts sur la vitre** there are fingermarks on the window pane; **des ~s de sang sur le sol** blood marks on the ground; **ses larmes n'avaient laissé aucune ~ sur son visage** her face bore no trace of the tears she had shed; **pas la moindre ~ d'effraction** no sign OU evidence OU trace of a break-in; **on dirait des ~s de préparatifs** it looks as if somebody is getting ready for something; **quelques ~s de lutte** some signs of fighting; **elle a laissé des ~s de son passage** you can see she's been here; **il n'y a pas ~ d'elle** OU **aucune ~ d'elle** no sign of her (anywhere); **on ne trouve pas ~ de votre dossier** your file cannot be traced, there's no trace of your file. -**4.** [quantité infime] trace; **on a retrouvé des ~s d'arsenic dans le thé** traces of arsenic have been found in the tea; **elle parle sans la moindre ~ d'accent** she speaks without the slightest trace OU hint of an accent. -**5.** [vestige] trace; **on y a retrouvé les ~s d'une civilisation très ancienne** traces of a very ancient civilization have been discovered there. -**6.** [marque psychique] mark; **la mort de son père a laissé en lui des ~s profondes** his father's death left an indelible mark on him; **une telle épreuve laisse forcément des ~s** such an ordeal is bound to take its toll. -**7.** *(comme adj)* CHIM: **élément ~** trace element. -**8.** ÉLECTRON: **~ acoustique** sound track. -**9.** MATH & PSYCH trace. -**10.** SPORT trail; **faire la ~** to break a trail ❑ **~ directe** straight running.

◆ **à la trace** *loc adv* -**1.** [d'après les empreintes]: **suivre à la ~** [fuyard, gibier] to track (down); **il était blessé, ils l'ont suivi à la ~** he was wounded and they followed his trail. -**2.** *fam fig*: **on peut le suivre à la ~, il sème ses stylos partout** he's easy to track down, he leaves his pens lying around all over the place.

◆ **sur la trace de** *loc prép* [à la recherche de] on the trail of OU track of; **ils sont sur la ~ du bandit/d'un manuscrit** they are on the bandit's trail/tracking down a manuscript.

tracé [trase] *nm* -**1.** [représentation - d'une ville, d'un réseau] layout, plan; **faire le ~ d'une route** to lay out OU to plan a road *(on paper)*. -**2.** [chemin suivi - par un fleuve] course; [- par une voie] route. -**3.** [ligne - dans un graphique] line; [- dans un dessin] stroke, line; [contour - d'un littoral] outline. -**4.** TRAV PUBL tracing, marking out *(on site)*.

tracer [16] [trase] ⋄ *vt* -**1.** [trait, cercle, motif] to draw; **~ une circonférence/ligne** to draw a circumference/line. -**2.** [inscription, mot] to write; **à 5 ans, ils ont encore du mal à ~ les chiffres et les lettres** at 5 years old they still have difficulty forming numbers and letters; **au bas du tableau, il avait tracé quelques mots** he had written a few words at the bottom of the blackboard. -**3.** [marquer l'emplacement de - itinéraire] to trace, to plot; [- chemin, terrain] to mark OU to stake OU to lay out *(sép)*; **~ les allées d'un parc** to lay out the paths in a park; **~ une route à travers la brousse** to plot the course of a road through the bush. -**4.** *fig* [indiquer] to map out *(sép)*, to plot; **~ une ligne de conduite pour qqn** to plot a course of action for sb; **vous nous tracez un tableau pessimiste de l'avenir** you're painting a less than rosy picture of our future ❑ **~ le chemin** OU **la route** OU **la voie à qqn** to mark out OU to pave the way for sb. -**5.** MATH: **~ le graphe d'une fonction** to plot the graph of a (mathematical) function. -**6.** MIN to open up *(sép)*. -**7.** TECH to mark, to scribe.

◇ *vi* -**1.** *fam* [aller très vite] to shift *Br*, to barrel along *Am*; **elle trace, ta bagnole!** your car goes like a bomb!, your car doesn't half shift *Br* OU barrels right along *Am*! -**2.** *Helv*: ~ **après qqn** [le poursuivre] to chase sb. -**3.** BOT [racine] to spread.

traceur, euse [trasœr, øz] ◇ *adj* ARM & PHYS tracer *(modif)*.
◇ *nm, f* TECH scriber.
◆ **traceur** *nm* -**1.** NUCL & PHYS tracer. -**2.** [pour dessins] tracer; [d'un appareil enregistreur] pen. -**3.** INF: ~ **de courbes** graph plotter.

trachéal, e, aux [trakeal, o] *adj* tracheal.

trachée [traʃe] *nf* -**1.** ANAT trachea *spéc*, windpipe. -**2.** ZOOL trachea. -**3.** BOT trachery elements, trachea.

trachée-artère [traʃeartɛr] (*pl* **trachées-artères**) *nf* trachea ANAT.

trachéen, enne [trakeɛ̃, ɛn] *adj* tracheal.

trachéite [trakeit] *nf* tracheitis.

trachéo-bronchite [trakeɔbrɔ̃ʃit] (*pl* **trachéo-bronchites**) *nf* tracheobronchitis.

trachéotomie [trakeɔtɔmi] *nf* tracheotomy.

trachome [trakom] *nm* trachoma.

trachyte [trakit] *nf* trachyte.

tract [trakt] *nm* pamphlet, leaflet, tract; **distribuer des ~s (à)** to leaflet.

tractable [traktabl] *adj* towable.

tractations [traktasjɔ̃] *nfpl* dealings, negotiations; **des ~ eurent lieu et l'affaire fut étouffée** negotiations took place and the whole business was hushed up.

tracter [3] [trakte] *vt* to tow, to pull.

tracteur, trice [traktœr, tris] *adj* -**1.** [véhicule] towing *(avant n)*. -**2.** [en hydrologie]: **force** OU **puissance tractrice** (critical) tractive force.
◆ **tracteur** *nm* -**1.** AGR tractor. -**2.** AUT: ~ **routier** tractor.

traction [traksjɔ̃] *nf* -**1.** [mode de déplacement] traction, haulage; ~ **animale/mécanique** animal/mechanical traction, animal/mechanical haulage. -**2.** AUT: **une Traction** a vintage Citroën, an old front-wheel drive Citroën ❑ ~ **avant** [système] front-wheel drive. -**3.** MÉD traction. -**4.** PHYS traction; **force de ~** tractive force; **résistance à la ~** tensile strength. -**5.** RAIL [force] traction; **la ~** *department dealing with the maintenance and driving of engines* ❑ ~ **électrique/à vapeur** electric/steam traction; ~ **en unité multiple** multiple-unit traction. -**6.** SPORT [sur une barre] pull-up; [au sol] press-up, push-up.

tractoriste [traktɔrist] *nmf* tractor driver.

trad *fam* [trad] *nf abr de* **traduction**.

trade-union [trɛdjunjɔn] (*pl* **trade-unions**) *nf* (trade) union.

tradition [tradisjɔ̃] *nf* -**1.** [ensemble des coutumes] tradition; **la ~ veut qu'elle soit née ici** tradition has it that she was born here; **selon la ~ bretonne** according to Breton tradition; **c'est dans la plus pure ~ écossaise** it's in the best Scottish tradition. -**2.** [usage] tradition, custom; **dans notre famille, c'est une ~** it's a family tradition. -**3.** JUR tradition, transfer. -**4.** RELIG: **la Tradition** Tradition.
◆ **de tradition** *loc adj* traditional; **c'est de ~** it's traditional OU a tradition; **il est de ~ de/que...** it's a tradition to/that...

traditionalisme [tradisjɔnalism] *nm* -**1.** [gén] traditionalism. -**2.** RELIG Traditionalism.

traditionaliste [tradisjɔnalist] *adj* & *nmf* traditionalist.

traditionnel, elle [tradisjɔnɛl] *adj* -**1.** [fondé sur la tradition] traditional; **une interprétation ~le d'un texte** a conventional interpretation of a text. -**2.** [passé dans les habitudes] usual, traditional; **la date ~le de la remise des prix** the traditional OU usual date for the prize-giving; **le ~ baiser de la mariée** the time-honoured tradition of kissing the bride.

traditionnellement [tradisjɔnɛlmɑ̃] *adv* -**1.** [selon la tradition] traditionally. -**2.** [comme d'habitude] as usual, as always; **un secteur industriel ~ déficitaire** an industrial sector which usually OU traditionally runs at a loss.

traducteur, trice [tradyktœr, tris] *nm, f* translator.
◆ **traducteur** *nm* -**1.** TECH transducer. -**2.** INF translator.
◆ **traductrice** *nf* translating OU translation machine.

traduction [tradyksjɔ̃] *nf* -**1.** [processus] translating, translation; **son roman perd beaucoup à la ~** her novel loses a lot in translation; ~ **de l'espagnol en allemand** translation from Spanish into German ❑ ~ **assistée par ordinateur** computer OU machine (assisted) translation; ~ **automatique** automatic translation; ~ **littérale** literal OU word-for-word translation; ~ **simultanée** simultaneous translation. -**2.** [texte] translation; **acheter une ~ de «Guerre et Paix»** to buy a translation of "War and Peace". -**3.** [transposition] expression; **la ~ musicale de sa passion** the expression of his passion in music, the musical expression of his passion.

traduire [98] [tradɥir] *vt* -**1.** [écrivain, roman, terme] to translate; **livre traduit de l'anglais** book translated from (the) English; ~ **du russe en chinois** to translate from Russian OU out of Russian into Chinese; **la première phrase est mal traduite** the first sentence is badly translated, the translation of the first sentence is wrong; **elle est peu traduite en Europe** very few of her works are translated in Europe. -**2.** [exprimer - pensée, sentiment] to express, to reflect; [- colère, peur] to reveal, to indicate; **la gourmandise ne traduit pas toujours un manque d'affection** greediness isn't always an indication OU a sign of a lack of affection. -**3.** JUR: ~ **qqn en justice** to bring sb before the courts, to prosecute sb.
◆ **se traduire** *vp (emploi passif)*: **la phrase peut se ~ de différentes façons** the sentence can be translated OU rendered in different ways.
◆ **se traduire par** *vp + prép* -**1.** [avoir pour résultat]: **cela se traduit par des changements climatiques profonds** it results in OU entails radical changes in the climate; **la sécheresse s'est traduite par une baisse de la production agricole** agricultural production fell as a result of the drought. -**2.** [être exprimé par]: **son émotion se traduisit par des larmes** he wept with emotion.

traduisible [tradɥizibl] *adj* translatable; **le proverbe n'est pas ~** the proverb cannot be translated.

trafic [trafik] *nm* -**1.** [commerce illicite] traffic, trafficking; **faire du ~ d'armes** to be engaged in arms dealing OU in gunrunning; **le ~ de drogue** OU **de stupéfiants** drug trafficking; **faire du ~ de drogue** [gén] to be involved in drug trafficking; [organisateur] to traffic in drugs; [revendeur] to deal in OU to push OU to peddle drugs; **faire ~ de son corps** to sell one's body. -**2.** *fam* [manigance] fishy business; **il y a tout un ~ dans le recrutement des cadres** executive recruitment is a real racket. -**3.** JUR: ~ **d'influence** (bribery and) corruption OU corrupt receiving. -**4.** TRANSP traffic; ~ **aérien/ferroviaire/maritime/portuaire/routier** air/rail/sea/port/road traffic; **le ~ est dense/fluide sur l'autoroute** traffic is heavy/light on the motorway.

traficoter *fam* [3] [trafikɔte] ◇ *vi*: **il traficote** he's a small-time crook, he's into petty dealing.
◇ *vt* [manigancer] to be up to; **qu'est-ce que tu traficotes dans ma chambre?** what do you think you're up to in my room?

trafiquant, e [trafikɑ̃, ɑ̃t] *nm, f* dealer, trafficker; ~ **de drogue** drug dealer OU trafficker; ~ **d'armes** gunrunner, arms dealer.

trafiquer [3] [trafike] ◇ *vi* [faire du commerce illicite] to traffic, to racketeer; **il a fait fortune en trafiquant pendant la guerre** he made a fortune on the black market during the war; ~ **de sa fonction/de ses relations** *litt* to make corrupt use of one's position/of one's relationships.
◇ *vt fam* -**1.** [falsifier, altérer - comptabilité, résultats électoraux] to doctor; [- vin] to adulterate; [- compteur électrique] to tamper with *(insép)*; [- compteur kilométrique] to rig. -**2.** *fam* [manigancer] to be up to; **qu'est-ce que tu trafiques là-dedans?** what are you doing OU what are you up to in there?; **je me demande ce qu'ils trafiquent** I wonder what they're up to.

tragédie [traʒedi] *nf* -**1.** LITTÉRAT tragedy; **les ~s d'Euripide** the tragedies of Euripides. -**2.** THÉÂT tragedy; **c'est dans la ~ qu'elle a atteint au sublime** she reached the summit of her art in tragic roles; **c'est dans la ~ qu'elle a créé ses plus beaux rôles** her greatest roles were tragic ones. -**3.** [événement funeste] tragedy, disaster, calamity; **l'émeute a tourné à la ~** the riot had a tragic outcome.

tragédien, enne [traʒedjɛ̃, ɛn] *nm, f* tragedian (*f* tragedienne), tragic actor (*f* actress).

tragi-comédie [traʒikɔmedi] (*pl* **tragi-comédies**) *nf* -**1.** LITTÉRAT tragi-comedy. -**2.** *fig* tragicomic saga; **leur liaison est une perpétuelle ~** their love affair is one long series of ups and downs.

tragi-comique [traʒikɔmik] (*pl* **tragi-comiques**) ◇ *adj* -**1.** LITTÉRAT tragicomic. -**2.** *fig* tragicomic; **un incident ~** an incident that inspires both laughter and tears OU that makes you laugh and cry.
◇ *nm* LITTÉRAT: **le ~** the tragicomic.

tragique [traʒik] ◇ *adj* -**1.** LITTÉRAT tragic; **le genre ~** the tragic genre; **un auteur ~** a tragic author, an author of tragedies, a tragedian. -**2.** [dramatique] tragic; **un sort ~** a tragic destiny; **elle a eu une fin ~** she came to a sad OU tragic end; **ce n'est pas ~** it's not the end of the world; **ce n'est qu'une chute de vélo, ce n'est pas ~!** it's only a fall from a bicycle, nothing to worry about! -**3.** [qui exprime l'angoisse, la terreur] anguished; **un regard ~** an anguished look; **d'une voix ~, elle commença son récit** she began her story in a doom-laden voice.
◇ *nm* -**1.** LITTÉRAT: **le ~** tragedy, tragic art. -**2.** [auteur de tragédies] tragic author, tragedian; **les ~s grecs** the Greek tragedians. -**3.** *fig* tragic aspect OU element; **le ~ de sa situation** the tragic side OU the tragedy of his situation; **prendre qqch au ~** to make a tragedy out of sthg; **elle ne prend jamais rien au ~** she never looks on the dark side of things, she never makes a drama out of things; **tourner au ~** to take a tragic turn, to go tragically wrong.

tragiquement [traʒikmɑ̃] *adv* tragically.

trahir [32] [trair] *vt* **A.** -**1.** [son camp] to betray; **il a trahi son pays** he was a traitor to OU he betrayed his country || *(en usage abs)*: **ceux qui trahissent** traitors, those who betray their country. -**2.** [renier] to betray; **elle a trahi la cause de notre jeunesse/de notre parti** she has betrayed the ideals of our youth/the cause of our party. -**3.** *litt* [tromper - ami, amant]: ~ **qqn** to deceive sb, to be unfaithful to sb. -**4.** [manquer à] to break, to go against; ~ **sa promesse/ses engagements** to break one's promise/one's commitments; ~ **sa foi** to go against OU to betray one's faith; ~ **la vérité** to distort OU to twist the truth. -**5.** *sout* [décevoir] to betray; ~ **l'attente de qqn** to fail to live up to sb's expectations; ~ **les intérêts de qqn** to betray sb's interests; **les résultats ont trahi nos espoirs** the results failed to live up to our hopes OU betrayed our hopes. -**6.** [dénaturer - pensée] to misinterpret, to distort, to do an injustice to; [- en traduisant] to give a false rendering of; **je ne crois pas ~ votre pensée en disant cela** I don't think I'm misinterpreting your ideas by saying that. -**7.** [ne pas correspondre à]: **mes paroles ont trahi ma pensée** my words failed to express my true thoughts. -**8.** [faire défaut à - suj: forces, mémoire] to fail; **si ma mémoire ne me trahit pas** if my memory serves me right; **mes yeux m'auraient-ils trahi?** could my eyes have deceived me?
B. -**1.** [révéler] to betray, to give away *(sép)*; **je faillis ~ mes sentiments** I almost revealed my

feelings; ~ un secret to give away a secret. -2. [démasquer] to give away *(sép)*; **les empreintes qu'ils ont laissées les ont trahis** the fingerprints they left gave them away; **son silence l'a trahie** her silence gave her away. -3. [exprimer] to betray; **son visage ne trahit aucun émoi** he remained stony-faced; **elle s'efforçait de sourire pour ne pas ~ son inquiétude** she did her best to smile so as not to betray her anxiety; **un léger tremblement trahissait sa nervosité** a slight tremble betrayed his nervousness.

◆ **se trahir** *vpi* -1. [se révéler]: **l'angoisse se trahissait dans sa voix** her voice betrayed her anxiety. -2. [laisser voir une émotion] to betray o.s., to give o.s. away; **en apprenant la nouvelle elle s'est trahie** when she heard the news she gave herself away. -3. [se faire découvrir] to give o.s. away; **il s'est trahi en faisant du bruit** he gave himself away by making a noise.

trahison [traizɔ̃] *nf* -1. [félonie] treason; **haute ~** MIL high treason; POL high treason *(by the President)*. -2. [infidélité] infidelity, unfaithfulness; **elle me soupçonne des pires ~s** she thinks I'm always being unfaithful to her. -3. [déloyauté] betrayal, disloyalty; **c'est une pure ~ de ta part de ne pas l'avoir soutenu** you have quite simply betrayed him by not supporting him.

train [trɛ̃] *nm* **A.** -1. [convoi] train; **j'irai t'attendre au ~** I'll wait for you at the station; **je dois prendre le ~ de 9 h 40** I've got to catch the 9:40 (train); **il y a beaucoup de ~s pour Lyon** there's a very good train service to Lyons; **je prends le ~ à Arpajon** I catch the train at Arpajon; **être dans le ~** to be on the train; **'attention, un ~ peut en cacher un autre'** 'beware of oncoming trains' ❑ **~ autocouchettes** car-sleeper train; **~ automoteur** motorcoach train; **~ de banlieue** suburban OU commuter train; **~ direct** non-stop OU through train; **~ électrique** JEUX train set; **~ express** express train; **~ de grande ligne** long distance train, intercity train *Br*; **~ à grande vitesse** high-speed train; **~ de marchandises** goods *Br* OU freight train; **~ mixte** goods *Br* OU freight and passenger train; **les ~s de neige** *trains taking holidaymakers to ski resorts*; **~ omnibus** slow OU local train; **ce ~ est omnibus entre Paris et Vierzon** this train stops OU calls at all stations between Paris and Vierzon; **~ rapide** fast train; **~ postal** mail train; **~ supplémentaire** relief train; **~ de voyageurs** passenger train; **monter dans** OU **prendre le ~ en marche** to climb onto OU to jump on the bandwagon; **'le Train sifflera trois fois'** *Zinnemann* 'High Noon'. -2. [moyen de transport]: **le ~** rail (transport), train; **j'irai par le ~** I'll go (there) by train; **elle voyage beaucoup en ~** she travels by train a great deal; **j'aime (prendre) le ~** I like rail travel OU travelling by train. -3. [voyageurs] train; **tout le ~ s'est mis à chanter** the whole train started to sing. -4. [file de véhicules] line (of cars); **~ de camions** convoy OU line of lorries *Br* OU trucks *Am*; **~ de flottage** timber raft; **~ de péniches** train OU string of barges; **~ routier** convoy (of articulated lorries *Br* OU semitrailers *Am*). -5. [ensemble, série] set, batch; **~ de réformes** set of reforms; **~ de mesures économiques/fiscales** set of economic/tax measures. -6. AÉRON: **~ d'atterrissage** landing gear, undercarriage. -7. AGR: **~ de bois** logging raft. -8. ASTRONAUT: **~ spatial** space train. -9. AUT: **~ avant/arrière** front/rear wheel-axle unit; **~ de pneus** set of tyres. -10. MIL: **~ des équipages** HIST ≃ the Army Service Corps; **~ de combat** (combat OU unit) train; **~ régimentaire** supply train; **~ sanitaire** hospital train. -11. INF [de travaux] stream. -12. MÉCAN: **~ d'engrenages** gear train OU set; **~ de roulement** set of bearings. -13. MÉTALL: **~ de laminoirs** (mill) train. -14. PÉTR: **~ de forage** OU **de sonde** (set of) drilling pipes. -15. PHYS: **~ d'ondes** wave train.

B. -1. [allure] pace; **accélérer le ~** [marcheur, animal] to quicken the pace; [véhicule] to speed up; **aller à un ~ soutenu** to go at a brisk pace; **au** OU **du ~ où vont les choses** the way things are going, at this rate ❑ **aller à fond de ~** *fam* OU **à un ~ d'enfer** *fam* to tear along, to go at a cracking pace; **nous sommes rentrés à un ~ d'enfer** we tore home; **aller à un ~ de sénateur** to have a stately gait; **aller bon ~** [en marchant] to walk at a brisk pace; **les négociations ont été menées bon ~** the negotiations made good progress; **aller son petit ~** [marcher] to jog along; [agir posément] to do things at one's own pace; **aller son ~** to carry on (as normal). -2. [manière de vivre]: **~ de vie** lifestyle, standard of living; **~ de maison** (retinue of) servants; **mener grand ~** to live in grand style; **on menait grand ~ chez les Duparc** the Duparcs had a lavish lifestyle OU lived like kings. -3. *litt* [enchaînement de faits]: **le ~ de la vie quotidienne** the daily grind OU round *Br*. -4. SPORT [dans une course - de personnes, de chevaux] pacemaker; **gagner au ~** to win after setting the pace throughout the race; **mener le ~** to set the pace.

C. -1. ZOOL quarters; **~ avant** OU **de devant** forequarters; **~ arrière** OU **de derrière** hindquarters. -2. *fam* [fesses] backside; **il nous faisait avancer à coups de pied dans le ~** he pushed us on with the occasional kick up the backside; **courir** OU **filer au ~ de qqn** [le suivre partout] to stick to sb like glue; [le prendre en filature] to tail OU to shadow sb.

◆ **en train** ◇ *loc adj* -1. [en cours]: **être en ~** [ouvrage, travaux] to be under way; **j'ai un tricot en ~** I'm knitting something. -2. [personne]: **être en ~** [plein d'allant] to be full of energy; [de bonne humeur] to be in good spirits OU in a good mood; **je ne me sens pas vraiment en ~ en ce moment** I don't feel my usual perky self, I am not feeling especially perky at the moment.

◇ *loc adv* -1. [en route]: **mettre qqch en ~**: **mettre un projet en ~** to get a project started; **mettre un roman en ~** to start a novel. -2. [en forme]: **mettre qqn en ~**: **le repas m'avait mis en ~** the meal had put me in good spirits.

◆ **en train de** *loc prép*: **être en ~ de faire qqch** to be (busy) doing sthg; **il est toujours en ~ de taquiner sa sœur** he's always teasing his sister; **l'opinion publique est en ~ d'évoluer** public opinion is changing.

traînage [trɛnaʒ] *nm* transport by sledge *Br* OU sled *Am*, sledging *(U) Br*, sledding *(U) Am*.

traînailler *fam* [trɛnaje] = **traînasser**.

traînant, e [trɛnɑ̃, ɑ̃t] *adj* -1. [lent - élocution] drawling, lazy; **je m'en moque, dit-elle d'une voix ~e** I don't care, she drawled. -2. [qui traîne à terre] trailing; **une robe ~e** a dress that drags along the floor.

traînard, e *fam* [trɛnar, ard] *nm, f* -1. [lambin] slowcoach *Br*, slowpoke *Am*. -2. [dans une marche] straggler.

◆ **traînard** *nm* MÉCAN saddle.

traînasser *fam* [3] [trɛnase] *vi* -1. [errer paresseusement] to loaf OU to hang about; **elle est toujours à ~ dans les rues** she's always hanging around in the streets. -2. [lambiner dans son travail] to fall behind. -3. [élocution] to drawl; **sa voix traînassait** his voice drawled on.

train-auto [trɛ̃oto] *(pl* **trains-autos***)* *nm* car-sleeper train.

traîne [trɛn] *nf* -1. VÊT train. -2. MÉTÉO: **ciel de ~** cloudy sky *(after a storm)*. -3. NAUT tow. -4. PÊCHE dragnet; **pêche à la ~** trolling.

◆ **à la traîne** *loc adj*: **être** OU **rester à la ~** [coureur, pays, élève] to lag OU to drag behind; **j'ai beaucoup de travail à la ~** I've got a big backlog of work.

traîneau, x [trɛno] *nm* -1. [véhicule] sleigh, sledge *Br*, sled *Am*. -2. PÊCHE dragnet.

traînée [trɛne] *nf* -1. [trace - au sol, sur un mur] trail, streak; [- dans le ciel] trail; **une ~ de sable** a trail of sand; **l'escargot a laissé une ~ visqueuse derrière lui** the snail has left a slimy trail behind it; **une ~ de sang/peinture** a streak of blood/paint; **une ~ de fumée** a trail of smoke ❑ **se propager** OU **se répandre comme une ~ de poudre** to spread like wildfire. -2. *fam péj* [prostituée] tart *Br*, whore. -3. AÉRON: **~ de condensation** (vapour) trail.

traîner [4] [trɛne] ◇ *vt* -1. [tirer - gén] to pull; [- avec effort] to drag, to haul; **elle descendait les escaliers en traînant le sac derrière elle** she was dragging the sack down the stairs (behind her); **~ qqn par les pieds** to drag sb (along) by the feet; **~ les pieds** to shuffle along, to drag one's feet *literal* ❑ **~ la jambe** OU *fam* **patte** to hobble OU to limp along; **~ la savate** *fam* to bum around; **~ qqn dans la boue** OU **la fange** *fig* to drag sb's name through the mud; **~ un boulet** to have a millstone round one's neck; **~ ses guêtres** *fam* OU **bottes** *fam* to loaf OU to hang about. -2. [emmener - personne réticente] to drag along *(sép)*; [- personne non désirée] to trail, to drag about *(sép)*; **~ qqn chez le dentiste** to drag sb along to the dentist's; **j'ai dû le ~ au concert** I had to drag him with me to the concert. -3. [garder avec soi - fétiche, jouet] to drag around *(sép)*; **elle traîne son nounours partout** she never goes anywhere without her teddy bear. -4. *fam* [avoir - idées reçues, principes]: **toute ma jeunesse, j'ai traîné ce sentiment de culpabilité** throughout my youth I carried around this sense of guilt; **ça fait des semaines que je traîne cette angine** this sore throat has been with OU plaguing me for weeks; **je traîne ce prof depuis trois ans!** *fam* I've had to put up with this teacher for three years!

◇ *vi* -1. [pendre]: **~ (par terre)** to drag on the floor OU ground. -2. *fam* [ne pas être rangé - documents, vêtements] to lie around, to be scattered around; **ne laisse pas ~ tes clés** don't leave your keys lying around. -3. [s'attarder, flâner] to dawdle; [rester en arrière] to lag OU to drag behind; **ne traîne pas, Mamie nous attend** stop dawdling OU do hurry up, Grandma's expecting us; **~ en chemin** OU **en route** to dawdle on the way; **j'aime bien ~ sur les quais** *fam* I like strolling along the banks of the river; **on a traîné dans les musées toute la journée!** *fam* we've been traipsing around the museums all day long! || *péj* [errer] to hang about OU around; **il traîne dans tous les bistrots** he hangs around in all the bars; **des chiens traînent dans le village** dogs roam around the village; **fais attention, il y a toujours des flics qui traînent par ici** *fam* be careful, there are always cops hanging around here; **qu'est-ce que tu fais? — je traîne** what are you doing? — I'm just hanging about. -4. *fig* & *péj* [maladie, idée]: **elle attrape toutes les maladies qui traînent** she catches every bug that's going around; **des statistiques périmées qui traînent dans tous les livres** outdated statistics still found in every book. -5. *fam péj* [s'éterniser - affaire, conversation, procédure] to drag on; [- superstition, maladie] to linger OU to drag on; **~ en longueur** [discours, négociations] to drag on; **les choses commencent à ~ en longueur!** things are beginning to drag on!; **ça n'a pas traîné!** it didn't take long!, it wasn't long coming!; **déjà mariés? vous n'avez pas traîné!** married already? you didn't hang around, did you?; **faire ~ des pourparlers/un procès** to drag out negotiations/a trial. -6. [ralentir - voix] to drawl (out); **elle a la voix qui traîne** she drawls.

◆ **se traîner** *vpi* -1. [blessé] to crawl; **se ~ par terre** to crawl on the floor OU ground; **se ~ aux pieds de qqn** *fig* to get down on one's knees to OU in front of sb || [manquer d'énergie]: **depuis sa mort, elle se traîne** she just mopes around the place now he's dead; **je me suis traînée jusque chez le docteur** I dragged myself to the doctor's. -2. *fam* [conducteur, véhicule] to crawl along, to go at a crawl; **on se traîne!** we're just crawling along!

traîne-savates *fam* [trɛnsavat] *nmf inv* dosser *Br*, bum *Am*.

train-ferry [trɛ̃feri] *(pl* **trains-ferries***)* *nm* train ferry.

training [treniŋ] *nm* -1. VÊT [chaussure] sports shoe, trainer; [survêtement] tracksuit. -2. PSYCH: **~ autogène** self-induced relaxation.

train-train, traintrain [trɛ̃trɛ̃] *nm inv* routine; **il est venu interrompre mon ~** he came and disrupted my (daily) routine; **le ~ quotidien** the daily grind.

traire [112] [trɛr] *vt* [vache] to milk; [lait] to draw; **machine à ~** milking machine.

trait [trɛ] *nm* -**1.** [ligne] line; **~ ondulé** wavy line; **tirer** OU **tracer un ~ (à la règle)** to draw a line (with a ruler); **d'un ~ de plume** with a stroke of the pen; **tout l'esprit de l'affiche est dans le ~** the whole effect of the poster lies in the use of line ❑ **dessin au ~** outline drawing; **tirer un ~ sur: tirons un ~ sur cette dispute** let's forget this argument, let's put this argument behind us; **cela fait longtemps que j'ai tiré un ~ sur notre relation** I gave up all hope for our relationship long ago; **tirer un ~ sur le passé** to turn over a new leaf, to make a complete break with the past; **allez, on tire un ~ là-dessus** come on, let's forgive and forget. -**2.** [marque distinctive - d'un système, d'une œuvre, d'un style] (characteristic) feature; **~ distinctif/pertinent** LING distinctive/significant feature; **~ de caractère** (character) trait. -**3.** [acte] : **~ de bravoure** act of bravery, brave deed; **~ d'esprit** witticism, flash of wit; **~ de générosité** act of generosity; **~ de génie** stroke of genius. -**4.** *litt* [projectile] shaft, spear; **partir comme un ~** to set off like a shot; **filer comme un ~** to be as swift as the wind. -**5.** [repartie] shaft; **~ satirique** shaft of satire; **~ railleur** taunt, gibe. -**6.** *loc*: **avoir ~ à** [avoir un rapport avec] to have to do OU to be connected with; **ayant ~ à** regarding, concerning. -**7.** MUS [psaume] tract; [passage] run.

◆ **traits** *nmpl* [du visage] features; **il a des ~s fins/grossiers** he has delicate/coarse features; **avoir des** OU **les ~s réguliers** to be (classically) good-looking, to have classical good looks; **avoir les ~s tirés** to look drawn; **sous les ~s de** *fig*: **on l'a présenté sous les ~s d'un maniaque** he was portrayed as a maniac.

◆ **à grands traits** *loc adv* [dessiner, esquisser] roughly, in broad outline; **voici l'intrigue, résumée à grands ~s** here's a broad OU rough outline of the plot.

◆ **à longs traits** *loc adv* [boire] in long draughts.

◆ **de trait** *loc adj* [bête, cheval] draught.

◆ **d'un (seul) trait** *loc adv* [avaler] in one gulp, in one go; [réciter] (all) in one breath; [dormir] uninterruptedly.

◆ **trait pour trait** *loc adv* [exactement] exactly; **c'est sa mère ~ pour ~** she's the spitting image of her mother.

◆ **trait d'union** *nm* hyphen; *fig* link; **ce mot prend un ~ d'union** this word is hyphenated OU takes a hyphen, this is a hyphenated word; **servir de ~ d'union entre** *fig* to bridge the gap between, to link.

traitable [trɛtabl] *adj* -**1.** [sujet, question] treatable; [problème] manageable; **la question n'est pas ~ en une demi-heure** the question cannot be dealt with in half an hour. -**2.** *litt* [accommodant] amenable, helpful.

traitant, e [trɛtɑ̃, ɑ̃t] *adj* [shampooing] medicated.

traite [trɛt] *nf* -**1.** COMM, FIN & JUR draft, bill; [lettre de change] bill of exchange; **on n'arrive plus à payer les ~s de la maison** we can't pay the mortgage (on the house) any longer; **tirer une ~ sur** to draw a bill OU draft on; **escompter une ~** to discount a bill OU draft ❑ **~ du Trésor** bill issued by public bodies. -**2.** [commerce, trafic] : **~ des Noirs** slave trade; **~ des Blanches** white slave trade OU traffic. -**3.** AGR [action] milking *(U)*; [lait] milk (yield); **~ mécanique** machine milking.

◆ **de traite** *loc adj* [poste, salle] milking.

◆ **d'une (seule) traite** *loc adv* [voyager] in one go, without stopping; [avaler] at one go, in one gulp; [lire, réciter] in one stretch OU breath; [dormir] uninterruptedly; [travailler] without interruption, at a stretch.

traité [trete] *nm* -**1.** [accord] treaty; **~ de paix** peace treaty; **le ~ de Rome** the Treaty of Rome. -**2.** [ouvrage] treatise; **~ de philosophie** sur philosophical treatise on OU upon.

traitement [trɛtmɑ̃] *nm* -**1.** MÉD & PHARM treatment; **un bon ~ contre les poux** a cure for lice; **donner un ~ à qqn** to prescribe (a treatment) for sb; **suivre le ~ d'un médecin** to follow the treatment prescribed by a doctor; **~ homéopathique** homeopathic treatment. -**2.** [d'un fonctionnaire] salary, wage, wages. -**3.** [façon d'agir envers quelqu'un] treatment; **mauvais ~s** ill-treatment; **faire subir de mauvais ~s à qqn** to ill-treat sb ❑ **~ de choc** shock treatment; **~ de faveur** special OU preferential treatment; **avoir un** OU **bénéficier d'un ~ de faveur** to enjoy preferential treatment. -**4.** INF processing; **~ de données/texte** data/word processing; **~ par lots** batch processing; **~ d'images** image processing. -**5.** INDUST treatment, processing; **le ~ des matières premières/des aliments** the processing of raw materials/of foodstuffs; **le ~ des récoltes** the treating of crops; [par avion] the spraying of crops; **le ~ d'une lentille/surface** the coating of a lens/surface ❑ **~ superficiel** TRAV PUBL surfacing. -**6.** [d'un problème, d'une question] treatment, presentation; **le ~ de l'information dans la presse** the way the news is presented in the press.

◆ **en traitement, sous traitement** *loc adj* under treatment; **être en** OU **sous ~** to be being treated OU having treatment OU under treatment.

traiter [4] [trete] *vt* -**1.** [se comporter avec] to treat; **~ qqn avec égard** to treat sb with consideration, to show consideration to sb; **~ qqn durement/complaisamment** to be harsh/accommodating towards sb; **tout dépend de la façon dont tu traites les élèves** it all depends on how you treat the pupils; **il me traite comme un ami/gamin** *fam* he treats me like a friend/kid; **bien ~ qqn** to treat sb well; **mal ~ qqn** to treat sb badly, to ill-treat sb; **~ qqn d'égal à égal** to treat sb as an equal; **tous les actionnaires sont traités de la même façon** all shareholders are treated equally OU get the same treatment; **nous avons été très bien traités** we were very well looked after, we had very good service; **ils l'ont plutôt mal traitée dans son nouveau service!** she got a rather raw deal in her new department! -**2.** [soigner - patient, maladie] to treat; **se faire ~ pour** to undergo treatment OU to be treated for; **on me traite à l'homéopathie** I'm having homeopathy; **je le traite à l'aspirine** [patient] I prescribe aspirin for him; [mal] I treat it with aspirin, I use aspirin for it. -**3.** INDUST to treat, to process; [aliments] to process; [récoltes - gén] to treat; [- par avion] to spray; [lentille] to coat. -**4.** [qualifier] : **~ qqn de: ~ qqn d'imbécile/d'incapable** to call sb an idiot/an incompetent; **se faire ~ de menteur** to be called a liar; **~ qqn de tous les noms** to call sb all the names under the sun. -**5.** COMM [affaire, demande, dossier] to deal with *(insép)*. -**6.** [étudier - thème] to treat, to deal with *(insép)*; **vous ne traitez pas le sujet** you're not addressing the question. -**7.** INF [données, texte, images] to process; **~ qqch par lots** to batch process sthg.

◆ **traiter avec** *v + prép*: **~ avec qqn** to negotiate OU to deal with sb; **nous ne traiterons pas avec des terroristes** we won't bargain OU negotiate with terrorists.

◆ **traiter de** *v + prép* [suj: roman, film, thèse] to deal with *(insép)*, to be about; [suj: auteur] to deal with.

◆ **se traiter** ◇ *vp (emploi passif)* [maladie] : **ça se traite aux antibiotiques** it can be treated with antibiotics.

◇ *vp (emploi réciproque)* [personne] : **ils se traitaient de menteurs/lâches** they were calling each other liars/cowards.

traiteur [trɛtœr] *nm* [qui livre] caterer; **chez le ~** [magasin] at the delicatessen.

traître, esse [trɛtr, ɛs] ◇ *adj* -**1.** [déloyal - personne] traitorous, treacherous; **être ~ à sa patrie** to be a traitor to OU to betray one's country. -**2.** [trompeur - visage, sourire] deceptive; [- paroles] treacherous; **il est ~, ce petit vin de pays!** *fam* this little local wine is stronger than you'd think! -**3.** *loc*: **pas un ~ mot** not a single word; **elle n'a pas dit un ~ mot** she didn't breathe OU say a (single) word; **je n'ai pas compris un ~ mot de ce qu'il a dit** I didn't understand a single word of what he said.

◇ *nm, f* -**1.** [gén & POL] traitor (*f* traitress). -**2.** THÉÂT villain.

◆ **en traître** *loc adv*: **prendre qqn en ~** to play an underhand trick on sb; **agir en ~** to act treacherously.

traîtreusement [trɛtrøzmɑ̃] *adv* treacherously, traitorously, perfidiously.

traîtrise [trɛtriz] *nf* -**1.** [caractère] treacherousness, treachery. -**2.** [acte - perfide] (piece of) treachery; [- déloyal] betrayal.

Trajan [traʒɑ̃] *npr* Trajan.

trajectographie [traʒɛktɔgrafi] *nf* trajectory calculation.

trajectoire [traʒɛktwar] *nf* -**1.** [d'une balle, d'un missile] trajectory, path; [d'une planète, d'un avion] path; **~ de vol** flight path. -**2.** [carrière professionnelle] career path.

trajet [traʒɛ] *nm* -**1.** [chemin parcouru] distance; [voyage] journey; [d'un car, d'un autobus] route; **j'ai beaucoup de ~ de chez moi au bureau** I have a long journey from home to the office; **je fais tous les jours le ~ Paris-Egly** I commute everyday between Paris and Egly; **il a fait le ~ en huit heures** he covered the distance in eight hours; **~ par mer** crossing. -**2.** ANAT course. -**3.** ARM [d'un projectile] path.

tralala *fam* [tralala] *nm* fuss, frills; **pas besoin de tant de ~** no need to make so much fuss; **se marier en grand ~** to get married with all the works OU trimmings; **(et) tout le ~: il y avait des petits fours, du champagne, tout le ~!** there were petits fours, champagne, the (whole) works!

tram [tram] *nm* -**1.** [moyen de transport] tram *Br*, streetcar *Am*. -**2.** [véhicule] tram *Br*, tramcar *Br*, streetcar *Am*.

tramage [tramaʒ] *nm* weaving.

tramail [tramaj] *nm* trammel (net).

trame [tram] *nf* -**1.** TEXT [base] weft, woof; [fil] weft, weft thread, pick. -**2.** [d'un livre, d'un film] thread, basic outline OU framework. -**3.** ARCHIT & IMPR screen. -**4.** TV [lignes] raster; [ensemble] field; [pour lignes paires et impaires] frame.

tramer [3] [trame] *vt* -**1.** [conspiration] to hatch; [soulèvement] to plot; [histoire] to weave; **elle trame quelque chose!** *fig* she's plotting something! -**2.** TEXT to weave. -**3.** IMPR & PHOT to screen; **phototype tramé** screened phototype.

◆ **se tramer** *vp (emploi passif)* to be afoot; **un complot se tramait contre l'empereur** a plot was being hatched against the emperor; **qu'est-ce qui se trame?** what's going on?; **il se trame quelque chose** something's afoot.

tramontane [tramɔ̃tan] *nf* tramontane, transmontane.

tramp [trɑ̃p] *nm* tramp (steamer).

trampoline [trɑ̃pɔlin] *nm* trampoline; **faire du ~** to do trampolining.

tramway [tramwɛ] *nm* -**1.** [moyen de transport] tramway (system). -**2.** [véhicule] tramcar *Br*, streetcar *Am*; **'Un tramway nommé Désir'** *Williams* 'A Streetcar Named Desire'.

tranchant, e [trɑ̃ʃɑ̃, ɑ̃t] *adj* -**1.** [lame] sharp, keen, cutting; [outil] cutting; [bord] sharp, cutting. -**2.** [personne, réponse, ton] curt, sharp.

◆ **tranchant** *nm* -**1.** [d'une lame] sharp OU cutting edge; **le ~ de la main** the edge of the hand. -**2.** [d'apiculteur] hive tool. -**3.** [de tanneur] fleshing knife, flesher.

tranche [trɑ̃ʃ] *nf* -**1.** [de pain, de viande, de pastèque] slice; **~ de bacon** [à frire] rasher (of bacon); **~ de saumon** [darne] salmon steak; [fumée] slice OU leaf of (smoked) salmon; **une ~ fine** a sliver, a thin slice; **une ~ de rôti** a slice cut off the joint; **coupez-moi une ~ près de l'entame s'il vous plaît** slice off a piece near the end for me please ❑ **~ napolitaine** CULIN

Neapolitan slice OU ice-cream; **une ~ de vie** a slice of life. -**2.** [en boucherie] : **la ~ (grasse)** top rump; **~ au petit os** middle of silverside *Br.* -**3.** [subdivision - d'un programme de construction] stage, phase; **~ horaire** ADMIN period of time; **~ d'âge** age bracket; **~ de salaires/de revenus** salary/income bracket; **elle est dans la ~ des 200 000 francs par an** she's in the 200,000 (francs a year) bracket; **j'ai sauté de ~ (d'impôts)** *fam* I've moved up into the next tax bracket. -**4.** BOURSE & FIN [d'actions] block, tranche; [d'emprunt] instalment; [loterie] : **~ d'émission** issue. -**5.** ÉLECTR [unité de production] tranche. -**6.** RAIL portion. -**7.** RAD & TV slot. -**8.** [outil] chisel. -**9.** [de marbre] slab. -**10.** [bord - d'un livre] edge; [- d'une médaille, d'une pièce] edge, rim; **doré sur ~** gilt-edged.

◆ **en tranche(s)** ◇ *loc adj* [pain, saucisson] sliced.

◇ *loc adv*: **débiter** OU **couper qqch en ~s** to slice sthg (up), to cut sthg into slices.

tranché, e [trɑ̃ʃe] *adj* -**1.** [sans nuances - couleurs] distinct, clear, sharply contrasted. -**2.** [distinct - catégories] distinct; [- caractères] distinct, well-defined, clear-cut. -**3.** [péremptoire - position] clear-cut, uncompromising, unequivocal. -**4.** HÉRALD tranché, party per bend.

◆ **tranché** *nm* HÉRALD tranché, party per bend.

◆ **tranchée** *nf* -**1.** MIL & TRAV PUBL trench; **creuser une ~** to (dig a) trench; **il était dans les ~s pendant la guerre** he fought in the trenches. -**2.** [en forêt] cutting *(U)*; [pare-feu] firebreak.

◆ **tranchées** *nfpl* MÉD colic *(U)*, gripe *(U)*, gripes; **~s utérines** after-pains.

trancher [3] [trɑ̃ʃe] ◇ *vt* -**1.** [couper] to cut, to sever, to slice through; **~ la gorge de qqn** to cut OU to slit sb's throat; **la hache lui a tranché le doigt** the axe sliced OU chopped his finger off ☐ **~ le nœud gordien** to cut the Gordian knot. -**2.** [affaire, différend] to judge; [difficulté] to solve; [question] to decide; **je ne peux pas ~ ce problème** I can't be the judge in this matter. -**3.** *sout* [discussion] to bring to a sudden end, to cut short *(sép)*.

◇ *vi* [décider] to make OU to take a decision, to decide; **qui va ~?** who's going to decide?; **~ dans le vif** to take drastic action.

◆ **trancher avec, trancher sur** *v + prép* [suj: couleur] to stand out against, to contrast sharply with; [suj: attitude] to be in sharp contrast OU to contrast strongly with; **sa déclaration tranche avec les propos apaisants du gouvernement** his remarks are in sharp contrast to the pacifying words of his government.

◆ **se trancher** *vpt*: **se ~ le doigt** to chop one's finger off.

tranchet [trɑ̃ʃɛ] *nm* -**1.** [de cordonnier] leather OU skiving knife; **~ à parer** paring knife. -**2.** [de forgeron] hardy

trancheuse [trɑ̃ʃøz] *nf* -**1.** [à jambon, à pain] slicer. -**2.** MENUIS veneer saw. -**3.** TRAV PUBL trench excavator, trencher, ditcher.

tranchoir [trɑ̃ʃwar] *nm* [planche] chopping board.

tranquille [trɑ̃kil] *adj* -**1.** [sans agitation - quartier, rue] quiet; [- campagne] quiet, peaceful, tranquil *litt*; [- soirée] calm, quiet, peaceful; [- sommeil, vie] peaceful, tranquil *litt*; [- air, eau] still, quiet, tranquil *litt*; **dormir d'un sommeil ~** to sleep peacefully; **alors, on ne peut pas dormir ~, ici!** (come on now,) people are trying to sleep here!; **aller** OU **marcher d'un pas ~** to stroll unhurriedly. -**2.** [en paix] : **on ne peut même plus être ~ chez soi!** you can't even get some peace and quiet at home any more!; **allons dans mon bureau, nous y serons plus ~s pour discuter** let's go into my office, we can talk there without being disturbed; **laisser qqn ~** to leave sb alone OU in peace; **elle veut qu'on la laisse ~ quand elle travaille** she wants to be left in peace OU she doesn't want to be disturbed when she's working; **le bébé ne la laisse jamais ~** the baby gives her no peace; **laisse-le ~ avec tes problèmes!** stop bothering him with your problems!; **laisse-moi ~, je suis assez grand pour ouvrir la boîte tout seul!** leave me alone, I'm old enough to open the box on my own!; **laisser qqch ~** *fam* [ne pas y toucher] to leave sthg alone; **laisse ma maquette ~!** hands off my model!, leave my model alone!; **laisse ma vie de famille ~!** leave my family life out of it! -**3.** [calme, sage] quiet; **se tenir** OU **rester ~** to keep quiet OU still; [ne pas se faire remarquer] to keep a low profile; **il n'y a que la télé pour les faire tenir ~s** TV's the only thing that keeps them quiet; **il a été un enfant ~ jusqu'à l'âge de 11 ans** he was a very placid child until the age of 11. -**4.** [serein - personne, foi] calm, serene; **~ comme Baptiste** perfectly calm. -**5.** [rassuré] : **être ~** to feel OU to be easy in one's mind; **sois ~, elle va bien** don't worry OU set your mind at rest, she's all right; **je ne suis pas** OU **ne me sens pas ~ quand il est sur les routes** I worry when he's on the road; **je serais plus ~ s'il n'était pas seul** I'd be happier knowing that he wasn't on his own. -**6.** [sûr] : **tu peux être ~ (que)...** you can be sure OU certain (that)...; **ils n'auront pas mon argent, sois ~!** they won't get my money, that's for sure!

tranquillement [trɑ̃kilmɑ̃] *adv* -**1.** [calmement - dormir, jouer] quietly, peacefully; [- répondre, regarder] calmly, quietly. -**2.** [sans se presser - marcher, travailler] unhurriedly; **on est allé ~ jusqu'à l'église avec grand-mère** we walked slowly to the church with grandma.

tranquillisant, e [trɑ̃kilizɑ̃, ɑ̃t] *adj* [paroles, voix, présence] soothing, reassuring.

◆ **tranquillisant** *nm* PHARM tranquillizer; **bourré de ~s** *fam* doped up to the eyeballs (with tranquillizers).

tranquilliser [3] [trɑ̃kilize] *vt*: **~ qqn** to set sb's mind at rest, to reassure sb.

◆ **se tranquilliser** *vp (emploi réfléchi)* to stop worrying, to be reassured; **tranquillise-toi, je ne rentrerai pas en auto-stop** don't worry, I won't hitch-hike home.

tranquillité [trɑ̃kilite] *nf* -**1.** [calme - d'un lieu] quietness, peacefulness, tranquillity; [- d'une personne] peace, tranquillity; **les enfants ne me laissent pas un moment de ~** the children don't give me any peace; **elle a besoin d'une parfaite ~ pour écrire** she needs (complete) peace and quiet to write. -**2.** [sérénité] : **~ d'esprit** peace of mind.

◆ **en toute tranquillité** *loc adv* [sereinement] with complete peace of mind.

transaction [trɑ̃zaksjɔ̃] *nf* -**1.** BOURSE, COMM & ÉCON transaction, deal; **~s** transactions, dealings. -**2.** JUR (formal) settlement. -**3.** INF transaction.

transactionnel, elle [trɑ̃zaksjɔnɛl] *adj* -**1.** JUR [formule, règlement] compromise *(modif)*. -**2.** PSYCH transactional.

transalpin, e [trɑ̃zalpɛ̃, in] *adj* transalpine.

transaminase [trɑ̃zaminaz] *nf* transaminase.

transat [trɑ̃zat] ◇ *nm* deck chair.

◇ *nf* SPORT transatlantic race; **la ~ en solitaire** single-handed transatlantic race.

transatlantique [trɑ̃zatlɑ̃tik] ◇ *adj* transatlantic.

◇ *nm* -**1.** NAUT (transatlantic) liner. -**2.** [chaise longue] deck chair.

◇ *nf* SPORT transatlantic race.

transbahuter *fam* [3] [trɑ̃sbayte] *vt* to move, to shift, to cart; **les bagages ont été transbahutés dans une autre voiture** the luggage was shoved into another car.

◆ **se transbahuter** *fam vpi* to shift o.s.

transbordement [trɑ̃sbɔrdəmɑ̃] *nm* [de marchandises] transshipment; [de voyageurs] transferring *(of passengers to another vessel or vehicle)*.

transborder [3] [trɑ̃sbɔrde] *vt* [marchandises] to transship; [voyageurs] to transfer.

transbordeur [trɑ̃sbɔrdœr] ◇ *nm* [navire] transporter bridge.

◇ *adj m*: **pont ~** transporter bridge.

transcanadien, enne [trɑ̃skanadjɛ̃, ɛn] *adj* trans-Canadian, trans-Canada *(avant n)*.

Transcaucasie [trɑ̃skokazi] *npr f*: **(la) ~** Transcaucasia.

transcaucasien, enne [trɑ̃skokazjɛ̃, ɛn] *adj* transcaucasian.

transcendance [trɑ̃sɑ̃dɑ̃s] *nf* -**1.** PHILOS transcendence, transcendency. -**2.** MATH transcendence.

transcendant, e [trɑ̃sɑ̃dɑ̃, ɑ̃t] *adj* -**1.** *fam* [génial] brilliant; **ce n'est pas ~!** [livre, film] it's not exactly brilliant!; **il n'est pas ~!** he's no genius! -**2.** MATH & PHILOS transcendental.

transcendantal, e, aux [trɑ̃sɑ̃dɑ̃tal] *adj* transcendental.

transcendantalisme [trɑ̃sɑ̃dɑ̃talism] *nm* transcendentalism.

transcender [3] [trɑ̃sɑ̃de] *vt* to transcend.

◆ **se transcender** *vpi* to transcend o.s.

transcodage [trɑ̃skɔdaʒ] *nm* transcoding, code translation.

transcoder [3] [trɑ̃skɔde] *vt* to transcode.

transconteneur [trɑ̃skɔ̃tənœr] *nm* international container.

transcontinental, e, aux [trɑ̃skɔ̃tinɑ̃tal, o] *adj* transcontinental.

transcripteur [trɑ̃skriptœr] *nm* transcriber.

transcription [trɑ̃skripsjɔ̃] *nf* -**1.** [fait d'écrire - gén] transcription, transcribing, noting (down); [- des notes] copying out (in longhand); [- un document officiel] recording. -**2.** [copie] copy, transcript; [document officiel] record. -**3.** LING & MUS [gén] transcribing, transcription; [translittération] transliteration; **la ~ de son nom russe/chinois en caractères romains** the Romanization of her Russian/Chinese name; **faire une ~ phonétique** to transcribe a word into phonetic symbols.

transcrire [99] [trɑ̃skrir] *vt* -**1.** [conversation] to transcribe, to note OU to take down *(sép)*; [notes] to copy OU to write out (in longhand) *(sép)*; [dans un registre] to record; **je transcris tout ce que vous dites** I'm taking down everything you're saying. -**2.** LING : **~ un mot d'un alphabet dans un autre** to transliterate a word; **~ un nom russe/chinois en caractères romains** to Romanize a Russian/Chinese name. -**3.** MUS to transcribe.

transculturel, elle [trɑ̃skyltyrɛl] *adj* transcultural, cross-cultural.

transducteur [trɑ̃sdyktœr] *nm* transducer.

transduction [trɑ̃sdyksjɔ̃] *nf* transduction.

transe [trɑ̃s] *nf* -**1.** [état d'hypnose] trance. -**2.** [exaltation] trance, exaltation.

◆ **transes** *nfpl* [mouvements] convulsions; **être pris de ~s** to go into convulsions.

◆ **en transe(s)** *loc adj & loc adv*: **être en ~** to be in a trance; **entrer en ~** [médium] to go OU to fall into a trance; *fig & hum* to get all worked up; **faire entrer qqn en ~** to put sb into a trance.

transept [trɑ̃sɛpt] *nm* transept.

transférable [trɑ̃sferabl] *adj* transferable.

transférase [trɑ̃sferaz] *nf* transferase.

transfèrement [trɑ̃sfɛrmɑ̃] *nm* transfer, transferring.

transférer [18] [trɑ̃sfere] *vt* -**1.** [prisonnier] to transfer; [diplomate] to transfer, to move; [évêque] to translate; **~ qqn de... à** to transfer sb from... to; **être transféré** [sportif] to be transferred; [diplomate] to move, to be moved ‖ [magasin, siège social] to transfer, to move; [fonds] to transfer; [reliques] to translate; **il a transféré son argent sur un compte suisse** he's transferred OU switched his money to a Swiss account; **'succursale transférée au n° 42'** 'our branch is now at n° 42'. -**2.** INF [information] to transfer. -**3.** JUR [droits] to transfer, to convey; [propriété - gén] to transfer, to convey; [- par legs] to demise; [pouvoirs] to transfer, to pass on *(sép)*. -**4.** PSYCH : **~ qqch sur qqn** to transfer sthg onto sb. -**5.** BX-ARTS : **~ un motif sur** to transfer a design on OU onto; **~ un motif au pochoir** to stencil a motif.

transfert [trɑ̃sfɛr] *nm* -**1.** [gén & COMM] transfer; **~ de fonds** transfer of funds. -**2.** RELIG [d'un évêque, de reliques] translation. -**3.** INF transfer. -**4.** JUR [de propriété] transfer, conveyance; [de droits, de pouvoirs] transfer; **~ par legs** demise. -**5.** PSYCH transference; **faire un ~ sur qqn**: **elle fait un ~ sur toi** she's using you as the object of her transference.

transfiguration [trɑ̃sfigyrasjɔ̃] *nf* -**1.** [changement profond] transfiguration. -**2.** RELIG: **la Transfiguration** the Transfiguration.

transfigurer [3] [trɑ̃sfigyre] *vt* to transfigure.

transfiler [3] [trɑ̃sfile] *vt* NAUT: **~ deux voiles** to lace two sails together.

transfo *fam* [trɑ̃sfo] *nm abr de* **transformateur**.

transformable [trɑ̃sfɔrmabl] *adj* -**1.** [modifiable] changeable, alterable; **des décors ~s** flexible sets. -**2.** SPORT convertible.

transformateur, trice [trɑ̃sfɔrmatœr, tris] *adj* [influence] transforming.

◆ **transformateur** *nm* ÉLECTR transformer; **~ de traversée** bushing (current) transformer.

transformation [trɑ̃sfɔrmasjɔ̃] *nf* -**1.** [d'une personnalité, d'un environnement] transformation; [d'une matière première, d'énergie] conversion. -**2.** [résultat d'un changement] transformation, alteration, change; **nous avons fait des ~s dans la maison** [travaux] we've made some alterations to the house; [décor, ameublement] we've made some changes in the house. -**3.** SPORT conversion. -**4.** LING & MATH transformation.

transformationnel, elle [trɑ̃sfɔrmasjɔnɛl] *adj* transformational.

transformer [3] [trɑ̃sfɔrme] *vt* -**1.** [faire changer - bâtiment, personnalité, institution, paysage] to transform, to change, to alter; [- matière première] to transform, to convert; [- vêtement] to make over *(sép)*, to alter; **sa maternité l'a complètement transformée** motherhood has completely transformed her; **~ qqch en** [faire devenir] to convert sthg into; **~ une pièce en bureau** to convert a room into an office. -**2.** LING & MATH to transform. -**3.** SPORT to convert.

◆ **se transformer** *vpi* [quartier, personnalité, paysage, institution] to change completely; **l'environnement se transforme lentement/rapidement** the environment is changing slowly/rapidly; **se ~ en** to turn into; **elle se transforma en cygne** she turned OU changed into a swan; **ce voyage se transformait en cauchemar** the trip was turning into a nightmare.

transformisme [trɑ̃sfɔrmism] *nm* transformism.

transformiste [trɑ̃sfɔrmist] ◇ *adj & nmf* [évolutionniste] transformist.

◇ *nm* [travesti] drag artist; **spectacle de ~s** drag show.

transfuge [trɑ̃sfyʒ] *nmf* MIL & POL renegade, turncoat; [qui change de camp] defector.

transfuser [3] [trɑ̃sfyze] *vt* -**1.** MÉD [sang] to transfuse. -**2.** *litt* [sentiment] to instill, to communicate, to pass on *(sép)*.

transfusion [trɑ̃sfyzjɔ̃] *nf*: **~ sanguine** OU **de sang** blood transfusion; **faire une ~ à qqn** to give sb a (blood) transfusion.

transfusionnel, elle [trɑ̃sfyzjɔnɛl] *adj* transfusional.

transgresser [4] [trɑ̃sgrese] *vt* [loi, règle] to infringe, to contravene, to transgress; [ordre] to disobey, to go against; **~ la loi** to contravene OU to break the law; **~ les interdits** to break the taboos.

transgression [trɑ̃sgrɛsjɔ̃] *nf* -**1.** [d'une règle, d'une loi] infringement, contravention, transgression; [d'un ordre] contravention. -**2.** GÉOL transgression.

transhorizon [trɑ̃sɔrizɔ̃] *adj inv* forward-scatter.

transhumance [trɑ̃zymɑ̃s] *nf* -**1.** [de troupeaux] seasonal migration, transhumance *spéc*; **au moment de la ~** when the herds are moved to the grazing grounds. -**2.** [d'abeilles] migratory beekeeping.

transhumant, e [trɑ̃zymɑ̃, ɑ̃t] *adj* transhumant *spéc*.

transhumer [3] [trɑ̃zyme] ◇ *vi* [vers les pâturages] to move up to summer grazing grounds; [vers la vallée] to move down to the wintering grounds.

◇ *vt* -**1.** [troupeaux] to move. -**2.** HORT to transplant.

transi, e [trɑ̃zi] *adj*: **être ~ (de froid)** to be chilled to the bone OU to the marrow; **être ~ de peur** to be paralysed OU transfixed by fear.

transiger [17] [trɑ̃ziʒe] *vi* to (come to a) compromise; **il n'a pas voulu ~** he refused all compromise; **~ avec qqn** to seek a compromise OU to bargain with sb; **nous ne transigerons pas avec les terroristes** we will not bargain with the terrorists; **~ avec sa conscience** to make a deal with one's conscience; **ne pas ~ sur la ponctualité** to be uncompromising in matters of punctuality, to be a stickler for punctuality.

transir [32] [trɑ̃zir] *vt*: **le froid m'avait transi** the cold had gone right through me.

transistor [trɑ̃zistɔr] *nm* -**1.** RAD transistor (radio). -**2.** ÉLECTRON transistor; **~ à effet de champ** field-effect transistor, FET.

◆ **à transistors** *loc adj* transistorized.

transistorisation [trɑ̃zistɔrizasjɔ̃] *nf* transistorization.

transistoriser [3] [trɑ̃zistɔrize] *vt* to transistorize.

transit [trɑ̃zit] *nm* -**1.** COMM [de marchandises, de touristes] transit. -**2.** PHYSIOL: **~ intestinal** intestinal transit; **'favorise le ~ intestinal'** 'relieves constipation'.

◆ **de transit** *loc adj* transit *(modif)*; **salle de ~** [d'un aéroport] transit lounge.

◆ **en transit** *loc adj* in transit, transitting.

transitaire [trɑ̃zitɛr] ◇ *adj* [commerce, port] transit *(modif)*.

◇ *nm* forwarding agent.

transiter [3] [trɑ̃zite] ◇ *vt* [marchandises] to pass through *(sép)*, to transit.

◇ *vi* [voyageurs, marchandises]: **~ par** to pass through (while in transit); **~ par Anchorage** to transit OU to go via Anchorage.

transitif, ive [trɑ̃zitif, iv] *adj* transitive.

◆ **transitif** *nm* LING transitive verb.

transition [trɑ̃zisjɔ̃] *nf* -**1.** [entre deux états] transition. -**2.** [entre deux paragraphes, deux scènes] transition, link. -**3.** [entre deux gouvernements] interim. -**4.** PHYS transition.

◆ **de transition** *loc adj* -**1.** [administration, gouvernement] interim *(modif)*; **période de ~** period of transition, transition OU transitional period. -**2.** AÉRON & CHIM transition *(épith)*.

◆ **sans transition** *loc adv* without transition; **le journaliste est passé sans ~ de l'accident d'avion à la météo** the newsreader went from the plane crash to the weather forecast without any transition OU a break; **elle passait sans ~ de l'enthousiasme à la fureur** her mood used to change OU to switch abruptly from enthusiasm to rage.

transitionnel, elle [trɑ̃zisjɔnɛl] *adj* -**1.** [gén] transitional. -**2.** PSYCH: **objet ~** transitional object.

transitivement [trɑ̃zitivmɑ̃] *adv* transitively.

transitivité [trɑ̃zitivite] *nf* transitivity.

transitoire [trɑ̃zitwar] *adj* -**1.** [administration, dispositions, régime] interim, transitional; [charge] temporary. -**2.** [situation] transitory, transient.

Transjordanie [trɑ̃sʒɔrdani] *npr f* HIST: **(la) ~** Transjordan.

Transkei [trɑ̃skɛj] *npr m*: **le ~** Transkei.

translatif, ive [trɑ̃slatif, iv] *adj* JUR conveyance *(modif)*; **acte ~** deed of transfer.

translation [trɑ̃slasjɔ̃] *nf* -**1.** RELIG [de cendres, de reliques] translation; [d'une fête] transfer. -**2.** JUR [d'une juridiction, d'un dignitaire] transfer; [de propriété] conveyance, transfer. -**3.** INF: **~ dynamique** dynamic relocation. -**4.** MATH & PHYS translation; **mouvement de ~** translation movement.

translittérer [18] [trɑ̃slitere] *vt* to transliterate.

translocation [trɑ̃slɔkasjɔ̃] *nf* translocation BIOL.

translucide [trɑ̃slysid] *adj* translucent.

translucidité [trɑ̃slysidite] *nf* translucence, translucency.

transmanche [trɑ̃smɑ̃ʃ] *adj inv* cross-Channel.

transmetteur [trɑ̃smɛtœr] *nm* -**1.** TÉLÉC transmitter. -**2.** NAUT: **~ d'ordres** telegraph, transmitter. -**3.** MIL ≃ soldier in the Signals Corps.

transmettre [84] [trɑ̃smɛtr] *vt* -**1.** TÉLÉC to transmit. -**2.** RAD & TV [émission] to transmit, to relay, to broadcast. -**3.** PHYS to transmit; **~ un mouvement à qqch** to set sthg in motion. -**4.** [donner - de la main à la main] to hand (on), to pass on *(sép)*; **transmettez-lui ce colis** give him this parcel; **l'ailier transmet le ballon à l'avant-centre** the wing-forward passes the ball to the centre-forward; [- de génération en génération] to pass on *(sép)*, to hand down *(sép)*. -**5.** [communiquer - information, ordre, remerciement] to pass on *(sép)*, to convey; [- pli] to send on *(sép)*, to forward; [- secret] to pass on *(sép)*; **transmettez mes amitiés/mes respects à votre frère** [en personne] please remember me to/convey my respects to your brother; [par écrit] please send my regards/my respects to your brother ‖ [faire partager - goût, émotion] to pass on *(sép)*, to put over *(sép)*; **il m'a transmis son enthousiasme pour l'art abstrait** he communicated his enthusiasm for abstract art to me. -**6.** MÉD to transmit, to pass on *(sép)*. -**7.** JUR [propriété] to pass on *(sép)*, to transfer; [pouvoirs] to pass on *(sép)*, to hand over *(sép)*, to transfer.

◆ **se transmettre** *vp (emploi passif)* to be transmitted; **le virus se transmet par contact/par la salive** the virus is transmitted by (direct) contact/through saliva; **la vibration se transmet à la membrane** the vibration spreads OU is transmitted to the membrane.

transmigration [trɑ̃smigrasjɔ̃] *nf* -**1.** *litt* [émigration] migration. -**2.** [réincarnation] transmigration.

transmigrer [3] [trɑ̃smigre] *vi* -**1.** *litt* [émigrer] to migrate. -**2.** [âme] to transmigrate.

transmissibilité [trɑ̃smisibilite] *nf* transmissibility.

transmissible [trɑ̃smisibl] *adj* -**1.** MÉD transmittable, transmissible; **c'est ~ par contact/par la salive** it can be transmitted by (direct) contact/through saliva. -**2.** JUR [biens, droit] transferable, transmissible.

transmission [trɑ̃smisjɔ̃] *nf* -**1.** AUT & MÉCAN [pièces]: **organes de ~** transmission (system). -**2.** PHYS [de chaleur, de son] transmission. -**3.** TÉLÉC transmission; RAD & TV [d'une émission] transmission, relaying, broadcasting. -**4.** MÉD passing on, transmission, transmitting. -**5.** [d'une information, d'un ordre] passing on, conveying; [d'un secret] passing on; [d'une lettre] forwarding, sending on; **~ de pensée** telepathy, thought transference. -**6.** [legs - d'un bijou, d'une histoire] handing down, passing on; [- d'un état d'esprit] passing on. -**7.** JUR [de pouvoirs, de biens] transfer.

◆ **transmissions** *nfpl* MIL: **les ~s** ≃ the Signals Corps.

transmodulation [trɑ̃smɔdylasjɔ̃] *nf* cross modulation.

transmuable [trɑ̃smɥabl] *adj* transmutable.

transmuer [trɑ̃smɥe] *vt* to transmute; **~ qqch en** to transmute sthg into.

◆ **se transmuer** *vpi* to be transmuted.

transmutabilité [trɑ̃smytabilite] *nf* transmutability.

transmutable [trɑ̃smytabl] = **transmuable**.

transmutation [trɑ̃smytasjɔ̃] *nf* transmutation.

transmuter [3] [trɑ̃smyte] = **transmuer**.

transnational, e, aux [trɑ̃snasjɔnal, o] *adj* transnational.

transocéanique [trɑ̃zɔseanik] *adj* transocéanic.

Transpac [trɑ̃spak] *npr* *the French packet switching network.*

transparaître [91] [trɑ̃sparɛtr] *vi* [lumière, couleur, sentiment] to show OU to filter through; **son visage ne laissa rien ~** he remained impassive, his face showed no emotion; **l'auteur laisse ~ son désenchantement** the author allows her disenchantment to show OU to filter through.

transparence [trɑ̃sparɑ̃s] *nf* -**1.** [propriété - d'une porcelaine, d'une surface] transparence, transparency; [- d'une peau] clearness, transparence, transparency; [- d'un regard, d'un liquide] transparency, clearness; **la ~ de son teint** her clear complexion; **il faut les regarder par ~** you have to look at them against the light; **on voit son soutien-gorge par ~** her bra is showing through. -**2.** *sout* [caractère d'évidence - d'un dessein, d'une personnalité] transparency, obviousness. -**3.** [caractère public - de transactions, d'une comptabilité] public accountability; **dans notre pays, la ~ des revenus n'est pas de règle** in our country, it is not usual for people to reveal what they earn. -**4.** JUR: **~ fiscale** open taxation. -**5.** CIN backprojection.

transparent, e [trɑ̃sparɑ̃, ɑ̃t] *adj* -**1.** [translucide - porcelaine, papier, surface] transparent; [- regard, eau] transparent, limpid; [- vêtement] transparent, see-through; **ta robe est très ~e** your dress is very transparent OU see-through || [lumineux, clair - peau] transparent, clear. -**2.** [évident - dessein, motif] obvious, transparent. -**3.** [public - comptabilité, transaction] open.

◆ **transparent** *nm* -**1.** [de projection] transparency. -**2.** [pour écrire droit] ruled sheet.

transpercer [16] [trɑ̃spɛrse] *vt* -**1.** [suj: flèche, épée] to pierce (through), to transfix *litt*; **~ qqn d'un coup d'épée** to run sb through with a sword; **il a eu le pied transpercé par la flèche** the arrow went (right) through his foot. -**2.** [pénétrer - suj: pluie] to get through *(insép)*; **un froid qui transperce** piercing cold.

transpirant, e [trɑ̃spirɑ̃, ɑ̃t] *adj* perspiring, sweating.

transpiration [trɑ̃spirasjɔ̃] *nf* -**1.** PHYSIOL [sudation] perspiration; [sueur] perspiration, sweat. -**2.** BOT transpiration.

transpirer [3] [trɑ̃spire] *vi* -**1.** PHYSIOL to perspire, to sweat; **~ des mains/pieds** to have sweaty hands/feet; **je transpirais à grosses gouttes** great drops OU beads of sweat were rolling off my forehead || *fig* [faire des efforts] to sweat blood, to be hard at it; **~ sur qqch** to sweat over sthg. -**2.** [être divulgué] to leak out, to come to light; **la nouvelle a transpiré** the news has got OU leaked out. -**3.** BOT to transpire.

transplant [trɑ̃splɑ̃] *nm* [avant l'opération] organ for transplant; [après l'opération] transplant, transplanted organ.

transplantable [trɑ̃splɑ̃tabl] *adj* transplantable.

transplantation [trɑ̃splɑ̃tasjɔ̃] *nf* -**1.** MÉD [d'un organe - méthode] transplantation; [- opération] transplant; **~ cardiaque/rénale/hépatique** heart/kidney/liver transplant; **~ embryonnaire** surgical transplantation of an embryo. -**2.** AGR & HORT transplantation, transplanting; **faire des ~s** to do some transplanting. -**3.** [déplacement - de personnes] moving, resettling; [- d'animaux] transplantation.

transplanté, e [trɑ̃splɑ̃te] *nm, f* receiver *(of a transplant).*

transplanter [3] [trɑ̃splɑ̃te] *vt* -**1.** MÉD [organe] to transplant; [embryon] to implant. -**2.** AGR & HORT to transplant. -**3.** ANTHR [gén] to move, to transplant; [avec succès] to resettle; *péj* to uproot.

transpolaire [trɑ̃spɔlɛr] *adj* transpolar.

transport [trɑ̃spɔr] *nm* -**1.** [acheminement - de personnes, de marchandises] transport *Br*, transportation *Am*; [- d'énergie] conveyance, conveying; **assurer le ~ des blessés** to be responsible for transporting the wounded; **engagé pour le ~ du matériel** hired to carry the equipment; **~ par air** OU **avion** air transport; **~ par mer** shipping; **~ par route** road transport OU haulage; **~ terrestre** land transport ❑ **~ de troupes** MIL [acheminement] troop transportation; [navire, avion] (troop) carrier, troop transport. -**2.** [émotion] transport, burst; **~ de joie** transport OU burst of joy; **~ d'enthousiasme** burst OU gush of enthusiasm; **~ de colère** burst OU outburst of anger; **dans un ~ d'admiration, elle me dit...** fairly carried away OU transported with admiration, she said to me...; **~s amoureux** *litt* OU *hum* amorous transports. -**3.** JUR: **~ sur les lieux** visit to the scene of the accident OU crime.

◆ **transports** *nmpl* ADMIN transport network; **~s (publics** OU **en commun)** public transport *(U)*; **je passe beaucoup de temps dans les ~s pour aller au travail** I spend a lot of time commuting; **prendre les ~s en commun** to use public transport; **les ~s aériens** (the) airlines; **les ~s ferroviaires** the rail (transport) network; **les ~s fluviaux** the waterways (transport) network; **les ~s maritimes** the shipping lines; **les ~s urbains** the urban transport system.

◆ **de transport** *loc adj* transport *Br (modif)*, transportation *Am (modif)*.

transportable [trɑ̃spɔrtabl] *adj* [denrées] transportable; [blessé] fit to be moved; **elle n'est pas ~** she's not fit to be moved, she can't be moved.

transportation [trɑ̃spɔrtasjɔ̃] *nf* transportation HIST.

transporter [3] [trɑ̃spɔrte] *vt* -**1.** [faire changer d'endroit - cargaison, passager, troupes] to carry, to transport, to convey; [- blessé] to move; **~ des vivres par avion/par bateau** to fly/to ship food supplies; **~ qqch par camion** to send sthg by lorry *Br* OU by truck *Am*; **~ qqch par train** to transport sthg by rail; **~ qqch dans une brouette** to cart sthg in a wheelbarrow; **~ qqn à l'hôpital/d'urgence à l'hôpital** to take/to rush sb to hospital; **les personnes transportées** [passagers] passengers; **~ une caisse à la cave** to move a crate to the cellar || *fig* [par l'imaginaire] to take; **le premier acte nous transporte en Géorgie/au XVI**e **siècle** the first act takes us to Georgia/takes us back to the 16th century. -**2.** [porter] to carry; **les alluvions transportées par le fleuve** the sediment carried (along) by the river. -**3.** PHYS to convey. -**4.** *litt* [enthousiasmer] to carry away *(sép)*, to send into raptures; **je me sentais transporté par la musique** the music sent me into raptures; **être transporté de joie** to be overjoyed. -**5.** FIN [fonds] to transfer. -**6.** HIST [condamné] to transport.

◆ **se transporter** *vpi* -**1.** [se déplacer] to move. -**2.** *fig* [par imagination] to imagine o.s.; **transportez-vous maintenant au Moyen Âge** now let your imagination take you back to the Middle Ages. -**3.** JUR: **se ~ sur les lieux** to visit the scene of the accident OU crime.

transporteur, euse [trɑ̃spɔrtœr, øz] *adj* carrying; **benne transporteuse** skip.

◆ **transporteur** *nm* -**1.** [entreprise] haulage contractor, haulier *Br*, hauler *Am*; [en langage juridique] carrier; **~ routier** road haulage contractor, road haulier *Br* OU hauler *Am*. -**2.** [outil] conveyor. -**3.** NAUT: **~ de vrac** bulk carrier. -**4.** PÉTR: **~ de gaz** gas transporter (ship).

transposable [trɑ̃spozabl] *adj* transposable.

transposée [trɑ̃spoze] *nf*: **~ d'une matrice** transpose of a matrix MATH.

transposer [3] [trɑ̃spoze] *vt* -**1.** [intervertir - mots] to switch (round), to transpose. -**2.** [adapter]: **~ un sujet antique à l'époque moderne** to adapt an ancient play to a contemporary setting. -**3.** MUS to transpose.

transposition [trɑ̃spozisjɔ̃] *nf* -**1.** [commutation] transposition. -**2.** [adaptation] adaptation. -**3.** ÉLECTR, IMPR, MATH, MÉD & MUS transposition.

transputeur [trɑ̃spytœr] *nm* transputer.

transpyrénéen, enne [trɑ̃spireneɛ̃, ɛn] *adj* from across the Pyrenees.

transsaharien, enne [trɑ̃ssaarjɛ̃, ɛn] *adj* Trans-saharan.

transsexualisme [trɑ̃ssɛksɥalism] *nm* transsexualism.

transsexuel, elle [trɑ̃ssɛksɥɛl] *adj* transexual, transsexual.

transsibérien, enne [trɑ̃ssiberjɛ̃, ɛn] *adj* Trans-Siberian; **le Transsibérien** the Trans-Siberian (Railway).

transsonique [trɑ̃ssɔnik] *adj* transsonic.

transsubstantiation [trɑ̃ssypstɑ̃sjasjɔ̃] *nf* transsubstantiation.

transsudation [trɑ̃ssydasjɔ̃] *nf* transsudation.

transsuder [3] [trɑ̃ssyde] *vi* to transsude.

transuranien [trɑ̃zyranjɛ̃] *adj m* transuranic.

Transvaal [trɑ̃sval] *npr m*: **le ~** the Transvaal; **au ~** in the Transvaal.

transvasement [trɑ̃svazmɑ̃] *nm* -**1.** [d'un liquide] decanting. -**2.** [d'abeilles] transferral.

transvaser [3] [trɑ̃svaze] *vt* to decant; **transvasez le bouillon dans un verre gradué** pour the stock into a measuring jug.

transversal, e, aux [trɑ̃svɛrsal, o] *adj* [coupe, fil, poutre, trait] cross, transverse, transversal; [onde, axe, moteur] transverse; [rue, voie] which runs OU cuts across; **les rues ~es étaient bloquées** the side roads were cut off.

◆ **transversale** *nf* -**1.** FTBL [barre] crossbar. -**2.** GÉOM transversal. -**3.** [route] cross-country trunk road *Br* OU highway *Am*. -**4.** RAIL [entre régions] cross-country line; [de ville à ville] Inter-City *Br* OU interurban *Am* line. -**5.** NAUT & PÉTR transverse (frame).

transversalement [trɑ̃svɛrsalmɑ̃] *adv* transversally, across.

transverse [trɑ̃svɛrs] *adj* ANAT & GÉOM transverse.

transvestisme [trɑ̃svɛstism] = **travestisme**.

transvider [3] [trɑ̃svide] *vt* to decant.

transylvain, e [trɑ̃silvɛ̃, ɛn] = **transylvanien**.

Transylvanie [trɑ̃silvani] *npr f*: **(la) ~** Transylvania.

transylvanien, enne [trɑ̃silvanjɛ̃, ɛn] *adj* Transylvanian.

◆ **Transylvanien, enne** *nm, f* Transylvanian.

trapèze [trapɛz] ◇ *nm* -**1.** GÉOM trapezium *Br*, trapezoid *Am*. -**2.** ANAT [muscle] trapezius. -**3.** LOISIRS trapeze; **faire du ~** to perform on the trapeze ❑ **~ volant** flying trapeze.

◇ *adj* ANAT: **muscle ~** trapezius; **os ~** trapezium.

trapéziste [trapezist] *nmf* trapezist, trapeze artist.

trapézoïdal, e, aux [trapezɔidal, o] *adj* trapezoidal.

trapézoïde [trapezɔid] *nm* trapezoid (bone)

trappe [trap] *nf* -**1.** [piège] trap. -**2.** [sur le sol - porte] trap door; [- ouverture] hatch; [d'une scène de théâtre] trap opening; [pour parachutiste] exit door; **passer à la ~** to be whisked away (without trace).

Trappe [trap] *npr f* -**1.** [abbaye] Trappist monastery. -**2.** [ordre]: **la ~** the Trappist order.

trapper [3] [trape] *vt & vi* *Can* to trap.

trappeur [trapœr] *nm* trapper.

trappiste [trapist] ◇ *nm* [moine] Trappist monk.

◇ *nf Belg* [bière] beer *(made by Trappist monks)*.

trappistine [trapistin] *nf* -**1.** [religieuse] Trappistine, Trappist nun. -**2.** [liqueur] Trappistine.

trapu, e [trapy] *adj* -**1.** [personne] stocky, thickset. -**2.** [bâtiment] squat. -**3.** *fam* [difficile - devoir, exercice] tough, stiff; **l'examen était vraiment ~!** the exam was a real stinker! -**4.** *fam* [savant] brainy; **il est ~ en chimie** he's brilliant at chemistry.

traque [trak] *nf* CHASSE: **la ~** beating (game).

traquenard [traknar] *nm* -**1.** [machination] snare, trap; **tomber dans un ~** to fall into a trap. -**2.** [pour les oiseaux] bird trap; [pour les souris] trap. -**3.** ÉQUIT [trot] rack; [cheval] racker.

traquer [3] [trake] *vt* -**1.** [criminel, fuyard] to track OU to hunt down *(sép)*; [vedette] to hound;

[erreur] to hunt down *(sép)*; **en le traquant, ils ont découvert où il habitait** they tracked him down to his home. -**2.** CHASSE [rechercher] to track down *(sép)*; [rabattre] to drive; **animal traqué** hunted animal.

traqueur, euse [trakœr, øz] *nm, f* CHASSE beater, driver.

trauma [troma] *nm* trauma.

traumatique [tromatik] *adj* traumatic.

traumatisant, e [tromatizɑ̃, ɑ̃t] *adj* traumatizing.

traumatiser [3] [tromatize] *vt* to traumatize.

traumatisme [tromatism] *nm* trauma, traumatism; ~ **crânien** cranial trauma.

traumatologie [tromatɔlɔʒi] *nf* traumatology.

traumatologique [tromatɔlɔʒik] *adj* traumatological.

traumatologiste [tromatɔlɔʒist] *nmf* traumatologist.

travail1**, ails** [travaj] *nm* VÉTÉR trave.

travail2**, aux** [travaj, o] *nm* **A.** ACTION -**1.** [occupation]: **le** ~ work; **le** ~ **de bureau** office work; **le** ~ **de jour/nuit** day/night work; **alterner** ~ **et repos** to alternate between work and rest OU working and resting; **je finis le** ~ **à cinq heures** I stop OU finish work at five; **je fais des vitraux — et vous vivez de votre** ~? I make stained-glass windows — and can you earn a living from your work?; **être lent au** ~ to be slow in one's work, to be a slow worker; **écrire un dictionnaire est un** ~ **collectif** writing a dictionary involves working as a team; **un corps usé par le** ~ a work-weary body; ~ **de force** hard physical work; **un** ~ **de longue haleine** a long-term work OU project ❑ **le** ~ **scolaire/universitaire** school/academic work; **le** ~ **posté** OU **par roulement** shift work; ~ **aérien** AÉRON aerial work; **le** ~ **à domicile** outwork; **faire** OU **prendre du** ~ **à domicile** to take work in; ~ **d'intérêt général** JUR community service; **le** ~ **manuel** manual work OU labour; **le** ~ **au noir** [occasionnel] undeclared casual work; [comme pratique généralisée] black economy; ~ **à la pièce** piecework; **le** ~ **saisonnier** seasonal work; **le** ~ **salarié** paid work; **le** ~ **temporaire** [gén] temporary work; [dans un bureau] temping. -**2.** [tâches imposées]: **son** ~ his work OU workload; **avoir beaucoup de** ~ to have a lot of work; **cela me fait du** ~ **en plus** it's extra work for me; **donner du** ~ **à qqn** to give sb (some) work to do; **leur professeur leur donne trop de** ~ their teacher gives OU sets them too much work OU homework. -**3.** [tâche déterminée] job; **faire un** ~ **de recherche/traduction** to do a piece of research/a translation ❑ **c'est un** ~ **de bagnard** OU **forçat** it's back-breaking work OU a back-breaking job; **c'est un** ~ **de bénédictin** it's painstaking work; **c'est un** ~ **de fourmi** it's a painstaking task; **c'est un** ~ **de Romain** OU **de Titan** it's a colossal job; ~ **de sape** MIL sapping; *fig* undermining; **faire un** ~ **de sape sur le moral d'un groupe** to undermine the morale of a group. -**4.** [efforts] (hard) work; **c'est du** ~ **d'élever cinq enfants!** bringing up five children is a lot of (hard) work!; **tout ce** ~ **pour rien!** all this (hard) work for nothing!; **c'est tout un** ~, **de vous réunir tous les huit!** it's quite a job, getting the eight of you together!; **il a encore du** ~ **s'il veut devenir champion** he's still got a lot of work to do if he wants to be champion. -**5.** [exécution] work; **en électronique, le** ~ **doit être minutieux** electronics work calls for extreme precision; **une dentelle d'un** ~ **très délicat** a very delicate piece of lacework; **on lui a confié les peintures et elle a fait du bon/mauvais** ~ she was responsible for doing the painting and she made a good/bad job of it ❑ **regarde-moi ce** ~! just look at this mess!; **je ne retrouve pas une seule disquette, qu'est-ce que c'est que ce** ~? I can't find a single floppy disc, what's going on here?; **et voilà le** ~! *fam* and Bob's your uncle! -**6.** [façonnage] working; **elle est attirée par le** ~ **du bois/de la soie** she's interested in working with wood/with silk; **admirez le** ~ **du pinceau** admire the brushwork ❑ ~ **au tour** lathework. -**7.** [poste] job, occupation, post; [responsabilité] job; **chercher du** OU **un** ~ to be job-hunting, to be looking for a job; **trouver un** ~ **à mi-temps/plein temps** to find a part-time/full-time job; **sans** ~ unemployed, jobless, out of work; **le suivi des commandes, c'est son** ~ following up orders is his job; **je n'aurais pas à m'en occuper si tu faisais ton** ~ I wouldn't have to worry about it if you did your job (properly). -**8.** [dans le système capitaliste] labour; **le** ~ **et le capital** labour and capital; **cherchons une nouvelle organisation du** ~ let's devise a new organization OU a different distribution of labour. -**9.** [contrainte exercée - par la chaleur, l'érosion] action. -**10.** PHYSIOL [accouchement] labour; **le** ~ **n'est pas commencé/est commencé** the patient has not yet gone/has gone into labour || [activité] work; **réduire le** ~ **du cœur/des reins** to lighten the strain on the heart/on the kidneys. -**11.** MÉCAN & PHYS work; **l'unité de** ~ **est le joule** the joule is the unit of work; **évaluer le** ~ **d'une machine** to measure the work done by a machine. -**12.** PSYCH work, working through; ~ **du deuil** grieving process; ~ **du rêve** dreamwork.

B. RÉSULTAT, EFFET -**1.** [écrit] piece; **il a publié un** ~ **très intéressant sur Proust** he published a very interesting piece on Proust. -**2.** [transformation - gén] work; [modification interne - dans le bois] warping; [- dans le fromage] maturing; [- dans le vin] working; ~ **des liaisons** NAUT working, labouring.

C. LIEU D'ACTIVITÉ PROFESSIONNELLE work, workplace; **aller à son** ~ to go to (one's) work; **je te téléphone du** ~ I'm phoning you from work.

◆ **travaux** *nmpl* -**1.** [tâches] work, working; **gros travaux** heavy work; **petits travaux** odd OU small jobs; **j'ai fait des petits travaux** I did some odd jobs; **faire faire des travaux** to have some work carried out OU done; **ils font des travaux après le pont** there are roadworks after the bridge; **être en travaux**: **nous sommes en travaux à la maison** we're having some work done on the house, we've got (the) workmen in; **'fermé pendant les travaux'** 'closed for OU during alterations'; **'travaux'** 'roadworks ahead' *Br*, 'roadwork ahead' *Am*; **'attention, travaux'** 'caution, work in progress' ❑ **travaux domestiques** OU **ménagers** housework; **travaux agricoles** OU **des champs** farm OU agricultural work; **travaux d'aiguille** COUT needlework; **travaux d'aménagement** alterations; **travaux d'approche** MIL approaches; *fig* manoeuvring; **tout le monde a remarqué ses travaux d'approche pour obtenir le poste** everyone noticed how he was lining himself up for the job; **travaux d'assainissement** drainage work; **travaux de construction** building work; **travaux d'entretien** maintenance work; **travaux d'éveil** SCOL learning exercises; **travaux forcés** hard labour; **travaux d'Hercule** MYTH labours of Hercules; *fig* Herculean tasks; **travaux manuels** [gén] arts and crafts; SCOL handicraft; **travaux d'utilité collective** ≃ YTS; **grands travaux** large-scale public works; **les Travaux publics** civil engineering; **entrer aux Travaux publics** to become a civil engineer. -**2.** [d'une commission] work; **nous publierons le résultat de nos travaux** we'll publish our findings; **l'Assemblée nationale reprendra ses travaux le mois prochain** the new session of the National Assembly begins next month. -**3.** UNIV: **travaux scientifiques** research (work); **travaux sociologiques** sociology research; **travaux universitaires** academic research ❑ **travaux dirigés** UNIV seminar; **travaux pratiques** [gén] practical work; [en laboratoire] lab work; **on nous l'a donné à faire en travaux pratiques** we had to do it for our practical.

◆ **au travail** *loc adv* -**1.** [en activité] at work, working; **se mettre au** ~ to get down OU to set to work; **se remettre au** ~ to start work again, to get down to one's work again; **allez, au** ~! come on, get to work! -**2.** [sur le lieu d'activité] at work, in the workplace; **je vous donne mon numéro au** ~ I'll give you my work number.

◆ **de travail** *loc adj* -**1.** [horaire, séance] working; [vêtement, camarade, permis] work *(modif)*; **mes instruments de** ~ the tools of my trade; **deux jours de** ~ two days' work. -**2.** [d'accouchement - période] labour *(modif)*; [- salle] labour *(modif)*, delivery *(modif)*.

◆ **du travail** *loc adj* [accident, sociologie, législation] industrial; **conflit du/contrat de** ~ employment dispute/contract; **droit du** ~ employment law.

◆ **en travail** *adv* PHYSIOL in labour; **alors que j'étais en plein** ~ when I was in the middle of labour; **entrer en** ~ to go into OU to start labour.

travaillé, e [travaje] *adj* -**1.** [élaboré - style] polished; [- façade, meuble] finely OU elaborately worked; [- fer] wrought. -**2.** SPORT: **des balles très** ~**es** balls with a lot of spin.

travailler [3] [travaje] ◇ *vi* -**1.** [être actif] to work; **tu as le temps de** ~ **avant dîner** you've got time to do some work OU to get some work done before dinner; **elle travaille beaucoup trop!** she's working (herself) too hard!; ~ **dur** to work hard; **elle travaille vite** she's a fast worker; **le maçon a bien travaillé** the bricklayer made a good job of it; ~ **à** OU **sur une chanson** to work at OU on a song ❑ ~ **comme un bœuf** OU **forçat** to slave away, to work like a Trojan; ~ **du chapeau** *fam* OU **de la touffe** *fam* to have a screw loose; ~ **comme un nègre** *vieilli* to work hard. -**2.** [avoir une profession] to work; **vous travaillez?** do you work?, do you have a job?; **où travailles-tu?** where do you work?; **j'ai arrêté de** ~ **à 55 ans** I stopped work OU retired at 55; ~ **pour payer ses études** to work one's way through college; **les enfants travaillaient dans les mines dès l'âge de six ans** children were put to work in the mines at the age of six; **aller** ~ to go to work; **elle n'est pas venue** ~ **hier** she didn't come to work yesterday; ~ **en usine** to work in a factory; ~ **dans un bureau** to work in an office; ~ **à la pièce** to do piecework; ~ **à son compte** to have one's own business; **elle travaille dans l'informatique** she works with computers; **elle** ~ **dans la maroquinerie** she's in the leather trade ❑ ~ **pour le roi de Prusse**: **j'ai travaillé pour le roi de Prusse!** I got nothing whatsoever for it! -**3.** [faire des affaires] to do (good) business; **entreprise qui travaille bien/mal/à perte** thriving/stagnating/lossmaking firm. -**4.** [pratiquer son activité - artiste, athlète] to practise, to train; [- boxeur] to work out, to train; **faire** ~ **ses muscles** to make one's muscles work; **faire** ~ **ses jambes** to make one's legs work, to exercise one's legs; **les marins syndiqués refusent de** ~ **sur les navires de la compagnie** union seamen are refusing to handle the company's vessels; **faire** ~ **son argent** *fig* to make one's money work; **c'est ton imagination qui travaille** your imagination's working overtime, you're imagining things ❑ ~ **sans filet** [acrobate] to work without a safety net; *fig* to take risks. -**5.** [changer de forme, de nature - armature, poutre] to warp; [- fondations, vin] to work.

◇ *vt* -**1.** [traiter, transformer - bois, bronze, glaise] to work; CULIN [- mélange, sauce] to stir; ~ **la pâte** CULIN to knead OU to work the dough; [peintre] to work the paste; ~ **la terre** to work OU to till the land. -**2.** [perfectionner - discours, style] to work on *(insép)*, to polish up *(sép)*, to hone; [- matière scolaire] to work at OU on *(insép)*, to go over *(insép)*; [- concerto, scène] to work on, to rehearse; SPORT [- mouvement] to practise, to work on; [- balle] to put (a) spin on; **cet élève devra** ~ **la trigonométrie** this pupil should work (harder) at trigonometry; **travaillez votre revers** work on your backhand. -**3.** [obséder] to worry; **ça me travaille de le savoir malheureux** it worries me to know that he's unhappy; **l'idée de la mort le travaillait** (the idea of) death haunted him; **être travaillé par le remords/l'angoisse** to be tormented by remorse/anxiety. -**4.** [tenter d'influencer] to work on *(insép)*; **~ les délégués pour les convaincre** to work on OU to lobby the delegates in order to persuade them. -**5.** *(suivi de prép)*: **~ à** to work OU to strive for; **~ contre/pour** to work against/for; **le temps travaille contre/pour nous** time is working against us/is on our side. -**6.** ÉQUIT to work. -**7.** PÊCHE to work, to play.

travailleur, euse [travajœr, øz] ◇ *adj* hard-working, industrious.
◇ *nm, f* -**1.** [exerçant un métier] worker; **~ intellectuel** white collar worker; **~ manuel** manual OU blue-collar worker; **les ~s** [gén] working people, the workers; [ouvriers] labour; [prolétariat] the working classes; **~s étrangers** immigrant workers OU labour ❑ **~ agricole** agricultural OU farm worker; **~ à domicile** outworker, homeworker; **~ indépendant** self-employed person, freelance worker; **~ au noir** *worker in the black economy*. -**2.** ADMIN: **~ social** social worker; **travailleuse familiale** home help. -**3.** [personne laborieuse] hard worker; **votre fils est un grand ~** your son is a hard worker.
◆ **travailleuse** *nf* work table *(for needlework)*.

travaillisme [travajism] *nm* Labour doctrine OU philosophy.

travailliste [travajist] ◇ *adj* Labour *(modif)*; **être ~** to be a member of the Labour Party OU party ❑ **le parti ~** the Labour Party OU party.
◇ *nmf* member of the Labour Party; **les ~s se sont opposés à cette mesure** Labour opposed the move.

travailloter *fam* [3] [travajɔte] *vi* to potter around.

travée [trave] *nf* -**1.** [rangée de sièges, de personnes assises] row. -**2.** ARCHIT & CONSTR [d'une voûte, d'une nef] bay; [solivage] girder; [d'un pont] span.

traveller's cheque, traveller's check [travlœrʃɛk] *(pl* **traveller's cheques** OU **checks)** *nm* traveller's cheque *Br*, traveler's check *Am*.

travelling [travliŋ] *nm* CIN -**1.** [déplacement - gén] tracking; [- sur plate-forme] dollying; **faire un ~** [caméra, cameraman] to track, to dolly ❑ **~ avant/arrière/latéral** tracking OU dollying in/out/sideways. -**2.** [plate-forme] dolly, travelling platform. -**3.** [prise de vue] tracking shot.

travelo▽ [travlo] *nm* transvestite, drag queen; **habillé en ~** in drag.

travers [travɛr] *nm* -**1.** [largeur] breadth; **sa voiture m'a heurté par le ~** her car hit me broadside on. -**2.** [viande]: **~ (de porc)** spare rib. -**3.** NAUT: **par le ~** abeam, on the beam. -**4.** *sout* [défaut] fault, shortcoming, failing; **elle tombait dans les mêmes ~ que ses prédécesseurs** she displayed the same shortcomings as her predecessors; **un petit ~** a minor fault; **tous les ~ de son père** all the shortcomings of her father's character.
◆ **à travers** *loc prép* through, across; **à ~ la fenêtre/le plancher/les barreaux** through the window/the floor/the bars; **à ~ la forêt** across OU through the forest; **à ~ les âges** throughout the centuries; **on voit à ~ sa robe** you can see through her dress; **il jeta les livres à ~ la chambre** he flung the books across the room; **on entend tout à ~ les cloisons** you can hear everything through these partitions; **prendre** OU **passer à ~ champs** to go through the fields OU across country; **couper à ~ bois** to cut across OU through the woods; **ils ont prêché à ~ tout le pays** they went preaching throughout the length and breadth of the country; **passer à ~ les mailles du filet** PÊCHE & *fig* to slip through the net; **j'ai réussi à passer à ~ le contrôle fiscal** I managed to escape the tax inspection.
◆ **au travers de** *loc prép* -**1.** [en franchissant] through; **passer au ~ des dangers** to escape danger. -**2.** [par l'intermédiaire de] through, by means of; **son idée se comprend mieux au ~ de cette comparaison** his idea is easier to understand by means of this comparison.
◆ **de travers** ◇ *loc adj* crooked.
◇ *loc adv* -**1.** [en biais - couper] askew, aslant; [- accrocher] askew; **marcher de ~** [ivrogne] to stagger OU to totter along; **le wagon s'est mis de ~** the carriage tipped sideways; **la remorque du camion s'est mise de ~** the truck jack-knifed; **j'ai avalé mon pain de ~** the bread went down the wrong way. -**2.** [mal]: **tu fais tout de ~!** you do everything wrong!; **elle comprend tout de ~!** she gets everything wrong!, she always gets the wrong end of the stick!; **regarder qqn de ~** to give sb a funny look; **tout va de ~** everything's going wrong; **répondre de ~** to give the wrong answer; **il prend tout ce qu'on lui dit de ~** he takes everything the wrong way.
◆ **en travers** *loc adv* -**1.** [en largeur] sideways, across, crosswise; **le wagon s'est mis en ~** the carriage ended up sideways (across the tracks); **la remorque du camion s'est mise en ~** the truck jack-knifed. -**2.** NAUT abeam.
◆ **en travers de** *loc prép* across; **le couteau posé en ~ de l'assiette** the knife laid crosswise on the plate OU across the plate; **l'arbre était tombé en ~ du chemin** the tree had fallen across the path; **s'il se met en ~ de mon chemin** OU **de ma route** *fig* if he stands in my way.

traversable [travɛrsabl] *adj* [voie] which can be crossed; **la rivière est ~** [à gué] the river is fordable; [en bateau] the river can be crossed by boat.

traverse [travɛrs] *nf* -**1.** RAIL sleeper *Br*, crosstie *Am*. -**2.** CONSTR [de charpente] crossbeam, crosspiece; [entre deux montants] (cross) strut.

traversée [travɛrse] *nf* -**1.** [d'une route, d'un pont, d'une frontière] crossing; [d'une agglomération, d'un pays] going OU getting through OU across; **combien de temps dure la ~?** how long is the crossing OU does it take to get across?; **il a fait la ~ du canyon en deltaplane** he flew across the canyon on a hang-glider ❑ **faire sa ~ du désert** [politicien] to be in the political wilderness. -**2.** SPORT [en alpinisme - épreuve] through route; [- passage] traverse; [au ski] traverse; **faire une ~** to traverse. -**3.** RAIL crossing point.

traverser [3] [travɛrse] *vt* -**1.** [parcourir - mer, pièce, route] to go across *(insép)*, to cross, to traverse; [- pont] to go over OU across *(insép)*; [- tunnel] to go OU to pass through *(insép)*; **~ qqch à la nage/à cheval/en voiture/en bateau/en avion** to swim/to ride/to drive/to sail/to fly across sthg; **~ une rivière à gué** to ford a river; **je l'ai vu ~ la pièce en courant/en sautillant** I saw him run/hobble through the room; **aider qqn à ~ la route** to help sb across the road; **il n'a fait que ~ ma vie** *fig* he only passed through my life. -**2.** [s'étirer d'un côté à l'autre de - suj: voie] to cross, to run OU to go across *(insép)*; [- suj: pont] to cross, to span; [- suj: tunnel] to cross, to run OU to go under *(insép)*. -**3.** [vivre - époque] to live OU to go through *(insép)*; [- difficultés] to pass OU to go through *(insép)*; **son nom a traversé l'histoire** her name lived (on) through history. -**4.** [transpercer - suj: épée] to run through *(insép)*, to pierce; [- suj: balle] to go through *(insép)*; [- suj: pluie, froid] to come OU to go through *(insép)*; **pour empêcher la pluie de ~ la toile** to stop the rain soaking through the canvas; **une image me traversa l'esprit** *fig* an image passed OU flashed through my mind; **mon cœur fut traversé d'une joie soudaine** *fig* my heart was filled with a sudden feeling of joy.

traversier [travɛrsje] *nm Can* ferry.

traversin [travɛrsɛ̃] *nm* [oreiller] bolster.

travertin [travɛrtɛ̃] *nm* travertine.

travesti, e [travɛsti] *adj* -**1.** [pour tromper] in disguise, disguised; [pour s'amuser] dressed up (in fancy dress). -**2.** THÉÂT [comédien] playing a female part; **rôle ~** female part played by a man. -**3.** [vérité] distorted; [propos] twisted, misrepresented.
◆ **travesti** *nm* -**1.** THÉÂT actor playing a female part; [dans un cabaret] female impersonator, drag artist; **numéro** OU **spectacle de ~** drag act. -**2.** [homosexuel] transvestite. -**3.** [vêtement - d'homosexuel] drag *(U)*; [- de bal] fancy dress *(U)*.
◆ **en travesti** *loc adv* in drag.

travestir [32] [travɛstir] *vt* -**1.** [pour une fête] to dress up *(sép)*; [comédien] to cast in a female part; **~ qqn en** to dress sb up as. -**2.** [pensées] to misrepresent; [vérité] to distort; [propos] to twist.
◆ **se travestir** *vp (emploi réfléchi)* -**1.** [homme] to dress as a woman, to put on drag; [femme] to dress as a man. -**2.** [pour une fête] to dress up (in fancy dress), to put fancy dress on; **se ~ en punk** to dress up as a punk.

travestisme [travɛstism] *nm* transvestism.

travestissement [travɛstismɑ̃] *nm* -**1.** [pour une fête] dressing up, wearing fancy dress. -**2.** PSYCH cross-dressing. -**3.** [de propos, de la vérité] twisting, distortion, distorting; [de pensées] misrepresentation.

traviole [travjɔl]
◆ **de traviole** *fam* ◇ *loc adj* [tableau] aslant, crooked; [dents] crooked, badly set.
◇ *loc adv* -**1.** [en biais]: **marcher de ~** [ivrogne] to stagger OU to totter along; [crabe] to walk sideways; **j'écris de ~** my handwriting's all crooked OU cockeyed; **tu as mis ton chapeau de ~** you've put your hat on crooked OU skew-wiff *Br*. -**2.** [mal]: **tu comprends toujours tout de ~** you always get hold of the wrong end of the stick; **il fait tout de ~** he can't do anything right; **tout va de ~** everything's going wrong.

trax [traks] *nm Helv* bulldozer.

trayeur, euse [trɛjœr, øz] *nm, f* milker, milkman *(f* milkwoman) *Am*.
◆ **trayeuse** *nf* milking machine.

trayon [trɛjɔ̃] *nm* teat.

trébuchant, e [trebyʃɑ̃, ɑ̃t] *adj* staggering, stumbling, tottering.

trébucher [3] [trebyʃe] ◇ *vi* -**1.** [perdre l'équilibre] to stumble, to totter, to stagger; **~ sur une pierre** to stumble on a stone; **~ contre une marche** to trip over a step. -**2.** [achopper] to stumble; **~ sur un mot** to stumble over a word. -**3.** [balance] to turn.
◇ *vt* TECH to weigh.

tréfilage [trefilaʒ] *nm* wiredrawing.

tréfiler [3] [trefile] *vt* to wiredraw, to draw *(a wire)*.

trèfle [trɛfl] *nm* -**1.** BOT clover, trefoil; **~ blanc** white OU Dutch clover; **~ rouge** red clover; **~ à quatre feuilles** four-leaf clover. -**2.** JEUX clubs; **la dame de ~** the Queen of clubs; **j'ai joué ~** I played clubs OU a club. -**3.** ARCHIT trefoil. -**4.** TRAV PUBL: **carrefour en ~** cloverleaf (junction). -**5.** [emblème irlandais] shamrock.

tréflière [treflijɛr] *nf* clover field.

tréfonds [trefɔ̃] *nm* -**1.** *litt* [partie profonde]: **être ému jusqu'au ~ de son être** to be moved to the depths of one's soul; **dans le ~ de son âme** in the (innermost) depths of her soul. -**2.** JUR subsoil.

treillage [trɛjaʒ] *nm* HORT trellis OU lattice (work); [d'une vigne] wire trellis.

treillager [17] [trejaʒe] *vt* [plante, vigne] to trellis.

treille [trɛj] *nf* -**1.** [vigne] climbing vine. -**2.** [tonnelle] arbour.

treillis [trɛji] *nm* -**1.** TEXT canvas. -**2.** MIL (usual) outfit. -**3.** [en lattes] trellis; [en fer] wire-mesh.

treillisser [3] [trɛjise] *vt* to trellis.

treize [trɛz] ◇ *adj num inv* thirteen; **acheter/vendre qqch ~ à la douzaine** to buy/to sell thirteen of sthg for the price of twelve; **il y en a ~ à la douzaine** it's a baker's dozen.
◇ *nm inv* thirteen.

treizième [trɛzjɛm] *adj num ord* & *nmf* thirteenth; **~ mois** *income bonus equal to an extra month's salary and paid annually*.

treizièmement [trɛzjɛmmɑ̃] *adv* in the thirteenth place.

trek [trɛk], **trekking** [trɛkiŋ] *nm* trekking.

tréma [trema] *nm* diaeresis; e ~ e (with) diaeresis.

tremblant, e [trɑ̃blɑ̃, ɑ̃t] *adj* [flamme] trembling, flickering; [feuilles] fluttering, quivering; [main, jambes] shaking, trembling, wobbly; [voix] tremulous, quavering, shaky; **~ de peur** trembling OU shaking OU shuddering with fear; **~ de froid** trembling OU shivering with cold; **écrire d'une main ~e** to write shakily; **répondre d'une voix ~e** to answer tremulously.

tremble [trɑ̃bl] *nm* aspen.

tremblé, e [trɑ̃ble] *adj* -**1.** [écriture] shaky, wobbly; [trait] wobbly, wavy, shaky. -**2.** ACOUST: **sons ~s** quavering. -**3.** IMPR: **filet ~** wavy rule.
◆ **tremblé** *nm* IMPR wavy rule.

tremblement [trɑ̃bləmɑ̃] *nm* -**1.** [d'une personne - de froid] shiver; [- de peur] tremor, shudder; **son corps était secoué** OU **parcouru de ~s** his whole body was shaking OU trembling. -**2.** [de la main] shaking, trembling, tremor; [de la voix] trembling, quavering, tremor; [des paupières] twitch, twitching; [des lèvres] trembling, tremble; **avoir des ~s** to shake; **avec un ~ dans la voix** with a tremor in his voice, in a tremulous voice ❑ **et tout le ~** and all the rest; **l'église, la robe blanche et tout le ~** the church, the white dress, the whole works. -**3.** [du feuillage] trembling, fluttering, tremor; [d'une lueur, d'une flamme] trembling, flickering; [d'une cloison, de vitres] shaking, rattling.
◆ **tremblement de terre** *nm* earthquake.

trembler [3] [trɑ̃ble] *vi* -**1.** [personne]: **~ de peur** to tremble OU to shake OU to shudder with fear; **~ de froid** to shiver OU to shake with cold; **~ de rage** to tremble OU to quiver with anger; **~ de tout son corps** OU **de tous ses membres** to be shaking OU to be trembling all over, to be all of a tremble ❑ **~ comme une feuille** to be shaking like a leaf. -**2.** [main, jambes] to shake, to tremble; [voix] to tremble, to shake, to quaver; [menton] to tremble, to quiver; [paupière] to twitch. -**3.** [feuillage] to tremble, to quiver, to flutter; [flamme, lueur] to flicker; [gelée] to wobble; [cloison, vitre] to shake, to rattle; [terre] to quake, to shake; **les trains font ~ la maison** the trains are shaking the house; **la terre a tremblé** there's been an earthquake OU an earth tremor. -**4.** [avoir peur] to tremble (with fear); **l'armée faisait ~ tout le pays** the whole country lived in fear of the troops; **~ devant qqn/qqch** to stand in fear of sb/sthg; **~ pour (la vie de) qqn** to fear for sb OU sb's life; **~ à la pensée de/que** [de crainte] to tremble at the thought of/that; [d'horreur] to shiver at the thought of/that; **il tremblait d'apprendre la vérité** he feared the truth OU was afraid to learn the truth.

trembleur [trɑ̃blœr, øz] *nm* ÉLECTR trembler.

tremblotant, e [trɑ̃blɔtɑ̃, ɑ̃t] *adj* [main] shaking, trembling; [voix] tremulous, quavering, shaking; [lueur] flickering, trembling.

tremblote *fam* [trɑ̃blɔt] *nf*: **avoir la ~** [gén] to have the shakes; [de peur] to have the jitters; [de froid] to have the shivers.

tremblotement [trɑ̃blɔtmɑ̃] *nm* -**1.** [d'une personne - gén] shaking; [- de fièvre, de froid] shivering; [- de peur] shivering, shuddering. -**2.** [d'une main] (faint) shaking OU trembling; [d'une voix] slight tremor OU quavering; [d'une lueur] flicker.

trembloter [3] [trɑ̃blɔte] *vi* [gén] to tremble; [vieillard, main] to shake; [voix] to quaver; [lueur] to flicker; [de froid] to shiver; [de peur] to shudder (with fear).

trémie [tremi] *nf* -**1.** [pour les raisins, les betteraves] hopper; [pour le blé] tank; [pour les volailles] feed hopper. -**2.** CONSTR [pour béton] tremie; **~ d'ascenseur** lift *Br* OU elevator *Am* shaft; **~ de cheminée** hearth cavity; **~ d'escalier** stair well. -**3.** [de sel] pyramid salt formation. -**4.** [accès à un tunnel] mouth, well, entrance.

trémière [tremjɛr] *adj f*: **rose ~** hollyhock.

trémolo [tremɔlo] *nm* -**1.** MUS tremolo. -**2.** [de la voix]: **avec des ~s dans la voix** with a tremor in his voice.

trémoussement [tremusmɑ̃] *nm* wiggle, wriggle, wriggling *(U)*.

trémousser [3] [tremuse]
◆ **se trémousser** *vpi* to wiggle, to wriggle; **elle marchait en se trémoussant** she wiggled her hips as she walked; **arrête de te ~ sur ta chaise** stop wriggling round OU fidgeting on your chair.

trempabilité [trɑ̃pabilite] *nf* quenchability.

trempage [trɑ̃paʒ] *nm* -**1.** [de l'orge] soaking; [de vêtements] soaking. -**2.** IMPR damping, wetting.

trempe [trɑ̃p] *nf* -**1.** [caractère]: **avoir de la ~** to have great moral fibre; **une femme de sa ~** a woman with such moral fibre; **son frère est d'une autre ~** his brother is cast in a different mould. -**2.** *fam* [punition] hiding, thrashing, belting; **recevoir une bonne ~** to get a good hiding OU thrashing. -**3.** MÉTALL [traitement] quenching; [résultat] temper; **de bonne ~** well-tempered.

trempé, e [trɑ̃pe] *adj* -**1.** [personne, vêtements] soaked, drenched; [chaussures, jardin] waterlogged; **elle avait le front ~ de sueur** her forehead was soaked with sweat ❑ **~ jusqu'aux os** OU **comme une soupe** *fam* soaked to the skin, wet through. -**2.** [vin, lait] watered-down. -**3.** [énergique]: **avoir le caractère bien ~** to be resilient. -**4.** MÉTALL quenched. -**5.** [verre] toughened.

tremper [3] [trɑ̃pe] ◇ *vt* -**1.** [plonger - chiffon] to dip, to soak; [- sucre, tartine] to dip, to dunk; [- linge, vaisselle] to soak; **je n'ai fait que ~ mes lèvres dans le champagne** I just had a taste OU took a sip of the champagne; **je n'ai fait que ~ mes pieds dans l'eau** I only dipped my feet in the water. -**2.** *vieilli*: **~ la soupe** [la verser] to pour soup over bread. -**3.** [mouiller]: **être trempé** to be soaked (through) OU drenched; **j'ai trempé ma chemise tellement je transpirais** I sweated so much (that) my shirt got soaked; **tu as trempé la nappe!** you've made the tablecloth (all) wet!; **trempé de sueur** streaming with OU soaked in sweat; **trempé de larmes** [mouchoir] tear-stained. -**4.** MÉTALL to quench. -**5.** *litt* [affermir - personnalité, caractère] to steel *litt*, to toughen, to harden; **cela va lui ~ le caractère** this'll toughen him up.
◇ *vi* [vêtement, vaisselle, lentilles] to soak; **faire ~ qqch**: **j'ai fait ~ les draps** I put the sheets in to soak; **faire ~ des haricots** to soak beans, to leave beans to soak; **~ dans**: **les clichés trempent dans un bain spécial** the photographs (are left to) soak in a special solution; **attention, tes manches trempent dans la soupe** careful, you've got your sleeves in the soup.
◆ **tremper dans** *v + prép* [être impliqué dans] to be involved in, to have a hand in; **elle a trempé dans une sordide affaire** she was involved in a sordid affair.
◆ **se tremper** ◇ *vpi* to have a quick dip.
◇ *vpt*: **il s'est trempé les pieds en marchant dans l'eau** he stepped into a puddle and got his feet wet.

trempette *fam* [trɑ̃pɛt] *nf*: **faire ~** to have a (quick) dip.

tremplin [trɑ̃plɛ̃] *nm* -**1.** SPORT [de gymnastique] springboard; [de plongeon] diving-board, springboard; [à ski] ski-jump. -**2.** [impulsion initiale] springboard, stepping stone, launching pad; **servir de ~ à qqn** to be a springboard for sb; **cet opéra a servi de ~ à sa carrière** this opera was a springboard for her career OU launched her career.

trémulant, e [tremylɑ̃, ɑ̃t] *adj litt* tremulant, tremulous.

trémulation [tremylasjɔ̃] *nf* tremulousness.

trench-coat [trɛnʃkot] (*pl* **trench-coats**), **trench** [trɛnʃ] *nm* trench coat.

trentaine [trɑ̃tɛn] *nf*: **une ~** around OU about thirty; **avoir la ~** *fam* to be thirtyish OU thirty-something; **avoir la ~ bien sonnée** *fam* to be the wrong side of thirty.

trente [trɑ̃t] ◇ *adj num card inv* & *nm inv* thirty.
◇ *nm loc*: **être sur son ~ et un** to be dressed up to the nines; **se mettre sur son ~ et un** to get all dressed up.

Trente [trɑ̃t] *npr* Trent, Trento.

trente-et-quarante [trɑ̃tekarɑ̃t] *nm inv* JEUX (game of) trente et quarante.

trentenaire [trɑ̃tnɛr] *adj* & *nmf* thirty-year old.

trente-six [trɑ̃tsi(s)] ◇ *adj num card inv* -**1.** [gén] thirty six. -**2.** *fam* [pour exprimer la multitude] umpteen, dozens of; **il n'y a pas ~ solutions!** there aren't all that many solutions!; **j'ai ~ mille choses à faire** I've a hundred and one things to do ❑ **voir ~ chandelles** to see stars.
◇ *nm inv fam*: **tous les ~ du mois** once in a blue moon.

trente-sixième [trɑ̃tsizjɛm] *adj num ord* -**1.** [gén] thirty-sixth. -**2.** *fam loc*: **être dans le ~ dessous** to be in the depths of depression, to be really down.

trente-trois-tours [trɑ̃ttrwatur] *nm inv* LP.

trentième [trɑ̃tjɛm] *adj num ord* & *nmf* thirtieth.

trépan [trepɑ̃] *nm* -**1.** MÉD trephine. -**2.** PÉTR & TECH trepan.

trépanation [trepanasjɔ̃] *nf* trephination, trepanation, trepanning.

trépané, e [trepane] *nm, f* trephined OU trepanned patient.

trépaner [3] [trepane] *vt* to trephine, to trepan.

trépas [trepa] *nm litt*: **le ~** death.

trépassé, e [trepase] *nm, f* -**1.** *litt* deceased; **les ~s** the departed, the dead. -**2.** RELIG: **le jour** OU **la fête des Trépassés** All Souls' Day.

trépasser [3] [trepase] *vi litt* to depart this life, to pass away OU on *euph*.

trépidant, e [trepidɑ̃, ɑ̃t] *adj* -**1.** [animé - époque] frantic, hectic; [- danse, rythme] wild, frenzied; **on mène une vie ~e** we have a hectic life. -**2.** [véhicule] vibrating, throbbing.

trépidation [trepidasjɔ̃] *nf* -**1.** [d'un moteur] vibration. -**2.** MÉD tremor. -**3.** [agitation] bustle, whirl.

trépider [3] [trepide] *vi* [moteur] to vibrate, to throb; [surface] to vibrate.

trépied [trepje] *nm* tripod.

trépignement [trepiɲmɑ̃] *nm* stamping (of feet); **dès qu'on lui refuse quelque chose, ce sont des ~s** when he can't get his own way, he throws a tantrum.

trépigner [3] [trepiɲe] *vi* to stamp one's feet; **~ de colère** to stamp one's feet in anger; **~ d'impatience** to be hopping up and down with impatience.

tréponème [trepɔnɛm] *nm* treponema.

très [trɛ] *adv* -**1.** [avec un adverbe, un adjectif] very; **c'est ~ bon** it's very good; **c'est ~ aimable à vous** that's very kind of you; **une entreprise ~ compétitive** a highly competitive company; **un poste ~ convoité** a much OU highly coveted job; **c'est ~ ~ douloureux/cher** it's extremely painful/expensive; **il est ~ snob** he's a real snob; **je ne l'ai pas vu depuis ~ longtemps** I haven't seen him for ages; **il travaille ~ bien** he works very well; **~ bien payé** highly paid; **tu comprends ce que je veux dire? — non, pas ~ bien** do you see what I mean? — not very well OU not really; **~ bien, je m'en vais** all right (then) OU very well (then) OU OK (then), I'm going; **il est ~ enfant** he's such a child; **nous sommes tous ~ famille** we're all very much into family life; **ce sont des gens ~ comme il faut** they are very OU highly respectable people; **c'est ~ à la mode** it's very fashionable. -**2.** [dans des locutions verbales]: **avoir ~ peur/faim** to be very frightened/hungry; **il fait ~ froid** it's very cold, it's freezing; **j'ai ~ envie de lui dire ses quatre vérités** I very much want to give him a few home truths. -**3.** [employé seul, en réponse]: **fatiguée? — oui, ~** — tired? — yes, very; **il y a longtemps qu'il est parti? — non, pas ~** — has he been gone long? — no, not very ❑ **faire des**

heures supplémentaires? ~ peu pour moi! me, do overtime? not likely!

Très-Haut [treo] *npr m*: le ~ God, the Almighty.

trésor [trezɔr] *nm* -**1.** [argent] treasure. -**2.** JUR treasure trove. -**3.** [chose précieuse] treasure; **son grenier est plein de ~s** her attic is full of treasures OU is a real treasure-house; **les ~s du Prado** the treasures OU riches of the Prado. -**4.** ARCHÉOL [d'un sanctuaire] treasure, treasury. -**5.** *(gén pl)* [grande quantité]: **des ~s de bienfaits/de patience** a wealth of good/patience. -**6.** *fam* [terme d'affection]: **mon (petit) ~** my treasure OU darling OU pet; **tu es un ~** you're a treasure OU a darling OU an angel. -**7.** FIN: **le Trésor (public)** [service] *department dealing with the state budget*, ≃ the Treasury; [moyens financiers] state finances. -**8.** HIST exchequer.

trésorerie [trezɔrri] *nf* -**1.** [argent - gén] treasury, finances; [- d'une entreprise] liquid assets; [- d'une personne] budget; **ses problèmes de ~** his cash (flow) problems. -**2.** [gestion] accounts. -**3.** [bureaux - gouvernementaux] public revenue office; [- privés] accounts department. -**4.** [fonction - gén] treasurership; [- d'un trésorier-payeur] paymastership.

trésorier, ère [trezɔrje, ɛr] *nm, f* -**1.** ADMIN treasurer. -**2.** MIL paymaster.

trésorier-payeur [trezɔrjepɛjœr] *(pl* **trésoriers-payeurs)** *nm*: **~ général** ≃ Paymaster General.

tressage [trɛsaʒ] *nm* [de rotin] weaving; [de cheveux] plaiting, braiding.

tressaillement [tresajmɑ̃] *nm* [de joie] thrill; [de peur] shudder, quiver, quivering.

tressaillir [47] [tresajir] *vi* -**1.** [personne, animal - de surprise, de peur] to (give a) start; [- de douleur] to flinch, to wince; **~ de joie** to thrill. -**2.** *litt* [feuillage]: **un souffle soudain vint faire ~ les peupliers** a sudden breeze set the leaves of the poplars rustling.

tressautement [tresotmɑ̃] *nm* -**1.** [sursaut] start, jump. -**2.** [secousse] jolting; **les ~s du vieux tramway** the jolting OU juddering *Br* of the old tram.

tressauter [3] [tresote] *vi* -**1.** [sursauter] to jump, to start; **la sonnette m'a fait ~** the bell made me jump OU startled me. -**2.** [être cahoté - passager] to be tossed about; **les cahots du chemin faisaient ~ les voyageurs** the passengers were thrown OU jolted around by the bumps in the road.

tresse [trɛs] *nf* -**1.** [de cheveux, de fils] plait, braid. -**2.** ARCHIT strapwork *(U)*. -**3.** ÉLECTR braid, braiding. -**4.** NAUT vinnet.

tresser [4] [trese] *vt* [cheveux, rubans, fils] to plait, to braid; [corbeille] to weave; [câble] to twist; [guirlande] to wreathe; **~ des couronnes à qqn** *fig* to praise sb to the skies.

tréteau, x [treto] *nm* trestle; **monter sur les ~x** *vieilli* to become an actor, to tread the boards.

treuil [trœj] *nm* winch, windlass.

treuillage [trœjaʒ] *nm* winching.

treuiller [5] [trœje] *vt* to winch; **~ une charge** [vers le haut] to winch up a load; [vers le bas] to winch down a load.

trêve [trɛv] *nf* -**1.** MIL truce; **la trêve de Dieu** HIST the Truce of God. -**2.** [repos] rest, break; **ses rhumatismes ne lui laissent aucune ~** his rheumatisms give him no respite; **elle s'est accordée une ~ dans la rédaction de sa thèse** she took a break from writing her thesis; **faire ~ à** *sout* to suspend ❑ **la ~ des confiseurs** *the lull in political activities between Christmas and the New Year in France*; **c'est la ~ des confiseurs** it's the seasonal truce in political activity.

◆ **trêve de** *loc prép* enough; **~ de bavardages!** we must stop chatting!, enough of this chatting!; **allez, ~ de plaisanteries, où est la clef?** come on, joking apart, where's the key?

◆ **sans trêve** *loc adv* unceasingly, without end, neverendingly.

Trèves [trɛv] *npr* Trier.

trévise [treviz] *nf* radicchio lettuce.

tri [tri] *nm* -**1.** [de fiches] sorting out, sorting, classifying; [de renseignements] sorting out, selecting; [de candidats] picking out, screening; **il faut faire le ~ dans ce qu'il dit** you have to sift out the truth in what he says. -**2.** [postal] sorting; **bureau de ~** sorting office.

triacide [triasid] *nm* triacid.

triade [trijad] *nf* [groupe de trois] triad.

triage [trijaʒ] *nm* -**1.** [pour répartir] sorting (out); **~ à la main** hand sorting. -**2.** [pour choisir] grading, selecting, sifting. -**3.** MIN picking *(U)*. -**4.** [en papeterie] assorting, sorting. -**5.** RAIL marshalling *(U)*.

trial, s [trijal] ◇ *nm* (motorbike) trial OU trials.
◇ *nf* trial motorbike.

triangle [trijɑ̃gl] *nm* -**1.** GÉOM triangle; **soit un ~ quelconque ABC** take any triangle ABC; **~s semblables** similar triangles. -**2.** GÉOG: **le ~ des Bermudes** the Bermuda Triangle; **le Triangle d'or** the Golden Triangle. -**3.** MUS triangle. -**4.** AUT: **~ de sécurité** warning triangle.

◆ **en triangle** *loc adv* in a triangle; **le jardin se termine en ~** the garden ends in a triangle.

triangulaire [trijɑ̃gylɛr] *adj* -**1.** [gén & GÉOM] triangular; [tissu, salle] triangular, triangular-shaped. -**2.** [à trois éléments] triangular; **élection ~** three-cornered election; **commerce ~** HIST triangular trade.

triangulation [trijɑ̃gylasjɔ̃] *nf* triangulation, triangulating.

trias [trijas] *nm*: **le ~** the Triassic OU Trias.

triathlon [trijatlɔ̃] *nm* triathlon.

triatomique [triatɔmik] *adj* triatomic.

tribadisme [tribadism] *nm litt* tribadism.

tribal, e, aux [tribal, o] *adj* tribal.

tribalisme [tribalism] *nm* tribalism.

tribord [tribɔr] *nm* starboard; **à ~** (to) starboard, on the starboard side.

tribu [triby] *nf* -**1.** ANTHR & ANTIQ tribe. -**2.** *fam* [groupe nombreux]: **toute la ~** [famille] the entire clan *hum*; [amis] the (whole) crowd OU gang *hum*. -**3.** [d'animaux] tribe, swarm.

tribulations [tribylasjɔ̃] *nfpl* (trials and) tribulations *litt*; **tu n'es pas au bout de tes ~!** you're not out of the woods yet!

tribun [tribœ̃] *nm* -**1.** [orateur] eloquent (public) speaker. -**2.** ANTIQ tribune.

◆ **de tribun** *loc adj* [éloquence] spellbinding; **il a un talent de ~** he's very good at public speaking.

tribunal, aux [tribynal, o] *nm* -**1.** JUR [édifice] court, courthouse; [magistrats] court, bench; **porter une affaire devant le ~** OU **les tribunaux** to take a matter to court OU before the Courts; **comparaître devant le ~** to appear before the Court; **traîner qqn devant les tribunaux** to take sb to court; **nous irons au ~ s'il le faut** we'll go as far as the Courts if necessary ❑ **~ administratif** *court which deals with internal French civil service matters*; **~ de commerce** [litiges] commercial court; [liquidations] bankruptcy court; **~ des conflits** jurisdictional court; **~ pour enfants** juvenile court; **~ d'exception** special court; **~ de grande instance** ≃ Crown Court; **~ d'instance** magistrates' court; **~ de police** police court. -**2.** MIL: **~ militaire** court martial; **passer devant le ~ militaire** to be court-martialled. -**3.** *fig & litt* tribunal; **le ~ de l'histoire jugera** History will judge.

tribune [tribyn] *nf* -**1.** [places - assises] grandstand; [- debout] stand; [- dans un stade de football] terraces, bleachers *Am*. -**2.** [estrade] rostrum, platform, tribune; **monter à la ~** [gén] to go to the rostrum; [au Parlement] to address the House. -**3.** [lieu de discussions] forum; **notre émission offre une ~ aux écologistes** our program provides a platform for the green party; **à la ~ de ce soir, le racisme** on the agenda of tonight's debate, racism. -**4.** PRESSE: **~ libre** [colonne] opinion column; [page] opinions page. -**5.** ARCHIT gallery, tribune.

tribut [triby] *nm* -**1.** *litt* tribute; **la population a payé un lourd ~ à l'épidémie** the epidemic took a heavy toll of the population. -**2.** HIST tribute.

tributaire [tribytɛr] ◇ *adj* -**1.** [dépendant]: **~ de** reliant OU dependant on; **mon invalidité m'empêchant de sortir, je suis ~ du téléphone** I depend on OU I rely heavily on the telephone, as my disability keeps me at home. -**2.** GÉOG: **être ~ de** to be a tributary of, to flow into. -**3.** HIST tributary.
◇ *nm* GÉOG tributary.

tricalcique [trikalsik] *adj* tricalcic, tricalcium.

tricennal, e, aux [trisenal, o] *adj* tricennial, thirty-year long.

tricentenaire [trisɑ̃tnɛr] ◇ *adj* three-hundred-year-old.
◇ *nm* tercentenary.

tricéphale [trisefal] *adj* three-headed.

triceps [trisɛps] *nm* triceps (muscle); **~ brachial** triceps brachii.

triche *fam* [triʃ] *nf*: **c'est le roi de la ~** he's a prize cheat; **c'est de la ~** that's cheating.

tricher [3] [triʃe] *vi* to cheat; **il triche** he's cheating, he's not playing by the rules; **~ sur** to cheat on; **~ sur le poids** to give short weight; **~ sur les prix** to overcharge; **il triche sur son âge** he lies about his age; **~ avec** to play around with; **on ne peut pas ~ avec la maladie** you can't fool around with illness.

tricherie [triʃri] *nf* cheating *(U)*.

tricheur, euse [triʃœr, øz] *nm, f* [au jeu, aux examens] cheat, cheater; [en affaires] trickster, con man; [en amour] cheat.

trichine [trikin] *nf* trichinella, trichina.

trichloréthylène [triklɔretilɛn] *nm* trichlorethylene, trichloreothylene.

trichocéphale [trikɔsefal] *nm* whipworm, trichocephalus *spéc*.

trichomonas [trikɔmɔnas] *nm* trichomonad, Trichomonas.

trichophyton [trikɔfitɔ̃] *nm* trichophyte, trichophyton.

trichoptère [trikɔptɛr] *nm* caddis fly, trichopteran *spéc*; **les ~s** the Trichoptera.

trichrome [trikrom] *adj* trichromatic *spéc*, three-colour.

trichromie [trikromi] *nf* -**1.** IMPR trichromatism *spéc*, three-colour printing. -**2.** TEXT trichrome printing. -**3.** TV three-colour process.

trick [trik] *nm* trick made *(in bridge)*.

triclinique [triklinik] *adj* triclinic; **système ~** triclinic OU anorthic system.

tricolore [trikɔlɔr] ◇ *adj* -**1.** [aux couleurs françaises] red, white and blue. -**2.** [français] French; **l'équipe ~** the French team. -**3.** [à trois couleurs] three-coloured.
◇ *nm* French player; **les ~s** the French (team).

tricorne [trikɔrn] *nm* tricorn, cocked hat.

tricot [triko] *nm* -**1.** [technique] knitting; **apprendre le ~** to learn to knit; **faire du ~** to knit, to do some knitting ❑ **~ plat** flat knitting; **~ rond** circular knitting. -**2.** [étoffe] knitted OU worsted fabric. -**3.** VÊT [gén] knitted garment; [pull] pullover, sweater; [gilet] cardigan; **commencer/finir un ~** to cast on/off ❑ **~ de corps** OU **de peau** vest *Br*, undershirt *Am*.

◆ **en tricot** *loc adj* [cravate, bonnet] knitted.

tricotage [trikɔtaʒ] *nm* knitting.

tricoter [3] [trikɔte] ◇ *vt* [laine, maille] to knit; [vêtement] to knit (up); **je lui tricote des gants** I'm knitting her some gloves; **tricotez une maille à l'endroit, une maille à l'envers** knit one, purl one.
◇ *vi* -**1.** TEXT to knit; **apprendre à ~** to learn to knit; **~ à la machine** to machine-knit. -**2.** *fam* [s'activer - coureur] to scramble; [- danseur, cheval] to prance; [- cycliste] to peddle hard.

◆ **à tricoter** *loc adj* [aiguille, laine, machine] knitting.

tricoteur, euse [trikɔtœr, øz] *nm, f* knitter.

◆ **tricoteur** *nm* knitting worker.

◆ **tricoteuse** *nf* -**1.** [machine à tricoter] knitting machine. -**2.** [table à ouvrage] small worktable.
trictrac [triktrak] *nm* -**1.** [activité] trictrac, tricktrack. -**2.** [plateau] trictrac OU tricktrack board.
tricycle [trisikl] ◇ *nm* tricycle.
◇ *adj* AÉRON tricycle.
tridactyle [tridaktil] *adj* tridactyl, tridactylous.
trident [tridɑ̃] *nm* -**1.** PÊCHE three-pronged fish spear, trident. -**2.** AGR three-pronged (pitch) fork. -**3.** GÉOM & MYTH trident.
tridenté, e [tridɑ̃te] *adj* tridentate *spéc*, tridental *spéc*, three-pronged.
tridimensionnel, elle [tridimɑ̃sjɔnɛl] *adj* [gén & CHIM] three-dimensional.
trièdre [triɛdr] ◇ *adj* trihedral.
◇ *nm* trihedron, trihedral.
triennal, e, aux [trijenal, o] *adj* -**1.** [ayant lieu tous les trois ans] triennial, three-yearly. -**2.** [qui dure trois ans] three-year(-long), triennial; **comité** ~ committee appointed for three years. -**3.** AGR three-yearly.
trier [10] [trije] *vt* -**1.** [sortir d'un lot - fruits] to pick (out); [- photos, candidats] to select; **triez les plus beaux fruits** pick out the best fruit; **triez les grains pour en extraire les cailloux** separate the grit from the grain ❑ **ses amis sont triés sur le volet** his friends are hand-picked. -**2.** [répartir par catégories - lettres] to sort (out) *(sép)*; [- œufs] to grade; [- lentilles] to pick over *(sép)*. -**3.** RAIL [wagons] to marshal.
Trieste [trijɛst] *npr* Trieste.
trieur, euse [trijœr, øz] *nm, f* sorter, grader.
◆ **trieur** *nm* -**1.** AGR sorting OU grading machine. -**2.** MIN picker (machine); ~ **magnétique** magnetic separator.
◆ **trieuse** *nf* INF sorting machine.
trifolié, e [trifɔlje] *adj* trifoliate *spéc*, trifoliated *spéc*, three-leafed.
trifouiller *fam* [3] [trifuje] *vt* [papiers] to mess OU to jumble up *(sép)*.
◆ **trifouiller dans** *fam v + prép* -**1.** [fouiller dans - papiers, vêtements] to rummage, to rifle through. -**2.** [tripoter - moteur] to tinker with.
trigémellaire [triʒemelɛr] *adj*: **grossesse** ~ triplet pregnancy.
triglycéride [trigliserid] *nm* triglyceride.
trigone [trigon] ◇ *adj* trigonal, triquetrous.
◇ *nm* ANAT & ASTROL trigone.
trigonocéphale [trigɔnɔsefal] *nm* trigonocephalus.
trigonométrie [trigɔnɔmetri] *nf* trigonometry.
trigonométrique [trigɔnɔmetrik] *adj* trigonometric, trigonometrical.
trijumeau, x [triʒymo] ◇ *adj m* trigeminal.
◇ *nm* trigeminal nerve.
trilatéral, e, aux [trilateral, o] *adj* trilateral, three-sided.
trilingue [trilɛ̃g] ◇ *adj* trilingual.
◇ *nmf* trilingual person.
trille [trij] *nm* trill; **faire des** ~**s** to trill.
trilobe [trilɔb] *nm* trefoil.
trilobé, e [trilɔbe] *adj* -**1.** ARCHIT trefoil *(modif)*. -**2.** BOT trilobate.
trilogie [trilɔʒi] *nf* -**1.** [groupe de trois] triad. -**2.** ANTIQ & LITTÉRAT trilogy; **son roman est une** ~ her novel is a trilogy.
trim. -**1.** *abr écrite de* **trimestre**. -**2.** *abr écrite de* **trimestriel**.
trimaran [trimarɑ̃] *nm* trimaran.
trimarder *fam* [3] [trimarde] *vi vieilli* to be on the road *(tramp)*.
trimardeur, euse *fam* [trimardœr, øz] *nm, f vieilli* tramp.
trimba(l)lage *fam* [trɛ̃balaʒ], **trimbal(l)ement** *fam* [trɛ̃balmɑ̃] *nm* lugging OU dragging OU carting around; **le** ~ **du matériel a duré toute la nuit** it took all night to shift the equipment.
trimbal(l)er *fam* [3] [trɛ̃bale] *vt* -**1.** [porter] to lug OU to cart around; **le chien trimballe une casserole attachée à sa queue** the dog's dragging around a saucepan tied to its tail; **elle dut** ~ **ses valises jusqu'à la gare** she had to lug her suitcases all the way to the station. -**2.** [emmener] to take; **il nous y a trimballés dans sa nouvelle voiture** he ran us there in his new car; **qui les trimballe chaque jour à l'école?** who ferries them to and from school every day? -**3.** *loc péj*: **qu'est-ce qu'elle trimballe!**▽ she's as thick as two short planks! *Br*, what a lamebrain! *Am*.
◆ **se trimbal(l)er** *fam vpi* -**1.** [aller et venir] to go about; **t'as pas honte de te** ~ **en short?** how can you prance about in your shorts? -**2.** [se déplacer] to go; **elle se trimballe toujours avec son frère** she drags that brother of hers around with her everywhere.
trimer *fam* [3] [trime] *vi* to slave away; **toute sa vie, il a trimé du matin au soir** he's spent his entire life working his fingers to the bone.
trimestre [trimɛstr] *nm* -**1.** SCOL term; **premier** ~ Autumn term; **deuxième** ~ Spring term; **troisième** ~ Summer term; **passer un test tous les** ~**s** to sit a termly test. -**2.** [trois mois] quarter; **payer tous les** ~**s** to pay on a quarterly basis. -**3.** [somme payée ou reçue] quarterly instalment.
trimestriel, elle [trimɛstrijɛl] *adj* -**1.** SCOL [bulletin] end-of-term; [réunion] termly. -**2.** [réunion, magazine, loyer] quarterly.
trimestriellement [trimɛstrijɛlmɑ̃] *adv* -**1.** SCOL once a term, on a termly basis. -**2.** [payer, publier] quarterly, on a quarterly basis, every three months.
trimétal, aux [trimetal, o] *nm* trimetal.
trimmer [trimœr] *nm* PÊCHE & RAD trimmer.
trimoteur [trimɔtœr] ◇ *adj m* three-engined.
◇ *nm* three-engined aircraft.
tringle [trɛ̃gl] *nf* -**1.** [pour pendre] rail; ~ **à rideaux** curtain rail. -**2.** [pour tenir] rod; ~ **de tapis d'escalier** stair rod. -**3.** TECH control rod. -**4.** [d'une crémone] rod. -**5.** ARCHIT tringle.
tringler▼ [3] [trɛ̃gle] *vt* to screw.
trinidadien, enne [trinidadjɛ̃, ɛn] *adj* Trinidadian.
◆ **Trinidadien, enne** *nm, f* Trinidadian.
trinitaire [trinitɛr] *adj* Trinitarian.
trinité [trinite] *nf* -**1.** RELIG: **la Trinité** the (Holy) Trinity; [fête] Trinity Sunday. -**2.** *litt* [trois éléments] trinity.
Trinité-et-Tobago [triniteetɔbago] *npr* Trinidad and Tobago; **à** ~ in Trinidad and Tobago.
trinitrine [trinitrin] *nf* nitroglycerine, trinitrin PHARM, trinitrine PHARM.
trinitrotoluène [trinitrɔtɔlɥɛn] *nm* TNT, trinitrotoluene.
trinôme [trinom] *adj* & *nm* trinomial MATH.
trinquart [trɛ̃kar] *nm* herring boat.
trinquer [3] [trɛ̃ke] *vi* -**1.** [pour fêter] to drink (a toast) to; [choquer les verres] to clink glasses; **trinquons!** let's drink to that! -**2.** *fam* [subir un dommage] to get the worst of it, to get it in the neck, to cop it *Br*; **c'est ma voiture qui a trinqué** my car got the worst of it; **c'est lui qui va** ~ he'll be the one who suffers. -**3.** *fam* [boire] to drink; **on a trinqué ensemble** we had a few drinks together.
trinquet [trɛ̃kɛ] *nm* foremast.
trinquette [trɛ̃kɛt] *nf* forestaysail.
trio [trijo] *nm* -**1.** [trois personnes] trio, threesome; **notre** ~ **n'en eut pas pour longtemps à résoudre le mystère** our three heroes solved the mystery in no time. -**2.** MUS trio.
triode [trijɔd] ◇ *adj* triode *(modif)*.
◇ *nf* triode.
triolet [trijɔlɛ] *nm* MUS & LITTÉRAT triolet.
triomphal, e, aux [trijɔ̃fal, o] *adj* [entrée] triumphant; [victoire, succès] resounding; [arc, procession] triumphal.
triomphalement [trijɔ̃falmɑ̃] *adv* [sourire, dire] triumphantly; [traiter, recevoir] in triumph; **descendre** ~ **les Champs-Élysées** to parade down the Champs-Élysées in triumph.
triomphalisme [trijɔ̃falism] *nm* over-confidence; **dans un moment de** ~ in a moment of self-congratulation.
triomphaliste [trijɔ̃falist] *adj* [discours, vainqueur] complacent, self-congratulatory, gloating; [attitude] overconfident.
triomphant, e [trijɔ̃fɑ̃, ɑ̃t] *adj* triumphant; **un sourire** ~ a triumphant smile; **il est sorti** ~ **de l'épreuve** he came out the winner.
triomphateur, trice [trijɔ̃fatœr, tris] ◇ *adj* triumphant.
◇ *nm, f* winner, victor *litt*.
triomphe [trijɔ̃f] *nm* -**1.** [d'une armée, d'un groupe] triumph, victory; [d'un artiste, d'une idée] triumph; **l'album est un** ~ the album is a great success; **remporter un** ~ **sur le parti adverse** to win a sweeping victory over the opposing party. -**2.** [jubilation] triumph; **son** ~ **fut de courte durée** his triumph was short-lived; **avoir le** ~ **modeste** to be modest in victory. -**3.** [ovation]: **faire un** ~ **à qqn** to give sb a triumphant welcome; **ils lui ont fait un** ~ **à la fin de son discours** they gave her a standing ovation at the end of her speech.
triompher [3] [trijɔ̃fe] *vi* -**1.** [armée] to triumph; [parti] to win (decisively). -**2.** [idée] to triumph, to prevail; [bêtise, corruption, racisme] to be rife; **son point de vue a fini par** ~ her point of view finally won the day OU prevailed. -**3.** [artiste] to be a great success; **il triomphe à l'Apollo tous les soirs** he's playing to packed houses at the Apollo every night. -**4.** [jubiler] to rejoice, to exult *litt*, to gloat; **elle triomphe maintenant que tu es parti!** she's gloating now that you've gone!; **gardons-nous de** ~ **trop vite** let's not count our chickens before they're hatched. -**5.** ANTIQ to triumph.
◆ **triompher de** *v + prép* [ennemi, rival] to triumph over *(insép)*, to beat, to vanquish *litt*; [malaise, obstacle] to triumph over, to overcome; ~ **d'un adversaire** to beat an opponent.
trip▽ [trip] *nm* [hallucinations] trip; **faire un** ~ to be tripping; **c'est pas mon** ~ it's not my bag, I'm not into that kind of thing.
tripaille *fam* [tripaj] *nf* guts, insides.
tripant, e *fam* [tripɑ̃, ɑ̃t] *adj Can* great, fantastic.
triparti, e [triparti] *adj* [traité] tripartite; [négociations] three-way; [alliance électorale] three-party *(avant n)*.
tripartisme [tripartism] *nm* three-party government.
tripartite [tripartit] ◇ *adj* = **triparti**.
◇ *nf Belg* tripartite coalition.
tripartition [tripartisjɔ̃] *nf* tripartition, splitting into three.
tripatouillage *fam* [tripatujaʒ] *nm* -**1.** [malaxage] messing around. -**2.** [truquage] tampering, fiddling *Br*, fiddle *Br*; ~ **des comptes** cooking the books; ~ **des résultats** massaging OU fixing the results.
tripatouiller *fam* [3] [tripatuje] ◇ *vt* -**1.** [truquer - document] to tamper with *(insép)*; [- chiffres, résultats] to fiddle *Br*, to doctor *Am*; ~ **les comptes** to cook the books; ~ **les statistiques** to massage the figures. -**2.** [modifier - textes] to alter. -**3.** [nourriture] to play with *(insép)*.
◇ *vi*: **les enfants adorent** ~ **dans le sable** children love messing around in the sand.
tripatouilleur, euse *fam* [tripatujœr, øz] *nm, f*: **c'est un** ~ [mauvais bricoleur] he's a botcher; [mauvais écrivain] he's a hack, he just cobbles other people's ideas together.
tripe [trip]
◆ **tripes** *nfpl* -**1.** CULIN: **des** ~**s** tripe. -**2.** *fam* ANAT guts, insides; **la peur te prendra aux** ~**s** *fig* you'll be petrified with fear; **ce film m'a remué les** ~**s** *fig* that film really got me going ❑ **rendre** ~**s et boyaux** to throw one's guts up.
triperie [tripri] *nf* -**1.** [boutique] tripe and offal shop. -**2.** [activité] tripe (and offal) trade. -**3.** [abats] offal.
tripette *fam* [tripɛt] *nf*: **ça ne vaut pas** ~ it's not worth a straw OU bean *Br* OU red cent *Am*.

triphasé, e [trifaze] *adj* three-phase.
triphénylméthane [trifenilmetan] *nm* triphenylmethane.
triphtongue [triftɔ̃g] *nf* triphthong.
tripier, ère [tripje, ɛr] *nm, f* tripe (and offal) butcher.
triplace [triplas] ◇ *adj* three-seater.
◇ *nm* AÉRON three-seater (plane).
triplan [triplɑ̃] *nm* triplane.
triple [tripl] ◇ *adj* -**1.** [à trois éléments] triple; **une ~ collision ferroviaire** a crash involving three trains; **une ~ semelle** a three-layer sole; **un ~ menton** a triple chin; **un ~ rang de perles** three rows OU a triple row of pearls; **en ~ exemplaire** in triplicate ❑ **~ saut** triple jump; **~ saut périlleux** triple somersault. -**2.** [trois fois plus grand] treble, triple; **ton jardin est ~ du mien** your garden is treble the size of mine; **une ~ dose** three times the usual amount. -**3.** *fam* [en intensif]: **~ imbécile!** you stupid idiot! -**4.** MUS: **~ croche** demisemiquaver *Br*, thirty-second note *Am*.
◇ *nm*: **neuf est le ~ de trois** nine is three times three; **il fait le ~ de travail** he does three times as much work; **on a payé le ~** we paid three times that amount; **le ~ de poids/longueur** three times as heavy/long; **ça a pris le ~ de temps** it took three times as long; **ça coûte le ~** it's three times the price.
◆ **en triple** *loc adv* [copier, signer] in triplicate.
triplé [triple] *nm* -**1.** [aux courses] treble; **gagner le ~** to win a treble. -**2.** [d'un athlète] triple win.
triplement [tripləmɑ̃] ◇ *adv* in three ways, on three counts; **~ déçu** disappointed on three counts.
◇ *nm* trebling, tripling; **le ~ de mes ressources** the threefold increase in OU the trebling of my income.
tripler [3] [triple] ◇ *vt* -**1.** [dépenses, dose] to treble, to triple. -**2.** SCOL: **~ une classe** to repeat a year *Br* OU class *Am* for a second time, to do a year *Br* OU class *Am* for a third time.
◇ *vi* to treble, to triple; **la population a triplé** the population has tripled OU has increased threefold.
triplés, ées [triple] *nm, f pl* triplets.
triplet [triplɛ] *nm* -**1.** MATH triplet. -**2.** OPT & PHOT triple lens. -**3.** ARCHIT triplet.
triplette [triplɛt] *nf* [d'hommes] three-man team; [de femmes] three-woman team; [mixte] three-person team.
triplex [triplɛks] *nm* -**1.** [carton] triplex. -**2.** [papier] three-sheet paper. -**3.** [appartement] three-storey flat *Br*, triplex (apartment) *Am*.
Triplex® [triplɛks] *nm* Triplex® (glass).
tripode [tripɔd] ◇ *adj* -**1.** NAUT tripod *(modif)*. -**2.** [meuble] three-legged, tripod *(modif) spéc.*
◇ *nm* automatic ticket barrier *(in Paris métro)*.
Tripoli [tripɔli] *npr* Tripoli.
triporteur [tripɔrtœr] *nm* delivery tricycle.
tripot [tripo] *nm péj* -**1.** [lieu mal famé] *disreputable bar, nightclub etc.* -**2.** [maison de jeu] gambling den.
tripotage *fam* [tripɔtaʒ] *nm* -**1.** [de fruits] handling; [d'une breloque] fiddling. -**2.** [attouchements] fondling, groping. -**3.** [pratique louche] scam, fiddle *Br*.
tripotée *fam* [tripɔte] *nf* -**1.** [grand nombre] crowd; **une ~ de** lots of; **ils ont toute une ~ d'enfants** they've got loads of kids. -**2.** [coups] thrashing, belting; [défaite] thrashing, clobbering.
tripoter *fam* [3] [tripɔte] ◇ *vt* -**1.** [toucher distraitement - crayon, cheveux] to twiddle, to play OU to fiddle with. -**2.** [palper - fruit, objet] to handle, to finger; **tripote pas ton bouton** don't keep picking at OU touching your spot. -**3.** [personne] to fondle, to grope.
◇ *vi* -**1.** [fouiller] to rummage OU to root around, to root about. -**2.** [en affaires] to be up to some dodgy *Br* OU funny *Am* business.
◆ **se tripoter** *fam vp (emploi réfléchi)* to play with o.s.

tripoteur, euse *fam* [tripɔtœr, øz] *nm, f* -**1.** [qui trafique] shady dealer, crook. -**2.** [qui caresse] fondler, groper.
triptyque [triptik] *nm* triptych.
trique [trik] *nf* [bâton] cudgel; **donner des coups de ~ à qqn** to thrash sb; **elle nous mène à la ~** *fig* she rules us with a rod of iron.
trirectangle [trirɛktɑ̃gl] *adj* trirectangular.
trisaïeul, e [trizajœl] *nm, f* great-great-grandfather (*f* great-great-grandmother).
trisannuel, elle [trizanɥɛl] *adj* -**1.** [qui a lieu tous les trois ans] three-yearly, triennial. -**2.** [qui dure trois ans] three-year-long, triennial.
trisecteur, trice [trisɛktœr, tris] *adj* trisecting.
trisection [trisɛksjɔ̃] *nf* trisection.
trisomie [trizɔmi] *nf* trisomy; **~ 21** trisomy 21.
trisomique [trizɔmik] ◇ *adj*: **enfant ~** Down's syndrome child.
◇ *nmf* Down's syndrome child.
Tristan [tristɑ̃] *npr* -**1.** LITTÉRAT: **~ et Iseut** Tristram OU Tristan and Iseult. -**2.** MUS: **'~ et Isolde'** *Wagner* 'Tristan and Isolde'.
triste [trist] *adj* -**1.** [déprimé - personne] sad; [- sourire, visage] sad, unhappy, sorrowful; **un clown ~** a sad-looking clown; **ne prends pas cet air ~** don't look so glum ❑ **~ comme un bonnet de nuit** as miserable as sin; **~ comme la mort** utterly dejected; **faire ~ figure** OU **mine** *litt* to look pitiful; **faire ~ figure** OU **mine à qqn** to give sb a cold reception. -**2.** [pénible] sad, unhappy; **tel est mon ~ devoir** such is my painful duty; **son ~ sort** his sad OU unhappy fate. -**3.** [attristant] sad; **un film ~** a sad film; **c'est ~ à dire** it's sad to say ❑ **~ comme un lendemain de fête** a real anticlimax; **c'est pas triste!** *fam* what a hoot OU laugh!; **il est pas ~, avec sa chemise à fleurs** he's a scream in his flowery shirt; **ils font voter les réformes sans avoir le financement, ça va pas être ~!** they're pushing the reforms through without funds, what a farce! -**4.** [terne - couleur] drab, dull; [morne - rue, saison] bleak; **une ville ~ à pleurer** a dreadfully bleak town. -**5.** *(avant le n)* [déplorable] deplorable, sorry, sad; **elle était dans un ~ état** she was in a sorry state; **nous vivons une bien ~ époque** we're living through pretty grim times || [méprisable]: **un ~ sire** an unsavoury character.
tristement [tristəmɑ̃] *adv* -**1.** [en étant triste] sadly. -**2.** [de façon terne] drearily. -**3.** [de manière pénible] sadly, regrettably; **~ célèbre** notorious; **le ~ célèbre Barbe-Bleue** the infamous OU notorious Bluebeard.
tristesse [tristɛs] *nf* -**1.** [sentiment] sadness; **sourire avec ~** to smile sadly; **quelle ~ de voir une telle déchéance!** how sad to see such decrepitude! -**2.** [influence attristante] sadness; **la ~ du paysage** the bleakness of the landscape. -**3.** [manque de vitalité] dreariness, dullness; **ma vie est d'une grande ~** my life is very dreary.
tristounet, ette *fam* [tristunɛ, ɛt] *adj* -**1.** [triste] down, low; **il est un peu ~ aujourd'hui** he's a bit low today; **une petite figure ~te** a sad little face. -**2.** [qui rend triste] gloomy, dreary, depressing. -**3.** [terne] dull; **un peu ~ comme pull** that pullover is a bit drab.
trisyllabe [trisilab] ◇ *adj* trisyllabic.
◇ *nm* trisyllable.
trisyllabique [trisilabik] *adj* trisyllabic.
triton [tritɔ̃] *nm* -**1.** ZOOL [amphibien] newt, triton *spéc*; [gastropode] triton, Triton's shell. -**2.** MUS tritone. -**3.** PHYS triton.
Triton [tritɔ̃] *npr* MYTH Triton.
trituration [trityrasjɔ̃] *nf* grinding up, trituration *spéc.*
triturer [3] [trityre] *vt* -**1.** [pétrir - bras, corps, pâte] to knead. -**2.** [manipuler - gants, breloque] to fiddle with. -**3.** [influencer] to manipulate, to distort; **les grands groupes de presse triturent l'opinion publique** the big newspaper groups distort public opinion. -**4.** PHARM [médicament] to crush, to grind, to triturate *spéc.*

◆ **se triturer** *vpt*: **se ~ les méninges** OU **la cervelle** *fam* to rack one's brains.
triumvir [trijɔmvir] *nm* triumvir.
triumviral, e, aux [trijɔmviral, o] *adj* triumviral.
triumvirat [trijɔmvira] *nm* -**1.** [groupe] triumvirate, troika. -**2.** ANTIQ triumvirate.
trivalent, e [trivalɑ̃, ɑ̃t] *adj* trivalent.
trivial, e, aux [trivjal, o] *adj* -**1.** [grossier] crude, offensive. -**2.** [banal] trivial, trite; **un détail ~** a minor detail; **une remarque ~e** a commonplace, a mundane remark. -**3.** MATH trivial.
trivialement [trivjalmɑ̃] *adv* -**1.** [vulgairement] crudely, coarsely. -**2.** [banalement] trivially, tritely.
trivialité [trivjalite] *nf* -**1.** [caractère vulgaire] crudeness, coarseness. -**2.** [parole vulgaire] crude remark. -**3.** [caractère banal] triviality, banality.
tr/mn, tr/min (*abr écrite de* **tour par minute**) rpm.
troc [trɔk] *nm* -**1.** [système économique] barter; **(économie de) ~** barter economy. -**2.** [échange] swap.
Trocadéro [trɔkaderɔ] *npr m*: **le ~ : la place du ~** *public square opposite the Eiffel Tower.*
trochée [trɔʃe] *nm* trochee.
troène [trɔɛn] *nm* privet.
troglodyte [trɔglɔdit] *nm* -**1.** ANTHR cave dweller, troglodyte *spéc.* -**2.** ZOOL wren, troglodyte *spéc.*
troglodytique [trɔglɔditik] *adj* [population] cave-dwelling, troglodytic *spéc*; **habitations ~s** cave dwellings.
trogne *fam* [trɔɲ] *nf* face; **il avait une ~ d'ivrogne** he had the look of a wino about him.
trognon [trɔɲɔ̃] ◇ *adj fam* cute; **elles sont vraiment ~s** they're so cute.
◇ *nm* -**1.** [d'une pomme] core; [d'un chou] stem; **il t'exploitera jusqu'au ~** he'll squeeze you dry. -**2.** *fam* [terme d'affection] sweetie.
Troie [trwa] *npr* Troy; **le cheval/la guerre de ~** the Trojan Horse/War.
troïka [trɔika] *nf* -**1.** [traîneau] troika. -**2.** [trois personnes] troika; **la ~ qui dirige maintenant le journal** the newspaper's new management trio.
trois [trwa] ◇ *adj num card* -**1.** [entre deux et quatre] three; **frapper les ~ coups** *to announce the beginning of a theatre performance by knocking three times*; **la salle a dû être évacuée avant même les ~ coups** the auditorium had to be cleared before the performance had even started; **~ dimensions: maquette en ~ dimensions** model in three dimensions, three-dimensional model; **reproduire un objet en ~ dimensions** to produce a three-dimensional model of an object; **à ~ temps** in triple OU three-four time ❑ **en ~ coups de cuiller à pot** in two shakes of a lamb's tail; **les ~ Grâces** the (three) Graces; **les ~ jours** [à l'armée] *in France, induction course preceding military service (now lasting one day)*; **haut comme ~ pommes** knee-high to a grasshopper; **Les Trois Suisses**® *French mail order company*; **'les Trois Mousquetaires'** *Alexandre Dumas* 'The Three Musketeers'. -**2.** [exprimant une approximation]: **dans ~ minutes** in a couple of minutes; **il n'a pas dit ~ mots** he hardly said a word; **deux ou ~, ~ ou quatre** a few, a handful; **prends ~ ou quatre prunes** take a few plums ❑ **~ fois rien** next to nothing; **ma maladie? ~ fois rien** my illness? it was nothing, really.
◇ *nm inv* -**1.** [chiffre] three. -**2.** JEUX three.
trois-étoiles [trwazetwal] ◇ *adj inv* three-star.
◇ *nm* [hôtel] three-star hotel; [restaurant] three-star restaurant.
trois-huit [trwaɥit] ◇ *nm inv* MUS three-eight (time).
◇ *nmpl* INDUST: **les ~** *shift system based on three eight-hour shifts*; **faire les ~** to work in shifts of eight hours.
troisième [trwazjɛm] ◇ *adj num ord* third; **il est toujours ~** he's always third; **la ~ personne du singulier** GRAMM the third person

singular ❑ le ~ âge [personnes] senior citizens; [période] old age; **personne du ~ âge** senior citizen; **~ dimension** third dimension; **le ~ larron: il était le ~ larron dans cette affaire** he took advantage of the quarrel the other two were having.
◇ *nmf* third.
◇ *nf* -**1.** SCOL fourth year *Br*, eighth grade *Am*. -**2.** AUT third gear.

troisièmement [trwazjɛmmɑ̃] *adv* thirdly, in the third place.

trois-mâts [trwama] *nm inv* three-master.

trois-pièces [trwapjɛs] *nm inv* [costume] three-piece suit.

trois-quarts [trwakar] ◇ *adj inv* three-quarter.
◇ *nm inv* -**1.** [manteau] three-quarter (length) coat. -**2.** SPORT three-quarter; **~ aile/centre** wing/centre (three-quarter); **la ligne des ~** the three-quarter line. -**3.** MUS [violon] three-quarter violin.

troll [trɔl] *nm* troll MYTH.

trolley [trɔlɛ] *nm* -**1.** TRANSP trolley bus. -**2.** [chariot] truck *(on cableway)*. -**3.** ÉLECTR trolley.

trolleybus [trɔlɛbys] = **trolley 1**.

trombe [trɔ̃b] *nf* MÉTÉO [sur mer] waterspout; [sur terre] whirlwind; **~ d'eau** downpour.
◆ **en trombe** *loc adv* briskly and noisily; **elle entra en ~** she burst in; **la voiture passa en ~** the car shot past; **partir en ~** to shoot off.

trombine▽ [trɔ̃bin] *nf* [visage] mug; [physionomie] look; **si tu avais vu sa ~!** you should have seen his face!

trombinoscope *fam* [trɔ̃binɔskɔp] *nm* rogues' gallery *hum*.

tromblon [trɔ̃blɔ̃] *nm* -**1.** [fusil] blunderbuss. -**2.** [cylindre] grenade sleeve.

trombone [trɔ̃bɔn] *nm* -**1.** MUS [instrument] trombone; [musicien] trombonist, trombone (player); **~ à coulisse/pistons** slide/valve trombone. -**2.** [agrafe] paper clip.

tromboniste [trɔ̃bɔnist] *nmf* trombonist, trombone (player).

trompe [trɔ̃p] *nf* -**1.** ENTOM & ZOOL [d'éléphant] trunk, proboscis *spéc*; [de papillon] proboscis; [de tapir] snout, proboscis *spéc*. -**2.** MUS horn. -**3.** AUT [avertisseur] horn. -**4.** ANAT: **~ d'Eustache** Eustachian tube; **~ utérine** OU **de Fallope** Fallopian tube. -**5.** ARCHIT squinch. -**6.** TECH: **~ à eau** water pump.

trompe-la-mort [trɔ̃plamɔr] *nmf inv* daredevil.

trompe-l'œil [trɔ̃plœj] *nm inv* -**1.** BX-ARTS [style] trompe l'œil. -**2.** [faux-semblant] window dressing; **son discours antiraciste n'était qu'un ~** his antiracist speech was mere window-dressing.
◆ **en trompe-l'œil** *loc adj* BX-ARTS: **peinture en ~** trompe l'œil painting.

tromper [3] [trɔ̃pe] *vt* -**1.** [conjoint] to be unfaithful to, to deceive, to betray; **elle le trompe avec Thomas** she's having an affair with Thomas behind his back. -**2.** [donner le change à] to fool, to trick, to deceive; **elle nous a trompés avec son doux sourire** she fooled us with her sweet smile; **mais si, tu y étais, tu cherches à nous ~!** of course you were there, you're trying to mislead us!; **~ qqn sur ses intentions** to mislead sb as to one's intentions ❑ **~ son monde: avec ses airs affables, il trompe bien son monde** everybody is taken in by his kindly manner. -**3.** [berner, flouer] to dupe, to cheat; **il m'a trompé dans la vente de la maison** he cheated me on the sale of the house; **on m'a trompé sur la qualité** I was misinformed as to the quality. -**4.** [échapper à]: **~ la vigilance de qqn** to elude sb; **tu ne pourras pas ~ la vigilance du percepteur** you won't hoodwink OU outwit the taxman ❑ **~ l'ennui** to stave off boredom. -**5.** [induire en erreur] to mislead; **mon instinct ne me trompe jamais** my instincts never let me down OU fail me; **sa bonne mine a trompé ses proches** her healthy appearance fooled OU deceived her relatives; **ne te laisse pas ~ par les apparences** don't be taken in by appearances ‖ *(en usage abs)*: **c'est un signe qui ne trompe pas** it's a sure sign; **il a rougi, cela ne trompe pas!** his blushing said it all! -**6.** *litt* [décevoir]: **~ l'espoir de qqn** to disappoint sb; **l'amour l'avait trompée dans son attente** love had fallen short of her expectations. -**7.** [apaiser - faim] to appease.
◆ **se tromper** *vpi* -**1.** [commettre une erreur] to make a mistake; **se ~ dans une addition/dictée** to get a sum/dictation wrong; **je me suis trompé de 11 francs** I was 11 francs out *Br* OU off *Am*; **je ne m'étais pas trompé de beaucoup** I wasn't far wrong OU far off *Am*. -**2.** [prendre une chose pour une autre]: **se ~ de jour** to get the day wrong; **se ~ de bus** to get on the wrong bus ❑ **se ~ d'adresse** *pr* to go to the wrong address; **se ~ d'adresse** *fam* OU **de porte** *fam fig*: **si c'est un complice que tu cherches, tu te trompes d'adresse** if it's an accomplice you want, you've come to the wrong address. -**3.** [s'illusionner] to make a mistake, to be wrong; **je le croyais intelligent mais je me suis trompé** I thought he was intelligent, but I was wrong; **tout le monde peut se ~** anyone can make a mistake, nobody's infallible; **se ~ sur les motifs de qqn** to misunderstand sb's motives; **ou je me trompe fort ou c'était bien lui** I'm pretty sure it was him; **si je ne me trompe** if I'm not mistaken; **c'était en 1989 si je ne me trompe** it was in 1989, correct me if I'm wrong; **s'y ~: que l'on ne s'y trompe pas** let there be no misunderstanding about that; **au fond, elle était malheureuse et ses amis ne s'y trompaient pas** deep down she was unhappy and her friends could tell.

tromperie [trɔpri] *nf* [supercherie] deception; **il y a ~ sur la qualité** the quality hasn't been described accurately.

trompeter [27] [trɔ̃pɛte] ◇ *vt* [fait] to trumpet, to shout from the rooftops.
◇ *vi vieilli* [musicien - gén] to play the trumpet, to trumpet *vieilli*; [aigle] to scream.

trompette [trɔ̃pɛt] ◇ *nf* -**1.** [instrument] trumpet; **~ basse** bass trumpet; **~ bouchée** muted trumpet; **~ marine** marine trumpet, trumpet marine; **~ à pistons** valve trumpet; **~ simple** bugle; **les ~s de Jéricho** BIBLE the trumpets of Jericho; **la Trompette du Jugement dernier** (the sound of) the Last Judgment; **les ~s de la Renommée** *litt* the trumpet blast of Fame. -**2.** AUT rear axle tube. -**3.** ZOOL: **~ de mer** trumpet fish.
◇ *nm* [musicien - gén] trumpet player, trumpet, trumpeter; MIL trumpeter.
◆ **en trompette** *loc adj* [nez] up-turned.

trompette-des-morts [trɔ̃pɛtdemɔr] (*pl* **trompettes-des-morts**), **trompette-de-la-mort** [trɔ̃pɛtdəlamɔr] (*pl* **trompettes-de-la-mort**) *nf* horn of plenty BOT.

trompettiste [trɔ̃petist] *nmf* trumpet player, trumpet, trumpeter.

trompeur, euse [trɔ̃pœr, øz] ◇ *adj* -**1.** [personne] lying, deceitful. -**2.** [signe, air, apparence] deceptive, misleading; **de belles fraises d'un rouge ~** luscious strawberries of a deceptive red; **le vent faiblit mais c'est ~** the wind's dropping but you can't rely on that.
◇ *nm, f* deceiver; **à ~, ~ et demi** *prov* the biter is sometimes bit.

trompeusement [trɔ̃pøzmɑ̃] *adv* deceptively, deceitfully *péj*.

tronc [trɔ̃] *nm* -**1.** BOT trunk. -**2.** ANAT [d'un être humain] trunk, torso; [d'un animal] trunk, barrel; [d'un nerf, d'une artère] trunk, truncus *spéc*. -**3.** [boîte pour collectes] (collecting) box; **~ des pauvres** alms box. -**4.** *(comme adj; avec ou sans trait d'union)* limbless.
◆ **tronc commun** *nm* [d'une famille] common stock, ancestry; ENS compulsory subjects, core curriculum.

tronche *fam* [trɔ̃ʃ] *nf* -**1.** [visage] face; [expression] look; **faire une ~ épouvantable** to look totally down in the dumps OU browned off *Br*; **t'aurais vu la ~ qu'il faisait!** you should have seen the look on his face! -**2.** [tête] head.

tronçon [trɔ̃sɔ̃] *nm* -**1.** [morceau coupé] segment, section; **un tuyau divisé en ~s** a pipe divided into segments. -**2.** TRANSP [de voie] section; [de route] section, stretch. -**3.** [d'un texte] part, section. -**4.** ARCHIT frustrum. -**5.** MENUIS log, block.

tronconique [trɔ̃kɔnik] *adj* truncated.

tronçonnage [trɔ̃sɔnaʒ], **tronçonnement** [trɔ̃sɔnmɑ̃] *nm* -**1.** MENUIS sawing OU chopping (into sections). -**2.** MÉTALL sectioning.

tronçonner [3] [trɔ̃sɔne] *vt* to cut OU to chop (into sections); **~ un arbre** to saw a tree (into sections).

tronçonneuse [trɔ̃sɔnøz] *nf* motor saw; **~ à chaîne** chain saw.

trône [tron] *nm* -**1.** [siège, pouvoir] throne; **monter sur le ~** to ascend OU to come to the throne. -**2.** *fam fig* & *hum* throne; **être sur le ~** to be on the throne.
◆ **trônes** *nmpl* RELIG thrones.

trôner [3] [trone] *vi* -**1.** [personne] to sit enthroned *hum* OU in state. -**2.** [bouquet, œuvre d'art] to sit prominently OU imposingly; **son portrait trônait dans le salon** his portrait was displayed in a prominent position in the drawing room.

tronquer [3] [trɔ̃ke] *vt* -**1.** [phrase, récit] to shorten. -**2.** [pilier, statue] to truncate.

trop [tro] *adv* -**1.** [excessivement - devant un adjectif, un adverbe] too; [- devant un verbe] too much; **il est ~ gros** he's overweight OU too fat; **les fraises sont ~ chères** the strawberries are too expensive; **un plat ~ riche** an excessively rich dish; **de la viande ~ cuite** overcooked meat; **et en plus, c'est moi qui paye, c'est ~ fort!** and what's more I'm the one who's paying, it really is too much!; **il habite ~ loin** he lives too far away; **j'ai dormi ~ longtemps** I slept too long; **elle sort ~ peu** she doesn't go out enough; **son ~ peu de confiance en elle lui nuit** her lack of self-confidence works against her; **on a ~ chargé la voiture** we've overloaded the car; **tu manges (beaucoup) ~** you eat (far) too much; **j'en ai déjà ~ dit** I've already said more than I should have OU too much; **avoir ~ faim/soif** to be too hungry/thirsty; **ne fais pas ~ le difficile** don't be too awkward; **~ fumer provoque des maladies graves** too much smoking can lead to serious illness; **cela n'a que ~ duré** it's been going on far too long; **il ne le sait que ~** he knows (it) only too well ‖ [en corrélation avec 'pour']: **tu es ~ intelligent pour croire cela** you're too intelligent to believe that; **~ belle pour toi** too beautiful for you; **ne soulève pas l'armoire, c'est ~ lourd pour toi tout seul** don't (try to) lift the cupboard, it's too heavy for you on your own; **~ fier pour accepter** too proud to accept; **~ beau pour être vrai** too good to be true; **il a ~ tardé à répondre pour qu'elle lui écrive encore** he has taken too long in replying for her to write to him again; **c'est ~ important pour que vous ne vous en occupiez pas vous-même** it's too important for you not to deal with it yourself ❑ **il est ~, lui!** *fam* he really is too much! -**2.** [emploi nominal]: **ne demande pas ~** don't ask for too much; **prends la dernière part — non, c'est ~** have the last slice — no, it's too much; **je dépense ~** I'm overspending, I'm spending too much ❑ **c'est ~!, c'en est ~!** that's it!, I've had enough!; **~ c'est ~!** enough is enough!; **je sors, ~ c'est ~!** I'm leaving, I've had enough! -**3.** [très, beaucoup] so; **ce bébé est ~ mignon!** this baby is so cute!; **il est ~ drôle!** he's so funny!; **c'est ~ bête!** how stupid!; **vous êtes ~ aimable** how very kind of you, you're very OU too kind ‖ [dans des phrases négatives]: **il n'est pas ~ content** he's not very happy; **je ne sais ~** I'm not sure; **je n'aime pas ~ le chocolat** I don't like chocolate very OU that much, I'm not very OU that keen on chocolate; **je ne le connais pas ~** I don't know him very OU that well; **on ne se voit plus ~** we don't see much of each other any more; **sans ~ savoir pourquoi** without really knowing why.
◆ **de trop** *loc adv*: **j'ai payé 11 francs de ~** I paid 11 francs too much; **il y a une assiette de ~** there's one plate too many; **votre remarque**

était de ~ that remark of yours was uncalled for; **je suis de** ~, **peut-être?** are you telling me I'm in the way OU not wanted?; **tu fumes de** ~ *fam* you smoke too much; **deux jours ne seront pas de** ~ **pour tout terminer** two days should just about be enough to finish everything; **un rafraîchissement ne serait pas de** ~! a drink wouldn't go amiss!

◆ **en trop** *loc adv*: **tu as des vêtements en** ~ **à me donner?** have you got any spare clothes to give me?; **j'ai payé 11 francs en** ~ I paid 11 francs too much; **il y a de l'argent en**~ there's too much money; **il y a un verre en** ~ there's a OU one glass too many; **se sentir en** ~ to feel in the way.

◆ **par trop** *loc adv litt* much too, far too; **il est par** ~ **méfiant** he's much OU far too distrustful; **c'est par** ~ **injuste** it's simply too unfair (for words).

◆ **trop de** *loc dét* -**1.** [suivi d'un nom non comptable] too much; [suivi d'un nom comptable] too many; **ils ont** ~ **d'argent** they've got too much money; **j'ai acheté** ~ **de lait** I've bought too much milk; **il y a beaucoup** ~ **de monde** there are far too many people; **tu veux des bonbons? — non, merci, j'en ai déjà** ~ **mangé** do you want some sweets? — no thanks, I've already eaten too many; **nous ne serons pas** ~ **de cinq pour soulever le piano** it'll take at least five of us to lift the piano || [en corrélation avec 'pour']: **j'ai** ~ **de soucis pour me charger des vôtres** I've too many worries of my own to deal with yours || *(comme nom)*: **le** ~ **d'énergie des enfants** the children's excess OU surplus energy. -**2.** *loc*: **en faire** ~ [travailler] to overdo things; [pour plaire] to overdo it.

trope [trɔp] *nm* trope.

trophée [trɔfe] *nm* trophy.

trophique [trɔfik] *adj* trophic.

trophoblaste [trɔfɔblast] *nm* trophoblast.

trophoblastique [trɔfɔblastik] *adj* trophoblastic.

tropical, e, aux [trɔpikal, o] *adj* tropical.

tropicalisation [trɔpikalizasjɔ̃] *nf* tropicalization.

tropicaliser [3] [trɔpikalize] *vt* to tropicalize.

tropique [trɔpik] ◇ *adj* tropical.

◇ *nm* ASTRON & GÉOG tropic; **le** ~ **du Cancer/Capricorne** the tropic of Cancer/Capricorn.

◆ **tropiques** *nmpl* GÉOG: **les** ~**s** the tropics; **sous les** ~**s** in the tropics.

tropisme [trɔpism] *nm* tropism.

troposphère [trɔpɔsfɛr] *nf* troposphere.

trop-perçu [trɔpɛrsy] (*pl* **trop-perçus**) *nm* overpayment (of taxes), excess payment (of taxes).

trop-plein [trɔplɛ̃] (*pl* **trop-pleins**) *nm* -**1.** [de forces, d'émotion] overflow, surplus; **ton** ~ **d'énergie** your surplus energy; **elle épancha le** ~ **de son âme** she poured out her soul. -**2.** [d'eau, de graines] overflow; [de vin] surplus. -**3.** TECH overflow.

troque [trɔk] *nm* top-shell, trochus *spéc*; **les** ~**s** the Trochidae.

troquer [3] [trɔke] *vt* -**1.** [échanger] to exchange, to swop, to swap; **je troquerais bien mon manteau contre le tien** I wouldn't mind swapping coats with you. -**2.** COMM to barter, to trade; **ils troquent les fruits contre de la soie** they trade fruit for silk.

troquet *fam* [trɔkɛ] *nm* bar.

trot [tro] *nm* ÉQUIT trot, trotting; ~ **assis/enlevé** sitting/rising trot; ~ **attelé** trotting (with a sulky); ~ **monté** saddle-trot, saddle-trotting.

◆ **au trot** *loc adv* -**1.** ÉQUIT at a trot OU trotting pace; **au petit** ~ at a jogging pace ÉQUIT. -**2.** *fam* [vite] on the double; **allez, et au** ~! come on, jump to it!

Trotski [trɔtski] *npr* Trotsky.

trotskisme [trɔtskism] *nm* Trotskyism.

trotskiste [trɔtskist] *adj* & *nmf* Trotskyist.

trotte *fam* [trɔt] *nf*: **il y a une bonne** ~ **d'ici à la plage** it's a fair distance OU it's quite a step from here to the beach; **ils en ont fait une** ~! they've covered quite a distance!

trotter [3] [trɔte] *vi* -**1.** [cheval] to trot. -**2.** [marcher vite - enfant] to trot OU to run along; [- souris] to scurry along; **à cet âge-là, ils ont envie de** ~ at that age, they want to run around. -**3.** *fam* [marcher beaucoup] to do a lot of walking, to cover quite a distance on foot. -**4.** *fig*: **une idée qui me trotte dans la tête** an idea which keeps running through my mind; **cet air me trotte continuellement dans la tête!** I can't get that tune out of my head!

◆ **se trotter** *fam vpi* to make off, to scarper *Br*, to skedaddle *Am*.

trotteur, euse [trɔtœr, øz] ◇ *adj* -**1.** ÉQUIT: **cheval** ~ trotter. -**2.** VÊT: **talon** ~ low heel.

◇ *nm, f* trotter.

◆ **trotteurs** *nmpl* [chaussures] flat shoes.

◆ **trotteuse** *nf* [d'une montre] second hand.

trottinement [trɔtinmɑ̃] *nm* [marche rapide] trotting, scurrying; [d'un enfant] toddling; [bruit de pas] patter.

trottiner [3] [trɔtine] *vi* -**1.** [souris] to scurry (along); [cheval] to jog-trot (along). -**2.** [personne] to trot along; **la petite trottinait près de son père** the child trotted along next to her father.

trottinette [trɔtinɛt] *nf* -**1.** [patinette] scooter. -**2.** *fam* [petite voiture] little car.

trottoir [trɔtwar] *nm* -**1.** [bord de chaussée] pavement *Br*, sidewalk *Am* ❑ **faire le** ~ to walk the streets *euph*. -**2.** TECH: ~ **roulant** travelator, travolator, moving walkway.

trou [tru] *nm* -**1.** [cavité - gén] hole; [- sur la route] pothole; **faire un** ~ **dans les économies de qqn** to make a hole in sb's savings ❑ ~ **de mine** blast hole; ~ **de mémoire** memory lapse, lapse of memory; **j'ai eu un** ~ **(de mémoire) en scène** I dried up on stage; ~ **noir** ASTRON black hole; *fig* depths of despair; **après la mort de mon mari, ça a été le** ~ **noir** after my husband died I was terribly depressed; ~ **normand** *glass of Calvados taken between courses (of a meal)*; **faire le** ~ **normand** *to take a break between courses with a glass of Calvados*; **un** ~ **de souris** a tiny place; **un studio ça? plutôt un** ~ **de souris!** a studio? it's more like a hole in the wall!; **j'étais tellement gênée que j'aurais voulu disparaître dans un** ~ **de souris** I was so embarrassed I wished the earth would swallow me up; **faire son** ~: **parti de rien, il a fait son** ~ he made his way in the world from very humble beginnings; **elle a fait son** ~ **dans l'édition** she has made a nice little niche for herself in publishing; **sortir de son** ~ to go out into the big wide world. -**2.** [ouverture - dans une clôture, dans les nuages] hole, gap; [- d'une aiguille] eye; [- dans du cuir] eyelet; **le maçon a fait un** ~ **dans le mur** the builder knocked a hole in the wall ❑ **le** ~ **de la serrure** the keyhole; **regarder par le** ~ **de la serrure** to watch through the keyhole. -**3.** [déchirure] hole, tear, rip; **faire un** ~ **dans une membrane** to puncture OU to perforate a membrane; **faire un** ~ **à son collant** to make a hole in OU to rip one's tights; **il a fini par faire un** ~ **à son pull à l'endroit du coude** he finally wore a hole in the elbow of his jumper; **j'ai laissé tomber une allumette sur la nappe et ça a fait un** ~ I dropped a match on the tablecloth and it burned a hole in it; **drap plein de** ~**s** tattered sheet, sheet full of holes. -**4.** [moment] gap; **un** ~ **dans son emploi du temps** [élève] a free period; [dans la reconstitution d'un crime] *a period of time during which one's movements cannot be accounted for*; **la coiffeuse a un** ~ **à 11 h** the hairdresser can fit you in at 11 o'clock. -**5.** *fam* [endroit reculé] (little) place, hole *péj*, one-horse-town *hum*; **je ne resterai pas dans ce** ~ I won't stay in this hole *péj*; **pas même un café, quel** ~! not even a café, what a dump!; **il n'est jamais sorti de son** ~ he's never been away from home. -**6.** *fam* [tombe] grave; **quand je serai dans le** ~ when I've kicked the bucket OU I'm six foot under. -**7.** ▽ [prison]: **être au** ~ to be inside. -**8.** ANAT hole, foramen *spéc*; ~ **occipital** occipital foramen; ~**s vertébraux** vertebral foramina; ~ **de l'oreille** earhole; ~**s de nez** nostrils; **ça me sort par les** ~**s de nez** *fam* I've had it up to here; ~ **du cul**▼ OU **de balle**▼ arsehole *Br*, asshole *Am*; **espèce de** ~ **du cul!**▼ you arsehole!; **il n'a pas les yeux en face des** ~**s** [il ne remarque rien] he's pretty unobservant; [il est à moitié endormi] he's still half asleep. -**9.** AÉRON: ~ **d'air** air pocket; **des** ~**s d'air** turbulence. -**10.** GOLF hole; **le** ~ **est partagé** the hole is halved; **réussir** ~ **en un** to get a hole in one; **faire un** ~ to get a hole.

troubadour [trubadur] *nm* troubadour.

troublant, e [trublɑ̃, ɑ̃t] *adj* -**1.** [événement] disturbing, unsettling, disquieting; [question, ressemblance] disconcerting. -**2.** [déshabillé, sourire] thrilling, arousing; **une femme** ~**e** a desirable woman.

trouble[1] [trubl] ◇ *adj* -**1.** [eau] cloudy, murky; [vin] cloudy; [image] blurred; [photo] blurred, out-of-focus; [regard, verre] misty, dull. -**2.** [confus] vague, unclear, imprecise; **une vision** ~ **du problème** a muddled view of the problem; **un désir** ~ a vague desire. -**3.** [équivoque] equivocal, ambiguous; **elle aime les situations un peu** ~**s** she likes slightly ambiguous situations || [peu honnête] dubious; **une affaire** ~ a murky business; **personnage** ~ suspicious character.

◇ *adv* through a blur; **je vois** ~ everything OU my vision is blurred.

trouble[2] [trubl] *nm* -**1.** [sentiment - de gêne] confusion, embarrassment; [- de perplexité] confusion; [- de peine] distress, turmoil; **il ne put cacher son** ~ **en la voyant** he couldn't hide his embarrassment when he saw her; **la nouvelle sema le** ~ **dans les esprits** the news sowed confusion in people's minds OU threw people's minds into confusion; **c'est un** ~ **si doux que l'amour** *litt* love is such sweet turmoil. -**2.** MÉD disorder; ~ **caractériel** emotional disorder; **un** ~ **du comportement** a behaviour problem; **un** ~ **du langage** a speech impediment; ~**s circulatoires** circulation problems, trouble with one's circulation; **elle souffre de** ~**s digestifs** she has trouble with her digestion; ~**s de la personnalité** personality disorder; ~**s respiratoires** respiratory disorders; ~**s visuels** OU **de la vue** eye trouble. -**3.** [désaccord] discord, trouble; **jeter** OU **semer le** ~ **dans une famille** to sow discord within a family; **ne viens pas jeter** OU **semer le** ~ **ici!** don't you come stirring up trouble (around here)! -**4.** JUR disturbance (of rights). -**5.** PÉTR: **point de** ~ cloud OU turbidity point.

◆ **troubles** *nmpl* [agitation sociale] unrest; **les** ~**s s'étendent** the rioting is spreading.

trouble-fête [trubləfɛt] *nmf inv* killjoy, spoilsport; **jouer les** ~ to be a killjoy OU spoilsport; **je ne veux pas jouer les** ~, **mais...** I don't want to be a spoilsport OU to put a damper on the proceedings but...

troubler [3] [truble] *vt* -**1.** [eau] to cloud. -**2.** [rendre moins net] to blur, to dim, to cloud; ~ **la vue de qqn** to blur OU to cloud sb's vision. -**3.** [sommeil] to disturb; [paix] to disturb, to disrupt; [silence] to break; [digestion] to upset. -**4.** [fête, réunion] to disrupt; [plan] to upset, to disrupt; **un incident est venu** ~ **notre soirée** an unfortunate incident cast a cloud over our evening; **une époque troublée** troubled times; ~ **l'ordre public** to cause a breach of the peace *Br*, to disturb the peace *Am*; **discours propre à** ~ **l'ordre public** inflammatory speech. -**5.** [déconcerter] to confuse, to disconcert; **un détail nous trouble encore** one detail is still baffling us; **ses remarques m'avaient troublé** her remarks had unsettled me; **la question semble te** ~ you seem put out OU disconcerted by the question. -**6.** [mettre en émoi - personne] to thrill, to arouse; [- imagination] to stir; **sa présence le troublait profondément** her presence aroused OU excited him profoundly.

◆ **se troubler** *vpi* -**1.** [eau] to become cloudy OU turbid *litt*; [vue] to become blurred, to grow dim. -**2.** [perdre contenance] to get confused; **dès** qu'on le regarde il se trouble as soon as somebody looks at him he goes to pieces; continuez sans vous ~ carry on and don't let yourself get ruffled.

troué, e[1] [true] *adj*: **un vieux châle ~** a tatty *Br* OU raggedy *Am* old shawl; **des chaussettes toutes ~es** socks full of holes ❑ **~ comme une écumoire** OU **une passoire** full of OU riddled with holes.

trouée[2] [true] *nf* -**1.** [ouverture] gap; **une ~ de ciel bleu** a patch of blue sky; **une ~ dans les nuages** a break in the clouds; **la ~ du chemin** the opening formed by the path. -**2.** GÉOG gap. -**3.** MIL breach; **effectuer une ~** to break through.

trouer [3] [true] *vt* -**1.** [percer - carton, tissu] to make a hole in; [- tôle] to pierce; [- cloison] to make OU to bore a hole in; **la chaussette est trouée** the sock's got a hole in; **la pointe a troué le caoutchouc** the tip made a hole in the rubber; **la balle lui a troué le corps** the bullet pierced his body ❑ **~ la peau à qqn** *fam* to pump sb full of lead; **se faire ~ la peau** *fam* to get filled full of lead. -**2.** *sout* [traverser] to pierce; **le soleil trouait les nuages** the sun was breaking through the clouds. -**3.** [cribler] to pit; **des météorites ont troué le fond du canyon** meteorites have pitted the bottom of the canyon; **surface trouée de balles** surface pitted with bullet holes.

◆ **se trouer** *vpi* [d'un seul trou] to get a hole; [de plusieurs trous] to get OU to go into *Br* holes.

troufion▽ [trufjɔ̃] *nm* soldier, private, squaddy *Br*.

trouillard, e▽ [trujar, ard] ◇ *adj* chicken-livered, chicken-hearted.
◇ *nm, f* chicken.

trouille▽ [truj] *nf* fear, fright; **ça va lui flanquer** OU **ficher la ~** it'll scare the living daylights out of her ❑ **j'avais une ~ bleue** I was scared stiff OU to death.

trouillomètre▽ [trujɔmɛtr] *nm*: **avoir le ~ à zéro** to be scared stiff OU to death.

troupe [trup] *nf* -**1.** [de touristes, d'enfants] troop. -**2.** MIL [formation, régiment] troop; **la ~, les ~s** the troops OU men; **on fit donner** OU **intervenir la ~** the army was OU troops were sent in ❑ **~s de choc** shock troops. -**3.** THÉÂT company, troupe; **monter une ~** to set up a company; **final avec toute la ~** grand finale (with all the cast). -**4.** [de scouts] troop. -**5.** [d'éléphants] herd.

◆ **en troupe** *loc adv* as a group.

troupeau, x [trupo] *nm* -**1.** [de vaches] herd; [de moutons] flock; [d'oies] gaggle; [d'éléphants] herd; **il garde le ~** [de vaches] he's tending the herd; [de moutons] he's tending the flock. -**2.** RELIG: **le ~ des fidèles** the flock RELIG. -**3.** *péj* [multitude passive] herd *péj*; **quel ~ d'imbéciles!** what a load of idiots!

troupier [trupje] ◇ *adj m*: **comique ~** barrack-room comedian.
◇ *nm* soldier.

troussage [trusaʒ] *nm* -**1.** CULIN trussing. -**2.** MÉTALL strickling.

trousse [trus] *nf* -**1.** [étui] case; [d'écolier] pencil case; **~ de maquillage** make-up bag; **~ de médecin** medical bag; **~ à ongles** manicure set; **~ à outils** tool kit; **~ de secours** first-aid kit; **~ de toilette** toilet OU sponge bag. -**2.** [pour un acrobate] tights. -**3.** MIN: **~ coupante** cutting OU drum curb; **~ de cuvelage** curb, crib.

◆ **aux trousses de** *loc prép*: **avoir qqn à ses ~s** to be followed by sb; **le fisc est à ses ~s** he's got the taxman after him; **il a la police aux ~s** the police are after him.

trousseau, x [truso] *nm* -**1.** [assortiment]: **~ (de clés)** bunch of keys. -**2.** [d'une mariée] trousseau *(including linen)*.

trousser [3] [truse] *vt* -**1.** CULIN to truss (up). -**2.** [rédiger avec brio]: **en deux minutes, il troussait un poème** he could dash off a poem in a couple of minutes; **un petit refrain bien troussé** a neatly turned refrain; **un petit slogan bien troussé** a snappy slogan. -**3.** ▽ [femme] to have. -**4.** *vieilli* [retrousser - vêtement] to hitch up *(sép)*.

◆ **se trousser** *vpi vieilli* to hitch up one's skirts.

trousseur *fam* [trusœr] *nm vieilli*: **~ de jupons** womanizer, philanderer.

trou-trou [trutru] (*pl* **trou-trous**) *nm embroidery of ribbon-leading eyelets*; **jupon/corsage à ~s** broderie anglaise petticoat/blouse, frilly petticoat/blouse.

trouvable [truvabl] *adj* possible to find.

trouvaille [truvaj] *nf* [objet, lieu] find; [idée, méthode] brainwave; [expression] coinage; **une émission pleine de ~s** a programme full of good ideas.

trouvé, e [truve] *adj* -**1.** [découvert]: **enfant ~** foundling. -**2. bien ~** [original] well-chosen, apposite; **voilà une réponse bien ~e!** that's a (pretty) good answer! -**3. tout ~** ready-made; **voici un moyen tout ~ de gagner de l'argent** here's a ready-made way of making money.

trouver [3] [truve] *vt* **A.** APRÈS UNE RECHERCHE -**1.** [objet perdu, personne, emploi] to find; [empreintes, trésor] to find, to discover; [pétrole] to strike, to find; **je n'ai toujours pas de travail/secrétaire — patiente, tu finiras par ~ quelque chose/quelqu'un** I still haven't got a job/secretary — be patient, something'll turn up/you'll find someone in the end; **ah, je te trouve enfin!** so I've found you at last!; **où pourrais-je la ~ mardi?** where could I find OU contact her on Tuesday?; **je sais où on trouve des champignons** I know where you can find mushrooms; **~ un village sur une carte** to find OU to locate a village on a map; **d'après ce que les archéologues ont trouvé** from the archeologists' findings, from what the archeologists have found; **là, vous allez ~ la route Paris-Lyon** that's where you'll join up with the Paris-Lyon road; **as-tu trouvé où il se cache?** have you found where he's hiding OU his hiding-place?; **~ où** [découvrir un lieu approprié pour]: **j'ai trouvé où faire reproduire des cartes postales anciennes** I've found a place where they do reproductions of old postcards; **il faut que je trouve 5 000 francs avant demain** I must get hold of OU find 5,000 francs before tomorrow; **j'ai trouvé en elle la sœur/l'amie que je cherchais** in her I found the sister/the friend I'd been looking for. -**2.** [détecter] to find, to discover; **je ne trouve plus son pouls** I can't feel his pulse any more; **je ne trouve rien (d'anormal) à la radiographie** I can't find OU I haven't detected anything wrong on the X-ray; **ils lui ont trouvé quelque chose au sein** they found a lump in her breast; **des traces de sang ont été trouvées sur ses vêtements** blood stains were found OU discovered on his clothes; **ils ont trouvé beaucoup de coquilles dans le texte** they found OU spotted a lot of misprints in the text. -**3.** [acheter] to find, to get; **je n'ai pas trouvé de crème fraîche, alors j'ai mis du yaourt** I couldn't find OU get any cream so I used yoghurt instead; **du safran, on en trouve dans les épiceries fines** you can get OU find saffron in good delicatessens. -**4.** [rendre visite à]: **aller ~ qqn** to go to sb, to go and see sb; **il faut que tu ailles ~ un spécialiste** you should go and see a specialist; **venir ~ qqn** to come to sb, to come and see sb; **on vient souvent me ~ pour me demander conseil** people often come to me for advice.

B. INVOLONTAIREMENT -**1.** [tomber sur - personne, lettre, trésor] to find; **j'ai trouvé ce livre en faisant du rangement** I found OU came across this book while I was tidying up; **j'ai trouvé ce bouquet de roses en rentrant chez moi** I found this bunch of roses waiting for me when I got home; **en abattant la cloison, ils ont trouvé un coffret** when they pulled down the partition they discovered OU found a casket; **à notre grande surprise, nous avons trouvé le beau temps en arrivant** when we got there we were surprised to find that the weather was good; **si je m'attendais à te ~ là!** fancy meeting you here!; **si je trouve celui qui m'a cabossé ma portière!** just let me lay my hands on whoever dented my car door!; **~ qqch par hasard** to chance OU to stumble upon sthg; **j'ai trouvé ma maison cambriolée** I found my house burgled OU that my house had been burgled; **on l'a trouvé mort dans la cuisine** he was found dead in the kitchen ❑ **~ à qui parler** [un confident] to find a friend; **s'il continue comme ça, il va ~ à qui parler!** if he goes on like that, I'll give him what for! -**2.** [surprendre] to find, to catch; **que personne ne te trouve ici!** don't let anyone find OU catch you here!; **je l'ai trouvé fouillant** OU **qui fouillait dans mes tiroirs** I found OU I caught him searching through my drawers.

C. PAR L'ESPRIT, LA VOLONTÉ -**1.** [inventer - prétexte, méthode etc] to find; **où as-tu trouvé cette idée?** where did you get that idea from?; **tu trouveras bien un prétexte** you'll find some excuse (or other); **tu n'as rien trouvé de mieux à faire?** couldn't you find anything better to do?; **je ne savais pas ce que je faisais — c'est tout ce que tu as trouvé?** I didn't know what I was doing — is that the best you can come up with?; **~ qqch à répondre** to find an answer; **je n'ai rien trouvé à répondre** I was stuck for an answer. -**2.** [deviner - solution] to find; [- réponse, mot de passe] to find (out), to discover; [- code] to break, to crack; **je n'ai pas pu ~ la raison de son refus** I was unable to find out why he refused; **j'ai trouvé!** I've got it!, I know!; **39 moins 7, il fallait ~ 32** 39 take away 7, the correct result was 32. -**3.** [parvenir à] to find; **~ la force/le courage de faire qqch** to find the strength/courage to do sthg; **il a trouvé son équilibre dans la peinture** he found peace of mind in painting; **ça y est, j'ai trouvé ce que je voulais te dire!** I know what I wanted to tell you!; **je n'arrivais pas à ~ mes mots** I couldn't find the right words, I was lost for words; **là, tu as trouvé le mot juste!** you've said it!; **tu as trouvé ça tout seul?** *hum* did you come up with that all on your own?; **~ à: ~ à se loger** to find accommodation OU somewhere to live; **je trouverai à me faire remplacer** I'll find someone to stand in for me; **~ à vendre sa voiture** to find a buyer for one's car; **on ne trouve jamais à se garer par ici** you can never find anywhere to park around here; **le chien a encore trouvé à s'échapper** the dog's managed to run away again. -**4.** [se ménager] to find; **~ le temps de lire** to find time to read; **je n'ai pas le temps — trouve-le!** I haven't got time — (then you must) make time!; **~ l'occasion de faire qqch** to find the opportunity to do sthg. -**5.** [ressentir] to find; **~ du plaisir à (faire) qqch** to take pleasure in (doing) sthg, to enjoy (doing) sthg; **nous trouvions de la satisfaction à remplir notre devoir** we used to find it satisfying to do our duty.

D. AVOIR COMME OPINION -**1.** [juger, estimer] to find, to think; **~ qqch remarquable** to find sthg remarkable, to think that sthg is remarkable; **tu ne trouves rien de bizarre à cette demande?** don't you find that request somewhat strange?; **je la trouve déprimée en ce moment** I find her depressed at the moment; **tu vas me ~ vieilli** you'll think OU find I've aged; **comment me trouves-tu dans cette robe?** how do you like me in this dress?; **~ que** to think OU to find that; **je trouve que ça en vaut la peine** I think OU I reckon it's worth it; **je trouve qu'il change beaucoup en ce moment** he seems to me to be going through a lot of changes at the moment; **il est prétentieux — je ne trouve pas** he's pretentious — I don't think so; **la soupe manque de sel, tu ne trouves pas?** the soup needs more salt, don't you think?; **tu trouves?** do you think so? -**2.** [reconnaître]: **~ qqch à qqn/qqch: je lui trouve du charme** I think he's got charm; **tu ne lui trouves pas une petite ressemblance avec ta sœur?** don't you think OU wouldn't you say that she looks a bit like your sister?; **mais enfin, qu'est-ce que tu lui trouves, à ce type?** *fam* for goodness' sake, what do you see in this guy?; **je lui trouve mauvais goût, à ce vin** I don't think this wine tastes very nice; **je lui ai trouvé mauvaise mine hier** he didn't look very well to me yesterday.

◆ **se trouver** ◇ *v impers* -**1.** **il se trouve** [il existe, il y a] *(suivi d'un sg)* there is; *(suivi d'un pl)* there are; **il se trouvera toujours quelqu'un pour te renseigner** you'll always find somebody OU there'll always be someone you can ask; **il s'est trouvé peu de gens pour accepter** only a few people said yes OU accepted. -**2.** **il se trouve que...** [le hasard fait que] as it happens,...; **il se trouve que quelqu'un vous a vu dans mon bureau** as it happens, somebody saw you in my office; **il s'est trouvé que je les ai entendus** I chanced to overhear them, by chance I overheard them; **il s'est trouvé que c'était lui le fautif** it turned out that HE was to blame.

◇ *vp (emploi réfléchi)* [s'estimer]: **je me trouve trop mince** I think I'm too thin; **et tu te trouves drôle?** so you think you're (being) funny?; **il se trouve génial** he thinks he's great, he really fancies himself.

◇ *vp (emploi passif)* to be found, to exist; **cette fleur ne se trouve qu'en montagne** this flower is only (to be) found OU only grows in the mountains; **de bons artisans, cela se trouve difficilement** it's not easy to find OU to get good craftsmen; **des hommes galants, ça ne se trouve plus!** *fam* real gentlemen are a dying breed! *hum* ❑ **ça ne se trouve pas sous le pas d'un cheval** [argent] it's hard to come by.

◇ *vpi* -**1.** [en un lieu, une circonstance - personne] to be; [- bâtiment, ville] to be (situated OU located); **je me trouvais là par hasard** I just happened to be there; **qu'est-ce que tu dirais si tu te trouvais face à face avec lui?** what would you say if you suddenly found yourself face to face with him?; **ma main s'est trouvée coincée dans la porte** my hand got caught in the door; **trouve-toi devant la gare à 18 h** make sure you're outside the station at 6 p.m.; **où se trouve la gare?** where's the station?; **Senlis se trouve au nord de Paris** Senlis is to the north of Paris, Senlis is situated OU located north of Paris; **A se trouve à égale distance de B et de C** B and C are equidistant from A; **se ~ sur** [figurer] to appear OU to be shown on; **mon nom ne se trouve pas sur la liste** my name doesn't feature OU figure on the list, my name isn't listed || [résider - intérêt, problème] to be, to lie; **c'est là que se trouve la difficulté/le dilemme** that's where the difficulty/dilemma lies. -**2.** [arriver] to find o.s.; **quand vous vous trouverez sur la place, tournez à droite** when you arrive at the square, turn right. -**3.** [dans une situation] to find o.s., to be; **je me trouve devant un choix** I'm faced with a choice; **se ~ dans l'impossibilité de faire qqch** to find o.s. OU to be unable to do sthg; **se ~ dans l'obligation de faire qqch** to have no option but to do sthg. -**4.** [se sentir] to feel; **je me suis trouvé bête d'avoir crié** I felt stupid for having screamed; **se ~ bien/mieux** [du point de vue de la santé] to feel good/better; [dans un siège] to feel comfortable/more comfortable; [avec quelqu'un] to feel at ease/more at ease; [dans un vêtement élégant] to feel (that one looks) good/better; **se ~ mal** [s'évanouir] to pass out, to faint; **se ~ bien/mal de qqch**: **elle a suivi mes conseils et s'en est bien/mal trouvée** she followed my advice, and benefited from it/and lived to regret it ❑ **se ~ mieux de qqch**: **qu'il parte, je ne m'en trouverai que mieux!** let him leave, see if I care! -**5.** [se réaliser] to find o.s.; **en tant qu'écrivain, elle ne s'est pas encore trouvée** as a writer, she hasn't found her individual voice OU style yet. -**6.** [exprime la fortuité d'un événement, d'une situation] to happen; **ils se trouvaient appartenir au même club** they happened to belong OU it turned out that they belonged to the same club; **je me trouve être libre ce jour-là** it so happens that I'm free that day ❑ **si ça se trouve** *fam* maybe; **on l'a abandonné, ce gamin, si ça se trouve!** maybe the kid's been abandoned (,who knows)!; **si ça se trouve, il y a une fuite** maybe there's a leak.

trouvère [truvɛr] *nm* trouvère; **'le Trouvère'** *Verdi* 'Il Trovatore'.

troyen, enne [trwajɛ̃, ɛn] *adj* Trojan.

◆ **Troyen, enne** *nm, f* Trojan.

tr/s (*abr écrite de* **tours/seconde**) revs/s.

truand [tryɑ̃] *nm* crook, gangster; **les commerçants du coin, tous des ~s!** *fig* the local shopkeepers are all crooks!

truander *fam* [3] [tryɑ̃de] ◇ *vt* to con, to swindle.

◇ *vi* [aux examens] to cheat.

trublion [tryblijɔ̃] *nm* troublemaker.

truc *fam* [tryk] *nm* -**1.** [astuce] trick; **les ~s du métier** the tricks of the trade; **un ~ tout bête et qui marche à tous les coups** a simple little trick that works every time; **tu ne le prendras pas en défaut, il connaît tous les ~s** you won't catch him out, he knows all the tricks; **il doit y avoir un ~, c'est trop beau** there's bound to be a catch, it's too good to be true; **j'ai un ~ pour rentrer sans payer** I know a way of getting in without paying. -**2.** CIN & THÉÂT (special) effect, trick. -**3.** [chose précise] thing; **je pense à un ~** I've just thought of something; **j'ai plein de ~s à faire** I've got lots to do; **tu devrais t'acheter un ~ pour nettoyer ton four** you ought to buy something to clean your oven with || *péj* thing, business, stuff; **mange pas de ce ~-là!** don't eat any of that (stuff)!; **sa maladie, c'est un sale ~** her illness is a nasty business ❑ **ce n'est pas/c'est mon ~** it's not/it's my cup of tea; **le rock, c'est pas mon ~** rock is not my (kind of) thing; **l'écologie, c'est vraiment son ~** he's really into environmental issues. -**4.** [objet dont on a oublié le nom] thing, thingie *Br*, whachamacallit; **tu sais, ce ~ dont on se sert pour couper la pâte** you know, the thing you use to cut the pastry with. -**5.** [personne dont on a oublié le nom]: **Truc** What's his/her name, Thingie *Br*.

trucage [trykaʒ] = **truquage**.

truchement [tryʃmɑ̃] *nm*: **par le ~ de son ami** through OU via his friend.

trucider *fam* [3] [tryside] *vt* to kill.

trucmuche *fam* [trykmyʃ] *nm* -**1.** [chose] thingy *Br*, thingumajig, thingamabob. -**2. Trucmuche** [personne] What's his/her name, Thingie *Br*.

truculence [trykylɑ̃s] *nf* vividness, colourfulness.

truculent, e [trykylɑ̃, ɑ̃t] *adj* [personne] colourful, larger than life; [prose] vivid, colourful; [plaisanterie] racy.

truelle [tryɛl] *nf* -**1.** [du maçon] trowel. -**2.** [pour servir]: **~ à poisson** fish slice.

truffe [tryf] *nf* -**1.** [champignon] truffle. -**2.** [friandise] (chocolate) truffle. -**3.** [de chien, de chat] nose. -**4.** *fam* [nez] snout. -**5.** *fam* [personne] clot, dumbbell *Am*.

truffer [3] [tryfe] *vt* -**1.** CULIN to garnish with truffles; **pâté truffé** truffled pâté, pâté with truffles. -**2.** [emplir] to fill; **ils l'ont truffé de balles** they pumped him full of bullets; **truffé de mines** riddled with mines; **truffé d'anecdotes** peppered with anecdotes.

trufficulture [tryfikyltyr] *nf* truffle cropping.

truffier, ère [tryfje, ɛr] *adj*: **chien ~** truffle dog; **chêne ~** *oak on whose roots truffles grow.*

◆ **truffière** *nf* truffle-bed, trufflery.

truie [trɥi] *nf* -**1.** ZOOL sow. -**2.** ARM ballista. -**3.** ZOOL: **~ de mer** hog-fish.

truisme [tryism] *nm* truism; **c'est un ~!** it's obvious!, it goes without saying!

truite [trɥit] *nf* trout; **~ arc-en-ciel/saumonée** rainbow/salmon trout; **'la Truite'** *Schubert* 'The Trout'.

trumeau, x [trymo] *nm* -**1.** [entre des fenêtres] (window) pier. -**2.** [panneau de lambris, de peinture, de glace] pier glass; [d'une cheminée] overmantel. -**3.** ARCHIT pier.

truquage [trykaʒ] *nm* -**1.** CIN [action] (use of) special effects; [résultat] special effect. -**2.** [d'élections, de résultats] rigging.

truquer [3] [tryke] *vt* -**1.** [élection, statistiques] to rig; [entretien] to set up *(sép)*; [tableau] to fake. -**2.** CIN: **~ une scène** to use special effects in a scene.

truqueur, euse [trykœr, øz] *nm, f* [escroc] cheat.

truquiste [trykist] *nmf* CIN special effects man (*f* woman).

trust [trœst] *nm* -**1.** ÉCON trust. -**2.** [entreprise] corporation.

trypanosome [tripanozom] *nm* trypanosome; **les ~s** the Trypanosoma.

trypanosomiase [tripanɔzɔmjaz] *nf* trypanosomiasis.

ts *abr écrite de* **tous**.

tsar [tsar, dzar] *nm* tsar, czar.

tsarévitch [tsarevitʃ, dzarevitʃ] *nm* tsarevitch, czarevitch.

tsarine [tsarin, dzarin] *nf* tsarina, czarina.

tsarisme [tsarism, dzarism] *nm* tsarism, czarism.

tsariste [tsarist, dzarist] *adj* & *nmf* tsarist, czarist.

tsé-tsé [tsetse] *nf inv* tsetse (fly).

TSF (*abr de* **télégraphie sans fil**) *nf vieilli* [appareil] wireless; [procédé] wireless telegraphy.

T-shirt [tiʃœrt] = **tee-shirt**.

tsigane [tsigan] *adj* Gypsyish.

◆ **Tsigane** *nmf* (Hungarian) Gypsy.

TSVP (*abr de* **tournez s'il vous plaît**) *loc v* PTO.

tt *abr écrite de* **tout**.

TT, TTA (*abr de* **transit temporaire (autorisé)**) *registration for vehicles bought in France for tax-free export by non-residents.*

TTC (*abr de* **toutes taxes comprises**) *loc adj* inclusive of all tax, including tax.

ttes *abr écrite de* **toutes**.

TTX (*abr écrite de* **traitement de texte**) WP.

tu [ty] *pron pers (2ᵉ pers sg)* -**1.** [sujet d'un verbe] you; **tu as raison** you're right || *(élidé en 't' devant voyelle ou h muet)*: **t'en veux?** *fam* do you want some?; **t'es bête!** *fam* you're stupid! -**2.** RELIG thou; [en s'adressant à Dieu]: **Tu** Thou; **tu ne tueras point** thou shall not kill. -**3.** [emploi nominal]: **dire tu à qqn** to use the familiar form OU the "tu" form with OU to sb; **allez, on va se dire tu** ≃ come on, let's not stand on ceremony; **vous vous dites tu?** ≃ are you on first-name terms with each other? ❑ **être à tu et à toi avec qqn** to be on first-name terms with sb.

TU (*abr de* **temps universel**) *nm* UT, GMT.

tuant, e *fam* [tɥɑ̃, ɑ̃t] *adj* -**1.** [épuisant] exhausting. -**2.** [ennuyeux] deadly dull OU boring.

tub [tœb] *nm* -**1.** [objet] tub, bathtub. -**2.** [bain] bath.

tuba [tyba] *nm* -**1.** MUS tuba. -**2.** SPORT snorkel.

tubage [tybaʒ] *nm* -**1.** MÉD intubation, cannulation; **~ gastrique** gastric intubation. -**2.** PÉTR casing.

tubaire [tybɛr] *adj* tubal ANAT.

tubard, e▽ [tybar, ard] ◇ *adj* suffering from TB.

◇ *nm, f* TB case.

tube [tyb] *nm* -**1.** [conduit] tube, pipe; **~ lance-torpilles** torpedo tube. -**2.** ÉLECTR: **~ amplificateur** amplifier valve; **~ cathodique** cathode-ray tube; **~ au néon** neon tube; **~ à vide** vacuum tube. -**3.** [contenant] tube; **~ de peinture** tube of paint ❑ **~ à essai** test tube; **~ gradué** graduated tube. -**4.** ANAT & BOT tube; **~ capillaire** capillary (tube); **~ digestif** digestive tract. -**5.** *fam* [chanson] (smash) hit, chart-topper; **le ~ de l'été** this summer's chart-topper.

tubeless [tyblɛs] *adj inv* tubeless.

tuber [3] [tybe] *vt* -**1.** PÉTR to line, to case. -**2.** TRAV PUBL to tube.

tubercule [tybɛrkyl] *nm* -**1.** BOT tuber. -**2.** ANAT & MÉD tubercle.

tuberculeux, euse [tybɛrkylø, øz] ◇ *adj* -**1.** [malade] tuberculous; [symptôme] tuberculous, tubercular. -**2.** BOT tuberous.

◇ *nm, f* tuberculosis sufferer, tubercular.

tuberculination [tybɛrkylinasjɔ̃] = **tuberculinisation.**

tuberculine [tybɛrkylin] *nf* tuberculin.

tuberculinique [tybɛrkylinik] *adj* tuberculin *(modif).*

tuberculinisation [tybɛrkylinizasjɔ̃] *nf* tuberculin-testing.

tuberculisation [tybɛrkylizasjɔ̃] *nf* tuberculization, tuberculation.

tuberculose [tybɛrkyloz] *nf* tuberculosis, TB.

tubéreux, euse [tyberø, øz] *adj* tuberous.
◆ **tubéreuse** *nf* tuberose.

tubérisation [tyberizasjɔ̃] *nf* tuberisation.

tubérisé, e [tyberize] *adj* tuberous.

tubulaire [tybylɛr] *adj* -**1.** ANAT & CONSTR tubular. -**2.** [chaudière] tubulous. -**3.** TRAV PUBL: **pont ~** tubular bridge.

tubule [tybyl] *nm* tubule.

tubulé, e [tybyle] *adj* BOT tubulate.

tubuleux, euse [tybylø, øz] *adj* BOT tubulous.

tubulure [tybylyr] *nf* -**1.** [ouverture d'un flacon] tubulure. -**2.** [tuyauterie] piping; [tube] pipe. -**3.** AUT: **~ d'admission** inlet OU induction manifold; **~ d'échappement** exhaust manifold.

TUC, Tuc [tyk] (*abr de* **travaux d'utilité collective**) *nmpl community work scheme for unemployed young people.*

tuciste [tysist] *nmf person involved in a "TUC" scheme.*

tudieu *fam* [tydjø] *interj arch* zounds.

tué, e [tɥe] *nm, f* -**1.** [dans un accident]: **11 ~s et 25 blessés** 11 dead OU 11 people killed and 25 injured. -**2.** MIL: **~ à l'ennemi** killed in action.

tue-mouches [tymuʃ] *adj inv* -**1.** [insecticide]: **papier ~** flypaper. -**2.** BOT: **ammanite ~** fly agaric.

tuer [7] [tɥe] *vt* -**1.** [personne] to kill; **~ qqn à coups de couteau** to stab sb OU to knife sb to death; **~ qqn à coups de pierres** to stone sb to death; **ce week-end, la route a encore tué des centaines d'automobilistes** this weekend, road accidents have again claimed hundreds of victims; **je t'assure, il est à ~!** [exaspérant] honestly, I could (cheerfully) strangle him!; **ta fille me tuera!** [dit par énervement] your daughter will be the death of me!; **ce voyage m'a tué** this trip's worn me out OU killed me; **qu'il ne comprenne pas, ça me tue** *fam* it amazes me he doesn't understand || *(en usage abs)*: **le tabac tue** tobacco kills OU is a killer. -**2.** [plante] to kill (off); [animal de boucherie] to kill, to slaughter; [gibier] to shoot; **~ le veau gras** to kill the fatted calf; **~ la poule aux œufs d'or** to kill the goose that lays the golden eggs; **~ qqch dans l'œuf** to nip sthg in the bud. -**3.** [anéantir - tourisme, espoir] to ruin, to spoil, to kill; **~ l'enthousiasme** to kill OU to deaden enthusiasm. -**4.** *loc*: **~ le temps** to kill time.
◆ **se tuer** ◇ *vp (emploi réfléchi)* [volontairement] to kill o.s.
◇ *vpi* [par accident] to die, to be killed.
◆ **se tuer à** *vp + prép* -**1.** [s'épuiser à]: **elle se tue à la tâche** OU **à la peine** *litt* OU **au travail** she's working herself to death. -**2.** [s'évertuer à]: **comme je me tue à te le répéter** as I keep telling you again and again.

tuerie [tyri] *nf* slaughter, massacre, bloodbath.

tue-tête [tytɛt]
◆ **à tue-tête** *loc adv* at the top of one's voice; **elle criait à ~** she was shouting at the top of her voice; **chantant l'hymne national à ~** bellowing out the national anthem.

tueur, euse [tɥœr, øz] *nm, f* -**1.** [meurtrier] killer; **~ professionnel** OU **à gages** hired assassin. -**2.** CHASSE pothunter. -**3.** [aux abattoirs] slaughterer.

tuf [tyf] *nm*: **~ calcaire** tufa; **~ volcanique** tuff.

tuile [tɥil] *nf* -**1.** CONSTR (roofing) tile; **un toit de ~s** a tiled roof ❑ **~ creuse** OU **canal** OU **romaine** curved tile; **~ faîtière** ridge tile; **~ mécanique** interlocking tile; **~ plate** plain tile. -**2.** CULIN biscuit *Br*, cookie *Am (in the shape of a curved tile).* -**3.** *fam* [événement désagréable] stroke of bad luck, blow; **il nous arrive une (grosse) ~** we're in big trouble; **on n'a plus de gaz, la ~!** we're out of gas, what a pain! -**4.** JEUX [au mah-jong] tile.

tuilerie [tɥilri] *nf* -**1.** [industrie] tile industry. -**2.** [fabrique] tilery.

tuilier, ère [tɥilje, ɛr] *adj* tile *(modif).*

tulipe [tylip] *nf* -**1.** BOT tulip. -**2.** [abat-jour] tulip-shaped lampshade.

tulipier [tylipje] *nm* tulip tree.

tulle [tyl] *nm* -**1.** TEXT tulle. -**2.** PHARM: **~ gras** tulle gras.

tuméfaction [tymefaksjɔ̃] *nf* -**1.** [fait d'enfler] swelling, tumefaction *spéc.* -**2.** [partie enflée] swelling, swollen area OU part.

tuméfié, e [tymefje] *adj* swollen, tumid *spéc.*

tuméfier [9] [tymefje] *vt* to cause to swell, to tumefy *spéc.*
◆ **se tuméfier** *vpi* to swell up, to tumefy *spéc.*

tumescence [tymesɑ̃s] *nf* tumescence.

tumescent, e [tymesɑ̃, ɑ̃t] *adj* tumescent.

tumeur [tymœr] *nf* -**1.** MÉD tumour *Br*, tumor *Am*; **~ bénigne/maligne/blanche** benign/malignant/white tumour; **~ au cerveau** brain tumour. -**2.** BOT tumour.

tumoral, e, aux [tymɔral, o] *adj* tumorous, tumoral.

tumulte [tymylt] *nm* [activité - soudaine] commotion, tumult; [- incessante] hurly-burly, turmoil; **le ~ des flots** *litt* the tumult of the waves.

tumultueusement [tymyltɥøzmɑ̃] *adv* stormily, tumultuously.

tumultueux, euse [tymyltɥø, øz] *adj* [discussion] stormy, turbulent, tumultuous; [foule] boisterous, turbulent; [vie] stormy, turbulent; [passion] tumultuous, turbulent; [flots] turbulent.

tumulus [tymylys] *nm* tumulus.

tuner [tynɛr] *nm* tuner RAD.

tungstène [tœ̃kstɛn] *nm* tungsten.

tunique [tynik] *nf* -**1.** VÊT tunic. -**2.** ANAT tunic, tunica. -**3.** BOT tunic.

Tunis [tynis] *npr* Tunis.

Tunisie [tynizi] *npr f*: **(la) ~** Tunisia.

tunisien, enne [tynizjɛ̃, ɛn] *adj* Tunisian.
◆ **Tunisien, enne** *nm, f* Tunisian.
◆ **tunisien** *nm* LING Tunisian.

tunisois, e [tynizwa, az] *adj* from Tunis.
◆ **Tunisois, e** *nm, f inhabitant of or person from Tunis.*

tunnel [tynɛl] *nm* tunnel; **percer un ~ (sous)** to tunnel (under) ❑ **~ aérodynamique** wind tunnel; **le ~ sous la Manche** the Channel Tunnel.

tunnelier [tynəlje] *nm* tunneller.

TUP [typ] *nm abr de* **titre universel de paiement.**

tupi [typi] *nm* Tupi.

tupi-guarani [typigwarani] *nm inv* Tupi-Guarani.

tuque [tyk] *nf Can* bobble hat, tuque.

turban [tyrbɑ̃] *nm* -**1.** [couvre-chef] turban. -**2.** CULIN ring-shaped mould.

turbin▽ [turbɛ̃] *nm* work; **après le ~** after work, after a day's grind.

turbine [tyrbin] *nf* turbine; **~ hydraulique/à gaz/à vapeur** water/gas/steam turbine; **~ à impulsion/réaction** impulse/reaction turbine.

turbiner▽ [3] [tyrbine] *vi* to grind OU to slog away, to graft *Br.*

turbo [tyrbo] ◇ *adj inv* turbine-driven, turbo *(modif).*
◇ *nm* AUT turbo.
◇ *nf* turbo.

turboalternateur [tyrbɔaltɛrnatœr] *nm* turboalternator.

turbocompressé, e [tyrbɔkɔ̃prese] *adj* turbocharged.

turbocompresseur [tyrbɔkɔ̃presœr] *nm* turbocharger; **~ de suralimentation** turbosupercharger.

turboforage [tyrbɔfɔraʒ] *nm* turbodrilling.

turbomachine [turbɔmaʃin] *nf* turbine.

turbomoteur [tyrbɔmɔtœr] *nm* turboshaft engine.

turbopompe [turbɔpɔ̃p] *nf* turbopump, turbine pump.

turbopropulseur [tyrbɔpropylsœr] *nm* turboprop.

turboréacteur [tyrbɔreaktœr] *nm* turbojet (engine); **~ à double flux** by-pass turbojet.

turbosoufflante [tyrbɔsuflɑ̃t] *nf* turboblower.

turbot [tyrbo] *nm* turbot.

turbotière [tyrbɔtjɛr] *nf* fish kettle *(especially for cooking turbot).*

turbotin [tyrbɔtɛ̃] *nm* small turbot.

turbotrain [tyrbɔtrɛ̃] *nm* turbotrain.

turbulence [tyrbylɑ̃s] *nf* -**1.** [d'un enfant] boisterousness, unruliness. -**2.** *litt* [d'une foule, d'une fête] rowdiness; [de l'océan] turbulence *litt.* -**3.** MÉTÉO turbulence, turbulency.

turbulent, e [tyrbylɑ̃, ɑ̃t] *adj* -**1.** [enfant] boisterous, unruly. -**2.** *litt* [foule, fête] rowdy; [époque] stormy; [eaux] turbulent. -**3.** PHYS turbulent.

turc, turque [tyrk] *adj* Turkish.
◆ **Turc, Turque** *nm, f* Turk; **le Grand Turc** the Grand Turk; **les Jeunes-Turcs** HIST the Young Turks; **fort comme un Turc** as strong as a horse.
◆ **turc** *nm* LING Turkish; POL: **jeunes ~s** young radicals.
◆ **à la turque** ◇ *loc adj* -**1.** [cabinets] seatless, hole-in-the-ground. -**2.** BX-ARTS Turkish.
◇ *loc adv* [s'asseoir] cross-legged.

turf [tœrf] *nm* -**1.** [activité] horse racing. -**2.** [terrain] turf, racecourse. -**3.** ▽ [boulot] daily bread; [lieu de travail] work.

turfiste [tœrfist] *nmf* racegoer.

turgescence [tyrʒesɑ̃s] *nf* turgescence.

turgescent, e [tyrʒesɑ̃, ɑ̃t] *adj* turgescent.

Turin [tyrɛ̃] *npr* Turin.

turinois, e [tyrinwa, az] *adj* from Turin.
◆ **Turinois, e** *nm, f inhabitant of or person from Turin*; **les Turinois** the people of Turin.

Turkestan [tyrkɛstɑ̃] *npr m*: **(le) ~** Turkestan, Turkistan.

turkmène [tyrkmɛn] *adj* Turkoman.
◆ **Turkmène** *nmf* Turkoman.
◆ **turkmène** *nm* LING Turkmen.

Turkménistan [tyrkmenistɑ̃] *npr m*: **(le) ~** Turkmenistan.

Turks et Caicos [tyrksekaikos] *npr fpl*: **les ~** the Turks and Caicos.

turlupiner *fam* [3] [tyrlypine] *vt* to worry, to bug, to bother; **c'est ce qui me turlupine** that's what's bugging me OU what's on my mind.

turlutte [tyrlyt] *nf* jig FISHING.

turlututu [tyrlytyty] *interj* fiddlesticks.

turne▽ [tyrn] *nf* [chambre d'étudiant] room; [logement d'étudiant] digs; [taudis] dive.

turpitude [tyrpityd] *nf litt* -**1.** [caractère vil] turpitude *litt*, depravity. -**2.** [acte] base OU vile OU depraved act.

turque [tyrk] *f* → **turc.**

turquerie [tyrkəri] *nf* Turkish-style work.

Turquie [tyrki] *npr f*: **(la) ~** Turkey.

turquoise [tyrkwaz] ◇ *nf* turquoise.
◇ *adj inv* turquoise (blue).

tussilage [tysilaʒ] *nm* coltsfoot, tussilago *spéc.*

tutélaire [tytelɛr] *adj* -**1.** *litt* [divinité, rôle] guardian, tutelary *litt.* -**2.** JUR tutelary.

tutelle [tytɛl] *nf* -**1.** JUR guardianship, tutelage; **il est sous ~** he has been given a guardian ❑ **~ légale, ~ d'État** wardship (order). -**2.** ADMIN: **~ administrative** administrative supervision. -**3.** POL trusteeship; **territoire sous ~** trust territory. -**4.** [protection] care, protection; [contrainte] control.
◆ **en tutelle** ◇ *loc adj* under tutelage.
◇ *loc adv* -**1.** JUR: **placer** OU **mettre qqn en ~**

to put sb into the care of a guardian. -**2.** [dépendance]: **tenir qqn/un pays en ~** to hold sway over sb/a country.

tuteur, trice [tytœr, tris] *nm, f* -**1.** JUR guardian; **~ ad hoc** *specially appointed guardian (ad litem)*. -**2.** *litt* [appui, protection] guardian, guarantee; **la loi est la tutrice de nos libertés** the law is the guardian OU guarantee of our liberty.
◆ **tuteur** *nm* prop, support, stake HORT.

tuteurage [tytœraʒ] *nm* staking HORT.

tuteurer [5] [tytœre] *vt* to stake (up) HORT.

tutoiement [tytwamɑ̃] *nm use of the familiar "tu".*

TU AND VOUS:
As a general rule, non-native French speakers should wait until they are addressed using the "tu" form before using it themselves, except when speaking to very young children. Members of the upper class sometimes address members of their own family (especially their spouse) using the "vous" form.

---

tutorat [tytɔra] *nm* guardianship, tutelage.

tutoyer [13] [tytwaje] *vt to use the familiar "tu" form with*; **elle tutoie son professeur** ≃ she's on first-name terms with her teacher.

tutti frutti [tutifruti] *loc adj inv* tutti-frutti *(modif)*.

tutti quanti [tutikwɑ̃ti] *loc adv*: **et ~** and the rest; **la grand-mère, le cousin et ~** the grandmother, the cousin and the whole brood.

tutu [tyty] *nm* tutu.

tuyau, x [tɥijo] *nm* -**1.** [conduit] pipe; **~ d'arrosage** (garden) hose, hosepipe; **~ de descente** downpipe; **~ d'échappement** exhaust (pipe); **~ de pipe** stem of a pipe; **il le lui a dit** OU **glissé dans le ~ de l'oreille** *fam* he whispered it in her ear. -**2.** BOT [d'une tige] stalk. -**3.** [d'une plume] quill. -**4.** *fam* [information] tip; **c'est lui qui m'a filé les ~x** I got the info OU gen *Br* from him. -**5.** COUT flute.

tuyautage [tɥijotaʒ] *nm* -**1.** *fam* [fait de renseigner] tipping off. -**2.** COUT fluting. -**3.** TECH plumbing.

tuyauté [tɥijote] *nm* fluting, flutes.

tuyauter [3] [tɥijote] *vt* -**1.** *fam* [informer] to tip off *(sép)*. -**2.** [plisser] to flute.

tuyauterie [tɥijotri] *nf* -**1.** [canalisations] pipes, piping. -**2.** [d'un orgue] pipes. -**3.** ▽ [vessie] waterworks *euph*.

tuyère [tyjɛr] *nf* -**1.** [d'une turbine] nozzle. -**2.** [d'un haut-fourneau] tuyere, tuyère.

TV (*abr de* **télévision**) *nf* TV.

TVA (*abr de* **taxe à la valeur ajoutée**) *nf* ≃ VAT.

TVHD (*abr de* **télévision haute définition**) *nf* HDTV.

tweed [twid] *nm* tweed.

tweeter [twitœr] *nm* tweeter.

twin-set [twinsɛt] (*pl* **twin-sets**) *nm* twinset.

twist [twist] *nm* twist (dance).

twister [3] [twiste] *vi* to (dance the) twist.

tympan [tɛ̃pɑ̃] *nm* -**1.** ANAT eardrum, tympanum *spéc*; **un bruit à crever** OU **à déchirer les ~s** an earsplitting noise; **arrête, tu nous déchires les ~s!** stop that earsplitting noise! -**2.** ARCHIT tympanum.

tympanal, aux [tɛ̃panal, o] *nm* tympanic bone.

tympanique [tɛ̃panik] *adj* tympanic.

tympanisme [tɛ̃panism] *nm* tympanitis.

tympanon [tɛ̃panɔ̃] *nm* dulcimer.

tympanoplastie [tɛ̃panɔplasti] *nf* tympanoplasty.

type [tip] *nm* -**1.** *fam* [homme] man, guy, bloke *Br*; **c'est un drôle de ~!** [bizarre] he's a pretty weird bloke!; [louche] he's a shady character!; **quel sale ~!** what a nasty piece of work! *Br*, what an SOB! *Am*; **c'est un chic ~** he's a decent sort. -**2.** [genre] kind, type; **c'est le ~ d'homme à partir sans payer** he's the type OU sort of man who would leave without paying; **elle a le ~ indien** she looks Indian; **c'est pas mon ~** she's not my type; **c'est le ~ même du romantique** he's the typical romantic; **c'est le ~ même de la mère abusive** she's the classic example of the possessive mother; **un écrou du ~ X** a type X nut; **plusieurs ~s de canapés** different types OU models of sofas; **ce ~ de repas** that sort OU kind of meal; **quatre ~s de tournures** four types of set phrases. -**3.** *(comme adj; avec ou sans trait d'union)* typical; **intellectuel ~** typical intellectual; **contrat ~** model contract; **erreur ~** typical OU classic mistake. -**4.** BOT type. -**5.** IMPR [ensemble de caractères] type; [empreinte] type face.

typé, e [tipe] *adj*: **elle est indienne mais pas très ~e** she's Indian but doesn't have typical Indian features; **une femme brune très ~e** a dark-haired woman with very distinctive looks.

typer [3] [tipe] *vt* to bring out the features of.

typesse *fam* [tipɛs] *nf péj* female.

typhique [tifik] ◇ *adj* typhous, typhoid *(modif)*. ◇ *nmf* typhoid sufferer.

typhoïde [tifɔid] *adj* & *nf* typhoid.

typhoïdique [tifɔidik] *adj* typhic.

typhon [tifɔ̃] *nm* typhoon.

typhose [tifoz] *nf*: **~ aviaire** fowl pest.

typhus [tifys] *nm* -**1.** MÉD typhus (fever). -**2.** VÉTÉR typhoid.

typique [tipik] *adj* -**1.** [caractéristique] typical, characteristic; **un cas ~ de delirium tremens** a typical OU classic case of delirium tremens; **c'est ~ d'elle d'être en retard** it's typical of OU just like her to be late. -**2.** [musique, ambiance] Latin-American.

typiquement [tipikmɑ̃] *adv* typically.

typo[1] *fam* [tipo] *nf* typography.

typo[2], **ote** *fam* [tipo, ɔt] *nm, f* typographer.

typographe [tipɔgraf] *nmf* [compositeur - sur machine] typographer; [- à la main] hand compositor.

typographie [tipɔgrafi] *nf* -**1.** [technique] letterpress (printing). -**2.** [présentation] typography; **la ~ est confuse** the page is badly set out.

typographique [tipɔgrafik] *adj* [procédé] letterpress *(modif)*; [caractère] typographic; **erreur ~** misprint.

typographiquement [tipɔgrafikmɑ̃] *adv* -**1.** [imprimer] by letter-press. -**2.** [présenter, représenter] typographically.

typologie [tipɔlɔʒi] *nf* typology.

typologique [tipɔlɔʒik] *adj* typological.

typomètre [tipɔmɛtr] *nm* type gauge.

Tyr [tir] *npr* Tyre.

tyran [tirɑ̃] *nm* -**1.** [despote] tyrant; **faire le ~** to tyrannise OU to bully people. -**2.** ORNITH tyrant flycatcher.

tyranneau, x [tirano] *nm* petty tyrant, bully.

tyrannicide [tiranisid] *nmf* tyrannicide.

tyrannie [tirani] *nf* tyranny; **la ~ de la mode/de l'amour** the tyranny of fashion/of love; **exercer sa ~ sur** to exercise one's tyranny over, to tyrannize.

tyrannique [tiranik] *adj* tyrannical.

tyranniquement [tiranikmɑ̃] *adv* tyrannically.

tyranniser [3] [tiranize] *vt* to tyrannize, to bully.

Tyrol [tirɔl] *npr m*: **le ~** the Tyrol OU Tirol; **au ~** in the Tyrol OU Tirol.

tyrolien, enne [tirɔljɛ̃, ɛn] *adj* Tyrolean, Tyrolese.
◆ **Tyrolien, enne** *nm, f* Tyrolean, Tyrolese.
◆ **tyrolienne** *nf* -**1.** [air] Tyrolienne, yodel; **chanter une ~** to yodel. -**2.** [danse] Tyrolienne.

tyrosinase [tirozinaz] *nf* tyrosinase.

Tyrrhénienne [tirenjɛn] *npr* → **mer**.

tzar [tsar, dzar] = **tsar**.

tzarévitch [tsarevitʃ, dzarevitʃ] = **tsarévitch**.

tzarine [tsarin, dzarin] = **tsarine**.

tzigane [dzigan] = **tsigane**.

U

u, U [y] *nm* u, U.
◆ **en U** *loc adj* U-shaped; **virage en U** U turn.
u (*abr écrite de* **unité**) [dix mille francs] : **300 u** three million francs.
ubac [ybak] *nm northern side of a valley.*
ubiquité [ybikɥite] *nf* ubiquity, ubiquitousness; **avoir le don d'**~ *hum* to be ubiquitous OU everywhere at once; **je n'ai pas le don d'**~ I can't be everywhere at once.
ubuesque [ybyɛsk] *adj* -**1.** LITTÉRAT Ubuesque. -**2.** [grotesque] grotesque, farcical.
UDF (*abr de* Union pour la démocratie française) *npr f right-wing French political party.*
UDR (*abr de* Union pour la défense de la République) *npr f right-wing French political party.*
UEFA (*abr de* Union of European Football Associations) *npr f* UEFA; **la coupe de l'**~ the UEFA cup.
UEO (*abr de* Union de l'Europe occidentale) *npr f* WEU.
UER ◇ *nf* (*abr de* unité d'enseignement et de recherche) *former name for a university department.*
◇ *npr f* (*abr de* Union européenne de radiodiffusion) EBU.
UFC (*abr de* Union fédérale des consommateurs) *npr f French consumers' association.*
UFR (*abr de* unité de formation et de recherche) *nf university department.*
UHF (*abr de* ultra-haute fréquence) *nf* UHF.
UHT (*abr de* ultra-haute température) *adj* UHT; **lait stérilisé** ~ UHT sterilized milk.
UIT (*abr de* Union internationale des télécommunications) *nprf* ITU.
UJP (*abr de* Union des jeunes pour le progrès) *npr f French political party.*
ukase [ykaz] *nm* HIST & *fig* ukase.
Ukraine [ykrɛn] *npr f*: (l') ~ the Ukraine.
ukrainien, enne [ykrɛnjɛ̃, ɛn] *adj* Ukrainian.
◆ **Ukrainien, enne** *nm, f* Ukrainian.
◆ **ukrainien** *nm* LING Ukrainian.
ukulélé [jukulele] *nm* ukulele.
ulcératif, ive [ylseratif, iv] *adj* ulcerative.
ulcération [ylserasjɔ̃] *nf* ulceration.
ulcère [ylsɛr] *nm* ulcer; ~ **à l'estomac** stomach ulcer.
ulcérer [18] [ylsere] *vt* -**1.** [indigner] to appal, to sicken; **ulcéré par tant d'ingratitude** appalled OU sickened by such ungratefulness. -**2.** MÉD to ulcerate.
◆ **s'ulcérer** *vpi* to ulcerate, to form an ulcer; **la plaie commence à s'**~ the wound is beginning to ulcerate OU to fester *litt.*
ulcéreux, euse [ylserø, øz] *adj* [couvert d'ulcères] ulcerous; [de la nature d'un ulcère] ulcer-like.
uléma [ylema] *nm* ulema.
uligineux, euse [yliʒinø, øz] *adj* [plante] uliginous; [terrain] swampy.
ULM (*abr de* ultra-léger motorisé) *nm microlight.*
Ulster [ylstɛr] *npr m*: (l')~ Ulster.
ulstérien, enne [ylsterjɛ̃, ɛn] *adj* Ulster *(modif).*
◆ **Ulstérien, enne** *nm, f* Ulsterman (*f* Ulsterwoman).
ultérieur, e [ylterjœr] *adj* later; **à une date** ~**e** at a later date.
ultérieurement [ylterjœrmɑ̃] *adv* later; **nous déciderons** ~ we'll make up our minds at a later stage.
ultimatum [yltimatɔm] *nm* ultimatum; **adresser un** ~ **à qqn** to present sb with an ultimatum.
ultime [yltim] *adj* [dernier] ultimate, final; **ce furent là ses** ~**s paroles** those were her last OU final words.
ultimo [yltimo] *adv* lastly, finally.
ultra [yltra] ◇ *adj* extremist, reactionary.
◇ *nmf* -**1.** [extrémiste] extremist, reactionary. -**2.** HIST ultra-royalist.
ultrabasique [yltrabazik] *adj* ultrabasic.
ultracentrifugation [yltrasɑ̃trifygasjɔ̃] *nf* ultracentrifugation.
ultracentrifugeuse [yltrasɑ̃trifyʒøz] *nf* ultracentrifuge.
ultra-confidentiel, elle [yltrakɔ̃fidɑ̃sjɛl] *adj* top secret, highly confidential.
ultracourt, e [yltrakur, kurt] *adj* ultra-short.
ultraléger, ère [yltraleʒe, ɛr] *adj* superlight, extralight.
ultramicroscope [yltramikrɔskɔp] *nm* ultramicroscope.
ultramoderne [yltramɔdɛrn] *adj* ultramodern, state-of-the-art *(avant n).*
ultramontain, e [yltramɔ̃tɛ̃, ɛn] ◇ *adj* GÉOG & RELIG ultramontane.
◇ *nm, f* RELIG ultramontanist.
ultrasensible [yltrasɑ̃sibl] *adj* -**1.** [instrument] ultrasensitive; [peau] highly sensitive. -**2.** PHOT high-speed *(avant n).*
ultrason [yltrasɔ̃] *nm* ultrasound, ultrasonic sound.
ultrasonique [yltrasɔnik], **ultrasonore** [yltrasɔnɔr] *adj* ultrasonic.
ultravide [yltravid] *nm* ultra-high vacuum.
ultraviolet, ette [yltravjɔlɛ, ɛt] *adj* ultraviolet.
◆ **ultraviolet** *nm* ultraviolet ray.
ultravirus [yltravirys] *nm vieilli* ultravirus.
ululation [ylylasjɔ̃] *nf*, **ululement** [ylylmɑ̃] *nm* hooting.
ululer [3] [ylyle] *vi* to hoot.
Ulysse [ylis] *npr* Ulysses; **'Ulysse'** *Joyce* 'Ulysses'.
un, une[1] [œ̃, *devant nm commençant par voyelle ou h muet* œ̃n, yn] (*mpl* **uns** [œ̃], *fpl* **unes** [yn], *pl* **des** [de]) ◇ *art indéf* -**1.** [avec une valeur indéterminée] a, an (*devant une voyelle*); **un homme a appelé ce matin** a man called this morning; **j'ai reçu une lettre d'Italie** I received a letter from Italy; **il doit y avoir une erreur** there must be a OU some mistake; **un jour, ce sera permis** one day OU someday, it will be allowed; **on a sonné, ça doit être un démarcheur** there goes the doorbell OU there's somebody at the door, it's probably a salesman; **il y a des enfants qui jouent dans la rue** there are (some) children playing in the street; **des filles et des garçons** (some) girls and boys; **des fruits et légumes** fruit and vegetables; **voici des fleurs** here are some flowers; **as-tu des livres à me prêter?** do you have any books you can lend me? -**2.** [avec une valeur particularisante] a, an (*devant une voyelle*); **c'est une erreur** it's a mistake; **j'irai plutôt un mardi** I'll go on a Tuesday instead; **des nuages passèrent devant la lune** clouds drifted across the moon; **faites venir un médecin** call OU get a doctor; **joue-moi un ré** play a D for me; **ce fut un soulagement pour toute la famille** it was a relief for the whole family; **c'est avec un grand plaisir que...** it's with great pleasure that...; **tu es une idiote** you're an idiot; **un marbre d'Italie** an Italian marble; **elle a fait preuve d'une réelle gentillesse** she showed real kindness; **un triangle a trois côtés** a triangle has three sides; **un homme peut-il se conduire aussi bassement?** can a OU any man behave in such a vile way?; **un grand voyage se prépare des mois à l'avance** a OU any long journey needs months of preparation. -**3.** [avec une valeur emphatique] : **il est d'une bêtise/d'un drôle!** he's so stupid/funny!; **j'ai eu une frousse, mais une frousse!** *fam* I was absolutely terrified!; **il parle avec une éloquence!** he is so eloquent!; **il y avait une foule!** there was such a crowd!; **j'ai une de ces migraines!** I've got a splitting headache!; **j'ai attendu des heures!** I waited for hours!; **il est resté des mois et des mois sans rien faire** he didn't do anything for months (and months); **il travaille jusqu'à des trois heures du matin** he works as late as three in the morning; **il gagne des 30 000 ou 40 000 francs par mois** he makes up to 30,000 or 40,000 francs a month; **on était inondés, avec des un mètre, un mètre cinquante d'eau** we were flooded, there was at least a metre or a metre and a half of water in the house. -**4.** [avec un nom propre] : **un M. Baloi vous demande au téléphone** there's a Mr Baloi for you (on the phone); **tout le monde ne peut pas être un Rimbaud** we can't all be Rimbauds; **c'est une future Callas** she will be another OU she's the next Callas; **c'est un Apollon** he's a real Adonis; **c'est un Mc Enroe en état de grâce que l'on a vu jouer ce jour-là** it was an inspired Mc Enroe that we saw on the court that day; **j'ai trouvé un Boisseau souriant, optimiste et décontracté** I found a smiling, optimistic and relaxed Boisseau || [désignant une œuvre] : **faire**

l'acquisition d'un Picasso/d'un Van Gogh to acquire a Picasso/a Van Gogh; et si on allait voir un vieux Truffaut? how about going to see an old Truffaut?; des Renoir seront mis en vente chez Sotheby's some Renoirs will be put on sale at Sotheby's.

◇ *pron indéf* -**1.** [dans un ensemble] one; [en corrélation avec 'de']: **un des seuls** one of the few; **appelle-le un de ces jours** give him a call one of these days; **c'est encore un de ces westerns stupides** it's another one of those stupid westerns; **un des événements qui a le plus retenu mon attention** one of the events that really grabbed my attention || [en corrélation avec 'le']: **c'est l'un des concerts les plus réussis de ma carrière** it's one of the most successful concerts of my career; **l'un de mes amis** one of my friends, a friend of mine; **l'un des deux** one of the two; **l'un de vous deux est de trop** one of you is not needed; **l'un d'entre nous ira** one of us will go; **l'une d'entre vous est-elle volontaire?** does one of you want to volunteer? -**2.** [en corrélation avec 'en'] one; **on demanda un médecin, il y en avait un dans la salle** they called for a doctor, there was one in the room; **parmi les enfants, il y en a un qui...** one of the children...; **je t'en ai acheté un** I bought you one; **mais bien sûr que j'en ai une, de voiture!** *fam* of course I've got a car! -**3.** *(emploi nominal)* [quelqu'un] one person, someone; **une qui n'a pas du tout changé, c'est Jeanne** one person OU someone who hasn't changed at all is Jeanne; **ce n'est pas comme un que je connais...** (it's) not like someone (else) I know...; **j'en connais une qui va être surprise!** I know someone who's going to get a surprise!

◇ *adj num* -**1.** *(card)* one; **à une condition** on one condition; **un café et deux chocolats, s'il vous plaît** one coffee and two hot chocolates, please; **les enfants de un à sept ans** children (aged) from one to seven; **une femme sur cinq** one woman out of OU in five; **il y a un problème, un seul** there's just one problem; **ils n'ont même pas marqué un (seul)** but they didn't even score one OU a single goal; **il rentre dans une ou deux semaines** he'll be back in a week or two OU in a couple of weeks; **je ne resterai pas une minute de plus ici** I won't stay here another minute; **j'ai fait plus d'une erreur dans ma jeunesse** I made many mistakes OU more than one mistake in my youth; **une à une, les lumières s'éteignaient** the lights were going out one by one OU one after the other; **avale les cachets un par un** swallow the tablets one by one OU one at a time; **vingt et un ans** twenty one years; **deux heures une** one minute past two ❑ **la cuisine ne fait qu'un avec le salon** there is an open-plan kitchen and living-room; **il ne faisait qu'un avec sa monture** horse and rider were as one; **et d'un, et de deux!** that's one, and another (one)! -**2.** *(ord)* one; **article un** paragraph one; **page un** OU **une** page one; **il est une heure** it's one o'clock; **dans l'acte III scène un** in Act III, scene 1; **l'an I de la République** [calendrier républicain] year one of the Republic; **le trente et un mars** on March the thirty-first *Br*, March thirty-first *Am* ❑ **une, deux! une, deux!** left, right! left, right!; **et d'une** *fam* firstly, first of all, for a start; **je ne t'ai jamais rien promis, et d'une** first of all, I never promised you anything.

◇ *adj qualificatif sout*: **Dieu est un** God is one; **dans l'œuvre dramatique, l'action doit être une** *sout* the plot of a play must have a degree of unity.

◇ *nm, f inv*: **donnez-moi un chiffre entre un et dix** give me a number between one and ten; **tu fais mal tes un** your ones don't look right; **la clef du un est perdue** the key for number one has been lost; **le un est sorti** JEUX number one came up; **on répète la dernière scène du un** THÉÂT we're rehearsing the last scene of act one.

unanime [ynanim] *adj* -**1.** [commun, général - vote, décision] unanimous. -**2.** [du même avis]: **la presse ~ a condamné ce geste** the press unanimously condemned this gesture; **nous sommes ~s à le soutenir** we're unanimous in our support for him.

unanimement [ynanimmɑ̃] *adv* unanimously.

unanimisme [ynanimism] *nm* LITTÉRAT unanimism.

unanimité [ynanimite] *nf* unanimity; **voter à l'~ pour qqn** to vote unanimously for sb; **élu à l'~ moins une voix** elected with only one dissenting vote; **faire l'~** to win unanimous support; **un candidat qui fait l'~ contre lui** a candidate who has no support from anyone; **sa politique n'a pas fait l'~** her policy failed to win unanimous support.

underground [œndœrgraund] ◇ *adj inv* underground.

◇ *nm inv* underground (culture), counterculture.

une[2] [yn] ◇ *f* → **un**.

◇ *nf* -**1.** PRESSE: **la ~** page one, the front page; **faire la ~** to make the headlines; **la naissance de la princesse fait la** OU **est à la ~ de tous les quotidiens** the birth of the princess is on the front page of all the dailies; **ce sujet sera à la ~ de notre dernier journal télévisé ce soir** this will be one of the main items in our late news bulletin. -**2.** TV: **la Une** *France's channel one*; **sur la Une** on channel one. -**3.** *fam* [histoire, nouvelle] one; **je vais t'en raconter ~ qui se passe dans une maison hantée** let me tell you the one about the haunted house; **j'en ai ~ (bonne) à t'apprendre** wait till you hear this. -**4.** *fam* [fessée, claque]: **tu vas en recevoir ~!** you're going to get a slap!; **j'en ai pris ~ en pleine poire** I got one right across the face. -**5.** *fam* THÉÂT scene one; **on répète la ~ du trois** we're rehearsing scene one of act three.

LA UNE:
Note the difference in meaning between "la une" and "la Une": "un article à la une du "Monde"" (an article on the front page of "Le Monde"); "le reportage hier soir sur la Une" (last night's report on TF1).

UNEDIC [ynedik] *(abr de* Union nationale interprofessionnelle pour l'emploi dans l'industrie et le commerce*)* *npr f the department controlling the ASSEDIC.*

UNEF, Unef [ynɛf] *(abr de* Union nationale des étudiants de France*)* *npr f* ≃ National Union of Students.

UNESCO, Unesco [ynɛsko] *(abr de* United Nations Educational Scientific and Cultural Organisation*)* *npr f* UNESCO, Unesco.

unetelle [yntɛl] *f* → **untel**.

uni, e [yni] *adj* -**1.** [d'une seule couleur] plain, self-coloured *Br*, solid *Am*; [sans motif] plain. -**2.** [sable] smooth, fine; [terrain] even, level, smooth; [mer] smooth, unruffled. -**3.** [soudé - couple] close; [- famille, société] close-knit; **~s derrière le chef** united behind the leader; **tous ~s face aux pollueurs!** let's unite (in the fight) against pollution!

◆ **uni** *nm* [étoffe] plain fabric.

UNICEF, Unicef [ynisɛf] *(abr de* United Nations International Children's Emergency Fund*)* *npr f* UNICEF, Unicef.

unicellulaire [yniselylɛr] *adj* unicellular.

unicité [ynisite] *nf sout* uniqueness.

unicolore [ynikɔlɔr] *adj* plain, self-coloured *Br*, solid *Am*.

unidimensionnel, elle [ynidimɑ̃sjɔnɛl] *adj* unidimensional.

unidirectionnel, elle [ynidirɛksjɔnɛl] *adj* unidirectional.

unième [ynjɛm] *adj num ord* first; **quarante et ~** forty-first; **cent ~** hundred and first.

unièmement [ynjɛmmɑ̃] *adv*: **vingt et ~** in the twenty-first place.

unificateur, trice [ynifikatœr, tris] ◇ *adj* unifying, uniting.

◇ *nm, f* unifier.

unification [ynifikasjɔ̃] *nf* -**1.** [d'un pays] unification, unifying. -**2.** [uniformisation] standardization, standardizing.

unifier [9] [ynifje] *vt* -**1.** [réunir - provinces] to unify, to unite. -**2.** [uniformiser - tarifs] to standardize, to bring into line with each other.

◆ **s'unifier** *vpi* [parti, pays] to become united.

uniforme [ynifɔrm] ◇ *adj* -**1.** [régulier - vitesse] uniform, regular, steady; [- surface] even, smooth, level. -**2.** [identique]: **horaire ~ pour tout le personnel** the same timetable for all members of staff. -**3.** [monotone] uniform, unvarying, unchanging; **une vie ~** a humdrum existence; **un paysage ~** an unchanging OU a monotonous landscape.

◇ *nm* uniform; **endosser/quitter l'~** [de l'armée] to join/to leave the forces.

◆ **en uniforme** *loc adj* in uniform; **un policier en ~** a uniformed policeman; **en grand ~** in full uniform OU regalia.

uniformément [ynifɔrmemɑ̃] *adv* -**1.** [sans aspérités] uniformly, evenly; **étendre la colle ~** spread paste evenly; **paysage ~ plat** uniformly flat landscape. -**2.** [identiquement]: **des femmes ~ vêtues de noir** women all dressed in the same black clothes. -**3.** [sans changement] regularly, steadily, uniformly; **la vie s'écoulait ~** life went on in its usual way. -**4.** PHYS: **vitesse ~ accélérée** uniform change of speed.

uniformisation [ynifɔrmizasjɔ̃] *nf* standardization, standardizing.

uniformiser [3] [ynifɔrmize] *vt* [tarifs, programmes] to standardize.

uniformité [ynifɔrmite] *nf* -**1.** [régularité] uniformity, evenness. -**2.** [monotonie] monotony; **l'~ de sa vie** the monotony of her life.

unijambiste [yniʒɑ̃bist] ◇ *adj* one-legged.

◇ *nmf* one-legged person.

unilatéral, e, aux [ynilateral, o] *adj* unilateral.

unilatéralement [ynilateralmɑ̃] *adv* unilaterally.

unilingue [ynilɛ̃g] *adj* unilingual, monolingual.

uniloculaire [ynilɔkylɛr] *adj* unilocular.

uniment [ynimɑ̃] *adv litt* -**1.** [régulièrement] smoothly, evenly. -**2.** [franchement]: **dire qqch (tout) ~** to say sthg (quite) plainly OU frankly.

uninominal, e, aux [yninɔminal, o] *adj*: **scrutin ~** voting for a single candidate.

union [ynjɔ̃] *nf* -**1.** [fait de mélanger] union, combination; [mélange] union, integration. -**2.** [solidarité] union, unity; **~ nationale** national coalition ❑ **faire l'~ sacrée** [être solidaires] to show OU to present a united front; HIST to unite in the face of the aggressor *(in 1914)*; **Union de la gauche** *union of left-wing parties founded in 1972*; **l'~ fait la force** *prov* unity is strength. -**3.** [harmonie - dans un groupe] harmony; [- dans une famille, un couple] closeness. -**4.** [liaison entre un homme et une femme] union; **~ charnelle** *litt* union of the flesh; **~ conjugale** marital union ❑ **~ libre** free love; **vivre en ~ libre** to cohabit. -**5.** ANTHR & ZOOL: **~ monogame** pair-bonding. -**6.** [regroupement] union, association; **~ de consommateurs** consumer association ❑ **~ douanière** customs union. -**7.** GÉOG: **l'Union soviétique** OU **des républiques socialistes soviétiques** the Soviet Union, the Union of Soviet Socialist Republics; **l'Union sud-africaine** the Union of South Africa.

unionisme [ynjɔnism] *nm* -**1.** *arch* [syndicalisme] unionism. -**2.** HIST Unionism.

unioniste [ynjɔnist] *adj & nmf* -**1.** *arch* [syndicaliste] unionist. -**2.** HIST Unionist.

uniovulé, e [yniɔvyle] *adj* uniovular.

unipare [ynipar] *adj* uniparous.

unipersonnel, elle [ynipɛrsɔnɛl] *adj* -**1.** LING impersonal. -**2.** COMM: **entreprise** OU **société ~le** one-person business, sole proprietorship.

unipolaire [ynipɔlɛr] *adj* unipolar.

unique [ynik] *adj* -**1.** [seul] (one and) only, one; **c'est mon ~ exemplaire** it's my only OU one copy; **c'est mon ~ recours** it's the only recourse I have OU my sole recourse; **l'~**

explication possible the only possible explanation; **l'~ porte de sortie était verrouillée** the only OU one exit was locked; **mon ~ souci est que tu sois heureux** my only OU one OU sole concern is that you should be happy. -**2.** [exceptionnel] unique; **il a des pièces ~s dans sa collection de porcelaine** he has several unique pieces in his porcelain collection. -**3.** *fam* [étonnant] priceless; **il est vraiment ~, lui!** he's priceless, he is! -**4.** [dans une famille]: **être fils/fille/enfant ~** to be an only son/daughter/child; **les enfants ~s** only children.

uniquement [ynikmɑ̃] *adv* only, solely; **il pense ~ à ton bien** he's only thinking of what's good for you; **nous nous occupons ~ de prêts à court terme** we deal only OU solely OU exclusively in short-term loans; **je l'ai fait ~ pour te faire plaisir** I only did it to please you.

unir [32] [ynir] *vt* -**1.** [lier] to unite, to bring together *(sép)*; **les idéaux qui nous unissent** the ideals that unite us; **~ deux pays** to unite two countries; **~ une province à un pays** to unite a province with a country. -**2.** *sout* [marier] to join in marriage OU matrimony. -**3.** [relier - villes] to link, to connect; **le canal qui unissait Orville à Lorgeac** the canal which used to run between Orville and Lorgeac. -**4.** [combiner] to combine; **son style unit l'aisance et la rigueur** her style combines both ease and precision.

◆ **s'unir** *vpi* -**1.** [se regrouper] to unite; **s'~ contre un ennemi commun** to unite against a common enemy. -**2.** *sout* [se marier] to become joined in marriage OU matrimony. -**3.** [être compatible] to match.

unisexe [ynisɛks] *adj* unisex.

unisexué, e [ynisɛksɥe], **unisexuel, elle** [ynisɛksɥɛl] *adj* unisexual.

unisson [ynisɔ̃] *nm* unison.

◆ **à l'unisson** *loc adv* -**1.** MUS in unison. -**2.** *sout* [ensemble] in unison; **nos cœurs battaient à l'~** our hearts were beating as one OU in unison.

◆ **à l'unisson de** *loc prép sout* at one with; **se mettre à l'~ des critiques** to be of one mind with the critics.

unitaire [ynitɛr] ◇ *adj* -**1.** [principe, slogan] uniting; [politique] unitarian. -**2.** MATH [matrice, vecteur] unit. -**3.** COMM: **prix ~** unit price; **tarification ~** tariff based on the price per unit. -**4.** RELIG Unitarian.
◇ *nmf* RELIG Unitarian.

unité [ynite] *nf* -**1.** [cohésion] unity; **l'~ et la pluralité** unity and plurality; **arriver à une certaine ~ de pensée** OU **vues** to reach a certain consensus ❑ **~ budgétaire** FIN yearly budget *(presented before Parliament)*; **l'~ nationale** POL national unity; **les trois ~s, l'~ d'action, l'~ de temps et l'~ de lieu** HIST & THÉÂT the three unities, unity of action, unity of time, and unity of place. -**2.** [étalon] unit, measure; **~ de compte** ÉCON unit of account; **~ de masse** weight; **~ de temps** unit for measuring time OU time measure. -**3.** [élément, module] unit, item; **~ d'entrée/de sortie** INF input/output device; **~ centrale (de traitement)** INF central processor unit, mainframe; **~ de commande** INF control unit; **~ pilote** experimental unit; **~ de production** INDUST production unit ‖ LING (distinctive) feature; **une ~ linguistique/phonétique** a linguistic/phonetic feature ‖ UNIV: **~ de valeur** course credit OU unit. -**4.** MATH unit; **dans 243, le chiffre 3 est celui des ~s** in the number 243, 3 represents the units. -**5.** MIL unit; **grande ~** major unit; **petite ~** minor unit; **~ de combat** fighting unit *Br*, combat unit *Am*. -**6.** PHARM unit.

◆ **à l'unité** ◇ *loc adj*: **prix à l'~** unit price.
◇ *loc adv* [acheter, vendre] by the unit, singly, individually.

univalent, e [ynivalɑ̃, ɑ̃t] *adj* univalent, monovalent.

univalve [ynivalv] *adj* univalve *(avant n)*.

univers [ynivɛr] *nm* -**1.** ASTRON: **l'Univers** the Universe; **l'~** [notre planète] the world; **l'~ entier a salué cet exploit** people all over the world admired this exploit. -**2.** [domaine] world, universe; **ses chats et ses roses, c'est là tout son ~** her cats and her roses are her whole world; **l'~ très particulier du cirque** the strange world of the circus; **l'~ poétique de Mallarmé** Mallarmé's poetic world; **l'~ carcéral** the prison world ❑ **~ du discours** LOGIQUE universe of discourse.

universalisation [ynivɛrsalizasjɔ̃] *nf* universalization.

universaliser [3] [ynivɛrsalize] *vt* to universalize, to make universal.

◆ **s'universaliser** *vpi* to become universal.

universalisme [ynivɛrsalism] *nm* -**1.** PHILOS universalism. -**2.** RELIG Universalism.

universaliste [ynivɛrsalist] *adj & nmf* -**1.** PHILOS universalist. -**2.** RELIG Universalist.

universalité [ynivɛrsalite] *nf* universality.

universel, elle [ynivɛrsɛl] *adj* -**1.** [mondial] universal; **produit de réputation ~le** world-famous product; **faire l'objet d'une adoration ~le** to be universally adored; **paix ~le** world peace. -**2.** [partagé par tous - sentiment] universal, general; **la jalousie est ~le** jealousy is universal. -**3.** [à usages multiples]: **clef ~le** adjustable spanner; **remède ~** panacea, universal remedy.

◆ **universel** *nm*: **l'~** the universal.

universellement [ynivɛrsɛlmɑ̃] *adv* universally; **~ reconnu** recognized by all; **~ admiré** universally admired.

universitaire [ynivɛrsitɛr] ◇ *adj* [carrière, études] academic, university *(modif)*; [année, centre, titre] academic; [restaurant] university *(modif)*.
◇ *nmf* -**1.** [enseignant] academic, don *Br*. -**2.** *Belg* graduate OU post-graduate student.

université [ynivɛrsite] *nf* -**1.** [institution, bâtiment] university; **enseigner à l'~** to be a university teacher, to teach college *Am*; **l'Université** the teaching profession ❑ **~ d'été** UNIV summer school; **~ du troisième âge** post-retirement OU senior citizens' university. -**2.** POL: **les ~s d'été du parti socialiste** socialist party summer school *(during which party leaders meet younger members)*.

univocité [ynivɔsite] *nf* unequivocalness.

univoque [ynivɔk] *adj* -**1.** LING unequivocal. -**2.** [relation, rapport] one-to-one.

UNR (*abr de* **Union pour la Nouvelle République**) *npr f former Gaullist political party.*

untel, unetelle, Untel, Unetelle [œ̃tɛl, yntɛl] *nm, f* Mr. so-and-so (*f* Mrs. so-and-so); **tu dis «bonjour Mademoiselle Unetelle, puis-je parler au directeur?»** you say "good morning Miss so-and-so OU Miss Whatever-her-name-is, may I speak to the manager?".

UPF (*abr de* **Union pour la France**) *npr f French political party.*

uppercut [ypɛrkyt] *nm* uppercut.

Uppsala [ypsala] *npr* Uppsala.

upsilon [ypsilɔn] *nm* upsilon.

UPU (*abr de* **Union postale universelle**) *npr f* UPU.

Ur [yr] *npr* Ur.

uranate [yranat] *nm* uranate.

uraneux [yranø] *adj m* uranous.

uranisme [yranism] *nm litt* uranism *litt*, male homosexuality.

uranite [yranit] *nf* uranite.

uranium [yranjɔm] *nm* uranium; **~ enrichi** enriched uranium.

uranoscope [yranɔskɔp] *nm* stargazer ZOOL.

Uranus [yranys] *npr* ASTRON & MYTH Uranus.

urbain, e [yrbɛ̃, ɛn] *adj* -**1.** [de la ville] urban, city *(modif)*; **paysage ~** urban landscape, cityscape ❑ **un grand centre ~** a big city. -**2.** *litt* [courtois] urbane, worldly.

urbanisation [yrbanizasjɔ̃] *nf* urbanization, urbanizing.

urbaniser [3] [yrbanize] *vt* to urbanize.

urbanisme [yrbanism] *nm* town planning.

urbaniste[1] [yrbanist] *nmf* town planner.

urbaniste[2] [yrbanist], **urbanistique** [yrbanistik] *adj* town planning *(modif)*.

urbanité [yrbanite] *nf litt* urbanity.

urdu [urdu] *nm* Urdu.

urédinale [yredinal] *nf* member of the Uredineae.

urée [yre] *nf* urea; **avoir de l'~** to have excess urea.

urémie [yremi] *nf* uraemia.

urémique [yremik] *adj & nmf* uremic.

urétéral, e, aux [yreteral, o] *adj* ureteral.

uretère [yrtɛr] *nm* ureter.

urétérite [yreterit] *nf* ureteritis.

urétérostomie [yreterɔstɔmi] *nf* ureterostomy.

uréthanne [yretan] *nm* urethan, urethane.

urétral, e, aux [yretral, o] *adj* urethral.

urètre [yrɛtr] *nm* urethra.

urétrite [yretrit] *nf* urethritis.

urgence [yrʒɑ̃s] *nf* -**1.** [caractère pressant] urgency; **il n'y a pas ~** it's not urgent, there's no urgency; **bois ton café tranquillement, il n'y a pas ~** *fam* drink your coffee, there's no (desperate) rush; **il y a ~ à ce que vous preniez une décision** it's urgent for you to come to a decision; **en cas d'~** in case of OU in an emergency. -**2.** [incident] emergency.

◆ **urgences** *nfpl* MÉD: **(service des) ~s** casualty department.

◆ **d'urgence** ◇ *loc adj* -**1.** [mesures, soins] emergency *(modif)*; **c'est un cas d'~** it's an emergency; **n'oubliez pas d'emporter une trousse d'~** don't forget to take a first-aid kit. -**2.** POL: **état d'~** state of emergency; **procédure d'~** emergency OU special powers.
◇ *loc adv* as a matter of emergency; **opérer d'~** to perform an emergency operation; **on l'a transporté d'~ à l'hôpital** he was rushed (off) to hospital; **faites-le venir d'~** ask him to come straightaway; **réunir les ministres d'~** to call an emergency Cabinet meeting.

◆ **de toute urgence** *loc adv* most urgently.

urgent, e [yrʒɑ̃, ɑ̃t] *adj* urgent; **avoir un besoin d'argent ~** to be in urgent need OU badly in need of money; **commençons par le plus ~** let's start with the most urgent thing; **il est ~ que je voie le médecin** I must see the doctor urgently; **ce n'est pas ~** it's not urgent, there's no (desperate) rush ❑ **pli ~** urgent letter.

urger *fam* [17] [yrʒe] *vi*: **ça urge?** is it urgent?, how urgent is it?; **je veux faire pipi – ça urge?** I want a wee-wee – how desperate are you?; **j'ai du travail, mais ça urge pas** I do have some work to do, but it's not urgent OU but there's no rush.

uricémie [yrisemi] *nf* uricaemia.

urinaire [yrinɛr] *adj* urinary.

urinal, aux [yrinal, o] *nm* (bed) urinal.

urine [yrin] *nf* urine; **dans les ~s du patient** in the patient's urine.

uriner [3] [yrine] *vi* to urinate, to pass water.

urinifère [yrinifɛr] *adj* uriniferous.

urinoir [yrinwar] *nm* (public) urinal.

urique [yrik] *adj* uric.

urne [yrn] *nf* -**1.** POL ballot box; **se rendre aux ~s** to go to the polls. -**2.** [vase] urn; **~ funéraire** (funeral) urn.

urochrome [yrɔkrom] *nm* urochrome.

uro-génital, e [yrɔʒenital, o] (*mpl* **uro-génitaux**, *fpl* **uro-génitales**) *adj* urogenital, urinogenital.

urographie [yrɔgrafi] *nf* intravenous pyelogram.

urologie [yrɔlɔʒi] *nf* urology.

urologue [yrɔlɔg] *nmf* urologist.

uropode [yrɔpɔd] *nm* uropod.

URSS [yrs, yerɛsɛs] (*abr de* **Union des républiques socialistes soviétiques**) *npr f*: **(l') ~** the USSR.

URSSAF, Urssaf [yrsaf] (*abr de* **Union pour le recouvrement des cotisations de Sécurité sociale et d'Allocations familiales**) *npr f* *administrative body responsible for collecting social security payments.*

ursuline [yrsylin] *nf* Ursuline.

urticacée [yrtikase] *nf* member of the nettle family OU of the Urticaceae *spéc.*

urticaire [yrtikɛr] *nf* nettle rash, hives, urticaria *spéc*; **avoir de l'~** to have nettle rash ❑ **donner de l'~: les huîtres me donnent de l'~** oysters bring me out in spots; **cette musique, ça me donne de l'~** that music makes my skin crawl.

urticale [yrtikal] *nf* member of the Urtica.

urticant, e [yrtikɑ̃, ɑ̃t] *adj* urticating.

urtication [yrtikasjɔ̃] *nf* skin rash OU irritation, urtication *spéc.*

urubu [yryby] *nm* urubu.

Uruguay [yrygwɛ] *npr m*: l'~ [pays] Uruguay; [fleuve] the Uruguay (River).

uruguayen, enne [yrygwejɛ̃, ɛn] *adj* Uruguayan.
◆ **Uruguayen, enne** *nm, f* Uruguayan.

us [ys] *nmpl litt* customs; **les ~ et coutumes** habits and customs.

US (*abr de* **union sportive**) *nf* sports club OU association; **l'~ (de) Liévin** the Liévin Sports Association OU SA.

USA (*abr de* **United States of America**) *npr mpl*: **les ~** the USA, the US, the States.

usage [yzaʒ] *nm* -**1.** [utilisation] use; **l'~ de la porte latérale est réservé au personnel** only staff members are authorized to use the side door; **faire ~ de qqch** to use sthg; **faire ~ de ses privilèges** to exercise one's privileges; **faire bon ~ de qqch** to put sthg to good use; **faire mauvais ~ de qqch** to misuse sthg; **faire un ~ abusif du pouvoir** to abuse power; **faire un ~ excessif des virgules** to use too many commas; **faire de l'~** to stand up to a lot of use; **mon imperméable a fait de l'~** my raincoat has seen good service; **avoir l'~ de** to have the use of; **nous avons l'~ de la piscine** we have access to OU the use of the pool; **une maison dont elle n'a pas la propriété mais l'~** JUR a house which she doesn't own, but which she is legally entitled to use; **je n'en ai aucun ~** I have no use for it; **à mon ~ personnel** for my private OU own personal use ❑ **droit d'~** right of use. -**2.** [contrôle] use; **il a encore l'~ de son bras** he can still use his arm; **perdre l'~ des yeux/d'un bras** to lose the use of one's eyes/an arm; **perdre l'~ de la parole** to lose one's power of speech; **garder l'~ de sa vue** to retain one's sight. -**3.** [fonction] use, purpose; **appareil d'~ courant** household appliance; **à divers ~s** multi-purpose; **à ~ intensif** heavy-duty; **locaux à ~ administratif** office space; **'à ~ interne'** 'for internal use'; 'to be taken internally'; **'à ~ externe'** 'not to be taken internally'. -**4.** LING (accepted) usage; **~ écrit/oral** written/spoken usage; **le mot est entré dans l'~** the word is now in common use; **le mot est sorti de l'~** the word has become obsolete OU is no longer used ❑ **le bon ~** correct usage. -**5.** [coutume] habit, habitual practice; **selon un ~ bien établi** following a well-established habit; **suivant les ~s bancaires** according to normal banking practice; **l'~, les ~s** accepted OU established custom, (the rules of) etiquette; **c'est l'~** it's the done thing; **ce n'est pas l'~ d'applaudir au milieu d'un air** it's not done to clap OU you just don't clap in the middle of an aria; **c'est conforme à l'~ OU aux ~s** it's in accordance with the rules of etiquette; **c'est contraire à l'~ OU aux ~s, c'est contre l'~ OU les ~s** it's not the done thing, it's contrary to the rules of etiquette. -**6.** *litt* [civilité, politesse]: **avoir de l'~** to be well-bred; **manquer d'~** to be uncouth, to lack breeding, to be lacking in the social graces.
◆ **à l'usage** *loc adv* with use; **le cuir fonce à l'~** leather turns darker with use; **c'est à l'~ qu'on s'aperçoit des défauts d'une cuisine** you only realize what the shortcomings of a kitchen are after you've used it for a while; **nous verrons à l'~!** let's wait and see!
◆ **à l'usage de** *loc prép*: **un livre de cuisine à l'~ des enfants** a cookery book aimed at OU intended for children.
◆ **d'usage** *loc adj* -**1.** [habituel] customary, usual; **finir une lettre avec la formule d'~** to end a letter in the usual OU accepted manner; **j'ai fait modifier la formule d'~** I had the standard wording altered; **échanger les banalités d'~** to exchange the customary platitudes; **il est d'~ de laisser un pourboire** it is customary to leave a tip; **comme il est d'~** as is customary. -**2.** LING: **l'orthographe d'~** the generally accepted spelling.
◆ **en usage** *loc adv* in use; **cette technique n'est plus en ~** this technique is now obsolete OU is no longer in use.

usagé, e [yzaʒe] *adj* -**1.** [usé - costume] worn, old; [- verre] used, old. -**2.** [d'occasion] used, secondhand.

usager [yzaʒe] *nm* -**1.** [utilisateur] user; **les ~s du téléphone/de la route** telephone/road users. -**2.** [locuteur]: **les ~s de l'espagnol** Spanish language speakers, speakers of the Spanish language.

usance [yzɑ̃s] *nf* usance.

usant, e [yzɑ̃, ɑ̃t] *adj* [tâche] gruelling, wearing; [enfant] wearing, tiresome; **c'est ~** it really wears you down.

usé, e [yze] *adj* -**1.** [vieux - habit] worn, worn-out; [- pile] worn, old; [- lame] blunt; **des pneus ~s** worn tyres ❑ **~ jusqu'à la corde** OU **trame** threadbare. -**2.** [rebattu - sujet] hackneyed, well-worn; [- plaisanterie] old; **c'est ~! essaye une autre excuse** I've heard that one before! try another excuse. -**3.** [affaibli - vieillard] worn-out, weary; **cheval ~** old nag.

user [3] [yze] ◇ *vt* -**1.** [détériorer - terrain, métal] to wear away *(sép)*; [- pneu] to wear smooth; [- veste, couverture] to wear out *(sép)*; **~ un jean jusqu'à la corde** OU **trame** to wear out a pair of jeans; **on avait usé nos fonds de culottes sur les mêmes bancs** we'd been at school together. -**2.** [utiliser - eau, poudre] to use; [- gaz, charbon] to use, to burn; [- réserves] to use, to go through *(insép)*; **cette machine use trop d'électricité** this machine uses too much electricity; **j'use un tube de rouge à lèvres tous les six mois** I go through a lipstick every six months. -**3.** [fatiguer] to wear out *(sép)*; **usé par des années de vie politique** worn out by years in politics; **son pessimisme m'a usé le moral** her pessimism wore down OU sapped my morale; **le petit dernier l'use (complètement)** her youngest child really wears her down; **tu m'uses la santé!** *fam* you'll be the death of me!
◇ *vi litt*: **en ~: en ~ bien avec qqn** to treat sb well, to do well by sb; **en ~ mal avec qqn** to treat sb badly, to mistreat sb; **en ~ trop familièrement avec ses supérieurs** to be over-familiar with one's superiors; **comme vous en usez, jeune homme!** don't you use that tone of voice with me, young man!
◆ **user de** *v + prép sout* [utiliser - autorité, droits] to exercise; [- mot, tournure] to use; [- outil] to use; [- audace, diplomatie] to use, to employ; **n'hésitez pas à ~ de sévérité** don't hesitate to be strict; **l'alcool? j'en ai usé et abusé** alcohol? I've used and abused it.
◆ **s'user** ◇ *vpi* -**1.** [se détériorer - pile, lame] to wear out; **les semelles en cuir ne s'usent pas vite** there's a lot of wear in leather soles; **les pneus se sont usés très vite** the tyres wore smooth very rapidly. -**2.** [s'affaiblir]: **leur amour s'est usé** their love has grown cold; **ma patience commence à s'~** my patience is wearing thin.
◇ *vpt* [se fatiguer] to wear o.s. out; **s'~ la santé** *fam* to exhaust o.s., to wear o.s. out; **elle s'est usée OU usé la santé à élever dix enfants** she wore herself out bringing up ten children; **s'~ les yeux OU la vue** to strain one's eyes; **je ne vais pas m'~ la vue à lire vos pattes de mouche!** I don't intend to strain my eyes trying to read your scrawl!

usinabilité [yzinabilite] *nf* suitability for machining.

usinage [yzinaʒ] *nm* machining.

usine [yzin] *nf* -**1.** INDUST factory, plant, mill; **~ sidérurgique** steel mill, steelworks; **~ métallurgique** ironworks; **~ à gaz** gasworks; **~ pilote** pilot plant. -**2.** *fam fig & péj*: **à la fac, c'est l'~!** it's just a production line at college!; **ce restaurant, une vraie ~!** they get you in and out as quick as they can in that restaurant!

usiner [3] [yzine] ◇ *vt* to machine; **pièce à ~** part to be machined.
◇ *vi fam* [travailler dur]: **ça usinait dans la cuisine** they were slogging away OU hard at it in the kitchen.

usité, e [yzite] *adj* [terme] commonly used; **l'expression n'est plus ~e** the phrase has gone out of use OU is no longer in common use; **c'est le temps du passé le plus ~** it's the most commonly used past tense.

ustensile [ystɑ̃sil] *nm* utensil, implement; **~s de cuisine** cooking OU kitchen utensils; **~s de jardinage** garden tools.

usuel, elle [yzɥɛl] *adj* [ustensile, vêtement] everyday *(avant n)*; [vocabulaire, terme] common, everyday *(avant n)*; **il est ~ d'accepter des pots-de-vin** accepting bribes is common practice; **le procédé ~ est de...** it's common practice to...

usuellement [yzɥɛlmɑ̃] *adv* ordinarily, commonly.

usufructuaire [yzyfryktɥɛr] *adj* usufructuary.

usufruit [yzyfrɥi] *nm* usufruct.

usufruitier, ère [yzyfrɥitje, ɛr] *adj & nm, f* usufructuary.

usuraire [yzyrɛr] *adj* usurious.

usure [yzyr] *nf* -**1.** [action de s'user] wear (and tear); **matière résistante à l'~** material that stands up to wear (and tear), material that wears well, hard-wearing material; **l'~ des roches** erosion suffered by the rock. -**2.** [affaiblissement]: **l'~ des forces/sentiments** the erosion of one's strength/feelings; **notre mariage a résisté à l'~ du temps** our marriage has stood the test of time; **victime de l'~ du pouvoir** worn down by the exercise of power ❑ **avoir qqn à l'~** *fam* to wear OU to grind sb down (until he gives in). -**3.** [intérêt de prêt] usury; **prêter à ~** to lend upon usury OU at usurious rates of interest; **je vous revaudrai ce service avec ~** *fig* I'll repay you for this service with interest.

usurier, ère [yzyrje, ɛr] *nm, f* usurer.

usurpateur, trice [yzyrpatœr, tris] ◇ *adj litt* usurping.
◇ *nm, f* usurper.

usurpation [yzyrpasjɔ̃] *nf* usurpation, usurping; **~ d'état civil** usurpation of civil status; **~ de pouvoir** usurpation OU usurping of power; **~ de titre** usurpation of title.

usurpatoire [yzyrpatwar] *adj* usurpatory.

usurper [3] [yzyrpe] *vt* [droit, identité] to usurp; **sa gloire est usurpée** *fig* her fame isn't rightfully hers.
◆ **usurper sur** *v + prép litt* to encroach on OU upon.

ut [yt] *nm inv* MUS C.

UTA (*abr de* **Union des transporteurs aériens**) *npr f French airline company.*

Utah [yta] *npr m*: **l'~** Utah.

utérin, e [yterɛ̃, in] *adj* -**1.** ANAT uterine. -**2.** [de la même mère]: **frères ~s** uterine brothers; **sœurs ~es** uterine sisters.

utérus [yterys] *nm* womb, uterus *spéc.*

utile [ytil] ◇ *adj* -**1.** [qui sert beaucoup] useful; **il est bien ~, ton petit couteau** that little knife of yours comes in very handy OU is very useful; **les notes sont ~s à la compréhension du texte** the notes help to understand the text; **ça peut (toujours) être ~** it might come in handy; **cela m'a été ~ de connaître la langue** my knowledge of the language was very useful to me. -**2.** [nécessaire] necessary; **prenez toutes les dispositions ~s** make all the necessary arrangements; **il n'est pas ~ d'avertir la police** there's no need to notify the police. -**3.** [serviable] useful; **se rendre ~** to make o.s. useful; **il cherche toujours à se rendre ~** he always tries to make himself useful; **rends-toi ~, emporte ces caisses à la cave** make yourself useful, take these crates down to the cellar; **puis-je t'être ~ à quelque chose?** can I be of any help to you?, can I help you with anything?

◇ *nm*: l'~ that which is useful; **joindre l'~ à l'agréable** to combine business with pleasure.

utilement [ytilmɑ̃] *adv* usefully, profitably; **employer son temps ~** to spend one's time profitably, to make good use of one's time.

utilisable [ytilizabl] *adj* -**1.** [objet, appareil] usable; **ce vieux réveil est encore ~?** is this old alarm clock still working?; **les vieux bocaux ne sont plus ~s** the old jars are no longer usable. -**2.** [billet] valid.

utilisateur, trice [ytilizatœr, tris] *nm, f* [d'un appareil] user; [d'un service] user, consumer.

utilisation [ytilizasjɔ̃] *nf* use, utilization; **la sorbetière est d'~ simple** the ice-cream maker is simple OU easy to use ❑ **notice d'~** instructions for use.

utiliser [3] [ytilize] *vt* [appareil, carte, expression] to use; [moyens, tactique] to use, to employ; **utilise le moins possible de farine** use as little flour as possible; **~ l'avion pour traiter les récoltes** to use a plane to treat the crops; **je n'ai pas su ~ les possibilités qui m'étaient offertes** I didn't make the most of the opportunities I was given; **le peu d'espace disponible a été bien utilisé** they have made good use of what little space there is; **il sait ~ son monde** he knows how to make the best use of his connections; **tu vas te faire ~** they'll use you.

utilitaire [ytilitɛr] ◇ *adj* utilitarian.

◇ *nm* INF utility (program); **~s de programmation** utilities.

utilitarisme [ytilitarism] *nm* utilitarianism.

utilitariste [ytilitarist] *adj* & *nmf* utilitarian.

utilité [ytilite] *nf* -**1.** [caractère utile] use, usefulness; **chaque ustensile a son ~** every implement has its specific use; **des objets sans ~** useless objects; **être d'une ~ à qqn** to be of use to sb; **ça ne t'est plus d'aucune ~** it's no longer of any use to you, you no longer need it; **la carte de la région m'a été de peu d'~/d'une grande ~** the map of the area was of little/great use to me; **quelle est l'~ d'avoir une voiture dans Paris?** what's the use of having a car in Paris?; **avoir l'~ de qqch** (to be able) to make use of sthg; **en as-tu l'~?** can you make use of it?, do you need it?; **pourquoi garder des choses dont on n'a pas l'~?** why keep things you have no use for?; **je ne vois pas l'~ de lui en parler** I don't see any point in mentioning it to her. -**2.** ÉCON utility.

◆ **utilités** *nfpl* THÉÂT: **jouer les ~s** *pr* to play minor OU small parts; *fig* to play second fiddle.

utopie [ytɔpi] *nf* -**1.** PHILOS utopia, utopian ideal. -**2.** [chimère] utopian idea; **c'est de l'~!** that's all pie in the sky!; **votre programme politique relève de l'~** your political programme is rather utopian.

utopique [ytɔpik] *adj* utopian.

utopisme [ytɔpism] *nm* Utopianism.

utopiste [ytɔpist] ◇ *adj* utopian.

◇ *nmf* -**1.** [rêveur] utopian. -**2.** PHILOS Utopian.

Utrecht [ytrɛkt] *npr* Utrecht.

UV ◇ *nf* *abr de* **unité de valeur.**

◇ *nm* (*abr de* **ultraviolet**) UV.

UVA (*abr de* **ultraviolet A**) *nm* UVA; **bronzage ~** sunlamp tan.

uval, e, aux [yval, o] *adj* grape *(modif)*; **cure ~e** grape cure.

uzbek [yzbɛk] = **ouzbek**.

V

v, V [ve] *nm* -**1.** [lettre] v, V. -**2.** [forme] V (shape); **faire le V de la victoire** to make the victory sign.
◆ **en V** *loc adj* V-shaped; **un pull (à col) en V** a V-necked sweater; **décolleté en V** plunging neckline.

v. -**1.** (*abr écrite de* **vers**) v. *(verse)*. -**2.** (*abr écrite de* **verset**) v. *(verse)*. -**3.** *abr écrite de* **vers** *(adv)*.

v° *abr écrite de* **verso**.

V (*abr écrite de* **volt**) V.

V., v. *abr écrite de* **voir**.

V1 *nm* V-1.

V2 *nm* V-2.

va [va] → **aller**.

VA (*abr écrite de* **voltampère**) VA.

vacance [vakɑ̃s] *nf* -**1.** [d'un emploi] vacancy; **il y a une ~ à la comptabilité** the accounts department has a vacancy. -**2.** [d'une fonction politique] : **pendant la ~ du siège** while the seat is empty; **pendant la ~ du pouvoir** while there is no one officially in power; **dû à la ~ du pouvoir** because there is no one officially in power; **élection provoquée par la ~ du siège** election made necessary because the seat became vacant. -**3.** JUR : **~ de succession** abeyance of succession.
◆ **vacances** *nfpl* -**1.** [période de loisirs] holidays *Br*, vacation *Am*; **avoir besoin de ~s** to be in need of a holiday; **prendre des ~s** to take a holiday, to go on holiday; **quand prends-tu tes ~s?** when are you going to take your holiday?; **prendre deux mois de ~s** to take two months off, to have a two-month holiday; **rentrer de ~s** to come back from one's holiday OU vacation; **quand rentre-t-il de ~s?** when is he back from holiday?; **en rentrant de ~s, ils ont trouvé la maison cambriolée** when they came back from their holiday, they found that the house had been burgled ☐ **~s de neige** skiing holidays OU vacation. -**2.** [période du calendrier] : **~s judiciaires** recess (of the Courts); **~s parlementaires** Parliamentary recess; **~s scolaires** school holidays *Br* OU break *Am*; **~s universitaires** vacation *Br*, university recess *Am*; **pendant les ~s (universitaires)** during the vacation; **un job pendant les ~s (universitaires)** a summer job; **les ~s de Noël** SCOL & UNIV the Christmas holidays *Br* OU vacation *Am*; [pour les salariés] the Christmas break; **les grandes ~s** the long OU summer holidays *Br*, the long vacation *Am*.
◆ **en vacances** *loc adv* on holiday *Br* OU vacation *Am*; **partir en ~s** to go (off) on holiday; **pendant que nous étions en ~s en Italie** while we were holidaying *Br* OU vacationing *Am* in Italy; **je l'ai rencontré en ~s** I met him (when I was) on holiday.

vacancier, ère [vakɑ̃sje, ɛr] *nm, f* holidaymaker *Br*, vacationist *Am*, vacationer *Am*.

vacant, e [vakɑ̃, ɑ̃t] *adj* -**1.** [libre - logement] vacant, unoccupied; [- siège, trône] vacant; **il y a un poste d'ingénieur ~** there's a vacancy for an engineer ☐ **succession ~e** JUR estate in abeyance. -**2.** *litt* [vague - regard] vacant, empty.

vacarme [vakarm] *nm* racket, din, row; **les enfants faisaient un ~ infernal** the children were making a terrible racket OU an awful din; **le ~ des radios sur la plage** the blaring of radios on the beach.

vacataire [vakatɛr] *nmf* [remplaçant] stand-in, temporary replacement; UNIV part-time lecturer; **avoir un poste de ~ à l'Unesco** to be under temporary contract to UNESCO.

vacation [vakasjɔ̃] *nf* -**1.** [temps] session, sitting. -**2.** [honoraires] fee; **être payé à la ~** to be paid on a sessional basis.

vaccin [vaksɛ̃] *nm* -**1.** [produit] vaccine. -**2.** [injection] vaccination, inoculation; **faire un ~ à qqn** to vaccinate sb.

vaccinable [vaksinabl] *adj* : **à quel âge sont-ils ~s?** how old do they have to be before they can be vaccinated?

vaccinal, e, aux [vaksinal, o] *adj* vaccinal.

vaccinateur, trice [vaksinatœr, tris] ◇ *adj* vaccinating.
◇ *nm, f* vaccinator.

vaccination [vaksinasjɔ̃] *nf* vaccination, inoculation; **~ préventive** protective inoculation; **la ~ contre la rage est obligatoire** the vaccination OU inoculation against rabies is compulsory.

vaccine [vaksin] *nf* cowpox, vaccinia *spéc*; **fausse ~** vaccinella, false vaccinia.

vacciner [3] [vaksine] *vt* -**1.** MÉD to vaccinate; **se faire ~ contre la rage** to get vaccinated against rabies. -**2.** *fig*: **je suis vacciné contre ce genre de remarque** I've become immune to that kind of remark; **plus de ski, je suis vaccinée pour un moment** no more skiing, I've had my fill of that for the time being.

vaccinothérapie [vaksinɔterapi] *nf* vaccine therapy.

vachard, e *fam* [vaʃar, ard] *adj* [coup] nasty, foul, dirty; [question] nasty; **elles étaient ~es, les maths!** the maths exam was a real stinker!

vache [vaʃ] ◇ *adj fam* rotten, nasty; **faire un coup ~ à qqn** to play a dirty trick on sb; **c'est ~ de ta part** it's rotten of you; **allez, ne sois pas ~** come on, don't be rotten, come on, be a sport *Br*; **elle a été ~ pour les notes d'oral** she marked the orals really hard.
◇ *nf* -**1.** ZOOL cow; **~ sacrée** sacred cow; **~ laitière** OU **à lait** milker, dairy cow; **~ à lait** *fig* milch cow; **dans la famille, c'est moi qui suis la ~ à lait** *fam* I have to fork out for everybody in this family; **parler français comme une ~ espagnole** *fam* to murder the French language; **comme une ~ qui regarde passer les trains** *fam* with a vacant look on one's face. -**2.** [cuir] cowhide. -**3.** [récipient] : **~ à eau** water container. -**4.** *fam* [homme] swine; [femme] cow; **ah les ~s, ils ne m'ont pas invité!** the swines didn't invite me! ☐ **cette ~ de bagnole!**▽ that bloody car!; **une ~ de moto**▽ one hell of a motorbike. -**5.** *arg crime* [policier] cop, pig. -**6.** *(comme interj)*: **(ah) la ~!** *fam* [étonnement] wow!, gosh!; [indignation, douleur] oh hell!
◆ **en vache** *loc adv* on the sly; **faire un coup en ~ à qqn** to stab sb in the back.

vachement▽ [vaʃmɑ̃] *adv* really, real *Am*, bloody *Br*; **c'est une ~ bonne idée** that's a really OU bloody good idea; **elle est ~ belle, ta robe** that's a great dress you're wearing; **ça fait une sacrée différence! — oui, ~!** it makes a difference! — you can say that again!; **mais je t'assure qu'il t'aime — oui, ~!** *iron* but I'm telling you he loves you — like hell he does!

Vache-qui-rit® [vaʃkiri] *npr f*: **la ~** *famous brand of cheese spread triangles.*

vacher, ère [vaʃe, ɛr] *nm, f* cowboy (*f* cowgirl).

vacherie *fam* [vaʃri] *nf* -**1.** [caractère méchant] meanness, rottenness. -**2.** [acte] dirty OU rotten trick; **faire une ~ à qqn** to play a dirty OU rotten trick on sb; **ils m'ont fait une ~** they played a rotten trick on me; **cette ~ de tache ne veut pas partir** this damn OU blasted stain just won't come out; **quelle ~ de temps!** what rotten OU lousy weather! -**3.** [propos] nasty remark; **il me disait des ~s** he was saying really nasty things to me, he was being really horrible to me.

vacherin [vaʃrɛ̃] *nm* **1.** [dessert] vacherin. -**2.** [fromage] vacherin cheese.

vachette [vaʃɛt] *nf* -**1.** [animal] young cow. -**2.** [peau] calfskin.
◆ **en vachette** *loc adj* calfskin *(modif)*.

vacillant, e [vasijɑ̃, ɑ̃t] *adj* -**1.** [titubant - démarche] unsteady, shaky; **avec une démarche ~e d'ivrogne** staggering drunkenly. -**2.** [qui bouge - flamme] flickering. -**3.** [courage] faltering, wavering; [mémoire] failing, faltering; **sa raison ~e** her failing reason. -**4.** [caractère] wavering, irresolute, indecisive.

vacillation [vasijasjɔ̃] *nf* -**1.** [d'une lueur, d'une flamme] flickering. -**2.** *litt* [irrésolution] hesitations, hesitating; **après bien des ~s, j'ai pris ma décision** after changing my mind several times, I made a decision.

vacillement [vasijmɑ̃] *nm* -**1.** [d'un poteau, d'une pile de livres] wobbling. -**2.** *fig* [indécision, doute] indecision, vacillating.

vaciller [3] [vasije] *vi* -**1.** [tituber - bébé] to totter; [- ivrogne] to sway, to stagger; **sortir d'une/entrer dans une pièce en vacillant** to stagger out of/into a room; **~ sur ses jambes** to be unsteady on one's legs; **elle vacilla sur ses jambes** her legs nearly gave way under her.

2. [chaise, pile de livres] to wobble; faire ~ un tabouret to make a stool wobble. -3. [flamme] to flicker; une lueur vacillait à la fenêtre a light flickered at the window. -4. [raison, courage] to falter, to waver; [voix] to falter, to shake; [mémoire] to be failing, to falter; elle n'a jamais vacillé dans ses prises de position she has never wavered in her attitude; ~ dans ses réponses to reply hesitantly.

va-comme-je-te-pousse [vakɔmʃtəpus]
◆ **à la va-comme-je-te-pousse** *fam loc adv* any old how; ça a été fait à la ~ [ouvrage] it was thrown together any old how; [lit] it was made in a hurry; [repas] it was just thrown together; [réforme] it was just pushed through (any old how); on a été élevés à la ~ we weren't brought up, we were dragged up.

vacuité [vakɥite] *nf litt* -1. [vide] vacuity *litt*, emptiness; la ~ de mon existence après ton départ the emptiness of my life after you left. -2. [inanité] vacuity, vacuousness, inanity; un roman d'une effrayante ~ a dreadfully inane novel.

vacuolaire [vakɥɔlɛr] *adj* -1. BIOL vacuolar. -2. GÉOL vesicular.

vacuole [vakɥɔl] *nf* -1. BIOL vacuole. -2. GÉOL vesicle.

vade-mecum [vademekɔm] *nm inv litt* vade mecum.

vadrouille [vadruj] *nf* -1. *fam* [balade] ramble, jaunt; faire une ~ en Italie to go off for a jaunt in Italy; une ~ de trois jours en montagne a three-day ramble ou hike in the mountains. -2. *Can* [balai] *long-handled mop used for dusting.*
◆ **en vadrouille** *loc adv*: partir en ~ to go (off) on a jaunt; il est toujours en ~ quelque part he's always gadding about somewhere.

vadrouiller *fam* [3] [vadruje] *vi* to rove about; ~ de par le monde to rove ou to knock about the world.

vadrouilleur, euse *fam* [vadrujœr, øz] *nm, f* rover; j'ai toujours été une vadrouilleuse I've always been a bit of a rover.

Vaduz [vadyz] *npr* Vaduz.

va-et-vient [vaevjɛ̃] *nm inv* -1. [circulation] comings and goings, toings and froings; il y a eu trop de ~ ce week-end there was too much coming and going this weekend; le continuel ~ des voitures de police the endless toing and froing of police cars. -2. [aller et retour] : faire le ~ to go back and forth ou backwards and forwards; ils font le ~ entre le navire et la côte they go back and forth between the ship and the coast; ils font le ~ entre l'Allemagne et la Belgique they go back and forth between Germany and Belgium; l'avion qui fait le ~ entre Londres et Édimbourg the air shuttle service between London and Edinburgh. -3. MÉCAN [latéral] to-and-fro motion; [vertical] up-and-down movement; dispositif de ~ reciprocating device. -4. ÉLECTR: interrupteur de ~ two-way switch; circuit de ~ two-way wiring. -5. [charnière de porte] helical hinge; porte/battant à ~ swing door/panel. -6. [bac] small ferry ou ferryboat.

vagabond, e [vagabɔ̃, ɔ̃d] ◇ *adj* [mode de vie, personne] wandering, roving; [pensée] wandering, roaming.
◇ *nm, f* tramp, vagabond, vagrant.

vagabondage [vagabɔ̃daʒ] *nm* -1. [errance] roaming, roving, wandering. -2. *litt* [rêveries] : le ~ de l'esprit the wanderings of the mind. -3. JUR vagrancy.

vagabonder [3] [vagabɔ̃de] *vi* to wander, to roam; j'ai toujours voulu ~ I've always wanted to be on the road; ~ par monts et par vaux to roam up hill and down dale; mon esprit/imagination vagabondait vers des pays lointains *fig* my mind/imagination strayed to thoughts of faraway lands; ses pensées vagabondent sans parvenir à se fixer *fig* her thoughts wander ou drift without any focus.

vagin [vaʒɛ̃] *nm* vagina.

vaginal, e, aux [vaʒinal, o] *adj* vaginal.

vaginisme [vaʒinism] *nm* vaginismus.

vaginite [vaʒinit] *nf* vaginitis.

vagir [32] [vaʒir] *vi* [crier - bébé] to cry, to wail.

vagissant, e [vaʒisɑ̃, ɑ̃t] *adj* crying.

vagissement [vaʒismɑ̃] *nm* cry; attiré par de faibles ~s alerted by the sound of whimpering.

vague[1] [vag] *nf* -1. [dans la mer] wave; grosse ~ roller; courir dans les ~s to run into the waves ou surf ❑ ~ de fond *pr & fig* groundswell; faire des ~s *pr & fig* to make waves; je ne veux pas de ~s I don't want any scandal. -2. *litt* [des blés, des cheveux] wave, ripple; effet de ~ ripple effect; ARCHIT waved motif. -3. [mouvement] wave; ~ de colère wave ou surge of anger; ~ de protestations/grèves wave of protest/strikes; ~ de criminalité crime wave; la première ~ de départs the first wave of departures; ~ d'immigrants wave of immigrants. -4. MÉTÉO: ~ de chaleur heatwave; ~ de froid cold spell. -5. MIL: ~ d'assaut wave of assault.

vague[2] [vag] ◇ *adj* -1. [peu marqué - sourire, détail] vague; [- souvenir, connaissances] vague, hazy; [- contour, sensation] vague, indistinct; [vacant - regard, expression] vacant, abstracted; avoir l'air ~ to look vague, to have a vacant expression (on one's face); esquisser un ~ sourire to smile faintly. -2. *(avant le n)* [non précisé] vague; un ~ cousin à moi some distant cousin of mine; il avait écrit un ~ roman he had written a novel of sorts ou some kind of a novel; il m'a raconté une ~ histoire de migraine he told me some vague story about a migraine; ils ont eu une ~ liaison they had some sort ou kind of an affair; il habite du côté de la Grande Place — c'est plutôt ~ ! he lives somewhere near the Grande Place — that's a bit vague! -3. VÊT loose, loose-fitting, generously-cut. -4. ANAT [nerf] vagal.
◇ *nm* -1. [flou] vagueness, indistinctness; [imprécision] vagueness; laisser une question dans le ~ to be vague about a matter; rester dans le ~ to be (as) vague (as possible), to avoid giving any details; essaye de rester dans le ~ try to keep it vague ou to be as vague as possible; elle m'a bien parlé d'un projet de départ mais elle est restée dans le ~ she did mention something about going away but she never went into any detail. -2. [vide] : regarder dans le ~ to gaze vacantly into space ou the blue.
◆ **vague à l'âme** *nm* melancholy; avoir du ~ à l'âme to be melancholy.

vaguelette [vaglɛt] *nf* wavelet.

vaguement [vagmɑ̃] *adv* -1. [de façon imprécise] vaguely; ils se ressemblent ~ they look vaguely alike, there is a vague resemblance between them; j'avais ~ cru qu'il devait venir ici I had the vague idea he was supposed to come here; il indiqua ~ la sortie he waved his arm in the general direction of the exit; on distinguait ~ les bateaux dans l'ombre du quai the boats were just discernible in the shadow of the wharf; tu as prévu le repas de ce soir? — ~! have you thought of what to cook tonight? — sort of!; elle est ~ actrice *péj* she's some kind of actress. -2. [un peu] vaguely, mildly; il avait l'air ~ intéressé he seemed vaguely interested; ~ inquiet mildly anxious.

vaguemestre [vagmɛstr] *nm* MIL & NAUT mail orderly.

vaguer [3] [vage] *vi litt* [vagabonder - personne] to wander, to roam; [- pensée] to rove, to wander; laisser ~ son imagination to allow one's imagination free rein.

vahiné [vaine] *nf* Tahitian woman.

vaillamment [vajamɑ̃] *adv* valiantly, bravely, gallantly; se défendre ~ to put up stout resistance; elle a ~ fait front she valiantly ou gallantly stood up to the situation.

vaillance [vajɑ̃s] *nf* [courage - moral] courage, bravery, stout-heartedness; [- physique] valiance; elle a beaucoup de ~ she's very brave.

vaillant, e [vajɑ̃, ɑ̃t] *adj* -1. [courageux - moralement] courageous, brave, stout-hearted; [- physiquement] valiant; à cœur ~, rien d'impossible *prov* nothing is impossible to a valiant heart. -2. [bien portant] strong, healthy; il est encore ~ he's still in good health; elle n'est plus bien ~e she's not very strong these days.

vain, e [vɛ̃, vɛn] *adj* -1. [inutile] vain, fruitless, pointless; tous nos efforts ont été ~s all our efforts were fruitless ou in vain; il est ~ de continuer it is pointless to continue. -2. *litt* [superficiel] shallow, superficial; [vaniteux] vain, conceited; un homme ~ a vain ou self-important man. -3. *(avant le n)* [serment, espérance] empty, vain; de ~es promesses empty ou hollow ou worthless promises; socialisme n'est pas un ~ mot pour moi to me, socialism is not an empty ou idle word. -4. JUR: ~e pâture common grazing land.
◆ **en vain** *loc adv* in vain, vainly, fruitlessly; il a essayé de me consoler, mais en ~ he tried to console me, but all in vain ou to no avail; c'est en ~ qu'elle a tenté de m'en dissuader she tried in vain to talk me out of it.

vaincre [114] [vɛ̃kr] *vt* -1. [équipe, adversaire] to beat, to defeat; [armée] to defeat; s'avouer vaincu to admit defeat; les joueurs partaient vaincus d'avance the players felt beaten ou defeated before they began; tu es toujours vaincu d'avance! you always start off with the idea you're going to lose!; la vérité vaincra! the truth will out!; la justice vaincra! justice will be done!; nous vaincrons! we shall overcome! -2. [peur, douleur, inhibition] to overcome, to conquer, to master; [mal de tête, maladie] to overcome; [hostilité, réticences] to overcome, to triumph over *(insép)*; ~ toutes les résistances to carry all before one; être vaincu par le sommeil/la fatigue to be overcome with sleep/exhaustion.

vaincu, e [vɛ̃ky] *nm, f* defeated man (*f* woman); les ~s the defeated, the vanquished *litt*; les ~s ne participeront pas aux demi-finales the losers will not take part in the semi-finals.

vainement [vɛnmɑ̃] *adv* in vain, vainly, fruitlessly; on l'a ~ cherché we looked for him in vain.

vainqueur [vɛ̃kœr] ◇ *adj m* winning, victorious, triumphant, conquering; sortir ~ d'une épreuve to emerge (as) the winner of a contest.
◇ *nm* [gagnant] SPORT winner; MIL victor.

vair [vɛr] *nm* vair.

vairon [vɛrɔ̃] ◇ *adj m*: yeux ~s wall-eyes; aux yeux ~s wall-eyed.
◇ *nm* minnow ZOOL.

vaisseau, x [vɛso] *nm* -1. [navire] ship, vessel; ~ amiral flagship; ~ de guerre warship, man-of-war; ~ fantôme ghost ship; 'le Vaisseau fantôme' *Wagner* 'The Flying Dutchman'. -2. ANAT vessel; ~ capillaire/lymphatique/sanguin capillary/lymphatic/blood vessel. -3. BOT vessel; plantes à ~x vascular plants. -4. ASTRONAUT: ~ spatial spacecraft; ~ spatial habité spaceship, manned spacecraft. -5. ARCHIT nave.

vaisselier [vɛsəlje] *nm* dresser *Br*, buffet *Am*.

vaisselle [vɛsɛl] *nf* -1. [service] crockery; acheter de la belle ~ to buy some nice tableware ❑ ~ de porcelaine china tableware; ~ de terre earthenware plates and dishes. -2. [ustensiles sales] (dirty) dishes; la ~ empilée dans l'évier dishes piled up in the sink; faire la ~ to do the washing-up *Br*, to do ou to wash the dishes.

val, s ou **vaux** [val, vo] *nm* [vallée] valley; le Val d'Aoste the Valle d'Aosta; le Val de Loire the Loire Valley, the Val de Loire.

Val [val] (*abr de* véhicule automatique léger) *nm* automatic urban train service.

valable [valabl] *adj* -1. [valide - ticket, acte] valid; 'au-delà de cette limite, votre billet n'est plus ~' 'tickets are not valid beyond this point'. -2. [acceptable - schéma, argument] valid, good; [- excuse, raison] valid, good, legitimate; le jury a considéré le témoignage comme ~ the jury accepted the testimony as valid. -3. [excellent - musicien, athlète] really good; trouver un interlocuteur ~ [gén] to find someone who'll know what you're talking about; POL to find an authorized representative; c'est pas ~ comme idée that idea's worthless OU no good.

valablement [valabləmɑ̃] *adv* -**1.** [à bon droit] validly, justifiably, legitimately; peut-on ~ invoquer la légitime défense? can we justifiably plead self-defence? -**2.** [efficacement] usefully; l'art d'investir son argent ~ the art of making a worthwhile investment.

Valais [valɛ] *npr m*: le ~ Valais.

valaisan, anne [valɛzɑ̃, an] *adj* from Valais.
◆ **Valaisan, anne** *nm, f inhabitant of or person from Valais.*

Val-de-Grâce [valdəgras] *npr m*: le ~ *military hospital in Paris.*

valdinguer *fam* [3] [valdɛ̃ge] *vi* [tomber]: il est allé ~ contre le parcmètre he went sprawling against the parking meter; envoyer ~ qqch to send sthg flying; envoyer ~ une assiette/un livre to send a plate/a book flying; envoyer ~ qqn to send sb packing.

valençay [valɑ̃sɛ] *nm* goat's cheese *(from the Berry area).*

valence [valɑ̃s] *nf* CHIM valency *Br*, valence *Am*.

Valence [valɑ̃s] *npr* [en France] Valence; [en Espagne] Valencia.

valenciennes [valɑ̃sjɛn] *nf* (Valenciennes) lace.

Valenciennes [valɑ̃sjɛn] *npr* Valenciennes.

valérianacée [valerjanase] *nf* member of the Valerianaceae.

valériane [valerjan] *nf* valerian.

Valérien [valerjɛ̃] *npr* Valerian.

valet [valɛ] *nm* -**1.** [serviteur]: jouer les ~s de comédie THÉÂT to play servants; les ~s de l'impérialisme occidental *péj* the lackeys of Western imperialism ❑ ~ de chambre manservant; ~ d'écurie groom, stable boy; ~ de ferme farm hand; ~ de pied footman. -**2.** JEUX jack, knave; ~ de pique jack OU knave of spades. -**3.** [cintre]: ~ (de nuit) valet. -**4.** MENUIS clamp.

valetaille [valtaj] *nf litt, péj* OU *hum* flunkeys; toute une ~ s'empressait autour de nous a whole crowd of flunkeys was fussing around us.

Valette [valɛt] *npr*: La ~ Valetta, Valletta.

valétudinaire [valetydinɛr] *litt* ◇ *adj* valetudinarian, valetudinary.
◇ *nmf* valetudinarian.

valeur [valœr] *nf* -**1.** [prix] value, worth; cette statue a-t-elle une quelconque ~? is this statue worth anything?; la ~ en a été fixée à 500 F its value has been put at 500 F, it's been estimated to be worth 500 F; prendre/perdre de la ~ to increase/to decrease in value; estimer qqch au-dessus/au-dessous de sa ~ to overvalue/to undervalue sthg; bijoux sans ~ OU qui n'ont aucune ~ worthless jewels; manuscrit d'une ~ inestimable invaluable manuscript ❑ mettre en ~ [terre] to exploit; [capital] to get the best return out of; [connaissances] to put to good use; [taille, minceur] to enhance; [talent, qualités] to bring out, to highlight; une bordure vert tendre met en ~ le rose de l'abat-jour a soft green border sets off the pink in the lampshade; mettre en ~ les meilleures qualités de qqn to bring out the best in sb; le noir est la couleur qui me met le plus en ~ black is the colour that suits me best. -**2.** COMM, ÉCON, FIN & MATH value; ~ marchande/vénale market/monetary value; ~ absolue absolute value; en ~ absolue in absolute terms; ~ ajoutée value added; ~ approchée approximate value; ~ déclarée declared value; ~ en compte value in account; ~ d'échange exchange value; ~ d'usage use value; ~ refuge sound investment; le retour à la nature est une ~ refuge de notre époque *fig* many people cope with the pressures of our age by getting back to nature; jour de ~ value date. -**3.** [importance subjective] value; attacher OU accorder de la ~ aux traditions to value OU to set store by traditions; ton opinion n'a aucune ~ pour moi as far as I'm concerned, your opinion is worthless; la ~ sentimentale d'un collier the sentimental value of a necklace; cette découverte a redonné une ~ à ma vie this discovery has given my life new meaning. -**4.** [mérite] worth, merit; avoir conscience de sa ~ to know one's own worth. -**5.** *litt* [bravoure] valiance, bravery; la ~ n'attend pas le nombre des années *allusion Corneille* there is no age for courage. -**6.** *litt* [personne de mérite]: une ~ a great name; ~ sûre: une ~ sûre de la sculpture française one of the top French sculptors. -**7.** [validité - d'une méthode, d'une découverte] value; sa déposition enlève toute ~ à la vôtre her testimony renders yours invalid OU worthless. -**8.** [équivalent]: donnez-lui la ~ d'une cuillère à soupe de sirop give him the equivalent of a table-spoonful of syrup.
◆ **valeurs** *nfpl* -**1.** [normes morales] values; ~s morales/sociales/familiales moral/social/family values. -**2.** BOURSE: ~s (mobilières) stocks and shares, securities; les ~s françaises sont en baisse French securities OU stocks are down; ~s à revenu fixe/variable fixed/variable income securities; ~s disponibles liquid OU tangible assets; ~s minières/pétrolières/stannifères mining/oil/tin shares.
◆ **de valeur** *loc adj* -**1.** COMM & FIN [bague, tableau] valuable; des objets de ~ valuables, items of value, valuable items. -**2.** [de mérite]: personnes de ~ people of merit; un collaborateur de ~ a prized colleague.

valeureusement [valœrøzmɑ̃] *adv litt* bravely, gallantly, valiantly.

valeureux, euse [valœrø, øz] *adj litt* [vaillant] brave, gallant, valiant.

validation [validasjɔ̃] *nf* [d'un billet] validation; [d'un document] authentication.

valide [valid] *adj* -**1.** [permis, titre de transport] valid; votre carte n'est plus ~ your card has run out OU is out of date OU has expired. -**2.** [bien portant] fit, (well and) strong; [non blessé] able-bodied; il n'avait qu'un bras ~ he had only one good arm; je ne suis plus bien ~ I'm not as strong as I used to be.

validement [validmɑ̃] *adv* validly.

valider [3] [valide] *vt* [traité] to ratify; [document] to authenticate; [testament] to prove, to probate *Am*; [billet, passeport] to validate.

valideuse [validøz] *nf* [Loto] *machine used for endorsing Loto tickets.*

validité [validite] *nf* -**1.** ADMIN & TRANSP validity; durée de ~ period of validity; proroger la ~ d'un visa to extend a visa; établir la ~ d'un document to authenticate a document; établir la ~ d'un testament to prove OU to probate a will ❑ date (limite) de ~ expiry date. -**2.** [bien fondé - d'un argument, d'un témoignage] validity.

valise [valiz] *nf* -**1.** [bagage] suitcase, bag; mes ~s my suitcases OU bags OU luggage; défaire ses ~s to unpack (one's bags) ❑ faire ses ~s *pr* to pack (one's bags); mes ~s sont faites I've packed; faire sa ~ OU ses ~s [partir] to pack one's bags and go; tu cesses de parler sur ce ton à ta mère ou tu fais tes ~s! *fam* either you stop speaking to your mother like that or you're out on your ear! -**2.** *fam* [sous les yeux]: avoir des ~s (sous les yeux) to have bags under one's eyes. -**3.** JUR: la ~ diplomatique the diplomatic bag OU *Am* pouch; expédier du courrier par la ~ diplomatique to send mail via the diplomatic bag.

valkyrie [valkiri] = **walkyrie**.

vallée [vale] *nf* -**1.** GÉOG valley; les gens de la ~ people who live in the valley ❑ ~ glaciaire OU en U glaciated OU U-shaped valley; ~ suspendue hanging valley; la Vallée de la Mort Death Valley. -**2.** BIBLE: la ~ de Josaphat the Valley of Jehoshaphat; cette ~ de larmes *litt* this vale of tears.

vallon [valɔ̃] *nm* small valley.

vallonné, e [valɔne] *adj* undulating, hilly.

vallonnement [valɔnmɑ̃] *nm* undulation, hilliness.

valoche ▽ [valɔʃ] *nf* [valise] case, bag; *fig* [sous les yeux]: avoir des ~s (sous les yeux) to have bags under one's eyes; faire ses ~s *pr* to pack (up); *fig* to pack up and go.

valoir [60] [valwar] ◇ *vi* -**1.** [avoir tel prix] to be worth; combien vaut cette statuette, à votre avis? how much is this statuette worth, do you think?; sa maison vaut le double maintenant her house is worth twice that now OU has doubled its value now; as-tu une idée de ce que peut ~ ce guéridon? have you any idea how much this little table might be worth?; ma vieille cuisinière ne vaut plus rien my old stove isn't worth anything now, I wouldn't get anything for my old stove now; une famille qui vaut plusieurs milliards de dollars *fam* a family worth several billion dollars; après sa promotion, elle vaut 400 000 F par an *fam* now she's been promoted, she's worth 400,000 F a year ‖ [coûter] to cost; le ruban vaut 10 F le mètre the ribbon costs OU is 10 F a metre; ~ très cher to cost a lot, to be very expensive, to be very dear; ne pas ~ cher to be cheap OU inexpensive; le bureau ne vaut pas cher the desk isn't expensive OU is fairly cheap; ces gens-là ne valent pas cher *fig* those people are just worthless OU contemptible. -**2.** [avoir telle qualité] to be worth; que vaut ton jeune élève? how good is your young pupil?; je sais ce que je vaux I know my worth OU what I'm worth; que vaut une vie d'artiste sans la reconnaissance du public? what's the point of being an artist without public recognition?; ils verront à l'usage ce que vaut leur nouvelle organisation in time, they'll see how good their new organization is; ne rien ~: il ne vaut rien, ton marteau your hammer's no good OU useless; son idée/projet ne vaut rien her idea/project is worthless; quand je manque de sommeil, je ne vaux rien if I haven't had enough sleep I'm useless; c'est une excellente scientifique mais elle ne vaut rien en tant que professeur she's a brilliant scientist but a hopeless teacher; ne pas ~ grand-chose: mes premières chansons ne valaient pas grand-chose my early songs weren't particularly good; l'émission d'hier ne valait pas grand-chose yesterday's programme wasn't up to much; ~ mieux que: elle vaut mieux que la réputation qu'on lui fait she's much better than her reputation would suggest; vous ne valez pas mieux l'un que l'autre you're as bad as each other; et il t'a quittée? tu vaux mieux que ça and he left you? you deserve better than that. -**3.** ~ par [tirer sa valeur de]: ma bague ne vaut que par les souvenirs qu'elle représente my ring has only sentimental value; son livre vaut essentiellement par le style her book's main strength is its style; son initiative vaut surtout par son audace the main merit of his initiative is its boldness. -**4.** [être valable, applicable]: ~ pour to apply to, to hold for; le règlement vaut pour tout le monde the rules hold for everyone; cette critique vaut pour toutes ses pièces that criticism is true of OU valid for OU applies to all her plays; l'embargo ne vaut que pour les armes the embargo only applies to weapons; mes compliments/reproches valent pour toute la classe my praise/criticism applies to the whole class. -**5.** COMM: à ~ sur: il y a 25 francs à ~ sur votre prochain achat you'll get 25 francs off your next purchase; verser un acompte à ~ sur une somme to pay a deposit to be set off against a sum. -**6.** *loc*: faire ~ [argument] to emphasize, to put forward *(sép)*; [opinion, raisons] to put forward *(sép)*; [droit] to assert, to enforce; [qualité] to highlight, to bring out *(sép)*; faire ~ son bon droit to assert one's rights; faire ~ ses droits à la retraite to provide evidence for one's entitlement to a pension; elle a fait ~ le coût de l'opération pour justifier sa réticence she cited the cost of the operation as justification for her reluctance; j'ai fait ~ qu'il y avait des circonstances atténuantes I pointed out OU stressed that there were extenuating circumstances; elle fait ~ sa fille she pushes her daughter forward; **se faire ~** to show o.s. off to advantage; **elle ne sait pas se faire ~ dans les entrevues** she doesn't know how to sell herself at interviews; **faire ~ un capital** ÉCON to turn a sum of money to (good) account, to make a sum of money yield a good profit; **faire ~ des terres/une propriété** to derive profit from land/a property; **il vaut mieux, mieux vaut: dans ce cas, mieux vaut s'abstenir** in that case, it's better to do nothing; **il vaut mieux se taire que de dire des bêtises** it's better to keep quiet than to talk nonsense; **il vaut mieux ne pas répondre** it's best OU better not to answer; **il vaudrait mieux que tu y réfléchisses** you'd do better to OU you should think about it; **il vaudrait mieux te faire oublier pendant un certain temps** you'd better keep a low profile for a while; **il aurait mieux valu pour elle qu'elle meure** it would have been better for her if she'd died; **ça vaut mieux: appelle le médecin, ça vaut mieux** it would be better OU safer if you called the doctor; **je vais lui dire — je crois que ça vaut mieux** I'm going to tell him — I think that would be the best thing to do; **ça vaut mieux ainsi/pour lui** it's better that way/for him; **je vais te rembourser — ça vaudrait mieux pour toi!** I'll pay you back — you'd better!

◇ *vt* -**1.** [procurer]: **~ qqch à qqn** to earn sb sthg, to bring sthg to sb; **ses efforts lui ont valu une médaille aux jeux Olympiques** his efforts earned him a medal at the Olympic Games; **il n'a valu que des malheurs à ses parents** all he ever brought his parents was unhappiness; **qu'est-ce qui m'a valu votre mépris?** what did I do to deserve your contempt?; **tous les soucis que m'a valus ce club** all the worries that club cost me; **voilà ce que ça m'a valu de l'aider!** that's all I got for helping her!; **qu'est-ce qui me vaut l'honneur/le plaisir de ta visite?** to what do I owe the honour/pleasure of your visit?; **l'émission d'hier soir nous a valu une avalanche de coups de téléphone** we were deluged with telephone calls after last night's programme; **ne rien ~ à qqn** [ne pas lui convenir] to be no good for sb, not to agree with sb, not to suit sb; **le mariage ne lui vaut rien, il est devenu exécrable!** marriage doesn't agree with him, he's become unbearable!; **décidément, la Bretagne ne me vaut rien!** Brittany is decidedly no OU not good for me!; **les pays chauds ne me valent rien, j'en rentre toujours épuisé** hot countries don't suit me, I always come back exhausted; **son exploit lui a valu d'être admiré par tous** his achievement earned him widespread admiration. -**2.** [représenter] to be equivalent to, to be worth; **une dame vaut 10 points** a queen is worth 10 points; **un essai vaut trois points** a try is worth three points; **chaque faute de grammaire vaut quatre points** you lose four points for each grammatical mistake. -**3.** [mériter] to be worth; **le village vaut le détour/déplacement** the village is worth the detour/journey; **voilà un service qui vaut au moins un remerciement, non?** surely a favour like that deserves some form of thanks?; **ça vaut le coup d'œil** it's worth seeing; **sa cuisine vaut d'être goûtée** her cooking's worth sampling; **son livre vaudrait d'être traduit** her book deserves to be translated; **rien ne vaut d'être obtenu au prix d'une trahison** nothing is worth betraying for; **l'expérience vaut d'être tentée** it's worth trying the experiment, the experiment is worth trying; **l'enjeu de l'affaire vaut que l'on prenne le temps de la réflexion** it's worth taking time to reflect when you see what's at stake in the deal ❑ **~ la peine** OU **le coup** *fam* to be worth it, to be worthwhile; **ça vaut le coup d'essayer** it's worth trying OU a try; **on pourrait essayer de le raccommoder — ça n'en vaut pas la peine** we could try to mend it — it's not worth it OU the trouble; **quand je paie 250 F pour un spectacle, je veux que ça en vaille la peine** if I spend 250 F on a show I like to get my money's worth; **j'ai gagné 20 000 F — dis donc, ça vaut le coup!** I won 20,000 F — well, that was certainly worth it!; **à ce prix-là, ça vaut le coup** at that price, you can't go wrong. -**4.** [dans une comparaison] to be as good as, to match up (to); **c'est bon, mais ça ne vaut pas le repas de la dernière fois** it's good, but not as good as the meal we had last time; **c'est moins cher, mais ça ne vaut pas le cuir!** it's cheaper, but there's no comparison with real leather!; **son idée en vaut une autre** her idea is as good as any other; **tu la vaux largement** you're every bit as good as her; **toutes les explications de la terre ne valent pas un bon croquis** no amount of explanation can take the place of a good diagram; **ah, rien ne vaut les confitures de grand-mère!** there's nothing like grandma's jam!; **rien ne vaut un bon grog pour guérir une grippe** there's nothing like a good hot toddy to cure flu; **pour moi, rien ne vaut Mozart!** give me Mozart any day!; **ça ne vaut pas Éric, tu sais ce qu'il m'a dit?** *fam* what about Eric then? do you know what he told me?

◆ **se valoir** *vp (emploi réciproque)* to be equivalent; **les deux traitements se valent** there's nothing to choose between the two treatments; **nous nous valons au sprint** we're both equally good (as) sprinters; **le père et le fils se valent, aussi têtus l'un que l'autre!** father and son are two of a kind, they're so stubborn!; **vous vous valez bien!** you're both as bad as each other!; **tu vas voter Dupond ou Dufort? — tout ça se vaut!** are you going to vote Dupond or Dufort? — it's six of one and half a dozen of the other OU it's all the same thing!

◆ **vaille que vaille** *loc adv* somehow (or other); **vaille que vaille, elle est arrivée au sommet** somehow she made it to the top; **on essaiera vaille que vaille de l'aider** we'll try as best we can to help him.

valorisant, e [valɔrizɑ̃, ɑ̃t] *adj* -**1.** [satisfaisant moralement]: **il fait un travail ~** his work brings him a lot of job satisfaction. -**2.** [donnant du prestige]: **une situation ~e** a situation which increases one's prestige.

valorisation [valɔrizasjɔ̃] *nf* ÉCON [mise en valeur] economic development; [valeur] enhanced value; **on observe une ~ des tâches manuelles** *fig* manual work is becoming more highly valued.

valoriser [3] [valɔrize] *vt* -**1.** ÉCON [région] to develop the economy of; **une nouvelle gare valorisera les terrains avoisinants** a new railway station will enhance the value of local land. -**2.** [augmenter le prestige de]: **son succès l'a valorisé aux yeux de ses amis** his success has increased his standing in the eyes of his friends; **cherchez un travail qui vous valorise** look for a job which will give you personal satisfaction.

valse [vals] *nf* -**1.** DANSE waltz; **~ musette** waltz *(played on the accordion)*; **~ viennoise** Viennese waltz. -**2.** *fam* [succession rapide] (game of) musical chairs; **la ~ des ministres** ministerial musical chairs. -**3.** *fam* [modification]: **la ~ des prix** OU **étiquettes** spiralling prices.

valse-hésitation [valsezitasjɔ̃] (*pl* **valses-hésitations**) *nf* [tergiversation] shilly-shallying, dithering (about); **après une interminable ~** after much shilly-shallying.

valser [3] [valse] *vi* -**1.** [danser] to waltz; **faire ~ qqn** to waltz with sb; **invite-la à ~** ask her for a waltz. -**2.** *fam* [tomber] to career, to hurtle; **la lampe a valsé dans la cheminée** the lamp went flying into the fireplace; **envoyer ~ qqch** to send sthg flying; **envoyer ~ qqn** to show sb the door ❑ **faire ~ l'argent** OU **les billets** to throw money about OU around. -**3.** *fam* **faire ~ le personnel** [déplacer, congédier] to play musical chairs with the staff *fig*.

valseur, euse [valsœr, øz] *nm, f* waltzer.

◆ **valseuses▼** *nfpl* balls.

◆ **valseur▽** *nm* bum *Br*, fanny *Am*.

valvaire [valvɛr] *adj* valvate.

valve [valv] *nf* -**1.** ANAT, BOT & ZOOL valve. -**2.** TECH [clapet] valve; [soupape à clapet] valve; **~ à tiroir** OU **glissement** slide valve. -**3.** AUT: **~ à clapet** throttle valve. -**4.** ÉLECTRON valve.

◆ **valves** *nfpl Belg* notice board.

valvé, e [valve] *adj* valvate.

valvulaire [valvylɛr] *adj* valvular.

valvule [valvyl] *nf* -**1.** ANAT valve. -**2.** BOT valve, valvule.

vamp [vɑ̃p] *nf* vamp; **elle se prend pour une ~** she thinks she's some kind of vamp.

vamper *fam* [3] [vɑ̃pe] *vt* to vamp.

vampire [vɑ̃pir] *nm* -**1.** [mort] vampire. -**2.** *litt* & *péj* [parasite] vampire, vulture, bloodsucker. -**3.** ZOOL vampire bat.

vampirique [vɑ̃pirik] *adj* vampiric.

vampiriser [3] [vɑ̃pirize] *vt* -**1.** [suj: vampire] to suck the blood of. -**2.** *fam* [dominer] to have under one's sway, to subjugate; **ayant vampirisé la presse écrite, il s'attaque maintenant à la télévision** having subjugated the print media, he's now preparing for an assault on television.

vampirisme [vɑ̃pirism] *nm* -**1.** [croyance, pratique] vampirism. -**2.** *litt* [rapacité] vampirism.

van [vɑ̃] *nm* -**1.** [corbeille] winnowing basket, fan. -**2.** [véhicule] horse box *Br* OU trailer *Am*.

vanadium [vanadjɔm] *nm* vanadium.

Vancouver [vɑ̃kuvɛr] *npr* Vancouver.

vanda [vɑ̃da] *nf* vanda.

vandale [vɑ̃dal] *nm* -**1.** [voyou] vandal; **et mon parquet, bande de ~s!** look what you've done to my floor, you vandals! -**2.** HIST Vandal.

vandaliser [3] [vɑ̃dalize] *vt* to vandalize; **~ une cabine téléphonique** to vandalize OU to wreck a telephone booth.

vandalisme [vɑ̃dalism] *nm* vandalism, hooliganism; **commettre des actes de ~** to commit acts of vandalism; **les anciens arrêts d'autobus étaient très exposés au ~** the old bus stops were very prone to being vandalized.

vandoise [vɑ̃dwaz] *nf* dace.

vanille [vanij] *nf* vanilla.

◆ **à la vanille** *loc adj* vanilla *(modif)*, vanilla-flavoured.

vanillé, e [vanije] *adj* vanilla-flavoured.

vanillier [vanije] *nm* vanilla plant.

vanilline [vanilin] *nf* vanillin.

vanité [vanite] *nf* -**1.** [orgueil] vanity, pride, conceit; **blesser** OU **toucher qqn dans sa ~** to hurt sb's pride; **tirer ~ de qqch** to take pride in sthg, to pride o.s. on sthg; **tirer ~ de son origine ouvrière** to pride o.s. on one's working-class background; **elle avait été championne régionale mais elle n'en a jamais tiré ~** she'd been a local champion but she never boasted about the fact; **il est d'une ~ incroyable** he's so incredibly vain, he's so full of conceit; **sans ~, je crois pouvoir faire mieux** with all due modesty OU without wishing to boast, I think I can do better. -**2.** [futilité] pointlessness, futility; **la ~ de l'existence humaine** the futility of human existence.

vaniteusement [vanitøzmɑ̃] *adv* vainly, conceitedly, self-importantly.

vaniteux, euse [vanitø, øz] ◇ *adj* [orgueilleux] vain, conceited, self-important.

◇ *nm, f* conceited man (*f* woman).

vanity-case [vanitikɛz] (*pl* **vanity-cases**) *nm* vanity case.

vannage [vanaʒ] *nm* winnowing.

vanne [van] *nf* -**1.** [d'une écluse] sluicegate; [d'un moulin] hatch; **~ à tiroir** slide valve; **ouvrir les ~s** *pr* to open the sluicegates; *fig* to open the floodgates. -**2.** [robinet] stopcock. -**3.** *fam* [plaisanterie] dig, jibe; **lancer** OU **envoyer une ~ à qqn** to have a dig at sb.

vanné, e *fam* [vane] *adj* worn out, beat; **je suis ~!** I've had it!, I'm beat!

vanneau, x [vano] *nm* green plover, peewit; **~ huppé** lapwing.

vannelle [vanɛl] *nf* sluice valve, paddle.

vanner [3] [vane] *vt* -**1.** AGR to winnow. -**2.** *fam* [épuiser] to wear out *(sép)*.

vannerie [vanri] *nf* [tressage] basket work, basketry; **faire de la ~** [paniers] to weave baskets.

◆ **en vannerie** *loc adj* wicker, wickerwork *(modif)*.

vanneur, euse [vanœr, øz] *nm, f* winnower.

vannier [vanje] *nm* basket maker.

vantail, aux [vɑ̃taj, o] *nm* [de porte] leaf; [de fenêtre] casement; **porte à double ~** OU **à vantaux** stable *Br* OU Dutch *Am* door.

vantard, e [vɑ̃tar, ard] ◇ *adj* boastful, boasting, bragging.
◇ *nm, f* bragger, braggart.

vantardise [vɑ̃tardiz] *nf* -**1.** [glorification de soi] boastfulness, bragging. -**2.** [remarque] boast.

vanter [3] [vɑ̃te] *vt* [louer, exalter] to praise; *sout* to extol; **~ l'élégance de qqn** to praise sb's elegance; **~ les mérites de qqch** to sing the praises of sthg; **~ les mérites de qqn** to sing sb's praises; **une pub vantant les mérites d'une lessive** *fam* an ad singing the praises of a washing powder ❑ **~ sa marchandise** *hum* to boast.
◆ **se vanter** *vpi* to boast, to brag; **elle n'arrête pas de se ~** she's always singing her own praises OU bragging; **se ~ de**: **il s'est vanté de gagner la course** he boasted that he would win the race; **il s'est vanté d'avoir gagné la course** he bragged that he had won the race; **elle l'a fait renvoyer mais elle ne s'en vante pas** she had him fired, but she keeps quiet about it; **il n'y a pas de quoi se ~** this is nothing to be proud of OU to boast about; **sans (vouloir) me ~**: **sans (vouloir) me ~, je suis plutôt bon au tennis** I'm rather good at tennis, though I say so myself; **sans me ~, j'avais déjà compris** I don't wish to boast, but I'd got the idea already; **soit dit sans (vouloir) me ~** without wishing to blow my own trumpet *Br* OU to boast OU to brag.

Vanuatu [vanwatu] *npr* Vanuatu.

va-nu-pieds [vanypje] *nmf inv péj* [clochard] tramp, beggar.

vapes *fam* [vap] *nfpl*: **être dans les ~** [évanoui] to be out for the count; [rêveur] to be miles away; **je suis encore un peu dans les ~** I'm still in a daze; **elle est constamment dans les ~** her head is always in the clouds; **quoi? j'étais complètement dans les ~** what? I was miles away; **tomber dans les ~** [s'évanouir] to pass out, to faint.

vapeur [vapœr] ◇ *nf* -**1.** [gén] steam; **~ (d'eau)** steam, (water) vapour; **~ atmosphérique** atmospheric vapour; **bain de ~** MÉD steam bath. -**2.** CHIM & PHYS vapour; **densité/pression de la ~** vapour density/pressure; **~ sèche/saturante** dry/saturated vapour; **~s de pétrole** petrol *Br* OU gas *Am* fumes. -**3.** *litt* [brouillard] haze, vapour *litt*.
◇ *nm* NAUT steamship, steamer.
◆ **vapeurs** *nfpl vieilli*: **avoir des** OU **ses ~s** to have a fit of the vapours.
◆ **à la vapeur** *loc adv & adj*: **ça marche à la ~** it's steam-driven; **cuit à la ~** steam-cooked; **cuire des légumes à la ~** to steam vegetables; **repassage à la ~** steam ironing; **ouvrir une enveloppe à la ~** to steam open an envelope.
◆ **à toute vapeur** *fam loc adv*: **aller à toute ~** [navire] to sail full steam ahead; [train] to go full steam ahead OU at full speed; **va chez le boulanger, et à toute ~!** go to the baker's, and be quick about it!
◆ **à vapeur** *loc adj* steam *(modif)*, steam-driven; **machine à ~** steam engine; **bateau à ~** steamboat; **train à ~** steam train.

vapocraquage [vapɔkrakaʒ] *nm* steam cracking.

vapocraqueur [vapɔkrakœr] *nm* steam reformer.

vaporeux, euse [vapɔrø, øz] *adj* -**1.** [voilé - lumière, paysage] hazy, misty; **une brume vaporeuse** hazy mist. -**2.** [léger - tissu] filmy, diaphanous; [- robe] flimsy.

vaporisage [vapɔrizaʒ] *nm* steaming process TEXT.

vaporisateur [vapɔrizatœr] *nm* -**1.** [pulvérisateur] spray; [atomiseur] spray, atomizer; **parfum en ~** spray perfume. -**2.** TECH [échangeur] vaporizer.

vaporisation [vapɔrizasjɔ̃] *nf* -**1.** [pulvérisation] spraying. -**2.** TECH [volatilisation] vaporization.

vaporiser [3] [vapɔrize] *vt* -**1.** [pulvériser] to spray; **'ne pas ~ vers une flamme'** 'do not spray onto a naked flame'. -**2.** TECH [volatiliser] to vaporize.
◆ **se vaporiser** *vpi* to vaporize, to turn to vapour.

vaquer [3] [vake] *vi* ADMIN [être en vacances] to be on vacation.
◆ **vaquer à** *v + prép sout* to attend to, to see to; **~ à ses occupations** to attend to OU to go about one's business; **~ aux tâches ménagères** to see to OU to attend to the household chores.

var [var] *nm* var.

Var [var] *npr m*: **le ~** the Var.

varan [varɑ̃] *nm* monitor lizard.

varangue [varɑ̃g] *nf* floor timber OU frame NAUT.

varappe [varap] *nf* [activités] rock climbing; [course] rock climb; **faire de la ~** to go rock-climbing.

varapper [3] [varape] *vi* to rock-climb, to go rock-climbing.

varappeur, euse [varapœr, øz] *nm, f* rock climber.

varech [varɛk] *nm* kelp, varec.

vareuse [varøz] *nf* -**1.** NAUT pea jacket. -**2.** COUT loose-fitting jacket.

variabilité [varjabilite] *nf* variability, changeableness; **la ~ du temps** the changeableness of the weather.

variable [varjabl] ◇ *adj* -**1.** [changeant - temps] unsettled; [- taux] variable; **être d'humeur ~** to be moody. -**2.** GRAMM: **mot ~** inflected OU inflectional word; **mot ~ en genre/nombre** word inflected in gender/number. -**3.** [varié - composition, forme] varied, diverse. -**4.** ASTRON [étoile] variable.
◇ *nf* CHIM, ÉCON, MATH & PHYS variable; **~ liée/libre** dependent/independent variable; **~ aléatoire/discrète/continue** random/discrete/continuous variable.
◇ *nm* MÉTÉO: **le baromètre est au «~»** the barometer is at OU reads "change".

variance [varjɑ̃s] *nf* variance; **analyse de ~** analysis of variance; **~ de l'échantillon** sample variance.

variante [varjɑ̃t] *nf* -**1.** LING variant; **il existe trois ~s du chapitre 12** there are three variant versions of chapter 12; **la 305 est une ~ du modèle précédent** the 305 is a variation on the previous model. -**2.** [aux échecs] opening move.

variateur [varjatœr] *nm* -**1.** MÉCAN: **~ de vitesse** speed variator. -**2.** ÉLECTR dimmer (switch).

variation [varjasjɔ̃] *nf* -**1.** [fluctuation] variation, change; **~ d'intensité/de poids** variation in intensity/weight; **pour vos plantes, attention aux ~s de température** your plants do not like changes in temperature ❑ **en fonction des ~s saisonnières** ÉCON on a seasonally adjusted basis. -**2.** MUS variation; **~ sur un thème de Paganini** variation on a theme by Paganini; **une ~ sur le thème de...** *fig* a variation on the theme of... -**3.** ASTRON variation. -**4.** BIOL variation.
◆ **variations** *nfpl* [modifications] changes, modifications; **subir des ~s** to undergo change OU changes.

varice [varis] *nf* varicose vein, varix *spéc*; **avoir des ~s** to have varicose veins; **se faire enlever les ~s** to have one's varicose veins removed.

varicelle [varisɛl] *nf* chickenpox, varicella *spéc*.

varié, e [varje] *adj* -**1.** [non uniforme - style, répertoire] varied; **une gamme ~e de papiers peints** a wide range of wallpapers; **proposer un menu ~** to offer a varied menu; **programme de musique ~e** programme of varied music. -**2.** *(au pl)* [différents] various, diverse, miscellaneous; **objets divers et ~s** various OU miscellaneous objects; **des sujets aussi ~s que la musique et la chimie** subjects as diverse as music and chemistry; **hors-d'œuvre/légumes ~s** CULIN selection of hors d'oeuvres/of vegetables. -**3.** MUS: **thème ~** theme and variations. -**4.** PHYS [mouvement] variable.

varier [9] [varje] ◇ *vt* [diversifier - cursus, menu, occupations] to vary, to diversify; **les accessoires permettent de ~ une tenue** accessories allow one to vary an outfit; **il faut ~ la présentation de votre argument principal** you must present your main argument in different ways; **pour ~ les plaisirs** just for a change ❑ **~ le menu** *pr* to vary the (basic) menu; *fig* to ring the changes; **on prend les mêmes idées, mais on varie la sauce** *fam* you take the same ideas, only you dress them up differently OU you make them look different.
◇ *vi* -**1.** [changer - temps, poids, humeur] to vary, to change; **les produits varient en qualité** products vary in quality; **les prix varient de 50 à 150 F** prices vary OU range from 50 to 150 F; **je vous sers du poisson pour ~ un peu** I'm giving you fish, just for a change. -**2.** MATH: **faire ~ une fonction** to vary a function. -**3.** [diverger] to differ; **les médecins varient dans le choix du traitement** doctors differ in OU are at variance on the choice of the treatment.

variété [varjete] *nf* -**1.** [diversité] variety, diversity; **son œuvre manque de ~** his work lacks variety OU is not varied enough; **nos châles existent dans une ~ de coloris** our shawls come in a variety OU a wide range of colours. -**2.** [sorte, genre] variety, kind, sort, type; **toutes les ~s possibles et imaginables d'escroquerie** every conceivable type of swindle. -**3.** BOT variety; [de maïs, de blé] (crop) strain; **une nouvelle ~ de fleur/pomme** a new variety of flower/apple ❑ **les ~s cultivées** cultivars. -**4.** MUS: **la ~** [industrie] the commercial music business; [genre] commercial music.
◆ **variétés** *nfpl* LITTÉRAT miscellanies; MUS easy listening, light music.
◆ **de variétés** *loc adj* [spectacle, émission] variety; [musique] light; **disque de ~s** easy listening OU light music record.

variole [varjɔl] *nf* smallpox, variola *spéc*.

variolé, e [varjɔle] *adj* pockmarked.

varioleux, euse [varjɔlø, øz] ◇ *adj* suffering from smallpox, variolous *spéc*.
◇ *nm, f* smallpox sufferer.

variolique [varjɔlik] *adj* smallpox *(modif)*, variolous *spéc*.

variomètre [varjɔmɛtr] *nm* variometer.

variqueux, euse [varikø, øz] *adj* varicose.

varlope [varlɔp] *nf* trying plane.

Varna [varna] *npr* Varna.

varois, e [varwa, az] *adj* from the Var.
◆ **Varois, e** *nm, f inhabitant of or person from the Var.*

Varsovie [varsɔvi] *npr* Warsaw; **le pacte de ~** the Warsaw Pact.

vasculaire [vaskylɛr] *adj* ANAT & BOT vascular.

vascularisation [vaskylarizasjɔ̃] *nf* -**1.** MÉD vascularization. -**2.** ANAT vascularity.

vascularisé, e [vaskylarize] *adj* vascular.

vasculo-nerveux, euse [vaskylɔnɛrvø, øz] (*mpl inv, fpl* **vasculo-nerveuses**) *adj* composed of vessels and nerves.

vase [vaz] ◇ *nf* [boue] mud, silt, sludge; **banc de ~** mudbank.
◇ *nm* -**1.** [récipient décoratif] vase. -**2.** CHIM & PHYS vessel; **~ d'expansion** expansion bottle OU tank. -**3.** **~ de nuit** chamber pot.
◆ **en vase clos** *loc adv*: **nous vivions en ~ clos** we led an isolated existence; **la recherche ne peut se faire en ~ clos** research cannot be carried out in isolation OU in a vacuum.

vasectomie [vazɛktɔmi] *nf* vasectomy.

vasectomiser [3] [vazɛktɔmize] *vt* to perform a vasectomy on.

vaseline [vazlin] *nf* petroleum jelly, Vaseline®.

vaseliner [3] [vazline] *vt* to smear with petroleum jelly OU Vaseline®, to put petroleum jelly OU Vaseline® on.

vaseux, euse [vazø, øz] *adj* -**1.** [boueux] muddy, silty, sludgy. -**2.** *fam* [confus - idée, plan] hazy, woolly. -**3.** *fam* [malade] : **se sentir tout ~**

[affaibli] to feel under the weather, to feel off colour; [étourdi] to feel woozy. -**4.** *fam* [médiocre] pathetic; **ses blagues vaseuses** his pathetic jokes.

vasistas [vazistas] *nm* fanlight, transom *Am.*

vasoconstricteur, trice [vazɔkɔ̃striktœr, tris] *adj* vasoconstrictor.

◆ **vasoconstricteur** *nm* vasoconstrictor.

vasoconstriction [vazɔkɔ̃striksjɔ̃] *nf* vasoconstriction.

vasodilatateur, trice [vazɔdilatatœr, tris] *adj* vasodilator.

◆ **vasodilatateur** *nm* vasodilator.

vasodilatation [vazɔdilatasjɔ̃] *nf* vasodilation.

vasomoteur, trice [vazɔmɔtœr, tris] *adj* vasomotor.

vasomotricité [vazɔmɔtrisite] *nf* vasomotion.

vasopressine [vazɔprɛsin] *nf* vasopressin.

vasotomie [vazɔtɔmi] = **vasectomie**.

vasouiller *fam* [3] [vazuje] *vi* to flounder; **et votre projet? — ça vasouille** what about your project? — we're struggling.

vasque [vask] *nf* -**1.** [bassin] basin (of fountain). -**2.** [coupe] bowl.

vassal, e, aux [vasal, o] *adj* vassal *(modif).*

◆ **vassal, aux** *nm* vassal.

vassaliser [3] [vasalize] *vt* to vassalize.

vaste [vast] *adj* -**1.** [immense - vêtement] enormous, huge; [- domaine, sujet] vast, far-reaching; [- palais, gouffre] vast, huge, immense; **de par le ~ monde** *sout* the world over. -**2.** [de grande ampleur] huge; **victime d'une ~ supercherie** victim of a huge hoax; **ce procès a été une ~ farce** this trial has been a huge farce.

Vatican [vatikɑ̃] *npr m*: **le ~** the Vatican; **l'État de la cité du ~** Vatican City; **au ~** in Vatican City; **le premier/deuxième concile du ~** the first/second Vatican Council.

vaticination [vatisinasjɔ̃] *nf litt* vaticination.

vaticiner [3] [vatisine] *vi litt* to vaticinate.

va-tout [vatu] *nm inv*: **jouer son ~** to risk OU to stake one's all.

Vaucluse [voklyz] *npr m*: **le ~** the Vaucluse.

vauclusien, enne [voklyzjɛ̃, ɛn] *adj* from the Vaucluse.

◆ **Vauclusien, enne** *nm, f inhabitant of or person from the Vaucluse.*

vaudeville [vodvil] *nm* vaudeville, light comedy.

vaudevillesque [vodvilɛsk] *adj* -**1.** THÉÂT vaudeville *(modif).* -**2.** [grotesque] farcical, ludicrous, preposterous.

vaudevilliste [vodvilist] *nmf* writer of vaudeville.

vaudois, e [vodwa, az] *adj* -**1.** GÉOG from the canton of Vaud. -**2.** HIST & RELIG Waldensian.

◆ **Vaudois, e** *nm, f* -**1.** GÉOG Vaudois. -**2.** HIST & RELIG Waldensian.

vaudou, e [vodu] *adj* voodoo.

◆ **vaudou** *nm* voodoo, voodooism.

vau-l'eau [volo]

◆ **à vau-l'eau** *loc adv*: **aller à ~** [barque] to go with the stream OU current; [affaire, projet] to be going downhill OU to the dogs.

vaurien, enne [vorjɛ̃, ɛn] *nm, f* -**1.** [voyou] good-for-nothing, scoundrel, rogue. -**2.** [enfant]: **petit ~!** you little devil!

vautour [votur] *nm* -**1.** ORNITH vulture. -**2.** [personne cupide] vulture, shark.

vautrer [3] [votre]

◆ **se vautrer** *vpi* -**1.** [se rouler] to wallow; **des porcs se vautrant dans la boue** pigs wallowing in mud. -**2.** [s'affaler] to sprawl, to be sprawled; **se ~ dans un fauteuil** to loll in an armchair; **se ~ sur le lit** to sprawl on the bed.

va-vite [vavit]

◆ **à la va-vite** *loc adv* in a rush OU hurry; **travail fait à la ~** slapdash work; **on a fait nos valises à la ~** we packed in a rush.

vd *abr écrite de* **vend.**

VDQS (*abr de* **vin délimité de qualité supérieure**) *nm label indicating quality of wine.*

vds *abr écrite de* **vends.**

veau, x [vo] *nm* -**1.** ZOOL calf; **le ~ d'or** BIBLE the golden calf; **adorer le ~ d'or** *fig* to worship Mammon. -**2.** CULIN veal; **escalope/côtelette de ~** veal escalope/cutlet; **foie/pied/tête de ~** calf's liver/foot/head; **~ Marengo** veal Marengo. -**3.** [cuir] calf, calfskin. -**4.** *fam péj* [personne] lump, clot *Br*; **espèce de gros ~!** you great fat lump! || [voiture] banger *Br*, old crate *Am*; **cette voiture est un vrai ~** this car is a real heap.

◆ **en veau** *loc adj* calf, calfskin *(modif).*

vécés *fam* [vese] *nmpl* [toilettes]: **les ~** the loo *Br*, the john *Am.*

vecteur [vɛktœr] *nm* -**1.** MATH vector; **~ lié/libre** localized/free vector. -**2.** MÉD carrier, vector. -**3.** MIL carrier.

vectoriel, elle [vɛktɔrjɛl] *adj* vector *(modif)*, vectorial; **espace ~** vector space; **produit ~** vector product; **fonction ~le** vector function.

vécu, e [veky] *adj* -**1.** [réel] real, real-life, true; **c'est une histoire ~e** it's a true story. -**2.** PHILOS: **temps ~, durée ~e** time as experienced.

◆ **vécu** *nm*: **le ~ de qqn** sb's (real-life) experiences.

vedettariat [vədɛtarja] *nm* stardom; **accéder au ~** to achieve stardom OU star-status.

vedette [vədɛt] *nf* -**1.** [artiste] star; **~ du petit écran/du cinéma** TV/film star; **chanter devant un parterre de ~s** to sing to a star-studded audience; **elle a tout pour devenir une ~** she's got star-quality ❑ **~ américaine** *performer who warms up the audience for the main star.* -**2.** [célébrité] star, celebrity; **une ~ de la politique/du rugby** a big name in politics/rugby ❑ **présentateur-~** star presenter; **produit ~** leading product. -**3.** [première place]: **avoir** OU **tenir la ~** THÉÂT to top the bill, to have star billing; *fig* to be in the limelight; **partager la ~ avec qqn** THÉÂT to share star billing with sb; *fig* to share the limelight with sb; **ravir** OU **souffler la ~ à qqn** to upstage sb. -**4.** NAUT launch; **~ de la douane** customs patrol boat; **~ lance-torpilles** OU **de combat** motor torpedo boat. -**5.** MIL sentinel. -**6.** [dans un texte] heading; [dans un dictionnaire] headword.

◆ **en vedette** *loc adv*: **mettre qqn/qqch en ~** to put the spotlight on sb/sthg.

vedettisation [vədɛtizasjɔ̃] *nf*: **la ~ de qqn** turning sb into a celebrity.

vedettiser [3] [vədɛtize] *vt* to turn into a celebrity.

végétal, e, aux [veʒetal, o] *adj* [fibre] plant; [huile] vegetable; **règne ~** plant kingdom.

◆ **végétal, aux** *nm* plant, vegetable.

végétalien, enne [veʒetaljɛ̃, ɛn] *adj & nm, f* vegan.

végétalisme [veʒetalism] *nm* veganism.

végétaliste [veʒetalist] = **végétalien.**

végétarien, enne [veʒetarjɛ̃, ɛn] *adj & nm, f* vegetarian.

végétarisme [veʒetarism] *nm* vegetarianism.

végétatif, ive [veʒetatif, iv] *adj* -**1.** ANAT, BOT & MÉD vegetative. -**2.** [inactif]: **mener une vie végétative** to sit around all day.

végétation [veʒetasjɔ̃] *nf* BOT vegetation; **des arbres en pleine ~** trees in full growth.

◆ **végétations** *nfpl* MÉD: **~ (adénoïdes)** adenoids.

végéter [18] [veʒete] *vi* to vegetate, to stagnate; **je végète ici!** I'm stagnating here!; **son affaire végète** his business is sluggish; **le marché végète** trading is slow.

véhémence [veemɑ̃s] *nf* vehemence.

◆ **avec véhémence** *loc adv* vehemently, passionately.

véhément, e [veemɑ̃, ɑ̃t] *adj* [plaidoyer] vehement, passionate; [dénégation] vehement, vociferous.

véhémentement [veemɑ̃tmɑ̃] *adv litt* vehemently, passionately.

véhiculaire [veikylɛr] *adj*: **langue ~** lingua franca.

véhicule [veikyl] *nm* -**1.** TRANSP vehicle; **~ automobile/hippomobile** motor/horse-drawn vehicle; **~ utilitaire** commercial vehicle; **~ sur coussin d'air** air-cushion vehicle; **~ à deux roues** two-wheeler; **~ de transport de troupe** armoured troop-carrier; **~ spatial** spacecraft, spaceship; '**~ lent**' 'slow vehicle'. -**2.** [moyen de transmission] vehicle; **le ~ de** a vehicle for. -**3.** BX-ARTS & PHARM vehicle. -**4.** RELIG: **petit ~** Hinayana; **grand ~** Mahayana.

véhiculer [3] [veikyle] *vt* -**1.** TRANSP to convey, to transport. -**2.** [transmettre - idée, message] to convey, to serve as OU to be a vehicle for.

veille [vɛj] *nf* -**1.** [jour d'avant]: **la ~, je lui avais dit...** the day before, I'd said to him...; **la ~ au soir** the night before; **faites mariner la ~ au soir** marinate overnight; **la ~ de** the eve of, the day before; **la ~ de Noël** Christmas Eve; **la ~ du jour de l'an** New Year's Eve; **la ~ de son départ/sa mort** the day before he left/died; **à la ~ de: à la ~ des présidentielles/de la visite du pape** on the eve of the presidential elections/of the Pope's visit; **le pays est à la ~ d'un tournant historique** the country is on the eve OU brink of a historic change; **on était à la ~ d'entrer en guerre** we were on the brink of war OU on the point of declaring war. -**2.** [éveil]: **de longues heures de ~ consacrées à la poésie** long sleepless nights devoted to poetry; **état de ~** waking state; **être entre la ~ et le sommeil** between waking and sleeping. -**3.** [garde] vigil; MIL night watch; **homme de ~** NAUT lookout.

veillée [veje] *nf* -**1.** [soir] evening. -**2.** [réunion] evening gathering; **faire une ~ autour d'un feu** to spend the evening round a fire; **les histoires que l'on se racontait à la ~** the stories people used to tell at evening gatherings. -**3.** [en colonie de vacances] evening activities. -**4.** [garde] vigil, watch; **~ d'armes** HIST knightly vigil; **c'est notre ~ d'armes avant le concours** *fig* it's the last night before our exam; **~ funèbre** wake.

veiller [4] [veje] ◇ *vt* [un malade] to watch over, to sit up with; [un mort] to keep watch OU vigil over.

◇ *vi* -**1.** [rester éveillé] to sit OU stay up *(insép)*; **~ jusque tard dans la nuit** to sit up OU stay awake till late into the night; **ne veille pas trop tard** don't stay up too late. -**2.** [être de garde] to keep watch, to be on watch. -**3.** [être sur ses gardes] to be watchful OU vigilant. -**4.** [faire la veillée] to spend the evening in company.

◆ **veiller sur** *v + prép* [surveiller - enfant] to watch (over), to look after, to take care of; [- santé] to watch, to take care of.

◆ **veiller à** *v + prép* to see to; **~ aux intérêts du pays** to attend to OU to see to OU to look after the interests of the country; **je veillais au bon déroulement des opérations** I saw to it that everything was running smoothly; **veillez à ce qu'il ne tombe pas** be careful OU watch that he doesn't fall; **je veillerai à ce qu'elle arrive à l'heure** I'll see (to it) OU make sure that she gets there on time; **veillez à ne pas refaire la même faute** take care OU be careful not to make the same mistake again ❑ **~ au grain** to keep one's weather eye open.

◆ **se veiller** *fam vpi Helv* to be careful.

veilleur [vejœr] *nm* -**1.** MIL [soldat] lookout. -**2.** [gardien]: **~ de nuit** night watchman.

veilleuse [vejøz] *nf* [lampe] night-light; [flamme] pilot light; **mettre en ~** [lumière] to dim, to turn down low; *fig fam* [projet] to put off temporarily, to put on the back-burner, to shelve; **mets-la en ~!**▽ just pipe down, will you!

◆ **veilleuses** *nfpl* AUT sidelights.

veinard, e *fam* [vɛnar, ard] ◇ *adj* [chanceux] lucky, jammy *Br.*

◇ *nm, f* lucky devil OU so-and-so; **sacré ~, va!** you lucky devil!

veine [vɛn] *nf* -**1.** ANAT vein; **s'ouvrir les ~s** to slash one's wrists ❑ **~ cave** vena cava; **~ porte** portal vein; **~ pulmonaire** pulmonary vein. -**2.** [d'un minerai] vein, lode; [du bois] grain; [d'une feuille] vein. -**3.** [inspiration] vein, inspiration; **les deux récits sont de la même ~** the two stories are in the same vein. -**4.** *fam* [chance] luck; **avoir de la ~** to be lucky; **quel coup de**

~! what a stroke of luck!, what a fluke!; pas de ~! hard OU tough luck!; c'est bien ma ~! *iron* just my luck! ❑ **avoir une ~ de cocu**▽ OU **de pendu** to have the luck of the devil. -**5.** *loc*: **être en ~ de générosité** to be in a generous mood; **je suis en ~ d'inspiration ce matin** I'm feeling inspired this morning.

veiné, e [vene] *adj* [bras, main] veiny; [bois] grained; [feuille, marbre] veined; ~ **de rose** pink-veined.

veiner [4] [vene] *vt* to vein.

veineux, euse [venø, øz] *adj* -**1.** ANAT venous. -**2.** [strié - bois] grainy.

veinule [venyl] *nf* venule, veinlet.

veinure [venyr] *nf* veining; **le bois présente des ~s** the wood is veined.

vêlage [vɛlaʒ] *nm* calving.

vélaire [velɛr] *adj* & *nf* velar.

velche, welche [vɛlʃ] *Helv* ◇ *adj* French-speaking Swiss.
◇ *nmf* French-speaking Swiss (person).

vêlement [vɛlmɑ̃] = **vêlage**.

vêler [4] [vele] *vi* to calve.

vélie [veli] *nf* water flea.

vélin [velɛ̃] *nm* -**1.** [parchemin] vellum. -**2.** [en papeterie]: **(papier) ~** vellum (paper).

véliplanchiste [veliplɑ̃ʃist] *nmf* windsurfer.

vélique [velik] *adj* NAUT: **point ~** centre of effort.

vélivole [velivɔl], **vélivoliste** [velivɔlist]
◇ *adj* glider *(modif)*.
◇ *nmf* glider pilot.

velléitaire [veleitɛr] ◇ *adj* indecisive.
◇ *nmf*: **c'est une ~** she has ideas but never carries them through.

velléité [veleite] *nf* -**1.** [faible volonté] vague desire, stray impulse; **il lui vient des ~s de repeindre la cuisine** he sometimes gets the urge to redecorate the kitchen (but never gets round to it); **des ~s littéraires** a vague desire to write. -**2.** [brève tentative] short-lived burst of enthusiasm; **j'ai acheté toutes ces pelotes de laine quand j'avais des ~s de tricot** I bought all these balls of wool when I was in my knitting phase.

vélo [velo] *nm* -**1.** [bicyclette] bike, bicycle; **faire du ~, monter à ~** to ride a bike; **une fois qu'on a appris à faire du ~** once you've learned to ride a bike; **aller à ~** to go by bike, to cycle; **on a fait un tour à ~** we went for a ride (on our bikes) ❑ ~ **d'appartement** exercise bike; ~ **de course** racing bike; **avoir un petit ~ (dans la tête)** *hum* to have bats in the belfry. -**2.** LOISIRS & SPORT: **le ~** cycling.

véloce [velɔs] *adj litt* [rapide] swift, fleet *litt*; [agile] nimble, deft.

vélocimétrie [velɔsimetri] *nf* velocimetry.

vélocipède [velɔsipɛd] *nm hum* velocipede.

vélociste [velɔsist] *nm* [vendeur] cycle dealer; [réparateur] cycle mechanic.

vélocité [velɔsite] *nf* -**1.** *litt* [rapidité] velocity, speed, swiftness; **avec ~** swiftly. -**2.** PHYS velocity.

vélocross [velɔkrɔs] *nm* cyclo-cross; **faire du ~** to go cross-country cycling.

vélodrome [velɔdrom] *nm* velodrome.

vélomoteur [velɔmɔtœr] *nm* lightweight motorcycle, moped *Br*.

véloski [velɔski] *nm* skibob.

velours [vəlur] *nm* -**1.** TEXT velvet; ~ **bouclé** uncut velvet, loop pile fabric; ~ **côtelé, ~ à côtes** corduroy; **pantalons en ~ côtelé** OU ~ **à côtes** corduroy trousers, cords. -**2.** *fig*: **ce vin/sa peau est comme du ~** this wine/her skin is as smooth as velvet; **des yeux de ~** soft OU velvet eyes; **une voix de ~** a velvety OU silky voice.

velouté, e [vəlute] *adj* -**1.** [doux - peau] velvet *(modif)*, silky. -**2.** TEXT [tissu] raised-nap *(modif)*; [papier peint] flocked.
◆ **velouté** *nm* -**1.** CULIN [potage] cream soup; [sauce] velouté (sauce); ~ **de poulet** cream of chicken (soup). -**2.** [douceur - de la peau] velvetiness, silkiness.

veloutement [vəlutmɑ̃] *nm litt* velvetiness.

velouter [3] [vəlute] *vt* -**1.** TEXT to raise, to nap. -**2.** [papier peint] to flock.
◆ **se velouter** *vpi* [voix] to soften.

velouteux, euse [vəlutø, øz] *adj* velvety, soft, silky.

veloutine [vəlutin] *nf* velveteen.

Velpeau [vɛlpo] *npr*: **bande ~** crêpe bandage *Br*, Ace bandage® *Am*.

velu, e [vəly] *adj* -**1.** [homme, poitrine] hairy. -**2.** BOT hairy, downy, villous *spéc*. -**3.** TEXT raised-nap.

vélum [velɔm] *nm* -**1.** [protection] awning. -**2.** ANTIQ velarium. -**3.** ZOOL velum.

Vélux® [velyks] *nm* roof light.

venaison [vənɛzɔ̃] *nf* venison.

vénal, e, aux [venal, o] *adj* -**1.** [corrompu] venal, corrupt. -**2.** [intéressé] venal, mercenary. -**3.** ÉCON: **valeur ~e** market value.

vénalité [venalite] *nf* venality.

venant [vənɑ̃] *nm*: **à tout ~, à tous ~s** [au premier venu] to all and sundry; **à tout ~** [à tout propos] constantly.

Venceslas [vɛ̃sɛslas] *npr* Wenceslas.

vendable [vɑ̃dabl] *adj* saleable, marketable; **ma voiture n'est pas ~** my car has no market value.

vendange [vɑ̃dɑ̃ʒ] *nf* -**1.** [cueillette] grape-picking, grape-harvesting, grape-harvest; **faire la ~** OU **les ~s** [vigneron] to harvest the grapes; [journalier] to go grape-picking. -**2.** [quantité récoltée] grape-harvest, grape-yield; [qualité récoltée] vintage; **la ~ de l'année sera bonne** this year's vintage will be good, this year will be a good vintage.
◆ **vendanges** *nfpl* [saison] grape-harvesting time.

vendangeoir [vɑ̃dɑ̃ʒwar] *nm* grape basket.

vendanger [17] [vɑ̃dɑ̃ʒe] ◇ *vt* to harvest, to pick.
◇ *vi* to harvest grapes.

vendangeur, euse [vɑ̃dɑ̃ʒœr, øz] *nm, f* grape-picker.
◆ **vendangeur** *nm* harvest mite, chigger.
◆ **vendangeuse** *nf* -**1.** [machine] grape-picker. -**2.** BOT aster.

Vendée [vɑ̃de] *npr f*: **(la) ~** the Vendée; **en ~** in the Vendée area; **les guerres de ~** the Wars of the Vendée.

vendéen, enne [vɑ̃deɛ̃, ɛn] *adj* Vendean.
◆ **Vendéen, enne** *nm, f* Vendean.

vendémiaire [vɑ̃demjɛr] *nm 1st month in the French Revolutionary calendar (from Sept 22nd/23rd/24th to Oct 21st/22nd/23rd)*.

vendetta [vɑ̃deta] *nf* vendetta.

vendeur, euse [vɑ̃dœr, øz] ◇ *adj* selling; **si ma maison vous intéresse, je suis vendeuse** if you're interested in my house, I'm willing to sell ❑ **commissionnaire ~** selling agent.
◇ *nm, f* -**1.** [dans un magasin] salesperson, (sales) clerk *Am*, shop assistant *Br*; **'recherche ~s'** 'sales staff wanted'. -**2.** [dans une entreprise] (sales) representative; **il est bon ~** he's a good salesman. -**3.** [marchand] seller; ~ **de journaux** news OU newspaper man; ~ **de chaussures** shoe seller; **vendeuse de glaces** ice-cream lady.
◆ **vendeur** *nm* JUR vendor, seller.

vendre [73] [vɑ̃dr] *vt* -**1.** [céder - propriété, brevet, marchandise] to sell; **il vend ses melons (à) 8 F** he sells his melons at OU for 8 F each; ~ **qqch à la pièce/à la douzaine/au poids** to sell sthg by unit/by the dozen/by weight; ~ **(qqch) au détail** to retail (sthg); ~ **(qqch) en gros** to sell (sthg) wholesale; ~ **qqch au prix fort** to price sthg high; ~ **qqch à perte** to sell sthg at a loss; ~ **qqch aux enchères** [gén] to auction sthg; [pour s'en débarrasser] to auction sthg off; **elle a tout vendu et elle a fait ses valises** she sold up *Br* OU out *Am* and packed her bags; ~ **qqch à qqn** to sell sb sthg, to sell sthg to sb; **elle m'a vendu sa montre (pour) 100 F** she sold me her watch for 100 F; **tu me la vendrais combien?** how much would you sell it (to me) for?; **'à ~'** 'for sale' || *(en usage abs)*: **ils vendent cher/ne vendent pas cher chez Zapp** Zapp's is expensive/cheap ❑ ~ **chèrement sa peau** to fight for one's life; ~ **sa salade** *fam* to sell one's line OU o.s.; **il vendrait père et mère** he'd sell his own grandmother; **il ne faut jamais ~ la peau de l'ours avant de l'avoir tué** *prov* don't count your chickens before they are hatched *prov*. -**2.** [commercialiser] to sell; ~ **ses charmes** *euph* to sell one's body || *(en usage abs)*: **ce qui les intéresse, c'est de ~** they're interested in selling OU sales; **nous vendons beaucoup à l'étranger** we sell a lot abroad, we get a lot of sales abroad; **la publicité fait ~** advertising sells. -**3.** [trahir - secret] to sell; [- associé, confident] to sell down the river; ~ **son âme au diable** to sell one's soul to the devil ❑ ~ **la mèche** [exprès] to give the game OU show away; [par accident] to let the cat out of the bag.
◆ **se vendre** ◇ *vp (emploi passif)* to sell; **ça se vend bien/mal actuellement** it is/isn't selling well at the moment ❑ **se ~ comme des petits pains** to sell OU to go like hot cakes.
◇ *vp (emploi réfléchi)* -**1.** [se mettre en valeur] to sell o.s.; **il faut savoir se ~** you must be able to sell yourself OU to show yourself off to your best advantage. -**2.** [traître] to sell o.s.; **se ~ à l'adversaire** to sell o.s. to OU to sell out to the opposite side.

vendredi [vɑ̃drədi] *nm* Friday; **le ~ saint** Good Friday.

Vendredi [vɑ̃drədi] *npr* [dans «Robinson Crusoé»] Man Friday; **j'ai été son ~** I was his man Friday.

vendu, e [vɑ̃dy] ◇ *adj* [vénal] corrupt.
◇ *nm, f péj* turncoat, traitor.

venelle [vənɛl] *nf* lane, alleyway.

vénéneux, euse [venenø, øz] *adj* -**1.** [toxique] poisonous, toxic. -**2.** *litt* [pernicieux]: **elle nourrissait des pensées vénéneuses** malignant thoughts were going through her mind.

vénérable [venerabl] *adj* venerable; **d'un âge ~** ancient *hum*.

vénération [venerasjɔ̃] *nf* -**1.** RELIG reverence. -**2.** [admiration] veneration, reverence, respect; **avoir de la ~ pour qqn** to revere sb.

vénérer [18] [venere] *vt* -**1.** RELIG to worship, to revere. -**2.** [admirer] to revere, to worship, to venerate.

vénerie [vɛnri] *nf* hunting *(with hounds)*.

vénérien, enne [venerjɛ̃, ɛn] *adj* venereal.

Vénètes [venɛt] *npr mpl*: **les ~** the Veneti.

Vénétie [venesi] *npr f*: **(la) ~** Venetia.

veneur [vənœr] *nm* -**1.** [chasseur] hunter. -**2.** [maître des chiens] master of hounds. -**3.** HIST: **le Grand ~** ≈ the Master of the Royal Hunt.

Venezuela [venezɥela] *npr m*: **le ~** Venezuela; **au ~** in Venezuela.

vénézuélien, enne [venezɥeljɛ̃, ɛn] *adj* Venezuelan.
◆ **Vénézuélien, enne** *nm, f* Venezuelan.

vengeance [vɑ̃ʒɑ̃s] *nf* revenge, vengeance; **crier** OU **demander** OU **réclamer ~** to cry out for revenge; **tirer ~ d'une injustice** to avenge an injustice; **il a menti par ~** he lied for the sake of revenge; **soif** OU **désir de ~** revengefulness, vengefulness; **avoir sa ~** to get one's own back, to have one's revenge ❑ **c'est la ~ divine** OU **du ciel** *hum* it's divine retribution; **la ~ est un plat qui se mange froid** *prov* vengeance is a meal best eaten cold *prov*.

venger [17] [vɑ̃ʒe] *vt* -**1.** [réparer] to avenge; ~ **un affront** to avenge an insult. -**2.** [dédommager]: ~ **qqn de qqch** to avenge sb for sthg; **cela le venge de son échec** it makes up for his failure.
◆ **se venger** *vp (emploi réfléchi)* -**1.** [tirer réparation] to revenge OU to avenge o.s., to take vengeance; **je me vengerai!** I'll get my own back!; **il s'est vengé brutalement** he retaliated brutally; **se ~ de qqn/qqch** to take one's revenge on sb/for sthg; **elle m'a menti pour se ~ de ma cruauté** she lied to me in revenge for my cruelty; **il s'est vengé de l'assassin de sa**

sœur he took his revenge on his sister's murderer. -**2.** [calmer sa colère]: **ne te venge pas sur moi** don't take it out on me.

vengeron [vɑ̃ʒrɔ̃] *nm Helv* roach.

vengeur, vengeresse [vɑ̃ʒœr, vɑ̃ʒrɛs] ◇ *adj* avenging, revengeful, vengeful; **dit-elle d'un ton ~** she said, vindictively; **une petite remarque vengeresse** a vengeful little remark.
◇ *nm, f* avenger.

véniel, elle [venjɛl] *adj* -**1.** [excusable] minor, slight. -**2.** RELIG venial.

venimeux, euse [vənimø, øz] *adj* -**1.** [toxique] venomous, poisonous. -**2.** [méchant] venomous, malevolent; **il m'a lancé un regard ~** he looked daggers at me, he shot me a murderous glance; **des commentaires ~** barbs, barbed remarks.

venin [vənɛ̃] *nm* -**1.** [poison] venom. -**2.** *litt* [malveillance]: **cracher** OU **jeter son ~** to vent one's spleen; **répandre son ~ contre qqn/qqch** to speak viciously about sb/sthg.

venir [40] [vənir] ◇ *v aux* -**1.** [se rendre quelque part pour] to come and OU to; **Roger viendra me chercher** Roger will come and collect me; **viens t'asseoir près de moi** come and sit down by me; **je suis venu m'excuser** I've come to apologize; **venez manger!** dinner's ready!; **~ voir qqn** to come and see OU to visit sb, to visit with sb *Am*; **ils ne viennent plus nous voir** [après une querelle] we're not on visiting terms any more; **~ voir qqch** to come and see sthg; **beaucoup de gens sont venus voir notre pièce** a lot of people turned out OU came to see our play || *(à valeur d'insistance)*: **si tu tombes, ne viens pas pleurer!** if you fall, don't come crying!; **tu l'as bien cherché, alors ne viens pas te plaindre!** you asked for it, so now don't come moaning to me about it!; **il est venu raconter qu'elle avait des dettes** he came telling tales about her being in debt; **qu'est-ce que tu viens nous raconter** OU **chanter là?** *fam* what on earth are you on about *Br* OU talking about? -**2.** ~ **de** [avoir fini de]: **~ de faire qqch** to have just done sthg; **je viens de laver les vitres et il pleut!** I've just finished cleaning the windows and now it's raining!; **je viens de l'avoir au téléphone** I was on the phone to her just a few minutes OU a short while ago; **elle vient de terminer son premier album** [il y a quelques jours] she's just OU she recently finished her first album; **je venais de terminer mes devoirs** I had just finished my homework. -**3.** *sout*: **~ à** [exprime un hasard] to happen to; **si son pied venait à glisser** should his foot slip, if his foot slipped; **si les vivres venaient à manquer** should food supplies run out, if food supplies were to run out.
◇ *vi* **A.** AVEC IDÉE DE MOUVEMENT -**1.** [se déplacer, se rendre] to come; **viens plus près** come closer; **je ne suis pas venu pour parler de la pluie et du beau temps!** I didn't come here to talk about the weather!; **faut-il ~ déguisé?** do we have to come in OU to wear fancy dress?; **il y aura un orchestre et du champagne, il faut ~!** there will be a band and champagne, you must come along!; **venez nombreux!** do come along!; **ils sont venus nombreux** they came in droves; **il est reparti** OU **il s'en est allé comme il était venu** *pr* he went away again unaltered by his experience; [il est mort] he died without having made his mark; **comment êtes-vous venus?** how did you get here?; **ma mère disparue, il a commencé à ~ chez nous** after my mother passed away, he took to visiting us; **je l'ai rencontrée en venant ici** I met her on my way here; **il vient au collège en planche à roulettes/en taxi** he comes to college on a skateboard/in a taxi; **il ne vient plus au collège** he never comes to college now; **viens au lit** come to bed; **on ne peut ~ au chalet qu'à pied** the only way to reach the chalet is on foot; **quand il est venu en Australie** when he came to Australia; **comment est-elle venue sur l'île?** how did she get to OU reach the island?; **~ avec qqn** to come with OU to accompany sb; **on va au restaurant, tu viens avec nous?** we're off to the restaurant, are you coming with us OU along?; **à la piscine? d'accord, je viens avec toi** to the swimming pool? OK, I'll come OU go with you; **~ de: d'où viens-tu?** where have you been?; **je viens de Paris et je repars à New York** I've just been in Paris and now I'm off to New York; **~ sur** [prédateur, véhicule] to move in on, to bear down upon; **la moto venait droit sur nous** the motorbike was heading straight for us; **~ vers qqn** [s'approcher] to come up to OU towards sb; **~ à qqn** [s'adresser à qqn] to come to sb; [atteindre qqn] to reach sb; **il vient toujours à moi quand il a besoin d'argent** he always comes to me when he needs money. -**2.** **faire ~** [médecin, police, réparateur] to send for, to call; [parasites, touristes] to attract; **faire ~ une personne chez soi** to have somebody come round; **faites ~ le prévenu chez le juge** bring the accused to the judge's office; **elle lui a fait du charme pour le faire ~ dans sa chambre** she used her charm to lure him into her bedroom; **je fais ~ mon foie gras directement du Périgord** I have my foie gras sent straight from Périgord; **faire ~ les larmes aux yeux de qqn** to bring tears to sb's eyes. -**3.** NAUT: **~ sur bâbord/tribord** to alter course to port/starboard; **~ au vent** OU **lof** to come round (into the wind).
B. SANS IDÉE DE MOUVEMENT: **~ à** OU **jusqu'à** [vers le haut] to come up to, to reach (up to); [vers le bas] to come down to, to reach (down to); [en largeur, en longueur] to come out to, to stretch to, to reach; **la vigne vierge vient jusqu'à ma fenêtre** the Virginia creeper reaches up to my window; **l'eau vient jusqu'à la cheville/jusqu'au genou** the water is ankle-deep/knee-deep.
C. SURGIR, SE MANIFESTER -**1.** [arriver - moment, saison] to come; **le moment est venu de** the time has come to; **quand vient l'hiver** when winter comes; **quand vint le jour du mariage** when the wedding day came; **l'aube vint enfin** dawn broke at last; **voici ~ la nuit** it's nearly night OU nighttime; **puis la guerre est venue** then came the war; **la retraite vient vite!** retirement isn't long in coming!; **puis il vient un âge/moment où...** then comes an age/a time when...; **ça va ~: je ne suis jamais tombé amoureux — non, mais ça va ~!** I've never fallen in love — (no, but) you will one day!; **alors, elle vient cette bière?** am I getting that beer or not?, how long do I have to wait for my beer?; **alors, ça vient?** hurry up!; **ça vient, ça vient!** alright, it's coming! -**2.** [apparaître - inspiration, idée, boutons] to come; **mon nouveau roman commence à ~** my new novel is coming along (nicely); **la prudence vient avec l'âge** one gets more wary as one gets older; **prendre la vie comme elle vient** OU **les choses comme elles viennent** OU **les événements comme ils viennent** to take things in one's stride OU as they come, to take life as it comes; **~ à qqn: l'envie m'est soudain venue d'aller me baigner** I suddenly felt like going swimming OU fancied a swim; **une idée géniale m'était venue** a great idea had dawned on me; **le remords m'est venu peu à peu** remorse crept up on me; **les mots ne me viennent pas facilement en russe** my Russian isn't fluent, I'm not fluent in Russian; **les mots semblaient lui ~ si facilement!** her words seemed to flow so effortlessly!; **les mots ne me venaient pas** I was at a loss for words, I couldn't find the words; **les idées me viennent mais pas les mots** I've got ideas but I can't find words to express them; **des rougeurs me sont venues sur tout le corps** I came out in red blotches all over; **~ à l'esprit de qqn** OU **à l'idée de qqn** to come to OU to dawn on sb; **rien ne lui venait à l'esprit** OU **l'idée** her mind was a blank; **une solution m'est venue à l'esprit** a solution dawned on me. -**3.** [dans une chronologie, un ordre, une hiérarchie] to come; **le mois/l'année/la décennie qui vient** the coming month/year/decade; **le trimestre qui vient** next term; **~ après: fais tes devoirs, la télé viendra après** do your homework, we'll see about TV later on; **dans ce jeu, l'as vient après le valet** in this game, the ace comes after the jack. -**4.** [se développer] to come along OU up (well), to do well; **les rosiers viennent mieux dans un terrain glaiseux** rose bushes do better in a clayey soil; **les capucines ne sont pas bien venues** the nasturtiums didn't come up OU do well; **~ à fruit** to (go into) fruit; **~ à maturité** to reach maturity, to ripen. -**5.** IMPR & PHOT: **~ bien/mal: les verts viennent bien sur la photo** the green shades come out beautifully in the photograph.
◇ *v impers* -**1.** [se déplacer]: **il vient des amateurs de jazz des quatre coins de l'Europe** jazz lovers come from all over Europe; **il vient peu de touristes en hiver** few tourists come in winter. -**2.** **il me/te** *etc* **vient: il me vient une idée** I've got an idea; **il m'est venu à l'idée de faire** I suddenly thought of doing, it dawned on me to do; **il me vient à l'idée que nous pourrions l'interroger aussi** come to think of it, we could ask him as well; **soudain il m'est venu un doute** I suddenly wasn't so sure; **il m'est venu une envie de tout casser** I suddenly felt like smashing the place up. -**3.** [exprime un hasard]: **s'il venait à pleuvoir** should it (happen to) rain.

◆ **venir à** *v + prép* -**1.** [choisir] to come to; **elle est venue tard à la musique** she was a latecomer to music; **vous êtes venu tôt à la politique** you started your political career early. -**2.** **en ~ à** [thème, problème] to come OU to turn to; [conclusion] to come to, to reach; [décision] to come to; **venons-en aux statistiques** (now) let's turn to OU look at the figures; **en ~ au fait** OU **à l'essentiel** to come OU to go straight to the point; **j'en viens au détail croustillant!** I'm coming to the juicy bit!; **la discussion en était venue à la politique** the discussion had turned to politics; **je sais certaines choses... — où veux-tu en ~?** I know a thing or two... — what do you mean by that OU are you getting at OU are you driving at?; **pourquoi a-t-elle exigé cela? — je crois savoir où elle veut en ~** why did she make that particular demand? — I think I know what she's after; **en ~ aux mains** OU **coups** to come to blows; **en ~ à faire** [finir par] to come to; [en dernière extrémité] to resort OU to be reduced to; **ils en étaient venus à douter de son talent** they'd come to question her talent; **j'en viens à me demander si...** I'm beginning to wonder whether...; **j'en viendrais presque à souhaiter sa mort** I've reached the stage where I almost wish he were dead; **si j'en suis venu à voler, c'est que...** I resorted to stealing because...; **y ~** [dans une discussion]: **et l'argent? — j'y viens** what about the money? — I'm coming to that; **y ~** [s'y résoudre] to come round to it; **je ne prendrai jamais de médicaments — vous y viendrez** I'll never take any medicine — you'll come round to it; **je vais te casser la figure — viens-y un peu!** *fam* I'm going to smash your face in — come on then OU just you try!

◆ **venir de** *v + prép* -**1.** [être originaire de - suj: personne] to come from, to be from, to be a native of; [- suj: plante, fruit, animal] to come OU to be OU to originate from; **sa femme vient du Chili** his wife comes from OU is from Chile; **je boycotte tout ce qui vient de leur pays** I boycott everything that comes from OU is produced in their country; **la perle vient de la famille de mon père** the pearl has been passed down from my father's family; **une mode qui vient d'Espagne** a fashion which comes from OU originated in Spain; **le mot vient du latin** the word comes OU derives from Latin. -**2.** [provenir de - suj: marchandise] to originate from; [- suj: bruit, vent] to come from; **ces images nous viennent de Tokyo** these pictures come to you from Tokyo. -**3.** [être issu de] to come from; **les produits qui viennent du pétrole** oil-based products; **d'où vient la conscience?** where does consciousness spring from?; **les ordres viennent de beaucoup plus haut** the orders come from much higher up; **la suggestion doit ~ de toi, il l'acceptera mieux** he'll accept the suggestion more readily if it comes from you; **venant de lui, rien ne m'étonne** nothing he says or does can surprise me; **venant d'elle, c'est presque un compliment** coming from her it's almost a compliment. -**4.** [être dû à - suj: problème] to come OU to stem from, to lie in OU with; **le problème vient de la prise** it's the plug; **ça ne peut ~ que du carburateur** it can only be the carburettor; **quand il y a des problèmes au bureau, tu peux être sûr que ça vient d'elle** when there's trouble at the office, you can be sure she's had a hand in it; **il y a une grosse erreur dans la comptabilité – ça ne vient pas de moi** there's a big discrepancy in the books – it's got nothing to do with me; **c'est de là que vient le mal/problème** this is the root of the evil/problem; **de là vient son indifférence** hence her indifference, that's why she's indifferent; **de là vient que: les travaux sont finis, de là vient que tout est calme** the building work is over, hence the peace and quiet; **d'où vient que: je dois terminer pour demain, d'où vient que je n'ai pas de temps à vous consacrer** my deadline is tomorrow, that's why I can't give you any of my time; **d'où vient que...?** how is it that ...?

◆ **s'en venir** *vpi litt* to come; **un cavalier s'en venait** a rider was coming OU approaching.

◆ **à venir** *loc adj*: **dans les jours/semaines/mois à ~** in the days/weeks/months to come; **les années à ~** the coming years OU years to come; **les générations à ~** future OU coming generations; **mes amours à ~** my future loves.

Venise [vəniz] *npr* Venice.

vénitien, enne [venisjɛ̃, ɛn] *adj* Venetian.

◆ **Vénitien, enne** *nm, f* Venetian.

vent [vɑ̃] *nm* -**1.** MÉTÉO wind; **un ~ du nord/nord-est** a North/North-East wind; **le ~ souffle/tourne** the wind is blowing/changing; **le ~ tombe/se lève** the wind is dropping/rising; **il y a** OU **il fait du ~** it's windy OU breezy; **un ~ de panique a soufflé sur la foule** *fig* a ripple of panic ran through the crowd ❑ **~ de terre/mer** land/sea breeze; **plante de plein ~** outdoor plant; **il fait un ~ à décorner les bœufs** there is a fierce wind blowing, it's a blustery day. -**2.** NAUT & AÉRON: **au ~ (de)** to windward (of); **sous le ~ (de)** to leeward (of); **aller contre le ~** NAUT to head into the wind; AÉRON to go up the wind; **venir au ~** to turn into the wind ❑ **~ arrière** AÉRON tail wind; NAUT rear wind; **~ contraire** adverse wind; **~ debout** head wind; **avoir du ~ dans les voiles** *fam* to be tipsy, to be three sheets to the wind; **avoir le ~ en poupe** to be up-and-coming, to be going places; **du ~!** *fam* clear off!, get lost!; **bon ~!** good riddance!; **quel bon ~ vous amène?** to what do we owe the pleasure (of your visit)?; **faire qqch contre ~s et marées** to do sthg come hell or high water; **aller** OU **filer comme le ~** to fly OU to hurtle along; **(éparpillés) à tous les ~s** OU **à tout ~** (scattered) far and wide. -**3.** [courant d'air]: **du ~** [de l'air] some air, a breeze; [des paroles vaines] hot air; [des actes vains] empty posturing; **il lui a fait un peu de ~ avec son journal** he fanned her with his newspaper ❑ **~ coulis** draught; **faire du ~** *fig*: **elle fait beaucoup de ~** she just makes a lot of noise. -**4.** MÉD & PHYSIOL: **des ~s** wind *(U)*; **lâcher des ~s** to break wind. -**5.** CHASSE wind; **chasser au ~** to keep the wind ❑ **avoir ~ de qqch** to (get to) hear of sthg; **je n'ai pas eu ~ de la rumeur** the rumour didn't come my way; **elle a eu ~ de l'affaire** she heard about OU she got wind of the story. -**6.** [atmosphère]: **le ~ est à la révolte** there is unrest in the air; **prendre le ~** to test the water, to gauge the situation ❑ **sentir** OU **voir d'où vient le ~** to see which way the wind blows OU how the land lies; **sentir le ~ tourner** to feel the wind change, to realize that the tide is turning; **dans le ~** up-to-date. -**7.** ASTRON: **~ solaire** solar wind.

◆ **vents** *nmpl* MUS wind instruments; **les ~s jouent trop fort** the wind section is playing too loud.

◆ **en plein vent** ◇ *loc adj* [exposé] exposed (to the wind).

◇ *loc adv* [dehors] in the open (air).

◆ **coup de vent** *nm* -**1.** [rafale] gust of wind. -**2.** *loc*: **en coup de ~** in a flash OU a whirl; **entrer/partir en coup de ~** to rush in/off; **elle est passée par Lausanne en coup de ~** she paid a flying visit to Lausanne; **manger en coup de ~** to grab sthg to eat.

ventage [vɑ̃taʒ] *nm* winnowing.

ventail, aux [vɑ̃taj, o] *nm*, **ventaille** [vɑ̃taj] *nf* ventail.

vente [vɑ̃t] *nf* -**1.** [opération] sale; **technique de ~** selling technique; **la ~ ne s'est pas faite** the sale fell through; **autoriser/interdire la ~ de** to authorize/to prohibit the sale of; **'ici, ~ de tomates'** 'tomatoes on OU for sale here'; **retiré de la ~** withdrawn from sale ❑ **~ au détail/en gros/en demi-gros** [par le négociant] retail/wholesale/cash-and-carry selling; [profession] retail/wholesale/cash-and-carry trade; **~ à la cheville** wholesale butchery trade; **~ pour cause d'inventaire** stock-taking sale; **~ pour liquidation avant départ** closing-down sale; **~ à perte** dumping; **lettre/promesse de ~** sales letter/agreement. -**2.** [domaine d'activité] selling; **~ au comptant** cash selling; **~ par correspondance** mail order (selling); **~ à crédit** credit selling; **~ directe** direct selling; **~ à domicile** door-to-door selling; **~ à l'essai** sale on approval; **~ à tempérament** hire-purchase *Br* OU installment plan *Am* selling; **~ à terme** sale for settlement. -**3.** JUR: **~ (par adjudication) forcée/judiciaire** compulsory sale, sale by order of the court. -**4.** [réunion, braderie] sale; **~ à l'encan** OU **aux enchères** auction (sale); **~ à la criée** auction (sale) *(especially of fish or meat)*; **~ paroissiale/de charité** church/charity bazaar; **~ publique** public sale. -**5.** BOURSE: **à la ~: le dollar vaut 6 F à la ~** the selling rate for the US dollar is 6 F. -**6.** [part de bois] fellable stand; [arbres]: **asseoir les ~s** to mark trees *(before felling them)*; **jeunes ~s** saplings.

◆ **ventes** *nfpl* COMM selling, sales; **achats et ~s** buying and selling; **promotion des ~s** sales promotion campaign; **le responsable des ~s** the sales manager; **un pourcentage sur les ~s** a percentage on sales; **~s d'armes** arms sales.

◆ **en vente** *loc adj & adv* [à vendre] for sale; [disponible] available, on sale; **en ~ en pharmacie** on sale at OU available from the chemist's; **en ~ libre** sold without a prescription; **en ~ sur/sans ordonnance** obtainable on prescription/without a prescription; **mettre qqch en ~** [commercialiser qqch] to put sthg on the market; **mettre une maison en ~** to put a house up for sale.

venté, e [vɑ̃te] *adj* -**1.** [où le vent souffle] windswept, windy. -**2.** [exposé] windswept.

venter [3] [vɑ̃te] *v impers*: **il vente** it's windy, the wind is blowing.

venteux, euse [vɑ̃tø, øz] *adj* -**1.** [où le vent souffle] windswept, windy. -**2.** [à courants d'air] draughty.

ventilateur [vɑ̃tilatœr] *nm* -**1.** [pour rafraîchir] fan; **~ à pales/de plafond** blade/ceiling fan. -**2.** AUT [de radiateur] cooling fan; [de chauffage] heating fan.

ventilation [vɑ̃tilasjɔ̃] *nf* -**1.** [appareil] ventilation; **faire marcher la ~** to turn on the fan ‖ [aération] supply of (fresh) air. -**2.** MÉD & PHYSIOL ventilation; **~ assistée** respiratory assistance; **~ maxima** maximum breathing capacity. -**3.** [d'une comptabilité] breakdown; **la ~ des frais généraux** the breakdown of overheads. -**4.** [répartition] allocation, apportionment; **la ~ des revenus** the allocation of income OU allocating income.

ventiler [3] [vɑ̃tile] *vt* -**1.** [aérer] to air, to ventilate; **mal ventilé** stuffy, airless. -**2.** MÉD to ventilate, to give respiratory assistance to. -**3.** [diviser - données] to explode, to scatter; [- élèves, emplois] to distribute, to spread; **ils ont ventilé les postes sur trois régions différentes** they allocated posts in three differents areas. -**4.** FIN to break down *(sép)*.

ventôse [vɑ̃toz] *nm 6th month in the French Revolutionary calendar (from Feb 20th to Mar 21st)*.

ventouse [vɑ̃tuz] *nf* -**1.** [en caoutchouc] suction cup. -**2.** MÉD cup, cupping glass; **poser des ~s à qqn** to cup sb; **application de ~s** cupping ❑ **~ eutocique** suction extractor; **~ obstétricale** OU **suédoise** vacuum extractor. -**3.** ZOOL sucker. -**4.** [déboucheur] plunger; **faire ~** to adhere OU to hold fast (through suction). -**5.** CONSTR [pour l'aération] air valve, air-vent.

ventral, e, aux [vɑ̃tral, o] *adj* front *(modif)*, ventral *spéc*.

ventre [vɑ̃tr] *nm* -**1.** ANAT & ZOOL stomach; **être couché sur le ~** to be lying down OU flat on one's stomach; **mettez-vous sur le ~** [de la position debout] lie on your stomach; [de la position couchée] roll over onto your stomach; **il leur marcherait** OU **passerait sur le ~** *fig* he'd trample all over them; **avoir mal au ~** to have (a) stomachache; **avoir le ~ creux** OU **vide** to have an empty stomach; **avoir le ~ plein** to be full, to have a full stomach; **il ne pense qu'à son ~** all he ever thinks about is his stomach ❑ **il s'est sauvé ~ à terre** you couldn't see him for dust; **rentrer/partir ~ à terre** to get back/to go off on the double; **n'avoir rien dans le ~: je n'ai rien dans le ~ depuis trois jours** I haven't had anything to eat for three days, I've had to go hungry for the last three days; **il n'a rien dans le ~** *fig* he's got no guts; **elle a quelque chose dans le ~** *fig* she's got guts, she's got what it takes; **je voudrais bien savoir ce qu'elle a dans le ~** [de manière générale] I'd like to know what makes her tick; [sur un point précis] I'd like to know what she's up to; **lui, professeur? ça me ferait mal au ~!** *fam* a professor, him? like hell he is!; **~ affamé n'a point** OU **pas d'oreilles** *prov* there is no reasoning with a starving man. -**2.** [contenu - d'un appareil, d'un véhicule] innards. -**3.** [utérus] womb; **un bébé dans le ~ de sa mère** a baby in its mother's womb. -**4.** [renflement - d'un vase, d'un tonneau, d'un pot] bulge, belly; [- d'un bateau] bilge; [- d'un avion] belly. -**5.** CONSTR: **faire ~** to bulge (out), to jut out. -**6.** PHYS loop, antinode.

ventrée *fam* [vɑ̃tre] *nf*: **on s'est mis une ~ (de saucisses)** we stuffed ourselves (with sausages).

ventriculaire [vɑ̃trikylɛr] *adj* ventricular.

ventricule [vɑ̃trikyl] *nm* ventricle.

ventriculographie [vɑ̃trikylɔgrafi] *nf* ventriculography.

ventrière [vɑ̃trijɛr] *nf* -**1.** [sangle - ventrale] girth; [- de levage] sling. -**2.** CONSTR crosspiece, purlin. -**3.** NAUT bilge block.

ventriloque [vɑ̃trilɔk] *nmf* ventriloquist.

ventriloquie [vɑ̃trilɔki] *nf* ventriloquism.

ventripotent, e [vɑ̃tripɔtɑ̃, ɑ̃t] *adj* potbellied, rotund *euph*.

ventru, e [vɑ̃try] *adj* -**1.** [personne] potbellied, paunchy. -**2.** [potiche] potbellied.

venu, e [vəny] *adj* -**1. bien ~** [enfant, plante, animal] strong, sturdy, robust; [conseil, remarque] timely, apposite; [attitude] appropriate; [roman] mature; **mal ~** [enfant, animal] sickly; [plante] stunted; [remarque, attitude] uncalled for, unwarranted, ill-advised; [conseil] untimely, unwelcome. -**2. être bien ~ de** [être bien inspiré de]: **tu serais bien ~ de t'excuser** you'd be well-advised to apologize, it would be a good idea for you to apologize; **être mal ~ de** [n'être pas qualifié pour]: **tu serais mal ~ de te plaindre!** you're hardly in a position to complain!; **il serait mal ~ de la critiquer** it wouldn't be appropriate to criticize her.

◆ **venue** *nf* -**1.** [arrivée] arrival; **la ~e de ma sœur** my sister's arrival. -**2.** [apparition] approach; **la ~e du printemps** the approach of spring. -**3.** [naissance] birth; **la ~e (au monde) d'un enfant** the arrival OU birth of a child.

-**4.** TECH: ~e d'eau/de gaz water/gas inrush. -**5.** *loc*: d'une belle ~e *litt* well-grown, sturdy-lush; d'une seule ~e, tout d'une ~e *litt* grown all in one spurt.

vénus [venys] *nf* ZOOL venus-shell; les ~ the veneridae.

Vénus [venys] ◇ *npr* Venus.
◇ *nf* [belle femme] Venus; ce n'est pas une ~ she's no (great) beauty.

vénusien, enne [venyzjɛ̃, ɛn] *adj* & *nm, f* Venusian.

vêpres [vɛpr] *nfpl* vespers; aller aux ~ to go to vespers; sonner les ~ to ring the bell for vespers.

ver [vɛr] *nm* [gén] worm; [de viande, de fromage, de fruit] maggot; avoir des ~s MÉD to have worms; il y a des ~s dans la viande/le fromage the meat/cheese is maggotty; cette pomme est pleine de ~s worms have been at this apple; meuble mangé aux OU rongé aux OU piqué des ~s worm-eaten piece of furniture ❑ ~ blanc grub; ~ à bois woodworm; ~ luisant glowworm; ~ à soie silkworm; ~ solitaire tapeworm; ~ de terre earthworm; tirer les ~s du nez à qqn *fam* to worm sthg out of sb; pas moyen de lui tirer les ~s du nez he won't give anything away; j'ai fini par lui tirer les ~s du nez I finally got the truth out of him; le ~ est dans le fruit the rot's set in.

véracité [verasite] *nf* -**1.** *litt* [habitude de dire vrai] veracity, truthfulness. -**2.** [authenticité] truth; la ~ de ce témoignage est évidente this statement is obviously true; une histoire dont la ~ n'est pas garantie an unauthenticated story.

véranda [verɑ̃da] *nf* -**1.** [galerie] veranda, verandah, porch *Am*. -**2.** [pièce] conservatory.

verbal, e, aux [vɛrbal, o] *adj* -**1.** [dit de vive voix] verbal; il y a eu un contrat ~ a verbal contract was established. -**2.** [s'exprimant par les mots]: violence ~e angry words; c'est un merveilleux délire ~ it's a wonderful feast of words; elle est en plein délire ~ *péj* she can't stop talking ❑ diarrhée ~e verbal diarrhoea. -**3.** LING [adjectif, système] verbal; [phrase, forme, groupe] verb *(modif)*.

verbalement [vɛrbalmɑ̃] *adv* verbally, orally.

verbalisateur [vɛrbalizatœr] *adj m*: agent ~ policeman *(in charge of reporting petty offences)*.

verbalisation [vɛrbalizasjɔ̃] *nf* -**1.** [amendes] reporting petty offences. -**2.** PSYCH verbalization, verbalizing.

verbaliser [3] [vɛrbalize] ◇ *vi* to report an offender; je suis obligé de ~ I'll have to report you.
◇ *vt* to express verbally, to put into words, to verbalize.

verbalisme [vɛrbalism] *nm* verbalism.

verbe [vɛrb] *nm* -**1.** GRAMM verb; ~ à particule phrasal verb. -**2.** [ton de voix]: avoir le ~ haut to lord it *Br*, to take a haughty tone; il n'a plus le ~ si haut depuis que sa protectrice est partie now that his protector's gone, he's had to quieten down. -**3.** *litt* [expression de la pensée] words, language. -**4.** BIBLE: le Verbe the Word; le Verbe fait chair the Word made flesh.

verbeux, euse [vɛrbø, øz] *adj* verbose, wordy, long-winded.

verbiage [vɛrbjaʒ] *nm* verbiage.

verbosité [vɛrbozite] *nf* verbosity, wordiness.

verdâtre [vɛrdatr] *adj* greenish, greeny.

verdelet, ette [vɛrdəlɛ, ɛt] *adj* [vin] slightly acid OU tart.

verdeur [vɛrdœr] *nf* -**1.** [vigueur] vitality, vigour. -**2.** [crudité] raciness, boldness, sauciness. -**3.** [acidité - d'un vin, d'un fruit] slight tartness OU acidity.

verdict [vɛrdikt] *nm* -**1.** JUR verdict; rendre son ~ to pass sentence, to return a verdict; le juge a rendu un ~ sévère the judge brought in a stiff sentence; rendre un ~ de culpabilité/d'acquittement to return a verdict of guilty/not guilty; quel est votre ~? how do you find? -**2.** [opinion] verdict, pronouncement; le ~ du médecin n'était pas très encourageant the doctor's prognosis wasn't very hopeful; seul compte le ~ du consommateur the only thing that matters is the verdict of the consumer.

verdier [vɛrdje] *nm* greenfinch.

verdir [32] [vɛrdir] ◇ *vi* -**1.** [devenir vert] to turn green. -**2.** [de peur] to blench; elle a verdi en apprenant la nouvelle the blood drained out of her face when she heard the news. -**3.** [plante, arbre] to have green shoots.
◇ *vt* to add green OU a green tinge to.

verdissant, e [vɛrdisɑ̃, ɑ̃t] *adj*: les cerisiers ~s the cherry trees covered in green shoots.

verdissement [vɛrdismɑ̃] *nm* turning green.

verdoiement [vɛrdwamɑ̃] *nm* greenness; le ~ des arbres dans le lointain the green hue of trees in the distance.

verdoyant, e [vɛrdwajɑ̃, ɑ̃t] *adj* -**1.** [vert] verdant *poét*, green. -**2.** [vivace] lush; les champs ~s the lush pastures.

verdoyer [13] [vɛrdwaje] *vi* to be green OU verdant *litt*.

Verdun [vɛrdœ̃] *npr* Verdun; la bataille de ~ the Battle of Verdun.

VERDUN:
A strategic town of great importance in French history: it saw the signing of the treaty in 843 establishing the existence of what is now France, two occupations by Prussian forces, in 1792 and 1870, and Pétain's ten-month resistance to the German siege of 1916, a hard-won victory involving enormous loss of life which etched itself deeply into the memory of the French people.

---

verdunisation [vɛrdynizasjɔ̃] *nf* chlorination *(of drinking water)*.

verduniser [3] [vɛrdynize] *vt* to chlorinate.

verdure [vɛrdyr] *nf* -**1.** [couleur] verdure *litt*, greenness. -**2.** [végétation] greenery, verdure *litt*; [dans un bouquet] greenery, (green) foliage. -**3.** CULIN salad; je vous le sers avec un peu de ~? shall I serve it with some salad?
◆ **de verdure** *loc adj* [tapisserie] verdure *(modif)*; [théâtre] open-air.

vérétille [veretij] *nm* veretillum.

véreux, euse [verø, øz] *adj* -**1.** [plein de vers - fruit, viande] wormy, maggoty. -**2.** [malhonnête - affaire, avocat, architecte, policier] dubious, shady.

verge [vɛrʒ] *nf* -**1.** [barre] rod; ~ du balancier d'une horloge pendulum rod. -**2.** [insigne] rod, wand, staff. -**3.** ANAT penis. -**4.** [mesure] yard; ~ d'arpenteur measuring stick || *Can* yard. -**5.** NAUT: ~ de l'ancre anchor shank. -**6.** ACOUST bar. -**7.** BOT: ~ d'or goldenrod.
◆ **verges** *nfpl vieilli*: donner les ~s à qqn to birch sb; donner des ~s à qqn pour se faire fouetter to give sb a stick to beat one with.

vergé, e [vɛrʒe] *adj* -**1.** TEXT ribbed, corded. -**2.** [papier] laid.

vergence [vɛrʒɑ̃s] *nf* vergence.

vergeoise [vɛrʒwaz] *nf* brown sugar.

verger [vɛrʒe] *nm* (fruit) orchard.

vergeté, e [vɛrʒəte] *adj* -**1.** [peau, cuisse] stretch-marked. -**2.** HÉRALD paly.
◆ **vergeté** *nm* paly escutcheon.

vergetures [vɛrʒətyr] *nfpl* stretchmarks.

verglacé, e [vɛrglase] *adj*: route ~e road covered in black ice, icy road; attention, les routes sont ~es careful, there's black ice on the roads OU the roads are icy.

verglacer [16] [vɛrglase] *v impers*: il verglace it's icing over.

verglas [vɛrgla] *nm* black ice *Br*, glare ice *Am*; 'danger ~' 'black ice'; il y a du ~ dans l'allée the drive is iced over; plaques de ~ patches of black ice, icy patches.

vergogne [vɛrgɔɲ]
◆ **sans vergogne** *loc adv* shamelessly; mentir sans ~ to lie shamelessly OU without compunction.

vergue [vɛrg] *nf* yard NAUT; ~ de misaine foreyard; grande ~ main yard.

véridicité [veridisite] *nf litt* veracity, accuracy.

véridique [veridik] *adj* -**1.** *litt* [sincère - témoin] truthful, veracious. -**2.** [conforme à la vérité] genuine, true; c'est une histoire absolument ~ it's a true story; tout cela est parfaitement ~ there's not a word of a lie in all this; elle les a renvoyés, ~! *fam* she fired them, it's true! -**3.** [qui ne trompe pas] genuine, authentic.

véridiquement [veridikmɑ̃] *adv* veraciously, truthfully.

vérif *fam* [verif] *nf abr de* **vérification**.

vérifiable [verifjabl] *adj*: son témoignage n'est pas ~ there's no way of checking OU verifying his testimony; votre hypothèse n'est pas ~ your hypothesis can't be tested.

vérificateur, trice [verifikatœr, tris] ◇ *adj* testing, checking; instrument ~ testing instrument; mesure vérificatrice checking measurement.
◇ *nm, f* inspector, controller; ~ des comptes auditor; ~ des poids et mesures weights and measures inspector *Br*, sealer *Am*.
◆ **vérificateur** *nm* [contrôleur - de courant, de réseau] tester; [- de l'altimètre, de filetage] gauge.
◆ **vérificatrice** *nf* [personne] verifier operator; [machine] verifier; vérificatrice de bande tape verifier; vérificatrice de cartes card verifier, verifying punch, key-verifier.

vérificatif, ive [verifikatif, iv] *adj* verificatory; faire une étude vérificative to carry out a check.

vérification [verifikasjɔ̃] *nf* -**1.** [d'identité] check; [d'un témoignage, d'un déplacement] check, verification; [d'un dossier] examination, scrutiny; ~ faite auprès du percepteur having checked with the tax office. -**2.** [d'une hypothèse, d'une preuve] checking, verification; faire la ~ d'une hypothèse to test a hypothesis. -**3.** FIN checking; ~ des comptes audit. -**4.** TECH test, check. -**5.** INF check, control.

vérifier [9] [verifje] *vt* -**1.** [examiner - mécanisme] to check, to verify; [- dossier] to check, to go through; ~ que la quantité indiquée est la même sur les deux recettes check that the amount shown is the same in both recipes || *(en usage abs)*: ~ plutôt deux fois qu'une to check and double-check. -**2.** [preuve, témoignage] to check; vérifie son adresse check that his address is correct, check his address; ~ que OU si... to check OU to make sure that, to check whether...; je vais ~ que OU si ce que vous dites est vrai I'll make sure that you're telling the truth. -**3.** [confirmer] to confirm, to bear out *(sép)*; la chute du dollar a vérifié nos prévisions the drop in the dollar bore out our predictions. -**4.** MATH: ~ un calcul par total de contrôle to check a sum.
◆ **se vérifier** *vpi* [craintes, supposition] to be borne out OU confirmed.

vérifieur, euse [verifjœr, øz] *nm, f* verifier operator.

vérin [verɛ̃] *nm* jack; ~ à air comprimé thrustor; ~ à châssis tripod jack; ~ de fermeture closing thrustor OU cylinder; ~ hydraulique hydraulic jack; ~ de réglage de plinthe levelling screw; ~ à vis screw jack.

véritable [veritabl] *adj* -**1.** [d'origine] real, true; son ~ nom est inconnu nobody knows her real OU true name. -**2.** [authentique - or] real, genuine; [- amitié, sentiment] true; c'est de la soie ~ it's real silk; du ~ sirop d'érable genuine maple syrup. -**3.** *(avant le n)* [absolu] real; une ~ idée de génie a really brilliant idea; un ~ cauchemar a real nightmare; une ~ montagne de papiers a veritable mountain of papers; une ~ ordure▽ a real bastard.

véritablement [veritabləmɑ̃] *adv* -**1.** [réellement] genuinely; il est ~ malade he's genuinely ill. -**2.** [exactement] really, exactly; ce n'est pas ~ ce que j'avais prévu it's not exactly OU quite what I expected. -**3.** [en intensif] truly, really, absolutely; je suis ~ désolé de ne pas vous avoir trouvé chez vous I'm very sorry indeed (that) I didn't find you at home.

vérité [verite] *nf* -**1.** [ce qui est réel ou exprimé comme réel]: la ~ the truth; la ~ pure et

simple the plain unvarnished truth; **c'est la ~ vraie!** *fam* it's true, honest it is; **s'écarter de la ~ historique** to take liberties with history; **je sais que c'est la ~** I know it for a fact; **la ~, c'est que ça m'est égal** actually OU the truth is OU in fact I don't care; **je finirai bien par savoir la ~** I'll get at the truth eventually; **dis-moi la ~** tell me the truth; **être loin de la ~** to be wide of the mark; **12 millions? vous n'êtes pas loin de la ~** 12 million? you're not far from the truth ❑ **la ~ toute nue** the plain OU naked truth; **la ~ n'est pas toujours bonne à dire, toute ~ n'est pas bonne à dire** the truth is sometimes better left unsaid; **il n'y a que la ~ qui blesse** nothing hurts like the truth; **prends ça pour toi si tu veux, il n'y a que la ~ qui blesse!** if the cap *Br* OU shoe *Am* fits, wear it!; **la ~ sort de la bouche des enfants** *prov* out of the mouths of babes and sucklings (comes forth the truth) *prov*; **~ en-deçà des Pyrénées, erreur au-delà** *allusion Pascal* what is considered true in one country may be thought of as false in the next. -**2.** [chose vraie]: **une ~** a true fact; **dire à qqn ses (quatre) ~s** to tell sb a few home truths. -**3.** [principe] truth; **une ~ première** a basic truth; **les ~s éternelles** undying truths, eternal verities *litt*; **les ~s essentielles** fundamental truths. -**4.** [ressemblance] verisimilitude. -**5.** [sincérité] truthfulness, candidness; **son récit avait un accent de ~** her story rang true.

◆ **à la vérité, en vérité** *loc adv* to tell the truth.

verjus [vɛrʒy] *nm* -**1.** [suc] verjuice. -**2.** [vin] sour wine.

verlan [vɛrlɑ̃] *nm* ≃ backslang.

VERLAN:
This form of slang, popular among young people, involves inverting the syllables of words. The term "verlan" is the word "l'envers" pronounced back to front. Well-known examples of verlan are "ripou" ("pourri", used to refer to corrupt policemen), "laisse béton!" ("laisse tomber!"- forget it!), and "meuf" ("femme"). The term "Beur" comes from the "verlan" version of the word "Arabe".

vermeil, eille [vɛrmɛj] *adj* [rouge - pétale, tenture] vermilion; [- teint, joue] ruddy, rosy; [- lèvres] rosy.

◆ **vermeil** *nm* vermeil, gilded silver.

vermicelle [vɛrmisɛl] *nm*: **~, ~s** vermicelli; **~s chinois** Chinese noodles.

vermicide [vɛrmisid] ◇ *adj* vermicidal.

◇ *nm* vermicide.

vermiculaire [vɛrmikylɛr] *adj* -**1.** [en forme de ver] wormlike, vermicular. -**2.** ANAT: **appendice ~** vermiform appendix; **mouvement ~** vermiculation.

vermiculé, e [vɛrmikyle] *adj* vermiculate.

vermiculure [vɛrmikylyr] *nf* vermiculation.

vermiforme [vɛrmifɔrm] *adj* wormlike, vermiform.

vermifuge [vɛrmifyʒ] *adj & nm* vermifuge, anthelmintic *spéc.*

vermille [vɛrmij] *nf* ground line *(for eel fishing).*

vermillon [vɛrmijɔ̃] ◇ *adj inv* vermilion, bright red.

◇ *nm* -**1.** [cinabre] vermilion, cinnabar. -**2.** [couleur] vermilion.

vermine [vɛrmin] *nf* -**1.** [parasite] vermin. -**2.** *fig & péj*: **ces gens-là, c'est de la ~** those people are vermin.

vermineux, euse [vɛrminø, øz] *adj* verminous.

vermis [vɛrmi] *nm* vermis (cerebelli).

vermisseau, x [vɛrmiso] *nm* small worm.

vermivore [vɛrmivɔr] *adj* worm-eating, vermivorous *spéc.*

Vermont [vɛrmɔ̃] *npr m*: **le ~** Vermont.

vermouler [3] [vɛrmule]

◆ **se vermouler** *vpi* to get woodworm.

vermoulu, e [vɛrmuly] *adj* -**1.** [piqué des vers] worm-eaten; **la plupart des poutres sont ~es** most of the beams are worm-eaten, there's woodworm in most of the beams. -**2.** *fig* [vieux] antiquated, age-old; **des institutions ~es** antiquated institutions.

vermoulure [vɛrmulyr] *nf* -**1.** [trou] wormhole. -**2.** [poussière] woodworm dust.

vermouth [vɛrmut] *nm* vermouth.

vernaculaire [vɛrnakylɛr] *adj* vernacular; **la langue ~** the vernacular; **nom ~** vernacular OU common name.

verni, e [vɛrni] ◇ *adj* -**1.** [meuble, ongle] varnished; [brique, poterie] enamelled, glazed; **des souliers ~s** patent leather shoes. -**2.** [brillant] glossy, shiny. -**3.** *fam* [chanceux] lucky; **tu es encore malade, tu n'es vraiment pas ~** you're sick again, you poor thing.

◇ *nm, f fam* lucky thing.

◆ **verni** *nm* patent leather.

vernir [32] [vɛrnir] *vt* -**1.** [enduire - bois, tableau, ongle] to varnish; [- céramique] to enamel, to glaze; **~ au tampon** to French-polish. -**2.** *litt* [faire luire]: **le soleil vernissait les feuilles** the sun gave a glossy shine to the leaves.

vernis [vɛrni] *nm* -**1.** [enduit - sur bois] varnish; [- sur métal] polish; **~ à l'asphalte** asphalt varnish, black japan; [- sur céramique] enamel; **~ au plomb** lead glazing. -**2.** ÉLECTR: **~ conducteur** conductive lacquer OU varnish; **~ isolant** isolac, enamel. -**3.** [cosmétique]: **~ à ongles** nail polish. -**4.** BX-ARTS: **~ à l'huile** oil varnish; **~ gras** long-oil varnish; **~ maigre** short-oil varnish. -**5.** BOT varnish OU lacquer tree. -**6.** *péj* [savoir]: **avoir un ~ de** to have a smattering of.

vernissage [vɛrnisaʒ] *nm* -**1.** [d'un tableau, d'un meuble] varnishing; [d'une céramique] glazing; [du métal] enamelling; **~ électrophorétique** immersion electrophoretic enamelling, electrodipcoat. -**2.** [d'une exposition] private viewing; **aller à un ~** to go to a private viewing.

vernissé, e [vɛrnise] *adj* -**1.** [céramique, tuile] glazed. -**2.** [luisant - feuilles] glossy.

vernisser [3] [vɛrnise] *vt* to glaze, to enamel.

vernisseur, euse [vɛrnisœr, øz] *nm, f* [de carrosserie] body painter; [à la laque] lacquerer; [de meuble] furniture varnisher; [au pistolet] spray painter.

vérole [verɔl] *nf* -**1.** *fam* [syphilis] pox; **avoir la ~** to have the pox ❑ **ils se sont jetés sur le buffet comme la ~ sur le bas clergé** they descended on the buffet as if they hadn't eaten for a week. -**2.** [variole]: **petite ~** smallpox.

vérolé, e *fam* [verɔle] *adj* poxy.

Vérone [verɔn] *npr* Verona.

Véronèse [verɔnɛz] *npr* Veronese.

véronique [verɔnik] *nf* -**1.** BOT speedwell, veronica *spéc.* -**2.** [passe de tauromachie] veronica.

verrat [vera] *nm* breeding boar.

verre [vɛr] *nm* -**1.** [matériau] glass; **~ antiballes** bulletproof glass; **~ armé** wire glass; **~ cathédrale** cathedral glass; **~ dépoli** frosted OU ground glass; **~ double** plate glass; **~ filé** spun glass; **~ incassable** shatterproof glass; **~ moulé** pressed glass; **~ neutre** neutral glass; **~ optique** optical glass; **~ organique** organic glass; **~ pilé** spun glass; **~ soluble** water glass; **~ trempé** tempered OU toughened glass; **~ à vitre** window glass. -**2.** [protection] glass; **~ de lampe** lamp glass; **~ de montre** watch glass. -**3.** [récipient] glass; **~ ballon** round wine glass; **~ à dents** tooth glass; **~ à eau** [droit] tumbler; **~ gradué** [en chimie] graduated vessel; [pour la cuisine] measuring glass; **~ à moutarde** mustard jar *(that can be used as a glass when empty)*; **~ à pied** stemmed glass; **~ à vin** wineglass. -**4.** [contenu]: **boire un ~** to have a drink; **je bois OU prends juste un petit ~** I'll just have a quick one; **~ de** glass of, glassful of; **mettez un ~ de vin rouge** add a glass of red wine; **il but OU vida deux grands ~s d'eau pour étancher sa soif** he drank OU downed two glasses of water to quench his thirst ❑ **avoir un ~ dans le nez** *fam* to have had one too many. -**5.** GÉOL: **~ volcanique** volcanic glass.

◆ **verres** *nmpl* -**1.** OPT glasses; **elle a besoin de ses ~s pour lire** she needs her glasses to read ❑ **~s de contact** contact lenses; **~s correcteurs** correcting lenses. -**2.** [bouteilles] empties; **'ici on reprend les ~s vides'** 'collection of empties'.

◆ **de verre** *loc adj* glass *(modif)*; **objets de ~** glassware *(U).*

◆ **en verre** *loc adj* [bibelot] glass *(modif)*; **ce n'est pas en ~** it won't break; **n'aie pas peur de sauter, tu n'es pas en ~!** jump, you won't break!

◆ **sous verre** ◇ *loc adj* [photo, fleurs] glass-framed; **une photo sous ~** a glass-mounted photograph.

◇ *loc adv*: **mettre qqch sous ~** to put sthg in a clip frame.

verré, e [vɛre] *adj* coated with powdered glass.

verrée [vɛre] *nf Helv* reception.

verrerie [vɛrri] *nf* -**1.** [usine] glassworks. -**2.** [technique] glasswork, glassmaking. -**3.** [objets] glassware. -**4.** [industrie] glass trade.

verrier, ère [vɛrje, ɛr] *adj* glass *(modif).*

◆ **verrier** *nm* -**1.** [souffleur de verre] glassblower. -**2.** [artisan - en verrerie] glassmaker; [- en vitraux] stained-glass maker OU artist.

◆ **verrière** *nf* -**1.** [toit] glass roof. -**2.** [baie - à hauteur de plafond] glass wall OU partition; [- à mi-hauteur] glass screen. -**3.** [vitrail] stained-glass window. -**4.** AÉRON canopy.

verroterie [vɛrɔtri] *nf* [bibelots] glass trinkets; [bijoux] glass jewels; [perles] glass beads.

verrou [vɛru] *nm* -**1.** [fermeture] bolt; **mettre OU pousser les ~s** to slide the bolts home, to bolt the door; **on ne peut pas entrer, elle a mis le ~** we can't get in, she's bolted the door; **tirer le ~** to unbolt the door ❑ **~ de sûreté** safety latch, night bolt. -**2.** RAIL lock; **~ d'aiguille** facing point lock; **~ d'enclenchement** track slide bar. -**3.** GÉOL glacial cross cliff. -**4.** ARM breechblock, bolt. -**5.** MIL blockade. -**6.** SPORT: **jeu de ~** defensive game *(in football).*

◆ **sous les verrous** *loc adv*: **être sous les ~s** to be behind bars; **mettre qqn sous les ~s** to put sb behind bars; **on va te mettre sous les ~s pour un bon bout de temps** *fam* they're going to put you away for a long stretch.

verrouillage [veruja3] *nm* -**1.** [d'une porte] locking, bolting; [d'une portière] locking; **~ automatique** central locking; **~ de sécurité enfants** childproof lock. -**2.** ARM bolting. -**3.** MIL blockade. -**4.** AÉRON: **~ du train d'atterrissage** [procédé] up-and-down locking; [dispositif] up-and-down lock. -**5.** RAIL: **~ électrique** electric interlocking. -**6.** ÉLECTRON [procédé] clamping; [dispositif] clamping device. -**7.** INF [du clavier] locking; [de l'accès] lockout.

verrouiller [3] [vɛruje] *vt* -**1.** [clore - porte] to lock, to bolt. -**2.** [empêcher l'accès de] to close off *(sép)*; **la police a verrouillé le quartier** the police have cordoned off OU closed off the area. -**3.** [enfermer - personne] to lock in *(sép)*. -**4.** INF [clavier] to lock. -**5.** MIL to blockade.

◆ **se verrouiller** *vp (emploi réfléchi)*: **se ~ (chez soi)** to shut OU to lock o.s. in.

verrouilleur [vɛrujœr] *nm* FTBL sweeper.

verrucosité [vɛrykozite] *nf* warty growth.

verrue [vɛry] *nf* wart; **~ plantaire** verruca, plantar wart.

verruqueux, euse [vɛrykø, øz] *adj* warty, verrucose *spéc.*

vers[1] [vɛr] ◇ *nm* LITTÉRAT -**1.** [genre] verse; **~ blancs** blank verse; **~ libres** free verse; **~ métriques/syllabiques/rythmiques** quantitative/syllabic/accentual-syllabic verse. -**2.** [unité] line; **le dernier ~ est faux OU boiteux** the last line doesn't tally; **les ~ obéissent à certaines règles** lines of verse OU verse lines follow a given pattern.

◇ *nmpl* [poème] (lines of) poetry, verse; **écrire OU faire des ~** to write poetry OU verse; **~ de circonstance** occasional verse; **des ~ de mirliton** doggerel.

◆ **en vers** ◇ *loc adj*: **conte/lettre en ~** tale told/letter written in verse.

◇ *loc adv*: **mettre qqch en ~** to put sthg into verse.

vers2 [vɛr] *prép* -**1.** [dans la direction de] to, towards; **il regarde ~ la mer** he's looking towards the sea; **ma chambre regarde ~ le nord** my bedroom looks OU faces north; **un kilomètre ~ le sud** one kilometer to the south; **~ la gauche** to the left; **en route ~ la Californie** on the way to California; **le village ~ lequel nous nous dirigions** the village we were heading for; **se précipiter ~ la sortie** to hurry towards OU to make for the exit; **'~ les quais'** 'to the trains'; **il s'est tourné ~ moi** *pr* he turned to OU towards me; [pour que je l'aide] he turned OU came to me; **~ une solution au problème du chômage** towards a solution to the problem of unemployment; **un pas ~ la paix** a step towards peace. -**2.** [indiquant l'approximation - dans le temps] around; [- dans l'espace] near; **~ midi** around midday; **~ la mi-juillet** around mid-July; **~ 1830** in about 1830; **il a neigé ~ six heures** it snowed at about OU around six o'clock; **~ la fin du siècle** at the turn of the century; **~ les années 30** in the 30s or thereabouts; **l'accident a eu lieu ~ Ambérieu** the accident happened somewhere near Ambérieu; **~ les 1 800 mètres la végétation se raréfie** around 1,800 metres the vegetation becomes sparse; **on a trouvé des jonquilles ~ la rivière** we found some daffodils near the river.

◆ **vers où** *fam loc conj*: **~ où tu vas?** which way are you going?

versaillais, e [vɛrsajɛ, ɛz] *adj* -**1.** GÉOG from Versailles. -**2.** HIST: **l'armée ~e** the Versailles army *(loyal to the Thiers government in 1871)*.

◆ **Versaillais, e** *nm, f* -**1.** GÉOG *inhabitant of or person from Versailles.* -**2.** HIST soldier in the Versailles army *(loyal to the Thiers government in 1871)*; **les Versaillais** the loyalists.

Versailles [vɛrsaj] *npr* Versailles; **le château de ~** (the Palace of) Versailles.

VERSAILLES:

France's greatest palace, by Le Vau and Mansart, with gardens by Le Nôtre. Built at enormous cost by Louis XIV and added to in the 18th century, it was the home of the French court until the Revolution. Numerous treaties were signed there, including that of 1919 marking the end of the First World War.

---

versant [vɛrsɑ̃] *nm* -**1.** GÉOG [côté - d'une montagne, d'une vallée] side, slope; **un ~ abrupt** a steep slope OU hillside; **le ~ suisse du Jura** the Swiss side of the Jura. -**2.** [aspect - d'une position, d'un argument] side, aspect; **notre politique a deux ~s** there are two sides OU aspects to our policy.

versatile [vɛrsatil] *adj* fickle.

versatilité [vɛrsatilite] *nf* fickleness.

verse [vɛrs] *nf* -**1.** AGR lodging, laying. -**2.** MIN [tas] slag heap; [déversement] dumping.

◆ **à verse** *loc adv*: **il pleut ~** it's pouring (with rain), it's pouring down.

versé, e [vɛrse] *adj sout* versed; **être très/peu ~ dans la politique** to be well-versed/not particularly well-versed in politics; **être ~/peu ~ dans l'art contemporain** to be conversant with/ignorant of contemporary art.

Verseau [vɛrso] *nm* -**1.** ASTRON Aquarius. -**2.** ASTROL Aquarius; **elle est ~** she's Aquarius OU an Aquarian.

versement [vɛrsəmɑ̃] *nm* -**1.** [paiement] payment; **~s compensatoires** compensatory payments, compensation *(U)*. -**2.** [paiement partiel] instalment; **effectuer un ~** to pay an instalment; **un premier ~** a down payment. -**3.** [dépôt] deposit; **effectuer OU faire un ~ à la banque** to pay money into a bank account; **quand avez-vous fait le ~?** when did you pay the money in?; **~ en espèces** cash deposit.

verser [3] [vɛrse] ◇ *vt* -**1.** [répandre - sang, larmes] to shed; **~ des larmes OU pleurs** to cry; **sans qu'une goutte de sang n'ait été versée** without any bloodshed. -**2.** [servir - liquide] to pour out *(sép)*; **verse-lui en un peu plus** pour him a bit more, help him to a bit more. -**3.** [faire basculer - sable, gravier, chargement] to tip; **verse la farine dedans** pour the flour in; **verse le trop-plein dans le seau** tip OU pour the overflow out into the bucket. -**4.** [coucher à terre - céréales] to lay OU to beat down. -**5.** [affecter] to assign, to transfer; **elle vient d'être versée à la comptabilité** she's just been assigned to accounts. -**6.** [payer] to pay; **combien faut-il ~?** how much should one pay?; **~ de l'argent sur un compte** to put money into an account; **on vous versera une retraite** you will receive a pension. -**7.** [apporter] to add, to append; **~ une pièce au dossier** *pr* to add a new item to the file; *fig* to bring further information to bear on the case.

◇ *vi* to spill, to overturn; **la charrette a versé** the cart tipped over OU overturned.

◆ **verser dans** *v + prép*: **nous versons dans le mélodrame** this is becoming melodramatic; **~ dans le ridicule** [personne, film] to become ridiculous.

verset [vɛrsɛ] *nm* -**1.** [d'un livre sacré, d'un poème] verse; **'les Versets sataniques'** *Rushdie* 'The Satanic Verses'. -**2.** RELIG versicle.

verseur [vɛrsœr] *adj m*: **bec ~** [d'une théière] spout; [d'une casserole, d'une tasse] lip; **camion ~** dump truck.

verseuse [vɛrsøz] *nf* coffeepot.

versicolore [vɛrsikɔlɔr] *adj* -**1.** [de couleur changeante] versicoloured. -**2.** [multicolore] variegated, many-coloured.

versificateur [vɛrsifikatœr] *nm péj* versifier, poetaster *péj*, rhymester *péj*.

versification [vɛrsifikasjɔ̃] *nf* versification, versifying.

versifier [9] [vɛrsifje] ◇ *vt* to versify, to turn into verse, to write in verse.

◇ *vi* -**1.** [faire des vers] to versify, to write OU to compose verse. -**2.** *péj* to versify.

version [vɛrsjɔ̃] *nf* -**1.** SCOL & UNIV translation *(from a foreign language into one's mother tongue)*; **~ anglaise** [pour un Français] translation from English into French; **~ latine** translation from Latin. -**2.** [variante - d'un logiciel, d'une œuvre] version; [- d'une automobile] model, version; **la ~ cinématographique du livre** the film version of the novel ❑ **en ~ originale** with subtitles; **en ~ française** dubbed in French. -**3.** [interprétation] version; **voici ma ~ des faits** this is my version of the facts, this is how I see what happened; **c'est la ~ officielle des faits** that's the official version of what happened. -**4.** MÉD version, turning.

verso [vɛrso] *nm* -**1.** [envers] verso, other side; **je n'ai pas lu le ~** I haven't read the back of the page. -**2.** INF back.

◆ **au verso** *loc adv*: **voir au ~** see overleaf; **la suite au ~** continued overleaf.

versoir [vɛrswar] *nm* mouldboard.

verste [vɛrst] *nf* verst.

vert, e [vɛr, vɛrt] *adj* -**1.** [couleur] green; **~ de: ~ de rage** livid; **être ~ de peur** to be white with fear; **café ~** green coffee; **légumes ~s** [crus] green vegetables; [cuits] greens. -**2.** [vin] tart, acid; [fruit] green, unripe; *fig* [débutant, apprenti] inexperienced; **ils sont trop ~s** *allusion La Fontaine* it's a case of sour grapes. -**3.** [bois] green. -**4.** [à préparer]: **cuir ~** untanned leather; **morue ~e** undried salt cod. -**5.** [vigoureux] sprightly. -**6.** [agricole, rural] green, agricultural, rural; **l'Europe ~e** farming within the EC; **la livre ~e** the green pound; **classe ~e** *class held in a rural area for city-dwelling pupils*; **faire de la moto ~e** to go cross-country motorcycling; **station ~e** rural tourist centre. -**7.** [écologiste] green; **les candidats ~s** the green candidates. -**8.** [osé] risqué, raunchy; **la langue ~e** slang; **avoir un langage ~** to be rather bold in one's language ❑ **en dire/en avoir entendu des ~es et des pas mûres** to tell/to have heard some pretty raunchy jokes; **en avoir vu des ~es et des pas mûres** to have been through a lot; **il lui en a fait voir des ~es et des pas mûres!** he's really put her through it! -**9.** *(avant n)* [violent]: **une ~e semonce** a good dressing-down.

◆ **vert** *nm* -**1.** [couleur] green; **peint OU teint en ~** painted OU tinted green; **tu t'es mis du ~ sur ton pantalon** [en t'asseyant dans l'herbe] you've got a grass stain on your trousers ❑ **~ bouteille** bottle green; **~ d'eau** sea green; **~ Nil** Nile green; **~ pomme** apple green. -**2.** TRANSP green light; **passer au ~: les voitures doivent passer au ~** motorists must wait for the light to turn green; **le feu est passé au ~** the lights have turned (to) green. -**3.** *loc*: **mettre un cheval au ~** to turn a horse out to grass; **mettre qqn au ~** *fam* to retire sb, to put sb out to grass; **se mettre au ~** to go to the countryside.

◆ **Verts** *nmpl*: **les Verts** SPORT *the Saint-Étienne football team*; POL *the Green Party.*

vert-de-gris [vɛrdəgri] *nm inv* verdigris; **les ~** *German soldiers during the Second World War.*

vert-de-grisé, e [vɛrdəgrize] *(mpl* **vert-de-grisés**, *fpl* **vert-de-grisées**) *adj* verdigrised.

vertébral, e, aux [vɛrtebral, o] *adj* vertebral, spinal.

vertèbre [vɛrtɛbr] *nf* vertebra; **avoir une ~ déplacée** to have a slipped disc.

vertébré, e [vɛrtebre] *adj* vertebrate.

◆ **vertébré** *nm* vertebrate.

vertébrothérapie [vɛrtebrɔterapi] *nf* vertebrotherapy.

vertement [vɛrtəmɑ̃] *adv* harshly, sharply; **répondre ~** to retort sharply, to give a sharp answer; **se faire ~ recevoir** to get a frosty welcome; **se faire tancer ~** *litt* OU *hum* to get a good dressing-down.

vertical, e, aux [vɛrtikal, o] *adj* [droit - position, corps, arbre] vertical, upright; [- écriture, ligne] vertical.

◆ **vertical** *nm* vertical circle.

◆ **verticale** *nf* vertical line.

◆ **à la verticale** ◇ *loc adj* vertically; **un versant à la ~e** a sheer drop.

◇ *loc adv* vertically; **se mettre à la ~e** to stand vertically OU upright; **s'élever/descendre à la ~e** to rise/to descend vertically, to go vertically upwards/downwards.

verticalement [vɛrtikalmɑ̃] *adv* -**1.** [tout droit] vertically; **tomber/monter ~** to fall down/to come up in a straight line. -**2.** [dans les mots croisés] down.

verticalité [vɛrtikalite] *nf* [d'une ligne] verticality; [d'un mur] verticality, uprightness; [d'une falaise] sheerness.

vertige [vɛrtiʒ] *nm* -**1.** [peur du vide] vertigo; **avoir le ~** to suffer from vertigo; **il a facilement le ~** he has no head for heights. -**2.** [malaise] dizzy spell; **avoir un ~ OU des ~s** to feel dizzy OU faint; **elle a souvent des ~s** she often feels dizzy OU faint; **donner le ~ à qqn** to make sb's head swim; **cela me donne le ~** it's making my head swim, it's making me (feel) dizzy; **des sommes astronomiques qui donnent le ~** huge amounts of money that make one's head swim OU that don't bear thinking about. -**3.** [égarement] giddiness; [tentation]: **céder/résister au ~ de la spéculation** to give in to/to resist the temptations of speculation.

vertigineux, euse [vɛrtiʒinø, øz] *adj* -**1.** [effrayant - altitude] vertiginous, dizzy, giddy; [- vitesse] terrifying, breakneck *(avant n)*; **une baisse vertigineuse des cours** a breathtaking collapse on the stock exchange; **une hausse vertigineuse des prix** a staggering increase in prices; **des sommes vertigineuses** absurdly large sums of money. -**2.** MÉD vertiginous.

vertigo [vɛrtigo] *nm* (blind) staggers.

vertu [vɛrty] *nf* -**1.** *litt* [conduite morale] virtue, virtuousness, righteousness; **le chemin de la ~** the path of righteousness. -**2.** [qualité] virtue; **les ~s cardinales** the cardinal virtues; **les ~s théologales** the theological virtues; **parer qqn de toutes les ~s** to believe sb can do no wrong. -**3.** [propriété] virtue, property, power; **la camomille a de nombreuses ~s** camomile has many beneficial uses; **les ~s thérapeutiques des plantes** the healing properties of plants; **réapprenons les ~s de la vie à la campagne** *fig* let us rediscover the virtues of country life. -**4.** *hum* [chasteté] virtue; **défendre/perdre sa ~** to defend/to lose one's virtue.

◆ **en vertu de** *loc prép* according to; **en ~ des bons principes** following accepted moral principles; **en ~ de la loi** according to the law, in accordance with the law, under the law; **en ~ de quoi...** for which reason...; **en ~ de quoi il passe d'abord** that's the reason for his going first.

vertueusement [vɛrtɥøzmɑ̃] *adv* virtuously; **vivre ~** to live virtuously.

vertueux, euse [vɛrtɥø, øz] *adj* -**1.** [qui a des qualités morales] virtuous, righteous. -**2.** *vieilli* [chaste] virtuous.

verve [vɛrv] *nf* -**1.** [fougue] verve, gusto; [esprit] wit; **avec ~** with gusto OU verve; **exercer sa ~ contre qqn** to use one's wit against sb. -**2.** *litt* [créativité] inspiration; **la ~ poétique** poetic talent OU inspiration.

◆ **en verve** *loc adj*: **être en ~** to be particularly witty; **elle était en ~ ce soir-là** she was on top form that night.

verveine [vɛrvɛn] *nf* -**1.** BOT vervain, verbena; **~ odorante** lemon verbena; **~ officinale** verbena officinalis. -**2.** [tisane] verbena (tea). -**3.** [liqueur] vervein liqueur.

verveux [vɛrvø] *nm* hoop net.

vésical, e, aux [vezikal, o] *adj* vesical; **calcul ~** bladder stone, vesical calculus *spéc.*

vésicant, e [vezikɑ̃, ɑ̃t] *adj* vesicant, vesicatory.

vésication [vezikasjɔ̃] *nf* vesication.

vésicatoire [vezikatwar] *adj* & *nm* vesicatory.

vésiculaire [vezikylɛr] *adj* bladder-like, vesicular *spéc.*

vésicule [vezikyl] *nf* -**1.** MÉD [ampoule] blister, vesicle; [cavité] bladder; **~ biliaire/cérébrale** gall/brain bladder; **~ séminale** seminal vesicle. -**2.** BOT vesicle, bladder-like cavity OU cell.

vésiculeux, euse [vezikylø, øz] *adj* vesicular, vesiculate.

Vespasien [vɛspazjɛ̃] *npr* Vespasian.

vespasienne [vɛspazjɛn] *nf vieilli* street urinal.

vespéral, e, aux [vɛsperal, o] *adj litt* evening *(modif)*, vespertine *litt*; **les lueurs ~es** evening lights, the lights at eventide *litt*; **les étoiles ~es** the vespertine stars.

◆ **vespéral, aux** *nm* RELIG vesperal.

vesse-de-loup [vɛsdəlu] (*pl* **vesses-de-loup**) *nf* puffball.

vessie [vesi] *nf* -**1.** ANAT & ZOOL bladder; **~ natatoire** air OU swim bladder; **prendre des ~s pour des lanternes** to be easily hoodwinked; **il voudrait nous faire prendre des ~s pour des lanternes** he's trying to pull the wool over our eyes. -**2.** [sac] bladder.

vestale [vɛstal] *nf* -**1.** [prêtresse] vestal virgin. -**2.** *litt* [femme chaste] vestal; **ce n'est pas une ~** *hum* she's no paragon of virtue OU saint.

veste [vɛst] *nf* jacket; **~ de pyjama** pyjama jacket OU top; **~ de tailleur** suit jacket; **~ de tweed** sports jacket ❑ **tomber la ~** *pr* to take off one's jacket; *fig* to get down to work OU business.

vestiaire [vɛstjɛr] *nm* -**1.** [placard] locker. -**2.** [dépôt] cloakroom; **prendre son ~** [ce qu'on a déposé] to collect one's things OU belongings from the cloakroom. -**3.** [pièce] changing room, locker room *Am*; **l'arbitre, au ~!** get off, ref!

vestibulaire [vɛstibylɛr] *adj* vestibular.

vestibule [vɛstibyl] *nm* -**1.** [d'un bâtiment public, d'une maison] (entrance) hall, vestibule; [d'un hôtel] lobby. -**2.** MÉD vestibule.

vestige [vɛstiʒ] *nm* [d'une armée, d'une ville, d'une société] vestige; [d'une croyance, du passé, d'une coutume] remnant, vestige; [d'une idée, d'un sentiment] remnant, trace, vestige; **les derniers ~s de l'impérialisme** the last remnants OU traces of imperialism; **il ne reste que des ~s de sa grandeur** only a shadow of his former greatness remains.

vestimentaire [vɛstimɑ̃tɛr] *adj* clothing *(modif)*; **dépenses ~s** clothes expenditure, money spent on clothing; **élégance ~** sartorial elegance; **c'est le détail ~ qui fait tout** it's the finishing touch that makes the outfit.

veston [vɛstɔ̃] *nm* jacket.

Vésuve [vezyv] *npr m*: **le ~** (Mount) Vesuvius.

vêtement [vɛtmɑ̃] *nm* -**1.** [habit] piece OU article OU item of clothing, garment; **je ne trouve pas mon ~** [manteau] I can't find my coat; [veste] I can't find my jacket; [pull] I can't find my jumper *Br* OU sweater *Am*; **il fait froid, mets un ~ chaud** it's cold, put something warm on; **des ~s en loques** tattered clothes, rags; **ils vendent des ~s ravissants** they sell lovely clothes; **~s de détente** leisure wear; **~s de travail** work OU working clothes; **~s de nuit** nightwear; **~s de sport** sportswear; **~s pour homme** menswear; **~s pour femme** ladies' wear; **~s de ski** skiwear; **il portait ses ~s de tous les jours** he was wearing his everyday clothes; **~s habillés** formal dress; **~s de ville** informal clothes || [costume distinctif] dress, garb; **~s ecclésiastiques** clerical garb OU dress; **~s sacerdotaux** vestments. -**2.** [profession]: **l'industrie du ~** the clothing industry; **être dans le ~** *fam* to be in the rag trade *Br* OU garment industry *Am*. -**3.** COMM: **~s hommes** menswear; **~ dames** OU **femmes** ladies' wear; **~ enfants** children's wear.

vétéran [veterɑ̃] *nm* -**1.** [soldat] veteran, old campaigner; [ancien combattant] (war) veteran. -**2.** [personne expérimentée] veteran, old hand; **un ~ de la politique** a veteran political campaigner. -**3.** SPORT veteran.

vétérinaire [veterinɛr] ◇ *adj* veterinary; **faire des études ~s** to study veterinary medicine OU science.

◇ *nmf* vet, veterinary surgeon *Br*, veterinarian *Am*.

vétille [vetij] *nf* trifle; **perdre son temps à des ~s** to waste time over trifles OU trivia OU piffling details; **ce n'est qu'une ~** it's just a trifle OU detail.

vétilleux, euse [vetijø, øz] *adj litt* fussy, hair-splitting, quibbling.

vêtir [44] [vetir] *vt* -**1.** *sout* [habiller - enfant, malade] to dress. -**2.** [prisonnier, malade] to clothe, to provide with clothes, to kit out *Br*. -**3.** *litt* [revêtir] to put on *(sép)*, to don.

◆ **se vêtir** ◇ *vp (emploi réfléchi) sout* to dress (o.s.); **trouver de quoi se ~** to find something to put on.

◇ *vpi*: **en hiver, la campagne se vêt de neige** in winter, the countryside is snow-coated.

vétiver [vetivɛr] *nm* vetiver.

veto [veto] *nm inv* -**1.** POL veto; **mettre** OU **opposer son ~ à une mesure** to veto a measure ❑ **exercer son droit de ~** to use one's power of veto. -**2.** [interdiction]: **opposer son ~ à qqch** to forbid OU to prohibit OU to veto sthg.

vêtu, e [vety] *adj* dressed; **être bien/mal ~** to be well/badly dressed; **être chaudement ~** to be warmly dressed OU clad; **elle était court ~e** she was wearing a short skirt; **~ de** dressed in, wearing; **un enfant ~ d'un blouson** a child wearing a jacket; **une femme toute ~e de blanc** a woman all in white; **un homme ~ de haillons** a man in rags; **toute de soie ~e** all dressed in silk.

vétuste [vetyst] *adj* dilapidated, decrepit; **la pompe était ~** the pump had fallen into disrepair.

vétusté [vetyste] *nf* dilapidated state; **la ~ d'un bâtiment** a building in a bad state of repair; **la ~ de l'installation électrique est en cause** the poor state of the wiring is to blame.

veuf, veuve [vœf, vœv] ◇ *adj*: **devenir ~** to be widowed, to become a widower; **devenir veuve** to be widowed, to become a widow; **je m'occupe de ma tante qui est veuve** I look after my widowed aunt; **~ de**: **il est ~ de plusieurs femmes** he's a widower several times over; **~ de son innocence** *fig* & *litt* deprived OU bereft *litt* of his innocence.

◇ *nm, f* widower (*f* widow); **Madame veuve Dupont** the widow Dupont; **la veuve Dupont** Mrs Dupont (who's lost her husband).

◆ **veuve** *nf* -**1.** ORNITH widow bird, whydah. -**2.** ENTOM: **~ noire** black widow.

veule [vøl] *adj* [personne] spineless, cowardly; [visage, traits] weak.

veulerie [vølri] *nf* spinelessness.

veuvage [vœvaʒ] *nm* [perte d'un mari] widowhood; [perte d'une femme] widowerhood.

veuve [vœv] *f* → **veuf**.

vexant, e [vɛksɑ̃, ɑ̃t] *adj* -**1.** [contrariant] annoying; **c'est ~!** how infuriating! -**2.** [blessant - personne] hurtful; [- remarque] cutting, slighting, hurtful.

vexateur, trice [vɛksatœr, tris] *adj litt* hurtful.

vexation [vɛksasjɔ̃] *nf* snub, slight, humiliation; **essuyer des ~s** to be snubbed.

vexatoire [vɛksatwar] *adj* vexatious, harassing.

vexer [4] [vɛkse] *vt*: **~ qqn** to hurt sb's feelings; **je ne voulais pas le ~** I didn't mean to hurt his feelings; **être vexé** to be hurt; **elle est horriblement vexée** she's cut to the quick; **il est vexé de n'avoir pas compris** he's cross because he didn't understand; **elle est vexée que tu ne la croies pas** she feels hurt because you don't believe her.

◆ **se vexer** *vpi* to be hurt OU offended OU upset, to take offence; **ne te vexe pas mais...** no offence meant, but...; **se ~ facilement** to be easily offended, to be over-sensitive.

VF (*abr de* **version française**) *nf indicates that a film is dubbed in French.*

VGE *npr abr de* **Valéry Giscard d'Estaing**.

VHF (*abr de* **very high frequency**) *nf* VHF.

via [vja] *prép* via, through.

viabilisation [vjabilizasjɔ̃] *nf* installation of water, gas and electricity *(for building purposes)*.

viabiliser [3] [vjabilize] *vt* to service; **terrain viabilisé** piece of land with water, gas and electricity installed *(for building purposes)*.

viabilité [vjabilite] *nf* -**1.** [aménagements] utilities, services. -**2.** [état d'une route] practicability. -**3.** [d'un organisme, d'un projet] viability; [d'un fœtus] survival potential.

viable [vjabl] *adj* -**1.** BIOL viable; **avant 24 semaines de gestation le fœtus n'est pas ~** if born 24 weeks before term, the baby will not survive. -**2.** [entreprise, projet] viable, practicable, feasible.

viaduc [vjadyk] *nm* viaduct.

viager, ère [vjaʒe, ɛr] *adj* life *(modif)*; **rente viagère** life annuity.

◆ **viager** *nm* (life) annuity.

◆ **en viager** *loc adv*: **placer son argent en ~** to buy an annuity; **acheter/vendre une maison en ~** to buy/to sell a house so as to provide the seller with a life annuity.

viande [vjɑ̃d] *nf* -**1.** CULIN meat; **~ crue/cuite** raw/cooked meat; **~ de bœuf** beef; **~ de cheval** horseflesh; **~ de porc** pork; **~ de veau** veal; **~ salée** cured OU salted meat; **~ fumée** smoked meat; **~ de boucherie** fresh meat *(as sold by the butcher)*; **évitez les ~s en sauce** stay off meat dishes done in gravy ❑ **~ froide** dish of cold meat; **~ rouge/blanche** red/white meat. -**2.** ▽ [corps]: **amène ta ~** move your arse *Br* OU haul your ass *Am* over here; **montrer sa ~** to bare one's flesh. -**3.** *litt* [aliment] nourishment, sustenance; **~ creuse** meagre nourishment.

viander [3] [vjɑ̃de] *vi* [cerf, daim, chevreuil] to graze.

◆ **se viander**▽ *vpi* to get smashed up.

viatique [vjatik] *nm* -**1.** RELIG viaticum. -**2.** *litt* [atout] asset; **il n'a que son savoir pour tout ~** his knowledge is his only asset, his only means to success is his knowledge || [soutien] help; **ces paroles furent pour moi un ~** those words were of invaluable help to me throughout my life. -**3.** *arch* [pour un voyage] provisions and money (for the journey).

vibrage [vibraʒ] *nm* vibrating; **~ du béton** vibrating of concrete.

vibrant, e [vibrɑ̃, ɑ̃t] *adj* -**1.** [corde, lamelle] vibrating; **consonne ~e** vibrant consonant. -**2.** [fort - voix, cri] vibrant. -**3.** [émouvant - accueil, discours] stirring; [- voix] tremulous; ~ de ringing OU echoing with; il lui a rendu un hommage ~ he paid him a warm tribute. -4. [sensible - nature, personne, caractère] sensitive.

◆ **vibrante** *nf* PHON vibrant.

vibraphone [vibrafɔn] *nm* vibraphone, vibraharp *Am*.

vibraphoniste [vibrafɔnist] *nmf* vibraphonist.

vibrateur [vibratœr] *nm* -1. TECH vibration generator. -2. CONSTR vibrator.

vibratile [vibratil] → **cil**.

vibration [vibrasjɔ̃] *nf* -1. [tremblement - d'un moteur, d'une corde] vibration; [- d'une voix] quaver, tremor, vibration; [- du sol] vibration. -2. ACOUST & ÉLECTRON vibration.

◆ **vibrations** *nfpl* vibrations; **il y a de bonnes ~s ici** *fam* you get a good feeling OU good vibes from this place.

vibrato [vibrato] *nm* vibrato.

vibratoire [vibratwar] *adj* vibratory.

vibrer [3] [vibre] ◇ *vi* -1. [trembler - diapason, vitre, plancher, voix] to vibrate; **~ d'émotion** to quiver OU to quaver with emotion; **sa voix vibrait de colère** her voice was quivering with anger; **faire ~ qqch** to vibrate sthg. -2. *fig*: **faire ~ qqn** [l'intéresser] to thrill OU to stir sb; **la musique expérimentale, ça ne me fait pas ~** *fam hum* I don't really get off on avant-garde music.

◇ *vt* to vibrate; **béton vibré** vibrated concrete.

vibreur [vibrœr] *nm* [sonnerie] buzzer; [dispositif] vibrator; [interrupteur de courant] chopper.

vibrion [vibrijɔ̃] *nm* -1. MÉD vibrio, bacillus. -2. *fam* [personne] fidget.

vibromasseur [vibromasœr] *nm* vibrator.

vicaire [vikɛr] *nm* [auxiliaire - d'un curé] curate; [- d'un évêque, du pape] vicar; **Grand Vicaire, Vicaire général** vicar-general; **~ apostolique** vicar apostolic; **le ~ du Christ** the Vicar of Christ.

vicariance [vikarjɑ̃s] *nf* vicariousness.

vicariant, e [vikarjɑ̃, ɑ̃t] *adj* vicarious.

vicariat [vikarja] *nm* -1. [fonction] curacy. -2. [territoire] vicariate.

vice [vis] *nm* -1. [le mal] vice; **le ~ et la vertu** vice and virtue; **mais c'est du ~!** *fam hum* it's an obsession! -2. [sexuel]: **le ~** perverse tendencies; **un ~ contre nature** an unnatural tendency. -3. [moral] vice; **avoir tous les ~s** to have all the vices; **on ne lui connaît aucun ~** she has no known vice ‖ *hum* [travers] vice. -4. COMM & JUR defect, flaw; **~ apparent** conspicuous defect; **~ caché** hidden OU latent defect; **~ de construction** structural fault; **~ dirimant** nullifying defect; **annulé pour ~ de forme** JUR annulled because of a mistake in the drafting. -5. ANAT: **~ de conformation** congenital defect.

vice- [vis] *préf* vice-.

vice-amiral [visamiral, o] (*pl* vice-amiraux) *nm* vice-admiral.

vice-consul [viskɔ̃syl] (*pl* vice-consuls) *nm* vice-consul.

vice-consulat [viskɔ̃syla] (*pl* vice-consulats) *nm* vice-consulate.

vicelard, e▽ [vislar, ard] ◇ *adj* devious, crafty; **une question ~e** a devious question.

◇ *nm, f* -1. [personne cruelle] sly devil. -2. [pervers]: **un vieux ~** a dirty old man, an old lecher; **petite ~e!** you little tramp!

Vicence [visɑ̃s] *npr* Vicenza.

vicennal, e, aux [visɛnal, o] *adj* vicennial.

vice-présidence [visprezidɑ̃s] (*pl* vice-présidences) *nf* [d'un État] vice-presidency; [d'un congrès] vice-chair.

vice-président, e [visprezidɑ̃, ɑ̃t] (*mpl* vice-présidents, *fpl* vice-présidentes) *nm, f* [d'un État] vice-president; [d'un congrès] vice-chairman (*f* vice-chairwoman), vice-chairperson.

vice-recteur [visrɛktœr] (*pl* vice-recteurs) *nm* ≃ pro-vice-chancellor *Br*.

vice-roi [visrwa] (*pl* vice-rois) *nm* viceroy.

vice-royauté [visrwajote] (*pl* vice-royautés) *nf* viceroyalty.

vicésimal, e, aux [visezimal, o] *adj* vigesimal, vicenary.

vice versa [vis(e)vɛrsa] *loc adv* vice versa.

vichy [viʃi] ◇ *nm* -1. TEXT gingham. -2. [eau] Vichy (water); **un ~ fraise** *a glass of Vichy water with strawberry syrup*. -3. CULIN vichy; **carottes ~** carrots vichy.

◇ *nf* bottle of Vichy water.

Vichy [viʃi] *npr*: **Vichy: le gouvernement de ~** the Vichy Government.

LE GOUVERNEMENT DE VICHY:

Seat of the French government under Maréchal Pétain from 1940 to 1944, during the German occupation. Pétain's right-wing traditionalist and authoritarian regime extolled the virtues of a "new order" and a "National Revolution" which would bring back the values of "Work, Family and Fatherland". The Vichy government collaborated with the Germans and deported French Jews after 1942. Reduced to a puppet regime after the German invasion of the free zone, the government collapsed after the Allied victory.

---

vichyssois, e [viʃiswa, az] *adj* from Vichy, of Vichy.

◆ **Vichyssois, e** *nm, f* -1. GÉOG inhabitant of Vichy, native of Vichy. -2. HIST Vichyist.

◆ **vichyssoise** *nf* CULIN vichyssoise (soup).

vichyste [viʃist] ◇ *adj* of the Vichy government.

◇ *nmf* Vichy government supporter, Vichyist.

viciable [visjabl] *adj litt* vitiable.

vicié, e [visje] *adj* -1. [pollué - air, sang] polluted, contaminated. -2. *litt* [faussé - raisonnement, débat] warped, vitiated *litt*. -3. JUR vitiated.

vicier [9] [visje] *vt* -1. [polluer - air, sang] to pollute, to contaminate. -2. *litt* [dénaturer - esprit, qualité] to corrupt, to taint; [- relation, situation] to mar. -3. JUR to vitiate.

vicieusement [visjøzmɑ̃] *adv* -1. [lubriquement] lecherously, licentiously. -2. [incorrectement] faultily, wrongly. -3. [méchamment] maliciously, nastily.

vicieux, euse [visjø, øz] ◇ *adj* -1. [pervers - livre, film] obscene; [- regard] depraved; [- personne] lecherous, depraved. -2. [trompeur - coup, balle] devious, sly; [- calcul] misleading. -3. [animal] vicious. -4. [incorrect - expression, prononciation, position] incorrect, wrong.

◇ *nm, f* [homme] lecher, pervert; **un vieux ~** a dirty old man, an old lecher; **petite vicieuse!** you little slut OU tramp!

vicinal, e, aux [visinal, o] ◇ *adj*: **chemin ~** country road.

◇ *nm Belg* suburban tram.

vicinalité [visinalite] *nf* -1. [d'une route] local status. -2. [réseau routier] network of local byroads.

vicissitude [visisityd] *nf litt* [succession] vicissitude.

◆ **vicissitudes** *nfpl* -1. [difficultés] tribulations; **après bien des ~s** after many trials and tribulations, taking many hard knocks on the way. -2. [événements] vicissitudes, ups and downs.

vicomtal, e, aux [vikɔ̃tal, o] *adj* [d'un vicomte] of a viscount; [d'une vicomtesse] of a viscountess; [d'une vicomté] of a viscountcy OU viscounty.

vicomte [vikɔ̃t] *nm* viscount.

vicomté [vikɔ̃te] *nf* viscountcy, viscounty.

vicomtesse [vikɔ̃tɛs] *nf* viscountess.

victime [viktim] *nf* -1. [d'un accident, d'un meurtre] victim, casualty; **les ~s du crash** the victims of the crash; **accident de la route, trois ~s** car crash, three casualties; **l'accident a fait trois ~s** three people died in the accident; **les ~s ont été emmenées à l'hôpital** the victims were taken to (the) hospital; **un nouveau meurtre porte à 15 le nombre des ~s** a new killing brings the number of victims to 15; **les ~s du SIDA** AIDS victims; **les ~s de la dictature** the victims of the dictatorship. -2. RELIG (sacrificial) victim. -3. [bouc émissaire] victim, scapegoat. -4. [d'un préjudice] victim; **être la ~ d'un escroc** to fall prey to OU to be the victim of a con man; **être ~ d'hallucinations** to suffer from delusions.

victimologie [viktimɔlɔʒi] *nf* victimology.

victoire [viktwar] *nf* -1. [fait de gagner - bataille, compétition] victory, winning; [- dans une entreprise] victory, success *(U)*. -2. [résultat - militaire] victory; [- sportif] victory, win; [- dans une entreprise] victory, success; **~ aux points** win on points; **après leurs deux ~s en coupe du monde** after their two wins OU after winning twice in the World Cup; **remporter une ~** to gain a victory; **remporter une ~ sur soi-même** *fig* to triumph over o.s.; **une ~ à la Pyrrhus** a Pyrrhic victory.

victoria [viktɔrja] ◇ *nm* BOT victoria.

◇ *nf* TRANSP victoria.

Victoria [viktɔrja] ◇ *npr* -1. GÉOG → **chute, lac**. -2. [reine]: **la reine ~** Queen Victoria.

◇ *npr m* [État d'Australie]: **le ~** Victoria.

victorien, enne [viktɔrjɛ̃, ɛn] *adj* Victorian.

victorieusement [viktɔrjøzmɑ̃] *adv* victoriously.

victorieux, euse [viktɔrjø, øz] *adj* SPORT victorious, winning *(avant n)*; POL victorious, winning *(avant n)*, successful; MIL victorious; [air] triumphant; **sortir ~ d'un combat** to come out victorious.

victuailles [viktɥaj] *nfpl* victuals, food *(U)*, provisions.

vidage [vidaʒ] *nm* -1. [d'un récipient] emptying. -2. *fam* [d'une personne] kicking out. -3. INF: **faire un ~** to (take a) dump; **~ sur disque/de la mémoire** disk/core dump; **~ de mémoire** storage OU memory dump; **bande de ~** dump tape; **gestionnaire de ~** dumper; **~ d'écran (sur imprimante)** screen dump.

Vidal [vidal] *npr*: **le ~** *dictionary used by doctors as a reference book on medicines*.

vidange [vidɑ̃ʒ] *nf* -1. [d'un récipient, d'un réservoir] emptying. -2. [dispositif] drain, (waste) outlet; **~ du carter** oil pan drain OU outlet. -3. AUT oil change; **faire la ~** to change the oil. -4. AGR timber hauling OU skidding. -5. *Belg* [verre consigné] returnable empties.

◆ **vidanges** *nfpl* [eaux usées] sewage *(U)*, liquid waste *(U)*.

◆ **de vidange** *loc adj* [huile, système] waste.

vidanger [17] [vidɑ̃ʒe] *vt* -1. [eaux usées] to empty. -2. AUT [huile] to change. -3. AÉRON to defuel.

vidangeur [vidɑ̃ʒœr] *nm* cesspit emptier.

vide [vid] ◇ *adj* -1. [sans contenu] empty; **tasse à demi ~** half-empty cup; **un espace ~** [entre deux objets] an empty space; [sur un document] a blank space; **une pièce ~** an empty OU unfurnished room; **avoir le ventre** OU **l'estomac ~** to have an empty stomach; **j'ai la tête** OU **l'esprit complètement ~** my mind's a complete blank; **un regard ~** a vacant stare; **~ de** devoid of; **des rues ~s de gens** empty streets; **des remarques ~s de sens** meaningless remarks, remarks devoid of meaning. -2. [sans occupant] empty; **une maison ~** an empty house. -3. [sans intérêt - personnalité, vie] empty. -4. [dénudé - mur] bare, empty.

◇ *nm* -1. ASTRON: **le ~** (empty) space, the void; **un astronaute qui évolue dans le ~** an astronaut floating about in the void. -2. [néant] space; **regarder dans le ~** to stare into space; **parler dans le ~** [sans auditoire] to address empty space; [sans contenu] to talk vacuously; **faire des promesses dans le ~** to make empty promises. -3. PHYS vacuum; **faire le ~** [dans un vase clos] to create a vacuum; **faire le ~ dans une ampoule** to evacuate air from a bulb ‖ *fig*: **faire le ~ autour de soi** to drive all one's friends away; **faire le ~ autour de qqn** to isolate sb; **faire le ~ dans son esprit** to make one's mind go blank. -4. [distance qui sépare du sol] (empty) space; **la maison est construite, en**

partie, au-dessus du ~ part of the house is built over a drop; **avoir peur du ~** to be scared of heights; **pendre dans le ~** to hang in mid-air; **tomber dans le ~** to fall into (empty) space. -**5.** [trou - entre deux choses] space, gap; [- entre les mots ou les lignes d'un texte] space, blank. -**6.** [lacune] void, gap, blank; **son départ a laissé un grand ~ dans ma vie** she left a gaping void in my life when she went □ **~ juridique** JUR legal vacuum; **il y a un ~ juridique en la matière** the law is not specific on this matter. -**7.** [manque d'intérêt] emptiness, void; **le ~ de l'existence** the emptiness of life; **le ~ de sa conversation** the inanity of his conversation. -**8.** CONSTR: **~ d'air** air space; **~ sanitaire** ventilation space.

◆ **à vide** ◇ *loc adj* -**1.** [hors fonctionnement] no-load; **courant/pertes à ~** no-load current/losses. -**2.** [sans air]: **cellule/tube/cuve à ~** vacuum photocell/tube/tank.

◇ *loc adv*: **le moteur tourne à ~** the engine's ticking over OU idling; **les usines tournent à ~** the factories are running but not producing; **il est difficile de réfléchir à ~** it's not easy to think without any data OU with nothing to go on.

◆ **sous vide** ◇ *loc adj* vacuum *(modif)*; **condensateur/interrupteur sous ~** vacuum capacitor/switch.

◇ *loc adv*: **emballé sous ~** vacuum-packed.

vidé, e [vide] *adj* [volaille] drawn, cleaned; [poisson] gutted; **vendre des poulets ~s** to sell chickens without giblets.

vidéaste [videast] *nmf* video maker.

vide-cave [vidkav] (*pl inv* OU **vide-caves**) *nm* pump *(for pumping water out of cellars)*.

vidéo [video] ◇ *adj inv* video *(modif)*.

◇ *nf* video (recording); **faire de la ~** to make videos.

vidéocassette [videɔkasɛt] *nf* videocassette, video.

vidéo-clip [videɔklip] (*pl* **vidéo-clips**) *nm* (music) video.

vidéoclub [videɔklœb] *nm* videoclub.

vidéocommunication [videɔkɔmynikasjɔ̃] *nf* video communication.

vidéoconférence [videɔkɔ̃ferɑ̃s] *nf* video conferencing.

vidéodisque [videɔdisk] *nm* videodisk.

vidéofréquence [videɔfrekɑ̃s] *nf* video frequency.

vidéogramme [videɔgram] *nm* videogram.

vidéographie [videɔgrafi] *nf* videography; **~ interactive** videotex.

vidéolecteur [videɔlɛktœr] *nm* videoplayer.

vidéophone [videɔfɔn] = **visiophone**.

vide-ordures [vidɔrdyr] *nm inv* rubbish *Br* OU garbage *Am* chute.

vidéotex [videɔtɛks] *nm* videotex.

vidéothèque [videɔtɛk] *nf* video library.

vidéotransmission [videɔtrɑ̃smisjɔ̃] *nf* video transmission.

vide-poches [vidpɔʃ] *nm inv* [meuble] tidy; [dans une voiture] glove compartment.

vide-pomme [vidpɔm] *nm inv* apple corer.

vider [3] [vide] *vt* -**1.** [le contenu de - seau, verre, sac] to empty (out) *(sép)*; [- poche, valise] to empty (out) *(sép)*; [- baignoire] to let the water out of, to empty; **~ les ordures** to put out the rubbish *Br* OU garbage *Am*; **~ un sac de riz dans un pot** to empty a bag of rice into a pot; **il vida le tiroir par terre** he emptied the contents of the drawer (out) onto the floor; **vide le vase dans l'évier** empty the vase into the sink; **~ son chargeur** to empty one's magazine; **la chaleur a entièrement vidé la ville** the heat has completely emptied the city; **~ de: ~ une maison de ses meubles** to empty a house of its furniture, to clear the furniture from a house; **~ les lieux** to vacate the premises □ **~ l'abcès** to clear the air, to make a clean breast of things; **~ son sac** to get things off one's chest, to unburden o.s. -**2.** [le milieu de - pomme] to core; [- volaille] to empty, to clean (out) *(sép)*; [- poisson] to gut. -**3.** [boire] to drain; **~ son verre** to drain one's glass; **~ une bouteille** to empty a bottle; **nous avons vidé une bouteille à deux** we downed a bottle between the two of us; **~ les fonds de bouteille** to drink the dregs. -**4.** *fam* [épuiser] to do in *(sép)*, to finish off *(sép)*; **ce cross m'a vidé** that cross-country race has just about finished me off; **être vidé** to be exhausted; **après le tournage, toute l'équipe était vidée** when the filming was over, the whole crew felt drained. -**5.** [mettre fin à] to settle (once and for all); **~ une vieille querelle** to settle an old dispute. -**6.** JUR: **~ un délibéré** to give a verdict after deliberation. -**7.** *fam* [renvoyer] to throw OU to kick out *(sép)*; **~ qqn** [employé] to sack *Br* OU to fire sb; [client] to throw sb out, to bounce sb *Am*; [élève] to throw OU to chuck sb out. -**8.** INF to dump. -**9.** ÉQUIT: **~ les arçons** OU **étriers** to take a tumble (off one's horse).

◆ **se vider** *vpi* -**1.** [contenu] to empty OU to drain (out); **l'eau du réservoir se vide ensuite dans une fosse** the water in the reservoir then drains OU flows out into a ditch. -**2.** [salle, ville] to empty; **le stylo s'est vidé dans mon sac** the pen has leaked inside my bag; **se ~ de son sang** to bleed to death.

videur, euse [vidœr, øz] *nm, f* [de volaille] cleaner.

◆ **videur** *nm* [de boîte de nuit] bouncer.

viduité [vidɥite] *nf* JUR viduity; [d'une femme] widowhood; [d'un homme] widowerhood.

vie [vi] *nf* -**1.** BIOL life; **la ~ animale/végétale** animal/plant life; **durée de ~** life span. -**2.** [existence] life; **il a eu la ~ sauve** he has been spared; **laisser la ~ sauve à qqn** to spare sb's life; **donner la ~ à un enfant** to give birth to a child; **mettre sa ~ en danger** to put one's life in danger; **risquer sa ~** to risk one's life; **ôter la ~ à qqn** to take sb's life; **revenir à la ~** to come back to life; **sauver la ~ de qqn** to save sb's life; **sa ~ ne tient plus qu'à un fil** his life is hanging by a thread; **au début de sa ~** at the beginning of his life; **à la fin de sa ~** at the end of his life, late in life; **une fois dans sa ~** once in a lifetime; **de sa ~ elle n'avait vu un tel sans-gêne** she'd never seen such a complete lack of consideration; **l'œuvre de toute une ~** a lifetime's work; **il promit de lui rester fidèle pour la ~** he promised to be faithful to her for life; **à Julie, pour la ~** to Julie, forever OU for ever; **avoir la ~ devant soi** [ne pas être pressé] to have all the time in the world; [être jeune] to have one's whole life in front of one; **être entre la ~ et la mort** to be hovering between life and death, to be at death's door; **passer de ~ à trépas** to pass away □ **la ~ continue** life goes on; **à la ~ à la mort** for life (and beyond the grave). -**3.** [personne] life; **son rôle est de sauver des ~s** he is there to save lives. -**4.** [entrain] life; **mettre un peu de ~ dans** to liven up *(sép)*; **plein de ~** [ressemblant] true to life, lifelike; [énergique] lively, full of life; **un enfant, c'est plein de ~!** children are so full of life! -**5.** [partie de l'existence] life; **~ privée** private life; **la ~ affective/intellectuelle/sexuelle** love/intellectual/sex life; **~ politique/professionnelle** political/professional life; **entrer dans la ~ active** to start working; **la ~ associative** community life. -**6.** [façon de vivre - d'une personne, d'une société] life, lifestyle, way of life; [- des animaux] life; **la ~ des abeilles/de l'entreprise** the life of bees/of the company; **la ~ en Australie** the Australian lifestyle OU way of life; **dans la ~, l'important c'est de...** the important thing in life is to...; **faire sa ~ avec qqn** to settle down with sb; **avoir la ~ dure** to have a hard life; **faire** OU **mener la ~ dure à qqn** to make sb's life hell OU a misery; **il lui a fait une de ces ~s!** he gave her hell!; **rater sa ~** to make a mess of one's life; **refaire sa ~** to start afresh OU all over again; **sa ~ est fichue** *fam* he's finished; **c'est la ~!, la ~ est ainsi faite!** such is OU that's life! □ **mener une ~ de bâton de chaise** *fam* OU **de patachon** to lead a riotous life; **~ de bohême** bohemian life; **mener une ~ de chanoine** to live the life of Riley; **une ~ de chien** *fam* a dog's life; **ce n'est pas une ~!** I don't call that living!; **c'est la belle ~** OU **la ~ de château!** this is the life!; **faire la ~** *fam*, **mener joyeuse ~** to live it up. -**7.** [biographie] life; **il a écrit une ~ de Flaubert** he wrote a life OU biography of Flaubert □ **'Vie des hommes illustres'** *Plutarque* 'Plutarch's Lives'. -**8.** [conditions économiques] (cost of) living; **dans ce pays, la ~ n'est pas chère** prices are very low in this country; **le coût de la ~** the cost of living. -**9.** RELIG life; **la ~ éternelle** everlasting life; **la ~ ici-bas** this life; **la ~ terrestre** life on earth; **dans cette ~ comme dans l'autre** in this life as in the next. -**10.** TECH life; **à courte ~** short-lived; **à longue ~** long-lived; **~ d'un neutron** neutron lifetime □ **~ moyenne** mean life; **~ de surface** ÉLECTRON surface lifetime; **~ utile** service life.

◆ **à vie** *loc adj* for life, life *(modif)*; **amis à ~** friends for life; **président à ~** life president; **membre à ~** life member.

◆ **en vie** *loc adj* alive, living; **être toujours en ~** to be still alive OU breathing.

◆ **sans vie** *loc adj* [corps] lifeless, inert; [œuvre] lifeless, dull.

vieil [vjɛj] → **vieux**.

vieillard [vjɛjar] *nm* old man; **les ~s** old people, the old, the aged.

vieillarde [vjɛjard] *nf litt* old woman.

vieille [vjɛj] *f* → **vieux**.

Vieille-Castille [vjɛjkastij] *npr f*: **(la) ~** Old Castile.

vieillerie [vjɛjri] *nf* -**1.** [objet] old thing. -**2.** [idée]: **qui s'intéresse à ces ~s?** who's interested in those stale ideas?

vieillesse [vjejɛs] *nf* -**1.** [d'une personne] old age; **avoir une ~ heureuse** to be happy in old age; **pendant sa ~** in his/her old age; **mourir de ~** to die of old age. -**2.** *litt* [d'un bijou, d'un vase] age. -**3.** [personnes]: **la ~** old people, the old, the aged.

vieilli, e [vjeji] *adj* [vieux] ageing; [démodé] old-fashioned.

vieillir [32] [vjejir] ◇ *vi* -**1.** [prendre de l'âge - personne] to age, to be getting old; [- vin, fromage] to age, to mature; [- technique] to become outmoded; **tout le monde vieillit** we all grow old; **je veux ~ dans cette maison** I want to spend my old age in this house; **bien ~** to grow old gracefully; **il a mal vieilli** he hasn't aged well; **ce film vieillit mal** this film doesn't stand the test of time; **son roman a beaucoup vieilli** her novel seems really dated now; **faire ~ du fromage en cave/du vin en fût** to mature cheese in a cellar/wine in a cask; **l'argent vieillit bien** silver ages well. -**2.** [paraître plus vieux]: **il a vieilli de 20 ans** he looks 20 years older; **tu ne vieillis pas** you never seem to look any older.

◇ *vt* -**1.** [rendre vieux - personne] to make old, to age; **les soucis l'ont vieilli** worry has aged him. -**2.** [vin, fromage] to age, to mature; [métal] to age-harden. -**3.** **~ qqn** [suj: vêtement, couleur] to make sb seem older; [suj: personne]: **vous me vieillissez** you're making me older than I am!; **le noir te vieillit** black makes you look older; **c'est fou ce que les cheveux longs la vieillissent!** long hair makes her look a lot older!

◆ **se vieillir** *vp (emploi réfléchi)* [en apparence] to make o.s. look older; [en mentant] to lie about one's age *(by pretending to be older)*.

vieillissant, e [vjejisɑ̃, ɑ̃t] *adj* ageing; **des techniques ~es** techniques that are being superseded.

vieillissement [vjejismɑ̃] *nm* -**1.** [naturel] ageing; **le ~ d'un réacteur/d'un vin/d'une population** the ageing of a reactor/wine/population; **les signes qui trahissent le ~** the telltale signs of age OU of the ageing process. -**2.** [technique] ageing; **~ au four/naturel/rapide** furnace/natural/quick ageing.

vieillot, otte [vjejo, ɔt] *adj* old-fashioned.

vielle [vjɛl] *nf* hurdy-gurdy.

vieller [4] [vjele] *vi* to play the hurdy-gurdy.

vielleur, euse [vjɛlœr, øz], **vielleux, euse** [vjɛlø, øz] *nm, f* hurdy-gurdy player.

Vienne [vjɛn] *npr* -**1.** [en Autriche] Vienna; le congrès de ~ the Congress of Vienna. -**2.** [en France] Vienne; la ~ the (river) Vienne.

viennois, e [vjenwa, az] *adj* -**1.** [Autriche] Viennese. -**2.** [France] from Vienne.

◆ **Viennois, e** *nm, f* -**1.** [en Autriche] *inhabitant of or person from Vienna*; **les Viennois** the Viennese. -**2.** [en France] *inhabitant of or person from Vienne*; **les Viennois** the people of Vienne.

viennoiserie [vjenwazri] *nf pastry made with sweetened dough.*

VIENNOISERIE:
This term covers several different kinds of pastries, especially the kind usually eaten for breakfast in France: croissant, pain au chocolat, pain aux raisins and brioche. It can also refer to the shop where such pastries are sold.

---

vierge [vjɛrʒ] ◇ *adj* -**1.** [personne] virgin; **elle/il est encore ~** she's/he's still a virgin. -**2.** [vide - cahier, feuille] blank, clean; [- casier judiciaire] clean; [- pellicule, film] unexposed; [- cassette, disquette] blank. -**3.** [inexploité - sol, terre] virgin; **de la neige ~** fresh snow. -**4.** [sans additif]: **minerai ~** native ore; **métal ~** virgin metal. -**5.** *litt* [pur] pure, unsullied, uncorrupted; **un cœur ~** a pure heart; **~ de** devoid of, innocent of *litt*.

◇ *nf* [femme] virgin.

Vierge [vjɛrʒ] *npr f* -**1.** RELIG: **la ~ (Marie)** the Virgin (Mary), the Blessed Virgin. -**2.** ASTRON Virgo. -**3.** ASTROL Virgo; **être ~** to be (a) Virgo OU a Virgoan.

Viêt-nam [vjɛtnam] *npr m*: **le ~** Vietnam; **au ~** in Vietnam; **le Nord/Sud ~** North/South Vietnam; **un ancien du ~** a Vietnam veteran.

vietnamien, enne [vjɛtnamjɛ̃, ɛn] *adj* Vietnamese.

◆ **Vietnamien, enne** *nm, f* Vietnamese; **les Vietnamiens** the Vietnamese; **~ du Nord/Sud** North/South Vietnamese.

◆ **vietnamien** *nm* LING Vietnamese.

vieux [vjø] (*devant nm commençant par voyelle ou h muet* **vieil** [vjɛj], *f* **vieille** [vjɛj]) *adj* -**1.** [âgé] old; **sa vieille mère** her old OU aged mother; **un vieil homme** an old OU elderly man; **une vieille femme** an old OU elderly woman; **les vieilles gens** old people, elderly people, the elderly; **un ~ cheval/chêne** an old horse/oak; **être ~** to be old; **50 ans, ce n'est pas ~!** 50 isn't old!; **devenir ~** to grow old, to get old; **vivre ~** [personne, animal] to live to be old, to live to a ripe old age; **se faire ~** to be getting on (in years), to be getting old; **ma voiture commence à se faire vieille** my car's starting to get a bit old; **je deviens frileux sur mes ~ jours** I feel the cold more with age; **être moins/plus ~ que** to be younger/older than; **le plus ~ des deux** the older OU elder (of the two); **le plus ~ des trois** the eldest OU oldest of the three; **faire ~** to look old; **je me sens ~** I feel old; **être ~ avant l'âge** to be old before one's time; **c'est un tissu un peu ~ pour une robe de fillette** this material is a bit old-fashioned for a little girl's dress ❑ **vieil homme** RELIG unredeemed Man; **'le Vieil Homme et la mer'** *Hemingway* 'The Old Man and the Sea'. -**2.** (*avant le n*) [de longue date - admirateur, camarade, complicité, passion] old, long-standing; [- famille, tradition] old, ancient; [- dicton, recette] old; [- continent, montagne] old; **la vieille ville** the old (part of the) town; **connais-tu le ~ Nice?** do you know the old part of Nice?; **l'une des plus vieilles institutions de notre pays** one of the most ancient OU oldest institutions of our country; **nous sommes de ~ amis** we're old friends; **c'est un ~ célibataire** he's an old bachelor; **le plus ~ métier du monde** *euph* the oldest profession (in the world) ❑ **le Vieux Monde** the Old World. -**3.** [désuet - instrument, méthode] old; **une vieille expression** [qui n'est plus usitée] an obsolete turn of phrase; [surannée] an old-fashioned turn of phrase; **le ~ français** LING Old French‖ [usé, fané] old; **une malle pleine de vieilles photos et de vieilles lettres** a trunk full of old pictures and letters; **recycler les ~ papiers** to recycle waste paper; **un ~ numéro** [de magazine] a back issue ❑ **vieil or** old gold; **~ rose** old rose. -**4.** [précédent] old; **sa vieille moto était plus belle** his old bike was nicer. -**5.** *fam* [à valeur affectueuse]: **alors, mon ~ chien?** how's my old doggie then?; **le ~ père Davril** old Davril; **~ farceur!** you old devil!‖ [à valeur dépréciative]: **il doit bien rester un ~ bout de fromage** there must be an odd bit of cheese left over; **t'aurais pas une vieille enveloppe?** got an envelope (,any old one will do)?; **qu'est-ce que c'est que ce ~ tas de ferraille?** what's that old heap?; **espèce de vieille folle!** you crazy old woman!; **~ dégoûtant!** you disgusting old man!‖ [à valeur intensive]: **j'ai une vieille faim** I'm starving!; **ta voiture a pris un ~ coup** your car got a nasty bash; **j'ai eu un ~ coup de cafard** I felt really low. -**6.** ŒNOL: **vin ~** aged wine.

◆ **vieux** ◇ *nm* -**1.** *fam aussi péj* [homme âgé] old man; **le ~ ne vendra jamais** the old man will never sell ❑ **un ~ de la vieille** [soldat de Napoléon] an old veteran of Napoleon's guard; [personne d'expérience] an old hand. -**2.** ▽ [père]: **mon/son ~** my/his old man. -**3.** *fam* [à valeur affective - entre adultes]: **allez, ~, ça va s'arranger** come on mate *Br* OU buddy *Am*, it'll be all right; **tu vas sur 50 ans — eh oui, mon (petit) ~!** so it's the big 50 next — (it) sure is, mate *Br* OU buddy *Am*!; **débrouille-toi, mon (petit) ~!** you sort it out yourself, pal OU *Br* mate!‖ [pour exprimer la surprise]: **j'en ai eu pour 5 000 francs — ben mon ~!** it cost me 5,000 francs — good heavens! -**4.** [ce qui est ancien] old things; **faire du neuf avec du ~** to turn old into new; **le vin sent le** OU **a un goût de ~** the wine tastes as though it's past its best. -**5.** *loc*: **prendre un coup de ~** *fam*: **elle a pris un sacré coup de ~** she's looking a lot older; **le film a pris un coup de ~** the film seems to have dated.

◇ *adv*: **ça fait ~!** it's really old-fashioned!; **s'habiller ~** to wear old-fashioned clothes.

◇ *nmpl aussi péj* -**1.** *fam* [personnes âgées]: **les ~** old people; **les petits ~** old folk; **elle dit qu'elle ne veut pas aller chez les ~** ▽ she says she doesn't want to go to an old people's OU folk's home. -**2.** ▽ [parents]: **les** OU **mes ~** my parents, my folks, my Mum *Br* OU Mom *Am* and Dad.

◆ **vieille** *nf* -**1.** *fam aussi péj* [femme âgée] old woman OU girl; **une petite vieille** a little old lady. -**2.** ▽ [mère]: **la** OU **ma/ta vieille** my/your old lady. -**3.** *fam* [à valeur affective - entre adultes]: **salut, ma vieille!** hi there!; **il est trop tard, ma vieille!** it's too late, darling!‖ [exprime l'indignation]: **t'es gonflée, ma vieille!** you've got some nerve, you! -**4.** ZOOL: **vieille (de mer)** (sea) wrasse.

◆ **de vieux, de vieille** *loc adj* old-fashioned, antiquated, geriatric *hum*; **tu as des idées de ~** you're so old-fashioned (in your ideas); **ce sont des hantises de ~** those are old people's obsessions.

◆ **vieux de, vieille de** *loc adj* [qui date de]: **c'est un manteau ~ d'au moins 30 ans** it's a coat which is at least 30 years old; **une amitié vieille de 20 ans** a friendship that goes back 20 years.

◆ **vieille fille** *nf vieilli* OU *péj* spinster, old maid *péj*; **rester vieille fille** to remain unmarried; **c'est une manie de vieille fille** it's an old-maidish thing to do *péj*.

◆ **vieux garçon** *nm vieilli* OU *péj* bachelor; **rester ~ garçon** to remain single OU a bachelor; **des manies de ~ garçon** bachelor ways.

◆ **vieux jeu** *loc adj* [personne, attitude] old-fashioned; [vêtements, idées] old-fashioned, outmoded; **ce que tu peux être ~ jeu!** you're so behind the times!

vif, vive[1] [vif, viv] *adj* -**1.** [plein d'énergie - personne] lively, vivacious; [- musique, imagination, style] lively; **d'un geste ~, il saisit le revolver sur la table** he snatched the gun off the table; **avoir le regard ~** to have a lively look in one's eye; **marcher d'un pas ~** to walk briskly; **rouler à vive allure** to drive at great speed. -**2.** [intelligent - élève] sharp; [- esprit] sharp, quick; **être ~** to be quick OU quick-witted OU sharp; **ce qu'elle est vive!** she's quick on the uptake! -**3.** [emporté - remarque, discussion, reproche] cutting, biting; [- geste] brusque, brisk; **tu as été un peu trop ~ avec elle** you were a bit curt OU abrupt with her; **excusez-moi de ces mots un peu ~s** I apologize for having spoken rather sharply. -**4.** [très intense - froid] biting; [- couleur] bright, vivid; [- désir, sentiment] strong; [- déception, intérêt] keen; [- félicitations, remerciements] warm; [- regret, satisfaction] deep, great; [- douleur] sharp; **porter un ~ intérêt à** to be greatly OU keenly interested in; **avec un ~ soulagement** with a profound sense of relief; **c'est avec un ~ plaisir que...** it's with great pleasure that...; **à feu ~** over a brisk heat; **l'air est ~ ce matin** it's chilly this morning; **l'air est ~ au bord de la mer** the sea air is bracing. -**5.** [nu - angle, arête] sharp; [- joint] dry; [- pierre] bare. -**6.** [vivant]: **être brûlé/enterré ~** to be burnt/buried alive. -**7.** GÉOG: **marée de vive eau** spring tide. -**8.** ŒNOL [vin] lively. -**9.** CHASSE [forêt, vallée] rich in OU teeming with game.

◆ **vif** *nm* -**1.** [chair vivante]: **le ~** the living flesh, the quick ❑ **piquer qqn au ~** to cut sb to the quick; **être piqué au ~** to be cut to the quick. -**2.** [centre]: **trancher** OU **tailler dans le ~** to go straight to the point; **entrer dans le ~ du sujet** to get to the heart of the matter. -**3.** PÊCHE: **le ~** livebait. -**4.** JUR living person. -**5.** CONSTR sharp edge. -**6.** GÉOG: **le ~ de l'eau** new moon and full moon tides.

◆ **à vif** ◇ *loc adj* [blessure] open; **la chair était à ~** the flesh was exposed.

◇ *loc adv*: **éplucher une orange à ~** *to peel an orange and remove all the pith round the segments.*

◆ **de vive voix** *loc adv* personally; **je le lui dirai de vive voix** I'll tell him personally.

◆ **sur le vif** *loc adv* [peindre] from life; [commenter] on the spot; **ces photos ont été prises sur le ~** these photos were unposed.

vif-argent [vifarʒɑ̃] (*pl* **vifs-argents**) *nm* quicksilver; **c'est du** OU **un** *fam* **~** he's a bundle of energy.

vigie [viʒi] *nf* -**1.** RAIL observation box; **~ de frein/signaux** brake/signal cabin. -**2.** NAUT [balise] danger-buoy; *vieilli* [guetteur] look-out; [poste] look-out post; [panier] crow's nest; **être de ~** to be on look-out (duty) OU on watch, to keep watch.

vigilance [viʒilɑ̃s] *nf* vigilance, watchfulness; **sa ~ s'est relâchée** he's become less vigilant.

vigilant, e [viʒilɑ̃, ɑ̃t] *adj* [personne, regard] vigilant, watchful; [soins] vigilant; **soyez ~!** watch out!; **sous l'œil ~ de leur mère** under the (ever) watchful eye of their mother.

vigile [viʒil] ◇ *nm* -**1.** [d'une communauté] vigilante; [veilleur de nuit] night watchman; [surveillant] guard. -**2.** ANTIQ watch.

◇ *nf* RELIG vigil.

vigne [viɲ] *nf* -**1.** AGR vine, grapevine; [vignoble] vineyard; **la ~ pousse bien par ici** it's easy to grow vines around here; **une région de ~s** a wine-producing region ❑ **être dans les ~s du Seigneur** to be drunk. -**2.** BOT: **~ vierge** Virginia creeper.

vigneau, x [viɲo] *nm* winkle.

vigneron, onne [viɲrɔ̃, ɔn] *nm, f* wine-grower, wine-producer.

vignette [viɲɛt] *nf* -**1.** COMM (manufacturer's) label; [sur un médicament] label OU sticker *(for reimbursement within the French Social Security scheme)*. -**2.** ADMIN & AUT: **~ (auto** OU **automobile)** ≃ (road) tax disc *Br*, ≃ (car) registration sticker *Am*. -**3.** BX-ARTS [sur un livre, une gravure] vignette.

VIGNETTE:
1. The "vignette automobile" is a circular sticker which drivers are required to display in their car window to prove payment of road tax.
2. The word "vignette" also refers to the removable price sticker on pharmaceutical products which has to be affixed to the "feuille de soins" (claim form for reimbursement of medical expenses) before it is sent to the "Sécurité sociale".

vignoble [viɲɔbl] *nm* vineyard; **le ~ italien/alsacien** the vineyards of Italy/Alsace; **une région de ~s** a wine-growing area.

vignot [viɲo] = **vigneau.**

vigogne [vigɔɲ] *nf* -**1.** ZOOL vicuna. -**2.** [laine] vicuna (wool).

vigoureusement [viguʀøzmɑ̃] *adv* [frapper, frictionner] vigorously, energetically; [se défendre] vigorously; [protester] forcefully.

vigoureux, euse [viguʀø, øz] *adj* -**1.** [fort - homme] vigorous, sturdy; [- membres] strong, sturdy; [- arbre, plante] sturdy; [- santé] robust; [- poignée de main, répression] vigorous; **il est encore ~!** he's still hale and hearty OU going strong! -**2.** [langage, argument] forceful; [opposition, soutien] strong; [défense] vigorous, spirited; [contestation, effort] vigorous, forceful, powerful; [mesures] energetic.

vigueur [vigœʀ] *nf* -**1.** [d'une personne, d'une plante] strength, vigour; [d'un coup] vigour, strength, power; **avec ~** vigorously, energetically; **le bon air lui a rendu un peu de sa ~** the fresh air has perked him up a bit; **reprendre de la ~** to get some strength back. -**2.** [d'un style, d'une contestation] forcefulness, vigour; [d'un argument] forcefulness; **se défendre avec ~** to defend o.s. vigorously; **protester avec ~** to object forcefully; **admirez la ~ du trait** look at how firmly drawn the lines are.

◆ **en vigueur** ◇ *loc adj* [décret, loi, règlement] in force; [tarif, usage] current; **cesser d'être en ~** [loi] to lapse; [règlement] to cease to apply. ◇ *loc adv*: **entrer en ~** [décret, tarif] to come into force OU effect; **cette mesure entrera en ~ le 7 juillet** this measure will come into effect on July 7th.

viking [vikiŋ] *adj* Viking.

◆ **Viking** *nmf* Viking; **les Vikings** the Vikings.

vil, e [vil] *adj* -**1.** *litt* [acte, personne, sentiment] base, vile, despicable. -**2.** *litt (avant le n)* [métier, condition] lowly, humble. -**3.** *loc*: **à ~ prix** extremely cheap; **il me l'a cédé à ~ prix** he let me have it for next to nothing.

vilain, e [vilɛ̃, ɛn] ◇ *adj* -**1.** [laid - figure, personne etc] ugly; [- quartier] ugly, sordid; [- décoration, bâtiment, habit] ugly, hideous; **ils ne sont pas ~s du tout, tes dessins** your drawings aren't bad at all; **un ~ petit canard** an ugly duckling. -**2.** [méchant] naughty; **tu es un ~ garçon!** you're a naughty boy!; **c'est un ~ monsieur** he's a bad man; **la ~e bête, elle m'a mordu!** that nasty beast has bitten me!; **jouer un ~ tour à qqn** to play a rotten OU dirty trick on sb. -**3.** [sérieux - affaire, blessure, coup, maladie] nasty. -**4.** [désagréable - odeur] nasty, bad; [- temps] nasty, awful; **la matinée s'annonce ~e** it looks like really foul weather this morning.
◇ *nm, f* bad OU naughty boy (*f* girl).

◆ **vilain** *nm* -**1.** HIST villein. -**2.** *fam* [situation désagréable]: **il va y avoir du ~!** there's going to be trouble!; **ça tourne au ~!** things are getting nasty!

vilainement [vilɛnmɑ̃] *adv*: **il est ~ bâti** his body is badly proportioned.

vilebrequin [vilbʀəkɛ̃] *nm* -**1.** TECH (bit) brace. -**2.** AUT crankshaft.

vilement [vilmɑ̃] *adv* vilely, basely.

vilenie [vileni] *nf litt* -**1.** [caractère] baseness, villainy. -**2.** [action] base OU vile deed, villainous act.

vilipender [3] [vilipɑ̃de] *vt litt* to disparage, to revile; **il a été vilipendé dans la presse** he was pilloried in the press.

villa [vila] *nf* -**1.** [résidence secondaire] villa. -**2.** [pavillon] (detached) house. -**3.** ANTIQ & HIST villa. -**4.** [rue] private road.

village [vilaʒ] *nm* -**1.** [agglomération, personnes] village. -**2.** LOISIRS: **~ (de vacances)** holiday *Br* OU vacation *Am* village; **~ de toile** (holiday *Br* OU vacation *Am*) camp (under canvas).

villageois, e [vilaʒwa, az] ◇ *adj* village *(modif)*, country *(modif)*.
◇ *nm, f* villager, village resident.

ville [vil] *nf* -**1.** [agglomération] town; **grande ~** city; **il n'aime pas les grandes ~s** he doesn't like big cities; **la ~ a voté à droite** the town voted for the right; **toute la ~ en parle** it's the talk of the town; **à la ~ comme à la scène** in real life as (well as) on stage ❑ **~ d'eau** spa (town); **~ industrielle/universitaire** industrial/university town; **~ nouvelle** new town; **la Ville éternelle** the Eternal City; **la Ville lumière** the City of Light; **la Ville sainte** RELIG the Holy City. -**2.** [quartier]: **~ haute/basse** upper/lower part of town. -**3.** ADMIN: **la ~** [administration] the local authority; [représentants] the (town) council. -**4.** [milieu non rural]: **la ~** towns, cities; **les gens de la ~** city-dwellers, townspeople; **la vie à la ~** town OU city life; **je viens profiter un peu de la ~** I've come to sample the delights of city life.

◆ **de ville** *loc adj* -**1.** VÊT: **chaussures/tenue de ~** shoes/outfit for wearing in town. -**2.** IMPR: **travaux de ~** jobbing work.

◆ **en ville** *loc adv*: **aller en ~** to go to OU into town *Br*, to go downtown *Am*; **aller habiter en ~** [venant de la campagne] to move to the city; [venant de la banlieue] to move to the town centre *Br* OU downtown *Am*; **et si nous dînions en ~?** let's eat out tonight; **trouver un studio en ~** to find a flat *Br* OU studio apartment *Am* in town.

ville-champignon [vilʃɑ̃piɲɔ̃] (*pl* **villes-champignons**) *nf* fast-expanding town.

ville-dortoir [vildɔʀtwaʀ] (*pl* **villes-dortoirs**) *nf* dormitory town.

villégiature [vileʒjatyʀ] *nf* holiday *Br*, vacation *Am*; **être en ~** to be on holiday *Br* OU vacation *Am*; **partir en ~** to go on holiday *Br* OU vacation *Am*; **être en ~ à la campagne** to be on holiday in the countryside; **lieu de ~** holiday resort *Br*, vacation resort *Am*; **avez-vous trouvé un lieu de ~?** have you found somewhere to spend your holidays?

Villejuif [vilʒɥif] *npr Paris suburb famous for its cancer treatment centre.*

ville-satellite [vilsatelit] (*pl* **villes-satellites**) *nf* satellite town.

Villette [vilɛt] *npr f*: **la ~** *cultural complex in the north of Paris (including a science museum, theatre and park).*

villosité [vilozite] *nf* villosity; **prélèvement des ~s choriales** chorionic villus sampling.

Vilnius [vilnjys] *npr* Vilnius.

vin [vɛ̃] *nm* -**1.** ŒNOL [boisson] wine; [ensemble de récoltes] vintage; **ce sera une bonne année pour le ~** it'll be a good vintage this year; **le ~ de 1959** the 1959 vintage ❑ **grand ~, ~ de grand cru** vintage wine; **~ d'appellation d'origine contrôlée** appellation contrôlée wine; **~ blanc** white wine; **~ de Bordeaux** [rouge] claret; [blanc] white Bordeaux; **~ de Bourgogne** Burgundy; **~ bourru** new wine; **~ chaud** mulled wine; **~ de consommation courante** table wine; **~ de coupage** blended wine; **~ du cru** local wine; **~ cuit** fortified wine; **~ de messe** altar OU communion wine; **~ mousseux** sparkling wine; **~ nouveau** new wine; **~ ordinaire** table wine; **~ de pays** local wine; **~ pétillant** sparkling wine; **~ de presse** press wine, pressings; **~ du Rhin** hock; **~ rosé** rosé wine; **~ rouge** red wine; **~ de table** table wine; **~ vieux** aged wine; **avoir le ~ gai/triste/mauvais** to get merry/depressed/nasty after a few drinks; **être entre deux ~s** to be tiddly OU tipsy. -**2.** [liqueur]: **~ de canne/riz** cane/rice wine.

◆ **vin d'honneur** *nm* reception *(where wine is served).*

vinaigre [vinɛgʀ] *nm* -**1.** [condiment] vinegar; **cornichons/oignons au ~** pickled gherkins/onions ❑ **~ d'alcool/de cidre/de vin** spirit/cider/wine vinegar; **~ à l'estragon** tarragon vinegar. -**2.** *fam loc*: **tourner au ~** [vin] to turn sour; **la discussion a tourné au ~** the discussion turned sour; **les choses ont tourné au ~** things definitely went wrong; **faites ~** hurry up, get a move on; JEUX go very fast *(with a skipping rope).*

vinaigrer [4] [vinegʀe] *vt* to add vinegar to; **ce n'est pas assez vinaigré** there's too little vinegar; **de l'eau vinaigrée** water with a touch of vinegar added.

vinaigrerie [vinɛgʀəʀi] *nf* -**1.** [fabrique] vinegar factory. -**2.** [production] vinegar making. -**3.** [commerce] vinegar trade.

vinaigrette [vinɛgʀɛt] *nf* vinaigrette, French dressing; **haricots à la** OU **en ~** beans with vinaigrette OU French dressing.

vinaigrier [vinɛgʀije] *nm* -**1.** [bouteille] vinegar bottle. -**2.** [fabricant] vinegar maker OU manufacturer.

vinasse [vinas] *nf* -**1.** *fam péj* [vin] plonk *Br*, jug wine *Am*. -**2.** [résidu] vinasse.

vindicatif, ive [vɛ̃dikatif, iv] *adj* vindictive.

vindicte [vɛ̃dikt] *nf* -**1.** JUR: **la ~ publique** prosecution and punishment; **désigner** OU **livrer qqn à la ~ populaire** to expose sb to trial by the mob. -**2.** *litt* [punition]: **exercer des ~s** to punish crimes.

viner [3] [vine] *vt* to add alcohol to.

vineux, euse [vinø, øz] *adj* -**1.** [rappelant le vin - visage] blotchy; [- goût] wine-like; [- haleine] which reeks of wine; [- melon] wine-flavoured; **d'une couleur vineuse** wine-coloured. -**2.** ŒNOL: **vin ~** wine with a high alcohol content.

vingt [vɛ̃] ◇ *adj num* twenty; **je te l'ai dit ~ fois!** I've told you a hundred times!; **je n'ai plus ~ ans!** I'm not as young as I used to be!; **ah, si j'avais encore mes jambes/mon cœur de ~ ans!** if only I still had the legs/the heart of a twenty year-old! ❑ **~ dieux!** *fam vieilli*: **~ dieux, la belle fille!** strewth *Br* OU Lord *Am*, what a beauty!; **ne touche pas à ça, ~ dieux!** leave that alone, for God's sake!
◇ *nm* twenty; **il a joué trois fois le ~** he played three times on number twenty; **le ~ de chaque mois** the twentieth of the month.

vingtaine [vɛ̃tɛn] *nf*: **une ~** twenty or so, around twenty; **une ~ d'élèves** around twenty pupils.

vingt-deux [vɛ̃tdø] *adj num* twenty-two, **~ v'là les flics!**▽ watch out, here come the cops!

vingt-et-un [vɛ̃teœ̃] ◇ *adj num* twenty-one.
◇ *nm* JEUX pontoon *Br*, vingt-et-un, twenty-one.

vingtième [vɛ̃tjɛm] *adj ord & nmf* twentieth.

vingtièmement [vɛ̃tjɛmmɑ̃] *adv* in the twentieth place.

vingt-quatre [vɛ̃tkatʀ] *adj num* twenty-four; **~ heures sur ~** round the clock; **surveillé ~ heures sur ~** under round-the-clock surveillance.

vinicole [vinikɔl] *adj* [pays] wine-growing; [industrie, production] wine *(modif)*; **entreprise ~** wine-making firm *Br*, winery *Am*.

vinifère [vinifɛʀ] *adj* viniferous, wine-producing.

vinification [vinifikasjɔ̃] *nf* [de jus de fruits] vinification; [pour l'obtention de vin] wine-making process.

vinifier [9] [vinifje] *vt* to make into wine.

Vintimille [vɛ̃timij] *npr* Ventimiglia.

vinyle [vinil] *nm* vinyl.

vinylique [vinilik] *adj* vinyl *(modif)*.

vioc, vioque▽ [vjɔk] *nm, f* -**1.** [vieille personne] old codger (*f* biddy), old timer *Am*. -**2.** [père, mère]: **la** OU **ma vioque** my old lady; **le** OU **mon ~** my old man; **mes ~s** my old folks.

viol [vjɔl] *nm* [d'une personne] rape; [d'un sanctuaire] violation, desecration.

violacé, e [vjɔlase] *adj* purplish-blue; **les mains ~es par le froid** hands blue with cold.
◆ **violacée** *nf* member of the Violaceae.

violacer [16] [vjɔlase]
◆ **se violacer** *vpi* [visage] to turn OU to go OU to become purple; [mains] to turn OU to go OU to become blue.

violateur, trice [vjɔlatœr, tris] *nm, f* [d'une loi, d'une constitution] transgressor; [d'un sanctuaire, d'une sépulture] violator, desecrator.

violation [vjɔlasjɔ̃] *nf* -**1.** [d'une loi, d'une règle] violation; [d'un serment] breach; [d'un accord] violation, breach. -**2.** [d'un sanctuaire, d'une sépulture] violation, desecration; **~ de domicile** forcible entry *(into somebody's home)*.

violâtre [vjɔlatr] *adj litt* purplish, blue.

viole [vjɔl] *nf* viol; **~ d'amour** viola d'amore; **~ de bras** viola da braccio; **~ de gambe** bass viol, viola da gamba.

violemment [vjɔlamɑ̃] *adv* [frapper] violently; [protester] vehemently; [désirer] passionately; **il se jeta ~ sur moi** he hurled himself at me.

violence [vjɔlɑ̃s] *nf* -**1.** [brutalité - d'un affrontement, d'un coup, d'une personne] violence; [- d'un sport] roughness, brutality; **avec ~** with violence, violently; **scène de ~** violent scene; **quand il est ivre, il est d'une grande ~** he gets very violent when he's drunk; **pour mesurer la ~ de l'attaque** to realize how violent OU brutal the attack was; **sous la ~ du choc, il est tombé** the violence of the blow threw him to the ground; **obliger qqn à faire qqch par la ~** to force sb to do sthg by violent means; **répondre à la ~ par la ~** to meet violence with violence; **faire ~ à une femme** *arch* to violate a woman ‖ *fig*: **faire ~ à** [principes, sentiments] to do violence to, to go against; [texte] to do violence to, to distort the meaning of; **se faire ~** to force o.s. -**2.** [acte] assault, violent act; **subir des ~s** to be the victim of assault ❑ **~ à agent** assault on (the person of) a police officer. -**3.** [intensité - d'un sentiment, d'une sensation] intensity; [- d'un séisme, du vent etc] violence, fierceness; **le vent soufflait avec ~** the wind was raging.

violent, e [vjɔlɑ̃, ɑ̃t] ◇ *adj* -**1.** [brutal - sport, jeu] rough, brutal; [- attaque, affrontement] fierce, violent, brutal; [- personne] violent, brutal; [- tempérament] violent, fiery; **se montrer ~ avec qqn** to be violent with sb; **une mort ~e** a violent death; **..., dit-il d'un ton ~ ...**, he said violently. -**2.** [intense - pluie] driving; [- vent, tempête] violent, raging; [- couleur] harsh, glaring; [- parfum] pungent, overpowering; [- effort] huge, strenuous; [- besoin, envie] intense, uncontrollable, urgent; [- douleur] violent; **un ~ mal de tête** a splitting headache; **une ~e douleur au côté** a shooting pain in one's side. -**3.** *fam* [qui scandalise]: **c'est un peu ~!** that's a bit much!
◇ *nm, f* violent person.

violenter [3] [vjɔlɑ̃te] *vt* -**1.** [femme] to assault sexually; **elle a été violentée** she was sexually assaulted. -**2.** *litt* [désir, penchant] to do violence to, to go against.

violer [3] [vjɔle] *vt* -**1.** [personne] to rape; **se faire ~** to be raped. -**2.** [loi, règle] to violate; [serment] to break; [accord, secret professionnel] to violate, to break. -**3.** [sanctuaire, sépulture] to violate, to desecrate; **~ le domicile de qqn** JUR to force entry into sb's home; **~ les consciences** *fig* to violate people's consciences.

violet, ette [vjɔlɛ, ɛt] *adj* purple, violet; **ses mains ~tes de froid** her hands blue with cold.
◆ **violet** *nm* purple, violet (colour).
◆ **violette** *nf* violet; **~te odorante/de Parme** sweet/Parma violet.

violeur, euse [vjɔlœr, øz] *nm, f* rapist.

violine [vjɔlin] *adj* dark purple.

violon [vjɔlɔ̃] *nm* -**1.** MUS [instrument - d'orchestre] violin; [- de violoneux] fiddle; [artiste]: **premier ~ (solo)** first violin; **second ~** second violin; **jouer les seconds** OU **troisièmes ~s** *fig* to play second fiddle; **~ d'Ingres** hobby. -**2.** *fam* [prison] cells; **passer la nuit au ~** to be kept overnight in the cells OU down the station.

violoncelle [vjɔlɔ̃sɛl] *nm* cello, violoncello *spéc*.

violoncelliste [vjɔlɔ̃selist] *nmf* cellist, cello player, violoncellist *spéc*.

violoneux [vjɔlɔnø] *nm péj* (mediocre) violinist.

violoniste [vjɔlɔnist] *nmf* violinist, violin-player.

vioque▽ [vjɔk] *f* → **vioc**.

viorne [vjɔrn] *nf* viburnum.

VIP [viajpi, veipe] (*abr de* **very important person**) *nm* VIP.

vipère [vipɛr] *nf* adder, viper; **c'est une vraie ~** *fig* & *péj* she's really vicious.

vipereau, x [vipro], **vipéreau, x** [vipero] *nm* young viper.

vipérin, e [viperɛ̃, in] *adj* -**1.** ZOOL viperine; **couleuvre ~e** viperine snake. -**2.** *litt* [méchant] viperish, vicious.
◆ **vipérine** *nf* -**1.** ZOOL viperine snake. -**2.** BOT viper's bugloss.

virage [viraʒ] *nm* -**1.** [d'une route] bend, turn *Am*, curve; **elle était à 110 km/h dans les ~s** she was taking the bends at 110 km/h; **prendre un ~** to take a bend, to go round a bend; **prendre un ~ à la corde** to hug the bend; **prendre un ~ sur les chapeaux de roue** to take a bend OU turn on two wheels ❑ **~ en épingle à cheveux** hairpin bend; **~ en S** S-bend, S-curve *Am*; **~ relevé** banked corner. -**2.** [mouvement - d'un véhicule, au ski] turn; **faire un ~ incliné** OU **sur l'aile** AÉRON to bank an aeroplane; **faire faire un ~ sur l'aile à un avion** to bank an aeroplane. -**3.** [changement - d'attitude, d'idéologie] (drastic) change OU shift; **~ à droite/gauche** POL shift to the right/left. -**4.** PHOT toning *(U)*. -**5.** CHIM change in colour. -**6.** MÉD: **~ de cuti-réaction** positive reaction to a skin test.

virago [virago] *nf* virago, shrew *fig*.

viral, e, aux [viral, o] *adj* viral; **maladie ~e** viral infection OU illness.

vire [vir] *nf* ledge.

virée *fam* [vire] *nf* -**1.** [promenade]: **faire une ~ à vélo/en voiture** to go for a bicycle ride/a drive; **si on faisait une ~ dans les bars du coin?** let's hit the local bars. -**2.** [court voyage] trip, tour, jaunt; **on a fait une petite ~ en Bretagne** we went for a little jaunt to Brittany.

virelai [virlɛ] *nm* virelay.

virement [virmɑ̃] *nm* -**1.** BANQUE: **faire un ~ de 2 000 francs sur un compte** to transfer 2,000 francs to an account ❑ **~ bancaire** bank transfer; **~ de crédit** credit transfer. -**2.** NAUT: **~ de bord** tacking.

virer [3] [vire] ◇ *vi* -**1.** [voiture] to turn; [vent] to veer; [grue] to turn round; [personne] to turn OU to pivot round; **~ sur l'aile** AÉRON to bank; **~ de bord** NAUT [gén] to veer; [voilier] to tack; *fig* to take a new line OU tack; **faire ~ un bateau** to veer a boat; **~ vent arrière** to wear; **~ au cabestan** to heave at the capstan. -**2.** CHIM [liquide] to change colour. -**3.** MÉD [cuti-réaction] to come up positive. -**4.** PHOT to tone.
◇ *vt* -**1.** BANQUE to transfer; **~ 300 francs sur un compte** to transfer 300 francs to an account. -**2.** *fam* [jeter - meuble, papiers] to chuck (out), to ditch; **vire-moi ces journaux de là** get those papers out of there. -**3.** *fam* [renvoyer - employé] to fire, to sack *Br*; [- importun] to kick OU to chuck out *(sép)*; **se faire ~** [employé] to get the sack *Br* OU the bounce *Am*; **je me suis fait ~ de chez moi** I got kicked OU thrown out of my place. -**4.** MÉD: **il a viré sa cuti** *pr* his skin test was positive; *fig fam* he changed radically. -**5.** NAUT to veer; **virez l'ancre!** weigh the anchor! -**6.** PHOT to tone.
◆ **virer à** *v + prép*: **~ à l'aigre** [vin] to turn sour; **~ au vert/rouge** to turn green/red.

vireur [virœr] *nm* MÉCAN turning gear.

vireux, euse [virø, øz] *adj* noxious, poisonous BOT.

virevolte [virvɔlt] *nf* -**1.** [pirouette] pirouette, twirl; **faire des ~s** to pirouette. -**2.** *fig* [changement] volte-face; **faire des ~s** to chop and change.

virevolter [3] [virvɔlte] *vi* -**1.** [tourner sur soi] to pirouette, to spin round *(insép)*; **il l'a fait ~** he spun her around. -**2.** [s'agiter] to dance around; **elle virevoltait gaiement dans la maison** she was flitting happily about the house; **j'ai des taches qui virevoltent devant les yeux** I've got spots before my eyes.

Virgile [virʒil] *npr* Virgil.

virginal, e, aux [virʒinal, o] *adj* virginal, maidenly; **d'une blancheur ~e** *litt* virgin OU lily white.
◆ **virginal** *nm*, **virginale** *nf* MUS virginals.

Virginie [virʒini] ◇ *nm* Virginia (tobacco).
◇ *npr f* GÉOG: **(la) ~** Virginia; **(la) ~-Occidentale** West Virginia.

virginité [virʒinite] *nf* -**1.** [d'une personne] virginity; **perdre sa ~** to lose one's virginity; **le parti devra se refaire une ~** *fig* the party will have to forge itself a new reputation. -**2.** *litt* [d'un lys, de la neige] purity.

virgule [virgyl] *nf* -**1.** [dans un texte] comma; **copier qqch sans y changer une ~** to copy sthg out without a single alteration. -**2.** MATH (decimal) point; **4 ~ 9** 4 point 9 ❑ **~ flottante** floating comma.

viril, e [viril] *adj* -**1.** [force, langage] manly, virile. -**2.** [sexuellement] virile.

virilisant, e [virilizɑ̃, ɑ̃t] *adj* causing the development of male sexual characteristics.

viriliser [3] [virilize] *vt* -**1.** BIOL [suj: médicament] to cause the development of male sexual characteristics in. -**2.** [en apparence - suj: sport] to make more masculine in appearance.

virilisme [virilism] *nm* virilism.

virilité [virilite] *nf* -**1.** [gén] virility, manliness. -**2.** [vigueur sexuelle] virility.

virole [virɔl] *nf* -**1.** [d'une canne, d'un manche] ferrule. -**2.** TECH collar.

virologie [virɔlɔʒi] *nf* virology.

virologiste [virɔlɔʒist] *nmf* virologist.

virtualité [virtɥalite] *nf* virtuality.

virtuel, elle [virtɥɛl] *adj* -**1.** [fait, valeur] potential. -**2.** INF, OPT & PHYS virtual.

virtuellement [virtɥɛlmɑ̃] *adv* -**1.** [potentiellement] potentially. -**2.** [très probablement] virtually, to all intents and purposes, practically.

virtuose [virtɥoz] *nmf* MUS virtuoso; **~ du violon** violin virtuoso; **c'est une ~ du tennis/de l'aiguille** she's a brilliant tennis player/needlewoman.

virtuosité [virtɥozite] *nf* virtuosity; **elle a joué la fugue avec une grande ~** she gave a virtuoso rendering of the fugue; **manier le pinceau avec ~** to be a brilliant painter.

virulence [virylɑ̃s] *nf* -**1.** [d'un reproche, d'un discours] virulence, viciousness, venom. -**2.** MÉD virulence.

virulent, e [virylɑ̃, ɑ̃t] *adj* -**1.** [critique, discours] virulent, vicious, venomous; [haine] burning, bitter. -**2.** MÉD [agent, poison] virulent.

virus [virys] *nm* -**1.** BIOL virus; **le ~ de la grippe** the influenza virus ❑ **~ filtrant** filterable virus. -**2.** *fig*: **tout le pays était atteint par le ~ du loto** the whole country was gripped by lottery fever; **elle a attrapé le ~ du deltaplane** *fam* she's completely hooked on hang-gliding, she's got the hang-gliding bug; **pour ceux qui ont le ~ de la photo** for photography enthusiasts. -**3.** INF virus.

vis [vis] *nf* -**1.** TECH screw; **~ d'Archimède** Archimedes' screw; **~ autotaraudeuse** self-tapping screw; **~ à bois** woodscrew; **~ de direction** worm; **~ micrométrique** micrometer screw; **~ platinée** AUT contact point; **~ sans fin** worm OU endless screw; **~ de serrage** setscrew. -**2.** [spirale]: **escalier à** OU **en ~** spiral staircase.

visa [viza] *nm* -**1.** [sur un passeport] visa; **un ~ pour l'Australie** a visa for Australia ❑ **~ de touriste** OU **de visiteur** tourist *Br* OU nonimmigrant *Am* visa; **~ de sortie** exit visa; **~ de transit** transit visa. -**2.** [sur un document] stamp;

apposer un ~ sur to stamp ❑ ~ de censure CIN (censor's) certificate.

Visa® [viza] *nf*: la (carte) ~ Visa® (card).

visage [vizaʒ] *nm* -**1.** [d'une personne] face; **au ~ rond** round-faced; **il n'avait plus ~ humain** he was completely disfigured; **j'aime voir de nouveaux ~s** I like to see new faces OU to meet new people; **elle a changé de ~ depuis l'opération** her face looks different since the operation; **il a soudain changé de ~** his expression suddenly changed ❑ **Visage pâle** paleface; **faire bon ~ à qqn** to put on a show of friendliness for sb; **à ~ découvert** [sans masque] unmasked; [sans voile] unveiled; [ouvertement] openly. -**2.** [aspect] aspect; **l'Afrique aux multiples ~s** the many faces of Africa; **enfin une ville à ~ humain!** at last a town made for people to live in!; **le vrai ~ de** [la nature de] the true nature OU face of; **elle révélait enfin son vrai ~** she was revealing her true self OU nature at last; **il nous montre le vrai ~ du fascisme** he shows us the true face of fascism.

visagiste [vizaʒist] *nmf* hair stylist.

vis-à-vis [vizavi] *nm* -**1.** [personne en face]: **mon ~** the person opposite me; **au dîner, j'avais le président pour ~** at dinner, I was seated opposite the president; **faire ~ à qqn** to be opposite sb, to face sb; **le passager qui lui faisait ~** the passenger who was sitting opposite her. -**2.** [immeuble d'en face]: **nous n'avons pas de ~** there are no buildings directly opposite. -**3.** [canapé] tête-à-tête.

◆ **vis-à-vis de** *loc prép* -**1.** [en face de]: **être ~ de qqn** to be opposite sb; **les statues sont ~ l'une de l'autre** the statues are opposite OU facing one another. -**2.** [envers] towards, vis-à-vis; **ce n'est pas très juste ~ du reste de la famille** it's not very fair to the rest of the family; **mes sentiments ~ de lui** my feelings towards OU for him; **quelle position avez-vous ~ de ce problème?** what is your position on this problem? -**3.** [par rapport à] by comparison with, next to, against; **le dollar se tient bien ~ des autres monnaies** the dollar is firm against the other currencies.

◆ **en vis-à-vis** *loc adv*: **être en ~** to be opposite each other, to be facing each other; **assis en ~** sitting opposite each other OU face-to-face.

viscéral, e, aux [viseral, o] *adj* -**1.** PHYSIOL visceral. -**2.** [dégoût] profound; [peur] deep-rooted, profound; [jalousie] pathological; **je ne l'aime pas, c'est ~** I don't like him, it's a gut feeling.

viscères [visɛr] *nmpl* viscera.

viscose [viskoz] *nf* viscose.

viscosité [viskozite] *nf* [gén & PHYS] viscosity.

visée [vize] *nf* -**1.** *(gén pl)* [intention] design, aim; **avoir des ~s sur qqn/qqch** to have designs on sb/sthg. -**2.** ARM aiming, taking aim, sighting. -**3.** CIN & PHOT viewfinding.

viser [3] [vize] ◇ *vt* -**1.** ARM [cible] to (take) aim at *(insép)*; [jambe, tête] to aim for; **bien visé!** good shot! -**2.** [aspirer à - poste] to set one's sights on *(insép)*, to aim for; [- résultats] to aim at OU for *(insép)*. -**3.** [concerner - suj: réforme] to be aimed OU directed at; [- suj: critique] to be aimed OU directed at, to be meant for; **cette loi vise plusieurs catégories de gens** this law is directed at several categories of people; **vous parlez de licenciements, qui exactement est visé?** you're talking about redundancies *Br* OU layoffs, who exactly do you have in mind?; **je ne vise personne!** I don't mean anybody in particular!; **se sentir visé** to feel one is being got at. -**4.** ▽ [regarder] to look at, to check out; **dis donc, vise un peu la chemise!** wow, check out the shirt! -**5.** ADMIN [passeport] to visa; [document - gén] to stamp; [- avec ses initiales] to initial.

◇ *vi* -**1.** MIL to (take) aim; **~ juste/trop bas** to aim accurately/too low. -**2.** *fig*: **~ (trop) haut** to set one's sights OU to aim (too) high.

◆ **viser à** *v + prép* [suj: politique, personne] to aim at; **~ à faire qqch** to aim at doing sthg; **mesures visant à faire payer les pollueurs** measures aimed at making the polluters pay.

viseur [vizœr] *nm* -**1.** ARM [gén] sight, sights; [à lunette] telescopic sight. -**2.** OPT telescopic sight. -**3.** CIN & PHOT viewfinder.

visibilité [vizibilite] *nf* visibility; **atterrir sans ~** to make a blind landing, to land blind; **~ nulle** zero visibility.

visible [vizibl] ◇ *adj* -**1.** [objet] visible; **~ à l'œil nu** visible to the naked eye; **la tache est encore bien ~** the stain is still visible, you can still see the stain. -**2.** [évident - gêne, intérêt, mépris] obvious, visible; [- amélioration, différence] visible, perceptible; **elle m'en veut, c'est ~** she resents me, it's obvious; **il est ~ que...** it's obvious OU clear that... -**3.** *sout* [prêt à recevoir]: **elle est ~ de midi à 4 h** she receives visitors between 12 and 4; **je ne serai pas ~ demain** *hum* I won't be available to callers tomorrow.
◇ *nm*: **le ~** that which is visible.

visiblement [viziblǝmɑ̃] *adv* [gêné, mécontent] obviously, visibly; [amélioré] perceptibly, visibly; **~, ils se connaissaient déjà** they'd obviously met before.

visière [vizjɛr] *nf* [gén] eyeshade *Br*, vizor *Am*; [d'un casque] visor, vizor; [d'une casquette] peak.

visigoth, e [vizigo, ɔt] *adj* Visigothic.

◆ **Visigoth, e** *nm, f*: **les Visigoths** the Visigoths.

visioconférence [vizjokɔ̃ferɑ̃s] *nf* videoconference.

vision [vizjɔ̃] *nf* -**1.** [idée] view, outlook; **nous n'avons pas la même ~ des choses** we see things differently; **sa ~ idéaliste du mariage** his idealistic view of married life; **sa ~ du monde** her world view. -**2.** [image] vision; [hallucination] vision, apparition; **une épouvantable ~ de notre avenir** a nightmarish vision of our future; **tu as des ~s!** *fam hum* you're seeing things! -**3.** PHYSIOL vision; **la ~ chez l'homme comprend quatre fonctions** human vision consists of four functions.

visionnage [vizjɔnaʒ] *nm* viewing.

visionnaire [vizjɔnɛr] *adj* & *nmf* visionary.

visionner [3] [vizjɔne] *vt* [film, émission] to view; [diapositives] to look at.

visionneuse [vizjɔnøz] *nf* viewer.

visiophone [vizjɔfɔn] *nm* videophone, viewphone.

Visitation [vizitasjɔ̃] *nf* RELIG: **la ~** the Visitation.

visite [vizit] *nf* -**1.** [chez quelqu'un - gén] visit; [- courte] call; **~ éclair** flying visit; **avoir OU recevoir la ~ de qqn** to have a visit from sb; **avoir la ~ de la police** to receive a visit from the police; **avoir la ~ d'un représentant** to be called on by a rep; **je m'attendais à sa ~** I was expecting him to call; **rendre ~ à qqn** to pay sb a visit, to call on sb, to visit sb; **être en ~ chez qqn** to be paying sb a visit, to be visiting sb OU with sb *Am* ❑ **~ officielle/privée** official/private visit; **~ de politesse** courtesy call OU visit. -**2.** [à l'hôpital, auprès d'un détenu] visit; **heures de ~** visiting hours. -**3.** [visiteur]: **avoir une ~** to have a visitor; **tu attends de la** *fam* **OU une ~?** are you expecting a visitor OU somebody? -**4.** [exploration - d'un lieu] visit, tour; **~ guidée** guided tour. -**5.** [d'un médecin - chez le patient] visit, call; [- dans un hôpital] (ward) round; **le chirurgien fait sa ~ tous les matins** the surgeon does his (ward) round every morning ❑ **~ de contrôle** follow-up examination; **~ à domicile** house call OU visit; **~ médicale** medical OU physical *Am* examination, medical, physical *Am*; **passer une ~ médicale** to undergo a medical examination, to take a physical examination *Am*; **tu as passé la ~?** *fam* did you have your medical OU physical *Am*?; MIL have you seen the MO? -**6.** [inspection - pour acheter] viewing; [- pour surveiller] inspection; **~ domiciliaire** house search; **~ de douane** customs inspection; **~ d'inspection** visitation, visit; **faire une ~ d'inspection de** to visit.

visiter [3] [vizite] *vt* -**1.** [se promener dans - région, monument] to visit; [- caves, musée] to go round *(insép)*, to visit; [- pour acheter] to view; [- par curiosité] to look round *(insép)*; **une personne de l'agence vous le fera ~** somebody from the agency will show you round OU *Am* through; **c'est joli ici, je peux ~?** it's nice here, can I have a look around OU can I look around?; **elle m'a fait ~ sa maison** she showed me around her house. -**2.** [rendre visite à - détenu] to visit; [- malade, indigent, client] to visit, to call on *(insép)*. -**3.** [inspecter - matériel, valise] to examine, to inspect; [- bateau] to inspect. -**4.** RELIG [diocèse] to visit; [suj: Saint-Esprit] to visit. -**5.** TEXT to perch.

visiteur, euse [vizitœr, øz] *nm, f* -**1.** [invité] visitor, caller; [d'un musée] visitor; **ils ont eu des ~s la nuit dernière** [voleurs, souris] they had visitors last night. -**2.** [professionnel]: **~ des douanes** customs inspector; **~ de prison** prison visitor. -**3.** COMM representative, rep; **~ médical** representative in pharmaceutical products, medical representative. -**4.** TEXT percher.

◆ **visiteurs** *nmpl* SPORT visiting OU away team.

vison [vizɔ̃] *nm* -**1.** ZOOL mink. -**2.** [fourrure] mink. -**3.** VÊT mink (coat).

visqueux, euse [viskø, øz] *adj* -**1.** PHYS [matière] viscous; [surface] viscid. -**2.** [peau, personne] slimy.

visser [3] [vise] *vt* -**1.** [fixer - planche, support] to screw on OU to *(sép)*; [- couvercle] to screw on OU down *(sép)*; **le miroir est vissé au mur** the mirror is screwed to the wall ‖ *fig*: **le monocle vissé à l'œil** his monocle screwed into his eye-socket; **être vissé sur son siège** to be glued to one's chair. -**2.** [en tournant - bouchon, embout] to screw on *(sép)*; [- robinet] to turn off *(sép)*. -**3.** *fam* [personne] to crack down on *(insép)*, to put the screws on; **il a toujours vissé ses gosses** he always kept a tight rein on his kids.

◆ **se visser** *vp (emploi passif)* to screw on OU in; **ampoule qui se visse** screw-in bulb.

Vistule [vistyl] *npr f*: **la ~** the River Vistula.

visu → **de visu**.

visualisation [vizɥalizasjɔ̃] *nf* -**1.** [mentale] visualization, visualizing. -**2.** INF display; **console OU écran de ~** visual display terminal OU unit, VDU.

visualiser [3] [vizɥalize] *vt* -**1.** [mentalement] to visualize. -**2.** INF to display.

visuel, elle [vizɥɛl] *adj* [mémoire, support] visual.

◆ **visuel** *nm* -**1.** INF visual display unit OU terminal, VDU. -**2.** ARM bull's eye.

visuellement [vizɥɛlmɑ̃] *adv* visually.

vital, e, aux [vital, o] *adj* -**1.** BIOL & PHYSIOL vital. -**2.** [indispensable] vital, essential; **l'agriculture est ~e pour notre région** agriculture is vital to this region; **il est ~ que...** it's vital OU essential that... -**3.** [fondamental - problème, question] vital, fundamental.

vitalisme [vitalism] *nm* vitalism.

vitalité [vitalite] *nf* [d'une personne] vitality, energy; [d'une économie] dynamism, vitality, buoyancy; [d'une expression, d'une théorie] vitality; **être plein de ~** to be full of energy.

vitamine [vitamin] *nf* vitamin; **~ A/C** vitamin A/C.

vitaminé, e [vitamine] *adj* with added vitamins, vitaminized.

vitaminique [vitaminik] *adj* vitamin *(modif)*.

vite [vit] ◇ *adv* -**1.** [rapidement - courir, marcher] fast, quickly; [- se propager] rapidly, quickly; **roule moins ~** slow down, don't drive so fast; **va plus ~** speed up, go faster; **tout s'est passé si ~ que je n'ai pas eu le temps de voir** everything happened so quickly that I didn't see a thing; **comme le temps passe ~!** doesn't time fly!; **elle apprend/travaille ~** she's a quick learner/worker; **il calcule ~** he's quick at calculations; **on fait faire des travaux, mais ça ne va pas ~** we're having some alterations done, but it's taking a long time OU it's a long job; **prenons un taxi, ça ira plus ~** let's take a taxi, it'll be quicker; **les exercices vont trop ~**

pour moi I can't keep up OU pace with the exercises; **ça a été ~ réglé** it was settled in no time at all, it was soon settled; **fais ~!** hurry up!, be quick (about it)!; **tu retournes en ville? – je fais ~** are you going back into town? – I won't be long; **et plus ~ que ça!** and be quick about it!; **~, il arrive!** quick OU hurry up, he's coming!; **prends l'argent, ~!** take the money, quick OU quickly! ❑ **~ fait** *fam* quickly; **range-moi ta chambre ~ fait!** tidy up your room and be quick about it!; **il est parti ~ fait!** he cleared off at the double!; **tu vas aller au lit ~ fait si tu continues à pleurer!** you 'll be in bed in no time at all if you carry on crying!; **ça a été du ~ fait!** it didn't take long!, that was quick work!; *péj* it's slapdash work!; **~ fait, bien fait** *fam*: **on lui a repeint sa grille ~ fait, bien fait** we gave her gate a nice new coat of paint in no time; **je vais l'envoyer se faire voir ~ fait, bien fait!**▽ I'll send him packing once and for all!; **aller plus ~ que la musique** OU **les violons** to jump the gun. -**2.** [à la hâte] quickly, in a hurry OU rush; **manger ~** to bolt one's food (down); **aller ~** [dans ses conclusions] to be hasty; **tu vas un peu ~!** you're a bit hasty!; **ne conclus pas trop ~** don't jump OU rush to conclusions ❑ **ils vont gagner – c'est ~ dit!** they're going to win – I wouldn't be so sure!; **il est assez efficace – il faut le dire ~!** he's quite efficient – well, that's one way of putting it!; **parler trop ~** to speak too soon; **ne parle pas trop ~!** don't speak too soon! -**3.** [sans tarder] quickly, soon; **il faut agir ~** we must do something quickly OU very soon; **réponds-moi aussi ~ que tu peux** answer me as quickly as you can OU as soon as possible; **envoyez ~ votre bulletin-réponse!** send your entry form now!; **j'ai ~ compris de quoi il s'agissait** I soon realized what it was all about, it didn't take me long to realize what it was all about. -**4.** [facilement] quickly, easily; **elle s'énerve ~** she loses her temper easily ❑ **méfie-toi, il a ~ fait de s'énerver** be careful, he loses his temper easily; **on a ~ fait de se brûler avec ça!** it's easy to burn yourself on that thing! -**5.** *loc*: **aller ~ en besogne** [être rapide] to be a quick worker; [être trop pressé] to be over-hasty; **tu vas l'épouser? tu vas ~ en besogne!** so you're marrying her? you didn't waste any time!; **vous allez un peu ~ en besogne, je ne vous accuse pas!** don't jump to conclusions, I haven't accused you of anything!

◇ *adj* [en langage journalistique - coureur] fast.

◆ **au plus vite** *loc adv* as soon as possible.

vitesse [vitɛs] *nf* -**1.** [d'un coureur, d'un véhicule] speed; **à la ~ de 180 km/h** at (a speed of) 180 km/h; **la ~ est limitée à 90 km/h** the speed limit is 90 km/h; **à quelle ~ rouliez-vous?** what speed were you driving at OU doing?; **faire de la ~** to drive OU to go fast; **la route est dégagée, tu peux faire un peu de ~** the road's clear, you can speed up a bit; **prendre de la ~** to pick up speed, to speed up; **gagner/perdre de la ~** to gather/to lose speed ❑ **~ ascensionnelle** AÉRON rate of climb; **~ de circulation de l'argent** ÉCON velocity of circulation of money; **~ de croisière** *pr* & *fig* cruising speed; **nous avons atteint notre ~ de croisière qui est de 750 km/h** [en avion] we're now cruising at (a speed of) 750 km/h; **le projet a maintenant atteint sa ~ de croisière** the project is now running smoothly along; **~ de pointe** top OU maximum speed; **~ relative** AÉRON airspeed; **gagner** OU **prendre qqn de ~** [à pied] to walk faster than sb; [en voiture] to go OU to drive faster than sb; *fig* to beat sb to it, to pip sb at the post *Br*, to beat sb by a nose *Am*. -**2.** PHYS [d'un corps] speed, velocity; [de la lumière] speed; **~ acquise** momentum; **~ initiale** [gén] initial speed; ARM muzzle speed; **~ de libération** escape velocity OU speed; **~ moyenne** average speed; **~ de réaction** reaction velocity OU speed; **la ~ du son** the speed of sound; **à la ~ du son** at the speed of sound. -**3.** [rythme - d'une action] speed, quickness, rapidity; [- d'une transformation] speed, rapidity; **ses cheveux poussent à une ~ incroyable!** her hair grows so fast!; **il travaille à la ~ d'un escargot!** he works so slowly OU at a snail's pace! -**4.** AUT & MÉCAN gear; **première/deuxième/troisième ~** first/second/third gear; **passer les ~s** to go up through the gears; [en rétrogradant] to go down through the gears; **les ~s ne veulent pas passer** *fam* the gearbox is sticking; **à deux ~s** *fig* two-tier; **à la ~ grand V** *fam* at the double, at a rate of knots *Br*; **et ramène-le moi à la ~ grand V!** and bring it back to me PDQ!; **il est parti à la ~ grand V** you couldn't see him for dust *hum*.

◆ **à toute vitesse** *loc adv* in double-quick time; **il est revenu à toute ~** he was back double quick.

◆ **en vitesse** *loc adv* [rapidement] quickly; [à la hâte] in a rush OU hurry; **déjeuner/se laver en ~** to have a quick lunch/wash; **écrire une lettre en ~** to dash off a letter; **je peux venir te voir en ~?** can I pop in for a minute?; **on prend un verre en ~?** shall we have a quick drink?; **sors d'ici, et en ~!** get out of here and be sharp about it!; **fais ton lit, et en ~!** make your bed and do it quickly!; **il a déguerpi en ~!** he left at the double!, he didn't hang around!

viticole [vitikɔl] *adj*: **région ~** wine-growing OU wine-producing region; **entreprise ~** winemaking company *Br*, winery *Am*; **culture ~** wine-growing, viticulture *spéc*.

viticulteur, trice [vitikyltœr, tris] *nm, f* wine-grower, wine-producer, viticulturist *spéc*.

viticulture [vitikyltyr] *nf* vine-growing, viticulture *spéc*.

vitoulet [vitulɛ] *nm Belg veal meatball.*

vitrage [vitraʒ] *nm* -**1.** [vitres] windows; [panneau] glass partition. -**2.** [verre] window glass. -**3.** [installation] glazing. -**4.** [rideau] net curtain.

vitrail, aux [vitraj, o] *nm* -**1.** [gén] stained-glass window; [non coloré] leaded glass window; **les vitraux de Chartres** the stained-glass windows of Chartres. -**2.** [technique]: **le ~** stained-glass window making.

vitre [vitr] *nf* -**1.** [plaque de verre] (window) pane. -**2.** [fenêtre] window; **faire les ~s** to clean the windows ❑ **~ arrière** AUT rear window.

vitré, e [vitre] *adj* -**1.** [porte - complètement] glass *(modif)*; [- au milieu] glazed; [panneau, toit] glass *(modif)*. -**2.** [parchemin] vitreous. -**3.** ANAT [corps, humeur] vitreous.

vitrer [3] [vitre] *vt* [fenêtre, porte] to glaze; [verrière] to fit with glass.

vitrerie [vitrəri] *nf* -**1.** [fabrique] glaziery. -**2.** [commerce] window glass trade OU industry. -**3.** [vitres] window glass.

vitreux, euse [vitrø, øz] *adj* -**1.** [terne - œil, regard] glassy, glazed. -**2.** GÉOL & PHYS vitreous. -**3.** [porcelaine] vitreous.

vitrier [vitrije] *nm* glazier.

vitrifiable [vitrifjabl] *adj* -**1.** NUCL vitrifiable. -**2.** [parquet] sealable.

vitrification [vitrifikasjɔ̃] *nf* -**1.** [d'un parquet] sealing, varnishing; [de tuiles] glazing. -**2.** [de sable, de déchets nucléaires] vitrification.

vitrifier [9] [vitrifje] *vt* -**1.** [parquet] to varnish; [tuiles] to glaze; **brique vitrifiée** glazed brick. -**2.** [déchets nucléaires, sable] to vitrify. -**3.** [ville] to destroy with nuclear weapons.

vitrine [vitrin] *nf* -**1.** [devanture] (shop *Br* OU store *Am*) window, display window; [vitre] shop window; [objets exposés] window display; **faire une ~** to dress a window; **mettre qqch en ~** to put sthg (out) on display *(in the window)* ❑ **faire** OU **lécher les ~s** *fam* to do some window-shopping. -**2.** [meuble - de maison] display cabinet; [- de musée] display cabinet, showcase; [- de magasin] showcase, display case.

vitriol [vitrijɔl] *nm* vitriol; **des propos au ~** caustic OU vitriolic remarks; **une attaque au ~** a vitriolic OU devastating attack.

vitrioler [3] [vitrijɔle] *vt* -**1.** [traiter] to vitriolize. -**2.** [blesser]: **~ qqn** to attack sb with acid; **il a été vitriolé** he had sulphuric acid thrown in his face.

vitro → **in vitro**.

vitrocéramique [vitroseramik] *adj*: **plaque ~** ceramic hob.

vitupérations [vityperasjɔ̃] *nfpl sout* vituperation, vilification, verbal abuse.

vitupérer [18] [vitypere] ◇ *vi litt* to vituperate; **~ contre qqn/qqch** to inveigh against sb/sthg. ◇ *vt sout* to vituperate, to inveigh against.

vivable [vivabl] *adj* [situation] bearable; [habitation] fit for living in; [personne]: **elle n'est pas ~** *fam* she's impossible to live with; **ce n'est plus ~ au bureau!** it's unbearable at the office now!

vivace [vivas] *adj* -**1.** BOT hardy; **plante ~** perennial. -**2.** [qui dure] deep-rooted; **une région où le sentiment socialiste est très ~** a staunchly socialist region; **son souvenir est encore ~** his memory is still very much alive.

vivacité [vivasite] *nf* -**1.** [promptitude - d'une attaque, d'une démarche, d'un geste] briskness; [- d'une intelligence] sharpness, acuteness; **elle s'est retournée avec ~** she turned round sharply; **~ d'esprit** quick-wittedness. -**2.** [brusquerie - d'une personne, de propos] brusqueness; **~ d'humeur** hotness of temper, quick-temperedness; **la ~ de sa réplique** the sharpness of his reply. -**3.** [entrain - d'une personne, d'un style] vivaciousness, vivacity, liveliness; [- d'un marché] liveliness, buoyancy; [- d'une description] vividness, liveliness; [- d'un regard] vivacity; **parler avec ~** to speak animatedly; **la ~ de la conversation** the lively pace of the conversation. -**4.** [force - d'une douleur] sharpness, intensity; [- du froid] bitterness, sharpness; [- d'une impression] vividness, keenness; [- d'une couleur] brightness, vividness; [- d'une lumière] brightness.

vivandière [vivɑ̃djɛr] *nf arch* vivandière.

vivant, e [vivɑ̃, ɑ̃t] *adj* -**1.** BIOL [organisme] living; [personne, animal] alive; **enterré ~** buried alive; **je suis ~!** I'm alive!; **j'en suis sorti ~** I lived to tell the tale, I survived; **cuire un homard ~** to cook a live lobster OU a lobster alive; **lui ~, personne n'allait là-bas** while he was alive, nobody went there. -**2.** [existant - croyance, tradition, souvenir] living; **l'emploi du mot est resté très ~** the term is still very much in use. -**3.** [animé - enfant, conférence, présentation] lively, spirited; [- bourg, rue] lively, bustling, full of life; **c'est une classe très ~e** it's a very lively class. -**4.** [réaliste - description, style] vivid. -**5.** [constitué d'humains - rempart] human. -**6.** [incarné, personnifié - preuve, exemple, témoignage] living.

◆ **vivant** *nm* -**1.** [période]: **de son ~** [dans le passé] when he was alive; [dans le présent] as long as he lives; **je ne verrai pas ça de mon ~!** I won't live to see it!; **du ~ de mon frère, j'y allais souvent** when my brother was alive, I used to go there often. -**2.** [personne]: **un bon ~** a bon viveur, a connoisseur of the good things in life.

◆ **vivants** *nmpl* RELIG: **les ~s** the living; **les ~s et les morts** [gén] the living and the dead; BIBLE the quick and the dead.

vivarium [vivarjɔm] *nm* vivarium.

vivat [viva] ◇ *nm* cheer; **s'avancer sous les ~s** to walk forth through a hail of applause. ◇ *interj arch* hurrah, bravo.

vive[2] [viv] *interj*: **~ le Canada/la République!** long live Canada/the Republic!; **~** OU **~nt les vacances!** three cheers for holidays!; **~ moi!** *fam hum* hurrah for me!

vive[3] [viv] *nf* ZOOL weever.

vivement [vivmɑ̃] *adv* -**1.** [exprime un souhait]: **~ le week-end!** I can't wait for the weekend!, roll on the weekend! *Br*, bring on the weekend! *Am*; **~ qu'il s'en aille!** I'll be glad when he's gone! -**2.** [extrêmement - ému, troublé] deeply, greatly; [- intéressé] greatly, keenly; **je souhaite ~ que...** I sincerely wish that...; **féliciter/remercier/recommander qqn ~** to congratulate/thank/recommend sb warmly. -**3.** [brusquement - interpeller] sharply; ~ **rabroué** told off in no uncertain terms. -**4.** [vite - marcher] briskly; **il se dirigea ~ vers la sortie** he walked briskly towards the exit.

vivent [viv] → **vive**.

viveur, euse [vivœr, øz] *nm, f vieilli* bon viveur.

vivier [vivje] *nm* -**1.** [d'un commerce] fish tank. -**2.** PÊCHE [enclos - pour poissons] fishpond; [- pour homards] crawl; [- d'un bateau] fish tank OU well; ~ **de capture** box trap. -**3.** *fig*: **un véritable ~ d'acteurs** a breeding ground for actors.

vivifiant, e [vivifjɑ̃, ɑ̃t] *adj* [air] bracing, invigorating; [expérience] revivifying, invigorating; [atmosphère] enlivening, revivifying.

vivifier [9] [vivifje] ◇ *vt sout* [personne] to revivify, to invigorate; [industrie, région] to bring life to; [imagination, sentiments] to quicken, to sharpen.
◇ *vi* RELIG to give life.

vivipare [vivipar] ◇ *adj* viviparous.
◇ *nmf* member of the Vivipara.

viviparité [viviparite] *nf* viviparity, viviparousness.

vivisection [vivisɛksjɔ̃] *nf* vivisection; **être contre la ~** to be an antivivisectionist, to be against live experiments.

vivo → **in vivo**.

vivoter [3] [vivɔte] *vi* [personne] to get by OU along (with little money); **il vivotait de ses tableaux** he scraped a living from his paintings.

vivre[1] [vivr] *nm*: **le ~ et le couvert** bed and board.
◆ **vivres** *nmpl* food *(U)*, foodstuffs, provisions.

vivre[2] [90] [vivr] ◇ *vi* -**1.** BIOL [personne, animal] to live, to be alive; [cellule, plante] to live; **elle vivait encore quand ils l'ont emmenée** she was still alive when they took her away; ~ **vieux** OU **longtemps** to live to a great age OU ripe old age; **elle a vécu jusqu'à 95 ans** she lived to be 95; **qu'aurait-elle pensé si elle avait vécu?** what would she have thought if she'd lived?; **à l'époque où il vivait** at the time when he was alive; **il ne lui reste plus longtemps à ~** she hasn't got much time left (to live); **il lui reste 2 mois à ~** he's got 2 months to live; **les plantes/animaux qui vivent dans l'eau** plants/animals which live in water ❑ **avoir vécu** to have had one's day. -**2.** [mener une existence] to live; ~ **en paix** to live in peace; ~ **libre et indépendant** to lead a free and independent life; **mes personnages vivent indépendamment de moi** my characters have a life of their own; ~ **malhonnêtement/pieusement** to lead a dishonest/pious life; ~ **au jour le jour** to take each day as it comes; ~ **à l'heure de l'Europe/du XXIe siècle** to live in the world of the European community/of the 21st century; ~ **dans le luxe/l'angoisse** to live in luxury/anxiety; ~ **dans le péché** to lead a sinful life; **on voit que tu n'as jamais vécu dans la misère** it's obvious you've never experienced poverty; **ne ~ que pour la musique/sa famille** to live only for music/one's family; **une rue qui vit la nuit** a street that comes alive at night; **il fait bon ~ ici** life is good OU it's a good life here; **une maison où il fait bon ~** a house that's good to live in; **elle a beaucoup vécu** she's seen life ❑ ~ **à la petite semaine** to live from day to day OU hand to mouth; **on ne vit plus** [on est inquiet] we're worried sick; [on est harassé] this isn't a life, this isn't what you can call living; **savoir ~**: **il ne sait pas ~** [il est impoli] he has no manners; [il est trop nerveux] he doesn't know how to enjoy life; **ils vécurent heureux et eurent beaucoup d'enfants** (and) they lived happily ever after. -**3.** [résider] to live; **ils sont venus ~ ici** they came to live OU to settle here; ~ **au Brésil/dans un château** to live in Brazil/in a castle; ~ **dans une** OU **en communauté** to live communally OU in a community; ~ **à la campagne ne m'a jamais attiré** country life has never appealed to me; ~ **avec qqn** [maritalement] to live with sb; [en amis] to share OU to live with sb; ~ **ensemble** [couple non marié] to live together ❑ **être facile à ~** to be easygoing OU easy to get on with; **être difficile à ~** to be difficult to get on with. -**4.** [subsister] to live; **les sommes que tu lui envoies l'aident à ~** the money you send her keeps her going; **ils ont tout juste de quoi ~** they've just enough to live on; ~ **sur un seul salaire** to live OU to exist on just one salary; **faire ~ une famille** [personne] to provide a living for OU to support a family; [commerce] to provide a living for a family; ~ **bien/chichement** to have a good/poor standard of living; ~ **de** to live on; ~ **de fruits/de ses rentes** to live on fruit/on one's private income; **ils vivaient de la cueillette et de la chasse** they lived on what they gathered and hunted OU off the land; ~ **de sa plume** to live by one's pen; ~ **de chimères** to live a life of illusion; ~ **d'espérance** to live in hope ❑ **il faut bien ~!** one's got to keep the wolf from the door OU to live (somehow)!; ~ **aux crochets de qqn** to sponge off sb; ~ **de l'air du temps** to live on thin air; ~ **d'amour et d'eau fraîche** to live on love alone. -**5.** [se perpétuer - croyance, coutume] to be alive; **pour que notre entreprise vive** so that our company may continue to exist. -**6.** [donner l'impression de vie - sculpture, tableau]: **voici une description qui vit** here is a description that is full of life.
◇ *vt* -**1.** [passer par - époque, événement] to live through *(insép)*; ~ **des temps difficiles** to live through OU to experience difficult times; ~ **des jours heureux/paisibles** to spend one's days happily/peacefully. -**2.** [assumer - divorce, grossesse, retraite] to experience; **elle a mal/bien vécu mon départ** she couldn't cope/she coped well after I left. -**3.** *loc*: ~ **sa vie** to live one's own life; ~ **sa foi** to live intensely through one's faith; **il faut ~ l'instant présent** one must live for the moment.

vivrier, ère [vivrije, ɛr] *adj*: **cultures vivrières** food crops.

vizir [vizir] *nm* vizier; **le grand ~** the grand vizier.

VL (*abr de* **véhicule lourd**) *nm* HGV.

v'là [vla] *prép*: **le ~!** here he is!

Vladivostok [vladivɔstɔk] *npr* Vladivostok.

vlan, v'lan [vlɑ̃] *interj* [bruit - de porte] bang, wham, slam; [- de coup] smack, thud, wallop.

VO (*abr de* **version originale**) *nf indicates that a film is in the original language.*
◆ **en VO** *loc adj* in the original version; **en ~ sous-titrée** in the original version with subtitles.

vocable [vɔkabl] *nm* -**1.** LING term. -**2.** RELIG name, patronage; **sous le ~ de** dedicated to.

vocabulaire [vɔkabylɛr] *nm* -**1.** LING vocabulary; ~ **argotique/philosophique** slang/philosophical vocabulary; **avoir du ~** to have a wide vocabulary ❑ **quel ~!** [réprimande] language! -**2.** [lexique] lexicon, (specialized) dictionary.

vocal, e, aux [vɔkal, o] *adj* vocal.

vocalement [vɔkalmɑ̃] *adv* vocally.

vocalique [vɔkalik] *adj* vocalic, vowel *(modif)*.

vocalisation [vɔkalizasjɔ̃] *nf* LING & MUS vocalization, vocalizing.

vocalise [vɔkaliz] *nf* MUS vocalise *spéc*, singing exercise; **faire des ~s** to practise scales.

vocaliser [3] [vɔkalize] ◇ *vi* MUS to vocalize *spéc*, to practise scales.
◇ *vt* PHON to vocalize.
◆ **se vocaliser** *vpi* to become vocalized.

vocatif [vɔkatif] *nm* vocative (case).

vocation [vɔkasjɔ̃] *nf* -**1.** [d'une personne] vocation, calling; **avoir une ~ musicale/théâtrale** to have a musical/theatrical vocation; **ne pas avoir/avoir la ~ (de)** to feel no/a vocation (for); **pour être assistante sociale, il faut avoir la ~** to be a social worker, one has to feel a vocation for it; **manquer** OU **rater sa ~**: **j'ai manqué** OU **raté ma ~, j'aurais dû être architecte** I've missed my vocation, I should have been an architect; **voilà un pansement bien fait, tu as manqué** OU **raté ta ~** what a professional-looking bandage, you should have been a nurse OU you missed your vocation. -**2.** [rôle, mission]: **grâce à la ~ touristique de notre région** because our area is dedicated to tourism; **la ~ du nouveau musée est d'éduquer les jeunes** the new museum is designed to be of educational value to young people. -**3.** ADMIN: **avoir ~ à** OU **pour faire** to be empowered to do.

vociférateur, trice [vɔsiferatœr, tris] *nm, f litt* vociferant *litt*, shouter.

vocifération [vɔsiferasjɔ̃] *nf* vociferation; **des ~s** an outcry, a clamour; **sous les ~s du public** met by boos and hisses from the audience.

vociférer [18] [vɔsifere] ◇ *vi* to yell, to shout, to vociferate; ~ **contre** to inveigh against, to berate.
◇ *vt* [injures] to scream, to shout.

vodka [vɔdka] *nf* vodka.

vœu, x [vø] *nm* -**1.** [souhait] wish; **faire un ~** to (make a) wish; **tu peux faire trois ~x** you may have three wishes; **la première cerise! fais un ~!** it's the first cherry, you must make a wish!; **faire le ~ que...** to wish OU to pray that...; **je fais le ~ qu'elle revienne** I pray (that) she may come back; **il faut tenir compte des ~x de la nation** the nation's wishes must be taken into account; **exaucer un ~** to grant a wish ❑ **faire un ~ pieux** to make a vain wish. -**2.** [serment] vow; **faire ~ de tempérance** to take a vow of temperance, to take the pledge; **faire (le) ~ de faire qqch** to (make a) vow to do sthg. -**3.** RELIG: **faire ~ de pauvreté/de chasteté/d'obéissance** to take a vow of poverty/of chastity/of obedience ❑ ~**x du baptême** baptismal vows; ~**x (de religion)** (religious) vows; **prononcer ses ~x** to take one's vows.
◆ **vœux** *nmpl* [de fin d'année]: **meilleurs ~x** [sur une carte] Season's Greetings; **nous vous adressons nos meilleurs ~x** OU **nos ~x les plus sincères pour la nouvelle année** our best wishes for the New Year; **elle est venue nous présenter ses ~x** she came to wish us a happy New Year; **le président a présenté ses ~x télévisés** the president made his New Year speech OU address on TV ‖ [dans une grande occasion] wishes; **tous nos ~x pour...** our best wishes for..., with all good wishes for...; **meilleurs ~x de la part de...** with all good wishes from...; **tous nos ~x de bonheur** our very best wishes for your happiness; **tous mes ~x de prompt rétablissement** (my) best wishes for a speedy recovery, hope you get well soon; **je fais** OU **forme des ~x pour ta réussite** I wish you every success.

vogue [vɔg] *nf* -**1.** [mode] vogue, fashion, trend; **c'est la ~ des bas résille** fishnet stockings are in vogue OU fashion; **c'est la grande ~** [vêtement] it's the latest fashion; [sport] it's the latest craze. -**2.** [popularité] vogue, popularity; **connaître une grande ~** [style, activité, sport] to be very fashionable; **la ~ que connaissent actuellement les jeux vidéo** the current vogue OU craze for video games. -**3.** *Helv* [kermesse] village fête.
◆ **en vogue** *loc adj* fashionable; **une tenue très en ~** an extremely fashionable outfit; **c'est la coiffure en ~** it's the latest hairstyle; **être en ~** [vêtement] to be fashionable OU in vogue; [activité, personne] to be fashionable.

voguer [3] [vɔge] *vi* -**1.** NAUT to sail; ~ **vers** [navire] to sail towards; [personne] to sail for ❑ **et vogue la galère!** *vieilli* whatever will be will be! -**2.** *litt* [nuage, image] to drift OU to be floating by.

voici [vwasi] *prép* -**1.** [désignant ce qui est proche dans l'espace] *(suivi d'un singulier)* here is, this is; *(suivi d'un pluriel)* here are, these are; ~ **mes parents** here are my parents; [dans des présentations] these are my parents; ~ **notre nouvelle voiture** this is our new car; **le ~** here he/it is; **la ~** here she/it is; **les ~!** here they are!; **en ~**: **j'ai perdu mon crayon — en ~ un** I've lost my pencil — here's one; **du riz? en ~!** rice? here you are OU there you are!; **en ~ un qui n'a pas**

peur! *fam* HE's certainly got guts!; **en ~ une surprise!** what a surprise!; **ah, te ~ enfin** so here OU there you are at last; **nous y ~!** here we are!; [dans une discussion] now...; **l'homme que ~** this man (here); **les fleurs que ~** these flowers (here) || *(tournure elliptique)*: **as-tu un timbre? — ~!** do you have a stamp? — here (you are)!; **vous voulez la clef? — ~!** do you want the key? — here!; **~ madame, ce sera tout?** here you are, madam, will there be anything else?; **~ pour vous** [en donnant un pourboire] this is for you || [opposé à 'voilà']: **~ ma sœur et voilà mon fils** this is my sister and that's my son. **-2.** [caractérisant un état]: **le ~ endormi** he's gone to sleep; **vous ~ rassuré, j'espère** I hope that's reassured you; **me ~ prêt** I'm ready now; **la ~ cassée** now it's broken; **les ~ enfin partis!** at last they've gone!; **nous ~ enfin seuls** alone at last; **nous ~ enfin arrivés!** here we are at last!; **le ~ qui veut faire du karaté maintenant!** now he wants to take up karate! ❑ **me/te/nous** *etc* **~ bien!** *fam iron* what a mess!; **il lui a tout dit, me ~ bien!** *fam* he told her everything, now what am I going to do?; **me ~ bien avancé!** *iron* a (fat) lot of good that done me! **-3.** [introduisant ce dont on va parler] *(suivi d'un singulier)* this OU here is; *(suivi d'un pluriel)* these OU here are; **~ ce qui s'est passé** this OU here is what happened; **~ nos intentions** these OU here are our plans; **~ ce que je pense** this is what I think; **~, je crains que ma demande ne vous surprenne beaucoup** now, I'm afraid my request may come as a big surprise to you; **~, c'est l'histoire d'une princesse qui...** so, it's the story of a princess who...; **~ comment on fait des crêpes** here OU this is how you make pancakes || [opposé à 'voilà']: **voilà ce que j'ai dit devant les autres, ~ maintenant ce que j'ai à te dire** that was what I said in front of the others, now this is what I have to say to you. **-4.** [pour conclure]: **~ qui m'étonne!** that's a surprise!; **~ qui est bien joué!** (now that's) well played!; **~ où mène la paresse** this OU that is what you get for being lazy; **~ pourquoi je ne lui fais pas confiance** this OU that is why I don't trust him; **~ ce que c'est que de mentir!** this OU that is where lying gets you! **-5.** [désignant une action proche dans le temps]: **et me ~ à pleurer** and here I am crying; **~ l'heure du départ** it's time to go now; **~ l'orage** here comes the storm; **~ venir le printemps** spring is coming; **~ venir Noël, ~ Noël qui arrive** Christmas is coming; **~ que la nuit tombe** (now) it's getting dark; **~ qu'arrive le mois de mai** (now) the month of May is upon us; **comme je rentrais, ~ un livreur qui arrive** just as I was arriving home a delivery man turned up; **~ le train qui arrive** here's the train coming now; **~ qu'ils recommencent avec leur musique!** their music's started (up) again! **-6.** [exprimant la durée]: **j'y suis allé ~ trois mois** I went there three months ago; **elle est partie ~ cinq minutes** she left five minutes ago; **je l'ai rencontrée ~ quelques années** I met her some years ago; **~ une heure qu'il est au téléphone** he's been on the phone for an hour; **~ deux ans que nous nous sommes perdus de vue** it's been two years (now) since we lost touch with each other.

voie [vwa] *nf* **-1.** [rue] road; **~ express** OU **rapide** express way; **~ de passage/raccordement** major/access road; **~ d'accès** access road; **~ à double sens** two-way road; **~ piétonne** pedestrian street; **~ prioritaire** main road; **la ~ publique** ADMIN (public) highway OU thoroughfare; **~ sans issue** no through road, cul-de-sac; **~ à sens unique** one-way road || TRANSP (traffic) lane; **(route à) 3 ~s** 3-lane road; **(route à) 4 ~s** [gén] 4-lane road; [séparée en deux] dual carriage way *Br* OU highway *Am*; **~ de dégagement** slip road || ANTIQ: **~ romaine** Roman way OU road; **~ sacrée** sacred way; **la ~ Appienne** the Appian Way. **-2.** [moyen d'accès] way; [itinéraire] route; **par la ~ des airs** by air; **par ~ de terre** overland, by land; **dégagez la ~!** get out of OU clear the way! || *fig*: **la ~ est libre** the road is clear; **laisser la ~ libre à qqn** to make way for sb; **ouvrir la ~ à qqn** to pave the way for sb; **ouvrir la ~ à qqch** to make way for sthg; **trouver sa ~** to find one's niche in life; **la ~ du devoir** the path of duty; **la ~ de la réussite** the road to success; **ta ~ est toute tracée** it's obvious what your next move should be ❑ **~ fluviale** OU **navigable** (inland) waterway; **~ aérienne** air route, airway; **~ de communication** communication route; **~s d'eau** watercourses; **~ maritime** sea route, seaway; **entrer dans l'Administration par la ~ royale** to take the most prestigious route into the Civil Service. **-3.** RAIL: **'ne pas traverser les ~s'** 'do not cross the tracks'; **le train pour Lausanne? ~ 2, Mademoiselle** the train to Lausanne? platform 2, Miss; **le train 242 est attendu ~ 9** train 242 is due to arrive on platform 9 ❑ **~ de garage** OU **de service** OU **de dégagement** siding; *fig*: **mettre sur une ~ de garage** [projet] to shelve, to table *Am*; [employé] to push aside, to put on the sidelines; **pour moi, la direction commerciale serait une ~ de garage** becoming head of sales would be a dead end for me; **~ étroite** narrow-gauge line; **~ montante** OU **paire** up line; **~ (ferrée)** (railway) track OU line *Br*, railroad *Am*; **~ principale** main line; **~ unique** single track. **-4.** [procédure, moyen]: **suivre la ~ hiérarchique/diplomatique/normale** to go through the official/diplomatic/usual channels; **par des ~s détournées** by devious means, by a circuitous route ❑ **par ~ de conséquence** consequently. **-5.** RELIG: **la ~ étroite** the narrow way; **les ~s du Seigneur sont impénétrables** the Lord works in mysterious ways. **-6.** CHASSE scent, track; **mettre qqn sur la ~** *pr* to put sb on the right scent; *fig* [en devinant] to give sb a clue; [dans une enquête] to put sb on the right track; **être sur la bonne ~** *pr* to have the scent; *fig* to be on the right track OU lines; **être sur la mauvaise ~** *fig* to be barking up the wrong tree. **-7.** PHARM: **par ~ orale** OU **buccale** orally; **par ~ nasale/rectale** through the nose/the rectum. **-8.** ANAT & PHYSIOL tract, duct; **par les ~s naturelles** naturally ❑ **~s biliaires** biliary ducts; **~s digestives** digestive tracts; **~s respiratoires** airways, respiratory tracts. **-9.** CHIM: **~ humide/sèche** wet/dry process. **-10.** TECH [largeur -entre deux essieux] track; [- d'un trait de scie] set; **donner de la ~ à une scie** to set a saw. **-11.** FIN: **~s et moyens** ways and means. **-12.** INF & TÉLÉC [sur bande] track; [de communication] channel; **~ d'entrée** input channel; **~ de transmission** transmission channel. **-13.** NAUT: **~ d'eau** leak; **avoir une ~ d'eau** to have sprung a leak. **-14.** ASTRON: **la Voie lactée** the Milky Way.

◆ **voies** *nfpl* JUR: **~s de fait** [coups] assault and battery; **se livrer à des ~s de fait sur qqn** to assault sb.

◆ **en bonne voie** *loc adj*: **être en bonne ~** to be going well; **maintenant, les affaires sont en bonne ~** business is looking up; **votre dossier est en bonne ~** your file is being processed.

◆ **en voie de** *loc prép*: **en ~ d'achèvement** on the way to completion; **en ~ de cicatrisation** healing over; **en ~ de construction** being built, under construction; **espèces en ~ de disparition** endangered species; **en ~ de guérison** getting better, on the road to recovery.

◆ **par la voie de** *loc prép* through, via; **régler un litige par la ~ de la négociation** to settle a conflict through negotiation.

voilà [vwala] *prép* **-1.** [désignant ce qui est éloigné] *(suivi d'un singulier)* there OU that is; *(suivi d'un pluriel)* there OU those are; **~ leur maison** there OU that is their house; **le monument que ~** that monument (there); **les ~, là-bas, au bout du jardin** there they are, down at the bottom of the garden || [opposé à 'voici']: **voici mon lit, ~ le tien** here's OU this is my bed and there's OU that's yours. **-2.** [désignant ce qui est proche] *(suivi d'un singulier)* here OU this is; *(suivi d'un pluriel)* here OU these are; **~ mes parents** here are my parents; [dans des présentations] these are my parents; **~ l'homme dont je vous ai parlé** here OU this is the man I spoke to you about; **~ ma démission** here's my resignation; **le ~** there he/it is; **la ~** there she/it is; **tiens, les ~!** look, here OU there they are!; **ah, te ~ enfin!** so here OU there you are at last!; **nous y ~!** here we are!; [dans une discussion] now...; **l'homme que ~** this man (here); **en ~: du riz? en ~!** rice? here OU there you are!; **je ne trouve pas de marteau — en ~ un** I can't find a hammer — here's one; **tu voulais un adversaire à ta mesure? en ~ un!** you wanted an opponent worthy of you? well, you've got one!; **en ~ un qui n'a pas peur!** *fam* HE's certainly got guts!; **en ~ une surprise/des manières!** what a surprise!/way to behave!; **vous vouliez la clef, ~** you wanted the key, here it is OU here you are; **~ pour vous** [en donnant un pourboire] this is for you; **~ madame, ce sera tout?** here you are, madam, will there be anything else? ❑ **et il y avait du champagne, du caviar en veux-tu en ~...** *fam* there was champagne, caviar galore... **-3.** [caractérisant un état]: **le ~ endormi** he's gone to sleep; **la ~ recousue/cassée** now it's sewn up again/broken; **me ~ prêt** I'm ready now; **les ~ enfin partis!** at last they've gone!; **nous ~ enfin seuls!** alone at last!; **comme te ~ savant!** you know so much now!; **dire que te ~ marié!** to think you're married now!; **vous ~ content maintenant?** (are you) happy now?; **les ~ comme deux ennemis** and now they're like enemies; **le ~ qui veut faire du karaté maintenant!** now he wants to take up karate!; **te ~ beau, que t'est-il arrivé?** *iron* you're in a fine state, what's happened to you? ❑ **me/te/nous** *etc* **~ bien!** *fam iron* now what a mess!; **il lui a tout dit, me ~ bien!** *fam* he told her everything, now what am I going to do?; **me ~ bien avancé!** *iron* a (fat) lot of good that's done me! **-4.** [introduisant ce dont on va parler] *(suivi d'un singulier)* this OU here is; *(suivi d'un pluriel)* these OU here are; **~ ce que je lui dirai** this OU here is what I'll say to her; **~ ce qui arrivera si...** this is what will happen if...; **~ comment il faut faire** this is OU here's how you do it; **alors ~, c'est l'histoire d'une princesse qui...** so, it's the story of a princess who...; **que veux-tu dire par là? — eh bien ~,...** what do you mean by that? — well,... || [opposé à 'voici']: **~ ce que j'ai fait jusqu'ici, voici ce que j'ai décidé maintenant** that's what I've been doing up to now, this is what I have decided to do from now on; **~ les temps difficiles qu'elle a connus, et voici, j'espère, une période plus heureuse** those were difficult days she went through, and now, I hope, she'll have a happier time. **-5.** [pour conclure] *(suivi d'un singulier)* that's; *(suivi d'un pluriel)* those are; **~ ce que j'ai fait jusqu'ici** that's what I've been doing up to now; **c'est lâche, ~ mon avis** it's cowardly, that's what I think; **~ ce que j'en pense** that's what I think of OU about it; **~ ce qui s'est passé** that's what happened; **~ bien les hommes!** how typical of OU how like men!; **~ ce que c'est, la jalousie!** that's jealousy for you!; **~ ce que c'est que de mentir!** that's where lying gets you!; **~ où mène la paresse** that's what you get for being lazy; **un hypocrite, ~ ce que tu es!** you're nothing but a hypocrite!; **~ comment il conçoit la vie!** that's his idea of life!; **~ qui est étrange!** (now) that's strange!; **~ qui est bien joué!** (now that's) well played!; **quelques jours de repos, ~ qui devrait te remettre sur pied** a few day's rest, THAT should set you right again; **et ~ pourquoi je ne lui fais pas confiance** that's why I don't trust her; **c'est cher, ~ le hic!** it's expensive, that's the only snag!; **on lui paiera les réparations et ~!** we'll pay for the repairs and that's all (there is to it)!; **ah ~, c'est parce qu'il avait peur!** so, that explains it, he was frightened!; **à vrai dire, je ne veux pas le faire — ah, ~!** to be quite frank, I don't want to do it — so that it is OU that's what it is!; **~! vous avez tout compris** that's it! you've got it; **~ tout** that's all; **on s'est quittés,**

~ **tout** we split up, that's all (there is to say). -**6.** [introduisant une objection, une restriction] : **j'en voudrais bien un, seulement ~, c'est très cher** I'd like one, but the problem is OU but you see, it's very expensive; **c'est facile, seulement ~, il fallait y penser** it's easy once you've thought of it; **j'aurais dû lui dire, mais ~, je n'ai pas osé** I should've told her, but (when it came to it) I didn't dare; **tu t'excuses, d'accord, mais ~, il est trop tard!** fine, you're apologizing, but the thing is, it's too late!; **~, j'hésitais à vous en parler, mais...** well, yes, I wasn't going to mention it, but... -**7.** [désignant une action proche dans le temps] : **~ la pluie** [il ne pleut pas encore] here comes the rain; [il pleut] it's raining; **~ venu le moment de s'expliquer** now's the moment to explain; **~ que la nuit tombe** (now) it's getting dark; **~ qu'ils remettent ça avec leur musique!** *fam* they're at it again with their music!; **~ que vous allez l'obliger à sortir, maintenant** now you're going to make him go out; **~ Monsieur, je suis à vous dans un instant** yes, sir, I'll be with you in a minute; **il y a quelqu'un? — ~, ~!** anybody in? — hang on, I'm coming!; **il vient mon dessert? — ~, ~!** is my dessert ready yet? — just coming! ❑ **ne ~-t-il pas que** *fam* : **je descends de voiture et ne ~-t-il pas qu'une contractuelle arrive!** I get out of my car and guess what, a traffic warden turns up!; **(ne) ~-t-il pas qu'on deviendrait coquette!** vain, now, are we? -**8.** [exprimant la durée] : **il est rentré ~ une heure** he's been home for an hour, he came home an hour ago; **quand il est né, ~ près de 63 ans** when he was born, nearly 63 years ago; **~ longtemps/deux mois qu'il est parti** he's been gone a long time/two months; **~ cinq minutes que je t'appelle!** I've been calling you for five minutes!

voilage [vwalaʒ] *nm* -**1.** [gauchissement - du métal] buckling; [- d'une roue] warping. -**2.** [rideau] net curtain.

voile[1] [vwal] *nm* -**1.** [d'une toilette, d'un monument] veil; **porter le ~** to wear the veil ❑ **~ de deuil** mourning veil; **~ de mariée** marriage veil; **prendre le ~** RELIG to take the veil. -**2.** TEXT [pour rideau] net, (piece of) netting; [pour chapeau] (piece of) gauze, veil. -**3.** *fig* veil; **ils ont enfin levé le ~ sur ce mystère** they have at last lifted the curtain on this mystery; **jeter** OU **mettre** OU **tirer un ~ sur** to throw a veil across, to draw a veil over; **jetons un ~ sur cet épisode** let's just forget that whole incident. -**4.** *litt* [opacité] : **un ~ de brume/fumée** a veil of mist/smoke; **un ~ de larmes devant les yeux** eyes misted up OU blurred with tears; **un ~ de tristesse vint assombrir son regard** her eyes veiled over with sadness. -**5.** MÉD : **~ au poumon** shadow on the lung; **j'ai un ~ devant** OU **sur les yeux** my vision OU sight is blurred. -**6.** AÉRON & ASTRON : **~ noir** blackout; **~ rouge** redout. -**7.** PHOT fog. -**8.** ANAT : **~ du palais** velum *spéc*, soft palate. -**9.** BOT veil. -**10.** [déformation - du métal] buckle, buckling; [- du plastique, du bois] warp, warping.

◆ **sous le voile de** *loc prép sout* in the guise of; **c'est la xénophobie sous le ~ du patriotisme** it's xenophobia in the guise of patriotism; **on voit là l'hypocrisie sous le ~ de la respectabilité** here we have hypocrisy under a cloak of respectability.

voile[2] [vwal] *nf* -**1.** NAUT sail; **faire ~ vers** to sail towards; **être sous ~s** to be under sail; **mettre à la ~** to set sail; **nous sommes rentrés à la ~** we sailed back ❑ **~ d'avant** foresail; **~ carrée/latine** square/lateen sail; **mettre les ~s** *fam* to clear off. -**2.** *litt* [bateau] sail, sailing boat. -**3.** SPORT : **la ~** sailing, yachting; **faire de la ~** to sail, to go yachting.

◆ **à voile** *loc adj* -**1.** NAUT : **bateau à ~** sailing boat; HIST clipper; **la marine à ~** sailing ships. -**2.** ▽ *loc* : **marcher à ~ et à vapeur** to be AC/DC OU bisexual.

◆ **toutes voiles dehors** *loc adv* -**1.** NAUT in full sail, all sail OU sails set. -**2.** *fam* [rapidement] like a bat out of hell.

voilé, e [vwale] *adj* -**1.** [monument, visage, personne] veiled; **des femmes ~es de noir** women veiled in black. -**2.** [couvert - lune, soleil] hazy; [- ciel] overcast; [- horizon] hazy; **le mourant avait le regard ~** the dying man had a glazed expression. -**3.** [voix] hoarse, husky. -**4.** [dissimulé - signification] obscure; **une allusion à peine ~e** a thinly veiled OU a transparent hint; **s'exprimer en termes ~s** to express o.s. in oblique OU veiled terms; **sa déception à peine ~e** his thinly-veiled disappointment. -**5.** PHOT fogged, veiled. -**6.** [déformé - métal] buckled; [- bois, plastique] warped.

voiler [3] [vwale] *vt* -**1.** [couvrir] to veil, to hide, to cover; **~ sa nudité** to hide one's nakedness. -**2.** [rendre moins net - contours] to veil; [- lumière] to dim; **des nuages voilèrent le ciel** the sky clouded over; **le regard voilé par les larmes** her eyes misty OU blurred with tears ‖ [enrouer - voix] to make husky; **la voix voilée par l'émotion/l'alcool** his voice husky with emotion/thick with drink. -**3.** *litt* [dissimuler - fautes] to conceal, to veil; [- motifs, vérité] to mask, to veil, to disguise; **sans ~ ses intentions** without disguising her intentions. -**4.** PHOT to fog. -**5.** [déformer - métal] to buckle; [- bois, plastique] to warp.

◆ **se voiler** ◇ *vpt* : **se ~ le visage** [le couvrir] to wear a veil (over one's face) ❑ **se ~ la face** to bury one's head in the sand, to hide from the truth.

◇ *vpi* -**1.** [lune, soleil] to become hazy; [ciel - de nuages] to cloud over; [- de brume] to mist over, to become hazy OU misty; **son regard s'était voilé** [mouillé de larmes] her eyes had misted over OU become blurred (with tears); [terni par la mort] her eyes had become glazed. -**2.** [voix] to grow OU to become husky. -**3.** PHOT to fog. -**4.** [métal] to buckle; [bois, plastique] to become warped.

voilerie [vwalri] *nf* sail maker's NAUT.

voilette [vwalɛt] *nf* (hat) veil.

voilier[1] [vwalje] *nm* -**1.** NAUT : **~ (de plaisance)** sailing boat, sailboat *Am*; [navire à voiles] sailing ship ‖ (*comme adj*) : **navire bon/mauvais ~** good/bad sailer. -**2.** [ouvrier] sail maker. -**3.** ZOOL [poisson] sailfish; [oiseau] : **grand ~** long-flight bird.

voilier[2], **ère** [vwalje, ɛr] *adj vieilli* [bateau] sailing; [oiseau] long-flight bird.

voilure [vwalyr] *nf* -**1.** NAUT sail, sails; **changer de/réduire la ~** to change/to shorten sail; **dans la ~** aloft, in the rigging. -**2.** AÉRON aerofoil *Br*, airfoil *Am*; **~ tournante** rotary wing ‖ [de parachute] canopy.

voir [62] [vwar] ◇ *vt* **A.** PERCEVOIR AVEC LES YEUX -**1.** [distinguer] to see; PHYSIOL to (be able to) see; **il ne voit rien de l'œil gauche** he can't see anything with his OU he's blind in the left eye; **grand-mère ne voit plus rien** grandma's lost her sight; **on n'y voit pas grand-chose dans la cave** you can hardly see a thing in the cellar; **tu vois cette étoile?** can you see that star?; **je voyais ses cartes** I could see his cards; **excusez-moi, je suis passé sans vous ~** sorry, I walked right past without seeing you; **on ne voit presque pas la reprise** the mend hardly shows; **d'ici, on voit chez le monsieur d'en face** from here, you can see into the man opposite's house; **il faut le ~ pour le croire!** you have to see it to believe it!; **je voudrais la ~ en mariée** I'd like to see her as a bride; **à les ~, on ne dirait pas qu'ils roulent sur l'or** to look at them, you wouldn't think they were very rich; **à la ~ si souriante, on ne dirait pas qu'elle souffre** when you see how cheerful she is, you wouldn't think she's in pain; **~ qqn faire** OU **qui fait qqch** to see sb do OU doing sthg; **il faut la ~ lui répondre, il faut ~ comment elle lui répond** you should see the way she speaks to him!; **on t'a vu l'embrasser** you were seen kissing her, someone saw you kiss her; **je l'ai vu qui descendait d'avion** I saw him get OU getting off the plane; **on en a vu qui pleuraient** some were seen crying ❑ **bien vu!** well spotted!; **~ le jour** [bébé] to be born; [journal] to come out; [théorie, invention] to appear; **comme je vous vois** : **je les ai vues comme je vous vois** I saw them with my own eyes; **faut ~ (ça)** *fam* : **il était habillé, faut ~!** you should have seen what he was wearing!; **elle chante, faut ~!** she can't sing to save her life!; **il faut ~ comme** *fam* OU **comment il fait une mayonnaise!** you should see how he makes mayonnaise!; **tu repasses tes pantalons il faut ~ comme!** *fam* you have a funny way of ironing your trousers!; **elle parle à ses parents il faut ~ comme!** you should hear how she talks to her parents!; **~ venir** : **cela a fait scandale — le gouvernement n'avait rien vu venir** there was a big scandal — the government hadn't seen it coming OU hadn't anticipated that; **il voit venir les coups** SPORT he anticipates the shots; **je te vois venir, tu veux de l'argent!** *fam* I can see what you're leading up to OU getting at, you want some money!; **le garagiste m'a fait payer 3 000 F — il t'a vu venir!** *fam* the mechanic charged me 3,000 F — he saw you coming!; **Noël n'est que dans trois semaines, on a le temps de ~ venir!** Christmas isn't for another three weeks, we've got plenty of time!; **j'ai mis de l'argent de côté, pour ~ venir** *fam* I've put some money away for a rainy day. -**2.** [assister à - accident, événement] to witness, to see; [- film, spectacle] to see; **personne n'a vu l'accident** there were no witnesses to OU nobody saw the accident; **c'est vrai, je l'ai vue le faire** it's true, I saw her do it; **vas-y, que je te voie faire** go ahead, let me see you do it; **je l'ai vu faire des erreurs** I saw him making OU make mistakes; **pourrais-tu ~ maltraiter un animal?** could you bear to see an animal being ill-treated?; **à ~** : **c'est un film à ~ absolument** that film is a must; **à ~, l'exposition Rouault à la galerie Moersch** well worth seeing, the Rouault exhibition at the Moersch gallery; **ici, les terrains ont vu leur prix doubler en cinq ans** land prices here doubled over five years; **les deux-roues ont vu leur vignette augmenter** road-tax has been increased for motorcycles ❑ **avoir beaucoup vu** to have seen life; **tu n'as encore rien vu** you haven't seen anything yet; **n'avoir rien vu** to be wet behind the ears OU green; **en ~** : **j'en ai vu, des choses pendant la guerre!** I saw quite a few things in the war!; **j'en ai vu d'autres!** I've seen worse!, I've been through worse!; **ils en ont vu, avec leur aînée!** their oldest girl really gave them a hard time!; **il en a vu de toutes les couleurs** OU **des vertes et des pas mûres** *fam* OU **de belles** OU **de drôles** he's been through quite a lot; **avec lui, elle en a vu de toutes les couleurs** OU **des vertes et des pas mûres!** he gave her a run for her money!; **j'en ai vu de drôles avec lui quand il était petit!** he nearly drove me up the wall when he was little!; **en faire ~ (de toutes les couleurs) à qqn** *fam* to give sb a hard time, to lead sb a merry dance; **pour ~** : **mets de l'eau dessus pour ~** pour some water on it, just to see what happens; **j'ai fait du chinois pendant un an pour ~** I studied Chinese for a year just to see how I got on; **répète un peu, pour ~!** (you DARE) say that again!; **je voudrais bien, pour ~, qu'il lui raconte tout!** I'd just LOVE him to tell her everything! -**3.** [trouver - spécimen] to see, to find, to encounter; [- qualité] to see; **il faut aller très haut pour ~ des bouquetins** you have to climb very high to see ibex; **je n'ai jamais vu tant d'assurance/de talent chez un enfant** I'd never seen so much self-confidence/talent in a child; **des chaussettes fluo? on en voit partout!** fluorescent socks? you see them everywhere!; **j'ai vu la recette dans un magazine** I saw OU found the recipe in a magazine ❑ **un homme galant comme on n'en voit plus** the kind of gentleman they don't make any more. -**4.** [inspecter - appartement] to see, to view; [- rapport] to see, to (have a) look at; [- leçon] to go OU to look over; **j'aimerais que tu voies le plan du bateau** I'd like you to have a look at the plan of the boat ‖ [remarquer] to see, to notice; **j'ai vu deux erreurs dans l'article**

I saw two mistakes in the article; **ne pas ~: il préfère ne pas ~ ses infidélités** he prefers to turn a blind eye to OU to shut his eyes to her affairs; **elle me regarde mais ne me voit pas** she stares at me but doesn't see me || [visiter] to see, to visit; **je n'ai pas encore vu le nord de l'Espagne** I've not yet been to OU seen OU visited northern Spain; **qui n'a pas vu l'Égypte n'a rien vu** unless you've seen Egypt, you haven't lived. **-5.** [consulter, recevoir - ami, médecin] to see; **puis-je vous ~ quelques minutes?** may I see you a minute?; **j'aimerais te ~ plus souvent** I'd like to see you more often OU to see more of you; **le médecin va vous ~ dans quelques instants** the doctor will be with OU see you in a few minutes; **il faut ~ un psychiatre, mon vieux!** *fam fig* you need your head examined, old man!; **dans l'attente de vous ~** looking forward to seeing you; **aller ~** to go to; **je dois aller ~ le médecin** I've got to go to the doctor's; **je vais aller ~ mes amis** I'm going to go and see my friends || [fréquenter] to see; **je vois toujours Pascale, ma vieille amie de classe** I still see OU I'm still in touch with Pascale, my old school friend; **nous avons rompu, je ne le vois plus** we split up, I don't go out with OU I'm not seeing him any more || [être en présence de]: **je la vois chaque jour** I see her every day; **je les ai vus hier par hasard** I saw them yesterday by chance; **va-t-en, je t'ai assez vu!** *fam* go away, I've seen OU had enough of you!; **quand je le vois, je pense à son père** whenever I see him I'm reminded of his father. **-6.** [se référer à]: **~ illustration p.7** see diagram p 7; **pour la conjugaison de «acquérir», ~ ce mot** for the conjugation of "acquérir" see that word; **~ ci-dessus** see above; **voyez l'horaire des trains** check OU consult the train timetable.

B. PENSER, CONCEVOIR **-1.** [imaginer] to see, to imagine, to picture; **tu me vois déguisé en évêque?** can you imagine OU see OU picture me dressed up as a bishop?; **je voyais le jardin plus grand** I'd imagined the garden to be bigger; **le pull est trop large — je te voyais plus carré que cela** the jumper is too big — I thought you had broader shoulders; **je nous vois mal gagner le match** I can't see us winning the match; **~ d'ici qqn/qqch: je vois sa tête/réaction d'ici** I can just imagine his face/reaction; **lui confier le budget? je vois ça d'ici!** ask him to look after the budget? I can just see it! **-2.** [concevoir - méthode, solution] to see, to think of; **je ne vois pas comment je pourrais t'aider** I can't see how I could help you; **je ne vois pas qui tu veux dire/comment faire/quel parti prendre** I don't see who you mean/how to proceed/which side to take; **vous voyez quelque chose à ajouter?** can you think of anything else (which needs adding)? || *(en usage abs)*: **pose-moi n'importe quelle question — bon, je vais ~...** ask me anything — let's see OU let me think...; **il faut trouver un moyen! — je ne vois pas** we must find a way! — I can't think of one OU anything; **certains ne voient dans sa sculpture que des fils de fer** some consider her sculptures to be just a load of wires; **les juges n'ont vu en lui qu'un malade** to the judges, he was clearly a sick man; **je ne vois pas de** OU **je ne vois aucune honte à être pauvre** I don't see any shame in being poor; **je ne vois pas de mal à cela** I don't see any harm in it; **~ qqch d'un mauvais œil, ne pas ~ qqch d'un bon œil** to be displeased about sthg; **elle voit d'un mauvais œil mon amitié avec sa fille** she's none too pleased about OU she doesn't look very kindly on my friendship with her daughter; **organiser un carnaval? les autorités ne voient jamais cela d'un très bon œil** organizing a carnival? that's never very popular with the authorities; **~ qqch/qqn avec les yeux de: elle le voit avec les yeux de l'amour** she sees him through a lover's eyes. **-3.** [comprendre - danger, intérêt] to see; **tu vois ce que je veux dire?** do you see OU understand what I mean?; **je ne vois pas ce qu'il y a de drôle!** I can't see what's so funny!, I don't get the joke!; **je n'en vois pas l'utilité** I can't see the point of it; **elle m'a fait ~ que la vengeance était inutile** she made me realize that revenge was futile; **un jour, tu verras que j'avais raison** one day, you'll realize OU see that I was right; **ne vois-tu pas qu'elle ne t'aime plus?** can't you see OU don't you realize that she doesn't love you any more?; **il est directeur de banque — je vois!** he's a bank manager — I see! **-4.** [constater] to see, to realize; **tu vois que mes principes n'ont pas changé** as you can see, my principles haven't changed ❑ **elle ne nous causera plus d'ennuis — c'est** OU **ça reste à ~!** she won't trouble us any more — that remains to be seen OU that's what YOU think! **-5.** [considérer, prendre en compte] to see, to consider, to take into account; **ils ne voient que leur intérêt** they only consider their own interest; **elle ne voit que les avantages à court terme** she only sees the short-term advantages; **il n'a vu que son devoir** he only considered his duty. **-6.** [examiner] to see, to check; **je n'ai pas eu le temps de ~ vos copies** I didn't have time to look at your essays; **nous prenons rendez-vous? — voyez cela avec ma secrétaire** shall we make an appointment? — arrange that with my secretary; **voyez si l'on peut changer l'heure du vol** see OU check whether the time of the flight can be changed; **je voudrais que tu voies si ma robe te va** I'd like you to see if OU whether my dress fits you; **il faut ~ si c'est rentable** we must see whether it's profitable; **c'est à** OU **il faut ~: j'irai peut-être, c'est à ~** I might go, I'll have to see; **les photos seraient mieux en noir et blanc — hum, il faut ~** the pictures would look better in black and white — mm, maybe (maybe not). **-7.** [juger] to see; **voilà comment je vois la chose** that's how I see it; **essaie de ~ les choses de mon point de vue** try to see things my way OU from my point of view; **tu n'es pas sur place, tu vois mal la situation** you're not on the spot, your view of the situation is distorted; **se faire bien/mal ~: se faire bien ~ de qqn** to make o.s. popular with sb; **se faire mal ~ de qqn** to make o.s. unpopular with sb; **ne te fais pas mal ~ de Luc, c'est le fils du directeur** don't make yourself unpopular with Luc OU don't rub Luc up the wrong way, he's the boss's son. **-8.** *loc*: **avoir à ~ avec** [avoir un rapport avec]: **vous aurez peu à ~ avec les locataires du dessus** you'll have very little to do with the upstairs tenants; **je voudrais vous parler: ça a à ~ avec notre discussion d'hier** I would like to speak to you: it's to do with what we were talking about yesterday; **n'avoir rien à ~ avec** [n'avoir aucun rapport avec]: **l'instruction n'a rien à ~ avec l'intelligence** education has nothing to do with intelligence; **je n'ai rien à ~ avec la famille des Bellechasse** I'm not related at all to the Bellechasse family; **cela n'a rien à ~ avec le sujet** that's irrelevant; **on parle beaucoup de Yann et toi — nous n'avons rien à ~ ensemble!** *fam* there's a lot of talk about you and Yann — there's nothing between us!; **ça n'a rien à ~!: tu parles de grèves, mais ça n'a rien à ~!** you talk about strikes but that has nothing to do with it!; **l'amour et l'argent sont deux choses qui n'ont rien à ~!** love and money have nothing to do with each other!; **tu vois, vous voyez: tu vois, je préférais ne rien savoir** I preferred to remain in the dark, you see; **je te l'avais dit, tu vois!** what did I tell you!; **vous voyez, je crois qu'il a raison** you see, I think he's right; **elle est si jeune, voyez-vous!** she's so young, you see!; **tu verras, tu verrais: essaie de recommencer et tu verras!** just (you) try it again and see!; **tu verrais, si j'avais encore mes jambes!** if my legs were still up to it, there'd be no holding OU stopping me!; **attendez ~** *fam* hang on, wait a sec; **dis ~, où est le calendrier?** *fam* tell me, where's the calendar?; **écoute ~, on va y aller ensemble, d'accord?** *fam* listen, let's go together, OK?; **essaie ~!** *fam* [encouragement] go on, have a try!; [défi] (you) just try!, don't you dare!; **regardez ~** *fam* (just) look at that; **la viande ne me paraît pas bonne, sens ~** *fam* the meat seems off to me, you have a smell (of it); **voyons ~** OU **regardons ~ ce que tu as comme note** *fam* let's just have a look and see what mark you got; **voyez-vous cela** OU *fam* **ça!: une moto à 14 ans, voyez-vous ça!** a motorbike at 14, whatever next!; **un rendez-vous avec sa secrétaire, voyez-vous cela!** a date with his secretary, well, well, well OU what do you know!; **voyons!** come (on) now!; **un peu de courage, voyons!** come on, be brave!; **ne pleure pas, voyons!** come on, don't cry!; **voyons, voyons, un peu de tenue!** come on now, behave yourselves!; **voyons, tu n'espères pas que je vais te croire!** you don't seriously expect me to believe you, do you?

◇ *vi* **A.** PERCEVOIR LA RÉALITÉ - SENS PROPRE ET FIGURÉ **-1.** PHYSIOL to (be able to) see; **il ne voit que d'un œil** he can only see out of one eye; **elle ne** OU **n'y voit plus** she can't see OU she's blind now || [exercer sa vue] to see; **il ne sait pas ~** he just doesn't use his powers of observation; **~ bien** to see clearly, to have good eyesight; **~ mal** to have poor eyesight; **~ double** to have double vision. **-2.** [juger]: **~ bien** OU **juste** to have sound judgement; **encore une fois, tu as vu juste** you were right, once again; **~ faux** to have poor judgement; **ne ~ que par les yeux de qqn** to see everything through sb's eyes.

B. JEUX: **aller** OU **jouer** OU **mettre sans ~** to play OU to bet blind; **100 F, pour ~ 100 F**, and I'll see you.

◆ **voir à** *v + prép* [veiller à]: **~ à faire qqch** to see to it OU to make sure OU to ensure that sthg is done; **voyez à la prévenir** see to it that she is told; **voyons à la préparer à leur décision** let's see to it that she's prepared for their decision; **il faudrait ~ à ranger ta chambre/payer tes dettes** you'd better tidy up your room/clear your debts; **~ à ce que qqch soit fait** to see to it OU to make sure OU to ensure that sthg is done; **voyez à ce que le colis parte ce soir** see to it that the parcel is sent tonight ❑ **~ à ~** *fam*: **un jour tu dis ça, le lendemain tu dis autre chose, faudrait ~ à ~!** one day you say one thing, the next something different, what IS this?; **tu vas m'obéir, non mais, faudrait ~ à ~!** will you do as I say, or do I have to get really angry?

◆ **se voir** ◇ *vp (emploi réfléchi)* **-1.** [se contempler] to (be able to) see o.s.; **mes carreaux brillent tellement que je me vois dedans** my tiles are so shiny that I can see my reflection in them; **en rêve, je me voyais flotter au-dessus de mon lit** in my dream I could see myself floating above my bed; **il s'est vu mourir** *fig* he knew he was dying. **-2.** [s'imaginer] to see OU to imagine OU to picture o.s.; **elle se voyait déjà championne!** she thought the championship was hers already!; **je me vois bien diva** I can see myself as an opera singer; **voici comment je me vois** this is how I see myself; **je me vois encore entrant** OU **entrer dans mon bureau** I can still see myself walking into my office; **je me vois mal grimper aux arbres à mon âge!** I can't see myself climbing trees at my age!; **elle se voyait mal lui faire faux-bond maintenant** she couldn't see how she could possibly let him down now; **je ne me vois pas lui demander une augmentation** I (just) can't see myself asking her for a rise.

◇ *vp (emploi réciproque)* [se rencontrer] to see each other; **tu ne peux pas les empêcher de se ~** you can't keep them from seeing each other.

◇ *vp (emploi passif)* **-1.** [être visible, évident - défaut] to show, to be visible; [- émotion, gêne] to be visible, to be obvious, to be apparent; **la cicatrice ne se voit presque plus** the scar hardly shows anymore, you can hardly see the scar now; **ton slip se voit sous ta jupe** your pants show through your skirt; **il porte une perruque, ça se voit bien** you can tell he wears a wig; **ses opinions ne se voient pas dans ses chansons** her opinions don't show in her lyrics. **-2.** [se manifester - événement] to happen; [- attitude, coutume] to be seen OU found; **ça se voit couramment** it's commonplace.

◇ *vpi* -**1.** [se trouver]: **se ~ dans l'impossibilité de faire qqch** to find o.s. unable to do sthg; **se ~ dans l'obligation de...** to find oneself obliged to...; **je ne voudrais pas me ~ forcé de sévir!** I wouldn't like to find myself forced OU having to use harsh methods!; **il s'est vu cité comme témoin** he was asked to testify as a witness; **leur équipe s'est vue reléguée à la 15e place** their team saw themselves drop to 15th position; **les crédits se verront affectés à la rénovation des locaux** the funds will be used to renovate the building. -**2.** *(suivi d'un infinitif)*: **se ~ interdire l'inscription à un club** to be refused membership to a club; **il s'est vu retirer son permis de conduire sur-le-champ** he had his driving licence taken away from him on the spot.

voire [vwar] *adv* [et même]: **~ (même)** (or) even; **certains, ~ la majorité** some, or OU perhaps even most; **la nourriture est mauvaise, ~ immangeable** the food's bad, not to say inedible; **vexé, ~ offensé** upset, not to say offended.

voirie [vwari] *nf* -**1.** [entretien des routes] road maintenance; **le service de la ~** ADMIN road maintenance and cleaning department (of the local council). -**2.** [réseau] public road network. -**3.** [décharge] refuse dump *Br*, garbage dump *Am*.

voisé, e [vwaze] *adj* voiced.

voisin, e [vwazɛ̃, in] ◇ *adj* -**1.** [d'à côté] next, adjoining; [qui est à proximité] neighbouring; **la chambre ~e est inoccupée** there's nobody in the next room; **il habite la maison ~e** he lives next door; **nos jardins sont ~s** our gardens are next to each other, we've got adjoining gardens; **les pays ~s de l'équateur/de notre territoire** the countries near the equator/bordering on our territory; **un prix ~ du million** a price approaching OU around one million. -**2.** [dans le temps]: **~ de** [antérieur à] preceding, before; [postérieur à] after, following; [autour de] around; **les années ~es de 1968** the years around 1968. -**3.** [similaire - idées, langues] similar; [- espèces] closely related; **~ de** akin to; **des pratiques ~es du charlatanisme** practices akin to OU bordering on quackery.

◇ *nm, f* -**1.** [habitant à côté] neighbour; **~ d'à côté** next-door neighbour; **mes ~s du dessus/dessous** the people upstairs/downstairs from me; **essayons d'être bons ~s!** let's try to act in a neighbourly way! ❑ **~ de palier** neighbour (across the landing). -**2.** [placé à côté] neighbour; **mon ~ de table** the person next to me OU my neighbour at table; **mon ~ dans le train** the person (sitting) next to me in the train; **nos ~s belges** our Belgian neighbours. -**3. le ~** [autrui] the next man, one's fellow (man).

voisinage [vwazinaʒ] *nm* -**1.** [quartier] vicinity, neighbourhood; **il rôde dans le ~** he hangs around the neighbourhood; **les hôtels du ~** the nearby hotels, the hotels in the vicinity. -**2. le ~ de** [les alentours de]: **ils habitent dans le ~ d'une centrale nucléaire** they live near a nuclear plant; **le ~ de la gendarmerie les rassure** they are comforted by the fact that there is a police station nearby. -**3.** [dans le temps]: **au ~ de Noël** [avant] just before Christmas; [après] just after Christmas; [avant et après] around Christmas (time). -**4.** [personnes] neighbours; **tout le ~ est au courant** the whole neighbourhood knows about it. -**5.** [rapports]: **être** OU **vivre en bon ~ avec qqn** to be on neighbourly terms with sb. -**6.** MATH neighbourhood.

voisiner [3] [vwazine] *vi* -**1. ~ avec** [être près de] to be near. -**2.** *litt* [fréquenter ses voisins] to be on friendly terms with one's neighbours.

voiture [vwatyr] *nf* -**1.** [de particulier] car, motor car *Br*, automobile *Am*; **on y va en ~?** shall we go (there) by car?, shall we drive (there)?; **il y a trop de ~s à Paris** there are too many cars in Paris ❑ **~ de fonction** OU **de service** company car; **~ cellulaire** prison OU police van *Br*, police wagon *Am*; **~ de course** racing car; **~ décapotable** convertible; **~ (de) deux places** two-seater; **~ d'enfant** *vieilli* [landau] pram *Br*, baby carriage *Am*; [poussette] pushchair *Br*, stroller *Am*; **~ de grand tourisme** GT (saloon) car *Br*, 4-door sedan *Am*; **~ d'infirme** *vieilli* wheelchair; **~ de liaison** MIL radio car; **~ de livraison** delivery van; **~ particulière** private car; **~ de police** police car; **~ des pompiers** fire engine; **~ (de) quatre places** four-seater; **~ de sport** sportscar; **~ de tourisme** private car; **petite ~** JEUX toy car; [d'infirme] wheelchair. -**2.** RAIL coach, carriage *Br*, car *Am*; **en ~!** all aboard! ❑ **~ de tête/queue** front/rear carriage *Br* OU car *Am*. -**3.** [véhicule sans moteur - pour personnes] carriage, coach; [- pour marchandises] cart; **~ à bras** handcart; **~ à cheval** OU *sout* **hippomobile** horsedrawn carriage; **~ à deux/quatre chevaux** carriage and pair/and four; **~ de louage** OU **place** hackney carriage.

voiture-balai [vwatyrbalɛ] (*pl* **voitures-balais**) *nf* SPORT *car which follows a cycle race to pick up competitors who drop out*; **faire la ~** *fig* to go round picking up the stragglers.

voiture-bar [vwatyrbar] (*pl* **voitures-bars**) *nf* RAIL buffet-car.

voiturée [vwatyre] *nf litt* OU *arch* [de passagers - d'une voiture à cheval] carriageful, coachload; [- d'une automobile] carload; [de marchandises] cartload.

voiture-lit [vwatyrli] (*pl* **voitures-lits**) *nf* RAIL sleeper *Br*, Pullman *Am*.

voiturer [3] [vwatyre] *vt hum* OU *arch* [transporter - gén] to convey; [- dans une charrette] to cart.

voiture-restaurant [vwatyrrɛstɔrɑ̃] (*pl* **voitures-restaurants**) *nf* RAIL restaurant OU dining car.

voiturier [vwatyrje] *nm* -**1.** [d'hôtel] porter *(who parks the guests' cars)*. -**2.** COMM & JUR carrier.

voix [vwa] *nf* -**1.** PHYSIOL voice; **avoir une jolie ~** to have a nice voice; **parler par la ~ de qqn** to speak through sb; **prendre une grosse/petite ~** to put on a gruff/tiny voice; **une ~ intérieure lui disait que...** a voice in his head was telling him that...; **la ~ des flots/cloches** *litt* the voice of the ocean/bells ❑ **~ artificielle** INF synthetized speech; **~ de mêlé-cassis** husky voice; **~ off** CIN voice over; **une ~ de stentor** a stentorian voice; **faire la grosse ~** to raise one's voice; **attention, Papa va faire la grosse ~!** *fam* mind now, Daddy's going to get very cross!; **donner de la ~** [chien] to bay; [personne] to shout, to bawl; **de la ~ et du geste** with much waving and shouting; **ils encourageaient les cyclistes de la ~ et du geste** they were shouting and waving the riders on. -**2.** MUS [de chanteur] voice; [partition] part; **chanter d'une ~ juste** to sing in tune; **avoir de la ~** to have a strong voice; **poser sa ~** to train one's voice; **chanter à plusieurs/cinq ~** to sing in parts/five parts; **fugue à deux/trois ~** fugue for two/three voices; **la ~ chaude du saxophone** *fig* the mellow tones OU voice of the saxophone ❑ **~ de basse/soprano/ténor** bass/soprano/tenor voice; **~ de poitrine/tête** chest/head voice; **~ céleste** [d'un orgue] voix céleste, vox angelica; **~ de fausset** falsetto voice; **~ humaine** [d'un orgue] vox humana. -**3.** [personne] voice; **nous accueillons ce soir une des plus belles ~ du monde** tonight we welcome one of the finest voices in the world; **c'est faux, dit une ~ au premier rang** it's not true, said a voice from the front row; **une grande ~ de la radio s'éteint** one of the great voices of radio has disappeared. -**4.** [message] voice; **la ~ de la conscience** the voice of one's conscience; **écouter la ~ de la raison/de la sagesse/de Dieu** to listen to the voice of reason/of wisdom/of God; **la ~ du peuple** the voice of the people ❑ **je ne sais ce qui m'a alerté, sans doute la ~ du sang** I don't know what alerted me, my family instinct probably; **avoir ~ au chapitre** to have a OU one's say in the matter; **tu n'as pas ~ au chapitre** you have no say in the matter. -**5.** POL vote; **un homme, une ~** one man one vote; **~ pour/contre** vote for/against; **obtenir 1 500 ~** to win OU to get 1,500 votes; **recueillir** OU **remporter 57 % des ~** to win 57% of the vote OU votes; **le parti qui a le plus grand nombre de ~** the party which heads the poll OU with the largest number of votes; **donner sa ~ à** to give one's vote to, to vote for; **mettre qqch aux ~** to put sthg to the vote; **où iront les ~ du parti radical?** how will the Radical Party vote?; **avoir ~ consultative** to have a consultative role; **avoir ~ délibérative** to have the right to vote; **avoir ~ prépondérante** to have a casting vote. -**6.** GRAMM voice; **~ active/passive** active/passive voice.

◆ **à haute et intelligible voix** *loc adv* loudly and clearly.

◆ **à voix basse** *loc adv* in a low voice; **les élèves parlaient à ~ basse** the pupils were whispering; **les deux hommes discutaient à ~ basse dans un coin** the two men spoke in lowered tones in a corner.

◆ **à haute voix, à voix haute** *loc adv* -**1.** [en parlant] aloud. -**2.** [en parlant fort] loud, loudly, in a loud voice.

◆ **en voix** *loc adj*: **être en ~** to be in good voice; **elle n'est pas en ~ ce soir** she's not in very good voice OU singing well tonight.

◆ **sans voix** *loc adj*: **être** OU **rester sans ~** [d'épouvante] to be speechless, to be struck dumb; [d'émotion, de chagrin] to be speechless.

Vojvodine [vɔjvɔdin] *npr f*: **(la) ~** Vojvodina.

vol [vɔl] *nm* -**1.** JUR theft, robbery; **commettre un ~** to commit a theft, to steal ❑ **~ simple/qualifié** common/aggravated theft; **~ aggravé** robbery with violence; **~ à l'arraché** bag snatching; **~ avec effraction** breaking and entering; **~ à l'étalage** shoplifting; **~ de grand chemin** highway robbery; **~ à main armée** armed robbery; **~ à la roulotte** theft from parked cars; **~ à la tire** pickpocketing; **~ de voiture** car theft. -**2.** [vente à un prix excessif]: **c'est du ~ (manifeste)!** it's daylight robbery!; **à ce prix-là, c'est du ~!** that's daylight robbery!; **c'est du ~ organisé!** it's a racket! -**3.** AÉRON & ASTRONAUT flight; **prendre son ~** to take off; **il y a 40 minutes de ~** it's a 40-minute flight; **on annonce le retard du ~ 804** flight 804 will be delayed ❑ **~ en ballon** [excursion] balloon trip; [activité] ballooning; **~ (en) charter** charter flight; **~ d'essai** trial flight; **~ aux instruments** instrument flight; **~ libre** hang-gliding; **pratiquer le** OU **faire du ~ libre** to go hang-gliding; **~ en rase-mottes** hedgehopping flight; **~ régulier** scheduled flight; **~ à voile** gliding; **pratiquer le** OU **faire du ~ à voile** to glide, to do gliding; **~ à vue** sight flight; **'Vol de nuit'** *Saint-Exupéry* 'Night Flight'. -**4.** ZOOL flight; **prendre son ~** to fly away, to take wing *litt*; **~ plané**: **faire un ~ plané** *pr* to glide; **j'ai fait un ~ plané!** *fam fig* I went flying! ‖ [groupe - d'oiseaux] flight, flock; [- d'insectes] swarm; **~ d'oies sauvages** flight OU flock of wild geese; **~ de perdreaux** flock OU covey of partridges; **~ de pigeons** flight of pigeons.

◆ **à vol d'oiseau** *loc adv* as the crow flies; **c'est loin, à ~ d'oiseau?** is it far, as the crow flies?

◆ **au vol** *loc adv* -**1.** [en passant]: **saisir au ~** [ballon, clés] to catch in mid-air; **attraper** OU **prendre un bus au ~** to jump on to a moving bus; **saisir une occasion au ~** to jump at OU to seize an opportunity; **saisir un nom au ~** to (just) catch a name. -**2.** CHASSE: **tirer/tuer un oiseau au ~** to shoot/to kill a bird on the wing.

◆ **de haut vol** *loc adj* [artiste, spécialiste] top-flight *(avant n)*, top-class; [projet] ambitious, far-reaching.

vol. (*abr écrite de* **volume**) vol.

volage [vɔlaʒ] *adj* fickle; **le public est ~** *fig* audiences are fickle OU unpredictable.

volaille [vɔlaj] *nf* CULIN & ZOOL: **une ~** [oiseau de basse-cour] a fowl; **de la ~** poultry.

volailler [vɔlaje] *nm* -**1.** [éleveur] poultry OU chicken farmer. -**2.** [marchand] poulterer *Br*, poultryman.

volant[1] [vɔlɑ̃] *nm* -**1.** AUT steering wheel; être au ~ to be at the wheel, to be behind the wheel, to be driving; **prendre le** OU **se mettre au ~** to take the wheel, to get behind the wheel; **peux-tu prendre le ~ après Évreux?** could you take over the driving after Évreux?; **qui tenait le ~?** who was driving?; **donner un coup de ~** to pull on the wheel (sharply). -**2.** MÉCAN [manuel] handwheel; **~ d'inertie** fly wheel; **~ magnétique** [d'un cyclomoteur] magneto. -**3.** VÊT flounce; **robe à ~s** flounced dress. -**4.** JEUX [objet] shuttlecock; [activité] battledore and shuttlecock. -**5.** [feuille] tear-off portion. -**6.** ÉCON & FIN: **~ de sécurité** [financier] reserve funds; [en personnel] reserve; **~ de trésorerie** cashflow. -**7.** AÉRON member of the cabin crew, crew member.

volant[2], **e** [vɔlɑ̃, ɑ̃t] *adj* -**1.** AÉRON & ZOOL flying; **personnel ~** AÉRON cabin crew. -**2.** [mobile - câble, camp, échafaudage, pont, service] flying; **on mettra une table ~e devant le fauteuil** we'll put an occasional table in front of the armchair.

volapük [vɔlapyk] *nm* Volapuk; **dans un effroyable ~** *fig* & *péj* in gobbledygook.

volatil, e[1] [vɔlatil] *adj* -**1.** CHIM volatile. -**2.** [fluctuant - électorat] fickle; [- situation] volatile; [- sentiment] volatile.

volatile[2] [vɔlatil] *nm* -**1.** *hum* [oiseau] bird, (feathered) creature; **le malheureux ~ se retrouva dans la casserole** the wretched bird ended up in the pot. -**2.** [oiseau de basse-cour] fowl, chicken.

volatilisable [vɔlatilizabl] *adj* volatilizable.

volatilisation [vɔlatilizasjɔ̃] *nf* volatilization.

volatiliser [3] [vɔlatilize] *vt* CHIM to volatilize.

◆ **se volatiliser** *vpi* -**1.** *fam* [disparaître] to vanish (into thin air); **elles ne se sont pourtant pas volatilisées, ces clefs!** those keys can't just have vanished into thin air!; **en une soirée au club, mes 3 000 francs s'étaient volatilisés** one evening at the club and my 3,000 francs had gone up in smoke. -**2.** CHIM to volatilize.

volatilité [vɔlatilite] *nf* volatility.

vol-au-vent [vɔlovɑ̃] *nm inv* vol-au-vent.

volcan [vɔlkɑ̃] *nm* -**1.** GÉOG & GÉOL volcano; **~ en activité/dormant/éteint** active/dormant/extinct volcano. -**2.** *fig*: **c'est un vrai ~** she's likely to explode at any moment □ **être assis** OU **danser** OU **dormir sur un ~** to be sitting on a powder keg.

volcanique [vɔlkanik] *adj* -**1.** GÉOG & GÉOL volcanic. -**2.** *litt* [passion] fiery, volcanic, blazing.

volcaniser [3] [vɔlkanize] *vt* to volcanize.

volcanisme [vɔlkanism] *nm* volcanism.

volcanologie [vɔlkanɔlɔʒi] *nf* volcanology, vulcanology.

volcanologique [vɔlkanɔlɔʒik] *adj* volcanological, vulcanological.

volcanologue [vɔlkanɔlɔg] *nmf* volcano expert, volcanologist, vulcanologist.

volé, e[1] [vɔle] ◇ *adj* [argent, bijou] stolen.
◇ *nm, f* victim of theft.

volée[2] [vɔle] *nf* -**1.** [ce qu'on lance]: **~ d'obus/de pierres** volley of shells/of stones; **~ de flèches** volley OU flight of arrows; **~ de coups** shower of blows; **~ d'insultes** *fig* shower of insults □ **une ~ de bois vert** a barrage of fierce criticism; **son dernier disque a reçu une ~ de bois vert** his last record was panned. -**2.** *fam* [correction] thrashing, hiding, belting; **tu vas recevoir la ~!** you're really going to get it!; **elle a reçu une bonne ~!** she got a sound thrashing OU a good hiding! -**3.** *fam* [défaite] beating, hammering; **je lui ai flanqué sa ~ au ping-pong** I licked him at table tennis; **il a pris une sacrée ~ en demi-finale** he got trounced OU thrashed in the semi-finals. -**4.** SPORT volley; **reprendre une balle de ~** to volley a ball, to hit the ball on the volley; **monter à la ~** to come to the net; **il n'est pas/il est très bon à la ~** he's a bad/he's a good volleyer □ **~ amortie/de coup droit/de revers** drop/forehand/backhand volley; **coup de ~** FTBL & RUGBY punt; **envoyer une balle d'un coup de ~** to punt a ball. -**5.** ORNITH [formation] flock, flight; [distance] flight; **une ~ de fillettes** *fig* & *litt* a crowd of little girls; **prendre sa ~** [oiseau] to take wing *litt*, to fly away; [débutant, adolescent] to spread one's wings. -**6.** [son de cloche] peal (of bells), pealing bells. -**7.** CONSTR: **~ d'escaliers** flight of stairs. -**8.** TRAV PUBL (crane) jib. -**9.** *Helv* [promotion]: **on était de la même ~** we were in the same year.

◆ **à la volée** *loc adv* -**1.** [en passant]: **attraper** OU **saisir à la ~** [clés, balle] to catch in mid-air; **saisir un nom à la ~** to (just) catch a name. -**2.** AGR: **semer à la ~** to (sow) broadcast. -**3.** CHASSE: **tirer à la ~** to shoot without aiming first.

◆ **à toute volée** *loc adv* [frapper, projeter] vigorously, with full force; **il a lancé le vase à toute ~ contre le mur** he hurled the vase at OU flung the vase against the wall; **claquer une porte à toute ~** to slam OU to bang a door shut; **sonner à toute ~** [cloches] to peal (out); [carillonneur] to peal all the bells.

voler [3] [vɔle] ◇ *vi* -**1.** AÉRON & ORNITH to fly; **faire ~ un cerf-volant** to fly a kite □ **~ de ses propres ailes** to stand on one's own two feet, to fend for o.s. -**2.** [étincelles, projectile] to fly; **il faisait ~ ses adversaires/les assiettes** he was throwing his opponents around/throwing the plates in the air □ **~ en éclats** to be smashed to bits OU to pieces; **ça vole bas!** *fam*, **ça ne vole pas haut!** *fam* VERY funny! *iron*; **chez eux, ça ne vole pas bien haut** they've got a rather crude sense of humour. -**3.** *litt* [nuages, flocons] to fly (along). -**4.** *sout* [se précipiter]: **~ vers qqn/qqch** to fly to sb/towards sthg; **il a volé à sa rencontre** he rushed to meet her; **~ au secours de qqn** to fly to sb's assistance □ **~ au secours de la victoire** to show up when the battle has been won *fig*; **~ dans les plumes à qqn** *fam* to let fly at sb, to have a go at sb; **elle lui a volé dans les plumes** *fam* she had a real go at him.
◇ *vt* -**1.** [objet, idée] to steal; **~ qqch à qqn** to steal sthg from sb; **on m'a volé ma montre!** my watch has been stolen!; **il volait de l'argent dans la caisse** he used to steal money from the till; **~ un baiser à qqn** *litt* to steal a kiss from sb || (*en usage abs*) to steal; **ce n'est pas bien de ~** it's wrong to steal, stealing is wrong □ **n'avoir pas volé**: **je n'ai pas volé mon argent/dîner/week-end** I've certainly earned my money/earned myself some dinner/earned myself a weekend; **c'est un repos que tu n'as pas volé** it's a well-deserved rest, you've earned your rest; **tu ne l'as pas volé!** [tu es bien puni] you (certainly) asked for it!, it serves you right!; **tu ne voleras point** BIBLE thou shalt not steal. -**2.** [personne] to rob; **il s'est fait ~ son portefeuille/tout son matériel hi fi** his wallet/all his stereo equipment was stolen || [léser] to cheat, to swindle; **je me suis fait ~ de 30 francs** I've been swindled out of 30 francs; **elle ne t'a pas volé sur le poids de la viande/la longueur du tissu** she gave you a good weight of meat/a good length of material; **le spectacle était super, on n'a pas été volés!** *fam* the show was just great, it was worth every penny OU we really got our money's worth!

volet [vɔlɛ] *nm* -**1.** [d'une maison] shutter. -**2.** [d'un document - section] section; BX-ARTS [d'un polyptique] wing, volet *spéc.* -**3.** [d'une politique, d'un projet de loi] point, part; [d'une émission] part; **une politique sociale en trois ~s** a social policy in three points OU parts. -**4.** AÉRON flap; **~ de freinage/d'intrados** brake/split flap || [de parachute]: **~ de courbure** flap. -**5.** AUT: **~ de départ** throttle OU butterfly valve. -**6.** MÉCAN paddle.

voleter [27] [vɔlte] *vi* -**1.** [oiseau, papillon] to flutter OU to flit (about). -**2.** *litt* [flammèche] to flutter, to dance *litt*.

voleur, euse [vɔlœr, øz] ◇ *adj*: **être ~** [enfant] to be a (bit of a) thief; [marchand] to be a crook OU a cheat; **la souris voleuse qui avait visité mon garde-manger** the mouse which had pilfered my larder □ **il est ~ comme une pie** he's got sticky fingers *fig*.
◇ *nm, f* [escroc] thief, robber; [marchand] crook, cheat; **~ de bétail** cattle thief; **~ à l'étalage** shoplifter; **~ de grand chemin** highwayman; **~ d'idées** plagiarist; **~ à la tire** pickpocket; **au ~!** stop thief!; **partir** OU **se sauver comme un ~** [en courant] to take to one's heels; [discrètement] to slip away; **'le Voleur de bicyclette'** *De Sica* 'the Bicycle Thief'.

Volga [vɔlga] *npr f*: **la ~** the (River) Volga.

Volgograd [vɔlgɔgrad] *npr* Volgograd.

volière [vɔljɛr] *nf* [enclos] aviary; [cage] bird-cage; **c'est une vraie ~ dans cette classe!** *fig* it's like a zoo in this class!

volige [vɔliʒ] *nf* lath.

volition [vɔlisjɔ̃] *nf* volition.

volley-ball [vɔlɛbol] (*pl* **volley-balls**) *nm* volleyball.

volleyer [12] [vɔlɛje] *vi* to volley.

volleyeur, euse [vɔlɛjœr, øz] *nm, f* -**1.** VOLLEY-BALL volleyball player. -**2.** TENNIS volleyer; **c'est un bon/mauvais ~** he volleys/doesn't volley well.

volontaire [vɔlɔ̃tɛr] ◇ *adj* -**1.** [déterminé] self-willed; [têtu] headstrong, wilful. -**2.** [voulu - engagement] voluntary; [- oubli] intentional. -**3.** [qui agit librement - engagé, travailleur] volunteer (*modif*); **se porter ~ pour** to volunteer for; **quand il s'agit de m'aider, il est toujours ~** when it comes to helping me, he's always willing (to do so) OU he always volunteers.
◇ *nmf* volunteer.

volontairement [vɔlɔ̃tɛrmɑ̃] *adv* -**1.** [sans y être obligé] voluntarily, of one's own free will. -**2.** [intentionnellement] on purpose, intentionally, deliberately; **c'est ~ que j'ai supprimé ce passage** I deleted this passage on purpose.

volontariat [vɔlɔ̃tarja] *nm*: **le ~** [gén] voluntary help; MIL voluntary service.

volontarisme [vɔlɔ̃tarism] *nm* voluntarism, voluntaryism.

volontariste [vɔlɔ̃tarist] ◇ *adj* voluntaristic.
◇ *nmf* voluntarist.

volonté [vɔlɔ̃te] *nf* -**1.** [détermination] will, willpower; **avoir de la ~/beaucoup de ~** to have willpower/a strong will; **avoir une ~ de fer** to have a will of iron OU an iron will; **il n'a aucune ~** he has no willpower; **elle n'a pas assez de ~ pour...** she hasn't got enough willpower to...; **il manque de ~** he lacks willpower, he doesn't have enough willpower. -**2.** [désir] will, wish; **la ~ de l'électorat** the will of the electorate; **aller contre la ~ de qqn** to go against sb's will; **la ~ de gagner/survivre** the will to win/to survive; **montrer sa ~ de faire qqch** to show one's determination to do sthg □ **la ~ divine** OU **de Dieu** God's will; **~ de puissance** PHILOS will-to-power; **que Ta/Votre ~ soit faite** Thy will be done. -**3.** [disposition]: **bonne ~** willingness; **faire preuve de bonne ~** to show willing; **être plein de bonne ~** to be full of goodwill; **il est plein de bonne ~ mais il n'arrive à rien** he tries hard but doesn't achieve anything; **faire appel aux bonnes ~s** to appeal for volunteers to come forward; **mauvaise ~** unwillingness; **faire preuve de mauvaise ~** to be grudging; **allez, lève-toi, c'est de la mauvaise ~!** come on, get up, you're not really trying!

◆ **à volonté** ◇ *loc adj*: **café à ~** as much coffee as you want, unlimited coffee.
◇ *loc adv* [arrêter, continuer] at will; **poivrez à ~** add pepper to taste; **servez-vous à ~** take as much as you want.

volontiers [vɔlɔ̃tje] *adv* -**1.** [de bon gré] gladly, willingly; [avec plaisir] with pleasure; **un café? — très ~** a coffee? — yes please OU I'd love one. -**2.** [souvent] willingly, readily; **on croit ~ que...** we are apt to think OU ready to believe that...; **elle est ~ cynique** she tends to be cynical; **il ne sourit pas ~** he's not very generous with his smiles.

volt [vɔlt] *nm* volt.

Volta [vɔlta] *npr f*: la ~ the Volta; la ~ **Blanche** the White Volta; la ~ **Noire** the Black Volta.
voltage [vɔltaʒ] *nm* voltage.
voltaïque[1] [vɔltaik] *adj* ÉLECTR voltaic, galvanic.
voltaïque[2] [vɔltaik] *adj* -**1.** GÉOG Voltaic, of Burkina-Faso. -**2.** LING Gur, Voltaic.
voltaire [vɔltɛr] *nm* Voltaire chair.
voltairien, enne [vɔltɛrjɛ̃, ɛn] *adj & nm, f* Voltairean, Voltairian.
voltamètre [vɔltamɛtr] *nm* voltameter.
voltampère [vɔltɑ̃pɛr] *nm* volt-ampere.
volte [vɔlt] *nf* ÉQUIT volt, volte.
volte-face [vɔltəfas] *nf inv* -**1.** [fait de pivoter]: faire ~ to turn round. -**2.** [changement - d'opinion, d'attitude] volteface, about-turn; **le parti a fait une** ~ the party did a 180 degrees turn OU a U-turn.
voltige [vɔltiʒ] *nf* -**1.** [au trapèze]: **la haute** ~ acrobatics, flying trapeze exercises. -**2.** ÉQUIT mounted gymnastics, voltige. -**3.** AÉRON: ~ **(aérienne)** aerobatics. -**4.** [entreprise difficile]: **la Bourse, c'est de la** ~ speculating on the Stock Exchange is a highly risky business.
voltigement [vɔltiʒmɑ̃] *nm* fluttering.
voltiger [17] [vɔltiʒe] *vi* -**1.** [abeille] to fly about, to flutter (about). -**2.** [flocon, papier] to float around in the air, to flutter (about).
voltigeur, euse [vɔltiʒœr, øz] *nm, f* acrobat.
◆ **voltigeur** *nm* HIST light infantryman.
voltmètre [vɔltmɛtr] *nm* voltmeter.
volubile [vɔlybil] *adj* -**1.** [qui parle - beaucoup] garrulous, voluble; [- avec aisance] fluent. -**2.** BOT voluble.
volubilis [vɔlybilis] *nm* morning glory, convolvulus.
volubilité [vɔlybilite] *nf* volubility, volubleness, garrulousness.
Volucompteur® [vɔlykɔ̃tœr] *nm* petrol pump *Br* OU gas pump *Am* indicator.
volume [vɔlym] *nm* -**1.** [tome] volume; **une encyclopédie en deux** ~**s** an encyclopedia in two volumes, a two-volume encyclopedia; **elle m'en écrit toujours des** ~**s** *fam fig* she always writes me reams (and reams). -**2.** ACOUST volume; **augmente** OU **monte le** ~ turn the sound up; **baisse** OU **descend le** ~ turn the sound down ❑ ~ **sonore** sound volume. -**3.** [quantité globale] volume, amount; **le** ~ **d'une affaire** the size of a business; **le** ~ **des exportations** the volume of exports. -**4.** BX-ARTS & GÉOM volume. -**5.** [poids, épaisseur] volume; **il a pris du** ~ *fam* he's put on weight; **une permanente donnerait du** ~ **à vos cheveux** a perm would give your hair more body ‖ [cubage] volume; ~ **(d'eau) du fleuve** volume of water of the river; **eau oxygénée (à) 20** ~**s** 20-volume hydrogen peroxide ❑ ~ **atomique/moléculaire** atomic/molecular volume. -**6.** INF [unité] volume; ~ **mémoire** storage capacity.
volumétrie [vɔlymetri] *nf* volumetry.
volumétrique [vɔlymetrik] *adj* volumetric.
volumineux, euse [vɔlyminø, øz] *adj* [sac] bulky, voluminous; [correspondance] voluminous, massive.
volumique [vɔlymik] *adj* volumic.
volupté [vɔlypte] *nf* -**1.** [plaisir] sensual OU voluptuous pleasure; **la** ~ *litt* the pleasures of the flesh. -**2.** [caractère sensuel] voluptuousness.
voluptueusement [vɔlyptɥøzmɑ̃] *adv* voluptuously.
voluptueux, euse [vɔlyptɥø, øz] *adj* voluptuous.
volute [vɔlyt] *nf* -**1.** [de fumée] coil; [de lianes] curl, scroll; [en arts décoratifs] volute. -**2.** ZOOL volute; **les** ~**s** the Volutidae.
volvaire [vɔlvɛr] *nf* rice straw mushroom, volvaria; ~ **soyeuse** silky agaric.
vomi [vɔmi] *nm* vomit.
vomique [vɔmik] *adj*: **noix** ~ nux vomica.
vomiquier [vɔmikje] *nm* nux vomica.
vomir [32] [vɔmir] ◇ *vt* -**1.** PHYSIOL [repas] to bring up *(sép)*, to vomit; [sang, bile] to bring OU to cough up *(sép)*. -**2.** *fig* [fumée] to spew, to vomit; [foule] to spew forth *(insép)*; [insultes] to spew out *(insép)*. -**3.** *fig* [rejeter avec dégoût] to have no time for, to feel revulsion for; **un article qui vomit le post-modernisme** an article pouring venom on post-modernism.
◇ *vi* to be sick, to vomit; **sucré à (faire)** ~ sickeningly sweet; **elle est riche à faire** ~ she's so rich it makes you sick; **une telle hypocrisie me donne envie de** ~ such hypocrisy makes me sick.
vomissement [vɔmismɑ̃] *nm* -**1.** [action] vomiting; **si l'enfant est pris de** ~**s** if the child starts to vomit. -**2.** [substance] vomit.
vomissure [vɔmisyr] *nf* vomit.
vomitif, ive [vɔmitif, iv] *adj* emetic, vomitive.
◆ **vomitif** *nm* emetic, vomitive.
vorace [vɔras] *adj* -**1.** [mangeur] voracious; [appétit] insatiable, voracious; [lecteur] voracious, avid; **application** ~ **en mémoire** INF memory-intensive application. -**2.** BOT: **plantes** ~**s** plants which exhaust the soil.
voracement [vɔrasmɑ̃] *adv* voraciously.
voracité [vɔrasite] *nf* voracity, voraciousness.
vortex [vɔrtɛks] *nm* vortex.
vos [vo] *pl* → **votre**.
Vosges [voʒ] *npr fpl*: **les** ~ the Vosges; **dans les** ~ in the Vosges.
vosgien, enne [voʒjɛ̃, ɛn] *adj* from the Vosges.
◆ **Vosgien, enne** *nm, f inhabitant of or person from the Vosges.*
votant, e [vɔtɑ̃, ɑ̃t] *nm, f* voter.
votation [vɔtasjɔ̃] *nf Helv* vote.
vote [vɔt] *nm* -**1.** [voix] vote. -**2.** [élection] vote; **procédons** OU **passons au** ~ let's have OU take a vote ❑ ~ **par correspondance** postal vote OU ballot *Br*, absentee ballot *Am*; ~ **à main levée** vote by show of hands; ~ **obligatoire** compulsory vote; ~ **par procuration** proxy vote; ~ **secret** secret ballot. -**3.** [d'une loi] passing; [de crédits] voting; [d'un projet de loi] vote; ~ **bloqué** *enforced vote on a text containing only government amendments.*
voter [3] [vɔte] ◇ *vi* to vote; ~ **à droite/à gauche/au centre** to vote for the right/left/centre; ~ **pour qqn** to vote for sb; ~ **pour les conservateurs** to vote Conservative; ~ **à main levée** to vote by show of hands; ~ **contre/pour qqch** to vote against/for sthg; **on leur a demandé de** ~ **pour ou contre la grève** they were balloted about the strike; **votons sur la dernière motion présentée** let's (take a) vote on the last motion before us.
◇ *vt* [crédits] to vote; [loi] to pass; [projet de loi] to vote for *(insép)*; ~ **la peine de mort** to pass a vote in favour of capital punishment.
votif, ive [vɔtif, iv] *adj* votive.
votre [vɔtr] *adj poss* (*pl* **vos** [vo]) -**1.** [indiquant la possession] your; ~ **livre et vos crayons** [d'une personne] your book and your pencils; [de plusieurs personnes] your books and your pencils; ~ **père et** ~ **mère** your father and mother; **un de vos amis** one of your friends, a friend of yours; **dans** ~ **deuxième chapitre...** in your second chapter... -**2.** [dans des titres]: **Votre Majesté** Your Majesty; **Votre Altesse** Your Highness; **Votre Excellence** Your Excellency. -**3.** [emploi expressif]: **comment va** ~ **cher Victor?** how is your dear Victor?; **alors, vous l'avez achetée,** ~ **petite maison?** so did you buy your little house? -**4.** RELIG Thy.
vôtre [votr] *adj poss sout* yours; **cette maison qui fut** ~ this house which was yours OU which belonged to you; **mes ambitions, vous les avez faites** ~**s** you espoused my ambitions.
◆ **le vôtre** (*f* **la vôtre**, *pl* **les vôtres**) *pron poss*: **nos intérêts sont les** ~**s** our interests are yours; **un père comme le** ~**...** a father like yours...; **ma voiture est garée à côté de la** ~ my car is parked next to yours ‖ *(emploi nominal)*: **les** ~**s** your family and friends; **nos intérêts et ceux des** ~**s** our interests and those of your family; **vous et les** ~**s** you and yours; **dans la lutte, je suis des** ~**s** I'm with you OU I'm on your side in the struggle; **je ne pourrai pas être des** ~**s ce soir** I will not be able to join you tonight ❑ **si au moins vous y mettiez du** ~**!** you could at least make an effort!; **vous avez encore fait des** ~**s!** you've gone and done it again!; **à la (bonne)** ~**!** (your) good health!
vouer [6] [vwe] *vt* -**1.** [dédier - vie, énergie] to devote; [- admiration, fidélité, haine] to vow. -**2.** [destiner]: **voué à l'échec** destined for failure, doomed to fail. -**3.** RELIG [enfant] to dedicate; [temple] to vow, to dedicate; **voué à la mémoire de...** sacred to the memory of...
◆ **se vouer à** *vp + prép* to dedicate one's energies OU o.s. to; **se** ~ **à la cause de** to take up the cause of.
vouloir [57] [vulwar] *vt* **A.** AVOIR POUR BUT -**1.** [être décidé à obtenir] to want; **ils veulent votre démission/une augmentation** they want your resignation/an increase; **il veut la présidence** he wants to be chairman; **lui au moins, il sait ce qu'il veut** he knows what he wants; **je le ferai, que tu le veuilles ou non** I'll do it, whether you want me to or not, like it or not I'll do it; ~ **absolument (obtenir) qqch** to be set on (getting) sthg; **vous voulez absolument ce modèle?** are you set on this model?; **quand elle veut quelque chose, elle le veut!** when she's decided she wants something, she's determined (to get it)!; **lui, j'en fais (tout) ce que je veux** I've got him eating out of my hand; **l'argile, elle en fait (tout) ce qu'elle veut** she can do wonders OU anything with clay; ~ **que: je ne veux pas que tu lui dises** I don't want you to tell him; ~ **absolument que** to insist (that); **je veux absolument que tu ranges ta chambre** I insist (that) you tidy up your bedroom; ~ **faire qqch** to want to do sthg; **elle veut récupérer son enfant/être reçue par le ministre** she's determined to get her child back/that the Minister should see her; **arrangez-vous comme vous voulez, mais je veux être livré demain** I don't mind how you do it but I insist the goods are delivered tomorrow; **je veux récupérer l'argent qui m'est dû** I want to get back the money which I'm owed; **je ne veux pas entendre parler de ça!** I won't hear of it OU such a thing!; **je ne veux plus en parler** I don't want to talk about it any more; **à ton âge, pourquoi** ~ **faire le jeune homme?** at your age, why do you try to act like a young man?; **le peuple veut être gouverné** the people want a government; ~ **qqch de: il veut 300 000 francs de son studio** he wants 300,000 francs for his bedsit; ~ **qqch de qqn** to want sthg from sb; **que voulez-vous de moi?** what do you want from me?; **que me voulez-vous?** what do you want?; **que veux-tu de moi?, qu'est-ce que tu me veux?** what do you want from me? ‖ *(en usage abs)*: **quand tu veux, tu fais très bien la cuisine** you can cook beautifully when you put your mind to it; **il peut être vraiment désagréable quand il veut** he can be a real nuisance when he wants to ❑ ~**, c'est pouvoir** *prov*, **quand on veut, on peut** where there's a will, there's a way *prov*. -**2.** [prétendre - suj: personne] to claim; **si l'art est une religion, comme le veulent certaines personnes** if art is a religion, as some people would have it OU claim. -**3.** [avoir l'intention de]: ~ **faire qqch** to want OU to intend OU to mean to do sthg; **je voulais passer à la gare, mais je n'ai pas eu le temps** I wanted to drop in at the station, but I didn't have time; **je ne voulais pas te vexer** I didn't mean to offend you; **sans** ~ **me mêler de tes affaires/te contredire...** I don't want to interfere/to contradict you but...; **je l'ai vexé sans le** ~ I offended him unintentionally OU without meaning to; **je ne voudrais surtout pas t'empêcher de voir ton match!** I wouldn't dream of preventing you from watching the match!; **si vous voulez finir le projet à temps, il faut recruter plus de personnel** if you want OU intend to keep the project on schedule, you must take on more staff; ~ **dire** [suj: personne qui s'est mal exprimée] to mean; [suj: personne qui fait une insinuation] to mean, to suggest; **j'ai dit «attelle», je voulais dire «appelle»** I said "at-

telle", I meant "appelle"; **il ne s'est pas ennuyé ce soir-là — que veux-tu dire par là?** he had some fun that night — what do you mean by that OU what are you getting at?; **vous voulez dire qu'on l'a tuée?** do you mean OU are you trying to say (that) she was killed? **-4.** [essayer de]: **~ faire** to want OU to try to do; **en voulant la sauver, il s'est noyé** he drowned in his attempt OU trying to rescue her; **tu veux me faire peur?** are you trying to frighten me? **-5.** [s'attendre à] to expect; **tu voudrais peut-être aussi que je te remercie!** you don't expect to be thanked into the bargain, do you?; **comment veux-tu que je te croie, maintenant?** how do you expect me to believe you now?; **comment veux-tu qu'elles s'en sortent avec des salaires si bas?** how do you expect them OU how are they expected to survive on such low salaries?; **pourquoi voudrais-tu qu'on se fasse cambrioler?** why do you assume we might be burgled?; **que veux-tu que j'y fasse?** what do you want me to do about it?, what can I do about it?; **il est très malheureux — que veux-tu que j'y fasse?** he's very unhappy — what do you expect ME to do about it?; **que voulez-vous que je vous dise?** what can I say?, what do you want me to say?; **qu'est-ce que tu veux que je te dise, il ne fallait pas la provoquer** what can I say? you shouldn't have provoked her; **on va le faire réparer, que veux-tu que je te dise?** we'll get it fixed, what (else) can I say? **-6.** *fam* [sexuellement] to want.

B. PRÉFÉRER, SOUHAITER **-1.** [dans un choix] to want, to wish; **pour le premier, je voulais un garçon** I wanted the first baby to be a boy; **prends toutes les pommes que tu veux** have as many apples as you want; **j'en voudrais de plus mûres, de préférence** I'd rather have (some) riper ones, if possible; **jus d'ananas ou d'orange? — ce que tu veux!** pineapple or orange juice? — whatever OU I don't mind!; **voulez-vous que nous prenions un thé ou préférez-vous marcher encore un peu?** would you like to stop for tea or would you prefer to walk on a bit?; **je préfère acheter des actions — comme vous voulez** I prefer to buy shares — as you wish; **on prend ma voiture ou la tienne? — c'est comme tu veux** shall we take my car or yours? — as you wish OU please OU like; **je me débrouillerai seule — comme tu voudras!** I'll manage on my own — suit yourself!; **où va-t-on? — où tu veux** where are we going? — wherever you want; **je pourrai revenir? — bien sûr, quand vous voulez!** may I come again? — of course, any time OU whenever you want!; **je vais vous chanter une chanson... — quand tu veux!** *fam* I'm going to sing you a song... — when you're ready!; **je te prends quand tu veux au badminton** *fam* I'll give you a game of badminton any time; **viens avec nous si tu veux** come with us if you want; **tu peux dessiner une maison si tu veux** you could draw a house, if you like; **mets-en tant que tu veux** put in as much as you want; **on peut donner tant qu'on veut, cela ne résout pas le problème de la pauvreté** you can give as much as you want, it won't solve the problem of poverty; **tu peux rire tant que tu veux, ça m'est bien égal** you can laugh as much as you want, I don't care; **tu l'as** OU **l'auras voulu!** you asked for it! **-2.** [dans une suggestion] to want; **voulez-vous** OU **voudriez-vous du thé?** would you like some tea?; **veux-tu de l'aide?** do you want OU would you like some help?; **tu veux une fessée?** do you want your bottom smacked?; **voulez-vous que je vous achète le journal?** would you like me to buy OU shall I buy the newspaper for you?; **voudriez-vous vous joindre à nous?** would you care OU like to join us?; **voudriez-vous essayer la robe bleue?** perhaps you might care to try on the blue dress?; **peut-être vouliez-vous que je m'en aille?** did you want me to go? **-3.** [dans un souhait]: **je ne veux que ton bonheur** I only want you to be happy; **j'aurais tellement voulu être avec vous** I'd have so much liked OU loved to have been with you; **quand tu me parles, je te voudrais un autre ton** *sout* please don't use that tone when you're talking to me; **comme je voudrais avoir des enfants!** how I'd love to have children!; **elle voudrait vous dire quelques mots en privé** she'd like a word with you in private; **je voudrais te voir à ma place** I'd like to see what you'd do if you were in my shoes; **je voudrais vous y voir!** I'd like to see how YOU'd cope with it!; **il faut tout terminer d'ici demain, je voudrais t'y voir!** it's all got to be finished by tomorrow, how'd YOU like to have to do it? □ **je voudrais bien voir ça!** *iron*: **aller au match sans avoir rangé ta chambre, je voudrais bien voir ça!** whatever gave you the idea (that) you could go to the match without tidying up your room first? **-4.** [dans une demande polie]: **veuillez m'excuser un instant** (will you) please excuse me for a moment; **veuillez avoir l'obligeance de...** would you kindly OU please...; **veuillez vous asseoir** please take a seat; **veuillez recevoir, Monsieur, mes salutations distinguées** yours sincerely OU *Am* truly; **veuillez vous retirer, Marie** you may go now, Marie; **veuillez n'en rien dire à personne** would you kindly OU please not mention anything to anyone; **voudriez-vous avoir l'amabilité de me prêter votre crayon?** would you be so kind as to lend me your pencil?; **nous voudrions une chambre pour deux personnes** we'd like a double room; **je vous serais reconnaissant de bien ~ m'envoyer votre brochure** I should be glad to receive your brochure; **voulez-vous me suivre** please follow me. **-5.** [dans un rappel à l'ordre]: **veux-tu (bien) me répondre!** will you (please) answer me?; **veux-tu laisser le chat tranquille!** just leave the cat alone!, will you leave the cat alone!; **voulez-vous ne pas toucher à ça!** please don't touch that!; **ne m'interromps pas, tu veux!, veuille bien ne pas m'interrompre!** will you please not interrupt me?, would you mind not interrupting me?; **un peu de respect, tu veux (bien)?** a bit less cheek, if you don't mind!

C. SUJ: CHOSE **-1.** [se prêter à, être en état de]: **le rideau ne voulait pas se lever** we couldn't get the curtain to rise; **les haricots ne veulent pas cuire** the beans won't cook; **la télé ne marche que quand elle veut** *hum* the TV only works when it feels like it. **-2.** [exiger] to require; **la coutume veut que...** custom requires that...; **la tradition voulait que...** it was a tradition that...; **la dignité de notre profession veut que...** the dignity of our profession demands that...; **comme le veulent les usages** as convention dictates; **les lois le veulent ainsi** that is what the law says ‖ [prétendre]: **comme le veut une vieille légende** as an old legend has it. **-3.** [déterminer - suj: destin, hasard, malheur]: **le sort voulut que le train fût en retard** as fate would have it, the train was late; **la chance a voulu que...** as luck would have it...; **le malheur voulut qu'il fût seul ce soir-là** unfortunately he was alone that night; **le calendrier a voulu que cela tombe un lundi** it fell on a Monday, as it so happened. **-4.** [s'efforcer de]: **le décor veut évoquer une ferme normande** the decor strives OU tries to suggest a Normandy farmhouse. **-5.** **~ dire** [avoir comme sens propre] to mean; [avoir comme implication] to mean, to suggest; **que veut dire «Arbeit»?** what does "Arbeit" mean?; **elle a fait un geste de la main qui voulait dire «peu importe»** she waved her hand to say "never mind"; **je me demande ce que veut dire ce changement d'attitude** I wonder what the meaning of this turn-around is OU what this turn-around means?; **cela ne veut rien dire** it doesn't mean anything; **être millionnaire, ça ne veut plus rien dire de nos jours** being a millionaire doesn't mean anything nowadays □ **ça veut tout dire!** that says it all!; **ça veut bien dire ce que ça veut dire!** it's clear OU plain enough!; **tu vas m'obéir, non mais, qu'est-ce que ça veut dire?** *fam* for goodness's sake will you do as I say! **-6.** GRAMM to take; **la conjonction «pourvu que» veut le subjonctif** the conjunction "pourvu que" takes the subjunctive.

D. LOCUTIONS **-1.** **bien ~** [consentir à]: **bien ~ faire qqch** to be willing OU to be prepared OU to be quite happy to do sthg; **nous voulons bien lui parler** we're prepared OU quite willing to talk to him; **je veux bien me contenter d'un sandwich** I'm quite happy to make do with a sandwich; **je veux bien être patient, mais il y a des limites!** I can be patient, but there are limits!; **poussons jusqu'à la prochaine ville — moi je veux bien, mais il est tard!** let's go on to the next town — I don't mind, but it IS late!; **allons-y, puisque ta mère veut bien garder les enfants** your mother's agreed to look after the children so let's go. **-2.** **bien ~** [admettre]: **je veux bien qu'il y ait des restrictions budgétaires mais...** I understand (that) there are cuts in the budget but...; **je veux bien avoir des défauts, mais pas celui-là** granted, I have some shortcomings, but that isn't one of them □ **moi je veux bien!** (it's) fine by me!; **il a dit nous avoir soutenus, moi je veux bien, mais le résultat est là!** he said he supported us, OK OU and that may be so, but look at the result!

◆ **vouloir de** *v + prép* **-1.** [être prêt à accepter]: **~ de qqn/qqch** to want sb/sthg; **je ne veux plus de ces vieux journaux, jette-les** I don't want these old papers any more, throw them out; **je ne veux pas d'une relation sérieuse** I don't want a serious relationship. **-2.** *loc*: **en ~** *fam*: **elle en veut** [elle a de l'ambition] she wants to make it OU to win; [elle a de l'application] she's dead keen; **elle en veut, sur le court** she's out to win when she's on (the) court; **il faut en ~ pour réapprendre à marcher** you need a lot of determination will to learn to walk again; **en ~ à qqn** [éprouver de la rancune] to bear OU to have a grudge against sb; **je ne l'ai pas fait exprès, ne m'en veux pas** I didn't do it on purpose, don't be cross with me; **décidément, ton chien m'en veut** your dog's definitely got something against me; **tu m'en veux encore beaucoup pour l'autre soir?** are you still angry OU cross with me about the other night?; **je n'en veux à personne, je demande simplement justice** I'm not after anyone's blood, all I want is justice; **tu ne m'en veux pas?** no hard feelings?; **vous ne m'en voudrez pas si je pars plus tôt, n'est-ce pas?** you won't mind OU be cross if I leave earlier, will you?; **elle m'en voulait de mon manque d'intérêt pour elle** she resented my lack of interest in her; **ses frères lui en veulent de son succès** his brothers hold his success against him; **elle lui en veut d'avoir refusé** she holds it against him that he said no; **il ne faut pas lui en ~ d'exprimer son amertume** don't resent her for showing her bitterness; **en ~ à qqn/qqch** [le convoiter]: **j'ai l'impression qu'il en veut à ma cadette** I feel he has designs on my youngest daughter; **elle en veut à ma fortune** she's after my money; **en ~ à qqch** [vouloir le détruire] to seek to damage sthg; **qui peut en ~ à ma vie/réputation?** who could wish me dead/would want to damage my reputation?

◆ **se vouloir** *vpi*: **je me voudrais plus audacieux** I'd like to be bolder; **les pièces qui se veulent intellectuelles** plays with intellectual pretensions; **le livre se veut une satire de l'aristocratie allemande** the book claims OU is supposed to be a satire on the German aristocracy.

◆ **s'en vouloir** ◇ *vp (emploi réfléchi)* to be angry OU annoyed with o.s.; **je m'en veux de l'avoir laissé partir** I feel bad at having let him go □ **je m'en voudrais!** *fam* not likely!; **800 F pour un match de football? je m'en voudrais!** 800 F for a football match? not likely!

◇ *vp (emploi réciproque)*: **elles s'en veulent à mort** they really hate each other.

◆ **en veux-tu en voilà** *fam loc adv* [en abondance]: **il y avait des glaces en veux-tu en voilà** there were ice creams galore; **on dirait qu'elle a de l'argent en veux-tu en voilà** she seems to have money to burn; **il lui faisait des compliments en veux-tu en voilà** he was showering her with compliments.

◆ **je veux** *fam loc interj*: **il t'a cogné? — je veux!** did he hit you? — and how OU he sure did!; **tu vas à la pêche demain? — je veux que j'y vais!** are you going fishing tomorrow? — you bet I am OU I sure am!

◆ **qu'est-ce que tu veux, qu'est-ce que vous voulez, que veux-tu, que voulez-vous** *loc adv indép*: **que veux-tu, j'ai pourtant essayé!** I tried, though!; **c'est ainsi, que voulez-vous!** that's just the way it is!; **j'accepte ses humeurs, que veux-tu!** I (just) put up with his moods, what can I do?; **j'ai dit que c'était ton idée, que veux-tu, sinon on m'aurait renvoyé** I said it was your idea, what could I do, otherwise they'd have sacked me; **que voulez-vous, ils se conduisent comme les jeunes de leur âge** they're just acting their age, what can you do?

◆ **si l'on veut** *loc adv* -**1.** [approximativement] if you like; **on peut dire, si l'on veut, que...** if you like you can say that... -**2.** [pour exprimer une réserve]: **c'est drôle/propre si l'on veut** I wouldn't say it's particularly funny/clean; **il est fidèle... si l'on veut!** he's faithful... after a fashion!

◆ **si tu veux, si vous voulez** *loc adv* more or less, if you like; **ça ressemble à un gros lapin, si tu veux** it looks a bit like a big rabbit.

voulu, e [vuly] *adj* -**1.** [requis] required, desired, requisite; **vous aurez toutes les garanties ~es** you'll have all the required guarantees; **ça a eu l'effet ~** it produced the desired effect; **au moment ~** at the right time; **terminé en temps ~** completed on schedule. -**2.** [délibéré] deliberate, intentional; **c'est ~** it's intentional OU (done) on purpose. -**3.** [décidé d'avance] agreed; **au moment ~** at the right time; **terminé en temps ~** completed on schedule.

vous [vu] ◇ *pron pers (2e pers pl)* **A.** -**1.** *(suj ou obj dir)* you; **si j'étais ~** if I were you; **c'est ~?** [à la porte] is that you?; **~ parti, je lui écrirai** once you've gone, I shall write to her; **eux m'ont compris, pas ~** they understood me, you didn't; **qui a fini? ~?** who's finished? have you?; **il nage mieux que ~** he swims better than you (do); **elle a fait comme ~** she did (the same) as you did || [en renforcement du suj ou de l'obj dir]: **et ~ qui aviez toujours peur!** to think YOU're the one who was always scared!; **je ~ connais, ~!** I know YOU!; **~, ~ restez** as for you, you're staying. -**2.** *(obj indir)*: **à ~: c'est à ~** [objet] it belongs to you; **à ~!** [dans un magasin, un jeu] it's your turn!; **une maison bien à ~** a house of your very own, your very own house; **une plage rien qu'à ~** a beach to yourself; **elle ne parle qu'à ~** you're the only one she speaks to; **c'est à ~ de juger** it's for you to judge; **pensez un peu à ~** think of yourself a bit; **de ~: un livre de ~** a book by you; **c'est de ~, cette lettre?** is this one of your letters?; **de ~ à moi** between (the two of) us OU you and me; **chez ~** at your house, in your home; **faites comme chez ~** please make yourself at home; **ça va, chez ~?** *fam* (are) things OK at home? -**3.** [dans des formes réfléchies, souvent non traduit]: **taisez-~!** be quiet!; **cachez-~!** hide!; **regardez-~** look at yourself.

B. -**1.** *(comme suj ou obj)* you; **~ êtes témoins** you have all witnessed this; **~ partis, je lui écrirai** once you've all gone, I shall write to her; **elle ~ a accusés tous les trois** she accused all three of you || [en renforcement du suj ou de l'obj] you (people); **et ~ qui aviez toujours peur!** to think YOU were the ones who were always scared!; **~, ~ restez** as for you (people), you're staying; **~ (autres), les spécialistes, ~ ne faites rien** YOU're the specialists and you're not doing anything; **~ (autres), les intellectuels, ~ êtes tous pareils** you're all the same, you intellectuals. -**2.** *(après une prép)*: **à ~: c'est à ~** [objet] it belongs to you; **à ~** RAD & TV over to you; **à ~ le studio!** I'm handing you back to the studio!; **pensez à ~ et à vos amis** think of yourselves and of your friends; **à ~ trois, vous finirez bien la tarte?** surely the three of you can finish the tart?; **de ~: l'un de ~ trahira** one of you will be a traitor. -**3.** [dans des formes réfléchies, souvent non traduit]: **taisez-~ tous!** be quiet, all of you!; **cachez-~, tous les deux!** hide, you two!; **regardez-~** look at yourselves || [dans des formes réciproques] one another, each other; **aidez-~** help one another; **battez-~** fight with each other.

C. *fam* [valeur intensive]: **il ~ mange tout un poulet** he can put away a whole chicken; **elle sait ~ séduire une foule** she does know how to captivate a crowd; **ils ~ démolissent une maison en trois quarts d'heure** they can demolish a house in three quarters of an hour, no trouble (at all).

◇ *nm* -**1.** [forme]: **le ~** the "vous" form. -**2.** [en appellatif, par opposition à tu]: **leurs enfants leur disent «~»** their children use the "vous" form to them; **nous pourrions arrêter de nous dire «~»** we could be less formal with each other, we could start using the "tu" form to each other.

vous-même [vumɛm] *(pl* **vous-mêmes***) pron pers* yourself; **~s** yourselves; **avez-vous fait votre exercice ~?** did you do your exercise yourself?; **vous devriez comprendre de ~s** you ought to understand for yourselves; **vous pouvez vérifier par ~** you can check for yourself.

voussure [vusyr] *nf* [d'une voûte] spring; [d'une baie] arch; [d'un plafond] coving.

voûtain [vutɛ̃] *nm* [portion de voûte] cell, segment.

voûte [vut] *nf* -**1.** ARCHIT [construction] vault; [passage] archway; **~ d'arête** groined vault; **~ en berceau** barrel vault; **~ (sur croisée) d'ogives** ribbed vault; **~ en éventail** fan OU palm vaulting. -**2.** *litt* vault, canopy; **la ~ céleste** OU **des cieux** the canopy of heaven; **la ~ étoilée** the starry dome. -**3.** ANAT: **~ crânienne** cranial vault; **~ palatine** OU **du palais** roof of the mouth; **~ plantaire** arch of the foot.

◆ **en voûte** *loc adj* vaulted.

voûté, e [vute] *adj* -**1.** [homme] stooping, round-shouldered; [dos] bent; **avoir le dos ~** to stoop, to have a stoop; **marcher ~** to walk with a stoop; **ne te tiens pas ~** stand up straight. -**2.** [galerie] vaulted, arched.

voûter [3] [vute] *vt* -**1.** ARCHIT to vault, to arch. -**2.** [courber] to cause to stoop.

◆ **se voûter** *vpi* to stoop, to become round-shouldered.

vouvoiement [vuvwamɑ̃] *nm* "vous" form of address; **ici, le ~ est de rigueur** here people have to address each other as "vous".

vouvoyer [13] [vuvwaje] *vt* to address as "vous".

◆ **se vouvoyer** *vp (emploi réciproque)* to address each another as "vous".

vouvray [vuvrɛ] *nm* Vouvray (wine).

vox populi [vɔkspɔpyli] *nf inv litt* vox populi; **écouter la ~** to listen to what the people have to say.

voyage [vwajaʒ] *nm* -**1.** [excursion lointaine] journey, trip; [circuit] tour, trip; **notre ~ se fera en péniche/à dos de chameau** we will travel on a barge/on a camel; **leur ~ en Italie** their trip to Italy; **aimer les ~s** to like travelling; **mes ~s au pays de l'imaginaire** *litt* my imaginary travels; **faire un ~** to go on a trip; **faire un ~ dans le temps** [passé, futur] to journey through time; **faire un ~ autour du monde** to go round the world; **ils ont fait des ~s partout dans le monde** they have travelled the world; **j'ai fait de nombreux ~s en Méditerranée** I've travelled extensively throughout the Mediterranean; **faire le ~ de Bangkok** to go to Bangkok; **partir en ~** to go on a trip; **nous partons en ~** we're off on a trip, we're going away; **vous serez du ~?** [avec eux] are you going on the trip?; [avec nous] are you coming on the trip?; **ils partent demain mais elle ne sera pas du ~** they're off tomorrow but she won't be going (with them); **quelle merveille, cela valait le ~!** what a sight, it was well worth coming all this way to see it!; **cela représente deux jours/six mois de ~** it means a two-day/six-month trip; **bon ~!** have a nice trip! ☐ **~ d'affaires** business trip; **~ d'agrément** (pleasure) trip; **~ en mer** sea voyage *litt*, journey by sea; **~ de noces** honeymoon; **être en ~ de noces** to be honeymooning OU on one's honeymoon; **~ officiel** [en un endroit] official trip; [en plusieurs endroits] official tour; **~ organisé** package tour; **ils y sont allés en ~ organisé** they went there on package tour; **~ de presse** press visit; **le grand ~** *euph* the last journey; **les ~s forment la jeunesse** *prov* travel broadens the mind *prov*; **'Voyage au bout de la nuit'** *Céline* 'Journey to the End of Night'; **'les Voyages de Gulliver'** *Swift* 'Gulliver's Travels'. -**2.** [déplacement local] journey; **tous les matins, je fais le ~ en train** I do the journey by train every morning; **~ aller** outward journey; **~ aller et retour** return OU round trip; **~ retour** return OU homeward journey. -**3.** [allée et venue] trip; **on a fait trois ~s pour vider la maison** we made three trips to empty the house; **j'ai fait des ~s de la cave au grenier toute la matinée** I've been up and down from cellar to attic all morning. -**4.** *fam* [sous drogue] trip.

voyageage [vwajaʒaʒ] *nm Can* travelling *(back and forth)*.

voyager [17] [vwajaʒe] *vi* -**1.** [faire une excursion] to travel; [faire un circuit] to tour; **elle a beaucoup voyagé** she has travelled widely OU a lot, she's well travelled; **nous avons beaucoup voyagé en Grèce** we've travelled extensively throughout Greece; **aimer ~** to like travelling; **~ dans le temps** [passé, futur] to travel through time. -**2.** [se déplacer] to travel; **~ en bateau/en avion** to travel by sea/by air; **~ en deuxième classe** to travel second class. -**3.** [denrées, sacs] to travel; **le vin voyage mal** wine doesn't travel well; **ce produit doit ~ en wagon frigorifique** this product must be carried in refrigerated trucks. -**4.** COMM to travel; **~ pour une société** to travel for a firm.

voyageur, euse [vwajaʒœr, øz] ◇ *adj* [caractère] *litt* wayfaring *litt*, travelling.

◇ *nm, f* -**1.** [dans les transports en commun] passenger; [dans un taxi] fare. -**2.** [qui explore] traveller; **c'est une grande voyageuse** she travels extensively. -**3.** COMM: **~ (de commerce)** commercial traveller.

voyageur-kilomètre [vwajaʒœrkilɔmɛtr] *(pl* **voyageurs-kilomètres***) nm* passenger kilometre.

voyagiste [vwajaʒist] *nm* tour operator.

voyance [vwajɑ̃s] *nf* clairvoyance.

voyant, e [vwajɑ̃, ɑ̃t] ◇ *adj* [couleur] loud, gaudy, garish; [robe] showy, gaudy, garish.

◇ *nm, f* -**1.** [visionnaire] visionary, seer; [spirite]: **~ (extralucide)** clairvoyant. -**2.** [non aveugle] sighted person.

◆ **voyant** *nm*: **~ (lumineux)** indicator OU warning light || [d'un signal] mark; [plaque de nivellement] vane levelling shaft.

voyelle [vwajɛl] *nf* vowel.

voyeur, euse [vwajœr, øz] *nm, f* voyeur.

voyeurisme [vwajœrism] *nm* voyeurism.

voyou, te [vwaju, ut] *adj* loutish; **verve ~te** vulgar wit.

◆ **voyou** *nm* -**1.** [jeune délinquant] lout; [gangster] gangster. -**2.** [ton affectueux ou amusé]: **petit ~!** you little rascal!

VPC *nf abr de* **vente par correspondance**.

vrac [vrak] *nm* -**1.** [mode de distribution] bulk. -**2.** [marchandise] material transported in bulk.

◆ **en vrac** *loc adj & adv* -**1.** [non rangé] in a jumble; **ses idées sont en ~ dans sa dissertation** the ideas are just jumbled together in his essay. -**2.** [non emballé] loose; [en gros] in bulk; **on invite toute la famille en ~** *fam fig* we're inviting the whole family in one go.

vrai, e [vrɛ] *adj* -**1.** [exact] true; **au négatif, la proposition reste ~e** if negated, the proposition remains true; **si ce que tu dis est ~** if you're telling the truth, if what you say is true;

vous maintenez votre déposition? – tout est ~ are you sticking to your statement? – it's all true; il n'y a pas un mot de ~ dans son témoignage there's not a word of truth in her testimony; ils n'ont aucune intégrité – cette observation n'est pas ~e de tous they have no integrity – that isn't true of all of them OU you can't say that of all of them; Oslo est la capitale de la Norvège, ~ ou faux? Oslo is the capital of Norway, true or false?; tu me l'avais promis, ~ ou faux? you'd promised me, yes or no?; c'est ~ it's OU that's true; ce serait plus facile – c'est ~ mais... it would be easier – true OU certainly OU granted but...; tu ne fais jamais rien! – c'est ~, ça! you never do anything – that's quite right OU true!; ma voiture peut monter jusqu'à 300 km/h – c'est ~? my car can do up to 300 km/h – can it (really) OU oh really?; c'est ~ qu'on n'a pas eu de chance *fam* true, we were a bit unlucky; c'est pas ~! *fam* [pour nier] it's OU that's not true!; [ton incrédule] you're joking?, impossible!; [ton exaspéré] I don't believe this!; [ton horrifié] my God, no!; je pars en Chine – c'est pas ~! I'm off to China – you don't mean it!; il est mort hier – c'est pas ~! he died yesterday – never OU I can't believe it!; mais tu es agaçant ce matin, c'est pas ~! God, you ARE being a pain this morning!; et maintenant une coupure de courant, c'est pas ~! and now there's a power cut, I don't believe it!; elle va pas recommencer, c'est pas ~! she's going to start again, I (just) don't believe it!, oh my God, she's not starting again!; c'est si ~ que... so much so that...; elle était furieuse, c'est si ~ qu'elle a écrit au ministre she was beside herself, to the point of writing to the minister; il est ~ it's OU that's true; elle est un peu menteuse, il est ~ it's true that she's a bit of a liar, she's a bit of a liar, true; la loi est dure, il est ~ the law is tough, true (enough); il est ~ que... it's true (to say) that...; il est très irritable, il est ~ qu'il n'est pas encore habitué à eux he's very irritable, true, he's not used to them yet; il est bien ~ que... it's absolutely true OU it can't be denied that...; il est bien ~ que la situation économique se dégrade there's no denying that the state of the economy is getting worse. -**2.** [authentique - cuir, denrée] genuine, real; [- or] real; [- connaisseur] real, true; [- royaliste, républicain] true; je cherche l'amour ~ *litt* I'm looking for true love; avec une simplicité ~e with genuine simplicity; c'est une copie, ce n'est pas un ~ Modigliani it's a copy, it's not a real Modigliani; les ~es rousses sont rares there are few genuine OU real redheads; ce ne sont pas ses ~es dents they're not her own teeth; la seule ~e religion the only true religion; nous prônons le ~ socialisme we want to promote real OU genuine socialism; le ~ cricket, ça ne se joue pas comme ça! that's not how you play proper cricket!; le rôle est tenu par la ~e sœur de l'actrice the part is played by the actress's real OU real-life sister; c'est un ~ gentleman he's a real gentleman; il n'a jamais été un ~ père he was never (like) a real father; où sont ses ~s amis, maintenant? where are his true OU real friends now?; ça c'est de la bière, de la ~e! *fam* that's what I call beer! ❑ c'est ~, ce mensonge? *fam hum* are you fibbing?; il n'y a que ça de ~: le soleil, il n'y a que ça de ~ give me sunshine anyday; pour enlever les taches, l'acétone, il n'y a que ça de ~ to remove stains, acetone's the thing. -**3.** [non fictif, non inventé - raison] real; c'est une histoire ~e it's a true story; quel est le ~ motif de votre visite? what's the real purpose of your visit?; mon ~ nom est Jacob my real name is Jacob; le ~ problème n'est pas là the real problem lies elsewhere. -**4.** *(avant le n)* [à valeur intensive] real, complete, utter; c'est un ~ désastre it's a real OU an utter disaster; elle a été une ~e sœur pour moi she was a real sister to me; c'est un ~ casse-tête it's a real headache; c'est une ~e honte! it's utterly disgraceful!; t'es un ~ salaud!▽ you're a real bastard!; c'est une ~e folle! she's completely crazy! -**5.** [franc, naturel - personne, acteur] straightforward; pour les persuader, sois ~ to convince them, be straightforward; je suis ~ quand je joue ce personnage I am OU play myself when I play this character; son style est toujours ~ she always writes naturally; des dialogues ~s dialogues that ring true; des personnages ~s characters that are true to life. -**6.** *(avant le n)* [assigné] true; la statue n'est pas à sa ~e place [elle a été déplacée] the statue is not in its right place; un philosophe qui n'a jamais été mis à sa ~e place a philosopher who was never granted true recognition OU the recognition he deserved. -**7.** ASTRON: temps ~ true time. -**8.** ANAT: ~e côte true rib.

◆ **vrai** ◇ *adv* -**1.** [conformément à la vérité]: elle dit ~ [elle dit la vérité] she's telling the truth; [elle a raison] she's right, what she says is right; si tu as dit ~ if you were telling the truth, if what you said is true; et s'il n'avait pas dit ~? what if he was lying OU wasn't telling the truth?; tu n'en veux plus? – non, ~, j'ai trop mangé don't you want some more? – no, really, I've eaten too much already. -**2.** [avec vraisemblance]: des auteurs qui écrivent/acteurs qui jouent ~ authors whose writing/actors whose acting is true to life; faire ~ [décor, prothèse] to look real; avec des monstres qui font ~ with lifelike monsters. -**3.** *fam vieilli* [exprime la surprise, l'irritation]: ~, j'ai cru que je n'en verrais jamais la fin! I thought I'd never see the back of it, I did!; ~, ce qu'il est drôle! isn't he funny, though!; il a été reçu au permis! – eh ben ~! he passed his driving test! – you don't say!

◇ *nm*: le ~ [la vérité] the truth; il y a du OU un peu de ~ dans ses critiques there's some truth OU an element of truth in her criticism; où est le ~ dans ce qu'elle nous raconte? where is the truth in what she's telling us?; être dans le ~ to be right; ce n'est pas tout à fait cela mais tu es dans le ~ that's not quite true, but broadly-speaking, you're correct OU you're on the right lines.

◆ **à dire (le) vrai** = **à vrai dire**.

◆ **au vrai** *loc adv* to be specific; au ~, voici ce qui s'est passé specifically, this is what took place.

◆ **à vrai dire** *loc adv* in actual fact, to tell you the truth, to be quite honest.

◆ **pas vrai?** *fam loc interr*: il l'a bien mérité, pas ~? he deserved it, didn't he?; on ira tous les deux, pas ~? we'll go together, OK?

◆ **pour de vrai** *fam loc adv* really, truly; cette fois-ci, je pars pour de ~ this time I'm really leaving.

◆ **vrai de vrai** *fam*, **vraie de vraie** *fam loc adj*: je pars avec toi – ~ de ~? I'm going with you – really (and truly)?; c'est un Italien ~ de ~ he's an Italian born and bred; ça c'est de la bière, de la ~e de ~e! that's what I call beer!; ça c'est un homme, un ~ de ~! that's (what I call) a real man!

vrai-faux, vraie-fausse [vrɛfo, fos] *(mpl* vrais-faux, *fpl* vraies-fausses) *adj hum*: de vrais-faux plombiers professional cowboy plumbers; de vrais-faux passeports genuine false passports.

vraiment [vrɛmɑ̃] *adv* -**1.** [réellement] really; il avait l'air ~ ému he seemed really OU genuinely moved; tu as ~ fait ça? did you really do that?; il est ~ médecin? is he really a doctor?; ~, je n'y tiens pas I'm really not that keen; je vous assure, ~, je dois y aller no, really, I must go. -**2.** [en intensif] really; il a ~ dépassé les bornes he's really gone too far; elle peint ~ bien she paints really well; j'en ai ~ assez I've really had enough; tu nous as ~ bien aidés you've been a real help to us; il est ~ bête! he's really OU so stupid!; tu n'as ~ rien compris! you haven't understood a thing!; tu trouves que j'ai fait des progrès? – ah oui, ~! do you think I've improved OU made any progress? – oh yes, a lot!; ~, il exagère! he really has got a nerve! -**3.** [exprimant le doute]: ~? really?, indeed?, is that so?; ~? tu en es sûr? really? are you sure?; elle a dit que c'était moi le meilleur – ~? *iron* she said I was the best – you don't say OU really!

vraisemblable [vrɛsɑ̃blabl] ◇ *adj* [théorie] likely; [dénouement, excuse] convincing, plausible; une fin peu ~ a rather implausible ending; il est (très) ~ qu'il ait oublié he's forgotten, in all likelihood; il n'est pas ~ qu'elle avoue it wouldn't be like her to own up.

◇ *nm*: le ~ the plausible.

vraisemblablement [vrɛsɑ̃blabləmɑ̃] *adv* in all likelihood OU probability, very likely; est-il là? – ~ non is he there? – it appears not; les photos seront prêtes ~ demain the pictures will probably be ready tomorrow.

vraisemblance [vrɛsɑ̃blɑ̃s] *nf* -**1.** [d'une œuvre] plausibility, verisimilitude. -**2.** [d'une hypothèse] likelihood.

◆ **selon toute vraisemblance** *loc adv* in all likelihood; selon toute ~, il est allé se plaindre he very likely went OU in all likehood he went and complained.

vraquier [vrakje] *nm* bulk carrier.

V/Réf *(abr écrite de* Votre référence) your ref.

vreneli [vrɛnli] *nm Helv gold coin worth 20 Swiss francs.*

vrillage [vrijaʒ] *nm* -**1.** TEXT kinking, kink, snarl. -**2.** AÉRON twist.

vrille [vrij] *nf* -**1.** BOT tendril. -**2.** [outil] gimlet. -**3.** AÉRON spin.

◆ **en vrille** *loc adv*: descendre en ~ to spin downwards; se mettre en ~ to go into a (vertical) spin.

vrillé, e [vrije] *adj* -**1.** BOT tendrilled. -**2.** [tordu] twisted.

vriller [3] [vrije] ◇ *vi* [avion, fusée] to spiral, to spin.

◇ *vt* to pierce, to bore into.

vrillette [vrijɛt] *nf* furniture beetle.

vrombir [32] [vrɔ̃bir] *vi* [avion, moteur] to throb, to hum; [insecte] to buzz, to hum.

vrombissement [vrɔ̃bismɑ̃] *nm* [d'un avion, d'un moteur] throbbing sound, humming; [d'un insecte] buzzing, humming.

VRP *(abr de* voyageur représentant placier) *nm* rep.

VTT *(abr de* vélo tout terrain) *nm* ATB, mountain bike.

vu[1] [vy] *nm inv sout*: au vu et au su de tous openly; au vu de son dossier... looking at his case...

vu[2] [vy] *prép* [en considération de] in view of, considering, given; vu le temps qu'il fait, je pense qu'on ne va pas y aller in view of OU given the bad weather, I don't think we'll be going; vu son rang in view of his OU considering OU given his rank ‖ JUR: vu l'article 317 du Code pénal... in view of article 317 of the Penal Code...

◆ **vu que** *loc conj* [étant donné que] in view of the fact that, seeing that, considering that; il lui faudra au moins deux heures pour venir, vu qu'il est à pied he'll need at least two hours to get here, seeing that he's (coming) on foot.

vu[3], **e**[1] [vy] *adj* -**1.** bien/mal vu [bien/mal considéré]: il est bien vu de travailler tard it's the done thing OU it's good form to work late; il veut être bien vu he wants to be well thought of; fumer, c'est assez mal vu ici smoking is disapproved of here; j'ai toujours été parmi les élèves mal ~s I was always one of the pupils the teachers disapproved of; être bien vu de qqn to be well thought-of by sb; être mal vu de qqn to be not well thought-of by sb. -**2.** bien/mal vu [bien/mal analysé]: personnages bien/mal ~s finely observed/poorly-drawn characters; un problème bien vu an accurately diagnosed problem; une situation bien ~e a finely judged situation. -**3.** [compris]: (c'est) vu? understood?, get it?; tu es sage, vu? you're to be good, understand?; (c'est) vu! OK!, got it!; et l'eau froide arrive par là – vu! and this is the cold water pipe – OK!

vue[2] [vy] *nf* -**1.** [sens] eyesight, sight; recouvrer la ~ to get one's sight OU eyesight back; perdre la ~ to lose one's sight, to go blind; **avoir une bonne ~** to have good eyesight; **avoir une mauvaise ~** to have bad OU poor eyesight; **avoir la ~ basse** to have weak eyes; **ma ~ baisse** my eyes are getting weaker; **avoir une ~ perçante** to be hawk-eyed. -**2.** [regard]: **se présenter** OU **s'offrir à la ~ de qqn** [personne, animal, chose] to appear before sb's eyes; [spectacle, paysage] to unfold before sb's eyes. -**3.** [fait de voir] sight; **je ne supporte pas la ~ du sang** I can't stand the sight of blood; **la ~ de ces malheureux me fend le cœur** seeing OU the sight of these wretched people breaks my heart. -**4.** [yeux] eyes; **tu vas t'abîmer la ~** you'll ruin your eyes; **ils ont vérifié ma ~** they checked my eyesight ❑ **en mettre plein la ~ à qqn** *fam* to dazzle sb; **on va leur en mettre plein la ~!** let's really impress them OU knock' em for six! *Br.* -**5.** [panorama] view; **quelle ~ avez-vous de la chambre?** what can you see from the bedroom (window)?; **d'ici, vous avez une ~ magnifique** the view (you get) from here is magnificent; **~ sur la mer** sea view; **une ~ imprenable** an unobstructed view; **de ma cuisine, j'ai une ~ plongeante sur leur chambre** from my kitchen I can see straight down into their bedroom; **avoir ~ sur** to look out on; **le balcon a ~ sur le lac** the balcony looks out over the lake, there's a view of the lake from the balcony. -**6.** [aspect] view, aspect; **dessiner une ~ latérale de la maison** to draw a side view OU the side aspect of the house. -**7.** [image] view; **acheter des ~s de Cordoue** to buy (picture) postcards of Cordoba; **prendre une ~** to take a shot; **~ du port** [peinture, dessin, photo] view of the harbour ❑ **~ d'ensemble** PHOT general view; *fig* overview. -**8.** [idée, opinion] view, opinion; **avoir des ~s bien arrêtées sur qqch** to have firm opinions OU ideas about sthg || [interprétation] view, understanding, interpretation; **une ~ pessimiste de la situation** a pessimistic view of the situation ❑ **~ de l'esprit** *péj* idle fancy.

◆ **vues** *nfpl* plans, designs; **contrarier les ~s de qqn** to hinder sb's plans; **cela n'était** OU **n'entrait pas dans nos ~s** this was no part of our plan ❑ **avoir des ~s sur qqn** to have designs on sb; **avoir des ~s sur qqch** to covet sthg; **il a des ~s sur mon blouson** *hum* he's got his eye on my jacket.

◆ **à courte vue** *loc adj* [idée, plan] short-sighted.

◆ **à la vue de** *loc prép*: **il s'évanouit à la ~ du sang** he faints at the sight of blood; **à la ~ de tous** in front of everybody, in full view of everybody.

◆ **à vue** ◇ *loc adj* -**1.** BANQUE: **dépôt à ~** call deposit; **retrait à ~** withdrawal on demand. -**2.** THÉÂT: **changement à ~** set change in full view of the audience.
◇ *loc adv* [atterrir] visually; [tirer] on sight; [payable] at sight.

◆ **à vue de nez** *fam loc adv* roughly, approximately; **on lui donnerait 20 ans, à ~ de nez** at a rough guess, she could be about 20.

◆ **à vue d'œil** *loc adv*: **la grenouille grossissait à ~ d'œil** the frog was getting bigger before our very eyes; **ton cousin grossit à ~ d'œil** your cousin is getting noticeably OU visibly fatter; **mes économies disparaissent à ~ d'œil** my savings just disappear before my very eyes.

◆ **de vue** *loc adv* by sight; **je le connais de ~** I know his face, I know him by sight.

◆ **en vue** ◇ *loc adj* -**1.** [célèbre] prominent; **les gens en ~** people in the public eye OU in the news. -**2.** [escompté]: **avoir une solution en ~** to have a solution in mind; **j'ai quelqu'un en ~ pour racheter ma voiture** I've got somebody who's interested in buying my car; **un auteur pour qui le Nobel est en ~** an author who is in the running for the Nobel prize.
◇ *loc adv*: **mettre qqch en ~ dans son salon** to display sthg prominently in one's lounge.

◆ **en vue de** *loc prép* -**1.** [tout près de] within sight of; **le bateau a coulé en ~ des côtes de Limassol** the boat sank within sight of Limassol. -**2.** [afin de] so as OU in order to; **j'y vais en ~ de préparer le terrain** I'm going in order to prepare the ground.

vulcain [vylkɛ̃] *nm* red admiral.

Vulcain [vylkɛ̃] *npr* Vulcan.

vulcanien, enne [vylkanjɛ̃, ɛn] *adj* Vulcanian GEOL.

vulcanisation [vylkanizasjɔ̃] *nf* vulcanization, vulcanizing.

vulcaniser [3] [vylkanize] *vt* to vulcanize.

vulcanologie [vylkanɔlɔʒi] = **volcanologie**.

vulcanologique [vylkanɔlɔʒik] = **volcanologique**.

vulcanologue [vylkanɔlɔg] = **volcanologue**.

vulgaire [vylgɛr] ◇ *adj* -**1.** [sans goût - meuble, vêtement] vulgar, common, tasteless; [- couleur] loud, garish; [- style] crude, coarse, unrefined; [- personne] uncouth, vulgar. -**2.** [impoli] crude, coarse; **ne sois pas ~!** no need for that sort of language! -**3.** *(avant le n)* [ordinaire] ordinary, common, common-or-garden *hum*; **ce n'est pas du caviar, mais de ~s œufs de lump** it's not caviar, only common-or-garden lumpfish roe; **un ~ employé** a common clerk. -**4.** [non scientifique]: **nom ~** common name; **«oseille» est le nom ~ du «Rumex acetosa»** "sorrel" is the common OU usual name of "Rumex acetosa" || [non littéraire - langue] vernacular, everyday.
◇ *nm* -**1.** [vulgarité]: **le ~** vulgarity; **la décoration de son appartement est d'un ~!** the way he's decorated his flat is so vulgar! -**2.** *vieilli* [foule, masse]: **le ~** the common people.

vulgairement [vylgɛrmɑ̃] *adv* -**1.** [avec mauvais goût] coarsely, vulgarly, tastelessly. -**2.** [de façon impolie] coarsely, rudely; **ses panards, pour parler ~** her plates of meat, to use a coarse expression. -**3.** [de façon non scientifique] commonly; **«Papaver rhoeas», ~ appelé «coquelicot»** "Papaver rhoeas", commonly called "poppy".

vulgarisateur, trice [vylgarizatœr, tris] *adj* [ouvrage] popularizing; **l'auteur tente de n'être pas trop ~** the author attempts to avoid over-simplification.

vulgarisation [vylgarizasjɔ̃] *nf* popularization; **un ouvrage de ~** a book for the layman; **la ~ de la pensée d'Einstein** the simplification of Einstein's thought.

vulgariser [3] [vylgarize] *vt* -**1.** [faire connaître - œuvre, auteur] to popularize, to make accessible to a large audience; *(en usage abs)*: **il nous faut expliquer sans ~** we have to explain without over-simplifying. -**2.** *litt* [rendre grossier] to vulgarize, to debase, to make coarser.

vulgarisme [vylgarism] *nm* [tournure] vulgarism.

vulgarité [vylgarite] *nf* -**1.** [caractère vulgaire] vulgarity, coarseness. -**2.** [action] vulgar behaviour; [parole] vulgar OU coarse remark.

Vulgate [vylgat] *npr f*: **la ~** the Vulgate (version).

vulgum pecus [vylgɔmpekys] *nm inv*: **le ~** the hoi polloi.

vulnérabilité [vylnerabilite] *nf* vulnerability, vulnerableness.

vulnérable [vylnerabl] *adj* -**1.** [fragile] vulnerable; **ne l'attaque pas, il est ~** don't attack him, he's easily hurt. -**2.** JEUX vulnerable.

vulnéraire [vylnerɛr] *adj* & *nm* vulnerary.

vulvaire [vylvɛr] ◇ *nf* BOT stinking goosefoot.
◇ *adj* ANAT vulvar.

vulve [vylv] *nf* vulva.

vulvite [vylvit] *nf* vulvitis.

vumètre [vymɛtr] *nm* volume unit meter.

Vve *abr écrite de* **veuve**.

VVF (*abr de* **village vacances famille**) *nm* *state-subsidized holiday village.*

vx *abr écrite de* **vieux**.

W

w, W [dubləve] *nm* w, W.

W - **1.** (*abr écrite de* **watt**) W. - **2.** (*abr écrite de* **ouest**) W.

Wadden [wadɛn] *npr* → **mer**.

Wagner [vagnɛr] *npr* Wagner.

wagnérien, enne [vagnerjɛ̃, ɛn] *adj* & *nm, f* Wagnerian.

wagon [vagɔ̃] *nm* - **1.** [voiture - de passagers] coach, carriage *Br*, car *Am*; [- de marchandises] wagon, truck *Br*, freight car *Am*. - **2.** [contenu] truckload *Br*, wagonload; **des plaintes? on en a reçu tout un ~** *fam fig* complaints? they've been coming in by the truckload.

wagon-citerne [vagɔ̃sitɛrn] (*pl* **wagons-citernes**) *nm* tank wagon *Br* OU car *Am*.

wagon-lit [vagɔ̃li] (*pl* **wagons-lits**) *nm* sleeper, sleeping car, wagon-lit.

wagonnet [vagɔnɛ] *nm* truck *Br*, cart *Am*.

wagon-poste [vagɔ̃pɔst] (*pl* **wagons-poste**) *nm* mailcoach *Br*, mailcar *Am*.

wagon-restaurant [vagɔ̃rɛstɔrɑ̃] (*pl* **wagons-restaurants**) *nm* dining OU restaurant car.

wahhabite [waabit] ◇ *adj* Wahhabite.
◇ *nmf* Wahhabi, Wahabi.

Walkman® [wɔkman] *nm* Walkman®, personal stereo.

walk-over [walkɔvœr] *nm inv* SPORT - **1.** [compétition à un seul concurrent] walkover. - **2.** *fam* [victoire facile] walkover.

walkyrie [valkiri] *nf* Valkyrie, Walkyrie.

wallaby [walabi] (*pl* **wallabys** OU **wallabies**) *nm* wallaby.

wallingant, e [walɛ̃gɑ̃, ɑ̃t] ◇ *adj* [manifestant, région] in favour of Walloon autonomy.
◇ *nm, f Belg péj* Walloon autonomist.

Wallis-et-Futuna [walisefutuna] *npr* Wallis and Futuna.

wallon, onne [walɔ̃, ɔn] *adj* Walloon.
◆ **Wallon, onne** *nm, f* Walloon.
◆ **wallon** *nm* LING Walloon.

Wallonie [walɔni] *npr f*: (**la**) ~ Southern Belgium *(where French and Walloon are spoken)*, Wallonia.

wapiti [wapiti] *nm* wapiti.

warrant [varɑ̃] *nm* warrant COMM & JUR.

warranter [3] [varɑ̃te] *vt* to warrant COMM & JUR.

Washington [waʃiŋtɔn] *npr* - **1.** [ville] Washington DC. - **2.** [État] Washington State.

water-ballast [watɛrbalast] (*pl* **water-ballasts**) *nm* water ballast tank.

water-closet [watɛrklɔzɛt] (*pl* **water-closets**) *nm vieilli* water closet *vieilli*, w-c.

Watergate [watœrgɛt] *npr m*: **le (scandale du) ~** (the) Watergate (scandal).

water-polo [watɛrpɔlo] (*pl* **water-polos**) *nm* water polo.

waters [watɛr] *nmpl* toilet.

waterzoï [watɛrzɔj] *nm Belg speciality made from fish or meat in cream sauce.*

watt [wat] *nm* watt.

wattheure [watœr] *nm* watt-hour.

wattmètre [watmɛtr] *nm* wattmeter.

Wb *abr écrite de* **weber**.

W-C [vese] (*abr de* **water closet**) *nmpl* WC.

week-end [wikɛnd] (*pl* **week-ends**) *nm* weekend; **partir en ~** to go away for the week-end; **on part en ~** we're going away for the weekend; **~ prolongé** long weekend.

welche [vɛlʃ] = **velche**.

Wellington [wɛliŋtɔn] *npr* Wellington.

welter [wɛltɛr] *nm* welter, welterweight.

western [wɛstɛrn] *nm* western; **comme dans les ~s** as (they do) in the movies.

western-spaghetti [wɛstɛrnspageti] (*pl* **westerns-spaghettis**) *nm* spaghetti western.

Westphalie [vɛsfali] *npr f*: (**la**) ~ Westphalia.

Wh (*abr écrite de* **wattheure**) Wh.

wharf [warf] *nm* wharf.

whisky [wiski] (*pl* **whiskys** OU **whiskies**) *nm* [écossais] whisky; [irlandais ou américain] whiskey.

whist [wist] *nm* whist.

white-spirit [wajtspirit] (*pl inv* OU **white-spirits**) *nm* white spirit.

Whitney [witnɛ] *npr* → **mont**.

wienerli [vinɛrli] *nm Helv small sausage.*

wigwam [wigwam] *nm* wigwam.

williams [wiljams] *nf* Williams pear.

winch [winʃ] (*pl* **winchs** OU **winches**) *nm* winch NAUT.

winchester [wintʃɛstɛr] *nm* Winchester (rifle).

Windsurf® [windsœrf] *nm* Windsurf® (surfboard).

Winnipeg [winipɛg] *npr* Winnipeg.

Wisconsin [wiskɔnsin] *npr m*: **le ~** Wisconsin.

wishbone [wiʃbon] *nm* wishbone NAUT.

wisigoth, e [vizigo, ɔt] *adj* Visigothic.
◆ **Wisigoth, e** *nm, f* Visigoth; **les Wisigoths** the Visigoths.

witz *fam* [vitz] *nm Helv joke.*

wolfram [vɔlfram] *nm* wolfram.

wombat [wɔ̃ba] *nm* wombat.

woofer [wufœr] *nm* woofer ACOUST.

Wuppertal [vupərtal] *npr* Wuppertal.

Wyoming [wajɔmiŋ] *npr m*: **le ~** Wyoming.

X

x, X [iks] ◇ *nm* [lettre] x, X; MATH x; **j'ai vu la pièce x fois** I've seen the play umpteen times; **ça fait x temps que je te demande de le faire** I've been asking you to do it for ages; **Madame X** Mrs. X.
◇ *nmf arg univ* (ex) student of the École Polytechnique.
◇ *nf arg univ*: **l'X** the École Polytechnique.

xénon [gzenɔ̃] *nm* xenon.

xénophile [gzenɔfil] *adj* & *nmf* xenophile.

xénophilie [gzenɔfili] *nf* xenophilism.

xénophobe [gzenɔfɔb] ◇ *adj* xenophobic.
◇ *nmf* xenophobe.

xénophobie [gzenɔfɔbi] *nf* xenephobia.

Xénophon [gzenɔfɔ̃] *npr* Xenophon.

xérès [gzerɛs, xerɛs] *nm* sherry.

Xérocopie® [kserɔkɔpi] *nf* Xerox® copy.

Xérographie® [kserɔgrafi] *nf* xerography.

Xerxès [gzerksɛs] *npr* Xerxes.

xylographie [ksilɔgrafi] *nf* xylography.

xylophage [ksilɔfaʒ] ◇ *adj* xylophagous.
◇ *nmf* xylophage.

Xylophène® [ksilɔfɛn] *nm* wood preserver.

xylophone [ksilɔfɔn] *nm* xylophone.

Y

y, Y [igrɛk] *nm* y, Y.

y [i] *pron adv* -**1.** [représente le lieu] there; **j'y vais souvent** I often go there; **on y entre comment?** how do you get in?; **vas-y, entre!** go on in!; **vas-y, saute!** go on, jump!; **on n'y voit rien** you can't see a thing (here); **passe chez elle, elle y est peut-être** go round OU *Am* around to her place, maybe she's there; **j'y suis, j'y reste** here I am and here I stay; **je n'y suis pour personne** whoever it is, I'm not in. -**2.** [représente une chose] it; **pensez-y, à mon offre** do think about my offer; **n'y pensez plus** forget about it; **n'y comptez pas** don't count OU bank on it; **je n'y manquerai pas** I certainly will; **j'y renonce** I give up; **il a du charme mais je n'y suis pas sensible** he has charm, but it leaves me cold; **j'y ai trouvé une certaine satisfaction** I found it quite satisfying. -**3.** [représente une personne]: **elle est bizarre, ne t'y fie pas** she's strange, you can't trust her; **les fantômes, j'y crois** I believe in ghosts; **les jeunes? elle n'y comprend rien** young people? she doesn't understand them. -**4.** *loc*: **il y va de** [il s'agit de] it's a matter of; **il y va de ma dignité** my dignity's at stake; **il y va d'une vie humaine** a (human) life is at stake; **chacun y va de sa chansonnette** everyone comes out with a little song; **quand elle y va de ses grands mots** when she starts coming out with her big words; **j'y suis!** [j'ai compris] (I've) got it!; [je t'ai compris] I'm with you!; **je n'y suis plus** [je ne comprends plus] I've lost track (of things); [je ne te comprends plus] I'm not with you anymore, you've lost me; **y être pour quelque chose** to have something to do with it; **je n'y suis pour rien, moi!** it's (got) nothing to do with me!, it's not my fault!; **laisse-le choisir, il s'y connaît** let him choose, he knows all about it; **ils s'y entendent pour faire des histoires** they're past masters at making a fuss; **tu as promis, tu dois t'y tenir** you made a promise, you must stick to it; **si tu veux un matériel de qualité, il faut y mettre le prix** if you want quality material, you have to pay for it; **avec les petits, il faut savoir s'y prendre** with little children you have to know how to handle them; **il est timide, il n'y peut rien** he's shy, he can't help it.

Y (*abr écrite de* **yen**) Y.

yacht [jot] *nm* yacht; ~ **de course** racer; ~ **de croisière** cruiser.

yacht-club [jotklœb] (*pl* **yacht-clubs**) *nm* yacht club.

yachting [jotiŋ] *nm vieilli* yachting; **faire du ~** to sail (yachts).

ya(c)k [jak] *nm* yak.

Yalta [jalta] *npr* Yalta; **la conférence de ~** the Yalta Conference.

yang [jɑ̃g] *nm* yang.

Yang-tseu-kiang [jɑ̃gtsekjɑ̃g], **Yangzi Jiang** [jɑ̃gzijɑ̃g] *npr m* Yangtze, Yangtze Kiang; **le ~** the Yangtze (River), the Yangtze Kiang.

Yaoundé [jaunde] *npr* Yaoundé, Yaunde.

yaourt [jaurt] *nm* yoghurt.

yaourtière [jaurtjɛr] *nf* yoghurt maker.

yass [jas] *nm Helv popular Swiss card game.*

yawl [jol] *nm* yawl.

yearling [jœrliŋ] *nm* yearling (horse).

Yellowstone [jɛlostɔn] *npr*: **le parc national de ~** the Yellowstone National Park.

Yémen [jemɛn] *npr m*: **le ~** Yemen; **au ~** in Yemen; **le ~ du Nord** North Yemen; **le ~ du Sud** South Yemen.

yéménite [jemenit] *adj* Yemeni.
◆ **Yéménite** *nmf* Yemeni.

yeti [jeti] *nm* yeti.

Yeu [jø] *npr*: **l'île d'~** the île d'Yeu.

yeuse [jøz] *nf* holm oak.

yeux [jø] *pl* → **œil.**

yé-yé [jeje] ◇ *adj inv* pop *(in the sixties).*
◇ *nmf inv* [chanteur] (sixties) pop singer; [garçon, fille] sixties pop fan.

yiddish [jidiʃ] *adj inv & nm inv* Yiddish.

yin [jin] *nm* yin.

ylang-ylang [ilɑ̃gilɑ̃g] (*pl* **ylangs-ylangs**) *nm* ylang-ylang, ilang-ilang.

yodler [3] [jɔdle] *vi* to yodel.

yoga [jɔga] *nm* yoga.

yogi [jɔgi] *nm* yogi.

yog(h)ourt [jɔgurt] = **yaourt.**

Yokohama [jɔkɔama] *npr* Yokohama.

yole [jɔl] *nf* skiff.

Yom Kippour [jɔmkipur] *nm inv* Yom Kippur.

yougoslave [jugɔslav] *adj* Yugoslav, Yugoslavian.
◆ **Yougoslave** *nmf* Yugoslav, Yugoslavian.

Yougoslavie [jugɔslavi] *npr f*: **(la) ~** Yugoslavia.

youpi [jupi] *interj* yippee, hooray.

youpin, e▼ [jupɛ̃, in] *nm, f antisemitic term used with reference to Jewish people,* ≃ yid.

yourte [jurt] *nf* yurt.

youyou [juju] *nm* dinghy.

Yo-Yo® [jojo] *nm inv* yo-yo.

ypérite [iperit] *nf* mustard gas.

Yucatan [jukatan] *npr m*: **le ~** Yucatan.

yucca [juka] *nm* yucca.

Yukon [jukɔ̃] *npr m*: **le ~** [fleuve] the Yukon River; [territoire] the Yukon (territory).

Yunnan [junan] *npr m*: **le ~** Yunnan.

Z

z, **Z** [zɛd] *nm* z, Z.

ZAC, **Zac** [zak] (*abr de* **zone d'aménagement concerté**) *nf area earmarked for local government planning project.*

Zacharie [zakari] *npr* -**1.** [père de saint Jean Baptiste] Zacharias. -**2.** [prophète] Zechariah.

ZAD, **Zad** [zad] (*abr de* **zone d'aménagement différé**) *nf area earmarked for future development.*

Zagreb [zagrɛb] *npr* Zagreb.

Zaïre [zair] *npr m*: **le ~** [pays] Zaïre; [fleuve] the (River) Zaire; **au ~** in Zaïre.

zaïrois, **e** [zairwa, az] *adj* Zaïrese.
◆ **Zaïrois**, **e** *nm, f* Zaïrese.

zakouski [zakuski] *nmpl* zakuski, zakouski.

Zambèze [zɑ̃bɛz] *npr m*: **le ~** the Zambese OU Zambezi (River).

Zambie [zɑ̃bi] *npr f*: **(la) ~** Zambia.

zambien, **enne** [zɑ̃bjɛ̃, ɛn] *adj* Zambian.
◆ **Zambien**, **enne** *nm, f* Zambian.

zanzi [zɑ̃zi], **zanzibar** [zɑ̃zibar] *nm game played with three dice.*

Zanzibar [zɑ̃zibar] *npr* Zanzibar.

Zaporojie [zapɔrɔʒi] *npr* Zaporozhye.

Zapotèques [zapɔtɛk] *npr mpl*: **les ~** the Zapotecs.

zapper [zape] *vi* to zap *(TV channels)*.

zappeur [zapœr] *nm* (compulsive) channel-changer.

zapping [zapiŋ] *nm*: **le ~** zapping, (constant) channel-changing.

Zarathoustra [zaratustra] *npr* Zarathustra; **'Ainsi parlait ~'** *Nietzsche* 'Thus Spake Zarathustra'.

zazou [zazu] ◇ *adj* -**1.** [dans les années 40] hep *vieilli*. -**2.** *péj* [fou] crazy.
◇ *nmf* -**1.** [amateur de jazz] hipster *vieilli*. -**2.** *péj* [fou] crazy man (*f* woman); **qu'est-ce qu'il fait, ce ~?** what's this crazy guy doing?

zèbre [zɛbr] *nm* -**1.** ZOOL zebra; **courir** OU **filer comme un ~** to go like greased lightning. -**2.** *fam* [individu]: **c'est un (drôle de) ~, celui-là!** [ton dépréciatif] he's a weirdo!; [ton amusé ou admiratif] he's quite something!; **arrête de faire le ~!** stop being silly!

zébrer [18] [zebre] *vt* [de lignes - irrégulières] to streak; [- régulières] to stripe.

zébrure [zebryr] *nf* -**1.** [du zèbre, du tigre] stripe. -**2.** [marque de coup] weal. -**3.** [d'éclair] streak.

zébu [zeby] *nm* zebu.

zélateur, **trice** [zelatœr, tris] *nm, f* -**1.** [adepte] *litt* devotee, partisan. -**2.** RELIG zealot.

zèle [zɛl] *nm* zeal; **elle travaillait avec ~** she worked zealously; **fais pas de ~!** *fam* don't do more than you have to!, don't overdo it!

zélé, **e** [zele] *adj* zealous.

zen [zɛn] ◇ *adj inv* Zen; **bouddhisme ~** Zen Buddhism.
◇ *nm* Zen.

zénith [zenit] *nm* -**1.** [sommet] zenith, acme; **arrivé au ~ de ses pouvoirs** having reached the zenith of his powers. -**2.** ASTRON zenith; **le soleil en son ~** *litt* the sun at its zenith.

zénithal, **e**, **aux** [zenital, o] *adj* zenithal.

ZEP, **Zep** [zɛp] (*abr de* **zone d'éducation prioritaire**) *nf designated area with special educational needs.*

zéphyr [zefir] *nm* -**1.** [vent] zephyr, light breeze; **Zéphyr** MYTH Zephyr. -**2.** TEXT zephir.

zeppelin [zɛplɛ̃] *nm* zeppelin.

zéro [zero] ◇ *nm* -**1.** MATH zero, nought; [dans un numéro de téléphone] 0; [dans une gradation] zero; **~ ~ trente-cinq** double 0 three-five; **l'option ~** the zero option ❑ **'le Zéro et l'Infini'** *Koestler* 'Darkness at Noon'. -**2.** ARM zero. -**3.** PHYS zero (degrees centigrade), freezing (point); **~ absolu** absolute zero. -**4.** SPORT zero, nil *Br*; **deux buts à ~** two (goals to) nil *Br* OU zero; **~ partout** no score ‖ TENNIS love; **~ partout** love all. -**5.** SCOL nought *Br*, zero; **j'ai eu ~** I got (a) nought ❑ **~ de conduite** black mark; **~ pointé** nought *Br*, zero. -**6.** *fam* [incapable] nonentity; **c'est un triple ~ en bricolage** he's a dead loss as far as do-it-yourself goes. -**7.** *(comme adj)* [sans intérêt] nil, worthless; **au niveau organisation, c'était ~** as far as organisation goes it was useless; **ils ont de beaux tissus, mais pour la confection c'est ~** they've got some nice fabrics but when it comes to making clothes they haven't a clue; **le spectacle? ~ et triple ~** the show? an absolute washout.
◇ *adj num*: **~ faute** no mistakes; **~ heure** midnight, zero hour *spéc*; **~ heure quinze** zero hours fifteen; **ça te coûtera ~ franc** it'll cost you nothing at all.
◆ **à zéro** ◇ *loc adj*: **avoir le moral** OU **être à ~** *fam* to be at an all-time low; **les avoir à ~** ▽ to be scared stiff.
◇ *loc adv fam*: **être réduit à ~** to be reduced; **recommencer** OU **repartir à ~** [dans sa carrière, dans un raisonnement] to go back to square one OU the drawing board; [sans argent, sans aide] to start again from scratch; **remettre le chronomètre à ~** *pr* to set the stopwatch back to zero; *fig* to start from scratch again.

zeste [zɛst] *nm* -**1.** [d'un agrume] zest; **un ~ de citron** a piece of lemon peel. -**2.** [petite quantité] pinch; **un ~ d'accent** a hint OU faint trace of an accent.

zêta [dzɛta] *nm* zeta.

Zeus [dzøs] *npr* Zeus.

zézaiement [zezɛmɑ̃] *nm* lisp.

zézayer [11] [zezeje] *vi* to (have a) lisp.

Zhejiang [zejɑ̃g] *npr m*: **le ~** Chekiang.

ZI *nf abr de* **zone industrielle**

zibeline [ziblin] *nf* -**1.** [fourrure] sable. -**2.** [animal] sable.

zieuter ▽ [3] [zjøte] *vt* to eye (up) *(sép)*, to eyeball *Am*; **t'as passé la soirée à ~ ma femme** you've spent the whole evening eyeing up my wife.

ZIF [zif] (*abr de* **zone d'intervention foncière**) *nf area earmarked for local government planning project.*

zig ▽ [zig] *nm* guy, bloke *Br*; **c'est un bon ~** he's a good sort.

zigoto *fam* [zigɔto] *nm*: **c'est un drôle de ~!** he's a funny customer!; **faire le ~** to clown around; **n'essayez pas de faire les ~s!** don't try it on!

zigouiller ▽ [3] [ziguje] *vt* to knife (to death), to bump off *(sép)*, to do in *(sép)*.

zigue ▽ [zig] = **zig**.

zigzag [zigzag] *nm* zigzag; **la route fait des ~s dans la montée** the road zigzags up; **elle marchait en faisant des ~s** she was zigzagging along.
◆ **en zigzag** *loc adj* zigzagging, winding.

zigzaguer [3] [zigzage] *vi* to zigzag; **il avançait en zigzaguant** he zigzagged along.

Zimbabwe [zimbabwe] *npr m*: **le ~** Zimbabwe; **au ~** in Zimbabwe.

zimbabwéen, **enne** [zimbabweɛ̃, ɛn] *adj* Zimbabwean.
◆ **Zimbabwéen**, **enne** *nm, f* Zimbabwean.

zinc [zɛ̃g] *nm* -**1.** [métal] zinc. -**2.** *fam* [comptoir] bar; **on prend un verre sur le ~?** shall we have a drink at the bar? -**3.** *fam* [café] bar. -**4.** *fam* [avion] plane.

zincage [zɛ̃kaʒ], **zingage** [zɛ̃gaʒ] *nm* zincing, covering with zinc.

zinguer [3] [zɛ̃ge] *vt* to zinc.

zingueur [zɛ̃gœr] *nm* zinc worker.

zinnia [zinja] *nm* zinnia.

zinzin *fam* [zɛ̃zɛ̃] ◇ *adj* dotty, batty, nuts.
◇ *nm* -**1.** [idiot] nutcase. -**2.** [truc] thingamajig, thingumajig; **un ~ pour peler les patates** a gadget for peeling spuds; **une espèce de ~ au milieu du jardin** a weird contraption in the middle of the garden.

Zip® [zip] *nm* zip.

zircon [zirkɔ̃] *nm* zircon.

zircone [zirkɔn] *nf* zirconium oxide OU dioxide, zirconia.

zirconite [zirkɔnit] *nf* zirconite.

zirconium [zirkɔnjɔm] *nm* zirconium.

zizanie [zizani] *nf* discord; **c'est la ~ entre les frères** the brothers are at odds OU loggerheads; **jeter** OU **mettre** OU **semer la ~ dans un groupe** to stir things up in a group; **la mort de la tante a jeté la ~ dans la famille** the aunt's death set the family at odds with each other.

zizi [zizi] *nm* -**1.** *fam* [sexe] willie *Br*, peter *Am*. -**2.** ORNITH cirl bunting.

Zodiac® [zɔdjak] *nm* inflatable dinghy.

zodiacal, e, aux [zɔdjakal, o] *adj* -**1.** [signe] zodiac. -**2.** ASTRON: **lumière ~e** zodiacal light.

zodiaque [zɔdjak] *nm* -**1.** ASTRON zodiac. -**2.** [signes] zodiac.

zombi(e) [zɔ̃bi] *nm* zombie.

zona [zona] *nm* shingles *(sg)*, herpes zoster *spéc*; **avoir un ~** to suffer from shingles.

zonage [zonaʒ] *nm* zoning.

zonal, e, aux [zonal, o] *adj* GÉOG zonal.

zonard *fam* [zonar] *nm* dropout.

zone [zon] *nf* -**1.** [domaine] zone, area; **la ~ d'activité du directeur commercial** the commercial manager's area; **la ~ d'influence de l'Asie** Asia's sphere of influence. -**2.** ANAT: **~ érogène** erogenous zone. -**3.** ADMIN [surface délimitée] area, zone; **~ d'aménagement concerté** → **ZAC**; **~ d'aménagement différé** → **ZAD**; **~ bleue** restricted parking area; **le campus se trouve dans la ~ de desserte des autobus** the campus is served by buses; **~ franche** free zone; **~ frontière** border area *(under special legislation)*; **~ industrielle** industrial estate *Br* OU park *Am*; **~ d'intervention foncière** → **ZIF**; **~ piétonnière** pedestrian area OU precinct *Br*; **~ résidentielle** residential area; **~ de stationnement interdit** no parking area; **~ à urbaniser en priorité** → **ZUP** ‖ ADMIN & FIN: **abattement de ~** *band within which the minimum wage or family benefits are reduced by a prescribed percentage*; **~s des salaires** *wage bands subject to the same percentage reduction.* -**4.** HIST: **~ libre/occupée** unoccupied/occupied France. -**5.** GÉOG: **~ désertique** desert belt; **~ forestière** forest belt; **~ glaciale/tempérée/torride** frigid/temperate/torrid zone; **~ de végétation** vegetation zone. -**6.** MÉTÉO: **quelques ~s pluvieuses demain** there'll be rain over some areas tomorrow ❑ **~ de dépression, ~ dépressionnaire** trough of low pressure. -**7.** GÉOL & MATH zone. -**8.** FIN: **~ monétaire** monetary area. -**9.** INF: **~ de mémoire** storage area. -**10.** ÉLECTRON: **~ de brouillage** interference zone. -**11.** *péj*: **la ~** *fam* [quartier pauvre] rough area; [marginalité] the fringes of society; [style de vie] a dropout lifestyle; [désordre] chaos, a mess; **c'est la ~, ta chambre!** your room looks as if a bomb hit it!

◆ **de deuxième zone** *loc adj* second-rate, second-class.

◆ **de troisième zone** *loc adj* third-rate; **un acteur de troisième ~** a third-rate actor.

ZONE:

1. The Paris area is divided into fare zones for public transport. Zones 1 and 2 cover metropolitan Paris and certain areas of the nearby suburbs. The remaining zones cover the outer suburbs: "j'habite en zone 3", "une carte orange quatre zones".
2. France is divided into three "zones" (A, B and C), the schools in the different zones taking their mid-term breaks and Easter holidays at different times to avoid swamping the public transport system and tourist infrastructure.

---

zoné, e [zone] *adj* zoned, zonate.

zoner [3] [zone] ◇ *vt* to zone.
◇ *vi fam* to doss *Br* OU to bum around.

zoo [zo(o)] *nm* zoo; **c'est le ~ ici!** *fig* this place is like a madhouse!

zoogéographie [zɔɔʒeɔgrafi] *nf* zoogeography.

zoolâtre [zɔɔlatr] ◇ *adj* zoolatrous.
◇ *nmf* zoolater.

zoolâtrie [zɔɔlatri] *nf* zoolatry.

zoologie [zɔɔlɔʒi] *nf* zoology.

zoologique [zɔɔlɔʒik] *adj* zoological.

zoologiste [zɔɔlɔʒist] *nmf* zoologist.

zoom [zum] *nm* [objet] zoom lens; [procédé] zoom; **faire un ~ sur** to zoom in on.

zoomer [3] [zume] *vi* [pour se rapprocher] to zoom in; [pour s'éloigner] to zoom out.

zoomorphe [zɔɔmɔrf] *adj* zoomorphic.

zoomorphisme [zɔɔmɔrfism] *nm* zoomorphism.

zoopathique [zɔɔpatik] *adj* zoopathic.

zoophile [zɔɔfil] ◇ *adj* zoophilic.
◇ *nmf* zoophile.

zoophilie [zɔɔfili] *nf* zoophilia, bestiality.

zoophobie [zɔɔfɔbi] *nf* zoophobia.

zootechnicien, enne [zɔɔtɛknisjɛ̃, ɛn] *nm, f* specialist in animal husbandry.

zootechnie [zɔɔtɛkni] *nf* animal husbandry, zootechnics *(U)*.

zootechnique [zɔɔtɛknik] *adj* zootechnical.

Zoroastre [zɔrɔastr] *npr* Zoroaster.

zou [zu] *interj* [pour éloigner] shoo; [pour marquer la rapidité] whoosh; **allez, ~ les enfants, au lit!** come on, off to bed children!; **on ferme la maison et ~, on part pour l'Italie** we'll shut up the house and whizz off to Italy.

zouave [zwav] *nm* -**1.** MIL Zouave. -**2.** *fam loc*: **faire le ~** [faire le pitre] to clown about; [faire le malin] to show off.

Zoug [zug] *npr* Zug; **le canton de ~** the canton of Zug.

zoulou, e [zulu] *adj* Zulu.
◆ **Zoulou, e** *nm, f* Zulu.
◆ **zoulou** *nm* LING Zulu.

Zoulouland [zululɑ̃d] *npr m*: **le ~** Zululand, Kwazulu.

zozo *fam* [zozo] *nm* ninny, nitwit.

zozoter [3] [zɔzɔte] *vi* to lisp.

ZUP, Zup [zyp] (*abr de* **zone à urbaniser par priorité**) *nf area earmarked for urgent urban development.*

Zurich [zyrik] *npr* Zürich; **le canton de ~** Zürich canton.

zut *fam* [zyt] *interj* drat, blast; **~ alors, y a plus de sucre!** blast (it), there's no sugar left!; **et puis ~, tant pis, je l'achète!** what the hell, I'll buy it!; **dis-lui ~** tell him to get lost.

zwanze *fam* [zwɑ̃z] *nm* OU *nf Belg* joke.

zwanzer *fam* [3] [zwɑ̃ze] *vi Belg* to joke.

zwieback [tsɥibak] *nm Helv sweet biscuit.*

zyeuter▽ [zjøte] = **zieuter**.

zygoma [zigɔma] *nm* zygoma.

zygomatique [zigɔmatik] *adj* zygomatic.

zygomorphe [zigɔmɔrf] *adj* zygomorphic, zygomorphous.

zygote [zigɔt] *nm* zygote.

zymotechnie [zimɔtɛkni] *nf* zymology.

CONJUGAISONS

VERBS

TABLEAU DES CONJUGAISONS

	1 avoir	**2 être**	**3 chanter**	**4 baisser**	**5 pleurer**
IND. présent	j'ai	je suis	je chante	je baisse	je pleure
	tu as	tu es	tu chantes	tu baisses	tu pleures
	il, elle a	il, elle est	il, elle chante	il, elle baisse	il, elle pleure
	nous avons	nous sommes	nous chantons	nous baissons	nous pleurons
	vous avez	vous êtes	vous chantez	vous baissez	vous pleurez
	ils, elles ont	ils, elles sont	ils, elles chantent	ils, elles baissent	ils, elles pleurent
IND. imparfait	il, elle avait	il, elle était	il, elle chantait	il, elle baissait	il, elle pleurait
IND. passé s.	il, elle eut	il, elle fut	il, elle chanta	il, elle baissa	il, elle pleura
	ils, elles eurent	ils, elles furent	ils, elles chantèrent	ils, elles baissèrent	ils, elles pleurèrent
IND. futur	j'aurai	je serai	je chanterai	je baisserai	je pleurerai
	il, elle aura	il, elle sera	il, elle chantera	il, elle baissera	il, elle pleurera
COND. présent	j'aurais	je serais	je chanterais	je baisserais	je pleurerais
	il, elle aurait	il, elle serait	il, elle chanterait	il, elle baisserait	il, elle pleurerait
SUBJ. présent	que j'aie	que je sois	que je chante	que je baisse	que je pleure
	qu'il, elle ait	qu'il, elle soit	qu'il, elle chante	qu'il, elle baisse	qu'il, elle pleure
	que nous ayons	que nous soyons	que nous chantions	que nous baissions	que nous pleurions
	qu'ils, elles aient	qu'ils, elles soient	qu'ils, elles chantent	qu'ils, elles baissent	qu'ils, elles pleurent
SUBJ. imparfait	qu'il, elle eût	qu'il, elle fût	qu'il, elle chantât	qu'il, elle baissât	qu'il, elle pleurât
	qu'ils, elles eussent	qu'ils, elles fussent	qu'ils, elles chantassent	qu'ils, elles baissassent	qu'ils, elles pleurassent
IMPÉRATIF	aie	sois	chante	baisse	pleure
	ayons	soyons	chantons	baissons	pleurons
	ayez	soyez	chantez	baissez	pleurez
PART. présent	ayant	étant	chantant	baissant	pleurant
PART. passé	eu, eue	été	chanté, e	baissé, e	pleuré, e

	6 jouer	**7 saluer**	**8 arguer**	**9 copier**	**10 prier**
IND. présent	je joue	je salue	j'argue, arguë	je copie	je prie
	tu joues	tu salues	tu argues, arguës	tu copies	tu pries
	il, elle joue	il, elle salue	il, elle argue, arguë	il, elle copie	il, elle prie
	nous jouons	nous saluons	nous arguons	nous copions	nous prions
	vous jouez	vous saluez	vous arguez	vous copiez	vous priez
	ils, elles jouent	ils, elles saluent	ils, elles arguent, arguënt	ils, elles copient	ils, elles prient
IND. imparfait	il, elle jouait	il, elle saluait	il, elle arguait	il, elle copiait	il, elle priait
IND. passé s.	il, elle joua	il, elle salua	il, elle argua	il, elle copia	il, elle pria
	ils, elles jouèrent	ils, elles saluèrent	ils, elles arguèrent	ils, elles copièrent	ils, elles prièrent
IND. futur	je jouerai	je saluerai	j'arguerai, arguërai	je copierai	je prierai
	il, elle jouera	il, elle saluera	il, elle arguera, arguëra	il, elle copiera	il, elle priera
COND. présent	je jouerais	je saluerais	j'arguerais, arguërais	je copierais	je prierais
	il, elle jouerait	il, elle saluerait	il, elle arguerait, arguërait	il, elle copierait	il, elle prierait
SUBJ. présent	que je joue	que je salue	que j'argue, arguë	que je copie	que je prie
	qu'il, elle joue	qu'il, elle salue	qu'il, elle argue, arguë	qu'il, elle copie	qu'il, elle prie
	que nous jouions	que nous saluions	que nous arguions	que nous copiions	que nous priions
	qu'ils, elles jouent	qu'ils, elles saluent	qu'ils, elles arguent, arguënt	qu'ils, elles copient	qu'ils, elles prient
SUBJ. imparfait	qu'il, elle jouât	qu'il, elle saluât	qu'il, elle arguât	qu'il, elle copiât	qu'il, elle priât
	qu'ils, elles jouassent	qu'ils, elles saluassent	qu'ils, elles arguassent	qu'ils, elles copiassent	qu'ils, elles priassent
IMPÉRATIF	joue	salue	argue, arguë	copie	prie
	jouons	saluons	arguons	copions	prions
	jouez	saluez	arguez	copiez	priez
PART. présent	jouant	saluant	arguant	copiant	priant
PART. passé	joué, e	salué, e	argué, e	copié, e	prié, e

	11 payer (1)		**12 grasseyer**	**13 ployer**	**14 essuyer**
IND. présent	je paie	je paye	je grasseye	je ploie	j'essuie
	tu paies	tu payes	tu grasseyes	tu ploies	tu essuies
	il, elle paie	il, elle paye	il, elle grasseye	il, elle ploie	il, elle essuie
	nous payons	nous payons	nous grasseyons	nous ployons	nous essuyons
	vous payez	vous payez	vous grasseyez	vous ployez	vous essuyez
	ils, elles paient	ils, elles payent	ils, elles grasseyent	ils, elles ploient	ils, elles essuient
IND. imparfait	il, elle payait	il, elle payait	il, elle grasseyait	il, elle ployait	il, elle essuyait
IND. passé s.	il, elle paya	il, elle paya	il, elle grasseya	il, elle ploya	il, elle essuya
	ils, elles payèrent	ils, elles payèrent	ils, elles grasseyèrent	ils, elles ployèrent	ils, elles essuyèrent
IND. futur	je paierai	je payerai	je grasseyerai	je ploierai	j'essuierai
	il, elle paiera	il, elle payera	il, elle grasseyera	il, elle ploiera	il, elle essuiera
COND. présent	je paierais	je payerais	je grasseyerais	je ploierais	j'essuierais
	il, elle paierait	il, elle payerait	il, elle grasseyerait	il, elle ploierait	il, elle essuierait
SUBJ. présent	que je paie	que je paye	que je grasseye	que je ploie	que j'essuie
	qu'il, elle paie	qu'il, elle paye	qu'il, elle grasseye	qu'il, elle ploie	qu'il, elle essuie
	que nous payions	que nous payions	que nous grasseyions	que nous ployions	que nous essuyions
	qu'ils, elles paient	qu'ils, elles payent	qu'ils, elles grasseyent	qu'ils, elles ploient	qu'ils, elles essuient
SUBJ. imparfait	qu'il, elle payât	qu'il, elle payât	qu'il, elle grasseyât	qu'il, elle ployât	qu'il, elle essuyât
	qu'ils, elles payassent	qu'ils, elles payassent	qu'ils, elles grasseyassent	qu'ils, elles ployassent	qu'ils, elles essuyassent
IMPÉRATIF	paie	paye	grasseye	ploie	essuie
	payons	payons	grasseyons	ployons	essuyons
	payez	payez	grasseyez	ployez	essuyez
PART. présent	payant	payant	grasseyant	ployant	essuyant
PART. passé	payé, e	payé, e	grasseyé, e	ployé, e	essuyé, e

(1) Pour certains grammairiens, le verbe *rayer* (et ses composés) garde le *y* dans toute sa conjugaison.

	15 **créer**	16 **avancer**	17 **manger**	18 **céder** (1)	19 **semer**
IND. présent	je crée	j’avance	je mange	je cède	je sème
	tu crées	tu avances	tu manges	tu cèdes	tu sèmes
	il, elle crée	il, elle avance	il, elle mange	il, elle cède	il, elle sème
	nous créons	nous avançons	nous mangeons	nous cédons	nous semons
	vous créez	vous avancez	vous mangez	vous cédez	vous semez
	ils, elles créent	ils, elles avancent	ils, elles mangent	ils, elles cèdent	ils, elles sèment
IND. imparfait	il, elle créait	il, elle avançait	il, elle mangeait	il, elle cédait	il, elle semait
IND. passé s.	il, elle créa	il, elle avança	il, elle mangea	il, elle céda	il, elle sema
	ils, elles créèrent	ils, elles avancèrent	ils, elles mangèrent	ils, elles cédèrent	ils, elles semèrent
IND. futur	je créerai	j’avancerai	je mangerai	je céderai	je sèmerai
	il, elle créera	il, elle avancera	il, elle mangera	il, elle cédera	il, elle sèmera
COND. présent	je créerais	j’avancerais	je mangerais	je céderais	je sèmerais
	il, elle créerait	il, elle avancerait	il, elle mangerait	il, elle céderait	il, elle sèmerait
SUBJ. présent	que je crée	que j’avance	que je mange	que je cède	que je sème
	qu’il, elle crée	qu’il, elle avance	qu’il, elle mange	qu’il, elle cède	qu’il, elle sème
	que nous créions	que nous avancions	que nous mangions	que nous cédions	que nous semions
	qu’ils, elles créent	qu’ils, elles avancent	qu’ils, elles mangent	qu’ils, elles cèdent	qu’ils, elles sèment
SUBJ. imparfait	qu’il, elle créât	qu’il, elle avançât	qu’il, elle mangeât	qu’il, elle cédât	qu’il, elle semât
	qu’ils, elles créassent	qu’ils, elles avançassent	qu’ils, elles mangeassent	qu’ils, elles cédassent	qu’ils, elles semassent
IMPÉRATIF	crée	avance	mange	cède	sème
	créons	avançons	mangeons	cédons	semons
	créez	avancez	mangez	cédez	semez
PART. présent	créant	avançant	mangeant	cédant	semant
PART. passé	créé, e	avancé, e	mangé, e	cédé, e	semé, e

(1) Dans la 9e édition de son dictionnaire (1993), l’Académie écrit au futur et au conditionnel *je cèderai, je cèderais.*

	20 **rapiécer** (1)	21 **acquiescer**	22 **siéger** (1 et 2)	23 **déneiger**	24 **appeler**
IND. présent	je rapièce	j’acquiesce	je siège	je déneige	j’appelle
	tu rapièces	tu acquiesces	tu sièges	tu déneiges	tu appelles
	il, elle rapièce	il, elle acquiesce	il, elle siège	il, elle déneige	il, elle appelle
	nous rapiéçons	nous acquiesçons	nous siégeons	nous déneigeons	nous appelons
	vous rapiécez	vous acquiescez	vous siégez	vous déneigez	vous appelez
	ils, elles rapiècent	ils, elles acquiescent	ils, elles siègent	ils, elles déneigent	ils, elles appellent
IND. imparfait	il, elle rapiéçait	il, elle acquiesçait	il, elle siégeait	il, elle déneigeait	il, elle appelait
IND. passé s.	il, elle rapiéça	il, elle acquiesça	il, elle siégea	il, elle déneigea	il, elle appela
	ils, elles rapiécèrent	ils, elles acquiescèrent	ils, elles siégèrent	ils, elles déneigèrent	ils, elles appelèrent
IND. futur	je rapiécerai	j’acquiescerai	je siégerai	je déneigerai	j’appellerai
	il, elle rapiécera	il, elle acquiescera	il, elle siégera	il, elle déneigera	il, elle appellera
COND. présent	je rapiécerais	j’acquiescerais	je siégerais	je déneigerais	j’appellerais
	il, elle rapiécerait	il, elle acquiescerait	il, elle siégerait	il, elle déneigerait	il, elle appellerait
SUBJ. présent	que je rapièce	que j’acquiesce	que je siège	que je déneige	que j’appelle
	qu’il, elle rapièce	qu’il, elle acquiesce	qu’il, elle siège	qu’il, elle déneige	qu’il, elle appelle
	que nous rapiécions	que nous acquiescions	que nous siégions	que nous déneigions	que nous appelions
	qu’ils, elles rapiècent	qu’ils, elles acquiescent	qu’ils, elles siègent	qu’ils, elles déneigent	qu’ils, elles appellent
SUBJ. imparfait	qu’il, elle rapiéçât	qu’il, elle acquiesçât	qu’il, elle siégeât	qu’il, elle déneigeât	qu’il, elle appelât
	qu’ils, elles rapiéçassent	qu’ils, elles acquiesçassent	qu’ils, elles siégeassent	qu’ils, elles déneigeassent	qu’ils, elles appelassent
IMPÉRATIF	rapièce	acquiesce	siège	déneige	appelle
	rapiéçons	acquiesçons	siégeons	déneigeons	appelons
	rapiécez	acquiescez	siégez	déneigez	appelez
PART. présent	rapiéçant	acquiesçant	siégeant	déneigeant	appelant
PART. passé	rapiécé, e	acquiescé	siégé	déneigé, e	appelé, e

(1) Dans la 9e édition de son dictionnaire (1993), l’Académie écrit au futur et au conditionnel *je rapiècerai, je rapiècerais* ; *je siègerai, je siègerais.* – (2) *Assiéger* se conjugue comme *siéger*, mais son participe passé est variable.

	25 **peler**	26 **interpeller**	27 **jeter**	28 **acheter**	29 **dépecer**
IND. présent	je pèle	j’interpelle	je jette	j’achète	je dépèce
	tu pèles	tu interpelles	tu jettes	tu achètes	tu dépèces
	il, elle pèle	il, elle interpelle	il, elle jette	il, elle achète	il, elle dépèce
	nous pelons	nous interpellons	nous jetons	nous achetons	nous dépeçons
	vous pelez	vous interpellez	vous jetez	vous achetez	vous dépecez
	ils, elles pèlent	ils, elles interpellent	ils, elles jettent	ils, elles achètent	ils, elles dépècent
IND. imparfait	il, elle pelait	il, elle interpellait	il, elle jetait	il, elle achetait	il, elle dépeçait
IND. passé s.	il, elle pela	il, elle interpella	il, elle jeta	il, elle acheta	il, elle dépeça
	ils, elles pelèrent	ils, elles interpellèrent	ils, elles jetèrent	ils, elles achetèrent	ils, elles dépecèrent
IND. futur	je pèlerai	j’interpellerai	je jetterai	j’achèterai	je dépècerai
	il, elle pèlera	il, elle interpellera	il, elle jettera	il, elle achètera	il, elle dépècera
COND. présent	je pèlerais	j’interpellerais	je jetterais	j’achèterais	je dépècerais
	il, elle pèlerait	il, elle interpellerait	il, elle jetterait	il, elle achèterait	il, elle dépècerait
SUBJ. présent	que je pèle	que j’interpelle	que je jette	que j’achète	que je dépèce
	qu’il, elle pèle	qu’il, elle interpelle	qu’il, elle jette	qu’il, elle achète	qu’il, elle dépèce
	que nous pelions	que nous interpellions	que nous jetions	que nous achetions	que nous dépecions
	qu’ils, elles pèlent	qu’ils, elles interpellent	qu’ils, elles jettent	qu’ils, elles achètent	qu’ils, elles dépècent
SUBJ. imparfait	qu’il, elle pelât	qu’il, elle interpellât	qu’il, elle jetât	qu’il, elle achetât	qu’il, elle dépeçât
	qu’ils, elles pelassent	qu’ils, elles interpellassent	qu’ils, elles jetassent	qu’ils, elles achetassent	qu’ils, elles dépeçassent
IMPÉRATIF	pèle	interpelle	jette	achète	dépèce
	pelons	interpellons	jetons	achetons	dépeçons
	pelez	interpellez	jetez	achetez	dépecez
PART. présent	pelant	interpellant	jetant	achetant	dépeçant
PART. passé	pelé, e	interpellé, e	jeté, e	acheté, e	dépecé, e

	30 envoyer	**31 aller** (1)	**32 finir** (2)	**33 haïr**	**34 ouvrir**
IND. présent	j'envoie	je vais	je finis	je hais	j'ouvre
	tu envoies	tu vas	tu finis	tu hais	tu ouvres
	il, elle envoie	il, elle va	il, elle finit	il, elle hait	il, elle ouvre
	nous envoyons	nous allons	nous finissons	nous haïssons	nous ouvrons
	vous envoyez	vous allez	vous finissez	vous haïssez	vous ouvrez
	ils, elles envoient	ils, elles vont	ils, elles finissent	ils, elles haïssent	ils, elles ouvrent
IND. imparfait	il, elle envoyait	il, elle allait	il, elle finissait	il, elle haïssait	il, elle ouvrait
IND. passé s.	il, elle envoya	il, elle alla	il, elle finit	il, elle haït	il, elle ouvrit
	ils, elles envoyèrent	ils, elles allèrent	ils, elles finirent	ils, elles haïrent	ils, elles ouvrirent
IND. futur	j'enverrai	j'irai	je finirai	je haïrai	j'ouvrirai
	il, elle enverra	il, elle ira	il, elle finira	il, elle haïra	il, elle ouvrira
COND. présent	j'enverrais	j'irais	je finirais	je haïrais	j'ouvrirais
	il, elle enverrait	il, elle irait	il, elle finirait	il, elle haïrait	il, elle ouvrirait
SUBJ. présent	que j'envoie	que j'aille	que je finisse	que je haïsse	que j'ouvre
	qu'il, elle envoie	qu'il, elle aille	qu'il, elle finisse	qu'il, elle haïsse	qu'il, elle ouvre
	que nous envoyions	que nous allions	que nous finissions	que nous haïssions	que nous ouvrions
	qu'ils, elles envoient	qu'ils, elles aillent	qu'ils, elles finissent	qu'ils, elles haïssent	qu'ils, elles ouvrent
SUBJ. imparfait	qu'il, elle envoyât	qu'il, elle allât	qu'il, elle finît	qu'il, elle haït	qu'il, elle ouvrît
	qu'ils, elles envoyassent	qu'ils, elles allassent	qu'ils, elles finissent	qu'ils, elles haïssent	qu'ils, elles ouvrissent
IMPÉRATIF	envoie	va	finis	hais	ouvre
	envoyons	allons	finissons	haïssons	ouvrons
	envoyez	allez	finissez	haïssez	ouvrez
PART. présent	envoyant	allant	finissant	haïssant	ouvrant
PART. passé	envoyé, e	allé, e	fini, e	haï, e	ouvert, e

(1) *Aller* fait à l'impér. *vas* dans *vas-y. S'en aller* fait à l'impér. *va-t'en, allons-nous-en, allez-vous-en*. Aux temps composés, le verbe *être* peut se substituer au verbe *aller* : *avoir été, j'ai été*, etc. Aux temps composés du pronominal *s'en aller, en* se place normalement avant l'auxiliaire : *je m'en suis allé(e)*, mais la langue courante dit de plus en plus *je me suis en allé(e)*. – (2) *Maudire* (tableau 104) et *bruire* (tableau 105) se conjuguent sur *finir*, mais le participe passé de *maudire* est *maudit, maudite*, et *bruire* est défectif.

	35 fuir	**36 dormir** (1)	**37 mentir** (2)	**38 servir**	**39 acquérir**
IND. présent	je fuis	je dors	je mens	je sers	j'acquiers
	tu fuis	tu dors	tu mens	tu sers	tu acquiers
	il, elle fuit	il, elle dort	il, elle ment	il, elle sert	il, elle acquiert
	nous fuyons	nous dormons	nous mentons	nous servons	nous acquérons
	vous fuyez	vous dormez	vous mentez	vous servez	vous acquérez
	ils, elles fuient	ils, elles dorment	ils, elles mentent	ils, elles servent	ils, elles acquièrent
IND. imparfait	il, elle fuyait	il, elle dormait	il, elle mentait	il, elle servait	il, elle acquérait
IND. passé s.	il, elle fuit	il, elle dormit	il, elle mentit	il, elle servit	il, elle acquit
	ils, elles fuirent	ils, elles dormirent	ils, elles mentirent	ils, elles servirent	ils, elles acquirent
IND. futur	je fuirai	je dormirai	je mentirai	je servirai	j'acquerrai
	il, elle fuira	il, elle dormira	il, elle mentira	il, elle servira	il, elle acquerra
COND. présent	je fuirais	je dormirais	je mentirais	je servirais	j'acquerrais
	il, elle fuirait	il, elle dormirait	il, elle mentirait	il, elle servirait	il, elle acquerrait
SUBJ. présent	que je fuie	que je dorme	que je mente	que je serve	que j'acquière
	qu'il, elle fuie	qu'il, elle dorme	qu'il, elle mente	qu'il, elle serve	qu'il, elle acquière
	que nous fuyions	que nous dormions	que nous mentions	que nous servions	que nous acquérions
	qu'ils, elles fuient	qu'ils, elles dorment	qu'ils, elles mentent	qu'ils, elles servent	qu'ils, elles acquièrent
SUBJ. imparfait	qu'il, elle fuît	qu'il, elle dormît	qu'il, elle mentît	qu'il, elle servît	qu'il, elle acquît
	qu'ils, elles fuissent	qu'ils, elles dormissent	qu'ils, elles mentissent	qu'ils, elles servissent	qu'ils, elles acquissent
IMPÉRATIF	fuis	dors	mens	sers	acquiers
	fuyons	dormons	mentons	servons	acquérons
	fuyez	dormez	mentez	servez	acquérez
PART. présent	fuyant	dormant	mentant	servant	acquérant
PART. passé	fui, e	dormi	menti	servi, e	acquis, e

(1) *Endormir* se conjugue comme *dormir*, mais son participe passé est variable. – (2) *Démentir* se conjugue comme *mentir*, mais son participe passé est variable.

	40 venir	**41 cueillir**	**42 mourir**	**43 partir**	**44 revêtir**
IND. présent	je viens	je cueille	je meurs	je pars	je revêts
	tu viens	tu cueilles	tu meurs	tu pars	tu revêts
	il, elle vient	il, elle cueille	il, elle meurt	il, elle part	il, elle revêt
	nous venons	nous cueillons	nous mourons	nous partons	nous revêtons
	vous venez	vous cueillez	vous mourez	vous partez	vous revêtez
	ils, elles viennent	ils, elles cueillent	ils, elles meurent	ils, elles partent	ils, elles revêtent
IND. imparfait	il, elle venait	il, elle cueillait	il, elle mourait	il, elle partait	il, elle revêtait
IND. passé s.	il, elle vint	il, elle cueillit	il, elle mourut	il, elle partit	il, elle revêtit
	ils, elles vinrent	ils, elles cueillirent	ils, elles moururent	ils, elles partirent	ils, elles revêtirent
IND. futur	je viendrai	je cueillerai	je mourrai	je partirai	je revêtirai
	il, elle viendra	il, elle cueillera	il, elle mourra	il, elle partira	il, elle revêtira
COND. présent	je viendrais	je cueillerais	je mourrais	je partirais	je revêtirais
	il, elle viendrait	il, elle cueillerait	il, elle mourrait	il, elle partirait	il, elle revêtirait
SUBJ. présent	que je vienne	que je cueille	que je meure	que je parte	que je revête
	qu'il, elle vienne	qu'il, elle cueille	qu'il, elle meure	qu'il, elle parte	qu'il, elle revête
	que nous venions	que nous cueillions	que nous mourions	que nous partions	que nous revêtions
	qu'ils, elles viennent	qu'ils, elles cueillent	qu'ils, elles meurent	qu'ils, elles partent	qu'ils, elles revêtent
SUBJ. imparfait	qu'il, elle vînt	qu'il, elle cueillît	qu'il, elle mourût	qu'il, elle partît	qu'il, elle revêtît
	qu'ils, elles vinssent	qu'ils, elles cueillissent	qu'ils, elles mourussent	qu'ils, elles partissent	qu'ils, elles revêtissent
IMPÉRATIF	viens	cueille	meurs	pars	revêts
	venons	cueillons	mourons	partons	revêtons
	venez	cueillez	mourez	partez	revêtez
PART. présent	venant	cueillant	mourant	partant	revêtant
PART. passé	venu, e	cueilli, e	mort, e	parti, e	revêtu, e

	45 courir	**46 faillir** (1)	**47 défaillir** (2)	**48 bouillir**	**49 gésir** (3)
IND. présent	je cours	je faillis, faux	je défaille	je bous	je gis
	tu cours	tu faillis, faux	tu défailles	tu bous	tu gis
	il, elle court	il, elle faillit, faut	il, elle défaille	il, elle bout	il, elle gît
	nous courons	nous faillissons, faillons	nous défaillons	nous bouillons	nous gisons
	vous courez	vous faillissez, faillez	vous défaillez	vous bouillez	vous gisez
	ils, elles courent	ils, elles faillissent, faillent	ils, elles défaillent	ils, elles bouillent	ils, elles gisent
IND. imparfait	il, elle courait	il, elle faillissait, faillait	il, elle défaillait	il, elle bouillait	il, elle gisait
IND. passé s.	il, elle courut	il, elle faillit	il, elle défaillit	il, elle bouillit	
	ils, elles coururent	ils, elles faillirent	ils, elles défaillirent	ils, elles bouillirent	
IND. futur	je courrai	je faillirai, faudrai	je défaillirai	je bouillirai	
	il, elle courra	il, elle faillira, faudra	il, elle défaillira	il, elle bouillira	
COND. présent	je courrais	je faillirais, faudrais	je défaillirais	je bouillirais	
	il, elle courrait	il, elle faillirait, faudrait	il, elle défaillirait	il, elle bouillirait	
SUBJ. présent	que je coure	que je faillisse, faille	que je défaille	que je bouille	
	qu'il, elle coure	qu'il, elle faillisse, faille	qu'il, elle défaille	qu'il, elle bouille	
	que nous courions	que nous faillissions, faillions	que nous défaillions	que nous bouillions	
	qu'ils, elles courent	qu'ils, elles faillissent, faillent	qu'ils, elles défaillent	qu'ils, elles bouillent	
SUBJ. imparfait	qu'il, elle courût	qu'il, elle faillît	qu'il, elle défaillît	qu'il, elle bouillît	
	qu'ils, elles courussent	qu'ils, elles faillissent	qu'ils, elles défaillissent	qu'ils, elles bouillissent	
IMPÉRATIF	cours	faillis, faux	défaille	bous	
	courons	faillissons, faillons	défaillons	bouillons	
	courez	faillissez, faillez	défaillez	bouillez	
PART. présent	courant	faillissant, faillant	défaillant	bouillant	gisant
PART. passé	couru, e	failli	défailli	bouilli, e	

(1) La conjugaison de *faillir* la plus employée est celle qui a été refaite sur *finir*. Les formes conjuguées de ce verbe sont rares. – (2) On trouve aussi *je défaillerai, tu défailleras*, etc., pour le futur, et *je défaillerais, tu défaillerais*, etc., pour le conditionnel, de même pour *tressaillir* et *assaillir*. – (3) *Gésir* est défectif aux autres temps et modes.

	50 saillir (1)	**51 ouïr** (2)	**52 recevoir**	**53 devoir**	**54 mouvoir**
IND. présent		j'ouïs, ois	je reçois	je dois	je meus
		tu ouïs, ois	tu reçois	tu dois	tu meus
	il, elle saille	il, elle ouït, oit	il, elle reçoit	il, elle doit	il, elle meut
		nous ouïssons, oyons	nous recevons	nous devons	nous mouvons
		vous ouïssez, oyez	vous recevez	vous devez	vous mouvez
	ils, elles saillent	ils, elles ouïssent, oient	ils, elles reçoivent	ils, elles doivent	ils, elles meuvent
IND. imparfait	il, elle saillait	il, elle ouïssait, oyait	il, elle recevait	il, elle devait	il, elle mouvait
IND. passé s.	il, elle saillit	il, elle ouït	il, elle reçut	il, elle dut	il, elle mut
	ils, elles saillirent	ils, elles ouïrent	ils, elles reçurent	ils, elles durent	ils, elles murent
IND. futur		j'ouïrai, orrai	je recevrai	je devrai	je mouvrai
	il, elle saillera	il, elle ouïra, orra	il, elle recevra	il, elle devra	il, elle mouvra
COND. présent		j'ouïrais, orrais	je recevrais	je devrais	je mouvrais
	il, elle saillerait	il, elle ouïrait, orrait	il, elle recevrait	il, elle devrait	il, elle mouvrait
SUBJ. présent		que j'ouïsse, oie	que je reçoive	que je doive	que je meuve
	qu'il, elle saille	qu'il, elle ouïsse, oie	qu'il, elle reçoive	qu'il, elle doive	qu'il, elle meuve
		que nous ouïssions, oyions	que nous recevions	que nous devions	que nous mouvions
	qu'ils, elles saillent	qu'ils, elles ouïssent, oient	qu'ils, elles reçoivent	qu'ils, elles doivent	qu'ils, elles meuvent
SUBJ. imparfait	qu'il, elle saillît	qu'il, elle ouït	qu'il, elle reçût	qu'il, elle dût	qu'il, elle mût
	qu'ils, elles saillissent	qu'ils, elles ouïssent	qu'ils, elles reçussent	qu'ils, elles dussent	qu'ils, elles mussent
IMPÉRATIF	*inusité*	ouïs, ois	reçois	dois	meus
		ouïssons, oyons	recevons	devons	mouvons
		ouïssez, oyez	recevez	devez	mouvez
PART. présent	saillant	oyant	recevant	devant	mouvant
PART. passé	sailli, e	ouï, e	reçu, e	dû, due, dus, dues	mû, mue, mus, mues

(1) Il s'agit ici du verbe 2. *saillir.* (V. à son ordre alphabétique.) – (2) V. REM. au verbe à son ordre alphabétique.

	55 émouvoir	**56 promouvoir** (1)	**57 vouloir**	**58 pouvoir** (2)	**59 savoir**
IND. présent	j'émeus	je promeus	je veux	je peux, puis	je sais
	tu émeus	tu promeus	tu veux	tu peux	tu sais
	il, elle émeut	il, elle promeut	il, elle veut	il, elle peut	il, elle sait
	nous émouvons	nous promouvons	nous voulons	nous pouvons	nous savons
	vous émouvez	vous promouvez	vous voulez	vous pouvez	vous savez
	ils, elles émeuvent	ils, elles promeuvent	ils, elles veulent	ils, elles peuvent	ils, elles savent
IND. imparfait	il, elle émouvait	il, elle promouvait	il, elle voulait	il, elle pouvait	il, elle savait
IND. passé s.	il, elle émut	il, elle promut	il, elle voulut	il, elle put	il, elle sut
	ils, elles émurent	ils, elles promurent	ils, elles voulurent	ils, elles purent	ils, elles surent
IND. futur	j'émouvrai	je promouvrai	je voudrai	je pourrai	je saurai
	il, elle émouvra	il, elle promouvra	il, elle voudra	il, elle pourra	il, elle saura
COND. présent	j'émouvrais	je promouvrais	je voudrais	je pourrais	je saurais
	il, elle émouvrait	il, elle promouvrait	il, elle voudrait	il, elle pourrait	il, elle saurait
SUBJ. présent	que j'émeuve	que je promeuve	que je veuille	que je puisse	que je sache
	qu'il, elle émeuve	qu'il, elle promeuve	qu'il, elle veuille	qu'il, elle puisse	qu'il, elle sache
	que nous émouvions	que nous promouvions	que nous voulions	que nous puissions	que nous sachions
	qu'ils, elles émeuvent	qu'ils, elles promeuvent	qu'ils, elles veuillent	qu'ils, elles puissent	qu'ils, elles sachent
SUBJ. imparfait	qu'il, elle émût	qu'il, elle promût	qu'il, elle voulût	qu'il, elle pût	qu'il, elle sût
	qu'ils, elles émussent	qu'ils, elles promussent	qu'ils, elles voulussent	qu'ils, elles pussent	qu'ils, elles sussent
IMPÉRATIF	émeus	promeus	veux, veuille	*inusité*	sache
	émouvons	promouvons	voulons, veuillons		sachons
	émouvez	promouvez	voulez, veuillez		sachez
PART. présent	émouvant	promouvant	voulant	pouvant	sachant
PART. passé	ému, e	promu, e	voulu, e	pu	su, e

(1) Les formes conjuguées de ce verbe sont rares. – (2) À la forme interrogative, avec inversion du sujet, on a seulement *puis-je ?*

	60 valoir	61 prévaloir	62 voir	63 prévoir	64 pourvoir
IND. présent	je vaux	je prévaux	je vois	je prévois	je pourvois
	tu vaux	tu prévaux	tu vois	tu prévois	tu pourvois
	il, elle vaut	il, elle prévaut	il, elle voit	il, elle prévoit	il, elle pourvoit
	nous valons	nous prévalons	nous voyons	nous prévoyons	nous pourvoyons
	vous valez	vous prévalez	vous voyez	vous prévoyez	vous pourvoyez
	ils, elles valent	ils, elles prévalent	ils, elles voient	ils, elles prévoient	ils, elles pourvoient
IND. imparfait	il, elle valait	il, elle prévalait	il, elle voyait	il, elle prévoyait	il, elle pourvoyait
IND. passé s.	il, elle valut	il, elle prévalut	il, elle vit	il, elle prévit	il, elle pourvut
	ils, elles valurent	ils, elles prévalurent	ils, elles virent	ils, elles prévirent	ils, elles pourvurent
IND. futur	je vaudrai	je prévaudrai	je verrai	je prévoirai	je pourvoirai
	il, elle vaudra	il, elle prévaudra	il, elle verra	il, elle prévoira	il, elle pourvoira
COND. présent	je vaudrais	je prévaudrais	je verrais	je prévoirais	je pourvoirais
	il, elle vaudrait	il, elle prévaudrait	il, elle verrait	il, elle prévoirait	il, elle pourvoirait
SUBJ. présent	que je vaille	que je prévale	que je voie	que je prévoie	que je pourvoie
	qu'il, elle vaille	qu'il, elle prévale	qu'il, elle voie	qu'il, elle prévoie	qu'il, elle pourvoie
	que nous valions	que nous prévalions	que nous voyions	que nous prévoyions	que nous pourvoyions
	qu'ils, elles vaillent	qu'ils, elles prévalent	qu'ils, elles voient	qu'ils, elles prévoient	qu'ils, elles pourvoient
SUBJ. imparfait	qu'il, elle valût	qu'il, elle prévalût	qu'il, elle vît	qu'il, elle prévît	qu'il, elle pourvût
	qu'ils, elles valussent	qu'ils, elles prévalussent	qu'ils, elles vissent	qu'ils, elles prévissent	qu'ils, elles pourvussent
IMPÉRATIF	vaux	prévaux	vois	prévois	pourvois
	valons	prévalons	voyons	prévoyons	pourvoyons
	valez	prévalez	voyez	prévoyez	pourvoyez
PART. présent	valant	prévalant	voyant	prévoyant	pourvoyant
PART. passé	valu, e	prévalu, e	vu, e	prévu, e	pourvu, e

	65 asseoir (1)		66 surseoir	67 seoir (2)	68 pleuvoir (3)
IND. présent	j'assieds	j'assois	je sursois		
	tu assieds	tu assois	tu sursois		
	il, elle assied	il, elle assoit	il, elle sursoit	il, elle sied	il pleut
	nous asseyons	nous assoyons	nous sursoyons		
	vous asseyez	vous assoyez	vous sursoyez		
	ils, elles asseyent	ils, elles assoient	ils, elles sursoient	ils, elles siéent	
IND. imparfait	il, elle asseyait	il, elle assoyait	il, elle sursoyait	il, elle seyait	il pleuvait
IND. passé s.	il, elle assit	il, elle assit	il, elle sursit	*inusité*	il plut
	ils, elles assirent	ils, elles assirent	ils, elles sursirent		
IND. futur	j'assiérai	j'assoirai	je surseoirai		
	il, elle assiéra	il, elle assoira	il, elle surseoira	il, elle siéra	il pleuvra
COND. présent	j'assiérais	j'assoirais	je surseoirais		
	il, elle assiérait	il, elle assoirait	il, elle surseoirait	il, elle siérait	il pleuvrait
SUBJ. présent	que j'asseye	que j'assoie	que je sursoie		
	qu'il, elle asseye	qu'il, elle assoie	qu'il, elle sursoie	qu'il, elle siée	qu'il pleuve
	que nous asseyions	que nous assoyions	que nous sursoyions		
	qu'ils, elles asseyent	qu'ils, elles assoient	qu'ils, elles sursoient	qu'ils, elles siéent	
SUBJ. imparfait	qu'il, elle assît	qu'il, elle assît	qu'il, elle sursît	*inusité*	qu'il plût
	qu'ils, elles assissent	qu'ils, elles assissent	qu'ils, elles sursissent		
IMPÉRATIF	assieds	assois	sursois	*inusité*	*inusité*
	asseyons	assoyons	sursoyons		
	asseyez	assoyez	sursoyez		
PART. présent	asseyant	assoyant	sursoyant	seyant	pleuvant
PART. passé	assis, e	assis, e	sursis	*inusité*	plu

(1) L'usage tend à écrire avec *-eoi-* les formes avec *oi* : *je m'asseois, il, elle asseoira, que tu asseoies, ils, elles asseoiraient.* – (2) *Seoir* a ici le sens de « convenir ». Aux sens de « être situé », « siéger », *seoir* a seulement un participe présent *(séant)* et un participe passé *(sis, e)*. – (3) *Pleuvoir* connaît au figuré une troisième personne du pluriel : *les injures pleuvent, pleuvaient, pleuvront, plurent, pleuvraient...*

	69 falloir	70 échoir	71 déchoir	72 choir	73 vendre
IND. présent			je déchois	je chois	je vends
			tu déchois	tu chois	tu vends
	il faut	il, elle échoit	il, elle déchoit	il, elle choit	il, elle vend
			nous déchoyons	*inusité*	nous vendons
			vous déchoyez	*inusité*	vous vendez
		ils, elles échoient	ils, elles déchoient	ils, elles choient	ils, elles vendent
IND. imparfait	il fallait	il, elle échoyait	*inusité*	*inusité*	il, elle vendait
IND. passé s.	il fallut	il, elle échut	il, elle déchut	il, elle chut	il, elle vendit
		ils, elles échurent	ils, elles déchurent	ils, elles churent	ils, elles vendirent
IND. futur			je déchoirai	je choirai, cherrai	je vendrai
	il faudra	il, elle échoira, écherra	il, elle déchoira	il, elle choira, cherra	il, elle vendra
COND. présent			je déchoirais	je choirais, cherrais	je vendrais
	il faudrait	il, elle échoirait, écherrait	il, elle déchoirait	il, elle choirait, cherrait	il, elle vendrait
SUBJ. présent			que je déchoie	*inusité*	que je vende
	qu'il faille	qu'il, elle échoie	qu'il, elle déchoie		qu'il, elle vende
			que nous déchoyions		que nous vendions
		qu'ils, elles échoient	qu'ils, elles déchoient		qu'ils, elles vendent
SUBJ. imparfait	qu'il fallût	qu'il, elle échût	qu'il, elle déchût	qu'il, elle chût	qu'il, elle vendît
		qu'ils, elles échussent	qu'ils, elles déchussent	*inusité*	qu'ils, elles vendissent
IMPÉRATIF	*inusité*	*inusité*	*inusité*	*inusité*	vends
					vendons
					vendez
PART. présent	*inusité*	échéant	*inusité*	*inusité*	vendant
PART. passé	fallu	échu, e	déchu, e	chu, e	vendu, e

	74 répandre	**75 répondre**	**76 mordre**	**77 perdre**	**78 rompre**
IND. présent	je répands	je réponds	je mords	je perds	je romps
	tu répands	tu réponds	tu mords	tu perds	tu romps
	il, elle répand	il, elle répond	il, elle mord	il, elle perd	il, elle rompt
	nous répandons	nous répondons	nous mordons	nous perdons	nous rompons
	vous répandez	vous répondez	vous mordez	vous perdez	vous rompez
	ils, elles répandent	ils, elles répondent	ils, elles mordent	ils, elles perdent	ils, elles rompent
IND. imparfait	il, elle répandait	il, elle répondait	il, elle mordait	il, elle perdait	il, elle rompait
IND. passé s.	il, elle répandit	il, elle répondit	il, elle mordit	il, elle perdit	il, elle rompit
	ils, elles répandirent	ils, elles répondirent	ils, elles mordirent	ils, elles perdirent	ils, elles rompirent
IND. futur	je répandrai	je répondrai	je mordrai	je perdrai	je romprai
	il, elle répandra	il, elle répondra	il, elle mordra	il, elle perdra	il, elle rompra
COND. présent	je répandrais	je répondrais	je mordrais	je perdrais	je romprais
	il, elle répandrait	il, elle répondrait	il, elle mordrait	il, elle perdrait	il, elle romprait
SUBJ. présent	que je répande	que je réponde	que je morde	que je perde	que je rompe
	qu'il, elle répande	qu'il, elle réponde	qu'il, elle morde	qu'il, elle perde	qu'il, elle rompe
	que nous répandions	que nous répondions	que nous mordions	que nous perdions	que nous rompions
	qu'ils, elles répandent	qu'ils, elles répondent	qu'ils, elles mordent	qu'ils, elles perdent	qu'ils, elles rompent
SUBJ. imparfait	qu'il, elle répandît	qu'il, elle répondît	qu'il, elle mordît	qu'il, elle perdît	qu'il, elle rompît
	qu'ils, elles répandissent	qu'ils, elles répondissent	qu'ils, elles mordissent	qu'ils, elles perdissent	qu'ils, elles rompissent
IMPÉRATIF	répands	réponds	mords	perds	romps
	répandons	répondons	mordons	perdons	rompons
	répandez	répondez	mordez	perdez	rompez
PART. présent	répandant	répondant	mordant	perdant	rompant
PART. passé	répandu, e	répondu, e	mordu, e	perdu, e	rompu, e

	79 prendre	**80 craindre**	**81 peindre**	**82 joindre**	**83 battre**
IND. présent	je prends	je crains	je peins	je joins	je bats
	tu prends	tu crains	tu peins	tu joins	tu bats
	il, elle prend	il, elle craint	il, elle peint	il, elle joint	il, elle bat
	nous prenons	nous craignons	nous peignons	nous joignons	nous battons
	vous prenez	vous craignez	vous peignez	vous joignez	vous battez
	ils, elles prennent	ils, elles craignent	ils, elles peignent	ils, elles joignent	ils, elles battent
IND. imparfait	il, elle prenait	il, elle craignait	il, elle peignait	il, elle joignait	il, elle battait
IND. passé s.	il, elle prit	il, elle craignit	il, elle peignit	il, elle joignit	il, elle battit
	ils, elles prirent	ils, elles craignirent	ils, elles peignirent	ils, elles joignirent	ils, elles battirent
IND. futur	je prendrai	je craindrai	je peindrai	je joindrai	je battrai
	il, elle prendra	il, elle craindra	il, elle peindra	il, elle joindra	il, elle battra
COND. présent	je prendrais	je craindrais	je peindrais	je joindrais	je battrais
	il, elle prendrait	il, elle craindrait	il, elle peindrait	il, elle joindrait	il, elle battrait
SUBJ. présent	que je prenne	que je craigne	que je peigne	que je joigne	que je batte
	qu'il, elle prenne	qu'il, elle craigne	qu'il, elle peigne	qu'il, elle joigne	qu'il, elle batte
	que nous prenions	que nous craignions	que nous peignions	que nous joignions	que nous battions
	qu'ils, elles prennent	qu'ils, elles craignent	qu'ils, elles peignent	qu'ils, elles joignent	qu'ils, elles battent
SUBJ. imparfait	qu'il, elle prît	qu'il, elle craignît	qu'il, elle peignît	qu'il, elle joignît	qu'il, elle battît
	qu'ils, elles prissent	qu'ils, elles craignissent	qu'ils, elles peignissent	qu'ils, elles joignissent	qu'ils, elles battissent
IMPÉRATIF	prends	crains	peins	joins	bats
	prenons	craignons	peignons	joignons	battons
	prenez	craignez	peignez	joignez	battez
PART. présent	prenant	craignant	peignant	joignant	battant
PART. passé	pris, e	craint, e	peint, e	joint, e	battu, e

	84 mettre	**85 moudre**	**86 coudre**	**87 absoudre** (1)	**88 résoudre** (2)
IND. présent	je mets	je mouds	je couds	j'absous	je résous
	tu mets	tu mouds	tu couds	tu absous	tu résous
	il, elle met	il, elle moud	il, elle coud	il, elle absout	il, elle résout
	nous mettons	nous moulons	nous cousons	nous absolvons	nous résolvons
	vous mettez	vous moulez	vous cousez	vous absolvez	vous résolvez
	ils, elles mettent	ils, elles moulent	ils, elles cousent	ils, elles absolvent	ils, elles résolvent
IND. imparfait	il, elle mettait	il, elle moulait	il, elle cousait	il, elle absolvait	il, elle résolvait
IND. passé s.	il, elle mit	il, elle moulut	il, elle cousit	il, elle absolut	il, elle résolut
	ils, elles mirent	ils, elles moulurent	ils, elles cousirent	ils, elles absolurent	ils, elles résolurent
IND. futur	je mettrai	je moudrai	je coudrai	j'absoudrai	je résoudrai
	il, elle mettra	il, elle moudra	il, elle coudra	il, elle absoudra	il, elle résoudra
COND. présent	je mettrais	je moudrais	je coudrais	j'absoudrais	je résoudrais
	il, elle mettrait	il, elle moudrait	il, elle coudrait	il, elle absoudrait	il, elle résoudrait
SUBJ. présent	que je mette	que je moule	que je couse	que j'absolve	que je résolve
	qu'il, elle mette	qu'il, elle moule	qu'il, elle couse	qu'il, elle absolve	qu'il, elle résolve
	que nous mettions	que nous moulions	que nous cousions	que nous absolvions	que nous résolvions
	qu'ils, elles mettent	qu'ils, elles moulent	qu'ils, elles cousent	qu'ils, elles absolvent	qu'ils, elles résolvent
SUBJ. imparfait	qu'il, elle mît	qu'il, elle moulût	qu'il, elle cousît	qu'il, elle absolût	qu'il, elle résolût
	qu'ils, elles missent	qu'ils, elles moulussent	qu'ils, elles cousissent	qu'ils, elles absolussent	qu'ils, elles résolussent
IMPÉRATIF	mets	mouds	couds	absous	résous
	mettons	moulons	cousons	absolvons	résolvons
	mettez	moulez	cousez	absolvez	résolvez
PART. présent	mettant	moulant	cousant	absolvant	résolvant
PART. passé	mis, e	moulu, e	cousu, e	absous, oute	résolu, e

(1) Le passé simple et le subjonctif imparfait, admis par Littré, sont rares. – (2) Il existe un participe passé *résous, résoute* (rare), avec le sens de « transformé » *(Un brouillard résous en pluie).*

	89 suivre	**90 vivre** (1)	**91 paraître**	**92 naître**	**93 croître** (2)
IND. présent	je suis	je vis	je parais	je nais	je croîs
	tu suis	tu vis	tu parais	tu nais	tu croîs
	il, elle suit	il, elle vit	il, elle paraît	il, elle naît	il, elle croît
	nous suivons	nous vivons	nous paraissons	nous naissons	nous croissons
	vous suivez	vous vivez	vous paraissez	vous naissez	vous croissez
	ils, elles suivent	ils, elles vivent	ils, elles paraissent	ils, elles naissent	ils, elles croissent
IND. imparfait	il, elle suivait	il, elle vivait	il, elle paraissait	il, elle naissait	il, elle croissait
IND. passé s.	il, elle suivit	il, elle vécut	il, elle parut	il, elle naquit	il, elle crût
	ils, elles suivirent	ils, elles vécurent	ils, elles parurent	ils, elles naquirent	ils, elles crûrent
IND. futur	je suivrai	je vivrai	je paraîtrai	je naîtrai	je croîtrai
	il, elle suivra	il, elle vivra	il, elle paraîtra	il, elle naîtra	il, elle croîtra
COND. présent	je suivrais	je vivrais	je paraîtrais	je naîtrais	je croîtrais
	il, elle suivrait	il, elle vivrait	il, elle paraîtrait	il, elle naîtrait	il, elle croîtrait
SUBJ. présent	que je suive	que je vive	que je paraisse	que je naisse	que je croisse
	qu’il, elle suive	qu’il, elle vive	qu’il, elle paraisse	qu’il, elle naisse	qu’il, elle croisse
	que nous suivions	que nous vivions	que nous paraissions	que nous naissions	que nous croissions
	qu’ils, elles suivent	qu’ils, elles vivent	qu’ils, elles paraissent	qu’ils, elles naissent	qu’ils, elles croissent
SUBJ. imparfait	qu’il, elle suivît	qu’il, elle vécût	qu’il, elle parût	qu’il, elle naquît	qu’il, elle crût
	qu’ils, elles suivissent	qu’ils, elles vécussent	qu’ils, elles parussent	qu’ils, elles naquissent	qu’ils, elles crûssent
IMPÉRATIF	suis	vis	parais	nais	croîs
	suivons	vivons	paraissons	naissons	croissons
	suivez	vivez	paraissez	naissez	croissez
PART. présent	suivant	vivant	paraissant	naissant	croissant
PART. passé	suivi, e	vécu, e	paru, e	né, e	crû, crue, crus, crues

(1) *Survivre* se conjugue comme *vivre*, mais son participe passé est toujours invariable. – (2) L’Académie écrit *crusse, crusses, crussions, crussiez, crussent* (sans accent circonflexe).

	94 accroître (1)	**95 rire**	**96 conclure** (2)	**97 nuire** (3)	**98 conduire**
IND. présent	j’accrois	je ris	je conclus	je nuis	je conduis
	tu accrois	tu ris	tu conclus	tu nuis	tu conduis
	il, elle accroît	il, elle rit	il, elle conclut	il, elle nuit	il, elle conduit
	nous accroissons	nous rions	nous concluons	nous nuisons	nous conduisons
	vous accroissez	vous riez	vous concluez	vous nuisez	vous conduisez
	ils, elles accroissent	ils, elles rient	ils, elles concluent	ils, elles nuisent	ils, elles conduisent
IND. imparfait	il, elle accroissait	il, elle riait	il, elle concluait	il, elle nuisait	il, elle conduisait
IND. passé s.	il, elle accrut	il, elle rit	il, elle conclut	il, elle nuisit	il, elle conduisit
	ils, elles accrurent	ils, elles rirent	ils, elles conclurent	ils, elles nuisirent	ils, elles conduisirent
IND. futur	j’accroîtrai	je rirai	je conclurai	je nuirai	je conduirai
	il, elle accroîtra	il, elle rira	il, elle conclura	il, elle nuira	il, elle conduira
COND. présent	j’accroîtrais	je rirais	je conclurais	je nuirais	je conduirais
	il, elle accroîtrait	il, elle rirait	il, elle conclurait	il, elle nuirait	il, elle conduirait
SUBJ. présent	que j’accroisse	que je rie	que je conclue	que je nuise	que je conduise
	qu’il, elle accroisse	qu’il, elle rie	qu’il, elle conclue	qu’il, elle nuise	qu’il, elle conduise
	que nous accroissions	que nous riions	que nous concluions	que nous nuisions	que nous conduisions
	qu’ils, elles accroissent	qu’ils, elles rient	qu’ils, elles concluent	qu’ils, elles nuisent	qu’ils, elles conduisent
SUBJ. imparfait	qu’il, elle accrût	qu’il, elle rît	qu’il, elle conclût	qu’il, elle nuisît	qu’il, elle conduisît
	qu’ils, elles accrussent	qu’ils, elles rissent	qu’ils, elles conclussent	qu’ils, elles nuisissent	qu’ils, elles conduisissent
IMPÉRATIF	accrois	ris	conclus	nuis	conduis
	accroissons	rions	concluons	nuisons	conduisons
	accroissez	riez	concluez	nuisez	conduisez
PART. présent	accroissant	riant	concluant	nuisant	conduisant
PART. passé	accru, e	ri	conclu, e	nui	conduit, e

(1) *Recroître* se conjugue comme *accroître*, mais son participe passé est *recrû, recrue, recrus, recrues.* – (2) *Inclure* et *occlure* se conjuguent comme *conclure*, mais leur participe passé est *inclus, incluse ; occlus, occluse.* – (3) *Luire* et *reluire* connaissent une autre forme de passé simple : *je luis, je reluis,* etc.

	99 écrire	**100 suffire**	**101 confire** (1)	**102 dire**	**103 contredire**
IND. présent	j’écris	je suffis	je confis	je dis	je contredis
	tu écris	tu suffis	tu confis	tu dis	tu contredis
	il, elle écrit	il, elle suffit	il, elle confit	il, elle dit	il, elle contredit
	nous écrivons	nous suffisons	nous confisons	nous disons	nous contredisons
	vous écrivez	vous suffisez	vous confisez	vous dites	vous contredisez
	ils, elles écrivent	ils, elles suffisent	ils, elles confisent	ils, elles disent	ils, elles contredisent
IND. imparfait	il, elle écrivait	il, elle suffisait	il, elle confisait	il, elle disait	il, elle contredisait
IND. passé s.	il, elle écrivit	il, elle suffit	il, elle confit	il, elle dit	il, elle contredit
	ils, elles écrivirent	ils, elles suffirent	ils, elles confirent	ils, elles dirent	ils, elles contredirent
IND. futur	j’écrirai	je suffirai	je confirai	je dirai	je contredirai
	il, elle écrira	il, elle suffira	il, elle confira	il, elle dira	il, elle contredira
COND. présent	j’écrirais	je suffirais	je confirais	je dirais	je contredirais
	il, elle écrirait	il, elle suffirait	il, elle confirait	il, elle dirait	il, elle contredirait
SUBJ. présent	que j’écrive	que je suffise	que je confise	que je dise	que je contredise
	qu’il, elle écrive	qu’il, elle suffise	qu’il, elle confise	qu’il, elle dise	qu’il, elle contredise
	que nous écrivions	que nous suffisions	que nous confisions	que nous disions	que nous contredisions
	qu’ils, elles écrivent	qu’ils, elles suffisent	qu’ils, elles confisent	qu’ils, elles disent	qu’ils, elles contredisent
SUBJ. imparfait	qu’il, elle écrivît	qu’il, elle suffît	qu’il, elle confît	qu’il, elle dît	qu’il, elle contredît
	qu’ils, elles écrivissent	qu’ils, elles suffissent	qu’ils, elles confissent	qu’ils, elles dissent	qu’ils, elles contredissent
IMPÉRATIF	écris	suffis	confis	dis	contredis
	écrivons	suffisons	confisons	disons	contredisons
	écrivez	suffisez	confisez	dites	contredisez
PART. présent	écrivant	suffisant	confisant	disant	contredisant
PART. passé	écrit, e	suffi	confit, e	dit, e	contredit, e

(1) *Circoncire* se conjugue comme *confire*, mais son participe passé est *circoncis, circoncise.*

	104 maudire	**105 bruire** (1)	**106 lire**	**107 croire**	**108 boire**
IND. présent	je maudis	je bruis	je lis	je crois	je bois
	tu maudis	tu bruis	tu lis	tu crois	tu bois
	il, elle maudit	il, elle bruit	il, elle lit	il, elle croit	il, elle boit
	nous maudissons	*inusité*	nous lisons	nous croyons	nous buvons
	vous maudissez		vous lisez	vous croyez	vous buvez
	ils, elles maudissent		ils, elles lisent	ils, elles croient	ils, elles boivent
IND. imparfait	il, elle maudissait	il, elle bruyait	il, elle lisait	il, elle croyait	il, elle buvait
IND. passé s.	il, elle maudit	*inusité*	il, elle lut	il, elle crut	il, elle but
	ils, elles maudirent		ils, elles lurent	ils, elles crurent	ils, elles burent
IND. futur	je maudirai	je bruirai	je lirai	je croirai	je boirai
	il, elle maudira	il, elle bruira	il, elle lira	il, elle croira	il, elle boira
COND. présent	je maudirais	je bruirais	je lirais	je croirais	je boirais
	il, elle maudirait	il, elle bruirait	il, elle lirait	il, elle croirait	il, elle boirait
SUBJ. présent	que je maudisse	*inusité*	que je lise	que je croie	que je boive
	qu’il, elle maudisse		qu’il, elle lise	qu’il, elle croie	qu’il, elle boive
	que nous maudissions		que nous lisions	que nous croyions	que nous buvions
	qu’ils, elles maudissent		qu’ils, elles lisent	qu’ils, elles croient	qu’ils, elles boivent
SUBJ. imparfait	qu’il, elle maudît	*inusité*	qu’il, elle lût	qu’il, elle crût	qu’il, elle bût
	qu’ils, elles maudissent		qu’ils, elles lussent	qu’ils, elles crussent	qu’ils, elles bussent
IMPÉRATIF	maudis	*inusité*	lis	crois	bois
	maudissons		lisons	croyons	buvons
	maudissez		lisez	croyez	buvez
PART. présent	maudissant	*inusité*	lisant	croyant	buvant
PART. passé	maudit, e	bruit	lu, e	cru, e	bu, e

(1) Traditionnellement, *bruire* ne connaît que les formes de l’indicatif présent, imparfait (*je bruyais, tu bruyais,* etc.), futur, et les formes du conditionnel ; *bruisser* (conjugaison 3) tend de plus en plus à supplanter *bruire*, en particulier dans toutes les formes défectives.

	109 faire	**110 plaire**	**111 taire**	**112 extraire**
IND. présent	je fais	je plais	je tais	j’extrais
	tu fais	tu plais	tu tais	tu extrais
	il, elle fait	il, elle plaît	il, elle tait	il, elle extrait
	nous faisons	nous plaisons	nous taisons	nous extrayons
	vous faites	vous plaisez	vous taisez	vous extrayez
	ils, elles font	ils, elles plaisent	ils, elles taisent	ils, elles extraient
IND. imparfait	il, elle faisait	il, elle plaisait	il, elle taisait	il, elle extrayait
IND. passé s.	il, elle fit	il, elle plut	il, elle tut	*inusité*
	ils, elles firent	ils, elles plurent	ils, elles turent	
IND. futur	je ferai	je plairai	je tairai	j’extrairai
	il, elle fera	il, elle plaira	il, elle taira	il, elle extraira
COND. présent	je ferais	je plairais	je tairais	j’extrairais
	il, elle ferait	il, elle plairait	il, elle tairait	il, elle extrairait
SUBJ. présent	que je fasse	que je plaise	que je taise	que j’extraie
	qu’il, elle fasse	qu’il, elle plaise	qu’il, elle taise	qu’il, elle extraie
	que nous fassions	que nous plaisions	que nous taisions	que nous extrayions
	qu’ils, elles fassent	qu’ils, elles plaisent	qu’ils, elles taisent	qu’ils, elles extraient
SUBJ. imparfait	qu’il, elle fît	qu’il, elle plût	qu’il, elle tût	*inusité*
	qu’ils, elles fissent	qu’ils, elles plussent	qu’ils, elles tussent	
IMPÉRATIF	fais	plais	tais	extrais
	faisons	plaisons	taisons	extrayons
	faites	plaisez	taisez	extrayez
PART. présent	faisant	plaisant	taisant	extrayant
PART. passé	fait, e	plu	tu, e	extrait, e

	113 clore (1)	**114 vaincre**	**115 frire**	**116 foutre**
IND. présent	je clos	je vaincs	je fris	je fous
	tu clos	tu vaincs	tu fris	tu fous
	il, elle clôt	il, elle vainc	il, elle frit	il, elle fout
	nous closons	nous vainquons	*inusité*	nous foutons
	vous closez	vous vainquez		vous foutez
	ils, elles closent	ils, elles vainquent		ils, elles foutent
IND. imparfait	*inusité*	il, elle vainquait	*inusité*	il, elle foutait
IND. passé s.	*inusité*	il, elle vainquit	*inusité*	*inusité*
		ils, elles vainquirent		
IND. futur	je clorai	je vaincrai	je frirai	je foutrai
	il, elle clora	il, elle vaincra	il, elle frira	il, elle foutra
COND. présent	je clorais	je vaincrais	je frirais	je foutrais
	il, elle clorait	il, elle vaincrait	il, elle frirait	il, elle foutrait
SUBJ. présent	que je close	que je vainque	*inusité*	que je foute
	qu’il, elle close	qu’il, elle vainque		qu’il, elle foute
	que nous closions	que nous vainquions		que nous foutions
	qu’ils, elles closent	qu’ils, elles vainquent		qu’ils, elles foutent
SUBJ. imparfait	*inusité*	qu’il, elle vainquît	*inusité*	*inusité*
		qu’ils, elles vainquissent		
IMPÉRATIF	clos	vaincs	fris	fous
	inusité	vainquons	*inusité*	foutons
		vainquez		foutez
PART. présent	closant	vainquant	*inusité*	foutant
PART. passé	clos, e	vaincu, e	frit, e	foutu, e

(1) *Déclore, éclore, enclore* se conjuguent comme *clore*, mais l’Académie préconise *il, elle éclot, il, elle enclot* (sans accent circonflexe). Le verbe *enclore* possède les formes *nous enclosons, vous enclosez* et *enclosons, enclosez.*

Photocomposition MAURY - Malesherbes
IMPRIMERIE HÉRISSEY - ÉVREUX
Dépôt légal : 1993-10 - N° de série Éditeur 19000.
N° d'imprimeur : 73046
IMPRIMÉ EN FRANCE *(Printed in France)* - 401 501 A - juin 1996.

BRITISH ISLES – ADMINISTRATIVE DIVISIONS
ÎLES BRITANNIQUES – DIVISIONS ADMINISTRATIVES

■ State capital
Capitale d'État

• • Major city / Other cities
Ville importante / Autres villes

International boundary
Frontière internationale

Provincial or national boundary
Limite de pays ou de province

County, district or regional boundary
Limite de comté, de district ou de région

W.G. WEST GLAMORGAN
M.G. MID-GLAMORGAN
S.G. SOUTH GLAMORGAN

200 500 m

100 km

Metropolitain counties
Comtés urbains

G.L.	GREATER LONDON *Grand Londres*
G.M.	GREATER MANCHESTER *Grand Manchester*
M.	MERSEYSIDE
S.Y.	SOUTH YORKSHIRE
T.W.	TYNE AND WEAR
W.M.	WEST MIDLANDS
W.Y.	WEST YORKSHIRE

Districts of NORTHERN IRELAND
Districts de l'Irlande du Nord

1	DERRY	14	CRAIGAVON
2	LIMAVADY	15	ARMAGH
3	COLERAINE	16	NEWRY AND MOURNE
4	BALLYMONEY	17	BANBRIDGE
5	MOYLE	18	DOWN
6	LARNE	19	LISBURN
7	BALLYMENA	20	ANTRIM
8	MAGHERAFELT	21	NEWTOWNABBEY
9	COOKSTOWN	22	CARRICKFERGUS
10	STRABANE	23	NORTH DOWN
11	OMAGH	24	ARDS
12	FERMANAGH	25	CASTLEREAGH
13	DUNGANNON	26	BELFAST